Dicionário da cultura jurídica

Dicionário da cultura jurídica

Organização

Denis Alland e Stéphane Rials

Tradução
Ivone Castilho Benedetti

Revisão técnica
Márcia Villares de Freitas

wmf martinsfontes

SÃO PAULO 2012

Esta obra foi publicada originalmente em francês com o título
DICTIONNAIRE DE LA CULTURE JURIDIQUE
por Presses Universitaires de France, Paris

1ª edição 2012

Tradução
IVONE CASTILHO BENEDETTI
Tradução de verbetes das letras G-I
MARIA ERMANTINA DE ALMEIDA PRADO GALVÃO

Revisão técnica
Márcia Vilares de Freitas
Acompanhamento editorial
Luzia Aparecida dos Santos
Revisões gráficas
Ana Maria de O. M. Barbosa
Maria Luiza Favret
Maria Regina Ribeiro Machado
Edição de arte
Adriana Maria Porto Translatti
Produção gráfica
Geraldo Alves
Paginação
Moacir Katsumi Matsusaki
Capa
Marcos Lisboa
Imagem da capa
David Shultz, Prédio da Suprema Corte
dos Estados Unidos, Getty Images

Dados Internacionais de Catalogação na Publicação (CIP)
(Câmara Brasileira do Livro, SP, Brasil)

Dicionário da cultura jurídica / organização Denis Alland e Stéphane Rials ; tradução Ivone Castilho Benedetti ; revisão técnica Márcia Villares de Freitas – São Paulo : Editora WMF Martins Fontes, 2012.

Título original: Dictionnaire de la culture juridique
Vários colaboradores
ISBN 978-85-7827-459-7

1. Direito – Dicionários 2. Direito – França – História 3. Direito – História I. Alland, Denis. II. Rials, Stéphane. III. Freitas, Márcia Villares de.

11-08395 CDD-34 (03)

Índice para catálogo sistemático:
1. Cultura jurídica : Dicionários 34 (03)

Editora WMF Martins Fontes Ltda.
Rua Prof. Laerte Ramos de Carvalho, 133 01325-030 São Paulo SP Brasil
Tel. (11) 3293.8150 Fax (11) 3101.1042
e-mail: info@wmfmartinsfontes.com.br http://www.wmfmartinsfontes.com.br

Plano da obra

Comissão científica

COMISSÃO DE PATROCINADORES

Os profs. Guy Antonetti, Marguerite Boulet-Sautel, Jean Carbonnier, Gérard Cornu, Roland Drago, do Institut de France, René Jean Dupuy [†],do Institut de France, Jean Foyer, do Institut de France, Jean Gaudemet [†], Jacques Ghestin, Jean Hilaire, Jean Imbert [†], do Institut de France, Philippe Jestaz, Jean-Philippe Lévy, Philippe Malaurie, Bruno Oppetit [†], Guy Thuillier, o prof. Michel Troper, Jean-Marc Varaut, do Institut de France, Georges Vedel [†], da Académie française.

CONSELHO CIENTÍFICO

Os profs. Denis Baranger, Olivier Beaud, Bernard Beignier, Jean-Jacques Bienvenu, Dominique Bureau, Jean-Marie Carbasse, André Castaldo, Jean-Pierre Coriat, Jean-Marie Denquin, Éric Desmons, Pierre-Yves Gautier, Jean-Louis Harouel, Charles Jarrosson, Olivier Jouanjan, Philippe Lauvaux, Charles Leben, Anne Lefebvre-Teillard, Franck Lessay, Pierre Mayer, François Monnier, Florence Poirat, Philippe Raynaud, Marie-France Renoux-Zagamé, Thierry Revet, Jacques-Henri Robert, François Saint-Bonnet, Alain Sériaux, Philippe Théry, Jean-Louis Thireau, Patrick Wachsmann, Élisabeth Zoller.

ORGANIZADORES

Os profs. Denis Alland e Stéphane Rials.

À memória do professor Jean Gaudemet

Prefácio

O *Dicionário da cultura jurídica* proposto ao leitor é um livro de caráter absolutamente inédito: em um único volume, 380 verbetes, redigidos por 211 autores, cruzam direito privado, direito público, história do direito, filosofia e teoria jurídicas, com o objetivo de apresentar um apanhado dos principais campos, das grandes instituições (em sentido amplo), das noções mais importantes presentes em toda a tradição jurídica ocidental e, em particular, na tradição francesa e europeia, ainda que sejam feitas algumas "viagens" à China, ao Japão, à Índia e aos Estados Unidos.

Os índices – instrumentos sem os quais o acesso às informações de um dicionário deste tipo é quase impossível – receberam atenção especial: índice remissivo (cerca de 3.000 ocorrências); índice da maioria dos nomes das pessoas citadas (cerca de 3.500 nomes); índice dos principais textos legais (cerca de 200 textos).

A consulta de tais índices é muito instrutiva. Convida a uma reflexão sobre as representações dos juristas acerca de sua própria cultura. Evidentemente, não será de surpreender a constatação da predominância de termos como "Assembleia", "Código", "Conselho", "Constituição", "Corte", "Direito(s)", "Estado", "Juiz", "Justiça", "Liberdade", "Lei(s)", "Casamento", "Parlamento", "Positivismo", "Propriedade", "Responsabilidade", "Tribunal" etc. Mas quem poderia prever que a ocorrência mais frequente seria "Direito romano" (mais esmagadora ainda, se acrescentarmos "Roma", literalmente invasora, e se considerarmos também o imperador Justiniano, que assim faz jus à honra de constar da capa do livro), seguido por "Antigo Regime", "Revolução francesa", "*Common law*", "Costume" e "Soberania"?

Entre todas as lições gerais ou particulares deste livro, uma não escapará a ninguém: jurista é uma pessoa que, graças a uma cultura de mais de dois milênios, tem condições de tratar de situações que passam por uma evolução permanente e rápida – os advogados bem o sabem, quando precisam percorrer aquelas terras desconhecidas que surgem de maneira indefinida e às vezes imprevisível. Por isso, a formação dos juristas não pode prescindir de uma sólida dimensão histórica: esta não tem caráter passadista, mas autoriza a indispensável familiaridade com os métodos e os construtos que constituem o cerne da própria arte do jurista.

Sem dúvida hoje há juristas que acreditam na completa neutralidade de um trabalho puramente técnico, isento de qualquer dimensão filosófica. Não era o que ocorria antes: os maiores filósofos, de Aristóteles a Hegel, não imaginariam a possibilidade de cumprir sua tarefa sem a produção de uma doutrina do direito, e pouquíssimos jurisconsultos deixavam de ter preocupações filosóficas (havia até os que, com um pouco de exagero, acreditavam que o direito é a *uera philosophia*). Este dicionário reflete a importância, pelo menos sedimentar, daquela era filosófica do direito. Enquanto são pouquíssimas as referências a correntes ou a momentos políticos ou econômicos, cujo alcance parece curiosamente embotado no tempo particular dos juristas ("Capitalismo", "Comunismo", "Socialismo" etc. são apenas citados), "Escolástica" e "Estoicismo" – que têm uma densidade filosófica bem diferente – contam com um império significativo, e numerosos filósofos gozam de abundantes menções – em ordem decrescente, Aristóteles (o autor mais citado ao lado de Justiniano e

Kelsen...), Montesquieu, Locke e Rousseau, Grócio, Hobbes e Kant, Cícero, são Tomás, Bodin, Pufendorf e Hegel.

Caberá concluir daí que uma formação melhor dos juristas, que implicasse a possibilidade de uma compreensão aprofundada de seus objetos mais comuns, poderia passar, como em alguns outros países europeus, pela ampliação da dimensão filosófica e teórica do curso universitário ? Sem a menor dúvida.

Estabelecendo um princípio de reequilíbrio entre as disciplinas dogmáticas, as empíricas – históricas e sociológicas – e as filosóficas, este dicionário tem menos a pretensão de refletir uma situação satisfatória do que de convidar a mudanças mais condizentes com a realidade, frequentemente pouco conhecida, das necessidades daqueles que querem penetrar no mundo do direito.

Não poderíamos concluir sem expressar nosso profundo reconhecimento a todos os que nos assistiram com seus preciosos conselhos e a todos os numerosos autores amigos que concordaram, com dedicação e generosidade, em participar desta obra coletiva que deve ser considerada como a contribuição dos juristas no início do terceiro milênio para a consolidação da cultura jurídica e para um novo modo de considerar aquilo que deveria ser uma cultura geral digna desse nome.

DENIS ALLAND E STÉPHANE RIALS

ÍNDICE DOS VERBETES

Apresentação dos autores

Albert Pierre, professor emérito da Universidade de Paris II (Panthéon-Assas) (Imprensa. Rádio e televisão)

Alland Denis, professor da Universidade de Paris II (Panthéon-Assas), diretor do Instituto Michel Villey (Asilo. Capitulação. Direito internacional público. Justiça privada [direito de fazer justiça com as próprias mãos])

Amiel-Donat Jacqueline, professora da Universidade de Perpignan (Igualdade dos sexos)

Ancel Bertrand, professor da Universidade de Paris II (Panthéon-Assas) (Famílias de direitos. Direito internacional privado)

Andrieux Jean-Paul, professor assistente da Universidade de Paris II (Panthéon Assas) (Formas e procedimentos)

Assier-Andrieu Louis, diretor de pesquisas do CNRS (Usos e costumes)

Audit Bernard, professor da Universidade de Paris II (Panthéon-Assas) (Fraude)

Audren Frédéric, pós-graduação em história do direito, com Frédéric Bluche, professor assistente da Universidade de Paris II (Panthéon-Assas) (Sufrágio)

Baranger Denis, professor da Universidade de Paris II (Panthéon-Assas) (Inglaterra [Cultura jurídica]. Responsabilidade política. Utilitarismo [Utilitarismo clássico e direito])

Bart Jean, professor emérito de história do direito da Universidade de Dijon (Arquivos [Direito nos arquivos]. Documentação jurídica [antes da invenção da imprensa]. Estrangeiro)

Basdevant-Gaüdemet Brigitte, professora da Universidade de Paris Sul (Igrejas-Estado)

Beaud Olivier, professor da Universidade de Paris II (Panthéon-Assas) (Constituição e direito constitucional. Doutrina. Federação e Estado federal)

Beignier Bernard, professor da Universidade de Toulouse (Seguros. Deontologia ou ética profissional. Direitos [classificação]. Honra. Regimes matrimoniais. Eutanásia. Suicídio)

Bergel Jean-Louis, professor da Universidade de Aix-Marseille (Metodologia jurídica)

Bettati Mario, professor da Universidade de Paris II (Panthéon-Assas) (Direito de ingerência humanitária)

Bigot Grégoire, professor da Faculdade de Direito de Nantes (Escravidão. Mendigos e vagabundos. Reparação)

Bloud-Rey Céline, doutora em direito (Acaso, *Standard*)

Bluche Frédéric, professor assistente da Universidade de Paris II (Panthéon-Assas) com Frédéric Audren, pós-graduação em história do direito (Sufrágio)

Bonnan Jean-Claude, magistrado (Índia [Cultura jurídica])

Bonneau Thierry, professor da Universidade de Paris II (Panthéon-Assas) (Banco e crédito)

Borella François, professor emérito da Universidade Nancy II (Calendário. Pesos e medidas)

Borgetto Michel, professor da Universidade de Paris II (Panthéon-Assas) (Assistência social. Direitos sociais. Fraternidade. Hospital e asilo. Solidariedade)

Bottin Michel, professor da Faculdade de direito de Nice (Alfândega. Tesouro público)

Bouineau Jacques, professor da Universidade de La Rochelle (Revolução francesa e direito)

Boulet-Sautez Marguerite, professora emérita da Universidade de Paris II (Panthéon-Assas) (Império)

Boulet-Sautez Marguerite, professora emérita da Universidade Paris II (Panthéon-Assas) com Jean-Louis Harquel, professor da Universidade de Paris II (Panthéon-Assas) (Glosa e exegese)

Bourgon Jérôme, encarregado de pesquisas do CNRS (China [Cultura jurídica]).

Bournazel Éric, professor da Universidade de Paris II (Panthéon-Assas) (Guerra privada)

Bouscau Franck, professor das Faculdades de Direito. Advogado da Corte de Cassação (Domínio marítimo)

Boutin Christophe, professor da Universidade de Caen. Diretor do CENTRE (Forças armadas, recrutamento e serviço militar)

Branchet Bernard, professor assistente da Universidade de Mez (Referenda)

Burdeau François, professor emérito da Universidade de Paris II (Panthéon-Assas) (Direito administrativo. Processo administrativo)

Bureau Dominique, professor da Universidade de Paris II (Panthéon-Assas) (Codificação. *Lex mercatoria*)

Bureau Dominique, professor da Universidade de Paris II (Panthéon-Assas) com Charles Jarroson, professor da Universidade de Paris II (Panthéon-Assas) (Arbitragem)

Cadiet Loïc, professor da Universidade de Paris I (Panthéon-Sorbonne) Procedimento. Processo cível)

Carbasse Jean-Marie, professor da Universidade de Montpellier (Código Penal [francês]. Direito consuetudinário francês. Júri. Legalidade dos delitos e das penas)

Carbonnières Louis de, professor da Universidade de Lille II (Jogo. Pena. Documentação jurídica [de 1789 a 1945])

Chauvel Patrick, professor *agrégé* das Faculdades de Direito (Vícios de consentimento)

Chêne Christian, professor da Universidade de Poitiers (Ensino do direito [história]. Manuais, tratados e outros livros [período moderno])

Chevallier Jacques, professor da Universidade de Paris II (Panthéon-Assas), diretor do CERSA--CNRS (Separação das autoridades)

Combe Christine, consultora (Prerrogativa)

Commaille Jacques, professor das Universidades da École normale supérieure de Cachan (Direito e política. Eficácia. Formas de justiça. Condutas sociais. Sociologia jurídica)

Corail Jean-Louis de, professor emérito da Universidade de Paris II (Panthéon-Assas) (Ato administrativo. Serviço público)

Coriat Jean-Pierre, professor da Universidade de Paris II (Panthéon-Assas) (Jurisconsultos romanos. Manuais, tratados e outros livros [Antiguidade-Roma]. Tópicos jurídicos)

Cornu Gérard, professor emérito da Universidade de Paris II (Panthéon-Assas) (Adágios e brocardos)

Cosnard Michel, professor da Universidade do Maine (Imunidades).

Courtois Gérard, professor das universidades (Vingança)

Deguergue Maryse, professora da Universidade de Paris I (Panthéon-Sorbonne) (Jurisprudência. Risco. Responsabilidade administrativa)

Denquin Jean-Marie, professor da Universidade de Paris X-Nanterre (Cidadania. Referendo e plebiscito)

Depambour-Tarride Laurence, professora da Universidade de Paris V (Juiz [Longa duração]. Moeda)

Descimon Robert, professor da École des hautes études en sciences sociales (Ofícios)

Desmons Éric, professor *agrégé* de direito público da Universidade de Paris XIII (Direito de resistência. Direito privado / Direito público. Legítima defesa [Ponto de vista filosófico]. Obediência e disciplina. Promessa e juramento)

Deumier Pascale, professora *agrégée* de direito público da Univesidade de Saint-Étienne com Thierry Revet, professor da Universidade de Paris I (Panthéon-Sorbonne) (Ordem pública. Fontes do direito [problemática geral])

Dionnet Jean-Pierre, doutor em direito (Petição)

Drago Guillaume, professor da Universidade de Paris II (Panthéon-Assas) (Justiça constitucional)
Drago Roland, professor emérito da Universidade de Paris II (Panthéon-Assas), membro do Institut de France (Direito comparado)
Draï Raphaël, professor da Universidade de Amiens (Talião. Torá)
Dupuy Pierre-Marie, professor da Universidade de Paris II (Panthéon-Assas) (Responsabilidade)
Encinas de Münagorri Rafaël, professor da Universidade de Nantes (Perito e perícia)
Epron Quentin, bolsista-monitor da Universidade de Paris II (Panthéon-Assas) (Galicanismo)
Fargy Jean-Claude, encarregado de pesquisas do CNRS (Centre Georges-Chevrier, Universidade de Borgonha) (Jurisdição [Evolução do sistema francês])
Fardet Christophe, professor assistente da Universidade de Reims Champagne Ardenne (Autor, coautor, *perfector*)
Feldman Jean-Philippe, professor assistente da Universidade de Paris II (Panthéon-Assas) (Crime contra a humanidade)
Fonbaustier Laurent, professor *agrégé* das faculdades de direito (Rennes I) (Delegação. Direito constitucional [Origens eclesiásticas]. Eleição)
Fontette François de, professor emérito da Universidade de Paris II (Panthéon-Assas) (Antissemitismo. Raça e racismo)
Foubert Anne, doutoranda (Doação)
Fournier Stéphanie, professora assistente da Universidade de Grenoble II (Anistia e graça)
Foyer Jacques, professor da Universidade de Paris II (Panthéon-Assas) (Agricultura)
Frier Pierre-Laurent, professor da Universidade de Paris I (Panthéon-Sorbonne) (Patrimônio)
Gaudemet Jean (†), professor emérito da Universidade de Paris II (Panthéon-Assas) (Canonistas, decretistas, decretalistas. Código Teodosiano. *Corpus iuris civilis*)
Gaudemet Yves, professor da Universidade de Paris II (Panthéon-Assas) (Legalidade [Princípio de]. Métodos do juiz)
Gautier Pierre-Yves, professor da Universidade de Paris II (Panthéon-Assas) (Propriedade literária e artística. Venda)
Geffroy Jean-Baptiste, professor da Faculdade de direito e de ciências sociais de Poitiers IREDE UNIR.CNRS 5081 (Imposto [Grandes doutrinas])
Ghestin Jacques, professor da Universidade de Paris I (Panthéon-Sorbonne) (Contrato. Terceiro)
Gjidara Sophie, professora assistente da Universidade de Paris II (Panthéon-Assas) (Dívida)
Gobert Michelle, professora emérita da Universidade de Paris II (Panthéon Assas) (Biologia e direito)
Goyard Claude, professor emérito da Universidade de Paris II (Panthéon-Assas) (Seita)
Goyard-Fabre Simone, professora emérita das universidades (Contrato social [Doutrinas]. Escola do direito natural moderno e racionalismo jurídico moderno [XVII-XVIII]. Legitimidade)
Guglielmi Gilles, professor da Universidade de Paris II (Panthéon-Assas) (Administração)
Gutmann Daniel, professor da Universidade de Paris I (Panthéon-Sorbonne) (Direito subjetivo. Criança. Tempo)
Halpérin Jean-Louis, professor da École normale supérieure (Código Napoleônico [Preparação, redação e evolução]. Cortes supremas. Exegese. História do direito. Manuais, tratados e outros livros [Período contemporâneo]. Recursos [Vias de])
Harquel Jean-Louis, professor da Universidade de Paris II (Panthéon-Assas) (Administração: apanhado histórico. Código Negro. Desapropriação. Ordenanças [Grandes] do Antigo Regime. Urbanismo. Sistema viário)
Harquel Jean-Louis, professor da Universidade de Paris II (Panthéon-Assas) com Marguerite Boulet-Sautez, professora emérita da Universidade de Paris II (Panthéon-Assas) (Glosa e exegese)
Haroüel-Bureloup Véronique, professora assistente da Universidade de Paris VIII (Direito humanitário. Guerra)
Hauser Jean, professor da Universidade Montesquieu-Bordeaux IV (Ato)
Hautebert Joël, professor da Universidade de Angers (Magistrado)

Herrera Carlos-Miguel, diretor do Centro de Filosofia Jurídica e Política da Universidade de Cergy-Pontoise (Decisionismo)

Hilaire Jean, professor emérito da Universidade de Paris II (Panthéon-Assas) (Direito comercial. Feiras e mercados. Fórmulas. Notários. Prática)

Huet André, professor emérito da Universidade de Estrasburgo (Robert Schuman) com Renée Koering Joulin, conselheira da Corte de Cassação (Direito penal internacional)

Huet Jérôme, professor da Universidade de Paris II (Panthéon-Assas), diretor do CEJEM (Informática e multimídia)

Humbert Michel, professor da Universidade de Paris II (Panthéon-Assas) (Lei das XII Tábuas)

Hummel Jacky, professor da Universidade de Rennes (Alemanha [Doutrinas alemãs do Estado e do direito de Hegel a Jellinek]).

Jacob Robert, diretor de pesquisas do CNRS (Simbólica do direito e da justiça)

Jamin Christophe, professor da Universidade de Lille II (Século XX: crise e renovação na cultura jurídica. Economia e direito)

Jarroson Charles, professor da Universidade de Paris II (Panthéon-Assas) (Mediação)

Jarroson Charles, professor da Universidade de Paris II (Panthéon-Assas) com Dominique Bureau, professor da Universidade de Paris II (Panthéon-Assas) (Arbitragem)

Jarroson Charles, professor da Universidade de Paris II (Panthéon-Assas) com François-Xavier Testu, professor da Faculdade de Direito de Angers (Equidade)

Jaume Lucien, diretor de pesquisa do CNRS (CEVIPOF) (Liberalismo. Representação)

Jeammaud Antoine, professor da Universidade de Lumière – Lyon 2 (Coerção. Direito do trabalho)

Jobard-Bachellier Marie-Noëlle, professora da Universidade de Paris X – Nanterre (Aparência)

Jouanjan Olivier, professor da Universidade de Estrasburgo (Escola histórica do direito. Igualdade. Estado de direito. Nazismo)

Jouannet Emmanuelle, professora da Universidade de Paris I (Panthéon-Sorbonne) (Direito das gentes. Presa [Direito de])

Kernels Soazick, professor da Universidade de Reims (Autoridade)

Kiesow Rainer Maria, colaborador do Max-Planck-Institut für Europaische Rechtsgeschichte, Frankfurt Main (Enciclopédias jurídicas)

Koering Joulin Renée, conselheira da Corte de Cassação com André Huet, professor emérito da Universidade de Estrasburgo (Robert Schuman) (Direito penal internacional)

Kourilsky-Augeven Chantal, diretora de pesquisas do CNRS (Socialização jurídica)

Labbée Xavier, professor da Universidade de Lille II, advogado do tribunal de Lille (Corpo humano. Morte)

Labrusse-Riou Catherine, professora da Universidade de Paris I (Panthéon-Sorbonne) (Interrupção da gravidez)

Lagarde Paul, professor emérito da Universidade de Paris I (Panthéon-Sorbonne) (Nacionalidade)

Lahmer Marc, advogado (Separação e equilíbrio dos poderes)

Laingui André, professor da Universidade de Paris II (Panthéon-Assas) (Crimes e delitos. Inquisição. Pena de morte. Prisão)

Laquièze Alain, professor da Universidade de Angers (Requisição. Sanção)

Lardeux Gwendoline, professora da Universidade de Paris XIII com François-Xavier Testu, professor da Faculdade de Direito de Angers (Força)

Lascombe Michel, professor da Universidade de Lille II (Ordens profissionais)

Lauvaux Philippe, professor da Universidade de Paris II (Panthéon-Assas) (Regimes [Classificação])

Lauvaux Philippe, professor da Universidade de Paris II (Panthéon-Assas) com Carlos Pimentel, professor da Universidade de Versalhes (Saint-Quentin) (Funções jurídicas do Estado)

Lavialle Christian, professor da Universidade de Ciências Sociais de Toulouse (Domínio fluvial)

Leben Charles, professor da Universidade de Paris II (Panthéon-Assas), codiretor do Institut des hautes études internationales (Ordem jurídica)

Le Béguec Diane (Publicação)

Lecomte Catherine, professor da Universidade de Versalhes (Saint-Quentin) (Prerrogativas soberanas. Serventuários da justiça)
Lefebvre-Teillard Anne, professora da Universidade de Paris II (Panthéon-Assas) (Ausência. Registro civil. Família. Filiação. Casamento. Nome. Pessoa)
Legal Pierre, professor assistente da Universidade de Nantes (Florestas)
Lemoyne de Forges Jean-Michel, professor da Universidade de Paris II (Panthéon-Assas) (Função pública. Saúde. Pensões)
Leniaud Jean-Michel, professor da École pratique des hautes études (Arquivos [Direito dos arquivos])
Le Roy Étienne, professor da Universidade de Paris I (Panthéon-Sorbonne) (Colônias)
Leroy-Forgeot Flora, jurista, encarregada pedagógica (Homossexualidade)
Leroyer Anne-Marie, professora da Universidade de Paris Sul (Legística)
Lessay Franck, professor da Universidade de Paris III (Sorbonne Nouvelle) (*Bill of rights. Habeas corpus.* Magna Carta)
Leveneur Laurent, professor da Universidade de Paris II (Panthéon-Assas) (Reconhecimento)
Lévy Denis (†), professor da Universidade de Paris II (Panthéon-Assas) (Minas e mineração)
Lévy Jean-Philippe, professor emérito da Universidade de Paris II (Panthéon-Assas) (Édito do pretor. Prova. Sucessões. Garantias)
Leyte Guillaume, professor da Universidade de Paris II (Panthéon-Assas) (Domínio [público e privado]. Direitos senhoriais e feudais. Leis fundamentais do reino. Pedágio)
Livet Pierre, professor da Universidade de Aix-Marseille I (Argumentação e retórica jurídica)
Lombard Martine, professora da Universidade de Paris II (Panthéon-Assas) (Concorrência. Direito público da economia)
Lucchini Laurent, professor da Universidade de Paris I (Panthéon-Sorbonne) (Mar)
Machelon Jean-Pierre, professor da Universidade de Paris V (René Descartes), professor da École pratique des hautes études (Direito parlamentar)
Maistre du Chambon Patrick, professor das Faculdades de Direito, decano honorário da Faculdade de Grenoble (Processo penal)
Malaurie Philippe, professor emérito da Universidade de Paris II (Panthéon-Assas) (Capacidade. Causa. Obrigações)
Marguenaud Jean-Pierre, professor da Faculdade de Direito e de Ciências Econômicas de Limoges (OMIJ) (Animal)
Martin Henri Jean, professor na IV seção da École pratique des hautes études (Bibliotecas. Censura)
Maulin Éric, professor da Universidade de Estrasburgo III (Positivismo. Soberania)
Mausen Yves, doutor em direito (Manuais, tratados e outros livros [Idade Média]. Romanística medieval. Escolástica jurídica)
Mbongo Pascal, professor da Faculdade de Direito de Poitiers (Ingerência [Direito interno]. Injúria, difamação, ofensa)
Michaut Françoise, diretora de pesquisas do CNRS (Estados Unidos)
Millard Éric, professor da Universidade de Perpignan (Realismo)
Moine-Dupuis Isabelle, professora assistente da Universidade de Borgonha – Credimi (Comércio jurídico)
Moitry Jean-Hubert, advogado da Corte de Cassação (Japão [Cultura jurídica])
Molinier-Potencier Sophie, professora assistente da Universidade de Paris VII (Protestantes)
Monnier François, professor da EHESS (Denegação de justiça. Justiça administrativa)
Morand-Deviller Jacqueline, professora da Universidade de Paris I (Panthéon-Sorbonne) (Meio ambiente)
Morange Jean, professor da Universidade de Paris II (Panthéon-Assas) (Direitos civis e políticos. Laicidade. Liberdade)
Morvan Patrick, professor da Universidade de Paris I (Panthéon-Sorbonne) (Princípios)
Moutouh Hugues, *agrégé* das Faculdades de direito (Nômades. Pluralismo jurídico)

Muir-Watt Horatia, professora da Universidade de Paris I (Panthéon-Sorbonne) (Domicílio. *Exequatur*)

Niboyet Marie-Laure, professora da Universidade de Paris X – Nanterre (Ação em juízo)

Patault Anne-Marie (†), professora *agrégée* das universidades (Bens. Comunhão. Propriedade [Direito de])

Paynot-Rouvillois Anne, doutoranda da Universidade de Paris II (Panthéon-Assas) (Pessoa jurídica. Sujeito de direito)

Penneau Jean, professor emérito da Universidade de Paris XI (Medicina)

Petit Jacques, professor da Universidade de Rennes I (Obras e edificações públicas)

Petitet Sylvain, doutor HDR "Manejo urbanístico" ENTPE, laboratório RIVES-UMR 5600 (Cidades)

Pfersmann Otto, professor da Universidade de Paris I (Panthéon-Sorbonne) (Antinomias. Fato. Hierarquia das normas. Lacunas e completude. Moral e direito. Norma. Vontade)

Pfister Laurent, professor da Universidade de Versalhes (Saint-Quentin) (Reforma protestante e direito. Contratos de fornecimento de bens e serviços)

Picard Étienne, professor da Universidade de Paris I (Panthéon-Sorbonne) (*Common Law*. Direitos fundamentais. Polícia)

Pierre-Caps Stéphane, professora da Universidade de Nancy II (Minorias)

Pimentel Carlos, professor da Universidade de Versalhes (Saint-Quentin) com Philippe Lauvaux, professor da Universidade de Paris II (Panthéon-Assas) (Funções jurídicas do Estado)

Poirat Florence, professora da Universidade de Lille (Estado. Revolução. Território)

Porchy-Simon Stéphanie, professora da Universidade de Lyon III (Dano)

Poughon Jean-Michel, professor da Universidade de Estrasburgo (Troca, escambo, permuta)

Pouyaud Dominique, professor da Universidade de Paris V (René-Descartes) (Nulidade)

Pradel Jean, professor da Universidade de Poitiers (Direito à ampla defesa. Duelo)

Quenet Maurice, professor da Universidade de Paris II (Panthéon-Assas), reitor da Academia de Paris (Protocolo e etiqueta)

Quillet Jeannine, professora das universidades (Decálogo)

Radé Christophe, professor da Universidade de Bordeaux IV (Montesquieu) (Culpa)

Raynaud Philippe, professor da Universidade de Paris II (Panthéon-Assas) (Antigos e modernos. Constitucionalismo)

Rebut Didier, professor da Universidade de Paris II (Panthéon-Assas) (Legítima defesa [ponto de vista jurídico])

Renault Emmanuel, professor assistente ENS LSH (Marxistas [Doutrinas do direito])

Renoux-Zagame Marie-France, professora da Universidade de Paris I (Panthéon-Sorbonne) (Direito divino. Escolástica [segunda])

Revet Thierry, professor da Universidade de Paris I (Panthéon-Sorbonne) com Pascale Deumier, professora *agrégée* de direito público da Universidade de Saint-Étienne (Ordem pública. Fontes do direito [Problemática geral])

Robert-Wang Laurent (Regra de direito. Vontade geral)

Rouland Norbert, membro do Institut Universitaire de France (Aculturação jurídica. Antropologia jurídica. Incesto. Sociedades tradicionais)

Roumy Franck, professor da Universidade de Paris XI (*Corpus iuris canonici*, compilações canônicas e codificações mais recentes. Usura)

Ruiz Fabri Hélène, professora da Universidade de Paris I (Panthéon-Sorbonne) (Sucessão de Estados)

Saint-Bonnet François, professor da Universidade de Rennes (Lei. Privilégio. Exceção, urgência, necessidade)

Saint-Pierre Jacques, professor secundário de história (Assembleias de Estados)

Salas Denis, professor assistente da École nationale de la magistrature (Juiz [hoje]. Processo)

Senellart Michel, professor de filosofia. ENS LSH de Lyon (Governo)

Sériaux Alain, professor da Universidade de Paris XII (Saint-Maur) (Abuso de direito. Direito canônico. Direito civil. Direito natural. Responsabilidade civil)

Serrand Pierre, professor assistente da Universidade de Orléans (Abuso de poder. Ato de governo. Reciprocidade. Atos de arbitrariedade)

Sfez Lucien, professor da Universidade de Paris I (Panthéon-Sorbonne), diretor da École doctorale de science politique de Sorbonne (Comunicação. Decisão. Instituição [Doutrina]. Utopia e ideologia)

Simon Denys, professor da Universidade de Reunião (Direito comunitário)

Soleil Sylvain, professor de história do direito na Universidade de Rennes I (Língua francesa)

Sourdel Dominique, professor emérito da Universidade de Paris I (Panthéon-Sorbonne) (Islamismo)

Spitz Jean-Fabien, professor de filosofia política, Departamento de Filosofia, Universidade de Paris I (Panthéon-Sorbonne) (Liberais, comunitaristas e direito. Justiça [doutrinas])

Stirn Bernard, presidente adjunto da seção do contencioso do Conselho de Estado, professor associado do Institut d'études politiques de Paris (Interesse)

Tallon Denis, professor da Universidade de Paris II (Panthéon-Assas) (Precedente. Truste)

Testu François-Xavier, professor da Faculdade de Direito de Angers (Casuística. Indivíduo)

Testu François-Xavier, professor da Faculdade de Direito de Angers com Charles Jarroson, professor da Universidade de Paris II (Panthéon-Assas) (Equidade)

Testu François-Xavier, professor da Faculdade de Direito de Angers com Gwendoline Lardeux, professora da Universidade de Paris XIII (Força)

Texier Alain, professor assistente da Universidade de Limoges (Brasões. Nobreza e títulos)

Théry Philippe, professor da Universidade de Paris II (Panthéon-Assas) (Competência. Derrogação, dispensa, escusa, tolerância. Execução)

Thibaut-Payen Jacqueline, professora da Universidade do Maine (Cemitérios e sepulturas. Leis bárbaras)

Thireau Jean-Louis, professor da Universidade de Paris I (Panthéon-Sorbonne) (Documentação jurídica [Da invenção da imprensa à Revolução francesa]. Direito comum [Problemática]. Direito francês. Derrelitos e tesouros. Humanista [Jurisprudência]. Jurisconsulto)

Thuillier Guy, professor da EPHE (IV seção) (Obsolescência das obras jurídicas. Pensar por si mesmo em direito. Probabilismo e arte de julgar)

Timsit Gérard, professor da Universidade de Paris I (Panthéon-Sorbonne) (Raciocínio jurídico. Sistema)

Troper Michel, professor da Universidade de Paris X, membro do Institut Universitaire de France (Interpretação. Normativismo. Ciência do direito)

Truchet Didier, professor da Universidade de Paris II (Panthéon-Assas) (Nacionalização. Preço)

Verpeaux Michel, professor da Universidade de Paris I (Panthéon-Sorbonne) (Poder regulamentar)

Vialard Antoine, professor da Universidade de Bordeaux IV (Navio)

Wachsmann Patrick, professor da Universidade de Estrasburgo (Qualificação. Direitos humanos [Proteção internacional]. Declaração dos Direitos do Homem e do Cidadão)

Wicker Guillaume, professor da Universidade de Bordeaux IV (Montesquieu) (Ficção)

Xynopoulos Georges, doutor em direito (Proporcionalidade)

Zoller Élisabeth, professora da Universidade de Paris II (Panthéon-Assas) (Boa-fé. *Due process of law*. Estados Unidos. *Rule of law*)

A

ABUSO DE DIREITO

A chamada teoria do abuso de direito (mais exatamente, do abuso *dos direitos* ou, no singular, do abuso *de um direito*) tem a vocação de corrigir certas consequências, consideradas nefastas, do reconhecimento de direitos subjetivos em favor das pessoas físicas ou jurídicas. Em termos de inspiração, aparenta-se a outros corretivos, tais como a boa-fé, a equidade ou a regra *fraus omnia corrumpit*. Seu objeto – os direitos subjetivos –, porém, lhe valeu uma consideração especial por parte da doutrina jurídica.

Surgimento

Na França, foi a jurisprudência que, em meados do século XIX, tomou a iniciativa de limitar o exercício de certos direitos subjetivos invocando seu uso abusivo. O primeiro desses direitos assim limitados foi o direito de propriedade. Desde então, a maioria, se não todos, foram submetidos à mesma prova: direito ou liberdade de opinar, direito de greve, direito à privacidade, liberdade da concorrência, direito de agir em justiça ou, recentemente, direito moral do autor de uma obra intelectual etc. Outros ordenamentos jurídicos, com codificações mais tardias que as francesas, instituíram o abuso de direito dentro de limites de alcance geral. Por exemplo, de acordo com o artigo 2º do Código Civil suíço, "o abuso manifesto de um direito não é protegido pela lei". O artigo 7º do Código Civil espanhol, depois de declarar que "os direitos devem ser exercidos em conformidade com as exigências da boa-fé" (§ 1), acrescenta (§ 2): "A lei não protege o abuso de um direito ou seu exercício antissocial. Todo ato ou omissão que, pela intenção de seu autor, por seu objeto ou pelas circunstâncias de sua realização, ultrapassar manifestamente, em prejuízo alheio, os limites normais do exercício de um direito, dará ensejo a indenização, assim como à adoção de medidas judiciais ou administrativas capazes de pôr fim a esse abuso."

A limitação do exercício dos direitos é, sem dúvida, coisa corrente. Assim, o artigo 544 do Código Civil francês dispõe que "a propriedade é o direito de gozar e dispor das coisas da maneira mais absoluta, desde que dela não se faça um uso proibido pelas leis ou pelos regulamentos". Mas a teoria do abuso dos direitos apresenta, nesse aspecto, características notáveis. Por um lado, permite proibir qualquer utilização excessiva de um direito. Proceder, ao contrário, por enumeração de casos nos quais tal exercício fosse proibido constituiria uma atitude de muito mais estática. Além disso, a teoria é potencialmente aplicável a qualquer direito ou liberdade. A chamada categoria dos direitos discricionários, cujo uso seria insuscetível de abuso, nada tem de estanque em relação à categoria dos direitos vinculados ou, em todo caso, vinculáveis; os juízes conservam sempre a faculdade de considerar oportuno esse controle, seja qual for o direito ou a liberdade em causa.

Daí resulta grande diversidade no objeto de controle. De acordo com a época e o lugar, certos direitos são considerados absolutos e outros, não. Outros, ainda, chegam a ser desmembrados: sob certos aspectos, são considerados suscetíveis de abuso, mas sob outros, não são. Por exemplo, o direito de propriedade que, na França, por um lado, foi o primeiro alvo da limitação pela proibição de seu abuso, por outro lado, dá ensejo, pelo menos por parte da Corte de Cassação, à formulação do princípio segundo o qual "a defesa do direito de propriedade contra a invasão não poderia degenerar em abuso". Um último desenvolvimento da teoria em questão tende a considerar que até mesmo o não exercício de um direito subjetivo pode mostrar-se abusivo. No entanto, em se tratando de prerrogativas que autorizam escolhas individuais, é difícil não reconduzir a recusa a exercer um direito ao próprio exercício de tal direito, o que priva a questão de todo interesse.

O padrão, legal ou pretoriano, do abuso também é passível de variações. Em certos casos, é necessário que haja uma intenção malévola ou, pelo menos, a aceitação consciente de um risco de dano para outrem. Assim, a Corte de Cassação decidiu em várias ocasiões que "o exercício de um direito pode constituir falta quando o titular desse direito faz dele, com o intuito de causar danos, um uso prejudicial a outrem". Mas a mesma jurisdição muitas vezes se satisfaz com simples negligências e, de modo mais geral, com todo e qualquer exercício não razoável de um direito. As disposições suíças e espanholas citadas acima também têm esse sentido. Elas exigem, porém, que a transgressão seja suficientemente manifesta, condição probatória menos conhecida do direito francês...

Quando se considera que houve abuso, têm-se várias reações complementares. Inicialmente, pode ser decidida a reparação pecuniária do prejuízo causado. Também convém pôr fim ao abuso com medidas *ad hoc* (condenação do autor a uma multa, por exemplo). Mais geralmente, o que se deve dispor é a negação de ação em juízo: aquele que abusa de seu direito não poderia, para esse fim, reivindicar o favor da lei ou do juiz. A perda do direito que foi alvo do abuso tampouco está excluída. No entanto, parece que deve ser reservada apenas aos "direitos-funções", cujo exercício está inteiramente voltado para o interesse de outra pessoa, como, por exemplo, os direitos de guarda e educação referentes à autoridade dos pais sobre a criança. Ademais, tal medida, com conotação fortemente punitiva, por princípio só poderia ser tomada em virtude de disposições emanadas dos detentores do poder supremo: o legislador, no caso da França.

Coerência

Desde suas primeiras manifestações, o interesse suscitado pela teoria do abuso dos direitos pouco foi desmentido. Certas doutrinas jurídicas assumiram como objetivo elucidá-la melhor, integrá-la numa reflexão mais ampla sobre os direitos subjetivos, ou ainda expor alguns de seus aspectos mais visíveis ou mais atuais. Porém, o que tem mais atraído a atenção para a doutrina é a coerência do conjunto da teoria, ainda que em graus diversos. L. Duguit, A. Esmein, M. Planiol e vários outros juristas aplicaram-se a ressaltar o caráter contraditório da própria expressão "abuso de direito". Nesse sentido, as fórmulas de Planiol tornaram-se célebres: "Essa nova doutrina assenta por inteiro numa linguagem insuficientemente estudada; sua fórmula, uso abusivo dos direitos, é uma logomaquia, pois, se uso de meu direito, meu ato é licito, e, quando ele é ilícito, é porque ultrapasso meu direito e ajo sem direito. Portanto, não devemos ser enganados pelas palavras; o direito cessa onde o abuso começa, e não pode haver uso abusivo de um direito qualquer pela razão irrefutável de que um único e mesmo ato não pode ser ao mesmo tempo conforme ao direito e contrário ao direito."

Esse argumento, porém, não é irrefutável. Há lugar, sim, para o exercício abusivo de um direito, que continua sendo um direito mesmo quando seu titular o invoca com a única intenção de prejudicar outrem. Do ponto de vista objetivo, ele está então perfeitamente em seu direito; subjetivamente, ao contrário, parece amplamente condenável. Essa é, substancialmente, a posição de G. Ripert. Todo exercício de um direito subjetivo contém em si um prejuízo para outrem. Aí está, de algum modo, a regra da livre interação desses direitos, e cada um deve suportar as suas consequências. A moral reprova apenas a má intenção e autoriza, assim, a punir aqueles que exercem seus direitos gratuitamente, com o único fim de prejudicar. O abuso de direito seria, assim, para os direitos subjetivos, o equivalente àquilo que a fraude é para a lei, no que se refere ao direito objetivo: um corretivo, revelador, entre outros, da influência da regra moral sobre as regras jurídicas. A busca e a penalidade para essas atitudes interiores de má intenção só podem ser reservadas aos juízes. Só eles têm condições de penetrar nas consciências, se é que isso é possível. Nessa perspectiva, a teoria do abuso de direito aproxima-se sensivelmente da equidade, ou melhor, da boa-fé.

Não há dúvida de que a jurisprudência frequentemente demonstrou ter do abuso uma concepção bem mais ampla. São censurados como tal não só os comportamentos que revelem a intenção de prejudicar, mas também todo e qualquer exercício irracional de um direito, ou seja, em definitivo, todo e qualquer desvio de sua finalidade objetiva: a finalidade exigida pelo seu uso normal, para o qual ele foi justamente concedido. Essa reintrodução da finalidade como parâmetro de medida do exercício dos direitos está no cerne de várias outras doutrinas, das quais a mais célebre na França é a de L. Josserand. Ela obriga a descobrir outra coerência na teoria do abuso dos direitos. Nessa perspectiva, é de fato impossível admitir que o abuso possa ficar aquém do direito. O exercício irracional de um direito nada mais é que a negação do próprio direito. Um direito sem razão será ainda um direito?

O dilema de Planiol volta, portanto, com todo o seu vigor. Dessa vez ele só pode ser superado com a condição de se ter outra visão dos direitos subjetivos. O reconhecimento dessas prerrogativas jurídicas aos submetidos a governos ou à justiça nada mais é que a expressão das concepções fundamentais sobre a ordem jurídica que se têm em determinado momento ou lugar. Essas concepções podem, certamente, autorizar a formulação de direitos (ou de liberdades), mas seus beneficiários não poderiam perder de vista que só podem fazer deles um uso justo e, portanto, racionalmente justificável. A restrição generalizada do abuso dos direitos aparece então como um instrumento cômodo de pedagogia legislativa. Sem dúvida cabe ao juiz decidir se houve, neste ou naquele caso, algum eventual abuso, mas ele já não se mostra como um moralizador. Ao contrário, aí desempenha sua missão habitual de agente encarregado de velar pela aplicação correta de leis que estão acima dele.

› DABIN J., *Le Droit subjectif*, 1952. – GAILLARD E., *Le Pouvoir en droit privé*, 1985. – JOSSERAND L., *De l'abus des droits*, 1905; *De l'esprit des droits et de leur relativité (théorie dite de l'abus des droits)*, 2ª ed., 1939. – ROTONDI M., *L'abuso di diritto*, 1923. – RIPERT G., *La Règle morale dans les obligations civiles*, 4ª ed., 1949.

Ver também: CARON Ch., *Abus de droit et droit d'auteur*, 1998. – PIROVANO A., "La fonction sociale des droits: réflexions sur le destin des théories de Josserand", *Rec. Dallaz-Sirey*, 1972, chron. 67. – POUSSON A., "Le non-exercice fautif d'un droit subjectif", *Mélanges dédiés à Louis Baver*, pp. 19 ss. – ROTONDI M., "Le rôle de la notion d'abus de droit", *Rev. trem. de droit civil*, 1980, pp. 66 ss. – STOFFEL-MUNCK Ph., *L'Abus dans les contrats. Essai d'une théorie*, 2000.

Alain SÉRIAUX

→ Ação em juízo; Culpa; Direito subjetivo; Direitos (Classificação).

ABUSO DE PODER

O abuso de poder é uma ação da administração pública que constitui um atentado gravemente ilegal contra um direito fundamental. Surgido na jurisprudência francesa no fim do século XIX, o abuso de poder (*voie de fait*) é uma noção com eclipses: teve momentos de glória, períodos de declínio e alguns longos sonos. No entanto, continua atual. É encontrada principalmente na jurisprudência das jurisdições judiciárias, pois as vítimas de uma arbitrariedade na maioria das vezes e com razão procuram os tribunais judiciários. Também é encontrada com bastante frequência na jurisprudência do Tribunal dos Conflitos, pois a autoridade departamental intervém amiúde para proteger a competência administrativa contra o uso às vezes excessivo dessa noção pelo juiz judiciário. Mas também é encontrada, ainda que mais raramente, na jurisprudência das jurisdições administrativas. Essa diversidade de fontes jurisprudenciais, aliada às concepções um pouco diferentes que as diversas jurisdições têm dessa noção, provavelmente explica por que ela é vista como "uma das mais sutis do direito administrativo francês" (G. Vedel e P. Delvolvé). Contudo, convém tentar identificá-la.

O abuso de poder é, em primeiro lugar, uma ação da administração pública. Provém de uma decisão sua ou da execução forçada de uma decisão sua (TC, 1956, *Guyard c. Tegny*). A partir dessa origem diferente, é tradicional distinguir dois tipos de ato de abuso de poder. Há, por um lado, o abuso por "carência de direito" (Hauriou), cuja fonte está numa decisão da administração pública. Por outro, há o abuso por "carência de procedimento" (Hauriou), cuja fonte está na execução forçada de uma decisão da administração pública. No entanto, apesar dessa distinção, o abuso de poder só se concretiza por meio de uma operação material de execução ou por uma ameaça suficientemente precisa de execução (TC, 1947, *Hilaire*). Se uma decisão da administração pública não for acompanhada de alguma ameaça precisa de execução próxima, com data marcada, não há abuso de poder (TC, 1996, *Mme Robert*; TC, 1999, *Préfet du Calvados*). Por essa razão, o abuso de poder é, em primeiro lugar, uma operação da administração pública.

No entanto, só uma ação que atente contra um "direito fundamental" pode ser constitutiva de abuso de poder. Como essa noção de "direito fundamental" nunca foi definida com precisão pela jurisprudência, será difícil apresentar uma lista dos direitos envolvidos. Mostram-se como tais: liberdade individual – ou seja, no sentido estrito de liberdade de ir e vir (TC, 1986, *Eucat*) e inviolabilidade do domicílio (TC, 1947, *Époux Barinstein*) –, direito de propriedade privada imobiliária ou mobiliária (CE, 1949, *Carlier*), liberdade de imprensa (TC, 1935, *Action française*), liberdade de expressão (TGI Paris, 1982, *Guez*), direito ao sigilo da correspondência (CE, 1985, *Dupont*), liberdade de associação (Cass. Civ., I, 1977, *Commune de Bouguenais*) e direito de exercer uma atividade profissional (Cass. Civ., I, 1983, *Reymondon*).

Por fim, o ato de abuso de poder pressupõe ilegalidade, não apenas "simples" (TC, 1947, *Consorts Perrin*), mas "flagrante" (TC, 1952, *Japy c. Kahn*) e muito grave (CE, 1966, *Guigon*). A distinção desses dois tipos de ilegalidade é delicada, pois não é objetiva, mas subjetiva: não depende tanto da ilegalidade em si quanto da autoridade habilitada a apreciá-la. A jurisprudência, porém, tende a considerar que uma operação tem caráter gravemente ilegal apenas quando a administração pública "age *em desacordo com os poderes* de que é investida" (R. Chapus). O juiz fala de medida "manifestamente não vinculável à aplicação de um texto legislativo ou regulamentar" (TC, 1947, *Consorts Perrin*), ou "manifestamente não vinculável ao exercício de um poder conferido pela lei à administração" (TC, 1986, *Eucat*), ou ainda "manifestamente não vinculável ao exercício de um poder pertencente à administração" (CE, 1949, *Carlier*). Essas formulações significam que a administração pública não dispõe de um poder capaz de justificar a medida constitutiva da arbitrariedade, e isso de duas maneiras. Ou a administração pública não dispõe de nenhum poder capaz de justificar a medida, de tal maneira que essa medida é totalmente estranha a um poder qualquer pertencente à administração pública (CE, 1969, *Consorts Muselier*). O ato de abuso de poder é então equiparável a uma "incompetência absoluta" (Auby), o que, infelizmente, comprova o profundo desconhecimento que as administrações públicas às vezes têm de suas prerrogativas; ou a administração pública pode, em certas circunstâncias, dispor de tal poder, mas este escapa à administração pública em causa no exercício das funções cumpridas. Assim, ainda que esteja habilitada a reter o passaporte de um administrado em caso de atentado contra a segurança pública, a administração pública cometerá um abuso à arbitrariedade se proceder a essa retenção para garantir a arrecadação de impostos diretos (TC, 1986, *Eucat*). A ilegalidade grave aproxima-se aí da ilegalidade "simples", o que só pode dificultar ainda mais a elucidação da arbitrariedade. Esse inconveniente é aumentado pelo fato de tal noção ter influência sobre a competência jurisdicional.

Da jurisprudência se depreende que tanto o juiz judiciário quanto o juiz administrativo são competentes para constatar a existência de abuso de poder, ou seja, para examinar se estão reunidas as condições de abuso de poder. O juiz judiciário pode assim apreciar a legalidade e, eventualmente, interpretar os atos administrativos que lhes deram origem, sejam eles regulamentadores ou individuais (TC, 1947, *Époux Barinstein*). O juiz administrativo, por sua vez, em razão da inexistência jurídica do ato constitutivo do abuso de poder, pode declará-lo "nulo de pleno direito" (CE, 1966, *Guigon*) ou "nulo e sem efeito" (CE, 1988, *Plante*). Portanto, embora a qualificação de ato de abuso de poder não acarrete nenhuma consequência para a competência do juiz quando o que se pleiteia é a nulidade do ato constitutivo de arbitrariedade, não ocorre o mesmo quando a vítima de um abuso de poder pleiteia indenização pelas consequências danosas desta ou a sua cessação. De fato, só o juiz judiciário é competente, por um lado, para condenar a administração pública a indenizar os prejuízos que provoque, direta ou indiretamente (CE, 1969, *Consorts Muselier*), e, por outro, para dirigir à administração pública injunções tendentes a pôr fim ao abuso (CE, 1949, *Carlier*) ou a preveni-lo (TC, 1947, *Hilaire*).

Em razão desse regime jurídico, as operações da administração pública que sejam suspeitas de arbitrariedade, portanto as mais contestáveis, são aquelas cuja repressão é mais complexa. Em primeiro lugar, os eventuais procedimentos de conflito positivo de competência retardam sua punição. Em segundo lugar, os jurisdicionados que constituem erroneamente o juiz administrativo ou o juiz judiciário obtêm como única resposta a seu pedido de indenização um reconhecimento de incompetência, mesmo sendo procedente o pedido de reparação. Por fim, estando em causa uma mesma questão, os jurisdicionados às vezes precisam dirigir-se ao mesmo tempo ao juiz administrativo, para obter reparação da parte de seu prejuízo imputável a uma operação não constitutiva de arbitrariedade, e ao juiz judiciário, para obter reparação da parte de seu prejuízo imputável a uma operação constitutiva de arbitrariedade (CE, 1949, *Carlier*). Por conseguinte, só o juiz judiciário goza da plenitude de jurisdição nessa matéria. Como explicar isso?

Uma primeira explicação baseia-se na ideia de "desnaturação". Quando a administração pública age em desacordo com os poderes de que é investida, sua operação é degenerada, desnaturada: já não está numa "via de direito", mas numa "via de fato", portanto "despojada de qualquer caráter administrativo" (Cass. Civ., 1950, *Maire c. Philis*). Essa desnaturação da ação administrativa tem como efeito modificar as habituais regras de competência, de tal maneira que a administração pública, quando comete um abuso de poder, está submetida ao direito comum e ao controle do juiz judiciário, tal como um simples particular. No entanto, embora permita explicar a competência do juiz judiciário, essa ideia não possibilita compreender por que o juiz administrativo continua competente para constatar a existência de abuso de poder. Além disso, se a desnaturação é provocada pela ação da administração pública em desacordo com os poderes que lhe são conferidos por um texto legislativo ou regulamentar, não se entende por que essa desnaturação só ocorre quando a administração pública atenta contra um direito fundamental, e não sempre que agir em desacordo com os poderes de que é investida.

Outra explicação baseia-se no princípio segundo o qual a jurisdição judiciária é guardiã da liberdade individual e do direito de propriedade privada. Contudo, esse princípio não possibilita compreender por que a competência da jurisdição judiciária se limita às operações gravemente ilegais da administração pública, constitutivas de abuso de poder, e não se estende a todas as que atentem contra a liberdade individual ou o direito de propriedade.

Uma última explicação baseia-se na ideia segundo a qual só a jurisdição judiciária ofereceria proteção jurisdicional capaz de pôr fim aos efeitos do atentado, tão logo este fosse cometido. É verdade que o juiz administrativo cautelar durante muito tempo pareceu desarmado perante a administração pública, o que podia explicar a preferência das vítimas de abuso de poder por recorrer ao juiz cautelar mais bem armado para eliminá-lo: o juiz civil das liminares. Mas agora é diferente.

A lei de 30 de junho de 2000 pôs à disposição do juiz administrativo novos procedimentos de urgência, sobretudo um *référé-liberté* (liminar de liberdade) que o habilita a ordenar todas as medidas necessárias à salvaguarda de uma liberdade fundamental contra a qual uma autoridade administrativa, no exercício de seus poderes, teria cometido um atentado grave e manifestamente ilegal. Essa nova legislação, apesar de não fazer a arbitrariedade desaparecer (TC, 2001, *Mohammed*), só pode contribuir para limitar as utilizações excessivas dessa noção por parte do juiz judiciário. Como as justificações práticas da arbitrariedade agora estão sem fundamento, sua existência já se baseia apenas na tradição jurisprudencial, e o juiz talvez queira conservar uma noção capaz de desempenhar papel "educativo" em relação à administração pública, em razão de suas consequências jurídicas.

› ABRAHAM R., "L'avenir de la voie de fait et le référé administratif", *Mélanges Braibant*, Paris, Dalloz, 1996, p. 10 – AUBY J.-M., "Emprise irrégulière et voie de fait", *JCP*, 1955, I, nº 1259. – CHAPUS R., *Droit administratif général*, Paris, Montchrestien, t. 1, nº 1087 ss. – LECLERCQ C., "Le déclin de la voie de fait", *RDP*, 1963, p. 657. – LE MIRE P., "Inexistence et voie de fait", *RDP*, 1978, p. 1219. – PETIT S., *La Voie de fait administrative*, Paris, PUF, 1995. – VEDEL G., "La juridiction compétente pour prévenir, faire cesser ou réparer la voie de fait administrative", *JCP*, 1950, I, nº 851.

Pierre SERRAND

→ Ato administrativo; Direitos fundamentais; Propriedade (Direito de).

AÇÃO EM JUÍZO

Numa acepção ampla, aplicável a todos os tipos de contencioso, a ação é o direito, sob certas condições determinadas, a recorrer a um juiz investido do poder de decidir os litígios, com o fim de obter uma decisão justa. Esse direito de acesso à justiça se distingue ao mesmo tempo do direito substantivo reclamado em juízo, das formalidades da demanda em juízo, pela qual a ação é exercida, e do estabelecimento das vias de direito que permitem o recurso a um juiz. A sanção às condições de existência da ação é a inadmissibilidade da demanda, ou seja, sua rejeição, sem exame do mérito, por meio de uma exceção de competência.

Evolução histórica do conceito de ação em juízo: uma função criadora de direitos

Os sistemas jurídicos romano-germânicos e os sistemas de *common law* seguiram evolução paralela nesse aspecto (V. Ihering, *Esprit du droit romain*, trad. fr. Meulenaere, t. III, pp. 330-51). Nos sistemas primitivos, o que dá o direito de apresentar queixa diante dos tribunais é a existência de uma série de ações referentes a casos particulares de danos, se os fatos alegados corresponderem à fórmula de uma ação determinada (as *legis actiones* do direito romano ou os *writs* do direito inglês medieval). O cumprimento das formalidades processuais permite que os demandantes obtenham proteção jurídica numa situação de fato originária. Assim, o reconhecimento de uma ação cria um direito; *Remedies precede Rights*, segundo a fórmula sempre citada pelos historiadores do direito inglês (cf. R. David. *Introduction à l'étude du droit privé de 1'Angleterre*, Paris, 1948). Progressivamente, os procedimentos formais se tornam mais flexíveis, dando a cada ação um alcance que abrange uma categoria mais vasta de situações e transformando-se, pouco a pouco, no reconhecimento de uma prerrogativa geral e abstrata que permite obter a sanção judicial de um direito, independentemente do ato formal necessário ao desencadeamento do processo. A ordem inverte-se: a ação em juízo torna-se proteção do Estado dada aos titulares de direitos subjetivos e a aceitação de uma ação frequentemente constitui o critério da juridicidade da situação.

A função criadora da ação reaparece nos sistemas jurídicos contemporâneos com o reconhecimento internacional do direito fundamental a um processo equitativo (art. 14, § 1, 3 e 4 do Pacto Internacional Relativo aos Direitos Civis e Políticos de 19 de dezembro de 1966, e artigo 6 § 1 da Convenção Europeia de Salvaguarda dos Direitos do Homem e das Liberdades Fundamentais). O direito ao processo equitativo, que absorve o direito de agir em juízo, transcende as categorias dos sistemas jurídicos nacionais (assistência judiciária, organização judiciária e regras relativas à competência e à composição das jurisdições, vias de execução), conferindo aos indivíduos o direito de acesso concreto a um juiz imparcial e independente, com o objetivo de obter a execução efetiva de uma decisão de justiça. Ao mesmo tempo, constata-se que a definição, cada vez mais elaborada, dos componentes do processo equitativo é fonte de criação de novos direitos substantivos não formalmente garantidos pelas convenções. Isso ocorre com o direito de não se autoincriminar, deduzido do artigo 6-1 da convenção EDH (cf. Guinchard, "O processo equitativo: garantia formal ou direito substantivo", in *Philosophie du droit et droit economique, quel dialogue?, Mélanges en honneur de Gérard Farjat*), ou do princípio de direito penal da pessoalidade das penas, deduzido da presunção de inocência do artigo 6, § 2 (cf. CEDH, AP, MP & TP c/ Suíça, sentença de 29 de agosto de 1997, *Rec.* 1997-V). Inversamente, a Corte europeia deduziu da privação de um direito substantivo à reparação, por razão da imunidade de que gozam os policiais no direito inglês, para ficarem a salvo de toda e qualquer ação de responsabilidade civil baseada em falta de vigilância, a existência "de um direito derivado, derivado do direito da responsabilidade por culpa, de obter uma decisão sobre a admissibilidade e a procedência de uma reclamação defensável". Considerando-se que o requerente fora privado do direito de acesso a um tribunal, a Corte chegou, assim, mediante a proteção do direito de ação em juízo, a proteger um direito substantivo (direito a reparação do prejuízo resultante de falta de vigilância), que não é garantido como tal pela convenção (CEDH, Osman c/ Reino-Unido, sentença de 28 de outubro de 1998).

Ambiguidades da ação em juízo

A ação em juízo e os direitos substantivos que ela tende a proteger sempre foram ligados por laços ambíguos. As noções foram inicialmente equiparadas, em fórmulas célebres, que definiam a ação como "direito ao estado de guerra" (Demolombe, t. IX, nº 338), depois nitidamente separadas por análises objetivistas, que afastavam qualquer referência aos direitos subjetivos, para dar conta dos contenciosos objetivos, como o do recurso por excesso de poder, cujo objeto não é penalizar um desrespeito a um direito preexistente, mas sim a inconformidade de um ato às regras do direito objetivo (sobre as teorias de Jèze e de Duguit, cf. Vizioz, *Études de procédure*, Paris, 1956, pp. 127 ss.). A distinção entre a ação e o direito substantivo que ela garante é hoje unanimemente admitida para reconhecer que podem existir ações sem direito subjetivo correlato (em todos os contenciosos objetivos, inclusive em direito privado, tal como o contencioso de anulação do casamento e o direito de ação do ministério público), direitos sem ação (hipótese do direito prescrito que não pode dar ensejo a uma ação, mas pode ser invocado por via de exceção) e ações transmissíveis relativamente a direitos intransmissíveis (em especial a favor dos herdeiros, v. Lesca-D'Espalungue, *La Transmission héréditaire des actions en justice*, PUF, 1992). No entanto, constata-se que todas as condições de existência da ação estão impregnadas de considerações ligadas à substância dos direitos em litígio, porque todas as condições (interesse, qualidade, prescrição e ausência de autoridade de coisa julgada) são pesadas contra a pretensão (em relação a seu conteúdo ou seu autor). Correlativamente, várias exceções de competência são inspiradas por elementos do mérito do debate. A distinção entre a ação e o direito que constitui seu fundamento deve, portanto, ser entendida como uma relação de autonomia entre as duas noções, apesar de suas múltiplas interferências. Essa autonomia da ação explica por que as condições de existência desta devem ser apreciadas independentemente da procedência da pretensão. Segundo a fórmula de um autor, "o direito de ação é quase o direito de estar errado" (F. Terré, "Os conflitos de leis em matéria de ação em juízo", *Travaux du comité français de droit international privé*, 1964-66, p. 115).

A ação em juízo também deve ser distinguida do ato processual por meio do qual ela se concretiza, a demanda em justiça. Por isso, em cada procedimento, um formalismo estrito governa as condições de exercício do direito de ação por meio de atos que têm diversas designações (mandado de citação, petição, comparecimento voluntário das partes, reclamação etc.), cujas irregularidades são penalizadas com exceções processuais, salvo em caso de existência de um direito de ação em favor dos reclamantes. Além disso, a formulação de uma demanda em justiça produz efeitos específicos e independentes da existência de um direito de ação em favor do demandante. Citaremos, como exemplo, o efeito interruptivo de prescrição. No entanto, a tendência histórica à absorção da ação pelas formalidades processuais ainda está muito presente. A confusão se faz sentir até mesmo no artigo 30, parágrafo primeiro do Novo Código de Processo Civil francês, que enuncia que "a ação é o direito que tem o autor à pretensão de ser ouvido sobre a matéria desta, a fim de que o juiz a considere procedente ou não". Essa definição leva a crer que a existência do direito de ação depende da introdução de uma demanda, ao passo que é a existência anterior de um direito de agir que torna admissível a demanda (sobre a crítica a essa definição, cf. Wiederkerhr, a noção de ação em juízo segundo o artigo 30 do Novo Código de Processo Civil francês, *Mélanges Hébraud*, p. 949). Para respeitar a autonomia do conceito de ação, portanto, é necessário admitir que o direito de agir é um direito virtual, que existe antes de sua concretização e cujo exercício desencadeia para o juiz a obrigação de pronunciar-se sobre a pretensão que lhe é assim apresentada.

A ambiguidade fundamental do direito de ação é mais bem ressaltada pelo prisma do direito internacional privado, terreno de observação privilegiado das forças antagonistas de atração que as leis processuais e referentes ao mérito exercem sobre as condições de existência da ação. Observa-se, de fato, em todos os sistemas jurídicos, uma hesitação sobre a vinculação entre as condições da ação em juízo, que ora são tratadas como questões de procedimento, submetidas à lei forense, ora como questões de mérito, relativas à lei aplicável ao direito substantivo em litígio (v. F. Terré, acima citado, e M.-L. Niboyet, *L'Action en justice dans les rapports internationaux de droit privé*, Economica, 1986).

Todas essas ambiguidades estão na origem de uma intensa controvérsia doutrinal sobre a natureza jurídica da ação. Segundo Motulsky, o direito de ação é um verdadeiro direito subjetivo cujo sujeito passivo seria o juiz, que se tornaria culpado do delito de denegação de justiça, caso não cumprisse sua obrigação de pronunciar-se sobre o mérito ("O direito subjetivo e a ação em juízo", APD, 1964, pp. 215 ss.). Mas a essa tese se pode objetar que as obrigações do juiz decorrem de seu estatuto, sem correspondência com a ideia de dívida em relação aos demandantes. De resto, a penalidade por denegação de justiça não está restrita à violação de um direito de ação; ela decorre de qualquer recusa em pronunciar-se por parte do juiz, inclusive sobre questões de regularidade processual. O juiz, portanto, para não incorrer em denegação de justiça, é obrigado a pronunciar-se sobre a inadmissibilidade de uma demanda. Além disso, muitos autores franceses preferem definir a ação como faculdade ou poder (v. Cornu e Foyer, p. 275; Solus e Perrot, nº 94; Vincent e Guinchard, nº 64). Essas definições têm a vantagem de ressaltar que a ação em juízo é uma liberdade que os indivíduos têm de dirigir-se à justiça, mas pode-se criticar nelas o fato de se esquivarem à dificuldade recorrendo a noções em si mesmas mal definidas. Outros, por fim, negam pura e simplesmente o conceito de ação, quer equiparando-a aos atos processuais constitutivos da demanda (Héron, nº 37 ss.), quer considerando-a como um conjunto de regras que governam a admissibilidade das questões litigiosas suscitadas pelas partes (v. X. Lagarde, *Réflexion critique sur le droit de la preuve*, LGDJ, 1994, p. 102).

Pode-se preferir, conforme proposto por uma doutrina italiana e belga, incluir o direito de ação na categoria dos direitos potestativos e defini-lo como "poder de reclamar a execução da lei" (Chiovenda, cf. exposição da doutrina de Chiovenda por Vizioz, p. 139), ou ainda como "poder de cumprir os atos necessários à obtenção de uma decisão do juiz, que se pronuncia, por aplicação do direito, sobre o mérito de uma pretensão de ordem jurídica" (Van Compernolle, *Le droit d'action en justice des groupements*, Bruxelas, 1972). A ação, de fato, é o direito de dar origem, por um ato de vontade unilateral (a demanda em justiça), a uma relação jurídica processual (vínculo jurídico de instância), criadora de direitos e obrigações entre o juiz e as partes (autor e réu), entre as quais a obrigação do juiz de proferir uma decisão sobre o mérito. Essa análise corresponde exatamente à definição do direito potestativo concebido como poder de modificar, por um ato unilateral, uma situação jurídica incerta (v. Najjar, *Le Droit d'option, contribution à l'étude du droit potestatif e de l'acte unilatéral*, Paris, 1967).

O direito de ação provoca também uma segunda controvérsia sobre se existe um direito de ação do réu, que seria simétrica ao do autor. O artigo 30, parágrafo 2º, do Novo Código de Processo Civil francês o pressupõe, definindo-o como "o direito (do adversário) de discutir a procedência" da pretensão do autor. Mas, aqui também, a definição do código francês foi criticada pela observação de que o direito do réu de contestar as pretensões do autor decorre do princípio do contraditório e, portanto, se confunde com os direitos de defesa (cf. Wiederkehr, acima citado, p. 955). Por outro lado, quando certas condições de admissibilidade visam ao réu, tal como a obrigação, em certos casos, de atrair para a justiça alguma pessoa que prove certos direitos, trata-se sempre do direito de ação do autor. É ao autor que cabe satisfazer essa condição. Nunca há condições de admissibilidade específicas ao direito de ação do réu que este tivesse a incumbência de estabelecer. A crítica, porém, não é irrefutável, se observarmos que, ao lado do direito de contestar pura e simplesmente as pretensões do adversário – resultante realmente apenas do princípio do contraditório –, existe também um verdadeiro direito de ação do réu que condiciona a admissibilidade de seus meios de defesa, tal como a necessidade de ter um interesse legítimo para invocar este ou aquele meio. Por exemplo, pode-se citar uma sentença que, numa ação sucessória em que se opõem os herdeiros do *de cujus* e sua ex-esposa, negou a esta última – por ausência de interesse legítimo – o direito de contestar a regularidade da sentença de divórcio que ela obtivera – fraudulentamente – no estrangeiro e que a excluía da sucessão litigiosa (Cass. civ. I, 19 de janeiro de 1983; *Rev. crit. DIP*, 1984, 492). Pode-se, portanto, admitir a existência de um verdadeiro direito de ação do réu, passível de obedecer a condições autônomas, tal como a possibilidade de invocar, por via de exceção, um direito prescrito. Mas cabe reconhecer que o direito de ação do réu é um direito virtual, que depende da existência prévia do exercício de uma ação movida contra ele pelo autor.

Parâmetros da ação em juízo

Em todos os sistemas jurídicos, o direito de agir em juízo está subordinado a condições gerais que se dimensionam segundo os contornos da pretensão passível de ser expressa. Para agir em justiça, é preciso, em primeiro lugar, ser titular do direito de ação – questão de capacidade para agir –, provar que busca uma vantagem legítima e juridicamente pertinente – questão de interesse para agir –, não ter excedido o prazo para agir – questão de prescrição –, nem contradizer coisa julgada (cf. lista de exceções apresentada negativamente no art. 122 do Novo Código de Processo Civil francês). O modo como essas condições são regulamentadas, em compensação, varia de um país para outro e de um tipo de contencioso para outro. Na maioria das vezes, a capacidade para agir é deduzida apenas da invocação do direito reclamado. Nas ações consideradas "banais", toda pessoa que se pretenda titular de um direito tem capacidade para reclamá-lo em justiça. Mas, em outras hipóteses, a capacidade para agir pode ser restrita a um círculo menor de pessoas, o que impõe ao autor a justificação de um direito determinado. Fala-se então de ações "de titularidade personalíssima". Quando a ação deve ser impetrada contra uma ou várias pessoas determinadas, fala-se de ações de titularidade duplamente reconhecida. É o caso de muitas ações relativas ao estado civil das pessoas, tal como a ação de divórcio, só pertinente aos cônjuges, só podendo ser exercida contra um dos cônjuges. Também é o caso das ações de nulidade relativa dos contratos de que apenas os contratantes são titulares, e às vezes até mesmo um só deles. Nas ações de titularidade reconhecida, a determinação restritiva da qualidade para agir priva de ação pessoas que, no entanto, poderiam ter algum interesse nela. Ao contrário, em outros casos, a lista das pessoas qualificadas para agir estende-se para além dos titulares dos direitos reclamados. Por razões de interesse geral, a ação é aberta a qualquer indivíduo que comprove interesse para agir (contencioso de legalidade, em especial no recurso por excesso de poder).

A regra "onde não há interesse, não há ação" pode parecer universal. Significa que a ação deve propiciar vantagem pessoal a quem a move. É proibida a ação movida apenas com o objetivo de fazer respeitar a legalidade (ação popular) ou de obter consulta jurídica. A regra decorre tanto da preocupação de não sobrecarregar os tribunais quanto de não afastar os juízes de sua missão jurisdicional. É encontrada em todos os contenciosos, em jurisdições nacionais ou internacionais. À ausência de interesse é associado o interesse mínimo. Mas as soluções diferem quando se questiona a natureza ou o caráter do interesse requerido. Elas variam num mesmo sistema jurídico, segundo o objeto do contencioso, e, num mesmo tipo de contencioso, variam de um sistema para outro. Assim, em direito francês, o autor deve justificar a procura de uma vantagem material quando, na qualidade de herdeiro, move certas ações do *de cujus*, ao passo que, em outros exemplos, basta um interesse puramente moral. Assim também, as características do interesse para agir suscitam controvérsia, em especial em relação à noção de interesse legítimo, que às vezes tende a se confundir com as condições de procedência da demanda, mas que é bem configurado como condição de admissibilidade pelo artigo 31 do Novo Código de Processo Civil francês. Pode-se propor ver na existência de interesse legítimo dois componentes: de moralidade, por um lado, e de pertinência, por outro.

Em outros termos, não pode haver desvio da ação para fins diferentes daqueles para os quais ela é deferida. E a vantagem buscada deve ser passível de se deduzir da aplicação de uma regra de direito.

Aparecem variantes perceptíveis, por outro lado, no modo de admitir as ações preventivas (baseadas em interesse futuro, ou mesmo eventual), destinadas a evitar um litígio futuro. Assim, em direito francês, por exemplo, elas continuam admitidas excepcionalmente, em virtude da obrigação de ter um interesse nascido e atual, ainda que elas tendam a desenvolver-se: ações declaratórias em matéria de estado civil e de nacionalidade, ações com liminar provisória *in futurum* pelas quais se solicita que o juiz ordene uma medida de instrução, se existir motivo legítimo para se conservar ou estabelecer antes do processo a prova de fatos dos quais poderia depender a solução de litígio (art. 145 do Novo Código de Processo Civil francês), e ações possessórias destinadas a evitar um perigo iminente. Em compensação, os países que adotam a *common law* acolhem mais as ações que visem a obter uma sentença declaratória (v. R. David, "Ordem de *mandamus* e sentenças declaratórias no direito inglês", Mélanges offerts à Marcel Waline, LGDJ, 1974, p. 19). Em todo caso existe acordo no que se refere ao direito de mover ações provisórias ou conservatórias com o objetivo de obter medida urgente ou de salvaguardar um direito, tornando-o indisponível. Mas as técnicas utilizadas para atingir esses objetivos variam, tais como as ações que afetem o estatuto do bem apreendido (arresto) ou o da pessoa atacada (*Mareva injunction* inglesa). Observe-se também que há grandes divergências entre os sistemas jurídicos em seu modo de admitir a defesa em juízo de um interesse coletivo. Muitos direitos europeus ainda são refratários a isso e só toleram a ação de sindicatos profissionais ou de certas associações, em condições estritamente determinadas (França, Bélgica e Alemanha, sobretudo). Outros países autorizam uma categoria de indivíduos afetados por um tipo de litígio a exercer uma chamada ação de grupo (*class action* americana). Às vezes, também, é instituído um organismo público para exercer esse tipo de ação (Office of Fair Trading no Reino Unido ou o Consumer Ombudsman escandinavo, em matéria de proteção do consumidor; para uma boa noção de direito comparado, v. L'Action colective et la défense des consommateurs, org. Th. Bourgoignie, Bruxelas, 1992).

A duração dos prazos para agir, que sempre comporta alguma arbitrariedade, é muito heterogênea: aqui de alguns meses, acolá de trinta anos. Mas o conceito de prescrição parece conhecido por todos os sistemas jurídicos, ainda que às vezes certas ações sejam imprescritíveis. Assim, em direito francês discute-se se a ação para reivindicação de um direito de propriedade está submetida ao prazo de prescrição de trinta anos, do direito comum, ou se é imprescritível em razão do caráter perpétuo do direito de propriedade. Por fim, a exceção de coisa julgada – ou seu equivalente em *common law, res judicata* – impede que uma questão dirimida por uma sentença definitiva possa ser movida de novo entre as mesmas partes. Quer se baseie na presunção de verdade associada ao julgamento, quer se veja uma qualidade específica do resultado do exercício da função jurisdicional, a exceção oriunda da coisa julgada se encontra em todos os sistemas jurídicos e em todos os contenciosos. Ela garante uma mesma função: evitar a repetição infinita dos processos e garantir a eficácia dos direitos sancionados em juízo. Segundo os sistemas jurídicos, o momento no qual uma sentença adquire a autoridade de coisa julgada é o do seu pronunciamento (direitos francês, inglês e americano), ou o momento em que ela adquire força executória, ou seja, quando já não pode ser objeto de um recurso ordinário (a maioria dos outros direitos de tradição romano-germânica). Sua extensão e seu alcance são variáveis. Em princípio, sua autoridade decorre do dispositivo da sentença, mas pode estender-se a certos motivos, em especial os que constituem sua sustentação necessária. Só diz respeito àquilo que foi julgado, o que supõe que entre a nova pretensão e a sentença há três identidades: de partes, de objeto e de causa (v. art. 1351 do Código Civil francês). O princípio de autoridade relativa da coisa julgada se estende também ao contencioso administrativo, salvo no caso de sentenças que determinem uma anulação por excesso de poder, com efeito *erga omnes* (cf. Chapus, p. 884). Ainda mais diversificada é a gama de exceções passíveis de serem declinadas pelo legislador ou pelo juiz para filtrar o contencioso. Essas exceções podem ser opostas por razões de mérito (como a proibição de mover ação em busca de filiação natural, contrariando uma filiação legítima estabelecida por provas de estado de pessoa, art. 334-9 do Código Civil francês) ou por razões estritamente processuais, tais como querer submeter certas irregularidades formais ao regime processual mais flexível da exceção (sobre a proliferação das exceções, cf. as observações de M. Normand, *RTD civ.*, 1981, p. 685). Portanto, é impossível fixar uma lista exaustiva das exceções. Aqui nos limitaremos a citar alguns exemplos extraídos do direito francês, tal como a proibição de obter a restituição de um pagamento feito em virtude de um contrato imoral (ou a máxima *in pari causa turpitudinis cessat repetitio*), e do direito inglês, tal como a proibição de se contradizer para prejudicar outrem ou "*estoppel by representation*", ou a inadmissibilidade de ações entre cônjuges.

Operações jurídicas relativas ao direito de ação

O direito de agir em juízo pode ser objeto de numerosas operações jurídicas. Existem em primeiro lugar técnicas para a substituição de uma pessoa da ação por outra, a propósito de determinada relação jurídica, por efeito de sub-rogação (legal ou convencional) ou do exercício de uma chamada ação oblíqua, que permite que um credor execute os direitos de seu devedor negligente contra o devedor deste. A substituição também pode dizer respeito a uma universalidade de direitos, tal como a participação dos herdeiros nas ações do *de cujus*. É possível aproximar essas técnicas dos mecanismos que permitem a um órgão público (o Ministério Público) ou a um grupo de pessoas substituir o titular do direito litigioso para exercer as ações que lhes são pertinentes, mas sem utilizar a técnica da representação. Na realidade, em todas essas hipóteses, o sub-rogado dispõe de um direito de ação próprio que substitui um direito originário ou a este se soma; ele age em seu interesse pessoal ou no interesse da coletividade por ele representada, e não em nome do titular original. Essas substituições têm origem convencional ou legal. Também é possível, em certas condições, transmitir uma ação entre vivos ou por motivo de morte. A liberdade contratual autoriza também atos cujo objeto já não é o de transferir uma ação, mas impedi-la ou anulá-la. A lista das exceções na verdade não está fechada e os indivíduos têm liberdade para criar mais. As partes podem querer dirimir um litígio renunciando a seu direito de ação, depois de terem feito concessões recíprocas: trata-se da composição amigável, que produz efeito análogo ao da coisa julgada. Toda nova ação referente a objeto da composição será paralisada por uma exceção de coisa julgada (sobre o regime de todos esses atos, cf. N. Cayrol, "Atos que têm por objeto a ação em juízo", tese datil., Tours, 1999).

› CADIET L., *Droit judiciaire privé*, LGDJ, 2ª ed., 1998. – CHAPUS R., *Droit du contentieux administratif*, Montchrestien, 7ª ed., 1998. – CORNU G. & FOYER J., *Procédure civile*, Paris, PUF, 3ª ed., 1996. – HÉRON, *Droit judiciaire privé*, Montchrestien, 1991. – MERLE R. & VITU A., *Traité de droit criminel*, Paris. – MOTULSKY H., *Droit processuel*, Les cours du droit, Montchrestien, 1973. – PUTMAN E., *Contentieux économique*, PUF, 1998. – SOLUS H. & PERROT R., *Droit judiciaire privé*, tomo I, Paris, 1961. – VINCENT J. & GUINCHARD S., *Procédure civile*, Dalloz, 25ª ed., 1999.

V. também BANDRAC M., "L'action en justice droit fondamental", *Mélanges en l'honneur de Roger Perrot*, Paris, 1995. – MOTULSKY H., "Le droit subjectif et l'action en justice", in *APD*, IX, 1964, p. 250 ss. – OMAR M. A.-K., *La Notion d'irrecevabilité en droit judiciaire privé*, Paris, LGDJ, 1967. – VAN COMPERNOLLE J., *Le Droit d'action en justice des groupements*, Bruxelas, 1972. – HÉBRAUD P., "Observations sur l'évolution des rapports entre le droit et l'action dans la formation et le développement des systèmes juridiques", *Mélanges offerts à Ph. Raynaud*, Paris, Dalloz, 1985. – Vizioz H., *Études de procédure*, Paris, Dalloz, 1956. – WIEDERKERHHR G., "La Notion d'action un justice selon l'article 30 du Nouveau Code de procédure civile", in *Mélanges offerts à P. Hébraud*, Toulouse, 1981, p. 949 ss.

Marie-Laure NIBOYET

→ Autoridade; Direito à ampla defesa; Direito subjetivo; Formas e procedimentos.

ACASO, SORTE

É por extensão de linguagem que a palavra "sorte" em geral se refere mais a um acontecimento feliz do que a um infeliz. A etimologia confirma essa neutralidade, pois o termo *sorte* provém do latim *sors* (ação de tirar uma cédula para conhecer os oráculos). A palavra acaso vem do latim *casus*, que significava acidente, circunstância imprevista e também sorte, destino. O acaso também assume o aspecto da *probabilidade*, que a matemática tenta prever por meio de cálculos. Tais relações foram exploradas por Alain Bénabent em seu trabalho "La chance et le droit", talvez o único que tratou do assunto. O encontro do direito com tais noções constitui um assunto relativamente pouco explorado. Cabe dizer que por muito tempo o direito resistiu a considerar a sorte e o acaso.

Resistência do direito diante da sorte

Até o século XX, o direito recua diante da sorte. A reprovação dos jogos, pelo menos daqueles que dependem do acaso (jogos de azar), e não da habilidade ou do exercício do corpo, é tópica (art. 1965 ss. do C. Civ. francês). Além da simples reflexão humorística sobre os juristas que seriam sérios demais para interessar-se por assunto tão divertido, razões históricas e filosóficas explicam o fato de que o direito nunca deparou com a sorte em seu caminho. Durante séculos, os valores veiculados pela sorte desagradam aos detentores do poder, em particular à Igreja. Todos devem aceitar as provações da vida, sejam quais forem suas dificuldades. Em seguida, apesar da mudança representada pelo advento do Código Civil na França, a ideia de que *o direito não tem a vocação de retificar os reveses da sorte* perdura com outro fundamento. A responsabilidade em todas as circunstâncias, felizes ou infelizes, é quase sempre vista como corolário da liberdade. Por exemplo, as vítimas de acontecimentos fortuitos não são indenizadas ou então só os prejuízos previsíveis são reparados (art. 1150 do C. Civ. francês). No mesmo sentido, o respeito à palavra dada impõe a execução do compromisso jurídico, inclusive quando as previsões contratuais são subvertidas por circunstâncias econômicas imprevisíveis. Ao lado dessa atitude de submissão aos caprichos da vida, será alvo de opróbrio todo aquele que for tentado a querer tirar proveito da sorte. A *especulação* é vista como um ato imoral que põe em perigo a alma do desfrutador: ela dissocia ganho e trabalho e afasta seu autor da austeridade. O regime severo dos jogos de azar (art. 1965 ss. do C. Civ. francês, art. 814 do C. Civ. brasileiro), a equiparação dos mercados a termo com as apostas proibidas e a proibição dos pactos sobre sucessão futura (art. 1131 do C. Civ. francês, art. 1793 do C. Civ. brasileiro), por exemplo, são medidas que previnem a prodigalidade ou a preguiça.

Esse movimento de recuo do direito parece natural. A sorte desperta a apreensão mesclada ao medo que o homem sente primitivamente diante daquilo que acredita ser uma manifestação divina ou mágica. O direito francês também se apaixonou pela igualdade a partir da abolição do Antigo Regime. Ora, ao contrário da Inglaterra, pátria do *fair play*, a sorte é culturalmente percebida na França como um fator de desigualdade. Um dos primeiros gestos da Revolução francesa, aliás, foi abolir a sorte no nascimento (art. 6 DDH). A sorte, além disso, parece dificilmente compatível com o objetivo de segurança jurídica. No entanto, seria errôneo concluir que antes do fim do século XIX a sorte tenha sido completamente ignorada pelo direito. O direito administrativo, "direito do comando, do privilégio, do controle e, numa palavra, da desconfiança" será impregnado mais tarde pelo "indeterminado", o "condicionado", o "aleatório" (A. Hauriou, p. 197). Mas nas relações individuais, já existem possibilidades de proteger-se do acaso ou até de utilizá-lo. A condição (art. 1168 ss. do C. Civ. francês, art. 121 do C. Civ. brasileiro) ou as diferentes seguranças (art. 2071 ss. do C. Civ. francês) são noções jurídicas que levam em conta a ocorrência de um acontecimento acidental. Certas presunções baseiam-se em situações consideradas mais prováveis; assim, considera-se que o marido é o pai da criança concebida durante o casamento (art. 312 do C. Civ. francês, art. 1600 do C. Civ. brasileiro). Por fim, o acaso caracteriza certos contratos de hipoteca naval ou de renda vitalícia (art. 1968 ss. do C. Civ. francês).

Integração do acaso pelo direito

O movimento de integração do acaso pelo direito tem início realmente nos anos 1890-1910. A industrialização da economia, a revolução científica, sobretudo da matemática, e a crise religiosa não são estranhas a essa evolução. A ascensão da burguesia, ao lado do proletariado, ensina que o liberalismo não leva necessariamente à igualdade. Nasce a necessidade de *solidariedade social*, assim como soluções jurídicas próprias para reduzir ou remover os efeitos nefastos do acaso. Multiplicam-se legislações especiais para proteger o trabalho e a saúde contra o acaso; os contratos aleatórios, tais como o contrato de seguro, ganham impulso considerável. As transformações sofridas pela responsabilidade civil ilustram bem essa ascensão da fraternidade forçada: é preciso a todo custo que a vítima seja indenizada, mesmo quando se tratar de caso *fortuito*. A responsabilidade civil separa-se parcialmente da culpa para integrar a noção de risco e tornar-se quase automática. Paralelamente, a ideia de rateio dos prejuízos vai ganhando corpo. A incitação e até a obrigação de fazer seguro (por exemplo, de automóvel), bem como o desenvolvimento dos fundos de garantia (por exemplo, o fundo de indenização das vítimas do amianto instituído pelo art. 53 da lei de 23 de dezembro de 2000), sustentam esse movimento de *socialização dos riscos*. O prejuízo reparável é, por fim, ampliado, e a noção de *perda de oportunidade* foi forjada pela jurisprudência civil a partir do fim do século XIX. As vítimas são então indenizadas pela oportunidade que perderam, e não pela vantagem que teriam obtido caso ela tivesse sido realizada: é o que ocorre com a perspectiva de ganhar a corrida, para o proprietário de um cavalo, a de não passar num exame, para o candidato acidentado, ou ainda a de não conseguir curar-se, para o paciente desinformado. Como ninguém pode prevalecer-se de um prejuízo decorrente apenas do nascimento (art. 1º, lei 4 de março de 2002, relativo aos direitos dos doentes e à qualidade do sistema de saúde), a perda da faculdade de abortar, em compensação, não poderia constituir uma perda de oportunidade.

A responsabilidade administrativa passa por evolução similar, porém mais tardia e menos pronunciada: é preciso certo tempo para que a responsabilidade da administração seja tratada; correlativamente, só em 1928 a perda de uma oportunidade em seu âmbito pode ser reparada. Mas, admitindo levar a imprevisão em conta em 1916, o direito administrativo mostra-se excepcionalmente mais pronto que o direito civil para dominar o acaso. Foi a crise econômica provocada pela Primeira Guerra Mundial a origem da teoria da imprevisão. De modo mais geral, são todos os acontecimentos de alcance nacional que levam o direito a compensar as consequências desastrosas do acaso. Assim, as moratórias legais sucedem-se a guerras ou a grandes crises econômicas (por exemplo, lei de 11 de dezembro de 1963, que concede moratória na França aos repatriados da Argélia). Ao desmistificar a sorte, a descoberta das probabilidades favorece esse movimento de "nivelamento" dos efeitos do acaso com o direito (a expressão é de M. Bénabent, tese acima citada, *passim*). Ela contribui, por exemplo, para o sucesso dos contratos aleatórios, que parecem cada vez menos arriscados, portanto cada vez mais atraentes. A teoria do risco e a distinção entre a obrigação de meios e a obrigação de resultado também se desenvolvem graças aos progressos realizados no campo da matemática. Os estudos de perspectivas, baseados em cálculos de probabilidade, interessam às partes que queiram comprometer-se a longo prazo, mas também ao legislador e ao juiz. O primeiro os utiliza em especial para fixar o montante das taxas de impostos ou das penas; o segundo, quando precisa calcular o valor da oportunidade perdida ou a urgência de uma situação. Embora de utilidade universal, as probabilidades continuam insuficientemente exploradas pelo jurista, que não é sensibilizado pela matemática em sua formação.

A irredutível participação da sorte no direito

Houve quem previsse de modo errôneo que a sorte desapareceria progressivamente do direito no século XX. É verdade que este último é marcado por um racionalismo igualitarista que tende a eliminar as consequências de toda e qualquer intervenção feliz (uma herança, por exemplo) ou infeliz (um acidente, por exemplo). Mas isso era desconhecer a flexibilidade versátil do direito e "a força persistente do irracional" (palavras de Carbonnier, ver pref. citado abaixo). Dotados antigamente de uma moralidade duvidosa, os jogos de azar – pelos menos os populares e coletivos – são hoje tolerados e até autorizados, em razão de sua *utilidade social*: mantêm a paz social, a tranquilidade pública (por exemplo, o decreto de 10 de julho de 1975 que autoriza a loto). Também são uma fonte substancial de renda para o Estado. São inúmeras as pessoas que depositam suas esperanças no ganho que lhes possa advir de um próximo sorteio da loto ou da próxima corrida de cavalos, bem como aquelas que sentem uma satisfação quase religiosa ao participarem de jogos pela mídia. Em nossa sociedade materialista, a sorte aparece como "uma divindade sucedânea" (são palavras de Carbonnier, v. pref. citado abaixo). Ademais, o direito é, essencialmente, imperfeito e aleatório, porque humano. Ninguém está livre de topar com um contratante desleal, um juiz ou um advogado negligente, um júri parcial. A isso se soma a complexidade – bem contemporânea – do direito, que torna difícil a sua aplicação: a resolução de um problema jurídico frequentemente exige que se recorra a diferentes fontes nacionais, internacionais e europeias.

➤ BÉNABENT A., *La Chance et le droit*, Pref. de J. Carbonnier, LGDJ, 1973. – CARBONNIER J., *Flexible de droit: pour une sociologie du droit sans rigueur*, LGDJ, 10ª ed., 2001, IV partie: "Jeux de droit", p. 413 ss. – COURNOT A. A., *Oeuvres complètes*, t. I: *Exposition de la théorie des chances et des probabilités*, Hachette, 1843, reed. A. Bru, Paris, Vrin, 1984. – HAURIOU A., "Le droit administratif de l'aléatoire", *Mélanges offerts à M. le doyen L. Trotabas*, LGDJ, 1970. – POTHIER R. J., *Traité du contrat du jeu*, 1821, impr. P. Didot l'Aîné.

Céline BLOUD-REY

→ Interrupção da gravidez; Probabilismo e arte de julgar; Processo; Risco; Socialização jurídica; Solidariedade.

ACULTURAÇÃO JURÍDICA

Os processos de aculturação jurídica são estudados há muito tempo por certas disciplinas jurídicas. A aculturação está ligada a acontecimentos históricos resultantes da evolução interna das sociedades ou de fenômenos conflituosos de origem externa, em especial a colonização. A aculturação pode, portanto, ser obrigatória ou voluntária. Na maioria das vezes baseia-se numa relação de força entre as culturas em questão. A redação dos costumes e as codificações são seus instrumentos por excelência.

O termo aculturação é empregado desde 1880 pelos antropólogos norte-americanos. Ele é comum a várias disciplinas. Em psicologia social, designa a aprendizagem de sua cultura pela criança. Em antropologia cultural, visa ao conjunto dos contatos e interpenetrações entre culturas diferentes. A tônica nesses fenômenos foi dada especialmente no início do século XX pela Escola Difusionista e pelos teóricos (entre os quais, antropólogos do direito) dos "círculos culturais", que estudaram a expansão das culturas a partir de focos centrais e em seus entrecruzamentos. Os mitologistas também tentaram restabelecer o percurso dos mitos a partir da comparação entre várias versões da mesma narrativa. Em direito, pode-se definir a aculturação como o conjunto dos processos segundo os quais os sistemas de normas jurídicas, os comportamentos dos atores e suas representações são construídos e modificados pelos contatos e interpenetrações entre culturas e sociedades. Esses fenômenos de osmose podem ter maior ou menor importância. Como observa Henri Lévy-Brühl, é preciso distinguir entre empréstimo, relativamente banal, que visa apenas elementos de um sistema jurídico, e a aculturação propriamente dita, muito mais rara e problemática, que engendra modificações capazes de mudar a natureza do conjunto dos sistemas jurídicos em contato. Embora o termo aculturação seja pouco familiar para os juristas, estes têm muitas vezes a oportunidade de estudar os fenômenos que ele abrange, especialmente em direito comparado, direito internacional privado, história e antropologia do direito. A aculturação jurídica também faz parte da teoria do direito, uma vez que constitui um terreno de experimentação privilegiado para as teorias do pluralismo jurídico, que postula a existência simultânea de vários sistemas jurídicos, em especial não estatais, em relação de oposição, cooperação ou ignorância recíproca. Pois a aculturação nunca resulta apenas da comparação entre as vantagens e os inconvenientes puramente "técnicos" de diversos sistemas jurídicos, mesmo porque, com frequência, as sociedades postas em contato diferem profundamente quanto ao papel geral atribuído ao direito, que pode variar muito segundo a sociedade de que se trate: ocidental ou não ocidental. Muitas vezes ela depende de relações de força (colonização, anexação...), que dão uma vantagem inicial à sociedade dominante. Assim, quando Napoleão parecia ter conseguido conquistar toda a Europa, certos juristas não franceses afirmaram que o direito francês se transformaria no direito comum europeu. No entanto, o direito do mais fraco não está necessariamente condenado a desaparecer. Ele pode resistir mantendo-se nas práticas: no Gabão, as estruturas tradicionais do nome se impõem diante das disposições do Código, pois os nomes que figuram no registro civil não são usados na vida comum da aldeia; também pode manter-se transformando-se, recorrendo a diversas formas de sincretismo. Na Antiguidade, certos documentos fazem pensar que, em consequência da conquista de Alexandre, os casamentos entre gregos e indianos foram possibilitados pela criação de uma casta especial para os gregos, uma vez que o casamento fora da casta era em princípio proibido. No centro da Ásia, o sistema soviético do *kolkhoz* precisou amalgamar-se às estruturas clânicas autóctones. Em todos os tempos, o reconhecimento pela sociedade dominante de estatutos pessoais, em parte derrogatórios do direito comum, foi um dos meios de ajustar a coexistência jurídica em pontos delicados. Ele permite que certas populações continuem a gozar legalmente de certos particularismos, ao mesmo tempo que com isso se modifica o sistema jurídico global, no qual é injetada certa dose de pluralismo. Assim, o artigo 75 da Constituição francesa institui a possibilidade de estatutos pessoais, que podem chegar até a poligamia para certos cidadãos franceses (Mayotte). As modificações realizadas pelo Conselho de Estado a partir de 1989 em matéria de laicidade, motivadas por diversos casos referentes ao “xador islâmico”, têm o mesmo sentido. De maneira mais ampla, o direito das minorias e dos povos autóctones, em pleno desenvolvimento, baseia-se numa intenção de estabelecer uma conciliação: a certos grupos e povos são concedidos direitos (familiares, territoriais) no que se refere à defesa de suas especificidades, que incluem, porém, a confirmação da renúncia a costumes antigos (desigualdade da mulher, escravidão, infanticídio etc.), incompatíveis com os direitos do homem e com as liberdades fundamentais.

Agentes de aculturação jurídica e de transferências de direito

A diversidade dos agentes de aculturação jurídica é grande: decorre das várias situações que lhe dão origem. Primeiramente, podem-se citar os emigrantes e os colonos, que levam consigo, no todo ou em parte, seus sistemas jurídicos, que serão depois modificados em maior ou menor grau. Nas colônias britânicas, a *common law* da Inglaterra só é aplicável naquilo em que suas regras são apropriadas às condições de vida locais. Na França, o artigo 3 do Código Civil estipula que as regras referentes ao estado civil e à capacidade das pessoas valem para os franceses mesmo quando eles estão em países estrangeiros. Comerciantes, agentes diplomáticos, militares e todos os que, por razões diversas, ensinam o direito também fazem parte desses agentes. Mesmo porque, em muitos casos, eles contribuíram para substituir a oralidade jurídica pela escrita, bem como para criar novas instituições judiciárias, atribuindo lugar importante para o escrito. Ora, entre suas múltiplas consequências, essas mutações provocam a constituição de um grupo novo – os juristas –, especializado na interpretação e na aplicação dessas normas de origem estrangeira. Esses fenômenos não se limitam apenas à colonização transoceânica. Na Europa medieval, o direito romano, utilizado pelos dirigentes, por seus legistas e seus juízes, entrava em concorrência com os direitos consuetudinários, de origem não necessariamente popular, mas local. Cabe também ressaltar a importância da tradução das normas exógenas: ela facilita a penetração do novo direito. Quando Napoleão impunha códigos franceses nos países anexados, fazia-se também a sua tradução simultânea. Por fim, cabe ressaltar especialmente que, além dos agentes externos, o principal vetor da aculturação jurídica é o indivíduo que se vê instado por todas essas transformações. De fato, na prática, não são sistemas, mas homens que são postos em contato, sobretudo no âmbito da regulamentação dos litígios. Recentemente, as teorias do pluralismo jurídico insistiram no papel de ator, e não simplesmente de objeto passivo, do indivíduo. É este que, pelo menos em parte, determinará o grau e as modalidades da aculturação, principalmente por atitudes de *forum shopping*, graças às quais o indivíduo utilizará as jurisdições ou os estatutos jurídicos mais apropriados às suas necessidades do momento (renúncia, manutenção do estatuto pessoal, ou mesmo retorno a este último, como se tornou possível recentemente na Nova Caledônia).

Modalidades

M. Alliot distingue três graus de aculturação jurídica. Em primeiro lugar, a aculturação das sociedades, que passam do mito à lei, adotando uma lei estrangeira inspirada por Deus. Esse caso ocorreu frequentemente durante toda a expansão muçulmana, ainda que atenuada pela consideração dos costumes locais. A aculturação ocorre então principalmente pela submissão. Em segundo lugar, a aculturação das sociedades cujo direito se modifica em favor de outro, apresentado ou imposto como mais natural ou mais racional: recepção do direito romano no Ocidente, introdução do Código Civil francês em diversas legislações europeias. A aculturação ocorre então por assimilação. Pode também corresponder a sociedades que optam por romper com seu passado e adotar um modelo exterior. É o caso dos dirigentes de muitos Estados da África negra após a independência. Estes optaram por modelos de desenvolvimento liberais ou socialistas, através dos quais procuravam obter um crescimento da capacidade econômica, ao mesmo tempo que os costumes eram minorados ou condenados à inexistência jurídica, a fim de favorecer a unidade do país. A aculturação ocorre então por reinterpretação. Existe, por outro lado, certo paralelismo entre os graus de aculturação jurídica e as mudanças de estrutura política. De maneira geral, quando passa do mito à lei, a sociedade também passa por uma transição para formas mais concentradas do poder político, uma vez que a lei é compreendida como um instrumento de que o poder dispõe para impor seus pontos de vista ou os da maioria. A aculturação nem sempre está diretamente ligada a fenômenos de dominação violenta, tais como a colonização ou a anexação, ainda que elas sejam muitas vezes seus fundamentos históricos. A ressurreição de um direito antigo pode estar ligada a transformações políticas e culturais (constitucionalização atual, na América do Norte, dos direitos ancestrais dos autóctones); importação de codificações (recepção de códigos europeus na Turquia, na China, no Japão, nos Estados independentes da África negra). No entanto, deve-se reconhecer que a colonização foi um fator particularmente frequente de aculturação.

Colonização e aculturação jurídica

Um autor canadense, Bradford W. Morse, propôs um modelo geral que permite elucidar as diversas combinações possíveis de um direito autóctone com o direito de um país colonizador. A *separação* pode ser quase total: os contatos só ocorrem por emigração ou conflitos de lei (atitude de algumas colônias britânicas da América do Norte, no século XVII, para com certas nações indígenas com as quais a Grã-Bretanha havia firmado um tratado). Também pode haver *cooperação*. Certos critérios (territoriais, pessoais ou materiais) determinam a competência dos diversos sistemas jurisdicionais. Pode-se, assim, decidir que os tribunais e o direito coloniais sejam aplicados ao mesmo tempo aos colonos e aos autóctones nas zonas efetivamente colonizadas e em todas as matérias, enquanto o direito autóctone só será aplicado onde o território for habitado apenas por autóctones, e em todas as matérias. A *incorporação* reflete um estágio de sujeição mais elevado do direito autóctone: este último é incorporado no direito do colonizador em todos os domínios nos quais não existam contradições flagrantes demais (o direito familiar em geral escapa a esse processo); essa integração pode redundar na desnaturação do direito tradicional, uma vez que, em certos casos (colônias inglesas na Ásia e na África), as autoridades coloniais aplicaram o direito autóctone por meio das jurisdições por elas estabelecidas. Solução mais brutal é a da *rejeição* do direito autóctone, considerado "primitivo" demais pelo colonizador ou pelos Estados que lhe sucederam. Desse modo, os tribunais australianos, até período muito recente, rejeitaram o direito aborígine, assim como, no período que se seguiu aos movimentos de independência, numerosos Estados africanos recusaram-se a reconhecer valor jurídico no direito tradicional. Paralelamente, em graus diversos, segundo os procedimentos indicados, ocorre uma transformação do direito autóctone ressaltada por E. Le Roy: o direito *tradicional* – no sentido do direito autóctone existente no momento da colonização ou da anexação – desaparece; ele é substituído pelo direito *consuetudinário*, ou seja, o direito autóctone visto pelo colonizador... e na realidade modificado por ele, ainda que o apresente como original. Essas transformações resultam sobretudo das redações de costumes e codificações.

Redações de costumes e codificações

A redação dos costumes pode ser de origem privada: é então feita por juristas de nomeada, mesmo que não possua nenhum caráter oficial; não está vinculada à autoridade de um Estado. Em compensação, tem caráter político, quando sua realização é de natureza pública. De fato, não se trata apenas de fazer a norma passar da forma oral para a escrita, mas também de transformá-la, no sentido desejado pela autoridade que tomou a iniciativa da redação. Nem todos os dados originais são transcritos; eles são reunidos de uma maneira que muitas vezes privilegia o ponto de vista do redator; este último em geral propõe regras muito restritivas para a modificação do texto redigido, cujo monopólio quase detém. Em geral, os costumes visados são considerados confusos e contraditórios, ou insuficientemente conhecidos.

Sua redação é uma técnica muito antiga, frequentemente empregada quando um novo poder se instaura, por evolução interna, ou em consequência de uma colonização ou de uma conquista. Esse poder tende a impor um direito cada vez mais uniforme, cuja abstração ele aumenta. A França, no fim da Idade Média, conheceu esse procedimento. O rei ordenou a redação oficial dos costumes (já haviam sido feitas redações privadas) não tanto com a preocupação de atingir a perfeição jurídica, quanto para controlar melhor as populações e submetê-las a seus juízes, pouco familiarizados com o direito consuetudinário. Esse processo apresenta paralelismos com os processos implantados nas colônias francesas no início do século XX, que redundaram na redação de códigos consuetudinários muito frustrantes na África Ocidental francesa.

As codificações têm o mesmo espírito: trata-se não só de reunir as fontes esparsas do direito (pois para isso basta uma compilação), mas também de transformá-las durante esse processo no sentido desejado pela autoridade da qual procede a codificação. Esta é muitas vezes concebida como um texto definitivo, impossível de ab-rogar, ou cuja modificação deve ser feita de acordo com condições muito restritivas. A leitura dos Prefácios do Código de Justiniano, nesse sentido, é muito instrutiva; todos se lembram também das palavras de Napoleão: "Um só comentário, e meu código está perdido!" É evidente o elo entre esses diferentes procedimentos e a aculturação: eles são utilizados sob o disfarce de técnica jurídica para transformar um direito existente em razão de mudanças históricas presentes ou futuras, provenientes do contato estabelecido entre sociedades ou culturas diferentes, por meio dos processos de coerção (colonização) ou de recepção voluntária por desejo de modernização (importação de códigos europeus por Estados independentes).

› Alliot M, "L'acculturation juridique", in J. Poirier (org.), *Ethnologie générale*, Paris, Gallimard, 1968, 1180-1246. – Gaudemet J., "Les transferts de droit", *L'Année sociologique*, 27, 1976, 29-59. – Morse B. W., "Indigenous Law, and State System: Conflict and Compatibility", in B. W. Morse-Cordon & R. Woodmann, *Indigenous Law and the State*, Dordrecht, Foris pub., 101-20. – Papachristos A. C., *La Réception des droits privés étrangers comme phenomène de sociologie juridique*, Paris, LGDJ, 1975. – Rouland N., *Anthropologie juridique*, Paris, PUF, 1988; "Les colonisations juridiques: de l'Arctique à l'Afrique noire", *Journal of legal pluralism*, 29, 1990, 39-162; *Introduction historique au droit*, Paris, PUF, 1998; "Les statuts personnels et les droits coutumiers dans le droit constitutionnel français", in A. M. Le Pourhiet (org.), *Droit constitutionnel local*, Paris, Economica, 1999, 145-226.

Norbert Rouland

→ Direito e política; Codificação; Minorias; Usos e costumes.

ADÁGIOS E BROCARDOS

Adágios e brocardos do direito pertencem ao discurso costumeiro erudito ou popular. Cheios de sabor e sabedoria, hoje como outrora, oferecem ao pensamento jurídico um tesouro de pensamentos memoráveis que humanizam e vivificam o direito.

"Quem cala consente", "*fraus omnia corrumpit*" (a fraude corrompe tudo), em latim ou qualquer outra língua, os brocardos e adágios têm uma forma reconhecível, e seu teor jurídico em geral evidente – "não se pode alegar ignorância da lei", "*in dubio pro reo*" (na dúvida, favorece-se o réu) – marca-os de imediato como adágios de direito. É mais difícil propor uma definição deles. Se nos detivéssemos em sua etimologia (lat. *adagium*, contração de *ad* e *agendum*, gerundivo de *agere*, tender para o que deve ser feito), o adágio teria sempre como finalidade uma ação moral, o que não ocorre. Também os brocardos escaparam ao seu sentido histórico (o baixo latim *brocardus* é uma alteração de Burchard, nome do bispo Worms que, no século X, publicou com o nome de *Brocardia* uma coletânea canônica de sentenças). Eles brilham em todo o direito. Adágios e brocardos se opõem? Será preciso distingui-los da enfiada de expressões a eles aparentadas: máximas, sentenças, aforismos, preceitos, provérbios, ditados, apotegmas? Admitamos que, no sentido geral que tem hoje, o adágio é *uma expressão memorável que adquiriu força de costume*, enquanto as outras manifestações do discurso corrente são apenas facetas suas, brilhando cada uma com certa luminosidade. Costuma-se falar de brocardo quando o adágio tem forte aroma de antiguidade e um modo de ser pitoresco e enérgico.

Desde a Antiguidade mais remota, os adágios prosperaram, fora do direito, com nomes diversos, correspondentes às múltiplas espécies do gênero. Em todos os campos do pensamento e da ação – filosofia, moral, medicina, religião, governo –, a mesma necessidade de reunir em fórmulas lapidares a quintessência de um saber fez brotar esse veio literário. Os provérbios de Salomão, livro de sabedoria da Bíblia, os aforismos de Hipócrates, tratado de medicina (um preceito por linha), os apotegmas dos reis e capitães célebres, transcritos por Plutarco (história anedótica da Antiguidade), os pensamentos de Marco Aurélio, as máximas de Epicuro, as sentenças de Pedro Lombardo (coletânea das opiniões dos Padres da Igreja, século XII), os adágios de Erasmo são inesgotáveis fontes de referência. A tradição proverbial que culmina na Idade Média está cheia de verve na boca de Pantagruel ou de Sancho Pança (até o abuso) e (com grande finura) nas fábulas de La Fontaine. Essa tradição brilha ainda com La Rochefoucauld (*Reflexões ou sentenças e máximas morais*, 1665), Vauvenargues (*Máximas*, 1716), Chamfort (*Máximas*, pensamentos e anedotas, 1795-1825). Sem fazer distinção entre os que criam, os que coligem e os que citam os adágios (em tom sério ou jocoso), a messe é abundante. O essencial é compreender que nem todos os adágios que têm relação com o direito (objeto deste estudo) relacionam-se com ele do mesmo modo. Os que guardam memória de um direito passado (os bastardos não sucedem; tudo foi do marido, e tudo será dele; *paterna paternis, materna maternis* – os bens paternos aos parentes paternos, os bens maternos aos parentes maternos – comp. *fente forfaitaire* do art. 747 do C. Civ. francês) pertencem ao antigo direito. Os outros expressam o direito em vigor, porém de modo mais ou menos exato, às vezes sozinhos (*praeter legem*), apenas pela força do costume, às vezes em conjunto com a lei (não sem frequente discrepância na formulação da regra). Acima de tudo, muitos adágios expressam pensamentos de justiça, clemência ou bom-senso, que se vinculam ao direito por meio de sua parcela de moral, equidade, política e razão que nele se reconhece. Consideraremos os adágios em conjunto, a fim de inventariar seu acervo, antes de nos aprofundarmos também na natureza e na forma.

1 / Em cada país, *os adágios constituem um tesouro.* Embora nos seja escusado apresentar aqui adágios que não têm curso na França, deve-se ter em mente que essa riqueza costumeira, fato cultural, não é uma exceção francesa. O direito germânico, o espanhol, o anglo-saxônico acumularam seus próprios adágios, aos quais se soma, tal como em toda a Europa, o acervo comum das sentenças que, provenientes de Roma e de Bizâncio, impregnaram a mentalidade ocidental. A menção dos costumes africanos e da sabedoria do Extremo Oriente confirma que, com matizes diferentes, a tradição dos adágios é universal e imemorial. No entanto, o tesouro não remete a coisas enterradas. Está vivo e sempre em vigor e em ação, não numa vitrine. Em primeiro lugar, vivo graças ao uso sempre renovado que os juristas fazem deles, de geração em geração, na própria aplicação do direito de seu tempo. Por certo não é frequente o acesso dos adágios à fundamentação das decisões da Corte de Cassação (homenagem prometida sobretudo aos mais famosos deles: *Nemo plus juris ad alium transferre potest quam ipso habet*, ninguém pode transferir a outrem mais direito do que tem; *Nemo auditur pro-*

priam turpitudinern allegans, ninguém pode se prevalecer de sua própria torpeza). Mas são muito apreciados pelos juízes, e, em seus arrazoados, os advogados gostam de mencioná-los. Apesar disso, no essencial, o uso dos adágios é doutrinal. Eles ilustram o ensino do direito e não são apenas ornamentos, mas fundamentos do pensamento. O adágio tem valor pedagógico porque explica a razão da regra: "*Res judicata pro veritate habetur*" (a coisa julgada é considerada verdade), "*privilegia non ex tempore aestimantur sed ex causa*" (os privilégios não são avaliados pelo tempo, mas pela causa), "*Minor restituitur non tanquam minor sed tanquam laesus*" (o menor é amparado não tanto por ser menor, mas por poder ser lesado). A conservação dos adágios, aliás, é garantida pelo cuidado com que a doutrina os reúne. Através das antigas compilações, a tradição das coletâneas de adágios se perpetua. Os Srs. Roland e Boyer reúnem 473 deles, acompanhados de explicações, e na oitava edição o *Vocabulaire juridique* inventaria 305. Sua classificação alfabética tem o objetivo prático de facilitar a consulta e a citação. No entanto, o *corpus* dos adágios, tomados em conjunto, presta-se a *classificações* que privilegiam suas variedades, não sem sobreposições.

A principal divisão opõe *adágios em latim e adágios em língua francesa*. O acervo latino não se limita apenas aos adágios do direito romano, mas engloba os adágios enunciados em língua latina, na Idade Média e no Renascimento, sobretudo pelos canonistas e glosadores. Nesse conjunto, a compilação justiniana é a fonte mais rica. Só o título XVII do Digesto, "*De diversis regulis juris antiqui*", agrupa 211 adágios (mas há muitos outros disseminados pelo Digesto e pelas Institutas). São máximas extraídas dos escritos dos antigos jurisconsultos, Paulo (67), Ulpiano (61), Pompônio, Gaio, Papiniano etc. Muitos desses adágios estão entre os mais famosos (*nemo plus juris..., res judicata ...*, já citados, *impossibilium nulla obligatio*, que se converteu em "ninguém é obrigado a fazer o impossível"). O acervo francês foi-nos legado por três compilações principais. A obra fundamental é a coletânea de Loisel, publicada em 1608 com o título "Institutes coutumières". A obra "Les axiomes du Droit français, par sieur Catherinot" (jurisconsulto e advogado do Rei em Bourges, 1628-88) é classificada por tema (Adultério, Alimentos etc., cf. publicação de Laboulaye em 1883). Publicada em Lovaina em 1555, a obra de Josse reúne adágios de direito criminal. Essas coletâneas têm o mérito comum de estar na confluência de duas fontes. Retomam (muitas vezes com traduções) adágios latinos que, acolhidos no direito romano, se tornaram parte integrante do direito francês. Mas conservam "a seiva e a medula de nossa antiga jurisprudência", por coligirem adágios de origem francesa, provenientes do direito consuetudinário. Essa primeira classificação coincide, em parte, com a *distinção* (também essencial) *entre sentenças e provérbios.*

Sentenças (lat. *sententia*, do verbo *sentire*, sentir, perceber etc.) são sentimentos, no sentido de convicções intelectuais (como aquelas que levam o juiz a seu julgamento, à sua sentença). Em suma, as sentenças são *opiniões*, aqui opiniões de jurisconsultos sobre questões de direito. *Ratione personae et materia* têm um caráter douto, e é seu valor doutrinal que as perenizou. Desde a origem veiculam elementos essenciais da ciência do direito: ciência do direito processual (*secundum allegata et probata partium judex judicare debet*, o juiz deve julgar segundo o que é alegado e provado pelas partes; *lata sententia, judex desinit esse judex*, proferida a sentença, o juiz deixa de ser juiz; *res judicata...*); ciência das obrigações (*qui auctor est se non obligat*, quem autoriza, não se obriga; *res inter alios acta aliis neque nocere neque prodesse potest*, o acordo concluído entre as partes não pode prejudicar nem favorecer os outros) etc. Às vezes atingem alto grau de abstração: "*in judiciis universalibus pretium succedit loco rei et res loco pretii*" (nas universalidades de direito, o preço ocupa o lugar da coisa, e a coisa, do preço), "*bona non sunt nisi deducto aere alieno*" (o patrimônio só existe com dedução das dívidas que o gravam), "*qui mandat dicitur ipse vere facere*" (quem manda deve ser considerado como quem faz realmente): aí está toda a teoria do patrimônio e da representação. Muitas vezes as sentenças estão ligadas ao nome de seu autor (gosta-se muito de citar Paulo e Gaio). "*Subrogatum capit naturam subrogati*" (a coisa sub-rogada adquire a natureza da coisa à qual é sub-rogada), essa síntese fulgurante da sub-rogação é inseparável de Bartolo. No entanto, mesmo quando o uso deixou de personalizá-las, elas continuam sendo pensamentos de autor. Conservam a impressão do selo doutrinal. Sua marca é científica. No conjunto dos adágios, as sentenças constituem o grupo dos *adágios doutos*.

Os provérbios, por oposição, são constituídos pelos *adágios populares*. O fato é que, muitas vezes, nas fronteiras da sabedoria popular, eles exprimem verdades de bom-senso: "quem faz o filho deve alimentá-lo", "ninguém é obrigado a fazer o impossível", "quem faz um cesto faz um cento", "um mau acordo é melhor que um bom processo". Anônimos e geralmente enunciados em vernáculo, muitas vezes assumem um tom concreto ("quem constrói, cerca"). Dotados de frescor e às vezes de crueza, frequentemente têm um tom bonachão e familiar ("asno de vários donos é mal arreado", "todo trabalho merece salário", "quem responde se arrepende") e às vezes cáustico ("quem mais escreve, mais prova", "dar antes de morrer é dispor-se a sofrer"). Afloram o território dos costumes. No entanto, seria abusivo forçar a oposição entre provérbios e sentenças, ambos pertencentes ao direito consuetudinário e frequentemente dotados de teor semelhante. Certos provérbios enunciam o direito em regras firmes: "o imprevisto exclui a má-fé"; "o morto dá posse ao vivo"; "alimento não pode atrasar"; "onde não há interesse, não há ação"; "ninguém é obrigado a ficar na indivisão". Reciprocamente, certas sentenças latinas têm um tom proverbial: "*res mobilis, res vilis*" (coisa móvel, coisa vil), "*in dubio pro reo*" (na dúvida, favorece-se o réu), "*verba volant, scripta manent*" (as palavras voam, o escrito fica), "*jura vigilantibus*" (as leis protegem quem vigia), "*testis unus, testis nullus*" (uma testemunha, nenhuma testemunha), "*nemo dat quod non habet*" (ninguém dá o que não tem). De resto, o direito nunca abraçou a disputa literária (por sua vez hoje superada) entre sentenças (de intelectuais) e provérbios ("da boca do povo"). As sentenças, como já se disse, poderiam ser apenas provérbios de intelectuais, e os provérbios, sentenças do povo. Tanto na forma como no fundo, todos os adágios têm afinidades que transcendem essa oposição. Eles têm em comum a propriedade de falar e pensar o direito de uma maneira particular, que é a marca de seu gênio.

2 / *O adágio é, em primeiro lugar, uma maneira de exprimir e transmitir o direito.* Todas as suas marcas linguísticas decorrem do fato de que o adágio é constituído por uma *fala memorável*. A referência à fala está incorporada na maioria dos nomes que designam as diversas espécies de adágio. O provérbio (lat. *pro, verbum*) é uma palavra proferida; a sentença, parecer ou opinião, é pronunciada; o apotegma é uma agudeza que brota do espírito (grego *apophtegma*, do verbo *apophtegomai*, dizer em voz alta), o ditado (lat. *dictum*) é aquilo que é dito. O próprio adágio (etimologia duvidosa) às vezes é vinculado à forma arcaica do verbo *aio* (dizer sim). Alguns adágios são gritos: "*noli me tangere*" precisaria de um ponto de exclamação! Nascidos da fala, os adágios são transmitidos pela fala. Sua tradição é oral. Vão da boca aos ouvidos, portanto, de coração a coração. "A lei está no fundo do ser", "escrita nas tábuas da alma". Os adágios são a memória do direito. Perenizam um direito mental, conhecido de cor. O que, na exata definição do costume (que é comportamento de convicção, prática e "*opinio necessitatis*") corrobora que "ninguém deve ignorar"... o adágio. Tudo concorre em sua forma para fixar a memória e captar (cativar) a atenção.

A concisão do adágio – que é sua principal marca estilística – tem essa finalidade. O adágio é um falar sucinto. Ora, evidentemente, concisão implica, em primeiro lugar, *brevidade*. Os adágios de três ou quatro palavras são legião, tanto em latim (*pacta sunt servanda*, os pactos devem ser respeitados; *genera non pereunt*, o gênero não perece; *res perit domino*, a perda é para o proprietário; *locus regit actum*, o ato é regido pela lei do lugar onde ocorreu; *audi alteram partem*, ouve a outra parte; *fructus augent hereditatem*, os frutos aumentam a herança; *malitia supplet aetatem*, a malícia supre a idade etc.), quanto na línguas vernáculas ("novo rei, nova lei", "novos tempos, novos costumes", "errar é humano", "o crime não compensa", "o hábito faz lei"). Mas muitos adágios compostos de mais palavras também são percucientes: "*in dubio pro reo*", "*is fecit qui prodest*" (o ato é cometido por quem tem interesse nele), "*non bis in idem*" (ninguém pode ser processado duas vezes pelo mesmo delito), "maior prova de delito é o escrito", "o que está escrito faz lei"). A brevidade está presente mesmo em adágios mais longos (doze a quinze palavras), pois mesmo então se expressa, com uma frase única, o estritamente necessário. Não há detalhes, há um único complemento. Despojo total. O estilo do adágio é lapidar. Adágio exclui parolagem. No entanto, a concisão das fórmulas decorre, na verdade, de sua densidade. A eficácia está em dizer-se o máximo com um mínimo de palavras: *multa paucis* (e não, como ocorre com muitos, *pauca multis*); "em matéria de bens móveis, a posse equivale a título" se desdobra em: "em matéria de bens móveis corporais, a possessão de boa-fé equivale a título de propriedade"; *jura novit curia* (juiz conhece direito) assume todos os princípios diretivos do processo que, em matéria civil, governam o cargo do juiz, relativamente ao papel das partes, quanto ao direito e (*a contrario*) quanto ao fato. O adágio exprime a quintessência das regras. Os meios muito diversos dessa disciplina são, sobretudo, a elipse do artigo (força não é lei), do verbo (novo rei, nova lei) e o emprego de termos genéricos abrangentes ("o fundo prevalece à forma" etc.). O adágio exprime o direito, comprimindo-o e imprimindo-o.

A arte do discurso consuetudinário age no mesmo sentido. O adágio, figura literária, é um achado da língua. Fala ao coração porque é poético, e sua poesia – que já está na concisão – desabrocha em diversos artifícios que causam admiração: rimas e, às vezes, estrutura binária consoante (*prior tempore, potior jure*, primeiro em data, preferível em direito; *tantum devolutum, quantum appellatum*, compete ao tribunal apenas o objeto do recurso; *paterna paternis, materna maternis*), simetrias ("*semel heres, semper heres*", uma vez herdeiro, sempre herdeiro), aliterações (usar e não abusar) etc. O adágio insiste em repetições ("*res mobilis, res vilis*"; "*testis unus, testis nullus*"), oposições (*ubi emolumentum, ibi onus*, onde está o emolumento deve estar o ônus; *ubi honor, ibi onus*, onde está a honra deve estar o ônus; *verba volant, scripta manent*). Brinca com as palavras (*uti non abuti*, usar, e não abusar; *qui mavult vult*, quem escolhe o menor de dois males consente), com as imagens ("a comprar, só o que se pode pagar"), com o pitoresco ("em boca fechada não entra mosquito"), com a evocação campestre ("fatos são frutos, palavras são flores"). O adágio recorre ao espanto ("o morto dá posse ao vivo"), à franqueza ("quem faz o filho alimenta-o"), à malícia ("no casamento, engana quem pode"), ao realismo ("quem tem companheiro tem senhor"), à metáfora brutal (*tarde venientibus ossa*, aos retardatários, os ossos), à comparação ("os bois são atados pelos chifres; os homens, pelas palavras"). São apreciados pelo tom antigo ("a albarda nunca pesou ao burro"). Alguns são refulgentes: "a palavra vence, a espada convence" combina antítese, imagem e arcaísmo sedutor ("espada"). Há na invenção verbal dos adágios uma liberdade que nos encanta ("O que é meu, é meu; o que é teu, é nosso"). Colorido, pungente ou divertido, o estilo do adágio contribui muito para que ele seja memorizado. Até mesmo sua simplicidade às vezes basta para isso: "a fome não tem lei", "perdoar uma vez, não três". Tudo é puro, tudo é liso. O adágio existe em nós sobretudo pela forma.

3 / *O adágio também é uma maneira de pensar e vivificar o direito*. A concisão do adágio não é efeito de uma arte formal. O adágio é fundamentalmente criação do espírito. Um pensamento que vai ao essencial. A forma é breve, porque a ideia é concentrada. O adágio extrai a quintessência de uma regra. Seu caráter decorre da sua carga intelectual tanto quanto de sua feição. O estudo de seu conteúdo parece desafiar a síntese, porque os adágios estão presentes em todos os domínios do direito e porque ultrapassam os limites nos quais a concepção ordinária encerra o direito. É aqui justamente que o tesouro dos adágios revela sua visão do direito. Ele não o considera separado da justiça, da equidade, da moral, da razão, da lógica, da evidência. Concebe-o ao mesmo tempo como impregnado desses valores e apto a falar deles. Sua concepção fundamental do direito é englobante e valorativa. As *máximas*, os maiores pensamentos (*maximae sententiae*), são seu principal testemunho. Elas vigiam a liberdade individual e o respeito a outrem (*noli me tangere*, não me toques; *nemo praecise cogi potest ad factum*, ninguém pode ser coagido a executar uma obrigação; *neminen loedere*, não lesar ninguém), proclamam o direito de cada um e estigmatizam a violência (*suumcuique tribuere*, atribuir a cada um o seu; força não é lei; *spoliatus*

ante omnia restituatur, o espoliado, antes de qualquer coisa, deve obter restituição; *quieta non movere*, não perturbar o que está sossegado); exaltam o valor do consentimento e do respeito à palavra dada (*solus consensus obligat*, só o consentimento obriga; *pacta sunt servanda*); fazem da lealdade a lei das relações entre as pessoas (*fraus omnia corrumpit; malitiis non est indulgendum*, quem tem má-fé não merece indulgência; *frangenti fidem, non est fides servanda*, quem infringe a fé não merece fé); estabelecem a segurança dos cidadãos contra a arbitrariedade (*in dubio pro reo*, todos são considerados inocentes até prova em contrário; *cogitationis poenam nemo patitur*, ninguém pode ser punido devido a um pensamento; *nullum crimen sine lege*, não há crime sem lei; *nulla poena sine lege*, não há pena sem lei; *non bis in idem; ne procedat judex ex officio*, o juiz não pode processar [em matéria civil] sem provocação da parte): consagração de exigências elementares de justiça. Os adágios até mesmo trazem para o direito, de pontos mais elevados, preceitos superiores que o relativizam (*non omne quod licet honestum est*, nem tudo o que é permitido é honesto; *jure naturae, aequum est neminen cum alterius detrimento et injuria fieri locupletiorem*, por direito natural, é justo que ninguém enriqueça injustamente em detrimento de outrem; *summum jus, summa injuria*, direito supremo, injustiça suprema; a clemência enaltece a justiça). Para irrigar e represar o direito, o discurso corrente abre as comportas da moral, do direito natural e da moderação. Segundo o mesmo espírito, estabelece, por meio de arbitragens e hierarquias de valor, equilíbrios de justiça distributiva (*nemo liberalis, nisi liberatus*, ninguém será liberal se não for liberado de suas dívidas; *bona non sunt nisi deducto aere alieno*; *ubi emolumentum ibi onus*; *res perit domino*; todo trabalho merece salário).

No entanto, também assume responsabilidades: o direito deve ordem à sociedade. Cabe a ele garantir, pela firmeza de suas escolhas, a necessária segurança jurídica, fermento da paz social. Muitos adágios cuidam disso, sobretudo os referentes à estrutura do processo (sem interesse, não há ação; *actori incumbit probatio*, ao autor incumbe a prova; *reus in excipiendo fit actor*, na exceção, o réu se torna autor; não há nulidade sem texto; não há nulidade sem agravo; *lata sententia desinit judex esse judex; res judicata pro veritate habetur*), ou as liberalidades (quem deu não deve pedir de volta; *semel heres semper heres*. As regras mais técnicas contribuem para a clareza das situações: *dies* a *quo non computatur in termino*, o dia do acontecimento não é contado no prazo).

Mas, na verdade, o campo dos adágios é muito mais vasto. Em sua diversidade, os adágios cobrem todos os registros do raciocínio jurídico e do comportamento social. Os *aforismos* rivalizam em sagacidade (*is fecit qui prodest*; *praesumptio sumitur de eo quod plerumque fit*, a presunção é extraída daquilo que ocorre com mais frequência; *idem est non esse et non probari*, não ser provado é o mesmo que não ser). Os *axiomas* põem à mostra a lógica do *direito* (*cessante causa, cessat effectus*, desaparecida a causa, desaparece o efeito; de contrato nulo, efeito nulo; *ex nihilo nihil*, de nada, nada pode sair; quem pode um cesto pode um cento; *in toto et pars continetur*, a parte está contida no todo; *quod nullum est nullum producit effectus*, o que é nulo não produz efeito; *nemo dat quod non habet; qui dicit de uno de altero negat*..., quem afirma um nega o outro). Os *ditados e apotegmas* expressam ideias de bom-senso (*major pars trahit ad se minorem*, a maior parte atrai a menor; *accessorium sequitur principale*, o acessório segue o principal; *mobilia sequuntur personam*, as coisas móveis seguem a pessoa) e verdades da experiência, que são avisos e conselhos (um acordo é melhor que uma causa; quem responde se arrepende; *jura vigilantibus*; *verba volant, scripta manent*). Por fim, com seu olhar sobre o direito, os adágios multiplicam as máximas de interpretação que convidam à lealdade (*ubi lex non distinguit, nec nos distinguere debemus*, quando a lei não distingue, não devemos distinguir), mas fazem o espírito prevalecer à letra, abrindo caminho para a analogia e a exegese (*ubi eadem ratio, idem jus*, onde houver a mesma razão deverá prevalecer o mesmo direito; *cessante ratione legis cessat lex*, desaparecida a razão da lei, desaparece a lei) e deixam clara sua preferência pela indulgência (*poenalia restringenda*, as leis penais são de interpretação estrita; *odiosa restringenda*, as disposições odiosas devem ser interpretadas restritivamente). Encontram-se também breves ditos sobre forças em oposição (o fundo prevalece à forma;

forma dat esse rei, a forma dá ser à coisa [para os atos solenes]; o hábito faz a lei; as conveniências vencem a lei; *vox populi, vox Dei*, a voz do povo, a voz de Deus; *error comunis facit jus*, o erro comum cria o direito) e um sentimento sem ilusões sobre a voracidade legislativa (*plurimae leges, pessima respublica*, leis demais, república péssima). Por mais diversos que sejam, brocardos e adágios agem todos no mesmo sentido. Concorrem para enriquecer o direito. Eles o vivificam e nele incorporam valores que o dinamizam e humanizam. Conferem-lhe prudência, moderação, bondade, lógica, clarividência, sabedoria popular e seiva moral, em que fundam e consagram, como excelente entre todas, a definição do direito que assume todas as suas vocações: "*jus est ars aequi et boni*" (o direito é a arte do justo e do bom). Edificam o *direito como sabedoria* e o estabelecem "cheio de usos e razão".

O acervo de adágios hoje em dia é tão grande quanto outrora. No entanto, muitas vezes há discrepância entre um adágio e o direito positivo: o adágio enuncia uma regra sem especificar as condições de sua aplicação; proclama um princípio sem marcar as exceções que o afetam. O adágio é aproximativo (cf. numerosos exemplos em *Linguistique juridique*, 111, 112, 114). Mas esse caráter não atrapalha porque é reconhecido. Faz parte das regras do jogo. Sem paradoxo, é até mesmo esse o princípio de sua virtude e o segredo de sua perenidade. Aproximativos? Melhor dizer que os adágios são diretivos e que, em sua visão superior de múltiplas verdades relativas, eles encetam e guiam a pesquisa em todas as direções. É seu valor diretivo que explica hoje por que: *a*) se adaptam naturalmente, com flexibilidade, a situações novas; *b*) esclarecem o intérprete, lançando luzes, no essencial, sobre a razão das regras; *c*) vendo, com sua sabedoria, o prol e o contra, alimentam o debate; *d*) são frequentemente invocados para arredondar arestas, como argumentos adicionais; *e*) enunciando um princípio ideal, enaltecem o direito positivo. Desafio para a imaginação, o adágio aguilhoa o espírito e a busca da justiça. Ele a reflete e nós refletimos.

› CORNU G., *Linguistique juridique*, Montchrestien, 1990, spéc. p. 357 s. (estudo do discurso consuetudinário). – DAGUIN, *Axiomes, aphorismes et brocards du droit français*, 1926. – LAINGUI A., "Les adages du droit pénal", *Rev. sc. crim, et dr. pén. comp.*, 1986, p. 25 s. – ROLAND H. & BONER L., *Adages de droit français*, Litec, 4ª ed., 1999. – *Vocabulaire juridique*, G. Cornu *et al.*, sob a égide da Associação H. Capitant, PUF, 8ª ed., 2000 (*in fine*, lista de adágios).

Gérard CORNU

→ Usos e costumes.

ADMINISTRAÇÃO

A Administração pode ser apresentada como uma realidade institucional, mas, contrariamente aos preconceitos dos juristas do século XIX, não apresenta o caráter de noção jurídica orgânica e unitária. A análise contemporânea do conceito de administração dá destaque à sua natureza essencialmente funcional, que garante a subordinação das decisões administrativas ao governo, bem como sua submissão ao controle do juiz administrativo.

A Administração – entendida como administração *pública* – parece pertencer ao senso comum. Suscita reações instintivas tanto nos cidadãos quanto em trabalhos acadêmicos guiados por diretrizes variadas: histórica (P. Legendre, *Histoire de l'Administration de 1750 à nos jours*, PUF, 1968), sociológica (M. Crozier, *Le Phénomène bureaucratique*, Le Seuil, 1964), gerencial (H. A. Simon, D. W. Smithburg & V. H. Thompson, *Public Administration*, N. York, Kropf, 1950) ou sistêmica (p. ex. G. Langrod, "As aplicações da cibernética à Administração pública", in *RISA*, vol. 24, 1958; L. Mehl, "Por uma cibernética...", *Traité de science administrative* (org. G. Langrod), Paris, Mouton, 1966; G. Timsit, *Thèmes et systèmes de droit*, Paris, PUF, "Os caminhos do Direito", 1986). Os filósofos frequentemente a apresentam como um estrato intermediário entre as duas categorias extremas que são, por um lado, o indivíduo e, por outro, a comunidade social organizada em escala nacional (F. Hegel, *Principes de la philosophie du droit*, Paris, Gallimard, 1963, § 182). Para os juristas, trata-se da "noção mestra, noção básica do direito administrativo francês" (C. Eisenmann, prefácio à tese de G. Timsit, *Le Rôle de la notion de fonction administrative en droit administratif français*, Paris, LGDJ [bibl.

de direito público], 1963). Serve de fundamento às subdivisões de grande número de obras de direito administrativo (p. ex. M. Hauriou, *Précis élémentaire de droit administratif*, Paris, Sirey, 1926, livro I, títulos I e II; J.-M. Auby & R. Ducos-Aden, *Institutions administratives*, Paris, Dalloz, 1966, cap. preliminar; A. de Laubadère, *Traité de droit administratif*, Paris, LGDJ, 1980, livro I) e se encontra nas locuções correntes desse direito: "ato de administração", "prerrogativas da administração", "ato manifestamente insuscetível de vincular-se a qualquer poder da administração". No entanto, não existe Administração no sentido unitário. A Administração não é uma noção jurídica da qual se possa dar um critério, por definição única, que desencadeie sua identificação, nem uma lista de componentes precisos. Não constitui um poder público, ao contrário do governo, nem uma pessoa jurídica, ao contrário do Estado.

Uma imprecisão orgânica superada por um sentido funcional

À primeira vista, a Administração é o conjunto de órgãos, estruturas, agentes e pessoas de direito que, sob a autoridade do governo, têm a função de cumprir tarefas de interesse geral que incumbem ao Estado. É a administração no sentido "orgânico". Apesar da aparente facilidade de designação por um termo comum, esse conjunto é profundamente heterogêneo e não poderia, em caso algum, servir de base conceitual para uma análise jurídica rigorosa. Ao contrário das aproximações da linguagem corrente, a Administração como tal não pode ser instituída como autor de um ato jurídico. De fato, somente a uma pessoa de direito se pode imputar um ato. Ademais, não há medida comum entre, por exemplo, um ato jurídico praticado por um órgão de uma pessoa pública, estatutariamente habilitado a expressar a vontade dessa pessoa, e um ato jurídico praticado por um agente público no exercício de suas funções administrativas, mas com irregularidade e com objetivo pessoal. A reunião, numa categoria orgânica chamada Administração, de pessoas jurídicas de direito público e de pessoas de direito privado encarregadas da gestão de um serviço público, de órgãos desprovidos da personalidade jurídica e das pessoas que eles encarnam, de autoridades administrativas investidas de poder de decisão e de instituições delas privadas, não tanto, isso teve origem nos trabalhos dos teóricos do direito do século XIX por razões simultaneamente institucionais – surgimento cauteloso de uma ordem de jurisdições administrativas, tutela do ensino do direito pelo governo – e jurídicas – incertezas sobre a personalidade jurídica do Estado, irresponsabilidade dos funcionários. Hoje é possível adotar uma definição mais ampla, que não se baseia nos componentes da Administração, mas sim na função desses componentes. A administração pode, assim, ser definida como o conjunto das *atividades* cumpridas por instigação do Estado, que têm por objetivo o interesse geral mas são estranhas à condução das relações internacionais e às relações entre poderes públicos. A administração é então vista em sentido funcional; designa o próprio fato de administrar. Embora administrar seja uma ação reflexiva e atribuída a toda entidade social – os seres vivos, as famílias, as sociedades anônimas podem administrar-se –, o conceito de Administração pública não deixa de se mostrar como o arquétipo de todas essas entidades, pois cada uma delas possui uma realidade ontológica distinta de seu caráter administrativo, ao passo que o conceito de Administração pública é o único consubstancialmente administrativo. Ele designa um espaço administrativo específico, merecedor de uma fenomenologia administrativa, mais vasto que o espaço individual, porém menos vasto que o espaço da comunidade social integral. Nesse espaço, a função administrativa funda-se no papel político e social do Estado. Por um lado, o Estado legisla: regulamenta a conduta dos membros da sociedade por meio de prescrições imperativas às quais estes devem submeter-se; estabelece a regulamentação, garante a execução. Por outro lado, o Estado fornece aos membros da coletividade serviços não materiais (polícia, defesa), materiais (ruas, correios) e às vezes até bens (assistência).

Uma função subordinada

A abordagem funcional tem a vantagem de situar a administração na organização constitucional e de limitá-la pelo direito. De fato, nos termos do artigo 20 (par. 2º) da Constituição francesa de 1958, o governo, que determina e conduz a política da nação, "dispõe da administração e da força armada". Portanto, admite-se que a administração, antes de qualquer outra consideração, está a serviço do governo, e que somente este está habilitado a tomar as decisões cuja orientação reflete opções políticas. Essa submissão primordial é essencial: a administração não é juridicamente autônoma e não dispõe de nenhum poder próprio. Logo, se existe um "poder administrativo" (H. Chardon, *Le Pouvoir administratif*, Paris, Larose, 1912), só pode ser em sentido sociológico, ou seja, certos atores "que têm nas mãos uma dose socialmente importante de influência efetiva sobre a atividade comunitária, consideram *subjetivamente* que certas prescrições devem ser observadas e comportam-se de acordo com isso, ou seja, orientam sua atividade em conformidade com essas prescrições" (M. Weber, *Économie et Société*, trad. fr. J. Freund *et al.*, Paris. Plon, t. I, 1971, p. 321, grifo nosso). O caráter essencialmente secundário, instrumental, mediato da administração se traduz, na ordem constitucional, pelo fato de que as mais altas autoridades políticas – Presidente da República, Primeiro-Ministro e ministros – também são as supremas autoridades administrativas. Aliás, isso está de acordo com a etimologia latina do verbo administrar (*administrare*), que significa "servir". Cabe insistir no fato de que essa disposição textual – recente – é a primeira na história no direito constitucional e administrativo francês a formular essa subordinação da administração ao governo; isso sem que sejam definidas com exatidão as funções administrativa e governamental. A abordagem mais clara, ainda que hoje possamos conferir-lhe algumas nuances, continua sendo a de Édouard Laferrière: "Administrar é garantir a aplicação diária das leis, cuidar das relações entre os cidadãos e a administração central ou local, ou entre as diversas administrações. Governar é cuidar da observação da Constituição, do funcionamento dos grandes poderes públicos, garantir as relações do governo com as câmaras, as do Estado com as potências estrangeiras" (E. Laferrière, *Traité de la juridiction administrative et des recours contentieux*, 1896, t. II, p. 33). A subordinação à função governamental oferece, assim, o fio condutor da análise jurídica da administração, pois fixa o objetivo e os meios da administração. O objetivo é, por definição, a satisfação das necessidades de interesse geral, identificadas pelos poderes públicos habilitados a tanto. As modalidades de seu cumprimento são *a priori* desinteressadas, pois o interesse público é alvo da prioridade da ação, mesmo que às vezes essa realização obedeça a uma lógica comercial. Quanto aos meios, são marcados pela possibilidade de uso de prerrogativas do poder público. Quando a ação administrativa não trilha os caminhos conhecidos do direito privado – por exemplo, contratuais –, ou quando há resistência dos particulares, essas prerrogativas dão aos administradores poderosas possibilidades de coerção. Por fim, o caráter essencialmente subordinado da função administrativa explica a limitação de seu objeto. A administração deve ser distinguida, por um lado, da função legislativa que propõe princípios jurídicos gerais sem garantir continuamente sua execução material e, por outro, da função judiciária, que cuida do respeito ao direito, por meio da aplicação específica a litígios particulares das regras dela advindas. Essa separação das funções se traduz numa hierarquia de valor dos atos: as normas legislativas e as decisões judiciais se impõem aos administradores, que não devem editar nenhum ato incompatível. O objeto da função administrativa, que é satisfazer às necessidades de interesse geral, aplicando as normas e as decisões emanadas das outras funções do Estado, é, pois, estritamente limitado pelo direito.

Por todas as razões anteriores, há motivos para preferir a expressão "instituições administrativas", menos ambíguas que o termo Administração, para designar o conjunto de órgãos, autoridades e pessoas de direito que permitem ao governo desempenhar suas funções. Esse conjunto heterogêneo compreende: *a)* pessoas jurídicas de direito público, "coletividades públicas", caso se trate de coletividades territoriais ou de estabelecimentos públicos de tipo corporativo; *b)* órgãos estatutariamente habilitados a expressar a vontade da pessoa jurídica; *c)* autoridades administrativas investidas de poder de decisão, ou seja, às quais foi delegada competência regular por parte daqueles órgãos. Deve-se notar que, nesta última categoria, aplicando-se a jurisprudência do Conselho de Estado, podem figurar autoridades pertencentes organicamente a pessoas privadas encarregadas de gerir um serviço público (CE ass., 31 de julho de 1942, *Monpeurt*: *Rec.* CE, p. 239; *RD publ.*, 1943.57, concl. Ségalat, nota Bonnard. *CE sect.*, 13 de janeiro de 1961, *Magnier*: *Rec.*, CE, p. 32; *RD publ.*, 1961. 155, concl. Fournier; AJDA, 1961.142, nota C. P.). Essa diversidade de componentes e a ausência de determinação objetiva do conteúdo dos atos e das tarefas administrativas explicam por que o regime jurídico das instituições administrativas não é unitário. Ele mistura regras de direito comum, idênticas às existentes entre particulares, e regras particulares às instituições administrativas qualificadas de "exorbitantes do direito comum". Esse estado pode ser considerado imperfeito e específico do sistema jurídico francês, mas não se deve esquecer que o conceito empírico, com vocação geral, de "Administração", suficientemente técnico para não se prestar a análises puramente políticas e com conteúdo suficientemente variável para justificar ou ocultar deslocamentos de fronteira entre as esferas pública e privada, foi durante cerca de dois séculos o principal instrumento de construção do direito administrativo francês.

› BURDEAU F., *Histoire de l'administration française, Du XVIIIe au XXe siècle*, Paris, Montchrestien, 1989. – CHEVALLIER J., *L'Élaboration historique du principe de séparation de la juridiction administrative et de l'administration active*, LGDJ, 1970. – GUGLIELMI G. J., *La Notion d'administration publique dans la théorie juridique française*, Paris, LGDJ, 1991. – LANZA A., *L'Expression constitutionnelle de l'Administration française*, Paris, LGDJ, 1984. – MESTRE J.-L., *Introduction historique au droit administratif français*, Paris, PUF, 1985. – SABOURIN P., *Recherches sur la notion d'autorité administrative en droit français*, Paris, LGDJ, 1966. – TIMSIT G., *Le Rôle de la notion de fonction administrative en droit administratif français*, Paris. LGDJ, 1963.

Gilles J. GUGLIELMI

→ Administração (apanhado histórico); Direito administrativo; Estado de direito; Funções jurídicas do Estado; Governo; Serviço público.

ADMINISTRAÇÃO (Apanhado histórico)

Em seu sentido atual, o uso do termo administração data apenas de meados do século XVIII. Mas a história administrativa deve remontar a data mais remota. O termo polícia, noção que englobava tudo o que se referia ao bem público, designava então o que hoje se chama administração.

Da monarquia administrativa à administração eletiva

A edificação secular do Estado pela monarquia francesa foi marcada por importantíssimas construções no âmbito administrativo. A divisão administrativa do território produziu, ao longo dos séculos, uma hierarquia de circunscrições e autoridades intermediárias que formaram uma complexa estratificação institucional. Aos prebostes e bailios (*bailes*) foram superpostos os bailios (*baillis*) e senescais (século XIII), depois os governadores de província (século XIV). Por fim, a partir dos anos 1630, o intendente (*intendant*), posto à frente das jurisdições dos tesoureiros de França (*la généralité*), será o administrador regional por excelência. Fundada na colegialidade, a tradicional gestão do reino segundo formas judiciárias era realizada pelas companhias de oficiais régios (*officiers royaux*), subordinadas à autoridade do chanceler, primeira personalidade do Conselho do Rei. Os parlamentos e outras jurisdições régias desempenhavam papel importante em matéria administrativa: ordem pública, regulamentação, fiscalização da administração municipal etc. No século XVII, sobretudo a partir de 1661, a antiga gestão judiciária é em grande parte substituída por uma gestão administrativa, mais eficaz e dinâmica. Nos conselhos de governo (conselho superior [*conseil d'en haut* ou *d'enhaut*], conselho de despachos, conselho real das finanças), o rei tem como conselheiros quase exclusivamente seus ministros modernos, secretários de Estado e o inspetor geral das finanças. Eles participam do estilo monárquico de exercício de autoridade, em que o rei lhes confia praticamente toda a administração do reino. Os intendentes, comissários repartidos pelas províncias, são os eficazes intermediadores da ação ministerial. É a monarquia administrativa, baseada no agente único e no recurso aos comissários. A justiça regular perdeu não só o essencial de suas competências administrativas, mas também o julgamento da maior parte do contencioso administrativo. Tudo isso foi atribuído aos intendentes, para grande raiva dos parlamentares. Numa nova versão da tradicional simbiose entre função administrativa e função judiciária, o intendente passou a ser o juiz de primeira instância de quase todo o contencioso administrativo que respondia ao Conselho do Rei. Era a invenção da justiça administrativa. A imensa maioria dos agentes régios ficava à margem da monarquia administrativa. Plenamente admitida em 1604, a patrimonialidade dos cargos privava a realeza de total controle sobre seus oficiais. O Estado contava praticamente apenas com os comissários e com algumas categorias de agentes que prefiguravam os funcionários, tais como os engenheiros de obras públicas ou os serventuários que constituíam os gabinetes dos ministérios, das intendências ou das subdelegações. Sobre eles fundava-se a eficácia da administração. A monarquia administrativa, porém, não atingiu o extremo de sua lógica centralizadora. A realeza, por exemplo, respeitou o privilégio de autoadministração de várias províncias, que conservaram seus Estados provinciais e, no século XVIII, desenvolveram no mais das vezes competências administrativas, segundo um espírito de colaboração com a gestão administrativa estatal. A criação das assembleias provinciais por Luís XVI generalizou a coexistência entre a autoadministração provincial e o intendente, cujas competências estavam proporcionalmente reduzidas.

A Constituinte destrói as províncias em nome da unidade nacional. A criação de uma rede uniforme e hierarquizada de circunscrições (departamentos, distritos, cantões, comunas) desfaz o mapa administrativo do Antigo Regime. Relacionando-se com rios, mares e montanhas, os nomes dos departamentos rompem com a história, que alicerçava a identidade provincial. Por rejeição aos intendentes e à burocracia nascente, a Constituinte cria uma administração de não profissionais, com retorno à colegialidade. E aos corpos administrativos locais (municipais, distritais, departamentais), formados de cidadãos eleitos, é confiado o essencial da administração. Embora o rei seja, em princípio, chefe da administração, o executivo (aliás, muito fraco) não tem, na realidade, nenhum poder sobre a administração, por estar privado de intermediadores territoriais. Donde um sistema administrativo invertebrado, no qual os administradores, eleitos da nação, tendem a formar um "poder administrativo" (Barnave) que se considerava autônomo. Além do mais, a competência para as principais matérias do contencioso administrativo é atribuída ao diretório do departamento, ou seja, a administradores. A justiça administrativa é conservada.

Da centralização jacobina à descentralização socialista

O governo revolucionário estabelece uma centralização rigorosa, voltando ao sistema do agente único nomeado pelo poder central (o agente nacional). O período é marcado por enorme aumento do número de empregados, especialmente nos ministérios. A despeito da sanha antiadministrativa que vai acarretar a supressão dos ministros (substituídos por doze comissões), o Comitê de Salvação Pública aumenta ainda mais a inflação burocrática ao sobrepor seus próprios gabinetes aos outros já existentes. O Diretório restabelece os ministros, que lhe são subordinados. O número de funcionários diminui sensivelmente, mas a burocracia está bem estabelecida. A centralização é mantida, com a presença junto a cada administração territorial (departamental e municipal, no mais das vezes cantonal) de um agente nomeado pelo poder central, o comissário do Diretório. Mas o fracasso do regime acaba gerando ineficácia administrativa. Criador de um poder governamental monárquico, Napoleão domina a administração. A eleição dá lugar à nomeação. Do conselheiro de Estado ao conselheiro municipal, todo o pessoal administrativo é nomeado. Pela primeira vez, o governo o controla inteiramente. Os ministros, cujo número aumenta, são conselheiros, serventuários do primeiro cônsul (depois imperador) e, ao mesmo tempo, chefes dos altos escalões da administração. Inteiramente à disposição de Napoleão, o Conselho de Estado emite leis, regulamentos da administração pública (RAP) e pareceres de alcance geral. Preparando também as decisões contenciosas do soberano, exerce de fato, na maioria das vezes, uma justiça administrativa delegada. A lei de 28 de pluvioso do ano VIII restabelece três níveis de administração local (departamento, circunscrição [*arrondissement*], comuna), nas quais a ação do poder central é exercida por um agente único (prefeito [*préfet*], subprefeito [*sous-préfet*], presidente da câmara municipal ou edil [*maire*]). O conselho geral desempenha papel limitado: reparte o imposto direto e vota as taxas adicionais. Presidido pelo prefeito, o Conselho de Prefeitura é juiz administrativo de atribuição (obras públicas, sistema viário etc.), respondendo ao soberano em seu Conselho de Estado. Embora o conselho de circunscrição seja muito inexpressivo, o conselho municipal gere uma parte dos assuntos locais. Mas o essencial é "a cadeia executiva [que] desce diretamente do ministro ao administrado" (Chaptal). Essa organização administrativa hierarquizada, centralizada e autoritária restabelece rapidamente a ordem e a prosperidade.

Durante o século XIX, o sistema administrativo napoleônico evoluiu progressivamente sob o efeito do parlamentarismo e da ideia descentralizadora. O número de ministros, que agora participam da ação do governo, multiplica-se. O Conselho de Estado exerce oficialmente, em 1848 e depois em 1872, uma justiça administrativa delegada. A partir dos anos 1830, os conselheiros municipais, gerais e de circunscrição são eleitos, e as competências do conselho geral são ampliadas. A partir de 1871, o prefeito é controlado pela comissão departamental eleita pelo conselho geral, que então gere a maioria dos assuntos do departamento. Em 1884, a eleição do edil [*maire*] é definitivamente aceita, e o conselho municipal gere os assuntos da comuna. De 1873 a 1914 duplicam-se os efetivos da função pública. Com a difusão da máquina de escrever, a partir de 1900, há uma afluência maciça das mulheres aos escritórios. Durante a primeira década do século cria-se um sindicalismo do funcionalismo público. Ilegal, mas tolerado, ganhará grande impulso entre as duas guerras, quando o número de funcionários aumenta ainda mais. A libertação do jugo alemão é seguida pela concessão do direito de sindicalização aos funcionários, pela criação da Escola Nacional de Administração (ENA) e pela instauração de um estatuto geral do funcionalismo público. A descentralização moderada das estruturas herdadas do ano VIII perdura até a V República. Em 1964 cria-se o prefeito regional. A grande descentralização de 1982 transforma a região numa coletividade territorial, enquanto vastas competências administrativas são transferidas do Estado para as coletividades territoriais. São presididas pelo órgão executivo do conselho geral e do conselho regional. O prefeito já não passa de representante do Estado. É a síntese entre o sistema da Constituinte e o do ano VIII, que não deixa de lembrar a criação das assembleias provinciais por Luís XVI, em detrimento dos intendentes.

› BURDEAU F., *Histoire de l'administration française du XVIIIe siècle au XXe siècle*, 2ª ed., Paris, 1994. – HAROUEL J.-L, BARBEY J., BOURNAZEL E. & THIBAUT-PAYEN J., *Histoire des institutions de l'époque franque à la Révolution*, 9ª ed., Paris, 2001. – LEGENDRE P., *Histoire de l'administration de 1750 à nos jours*, Paris, 1968. – PINET M. (dir.), *Histoire de la fonction publique en France*, Paris, 1993. – SAUTEL G. & HAROUEL J. L., *Histoire des institutions publiques depuis la Révolution française*, 8ª ed., Paris, 1997. – THOMAS Y., Histoire de l'administration, Paris, 1995. – THUILLIER G. & TULARD J., *Histoire de l'administration française*, Paris, 1984.

Jean-Louis HAROUEL

→ Administração; Direito administrativo; Justiça administrativa.

AGRICULTURA

Se, segundo Savigny, "o direito curva os fatos sob seu jugo", ocorre que os fatos se mostram rebeldes às ordens do legislador. É o que ocorre com a agricultura. Sendo ela natural por excelência, o direito sempre teve dificuldade para apreendê-la, e a define de modos diferentes, em função de seus objetivos e de suas necessidades. Se o *construto* é diversificado, o *dado* também o é. Durante muito tempo não se fez distinção alguma entre agricultura e agricultores: ela era a atividade desempenhada pelos agricultores e vice-versa. No entanto, ao longo do tempo, ocorreu uma evolução dupla: por um lado, a agricultura transformou-se aos poucos e se tornou menos "natural"; por outro, os agricultores foram, aos poucos, diversificando suas atividades.

O dado

Segundo a definição etimológica apresentada pelo dicionário *Littré*, agricultura é a cultura dos campos (*ager*). Tal definição, evidentemente, é redutora. Segundo os agrônomos (S. Henin, cf. Agriculture, in *Encyclopedia Universalis*), agricultura pode ter dois sentidos: num sentido geral, designa a produção e as condições de vida no meio rural; num sentido mais restrito, visa apenas ao conjunto das técnicas de produção das plantas nos terrenos cultivados. Tal concepção, que insiste com razão na intervenção do homem (cultivo da terra), mostra-se, porém, limitada demais, uma vez que exclui as atividades de criação de animais, cuja natureza agrícola não é contestada (cf. definição dada por P. Veyret, reproduzida cf. *Élevage* in *Encyclopedia Universalis*: "Conjunto de operações que possibilitam a produção, a manutenção e a utilização dos animais domésticos"). Do ponto de vista puramente evolutivo, a agricultura mostra-se como uma das mais antigas atividades humanas, dos tempos imemoriais em que o homem já não se contentava com a coleta de frutos e bagas, com a caça de animais selvagens ou com a pesca no mar, em rios ou lagos. Começou então a domesticar a natureza e, com isso, a dominar seres vivos. Em sua concepção tradicional, a agricultura consistia essencialmente na criação de animais para puxar os instrumentos agrícolas, guardar os rebanhos, fornecer couro e lã ou simplesmente servir de alimento. Também consistia na produção de plantas, legumes e frutos para a alimentação da família. O excedente, quando havia, era destinado à venda. Os métodos de cultivo e os utensílios eram muito rudimentares e, portanto, os rendimentos eram pequenos. A agricultura evoluiu aos poucos, mas as descobertas no início eram muito empíricas. Resultavam de descobertas locais que se "estendiam paulatinamente a grupos humanos cada vez mais numerosos" (S. Hénin, cf. Agriculture acima citado). Esse "imobilismo agrícola antigo", para retomar a expressão de um especialista, transformar-se-ia pouco a pouco em mobilidade crescente (G. Duby e A. Wallon, *Histoire de la France rurale*, Le Seuil, 1976, t. IV). O historiador americano Eugen Weber (trad. fr. *La Fin des terroirs*, Fayard) situa na segunda metade do século XIX o início da transformação do mundo agrícola, portanto da agricultura, sob a influência de numerosos fatores conjugados: generalização do transporte ferroviário, alfabetização com desaparecimento dos dialetos locais, surgimento das máquinas agrícolas e do motor de explosão, descoberta da biologia animal e vegetal, multiplicação dos progressos de todos os tipos... Essa transformação da agricultura acelerou-se durante o século XX, especialmente a partir de 1960. As máquinas agrícolas (tratores, colheitadeiras, debulhadoras e vindimadoras...) tornaram-se cada vez mais eficientes. Os progressos da biologia animal e vegetal, o uso de adubos e de produtos fitossanitários, os aperfeiçoamentos da nutrição animal etc. possibilitaram a multiplicação da produtividade em proporções desconhecidas até então. Esses progressos consideráveis acarretaram profunda transformação da paisagem agrícola (aumento constante da superfície média das propriedades rurais, diminuição correlativa de seu número e do número de sociedades rurais, diminuição considerável dos agricultores em razão do êxodo rural durante um século e meio). Esses fenômenos são bem conhecidos (cf. especialmente G. Gouzes, *Tradition et modernité de l'agriculture française*, relatório ao Primeiro-Ministro, Ed. Sper, 1985). Essa revolução agrícola, infelizmente, tem seu reverso. Essa agricultura industrial, que consome combustíveis à base de petróleo e produtos químicos, é fator de poluição. O exame, necessariamente rápido, dessa evolução não apresenta dados precisos sobre a natureza profunda da agricultura e não permite, portanto, definir sua natureza exata. A tal atividade dedicaram-se os agrônomos, que insistem ao mesmo tempo na influência da natureza e no trabalho dos homens. Ninguém contesta que a agricultura é uma *atividade natural*. Para demonstrá-lo, é preciso fazer a distinção entre a cultura de plantas e a criação de animais. Quanto à *produção vegetal*, o elemento motor é a função clorofiliana: a planta, graças à energia da luz, fabrica sua própria substância a partir do gás carbônico do ar, de água e de elementos minerais extraídos do solo. A matéria orgânica assim produzida é normalmente destruída em seguida, e seus elementos voltam ao meio de origem, se os vegetais forem consumidos ou destruídos no mesmo local. Constitui-se assim um verdadeiro ciclo biológico, noção que será retomada mais tarde pelos juristas. A atividade agrícola, por isso, pareceu aos fisiocratas uma fonte inesgotável de riquezas, uma vez que não acarreta o empobrecimento do meio no qual se desenvolve. Quanto à *criação de animais*, o aspecto referente ao ciclo biológico é ainda mais evidente. A partir do momento em que começou a domesticar os animais selvagens, o homem tentou dominar sua reprodução e dar-lhes a melhor alimentação possível para que eles pudessem cumprir a missão que lhes havia sido confiada, quer se tratasse de animais de tiro ou de montaria, de consumo ou de corte, de produção de couro, lã etc., mas esse ciclo da vida animal, por sua vez, estava ligado à vida vegetal. Durante milênios, os animais se alimentaram de grãos, ervas ou forragem. Ao mesmo tempo forneciam o adubo natural necessário às culturas; paralelamente, os quadrúpedes foram utilizados para puxar o arado e as carroças, tornando-se auxiliares no cultivo, o que ensejou a sedentarização dos agricultores. Uma revolução agrícola que surgiu essencialmente no século XIX consistiu na reserva de culturas destinadas à alimentação dos animais nas próprias plantações (cereais, raízes, leguminosas e forragem). Mas, que seria da natureza sem o trabalho do homem? A paisagem francesa foi modelada por gerações sucessivas de camponeses. Em todos os tempos, os seres humanos trataram de dirigir, guiar, dominar e até mesmo travar a natureza. O plantador de cereais precisa preparar, tratar, lavrar, semear o solo e fazer a colheita. O pecuarista precisa selecionar os reprodutores, fazer cruzamentos, auxiliar no parto dos filhotes, alimentá-los, tratá-los. Nessas múltiplas atividades ocorreram inúmeros progressos.

Como já se escreveu, "o agricultor é um mestre de obras que deve pôr em ação, para seu proveito, as possibilidades do meio, com a ajuda das técnicas". São estas últimas que mais se transformaram. Antigamente, o agricultor dependia essencialmente de sua experiência, ou seja, "de um conjunto de receitas e condições para pô-las em prática", que lhe havia sido transmitido pelos ancestrais. Hoje, ele tem cada vez mais um comportamento dependente de técnicas científicas aprendidas em estabelecimentos de ensino de agronomia. Os progressos, porém, não ocorreram apenas no âmbito agronômico, mas também no mecânico. A invenção de máquinas agrícolas cada vez mais sofisticadas permitiu que os agricultores explorassem superfícies cada vez maiores, com mão de obra cada vez menos numerosa, resolvendo problemas de deslocamento em grandes distâncias. Os progressos também se fizeram sentir na *gestão econômica* das propriedades, que tendem a conjugar empresas de caráter industrial e comercial, por meio de contabilidade, controle racional dos estoques e busca de clientela. Os agricultores, ou pelo menos alguns, diversificaram suas atividades (I. Couturier, 1994). Praticam o turismo rural ou oferecem serviços diversos. Seu modo de vida, antes baseado na autarquia, hoje está bem próximo da vida urbana em muitos aspectos e frequentemente dificulta a distinção entre atividades agrícolas e comerciais (P. Didier, *Droit commercial*, I, PUF, 1992, p. 142). Foi essa evolução complexa que o direito procurou apreender.

O construto

Durante muito tempo, o direito quase não se preocupou em definir a agricultura, tão evidente parecia a noção. Sua definição praticamente não despertava interesse jurídico. O direito feudal, que comportava numerosas disposições próprias aos agricultores, quase não criava problemas de aplicação a uma sociedade essencialmente rural. O Código Civil de 1804, código de proprietários de terras, tampouco os criava: as disposições próprias à agricultura eram englobadas pela concepção mais ampla de direito civil. As atividades agrícolas eram praticadas e ainda o são sobre uma gleba, e, na tradição francesa, o imóvel é da alçada do direito civil, e não do direito comercial (P. Didier, "A terra e o direito comercial", *Études à la mémoire d'H. Cabrillac*, 1967, p. 153). Além do mais, segundo a filosofia liberal do Código Civil francês, os interessados decidiam, por si mesmos, colocar-se sob o império do artigo 1.763 e seguintes do Código Civil. Mas, a partir dos decretos-leis de 17 de junho de 1938 e de 1939, sobre a atribuição preferencial das propriedades agrícolas e o contrato de trabalho com salário diferido (*salaire différé*), e sobretudo a partir da decisão de 17 de outubro de 1945 e da lei de 17 de abril de 1946 sobre o estatuto do arrendamento, o direito rural foi alvo de múltiplas modificações (P. Ourliac, "Cinquenta anos de direito rural", *Rev. dr. rural* 1993, pp. 483 ss.). Essa evolução foi marcada, em particular, pela promulgação sucessiva de oito leis de diretrizes agrícolas, de adaptação ou modernização. Em relação à definição de atividade agrícola, o texto mais importante é a lei de adaptação da exploração agrícola a seu ambiente econômico e social, de 30 de dezembro de 1988, que, em seu artigo 2º (que se tornou art. L. 311-1 C. rur.), deu pela primeira vez uma definição legal: é preciso definir seu sentido e seu alcance.

O sentido da definição legal. – Diferentemente do direito comercial, que, para definir seu âmbito, pratica ao mesmo tempo uma concepção objetiva (o ato de comércio) e subjetiva (o comerciante), o direito rural concentra sua atenção na atividade agrícola, enquanto se presume que o agricultor é aquele que se dedica a essa atividade. Por muito tempo, o legislador ficou silencioso. Coube então aos juízes fixar as fronteiras exteriores do direito rural antes que a lei de adaptação agrícola de 30 de dezembro de 1988 viesse preencher essa lacuna. As definições jurisprudenciais antigas foram purgadas em ordem dispersa. Respectivamente, as jurisdições civis, comerciais, sociais e administrativas iam sendo convidadas a definir seus próprios critérios de aplicação nos casos litigiosos. Portanto, não é fácil encontrar grande coerência em suas soluções. Um critério que teve sucesso efêmero foi extraído de uma interpretação *a contrario* do antigo artigo 631 do Código de Comércio: constitui atividade agrícola aquela que não consiste em compra para revenda. A Corte de Cassação há tempos utilizou esse critério em relação à pecuária industrial, em que a proporção dos alimentos comprados de fora, na maioria das vezes, é superior à dos produzidos internamente. Assim, a câmara de comércio, numa sentença de 17 de fevereiro de 1982 (*Bull. civ.*, IV, nº 65, p. 55), considerou que "a Corte de Apelação, ao ressaltar que a proporção de alimentos representada pelas compras não tinha caráter acessório ou complementar, pôde decidir que os cônjuges H... exploravam uma empresa comercial, e não agrícola". As decisões foram proferidas numa época em que ainda não existiam ações coletivas aplicáveis aos agricultores. A qualificação comercial da atividade do pecuarista industrial possibilitava então submetê-lo aos procedimentos previstos para os comerciantes pelas leis de 1º de março de 1984 e de 25 de janeiro de 1985. O Conselho de Estado se orientara por um critério diferente, que exerceria influência indubitável sobre o legislador. A agricultura consiste no domínio de um ciclo biológico animal ou vegetal (CE. 6 de fevereiro de 1970, M. Cozian, "O estatuto da pecuária industrial", *JCP*, 1971, I 2381). Essa jurisprudência casuística demandava a intervenção do legislador. A definição legal atual de agricultura reporta-se a uma causa contingente. Desejando instituir ações coletivas próprias aos agricultores, o legislador de 1988 precisou definir o domínio de aplicação dessas ações em relação às ações comerciais. O artigo L. 311-1 do Código Rural francês e a lei de 30 de dezembro de 1988 dão duas definições da atividade agrícola que podem ser qualificadas como atividades primária e secundária.

A atividade primária também é frequentemente chamada de atividade agrícola por natureza (cf. especialmente B. Berry, "Atividades agrícolas e direito civil", *Rev. dr. rur.*, 1992, pp. 1 ss.; I. Couturier, 1997; J. Lachaud, 1996; Jacques Foyer, 1999). Segundo a primeira parte do artigo L. 311-1, "são consideradas atividades agrícolas as atividades que consistem no controle e na exploração de um ciclo biológico, de caráter animal ou vegetal, incidentes numa ou em várias etapas desse ciclo". O legislador de 1988 extraiu a noção de ciclo biológico da jurisprudência do Conselho de Estado e, antes deste, dos agrônomos. Mas essa definição não deu fim às incertezas. Persistem zonas de sombras que os juízes não conseguiram dissipar inteiramente, tão complexa e diversificada é a atividade agrícola. Para enxergar com mais clareza, convém tentar fazer uma *glosa* das diferentes expressões utilizadas pelo legislador de 1988. A primeira incerteza refere-se à concepção que o legislador tem da *biologia*, ao falar do ciclo biológico. Numa definição ampla, a biologia tem em vista os diferentes fenômenos e formas da vida, as condições e as leis que regem sua existência e as causas que determinam sua atividade. Nessa concepção, visto que a célula representa a unidade fundamental de todo ser vivo, estudam-se globalmente os animais e os vegetais unicelulares e pluricelulares. Daí se conclui que o legislador não podia ter em mente uma concepção tão ampla que englobasse na agricultura a ação dos micro-organismos. O acordo foi alcançado com base numa concepção mais estreita da atividade agrícola que, de acordo com os termos da lei, se limita aos vegetais (árvores, verduras e legumes, flores, frutos) e aos animais terrestres (quadrúpedes ou bípedes) ou aquáticos (peixes de viveiro). Tal interpretação não resolve todas as dificuldades. Assim, quanto aos *vegetais*, as árvores frutíferas e a videira certamente se enquadram na atividade agrícola (cf. art. L. 411-13 C. Rural francês que contempla as culturas arborícolas, oleícolas, citrícolas e vitícolas, além da jurisprudência sobre os direitos de replantação em matéria de arrendamento rural, E. Agostini, "Replantação, acessão, exploração", nota sob Civ. III, 24 de março de 1999, *D.*, 2000, Jur., p. 139). Mas não haveria como ser tão categórico no que se refere às atividades florestais, que são normalmente excluídas do direito rural e submetidas ao código florestal, pelo menos no que tange às árvores não frutíferas. O direito rural, porém, não é totalmente claro. Por exemplo, o rendeiro é obrigado a garantir a manutenção e a qualidade das plantações, ou seja, das árvores (art. L. 415-8 C. Rural); a derrubada de árvores pelo rendeiro pode acarretar o cancelamento do arrendamento (art. L. 411-53, 2º, C. Rural). Quanto aos *animais*, também subsistem algumas interrogações que parecem precisar ser resolvidas com uma interpretação extensiva: é considerada agrícola a criação de *escargots*, cães, gatos... O mesmo se pode dizer da piscicultura, da conquiliocultura, da ostreicultura, da apicultura (cf., nesse sentido, o art. 415.10 C. Rural que contempla expressamente os arrendamentos apícolas) e também da criação de bichos-da-seda ou de joaninhas, atividades que, é verdade, são acompanhadas pela cultura de árvores ou arbustos. Outros dois termos, na realidade pouco precisos, merecem algumas explicações; são os termos *controle* e *exploração* do ciclo biológico. Alguns veem neles uma redundância. Na realidade, são distintos, mas complementares. O *controle* é condição primordial e necessária. Refere-se aos atos por meio dos quais o homem tenta dominar a natureza ou, pelo menos, orientá-la no sentido que deseja. Mas essa tentativa pode ser feita por qualquer jardineiro amador. Por isso, o legislador francês de 1988 completou essa noção com a de *exploitation*. Este termo, frequentemente utilizado em agricultura, refere-se tanto a uma empresa agrícola (a *fazenda*, a *propriedade rural*) quanto a uma atividade (J. Hudault, *Droit rural*, Dalloz, 1987, pp. 87 ss.). É nessa segunda acepção que o legislador a emprega aí. A exploração (*exploitation*) é a repetição de atos agrícolas em termos profissionais. Se refletirmos bem, a definição legal pode parecer um tanto ambiciosa. Por um lado, o agricultor pode tentar dirigir a natureza, mas não a domina. Para parafrasear uma famosa frase de Portalis, os frutos da terra se fazem por si mesmos; na realidade, não os fazemos. Além do mais, o agricultor não está sozinho. Hoje em dia, é aconselhado, orientado, fiscalizado por toda uma série de especialistas (veterinários, centros de inseminação artificial, inspetores, fiscais, vendedores de máquinas agrícolas, de produtos fitossanitários, de adubos ou de sementes). Pode-se perguntar se essa noção de controle não tem apenas um papel negativo, uma vez que permite opor a atividade agrícola às atividades primitivas de caça, pesca ou coleta. Mas a noção que suscitou mais interrogações em jurisprudência e em doutrina é, em terceiro lugar, a de *ciclo biológico*. De modo geral, admite-se que o ciclo compreende todas as operações que conduzem à fabricação de um produto animal ou vegetal; quanto aos cereais, que é a hipótese mais simples, esse ciclo vai da semeadura à colheita, passando pelas etapas intermediárias de tratamento do solo semeado; quanto à pecuária, vai da concepção e do nascimento do animal à idade de corte ou de venda, passando pela criação propriamente dita. Assim concebido, o ciclo é de *duração* variável. Na prática, é de um ano para o trigo, mas pode ser de vários anos para os animais ou para a vinha e, inversamente, de algumas semanas ou de alguns meses para as flores ou as verduras. Mas a dificuldade principal é a de determinar o *início* e *o fim desse ciclo*. O *dies a quo* é relativamente claro: antes mesmo das sementes, admite-se que faz parte desse ciclo a preparação do solo por meio da lavra e da aplicação de adubos e pesticidas. Assim, também para a pecuária, admite-se que é preciso partir da concepção do animal, e não só de seu nascimento. O *dies ad quem* é mais misterioso, especialmente para a pecuária. A jurisprudência poderia ter considerado o ciclo de vida do animal ou do produto. Preferiu basear-se num *ciclo de crescimento*. Julgou-se que a atividade agrícola termina assim que o ciclo fornece um produto vegetal ou animal próprio para o consumo. *A contrario*, as atividades posteriores já não têm caráter agrícola. É o que ocorre com a atividade de um adestrador de cavalos de corrida ou de concurso. Por fim, o artigo L. 311-1 do Código Rural francês inclui em sua definição as atividades que constituem "uma ou *várias etapas* necessárias ao desenrolar do ciclo". Faz-se alusão à distinção entre procriadores e criadores, entre os que cuidam da germinação dos bulbos de tulipa ou jacinto e os que os fazem florir. Tal como a indústria, a agricultura agora tem divisão do trabalho. No entanto, as atividades setoriais só têm caráter agrícola se ocorrem dentro do ciclo que foi precisamente definido. Assim, atribuiu-se esse caráter às operações de pigmentação de ostras porque constituem a última fase do ciclo biológico (CE, 19 de janeiro de 1983, *RJF*, 1983, nº 383). De maneira mais surpreendente, o Conselho de Estado (20 de março de 1991, *JCP*, 1991, Ed. E., Pan. 579; *RJF*, 1991, nº 575) adotou a mesma solução para a permanência de animais de caça em parques ou capoeiras: "O tempo necessário para que a melhora de sua condição física os torne aptos a servir de caça comporta a realização da última fase biológica desses animais e vincula-se a uma atividade agrícola." Esta última noção, portanto, tampouco é isenta de incertezas. Apesar dessas imprecisões, a definição legal de atividade agrícola, por natureza, possibilitou pôr fim a certas controvérsias jurisprudenciais anteriores. Agora, é indiscutível que a pecuária industrial, que sem dúvida consiste em compras para revenda, não deixa de ser uma atividade agrícola. Consiste, de fato, no controle e na exploração de um ciclo biológico. Um autor autorizado se pergunta se aí não estaria implicitamente presente a ideia de mais-valia especulativa que levaria a retirar da definição de atividade agrícola transformações como o adestramento de animais ou o refinamento de certos produtos. "A parcela de lucro auferida desse modo seria de natureza não agrícola, revelando intenções especulativas." Essa interpretação restritiva da atividade agrícola, que não passa de reflexo da ideia persistente de que o agricultor é um produtor de substâncias brutas, de matérias-primas – o que lhe vedaria praticar preços elevados –, parece politicamente criticável porque vedaria aos agricultores o benefício do valor agregado às produções agrícolas. Aliás, parece ser contradita pelo artigo L. 311-1, que estende a noção de atividade agrícola a atividades de pós-produção.

Atividades secundárias. Levando em conta a transformação dos agricultores, o legislador de 1988 progressivamente estendeu a noção de atividade agrícola às atividades que ocorrem como prolongamento do ato de produção, depois às que têm como suporte a propriedade rural (*exploitation*).

Atividades pós-produtivas. Segundo o artigo L. 311-1 do Código Rural francês, são também consideradas agrícolas todas as atividades "exercidas por um produtor rural como prolongamento do ato de produção". Isso significa reconhecer que a venda e a transformação dos produtos brutos da propriedade rural fazem parte da atividade agrícola. Há aí, segundo expressão de J. Hudault, uma extensão do limiar de agrariedade. Essas operações devem ser exercidas pelo *produtor rural*; reaparece aí o critério de exploração do ciclo biológico, conforme definido acima. *A contrario*, se tais atividades não forem realizadas por um agricultor, constituirão atividades comerciais ou industriais (J. Derruppé, *Rev. trim. dr. com.*, 1989, p. 911). Esclarecido esse ponto, é preciso ver de maneira diferente a venda e a transformação dos produtos agrícolas. Quanto à venda, admite-se sem contestação, desde a promulgação da lei de 1988, que a atividade é indiscutivelmente agrícola quando o agricultor vende sua *própria* produção. No entanto, surge dúvida quando se pensa na hipótese de um agricultor vender também produtos de outra procedência. O intérprete é então obrigado a voltar à distinção entre principal e acessório para fixar um limiar. Outro elemento de incerteza refere-se aos métodos de venda utilizados. O agricultor que vende *in loco* seus produtos nem por isso se torna comerciante; é o que ocorre com o sitiante que vende suas verduras e legumes na feira próxima. O viticultor que tem grande clientela e frequenta feiras e exposições nem por isso perde sua qualidade de agricultor. O mesmo não ocorrerá se ele utilizar técnicas propriamente comerciais, abrindo uma loja de venda ao varejo ou empregando pessoal especialmente dedicado à venda de seus produtos.

A *transformação* de produtos próprios, operada pelo agricultor, suscita questões um pouco diferentes. O fenômeno não é novo. Os viticultores sempre transformaram sua uva em vinho, os criadores de vacas leiteiras sempre fabricaram queijo, e os proprietários de oliveiras sempre produziram azeite. Mas os processos, durante muito tempo, foram artesanais e até rudimentares. A qualificação de atividade agrícola pode parecer mais problemática quando o produtor fabrica objetos que tenham um vínculo menos direto com a alimentação ou quando se vale de processos mais modernos (fábrica de conserva ou dessecação de alfafa) e recorre a um pessoal especializado em serviços distantes da agricultura tradicional. Na realidade, nas hipóteses complexas, os juízes judiciários e administrativos recorrem a um feixe de indicadores para distinguir o principal do acessório: origem dos ingredientes utilizados, métodos de produção, receita bruta etc. Os resultados nem sempre são previsíveis, e serão cada vez menos, uma vez que o comportamento dos agricultores não para de se transformar.

As atividades agrícolas acessórias. Segundo o mesmo artigo L. 311-1 do Código Rural francês, são consideradas agrícolas as atividades que têm a propriedade rural (*exploitation*) como suporte. Aí está uma verdadeira inovação da lei de 1988, que se distingue claramente das atividades acima expostas. Ao utilizar o termo *atividade*, o legislador de 1988 realizou um deslizamento semântico. Já não se trata de atividades agrícolas, sejam elas por natureza ou por prolongamento, mas, ao contrário, de atividades não agrícolas. Os trabalhos preparatórios da lei revelam que se pensou sobretudo no agroturismo (pousadas rurais, hotéis-fazenda); a noção tem conteúdo mais amplo e engloba os serviços prestados por um agricultor mediante remuneração (colheitas, drenagens etc.) ou atividades de lazer (aluguel de baias para cavalos, picadeiros, oficinas culinárias de fins de semana etc. – J. Derruppé, *Rev. trim. dr. com.*, 1989, p. 213). A imaginação dos agricultores parece não ter limites, mas os donos de restaurantes e hotéis, ou os profissionais vizinhos podem sofrer as consequências dessa concorrência. O projeto de lei de modernização agrícola de 1996, chamado projeto Vasseur, começara a estender o âmbito dessas atividades. Os protestos dos profissionais afetados impediram essa extensão. Tais atividades devem ser vinculadas a uma propriedade rural. O termo *exploitation* já não tem então o sentido de atividade, mas de empresa agrícola, que agrupa construções residenciais e construções dedicadas à lavoura. É aí que o agricultor moderno pratica hotelaria na fazenda. Mas a dificuldade está no fato de que ele é obrigado a reformar e modernizar as instalações tradicionais e até mesmo a construir novas instalações e contratar pessoal suplementar. É aí que se mostra toda a ambiguidade do termo "suporte" utilizado pela lei, que, na verdade, é pouco jurídico. Tomado ao pé da letra, suporte limita-se à exigência de que as atividades em questão tenham um vínculo com a empresa rural, mas esse vínculo pode ser interpretado de duas maneiras: ou nos contentamos com uma ligação geográfica, e nesse caso bastará que as atividades em causa se desenvolvam na própria empresa agrícola, ou, num sentido mais restritivo, exigimos que essas atividades se vinculem objetivamente à atividade agrícola da empresa. Certamente é esta segunda interpretação a mais próxima da vontade do legislador. O agricultor não pode limitar-se, nessas atividades secundárias, a vender apenas os produtos de sua fazenda. Nesse sentido, uma decisão da Corte de Apelação de Lyon (10 de maio de 1993, citado por I. Couturier, acima, p. 20) é bastante esclarecedora. A Corte declarou que, "apesar da localização material na fazenda, a atividade de hotelaria não tem como suporte a empresa agrícola, que não se identifica apenas com os edifícios nos quais ela é exercida, pois os produtos que emprega e consome não são extraídos essencialmente da atividade agrícola do empresário rural". Assim, assistimos ao reaparecimento do critério de atividade acessória, tomada em duplo sentido: em primeiro lugar, os produtos vendidos pelo empresário rural não devem provir, essencialmente, de aquisições externas; em segundo lugar, as atividades de hotelaria na fazenda não devem ser predominantes, e a receita proveniente da atividade inicialmente secundária não deve ultrapassar a da atividade principal. Esses critérios não fornecem respostas claras. Os problemas de interpretação certamente decorrem da dificuldade de apreender uma realidade que, por hipótese, é móvel. Também decorrem do fato de que hoje em dia é difícil definir o agricultor. Este é cada vez menos um cultivador e cada vez mais um empresário: "O caráter essencial da agricultura

[...] não é nem o 'natural', nem a tradição, nem o risco, nem o imóvel. Talvez a intervenção, no campo, sobre a matéria viva" (I. Couturier, *op. cit.*, *loc. cit.*). Outra dificuldade decorre do caráter *político* do problema. Os poderes públicos fazem questão – não sem razão – de conservar um estatuto particular para essa categoria profissional de fronteiras mal definidas. Modificar o estatuto dos agricultores exige grande prudência. Na França, a lei de 1º de fevereiro de 1995 previra a criação de uma comissão que, em cinco anos, deveria fornecer um relatório sobre a manutenção do caráter civil da atividade agrícola. Mais de oito anos se passaram; o relatório não foi redigido.

Alcance da definição legal. – O parágrafo 2º do artigo L. 311-1 dispõe: "As atividades agrícolas assim definidas têm caráter civil." A agricultura, portanto, normalmente é da alçada do direito civil. Mas também está submetida a outras regras de origem diferente, marcadas em maior ou menor grau pelo direito público, regras às quais a definição ruralista se aplica com maior ou menor adequação.

O domínio inconteste é o do direito rural propriamente dito e, mais amplamente, do direito civil, que é sua matriz. Cada vez mais amiúde, o legislador se remete ao artigo L. 311-1 para definir o alcance das diferentes regras do Código Rural francês. É o que ocorre com o *arrendamento rural*. Este foi definido pela lei de diretrizes agrícolas de 4 de julho de 1980, no artigo L. 411-1 do Código Rural francês como "toda oferta, a título oneroso, de um imóvel de uso agrícola para fins de exploração". No entanto, não esclareceu o que se deveria entender por "uso agrícola". Nos numerosos processos de requalificação de "falsos contratos" ou "contratos de fachada", os tribunais franceses recorreram por muito tempo à definição tradicional de agricultura, sem a definir de outro modo. Depois que o legislador de 1988 apresentou a definição atual da atividade agrícola, os tribunais se serviram dela explícita ou implicitamente. A lei de diretrizes agrícolas de 9 de julho de 1999, na França, formalizou essa jurisprudência especificando que a oferta de um imóvel de uso agrícola deve ser feita "para o exercício de uma atividade agrícola definida no artigo L. 311-1 do Código Rural". Quanto às *sociedades agrícolas*, o legislador nem sempre foi tão preciso. Sem dúvida, no que se refere à empresa agrícola de responsabilidade limitada (EARL), o artigo L. 324-2 do Código Rural francês especifica que esta tem "por objeto o exercício de atividades agrícolas no sentido do artigo L. 311-1". Quanto às outras sociedades com objeto agrícola, os textos que lhes são aplicáveis não têm tal especificação. Quanto às associações de proprietários agrícolas (*Groupement foncier agricole* – GFA [Grupo Imobiliário Agrícola]), o artigo L. 322-6 limita-se a afirmar que elas têm "por objeto a criação ou a conservação de uma ou de várias propriedades agrícolas, ou estas duas operações". O mesmo ocorre com o Grupo Agrícola de exploração comum (*Groupement agricole d'exploitation en commun* – GAEC); o artigo L. 323-3 só contempla a atividade agrícola por preterição. O mesmo ocorre, *a fortiori*, com as sociedades civis de exploração agrícola (SCEA), que são sociedades civis regidas pelo artigo 1.845 e seguintes. Esse silêncio da lei não é preocupante. Para distinguir sociedades civis de sociedades comerciais é preciso remeter-se à definição geral de atividade agrícola.

A mesma alternância entre precisão e imprecisão encontra-se na definição de *empresa agrícola* (*exploitation*). A lei de 9 de julho de 1999, pela primeira vez, definiu-a no novo artigo L. 331-1, parágrafo 2º, do Código Rural francês como "o conjunto de unidades de produção explorado direta ou indiretamente pela mesma pessoa, sejam quais forem seu estatuto, sua forma ou seu modo de organização jurídica, cujas atividades são mencionadas no artigo L. 311-1" (cf. sobre a insuficiência dessa definição, J. M. Gilardeau, *Rev. dr. rural*, 1999, p. 355). Em compensação, quanto à empresa agrícola (*exploitation*) familiar de responsabilidade pessoal (art. L. 321-1 ss.), subentende-se a mesma referência. Ao contrário, no que se refere às *ações agrícolas coletivas* (*procédures collectives agricoles*), instituídas pela lei de 30 de dezembro de 1988, o legislador utilizou com muita lógica a definição que lhe fora dada no artigo 2º da lei. Quanto ao acordo amigável (art. L. 351-1, par. 2º), assim como no que se refere à concordata e à liquidação judiciária da empresa agrícola (*exploitation*) (art. L. 351-8), os textos remetem expressamente ao critério habitual de distinção. O remanejamento dos textos em função da definição legal de agricultura não foi feito em todos os textos de direito rural francês. Essa definição inspira, porém, todas as instituições introduzidas pelo legislador desde as primeiras leis de diretrizes agrícolas. O mesmo ocorre com a *fiscalização das estruturas agrícolas* (art. L. 331-1 ss. C. Rural francês), que se aplica à exploração das propriedades agrícolas no sentido definido pelo parágrafo 2º. do mesmo artigo. O mesmo ocorre com as SAFER – Sociétés d'Aménagement Foncier et d'Établissement Rural (art. 141-1 ss.) –, ainda que seu âmbito de intervenção seja mais amplo do que as empresas agrícolas e se estenda ao "meio rural" e à "política de planejamento e de desenvolvimento sustentado do território rural". Mas o direito de preempção é exercido sobre terrenos com "vocação agrícola" (art. L. 143-1), e a retrocessão (art. C. R. 142-2 ss.) realiza-se em proveito do agricultor, tendo, portanto, por hipótese uma atividade agrícola. Assim também, o crédito do salário diferido (*salaire différé*) (art. L. 321-13) é atribuído aos descendentes de um agricultor que tenham participado da atividade de seu autor, aos cônjuges destes, com as mesmas condições de participação e, desde a lei de 9 de julho de 1999, ao cônjuge do agricultor falecido (art. L. 321-24), nas mesmas condições (R. Le Guidec, *Rev. dr. rural*, 1999, p. 350).

Sob vários aspectos, o direito civil francês estende-se às atividades agrícolas. É o que ocorre com as *sociedades agrícolas*, em especial as SCEA, submetidas ao artigo 1.845 e seguintes do Código Civil francês. O mesmo ocorre com a *atribuição preferencial criada* na origem (D. 17 de junho de 1938) para as empresas agrícolas (art. 832 ss. C. Civ. francês). Em suas versões clássicas de atribuição preferencial facultativa (art. 832) ou de direito (art. 831-1), ou em suas versões modernas (art. 832, par. 5º., 832-2 e 832-3), os textos contemplam a empresa agrícola em exploração direta. É o que ocorre com a suspensão da partilha (art. 815, par. 2º., C. Civ. francês) que vise especificamente a empresa agrícola, e com a suspensão para estatuir sobre a empresa agrícola na qual um coproprietário queira instalar-se no futuro (art. 815, par. 3º., C. Civ. francês). Às vezes a referência à atividade agrícola é mais mediata. É o que ocorre com a venda de produtos agrícolas que seja, em princípio, uma venda civil, desde que o vendedor venda essencialmente sua produção e que o faça nos locais de exploração. É também o que ocorre com a conclusão de um arrendamento rural por um usufrutuário. Segundo o artigo 595, parágrafo 4º. do Código Civil francês, "o usufrutuário pode, sem participação de um proprietário, dar em arrendamento uma propriedade rural". Com espírito semelhante, segundo o artigo 1.425 do Código Civil francês, "os cônjuges não podem, separadamente, dar em arrendamento uma propriedade rural [...] que dependa da comunhão de bens". Em todas essas hipóteses, a expansão maior ou menor da definição legal não é posta em xeque. Em compensação, há outros campos em que esta se presta mais à discussão.

O *campo contestado* é o dos direitos que constituem o âmbito do direito rural clássico, ou seja, o da exploração agrícola e dos contratos de exploração. Em *direito social*, a lei de 30 de dezembro de 1988, na França, acima citada, compreendia, em seu artigo 2º., um parágrafo 3º. segundo cujos termos "as atividades enumeradas no artigo 1.144 do Código Rural são consideradas agrícolas para a determinação dos critérios de inclusão no regime de seguridade obrigatória dos assalariados agrícolas contra os acidentes de trabalho e as doenças profissionais, bem como para as atividades vinculadas". Esse artigo era ambíguo: significaria que era preciso estender à proteção social dos agricultores os novos critérios da atividade agrícola, ou, ao contrário, continuariam a ser aplicados os critérios anteriores de inclusão social? Parece que prevaleceu a segunda interpretação, pois esse parágrafo não aparece no atual artigo L. 311-1. É preciso remeter-se ao artigo 1.142 par. 1º., 12 do Código Rural francês, em sua redação da lei de 23 de janeiro de 1990, que submete "os assalariados empregados na lavoura e na pecuária de qualquer natureza, nas atividades de adestramento, treinamento, nos haras, assim como nos estabelecimentos de qualquer natureza dirigidos pelo produtor agrícola dedicados à transformação, ao acondicionamento dos produtos agrícolas, quando essas atividades constituem o prolongamento do ato de produção, ou nas estruturas agrícolas que tenham por suporte o ato de produção". Com formulação diferente, encontram-se na prática os diferentes termos da definição legal, descartada toda e qualquer noção "de controle e exploração do ciclo biológico", que está subentendida mas não explicitada. No entanto, o âmbito de inclusão na seguridade social agrícola é infinitamente mais vasto. O artigo 1.144, 2º a 12, estende-a a uma série de profissionais que têm um elo estreito ou não com a atividade agrícola: é o que ocorre com os assalariados das empresas de trabalhos agrícolas, ou seja, "os trabalhos que fazem parte do ciclo da produção animal ou vegetal" (art. 1.144, 5º), ou – o que pode parecer mais surpreendente – dos assalariados dos organismos de mútuo agrícola, das caixas econômicas agrícolas, das câmaras de agricultura (art. 1.144, 7º). Como já se escreveu (cf. J. M. Gilardeau e J. P. Moreau, *Code rural annoté*, Litec, 2002, p. 263), a lei de 30 de dezembro de 1988 "pouco incide sobre os critérios de inclusão no regime de seguridades obrigatórias dos assalariados agrícolas". Efetivamente, os organismos sociais aceitam incluir pessoas que às vezes só participam remotamente do controle do ciclo biológico. Em *direito fiscal*, o Ministério das Finanças da França tem critérios de apreciação da atividade agrícola que não são, necessariamente, os do legislador rural. Desde os dias seguintes à promulgação da lei de 1988, uma justificativa ministerial (nº 28.278, *JOAN*, 14 de janeiro de 1991, p. 111), completada por uma instrução de 11 de fevereiro de 1991 (*BOISE*, 3, 91), estimou que as disposições que conferem caráter agrícola às atividades que têm por suporte o agricultor, bem como as que prolongam o ato da produção, no estado atual dos textos, não têm alcance sobre o plano fiscal, no que se refere ao imposto sobre a renda (cf. *Dict. perm. entr. agricole*, cf. Benefícios agrícolas, nº 2 ss.). Mas isso não visava às *atividades primárias*. Quanto a estas, o Conselho de Estado fora o primeiro a descartar o critério do ciclo biológico, precisamente em matéria fiscal, bem antes da promulgação da lei de 30 de dezembro de 1988 (CE, 6 de fevereiro de 1970, acima). O juiz administrativo e a administração dos impostos não abandonaram o critério que servira de modelo ao legislador. Perante numerosas ações referentes ao estatuto dos agricultores, o juiz administrativo precisou resolver na prática as mesmas questões do juiz judiciário. Deu as mesmas respostas, demonstrando às vezes mais liberalismo do que este (cf. I. Couturier, "A atividade agrícola por natureza na jurisprudência administrativa recente", *JCP*, 2000). Quanto ao *começo do ciclo*, o juiz fiscal aceita antecipar-se ao ponto de partida, incluindo na atividade agrícola as operações preparatórias, tais como a pré-germinação das batatas. Quanto ao *fim do ciclo*, demonstra as mesmas incertezas de seu homólogo judiciário (CE, 1982, *Dr. fisc.*, 1983, Comm. 2.121, p. 1.417). Como se observou com justeza, "o tratamento fazia, de fato, que os cereais superassem uma etapa biológica, mas para que se tornassem um alimento mais eficaz, e não para reiniciar o ciclo vegetativo". Se o artigo 311-1 tivesse sido aplicável na época, teria sido possível dizer que se tratava de uma atividade de pós-produção, mas, além do fato de o fisco descartar, em princípio, a noção de atividade de pós-produção, no caso não havia prolongamento do ato de produção, visto que os cereais haviam sido comprados fora.

Couturier (*op. cit.*, *loc. cit.*) acreditou discernir na jurisprudência atual alguns sinais de flexibilização. Numa sentença de 15 de outubro de 1997 (*Dr. fisc.*, 1988, p. 206), o Conselho de Estado considerou que o produtor que submeta bulbos de flores a tratamento térmico e higrométrico, para programação da floração, realiza um ato agrícola, ainda que o bulbo já constitua "um órgão vegetativo completo". Parece haver assim extensão do ciclo de produção, a menos que esse tratamento ocorra no prolongamento do ato de produção. Quanto às *atividades secundárias*, as soluções são diferentes em princípio. Recusando o artigo L. 311-1 nesse aspecto, o artigo 155 CGI, em sua redação da lei de revisão fiscal (*Loi de finances rectificative*) para 1993, parte de uma concepção rígida da noção de acessório. Se os rendimentos de origem não agrícola ultrapassarem o limite de 30 % da receita bruta da empresa agrícola e o valor de 30 mil euros por ano, deixarão de ser taxados como benefícios agrícolas. O exemplo habitualmente apresentado é o do chacareiro da região parisiense que vende ao mesmo tempo as verduras que cultivou e as que comprou em Rungis; o fisco precisou pronunciar-se sobre a situação fiscal dos produtores agrícolas que desenvolvem uma atividade de hotelaria rural e dos quais a administração fiscal exigia um certificado de inscrição no registro do comércio e das sociedades (RCS) para validar sua atividade comercial. A resposta refere-se expressamente ao artigo L. 311-1, que "não comporta nenhuma ambiguidade": "A venda dos produtos da empresa rural, eventualmente transformados ou cozidos *in loco*, é, portanto, uma atividade agrícola. Só haverá problema se o produtor agrícola, para completar o espectro de produtos oferecidos, for buscar fora produtos para vender, eventualmente, após transformação. Admite-se que, se conservar caráter acessório, esse material se situará no prolongamento da atividade agrícola. No entanto, se avultar, a empresa rural desenvolverá uma atividade comercial e deverá ser inscrita como tal no RCS. A aplicação do limite a partir do qual essa atividade deixa de ser acessória é uma questão de fato que só pode ser definida pelo juiz". Essa longa citação parece mostrar uma evolução da doutrina fiscal, ao menos nos limites da questão aventada. Quanto à tributação como BAs (benefícios agrícolas) ou BNCs (benefícios não comerciais), o fisco francês parece, ao contrário, permanecer fiel à concepção rígida de atividade acessória, definida pelo artigo 155 CGI. Certos agricultores preferem criar uma sociedade agrícola para a produção e uma sociedade comercial para a venda dos produtos.

Em *direito do urbanismo*, o objetivo político é proteger a agricultura contra a urbanização. Assim, foram criadas as zonas NA (zonas naturais A: de urbanização futura) e NC (zonas naturais C: de preservação). Mas volta-se assim à definição de terras agrícolas e, portanto, de atividades agrícolas. Parece difícil captar tendências claras, tão contraditórias parecem as interpretações. Assim, não foram reconhecidas como agrícolas uma construção usada para a fabricação de *foie gras* (TA Nantes, 22 de outubro de 1988) e outra utilizada, alternadamente, segundo a estação, como hotel rural e como local para a fabricação de queijo (CAA, Nancy, 31 de outubro de 1996). Inversamente, uma sentença do Tribunal Administrativo de Nantes (30 de dezembro de 1997, *JCP*, 1999, p. 333) considerou que a criação de um canil de 30 cães e a transformação de um paiol agrícola em habitação, em zona NC, deviam ser consideradas de caráter agrícola. O próprio legislador nem sempre ajuda muito na busca de um critério. A lei de 9 de julho de 1999 criou *zonas agrícolas protegidas* (art. L. 112-2 C. Rur.), cuja preservação é de interesse geral, tanto em razão da qualidade de sua produção quanto por sua situação geográfica. "Prevê-se processo de autorização em caso de modificação do caráter dessas zonas, se existir risco de alteração prolongada do potencial agronômico, biológico ou econômico." Para definir esse risco, convém, segundo os trabalhos parlamentares, levar em consideração "a capacidade de produzir vegetais sem alteração do *processo químico natural*". Tal fórmula parece ignorar a definição legal de agricultura e voltar a uma definição "natural" de agricultura, que não é muito mais precisa: os transgênicos, caso fossem autorizados, procederiam de um processo químico natural? Além do mais, pode causar surpresa o fato de a lei só falar da produção de vegetais, e não da pecuária. Esse último exemplo revela as diferenças na abordagem da agricultura. O legislador francês de 1988 deu alguns esclarecimentos, mas ainda subsistem zonas de sombra, principalmente porque todos os ramos do direito rural evoluem de modo disperso. Não há dúvida de que o direito tem muita dificuldade para dominar a natureza. O que vale para o direito francês também vale para o Direito da Comunidade Europeia (J. Hudault, 1995).

› CAZAUX L., *La pluri-activité ou l'exercice par une même persone physique de plusieurs activités professionnelles*, teses. LGDJ, 1993. – COUTUTIER I., *La Diversification en agriculture*, L'Harmattan, 1994; "Remarques d'actualité sur la définition de l'activité agricole", *RD rur.*, 1997, p. 15; "L'activité agricole dans la jurisprudence administrative récente", *JCP*, N, 1999, p. 329; "La réaction du droit à un phénomène concret spontané: la diversification", *RD rur.*, 2000, p. 596. – DUPEYRON Ch., *Droit agraire*, Economica, 2ª ed., 1994. – FOYER J., "L'activité agricole par nature", comptes rendus de l'Académie d'agriculture de France, vol. 85, nº 8, 1999, p. 211. – GILARDEAU J.-M. & MOREAU J.-P., *Code rural annoté*, Juris Code, Litec, 6ª ed., 2002. – HERNANDEZ-ZADKINE C., "Analyse juridique de la multifonctionnalité de l'agriculture: l'intérêt général au coeur de l'agriculture", *RD rur.*, 2000, pp. 263 e 327. – HUDAULT J., *Droit rural*. Dalloz, 1987; "La différence d'approche conceptuelle et méthodique de la notion d'agriculure en droit français et communautaire", *RD rur.*, 1995, p. 486. – LACHAUD J., "Existe-t-il une définition de l'activité agricole?", *RD rur.*, 1996, p. 326. – LOVELLEC L., *Droit rural*, Masson, 1988. – MEGRET J., *Droit agraire*, Librairies Techniques, t. I., 1973. – ZENATI F. & COEURET A., "Redéfinition de l'agriculture", *RTD civ*, 1989, 157.

Jacques FOYER

→ Bens; Código Napoleônico; Contrato; Direito civil; Direito comercial; Direito público da economia; Direitos senhoriais e feudais; Doutrina; Economia e direito; Juiz (Hoje); Meio ambiente, Florestas; Métodos do juiz; Propriedade (Direito de); Qualificação; Sucessões; Venda.

ALEMANHA (Doutrinas alemãs do Estado e do direito de Hegel a Jellinek)

Encerrado nas fronteiras do século XIX, o pensamento político e jurídico que acompanha a entrada dos países alemães na era constitucional começa com o *Die Verfassung Deutschlands* (Constituição da Alemanha) de Hegel e termina com a *Allgemeine Staatslehre* (teoria geral do Estado) de Jellinek. Se o manuscrito inacabado do jovem Hegel anuncia uma obra preocupada em subtrair a ciência do Estado a interpretações românticas que concebem a Alemanha como uma unidade cultural, mas não política, a obra de Jellinek marca, simultaneamente, a obtenção e o desejo de superação de uma racionalização da teoria do direito público que, sob o Império guilhermino, se dá por meio do isolamento da substância jurídica do campo histórico e político.

Depois de ter sido veiculada no pensamento alemão por autores que retomavam a distinção hobbiana entre Estado e sociedade, a ideia de dissociação entre social e político é o próprio fundamento do pensamento político hegeliano, que compreende as relações entre Estado e sociedade em termos de oposição hierárquica. O Estado hegeliano, por ser "o racional em si e por si", ergue-se acima da sociedade civil e é o único que pode tornar o homem livre e exprimir a verdade do mundo. A afirmação do Estado como realização da "esfera de conciliação entre o universal e o particular", como espaço em que o indivíduo se completa, ligando sua liberdade e sua vontade à moralidade objetiva, determina uma crítica do "momento kantiano" do pensamento político, caracterizado pela primazia do direito sobre a lei e pela subordinação da ordem pública às reivindicações privadas.

A unificação absoluta das vontades particulares no conceito de vontade geral, finalidade última do contrato social definido por Rousseau, é condenada por Hegel não em si mesma – visto que o Estado hegeliano se apresenta também como conciliação entre particular e universal –, mas por ser formulada de modo puramente abstrato e formal. De fato, tal unificação, que exclui qualquer mediação, é para Hegel fruto da pura abstração que não permite estabelecer uma ordem política estável e sólida. Segundo o filósofo prussiano, a identificação imediata entre vontades particulares e vontade geral, enunciada por Rousseau e retomada pela moral de Kant e Fichte, conduz, por um lado, ao desaparecimento das organizações sociais (ordens, corpos constituídos, corporações), pois nelas a vontade está inevitavelmente fadada à particularidade, e, por outro, à denegação do princípio representativo do fato de que a vontade geral nunca pode ser alienada.

Em oposição a Sieyès, que ressalta a liberdade criadora de um poder constituinte não enfeudado a uma Constituição anterior, Hegel afirma que uma nação *sempre* tem uma Constituição que é preciso adaptar às exigências da consciência moderna. Assim, segundo ele, não se deve ver na Constituição algo "fabricado", pois ela contém a substância moral de um povo e por isso não pode ser produto fortuito de uma única pessoa. Ao contrário da caracterização da Constituição como ato jurídico, o entendimento hegeliano de Constituição, como emanação do espírito de um povo em dado momento de sua história, condena todas as questões relativas à origem da ordem política – passagem do estado de natureza ao estado civil, liberdade do poder constituinte – a não passarem de vãs interrogações. O destaque da dimensão histórica da realização do direito não conduz Hegel, porém, a abraçar as posições da escola histórica do direito. A afirmação hegeliana de que o processo histórico é o campo de *efetivação* dos princípios abstratos do direito e da moralidade encerra a ideia de um *Volksgeist* que, em vez de comportar as propriedades que lhe eram conferidas pelos membros da escola histórica, é aquele no qual se individualiza o universal racional que se desenvolve na história. A crítica feita em

1821 por Hegel à escola histórica do direito preocupa-se em mostrar que o aparato jurídico da sociedade civil moderna, por meio da legislação positiva, tende a realizar um objetivo universal. Para Hegel, o historicismo, em sua referência à tradição e ao costume, condena o direito ao relativismo e impede sua elevação a um universal pensado. A partir daí, a crítica que Hegel faz à escola histórica leva-o a assumir a defesa do código, mas não à maneira dos *Aufklärer*, como edifício lógico-dedutivo do direito, e sim como "existência empírica da lei".

A ideologia organicista triunfante – exaltação por A. Müller do desenvolvimento histórico que, através das famílias, dá origem ao Estado, organismo dotado de vida, unidade e continuidade; concepção orgânica savigniana do Estado, que faz o povo ganhar existência visível – tem como única oposição crítica os meios hegelianos pouco influentes na Universidade. Alguns juristas isolados, como E. Gans ou L. von Stein, censuram Savigny por não ter sabido ver contrapartida a uma sociedade civil pensada na forma do direito privado. Gans alinha-se com Thibaut, que desejara uma legislação comum para todos os Estados alemães, inspirada nos princípios fundamentais do direito natural, o que Savigny recusara em nome da natureza orgânica do direito que se desenvolve segundo a lei da continuidade histórica, violentada pela codificação moderna.

A reivindicação de um Estado de direito

Depois da morte de Hegel, transcorre longo tempo de desprezo e esquecimento do hegelianismo. Além da crítica de Marx, que procura mostrar que o Estado, separado da sociedade civil concreta, torna-se uma forma vazia, e que os conflitos, transferidos dos indivíduos para as corporações concorrentes, não são suprimidos na sociedade civil de Hegel, a apoteose hegeliana do Estado é denunciada pelos liberais como justificação filosófica do Estado dos Hohenzollern. As metáforas objetivantes da escola histórica, tais como espírito do povo ou *Weltgeist*, de origem hegeliana, são consideradas suspeitas pelos autores alemães que ficaram ligados à herança do direito natural liberal. Marcados pelas doutrinas antigas do direito natural ou racional, pelos textos fundadores de Rousseau, assim como pela herança da Revolução francesa, K. Welcker e C. von Rotteck procuram adaptar essas referências à imaturidade política dos Estados alemães. Preocupado em conjurar o perigo de uma revolução popular e, assim, incapazes de desvincular-se de uma compreensão dualista da realidade constitucional alemã, mas marcados pelo josefismo, esforçam-se por fundar a separação dos poderes e a soberania da lei não tanto na noção ocidental de direito natural quanto nas tradições criadas na Alemanha pela filosofia idealista. A afirmação liberal do Estado de direito (*Rechtsstaat*) realiza uma inversão da subordinação, claramente afirmada por Hegel, da sociedade ao Estado (no entanto, à medida que a autonomização da sociedade civil se lhe mostra como condição da racionalidade do Estado, Hegel não ignora os "direitos fundamentais" imprescritíveis do indivíduo).

A reivindicação liberal de um Estado de direito marca o nascimento de uma consciência política da classe burguesa alemã e traz em si a exigência de um princípio de separação entre esfera política e esfera privada. Welcker, Rotteck e J. C. von Aretin esforçam-se por atender a tal reivindicação, fazendo uma distinção entre vontade política imediata, que é a do soberano, e vontade política nascida da mediação entre o poder e seus súditos. Em oposição a Savigny, que, no âmbito do direito público, se nega a reconhecer a existência de um corpo público intermediário entre o povo e o Estado, veem no espaço da representação o lugar onde pode nascer a palavra política da sociedade civil burguesa. Para o liberalismo monárquico alemão, o *Rechtsstaat*, projeto político de um futuro liberal por conquistar, não é um Estado marcado pelo reconhecimento da *soberania do povo*, mas um Estado caracterizado pela *soberania da lei*, que nasce do consentimento mútuo do príncipe e da representação nacional. Em seus esforços para instaurar certos princípios do *Rechtsstaat* na estrutura tradicional do Estado monárquico, os liberais da primeira metade do século XIX (*Vormärz*), impotentes para destronar a ideia dominante de *Polizeistaat* (Estado policial), têm o cuidado de não despojar o Estado de sua faculdade de atender às necessidades da realidade socioeconômica e recusam-se, assim, a reduzir o objeto da ação estatal a simples regulação das relações jurídicas. Liberando definitivamente o pensamento do *Rechtsstaat* da redução do objetivo do Estado à simples salvaguarda do direito, R. von Moll procura inserir a totalidade da vida estatal nas formas jurídicas do *Rechtsstaat*. Por um lado, não pode renunciar aos princípios do *Estado de direito* herdados de Kant e de W. von Humboldt, princípios cuja virtude crítica é sempre atual, em face dos sólidos vestígios da ordem antiga. Deseja limitar a ação do Estado por oposição à atividade multiforme do *Estado policial* e possibilitar que o indivíduo se realize como cidadão, oferecendo-lhe, no seio do *Rechtsstaat*, o desenvolvimento máximo de todas as suas potencialidades. Por outro lado, consciente da emergência da questão social, Mohl tende a revisar e a ponderar esses princípios, atribuindo ao Estado, além de sua função clássica de garantia da lei e do direito, responsabilidades e objetivos sociais, afastando-se assim da ideia pura de *Rechtsstaat* expressa de modo paradigmático na doutrina política kantiana. A exemplo de Mohl, L. von Stein, mesmo defendendo a necessidade teórica de disjunção entre Estado e sociedade, elabora os fundamentos de uma teoria do Estado-providência adaptada às condições da sociedade industrial nascente.

Apesar do sucesso do *Staatslexikon* organizado por Roiteck e Welcker, a linha principal seguida pelo liberalismo do *Vormärz* não é a do direito natural dos *Aufklärer*, mas a do liberalismo "orgânico-histórico". Procurando afirmar uma continuidade nacional do desenvolvimento constitucional alemão, F. C. Dahlmann e G. Waitz referem-se ao direito histórico da *liberdade germânica* com o objetivo de legitimar a forma alemã de monarquia, definida como casamento harmonioso da realeza com a liberdade popular. Visto que a história constitucional da Alemanha é interpretada pelos "germanistas" como história do desenvolvimento da forma constitucional nacional e livre, as formas e instituições constitucionais devem sempre manifestar-se, segundo eles, como *alemãs*, ou seja, como resultado do espírito do povo alemão. Preocupado em manter laços com a tradição histórica e com a ordem política natural, o liberalismo orgânico de Dahlmann ou Waitz preconiza uma unidade harmônica e um equilíbrio constitucional entre a monarquia tradicional e a nova liberdade popular, ou seja, uma coexistência orgânica entre trono, governo e povo. Permanecendo no âmbito das categorias aristotélicas da política, a teoria formulada por Dahlmann em 1835 define o Estado em termos de ordem natural necessária. Recusando-se a submeter-se às concepções políticas francesas de soberania do povo, Dahlmann deseja transformar a realeza em verdadeira realeza popular conservando – fiel à tradição política germânica – a fórmula *Stände* (estados corporativos), que ele procura adaptar às exigências da modernidade política. Segundo ele, o monarca e o povo são poderes próprios, mas acima deles está a Constituição como ordem suprema que os reúne.

Essas diferentes correntes de expressão liberal colidem com forte oposição ideológica representada ao mesmo tempo pela teoria política do conservadorismo romântico (rejeição categórica a qualquer ideia de igualitarismo no Estado e na sociedade, organização hierárquica da sociedade e retorno ao ideal de Estado medieval germânico), pelo conservadorismo corporativo-patrimonial de Haller e pelo conservadorismo estatal pragmático representado por Gentz e Metternich, que se valem dos elementos ideológicos daquelas duas vias sem nunca se identificar com elas. Encontrando ampla receptividade entre os conservadores prussianos, a concepção de K. L. von Haller tende a dissolver o Estado – criação divina, e não pacto de uma *societas civilis* – numa série de relações de suserania e subordinação desejadas e instituídas por Deus, acima das quais o príncipe assume a função do *pater familias*, mas é notavelmente restringido em seus atos pelos privilégios e direitos das ordens que lhe são subordinadas.

Além do eco encontrado pela doutrina reacionária do Estado patrimonial de um Haller, o campo conservador é representado sobretudo por F. J. Stahl, que pretende defender o princípio de autoridade encarnada pelo monarca. Diante da tese conservadora do direito natural da força, defendida por Haller, Stahl orienta seu pensamento para a autoridade moral do poder estatal. Uma vez que o Estado se define como instituição moral que expressa as relações obrigatórias entre o príncipe e seu povo, a política não deve repousar sobre a oposição entre realeza e forças populares, mas sobre a submissão de ambas a um imperativo moral. Nesse sentido, Stahl é especialmente impressionado pela compacidade da noção hegeliana de Estado, que apresenta a estrutura estatal como a realidade da Ideia moral na qual a liberdade atinge sua realização suprema. Fortemente inspirado pela tese luterana segundo a qual o Estado é um instrumento sobrenatural de Redenção do homem corrompido pelo pecado, Stahl confia ao Estado o dever de manter a ordem divina no mundo terrestre abandonado por Deus: o Estado, forma moral e racional da comunidade humana, concretiza as ideias morais. Profundamente hostil à secularização que o século XVIII imprimiu no pensamento ocidental, ele faz votos para que retorne o verdadeiro espírito da reforma luterana que torna cada cidadão diretamente responsável perante Deus. Opondo o princípio do *Deus vivo* da Revelação à negação da personalidade divina, por ele denunciada no panteísmo de Hegel, Stahl critica essencialmente no Estado hegeliano a ausência de toda e qualquer sanção superior e de todo e qualquer princípio histórico.

Do fracasso da revolução de 1848, os liberais extraem a lição de que a política não é um conflito de ideias, mas um jogo de forças caracterizado pela questão dos meios reais do poder. Enquanto Dahlmann exige já, nos anos 1830, "uma política que leve em conta a exata medida das circunstâncias dadas", A. L. von Rochau forja, em 1853, o termo *Realpolitik* para traduzir essa nova exigência de uma política fundada em dados reais e em interesses positivos do Estado. A partir de 1850, "a desilusão política" que toma conta da teoria política e jurídica coincide com o triunfo das ciências naturais. Representante típico do liberalismo orgânico dos anos 1850, J. C. Bluntschli define o Estado – verdadeiro sujeito da história – como um "conjunto de homens que compõem uma *pessoa orgânica e moral* em dado território, na forma de governantes e governados". O povo, desprovido de vontade própria, só se realiza no Estado. Esse liberalismo moderado dos anos 1850, incapaz de se afastar dos princípios organicistas da escola histórica do direito, é testemunho do abandono dos ideais democráticos do *Wormärz* e do fechamento da burguesia na esfera privada econômica.

A mudança de significado da noção de *Rechtsstaat* demonstra claramente como a teoria jurídica pós-revolucionária é dominada pelo tema da proteção jurídica dos cidadãos pelos tribunais, contra o Estado. Negligenciando o problema dos objetivos que o Estado deve perseguir e afirmando, essencialmente, sua submissão à norma jurídica, a interpretação formal de Stahl inaugura uma época nova da noção de Estado de direito, já então marcada pelos trabalhos de R. von Gneist, O. Bähr e O. von Gierke. A essência do *Rechtsstaat* já não é buscada num direito supraestatal – direito que se situe acima do Estado ou dentro de limites fixados pelo objetivo de um Estado determinado –, mas sim na forma de eficácia estatal. Caracterizada por uma redução jurídico-formal cada vez mais pronunciada, a noção de *Rechtsstaat* perde, na segunda metade do século XIX, o significado político primeiro para tornar-se uma noção dogmática de direito público que já não se opõe ao despotismo ou à teocracia, mas ao *Polizeistaat* do século XVIII. Embora ainda afirmada como garantia da liberdade dos particulares, a "soberania da lei" agora se reduz ao princípio de legalidade administrativa que, por meio de uma proteção judiciária reforçada, passa a ser o elemento essencial do *Rechtsstaat*. Uma vez que os partidários do *Rechtsstaat* não podem reatar com a antiga tradição política alemã, a única solução que permite desfazer-se da arbitrariedade principesca, sem limitar demasiadamente a indispensável liberdade de ação do governo monárquico, consiste em fazer que a elaboração da lei dependa da cooperação dos cidadãos e em garantir a estrita observância das leis mediante disposições de controle por parte do direito administrativo. A adoção do *Rechtsstaat* pela tradição conservadora conduz assim a um deslocamento deste último conceito, que passa do domínio do direito constitucional para o do direito administrativo, deslocamento com o qual consente uma burguesia alemã que, depois de 1848 – *annus mirabilis* do liberalismo alemão –, se contenta com a esfera privada da liberdade.

A teoria da soberania do Estado

A partir do momento em que aparece despojado de seus germes revolucionários, o modelo alemão de monarquia constitucional pode ser objeto de teorização. De 1852 em diante, o teórico do direito privado C. F. Gerber procura introduzir no âmbito do direito público a autonomia jurídica e a precisão científica impostas em direito privado pela jurisprudência dos conceitos (*Begriffsjurisprudenz*) nascida do método pandectista seguido pela escola histórica de direito. Enveredando por um caminho já aberto por Savigny, que, em seu *System des heutigen römischen Rechts* (Sistema do direito romano atual) de 1840, privilegiara a função estritamente jurídica do Estado – garantir o direito – em detrimento de suas funções políticas ou socioeconômicas, Gerber, em sua obra *Über Öffentliche Rechte* (Sobre os direitos públicos), critica na teoria geral do Estado, por um lado, o fato de não ser científica por não distinguir claramente ideias políticas gerais e valor objetivo das normas jurídicas e, por outro, o fato de não ser jurídica por se limitar à simples descrição do estado constitucional exterior. Preocupado em conferir ao modelo da monarquia constitucional a "garantia da verdade conceitual" por meio de uma sistematização do direito público, Gerber aplica-se a propor uma teoria *jurídica* dessa forma política, a fim de garantir-lhe solidez e durabilidade. Acarretando o desaparecimento da tradição do *Allgemeine Staatsrecht* (direito público geral) ligada à ideia de liberdade política, tal projeto de autonomização da ciência jurídica, que convida a fundar a ciência do direito em princípios jurídicos independentes das relações históricas, nada mais é que a tradução científica do consentimento desenganado da burguesia liberal alemã a uma conciliação política pós-revolucionária por meio da qual ela permite que as forças políticas tradicionais dominem as estruturas governamentais, adquirindo, em troca, plena liberdade no campo econômico.

Contrariamente à teoria organicista do Estado, defendida por Bluntschli, Gerber condena, em 1852, qualquer ideia de personalidade do Estado, por achá-la totalmente incompatível com a afirmação da soberania monárquica. Segundo ele, interpretar o direito do monarca "como a prerrogativa de ser o órgão de uma pessoa jurídica" equivale a conferir ao rei "um lugar fora do Estado". De fato, uma vez que o príncipe "traz em si mesmo seus próprios direitos, independentemente de qualquer ordem superior a ele", o fato de qualificá-lo como órgão do Estado equivale a conferir-lhe apenas direitos derivados.

Após a vitória do princípio monárquico no conflito constitucional prussiano em 1866 e a fundação monárquica da unidade nacional, "o método jurídico puro" do positivismo estatal começa a dominar o direito público. A inclinação do liberalismo nacional pela política de poder preconizada por Bismarck pode ser definida como uma tentativa de "naturalizar" o Estado: o Estado bismarckiano é entendido como um poder natural, como um Estado autoritário (*Machtstaat*) desprovido de qualquer elemento idealista, tornando-se assim, para a ciência jurídica alemã, objeto de exame unicamente neutro e positivista. A indiferença à política, demonstrada pela burguesia alemã, autoriza o desenvolvimento de um pensamento jurídico marcado pela teoria de um conceito neutro de Estado e por sua definição como "pessoa jurídica". A política é então definida como uma ordem neutra e formal que existe além das ordens sociais, separada da realidade destas. A crença numa noção apolítica de Estado – definição "orgânica" de Estado como ordem histórica e autônoma – é então alçada ao nível de sistema científico.

A afirmação da soberania do Estado não data de 1866. Já em 1837, o publicista W. E. Albrecht, cuja doutrina do órgão implica dissociação entre Estado e monarca, formula votos de "representar o Estado como pessoa jurídica", a fim de restringir o poder do monarca. Ao não reconhecer soberania no príncipe nem no povo, mas apenas na personalidade jurídica do Estado, Albrecht se esforça para tornar inteligível o dualismo constitucional alemão, qualificando o monarca e os estados de órgãos do Estado definido como "a personalidade que domina, age e possui direitos". A teoria da *Staatssouveränetät*, proposta por Albrecht, embora constitua apenas uma tentativa de interpretação da realidade política da monarquia constitucional alemã do *Vormärz*, assume caráter axiomático na segunda metade do século XIX, depois de adotada pelos representantes do positivismo estatal. O Estado é considerado como uma pessoa jurídica distinta não apenas da nação, mas também de seus órgãos. O monarca e o parlamento são apenas os "órgãos" de uma pessoa jurídica que os engloba, mas não se identifica com eles. A soberania não pertence nem ao governo monárquico, nem à representação popular, mas a essa pessoa jurídica chamada Estado. A teoria da *Staatssouveränetät* não é estranha à sacralização hegeliana do Estado racional. Em Hegel, o Estado é uma unidade "espiritual" dos poderes, e o homem individual, que está à sua testa, só pode representar ou simbolizar a individualidade de ordem superior do Estado. Só o Estado, na qualidade de unidade indivisível de funções e poderes, é soberano. Participando da herança do pensamento hegeliano, os publicistas bismarckianos substituem a concepção patrimonial do Estado, que faz do príncipe o único titular do poder, por uma definição de Estado como pessoa jurídica distinta ao mesmo tempo do príncipe, da nação e dos indivíduos que a constituem. Essa teoria, por um lado, confere suporte jurídico à soberania do Estado, agora unificada e não mais dividida em várias prerrogativas distintas, e, por outro, permite analisar o elo entre o Estado e os administrados numa relação jurídica bilateral entre duas pessoas e construir, com base nesse fundamento, um sistema e uma doutrina do direito público.

Primeiro publicista alemão que traduziu em linguagem jurídica o pensamento hegeliano segundo o qual o Estado, pessoa jurídica separada tanto da sociedade civil quanto da nação, é titular original e único da soberania, C. F. Gerber, em 1865, considera que "conceber o Estado como uma pessoa é a condição preliminar de toda e qualquer construção jurídica do direito público". Baseia assim todo o seu raciocínio na ideia da "personalidade jurídica" do Estado. Sob o Império guilhermino, em vez de traduzir a ideia de subordinação jurídica do monarca e do povo à Constituição, a tese da soberania do Estado caracteriza-se pela ideia de que este último se torna um sujeito de vontade *autônoma*, cuja função essencial é produzir o direito. Segundo tal perspectiva, a nação não pode ser concebida como uma pessoa jurídica titular do direito de soberania, uma vez que tal concepção acarretaria a negação da personalidade jurídica do Estado. A nação alemã não é definida pelos publicistas do *Reich* como uma unidade preexistente ao Estado, uma realidade em si, titular de uma soberania originária que delegaria em seguida o exercício a órgãos, mas como um órgão constituído que só existe juridicamente nos limites constitucionais de sua representação. Ao propor o princípio de um Estado autônomo em relação à sociedade que ele domina e coroa, a doutrina alemã mantém as assembleias representativas numa posição política subalterna. Com efeito, embora a representação popular participe da formação da vontade estatal, sua vontade própria não poderia ser o poder de vontade do Estado.

Limites jurídicos do poder estatal

Segundo Laband, designar o monarca ou o povo como sujeito do poder de Estado leva a destituir o Estado "daquilo que, precisamente, faz dele uma pessoa no sentido jurídico, a saber, a propriedade de ser sujeito de direitos". Na visão de Jellinek, uma vez que a consideração da nação como uma pessoa titular da soberania primária só pode criar uma dualidade no interior da estrutura estatal e, assim, arruinar qualquer teoria jurídica do Estado, o fundamento teórico da concepção jurídica da noção de Estado nada mais é que a capacidade de ser titular de direitos: em uma palavra, a capacidade jurídica. A doutrina alemã reduz a noção do direito subjetivo de que o Estado é titular à noção de poder de vontade. O poder de vontade do Estado só se determina por si mesmo: o poder soberano do Estado tem a competência da competência, ou seja, ele mesmo determina o objeto e o alcance de sua ação. Segundo Gerber, "o poder de vontade (*Willensmacht*) do Estado é o poder de comandar; chama-se poder do Estado (*Staatsgewalt*)". A dominação aparece como atributo específico do Estado, expressão jurídica de sua vontade. Depois de Gerber, Laband ensina que o elemento característico do poder estatal consiste no poder de exercer uma coerção material sobre os indivíduos que se encontram no seu território. Esse poder supremo de dominação consiste em ter o direito de ordenar ações, abstenções ou serviços às pessoas livres e às suas uniões, bem como de obrigá-las a executá-los. A teoria da *Herrschaft* (dominação) afirma, assim, que o poder de coerção incondicional é o elemento necessário e suficiente do Estado.

Para Laband, o critério que permite distinguir o Estado das coletividades inferiores não deve ser buscado na noção de soberania, mas na de "direito próprio de dominação (*Herrschaftsrecht*)", que outra coisa não é senão a tradução jurídica do princípio monárquico que governa a estrutura política dos diversos Estados confederados do Império guilhermino. Segundo Laband, o Estado, seja ele soberano ou não, exerce seus direitos *jure proprio*, enquanto a comuna ou a província só exercem seus direitos *jure delegato*. Definida como um *poder de comando* com força para formular ordens que se impõem por si mesmas, porque emanam de um poder superior que outro não é senão o Estado, a *Herrschaft* constitui a própria essência do Estado. Enquanto a soberania é um caráter que muitas vezes pertence ao poder político, mas não sempre, a *Herrschaft* é, ao contrário, sempre necessária para que haja Estado. Essa teoria do Estado federal único soberano, com exclusão dos Estados particulares, atende aos desígnios políticos dos fundadores do *Reich*, desejosos de estabelecer um centro de dominação superior constituído acima dos Estados particulares alemães. Embora participem do exercício do poder imperial, os Estados membros só colaboram com o poder federal soberano na qualidade de órgãos do Estado federal, ou seja, pelo Império e no Império. Contrariamente às escolas austríaca (H. Kelsen) e francesa (L. Duguit, G. Scelle), que, no início do século XX, se esforçam, como reação, para "apagar" o Estado, negando sua personalidade jurídica e sua soberania, a fim de "superar" o Estado por meio do federalismo, Laband, preocupado em pôr fim ao particularismo e às divisões seculares de que a Alemanha é vítima, faz do Estado a pedra angular da ideia federal e vê o federalismo como instrumento do poder do Estado guilhermino.

Ao afirmar que o poder de comando do Estado é "irresistível", Jellinck leva a concepção de Estado como único titular do poder de comando a seu ponto de desenvolvimento mais elevado: "Dominar – escreve o professor de Heidelberg – é ter a faculdade absoluta de impor a própria vontade às vontades alheias e de, contra estas, fazê-las valer incondicionalmente." A tese do poder do Estado leva à negação da existência dos direitos individuais subjetivos oponíveis ao Estado. Jellinek observa, a respeito, que o direito subjetivo é pura criação do direito objetivo, e que a doutrina individualista, segundo a qual todo homem é titular de direitos subjetivos que se impõem ao Estado, é inadmissível, pois foi o direito objetivo que elevou o homem do processo da vida natural aos atos e às situações de ordem jurídica. Conceber o direito subjetivo como elemento primário é confundir fato e direito, como se ele extraísse de si mesmo a norma que se aplica a seu reconhecimento e sua proteção. Uma vez que a personalidade estatal soberana não está, *per definitionem*, vinculada pelo direito, os direitos fundamentais (*Freiheitsrechte*) não podem ser o fundamento ou o objetivo da ordem política. Podem apenas ser definidos como possibilidades privadas de desenvolvimento na sociedade apolítica. Apesar de o professor de Heidelberg se recusar, assim, a ver nos direitos subjetivos individuais prévios ao Estado os limites deste último, reconhece a grande importância dos "direitos públicos subjetivos" dos indivíduos, que, na tradição gerberiana a que Laband deu seguimento, são unicamente interpretados como "direitos reflexos" do ato de autoridade do Estado. Convencido de que "o reconhecimento do indivíduo como *pessoa* é o fundamento de todas as relações jurídicas", Jellinek vê nos direitos públicos subjetivos direitos oponíveis ao Estado. Para que o sujeito possa formular uma reivindicação individual perante o Estado, a vontade, elemento formal do conceito de direito subjetivo, deve ser acompanhada de um elemento material, ou seja, o interesse. De fato, para o autor de *System der subjektiven öffentlichen Rechte*, embora o elemento volição não possa ser separado do conceito de direito subjetivo, a vontade não pode ser, em si mesma, um objetivo, mas unicamente um meio para os objetivos perseguidos pelo indivíduo e pela ordem jurídica. O direito subjetivo define-se então como "o poder de vontade humana, dirigido para um bem ou um interesse, reconhecido e protegido pela ordem jurídica".

Quando procuram fixar limites jurídicos para o exercício do poder de um Estado, definido como titular de um poder jurídico incondicionado, os publicistas do *Reich* deparam com um problema insolúvel. É logicamente impossível separar o Estado do direito depois de definir o Estado como um sujeito de direito. Para Gerber, o poder do Estado conhece limites naturais à medida que ele só existe para a realização da finalidade do Estado. No mesmo sentido, Jhering observa, em 1877, que o mais importante é saber para qual finalidade a força do Estado é ordenada. Embora Jhering, cujos trabalhos cristalizam toda a literatura jurídica alemã em torno de uma "metafísica da coerção", caracterize o direito pela força, esta não é o objetivo, mas o meio do direito: é por meio da força coercitiva do Estado que se garantem as condições de vida da sociedade. É na afirmação de uma força subordinada à finalidade social do direito, transformada em "força justa", que, na teoria jheringiana do Estado, se enquadra o princípio de limitação do Estado pelo direito. Jhering fala de "submissão (*Unterordnung*)" do Estado à lei, submissão cujo motivo se assemelha àquele que faz o indivíduo decidir a se autodominar, ou seja, o interesse próprio. "A ordem – escreveu Jhering – só é realmente garantida quando o Estado respeita a ordem que ele mesmo estabeleceu. [...] O direito é a política do poder bem entendida."

Contrariamente a Laband, que não admite a ideia de limitação teórica do Estado pelo direito, uma vez que o Estado cria o direito e não pode ser vinculado por sua própria vontade, Jellinek afirma que o Estado cria o direito, mas admite ser possível que ele seja vinculado por sua própria vontade. Conquanto não constitua um limite extrínseco ao poder estatal, o direito pode aparecer como limite intrínseco, resultante de um processo de objetivação da vontade dos governantes. Mesmo afirmando que o Estado, como conceito jurídico, constitui "a corporação territorial dotada originariamente do poder dominador", Jellinek, próximo das ideias de Max Weber, faz restrições à tese labandiana, segundo a qual a coerção constitui a característica essencial do direito. Fazendo à teoria do direito subjetivo da soberania estatal a restrição da autolimitação do próprio poder por parte do Estado, Jellinck limita-se a conferir forma mais jurídica à teoria de Jhering, especificando que a vontade do Estado continua "soberana", apesar da autolimitação. Segundo o professor de Heidelberg, "soberania não é poder sem limite, mas capacidade de se autodeterminar exclusivamente; é, por conseguinte, limitação autônoma do poder político, que não conhece, juridicamente, nenhum vínculo emanado de poderes estrangeiros, mas que se impõe a si mesmo um vínculo por meio do estabelecimento de uma ordem jurídica, única que permite apreciar a atividade do Estado do ponto de vista jurídico". A soberania é, assim, definida como "o caráter de um poder político em virtude do qual esse poder tem a capacidade exclusiva de se determinar e de se autovincular do ponto de vista do direito". Submetendo-se voluntariamente à ordem jurídica que institui, o poder soberano nada mais é que o Estado definido como um conjunto de órgãos detentores das competências constitucionais. Em vez de ser uma artimanha destinada a manter a ideia de poder político ilimitado em proveito do Estado, a noção de personalidade jurídica do Estado submete o poder estatal ao direito que ele mesmo produz. O abandono da ideia de ordem constitucional superior em favor da doutrina da autolimitação do Estado corresponde perfeitamente à interpretação tradicional da monarquia constitucional alemã: a outorga de uma Constituição por um monarca absoluto mostra-se assim, aos olhos de Jellinek, como o modelo histórico mais perfeito de autolimitação do Estado. A definição labandiana de *Rechtsstaat*, caracterizada pela exigência de uma ressalva da lei e pelo recurso a uma proteção jurídica reforçada aos administrados, por intermédio dos tribunais, é uma das formas possíveis de autolimitação jurídica do Estado em favor dos direitos individuais. Contudo, embora limitado pelas garantias do *Rechtsstaat*, o Estado monárquico age dentro desses limites segundo suas próprias leis. A personalidade jurídica do Estado, em Laband, designa "a institucionalização burocrática do Estado monárquico", e a teoria do Estado de Direito formal nada mais é que uma justificação do poder da administração imperial.

A escola da autolimitação é contrabalançada pela escola da limitação do Estado pelo direito, fundada por O. von Gierke. Defendendo uma teoria orgânica da personalidade jurídica do Estado, Gierke define-o como uma coletividade orgânica distinta da sociedade civil, constituindo um ser único capaz de querer e de agir. A vontade do Estado é a vontade dos indivíduos agrupados na coletividade, dirigida para um objetivo e submetida a "uma força unificadora". Ele é, assim, ao mesmo tempo, sujeito de direito e pessoa de direito. Para Gierke, o Estado, única pessoa jurídica não limitada por uma vontade superior, compreende como membros todas as pessoas jurídicas e exerce sobre estas últimas – entidades orgânicas independentes, no limite de seu objeto social – um direito soberano de vigilância. Todavia, Gierke rejeita toda e qualquer ideia de supremacia absoluta concedida ao Estado, ao afirmar a autonomia da pessoa jurídica em seu interior. Enquanto a teoria savigniana da ficção (o direito positivo do Estado pode "transpor a capacidade do direito para fora do indivíduo e criar artificialmente uma pessoa de direito") baseia-se na ideia de que as pessoas jurídicas só podem ser criadas pelo Estado e reforça, assim, o poder deste último, a teoria organicista de Gierke enfatiza a realidade de pessoas de direito objetivamente existentes antes de qualquer reconhecimento do legislador, destacando, ao contrário, que o Estado apenas "reconhece" e "regulamenta" um direito que lhe preexiste. Feroz partidário – na controvérsia inesgotável entre germanistas e romanistas – do valor do direito germânico perante o direito romano, Gierke elabora, em sua obra redigida entre 1868 e 1881, *Das deutsche Genossenschaftsrecht* (O direito alemão das corporações), a doutrina de um direito social fundado na concepção do Estado como organismo que considera o direito como norma e limite de seu poder soberano. Para Gierke, o direito – produto da comunidade (*Gemeinschaft*) – possui uma "força interior" anterior à força estatal. Assim, o Estado e o direito são formações sociais distintas, mas que se completam reciprocamente. O direito nada tem de criação do Estado, assim como, aliás, o Estado não é criação do direito. Condenando assim o formalismo labandiano por desconhecer a substância material da "vida do Estado (*Staatsleben*)" e por recusar-se dogmaticamente à compreensão historicista do direito, a crítica de Gierkc é testemunho da perenidade das teses originárias da escola histórica do direito e já formula os termos da futura "disputa dos métodos", que a ciência jurídica alemã conhecerá durante a República de Weimar.

› CARRÉ DE MALBERG R., *Contribution à la théorie générale de l'État*, I-II, Paris, Sirey, 1920-1922 (reimpr. Paris, CNRS, 1962). – HEGEL G. W. F., *Écrits politiques*, trad. fr. M. Jacob & P. Quillet. Paris, Champ Libre, 1977; *Principes de la philosophie du droit*, trad. fr. e notas de J.-F. Kervégan, Paris, PUF, 1998. – JELLINEK G., *L'Etat moderne et son droit*, II: *Théorie juridique de l'État*, trad. G. Fardis, Paris, M. Giard & E. Brière, 1913. – LABAND P., *Le Droit public de l'Empire allemand*, trad. fr. G. Gandilhon, Paris, M. Giard & E. Brière, 1900. – STOLLEIS M., "Droit naturel et théorie générale de l'État dans l'Allemagne du XIXe siècle". *Le Débat*, 74, 1993, p. 69-80. – THOMAS Y., *Mommsen et l'"isolierung" du droit (Rome, l'Allemagne et l'État)*, Paris, Diffusion de Boccard, 1984. – *La Sciente juridique française et la juridique allemande de 1870 à 1918*, org. de O. Beaud & P. Wachsmann, Strasbourg, Presses Universitaires de Strasbourg, 1997.

Jacky HUMMEL

→ Constitucionalismo; Escola histórica do direito, pandectismo e codificação na Alemanha; Estado de direito; Positivismo; Soberania.

ALFÂNDEGA

Direito cobrado sobre as mercadorias na entrada ou na saída de um Estado, de uma região ou de um espaço econômico. Conjunto de repartições encarregadas de cobrar os direitos alfandegários e de impor a observância das diversas regulamentações de ordem econômica, fiscal, sanitária e monetária. Essas duas definições esclarecem o significado ambivalente do termo, que serve para qualificar uma taxação e uma administração.

"Onde há comércio há alfândegas" (*Espírito das leis*, XX, 13). Essa constatação de Montesquieu ressalta a função original da alfândega, que é de cobrar uma taxa, sem contrapartida de um serviço prestado, quando da passagem da mercadoria por determinado lugar. Assim definida, a alfândega remonta à mais alta Antiguidade; nasce com o comércio. Era o que ocorria em Roma com o *portorium*, recebido nos portos e nas fronteiras dos grandes conjuntos regionais, tal como a *Quadragesima Galliarum*, a quadragésima das Gálias, recebida nas fronteiras do conjunto regional. A essa abordagem fiscal podem-se opor práticas desenvolvidas a partir do século XVI, que associam a alfândega ao protecionismo econômico e à consolidação das fronteiras do Estado-nação. É a imagem clássica do guarda alfandegário, vigilante das fronteiras. Ela marca a imaginação popular e, na França, tem expressão "clássica" na reforma alfandegária de 1791, em que são contemplados apenas as tarifas e os controles fronteiriços; os direitos recebidos sobre a circulação interna das mercadorias desaparecem. Até essa época, a alfândega abrangia uma realidade mais complexa, ao mesmo tempo fronteiriça e interna, definida pelo termo *traites* (tráfego comercial). A palavra *douane* (aduana), do italiano *dogana*, por sua vez oriunda do árabe *diwan*, escritório, na França só era usada em algumas expressões específicas, como *Douane de Valence* ou *Douane de Lyon*, sistemas de direitos recebidos no Sudeste da França. Passou a ter uso generalizado a partir da Revolução francesa, servindo então para qualificar ao mesmo tempo os direitos e a administração. Foi nessa época que seu emprego no plural se tornou corrente.

Abordagens tradicionais

Na França, o sistema alfandegário *lato sensu* anterior a 1789 foi formado por três níveis de transformação. O primeiro foi constituído por peagens, impostos sobre produtos vendidos na feira e taxas de todas as espécies que se multiplicaram na Idade Média; alguns de seus elementos se fortaleceram a ponto de se tornarem verdadeiros sistemas alfandegários regionais. O segundo foi formado por tráfegos comerciais estabelecidos nos séculos XIV e XV com o objetivo de obter uma harmonização fiscal entre as províncias sujeitas aos impostos indiretos sobre o consumo – as ajudas – e as províncias deles isentas. O terceiro nível foi formado no século XVI pela multiplicação dos direitos recebidos na entrada do reino, do tipo *dogana* italiana, tal como a Aduana de Lyon. Os diferentes sistemas de direitos não permaneceram autônomos. Recebidos na maioria das vezes por organizações arrecadadoras comuns – a *Ferme Générale* do século XVIII –, imbricaram-se e perderam o significado econômico que na origem podia justificá-los. As tarifas e as técnicas de cobrança variavam de um lugar para outro. As taxas sobre o tráfego comercial, por constituírem entraves à circulação interna, são especialmente criticadas pelos Estados Gerais de 1614. Num memorando de 1698, o arrecadador geral Legendre explica que essa taxa "é recebida de tantas maneiras quantos são os escritórios. Não há duas tarifas que se assemelhem, e a única autoridade da maioria dessas tarifas é o uso". Com o tempo, alguns inconvenientes maiores do fracionamento aduaneiro foram corrigidos. É, em especial, o caso da *Étendue*, vasto grupo de províncias em torno de Paris, administrado pelas "Cinco grandes coletorias" (*rêve ou domaine forain – haut passage – imposition foraine – trépas de Loire – traite d'Anjou*). A cobrança dos direitos é estendida aos limites da *Étendue*. Com a ordenança de 1664, Colbert arremata esse processo com uma tarifa uniforme, mas não consegue estendê-la para as fronteiras do reino. As outras províncias são então consideradas *estrangeiras*, ou seja, estrangeiras para a tarifa de 1664 (Artois, Flandres, Bretanha, Guyenne, Saintonge, Languedoc, Provença, Delfinado, Lyonnais). As barreiras alfandegárias separam cada uma delas da *Étendue* e do estrangeiro real. Por fim, certas províncias anexadas pouco tempo antes (Alsácia-Lorena, Franco-Condado etc.) conservavam a livre circulação com o estrangeiro e estavam alfandegariamente separadas das outras. Para Colbert, a ordenança de 1664 constitui um duplo fracasso: a reforma não permitiu a supressão de barreiras internas nem o estabelecimento de uma tarifa protecionista uniforme nas fronteiras. Isso é corrigido pela Declaração de 18 de abril de 1667, que estabeleceu direitos sobre tecidos, malharias, vidros etc. nas fronteiras. A orientação é mercantilista. Em seguida, o número de mercadorias submetidas a direitos uniformes não parou de crescer, e a arrecadação, antes feita nos escritórios às vezes situados longe da fronteira, passou a ser realizada cada vez mais na própria fronteira. O sistema é complexo, e o nível dos direitos nos limites da *Étendue* é tal que incentiva o contrabando em grande escala. As ações de Mandrin ficaram famosas. A eliminação das barreiras internas estava na ordem do dia nos anos 1780. Para possibilitá-la, são excluídos do contrato com o coletor geral Mager, em 1786, os direitos sobre o tráfego de mercadorias, que passam a ser administrados por funcionários régios. Esse processo redunda, em 1790, na supressão do pluralismo provincial aduaneiro e na implantação da tarifa aduaneira de 1791. Esta suspendia, por meio de algumas proibições absolutas de importação e exportação, os produtos capazes de concorrer com os produtores franceses ou de empobrecer a economia nacional. Os direitos não deviam exceder 20%. Os regimes seguintes, principalmente por motivos fiscais, multiplicarão os aumentos tarifários. A reorganização administrativa napoleônica transforma as alfândegas em administração poderosa: em 1804, as alfândegas se opõem à integração num organismo estatal para a administração dos "direitos reunidos", que agrupava os direitos indiretos. Os decretos de Berlim e de Milão (1806 e 1807), que instauram o Bloco Continental contra a Inglaterra, reforçam ainda mais sua organização quase militar. O *Dictionnaire de la législation des droits de douane* de Magnien, publicado em 1807, possibilita esboçar o quadro clássico dessa alfândega guardiã de fronteiras e dotada de poderosos instrumentos, tanto na linha fronteiriça quanto no interior das fronteiras: transferência das fábricas situadas na linha fronteiriça, possibilidade de obter auxílio de tropas regulares, jurisdições de exceção etc.

A alfândega tornou-se o instrumento mais eficaz a serviço do protecionismo. Este se desenvolve em duas etapas: uma primeira a partir da Restauração até o advento de Napoleão III: a alfândega mantém as prerrogativas herdadas do Império, exercendo-as – é preciso ressaltar – em período de paz e em regime econômico liberal. É em vista dessa orientação que se deve julgar o "golpe de estado alfandegário" (Clinquart), por meio do qual Napoleão III estabelece um regime de livre-comércio cuja principal peça é a convenção comercial franco-inglesa de 1860. Essa nova política não resiste à derrota de 1871, mas só declina realmente no início do regime republicano, em 1881, sob a pressão dos agricultores que viram no protecionismo a solução de suas dificuldades. A primeira posição protecionista é tomada com a não renovação da convenção comercial franco-italiana em 1887. Seguiram-se outras, marcando o desejo de retornar à autonomia tarifária. O intuito é evitar que as vantagens concedidas a um parceiro comercial beneficiem automaticamente todos os outros, por aplicação da cláusula da nação mais favorecida. A lei tarifária de 11 de janeiro de 1892, chamada lei Méline, do nome do Ministro do Comércio, define as novas bases protecionistas: generalização e aumento dos direitos sobre os produtos agrícolas e industriais; criação de tarifa dupla para cada mercadoria (uma tarifa geral muito elevada, outra reduzida), aplicável aos países que concedem vantagens similares; regime especial para os produtos coloniais; autorização para o governo tomar medidas de represália contra os países que tratassem desfavoravelmente os produtos franceses. O auge é a Lei de 13 de dezembro de 1897, chamada "Lei do cadeado", que autorizava o governo a pôr em vigor os aumentos de tarifa no próprio dia em que apresentasse um projeto de lei nesse sentido, sem esperar o voto do Parlamento. Esse foi o sistema, em linhas gerais, aplicado durante meio século. Exemplifica um nacionalismo alfandegário de que a França, evidentemente, não teve exclusividade, ainda que esse país apareça como modelo de legislação protecionista. Nenhum país europeu esteve imune a essa evolução, e as uniões alfandegárias implantadas, como o *Zollverein*, nada mais foram que uma etapa da formação de sistemas alfandegários nacionais, como mostra a história da Itália e da Alemanha. Essa abordagem foi completamente subvertida pelos novos dados do comércio internacional.

Novas abordagens

A redução das tarifas, espécie de "desarmamento alfandegário" progressivo, está ligada à multiplicação das cláusulas que concedem ao parceiro comercial as vantagens da nação mais favorecida. Foi possibilitada pelo fortalecimento do princípio de não discriminação alfandegária. Este foi consagrado já em 1927 pela Conferência Econômica Mundial, reunida pela Sociedade das Nações, e depois, no pós-guerra, pela Carta de Havana, redigida por uma conferência reunida por iniciativa da ONU. O resultado foi apenas parcial e redundou no agrupamento dos principais países comerciantes do mundo no Acordo Geral sobre Tarifas e Comércio (GATT) assinado em 30 de outubro de 1947: o objetivo era eliminar as restrições e os contingenciamentos, estabelecer um tratamento não discriminatório entre os Estados e orientar as tarifas para a baixa. O GATT, por outro lado, incentivava as uniões alfandegárias. Os organismos europeus nesse sentido – Benelux, Ceca, Mercado Comum criado pelo Tratado de Roma de 25 de março de 1957 – darão impulso a um verdadeiro espaço econômico comum. Paralelamente, constitui-se entre os outros países europeus a Aele, zona de livre-comércio entre os membros, em que cada um mantinha a liberdade de fixar suas tarifas para o exterior. Esse movimento acentuou-se, não sem contradições, ao longo dos ciclos de negociação, até a criação da Organização Mundial do Comércio (OMC). As funções e as práticas alfandegárias foram muito afetadas tanto pela integração europeia e pela criação de um espaço econômico unificado quanto pelo descrédito que atingia os direitos de alfândega *stricto sensu*. Em algumas ocasiões previu-se o desaparecimento das alfândegas, em favor de uma administração comunitária que, por sua vez, entrava num processo de "destarifação". Não foi o que ocorreu. A erosão das tarifas e seu desaparecimento programado foram substituídos por várias técnicas não tarifárias. Estas podem ser de natureza qualitativa: a natureza do produto (armas, obras de arte etc.), sua possível destinação (matéria-prima de estupefacientes etc.), normas técnicas prévias etc. Também podem ser de natureza quantitativa: imposição de licenças, contingenciamentos etc. Também pode tratar-se de direitos antidumping, destinados a taxar mercadorias vendidas a um preço inferior ao praticado pelo vendedor em seu país. Não se deve esquecer, por fim, o "protecionismo administrativo", que permite desestimular o importador por meio de empecilhos ou, simplesmente, de uma sequência minuciosa de operações alfandegárias. O GATT nunca condenou expressamente esse protecionismo não tarifário, ainda que as críticas sejam numerosas. É um dos objetivos da OMC. A situação é diferente na União Europeia: nela são condenadas (arts. 30 e 34 do Tratado de Roma) as medidas de efeito equivalente a restrições quantitativas.

A essa ampliação soma-se o fato de que as funções da alfândega se diversificaram em dois planos: por um lado, ela é responsável não só pela arrecadação dos direitos alfandegários comunitários, como também pela dos direitos nacionais referentes ao sistema fiscal e parafiscal: produtos do petróleo (TVA e taxa interna de consumo), TVA sobre os produtos importados, vários direitos de consumo sobre o fumo e o álcool, diversas taxas por certos serviços portuários. As alfândegas desempenham um papel tributário importante: hoje, 22% das receitas fiscais são de origem alfandegária. Por fim, o último aspecto dessa adaptação é que as alfândegas exercem tarefas de controle em diversos campos; algumas são tradicionais, outras são novas, principalmente em decorrência da criação da Comunidade europeia; algumas são duradouras, outras conjunturais: proteção da saúde pública, controle das normas de segurança, associação à ação da polícia no espaço aéreo e terrestre, proteção da moeda, elaboração de estatísticas do comércio exterior etc. A abertura das fronteiras, paradoxalmente, reforçou o caráter polivalente da administração das alfândegas. Ela se "reconverteu".

Particularidades do direito alfandegário

O direito alfandegário francês está construído sobre dois conjuntos de normas: algumas são europeias (tarifas e regulamentações comunitárias), outras são nacionais (proteção de certos interesses de saúde pública, da segurança, do meio ambiente e até, indiretamente, de atividades econômicas). A aplicação desse direito, porém, é realizada por uma administração nacional que segue uma tradição e princípios próprios, a tal ponto que, mesmo participando de um processo de integração econômica, a alfândega continua sendo um posto avançado da soberania estatal. Seu direito, herança de longa tradição de práticas, é específico, a ponto de derrogar em numerosos pontos o direito comum. No entanto, os litígios alfandegários são da alçada dos tribunais judiciários, desde que a responsabilidade da administração não esteja em jogo. A Corte de Cassação e o Conselho de Estado aprenderam há muito tempo a traçar os limites dessa separação. Essa participação na esfera judiciária mascara, porém, grandes peculiaridades; é o que ocorre, por exemplo, com as circunstâncias atenuantes. A complexidade e a heterogeneidade das fontes corroboram essa aparência de direito derrogatório: ao Código das Alfândegas de 8 de dezembro de 1948, já denunciado na época como uma compilação, somaram-se, na França, numerosas leis referentes a outros campos, tais como as regras relativas ao comércio exterior ou a regulamentação das relações financeiras com o exterior. Essa complexidade foi aumentada pela integração, nesse direito, de múltiplas convenções bilaterais e de disposições decorrentes dos tratados europeus. Cabe aqui ressaltar a importância dos regulamentos CEE diretamente aplicáveis a diretivas europeias traduzidas em direito nacional. O conjunto é complexo, e a hierarquia das normas não é muito clara. Contudo, talvez não haja motivo para uma "santuarização" do direito alfandegário. A especificidade do direito alfandegário justifica-se mais pelas necessidades próprias das alfândegas: é o que ocorre com o raio das alfândegas, zona na qual o serviço das alfândegas exerce poderes mais extensos que em outros lugares, tal como a noção de espécie tarifária, que traduz um nome comercial em nomenclatura, com as prerrogativas dos agentes na visita dos navios ou no controle das divisões postais etc.

Ainda que se verifique uma tendência à harmonização com o direito comum, é no contencioso que seu particularismo é mais forte; os exemplos são numerosos: o conceito de interesse na fraude, que permite acionar os contraventores, mas também a maioria dos participantes, sem precisar provar a cumplicidade; o caráter verbal da instrução; o caráter probatório dos autos de infração lavrados por dois agentes. Na verdade, em termos de investigação de infrações, os agentes alfandegários dispõem de poderes mais amplos do que os da polícia, ao mesmo tempo que não têm a qualidade de oficiais da polícia judiciária. A especificidade do contencioso resulta principalmente da busca de soluções não jurisdicionais, com o objetivo de dirimir rapidamente as questões: o direito de transação permite solucionar a maioria dos litígios, com exceção dos casos ligados à droga e de alguns grandes casos comerciais. Essa especificidade, porém, encontra limites na jurisprudência da Corte de Justiça europeia. As particularidades desse direito ilustram, assim, tanto as resistências da administração principal do Estado em face do processo de integração europeia quanto o interesse que a Europa pode ter em confiar a uma administração estatal uma missão de serviço público europeu.

› Boy J.-C., *L'Administration des douanes sous l'Ancien Régime*, Association pour l'histoire de l'Administration des douanes, 1975. – Clinquart J., *La Douane et les douaniers de l'Ancien Régime au marché Commun*, Tallandier, 1990. – Berr C. J. & Trémeau H., *Le Droit douanier: communautaire et national*, 4ª. ed., Economica, 1997.

Michel Bottin

→ Imposto.

ANIMAL

As regras jurídicas relativas aos animais são inúmeras, mas não existe nos textos nenhuma definição geral de animal que possa ser aplicada indiferentemente à abelha e à zibelina, ao ácaro e ao elefante, ao lobo e ao cordeiro. A definição que ainda se pode adotar hoje foi proposta pela doutrina do fim do século XIX, em outro dicionário jurídico injustamente esquecido, o *Dictionnaire général alphabétique de droit français* de Carpentier e Frerejouant du Saint (Larousse, 1896): "Entende-se por animais, na linguagem do direito, todos os seres animados que não sejam humanos." Essa formulação, bastante concisa, esquiva-se da questão da distinção entre o homem e o animal, que se tornou cada vez mais delicada diante da perspectiva dos heteroenxertos, mas tem o grande mérito de não confundir animais com vegetais, que também são seres vivos, mas não animados, nem (principalmente) com coisas, que são inanimadas. A segunda metade do século XX foi marcada pela proliferação de regras protetoras dos animais, que levam em conta especialmente sua sensibilidade e os distinguem de modo radical das coisas. As regras clássicas que, na mais pura tradição cartesiana, autorizam a morte dos animais com objetivos econômicos, científicos ou lúdicos, porém, não desapareceram. Recentes considerações em torno da segurança e da saúde públicas levaram mesmo a reforçá-las em certos aspectos. Essa evolução contrastante torna cada vez mais interessante saber se os animais são objetos ou sujeitos de direito, em outras palavras, bens ou pessoas. Proteção do animal, abate do animal, personificação jurídica do animal, portanto, serão os três campos de investigação considerados.

Proteção do animal

Não existe proteção jurídica do animal em geral, mas proteções diferenciadas, aplicáveis a animais domésticos ou a animais selvagens.

Animais domésticos e similares. – Durante muito tempo, os animais domésticos só foram protegidos na qualidade de elementos do patrimônio de seu proprietário. Para que se manifestasse real mudança de rumo, na França, foi preciso esperar a votação tumultuosa da famosa lei Grammont de 2 de julho de 1850, que declarou criminosos os maus-tratos infligidos a animais, a exemplo do *Martin's Act* adotado na Inglaterra em 1822. Mesmo assim, a inovação não teve a amplitude inicialmente desejada por seu promotor, pois um deputado fizera constar expressamente que os maus-tratos infligidos aos animais domésticos só seriam puníveis em razão da publicidade de sua inflicção. Em suma, o audacioso instrumento de proteção do animal considerado como ser sensível, concebido pelo general Grammont, fora rebaixado ao nível de simples instrumento de proteção da sensibilidade e da moralidade públicas. A despeito dessa edulcoração inicial, a lei de 1850 conseguiu desencadear um movimento de proteção jurídica dos animais domésticos, e numerosas reformas realizadas durante a segunda metade do século XX iriam, por fim, restituir-lhe seu verdadeiro fundamento. Nesse aspecto, há um texto que pode ser qualificado de histórico. Trata-se do decreto de 7 de setembro de 1959, ao qual está ligado o nome do chanceler Edmond Michelet, que revogou a lei Grammont para substituí-la por um dispositivo que rejeitava a condição de publicidade à qual a repressão aos maus-tratos estava até então subordinada. Passava a ser indiscutível que os animais domésticos, aos quais eram equiparados os animais domesticados ou mantidos em cativeiro, seriam protegidos em função deles mesmos, em razão de sua sensibilidade própria. O decreto de 1959 foi outro forte sinal dessa proteção do animal em função dele mesmo, que poderia ser qualificada de animalitária, ao prever o envio do animal a uma entidade protetora em caso de condenação do proprietário por maus-tratos. Essa nova orientação seria consolidada quatro anos mais tarde pela lei de 12 de novembro de 1963, que instituiu o delito de ato de crueldade para com os animais domésticos, domesticados ou mantidos em cativeiro, destinada a punir mais severamente aqueles que, publicamente ou não, infligissem a esses animais sofrimentos físicos que, em intensidade e perversidade, ultrapassassem os simples maus-tratos. O sofrimento psicológico dos animais domésticos e similares foi também considerado graças à incriminação do abandono voluntário pela lei de 10 de julho de 1976, a qual teve, principalmente, o imenso mérito de reconhecer, em seu artigo 9º, que todo animal é um ser sensível que deve ser posto por seu proprietário em condições compatíveis com os imperativos biológicos de sua espécie. Essa grande lei de proteção animal, além disso, realizou uma reforma capital nos procedimentos jurídicos, ao permitir que as associações reconhecidas de utilidade pública exercessem diante das jurisdições repressivas os direitos outorgados à parte civil em relação a todos os delitos de crueldade, sevícias graves ou abandono voluntário que causassem prejuízo direto ou indireto aos interesses que elas tinham o objetivo de defender. Uma lei de 1º de fevereiro de 1994 flexibilizou as condições de exercício dessa ação civil ao suprimir a referência a essa exigência clássica de prejuízo direto ou indireto aos interesses defendidos. O artigo 2-13 do Código de Processo Penal francês, instituído pela lei de 1994, também procedeu a considerável ampliação do domínio da ação civil, primeiro concedendo-a a todas as associações de proteção aos animais regularmente declaradas há cinco anos, depois estendendo-a à contravenção de maus-tratos (art. R 654-1 CP) e à contravenção de atentado voluntário contra a vida de um animal (art. R 655-1 CP), que, na matéria, constitui a principal contribuição do Código Penal francês de 1992, que entrou em vigor em 1º de março de 1994. As associações de proteção aos animais da França têm, portanto, à disposição os meios técnicos que podem possibilitar a concretização e a efetivação das penalidades com que o legislador ameaça todos aqueles (inclusive os proprietários) que atentem, pública ou clandestinamente, contra a sensibilidade própria de todo animal doméstico, domesticado ou mantido em cativeiro. A última pedra para a construção, na França, desse respeitável edifício de proteção animalitária foi trazida pela lei de 6 de janeiro de 1999. Embora motivado principalmente por considerações de segurança, esse novo texto modificou consideravelmente o regime jurídico do delito de crueldade (art. 521-1 CP), primeiro privando a pessoa processada da possibilidade de invocar como justificativa o estado de necessidade; depois, impondo como penalidade de seis meses a dois anos de prisão e 15 mil a 200 mil francos (ou seja, 30 mil euros) de multa.

O direito comunitário não ficou indiferente à sorte dos animais domésticos, domesticados ou mantidos em cativeiro, diretamente afetados pela política agrícola comum e pela livre circulação de mercadorias. Assim, tornando mais coercitivos os princípios formulados pelo ato final do tratado de Maastricht de 7 de fevereiro de 1992, o protocolo adicional nº 10 ao tratado de Amsterdam, de 2 de outubro de 1997, dispõe que os Estados membros e a Comunidade Europeia "levam plenamente em conta as exigências de bem-estar dos animais", "na qualidade de seres sensíveis", quando formulam e põem em prática a política da Comunidade nos domínios da agricultura, dos transportes, do mercado interno e da pesquisa. O Conselho da Europa, por sua vez, elaborou convenções de menor alcance jurídico, mas que, a exemplo da Convenção sobre a Proteção dos Animais de Companhia, de 1987, também têm como finalidade evitar para os animais qualquer sofrimento ou prejuízo inútil.

Paralelamente a essa consideração direta da sensibilidade do animal por parte da lei penal e do direito comunitário, assistiu-se a seu progressivo reconhecimento indireto pelo direito civil. As repercussões muitas vezes profundas que a sensibilidade do animal pode ter sobre a sensibilidade do homem que o transformou em seu companheiro deixaram de ser consideradas como sinais reveladores de deficiência mental ou de desvio social. É assim que, a partir da espetacular sentença *Lunus*, proferida pela primeira câmara civil da Corte de Cassação em 16 de janeiro de 1962, a jurisprudência passou a admitir a reparação do prejuízo moral decorrente da morte de um animal. Segundo o mesmo espírito, algumas decisões menos notáveis desejaram marcar a ideia de que, em caso de divórcio, os animais familiares não podem ser repartidos nas mesmas condições que os utensílios de cozinha ou as ferramentas, atribuindo-se sua guarda de maneira canhestra, com compensações por direito de visita e hospedagem. No célebre caso do cão Félix, o Conselho de Estado foi obrigado a afirmar, em 17 de abril de 1963, que uma ordem municipal que determinava a exumação dos restos de um cão que havia sido enterrado no túmulo da família antes da morte de seu dono não era ilegal; mas essa decisão não poderia servir de obstáculo ao direito que qualquer pessoa teria de exigir ser enterrada com as cinzas de seu cão ou de seu gato anteriormente falecido. De maneira mais geral, a legitimidade da afeição por um animal foi explicitamente reconhecida pelo artigo 10 da lei de 9 de julho de 1970, que considerou "não escrita qualquer estipulação tendente a proibir a posse de um animal em local de habitação sempre que se refira a animal familiar", e pelo artigo 10 da lei de 10 de julho de 1976, que consagra o direito de "todo homem" possuir animais em condições compatíveis com os imperativos biológicos de sua espécie, com a ressalva de se respeitarem os direitos de terceiros e exigências de segurança e higiene públicas. Embora recentemente limitadas pela lei de 6 de janeiro de 1999 relativa aos cães de ataque, essas disposições consagram uma espécie de direito à presença de um animal, logicamente completado pelo direito de não ser dele separado, que decorre da sistematização, pela lei de 9 de julho de 1991 e seu decreto de aplicação de 31 de julho de 1992, da não apreensibilidade dos animais de apartamento.

Animais selvagens. – Se a afeição pelos animais domésticos, que merecem o qualificativo impreciso de *familiares*, já é considerada, o mesmo não ocorre com a afeição que pode ser votada aos animais selvagens em geral. Apesar disso, a Corte Europeia dos Direitos do Homem, em especial por sua sentença *Chassagnou e outros c/ France*, de 29 de abril de 1999, que ataca a aplicação aos pequenos proprietários da chamada lei Verdeille de 10 de julho de 1964, relativa às Associações Comunais de Caça licenciadas, foi capaz de conferir-lhe certo interesse. Quanto ao direito comunitário, fez-se presente com um regulamento de 4 de novembro de 1991 que proibiu a utilização de armadilhas com garras e a importação para a Comunidade Europeia de peles e produtos manufaturados de certas espécies de animais selvagens provenientes de países que utilizem métodos não correspondentes às normas internacionais de caça sem crueldade. Essa disposição, que defende os animais selvagens em razão de sua capacidade de sofrer, é notável sobretudo porque, de ordinário, as leis de proteção que os contemplam só são previstas em consideração à sua raridade. Assim, a exigência de preservação da biodiversidade levou à elaboração, sob a égide da Unesco, da Convenção de Washington de 3 de março de 1973 sobre o Comércio Internacional das Espécies da Fauna e da Flora Selvagens Ameaçadas de Extinção (CITES). Ratificada pela França em 1978 e reforçada em certos pontos por regulamentos da Comunidade europeia de 1996 e 1997, essa convenção internacional aplicada, em teoria, por mais de 140 Estados, baseia-se numa classificação das espécies protegidas em três categorias denominadas Anexos. No Anexo I figuram as espécies francamente ameaçadas de extinção, cujo comércio internacional é formalmente proibido; o Anexo II diz respeito às espécies que ainda não estão ameaçadas de extinção, mas com as quais é preciso ter cautela e cuja comercialização está subordinada à emissão de licença; o Anexo III compreende as espécies que, a pedido de um ou de vários Estados, são declaradas em perigo apenas em seus territórios. A lista das espécies que figuram em cada um desses três anexos é revisada a cada dois anos. No plano europeu, a proteção da biodiversidade tem como principal pilar a Convenção de Berna de 19 de setembro de 1979, que entrou em vigor em 1982, garantindo a conservação da vida selvagem e do meio natural. Instrumento do Conselho da Europa, que lhe acrescentou em 1985 uma Convenção de Bonn referente, mais precisamente, à conservação das espécies migrantes pertencentes à fauna selvagem, fixou princípios que foram amplamente retomados no Programa 21, adotado na célebre cimeira do Rio de Janeiro de junho de 1992. Na Comunidade europeia, também foi substituída pela diretiva de 21 de maio de 1992, que criou a rede de conservação "Natura 2000", cuja concreta implementação se choca com tantas resistências senis.

De certa maneira, os animais e os peixes cuja captura atende ao direito de caça e pesca não são protegidos em nome de sua sensibilidade, pois as proposições legais tendentes a lhes estender as disposições relativas aos maus-tratos e aos atos de crueldade nem sequer foram discutidas, mas sim como espécimes de espécies cuja perpetuação deve ser garantida em atendimento a interesses cinegéticos ou haliêuticos. Existem animais selvagens que não pertencem a nenhuma espécie ameaçada de extinção, que não são dignos de ser caçados ou pescados, que não são sequer submetidos à regulamentação relativa à destruição dos animais nocivos e que, em compensação, podem ser exterminados a qualquer tempo, por qualquer meio que não represente ameaça para a saúde e a segurança públicas e com todos os requintes de crueldade. Seria difícil estabelecer a lista deles, uma vez que a morte dos animais é objeto de regulamentações específicas, mas muitos insetos agressivos, como os mosquitos e as vespas, e certo número de mamíferos roedores, como os ratos, ou cavadores, como as toupeiras, poderiam nela figurar. De qualquer modo, mesmo para os animais protegidos, a matança nunca está completamente excluída.

Matança de animais

O conceito de legítima defesa confere a cada um o direito de matar outro ser humano em condições mais ou menos estritas, segundo os sistemas jurídicos. *A fortiori*, todo ser humano tem o direito de matar um animal, mesmo protegido, quando se encontra em estado de legítima defesa. Aliás, convém ressaltar que, mesmo perdendo o caráter absoluto graças às diversas disposições protetoras, o direito de matar animais ainda está fortemente arraigado nas tradições religiosas ou culturais e é solidamente justificado pelas necessidades econômicas e sanitárias. Por isso, não é de espantar que o artigo R 655-1 do Código Penal francês só incrimine o fato de matar *sem necessidade* um animal doméstico, domesticado ou mantido em cativeiro. Visto que o homem ainda precisa alimentar-se do corpo dos animais, eles podem ser mortos em abatedouros, destino normal da imensa maioria deles. Nesse caso, eles só podem contar com as medidas destinadas a evitar sofrimentos inúteis, previstas pela Convenção europeia de 15 de maio de 1979, elaborada sob os auspícios do Conselho da Europa e pela diretiva comunitária de 22 de dezembro de 1993, com ressalva, porém, dos abates rituais. Como o homem ainda precisa proteger-se dos animais perigosos e errantes, o prefeito da cidade pode decidir levá-los para depósitos pudicamente denominados centros de zoonose, qualificados como lugares de recepção e guarda pelo artigo 211 do Código Rural francês; depois, expirado um prazo de oito dias úteis, poderá ser dada autorização para sua eutanásia, após parecer de um veterinário. A lei de 6 de janeiro de 1999, que precisou ser votada para coibir os abusos de certos donos de cães de ataque, reforçou consideravelmente certas disposições destinadas ao aumento da segurança, que freiam brutalmente a extensão das disposições animalitárias, encetada no início da V República. Como o ser humano ainda precisa fazer experiências com animais para poder tratar eficazmente do ser humano, os pesquisadores têm permissão para sacrificá-los, com a ressalva de respeitarem as disposições protetoras resultantes da diretiva comunitária de 24 de novembro de 1986, do decreto de 19 de outubro de 1987 ou da Convenção europeia de 18 de março de 1986, ratificada pela França em 2000. Como o homem precisa lutar contra a proliferação de doenças transmissíveis por animais, os serviços veterinários podem ainda eliminá-los em condições cuja sórdida brutalidade acaba de ser espetacularmente revelada pela chamada doença da vaca louca e pela febre aftosa. Quando visam à preservação da saúde dos homens, ou mesmo da de outros animais, essas medidas não poderiam ser contestadas, por mais chocante que sua prática possa parecer. Por outro lado, seriam intoleráveis caso se verificasse que, indubitavelmente, tendem sobretudo a regular o mercado da carne.

A matança dos animais não atende, ao que parece, a nenhuma necessidade quando serve apenas ao divertimento dos homens. A caça, de certa maneira, e a tourada, de todas as maneiras, já não deveriam ser praticadas como o são atualmente. O peso da tradição, o poder eleitoral de grupos de pressão habilmente organizados e a complacência de certos meios de comunicação contribuem, porém, para garantir a sobrevivência de regras de forte conotação consuetudinária, às vezes lucrativas para homens que respeitam profundamente os animais, mas que se baseiam na ideia – hoje muitíssimo contestável – de que se pode causar sofrimento e morte para divertir. Indiretamente, as recentes disposições europeias que proíbem a utilização de animais para testar produtos cosméticos ajudam a minar os fundamentos dessas regras arcaicas e, frequentemente, discriminatórias.

A personificação jurídica do animal

O direito que opõe as pessoas – que são sujeitos – às coisas – que são objetos – classifica tradicionalmente os animais na segunda categoria. Essa qualificação que, no plano jurídico, prolonga a teoria cartesiana dos animais-máquinas ainda é solidamente justificada. A lei de 22 de julho de 1996, que acrescentou ao artigo 132-75 do Código Penal francês um parágrafo para determinar que a utilização de um animal para matar, ferir ou ameaçar é comparável ao uso de uma arma, dá cabal testemunho de sua adequação às exigências securitárias, alimentares e sanitárias que – é o mínimo que podemos dizer – não estão em vias de extinção. Contudo, não parecem permitir refletir convenientemente os espetaculares progressos da proteção ao animal por razões intrínsecas a ele mesmo, que vêm ocorrendo há meio século. Alguns sinais já demonstram sua silenciosa volta à discussão. Foi assim que, por um lado, os autores do novo Código Penal francês, de 1994, não classificaram as infrações contra animais na categoria das infrações contra os bens, como o peso da tradição cartesiana deveria ter incitado, mas numa categoria autônoma; por outro lado, os redatores da lei de 6 de janeiro de 1999 acreditaram que deveriam modificar os artigos 524 e 528 do Código Civil para ressaltar, canhestramente, que os animais não são imóveis por destinação ou móveis como os outros. A partir daí, a hipótese de que o melhor lugar dos animais seria na categoria das pessoas começa a progredir. Há alguns anos, foram principalmente os filósofos que puseram essa ideia no centro de seus debates, alimentados por referências aproximativas à legislação do III Reich e pela constatação da "espantosa proximidade genética entre o homem e os grandes macacos". Os juristas também a tomaram em consideração. Ainda que um autor, G. Farjat, tenha proposto evitá-la com a sugestão da existência da categoria dos centros de interesses entre as pessoas e as coisas, a questão da personalidade jurídica dos animais pode ser hoje seriamente encarada de várias perspectivas diferentes. A primeira, que pode ser qualificada de antropomórfica, equivale a admitir que os animais são pessoas tanto quanto os seres humanos. Ainda que a Declaração Universal dos Direitos do Animal, adotada pela Unesco em 15 de outubro de 1978, lhe dê certa consistência, essa concepção deve ser descartada, pois a equiparação por ela ensejada exporia a grave perigo de abafamento da humanidade. A segunda, que se respalda resolutamente em considerações de técnica jurídica, leva a conferir aos animais, protegidos por razões que lhes são intrínsecas, uma personalidade jurídica comparável àquela que a célebre sentença da Corte de Cassação de 28 de janeiro de 1954, relativa às comissões de empresa (consagrando a célebre teoria de L. Michoud), atribuiu às pessoas jurídicas. Assim como elas, os animais protegidos contra maus-tratos, atos de crueldade e abandono voluntários atendem às duas condições necessárias à admissão de uma personalidade jurídica técnica, ou seja, a existência de um interesse distinto do interesse de seu "proprietário" e a presença de associações de proteção aos animais em condições de desempenhar o papel de órgãos de expressão desse interesse diante dos tribunais. Segundo uma terceira concepção, que R. Libchaber acaba de situar numa concepção inspirada nos direitos fundamentais, para melhor proteger o homem, seria preciso elevar o conjunto dos seres vivos a uma categoria jurídica nova e fazer que os seres que a compõem, em particular os animais, sejam beneficiados por uma proteção comparável à que é assegurada pelos direitos do homem. Nessas condições, os direitos dos animais não teriam como fundamento a consideração de sua sensibilidade, mas o intuito de dar ao homem a proteção que ele merece em razão de sua proximidade com o conjunto dos seres vivos.

Sem a menor dúvida, o animal está sendo colocado cada vez mais no cerne das preocupações dos juristas, pois os remete a questões que sempre foram essenciais, mas às quais eles só começaram ousar a dar respostas recentemente: as questões relativas à vida, à morte e ao sofrimento.

➤ ANTOINE S., "Protection de l'animal", *Jurisclasseur Europe Fasc.*, 1991, 2000. – BURGAT F., "*Res nullius*, l'animal est objet d'appropriation", *Arch. philo. dr.*, 1993, p. 279. – CAVALIERI P., "Les droits de l'homme pour les grands singes non humains", *Le Débat*, 2000, p. 156. – CHAPOUTIER G. & NOUÉT J.-Cl. (org.), *Les Droits de l'animal aujourd'hui*, Éd. Arléa-Corlet, Ligue française des droits de l'animal, 1997. – DANTI-JUAN M., "La contribution du nouveau Code pénal au débat sur la nature juridique de l'animal", *Rev. dr. rur.*, 1996, p. 477. – FARJAT G., "Entre les personnes et les choses, les centres d'intérêts: prolégomènes pour une recherche", *RTD civ.*, 2002, p. 2211. – FONTENAY E. de, *Le Silence des bêtes. La philosophie à l'épreuve de l'animalité*, Fayard, 1998. – HERMITTE M.-A., "Les droits de l'homme pour les humains, les droits du singe pour les grands singes!", *Le Débat*, 2000, p. 168. – LIBCHABER R., "Perspectives sur la situation juridique de l'animal", *RTD civ.*, 2001, p. 239. – MARGUENAUD J.-P., *L'Animal en droit privé*, Préface Cl. Lombois, PUF, 1992; "La personnalité juridique des animaux", Dalloz, 1998, p. 205. – PIATTI M.-C., "Droit, éthique et condition animale. Réflexions sur la nature des choses", *Les Petites Affiches*, 19 mai de 1995, p. 4. – REVET T., "La loi nº 99-5 du 6 janvier 1999 relative aux animaux dangereux et errants et à la protection des animaux", *RTD civ.*, 1999, p. 479. – SOHM-BOURGEOIS A.-M., "La personnification de l'animal: une tentation à repousser", Dalloz, 1990, p. 33.

Para a atualização regular da questão, é indispensável recorrer ao *Bulletin juridique international de la protection des animaux* (BJIPA), coletânea de doutrina, legislação e jurisprudência, publicada sob a direção de Catherine Préaubert.

Jean-Pierre MARGUENAUD

→ Agricultura; Bens; Direitos fundamentais; Eutanásia; Pessoa; Sujeito de direito.

ANISTIA E GRAÇA

Medidas de clemência, a anistia (do grego αμνηστια, que sugere o esquecimento) e a graça (do latim *gratia*, que lembra um favor) possibilitam corrigir os rigores do direito penal livrando os culpados do castigo que, sem essas formas de perdão, eles deveriam sofrer. Com origem antiquíssima, essas duas instituições são admitidas pela grande maioria dos Estados. Coexistem na França, apresentando características distintivas, ainda que a evolução por elas sofrida tenha levado a certas aproximações criticáveis.

A anistia é resultado de uma lei que prevê que certos fatos, constitutivos de infrações cometidas antes de determinada data, perderão retroativamente seu caráter delituoso e não poderão, portanto, ensejar penalidades ou – se já houver sido pronunciada alguma condenação – a execução da pena. A graça, por sua vez, provém de um decreto do Presidente da República, pelo qual uma pessoa que tenha sido alvo de alguma condenação será dispensada, no todo ou em parte, da execução da pena ou deverá sofrer pena menos severa, em lugar daquela à qual foi condenada (comutação de pena). Mencionadas na França unicamente na Constituição, até que entrasse em vigor o atual Código Penal, essas instituições são hoje contempladas em certas disposições desse código. A diferença essencial entre anistia e graça está em seus efeitos. Como a primeira priva os fatos de seu caráter delituoso, seu resultado é que, se intervier depois de proferida a condenação, extinguirá esta última e, por via de consequência, dispensará a execução da pena por ela implicada; ao passo que a segunda tende mais precisamente à dispensa da execução, sem extinção da condenação. Portanto, no caso da graça, a condenação continuará a figurar nos arquivos judiciários e poderá ser considerada em caso de reincidência. Essas são as diferenças em relação à anistia que, em virtude de uma ficção e a despeito de Platão ("Nada pode fazer que o que foi não tenha sido"), extingue retroativamente até mesmo a lembrança da infração, vedando que a condenação seja lembrada. A instituição, nesse sentido, atende a um sentimento atual, pueril mas poderoso, segundo o qual, assim como ocorre num jogo, deve ser possível "recomeçar do zero". Além disso, como o objetivo da anistia não é apenas evitar a execução de uma pena pronunciada, ela pode dizer respeito a fatos ainda não julgados ou em julgamento, ao passo que a graça só pode ser aplicada a condenações definitivas e em vias de execução. Quanto às medidas às quais se aplicam anistia e graça, não há uniformidade entre esses mecanismos, com exceção do fato de que em nenhum dos dois existe a possibilidade de a vítima obter reparação. Com a graça, salvo disposição em contrário, subsistem as penas complementares, ao passo que a anistia isenta de todas as penas, podendo ser mantidas apenas as medidas de segurança. Além disso, a graça só pode ser aplicada às condenações de natureza penal, enquanto hoje em dia não é isso o que ocorre com a anistia, que também opera sobre penas administrativas, disciplinares, profissionais, ou mesmo civis. No Brasil, a anistia é aplicada especialmente em matéria fiscal, favorecendo os contribuintes em atraso com a redução das multas e encargos até então devidos e com a prorrogação do prazo para pagamento.

No antigo direito francês havia essas duas instituições, mas as diferenças eram menos nítidas que hoje, talvez por estarem nas mãos de uma mesma autoridade, o rei, que, na qualidade de emissário do poder divino, concedia a misericórdia, assim como podia infligir castigo. Aliás, a terminologia utilizada contribuía para dificultar a distinção, visto que as *lettres de grâce* do monarca podiam tanto conter anistia quanto graça propriamente dita. Na Revolução francesa, a graça despertou desconfianças, a tal ponto que o Código de 1791 a proibiu, enquanto a anistia foi amplamente utilizada. Restabelecida por um senátus-consulto do ano X, a graça manteve-se desde então. Anistia e graça hoje em dia são da alçada de autoridades diferentes. Nesse sentido, a possibilidade de um chefe de Estado, por um ato de graça, desfazer uma decisão da justiça pode ser percebida como um atentado à separação dos poderes. A anistia não incorre nesse inconveniente, pois não há o mesmo obstáculo em admitir-se que o legislador, que estabelece as incriminações, possa, em certos casos, decidir neutralizá-las. Todavia, atualmente, a anistia já não é da alçada exclusiva do Poder Legislativo, no sentido de que o benefício da lei de anistia pode ser condicionado pela decisão dos juízes (sempre que esse benefício depende do *quantum* da pena cominada), ou ser subordinado a uma decisão do Poder Executivo (graça anistiante ou admissão ao benefício da anistia por medida individual). Com isso, fica marcado o declínio de outra característica da anistia que a distinguia tradicionalmente da graça. A anistia é, por essência, uma medida real e impessoal que visa a certas infrações determinadas que não dependam da pessoa de seu autor (aliás, foi até tachada de medida cega). Contrariamente, a graça é uma medida fundamentalmente pessoal, concedida a um indivíduo determinado (é, portanto, outorgada com discernimento àqueles que a mereceram). Mas, com a evolução, houve uma aproximação das duas instituições, pois a preocupação com a individualização levou a não se conceder sistematicamente o benefício da anistia de modo indiferente a todos, assumindo então a instituição um caráter pessoal. Inversamente, existe a prática das graças coletivas, que desnatura a instituição ao enfraquecer seu caráter pessoal. Esse é o caso, por exemplo, das graças concedidas na França no 14 de julho, que subtraem certo número de dias de prisão a um conjunto de detentos. Tal prática leva a fazer da graça um instrumento de solução para a superlotação das prisões, em vez de consistir num favor merecido. Esse fenômeno de desvio da instituição, de seu papel e de seu fundamento de origem também se observa na anistia. Tradicionalmente, a anistia é uma medida de apaziguamento das tensões políticas e sociais, sendo utilizada depois de um período de graves transtornos. O legislador decide, assim, esquecer as infrações cometidas em relação ao conflito antes existente, de tal maneira que não comprometa o retorno à paz. Ora, hoje é frequente que as aspirações do legislador sejam totalmente diferentes. Assim, por exemplo, desde os anos 1920, tornou-se costume na França promulgar uma lei de anistia após cada eleição presidencial. Nesse caso, deve-se convir que a anistia já não corresponde realmente à sua primeira vocação e se configura mais como medida de caráter demagógico. Além disso, tal prática priva a anistia de seu caráter excepcional e lhe confere uma previsibilidade que pode influir de modo nefasto sobre o comportamento de pessoas passíveis de punição pela justiça, que são tentadas a apostar na absolvição que, conforme sabem, podem esperar. Essa generalização das leis de anistia faz, além disso, que elas acabem por eventualmente constituir um "prejuízo" considerável para o Estado. Será essa a razão pela qual o benefício da anistia às vezes está subordinado ao pagamento de multas? Somos levados a assim pensar, principalmente porque o mesmo se observa na graça que, cada vez mais, é condicional e pode, também, ser subordinada a tal pagamento. No entanto, no que se refere a esta última, as condições em geral tendem mais a reforçar a exigência de méritos, subjacentes à instituição, transformando-a num instrumento de política criminal. De fato, é frequente que a graça seja subordinada à ausência de condenação durante certo prazo, condicionada a um tratamento de desintoxicação, ou mesmo à indenização da vítima. A graça condicional assemelha-se, assim, a uma espécie de *sursis* com experimentação. Mas, não caberia aí criticá-la por fazer, de algum modo, duplo emprego de outras medidas? Tal crítica, por outro lado, já está no uso que é feito da graça. Ao contrário do que diz a imaginação popular, ela não foi reservada aos condenados à morte ou, hoje, aos condenados a longuíssimas penas de prisão, mas na prática é mais usada para evitar que delinquentes primários fiquem na prisão por curto período. Nesse caso, faz parte de uma política mais geral tendente a evitar as breves penas de prisão, e, nesse aspecto, também sofre a concorrência de todo um "leque" de medidas. Contudo, a graça poderá ter um papel complementar e permanecer como último recurso para individualizar a reação repressiva quando outros mecanismos não puderem, ou não puderem ainda, ser aplicados (tal como quando permite uma antecipação a um recurso para revisão de pena). Além disso, permite considerar (ao contrário do *sursis*) o comportamento do indivíduo posteriormente à condenação e constitui, de maneira geral, o meio de corrigir a eventual severidade excessiva da lei ou do juiz. Entende-se assim por que aqueles que, hoje, criticam a graça e mesmo a anistia não preconizam sua supressão, mas apenas o retorno a um uso mais excepcional, no respeito à sua vocação própria.

› CONTE P. & MAISTRE DU CHAMBON P., *Droit pénal général*, Armand Colin, 5ª ed., 2000. – LARGUIER J., *Droit pénal général*, Dalloz, 18ª ed., 2001. – MERLE R. & VITU A., *Traité de droit criminel*, Cujas, *Droit pénal général*, 7ª ed., 1997 e *Procédure pénale*, 4ª ed., 1989.

Ver também: LORHO G., "Pour en finir avec l'amnistie", *Droit pén.*, 1994, chron. 44. – RENAUT M.-H., "Le droit de grâce doit-il disparaître?", *RSC*, 1996, p. 575 ss.

Stéphanie FOURNIER

→ Ato de governo; Código Penal (Francês); Derrogação, dispensa, escusa, tolerância; Lei; Pena de morte.

ANTIGOS E MODERNOS

A oposição entre "antigos" e "modernos" sem dúvida é um dos grandes temas do pensamento político e da filosofia do direito da atualidade, pois permite fazer uma apresentação ao mesmo tempo elegante e clara de alguns dos principais debates que dividem os teóricos do direito. Do lado dos partidários dos "antigos", entre os quais o mais coerente e profundo dos teóricos do direito é, certamente, o filósofo francês Michel Villey, a defesa do "direito natural" antigo (ou seja, sobretudo nos termos de Aristóteles) é, antes de mais nada, o meio de mostrar as dificuldades constitutivas do direito "moderno" que se formou através do crescimento paralelo do *direito público* estatal e do *direito privado* liberal: a filosofia de Aristóteles escapa à oscilação entre o *positivismo jurídico* e o *moralismo abstrato* que caracteriza a "modernidade" e permite fundamentar de maneira satisfatória a distinção entre *direito* e *moral*, graças a uma concepção ampla da "natureza", que atende à diversidade das situações jurídicas e dos critérios de justiça, mas sem incidir no relativismo (Villey, 1978-79). Entre os melhores advogados dos "modernos", a referência aos "antigos" aparece, ao contrário, como um engodo e como um anteparo ilusório contra as tentações "niilistas" ou "antijurídicas" que marcaram, às vezes tragicamente, a história política moderna e contemporânea: para eles, o direito natural dos antigos está irremediavelmente marcado por uma cosmologia "hierárquica" na qual o espírito já não pode se reconhecer e, sobretudo, é incapaz de atender às exigências universalistas que apareceram com as doutrinas dos direitos dos homens e que constituem hoje (?) o horizonte de toda reflexão jurídica (Ferry, 1984; Renaut e Sosoe, 1992). Mas também é verdade que o debate entre antigos e modernos não poderia se reduzir a uma oposição entre duas concepções do "direito natural" (ou entre natureza e liberdade); no próprio âmbito do pensamento moderno, de fato, as referências à filosofia, à política ou ao direito dos "antigos" muitas vezes são, de um lado, um meio privilegiado de criticar a "positividade" em nome de um ideal cívico ainda vivo, e, de outro, um poderoso instrumento para mostrar os *limites* das concepções "modernas" e fundamentar assim uma *autocrítica* da modernidade, mesmo sem renegá-la. O primeiro caminho, que foi o de Maquiavel, de Rousseau e do jovem Hegel, desempenha um papel importante na constituição do "republicanismo" moderno, que às vezes se apresenta como alternativa ao liberalismo; o segundo está em autores como Leibniz, Vico ou mesmo o Hegel dos *Princípios de filosofia do direito*, que retomam elementos importantes da herança aristotélica, mesmo deixando lugar a certas técnicas jurídicas antigas, no âmbito geral de uma filosofia que satisfaz a descoberta moderna da subjetividade e que, como é o caso de Hegel, se esforça ao mesmo tempo em pensar os direitos do indivíduo e fundamentar a autoridade do Estado moderno. Acresce, enfim, que nenhuma filosofia ou nenhuma doutrina do direito que pretenda realmente *pensar* seu objeto pode limitar-se por muito tempo a uma simples oposição entre antigos e modernos, pois, de fato, cada uma das duas partes deve esforçar-se por pelo menos entender as pretensões de seu adversário, senão de lhe dar razão: os amigos dos antigos devem poder mostrar que seus conceitos continuam fecundos para *interpretação* do direito e da política da modernidade (e não apenas para criticá-los), enquanto os modernos mais radicais devem pelo menos, se quiserem continuar fiéis a seu programa racionalista e universalista, reconhecer outro sentido, que não histórico, nas concepções antigas de justiça e direito (cf. sobre todos esses pontos Raynaud, 1998, pp. 12-5). Evidentemente, é impossível, nos limites deste breve estudo, fazer um inventário completo ou uma análise sistemática dos conceitos característicos da antiguidade ou da modernidade; por isso, tentaremos simplesmente mostrar aqui, a partir de um breve estudo da situação da *lei* e do *direito*, assim como do papel respectivo do *legislador* e do *juiz* em alguns grandes autores, como as principais diferenças entre os "antigos" e os "modernos" se referem ao modo como eles pensam as relações entre o *direito* e a *política*, antes de propormos, como conclusão, algumas reflexões sobre as tensões que permeiam o pensamento moderno.

O justo, a lei, o direito na filosofia antiga

Em vez de propor de saída uma unidade da filosofia "antiga" em sua compreensão do direito, por certo o melhor é partir do nascimento da filosofia *política*, que pode ser considerado coincidente com a reorientação "socrática" da filosofia para o estudo das questões humanas, sendo também inseparável da crise e do declínio do modelo da "pólis", após a guerra do Peloponeso. Conforme recorda Leo Strauss (Strauss, 1954, pp. 136-8), o interesse de Sócrates pelos assuntos humanos é inseparável de uma interrogação sobre o "Todo", no qual eles se situam, e seu ensino decorre, assim, da descoberta anterior da filosofia, que substituíra a autoridade das "convenções", que são os costumes e as leis (*nómoi*), pela autoridade da "natureza" (*phýsis*). Nesse quadro geral, a filosofia política será, primeiramente, uma investigação sobre a *justiça*, baseada na compreensão da natureza do homem, e seu primeiro objetivo será elucidar as relações entre o "justo" por natureza e o justo "legal"; nesse sentido, não lhe falta certa pretensão "normativa", que a leva a erigir-se como juiz da "positividade" em nome de um "padrão" – a "natureza" –, que ela mesma define e que não se confunde com as tradições religiosas ou com a consciência moral (Sócrates não é Antígono). Seria grande erro, porém, reduzir a contribuição da filosofia antiga à descoberta de uma ideia do "direito natural", que sempre seria possível opor ao "positivismo" ou ao "relativismo" dos modernos; por um lado, de fato, o "justo por natureza" dos grandes filósofos "socráticos", que são Platão e Aristóteles, não se confunde com a "lei natural" dos estoicos e dos cristãos, e, por outro, a reflexão desses pensadores sobre a justiça e o direito é infinitamente mais rica do que deixa supor a simples oposição entre "direito natural" e "direito positivo". Sobre a questão clássica das relações entre a "natureza" e a "lei", Platão e Aristóteles defendem uma posição em parte idêntica: a "natureza" é o padrão que permite julgar se as leis são justas, mas a lei também tem uma função positiva, que é a de ajudar a natureza a realizar seus fins, guiando os cidadãos para o caminho que leva ao mesmo tempo à virtude e à felicidade. A filosofia política dos "socráticos", portanto, mantém uma relação que se poderia dizer ambivalente com a lei: a lei só vale plenamente se estiver de acordo com a "natureza", mas ela também é indispensável à realização da justiça, que é indissoluvelmente um caráter da pólis e uma *virtude* do indivíduo; por esse motivo, de modo geral, um regime legal será quase sempre preferível a um regime no qual as leis não existam ou não sejam respeitadas. Mas, entre Platão e Aristóteles, também há diferenças evidentes, em virtude das quais esses dois autores acabam por dar origem a duas tradições contrárias (ainda que ambas possam prevalecer-se da autoridade dos "antigos"): em Platão encontram-se os elementos de uma concepção alternadamente *régia* e *legalista* da autoridade política (que exerceria muita influência sobre os pensadores cristãos), ao passo que a reflexão de Aristóteles abre, ao contrário, caminho para certa autonomia do direito, claramente distinto da lei (e da moral). O pensamento de Platão sobre a lei associa três temas distintos, cada um dos quais está no fulcro dos três maiores diálogos "políticos": *A República* mostra os limites da autoridade da lei em relação à autoridade da *natureza*; *O político* desenvolve uma crítica geral da inevitável imperfeição das leis; e *As leis* mostram os benefícios de um regime no qual o objetivo da lei é realmente guiar os homens para a vida boa.

De certo modo, *A República* pode ser vista como uma crítica à "ortodoxia" tradicional dos gregos, que viam no poder da lei o caráter distintivo de sua organização política e o fundamento de sua superioridade sobre os bárbaros. Platão de fato não é hostil à lei, que é indispensável ao estabelecimento da justiça, mas tende a relativizar sua autoridade, vendo a Justiça na cidade como equivalente "em tamanho grande" da Justiça na Alma, na qual a parte superior (a "razão") deve comandar o *thymós* e o desejo: a obediência às leis não pode ser o critério da justiça, pois a virtude de justiça é certa disposição interior da alma, e não uma maneira de se comportar com outrem, e a justiça na pólis provém da natureza dos governantes, mais do que da maneira como eles exercem a autoridade.

O político aprofunda essa crítica da lei a partir de uma teoria da "Arte régia", segundo a qual o verdadeiro político, *se existir*, só pode estar acima das leis. A ideia central, aqui, é a da *imperfeição essencial* da lei, que provém de sua incapacidade de adaptar-se à diversidade das circunstâncias singulares; a lei por certo desempenha funções importantes na cidade, mas o verdadeiro "Político" não pode ficar amarrado a seus mandamentos, assim como o verdadeiro médico não é atado por suas prescrições anteriores ou por uma coleção de preceitos e prescrições. O melhor regime seria, pois, aquele no qual reinasse um homem "régio", que não seria apenas *legislador*, mas que tivesse também, a cada instante, o poder de mudar a lei e mesmo de derrogá-la, baseado em seu saber das coisas singulares (*O político*, 294*e*-297*b*). Mas essa crítica da lei não é a última palavra do *Político*, que, ao lado do regime perfeito que seria o reino do "homem régio", propõe uma classificação dos regimes políticos imperfeitos, em que o critério da *legalidade* distingue finalmente os regimes justos (realeza, aristocracia) de sua forma corrompida (tirania, oligarquia), estando a democracia, por sua vez, sempre próxima da corrupção, devido à fraca autoridade das leis. Assim, Platão chega a defender uma concepção rigorosamente "legalista" da ordem política, exatamente quando parecia preconizar a ideia do governo absoluto, e mesmo arbitrário, de um príncipe esclarecido (*O político* também pode ser lido como uma defesa paradoxal da democracia, que é certamente o pior dos regimes legítimos, pois nela a lei é fraca, mas também é o melhor do regimes corrompidos). A pólis das *Leis* é, como se sabe, bem diferente da pólis da *República*: vive sob um regime moderado ou misto, que combina traços "aristocráticos" e "democráticos" muitas vezes tomados de empréstimo às diversas cidades gregas. Nela as leis exercem um império constante sobre a vida dos homens, e sua função essencial é guiar os homens para a vida boa, desempenhando o papel de substituto da razão para os espíritos fracos, ao mesmo tempo que esclarece aqueles que podem sê-lo em seus preâmbulos. A lei, portanto, não é apenas um *mandamento*, pois sua autoridade repousa sobre sua racionalidade intrínseca, mas nem por isso é fruto da vontade dos cidadãos que, de alguma maneira, são seus *súditos*: se o legislador deve explicar as razões das leis aos cidadãos, isso deve ser feito do mesmo modo como um médico explica ao homem livre (mas não ao escravo) o tratamento que lhe prescreveu, sem que seu paciente possa objetar-lhe.

A filosofia de Platão, portanto, apresenta-nos uma teoria da justiça e uma doutrina da lei que fixam com bastante rigor os limites de sua reflexão sobre o direito. Nesse aspecto, pode-se adotar a visão de Michel Villey, para quem Platão tende a reduzir *direito* a *lei*, tomada em sua função educativa (Villey, 1975, p. 26). Em todo caso, isso é particularmente verdadeiro no *Político*, em que, de maneira significativa, a crítica da imperfeição essencial da lei não acarreta nenhuma extensão do poder dos juízes e coincide, ao contrário, com uma desvalorização indubitável da arte judiciária (a *dikastiké*): a função dos juízes só tem sentido nas constituições imperfeitas, em que o poder da lei não deve sofrer exceção nem entrave, e a arte judiciária só pode ser uma arte de *aplicação*, que nunca deve "transgredir a prescrição dos legisladores" (*O político*, 350*c*). A situação sem dúvida é mais complexa nas *Leis*, onde, como magistrado, o juiz dispõe de certo poder *governamental*, ao mesmo tempo que desempenha um papel propriamente *judiciário* quando, num *processo*, restabelece a justiça por ocasião de um litígio; no entanto, caberia a Aristóteles distinguir com mais clareza direito e moral, bem como repensar as relações entre o *direito* e a *lei*.

A doutrina de Aristóteles sobre "*díkaion*", que pode ser traduzido ao mesmo tempo como "justo" e como "direito", é inseparável de sua filosofia política, que, por sua vez, se baseia numa crítica geral do pensamento de Platão. Nos dois autores, a lei tem por função ajudar os homens a tornar-se virtuosos e felizes, e a legislação é uma arte que, como tal, imita a natureza; mas a "natureza" de Aristóteles não é exatamente a de Platão, o que não deixa de ter consequências para a ordem política. Para o filósofo de *O político* e *As leis*, a "natureza" confunde-se com a *arte divina* que introduz ordem na matéria valendo-se da necessidade mecânica, mas sobretudo imitando um modelo racional e inteligível que transcende o mundo pseudonatural dos físicos e dos poetas; da mesma maneira, os verdadeiros políticos, se quiserem imitar a natureza, só poderão fazê-lo tentando imprimir no mundo humano uma ordem cujo modelo é exterior ao mundo dado, sabendo também aproveitar-se das paixões e das necessidades humanas (que aqui desempenham papel de *analogon* do mecanismo). É essa concepção da natureza que subjaz à preferência *teórica* de Platão pela monarquia absoluta do "homem régio" e, em *O político*, o leva a equiparar a autoridade política à autoridade do *Rei*, sem distinguir esta da autoridade do senhor ou do chefe de família, a não ser pela extensão maior ou menor do domínio sobre o qual ela se exerce. A teologia e a "física" de Aristóteles se opõem aqui radicalmente às de Platão, e é o que lhe permite desenvolver uma doutrina totalmente diferente sobre a autoridade política. Em Aristóteles, o mundo natural "sublunar" certamente continua a ser pensado em referência ao *cosmo* cuja ordem tem causa em Deus, mas o fato principal reside na *cisão* que separa o mundo celeste (cujos movimentos são de uma necessidade e de uma regularidade que dão indícios do divino) do mundo "sublunar" – *nosso* mundo –, permeado pela contingência, que não é fruto de uma "arte" divina e sobre o qual nenhuma Providência vigia. Nesse quadro, a tarefa dos homens que procuram superar a cisão que separa a natureza de si mesma não será imitar a arte divina, mas "utilizar a contingência contra ela mesma para regularizá-la", a fim de "fazer que a natureza, apesar de sua contingência, imite a ordem que reina no céu" (Aubenque, 1962, pp. 498-9). A primeira consequência dessa inversão é levar a concepções políticas muito mais próximas da tradição dominante entre os gregos; *Política* começa, portanto, com uma análise que contradiz rigorosamente as teses de Platão: Aristóteles recusa sua comparação entre família e cidade, o que lhe permite distinguir rigorosamente o poder "político", exercido sobre homens livres e iguais, do poder do chefe de família, que está próximo do poder régio (*Política*, I, 1, 7). Além disso, a crítica ao platonismo se traduz por uma redefinição geral das tarefas da filosofia, que passa pela redescoberta da dimensão do "provável" e tem consequências consideráveis para a teoria do direito.

A concepção aristotélica de "direito" (ou do "justo", *díkaion*) é desenvolvida no livro V de *Ética nicomaqueia*, no âmbito de uma reflexão geral sobre a *virtude de justiça* (*dikaiosuné*). Aristóteles define-a como uma disposição que "torna os homens aptos a realizar as ações justas e os faz agir com justiça e querer as ações justas"; nesse sentido, justiça confunde-se com virtude *em nossas relações com outrem*: a justiça "total" é, poder-se-ia dizer, a própria virtude "moral", tomada em seu modo de existência *política* (que, de resto, é o mais conforme à essência do homem, "animal político"). Mas também cabe distinguir, no próprio cerne dessa virtude, uma justiça "particular", que é uma *parte* da justiça total e está ligada mais particularmente às *trocas* e à *repartição* dos bens na pólis: é no exame dessa virtude particular que se encontrarão os elementos de uma reflexão nova sobre o direito. A justiça particular compreende duas partes ou espécies: a justiça *distributiva* refere-se à repartição dos bens e dos cargos honrosos na pólis, enquanto a justiça *corretiva* visa simplesmente à realização da "retidão nas transações privadas". A justiça distributiva é relativa à constituição da pólis, e seu princípio é o da igualdade *proporcional*: os bens e as honras não devem ser repartidos de maneira rigorosamente igualitária, mas em função de dois critérios complementares: a necessidade e o mérito; nesse sentido, o justo é dar a cada um segundo sua contribuição para a pólis, o que supõe que o critério último depende da *constituição* ou do *regime* desta: a justiça distributiva não obedecerá às mesmas proporções numa cidade igualitária como Atenas e numa cidade aristocrática. A justiça particular corretiva, por sua vez, tem objeto mais limitado, que é precisamente o do direito propriamente dito: ela tem apenas o objetivo de restabelecer a igualdade quando esta tiver sido desfeita durante uma troca ou na ocorrência de dano, que é o papel próprio ao juiz nos processos nos quais ele intervém como terceiro entre as partes em conflito (*Ética nicomaqueia*, V, 7). Aristóteles é, assim, levado a reconhecer a especificidade do direito, ao distingui-lo claramente da moral, mas também ao ressaltar as condições *políticas* nas quais ele pode ser buscado ou protegido. De um lado, o direito como tal é indiferente aos "méritos" ou à posição social dos cidadãos submetidos à justiça, sempre que se tratar de regrar as transações privadas ou de reparar danos, e seu objetivo próprio *não* é guiar os homens para a realização da natureza destes, favorecendo a aprendizagem das *condutas justas*; há, assim, uma diferença de natureza entre a "lei" e o "direito", em virtude da qual, por um lado, o juiz tem certa autonomia em relação à lei, e, de outro, o sentido propriamente *jurídico* desta (proteger a igualdade) se distingue de sua função *ético-política* (trabalhar para a felicidade dos homens ensinando-lhes a virtude). Por outro lado, porém, o direito só existe numa cidade *específica* cujo regime ou cuja constituição *já* regraram a questão essencial dos critérios de distribuição dos bens, das honras e dos cargos, que, portanto, decorrem da natureza *política* da cidade, e não do direito propriamente dito; aliás, é por isso que a doutrina de Aristóteles, que reconhece a especificidade da função do juiz (*dikastés*), fixa também limites rigorosos para seu poder: o direito oriundo da lei é em geral superior àquele que nasce dos julgamentos particulares (*Retórica*, I, 1), e o lugar dos tribunais depende da "constituição" da cidade e do modo de escolha dos juízes, cuja competência será mais reduzida quanto mais democrático for seu recrutamento (*Política*, IV, 16). O alcance das teses de Aristóteles aparece de maneira especialmente clara em sua sutil análise da equidade (*epieíkeia*), justiça que parece mais que justiça porque ultrapassa a lei escrita e faz que o juiz nem sempre possa limitar-se ao justo legal. Essa análise, evidentemente, deve muito às críticas que Platão fazia à lei em *O político*, mas redunda em conclusões estritamente inversas às dele: enquanto o "Político" platônico podia, a cada instante, modificar leis de que era autor, o "equitativo" aristotélico é simplesmente convidado a suprir as insuficiências da lei, guiando-se por ela e procurando descobrir "o que o legislador teria dito, se estivesse presente". A crítica às imperfeições da lei já não redunda na apologia à realeza supralegal, mas, ao contrário, na ideia de que os próprios regimes *legais* devem às vezes, no próprio interesse da lei, autorizar os magistrados a afastar-se da letra da lei para melhor realizar os objetivos do legislador. Platão e Aristóteles, portanto, traçam para a filosofia do direito duas vias cujos equivalentes poderiam ser facilmente encontrados em toda a história ulterior do pensamento jurídico. Têm em comum, porém, duas teses fundamentais, que os levam a atribuir ao *direito* apenas uma posição subordinada: pensam a questão do direito através da questão da *justiça*, e a posição relativa ocupada pelas diversas "fontes" do direito (o príncipe, a lei, o juiz) só têm sentido para eles no âmbito de uma "constituição" cujos princípios fundamentais são *políticos*, e não *jurídicos*. Seja qual for a amplitude das mudanças que depois vieram a afetar a visão "antiga" do direito, desde o nascimento do mundo helenístico até a formação do império romano, pode-se considerar que, desse ponto de vista, há certa unidade nos "antigos": quer privilegiem a universalidade da "lei natural", como os estoicos, quer, ao contrário, enfatizem a utilidade particular buscada pelos grupos humanos quando adotam leis convencionais, como Epicuro, os antigos em geral pensam o direito a partir da política, ao passo que os modernos tenderão na maioria das vezes a pôr a filosofia política na dependência da filosofia do direito.

Direito e política no pensamento moderno

O pensamento jurídico dos "modernos" à primeira vista não apresenta mais unidade do que o dos "antigos"; o Estado soberano a agir pela promoção de uma legislação racional é figura moderna, mas a do liberalismo, que supõe a *limitação* dos poderes do Estado e a promoção de uma justiça "independente", também o é; ademais, no que se refere à filosofia do direito, o "direito natural" implicado nas teorias dos "direitos do homem" é tão "moderno" quanto o positivismo jurídico. Contudo, não é impossível depreender algumas características comuns às diferentes doutrinas nas quais se respaldou a "modernidade jurídica", se pelo menos concordarmos em considerar que, aqui como alhures, o *começo* é de algum modo exemplar. Nas origens do pensamento político moderno, encontraremos dois temas mais complementares que opostos, ambos tendentes a conferir ao *direito* uma nova importância. Esquematicamente, pode-se considerar que a modernidade jurídica nasce do encontro entre, de um lado, a emergência da figura do *Estado*, que se traduz especialmente pela invenção do conceito de *soberania*, e, de outro, a afirmação da prioridade, ontológica ou metodológica, dos "direitos subjetivos" no âmbito do conjunto daquilo que se chama de "direito". Ora, essas duas figuras têm em comum a pressuposição da preeminência "política" do jurídico, que era estranha às concepções anteriores. O Estado moderno e a soberania nascem da instabilidade da ordem medieval, marcada pelo conflito entre o papa e o imperador e pelas rivalidades entre as diversas autoridades habilitadas a produzir "direito" na cristandade, e fundam sua autoridade no reconhecimento "formal" de sua competência sobre dado território, que não deixa de ter relação com sua capacidade de mostrar-se *imparciais* nos grandes conflitos que dividiam o mundo medieval; o Estado soberano deverá, sem dúvida, promover o reino da justiça, mas só poderá fazê-lo por ter a "competência da competência", que lhe permite transcender os interesses em conflito. Quanto aos "direitos subjetivos", cuja ascensão progressiva é atribuída por alguns, como Michel Villey, à emergência de um "nominalismo" ao mesmo tempo cristão na origem e potencialmente favorável ao poder temporal, seu efeito é, sem dúvida, o de enfraquecer a ideia de "ordem jurídica" preexistente ao estabelecimento de um direito *positivo* pelo poder político, mas só o fazem afirmando ao mesmo tempo a prioridade *ontológica* e o valor *jurídico* de "direitos" que não devem nada à existência prévia de uma comunidade política qualquer, ainda que, para serem garantidos, exijam que os homens criem um *poder* superior ao dos indivíduos associados. Assim, seria possível mostrar facilmente que, entre os primeiros pensadores modernos, contemporâneos do Renascimento – como Maquiavel (1469-1527) – ou das guerras de religião – como Jean Bodin (1529-96) –, a promoção da figura do Estado caminha *pari passu* com a crítica da tradição clássica e com a descoberta de uma ideia nova de liberdade, ou mesmo com a invenção dos "direitos do homem"; no entanto, talvez seja mais convincente basearmo-nos aqui em dois exemplos mais tardios, considerados representativos de duas figuras concorrentes: o *absolutismo* clássico (Hobbes) e o *liberalismo* inglês (Locke).

Hobbes é considerado, com razão, o maior crítico da tradição clássica e um dos principais promotores do "positivismo jurídico" moderno. Sua filosofia é construída sobre a negação metódica do conjunto da herança aristotélica, na qual combate tanto o *nominalismo* rigoroso quanto o *artificialismo* político, baseado na rejeição a qualquer ideia de natureza "política" do homem. As teses propriamente jurídicas de Hobbes expressam perfeitamente seu antiaristotelismo básico, marcado ao mesmo tempo pelo sentido que ele dá à lei, pelo seu desprezo pela velha ideia de "prudência" e pelo lugar que atribui ao juiz: Hobbes é um crítico feroz das pretensões dos juízes, cuja autoridade decorre de uma autorização do soberano e cujas pretensões à "prudência" não passam de sofismas destinados a velar sua propensão à usurpação; ademais, a superioridade da *lei*, nele, não provém de sua capacidade de guiar os homens para a virtude ou para a felicidade, mas do fato de que só ela pode organizar a coexistência pacífica entre os homens. Fato é que essa hostilidade à herança do "direito natural" dos antigos (e a suas réplicas cristãs) se enquadra numa filosofia que, no fundo, tende a exaltar o direito, muito mais que a negá-lo. Por um lado, se o estado de natureza, cuja superação deverá ser permitida pela criação do soberano, é um estado de "guerra de todos contra todos", também é a expressão da *prioridade ontológica* dos direitos subjetivos, que se encontram, assim, na raiz da "autorização" conferida ao poder soberano; por outro lado, se o "soberano" é a fonte última de todo direito positivo, único que determina as competências das outras autoridades, isto ocorre também porque ele é o único *terceiro imparcial* capaz de pôr fim à série indefinida de litígios que opõem os homens no estado de natureza. Na doutrina "absolutista" de Hobbes, a natureza do homem é definida por seus "direitos", e o *vínculo jurídico* é o fundamento último do *vínculo político*.

Se nos restringirmos às intenções explícitas do autor, veremos que não há doutrina mais rigorosamente oposta à de Hobbes do que a defendida por Locke nos *Dois tratados sobre o governo civil*, publicados em 1690 para saudar a "Gloriosa Revolução" de 1688, apesar de certamente terem sido redigidos antes dela. Ainda que, para Locke assim como para Hobbes, a criação do poder político se torne necessária devido aos conflitos que dividem o estado de natureza, nele a função do "governo civil" é muito diferente daquela que se encontra em *Leviatã*: o estado de natureza era decerto imperfeito, mas já conhecia certa ordem jurídica, em razão da autoridade da "lei natural", e os homens só o abandonaram para proteger-se da arbitrariedade, o que exclui neles o desejo de transferir para um poder absoluto o poder de ser juiz e parte. A crítica "liberal" ao absolutismo redunda, portanto, no *reforço* da prioridade do direito afirmada por Hobbes: o "estado de natureza" já tinha uma estrutura jurídica antes mesmo do nascimento de uma autoridade política, e a função desta é *proteger* os direitos. Se, por outro lado, Locke parece retomar a teoria tradicional da "lei natural", é porque esta se lhe mostra como o fundamento mais sólido de nossos direitos: a política liberal visa a subordinar a política ao direito (*Law*) para melhor proteger os direitos (*Rights*).

Mesmo considerando que o diálogo entre o absolutismo hobbesiano e o liberalismo lockiano define bem algumas alternativas fundamentais da modernidade, percebe-se que ele não a exprime, evidentemente, por inteiro. Se quisermos entender o que constitui a unidade do pensamento jurídico moderno, precisaremos nos livrar, em primeiro lugar, de algumas representações homogeneizantes demais. Ao contrário do que afirma certa tradição crítica, a "modernidade" não é uniformemente "legicentrista" ou hostil aos poderes do juiz: a crítica ao conservadorismo judiciário é de fato uma tendência forte nos séculos XVII e XVIII, mas a redescoberta progressiva do "Poder Judiciário" obedece a exigências internas do direito moderno (Raynaud, 1998, pp. 313-4). Da mesma maneira, não é possível considerar o "voluntarismo", legislativo ou outro, como um traço permanente do pensamento jurídico moderno: a ideia de que o juiz ou mesmo o legislador apenas "descobre" um direito que ele não criou nunca desapareceu do pensamento moderno e, ao contrário, desempenha papel fundamental tanto no Iluminismo continental (cf. os fisiocratas) quanto na tradição inglesa. Por fim, também não se pode considerar insuperável a alternativa entre a "soberania" de um Estado que só poderia, na melhor das hipóteses, "autolimitar-se" e "direitos subjetivos" que viriam limitá-lo de fora: uma teoria "positivista" como a de Kelsen, que afirma a identidade entre direito e Estado, visa precisamente a superar esse dilema clássico, e não é ilícito pensar que consegue. Em compensação, poderemos apreender melhor a unidade da modernidade se compararmos os grandes autores modernos com os da Antiguidade. O "direito natural antigo", se existir, é muito pobre em regras universais, e baseia-se mais em certa articulação entre a "natureza" e a "lei": o vínculo político é considerado "natural" porque é uma precondição essencial da realização dos fins naturais do homem, e a lei não aparece apenas como o meio de regrar a coexistência entre eles, mas também e sobretudo como a grande educadora que possibilita conduzir os homens (em especial os ignorantes) à virtude e à felicidade. Ora, é precisamente nesses dois pontos que os "modernos" se distinguem com nitidez dos "antigos". A relação entre natureza e lei não pode ser a mesma quando a "natureza" é compreendida sem referência à finalidade (Hobbes) ou quando é sobretudo portadora de "direitos" (Locke), ou mesmo quando o que define o homem é precisamente sua "perfectibilidade" e sua capacidade de não se deixar encerrar numa "natureza" preexistente (Rousseau, Fichte); o lento, porém inevitável, declínio da ideia clássica da lei como instrumento da vida boa em proveito das concepções "utilitaristas" (a maior felicidade do maior número) ou "kantianas" (a proteção da dignidade humana) está, de alguma maneira, inscrito nos postulados iniciais da "modernidade" jurídica. De modo mais geral, poder-se-ia dizer que o ponto de partida da experiência moderna está num *ceticismo sobre os fins do homem* que, como bem viu Kelsen, está na raiz tanto do positivismo jurídico quanto da democracia, mas que também pode ser contrabalançado por um *dogmatismo dos direitos*. Sem dúvida, é também por essa razão que, paralelamente à exaltação do "direito", que possibilitou suas realizações mais notáveis, a "modernidade" assistiu e ainda assiste à constituição de correntes radicalmente "antijurídicas", baseadas na invocação da história, da "decisão" ou da "diferença".

› FERRY L., *Philosophie politique*, I, *La nouvelle querelle des Anciens et des Modernes*, Paris, PUF, 1984. – GOLDSHMIDT V., *La Doctrine d'Épicure et le droit*, Paris, J. Vrin, 1977. – KELSEN H., *Théorie pure du droit*, trad., Dalloz, 1962; *La Démocratie; sa nature, sa valeur*, reed., Paris, Economica, 1988. – RAYNAUD Ph., "Anciens et Modernes", "Juge", "Nature et histoire", *in* Ph. Raynaud & S. Rials (org.), *Dictionnaire de philosophie politique*, 2ª. ed., Paris, PUF, 1998; "L'équité dans la philosophie politique", *in* Th. *Lambert et al.*, *Égalité et équité. Antagonisme ou complémentarité*, Paris, Economica, 1999. – RENAUT A. & SOSOE L., *Philosophie du droit*, Paris, PUF, 1992. – STRAUSS L., *Droit naturel et histoire* (1953), trad., Paris, Plon, 1954. – VILLEY M., *La Formation de la pensée juridique moderne*, Paris, Monchrestien, 1975; *Philosophie du droit*, 2 vol., 2ª. ed., Paris, Dalloz, 1978-79.

Philippe RAYNAUD

→ Argumentação e retórica jurídica; Direito subjetivo; Escola do direito natural moderno e racionalismo jurídico (Sécs. XVII e XVIII); Escolástica (Segunda); Escolástica jurídica; Lei; Lei das XII Tábuas.

ANTINOMIAS

Fala-se de antinomia quando premissas aceitáveis conduzem o raciocínio a conclusões aparentemente inaceitáveis. As premissas de tal raciocínio podem decorrer de uma teoria, mas também de qualquer outro conjunto de enunciados, como por exemplo enunciados prescritivos formuladores das normas. Por conseguinte, será preciso distinguir as antinomias "explicativas" ou "teóricas" das antinomias "normativas". "Antinomia" e "paradoxo" às vezes são utilizados com sentido equivalente. A diferença, que não importa neste contexto, consiste em que o paradoxo apresenta, com mais facilidade, apenas a aparência de incoerência lógica ou é incoerente apenas em razão de fatos contingentes, ao passo que a antinomia, mais forte, resulta diretamente das premissas em questão.

As antinomias explicativas põem à mostra as dificuldades de construção de uma teoria, pois evidenciam que certos elementos não podem ser concebidos em seu âmbito sem que seja possível derivar uma contradição. Um ramo crescente da pesquisa em lógica formal e em fundamento da matemática tenta formular um quadro de conjunto que possibilite melhor compreensão de sua estrutura geral.

O caso do barbeiro que barbeia todos aqueles que não se barbeiam constitui uma ilustração relativamente simples: por quem ele mesmo é barbeado? Ele não pode barbear-se, porque só barbeia quem não se barbeia, mas, se não se barbear, fará parte justamente do grupo que é chamado a barbear. Sempre se pode dizer que um tal barbeiro simplesmente não existe, mas em outros casos não será tão fácil sair da enrascada. Há duas antinomias especialmente interessantes para os juristas. A primeira é a chamada antinomia do mentiroso. Existe em grande número de variantes, as mais antigas atribuídas a Eubulides de Mileto. Consideremos os enunciados abaixo:

1) Este enunciado é falso. ou
2) O enunciado seguinte é verdadeiro.
3) O enunciado anterior é falso.

Vê-se logo que, se o enunciado 1 for verdadeiro, será falso, e, se for falso, será verdadeiro; em outros termos, será falso se e apenas se for verdadeiro. A menos que se negue que tal enunciado tem sentido ou que é gramaticalmente correto, nada impede a formação de tais fenômenos na linguagem corrente, seja qual for a tecnicidade dessa linguagem. Foi desenvolvido grande número de estratégias para prevenir seu aparecimento ou torná-los inofensivos. Umas consistem em restrições específicas quanto às regras de formação de enunciados nas linguagens formalizadas; outras procuram mostrar que o enunciado é simplesmente inoperante na prática; outras, ainda, propõem uma revisão dos próprios fundamentos da lógica formal, mas nenhuma solução parece impor-se sem ressalvas. Isso mostra que, se não forem tomadas precauções especiais, a linguagem corrente será vulnerável à antinomia. Ora, quando aparece, a antinomia torna qualquer raciocínio inoperante, a menos que, como fazem os partidários de lógicas alternativas, paraconsistentes, se renuncie à lei lógica segundo a qual de qualquer enunciado falso se pode deduzir qualquer coisa. A segunda antinomia diz respeito à vagueza. Desde a Antiguidade ele tem o nome de "sorites": um grão de areia não faz um monte (*soros*). Se um grão não faz um monte, então 1 + 1 tampouco faz. Se… $n + 1$ grãos não fazem um monte, então $(n + 1) + 1$ tampouco o fazem etc.; logo, não há monte (ou o inverso). Esse paradoxo também é muito forte, pois impede de raciocinar de maneira coerente sobre objetos que apresentem casos-limite. Ora, imenso número de objetos do discurso jurídico se enquadra nessa categoria. Uma das principais questões da filosofia da linguagem e da lógica consiste, por conseguinte, na eliminação do sorites. Há várias medidas para isso. Umas decorrem, de alguma maneira, da desesperança e afirmam que convém aceitar a conclusão do argumento: não há mesa, não há monte, nem outros objetos vagos, o que choca profundamente nossa intuição. Uma segunda estratégia é de ordem epistêmica e consiste na identificação entre vagueza e ausência de saber, mas também é alvo de fortes objeções, porquanto parece ignorar que o saber pode justamente ter por objeto que F é um predicado vago. Uma medida que parece mais promissora parte da ideia de que nada impede que se construa uma teoria precisa da imprecisão. Essas concepções às vezes são qualificadas de "hiperavaliações": isola-se por delimitação exata a "penumbra" intermediária, distinguindo estritamente os casos aos quais o predicado não se aplica, os casos aos quais ele se aplica e o grupo intermediário para o qual não vale nenhum dos dois. Mas – objetarão os críticos – isso não garante em absoluto que os próprios conceitos graças aos quais se estabelecem essas fronteiras sejam isentos de vagueza. Entra-se então num círculo vicioso em que sempre se encontra vagueza de grau superior. Alguns, enfim, propõem modificar os instrumentos lógicos capazes de caracterizar esse tipo de situação e de raciocinar em relação a ele. Sai-se assim das lógicas bivalentes e entra-se em lógicas de valores múltiplos, atribuindo-se aos enunciados que comportam predicados vagos valores de verdade intermediários (por exemplo, "meio verdadeiro"). A antinomia evidentemente não afeta as decisões efetivamente postas em prática, mas põe em xeque a validade do raciocínio que a elas subjaz. Os casos-limite sempre apresentam problemas particulares, e a discussão referente ao sorites mostra até que ponto é difícil resolvê-los de maneira definitivamente satisfatória. Contudo, seria de todo inadmissível extrair daí uma conclusão cética e afirmar que todas as decisões são equivalentes. Mesmo na ausência de uma solução definitivamente admitida, convirá tornar sempre o mais explícitos possível os pressupostos de uma decisão e apresentar o argumento mais desenvolvido, para sua justificação. Inversamente, o fato de um argumento ser desenvolvido e parecer convincente não constitui prova de sua validade.

Afora as antinomias que afetam o raciocínio jurídico por designarem as inferências produzidas na linguagem comum, existem antinomias associadas mais especificamente com o mundo do direito. Dizem respeito à relação entre as normas de um sistema ou ao raciocínio referente a essas normas. O primeiro tipo de problema é conhecido desde a Antiguidade e é frequentemente tratado com a qualificação de "conflito": duas ou várias normas impõem obrigações que é impossível satisfazer simultaneamente. Tais situações às vezes são vistas como autorreguladoras, de tal modo que uma das normas prevalece sobre as outras. Assim, diz-se que a lei posterior prevalece sobre a lei anterior (*lex posterior derogat priori*) ou que a lei especial prevalece sobre a lei geral (*lex specialis derogat generali*). Na verdade, trata-se de metarregras que nada têm de estritamente lógico e nada de intrinsecamente razoável, a não ser o fato de que é razoável um legislador evitar situações antinômicas. Mas também seria perfeitamente possível que a regra mais antiga prevalecesse sobre a mais recente, ou que a norma mais geral descartasse a aplicação da que tivesse um alcance mais específico. Mas, para isso, seria preciso que se tratasse de regras de direito positivo, e não simplesmente de máximas às quais certos juristas gostariam de atribuir essa qualidade, que na verdade lhes falta. De fato, é perfeitamente possível que uma ordem jurídica não contenha nenhuma regra de solução de conflito, e, nesse caso, a antinomia persiste. Vistas assim, as antinomias internormativas aparecem em caso de ausência de normas que confiram uma vantagem de aplicação ou de validade a uma delas. Ora, toda ordem jurídica compreende uma estruturação mais ou menos articulada da prevalência entre normas. Esse fenômeno é um aspecto daquilo que às vezes se chama "hierarquia das normas": as normas de um sistema determinam a produção e a destruição de novas normas. Pode ocorrer então – e ocorre com frequência – que uma norma N2, criada para aplicação de outra norma N1, tenha um conteúdo que contradiga N1. N2 prevalece sobre N1 porque foi regularmente produzida, e seu domínio é mais concreto, apesar de se situar num grau aparentemente inferior. No entanto, também poderia ocorrer – e muitas vezes ocorre – que N1 preveja, justamente, que N2 não pode prevalecer, que pode ser modificada ou que deve ser anulada. Observa-se problema semelhante nas "relações entre sistemas", que não passam de variante de relações hierárquicas em que certas normas, pertencentes ao sistema S1, referem-se a outro sistema S2, considerado em sua globalidade, ou então diretamente aos destinatários de S2, como por exemplo o direito interno (ou uma ordem federada) e o direito internacional (ou o direito comunitário ou uma ordem federal): se a ordem inferior (por exemplo, o "Estado") dispuser de forte autonomia em relação à ordem superior, esta terá poucos meios de impor suas próprias normas, e será mais fácil a ocorrência de antinomias. Estas só poderão ser reduzidas se as próprias normas de prevalência estiverem livres de antinomias. E nunca poderão ser inteiramente evitadas, pois o único meio consiste na introdução de medidas de controle, e as decisões tomadas em decorrência de um controle sempre poderão estar em contradição com as exigências que concernem a elas.

O aparecimento de antinomias internormativas sempre preocupou a teoria do direito. Mas já se mostrou que a própria lógica das normas está exposta a elas. Considera-se que as tautologias da lógica proposicional também são válidas em lógica deôntica. Dado que toda proposição implica sua própria disjunção de qualquer outra proposição $p \rightarrow (p \wedge q)$ < Se *p* então (*p* ou *q*) > ("ou" não exclusivo) chega-se assim ao resultado de que $Op \rightarrow O\ (p \vee q)$ < Se é obrigatório que *p*, então é obrigatório que (*p* ou *q*). Seja p = mandar uma carta e q = queimar essa carta. Isso daria: se é obrigatório mandar uma carta, então é obrigatório mandá-la ou queimá-la. Trata-se do famoso "paradoxo de Ross", que o jurista dinamarquês Alf Ross utiliza para mostrar que uma lógica das normas é impossível. O "dilema de Jørgensen" já articulara essas dúvidas. Baseando-se no dualismo do ser e do dever-ser, Jørgensen mostrara que uma lógica das normas é incompatível com o fato de que as normas não são passíveis de ser verdadeiras ou falsas. Em 1961, porém, Kelsen ainda defendia que a ordem jurídica é logicamente coerente porque normas contraditórias seriam desprovidas de sentido. Essa concepção hoje parece ter sido amplamente abandonada. Kelsen insistiria mais tarde no fato de que a validade de uma norma em dado sistema não decorre de uma operação lógica, mas do ato que a dita. Georg Henrik von Wright sistematizou essa concepção, que se impôs amplamente, ainda que continuasse sujeita a importantes críticas. Sua solução é a seguinte: a) a lógica não determina o ordenamento jurídico, e daí decorre que as normas de um sistema podem ter qualquer conteúdo, mesmo o mais esquisito; b) a lógica não possibilita deduzir novas normas, mas é aplicável por possibilitar formalizar a expressão. Ora, se duas ou várias normas prescrevem ações que não são simultaneamente realizáveis, então se trata de uma "inconsistência normativa". A lógica não possibilita evitar, mas identificar tais situações. Caberá então ao jurislator extrair as consequências. É assim que convém resolver o paradoxo de Ross: só será válido se não existir outra norma que proíba a destruição da carta. É também dessa maneira que se pode, de modo mais geral, dirimir a questão das antinomias *em direito*: se distinguirmos as antinomias explicativas (pertinentes ao raciocínio jurídico) das antinomias normativas (internas a um sistema de normas), então as primeiras serão verdadeiras antinomias e marcarão um defeito de raciocínio ou um defeito de construção na teoria do raciocínio, mas não serão específicas do direito, pois se trata justamente da aplicação do raciocínio a certo domínio. Em compensação, as ordens normativas não contêm, propriamente, antinomias porque não são teorias ou raciocínios, mas conjuntos de obrigações, permissões e proibições, e porque essas normas não são derivadas das outras por operações lógicas, mas por atos de produção. Tais sistemas podem conter elementos incoerentes, no sentido de que duas ou várias normas prescrevem comportamentos irrealizáveis simultaneamente. Nesse caso, trata-se de uma produção normativa irracional, e a análise dessa situação por meio do raciocínio nada tem de antinômico. Evidentemente, poderia ocorrer que o raciocínio *moral* segundo o qual é preciso adotar essas diferentes normas tenha sido antinômico. De fato, é muito possível que as premissas desses argumentos tenham sido perfeitamente plausíveis, mas que o resultado conjunto redunde em incoerências. Tratar-se-ia então de uma antinomia explicativa em teoria moral. Mas também é viável que essas normas tenham sido introduzidas no sistema sem nenhuma reflexão moral desenvolvida e, de qualquer maneira, isso não muda o caráter coerente ou incoerente do próprio sistema normativo.

Pode-se então perguntar se certas normas jurídicas apresentam, como tais, caráter antinômico, no sentido de que sua realização seria impossível. Exemplo frequentemente discutido é o das disposições "autorreferenciais", como por exemplo a proibição de revisar certos elementos da Constituição, contida numa disposição dessa mesma Constituição (por exemplo: na França, o artigo 89, parágrafo 5º da Constituição; ou na Alemanha, o artigo 79, parágrafo 3º da Lei Fundamental). Tal norma parece levar-nos para um círculo vicioso: bastaria revisar a proibição de revisar, para depois revisar o conteúdo material desses artigos, de tal modo que, se o constituinte tivesse desejado realmente proibir a revisão, deveria ter proibido de revisar a proibição de revisão. Mas, então, bastaria revisar a proibição de revisar a proibição de revisar, de tal modo que, se o constituinte tivesse realmente desejado proibir a revisão, deveria ter... etc., ao infinito. Encontra-se estrutura comparável toda vez que se procure saber se uma competência ilimitada pode limitar-se: por exemplo, se um Estado pode "renunciar" à sua soberania. Argumento mais geral e referente a toda forma de autorreferencialidade foi desenvolvido por Alf Ross: se uma regra se refere à sua própria modificação, uma regra resultante de tal modificação deveria ter como razão de validade uma norma que lhe seja superior, mas então ela se situaria acima de sua própria fonte de validade, ou então a regra modificada sobreviveria à sua modificação quando, justamente, acaba de desaparecer, e ambos os casos são impossíveis. Tais disposições, por conseguinte, não teriam sentido algum. A problemática levantada aqui é a seguinte: se é impossível formular um objetivo normativo (é proibido revisar) sem que daí resulte uma antinomia, isso não mostraria que tal objetivo é simplesmente impossível? Formulada de maneira tão geral, o que ocorre é exatamente isso. A questão, portanto, é saber se, efetivamente, os casos acima não podem ser formulados sem antinomia. Ora, uma antinomia em contexto prescritivo não segue as mesmas regras de uma antinomia em contexto descritivo, pois a lógica não lhe é diretamente aplicável, e o único limite é o da impossibilidade e da necessidade. Estabelecer uma delimitação entre antinomia e não antinomia depende, assim, segundo os contextos, da aptidão para formular de maneira satisfatória nossas intuições bem consideradas, relativas a cada um dos domínios. Poderíamos dizer, então, que nada impede conceber que queiramos (sem impossibilidade) proibir a produção de certas normas constitucionais ou, ao contrário, autorizá-la, e que, nesse caso, é o desenvolvimento de uma antinomia que denota mais uma fraqueza da teoria do que o caráter intrinsecamente antinômico da fórmula em questão. Se fosse possível escapar à proibição não com a revisão do conteúdo proscrito, mas com a revisão da própria proibição, esta seria desprovida de sentido. E em que seria desprovida de sentido? A dificuldade, por conseguinte, foi afastada em um só grau, pois sempre poderão ser opostas novas dificuldades, às quais se responderá com novas diferenciações. As antinomias normativas continuam, assim, constituindo um dos mais interessantes e intrigantes campos de pesquisa.

› Hart H. L. A., "Self-Relerring Laws", in *Festskrift Tillägnad Karl Olivecrona*, Estocolmo, Kunglia Boktryckeriet, PA Norstedt & Söner, 1964, p. 307; repr. in *Essays in Jurisprudence and Philosophy*, Oxford Univ. Press, p. 170. – Rescher N., *Paradoxes: Their Roots, Range, and Resolution*, Open Court Publishing Company, 2001. – Rouilhan Ph. de, *Russell et le cercle des paradoxes*, Paris, PUF, 1996. – Ross A., "On Self-Reference and a Puzzle of Constitutional Law", *Mind*, 78, 1969, p. 1. – Sainsbury R. M., *Paradoxes*, Cambridge Univ. Press, 1995. – Suber P., *The Paradox of Self-Amendment: A Study of Law, Logic, Omnipotence, and Change*, Peter Lang Publishing, 1990. – Wright G. H. von, "Is There a Logic of Norms?", *Ratio Juris*, 4, 1991, p. 265 (trad. fr. *in* J.-L. Petit (org.), *La Querelle des normes. Hommage à Georg Henrik von Wright, Cahiers de philosophie politique et juridique de l'Université de Caen*, nº 27, 1995, p. 31.

Otto Pfersmann

ANTISSEMITISMO

Definido na maioria das vezes como atitude de hostilidade sistemática aos judeus, o próprio termo antissemitismo parece inapropriado: o adjetivo semita ou semítico só se aplica a línguas – hebraico e árabe – e não a povos ou raças. Empregaremos o termo em seu sentido habitual, apresentando, essencialmente, sua história. A própria palavra ganhou sentido novo desde que apareceu, pois é muito mais recente do que se poderia acreditar: foi só em 1880 que o termo *Antisemitismus* surgiu na Alemanha, pela pena de Wilhelm Mharr e a grande sociologia. Hannah Arendt considera que aí se encontra algo totalmente novo: um racismo antijudaico. Evidentemente, a distinção é capital, mas sem negar a sua importância fundamental, que ressaltaremos adiante, começaremos empregando a palavra em seu sentido clássico, embora aqueles que o praticaram ignorassem que estavam demonstrando antissemitismo.

O antissemitismo clássico

Antiguidade pagã. – Uma disputa entre eminentes historiadores dominou a questão de saber se o antissemitismo era um fenômeno anterior (Mommsen, Renan, Reinach) ao cristianismo ou se apareceu com ele (Jules Isaac, Poliakov, Roger Ikor). Os trabalhos de Sevenster dão mais espaço ao antissemitismo pré-cristão. Hoje, admite-se cada vez mais que a Antiguidade pagã conheceu esse fenômeno: a atitude dos egípcios e a recusa de Moisés a sacrificar de acordo com as prescrições do faraó e o livro de Ester, ainda que apócrifo, não deixam de demonstrar uma hostilidade cujas palavras têm ressonâncias singularmente modernas. Quanto às proibições de casamento entre judeus e estrangeiros, resultam apenas da preocupação de preservar a integridade da fé monoteísta. Por outro lado, a diáspora (διασπορα), ou seja, a dispersão dos judeus pelo mundo inteiro, iniciada já no século VII a.C., prosseguiu de tal maneira, que no início do Império Romano 500 burgos e cidades tinham população judia. Evidentemente, houve atritos, sublevações ou massacres em Alexandria, Antioquia, Cesareia e Damasco, até que a tomada de Jerusalém por Tito (70 d.C.) e o esmagamento da revolta de Bar Kochba (132) pusessem fim à independência judaica até 1948. A literatura pagã contém muitas observações malevolentes a respeito dos judeus, mas há dois temas que nunca são encontrados: o da raça e o da acumulação de riquezas. As censuras que lhes são dirigidas pelos escritores pagãos dizem respeito às práticas religiosas (circuncisão, sabá, abstenção de carne de porco) e sobretudo à concepção monoteísta da divindade, que para eles era o cúmulo da aberração; adoração do céu e das nuvens, da cabeça de asno (onolatria), assassínio ritual, impiedade, ateísmo, insociabilidade, misantropia: são essas as queixas mais correntes. Tácito as resume numa fórmula lapidar: "Entre eles é profano tudo o que entre nós é sagrado; em compensação, entre eles é permitido tudo o que abominamos."

Antiguidade cristã. – Embora os primeiros cristãos tenham sido vistos pelos pagãos como uma seita judaica indiferenciada, a pergunta de Cristo – "Mas para ti quem sou eu?" (*Mt.* 16, 15) – e a resposta de Pedro – "o filho do Deus vivo" – constituíram a linha divisória que rompeu a unidade dos judeus. A sinagoga só podia ver o cristianismo como uma apostasia; a Igreja nova queria diferenciar-se, principalmente porque os pagãos que se convertiam tinham tendência a judaizar-se e a adotar um sincretismo que lhe era inadmissível. Quando Igreja e gentilidade tenderam a coincidir, assistiu-se ao aparecimento de um antijudaísmo religioso seguido da retomada dos temas do antissemitismo pagão. Segundo o antijudaísmo religioso, a morte de Cristo é queixa essencial dos cristãos contra os judeus. É o pano de fundo do antissemitismo popular. No entanto, Paulo, na *Epístola aos Romanos*, faz a apologia do povo judeu e declara que "todo Israel será salvo [...] pois as dádivas e o chamado de Deus não têm retorno". Também existem as palavras de Jesus em João: "A salvação vem dos judeus" (*João*, 4, 22). Por isso, os Pais da Igreja oscilarão entre dois polos, hostilidade e amor. Os judeus nunca serão considerados pagãos; são, segundo a fórmula de Agostinho, "necessários ao povo dos crentes". Povo testemunha, mas povo castigado, essa será sua pouco invejável condição. A retomada dos temas pagãos pelos novos cristãos ocorreu naturalmente. João Crisóstomo copiará do imperador Cláudio o qualificativo de "peste do universo". Algumas acusações pagãs desapareceriam: a onolatria para sempre, o assassínio ritual durante um milênio; além disso, os cristãos tinham, na própria Bíblia, um arsenal inesgotável contra os judeus, incessantemente castigados pelos profetas, para reconduzi-los às vias da salvação. Tudo isso se traduziria em medidas legislativas que se tornavam mais coercitivas à medida que o cristianismo se tornava a religião oficial do Império. No entanto, o judaísmo sempre continuou sendo uma *religio licita*, ainda que certos episódios, como o da destruição da sinagoga de Calinico (388), continuassem sendo significativos de hostilidade.

No início da época franca, houve dois homens de paz: o rei Teodorico (493-526) e o papa Gregório I, o Grande (590-604), demonstrariam um liberalismo notável para a época. Duas situações totalmente diferentes coexistiram no Extremo Ocidente. A Espanha visigótica praticaria uma política de hostilidade marcada em relação aos judeus: entre 587 e 711, durante o reinado de seis reis sucessivos, houve uma alternância de perseguição e relativa tolerância, e é fácil entender que a conquista da Espanha pelos árabes, em 711, foi sentida pelos judeus como uma libertação: era o fim das conversões forçadas. Nos países francos, ao contrário, prevaleceu a flexibilidade; Sidônio Apolinário, bispo de Clermont-Ferrand é um exemplo disso; com os carolíngios, começou – segundo expressão de Jules Isaac – "um tempo de tranquilidade relativa e até de excepcional prosperidade". Mas não demorou para que o céu se toldasse de nuvens [...] oração *pro perfidis judaeis* e colafização da sexta-feira santa etc.).

Das cruzadas à emancipação. Hostilidade religiosa. – Por que ir tão longe para libertar o túmulo de Cristo e combater os muçulmanos, quando se tem os judeus ao alcance? Uma formidável tempestade abateu-se sobre eles. Os bispos e os condes, de maneira geral, esforçaram-se por proteger aqueles infelizes. Em 1096 houve vários milhares de mortos nas cidades de Worms, Mogúncia, Colônia, Trier, Ratisbona e sobretudo Praga. A segunda cruzada (1146) acarreta violências análogas, com menos intensidade: Pedro, o Venerável, incentivava os massacres, enquanto Bernardo de Clairvaux se insurgia contra tais práticas com extrema energia. Em 1320, 120 comunidades judias desapareceram do sudoeste da França. Lendas e calúnias medraram com um sucesso nunca visto: reaparecia o assassínio ritual, ressurreição inesperada de uma calúnia formulada pelos pagãos contra os judeus. Pode ser definido como o assassinato de uma criança cristã por judeus para colher o sangue e misturá-lo ao pão ázimo (*matsoth*) da Páscoa. Norwich, Blois, Pontoise, Valréas são lugares onde os judeus foram martirizados em consequência dessas calúnias. Frederico II Hohenstaufen, na Bula de Ouro de 1236, Inocêncio IV, em 1247 e 1253, Gregório X, numa bula de 1272, faziam justiça a essas alegações, demonstrando seu absurdo intrínseco. Por fim, durante uma investigação feita na Polônia, descobriu-se que assassinos cristãos punham os corpos de suas vítimas em bairros judeus para livrar-se de suspeitas. Esse caso chamaria a atenção do papa Clemente XIV (1756). D'Alès, em 1924, restabeleceu a justiça dessa estranha lenda. Verdadeiro ou falso, um caso de profanação da hóstia em Röttingen, no ano de 1298, provocou cerca de 100 mil mortes. Os judeus foram acusados de envenenar os poços. Em 1348, a peste negra foi imputada aos judeus, embora Clemente XI explicasse em vão que os judeus estavam morrendo de peste tanto quanto os cristãos, e que morriam cristãos em regiões onde nunca houvera judeus. Foram massacrados 3 mil judeus em Estrasburgo. Em 1246, um concílio de Béziers proibira que os cristãos fossem tratados por judeus, proibição repetida nos dois séculos seguintes, mas numerosos papas, do século XII ao XV, tiveram médicos judeus; o imperador Frederico III, Francisco I, Maria de Medici e Luís XIII não hesitaram em lhes confiar saúde e vida. As conversões foram numerosas na Espanha, mas muitos batismos foram forçados ou solicitados apenas por interesse. Assim, surgiu o problema dos marranos: os cristãos formaram dois grupos, o dos *conversos* e o dos velhos cristãos, que podiam provar sua *limpieza de sangre*; com isso, chegava-se a uma concepção quase nova e racial.

Reforma e contrarreforma. – A Reforma teve consequências diversas e contraditórias para os judeus; na França e nos países anglo-saxões, a difusão do calvinismo ensejou melhor compreensão. Foi muito diferente nos países germânicos: depois de um período (1523-42) em que publicou textos que davam mostras de compreensão e amor, Lutero mudou repentinamente de atitude para com os judeus, prodigalizando-lhes insultos, palavrões etc. A razão disso era a raiva que sentia por não ter conseguido convertê-los. O concílio de Trento, por sua vez, afirmava veementemente que o deicídio era resultado dos pecados dos cristãos [...] mas isso não devia provocar grande mudança nas mentalidades. Alguns elementos foram econômicos: tal como todos os povos em diáspora, os judeus sempre foram hábeis comerciantes, mas sua especialização no empréstimo com juros é bem perceptível nos textos cristãos; quando proibia a usura, o direito canônico entendia empréstimo com juros, qualquer que fosse a taxa; como os judeus não podiam possuir imóveis, como sempre era possível a ocorrência de confiscos, eles se especializaram na prática da usura, de transações bancárias e em ofícios cujos bens não fossem pesados nem volumosos (joalheria, ourivesaria, peleteria etc.), pois, sempre expostos à ameaça de uma eventual expulsão, o que importava era poder fazer as malas o mais depressa possível.

A condição inferior dos judeus. – A *rodela*, peça de tecido amarelo de origem muçulmana, foi inovada pelo IV Concílio de Latrão de 1215; não tinha tanto um caráter de infâmia (ver cinto dourado das prostitutas, barrete verde do devedor insolvente etc.), mas facilitava a identificação. A sucessão das expulsões ocorridas na Inglaterra e na França (1306, 1394, 1615) mostrava muito bem que elas nunca tinham atingido plenamente seu objetivo. A Espanha, em 1492, quis proceder a uma expulsão definitiva, mas criou os marranos. Quanto ao gueto, foi desejado ou imposto? Provavelmente, ambos. Os mais famosos são os de Veneza, Roma e Praga. A emancipação tem origem na filosofia do Iluminismo na França e no *Aufkledrung* na Alemanha, sob o signo de uma tolerância universalista e racionalista. Lessing e Moïse Mendelssohn, na Alemanha, foram seus fervorosos propagandistas, enquanto, na França, Montesquieu, Voltaire e outros precipitariam um movimento que, com o abade Grégoire, redundou na lei de 27 de setembro de 1791, que foi o 14 de julho de toda uma raça, segundo A. Leroy-Beaulieu. Só a Rússia, na Europa do século XIX, constituía um bloco errático. Pobedonotsev, conselheiro de Alexandre III, resolvia a questão judaica da seguinte maneira: um terço dos judeus emigrará, um terço se converterá e um terço morrerá. Entende-se por que nessa época dois milhões de judeus saíram da Rússia.

O antissemitismo racista

Foi no último quartel do século XIX que o antissemitismo mudou completamente de natureza: tornou-se racista, e a consequência disso foi que o judeu não poderia mudar em nenhum caso sua condição, assim como um congolês não pode mudar sua cor. Seria útil lembrar a situação da França em 1871 e a da Alemanha de 1918.

A França. – A República parecia aos judeus a continuação da Revolução francesa, que os libertara. Os tradicionalistas, decepcionados com a impossibilidade de uma restauração monárquica, voltaram-se para aquilo que seus adversários denunciavam como "aliança do sabre com o aspersório". Foi Drumont que, em 1886, publicou *La France juive*, obra de leitura muito indigesta, mas que continha uma violência e um ódio poucas vezes vistos até então. O caso Dreyfus, dividindo a França, deu ensejo a explosões de paixão inaudita, e os gritos de "Abaixo os judeus", vociferados quando da degradação de Dreyfus em 5 de janeiro de 1895, levaram Théodore Herzl a escrever seu *Estado judeu*, base do sionismo político. A guerra de 1914 suspendeu provisoriamente as oportunidades de conturbações; mas, firmada a paz, a divulgação dos *Protocolos dos Sábios de Sião*, falsidade amplamente comprovada, reacendeu o incêndio, ao levar a crer num complô judeu mundial. Na quarta década do século, as tensões aumentam, com escândalos financeiros nos quais alguns judeus estavam envolvidos: Oustric (1930), Stavisky (1933); em 1936, o paroxismo é atingido com o front popular; Xavier Vallat interpela Léon Blum em 6 de junho de 1936: "Pela primeira vez este velho país galo-romano vai ser governado por um judeu." "Melhor Hitler que Blum" tornou-se o *slogan* de uma extrema-direita que depois só sobressaiu pela covardia. Jean Giraudoux, encarregado das medíocres funções de comissário de propaganda do governo Daladier, não temeu escrever: "Estamos plenamente de acordo com Hitler para proclamar que uma política só atinge sua forma superior quando é racial, pois esse era também o pensamento de Colbert e de Richelieu." A França oficial, perdendo o senso de sua história e de sua dignidade, estava prestes a carregar as cadeias da escravidão. Vichy foi psicologicamente preparado durante muito tempo.

A Alemanha. – A tomada do poder por Hitler em 30 de janeiro de 1933 possibilitou a efetivação do racismo em duas fases sucessivas. Logo depois que o Reichstag foi dissolvido (31 de janeiro) e incendiado, Hitler criou, em 11 de março, o ministério da propaganda, que foi confiado a Goebbels; 1º de abril foi o dia do boicote ao comércio; as SA, de arma em punho, acampavam diante das lojas dos judeus com cartazes que proclamavam: *Wer beim juden kauft ist ein Volksverreiter*. Nos meses seguintes, assistiu-se a uma série extraordinária de medidas vexatórias, humilhantes e discriminatórias, com a exclusão de certas profissões: médicos, dentistas, procuradores judiciais, membros dos tribunais de comércio. Nas praças das cidades universitárias foram queimadas as obras de autores judeus (Heine, Zweig etc.). As ondas de propaganda radiofônica e a abertura dos campos de concentração permitiram que em menos de um ano o país todo "marchasse no mesmo passo". Se 1934 foi um ano relativamente calmo, no ano seguinte foram promulgadas as leis de Nuremberg, de triste memória. A lei sobre a "cidadania do Reich" estabelecia uma distinção fundamental entre cidadãos do Reich e os não cidadãos ou judeus. A segunda lei "para a proteção do sangue e da honra alemã" proibia não só as uniões legais como também as relações fora do casamento entre judeus e pessoas de sangue alemão. Tudo isso deu ensejo à proliferação de textos ubuescos nos quais o odioso rivalizava com o ridículo, mas sempre em detrimento dos judeus, é claro. Depois do Anschluss de março de 1938, foram tomadas novas medidas de exclusão; o decreto Globke impôs que todos os judeus se chamassem Israel e todas as judias, Sara. O número de suicídios aumentou de maneira preocupante e significativa. Em 7 de novembro de 1938, o assassinato do adido da embaixada, Von Rath, em Paris, foi o pretexto para a *Kristallnacht*: 7.500 lojas tiveram os vidros quebrados e sofreram pilhagens; 192 sinagogas foram incendiadas e 76 completamente destruídas; foi imposta aos judeus uma multa de 15 bilhões de francos da época; além disso, foram proibidos de frequentar teatros, cinemas, circos, vagões-leito, vagões-restaurante, praias, piscinas, locais de veraneio… Os judeus que optaram pela expatriação tiveram destinos variáveis, tais como os 930 infelizes que, a bordo do Saint-Louis, deixaram a Alemanha rumo a Cuba e vogaram durante muito tempo, rechaçados por todos. O regime de Vichy, de início, foi considerado um depósito de lixo pelos nazistas, que lhe mandaram cerca de 10 mil judeus, das regiões da Alsácia, do Sarre e de Bade; o governo de Vichy, por sua vez, iria, por iniciativa própria, imitar a legislação nazista e até ultrapassá-la em certos pontos. Um texto de outubro de 1940 definia o judeu pela raça, e não pela religião, tais como os decretos alemães de 27 de setembro. Um segundo texto, datado de junho de 1941, voltava ao credo religioso; em de março de 1941, Xavier Vallat assumiu a chefia do comissariado geral para as questões judias, mas não pareceu suficientemente duro para as autoridades alemãs. Foi substituído um ano depois por Darquier (chamado de Pellenoix), que se cercou de René Martial e do ministro Montandon. Um mês depois de sua nomeação, tornou-se obrigatório na França o porte da estrela amarela com seis pontas, exceto na zona livre. O que devia ser mais marcante foi a prisão em massa no velódromo de inverno (*rafle du Vél d'Hiv*) em 16 de julho de 1942: 12 mil pessoas, entre as quais 4 mil crianças, foram presas e depois mandadas para os campos de concentração de Loiret, Pithiviers, Drancy, tendo Auschwitz como destino final. Numa zona considerada livre, foi uma caça aos judeus estrangeiros; as corajosas intervenções dos monsenhores Saliège e Théas e do pastor Boegner possibilitaram a ocultação dos judeus, e a velha capital das Gálias foi o centro dessa resistência espiritual. No entanto, até 1943 a zona de ocupação italiana foi o melhor refúgio para os judeus; mas, depois do armistício de setembro de 1943 (Badoglio), tudo mudou. No fim de 1944, cerca de 76 mil judeus haviam sido deportados da França: apenas 2.500 sobreviveram. A solução final havia sido alegremente anunciada e prevista por Hitler e seus asseclas. A partir da ocupação da Polônia, milhares de assassinatos individuais foram perpetrados; a partir da invasão da União Soviética (22 de junho de 1941), praticou-se a política sistemática de extermínio, em duas formas sucessivas; a primeira foi a dos *Einsatzgruppen*, compostos por algumas centenas de *Waffen SS*: os judeus agrupados eram conduzidos até a beira de imensos barrancos ou fossos, onde eram fuzilados depois de terem sido despojados do dinheiro e despidos. Com isso, foram eliminadas cerca de 500 mil vítimas. A racionalização veio com a utilização maciça do gás zyklon B, depois da conferência de Wannsee (20 de janeiro de 1942). Não descreveremos aqui os campos de Maidanek, Auschwitz, Sobibor e Treblinka, os campos de extermínio nem os de concentração; o balanço proposto por Eichmann e corroborado por diversos pesquisadores gira invariavelmente em torno de seis milhões de vítimas.

A história não poderia parar aí. – Dois pontos importantes devem ser considerados: o primeiro é a criação do Estado de Israel em 1948, realização da declaração Balfour, que, já em 1917, prometia a criação de um lar nacional judeu na Palestina: sabe-se das dificuldades resultantes da coexistência de dois povos numa mesma terra, a tal ponto que alguns viram no sionismo uma forma de racismo; a resolução dos conflitos está longe. Em segundo lugar, do lado cristão, devem ser considerados os esforços de Pio XII e, sobretudo, de João XXIII e Paulo VI, que fizeram que fosse aprovada no segundo concílio Vaticano uma declaração na qual a Igreja "deplora os ódios e perseguições, bem como as manifestações de antissemitismo contra os judeus". A visita do papa polonês João Paulo II ao grande rabino Toaff, na sinagoga de Roma, em 13 de abril de 1986, constitui um fato sem precedentes na história.

› FONTETTE Fr. de, *Histoire de l'antisémitisme*, Paris, PUF, "Que sais-je?", 1993; *Sociologie de l'antisémitisme*, Paris, PUF "Que sais-je?", 1991.

François DE FONTETTE

→ Nazismo; Raça e racismo.

ANTROPOLOGIA JURÍDICA

Pouquíssimo conhecida na França até data recente, a antropologia jurídica é uma disciplina relativamente antiga. Dominada, no século XIX, pelos autores alemães, foi muito marcada no século XX pelos anglo-saxões. Seu campo estendeu-se das sociedades tradicionais às sociedades modernas, o que lhe permite formular observações de ordem cada vez mais geral. Sua metodologia é marcada pela preocupação com ideias e comportamentos dos atores jurídicos. A antropologia jurídica é uma ciência que, situando-se no plano das normas instituídas, das práticas e das representações dos atores, pretende definir os mecanismos gerais de funcionamento dos sistemas jurídicos com respaldo nas experiências das sociedades ocidentais e não ocidentais. Até o início dos anos 1990, era bem pouco conhecida na França. Contudo, tinha um passado relativamente longo, conforme mostra sua história.

O desenvolvimento histórico da disciplina

Todas as sociedades precisaram solucionar o problema de suas relações com sociedades diferentes, e isso foi resolvido por intercâmbios ou pela guerra. Em passado distante, os geógrafos foram com frequência os primeiros etnólogos, pois não se contentavam em descrever territórios, e descreviam também os costumes das populações que os habitavam. Foi o que ocorreu, especialmente, com as regiões em que dominava o islamismo. Ao contrário dos europeus da Idade Média, os muçulmanos desse período não se fecharam nas diferenças humanas, pois a expansão do islamismo não era a expansão de uma etnia particular, mas de uma religião que podia englobar povos muito diversificados. Por isso, a geografia árabe, nascendo no século VIII e afirmando-se plenamente no século IX, poderia ter sido considerada uma antropologia, pois incluía a descrição dos usos jurídicos. Todavia, atualmente, nos países ocidentais, a antropologia é vista essencialmente como uma ciência oriunda da experiência do Ocidente. No que se refere ao direito, o nascimento da antropologia jurídica moderna é situado nos anos 1860, marcados pelas obras de dois autores, principalmente: o inglês H. Sumner-Maine (*Ancient Law*) e o suíço-alemão J. Bachofen (*Das Mutterrecht*). Este último pretende provar a anterioridade do matriarcado sobre o patriarcado, mas sua obra inova sobretudo no plano metodológico. Ele se esquiva dos documentos estritamente jurídicos para procurar manifestações do direito na mitologia e nas obras de arte. Mas é a obra de Sumner-Maine que teve mais repercussão na Europa. Para provar a existência de um povo indo-europeu original, ele compara a história do direito indiano à dos direitos dos povos europeus, extraindo lições gerais sobre a evolução do direito. Por outro lado, ele exerce importantes funções na Índia e aparece como um dos principais responsáveis pela codificação do direito indiano. Em seguida, até o fim do século XIX, a disciplina é dominada pelos autores alemães. O clima geral no qual estão imersas todas essas pesquisas é o do evolucionismo. Para Sumner-Maine, a maioria das sociedades não galga todos os graus da evolução. Chegadas a certo estágio, muitas ficam estacionárias, como a Índia. Uma minoria – as europeias – passa pelo pleno desenvolvimento da civilização. Ele acredita, assim, ter descoberto uma grande lei da evolução jurídica, a da passagem do estatuto (direitos e deveres fixados de modo rígido por critérios como o sexo ou a idade) ao contrato (livre interação das vontades individuais). Com o pensamento alemão, o evolucionismo se endurece: impõe-se um modelo rígido a todas as sociedades, que, conforme se supõe, passariam da propriedade coletiva à propriedade privada, da grande família à família nuclear, da vingança privada à pena pública. Apesar de desaparecido há cerca de um século em antropologia social, o evolucionismo unilinear continua presente entre os juristas atuais, como pressuposto que cabe qualificar de etnocentrista. Por outro lado, deve-se notar que a França continua ausente desse período de gênese da antropologia jurídica moderna: com exceção de Durkheim e, mais tarde, Mauss, os autores franceses não demonstram interesse por uma aproximação entre o direito e a antropologia. O século XX será marcado pelo eclipse da escola alemã de antropologia jurídica (a Alemanha perde seus territórios coloniais com o tratado de Versalhes, e o nazismo não favorece a abertura para a alteridade...) e pela dominação dos autores de origem anglo-saxônica ou formados nesse clima intelectual (B. Malinowski, inventor da pesquisa de campo, de origem europeia, cuja obra tem partes de caráter jurídico; P. Bohannan, M. Gluckman, E. Adamson-Hoebel, L. Pospisil, S. Falk Moore, S. Roberts estão entre os autores mais citados). Suas pesquisas muitas vezes estão centradas no estudo dos conflitos, considerados instâncias privilegiadas para a observação das regras de direito, captadas em seu funcionamento concreto. A concepção do direito próprio aos sistemas de *common law*, que vincula mais aos debates judiciários do que aos enunciados legislativos tão prezados pelos direitos continentais, também explica essa predileção. De maneira geral, observa-se que o desenvolvimento da antropologia jurídica em dado país supõe duas condições: a existência de um terreno que permita investigações (em geral, possibilitado pela colonização, no caso dos europeus; ou pela conquista, no caso dos americanos) e a existência de uma escola de juristas interessados por esses problemas. Uma dessas condições, isoladamente, não basta. A França teve um grande império colonial, mas muito poucos juristas (sobretudo historiadores do direito) se interessaram pela antropologia; essa observação também se aplica à Espanha. Quanto à Alemanha, seu desinteresse pela antropologia jurídica foi em grande parte causado pela perda de suas colônias, ainda que elas fossem menos extensas que as da Grã-Bretanha ou da França. Em compensação, a antropologia jurídica gozou de acolhida muito favorável nos Países Baixos, em razão, por um lado, da existência de um império colonial importante (Indonésia), mas também porque lá essa disciplina despertou o interesse de juristas eminentes (em especial Van Vollenhoven, um dos fundadores do pluralismo jurídico).

Mas o século XX também é importante por ter conhecido a transição da etnologia para a antropologia jurídica. A primeira dedicava-se sobretudo ao estudo dos direitos "exóticos", pelo menos em relação às sociedades ocidentais. Às vezes tinha tendência excessiva a apostar na universalidade do conceito de direito e em suas categorias, enquanto se pode constatar de maneira significativa que o termo *direito* não tem equivalente direto em grande número de línguas. Por outro lado, como ressaltamos, estava historicamente ligada ao contexto colonial. Com a descolonização, as coisas mudariam. Por um lado, os novos Estados eram em grande parte desfavoráveis ao estudo do direito "consuetudinário", considerado como obstáculo ao progresso; até então, fora objeto por excelência da etnologia jurídica. Ademais, por esse mesmo motivo, as pesquisas de campo se tornaram muito mais difíceis. Por fim, o abandono do evolucionismo e a ascensão (pelo menos na França) do estruturalismo habituavam à ideia de que as sociedades tradicionais e as modernas eram menos radicalmente diferentes do que se pensava antes. Assim, hoje em dia se admite que as faculdades do espírito humano são idênticas em todos os lugares, mas que, de acordo com fatores históricos e religiosos, cada sociedade desenvolveu suas faculdades por certos caminhos mais que por outros. Embora tenham ficado num nível tecnológico muito baixo, os aborígines da Austrália inventaram sistemas de parentesco infinitamente mais complexos que os das sociedades modernas. A antropologia jurídica poderia ter-se tornado uma história das instituições exóticas. Foi, afinal, mais fiel à sua missão ao incluir em seus objetos de estudo os direitos dos países ocidentais. Na atualidade, os antropólogos do direito francês têm a atenção voltada para problemas que, em grande parte, são problemas da modernidade: os novos modos de procriação, por trazerem à baila os fundamentos tradicionais do parentesco; a resolução dos conflitos, em que se assiste ao desenvolvimento de uma tendência à busca de conciliação; a consideração dos direitos das minorias; a redefinição de laicidade; a conciliação entre universalismo e particularismos na definição dos direitos do homem etc. Essa ampliação do campo tradicional da antropologia jurídica faz parte, ao que parece, da vocação da disciplina. De fato, o termo *antropologia* deve ser entendido como um discurso sobre o homem, concebido em sua maior generalidade, ou seja, tanto o homem das sociedades tradicionais quanto o das sociedades modernas. Por isso, a antropologia jurídica está à procura de leis universais de funcionamento das sociedades humanas, mesmo que elas se realizem de maneiras diferentes em cada uma delas.

Procura de leis de caráter universal

Para muitos, a antropologia jurídica associa-se, acima de tudo, à procura de particularismos e, portanto, está eivada de relativismo: se a diversidade domina, tudo se equivale. Isso é incorrer em grave contrassenso. Porque a antropologia jurídica na verdade não define *a priori*, por meio de construtos puramente abstratos, certo número de grandes princípios, mais ou menos imutáveis e uniformes, que seriam constitutivos do direito. Ao contrário, sua primeira atitude é empírica. Dedica-se a constatar as diferentes amplitudes do direito na vida social, segundo os diversos tempos e lugares, e a inventariar seus conteúdos, cuja variabilidade impressiona já *à primeira vista*: em dada sociedade, a filiação será matrilinear, na outra, patrilinear; algumas favorecem a propriedade individual, outras a limitam; aqui o poder político será exercido por “líderes” efêmeros, acolá ficará nas mãos de monarcas hereditários. Mas ela não se limita a essa constatação, e, formulada a indagação do *como*, procura resposta para o *porquê*, valendo-se em grande medida do método comparativo e tentando formular explicações que sejam válidas tanto para as sociedades tradicionais quanto para as modernas. Naturalmente, a invenção dessas respostas globais depende muito da intensidade das pesquisas realizadas neste ou naquele setor da vida social: foi assim que o parentesco e a resolução dos conflitos foram muito mais estudados do que as obrigações. Contudo, os antropólogos do direito já formularam hipóteses de caráter bem genérico. Daremos dois exemplos disso.

No que se refere à resolução de conflitos, percebe-se que não houve evolução rígida da vingança pessoal à pena pública, ainda que a maioria dos juristas continue acreditando nesse processo. O sistema penal, expressão dos interesses da sociedade inteira, parece ter sempre existido, ao lado da vingança. Por outro lado, descobriu-se uma lei chamada de “distância social”: quando um conflito irrompe *no seio* de determinado grupo (definido por parentesco, residência, crença ou outros critérios), são grandes as probabilidades de resolver-se pacificamente, em especial pela reconciliação. Ao contrário, se o conflito opuser parcelas pertencentes a grupos *distintos*, é maior a probabilidade de violência, ou de recurso a um juiz que se pronuncie de maneira mais imperativa que um conciliador.

No que se refere à religião, M. Alliot mostrou que as sociedades monoteístas em geral valorizam o direito como modo de regulação social: essa característica é verificada entre cristãos, muçulmanos e judeus. Pois existe um ponto comum entre essas diferentes religiões: a ideia de um Deus todo-poderoso que criou o mundo e os homens, e lhes revelou o que esperava deles por intermédio de seu(s) mensageiro(s). Evidentemente, no Ocidente a sociedade tornou-se laica, em graus diversos. No entanto, o constituinte, o legislador e o juiz conservam alguma coisa dessa marca divina: em caso de conflito, recorre-se a eles e às normas por eles instituídas, para encontrar uma solução. Mas, no Ocidente, o homem arrogou-se o privilégio de ser a fonte de seu próprio direito, atitude à qual o islamismo se recusa. Ao contrário das tradições monoteístas, as sociedades do Extremo Oriente não acreditam na existência de um deus criador. O mundo se repete eternamente, sempre segundo os mesmos ciclos. O homem nada tem que esperar de um deus que não existe. Não há lei alguma que venha do céu. Cabe ao próprio homem estabelecer harmonia consigo, com seus semelhantes e com o cosmo. Nessas sociedades, o recurso ao juiz ou ao legislador desvaloriza aqueles que o fazem: o direito existe, mas o homem civilizado tem o dever de não o utilizar. Deve conformar-se aos ritos, inculcados pela educação, e, diante de um conflito, procurar antes resolvê-lo por meio da conciliação, da transação ou da arbitragem. Não se deve procurar saber quem está errado ou certo, mas simplesmente restabelecer a harmonia. Este último conceito, porém, pode ser enganoso para um ocidental. A harmonia não é resultante de concepções igualitárias e "democráticas", mas consiste no respeito a uma ordem hierárquica existente, à qual convém sempre voltar. Daí a censura de conservadorismo muitas vezes feita a essas doutrinas. Entre os monoteístas e os asiáticos, encontram-se numerosas sociedades tradicionais, em especial as animistas. Para estas, há, sim, um deus criador na origem do mundo, mas ele não age sobre o universo e os homens como uma entidade única a regê-los de fora. Ao contrário, ele se divide em certo número de forças espirituais, essencialmente diversas e plurais, que podem ser encontradas em ação nos diversos elementos da criação. Essas sociedades se concebem de modo essencialmente pluralista: não extraem coerência da uniformidade, mas da complementaridade entre grupos distintos. As normas jurídicas obedecem a esse modo de pensamento pluralista, ao lado das regras morais ou religiosas sobre as quais elas não têm supremacia particular. Como se vê por esses exemplos, a antropologia jurídica tem por finalidade chegar ao universal – mas não ao uniforme –, partindo do particular. Que meios emprega?

Metodologia da antropologia jurídica

A metodologia da antropologia jurídica difere amplamente daquela das ciências jurídicas clássicas. Nas faculdades de direito, na prática toda a atenção se concentra nas normas. O antropólogo do direito não as negligencia, mas atribui, no mínimo, igual importância a dois outros níveis: as representações e as práticas dos atores jurídicos.

As *representações* são os conjuntos de ideias e valores próprios a uma sociedade global ou a um grupo social. Têm, portanto, um caráter coletivo, porquanto são compartilhadas por certo número de indivíduos. Por exemplo, numa sociedade de filiação matrilinear, o irmão da mãe será considerado o pai social das crianças, enquanto o pai biológico (marido da mãe) desempenhará papel secundário. Por outro lado, as representações constituem um sistema: a classificação dos grupos sociais, organização do território e a concepção da nação fazem parte de uma representação cultural do mundo. As representações jurídicas estão, portanto, muito ligadas à cultura particular de uma sociedade, que evolui em função das circunstâncias históricas.

As *práticas* são constituídas pelos comportamentos concretos dos atores jurídicos em relação ao direito legislado ou às decisões judiciais, que eles podem aplicar, contestar ou evitar, sob o manto da interpretação. Desse ponto de vista, é bastante estranho constatar que o problema da efetividade do direito não parece ser a preocupação principal dos juristas acadêmicos, pelo menos dos positivistas. Nos ensinos do direito, destina-se relativamente pouco espaço à maneira como são aplicadas as normas jurídicas e ainda menos às situações nas quais elas não são aplicadas. Existe, portanto, um campo de exploração totalmente aberto aos sociólogos e aos antropólogos do direito. Estes devem necessariamente passar, durante seus estudos, pelo estágio da pesquisa de campo, constitutivo de toda e qualquer iniciativa antropológica desde o início do século XX. Ao revelar os distanciamentos que podem existir entre a norma jurídica e os comportamentos dos indivíduos e dos grupos, a pesquisa de campo pode redundar nas teorias do pluralismo jurídico, segundo as quais o Estado não é o único produtor do direito, que pode também ser engendrado por diferentes grupos sociais.

Na atualidade, essas teorias constituem o elemento aglutinante da comunidade mundial de antropólogos do direito, que reúne (em 2000) cerca de 400 autores, pesquisadores e professores, a maioria na América do Norte. Na França, a Associação Francesa de Antropologia do Direito, criada em 1992, conta aproximadamente 150 membros, igualmente divididos entre privatistas, publicistas e historiadores do direito, sinal positivo do reconhecimento da disciplina. Ela é ensinada em uma dezena de universidades, em diferentes níveis. Tem hoje, incontestavelmente, o maior público das últimas décadas. No entanto, precisará definir-se com mais clareza em relação a outras disciplinas, tais como a teoria do direito e a sociologia jurídica, com as quais tem muitos pontos em comum, bem como delimitar seus objetos de estudo de maneira mais distinta.

› ADAMSON-HOEBEL E., *The Law of Primitive Man*, Cambridge, Harvard Univ. Press, 1967. – ASSIER-ANDRIEU L., *Le Droit dans les sociétés humaines*, Paris, Nathan, 1996. – COMAROFF J. L. & ROBERTS S., *Rules and Processes*, Chicago-Londres, Univ. of Chicago Press, 1981. – LE ROY E., *Le Jeu des lois. Une anthropologie "dynamique" du droit*, Paris, LGDJ, 1999. – POSPISIL L. J., *The Ethnology of Law*, Human Relations Area Files, New Haven, Connecticut, 1985. – ROBERTS S., *Order and Dispute*, Penguin Books, 1979. – ROULAND N., *Anthropologie juridique*, Paris, PUF, 1988 (trad. ingl.: *Legal Anthropology*, Stanford-Athlone, Londres, Stanford Univ. Press, 1994); *L'Anthropologie juridique*, Paris, PUF, "Que sais-je?", 1995, 2ª ed.; *Aux confins du droit. Anthropologie juridique de la modernité*, Paris, Odile Jacob, 1991; *Introduction historique au droit*, Paris, PUF, 1998. – VANDERLINDEN J., *Anthropologie juridique*, Paris, Dalloz, 1996. – WEBER-BEAUD, *Guide de l'enquête de terrain*, Paris, La Découverte, 1997.

Norbert ROULAND

→ Colônias; *Common law*; Índia; Pluralismo jurídico.

APARÊNCIA

Aparência é aquilo que aparece de uma pessoa, de uma coisa, de fatos materiais, a maneira como eles se apresentam a nossos olhos. Ora, o que aparece pode ser *conforme à realidade jurídica* e, como tal, ensejar consequências jurídicas próprias (por exemplo, efeitos ligados aos vícios aparentes de uma coisa, às servidões aparentes, aos fatos de posse mobiliária, à publicidade constitutiva de direito); os elementos visíveis são então criadores de direito de maneira principal e autônoma. O que aparece pode também tornar apenas *verossímil a conformidade do aparecimento à realidade jurídica*; a aparência verossímil, por permitir certa dúvida sobre a realidade jurídica, exclui o erro. A verossimilhança, que não é nem a convicção errônea nem a dúvida pura e simples, pode também acarretar efeitos próprios, tais como, por exemplo nos processos penais, a possibilidade que a polícia tem de proceder à procura das provas de uma infração a partir do momento em que esta se lhes mostre verossímil; ou nos processos civis, a faculdade de obter em juízo cautelar uma medida liminar de tutela antecipada, quando o princípio dessa reivindicação não é seriamente contestável. Por fim, o que aparece pode ser *contrário à realidade jurídica*; a aparência é então enganosa. Certos institutos, tais como a simulação, a retroatividade limitada, tanto quanto a teoria geral da aparência, conferem efeitos jurídicos à situação aparente irregular, julgada, de alguma maneira, equivalente à situação jurídica regular, quando não superior.

Somente a *aparência enganosa*, por expressar a força das representações individuais, ainda que errôneas, no direito, tem chamado a atenção de doutrina abundante e variada há mais de um século; os autores têm-se mostrado sobretudo favoráveis aos efeitos da aparência enganosa, meio de abrandar os efeitos rigorosos das normas jurídicas, medida de adaptação do direito às realidades materiais, fator de equidade. Em vez de ser um fenômeno de desagregação do direito, a consideração da aparência favoreceria o bom funcionamento da ordem jurídica por salvaguardar a confiança, sem a qual seus mecanismos poderiam paralisar-se. Essa quase unanimidade da doutrina a favor do reconhecimento dos efeitos da aparência errônea, inscrita numa "teoria geral da aparência", oculta, na realidade, posições extremamente diversas quanto ao conteúdo, aos efeitos, à autonomia, à natureza jurídica e ao fundamento dessa "teoria".

Conteúdo

É unanimemente aceito que o erro criador de direito está presente em todos os campos do direito – público, privado, internacional, interno – e que, no direito privado, em especial, o erro pode incidir sobre qualquer qualidade, poder ou direito da pessoa com a qual a vítima do erro tiver firmado algum ato; em compensação, surgem divergências quando cada um tenta determinar o objeto e as características dos erros admissíveis como efeitos da aparência.

Objeto do erro: erro de fato e erro de direito. – *Os erros de fato* podem, indiscutivelmente, ser fonte de direitos subjetivos tanto em sua forma negativa – pela invalidação de atos, quando se trata, por exemplo, de proteger o consentimento das vítimas de erros – quanto em forma positiva – através da validade ou oponibilidade de atos, mesmo irregulares, em proveito daqueles que agiram com espírito de confiança justificada. *Os erros de direito*, estritamente compreendidos, erros sobre a determinação ou o conteúdo da regra jurídica aplicável a uma situação dada, poderiam, em compensação, ter seus efeitos paralisados pela aplicação necessária de um princípio então suposto superior à teoria geral da aparência, segundo o qual ninguém pode ignorar a lei (*nemo censetur ignorare legem*). Mas o adágio segundo o qual o erro de todos constitui direito (*error communis facit jus*), que fundamenta – em parte, pelo menos – a teoria geral da aparência, não faz nenhuma distinção entre erros de fato e erros de direito. A questão dos efeitos dos erros de direito foi especialmente exposta em direito penal, pois o que estava em questão, na consideração da aparência nesse âmbito, era a existência ou não de incriminação, em razão de ausência de elemento moral (por parte do autor do ato), ou de ausência de elemento material da infração (cf. artigo 122-3 do Código Penal francês, que admite que o erro de direito pode eliminar, excepcionalmente, a responsabilidade penal). Um campo privilegiado de aplicação dos erros de direito poderia ser também o direito internacional privado, pois este admite os efeitos da ignorância escusável do direito, aplicável a uma situação internacional em que se aplique lei diferente da lei que resultaria da regra de conflito em princípio aplicável (cf., nesse sentido, a famosíssima sentença *Lizardi*, Req. 16 de janeiro de 1861, *Grands arrêts du DIP français*, 4ª ed., nº 5).

Características do erro: erro comum ou erro legítimo. – A opinião de que, em princípio, só o erro que apresente as características de erro comum (compartilhado por todos) possibilita a paralisia da norma jurídica e, assim, a proteção contra irregularidades jurídicas verificadas, é muito disseminada e constante ao longo do tempo. O direito romano já a aplicava, em especial por meio da lei Barbarius Philippus (cf. Ulpiano, Digesto, *De officio praetorium*), que autorizava a manutenção de atos firmados por um pretor alçado a essa dignidade na ignorância de sua condição de escravo. Mas só com os glosadores foi formulada como tal a máxima "*error communis facit jus*" (cf. Roland e Boyer, *Locutions latines et Adages*). O Código Civil francês não contém regra geral própria aos efeitos do erro comum; em compensação, já em 2 de julho de 1807, um parecer do Conselho de Estado, que tinha então força legal, admitia a eficácia do erro comum para proteger de toda e qualquer irregularidade oriunda da inexistência de qualidade de pessoas que precisaram emitir documentos de estado civil. Por isso, o Código Civil francês admitia, em casos precisos, efeitos da aparência, sem que fosse necessariamente exigido o erro comum (exemplo dos terceiros que, confiando no ato ostensível, na ocorrência de uma simulação que ignoraram, podem amparar-se apenas da eficácia desse ato). O mais importante, porém, é que a jurisprudência, em certos domínios, possibilitou a produção dos efeitos da aparência, condicionando-a a um erro simplesmente legítimo, em matéria de inexistência de poder daquele que se apresentou como procurador particular (cf., a respeito, a célebre sentença da *Assemblée plénière civile* de 13 de dezembro de 1962, *Grands arrêts civils*, 11ª ed., nº 267). O erro legítimo, quando capaz de desenvolver efeitos, parece exigir apreciação *in abstracto*, e a Corte de Cassação faz sua apreciação sobre a qualificação do erro. O Código Civil brasileiro, artigo 138, prestigia o erro legítimo ao permitir a anulação do negócio jurídico quando as declarações de vontade decorrem de erro substancial que não poderia ser percebido por pessoa de diligência normal em face das circunstâncias do negócio.

Efeitos

A aparência dá origem, diretamente, a direitos subjetivos em favor de terceiros: indiscutivelmente, o da manutenção, em favor deles, das consequências de um ato irregular; essa manutenção implica quer a oponibilidade dos direitos assim obtidos aos verdadeiros titulares destes (tal como o real proprietário dos direitos cedidos, desde que os atos firmados pelas vítimas do erro sejam onerosos), quer o nascimento de obrigações por parte daquele que não confiara a outrem poderes para obrigá-lo (exemplo do pseudomandante). O titular aparente, em compensação, por maior que fosse sua boa-fé, não poderia prevalecer-se da aparência contra o titular verdadeiro; ao contrário, se este for obrigado a sofrer os efeitos da aparência, o titular aparente estará exposto a recurso por ele impetrado. A aparência também pode dar origem a obrigações diretas por parte de um titular aparente, quando não existe, ao mesmo tempo, nenhum titular verdadeiro (exemplo dos compromissos comerciais de um comerciante aparente, da responsabilidade delituosa de um pseudomandante); mas tais obrigações também poderiam ser concebidas caso viessem somar-se às do titular verdadeiro ou substituí-las (exemplo das obrigações impostas a um diretor aparente de empresa, de um proprietário aparente)? As respostas a essa pergunta divergem (resposta negativa de Ghestin e Goubeaux, *Traité de droit civil*, Introdução geral, nº 870, e resposta positiva de Leveneur).

Autonomia

Existe autonomia da teoria geral da aparência tanto em relação às instituições tradicionais francesas quanto às instituições estrangeiras, às quais tornou-se frequente remeter-se para tratar dos direitos de terceiros sempre que se estabeleça uma verdade jurídica que negue esses direitos.

Os institutos do direito francês. – A *gestão dos negócios* ou a *representação do titular* verdadeiro supõe o desejo de defender os interesses de outrem, não exigido em matéria de aparência. A *simulação*, para ser exemplo de aparência, não abrange todas as suas hipóteses; muito pelo contrário, ela se inscreve no âmbito de uma operação voluntária de dissimulação, não necessária em matéria de aparência. A *responsabilidade* – a não ser que se admita uma responsabilidade objetiva muito discutível de todo titular verdadeiro pelos erros cometidos por terceiros sobre a situação real dos titulares aparentes – exige, naturalmente, uma falta cometida pelo titular verdadeiro como origem dos erros cometidos; ora, tal falta não é necessária em matéria de aparência (v. Ass. plén. 13 de dezembro de 1962, acima citado). O *princípio de boa-fé*, por si só, não pode dar conta dos efeitos da aparência; não passa de elemento ao qual se soma a demonstração de responsabilidade da vítima por seu erro, que, se não for irrefutável, deve ser pelo menos legítima.

As instituições de direito estrangeiro. – Duas delas servem, habitualmente, de elementos de comparação com a teoria geral da aparência: o *estoppel* do direito inglês e o *princípio de confiança* do direito alemão.

O *estoppel* é um instituto do direito inglês de aplicações muito variadas, que penaliza a má-fé daquele que, pretendendo modificar de maneira irreversível uma posição tomada anteriormente, causa algum prejuízo àquele que confiou nessa posição para agir e vê, assim, sua confiança traída. O *estoppel* veda, portanto, os comportamentos contraditórios que lesem outra pessoa, mesmo quando a contradição tenha o objetivo de restabelecer uma realidade jurídica ignorada por seu autor quando da tomada de posição inicial. Uma doutrina inglesa recente (v. M. Spence, *Protecting reliance, the Emergent Doctrine of Equitable Estoppel*, 1999, Oxford-Portland Oregon, Hart Publishing) traz à tona uma evolução do *estoppel*, que vai da admissão de um princípio que veda contradizer-se ao reconhecimento de um simples dever geral de confiabilidade. Afora as prováveis diferenças quanto às exigências de boa-fé e de fatos de contradição, limitar-nos-emos a ressaltar que o *estoppel* diz respeito, principalmente, às relações entre o *agens* (titular aparente) e o *recipiens* (aquele que confiou), ao passo que os efeitos da aparência possibilitam, acima de tudo, resolver o litígio entre o terceiro, vítima da aparência, e o titular verdadeiro.

O *princípio de confiança*, em direito alemão, componente do princípio mais geral de boa-fé, permite "paralisar o exercício desleal de um direito em detrimento da confiança depositada por uma das partes no fundamento de uma realidade material estabelecida pelo titular do direito, diferente da realidade jurídica" (v. F. Raniéri, "Boa-fé e exercício do direito em *Civil law*", *RIDC*, 1998, p. 1055). Se for possível uma aproximação entre a teoria geral da aparência e o princípio de boa-fé do direito alemão, parece que, a partir da noção de boa-fé/deslealdade, ela se encontra mais na noção de confiança traída (*Treu und Glauben*) do que na de boa-fé/crença errônea (*Guter Glaube*), pois esta última visa sobretudo às hipóteses nas quais os erros cometidos de boa-fé possibilitam anular o ato passado, como por exemplo num vício do consentimento (cf. G. Fischer, *RabelsZ*, 1988, p. 382). Também na jurisprudência alemã se impôs progressivamente a regra segundo a qual o fato de fazer valer uma posição jurídica formal de maneira contrária às relações de confiança criadas nas relações recíprocas constitui um "*venire contra factum proprium*", ilustração do princípio normativo e autônomo de boa-fé, que pode ser associado ao § 242 BGB (cf. Riezler, *Venire contra factum proprium, Studien in römischen, englischen, und deutschen civilrecht*, Leipzig, 1912). Sem dúvida mais próximo do *estoppel* que da teoria da aparência, o princípio de confiança é uma noção mais objetiva que a de aparência; por outro lado, visa primordialmente a regrar as relações entre aquele que fez nascer a confiança em outrem e aquele que agiu sob o império dessa confiança, mais do que a tratar dos efeitos dos erros cometidos em relação aos titulares verdadeiros.

Natureza jurídica

A opinião habitual sobre a natureza jurídica da teoria geral da aparência é de que se trata de um *princípio de direito não escrito*, inspirado na máxima *error communis facit jus*, mas sem se confundir com ela; os textos fazem aplicações esparsas desse princípio. Em compensação, a teoria, que sempre foi classicamente apresentada como *subsidiária*, segundo alguns agora deixou de ser subsidiária, pelo menos quando se pretende fazer referência ao direito positivo francês (ver Sourioux, 1982). Este admitiria hoje o caráter realmente geral da teoria, que seria capaz de comportar uma série inumerável de aplicações, desde que suas condições próprias de aplicação venham a ser atendidas. Algumas resistências jurisprudenciais recentes, porém, merecem destaque; elas podem levar a duvidar do caráter aceito e definitivo da generalização da teoria. Acabou-se de decidir, por exemplo, que "nem o erro comum, nem a aparência podem servir de obstáculo às consequências sofridas pelo terceiro subadquirente, mesmo de boa-fé, em virtude da nulidade estabelecida pela lei de 25 de janeiro de 1985, sobre a concordata e a liquidação judicial, em seus artigos 107 e 108, pertinentes aos atos firmados em período suspeito" (Com. 3 de fevereiro de 1998, *D.*, 1999, p. 185, Bénabent); ora, não se pode dizer "que basta a existência de um único caso rebelde à ação da aparência para que a fluidez jurídica buscada por esse mecanismo fique inteiramente travada; tal como a segurança que ela visa a garantir, a teoria da aparência não pode dividir-se: ela é ou não é" (ver Bénabent, acima citado).

Fundamento

Por ser *fonte de direitos subjetivos*, a teoria garante o crédito público, a segurança das transações nas questões em que a necessidade o impõe, ou seja, em todas as operações de circulação de bens nas quais a segurança dinâmica deve prevalecer sobre a segurança estática.

Visto que consagra os efeitos das representações subjetivas do direito, segundo as quais a realidade jurídica se torna relativa, essa teoria está associada a *certa ideia do direito objetivo* que também se define a partir de crenças coletivas (ver em Durkheim, a ideia segundo a qual as representações individuais, assim como as coletivas, constituem realidades autônomas com vida própria, *Rev. métaphysique et morale*, 1898). Evidentemente, a consagração dos efeitos da aparência não tem como consequência a ab-rogação das disposições legais pelas quais certa realidade jurídica estava estabelecida, mas torna esta última, de certa maneira, contingente, dependente das crenças individuais. Pode-se lamentar essa inserção do psicologismo no direito, mas isso poderia deixar de ocorrer quando a força de fatos tangíveis (os elementos materiais da aparência) se une à crença legítima compartilhada quanto à realidade jurídica que estes pareceram expressar (o elemento subjetivo da aparência)? Os sistemas jurídicos são obrigados a admitir, de uma maneira ou de outra, os efeitos jurídicos de tal conjunção.

› DEMOGUE R., *Les Notions fondamentales du droit privé, essai critique*, 1911. – JOBARD-BACHELLIER M. N., *L'Apparence en droit international privé*, LGDJ, 1984. – GHESTIN J. & GOUBEAUX G., *Traité de droit civil, Introduction générale*, Paris, LGDJ, nº 838. – LEVENEUR L., *Situations de fait et droit privé*, LGDJ, 1990. – LÉVY E., "Confiance légitime", *RTDC 1910*. – SOURIOUX J.-L., "La croyance légitime", *D.*, 1982, doct. 3058.

Marie-Noëlle JOBARD-BACHELLIER

→ Boa-fé; Fato; Regra de direito.

ARBITRAGEM

Para o jurista, arbitragem designa a instituição por meio da qual um terceiro soluciona o litígio que opõe duas ou várias partes, exercendo a missão jurisdicional que lhe foi confiada por elas. Essa forma de justiça não constitui recurso a um juiz instituído pelo Estado, mas deixa para as partes em litígio o cuidado de escolher pessoalmente o terceiro que designarão como juiz e cuja sentença aceitam de antemão. A arbitragem caracteriza-se, portanto, por seus elementos essenciais: um *litígio* que opõe duas ou várias partes, a *opção* destas de confiar sua solução a um *terceiro* (a origem da arbitragem é, pois, voluntária) e o caráter *jurisdicional* do poder do árbitro que dita o direito (*jurisdictio*), no sentido de dirimir a questão, tal qual faria um juiz.

História

A permanência da arbitragem no tempo e no espaço é notável. O fenômeno é de tal natureza que desperta o interesse do historiador e do antropólogo, pois ele mostra, como uma das tendências do homem que vive em sociedade, a procura da solução amigável dos conflitos por meio do recurso voluntário dos antagonistas a um terceiro. Encontram-se vestígios de arbitragem já na época dos poemas homéricos (século VIII a.C.); dois séculos depois, Sólon, o famoso legislador ateniense, escrevia: "Se os cidadãos quiserem escolher um árbitro para solucionar os conflitos que surgiram entre eles por seus interesses particulares, deverão tomar aquele que quiserem de comum acordo; e, depois de o tomarem, deverão acatar o que ele decidir; não deverão ir a outro tribunal; e a sentença do árbitro deverá ser irrevogável." Na Grécia e na Mesopotâmia, a arbitragem também era utilizada para resolver pacificamente os conflitos que opusessem duas cidades.

Em Roma, as primeiras manifestações da arbitragem remontam ao período arcaico (cf. por exemplo, no século V a.C., lei das XII Tábuas) e mais se parecem com uma avaliação feita por um terceiro, com o fim de ajudar o juiz a apreciar o dano. A partir do século III a.C., aparece o *compromissum*, acordo por meio do qual as partes confiam a um terceiro (o *arbiter*) a solução do litígio que as opõe, acordo completado pelo *receptum arbitri*, que é a adesão do árbitro ao *compromissum* do qual ele não participara pessoalmente. O respeito à missão do árbitro e à sentença que ele proferir (*sententia*) é assegurado por um ato originado da estipulação que obrigava a parte inadimplente a pagar a pena (*poena*) estabelecida. Os glosadores do século XI, por sua vez, interessam-se pelos recursos contra as sentenças arbitrais; assim como os romanos, eles são desfavoráveis a elas, ao passo que os pós-glosadores, dois séculos depois, mantêm essa regra apenas para as sentenças proferidas pelo *arbiter*, e alguns deles admitem o recurso contra as sentenças proferidas pelo *arbitrator*, também chamado *amicabilis compositor* que, por sua vez, não é obrigado a julgar em direito.

Na França, a arbitragem desenvolveu-se durante a Idade Média e foi utilizada para a solução de litígios comerciais (em especial durante a ocorrência das feiras), mas também civis e, mais precisamente, familiares ou de vizinhança. Os árbitros eram nobres, notáveis ou eclesiásticos. O ato de 1510 e o de Moulins, em 1566, bem como o edito de Francisco II em 1560 acentuaram o controle judiciário da arbitragem e desenvolveram a arbitragem obrigatória em certas matérias (contestações entre associados, entre mercadores, ou relativas às partilhas familiares e contas de tutela). O período moderno (séculos XVI-XVIII) foi marcado, em consequência da jurisprudência do Parlamento de Paris, pela tutela da justiça arbitral por parte dos Parlamentos, que apreciavam recursos às sentenças arbitrais. Por reação, os revolucionários emanciparam e generalizaram o uso da arbitragem por meio da lei de 16 e 24 de agosto de 1790, que dispunha que "a arbitragem é o meio mais racional de pôr fim às contestações entre cidadãos"; a arbitragem devia suplantar a justiça estatal. Esse acesso de romantismo quase não teve efeito concreto, e, apesar das disposições, já superadas, sobre a arbitragem no Código de Processo Civil de 1806 (art. 1003 a 1028), a Corte de Cassação, preocupada com o risco de ver a cláusula compromissória (ou seja, a que previa, nos contratos, o recurso à arbitragem em caso de ocorrência de litígio) tornar-se uma cláusula de estilo capaz de pôr em dificuldades a parte menos experiente, condenou-a por meio de uma sentença de 10 de julho de 1843 (repr. in *Rev. arb.* 1992.399), acatando argumentos de textos muito pouco convincentes. Foi preciso esperar uma lei de 1925 para restabelecer o uso da arbitragem com base numa cláusula compromissória em matéria comercial, e o ano de 2001 para que ela fosse, em princípio, válida em matéria civil. A controvérsia relativa à eventual anterioridade histórica da arbitragem sobre a justiça estatal parece encerrada, com resposta negativa. Fato é que a arbitragem, presente desde tempos imemoriais em numerosíssimas civilizações, aparece em sua forma atual como fruto de longuíssima evolução que a levou a distinguir-se e libertar-se progressivamente tanto dos modos vizinhos de solução de litígios quanto da justiça estatal.

Noções vizinhas

A arbitragem distingue-se da conciliação ou da mediação porque estas últimas são processos por meio dos quais as partes chegam a um acordo que tem valor de convenção, enquanto a arbitragem é um procedimento que redunda na decisão do árbitro, sentença de cuja elaboração as partes não participaram, mas que as vincula em razão de sua natureza, que é de ato jurisdicional. Na maioria das vezes, o acordo que encerra a conciliação ou a mediação apresenta características de transação. A arbitragem também pode ser distinguida da peritagem. Enquanto o árbitro é um juiz, encarregado de dirimir um litígio, o perito é apenas um terceiro, às vezes procurador das partes, encarregado de dar um parecer. O árbitro decide uma pretensão jurídica, enquanto o perito dá um parecer técnico, facultativo e desprovido da autoridade da coisa julgada, ao contrário da sentença arbitral. Próxima da peritagem é a situação, já conhecida do direito romano, na qual um elemento do contrato – na maioria das vezes o preço – é fixado "por laudo pericial". Essa situação, desejada pelas próprias partes, geralmente sem litígio, às vezes é descrita (por exemplo, art. 1.592 C. Civ. francês para o preço de venda) como preço determinado por "arbitragem de terceiro". Não se trata de arbitragem no sentido em que o termo foi aqui definido, mas de uma variedade de mandado conferido a um terceiro pelas partes de um contrato. O elemento determinado pelo terceiro impõe-se às partes como uma estipulação contratual. O terceiro não tem poder jurisdicional, não decide propriamente um litígio.

Justiça arbitral e justiça estatal

A arbitragem jurídica, aqui considerada, muitas vezes é equiparada a um fenômeno de justiça privada; isso só parcialmente é exato: a justiça privada é aquela que uma pessoa faz a si mesma, sem recorrer a um terceiro, ao passo que a intervenção deste último, ao contrário, é consubstancial com a arbitragem e esta é fruto da vontade dos dois antagonistas. Nessa medida, o árbitro é um juiz privado, escolhido pelas partes, de tal modo que se atribui a esse instituto uma natureza mista, convencional na origem e jurisdicional na função.

A arbitragem só pode ocupar lugar muito pequeno nos sistemas em que a justiça é instituída segundo um modelo autoritário, que centralize a função do juiz no interior de um aparato estatal; nessa perspectiva, a justiça vincula-se a um conjunto institucional de tipo autoritário e constitui exclusivamente um serviço público. Num modelo liberal, o Estado, ao contrário, não pretende o monopólio do julgamento dos conflitos entre particulares e aceita a autonomia dos indivíduos na procura de um modo de solucionar litígios que lhes digam respeito. É nessa hipótese que a arbitragem pode desenvolver-se mais livremente, ao passo que, num modelo misto, o Estado também reconhece o direito à existência da justiça privada, mas pretende enquadrá-la. A história ilustra com numerosos exemplos a variedade dos graus de independência da justiça arbitral em relação à justiça estatal (no século XVII, Domat via no árbitro uma espécie de juiz, mas de categoria inferior a seu homólogo público). A arbitragem não tem, essencialmente, por finalidade subtrair um litígio aos tribunais estatais. Esse efeito negativo existe, mas a arbitragem procede menos de uma rejeição ao Estado do que do desejo de ter uma justiça administrada de modo diferente (H. Motulsky); nessa perspectiva, justiça estatal e arbitragem perseguem, por caminhos distintos mas complementares, o mesmo ideal de justiça. No entanto, entre a justiça arbitral e a justiça estatal subsistem irredutíveis diferenças. Assim, a fonte da arbitragem é necessariamente voluntária, ao passo que o juiz estatal, juiz permanente, pode ser solicitado a julgar apenas com fundamento em regras atributivas de competência. Por outro lado, o juiz estatal possui *imperium*, que se traduz no poder de ordenar medidas coercitivas, inclusive em relação a terceiros, ou pela aposição da fórmula executória no fim de suas decisões, enquanto a parte que se prevalece da sentença deve recorrer ao juiz estatal para que a sentença seja dotada de força executória.

Assim, concebida como um tipo menos formalista de solução de litígios, a arbitragem é hoje afetada por numerosos "desvios processuais" em razão do desenvolvimento de procedimentos, pré-, para- ou pós-arbitrais cumpridos diante dos tribunais e de certa profissionalização das atividades de árbitro ou de organização da arbitragem. Esse movimento explica pelo menos em parte por que às vezes se dá preferência a outros métodos de solução amigável dos conflitos, métodos chamados "alternativos" (a origem é americana: *Alternative Dispute Resolution: ADR*).

Formas

Em relação à organização, é possível encontrar duas formas de arbitragem: *ad hoc* ou institucional. A arbitragem institucional é realizada sob a égide de centros permanentes de arbitragem, ligados a organismos profissionais de vocação especial (exemplo: comércio de cacau, de café etc.) ou geral (exemplo: Câmara de Comércio Internacional). O instituto de arbitragem é, assim, uma pessoa jurídica (associação, sociedade etc.) cuja missão é organizar arbitragens em aplicação de um regulamento por ele instituído, que as partes aceitam, convencionando que seu litígio será posto sob seus auspícios. O instituto de arbitragem não exerce, ele mesmo, função de árbitro. A arbitragem *ad hoc*, ao contrário, é acionada pelas próprias partes, que têm, assim, grande liberdade em sua organização. Cada forma de arbitragem tem suas vantagens: a existência de uma estrutura predeterminada (na primeira), a flexibilidade de procedimentos específicos para cada caso (na segunda).

Com referência ao objeto do litígio, em geral se distingue arbitragem interna e internacional. Beneficiando-se de um regime favorável a seu pleno desenvolvimento, a arbitragem internacional é aquela que "põe em causa interesses do comércio internacional" (art. 1.492 NCPC). Por interpretação dessa fórmula, em geral se estima que a internacionalidade é determinada por um critério econômico; basta que a operação econômica realize uma transferência de bens, serviços ou fundos através das fronteiras, enquanto a nacionalidade das partes, a lei aplicável ao contrato ou à arbitragem, assim como o lugar da arbitragem são inoperantes. Como contraponto, a arbitragem interna corresponde a uma definição totalmente negativa, pois deve ser qualificada como aquela que não seria internacional, segundo aplicação dos critérios acima expostos.

Quanto à missão do árbitro, cabe distinguir arbitragem de direito e composição amigável. O árbitro deve, em princípio, pronunciar-se nas formas do direito, mas as partes dispõem da faculdade de lhe conferir os poderes de conciliação: o árbitro terá então a faculdade de não se limitar à aplicação do direito para dirimir o litígio que lhe é submetido, o que lhe permitirá não só ignorá-lo completamente (salvo no que se refere às regras de ordem pública) como também se afastar dele na medida em que seu sentimento de equidade o exija.

Sociologia

A arbitragem é praticada hoje principalmente no campo dos litígios comerciais, internos e, sobretudo, internacionais e de direito internacional público. É mais procurada quando os litigantes pertencem ao mesmo meio profissional, buscam sigilo, ou não dispõem de um juiz facilmente determinável (conflitos internacionais públicos ou privados). Constatou-se a pequena importância da arbitragem convencionada pelas partes depois que o litígio já nasceu. Esse malogro decorre de dificuldades psicológicas (desconfiança) ou técnicas (dificuldades de organização, custo da arbitragem). Quanto à arbitragem sob cláusula compromissória, muitas vezes está ligada à intervenção de um instituto permanente de arbitragem, cujo número cresceu consideravelmente, ainda que poucos funcionem de fato. Assim, percebe-se a intensa atividade da Corte de Arbitragem da Câmara de Comércio Internacional (agora entre 400 e 500 pedidos novos a cada ano). As questões tratadas referem-se principalmente a operações de comércio internacional, transporte, distribuição e concessão, assim como a litígios relativos à construção e aos empreendimentos comuns. Afirma-se com frequência que o árbitro se tornou o juiz natural dos litígios do comércio internacional. A arbitragem comercial internacional foi descrita, numa perspectiva crítica, como um verdadeiro mercado, para cujo domínio os juristas se enfrentam portando como armas o direito, seus conhecimentos e suas relações de negócio. Os atores desse "mercado" desenvolveriam, assim, uma estratégia de conquista, profundamente marcada pela chegada dos grupos anglo-americanos, o que teria contribuído para transformar a fisionomia da arbitragem, provocando a profissionalização da função de árbitro e forte judiciarização dos procedimentos.

Regime

O regime jurídico da arbitragem, no direito francês, resulta da conjugação de diversas fontes: artigos 2.059 e 2.060 C. Civ. (red. L. 5 de julho de 1972), artigo 2.061 C. Civ. (red. L. 15 de maio de 2001), artigos 1.442 a 1.491 NCPC em matéria de arbitragem interna (D. de 14 de maio de 1980), artigos 1.492 a 1.507 NCPC para a arbitragem internacional (D. de 12 de maio de 1981) e alguns textos especiais, completados por importante jurisprudência. A arbitragem internacional pode ser, além disso, submetida a diversos instrumentos internacionais de origem convencional (a mais importante é a Convenção de New York de 10 de junho de 1958, em vigor em mais de 130 países, e que organiza a execução das sentenças estrangeiras), assim como a certo número de regulamentos de institutos permanentes de arbitragem. Numerosos direitos estrangeiros inspiraram-se no modelo de lei proposto pela Comissão das Nações Unidas para o Direito do Comércio Internacional (CNUDCI) em 1984. Liberal, a regulamentação oriunda do Novo Código de Processo Civil francês caracteriza-se pela confiança depositada no árbitro, cujos poderes jurisdicionais são análogos aos do juiz, bem como pela cooperação da justiça estatal para a eficácia da arbitragem. A jurisprudência, por sua vez, contribuiu em muito para a elaboração de um regime favorável à arbitragem, especialmente em matéria internacional, em que foi afirmada a autonomia da cláusula compromissória e ampliado o campo da arbitrabilidade do litígio. O árbitro dispõe de grande liberdade para a determinação do direito aplicável, enquanto a apreciação das sentenças por parte do juiz estatal se manifesta com liberalismo.

› Boisséson M. de, *Le Droit français de l'arbitrage*, GLN-Joly ed., 1990. – Clav Th., *L'Arbitre*, Dalloz, 2001. – David R., *L'Arbitrage dans le commerce international*, Economica, 1982. – Fouchard Ph., Gaillard E. & Goldman B., *Traité de l'arbitrage commercial international*, Litec, 1996. – Jarrosson Ch., *La Notion d'arbitrage*, LGDJ, 1987. – Loquin E., *L'Amiable composition en droit comparé et en droit international*, Litec, 1980. – Motulsky H., *Ècrits*, t. II: *Études et notes sur l'arbitrage*, Dalloz, 1974. – Oppetit B., *Théorie de l'arbitrage*, PUF, 1998. – Robert J. & Moreau B., *L'Arbitrage*, Dalloz, 6ª ed., 1993. – Rubellin-Devichi J., *L'Arbitrage, nature juridique*, LGDJ, 1965. – *Revue de l'arbitrage*, trimestral, desde 1955.

Dominique Bureau, Charles Jarrosson

→ Equidade; *Exequatur*; Formas de justiça; Juiz; Justiça privada; Mediação; Perito e perícia.

ARGUMENTAÇÃO E RETÓRICA JURÍDICA

As diferentes correntes de análise do direito atribuem à argumentação um papel fundamental, mas funções divergentes. A análise "literária" do direito vai buscar nos considerandos dos julgamentos os fenômenos narrativos e interpretativos que pareceriam reservados ao escritor ou ao historiador. Mas o próprio Dworkin propôs dar-se atenção à coerência narrativa dos julgamentos. Inversamente, o renascimento da análise da argumentação deve muito a autores que foram influenciados pelo modelo das argumentações empregadas no domínio do direito, seja nos considerandos dos julgamentos, seja nos arrazoados. É o que ocorre com Perelman, mas também, em menor medida, com Toulmin. A própria argumentação pretende ser diferente das formas de inferência impostas pela lógica (ela depende do contexto e dos outros argumentos) e tem dificuldade para definir suas relações com a retórica. Costuma-se dizer que a argumentação visa a convencer com boas razões, e a retórica, a persuadir, mesmo que com más razões. A retórica seria então própria aos advogados, e a argumentação, aos juízes.

De fato, os juízes não precisam persuadir os demandantes da validade de sua sentença, uma vez que, se foram observados os procedimentos corretos e se as normas foram corretamente invocadas na sentença, aqueles não poderão atacá-la. Mas os advogados do tribunal do júri poderão responder que eles também precisam convencer os juízes, ainda que se esforcem por persuadir os jurados. Além do mais, o aparecimento de tribunais de justiça supraestatais, como a Corte Europeia, pode levar um Estado à necessidade de argumentar em defesa de suas próprias normas jurídicas. O direito já não é apenas lugar de instituições e julgamento, é também o lugar do debate do contraditório (Frison-Roche, 1983). Observa-se então que os considerandos da Corte Europeia dedicam-se à exposição dos argumentos da defesa e do autor, assumindo o dever de argumentar para fundamentar sua sentença e de refutar todos os argumentos contrários de alguma das partes, de tal modo que a instância que aparece como superior às normas estatais adota uma atitude argumentativa. A argumentação e a retórica inerentes aos debates judiciários são utilizadas pelos analistas do direito com quatro objetivos diferentes. Os primeiros (kelsenianos) utilizam a argumentação apenas para analisar as relações entre as normas, no modo como foram promulgadas, e para evidenciar sua hierarquia, ou então para reunir formulações normativas aplicáveis a um mesmo tipo de situação, mas disseminadas por diferentes setores dos códigos jurídicos. Os segundos querem mostrar que os raciocínios jurídicos devem extrair o essencial de suas regras dos debates morais (Alexy), ou então tentar tornar o julgamento coerente com princípios que podem estar implícitos na jurisprudência e até contradizer certas normas que serão consideradas resquícios históricos errôneos (Dworkin). Os terceiros (*Critical Legal Studies*) desejam mostrar que as análises jurídicas seguem os caminhos do senso comum e, com a aparência de inferências apoiadas em normas, consistem em reconstruir as situações segundo modelos narrativos consagrados, aos quais as normas podem então ser aplicadas. Outros, por fim, como Frison-Roche, querem atrelar o direito – graças à dinâmica de suas argumentações – ao fluxo das revisões perpétuas próprias a um sistema liberal que vive refinando suas regulações. Os dois primeiros só querem lidar com a argumentação. Os dois últimos insistem principalmente nas modalidades retóricas dos arrazoados e dos julgamentos, pois uns se referem à narratividade do senso comum, e os outros, à necessidade de persuadir uma corte.

A argumentação fará o debate moral penetrar na esfera do debate jurídico, e a argumentação jurídica será similar à argumentação moral? A argumentação jurídica se reportará a esquemas narrativos? Será possível diferenciar argumentação e retórica, ou então a persuasão dos juízes valerá uma sanção normativa? Para responder a essas perguntas, precisaremos esboçar algumas referências às diferentes teorias da argumentação e da retórica. Essas teorias foram construídas pelos filósofos (Toulmin), por lógicos (escola deôntica inspirada em Von Wright, escola dialógica inspirada em Lorenzen [Barth, Krabbe, Prakken]) e, mais recentemente, as lógicas não monótonas, por meio dos analistas da linguagem e de sua dimensão pragmática (Van Eemeren, Grootendorst, Walton) e dos linguistas (Ducrot, Anscombre).

Alexy foi um dos primeiros a afirmar que o raciocínio e as condições da argumentação jurídica têm pontos comuns com a argumentação moral. Acata a ideia de Apel e Habermas de que toda argumentação implica a aceitação de certas normas de discussão. A argumentação implica, em primeiro lugar, pressupostos lógico-semânticos ("nenhum locutor deve se contradizer", "não se deve utilizar a mesma expressão com sentidos diferentes"), pressupostos sobre o processo pragmático (sobre a sequência dos atos de enunciação), como "um locutor só pode afirmar aquilo em que acredita", "quem recorrer a uma norma que não seja objeto da discussão deverá explicar a razão". Mas impõe também e sobretudo condições sobre os móbeis dos participantes da discussão: "cada um deve poder questionar toda e qualquer afirmação, seja ela qual for", "nenhum locutor deve ser impedido por pressão autoritária de valer-se de seus direitos estabelecidos de tomar parte na discussão" etc. Esses móbeis, segundo Apel, são os pressupostos transcendentais de toda discussão, ou seja, as condições de possibilidade que entram em ação sempre que se discute. E contêm uma moral da discussão. Uma objeção imediata à aplicação direta dessa doutrina ao direito é que algumas das normas do direito são constitutivas do debate jurídico, ao passo que as normas invocadas por Alexy, Apel ou Habermas são normas pressupostas, ou mesmo o horizonte ideal de uma prática de discussão que pode desenrolar-se sem que tais normas sejam sempre respeitadas. Em compensação, o não respeito às normas jurídicas processuais é uma das causas para anulação de uma decisão jurídica. No debate jurídico, nada obriga os litigantes a utilizar as palavras no mesmo sentido, mas eles estão sob o controle do juiz que, por sua vez, deve dissipar essas ambiguidades em seus considerandos, pelo menos as que possam levar à aplicação de normas jurídicas diferentes das do caso em debate.

A tese de Dworkin é a de que o juiz ideal deve realizar o trabalho hercúleo de identificar os princípios explícitos ou implícitos da jurisprudência que podem guiar o julgamento em dado caso, e não só garantir a coerência de seu julgamento com esses princípios, mas também identificar os princípios em questão baseando-se no fato de que eles permitirão a reconstrução mais coerente das argumentações da jurisprudência. Segundo essa visão, poderá haver a introdução de princípios morais no debate jurídico, caso estes sejam necessários para assegurar o máximo de coerência. Os kelsenianos (Pfersmann, 2000) replicarão que só as normas explicitadas como tais pelo direito podem servir de apoio a um julgamento e que princípios implícitos podem ser usados num arrazoado como recurso retórico, ou podem até servir para orientar as justificativas psicológicas do juiz, mas se esses princípios não jurídicos fossem invocados como fonte de justificação do julgamento, torná-lo-iam juridicamente inválido. É possível avançar nessa questão, comparando os procedimentos da argumentação num debate moral com os que são usados num debate jurídico.

Pode-se utilizar o mesmo método para discutir as duas outras posições. O recurso a esquemas narrativos não é, evidentemente, usual quando um jurisconsulto raciocina sobre os nexos entre normas e sobre a posição hierárquica de uma norma jurídica, ou seja, sobre o tipo de autoridade a que se pode recorrer, em que domínio de caso jurídico, ou ainda sobre a necessidade de o procedimento implicado por essa norma ser satisfeito para possibilitar uma sequência de outros procedimentos (remonta-se então, evidentemente, até a norma constitucional de formulação das regras jurídicas). Mas parece inevitável recorrer a eles quando o juiz tenta reconstruir o caso para saber que norma aplicar. Assim, no sistema jurídico egípcio, será importante, em caso de estupro coletivo, saber que tipo de contato cada agressor teve (abraçar o corpo da vítima é um "atentado ao pudor", mas beijá-lo não) (Dupret, 1998). Ora, essas distinções não remetem simplesmente a normas, mas a esquemas de abordagem erótica que comportam gestos típicos, com suas conotações normativas.

Encontra-se aí uma noção próxima à de "pré-construto cultural" proposto por Grize em sua análise daquilo que ele chama de "lógica natural". Pode-se perguntar que instrumentos lógicos e de análise da argumentação mais convêm a tal programa de análise jurídica. 1 / Grize e sua escola propuseram instrumentos para analisar as relações entre as categorias utilizadas para construir esquemas de representação cultural. Assim, pode-se analisar um agregado em seus ingredientes, e, para mostrar que um esquema se aplica a um caso, quando a tendência imediata é aplicar a outro, deve-se avançar passo a passo, exibindo ingredientes suficientes do primeiro caso que são da alçada do segundo. 2 / Dispomos também (e principalmente) de lógicas modais referentes à obrigação e à permissão, propostas inicialmente por Von Wright. Além das relações sutis entre o que é obrigatório e o que não é proibido, essas lógicas podem ser empregadas para formalizar as relações entre diferentes autoridades normativas hierarquizadas entre si. Assim, "é obrigatório ser obrigatório que P" pode ter como interpretação que a obrigação imposta por uma autoridade inferior é validada como obrigação por sua promulgação por uma autoridade superior. As lógicas deônticas, portanto, parecem indispensáveis à análise kelseniana das relações hierárquicas entre normas. 3 / Dispomos também da análise das forças pragmáticas das enunciações (promessas, ordens, pedidos, perguntas, declarações etc.). Habermas viu nisso o meio de identificar um domínio subjacente ao debate moral e ao debate jurídico e mais fundamental que eles. O problema é que essas análises nos propõem normas do diálogo argumentado, em vez de analisar o modo como ele se desenrola –

na discussão e no âmbito jurídico. Logo, há, forçosamente, concorrência entre as normas do processo jurídico e as normas pragmáticas. Afirmar apenas aquilo que se crê verdadeiro não é uma norma que possa ou deva ser respeitada por um advogado, e o juiz não pode pronunciar tudo o que crê moralmente justo, mas apenas o que crê juridicamente justificado. Em compensação, deve adequar-se a certas normas de procedimento. 4 / Por fim, dispomos de análises situadas na intersecção das lógicas do diálogo com as lógicas não monótonas. Esta última expressão designa lógicas em que se é levado a questionar conclusões já admitidas quando uma informação vem contradizer as suas premissas. São construídas para a adaptação aos raciocínios dependentes do contexto. Se o contexto muda, certas inferências podem tornar-se inválidas. Poderíamos pensar que tais lógicas permitem dar consistência ao ponto de vista dos "revisionistas". Prakken e Sartor propuseram que só se deve considerar um argumento decisivamente justificado depois de desenvolvida toda a cadeia de contra-argumentos e de contracontra-argumentos. Se, para todo contra-argumento do oponente, se puder encontrar um contra-argumento terminal, então o argumento inicial estará justificado. O problema é que a validade apenas contextual das inferências poderia fazer que o contra-...-argumento terminal seja válido no campo de pertinência própria ao contexto comum a esse argumento e ao argumento precedente, mas que não haja contexto comum de pertinência entre ele e o argumento do início da cadeia.

Isso nos permite estabelecer uma diferença essencial entre a argumentação no campo jurídico e no campo moral. No campo moral, é possível imaginar que um juízo de valor só seja pertinente num caso (posição "particularista"). No entanto, será então difícil justificá-lo. Para isso é preciso poder exibir uma máxima que tenha sentido similar e que possa ter pretensão à validade em outro caso, pelo menos. Suponhamos então que dois julgamentos opostos recorram, para justificar-se, a casos diferentes. Não será possível comparar diretamente essas duas justificações. Será preciso recorrer a uma terceira máxima. Mas ela não será pertinente para o caso inicial (senão seria preciso recorrer a ela imediatamente). Supondo-se que ela domine uma regra e seja compatível com a outra, isso não demonstrará o domínio da primeira regra para o caso inicial. Isso lhe dará no máximo uma vantagem, pois a outra regra deverá buscar novas justificações. Tem-se aí uma noção semelhante à do ônus da prova. Mas, em moral, lançar-se numa sucessão de vantagens que passam de um partidário ao outro não leva a parte alguma, pois nos afastamos cada vez mais do caso inicial e daquilo que lhe é pertinente. Em compensação, se seguirmos o modo de argumentação jurídico, poderemos prosseguir nessa cadeia para saber quem tem vantagem (o direito é até mais coercitivo, pois muitas vezes o ônus da prova é definido por uma norma), porque, no fim, o autor, a quem cabe o ônus da prova e não forneceu essa prova, estará em desvantagem. De fato, o procedimento judiciário está terminado, visto que o processo só pode respaldar-se nas peças produzidas a tempo e com base em argumentos enunciados durante as alegações finais. Quem estiver com vantagem no termo desse processo terá as melhores chances de ganhar a causa. O debate moral, ao contrário, nunca termina.

Podemos, afinal, estabelecer uma diferença entre argumentação e retórica? Enquanto a argumentação se baseia no debate entre regras normalmente válidas, mas que podem ter exceções, a retórica consiste em focalizar a atenção quer sobre o lado da normalidade, quer sobre o da exceção. O adversário, no primeiro caso, deverá mostrar que sua própria regra não é de exceção, e será possível opor-lhe outras normalidades; no segundo, mostrar que ela é normal, e será possível opor-lhe outras exceções. A retórica, portanto, vale-se das dificuldades psicológicas que temos em não superestimar a importância do tema sobre o qual a argumentação está temporariamente focalizada. O direito parece ter estabelecido dispositivos que canalizam a retórica, dando pontos de referência (as normas, inclusive as processuais, o ônus da prova etc.) para a retomada da argumentação. O exemplo dos considerandos da Corte Europeia mostra que, quando a retórica põe em debate as normas jurídicas de um Estado contra um autor, a corte não hesita em repetir todos os termos da argumentação para contrabalançar esse efeito de focalização retórica. Se assim não procedesse, e se a evolução do direito dependesse do sucesso obtido pelas alegações finais e sua retórica diante de uma corte internacional, seria previsível que o direito oscilasse numa série de vaivéns. Mas sua função parece ser a de admitir muitas oscilações para o debate, mas garantindo a estabilidade dos encadeamentos argumentativos.

› ALEXY R., *Theorie der juristischen Argumentation*, Frankfurt, Suhrkamp, 1983. – DWORKIN R., *Taking Rights Seriously*, Londres, Duckworth, 1977; *A Matter of Principle*, Cambridge, Harvard Univ. Press, 1985; *Law's Empire*, Cambridge, Harvard Univ. Press, 1986. – EEMEREN Van, GROOTENDORST & HENKEMANS S., *Fundamentals of Argumentation Theory: A Handbook of Historical Backgrounds and Contemporary Developments*, Erlbaum Associates, 1996. – FRISON-ROCHE M.-A., *Le Juge et le politique*, Paris, PUF, 1998. – GRATIOT L., MÉCARY C., BENSIMON S., FRYDMAN B. & HAARSCHER B., *Arts et techniques de la plaidoirie d'anjourd'hui*, Paris, Berger-Levrault, 1995. – GRIZE J. B., *De la Logique à l'argumentation*, Droz, 1982. – HABERMAS J., *Morale et communication*, Paris, Le Cerf, 1986; *Faktizität und Geltung*, Suhrkamp, 1992. – JACKSON B. S., *Law, Fact and Narrative Coherence*, Liverpool, Deborah Charles Publications, 1988. – JONSEN A. J. & TOULMIN S., *The abuse of casuistry*, Univ. of California Press, 1988. – LIVET P., "Argumentation et révision dans l'espace juridique", in *Argumentation, droit et sciences sociales*, Pierre Livet (org.), Presses de l'Université de Laval, 2000. – MACCORMICK N., *Raisonnement juridique et théorie du droit*, PUF, "Les voies du droit", 1996 (trad. fr. Jérôme Gagey, *Legal Reasoning and Legal Theory*, Oxford Univ. Press 1978). – PERELMAN C., *Traité de l'argumentation*, Université de Bruxelles (3ª ed.), 1976; *Logique juridique. Nouvelle rhétorique*, Paris, Dalloz, 1979. – PFERSMANN O., "Carré de Malberg et la 'hiérarchie des normes'", in *Revue française de droit constitutionnel*, nº 31, 1997, p. 481-509; "Arguments ontologiques et arguments juridiques", in *Argumentation, droit et sciences sociales*, Pierre Livet (org.), Presses de l'Université de Laval, 2000. – PRAKKEN H. & SARTOR G. (org.), *Logical Models of Legal Argumentation*, Dordrecht, Klüwer, 1997.

Pierre LIVET

ARQUIVOS (Direito dos arquivos)

Na França, seria possível dizer que o direito dos arquivos remonta ao Antigo Regime: prova é a declaração régia de 9 de abril de 1736, que obriga ao depósito dos "registros de catolicidade" nos arquivos das bailias. Aqui nos ateremos ao costume – cômodo, senão historicamente exato – que atribui à época da Revolução francesa o mérito de conceber as instituições culturais do país: em 7 de setembro de 1790, os Arquivos Nacionais são criados por decreto. Pode-se objetar que a criação de uma administração não é, *ipso facto*, criadora de um direito específico; a isso é fácil responder que o "direito dos arquivos" não constitui uma disciplina autônoma, que resulta da conjunção de diversas disposições oriundas do direito administrativo, do direito civil e do direito penal, e que, se a gestão administrativa precedeu a lei específica (lei de 3 de janeiro de 1979 sobre os arquivos), o mesmo ocorreu nos setores relativamente próximos, como o dos monumentos históricos (criado no rescaldo de 1830, só dispôs de lei própria em 1887).

A lenta invenção do arquivo como elemento do patrimônio nacional

Por que a evolução para a lei específica ocorreu mais lentamente em matéria de arquivos (quase noventa anos de atraso)? Eis uma pergunta que merece ser feita, sobretudo neste fim de século XX, quando, em decorrência de alguns fatos jornalísticos, se descobre que o arquivo está plenamente inserido na prática cultural francesa e que é alvo de pretensões políticas específicas dos poderes públicos. Um primeiro fato que se deve considerar é que o termo "arquivo" se integra sem contestação possível na língua jurídica francesa desde a Revolução, com a lei de 7 messidor do ano II (26 de junho de 1794): nela são contemplados os "arquivos estabelecidos junto à representação nacional", no caso, os atos preliminares aos Estados Gerais, os trabalhos das Assembleias Nacionais e os de suas Comissões, os tratados internacionais, os títulos da Dívida Pública, os resultados do recenseamento, assim como os títulos das propriedades nacionais. Em princípio, o que possui valor histórico não entra nessa definição, porque destinado a ser arquivado na Biblioteca Nacional. Daí se poderia deduzir que os Arquivos tinham então apenas a vocação de contribuir para o funcionamento das administrações, caso um artigo dessa mesma lei não tivesse disposto como princípio a consulta livre e gratuita pelos cidadãos, e se não tivesse sido preciso organizar também a "triagem dos títulos e papéis passados à República", os dos serviços da antiga monarquia, da Igreja e dos emigrados. Embora essa operação de "triagem" tenha atendido, desde o Diretório, a preocupações de ordem histórica, será preciso esperar a Monarquia de julho (circular Duchâtel de 24 de junho de 1844) para que fosse afirmada – ao lado da motivação de funcionamento administrativo – a motivação de interesse histórico como fundamento de uma política dos arquivos: seu princípio provavelmente fora esquecido, ou seja, a legitimidade da curiosidade do cidadão, tal como admitida no ano II. Essa evolução tem considerável importância. Por um lado, porque permite escapar à lógica estritamente utilitária dos serviços públicos (só conservar o que serve a seu bom funcionamento) e introduzir o desenvolvimento do conhecimento histórico como nova forma de interesse público. Por outro lado, porque se insere no âmbito de uma política adotada com um empenho quase inédito pela Monarquia de julho, no campo daquilo que hoje se chamaria cultura. Desse ângulo, caracterizar o desenvolvimento do conhecimento histórico como forma nova de interesse público nada tem de gratuito: quer se tratasse de monumentos históricos, museus ou de comenda pública, o objetivo do governo régio visava a reconciliar as duas Franças por meio de uma leitura liberal e progressista de sua história. Os arquivos participam dessa intenção: é significativo que a École des Chartes (escola destinada a formar arquivistas) tenha sido reorganizada em 1846, dois anos depois da divulgação da circular Duchâtel, e que naquela ocasião tenha sido exposto o princípio de que a direção dos serviços de arquivos nos departamentos seria confiada aos antigos alunos daquela escola, e não a funcionários de formação estritamente jurídica.

Deixando de lado os regimes próprios aos documentos diplomáticos e aos arquivos da Guerra, outro fato confirma essa evolução, que evidencia o interesse histórico: por decreto de 21 de março de 1884, a responsabilidade pelos arquivos departamentais, comunais e hospitalares passa do Ministério do Interior para o Ministério da Instrução Pública; depois, por decreto de 23 de fevereiro de 1897, cria-se uma Direção dos Arquivos de França no mesmo ministério. Os arquivos serão tutelados por esse mesmo organismo até 3 de fevereiro de 1959, data da criação do Ministério dos Assuntos Culturais. De certo modo, pode-se afirmar com clareza que o objetivo científico dos arquivos tende a sobrepujar todas as outras considerações – mesmo sendo de notar que os Monumentos Históricos saíram do Ministério do Interior muito antes, para se fixarem no Ministério de Estado durante o Segundo Império, e que não se procurou integrá-los no Ministério das Artes, criado em 14 de novembro de 1881, durante o efêmero ministério Gambetta: era a primeira tentativa de Ministério da Cultura. Com exceção dos confiscos revolucionários e de algumas apreensões a legatários de políticos falecidos (Cambacérès, Gambetta, por exemplo), ou seja, pouca coisa, o essencial da atividade do serviço consistia em gerir os depósitos feitos pelas prefeituras e pelos departamentos ministeriais. Desde que tais depósitos fossem feitos: não é descabido supor – na falta de uma história dos Arquivos Nacionais – que a separação do Ministério do Interior não foi favorável à transferência dos papéis administrativos que, a partir de então, passariam a submeter-se a uma tutela, a da Instrução Pública, que ainda não fora posta à prova. Foi um decreto de 12 de janeiro de 1898 que impôs a obrigação do depósito dos papéis ministeriais "inúteis". Trinta anos mais tarde, a questão é retomada pelo decreto de 21 de julho de 1936, que, à ideia de depósito provisório (espécie de crivo antes dos arquivos definitivos, instituído pelo texto anterior), soma a de "triagem", segundo a terminologia retomada da época revolucionária. A partir daí, pelas décadas seguintes, seriam adotadas práticas de seleção, às vezes fundadas, frequentemente discutíveis.

O período entre as duas guerras caracteriza-se, paralelamente, por certa ampliação da noção de arquivo – fenômeno semelhante se verifica nos outros setores do patrimônio público: monumentos históricos e sítios arqueológicos, em especial. Assim, a lei de 14 de março de 1928 atribui às minutas notariais um caráter de arquivo semipúblico; o decreto-lei de 17 de junho de 1938 dá a possibilidade de tombar entre os monumentos históricos (lei de 31 de dezembro de 1913, cap. II, "Dos objetos mobiliários") os papéis de interesse histórico pertencentes aos particulares. Sem dúvida, as transferências e os tombamentos não foram imediatos, muito menos seus efeitos sobre o trabalho histórico. Pode-se dizer, em todo caso, que as primeiras possibilitaram melhor conhecimento da vida privada dos franceses, e que os segundos salvaram uma parte do patrimônio arquivístico francês (tombamento, por decreto de 1951, dos papéis de Diderot), ainda que um balanço crítico da política de tombamento, transferência, compra e doação pudesse ser instrutivo, no que se refere às oportunidades perdidas. Talvez fosse preciso ir mais longe nessa época e levar em consideração as transformações que afetavam a vida pública. Será preciso esperar a lei de 21 de dezembro de 1970 para constatar que as comunas de menos de 2 mil habitantes não tinham meios de aplicar as disposições da lei de 5 de abril de 1884, que lhes impunham os custos de conservação de seus arquivos, e oferecer-lhes a possibilidade de depositá-los nos arquivos departamentais. E foi preciso esperar bem mais tempo para perceber as consequências sobre os arquivos da multiplicação, nos poderes públicos, de pessoas jurídicas geradoras de arquivos públicos: estabelecimentos públicos, empresas públicas, organismos, associativos ou não, encarregados de alguma missão junto ao serviço público.

A lei de 3 de janeiro de 1979: um século e meio de práticas arquivísticas

O grande mérito da lei nº 79-18, de 3 de janeiro de 1979, sobre os arquivos, primeiro texto legislativo francês dedicado totalmente à matéria, foi o de ter reunido textos e práticas anteriores e imposto disposições adaptadas a essas evoluções. Não cabe aqui analisar seus termos, mas alguns pontos devem ser evidenciados. O artigo 1º dá uma definição da noção de arquivo: ele visa à documentação produzida tanto pela esfera privada quanto pela pública. Essa definição, muito genérica, é completada pelo artigo 3º em matéria de arquivos públicos: o legislador pretendeu ser o mais abrangente possível, designando a produção do Estado, das coletividades locais, dos estabelecimentos e empresas públicas, dos organismos de direito privado encarregados da gestão dos serviços públicos ou com uma missão junto a serviços públicos, bem como minutas e repertórios dos funcionários públicos e ministeriais. Pela primeira vez faz-se a explicitação do interesse público como fundamento da conservação; essa explicitação atende a dois critérios; um é jurídico: as necessidades da gestão e da justificação dos direitos das pessoas físicas ou jurídicas, públicas ou privadas; o outro é científico: estabelecimento da documentação histórica para pesquisa. Dá-se garantia de imprescritibilidade aos arquivos públicos (art. 3º), bem como aos arquivos particulares tombados (art. 14). O texto esqueceu-se de estender essa proteção jurídica aos arquivos privados que entraram nos depósitos públicos por doação ou aquisição. A prática arquivística fundamental é caracterizada como de "triagem" (art. 4º): "Para separar os documentos que devem ser conservados dos documentos destituídos de interesse administrativo e histórico, destinados à destruição." As condições de consulta são organizadas pela lei nº 78-753 de 17 de julho de 1978, sobre diversas medidas de melhoria das relações entre a administração e o público, que garante ao "administrado" a liberdade de acesso aos documentos administrativos de caráter não nominativo (art. 1º), e também pela lei de 1979 (arts. 6º, 7º e 8º). Esta prevê, de maneira geral, um prazo de trinta anos entre a apresentação de um documento e sua consulta, mas também prevê diversos regimes particulares, segundo a natureza do documento: cento e cinquenta anos a contar da data de nascimento para os documentos que comportem informações individuais de caráter médico; cento e vinte anos a contar da data do nascimento para os dossiês de pessoal; cem anos a contar da data do ato ou do encerramento do dossiê para os documentos judiciários e notariais, bem como para os registros de estado civil e os registros fiscais (*enregistrement*); cem anos para os documentos individuais, coligidos em levantamentos estatísticos; por fim, sessenta anos a contar da data do ato para documentos – cuja lista é fixada por decreto no Conselho de Estado – que contenham informações que ponham em causa a vida privada ou que digam respeito à segurança do Estado ou à Defesa Nacional.

Uma lei ultrapassada

Mal tinha sido votada, a lei sobre os arquivos foi confrontada com as reformas oriundas da lei de 22 de julho de 1983, relativa à divisão das competências entre as comunas, os departamentos, as regiões e o Estado, em especial, transferência para o departamento da tutela dos arquivos departamentais, mas sem que o diretor dos arquivos departamentais pertença ao pessoal departamental e, sobretudo, sem que os arquivos anteriores à descentralização deixem de ser de propriedade do Estado. O princípio do controle científico e técnico do Estado sobre o pessoal dos arquivos territoriais é claramente afirmado, embora sem garantias de que essa situação complexa deixe de gerar alguma dificuldade.

A lei sobre os arquivos confrontou-se com outra novidade legislativa: a liberalização do mercado da arte e, mais geralmente, dos bens do patrimônio cultural, em aplicação da lei de 8 de agosto de 1994, que introduzia a possibilidade de saída temporária dos bens culturais, em decorrência da ab-rogação da lei de 23 de junho de 1941 relativa à exportação das obras de arte. Considerando-se que a política de tombamento dos arquivos privados foi interrompida por temor aos pedidos de indenização, o Estado privou-se dos meios de impedir a sangria de suas riquezas arquivísticas, a não ser por via de aquisição. O dinamismo da concorrência internacional, devido, especialmente, à política de compras das instituições americanas, torna essa via, *grosso modo*, inoperante, apesar de alguns esforços para aumentar os créditos de aquisição. Portanto, não é de surpreender que acervos tão importantes para a compreensão da segunda metade do século XX quanto os do designer Raymond Loewy tenham sido exportados em 1997 por não terem sido adquiridos pelo preço módico de 7 milhões de francos.

Independentemente do contexto jurídico, a evolução da sociedade francesa dificulta a aplicação da lei de 1979. No campo das instituições, principalmente: de pouco adiantou o legislador de 1979 ter previsto a multiplicação dos produtores de arquivos públicos, uma vez que não se seguiram os meios para enfrentar essa realidade. A tal ponto que se pode perguntar se será possível tentar escrever a história de certos aspectos da sociedade da segunda metade do século XX: por exemplo, da urbanização ocorrida na V República, na qual intervêm múltiplos atores mais ou menos efêmeros, processos complexos e práticas às vezes confusas. Seria preciso ter condições de evitar as destruições, garantir a coleta, dispor de locais que possibilitem a conservação de diversos suportes de informação, tais como documentos fotográficos, informáticos e gráficos ou maquetes, ter condições de realizar os inventários. Outra dificuldade está no fato de que o aumento do pessoal nos arquivos e nos estoques não foi proporcional ao aumento na massa de arquivos. Para enfrentar essa diminuição no valor relativo dos esforços dos poderes públicos, esse pessoal é induzido a dar importância considerável aos procedimentos de triagem e eliminação. Ora, esses procedimentos baseiam-se numa concepção da história – história-problema, história-estrutura – que, ao atribuir importância demasiada aos métodos estatísticos, justifica a prática da amostragem.

Essas práticas hoje são inadequadas não só às novas concepções da ciência histórica – conforme mostrado por *Lieux de mémoire* (ed. Gallimard), que privilegia o qualitativo e o micro-histórico –, mas também à evolução da consciência patrimonial. A população de hoje deseja manter laços diretos com o passado, o que não inclui necessariamente o discurso constituído dos historiadores: ela se interessa por questões relativas ao indivíduo, à família, ao grupo, e não admite que, por razões estatísticas justificadoras de economia orçamentária, seja destruído aquilo que lhe interessa. É isso o que se depreende dos trabalhos daqueles que na Alemanha praticam a *Alltagsgeschichte* (que não se resume ao conceito francês de história da vida cotidiana), naquilo a que se dá o nome de *Geschichtewerkstätte* (oficinas de história). É essa também a lição que se deve extrair dos conflitos que opõem a administração e usuários em torno dos prazos de consulta dos arquivos contemporâneos: além das posições ideológicas e polêmicas de alguns, transparece claramente nos franceses o desejo de manter uma relação personalizada com o passado, independentemente do discurso historiográfico. Além disso, a verdadeira preocupação do legislador deveria ser introduzir na concepção do interesse público em matéria de arquivos (ao lado dos dois ramos reconhecidos pelo artigo primeiro da lei de 1979 – gestão e justificação dos direitos, documentação histórica da pesquisa) a satisfação da curiosidade patrimonial daquele que perderia o triste qualificativo de usuário para passar a ter o título de cidadão.

› Bastien H., *Droit des archives*, Paris, La Documentation française, 1996. – *Manuel d'archivistique*, Paris, Archives nationales, ed. 1991; *Recueil des lois et règlements relatifs aus archives. 1958-1988*, Paris, Archives nationales, 2 vol. – Leniaud J.-M., *Chroniques patrimoniales*, Paris, ed. Norma, 2002.

Jean-Michel Leniaud

→ Arquivos (Direito nos); Patrimônio.

ARQUIVOS (Direito nos arquivos)

Sem exagero, seria possível dizer que "todo o direito está nos arquivos", ou que "tudo é direito nos arquivos", pois, em sua concepção primeira, estes reúnem os documentos que fundamentavam os direitos e as obrigações de seus detentores, e mesmo quando, em época bem recente, a noção foi ampliada para englobar todos os documentos considerados dignos de conservação – manuscritos ou não –, essa onipresença do direito pouco diminuiu. Pensemos, por exemplo, nos recursos oferecidos pelos arquivos dos diferentes serviços públicos aos historiadores do direito administrativo, ou pelos arquivos de empresas aos historiadores do direito econômico. O que se encontra nos arquivos é o *direito em atos*; por isso, sua perquirição permite perceber a distância que separa as normas enunciadas de sua aplicação e, por conseguinte, avaliar a efetividade da regra de direito.

Ao longo dos séculos, os arquivos foram ganhando amplitude extraordinária, a tal ponto que hoje, na França, ocupam mais de 3.200 quilômetros de prateleiras dos depósitos públicos, devendo-se a estes somar os arquivos privados cujo volume é impossível avaliar! Embora as vicissitudes da conservação nos tenham legado, dos períodos mais antigos, documentos esparsos ou individualizados, referentes sobretudo aos grupos dominantes na sociedade e no Estado, a partir de época já anterior à modernidade, o historiador do direito passa a dispor de fontes documentais seriais, que possibilitam apreender uma realidade social global.

Dos polípticos aos cartulários

Quanto aos períodos mais remotos, os registros que nos chegaram dos atos praticados são relativamente raros. Sua destruição é compensada, em certa medida, pela conservação – e edição – de modelos ou exemplos destinados aos escribas: *formulários*, bem numerosos desde a época franca, *manuais* para uso dos redatores de títulos de propriedade, ou guias para notários. Sobre esse assunto, limitamo-nos a remeter ao verbete deste dicionário dedicado às *fórmulas*.

No entanto, possuímos ainda documentos antigos conservados por proprietários cautelosos, preocupados em guardar vestígios escritos do fundamento de seus direitos. A forma desses textos determinou o nome que tinham: *polípticos* – cadernos constituídos por folhas de pergaminho dobradas várias vezes (em oposição aos dípticos, que eram formados por duas folhas apenas). O termo era conhecido na baixa antiguidade, para designar registros fiscais. Na alta Idade Média, é aplicado a cadernos que descreviam os domínios possuídos pelas classes dominantes, essencialmente por estabelecimentos eclesiásticos; fixavam seus limites e enumeravam os escravos ou colonos que possibilitavam sua exploração. O mais famoso desses documentos – editado no século XIX – é um cuja redação foi feita em torno do ano 800 por Irminon, abade do mosteiro parisiense de Saint-Germain-des-Prés. O texto, chamado de *políptico de Irminon*, é visto como um arquétipo; enumerando as propriedades rurais familiares (*manses*), pertencentes a homens livres ou a escravos, assim como os censos devidos à abadia, é uma fonte histórica riquíssima, que esclarece a economia e a sociedade dos tempos carolíngios. Do ponto de vista jurídico, é um registro autêntico dos bens e dos direitos de um grande proprietário, feito de maneira solene em presença de todos os interessados, capaz de fazer fé em justiça, como "a lei autêntica da terra e de seus habitantes".

Outros polípticos também preciosos foram redigidos na época carolíngia e mais tarde. Em francês, dessa palavra derivou *pouillé*, para designar os registros do inventário dos bens constituintes de benefícios eclesiásticos ou a lista de todos os benefícios de um mesma diocese ou de uma mesma província. Em pleno século XVIII, ainda, a Assembleia do clero da França teve a intenção de fazer um *pouillé* geral de todas as dioceses do reino, acompanhado de mapas detalhados.

Também derivados dos polípticos, aparecem, na época feudal, os tombos (*terriers*), documentos que recenseavam o conjunto dos bens imobiliários situados na dependência de um feudo ou de uma senhoria, assim como os censos ou direitos devidos por foreiros (*tenanciers*) ou aldeões (*manants*). Também são estabelecidos de maneira autêntica e supõem a participação dos súditos, que reconhecem o que cuidam para o senhor ou o que lhe devem anual ou periodicamente. A partir da Idade Média, a redação desses tombos possibilitou aos poderosos – laicos ou eclesiásticos – aumentar ou, pelo menos, consolidar a posse de seus bens e os direitos a eles vinculados. Essa é uma das razões pelas quais, aliás, eram periodicamente refeitos. Durante o Antigo Regime, a confecção dos tombos foi regulamentada e controlada pela autoridade monárquica; segundo a província, isso podia ocorrer a cada vinte ou trinta anos. Embora em muitas senhorias não tenha havido tal periodicidade, na segunda metade do século XVIII, em compensação, houve uma verdadeira campanha de restauração dos tombos, instrumento da "reação senhorial". Na realidade, a conjuntura econômica, provocando forte alta dos preços dos produtos agrícolas, e a combatividade das comunidades aldeãs, que reclamavam a apresentação de títulos de propriedade antes de pagarem os censos, incitaram os proprietários de senhorias a mandar confeccionar novos "*papiers terriers*", a fim de aumentarem seus lucros. Entende-se por que, diante da pressão das massas populares rurais, a Convenção previu, na lei de 17 de julho de 1793, destinada a abolir completamente o feudalismo, a destruição de todos os documentos relativos aos direitos senhoriais suprimidos, que deviam ser queimados solenemente em 10 de agosto seguinte, dia do aniversário da queda da realeza. Felizmente para os historiadores do direito, essa disposição da "lei colérica" (Merlin) só foi parcialmente posta em efeito, de tal modo que ainda hoje dormem nos arquivos numerosos tombos redigidos da Idade Média às vésperas da Revolução.

Se polípticos, listas de benefícios eclesiásticos (*pouilles*) e tombos (*terriers*) dão lições preciosas sobre a condição das terras na França e, mais geralmente, sobre o direito dos bens e sua evolução ao longo dos séculos, os *cartulários*, por outro lado, ampliam muito a documentação. Trata-se de coleções de cópias de títulos de propriedade, criadas na maioria das vezes (mas nem sempre) por estabelecimentos eclesiásticos, com o fim de agrupar num documento único seus diferentes títulos jurídicos, para maior comodidade e melhor conservação. Assim como a redação dos tombos, a de tais coletâneas se estende, em razão da própria evolução dos patrimônios, durante longo período, *grosso modo*, do século XII ao XVIII, mas os cartulários sempre mantêm o teor de atos ocorridos muito tempo antes. Muitos são conservados nos arquivos, mas uma parte deles foi objeto de edições comentadas. Todos são muito ricos em lições de ordem jurídica, pois contêm atos de natureza muito diversificada quanto à constituição e à exploração de um domínio, mas muito mais variados do que os reconhecimentos feitos pelos foreiros nos tombos. Neles se encontram, misturados, vendas, trocas, doações, abandonos ou cessões de bens, testamentos, concessões, arrendamentos, renúncias, transações, arbitragens etc., enfim, a maioria dos atos da vida jurídica cotidiana que punham em jogo o direito dos bens, o direito das obrigações e mesmo o direito da família, no mínimo graças às listas das numerosas testemunhas que figuram nos títulos de propriedade, não só para servirem de prova, mas também para aprovarem seu conteúdo. E assim é possível reconstituir as estruturas familiares ou as regras da devolução sucessória nos períodos mais antigos.

Ao lado dos cartulários que, apesar de numerosos e ricos, revelam pequena proporção dos atos da prática, foram conservados títulos de propriedade isolados em vários lugares. Embora sua pesquisa seja aleatória, indicaremos aqui lugares onde a messe pode ser abundante: os acervos de famílias, muitos dos quais constituem, sem dúvida, arquivos privados conservados nos castelos ou nas casas dos descendentes, mas sempre é possível encontrar alguns nos arquivos públicos, quer em virtude da aplicação das medidas revolucionárias destinadas aos emigrados, quer em decorrência da sua transferência para os arquivos públicos, feita por seus proprietários. Apesar de díspar, o conteúdo desses acervos não deixa de ser um dos mais valiosos para conhecer o direito aplicado ao longo dos séculos. No entanto, para compreender globalmente uma realidade jurídica, nada melhor que as séries que permitem uma abordagem simultaneamente qualitativa e quantitativa.

Os documentos seriais

Entendemos esse termo em sentido amplo, como conjuntos de peças, pastas ou coletâneas que contêm atos de caráter repetitivo. Sua antiguidade pode ser grande ou pequena. Os registros que permitem a identificação das pessoas, marcando as etapas de sua vida terrena e constituindo provas de seu estado, não são os mais antigos documentos seriais, mas a generalidade e a regularidade que exibem conferem-lhe caráter exemplar. De surgimento esparso no fim da Idade Média, graças a iniciativas episcopais, os registros que consignam batismos e, depois, casamentos e enterros são alvo, no século XVI, de regulamentação oficial em obediência a vários decretos; de acordo com tal regulamentação, os párocos eram obrigados a depositar um exemplar de cada registro nos arquivos públicos da jurisdição régia mais próxima. Depois, a partir da Revolução francesa, o estado civil foi laicizado, e a manutenção dos registros, confiada às municipalidades. Assim foram conservados até nós esses documentos que fazem as delícias dos genealogistas, mas também dos historiadores do direito, entre outros. Sua manipulação quase cotidiana teria acabado por provocar sua destruição material, mas o conjunto dos registros paroquiais e de estado civil foi filmado pelos mórmons (na prática do batismo dos ancestrais), que deixaram em cada arquivo os microfilmes correspondentes aos originais conservados. O domínio jurídico coberto por tais documentos limita-se, evidentemente, ao estado das pessoas, ao casamento, ou ao divórcio a partir do momento em que este foi instituído.

Os arquivos notariais, mais ricos e diversificados que os cartulários, ao contrário, cobrem quase toda a prática do direito. Sua antiguidade é diferente, segundo as regiões, maior nos países do Sul do que na França, onde é preciso esperar o fim da Idade Média para dispor de *protocolos* ou *minutas* suficientemente alentados. Basta remeter-se ao verbete *notários* deste dicionário. Ressaltaremos aqui, simplesmente, que, a partir dos séculos XVII e XVIII, o acesso aos arquivos notariais é facilitado por outra documentação serial, de natureza fiscal: os registros de insinuação, do controle dos atos, dos impostos sobre transmissão de propriedade (*centième denier*), ou do registro que, relacionando os atos jurídicos que ensejaram o pagamento de uma taxa, dão indicações sobre a natureza do ato, as partes, o montante do negócio, o estudo do notário onde o ato foi firmado. Pode-se até encontrar o vestígio dos atos privados, o que amplia ainda mais a documentação.

Contudo, a vida do direito não é apenas contratual e pacífica; é também conflituosa. Por isso, as decisões judiciárias proferidas para resolver as situações constituem uma documentação serial das mais ricas, tanto em razão do número das jurisdições quanto em razão da conservação relativamente boa e precoce de seus arquivos. Para tomar apenas dois exemplos de épocas diferentes, colhidos no ponto mais alto e mais baixo da hierarquia judiciária, pensemos no proveito científico que os pesquisadores do Centre d'étude d'histoire juridique extraem da jurisprudência do Parlamento de Paris, por um lado, e, por outro, na quantidade de informações fornecidas pelos arquivos das justiças de paz da época revolucionária.

Definitivamente, só o estudo das práticas notarial e judiciária permite uma abordagem antropológica e sociológica da realidade jurídica. Por isso, há cerca de meio século, o exame e o tratamento das fontes conservadas nos arquivos renovaram profundamente a história do direito. Deve-se entender que aqui só coube a análise das massas mais importantes, referentes ao direito privado *stricto sensu*, mas os arquivos possibilitam desbravar muitos outros campos da atividade jurídica.

➤ Arquivos públicos franceses: Os arquivos nacionais (dirigir-se ao CARAN, *Centre d'accueil et de recherches aux Archives nationales*), os departamentais (um na capital de cada departamento) e os municipais (nas cidades importantes) põem à disposição dos pesquisadores guias que indicam os recursos das diferentes séries (no sentido arquivístico do termo). Convém, portanto, pesquisar segundo o tipo de fonte procurada e segundo o lugar.

Ver também os seguintes guias especializados: LANGLOIS M., *Guide des recherches dans les fonds judiciaires de l'Ancien Régime aux Archives nationales*, Paris, 1958. – VILAR-BERROGAIN G., *Guide des recherches dans les fonds d'enregistrement sous l'Ancien Régime*. Paris, 1958. – GILDAS B., *Guide des recherches sur l'histoire des familles*, Paris, 1981. – FARCY J.-C., *Guide des archives judiciaires et pénitentiaires*, 1800-1958.

Jean BART

→ Estado civil; Fórmulas; Jurisprudência; Notários; Prática.

ASILO

"Asilo" é uma palavra que serve para designar a proteção oferecida em determinado lugar a uma pessoa ou a um grupo de pessoas. O asilo é prática que remonta à noite dos tempos e se especializou progressivamente até a época contemporânea, com certo número de questões jurídicas e políticas. Suas formas variadas foram sendo reduzidas na prática, resumindo-se essencialmente a asilo territorial, que beneficia o estrangeiro no território de um Estado que o acolhe. Na perspectiva deste dicionário, que é a da cultura jurídica, convém dizer algumas palavra sobre essa "tradição" do asilo, com tanta frequência atribuída à França.

Práticas remotas de asilo

Em tempos muito remotos, veremos o asilo ligado a narrativas mitológicas, às tragédias gregas e às narrativas de fundação das cidades, conjunto vinculado a sistemas de crenças religiosas. Mesmo que a questão tenha sido controversa, o fato é que o Egito do tempo dos Ptolomeus conhecia a instituição do asilo. Inscrições que figuram em estelas postas nos cantos do espaço de asilo continham um decreto de asilo. No entanto, pode-se dizer que o asilo é, acima de tudo, uma invenção grega. Nos tempos em que o saque e a força eram princípios de ação e de direito, de algum modo, certos lugares (e às vezes certas pessoas, como os atletas durante o período dos jogos, arautos, artistas dionisíacos – *Dictionnaire des Antiguités grecques et romaines*, Hachette, 1877, "Asylia", E. Caillemer) eram beneficiados por uma proteção que era efeito de uma espécie de imunidade ressaltada pelo termo *asylos*. É desse modo que certos templos, como o de Poseidon, na Caláuria, ofereciam refúgio inviolável, *asylon*, às pessoas perseguidas pelos inimigos. Não havia na Grécia um direito de asilo generalizado, mas uma constelação de lugares que gozavam de *asylia*, que obrigava o perseguidor a desistir de sua pretensão. Com natureza essencialmente religiosa, o asilo grego tinha um fundamento mitológico: ligado ao poder divino, era um último recurso. A essas ideias religiosas se somam argumentos políticos e econômicos: para crescer, as cidades nascentes prometiam proteção (foi assim que se formaram "colônias de malfeitores"). O poder da cidade dava a medida da extensão do espaço que se encontrava sob a proteção da divindade que ela escolhera como "patrono", e a garantia contra pilhagem, portanto de prosperidade, era um dos efeitos do asilo. Mas desde os primeiros tempos, foram destacados os abusos do asilo, com denúncia da licenciosidade e da impunidade generalizadas que ele propiciava. Por isso, algumas vezes se procurava distinguir os candidatos ao asilo, levando-se em consideração os motivos que haviam dado origem ao pedido de proteção. Tucídides conta que Atenas proibia a concessão de asilo a certos criminosos. Eurípides desaprovava o fato de os templos poderem constituir salvaguarda para criminosos. Em relação à tradição romana, segundo a lenda da fundação de Roma, num gesto político fundador, Rômulo teria concordado, durante algum tempo, em acolher todas as pessoas que quisessem compartilhar de seu destino; o asilo primitivo era um bosque situado no monte Capitólio, onde Rômulo construiu um templo ao deus Asileu – dedicado, conforme se acredita, ao deus Vejove, "divindade de caráter expiatório" –, que se transformou em lugar de refúgio onde todos, sem distinção, eram acolhidos. Por outro lado, parece que o rigor do direito romano não era muito compatível com a prática do asilo, o que se explica pela ideia de perfeição da legislação romana, que deveria garantir completa segurança aos cidadãos. Aliás, não existe termo latino para designar o asilo. Evidentemente, ressaltou-se que existiam exceções, mas esses asilos não deram ensejo a muitas práticas.

Entre os hebreus, a questão do asilo está ligada ao talião, à punição dos crimes de sangue. O *Deuteronômio* (XIX) fala do homicídio e das cidades de refúgio impostas por Jeová ao querer destruir as nações cujas terras havia concedido: o refúgio é uma muralha contra o vingador do sangue, contra a lei de talião, desde que o homicídio seja involuntário. Nos tempos da marcha pelo deserto, a punição dos crimes de sangue cabia a iniciativas pessoais: um parente ou um herdeiro da vítima podia e até devia exercer o direito de talião. Mas, quando o homicídio era involuntário, seu autor podia encontrar asilo junto ao Tabernáculo, que os judeus transportavam consigo. Assim, em virtude de um costume antiquíssimo, o homem que tivesse cometido um assassinato involuntariamente podia pôr-se a salvo das perseguições e ficar longe da vista dos parentes da vítima. A sedentarização dos judeus devia provocar algumas consequências para essas práticas: deixou-se de considerar que a repressão era uma questão pessoal. Como não se queria banir o culpado de homicídio involuntário, para que ele não fosse adorar falsos deuses no estrangeiro, e como o asilo precisava continuar aberto, foi possível atender às novas exigências dos tempos com a instituição de cidades de asilo, situadas de tal modo que o refugiado nunca precisasse percorrer mais de trinta milhas para atingir uma delas. Foram escolhidas seis cidades com direito de asilo, que tinham o nome de *arai miklat* (*urbes fugitivorum* da Vulgata). Quem tivesse derramado sangue involuntariamente tinha permissão para permanecer ali até o julgamento, que ocorreria no lugar do homicídio por meio da assembleia do povo. Se sua inocência fosse reconhecida, ele era levado de volta à cidade de refúgio, onde deveria ficar até a morte do sumo sacerdote em atividade.

Do ponto de vista da tradição cristã, é discutível se o asilo teve origem na prática da *intercessio*, intercessão junto às autoridades de Roma para obtenção da atenuação da pena (*Dictionnaire de droit canonique*, Letouzey 1935). O pe. Jean Gaudemet considerava que o asilo em igrejas é "atestado desde o século IV (concílio de Sardes, em 344, c. 7). Nem sempre foi respeitado. Depois de uma legislação hesitante, uma constituição de Honório, de 419 (depois 431, 432 e 461), o cânone 5 do concílio de Orange (411) reconhecia o asilo das igrejas" (*Église et cité. Histoire du droit canonique*, Cerf-Montchrestien, 1994, pp. 195, 524 ss. e 669). Depois que as igrejas se tornaram refúgios possíveis, pelo menos a partir de Constantino, alguns de seus sucessores se esforçaram por ampliar essa instituição e outros, por restringi-la (em especial Justiniano, no século VI). Do decreto de Graciano até o artigo 1.179 do Código de Direito Canônico de 1917, que a abole, passando pelo concílio de Latrão de 1139, a sanção oficial contra quem transgride o asilo religioso é a excomunhão. A história agitada do asilo cristão dura até o século XVI. Os eclesiásticos que procuravam aumentar esse perímetro pretendiam subtrair ao império secular a maior extensão possível de território para ter sua jurisdição exclusiva. Os imperadores excluíram do direito de asilo os judeus, os homicidas, os adúlteros, os devedores do tesouro público. Finalmente, apenas os devedores civis e os escravos puderam valer-se desse direito de asilo. Sabe-se também que o asilo às vezes era mercadejado pelo poder eclesiástico. Apesar dos corretivos impostos sobretudo por Carlos Magno, que proibiu que se levasse comida para os criminosos refugiados nas igrejas, os lugares de asilo não pararam de diversificar-se, estendendo-se a pórticos, claustros, jardins, átrios, casas de bispos e cônegos até a aldrava das portas das igrejas. Já no século XIII se levantou a questão da restrição dos beneficiários possíveis do asilo, em especial da possibilidade de excluir os culpados de crimes graves. Os efeitos do asilo foram interminavelmente discutidos, mas a prática do asilo religioso (às vezes chamado "interno") não parou de decrescer. O princípio figura ainda no Código de Direito Canônico de 1917 e desaparece no de 1983.

O asilo na escola do direito da natureza e das gentes

O *De Indis* de Francisco de Vitória consagrou um princípio geral de comunicação do qual deriva a liberdade dos mares e o acesso dos espanhóis aos lugares habitados pelos índios, bem como destes à Espanha. Nessas condições, não é preciso tratar da questão do asilo, uma vez que é reconhecido o direito absoluto de acesso do estrangeiro ao território. Em *De jure belli ac pacis* (*DJB*) de 1625, Grócio lembra que a possibilidade oferecida a quem ofendeu um Estado de se refugiar em outro é fator de discórdia internacional. O asilo pode ser concedido por delitos que não afetem a sociedade humana, os que, por exemplo, não se refiram aos negócios públicos ou não tenham o "caráter de rara perversidade". Por outro lado, Grócio fala demoradamente dos "direitos tão gabados dos suplicantes". Os exemplos de asilo são abundantes, mas – escreve Grócio – só servem aos que são "vítimas de um ódio imerecido", e não "os que cometeram alguma coisa nociva à sociedade humana". Apresenta o dever de asilo em termos extremamente amplos, embora a natureza desse dever não seja claramente elucidada (ele não diz em lugar algum se essa é uma obrigação do direito das gentes ou de direito natural; *DJB*, liv. II, cap. II, XVI). O *Direito da natureza e das gentes* de Pufendorf (1672), referindo-se demoradamente aos princípios essenciais expostos por Grócio sobre o assunto, sugere subordinar a prática do asilo ao interesse do Estado: "Cada Estado deve pautar-se, aí, pelo que seu próprio interesse lhe permite fazer a favor dos estrangeiros." Em *Jus gentium methodo scientifica pertractatum*, Wolff dedica, no capítulo I – sobre os deveres das nações para consigo mesmas e os direitos daí resultantes –, uma série de parágrafos sobre o exílio e os suplicantes (§§ 145-52). Além disso, algumas notas dos *Princípios do direito da natureza e das gentes* tratam dessas questões. Wolff diz, substancialmente, que o exílio é o fato de sair da terra de domicílio "sem nota de infâmia". Admite que há um dever de compaixão para os que são expulsos de seu país e chega a fazer uma distinção entre os exilados e os "suplicantes" (*Jus gentium methodo scientifica pertractatum*, I, 152), mas ressalta que o asilo é uma prerrogativa do Estado e explica que na matéria não há "direito perfeito", o que quer dizer que não se pode coagir aquele que é obrigado a executá-lo. Um discípulo de Wolff, Emer de Vattel, retomará essa ideia (*O direito das gentes ou princípios da lei natural aplicados à conduta e aos negócios das nações e dos soberanos*, 1758, liv. I, cap. XIX, §§ 223-33). Associada a temas da escola do direito da natureza e das gentes – tais como a comunidade original do mundo, o estado de necessidade ou a sociabilidade natural –, a questão do asilo remete a deveres que são mais do âmbito da consciência do que do direito positivo. A afirmação do domínio do Estado sobre seu território levou progressivamente a excluir do direito positivo o dever e o direito de asilo e a confinar o asilo às prerrogativas do Estado.

Formas de asilo

Deixando de lado o asilo marítimo ou asilo naval, falaremos aqui de uma primeira forma de asilo, chamada "asilo político" ou "diplomático". Trata-se do asilo concedido por um Estado a uma pessoa nas sedes diplomáticas reservadas a seus representantes no território do Estado em que é credenciada. De acordo com uma evolução comparável à observada em matéria de extradição, esse asilo, historicamente, beneficiou delinquentes ou criminosos comuns, mas depois o asilo diplomático só seria concedido às pessoas perseguidas por razões políticas. A discussão sobre a possibilidade ou não de uma pessoa gozar de imunidade contra a perseguição promovida pelas autoridades do Estado territorial, refugiando-se numa embaixada, já ocorria na doutrina dos séculos XVII e XVIII (Grócio, *DJB*, liv. II, cap. XVIII, VIII, 2; Vattel, *O direito das gentes*, liv. IV, cap. VIII; Burlamaqui, *Princípios do direito político*, 1751, IV, XV, § 2, 9º). Existe uma prática bem comum de asilo diplomático que provocou muitas discussões pelo fato de ter por cenário o território do Estado que, por hipótese, é levado a contestar a proteção concedida ao fugitivo. Parece claro que não existe obrigação jurídica por parte de um Estado de conceder asilo diplomático em suas embaixadas. O direito latino-americano – o mais rico nesse aspecto – outorga apenas uma modesta faculdade de conceder asilo em caso de perseguições políticas ou de delitos políticos. Em última análise, a faculdade de que um Estado goza de conceder asilo político numa embaixada deriva de uma regra do direito diplomático que, no caso, parece afastada dos objetivos a que devia atender: a regra da inviolabilidade das sedes diplomáticas, proveniente de uma extensão da antiquíssima imunidade da pessoa do diplomata, tornou-se necessária para a permanência das relações diplomáticas e foi consagrada pela Convenção de Viena sobre as relações diplomáticas, ocorrida em 1961. Mas geralmente há consenso na avaliação de que a inviolabilidade desses locais está ligada ao exercício das funções da missão diplomática, das quais a concessão do asilo não faz parte. A inviolabilidade desses locais, portanto, apenas possibilita o asilo.

A forma de asilo mais importante é a *territorial*: trata-se da proteção oferecida por um Estado a uma pessoa ou a um grupo de pessoas estrangeiras, dando-lhes a possibilidade de se manter no território em condições derrogatórias ao direito comum dos estrangeiros. O asilo territorial não está submetido a condições estáveis; o regime jurídico do beneficiário do asilo pode variar, bem como o grau de proteção maior ou menor que lhe é concedido; enfim, o asilo territorial é ou não concedido pelo Estado em função de considerações variáveis. O asilo territorial está, de longa data, estreitamente vinculado à questão da extradição. Constitui uma exceção pelo obstáculo que opõe à extradição e, por conseguinte, pela imunidade com que beneficia uma pessoa contra perseguições de que ela é objeto por parte de outro Estado. O exílio sempre foi um remédio buscado contra as punições, e até os séculos XVII e XVIII a extradição podia ser recusada para delinquentes comuns, que fossem perseguidos por um príncipe estrangeiro. Em compensação, durante esse mesmo período, os delitos políticos eram excluídos dessa forma de imunidade, pois frequentemente davam ensejo à extradição, o que é aprovado pelas antigas doutrinas do direito das gentes e comprovado por numerosos precedentes práticos. Segundo conhecido exemplo, a Inglaterra fez que a Dinamarca e os Estados Gerais da Holanda lhe devolvessem os cúmplices do homicida do rei Carlos I. É provável que esse estado de fato e de direito se devesse às concepções penais de então, pois nelas a ideia de que os Estados devem garantir certa solidariedade mútua na repressão a crimes e delitos ainda não ganhara o lugar que tem hoje. Simetricamente, a extradição dos criminosos e dos delinquentes políticos é explicada pela solidariedade entre os príncipes reinantes na Europa e pela doutrina que apresentava a soberania como algo que repousava sobre o direito divino; logo, os crimes políticos eram vistos como os mais graves. Sabe-se bem que as razões pelas quais o Estado territorial concede imunidade a um estrangeiro perseguido pelas autoridades de outro Estado se inverteram com o passar do tempo por efeito da evolução dos costumes políticos. A partir do século XIX e, principalmente, das revoluções de 1830 na Europa, nasce aos poucos um movimento favorável à ideia inversa, segundo a qual não se deve conceder extradição em caso de delitos políticos. O artigo 3º da Convenção europeia de extradição de 13 de dezembro de 1957 retoma o princípio de não extradição em matéria política, mas o direito europeu contemporâneo tende à ideia de que todo pedido de extradição deve ser acolhido favoravelmente pelos Estados que respeitem os padrões elevados impostos pelas doutrinas do Estado de direito e da proteção aos direitos fundamentais. O asilo pode, em certos casos, interferir no problema da proteção internacional dos direitos do homem. Foi por meio de instrumentos que, na maioria das vezes, não têm por objeto o asilo que este último foi promovido à categoria de garantia de outros direitos convencionalmente protegidos. Está claro na Convenção Europeia dos direitos do homem de 1950: o envio de uma pessoa para um território onde esses direitos não sejam observados, fazendo que ela seja submetida a torturas ou a tratamentos desumanos e degradantes pelo Estado "de recepção", é considerado uma violação da convenção pelo Estado que "envia" (CEDH, 7 de julho de 1989, *Soering*). Essa jurisprudência foi substituída pela dos tribunais nacionais chamados a examinar a legalidade das medidas de expulsão de acordo com a Convenção de 1950. Por fim, o asilo territorial mostra-se preliminar e consequente ao estatuto de refugiados no sentido da Convenção de Genebra de 1951 sobre o estatuto dos refugiados. Preliminar porque ficou claro que seria indispensável conceder a qualquer pessoa que solicite o reconhecimento da qualidade de refugiado o direito à permanência durante o tempo de estudo de seu pedido (o direito francês consagrou esse princípio no início dos anos 1990). Consequente porque o artigo 33 da Convenção de 1951 prevê: "Nenhum dos Estados contratantes expulsará nem mandará de volta, de qualquer maneira que seja, um refugiado para as fronteiras dos territórios onde sua vida ou sua liberdade sejam ameaçadas por razões de raça, religião, nacionalidade, pertença a certo grupo social ou por opiniões políticas." Reconhecer o estatuto de refugiado é reconhecer que existe fundamento para o temor de perseguições, o que implica não devolver o refugiado a seu Estado de origem. Especialmente revelador é o fato de que a extradição de um refugiado para seu país de origem parece em princípio incompatível com o estatuto de refugiado. Por fim, no que se refere, de modo mais geral, à expulsão dos refugiados, a Convenção previu garantias que os põem numa situação teoricamente mais favorável do que a situação dos estrangeiros comuns. Deve-se, por fim, falar de uma última variante do asilo territorial, que pode afetar qualquer indivíduo, o asilo como ato soberano, que é apenas uma modalidade do exercício de soberania do Estado sobre seu território, não enquadrada por nenhuma regra internacional. Atendendo a motivações variadas, essa prerrogativa consiste em dar asilo de modo discricionário e individual: beneficia pessoas a quem o asilo é concedido por decisões políticas nas quais intervém uma parcela de demonstração humanitária (quotas de nacionalidades, regularização de pessoas cuja pretensão ao estatuto de refugiado fora indeferido, vítimas de guerra ou de catástrofes naturais) e beneficia também, às vezes, estadistas ou ditadores destituídos que obtêm asilo graças a governos cuja complacência seria vão procurar justificar juridicamente. Essa forma de asilo sempre pode combinar-se com outras, mas põe em prática uma pura prerrogativa. Essa prática soberana é um "lado escuro do asilo", sobre o qual é difícil ter informações precisas, e não decorre de regras jurídicas.

Tradição francesa do asilo

Admite-se comumente que a França tem uma tradição específica em matéria de asilo. Mesmo não sendo possível estudar o período marcado pelos asilos cristãos de que falamos acima, nem os diversos asilos seculares progressivamente assumidos pelo poder real, podemos notar que a prática do asilo gracioso é muito antiga. Durante o Antigo Regime, vários proscritos obtêm asilo na França por razões diversas: oportunidade política, solidariedade aristocrática e até interesse científico (A. Mathiez, *Les Étrangers en France sous l'Ancien Régime*, Paris, Champion, 1919). Assim, às vésperas da Revolução francesa são acolhidos patriotas holandeses ou refugiados genebrinos. Mas essas práticas são esporádicas e não podem ser vistas como especificamente francesas. Paradoxalmente, é quando o asilo não está presente nos debates revolucionários, não sendo incluído na Declaração de 1789, que o artigo 120 da *Constitution montagnarde*, de 23 de junho de 1793, proclama que o povo francês "dá asilo aos estrangeiros banidos pela causa da liberdade e recusa-o aos tiranos": essa é a origem da reputação da "França, terra de asilo". Seria possível acrescentar também uma lei de 1927 relativa à extradição (ainda em vigor), que contempla o princípio da não extradição quando esta é pedida com objetivo político ou por infrações políticas. Mas, além de a recusa a extraditar não equivaler exatamente à proteção por meio de asilo, essa lei é muito posterior às legislações de diversos Estados europeus na matéria; portanto, é difícil dizer que a França mostrou o caminho. Por isso, foi preciso esperar a Constituição da IV República para que o asilo figurasse de novo num texto constitucional. O quarto parágrafo do preâmbulo da Constituição francesa de 1946 enuncia de forma muito genérica: "Todo homem perseguido em razão de sua ação em favor da liberdade tem direito de asilo nos territórios da República." Apesar do valor constitucional do princípio de 1946, expandido pela Constituição de 1958, cabe convir que, até época muito recente, essas proclamações não haviam produzido nenhuma incidência prática. Em 1985, o Conselho de Estado lembrava ainda que não é possível prevalecer-se dessa disposição porque ela não é diretamente aplicável, por ser excessivamente vaga e não haver nenhuma lei que permita elucidar seu alcance. Esse estado do direito positivo mudou em 1993, quando o Conselho Constitucional declarou que se trata de um direito de valor constitucional do qual os estrangeiros podem valer-se, e, em 1998, quando a lei sobre o asilo abriu para aqueles que se prevalecem do preâmbulo de 1946 os procedimentos já existentes para as pessoas que solicitavam o reconhecimento da qualidade de refugiadas com fundamento na Convenção de Genebra de 1951.

› ALLAND D. & TEITGEN-COLLY C., *Traité du droit de l'asile*, Paris, PUF, 2002. – BOLESTA-KOZIEBRODZKI L., *Le Droit d'asile*, Sijthoff, 1962. – MAURICE A., *De l'asile religieux dans l'Antiquité (droit romain). De quelques réformes en matière d'extradition*, Nancy, 1879. – NOIRIEL G., *La Tyrannie du national. Le droit d'asile en Europe, 1793-1993*, Paris, Calmann-Lévy, 1991. – RIGSBY J., *Asylia. Territorial Inviolability in the Hellenistic World*, Berkeley-Los Angeles-Londres, California UP, 1996. – SINHA S. P., *Asylum and International Law*, Haia, Nijhoff, 1971. – TIMBAL DUCLAUX DE MARTIN P., *Le Droit d'asile*, Paris, Sirey, 1939 (essentiel).

Ver também ALLAND D., "Le dispositif international du droit de l'asile", *Droit d'asile et des réfugiés*, Paris, Pedone, 1997, pp. 13-81. – BEAUREPAIRE C. de, "Essai sur l'asile religieux dans l'Empire romain et la monarchie française", *Bibliothèque de l'école des Chartes*, 1853-54, p. 573. – GRIVAZ A., *Nature et effets du principe de l'asile politique*, Paris, A. Rousseau, 1895. – GROTIUS H., *Droit de la guerre et de la paix* (1625), trad. fr. Pradier-Fodéré, Paris, PUF, 1999, livro II, caps. XXI, III ss. – PÉ DE ARROS H., *Droit d'asyle. Extradition*, Toulouse, De Caillot et Baylac, 1868. – RÉALE E., "Le droit d'asile", *RCADI*, 1938-I (63), pp. 469-589. – SÉGUR Ph., *La Crise du droit d'asile*, Paris, PUF, 1998.

Denis ALLAND

→ Direitos humanos (Proteção internacional); Estrangeiro; Território.

ASSEMBLEIAS DE ESTADOS

Chamavam-se assembleias de estados, na França, a reunião dos representantes das três ordens (Clero, Nobreza e Terceiro Estado) desde a Idade Média até o fim do Antigo Regime. Essa reunião podia ser realizada de forma geral em todo o reino: tratava-se então de Estados Gerais e, eventualmente, de assembleias de notáveis; ou de forma local: tratava-se então dos Estados Provinciais ou Regionais. Essas reuniões atendiam a uma convocação régia. Tais assembleias tinham função muito limitada, o que não impedia que os Estados Gerais fizessem reais tentativas de aumentar seu poder. Os Estados Gerais e as assembleias de notáveis, apesar de terem desaparecido de 1627 a 1787, continuaram a assombrar a mente dos pensadores políticos dos séculos XVII e XVIII. Sua ressurreição a partir de 1787 provocou a queda da monarquia absoluta. Os Estados Provinciais sofreram um eclipse apenas parcial durante o Antigo Regime. As assembleias de estados não foram apenas um fenômeno francês, mas também europeu, com uma evolução globalmente comparável.

Estados Gerais, uma história movimentada

A partir da segunda metade do século XIII, os reis da França sentiram necessidade de reunir o conjunto de seus vassalos para obterem sustentação política e subsídios. Muito cedo as cidades livres começaram a participar dessas reuniões plenárias da Corte (*curia solemnis*). Estavam presentes na qualidade de senhorias coletivas. É possível ver nessas reuniões, geralmente dedicadas a questões políticas e monetárias, os ancestrais dos Estados Gerais. A primeira assembleia que a História batizou com esse termo foi reunida em Paris em 1302 pelo rei Filipe IV, o Belo, que desejava obter sustentação perante seu adversário, o papa Bonifácio VIII. Reunia apenas representantes das regiões da língua *d'oil*: barões, os mais altos representantes do clero e os deputados das "boas cidades". Os Estados Gerais seguintes não diferiram muito. Podem ser considerados uma ampliação momentânea do Conselho do Rei. Não foram de modo algum uma assembleia representativa. De fato, até o século XV a convocação dos vassalos do rei para os Estados Gerais era individual, implicando a obrigação do designado a comparecer pessoalmente. No entanto, a participação podia ocorrer por meio de um procurador, em caso de escusa legítima e quando a pessoa convocada fosse uma pessoa jurídica (boa cidade). Cabe ressaltar que os membros do Clero geralmente participavam como senhores que recebiam poder temporal do rei. As reuniões de Estados Gerais não tinham nenhuma regularidade desde a origem. Dependiam da vontade do rei e eram a forma mais espetacular e solene do "Governo de Grande Conselho". No entanto, muito cedo, os reis da França aprenderam a desconfiar dos Estados Gerais. Em plena Guerra dos Cem Anos, quando o rei João II, o Bom, se tornou prisioneiro dos ingleses e seu filho, o delfim Carlos, tentava obter meios financeiros capazes de resolver a situação, os Estados Gerais tentaram explorar o drama a seu favor. Trata-se da célebre crise dos anos 1355-58 dominada pela personalidade de Étienne Marcel, preboste dos mercadores de Paris. A realeza sairá vencedora, mas a partir daí manifestará desconfiança e preocupação diante daquelas assembleias que tinham ambições reais. Superada essa crise, os reis da França continuaram a reunir Estados Gerais durante todo o período da Guerra dos Cem Anos. Desse modo, conseguiram receber uma sustentação financeira que se mostrou preciosa. Até o século XV, aliás, não se tratava realmente de Estados Gerais, pois na maioria das vezes as assembleias de língua *d'oil* e de língua *d'oc* se reuniam separadamente. O fim da Guerra dos Cem Anos, em

1453, também será o fim das reuniões frequentes dos Estados Gerais. Mas o século XV foi marcado por uma assembleia que ficou célebre: a reunião de 1484. Trata-se da primeira assembleia cujos membros, os deputados, foram inteiramente eleitos nos bailiados e nas senescalias. Além disso, foi a única vez em que os deputados foram designados em comum pelas três ordens (Clero, Nobreza, Terceiro Estado).

No século XVI generalizou-se a prática dos *cahiers de doléances* (caderno de reivindicações) que cada deputado levava à reunião, com as queixas e propostas daqueles que o haviam elegido. O século XVI marca, portanto, o nascimento dos Estados Gerais clássicos, cujas principais características é possível apresentar. Mas sua vida será breve, pois a instituição (que não mais se reuniu a partir de 1484) renasceu em 1560 com os estados de Orléans e o início das Guerras de Religião. Uma segunda sessão em Pontoise no ano de 1561 teve sobretudo aspecto técnico. Depois, em razão do agravamento da guerra civil, houve duas sessões em 1576 e 1588, em Blois. Uma última sessão se reuniu em 1593 em Paris sem autorização do rei Henrique IV. Depois da série de Estados Gerais da Guerra dos Cem Anos, essa segunda série de reuniões durante as Guerras de Religião contribuiu para corroborar a ideia de que os Estados Gerais eram uma assembleia para tempos de crise. A última reunião ocorreu em 1614-15 em Paris, depois do assassinato do rei Henrique IV (1610) e quando a regência de Maria de Médici, mãe de Luís XIII, foi fortemente contestada pela revolta dos Grandes (1614). Os Estados Gerais desapareceram então durante cento e setenta e quatro anos. A reunião seguinte foi a de maio de 1789, que marcou o fim do Antigo Regime. O período 1560-1614, portanto, foi de intensa agitação política e mesmo militar. Traduziu-se por uma série de guerras civis que esgotaram o reino. As sessões também se desenrolaram num clima de agitação. A fundação da Liga Católica em 1576 levou os seus membros mais determinados a acreditar que os Estados Gerais tinham o direito de depor reis. Mais tarde, um dos principais pensadores da Liga, o padre Jean Boucher, afirmaria que a vontade do povo se expressava na França pelos Estados Gerais, que agrupavam a elite social. Essas ideias dos monarcômacos católicos não eram novas, pois já haviam sido antes desenvolvidas pelos monarcômacos protestantes. François Hotman considerara que os Estados Gerais eram a continuação dos "campos de maio" da época franca. Em *Franco Gallia* ele pedia a sua periodicidade e acreditava que suas competências eram vastas, especialmente no âmbito legislativo. Outro monarcômaco protestante, Teodoro de Bèze, em sua obra *Do direito dos magistrados sobre seus súditos*, afirmava que os Estados Gerais podiam depor o tirano. A definição deste último, infelizmente, era bastante ampla. Com as guerras de religião, as assembleias de estados se tornaram verdadeiro mito político, sendo utilizado por protestantes e depois católicos que quisessem contestar a autoridade do rei Henrique III e de seu sucessor Henrique IV. Também houve solicitações às vezes virulentas feitas pelos deputados dos Estados Gerais. Pediam sua periodicidade, controle da escolha dos conselheiros do rei, proibição de sua dissolução antes que houvesse resposta para suas reivindicações (*doléances*).

O fim das guerras de religião também será o fim das ambições desmedidas dos partidários das assembleias de estados. Mas a última reunião em 1614-15 nem por isso será mais calma. É verdade que não se assistiu então aos violentos debates de 1576 nem às violências de 1588 (assassinato do duque de Guise), que o poder régio não foi alvo de contestação e que as exigências dos estados foram muito moderadas e até tímidas, mas, em compensação, vieram à tona as profundas divisões entre as ordens. O conflito do "artigo I do caderno do Terceiro Estado" opôs o clero ao Terceiro Estado, pois este último desejava garantir para o soberano uma autoridade absoluta, inconteste e de origem divina perante o próprio papa. A nobreza se opunha ao Terceiro Estado porque desejava a abolição da *Paulette*, imposto que possibilitava a hereditariedade dos cargos oficiais. O Terceiro Estado, composto majoritariamente por funcionários em vias de nobilitação, pedia a diminuição das pensões da nobreza. O clero solicitava a observância oficial no reino dos decretos do Concílio de Trento. Diante dessa desordem dificilmente controlável, a realeza tentava pacificar os ânimos e atuar como árbitro, mas percebeu que precisava menos dos Estados Gerais do que eles dela. Não os reuniria mais até 1789.

Estados Gerais: funcionamento e atribuições

Os Estados Gerais eram uma instituição móvel, mas é possível distinguir as características comuns de seu período clássico (1560-1614). Sua convocação era feita por iniciativa do rei, que fixava data e lugar. O lugar sempre variou durante sua história. A duração era variável, mas não passava de alguns meses. Os Estados Gerais de 1614-15 duraram quatro meses. O rei encerrava a sessão assim que julgasse necessário. Também controlava totalmente a ordem do dia da reunião. Dispunha, pois, do controle total da assembleia de estados. Isso possibilita acreditar que os Estados Gerais de 1593 reunidos em Paris pelo duque de Mayenne, congregando apenas os membros da Liga, não eram Estados Gerais, mas uma assembleia subversiva, pois a vontade do rei não teve papel algum no episódio, e a própria assembleia se opunha a essa vontade. Os deputados foram designados nos bailiados ou nas senescalias por um sufrágio de um, dois ou três graus, conforme se tratasse de ordens privilegiadas ou do Terceiro Estado. Os camponeses moradores do interior participaram do primeiro grau do sufrágio. Não havia condições de "censo", mas, ao contrário da reunião de 1484, cada ordem designava separadamente seus deputados. O número de eleitos para os Estados Gerais era muito variável: em 1561, em Pontoise, contava-se cerca de 30, mas em 1614 eram 460 e, em 1789, 1.223. Em geral representavam a *sanior pars*, a elite de cada ordem. Isso explica a ausência quase total de lavradores em 1614, ao passo que os serventuários de justiça e os funcionários de finanças dominavam a representação do Terceiro Estado. Os simples párocos e a pequena nobreza também eram pouquíssimo representados nas ordens privilegiadas. Os deputados não tinham poderes próprios, estavam vinculados a seus representados por um mandato imperativo que fazia deles simples mandatários. Aliás, em geral se assinava uma procuração em cartório. Seus representados pagavam todas as suas despesas de viagem e permanência, o que não contribuía para tornar populares os Estados Gerais. Um deputado não podia ser representante de vários bailiados. O desenrolar da sessão era imutável. Os deputados se reuniam por ordens. Certificavam a validade de seus poderes e designavam um porta-voz para falar em nome de cada ordem. A sessão inaugural era marcada por cinco discursos: o do rei, o do chanceler ou guarda-selos, os dos três porta-vozes das ordens. O rei e o chanceler expressavam seus desejos quanto ao desenrolar dos trabalhos e mostravam o que esperavam dos deputados. Depois, as ordens se reuniam separadamente e dedicavam a sessão à elaboração do *cahier de doléances* geral de sua ordem por meio da fusão dos *cahiers* locais, bem como a responder aos pedidos do rei. Durante esse período, ou além dele, os contatos entre as ordens eram numerosos e frequentemente difíceis. O poder régio intervinha junto aos deputados por intermédio dos conselheiros do rei. Nas reuniões dos Estados Gerais esses contatos aumentavam, boa parte das vezes sem grandes resultados. Na sessão régia de encerramento os *cahiers* gerais eram entregues ao rei, que encerrava a sessão. Os deputados perdiam então a existência jurídica. O rei não tinha a obrigação de obedecer a nenhum prazo para responder aos pedidos dos *cahiers*.

Entre as atribuições dos Estados Gerais, cabe distinguir atribuições ordinárias e atribuições extraordinárias. A principal atribuição ordinária era o conselho ao rei. Este se traduzia na formulação de *doléances*. Não se tratava de um papel inútil, pois os Estados Gerais muitas vezes redundaram em grandes ordenanças de reforma (a ordenança de Blois, de 1579, por exemplo). A outra atribuição ordinária era a ajuda. Nos Estados Gerais de 1439 fora concedida a talha régia para a manutenção de um exército permanente. Assim como o exército era permanente, considerava-se que a duração de autorização da talha era indeterminada. Daí decorreu o princípio da permanência do imposto concedido. Também se atribuía ao rei o direito de impor tributos a seus súditos em caso de urgente necessidade. Assim, os Estados Gerais de 1576 e 1588 recusaram a criação de novos impostos. O rei venceu então a dificuldade aumentando o valor dos já existentes. Além disso, mais tarde, o poder régio criou novos impostos (capitação em 1695, décima em 1710, vintena em 1749), invocando o estado de urgência e sem convocar os Estados Gerais. Mas no fim do século XVIII, tais procedimentos já não eram aceitos, e Luís XVI precisou convocar os Estados Gerais em 1789. As atribuições extraordinárias eram bem diversas, mas de uso raro. Os Estados Gerais teriam o poder de organizar o Conselho do Rei em caso de menoridade ou ausência do rei, de ratificar um tratado que comportasse transferência de soberania, de proceder à alienação de uma parte do domínio da coroa, de ser guardiões das Leis Fundamentais do reino e, sobretudo, de designar um novo rei em caso de extinção da dinastia, conforme parece reconhecer oficialmente uma decisão do Conselho do Rei datada de 1717. Durante suas sessões, como cada ordem tinha um voto, o Terceiro Estado era minoritário em relação aos privilegiados. Mas, a pedido do Terceiro Estado, uma ordenança de 1561 exigia que em matéria fiscal houvesse unanimidade das ordens. Isso impedia que o clero e a nobreza aceitassem impostos que o Terceiro Estado pagaria sozinho. Mas de tudo isso resultou que os Estados Gerais tinham essencialmente competência consultiva. Isso foi reconhecido por Zampini (*Des États de France et de leur puissance*, 1578) e, no século XVII, por Guy Coquille e Cardin Le Brêt (*De la souveraineté du roi*, 1632).

Estados Gerais depois de 1615

De 1615 a 1789, os Estados Gerais não se reuniram. Foram convocados durante a Fronda (entre 1649 e 1652), mas não se reuniram. Os franceses, aliás, não os desejavam, queriam um rei. Com Luís XIV, ficaram bem satisfeitos. Depois de sua morte, ainda se falará numa possível convocação dos Estados Gerais. Eram desejados pelos príncipes legitimados, mas excluídos da sucessão. Alguns membros do círculo do regente também os desejavam. Mas os Estados Gerais pareciam ter caído em desuso. Torcy, negociador francês, explicara isso em 1712 aos ingleses, que pediam sua reunião para que diante deles Filipe V renunciasse oficialmente ao trono da França. Esse abandono pela monarquia de uma instituição que lhe possibilitava manter contato com seus súditos tinha numerosas causas. Entre elas, as mais evidentes são as seguintes: 1 / A monarquia absoluta considerava que o reino estava personificado no Príncipe, portanto uma instituição distinta e representativa não tinha sentido e era mesmo uma perigosa contradição ideológica. 2 / A partir do início do século XVII a distinção entre ordens tornava-se discutível, e a *Paulette* contribuía para atenuar os limites entre Nobreza e Terceiro Estado. Os Estados Gerais estavam, pois, ultrapassados pela evolução social. 3 / Sua convocação, frequentemente em momentos de conturbação, tornava-se um sinal de fraqueza do poder monárquico. 4 / Essas assembleias, com sua agitação estéril, revelavam-se perigosas. A exacerbação das paixões e dos ciúmes entre as ordens em 1614 ficou como símbolo disso. Mas os Estados Gerais sobreviveram essencialmente nas ideias políticas. Durante a Fronda, certas "mazarinadas" (panfletos hostis ao cardeal) os invocaram como solução para os problemas do reino. O cônego Claude Joly via neles um meio de limitar o poder régio. No fim do reinado de Luís XIV, os Estados Gerais despertaram o interesse de alguns membros do círculo do duque de Borgonha. Essa corrente, qualificada de tradicionalismo aristocrático e hostil ao absolutismo, não tinha, aliás, uma visão homogênea da instituição. Fénelon e o conde de Boulainvilliers queriam dar-lhe um papel fixo, sobretudo no âmbito legislativo, enquanto o duque de Saint-Simon só lhes atribuía papel consultivo, apesar de desejar seu retorno. No século XVIII, os Estados Gerais se tornaram uma referência institucional, a de uma "Idade de ouro" que era preciso restaurar. O pensamento do abade Mably é um dos exemplos mais evidentes. Começou-se a pedir sua reunião na segunda metade do século XVIII. As representações da Corte da Ajuda em 1775, redigidas por Malesherbes, marcam uma guinada. Sua reunião era inelutável. Eles foram convocados em 1789 com a forma dos Estados Gerais de 1614; a única modificação era a duplicação dos deputados do Terceiro Estado. Luís XVI acreditava ter reunido os Estados Gerais, mas a maioria dos deputados estava convencida de que pertencia a uma Assembleia Nacional. Em algumas semanas o sistema ruiu.

Assembleias de notáveis

As assembleias de notáveis só se distinguiram realmente dos Estados Gerais a partir de 1484, quando os deputados destes últimos foram eleitos. As assembleias de notáveis eram compostas por personalidades das três ordens, convocadas pelo rei. Portanto, não eram eleitos. Essa convocação se fazia na forma de ordem régia. O número de participantes era pequeno (algumas dezenas). Eram escolhidos em razão de sua influência ou de suas competências. Não levavam *cahiers de doléances*, mas um resumo de suas propostas. Essas assembleias se assemelhavam a um Conselho do Rei ampliado. Sua reunião possibilitava evitar a convocação dos Estados Gerais, considerados de manejo e controle mais difíceis. Também possibilitava que o rei dispusesse de um órgão mais flexível, competente e técnico, o que não ocorria com os Estados Gerais. Suas reuniões eram bastante numerosas no século XVI (1506-27, 1558--83...), porém a mais célebre foi a assembleia dos notáveis reunida em Rouen em 1596 por Henrique IV, que marcou o início de sua política de restabelecimento político e econômico do reino. Duas assembleias seguiram os Estados de 1614-15, uma de Rouen em 1617 e outra em Paris em 1626-27. A segunda, incentivada por Richelieu, também foi o ponto de partida de sua política de renovação. Redundou na Ordenança de Michel de Marillac em 1629. Esta nunca foi aplicada e recebeu a designação de "Código Michau", que fazia uma referência escarnecedora a seu iniciador. Como os Estados Gerais, as assembleias de notáveis desapareceram em 1627 e só reapareceram em 1787, quando Calonne lhes propôs uma reforma administrativa e fiscal que as apavorou. No ano seguinte (1788), Necker dirigiu-se à última delas para obter um parecer sobre a forma da convocação dos Estados Gerais. Também aí os resultados não foram grande coisa.

Estados Provinciais

Os Estados Provinciais eram assembleias das três ordens de uma província ou de uma região. Tiveram origem em reuniões de vassalos ampliadas para os representantes das outras ordens e destinadas a dar ajuda e conselho ao senhor ou ao rei. Algumas dessas assembleias existiam antes de se vincularem ao reino da França (na Provença, por exemplo); outras, como os Estados da Normandia, foram criadas por decisão régia.

No entanto, já em meados do século XV, passaram por um processo de declínio que se traduziu na introdução na província da administração fiscal régia (os eleitos). Assim, perderam o essencial de suas funções. O rei não os reuniu mais, porém raramente os aboliu. Seu desaparecimento é uma realidade incontestável que ganha grande amplitude no século XVII. Em 1628 desapareceram os Estados do Delfinado; em 1651, os da Baixa Auvergne; em 1655, os da Normandia; em 1683, os de Anjou e da Alsácia; em 1704, os do Franco-Condado. Esses desaparecimentos não provocaram muitas emoções, pois os notáveis locais frequentemente se desinteressavam dessas assembleias. Mas, em compensação, mantiveram-se em cerca de um terço do território do reino. Subsistiram, pois, os Estados de Languedoc, com competências e funcionamento bem regulamentados a partir do edito de Béziers de 1632; os Estados da Borgonha, da Bretanha, de Artois, Flandres e Cambrésis, de Bresse e de Bugey, os diversos Estados dos Pirineus (Béarn etc.). Os Estados da Provença foram transformados em 1639 em Assembleia das Comunidades da Provença, onde foram representados 37 cidades e burgos, mas apenas dois nobres e dois bispos. A diversidade de organização e funcionamento desses Estados é muito grande. Sua periodicidade era variável: todos os anos em Languedoc; a cada dois anos na Bretanha; a cada três anos na Borgonha. A convocação régia era feita na forma de ordem régia transmitida pelo governador. A sessão durava cerca de duas semanas. Os Estados eram presididos pelo governador ou pelo prelado mais ilustre da província. Alguns comissários régios assistiam à sessão, e o rei era representado pelo intendente. Sua composição era muito antiga e não se baseava na eleição, mas no direito pessoal dos titulares de benefícios superiores, no caso do Clero, dos titulares de certos feudos, no caso da Nobreza, ou de certas cidades, no caso do Terceiro Estado. Tratava-se, pois, de assembleias baseadas em privilégios. As assembleias dos Pirineus tinham uma composição mais popular. Mas reinava a desordem nos Estados da Bretanha, onde a assembleia era dominada pela massa de todos os nobres que tinham feudo, portanto autorização para delas participar. Assim como ocorria com os Estados Gerais, o voto de duas ordens obrigava a terceira, exceto em matéria de impostos. No século XVII as assembleias de estados já não podiam realmente votar em impostos. Tentaram algumas vezes, com dificuldade, diminuir seu valor. Mas desempenhavam papel importante na distribuição e na arrecadação. Também podiam dirigir *doléances* ao rei, eram guardiãs das liberdades e dos privilégios locais, desempenhavam papel de incentivo ao desenvolvimento econômico da província. Os Estados de Languedoc, por exemplo, foram os verdadeiros artífices do canal *du Midi* e da organização do porto de Sète. Os Estados tinham atividade cultural (conservatório musical de Dijon fundado pelos Estados da Borgonha). Dispunham de um órgão permanente encarregado de dirigir os numerosos funcionários dependentes e de vigiar a aplicação das decisões da assembleia (três síndicos gerais de Languedoc ou câmara dos eleitos na Borgonha). Dispunham também de um correspondente em Paris, geralmente um advogado do Conselho do Rei. Essa organização muito diversificada e vetusta em numerosos aspectos também se mostrava capaz de realizar ações duradouras e coordenadas. Os Estados de Languedoc foram considerados os Estados provinciais mais eficazes durante o Antigo Regime. Sua obra, especialmente econômica, não pode ser negada. A persistência de alguns Estados Provinciais até 1789 é explicada pela forte identidade com a província de origem. Recentemente anexadas ou situadas na periferia do reino, dispondo de poderes financeiros nada desprezíveis, essas províncias estavam realmente interessadas na existência de suas assembleias de estados. Isso explica a sua manutenção. Mas o fenômeno das assembleias de estados não é unicamente francês.

Assembleias de estados na Europa

As assembleias de estados nasceram nos outros países europeus, como na França, durante a Idade Média. Tiveram certo desenvolvimento em alguns países e depois passaram por um declínio inelutável. Foi o que ocorreu com as Cortes de Castela. Depois da revolta de 1519, da qual participaram, perderam a presença da nobreza na assembleia. Só restaram as cidades dotadas de privilégios. A partir de 1650, suas reuniões perderam periodicidade. No século XVIII, passaram a ser convocadas apenas para o advento do rei. No século XVII, as liberdades locais dos reinos periféricos (*Fueros*) tinham declinado em toda a Espanha sob a ação do ministro Olivares. A influência francesa (absolutismo e busca da eficácia no governo) triunfou no século XVIII com a dinastia dos Bourbons da Espanha. Essa influência também se fará sentir na Alemanha, onde as assembleias de estados declinarão em quase todos os lugares a partir de meados do século XVII. A Guerra dos Trinta Anos contribuiu muito para fortalecer os poderes dos soberanos e para limitar os direitos das assembleias de estados. A necessidade de príncipes fortes e capazes de proteger seus estados provocará o declínio das assembleias.

Os reinos escandinavos (Suécia e Dinamarca) passarão pelo mesmo tipo de evolução na segunda metade do século XVII. O povo dará apoio ao soberano contra a aristocracia. Isso acarretará um sistema absolutista nascido da aliança entre o rei e seu povo. A evolução da Inglaterra, ao contrário, será bem diferente, com o aumento constante do peso de sua Câmara dos Lordes e de sua Câmara dos Comuns. Mas não se deve esquecer que o parlamento inglês enfrentou, no século XVII, a ameaça das tentativas absolutistas dos Stuart. Conseguiu resistir porque se tornara uma instituição que aliava competências precisas, poderes políticos e tradição. Mas sua sorte poderia ter sido diferente. Na França, como no resto da Europa, as assembleias de estados passaram por um real declínio a partir do século XVII, pois já não correspondiam às realidades sociais e políticas da época.

› DURAND Y., *L'Ordre du monde. Idéal politique et valeurs sociales en France du XVI au XVIIIe siècle*, Sedes, 2001. – HAROUEL J.-L., BARBEY J., BOURNAZEL E. & THIBAUT-PAYEN J., *Histoire des institutions de l'époque franque à la Revolution*, PUF, 8ª ed., 1998. – LECA A., *Histoire des idées politiques. Des origines au XXe siècle*, Ellipses, 1997; *Institutions publiques françaises* (antes de 1789), Presses Universitaires d'Aix-Marseille, 1994. – MOUSNIER R., *Les Institutions de la France sous la Monarchie absolue*, 2 t., PUF, 2ª ed., 1990. – PICOT G., *Histoire des États généraux considérés au point de vue de leur influence sur le gouvemement de la France de 1355 à 1614*, 5 vol., Paris, 1888. – SUEUR Ph., *Histoire du droit public français, XVe-XVIIIe siècle*, t. 1, PUF, 2ª ed., 1993.

Jacques SAINT-PIERRE

→ Direito divino; Leis fundamentais do reino; Ofícios; Ordenanças (Grandes) do Antigo Regime.

ASSISTÊNCIA SOCIAL

Embora o princípio de ajuda aos indivíduos sem recursos não seja muito novo, pois se pode encontrar seus vestígios na maioria das grandes civilizações que se sucederam ao longo do tempo e do espaço, a ideia de que incumbe à sociedade organizar e tornar obrigatória a assistência aos menos favorecidos apareceu muito mais tardiamente: ao contrário do que prevaleceu na Inglaterra, que bem cedo lançou as bases de tal sistema por meio do famoso "imposto dos pobres", instituído em 1601, na França foi só no século XVIII que essa ideia começou a ser realmente afirmada, e só no fim do século seguinte conseguiu enraizar-se duradouramente na paisagem jurídica nacional.

O tempo da caridade

A queda do Império Romano marca, incontestavelmente, uma etapa capital na história da assistência. Não que esse princípio não tenha sido aplicado de modo algum antes dessa data, já que certas sociedades (Egito, Grécia) não hesitaram em dispensar socorro público a velhos, inválidos ou órfãos sem recursos, chegando a conceder, por razões de polícia, diversos serviços que visavam a garantir a existência dos mais desfavorecidos (Roma). O que ocorreu foi que, como única instituição sólida e unitária que permaneceu, enquanto os outros poderes se enfraqueciam e desintegravam, a Igreja assumiu a responsabilidade, na qualidade de guardiã da mensagem cristã, de organizar a assistência, antes que, aos poucos, a autoridade temporal fosse chegando a um verdadeiro monopólio na matéria. A caridade privada que ela incentiva e cujos fundos mais essenciais recolhe, bem como seu respeitável patrimônio, além de seus rendimentos próprios, parte dos quais (sobretudo o dízimo) destina ao socorro dos pobres da paróquia, permitem-lhe dar início a grande quantidade de estruturas e práticas sobre a quais exerce cerrado controle. Sob sua égide são construídos, desde a alta Idade Média até o Renascimento, numerosos estabelecimentos (hospitais, leprosários etc.), administrados por um pessoal variado (religioso ou laico) e destinados a receber doentes, inválidos, crianças abandonadas, velhos, mulheres grávidas, indigentes. A ajuda prestada caracteriza-se, por um lado, pela forte dimensão confessional e, por outro – uma vez que a caridade depende da boa vontade do fiel – por uma eficácia desigual, segundo os lugares e as épocas.

No século XVI, percebe-se uma evolução; diante do laxismo e da corrupção reinante em numerosas fundações, os poderes públicos reagem: as municipalidades aumentam sua participação na administração e na fiscalização dos estabelecimentos e chegam a criar suas próprias instituições de caridade. Quanto ao rei, preocupado em remediar as lacunas no sistema e em prevenir conturbações na ordem pública, toma várias medidas em concorrência direta com a Igreja, em sua missão tutelar: controle dos hospitais, por meio do *Grand Aumônier* do rei e de funcionários régios; criação, nas cidades, de um gabinete dos pobres, encarregado de socorrer os desvalidos e expulsar os vagabundos estranhos à localidade (o "Grand Bureau des pauvres" de Paris é instituído em 1544); criação, em 1551, de uma taxa comunal ("direito dos pobres") que financiava as despesas hospitalares e a ajuda domiciliar, que começava a se afirmar; oferta de trabalho aos pobres válidos. No século seguinte, o movimento prossegue: criação de um Hospital Geral em Paris, destinado a internar os pobres mendigos válidos e inválidos (1656); imposição a todos os burgos e cidades de dotar-se de instituição equivalente (1662). Todas as disposições são em grande parte ditadas por considerações de caráter policial: os hospitais funcionam tanto como lugares de detenção como lugares de socorro (as pessoas válidas ali internadas são obrigadas a trabalhar); a mendicidade é proibida e sobre ela incidem penas severíssimas.

Foi só com o fim do Antigo Regime que, sob a influência do Iluminismo, ocorre uma perceptível renovação dos princípios diretivos da assistência. Criticando o estado sanitário deplorável dos hospitais e o desperdício decorrente da preocupação de atender à vontade dos doadores, um número crescente de observadores preconiza controle mais estrito do rei sobre os estabelecimentos, redistribuição dos recursos em função das necessidades locais e fomento do socorro domiciliar. Ademais, convencidos de que a miséria é resultado direto da má organização social, e de que os indigentes têm direitos líquidos e certos no que tange à sociedade, afirmam veementemente que cabe em primeiro lugar ao Estado, e não à Igreja e aos crentes, assumir a responsabilidade pela assistência: segundo eles, esta deveria ser um verdadeiro serviço público alimentado pelos impostos. Mas, embora sejam tomadas algumas iniciativas (criação de oficinas de caridade, por exemplo), foi só com a Revolução que esses princípios começaram a ser aplicados.

A assistência em todos os seus estados

Depois de se comprometer a cuidar do "alívio dos pobres", estatizando os bens do clero, a Constituinte cria um comitê especial (o Comitê da Mendicidade) encarregado de pensar a questão da assistência. Esse comitê retoma as ideias em voga havia algumas décadas: afirmação de um direito do indivíduo e de uma obrigação da sociedade, ajuda prestada a todos os que não têm condições de trabalhar e oferta de trabalho aos que não conseguem obtê-lo, centralização da assistência em nível nacional, instituição de um grande serviço público financiado pelo Orçamento, prioridade ao socorro domiciliar. No entanto, afora a inscrição do princípio de assistência na Constituição de 3 de setembro de 1791 (título 1º), essas ideias quase não recebem sanção jurídica.

As coisas são diferentes no tempo da Convenção: reconhecendo o direito do indivíduo e a dívida da sociedade, essa assembleia vota várias leis que visam ajudar os indigentes (velhos, doentes, órfãos, crianças abandonadas, inválidos, mulheres grávidas, desempregados), punir a prática da esmola (preveem-se penas severas) e entregar ao Estado a responsabilidade pela assistência (alienação dos bens hospitalares). Mas essas leis são um fracasso; exatamente devido à alienação, os hospitais não conseguem atender às necessidades de uma população que, além do mais, era excessivamente numerosa para poder receber socorro domiciliar: a venda dos bens hospitalares é suspensa. Pouco depois, o Diretório retira a lei conflituosa; indo na contramão das ações de seus predecessores (negação do direito individual, rejeição à assistência nacional e consequente intuito de organizar o socorro público no plano da comuna), este adota medidas fadadas a belo futuro: criação pela comuna de um gabinete de beneficência, encarregado de prestar socorro aos indigentes (prefiguração dos centros comunais de ação social); agrupamento, no nível das comunas, de todas as instituição de caridade, num mesmo estabelecimento público, ao qual só têm acesso os habitantes da localidade (regra que prevalecerá até o fim do século XIX).

Tem início então um período de imobilismo que consagra o retorno aos princípios do Antigo Regime: recomposição do patrimônio hospitalar; ressurgimento de práticas antigas (reintegração do pessoal religioso nos hospitais, caráter discricionário da inclusão nos benefícios); inclusão, em 1810, da vadiagem no rol dos delitos (os infratores são levados a uma detenção departamental para a mendicidade, que recebe tanto condenados pela justiça e vadios quanto velhos e inválidos, em caso de necessidade); intervenções do legislador limitadas a algumas situações que ponham em jogo a ordem pública ou o interesse da sociedade; decreto de 19 de janeiro de 1811 sobre as crianças abandonadas; lei de 30 de junho de 1838 sobre os alienados. Ao mesmo tempo, a caridade privada ocupa posição eminente; encorajada por um poder que considera que a sociedade tem apenas um simples dever de humanidade em relação aos pobres, supre as insuficiências da ação pública participando do funcionamento dos gabinetes de beneficência com doações e legados e criando novos hospitais e órgãos de caridade.

Essa situação se prolonga até o advento da II República. Erigindo a fraternidade à categoria de princípio fundamental do novo regime, os homens de 1848 tomam, já de início, várias iniciativas favoráveis aos menos favorecidos (criação de oficinas nacionais, reconhecimento inicial do direito ao trabalho e do direito à assistência para as crianças abandonadas, velhos e impossibilitados de trabalhar). Mas, rejeitando qualquer ideia de direito do indivíduo, a Constituição só enunciará um simples compromisso da coletividade a oferecer trabalho em certas condições aos que não o tenham e a socorrer aqueles que não podem trabalhar. Quanto à legislação adotada, mostra-se muito modesta, a despeito de duas leis (10 de janeiro de 1849 e 7 de agosto de 1851), que reorganizam o serviço de assistência da cidade de Paris e modificam o regime dos hospitais e asilos (leis que ficarão em vigor durante cerca de um século).

Apesar dessas melhorias, a obra do Segundo Império não é muito mais audaciosa, de tal modo que, no fim do século XIX, a França acusa, no assunto, um grande atraso em relação a seus principais vizinhos. Partindo então das ideias socialistas e da consolidação do sufrágio universal, os republicanos esforçam-se para remediar a situação.

Rumo à assistência pública

O Congresso Internacional ocorrido em Paris no ano de 1889, afirmando que a assistência pública deve "tornar-se obrigatória pela lei a favor dos indigentes que se encontrem, temporária ou definitivamente, na impossibilidade física de atender às necessidades da existência", fortalece a posição republicana. Respaldados na doutrina desenvolvida por Léon Bourgeois, que, numa obra intitulada *Solidariedade* (1896), chega à mesma conclusão, dão início a uma revolução jurídica de grande amplitude. Em menos de duas décadas, o Parlamento reformula o sistema existente em torno de alguns grandes princípios: caráter subsidiário do auxílio (este só pode ser dado em caso de malogro da família); distribuição dos socorros na jurisdição territorial mais próxima do interessado (a comuna); obrigação da coletividade designada pela lei de organizar e pôr em funcionamento os serviços públicos correspondentes (em caso de inércia desta, os custos recaem sobre o orçamento local); criação objetiva de um direito oponível à instância devedora, favorável ao assistido (o auxílio deve ser dado assim que as condições legais sejam atendidas; o postulante dispõe de um recurso para exigir o reconhecimento de seus interesses). Para cumprir a missão que lhes é confiada, as comunas passam a ter dois estabelecimentos públicos presididos pelo edil: o gabinete de assistência, encarregado de redigir a lista dos indivíduos que podem ter direito ao auxílio, e o gabinete de beneficência, que tem a finalidade de prestar socorros facultativos a todos aqueles cujas necessidades não possam ser satisfeitas nas condições acima. As leis que aplicam esses princípios se sucedem em ritmo acelerado: leis de 15 de julho de 1893 (assistência médica gratuita); de 27 e 28 de junho de 1904 (assistência à infância); de 14 de julho de 1905 (assistência a velhos, inválidos e doentes incuráveis); de 17 de junho de 1913 (socorro às gestantes sem recursos); de 14 de julho de 1913 (auxílio às famílias numerosas necessitadas): leis que terão continuidade, depois da guerra, com outros textos que visavam a completar o dispositivo existente (leis de 7 de setembro de 1919 em favor dos tuberculosos, de 16 de abril de 1930 em favor dos deficientes), ou a reformá-lo para corrigir certas ineficiências (lei de 28 de fevereiro de 1934).

Após a Libertação, com a instituição da seguridade social, ocorre uma transformação profunda no sistema global de proteção. Mas o novo dispositivo, por se basear em grande parte em contribuições profissionais, não consegue, apesar da generalização progressiva, abranger o conjunto da população. Tomando conhecimento dessa situação, os poderes públicos procedem a uma ampla reforma da legislação de assistência, qualificada então de "*aide sociale*" (decreto de 29 de novembro de 1953), ao mesmo tempo que trabalhavam para seu aprofundamento (melhoria da assistência médica, da assistência às pessoas idosas e deficientes, criação de assistência doméstica (*aide ménagère*), da assistência à moradia e à readaptação social, do RMI – renda mínima de inserção social). Isso quer dizer que, em vez de se tornar inútil diante da criação da Seguridade Social, essa legislação conseguiu perdurar: não só não foi absorvida pelos regimes de seguridade, como também mostrou várias vezes, diante dos limites ou das insuficiências daquele, a sua inelutável necessidade. Constituindo hoje um componente indispensável do sistema de proteção social, tem vocação para um papel decisivo, uma vez que a proteção securitária implantada em 1945 se mostra impotente para solucionar os problemas causados pelo aumento contínuo da pobreza, da precariedade e da exclusão.

› Bec C., *L'Assistance en démocratie*, Belin, 1998. – Borgetto M., *La Notion de fraternité en droit public français*, LGDJ Montchrestien, 1993. – Borgetto M. & Lafore R., *Droit de l'aide et de l'action sociales*, 3ª ed., Domat-Montchrestien, 2000. – Castel R., *Les Métamorphoses de la question sociale. Une chronique du salariat*, Fayard, 1995. – Ewald F., *L'État-providence*, Grasset, 1986. – Lallemand L., *Histoire de la charité*, 4 vol., 1907-12.

Michel Borgetto

→ Direitos sociais; Fraternidade; Hospital e asilo; Mendigos e vagabundos; Solidariedade.

ATO

Se supusermos como admitida a participação do sujeito de direito na construção da ordem jurídica na qual ele vive, essa construção se traduz por atos em geral qualificados como *jurídicos*, em oposição aos atos *materiais*, cuja primeira finalidade não é produzir efeitos jurídicos como, por exemplo, os atos penalmente puníveis ou os atos referentes à posse de um bem. É dos atos jurídicos que falaremos aqui; são eles um elemento de uma teoria da ação jurídica ainda por construir em parte ("Sobre as origens filosóficas do ato jurídico", M. Bastit, *Droits*, 1988, nº 7, *L'Acte juridique*, p. 11).

A palavra *ato*, por sua vez, é passível de sentidos diversos. É clássico ressaltar (v. também G. Cornu, *Vocabulaire juridique*, cf. Acte, PUF; P. Nicoleau, *Dicojuris*, cf. Acte, Ellipses) que a palavra abrange ao mesmo tempo o conteúdo da ação – que os juristas em geral chamam *negotium* – e o resultado formal que pode ser ensejado por essa ação, sobretudo com o objetivo de obter uma prova, que os juristas chamam então *instrumentum*. Esse aspecto formal será tratado em *prova*.

Como o ato jurídico está na junção entre o sujeito de direito e a ordem jurídica, como ele traduz uma escolha quanto à intervenção de um sobre o outro, sua noção foi muito discutida, principalmente porque os juristas franceses não encontraram o socorro habitual do Código Civil. À primeira vista, o ato jurídico, portanto, é uma manifestação de vontade com o fito de produzir efeitos de direito. Logo, ele apresenta já de início um problema ligado às fontes do direito.

Supondo-se resolvido esse problema, seu conteúdo deu ensejo a classificações fundamentais que transcendem as divisões do direito e contribuem para esclarecer seu sentido.

Definição da noção de ato jurídico

Histórico. – Não há vestígio da expressão nas codificações napoleônicas. Apenas o contrato – ato bilateral – foi objeto de verdadeira sistematização considerada suficiente (ver por exemplo Carbonnier, *Droit civil, les obligations*, nº 11), o que em parte ainda é verdadeiro (ver em direito internacional, J. P. Jacqué, "O ato jurídico: reflexões de um internacionalista", in *Droits*, p. 95).

Foi preciso esperar o Código Civil alemão (*BGB*, § 104 a 185) para que fosse construída uma verdadeira teoria do ato jurídico, cobrindo a teoria geral do contrato, que afetará a doutrina francesa a partir do fim do século XIX (por exemplo, R. Saleilles, *Obligations*, nº 141 ss.). Ao mesmo tempo, os autores de direito público e, mais especialmente, de direito administrativo (por exemplo, L. Duguit, *Droit constitutionnel*, 3ª ed., 1927, I, § 37 ss.), que não podiam ficar satisfeitos com uma teoria do ato jurídico ligada ao contrato, empenharam-se em desenvolver uma classificação menos individualista das ações jurídicas que permitisse dar lugar aos atos das pessoas públicas em geral. Embora o conjunto dos juristas acabe por aceitar a ideia de uma noção mais ampla que a de contrato, a origem das evoluções de cada um acaba por marcar a análise que será adotada dessa noção nova de ato jurídico. Para os privatistas, e durante muito tempo ainda – praticamente até meados do século XX –, o ato jurídico permanece marcado por sua origem contratual e voluntarista. Muitas vezes, portanto, o termo novo não passa de comodidade técnica sem consequências fundamentais. Para os publicistas, ao contrário, são os atos não contratuais que apresentam interesse maior, e sua admissão deve levar a um reexame global dos atos geradores de obrigações. É a norma legal que se torna elemento essencial, a partir do qual se pode fazer uma classificação (sobretudo a classificação de Duguit, na qual o ato subjetivo não passa de uma categoria particular). Tudo isso devia, naturalmente, conduzir a oposições jurídicas e às vezes ideológicas, que se inspirarão mais ou menos em sistemas filosóficos ou, em sentido inverso, serão suas inspiradoras, e a aproximação, senão síntese, ocorrerá essencialmente no fim do século XX.

Teorias. – A genealogia contratual – pelo menos no que se refere ao direito francês – devia levar de forma natural a unir estreitamente o destino da noção de ato jurídico ao da noção de contrato. Mas, ao mesmo tempo, o fato de a promoção dessa noção ter sido, pelo menos no começo, favorecida em sua maior parte pela doutrina do direito público, que seguia outra pista, vai redundar em duas análises muito diferentes com designações aparentemente semelhantes. A tentativa de síntese só ocorrerá na segunda metade do século XX.

Todavia, subsistirá um acordo mínimo nas duas teorias que vão defrontar-se. Nenhuma das duas nega, pelo menos na origem, que é necessária uma impulsão voluntária para produzir um ato jurídico, e nenhuma das duas nega que o ato jurídico só tem força porque o direito objetivo lhe atribui força. A discussão versa principalmente sobre a importância respectiva dos diferentes elementos que o compõem e, principalmente, sobre o limiar, o critério além ou aquém do qual ainda não há ou já não há ato jurídico, mas apenas aplicação de uma norma objetiva.

Teoria subjetiva. – O paralelo com o contrato ou a convenção, figuras conhecidas, contribuiu para reforçar a análise subjetiva do ato jurídico e para uma análise muito exigente da noção. Para que houvesse ato, era preciso não só que a vontade tivesse poder de impulsão e desencadeamento, mas que também decidisse o conteúdo e os efeitos desse ato. A iniciativa visava claramente a garantir uma esfera reservada à vontade individual, pondo-a no nível da lei (art. 1.134 C. Civ. francês). A noção de ato jurídico nessa análise limita-se a absorver, numa figura um tanto mais vasta e rica, séculos de teoria contratual. A teoria da autonomia da vontade, cuja sábia ambição era garantir papel indiscutível à liberdade individual contratual, mas que nunca foi integrada tal qual no Código Civil francês, pouco preocupado com teoria (sobre a própria existência de tais teorias, cf. E. Savaux, "Teoria geral do contrato: mito ou realidade?", LGDJ, 1997), será objeto de veementes críticas já no início do século XX, mais por seus excessos do que pelo seu conteúdo exato (Gounot, *Le Principe de l'autonomie de la volonté en droit privé*, Dijon, 1912). O desenvolvimento considerável de legislações dirigistas em matéria econômica porá então em perigo uma análise do ato jurídico baseada na exigência de pureza voluntarista, que se tornou de impossível realização. A doutrina jurídica vai então se cindir entre aqueles que mantêm o princípio e chegam à constatação da morte, mais ou menos próxima, da noção e aqueles que, através de uma análise renovada e menos exigente, procuram conservar uma noção enriquecida à custa de uma modificação profunda da análise convencional (cf. *Archives de philosophie du droit*, Sirey, 1957).

Teoria objetiva. – Pela natureza original de sua matéria, a doutrina de direito público não podia aderir a uma explicação que vinculava o ato jurídico à vontade individual. Pela própria evolução de sua matéria, a doutrina de direito privado quase já não podia contentar-se com ela. Observa-se então o desenvolvimento – em direito público, depois em direito privado e, por fim, em geral – das teorias que enfatizarão os elementos objetivos do ato jurídico e, mais especialmente, o seu lugar na elaboração normativa do ato. Se, no início, essas teorias não repousam num sistema de filosofia global, após a intervenção de Kelsen (Kelsen, *Théorie pure du droit*, 2ª ed., 1960, trad. fr. Eisenmann, Dalloz, 1962; *Théorie générale des normes*, trad. fr. Beaud e Malkani, PUF, 1996), vai-se encontrar pelo menos, em tese, uma justificação para essa construção objetiva, ainda que seu pensamento sobre esse aspecto tenha sido discutido (sobre essa discussão, cf. P. Amselek, "O papel da vontade na prescrição das normas jurídicas segundo Hans Kelsen", *Mélanges A. Rieg*). A influência se fará sentir não só em direito público mas também em direito privado, com uma crítica à noção de contrato que visava a voltar às análises de base puramente subjetiva (v. G. Rouhette, *Contribution à l'étude critique de la notion de contrat*, tese datil., Paris, 1965). Aí tampouco a explicação do ato jurídico em bases que excluíssem, em maior ou menor grau, a vontade podia concernir ao conjunto dos fenômenos da volição elaborados em direito. Estava então aberto o caminho para uma síntese que decerto ainda não terminou.

Teorias sintéticas. – A partir de meados do século XX surgem duas tentativas que visam ao mesmo tempo a aprofundar o elemento voluntário básico do ato, mas também os elementos objetivos que logo foram aquilatados como insubstituíveis. Logo de início tentou-se diversificar e classificar as figuras contratuais ou convencionais em função da importância de cada elemento. Em vez de continuar no caminho da demonização da ordem pública e da intervenção do legislador nos atos, passa-se a tentar perceber uma combinação mais construtiva (por exemplo, A. Rieg, *Le Rôle de la volonté dans l'acte juridique en droit civil français et allemand*, LGDJ, 1958; G. Farjat, *L'Ordre public économique*, LGDJ, 1961). O período de economia dirigida produziu um efeito de aprofundamento na análise do ato jurídico, obrigando a doutrina a integrar, querendo ou não, as intervenções do legislador. Em sentido inverso e em relação a um fenômeno ainda mais recente, parece que certa decadência da economia dirigida e, portanto, do serviço público levou à reintrodução nas teorias publicistas de uma parcela não desprezível de vontade organizadora e à multiplicação das figuras mistas (sobre essa evolução, cf. D. Bureau, "A regulamentação da economia", *Arch. de philosophie du droit*, p. 316, Sirey, 1997). A sistematização dessas tentativas de síntese está bem clara num artigo de Hebraud ("Papel respectivo da vontade e dos elementos objetivos nos atos jurídicos", *Mélanges Maury*, t. 2, p. 419, Dalloz, 1960), no qual o autor procura equilibrar os dois componentes do ato jurídico. Ao mesmo tempo, a noção de elementos objetivos se enriquece com a constatação simples de que a vontade apenas não teria poder algum se não se combinasse não só com o direito positivo existente e com os meios que ele lhe oferece, mas também com seu ambiente concreto, as técnicas, os outros tópicos de direito etc. A segunda metade do século XX será então pródiga em teses diversas que visavam a reconstruir uma teoria geral do ato jurídico em torno dessa ideia sintética que se recusa a opor a vontade ao objetivo, ou vice-versa (J. Hauser, *Objectivisme et subjectivisme dans la théorie générale de l'acte juridique*, LGDJ, 1971; G. Wicker, *Les Fictions juridiques. Contribution à l'analyse de l'acte juridique*, LGDJ, 1997), com a preocupação de procurar as aplicações mais amplas (J. M. Bahans, *Théorie générale de l'acte juridique et droit économique*, Ed. Septentrion, 1999) e de incluir as mais numerosas matérias (ver, por exemplo, J. Héron, "Reflexões sobre o ato jurídico e o contrato a partir do direito judiciário privado", *Droits*, p. 85). Esse movimento, que provavelmente ainda não terminou, só teria despertado interesse exclusivamente teórico se não tivesse sido acompanhado por um aprofundamento considerável do conteúdo e das classificações.

Conteúdo da noção de ato jurídico

Traduzindo a intervenção jurídica do homem, o ato jurídico tem um conteúdo por definição infinito e variado. Portanto, aqui só veremos as classificações que nos possibilitem enxergar seus delineamentos. Com muita frequência, aliás, foi o aparecimento dessas categorias irredutíveis às noções de contrato ou convenção que provocou a nova abordagem, descrita acima. Basicamente, pode-se de início proceder a uma classificação superior em função do número de interesses representados na operação. Pode-se depois proceder a uma classificação mais técnica em função dos efeitos produzidos pelo ato.

Classificação em função dos interesses representados. – O modelo do Código Civil francês, em relação ao contrato, era o ato bilateral que compreendia duas partes, correspondente por certo ao modelo dominante na época. O contrato, que é uma convenção geradora de obrigações, permanece efetivamente como ato jurídico por excelência, em vista de sua historicidade e frequência (verbete *Contrato*). O enriquecimento, porém, ocorreu em dois sentidos opostos, levando a pôr em xeque o próprio critério de classificação. A existência de *atos unilaterais* em direito civil era conhecida, mas considerada secundária, e, em todo caso, a vontade unilateral era impotente para dar origem a uma obrigação, que só podia ser oriunda do encontro de duas vontades. Contudo, logo ficaria claro que grande número de atos não podia, sem artifícios, ser vinculado pura e simplesmente ao contrato, e que a noção de ato jurídico também devia compreender a de ato unilateral (J. Martin de La Moutte, *L'Acte juridique unilatéral*, Sirey, 1951; Y. Madiot, *Aux frontières du contrat et de l'acte administratif unilatéral: recherches sur la notion d'acte mixte en droit public français*, LGDJ, 1971; P. Py, *Le Rôle de la volonté dans les actes administratifs unilatéraux*, LGDJ, 1976), apresentando esta, tanto em sua formação quanto em seus efeitos, especificidades às vezes importantes. A questão de sua aptidão para criar obrigações apresentará mais dificuldades – pelo menos em direito privado –, a tal ponto contrariava as análises arraigadas. No entanto, a causa agora está entendida; o ato unilateral pode ser gerador de obrigações em certas condições. Os motores dessa evolução foram o direito administrativo, em primeiro lugar, e o direito do trabalho, em segundo. Essa comunhão se explica, provavelmente, porque os dois, direitos de desigualdade entre as partes, conhecem a força da vontade unilateral, mas também procuram fazê-la produzir efeitos contra o próprio indivíduo que a emitiu. A questão pode ser então considerada resolvida tanto pelas afirmações claras da jurisprudência social, no próprio plano da Corte de Cassação, quanto pelos trabalhos da doutrina (M. L. Izorche, *L'Avènement de l'engagement unilatéral en droit privé contemporain*, tese datil., Aix, PUAM, 1995). Isso permite explicar de modo muito mais satisfatório, em direito civil mesmo, certas soluções jurídicas, como por exemplo a obrigação de manter a oferta de contrato durante certo tempo. Logo se tornou evidente que outras manifestações de vontade do tipo *ato coletivo* dificilmente se classificam nas categorias contratuais, tal como em direito empresarial, com o desenvolvimento das sociedades comerciais, quer se tratasse da própria constituição da sociedade, quer dos atos diversos durante as assembleias. A mesma exigência se encontrará em direito social, em que a convenção coletiva – ato inclassificável na teoria clássica – obrigará ao reexame global das categorias. O ato coletivo será então objeto de sistematização progressiva (G. Roujou de Boubée, *Essai sur l'acte juridique collectif*, LGDJ, 1961), não sem discussões sobre seu conteúdo exato, especialmente sobre o lugar que nele seria ou não ocupado pela convenção coletiva. Essas ampliações não ocorrerão isoladamente. Bem depressa se perceberá que há combinações e atos mistos, unilaterais e coletivos ao mesmo tempo (ver Martin de La Moutte, acima citado; J. Moreau, "Em busca do ato complexo", *Droits*, acima citado, p. 76; E. De Munagorri, *L'Acte unilatéral dans les rapports contractuels*, LGDJ, 1996). Ficará clara, então, a necessidade de refletir sobre o critério exato de distinção entre esses atos.

Embora a unicidade, a dualidade ou a pluralidade das partes certamente fossem critérios primeiros, logo se percebeu que a realidade era mais complexa. A ideia de que um ato unilateral pode compreender várias partes ficou clara, e foi preciso buscar então outro critério, que não o do número das partes. Partindo-se da tese mais clássica – e decerto muito abusiva – que analisa o contrato como um ato de oposição de interesses, era possível deduzir *a contrario* que, para a classificação, mais essencial que o número de participantes é o número de interesses representados e o antagonismo entre eles. Assim, as categorias modernas dos contratos de dependência ou, inversamente, dos contratos de cooperação traduzem essa evolução da noção por meio da fundamental renovação de seus critérios de divisão. A ideia podia até levar à redefinição completa da noção de terceiro, caracterizando-se este último como uma ausência de interesse direto em relação à operação considerada, mas deixando lugar a uma constelação de situações entre quem constitui e quem não constitui parte no contrato (Ph. Delmas Saint-Hilaire, *Le Tiers à l'acte juridique*, LGDJ, 2000). Assim, confirmava-se a hipótese de que a construção de uma teoria geral do ato jurídico pode ter incidências muito importantes sobre a técnica jurídica. De fato, a noção de ato jurídico possibilita uma classificação concreta das manifestações da vontade, em função de seus efeitos, que é muito mais operacional que a classificação dos contratos apenas.

Classificação segundo os efeitos. – Evidentemente, é impossível descrever todas as classificações dos atos jurídicos. Algumas podem mostrar-se mais técnicas, embora muitas vezes essenciais, tais como as classificações dos atos jurídicos processuais ou as classificações em função das condições de formação, que são amplamente tomadas de empréstimo à teoria dos contratos, ou ainda certas classificações do direito público, como por exemplo a distinção entre ato regulamentar e ato individual (J.-M. Rainaud, *La Distinction de l'acte réglementaire et de l' acte individuel*, LGDJ, 1966). Pode-se também tentar abranger uma parte importante dessas classificações citando algumas categorias. Visto que a existência de uma *causa* é uma das condições do ato em direito francês, que só excepcionalmente e por decisão da lei conhece o ato abstrato, é possível classificar os atos jurídicos em função dessa causa, ou seja, *brevitatis causa*, do objetivo visado pelas partes. Assim, o *ato oneroso*, em que as partes estabelecem um contrato considerando uma contrapartida, se oporá ao *ato gratuito* (J. J. Dupeyroux, *Contribution à la théorie générale de l'acte à titre gratuit*, tese, Toulouse, 1955), em que o compromisso é causado pela intenção liberal e é dotado de estatuto particular. As classificações em função do *objeto* do ato são em grande parte tomadas de empréstimo às distinções entre os diferentes ramos do direito. Assim, distingue-se entre *ato civil* e *ato administrativo*, não sem, aliás, difíceis fixações de fronteira. Assim também, dentro do próprio direito privado, a distinção entre atos civis propriamente ditos e *atos de comércio* contribui muito para delimitar direito civil e direito comercial, não sem grandes dificuldades, também, pois a distinção não é compartilhada por todos os sistemas jurídicos. Os atos judiciais – entre estes, o *ato jurisdicional* –, ligados a uma ação em juízo, também poderão ser opostos aos atos civis. A distinção entre *atos conservatórios*, *atos de administração* e *atos de disposição* baseia-se no critério do impacto econômico e patrimonial do ato considerado. O ato conservatório (C. Brenner, *L'Acte conservatoire*, LGDJ, 1999) é puramente vantajoso, pois visa a aumentar ou a estabilizar o patrimônio. O ato de administração vai mais longe e permite uma gestão mais dinâmica, que pode eventualmente conduzir a perdas. Por fim, o ato de disposição retira, de saída, um valor do patrimônio e implica a interrogação sobre a eventual contrapartida que ali entraria. A importância prática da distinção é considerável sempre que nos interrogamos sobre a capacidade de um indivíduo para realizar atos jurídicos ou sempre que um indivíduo administra os bens alheios. Mesmo assim, entre essas três categorias as fronteiras muitas vezes são pouco distintas e flutuantes no tempo. O ato jurídico cria, modifica ou suprime uma situação. A partir dessas três ações simples, as figuras são inúmeras e combináveis. O ato *constitutivo* cria uma situação nova mesmo quando se trata do rearranjo de situações anteriores, tal como ocorre com o ato constitutivo de uma sociedade, com o ato que atribua propriedade a uma pessoa etc. A ele será oposto o ato *declarativo*, que se limita a declarar uma situação que existia por si mesma, anteriormente (exemplo: a partilha, que só se limita a declarar os direitos que os compartilhantes já haviam adquirido anteriormente). A ele também será oposto o ato *translativo*, por meio do qual se transferem efetivamente direitos a outrem. O ato *confirmativo* (G. Couturier, *La Confirmation des actes nuls*, LGDJ, 1972), por sua vez, consolida uma situação que era litigiosa, assim como um ato nulo confirmado por aquele que podia invocar a nulidade. O ato *abdicativo* consiste na renúncia a um direito e, por ser grave, em todas as partes do direito, é cercado de precauções. Assim, por ambicionar reunir num mesmo *corpus* o conjunto dos fenômenos de vontade criadora em direito, a teoria geral do ato jurídico é uma construção difícil, frágil e incessantemente questionada pela tendência centrífuga natural dos diferentes ramos do direito. Assim mesmo, é certo que o ser que deseja produzir efeitos de direito é o mesmo em todo lugar e que, como tal, sua liberdade merece que lhe seja fornecida uma teoria geral que faça dele um sujeito, e não um objeto, da ordem jurídica.

› BAHANS J.-M., *Théorie générale de l'acte juridique et droit économique*, 1997. – BASTITS M., *Revue Droits*, 1988, nº 7. – BRENNER C., *L'Acte conservatoire*, 1999. – CORNU G., *Vocabulaire juridique*, Vº Acte. – COUTURIER C., *L'Acte confirmatif*, 1972. – DELMAS SAINT-HILAIRE Ph., *Le Tiers à l'acte juridique*, 2000. – DUPEYROUX J.-J., *L'Acte à titre gratuit*, 1995. – DUGUIT J., *Droit constitutionnel*, 32ª ed., 1927. – MUNAGORI R. de, *L'Acte unilatéral dans les rapports contractuels*, 1996. – FARJAT G., *L'Ordre public économique*, 1961. – GOUNOT E., *Le Principe de l'autonomie et de la volonté en droit privé*, tese Dijon, 1912. – HAUSER J., *Objetivisme et subjectivisme dans l'acte juridique*, 1970. – HÉBRAUD P., "Rôle respectif de la volonté et des élements objectifs dans l'acte juridique", *Mélanges Maury*, 1960. – IZORCHE M.-L., *L'Avènement de l'engagement unilatéral en droit privé contemporain*, 1995. – JACQUÉ G., *Revue Droits*, acima citado. – KELSEN H., *Théorie pure du droit*, ed. 1962, e *Théorie générale des normes*, ed. 1996. – MADIOT Y., *Aux frontières du contrat et de l'acte administratif unilatéral: recherches sur la notion d'acte mixte en droit public français*, 1971. – MARTIN DE LA MOUTTE J., *L'Acte juridique unilatéral*, 1951. – MOREAU J., "À la recherche de l'acte complexe", *Revue Droits*, acima citado. – PY J., *Le Rôle de la volonté dans les actes administratifs unilatéraux*, 1976. – RAINAUD J.-M., *La Distinction de l'acte réglementaire et de l'acte individuel*, 1966. – RIEG A., *Le Rôle de la volonté dans l'acte en droit civil français et allemand*, 1958. – ROUJOU DE BOUBÉE G., *Essai sur l'acte juridique collec-*

tif, 1961. – SAVAUX E., *Théorie générale du contrat, mythe ou réalité*, 1997. – WICKER G., *Les Fictions juridiques, contribution à l'analyse de l'acte juridique*, 1997.

Jean HAUSER

→ Ato administrativo; Causa; Contrato; Direito subjetivo; Ficção; Ordem pública.

ATO ADMINISTRATIVO

A atuação da administração se traduz em operações materiais, que só ocasionalmente interessam ao direito em suas consequências, e em atos jurídicos, que exprimem uma vontade de produzir efeitos de direito. Reserva-se o termo ato administrativo ao ato jurídico unilateral que emana de uma só vontade, produz efeitos em relação a terceiros e constitui o procedimento normal da atuação administrativa. A noção de ato administrativo é fundamental, mas também imprecisa. Como os textos básicos não especificaram nem a noção nem o regime do ato administrativo, coube ao juiz opô-lo aos outros atos estatais e ao ato privado. Encontra-se então a sutil concepção francesa de separação dos poderes, a incerta distinção entre pessoas públicas e pessoas privadas, assim como a diversidade dos atos realizados pela Administração. A imprecisão que, desde a origem, caracterizou o conceito de ato administrativo aumentou com o desenvolvimento de instituições híbridas, com a evolução das noções de ato legislativo e de regulamento e com a crescente mescla de direito privado na Administração. É em função desses dados que convém hoje considerar o ato administrativo em sua noção e seu regime.

Noção de ato administrativo

Conforme incitam os textos que, a partir da lei de 24 de maio de 1872, aproximam as noções de anulação por excesso de poder e de "atos das diversas autoridades administrativas", seríamos tentados a considerar um critério orgânico puro que vinculasse a natureza administrativa do ato à qualidade administrativa de seu autor. A complexidade da matéria exige que a análise orgânica seja estendida, considerando-se o ato em seu aspecto material e no procedimento de direito que ele exprime.

1 / Ato administrativo, em direito francês, é definido principalmente a partir de dados orgânicos, e são sobretudo considerações formais que permitem qualificar o órgão administrativo, distinguindo-o dos outros organismos estatais e dos organismos privados. A distinção entre órgão administrativo e órgão legislativo é fácil, visto que a Constituição francesa determina a composição do Parlamento. É mais difícil opor o órgão administrativo ao órgão jurisdicional, visto que as instituições de caráter híbrido recentemente se multiplicaram: a composição do organismo e os procedimentos previstos são índices valiosos para qualificar as instituições e os atos (CE, 12 de julho de 1969, *L'Etang*). Para distinguir organismos administrativos e instituições privadas, a doutrina e a jurisprudência definiram, desde o início do século XX, critérios sempre úteis, procurando o grau de dependência em relação aos poderes públicos (CE, 21 de junho de 1912, *Delle Pichot*). O direito francês sempre deu grande importância aos critérios orgânicos. Os antigos regulamentos da administração pública, por muito tempo considerados de natureza legislativa, uma vez que procediam de delegação do poder legislativo, foram qualificados como atos administrativos pelo Conselho de Estado. A mesma observação pode ser feita em relação aos decretos dos governos da III e da IV República, emanados em virtude de leis de habilitação que os autorizavam a modificar ou a ab-rogar leis: aqueles decretos foram considerados atos administrativos antes da ratificação eventual do Parlamento. Hoje, as disposições do governo em aplicação do artigo 38 da Constituição podem intervir no domínio reservado à lei, mas são da alçada do juízo de excesso de poder, antes de qualquer ratificação parlamentar, e os regulamentos autônomos definidos no artigo 37 permaneceram submetidos à censura do juiz administrativo, a despeito de uma corrente doutrinária que tendia a equipará-los à lei (CE, 26 de junho de 1959, *Syndicat général des ingénieurs-conseils*). O critério orgânico, porém, deve ser entendido com certas reservas. A participação crescente de organismos privados na administração levou a admitir que algumas de suas decisões têm o caráter de atos administrativos. Com prudência, o Conselho de Estado julgou que os organismos profissionais aos quais

fora confiada a direção da economia, no regime de Vichy, participavam da execução de um serviço público, e que as decisões tomadas naquela ocasião constituíam atos administrativos (CE, 31 de julho de 1942, *Monpeurt*). A incerteza sobre a natureza jurídica desses organismos será dirimida mais tarde numa jurisprudência que associa a natureza privada da pessoa à qualidade administrativa do ato (CE, 13 de janeiro de 1961, *Magnier*). Esse declínio do critério orgânico é relativo, pois essa solução só foi admitida com condições referentes à exigência de dependência em relação à Administração. E se foi atribuído caráter administrativo a certas decisões das autoridades administrativas independentes, observou-se com justiça que sua independência não era absoluta. Apesar de essencial, o critério orgânico é insuficiente.

2 / A busca de dados materiais que permitam definir o ato administrativo chamou a atenção da doutrina desde a origem. Vivier observava, em meados do século XIX, que, se a lei prescreve, mas não age, a administração lhe imprime movimento, seja atendo-se ao texto literal, seja tomando as medidas apropriadas à garantia de sua execução. Mais tarde, Carré de Malberg, partindo da interpretação dos textos constitucionais, discerniu um "abismo" entre o Parlamento, que é o representante da nação, e o titular do Poder Executivo, que é uma autoridade investida. Essa desigualdade desejada entre os poderes acarreta uma desigualdade das funções e dos atos que permite definir o ato administrativo como ato condicionado pela lei, ato realizado "sob o império e em execução das leis". Dificilmente compatível com o reconhecimento, pelo Conselho de Estado, de um poder regulamentar inicial em matéria de organização dos serviços públicos e de polícia, o conceito de execução das leis foi vigorosamente defendido por Vedel numa acepção muito vasta, antes de ser considerado incompatível com a concepção do regulamento, formulada em 1958. Para uma doutrina importante, ligada ao pensamento de J.-J. Rousseau, o caráter individual teria a índole de caracterizar materialmente o ato administrativo, opondo-o ao ato legislativo definido como uma medida abstrata de alcance geral. Duguit, preocupado em apresentar uma análise puramente jurídica do ato administrativo, nele vê aquele que cria ou modifica uma situação subjetiva, ou seja, um ato de caráter individual. A tese continua sendo defendida pelos representantes da escola de Duguit, que negam ao regulamento um caráter administrativo, equiparando-o materialmente à lei. Essa doutrina é descartada pelo juiz administrativo: é só com referência a certos aspectos do regime do ato administrativo que a concepção de Duguit desperta interesse em direito positivo (formas de publicidade, revogação e ab-rogação, interpretação e apreciação de legalidade). A natureza da matéria ainda está sendo considerada. Nos períodos tumultuados, em que existe confusão de poderes em benefício de uma autoridade, o Conselho de Estado distingue os atos legislativos e os atos administrativos em função do conteúdo da decisão. As decisões tomadas pelo Presidente da República em virtude do artigo 16 da Constituição francesa, em caso de crise grave, só serão da competência do juiz administrativo se incidirem sobre matéria regulamentar (CE, 2 de março de 1962, *Rubin de Servens*). Na III República, foi atribuído um poder regulamentar inicial ao chefe de Estado em matéria de polícia e de organização dos serviços públicos, e a tradição republicana francesa reservava certas matérias à lei. A Constituição de 1958 delimita o domínio da lei e atribui ao regulamento um domínio de princípio. No entanto, essa constância na busca de uma relação entre o ato administrativo e a matéria sobre a qual ele versa só desperta interesse limitado, visto que o direito reconhece, ao lado do chamado regulamento autônomo, o ato administrativo individual ou regulamentar realizado como aplicação das leis. A natureza da matéria intervém mais eficazmente na distinção do ato administrativo e do ato jurisdicional: a doutrina e a jurisprudência adotam hoje uma concepção material do ato jurisdicional, especificando que ele tem por objeto dirimir um litígio com base no direito (CE, 12 de dezembro de 1953, *de Bayo*). É também a natureza da matéria que permite definir o ato de governo, em oposição ao ato administrativo. Depois de se considerar de maneira bem imprecisa o caráter excepcional dos negócios ou o exame de interesses superiores, hoje em dia se consideram as matérias nas quais são cumpridos os atos: recusa-se caráter administrativo aos atos do Poder Executivo em suas relações com o Parlamento e

com os Estados estrangeiros (CE, 29 de dezembro de 1958, *Tallagrand*). Toma-se importante dado material para atribuir caráter de decisão ao ato administrativo: ele deve exprimir a vontade de modificar o ordenamento jurídico. As decisões confirmativas e as decisões denegatórias continuam sendo atos administrativos porque mantêm o Estado de direito ou porque afetam o ordenamento jurídico. Mas há atos cuja incidência sobre o ordenamento jurídico é inexistente ou limitada. Não têm efeito sobre as situações jurídicas os atos declarativos, os que precedem uma decisão e aqueles que lhe são posteriores, sem nada lhes acrescentar. As circulares que se limitam à interpretação das leis não têm a qualidade de decisão, salvo quando modificam o Estado do direito e têm um caráter regulamentar. As diretrizes que contêm esquemas de conduta, dirigidas aos agentes, não são passíveis de recurso por excesso de poder; permitem, porém, que a Administração se prevaleça delas e que os administrados contestem sua legalidade quando dos recursos impetrados contra as decisões que os atingem.

3 / A definição de ato administrativo exige uma última abordagem em função da natureza do procedimento de direito implicado no ato. Essa correlação é antiga, pois a doutrina do século XIX discernira no ato administrativo uma manifestação do poder que se situa no executivo. Hauriou, em termos diferentes, insiste numa análise psicológica da vontade do Estado e vê no Poder Executivo "aquele que decide a passagem de um procedimento de resolução à execução" e se expressa na decisão executória. Hoje se reconhece em jurisprudência e em doutrina que a Administração é detentora de prerrogativas de poder público que impregnam seus atos. No entanto, as autoridades administrativas sempre realizaram atos nas mesmas condições dos particulares e na dependência do direito privado. Segundo esse espírito foi concebida a antiga distinção entre atos de autoridade e atos de gestão, substituída pela oposição gestão pública / gestão privada. O domínio da gestão privada não parou de estender-se, e os atos da Administração constituem ora atos administrativos, ora atos de direito privado. Esse dualismo de regime é observável quando os atos emanam das pessoas públicas, especialmente na gestão do domínio privado e dos serviços industriais ou comerciais (TC 12 de novembro de 1984, *Soc. Interfrost*) . Os atos dos organismos privados investidos com uma função de serviço público podem ser administrativos quando expressam a execução de prerrogativas do poder público (sentença *Magnier* acima citada). A combinação dos critérios analisados leva, assim, a negar caráter administrativo a certos atos de pessoas públicas e a certos atos de organismos privados investidos de uma missão de serviço público. Nem por isso devem ser situados fora da administração: o ato administrativo se insere numa categoria mais vasta de atos da Administração.

Regime do ato administrativo

Do ponto de vista de seu regime jurídico, o ato administrativo apresenta especificidade em relação aos outros atos públicos e aos atos privados. Essa especificidade, que se traduz em sua submissão ao princípio de legalidade, em suas regras de elaboração e em seus efeitos, tende, porém, a atenuar-se.

1 / Segundo a concepção tradicional, a submissão ao princípio de legalidade permite opor o ato administrativo ao ato legislativo. A lei, expressão da vontade geral, é considerada como ato supremo e incontestável, que não pode implicar responsabilização por culpa, ao passo que o ato administrativo pode ser anulado em caso de irregularidade e dar ensejo a reparação em caso de ilegalidade. Hoje em dia deve-se levar em conta a instauração e o desenvolvimento em direito francês de um controle da constitucionalidade das leis pelo Conselho Constitucional, do reconhecimento de uma responsabilização do poder público em razão de atos administrativos decorrentes da execução de leis não conformes às regras comunitárias, assim como uma tendência doutrinária a exigir-se um controle jurisdicional da constitucionalidade das leis por via de exceção. Os regulamentos autônomos criados com base no artigo 37 da Constituição têm a natureza de atos administrativos, mas intervêm num domínio no qual as leis estão ausentes. No entanto, essa aproximação entre os regimes do ato administrativo e do ato legislativo é relativa, pois a lei é inatacável após sua promulgação e só pode ser rejeitada pelo juiz se for contrária aos tratados internacionais

e ao direito derivado (CE, 29 de outubro de 1989, *Nicolo*; CE, 24 de novembro de 1990, *Boisdet*; CE, 28 de fevereiro de 1992, *SA Rothman*). A legalidade administrativa distingue-se também pela natureza e pela diversidade de seus elementos (dentro?) do bloco de constitucionalidade. Permanece uma especificidade do regime do ato administrativo. A legalidade administrativa também deve ser considerada nas técnicas jurisdicionais que garantem respeito a ela. O excesso de poder foi originariamente compreendido como um exame do ato do ponto de vista de sua moralidade. A violação da lei, tardiamente incorporada na noção, levou a ver no excesso de poder um controle de direito. No entanto, fica a ideia de que no controle de legalidade subsiste um aspecto de disciplina, conforme demonstram as noções de erro manifesto e de proporcionalidade, concebidas para impor à decisão administrativa um caráter racional e equitativo. O excesso de poder administrativo distingue-se do excesso de poder legislativo que, embora inspirado em técnicas utilizadas pelo juiz administrativo, ignora o erro de fato e o desvio de poder. A legalidade administrativa distingue-se da legalidade que se impõe aos particulares pela importância que atribui à finalidade do ato, que deve ser sempre orientado para o interesse público. A atividade administrativa exige uma margem de liberdade que se traduz no reconhecimento de um poder discricionário. A legalidade administrativa, nesse aspecto, é mais coercitiva que a legalidade privada, que deve apenas fixar limites para as atividades dos particulares; é mais rigorosa que a constitucionalidade que se impõe ao ato legislativo em razão da imprecisão que se associa então às normas de referência. O princípio de legalidade não se aplica, por certo, de maneira exclusiva aos atos administrativos, mas sim de maneira específica.

2 / A elaboração do ato administrativo deu ensejo a uma regulamentação cujo objeto é cumprir a ação administrativa e proteger os administrados. Estritamente repartidas entre as autoridades, as competências só podem ser delegadas em virtude de disposições textuais e de maneira limitada. Rigorosamente penalizada pelo juiz, a incompetência constitui uma ilegalidade de ordem pública e mesmo um caso de nulidade, se há usurpação de poder. A evolução do direito é notável em matéria de procedimento. Percebe-se a especificação de um procedimento não contencioso próprio ao ato administrativo (leis de 17 de julho de 1978 e 11 de julho de 1979, decreto de 28 novembro 1983, lei de 12 abril de 2000), e a França segue o exemplo de países estrangeiros que elaboraram verdadeiros códigos. Certas regras tendem a melhorar a qualidade da decisão: pode-se considerar a ampliação dos procedimentos consultivos que esclarecem a administração e favorecem a participação dos interessados. Outras regras destinam-se a proteger os administrados: a regra do exame particular das circunstâncias, a regra do paralelismo dos procedimentos, a regra do contraditório, especialmente valiosa em matéria de penalidades. As regras formais que asseguram a apresentação organizada do ato contribuem para tornar inteligível o seu conteúdo e facilitam o controle jurisdicional. Com sabedoria, o juiz atribui às formalidades – cuja omissão não influencia a decisão – um caráter não substancial, sem efeito sobre sua regularidade. Um progresso essencial diz respeito à motivação do ato. O Conselho de Estado recusa-se a ver nisso um princípio geral, mas impõe a obrigação de justificar as decisões de certos organismos colegiais ou parajurisdicionais. É ao legislador que devemos a atribuição ao administrado do direito de conhecer o fundamento das decisões individuais desfavoráveis ou transgressivas que o afetem e, recentemente, "o direito de qualquer pessoa à informação", em matéria de acesso às regras do direito.

3 / Além de sua promulgação, o ato administrativo deve ser considerado em seus efeitos, que provocam o surgimento de um conjunto de privilégios e sujeições. O efeito mais notável do ato administrativo é acarretar direitos e obrigações favoráveis ou onerosos a terceiros, sem o seu consentimento, tal como reconhece o Conselho de Estado, que vê nele "a regra fundamental do direito público". O poder de agir unilateralmente (imperatividade) é um privilégio, mas também uma sujeição, pois o direito veda à Administração renunciar a ele e limita o domínio no qual ela pode recorrer ao contrato. Esse privilégio vem acompanhado da prerrogativa de autoexecutoriedade, no sentido de que o ato administrativo cria imediatamente direitos e obri-

gações sem a intervenção de um juiz. A ideia de prerrogativa também se expressa no conteúdo do ato, pois a administração pode tomar medidas que não poderiam ser tomadas por particulares. Também se encontra privilégio no plano da execução do ato: o poder de execução *ex officio* permite que a autoridade administrativa que enfrente resistências recorra à força pública em caso de urgência ou na ausência de sanção legal, desde que as medidas escolhidas sejam proporcionais ao objetivo visado, que é o respeito à lei. Contudo, não se pode ignorar a tendência manifestada, em legislações muito recentes, de estender ao juiz a faculdade de suspender a execução das decisões administrativas desde que a urgência o exija e desde que possam ser invocadas sérias dúvidas sobre sua legalidade (decisão de 4 de maio de 2000, lei de 30 de junho de 2000).

A incidência do tempo sobre os efeitos do ato administrativo também caracteriza seu regime. O ato, que está submetido ao princípio de não retroatividade, entra em vigor no momento de sua promulgação, mas só poderá produzir efeitos sobre os interessados a partir de sua publicação, se tiver caráter regulamentar, e de sua notificação, se tiver caráter individual. Um problema difícil é determinar em que medida a Administração pode modificar as situações jurídicas existentes e deve abolir as decisões irregulares. A segurança jurídica supõe uma estabilidade das situações, mas os serviços públicos estão submetidos à lei de adaptação, e também é preciso considerar a natureza individual ou regulamentar de um ato, bem como sua conformidade ao direito. Segundo o direito jurisprudencial francês, o ato administrativo regular não pode ser abolido retroativamente, mas poderá ser anulado no futuro, se tiver natureza regulamentar, e só na ausência de direitos adquiridos, se tiver caráter individual. O ato irregular pode e até deve ser invalidado nos prazos previstos para os recursos contenciosos; também é reconhecida a obrigação de invalidar um regulamento ilegal *ab initio* ou que se tornou ilegal em razão de mudança nas circunstâncias de fato ou de direito (CE, 3 de novembro de 1922, *Dame Cachet*: decreto de 28 de novembro de 1983 acima citado; CE, 3 de fevereiro de 1989, *Alitalia*). Com essas características, o ato administrativo ao qual pode ser atribuída "autoridade de coisa decidida" opõe-se ao ato jurisdicional, que goza da autoridade de coisa julgada e não pode ser anulado nem revogado.

Ao cabo de longas reflexões dedicadas à teoria do ato administrativo, Charles Eisenmann considera que "a categoria dos atos da administração não passa de categoria de estudo e não tem valor de conhecimento profundo", exprimindo assim a imprecisão que envolve a matéria. Sem dúvida, a definição de ato administrativo em direito francês implica uma combinação de diversos critérios de ordem orgânica, material e formal; seu regime jurídico assemelha-se em vários aspectos aos regimes dos outros atos estatais e dos atos privados. Essas orientações que aparecem na evolução atual estão estreitamente ligadas às mutações da Administração e de seu direito. Diante delas, porém, o ato administrativo conservou as características fundamentais que revelam sua essência e permitem ver nele uma categoria jurídica.

› CARRÉ DE MALBERG, *Théorie générale de l'État*, 1920. – DELVOLVÉ P., *L'Acte administratif*, Sirey, 1983. – DUGUIT L., *Traité de droit constitutionnel*, 3ª ed., 1928. – EISENMANN Ch., *Cours de droit administratif*, LGDJ, 1983, t. II. – HAURIOU M., *Précis de droit administratif*, Sirey, 5ª ed., 1903, e 11ª ed., 1927. – LAVIALLE Ch., *L'Évolution de la conception de la décision exécutoire en droit administratif français*, LGDJ, 1974.

V. Também: CHAPUS R., *Droit administratif général*, 13ª ed., 1999. – CORAIL, J.-L. de, "Les actes administratifs dans la pensée de Ch. Eisenmann", *La Pensée de Ch. Eisenmann*, Economica, 1986. – ISAAC G., *La Procédure administrative non contentieuse*, LGDJ, 1968. – LAUBADÈRE A. de, GAUDEMET Y. & VÉNÉZIA J.-C., *Traité de droit administratif*, LGDJ, 15ª ed., 1999. – TIMSIT G., *Le Rôle de la notion de fonction administrative en droit administratif français*, LGDJ, 1963. – VEDEL G. & DELVOLVÉ P., *Droit administratif*, PUF, 12ª ed., 1992. – VEDEL G., "Excès de pouvoir administratif et excès de pouvoir législatif", *Les Cahiers du Conseil constitutionnel*, nº 1, 1996; nº 2, 1997.

Jean-Louis DE CORAIL

→ Administração; Ato; Contrato; Funções jurídicas do Estado; Legalidade; Prerrogativa.

ATO DE GOVERNO

Existente em numerosos países, na França o ato de governo é uma noção jurisprudencial.

No entanto, apesar de a expressão ser utilizada pelos representantes do governo e pela doutrina, e de ser mencionada nas planilhas da *Relação periódica das sentenças do Conselho de Estado*, o juiz hesita em fazer uso dela. Na imensa maioria dos casos, emprega diversas perífrases para designar esse ato. Segundo a jurisprudência atual e desde o desaparecimento da doutrina da motivação política (CE, 1875, *Prince Napoléon*), que o definia por sua finalidade política, o ato de governo caracteriza-se da maneira abaixo.

1 / O ato de governo é, em primeiro lugar, uma manifestação da vontade dos órgãos executivos, que se concretiza por decretos, decisões, medidas, mas também por fatos, intervenções ou ações. Só os mais altos órgãos executivos podem praticar tais atos: o Presidente da República, o Primeiro-Ministro e os ministros, assim como, em matéria de relações internacionais, os agentes diplomáticos habilitados a intervir junto a potências estrangeiras. O ato de governo manifesta-se em seguida em dois domínios específicos.

São atos de governo, primeiramente, aqueles que dizem respeito às relações de ordem constitucional entre os poderes públicos. Trata-se, principalmente, dos atos praticados pelo Executivo em suas relações com o Parlamento: atos que afetam o seu funcionamento (CE, 1989, *Allain*: decreto referente à dissolução da assembleia nacional; CE, 1962, *Robin de Servens*, decisão de aplicar o artigo 16 da Constituição); atos relativos aos procedimentos legislativos (CE, 1968, *Tallagrand*: sanção ou veto de projetos de lei; CE, 1933, *Sieur Desreumaur*: decretos presidenciais referentes à promulgação das leis). Mas também se trata dos atos referentes às relações entre o Executivo e o povo (CE, 1962, *Brocas*: decisão presidencial de submeter um projeto de lei a referendo) e entre o Executivo e o Conselho Constitucional (CE, 1999, *Ba*: decisão do Presidente da República de nomear um membro do Conselho Constitucional), assim como das relações de ordem constitucional entre os órgãos executivos (CE, 1992, *Allain*: recusa do Primeiro-Ministro de propor ao chefe de Estado uma revisão da Constituição).

Em segundo lugar, são atos de governo aqueles que dizem respeito à condução das relações internacionais. Trata-se, por um lado, dos atos praticados pelos órgãos executivos no exercício de seu poder de concluir tratados (*treaty-making power*) (CE, 1979, *Coparex*, negociação e cumprimento de um tratado; CE, 1992, *Mahmedi*: ruptura ou suspensão de um tratado). Trata-se, por outro lado, de atos praticados pelo Executivo para a condução de assuntos externos (CE, 1993, *Robin*: intervenções diplomáticas junto a potências estrangeiras) ou militares (CE, 1975, *Paris de Bollardière* e CE, 1995, *Greenpeace France*: decisões tendentes a garantir a segurança e a confiabilidade da força de dissuasão nuclear). São diferentes dos atos que o juiz, segundo o caso em espécie, considera "desvinculáveis" das relações internacionais.

Por fim, a principal característica do ato de governo é a de não ser apreciável pelo Judiciário: as jurisdições francesas declaram-se incompetentes para apreciá-lo. Esse caráter deve – pelo menos para certos atos de governo – ser relativizado, pois, no âmbito de seu controle da constitucionalidade das leis, o Conselho Constitucional aceita, indiretamente, controlar a constitucionalidade dos atos de governo praticados no âmbito dos procedimentos legislativos (84-179 DC: decreto de apresentação de um projeto de lei; 86-225 DC: emenda arquivada pelo governo; 89-264 e 89-269 DC: decisão do Primeiro-Ministro de recorrer ao artigo 49-3 da Constituição; 85-197 e 86-218 DC: decisão do Primeiro-Ministro de reunir uma comissão paritária mista; 85-197 DC: decisão do Presidente da República de pedir ao Parlamento uma nova deliberação ou uma nova leitura da lei). É esse caráter de matéria não apreciável do ato de governo que geralmente enseja a interrogação da doutrina, pois parece em contradição com a lógica do Estado de direito. Uma vez que o direito de recurso efetivo aos tribunais é consagrado ao mesmo tempo pela Convenção Europeia dos Direitos do Homem (artigos 6-1 e 13) e pela jurisprudência do Conselho Constitucional (96-373 DC), por que o ato de governo continua excluído dos tribunais? Agora que a lei está submetida ao controle do juiz, não é surpreendente que certos atos do Executivo não o sejam? Agora que a história do ato administrativo é a história de sua submissão progressiva a um controle cada vez maior do Judiciário, não é estranho que a história do ato de governo seja a história da confirmação contínua de seu caráter de matéria não apreciável pelo Judiciário?

2 / As explicações que podem ser dadas são de cunho político ou jurídico. São sem dúvida complementares. Segundo as explicações políticas, não é na incompetência respectiva de nossas jurisdições que reside o estatuto de imunidade judicial de que se beneficia o ato de governo; é, ao contrário, a vontade de torná-lo beneficiário de tal estatuto que explica a incompetência de nossas jurisdições para apreciá-lo. Para alguns (Duez), o ato de governo seria fruto de uma política jurisprudencial que expressa certa reserva, certa "timidez" do juiz. O caráter de matéria não apreciável que tem o ato de governo se explicaria pelo fato de o juiz querer evitar entrar em conflito com as câmaras, únicas habilitadas a fazer uma apreciação política sobre o Executivo, ou então evitar provocar dificuldades internacionais para o governo. Para outros (Gros), o ato de governo seria expressão da razão de Estado: haveria atos que afetam tanto os interesses essenciais do Estado, que seria impossível submetê-los a um controle judicial.

Segundo as explicações jurídicas, o estatuto de imunidade judicial de que se beneficia o ato de governo decorre da incompetência jurídica respectiva de nossas jurisdições. À parte a chamada doutrina do ato misto, que parece já abandonada pelos autores, uma primeira explicação jurídica consiste em buscar uma base textual para a incompetência do juiz. É assim que, segundo alguns (Vivien, Laferrière, Carré de Malberg, Jèze), a lei orgânica de 3 de março de 1849 e a lei de 24 de maio de 1872, que determinam o campo de aplicação do contencioso administrativo, consagram implicitamente a existência do ato de governo, pois é com fundamento nesses textos que o juiz do contencioso administrativo se declara incompetente para apreciá-lo. Outros autores (Eisenmann, Favoreu) consideram que a inapreciabilidade – acidental – do ato de governo seria consequência de uma lacuna na organização judiciária: ela resultaria da incompetência – normal – do juiz ordinário e da ausência – anormal – de um juiz constitucional competente. Por fim, segundo uma última corrente doutrinária – provavelmente a mais importante –, o ato de governo não seria um ato de natureza administrativa, ou seja, um ato da função administrativa, mas um ato de outra natureza jurídica, que expressa o exercício, pelo Executivo, de uma função estatal distinta da função administrativa. Para alguns (Capitant), tratar-se-ia da função legislativa; para outros (Basdevant), tratar-se-ia de uma função "diplomática". Mas a imensa maioria dos autores pertencentes a essa corrente doutrinal (Aucoc, Laferrière, Bénoit, Chapus) considera que o ato de governo seria expressão de uma função "governamental" específica e distinta da função administrativa. Não sendo um ato administrativo, o juiz administrativo seria, portanto, incompetente para apreciá-lo.

Em certa medida, a jurisprudência confirma essas diferentes explicações. Conclui-se que é em razão de "sua natureza" jurídica que o ato de governo não pode ser objeto de um contencioso administrativo, e que, por isso, é inapreciável por ele. De que depende então a natureza jurídica dos atos praticados pelo Executivo? Não depende do órgão que os pratica, pois um mesmo órgão pode praticar atos de natureza jurídica diferente. É consequência da função exercida pelo órgão. Qual é então a função exercida pelo Executivo quando pratica um ato de governo? Deduz-se, dos textos constitucionais e da história das doutrinas políticas e jurídicas, que o Executivo não está restrito a exercer essa missão subalterna, que é a função administrativa de execução da lei. Além disso, ele está habilitado, por um lado, a provocar e regular o funcionamento dos poderes públicos constitucionais – convocação de sessão do Parlamento, dissolução, participação na elaboração da lei – e, por outro, a dirigir as relações internacionais – concessão de credenciais a embaixadores, ratificação de tratados, declarações de guerra ou paz. É assim que, ao lado da função administrativa, os órgãos executivos cumprem, primeiramente, uma função "auxiliar do direito constitucional" (Mayer), que pode ser qualificada de "governamental". Essa função, que lembra a "prerrogativa" lockiana e o "poder neutro" de que fala Benjamin Constant, é uma função de impulsão e regulação constitucional que consiste em pôr em movimento os poderes públicos constitucionais e em cuidar de seu funcionamento. É ela que dá origem aos atos de governo relativos à ordem interna. Mas o Executivo também cumpre uma função em virtude da qual dirige as relações internacionais com as potências estrangeiras. Ela pode ser qualificada – para retomar os termos de John Locke – de "federativa", ou então – para retomar uma expressão jurisprudencial – de "diplomática" (CE, 1967, *Sieur Maugein*; CE, 1968, *Chazée*; CE, 1970, *Desdame*; CE, 1993, *Robin*). É ela que dá origem aos atos de governo relativos à ordem externa. Embora essas duas funções pareçam bem distintas, em termos de seus objetos respectivos, existe um ponto comum entre elas: sua irredutibilidade – pelo menos em certa medida – à regra jurídica. O que é isso exatamente?

Se o mundo no qual vivemos só se caracterizasse por um número limitado de elementos, e se esses elementos, assim como todos os seus modos possíveis de combinação, nos fossem conhecidos, seria possível resolver de antemão cada eventualidade, ou seja, prescrever e determinar alguma coisa por antecipação, com o uso de uma regra. Esse mundo não é o nosso, e é vã a ambição prometeica do jurista de prever tudo. Por essa razão, as funções estatais não podem ser determinadas juridicamente em sua totalidade, em especial aquelas que dão origem aos atos de governo. Está claro, portanto, que, se os textos constitucionais conseguem prever quais são os órgãos encarregados de cumpri-las e como elas devem ser formalmente exercidas – consulta deste ou daquele organismo, existência ou não de referenda –, no fundo não as determinam, pois não existem padrões que possibilitem definir qual é o comportamento razoável ou normal dos órgãos encarregados de cumpri-las. Será possível determinar quando se deve declarar guerra e em que condições firmar a paz? Não, é impossível estabelecer princípios precisos sobre tais questões. As funções que dão origem aos atos de governo são, assim, fundamentalmente indetermináveis, irredutíveis à regra jurídica. Seu exercício fica, assim, a cargo de seu titular, e os atos de governo, por isso, mostram-se menos como atos de execução de uma norma e mais como verdadeiras decisões, como decisões políticas e discricionárias. O controle judiciário de tais decisões é viável? Se admitirmos que o ato de governo só pode ser apreciado pelo Judiciário na medida em que é condicionado por uma regra de direito, verifica-se que o único controle viável é um controle de legalidade externa. Em compensação, parece difícil o controle de legalidade interna, pois nenhuma norma objetiva determina – e não pode determinar – o conteúdo desse ato. O juiz que aceitasse exercer tal controle seria necessariamente levado a decidir em lugar da autoridade controlada, ou seja, a tomar pessoalmente a decisão. O ato de governo seria sempre expressão de uma vontade "arbitrária"; não mais a dos órgãos executivos, mas do juiz. Por conseguinte, "em toda sociedade deve haver uma autoridade que tenha a última palavra sobre as grandes questões que lhe interessam, bem como o direito de calar todas as resistências possíveis [...]. Essa autoridade chama-se poder supremo ou soberano, porque não existe recurso contra suas decisões, por não haver poder humano superior a ele, pois se houvesse uma autoridade superior ao soberano, seria ela, e não ele, que possuiria a soberania e mereceria ser chamada de soberano" (Serrigny).

› CAPITANT R., "De la nature des actes de gouvernement", *Mélanges Julliot de la Morandière*, Dallos, 1964, p. 99. – CHAPUS R., *Droit administratif général*, Paris, Montchrestien, tomo I, nº 1152 ss.; "L'acte de gouvernement, monstre ou victime?", *D.*, 1598, chron. p. 5. – DUEZ P., *Les Actes de gouvernement*, Sirey, 1934. – GROS A., *Survivance de la raison d'Etat*, Dalloz, 1932. – SERRAND P., *L'Acte de gouvernement (Contribution à la théorie des fonctions juridiques de l'Etat)*, tese, Paris II, 1996.

Pierre SERRAND

→ Ato administrativo; Denegação de justiça; Funções jurídicas do Estado; Prerrogativa.

AUSÊNCIA

Durante muito tempo o direito não fez referência a "ausência", mas a ausentes, entre os quais figuravam aqueles que chamamos não presentes, cuja ausência, quando justificada por serviço ao Estado, gozava de proteção especial. O ausente, porém, é, acima de tudo, aquele cujo paradeiro ninguém conhece, e do qual nem sequer se sabe se está vivo. É a esta última acepção que os redatores do Código Civil francês de 1804 restringiram a ausência, definindo o ausente como a pessoa que "tiver deixado de se fazer presente no lugar de seu domicílio ou de sua residência" e de quem não se tenha notícias há quatro anos (art. 115). Estará morto, estará ainda em vivo? Seu silêncio é voluntário ou involuntário? A incerteza que reina nesse assunto torna extremamente difícil a solução dos problemas criados pelo ausente, problemas que em todos os tempos disseram respeito à sorte de seu patrimônio, de seus credores e de suas relações familiares.

Em Roma, a responsabilidade pela ausência é toda do ausente, que sofre todas as suas consequências, a não ser que ela seja motivada pelo serviço à República ou pela defesa da Cidade. No máximo o ausente poderá, ao retornar, obter do pretor uma *restitutio in integrum ob absentiam*: restituição integral pela ausência, caso os motivos dela, estritamente apreciados, sejam válidos (D. 4, 6, 1). Com essa restituição, o pretor anula os direitos adquiridos em detrimento do ausente por terceiros. Inversamente, o pretor pode ordenar a adjudicação dos bens de um ausente para os credores. Na Idade Média, ao mesmo tempo que há certa suspeita em relação ao ausente, também se vai criando, progressivamente, um sistema de proteção. Ele tem o fim de beneficiar, acima de tudo, duas categorias privilegiadas de ausentes: os peregrinos e os cruzados. No que se refere a estes últimos, nasce a presunção de que o ausente é considerado vivo desde que sua morte não seja provada de modo inequívoco. Próxima dos textos bíblicos e romanos que atribuem ao homem uma longevidade máxima de cem anos, ela dá origem à famosa presunção centenária, de que tiraram proveito todos os ausentes. Muito diferente, segundo os costumes, o sistema de proteção geralmente se traduz pela constituição de uma administração provisória dos bens do ausente. Com uma duração relativamente curta, a administração provisória redunda na partilha provisória dos bens ao cabo de sete a dez anos, segundo os costumes, e às vezes menos. No entanto, essa partilha, em princípio, só poderá ocorrer se o ausente não tiver deixado procuração. De qualquer modo, a partilha sempre é feita com a garantia de se restituírem os bens ao ausente em caso de retorno. Os herdeiros são considerados detentores provisórios, e não proprietários: é só com o fim do Antigo Regime que se caminha para a prática de uma adjudicação definitiva, seja em função da prescrição trintenária, seja em função da presunção "centenária". Nascido durante o período medieval, o sistema de proteção dos bens do ausente tendeu a fortalecer-se durante os dois últimos séculos do Antigo Regime, sob o efeito conjugado da expansão europeia fora da Europa e da ascensão de uma concepção individualista de propriedade.

O sistema assim forjado progressivamente encontra-se no Código Civil francês, cujo caráter protetor os redatores acentuaram. Tudo é feito para preservar o máximo possível os bens do ausente, por meio de um sistema complexo em três etapas: administração provisória; declaração de ausência e adjudicação provisória quatro anos após as últimas notícias (dez anos em caso de procuração), adjudicação definitiva trinta anos após esta última ou cem anos após o nascimento do ausente... Foi demasiado: o sistema é paralisador, ainda que desde muito tempo a ausência dos militares e dos marinheiros obedeça a regras particulares destinadas a facilitar a prova do falecimento. Assim, assistir-se-á ao desenvolvimento rápido de uma nova categoria de ausentes: os desaparecidos. Seu número não parará de crescer durante os séculos XIX e XX: às vítimas dos acidentes em minas se somarão especialmente as dos desastres ferroviários e aéreos. A certeza quase absoluta da morte leva o legislador a criar um regime específico: o desaparecimento. Este se caracteriza por uma declaração de ausência rapidamente decidida por uma sentença declaratória de óbito.

Com o grande impulso dos meios de comunicação, o arcaísmo do procedimento ordinário da ausência, já muito grande se comparado ao de alguns vizinhos da França, torna-se cada vez mais evidente. Sua reforma, porém, só ocorre em 1977. O procedimento conserva duas fases bem distintas: a presunção da ausência, durante a qual se presume que o ausente está vivo, sua representação e a administração de seus bens organizadas pelo juiz tutelar; a declaração de ausência. Quando fundada na presunção inversa, ela pode ser pronunciada, em certas condições, pelo tribunal de instância superior ao cabo de dez anos. A sentença declaratória de ausência, a partir de sua transcrição nos registros civis, produz todos os efeitos que o óbito estabelecido do ausente poderia produzir, mas, se o ausente reaparecer, será anulada. Afora o caso de fraude, a restituição do patrimônio somente recairá sobre os bens que subsistirem ou sobre os valores que tiverem sido sub-rogados aos bens alienados. O casamento do ausente, em qualquer situação, permanece dissolvido.

› Além dos tratados e dos manuais de direito civil referentes ao direito das pessoas, ver LEFEBVRE-TEILLARD A., *Introduction historique au droit des personnes et de la famille*, Paris, 1996. – ROUGHOL-VALDEYRON D., *Recherches sur l'absence en droit français*, Paris, 1970. – TEYSSIÉ B., *L'Absence*, Paris, 1979.

Anne LEFEBVRE-TEILLARD

→ Filiação; Sucessões.

AUTOR, COAUTOR, *PERFECTOR*

A distinção entre os participantes do ato jurídico (autor, coautor, *perfector* etc.) procede de uma causa cujo cerne é o interesse que ela induz. A causa é a definição das competências de cada participante, e o seu cerne é a determinação de suas responsabilidades. As doutrinas da história e da filosofia do direito ensinam que a determinação das competências dos participantes no ato refinou-se com um objetivo preciso: distinguir o máximo possível as responsabilidades. Portanto, se nos fatos a distinção das competências é fruto de uma necessidade cada vez mais precisa de imputação das responsabilidades, em direito, essa distinção das competências é a causa dessa imputação. Assim, definir a competência de cada participante no ato permite determinar sua responsabilidade.

Definir as competências dos participantes do ato

Distinguem-se aqueles que *fazem* o ato e os que o *perfazem*. O autor e o coautor *fazem* o conteúdo da norma do ato, e o executor *faz* a efetividade do ato; o *perfector perfaz* o ato.

Os participantes, fazedores do ato. – A competência do participante ora condiciona o conteúdo do ato, ora condiciona os efeitos do ato. Somente o autor (autor único) e os coautores (autores múltiplos) do ato *fazem* o conteúdo de sua norma. Procedem por decisão ou codecisão. É autor o ministro que baixa uma portaria ministerial; são coautores os vários ministros que baixem uma portaria interministerial, ou então os cocontratantes que constituem um contrato. O critério do autor ou coautor de um ato é simples e sempre foi aplicado: é autor ou coautor aquele cuja vontade imprime conteúdo à norma do ato. Assim, a autorização relativa ao conteúdo do ato é um procedimento de codecisão. Seu exercício desfavorável não redunda na justaposição de duas normas conjuntas e opostas, mas na ausência de norma. Ainda que a decisão tomada não acarrete recusa de autorização, o fato de a pessoa decidir na oportunidade obriga a ver nela um coautor. Ademais, o juiz que anula ou reforma o ato submetido a sua apreciação é um coautor, pois sua vontade – mesmo vinculada pelo direito – se imprime no conteúdo da norma do ato. Em compensação, se ele não anula nem reforma o ato, não é coautor da norma do ato submetido a sua apreciação, pois sua recusa é apenas consequência de sua incompetência para anular ou reformar na oportunidade um ato compatível ou conforme (segundo o caso) à legalidade: ele apenas o interpreta (cf. infra). O executor do ato jurídico não é seu autor, assim como o ator não é autor da peça, mas, sem ele, ela não é encenada. No entanto, sem ele, o ato, cujo conteúdo existe, não será efetivo. O executor, mesmo na hipótese de possuir direito de veto sobre a efetividade do ato, não determina em nada o conteúdo de sua norma. A assinatura conjunta, a promulgação e a tutela administrativa são procedimentos de execução. Não têm elo com o conteúdo da norma, mas condicionam sua efetividade. Os ministros que assinam um decreto em conjunto, o Presidente da República que promulga a lei e a autoridade tutelar que aprova uma deliberação não são, respectivamente, coautores do decreto, da lei ou da deliberação. Embora existam, sem a assinatura conjunta, a promulgação e a aprovação, a norma decretal, a norma legislativa e a norma deliberada não poderão produzir os efeitos condicionados por esses atos. Isso explica por que na prática a distinção entre autor e executor já não é assinalada, salvo exceção; contudo, existe. Assim, a existência de um ato depende ao mesmo tempo da vontade de seus autores ou coautores e da vontade de seus executores. Essas vontades não se exprimem sobre o mesmo objeto, pois um ato só existirá se sua norma for efetiva. Os autores ou coautores determinam a norma, e os executores determinam sua efetividade.

Os participantes, perfectores do ato. – O perfector só intervém depois de feito o ato. Ele o perfaz, seja tornando-o mais preciso, seja tornando-o eficaz. O intérprete torna mais preciso o ato. O Executivo interpreta a lei por meio de seus decretos de aplicação, o juiz interpreta as normas que aplica ou aprecia. Ora, afirmar que o Executivo ou um juiz – por meio de sua interpretação – se tornam coautores da lei é útil politicamente, pois assim endossam a responsabilidade de sua interpretação. No entanto, segundo a lógica, essa visão é inexata. Se eles são autores de um ato, não o são do ato interpretado; são autores apenas da interpretação de um ato. Qualificá-los de coautores do ato interpretado muda o ato de referência: a interpretação de um ato é uma norma distinta e secundária da norma inicial, que é o ato interpretado. O Executivo ou um juiz são perfectores do ato que interpretam, pois o tornam mais preciso, e são autores da interpretação desse ato, pois determinam seu conteúdo. Por isso, ainda que, na prática, a norma útil seja a interpretação do ato, esta permanece distinta do ato interpretado. A confusão – facilmente identificável a propósito da função jurisdicional – provém da equiparação entre, por um lado, o juiz como "coautor do direito" – ou seja, do conjunto das normas aplicáveis aos fatos da espécie – e, por outro, o juiz como "intérprete das normas de referência aplicáveis aos fatos da espécie"; e, relativamente a essas normas, ele é apenas perfector, e não coautor. A situação lógica é idêntica, no que se refere à norma apreciada pelo juiz. Sua apreciação exige interpretação: ou essa interpretação leva o juiz a considerar que a norma apreciada é incompatível com a norma de referência – e isso lhe dá competência para anulá-la ou reformá-la (ele é então coautor, cf. supra) –, ou então ele não anula nem reforma o ato apreciado, e fica apenas a interpretação: ele é então perfector. Quanto aos perfectores que tornam o ato eficaz, cabe distinguir o "publicitário" dos outros promotores de eficácia. Aquele que possibilita a publicidade do ato – publicando-o ou notificando-o – contribui para sua perfeição. Realmente, as hipóteses da decisão implícita ou do conhecimento adquirido provam que o ato é "feito" antes e independentemente de sua publicidade. A publicidade do ato pode ser necessária à sua eficácia, mas não à sua efetividade: os efeitos de um ato não publicado, quando sua publicação é necessária, existem, mas são precários. Os outros promotores da eficácia de um ato só têm essa qualidade em comum. Pensa-se, evidentemente, no ato de homologação ou de reconhecimento, que não é necessário ao ato sobre o qual incide. Antes de sua homologação ou de seu reconhecimento, o ato existe e é eficaz. No entanto, sua homologação ou seu reconhecimento lhe conferirão maior eficácia: o ato homologado ou reconhecido servirá de referência ou poderá vir a tornar-se obrigatório. Essa multiplicação dos casos de competência se explica. Fundamental e historicamente, sua origem se encontra na necessidade sentida pela sociedade de responsabilizar os participantes do ato (a palavra "responsável" aparece no século XIII e a palavra "*responsabilité*", atribuída a Necker, só surge nas vésperas da Revolução francesa).

Determinação das responsabilidades dos participantes no ato

Na prática, a distinção das competências foi o meio para proceder à divisão das responsabilidades. A responsabilidade dos participantes é gerada por sua competência ou limitada à sua competência.

A responsabilidade gerada pela competência. – A especialização das competências aumenta as hipóteses de responsabilidade e as sedimenta. A multidão de hipóteses de competência permite imputar essa responsabilidade que pesa, então, sobre o detentor real do poder, e não apenas sobre seu detentor formal. Realmente, a responsabilidade do autor e do coautor mostrou-se necessária, mas pareceu insuficiente para englobar todas as hipóteses factuais. Para abrangê-las, foram distinguidas outras competências (executor, perfector), que possibilitam imputar de maneira mais real as responsabilidades. Assim, essa responsabilidade pode transcender a hierarquia das competências sem as pôr em xeque. Esse é o caso – no que se refere à responsabilidade política – de um regime parlamentar clássico, em que o ministro (cuja competência é a de executor) endossa, com sua contra-assinatura, a responsabilidade política de um ato de que ele não é autor, porque é irresponsável perante o Parlamento. Essa dissimetria é normal; revela a necessidade da imputabilidade útil da responsabilidade em face da juridicidade da competência. A mesma lógica levou a constatar a responsabilidade política do imperador romano "intérprete do direito". Sua competência, como se sabe, é a de um perfector. No entanto, a realidade política viu nele o real detentor do poder. Por isso, a razão pela qual se considerou o imperador também "autor" do direito está ligada à imputabilidade da responsabilidade política: o detentor real do poder deve ser também responsável por ele. A multiplicidade das hipóteses de competência atende, portanto, à necessidade de imputar a responsabilidade do ato àquele que é realmente seu "iniciador". A tendência atual de descentralizar as responsabilidades para as coletividades locais se insere nesse esquema, uma vez que a sociedade considera, cada vez mais, que a norma útil é a norma local. Por isso, pretende tornar as coletividades locais e seus eleitos responsáveis por seus atos. A sedimentação das responsabilidades atende à necessidade de uma responsabilidade útil. Na hipótese da responsabilidade do ministro contrassignatário, esta última não substitui a do Presidente da República: soma-se a uma responsabilidade existente, mas cuja utilidade não é suficiente. Ademais, essa sedimentação das responsabilidades explica por que um mesmo ato engendra uma responsabilidade política, uma responsabilidade penal, uma responsabilidade pecuniária. Há, portanto, um duplo acúmulo de responsabilidade, pois, por um lado, os titulares da responsabilidade se acumulam (por exemplo, o Presidente da República – autor de um decreto – é politicamente responsável por ele perante seu eleitorado, e o ministro – contrassignatário do decreto – é politicamente responsável por ele perante o Parlamento), e, por outro, os fundamentos da responsabilidade se acumulam (um mesmo ato pode, por exemplo, dar ensejo ao exercício de responsabilidades política e penal). Esse duplo acúmulo de responsabilidade existe desde a origem dos tempos, época em que a justiça dos homens frequentemente se acumulava com a justiça de Deus. Apesar de indissoluvelmente ligadas, as noções de competência e de responsabilidade obedecem a duas lógicas irredutíveis. Se, em direito, a competência é a causa da responsabilidade, nos fatos prevalece o inverso. Isso explica por que as diferentes competências não são distinguidas. Na prática, só conta a responsabilidade, independentemente do fundamento teórico da competência, na estrita medida em que existe uma competência.

A responsabilidade limitada à competência. – A responsabilidade exige competência, e aí para. Ademais, a responsabilidade depende do tipo de competência. O princípio é claro: não há responsabilidade sem competência. A história da responsabilidade ensina que a responsabilidade coletiva é um dado característico das ordens jurídicas primitivas, segundo expressão de Kelsen: como o sentimento de individualidade não está suficientemente afirmado, todo ato de um membro do grupo é associado ao ato do grupo. Hoje, a existência de uma competência condiciona o exercício de uma responsabilidade. Desse ponto de vista, deve-se considerar que cada um é responsável apenas pelo seu próprio feito. O princípio geral do direito segundo o qual uma pessoa não pode ser condenada a pagar o que não deve é a ilustração disso. A responsabilidade depende do tipo de competência. A responsabilidade do autor e do coautor é uma responsabilidade total, visto que são responsáveis pelo conteúdo do ato; exemplo típico é a responsabilidade do autor de uma infração penal. A responsabilidade do executor é uma responsabilidade ligada à sua função, que não compreende a decisão do conteúdo do ato. Assim, com muita frequência é uma responsabilidade da verificação prévia da regularidade, cujo exemplo típico, em direito francês moderno, é a responsabilidade do contador público. Por fim, a responsabilidade do perfector é a menor, visto que este último não tem nenhuma competência para decidir o conteúdo ou a efetividade do ato. Sua responsabilidade é, pois, secundária. O exemplo típico é a responsabilidade do juiz "intérprete". E a responsabilidade do executor e do perfector não autoriza a confundir suas competências de execução ou de perfazimento com suas competências de decisão de um ato de execução ou de perfazimento. Por isso, o acúmulo de responsabilidade (soma de várias responsabilidades diferentes) não deveria ser a confusão das responsabilidades (soma de uma mesma responsabilidade). Essa confusão permite substituir a responsabilidade de executor ou de perfector pela responsabilidade de autor. A hipótese é clássica: o ministro que contra-assina o ato presidencial torna-se, para o Parlamento, autor do referido ato. O mesmo ocorre com o intérprete, cujo ato de interpretação é equiparado ao ato interpretado. Essa equiparação entre o ato de interpretação (cujo autor é o intérprete) e o ato interpretado (cujo perfector é o intérprete) permite substituir a responsabilidade de intérprete pela responsabilidade de autor. Desse modo, o intérprete é equiparado a um autor. E o ministro torna-se responsável pelo conteúdo do decreto; e o Executivo torna-se responsável pelo conteúdo da lei. Embora politicamente possível, essa visão não é lógica nem necessária, uma vez que eles são responsáveis pela execução: um do decreto, outro da lei.

No Brasil, a distinção entre autor, coautor e perfector do ato é praticamente inexistente, já que não traz nenhuma contribuição prática para a fixação da responsabilidade de seus atores. Assim, será responsável aquele que, por seus atos comissivos ou omissivos, causar dano a outrem, seja no exercício de função pública, seja na prática cotidiana de atos. Se for agente no exercício de função pública, sua atuação implicará a responsabilidade do Estado e subsidiariamente sua responsabilização pessoal. Contudo, são excludentes de responsabilização os atos cometidos no regular exercício do Direito, nos quais se inclui a atividade normativa. Aquele que produz a norma só será responsabilizado se agir dolosamente extrapolando sua competência ou dela (da norma) decorrer afronta cabal ao Direito. Dessa forma, só se cogita a responsabilidade legislativa nos casos em que houver lesão de ordem patrimonial especial ou anormal decorrente de omissão legislativa, ilegalidade ou inconstitucionalidade do ato legislativo ou lesão decorrente da inobservância ao princípio da isonomia (Maria Helena Diniz). Também só será considerada a responsabilidade administrativa decorrente dos atos jurisdicionais quando o juiz houver agido com dolo ou fraude ou recusar, omitir ou retardar sem justo motivo providência que deva ordenar de ofício ou a requerimento da parte (Código de Processo Civil, art. 133). Isso quer dizer que a simples atividade do juiz de intérprete da norma que lhe foi submetida não gera sua responsabilidade pessoal e, consequentemente, não gera a responsabilidade administrativa. Contudo, os atos colegiados excluem a responsabilidade daqueles que os produzem, ou seja, não se cogita da responsabilidade pessoal dos juízes em decisões colegiadas nem dos parlamentares na produção legislativa.

› FERRARI P., "Essai sur la notion de coauteurs d'un acte unilatéral", *Recueil d'études en hommage à Ch. Eisenmann*, Paris, Cujas, 1977, p. 215. – GAUDEMET J., *L'Interprétation des lois et des actes juridiques dans le monde antique*, Univ. Amsterdam, 1969, p. 235. – HOBBES Th., *Léviathan*, trad. fr. Tricaud, Paris, Sirey, 1971. – KELSEN H., *Théorie pure du droit*, trad. fr. Eisenmann, Paris, Dalloz, 1962. – ROUJOU DE BOUBÉE G., *Essai sur l'acte juridique collectif*, LGDJ, 1961. – *Archives de philosophie du droit*, Sirey; t. 17: *L'Interprétation dans le droit*, 1972; t. 22: *La Responsabilité*, 1977.

Christophe FARDET

→ Competência; Interpretação; Referenda; Responsabilidade; Vontade.

AUTORIDADE

A autoridade muitas vezes é confundida com o poder conferido para o exercício de uma função. Para defini-la, somos obrigados a estudar sua trajetória semântica. As palavras têm uma história, e a *auctoritas*, como algo que transcende o poder, tem origem em Roma. É lá que começa a investigação, e não na Grécia, que ignora o termo. Com a cristianização das sociedades do oeste europeu e as várias versões do Império, a *auctoritas* entra em jogo no conflito entre o poder temporal e o poder espiritual. Chega o Renascimento, e a modernidade nega sua transcendência. A profundidade do termo garante seu futuro.

Nos anos 1960 e 1970, a autoridade era vista como uma noção obsoleta, e o conceito – acreditava-se – perdera toda validade (H. Arendt). Hoje, o discurso político insiste na necessidade de restaurar a autoridade do Estado, a dos pais, dos mestres, de reforçar as autoridades judiciária e administrativa. A autoridade afeta todos os escalões da sociedade e, quando vacila, o conjunto da sociedade – dizem – corre o risco de ruir. Seria, portanto, de esperar que um regime de autoridade fosse a forma política ideal. As vicissitudes – ou as razões – da semântica decidiram outra coisa, denunciando o exercício autoritário de um poder mal limitado por instituições legais. A autoridade está no cerne dos debates da vida política institucional. Todos percebem sua dimensão, mas a noção irrita porque, evanescente, quase não se deixa delimitar.

A autoridade plural

"Autoridade" recebe aplicações múltiplas. No singular, fala-se de autoridade da lei, do Estado, do passado, de um escrito, dos Padres da Igreja. O termo é empregado em locuções – "por sua própria autoridade", "ter autoridade" – e, no plural, designa as pessoas ou os órgãos que exercem o poder. Autoridade é assim, frequentemente, equiparada a poder, como na pena de Auguste Comte, "autoridade ou poder político".

O termo pertence ao vocabulário das instituições, mas os juristas só o percebem em suas aplicações técnicas. Nele confundem o poder de comandar, o órgão investido desse poder e o valor atribuído a certos atos. Às vezes qualificam de autoridade a jurisprudência e a doutrina, para ressaltar seu papel de criadoras do direito, à margem das fontes oficiais. Para os politólogos e os filósofos, a autoridade é o poder de obter certo comportamento por parte daqueles que lhe são submissos, sem recurso à coerção física. De que vale, porém, essa definição que remete ao irracional, às condutas do corpo social? Para os sociólogos, os antropólogos que se interessam pela ampla questão dos fundamentos do poder, a autoridade, supondo o reconhecimento da ascendência do chefe por parte de um grupo, é, antes de tudo, uma relação que decorre da qualidade inerente a uma pessoa e da disposição do grupo em relação a ela. Ela se manifestaria em todo lugar, nas sociedades humanas ou mesmo nas sociedades animais, e essa universalidade faria dela um fenômeno natural.

Será possível decifrar os arcanos da autoridade? Em meados do século passado, o entusiasmo pela antropologia incitou a apreender seus mecanismos fora da Europa, em comunidades menos amplas e menos estratificadas. Tratava-se de repensar as formas de governo, de propor outros modelos à ciência política. Comparar sociedades é uma empresa complexa, no mínimo devido ao obstáculo linguístico. Autoridade pertence ao vocabulário europeu; remete a um pensamento político específico. A autoridade, erigida como forma de governo, supõe um distanciamento entre o corpo social e os órgãos decisórios. Esse distanciamento está ausente em certas sociedades, que dizemos sem Estado ou contra o Estado. Um indivíduo poderá ter influência, alguma coisa que se assemelha à autoridade, mas sua ascendência não fundará uma superioridade estabelecida, e sua palavra não gerará nenhuma coerção.

Foi em sociedades já em vias de estratificação que a pesquisa antropológica se mostrou mais proveitosa. O homem ou o grupo que se tiver destacado do corpo social e se imposto à frente da comunidade deverá afirmar sua superioridade. Isso ocorrerá com a nobreza de nascimento, será resultado de uniões prestigiosas, da força física, da arte da palavra ou da encarnação do mana. Receitas variáveis que sempre supõem a publicidade e a repetição de cerimônias destinadas a convencer aqueles a quem são dirigidas: o poder não é dado, é merecido e adquirido ao cabo de intercâmbios; talvez a ausência destes e a presença de um clima de esquecimento recíproco fragilizem a vida política hoje em dia. Mas, embora dê informações sobre os alicerces do poder, a antropologia das sociedades exóticas não possibilita circunscrever a autoridade, que, em sentido estrito, é uma criação de Roma.

A autoridade inventada

Auctoritas deriva do verbo *augere*, que significa aumentar. Em Roma, o aumento está no próprio cerne do processo jurídico, que metamorfoseia o fato para conferir-lhe a força que o torna eficaz. Aí, o direito é, antes de mais nada, linguagem, técnica de formulação. Aquele que não goza de plena capacidade jurídica não pode concluir validamente um ato sem o concurso de um "autor". A *auctoritas* não é nem uma autorização dada de antemão nem uma ratificação obtida *a posteriori*, mas uma intervenção que valida um ato talvez imperfeito. Assim, o tutor, em resposta a uma pergunta feita por aquele que trata com o pupilo, diz: *Auctorne fis? Auctor fio*; ou então na venda por mancipação, o comprador ameaçado de evicção pode voltar-se contra seu vendedor e dizer-lhe que deve *praestare auctoritatem*, intervir no processo como *auctor* e dar-lhe os meios de defender-se. O *auctor* é um garante, aquele de que se procede juridicamente, aquele também contra quem a ação pode ser movida. A *auctoritas* realiza a transformação em direito pleno. Ela "aumenta" o valor de um ato, conferindo-lhe a plenitude de seus efeitos jurídicos. Ela é, portanto, fundamental em todos os aspectos, porque constitui o direito e possibilita, depois, dar-lhe prosseguimento.

A noção é essencial em direito privado e também em direito público. Conhece-se a fórmula *Senatus Populusque Romanus*, testemunho da primazia do Senado na Constituição republicana. No entanto, juridicamente, esta repousa sobre um equilíbrio dos poderes. Políbio, por volta de 150 a.C., atribuía os sucessos de Roma à sua Constituição mista, à colaboração entre Senado, magistrados e povo. É outra a realidade política de uma cidade oligárquica dominada pelo Senado. É a preeminência da *auctoritas* que falseia o equilíbrio do poder.

Pois em Roma o poder é proteiforme. *Potestas* deriva de *potis*, "que exerce o poder sobre, poderoso". O termo abrange todas as formas de poder, facultado pelo direito, de uma pessoa sobre outra ou sobre bens. O direito privado conhece a autoridade do pai ou do mestre; o direito público, a do magistrado, que lhe confere o direito de baixar editos, dar ordens, exercer certo poder de coerção. Entre os magistrados superiores, a *potestas* culmina em *imperium* – nosso futuro império – comando militar e civil, poder supremo por excelência. O *imperium* está associado, nos textos, ao *auspicium*, direito de observar os auspícios, os sinais dados por Júpiter para dar a conhecer a legitimidade ou a oportunidade de um ato. A leitura dos auspícios era feita em conjunto com especialistas, os áugures – onde reencontramos *augere*. Ela possibilitava "aumentar" um ato público com a garantia do aval dos deuses.

Apesar das aparências democráticas, o povo não delega o *imperium* ao magistrado. Depois de sua eleição, intervém a *lex curiata de imperio*, "autorização popular que possibilita ao magistrado obter do deus da Cidade a colação auspiciosa de seus poderes" (A. Magdelain). A eleição popular não basta; é uma investidura religiosa que cria o *imperium*, legitima o título de magistrado, termo formado com base no termo *magister*, "aquele que é mais" (*magis*) que os outros.

Se os magistrados vêm a faltar ou a falhar, "*auspicia ad patres redeunt*", "os auspícios retornam aos pais", aos senadores, todos antigos magistrados, na qualidade de seus detentores primordiais. A investidura jupiteriana de uma magistratura não se esgota com o tempo. Ela é considerada indelével e fundamenta a superioridade daqueles que a ela tiveram acesso. Só eles gozam originalmente do direito de ter assento no Senado. Assim se explica o monopólio excepcional que detêm, a *auctoritas patrum*. Quer se trate da votação da lei, da eleição de um magistrado ou da jurisdição criminal, a *auctoritas* do Senado é sempre solicitada. Em conformidade com o princípio da colaboração dos três órgãos, não se supõe que os senadores devam tomar a decisão. Eles se expressam por meio de senátus-consulto. Se a lei fala no imperativo, os *patres* dão um parecer; "estimam que...", parecer consultivo na teoria, frequentemente decisório na prática.

Auctoritas e *imperium* estão, pois, intimamente ligados por sua origem religiosa. O *imperium* implica um poder exercido efetivamente por um magistrado titular; a autoridade emana de uma assembleia desprovida de poder imediato, mas cujo prestígio é tal que ela regra a vida da Cidade.

O contexto político no qual os *patres* afirmaram sua *auctoritas* humana, estabeleceram sua autoridade, explica a particularidade de sua intervenção. Depois da queda da realeza em 509 a.C., a nobreza se assenhoreara do poder. O *imperium* é onipotente nas mãos dos patrícios, nada limita seu uso. Os abusos de poder são numerosos, perpetrados em detrimento da plebe. Esta se revolta em 493 e cria suas próprias instituições, uma assembleia da plebe, exclusivamente popular, encarregada de eleger os tribunos, seus defensores, e de votar os plebiscitos. Ao fazê-lo, a plebe introduzia uma organização democrática de poder radicalmente contrária às instituições patrícias. Seguiu-se um longo período de conflitos entre o patriciado e a plebe, "entre um Estado de fato e a legalidade formal de um Estado de direito" (M. Humbert). É dessa relação dinâmica que nascem a Constituição patrício-plebeia e o equilíbrio dos poderes que a caracteriza.

A Lei das XII Tábuas vem limitar a atividade jurisdicional do magistrado, o caráter arbitrário de seu *imperium*. Os ventos democráticos obrigavam a nobreza a compartilhar o poder. As instituições plebeias foram reconhecidas e o povo teve acesso à vida política. A nobreza e sua assembleia, o Senado, conseguiram, porém, conservar o comando da vida política da cidade, prevalecendo-se da *auctoritas*. Os patrícios admitiram que o *populus* participasse da escolha dos magistrados, votasse a lei, que era então "pedida" e não "dada". Os procedimentos permitem minimizar a intrusão popular. Até 339, no que se refere ao voto da lei, e até 289, no que se refere às eleições dos magistrados, o projeto votado pelo povo deve ser investido da *auctoritas* senatorial.

Os patrícios souberam lidar com o sentimento religioso e prevalecer-se de sua intimidade com os deuses. O Senado, conselho dos anciãos, não tinha nenhum poder. Tinha a faculdade de emitir um parecer. O interesse da cidade era que as medidas votadas recebessem o aval do céu, e só os senadores, como depositários do *auspicium*, podiam certificá-lo. Mas era preciso que a autoridade eminente do Senado tivesse a adesão do *populus*, convencido da virtude da *auctoritas*. É forçoso reconhecer a eficácia quase normativa do senátus-consulto. A opinião de que o processo normativo só é realmente validado pela *auctoritas* senatorial é tal que levará a plebe a determinar que seus projetos de reforma sejam consagrados por *leges* autorizadas por senátus-consulto, e não por plebiscitos que só dependeriam dela. É sobre o Senado que a pressão é exercida, e, extorquido o senátus-consulto, os edis da plebe apressam-se a arquivá-lo no templo. Em vez de ser contestada, a *auctoritas* patrícia é percebida como a única capaz de afeiçoar a vida da cidade.

"É espantoso que um arúspice não morra de rir quando se encontra com outro arúspice", teria gracejado Catão no fim da República (Cícero, *Sobre a adivinhação* 2, 51). As transformações da cidade haviam provocado uma dessacralização relativa do poder. Em 367, um acordo possibilitara aos plebeus acesso às magistraturas superiores. A *auctoritas* passa então a emanar de todos os senadores, sua conotação divina se dilui, e seu valor declina. Em 339, o processo de intervenção do Senado é invertido: a *auctoritas* já não sucede ao voto da lei, mas o precede. Já não é a autoridade que transforma a lei, mas é o voto do povo que confere ao senátus-consulto valor legislativo. Em 286, este se estende aos plebiscitos; a *auctoritas* já não se enraíza na investidura divina dos patrícios. No fim da República, porém, o Senado é motor da vida política. Ele intervém em todos os campos, sempre por meio de conselho, sem que sua autoridade jamais seja institucionalizada. Ele é guardião da tradição, dos cultos, dos ritos legados pela tradição. Vigilante do passado, encarna a cidade, garante seu destino. A *auctoritas* agora é a substância da Roma que fora entregue nas mãos dos senadores. A noção torna-se mais abstrata.

As vitórias haviam condenado a República. Em 13 de janeiro de 27 a.C., o Senado concede a Otávio, campeão da paz restaurada, o *imperium* proconsular não limitado, o poder legal. Para que a pessoa do príncipe superasse a dos outros magistrados, três dias depois, em 16 de janeiro, o Senado lhe concede um qualificativo até então nunca dado aos homens: Otávio torna-se Augusto, portador de *auctoritas*. Seu testamento político ressalta o efeito da medida: "A partir de então, sobrepujei a todos em autoridade (*auctoritas*), mas não tinha mais poder (*potestas*) do que nenhum de meus colegas em meus diversos cargos" (*Res Gestae* 34). Augusto é *princeps auctoritate*, primeiro em autoridade, e essa primazia lhe permite superar os poderes estabelecidos. As instituições da República perduram, as magistraturas são mantidas, mas, apenas por sua garantia, a *auctoritas* constitui o álibi de uma revolução legal. Uma vez que personifica a autoridade, Augusto intenta ressuscitar o passado restaurando antigos cultos. O conceito podia fundamentar o poder do príncipe em todo o Império? A versão grega das *Res Gestae* não encontra tradução satisfatória para *auctoritas*. O poder deve abeberar-se em outras fontes: o juramento ao imperador e o culto imperial que afirma sua divindade.

A *auctoritas* do imperador logo vai afogar a do Senado, e sua majestade se impõe sem reservas. O senátus-consulto permite-lhe afirmar sua vontade na forma do conselho (*placere*) antes que sua palavra tenha força de *lex* imperativa. A autoridade imperial subordina o conjunto dos poderes. A reverência que lhe é prestada é fonte de dignidade, e os magistrados são seus agentes; a eles o príncipe confere o poder que o povo lhe teria dado (*lex de imperio*). A *auctoritas* agora é um poder que ele delega à doutrina – seus jurisconsultos tornaram-se funcionários –, ou à justiça – os juízes que a fazem em seu nome. Aparece então as autoridades e a noção de autoridade da coisa julgada. Presume-se que o julgamento, provindo da autoridade do imperador, é verdade.

Logo a origem divina da autoridade é afirmada no Império; os deuses haviam sido fiadores do poder (*dei auctores*); são suplantados pelo Deus dos cristãos (*Deo auctore*). Mas essa garantia divina planta a *auctoritas* no espiritual e a afasta do temporal. Em 429, Teodósio tenta reagir: "Nossa autoridade depende da autoridade do direito." O direito é princípio fundamental, causa imanente do poder. Essa mística podia ainda atuar nos últimos dias do Império?

A autoridade discutida

"Dai a César o que é de César e a Deus o que é de Deus"; a separação entre Igreja e Estado fora induzida pelo problema da obediência dos primeiros cristãos à *Res publica* pagã. A cristianização do Império traz à baila a questão das relações entre os dois poderes. Recorre-se ao vocabulário do direito público romano, e a *auctoritas* está no cerne dos debates.

Respaldando-se em sua *auctoritas*, o papa desenvolve uma atividade legislativa cuja evolução é bastante semelhante à dos primeiros imperadores. De início, as decretais são conselhos, e seu caráter normativo se desenvolverá correlativamente aos progressos da preeminência pontifical. O que era a *auctoritas*, depois de consolidada a posição da Igreja? O Oriente se encaminhara para a teocracia, confundindo Igreja e Estado sob a égide da autoridade imperial, representante da autoridade divina. No Ocidente, o episcopado consegue salvaguardar a autonomia de seu magistério espiritual, inserindo-se na vida pública do Império graças ao conceito de *auctoritas*. Em 445, Valentiniano III concede ao papado e aos bispos, coletivamente, uma *auctoritas* pública que põe à disposição deles o poder do braço secular.

Em 494, o Ocidente já não tem imperador. O papa Gelásio escreve a Anastácio, imperador do Oriente: "Há duas forças, imperador Augusto, pelas quais este mundo é regido em primeiro lugar: a *auctoritas sacrata* dos pontífices e a *potestas* dos reis", afirmando a preponderância da primeira sobre a segunda. Ao fazer isso, reiterava, porém com mais habilidade, a agressividade de João Crisóstomo: "A *potestas* do bispo é em tudo maior que a do rei, e maior porque ao rei são confiados os corpos, enquanto ao bispo, na verdade, são confiadas as almas..." Introduzir a autoridade na espinhosa questão da relação entre os dois poderes possibilitava explorar a polissemia do termo. A *auctoritas* conservava uma aura espiritual que fundamentava sua supremacia. A fórmula de Gelásio, passando para a posteridade, inspirou boa parte do pensamento medieval.

Como a autoridade da Igreja se combina com o poder temporal? As figuras diferem na alta Idade Média. A *auctoritas* da Igreja pode ser reservada ao domínio espiritual e permitir que subsista a autoridade de um *princeps* no domínio temporal. Alguns, mesmo no Ocidente, sonham com um César, *auctor* do episcopado que, por essa razão, geriria os assuntos da Igreja. Gelásio abrira outro caminho: a superioridade da autoridade pontifical pode chegar ao ponto de fundamentar a dependência do príncipe em relação ao papa? A reforma gregoriana recorre de novo à distinção gelasiana para melhor exaltar a supremacia pontifical: ao papa pertence a *auctoritas*, a direção geral do povo cristão, e aos reis cabe a *potestas*, administração governamental. O conflito será vivo entre o papa e o imperador germânico, pois ambos reivindicavam a supremacia do poder. A *auctoritas* estava em jogo, uma autoridade cada vez mais potestativa.

Debates de letrados que, à força de se interrogar sobre o sentido das palavras, esqueciam-se das realidades de uma sociedade que mudara. A barbarização da sociedade induzira uma transformação nas representações do poder e introduzira uma terminologia mais concreta. *Mundium*, *bannum* expressam a proteção ou a coerção do rei em seu reino, dos poderosos em seus distritos. Da antiga *potestas* resta um vestígio fossilizado na expressão "homens de *poestée*", que engloba todos os que estão mais diretamente submetidos ao domínio de um senhor. O poder é, antes de mais nada, subordinação, relação imediata de um superior com um inferior, de um velho (*senior*) com um jovem. Nessa representação rudimentar, a *auctoritas* já não tem lugar. O termo que se impõe para expressar a ideia de superioridade traduz bem a concepção concreta do poder: soberano, *superanus*. O soberano é aquele que supera todos os graus da hierarquia feudal. Ao carisma da autoridade sucede a altura do chefe, sua posição elevada, que lembra o antigo pavês dos chefes tribais. Relação tosca que não impede que a dominação seja envolvida em mistérios. "O rei é um grande mago", cura as escrófulas. A virtude de seu toque convence da realidade de seu poder.

A independência do rei da França em relação ao papa obrigava a definir a soberania. O renascimento do direito romano em Bolonha incita a reconsiderar a herança romana. Os notários do rei, extraindo seu instrumental conceitual dos usos diplomáticos pontificais, reempregam os conceitos do direito público romano. A partir do reinado de Filipe, o Belo, "a ciência certa, a autoridade e o pleno poder" são associados e erigidos como princípio absolutista capaz de fundamentar a ação normativa da realeza. "Nenhum imperador ou rei pode ter mais autoridade do que poder de fazer a lei" (*Le Songe de Vergier*, de Philippe de Maizières). A teoria política do fim da Idade Média reconhece no monarca a supremacia da elaboração legislativa e vincula esse poder a sua autoridade. O binômio "*ex certa scientia et plenitudo potestatis*" parece até mesmo sustentar a autoridade do Príncipe, libertando-o da lei. O conceito servia aos legistas; a teologia e a filosofia deveriam interessar-se por eles.

A autoridade banalizada

Depois das leis e dos decretos dos príncipes, os cânones haviam adquirido autoridade, e entre eles os pareceres dos Padres da Igreja. Mas, já no século XI, a *ratio* opõe-se à *auctoritas* no contexto da polêmica entre dialéticos e antidialéticos. A crítica da *auctoritas* torna-se mais virulenta no século seguinte, com são Bernardo e Pedro Abelardo. No século XIII, a representação do mundo e da sociedade se racionaliza sob a influência da filosofia aristotélica e do averroísmo. A negação da *auctoritas* pela razão afirma-se plenamente no século XIV, com o nominalismo. Para Guilherme de Ockham, a autoridade política é independente da Igreja e de seu chefe, o papa. Sua origem é ao mesmo tempo divina, natural e humana. O direito de estabelecer um governo foi dado a todos os homens, crentes ou descrentes, por uma atribuição imediata de Deus. Os homens podem organizar-se livremente em associações políticas e dotar-se livremente de um poder coercitivo. Na natureza, a ordem é racional em todos os seus aspectos, e essa racionalidade afeta a ordem política.

É num mundo já desencantado que eclode o pensamento político moderno. Já não se fala de verticalidade do poder, e é preciso resolver a difícil questão da obediência legítima. "Todos os Estados, todas as soberanias que têm ou tiveram autoridade sobre homens, foram e são repúblicas ou monarquias." Mesmo quando Maquiavel aconselha um príncipe novo, é a autoridade que se lhe impõe para configurar o poder nas palavras introdutórias do *Príncipe*. Mas é a *virtù* que deve animá-lo, e ela decorre da "ideia reguladora", necessária "para que nosso livre-arbítrio não seja extinto". Analisada em formas específicas ao mesmo tempo por Hobbes e Espinosa, por Locke e Pufendorf, a teoria do contrato social vai para o centro da reflexão política. A autoridade procede de um ato de vontade. "*Non veritas sed auctoritas facit legem*"; o Leviatã de Hobbes é o "homem artificial" que herdou *jus in omnia* que era próprio a todo homem no estado da natureza. Desse modo, cada um é o autor (*auctor*) dos atos realizados por seu soberano. A autorização faz do poder o representante do povo. Quando se inicia o século XIX, são numerosos os que recusam a autoridade transcendental, tal como Benjamin Constant em seus *Princípios de política*: "Toda autoridade que governa uma nação deve emanar da vontade geral." A *auctoritas* nada mais é que um cargo, uma função. Dessacralizada, ela é desmistificada.

No entanto, conserva uma aura que a distingue do simples poder. É sob os auspícios do Ser supremo que se enuncia a Declaração dos Direitos do Homem e do Cidadão, e a Constituição de 1791 dispõe em seu título III: "Não há na França autoridade superior à da lei. O rei reina apenas por ela…" O laços estreitos que haviam sido atados entre autoridade e lei perduram, mas agora é a lei que se erige ao nível de conceito transcendente. Mais perto de nós, o título VIII da Constituição francesa de 1958 é intitulado "Da autoridade judiciária", e o artigo 55 confere aos tratados e aos acordos regularmente ratificados ou aprovados uma "autoridade superior à das leis". O triunfo da racionalidade jurídica não conseguiu esgotar antiquíssimos hábitos mentais. O poder no estado bruto é malvisto, ao passo que o conceito de autoridade conserva uma eficácia simbólica. Mas já não há auspícios que venham aumentar a instituição judiciária ou a lei, e é a Lei que fundamenta a autoridade… da lei.

Certamente o desencantamento do conceito prejudica sua eficácia. O artigo 64 da Constituição francesa enuncia que o Presidente da República é "garante da autoridade judiciária", o *auctor*, como diriam os romanos. Perdura a ideia de necessidade de um autor, cuja intervenção, por garantir o poder, também o transmuda. Quando da redação do Código Civil francês, o Conselho de Estado viu-se em meio a uma batalha de palavras sobre a questão da qualificação dos poderes do pai. Malleville queria conservar a palavra poder; Berlier preferia a palavra autoridade. Chegou-se a uma conciliação entre as ideias do Sul e do Norte, e o título IX ficou sendo "Do poder paterno", enquanto o artigo 372 falava de autoridade. A partir de 1970, fala-se apenas de autoridade parental, direito-função que seus autores exercem no interesse da criança.

Enquanto o *imperium* declinava junto com o sonho do Império, *potestas* e *auctoritas*, o primeiro num infinitivo – poder –, o segundo ainda intacto – autoridade –, permaneceram gravados na língua. O poder pode ser onipotente, está presente em tudo. A autoridade é mais difusa, mais prestigiosa também. Ela é o suplemento da alma que anima e intensifica o poder. A razão trabalha para desmistificá-la; e ela reaparece sempre que o poder, enfraquecido, precisa convencer.

› ARENDT H., "Qu'est-ce que l'autorité?", *La Crise de la culture*, Paris, Gallimard, 1972, pp. 121-85. – BOURRICAUD F., *Esquisse d'une théorie de l'autorité*, Paris, Plon, 1969. – RIJK L. M. de, *La Philosophie au Moyen Âge*, Leyde, 1985. – GUILLOT O., "Clovis 'Auguste', vecteur des conceptions romano-chrétiennes", *Clovis, Histoire et mémoire*, I: *Clovis et son temps* (org. M. Rouche), Paris, 1997, pp. 705-57. – HUMBERT M., *Institutions politiques et sociales de l'Antiquité*, Paris, 1999. – KRYNEN J., "'De notre certaine science…' Remarques sur l'absolutisme législatif de la monarchie médiévale française", *Renaissance du pouvoir législatif et genèse de l'État* (ed. A. Gouron & A. Rigaudière), Montpellier, pp. 131-44. – MAGDELAIN A., *Jus Imperium Auctoritas. Études de droit romain*, Rome, 1990. – SASSIER Y., *Royauté et idéologie au Moyen Âge. Bas-Empire, monde franc, France (IVe – XIIe siècles)*, Paris, 2021.

Soazick KERNEIS

→ Império; Lei das XII Tábuas; Magistrado; Soberania; Sociedades tradicionais.

B

BANCO E CRÉDITO

Os termos "banco" e "crédito" não têm o mesmo uso: todo banco é um estabelecimento de crédito, mas nem todo estabelecimento de crédito é um banco; assim também, embora todo empréstimo seja uma operação de crédito, nem toda operação de crédito é um empréstimo. Banco é uma das cinco categorias de estabelecimentos de crédito, assim como empréstimo é apenas uma das formas de crédito que os bancos podem dar aos clientes. O termo "banco" parece, portanto, redutor para a realidade jurídica contemporânea – aos bancos somam-se os bancos mutualistas, ou cooperativas, as caixas de crédito municipal, as sociedades financeiras e as instituições financeiras especializadas –, enquanto o termo "crédito" possibilita englobar o conjunto das operações constitutivas de um crédito bancário: além dos empréstimos, também constituem créditos as contas descobertas, as mobilizações de crédito, o *leasing*, a garantia de indenização, o crédito documentário ou a garantia autônoma. O termo "crédito", porém, é redutor para as atividades exercidas pelos estabelecimentos de crédito. É verdade que as operações de crédito, com a recepção de valores e sua oferta à clientela, ou com a gestão dos meios de pagamento, participam da definição de estabelecimentos de crédito e, com as outras atividades citadas, qualificadas legalmente como operações bancárias, constituem as bases do monopólio bancário. Mas os estabelecimentos de crédito podem ter outras atividades, sobretudo financeiras, de modo que pertencem a uma categoria mais ampla: a dos prestadores de serviços de investimento que, conforme sugere a terminologia utilizada, prestam serviços de investimento ligados às operações realizadas nos mercados financeiros.

Intermediação bancária

A expressão "intermediação bancária" é a que melhor define a função tradicional dos bancos: estes recolhem a poupança para redistribuí-la na forma de crédito e são o elo entre os depositantes e os tomadores de empréstimo. Assim ocorre porque os bancos, que agem por conta própria, dispõem dos fundos depositados por sua clientela e decidem livremente sobre a concessão dos créditos: uma vez que o dinheiro depositado serve para conceder um crédito, cabe ao banco ter uma relação bilateral com o depositante e com o tomador de empréstimo, sem que haja relação entre o depositante e o tomador.

Tempos antigos

• Costuma-se dizer que a história dos bancos se confunde com a história do crédito bancário, mas em certas épocas o crédito ocupou posição secundária entre os serviços prestados pelos bancos a seus clientes: os banqueiros babilônios e gregos eram guarda-livros, depositários de mercadorias e de metais preciosos; dedicavam-se apenas ocasionalmente a operações de crédito. E sua história está naturalmente ligada ao contexto no qual os bancos evoluíam: a proibição canônica de empréstimos com juros explica por que a distribuição do crédito foi monopolizada pelos judeus e pelos lombardos durante parte da Idade Média; além disso, a paralisia que afetava as atividades econômicas durante esse período explica por que os consumidores foram os únicos clientes dos banqueiros judeus e lombardos.

• Parceiros dos poderes públicos, os banqueiros puderam financiá-los, no que tiveram prejuízo. Realmente, os soberanos nem sempre cumpriam a palavra, e sua inadimplência deu origem a falências bancárias de grande repercussão, sobretudo no século XIV. Estas explicam o nascimento de grandes bancos públicos nos séculos XV e XVI, exclusivamente dedicados a depósitos e transferência de fundos, sem concessão de crédito. Com base nesse modelo foi constituído, em 1609, o Banco de Amsterdam. Mas os bancos públicos criados com base nesse modelo, em especial os bancos de Estocolmo e de Viena, foram utilizados pelos poderes públicos para alimentar suas próprias caixas.

• Os créditos dispensados pelos banqueiros evoluíram com o tempo. Na Antiguidade oriental e grega, consistiam exclusivamente em créditos reais, assim qualificados porque eram garantidos por alguma coisa que podia ser realizada em caso de inadimplência do tomador. Os banqueiros romanos, denominados *argentarii*, praticaram porém créditos pessoais sem nada que garantisse o reembolso das somas emprestadas. Os banqueiros da Antiguidade não parecem ter praticado operações de crédito que pudessem ser comparadas ao desconto bancário que, a partir do século XVII, possibilita realizar o crédito bancário sobre documentos negociáveis. Criado na Inglaterra, o desconto passa para o continente e torna-se operação corrente a partir do fim do século XVII.

• A proteção dos tomadores de empréstimo foi motivo, em todos os tempos, da limitação dos juros. O código de Hamurabi, no século XX a.C., previra tal limitação, cuja violação sofria pena singular: o emprestador que tivesse exigido juro superior à taxa legal não podia exercer nenhuma ação contra seu devedor; assim, corria o risco de perder tanto o capital quanto os juros. O devedor, em contrapartida, não tinha a possibilidade de exigir a restituição do juro majorado. Essa limitação dos juros, introduzida no Egito pelo rei Bocóris, no século VII antes de nossa era, foi criticada na Grécia. E, em Roma, Ulpiano indica a penalidade incidente sobre taxas excessivas: lançamento dos juros pagos acima de taxa legal sobre o capital e, depois do reembolso do capital, restituição desses juros ao tomador.

• O problema da limitação das taxas de juros perdeu alcance na Idade Média em razão da proibição dos empréstimos a juros, que foi construída e formulada pela Igreja para uma sociedade em que a produção não estava organizada e o crédito para o consumo era o único praticado. Por isso, não é de surpreender que a Igreja o visse com alguma tolerância na sua aplicação durante o Renascimento, no século XIV, pelo comércio europeu, com o desenvolvimento das feiras, pois os empréstimos aos produtores haviam se tornado indispensáveis para a vida econômica. Mas foi só a Constituinte que proclamou a validade dos empréstimos a juros, por meio de uma lei de 3 e 12 de outubro de 1789. Esta, ao mesmo tempo, expôs o princípio da limitação legal das taxas que só se tornou efetivo com uma lei de 3 de setembro de 1807: a taxa legal foi fixada em 5% no âmbito civil e em 6% no comercial.

Época contemporânea

• Até os anos 1930, o setor bancário não estava submetido a nenhuma regulamentação particular, e a atividade podia desenvolver-se livremente. Foi a partir dessa época que o Estado passou a intervir para moralizar a profissão bancária. Se deixarmos de lado os textos de 1930 e de 1935, na França, poderemos dizer que a intervenção do Estado fez-se sentir por meio das leis de 13 e 14 de junho de 1941, que regulamentaram o estatuto dos bancos e dos estabelecimentos financeiros, assim como da lei de 2 de dezembro de 1945, relativa à estatização e à organização do crédito. As leis de 13 e 14 de junho de 1941, modificadas várias vezes, regeram o setor bancário até os anos 1980, passando por um movimento de estatização (1982) e por um de privatização (1986). Mas esses anos caracterizam-se sobretudo pela transformação do setor bancário, ligada não apenas à desregulamentação e à abertura dos mercados, mas também à aceleração da construção da Europa bancária e à introdução de novas tecnologias. Caracterizam-se também por certas gestões arriscadas que não deixaram de provocar dificuldades para certos bancos públicos e à falência de certos bancos privados.

• A desregulamentação, ou seja, o abrandamento das injunções comerciais que pesam sobre os bancos, possibilitou a abertura dos mercados, ou seja, o desaparecimento das barreiras tradicionais entre os diferentes mercados. Este último facilitou o estabelecimento dos bancos franceses no estrangeiro, bem como o dos bancos estrangeiros na França. Também favoreceu a atividade bancária internacional.

• A construção da Europa bancária, que implica o estabelecimento de um mercado único entre os Estados-membros da Comunidade Europeia, postula, para os bancos, a livre circulação dos capitais, liberdade de estabelecimento e a livre prestação de serviços. Embora a primeira dessas liberdades já fosse completa a partir de 1º de janeiro de 1990, as outras duas só se efetivaram a contar de 1º de janeiro de 1993, data considerada pelo ato único europeu de 17 e 28 de fevereiro de 1986, que previu o espaço financeiro europeu no qual se insere o mercado único bancário e que tem como prolongamento natural a União Econômica e Monetária instituída pelo tratado de Maastricht de 7 de fevereiro de 1992. Essa União não deixou de ter influência sobre o setor bancário, pois o Tratado levou à introdução do euro e à criação do Sistema Europeu dos Bancos Centrais e do Banco Central Europeu.

• A introdução da telemática no setor bancário pôs novos serviços à disposição da clientela: caixa eletrônico, banco em casa ou terminais de pagamento. Provocou a automatização da relação entre o banco e sua clientela, portanto o desaparecimento do componente humano, característica do banco com suas várias filiais. A mesma consequência resulta do uso da Internet, em constante desenvolvimento, um setor à parte do telebanco, que, tal como o banco em casa, possibilita uma relação à distância.

• As falências bancárias (as dificuldades financeiras do Crédit Lyonnais e do Crédit foncier de France, estabelecimentos bancários públicos, que levaram à sua reestruturação e privatização no fim da década de 1990) não são exclusivas da França: nos Estados Unidos também as houve (falência dos bancos de poupança nos anos 1980). Não deixam de oferecer perigo para o sistema bancário e financeiro mundial; podem produzir outras falências por efeito de contágio e criar situações de ruptura grave: fala-se de risco sistêmico. Por isso, tanto no nível internacional – Comitê de Basileia – quanto no nível da Comunidade Europeia e de cada país, foram propostas e impostas normas de austeridade administrativa. Mas, como estas não podem evitar todas as falências, na França e na Europa foram criados sistemas de garantia para depositantes e investidores, bem como cauções que têm como característica comum a limitação da garantia em seu montante.

Regulamentação

• A lei bancária data de 24 de janeiro de 1984. Foi integrada ao Código Monetário e Financeiro francês. Modificada várias vezes, tem o objetivo de submeter todos os empreendimentos bancários a uma mesma tutela e possibilitar o controle do acesso e do exercício da atividade bancária: o acesso é subordinado a uma aprovação que determina a extensão das atividades autorizadas; seu exercício é reservado às empresas autorizadas, que então se beneficiam de um monopólio sobre o conjunto das operações do banco. A lei regia, assim, principalmente o estatuto dos bancos e o sistema bancário. Em contrapartida, apesar de definir as operações bancárias, não previa sua regulamentação, que se encontra em outros textos franceses, em especial no Código Civil e no Código do Consumidor.

• A legislação interna sofre, necessariamente, a influência do direito comunitário. É completada por uma regulamentação profissional abundante e de origem variada.

Estatuto bancário europeu

As diretivas comunitárias – a principal delas, atualmente, é a de 20 de março de 2000 – possibilitam uma harmonização mínima, sem levar à criação de um estatuto bancário europeu único: há tantos estatutos bancários quantos são os Estados-membros da Comunidade Europeia. Essa harmonização, porém, não diz respeito apenas às empresas autorizadas a exercer a atividade bancária: pode também afetar as operações que estas realizam; a diretiva sobre as transferências de fundos além-fronteiras é exemplo disso.

Banque de France, Sistema Europeu dos Bancos Centrais e Banco Central Europeu

A origem do Banque de France remonta a dois decretos de 18 de janeiro de 1800 (28 de nivoso do ano VIII). Era uma sociedade por ações cujo capital estava nas mãos de pessoas físicas e que, em virtude de uma lei de 14 de abril de 1803 (24 de germinal do ano XI), recebera o privilégio de emitir papel-moeda. Suas funções cresceram constantemente ao longo dos anos, ainda que em certas épocas tenham sido contestadas. O Banque de France, porém, não tinha a função de definir a política monetária, que era da competência do Estado.

Estatizado pela lei de 2 de dezembro de 1945, o Banque de France foi regido durante cerca de vinte anos pela lei de 3 de janeiro de 1973. O estatuto daí resultante, que levava a discutir sua independência, foi profundamente modificado sob a influência do tratado de Maastricht. Previsto a partir de então por uma lei de 4 de agosto de 1993, o atual estatuto do Banque de France foi organizado em dois tempos: em 1993, para transformá-lo em autoridade independente encarregada de definir a política monetária; em 1998, para garantir sua integração no Sistema Europeu dos Bancos Centrais (SEBC) e realizar a necessária transferência de competências, conforme determinação do tratado de Maastricht, que prevê que a política monetária é definida pelo SEBC dirigido pelos órgãos de decisão do Banco Central Europeu.

Política de crédito

Como os bancos podem emprestar sem ter o dinheiro indispensável para esse crédito, contribuirão para o aumento da massa monetária, que é geradora de inflação, se isso ocorrer indefinidamente. Isso ocorrerá se, por falta de novos depósitos, eles forem obrigados a recorrer ao Banco Central para obter liquidez correspondente a esse crédito.

O controle do volume da massa monetária explica, assim, o necessário controle da distribuição do crédito. Durante muito tempo, este levou ao enquadramento, que constituía uma limitação direta do volume dos créditos. Atualmente, porém, a limitação é indireta: o controle do volume dos créditos passa pelo controle da liquidez bancária e das mobilizações de crédito, que possibilita o aumento da liquidez dos bancos e se baseia sobretudo nas reservas obrigatórias e na política de mercado aberto.

Noção, tipologia e custo dos créditos

Embora as operações de crédito sejam diversas, a noção é unitária: elas podem ser definidas como operações de oferta remunerada de fundos. Esta se baseia no seguinte motivo: aquele que a pede deseja obter imediatamente uma vantagem – por exemplo, o pagamento antecipado de um crédito; fala-se então de mobilização –, que ele poderia obter mais tarde ou com menos facilidade. Ao fazer isso, o cliente impõe um risco ao banqueiro, uma vez que transcorre certo tempo entre a data da oferta de fundos e a da restituição, o que obriga o banqueiro a ter confiança na pessoa do beneficiário ou nas contas a receber. A oferta de fundos baseia-se, assim, em três fatores: fator vantagem, fator tempo e fator risco.

Além da classificação, que está ligada ao caráter da oferta – imediata (desembolso imediato, como no empréstimo), futura (desembolso futuro em caso de abertura de crédito, ou seja, de promessa de crédito) ou eventual (desembolso condicionado a uma falência, para garantia de indenização) –, podem ser citadas as classificações cujos critérios estão na técnica jurídica utilizada (por exemplo, locações acompanhadas de ofertas de compra), na duração dos créditos (curto, médio ou longo prazo), na destinação dos fundos (insuficiência de caixa ou financiamento de um investimento), na personalidade do creditado (particular ou empresa); e também se faz distinção entre créditos internos e créditos internacionais. Essas classificações baseiam-se em critérios que apresentam duplo interesse: interesse econômico, pois são referenciais a partir dos quais o banqueiro pode avaliar o risco em que incorre; e interesse jurídico, pois esses critérios constituem elementos que determinam as regras aplicáveis à operação projetada. Assim, a pessoa do creditado enseja a aplicação de regulamentações particulares, tais como as previstas pelo Código do Consumidor.

O custo do crédito não é totalmente livre, pois a taxa efetiva global (TEG) permite não só calcular seu custo global, mas também estabelecer um teto para a taxa de juro convencional; este deve ser fixado por escrito e não deve exceder em mais de um terço uma taxa de referência fixada por portaria ministerial; se for constatado esse excesso, a operação será considerada de agiotagem.

A pluralidade dos componentes desse dispositivo explica a diversidade das penalidades. De um lado, se a taxa efetiva global não é mencionada por escrito, a estipulação da taxa de juros é nula, mas essa nulidade não atinge a estipulação do juro: a taxa legal deve substituir a taxa convencionada. Por outro lado, se a operação é de agiotagem, está previsto que os rendimentos excessivos são, de direito, lançados à conta dos juros normais vencidos e, subsidiariamente, do capital do empréstimo, e, se a dívida é amortizada em capital e juros, as somas indevidamente recebidas devem ser restituídas com juros legais do dia em que foram pagas. As regras internas que regem a TEG são atualmente ditadas pelo Código do Consumidor e foram modificadas sob a influência da diretiva de 22 de dezembro de 1986, modificada pelas diretivas de 22 de fevereiro de 1990 e 16 de fevereiro de 1998.

Serviços financeiros

Os bancos oferecem grande número de serviços financeiros, tais como a manutenção de contas, transmissão de ordens, negociação no mercado de capitais ou administração de carteira de valores. Por essa razão, estão submetidos, na qualidade de prestadores de serviços de investimento, à lei financeira de 2 de julho de 1996, cujas disposições foram retomadas pelo Código Monetário e Financeiro francês, assim como ao controle do Conselho dos Mercados Financeiros e da Comissão de Operações da Bolsa de Valores, que devem fundir-se no âmbito da autoridade dos mercados financeiros.

Essa lei é particularmente importante porque baseada numa lógica de separação de duas categorias de atividades. Considerando que as atividades próprias do ramo, ou seja, os serviços de investimento, são bem diferentes das ligadas ao crédito e participam de uma mesma família, sejam elas realizadas por estabelecimentos de crédito ou empresas de investimento, o legislador, por meio da lei acima citada, reuniu os estabelecimentos de crédito e as empresas de investimento numa mesma categoria, a de prestadores de serviços de investimento, para submetê-los às mesmas regras, mas apenas no que se refere aos serviços de investimento. Entretanto, não se limitou a essa consideração: isolou, no âmbito dos serviços de investimento, a administração de carteiras de valores por conta de terceiros, pois alguns consideram que não se trata da atividade própria do ramo, mas um serviço de corretagem, ressaltando a necessidade de tornar autônoma essa atividade. Ao fazer isso, o legislador criou uma cisão no âmbito do estatuto bancário e fez uma separação das atividades exercidas pelos estabelecimentos de crédito que se traduziu na constituição de zonas de autonomia favoráveis aos serviços de investimento.

Embora assim se consolidem as condições para a melhor concorrência entre as empresas de investimento e os estabelecimentos de crédito, há duas questões: a separação das atividades será compatível com a noção de estabelecimento de crédito, noção genérica que possibilita o controle das empresas bancárias? A dispersão dos controles não porá em xeque a utilidade da noção? Não parece, pois essa noção permite agrupar empresas de atividades variadas; pode-se, portanto, levar em conta a especificidade de uma atividade para dotá-la de um regime particular. Mas essa abordagem por atividades, e não por estatuto, embora justifique a intervenção do Conselho dos Mercados Financeiros e da Comissão das Operações das Bolsas de Valores, não deixa de ter inconvenientes, pelo menos no modo como foi implantada pelo legislador: ela é fonte de complexidade. Provoca não só a multiplicação das autoridades competentes, mas também a superposição de textos aplicáveis aos estabelecimentos de créditos; é o que ocorre com a questão da autorização e do exercício das liberdades comunitárias. Por isso, pode-se duvidar da sua pertinência, não no que tange à abordagem em si, mas à sua implantação pelo legislador.

Bancassurance

A *bancassurance*, cuja origem se encontra no aparecimento e no crescimento de conglomerados financeiros nacionais e internacionais, designa a união de bancos e companhias de seguro, seja com a criação de sociedades de seguro afiliadas a bancos, seja com a participação de grupos de seguradoras em grupos bancários. Disso resulta que os bancos distribuem cada vez mais produtos de seguro, visto que essa atividade é favorecida pela rede de filiais de que eles são titulares. Esses produtos podem ser vinculados a um crédito concedido – seguro de vida ou de emprego – ou ser totalmente estranhos a tais créditos, como por exemplo o seguro de residências.

Conglomerados de empresas do setor financeiro

Os grupos financeiros, que compreendem tanto estabelecimentos de crédito quanto empresas de investimento e companhias de seguro, exigem vigilância e controle, sobretudo se constituídos por empresas situadas em diferentes países. Por isso, além da implantação de sólida fiscalização da austeridade financeira, são autorizadas as trocas de informações entre autoridades fiscalizadoras de um mesmo país ou de países diferentes e foi criado, na França, um colégio das autoridades de fiscalização das empresas do setor financeiro, cuja missão é facilitar essas trocas de informações e cuidar de todas as questões de interesse comum relativas à coordenação da fiscalização de tais grupos.

› Bonneau T., *Droit bancaire*, *Montchrestien*, 4ª ed., 2001. – Hamel J., *Banques et opérations de banque*, Rousseau & Cie. ed., 1943. – Gavalda C. & Stoufflet J., *Droit bancaire – institutions – comptes – opérations – services*, Litec, 5ª ed., 2002. – Rives-Lange J.-L. & Contamine-Raynaud M., *Droit bancaire*, Dalloz, 6ª ed., 1995. – Sousi-Roubi B., *Droit bancaire européen*, Dalloz, 1995. – Vasseur M., *Droit et économie bancaires*, Les cours du droit: Institutions bancaires, fasc. I-A, I-B et I-C, 4ª ed., 1985-86; Les opérations de banque, fasc. I et II, 4ª ed., 1987-88.

Thierry Bonneau

→ Deontologia ou ética profissional; Direito comunitário; Seguros.

BENS

A palavra "bem", utilizada no singular, refere-se àquilo que valoriza moral e socialmente a pessoa humana: "Ela faz o bem." No plural, designa o que a valoriza materialmente: "Seus bens são muitos." A noção moral põe a pessoa em relação com as outras; a noção material faz referência à pessoa perante suas posses. É neste último sentido que o direito apreende os bens, organizando os mecanismos jurídicos pelos quais eles atendem às necessidades do homem. Mas essas necessidades são apenas reflexo dos valores da sociedade, só poderiam servir de critério à noção de bens se associadas à ideia de pleno desenvolvimento da pessoa humana. No século XVII, dois grandes juristas, ambos advogados do parlamento, com a palavra "bens" referem-se a dois mundos opostos. Domat, no texto dedicado às coisas, *Distinção das coisas pelas leis civis*, usa a palavra "bens" numa única ocasião, com referência ao casamento e à família: "Nos bens dos particulares, distinguem-se os aquestos e os próprios (parafernais), os paternos e os maternos." Argou, na "Instituição no direito francês", opõe às coisas comuns ou fora de comércio "as coisas cujo comércio é tão livre, que todos têm permissão para vendê-las ou adquiri-las"; são essas as coisas qualificadas de "bens". Com Domat, os bens trazem à mente o indivíduo imerso na segurança da família e nas injunções da ordem social. Com Argou, a noção faz referência à liberdade ("permissão"), à abertura para outros ("todos") e ao livre comércio. O Código Civil francês, no art. 537, faz a síntese, associando à palavra "bens" as noções de liberdade e propriedade. No século XIX, Demolombe ressalta a noção de utilidade e tenta uma definição jurídica rigorosa: os bens são "as coisas capazes de ter para o homem uma utilidade exclusiva e de tornar-se objeto de direito de propriedade". O jurista opõe coisas e bens: coisa é tudo o que existe – sol, mar etc.; somente as coisas passíveis de posse são bens. Nessa definição, os bens designam ao mesmo tempo as coisas corpóreas e os direitos patrimoniais – "o que poderia ser compreendido num inventário". Hoje a noção de bens ampliou-se e foi muito além de inventário, transpondo o âmbito da utilidade econômica e dos direitos patrimoniais. "O maior dos bens é existir, depois ser livre, ser rico de saúde, de cultura, de filhos, de esperanças e de fé. A riqueza não é apenas o ter, é também o ser: ao mesmo tempo o ter, o poder e o saber" (Ph. Malaurie, L. Aynès). A história confirma como o sentido da palavra "bens" foi mudando. Os francos não se alçaram à abstração jurídica, mas o que se expressa na sua atitude em relação às diferentes coisas que os cercam é uma visão metafísica do mundo. Os textos mostram que eles distinguem três categorias de bens ou, mais exatamente, três categorias de grau no domínio humano sobre as coisas. Por um lado, a terra, a floresta, os lagos, o meio ambiente natural no qual vivem. Esse meio ambiente fará parte dos bens a serviço do homem? Com a natureza o franco tem uma relação que não é de soberania e domínio físico, mas de identificação. Essa atitude está ligada à antiga concepção germânica que integra o indivíduo a seu ambiente, do qual ele é apenas um elo. A terra, elemento do cosmo, não é um bem patrimonial, não é tampouco um bem comum, mas escapa a qualquer forma de apropriação, é o conjunto natural que possibilita a vida. No entanto, quando conquistada, desbravada, dominada pela sucessão das gerações e por todos em conjunto, ela passa a ser propriedade, é o bem de raiz (*terra*, *hereditas*, *villa*). Mas este escapa ao domínio individual e entra para a família que, de pai para filho, tem vocação para colhê-lo e transmiti-lo. A terra paterna, terra herdada dos ancestrais, não é um bem pessoal. O círculo dos bens só concerne àquilo que pode ser marcado, o objeto sobre o qual o proprietário pode apor sua marca. É tudo o que não é natureza ou terra lavrada, tudo o que é precário, perecível, passível de roubo: escravo, gado, armas, colheita, tesouro... todos bens corpóreos designados com um mesmo vocábulo, *capitale* (donde *cheptel*, arrendamento de gado), e subordinados a um domínio individual total. Nessa visão em que só o gado arrendável se constitui em bens, os bens são a parte do indivíduo na grande partilha das coisas. São a expressão concreta da existência do indivíduo no seio do grupo familiar ou clânico. Ao mesmo tempo, o que é móvel, identificado com os bens, inicia o longo caminho para a liberdade, de que será o único suporte econômico até a Revolução francesa. Em Metz, ainda no início do século XIV, o vocabulário equipara "catel" (patrimônio) e "bens", e a prática opõe "herdade" (*héritage*) e "bens".

Na Idade Média as noções se tornam mais precisas. A concepção cristã dominante na Europa ocidental faz de Deus o proprietário de todas as coisas, mas reconhece o direito do indivíduo ao gozo das utilidades da terra. A palavra "bens" é aplicada à "herdade", ou seja, aos bens de raiz da família e a todas as suas potencialidades. O campo dessa noção se amplia, chegando ao incorpóreo. Designa indistintamente a terra e as possibilidades jurídicas de obter seus frutos, mas a própria terra só é um bem pela utilidade que tem para o homem. Beaumanoir, no século XIII, escreve que a terra será um bem se dela se puder tirar proveito, se for lavrável, "*terres gaignables*". Não são bens as terras impróprias à cultura. Em compartida, a lavoura e o beneficiamento da vinha, trabalhos penosos, são bens (móveis) dissociados da terra propriamente dita e atribuídos a herdeiros diferentes: o herdeiro do imóvel deve pagar ao herdeiro dos bens móveis o valor do trabalho. O Código Civil francês abandonou essa perspectiva. Demolombe cita Championnière e Rigaud: "O trabalho nunca foi arrolado na categoria dos bens." Mas hoje, quando a noção de bens se estende "ao incorpóreo e aos serviços prestados" (F. Terré), reencontra-se a visão consuetudinária em que a exploração da terra é um bem. Não há elo algum aparente entre a solução medieval sobre a lavoura tratada como bem (solução formulada em relação às partilhas sucessórias) e a indenização por ganho de capital, concedida hoje, com base no enriquecimento sem causa, ao rendeiro e ao locatário comerciante; no entanto, a solução moderna faz parte da lógica da exposição de Beaumanoir.

Classificações dos bens

Roma, sempre propensa à racionalização do objeto do direito e de suas regras, estabeleceu numerosas classificações das coisas. Classificações filosóficas entre sagrado, coletivo, individual ou corpóreo e incorpóreo. Outras classificações mais pragmáticas opõem bens preciosos (*res mancipi*) a todos os outros (*nec mancipi*), ou distinguem as coisas não comerciáveis das alienáveis. Todas essas classificações, todos esses esforços de ordenação intelectual dos elementos naturais decorrem do desejo de entender melhor as respectivas posições destinadas às forças que regem a vida. Por trás da aparência da classificação racional das coisas, em torno do sagrado, do público, do individual, do corpóreo ou incorpóreo, do alienável ou não, do precioso e do secundário, sempre se distingue o reflexo do indivíduo perante o coletivo. As múltiplas classificações romanas – procura obstinada e derrisória de uma explicação da vida por meio da tentativa de divisão de seus elementos econômicos entre vários participantes – é demonstração do esforço dos juristas filósofos romanos para elevar-se à compreensão do universo girando em torno da palavra "*res*", a mais usada da língua latina, no sentido impreciso que sempre teve, de "coisa". Assim, Roma oferece uma *summa divisio* entre as coisas de direito divino e as coisas de direito humano, classificação que, ao especificar o domínio dos deuses, dá mais espaço ao humano. São do domínio humano as coisas comuns, tais como o ar, a água e o mar; as coisas alienáveis, as coisas públicas (atribuídas ao domínio público ou reservadas ao domínio privado do Estado) e as coisas pertencentes a uma coletividade pública, tais como os teatros. São do domínio do direito divino especialmente as coisas destinadas ao culto, tais como túmulos, portas e muralhas das cidades. Não foi essa ordenação do universo em torno do poder do homem (tomado isolada ou coletivamente) que nosso antigo direito adotou. Os autores consuetudinários adotaram de Roma sobretudo uma atraente e metafísica oposição entre corpóreo e incorpóreo, bem como o critério pragmático fixidez/mobilidade.

Coisas corpóreas e coisas incorpóreas. – Classificação metafísica secular, hoje abandonada, mas que precisa ser mencionada porque dá a chave para a compreensão da ficção jurídica que, desde o Código Civil, confunde o direito de propriedade com seu objeto. Gaio, jurista romano do século II, ao descrever como a natureza se oferece ao homem, opõe, numa visão estoica, matéria e espírito. De um lado estão as coisas corpóreas, as que podem ser tocadas e se oferecem ao poder direto do homem em sua corporeidade. O domínio do homem sobre a matéria não é um direito (M. Villey), e sua existência nada deve ao direito, é um dado natural, um poder (*dominium*) que se confunde com a matéria e absorve todos os aspectos e todas as utilidades da coisa. No lado oposto estão as coisas incorpóreas, *jura*, os direitos, construtos de juristas que permitem que os homens atinjam as coisas por outros meios que não pela posse corpórea, tais como o usufruto, a servidão, a obrigação. Essa classificação magistral, que opõe o poder bruto do homem sobre a matéria e os direitos das criações intelectuais do homem, que possibilita acesso a certas utilidades da matéria, não podia ser compreendida pelos juristas medievais, para os quais a propriedade de raiz não é um domínio físico, mas um direito, uma técnica jurídica de acesso aos frutos da terra, visto que a matéria não pertence aos homens, mas a Deus. A propriedade costumeira, mecanismo intelectual, não tem espaço na categoria romana das coisas corpóreas; é classificada entre as coisas incorpóreas. No entanto, o prestígio de Roma é tão imenso que a classificação de Gaio, apesar de incompreensível, não deixa de ser reproduzida mecanicamente pelos autores dos direitos consuetudinários, que se limitam a opor duas categorias de coisas que, porém, são heterogêneas demais para autorizar uma classificação fecunda, as coisas corpóreas e os direitos. Apesar da aparente identidade dos termos, já não se tem o grandioso teatro do mundo a desvendar como a natureza se oferece ao cidadão romano por meio do dado bruto da apropriação corpórea e das criações da inteligência humana; o que se tem é apenas um catálogo díspar e sem alcance. Argou, depois de opor cavalo e obrigação, esforça-se em vão para dar algum sentido à classificação: "As coisas corpóreas só nos são úteis por meio das incorpóreas, ou seja, dos direitos que nelas temos; assim, só gozo legitimamente dos rendimentos de minha terra por meio do direito de propriedade." Isso confirma pelo menos que o direito consuetudinário não considera a propriedade como coisa corpórea. Mas ainda são muito fortes a impregnação do direito romano e sua propriedade, que se confunde com a substância: o artigo 526 do Código Civil francês enumera os direitos imóveis pelo objeto aos quais se aplicam, mas não inclui na lista o mais evidente deles: o direito de propriedade... As atas das discussões ocorridas no Conselho de Estado acerca do projeto de Código Civil mostram que o artigo 526 foi acatado sem discussão. O poder de propriedade sobre o imóvel é confundido, tal qual em Roma, com a matéria, o que só tem sentido se admitirmos, como em Roma, que a propriedade não é um direito, mas um poder físico do homem sobre as coisas. O artigo 526 do Código Civil francês é o último resquício da orgulhosa classificação metafísica de Gaio. Restam, porém, dessa classificação a perenidade de um vocabulário e a oposição corpóreo-incorpóreo. O direito francês distingue hoje a propriedade corporal, direito sobre os bens corpóreos, e as propriedades incorporais, que incidem sobre os bens imateriais. A utilização da palavra propriedade aplicada aos bens imateriais foi regra no direito medieval, que não distinguia o corpóreo do incorpóreo. Inversamente, o essencial do trabalho doutrinário de romanização até o Código Civil francês atual consistiu em retirar da propriedade tudo o que era incorpóreo. Assim, no século XIX, em pleno triunfo do exclusivismo, a palavra propriedade, apesar de significar domínio da substância, foi estendida aos bens imateriais. O legislador tinha o intuito de ressaltar a extensão dos poderes reconhecidos ao autor, ao inventor ou, mais tarde, ao rendeiro, mas a palavra já não tem o mesmo conteúdo. Estamos diante de dois tipos de propriedade, dos quais um não corresponde aos critérios do Código Civil francês. A preocupação com o impacto psicológico sobrepujou o rigor jurídico, mas, ao mesmo tempo, é um novo encontro com nossa mais antiga visão jurídica do poder do homem sobre as coisas.

Móveis e imóveis. – Os francos, cujos usos eram rudimentares, nunca tentaram uma classificação teórica das coisas, mas percebemos que aplicavam regimes jurídicos diferentes aos bens em função de sua própria natureza. Sobre os objetos perecíveis, cuja existência e duração estão submetidas à plena vontade de seu dono, o domínio individual é total. Ao contrário, sobre os bens de raiz – base durável e produtiva que sustenta a família e, ademais, garante a perenidade do grupo – o domínio do indivíduo está submetido a injunções sociais e familiares; sobre essa terra organizam-se, paralelamente, a intervenção do poder público nas transmissões e a vocação da família ao patrimônio familiar de raiz: a terra só pode ser transmitida entre vivos na presença da autoridade pública, e, com a morte do pai, ela deve passar ao filho. Aí não existe classificação, nem mesmo embrião de classificação; no entanto, essa divisão pragmática das coisas mostra-se como reflexo de um equilíbrio, ou melhor, desequilíbrio, entre o indivíduo e o grupo. À família cabe a parte econômica mais importante, e o residual, ao indivíduo. Entre o indivíduo e o grupo, a repartição ocorre com base no critério implícito da perpetuidade/produtividade, em oposição à precariedade.

O critério durabilidade-produtividade inspira também a classificação medieval das coisas entre "herdades", que devem ficar com a família, e todas as outras coisas, que ficam em poder do indivíduo. Essa classificação adotada por todos os autores consuetudinários, que consagra o peso da família, não obedeceu a nenhum espírito de sistema: os juristas não a concebem, tal como os romanos, como uma apresentação conceitual própria a organizar abstratamente o funcionamento do universo. Beaumanoir trata dela "para esclarecer as dúvidas" nas partilhas sucessórias, e Coquille a menciona em especial a propósito da parte cabível à comunidade. Num sistema consuetudinário que reserva apenas aos descendentes os bens de raiz da família, os praticantes têm necessidade de esclarecer o conteúdo exato da "herdade", especialmente a natureza jurídica dos direitos senhoriais, principais elementos das fortunas medievais; eles o fazem em torno das noções de produtividade-durabilidade. Difícil trabalho intelectual de categorização, porque opõe a visão de um direito consuetudinário em plena vitalidade, baseado na modéstia do papel do indivíduo e na força das pressões sociais e sobretudo familiares, ao direito romano retomado a partir dos séculos XII e XIII, direito que, em sua *summa divisio*, oferece o primeiro lugar ao indivíduo. Caberá ver aí a razão que levou à adoção, pelos autores medievais, de uma subdivisão romana, menor e puramente técnica, que opõe coisas fixas a coisas móveis? Os juristas acreditam perceber, nessa classificação, a matriz douta do critério consuetudinário durabilidade/precariedade, de contornos incertos, e vão esforçar-se por impor o critério romano.

A difícil adoção do critério fixidez-mobilidade. – Os termos móvel e imóvel começam a aparecer nos códigos consuetudinários do século XIII, substituindo lentamente outros termos. Ao mesmo tempo, impõe-se o novo critério, a fixidez, que passa a determinar o regime jurídico dos bens. Mas fixidez e durabilidade são noções que não coincidem: as construções leves, os tapumes, a colheita não cortada, todas essas coisas sem durabilidade nem produtividade periódica, até então excluídas do regime de herdade, passam a ser imóveis, porque são fixas. As consequências patrimoniais são consideráveis, pois os bens têm herdeiros diferentes, segundo sua natureza. Encontramos no pensamento jurídico uma conturbação e uma desordem no domínio da propriedade de terras que são geradas pelo choque entre duas culturas irredutivelmente opostas. A hostilidade ao critério romano será forte, sobretudo no norte e no leste da França, onde a opinião não aceita que bens precários ou sem produtividade possam ser equiparados à "herdade". Na Lorena, as casas que não são feitas de pedra são "consideradas, vistas e reputadas como móveis". Certos costumes esforçam-se por conciliar o inconciliável, introduzindo uma nova categoria que compreende o que é fixo, mas sem durabilidade ou sem produtividade, categoria de contornos incertos, reflexo da desorientação da prática. Esses bens são, na maioria das vezes, considerados móveis em termos de sucessão. A categorização móvel-imóvel acaba por se impor, sob a pressão doutrinal. Pela primeira vez, propõe-se uma grande classificação das coisas sem relação com o lugar do homem no universo, mas que toma por referência uma qualidade física intrínseca das coisas. Ao mesmo tempo, porém, o construto consuetudinário, tão rico de sentido, provocará o estilhaçamento do critério objetivo de fixidez, para adaptá-lo à sociedade da Idade Média. No século XIII, Beaumanoir adota, aparentemente, o critério mobilidade/fixidez: "Herdades são coisas que não podem ser movidas, móveis [...] são coisas que podem ser movidas de um lugar para outro." Mas, tão logo afirmada, a distinção erudita se dobra à visão costumeira: a herdade deve ser produtora de rendimentos ("herdades [...] são coisas que rendem todos os anos para seu proprietário") e duradoura ("coisa nenhuma que morra"). Percebe-se aí como são irredutíveis as noções "imóvel" e "herdade". Os dois termos parecem, à primeira vista, identificar-se numa base comum, a terra; na realidade, é aí que se encontra a oposição, pois consubstanciam duas visões diferentes do domínio do indivíduo sobre a terra. O imóvel, noção romana objetiva, faz referência a uma qualidade particular da matéria, a fixidez. Só pode dizer respeito às coisas corpóreas, únicas passíveis de propriedade em Roma. Ao contrário, a "herdade", noção consuetudinária, faz referência ao domínio familiar sobre os bens: é à família – projeção do indivíduo no passado e no futuro – que o uso atribui os bens adquiridos no passado e que existirão no futuro (bens duráveis e permanentes). Esses bens devem garantir a vida material da família, e por isso abrangem tudo o que é frugífero, com produtividade periódica. O conceito de "herdade" não tem relação com a distinção romana corpóreo-incorpóreo, móvel-imóvel; ele é expressão das propriedades-gozos e da ordem social do mundo medieval. Já no início do século XIII, a herdade engloba as rendas dos bens de raiz e todos os direitos oriundos do sistema feudal-senhorial. Os autores adotam a justificação de que esses direitos estão ligados à posse de uma terra ou de um poder territorial. Beaumanoir enumera, na herdade, desordenadamente, terras cultiváveis, pomares, censos, corveias, homenagem, brancagem: "Todas essas coisas são herdades." Nessa síntese pragmática e fecunda, o direito consuetudinário asfixia o critério romano, que só se aplica às coisas corporais. Assim se inicia, no antigo direito francês, o processo que levará ao artigo 516 do Código Civil, "Todos os bens são móveis ou imóveis", sem distinção entre corpóreo e incorpóreo.

Plasticidade da classificação móvel-imóvel. – O dinamismo irrepressível da noção de herdade no direito consuetudinário francês, dinamismo ligado à pujança da família, tende a incluir na proteção dada ao imóvel todos os elementos de valor. Assim, já no século XIII, na maioria dos costumes, a renda é considerada imóvel, seja ela proveniente de um bem de raiz (devida em troca de terras), seja ela constituída (devida como remuneração de um capital e baseada em terras). No fim do século XV, as funções públicas, tornando-se patrimoniais com o nome de ofício (*office*), são arroladas na categoria de imóveis. A justificação doutrinal é difícil: falta ao ofício a fixidez da raiz. Bourjon explica: "É uma ficção legal criada para vantagem comum." Plasticidade ainda: o direito consuetudinário, fiel a suas preocupações profundas, tende a considerar imóveis os objetos mais preciosos. Os decretos de Lamoignon atribuem a qualidade de imóveis aos navios de mais de mil libras. Alguns costumes submetem anéis, quadros e joias à imissão de posse por direitos de linhagem (*retrait lignager*). Outros reconhecem no fundo de comércio a qualidade de imóvel. Para justificar esta última solução, certos autores não hesitam em mencionar a noção de "corpo moral". Por fim, a plasticidade da classificação aparece ainda mais nitidamente na faculdade que é dada aos particulares de decidir, quando de um contrato de casamento, a natureza jurídica de seus aportes. Para conservar a fortuna pessoal, cada um dos cônjuges pode "tornar móvel" uma parte de seus bens, agora pertencente à comunhão, e excluir todos os seus outros bens, considerados então, seja qual for sua natureza, imóveis "próprios e antigos". Assim, o proprietário, em função de suas preocupações familiares e com o equilíbrio dos patrimônios, escolhe pessoalmente, em certas ocasiões, a natureza jurídica de seu bem. A rigidez do critério objetivo dobra-se sempre diante das exigências sociais. Essa extrema flexibilidade, evidentemente, é fonte de complexidade, mas é uma das características do direito consuetudinário, que não se deixa constranger pelos construtos dogmáticos. O critério objetivo da fixidez deforma-se, até tornar-se uma chave de divisão das coisas entre o indivíduo e a pressão familiar. Encontra-se o sopro das classificações antigas. O grande Domat, no século XVII, consagra audaciosamente essa mudança de classificação ao fazer o critério mobilidade/fixidez mover-se do espaço capital do indivíduo para a ordem divina das coisas: "A terra é dada aos homens para sua morada e para produzir. [...] Distinguem-se as porções da superfície que cada um ocupa e todas as coisas que podemos delas separar para todos os nossos usos." Assim se encontram magistralmente reunidos a visão filosófica ciceroniana, as concepções metafísicas francas, as preocupações consuetudinárias familiares e políticas... e o critério cômodo da fixidez. Bela visão doutrinal reconciliada com o direito vivo.

A forte adequação da classificação móvel/imóvel às realidades econômicas e sociais verifica-se particularmente na construção consuetudinária da noção de imóvel por destinação. O antigo direito francês muito cedo considerou como imóvel o móvel associado a um imóvel, seja por natureza, seja pela mão do homem. A utilidade sobrepuja a mobilidade. Uma sentença do Parlamento de Paris de 1280 já considera imóveis "todas as coisas presas por cavilha, prego e raiz", e a doutrina equipara ao imóvel o móvel que, não sendo materialmente incorporado, é o acessório necessário do bem de raiz, tal como a artilharia que guarnece os castelos e mesmo "as pedras pertencentes à arma" (Boutillier). Assim também, é familiar aos juristas a ideia de ligar à terra aqueles que a tornam produtiva. Já certas leis bárbaras reservavam ao filho não só a terra mas também o gado e os escravos ligados à produção, classificados por Roma na categoria de "coisas que se mexem". No século XIII, Jostice e Plett afirmam: "Chamamos móveis todas as coisas que se movimentam, exceto o servo, pois o servo é herdade." A declaração de 1645 decide que são móveis os escravos das colônias, exceto se estiverem ligados à terra em perpétua morada (a Corte de Cassação também aplicará essa regra numa sentença de 1831 [*S.* 1831, I, 388], que declara ser imóvel por destinação o negro Régis que entrou como móvel na comunhão de bens do casal, mas depois foi destinado a uma plantação). Apesar da convergência doutrinal, o antigo direito francês, que aceita a imobilização dos escravos e dos servos, sempre recusou a imobilização do gado e dos instrumentos agrícolas, elementos que, no entanto, são essenciais para a exploração agrícola. A recusa do direito consuetudinário a fazer com o gado o que aceita fazer com o homem explica-se por uma razão de ordem muito prática: até a Revolução francesa, a modalidade mais corrente de exploração rural é o aforamento, que sobrepõe numa mesma gleba dois proprietários, o senhor e o foreiro. A imobilização do gado do foreiro teria, inevitavelmente, submetido os animais, em caso de venda, às deduções fiscais e à imissão de posse por direitos senhoriais (*retrait seigneuriaux*). A solução do artigo 524 do Código Civil francês, que imobiliza "os animais ligados à cultura e os instrumentos agrícolas" usados na exploração agrícola pelo proprietário, só podia ser adotada depois da supressão da organização feudal-senhorial da terra.

Generalização da classificação. – A amplitude das consequências da classificação e sua finalidade profunda levaram a generalizá-la para todos os bens incorpóreos. Já no século XVI, Loysel afirma: "Todos os bens são móveis ou imóveis", o que é apoiado mais tarde por Loyseau: "Os bens incorpóreos [...] precisam decidir-se e eleger domicílio nos móveis ou nos imóveis, pois, caso contrário, se os direitos tomassem partido, precisariam atribuir-lhes direitos à parte." Mas as regiões do Sul, terras de direito escrito, ou seja, impregnadas de direito romano, recusam essa solução contrária ao "direito erudito". O artigo 516 do Código Civil francês alinha-se com a solução consuetudinária: "todos os bens são móveis ou imóveis".

Rumo à racionalização da noção de imóvel. – No século XVIII, alguns autores se irritam com a efervescência consuetudinária que deforma o critério tão simples da fixidez para inchar a noção de imóvel. O costume de Paris diz que as rendas são "consideradas" imóveis. Loyseau, no século XVII, lamenta a qualificação de imóvel aplicada ao ofício (*office*), "opinião do vulgo". Pothier recusa a imobilização dos navios e dos bens móveis de alto preço. O processo da racionalização tem início. Caberá ao Código Civil francês depurar o imóvel de suas adjunções consuetudinárias. Racionalização lógica: na concepção individualista que inspira o novo direito, o indivíduo já não partilha. A família já não é uma verdadeira participante. O critério objetivo da fixidez, baseado na natureza física das coisas, está perfeitamente adaptado ao novo estado de espírito. A categorização romana é coerente com a visão da plenitude do poder individual sobre os bens. Essa coerência terá curta duração. As exigências do caráter público das terras e o controle social cada vez mais pesado sobre o uso do imóvel reintroduziram, por trás do critério da estabilidade, a velha oposição indivíduo-corpo social: de um lado, os bens territoriais e similares, em relação aos quais deve haver acordo entre o proprietário e o grupo; de outro, todo o resto, submetido ao domínio individual quase total. O direito francês reencontra a flexibilidade de suas origens consuetudinárias.

› DUFOUR A., "Notion et division des choses en droit germanique", *APD*, t. 24: *Les Biens et les choses*, 1979. – GOURY G., *Origines et développement historique de la distinction des biens en meubles et immeubles*, tese Nancy, 1897. – MALAURIE Ph. & AYNÈS L., *Droit civil, Les biens, la publicité foncière*, Cujas, 4ª ed., 1998, por Ph. Théry. – PETOT P., *Meubles et immeubles dans l'ancien droit français, cours d'histoire du droit privé*, DES, Paris, 1938-39, multigr. – TERRÉ F., "Variation de sociologie juridique sur les biens", *APD*, t. 24: *Les biens et les choses*.

Anne-Marie PATAULT (†)

→ Adágios e brocardos; Domínio; História do direito; Patrimônio; Propriedade (Direito de); Propriedade literária e artística.

BIBLIOTECAS

Desde cedo, nos países de cultura escrita, tratou-se de conservar os vestígios de certos documentos. Foi o que ocorreu no Oriente Médio e na China. Todos conhecem, por outro lado, no Ocidente, a história da Biblioteca de Alexandria, que foi confiada por Ptolomeu Sóter (322-283 a.C.) ao museu, comunidade de letrados destinada a servir as musas. Estes se dedicaram a salvaguardar as grandes obras literárias, a começar pelas de Homero e pela Bíblia. Admiradores da cultura helênica, os romanos muitas vezes se apossaram de bibliotecas inteiras. Depois, na época do Império, criaram bibliotecas públicas, em número de 24 em Roma, no fim do reinado de Constantino.

Com a chegada de bárbaros de cultura essencialmente oral ao Império Romano, a cultura escrita do Ocidente refugiou-se nos mosteiros. A partir daí, tornou-se apanágio de pequeníssimos círculos, dos quais o mais importante foi o grupo monástico organizado em torno de Cassiodoro no Vivarium. Durante o reinado de Carlos Magno e de seus sucessores carolíngios, uma política inicialmente organizada pelo palácio favoreceu a circulação e o intercâmbio de manuscritos cuidadosamente copiados entre as catedrais e as abadias. A partir daí, a cópia de textos figurava entre os exercícios e as tarefas propostas aos monges beneditinos. Frequentemente se encontram nos claustros românicos vestígios do *armarium* onde eram postos os volumes pertencentes à comunidade. Depois, a partir do século XII, com o desenvolvimento das escolas e o aparecimento das universidades, foram constituídas bibliotecas de estudo em salas especiais situadas em colégios, catedrais, abadias e conventos. A mais rica encontrava-se no colégio de Sorbonne: possuía 1.720 volumes em 1332; as obras destinadas a consulta local ficavam presas à mesa por correntes, enquanto uma reserva de réplicas e de outros volumes era destinada ao empréstimo.

Por outro lado, os príncipes e as grandes personalidades, frequentemente de grande cultura, constituíram coleções. Na França, o rei Carlos V reuniu os melhores textos franceses e mandou traduzir as obras mais importantes da literatura latina cristã ou pagã. Cerca de 2 mil volumes foram assim repartidos entre uma torre do Louvre e as outras residências régias. No entanto, os humanistas italianos, na esteira de Petrarca e Boccacio, reclamavam bibliotecas "públicas", ou seja, abertas aos literatos. Com esse objetivo, Niccolo Niccolini legou por testamento sua rica coleção a um grupo de dezesseis curadores, entre os quais Cosimo e Lorenzo de Medici. Estes a confiaram ao convento dominicano de São Marcos, onde foi construída uma sala especial em sua intenção. Por fim, o papa Sisto IV fundou, oficialmente, em 1475, a Biblioteca Vaticana para serviço e honra dos eruditos que se dedicavam ao estudo das letras.

Logo os reis da França fizeram o mesmo. Carlos VIII reuniu em Blois as obras pertencentes aos reis aragoneses de Nápoles, da qual ele se apoderara. A estas Luís XII somou os livros de seu pai, o poeta Charles d'Orléans, e a coleção dos Visconti-Sforza tomada quando da conquista de Milão, bem como livros da rainha Ana da Bretanha; além disso, comprou os manuscritos de Luís de Bruges, senhor de Gruthuysen. Assim foi constituída a *Librairie du roi*, ricamente instalada numa galeria do castelo de Blois. Depois, Francisco I decidiu, por volta de 1522, criar uma nova *librairie*, em Fontainebleau, em intenção dos literatos de sua corte e dos amigos de sua irmã Margarida. A intenção era, sobretudo, colecionar os textos gregos necessários à renovação dos estudos na França, que ele mandou buscar longe e encadernar suntuosamente. Essas obras foram confiadas a Guillaume Budé e Pierre Du Châtel, auxiliados por Lefèvre d'Étaples e Mellin de Saint-Gelais. Assim se constituiu o núcleo da biblioteca de estudo que se transformaria na Biblioteca régia, depois imperial, depois nacional. Cabe lembrar por fim que o mesmo Francisco I instituiu em 1537 a regra do Depósito Legal, que parece ter sido realmente observado apenas a partir do século XVII, o que garantiu, desde então, o enriquecimento do grande estabelecimento.

Na Alemanha, os livros dos mosteiros abolidos no período da Reforma foram tomados pelos príncipes ou doados às cidades. Constituíram os primeiros acervos de bibliotecas municipais, como as de Frankfurt, Nuremberg, Lubeck ou Hamburgo. Paralelamente, alguns príncipes decidiram atuar como mecenas e reuniram grandes coleções. Assim, o duque bibliófilo Julius de Brunswick constituiu uma preciosa coleção que nunca deixou de ser aumentada por uma linhagem de príncipes literatos dos quais Leibniz e Lessing seriam bibliotecários em Wolfenbüttel. Por fim, nos países que se tornaram protestantes foram criadas as bibliotecas universitárias, tais como a de Leiden ou a de Oxford, fundada por um grande senhor diplomata, sir Thomas Bodley.

No âmbito católico, Filipe II encomendou ao arquiteto Juan de Herrera a soberba biblioteca do Escorial, enquanto Federico Borromeu, arcebispo de Milão, fundava a Biblioteca Ambrosiana. Os jesuítas, sobretudo, dotaram seus colégios de grandes bibliotecas, e as ordens religiosas seguiram sistematicamente esse exemplo. Na França, por outro lado, os cardeais ministros Richelieu e Mazarino, assim como o chanceler Séguier, colecionaram livros como obras de arte, tanto pelo prestígio que conferiam quanto por gosto pessoal. Testemunho disso ainda em nossos dias é a Biblioteca Mazarina. Mas logo Luís XIV quis garantir sua preeminência em todos os campos, e Colbert estabeleceu a biblioteca do rei, por muito tempo negligenciada, na rua Vivienne, na extremidade do jardim de seu palácio, confiando-a a dois excelentes bibliotecários, um dos quais era Nicolas Clément, criador do sistema de classificação por letras do alfabeto, pouquíssimo modificado até 2000. Depois, o sobrinho do chanceler Pontchartrain, o abade Bignon, que reorganizara a censura e o sistema acadêmico, tornou-se grão-mestre da *Librairie* (1718 a 1741). Foi essencialmente graças a ele que o estabelecimento régio adquiriu seu aspecto definitivo. Ela foi então dividida em cinco departamentos (Manuscritos; Impressos; Genealogia e Títulos; Estampas; Medalhas e Antiguidades), recebendo em seu pessoal uma plêiade de notáveis eruditos. Os príncipes estrangeiros esforçaram-se por fazer o mesmo. Na Inglaterra, o Parlamento britânico adquiriu em 1753 uma série de coleções particulares às quais foram acrescentadas as próprias coleções régias. Assim nasceu o British Museum.

Em todos os lugares, porém, os bibliófilos iam tomando consciência do valor do patrimônio livresco e empenhavam-se em protegê-lo, enquanto surgia uma geração de doutos livreiros e bibliotecários que desempenhariam papel essencial nas tentativas de proteger esse patrimônio durante a Revolução francesa. Nesse período, na França, o confisco dos bens do clero, portanto de igrejas e conventos, mas também de universidades, e depois o confisco dos bens dos emigrados e condenados, além da supressão das academias e sociedades eruditas, desorganizaram os sistemas existentes e puseram à disposição da nação cerca de vinte milhões de volumes que se tornaram propriedade do Estado. Todos esses volumes apreendidos foram empilhados em "depósitos literários", instalados às vezes em bibliotecas frequentemente destinadas a ser mantidas em antigos estabelecimentos religiosos, decidindo-se redigir uma bibliografia geral da França no verso de cartas de baralho. A Biblioteca do Rei, que se tornou Biblioteca Nacional, com direito de prioridade sobre as coletas, apoderou-se dos exemplares parisienses mais preciosos. Na província, Bonaparte confiou às municipalidades, por decisão de 8 de pluvioso do ano XI (28 de janeiro de 1803), a gestão dos acervos que, em consequência do confisco, eram então propriedade do Estado. A despeito dos esforços de bibliotecários às vezes excelentes, essas manipulações tiveram consequências catastróficas. Acarretaram o desaparecimento de um saber fundamentado em inventários que haviam se tornado inutilizáveis, bem como o nascimento de um sem-número de estabelecimentos municipais cujos acervos, mal conservados, logo se mostraram inapropriados, por falta de créditos e atualizações. Por outro lado, muitos livros foram esquecidos nos sótãos e nos porões de administrações municipais, onde às vezes ainda se encontram seus vestígios. Somente as bibliotecas municipais das grandes cidades despertaram certo interesse e se tornaram focos da história local e da bibliofilia, sob a direção de bibliotecários às vezes muito eruditos, que tentavam recensear acervos cuja guarda lhes fora confiada; mas muitas outras eram deixadas praticamente no abandono. Por outro lado, foi apenas na segunda metade do século XIX que surgiu a preocupação de desenvolver bibliotecas universitárias, que dispuseram de pouquíssimos recursos e permaneceram embrionárias até período bem recente.

Na Alemanha e na Inglaterra, as antigas universidades que haviam conservado seus acervos continuaram a mantê-los e a atualizá-los com a ajuda das doações dos ex-alunos. Os americanos imitaram esse exemplo e empenharam-se em desenvolver suas bibliotecas universitárias. Já no século XVIII, por outro lado, ingleses e americanos implantaram uma política empreendedora de associação nas bibliotecas circulantes, que foram frequentemente financiadas a partir de meados do século XIX por uma taxa especial. Depois, a American Library Association, a partir de 1876, organizou os contatos entre estabelecimentos e criou a poderosa Federação Internacional das Associações de Bibliotecários (Fiab), que hoje desempenha papel essencial na elaboração de normas internacionais. Por fim, o livre acesso tornou-se regra nos países anglo-saxões antes do fim do século XIX, e nas cidades da Grã-Bretanha e dos Estados Unidos desenvolveram-se grandes bibliotecas municipais com papel essencial no plano local ou regional.

Durante esse tempo, a leitura pública praticamente não existia na França. É verdade que no século XVIII haviam aparecido os gabinetes de leitura, que se tornaram relativamente numerosos na época romântica. Também é verdade que os governos tentaram, várias vezes, criar uma rede de bibliotecas escolares, mas suas iniciativas não tinham um verdadeiro espírito de perseverança. Mais interessante foi a ação da elite operária e de alguns profissionais reunidos na Associação Franklin. Durante o último quartel do século XIX, por exemplo, foram criadas bibliotecas de bairro em Paris e Lyon, mas tudo isso malogrou antes mesmo da guerra de 1914-18. Desse modo, os esforços das associações americanas que ofereceram ajuda na reconstrução das regiões devastadas, com o fito de nelas desenvolver um embrião de leitura pública, foram especialmente bem recebidos por aqueles que havia muito lutavam para que os poderes constituídos e os próprios franceses se conscientizassem do direito de acesso à leitura por parte de cada cidadão. Em contrapartida, o governo francês dedicou particular atenção à Biblioteca Nacional. Por muito tempo esta não conseguiu "digerir" as conquistas revolucionárias e registrar o conjunto de uma incessante produção impressa, mais volumosa do que aquilo que lhe chega tradicionalmente pelo sistema do Depósito Legal (obrigatório para todos os trabalhos impressos ou editados, sujeitos a inscrição em registros especiais e numeração sequencial). No entanto, em certos períodos o governo multiplicou esforços em seu favor: de 1859 a 1874 ela foi confiada a um administrador geral, Jules Taschereau, dotado de autoridade suficiente perante o colégio dos conservadores. Este realizou uma verdadeira reconstrução nas instalações, que ficou a cargo do arquiteto Henri Labrouste, especialista em arquitetura metálica. Mas só no fim do século um conservador e administrador notável, Léopold Delisle, impôs, afinal, a catalogação alfabética das obras impressas por nome de autor. Depois, após um novo período de decadência, a nomeação (em 1932) de um novo administrador de talento, Julien Cain, possibilitou nova reorganização e modernização do estabelecimento, que, às vésperas da guerra de 1939-45, podia ser considerado um modelo de biblioteca nacional.

Por outro lado, as bibliotecas municipais passaram por certa renovação. Nos anos 1930, o Estado dividiu as bibliotecas municipais em três categorias (regulamentadas, controladas e supervisionadas). As principais, bibliotecas municipais regulamentadas, dispondo de grandes acervos estatais, foram dirigidas, por essa razão, por um bibliotecário do Estado eventualmente assistido por um ou vários colegas, cujo salário era pago em parte pela cidade. No mesmo ato foi constituído um Corpo Científico dos Bibliotecários do Estado, ainda existente atualmente. No entanto, foi só durante o período de excepcional prosperidade, correspondente aos anos 1945-75, os "Trinta Gloriosos", que a França compensou seu atraso em matéria de bibliotecas. Essa nova história começou com a criação, logo após a Libertação (graças à ação de profissionais engajados na Resistência), de uma Divisão das Bibliotecas e da Leitura Pública, vinculada ao Ministério da Educação Nacional, de início confiada aos administradores gerais da Biblioteca Nacional. Essa instituição nova permitiu que os inspetores gerais dispusessem de meios de ação, graças sobretudo à criação de serviços técnicos competentes e também à possibilidade de atribuição de maiores subvenções, em especial durante a construção de prédios. Essa divisão fora, de início, concebida para desenvolver a leitura pública com a criação, nos departamentos de bibliotecas centrais, de bibliotecas itinerantes encarregadas de alimentar postos circulantes nas aldeias e nas cidades com menos de 15 mil habitantes. Mas foi convidada pelo governo a dar prioridade ao desenvolvimento de uma rede de bibliotecas universitárias num tempo em que os estudantes afluíam para as universidades. Nesse campo, realizou um trabalho considerável, construindo novos prédios, frequentemente muito grandes, sobretudo entre 1955 e 1970, e adotando o princípio de livre acesso (instruções de 1962-63). No entanto, crescia a demanda pela leitura pública. Foram modernizadas ou reconstruídas numerosas bibliotecas municipais e começaram a ser restauradas ou criadas unidades das redes de postos circulantes nas cidades importantes. Logo, por instigação do presidente Georges Pompidou, uma nova lei destinada a favorecer a leitura, em 1967, melhorou o sistema de incentivos e subvenções. De 1967 a 1980, essa política possibilitou a criação de 34 novas bibliotecas centrais circulantes e aumentou a área das construções de bibliotecas municipais de 300 mil para 650 mil m^2. Ao todo, a partir da década de 1960, a leitura pública teve um desenvolvimento impressionante. Surgiam nas cidades grandes bibliotecas municipais, logo batizadas de mediatecas, com vocação às vezes regional, enquanto se organizavam redes de bibliotecas circulantes. E as bibliotecas centrais circulantes estimulavam o nascimento de bibliotecas até nos burgos mais modestos. Contudo, o sistema implantado era alvo de numerosas críticas. Organismo em princípio centralizador, a Divisão das Bibliotecas e da Leitura Pública na verdade abrangia instituições de caráter muito diferente: estabelecimentos estatais, alguns dos quais pertencentes a grandes estruturas ou dependentes de outras administrações, como as reitorias (bibliotecas universitárias), bibliotecas municipais estatutariamente diferentes, segundo a importância etc. Por outro lado, a criação de um Ministério da Cultura criava problemas complexos, aliados a questões de pessoal – referentes, por exemplo, às bibliotecas centrais circulantes, que tinham vocação a vincular-se aos conselhos gerais.

Por outro lado, o surto informático criava questões difíceis de resolver num clima de evolução permanente, sobretudo quando se queria evitar cair sob a tutela americana, num momento em que a Biblioteca Nacional se mostrava incapaz de redigir a Bibliografia Oficial da França a partir dos exemplares enviados por meio do Depósito Legal num prazo suficientemente curto para ser utilizado pelos profissionais. Além disso, a concorrência crescente entre as bibliotecas universitárias centrais e as bibliotecas de institutos e outros centros de pesquisa, bem como a necessidade de documentações cada vez mais especializadas, criavam numerosos problemas nos meios universitários. Nessas condições, o sistema centralizado então vigente foi considerado pesado demais. Daí o desmembramento da Divisão do Livro e da Leitura Pública (2 de julho de 1975). As bibliotecas de leitura pública (bibliotecas municipais e bibliotecas centrais circulantes) e a Biblioteca Nacional foram vinculadas a uma Divisão do Livro vinculada ao Ministério da Cultura, enquanto as bibliotecas universitárias e as dos grandes estabelecimentos continuavam sendo administradas pela Educação Nacional.

Hoje, as bibliotecas, que se tornaram mediatecas, parecem destinadas a desempenhar papel essencial na promoção da leitura, num momento de transformação documental, como é o nosso. Paralelamente, a profissão de bibliotecário transformou-se. À École des Chartes, encarregada de formar conservadores do patrimônio de alto nível, veio somar-se e superpor-se uma Escola Nacional Superior das Ciências da Informação e das Bibliotecas (Enssib). Agora, o bibliotecário deve não só ter vasta cultura, como também dominar técnicas complexas, e suas novas missões requerem adaptações constantes e estreita cooperação entre os estabelecimentos, que devem reunir-se em redes para fornecer as informações solicitadas, além de exigirem o contato com diferentes categorias de usuários. Enfim, uma tarefa cada vez mais diversificada e ampla, que incita as autoridades regionais ou locais a seguir de perto a evolução das situações. Daí surgem novas mudanças. Assim, a necessidade de coordenar as atividades documentais nas universidades provocou a integração das bibliotecas universitárias (BU) e interuniversitárias (BIU) em serviços comuns de documentação (SCD) e serviços de cooperação documental entre estabelecimentos (SICD), que compreendem bibliotecas "integradas" e bibliotecas "associadas" e encarregadas de implementar a política documental das universidades e de gerir os recursos nessa área.

A grande revolução dos últimos anos foi principalmente o esforço de descentralização, iniciado em 1981. É verdade que o Estado não estava preocupado em pura e simplesmente transferir o poder cultural para as autoridades regionais e locais. Os créditos concedidos à cultura pelo governo aumentaram muito, e a ação cultural do governo francês é coordenada pelas divisões regionais da ação cultural (Dracs), estabelecidas junto às prefeituras regionais. As Dracs compõem os cadastros referentes às subvenções de funcionamento e de equipamento destinadas às municipalidades e às regiões. No entanto, a lei de 22 de julho de 1983 prevê a transferência das competências das bibliotecas centrais circulantes aos poderes locais; os conselhos gerais, desde 1986, tornaram-se a autoridade tutelar responsável, e o término dessa transferência em 1994 foi marcado por mudanças consideráveis: as bibliotecas centrais circulantes, transformadas em bibliotecas departamentais circulantes, passaram a ser administradas por um pessoal territorial. As mudanças introduzidas pela descentralização foram menores para as bibliotecas municipais, que, no entanto, como todos os serviços culturais locais, se viram envolvidas nas dificuldades oriundas dos novos estatutos territoriais do setor cultural e pela coexistência, nas bibliotecas regulamentadas, de conservadores do Estado e de conservadores territoriais. Deve-se esperar que o interesse crescente, manifestado pelos administradores regionais e locais eleitos e pelos poderes que lhes foram confiados em campos complexos, não redunde, em certos casos, na politização das instituições e de seu pessoal.

Contudo, é impossível terminar este verbete sem falar do caso tão controverso da Biblioteca Nacional da França. Desde 1950, aproximadamente, o afluxo de leitores e o crescimento vertiginoso das coleções levavam a pressagiar o momento em que se deveria tomar uma decisão. Por muito tempo, os governos no poder fecharam os olhos. Mais ou menos em 1965, porém, um pequeno grupo que contava com a confiança do administrador da época, Étienne Dennery, imaginou a criação, nas proximidades da rua Richelieu, em terrenos que seriam abandonados pelo grande mercado, de um estabelecimento de documentação moderna, baseado no princípio do livre acesso, possibilitando que a Biblioteca Nacional se concentrasse em sua missão de salvaguarda e valorização do patrimônio cultural. Mas o presidente Pompidou optou por estabelecer ali um centro dedicado à arte contemporânea, destinando à biblioteca apenas 15 mil a 20 mil m². A Biblioteca Pública de Informação correspondeu a uma verdadeira revolução tecnológica e teve sucesso considerável principalmente porque a cidade de Paris nunca tomou consciência da importância da demanda nesse campo e da participação que deveria ter nela. Mas o problema da Biblioteca Nacional continuava sem solução, porque os governos sucessivos se recusavam obstinadamente a dotar o estabelecimento da rua Richelieu com os meios e o pessoal necessários à garantia de sua missão num contexto agora demasiadamente exíguo. Finalmente, o presidente Mitterrand anunciou, em 14 de julho de 1988, sua intenção de mandar construir e desenvolver "uma das maiores ou a maior biblioteca do mundo". O projeto foi confiado ao arquiteto Dominique Perrault. Decidiu-se transferir para prédios com 225 mil m² de área útil, construídos em Tolbiac, a totalidade do acervo de livros e periódicos e somar-lhes coleções audiovisuais, enquanto os departamentos especializados ficavam na sede da rua Richelieu. Ao mesmo tempo, no novo conjunto arquitetônico, adotava-se o princípio de dois níveis, um de 1.600 lugares reservado à pesquisa e outro de 2.000 lugares, destinado a um público mais amplo e alimentado por uma impressionante coleção de obras – sem contar 450 lugares para a consulta dos documentos audiovisuais. Os prédios foram inaugurados em março de 1995 pelo Presidente da República e estão em funcionamento, apesar da necessidade de indispensáveis ajustes, sobretudo em matéria de informática. Sejam quais forem as críticas feitas a essa realização, sem dúvida dispendiosa, só cabe esperar que os governos futuros destinem os créditos indispensáveis ao funcionamento dessa obra de prestígio, assim como à boa manutenção de um patrimônio inestimável, o que exigirá um programa ambicioso de numeração das coleções antigas ou fragilizadas. E espera-se também que tomem consciência da necessidade de administrar problemas técnicos mais a partir de pontos de vista técnicos, de análise de demandas e evoluções previsíveis, do que em função de decisões políticas ligadas a ideologias abstratas, como testemunha com grande frequência a história das bibliotecas francesas.

› Balayé S., *La Bibliothèque nationale des origines à 1800*, Genève, Droz, 1988, 546 p. – Blassplle B., *La Bibliothèque nationale*, Paris, PUF, 128 p. – Hassenforder J., *Développement comparé des bibliothèques publiques en France, en Grande-Bretagne et aux États-Unis dans la seconde moitié du XIXᵉ siècle*, Paris, Cercle de la Librairie, 1967, 210 p. – Hobson A., *Grandes Bibliothèques*, Paris, Stock, 1971, in-fol. – Masson A. & Pallier D., *Les Bibliothèques*, Paris, PUF, 6ª ed., 1986, 128 p. – Coll.: *Les Bibliothèques en France, 1991-1997*, org. D. Arot, Paris, Cercle de la Librairie, 1998, 315 p.; *Bulletin des Bibliothèques de France*, *passim*.; *Histoire des bibliothèques françaises*, 2ª ed., Paris, Fayard-Cercle de la Librairie, 1989-92, 4 vol., in-8º.

Henri-Jean Martin

→ Documentação jurídica.

BILL OF RIGHTS

No *Bill of Rights* de 1689, trata-se de política, direito, religião. Não deve surpreender a associação desses três domínios, se pensarmos no país e no período. Esse documento, concebido por seus autores como um prolongamento da Magna Carta de 1215, concluía três episódios históricos: a Revolução Gloriosa, o reinado de Jaime II, a época heroica da Constituição inglesa, que se iniciara com o século. Tendo como pano de fundo uma leitura bem particular da história nacional, o *Bill of Rights* deixaria marcas indeléveis nesta última, estabelecendo uma coincidência entre a realidade e aquilo que era da alçada da ideologia.

Aprovado por Guilherme III em dezembro de 1689, o *Bill of Rights*, que assim se torna o estatuto do reino, é a sanção jurídica da Revolução Gloriosa que explodira em 1688. Dois objetivos justificavam oficialmente essa rebelião contra a autoridade de Jaime II (1633-1701), que subira ao trono em 1685: pôr em xeque uma tentativa de restauração do catolicismo e salvar as liberdades inglesas ameaçadas pela política desse soberano. Respondendo ao apelo secreto que sete membros da Câmara dos Lordes lhe fizera em junho de 1688, Guilherme de Orange desembarca na Inglaterra com suas tropas em 5 de novembro daquele mesmo ano. Algumas semanas depois, abandonado por grande parte de seu exército, Jaime II sai de Londres e se refugia na França. A pedido dos Lordes reunidos em "conselho comum do reino", Guilherme assume o governo da Inglaterra e convoca uma Convenção, formada pelos membros sobreviventes dos Parlamentos de Carlos II, irmão mais velho e predecessor de Jaime II. Esta se reúne em Westminster no dia 22 de janeiro de 1689. No dia 28, adota uma resolução que afirma que Jaime II abdicou e que o trono está vacante. Em 12 de fevereiro, aprova uma Declaração dos Direitos cujos termos serão essencialmente retomados pelo *Bill of Rights*. No dia 13, em Whitehall, esse texto é lido para Guilherme e Maria, que o aceitam. A coroa lhes é oferecida e, diante de sua aceitação, eles são proclamados rei e rainha da Inglaterra. No dia 23, Guilherme aprova um *Parliament Act* que transforma a Convenção em Parlamento (com o nome de *Convention Parliament*). No dia 11 de abril, Guilherme é coroado com Maria. Em 17 de maio, ele declara guerra à França. Em 16 de dezembro, ao aprovar o *Bill of Rights*, põe um ponto final na Revolução Gloriosa. Com a dissolução do Parlamento, em fevereiro de 1690, a vida política retomará seu curso normal.

Rapidamente destituído, Jaime II só reinou três anos, sendo vítima de uma deficiência insuperável – ser católico –, agravada por um desejo imprudente e canhestramente intentado de introduzir na Inglaterra um regime de liberdade de culto que beneficiaria seus correligionários, é verdade, mas também os dissidentes protestantes. Filho do rei mártir Carlos I, irmão de Carlos II, que morreria sem descendência legítima, Jaime, duque de York, converteu-se ao catolicismo por volta de 1670. Por um paradoxo constitucional, ao cingir a coroa, tornou-se chefe da Igreja da Inglaterra, da qual não era membro. O clima de fervor realista que cercou sua ascensão ao trono degradou-se rapidamente diante de sua vontade manifesta de dotar os não anglicanos das capacidades jurídicas que lhes eram negadas. Essa empresa assumiu duas formas: nomeações individuais de católicos e às vezes também de dissidentes, para empregos públicos, civis e militares; e suspensão das leis de ostracismo religioso. O primeiro método correspondia à aplicação do direito de dispensa, que fazia parte da prerrogativa régia: o soberano isentava alguns de seus súditos dos efeitos da lei, autorizando-os a servi-lo, sem se submeter à obrigação de provar que eles pertenciam à Igreja da Inglaterra, por meio de uma declaração feita sob juramento e de uma prática religiosa regular. O segundo método baseava-se no recurso a um direito de suspensão, que também decorria da prerrogativa, mas tinha um alcance muito maior, pois era de aplicação geral. Ela inspirou a fatídica Declaração de Indulgência de fevereiro de 1687, reiterada em abril de 1688, por meio da qual Jaime II anunciava seu desejo de ver todos os seus súditos gozar em paz direitos idênticos, esperando que o Parlamento concordasse em revogar a legislação religiosa discriminatória assim suspensa.

O *Bill of Rights* vinha encerrar uma controvérsia constitucional que atravessara todo o século XVII e cujo objeto era determinar a natureza exata da monarquia. O que estava em causa não era a existência da prerrogativa régia, mas as condições de seu exercício, que, de acordo com o modo com que eram concebidas, acentuavam a dimensão absolutista da Constituição ou, ao contrário, o seu caráter parlamentar. Segundo os juristas, a prerrogativa definia, ao lado do poder ordinário do rei, que era exercido em conformidade com os usos e as leis, um poder absoluto que, em certas circunstâncias, o autorizava a agir fora das regras do direito, tendo em vista o bem público. Esse poder discricionário repousava apenas na sabedoria do monarca e imprimia a suas decisões o selo da legalidade. Sir Edward Coke mencionara, a propósito da prerrogativa, o direito de dispensa, o direito de perdão, o direito de aprovisionamento do reino. Encontravam-se aplicações concretas (e geralmente admitidas) do direito de dispensa na manutenção de *sherifs* nas suas funções além dos prazos estatutários, na autorização de comerciar na Inglaterra, dada a estrangeiros como derrogação dos atos de navegação, na liberdade de culto concedida a certas comunidades protestantes estrangeiras. No entanto, entendia-se que tais iniciativas só podiam ser excepcionais. Além disso, seu alcance podia modificar a percepção que se tinha delas. Ao que parece, somente numa situação de perigo para o reino o soberano tinha fundamento para cobrar um imposto sem o consentimento do Parlamento: era o caso do imposto naval (*ship-money*), cuja legalidade discutível em tempos de paz fora objeto do processo Hampden (1637).

A incerteza que cercava essas questões dera origem a tensões e conflitos repetidos desde 1603, data da ascensão ao trono de Jaime I. Ela desempenhara papel importante no desencadeamento da revolução que dilacerara o país entre 1640 e 1660. O *Bill of Rights* pôs fim às ambiguidades. Seu título exibia com clareza suas ambições: "Ato que declara os direitos e as liberdades do súdito e regulamenta a sucessão à coroa." A primeira parte fazia acusações a Jaime II, enumerando os atos que demonstravam que ele tentara "subverter e extirpar a religião protestante e as leis e as liberdades do reino". Na segunda parte, depois de afirmar que aquele soberano abdicara do governo e deixara o trono vacante, o *Bill* homenageava Guilherme por ter "libertado o reino do papismo e do poder arbitrário" e convocado uma assembleia dos representantes protestantes do país. Depois, os autores, seguindo o exemplo que lhes fora dado por "seus ancestrais" na defesa de "seus direitos e liberdades antigas", enumeravam de modo positivo os pontos mencionados na primeira parte, em outras palavras, as leis que Jaime II infringira. A terceira parte era dedicada às questões religiosas e dinásticas ao mesmo tempo: afirmava-se que a Coroa, depois da morte dos novos soberanos, passaria à descendência de Maria e, em sua falta, à de sua irmã Ana, princesa da Dinamarca (ambas filhas protestantes que Jaime II tivera de um primeiro casamento com uma anglicana), e, na falta desta, à descendência de Guilherme de Orange; seguia-se a rememoração das circunstâncias nas quais Guilherme e Maria haviam aceitado a Declaração de fevereiro e a coroa, convidando graciosamente o Parlamento a continuar prestando-lhes auxílio na preservação da religião, das leis e das liberdades do país; por fim, constatando a incompatibilidade entre "a segurança e o bem-estar deste reino protestante" e a presença no trono de um(a) soberano(a) papista ou casado(a) com papista, o *Bill* dispunha que qualquer pessoa pertencente à religião romana ou casada com católico(a) estaria para sempre excluída da sucessão.

Assim se consagrava, com o acordo dos *Tories* moderados, o que os *Whigs* procuravam obter desde que sua corrente política ganhara corpo. A questão da sucessão era regulamentada de acordo com os desejos destes últimos, ao preço de um Golpe de Estado rapidamente legalizado. O Parlamento assistia ao espetacular reconhecimento da posição e do papel aos quais ele aspirara na Constituição. Prova disso, além do método, é o conteúdo do texto. Realmente, a argumentação propriamente jurídica visa a uma finalidade essencial: o compartilhamento da autoridade suprema. Não se pode duvidar disso quando se lê, em especial, que são contrários à legalidade o poder de suspender as leis e o poder de dispensar de sua execução "sem o consentimento do Parlamento". Embora a prerrogativa régia não seja negada como tal, as modalidades de seu exercício assumem tal caráter que ela fica privada de toda e qualquer substância: um ato discricionário submetido a aprovação constitui uma contradição nos termos, senão um oximoro. Do mesmo modo, a impossibilidade em que se encontra o monarca de cobrar o mínimo imposto "sem voto do Parlamento" e de manter um exército permanente em tempo de paz "sem o consentimento do Parlamento" priva-o da iniciativa em dois campos importantes de soberania. Além disso, é esclarecido que "a eleição dos membros do Parlamento deve ser livre", e que a liberdade de expressão, debate e organização interna das Câmaras não pode ser contestada perante nenhuma jurisdição, o que ressalta a preocupação de tornar a instituição parlamentar senhora de seus atos. A afirmação final de que, "para corrigir os abusos, emendar, fortalecer e preservar as leis, é preciso reunir frequentemente Parlamentos" confirma duas intenções: atribuir ao Parlamento a atividade legislativa e impossibilitar aquilo que fora realizado por Carlos I (de 1629 a 1640), por Carlos II (de 1681 a 1685) e por Jaime II (de 1685 a 1688), ou seja, governar sem reunir as Câmaras.

No entanto, seria exagero dizer – tese muitas vezes defendida – que os autores do *Bill of Rights* só levaram em conta os direitos do Parlamento. A preocupação com os direitos dos súditos manifesta-se em duas séries de asserções. Uma diz respeito às pessoas: o texto proclama seu direito de fazer petições ao rei e possuir armas (se forem protestantes e agirem em defesa própria nos limites fixados pelas leis); a outra concerne à justiça: estigmatizam-se multas e cauções excessivas e castigos cruéis; os júris devem ser constituídos de maneira regular e, para os processos de traição, compostos de enfiteutas (menos vulneráveis a pressões do que as pessoas não vinculadas a nenhum senhor); as multas e os confiscos infligidos antes da condenação são ilegais e nulos. Nesses dois planos, o *Bill of Rights* fazia eco aos artigos da Magna Carta que apelavam para a equidade nas decisões de justiça e denunciavam os comportamentos arbitrários da autoridade. Em todas as suas dimensões, ele devia ser confirmado e ampliado pelo Ato de Instalação de 1701. Aludindo aos princípios de 1689 para especificar sua aplicação, esse estatuto adotado depois da morte da rainha Maria, quando a princesa Ana da Dinamarca acaba de perder seu último filho, vale, em certos aspectos, como interpretação do *Bill of Rights*. Nele, a ordem de sucessão é especificada: à lista de sucessores protestantes possíveis (e únicos admitidos) somam-se a princesa Sofia, duquesa eleitora de Hanover, e sua descendência. Os juízes ficarão no cargo *quamdiu se bene gesserint*: em vez de dependerem da vontade do soberano, só poderão ser destituídos por falta grave e por decisão do Parlamento. Este último via assim corroborada a sua posição constitucional. Sua independência em relação ao Executivo e ao Judiciário recebia garantias mais claras.

A leitura que era feita das leis da Inglaterra no *Bill of Rights* e no Ato de Instalação e a visão histórica subjacente à sua compreensão inspirarão também os textos fundadores da história constitucional americana. A Declaração de Independência formula contra Jorge III acusações muito semelhantes às que haviam sido feitas a Jaime II em 1689: ele impediu a realização de eleições livres; manteve um exército permanente entre as populações para intimidá-las; impôs tal exército sem o consentimento destas; obstou ao livre curso das leis nos territórios da Coroa; respondeu às petições com agressões reiteradas. Beirando a citação pura e simples, a Declaração dos Direitos de Virginia, de junho de 1776, estigmatiza "o poder de suspender as leis" ou sua execução "sem o consentimento dos representantes do povo", as cauções e as multas excessivas, os castigos cruéis, os exércitos permanentes, exigindo como garantia de equidade o processo por júri. Enfim, quando as dez primeiras emendas à Constituição dos Estados Unidos, adotadas em 1791 – o *Bill of Rights* americano –, afirmam o direito de petição e o direito de portar armas (sem restrição de religião) e excluem as cauções e as multas excessivas, bem como os castigos cruéis, não se pode deixar de notar o parentesco com 1689, que não é exclusivamente formal.

Contudo, existe uma diferença importante entre o *Bill of Rights* de 1791 e o de 1689. O documento americano enuncia claramente direitos individuais (de consciência, de expressão, de reunião) e visa a oferecer aos cidadãos garantias contra a arbitrariedade que não figuram ou não estão presentes de maneira explícita no *Bill of Rights* inglês. Por isso, nas três últimas décadas, numerosas vozes britânicas se fizeram ouvir em defesa da adoção, em forma estatutária, de um autêntico *Bill of Rights* baseado no modelo de seu homólogo americano ou da Declaração Universal dos Direitos do Homem e do Cidadão. Alegando atentados vários a direitos fundamentais – violações da vida privada, detenções injustificadas, abusos da legislação sobre os segredos de Estado, prática de castigos físicos em certos estabelecimentos escolares –, os partidários dessa iniciativa enfatizaram que o cidadão britânico, em tais casos, não tem outra possibilidade a não ser o recurso, demorado e custoso, à Corte Europeia de Estrasburgo, para defender sua causa, invocando a Convenção Europeia sobre os Direitos do Homem, ratificada pelo Reino Unido em 1951.

O governo britânico deu, em grande parte, razões para essa corrente de opinião ao favorecer em 1998 a votação de um *Human Rights Bill*, que entrou em vigor em outubro de 2000. Nos termos dessa lei, a Convenção Europeia sobre os Direitos do Homem – que garantiu sobretudo o direito à vida, à proteção contra tortura e escravidão, à segurança pessoal, a julgamento equitativo e regular, à liberdade de consciência, de expressão e de associação – foi incorporada no direito britânico, o que possibilita ao cidadão do Reino Unido exigir o respeito a seus direitos fundamentais nos tribunais de seu próprio país. Todo e qualquer ato de uma "autoridade pública" – administração, coletividades locais, polícia, tribunais – pode ser contestado em nome dos direitos enunciados na Convenção Europeia. As próprias leis (presentes e passadas) devem ser interpretadas pelos juízes, quando cabível, em função de sua conformidade com a Convenção. Embora uma "declaração de incompatibilidade" não acarrete a invalidação de uma lei, põe o governo diante da necessidade prática de pedir a modificação do texto. É no intuito de preservar o princípio da "soberania do Parlamento" que aquilo que veio a ser o Ato sobre os Direitos do Homem, de 1998, não reconhece formalmente o poder dos juízes de declarar uma lei inaplicável.

Já transformada pelo progresso do governo de gabinete e depois pelo surgimento de um Primeiro-Ministro com atribuições quase presidenciais, a situação constitucional criada pelo *Bill of Rights* de 1689 passa atualmente por uma evolução suplementar que – pode-se acreditar – traz em si uma transferência significativa de poder do Executivo e do Legislativo para o Judiciário. Apesar de relativamente independentes há três séculos, os juízes eram obrigados a velar pela execução das leis votadas pelo Parlamento: agora lhes compete avaliar seu conteúdo e decidir, de fato, se elas podem entrar em vigor. Ainda que permaneçam sob a autoridade de um Lorde Chanceler pertencente ao gabinete, têm a possibilidade de cassar todas as decisões do poder público. Além disso, o esboço de um sistema de justiça fundado em direitos (e não em remédios) levá-los-á a examinar os atos submetidos à sua apreciação em função de sua natureza, e não mais de sua conformidade aos procedimentos admitidos, e assim um princípio fundamental da *Common Law* parece vir abaixo.

Embora o *Bill of Rights* inglês regesse problemas político-constitucionais pendentes desde a primeira revolução, deixava que a prática regesse outros, tal como a organização das relações entre a Coroa, o Parlamento e os juízes. Essa obra prossegue.

› ALLAN T. R. S., *Law, Liberty, and Justice: The Legal Foundations of British Constitutionalism*, Oxford, Clarendon Press, 1993. – BURGEERS G., *Absolute Monarchy and the English Constitution*, New Haven & Londres, Yale Univ. Press, 1996. – COGAN N. H. (org.), *The Complete Bill of Rights: The Drafts, Debates, Resources, and Origins*, New York, Oxford Univ. Press, 1997 (sobre o *Bill of Rights* americano). – COTTRET B., *La Glorieuse Révolution d'Angleterre* (1688), Paris, Gallimard, 1988. – CRUICKSHANKS E., *The Glorious Revolution*, New York, St. Martin's Press, 2000. – GOLDSWORTHY J., *The Sovereignty of Parliament: History and Philosophy*, Oxford, Oxford Univ. Press, 1999. – GOUCH J. W., *La Loi fondamentale dans l'histoire constitutionnelle anglaise* (1955), Paris, PUF, "Léviathan", 1992. – HOPPIT J., *A land of liberty? England. 1689-1727*, Oxford, Clarendon Press, 2000. – ISRAEL J. I. (org.), *The Anglo-Dutch Moment: Essays on the Glorious Revolution and its World Impact*, Cambridge, Cambridge Univ. Press, 1991. – JAUME L., *Les Déclarations des droits de l'homme*, Paris, Flammarion, "GF", 1989. – MILLER J., *The Glorious Revolution* (1983), Londres, Longman, 1997. – POCOCK J. G. A. (org.), *Three British Revolutions: 1691, 1688. 1776*, Princeton, Princeton Univ. Press, 1980. – RIALS S., *La Déclaration des droits de l'homme et du citoyen*, Paris, Hachette "Pluriel", 1988. – SCHWOERER L. G., *The Revolution of 1688-1689: Changing Perspectives*, Cambridge, Cambridge Univ. Press, 1992. – VILLEY M., *Le Droit et les droits de l'homme*, Paris, PUF, 1983. – WESION C. C. & GREENBERG J. R., *Subjects and Sovereigns: The Grand Controversy Over Legal Sovereignty in Stuart England*, Cambridge, Cambridge Univ. Press, 1981.

Franck LESSAY

→ *Common law*; Declaração dos Direitos do Homem e do Cidadão; Direito de resistência; Direitos civis e políticos; Direitos fundamentais; *Due process of law*; Estado de direito; *Habeas corpus*; Inglaterra (Cultura jurídica); *Magna Carta*; *Rule of law*.

BIOLOGIA E DIREITO

Em nossa civilização judaico-cristã, no princípio é o direito, no fim é o direito. No princípio, Deus dita a regra de vida: não comer os frutos da árvore do conhecimento do bem e do mal. No fim, há mais precisão em dizer que há o juízo, especificando-se que será o último, aquele durante o qual Deus dará a cada um segundo suas obras, conforme diz são Paulo na *Epístola aos Romanos*. Entrementes, terá havido o julgamento ao qual cada um de nós será submetido no momento da morte. Nenhum dos dois, porém, constitui a punição pela violação da regra de vida ditada ao homem no Paraíso. A desobediência foi tão grande que a punição devia ser imediata e terrível: foi a queda do homem, que no entanto fora criado por Deus à sua semelhança, e da mulher, criada com uma costela do homem. Porque a falta consistira em tocar na árvore do conhecimento, cujo fruto, ingerido, fez que "os olhos do dois se abrissem e eles percebessem que estavam nus". Era a primeira forma do conhecimento sobre a vida. Toda a história do homem consistiu em querer conhecer cada vez mais em todos os domínios e, hoje, cada vez mais sobre si mesmo, em particular. Quanto à justiça divina, domina a justiça dos homens e o direito em geral no sentido de que não há tribunal, nem, por conseguinte, a possibilidade de fazer valer seus próprios argumentos para defender-se. Tribunal e argumentação são, ao contrário, o apanágio da justiça dos homens. Ora, Michel Serres mostrou que o direito, por intermédio do processo, sempre se opôs ao conhecimento e agora, digamos, às ciências. Mencionaremos aqui apenas o processo mais famoso: o de Galileu, no século XVII, precisamente porque o choque entre direito e conhecimento nele se mostra em toda a sua brutalidade, ainda que Copérnico, no século anterior, já tivesse realizado a revolução que recebeu seu nome, pondo a Terra em seu devido lugar no sistema solar, ela que até então era considerada o centro do mundo. Do mesmo modo, o homem, evidentemente, era considerado o centro da Terra. Essa crença também será revista. Revista bem no fim do século XVIII, quando os trabalhos de Lamarck possibilitaram depreender a lei da evolução. Foi ele que, na França, empregou o termo *biologia* pela primeira vez, em 1801. Aquilo que, etimologicamente, significa ciência da vida passava a ter nome. Todos sabem, porém, que a descoberta da lei da evolução costuma ser atribuída a Darwin porque ele estabeleceu a generalidade que convinha dar-lhe quanto ao mundo vivo, mas principalmente porque a justificou com uma explicação que devia ganhar adesão: a seleção natural. Cientificamente, trata-se de novo de uma revolução que, no que tange ao lugar do homem na natureza, é tão importante quanto a outra, mencionada acima, referente ao lugar da Terra no universo. Mas a informação só se tornou imediata e planetária há pouco, na escala do tempo; por isso, quando a notícia de que o homem não só não fora criado como também nem sempre existira extravasou do campo fechado dos cientistas e se espalhou pelo mundo contemporâneo, o que houve poderia ser chamado de terremoto. A própria Igreja não pôde ignorar essas evidências. No entanto, só reabilitou Galileu em 1992. Em compensação, já – poderíamos dizer – em 1996 o papa reconheceu que a evolução, segundo Darwin, era "mais que uma hipótese", não sem aconselhar cuidado com a tentação de aderir sem discernimento às teorias evolucionistas. Mas, novamente, a posição da Igreja católica é de rejeição ou de fortes restrições às consequências da admissão das descobertas fundamentais sobre o homem feitas quase todos os dias diante de nossos olhos. A separação entre Igreja e Estado, na França, é recente demais, e o processo de Galileu, famoso demais para que o direito, em geral, não seja percebido como um freio às evoluções. Contudo, ele também pode orgulhar-se de uma revolução ocorrida no fim do século XVIII, comparável às que são feitas em ciências. Nas palavras de François Jacob, uma revolução em ciência "é uma transformação no modo de pensar, de ver o mundo". É assim que se mostra hoje a Declaração dos Direitos do Homem e do Cidadão, de 1789, cuja incomparável riqueza pode hoje ser dimensionada, pois, apesar de parecer de ordem essencialmente política, ela é, na realidade, um grito de revolta muito mais fundamental e, sobretudo, com vocação universal.

Objeto, importância capital e caráter universal da biologia

A biologia reúne as ciências da vida, desde os seres unicelulares até o homem, passando por animais e vegetais. Nesse campo de ação, essas ciências estudam tanto a morfologia, a estrutura dos seres vivos, o ciclo reprodutivo e a evolução das espécies, quanto a maneira como estas estão ligadas à escala do indivíduo e do meio, sem esquecer o efeito regulador que exercem umas sobre as outras. Para Jérôme Monod, a biologia ocupa, entre as ciências, um lugar ao mesmo tempo marginal e central. É marginal porque o mundo vivo ocupa uma parte ínfima do universo conhecido. Mas é central porque é a que "tenta ir mais diretamente ao cerne dos problemas que é preciso resolver antes mesmo de propor o problema da 'natureza humana' em termos que não sejam metafísicos". Ora, o século XX, por sua vez, teve sua revolução genética, que mal começa e já se prenuncia sem precedentes, com a biologia molecular que permite, precisamente, decodificar o código genético tanto em sua estrutura química quanto nos diferentes mecanismos moleculares de expressão da informação que contém. Assim, a célebre opinião de Pascal, segundo a qual o homem está "infinitamente longe de compreender os extremos, o fim das coisas e seu princípio [...] que para ele estão invencivelmente ocultas num segredo impenetrável", já não é totalmente atual numa época em que aquilo que durante muito tempo se chamou segredo da vida vai sendo desvendado um pouco mais a cada dia. Uma constatação se impõe: por sua natureza, a biologia é universal (queiram perdoar a personalização, por comodidade de linguagem, tanto da biologia quanto do direito).

Objeto do direito

O direito, por sua vez, é nacional. Parece que, ao traçar limites, ele separa. Há, em todos os campos da vida pública, da cidadania e da vida privada, regras que devem ser respeitadas, regras que, se violadas, acarretarão punição pela autoridade pública, só para ficarmos nos rudimentos da ordem jurídica. Assim como a biologia, o direito compreende diferentes disciplinas que também poderiam ser consideradas artificialmente estanques. Aquela descobriu a organização do mundo vivo e quer decifrá-la cada vez mais. A missão deste é organizar as relações dos homens, de todos os homens, entre si, em torno de alguns grandes princípios e de regras cada vez mais detalhadas. Ele organiza a sociedade de um país em dado momento. Evidentemente, não a organiza *ex nihilo*, mas com base em fundamentos que o acompanham há muito tempo e diferem de acordo com as civilizações ou apenas com as influências históricas, religiosas e/ou filosóficas e até climáticas.

Tentativa de universalização do direito em relação ao homem

Pela maneira como era organizado o planeta Terra, sabe-se que o direito, embora de início nacional, tem uma origem comum que pode ser facilmente percebida nos direitos de diferentes países, o que permite determinar blocos jurídicos transnacionais. A segunda metade do século XX, ao estilhaçar as fronteiras geográficas e culturais e desenvolver os meios de comunicação físicos e intelectuais de modo exponencial, levou a reconsiderar o dado jurídico. Na realidade, foram as circunstâncias da Segunda Guerra Mundial que levaram a tomar consciência da urgência de destruir as barreiras estatais nos lugares onde haviam surgido os problemas, para evitar seu reaparecimento. Não é de surpreender, portanto, que no final do processo de Nuremberg o tribunal militar internacional, reunido para julgar os crimes cometidos por homens e associações do regime nazista, tenha proclamado, em 1947, os dez princípios que devem ser respeitados em caso de experimentação com o homem. Estes, conhecidos pelo nome de Código de Nuremberg, constituem salvaguardas; o primeiro deles consiste na exigência do consentimento voluntário do doente. Na Declaração de Helsinki II – recomendação aos médicos relativamente à pesquisa médica com sujeitos humanos, baixada pela 29ª Assembleia Médica Mundial de 1975 –, será especificado que o consentimento deve ser livre e informado. Além disso, a experimentação terá seu campo originário – a necessidade de finalidade diagnóstica ou terapêutica direta para o paciente – ampliado para "pesquisa médica com o ser humano".

A Declaração Universal dos Direitos do Homem, adotada pelas Nações Unidas em dezembro de 1948, tem, sem dúvida, um valor sobretudo simbólico, pois, em vista das concepções divergentes dos Estados signatários, só puderam ser consagrados "princípios de ação analogicamente comuns". Em seu preâmbulo, porém, é lembrada a resolução adotada em 1945 pelos povos das Nações Unidas, no momento da assinatura da Carta homônima, de "proclamar de novo (sua) fé nos direitos fundamentais do homem, na dignidade e no valor da pessoa física".

De alcance universal (para nos limitarmos ao essencial daquilo que nos ocupa neste momento), citaremos também a Convenção sobre os Direitos da Criança, assinada em Nova York em janeiro de 1990. Nela, é reconhecido o direito inerente à vida para todas as crianças, assim como lhes devem ser assegurados, "ao máximo possível", a sobrevivência e o desenvolvimento, consagrando-se (com a mesma ressalva realista do possível) "o direito de conhecer os pais e de serem criadas por eles", em outros termos, de ter acesso às suas origens, portanto à sua hereditariedade.

Sempre com a preocupação de universalizar o direito relativo ao homem não mais apenas em sua unidade física, mas também para acompanhar as descobertas feitas graças à biologia, em seu componente essencial (o genoma), foi adotada, em novembro de 1997, a Declaração Universal da Unesco sobre o Genoma Humano e os Direitos do Homem, pondo-se em prática a sua resolução. Esse texto, que se refere expressamente à Declaração de 1948, foi aprovado pela Assembleia Geral das Nações Unidas em dezembro de 1999. Nele se proclama, no artigo 1º, que "o genoma humano constitui a base da unidade fundamental de todos os membros da família humana, assim como o reconhecimento de sua dignidade e diversidade. Em seu sentido simbólico, é o patrimônio da humanidade". A biologia levou ao convencimento de que, para além da aparência física, o genoma – ou seja, o conjunto de genes contidos nos cromossomos, nos quais está inscrita nossa hereditariedade, conjunto de informações que nos dizem respeito – constitui a unidade fundamental do gênero humano. Isso não impede que cada um de nós seja único, o que foi revelado pela descoberta de Jean Dausset, do sistema *Human Leucocyte Antigens* (HLA), parte do importante complexo de histocompatibilidade que atua na resposta imune. A proclamação feita assim perante o mundo, ou seja, extravasando o mundo mais restrito dos cientistas e dos privilegiados do saber, não é neutra nem, por conseguinte, anódina.

Uniformização do direito no âmbito europeu

Adotada pelos países-membros do Conselho da Europa em 1950, tem-se em primeiro lugar a Convenção Europeia de Salvaguarda dos Direitos do Homem e das Liberdades Fundamentais, à qual a Corte Europeia dos Direitos do Homem se encarregou de dar grande repercussão, levando os direitos nacionais a considerar cada vez mais suas decisões. Assim, graças ao famoso artigo 8º que proclama o direito de toda pessoa ao respeito de sua vida privada, a Corte permitiu que os transexuais franceses, em particular, levassem a admitir que essa disposição seria violada caso seu registro civil não correspondesse à sua nova aparência física.

Tem-se também, adotada pela Comissão dos Ministros de 1996, a Convenção sobre os Direitos do Homem e a Biomedicina, com seu protocolo de 1997 que proíbe a clonagem de seres humanos, que é um verdadeiro Jano, pois ao mesmo tempo é modo assexuado de reprodução e oportunidade de uma revolução (terapêutica dessa vez), bem como o protocolo de 2002 sobre o transplante de órgãos e tecidos de origem humana.

A União Europeia, por sua vez, não está inativa. Deve-se destacar, por um lado, uma série de resoluções do Parlamento Europeu que, sucedendo-se de 1988 a 2000, têm o objetivo de responder, à medida que surjam, às questões oriundas da importância crescente da pesquisa biológica. Referem-se à harmonização entre questões de ética médica, problemas éticos e jurídicos da manipulação genética, fecundação *in vitro* e, em duas oportunidades, clonagem. Por outro lado, existem duas diretivas do Parlamento Europeu e do Conselho. A de 24 de outubro de 1995, em vias de transposição, é relativa à proteção das pessoas físicas no que se refere ao tratamento de dados de caráter pessoal e à livre circulação desses dados. A de 6 de julho de 1998 é relativa à proteção jurídica das invenções biotecnológicas e trata, entre outras coisas, da importante questão do caráter patenteável ou não do corpo humano, de um elemento isolado deste, da sequência e da sequência parcial de um gene. Sua transposição, exigida no fim de dezembro de 2002, sob pena de sanção, pela Comissão Europeia, põe a França diante do problema de sua contradição ética com disposições do direito interno, matéria que incumbiu ao Senado quando da revisão das chamadas leis bioéticas.

Desse breve quadro, mostraremos a corrida do direito para acertar o passo com a biologia e, mais especialmente, não ficarmos atrasados demais em virtude dos avanços da genética – qualificáveis de vertiginosos –, que conferem ao homem domínio cada vez maior sobre a vida. Mas, por enquanto, nesse campo específico, o direito posto em prática na maioria das vezes é apenas incitador.

O choque entre a biologia e o direito ou os conceitos em maus lençóis

Por isso, é sem dúvida muito mais interessante e certamente mais significativo mostrar como os conceitos e as classificações tradicionais se mostram inadequados aos dados atuais e totalmente renovados de ordem biológica. "Progressivamente, foi ficando claro que todos os animais, todos os seres vivos são aparentados a um ponto de que nunca antes se suspeitou", revelava François Jacob ao grande público no início do ano 2000. "Quem teria dito, há apenas quinze anos, que os genes responsáveis pelo plano de um ser humano são os mesmos que funcionam numa mosca ou num verme?" – acrescentava. Tem-se aí um avanço – perturbador para muitos – no conhecimento do mundo vivo que só se opõe ao mundo inanimado: as coisas. Ora, a grande classificação de pessoas e coisas, a partir da qual se ordenam as regras jurídicas aplicáveis, já não corresponde ao que se sabe agora. Os juristas se embaraçam então com os animais que foram tratados até então como coisas. Uma das grandes interrogações que já provoca debates é se lhes deve ser atribuída uma personalidade jurídica calcada na das empresas.

Que dizer então do embrião? É "ser humano", "cujo respeito a lei garante" (art. 16 do C. Civ. francês); é não coisa, porque animado, mas (mesmo em sentido lato), não pessoa também, pois é legalmente possível interromper seu desenvolvimento *in utero* algumas vezes "a qualquer época" e destruí-lo, *in vitro*, em condições específicas. Além disso, para que a morte acidental de tal embrião não fique impune, o legislador, por ocasião da votação de um texto referente à luta contra a direção perigosa no trânsito, está (março de 2003) criando uma nova infração, a interrupção voluntária da gravidez, que vê a gestante como vítima, em vez de considerar esse embrião como "alguém", como uma pessoa, portanto, passível de ser vítima de homicídio involuntário. Assim, esse ser humano se mostra irredutível a uma classificação que se revela ultrapassada, porque inadequada.

Também se mostrou especialmente inadequada a classificação das pessoas e das coisas quando foi preciso anular uma convenção, ainda que a título gratuito, por meio da qual uma mulher se comprometera a conceber e a procriar uma criança que seria depois adotada pela mulher estéril do casal cujo marido fora doador de esperma num processo de procriação assistida. Entre os textos visados pela plenária da Corte de Cassação para chegar a esse resultado figura o artigo 1.128 do Código Civil francês, bem conhecido por dispor que "somente as *coisas* do comércio podem ser objeto de convenções". A criança... uma coisa... ainda que – é verdade – para ser excluída do campo das convenções. Vá lá...!

Do mesmo modo é sintomático que, na declaração universal da Unesco sobre o genoma humano, este seja qualificado de "patrimônio da humanidade". E o próprio fato de especificar – como vimos – que a palavra é tomada em sentido simbólico aumenta o espanto de constatar que, para excluir o genoma humano das tratativas comerciais, se usa o termo conhecido por designar o conjunto de bens e obrigações, ou seja, de direitos e deveres avaliáveis em dinheiro. E, pelas mesmas razões, falar de "bem comum" tampouco é recomendável. A inadequação se mostra ainda mais reveladora do atraso dos juristas em relação aos biólogos no que se refere à renovação de seus conceitos seculares quando se indaga se é possível patentear o sequenciamento do genoma humano, fantástico avanço no conhecimento do homem, por se tratar de um programa de pesquisa, praticamente concluído, com o fim de determinar as bases (as quatro letras A T C G) de todos os genes (que foram comparados a palavras), buscando sua localização e o conhecimento de sua função. A patente é "o título de propriedade industrial entregue a quem registra uma invenção, título que se torna objeto de uma publicação administrativa e confere a seu titular uma exclusividade temporária de exploração". A invenção, que supõe um esforço criativo do homem – implicando a importância de sua intervenção e a possibilidade de aplicação concreta –, opõe-se à descoberta, que é a revelação daquilo que já existe em estado natural. As sequências dos genes são descobertas ou invenções? Infelizmente, a realidade é muito mais sutil e complicada do que a pergunta parece levar a supor. A verdade é que a esse domínio se aplica uma legislação totalmente inadequada porque concebida numa época em que os dados biológicos eram praticamente inexistentes.

Por fim, no mal-estar do direito diante da biologia, não se pode deixar de lembrar como a perfeita legibilidade de nossas origens fragiliza as presunções (deduções que a lei, em cada caso, extrai de um fato conhecido para um fato desconhecido) estabelecidas em matéria de filiação. Do mesmo modo, a transparência biológica de nosso corpo e, portanto, a certeza (em certas hipóteses) de nosso destino biológico poderiam talvez um dia pôr em xeque (esse problema já foi ventilado na Inglaterra) o sistema de seguros de vida, que se baseia, como todos os seguros, na teoria das probabilidades elaborada para administrar incertezas.

Apelo às inovações

Ocorre que a biologia não embaraça apenas o direito existente ao revelar sua inadequação. Por um efeito irresistível em cadeia, ela o obriga também a inovar, organizando a solidariedade pelo corpo para tentar remediar a maior desigualdade que existe entre os homens, da qual nossa época está tomando consciência: a desigualdade imposta pela natureza, a dos corpos. A desigualdade pela aparência física, que sempre foi conhecida, nada é em relação à desigualdade profunda que nos foi revelada e que a segunda metade do século XX permite dimensionar. Assim que a constatou, o homem procurou solucioná-la. Para isso, ou mais exatamente, para diminuir a desigualdade, visto que os avanços científicos e os procedimentos técnicos já o permitiam, foi organizada a solidariedade pelo corpo. Já se conhecia a doação de sangue, que foi estendida aos órgãos, aos gametas (esperma, ovócitos), aos embriões, e os doadores foram qualificados por Jean Dausset de "cavaleiros dos tempos modernos". Foram os médicos os primeiros que exigiram textos que autorizassem as doações de órgãos cuja prática se iniciava. E, efetivamente, a França nesse ponto caminhou à frente, assim como no caso (também sob a pressão dos pesquisadores) dos chamados ensaios terapêuticos (outra forma de solidariedade quando estes são feitos em sujeitos sadios), adotando a tempo os dispositivos apropriados. Foi muito mais lenta para legislar sobre doações de gametas e embriões.

A biologia e o direito: o sentido da interdependência

Em que sentido se deve conceber sua interdependência, eis a grande questão das relações entre biologia e direito; questão de hoje e, mais ainda, de amanhã. O choque, realmente, se tornou frontal. Principalmente porque, como diz Michel Serres, a ciência, com seu sucesso estrondoso, ocupa o espaço do direito natural que, assim, se apaga. Resta, portanto, apenas a escolha fundamental. A biologia, voando de descoberta em descoberta e de invenção em invenção, num primeiro momento não preocupou os juristas, que não perceberam imediatamente seu efeito devastador sobre todas as representações até então aceitas. Preocupou ainda menos porque a sociedade soltou as amarras que havia muito tempo eram constituídas pela disciplina e pela noção de culpa. Ora, estas faziam do esquema permitido-proibido regras de vida sentidas como pesadas, mas também como eficazes e, em última análise, como cômodas. O distanciamento em relação à religião e o desaparecimento do soberano fizeram cair por terra esse esquema. Deu-se preferência (porque certamente mais atraente) à iniciativa individual que redunda na responsabilidade. Sentiu-se que a liberdade devia ser total porque o homem, graças à biologia, ia empurrando cada vez mais as fronteiras do possível. Para garantir que a era do permitido-proibido terminara, deixou-se até de lado a palavra moral, cuja conotação se tornou incômoda, para recorrer à palavra ética, mais apresentável, embora as duas tenham a mesma significação. Mas, como a biologia concerne à vida inteira, desde o nascimento até a morte, surgiu a necessidade de se dizer o que deve ser possível, possível com ressalvas, totalmente impossível, ou apenas adiável. Foram criadas comissões de ética – a França foi a primeira em 1983 – cuja composição é majoritariamente de cientistas e cuja missão é dar simples pareceres sobre os avanços das ciências biológicas, com o fim de facilitar a tomada de decisão.

Mas a novidade é que a deliberação deve estender-se no tempo e no espaço. Visto que a biologia diz respeito a cada um de nós, que cada um de nós se sente afetado e capaz de ter uma opinião, o debate deve ser organizado, segundo dizem, da maneira mais ampla possível antes de ocorrer perante o Parlamento, que é o único habilitado a votar as leis. A dificuldade decorre do fato de que o limite que deve ser posto agora entre o possível e o impossível não é percebido do mesmo modo por quem está ou não diretamente envolvido (em escala individual), por quem pertence a esta ou àquela família espiritual (em escala nacional), ou por quem pertence a esta ou àquela cultura (em escala internacional); nem sequer é percebido do mesmo modo dentro da civilização ocidental, no mundo anglo-saxão e fora dele, ou, nos países latinos, por Espanha, Itália ou França. A Alemanha, por seu passado, ocupa nesse ponto um lugar à parte.

É compreensível que, quando a biologia propõe, o modo de dispor torna-se uma questão de influência, intermediada pela mídia. A questão lancinante, hoje, é saber se o direito só pode ratificar qualquer possibilidade oferecida pelas ciências biológicas (evidentemente cercando-a de regras), ou se deve proibir categoricamente algumas dessas possibilidades. A questão não é nova. Em contrapartida, é nova a certeza dos cientistas de que não há norma biológica, mas uma infinita diversidade e variabilidade de condicionamentos genéticos, o que deveria levar as outras disciplinas a outro modo de apreender a realidade. Do mesmo modo é nova, nesse campo, a maneira como se deve depreender o limite do admissível em direito. Pois é preciso contar com a força da demanda pela fruição rápida dos benefícios das descobertas e das invenções, assim como é preciso contar com a facilidade de procurar países mais acolhedores. Sem chegarmos à opinião de Platão sobre a democracia e o homem democrático, devemos reconhecer que o amplo debate desejado – "lenga-lenga", disse um dia François Dagognet – não facilita a decisão. A França teve experiência disso antes da votação das chamadas leis bioéticas, em 1994, quando, ao organizar, desde 1985, um colóquio de grande repercussão, foi a primeira a preocupar-se exatamente com as consequências que os novos dados da genética e da procriação não deixariam de provocar sobre o direito. Bela antecipação inútil! E passou pela mesma experiência quando da revisão (em curso em 2003) das referidas leis, ao que foi, porém, obrigada, pois essa revisão foi prevista para cinco anos em sua votação!

A realidade, nesse campo, é inexorável: a revolução dos dados biológicos é tal que todo pensamento que não os tenha conhecido não é de grande ajuda. Como alguém pode ter dito o que deve ser, se o conhecimento daquilo que existia é dificilmente reconhecível em relação àquilo que existe em nossos dias? Assim, estamos todos – e os juristas em particular – reduzidos a nossas próprias forças. Uma coisa é certa em todo caso: os médicos e os biólogos mostraram que tinham imaginação. A imaginação dos juristas, hoje, está sendo muito solicitada. "Não devemos pedir a um cientista que defina a vida" – donde, *a fortiori*, a dificuldade que tem o jurista de fazê-lo! –, "mas cada um de nós sabe o que é vida", disse François Jacob. Pediremos então ao poeta que, transcendendo a realidade, nos dê da maneira mais exata possível a resposta que o cientista não pode dar. "Que é vida?", perguntava Calderón, exatamente na época do processo de Galileu: "Um delírio… uma ilusão, uma sombra, uma ficção… pois a vida não passa de sonho, e os sonhos nada mais são que sonhos." A definição do direito, afinal…

› CHANCEUX J.-P. & RICOEUR P., *La Nature et la règle*, Paris, Odile Jacob, 1998. – HAMBURGER J., *Les Belles imprudences*, Paris, Odile Jacob, 1991. – *Le Droit saisi par la biologie* (org. Catherine Labrusse-Riou), Paris, LGDJ, 1996. – JACOB F., *La Logique du vivant*, Paris, Gallimard, 1970. – LEGENDRE P., *Sur la question dogmatique en Occident*, Paris, Fayard, 1999. – *Qu'est-ce que la vie?* (vol. I), Paris, Odile Jacob, 2000. – MONOD J., *Le Hasard et la nécessité*, Paris, Le Seuil, 1970. – *Génétique, procréation et droit*, Arles, Actes Sud, 1985. – *L'Homme, la nature et le droit*, Paris, Christian Boutgais, 1988. – SERRES M., *Le Contrat naturel*, Paris, François Bourin, 1990.

Michelle GOBERT

→ Animal; Decisão; Declaração dos Direitos do Homem e do Cidadão; Direito natural; Direitos humanos; Seguros.

BOA-FÉ

A boa-fé é uma instituição essencial de toda vida social. Todos os sistemas jurídicos abrem algum espaço para a boa-fé. Mas esse espaço não é o mesmo em todos os lugares. Varia segundo os diferentes sentidos que se atribuam a essa noção a partir do uso que dela façam os textos jurídicos. Varia também segundo os sistemas jurídicos considerados; assim, a boa-fé ocupa na cultura jurídica ocidental um lugar específico e, em muitos aspectos, excepcional em relação ao lugar que lhe pode ser dado alhures. Varia, por fim, segundo o estado organizado ou desorganizado da sociedade; a sociedade internacional não reconhece a boa-fé da mesma maneira que as sociedades internas.

Os três sentidos de boa-fé

A boa-fé nem sempre tem a mesma significação e o mesmo alcance. Segundo o contexto em que é empregada a palavra, ela pode ter três sentidos diferentes.

A boa-fé é um critério de interpretação. Interpretar um texto jurídico, um contrato, um tratado ou uma lei de boa-fé é interpretá-los segundo seu espírito, e não como direito estrito. A origem da distinção está na oposição romana entre ações de direito estrito e ações de boa-fé. Assim entendida, a boa-fé opõe-se ao formalismo e ao direito estrito. No direito francês, essa regra está consagrada pelo artigo 1.134, parágrafo 3º do Código Civil, que, em sua rejeição ao formalismo, se associa ao artigo 1.156.

A boa-fé é, em segundo lugar, uma qualidade moral. Ter boa-fé é demonstrar espírito leal, sincero e honesto; é ser fiel à palavra dada; é cumprir as promessas. Assim entendida, a boa-fé se opõe ao dolo, à fraude; exclui toda e qualquer intenção malévola. Em direito francês, a boa-fé assim vista é sancionada tanto pelo direito civil (em especial pelo *caput* do artigo 1.109 do Código Civil, que invalida o consentimento arrancado por métodos de má-fé, como o dolo ou a violência) quanto pelo direito penal (todas as disposições que punem as marcas de má-fé que são comportamentos desonestos, tais como a vigarice ou o abuso de confiança).

A boa-fé, em terceiro lugar, é a crença errônea na existência de certa situação jurídica. Essa boa-fé objetiva é a que sempre se presume (art. 2.268 do Código Civil francês) naquele que, sendo simples possuidor e não proprietário, pretende tornar seus os frutos produzidos pela coisa (art. 549 do Código Civil francês), ou ainda, mais geralmente, naquele que pretende adquirir, por prescrição, posse contínua e interrupta, pacífica, pública e inequívoca, exercida a título de proprietário (art. 2.229 do Código Civil francês). Assim entendida, a boa-fé é o reverso indissociável do erro.

A boa-fé nos sistemas contemporâneos de direito

Ao contrário do que se pensa em geral, não foi o direito romano que fez do princípio de boa-fé – entendido como respeito à palavra dada – a pedra angular do sistema jurídico. Os juristas romanos conheciam a boa-fé, sobretudo quando opunham as ações de boa-fé às ações de direito estrito, ou quando vinculavam efeitos jurídicos à crença errônea na existência de certos títulos de posse. Mas nunca fizeram da boa-fé – entendida como cumprimento de promessas – o fundamento da sociedade e do direito. Esse sentido moderno do princípio de boa-fé chegou mais tarde.

Entendida como obrigação de cumprir as promessas e de ser fiel à palavra dada, a boa-fé foi a base da organização social na Idade Média. Toda a sociedade era construída sobre a fé, quer se tratasse da fé jurada entre suserano e vassalo, quer da fé religiosa nas escrituras e na Igreja. Aquele que traísse a fé jurada ou aquele que perdesse a fé em Deus tornava-se inimigo da sociedade; um era desleal, o outro herege. O advento da modernidade modificou o papel da boa-fé como cimento do tecido social. A sociedade ocidental moderna já não está construída sobre a fé, mas sobre o interesse. Hoje, não é a boa-fé, mas a lei – com o livre consentimento dos representantes daqueles que ela obriga – que fundamenta o caráter obrigatório das convenções em todos os sistemas jurídicos.

Todos os sistemas de direito abrem espaço para a boa-fé; mas esse espaço não é sempre o mesmo; diferem segundo a importância dada pelo direito às considerações morais. Por muito tempo relegadas a segundo plano pelo triunfo do positivismo legislativo, as considerações morais progressivamente se reintroduziram no direito depois da Segunda Guerra Mundial. Seja por decisão própria, seja atendendo a convite do legislador, os juízes foram levados a fazer referência a "princípios" – entre os quais o de boa-fé –, de tal maneira que (conforme ressaltava René David) se integrassem considerações de equidade no direito. E assim, depois da guerra, foram adotadas fórmulas novas que devolveram à boa-fé um papel que os críticos do direito natural pareciam ter varrido para sempre. Nessas novas tendências, cabe citar o artigo 2º (1) do Código Civil suíço, que dispõe que "cada um é obrigado a exercer seus direitos e a executar suas obrigações segundo as regras da boa-fé", ou então o artigo 281 do Código Civil grego, que prevê que o exercício de um direito é proibido se ultrapassa manifestamente os limites impostos pela boa-fé.

Essa reintrodução de considerações morais no direito e o movimento de renascimento da boa-fé que o acompanhou tiveram interessante exemplificação nos numerosos esforços legislativos e jurisprudenciais tendentes à proteção da parte fraca. Nesse sentido, o direito germânico exerceu profunda influência. Ao contrário dos juristas franceses, que tradicionalmente interpretaram os contratos sempre indagando o que as partes de fato haviam desejado fazer (método subjetivo, também chamado teoria da vontade), os juristas alemães sempre preferiram interrogar-se sobre aquilo em que elas de fato poderiam ter acreditado (método objetivo, também chamado teoria da declaração de vontade). Sua crença transforma-se no pivô da relação contratual. Por um lado, determina a interpretação das cláusulas do ato. Assim, a boa-fé (*Treu und Glauben*) torna-se critério decisivo de interpretação. É encontrada no § 157 do *BGB* [*Bürgerliches Geselzbuch* (Código Civil alemão)] (e no artigo 113 do Código Civil brasileiro), que dispõe: "Os contratos devem ser interpretados como exige a boa-fé em correlação com os usos admitidos em negócios." Por outro lado, deve ser protegida, em especial na pessoa do credor. O § 242 do *BGB* prevê: "O devedor é obrigado a pagar sua dívida conforme exigido pela boa-fé com os usos admitidos nos negócios." (O artigo 422 do Código Civil brasileiro dispõe de maneira similar: os contratantes são obrigados a guardar, assim na conclusão do contrato, como em sua execução, os princípios da probidade e boa-fé.) Desses textos, assim como da teoria da declaração de vontade, nasceu um princípio essencial dos direitos germânicos, ou seja, o da proteção da confiança legítima.

Diferentemente dos sistemas romano-germânicos, os sistemas de *common law* nunca deram a mesma importância à boa-fé. Na Inglaterra, a força obrigatória do contrato está menos na fé dada (a intenção de vincular-se) do que na *consideration* (contrapartida) recebida em troca do compromisso. Para os juristas ingleses, a questão é menos saber se os contratos em geral vinculam as partes do que determinar se certo contrato, em dada situação, é ou não executório. Para responder a essa pergunta, precisam raciocinar menos sobre princípios abstratos, como o da obrigação de cumprir promessas, do que decidir se, no caso específico, aquele que se afirma credor pôde legitimamente acreditar que se comprometia ao mesmo tempo que a pessoa que ele queria obrigar. Encontra-se assim, mas com outra fórmula (aqui, *injurious reliance*), a mesma noção de confiança legítima traída já encontrada nos direitos germânicos. É essa mesma boa-fé da parte que se afirma lesada que é a base da instituição britânica do *estoppel*, que veda ao autor de um ato injustificado extrair a vantagem que dele poderia esperar.

Assim como os sistemas romano-germânicos e pelas mesmas razões, os sistemas de *common law* também assistiram ao renascimento de princípios morais. O caso do direito americano, marcado durante muito tempo por um apego indefectível à liberdade contratual [cf. célebre cláusula dos contratos – *contracts clause* – contida na Constituição Federal de 1787, artigo I, seção 10 (1)], é ainda mais expressivo que o do direito britânico. Exemplo especialmente tópico é o retorno do conceito de contrato leonino (*unconscionable contract*), antiga noção da *equity* inglesa, que protege a boa-fé da parte fraca, vítima de uma transação fundamentalmente injusta, conceito que se encontra enunciado no artigo 2-302 do Código de Comércio Uniforme (*Uniform Commercial Code – UCC*). Outro exemplo é o da boa-fé exigida nas negociações coletivas de trabalho. Nos termos de uma lei federal adotada em 1935 (*National Labor Relations Act*), empregadores e sindicatos (desde que reconhecidos) têm a obrigação de encontrar-se e discutir a intervalos regulares, empenhando-se em negociações de boa-fé (*duty to bargain in good faith*) sobre os salários, os horários e as condições do trabalho.

A boa-fé em direito internacional

Do ponto de vista teórico, o direito internacional não pode prescindir da boa-fé e precisa atribuir-lhe importância capital. Isto porque a principal fonte do direito internacional, ou seja, os tratados, repousa na boa-fé dos Estados, e é até mesmo possível estender o princípio ao costume se – como fazem muitos juristas formados no voluntarismo – reduzirmos o costume a uma convenção tácita.

Do ponto de vista das realidades práticas, falta muito para que a boa-fé desempenhe em direito internacional o papel que a teoria lhe determina. Evidentemente, a ressalva não se aplica aos negócios de direito privado. Nas relações internacionais entre pessoas privadas, o princípio de boa-fé foi consagrado pela jurisprudência como uma das bases da *lex mercatoria* (substituta do antigo direito internacional comum), que rege hoje uma parte importantíssima das relações entre parceiros privados do comércio internacional. Em compensação, nos negócios de direito público, o papel da boa-fé é muito mais modesto. Ao contrário das relações transnacionais que unem sujeitos de direito que vivem num estado civil e são obrigados a recorrer a um juiz para dirimir suas diferenças, as relações interestatais obedecem aos princípios do estado de natureza, que inclui o direito de autojustiça, ou seja, a justiça privada. O papel da boa-fé sofre necessariamente contraposições.

O lugar mais importante ocupado pela boa-fé em direito internacional público é no direito dos tratados. O princípio da boa-fé domina a execução dos tratados. É o sentido do princípio *Pacta sunt servanda*, codificado no artigo 26 da Convenção de Viena sobre o direito dos tratados: "Todo tratado em vigor vincula as partes e deve ser executado por elas de boa-fé." Mas deve-se notar que a fé devida ao tratado só é mantida enquanto a existência ou a independência dos Estados que a afiançaram não forem ameaçadas. Quanto à conclusão dos tratados, ao contrário do que ocorre com os contratos de direito interno, só imperfeitamente é dominada pelo princípio de boa-fé. A principal razão disso é que a Convenção de Viena sobre o direito dos tratados não emitiu nenhuma proibição de princípio, absoluta e geral, sobre a coerção nas negociações internacionais. A coerção indireta que se manifesta por pressões econômicas ou outras não é formalmente proibida. Essa imperfeição do direito é frequentemente agravada pelas desigualdades de poder entre Estados. A boa-fé, tão importante em direito interno como fundamento da aquisição de um título de posse, só desempenha papel muito modesto na sociedade interestatal. Com a ressalva dos princípios relativos ao não recurso à força e, de maneira mais controvertida, dos princípios referentes ao direito de autodeterminação dos povos, o que fundamenta os títulos de posse na ordem internacional é a efetividade.

Quanto à boa-fé, critério de interpretação dos títulos e situações jurídicas, seu papel em direito internacional é de certo modo decepcionante. Sem dúvida, o artigo 31 da Convenção de Viena dispõe: "Os tratados devem ser interpretados de boa-fé." No entanto, como cada Estado é juiz de sua boa-fé e da boa-fé dos outros, o realismo exige que não se espere muito do princípio. A boa-fé só é realmente útil nas hipóteses em que os Estados decidam reportar-se a um juiz para dirimir seus conflitos de interpretação.

› DAVID R., *Les Contrats en droit anglais*, Paris, LGDJ, 1973. – LE TOURNEAU Ph., "Bonne foi", *Répertoire civil*, Dalloz, 1995. – VOUIN R., *La Bonne foi, Notion et rôle actuel en droit privé français*, Paris, LGDJ, 1939. – E. ZOLLER, *La Bonne foi en droit international public*, Paris, Pedone, 1977; "Bonne foi", *Répertoire international*, Dalloz, 1998. – Coll.: Association Henri Capitant, *La Bonne foi*, Travaux de l'Association Henri-Capitant, t. XLIII, Paris, Litec, 1994.

Élisabeth ZOLLER

→ Abuso de direito; Direito das gentes; Equidade; Fraude; Interpretação; Justiça privada; Proporcionalidade; Reciprocidade; Vícios de consentimento.

BRASÕES

Os brasões são "marcas de reconhecimento, acessórios ao nome de família à qual estão indissoluvelmente ligados, quer essa família seja de origem nobre, quer não" (Corte de Apelação de Paris, 20 de dezembro de 1949. Ação Failly c/ Société des vins de Champagne de la Marquetterie, *Dalloz*, 1951, J. 205). O destino dos brasões é um destino difícil. Quase leiloados, pelo menos no que se refere aos timbres (elmos e coroas frequentemente usurpados) que encimam escudos, agora parecem submersos na vaga contemporânea dos logotipos. Os brasões, porém, têm uma história, uma terminologia precisa, uma técnica comprovada e, segundo todas as probabilidades, um futuro, mas ainda é preciso saber de que estamos falando.

Alguma história

À medida que as peças da armadura iam cobrindo mais o corpo, inclusive a cabeça, a identificação dos combatentes, com o fim de eliminá-los ou de pedir resgate por eles, ia ficando cada vez mais difícil. É nessa época que o escudo – vasta superfície plana – aparece como um lugar adequado para se pôr um signo de reconhecimento ou de identificação. Se essa teoria dos acontecimentos que tornaram necessário o recurso aos brasões é mais ou menos aceita por todos, o mesmo não ocorre com a data de seu nascimento. Alguns acreditam vê-la na tapeçaria (1080-1100) que relata a batalha de Hastings. Não é esse o ponto de vista do Pe. Pastoureau, que qualifica os escudos da "tapeçaria" de escudos proto-heráldicos. A "tapeçaria" da rainha Matilde, portanto, não é a primeira ilustração da arte heráldica, mas pode-se dizer que a prepara, ao prefigurá-la, visto que os brasões aparecem mais nos anos 1125 a 1175. Atualmente, os brasões ainda poderiam servir de cartão de visita, pois mesmo numa República o direito ao uso de brasões é lícito, uma vez que eles nunca foram signos de nobreza ou desigualdade diante da lei. Pessoas físicas e pessoas jurídicas, portanto, dispõem de plena capacidade heráldica. É possível impor dois limites: não convém assumir brasões que já seriam licitamente portados por outros, e os brasões adotados devem ser compostos de acordo com as regras.

Questões de vocabulário

A *heráldica* é a ciência das armas ou dos brasões (também chamada *armaria*); antes era chamada de "nobre saber". As *armas* (no plural) são o conjunto dos elementos representados sobre o escudo, em conformidade com as regras da heráldica. Os *brasões*, antigamente chamados, às vezes, de grandes armas (no plural), poderiam ser a composição formada pelo escudo e pelos ornatos exteriores. O *escudete* é um escudo de tamanho reduzido, empregado como peça do brasão. Ornando o escudo, às vezes é posto no abismo ou no coração (ou seja, no centro). Portanto, não é sinônimo geral de escudo, como tantas vezes se diz.

Apanhado da técnica heráldica

Destra e sinistra. – Destra é o lado direito do escudo; não se deve esquecer que o escudo deve ser descrito heraldicamente como se aquele que o descreve se defendesse com ele. Para um observador não afeito às coisas heráldicas, o que se descreve à destra, para ele, que olha o escudo, se situaria à esquerda. Do mesmo modo, a sinistra será, na realidade, o lado esquerdo do escudo.

Regra de contraste dos esmaltes. – Por razões de visibilidade a distância, é vedado sobrepor metal a metal ou cor a cor. Consideremos o azul, por exemplo: mal se distingue do sable – negro –, dos goles – vermelho (cor sobre cor) ou do sinople – verde. Ao contrário, se for utilizado o ouro – ou a prata –, que se destacam nitidamente sobre o azul, obter-se-á ótimo contraste (metal sobre cor). Há brasões (às vezes famosos – Armas do Reino Franco de Jerusalém, que conjuga ouro e prata) – que infringem a regra do contraste dos esmaltes, pois justapõem dois metais. Por isso, essas armas são chamadas "inquirentes", pois o observador deve inquirir-se sobre as razões, muitas vezes honrosas, pelas quais elas foram assim "mal" compostas.

Armas falantes. – Segundo a obra do Pe. Ménestrier, *Nouvelle méthode raisonnée du blason ou de l'art heráldique* (1685), armas falantes são "brasões cujas figuras fazem alusão ao nome daqueles que os portam"; por exemplo, o provérbio picardo aplicado às três famílias mais antigas daquela província: "Ailly, Mailly, Créquy = tal nome, tais armas, tal grito." Essas famílias portavam, respectivamente, um ramo de sarça (*hallier*), maços (*maillets*) e um abrunheiro (*créquier*), e seu grito de guerra era a interjeição do nome de família.

Brasonamento ou descrição heráldica. – É o resultado da ação de brasonar ou descrever heraldicamente: compor ou ler um escudo ou armas ou brasões. Existem quase tantos brasonamentos quantos são os brasões. Aqui, portanto, só indicaremos alguns princípios e exemplos. *O brasonamento obedece ao princípio da economia de meios*, segundo o qual o que é óbvio não deve ter descrição heráldica. Por exemplo, a posição normal do animal é voltado para a destra (a esquerda para o observador que olha o escudo). Essa posição, por ser a comum, não será brasonada. Se o animal estivesse voltado para a sinistra, seria preciso indicá-lo. Aplicando-se o mesmo princípio, *há conceitos que têm um sentido majoritariamente admitido em heráldica*. Assim, como a estrela costuma ter seis pontas, só haverá por que brasoná-la expressamente se o número de pontas for superior a seis. *A descrição heráldica leva em consideração a ordem protocolar dos elementos que compõem o escudo*. Por exemplo, suponhamos um escudo esquartelado, com esquartelado em aspa e uma peça em pala, sendo o conjunto sustentado por uma bordadura. O brasonamento começará sempre pelo elemento do escudo hierarquicamente mais importante, no caso o cantão destro do chefe, depois o restante do esquartelado, antes de considerar a peça em pala e, finalmente, a bordadura. *O brasonamento pode dar-se em função do número de peças que devem ser brasonadas*: mais de duas águias num escudo são descritas como aguietas; vários leões são descritos como leonetes. *O brasonamento também é função do tamanho das peças*: o chefe reduzido será descrito como chefe diminuto. A faixa reduzida será descrita como faixeta. A pala reduzida será descrita como vergueta etc.

Hoje é possível ornar com escudos o interior das casas, gravá-los em serviços de mesa, chapas de lareira, em ex-libris ou em cartões de visita. Na cidade, a imemorial função dos brasões como auxiliar no reconhecimento de seu portador leva a recomendar seu uso em anéis.

› PASTOUREAU M., *Traité d'héraldique*, Grands manuels picard, 1993. – GATTEGNO D., *B a, ba héraldique*, Pardès, 1998. – TEXIER A., *Les Armoiries des chefs-lieux des départements de France*, Toulouse, Éditions des Trois Léopards, 2001; *Les Armoiries. Lecture et identification*, col. "Documents e méthodes", Inventaire général des monuments et richesses artistiques de la France, 1994.

Alain TEXIER

C

CALENDÁRIO

A palavra calendário vem do latim *calendarium*, livro de contas e vencimentos que indicava as calendas, primeiros dias de cada mês, nos quais os devedores deviam pagar os juros de suas dívidas. A palavra hoje tem dois sentidos. Na vida cotidiana, é uma tabela dos dias, das semanas, dos meses do ano, das estações e das festas religiosas e civis. Também é o sistema de recensão do tempo longo e médio, ou seja, superior ao dia, de acordo com os fenômenos astronômicos, bem como de divisão de períodos, graças à lembrança de grandes acontecimentos religiosos e políticos dessa sociedade.

Bases da norma para medida do tempo

A primeira base da medida do tempo é astronômica: é o *dia* solar médio, intervalo de tempo entre duas passagens do sol pelo meridiano do lugar, ou nictêmero (noite e dia em grego). As subdivisões do dia são a base das unidades de tempo curto: hora, minuto, segundo.

O dia solar e seus múltiplos são a base das outras unidades de medida do tempo. O *mês* é uma unidade universal baseada nas fases da lua, tal como indicam certas línguas (alemão, inglês). Os meses mais recentes são uma tentativa nunca satisfatória de articular meses lunares e ano solar. A palavra *ano*, do latim *annus*, refere-se à base astronômica dessa unidade, baseada no retorno do sol ao ponto equinocial. De observação mais difícil que o dia ou a lua, o ano solar é ritmado pelas estações nas regiões temperadas; sua duração está sempre sendo precisada pelos cientistas. As unidades de medida de tempo com base astronômica são completadas por unidades de base cultural. Também vêm do céu, mas não como fenômeno observável, e sim como metáfora da morada de Deus. A *semana*, do latim *septimanus*, é de origem judaica e lembra a criação do mundo em seis dias e o repouso de Deus no sétimo, segundo o *Gênese*. A divisão em semanas é independente da divisão em meses e anos; não é válida em todos os lugares. O ponto de partida temporal do calendário, ao distinguir um antes e um depois, determina a noção de *era*, referente a um acontecimento decisivo que inaugura tempos novos. Esse acontecimento sempre é de origem religiosa; é escolhido muito tempo depois de sua data suposta: criação do mundo, fundação de Roma, morte de Buda, nascimento de Jesus, partida do Profeta para Medina etc. Numerosos são os calendários que têm unidades superiores ao ano e inferiores à era, cuja base é consuetudinária ou religiosa. Por exemplo: lustro entre os romanos, olimpíada entre os gregos, ciclo de Metão, ano de indicção etc., sem falar da extraordinária complexidade dos calendários maia ou asteca.

Papel da autoridade pública na norma do calendário

A autoridade pública sempre malogrou nas suas tentativas de modificar completamente a norma do calendário; ela se limita a adaptar o calendário aos conhecimentos científicos e às necessidades sociais. Bem conhecido é o malogro do calendário republicano ou revolucionário francês, que a Convenção decidiu pôr no lugar do calendário gregoriano. O decreto de 14 vendemiário do ano II (5 de outubro de 1793) fora precedido da prática dos revolucionários parisienses de datar a nova era, chamada "era da liberdade", a partir de 14 de julho de 1789.

O novo calendário parte de 22 de setembro de 1792, pois "a igualdade dos dias e das noites era marcada no céu, no exato momento em que a igualdade civil e moral era proclamada pelos representantes do povo francês como o fundamento sagrado de seu novo governo" (Billaud-Varenne). Foi abandonado em 1º de julho de 1806, pelo decreto de 9 de setembro de 1805.

Em 1924, a Sociedade das Nações criou uma Comissão Especial de Estudos para a Reforma do Calendário, que recebeu numerosas propostas de reforma (mais de 200), inspiradas nas de A. Comte, de 1849. Não tiveram nenhum resultado, tal como as enviadas à ONU. A Organização Internacional de Padronização, que fixa as normas ISO (de seu nome inglês), elaborou um calendário ISO que ninguém usa. A cronologia política, ou datação dos atos oficiais pelo tempo transcorrido desde que a autoridade pública que os ditou tomou posse, hoje só tem interesse histórico, mesmo no Japão.

Na prática, a autoridade política limita-se a adaptar o calendário em uso para corrigir suas falhas mais evidentes. Júlio César, em 46 a.C. (708 de Roma), e Augusto, em 8 a.C., reformam o calendário romano: esse calendário continua em vigor nas Igrejas ortodoxas. Em 532, a Igreja católica fixa o início da era cristã na suposta data do nascimento de Cristo; passam-se mais de três séculos para que esse cômputo seja adotado na Europa. Em 1582, o papa Gregório XIII reforma o calendário juliano para compensar o atraso acumulado desde César entre o ano solar e o ano civil, ou seja, dez dias, e decide que o dia seguinte ao 4 de outubro será o dia 15. O calendário gregoriano só foi aceito paulatinamente nos países católicos, com dificuldade nos países protestantes e tardiamente nos outros. A Rússia bolchevique adotou-o em 1918, no que foi precedida pelo Japão (1873) e pela China (1912). A colonização europeia e, depois, a supremacia econômica do mundo ocidental impuseram esse calendário na prática a todos os países do mundo, no século XX, sobrepondo-o aos calendários tradicionais, a despeito de suas deficiências e das irregularidades nas unidades de mês e ano.

➤ Parece que não há nenhum estudo jurídico do calendário como norma jurídica. O Bureau des Longitudes mantém em dia as informações sobre os diferentes calendários, seja no *Annuaire du Bureau des Longitudes*, Paris, Gauthier-Villars, seja no *site* Minitel 36-15 BDL, rubrica "*calendriers*".

François BORELLA

→ Revolução francesa e direito; Tempo; Usos e costumes.

CANONISTAS, DECRETISTAS, DECRETALISTAS

O qualificativo canonista é dado aos juristas que estudam, ensinam, formulam e/ou aplicam o direito da Igreja cristã, que há muitos séculos é designado pelo termo "direito canônico". "Cânone" é tomado da palavra grega *Kanon*, que significa "regra". Essa palavra foi utilizada em latim para designar as disposições normativas baixadas pelos concílios e, às vezes, de modo mais amplo, toda e qualquer norma formulada por uma autoridade eclesiástica, dotada de um poder legislativo. Raro durante o primeiro milênio, o qualificativo canonista tornou-se costumeiro no século XII, para distinguir os especialistas em direito da Igreja dos juristas que se interessavam mais especialmente pelo direito romano ("romanistas" ou "civilistas", de *ius civile*, que designa o direito romano) ou pelo direito formulado pelos príncipes seculares ("legistas"). O termo "canonista" tornou-se frequente a partir de meados do século XII, quando passou a ser costumeiro recorrer aos dois "direitos doutos" ensinados nas Universidades, o direito canônico e o direito romano.

Não trataremos neste verbete dos canonistas bizantinos das Igrejas ortodoxas. Há entre eles ilustres juristas, em particular os autores dos grandes Comentários do século XII, Zonara, Aristenos, Balsamon.

O qualificativo "decretistas" é dado aos canonistas que comentaram o Decreto de Graciano (composto por volta de 1140). "Decretalistas" são os canonistas que comentaram as Decretais de Gregório IX, compilação canônica promulgada em 1234.

Antes dos canonistas

Existiu um direito canônico desde antes da época carolíngia. Foram formuladas disposições normativas na Igreja a partir do século II, expressas por concílios, papas e doutores. Juízes da Igreja (os bispos) cuidaram de sua aplicação e impuseram penalidades às infrações à lei. Logo apareceu uma reflexão doutrinária. Mas esta ficou durante muito tempo ligada e, às vezes, estritamente associada a considerações morais, teológicas ou mesmo dogmáticas. Quanto ao período anterior ao século XII, não se pode falar de obras de canonistas que tivessem características jurídicas próprias e, de algum modo, autonomia. Essas interferências, às vezes misturas ou mesmo confusões, são ainda muito marcadas na época carolíngia. Certo Hincmar de Reims, um dos espíritos mais penetrantes dessa época, é um exemplo marcante (cf. Jean Dévisse, *Hincmar de Reims*, 1976). Por outras razões, também não se pode apresentar como obra de "canonistas" as falsificações saídas de oficinas de falsários pseudoisidorianos nos anos 845-50 (J. Gaudemet, *Les sources du droit canonique*, pp. 29-35). Trata-se de falsas decretais, falsos capitulares e algumas outras falsas insígnias, tal como a pseudodoação de Constantino), que se apresentam como disposições de caráter normativo. Traduzem desejos de reforma mascarados sob falsos cânones conciliares ou falsas bulas pontificais. Mas não deixam de formular, de modo explícito, uma doutrina jurídica.

As coisas mudam, na última década do século XI, com o Prólogo de Ivo de Chartres (Prólogo a seu Decreto ou à Panormia?) (ed. J. Werckmeiser, Paris, 1997). Trata-se, segundo palavras de seu mais recente editor, de "um verdadeiro Tratado de direito canônico, provavelmente o primeiro da História dessa ciência". É uma reflexão sobre as fontes do direito, sua interpretação, o recurso à dispensa para dar à misericórdia um espaço ao lado do rigor que às vezes a lei impõe.

Os primeiros canonistas. Século XII

Com o século XII impõe-se a especificidade do canonista, ao lado do teólogo, do moralista ou do romanista. Especificidade que não é isolamento. O Digesto, suma da ciência jurídica da antiga Roma, é reabilitado nos últimos anos do século XI. Com Abelardo, por volta de 1120, com a descoberta da lógica de Aristóteles pelo Ocidente e, logo, com a rica coletânea de textos normativos do direito canônico, apresentada pelo Decreto de Graciano, nasce uma verdadeira doutrina canônica.

Foram numerosos os debates científicos em torno do Decreto de Graciano desde o início desse século, e recentemente foram propostas novas visões. A designação "Decreto de Graciano" é antiga e continua em uso. A coletânea apresentava-se como uma *Concordia discordantium canonum*. Propunha-se instaurar uma harmonia (portanto, uma certeza jurídica) entre os textos que reunia. Estes, distribuídos ao longo de um milênio, com origens diversas e autoridade desigual, não ofereciam uma doutrina coerente, nem uma legislação unânime. A obra de Graciano consistiu em conciliá-los. Desse "Pai dos canonistas", ignora-se quase tudo (R. Metz, "Olhares críticos sobre a pessoa de Graciano", *Rev. sc. rel.*, 58, 1984, pp. 64-76; St. Kuttner, "Graciano, canonista do século XII", *Dict. hist. et géog. ecclés.*, 21, 124, 1986, 1.235-9). A data do decreto continua incerta. Por muito tempo, foi fixada "em torno de 1140". Estudos recentes (A. Winroth, "The two Recenions of Gratians Decretum", *ZSS. KA.*, 83, 1997, 22-31; *idem*, *The Making of Gratian's Decretum*, Cambridge, 2000) deram como provável a hipótese de versões sucessivas: uma curta, comprovada por vários manuscritos, entre os quais um da BN de Florença, que dataria dos anos 1140-45, e uma forma nova, enriquecida com novas colaborações, após 1148 (Carlos Larrainzar, "El Decreto de Gratiano del Codice Fd. BN centrale, Coventi soppressi A I 400", *Ius Ecclesiae*, 10, 1998, 421-89). Por trás do nome Graciano talvez se esconda um monge de Bolonha, talvez um beneditino (falou-se com frequência, sem argumentos sólidos, de certo Camáldulo, ordem que acabava de ser reconhecida por Pascoal II em 1113), que teria ensinado direito em Bolonha por volta de 1120-40 e teria composto a versão curta do Decreto. Não é impossível que tenha sido eleito bispo de Chiusi (cf. nesse sentido a Crônica de Roberto de Torigny com data de 1130), onde teria morrido antes de 1160. O Decreto, em sua forma acabada, contém cerca de 3.800 cânones, que a língua medieval qualificava de *auctoritates*. Destes, cerca de um terço é da época antiga (antes de 600). Cerca de 400 são falsos, especialmente pseudodecretais, atribuídas abusivamente a papas dos três primeiros séculos, extraídos das coleções pseudoisidorianas e considerados autênticos durante longos séculos. Os textos transcritos são precedidos por uma rubrica que indica seu objeto e sua origem (muitas vezes de modo errôneo). O conjunto da coletânea reúne três "Partes", de faturas diversas: 101 *Distinctiones*; 36 *Causae* subdivididas em *Quaestiones*; depois, 5 *Distinctiones*, entre as quais um *De Consecratione*, que cuida mais especialmente do direito sacramentário e das questões cultuais. Essa *3ª Pars* não figurava certamente na primeira forma da *Concordia*. A principal originalidade do Decreto reside na inserção de contribuições pessoais do(s) compilador(es), *casus* ou *dicta* que expõem o ponto de direito, correlacionam as *auctoritates*, ressaltando, se preciso, suas diferenças e até suas contradições e propondo uma conciliação (*Concordia discordantium canonum*). Essa era uma contribuição doutrinal muito marcada pelos métodos do ensino escolástico (*casus*, *quaestiones*), que contribuiu muito para o sucesso do Decreto. Inspirando-se no exemplo das coleções canônicas que, a partir do século IV, haviam reunido textos de alcance normativo, o Decreto foi "um armazém de textos". A contribuição foi mais considerável do que nas coleções precedentes (1.785 textos no Decreto de Burchard de Worms no início do século XI). Essa riqueza maior fez que ele fosse preferido a seus predecessores. Mas seu sucesso decorreu sobretudo do seu intuito de pôr ordem nesses textos, explicá-los, situá-los, elucidar as razões de suas opiniões diferentes. Essa contribuição "doutrinal" foi a principal razão de seu sucesso. A partir de meados do século XII, Bolonha se impôs como o primeiro grande foco dos estudos jurídicos (J. Gaudemet, "Bolonha, capital europeia dos direitos", *Arch. Giur.*, 199, 1980, 3-22; "Igreja e sociedade no Ocidente na Idade Média", *Variorum*, 1984). Seus mestres dispõem das duas obras principais, que durante séculos serão a base dos estudos jurídicos, o Digesto e o Decreto de Graciano. O direito canônico teve, assim, Bolonha como primeiro centro, onde foi ensinado antes de conquistar, progressivamente, todos os centros intelectuais do Ocidente. Os padres dessa disciplina foram os canonistas cujo ensino logo ensejou obras escritas. Os primeiros canonistas foram os *decretistas*, Comentadores do Decreto de Graciano (J. Gaudemet, "Sources", 131-9). Paucapalea, talvez o mais antigo, foi quem primeiro compôs uma *Summa* sobre o Decreto (cuja identificação ainda é discutida, cf. J. Gaudemet, *op. cit.*, 132). Um "Mestre Orlando", por muito tempo confundido com Orlando Bandinelli, futuro Alexandre III, publica em torno de 1150 uma *Summa*. Rufino apresenta uma suma (ed. Singer, 1902) que, pela amplitude e originalidade, constitui o primeiro verdadeiro tratado de direito canônico. A suma de Estêvão de Tournai, o primeiro grande canonista da "escola francesa" (entre 1166 e 1169), é em grande parte inspirada na de Rufino. Outras sumas foram compostas nas três últimas décadas do século XII. Várias continuam sendo obras de desconhecidos, como por exemplo a *Summa Parisiensis*, obra mestra da Escola de Paris, ~ 1160 ou 1169, a *Summa Coloniensis* (ed. G. Fransen, Mon. Iur. Can., Ser. A, I, 4 vol., 1969-90). Nome célebre é o de Huguccio, professor em Bolonha entre 1178 e 1190 (onde teve como aluno o futuro Inocêncio III), depois bispo de Ferrara. Sua suma (~ 1188-90) não é editada (mss. completo, BN, Paris, 3.892).

Essas sumas refletem o caráter internacional do mundo dos canonistas desde as primeiras décadas de sua atividade. Assim, a *Summa* de Sicardo de Cremona († 1215), com manifesta influência francesa, foi composta em Mogúncia.

Ao lado das escolas bolonhesa, francesa e renana, foi possível identificar uma escola anglo-normanda (St. Kuttner, "Anglo-Norman Canonists of the Twelfth Century", *Traditio*, 7, 1949-54, pp. 279-358; "Gratien a. the Schools of Law", *Variorum*, 1983). A essa escola pertence a *Summa Lipsiensis*, composta em Oxford ou em Paris por volta de 1186. É fortemente marcada pelos trabalhos dos bolonheses (João de Faenza, ~ 1170; Simão de Bisignano, ~ 1177; Gandolfo) e também pelas influências francesas. Multiplicidade de escolas, mas também diversidade de gêneros, sempre tendo, como pano de fundo, certa fidelidade ao tratado escrito segundo as formas do ensinamento oral. Ao lado das "sumas", que seguem a ordem do Decreto e às vezes a trajetória das *auctoritates*, os canonistas compõem *Apparatus*, que reúnem as glosas dos Mestres de grande autoridade. O primeiro *Apparatus*, obra bolonhesa de um desconhecido (designado por suas primeiras palavras "Ordinaturus Magister Gratianus"), data dos anos 1180. Foi muito utilizado pelos *Apparatus* ulteriores, em especial os de

Alanus Anglicanus (Alano, o Inglês), de Laurentius Hispanus (Lourenço da Espanha), e os de Johannes Teutonicus (João Teutônico) (J. Gaudemet, "Sources", 137-8). De espírito e método mais inovadores são as monografias que rompem com a estrita fidelidade formal ao plano do Decreto e propõem-se apresentar uma exposição de conjunto sobre uma matéria em particular. É o que ocorre com o tratado "Dos ofícios" de Praepositus de Cremona (ed. Corbett, 1863).

Um tempo de esplendor: o século XIII

Bem preparado pelas obras que se haviam multiplicado de Bolonha a Oxford, de Paris às margens do Reno nas últimas décadas do século XII, o direito canônico, no século XIII, tem um esplendor que não se verá mais depois. É a época em que a legislação dos papas, dos concílios e dos bispos passa por seu maior desenvolvimento, em que as Universidades medievais, em franco progresso, formam juristas para o serviço da Igreja e o dos príncipes, em que "o encontro dos dois direitos" garante ao direito canônico a armadura que lhe faltava, em que as cortes eclesiásticas, ampliando sua competência, asseguram a esse direito um lugar de primeiro plano (para mais detalhes e bibliografia recente, cf. J. Gaudemet, "Sources", 140-4 e 147-56). Os qualificativos geográficos que acompanham os nomes de alguns dos mais ilustres canonistas da época demonstram a diversidade de suas origens, portanto a difusão da ciência canônica. Citaremos entre eles Ricardus Anglicanus (Ricardo, o Inglês), professor em Bolonha, que deixou glosas sobre o Decreto e sobre a *Compilatio Ia* das Decretais (entre 1190 e 1210), bem como um tratado de procedimento canônico (*Ordo iudiciarius*); Bernardo de Pávia, bispo de Faenza (1191) e depois de Pávia (1198, † 1213) que, ao lado das glosas do Decreto e da *Compilatio Ia*, fez uma *Summa* sobre o casamento, outra sobre as eleições e uma sobre as Decretais (entre 1191 e 1198); Johannes Galensis (João de Gales) e Alanus Anglicanus, ambos professores em Bolonha no início do século XIII. A seguir, os importantíssimos nomes de Lourenço da Espanha, também professor em Bolonha († 1248) e seu aluno Tancredo; Raimundo de Peñaforte († 1275), dominicano espanhol que compilou as "Decretais de Gregório IX" (1234) e publicou três sumas sobre o direito canônico, a penitência e o casamento (ed. Roma, 1975, 1976, 1978); João Teutônico, professor em Bolonha († 1246), de quem se conservam *Apparatus* sobre as Decretais e sobre o concílio de Latrão de 1215. Também foi autor de uma Glosa do Decreto (1215-17) que se tornou a "Glosa ordinária do Decreto". Godofredo de Trani († 1245), professor de direito civil em Nápoles, depois de direito canônico em Bolonha, passou a trabalhar para a Cúria e se tornou cardeal em 1244. Sinibaldo Fieschi virá a ser o papa Inocêncio IV (1243-54). Bernardo de Parma († 1266) compôs a "Glosa ordinária das Decretais de Gregório IX" (primeira versão por volta de 1241, remanejada várias vezes depois, ed. Lyon, 1584). Henrique de Susa, depois de ter sido bispo de Sisteron (1244) e de Embrun (1250), foi promovido a cardeal de Ostia (donde o nome pelo qual é conhecido, *Hostiensis*). Sua "Suma sobre as Decretais" (1250-61) mereceu o nome de "Suma de ouro" (*Summa aurea*). Vale citar também os dois Bernardo de Compostela, o velho e o jovem († 1267), e Martinus Oppaviensis (Martinho de Troppau) († 1278), penitencieiro e capelão pontifical, bom conhecedor da Cúria romana. O fim do século XIII é marcado pelos nomes de Guilherme Durand (Durandus), o Velho (1237-96), chamado de *Speculator*, devido ao seu "Espelho" (*Speculum*) de direito (por volta de 1272), bispo de Mende de 1286 até seu falecimento, bem como pelo nome de seu sobrinho Guilherme Durand, o Jovem, bispo de Mende de 1296 a 1328. Seus dois tratados sobre a Reforma da Igreja inauguram uma nova orientação dos canonistas, agora empenhados nos debates de seu tempo. Essa tendência se impõe progressivamente no século XIV. Triunfa no século XV, para grande prejuízo da ciência canônica.

Antes de tratarmos dessas novas tendências, cabe citar também alguns grandes canonistas, que, no início do século XIV, continuam fiéis ao exemplo dos mestres do século XIII. Entre eles, Bernardo Raimundo, professor em Montpellier no início do século XIV; Guilherme de Mandagou, arcebispo de Embrun (1295), cardeal em 1312 († 1321); Berengário de Fredol, professor em Paris, bispo de Béziers, também nomeado cardeal († 1323). Mais modesto em suas dignidades, mas votado à celebridade por outras razões, um arquidiácono de Bolonha, Guido de Baisio († 1313), compôs uma coletânea de glosas do Decreto, o *Rosarium*, que tornou inúteis as glosas anteriores. Essa foi a mina onde, durante séculos, se abeberou a ciência dos glosadores, donde a multiplicidade das suas edições a partir dos últimos anos do século XIV (por exemplo, Veneza, 1481). Outro compilador famoso, Johanes Andreae (1270-1348), autor de um imponente comentário às Decretais (ed. de Veneza, 1581, 4 vol., reprod. anast. 1963). João André compôs também a "glosa ordinária" do Sexto e das Clementinas (1322, ed. Lyon, 1554). Essas obras maiores, acompanhadas pelos trabalhos de menor amplitude, valeram a João André o qualificativo de "Fonte e trombeta do direito" (*fons et tuba iuris*). Entre esses canonistas fechados em seu mundo, podem também ser citados aqueles que dedicaram seu tempo aos dois direitos, o romano e o canônico, tal como Alberico de Rosate († 1351) e sobretudo Baldo de Ubaldis (1319-1400), que ensinou direito durante sessenta anos, sobretudo em Perúsia, sua pátria.

Conquistas

Não poderíamos dizer aqui quais foram as contribuições desses canonistas, desde os *dicta* do Decreto de Graciano até as grandes obras do século XIII. Para isso, seria preciso percorrer os cento e cinquenta anos principais da história do direito canônico, desde o direito sacramentário até o direito dos benefícios eclesiásticos, desde o estatuto dos clérigos até o casamento dos laicos, desde a coleta dos dízimos até os castigos da Inquisição etc. Aqui nos limitaremos a dar alguns exemplos em seus traços essenciais. Já em seus *dicta*, "o primeiro canonista", Graciano, ressaltara a ambiguidade e às vezes as oposições dos textos antigos referentes à formação do laço matrimonial. Sugerira os caminhos de uma conciliação que os canonistas bolonheses levarão mais longe, distinguindo *matrimonium initiatum, ratum, consummatum.* Essa classificação oporá canonistas bolonheses e canonistas franceses, uma vez que estes últimos tomarão a peito a distinção romana entre esponsais e casamento. Com isso, atraíram críticas vivas e às vezes acerbas dos bolonheses. Foi a doutrina destes últimos que os papas Alexandre III e Inocêncio III adotaram, complementando-a. Assim canonizada pelo papado medieval, essa doutrina deixará vestígios até nossos dias na concepção canônica do matrimônio.

Em domínios bem diferentes, a contribuição dos canonistas medievais foi de grande importância, quer se tratasse das técnicas de votação (maioria, unanimidade), quer se tratasse de eleições ou da autoridade dos príncipes seculares. Estêvão de Tournai diz que o rei é "como um imperador em seu reino" e, pouco depois, Huguccio explicita que "ele não está submetido ao Imperador". Estêvão de Tournai também ressalta as prerrogativas do poder régio, direito de legislar, de julgar em última instância, de receber impostos, de decidir sobre a paz e a guerra (*Summa*, sobre D. 2, c. 4 e D. 8, c. 1). Para Rufino, a obediência ao rei não é uma coerção imposta por lei divina, mas uma "exigência da sociedade humana", o que equivalia a voltar às análises dos filósofos pagãos. O papel do povo no governo e na administração da cidade, a atribuição do poder ao imperador são claramente afirmados em outros textos do direito canônico clássico. Esses são apenas alguns exemplos da importância primordial da contribuição dos canonistas.

Novas orientações

Desde os primeiros anos do século XIV, a vida da Igreja, as transformações políticas e as mudanças intelectuais abrem perspectivas novas para os canonistas. Trajetórias novas, que às vezes lhes trazem prestígio e lucros, mas outras vezes sacrificam a ciência canônica às vicissitudes da política.

Dois fatos importantes determinam essa nova situação: as tensões e até os graves conflitos que opõem Estados agora ciosos de sua soberania a um papado que reivindica, às vezes sem grandes sutilezas, um *Imperium Mundi*, e, por outro lado, as crises pelas quais passa o governo interno dessa Igreja, com o conciliarismo e o cisma tricéfalo (1378-1417).

Dizer quais foram os canonistas dessa época, lembrar seus escritos, seus discursos e sua atividade político-religiosa equivaleria a percorrer a história daquilo que foi durante dois séculos a cristandade medieval da Sicília à Frísia, da Escócia à Hungria. Não caberia falar aqui de tudo isso (como orientação geral, J. Gaudemet, "Sources", 156-69). Aqui serão mencionados apenas alguns nomes de canonistas, cujas ações e opiniões podem ser encontradas nos livros de "História geral".

Um dos primeiríssimos é o do cardeal Johannes Monachus (Jean Lemoine), bispo de Meaux, embaixador de Bonifácio VIII junto a Filipe, o Belo (nov. 1302). Como canonista, devemos-lhe uma "Glosa de ouro" sobre o Sexto (1301, ed. Paris, 1535, reprod. Aalen, 1968). Também participantes da disputa bonifaciana, o dominicano, mestre da Universidade, João de Paris (Jean Quidort, Jean Le Sourd) que, em fins de 1302, participa do debate com seu *De potestate regia et papali*; um discípulo de são Tomás, Bartolomeu de Lucca, que ensina em Avignon nos anos 1300-10, canonista pouco ameno para os teólogos, sobre os quais ele declara que *in multis sunt ignari*; cabe citar também Gilles Bellemère, bispo de Lavaur (1383), de Puy (1390), de Angers (1393), que se pronunciou pela subtração de obediência a Bento XIII, ou Pedro de Ancarano (~ 1330-1416), um laico, professor em Bolonha e em Siena, que participou dos concílios de Pisa e de Constança (1414-18). Redigiu um "Comentário sobre as Decretais de Gregório IX", *Consilia* (ed. Veneza, 1568) e glosas sobre o Sexto e as Clementinas. Entre seus contemporâneos, cabe citar um eclesiástico que foi, sucessivamente, titular de vários bispados, arcebispo de Reims em 1400, cardeal em 1413, Simão de Cramaud (nascido em ~ 1345). Foi doutor em direito, *scolasticus* em Orléans, antes de se engajar, com a Universidade de Paris, na subtração de obediência a Bento XIII, em 1398. "Político e carreirista" (Kaminsky, *S. de Cramaud*, 1983), desenvolve suas teorias sobre o conciliarismo numa dissertação redigida a pedido de Carlos V. Na mesma época, o cardeal Zabarella (~ 1337-1417), professor em Florença e depois em Pádua, autor de "Comentários" das Decretais de Gregório IX e das Clementinas, foi legado do papa no concílio de Constança.

Seria inexato acreditar que os séculos XIV e XV não tiveram canonistas de grande valor. O estudo do direito canônico e seu ensino não foram negligenciados nem mesmo por aqueles que se empenharam a fundo nos debates entre papas e príncipes, ou que, dentro da Igreja, discutiram os lugares respectivos do concílio e do pontífice romano.

Mas, percorrendo suas obras, percebe-se menos originalidade. O passado é, no mais das vezes, repetido. Respeito pelos Antigos ou fraqueza de uma época? É discutível. O espírito de tradição, prezado pelos juristas, marca com insistência o direito canônico "pós-clássico". Adiante veremos outras manifestações disso. Em todo caso é evidente que, entre os canonistas de renome dos séculos XIV e XV, os compiladores figuram em boa posição. Citamos acima o *Rosarium* de Guido de Baisio no início do século XIV, bem como as coletâneas de Glosas de João André, um pouco depois. Cabe acrescentar, para o século XV, Nicola de Tudeschi (1389-1445), beneditino, arcebispo de Palermo (1435), mais conhecido com o nome de *Panormitanus*, cuja obra canônica variada e considerável será editada em nove volumes (Veneza, 1475) e até em dez (Veneza, 1617). Não se poderia esperar que obra tão alentada fosse sempre original.

A partir do século XIV, o direito canônico volta-se especialmente para a *questão dos benefícios eclesiásticos*. Nesse aspecto, houve quem falasse de uma verdadeira "obsessão beneficial". A razão disso é clara. A vida material da Igreja era garantida, no essencial, por sua riqueza de raiz. Esta servia à edificação das catedrais e ao esplendor de sua decoração, à assistência aos pobres e aos doentes; os benefícios eclesiásticos, constituídos essencialmente de bens de raiz, eram atribuídos aos clérigos, segundo sua função e sua dignidade, para garantir-lhes o necessário. Algumas vezes foram alvo de apetites excessivos ou de atribuições contestáveis. A legislação canônica interveio mas nem sempre prevaleceu. Os canonistas tiveram de comentá-la, as bulas pontificais precisaram rememorá-la ou adaptá-la. Nasceu, com formas diversas, uma literatura beneficial que não parou de enriquecer-se até o fim do século XVIII.

A época moderna

Com o século XVI, o canonista é transportado para outro mundo. No Ocidente, a religião cristã passa pela crise da "Reforma". A unidade de fé e disciplina dá lugar ao dualismo entre catolicismo e protestantismo. Este, por sua vez, comportou várias formas. Por isso, a partir de então tem-se um direito canônico "romano" e um direito canônico protestante (não homogêneo). Por outro lado, a Igreja romana não precisou apenas defender sua doutrina e sua disciplina perante as Igrejas protestantes. Ela foi, por diversas razões e de formas variadas, alvo de críticas, ressalvas ou mesmo de ataques, que não pôde ignorar. Diante dela, afirma-se uma sociedade secular que não conhecera "a Cristandade medieval". Esses são dados novos que, em numerosos campos, orientam a doutrina para caminhos diferentes. A difusão rápida e preocupante das doutrinas protestantes contribuiu em boa parte para a reunião do concílio de Trento (1545-63), que teve de tornar mais preciso e às vezes reformar o direito canônico, ao mesmo tempo que apresentava uma nova expressão do dogma a respeito de certos aspectos. Sua contribuição fixou, durante três séculos, os princípios da doutrina e da disciplina católica. Posição muitas vezes mais defensiva que inovadora. Os canonistas dos séculos XVII a XX serão marcados por essa atitude. Também precisarão participar dos debates sobre as relações entre a Igreja e os Estados seculares, apresentados em termos novos pelos teóricos dos Estados modernos. Às vezes os canonistas se empenharão em estudos de caráter histórico, nem sempre isentos de preocupações político-religiosas. Essa incidência de novas situações políticas e de múltiplas correntes de pensamento sobre o direito canônico leva a distinguir dois períodos nesses quatro séculos de história, cuja linha divisória, de considerável importância, foi marcada pela década da Revolução francesa, cujos efeitos se fizeram sentir bem além das fronteiras da França de então.

Período entre os séculos XVI e XVIII. – Com o século XVI, aparecem as *obras de conjunto*, com caráter e orientação doutrinal frequentemente diferentes.

Inspirado no remoto modelo das *Institutas* de Justiniano, um professor de direito canônico de Perúsia, P. G. Lancelotti, publicou em 1563 (ano do término do concílio de Trento) *Institutiones iuris canonici*, breve manual de direito canônico, para o qual seu autor desejaria promulgação oficial pelo papado. Mas suas esperanças se chocaram com o silêncio de Roma. Um pouco mais tarde, a pedido de Alexandre VII, P. Fagnani, o mais ilustre canonista de seu tempo, apresentou em três volumes um *Ius canonicum seu Commentaria absolutissima in V Libros Decretalium* (1661). Como esse autor era secretário da Congregação do Concílio, a obra foi favorecida por sua grande experiência em direito canônico do tempo. A referência do título às *Decretais de Gregório IX* comprovava que elas eram consideradas a coletânea fundamental da legislação canônica. O Decreto de Graciano, que continha certas posições contestáveis, era de certa forma deixado de lado. Até meados do século XX, o *Ius Decretalium* será, assim, a expressão frequentemente considerada para designar o direito canônico em seu conjunto.

Autor fecundo, mais que original (22 vol., da *Opera*, publicados em Lyon entre 1647 e 1709), o bispo português A. Barbosa (1590--1649) publicou em 1618 *Remissiones* sobre o concílio de Trento, que foram depois postas no índex, por terem transgredido a proibição de comentar os decretos tridentinos. Em 1633, publicou um *Ius ecclesiasticum universum* em três volumes (*de personnis, de locis, de rebus ecclesiasticum*). Apesar de querer compor uma obra de conjunto, Barbosa não tratava nesse livro nem do matrimônio (ao qual o jesuíta Suarez dedicara em 1607 um tratado que durante muito tempo será a obra fundamental sobre a matéria e que ainda hoje é uma fonte de informações), nem dos procedimentos, nem do direito penal. Silêncio prudente, pois tais questões cabiam tanto às instâncias seculares quanto ao direito canônico, e Barbosa queria evitar toda e qualquer dificuldade, nesse campo, com Filipe IV, a quem o livro era dedicado. Barbosa compôs também um *Repertorium iuris civiles et canonici*, que constitui uma preciosa fonte de informações sobre os dois direitos.

J. B. de Luca (1614-84), advogado que se tornou auditor da Rota, bom conhecedor da cúria romana, que no fim o acolheu entre seus cardeais (1681), mistura em seu *Theatrum Veritatis et Iustitiae* (16 vol., Roma, 1671; 21 vol. in-16º, Veneza, 1734-40) o ensino jurídico e a descrição dos serviços romanos e dos que os animam. Teórico do *Ius publicum ecclesiasticum*, distingue o direito que rege a constituição hierárquica da Igreja, o *Ius ecclesiasticum internum*, do direito que trata das relações entre a Igreja e os Estados, o *Ius ecclesiasticum exter-*

num. Sem ceder aos pedidos de Inocêncio XI, recusou-se a condenar as teses galicanas defendidas pela Assembleia do Clero da França.

Entre os canonistas galicanos, que publicaram manuais de direito canônico, cumpre citar Claude Fleury (1640-1723), que, por prudência, publicou suas "Institutas de direito eclesiástico" (1676) sob o pseudônimo de Charles Bonel; J.-P. Gibert (1660-1735), "galicano moderado" em suas "Institutas eclesiásticas e beneficiais, segundo os princípios do direito comum e dos usos da França" (1720), e o galicano extremado Pe. T. Durand de Maillane (1729-1814), autor de "Institutas de direito canônico" (1770).

Ao lado dessas Institutas, há polpudos tratados. Entre seus autores, destacam-se três nomes, entre os quais dois canonistas alemães. A. Reifenstuel, franciscano, professor em Freising, é autor de um *Ius canonicum universum* (1700--14). O jesuíta Fr. Schmalzgrüber, professor em Ingolstadt, escreve um *Ius ecclesiasticum universum* (1717-27).

Van Espen (1658-1728), de Lovaina, também publicou um *Ius ecclesiasticum universum* (1700), muito marcado pelo jansenismo de seu autor e, para essa razão, posto no índex já em 1704. Apesar dessa condenação, o tratado de Van Espen exercerá grande influência sobre as correntes que percorrerão os países germânicos no século XVIII, o febronianismo e o josefismo. Para Van Espen, o *Corpus iuris canonici* já não é o modelo de exposição do direito canônico. Seu papel é apenas fornecer uma massa impressionante de textos canônicos. Assim, a exposição da primazia pontifical é relegada para os delitos, quando se trata dos cismas.

Van Espen abre algum espaço para o direito particular dos diversos países. Recorre à história. Mas parece ignorar o direito natural, que no entanto estava muito na moda em seu tempo. Não ocorre o mesmo com *Institutiones Iurisprudentiae ecclesiasticae* de Paul Joseph Riegger (1765). Esse tratado é dividido em quatro partes. As partes II, III e IV tratam do direito positivo, exposto segundo a ordem tradicional das *Decretais de Gregório IX*. Mas a primeira parte dedica dois capítulos ao "direito natural eclesiástico", em sua exposição dos "Princípios do direito eclesiástico". Aprovados por Maria Teresa em 1768, as *Instutiones* de Riegger tornaram-se, de algum modo, o manual oficial do direito canônico na Áustria. De Reifenstuel, que ensinara teologia prática, ficará a preocupação em distinguir direito canônico e teologia moral. Ele dedicara a esta última um *Tratado* em 1692, antes de cuidar do direito canônico. Uma orientação nova, que abre espaço para a história, afirma-se com o canonista bolonhês Prospero Lambertini, futuro papa Bento XIV (1730-58) (ver R. Naz, cf. Benoît XIV, DDC, II, 1937, 752-61). Secretário da Congregação do Concílio de 1718 a 1728, adquiriu nessas funções raro conhecimento da prática do direito canônico. Sua preocupação com informações históricas sólidas levou-o a publicar um "Bulário", primeira coleção oficial de bulas papais desde as Clementinas. Seu *De synodo diocesana*, publicado em 1748, é frequentemente considerado a primeira exposição histórica que tem por objeto o direito canônico. Em 1731, Bento XIV publicara *Institutiones canonicae*, de forma mais tradicional. Entre os autores de repertórios e de dicionários, encontra-se Durand de Maillane, cujo *Dicionário de direito canônico e de prática beneficial comparados às máximas e à jurisprudência de França* (5 vol., Avignon, 1761) não esconde o galicanismo de seu autor. Esse dicionário é ainda hoje fonte de informações importantes sobre o direito canônico aplicado na França galicana dos séculos XVII e XVIII. A mesma posição galicana se observa em Louis de Héricourt (1687-1752), advogado do Parlamento de Paris que, em 1719, faz um "tratado metódico do direito eclesiástico francês", intitulado *As leis eclesiásticas da França em sua ordem natural*. Ao abrigo dessa referência ao título de exposição do direito romano por Domat, os textos do *Corpus iuris canonici* são "comparados aos usos da Igreja galicana", enquanto são enfatizados os textos legislativos régios e a jurisprudência das cortes seculares em matéria eclesiástica. O Pe. L. Thomassin, do Oratório (1619-95), publicou nos anos 1676-79 uma *Antiga e nova disciplina da Igreja* (ed. André, 1867, que apresenta o texto em francês). Em Bolonha, L. Feraris publicava em 1746 os oito volumes de uma *Prompta bibliotheca canonica, iuridica, moralia, theologica*, enquanto, às vésperas da Revolução francesa, J.-N. Guyot publicava entre 1775 e 1786 um *Repertório universal e comentado de Jurisprudência civil, crimi-*

nal, canônica e beneficial, que teve uma segunda edição em 17 vol. in-4º, datada de 1784-85 (Ch. A. Cardot, "Le répertoire universel et raisonné de Jurisprudence", *Ann. Fac. de droit de Clermont-Ferrand*, 1974, 195-273). Considerando-se apenas a lista dessas obras monumentais, chega-se a várias constatações: intuito de ser exaustivo e situar o direito canônico no conjunto das disciplinas jurídicas; intrusão do "direito natural", então reinante, no direito da Igreja; ressalvas à onipotência legislativa de Roma e aos resquícios de conciliarismo, manifestações de tendências galicanas que não procuram esconder-se; importância considerável atribuída à questão beneficial, conforme comprova o próprio título dessas obras. Assim, os canonistas sentiam-se atraídos pelas obras de caráter geral e até enciclopédico ou "universal". Também nesse caso, cediam aos humores do tempo. O primeiro volume da Enciclopédia de Diderot era publicado em 1751. Tais obras contavam mais pelo grande volume de informações do que pela originalidade da análise das normas ou das situações. Mais raros são os autores de monografias, e, quando escrevem, tratam, na maioria das vezes, de questões litigiosas do momento. Um advogado do Parlamento de Paris, Pinson, publica um *Tratado singular das regalias* em 1688, em pleno período do violento conflito que opõe Luís XIV a Inocêncio XI (1678-89). A "questão beneficial" chama a atenção de Cl. Henry, "governo espiritual e temporal das paróquias", a de Jousse, conselheiro do Presidial de Orléans (1774). O mesmo jurista publica um *Tratado da jurisdição voluntária e contenciosa dos juízes eclesiásticos*, outro motivo de conflitos incessantes. O papel da Igreja e do poder secular na celebração do casamento, bem como a jurisdição sobre sua validade e sua indissolubilidade, também são assuntos discutidos que chamam a atenção dos canonistas. A questão não escapa aos *Consilia* publicados, na ordem das *Decretais de Gregório IX*, em Navarra, por Martín de Azpilcueta, chamado "Doctor Navarrus" (1492-1586). Moralista e canonista, Sanchez (1551-1611) publicava em 1599 três livros de *Disputationes* sobre o "santo sacramento do matrimônio", que por muito tempo serão autoridade no assunto. Na França, os debates sobre as competências respectivas da Igreja e do poder régio em relação ao casamento ensejam um *Tratado do poder do rei sobre o matrimônio* (1674), de Lannoy (1603-78), cuja orientação se encontra no título. Um século depois, Lorry atacava o problema essencial da fixação das competências em seu *Ensaio de dissertação... sobre o matrimônio em sua qualidade de contrato e de sacramento* (1760).

A posição importante assumida na Alemanha pela religião protestante explica a amplitude do trabalho canônico ali feito. Era preciso, antes de mais nada, determinar a posição protestante em relação ao *Corpus iuris canonici* e ao direito das *Decretais* pontificais, bem como estabelecer qual devia ser a autoridade dos príncipes protestantes em matéria religiosa dentro de seus Estados. Entre os canonistas mais insignes, deve-se citar Benedict Carpzov (1595-1666), autor de uma *Iurisprudentia ecclesiastica seu consistorialis* (Leipzig, 1649), Pufendorf (1632-94), Christian Thomasius (1655-1728) e, sobretudo, J. H. Böhmer, autor de um *Ius ecclesiasticum protestantium, usum modernum iuris canonici iuxta seriem Decretalium ostendens* (Halle, 1714-37). Alguns canonistas galicanos franceses, tais como Pierre de Marca, arcebispo de Paris, ou Fleury, cujas obras foram às vezes reeditadas na Alemanha, exerceram indubitável influência sobre os canonistas protestantes da Alemanha. Não desprezível foi também a de Van Espen.

Os séculos XIX e XX. – A tormenta revolucionária deixava a Igreja enfraquecida. A secularização da sociedade, dos Estados e do direito, já em grande parte iniciada no século XVIII, passa a ser dominante. O direito canônico sofre seus contragolpes. Na própria Igreja, alguns gostariam de vê-lo em papel subalterno. Certos bispos o consideram um entrave para seu governo, mais do que uma autoridade reguladora da vida comum. Sua posição na formação do clero, nos programas dos seminários, é modesta. Seu ensino não suscita entusiasmo nem grandes vocações. Houve quem dissesse que os estudos canônicos "quase não prosperavam" (Van Hove) e que há "uma crise grave do direito canônico" (R. Metz).

No entanto, garante-se o ensino do direito canônico nas "Universidades pontificais", sobretudo na Itália e na Espanha, mas também em alguns outros países. Em Estrasburgo é dado um curso de direito canônico na Universidade estatal. Na Alemanha, na Áustria, na Espanha e na Itália, as universidades estatais dão cursos sobre as matérias nas quais as competências das Igrejas e dos Estados se sobrepõem (casamento, ensino, lugares de culto etc.). É então um curso de "direito eclesiástico" (*Kirchenrecht/diritto ecclesiastico*). Tais cursos também existem em universidades francesas. São encontrados nos institutos católicos, mas também (e às vezes em colaboração) em universidades estatais. Aliás, observa-se um aumento de interesse por tais estudos há algumas décadas, frequentemente em âmbito internacional (J. Gaudemet, "Sources", 233-41).

Na Alemanha, os nomes marcantes em meados do século XIX haviam sido os dos canonistas protestantes, que se interessavam ao mesmo tempo por direito romano e disciplina evangélica. Foram os nomes de K. F. Eichhorn (*Grundsätze des Kirchenrechts der kathol. und evang. Religionspartei in Deutschland*, Gottingen, 1831-33, trad. fr., 1843) e de A. L. Richter que E. Friedberg utilizou para sua edição desse *Corpus* em 1879. Um católico, Philipps, publicou um *Kirchenrecht* em sete volumes entre 1848 e 1872. Nascido em 1808, Richter foi professor em Marburg a partir de 1838. Seu *Lehrbuch des katholischen und evangelischen Kirchensrechts* (Leipzig, 1842) teve cinco edições em vida do autor. Richter foi, na Alemanha, o fundador de uma escola histórica de estudo do direito canônico. Publicou uma edição do *Corpus juris canonici* (1836-39). Entre os nomes marcantes dos canonistas a partir da segunda metade do século XIX, cabe mencionar, para a Universidade Gregoriana de Roma, o do Pe. F. X. Wernz (S. J.), considerado "the last of the Decretalists". Seu *Ius Decretalium* (6 vols., 1898-1914) continua fiel ao passado, não só no título, porém mais profundamente no método e nas principais orientações. Uma edição "revista" desse tratado foi publicada por P. Vidal (*Jus canonicum*, Pont. Univers. Gregoriana, 1927--52, 7 vols.). A coexistência das duas disciplinas cristãs na Alemanha levara P. Hinschius a publicar, em seis volumes, um *Kirchenrecht der Katholiken und Protestanten in Deutschland* (1869-97). Esse manual, redigido em intenção dos práticos e construído segundo um plano sistemático, dedica grande espaço à história do direito canônico em notas que ainda hoje são úteis. R. Sohm dedicou dois volumes de *Kirchenrecht* a seus fundamentos históricos (t. I, Leipzig, 1892) e ao direito da Igreja católica (t. II, 1923). Na França, o interesse pelo direito canônico, mesmo fora do círculo estreito de seus especialistas eclesiásticos, é comprovado pela receptividade ao recente manual de direito canônico de Monsenhor P. Valdrini *et al.* na coleção Précis de Droit "Dalloz" (1989, 2ª ed., 1999). Uma importante escola de história do direito canônico desenvolveu-se na França por incentivo de Paul Fournier, ex-aluno da École des Chartes, que se tornou professor das faculdades de direito e católico ativo (1853-1935). Foi também incentivada na École des hautes études (V^e sect., sc. rel.) por R. Génestal e por G. Le Bras (1891-1970). Encontram-se também canonistas preocupados com história em outros países europeus e, em grande parte, formados por St. Kuttner (1907-96), nos Estados Unidos. Entre os falecidos, cabe citar: na Alemanha, H. E. Feine (*Kirchliche Rechtsgeschichte*, 1: *Die kath. Kirche*, Weimar, 1950, única edição); na Áustria, W. M. Plöchl (*Geschichte des Kirchenreschts*, 4 vols., Viena, 1955-66); na Polônia, A. Ventulani, autor de vários estudos sobre o Decreto de Graciano (sobre vários desses mestres, cf. J. Gaudemet, *Église et société civile*, Estrasburgo, 1998, 7-44).

› Na *Histoire du droit et des Institutions de l'Église en Occident* [História do direito e das instituições da Igreja no Ocidente] (= HDIEO), Paris, Cujas; Le Bras G., Lefebvre Ch. & Rambaud J., t. VII (1965): "L'âge classique (1140-1378). Sources et théorie du droit", pp. 266-338. – Lefebvre Ch., *ibid.*, t. XV, 1 (1976), "L'époque moderne (1563-1789)", pp. 55-88. – Metz R., *ibid.*, t. XVI (1981), "Le droit et les institutions de l'Église catholique latine de la fin du XVIIIe siècle à 1978, Sources et Institutions", pp. 201-15. – Ourliac P. & Gilles H., *ibid.*, t. XIII (1971), "La période post-classique (1378-1500)", pp. 85-149.

Para a Idade Média, referências em: Knutt W. N., *Die kanonistiche Literatur*, in H. Coing, *Handbuch der Quellen und Literatur der neueren enropäischen Privat-rechtsgeschichte*, Bd. I, Mittelalter (Munich, 1973) pp. 365-97.

Coletânea de artigos e livros de âmbito geral: Gaudemet J., *La Formation du droit canonique médiéval*, Londres, Variorum Reprints, 1980; "L'élaboration du droit canonique en Occident du XIe au XVe siècle", *Mélanges Poudret*, Lausanne, 1999, pp. 211-34. – GILCHRIST J., *Canon Law, in the Age of Reform, 11th-12th Centuries*, 1993. – ROUMY F., Édition et traduction de sources canoniques anciennes et médiévales, *Ann Can.*, 40, 1998, pp. 191-206 (sobre as publicações recentes, 1992-97). – SOMMERVILLE R. & BRASINGTON B. C., "Prefaces to canon Law Books in Latin Christianity", *Selected Translations*, 500-1215, Yale Univ. Press, 1998. – Col.: Proceedings IXth. *Congress of Medieval canon Law*, Munich, 1992, ed. Monumenta Iuris canonici, Series C (1997), pp. 419-552.

Direito romano e direito canônico: GAUTHIER A., *Le Droit romain et son apport à l'édification du droit canonique*, Ottawa, Univ. Saint-Paul, 1996. – GOURON A., *Un assaut en deux vagues: La diffusion du droit romain dans l'Europe du XIIe siècle*, El dret comu i Catalunya, Barcelona, 1991, pp. 48-63. repr. *in* "Droit et coutumes en France", 1993. – WEIGAND R., "Romaniesierungst endezen im frühen kanonischen Recht", *ZSS., KA.*, 69, 1983, pp. 200-49 (utilização do direito romano pelos canonistas de meados do século XII).

Fonte do direito canônico: GARCIA Y GARCIA A., *Estudios sobre la canonistica portuguesa medieval*, Madri, 1976. – GAUDEMET J., *Les Sources du droit canonique VIIIe-XXe siècle*, Paris, 1993. – LANDAU P., Juristische Methodenlehre zwischen Humanismus unt Naturrecht, Zeits. fur neuere Rechtsgeschichte, 21, 1999, pp. 7-28. – MUNIER Ch., *Yves de Chartres, Dictionnaire de spiritualité*, Paris, Le Cerf XVI, 1994, pp. 1551-64. – WERCKMEISTER J., "Le premier canoniste, Yves de Chartres", *Rev. de droit canonique*, XLVII, 1997, pp. 53-70. – YVES DE CHARTRES, *Prologue*, Col. "Sources canoniques", t. I, 1997.

Jean GAUDEMET (†)

CAPITULAÇÃO

A palavra "capitulação" é usada desde o século XVI e foi tomada ao latim medieval *capitulatio*, que significa *convenção*, e é formada a partir de *capitulare* "enumerar, fazer uma relação, estipular em convenção, convencionar". Empregado no direito dos conflitos armados, o termo designa o ato pelo qual um exército ou uma praça se rendem ao inimigo. Encontram-se também "capitulações", no plural, para designar convenções que têm por objeto o fornecimento de contingentes militares por um Estado não beligerante a outro. Mas é o terceiro sentido do termo que nos interessa aqui: trata-se de atos unilaterais ou convencionais que conferem aos súditos de um Estado privilégios de que eles gozam em outro Estado e graças aos quais escapam em parte e de modo não recíproco às autoridades deste último. Nesse sentido, as capitulações equiparam-se ao que no Brasil tratamos por imunidade, entendida como o privilégio concedido a alguém para que se livre ou se isente da aplicação do ordenamento jurídico do país onde se encontre, para estar sujeito apenas à legislação de seu país de origem. Portanto, a imunidade não decorre da vontade do país de origem desses indivíduos privilegiados, mas sim do reconhecimento por parte do país onde eles se encontram do direito à não sujeição às leis locais.

Segundo uma tradição bem consolidada, as capitulações atenderiam acima de tudo à preocupação das potências ocidentais com a possibilidade de cidadãos seus que morassem no exterior ficarem inteiramente submetidos às legislações e às jurisdições supostamente primitivas dos Estados onde estivessem. No entanto, é preciso esclarecer, na esteira de Jacques Lafon, que o aparecimento das capitulações ocorreu num clima diferente da imagem um tanto convencional que se transmite desse modo: na Turquia, por exemplo, o direito das capitulações "esteve de início perfeitamente de acordo com a concepção islâmico-otomana da sociedade, antes de ser profundamente alterada pela manipulação ocidental", e foi somente por volta de 1740 que a Porta foi posta em situação de inferioridade. Por isso, foi só "ao longo da história" que as capitulações se tornaram um "direito paracolonial" (Lafon, 1998) e, por isso mesmo, foram envolvidas num movimento de contestação que só cessou com sua abolição. Mas, além de seu destino histórico, as capitulações têm em comum com algumas outras instituições obsoletas (pensemos no velho direito de angária) o fato de porem à mostra mecanismos e problemáticas jurídicas muito elaboradas – neste caso, a intersecção entre direito internacional público e direito internacional privado –, ao mesmo tempo que correspondem a representações do mundo evidentemente ultrapassadas.

São essas representações que explicam o fato de os estrangeiros ocidentais escaparem em parte à ordem jurídica local: eram beneficiados por um regime de extraterritorialidade. Isso significa que os estrangeiros (às vezes definidos além de sua nacionalidade, por referência à sua qualidade de "cristãos", capitulação de 1569) escapavam à competência do Estado territorial e ficavam em parte submetidos à competência de seu Estado de origem, razão pela qual se diz com frequência que o regime das capitulações é uma expressão da teoria da pessoalidade das leis. O sistema das capitulações existiu em certo número de países (além de certo número de Estados balcânicos, onde fora introduzido sob a dominação otomana, desaparecendo progressivamente a partir de 1878, cabe citar: China, Coreia, Egito, Etiópia, Índia, Irã, Japão, Madagascar, Manchucuo, Marrocos, Sião, Tripolitânia, Tunísia, Turquia). Cada um desses regimes comportava especificidades, que não caberia enumerar aqui, mas apresentavam uma estrutura comum, e seu destino é, em grande parte, comparável: um acordo interestatal do qual decorria, para os estrangeiros oriundos das potências ocidentais, certo número de privilégios de isenção da lei e do juiz do foro, a instituição de jurisdições especiais e a garantia de certos direitos, um funcionamento bastante complexo sob o controle dos Estados de origem e, por fim, a hostilidade crescente dos Estados que julgavam o sistema incompatível com sua soberania. Se considerarmos o exemplo da Turquia, veremos que o regime de capitulação possibilitou que os cristãos conservassem a liberdade e os bens, ficassem submetidos a seus próprios juízes e a suas leis, mas que também foi inspirado por motivos econômicos, o que é indicado por certas garantias negociadas pelas convenções (liberdade de comércio ou isenções de direitos). É exemplar, a propósito, o tratado de 1º de fevereiro de 1535, firmado entre Francisco I e Soleyman, o Magnífico, que foi renovado até 1740, quando um tratado com a França instaurou as capitulações perpétuas. Tratados análogos foram assinados com a Inglaterra (1560), a Holanda (1612), a Espanha (1783), os Estados Unidos (1830) etc. Outros Estados beneficiavam-se do regime de capitulação graças à cláusula da nação mais favorecida. Os estrangeiros estavam afetos à competência dos cônsules, e é possível mencionar rapidamente em que consistia o regime otomano de capitulação: liberdade de estabelecimento (art. 3º do tratado de 1535), liberdade de circulação, inviolabilidade do domicílio, liberdade de comércio de exportação e importação, liberdade religiosa, isenção de todos os impostos pessoais (mas não imobiliários). O cônsul dispunha de competências administrativas em relação à colônia, de poder regulamentar, de poder de polícia e de poder de expulsão. O exercício dos privilégios judiciários, em especial do ponto de vista da imunidade de jurisdição, deu ensejo a uma jurisprudência de grande interesse jurídico, pois os estrangeiros eram subtraídos à justiça otomana em certos litígios. O controle das potências era exercido sobre o funcionamento dos tribunais do foro quando estes se pronunciavam sobre matérias de interesse dos estrangeiros: processo entre estrangeiros da mesma nacionalidade, em matéria civil, penal e comercial. Quanto aos processos entre estrangeiros de nacionalidades diferentes, existia uma opção entre a jurisdição consular e a jurisdição turca e, no que diz respeito aos processos entre estrangeiros e otomanos, a imunidade não era total, ainda que também houvesse controle sobre o funcionamento da jurisdição local, sobretudo pela presença de um representante do cônsul (*drogman*). Também existiam tribunais mistos de comércio. Enquanto a incompetência era total em todas as questões de estatuto pessoal, continuavam sendo da competência do foro os processos relativos a imóveis. O sistema, de manejo delicado e complexo, às vezes pouco satisfatório, parecia pesado ao governo turco, que nele via um atentado à sua soberania, principalmente porque o número de estrangeiros aumentara enormemente. A Turquia o denunciou unilateralmente em 1914, mas, para que ele desaparecesse totalmente, foi preciso esperar a renúncia de certas potências e, finalmente, a ab-rogação das capitulações pelo artigo 28 do tratado de Lausanne, de 24 de julho de 1923. Aliás, foi desse modo (convenções, renúncias, ab-rogações e denúncias) que terminou a maioria das capitulações, se não todas. A Corte Internacional de Justiça estipulou, no caso dos *direitos dos americanos que viviam no Marrocos* – que punha em causa um regime de importações sem pagamento (27 de agosto de 1952, *Rec.*, 1952) –, que a interpretação dos direitos referentes à capitulação deve ser estrita, pois contraria a reciprocidade e a igualdade entre Estados. A jurisdição internacional também destacou que, por constituírem um regime exclusivamente convencional, as capitulações não deram origem a um costume.

› BOLMI P. E. J., "Le Maroc et le régime des Capitulations", *Symbole Verzijl*, 1958, p. 88. – LAFON J., "Les capitulations ottomanes: un droit para-colonial?", *Droits*, nº 28, 1998, p. 155 (article de référence); "Jérusalem: la démarche du juriste", *Droits*, nº 32, 2000, p. 184.

Ver também: ESCARRA J., *La Chine et le droit international*, Paris, Pedone, 1931. – MEYER G. I., *L'Égypte contemporaine et les Capitulations*, tese, Paris, 1930. – OUANG R. H., *Essai sur le régime des capitulations en Chine*, tese direito, Genebra, 1932. – ROUSSEAU Ch., *Droit international public*, t. III: *Les Compétences*, Sirey, 1977, pp. 92-133.

Denis ALLAND

→ Colônias; Estrangeiro; Território.

CASAMENTO

Já se escreveu que ele é "o mais antigo costume da humanidade" (J. Carbonnier). Provavelmente é verdade, em razão dos elos estreitos, ainda que não exclusivos, que tradicionalmente unem essa instituição à procriação e, assim, à sobrevivência do grupo. Mesmo que não se chegue a afirmar – como Teilhard perante o Corpo Legislativo – que "a sociedade se perpetua pelo casamento", é indubitável que a instituição desempenhou e continua desempenhando papel fundamental, como elemento estruturante da sociedade, em estreita relação com a família. União pessoal, o casamento tem uma dimensão social que continua irredutível e justifica o interesse do direito por ele. Ato fundador da família, também é – talvez principalmente do ponto de vista histórico – o ato que permite perpetuá-la, garantir sua continuidade. Por essa razão o casamento foi durante muito tempo e em muitos países continua sendo controlado pelas famílias, pois ele possibilita controlar o acesso à família e ao seu patrimônio, limitar efeitos do parentesco pelo sangue.

Foi o que ocorreu em Roma, cujo direito estabelecia entre casamento, família e cidade um elo estreitíssimo que mais de uma vez serviria de "modelo". A procriação no casamento legítimo, ao lado da adoção (controlada pelo poder público), era não só a fonte da legitimidade, como também um dever do cidadão romano. E tal cidadão era o único que podia contrair um *iustum matrimonium*, casamento em conformidade com o direito. Não poderia haver casamento entre escravos, está claro, nem entre pessoas livres e escravos, nem entre romanos e não romanos (a não ser que estes obtivessem o *conubium*). O casamento romano era puramente consensual: tratava-se de união entre um homem e uma mulher que tivessem atingido a idade da puberdade e que não fossem parentes em grau proibido; também tinha caráter monogâmico (três condições que continuarão sendo essenciais ao longo de toda a história do mundo ocidental). A realização do casamento normalmente era cercada por certo número de ritos, mas estes não eram juridicamente necessários à sua validade; tampouco o era a união sexual: *nuptias, non concubitus sed consensus facit* (D. 35, 1, 15). É o consentimento que faz o casamento. Mas esse consentimento era, acima de tudo, o consentimento do chefe da família (*pater familias*), sob cujo poder estavam os noivos, qualquer que fosse sua idade; e, embora se recomendasse não forçar o filho a tomar mulher (D. 23, 2, 21), a liberdade de que dispunha a filha *in potestate* parece ter sido limitada a uma faculdade de oposição em caso de conduta dissipada ou infame do noivo (D. 23, 1, 12). Consentimento de autoridade, era acompanhado nos primeiros tempos de Roma pela transferência da *patria potestas* sobre a mulher. A isso se dava o nome de casamento *cum manu* (com a mão, símbolo do poder). Embora essa prática se mostrasse como um arcaísmo no tempo do Império, quando o casamento já não era acompanhado dessa transferência (casamento *sine manu*), a mulher não estava livre: continuava submetida ao poder de seu *pater* enquanto este vivesse. Este último, se quisesse, podia pôr fim ao casamento, e somente no século II d.C. os rescritos imperiais lhe proibiram pôr fim a uniões nas quais reinasse a concórdia (C. 5, 17, 5). O consentimento não era inicial, mas contínuo no casamento: na falta do consentimento, o casamento cessava. Aí está a principal característica do divórcio romano: ele não passava de consequência de um estado de fato, de interrupção do consentimento que dava "vida" ao casal. Até o século IV, a liberdade do divórcio era total e fazia parte da estratégia matrimonial das famílias. Continuava sendo um assunto privado: nenhuma intervenção da autoridade pública era necessária e, se houvesse demanda judicial, esta girava essencialmente em torno da restituição do dote. Foi só no Baixo Império, sob a influência inegável, mas não exclusiva, do cristianismo, que a legislação imperial introduziu uma distinção fundamental entre as causas legítimas de divórcio e as que não o eram; estas últimas não impediam o divórcio mas o sancionavam com penas diversas. Essa distinção, que será acompanhada de uma intervenção crescente do juiz, tendeu a transformar o consentimento contínuo em consentimento inicial. Tratava-se de um princípio condizente com a moral cristã, cuja influência aumentava num Império que se tornou oficialmente cristão (edito de Tessalônica, 380), mas que não subvertia profundamente o direito do casamento: "São umas as leis dos Césares, outras as leis de Cristo" (São Jerônimo, ep. 77). Os cristãos são convidados a seguir estas últimas leis. De todas as influências sofridas pela instituição matrimonial na Europa ocidental, a do cristianismo certamente foi das mais fortes e duradouras. A Igreja primeiramente exerceu influência indireta no Baixo Império romano e, depois, nos reinos bárbaros; exercendo influência direta ao cabo de um longo movimento que teve início na época carolíngia, a Igreja tornou-se exclusivamente competente no século XI. Sua competência, legislativa e jurisdicional, baseava-se no caráter sacramental do casamento e afetava tanto a formação quanto a dissolução dos laços matrimoniais, enquanto os efeitos patrimoniais continuavam sendo da alçada do direito secular. Sua influência permaneceu inconteste até o fim da Idade Média.

Baseado em textos escriturários (Antigo e Novo Testamento) e doutrinários (santo Agostinho, em especial), o direito canônico do casamento, cujas primeiras regras foram formuladas bem cedo por cânones conciliares ou por textos pontificais coligidos em "coleções canônicas", foi então objeto de intenso trabalho legislativo e doutrinário que contribuiu para fixar com mais precisão as suas regras. Dessa passagem para o domínio do direito canônico, cujo teor não poderia ser examinado em detalhes, convém considerar certo número de dados essenciais. O primeiro diz respeito a uma instituição que passa a ser aberta a todos: livres ou não livres. Era ela resultado de lenta evolução que, sobretudo através do esforço da Igreja para obter o reconhecimento da família servil, conduziu da escravidão à servidão. A autorização do senhor, ainda necessária na época carolíngia (concílio de Châlons, 813), deixou de ser necessária. O estado de servo, que se tornou cada vez mais raro a partir do século XIII, constituía apenas uma causa de nulidade do casamento, caso fosse ocultado do cônjuge. A segunda causa referia-se à formação do laço matrimonial: o direito canônico medieval afirmou um princípio puramente consensual de formação do casamento. Não sem algumas hesitações, pois, embora fizesse parte da herança romana, esse princípio se chocava com as tradições de origem germânica, que viam a união carnal (*copula carnalis*) como a "última etapa" do casamento, condição necessária à formação definitiva do vínculo matrimonial, Tradição amplamente dominante ainda no século XII, de certa maneira reforçada pela tradição bíblica, será abandonada sob a influência dos teólogos (Pedro Lombardo, especialmente), para quem o casamento, união das almas tanto quanto dos corpos, só era perfeito em virtude do consentimento dos esposos. Há aí um princípio realmente essencial que constitui o ponto de partida da visão contemporânea do casamento. Embora a procriação e a criação dos filhos continuem sendo a finalidade essencial do casamento, embora a união carnal mantenha posição considerável no direito canônico, posição essa demonstrada especialmente pela possibilidade de se obter a anulação do casamento por motivo de impotência (anterior ao casamento), esses fatores são superados pela expressão do consentimento, consentimento dado de uma vez por todas, devendo emanar dos noivos e só deles. A análise do casamento como sacramento levou teólogos e canonistas a dispensar a necessidade do consentimento dos pais que, mesmo continuando desejável, já não é condição de validade do casamento. É verdade que do princípio à realidade vai grande distância, pois a autoridade parental continua forte, assim como continuam fortes os meios para fazer que ela seja respeitada, mas o princípio está posto. Sua tônica recai no casal e, em razão da importância dada ao consentimento, juristas e teólogos são levados a analisar o casamento como um contrato, noção que lhes parece indissociável do sacramento cuja "matéria" ele constitui, mas que se mostrará prenhe de consequências. Embora esteja consciente dos perigos que tal princípio encerra e condene os casamentos "clandestinos", a Igreja se recusa a ver como condição de validade a realização das solenidades que normalmente cercam o casamento (proclamas, bênção nupcial). No entanto, o princípio é perigoso porque a união validamente contraída é indissolúvel. Baseada numa interpretação dos textos evangélicos que diverge da interpretação dada pelo cristianismo oriental, a indissolubilidade do elo matrimonial impõe-se no Ocidente. Ela põe fim ao divórcio e delega apenas à separação de corpos a tarefa de resolver os mais graves conflitos entre esposos. Disciplina estrita que, mesmo abrandada pela jurisprudência dos tribunais diocesanos, teve muita dificuldade para se impor. Não foram poucos os casais, que, não conseguindo ganhar uma causa de nulidade (ausência ou vício do consentimento; existência de impedimento dirimente), se sentiram tentados a fazer valer o puro consensualismo que preside a formação do elo.

No século XVI, o perigo a que tal sistema expõe a alma comoveu Lutero, que se fez eco dos ataques de Erasmo à indissolubilidade e, de maneira mais geral, ao caráter sacramental do casamento. Para Lutero e para Calvino, o casamento é uma instituição muito digna, mas humana e, por conseguinte, passível de ser regida pelas leis e pelos tribunais laicos. Havia aí motivo para que mais de um monarca se sentisse seduzido: a questão do casamento desempenhou papel importante na história da Reforma. Essa revolta protestante terá duas consequências muito importantes no plano que ora nos ocupa. A primeira é a da reafirmação por parte da Igreja reunida no concílio de Trento do caráter sacramental e indissolúvel do casamento, transformado agora – depois de discussões longas e acaloradas – em ato público e solene (decreto *Tametsi*, sessão 24, 1563). Para ser válido, o consentimento deveria passar a ser dado publicamente na presença do *proprius parochus* (= o pároco de um dos noivos ou um sacerdote autorizado por ele) e diante de duas ou três testemunhas. Os delegados conciliares, porém, se recusaram a submeter a validade do casamento ao consentimento dos pais, apesar da insistência dos representantes do rei da França. Por esse motivo, entre outros, o rei, que em 1556 já se arriscara a baixar um edito sobre os casamentos "clandestinos" – tornando obrigatório o consentimento dos pais até 30 anos para os rapazes e até 25 anos para as moças, sob pena de deserdação –, se recusa a "acatar" o concílio e toma a decisão de legislar. De fato, em virtude dos princípios galicanos, para poderem ser aplicados na França, as decisões do concílio de Trento precisavam ser registradas pelo Parlamento de Paris; nunca o foram. A intervenção legislativa do poder monárquico é a segunda consequência da revolta protestante. O rei da França tirava proveito da fraqueza da Igreja, causada pela cisão entre católicos e protestantes e pelas conturbações por esta geradas, para assumir o controle da instituição. Mas não sem certa prudência. A ordenança de Blois (1579) dedica vários artigos ao casamento. Em seu artigo 40, extrai dos decretos tridentinos o que convinha ao rei: exigência de proclamas, de celebração na presença do "pároco, vigário ou outro" ("outro": palavra vaga que permitia incluir ministros protestantes sem os nomear) e de quatro testemunhas (em lugar de duas), bem como a manutenção obrigatória de registros de casamento. O rei, em contrapartida, rompia com as prescrições do concílio no que se refere ao consentimento dos pais. No entanto, para não se chocar frontalmente com a Igreja, que teoricamente continua competente, não o tornava obrigatório sob pena de nulidade. Mas, restabelecendo o edito de 1556 (art. 41) e considerando "rapto" todo casamento de menores de 25 anos contraído sem o consentimento dos pais (art. 42), ele possibilitaria que a jurisprudência chegasse ao mesmo resultado. Era a famosa teoria do "rapto de sedução" – exemplificada, em 1630, pelo caso do casamento de Gaston d'Orléans –, que provocaria os inúteis protestos do papa, em razão da dissociação que estabelecia entre contrato e sacramento. O rei e seus tribunais encontraram nessa distinção a brecha que lhes permitiria retomar ao longo do século XVII todo o controle da instituição, sem tocar oficialmente no sacramento. Não só reivindicavam competência exclusiva sobre o contrato, como também afirmavam que a validade do contrato condicionava a validade do sacramento! Sacramento que, no entanto, continuava sendo celebrado no interior da igreja ou do templo e era registrado pelos párocos ou pelos ministros, o que, em vista da evolução das regras de comprovação do estado civil das pessoas após a revogação do edito de Nantes em 1685 e o desaparecimento oficial do casamento protestante, causará um problema muito sério (cf. registro civil). O edito de 1787 tentará resolver esse problema, prevendo um registro civil particular para os "não católicos". O Antigo Regime marcou, portanto, uma etapa muito importante na história do casamento, que passou a ser um ato público e solene estritamente controlado pelas famílias e pelo Estado. As famílias recuperaram, a favor de seus interesses, uma instituição que a doutrina cristã puramente consensual do casamento pusera (de forma relativa) em perigo; o Estado instaurava seu controle sobre uma instituição que ele transformava em "fundamento das famílias que compõem as repúblicas" (declaração de 1639) e, assim, a do Estado monárquico. Tudo isso em nome de um "contrato" supervalorizado para as necessidades da causa, o que será utilizado pelos revolucionários para impor uma nova concepção de casamento, inspirada no jusnaturalismo, porém muito mais radical que ele.

"A lei só considera o casamento como contrato civil"; este princípio, formulado pela Constituição de 1791, demonstrando grande continuísmo, demonstra também uma ruptura: a que se estabelece definitivamente com o sacramento. A secularização do casamento tornava-se dramática com as características assumidas a partir de 1792 pelas relações entre Igreja e Estado. O amplo movimento de descristianização que acompanha a instauração da nova legislação agravava o sentimento de ruptura e a hostilidade por ela provocada. Na véspera de seu desaparecimento, em 20 de setembro de 1792, a Assembleia Legislativa votava duas leis, uma sobre o modo de "constatar o estado civil dos cidadãos", outra sobre o divórcio. Esta última foi a mais importante. Consequência lógica de uma visão puramente contratual do casamento, ela simbolizava mais profundamente do que a primeira a ruptura com a Igreja católica. Isto porque a lei sobre o estado civil limitava-se essencialmente a laicizar as formas anteriores, substituindo o pároco pelo funcionário do cartório. O casamento continuava sendo um ato público e solene submetido ao consentimento dos pais até a maioridade, fixada em 21 anos. A utilização política feita da noção de "contrato", utilização especialmente intensa no que se refere ao divórcio, pois ele podia ser obtido por consentimento mútuo, não deve levar a esquecer que, para os revolucionários, o casamento "regenerado" continuava sendo a base da família, que por sua vez era fundamento do Estado. A família "republicana", tal como era pensada pelos mais ardorosos, baseava-se no compromisso livre de dois seres "iguais", era voluntária e regenerada por um amor cujo guardião era o divórcio; destinava-se "naturalmente" à procriação e à criação dos filhos, devendo ser o mais firme sustentáculo da República. Nesse aspecto, não havia verdadeira ruptura. O homem real de 1793, infelizmente, estava longe de possuir todas as virtudes que lhe eram atribuídas, entendendo-se melhor, por esse fato, por que os excessos ensejados pelo divórcio, sobretudo em decorrência dos decretos extremamente permissivos do ano II, rapidamente provocaram uma reação dentro da própria Convenção. Essa reação, primeiramente voltada para os interesses do Estado, depois também será aduzida no interesse dos "costumes" pelos redatores do Código Civil. O aspecto institucional voltou a ser prioritário no Código de 1804. Nele, o casamento não só continuava sendo um ato público e solene, estritamente controlado pelo Estado, como também era submetido à autoridade parental fortemente restabelecida. O casamento devia ser obrigatoriamente celebrado perante o funcionário do registro civil (art. 165), e apenas o ato de celebração, transcrito nos registros, constituía a sua prova (art. 194). Tratava-se de uma celebração laica que devia, obrigatoriamente, preceder toda e qualquer celebração religiosa: Bonaparte tomara o cuidado de "completar" a concordata assinada em 1801 com o papado, inserindo artigos orgânicos que impediam que os párocos dessem a bênção nupcial àqueles que não pudessem provar que haviam contraído matrimônio perante o funcionário do registro civil. Assim garantido, o controle do Estado sobre a instituição era acompanhado pela restauração do papel dos pais. O consentimento destes voltava a ser o consentimento de uma autoridade que se estendia muito além da maioridade, fixada ainda nos 21 anos. Era exigido até 25 anos para os rapazes e até 21 anos para as moças, enquanto um "respeitoso" pedido de opinião aos pais devia ser feito pelos rapazes até 30 anos e pelas moças até 25 anos. Inspirada na legislação do Antigo Regime, assim como muitas outras disposições sobre o assunto, a legislação napoleônica tinha o objetivo de restabelecer a "ordem" nas famílias, ordem na qual repousa a ordem do Estado. Nessas condições, não é de surpreender que em 1816 desaparecesse o divórcio que os redatores do código, por razões políticas, só haviam conservado a contragosto, cercando-o de uma regulamentação extremamente meticulosa. O retorno à indissolubilidade possibilitava não só dar satisfação a uma população que, em sua imensa maioria, continuava profundamente católica, como também fortalecia a estabilidade dessa "base" do Estado.

No entanto, ligado à Restauração, ele aumentou demais as tensões políticas, o que transformará o restabelecimento do divórcio num símbolo extremamente politizado que impedirá ambas as partes de ter uma visão objetiva da questão. O restabelecimento do divórcio em 1884, portanto, será acima de tudo uma vitória dos republicanos. Estes, preocupados em não dar armas aos adversários e desejosos de não enfraquecer a família legítima, que para eles continuava sendo essencial, deram ao divórcio uma feição de divórcio-sanção, que devia ser concedido apenas em "circunstâncias extremas". O divórcio era concebido como punição de uma falta pela qual o culpado deveria pagar. A lei retomava do Código de 1804 as modalidades previstas para tal efeito: perda das vantagens matrimoniais, eventual pagamento de pensão alimentícia, guarda dos filhos, em princípio de responsabilidade do cônjuge que tivesse obtido o divórcio, proibição de o cônjuge adúltero casar-se com seu cúmplice. Esta última medida será revogada em 1904, na mesma época em que, pondo fim à concordata de 1801, os republicanos votavam a separação definitiva entre Igreja e Estado. Percebe-se em que atmosfera ocorriam tais reformas. Mas, ao mesmo tempo que se achavam no "dever" de restabelecer o divórcio, os deputados procuravam favorecer o casamento. A derrota para a Alemanha, em 1870, deu novo vigor às preocupações populacionistas, que ocupavam espaço cada vez maior no fim do século XIX, levando os deputados a favorecer o casamento para aumentar a população, visto que a família legítima lhes parecia ser a mais apta para exercer essa função procriadora. Portanto, progressivamente, eles abrandariam as formalidades (lei de 1896 e 1907), especialmente a pedido do abade Lemire, e eliminariam a autorização dos pais depois dos 21 anos. Na lei de 1907, que fez essa supressão, subsiste até 30 anos o princípio do consentimento dos pais, permitindo-se que haja desobediência, em caso de recusa, apenas um mês depois da notificação. Mantida até 25 anos pela lei de 1927, essa notificação só desaparecerá em 1933. O consentimento de autoridade transformou-se então, definitivamente, em consentimento de proteção até a maioridade. Ao fazer isso, o legislador reforçava o aspecto contratual, dava prioridade ao casal, mas sem abandonar o controle da instituição, arduamente conquistado. Mas facilitava as aspirações individualistas favorecidas pelo tema do amor conjugal, desenvolvido a partir da segunda metade do século XVIII e amplamente retomado no século XIX, inclusive pela doutrina católica. O casal passava a ser um fim em si mesmo, e não um meio para se atingir um fim que lhe fosse superior. Essa evolução também foi facilitada pela industrialização, em virtude das mudanças profundas que esta provocou, especialmente com o surgimento do assalariado e com a relativa independência em relação aos pais. O casamento tende, aos poucos, especialmente depois da Segunda Guerra Mundial, a tornar-se um assunto pessoal, "privatiza-se", exatamente no momento em que o Estado passa a se imiscuir cada vez mais na vida familiar, vida que ele pretende captar em todas as suas formas, e não mais apenas através do casamento.

Contrato ou instituto? O legislador sempre hesita entre essas duas concepções herdadas da história. O exemplo do divórcio ilustra esse fato de maneira significativa: embora uma série de leis, a partir de 1884, facilitasse o seu procedimento, seu aspecto de divórcio-sanção não seria perdido fundamentalmente antes de 1975, apesar das várias tentativas feitas para introduzir o divórcio por consentimento mútuo e da distorção cada vez maior entre fato e direito.

Precedida pela lei de 1972, que proclamava a igualdade sucessória entre os filhos legítimos e naturais, essa lei reforçou o aspecto contratual do casamento, supervalorizado havia muito tempo, pelas conhecidas razões políticas. Toda essa evolução faz que o controle do Estado sobre o instituto do casamento perca grande parte de sua justificação. Embora suas causas sejam múltiplas, ela explica a posição que, nos últimos trinta anos, vem sendo ocupada pela união livre, que ganha cada vez mais feição de "casamento privado", institucionalizado pelo direito (particularmente pelo direito social) e, querendo ou não, pelas famílias. A integração do casal no seio da família, afora qualquer outra consideração, especialmente de caráter religioso, continua sendo psicológica e socialmente o principal aspecto institucional do casamento. Por tradição, ela é acompanhada por certo número de ritos e celebrações que marcam sua importância, e é ela que ainda induz grande número de concubinos a transformar sua união em casamento "público e solene". O casamento, portanto, continua sendo, acima de tudo, aquilo que sempre foi: um "assunto de família".

› Além dos manuais e dos tratados referentes ao direito da família, CARBONNIER J., "Terre et ciel dans le droit du mariage", *Mélanges Ripert*, Paris, 1950, t. l, pp. 325 ss. – COMMAILLE J., *L'esprit sociologique des lois*, Paris, 1994; *Le droit de la famille à l'épreuve des migrations transnationales*, ed. Univ. de Lille II, 1993. – GAUDEMET J., *Le mariage en Occident*, Paris, 1987. – HAUSER J., "Glossaire des mariages de l'an 2000", in *Mélanges Colomer*, 1993, pp. 189 ss. – LEFEBVRE-TEILLARD A., *Introduction historique au droit des personnes et de la famille*, Paris, 1996. – MEULDERS-KLEIN M. Th., "L'évolution du mariage et le sens de l'histoire", in *Le droit de la famille en Europe*, Estrasburgo, 1992, pp. 215 ss. – THÉRY I., *Le démariage*, Paris, 1993.

Anne LEFEBVRE-TEILLARD

→ Estado civil; Família; Filiação; Regimes matrimoniais; Sucessões; Uniões fora do casamento.

CASUÍSTICA

Essa palavra provém da teologia moral, e se poderia considerar, ainda hoje, que não pertence plenamente à linguagem do direito: seria buscada em vão nos vocabulários especializados. Não é o que ocorre com o adjetivo *casual*: os direitos casuais que o senhor feudal auferia designavam os ganhos fortuitos de seu feudo, que só lhe eram devidos por ocasião de certas transmissões. Assim, o que é casual não é constante (lat. *casus*, acidental); seu efeito só se manifesta em certos casos. A arte da casuística nasceu dessa ideia. Quem primeiro a distinguiu de outros ramos da teologia foi Raimundo de Peñaforte, autor, jurista e teólogo do século XIII. Depois do concílio de Latrão, que prescrevia a todo cristão a confissão pelo menos uma vez por ano, esse autor estabeleceu um repertório de casos em sua *Summa de poenitentia et matrimonio*. A regra moral, assim como a regra de direito, é geral, e costuma-se repetir que as regras de comportamento não podem prever tudo; ocorrem momentos em que sua generalidade torna sua aplicação claramente inadequada ao caso que se apresente, ainda que este esteja em seu campo de aplicação. Assim, a aplicação estrita da regra supõe – caso se tente representar todos os casos possíveis – um sem-número de distinções. A casuística, ao tentar um repertório de casos, esforça-se por afinar as qualificações. Nesse sentido, a casuística pode ser vinculada aos métodos de interpretação ou de aplicação da regra; tal é, certamente, a principal manifestação da ideia de casuística para os juristas. Um estudo da palavra não poderia, porém, ignorar a casuística como método de ensino: o *case method*, tão difundido nas escolas de direito anglo-saxônicas.

Casuística, método de interpretação

Já se disse que a casuística se esforça por afinar as qualificações. Para o teólogo ou o confessor, o que está em causa é a qualificação de pecado: transgredir uma regra, por exemplo o mandamento divino *Não matarás*, é um grave pecado; mas terei cometido um pecado, ou pelos menos um pecado tão grave, se tiver matado o agressor que atentava contra minha própria vida? Não é possível aquilatar o valor moral das ações humanas sem aventar, discutir e resolver casos de consciência; essa observação é aplicável também ao direito. Na época de Raimundo de Peñaforte, os glosadores bolonheses dedicavam boa parte de seus trabalhos aos *casus*, nos quais reconstituíam as hipóteses visadas pelos textos, labor que se impunha tanto para esclarecer o sentido da regra quanto para tornar práticos textos seculares. A casuística, portanto, é uma ciência útil ao jurista tanto quanto ao confessor, para *discernir* os casos nos quais convém a aplicação da regra. Torna-se necessária quando a regra é formulada com alto grau de generalidade, sem que regras posteriores venham tornar precisas as suas condições de aplicação. Mas a casuística, ciência sutil, traz defeitos em seu próprio bojo; parecem sempre necessárias novas distinções: matei em legítima defesa, mas o caráter radical de minha defesa era legítima – ou seja, estava suficientemente legitimado *pelas circunstâncias*? E quais serão os tipos de circunstâncias capazes de legitimar minha reação? Corre-se, assim, o risco de acumular distinções infinitas, com o inconveniente de tornar a regra puramente circunstancial e, afinal, de debilitá-la como regra, de subverter seu conteúdo ou desviá-la de seus objetivos primeiros: a regra torna-se instrumento de interpretação particular, já não é a voz de Deus nem do legislador. Muitas vezes a casuística foi apresentada como uma decadência da religião ou do direito, e não foi por acaso que Lutero lançou ao fogo, junto com a bula papal e as Decretais, a obra de casuística mais célebre de seu tempo, a *Summa Angelica* de Clavasio; do mesmo modo, a V e a VI *Provinciais* deixaram-nos a lembrança dos violentos ataques que os jansenistas – que queriam voltar ao cristianismo primitivo – fizeram contra os jesuítas por causa da casuística. Em nossa época, em todo caso, os juristas praticam comumente o método casuístico, que atua como legítimo intercessor entre o direito e as realidades sociais, sempre que o direito se afasta da espontaneidade das fontes consuetudinárias.

A palavra *caso*, na linguagem do direito, sempre designou uma configuração particular da realidade, com maior ou menor grau de especificidade, constitutiva de um complexo factual solicitado a entrar no campo de aplicação de uma regra determinada. Entre o caso particular, que constitui a premissa menor do silogismo num sistema fechado de direito escrito, e a lei, que constitui sua premissa maior, existe uma inevitável distância. Para absorver essa distância, é preciso depositar confiança integral no juiz que cuidará da questão, ou remeter-se a estudos *tópicos* (como se dizia no século XVIII), inspirados pela jurisprudência e por uma doutrina razoável. A casuística, em seu esforço de definição prévia dos casos na forma de hipóteses, limita os caprichos de um intérprete que corre o risco de ser mal inspirado por uma equidade subjetiva. Se – como dizia Lorde Selden – a *Equity* depende do tamanho do pé do Chanceler, pode-se considerar muito mais segura uma casuística elaborada de modo razoável com base em casos exemplares. Tal método permite que o jurista considere, com tranquilidade, ou seja, sem perder de vista os objetivos da regra de direito, as implicações desta em relação a um conjunto de fatos dados, e a dimensionar, na ocasião, os interesses práticos; ela vai funcionar como um regulador de interpretação e evitar graves transgressões ao imperativo de segurança jurídica na hipótese em que este seja ameaçado. É verdade, porém, que a casuística, em virtude dos matizes que estabelece e da representação mais complexa do direito que produz, garante menos a segurança jurídica do que um método axiomático simples. Pois é compreensível que, para os juristas, a questão de recorrer à casuística reanima a eterna hesitação entre o método problemático e a sistematização do direito. Os romanistas alemães deram destaque à diferença de método que existia, já em Roma, entre os que prescreviam a decisão que levava em conta os interesses em causa (*Interessenjurisprudenz*) e os que, sob influência da filosofia ou da retórica, preconizavam um método dedutivo e racional a partir de definições (*Begriffsjurisprudenz*).

Do mesmo modo, na França, durante o século XIX, prosperaram dois métodos de inspirações opostas, sob o império dos mesmos textos. Enquanto os primeiros comentadores do Código, formados no estudo da jurisprudência na vigência do antigo direito, se sentiam mais livres em relação aos textos e raciocinavam com naturalidade de maneira casual, a nova geração de autores, que começou a ensinar e a escrever por volta de 1850, seguiu o método rígido que, inspirado pelo espírito geométrico da codificação, se compraz no desenvolvimento extremado das fórmulas legais, sem consideração pelo resultado ou pelas necessárias distinções impostas pela realidade. Esse método sistemático, exposto a partir de 1841 por Blondeau numa dissertação para a Academia das Ciências Morais, baseava-se no postulado de que todo direito positivo está na lei escrita, e de que todas as soluções podem dela ser extraídas por via de dedução. Não há dúvida alguma de que esse modo de conceber o direito sofreu a influência dos temas kantianos dos quais a Universidade então estava impregnada, especialmente da ideia de que a faculdade de julgar (*Urteilskraft*) é o poder de subsumir o particular ao universal. Esse método sistemático sem dúvida tem os méritos do espírito de síntese: nunca perde de vista a lógica das instituições nem o sentido do sistema do qual procede, não precisando padecer da falta de perspectiva inerente ao exame das questões isoladas. Mas carece de largueza de visão sobre a própria sociedade e, afinal, sobre o alcance real das regras e a eficácia de sua aplicação. Produz um direito dogmático cuja generalidade ignora demais as particularidades infinitas da vida social. Bastam alguns fatores de evolução, o surgimento de uma questão nova, para que o jurista compreenda que a formulação geral das regras num sistema codificado, por mais clara que seja, não basta para tratar os comportamentos humanos sem que se indague sobre os *casos* de aplicação. Assim, quando o artigo 1.382 do Código Civil francês afirma a responsabilidade pecuniária do autor de um ato materialmente lesivo, afirma-o em termos tão genéricos ("Todo e qualquer feito humano que cause prejuízo a outrem..."), que numerosas interrogações vêm à mente daquele que procure imaginar as situações. Por exemplo, a prática de um ato materialmente lesivo que é *um feito qualquer*, mas que se apresente como exercício de um direito, implica responsabilidade de seu autor? Ou então: como deve ser representado concretamente o nexo causal entre o ato ilícito e o dano? Resolve-se a primeira questão com uma distinção: depende do fato de o exercício do direito ter sido ou não inspirado pela intenção de lesar. À segunda questão, hoje se pode responder com base em exemplos extraídos da jurisprudência... Nos dois casos, recorre-se a uma análise casual para a obtenção de especificações elementares exigidas pela regra legal.

A casuística parece ainda mais indispensável porque o direito nunca poderá prescindir de noções ambíguas; isso ocorre não só com noções que, tal como a causalidade, remetem a conceitos insondáveis, como também com noções mais concretas. Pensemos na urgência como condição de aplicação de uma regra: todos podem conceber a urgência, mas ninguém pode defini-la de maneira operacional sem recorrer a exemplos; a noção é sempre relativa, porquanto só é completamente carregada de sentido quando relacionada com certo conjunto de fatos: a noção de urgência só é operacional no plano da *forma* do raciocínio, pois supõe interesse pela *matéria* deste. Por isso, a lógica formal encontra aí os seus limites, e o intérprete é necessariamente remetido a uma abordagem casuística. Isso é verdade, *a fortiori*, quando deparamos com construtos pretorianos, como a teoria da fraude que a jurisprudência do século XIX vinculou a um adágio, *fraus omnia corrumpit*, cujas origens são desconhecidas e cujo teor é vago. A fraude é definida como o recurso a uma operação jurídica regular em si mesma, mas inspirada principalmente pelo intuito de atentar contra os direitos alheios ou de se subtrair a uma regra imperativa. É o mesmo que dizer que ela só pode ser demonstrada pela identificação de um elemento moral (o objetivo perseguido pelo agente); incumbe, portanto, ao intérprete verificar se a configuração dos fatos permite inferir a intenção fraudulenta. O recurso a esse tipo de procedimento casual chegou a ser instituído pela lei na questão análoga do abuso de direito em matéria fiscal: para facilitar a aplicação do artigo L. 64 do Livro de procedimentos fiscais (*Livre des procédures fiscales*) estabeleceu-se uma comissão consultiva para repressão dos abusos de direito, cujos pareceres justificados, além de terem o efeito de situar o ônus da prova, constituem um repertório de casos publicados, a partir do qual é possível situar melhor o limite entre permitido e proibido... Isso demonstra que o método casual é indispensável para racionalizar a aplicação de uma regra generalíssima, cujas condições são pouco caracterizadas.

A vocação da casuística é: especificar de maneira concreta as condições de aplicação da regra de direito, especialmente nos domínios em que a regra que impõe a proibição, para manter sua eficácia, deve ficar num nível elevado de generalidade. O método casuístico, ao contrário do método sistemático e dedutivo, que não faz outras discriminações além das resultantes da fórmula legal, é alimentado por distinções, induções e analogias, mas sem chegar a admitir aquela lógica judiciária original que reivindica a doutrina antiformalista, pouquíssimo consciente do perigo que representa a liberdade do juiz para a segurança jurídica. A casuística jurídica, ao contrário, é um esforço de reação contra a *soft-law*, rumo à qual poderiam levar conceitos "frouxos", tais como a falta do artigo 1.382 ou a fraude, e da qual já procedem a falsa noção de cartel e todos os chamados mecanismos de *regulação*. Pode-se assim apresentar a casuística como um meio rigoroso de levar a realidade em consideração, mas segundo uma lógica diretiva que a distingue das práticas reguladoras desjuridicizadas, nas quais um controle irrecusável, mas aleatório, passa a ser essencialmente condicionado por critérios de *efficiency*.

O método casual de ensino

A partir de 1871 a Harvard Law School instituiu, paralelamente aos cursos magistrais, um *case method*; o decano Langled mandava seus alunos ler uma série de sentenças e discuti-las em seguida, respondendo a uma saraivada de perguntas feitas pelo mestre; o método, adotado por todas as escolas de direito, foi acatado com entusiasmo nas escolas de administração e recebeu a expressão mais elaborada na Harvard Business School entre 1908 e 1920. O método casual certamente estava destinado a afirmar-se nas escolas de direito anglo-saxãs, onde um direito pouco legalizado se alimenta essencialmente da regra do precedente jurisdicional. O que se pode afirmar é que o pleno desenvolvimento do método casual desempenhou, por retroalimentação, um papel determinante no modo de pensar dos juristas americanos: aprender direito por exemplos detalhados não produz os mesmos resultados que aprender direito por meio de noções gerais, expostas em forma de conceitos teóricos. As fórmulas contratuais – mais enumerativas que sintéticas – dos praticantes anglo-saxões ressentem-se disso: o *learning by doing* tem o mérito de preparar diretamente o estudante para a prática, mas expõe ao risco de privar o futuro praticante de toda e qualquer desenvoltura redacional que não percorra caminhos batidos, por falta de pontos de referência gerais; dá ao redator de um ato a impressão de que, se não tiver visado expressamente todos os casos particulares passíveis de apresentar-se, produzirá uma estipulação deficiente. Esses inconvenientes atingem o paroxismo quando o ensino é ministrado segundo o método casual integral, inspirado pelo postulado de que o essencial da matéria não existe em estado desencarnado, de que o direito é abstratamente inapreensível e de que o único meio de abordá-lo é tratar dos casos particulares. O ensino, então, está arriscado a não valer muito mais do que a simples aprendizagem "na prática". Os próprios juízes, quando aprendem por tais métodos de ensino, podem ser suas vítimas, uma vez que lhes incumbe, institucionalmente, tratar do variável e do incerto, o que supõe certas faculdades de adaptação e elevação acima do caso examinado. Por isso, por falta de inspiração diretiva, arriscam-se a submeter-se, sem discernimento, ao peso do precedente ou, ao contrário, a multiplicar soluções a partir de variantes insignificantes. A criação, em 1892, da *National Conference of Commissioners on Uniform State Laws*, na época em que o método casual se generalizava entre os juristas, talvez tenha constituído uma reação consciente contra o risco de pulverização do direito.

O interesse do *case method* para a formação em administração é válido se, como já se disse, os negócios precisam de homens e não de cérebro. A rapidez de análise necessária a quem toma decisões e a cultura do reflexo são felizmente cultivadas pela formação empirista baseada no tratamento de casos, aliás mais cientificamente complexos do que exemplares. Mas, em direito, trabalha-se menos com casos extremos e mais com casos típicos; o objetivo é encontrar uma solução adequada, e não iniciar um debate reativo sobre os processos de decisão, como se faz em Stanford em matéria de ensino de *management*. Embora seja verdade que não se pode reduzir o direito à aplicação mecânica de regras gerais, também é verdade que o jurista precisa de um mínimo de ciência. As situações concretas merecem, sem dúvida, consideração, e é possível que um ensino do direito seja alicerçado sobre tais bases; mas chega, necessariamente, um momento em que a reflexão precisa mudar de dimensão, porque os casos não fornecem espontaneamente suas próprias condições de inteligibilidade; cabe, então, conceitualizar e examinar as situações concretas pelo crivo seletor de uma teoria (uma generalização intelectual) ao mesmo tempo formalizadora e simplificadora. A verdadeira *compreensão* das soluções só pode decorrer de uma atenuação na análise de casos, negligenciando-se o maior número possível de elementos particulares, tratados como detalhes ou contingências em relação aos imperativos sociais ou à homogeneidade de um conjunto de normas. Como já se escreveu, "o espírito só se reconhece e só se torna capaz de criar estruturas coerentes quando age sobre objetos suficientemente rarefeitos" (L. G. Vereecke). Se não voltarmos a uma busca da generalidade, única que pode levar à aplicação da regra, aceitaremos sem limites a "desjuridicização" do direito, preconizada por sociólogos do direito anglo-saxões, da qual o liberalismo soube concretamente tirar proveito, com a aplicação em direito econômico dos mecanismos de *regulação*, segundo os quais uma simples lógica de normalização é chamada a substituir o sistema das prescrições. O ensino segundo o método casual integral só pode dar credibilidade a essas ideias quando, para dar livre curso à liberdade de iniciativa, se pretende substituir toda e qualquer regra preexistente pelo desenvolvimento de uma *Interessenjurisprudenz* encarregada de pronunciar proibições episódicas.

Os riscos a que esses métodos de ensino expõem para a compreensão clássica do direito não devem levar a perder de vista que, por comparação, o método casuístico a que nos referimos na primeira parte deste verbete ainda faz parte do direito. A estrutura *se... então...*, à qual responde toda verdadeira regra de direito, aplica-se à casuística. Cabe-lhe examinar e sequenciar todos os casos tópicos nos quais a reunião de certas condições detectáveis (a *pressuposição*) merece determinar um efeito particular de direito. A casuística deve ser entendida como um método de interpretação; nesse sentido, pertence plenamente à tradição romano-germânica do direito, que se opõe aos sistemas de *common law* pela preponderância do processo de interpretação sobre a pura técnica das distinções. Portanto, cumpre distinguir bem o que é casual e o que é de espécie. Os julgamentos de espécie não são do direito: apenas correspondem a um modo isolado de solução de um conflito, sem recurso às regras. Uma jurisprudência casual não é feita de sentenças de espécie; as decisões de espécie, por definição, não são jurisprudência. Ao contrário, poder-se-ia quase afirmar que a casuística é a essência do direito; sem dúvida, ela pode levar a pensar – pelo grande número de variações que induz – numa adulteração da regra permanente e geral, mas, por outro lado, a regra é sempre a soma depurada das soluções casuais, se admitirmos, de acordo com J. Carbonnier, que uma regra de direito "é um condensado de experiências sociais que se repetiram ao infinito, de tal modo que, ao considerá-la num relance, podemos poupar muitas das pesquisas que nela estão encerradas". Assim, o método casuístico de interpretação ganha respeitabilidade, o que confere certa legitimidade ao método casual de ensino, desde que ele não renuncie a um mínimo de teorização.

› Col.: *Le Droit, les sciences humaines et la philosophie*, Vrin, 1973, Centre international de Synthèse: CARBONNIER J., *Droit privé et sociologie*. – GÉNY F., *Méthode d'interprétation et sources en droit privé positif*, Paris, 1899; *Encycl. Universalis*, cf. Cas (Méthode des), L. G. Vereecke; Univ. Stanford, *The Case Method of Instruction*, www.stanford.edu/class/ee.353. – GOLDMAN B., *Droit et sciences économiques*; PERELMAN C., *Droit, logique et épistémologie; La Grande Encyclopédie*, cf. Casuistique, E. H. Vollet; VIEHWEG Th., *Topik und Jurisprudenz*, Munich, 1953 (trad. ital. 1962). – PLANIOL M., *Traité élémentaire de droit civil*, t. 1, 5, ed. 1908.

Ver também: BATIFFOL H., *Philosophie du droit*, PUF, 2ª ed., 1962. – GAUDEMET J., *Institutions de l'Antiquité*, 2ª ed., Sirey, 1982. – GIRARD P. F., *Droit romain*, 6ª ed., 1918. – LEVASSEUR A. A., *Droit des États-Unis*, Dalloz. – TALLON D., *Le Concept de bonne foi en droit français du contrat*, Centro di Studi e ricerche di diritto comparato e straniero. – TESTU F.-X., "Les glossateurs, regards d'un civiliste", *RTD civ.*, 1993, p. 279. – Col.: *Encycl. Universalis*, cf. Anglais (Droit) e Romano-germaniques (Droits), R. David.

François-Xavier TESTU

→ Argumentação e retórica jurídica; *Common law*; Ensino do direito; Equidade; Exegese; Fraude; Interpretação; Juiz; Jurisprudência; Precedente; Qualificação; *Standard*; Tópicos jurídicos.

CAUSA

"Causa", mais ainda que "coisa", que tem a mesma etimologia, é uma palavra polissêmica. Por exemplo, Littré, em seu *Dictionnaire de la langue française*, registra nove sentidos. O mais antigo é o de "processo em juízo" (por exemplo, um advogado sem causa); etimologicamente, é provável que a palavra venha do latim *cavere*, acautelar-se, defender-se. Os outros quatro sentidos mais importantes registrados por Littré são sempre correlativos a *efeito*: a causa produz um efeito, não há efeito sem causa etc., 1 / o que faz que uma coisa seja ou ocorra; 2 / o que se produz ou se ocasiona; 3 / razão, motivo; 4 / o quarto sentido é jurídico: "em termos de jurisprudência, causa de uma obrigação, vantagem moral ou material que o contratante se propõe".

A causalidade, princípio em virtude do qual se vincula um efeito a uma causa, é um dos dados essenciais de todas as ciências. Aqui nos limitaremos a mencioná-lo como lembrete. Esse princípio é particularmente importante nas ciências exatas, tais como a matemática e a física; pode decorrer do determinismo: um fenômeno tem como causa certa outro fenômeno; ou então do cálculo das probabilidades: um fenômeno tem como causa provável outro fenômeno. A causalidade também sempre foi uma das preocupações principais da reflexão filosófica, sobretudo no século XVIII, quando Kant, por exemplo, se opunha a Hume, para quem a causalidade se fundamentava no hábito; para Kant, ela era uma categoria compreendida na relação: em todos os fenômenos, o elo que é testemunha da unidade da consciência pensante. A filosofia, ao longo de toda a sua história, multiplicou distinções sempre que se tratava da causa. Por exemplo, Aristóteles: causa formal, material, eficiente, final, primeira, principal, instrumental; são Tomás de Aquino: direta, indireta, unívoca, equívoca etc. O direito quase não as utilizou, a não ser na distinção entre causa eficiente e causa final: causa eficiente designa o fenômeno que produz outro; causa final é o objetivo em vista do qual se realiza um ato.

A causa intervém em várias partes do direito civil: no direito contratual, com o nome de causa do contrato ou de causa de uma obrigação; no da responsabilidade penal, quando se fala da causa do dano; e no da responsabilidade extracontratual, quando se fala em enriquecimento sem causa.

Contratos

Três textos do Código Civil francês, relativos aos contratos, referem-se à causa. A causa é uma das quatro condições essenciais para a validade de uma convenção (C. Civ. francês, art. 1.108); a ausência de causa, sua falsidade ou sua ilicitude privam de efeitos a obrigação (art. 1.131); a convenção é válida ainda que a causa não seja expressa (art. 1.132). Depois de ter apresentado as generalidades e o histórico da causa, serão sucessivamente expostas estas três regras: ausência de causa, causa ilícita, prova da causa.

Generalidades e história. – As três regras que constituem o essencial da "teoria da causa" parecem muito simples. Contudo, existem poucas questões do direito contratual que suscitaram tantos debates doutrinários, outrora acalorados, frequentemente pessoais e sempre sutis, entre as mais admiráveis análises do direito, admiráveis mas muitas vezes enganosas, por falta de verdadeiras implicações concretas e práticas.

Qual a importância da causa e de sua teoria no direito das obrigações? Também nesse caso pode-se debater e dar respostas contrárias: não grande importância, se examinarmos a jurisprudência; grande importância, se nos ativermos à significação do contrato e a sua história; não muito grande, também, se considerarmos o direito comparado e os projetos contemporâneos de codificação europeia do direito das obrigações. A teoria da causa não suscita um contencioso considerável, o que, à primeira vista, poderia levar a crer que não tem a grande importância que lhe é atribuída pelos debates doutrinários; contudo, ela sempre deu origem a um fluxo bastante regular de jurisprudência, o que significa no mínimo que não está morta e até que tem uma vida bem real através das peripécias da história.

O lugar da causa no contrato é capital, porque permite dimensionar a importância da vontade na força do compromisso contratual. A causa, na realidade, é a justificação, o limite e a garantia do poder autônomo da vontade. É sua justificação, ao explicar por que a vontade vincula; não basta dizer que se está vinculado porque foi isso o que se desejou, também é preciso saber por quê. Também é seu limite: uma obrigação, por mais desejada que seja, não será vinculante se não tiver causa ou se tiver causa ilícita. É, por fim, sua garantia, pois para privar a vontade de efeitos, o juiz não poderá ter uma opinião livre sobre todas as diferentes considerações que levaram uma pessoa a assumir um compromisso; ele só pode examinar a causa. A teoria da causa, portanto, é um elemento capital na teoria do contrato; ela permite dimensionar a importância da vontade na formação do compromisso contratual e a extensão do poder do juiz para apreciar sua existência e sua correção. Não é, pois, de surpreender que as teorias e as épocas liberais tenham atribuído a menor importância possível à causa, ao contrário das teorias e das épocas intervencionistas, o que a história confirma em parte (G. Chevrier, *Essai sur l'histoire de la cause dans les obligations*, tese, Paris, 1929).

O direito romano ignorou a autonomia da vontade. Ninguém era vinculado por um contrato pelo simples fato de tê-lo desejado (*nudo pacto non oritur actio*), mas porque o contrato tinha uma *causa*; a causa era, portanto, a causa eficiente do contrato, fundamento do seu caráter vinculante, ou melhor, aquilo que propiciava a ação em juízo. O que justificava o compromisso era a entrega da coisa (contratos reais), o cumprimento de uma formalidade (contratos solenes), ou de um feito (mais tarde), os contratos inominados.

Na Idade Média, a contribuição do direito canônico foi decisiva: a partir daí, todo consentimento vincula, salvo se ilícito ou imoral. Para os canonistas a validade do compromisso já não depende do cumprimento de uma formalidade ou da entrega de uma coisa: agora, todos os consentimentos vinculam – o que é enunciado pelo princípio do consensualismo –, mas desde que sejam razoáveis e não contrários à moral – o que é imposto pela causa: por exemplo, *nudo pacto oritur actio nudum a solemnitate sed non nudum a causa*, uma ação nasce do pacto nu, nu de formalismo mas não de causa. A partir daí, já não se trata apenas, como em Roma, da causa eficiente, mas também de uma causa final, o objetivo buscado pelos contratantes. O direito canônico aplicou a causa aos contratos sinalagmáticos, ao contrário do direito romano. A partir de então, nesses contratos, a obrigação de cada parte tem como causa a obrigação correlativa do cocontratante; por conseguinte, a inexecução de uma obrigação justifica a exceção de inexecução e a rescisão judiciária do contrato. Surgiu assim uma nova extensão na teoria da causa que já não diz respeito apenas à formação do contrato, mas também à sua execução.

Nos séculos XVII e XVIII, uma causa abstrata. – Outra contribuição essencial à teoria da causa foi a de Domat, no século XVII. A partir daí, a causa é sempre a mesma em todos os contratos da mesma espécie. É o que se chamou de concepção abstrata da causa: abstrata porque estranha às preocupações concretas de cada contratante, a seus motivos individuais. Domat escrevia que nos contratos de natureza onerosa "o compromisso de um é fundamento do compromisso do outro [...]. Assim, o vínculo que se forma nesses tipos de convenção em proveito de um dos contratantes sempre tem sua causa no outro [...]. Nas doações e nos outros contratos em que um só faz ou doa [...], o compromisso daquele que doa tem fundamento em algum motivo razoável e justo, tal como [...] o simples prazer de fazer o bem. E esse motivo faz as vezes de causa para aquele que recebe e nada doa" (Domat, *Les Lois civiles dans leur ordre naturel*, Primeira parte, livro 1, cap. I, sec. V e VI). Por exemplo, na venda, a obrigação do vendedor tem como causa o pagamento do preço devido pelo comprador, a obrigação do comprador tem como causa a entrega da coisa devida pelo vendedor. Na doação, a causa da obrigação do doador é a sua intenção liberal.

Essa teoria foi renovada por um autor recente, para quem a causa é sempre a mesma em "cada tipo de contrato": "A causa típica representa, em definitivo, os elementos essenciais próprios a cada tipo de contrato, o mínimo obrigatório necessário para procurar atingir a finalidade inerente, e aquilo que ela chama em doutrina e em jurisprudência 'contrapartida necessária', 'elemento essencial' ou 'obrigação fundamental'" (J. Rochfeld, *Cause et type de contrat*, tese, Paris I, LGDJ, 1999, pref. J. Ghestin, nº 628). Um século depois de Domat, Pothier trouxe à baila uma nova extensão da causa, os motivos ilícitos: "Quando a causa pela qual foi assumido o compromisso é uma causa que fere a justiça, a boa-fé ou os bons costumes, esse compromisso é nulo" (Pothier, *Traité des obligations*, nº 43).

Durante o século XIX, a análise jurídica doutrinal manteve a concepção abstrata de causa. A causa não se opunha somente aos motivos individuais e diversos, mas também ao objeto. Assim, na venda, a obrigação do comprador tem como objeto o pagamento do preço e como causa a obrigação do vendedor de entregar a coisa vendida. Essa concepção abstrata fazia do consentimento a fonte exclusiva do contrato, reduzindo ao extremo o poder do juiz de apreciar o contrato, o que não era de espantar, pois situava-se no apogeu do liberalismo econômico, numa época em que se acreditava que tudo o que fosse contratual era necessariamente justo. Essa inutilidade prática da causa explica o desenvolvimento do anticausalismo no fim do século.

O anticausalista mais famoso foi Planiol: ele demonstrou que a teoria da causa é histórica e logicamente falsa e inútil. Historicamente, a noção romana de causa, elemento de validade do contrato, estava ligada ao formalismo e tornou-se inútil a partir do momento em que, sob a influência dos canonistas, o consensualismo passou a ser o princípio geral dos contratos. Do ponto de vista lógico – esse foi sem dúvida seu argumento mais forte –, a teoria da causa estava presa a um círculo vicioso: era impossível considerar que a obrigação oriunda de um contrato sinalagmático pudesse constituir a causa da obrigação recíproca, pois as duas obrigações nasciam simultaneamente e, por isso, não podiam ser causas recíprocas: uma causa é necessariamente anterior a seu efeito; quando dois acontecimentos se produzem no mesmo momento, um não pode ser causa do outro. Planiol acrescentava que, na realidade, a causa se confundia com os outros elementos do contrato, o consentimento ou o objeto.

No entanto, o direito francês – doutrina e jurisprudência – permaneceu causalista, mas com um causalismo que perdeu a abstração (neocausalismo). A partir do século XIX, as ideias mudaram: o contrato já não é um fim em si; precisa também ser justo, e essa ideia ganhou importância crescente, com consequências sobre a causa. A teoria da causa possibilitou lutar contra certos abusos contratuais e até controlar a liberdade contratual. O direito francês, portanto, continuou causalista. Ao contrário, numerosos sistemas estrangeiros, sobretudo o direito alemão, a *common law* e os projetos atuais de codificação europeia ignoram a causa, ou pelo menos não a veem como condição de validade dos contratos, ao contrário do direito francês.

O direito alemão não é diferente da teoria francesa da causa quando se trata de ilícito. O parágrafo 138 BGB, segundo o qual os atos contrários aos bons costumes são nulos, chega a resultados sensivelmente equivalentes aos atingidos na França pela causa ilícita. *A contrario*, quando se trata da existência da causa, o direito alemão é diferente do direito francês: os atos mais importantes são atos abstratos, ou seja, atos cuja validade não está subordinada à existência de uma causa. É o que ocorre com a transferência de propriedade, que é independente do contrato de alienação, diferença importante em relação ao direito francês. Do mesmo modo, a cessão de créditos e a procuração não são afetadas pelos vícios do ato que lhes serve de fundamento (BGB, § 929 e 167). Essa abstração do ato confere grande segurança ao comércio jurídico; vem de Savigny, mas é criticada por uma parte da doutrina alemã contemporânea (Cl. Witz, *Droit privé allemand*, t. I: *Actes juridiques, droits subjectifs*, Litec, 1992, nº 127-39).

Na *common law* da Inglaterra, depois que o *contrato* foi estabelecido por um *Deed* (espécie de ato solene), o devedor não pode invocar ausência de causa para recusar-se a pagar e, salvo causa ilícita, não dispõe, depois do pagamento, de nenhum recurso para demonstrar a ausência de causa. Ao contrário, nos *contracts by parol*, sua *consideration* deve ser provada; a *consideration* caracteriza o ato de natureza onerosa e o torna válido. Mas, diferentemente da causa do direito francês, pode ser puramente simbólica; um grão de pimenta pode ser, segundo famoso adágio, uma *valuable consideration*, mesmo para um compromisso importante.

Ausência de causa. – O contrato carece de causa quando não apresenta interesse para a parte que se obriga. Um dos numerosos debates suscitados pela teoria da causa consistia em saber se esse interesse tinha exclusivamente natureza objetiva ou se também podia apresentar um caráter subjetivo, o que modificava sua natureza. Durante muito tempo, a apreciação do juiz sobre o fundamento da ausência de causa só podia incidir sobre elementos objetivos; há cerca de dez anos, ela foi ampliada e estendida a uma compreensão subjetiva do interesse que justificasse a obrigação do devedor, ou seja, o caráter razoável e justo que um contrato deve apresentar para ser vinculante. O papel da causa e o poder do juiz cresceram assim.

1 / Contratos comutativos. A ausência de causa, objetivamente entendida, foi descoberta sobretudo nos contratos comutativos. Assim, são sem causa: a remuneração prometida ao redator de uma cessão de locação que é nula (Civ., 1, 18 de abril de 1953, *D.*, 53.403); a venda mediante anuidade vitalícia cujas prestações são inferiores ao rendimento da coisa; a soma em dinheiro prometida a um porteiro como remuneração pela apresentação de seu sucessor, quando ele não tinha nenhum direito de apresentação (Civ., 1, 20 de fevereiro de 1973, *D.*, 74.37, nota Ph. Malaurie); a remuneração por um serviço inexistente (Civ., 11 de dezembro de 1900, *Escândalo do Panamá*, *DP*, 01, I, 257); a compra na França de um veículo que não era comercializável no país (Civ., 1, 12 de fevereiro de 1975, *JCP*, 1976, II, 184.63, nota Chr. Larroumet) etc.

2 / Contratos unilaterais. A solução é idêntica nos contratos unilaterais. Assim, é desprovida de causa a promessa de pagar uma dívida inexistente; por exemplo, é nulo o compromisso assumido pelo gerente de um cinema para com um artista, no sentido de reparar um dano pelo qual ele se sentiu erroneamente responsável (Req., 12 de julho de 1924, *D.*, H., 1924.509); uma promessa de conceder complemento de aposentadoria "muito elevado" a um ex-diretor que não tenha prestado serviços excepcionais à empresa (Com., 3 de março de 1987, *Gaz. pal.*, 1987, I, 264, nota B. Hatoux; *Defrénois*, 1988, art. 34.240, nº 6, obs. J. Honorat; *Rev. soc.*, 1987.266, obs. Y. Guyon). A causa permite então apreciar o equilíbrio do contrato e a proporcionalidade da remuneração prometida ou realizada pelo serviço prestado.

3 / Contratos aleatórios. É mais difícil a aplicação da teoria da causa aos contratos aleatórios, nos quais a causa não existe numa contrapartida existente, mas numa eventualidade; por exemplo, é válido o contrato firmado com um genealogista para a descoberta de uma sucessão (Civ. 1, 17 de abril de 1956, *D.*, 1956.427). Mas não haverá causa se a eventualidade for inexistente; é o que ocorre com a remuneração prometida a um genealogista para descobrir uma sucessão já conhecida pelo herdeiro (Civ. 1, 17 de janeiro de 1995, *Bull. civ.*, I, nº 29), o seguro por um risco inexistente. Esses compromissos são nulos, por falta de causa.

4 / Grupos de contratos. A ausência de causa também foi invocada nos grupos de contratos, mas sua aplicação aí é mais difícil, no mínimo por duas razões. Primeiro, porque a noção de grupo de contratos é obscura; depois, como já notou um autor, porque a jurisprudência decide que a causa deve ser buscada exclusivamente no contrato que deu origem à obrigação e assim "o impede de comunicar-se com o exterior" (Ph. Reignié, *La Notion de cause efficiente du contrat*, tese, Paris II, 1993, p. 271, nº 246, mimeogr.). No entanto, às vezes, de uma maneira ou de outra, a jurisprudência submete certos grupos de contratos às consequências associadas à ausência de causa. É o que ocorre com o contrato de execução continuada: a nulidade de um contrato de integração agrícola acarreta a nulidade do reconhecimento de dívidas "que constituem seu prolongamento e sua execução" (Civ. 1, 19 de fevereiro de 1991, *Bull. civ.*, I, nº 63); do mesmo modo, a anulação do contrato de venda acarreta "a rescisão do contrato de locação" que garantiria o seu financiamento (Ch. mixte, 23 de novembro de 1990, *JCP*, 1991, II, 21.642, nota D. Legeais; *D.*, 1991.121, nota Chr. Larroumet). Ao contrário, como regra geral, não há interdependência entre o empréstimo e a aquisição que ele está destinado a financiar. É diferente o que ocorre no regime previsto pelas leis de 10 de janeiro de 1978 e de 13 de julho de 1979, relativas à informação e à proteção do consumidor em matéria de crédito, chamadas leis *Scrivener*, que vinculam os dois contratos: a não conclusão, a nulidade ou a rescisão de um provocam a anulação do outro.

Há cerca de dez anos, a ausência de causa também é entendida de maneira mais subjetiva;

é constituída não só pela ausência de contrapartida objetiva, mas também pela falta de interesse de um dos contratantes no contrato, desde que esse interesse decorra da economia do contrato. Um dos primeiros sinais dessa evolução foi uma sentença recente que causou grande estardalhaço, a sentença *Chronopost*: a empresa *Chronopost*, administrada pelo serviço dos correios franceses, compromete-se, mediante um custo adicional, a fazer a entrega rápida da correspondência que lhe é confiada; a Corte de Cassação julgou que devia ser considerada não escrita a cláusula limitativa de responsabilidade que contradizia essa "obrigação essencial": o custo adicional então não tinha causa (Com. 22 de outubro de 1996, *Chronopost*, *JCP*, 1997; II, 22.881, nota D. Cohen, videocassetes *D.*, 1997, 131, nota crit. A. Sériaux). Mais característica ainda é esta outra decisão: deve ser anulada "por falta de contrapartida real" a locação de videocassetes destinada à exploração comercial se esta se mostrar impossível em razão da falta de clientela num pequeno vilarejo rural (Civ. 1, 3 de julho de 1996, *D.*, 1997.500, nota Ph. Reignié); a apreciação judiciária torna-se então passível de grande ampliação: a causa já não é apenas a contrapartida objetiva da obrigação, mas vem a ser também o interesse pessoal e subjetivo buscado pelo devedor.

Causa ilícita. – A apreciação do caráter lícito da causa permite verificar a honestidade das motivações dos contratantes; não de todas, mas apenas daquela que a jurisprudência chama de "causa impulsiva e determinante", ou seja, o motivo determinante. É o que ocorre com o empréstimo destinado a financiar uma operação ilícita, no caso a compra de uma clientela médica (Civ. 1, 10 de outubro de 1996, *D.*, 1997, som. 171, nota R. Libchaber). Desde que foi proferida uma sentença recente, já não é necessário que esse ilícito tenha sido desejado ou mesmo conhecido pelas duas partes: a causa será ilícita se o motivo determinante de uma das partes for ilícito (Civ. 1, 7 de outubro de 1998, *D.*, 1998.563, concl. Sainte-Rose).

Uma sentença recente da Corte de Cassação tornou mais precisa a noção de *ilícito* ao julgar que "uma causa é ilícita porque proibida pela lei em sentido amplo" (Civ. 1, 10 de fevereiro de 1998, *D.*, 2000.442, nota L. Gannagé), julgando que havia uma causa ilícita no contrato de apresentação de clientela de astrólogo, profissão que, porém, só era proibida por uma disposição regulamentar (C. Pen. ant., art. 34, 7º). A sentença também ressaltou que o texto estava "então em vigor", ou seja, quando da formalização do contrato, e que foi revogado depois; uma lei nova, portanto, não deveria tornar válido um contrato que não o era na vigência de uma lei antiga. A solução foi criticada: o caráter lícito da causa devia ser apreciado no momento em que o juiz é chamado a pronunciar-se (L. Gannage, nota citada).

Durante muito tempo, foi sobretudo em relação às *liberalidades* que se aplicou a apreciação baseada na causa ilícita, em especial as liberalidades destinadas a criar e a manter relações de concubinato. Parecia, mesmo numa sociedade ultrapermissiva, que era degradante uma mulher vender o corpo ou os sentimentos; também parecia evidente que comprar seu coração e seu corpo era aviltar-se. Isso levava a jurisprudência a fazer distinções bastante sutis: era válida a liberalidade para com uma concubina quando o objetivo era dar-lhe prazer, ou reparar o prejuízo causado pelo rompimento do concubinato (por exemplo, Civ. 1, 6 de outubro de 1959, *D.*, 1960.515, nota Ph. Malaurie; *JCP.*, 1959, II, 11.305, nota Paul Esmein), ou criar filhos comuns.

Essa jurisprudência da causa imoral e ilícita parece caduca; uma sentença recente da Corte de Cassação julgou que não é contrária aos bons costumes a causa da liberalidade que tenha como razão de ser a manutenção de uma relação adúltera (Civ. l, 3 de fevereiro de 1999, *JCP*,1999, II, 10.083, nota Billau e Loiseau; *D.*, 1999.267, rapp. X. Savatier, nota Langlade – O. Sughrue); no entanto, a causa parecia não só imoral como também ilícita por desconhecer a obrigação de fidelidade decorrente do casamento. A sentença foi algumas vezes aprovada em nome da "evolução dos costumes" e da "adaptação do direito aos fatos"; foi também frequentemente criticada: "A Corte suprema não deveria ignorar que, por trás disso, o casamento estava sofrendo muitos ataques; ela poderia ter-se perguntado se, com uma justificativa própria a causar grande repercussão na mídia, não iria fragilizá-lo ainda mais. Era sua responsabilidade política" (J. Carbonnier, *Obligations*, PUF,

"Thémis", 22ª ed., 2000, nº 65, pp. 139-40). Ou então: "É desconsiderar o art. 212 do C. Civ., que continua afirmando que 'os cônjuges devem-se mútua fidelidade'. Ao se pronunciarem dessa maneira, os altos magistrados se arrogam implicitamente o direito de revogar um texto que constitui um dos fundamentos da sociedade francesa. Dão assim, numa época de uniões civis, o golpe de misericórdia na concepção tradicional de família" (Fr. Terré, Ph. Simler e Y. Lequette, *Les Obligations*, Dalloz, 7ª ed., 1999, nº 363, p. 359).

Prova da causa. – A prova da causa obedece à mesma distinção que acaba de ser feita no mérito do direito entre a existência e o caráter lícito.

Em geral, cada contrato traz em si mesmo a prova da *existência* da causa. Numa venda, há sempre um preço a pagar (é a causa da obrigação do vendedor) e uma coisa que é preciso entregar (é a causa da obrigação do comprador): a prova resulta do contrato. Mas muitas vezes um compromisso unilateral não menciona sua causa, o que ocorre nos bilhetes não justificados: "prometo pagar a soma de...", "reconheço dever a soma de..." Interpretando o artigo 1.132 do Código Civil francês, a jurisprudência decide que o ônus da prova incumbe ao devedor, que cabe a ele provar a ausência de causa. É uma prova difícil; por isso, com muita frequência, o devedor não consegue prová-lo; o artigo 1.132 chega, assim, mais ou menos aos mesmos resultados que teriam decorrido da teoria alemã do ato abstrato.

Cabe àquele que afirma que uma causa é *ilícita* demonstrá-lo. Por conseguinte, é sobre o devedor que recai o ônus da prova, pois ele tem o interesse de obter a anulação do contrato. Essa prova pode ser "extrínseca", ou seja, o caráter ilícito pode ser demonstrado por elementos estranhos ao ato discutido. Pode ser obtida por todos os meios.

Responsabilidades

Causalidade. – Uma pessoa só pode ser declarada responsável por um dano se o causou. Essa regra é comum a todas as formas de responsabilidade civil – contratual, delituosa ou legal, por omissão ou não, ou mesmo (mas a regra já não é tão evidente) direta ou indireta (no que se refere a outrem ou a coisas). À primeira vista, é uma regra de bom-senso. Uma pessoa não pode ser obrigada a reparar um dano que não tenha causado. Na realidade, é uma questão bastante obscura. Diz respeito, por um lado, às causas da responsabilidade e põe então em jogo essencialmente a responsabilidade delituosa, e, por outro lado, diz respeito a seus efeitos: trata-se então da exigência do caráter direto do dano, imposta nas responsabilidades contratuais, delituosas e legais. Essas regras dizem respeito sobretudo ao direito da responsabilidade civil; serão aqui expostas de modo sumário.

Causa do dano; responsabilidade delituosa. – Em cada uma das disposições relativas à responsabilidade civil (art. 1.382 a 1.386), o Código Civil francês limita-se a exigir uma relação de causalidade entre o fato lesivo e o dano, sem o definir. O aparecimento e o desenvolvimento considerável da responsabilidade objetiva conferiram à causalidade um interesse que ela não tinha até então e obrigaram a tornar a noção mais precisa; esse imenso esforço doutrinal teve um alcance indeciso. A jurisprudência continua empírica, e um autor assim a resume: "ela se prende à causalidade moral, e não à material" (J. Carbonnier, *op. cit.*, nº 213, p. 391): uma "causalidade moral" é bastante subjetiva e às vezes imprevisível. Geralmente, por trás da causalidade está a extensão da responsabilidade. Quando a responsabilidade é objetiva, a questão se desloca para as causas de exoneração: a causa estranha não imputável; já não se trata de saber se o fato lesivo foi a causa do dano, mas sim se o dano teve outra causa, que excluiria o papel causal do fato do defensor.

Equivalência de condições e causalidade adequada. – Entre as numerosas teorias sobre a causalidade de um dano, apenas duas serão aqui consideradas: equivalência de condições e causalidade adequada. A equivalência das condições foi por muito tempo a posição dominante; baseia-se na ideia de que todos os fatos sem os quais o acidente não teria ocorrido, que, em outros termos, foram sua condição necessária, são, de maneira equivalente, sua causa, sem que se possa fazer escolhas ou tomar medidas a respeito. A regra é simples, mas apresenta o inconveniente de tornar cada pessoa responsável por todos os males que afligem a humanidade; continua sendo aplicada sobretudo na responsabilidade fundada na culpa, mas também – mais raramente – em hipóteses de responsabilidade sem culpa, mesmo no campo dos acidentes de trânsito, em que a lei de 5 de julho de 1985 quisera, porém, excluir a questão da causalidade: por exemplo, foi julgado recentemente que o autor de um acidente de trânsito era responsável pelos danos causados pela intervenção cirúrgica decorrente do acidente: "o distúrbio (visual resultante da intervenção cirúrgica) não teria ocorrido na ausência desse acidente, que é, assim, sua causa direta e indubitável" (Civ. 2, 27 de janeiro de. 2000, *JGP*, 2000, II, 10363, nota crít. Ph. Conte). Ao contrário, a teoria da causalidade adequada procura, entre os antecedentes do acidente, o fato adequado, ou seja, aquele que pode ser considerado sua verdadeira causa: o caráter adequado da causalidade depende da probabilidade do dano.

Causa estranha não imputável. – Toda vez que existir uma responsabilidade objetiva, frequentemente chamada responsabilidade de pleno direito ou responsabilidade sem culpa, o autor aparente do dano pode eximir-se, demonstrando a existência de uma causa estranha que não lhe é imputável: força maior, ação de um terceiro ou erro da vítima.

Dano direto; responsabilidade contratual e delituosa. – Seja qual for a natureza da responsabilidade civil – contratual ou delituosa –, o autor do ato lesivo só é obrigado a reparar o dano diretamente resultante de seu ato. A regra enunciada pelo artigo 1.151 do Código Civil francês, previsto para a responsabilidade contratual, mas com alcance geral: "As perdas e danos só devem compreender [...] o que for consequência imediata e direta da inexecução da convenção". Assim como todas as questões de causalidade, essa é uma questão difícil: caberá admitir, por exemplo, como nos Estados Unidos, que os fabricantes de cigarros são obrigados a reparar todos os danos resultantes de todos os cânceres de todos os fumantes?

Enriquecimento sem causa

A causa também tem seu papel nos contratos implícitos, em especial no enriquecimento sem causa, o que só será mencionado como lembrete. O enriquecimento sem causa é uma fonte de obrigações: obriga o beneficiário do enriquecimento à restituição ao desfavorecido por ele. Nem toda transferência de valores está sujeita a restituição: é preciso que seja sem causa. A causa é o título jurídico que justifica o enriquecimento ou o empobrecimento.

› Além dos manuais e dos tratados de direito civil, Capitant H., *De la cause des obligations*, Dalloz, 3ª ed., 1927. – Rochfeld J., *Cause et type de contrat*, LGDJ, 1999, pref. J Ghestin; *Rép. civ*. Dalloz, 1970, Vº Cause par J. Maury.

Philippe Malaurie

→ Contrato; Direito civil; Obrigações.

CEMITÉRIOS E SEPULTURAS

Nos termos do Código de Direito Canônico de 1917 (can. 1204), a sepultura comporta três fases: transporte do cadáver para a igreja, cerimônias ou funerais cumpridos nessa igreja e inumação em lugar legitimamente designado. Assim desenvolvido, o termo sepultura possui uma dimensão mais ampla do que o termo cemitério, dormitório onde os mortos repousam à espera da ressurreição (são João Crisóstomo). Também é preciso deixar claro que esse "dormitório" nem sempre foi um lugar específico, pois durante séculos o ideal foi a inumação na igreja, a tal ponto que certas paróquias eram desprovidas de cemitério.

O culto aos mortos remonta à noite dos tempos. O homem de Neandertal já não abandonava os cadáveres ao léu, mas os enterrava em posição fetal, para colocá-los em situação de renascer. O Egito levou ao paroxismo a preocupação em conservar a integridade do corpo e em preservá-lo com uma sepultura. Quanto ao sacrifício de Antígona, demonstra de maneira evidente a importância da sepultura para os gregos. Mas a atitude dos antigos é complexa: mistura devoção e medo dos mortos. Segue-se que sua última morada deve ser separada da morada dos vivos. Assim, em Roma, da lei das XII Tábuas ao Código de Teodósio, nove séculos de proibição de enterrar *in urbe* constituem uma lei permanente. Mas, na época das invasões bárbaras, essa proibição cai em desuso; só será mantida no Código de Justiniano para as igrejas. Quanto ao resto, a difusão do cristianismo não modifica, de início, os usos funerários. Realmente, cristãos e pagãos compartilham as sepulturas familiares, perpetuando assim a unidade das famílias, sem que a Igreja veja motivo para censurar.

A inumação ad sanctos et apud ecclesiam *(Ariès)*

A proibição das inumações nos santuários, estabelecida pela Igreja primitiva, será rapidamente abandonada no Oriente, pois a igreja passa a ser um lugar de sepultura tanto quanto o cemitério. Essa prática acabará sendo tão adotada pelo Ocidente, que Inocêncio III, no início do século XIII, apresenta a inumação *in ecclesia* como um costume já antigo. Contudo, a evolução foi ao mesmo tempo mais lenta e seletiva. De fato, embora a regra antiga seja continuada pelos concílios merovíngios, progressivamente esse rigor se atenua para fazer concessões aos costumes, provavelmente influenciados pela situação oriental. Tolerada num primeiro momento sob o pórtico ou no átrio, a sepultura na igreja chega a ser admitida no século IX pelas legislações carolíngia e canônica, com a ressalva de que a acolhida se restrinja aos dignitários (bispos e abades) e aos padres e fiéis que tenham se destacado por seus méritos. Adotando essa segregação, o Decreto de Graciano (C. 13, q. 2, c. 15 e 18) só abre exceção, no que se refere aos leigos, para os "*fideles laici*". Esse termo levaria a pensar que se tratava de todo e qualquer leigo morto na comunhão da Igreja. Mais exigente é a interpretação de Huguccio, que requer morte em odor de santidade. É ela que se impõe, pelo menos até o século XIII. Ulteriormente, os textos conciliares e sinodais ostentam exigências variáveis, de tal modo que, para distinguir-se do comum dos mortais, as pessoas ilustres conseguirão ser inumadas não só na igreja, mas também no coro. Serviam de exemplo os patronos e fundadores, detentores antigos desse direito.

A liberdade de escolha da sepultura

Em face do direito comum, que destina o cemitério paroquial aos fiéis mortos, a escolha do lugar de inumação é reconhecida bem cedo. Uma bula de Gregório, o Grande (598), adotada pelo Decreto de Graciano, é prova disso. E essa liberdade é confirmada pelas Decretais (título *De sepulturis*). Em consequência, os frades dominicanos e os franciscanos rapidamente conseguem receber os corpos dos defuntos em suas igrejas (A. Bernard). Sem considerarmos os casos acessórios, há três possibilidades de sepultura para os fiéis.

No cemitério. – Um só cemitério às vezes era comum a várias paróquias; era o que ocorria com o famoso cemitério parisiense dos Inocentes que, no fim do século XVIII, ainda recebia corpos de dezesseis paróquias e três hospitais, sendo, seguramente, a escolha mais econômica. Mas o desejo de humildade, sobretudo inspirado pelo jansenismo, também pode ter guiado os fiéis (tal como a duquesa de Rochechouart, em 1752). Não devem ser excluídas outras motivações, tal como a do comandante geral de polícia La Reynie (caso excepcional), que queria evitar "contribuir com a podridão de seu corpo para a corrupção e a infecção do ar no lugar onde os Santos Mistérios são celebrados" (1709).

Numa igreja secular. – O lugar ocupado podia ter um grau maior ou menor de prestígio: sepultura de família, jazigo ou lotes sob o pavimento da nave. Embora o bispo possa reservar-se o direito de determinar quais as pessoas autorizadas a repousar no santuário, na maioria das vezes são os tesoureiros da igreja e os párocos que dispõem dos lugares. Isso permite alimentar as finanças de tesourarias notoriamente deficitárias. A situação social dos beneficiados varia muito: desde o pároco até o lavrador, do nobre ao modesto trabalhador rural.

Numa igreja conventual. – Como as ordens mendicantes e os jesuítas atraíam grande clientela, ocorreram numerosos conflitos entre regulares e seculares. Ao clero secular parecia chocante que uma paróquia que nutriu espiritualmente o defunto durante a vida se visse eliminada no que se refere à sepultura, principalmente porque a reforma tridentina levou o padre a tomar consciência da grande dignidade do sacerdócio. Não se deve esquecer que, por trás dessas razões, se entreveem as consequências financeiras. Isso significa que a participação de cada um nas cerimônias acabou acarretando na França conflitos violentos, levados perante os juízes eclesiásticos e os parlamentos, no século XVII. A quem compete encomendar o defunto? Se ao pároco, quais os limites de seu papel? São questões que o Parlamento dirime, conciliando a liberdade dos fiéis e a função pastoral dos párocos.

Cemitérios

A destinação desse lugar de espera da ressurreição implica ritos de estabelecimento e preservação do caráter sagrado. A consagração da igreja pelo bispo ou por seu representante implica a consagração do cemitério, caso ele lhe seja contíguo, ou então uma bênção especial. Mas antes é necessária uma visita canônica ao terreno para verificação de sua idoneidade. Nesse aspecto, são abundantes os relatos de situações singulares. Assim, ainda no século XVII, na França, numerosas paróquias estavam desprovidas de cemitério. É verdade que a noção de paróquia, fortemente marcada por sua origem medieval, não tinha então os contornos precisos de hoje em dia. De fato, embora o território sempre tenha sido o elemento fixo, certas igrejas paroquiais não possuíam fontes batismais, e seus párocos não podiam realizar funerais. Em compensação, certos estabelecimentos religiosos ou confrarias tinham o direito exclusivo de sepultar os mortos de uma localidade. Não se deve esquecer que quase todos os hospitais dotados de capela tinham cemitério. Evidentemente, os direitos das igrejas paroquiais em matéria de pés-de-altar por sepultamentos precisavam ser preservados. Cabia também ao bispo autorizar a desconsagração de todo o cemitério ou de uma parte dele, bem como o traslado subsequente das ossadas para um terreno abençoado. Mas, em se tratando da ampliação de um cemitério católico ou de uma igreja, cabia ao Parlamento decidir sobre a expropriação de um proprietário particular. Isso pelo menos no século XVII, pois essa solução é rejeitada no século seguinte.

Quanto ao policiamento dos cemitérios, era de responsabilidade tanto das autoridades religiosas quanto das laicas. De acordo com as prescrições do concílio de Trento (adotadas na França pelo edito de abril de 1695), o bispo ou o visitador por ele nomeado devia fazer, todos os anos, uma visita à sua diocese, o que incluía a verificação do estado dos cemitérios. Contudo, apesar de certas melhorias provisórias, a situação era sempre deplorável: fechamento insuficiente, manutenção precária e principalmente falta de espaço. Para remediar este último problema, as cidades recorriam comumente às valas comuns (são famosas as do cemitério dos Inocentes, em Paris). Algumas vezes, era preciso abrir valas sem que transcorresse o tempo necessário à desintegração dos cadáveres inumados. Ademais, os costumes representavam um fator agravante, uma vez que o profano e o sagrado não eram estanques. Assim, os cemitérios acabavam servindo de ambiente para atividades festivas e mercantis contra as quais as proibições conciliares produziam poucos efeitos, pois os séculos XVII e XVIII ofereciam um quadro dos menos edificantes. Se o gado costumava perambular entre as sepulturas, se os cães e os porcos desenterravam cadáveres, os homens, porém, não tinham desculpas por usarem os cemitérios para marcar encontros noturnos suspeitos e entregar-se a "grandes desordens entre pessoas de sexos diferentes". Tais condutas e, de modo mais geral, o respeito à boa ordem acabam por exigir a intervenção das autoridades policiais. Por essa razão, as desordens provocadas pelos convulsionários levam ao fechamento do cemitério Saint-Médard, em Paris, em 1732. Evidentemente, as violações de sepultura também são reprimidas, inclusive as feitas com o intuito de vender os cadáveres para dissecação.

Dissidentes e não católicos

Seguindo de perto a ruptura entre Lutero e Roma, a adoção do princípio de identidade entre a religião dos súditos e a do príncipe (*cujus regio, ejus religio*) complica ainda mais a situação da Europa cristã. Embora a Itália e a Espanha continuem fiéis à Igreja romana, a Alemanha, a Dinamarca e a Suécia abraçam o luteranismo com exclusividade. A Inglaterra, por sua vez, tendo como pano de fundo um contexto de hostilidade a Roma, oscila entre a ligação fugaz ao papado (Maria Tudor, Jaime II) e um caminho intermediário, bem flutuante, entre luteranismo e calvinismo. Finalmente, a "revolução gloriosa" de 1688 demonstrará tolerância para com as diferentes correntes protestantes, mas não para com os católicos sobreviventes das perseguições, que não representam mais que um por cento da população. Quanto aos Países Baixos, estão dilacerados pelas seitas.

Por estarem ligados à teologia dos sacramentos, os funerais só podem ser afetados por esses tumultos. No âmbito luterano, a ruptura é moderada: embora as preces pelos defuntos sejam supérfluas, na ausência de purgatório, mantém-se o hábito do enterro decente. Mas a cerimônia fúnebre deve, sobretudo, servir para fortalecer a fé dos vivos na ressurreição, por meio de preces e leituras edificantes. Em compensação, a Disciplina das Igrejas Protestantes da França proscreve, como fenômeno de superstição, tanto as preces quanto as pregações. Mais tolerantes, as Províncias Unidas acatarão essas duas atitudes: pompa para os funerais luteranos e católicos, simplicidade extrema para o enterro calvinista.

Em matéria de cemitérios, o caso mais interessante é o da França, em razão da situação totalmente excepcional criada, em 1598, pelo edito de Nantes. Para evitar manifestações de hostilidade popular e exumações, Henrique IV impõe cemitérios separados, cujo financiamento é garantido pelo conjunto da população. Em certas regiões, porém (especialmente em Poitou), prefere-se compartilhar o cemitério paroquial. Esse costume só cria dificuldades quando se resolve interpretar o edito "rigorosamente". Os protestantes são então atingidos por medidas cada vez mais severas: cabe a eles, exclusivamente, os custos de aquisição de um cemitério especial, os horários de enterro e o número de participantes são estritamente limitados. Por fim, embora o edito de Revogação (1685) não trate explicitamente das sepulturas, a intenção de eliminar os cemitérios, por parte do rei, não esmoreceu, e os protestantes, estrangeiros ou reinóis, são condenados à clandestinidade. E, se forem declarados relapsos, seus corpos serão arrastados por cavalos sobre uma grade e expostos em local público. Esse tratamento poderia inspirar reprovação apressada se esquecêssemos quatro dados: a perspectiva geral da época, marcada pelo princípio de unicidade de religião dentro de um Estado, o fato de que só a França passou por um século de tolerância, o rigor do direito penal e a ausência de respeito excessivo pelos cadáveres, o que é demonstrado pelo estado dos cemitérios.

Contudo, progressivamente, a sorte dos dissidentes melhora, a começar pelos estrangeiros. A partir de 1692, em Lyon, eles podem ser inumados no hospital, como antes da Revogação, e em Marselha dispõem de um cemitério particular. O tratado de Utrecht (1713), principalmente, estipula que será reservado um lugar de inumação decente, por ambas as partes, às pessoas de religião diferente, o que reproduz o tratado de comércio assinado com as cidades hanseáticas em 1716. Dá-se um passo a mais quando, em 1720, graças às intervenções do embaixador Hop, um decreto do conselho ordena a abertura de um cemitério reservado aos estrangeiros em Paris. Por sua vez, os reinóis também tiram proveito dessa evolução, consagrada pelo edito de 1787.

No fim do século XVII, o tratamento dispensado aos judeus é sem dúvida mais favorável que o dispensado aos protestantes. Implantados como marranos no Sudoeste, os sefarditas são, de início, inumados nas paróquias às quais pertençam oficialmente; mas, ao longo do século, vão adquirindo cemitérios privativos, talvez no começo como comerciantes portugueses e depois, rapidamente, como judeus. As comunidades do Leste, recebidas no reino como israelitas, podem dispor livremente de lugares para inumação (vários cemitérios judeus em Metz).

Exílio dos mortos

Desde o início do século XVIII, o amontoamento de cadáveres nas igrejas e nos cemitérios provoca reações cada vez mais veementes por parte do clero, dos magistrados e dos fiéis, que veem nos corpos putrefatos e mal protegidos a causa da "corrupção do ar", portanto, do contágio. Vinte e seis anos depois de um inquérito específico no cemitério dos Inocentes, em 1737, o Parlamento de Paris estende sua fiscalização para toda a capital. Essa investigação redunda no notável decreto de regulamentação de 21 de maio de 1765, que ordena não só a limitação drástica da inumações nas igrejas, como também a eliminação dos cemitérios existentes, com traslado e agrupamento em oito novos cemitérios situados na periferia de Paris. A aplicação desse decreto depara com inúmeras dificuldades, como demonstra o fechamento tardio do cemitério dos Inocentes. Mas os esforços do

Parlamento, a sensibilização da opinião pública e as instâncias de prelados esclarecidos, tal como Loménie de Brienne, redunda na Declaração Régia de 10 de março de 1776, que proíbe a inumação nas igrejas, salvo raríssimas exceções, e estabelece a transferência dos cemitérios insalubres para fora dos muros das cidades "na medida em que as circunstâncias o permitam". O caso de Paris, complexo demais, é ressalvado.

Como os parlamentos estavam encarregados de acompanhar a execução da Declaração, o de Paris se notabilizará pelo interesse esclarecido. Cada decisão da Corte prescreve procedimentos minuciosos, e os especialistas, sob controle da administração judiciária, desempenham papel essencial durante o inquérito *de commodo*. Com a busca de proteção contra os riscos de contágio, inaugura-se a primeira operação de envergadura contra a poluição. Mas, com exceção de uma parcela "esclarecida" da população – conquistada por convicção ou por interesse especulativo (recuperação de terrenos no centro das cidades) –, a maioria só vê inconvenientes: custo da operação e mudança de hábitos seculares. Essas duas atitudes se defrontam em inúmeras localidades, e a resistência à transferência às vezes assume formas violentas. Foi uma espécie de preparação psicológica para a vida municipal conflituosa da época revolucionária (Mac Manners). Os cemitérios, que eram paroquiais durante o Antigo Regime, tornam-se comunais, o que não impede a continuação do movimento de expulsão do século XIX. Todas as regras enunciadas quando da aplicação da Declaração de 1776 são adotadas pelo Decreto de 23 de prairial do ano XII: distância das habitações, exposição para o norte, natureza do solo. As grandes necrópoles suburbanas, desejadas pelo Parlamento de Paris já em 1765, são criadas depois da Revolução. Assim, o cemitério Père-Lachaise, *extra muros* na época, é inaugurado em 1804.

O exemplo francês se propaga. Os Estados Unidos, já em 1820, fazem a experiência dos "cemitérios-jardim", em condições privadas e filantrópicas. Os ingleses, por sua vez, preocupam-se com a nocividade das inumações nos aglomerados urbanos. Cemitérios periféricos, que eram obrigados a ter duas capelas – uma para os anglicanos, outra para os "não conformistas" –, são construídos em Londres (oito em 1843). Por fim, em 1850, são proscritas as tumbas no interior das igrejas. As penínsulas mediterrâneas também se dotam de grandes necrópoles externas às cidades, onde a estética (monumentos) coexiste com a eficiência (gavetas em muros). O cemitério de Stagliano, em Gênova (1844), é um exemplo típico.

Mais ou menos nessa época, em Paris, os cadáveres voltam a morar na cidade, porque esta cresceu, mas a mentalidade dos administrados mudou: como a presença dos mortos já não choca, é abandonado o projeto do prefeito Haussmann, de transferir os cemitérios para Méry-sur-Oise. Quanto à sepultura dos não católicos, o decreto de prairial do ano XII prescrevia que as comunas deviam destinar um terreno para cada culto professado. Foi assim que o cemitério Père-Lachaise foi dotado de duas áreas israelitas, às quais foi somada uma área muçulmana por Napoleão III, atendendo a pedido da embaixada da Turquia. Em decorrência de dificuldades de aplicação, essas prescrições foram revogadas em 1881, e a Lei de 5 de abril de 1884 proibiu qualquer distinção em razão das crenças do defunto ou das circunstâncias do óbito.

Cremação

A cremação foi aventada no século XVIII, durante os debates sobre a insalubridade dos lugares de inumação, mas rejeitada então. A ideia, contudo, ressurgiu no contexto dos devaneios neopagãos do Diretório, quando um relatório dos Quinhentos pedia que todo cidadão tivesse o direito de mandar queimar seu cadáver. No entanto, o decreto de prairial do ano XII não inclui essa possibilidade. Será preciso esperar a segunda metade do século XIX. Uma comunicação feita em 1849 à Academia de Berlim por Jacob Grimm e diversos congressos médicos, especialmente em Florença, preludiam a autorização italiana para incinerar, em 1873. Constituem-se sociedades para a divulgação dessa modalidade funerária, cujas vantagens em termos de salubridade e higiene são gabadas. Mesmo o obstáculo teológico deverá ceder, a acreditar-se no bispo anglicano Fraser, pois Deus não terá mais dificuldade para ressuscitar das cinzas do que dos ossos pulverizados (1874). A incineração torna-se então prática corrente na Inglaterra, mas a mentalidade americana continua reticente (Ariès). O mesmo ocorre na França, onde a cremação se desenvolve pouco, ainda que, a partir da Lei de 15 de novembro de 1887 e do Decreto de 27 de abril de 1889, várias cidades tenham sido dotadas de columbários. Sem dúvida, a condenação romana de 1888 não deixa de exercer influência. Mas as coisas mudam a partir da Instrução da S. Congregação do Santo Ofício (*Piam et constantem*) de 1963. Em razão disso, o novo Código de Direito Canônico (1983), embora recomende manter o costume de sepultar os defuntos, já não proíbe a cremação, a menos que ela tenha sido escolhida por razões contrárias à fé (can. 1176). Mesmo assim, a procura da cremação continua pequena (8,3% em 1992, na França), ainda que as previsões indiquem 20% na virada para o século XXI. Essa tendência é favorecida por interesses materiais, pois o espaço utilizado na França pelos cemitérios representa mais de 30 mil hectares, o que não deve deixar indiferentes os especuladores imobiliários. Seja como for, qualquer criação ou ampliação de crematórios depende de autorização do prefeito, com parecer do Conselho Departamental de Higiene.

A poluição, historicamente ligada à proximidade dos defuntos, agora mudou de campo. Mas, embora os vivos já não temam o contágio dos cadáveres, as regras para administrá-los continuam sendo as mesmas estabelecidas pela administração judiciária do fim do Antigo Regime.

› Ariès Ph., *L'Homme devant la mort*, Paris, Le Seuil, 1977. – Bernard A., *La Sépulture en droit canonique du Décret de Gratien au Concile de Trente*, Paris, Gallimard, 1933. – Mac Manners J., *Death and the enlightenment*, Oxford, Clarendon Press, 1981. – Thibaut-Payen J., *Les Morts, l'Église et l'État dans le ressort du Parlement de Paris aux XVII*[e] *et XVIII*[e] *siècles*, Paris, Lanore, 1977. – Vovelle M., *La Mort et l'Occident de 1300 à nos jours*, Paris, Gallimard, 1983.

Jacqueline Thibaut-Payen

→ Morte; Protestantes.

CENSURA

A palavra "censura" é um termo tão ambíguo, que os dicionários correntes geralmente evitam propor uma definição global. Lembram apenas que em psicanálise se qualifica de censura uma função de controle que regula os desejos inconscientes, deformando-os. Realmente, a censura implícita, evidente, por exemplo, no campo do folclore, é tão poderosa em arte e até em comunicação social. Sabe-se também, por exemplo, que em certas sociedades há termos que é proibido pronunciar, pois correspondem à invocação de poderes maléficos ou porque parecem atentatórios ao respeito devido aos deuses ou às autoridades que os representam na terra. Também é certo que a vida em sociedade comporta interditos. Essa era, por exemplo em Roma, a principal função do censor. E, segundo o mesmo espírito, o termo censura é utilizado em direito canônico para qualificar o conjunto do sistema penal eclesiástico. Mencionemos ainda, como lembrete, as formas de censura extremamente complexas, praticadas, conscientemente ou não, sob a influência de grupos de pressão, nos estreitos círculos detentores dos meios contemporâneos de informação, que poderiam ensejar uma análise científica, atenta e independente da psicologia e das motivações dos informadores contemporâneos. Só podemos nos limitar a mencionar aqui esses problemas antes de tratarmos da concepção convencional de censura.

Às vezes se tem uma ideia falsa da censura eclesiástica na Idade Média. É verdade que, quando se trata de definir as crenças da Igreja cristã, os concílios sucessivos foram teatro de violentos confrontos que redundavam em heresias ou cismas. Mas, quando as universidades apareceram, os doutores puderam exprimir-se com bastante liberdade em seu próprio meio, durante as disputas públicas, e as autoridades religiosas competentes condenavam as ideias, e não seus suportes materiais, portanto os textos. Em compensação, a Igreja via com maus olhos a circulação das traduções dos textos sagrados, pois considerava que estes deviam ser explicados por um clérigo. Da mesma maneira, ela não hesitava em pronunciar as condenações espirituais mais severas (excomunhão etc.) e a eventualmente recorrer ao poder civil, para penalidades temporais, quando um doutor ou um pregador recorria ao público, fora do círculo dos doutos. Com o aparecimento da imprensa, a atitude dos poderes mudou em tudo. Em decorrência da publicação, em Colônia, de uma Bíblia em baixo-alemão, difundida em grande número de exemplares, o papa decidiu (em 1479) que os livreiros do lugar deveriam passar a solicitar permissão prévia antes de lançarem uma nova obra. Esse sistema foi progressivamente estendido, de tal modo que Leão X publicou em 4 de maio de 1515 uma Constituição que exigia, em toda a cristandade, a autorização de duas pessoas para a edição de qualquer obra nova: em Roma, o vigário de Sua Santidade e o Mestre do Sacro Palácio e, em outros lugares, o bispo e o inquisidor. Assim nasceu a censura eclesiástica preventiva.

A Reforma levou a Igreja católica a tentar fazer suas interdições passar para os fatos. As diferentes autoridades eclesiásticas multiplicaram os índex, e a Bula *Dominici gregis* (24 de março de 1564) publicou regras precisas sobre o assunto. Emboras as traduções da Escritura não fossem proibidas, os fiéis não podiam lê-las sem autorização do ordinário ou do inquisidor do lugar, depois de parecer do vigário ou do confessor do interessado. Por fim, o princípio da obrigação de autorização prévia estava estabelecido. Ao mesmo tempo, foi instituída uma Congregação do Índex em 1571 na Cúria, para manter em dia o catálogo dos livros condenados. Ela subsistiria até 1917, e depois a tarefa por ela assumida foi confiada ao Santo Ofício. O último índex do Vaticano foi publicado em 1948. Evidentemente, a aplicação de tal regulamentação dependia da atitude das autoridades temporais. Na Espanha, o problema apresentava-se em termos específicos, uma vez que se tratava de converter os judeus e os muçulmanos, após a reconquista. Uma nova forma de inquisição acabava de ser criada com esse objetivo, e procedeu-se, por exemplo por volta de 1500, a grandes queimas de livros judeus e árabes. Mas os soberanos espanhóis fizeram questão de manter suas prerrogativas. Em 1502, estipulou-se que a publicação dos novos livros deveria ser objeto de uma autorização prévia, dada por uma personalidade indicada por eles. E, em 1558, uma Pragmática editava novas regras, segundo as quais os impressores e os livreiros deveriam submeter ao Conselho de Castela o manuscrito de todo e qualquer livro novo; e o mesmo Conselho especificava, em 1628, que essas regras seriam aplicadas às brochuras. Por fim, a Inquisição, embora de início fora do sistema, redigiu soberbos índex, mandou queimar em público grande número de livros apreendidos e mandou seus agentes rasurar os trechos condenados das obras importadas, até que ficassem ilegíveis.

Na França, a Reforma provocou uma série de medidas contraditórias. Os doutores da Faculdade de Teologia reivindicaram o monopólio da censura dos livros. No entanto, as diferentes instituições, desde o Châtelet de Paris até a corte do Parlamento e o Conselho Privado, consideravam-se também no direito de censura. Essas autoridades temporais promulgaram índex. Por outro lado, os reis da França, desejando manter independência em relação a Roma, organizaram seu próprio sistema de controle da produção impressa, no intuito de defender as liberdades da Igreja galicana e de preservar a independência da monarquia. O edito de Nantes, de 1563, e o edito de Moulins, de 1566, estipularam que nenhum livro poderia ser publicado sem a licença, a permissão e o privilégio da chancelaria da França, expedidos sob o Grande Selo. Por outro lado, o poder régio incentivou a organização de uma corporação de livreiros e impressores parisienses, encarregada de transmitir suas decisões e de fiscalizar sua execução. Assim nasceu o sistema de censura preventiva, que caracterizou a política livreira do Antigo Regime. A criação da *Imprimerie royale* e da Academia Francesa no tempo de Richelieu fazem parte desse projeto e correspondem ao intuito de intervencionismo ainda mais direto que enfrentou múltiplas oposições, obrigando o cardeal a retroceder. Depois, sob o reinado pessoal de Luís XIV, o número de oficinas autorizadas foi limitado autoritariamente, e uma burocracia cada vez maior encarregou-se de administrar os livros em circulação na França, enquanto se implantava um corpo de censores recrutados entre os escritores dóceis.

Mas organizou-se a resistência. Gráficas periféricas encarregavam-se de imprimir e difundir os livros proibidos que penetravam na França por meio de redes mais ou menos clandestinas. Mas, com grande rapidez, o poder se viu assoberbado e precisou fazer concessões. Por isso, no início do século XVIII, tem-se a instituição do curioso sistema de permissões tácitas, cuidadosamente registradas pelos serviços de censura – as obras em questão, porém, só podiam ser impressas e difundidas na França com endereços falsos. Não cabe aqui consignar os inúmeros casos que envolveram a imprensa no Século das Luzes – época em que livreiros e colportores inundaram a França com obras em princípio proibidas. Deve-se lembrar, em contrapartida, que a Inglaterra bem cedo enveredou pelo caminho da liberalização nesse campo, após a queda dos Stuarts. A imprensa pudera desenvolver-se naquele país graças à concentração das oficinas tipográficas em Londres, exceção feita às gráficas universitárias de Oxford e Cambridge, e a uma política de dirigismo baseada na concessão de monopólio para séries de obras a associações de livreiros. No entanto, para evitar a concorrência entre eles, os membros da Stationer's Company, corporação londrina fundada em 1557, adquiriram o hábito de registrar os títulos das obras que pretendiam levar ao prelo e de ceder mutuamente, mediante pagamento, os *copyrights* obtidos. Depois, a Grã-Bretanha passou por um período de anarquia e de contradições, ligado a suas guerras civis. Mas, finalmente, depois da eliminação dos Stuarts, o Parlamento aboliu a censura prévia, pelo menos para os livros, com o Copyright Act de 1709, e concedeu exclusividade de vinte e um anos para as obras publicadas antes de abril de 1709, bem como um prazo de reserva de quatorze anos para aquelas que fossem editadas a partir dessa data, prazo seguido por outro período de quatorze anos, caso o autor ainda vivesse. Esse regulamento, que naquele momento provocou múltiplos protestos, originou, de fato, a noção de propriedade literária moderna. Naquela data, o sistema de privilégios e o princípio adotado no reinado de Luís XIV, de prolongar tais privilégios com base em simples pedido dos livreiros que os detivessem, permitiram que o poder concentrasse o essencial da propriedade literária nacional nas mãos de algumas famílias, que a comercializavam entre si. Os filósofos do Iluminismo, a começar por Voltaire, indignaram-se com esse estado de coisas, o que deu origem a controvérsias de grande repercussão. Pouco a pouco, o poder tendeu a dar-lhes razão e, finalmente, um decreto de 1777 decidiu que só seria permitido conceder privilégios para livros novos, visto que os outros seriam publicados com base em simples permissão. A partir daí, por outro lado, os privilégios concedidos aos autores valeriam por toda a vida deles, ou pelo menos durante um período de dez anos, enquanto os escritores que desejassem explorar pessoalmente suas obras ficariam com sua propriedade perpétua, para si ou para seus descendentes.

Ao mesmo tempo, os ataques contra a censura prévia não paravam de crescer. Por isso, a partir de 1789, o poder não conseguiu manter esse sistema, e a liberdade de imprensa surgiu nos fatos antes de surgir nos textos. É verdade que um primeiro texto estipulava, em 24 de agosto de 1789, que "a livre comunicação dos pensamentos só pode ser restringida se prejudicar o direito de outrem" – o que podia parecer uma porta aberta para a censura preventiva. Mas, depois de acalorada discussão, o artigo XIX da Declaração dos Direitos do Homem e do Cidadão estabeleceu claramente o princípio da censura repressiva exclusiva, pois especificava que "a livre comunicação dos pensamentos e das opiniões é um dos mais preciosos direitos do homem. Todo cidadão pode, portanto, falar, escrever, imprimir livremente, com a ressalva de responder por essa liberdade nos casos previstos por lei". Faltava aplicar esse princípio. As maiores dificuldades nesse campo vieram menos dos livros do que da imprensa. Na Revolução francesa crescera demais o número de jornais partidários, e muitos dos grandes nomes da Revolução foram também jornalistas. Liberdade, então, confundiu-se frequentemente com licença, e tudo dependia do equilíbrio de forças. Muitas vezes, havia embates entre partidos e imprensa, e não era incomum que os vencidos sofressem o castigo supremo. Depois, em frutidor do ano V, o Diretório deportou proprietários, empresários, diretores e autores de 42 jornais. Assim, naquele período, "a liberdade de imprensa era devorada por seus próprios excessos" (Jules Janin).

Em seguida, Napoleão Bonaparte restabeleceu de fato uma censura severa e passou a controlar estritamente os jornais. Depois, durante o período que se seguiu à queda do Império, o problema da liberdade de imprensa não saiu da ordem do dia. A legislação, nesse campo, continuou sendo modificada, e sabe-se que a revolução de julho de 1830 estourou após um decreto particularmente rigoroso nesse aspecto. A autorização prévia foi restabelecida para os jornais em certos períodos. Ademais, os governos dispunham de um arsenal repressivo cuja aplicação modulavam segundo os regimes e as circunstâncias, indo do imposto sobre a imprensa (direito de timbre) até a imposição do pagamento, no registro de um título, de uma caução com a qual somente os poderosos tinham condições de arcar. Por fim, os crimes de imprensa, segundo o clima político, eram julgados por tribunais correcionais, ou por tribunais com um júri mais inclinado à indulgência nesse campo. No entanto, a lei de 17 de maio de 1819, baixada por um ministério de união liberal, formado por Decazes, especificara as penas em que incorriam os autores de provocações de todos os tipos, de ultrajes a moral pública e religiosa, de ofensas ao rei, em textos escritos, impressos ou desenhos. Na Restauração houve ampla perseguição às obras políticas dos adversários do regime e Béranger, por exemplo, foi preso às vésperas da revolução de julho, que o libertou.

Com a ascensão de Napoleão III e a proscrição de grande número de seus adversários, inaugurou-se uma política particularmente enérgica em relação à imprensa e aos livros. O poder tinha em vista sobretudo manter a ordem moral. Algumas obras famosas foram então alvo de processos, tais como, em 1857, as *Flores do mal*, que valeram uma condenação a Baudelaire, e *Madame Bovary* de Flaubert, cujo processo terminou em absolvição, bem como o das *Diabólicas* de Barbey d'Aurevilly no início da III República (1874). No entanto, depois das proscrições e das medidas de repressão, numerosas editoras contestadoras extremamente ativas se estabeleceram na Bélgica. Foi o que ocorreu com a de Poulet-Malassis e a de Albert Lacroix, que editou *Os miseráveis*, bem como as primeiras obras de Zola, e imprimiu também os *Cantos de Maldoror* de Isidore Ducasse, conhecido como Lautréamont. Com o Império liberal, o regime da imprensa abrandou-se. À vésperas da queda do Império, a autorização prévia foi abolida, mas mantiveram-se a caução, o timbre e o julgamento dos delitos por um tribunal de magistrados profissionais. A guerra de 1870-71 pôs fim a esse regime, mas no início da III República a direita, no poder, manteve as perseguições. Depois, a Lei de 29 de julho de 1881 estabeleceu, por fim, um regime liberal em matéria de informação. A preocupação do legislador foi garantir o máximo de liberdade aos jornais e organizar um regime que impedisse a sujeição da imprensa ao poder. Ou seja, um sistema baseado nos princípios seguintes. 1 / Eram abolidas as medidas preventivas: já não se pedia autorização prévia para editar um livro ou um periódico; bastava publicar o nome do editor no primeiro caso e declarar o nome do diretor responsável no segundo. 2 / A pessoa cujo nome fosse claramente posto em causa num artigo ou num texto de um periódico tinha direito de resposta; podia, portanto, enviar ao diretor responsável uma retificação que devia ser impressa no mesmo lugar e com os mesmos caracteres do texto em que ela fora incriminada. 3 / Deixava de haver delito de opinião. Em compensação, a lei reprimia certos delitos de direito comum – tais como injúrias, difamação ou incitação a fatos qualificados de crimes. A lei só reprimia o delito de notícia falsa quando a publicação desta fosse feita de má-fé e perturbasse a ordem pública. 4 / Somente o júri era competente para os delitos de imprensa, salvo em caso de difamação, que era encaminhado aos tribunais correcionais. 5 / Em caso de processo, o diretor ou o editor eram considerados responsáveis, e o autor do artigo ou do texto incriminado podia ser processado como cúmplice.

Não caberia aqui fazer um relato da evolução ocorrida na mesma época rumo a um regime liberal da imprensa em outros países da Europa, nem da atitude das ditaduras que assumiram o poder em alguns deles durante a primeira metade do século XX. Citaremos apenas que a liberdade de imprensa foi excepcionalmente suspensa na França durante a Primeira Guerra Mundial, e que a censura impôs cortes que se traduziram em brancos em certos artigos de jornais e em alguns livros. O mesmo ocorreu em 1939, depois que o regime de Vichy impôs uma censura estatal e racial, enquanto os alemães impunham seu próprio sistema de controle nas regiões ocupadas e estabeleciam listas de livros proibidos (listas Otto). Por outro lado, o Estado continuou tomando contra publicações consideradas licenciosas, pornográficas ou capazes de incitar ao crime medidas destinadas a proteger a juventude (sobretudo a Lei de 6 de julho de 1949 reforçada pelo Decreto de 23 de dezembro de 1958). No entanto, essa atitude provocou processos contra obras de grande valor literário, tal como *J'irai cracher sur vos tombes* [Irei cuspir-vos nos túmulos] de Boris Vian, *Trópico de capricórnio* de Henry Miller ou então a *História de O.* de Pauline Réage (Dominique Aury). Por outro lado, a guerra da Argélia provocou o ressurgimento de uma censura política vivamente denunciada pelos adversários da política governamental nesse campo.

Hoje, porém, a censura oficial pretende ser sobretudo moral, igualitária e antirracista, dando atenção particular às publicações destinadas à juventude. Contudo, os meios de comunicação de massa – em especial cinema e televisão – são alvo de um controle organizado. E todos conhecemos os problemas que em nossos dias são provocados por um sistema como a internet. Em resumo, a existência de formas de censura mais ou menos admitidas é fato em toda sociedade e faz parte de um contexto no qual as fronteiras entre lícito e ilícito não param de mover-se – donde inevitáveis conflitos e confrontos.

› DURY M., *La Censure. La prédication silencieuse*, Paris, Publisud, 1995, 325 p.; *L'Édition française depuis* 1945, org. P. Fouché, Paris, Cercle de la Librairie, 1998, 933 p.; *Histoire de l'édition française*, org. R. Chartier & H.-J. Martin, 2ª ed., Paris, Fayard-Cercle de la Librairie, 1989-92, 4 vol. – MARTIN H. J., *Histoire et pouvoirs de l'écrit*, com a colaboração de Bruno Delmas, 2ª ed., Paris, Albin Michel, 1995, XXII-336 p. – MINOIS G., *Censure et culture sous l'Ancien Régime*, Paris, Fayard, 1995, 335 p. – NEGRONI B. de, *Lectures interdites. Le travail des censures au XVIIIe siècle, 1723-1774*, Paris, Albin-Michel, 1995, 384 p. – NETZ R., *Histoire de la censure dans l'édition*, Paris, PUF, 1997, 128 p. – NEVEU B., *Érudition et religion*, Paris, Albin Michel, 1994, 523 p.

Henri Jean MARTIN

→ Direitos fundamentais; Liberdade.

CHINA (Cultura jurídica)

A China desenvolveu, durante cerca de dois milênios, um direito complexo, precocemente codificado e sistematizado. O Código Penal, retomado de dinastia em dinastia, garantiu a continuidade das instituições durante todo o período imperial. A jurisprudência que se desenvolveu à sua sombra compreendia coletâneas de julgamentos feitos em conformidade com a lei, mas também toda uma literatura que difundia de formas diversas a imagem do bom juiz, que tanto estava ancorado na cultura popular quanto se mantinha em posição precária diante da lei codificada. Os códigos, seus comentários e a vasta literatura que tinham por objeto a atividade do juiz foram os vetores de uma cultura jurídica comum a um vasto mundo chinizado, que compreendia o Vietnã, a Coreia e o Japão. Suplantada pelas legislações ocidentais no início do século XX, essa cultura jurídica transparece nas técnicas de codificação e em certas expectativas populares em relação à justiça.

O Código imperial, guardião das penas

Os primeiros códigos chineses costumam ser atribuídos aos legistas, conselheiros cujas reformas permitiram que o Estado de Qin vencesse os Reinos Combatentes rivais e fundasse a primeira dinastia imperial (221-207). Realmente, no arsenal dos Legistas encontra-se a ideia de que as recompensas e os castigos, graduados com precisão e inexoráveis em sua aplicação, eram os dois "punhos" que permitiam ao soberano guiar o carro do Estado (Vandermeersch, 1987). Contudo, é duvidoso que essas teorias políticas tenham alguma relação com a ciência ou a prática do direito, ou que tenham influenciado a codificação das leis, que é bem mais tardia. Embora alguns autores tenham descrito a evolução do direito dos Han (206 a.C.-220 d.C.) como uma "confucionização" progressiva de códigos de origem legista, parece que durante toda a Antiguidade o arbítrio dos juízes prevaleceu sobre um direito escrito que era pouco coerente e não codificado. Entre os séculos III e VI ocorreu um conjunto de inovações que confeririam ao direito chinês estas duas características constitutivas: codificação e sistematização. Para tanto, foi preciso ab-rogar nove décimos dos textos em vigor na época dos Han e inserir o cabedal da jurisprudência antiga num conjunto que conservava o aspecto geral de um repertório de penas. As primeiras reflexões jurídicas dos chineses versaram sobre o castigo, que foi concebido, de início, como uma arma tomada aos bárbaros e voltada contra eles, para pacificá-los, e depois como arma aplicada ao conjunto das populações chinesas por uma extensão do *jus gladii*. Se a ostentação deliberada dos instrumentos penais contribuiu para a sinistra reputação do direito chinês na época contemporânea, os penalistas utilitaristas do Iluminismo ainda percebiam seus verdadeiros motivos: dissuadir os contraventores e controlar os executores. De resto, ao imperativo de clareza somava-se o do abrandamento das penas, proclamado pelos Hans para legitimar a derrubada da "cruel" dinastia Qin. Esse modelo seria retomado pelas dinastias seguintes, que aboliram gradualmente as mutilações praticadas na Antiguidade com o nome de "penas carnais" (*rouxing*: amputações de membros, castração, estigmas etc.). O artigo primeiro do Código imperial, proclamado pelos Suis em 581 e adotado pelos Tangs (618-907), definia o novo sistema, chamado das Cinco Penas, que, por sua vez, eram subdivididas em graus. Eram elas: surra com um "bambuzinho" (cinco graus, de 10 a 50 pancadas); 2 / idem, com um "bambuzão" (60 a 100 pancadas); 3 / servidão (cinco graus, de um a três anos); 4 / banimento (três graus, segundo a distância do lugar de origem); 5 / pena de morte (dois graus: por estrangulamento; por decapitação, julgada a mais grave, pois atenta contra a integridade do corpo) (Balazs). Há, então, uma escala de cerca de vinte graus, que se complicaria gradualmente e compreenderia cerca de trinta no fim do império (1911). Por mais imperfeita que possa parecer a penalistas contemporâneos, essa gradação fornecia uma unidade de medida que possibilitava modular a pena.

O outro progresso essencial do direito medieval foi o estabelecimento da lei como "medida das medidas". Embora a pena fosse concebida como uma concessão necessária à barbárie, os juristas chineses pretendiam pô-la a serviço da civilização integrando-a num conjunto de "leis" fixas e coerentes. "Lei", aliás, é um equivalente bem imperfeito do termo chinês: *lü*. Este, na origem, era um termo musical, que designava a escala pentatônica, ou mais exatamente as proporções relativas dos seis tubos sonoros que constituíam essa escala (as cinco notas e a oitava superior). O uso dessa noção, que na origem se limitava a ressaltar a proporcionalidade entre o crime e a pena, redundou na ideia de um código construído de acordo com um plano coerente de conjunto, que formasse uma espécie de "malha legal" que o iniciado pudesse manejar segurando seus cordéis mestres. A partir do século VI, *lü* passa a designar um código dividido em partes, em cujo âmago as leis eram agrupadas por matérias, e cada lei encerrava uma ou várias "denominações penais". "Denominação penal" era a unidade básica do código, que criava uma correspondência entre o "nome" (a qualificação) de um crime e a pena adequada a um grau dos Cinco Castigos. Os juristas chineses confiavam tanto nas virtudes dessa sistematização, que procuravam atingir o ideal de simplificação e redução: passa-se, assim, de 510 leis em 12 partes, no Código dos Tangs (618), para 436 leis em 7 partes no fim da dinastia Qing (1911). O número total das "denominações penais" (ou infrações puníveis) nunca devia exceder 3 mil a 4 mil. Um princípio de economia dos meios penais orientaria a reflexão jurídica chinesa para esta questão: como um código composto por um número limitado de leis relativamente fixas pode ser aplicado a atos humanos caracterizados pela diversidade e pela imprevisibilidade? A resposta estava principalmente numa parte geral introdutória, que condensava o cabedal da jurisprudência antiga.

Um código fecundado pela jurisprudência antiga

Essa parte introdutória reunia "denominações e regras" consistentes numa série de artigos completados por diversas tabelas e listas de noções. Os artigos, curtíssimos, definiam regimes particulares: reincidência, distinção do "principal culpado" e dos cúmplices nos crimes cometidos em grupo, imunidades diversas dos funcionários etc. As tabelas eram dedicadas ao sistema de parentesco (cf. *infra*), assim como a diversas tarifas: fiança para pessoas de constituição fraca (crianças, velhos, inválidos, mulheres); ou tabela de conversão que possibilitava estabelecer o grau da pena segundo o montante de um bem "mal adquirido", por roubo, corrupção, extorsão etc., punindo proporcionalmente a violência ou o abuso de autoridade. Algumas listas selecionavam entre as "palavras vazias" – espécies de conjunções próprias à sintaxe do chinês clássico – os "oito caracteres" que tinham importância jurídica especial; assim era distinguido o fato de pronunciar-se "em virtude", ou "segundo o critério" de uma lei; a segunda expressão indicava uma analogia, o que implicava atingir um teto da pena, o emprego de penas acessórias e infamantes (o estigma) etc. A analogia era regida por um artigo particular, intitulado: "Pronunciar uma sentença na ausência de um artigo que qualifique exatamente [a infração]": era preciso, então, remeter-se a um artigo próximo (analogia legal) para modular a pena em função das "denominações penais" que ele continha. Essa parte geral introdutória era seguida por partes e seções que definiam infrações especiais. Assim, a seção "homicídio" baseava-se numa doutrina de intencionalidade notavelmente rigorosa. O assassinato, que os chineses chamam de homicídio intencional (*gusha*), eventualmente agravado por complô (*mu*) ou por premeditação, era claramente distinguido das diversas formas de homicídio não intencional: "por erro ou falta" (montando armadilhas, soltando animais nas ruas...), "durante um jogo" (matar o professor de artes marciais durante um treinamento), ou "com golpes durante uma rixa".

Esse código, notável em sua concepção de conjunto e em suas qualidades formais, representa a base mais permanente das legislações dinásticas. Os textos que governavam a atividade estatal – ordens, decretos, regulamentos – eram concebidos como efêmeros, mutáveis e, mesmo depois de reunidos em coletâneas, continuaram perfeitamente distintos dos *lü*, considerados fixos. Essa coerência geral explica o aspecto surpreendentemente moderno de certas medidas debatidas durante a dinastia Tang (618-907): um memorando feito em 747 propõe abolir a pena de morte, e, ao que parece, consegue durante alguns anos; outro, de 705, enuncia aquilo que os juristas ocidentais chamarão – onze séculos depois – de princípio de legalidade dos delitos e das penas, pedindo, por conseguinte, a proibição dos julgamentos por analogia. Esses progressos da ciência jurídica e do princípio de humanização logo colidiram com a insuficiência global da máquina estatal, agravada pelas grandes crises que marcavam sua derrocada periódica. Outra razão – talvez mais fundamental – do fracasso é que os princípios jurídicos que acabam de ser descritos concorriam, no próprio âmago do código, com outro tipo de direito.

Encraves de direito sacrificial

No âmago do código havia, como que encravado, um direito que subvertia as regras ordinárias, pois era especialmente concebido para salvaguardar as três relações cardeais: príncipe-súdito, pai-filho, marido-mulher. O direito ordinário era fundado na ideia de retribuição: o princípio "vida chama vida" (*yi ming di yi ming*) sem dúvida tornava todo homicida passível da pena capital, mas, em contrapartida, exigia que fossem estabelecidas a responsabilidade individual (o demente, o menor de doze anos ou o parente de um criminoso não eram puníveis) e a efetividade do ato cometido (apenas a intenção não bastava para constituir a infração); por fim, o próprio princípio retributivo foi sendo gradualmente temperado pela elaboração de procedimentos de revisão que possibilitavam comutar as penas em função da intenção e das circunstâncias (cf. *infra*).

Em compensação, o direito extraordinário tinha espírito sacrificial: qualquer atentado à pessoa do imperador, dos pais ou do marido ensejava um castigo que não era concebido segundo princípios de justiça, mas de exemplo. Penas terrificantes atingiam não só o condenado, mas toda a sua casa e mesmo os consanguíneos e colaterais, durante três gerações. As penas era pronunciadas tão somente em vista do resultado – por exemplo, "matar o próprio pai", mesmo involuntariamente –, não sendo admitidas escusas nem circunstâncias atenuantes. As sentenças eram de "execução imediata", ou seja, escapavam aos procedimentos de revisão (exemplos chocantes em Lauwaert). Por fim, as próprias penas eram extraordinárias, pois não estavam compreendidas na escala das Cinco Penas. Foi em virtude desse direito de exceção que certas punições atrozes, oficialmente abolidas no século VI, foram praticadas a partir do século XI e depois codificadas a partir do século XIV; a mais célebre era o suplício do desmembramento (ou "dos cem pedaços"). Os grandes surtos de autocracia – sobretudo nos reinos dos dois fundadores da dinastia Ming, os imperadores Hongwu (1368-99) e Yongle (1402-24) – foram marcados por grandes processos durante os quais altos funcionários foram submetidos a um cortejo de horrores: penas espetaculares, execução de todos os parentes e afins (centenas de pessoas nos casos extremos). Esse direito de exceção e seu desfile de culpados do feito alheio só desapareceram realmente com a adoção das leis ocidentais, em 1905.

Esse dispositivo, que protegia a soberania, não deixa de ter equivalente no direito do Antigo Regime francês. Na China, porém, o princípio foi desenvolvido numa espécie de sistema jurídico alternativo, cujo esquema geral sobressai nitidamente já na parte introdutória do código. Assim, a lei nº 2, que enumerava "Dez crimes abomináveis", era uma espécie de ilustração dos atos que ensejavam os castigos extraordinários, do complô para rebelião à "desordem interior" (adultério com as concubinas do pai ou do avô), passando pelos diversos crimes familiares. O instrumento mais sofisticado do direito de exceção era a série de tabelas de luto que encabeçava o código. Partindo de Ego, essas tabelas definiam os laços de parentesco em termos de obrigações de luto: ao pai e à mãe era devido o Grande Luto de três anos com uso de túnica curta e bastão; para os avós, luto de um ano com túnica com barra, sem bastão etc. Uma série de tabelas semelhantes definiam os deveres da esposa para com o marido e os sogros, as obrigações do filho adotivo para com os pais; da concubina para com os pais do chefe de família etc. Esse feixe de relações hierárquicas fornecia uma escala precisa do grau de exceção. De fato, se as penas eram de aplicação mais ou menos uniforme, desde que pessoas não aparentadas estivessem em causa (X... lesou Y... tem a mesma gravidade de Y... lesou X...), a desigualdade era regra no campo circunscrito pelos deveres de luto, e as distorções cresciam proporcionalmente à aproximação do eixo agnatício ego-pai-avô. Tomemos o caso de um pai que mate um filho sem escusa: é passível da pena de morte prevista para um assassinato entre pessoas não aparentadas, reduzida de três graus, na proporção da obrigação de luto que a vítima tivesse para com o assassino, ou seja, uma pena de servidão penal. No caso inverso, de o filho matar o pai ou a mãe, a pena de morte é proporcionalmente agravada e acompanhada por todos os acessórios do direito extraordinário, em especial a corresponsabilidade dos parentes que não tenham denunciado o crime: o parricídio, mesmo involuntário, torna o culpado passível de esquartejamento, e os parentes, de decapitação ou banimento. O aparato de terror a que com demasiada frequência se reduz o direito chinês – tomando a exceção pela regra – só representa, em todas as épocas, uma proporção reduzida dos casos mais graves e uma parte bem menor dos casos ordinários julgados pela justiça local. Sua brutalidade era mais extraordinária por escapar ao sistema de revisão e de graça que abrandava as penas ordinárias.

Um sistema judiciário baseado em controles e equilíbrios burocráticos

A extensão do Império e a precocidade de seu sistema burocrático levaram-no por um caminho muito diferente do trilhado pelas pequenas cidades do mundo mediterrâneo. A China aperfeiçoou os procedimentos de controle e revisão dos processos com base no exame das peças escritas, assim como o equilíbrio e a colegialidade das jurisdições. O sistema judiciário assentava numa hierarquia de instâncias calcada na escala das penas. Na base, o magistrado local, funcionário polivalente, estava encarregado de todos os procedimentos, desde a instrução até o julgamento e a sua execução. No âmbito de sua competência – uma "subprefeitura" que, em extensão e peso demográfico, podia equivaler a um departamento rural francês –, ele era soberano para cuidar de todos os casos passíveis dos dois principais castigos (as pancadas). Os casos passíveis de servidão penal e banimento eram revistos pelas autoridades da província, após relatório ao Ministério das Penas, feito pelo juiz provincial. Toda pena de morte devia ser confirmada pessoalmente pelo imperador, depois que o juiz provincial tivesse transmitido as peças ao Ministério das Penas e que este tivesse, eventualmente, encaminhado o caso para instrução complementar.

Uma originalidade do sistema penal chinês era o recurso frequente a penas cominatórias. Assim, entre as penas de morte, só uma pequena parte, que compreendia sobretudo os crimes de lesa-majestade, era pronunciada com a menção: "Execução imediata"; a maioria era pronunciada com "espera na prisão", ou seja, com sursis, até reexame pelos Jurados do Outono. Este termo, a partir do século XVII, designa um longo e complexo processo de revisão sistemática que, durante meses, mobilizava as instâncias judiciárias locais e provinciais, sob a supervisão dos peritos do Ministério das Penas. Os dossiês de instrução dos crimes capitais eram divididos em quatro categorias, das quais só a primeira, que reunia a documentação relativa àquilo que se considerava "fatos comprovados", incidia efetivamente na pena de morte, enquanto os condenados das outras categorias tinham a pena comutada ou anulada. A lista dos criminosos da primeira categoria era transmitida ao imperador que, com uma pincelada aleatória, indicava um número seguro de condenados que deviam ser executados. Os que tivessem sido poupados pelo pincel imperial esperavam a reunião seguinte do júri, tendo, finalmente, a pena comutada para banimento, caso a sorte lhes fosse de novo favorável. Esse procedimento possibilitava modular o princípio retributivo: todo homicida era, em princípio, passível da pena de morte, mas as escusas e as circunstâncias atenuantes ensejavam, automaticamente, o sursis e a comutação depois da reunião do tribunal de júri, ao passo que um assassinato com circunstâncias agravantes (premeditação, por exemplo) ou um crime punível pelo "direito extraordinário" eram passíveis de pena de morte com execução imediata ou de classificação na categoria de "fatos comprovados", submetida à prova do pincel imperial para um número variável de sessões do tribunal de júri. A prática judiciária chinesa sempre excluiu o princípio do debate contraditório, reduzindo ao mínimo a oralidade da justiça. Sem dúvida, as audiências eram públicas, mas a distância entre o juiz, na cátedra, e o réu, ajoelhado, excluía qualquer debate. O juiz expunha, com voz magistral, os fatos que reconstituíra durante a instrução. Esta começava com um inquérito no local, que o magistrado, supostamente, teria conduzido em pessoa – na verdade, era frequente que ele delegasse a agentes mais ou menos escrupulosos. Os interrogatórios deviam, em seguida, confirmar as provas reunidas, e a tortura podia ser empregada quando o culpado, desmascarado por provas manifestas, se recusasse a confessar. Os meios da "questão penal" (tradução exata do chinês *xingwen*) eram estritamente definidos, e seu emprego era delimitado em número de sessões e duração. As numerosíssimas condenações de funcionários por tortura "irregular" ou "ilegal" são, ao mesmo tempo, índice de frequentes abusos e dos esforços não menos constantes de combatê-los. No conjunto, a prática judiciária chinesa se parecia muito com os procedimentos inquisitoriais da Europa continental, compartilhando com esta as qualidades – procura da verdade, preocupação com provas, segundo uma série de medidas objetivas e racionais – e os defeitos – suspeita sistemática, fraqueza das garantias oferecidas ao réu, crença na confissão extorquida com tortura. Esses defeitos eram pelo menos um pouco temperados por uma rica tradição jurisprudencial que visava a desenvolver as qualidades morais do juiz, mesmo com o risco de colocá-lo em contradição com a lei codificada.

Uma jurisprudência em equilíbrio precário

A partir do fim do século XIV, os progressos da codificação tenderam a transformar o juiz-funcionário em simples executor da lei. Paralelamente, o fortalecimento da autocracia imperial teve como corolário uma desconfiança radical e um rebaixamento sistemático das competências jurídicas, sobretudo durante o reinado de Hongwu (1368-99), fundador da dinastia Ming. Apesar de não serem proscritos, os julgamentos por analogia foram submetidos à confirmação por um rescrito especial do imperador. Na mesma época, o código mudava de aspecto e função: com uma nova divisão em sete partes, seu plano global se calcava no organograma dos serviços administrativos (os seis ministérios: dos Funcionários, dos Lares, dos Ritos, das Armas, dos Castigos e dos Trabalhos Públicos) (Vandermeersch, 1985). Essa integração geral aos modos de funcionamento estatal era acompanhada pela abolição de toda e qualquer especialização jurídica dentro da burocracia regular, marcada pelo desaparecimento das questões jurídicas em concursos de recrutamento. Uma lei geral previa que o código devia ser inculcado como um comando do imperador, que em caso algum podia ser interpretado ou reformado.

A sociedade e a máquina do Estado eram complexas e dinâmicas demais para que se mantivesse por muito tempo a ficção de um código intangível. No início do século XVI, regras em vigor nos gabinetes e decisões judiciárias acumuladas durante mais de um século foram inseridas no código, na forma de artigos adicionais (*li*) anexados a uma lei geral (*lü*), em torno de uma mesma matéria. Esse tipo de adendo repetiu-se com frequência crescente, até que os dois grandes soberanos da dinastia Qing, Yongzheng (1723-35) e Qianlong (1736-96), extraíssem suas consequências. O Código de 1740 intitulava-se *Da Qing lüli*, "Leis gerais e artigos adicionais dos Grandes Qings": a partir daí, os artigos adicionais eram equiparáveis às leis gerais, entre as quais eram inseridos a cada cinco anos, após seleção por um organismo especializado do Ministério das Penas. Em caso de contradição entre um artigo adicional e a lei geral à qual era anexado, ou entre dois artigos adicionais, o que se aplicava era o artigo mais recente. A retroatividade era proibida, a não ser que fosse favorável ao réu, quando a lei antiga fosse mais clemente. O número de artigos adicionais aumentou ao longo das revisões quinquenais, e estava próximo dos 2 mil no fim da dinastia Qing, para 436 leis gerais (Philastre). O ideal de um código lapidar era desafiado por uma jurisprudência em rápida renovação.

O paradoxo está no fato de essa jurisprudência ter sido produzida por uma burocracia em cujo âmago a competência jurídica não gozava de reconhecimento oficial. As punições severas às quais os julgamentos inadequados ou iníquos expunham magistrados locais insuficientemente preparados para suas funções judiciárias levaram estes últimos a contratar peritos jurídicos, os "Mestres das Denominações Penais". Foi nesse meio de conselheiros privados que se transmitiram os arcanos do direito, por intermédio de uma literatura muito vasta, atualmente em vias de recenseamento (Will). É possível distinguir as coleções de jurisprudência, os diversos comentários do código, os manuais de processo civil e as coletâneas de julgamentos locais.

As coleções de jurisprudência atendiam à necessidade de organizar e difundir as decisões tomadas em casos graves, que incorressem no mínimo em banimento, que as instâncias provinciais submetiam ao Ministério das Penas. A partir do século XVII apareceram coleções de "casos constituídos" (*cheng'an*), destinadas a fornecer modelos de aplicação de uma lei a circunstâncias particulares. Essas coletâneas não oficiais não podiam ser citadas em apoio de uma sentença, mas constituíam a matéria-prima de onde os peritos do ministério extraíam os artigos adicionais do código. A Coleção Geral dos Casos Penais (*Xing'an huilan*), última do gênero e a mais completa, foi publicada por volta de 1850; compreende mais de 4.500 casos, dos quais foram traduzidas algumas centenas (Bodde e Morris; Lauwaert, 1999).

O código era objeto de comentários volumosos que, em sua maioria, eram glosas marginais que explicitavam leis cuja redação era muitas vezes elíptica ou arcaizante. Durante a dinastia Qing (1644-1911) foram publicados alguns verdadeiros tratados que expunham o sentido das leis segundo um plano original. Os mais elaborados insistiam nos efeitos estruturais, confrontando artigos contidos em partes diferentes, que tratavam de matérias diferentes, mas estavam submetidos à mesma categoria lógica. Excertos de comentários que ganharam respeitabilidade foram sendo gradualmente integrados nas edições oficiais do código e, assim, adquiriram tal influência, que certas instâncias baseavam suas decisões mais neles do que na lei. Surpreendente destino para textos compostos por peritos sem estatuto oficial, que os punham em circulação na forma de manuscritos ou de fascículos xilografados por pequenas casas editoras! Foi só com a Restauração Tongzhi (1861-75), subsequente à segunda Guerra do Ópio e à insurreição dos Taiping, que certas autoridades provinciais e centrais se encarregaram da difusão dos tratados jurídicos no interior da função pública.

Fruto da iniciativa de práticos atuantes em campo, difundida pelos canais da edição privada, a literatura jurídica chinesa estava, portanto, muito mais às voltas com a realidade social e cultural chinesa do que levaria a crer o tom hierático do Código imperial. Isso se mostra ainda mais verdadeiro quando atentamos para os numerosos manuais e guias da prática judiciária local, entre os quais citaremos as traduções do Código para os falares dialetais, bem como as transcrições rimadas ou tabuladas, que administravam uma formação jurídica elementar à população. Entre os guias de procedimentos jurídicos, o *Tratado para lavar a injustiça* (*Xiyuan lu*), coletânea de receitas e instruções para o exame legal do cadáver, composta no século XI, que parece ter dado origem à instituição anglo-saxã dos Coroners, foi constantemente enriquecida e continuou sendo uma das mais difundidas entre os profissionais e o público instruído até o fim do Império.

Cabe citar, por fim, as coletâneas de julgamentos locais coligidas por um magistrado para servir de exemplo a seus pares. Seu modelo fora fixado na dinastia Song, do Sul, no século XIII, pelos *Julgamentos feitos à sombra da sorveira* (Van Gulik). A versão primitiva descrevia uma série de juízes detetives que desmascaravam os criminosos com sua perspicácia e impressionavam o povo com seu carisma confuciano. Versões mais tardias insistem nas qualidades morais do juiz, em especial no seu espírito de equidade, que o obriga a examinar todos os elementos inocentadores e as circunstâncias atenuantes que permitam absolver ou aliviar a pena. O bom juiz, simultaneamente perspicaz, respeitável e equitativo, tornou-se, assim, uma figura importante da cultura jurídica chinesa. As numerosas coletâneas de casos dos Qings, assim como as inúmeras ficções cujos enredos usam e abusam das competências judiciárias, são outros tantos canais de penetração de um certo ideal de justiça. O filme *A história de Qiu Ju*, cujo título original seria mais fielmente traduzido por "Qiu Ju vai à justiça", mostra que esse sentimento sobreviveu ao maoísmo.

Nem direito civil, nem direito consuetudinário: um direito burocrático

As coletâneas de julgamentos locais também são aquelas que apresentam a face "civil" do direito chinês. Alguns artigos do Código definiam as principais regras que deviam ser seguidas em matéria de casamento, sucessões, vendas de bens móveis e imóveis, dívidas e obrigações. Essas matérias "civis" eram regidas por "denominações penais"; a instituição de um herdeiro, transgredindo as regras, era em princípio passível de pancadas com bambu. Na realidade, era bastante raro que o magistrado local usasse os castigos prescritos pelo código. Pesquisadores americanos acreditaram que poderiam descrever essa justiça ordinária com os termos procedimento civil e mesmo direito civil (Bernhardt-Huang). Sem dúvida, era no domínio do direito de família, especialmente no campo das sucessões, que os peritos juristas costumavam mais ressaltar as lacunas do Código imperial e justificavam uma derrogação à lei pela citação de um clássico canônico. Mas, por um lado, tais métodos eram também empregados nos julgamentos que nada tinham de civil; por outro lado, contrariamente à ideia difundida por Jean Escarra (Escarra), os magistrados nunca se baseavam num direito consuetudinário local. Julgavam segundo condutas de equidade, autorizando ajustes particulares a esta ou àquela família, mas sem avalizar regras observadas pelas comunidades. Mesmo excluindo a formação de um direito civil distinto ou o reconhecimento de costumes locais, o sistema jurídico não deixava de absorver fragmentos do uso popular que pudessem ser integrados nos artigos adicionais do Código imperial depois de terem transitado pelos regulamentos provinciais, ao longo de extensos processos de "percolação burocrática" (Bourgon).

Modernização: uma grande marcha

A modernização jurídica é um processo complexo e inacabado; é enganoso reduzi-lo à ocidentalização apenas da China. É preciso considerá-lo em mais de um século, na escala de todos os países da área chinizada, para perceber que as linhas de evolução só coincidem em parte com os dogmas ocidentais. A evolução do direito nesse caso é complicada por problemas de independência nacional e de alienação cultural, que só poderão ser vistos em suas linhas gerais.

Em 1902, a Corte imperial lançou o processo de adoção das legislações ocidentais, depois de constatar que isso permitira ao Japão retomar a soberania sobre seu solo, enquanto a China se enredava em conflitos sem solução. O instrumento essencial da aculturação jurídica, aliás, consistiu menos nas leis em si do que na adoção do glossário de termos jurídicos constituído pelos japoneses, o que permitiu que o enxerto "pegasse". Agrupando caracteres chineses em binômios inusitados, ou usando expressões antigas com um sentido jurídico moderno, os japoneses construíram em tempo recorde o arcabouço lexical das novas legislações. Também forneceram os modelos de codificação penal e civil que haviam tomado de empréstimo à França e, depois, à Alemanha. Na China, assim como no Japão, a escolha do direito da Europa continental (*Civil Law Family*) foi ditada mais pela necessidade de apresentar regularmente às potências ocidentais provas tangíveis de sua conversão do que por fidelidade cega à tradição de direito codificado. De fato, a *common law* exerceu atração constante sobre os juristas dos dois países, sobretudo aqueles que continuavam sensíveis ao prestígio do bom juiz e à jurisprudência dos "casos constituídos". A codificação penal é marcada pela síntese das linhas de modernização ocidental e chinesa. A partir do fim do século XIX, Xue Yunsheng (1820-1901), presidente do Ministério das Penas, recenseara pacientemente as discordâncias presentes nas leis codificadas em suas *Dúvidas persistentes na leitura dos artigos adicionais* (*Duli cunyi*). Esse cabedal crítico foi utilizado por seu discípulo, Shen Jiaben (1840-1913), para compor novos códigos imperiais que combinassem as antigas noções chinesas com os últimos conceitos ocidentais, quando possível. As penas atrozes eram abolidas definitivamente dessa vez; em 1905, o Novo Código Penal, expurgado dos diversos instrumentos do direito sacrificial (especialmente as "tabelas de luto"), estava pronto para ser adotado quando da queda do Império; sua promulgação foi o primeiro ato do Presidente da República Yuan Shikai em 1912.

O direito civil, em compensação, precisava ser inteiramente constituído, o que foi feito, a partir de 1907, por leis orgânicas que distinguiam procedimentos penais e civis e pela "despenalização" das partes do Código imperial que versavam sobre matérias civis. Sob a influência de juristas europeus e japoneses, os chineses se lançaram logo numa ambiciosa empresa de chinização do direito civil, com a constituição de um direito consuetudinário. Foram feitas pesquisas nas províncias, e seus relatórios foram publicados como complemento do Código Civil de 1930. A corte suprema foi encarregada de, a partir de questionários que lhe eram feitos pelos tribunais, selecionar os costumes que deveriam ser inseridos nas versões ulteriores do código (Escarra). O processo foi interrompido pela invasão japonesa.

O regime comunista representa uma exceção na longa evolução jurídica da China: é uma das três "dinastias" (depois da dinastia Han, no século II a.C., e a Ming, no século XIV) que acreditou no expediente de ab-rogar todas as leis anteriores a seu advento, para constatar, uma vez mais, o retorno à continuidade na "terceira geração", empiricamente observado pelos historiadores tradicionais. Contudo, o maoísmo foi o único regime que criou deliberadamente um episódio de caos, durante o qual não havia legislação, nem mesmo Ministério da Justiça! A restauração do "governo pela lei", proclamada em 1980, significou a retomada da importação de legislações estrangeiras: a República Popular voltou ao percurso traçado pelo Império em declínio e pela república nacionalista, num contexto internacional e interno muito mais favorável. Observando-se bem, as reformas ressuscitaram traços marcantes do Antigo Regime jurídico: produção regulamentar considerável, que, sobretudo em nível provincial, vem somar-se às legislações penais e civis; multiplicação das penas capitais, grande parte das quais pronunciada com sursis. Alguns juristas insistem que a jurisprudência da Corte Suprema deve adquirir força de lei, segundo um processo comparável à confecção dos artigos adicionais do Código imperial. O indivíduo submetido à justiça fica fora desses debates técnicos, mas apaixona-se pelas reportagens sobre os grandes processos e pelos folhetins judiciários, nos quais o bom juiz de antigamente assume as feições de um jovem advogado impávido e irrepreensível.

› BALASZ É., *Le Traité juridique du Souei-chou*, Leiden, E.-J. Brill, 1954. – BERNHARDT K. & HAUNG Ph. C. C. (org.), *Civil Law, in Qing and Republican China*, Stanford, Stanford Univ. Press, 1994. – BODDE D. & MORRIS C., *Law in Imperial China Exemplified by 190 Ch'ing Dynasty Cases*, Pennsylvania Paperback Edition, [1ª ed. Harvard Univ. Press, 1967], 1973. – BOURGON J., "La coutume et le droit en Chine à la fin de l'Empire", *Annales. Histoires, Sciences sociales*, 5, 1999. – ESCARRA J., *Le Droit chinois*, Paris, LGDJ, 1936. – LAUWAERT F., *Le Meurtre en famille. Parricide et infanticide en Chine* (*XVIII*ᵉ*-XIX*ᵉ *siècle*), Paris, Odile Jacob, 1999. – PHILASTRE P.-L.-F. (trad.), *Le Code annamite*, reed. Taipei, Chengwen [1ª ed., Paris, Leroux, 1909], 2 vol. (a tradução mais completa do Código dos Qing, baseada na versão vietnamita), 1967. – VANDERMEERSCH L., "An Enquiry into the Chinese Conception of the Law", in S. Schram (org.), *The Scope of State Power in China*, Londres, School of Oriental and African Studies, Univ. of London, 1985; *La Formation du Légisme. Recherche sur la constitution d'une philosophie politique de la Chine ancienne*, Paris, École française d'ExtrêmeOrient [1ª ed., 1965], 1987. – VAN GULIK R., *Tang-yin-pishih*, "Parallel Cases From Under the Pear Tree", *A Thirteenth Century Manual of Jurisprudence and Detection*, Leiden, E.-J. Brill [Sinica Leidensia, 10]. – WILL P.-É. (org.), *Official Handbooks and Anthologies of China: A Descriptive and Critical Bibliography*, Paris, Institut des Hautes Études chinoises, Collège de France (no prelo).

Jérôme BOURGON

→ Aculturação jurídica; Direito comparado; Japão.

CIDADANIA

A cidadania é um fenômeno jurídico. Essa frase é uma evidência, ou seria, caso não tivesse se tornado habitual opor ao ponto de vista do jurista – considerado artificial e restritivo – diversas abordagens oriundas de outras disciplinas. Embora nunca tenha parecido possível definir a cidadania em termos econômicos, houve teorias sociológicas, morais ou filosóficas. Evidentemente, não cabe aqui questionar sua legitimidade. Mas convém observar que o discurso relativo ao cidadão supõe que se admita a definição jurídica dele. A cidadania não é um produto imanente da espontaneidade social: é um artefato, que exige critérios explícitos. Todo discurso sobre o súdito, que não levasse em conta esses critérios, seria radicalmente arbitrário.

O discurso filosófico sobre o cidadão, em compensação, não será fundador? Cabe distinguir, pois esse discurso se desenvolve segundo três eixos. O primeiro é normativo: esforça-se por demonstrar o que *deve* ser o cidadão; incapaz de superar o nível da subjetividade, ele acaba por se mostrar ingênuo. O segundo é o da reflexão transcendental: trata-se de pensar as condições de possibilidade de uma sociedade humana. Essa abordagem produziu algumas obras insignes, mas o cidadão por ela evocado não será o considerado aqui: através do conceito de cidadão, Hobbes, Locke ou Rousseau tentam pensar as antinomias que unem e opõem o individual e o coletivo, a liberdade e a igualdade, o local e o universal, a identidade e a alteridade. Essas problemáticas, que constituem a arquitetura da filosofia política, mantêm uma relação muito frouxa, e até nula, com a indagação jurídica "o que é cidadão?". O terceiro eixo é fenomenológico. Trata-se de mostrar o que é a cidadania, não entendida no sentido de condição da coexistência social, mas de instituição jurídica positiva. Essa via, única pertinente para o indivíduo aqui considerado, foi genialmente aberta por Aristóteles em sua *Política*.

Nesse texto, Aristóteles esforça-se por definir a cidade: esta é uma coletividade composta por cidadãos. Negativamente, o cidadão se opõe aos escravos e aos metecos; o cidadão, no sentido próprio, também se distingue dos menores e dos velhos, afastados dos cargos públicos pela idade. Positivamente, Aristóteles considera duas definições. Segundo a primeira, o cidadão é um indivíduo *idôneo* para exercer uma magistratura que não comporta limite no tempo – especificação necessária, em vista da existência de magistraturas conferidas por tempo determinado e não renováveis –, tal como membro da assembleia do povo ou juiz. De acordo com a segunda, cidadão é um indivíduo nascido de pais cidadãos. Mas essa definição, usual, implicaria uma regressão ao infinito e não daria conta dos casos em que uma mudança constitucional confere a cidadania a indivíduos que não a tinham; a única maneira de escapar a essas objeções, portanto, é admitir que ela repouse implicitamente sobre a primeira. Aristóteles marca, então, a diferença entre um critério operacional em direito positivo, que varia com ele, e um conceito que dá conta da natureza do objeto. Este deve ser geral. Por isso, Aristóteles, que raciocinou em função do exemplo ateniense, explica que, nas outras ordens, é cidadão o indivíduo capaz de exercer as magistraturas definidas por estas. Assim se afirma a ideia de que a cidadania é um estatuto jurídico diferencial.

Em Atenas, no século IV a.C. – única cidade e único período sobre os quais temos informações detalhadas –, a cidadania era adquirida por nascimento ou por naturalização. No primeiro caso, o pai e a mãe deviam ser cidadãos – o que implicava certo status da mulher, mas limitado à capacidade de transmitir à descendência a qualidade de cidadão – e casados. Os procedimentos de naturalização eram extremamente raros: como diz Aristóteles, quanto mais democrática a cidade, mais importantes são as implicações da cidadania, e menos os cidadãos são levados a compartilhá-la. Em compensação, existiam procedimentos destinados a desmascarar os indivíduos que tivessem usurpado a qualidade de cidadão: se considerados culpados, eram vendidos como escravos. Aos 18 anos, o rapaz devia ser apresentado à assembleia do demo no qual estava registrado. A partir daí podia assistir às sessões da assembleia e votar. A partir dos 30 anos, podia ser magistrado, legislador ou jurado. O exercício dessas responsabilidades públicas não era obrigatório. Mas em nenhuma outra sociedade se conheceu tão grande investimento, prático e psicológico, na gestão coletiva dos negócios públicos. Além de seus direitos políticos, os cidadãos gozavam de diversos privilégios: tinham direito à propriedade dos bens de raiz, a ajuda pública em caso de invalidez ou carestia, não podiam sofrer tortura ou castigos físicos, e as penas previstas para o assassinato de um cidadão eram mais graves do que para o de um meteco e, com mais razão, de um escravo. Os cidadãos atenienses estavam sujeitos à cobrança de impostos e ao serviço militar, mas os metecos também. As únicas obrigações diferenciadas dos cidadãos diziam respeito àquilo que chamamos de vida privada: o cidadão não podia desposar uma meteca; era-lhe vedada a prostituição; não podia dissipar sua herança nem negligenciar seus deveres para com os pais. O não cumprimento de uma dessas obrigações podia acarretar a *atimia*, perda dos direitos civis e proibição de comparecer nos lugares públicos, verdadeira morte social.

A diferença mais evidente entre Atenas e Roma é que esta outorgou direito de cidadania a populações cada vez mais vastas, até constituir "uma cidade com aquilo que era o universo" (Rutilius Namatianus). O processo, terminado em 212 com a Constituição antoniniana, foi longo. No início, pelo menos, foi só sob pressão dos aliados (pressão que chegou à guerra) que os cidadãos aceitaram compartilhar seu privilégio. Além disso, o conteúdo da cidadania muda com o tempo. No tempo do Império, tenderá a tornar-se estatuto pessoal, com imunidades (dispensa dos castigos físicos, direito de recorrer a César para escapar ao julgamento pelas autoridades locais) e privilégios (distribuição de trigo para os habitantes da cidade), o que constituía condição necessária de ascensão social. No período republicano (e mesmo depois, porém de maneira cada vez mais formal), os cidadãos também possuíam direitos políticos. Eram integrados à cidade pelo *census*, que possibilitava identificá-los, enumerá-los e classificá-los segundo a idade e a riqueza. Essa operação constituía o fundamento prático e ideológico da organização civil. Permitia repartir as obrigações militares e fiscais, ao mesmo tempo que se garantia que os direitos e os deveres dos indivíduos fossem proporcionais a seus recursos. Reunidos nos comícios, os cidadãos elegiam os magistrados e votavam as leis. Roma, porém, não era uma democracia. Na "constituição mista" descrita por Políbio, o povo constituía apenas um dos poderes, ao lado dos magistrados e do Senado, composto por antigos magistrados. Exigia-se um censo muito elevado dos candidatos às magistraturas: os eleitores só podiam escolher entre representantes da oligarquia. Os votos só excepcionalmente, portanto, tinham significação política: ou quando se apresentava um candidato *popularis* ou quando um tribuno tentava a aprovação de uma lei revolucionária. Além disso, as eleições nunca eram feitas por cabeça, mas por centúria ou por tribo, o que neutralizava muito a influência do número e permitia diversas manipulações. Esses limites ao princípio democrático eram sem dúvida necessários à continuidade do sistema: a politização das eleições só podia redundar na guerra civil.

O declínio do mundo antigo marca o eclipse da noção de cidadania. Coube à filosofia política chamar de novo a atenção para essa palavra, ao fazer a distinção entre homem em estado natural e cidadão, produto do contrato social. Nesse sentido, não existe nenhuma contradição entre *cidadão* e *súdito*: um indivíduo pode ser ao mesmo tempo cidadão, na qualidade de membro de uma sociedade civil, e súdito, na qualidade de indivíduo submetido à autoridade de um rei legítimo. Se os dois termos acabaram por ser percebidos como incompatíveis, foi porque a legitimidade democrática tendeu a impor-se como a única aceitável. Essa evolução é em si mesma reflexo de uma mudança mais geral. No mundo antigo predominava a ideia de que o estatuto social cria o direito. O aparecimento dos direitos do homem inverte essa proposição: considera-se que o homem, pelo simples fato de ser homem, possui os direitos que outrora distinguiam o cidadão. O direito ao estatuto substitui o estatuto de direito. A Revolução francesa propõe o princípio segundo o qual os cidadãos têm direitos e são iguais: cidadão opõe-se, portanto, a súdito. Mas a cidadania continua diferencial no plano dos direitos políticos: a Constituição de 1791 define a qualidade de cidadão *francês*, enquanto a declaração de 1789 podia ser lida como endereçada a todos os homens; as mulheres são mantidas numa condição juridicamente inferior; os cidadãos mais pobres, qualificados de passivos, recebem os direitos civis, mas não os direitos políticos. Essa discriminação não é considerada criminosa: Kant acha que é legítima. Mas a evolução das mentalidades tornou progressivamente inaceitável tal prática, tanto quanto as discriminações baseadas no sexo. Os direitos do cidadão tendem a confundir-se com os direitos do homem, e os direitos políticos tendem a tornar-se direitos subjetivos.

Assim, o artigo 21 da Declaração Universal dos Direitos do Homem afirma que toda pessoa tem direito a participar da direção dos assuntos públicos de seu país, seja diretamente, seja por intermédio de representantes livremente eleitos, e de ter acesso às funções públicas; a vontade do povo é o fundamento da autoridade e deve ser expressa em eleições honestas. Essas fórmulas são ambíguas. Não implicam nem liberdade política nem multipartidarismo: era esse o preço que se devia pagar para que tais textos fossem adotados pelo bloco soviético. Em compensação, o artigo 3º do primeiro protocolo adicional da Convenção Europeia dos Direitos do Homem contém o compromisso de organizar eleições livres e secretas que garantam a livre expressão do povo na escolha do corpo legislativo. Por ser restritiva, esse definição é clara. Permite a elaboração de uma jurisprudência: a Comissão Europeia dos Direitos do Homem afirmou que o artigo 3º institui um verdadeiro direito subjetivo que pode ser invocado em apoio a pedidos individuais.

A cidadania ainda é um estatuto diferencial? O acesso a ela comporta, certamente, restrições: exige-se idade mínima para o gozo dos direitos políticos, e um indivíduo pode ser dela privado por decisão judicial; enfim, esses direitos são, essencialmente, reservados aos nacionais. Mas esses limites, embora não desapareçam, atenuam-se: a idade da maioridade é reduzida, a privação dos direitos civis é interpretada de maneira restritiva (supressão das penas acessórias, voto por procuração pública aos detentos que não perderam seus direitos), e, por fim, o voto dos estrangeiros, embora não conte, necessariamente, com o assentimento da maioria dos eleitores, não se mostra tanto como uma hipótese descabida, visto que a maioria das discriminações que os atingiam foi abolida, e o acesso à nacionalidade tende a ser percebido como um direito. Está claro – ainda que a evolução não esteja concluída – que está ocorrendo a substituição do direito da cidadania pelo direito à cidadania. Entende-se que essa evolução possa ser apresentada como a apoteose ou como o crepúsculo da cidadania: a generalização de um estatuto diferencial é, ao mesmo tempo, afirmação de sua legitimidade e perda de seu peso. Por esse motivo, a atual redução da palavra *cidadão* à categoria de adjetivo talvez seja mais que um efeito de moda. Num mundo onde todo indivíduo é cidadão porque tem o direito de sê-lo, a palavra já não opõe o estatuto jurídico de alguns ao de outros, mas apenas comportamentos considerados simpáticos a outros, que não o são: assim, a cidadania acaba por enquadrar-se num nicho linguístico que outrora era do civismo.

Como situar nesse quadro a noção de cidadania europeia, criada pelo tratado de Maastricht? Os direitos reconhecidos são modestos, não específicos (a livre circulação se estende aos representantes de terceiros países) ou passíveis de tornar-se inespecíficos (se o direito de voto for dado a todos os estrangeiros), além de não possibilitarem aos cidadãos nenhum controle sobre a marcha das questões europeias. A palavra cidadania parece, portanto, servir a intuitos propagandísticos ou constituir um gancho provisório. Mas para quê? A frase acrescentada pelo tratado de Amsterdã – "A cidadania da União completa a cidadania nacional e não a substitui" – não esclarece o futuro; somente sua ambiguidade permitiu sua adoção. Mas seria no mínimo espantoso que a União Europeia pudesse modificar ou desviar as fortes tendências características das sociedades modernas.

› CONSTANT F., *La Citoyenneté*, Montchrestien, 1998. – DENQUIN J.-M., *Les Droits politiques*, Montchrestien, 1996. – Hansen M.-H., *La Démocratie athénienne à l'époque de Démosthène*, Paris, Les Belles Lettres, 1993; Nicolet C., *Le Métier de citoyen dans la Rome républicaine*, Paris, Gallimard, 1976. – Rials S., *La Déclaration des droits de l'homme et du citoyen*, Paris, Hachette, 1988.

Jean-Marie Denquin

→ Contrato social; Declaração dos Direitos do Homem e do Cidadão; Direitos civis e políticos; Direitos humanos; Nacionalidade; Revolução francesa e direito; Sufrágio.

CIDADES

Conforme notou M. Roncayolo [1990, p. 20], o termo "cidade" hoje abrange tanto uma "instituição" como um "dispositivo ecológico". No entanto, a etimologia (Πολις) não engana e, consideradas do ponto de vista diacrônico ou comparatista, as cidades se distinguem menos por critérios demográficos, sociológicos ou econômicos do que por especificidades de ordem política e institucional. Assim, ao prefaciar sua *Histoire de la France urbaine*, G. Duby (1980, t. 1, p. 13) considera que "a cidade se distingue do meio que a cerca por ser, na paisagem, o ponto de enraizamento do poder". A história das cidades e das instituições urbanas, portanto, só pode ser compreendida em relação ao poder, ou melhor, aos poderes que nelas se defrontam, que as dominam ou as dirigem.

Da cidade galo-romana à cidade medieval

Pode-se assim considerar que a capital urbana galo-romana representa duplamente a cidade (*urbs*), Roma e sua dominação sobre o Império. Ela manifesta sua dominação política e econômica na qualidade de lugar de ancoragem do poder romano sobre os territórios colonizados: arrecadação de impostos diretos – *tributum soli* e *tributum capitis* –, privilégio do Estado romano, valorização econômica em proveito da capital do Império. Com suas importantes infraestruturas e suas vastas e numerosas instalações urbanas, ela também representa Roma e sua "civilização", manifestação de uma dominação simbólica através da implementação de um modelo urbano. Depois da queda do Império romano e de seu desmembramento pelos reis bárbaros de origem germânica, as cidades ingressaram num longo período durante o qual se encolheram por trás das muralhas. Ao sabor das conjunturas locais de poder, viviam sob o domínio de um *conde* que representava o poder régio, de um prelado que representava o poder temporal da poderosa instituição em que se transformou a Igreja, ou de um senhor local.

Renovação urbana e aparecimento de instituições urbanas

A partir do segundo quartel do século X, a grande diminuição das incursões bárbaras possibilitou a retomada dos intercâmbios tradicionais com os países mediterrâneos, mas, sobretudo, um importante desenvolvimento do comércio com o Norte da Europa. Depois, a partir da segunda metade do século XI, o refluxo árabe sob pressão dos cristãos possibilitou a reabertura das rotas do Mediterrâneo. Essa expansão comercial e a consecutiva expansão artesanal acarretaram uma renovação urbana que envolveu as cidades episcopais herdeiras das capitais, quando elas souberam constituir uma etapa no itinerário dos mercadores, o que se traduziu no desenvolvimento ou na criação de numerosos núcleos habitacionais urbanos (burgos, coutos, cidades novas…), que podem ser agrupados sob o vocábulo "burgo". Num momento em que se passava progressivamente de uma economia dominial, na qual um senhor territorial extraía o essencial de sua riqueza da exploração da terra, para uma economia mercantil, na qual a riqueza emanava da troca de mercadorias, numerosos eram os senhores que procuravam favorecer o desenvolvimento econômico de seu território por meio da criação de burgos ou da concessão de privilégios àquela nova classe de produtores de riquezas. De fato, enquanto o servo, figura ideal típica da economia dominial, estava vinculado à terra e submetido à arbitrariedade de um senhor, o mercador, figura típica desse novo tipo de economia, logo passou a ter outras exigências. Para esse novo grupo social, o direito da terra e o direito das pessoas rapidamente se mostraram inadequados, e sua crescente importância o levou a reivindicar um sistema jurídico próprio. Já nos séculos XI e XII surgem e desenvolvem-se em formas diversas associações de burgueses nas quais os mercadores cuidavam de seus negócios, regulamentavam o comércio ou organizavam operações comerciais nas quais, segundo J. Ellul (1962, t. 3, p. 207), reinava "uma solidariedade social, econômica, jurídica integral". As guildas e as corporações aos poucos foram constituindo instituições poderosas, dotadas de rendimentos e bens, chegando às vezes a adotar um direito específico reconhecido, o *jus mercatorum*, a obter privilégios e até mesmo monopólios. Mais tardias que as guildas, as corporações geralmente eram mais especializadas; constituíam uma espécie de polícia dos ofícios e entre eles, frequentemente dedicadas não só a lutar contra a fraude, mas também, e sobretudo, a controlar os preços e as técnicas de produção com o objetivo de evitar concorrência prejudicial aos interesses mais bem instalados. O desenvolvimento das guildas e das corporações, no interior da ordem dos *laboratores*, traduzia a especificidade dos interesses dos *mercatores* (mercadores, comerciantes ou artesãos) e manifestava o surgimento de um poder concorrente do poder dos *bellatores* e dos *oratores*, reivindicando e obtendo, a partir do século XII, verdadeira expressão política e participação na administração da cidade através da outorga de cartas que garantiam certo número de privilégios de ordem jurídica e econômica, chamados *franquias*, *liberdades* ou *costumes*. Os habitantes que possuíssem uma casa na cidade e ali residissem regularmente deviam prestar o *juramento de burguesia*, o que os convertia em *burgueses*, juramento no qual se comprometiam solenemente a respeitar a carta e juravam fidelidade a seu senhor.

Tais cartas constituíam um reconhecimento (se não oficial, pelo menos de fato) da existência de uma comunidade urbana, visto que a *Universitas* tinha interesses próprios e capacidade para levá-los a cabo. Essa *Universitas* recebia um selo que atestava seu status de *persona authentica*, podia possuir bens imobiliários, fontes de rendimentos e um cofre que garantia sua memória e perenidade graças à conservação de acervos, arquivos e registros da cidade. A partir do século XIV surgem os paços municipais, casas comuns úteis à administração municipal, mas também símbolo do poder municipal tanto quanto o campanário, que ritmava um tempo agora laico e burguês.

O Conselho da Cidade era composto por membros que diferiam de uma cidade para outra em termos de nome, número e atribuições. Os *almotacés* (*échevins*) ou *homens de valor* (*prudhommes*) presididos por um prefeito (*maire*) no Norte, os *conselheiros* (*conseillers*) presididos por *cônsules* (*consuls*) no Sul em geral tinham poderes de polícia e baixa justiça, responsabilidade pela guarda do selo e pelos arquivos, devendo prestar contas de sua gestão financeira. Essas autoridades municipais também respondiam pela construção e pela administração das instalações e da infraestrutura urbana como representantes do rei ou dos senhores laicos ou eclesiásticos: muralhas, pontes, canais, fontes e às vezes hospitais e escolas. Para fazer face a essas despesas, as cidades geralmente podiam cobrar multas, direitos e taxas diversas, mas também impostos diretos (*talhas*) e indiretos (*ajudas*), arrecadados para cobrir despesas extraordinárias.

Portanto, nas cidades se desenvolvia "uma espécie de aristocracia burguesa dirigente" (Lemarignier, 1970, p. 303), pequeno grupo de famílias às vezes rivais cujo poder político provinha de seu poder econômico e da tendência a açambarcar as responsabilidades municipais. Durante os períodos de prosperidade (séculos XII e XIII), esse "patriciado urbano" administrava bem as cidades, praticava uma política de urbanismo e infraestrutura proveitosa para o conjunto dos habitantes. Mas, quando a crise econômica as atingiu (a partir do fim do século XIII), essas oligarquias urbanas tentaram tirar proveito de sua posição dominante para esquivar-se às obrigações fiscais e descarregá-las com mais intensidade sobre os "pequenos". Os "grandes" então se expunham ao desagravo popular, manifestado às vezes em revoltas bastante violentas que podiam dar aos senhores locais ou ao rei pretexto para tomar as rédeas, temporária ou definitivamente, do governo das cidades envolvidas.

Os séculos XIV e XV formam um período bastante difícil para cidades regularmente atingidas pelos flagelos da guerra e das epidemias (a peste, especialmente). Acompanhando o ritmo dessas calamidades, os habitantes das cidades construíam, mantinham e defendiam suas muralhas, concentrando em sua defesa os esforços da comunidade e de seus representantes, ou buscando furtar-se ao peso desse pesado fardo. Apesar da aparente autonomia, já no século XV as cidades se integravam de fato na administração régia local.

A consolidação do poder monárquico durante o século XVI podia ser acompanhada de um relaxamento de sua tutela sobre as cidades. O rei confirmava as liberdades municipais e até as estendia a cidades que não as tinham, mas pretendia dispor de assembleias municipais dóceis, que se limitassem a um papel estritamente administrativo: policiamento dos locais públicos, arrecadação de impostos e recursos públicos, contabilidade das obras públicas, manutenção de hospitais e serviços de higiene, estabelecimento de universidades e colégios. Mas as conturbações (guerras de religião, Fronda etc.) e a má administração financeira das cidades constituíam oportunidades para a tomada das rédeas de seu governo, o que provocou a uniformização das instituições urbanas e seu controle estrito pelos agentes do rei, efetivos no fim do século XVII. Em 1647, os impostos se tornaram *deniers d'octroi*, taxas arrecadadas por concessão régia e depositadas em seu tesouro, em troca do financiamento das despesas da cidade, agora estritamente controladas por seu intendente (*Intendant*). A autonomia militar e de polícia também foi abolida; o rei impunha uma guarnição, e o edito de 1699 confiava a polícia a um lugar-tenente geral de polícia também "encarregado das vias públicas, da salubridade e do aprovisionamento" (Ellul, 1956, t. 4, p. 94).

No fim do século XVII, a administração das cidades do reino, agora unificada, geralmente compreendia três elementos: assembleia geral dos habitantes, chamada de *Estados da cidade* ou *Estados e comunidades da cidade*, que se reunia excepcionalmente, quando ocorriam problemas graves; o *Conselho dos Notáveis*, assembleia dos notáveis da cidade, de 40 a 100 membros que, em princípio, elegiam o *Corpo da Cidade*; o *Corpo da Cidade*, composto de jurados em torno de um Prefeito (*Maire*) no Norte ou de *cônsules* (*consuls*) iguais no Sul, administrava a cidade e garantia a execução das decisões régias e das do *Conselho dos Notáveis*. As dificuldades financeiras crônicas do Estado, decorrentes da guerra, levaram Luís XIV a desferir novo golpe nessas instituições, ao promulgar em 1692 um edito que transformava o cargo de Prefeito (*Maire*) em função venal, criando outros funcionários municipais, os assessores (*accesseurs*). A partir daí, o grande aumento no número de cargos oficiais, até a Revolução francesa, fortaleceu o domínio das famílias ricas sobre as administrações municipais ou onerou muito as finanças das cidades, que decidiram resgatá-los, para conservar o direito de eleger seus representantes. Já no fim do século XVII, a vida municipal fora afetada pelo autoritarismo do rei, pelas necessidades de dinheiro e pelas ideias que preconizavam a racionalização administrativa; a tal ponto que as queixas das cidades ao rei, abundantes no século XVI, tornaram-se muito raras nos séculos XVII e XVIII.

Dos privilégios à uniformidade das instituições... sob o controle do Estado

Durante a segunda metade do século XVIII houve tentativas de reformas municipais (editos de 1764 e 1765, elaborados por Laverdy, projeto de Turgot inspirado pelo *Memorando sobre as Municipalidades*, apresentado pelo fisiocrata Dupont em 1775, edito de 1787) que tinham em vista uniformizar e renovar as administrações locais, mas foi preciso esperar a tábua rasa de 4 de agosto de 1789, que aboliu "todos os privilégios particulares de províncias, principados, regiões, cantões, cidades e comunidades de habitantes", para que surgisse um novo regime municipal.

Os constituintes apressaram-se a criar um quadro institucional para os poderes de fato que surgiam e se organizavam ("Revolução Municipal") na província, segundo concepções federalistas. Os decretos de 14 e 22 de dezembro de 1799, instituindo "uma municipalidade em cada cidade, burgo, freguesia ou comunidade rural", lançavam as bases de um novo regime municipal que se aplicaria ao conjunto das 44 mil comunas herdadas das freguesias do Antigo Regime (ao contrário do projeto de divisão geométrica do território nacional proposto por Thouret). As *municipalidades*, compostas por *oficiais municipais* e presididas por um prefeito (*maire*) – os cidadãos "elegíveis" eram eleitos pelos cidadãos "ativos" da comunidade (sufrágio censitário) –, tinham dois tipos de função. As funções "próprias ao poder municipal" diziam respeito à administração do patrimônio comunitário e à manutenção da ordem e da salubridade públicas. As funções "próprias à administração geral" lhe eram delegadas pelo Estado central: "distribuição das contribuições diretas entre os cidadãos de que a comunidade se compõe; arrecadação dessas contribuições; depósito dessas contribuições nos cofres do distrito ou do departamento; direção imediata das obras públicas no âmbito da municipalidade; direção imediata dos estabelecimentos públicos destinados à utilidade pública; inspeção e agenciamento necessários à conservação das propriedades públicas; inspeção direta dos trabalhos de reparação ou reforma de igrejas, presbitérios e outros objetos relativos ao serviço do culto religioso". H. Berthélémy notava, em 1901, que "nenhuma destas últimas atribuições ficou nas mãos das municipalidades; as outras, ao contrário, nela se fixaram sob o controle mais ou menos estrito da autoridade central".

A Constituição votada em 3 de setembro de 1791 introduziu o termo *Comuna* (título 2, art. 8), definindo-a como "uma sociedade de cidadãos unidos por relações locais" (fórmula do decreto de 10-11 de junho de 1793). Os princípios estabelecidos em 1789 foram retomados pelas diferentes constituições e pelos decretos relativos à organização territorial do Estado (decretos de 15 e 25 de março de 1791) até a severa centralização das administrações locais nas mãos do Diretório. A Constituição de 5 de frutidor do ano III restabeleceu o sufrágio censitário e, em nome da maior racionalidade administrativa, instaurou o princípio de diferença de tratamento das comunas em função do tamanho de sua população. Tratava-se de agrupar as pequenas comunas rurais e dividir as grandes comunas urbanas. Enquanto as cidades de 5 mil a 100 mil habitantes eram administradas por uma única *municipalidade* cujo número de membros estava relacionada com o tamanho da comuna, as de mais de 100 mil habitantes tinham pelo menos três municipalidades correspondentes a circunscrições de 30 mil e 50 mil habitantes, uma *agência central*, nomeada em nível departamental e submetida à aprovação do Poder Executivo e encarregada das funções mais fundamentais, especialmente as de poder público. A lei de 28 de pluvioso do ano VIII dava a Paris um regime especial, que dividia entre o governador (*préfet*) do Sena e o chefe de polícia os poderes atribuídos em outros lugares ao prefeito (*maire*). Os regimes que se sucederam até a III República confirmaram a supremacia da racionalidade administrativa e alimentaram uma "ilusão política" (Legendre, 1968, p. 131), restringindo um prefeito (*maire*), na maioria das vezes nomeado – que administrava sozinho –, e seu conselho municipal – que deliberava – às funções de gestão do patrimônio local e de manutenção da ordem e da salubridade públicas, sob controle estrito da "autoridade superior" representada pela administração departamental.

Rumo a uma nova era das cidades?

Apesar de estar na linha de continuidade dos textos anteriores (leis de 1831, 1837, 1855, 1867 e 1871 em especial), a lei de 5 de abril de 1884 constitui a certidão de nascimento da comuna contemporânea, ao criar coerência entre o regime municipal e os princípios da III República. Ao conselho municipal, agora eleito por sufrágio universal e presidido por um prefeito eleito entre seus membros, é atribuída ampla competência geral, pois, segundo a célebre fórmula do artigo 61, "com suas deliberações, ele regula os assuntos da alçada da comuna". Embora a tutela administrativa continue bem real até 1982, a eleição por sufrágio universal leva à direção das administrações municipais numerosas cidades operárias com equipes desejosas de romper com a gestão "bom pai de família". Suas iniciativas sociais inovadoras levaram o Estado, através do governador de departamento e do Conselho de Estado, a estabelecer com precisão os limites nos quais pretendia circunscrever os assuntos da comuna, limitando assim o desenvolvimento de um "socialismo municipal" francês. O crescimento urbano e os progressos do higienismo fizeram surgir novas necessidades e novos mercados: água potável, saneamento, lixo, transportes urbanos, gás, eletricidade, iluminação etc. A ocupação do domínio público comunal e a tradicional função de polícia local designavam a instituição comunal como autoridade organizadora desses novos serviços, mas a ideologia liberal privilegiava sua prestação por empresas privadas criadas a partir da segunda metade do século XIX (CGE em 1843, CGO em 1850, SLEE em 1880). A Primeira Guerra Mundial e os abusos dos já poderosos grupos de serviços urbanos legitimaram a ampliação da intervenção comunal no campo social e na prestação de serviços comerciais.

Depois da Segunda Guerra Mundial, as comunas foram mobilizadas no esforço de reconstrução e a partir do III Plano (1958-61) de Infraestrutura e Desenvolvimento do Território. Mas essas funções, assim como a de urbanismo (ligada à polícia viária através dos "alinhamentos"), por meio do planejamento urbano introduzido pela lei "Cornudet" de 1919 e seus planos "de desenvolvimento, embelezamento e ampliação", obrigavam a frequentemente extrapolar o âmbito comunal, em obediência à racionalidade administrativa do Estado. O elo entre urbanismo e programas de infraestrutura, aliás, foi introduzido na lei de 7 de abril de 1957 e na ordem de 31 de dezembro de 1958 para as Zonas de Urbanização Prioritária (ZUPs) e sistematizado pela Lei de Orientação Fundiária (LOF) de 30 de dezembro de 1967 através dos Esquemas Diretores de Desenvolvimento e Urbanismo (SDAU) realizados em escala de aglomerações. As próprias cidades podiam constituir um elemento da política de desenvolvimento do território. Assim, a lei de 7 de agosto de 1957 previa a criação de aglomerações urbanas novas, que podiam estender-se pelo território de várias comunas, por iniciativa do governo. A lei de 10 de julho de 1967 (chamada de "lei Boscher") as dotava de instituições provisórias específicas.

Tendo em vista a organização e a gestão racional da infraestrutura coletiva, o domínio da urbanização, o desenvolvimento de políticas locais ou a harmonização tributária em nível municipal, em escala de aglomerações urbanas, o Estado, desde o fim da década de 1950, tem procurado fomentar o surgimento de verdadeiras instituições de aglomerações urbanas dotadas de orçamentos e competências próprias, valendo-se ora do incentivo, ora da imposição. Assim, a velha fórmula do Sindicato Intercomunal de Vocação Única (SIVU, lei de 22 de março de 1890), mais orientada para a gestão de serviços ou de infraestrutura pública, aliou-se a novas fórmulas de cooperação com vocações mais integrativas: distrito e Sindicato Intercomunal de Vocação Múltipla (SIVOM, ordem de 5 de janeiro de 1959), Comunidade Urbana (lei de 31 de dezembro de 1966) e comunidades de cidades e comunas (lei de 6 de fevereiro de 1992).

➤ BORDES M., *L'Administration provinciale et municipale en France au XVIIIe siècle*, Paris, SEDES, 1972, 378 p. – BOURJOL M., *La Réforme municipale*, Paris, Berger-Levrault, 1975, 426 p. – DUBY G. (org.), *Histoire de la France urbaine*, Paris, Le Seuil, 5 t., 1980-85. – ELLUL J., *Histoire des institutions*, Paris, PUF, 5 t., 1956-62. – GAUDIN J.-P., *Les Nouvelles politiques urbaines*, Paris, PUF, 1993, 127 p. – LEGENDRE P., *Histoire de l'administration de 1750 à nos jours*, Paris, PUF, 1968, 580 p. – NOVARINA G. & MARTIN S., *La Décentralisation, décentralisation et intercommunalité*, Paris, Syros alternatives et ADELS, 1988, 250 p. – PETITET S., *Histoire des institutions urbaines*, Paris, PUF, 1998, 127 p. – RONCAYOLO M., *La Ville et ses territoires*, Paris, Gallimard, 1990, 278 p.

Sylvain PETITET

→ Administração; Feiras e mercados; Função pública; Hospital e asilo; Imposto; Ofícios; Privilégio; Serviço público; Urbanismo; Vias públicas.

CIÊNCIA DO DIREITO

A ideia de que pode haver uma ciência do direito é antiga e ambígua. Essa expressão pode ter dois sentidos diferentes. Num sentido muito amplo, designa simplesmente a prática dos juristas e é sinônimo de dogmática jurídica. Segundo essa concepção, o direito não é o objeto de uma ciência, mas é em si mesmo uma ciência. Num sentido mais restrito, só se fala de ciência do direito quando se quer fazer a distinção entre direito e ciência do direito. É a oposição desses dois significados que possibilita distinguir duas concepções da ciência do direito ou duas epistemologias jurídicas: epistemologia do direito e epistemologia da ciência do direito, de inspiração positivista.

O direito como prática científica

Uma ciência que descreve valores. – Para Michel Villey, que pretende situar-se na tradição aristotélica, ciência do direito é a ciência que depreende o direito, ou seja, o justo, da natureza das coisas. "A ciência do direito clássico romano – escreve ele – assume a missão de dizer, no modo indicativo, o que é de X... ou Y...; relações justas que ela revela no organismo social." Encontram-se nessa definição dois elementos que, aparentemente, têm muito em comum com concepções diferentes da ciência do direito: por um lado, a ciência é uma atividade cognitiva e, ao mesmo tempo, produto dessa atividade; é um saber, um discurso indicativo, e não prescritivo; por outro lado, tem a função de descrever um objeto que lhe é exterior e que ela não cria nem modifica. Distingue-se dele, porém, de modo radical por uma terceira característica, que contradiz as duas primeiras: o direito que ela pretende descrever não é o direito positivo, nem mesmo normas, mas relações justas inscritas na natureza das coisas; em outras palavras, seu objeto é o direito natural. É por essa característica que ela se expõe à crítica empiricista, segundo a qual a ciência só pode descrever fenômenos sensíveis. Ora, embora certamente seja possível descrever relações, não é possível, pela experiência sensível, discernir as que são justas. Os valores não são cognoscíveis. Por isso, somente são justas as relações qualificadas de justas, e essa qualificação é produto de um ato de vontade. Assim, a atividade do jurista não é realmente descritiva, pois qualificar certas relações de justas é querer que certas condutas ocorram e, por outro lado, essa ciência não se distingue realmente de seu objeto, pois ela outra coisa não é senão a produção do direito, ou seja, a prática dos juristas.

Uma ciência que enuncia normas. – Segundo uma concepção aparentemente diferente, haveria uma ciência do direito porque o direito seria um saber. É nesse sentido que Christian Atias fala de "epistemologia do direito", que não é uma teoria cujo objeto seria a ciência que tem o direito como objeto, mas uma epistemologia do direito concebido como ciência. Contrariamente à concepção proclamada por Michel Villey, a ciência do direito não se distingue de seu objeto; ao contrário, reivindica-se a ideia de que se confunde com ele. Mas por que o direito poderia ser considerado um saber? A resposta de Christian Atias é que existe um saber sobre o direito e um saber no direito. O primeiro é o conhecimento necessário à aplicação do direito, e esse conhecimento pode ser verdadeiro ou falso; trata-se de fatos, mas também do conhecimento das normas aplicáveis. O saber sobre o direito, por sua vez, incide sobre o direito por fazer. Constitui um saber porque é o conhecimento das consequências da norma que será ditada. A ciência do direito, portanto, estaria em condições de responder a perguntas como "Caberá proibir a concepção de uma criança quando o intuito for o de mãe de aluguel?" ou "Caberá proibir o 'casamento' de homossexuais?".

No entanto, essa concepção não é, na realidade, muito diferente da de Michel Villey. Isto porque conhecer as consequências de uma norma não basta para decidir ditá-la. Cabe também julgar se essas consequências são boas ou justas. Mas tem-se aí um juízo de valor, e voltamos à crítica anterior. O pretenso saber sobre o direito por fazer apresenta, assim, dois aspectos distintos: um saber sobre as consequências sociais ou econômicas de uma norma e um saber sobre seu caráter justo ou injusto. O primeiro é realmente um saber, mas faz parte de outras disciplinas, que não a ciência do direito; quanto ao segundo, embora se refira ao direito, não é um saber, mas um simples juízo de valor.

Realistas americanos

As mesmas observações valem para os realistas americanos, nos quais parecem coexistir duas concepções muito diferentes de ciência do direito. A ciência dos advogados é vista como uma ciência empírica, em conformidade com o modelo que será descrito em relação aos positivistas. Eles emitem previsões sobre o comportamento dos juízes. Mas, por outro lado, a atividade dos juízes ou mesmo dos legisladores é também apresentada como uma ciência, pois visa a obter com certeza resultados práticos. Procura depreender da observação da sociedade e da análise de suas necessidades as regras e os princípios que possibilitarão chegar a uma decisão justa. O movimento realista hoje está dividido em várias correntes. Uma das mais importantes é conhecida pelo nome de *Law and Economics.* Ora procura descrever e explicar o conteúdo das decisões legislativas, mas sobretudo judiciárias, do ponto de vista da ciência econômica, ora prescrever a produção de decisões que tenham em vista a máxima eficácia econômica. A melhor decisão, portanto, será aquela que for indicada pela ciência econômica. Outras correntes preconizam a consideração dos resultados de outras ciências, como a sociologia ou a psicologia. Essas teses são veementemente contestadas pelo movimento crítico (*Critical Legal Studies*), também oriundo do realismo, segundo o qual a decisão é essencialmente política, e a analogia com a ciência não só é falsa, como também exerce uma função essencialmente ideológica: ao se afirmar que a decisão é "científica", dissimulam-se os valores que ela expressa e os interesses que ela protege.

Mas a principal objeção provocada por essas atitudes é que uma ciência só pode descrever fatos, não valores. Entre esses fatos figura o nexo de causalidade entre dois fatos, e a ciência pode descrever esse nexo na forma de uma lei causal ou na forma de uma norma técnica, do tipo "para atingir o resultado *x*, é preciso fazer *p*". Mas nenhuma ciência pode indicar se o resultado *x* é justo ou desejável. Em outros termos, a ciência possibilita conhecer os meios, não os fins. Ela não tem nenhuma serventia para conhecer o direito em vigor, pois o emprego de certos meios não é condição de validade, a não ser que eles sejam prescritos por uma norma jurídica. Por outro lado, ela não permite determinar o direito por fazer, que depende apenas dos fins buscados.

A ciência cujo objeto é o direito positivo

A concepção positivista da ciência pode caracterizar-se por alguns traços essenciais: distinção entre a ciência e seu objeto, intuito de limitar-se à descrição desse objeto, determinação de um objeto passível de ser descrito. Transpostas para o campo do jurídico, essas ideias se traduzem na distinção entre direito e ciência do direito. Expressam o fato de que a ciência do direito trata de um direito que tem uma existência objetiva independente da própria ciência, e de que esta não produz esse direito, mas limita-se a conhecê-lo, ou seja, a descrevê-lo. Enquanto o direito é composto de *normas*, que não podem ser verdadeiras nem falsas, a ciência do direito não pode conter nem enunciar normas, mas apenas descrevê-las por meio de *proposições de direito*, que podem ser verdadeiras ou falsas. Por fim, uma vez que o objeto da ciência do direito é o direito, não se deve entender por direito qualquer conjunto de normas, mas apenas um conjunto de normas passíveis de ser descritas por meio de proposições de direito, cuja validade pode ser verificada. Esse objeto não pode ser o direito natural, mas apenas o direito positivo. O positivismo jurídico é assim chamado porque fala em nome de uma epistemologia positivista e porque tem por objeto apenas o direito positivo.

Há, porém, várias representações da ciência do direito dentro do paradigma positivista. É possível distinguir: o primeiro Kelsen, positivismo estrito, positivismo amplo e pós-positivismo.

O primeiro Kelsen. – A guinada na epistemologia de Hans Kelsen está ligada a uma dificuldade que diz respeito à maneira como a validade das proposições da ciência do direito pode ser verificada. Se o objeto da ciência do direito for o direito positivo, e se as proposições de direito descreverem normas, será possível representar a norma de duas maneiras diferentes: ou como uma entidade ideal, a ideia de que uma conduta deve ocorrer, ou como um fenômeno empírico, intuito de certa conduta que alguém expressa e outra pessoa adota. Com base na concepção ou ontologia das normas, que fundamenta a obra de Kelsen na primeira parte de sua vida, as proposições de direito descrevem um dever-ser objetivo, e a ciência do direito deve ser caracterizada como uma ciência normativa, cujo objeto é profundamente diferente do objeto das ciências da natureza, mas também das outras ciências sociais, que não descrevem o dever-ser, mas o ser. O principal inconveniente dessa concepção é não possibilitar nenhuma espécie de controle da verdade das proposições. De fato, é impossível confrontá-las com as normas que elas supostamente descrevem, pois as entidades ideais não são diretamente perceptíveis.

Positivismo estrito; concepção empirista da ciência do direito. – Por conseguinte, se quisermos verificar as proposições, precisaremos conceber as normas como objetos empíricos, ou seja, como expressão de vontades humanas, como uma parte do mundo do ser. Kelsen aderiu a essa concepção a partir da década de 1950. Assim, descrever o direito é descrever atos de vontade, e afirmar que uma norma é válida não é descrever, como na primeira variante, a relação lógica com outra norma, mas apenas o ato de vontade pelo qual ela foi ditada. Assim se explica a ideia de que o direito é, acima de tudo, um sistema dinâmico.

Assim ele chega à posição dos realistas, em seu aspecto descritivo. Para Ross, por exemplo, o direito nada mais é que um conjunto de fatos de caráter psicossocial, fatos observáveis que, por conseguinte, podem ser descritos por proposições verificáveis, como qualquer hipótese científica. Assim, afirmar que uma norma é válida é prever que, reunidas certas condições, um juiz tomará certa decisão.

Positivismo amplo. – O positivismo amplo rejeita precisamente essa ideia de que as normas seriam acessíveis à observação direta. Por isso, a ciência do direito, por exemplo, segundo a concepção de Bobbio, não pode ser uma ciência empírica como as outras. Também não pode ser uma ciência formal como a matemática. Portanto, é inútil prescrever-lhe que se adapte a certa metodologia derivada das ciências da natureza. Aliás, a epistemologia das ciências da natureza não lhes prescreve nada, mas limita-se a descrever seus pressupostos e os métodos que elas efetivamente empregam. A epistemologia da ciência do direito, portanto, deveria também limitar-se a indicar por quais razões ela deve ser considerada ciência e descrever sua prática efetiva. O que caracteriza a ciência não é a verificabilidade das proposições, mas a elaboração de uma linguagem teórica rigorosa e coerente. Ora, precisamente o trabalho da ciência do direito, a dogmática jurídica, consiste na reconstrução da linguagem do legislador e dos outros produtores de direito.

Pós-positivismo. – De tudo o que precede depreende-se que o positivismo jurídico estrito se baseia no pressuposto do monismo metodológico do positivismo estrito, ou seja, na ideia de que existe um método científico único que se impõe para todas as ciências, de que esse método é o método das ciências naturais, em especial da física, e de que, por conseguinte, é preciso adaptar esse método à ciência do direito. Esse pressuposto é questionado por uma parte da epistemologia contemporânea e, no caso da ciência do direito, pelo movimento às vezes chamado de "pós-positivista". Este rejeita sobretudo a ideia de que a ciência do direito também poderia adotar o modelo da verificabilidade empírica e contesta, aliás, que o objeto dessa ciência seja constituído por dados empíricos. Tratar-se-ia, ao contrário, de dados normativos, só obtidos ao cabo de um processo de interpretação. Ora, a interpretação pela ciência do direito dos enunciados produzidos pelo legislador não pode ser feita sem referência a valores. A ciência do direito opera então segundo os mesmos procedimentos do próprio direito, de tal modo que a diferença entre a ciência e seu objeto é consideravelmente diluída. O pós-positivismo mostra-se, assim, não só como prolongamento, mas também como negação do positivismo.

❯ AMSELEK P. (org.), *Théorie du Droit et Science*, Paris, PUF, 1993; "La part de la science dans les activités des juristes", *Recueil Dalloz*, 1997, cron., pp. 337 ss. – ATIAS C., *Épistémologie du droit*, Paris, PUF, 1994. – BOBBIO N., *Essais de théorie du droit*, préface R. Guastini, trad. fr. M. Guéret, Paris, LGDJ, 1998. – CARDOZO B., *The Paradoxes of legal science*, Nova York, Columbia Univ. Press, 1928. – KALINOWSKI J., *Querelle de la science normative, une contribution à la théorie de la science*, Paris, LGDJ, 1969. – KELSEN H., *Théorie pure du droit*, trad. fr. da 2ª edição alemã p. Ch. Eisenmann, Paris, Dalloz, 1962, reedit. LGDJ, 1999. – PECZENIK A., Lindahl L. & Van Roermund B. (org.), *Theory of Legal Science*, Dordrecht/Boston, Reidel, 1983. – TROPER M., *Pour une théorie juridique de l'Etat*, Paris, PUF, 1994. – VILLA V., *La Science du droit*, trad. fr. O. e F. Nerhot, Paris, LGDJ, 1991. – Col.: "Droits", *Doctrine et recherche en droits*, nº 20, 1994.

Michel TROPER

→ Normativismo; Positivismo; Realismo.

CODIFICAÇÃO

O termo "codificação" designa tanto a ação de codificar quanto o resultado dessa ação. Em sua acepção mais geral, a codificação refere-se, portanto, à reunião de textos jurídicos que organizam as regras relativas a determinada matéria dentro de uma obra, chamada Código. Além dessa constante, a problemática da codificação é regida em grande parte pela diversidade.

História

A palavra "codificação" (do latim *codicem facere*, fazer um código) só aparece em 1815 na pena de Jeremy Bentham para designar então o projeto de compor um corpo legislativo completo. O termo "código" foi, porém, utilizado na língua jurídica já em fins do século III para descrever o resultado de certas atividades de compilação do direito existente, assim qualificadas em razão de sua apresentação material (em vez de serem constituídas por rolos de papiro, os textos eram compostos em folhas encadernadas, formando assim uma verdadeira obra). Dessa simples perspectiva de compilação de textos jurídicos, o fenômeno é, aliás, mais antigo ainda. Assim, uma de suas primeiras manifestações remonta a cerca de 2 mil anos antes de Cristo, como demonstra o Código de Hamurabi, rei da Babilônia, que procedera a uma espécie de reunião dos diferentes editos em vigor naquela época. De maneira comparável, no fim do século III, iniciativas pessoais deram origem, senão ao texto completo da constituição, pelo menos a fragmentos que reproduziam seus termos (códigos gregoriano e hermogeniano). O primeiro código oficial foi publicado em 438 por ordem de Teodósio II, para paliar a obscuridade do direito, suas contradições e a insegurança jurídica daí resultante. Como o imperador denunciasse "a quantidade imensa de constituições", o objetivo da codificação era simplificar, informar e apresentar textos autênticos. O código dividia os fragmentos das constituições selecionadas em livros e em títulos, segundo um plano metódico. Quanto ao célebre Código de Justiniano, sua primeira edição, de 529 (a segunda, única conhecida, data de 534), reunia fragmentos de constituições imperiais que se sucediam de Adriano a Justiniano. A codificação justiniana inseria-se então num vasto projeto de caráter político: restaurar a grandeza de Roma e restabelecer o império em todo o seu poder. O projeto atendia, além disso, a exigências práticas: diminuir a massa do direito, simplificá-lo e, assim, garantir sua melhor aplicação.

Por isso foi só bem mais tarde – a partir do século XVIII – que apareceu a concepção moderna de codificação, exprimindo então uma verdadeira iniciativa de reforma do direito. A codificação, na época, pretendia ser a expressão de certas opções filosóficas, traduzindo uma verdadeira ideologia, diretamente oriunda da escola do direito natural. A codificação devia, assim, expor os próprios princípios da lei natural, estabelecer, segundo os termos de Cambacérès, um "Código da natureza, sancionado pela razão e garantido pela liberdade". Expressão de um direito universal, considerava-se que semelhante concepção da codificação devia excluir tanto o nacionalismo jurídico quanto o positivismo legalista. Em tal contexto foram realizados na França os grandes códigos napoleônicos: Código Civil (1804), Código de Processo Civil (1806), Código de Comércio (1807), Código Penal (1810), Código de Instrução Criminal (1811). Esse movimento de codificação estendeu-se em seguida pelo mundo, e o Código Civil servia então de modelo a numerosos códigos estrangeiros promulgados no século XIX (Mônaco, Países Baixos, Espanha, Portugal, América Latina). Paralelamente, a Alemanha dotou-se em 1896 de um Código Civil que inspirou outros (Brasil, Grécia). O tempo afetou de maneira variável o destino desses grandes movimentos de codificação. Na França, foi possível falar de certa "recodificação" (G. Cornu) no campo do direito civil das pessoas e da família, quando diversas reformas foram incorporadas no Código Civil; ao mesmo tempo, porém, assistiu-se a uma verdadeira "descodificação" (B. Oppetit) do direito comercial, visto que o essencial da matéria havia progressivamente escapado ao código de origem, até a reformulação global do Código de Comércio pelo regulamento de 18 de setembro de 2000. Essa concepção da codificação, iniciativa de verdadeira reforma do direito positivo, aliás, não desapareceu totalmente, visto que se baseiam nesse modelo diversos códigos surgidos na atualidade (cf. na França: Código de Processo Penal, 1957-58; Código de Processo Civil, 1975; Código Penal, 1992; e, fora da França, as recentes iniciativas de codificação realizadas nos Países Baixos e no Quebec).

Mas de alguns anos para cá tem-se assistido essencialmente ao desenvolvimento da codificação-compilação. Na França, por um decreto de 10 de maio de 1948 foi instituída "junto à presidência do Conselho uma comissão superior encarregada de reunir o conjunto dos textos legislativos e regulamentares em vigor, de coordenar e de completar os trabalhos já iniciados para esse efeito pelas diferentes administrações, submetendo ao governo todas as sugestões relativas à simplificação desses textos, a fim de facilitar os trabalhos de codificação propriamente ditos". Essa renovação do movimento de codificação ocorreu então na forma de codificação realizada por decreto, sem outra modificação além da puramente formal e sem recurso sistemático à validação parlamentar (codificação administrativa). Assim, foram elaborados diferentes códigos: Código das Pensões Civis e Militares (1951), Código da Saúde Pública (1953), Código da Família e da Assistência Social (1956), Código do Trabalho (1973), Código da Organização Judiciária (1978). Esse movimento ganhou, recentemente, novo impulso: substituindo a antiga comissão superior encarregada de estudar a codificação e a simplificação dos textos legislativos e regulamentares, foi instituída uma comissão superior de codificação por um decreto de 12 de setembro de 1989. Seu objetivo essencial era trabalhar na simplificação e na elucidação do direito, reunindo na forma de códigos um conjunto de disposições esparsas referentes a um mesmo domínio. Oficializados por via legislativa, foram elaborados, por exemplo, o Código da Propriedade Intelectual (1992), o Código do Consumidor (1993) e o Código Geral das Coletividades Territoriais (1996). Para acelerar o movimento, o Parlamento recentemente autorizou o governo a proceder, por regulamento, à adoção da parte legislativa de certo número de códigos (Lei de 16 de dezembro de 1999). O campo da codificação contemplada em tal contexto – em que são visados o Código Rural, o Código da Educação, o Código da Saúde Pública, o Código de Comércio, o Código do Meio Ambiente, o Código de Justiça Administrativa, o Código Viário, o Código da Ação Social, o Código Monetário e Financeiro – basta para demonstrar a amplitude do desengajamento parlamentar, refletido nessa forma de codificação por regulamento.

Fundamentos

Diversas razões podem ser alegadas para se defender a realização de uma codificação. Razões técnicas, em primeiro lugar, uma vez que a codificação é então apresentada como um meio de solucionar a dispersão das fontes do direito e de facilitar o acesso ao conhecimento das regras. Assim, a unidade e a segurança do direito às vezes são consideradas inerentes ao próprio conceito de Código (J. Vanderlinden, *Le Concept de code en Europe ocidentale du XIIIe au XIXe s. Essai de définition*). Numerosos estudos também ligam esse fenômeno às necessidades de reunião e publicidade das regras, de permanência e estabilidade, de simplicidade e coerência. Deste último ponto de vista, o modelo de codificação procura atender à necessidade de coerência maior entre as diferentes partes de um sistema jurídico, com o objetivo de evitar suas contradições internas. A codificação atende também a um objetivo de clareza: produz um direito unificado, reunido em um código ou em vários, segundo um plano lógico, por meio de agrupamentos sistemáticos; o direito, portanto, torna-se mais legível ou pelo menos mais acessível a todos. A tal ponto que, como um tipo de contraprova, às vezes se observou que os obstáculos à codificação se explicariam pelo interesse pessoal dos jurisconsultos na manutenção da obscuridade do direito (cf. assim Tocqueville, *Journey to America*, 1835: "Os legistas americanos fazem, em geral, elogios enfáticos ao direito consuetudinário. Opõem-se com todas as suas forças à codificação, o que se explica da seguinte maneira: se a codificação ocorresse, eles precisariam voltar a estudar; como a lei se tornaria acessível ao vulgo, eles perderiam parte da importância que têm. Deixariam de ser como os sacerdotes do Egito, ou seja, os únicos intérpretes de uma ciência oculta"). Por meio dessas razões, às vezes se considera que todo código cumpre pelo menos uma das seguintes funções: simplificação formal, sistematização ou reforma do direito.

A codificação às vezes também é apresentada como fator de crescimento econômico: possibilitando melhor controle sobre a inflação de textos legislativos e a proliferação das normas jurídicas, ela contribuiria para reduzir o custo global das leis e das regulamentações que regem o setor privado; além disso, melhorando a transparência, permitiria promover a concorrência e o comércio internacional através da economia.

Além dessas razões, a codificação pode ser analisada em termos de poder político, aparecendo frequentemente na história como manifestação de um poder: prestígio pessoal, afirmação de onipotência, perpetuidade da obra realizada, tudo isso concorre para o desenvolvimento da codificação. Assim, Hamurabi, autoproclamado rei do direito, concorre com Napoleão, que afirmava em Santa Helena: "Minha verdadeira glória não foi ganhar quarenta batalhas: Waterloo logo apagará a lembrança de tantas vitórias. O que nada apagará, o que viverá eternamente é meu Código Civil." De modo que, através da codificação, o soberano encontraria um meio de sobreviver a si mesmo. Segundo uma perspectiva próxima, a codificação muitas vezes se mostrou, na história, como um meio de fortalecer a unidade do reino, do império, da república, e até de reformar a sociedade ou de manter a paz (cf. Portalis, a propósito do Código Civil: "boas leis civis são [...] garantia de paz pública").

Concepções do direito

De maneira geral, os códigos podem refletir concepções radicalmente diferentes sobre o direito, segundo as circunstâncias, as épocas ou os países. Mas, além da diversidade dos códigos, o fenômeno da codificação como tal parece decorrer de certa concepção do direito, baseada na excelência de regras gerais postas no código, a partir das quais se deduzem soluções particulares. Nos sistemas de tradição romano-germânica, a codificação leva a pôr em ordem regras de direito, mas também a criar um modelo a partir do qual se poderiam deduzir soluções. Desse modo, ressalta-se que, em presença de um código, o "método é dedutivo. Os artigos do código são como que teoremas cujas inter-relações devem ser demonstradas e dos quais é preciso extrair as consequências. O jurista puro é um geômetra" (L. Liard, *L'Enseignement supérieur en France de 1789 à 1893, 1894*). Isso explica, provavelmente, a pequeníssima penetração do fenômeno da codificação nos países de direito anglo-americano. A ideia de que o direito se encontra num modelo dedutivo é, de fato, estranha aos sistemas de *common law*. A mentalidade jurídica na Inglaterra adapta-se muito mal ao fenômeno da codificação, e a metodologia dos juristas ingleses continua enraizada nas ações em juízo e nas circunstâncias de cada caso: a argumentação e a analogia, hauridas nas coletâneas de jurisprudência, são preferidas ao raciocínio formal. Embora, nos Estados Unidos, o American Law Institute tenha elaborado, para cada matéria de *common law*, um *Restatement of the Law*, para solucionar as incertezas decorrentes da jurisprudência nos domínios da *Common Law* e, ao mesmo tempo, as divergências entre os direitos jurisprudenciais dos diversos Estados, o que se tem não são realmente textos com força de lei.

Aliás, foi em nome de concepções radicalmente diferentes do direito que, no pensamento jurídico alemão do início do século XIX, se desenvolveu a famosa controvérsia entre Thibaut e Savigny. Thibaut, defendendo a tese de uma codificação geral para toda a Alemanha (*Da necessidade de um direito civil geral para a Alemanha: Über die Nothwendigkeit eines allgemeinen bürgerlichen rechts für Deutschland*, 1814), via nela o remédio para a insegurança judiciária, para a fragmentação do direito e para a multiplicidade das fontes do antigo direito. Explicitando o modelo de codificação ao qual aspirava, desejava que esta fosse "formal e materialmente perfeita; em outros termos, que ela estabelecesse disposições claras, sem equívocos e exaustivas, e que organizasse as instituições civis de maneira sábia e útil, atendo-se inteiramente às necessidades dos súditos". Além disso, a codificação deveria ser duradoura, ser marcada pelo desejo de imutabilidade do direito, o que levará Thibaut a elogiar "os benefícios de uma mesma Constituição civil para a eternidade dos tempos". Replicando, Savigny publicará *Da vocação de nosso tempo pela legislação e pela ciência do direito* (*Vom Beruf unserer Zeit für Gesetzgebung und Rechtswissenschaft*, 1814). Segundo as próprias palavras do grande romanista, "esses projetos de código mostram-se ligados a uma concepção geral da gênese de todo direito positivo [...]. Segundo essa concepção, todo direito positivo procede normalmente das leis, ou seja, das prescrições expressas do poder supremo de Estado. A ciência jurídica tem apenas como objeto o teor das leis". A tais representações do fenômeno jurídico Savigny oporá a ideia de que "todo direito é engendrado da maneira que a linguagem corrente qualifica de consuetudinária, ou seja, ele é produzido primeiramente pelo uso e pela opinião do povo, e depois pela jurisprudência. E isso ocorre em todos os lugares por meio de forças internas, silenciosas, e não pelo arbítrio de um legislador". O legislador, portanto, não pode criar o direito arbitrariamente, visto que este se forma por um processo orgânico determinado pelo fato de que a opinião geral do povo – o espírito do povo (*Volkgeist*) – o considera necessário. Contestando, assim, a vocação de seu tempo para a codificação, Savigny preferia a ideia de formação histórica do direito, de necessária continuidade do direito; outros (Hugo) repetirão essa ideia, defendendo, sobretudo, que uma geração não constitui a totalidade de uma nação e não pode, por conseguinte, reivindicar o direito de ditar leis às gerações vindouras sem aceitar, ao mesmo tempo, as leis de gerações anteriores.

Formas

Como o fenômeno da codificação não é unitário, diferentes critérios podem ser empregados para apresentar suas diversas formas. O primeiro critério de distinção baseia-se no autor da codificação. Esta às vezes resulta de uma iniciativa puramente pessoal. Historicamente, aliás, essa forma de codificação é antiga, conforme demonstram os códigos gregoriano e hermogeniano (século III), entre outros. No período contemporâneo desenvolveram-se em grande quantidade as simples compilações de textos que regem uma matéria e são publicados por um editor privado (Código dos Processos Coletivos, Código da Comunicação). Inversamente, a codificação pode ser feita por vias oficiais, procedendo-se então a uma elaboração legislativa (Código Civil, Código Penal) ou regulamentar (Novo Código de Processo Civil). Dessa perspectiva, o fenômeno da codificação de direito constante/formal (*codification à droit constant*), do modo como é tratado pela lei francesa de 16 de dezembro de 1999, revela a singularidade do procedimento agora adotado: agindo por meio de regulamentos, a codificação deverá ser respaldada por uma lei de ratificação. Mas, sabendo-se que essa ratificação poderá resultar não só de uma lei expressa, mas também da simples modificação ulterior de um artigo contido no código, em virtude da teoria da ratificação implícita, é fácil dimensionar a confusão criada na teoria das fontes do direito e da função parlamentar. O segundo critério remete ao objeto da codificação. Segundo uma distinção clássica, a oposição permitiria distinguir entre a codificação de regras antigas, que caberia simplesmente reunir, e a codificação de regras novas, diretamente integradas num código. Na doutrina, aliás, são usadas diferentes designações para traduzir essa distinção. Por um lado, fala-se de codificação-compilação, codificação formal, de direito constante, codificação reformadora, baseada na negação de uma desordem jurídica, referente ao direito atual, em vigor; por outro lado, faz-se referência à codificação-inovação, codificação real, codificação que reforma, afirma uma ordem jurídica nova, muda o direito, cria um direito novo. Esse critério permite trazer à tona a finalidade principal da codificação empreendida: participar da reforma do direito ou, ao contrário, reunir textos esparsos já em vigor com o simples intuito de elucidação. Além disso, a distinção exige algumas nuances. O Código Civil francês, frequentemente apresentado como modelo de codificação reformadora, inspirou-se em parte em soluções antigas, o que relativiza a amplitude da inovação realizada (cf. a famosa fórmula de A. Esmein: "Os redatores do código, os bons operários dessa formidável tarefa, não pretendiam ser criadores; eram discípulos, e não profetas", "A originalidade do Código Civil", in *Le Code civil, Livre du centenaire*). Quanto à chamada codificação de direito constante, sua constância sem dúvida é bastante relativa. Embora a codificação de direito constante só pretenda reunir e organizar as regras existentes, sem criar regras novas, "a verdade é que toda operação de codificação, seja qual for a maneira como ela se refere à norma e apesar de todas as precauções que possam ser tomadas, comporta em si mesma possibilidades de transgressão" (G. Timsit, *Droits*, 1996). Demonstração disso são a supressão de todo e qualquer elo entre a lei e seu autor, a modificação do próprio contexto das normas codificadas, ou a reorientação de sua interpretação, sobretudo através da nova orientação dos títulos que organizam o código. A partir daí, embora ainda se possa falar de constância do direito, seria preciso especificar que, depois da codificação realizada, o direito mudou de significado (cf. assim G. Timsit: "Tais mudanças não afetam a constância do direito, não constituem uma criação do direito [...] são apenas uma transdicção sua. Não consistem em criar direito, mas, propriamente, em dizer o direito. Em dizer um direito cuja existência, preexistência, o codificador ou o juiz se contenta em constatar"). A codificação assim realizada, portanto, só conduz a uma constância incerta, uma vez que podem resultar reais modificações apenas da escolha da ordem das disposições ou dos títulos considerados. Dessa perspectiva, a Lei de 16 de dezembro de 1999, na França, deu um passo à frente, ao estabelecer que "as disposições codificadas são aquelas que estão em vigor no momento da publicação dos regulamentos, apenas com a ressalva das modificações que se tornem necessárias para garantir o respeito à hierarquia das normas e a coerência redacional dos textos assim reunidos e para harmonizar o estado do direito". Portanto, embora às vezes se insista em afirmar que, através da codificação de direito constante, não se modifica de modo algum o direito existente, a lei nova reconhece a faculdade dos codificadores de proceder a tais modificações, inventando uma nova figura da codificação, ou seja, uma "modificação de direito constante" (N. Molfessis, *RTD civ.*, 2000, 192).

Codificação e legislação

As relações entre a codificação e a legislação às vezes são consideradas tão estreitas, que para alguns elas se opõem apenas por uma simples diferença de grau. Essa era, por exemplo, a posição defendida por Ch. Beudant ("Dá-se o nome de Código a algumas leis que encerram um sistema de legislação sobre determinada matéria. Um Código é uma lei que só difere das outras pela extensão e por uma importância maior", *Cours de droit civil français*, 1896). Além disso, o fenômeno da codificação atende a exigências formais superiores às que se esperam de uma simples lei: numa obra de codificação, a elaboração formal assume importância capital, pois a procura de clareza e de coerência, no caso, é essencial. A composição do Código tem como requisito especial a adoção de um plano, por meio de divisões, títulos e uma articulação do conjunto. Caberia dizer, então, que a codificação nada mais seria que uma legislação ampliada e mais bem construída? A afirmação, feita com frequência, talvez leve a minorar outros aspectos da codificação, tal como seu valor simbólico, do qual uma simples lei raramente é dotada de maneira tão duradoura.

Além disso, o fenômeno da codificação mantém estreitas relações com a legislação, concebida como modo privilegiado, senão exclusivo, de expressão do direito. Conforme já se observou: "Quem diz codificação diz adoção do princípio fundamental de que o direito de fazer a lei pertence exclusivamente ao legislador" (E. Roguin, *Observations sur la codification du droit civil*, 1896). Desse modo, toda codificação parece manter o culto à lei, com o risco de levar a certo "fetichismo da lei escrita e codificada" (F. Gény). A codificação traduziria, assim, a ideia de completude da lei escrita, fora da qual o direito não poderia exprimir-se. A consequência indireta de tal concepção é que o papel da doutrina se limitaria à simples descrição dos artigos do Código, o que levaria, inexoravelmente, a um empobrecimento do pensamento jurídico. Assim, os primeiros comentadores do Código Civil francês foram muitas vezes apresentados como simples gramáticos da lei: "Dominados e como que deslumbrados pelos resultados da codificação, os comentadores franceses modernos aceitaram, pelo menos implicitamente, a título de postulado, a ideia de que a legislação formal [...] deve bastar para nos revelar todas as regras jurídicas necessárias à vida social, em matéria de direito privado" (F. Gény, *Méthodes d'interpretation et sources en droit privé positif*, 1899, nº 12; é verdade, porém, que esse juízo sobre aquilo que se chama escola da exegese mereceria algumas nuances: Ph. Rémy, "E'ogio à exegese", *Droits*, 1985).

A codificação repousaria, portanto, numa magnificação da lei, conquanto ela às vezes se destine apenas a corrigir os defeitos mais manifestos desta. Demonstração eloquente disso é a codificação de direito constante, que supostamente daria uma resposta ao problema da inflação legislativa, a tal ponto que apareceu como simples expressão de um princípio de segurança jurídica. Foi nessa perspectiva que ela recentemente recebeu a unção do próprio Conselho Constitucional, para o qual essa forma de codificação "atende ao objetivo do valor constitucional de acessibilidade e de inteligibilidade da lei; de fato, a igualdade diante da lei, enunciada pelo artigo 6º da Declaração dos Direitos do Homem e do Cidadão, e a garantia dos direitos exigida por seu artigo 16 poderiam perder a eficácia se os cidadãos não dispusessem de um conhecimento suficiente das normas que lhes são aplicáveis; tal conhecimento é, além disso, necessário ao exercício dos direitos e das liberdades garantidas tanto pelo artigo 4º da Declaração, em virtude do qual esse exercício só tem os limites determinados pela lei, quanto por seu artigo 5º, em cujos termos tudo o que não é proibido pela lei não pode ser impedido, e ninguém pode ser obrigado a fazer o que ela não ordena (decis. nº 99-421 DC de 16 de dezembro de 1999). Apesar de tais proclamações, observou-se em diferentes ocasiões que se atendia de maneira bastante imperfeita à segurança jurídica por meio da codificação de direito constante. Assim, esta é criticada acima de tudo por não dar solução alguma às eventuais incoerências do direito existente. Alijando de seu domínio todo e qualquer esforço de reflexão, definição, inovação ou melhoria, ela proporia como obra consumada aquilo que só deveria ser considerado o primeiro esboço de uma verdadeira codificação. A codificação de direito constante é, ademais, incompleta: as soluções jurisprudenciais são naturalmente excluídas, assim como as convenções internacionais ou os regulamentos das autoridades administrativas independentes, por exemplo, o que daria a ilusão – mas apenas ilusão – de um conjunto exaustivo. A incompletude de um código não é, necessariamente, um dos principais defeitos da codificação, quando ela emana de um codificador modesto, consciente de seus próprios limites. Cabe lembrar aqui as célebres fórmulas de Portalis a respeito do Código Civil francês, quando ele considerava que este deveria abster-se da "perigosa ambição de querer regrar tudo e prever tudo". Mas quando uma iniciativa de codificação tem precisamente essa ambição, o risco de fracasso é mais do que temível. Certamente essa é a crítica essencial a que se expõe a codificação de direito constante: para desempenhar plenamente o papel que lhe incumbe, essa forma de codificação deveria ser completa; essa é, aliás, a missão que ela pretende cumprir, visando a reunir o conjunto das disposições relativas a uma matéria, a fim de que seus utilizadores possam confiar com segurança nas informações que o código contém. Se houver alguma mínima dúvida a respeito, a obra inteira desmorona: nesse caso, sempre será preciso verificar se esta ou aquela disposição não ficou fora do Código. Esse não é o menor efeito perverso dessa forma de codificação. Quanto à legítima preocupação de favorecer a inteligibilidade do direito, ela resiste mal à seguinte interrogação: como da simples compilação de textos obscuros poderia resultar melhor compreensão de uma matéria?

Balanço

A própria diversidade do fenômeno da codificação torna bastante difícil a elaboração de um balanço. Conforme se observou com justiça: "Os efeitos benéficos da codificação, fator de unidade política, de integração social, de unificação e de conhecimento do direito, são contrabalançados por consequências muito menos felizes: com ela, o positivismo legalista desenvolve-se plenamente; deixou-se de considerar que o direito poderia ser uma norma de conduta social independente das fronteiras políticas ou geográficas; esqueceu-se ou minorou-se o componente histórico na formação do sistema jurídico; perdeu-se de vista a procura do direito justo para ficar-se restrito apenas à expressão da norma codificada; a ideia de direito comum dissipou-se, em proveito de um movimento de setorização; os juristas acadêmicos voltaram para a escola dos glosadores; o direito agora se confunde com a ordem do soberano" (B. Oppetit). O balanço da codificação aparece, portanto, cheio de contrastes. Seus benefícios são devidos, em grande parte, ao método no qual ela se baseia, à reflexão que deve precedê-la, ao teor das regras codificadas, mas também à representação que os juristas têm dela. Seu futuro, além disso, é bastante incerto, conforme demonstra – não sem paradoxo – o novo impulso da codificação de direito constante que se verificou num contexto de internacionalização e de instabilidade da produção normativa, que poderia parecer pouco propício a seu desenvolvimento. Desse modo, para além de suas versões contemporâneas, o futuro da codificação como tal dependerá muito das concepções fundamentais que seus promotores pretendam servir através dela; conforme se ressaltou com justeza, "se puder restituir à lei suas virtudes tradicionais, a codificação estará fadada a um futuro brilhante; se não, padecerá do mesmo descrédito" (B. Oppetit).

› ALLAND D. & RIALS S. (org.), "La codification", *Droits*, nº 24, 1996, nº 26, 1997, nº 27, 1998. – BEIGNIER B. (org.), *La Codification*, Dalloz, "Thèmes et commentaires", 1996. – CABRILLAC R., *Les Codifications*, PUF, "Droit, éthique et société", 2002. – OPPETIT B., *Essai sur la codification*, PUF, "Droit éthique et société", 1998. Col.: Institut international de droit d'expression française (XVIIIe Congrès), "La codification et l'évolution du droit", *Rev. jur. et pol. Indé-*

pendance et Coopération, 1986, nº 3 e 4. – Institut international d'administration publique (Colloque), "Faut-il codifier le droit? Expériences comparées", *Rev. fr. d'adm. pub.*, nº 82, 1997.

Ver também: CARBONNIER J., "Le Code civil", in *Les lieux de mémoire*, Gallimard, 1986, org. P. Nora; V Codification, in *Dictionnaire de philosophie politique*, org. Ph. Raynaud e S. Rials, PUF, 1998. – PORTALIS F., *Essai sur l'utilité de la codification*, Paris, 1844. – SOURIOUX J.-L., "Codification et autres formes de systématisation du droit à l'époque actuelle", *Journées de la Société de législation comparée*, 1988, pp. 145 ss. – SUEL M., *Essai sur la codification à droit constant*, *JO*, 1993. – TERRÉ F., "Les problèmes de la codification à la lumière des expériences et des situations actuelles", in *Études de droit contemporain*, *Trav. et. rech. Inst. dr. camp.*, Paris, 1962, t. XXIII, pp. 175 ss.; "La codification", *European Rev. of Private Law*, 1993, 31 – VANDERLINDEN J., *Le Concept de code en Europe occidentale du XIIIe au XIXe siècle. Essai de définition*, Bruxelas, 1967. – VAN KAN J., *Les Efforts de codification en France. Étude historique et psychologique*, Paris, Rousseau, 1929. – ZENATI F., "Les notions de code et de codification", *Mélanges Christian Mouly*, Litec, 1998, pp. 217 ss.

Dominique BUREAU

→ Código Napoleônico; Código Teodosiano; *Corpus iuris canonici*; *Corpus iuris civilis*; Escola histórica, pandectismo e codificação na Alemanha; Exegese; Lei.

CÓDIGO NAPOLEÔNICO (Preparação, redação e evolução)

Em 21 de março de 1804, foram reunidas 36 leis num único corpo com o título de Código Civil dos franceses. Batizado de Código Napoleônico em 1807, voltou ao título primitivo em 1814. Embora restabelecido oficialmente em 1852, o nome de Código Napoleônico desapareceu do uso oficial a partir de 1870 e passou a servir apenas para a versão de 1804, e não mais para o Código Civil como direito positivo. Essa onomástica mutável ilustra a longevidade e as metamorfoses da codificação civil francesa que, concebida em 1804 de maneira homogênea, continua a viver na forma de uma compilação de leis de datas diversas. À sucessão de textos que figuraram no Código Civil corresponde a variedade de leituras desse monumento do direito.

Singularidade da codificação francesa

O Código Napoleônico faz parte da primeira grande onda de codificações que atingiu a Europa, entre o Código prussiano de 1794 (ALR) e o Código austríaco de 1811 (ABGB). A ideia de codificar o direito, particularmente o direito civil, não é específica da França, que participa de um movimento mais amplo: esses três grandes códigos – que Savigny reunira num mesmo estudo crítico em 1814 – apresentam numerosas semelhanças em termos de objetivos e inspiração. Nos três casos, o intuito era estatizar o direito privado, garantindo a primazia da fonte legislativa sobre a autoridade tradicional do direito romano e dos costumes territoriais. A intenção de racionalizar o direito, por meio da redação de um corpo de leis ordenadas, com a pretensão de atingir a todos, corresponde ao programa da escola moderna do direito natural, que difundiu por toda a Europa uma nova axiomática jurídica. O regime napoleônico, que assumiu forma monárquica no próprio ano da promulgação do Código Civil, assemelha-se ao despotismo esclarecido que está na origem das iniciativas prussiana e austríaca de codificação. Na perspectiva da história do direito francês, o Código Napoleônico também foi apresentado como resultado de um processo secular baseado, ao mesmo tempo, na obra da monarquia a favor da unidade territorial e no trabalho da doutrina para depreender regras comuns em face da proliferação das fontes do antigo direito. Grande parte do material que serviu para a edificação do Código Civil é de antiga fatura, e sua estrutura formal foi sendo progressivamente constituída durante a Revolução francesa, com a apresentação dos três projetos de Cambacérès. Os redatores do Código Napoleônico inspiraram-se no plano desses projetos e confirmaram a opção por um código dedicado exclusivamente ao direito civil, ao contrário do Código prussiano, gigantesco em razão de sua vocação de código "geral". Em 1904, no *Livro do Centenário*, o historiador do direito Adhémar Esmein punha em dúvida a originalidade do Código Napoleônico, ao escrever sobre seus redatores: "eram discípulos, e não profetas".

Não obstante, o Código Civil ainda está vivo, ao contrário do Código prussiano, e sua influência foi superior à do Código austríaco, que compartilha com ele a perenidade – à custa de múltiplas transformações. Enquanto o ALR e o ABGB tinham em vista substituir o direito romano na qualidade de direito comum, o Código Napoleônico era herdeiro das tentativas feitas durante o Antigo Regime de integrar ao mesmo tempo os costumes e o direito escrito de inspiração romana no âmbito do direito francês. O direito natural não era ensinado nas universidades francesas, e seus teóricos não puderam ter a mesma influência de que gozavam os teóricos na Prússia ou na Áustria. Antes da elaboração da codificação, o sentimento de unidade "nacional" era, provavelmente, mais forte na França do que na Prússia e mesmo na Áustria, onde era preciso criar um vínculo entre povos submetidos à mesma coroa. O mais importante, porém, é que a singularidade do Código Napoleônico é efeito das inúmeras repercussões da Revolução francesa. Enquanto a preparação do ALR e do ABGB havia começado já em meados do século XVIII, na França o lançamento da codificação ocorre a partir de 1789. A concepção do Estado-nação, a abolição da sociedade de ordens e a laicização do direito constituem a herança revolucionária do Código Civil, que faz tábua rasa das fontes do antigo direito. E, mesmo quando as disposições do código estão em contradição com leis da época revolucionária, o período pós-termidoriano é o ponto de partida da reação jurídica e social na qual se situa o código. Foi a Revolução francesa que conferiu dimensão política, influência e alcance simbólico ao *Código Civil dos franceses*: Napoleão compreendera isso melhor que qualquer outro.

Um grande projeto político

A ideia de unidade do direito privado francês é antiga: Commynes atribuía a Luís XI um projeto de unificação dos costumes, e, no século XVI, Dumoulin redigiu um discurso sobre a concordância dos costumes. Esses sonhos de um direito comum, porém, estão bem distantes da codificação moderna. Só diziam respeito ao âmbito consuetudinário e supunham o consentimento das populações para harmonizar seus costumes ancestrais. A redação oficial dos costumes e a fixação definitiva das fronteiras com o âmbito do direito escrito paralisaram o mapa jurídico da antiga França. A unidade do direito privado só poderia decorrer de uma reforma legislativa que emanasse do poder monárquico. Com as grandes ordenanças de Luís XIV, muitas vezes qualificadas de *Code Louis*, a realeza progrediu consideravelmente na utilização do instrumento legislativo a serviço da uniformização e da racionalização do direito. No entanto, esses textos elaborados metodicamente segundo um plano de Colbert limitam suas ambições à elucidação da legislação régia nos campos atinentes à justiça e aos interesses diretos do Estado. Mais uma vez, o projeto de um direito civil uniforme ficou no limbo. No século XVIII, quando o chanceler Daguesseau fala, enfim, numa "espécie de código" para o direito civil, está pensando, prudentemente, numa aproximação entre as regras em vigor no âmbito consuetudinário e as do direito escrito. As ordenanças sobre as doações (1731), os testamentos (1735) e as substituições (1747) foram pontuais demais: a monarquia francesa não transpôs o limiar que separa a codificação moderna da compilação tradicional. Diferentemente dos déspotas esclarecidos da Prússia e da Áustria, Luís XV e Luís XVI não fizeram da unificação do direito privado um objetivo que merecesse mais do que alusões imprecisas. No que diz respeito aos particularismos locais e à sociedade de ordens, esses soberanos, pretensamente absolutos, não quiseram impor uma ordem jurídica nova em matéria civil.

A partir de 1789, a codificação assumiu lugar privilegiado no credo revolucionário. A exaltação da lei, que chegava às raias do culto, a paixão pela unidade e pela racionalização, o desejo de reformas sob o signo da igualdade: tudo isso concorre para o que o direito – que se tornou claro e preciso – seja codificado. A codificação já era associada ao Iluminismo; é considerada manifestação do poder da vontade geral. Não é surpreendente que, na lei judiciária de 16 e 24 de agosto de 1790 e na constituição de 1791, os Constituintes tenham prometido a redação de um "código de leis civis comuns a todo o reino". O vínculo então estabelecido entre constituição e Código Civil demonstra a natureza política da codificação do direito civil francês. E é a "força das coisas" que impede sua realização até 1799. Três projetos foram sucessivamente elaborados sob a orientação de Cambacérès nas assembleias revolucionárias. O primeiro, composto de 719 artigos, foi alvo da discussão mais aprofundada, de agosto a novembro de 1793. O "grande edifício da legislação civil" foi então remetido ao estudo de uma comissão de "seis membros filósofos": na realidade, a fixação dos direitos civis dos franceses já não parecia oportuna aos *montagnards*, uma vez que a Constituição estava suspensa e o Terror estava na ordem do dia. Para responder aos críticos que reclamavam "uma redação simples, um conjunto sucinto", a comissão de legislação preparou um segundo projeto reduzido a 297 artigos e submetido à Convenção algumas semanas depois do 9 de termidor. Seu exame foi repentinamente interrompido em dezembro de 1794, provavelmente em virtude das hesitações da Convenção, a caminho da reação. O terceiro projeto, de 1.104 artigos – redigido em 1796 –, foi prorrogado, dessa vez pela maioria do Conselho dos Quinhentos, dominado pela incerteza sobre o futuro do direito privado revolucionário. A codificação do direito civil voltou a ser objetivo oficial com a ascensão de Bonaparte ao poder. A partir de 19 de brumário do ano VIII (10 de novembro de 1799), a preparação de um Código Civil voltou à ordem do dia, e o governo consular designou, em agosto de 1800, quatro comissários encarregados de elaborar um anteprojeto. A codificação foi uma peça essencial do cesarismo, que ela servia à maravilha, ao reforçar o controle do Estado sobre a sociedade, ao mesmo tempo que dava a ilusão da concessão de uma esfera privada aos indivíduos. O compromisso do primeiro cônsul também tinha a vantagem de atrair para Bonaparte a reputação de um grande legislador. Reivindicando a paternidade do código, Napoleão confessava o confisco, a seu favor, do ideal legicentrista da Revolução. Suprema habilidade: ele soube, ao mesmo tempo, associar a comunidade dos juristas àquilo que deveria permanecer como o *Código Civil dos franceses*.

Uma obra coletiva

Não faltam pais nem autores ao Código Civil francês: o título de "codificador" pôde ser atribuído a Bonaparte, aos quatro membros da comissão governamental formada no ano VIII, aos conselheiros de Estado e, por antecipação, a Domat e Pothier. Contudo, não se trata do trabalho de um único homem, tal como o Código suíço de Eugen Huber, nem mesmo de uma genial "transação" feita por um grupo restrito de juristas. As escolhas resultaram da conjunção de múltiplas fontes, da formação de uma "cadeia de projetos" e do diálogo entre Bonaparte e os técnicos do direito. A presença no Código Napoleônico de material antigo – quer se tratasse de regras do direito romano, do direito canônico, do direito consuetudinário e das ordenanças régias, quer se tratasse de concepções doutrinais do Antigo Regime – é tão manifesta, que é impossível indicar, com referência a cada artigo do código, suas fontes diretas ou distantes nos textos anteriores. O Código Civil, desse ponto de vista, é realmente herdeiro do ensino dos professores de direito francês: os tratados de Pothier às vezes foram transcritos palavra por palavra pelos codificadores. Nem por isso todo o Código Civil está em Pothier, assim como nem toda a codificação está embrionariamente em Domat. Esses dois autores nunca utilizaram o termo código e não pediram a unificação das regras do direito privado aplicáveis na França, ainda que seus trabalhos marquem, ao lado de outros, importantes progressos na racionalização do direito. Para que os resultados dessas tentativas de síntese entre direito romano e direito consuetudinário pudessem servir à elaboração de um código, foi preciso toda uma reflexão metodológica sobre a axiomática jurídica e a redação das leis, que ficou em estado de potencialidade em Domat e Pothier.

O Código Civil francês deve uma parte de seu sucesso à utilização conjunta de uma tradição nacional e de uma ideologia jurídica cuja influência ultrapassa em muito as fronteiras da França. Assim como as outras codificações europeias, porém de maneira mais indireta, os redatores do Código Napoleônico foram influenciados pela escola moderna do direito natural. A contribuição dessa escola difundiu-se ao mesmo tempo pelos caminhos da doutrina francesa – preocupada em devolver as leis civis "à sua ordem natural", de Domat a Bourjon – e pelos múltiplos canais que levaram o conhecimento das obras de Grócio, Pufendorf, Barbeyrac, Burlamaqui e até mesmo o de Locke, Leibniz ou Wolff aos juristas franceses do fim do século XVIII. Nesse crisol foram forjadas algumas das ideias mestras ligadas à codificação: a concepção abstrata da regra de direito, o plano do código baseado nos direitos subjetivos, os princípios gerais da base do direito da propriedade, da responsabilidade e dos contratos.

Os juristas que haviam participado da Revolução francesa depois contribuíram para conferir ao código um papel de primeira plana que ele não tinha nem sequer nos teóricos jusnaturalistas: o objetivo já está fixado, e o trabalho de preparação já começou. A partir da época da Constituinte prosperam projetos "privados", apresentados à assembleia por particulares como d'Olivier e Philippeaux. Buscando a conciliação entre costumes e direito romano, esses esboços são canhestros e cautelosos: seus autores não são arautos do divórcio. Mas é proposta uma trama e, com d'Olivier, tem-se a primeira redação em artigos. Em 1793, a Convenção quase não deu atenção ao projeto, aliás incompleto, de Durand-Maillane. O primeiro Código de Cambacérès parecia atender mais às ideias de liberdade e igualdade. Integrava, com alguns retoques, as leis de 20 de setembro de 1792 sobre o estado civil e o divórcio, confirmava a abolição do poder paterno, inovava com a adoção de crianças impúberes e uma estrita igualdade sucessorial, inclusive a favor dos filhos naturais reconhecidos. Cambacérès até mesmo defendia, contra numerosos convencionais, a ideia de uma administração comum dos bens do casal pelos dois cônjuges. Embora o projeto tenha sido abandonado, sua discussão levou às leis retroativas do ano II sobre os filhos naturais e as sucessões. O segundo Código de Cambacérès, reduzido a uma espécie de índice, legou fórmulas felizes: "Toda convenção, seja qual for sua causa, constitui lei entre aqueles que a firmaram", ou "quem causa um dano é obrigado a repará-lo". Quanto ao terceiro projeto oficial, é reflexo da virada pós-termidoriana, com retorno à tradição jurídica – encarnada por Pothier – e a algumas inflexões sobre o estatuto da mulher casada, a adoção e os direitos sucessórios dos filhos naturais. A reação é confirmada num plano de Daunou para a República Romana e em dois projetos pessoais redigidos por Target e Jacqueminot em 1798-99. Bem no fim do Diretório, consolida-se o projeto de restabelecer o poder paterno com o aumento da quota disponível.

Os autores do projeto governamental impresso no mês de pluvioso do ano IX (janeiro de 1801) – Tronchet, Portalis, Bigot de Préameneu e Maleville – dispunham assim de numerosos textos de referência. Faltava ajustar a dimensão exata da reação em relação ao direito revolucionário. Esses quatro ex-advogados, realistas de coração, acentuaram o retorno ao direito consuetudinário e ao direito romano reinterpretado por meio dos autores jusnaturalistas. Pouco favoráveis ao divórcio, hostis à adoção, tentaram avançar o máximo possível no sentido do fortalecimento da magistratura paterna. Com mais de 70 anos, Tronchet fazia papel de patriarca, Maleville lembrava-se de ter-se ajoelhado diante do pai para ser emancipado, e Portalis, que enfrentara Mirabeau nos tribunais em 1783, sentia-se dividido entre a defesa do indivíduo e a primazia do elo social. O projeto do ano IX não foi inteiramente considerado durante os debates aprofundados dentro do Conselho de Estado, dos quais participaram juristas como Cambacérès e Berlier, sem esquecer Bonaparte. Prefigurado por seus moldes sucessivos, o Código Civil acabou por se formar nesse confronto entre ideias e sensibilidades.

A marca do autoritarismo

Das 107 sessões do Conselho de Estado dedicadas ao exame do Código Civil, Bonaparte presidiu 55. Raramente um chefe de Estado se comprometeu a tal ponto na elaboração de um corpo de leis civis. Mesmo carecendo de conhecimento jurídico especializado, o Primeiro-Cônsul demonstrou uma tenacidade notável. Viu no Código Civil um "filho dileto" e, em 1802, considerou os votos contrários do Tribunato e do Corpo Legislativo aos primeiros livros do código como uma afronta pessoal. Essa oposição das assembleias, cujo alvo era, acima de tudo, um poder pessoal em ascensão, foi vencida pelo expurgo dos intelectuais contestadores. Bonaparte fiscalizou pessoalmente a votação definitiva dos textos que compunham o Código Civil, por assembleias dóceis, no ano XI e no ano XII. Usando sua autoridade, o Primeiro-Cônsul impôs o Código Civil "à hussardo".

O autoritarismo também está patente nas ideias expressas durante os trabalhos preparatórios. Os trabalhos mais recentes, sobretudo os de Xavier Martin, mostraram as inclinações dos redatores do Código Napoleônico a favor de uma antropologia mecanicista e pessimista: eles não escondiam a intenção de valer-se dos sentimentos egoístas para reconstituir, com base numa família hierarquizada, o enquadramento da sociedade a serviço do Estado. Para Portalis, "conduzimos os homens pelo interesse" e "uma sociedade não é composta de indivíduos isolados e esparsos: é uma reunião de famílias". Era, portanto, preciso armar a magistratura paterna, reduzir mulheres e filhos à obediência, restringir o divórcio e privilegiar a filiação legítima para opor-se ao "relaxamento atual dos costumes". Não é de espantar que o Código Napoleônico se distinga das codificações de inspiração jusnaturalista pela ausência de tratamento específico das pessoas físicas ou jurídicas. O Código francês não teve nenhum equivalente ao artigo 16 do ABGB sobre os direitos inatos de todo homem. Enquanto o Código austríaco proibia a escravidão, o Código Napoleônico era contemporâneo de sua reintrodução nas colônias francesas. Segundo o mesmo espírito, a instituição da morte civil e o restabelecimento parcial do direito de reverter em favor do soberano a sucessão dos estrangeiros mortos em seu Estado são demonstrações de uma forma de desprezo pelas pessoas.

Ao contrário do que acreditava Renan, o Código Napoleônico não era de modo algum feito "para um cidadão ideal, que tivesse nascido como criança abandonada e morrido solteiro". Nele, o poder paterno tem poderosos meios de coerção, visto que o pai pode mandar prender, por autoridade própria, o filho menor de 16 anos. Para manter o respeito devido pelos filhos aos pais, o uso das liberalidades foi apresentado como um meio de chantagem sucessória. A sociedade conjugal do Código Napoleônico baseia-se na "preeminência do homem": "O marido deve proteção à mulher, e a mulher deve obediência ao marido" (art. 213). A incapacidade da mulher casada é radical: impede-a de firmar contratos, exercer uma profissão ou mover ação em juízo sem autorização do marido. Mesmo no que se refere à fidelidade, a mulher está em situação de flagrante desigualdade: para ser punível, o adultério do marido precisa ser agravado pela manutenção da concubina na casa comum. A dureza do artigo 340, que proíbe a investigação de paternidade aos filhos naturais não reconhecidos, também contrasta com as disposições dos Códigos prussiano e austríaco. Quanto à adoção, cuida apenas dos maiores e garante, sobretudo, a transmissão do patrimônio do adotante. O direito das obrigações e o direito dos bens são postos sob a vigilância do Estado: são as convenções *legalmente* formadas que obrigam a cumprir seus compromissos (art. 1.134), e o uso da propriedade não pode ter nada contrário às leis (art. 544). Caberá então falar, a exemplo de Tocqueville, de uma visão "cheia de habilidade e egoísmo" de Bonaparte, que teria usado o direito civil como instrumento para aglomerar os indivíduos atomizados em suas famosas "massas de granito"? O "espírito" do Código Civil, se existir, não é tão monolítico. Bonaparte não compartilhava toda a doutrina sensacionista dos ideólogos que ele afastou das assembleias. O Primeiro-Cônsul até mesmo defendeu a manutenção do divórcio ou da adoção, apesar das pressões de alguns colaboradores seus. Nos textos de Portalis e dos outros codificadores percebem-se os vestígios de um pensamento eclético no qual se misturam as contribuições de Montesquieu, Locke e, em pequeníssima dose, de Adam Smith ou de Jeremy Bentham. Na atmosfera pós-revolucionária, as reações autoritárias coexistem com tendências pré-liberais. O "ferrolho" ideológico não foi total, e, sobre os fundamentos da tradição jurídica, alguns artigos conseguiram escapar aos preconceitos de seus redatores. Apesar de mais marcado pelo autoritarismo familiar do que os Códigos prussiano e austríaco, o Código francês não deixa de conter uma parte da mensagem revolucionária.

Consolidação da herança revolucionária

O sucesso temporário do regime napoleônico deve-se em grande parte ao aproveitamento de um legado. Bonaparte apresentou-se como filho e salvador da Revolução: tirou o máximo proveito do culto à lei, da abolição dos privilégios e das apreensões dos novos proprietários, quer se tratasse dos camponeses libertos dos direitos feudais, quer dos adquirentes de bens nacionais. A todos esses franceses, que pretendiam conservar "conquistas" da Revolução, o Código Civil dava o apoio reconfortante de uma legislação civil feita para durar.

Do ponto de vista social, não há erro em falar-se de um código "burguês" para a França e de um código "feudal" – segundo a expressão de Tocqueville – para a Prússia e, em menor medida, para a Áustria. A propriedade do artigo 544, "direito inviolável e sagrado", desde 1789, está alforriada das "dependências feudais, destruídas para sempre". Todo o Código Napoleônico gravita em torno dessa propriedade "alforriada", e as disposições sobre as servidões, os foros rurais ou os arrendamentos de bens de raiz tinham o objetivo manifesto de impedir a ressurreição do sistema de *tenures*. A igualdade sucessorial, confirmada pela proibição das substituições e temperada pela ampliação da quota disponível, satisfazia a burguesia e uma parte do campesinato, ao enfraquecer as famílias da antiga aristocracia, da qual ainda se desconfiava em 1804. Basta abrir o ALR para constatar a manutenção do regime feudal e da servidão. O ABGB é mais discreto quanto à existência de um domínio compartilhado, mas permite a sobrevivência do regime feudal. O Código francês, mesmo não tendo sido concebido para servir à Revolução Industrial, também não lhe opõe nenhum verdadeiro obstáculo. O Código Napoleônico consagra uma sociedade laicizada e fundada na igualdade dos direitos: só conhece o casamento civil e retoma as principais disposições da Lei de 20 de setembro de 1792, que confia às municipalidades a manutenção dos registros civis. Garante, assim, a igualdade entre todos os franceses, seja qual for sua religião. Ao contrário, o ALR proibia o casamento entre cristãos e não cristãos, enquanto o ABGB confirmava o casamento religioso dos cristãos, regulamentava o casamento dos judeus e proibia o casamento entre cristãos e não cristãos. Enquanto os direitos prussiano e austríaco são direitos de Estados confessionais, o direito francês, já em 1804, é o direito de uma sociedade amplamente secularizada e até parcialmente descristianizada. Com a ausência de qualquer discriminação religiosa, tocamos na questão central da igualdade dos direitos no Código Napoleônico. Este tem em vista um homem abstrato, com aparente desconsideração de questões como nascimento ou condição social: "Todo francês gozará dos direitos civis" (art. 8). Tal perspectiva explica o lugar ocupado pelo direito à nacionalidade no início do Código Civil francês, a ligação entre o estatuto pessoal dos franceses e a lei nacional, e a ausência quase total de menções relativas à profissão. Afora as mulheres e os menores, a única exceção a essa igualdade resulta do artigo 1.781, segundo o qual a palavra do "patrão" tem crédito em caso de conflito sobre o pagamento do salário. Essa discriminação opõe nitidamente duas categorias de franceses que não merecem a mesma confiança: os patrões e os "trabalhadores", "operários" ou "domésticos". Mas estamos ainda distantes do ALR, com toda a articulação da segunda parte baseada na organização da sociedade em ordens – nobreza, ordem burguesa, ordem campesina – separadas por obstáculos ao casamento e regimes sucessórios particulares. Alusões do ABGB aos privilégios também lembram o poder social da nobreza. No império da Áustria – escrevia Robert Musil –, "todos os burgueses eram iguais perante a lei, mas nem todos eram burgueses".

Seria possível dizer que no Código Napoleônico todos os franceses eram iguais perante a lei, mas nem todos os franceses eram proprietários. A outra face dessa isonomia do Código francês é, realmente, sua indiferença para com os mais fracos. A maioria das disposições do Código Civil é dirigida a notáveis: mesmo os títulos dedicados às pessoas supõem a presença da propriedade ou sua transmissão. Os direitos não patrimoniais, tal como o nome, a imagem ou a honra, não são mencionados. O direito das obrigações, baseado na liberdade de comércio, não mostra nenhuma brandura especial para com os contratantes inexperientes, reservando a ação de rescisão por lesão aos vendedores de imóveis. A análise de Marx, exposta num jornal renano em 1849, ainda é muito esclarecedora desse aspecto. Para ele, o Código Napoleônico não criou a sociedade burguesa, mas é uma "expressão legal" dessa sociedade já formada antes de sua elaboração. Marx não se limita a um esquema simplista que reduza o conjunto do Código Civil a um produto predeterminado da infraestrutura social. Nota, com mais sutileza, que o Código francês correspondia perfeitamente às expectativas de uma classe em plena ascensão. Primeiro Código da burguesia, o Código Napoleônico conseguiu garantir os ganhos dos beneficiários da Revolução, oferecendo-lhes, ainda por cima, o retorno à autoridade no seio das famílias. E essa cristalização da nova ordem social, propriamente conservadora na França, também podia servir de estandarte à Revolução no estrangeiro.

Exportação do Código Civil

A despeito de seu título, o Código Civil dos franceses não foi percebido como uma legislação estritamente nacional. Assim como o Código austríaco pôde ser aplicado a um Estado multinacional, o Código Napoleônico foi favorecido pelo crescimento territorial ligado à conquista e pelo alcance universal derivado de seu tom revolucionário. Apoiando-se na ideologia da Grande Nação, Napoleão impôs o Código Civil, assim como todas as leis francesas, a um Império de 130 departamentos onde viviam belgas, luxemburgueses, suíços, italianos, alemães e holandeses. Na Bélgica e nos departamentos da margem esquerda do Reno, a introdução do Código Napoleônico prolongou o processo de implantação das leis francesas iniciado com a Revolução, quer se tratasse da abolição do regime feudal ou da laicização do casamento. Nos departamentos de anexação mais recente, a aculturação foi mais superficial, e o Código francês não obliterou certos hábitos nacionais.

Para além do Grande Império, Napoleão desejou transformar o Código Civil em "direito comum" da Europa, destinado a substituir um direito romano considerado obsoleto. Recusando qualquer mínima adaptação que se afastasse da tradução literal para dar conta dos costumes locais, o imperador transpôs "seu" Código para o reino da Itália e – dando ordens formais nesse sentido – para o reino de Nápoles. Junto aos Estados alemães, Napoleão exerceu fortes pressões para conseguir a adoção do Código Civil. Embora essa introdução fortemente incentivada fosse bem-sucedida nos territórios do reino de Vestefália, dos grão-ducados de Berg e Baden, assim como em Frankfurt, foi preciso fazer algumas concessões no que se refere ao estado civil e ao divórcio. O *Badisches Landrecht* (1809) é o melhor exemplo de transplante do Código Napoleônico "corrigido" com mais de 500 notas, com importantes adendos, tais como a investigação de paternidade ou o usufruto do cônjuge supérstite. No grão-ducado de Varsóvia, foram encontradas soluções de acomodamento para que o Código Civil fosse admitido pelo clero e pela nobreza.

Esse avanço, frequentemente forçado, do Código Napoleônico suscitou resistências e debates animados. Os italianos, em geral, mostraram-se refratários ao casamento civil, ao divórcio e ao regime legal da comunhão entre cônjuges. Em 1815, Negri, jurista de Vicenza, fez uma lista dos defeitos do Código francês, por ele acusado de ter declarado guerra às leis da religião católica e perturbado a ordem das famílias, com a emancipação rápida demais dos filhos. Na Alemanha, o Código Napoleônico provocou polêmica intensa durante várias décadas. No apogeu da dominação napoleônica, ele foi analisado, admirado, mas também criticado em certos pontos por professores como Zachariae e Lassaulx. Na época da queda do Grande Império, foi denunciado por Rehberg como um código estrangeiro e perigosamente revolucionário, enquanto Thibaut apreciava sua técnica e propunha seguir seu exemplo para redigir um código para toda a Alemanha. Em resposta a Thibaut, Savigny publicou seu famoso *Vom Beruf* (1814), no qual se baseava em sua concepção histórica do direito para julgar inoportuna uma codificação alemã. Nesse panfleto, Savigny, que se debruçara sobre o Código Civil durante vários anos, desferiu numerosas flechadas contra o despotismo napoleônico e os erros dogmáticos dos juristas franceses. Continuando no centro dos debates sobre o direito alemão, o Código Napoleônico teve, nos anos seguintes, admiradores em Hegel e depois em Lorenz von Stein e em Marx. Para os apóstolos do racionalismo e os adversários da sociedade do Antigo Regime, o Código Civil francês mostrou-se como um dos vetores da modernidade. Também na Itália, liberais e patriotas viram nele um ponto de união: "Viva o reino da Itália, viva Vítor Emanuel rei da Itália, viva o Código Napoleônico", tal foi o *slogan* de um deputado toscano em 1859. Graças a suas qualidades formais e a seu impacto político, o Código Napoleônico permaneceu como modelo de imitação durante todo o século XIX. Depois de 1815, o Código francês foi conservado na Polônia sob a dominação russa, nas regiões da margem esquerda do Reno anexadas à Prússia, em Gênova e em Lucca. Na Renânia, as elites burguesas manifestaram-se expressamente pela manutenção do código depois da partida das tropas francesas. Mesmo sem aceitarem todas as suas novidades – sobretudo o casamento civil e o divórcio –, vários Estados da Itália, antes da unificação, dotaram-se de um código civil que se abeberava em muito no Código Napoleônico. O Código Civil italiano de

1865, o da Romênia (1864) e o de Portugal (1867), assim como, em menor medida, o Código espanhol de 1889 podem ser considerados filhos do Código Napoleônico. Seu influxo estendeu-se à América do Sul, à Luisiânia, ao Egito, à Turquia e ao Japão, antes que sua reputação fosse eclipsada pelos Códigos alemão e suíço do início do século XX. Essa influência do Código Napoleônico, que confirma sua natureza de primeiro código "moderno", foi durante muito tempo motivo de orgulho para os franceses.

Constituição da sociedade civil francesa

Essa expressão, empregada por Demolombe no início de seu comentário sobre a cláusula do poder paterno, ilustra o contraste entre a instabilidade constitucional da França no século XIX e a implantação do Código Civil na sociedade francesa. Não era, porém, garantido de antemão que o código, portando o nome do usurpador amaldiçoado dos Bourbons, sobreviveria à derrocada do regime napoleônico. O pensamento contrarrevolucionário, desenvolvido na emigração, parecia até mesmo opor-se à ideia de codificação e à de constituição. A partir de 1801, o conde Montlosier esboçara alguns dos temas da crítica conservadora ao código: casamento civil, divórcio, restrições à duração e à força do poder paterno eram os principais alvos dos ultrarrealistas. Contudo, em 1814, Luís XVIII decidiu manter o Código Civil: seguindo conselhos de algumas pessoas de seu círculo – provavelmente Beugnot, que aplicara o Código no grão-ducado de Berg –, o rei tomou consciência do valor da codificação e de sua fácil adaptação ao regime da Restauração. A revisão do Código Civil limitou-se à ab-rogação do divórcio pela Lei de 8 de maio de 1816. Nem o casamento civil, nem o sistema sucessório foram questionados, como nos Estados italianos.

Se a adequação do Código Civil aos regimes da monarquia de julho e do Segundo Império parecia tranquila, a aliança dos republicanos à codificação napoleônica tinha motivos para surpreender. Os dirigentes da II e sobretudo da III República poderiam sentir alguma repulsa por um Código de feição autoritária. A lenda napoleônica provavelmente salvou o Código Napoleônico em 1848, antes que a defesa da propriedade privada se tornasse o ponto de coesão do partido da Ordem. Depois de 1870, o ódio que os republicanos sentiam pelo regime derrubado podia voltar-se contra um código que, segundo expressão do jurista Acollas, pusera "a contrarrevolução no próprio cerne da sociedade civil". O pragmatismo dos chefes republicanos e sua timidez diante das reformas sociais impediram qualquer questionamento do Código Civil. Este encontrara defensores em horizontes muito diferentes: professores de direito que alimentavam o culto a um código qualificado de "espiritualista" e "cristão", escritores que admiravam a clareza de seu estilo, historiadores que celebravam uma "obra imortal" e até liberais ou democratas que reliam o código à luz de seu credo. Mesmo aqueles que acusavam o Código Napoleônico de fragmentar o solo, de destruir a "família de antigamente" ou de pôr as mulheres sob tutela deveriam reconhecer seu lugar central na sociedade francesa. Toda a *Comédia humana* de Balzac pode ser lida como um afresco denunciador do Império do Código Civil, responsabilizado pela "degradação da nação".

Nessa "recepção" do Código Civil pelos franceses, pode-se ver a prova da longa dominação dos nobres e, depois, de sua aliança com o campesinato e as classes médias em torno de uma "filosofia" do meio-termo. Apesar disso, o código consegui impor-se como a lei nacional de todos os franceses. As resistências locais foram esporádicas. O regime legal da comunhão não parou de progredir, tanto por ser o direito comum dos cônjuges sem contrato quanto por atender às necessidades de uma maioria de casais. A aculturação do regime sucessório do Código Napoleônico conseguiu ser mais prolongada: no Sul, era grande a tentação de continuar a "fazer um primogênito". Para evitar a partilha, as famílias reduziam-se a um só filho, segundo os adversários da igualdade sucessória, como Le Play. Mas os camponeses não se revoltaram em massa contra o Código Civil, e era possível garantir uma transmissão correta do patrimônio sem violar abertamente a lei. Quanto à redução da natalidade, teve causas mais complexas. De um ponto de vista social, o Código Civil não era apanágio dos mais abastados. A França do século XIX eram um país que contava com vários milhões de pequenos proprietários rurais, visceralmente apegados às regras do código sobre o direito dos bens. Nas cidades, o código não era apenas sinônimo de exploração para as classes populares. Instituições como a separação de corpos ou a correção paterna se "democratizaram" ao longo do século, sobretudo graças ao desenvolvimento da assistência judiciária.

Por meio de toda uma série de canais, o Código Napoleônico foi integrado às mentalidades do século XIX. Traduzido para o latim, foi posto em versos em pelo menos três ocasiões e deu ensejo a trabalhos de mnemotécnica. Sua vulgarização foi tentada por meio de um sem-número de manuais para uso dos proprietários, dos eclesiásticos ou das mulheres. "Por quase nada, fique sabendo como e por que aquilo que é seu é seu" – prometia um daqueles pequenos códigos "ao alcance de todos". Se considerarmos também as representações iconográficas, não será exagero dizer que o Código Napoleônico foi "popular", de acordo com a observação do jurista alemão Gierke. Até os anos 1900, as declarações favoráveis ou contrárias ao Código Civil são testemunho de sua presença na memória coletiva e do lugar que ocupava no patrimônio nacional. Em 1901, Jaurès retoma a expressão "código burguês" – na moda graças a um jurista conservador, Émile Glasson – e ainda encontra méritos naquela "lei de igualdade doméstica". Embora as militantes feministas queimem o Código Napoleônico ao pé da coluna Vendôme em 1904, os festejos oficiais do centenário são ocasião para exaltar o "livro da razão" da nação francesa (Albert Sorel).

Flexibilidade do Código Civil

No *Livro do Centenário*, Saleilles ressaltava a "flexibilidade" do código, como uma de suas qualidades essenciais e um fator de perenidade. Bigot de Préameneu queria guardar o Código Civil numa "espécie de arca santa", e Napoleão teria exclamado: "meu Código está perdido!" quando da leitura de um dos primeiros comentários. No entanto, o código rapidamente passou por emendas e prestou-se a reformas legislativas sucessivas. Até os anos 1880, essas modificações só afetaram um pequeno número de artigos, cerca de 130. No entanto, imprimiram inflexões diferentes ao texto primitivo. Ao criar os morgados, o próprio Napoleão pôs a mão num artigo do código e transformou o equilíbrio do direito sucessório. A abolição do divórcio em 1816 representou um choque mais importante ainda, apesar de as edições posteriores do código terem mantido em seu lugar artigos que serviam à separação de corpos. Quer se encare essa lei como a consagração de uma evolução restritiva já afirmada em 1804, quer como a diminuição da parcela revolucionária da codificação, não se deve negligenciar as transformações provocadas por tal amputação. As leis de 1819 sobre o direito de reversão em favor do soberano da sucessão dos estrangeiros mortos em seu território, as de 1826 sobre as substituições, as de 1832 sobre as dispensas de casamento, as de 1850 sobre a publicidade dos contratos de casamento ou a contestação de paternidade podem parecer mais técnicas, mas contribuem também para retocar a fisionomia política do Código Civil.

O Segundo Império acelerou essas primeiras adaptações do código às novas realidades da economia ou da sociedade: a supressão da morte civil (1854), a organização da publicidade imobiliária (1855), a revogação do artigo 1.781 (reduzido ao estado de número) fazem parte de um movimento geral de "liberalização" do direito francês. A III República prossegue essa atualização no campo familiar, principalmente com o restabelecimento do divórcio (1884), o aumento dos direitos sucessórios dos filhos naturais (1896) e a admissão da investigação da paternidade (1912). O Código Civil integra facilmente essas reformas porque elas são feitas com prudência, e outras transformações do direito privado – como a Lei de 1889 sobre a perda da autoridade paterna ou a de 1898 sobre os acidentes de trabalho – se desenrolam fora do texto do código. Conforme pressentia Portalis, o Código Napoleônico foi objeto de um trabalho de reinterpretação da jurisprudência e da doutrina. As decisões judiciárias, particularmente as da Corte de Cassação, modificaram de maneira bem precoce a aplicação das disposições do código. Já nos anos 1815-30, o regime do dote mobiliário ou a instituição do mandato tácito foram extraídos do antigo direito para "completar" o código. Algumas décadas mais tarde, os juízes passam a admitir a adoção dos filhos naturais, sobre o que o código nada dizia, e a legitimação de certos filhos incestuosos, o que contrariava claramente a letra da lei. Não foi preciso esperar os últimos anos do século para que os tribunais estendessem consideravelmente o alcance do artigo 1.382 para aplicá-lo aos prejuízos sofridos pela mãe solteira dolosamente seduzida, pelo comerciante vítima de concorrência desleal ou pelo operário ferido num acidente de trabalho. Esses construtos jurisprudenciais não seguem todos na mesma direção, e seria falacioso falar de uma jurisprudência progressista que tinha como único objetivo atenuar os rigores do Código Civil para torná-lo mais adequado às aspirações das novas camadas sociais. Há muitos casos em que as decisões emanadas de magistrados – todos homens, proprietários e, aparentemente, fiéis ao regime vigente – têm a marca do conservadorismo: não se pode dizer que a jurisprudência do século XIX foi muito favorável às mulheres! No entanto, essas audácias jurisprudenciais trazem a marca do espírito ambiente: os juízes também instilaram em pequena dose liberalismo no Código Civil.

A sacralização do código foi durante muito tempo responsabilizada pela esterilização da ciência do direito civil na França: a codificação teria produzido o método exegético, com tudo que ele supõe de reverência para com o texto e de falta de originalidade. As pesquisas dos últimos anos modificaram essa visão redutora dos comentadores do Código Civil. Não só o conformismo dos professores do Código Napoleônico se deve mais às injunções do ensino do que à própria codificação, como também a doutrina francesa participou da "releitura" do código ligada às grandes correntes de pensamento do século XIX. Acentuando o absolutismo do direito de propriedade e exaltando a liberdade contratual, a doutrina viu no código o triunfo do individualismo liberal, a ponto de transportar para ele a ideia de autonomia da vontade, totalmente estranha ao espírito dos codificadores. Como as fórmulas do código se prestavam a esse jogo, o projeto de substituição do Código Napoleônico, considerado por certo período no início do século XX, não teve resultado. Por acaso a revisão não fora feita ou não estava sendo feita por meio daquela constante atualização por parte da legislação, da jurisprudência e da doutrina?

Do século XX ao XXI, recodificação ou descodificação

A simbiose entre o Código Civil e o povo francês parece ter desaparecido durante o século XX. No período entre as duas guerras mundiais, o código continuou "envelhecendo", em virtude da timidez das reformas legislativas; foi preciso esperar 1938 para a abolição do poder marital, e a qualificação de "Código da família", costumeiramente atribuída ao Decreto-lei de 29 de julho de 1939, demonstra progressos da descodificação. Não é de surpreender que a elaboração de um novo código tenha estado na ordem do dia durante a Liberação. E, se a comissão de reforma do Código Civil, instalada em 1945, não conseguiu ir além de um tímido anteprojeto, as causas desse fracasso devem ser buscadas nas fraquezas da IV República. O Código Napoleônico foi salvo pelas grandes reformas do direito de família votadas de 1964 a 1975. Por inspiração de Carbonnier, o Código Civil sofreu uma reformulação quase completa em seu livro primeiro, enquanto os livros II e III subsistiam no essencial, sob novas luzes. Essa renovação, que respeitou o máximo possível a numeração contínua introduzida em 1804, dava aos franceses a impressão de que conservavam o seu Código Civil, ao mesmo tempo que lhes dava o benefício de um novo direito das pessoas.

Aproveitando esse impulso, o legislador continuou inserindo no Código Civil textos inovadores sobre a família – em 1985, 1987 e 1993 – e depois sobre o corpo humano e a bioética (1994). O direito à nacionalidade, que saíra do código em 1927, a ele voltou em 1993. Assim "revitalizado", o Código Civil parece pronto para enfrentar o século XXI, com cerca de 1.200 artigos intocados desde Napoleão. Não faltam argumentos para denunciar o caráter artificial dessa "recodificação tranquila". As últimas reformas teriam mais marcas de uma agitação legislativa do que da segurança jurídica esperada de um código. Correspondendo a orientações diversas, esses textos votados sem espírito de sistema prejudicariam a homogeneidade do Código Civil, reduzido a uma "coleção de leis ordinárias". A imutabilidade aparente dos livros II e III já não teria sentido em face da proliferação dos códigos novos – como o Código do Consumidor (1993) – e da legislação especial. Mesmo a inserção da nacionalidade e da bioética não poderia esconder o primado do direito constitucional sobre as regras do Código Civil. A recodificação é alvo das críticas mais veementes dos defensores do direito "vivo", jurisprudencial ou doutrinal, e dos partidários de um direito comum europeu.

Ainda é possível defender a causa do Código Civil. Menos afetado pela descodificação que o Código italiano de 1942, o Código francês está mais implantado na mentalidade nacional do que o BGB. Os debates sobre a união civil confirmaram o valor simbólico da entrada de uma instituição nova no Código Civil. Na União Europeia, a marcha rumo a um direito civil único ainda parece longa, e as ideias federativas não são inconciliáveis com a manutenção de legislações nacionais específicas, em especial no que tange ao direito das pessoas e à nacionalidade. Enquanto o direito europeu enfrenta dificuldades de aculturação junto às populações envolvidas, não é garantido que o desaparecimento dos códigos nacionais seja politicamente realista. Assim como no século XIX, o calor dos debates entre partidários e adversários da codificação é reflexo do alcance das escolhas que devem ser feitas. O Código Civil continua com sua força de direito positivo e com toda a riqueza de sua história. Napoleão não estava errado ao ver nele a sua "criação" mais duradoura. O historiador, incapaz de prever o futuro, só pode fazer uma constatação: a França terá abandonado o franco e, com ele, uma soberania monetária bem mais antiga que o franco germinal, antes de renunciar ao Código Civil.

› ARNAUD A.-J, *Les Origines doctrinales du code civil français*, Paris, 1969. – CARBONNIER J., "Le Code civil", *in* P. Nora (org.), *Les Lieux de mémoire. La Nation*, Paris, 1986, t. II, pp. 293-315. – CARONI P., *Saggi sulla storia della codificazione*, Milão, 1998. – HALPÉRIN J.-L., *L'Impossible Code civil*, Paris, PUF, 1992. – MARTIN X., *Nature humaine et Révolution française*, Bouère, 1994. – NIORT J.-Fr., "Droit, économie et libéralisme dans l'esprit du Code Napoléon", *Archives de philosophie du droit*, 1992, pp. 101-19. – POUCHON J.-M., *Le Code civil*, Paris, PUF, 1992.

Ver também: ARNAUD A.-J., *Essai d'analyse structurale du Code civil français. La règle du jeu dans la paix bourgeoise*, Paris, 1969. – BÜRGE A., *Das französische Privatrecht im 19. Jahrhundert*, Frankfurt, 1995. – HALPÉRIN J.-L., *Histoire du droit privé français depuis 1804*, Paris, PUF, 1996; *Le Code civil*, Paris, 1996. – MARTIN X., "À tout âge? Sur la durée du pouvoir des pères dans le Code Napoléon", *Revue d'histoire des facultés de droit et de la science juridique*, 1992, pp. 227-301. – SOLIMANO S., *Verso il Code Napoléon*, Milão, 1998. – Col.: *Le Code civil 1804-1904. Livre du centenaire*, Paris, 1904, reprint. 1992, 2 vol. – *La Codification* I, II et III, *Droits*, nº 24, 26 e 27, 1996-98.

Jean-Louis HALPÉRIN

→ Codificação; Direito comum; Escola do direito natural moderno e racionalismo jurídico; Exegese.

CÓDIGO NEGRO

Trata-se da "ordenança referente à administração das ilhas da América", de março de 1685. Louvois presidiu sua redação com base no inquérito solicitado por Colbert às autoridades coloniais das Antilhas (intendente, governador, conselhos superiores). Tomado em sentido lato, no século XVIII o termo designa o conjunto da legislação relativa aos escravos.

A criação de plantações nas Antilhas foi feita de início principalmente com mão de obra europeia. Para pagar a travessia, os "contratados" brancos trabalhavam três anos para os colonos, antes de tentarem tornar-se plantadores. A principal cultura era então a do tabaco, em pequenas e médias propriedades. Mas a quantidade insuficiente desses contratados logo ensejou o emprego de escravos importados da África por um custo bem menor. Até os anos 1660, seu número foi limitado. Em 1660, havia na Martinica apenas 2.642 negros para 2.489 brancos. Os senhores administravam esse capital servil. Os contratados brancos tinham tratamento bem mais duro que os negros. As coisas mudaram com a monocultura açucareira, geradora de grandes plantações que exigiam mão de obra numerosa. Os donos de plantações optaram então pelo escravo negro, e não pelo contratado branco, quantitativamente insuficiente e mais oneroso. Martinica, Guadalupe e São Cristóvão, aliás, apenas seguiram o exemplo das Antilhas inglesas. Em 1700, havia na Martinica 15 mil escravos para uma população branca de 6.300 pessoas. O fenômeno se ampliou no século XVIII, quando São Domingos se tornou a grande ilha açucareira francesa.

Constatando o desenvolvimento da escravidão nas Antilhas, a ordenança de 1685 fixou o estatuto dos escravos. Essa foi, aliás, a política de todos os outros Estados europeus com costa para o Atlântico, a começar pela Inglaterra. O direito romano foi a referência básica dos redatores do Código Negro. Nem por isso a condição jurídica do escravo das Antilhas francesas foi a mesma da do escravo antigo. O legislador de 1685 estava animado por fortes preocupações religiosas (garantir a cristianização do escravo, sua inserção na comunidade cristã, oferecer-lhe a possibilidade de casar-se, de ter família), e pela preocupação correlata de melhorar a sorte do escravo, limitando a arbitrariedade dos senhores e fixando suas obrigações para com aquele. Desse modo, o Código Negro representa uma conciliação entre a lógica escravagista dos senhores e uma lógica protetora decorrente da inspiração cristã da realeza. O resultado é que, na codificação de 1685, o escravo é ora considerado uma coisa, em vista do modelo reificador do escravo no direito romano, ora considerado uma pessoa, sobretudo no campo religioso e familiar, bem como na reivindicação de respeito aos deveres de seu senhor para com ele.

A ordenança de 1685 contém 60 artigos. Os 12 primeiros são relativos aos aspectos religiosos e familiares. O escravo devia ser batizado, e as autoridades (governador e intendente) deviam cuidar disso (art. 2º). Os capatazes (geralmente negros), que comandavam os escravos, deviam ser católicos (art. 4º). Seus senhores não deviam obrigá-los a trabalhar aos domingos e feriados (art. 6º). O concubinato de um homem livre com uma escrava era punido com pesada multa, exceto se ele não fosse casado e se casasse com a escrava, com o que ela e os filhos eram alforriados (art. 9º). As regras relativas ao casamento eram iguais para os escravos e para os homens livres, com a diferença de que o consentimento dos pais era substituído pelo consentimento do senhor (art. 10). Se cada membro de um casal de escravos pertencesse a senhores diferentes, os filhos deveriam pertencer ao senhor da mulher (art. 12). Se um escravo se casasse com uma mulher livre, ou um homem livre com uma escrava, a condição dos filhos seguiria a condição da mãe (art. 13). Os senhores eram obrigados a mandar inumar seus escravos batizados "em terra santa nos cemitérios" (art. 14).

Vem em seguida certo número de regras de polícia, cujo objetivo era manter a ordem e prevenir roubos. Os escravos, exceto os que eram mandados à caça por seus senhores, não tinham o direito de portar arma ofensiva nem bastões de grandes dimensões (art. 15). Suas aglomerações eram proibidas (art. 16). Eram excluídos da comercialização da cana-de-açúcar (art. 18), e só podiam vender outras mercadorias com permissão expressa do senhor (art. 19).

O senhor tinha a obrigação de sustentar seus escravos. Eram fixadas rações alimentares (art. 22) e as roupas que ele devia lhes dar (art. 25). Caso não cumprisse essas obrigações, os escravos podiam dirigir-se ao procurador geral, que também podia agir de ofício; por solicitação sua, os senhores eram processados sem custas, regra geral que o rei impõe "para os crimes e tratamentos bárbaros e desumanos infligidos pelos senhores a seus escravos" (art. 26). Os escravos idosos, doentes ou inválidos deviam ser "alimentados e sustentados por seus senhores"; na falta disso, seriam recolhidos ao hospital, e os senhores seriam condenados a pagar seis soldos por dia para sua alimentação e sustento (art. 27).

Em matéria civil, o escravo não tinha o direito de propriedade e nada podia transmitir, nem entre vivos, nem por sucessão (art. 28), mas podia possuir um pecúlio, com permissão do senhor (art. 29), o que possibilitava a obtenção de alforria por certos escravos. O escravo não podia exercer função pública, e seu testemunho em juízo servia apenas de indicação para o juiz, não constituindo prova nem na justiça civil nem na criminal (art. 30). Ele não podia participar de processo civil ou criminal, mas o senhor podia agir em juízo, caso considerasse útil, para obter reparação ou punição por dano causado a seu escravo (art. 31).

No que diz respeito às disposições penais do Código Negro, a agressão física contra o senhor ou sua família era punida com a morte (art. 33). A agressão contra algum outro homem livre também podia ter a mesma punição (art. 34). Os roubos qualificados, praticados por escravos ou alforriados, davam ensejo a penas corporais que podiam chegar até a morte (art. 35). Os roubos menos graves, praticados por escravos, tornavam seus autores passíveis de vergastadas (art. 36). O escravo fugido (*mar-*

ron) é punido com a morte na segunda reincidência (art. 38). O senhor dispunha de um direito de castigo que lhe facultava mandar agrilhoar e vergastar os escravos que considerasse culpados, mas era-lhe proibido mutilá-los ou torturá-los, "sob pena de confisco dos escravos e de sofrer processo extraordinário" (art. 42). Em caso de morte de um escravo em decorrência de maus-tratos ordenados por um senhor ou um capataz, a justiça régia deveria "processá-los criminalmente", mas com o poder de absolvê-los "caso seja cabido" (art. 43). É oficializada a natureza de "móvel" do escravo (art. 44). Eles podiam ser objeto de confiscos e vendas (art. 46). No entanto, o casal e os filhos pequenos que se encontrassem em poder de um mesmo senhor não podiam então ser separados (art. 47).

A partir da idade de 20 anos (portanto, ainda na minoridade), um senhor tinha o poder de alforriar seus escravos (art. 55). O escravo que fosse transformado por seu senhor em seu legatário universal, executor testamentário ou tutor de seus filhos era considerado alforriado (art. 56). O escravo alforriado nas ilhas francesas não tinha necessidade de documentos de naturalização para tornar-se súdito do rei da França (art. 57). No entanto, era convidado a "nutrir singular respeito" por seu antigo senhor e sua família (art. 58). Além disso, numerosos artigos ficaram sem efeito prático. Os casamentos eram pouco frequentes, visto que os senhores os recusavam fora da plantação, e os escravos não queriam casar-se dentro de seus limites. A vida espiritual dos escravos era em grande parte teórica, por falta de uma adaptação religiosa suficiente e pelo pouco fervor de seus senhores. A justiça não reprimia com rigor os senhores torturadores ou assassinos, por medo de indispor os colonos. O Estado do Antigo Regime não era suficientemente poderoso para impor realmente respeito às regras protetoras dos escravos contidas no Código Negro.

› Harouel J.-L., "Le Code noir", *Abolition de l'esclavage* (*Mythes et réalités créoles*), Paris, 1998. – Hesse Ph., "Le Code noir et la définition juridique de l'esclavage", *Actes du Colloque international pour le Tricentenaire du Code noir*, Nantes, 1985. – Jaubert P., "Le Code noir et le droit romain", *Histoire du droit social* (*Mélanges en hommage à Jean Imbert*), Paris, 1989. – Sala-Molins L., *Le Code noir ou le calvaire de Canaan*, Paris, 1996.

Jean-Louis Harouel

→ Escravidão; Ordenanças (Grandes) do Antigo Regime.

CÓDIGO PENAL (FRANCÊS)

A ideia de reunir num único *corpus* organizado de modo mais ou menos sistemático o conjunto das disposições legais referentes às incriminações e às penas constitui um prolongamento natural do princípio de legalidade: como apenas a lei pode ao mesmo tempo determinar as incriminações e as penas correspondentes, o melhor é apresentá-las num conjunto *único*, de natureza legislativa, que constitua a suma do direito penal e a referência *exclusiva* dos juízes encarregados de aplicá-lo. A bem da verdade, o princípio de unicidade (um único código) e de exclusividade (tudo no código, nada fora do código) caracteriza a codificação ideal; embora normalmente constitua o objetivo de todos os codificadores, foi bem difícil pô-lo em prática, pelo menos de maneira duradoura. A partir do fim do Antigo Regime, que nunca promulgou um *corpus* penal sistemático, a França passou, sucessivamente, por três códigos oficiais: os de 1791, 1810 e 1994. Aqui nos limitaremos essencialmente ao Código devido a Napoleão, que foi aplicado durante cento e oitenta e quatro anos, é verdade que à custa de numerosas adaptações. No entanto, é preciso mencionar, em primeiro lugar, seus precedentes, antes de cuidar de suas transformações ulteriores, até o código atual.

O Código de 1791

Ao contrário do que às vezes se diz, o Código Penal adotado pela Assembleia Constituinte não foi uma novidade absoluta. Mesmo sem remontarmos às grandes ordenanças referentes a procedimentos judiciários, devidas a Carlos V (*Caroline*) ou a Luís XIV (ordenança de Saint-Germain-en-Laye), que ainda não correspondem à concepção moderna de codificação, pode-se dizer que houve um início de sistematização penal já no século XVIII: depois do Código bávaro de 1751 e o *Codex theresianus* austríaco de

1766, seguido pela *Constitutio theresiana criminalis* de 1769 (três textos de inspiração ainda tradicional), o grão-duque Leopoldo, adepto do Iluminismo, promulgara na Toscana a constituição *Leopoldina* e depois, ao se tornar o imperador Leopoldo II, o Novo Código Penal austríaco de 1787. Leopoldo fora marcado pelo famoso tratado de Beccaria, *Dos delitos e das penas* (1764), bem como pelas novas ideias dos filósofos franceses. Mas caberia à Assembleia Constituinte pôr em prática, com mais repercussão, a doutrina penal do Iluminismo. Depois de fixar o regime das infrações municipais e correcionais na Lei de 19 e 22 de julho de 1791, a Assembleia adotou o primeiro "Código Penal" oficial entre 25 de setembro e 6 de outubro de 1791. Deve-se, porém, notar que esse código, por não integrar a Lei de 19 e 22 de julho anterior, só diz respeito aos crimes: mais que um código penal *stricto sensu*, o texto de 1791 é, pois, mais exatamente um código criminal. Quais são suas características?

De conformidade com a mensagem do Iluminismo, a nova lei penal começa por reduzir o campo das incriminações apenas aos atos considerados "lesivos" à nova sociedade laicizada. Desaparecem, portanto, do domínio penal todos os antigos delitos religiosos. Em seu *Relatório sobre o projeto de Código Penal*, Lepeletier anunciara nestes termos aquela despenalização maciça: "Assistireis, por fim, ao desaparecimento daquela multidão de crimes imaginários que engrossavam as antigas coletâneas de nossas leis. Nelas já não encontrareis aqueles grandes crimes de heresia, de lesa-majestade divina, de sortilégio e de magia [...] para os quais, em nome dos céus, tanto sangue manchou a terra." De fato, o Código de 1791 deixa de incriminar as infrações à lei ou à moral propriamente religiosa, em particular o suicídio, a blasfêmia, o sacrilégio, a feitiçaria, a heresia, o adultério, a homossexualidade etc. Em compensação, o novo direito penal dedica grande espaço à repressão das infrações políticas, ou seja, à defesa das novas instituições públicas implantadas a partir de 1789. De um total de 150 incriminações, 82 são de natureza política – os ministros e outros "agentes do Poder Executivo" são particularmente visados (título I da II parte, seções 1, 2, 3 e 5). As outras incriminações (título II) referem-se aos atentados à moral "natural" (63 casos) ou a infrações econômicas (5 casos): está claro que a codificação penal depende, como sempre, de uma visão política global.

Quanto às penalidades, seu regime se insere no direito oriundo do Iluminismo e da Declaração dos Direitos do Homem. Não só as penas são iguais para todos, como também são estritamente pessoais; essa é a razão pela qual é abolido o confisco de bens. Mas a grande novidade é que as penas são absolutamente fixas. Por reação contra a arbitrariedade dos juízes do Antigo Regime, o novo direito penal passa a ter somente penas fixas, estritamente determinadas tanto em seu *quantum* básico quanto nos elementos agravantes, de que o código enumera uma lista limitativa. Assim, depois de indicar a duração precisa da prisão decorrente de dada infração, o Código Penal acrescenta: "A duração da pena imposta pelo presente artigo será aumentada de... anos para cada uma das circunstâncias seguintes, de que o referido crime tenha sido acompanhado." O juiz, portanto, está privado de qualquer poder de apreciação; ele já não é o "árbitro" da pena, como antigamente, mas uma simples máquina tarifadora.

Para os Constituintes, assim como para os reformadores do Iluminismo, o primeiro fundamento das penas é sua utilidade social. Visto que é, em primeiro lugar, um exemplo, a pena deve ser pública. Em seu relatório, Lepeletier previa que as prisões deveriam ser abertas à população, para que a visão do culpado, "no estado penoso a que foi reduzido por seu crime, [ponha] na alma do povo uma instrução pública". Contudo, esse objetivo de utilidade social alia-se ao desejo de favorecer a melhoria dos condenados. A preocupação de corrigir os culpados por meio da aplicação de penas melhoradoras não é realmente nova, pois inspirava desde muitíssimo tempo no direito penal canônico. Mabillon descrevera perfeitamente seu princípio, já em fins do século XVII, em suas *Reflexões sobre as prisões das ordens religiosas* (escritas em 1690 e publicadas em 1724). Mas essa é a primeira vez que tais princípios são aplicados ao direito penal laico. Para Lepeletier, de pleno acordo com os valores da época, é pelo trabalho que o detento poderá melhorar: "Vós o tornareis melhor se o tornardes laborioso." Por outro lado, quem quiser realmente melhorar os condenados precisará dar-lhes alguma esperança de liberdade; por isso, o Código de 1791 descarta a prisão perpétua, limitando a mais longa a vinte e quatro anos (título II, seção 2, art. 5º). Levando ao extremo a ideia de pena redentora, o relator preconizara um sistema penal exclusivamente baseado na prisão, portanto com abolição da pena de morte.

Esse ponto provocou muitas discussões. Os argumentos já enunciados por Beccaria contra a pena capital foram novamente desenvolvidos por vários deputados, em especial por Robespierre, na época ardente abolicionista, mas também por Duport e Pétion. A maioria da Assembleia Constituinte, porém, foi mais sensível aos argumentos dos partidários da pena capital: "Aqueles que morrem pela espada de um assassino encorajado pela brandura da pena também morrem pela espada da lei – exclama Brillat-Savarin; vi réus felizes por só terem sido condenados às galés, prova de que nenhuma pena pode substituir a pena de morte..." O Código de 1791 conservou então essa penalidade, definida como "simples privação da vida, não sendo jamais permitido impor tortura alguma aos condenados" (I, 1, 2). Quanto à sua execução, o novo direito democratiza o antigo privilégio da nobreza: "Todo condenado à morte terá a cabeça decepada" (I, 1, 3).

De resto, o sistema penal baseia-se na privação da liberdade – o bem o mais precioso do homem e apanágio distintivo do cidadão –, mas com variações na duração e no rigor. A pena mais rigorosa desse tipo é a dos ferros, novo nome para o banho: os condenados são empregados em trabalhos forçados para o Estado em prisões especiais, nos portos, nos arsenais, nas minas etc., e devem ter permanentemente presa ao pé uma grilheta com uma bola de ferro (I, 1, 6 e 7). Vem em seguida a solitária: o condenado é preso sozinho, mas "sem grilhões nem laços"; seu isolamento é completo; sua ração diária se reduz a pão e água, mas pode melhorar graças aos produtos de seu trabalho (I, 1, 14 ss.). A terceira forma de privação da liberdade é a simples detenção; menos penosa que a solitária, não implica regime celular (I, 1, 20 ss.). Em princípio, esses três tipos de pena deviam ser cumpridos em estabelecimentos distintos; na prática, porém, por falta de meios as coisas foram bem diferentes. Além da pena de morte e dos três graus de privação de liberdade, o Código de 1791 previa a deportação, a degradação civil (pronunciada numa cerimônia pública muito solene e humilhante) e, finalmente, o pelourinho. Em relação aos castigos do Antigo Regime, o novo código apresenta, portanto, uma simplificação perceptível e um abrandamento relativo. Se a pena dos trabalhos forçados nada fica a dever ao antigo banho (a linguagem corrente, aliás, continua a empregar a palavra), os casos de aplicação da pena de morte são menos numerosos e seu modo de execução é mais "humano".

A verdade é que uma legislação penal só vale pela aplicação que dela é feita. Nesse aspecto, cumpre notar que os júris da época revolucionária, em vez de aplicarem a lei, muitas vezes se empenharam em burlá-la – respondendo negativamente a perguntas, sobre os fatos ou sobre a culpabilidade, que normalmente deveriam exigir respostas positivas. Essa era a consequência do deplorável sistema de penas fixas, inadaptáveis às circunstâncias particulares de cada infração. Para evitar o pronunciamento de penalidades consideradas excessivas, os jurados não hesitaram em desnaturar os fatos ou até em negar, às vezes contrariando as evidências, a culpa do réu. Esse laxismo, que, durante o Consulado, será alegado contra a própria instituição do júri, na verdade apenas afetou a justiça ordinária que julgava questões de direito comum; é evidente o seu contraste com o extremo rigor da "justiça" extraordinária aplicada pelos revolucionários para eliminar seus adversários políticos, e que não tem muito a ver com o Código humanista de 1791. No fim da Revolução, por razões ligadas simultaneamente às circunstâncias políticas gerais e a seus defeitos intrínsecos, a justiça penal estava em plena crise. O Novo Código Penal promulgado pela Convenção às vésperas de dissolver-se, em 25 de outubro de 1795 (3 de brumário do ano IV), quase não continha inovações substanciais, mas simplesmente uma apresentação mais sistemática de diversos textos anteriores (no entanto, com uma novidade notável: a numeração contínua de todos os artigos), completados em alguns pontos.

Em 1789, a Declaração dos Direitos pusera a segurança no plano dos direitos naturais e imprescritíveis do homem. Entendida em sentido estrito, a segurança era uma proteção contra os excessos de um "despotismo" em grande parte mitificado, mas cujos riscos o Código de 1791 se empenhava em prevenir. Depois de uma década de convulsões sangrentas, a opinião pública já não tinha as mesmas preocupações: a França aspirava, acima de tudo, à ordem e à estabilidade. Estava disposta a seguir, pelo menos durante algum tempo, aquele que lhe desse tais coisas. Por isso, já nos primeiros dias do Consulado, Bonaparte decidiu revisar a lei penal. Por razões complexas, a redação de um Novo Código Penal, porém, demorará perto de dez anos. Mas a filosofia penal do novo regime já se explicita no ano IX, no primeiro projeto de código.

O projeto do ano IX

Sua filosofia é muito simples: o direito penal deve ao mesmo tempo livrar a sociedade dos delinquentes e intimidar seus eventuais imitadores com penas exemplares. O otimismo humanitário que governara as reformas da Constituinte já não está, portanto, em vigor. Target declara na Exposição de Motivos do livro I: "Não tenhamos medo de afirmar que esta Assembleia, com frequência excessiva, não considerou os homens tal como eles são, mas como seria desejável que fossem; ela era movida por uma esperança de perfectibilidade que, infelizmente, não se realiza..." Portanto, é ilusório fazer da pena um instrumento de "melhora" do réu. Nem por isso ela é vingança: "Esse triste pensamento das almas baixas e cruéis não tem participação nenhuma na razão das leis." Assim, o único objetivo da pena é a utilidade social: "A sociedade deve ser conservada, e às calamidades presentes é preciso opor remédios rápidos: esse é o objetivo das leis criminais e do Código Penal." E Target acrescenta: "O que torna a pena legítima é a sua necessidade; o objetivo da pena não é fazer o culpado sofrer, mas *prevenir crimes*; isso é o que tem a máxima importância."

Os redatores do projeto adotam, assim, o utilitarismo integral de Jeremy Bentham, fortemente influenciado pelo sensacionismo. Já em 1775, em sua *Teoria das leis penais*, ele reabilitara o próprio princípio de "espetáculo" penal, destinado a *impressionar* as massas: "Tornai exemplares vossas penas, dai às cerimônias que as acompanham uma espécie de pompa lúgubre. Chamai em vosso socorro todos as artes imitativas, e que as representações dessas importantes operações estejam entre os primeiros objetos que impressionem a visão..." Era exatamente com esse espírito que o projeto do ano IX voltava a certas soluções do antigo direito, mais ou menos "melhoradas": restabelecimento do ferrete, sobretudo para os reincidentes; amputação do punho como acessório da pena de morte em caso de assassinato com agravante; exposição pública de parricidas, uxoricidas, incendiários etc., vestidos com uma túnica vermelha; enterramento do cadáver do supliciado à margem de uma estrada, com tabuleta explicativa afixada a uma altura de "um metro e sete decímetros" (art. 15) etc. Além disso, para garantir a ordem das famílias, que, como outrora, voltavam a ser o fundamento da ordem do Estado, o projeto restabelecia as velhas incriminações de rapto com sedução e rapto com violência (arts. 299 e 300). Mas o texto também refletia o espírito do novo Estado, militar e policial. Assim, punia-se com grande severidade a insubmissão: na linha das leis do Diretório, esse crime era punido por leis militares e, portanto, julgado por conselhos de guerra. Ademais, os pais de insubmissos menores eram declarados criminalmente responsáveis pela insubmissão e, portanto, punidos (arts. 193 e 194). De modo mais geral, o projeto reprimia com muito mais severidade as diversas infrações contra a segurança interna e externa do Estado, assim como a simples "omissão antícívica" (ou seja, o fato de não denunciar complôs políticos: arts. 99-102). Embora o texto definitivo, que será finalmente adotado no início de 1810, tenha recuado em vários pontos do projeto inicial do ano IX, sua filosofia continua a mesma: é um código severo, dominado pela preocupação de defender firmemente a ordem social e o regime político.

O Código de 1810

É sobretudo um código severo – "um código de ferro". Primeira constatação: o campo de aplicação da pena de morte é sensivelmente ampliado em relação ao Código de 1791. Target justificava esse agravamento com os seguintes termos: "A pena de morte é, evidentemente, necessária; [...] em vez de atentar contra a humanidade, ela a serve, ao conservar a vida de todos aqueles que o criminoso teria imolado e de várias outras pessoas que cairiam vítimas de delitos semelhantes." E acrescenta que esse é o único meio de intimidar "essas almas duras, secas, ferozes, desprovidas de ideias morais, que só obedecem às suas grosseiras sensações". Além disso, a pena de morte é eventualmente corrigida pelo direito à graça, restabelecido no ano X em favor do Primeiro-Cônsul. O Código Penal também retorna ao direito do Antigo Regime ao restabelecer uma mutilação, a ablação do punho, pena acessória à pena de morte aplicada aos parricidas, assim como a marca com ferrete. Expressamente abolido por ser cruel e contrário ao objetivo de reabilitação do condenado (pois o humilha para sempre com um "estigma indelével de abjeção"), o ferrete, restabelecido a partir de 1801 para os reincidentes, torna-se no Código de 1810 a pena acessória de todas as penas perpétuas e dos trabalhos forçados por um tempo limitado. "Desde a Revolução – dissera Target –, ele fora abandonado devido a uma falsa ideia [...] da bela moral de reabilitação"; justifica-se, porém, não só porque é "um dos castigos que causa a mais viva impressão sobre homens grosseiros", mas também porque, ao se proporcionar "um meio [...] fácil de reconhecer aqueles que foram atingidos pela lei, ele é o mais poderoso protetor contra as reincidências".

Segundo o mesmo espírito, o Código de 1810 restabelece a prisão perpétua, que não existia no Código de 1791. Em compensação, abole a solitária que, conforme vimos, implicava o isolamento total do prisioneiro. Em seu relatório perante o Corpo Legislativo, Teilhard condenara a solitária nos seguintes termos: "Qual é o destino de um homem encerrado durante vinte anos, sem esperança de comunicação nem com o interior nem com o exterior? Não terá ele sido enterrado vivo num túmulo? [...] É quase impossível executar um sequestro assim tão severo." Esse foi o único ponto no qual o Código de 1810 abrandou um pouco o de 1791. Por fim, no que constitui mais um agravamento, o Código imperial restabelece o confisco de bens como pena acessória de certos crimes políticos – mas com algumas disposições favoráveis à família do condenado. No entanto, a severidade do Código de 1810 não se traduz apenas no agravamento das penas. Encontram-se outras manifestações disso em disposições menos espetaculares, mas também significativas, como o regime da tentativa ou o dos casos justificativos. Quanto à tentativa, o código generaliza uma solução já adotada em alguns casos particulares pela legislação do Diretório e pune a tentativa de crime com a mesma pena prevista para o crime consumado (art. 2). Quanto ao regime dos fatos justificativos, em 1810 ele é muito mais restritivo do que no antigo direito: o código ignora o estado de necessidade e só admite a legítima defesa em casos muito limitados (arts. 327 e 328). Nesses dois campos, caberá à jurisprudência contribuir com alguns corretivos.

O grande rigor do Código de 1810, assim como o do projeto do ano IX, é justificado pelos imperativos de "conservação social"; é pelo menos o que afirmam os relatores, alegando "o desejo unânime de todas as pessoas honestas". Contudo, ao mesmo tempo que assegura a estabilidade social e a defesa da propriedade, o Código Napoleônico é também um instrumento político a serviço do governo. É o que aparece de modo evidente no regime das incriminações. "Os crimes mais perniciosos e, por conseguinte, mais graves – afirmara Tarjet – são aqueles que atacam a segurança do Estado, que abalam os fundamentos da ordem e da paz pública porque, num único atentado, contêm todos os males e todos os crimes." Portanto, é lógico que, de 484 artigos, o código dedique 197 à defesa da segurança interna e externa do Estado; também é lógico que essas infrações encabecem o dispositivo penal, aparecendo antes dos atentados aos particulares. Essa já era a ordem adotada pelo Código de 1791, mas a semelhança é apenas aparente. Realmente, no título "Dos crimes e atentados contra a coisa pública", o Código de 1791 incriminava sobretudo as infrações cometidas por ministros, chefes militares e outros agentes públicos no exercício de suas funções: o objetivo – na linha da Declaração dos Direitos – era defender os cidadãos contra os abusos de poder dos agentes da autoridade, sempre suspeitos de pulsões "despóticas". Em 1810, a perspectiva era totalmente inversa: o crime de prevaricação já não passa de infração secundária, e o mais importante é defender o Estado e seu aparato contra tudo o que possa enfraquecê-lo ou contestá-lo: traição, inteligência com o inimigo, atentados e complôs contra o Imperador e sua família, devastação e pilhagem de bens públicos, desobediência à autoridade pública, associação ou reunião ilícita, perturbações causadas pelos ministros dos cultos, delitos de imprensa etc. Nele estão todos os instrumentos da repressão política que o Estado jacobino e termidoriano havia posto em prática, com a diferença de que os regimes revolucionários a haviam inserido numa legislação que se pretendia excepcional, ao passo que o Império não hesita em integrá-la no *corpus* do direito penal comum.

Napoleão tinha confiança nos juízes? Mesmo depois do expurgo da magistratura, é provável que a confiança não fosse completa. Por isso, outras autoridades, em especial a administração e a polícia, deviam contribuir com diversos meios para manter a ordem. Napoleão, porém, estava preocupado em dar a "seus" juízes o maior poder possível na repressão aos comportamentos perigosos. Foi essa consideração que o levou a pensar em devolver aos juízes certa liberdade de incriminação, enquanto o fracasso manifesto da fixidez das penas instaurada em 1791 levava os próprios juízes a reivindicar a flexibilização do princípio de legalidade das penas. O código, portanto, estabeleceu para certas infrações um máximo e um mínimo, entre os quais cabia aos juízes *arbitrar* a pena em função das circunstâncias de cada espécie. Mas o legislador de 1810, por um resquício de fidelidade aos princípios de 1789, não ousou ir até o fim: para os crimes, o código só comina penas fixas (pena de morte ou trabalhos forçados perpétuos), sem a possibilidade de modulação. O laxismo dos júris, deplorado já no Diretório, subsistiu, portanto. Por isso, com a Restauração, o Código de 1810 passa a ser alvo das mesmas críticas que haviam sido feitas ao de 1791. Em 1827, Locré (que ocupara o secretariado geral do Conselho de Estado durante a discussão dos códigos) chegará até a dizer que o Código Penal substituiu a *arbitrariedade da lei* pela arbitrariedade do juiz, infinitamente menos perigosa: "Quando se quer definir tudo, regular tudo com precisão, obriga-se o juiz ora a fazer demais, ora a não fazer o bastante; estabelece-se a arbitrariedade da lei, mil vezes mais temível que a dele."

Assim criticado apenas alguns anos depois de sua adoção, o Código Penal passaria por numerosas reformas. Sem tratarmos com detalhes de uma produção legislativa cuja coerência nem sempre é pacífica, aqui nos limitaremos a algumas linhas gerais.

O Código depois de 1810

O primeiro eixo de evolução está ligado àquilo que Bernard Schnapper chamou de "obsessão da reincidência". Como tratar as reincidências? Essa pergunta não era nova. Era feita em toda a Europa desde o fim do século XVIII, e haviam sido aventadas diversas soluções. A primeira havia sido adotada pelos ingleses, que mandavam seus *convicts* para suas possessões mais distantes, em especial para a Austrália. Nessa linha, o Código de 1791 prescrevera a deportação dos criminosos reincidentes (depois de cumprida a segunda pena) para um território que precisasse ser colonizado (I, título II, art. 1), mas essa disposição não pudera ser posta em prática. No início do Segundo Império, a Lei de 30 de maio de 1854, ao fechar os banhos na França, prescrevera a execução dos trabalhos forçados num território francês de ultramar. Oficialmente, o objetivo era "melhorar o homem com a terra e a terra com o homem". Na realidade, embora a lei não tratasse primordialmente dos reincidentes, esse era um modo de afastar por muito tempo (e até definitivamente) do território metropolitano os criminosos mais perigosos – reincidentes potenciais – e, portanto, reduzir, pelo menos de imediato, os índices de reincidência.

Para Lombroso e seus seguidores, a reiteração (pois os positivistas, exclusivamente interessados pela nocividade do delinquente, entendem a reincidência no sentido mais amplo) demonstra no criminoso habitual um pendor natural e irresistível à delinquência; o único modo eficaz de proteger a sociedade é, pois, eliminá-lo. É nesse contexto que se insere a Lei de 27 de maio de 1885, que institui o banimento para os delinquentes habituais e os "malfeitores profissionais". A ideia subjacente, oficialmente admitida pela primeira vez no sistema penal francês, é que não cabe adaptar a pena à gravidade intrínseca do crime, mas à personalidade do criminoso. O banimento era automático depois de certo número de reincidências, em função da gravidade das condenações em que o criminoso tivesse incorrido (duas condenações a pena criminal, ou três, quatro e sete condenações a penas inferiores, segundo uma contabilidade complexa), e essa acumulação de penas, até mesmo de naturezas diferentes, reflete a perigosa incorrigibilidade do condenado.

A lei de 1885, em particular o automatismo do banimento e as condições de sua execução na Guiana, foi rapidamente criticada. Um dos críticos mais virulentos, o senador René Bérenger, é o autor da Lei de 26 de março de 1891 (chamada Lei Bérenger), que também cuidava do problema da reincidência, mas abordando-o de maneira mais construtiva: procurando preveni-la. O sistema é bem conhecido: o do sursis. A Lei Bérenger, retomando a distinção dos positivistas entre delinquentes primários e delinquentes habituais, instituía, em favor dos primeiros, o benefício do sursis para a execução das penas, automaticamente revogado em caso de reincidência. Em contrapartida, o regime da reincidência era agravado. Essa lei foi um sucesso imediato: entre 1891 e 1897, apenas 5,4% dos sursis concedidos foram revogados por reincidência. "As leis bondosas – predissera Bérenger – despertam nos corações ainda não pervertidos os bons sentimentos que estão encerrados em toda consciência humana." Infelizmente, passado o ano 1900, "o surto de reincidências e, sobretudo, de múltiplas reincidências voltou com força total" (B. Schnapper). A bem da verdade, tem-se aí apenas um aspecto particular do crescimento contínuo da delinquência que caracterizou o século XIX, cujo dimensionamento foi cada vez mais possibilitado pela publicação anual do cômputo geral da administração da justiça, a partir de 1826 (ano 1825). Ora, por um paradoxo pelo menos aparente, enquanto a delinquência não para de se desenvolver, o regime repressivo tende a ficar cada vez mais brando e até, segundo alguns, a ser "abolido" pouco a pouco. Esse é o segundo grande eixo de evolução do Código a partir de 1810.

Rumo à abolição da pena?

"A história da pena é uma constante abolição." Estas palavras de Ihering, frequentemente desmentidas em épocas mais antigas, estão sendo amplamente confirmadas em nossos dias. No que tange ao século XIX, pelos menos a partir de 1815, a tendência é sem dúvida de abrandamento, pelo menos no que se refere à repressão. Legislação, doutrina e jurisprudência contribuem, cada uma com sua parte, para essa evolução cujo aspecto mais espetacular é o recuo constante da pena de morte. A primeira etapa foi transposta com a Lei de 28 de abril de 1832. Essa lei comporta 105 artigos, dos quais uma dezena referente ao Código de Instrução Criminal, os outros, ao Código Penal; isso significa que ela reformava quase um quarto dos artigos desse código (15 foram ab-rogados e 88 modificados). A reforma do Código de Instrução Criminal versava sobre as circunstâncias atenuantes. Enquanto uma lei de 25 de junho de 1824 admitira a declaração de circunstâncias atenuantes para determinados crimes, a Lei de 1832 estendia essa possibilidade para o conjunto das infrações. Pondo fim às "absolvições escandalosas", o objetivo era "tornar a repressão menos rigorosa, porém mais isônoma e segura, resgatando, com um pouco de indulgência, numerosíssimas possibilidades de impunidade" (relatório de Dumon perante a Câmara dos Deputados). Em compensação, em suas disposições relativas ao Código Penal, a Lei de 1832 inclinava-se exclusivamente à indulgência, pois revisava todo o arsenal de penas, aliviando-as. Luís Filipe, que era obcecado pela ideia de "viver conforme a época", considerava que o Código de 1810 já não estava em harmonia com o espírito da época. A França devia colocar-se "à testa da civilização", dando o exemplo de humanização das penas. A reforma de 1832, portanto, elimina os castigos mais cruéis, como o pelourinho, o ferrete e a mutilação do punho dos parricidas. Contudo, embora uma parte da doutrina contestasse vigorosamente a pena de morte, esta punição foi mantida. Concordando com a maioria das Câmaras, o chanceler Barthe persiste em ver nela "um espantalho para o crime". No máximo, a pena capital deixa de punir nove incriminações para as quais já parece desproporcional: falsificação da moeda, falsificação do selo de Estado, complô contra o rei não seguido de atentado etc. Depois dessa toalete, considera-se que a pena de morte continua subsistindo apenas "para crimes extremamente atrozes, cuja enormidade pareça justificar sua aplicação". Apesar disso, sua abolição continua sendo uma perspectiva desejável: a comissão da Câmara dos Pares "une-se aos votos daqueles que acreditam que essa pena poderá um dia desaparecer, mas acredita que ela só poderá ser apagada de nossas leis gradualmente...". A argumentação abolicionista, embora não saia vitoriosa na lei, tende pelo menos a tornar os júris mais circunspectos. Por esse motivo e também porque os sucessivos chefes de Estado fizeram uso mais amplo de seu direito de graça, a pena de morte vai perdendo terreno ao longo de todo o século.

No Segundo Império, a Lei de 13 de maio de 1863 – primeira reforma importante do Código desde 1832 – apresenta dispositivos correcionais para certo número de crimes. Ainda que, de imediato, essa atitude correcional possa ser explicada, pelo menos em parte, pela preocupação de reagir contra a indulgência considerada excessiva dos júris perante certas infrações, a longo prazo a tendência ao abrandamento da repressão se confirma. Depois de abolir a morte civil em 1854, Napoleão III suprime o delito da associação reivindicatória com a Lei de 25 de maio de 1864, importante etapa na história do direito do trabalho.

Depois disso, ainda que entre as duas guerras a repressão a certas infrações específicas tenha sido agravada, a tendência a longo prazo continuou sendo de abrandamento. Após a Segunda Guerra Mundial, o chamado movimento de Nova Defesa Social, cujo principal representante na França foi Marc Ancel, mesmo admitindo que a sociedade tem o direito de se proteger, insiste principalmente no *dever* que lhe incumbe de prevenir o crime com um tratamento social apropriado. Na linha do determinismo positivista, essa escola tende a considerar os delinquentes como vítimas de condições sociais que os sobrepujam e, portanto, escusam em maior ou menor grau seu comportamento delituoso. Mas, enquanto os positivistas só consideravam a eliminação dos indivíduos perigosos, tendo como objetivo a pura defesa social, a *Nova* Defesa Social, resgatando a velha ideia da correção, considera que os delinquentes têm o *direito* de ser tratados e "ressocializados". Nesse contexto, a própria ideia de retribuição (que no pensamento cristão tradicional era acompanhado do desejo de salvar o pecador) mostra-se totalmente inadequada. Ademais, é o próprio direito penal que se contesta então, em favor de modalidades "societais" e até puramente privatistas de resolução dos "conflitos".

O movimento de despenalização acentuou-se ainda mais a partir de 1981. Em 9 de agosto, por iniciativa de Robert Badinter, a pena de morte foi abolida. Procura-se agora generalizar a prevenção. Ao mesmo tempo, tenta-se sair do "exclusivamente penitenciário", desenvolvendo penas alternativas ("dias-multa", sursis com obrigação de realizar um trabalho de interesse geral, obrigação de submeter-se a terapia etc.). Mas o legislador tem favorecido sobretudo a delinquência de tipo tradicional, campo no qual o processo de despenalização está bem avançado: o adultério já não é uma infração, o aborto tampouco (pelo menos quando praticado dentro de certo prazo, que a lei sempre pode prolongar). Em compensação, certas formas novas de delinquência – por exemplo, no campo econômico e financeiro – são reprimidas em princípio com mais vigor. Daí se conclui que o direito penal apresentava "duas faces: uma compassiva, quando ele se volta para a massa dos delinquentes, outra austera e severa, quando considera alguns deles" (R. Merle).

O Novo Código Penal (promulgado por quatro leis de 22 de julho de 1992, entrando em vigor em 1º de março de 1994) evidentemente continua nessa linha. Houve quem perguntasse se o "Código Penal" é realmente um *código*, uma vez que não integrou todas as leis penais especiais que, por isso, continuam a gravitar em torno dele (o que priva o texto de 1994 do caráter de exaustividade que normalmente é o objetivo de toda codificação); houve quem perguntasse se ele é realmente um Código *penal*, em vista da determinação de despenalização sistemática que o caracteriza (J.-H. Robert). Por outro lado, embora o legislador pareça muito sensível a certas palavras de ordem ideológicas, ele também pode ser coagido por elementares considerações eleitorais a levar em conta, em alguns momentos, os sentimentos da opinião pública. Por esse motivo, a política criminal nem sempre é muito coerente. Além do mais, embora o discurso oficial valorize com todos os tons o "tratamento" do condenado, está claro que as condições materiais de detenção impossibilitam na prática esse tratamento. A prisão, que para os Constituintes devia ser uma penalidade "melhoradora", tornou-se a partir do início do século XIX a "escola do crime". Nesse aspecto, é angustioso constatar que no ano 2000 – a crer-se no relatório parlamentar apresentado ao Primeiro-Ministro no início de julho – as coisas pouco mudaram...

› ANCEL J., *La Politique criminelle de l'Assemblée Constituante*, tese de direito, Paris, 1966. – BADINTER R. (org.), *Une autre justice*, Paris, 1989 (espec. P. Lascoumes e P. Poncela, "Classer et punir autrement, les incriminations sous l'Ancien Régime et sous la Constituante", pp. 73-104). – CARTUYVELS Y., *D'où vient le Code pénal? Une approche généalogique des premiers codes pénaux absolutistes au XVIIIe siècle*, Bruxelas-Paris,1996. – COUVRAT P., "Un clin d'oeil au Code pénal", *Mélanges P. Bouzal*, Paris, 1980, pp. 31-42. – LOCRÉ, *La Législation civile, commerciale et criminelle de la France*, 1831 e 1832 (para a elaboração do Código de 1810: t. 24-31). – MERLE R., "L'évolution du droit pénal contemporain", *D., Chron.*, 1977. – RÉMY H., *Les Principes généraux du Code pénal de 1791*, tese de direito, Paris, 1904. – ROBERT J.-H., "La dépénalisation", *Arch. de philosophie du droit*, 41 (*Le public et le privé*), 1997, pp. 191-7. – SCHNAPPER B., "Compression et répression sous le Consulat et l'Empire", *RHD*, 1991, pp. 17-40.

Ver também: SCHNAPPER B., "La récidive, une obsession créatrice au XIXe siècle", *Voies nouvelles en histoire du droit*, PUF, 1991, pp. 313-51; "Le sénateur René Bérenger et les progrès de la répression pénale en France, 1870-1914", *ibid.*, pp. 353-73. – SIGARD G., "Doctrine pénale et débats parlementaires: la réformation du Code pénal en 1831-1832", *RHD*, 14, 1993, pp. 137-65. – VARAUT J. M., "L'utilitarisme de Jeremy Bentham, prémisse et mesure de la justice pénale", *RSC*, 1982, p. 261 ss.

Jean-Marie CARBASSE

→ Crimes e delitos; Juiz; Júri; Legalidade dos delitos e das penas; Pena de morte; Prisão.

CÓDIGO TEODOSIANO

O Código Teodosiano é uma coletânea de constituições imperiais, feita por ordem de Teodósio II (imperador de 408 a 450) e publicada pelo Imperador em 15 de fevereiro de 438. Atendendo às necessidades dos praticantes do direito no século V, foi um dos documentos essenciais do Ocidente para o conhecimento e a utilização do direito romano durante longos séculos depois do desaparecimento do Império do Ocidente (476). Negligenciado durante muito tempo pelos historiadores de Roma, especialmente pelos que trataram de suas instituições no período tardio, há cerca de cinquenta anos vem sendo objeto de atenção mais séria, dando ensejo a numerosos estudos (Bibliografia *infra*).

O projeto e sua realização

A partir do início do século II, a importância das constituições imperiais não parou de crescer. Já não havia leis votadas pelas Assembleias, atividades criadoras de direito por parte dos magistrados e, sobretudo, dos pretores, com seus editos. As constituições imperiais passam a ser a fonte essencial e, progressivamente, a única fonte de criação do direito, quer se tratasse de medidas de caráter geral (editos), quer de respostas a indagações feitas ao Imperador por funcionários ou particulares (rescritos), quer de instruções dadas a funcionários (mandados), quer de decisões jurisdicionais tomadas pelo Imperador em seu conselho (decretos). Mas esses atos são mal conhecidos; sua publicação não é garantida. Às vezes é feita de forma abreviada (ver os "Apocrymata" de Septímio Severo, Pap. Columbia 123, ed. X. L. Westermann & A. Schiller, N. York, 1954). Sua conservação não é indubitável (nos arquivos imperiais ou nos do destinatário local). Raras constituições foram inscritas em pedra ou em bronze para serem expostas em lugar público (por exemplo, nas Leis dos Romanos, Publ. Un. de Camerino, 1977, pp. 408-32).

Por isso, há necessidade de constituir coletâneas de constituições imperiais. A partir da segunda metade do século II, começam a ser publicadas por juristas. Mas trata-se de obras pessoais, sem valor oficial, que muitas vezes só apresentam um resumo da Constituição. No fim do século III e no início do século IV, dois juristas publicam pela primeira vez o texto (integral ou parcial) de constituições. Foram os *Códigos Gregoriano* (probl. 291/2) e *Hermogeniano* (295 ou 314), designados pelos nomes de seus autores. A designação Código decorre da apresentação material da coletânea, na forma de livro (*Codex*), e não de rolos de papiro. Esses códigos só apresentam algumas constituições, escolhidas por seus autores. São todos rescritos, referentes a matérias de direito privado.

O triunfo do absolutismo imperial na segunda metade do século III transforma o Imperador na única fonte oficial de criação do direito. Sua legislação é abundante. Ela deve ser conhecida, difundida, observada. Multiplica-se a demanda nesse sentido. Encontra-se testemunho inesperado disso por volta de 355, num tratado, *De rebus bellicis*, de um anônimo, que deseja reformas e inovações. O tratado denuncia "a confusão do direito, as contradições entre os textos". Um primeiro projeto ambicioso foi proposto numa constituição de Teodósio II dirigida ao Senado (C. th. 1, 1, 5). Previa a redação de dois códigos. Um, baseado no modelo dos Códigos Gregoriano e Hermogeniano, reuniria todas as constituições de alcance geral emitidas desde Constantino (306-37), mesmo as revogadas por medidas mais recentes. A apresentação cronológica dos textos permitiria saber quais disposições haviam sido revogadas por um texto mais recente.

A natureza que o outro Código devia ter é mais difícil de determinar, pois a constituição que o previa é muito confusa. Teriam sido acrescentadas às constituições passagens de obras de juristas clássicos que teriam, assim, adquirido "valor de lei". O trabalho devia ser confiado a uma comissão de nove membros (oito altos funcionários do Palácio e um professor de direito). Por razões desconhecidas, esse projeto não teve prosseguimento. A ideia de codificação reaparece com uma constituição de 20 de dezembro de 435 (C. th. 1, 1, 6), designando uma nova comissão, cuja missão ela fixa. Os dezesseis membros dessa comissão são todos funcionários do Palácio. Um único é qualificado de *iuris doctor*. A coletânea projetada é chamada de "Código Teodosiano". Deve reunir todas as constituições de alcance geral, emitidas desde Constantino. Esses textos serão divididos em Livros, e estes, subdivididos em Títulos. Cada título deve ter um objeto próprio. Quando uma mesma constituição se referir a várias questões, será "segmentada", e cada fragmento será posto no título correspondente a seu objeto. Em cada constituição será omitido o que não atender imediatamente à "eficácia do direito". Em cada Título, as constituições serão organizadas em ordem cronológica. Para alcançar clareza e brevidade, o Imperador prescreve a supressão de palavras inúteis, a resolução das ambiguidades, a atualização do que já não se adapte aos usos do momento e, em caso de necessidade, o acréscimo de disposições novas que pareçam úteis. Segmentação das constituições, reorganização dos textos: aos comissários era dada grande liberdade. O Imperador não queria assumir o papel de historiador, conservando relíquias do passado. Queria uma coletânea de direito atual, posta à disposição dos práticos. A escolha dos textos devia atender à mesma preocupação: evitar repetições, eliminar o direito do passado e só ficar com o que podia ser útil. No uso que faz hoje do Código, o historiador não deve esquecer das instruções dadas aos compiladores e o poder que eles tinham para escolher e modificar os textos. O trabalho foi feito rapidamente. Já em 437, o Código estava terminado. Foi entregue ao jovem Valentiniano III, quando ele foi para Constantinopla, casar-se com a filha de Teodósio (29 de outubro de 437). Uma constituição ao prefeito do pretório do Oriente (Nov. Teod. 1) de 15 de fevereiro de 438 promulga o Código na parte oriental do Império. Ali, entra em vigor em 1º de janeiro de 439. Feita em Constantinopla, por ordem de um imperador que reinava sobre a parte oriental do Império, também se tornou aplicável no Ocidente. Aqui teve vida muito mais longa do que no Oriente, onde o Código Justiniano o suplanta já em 529. O Código foi apresentado ao Senado de Roma pelo prefeito do pretório, Faustus, no fim de 438. Diz-se que Valentiniano III recebeu o Código "por afeição filial" (*Gesta Senatus*, org. Mommsen no início do t. I, 2 de sua ed. do C. th).

O Código Teodosiano

Conteúdo. – O Código reúne textos de constituições imperiais que se sucedem de 18 de janeiro de 313 a 16 de março de 437. Trata-se essencialmente de constituições de alcance geral (editos), enquanto os Códigos Gregoriano e Hermogeniano haviam reunido rescritos. O Código é dividido em dezesseis livros, subdivididos em títulos. Os textos são reunidos por matéria. São classificados em cada título por ordem cronológica. Essa ordem observa a data dada a cada constituição. Esta nem sempre é exata. O historiador, portanto, deve averiguar as datas. O direito público é mais representado que o privado.

Plano. – Esse plano nem sempre é muito racional: 1. I, t. 1 a 4: fontes do direito; t. 5-34: atribuições dos funcionários imperiais; 1. II a V, t. 10: direito privado; t. 11 a 19: os grandes domínios imperiais e sua exploração; t. 20 (uma única const.): o costume; 1. VI: privilégios e dignidades; 1. VII: exército; 1. VIII, t. 1 a 11: os funcionários subalternos; t. 12 a 19: retorno ao direito privado (t. 12-15: liberalidades; t. 16: celibato e *ius liberorum*; t. 18-19: *bona materna et bona nuptialia*); 1. IX, direito penal; 1. X e XI, t. 1 a 18: direito fiscal; 1. XI, t. 29 a 38: vias de recursos; t. 39: provas; 1. XII a XV: direito municipal; 1 XV: edifícios públicos, aquedutos, estradas, estátuas imperiais; t. 5 a 13: espetáculos; t. 14: revogação dos atos dos tiranos; t. 15: porte de armas; L. XVI: questão referente à fé cristã. É fácil perceber a riqueza e a diversidade das questões contempladas pelo Código.

Escolha e utilização dos textos. – Os textos coligidos provêm dos arquivos do Oriente e do Ocidente (Roma e Constantinopla, mas também de arquivos regionais, quando existentes e salvos das destruições provocadas pelas invasões e por perturbações locais). A utilização do arquivo de Cartago é comprovada pelo grande número de fragmentos de constituições dirigidas à África que figuram no Código. A datação completa da constituição devia comportar os lugares e datas de emissão (*datum*), de recepção (*acceptum*) e de publicação (*propositum*). Os compiladores não consideraram o texto integral das constituições. Omitiram regularmente os preâmbulos, que às vezes constituíam úteis "exposições de motivos", assim como as fórmulas de dedicatória. Do dispositivo, só ficaram com o que lhes parecia útil para os práticos do tempo. "Fragmentaram" os textos a fim de apresentar as diversas disposições nos diversos Títulos do Código aos quais elas correspondiam. Essa fragmentação às vezes é indicada pelas palavras *post alia* e *et cetera*, no início e no fim do fragmento reproduzido.

As Constituições de Sirmond

Uma pequena coleção de dezesseis constituições, que se sucedem de 333 a 425, conhecida sobretudo por um manuscrito lionês dos séculos VII e VIII (Phillipps, 1745), foi editada de modo completo pela primeira vez pelo Pe. Sirmond em 1631. Algumas constituições foram acrescentadas depois, provenientes de outro manuscrito ou colhidas no CTN; o editor Mommsen-Meyer só reproduz as dezesseis primeiras constituições. A maioria desses textos diz respeito à religião cristã. Trata-se, portanto, de uma pequena coleção feita por um clérigo, desejoso de dispor de textos normativos de origem secular.

Novelas pós-teodosianas

A codificação não interrompeu a atividade legislativa dos imperadores de Roma e de Constantinopla. A constituição de Teodósio, que promulgava o Código, previa que as constituições emitidas no futuro por Valentiniano ou por ele mesmo só seriam aplicáveis na *Pars* governada pelo outro imperador depois da promulgação por ele para a sua *Pars* (§ 5-6). Tais transmissões ocorreram. As que conhecemos foram feitas do Oriente para o Ocidente. As Novelas pós-teodosianas foram objeto de coleções especiais. Não se tem vestígio algum de tais coleções para o Oriente. Se existiram, perderam todo o interesse com a publicação do Código de Justiniano em 529. Portanto, desapareceram. Conhecem-se seis coleções das Novelas pós-teodosianas: um "livro das leis de Teodósio II" (26 Novelas, feitas entre 15 de fevereiro de 438 – data da const. de promulgação do C. Th. – e 29 de novembro de 444), uma coleção de 36 Novelas de Valentiniano III (8 de julho de 438-29 de junho de 452), 5 Novais de Marciano (11 de outubro de 450-23 de abril de 455), 12 Novelas de Majoriano (11 de janeiro de 458-28 de março de 460), 2 Novelas de Severo (463 e 465), 3 de Antêmio (21 de fevereiro-19 de março de 468). Essas constituições provavelmente não representam a totalidade da legislação entre 438 e o fim do Império no Ocidente (476).

Sobrevivência do C. Th. no Ocidente

Embora tenha sido suplantado na *Pars orientalis* a partir da promulgação do Código de Justiniano em 529, no Ocidente o Código Teodosiano teve longa história. Constituía a única coletânea oficial da legislação imperial desde o início do século IV. Possibilitava a sua utilização pelas jovens monarquias germânicas que, durante o século V, se estabeleceram no solo do Ocidente conquistado, assim como pela Igreja cristã em busca de uma organização estável para um povo de fiéis cada vez mais numeroso.

O próprio Código Teodosiano foi recopiado em várias ocasiões. Conhecemos alguns manuscritos dessas cópias. Nenhum tem o texto completo. Na maioria, esses manuscritos são gauleses, frequentemente originários da região lionesa. Mas o sucesso do Código Teodosiano nesse novo mundo e, depois, sua sobrevivência e sua difusão foram sobretudo decorrentes da posição que lhe foi conferida na Lei romana dos visigodos, mais comumente chamada "Breviário de Alarico" (506). Os textos do Código – às vezes maltratados – constituem a maior parte do "Breviário". Este, primitivamente destinado à população galo-romana e hispano-romana do reino dos visigodos, ficou em vigor na Gália após a vitória de Clóvis sobre os visigodos e o recuo destes últimos para a Península Ibérica. Numerosos manuscritos do "Breviário", os de seus "Resumos" que foram feitos nos séculos VII e VIII atestam essa sobrevivência e essa utilização do Código Teodosiano por meio do "Breviário". Por sua vez, a Igreja utilizou amplamente o Código, sobretudo seu Livro XVI. Concílios e coleções canônicas frequentemente recorrem a ele dos séculos VI a XI. Numerosos textos do Código Teodosiano que passaram para o "Breviário" são nele acompanhados por desenvolvimentos mais ou menos longos, que se apresentam como uma explicação do texto da lei. Qualificam-se como *Interpretationes*. Comentam, mas às vezes traem o texto do Código. Essas *Interpretationes* foram acrescentadas pelos redatores do "Breviário" abaixo de numerosos textos. Hoje existe relativo consenso quanto ao reconhecimento de que elas não são obra dos redatores. Eles as extraíram de obras de juristas medíocres, provavelmente da Gália, que queriam comentar o Código e às vezes corrigi-lo para harmonizá-lo com as práticas jurídicas da época. As *Interpretationes* figuram oportunamente abaixo dos textos que pretendem explicar na edição do Código Teodosiano de Mommsen e Meyer.

➤ Edições: A única edição moderna com aparato crítico é a de Th. Mommsen e P. M. Meyer, 3 vol. (Berlim, 1905). Utilizaremos sempre a ed. feita por Jacques Godefroy (publicada por A. Manille, 7 vol., com as observações de Jo. Dan. Ritter, Leipzig, 1736-45), em razão do riquíssimo comentário que Godefroy pôs na sequência de cada constituição. Trad. fr. do Livro XVI, Paris, Cerf, 2002, Introdução e notas de E. Magnou-Nortier.

Traduções. Trad. inglesa de Clyde Pharr (Princeton Univ. Press, 1952). Diaz Bialet e col. fizeram uma tradução em espanhol, L. I-V em *Rev. Soc. Argentina di diritto romano*, XIII-XVII (1968-72).

Orientação bibliográfica. De uma multiplicidade de estudos que o Código Teodosiano atraiu a partir dos anos 1950, indicaremos alguns trabalhos nos quais se encontram informações mais amplas: ARCHI G. G., *Teodosio II e la sua codificazione* (Nápoles, 1976); "Compilazione teodosiana e legislazione giustinianea, I principi generali del diritto", *Atti Conv. Acc. Lincei*, 96, Roma, 1992, pp. 89-125. – BUCI O., "Intolleranza ellenica e libertà romana nel libro XVI del Cod. teod.", *Atti Acc. rom. cost. VIe Conv. intern.*, 1983, ed. Perugia, 1986, pp. 363-417. – CIMMA M. R., "A proposito delle *Constitutiones Sirmondianae*", *Atti Acc. rom. cost. Xe Conv. intenr.*, Nápoles, 1995, pp. 359-89. – GAUDEMET J., V^o "Code théodosien", *Dictionnaire de droit canonique*, 1962, col. 1215-46, reproduit dans *Ét de droit romain*, I, Nápoles, 1979, pp. 285-300; *Aspects politiques de la Codification théod.*, Istituzioni giuridiche e realtà politiche nel tardo impero, Milão, 1976, pp. 261-79; "Les constitutions constantiniennes du Code Théod. Atti Acc. romanistica costantiniana", *V. Convegno intern.*, 1981, ed. Perugia, 1983, pp. 135-56. – GIUFFRE V., *Iura et arma. Intorno al VIIe Libro del Cod. Teod*, 3ª ed., Nápoles, 1983. – HONORÉ T., "The Making of the Theodosian Code", *ZSS. RA.*, 102, 1986, pp. 133-222. – SARGENTI M., "Il cod. teod. tra mito e realtà", *SDHI*, 41, 1995, pp. 372-98. – VOLTERRA E., "Sul contenuto del Cod. Teod.", *BIDR*, 2, 1981, pp. 85-124.

Jean GAUDEMET (†)

➜ Codificação.

COERÇÃO

A ideia de *coerção* parece naturalmente associada à de direito. Por um lado, a existência de uma "coerção social" é frequentemente considerada como *critério distintivo do fenômeno jurídico*. Por outro, costuma-se qualificar como "coercitivos" os atos jurídicos geradores de regras ou obrigações (o regulamento e a diretiva comunitária em oposição à recomendação, por exemplo), e o senso comum percebe facilmente "coerções" nas regras jurídicas que rejam um campo qualquer da vida social. Mas *em que e por que o direito é fonte de coerção?*

Coerção e identificação com o direito

Lê-se no *Discurso preliminar* do projeto de Código Civil francês que "o direito é moralmente obrigatório", mas "por si mesmo não comporta coerção". Isto porque o jusnaturalismo de Portalis o levava a fazer distinção entre direito "supremo como razão fundamentada na natureza mesma das coisas" e leis, que "devem ser apenas o direito reduzido a regras positivas, a preceitos particulares": estas "comandam, enquanto aquele 'dirige'". Os juristas de hoje que estejam ligados à ideia de direito natural raramente chegam ao ponto de distinguir nesses termos direito e leis. É excepcional que a rejeição à habitual descrição do direito como um conjunto de regras "cujo respeito pode ser imposto pela coerção pública" decorra de um jusnaturalismo assumido na exposição de um saber jurídico (Atlas).

A sensibilidade à presença da coerção no direito poderia denotar a influência do pensamento sociológico. Quem aborda esse direito como fenômeno social inclina-se de fato, a exemplo de Durkheim e Weber, a ver na coerção – ou melhor, *em certo tipo de coerção social* – um elemento que a distingue de outras formas ou procedimentos de regulação de nossas sociedades. Essa coerção específica, distinta da que baseia as condutas sociais pelo fato de seu exercício decorrer de um "órgão diferenciado, especializado", poderia fornecer um "critério da juridicidade" (Carbonnier). Realmente, Gurvitch parecia acreditar que esse foco na presença da coerção provinha da incapacidade – dos juristas e de alguns sociólogos – de conceber ou contemplar outro direito que não fosse o do Estado. Mas, em sua *Teoria pura do direito*, Kelsen sem dúvida teoriza sua representação mais comum, caracterizando o direito como "ordem de coerção da conduta humana" (ele reage com "atos de coerção" a certos comportamentos ou circunstâncias julgados indesejáveis) e rejeitando com vigor qualquer definição que não levasse em conta o elemento coerção, que, na sua opinião, era o único capaz de estabelecer uma distinção nítida entre o direito e qualquer outra ordem social. Apesar das ressalvas que o normativismo e o positivismo (considerado radical) de Kelsen inspiraram nos juristas franceses da época, alguns destes se alinharam com ele na visão de que a "coerção estatal" é a *marca externa que distingue a regra de direito das outras regras da vida social* (Cornu). Essa coerção constituiria pelo menos um de seus dois elementos característicos, ao lado da meta de justiça e ordem (Malaurie). No entanto, surge uma dúvida quando um autor define o direito como "uma forma de poder social baseada no acordo de não se recorrer à força" e vê na coerção apenas um "elemento quase indispensável" dessa definição (Jestaz). É verdade que a consideração do direito internacional público muitas vezes impede de caracterizar a ordem jurídica como "ordem de coerção", ou "sistema regrado de coerção física" (Rigaux).

Na realidade, para se compreender o direito como procedimento singular de regulação social, é menos importante sair à cata de uma definição que nunca satisfaz do que indagar em que sentido e por quais vias um "sistema" como o atual direito francês engendra coerção.

A coerção engendrada pelo direito

Não se trata de dizer o que é essa "força do direito" sobre a qual alguns filósofos se indagam (Bourets) neste momento de renascimento do interesse pelo direito e de exaltação do Estado de direito. Sem dúvida, são muito esclarecedoras diversas observações sobre "o poder de nominação" do direito (Bourdieu) ou sobre a dimensão de "dispositivo cognitivo" (De Munck) das regras jurídicas, para não falar de "função comunicacional" (à maneira de Habermas) ou de criação de "expectativas normativas" (no sentido de Luhmann). É demasiada a frequência com que essas regras são reduzidas a puras "prescrições" ou a "rigorismos" ("coerções", no sentido mais vago, que imporiam as diversas regulamentações tão habitualmente denunciadas em nome das virtudes da livre iniciativa ou do livre mercado) para que deixemos de apreciar tudo o que refine a compreensão de seu *modus operandi*. No entanto, se for preciso procurar um patrocínio, este será o de Max Weber, ao abordar "a ordem jurídica" como "um complexo de motivos que atuam sobre a atividade real do homem". Se realmente quisermos admitir que as regras jurídicas constituem limites de ação, será preciso procurar saber do que decorre e em que consiste a pressão que, como todos concordam, elas exercem.

Uma coisa é ser legalmente obrigado a fazer ou a não fazer algo, ou ser devedor de uma obrigação contratual; outra coisa é sofrer uma coerção. Todos o percebem. A dificuldade surge no momento de identificar o que faz a diferença. Numa representação amplamente aceita pelos juristas e difundida pelo ensino jurídico, o direito engendraria coerção por, de um lado, vincular sanções específicas "externas" e infligidas por uma instituição pública (cominação de pena, condenação a ressarcir um dano, anulação de atos, obrigação de reparar ou de pôr fim a um modo de agir etc.) à violação ou à desconsideração de suas regras e, de outro, por organizar procedimentos de criação de situações condizentes com as regras ou de aplicação dessas sanções. O aspecto globalmente coercitivo dessa "ordem jurídica" decorreria da perspectiva e da ameaça (ora dissuasiva, ora incitativa) dessas *sanções* e de eventuais *medidas de coação* ou outras *vias de execução*. Essa visão clássica, porém, parece redutora.

Sem dúvida, é na execução das penas e nos processos civis de execução que se manifesta com mais nitidez *uma coerção baseada nas regras de direito e por elas organizada*. "Todo credor pode, nas condições previstas pela lei, *coagir* seu devedor inadimplente a cumprir suas obrigações para com ele", enuncia o *caput* da lei francesa de 9 de julho de 1991; em seguida, esta dispõe que "o Estado é obrigado a concorrer para a execução das sentenças e dos outros títulos executivos", e que "o oficial de justiça [...] pode requerer a atuação da força pública". Na linguagem de nossa legislação, o termo "coerção" designa, aliás, "a decisão pela qual o Tesouro Público exige que um contribuinte quite um imposto, expressando sua intenção de proceder a uma penhora ou a um título executivo" (na falta de contestação do devedor perante os tribunais, este "comporta todos os efeitos de uma sentença") que possa ser expedido por um organismo de seguridade social ou de seguro-desemprego para o recolhimento de contribuições e juros de mora. Mas essa terminologia técnica não seria decisiva na análise teórica. A coerção, no sentido que nos ocupa, contém *graus*, especialmente no "domínio do *imperium*", constituído pelos procedimentos de execução (Perrot e Théry). Coação física (privação de liberdade como sanção penal, medida privativa da liberdade em matéria de multas penais ou de dívidas fiscais, expulsão), "coerção material" (na penhora o oficial de justiça procede à apreensão dos bens móveis de um devedor para oferecê-los à venda) e "coerção jurídica" (condenação pecuniária ordenada por um juiz, majoração da taxa de juros legal em caso de atraso de pagamento, sequestro das remunerações, arrestos conservatórios que tornem indisponíveis os bens em questão etc.) ilustram diversas modalidades e diversos graus de intensidade dessa coerção. Aliás, a parcela que cabe à "coerção jurídica", sinônimo de custos e constrangimentos considerados incitativos, ampliou-se em detrimento das duas primeiras (Perrot e Théry). A violência desigual que os procedimentos e processos infligem ou ameaçam infligir, tudo organizado pelos dispositivos do direito francês que regulam diretamente os atos de coerção, sugere que se deve buscar a montante aquilo em que e por que o sistema de direito exerce pressão sobre as ações.

A *jurisdicionalidade* das regras de direito constitui *o suporte ou a mola mais geral dessa pressão*. Pois, embora não se possa dizer que cada uma dessas normas venha acompanhada por uma "sanção" entendida como um mal (tarifado) ao qual ficaria exposto quem não a observasse, a positividade de toda regra de direito comporta a eventualidade de sua efetivação no âmbito de um processo em sentido lato. Uma efetivação por ou para aplicação a uma situação litigiosa que poderá dar ensejo a discussões e contestações sobre seu sentido, seu alcance, sua positividade ou sua validade até. Como, para o juiz, toda regra de direito é de uso obrigatório, esta lhe servirá, se necessário, como referência para, sozinha ou combinada, fundamentar, com outras normas pertencentes à mesma ordem ou reconhecidas por ele, uma decisão que afetará a situação e os interesses das partes, quer essa decisão pronuncie ou enseje uma "sanção" no sentido corrente (condenação penal, condenação a ressarcir etc.), quer rejeite a demanda de tal medida. Aliás, é nesse sentido, e somente nele, que "toda regra de direito é sancionada" (Jeammaud). Em todo caso, entende-se que essa jurisdicionalidade das regras de direito gera certa pressão sobre as ações. É importante respeitar essas regras, saber compor com elas ou livrar-se delas impunemente para todo aquele que queira evitar diversos males ou aborrecimentos, a começar pelo malogro de seus empreendimentos ou pela frustração de suas esperanças, resultados possíveis de uma decisão desfavorável da justiça.

Mas não resta dúvida de que sobre as ações pesam as disposições que preveem e organizam as *medidas constitutivas ou geradoras de um mal ou de um aborrecimento* de maior ou menor intensidade como reação a certos modos de agir, a operações ou a situações consideradas indesejáveis. Essas medidas são implicações das decisões prometidas pela jurisdicionalidade das regras. Mas também devem ser levadas em conta as disposições que criam *a perspectiva de um custo vinculado a um ato* que o direito pretenda desencorajar ou *a de ganho* por operações que sejam desse mesmo modo encorajadas (fala-se às vezes de "sanção positiva", ligada à "função promocional" do direito). Por fim, não podem ser negligenciadas as regras que *subordinam ao cumprimento de certo procedimento, ao respeito a determinadas condições ou à reunião destas à obtenção de certo resultado jurídico ou o "sucesso" de alguma operação na ordem do direito* (validade ou oponibilidade de um ato, titularidade ou invocabilidade de um direito, propiciando, por sua vez, um resultado ou uma vantagem extrajurídica, como o gozo de uma coisa, a obtenção de uma renda, o exercício de um poder, o domínio de certos meios, a cessação de um problema etc.).

A coerção exercida pelo direito evidentemente depende das *escolhas de ação* dos indivíduos. E, em primeiro lugar, da *mobilização do direito* que elas podem cultivar ou, ao contrário, negligenciar, mas na falta das quais as regras jurídicas em vigor não poderiam "fazer" o que sua positividade leva a esperar. Essa mobilização da "arma jurídica", por sua vez, depende de outras regras de direito, que não são apenas as que governam as atividades de solução dos litígios em geral e a admissibilidade das ações em juízo em particular. Pensemos, por exemplo, nas normas que regem as relações entre as outras regras no âmbito do direito do Estado ou entre este e as convenções internacionais ou o direito comunitário. De modo mais geral, *coerções argumentativas ou interpretativas* pesam sobre a efetivação das regras nos contextos mais variados de invocação ou utilização. Todos sabem da pressão que pode ser exercida sobre a pertinência de raciocínios e argumentos e sobre a fundamentação de meios ou a regularidade de procedimentos pela presença de normas constitucionais cuja substância vem sendo enriquecida há cerca de trinta anos ou de uma Convenção Europeia dos Direitos Humanos (sobretudo em seu art. 6º sobre o direito a processo equitativo), que se tornou familiar aos juristas de todos os países da região. A coerção engendrada pelo direito assume assim um *caráter proteiforme* que dificulta o recenseamento de suas fontes, seus vetores ou efeitos. Não seria possível reduzi-la à previsão de "sanções" entendidas como males ou aborrecimentos infligidos por motivo de comportamentos contrários às prescrições da lei. Contudo, a percepção da diversidade de suas vias não deve encorajar alguma "visão jurídica do mundo". Oportuna advertência se encontra em Weber, que, no entanto, é fundador de uma sociologia que reintroduz o direito nas práticas e nos motivos da ação, valorizando assim a mobilização das regras jurídicas pelos atores (Serverin). Ele nos lembra que "os motivos pelos quais nos submetemos à regra de direito podem ser os mais variados": aqueles que se conformam ao direito raramente o fazem "por submissão aceita como dever", mas na maioria das vezes "porque o mundo circundante aprova essa atitude, e não a atitude contrária" ou "por um acostumamento apático com os hábitos de vida consagrados pelos usos". Em suma, "o homem age em conformidade com o direito sobretudo porque a tanto é obrigado por suas relações sociais" – escrevera, alguns anos antes, o jurista austríaco E. Ehrlich. Aí está uma maneira de indicar, também, que o direito alimenta rotinas tanto quanto valores, e que sua "eficácia" tira proveito disso. Cabe lembrar também que, contrariando a imagem de um ator-estrategista perfeitamente racional e movido apenas por seu interesse, a sociologia mais recente evidencia a diversidade dos sistemas de valores, representações e normas nos quais os atores haurem razões de agir e justificações. Por conseguinte, é de duvidar que, mesmo numa sociedade muito "juridicizada", a coerção difundida por um direito positivo denso e muitas vezes minucioso se exerça de modo contínuo sobre ações cada vez mais racionais. Essa complexidade das relações que o direito mantém com a coerção impede de localizá-lo facilmente em relação a uma distinção sociológica entre "coerção material", "coerção associada a sanções" e "coerção estrutural" (Giddens): ele participa igualmente das duas últimas.

› Carbonnier J., *Sociologie juridique*, Paris, PUF, 1994. – Jeammaud A., "Les règles juridiques et l'action", *Recueil Dalloz*, 1993, Cronique, pp. 207-12. – Kelsen H., *Théorie pure du droit*, trad. fr. Ch. Eisenmann, Paris, Dalloz, 1962. – Perrot R. & Théry Ph., *Procédures civiles d'exécution*. Paris, Dalloz, 1962. – Weber M., *Economie et société*; trad. fr. de *Wirtschaft und Gesellschaft*, 1922, Paris. Plon., t. I, 1971.

Antoine Jeammaud

→ Argumentação e retórica jurídica; Direito subjetivo; Força; Pluralismo jurídico; Sanção; Socialização jurídica; Sociologia jurídica.

COLÔNIAS

A colônia é um estabelecimento em solo "estrangeiro", no qual são reproduzidos princípios de organização e de vida conhecidos no estabelecimento original. Essa definição pode ser aplicada em zoologia para certos tipos de insetos (tal como os enxames de abelhas), em agricultura, medicina e até mesmo para caracterizar as obras sociais, quando se fala de colônias de férias… Trataremos aqui dos empregos feitos em direito, principalmente em direito público, e abordaremos o fenômeno geral da colonização. Colônia é, então, o estabelecimento de uma nação, decorrente da conquista de um solo considerado estrangeiro, portanto radicalmente outro, a cuja população a nação conquistadora impõe seu próprio modo de organização, segundo modalidades que vão desde a transferência mimética total até adaptações parciais da legislação metropolitana à situação local.

Uma aplicação típica do direito penal foi perdendo interesse progressivamente durante o século XX. Trata-se das colônias penitenciárias, como eram designados os estabelecimentos criados fora do território metropolitano, para o cumprimento de penas privativas de liberdade que implicavam expatriação, ou seja, penas de trabalhos forçados, deportação e relegação. Tais colônias deram origem ao povoamento da América do Norte, da Austrália e da Nova Caledônia. O *gulag* soviético é outra aplicação recente. Também cabe indicar outro emprego da colônia penitenciária. A lei francesa de 5 de agosto de 1850 organizara um sistema que compreendia colônias penitenciárias e colônias correcionais para menores de 16 anos. Tais dispositivos estão formalmente excluídos do direito dos menores desde o regulamento de 1945, que privilegia as medidas educativas, mas, no início do século XXI, os debates relativos à insegurança criada por atos praticados por menores trazem de novo à tona esse tipo de solução e, afinal, velhos demônios. Em vista disso, a acepção presente em direito penal só será considerada aqui no que diz respeito ao processo de colonização.

Apesar da diversidade de aplicações – e para nos atermos apenas aos usos dos juristas –, a noção de colônia conota uma situação em que é feita uma transferência de população não se levando em conta ou se negando, em maior ou menor grau, o caráter estrangeiro do país onde essa população se instala, portanto a existência de uma civilização e de formas de culturas "outras". De maneira genérica e na história das civilizações, Bouda Etemad (2000, pp. 190 ss.) distingue cinco tipos de colônia: 1 / exploração das riquezas minerais com forte população metropolitana (exemplos do México e do Peru explorados pelos espanhóis); 2 / exploração dos recursos agrícolas locais com fraco povoamento metropolitano (exemplos das Caraíbas e da América do Sul hispânica intertropical); 3 / economia de plantações e latifúndios (exemplo das plantações de cana-de-açúcar no Brasil, nas Caraíbas francesas ou inglesas, na ilha Maurício etc.); 4 / feitorias sem base territorial, mantidas por um pequeno número de administradores cercados de comerciantes (exemplos da Costa do Ouro [Gana] e dos entrepostos de escravos na África, em Hong-Kong e em Macau); 5 / colônias de povoamento (exemplos norte-americanos, [com a Inglaterra e a França], a Austrália e a Argélia até 1962). Mencionaremos nas páginas seguintes certo número dessas situações, sem pretensão à exaustividade.

Características gerais da colônia

O discurso sobre a colônia constrói-se a partir de um princípio de negação tanto do caráter estrangeiro do país de estabelecimento quanto da alteridade das populações submetidas. Por isso, o discurso jurídico é essencialmente um discurso de negação de uma realidade (a diferença) em proveito da construção da relação colonial que se procurará legitimar no sentido forte, de querer justificar com princípios irrecusáveis ou indiscutíveis. O direito não é a única disciplina que constrói uma parte de seus discursos e de suas práticas em termos de negação, denegação e até de recusa. E a colonização não é o único campo do direito em que essa denegação vem ilustrar uma distância ou um abismo entre a realidade e o discurso jurídico. Para examinar suas motivações, analisaremos os seguintes pontos: no caso da colônia, a negação da realidade baseia-se na ideia de que a colônia é concebida como a continuidade do território metropolitano, e seus habitantes, por conseguinte, estão submetidos às leis da metrópole. Mas o princípio de continuidade só pode ser concretizado à custa de ficções que interessam ao jurista principalmente porque, segundo o direito canônico, *fictio est figura veritatis*. O que oculta e como é vivenciado esse "esboço da verdade" de uma diferença mais ou menos radical, mascarada em nome de um princípio que justifica a exploração e a dominação? Georges Balandier fez a sociologia da "situação colonial" (Balandier, 1955), e Albert Memmi, o retrato "de acusação" do colonizado (Meurtri, 1966). Tentaremos esboçar sua antropologia (Le Roy, 1999); por outro lado, a aplicação do princípio de continuidade supõe ajustes e adaptações. Atualmente ainda há colônias que evitamos chamar por esse nome e há também várias maneiras de aplicar seletivamente, entre as colônias, o direito do colonizador; ademais, a recepção do direito pelas populações colonizadas não é a mesma no caso de serem autóctones ou alóctones e, conforme já indicamos, existem frequentemente divergências importantes entre o que dizem os textos jurídicos e sua aplicação prática; por fim, não seria possível esquecer as dimensões econômicas e políticas do fenômeno, e precisaremos citar, mesmo sucintamente, os processos de descolonização, pois todo sistema colonial, sobretudo se imperial, tende a desagregar-se ao fim de um período maior ou menor.

Precisaremos refletir, em conclusão, sobre o processo de descolonização que se generalizou durante a segunda metade do século XX, para dar origem à globalização, que alguns consideram uma forma de recolonização, o que é juridicamente contestável. Assim, há uma tendência ao início e ao encerramento de ciclos, e os antigos colonizados, como os Estados Unidos, podem tornar-se colonizadores, enquanto antigos colonizadores podem tornar-se novos colonizados, ou assim se considerar, como certas sociedades árabe-muçulmanas!

Tudo isso constitui um conjunto considerável de problemas que não poderão ser tratados sistematicamente, em vista do espaço disponível. A colonização é, com efeito, um fenômeno universal e, provavelmente, perpétuo. Já era conhecido pelo *homo sapiens sapiens*, pois é assim que – segundo nossos conhecimentos atuais – se pode aquilatar a unidade da raça humana: por difusão e colonização a partir de sítios africanos de antropização. Mas é também uma modalidade de estabelecimento que varia no tempo e no espaço. Uma conquista não implica colonização. Os romanos colonizaram a Gália, mas não a Grécia, que eles submeteram respeitando sua civilização. E os gregos, por suas qualidades de marinheiros, foram provavelmente mais colononizadores que os romanos, pelo menos antes do século V a.C. Do mesmo modo, na época moderna – se nos ativermos à nossa definição, que implica a desconsideração pela civilização dos países conquistados –, os franceses foram mais radicalmente colonizadores que os portugueses, por exemplo, que eram mais favoráveis à mestiçagem. Foram também mais sistemáticos que os britânicos em seus modos de administração, pelo menos no plano dos princípios, ao privilegiarem a administração direta, ao passo que a coroa britânica adotava o *indirect rule*, tanto na Índia quanto na África. Para nos limitarmos aos dados históricos, examinaremos três situações que ilustraram respostas variadas à negação da alteridade e à ficção da continuidade territorial e institucional entre a metrópole e a colônia. São as colônias gregas na Itália e na Sicília (que receberam o nome de Magna Grécia), a colonização da América pela Espanha, Portugal, Inglaterra e França, do século XVI ao XIX, e a colonização da África pelo Império Britânico, pela França, pela Bélgica e pela Alemanha no século XIX.

A Magna Grécia (séculos VIII a IV a.C.)

E Megale Hellas é uma designação das colônias gregas no território que veio a ser a Sicília e o Sul da Itália, generalizada a partir do século VI a.C. (Cohen, 1934, 70). Mas o processo de colonização é muito mais antigo: remonta pelo menos ao século XI a.C., em decorrência da movimentação de populações que afetará, naquilo que virá a ser a "Grécia", as relações entre aqueus e dórios. A colonização implicou também outras partes da bacia mediterrânea: Jônia, Helesponto e Egito, onde a colônia de Náucrates gozava de especial reputação (Cohen, 1935, 70). Na Magna Grécia, a colonização desenvolveu-se, de acordo com Robert Cohen, entre os séculos VIII e VI a.C., por razões que os trabalhos modernos associam a uma pressão demográfica e territorial fortíssima sobre o território restrito demais de cidades que se abriam para o alto-mar, graças a um comércio marítimo florescente.

Mas os contemporâneos tinham explicações muito mais "terra a terra": "Os Codrides saem da Ática e vão para a Jônia porque não querem obedecer a um irmão coxo. [...] Tlepolemos estabelece-se em Rodes porque foi expulso de Argos por sua família em consequência de um homicídio involuntário" (Cohen, 1934, 69). Assim, as razões da partida são inúmeras, e não procuraremos sistematizá-las, pois o que nos interessa é saber por que, apesar da distância e de uma duração que se conta em décadas e depois em séculos, a maioria dos elos entre a cidade-mãe de origem e sua colônia, chamada "filha", perdurou mesmo depois que a "filha" se tornou mais rica ou mais poderosa que a "mãe".

Gustave Glotz descreve a *apoikia*, colônia concebida como fonte de renda colonial, palavra que decomponho em um prefixo *apo*, "o que vem de", e no substantivo *oikia*, "casa" ou "família", de modo amplo. Esse termo designa de maneira genérica o que vem da casa, ou seja, da cidade-mãe, bem como o elo que liga mãe e filha. "A *apoikia* não era uma simples dependência, e a cidade se acreditava igual (à cidade-mãe). [...] Quase sempre, a única separação existente entre as cidades era a distância [...]. Quando eram filhos de uma mesma região, quando falavam o mesmo dialeto, estavam habituados às mesmas leis e honravam os mesmos deuses, ao criarem sua constituição copiavam – voluntariamente ou não – a única constituição que jamais haviam conhecido. Por outro lado, na época da colonização oficial, as relações da cidade nova com a antiga eram regradas de antemão por uma cláusula ou por uma carta chamada *apoikia*, verdadeiro pacto colonial que salvaguardava a supremacia da metrópole" (Glotz, 1925, 160).

Nossa primeira pergunta, portanto, tem resposta clara: a negação da diferença e da distância é apresentada como uma das características da colonização grega, e as cidades que as contrariam, pelas razões citadas por Glotz, escapam rapidamente ao modelo de colônia e se ajustam a outros modelos, como por exemplo o das *anfictionias*, ou ligas de natureza religiosa e alcance político que uniam várias cidades e se aplicavam tanto às cidades da Grécia continental quanto à Magna Grécia, segundo Cohen (1934, 80).

O segundo fator que desejamos considerar – a importância das adaptações e o contexto de sua aplicação – pode ser visto como prolongamento das observações anteriores. Seus suportes são elos de natureza religiosa: "Em todos os casos – diz Glotz –, as duas cidades eram unidas por elos religiosos que não podiam ser rompidos por nada. Os colonizadores levavam consigo o fogo aceso no lar da cidade natal e as imagens do deus familiar. O fogo do lar estabelecia um elo de religião e afeição entre as duas cidades, cidade-mãe e cidade-filha" (Glotz, 1925, 160). Além disso, davam aos lugares nomes presentes na cidade de origem e "honravam a metrópole concedendo a seus cidadãos um lugar de honra em suas festas e mandando para as festas da metrópole sacrifícios e teorias" (*ibid.*). Robert Cohen esclarece que os cultos de certos heróis contribuíam muito para essa aproximação e "foram um elo estreito com certas cidades da Magna Grécia" (Cohen, 1934, 70). Inversamente, na Magna Grécia, a ascensão de tiranos ao poder foi ocasião de rompimento das relações, que eram percebidas como de excessiva dependência ou como limitadoras da autocracia dos novos senhores. Por fim, Louis Gemet observa, a propósito da relação com a terra, que, "quando se funda uma colônia, imagem da metrópole, procede-se logo de início e ao mesmo tempo à construção de uma cidade e à distribuição da terra entre os colonos-cidadãos" (L. Gernet, *Anthropologie de la Grèce antique*, Paris, Maspero, 1968, p. 376).

Em vista disso, o terceiro fator tem resposta bastante clara, pois, segundo Glotz, "a maioria dessas colônias cumpria tais deveres com exatidão escrupulosa" (*ibid.*). No entanto, o sistema da *apoikia* não deixou de ter abusos, sobretudo por parte das cidades-mães. Robert Cohen relata o papel que podia ser desempenhado pelo oráculo de Delfos quando as relações se tornavam tensas ou se deterioravam: "O estudo dos cultos locais propiciou interessantes conclusões sobre os elos que uniam as cidades-mães e as cidades-filhas" (1934, 69) e sobre as interpretações tendenciosas do oráculo.

Assim, e em resposta a nosso quarto parâmetro, seria possível pensar que esse sistema colonial igualitário ou baseado no princípio da complementaridade das diferenças deveria ter perdurado ao longo dos séculos e resistido tanto às pressões dos bárbaros quanto à conquista romana. Se isso não ocorreu, segundo Cohen, foi em razão de uma desagregação das forças políticas, que não permitiu a mobilização, salvo em Maratona ou em algumas outras situações. Para tanto, há uma razão principal, que não é econômica nem política, mas de natureza psicológica: o ciúme que "provoca uma rivalidade impiedosa entre cidades, ciúme feroz entre as cidades, guerras que derramarão tanto sangue, provocarão tantas ruínas e, finalmente, impedirão que a Grécia atinja a unidade, esse é o preço dos progressos realizados" (Cohen, 1934, 80). Depois de uma resistência que se reduziu à pressão cartaginesa, a Magna Grécia seria submetida pelo poder romano, que extinguirá a *apoikia*, ou seja, a essência do princípio colonial entre os gregos. Quanto à ficção fundadora da relação colonial na Magna Grécia, pode-se considerar que o princípio de continuidade se baseia numa dimensão sacra, em particular nos cultos da cidade, simbolizados pelo fogo compartilhado entre a cidade-mãe e a cidade-filha. Os mesmos deuses implicam os mesmos interditos, logo as mesmas normas.

O mundo americano (séculos XV-XIX)

A colonização das Américas começou em 1492 com Cristóvão Colombo, e na segunda metade do século XVIII (na América do Norte) e início do século XIX (na América do Sul) ensejou movimentos de descolonização paralelos no conjunto do continente como prosseguimento da obra que na terminologia europeia é chamada de "descobrimento", só terminada nos albores do século XX. Espanhóis e portugueses no Sul, ingleses e franceses no Norte, em associação com os holandeses nas Caraíbas, foram os principais protagonistas de um processo que, no plano jurídico, permitiu sistematizar um processo denominado "direito de conquista". Esse direito de conquista baseia-se em considerações comerciais: abrir as sociedades indígenas para a troca comercial e depois, à medida que a generalização do mercado se concretizava, para a realização do valor de troca, em lugar e na posição do valor de uso. Paralelamente, às vezes até antes, impõem-se considerações religiosas: converter os indígenas à "verdadeira fé", embora indagando se tal conversão é possível, ou seja, se os indígenas têm alma, se não passam de objetos. Voltaremos a isso. Note-se que foi o papa Alexandre VI quem, com a Bula *Inter Caetera*, de 1493, decidiu a primeira partilha do mundo entre portugueses e espanhóis, partilha concretizada pelo tratado de Tordesilhas, em 1494. Institucionalmente, os novos territórios são o prolongamento da metrópole. Assim, são denominados Nova Inglaterra, Nova Amsterdã, Nova Granada, Nova França... e têm na administração os representantes pessoais do soberano, que muitas vezes recebem o título de vice-reis. As possessões espanholas da América, por exemplo, são divididas em quatro vice-reinados (México, Nova Granada, Peru e Buenos Aires) e em cinco capitanias gerais (Guatemala, Chile, Caracas, Porto Rico e Havana). Essas autoridades são assistidas por conselhos de governo, e seu poder é absoluto, o que marcará a cultura política ulterior, nos séculos XIX e XX. Historicamente, o reconhecimento e a teorização do direito de conquista, em particular pela segunda escolástica, ou seja, pelos juristas espanhóis do século XVI, tiveram a função de legitimar a submissão das sociedades não europeias ao livre-arbítrio do colonizador, visto que a conquista o eximia do respeito ao "direito das gentes", que na mesma época se desenvolvia progressivamente nas relações entre as chamadas sociedades civilizadas. Por fim, a pesquisa deverá aprofundar-se na continuidade conceitual entre o direito de conquista do século XVI e o dever de ingerência, que rapidamente se tornará direito de ingerência no direito humanitário do fim do século XX. Entrementes, com aquilo que virá a ser a doutrina Monroe (do nome do quarto presidente dos Estados Unidos da América), o princípio de não intervenção nos assuntos do continente e até nos negócios internos dos Estados e, depois, o princípio de autodeterminação virão enriquecer o direito das relações internacionais.

A colonização do continente é feita de início por aventureiros, navegadores, que não recuam diante do risco para fazer fortuna (mito do Eldorado) ou então procuram essa aventura para tentar a sorte, mudar de condição, dando origem ao grande mito americano de que é sempre possível tentar a sorte e ter sucesso... às vezes em qualquer condição. Nas colônias britânicas, alguns desses aventureiros eram homens condenados à relegação, outros eram puritanos que fugiam da repressão religiosa, fundando – como os que chegaram pelo navio *May Flower*, por exemplo – as bases intelectuais da sociedade colonial na costa leste do continente americano. Embora os franceses Champlain, Cartier, Cavelier de la Salle e Jolliet tenham sido grandes descobridores, os caçadores que os seguiram, para o comércio de peles, às vezes foram rematados crápulas. Quanto aos espanhóis, os nomes dos conquistadores Cortez e Pizarro entraram na história de uma maneira que não honra nem seu país nem sua religião. O primeiro desembarcou no México em 1519 e conquistou o Império asteca, cuja destruição ele assinou em 1521. De modo semelhante, porém com maior avidez de ouro e poder, Pizarro submeteu em 1533 o Império inca do Peru e pilhou suas riquezas. Somente as sociedades geograficamente mais afastadas ou cujos territórios não continham recursos imediatamente exploráveis foram poupadas, muitas vezes temporariamente. Pois o que não havia sido ganho pela força das armas foi garantido pelos novos vírus que os conquistadores transportavam e contra os quais os autóctones não estavam imunizados. Sociedades inteiras desapareceram em alguns anos, e foi preciso suprir rapidamente a falta de força de trabalho mobilizando mão de obra estrangeira, geralmente africana e, mais tarde, asiática. Essa foi a gênese da escravidão que, apesar de abolida no século XIX, continua marcando as sociedades americanas contemporâneas.

Essas observações levam-nos a responder à nossa primeira pergunta: em que bases eram fundados os princípios de colonização e, singularmente, a negação da alteridade e a continuidade institucional entre a metrópole e suas colônias? Para responder, precisamos fazer uma distinção entre uma resposta inicial, relativamente homogênea, embora fortemente contrastada (queremos dizer com isso que as aplicações práticas geralmente não seguiram a política oficial), e a evolução que veremos com pormenores no segundo ponto. A resposta inicial é clara: não se trata apenas da negação da alteridade, mas sim da humanidade – o índio não é homem, mas animal, pois vive num estado natural, e não tem alma. Essa questão foi objeto de uma confrontação em Valladolid, na Espanha, que opôs o legado do papa e o defensor dos índios, Monsenhor Bartolomé Las Casas, em torno da grave questão de saber se os índios tinham alma e se, portanto, podiam ser convertidos e, assim, seria possível conceder-lhes o estatuto de homens livres. Embora, afinal, os argumentos de Las Casas se tenham imposto em muitos princípios, eles não impediram que os colonizadores impusessem aos índios várias formas de escravidão ou de trabalho forçado que negavam todas as formas de alteridade.

Contudo, em seus trabalhos Las Casas propusera o princípio da igual dignidade das sociedades indígenas. Escrevia que "todas as nações e todos os povos, por mais infiéis que sejam, são povos livres que não reconhecem fora de si mesmos ninguém que seja superior, com exceção daqueles que lhes são próprios, e esse superior ou esses superiores têm o mesmo pleno poder e os mesmos direitos que têm o príncipe supremo em seus reinos e o imperador agora em seu império" (Bartelemeo de Las Casas, *Obra indigenista*, Madri, Alianza Editorial, 1985). Por fim, quando se reconhece uma alteridade mínima, isso é feito à custa de simplismo, ao se construir a noção jurídica de indígena e de direito indígena. Assim, no Brasil, "o grande equívoco na análise do direito indígena é tentar encontrar relações entre todas as Nações, ignorando as profundas diferenças sociais e culturais de cada um dos povos indígenas". Constrói-se assim uma sociedade dúplice, em que se tem, de um lado, os conquistadores e seus descendentes no controle da máquina administrativa, econômica e financeira, e, do outro, os indígenas e os escravos reunidos na mesma condição de inferioridade. Entre os dois, há poucas relações, pelo menos no plano do direito, o que não é de espantar em vista do papel desempenhado pela força, que prevaleceu desde a instauração da relação colonial. É de notar, no que se refere às Antilhas Francesas, o "Código Negro" editado por Colbert em 1685, que reduz a arbitrariedade do poder do senhor em suas relações com os escravos e os alforriados. Foi tema de um verbete específico deste dicionário.

Ao longo das décadas e, de maneira bastante perceptível durante o século XVIII, surgem diferenciações na sociedade colonial tanto entre os dominadores quanto entre os dominados. Os dominadores distinguem em seu seio os herdeiros dos fundadores, nascidos no lugar há várias gerações, que já não se consideram castelhanos, ingleses ou franceses, mas "americanos", e os funcionários nomeados por um período que pode ser vivenciado por eles como uma reclusão ou uma punição. Além disso, com a multiplicação dos alforriados, surge uma pequena burguesia urbana dedicada ao comércio; as cidades também começam a receber uma migração europeia heterogênea que procura fundir-se o mais depressa possível no "cadinho" *yankee* ou brasileiro. A sociedade torna-se plural, nasce a alteridade, e a colonização se esgota *ipso facto*. Os primeiros movimentos de rebelião contra o sistema inglês de taxação das importações no porto de Boston, que darão origem à grande revolução americana de 1776, são fruto de tais evoluções. Uma aliança entre as grandes e as pequenas burguesias acaba, assim, por dar origem a movimentos de descolonização tanto na América do Norte quanto na América do Sul. Mas essas últimas transformações que levam à descolonização foram precedidas por múltiplas evoluções e adaptações que obrigam a examinar cada história colonial "com lupa". Como sugerimos na introdução, as situações são diferentes no tempo, mas também no espaço. Uma colônia antiga como Cuba é tratada com mais carinho do que as colônias espanholas dos Andes. Na colônia do Canadá, depois do Tratado de Paris de 1763, a posição dos colonos de origem francesa, em particular dos acadianos, foi delicada até o fim do século XIX, dando ensejo à "grande revolução" (*Le grand chambardement*), especialmente na região da Luisiânia.

Depois da Independência, a recepção do direito do antigo colonizador nunca é total, e a seleção na recepção obedece tanto a considerações políticas e identitárias quanto a considerações técnicas ou econômicas. Na América do Sul, a Colômbia permaneceu fiel a um direito de tipo civilista francês, conhecido nas colônias espanholas durante as guerras napoleônicas e a ocupação da metrópole, conservada durante a Independência tanto por espírito de modernidade (em Simon Bolivar) quanto para manter alguma distância em relação à antiga metrópole. Quanto ao Quebec, ficou fortemente ligado à herança jurídica francesa e adotou também um direito de tipo civilista para valorizar sua identidade perante a onda anglo-saxã da *common law*. Esta, apesar dos princípios jurídicos comuns, diferencia-se na Grã-Bretanha e nos Estados Unidos, onde os princípios de separação dos poderes e do federalismo foram levados mais longe.

A descolonização ocorreu ao cabo de períodos mais ou menos longos: cento e cinquenta anos para a colonização francesa no Quebec ou para a colonização da Nova Inglaterra; trezentos anos para o México (1521-1821), alguns anos mais para o Brasil (1504-1822), quatrocentos anos para Cuba. Também ocorreu de maneira violenta na maioria dos casos. Às vezes uma colonização substitui outra (Quebec, Porto Rico). Outras vezes, há intervenção dos Estados Unidos, em nome da doutrina Monroe (Cuba).

Mas, na maioria das vezes, trata-se de movimentos de libertação nacional que questionam as formas de autocracia ou de dependência em relação à metrópole (as treze colônias americanas, o Brasil, a América Central e a América do Sul espanhola), sem subverter as relações sociais de exploração. Especificamente, serão necessárias longas décadas, segundo o país, para que ocorra a abolição da escravidão (1848 nas Caraíbas Francesas, 1865 nos Estados Unidos, 1872 em Porto Rico, 1888 no Brasil) e comecem a ser apagadas as consequências de um direito de conquista que, nas relações com as minorias autóctones, não desapareceu totalmente do inconsciente de uma América europeizada.

A África colonizada dos séculos XIX e XX

Antes do século XIX a África só conheceu uma colonização de feitorias, ou seja, a quarta forma de colonização identificada na introdução do verbete. Desde Tânger, em 1515, até o Cabo, as nações escravagistas fortaleceram pontos de tráfico de escravos destinados às Américas, e o movimento se ampliou em meados do século XVII.

Depois das guerras napoleônicas, durante as quais a Inglaterra precisou devolver o Senegal à França em 1817, mas pôde ficar com a colônia do Cabo, tomado aos holandeses, tem início um movimento de ocupação que vai se transformar numa corrida durante a segunda metade do século e que terminará com os Tratados de Berlim de 1884 e 1885. Esses tratados conferirão à África sua configuração política atual, com exceção de retificações mínimas de fronteiras, feitas ulteriormente (entre a Alemanha e a França, sobre os limites entre os territórios de Camarões e a África Equatorial Francesa, entre a Nigéria e Camarões, Gana e Togo, quando da Independência desses países, após a partilha das colônias alemãs em 1919...). Assiste-se então à diversificação das formas de colonização: minerais no Congo e na Rodésia do Norte (tipo a), exploração agrícola (tipo b, o mais geral), povoamento em algumas situações privilegiadas (tipo e, Argélia a partir de 1830, África do Sul depois da guerra dos Boers...). Para entender a originalidade desse novo processo colonial e, portanto, das formas jurídicas que ele induz, convém reinseri-lo no contexto das transformações internas das sociedades europeias colonizadoras. B. Etemad escreve: "Nos séculos XIX e XX, a Europa domina [...] pelo poder de sua tecnologia industrial, e não mais por sua habilidade em atravessar os mares e exibir seu avanço na artilharia naval. [...] A colonização torna-se a expansão da Revolução Industrial através do planeta. [...] A particularidade da colonização contemporânea não é, por acaso, associar dominação formal e difusão da civilização metropolitana, ao passo que nos outros casos os dois fenômenos costumam estar dissociados? A colonização de depois da Revolução Industrial, aliás, não passa de forma transitória, ou seja, circunscrita no tempo, de um conteúdo de mutações estruturais que prossegue ainda hoje" (Etemad, 2000, 15). Essa terceira colonização é feita em nome do *progresso*, tomando-o como referência, pois só com ele se pode justificar a distinção entre civilizações superiores, colonizadoras, e sociedades dominadas que o homem branco deve conduzir (é seu "fardo", segundo Kipling) a um estado de civilização superior. Essa distinção entre civilizações (ou raças) superiores e inferiores conhecerá a *debacle* do nazismo e do *apartheid*. Do mesmo modo, a noção de progresso ensejará muitas discussões, dando-se ora preferência ao progresso moral, ora ao progresso técnico; este último é mais facilmente avaliável, mas também se volta contra as sociedades colonizadoras, em especial durante o segundo conflito mundial, que dará início ao declínio dessa colonização. A colonização, assim, insere-se num processo contraditório que, por um lado, no que se refere ao progresso, implica o reconhecimento de uma diferença para afirmar uma superioridade e, por outro, como colonização, implica a negação da alteridade.

A primeira das quatro perguntas que formulamos – "O que oculta e como é vivenciado esse 'esboço da verdade' de uma diferença mais ou menos radical, que mascara em nome de um princípio que justifica a exploração ou a dominação?" – é respondida por E. Savaresse. A partir do caso francês, ele explica que o colonial "suprime com a imaginação a extraordinária contradição entre seus próprios desejos de alteridade e políticas coloniais assimiladoras cuja ambição foi reduzir o outro ao mesmo" (Savaresse, 1998, 85). Para tanto, era preciso a "diluição das lógicas classificatórias construídas para uso dos africanos e dos asiáticos num metadiscurso centrado no poder colonial e na apresentação de sua obra, de suas realizações, de sua grandeza e – dedicando-se quase exclusivamente a isso – esquecem-se os indígenas. A tal ponto que eles parecem tornar-se estrangeiros em sua própria terra" (Savaresse, 1998, 100). "O discurso sobre a alteridade radical dos colonizados transforma-se pouco a pouco em discurso sobre o altruísmo da potência colonialista, ou seja, sobre o que ela teria generosamente trazido" (*ibid.*, 1998, 110). Ele mostrará, por fim, que essa censura da alteridade tem efeitos de legitimação. "A construção de uma história oficial da colonização, discurso de eufemização colonial que participa do esquecimento dos colonizados, permite completar a reflexão sobre a legitimação da aventura imperial" (*ibid.*, 1998, 138) em relação às modalidades de "recepção, conhecimento e aceitação da ordem colonial" (Savaresse, 1998, 17).

Os ajustes, as adaptações e as transformações da estrutura colonial são incessantes, para responder a um contexto internacional também em evolução. Passa-se de uma organização militar dos tempos da conquista a uma administração civil que, como vimos, é mais ou menos centralizada, dependendo do colonizador. O "pico" colonial pode ser situado antes da Segunda Guerra Mundial, quando "a Europa colonizadora, com um terço das terras, estende sua dominação sobre 41% do mundo habitado" (Etemad, 2000, 13). Depois desse conflito, quando as Índias britânicas e neerlandesas se tornaram independentes e a França perdeu credibilidade na Ásia e no norte da África, a constituição da IV República francesa renuncia ao emprego da palavra colônia e passa a utilizar "territórios ultramarinos". Em solo africano, ela distingue estatutos diferentes: na Argélia, departamentos (diferentes do modelo metropolitano) e territórios do Sul; na África negra, territórios ultramarinos, que são as antigas colônias do Império francês e continuam divididas em dois grupos (AOF e AEF), com exceção de Madagascar, Comoras e a Costa Francesa dos Somalis, que são territórios unitários. Eles proclamarão a independência política de 1960 a 1975. Juridicamente, as competências regulamentares importantes do chefe de Estado que datavam do senátus-consulto de 3 de maio de 1854 e que o haviam levado a ser qualificado (impropriamente) de "legislador colonial" são revistas em 1946, com o desenvolvimento de uma legislação própria e a criação de uma câmara especializada, a Assembleia da União Francesa. Os territórios continuam sendo dirigidos por governadores (altos comissários em Camarões e no Togo, territórios sob mandato), e os grupos de territórios, por governadores gerais. O Executivo é assistido por um conselho privado e por uma assembleia deliberativa que assumirá papel essencial com a Lei Defferre de 1956 sobre descentralização e provocará o surgimento dos futuros executivos africanos em três momentos: 1956, 1958 (com a Comunidade) e 1960 e a Independência.

A recepção do sistema colonial só poderá ser tratada aqui de uma maneira genérica que reproduza as análises que fizemos a propósito das Américas. Observa-se a divisão em duas classes, e, embora a escravidão seja oficialmente abolida nas colônias britânicas e francesas, as condições do indígena continuam muito discriminatórias. Assim, até o fim do segundo conflito mundial perduram o trabalho forçado e a legislação sobre o indígena nas colônias francesas. Essas discriminações se tornarão progressivamente insuportáveis, o que explica a descolonização. A descolonização ocorreu sob a influência de conjuntura internacional favorável à autodeterminação das colônias africanas. Deu-se de maneira não muito violenta na África, com exceções notáveis, cujas consequências nem sempre se apagaram, tal como na Argélia depois do conflito de 1954 a 1962, na Rodésia do Sul, que se tornou Zimbábue em 1980 em decorrência dos acordos de Lancaster House, no Congo Belga. Outros países que haviam conhecido movimentos anticolonialistas, tal como os Camarões, o Quênia e o Egito, alcançaram certa estabilidade depois. Em compensação, tensões abafadas nos anos 1960 por regimes autoritários redundaram, depois, em conflitos regionais (Ruanda e Grandes Lagos, Libéria e Serra Leoa, Península da Somália) ou na implosão do Estado no Congo-Brazzaville ou no Chade.

Conclusão

Se, no início do século XXI, a África continua dando a impressão de que "começou mal", isso sem dúvida se deve à persistência, na escala do continente, da relação de dependência colonial, que se tornou neocolonial, e à extrema dificuldade de fundar a modernidade africana sobre relações jurídicas adaptadas ao novo século. O drama da colonização é ter tornado uma parte da humanidade estrangeira para si mesma, ocultando a riqueza da sua alteridade. Logo, o que está em jogo numa verdadeira descolonização não é tanto o acesso à independência política quanto a invenção de culturas de inovação aptas a garantir a modernização e o desenvolvimento. Por enquanto, somente uma sociedade pós-colonial, os Estados Unidos da América, encontrou uma resposta que ela propõe ao restante do mundo, que, por sua vez, não a rejeita necessariamente. Essa oposição-contradição estará, sem dúvida, no cerne da história do século XXI.

› COHEN R., *Le Grèce et l'hellénisation du monde antique*, Paris, PUF, "Clio", 1934. – ETEMAD B., *La Possession du monde: poids et mesure de la colonisation (XVIIIe-XXe siècles)*, Bruxelas, Éditions Complexe, 2000. – FERRO M., *Histoire des colonisations: des conquêtes aux indépendances, XIIIe-XXe siècles*, Paris, Le Seuil, 1994. – GLOTZ G. & COHEN R., *Histoire Grecque*, Paris, PUF, 1925. – MICHEL M., *Décolonisations et émergence du tiers monde*, Paris, Hachette supérieur, 1993 – SAVARESSE E., *L'Ordre colonial et sa légitimation en France métropolitaine: oublier l'autre*, Paris, L'Harmattan, 1998.

Para saber mais: BALANDIER G., *Sociologie actuelle de l'Afrique noire*, Paris, PUF, 1955. – GIRARDET R., *L'Idée coloniale en France*, Paris, Pluriel, 1972. – LEROY-BEAULIEU P., *De la colonisation chez les peuples modernes*, Paris, 1873. – LE ROY É., *Le Jeu des lois, une anthropologie "dynamique" du droit*, Paris, LGDJ, 1999. – MEMMI A., *Portrait du colonisé*, Utrecht: Pauvert, 1966.

Étienne LE ROY

→ Código Negro; Escravidão; Estado; Estrangeiro; Guerra; Ingerência; Pluralismo jurídico; Sociedades tradicionais.

COMÉRCIO JURÍDICO

A noção de comércio jurídico padece da confusão que se faz com a noção de atividade comercial. No entanto, ela é bem mais ampla e, se não apresenta unidade de conteúdo, apresenta pelo menos unidade de necessidade social. A possibilidade de ceder tudo, a título gratuito ou não, seria um fator de nivelamento entre seres e coisas. A extracomercialidade, ao contrário, protege valores essenciais, tais como o respeito ao corpo e diversos interesses fundamentais da pessoa.

A palavra "comércio" assumiu um sentido frequentemente distante do *commercium* romano: quem diz comércio geralmente diz atividade profissional de venda ou produção, conforme notava, em 1803, Réal, relator do Conselho de Estado francês. Fora do vocabulário jurídico, essa palavra tinha, outrora, o sentido de relações humanas. Mme. de Sévigné queixava-se de ver seus "comércios perturbados". O comércio jurídico ocupa lugar importante na definição das relações de direito. Certamente, não são todas essas relações que pertencem ao comércio jurídico: há comércio quando, entre duas ou várias pessoas, existe uma realidade corpórea ou incorpórea passível de transmissão, ou seja, passível de sair da "esfera de poder" de uma pessoa para entrar na de outra. Essa "esfera" é o patrimônio, donde a associação comumente feita entre o fato de uma coisa estar no comércio jurídico e a patrimonialidade dessa coisa, implicando a possibilidade de abandonar um patrimônio por outro e até pelo estado de coisa abandonada; isso em razão do poder de disposição (*abusus*) ligado ao direito de propriedade; a indisponibilidade, ou inalienabilidade (semelhante à exceção da proibição de abandono, em razão da raiz *alius*), está então ligada à extracomercialidade, a menos que se admita uma propriedade sem *abusus*.

As realidades contêm valores em seu bojo. É importante que uma sociedade dê um lugar especial a certos valores, em vez de nivelar todas as coisas num comércio uniforme, numa intercambiabilidade geral. Os autores se interrogaram sobre a origem da inalienabilidade, atribuindo-a por vezes a uma propriedade coletiva original dos bens (Guyart), e seu reaparecimento ulterior teria possibilitado que as pessoas se garantissem contra sua própria fraqueza (que poderia levá-las a vender-se como escravas por necessidade).

Não é suficiente que uma coisa não possa ser cedida a título oneroso, para ser não comercializável. Nas leis francesas relativas ao corpo humano, de 1994, a gratuidade é frequentemente confundida com a extracomercialidade (assim, o embrião não pode ser "obtido contra pagamento", ou seja, por um preço, na mente do redator). Não ser comercializável significa só poder ser objeto de doação revogável, sem vinculação jurídica de seu autor (tal como a doação de órgão ou tecido).

As coisas dentro e fora do comércio

Somente coisas podem enquadrar-se no comércio jurídico, mas algumas delas são exceção. As *res extra commercium* eram entendidas como *res comunes*, coisas não passíveis de apropriação, mesmo pública (ar, cursos de água etc.); coisas sagradas, religiosas ou santas, em razão de sua destinação ao culto (deuses superiores ou deuses lares); por fim, coisas públicas (portos, logradouros etc.). Com o Cristianismo, os lugares sagrados continuam tendo vocação cultual, permanecendo a noção, sobretudo em razão da fidelidade ao direito romano, ao qual se vinculam os exemplos dados pelos redatores do Código Civil francês; também em razão da lógica das divisões entre categorias: no caso, entre as coisas que sejam possíveis objetos de convenção e as outras (art. 1.128). Caberá incluir, entre estas últimas, todas as coisas cujo comércio é proibido ou limitado pela lei? Sua lista, longa e diversificada, leva a pensar em inventário (substâncias nocivas, armas proibidas, lua etc.). Caberá considerar apenas as coisas que, por natureza, não podem ser comercializadas (elementos retirados do corpo, tais como os órgãos, os tecidos, os gametas)? Caberá incluir o domínio público, as *coisas comuns* (águas dos rios, ar etc.)? Caberá reduzir a noção às coisas corpóreas, ou, dependendo da desmaterialização das coisas, incluir os direitos da personalidade (direito ao respeito à privacidade, à imagem, direito moral do autor, declarados inalienáveis)? Proudhon terá a visão mais ampla sobre o assunto, incluindo direito de voto e qualidade de parente. Tudo depende da coerência que se deseje conferir à noção; a alternativa é ter uma visão centrada na proteção da pessoa, ou então uma visão ampla.

A pessoa humana fora do comércio

A pessoa humana não faz parte das coisas não comercilizáveis por não ser coisa. No entanto, está fora do comércio. Em direito romano a venda de um homem livre é nula, ainda que a nulidade implique apenas a impossibilidade de executar o contrato. A continuidade com nosso direito teria sido perfeita, se o escravo não a tivesse afetado. O escravo, por sua vez, é uma coisa. Contudo, sua natureza de ser humano não escapa aos autores: "Segundo o direito civil, o escravo é uma coisa; segundo o direito natural, é uma pessoa" (Ulpiano); a palavra *persona* é até empregada em referência a ele, para exprimir o modo como ele – "admirável instrumento nas mãos do senhor" (Gontard) – "multiplica" a pessoa deste, para cumprir os atos jurídicos. Ademais, se um senhor maltratou um escravo e o alienou, não poderá readquiri-lo. Cabe associar isto à discussão moderna sobre a possibilidade de uma pessoa vender-se como escrava, independentemente de qualquer posição assumida sobre as realidades do tempo. Hegel considera, em seus *Princípios da filosofia do direito*, que um sujeito de direito não poderia vender-se sem aniquilar sua própria qualidade de sujeito: o ato é nulo por ser um dos atos que um sujeito não pode realizar sem negar sua própria qualidade. A possibilidade de dispor de si mesmo é também negada por Ihering e Savigny. Nos séculos XIX e XX se afirmará nitidamente a impossibilidade de realizar convenções cujo objeto seja o corpo humano ou seus elementos. Por exemplo, a Corte de Apelação de Lyon afirma, em 27 de junho de 1913, que é proibido "traficar" o próprio corpo, ao apreciar o caso de uma mulher que se comprometera a servir de objeto de experimentação. Em 31 de maio de 1991, a prática das "mães de aluguel" é declarada contrária ao artigo 1.128 do Código Civil francês pela Corte de Cassação, pois implica uma "locação do útero" e, além disso, ameaça a inalienabilidade do estado das pessoas (visto que o contrato obriga a mãe "de aluguel" a entregar a criança ao casal). Esse princípio foi retomado pelo legislador em 1994 (art. 16 ss.). A pessoa humana está, assim, bem fora de comércio segundo a tradição civilista, ou seja, ela é um impossível objeto de convenção. O surgimento do conceito de dignidade é hoje percebido como seu fundamento. Mas existirá dupla extracomercialidade: a das pessoas e a das coisas? É riquíssima a questão dos elementos que, depois de retirados do corpo humano, terão destinações independentes. Muitos autores chegaram a acreditar que assim se extinguia a extracomercialidade do corpo humano (Jack, Domages, David). Mas, uma vez que o corpo, em sua globalidade, é identificado com a pessoa, é possível admitir a qualidade de coisas para seus elementos destacados, ao mesmo tempo que eles são declarados não comercilizáveis, como, aliás, fizeram a jurisprudência e o legislador (art. 5 C. Civ. francês, que afirma a extrapatrimonialidade dos elementos e do corpo).

➤ DAVID, *Structure de la personne humaine*, Paris, 1955. – DOMAGES R., *Le Corps humain dans le commerce juridique*, Paris, 1956. – GALLOUX J.-C., "Réflexion sur la catégorie de choses hors du commerce: l'exemple des éléments et des produits du corps humain en droit français", *Les Cahiers du droit*, 1989, 1.011. – JOSSERAND L., "La personne humaine dans le commerce juridique", *D.*, 1932, chr. l. – LOISEAU G.,

"Typologie des choses hors du commerce", *RTDC*, 2000, 1, 47. – MOINE I., *Les Choses hors le commerce: une approche de la personne humaine juridique*, LGDJ, 1997.

Isabelle MOINE-DUPUIS

→ Corpo humano; Doação; Pessoa.

COMMON LAW

A noção de "*common law*" sem dúvida é difícil de delimitar e mais ainda de penetrar. Em primeiro lugar, é difícil para os próprios ingleses e, de modo geral, para todos os juristas dos países anglo-americanos nos quais ela, aliás, nem sempre tem a mesma consistência nem o mesmo alcance. Mostra-se ainda mais impenetrável para os juristas franceses, assim como para todos os juristas dos países que os ingleses qualificam de "continentais". Para os franceses, a dificuldade começa com a questão da tradução da fórmula. "*Common law*" pode, naturalmente, ser traduzido por "direito comum". Mas tal tradução apagaria a inegável especificidade da noção inglesa e ensejaria graves confusões. Portanto, é bem melhor usar a fórmula original inglesa. Mas surge então outra dificuldade: deve-se dizer "a *common law*", conforme o uso mais geral tende a impor, ou "o *common law*", como recomendam alguns? O feminino se justifica porque "*common law*" vem do francês antigo "*commen ley*", expressão que deu, em francês moderno, "*loi commune*" [lei comum]. Mas, nessa fórmula inglesa, a palavra "*law*" quer dizer "direito", de modo que, desse ponto de vista, é melhor aplicar-lhe o gênero masculino, que corresponde mais a esse objeto. Ainda que Pollock mencione: "*Our Lady, the common law*", preferiremos a segunda solução... Essa questão gramatical leva-nos já ao fundo da noção. Esta pode ser abordada de dois ângulos. O primeiro, mais simples, corresponde a uma abordagem externa e tende a defini-la por oposição a outras noções. A segunda tenta abordá-la de um ponto de vista mais interno, para procurar captar não tanto o seu conteúdo, mas sua substância ou, talvez, sua natureza.

Abordagem externa

Do ponto de vista externo mais geral, o "*common law*" designa o conjunto do sistema jurídico que nasceu na Inglaterra há quase mil anos, que sempre foi aplicado lá, e de onde se difundiu, segundo modalidades bem diversas, para grande parte do mundo – a que corresponde ao antigo Império britânico. Nesse sentido, os sistemas de "*common law*" opõem-se a outro grupo de sistemas jurídicos que os britânicos especificam com referência à noção de "*civil law*". A França, do ponto de vista deles, é um país de "*civil law*", ainda que pratique, de modo muito característico, o dualismo direito privado/direito público. Mas, naturalmente, "*civil law*" não quer dizer "direito civil" no sentido francês: a expressão deveria ser traduzida, de preferência, por "sistema jurídico inspirado no direito romano", portanto, codificado. Desse ponto de vista, os sistemas de "*common law*" caracterizam-se pelo fato de o direito ser, ao contrário, elaborado pelos juízes, que não aplicam um código, mas sim precedentes que se lhes impõem segundo o princípio do "*stare decisis*", cujo sentido exato é estabelecido no âmbito do princípio do contraditório. Por fim, embora a expressão "*common law*" caracterize o conjunto do sistema jurídico inglês, este abrange diversos tipos de direito, entre os quais apenas um corresponde à noção de "*common law*", entendida desta vez em outro sentido, mais estrito e específico. Ainda que as regras do "*common law*" sejam imputadas a "tempos imemoriais", como se faz questão de ressaltar na Inglaterra, a origem do "*common law*" remonta à conquista normanda (1066). Naquela época aplicavam-se sempre, na Inglaterra, diversas regras de origem anglo-saxônica, que as justiças senhoriais ou feudais sobreviventes a tal acontecimento fundador continuaram sancionando, durante algum tempo, cada uma de seu lado e de modos muito diferentes. Mas, pouco depois da fundação do reino, a justiça régia, aplicada por juízes itinerantes, conseguiu com rapidez (a partir do século XII) impor ao conjunto do território uma lei comum, aquela "*commen ley*" que se tornará, em inglês, "*common law*". Este, portanto, caracterizou-se inicialmente pela capacidade de sintetizar e, mais ainda, de substituir as regras locais ou particulares a pessoas, entidades ou jurisdições diversas. O "*common law*" foi, portanto, ao mesmo tempo, instrumento e fruto da justiça régia ou do poder do rei. Mas é preciso atentar para o fato de que o "*common law*", como meio e objeto do poder do rei, fonte de toda justiça, admitiu perfeitamente que costumes ou regras particulares continuassem sendo aplicados aqui ou ali, inclusive pelo braço de jurisdições particulares, conforme o caso. Logo, é em virtude do próprio "*common law*" que aquelas regras particulares puderam continuar sendo aplicadas. Assim, a noção, em vez de ser definida por simples oposição a regras ou costumes particulares (portanto não comuns), pode muito bem englobar estas regras específicas e até derrogatórias desse direito comum que constitui o "*common law*". A noção torna-se mais complexa, pois não mais remete a uma uniformidade de conteúdo, e sim ao fato de que todos esses direitos particulares são admitidos no âmago do mesmo sistema de "*common law*" aplicável ao conjunto do Reino. Assim, os direitos aplicados na Escócia e na Irlanda do Norte são também direitos de "*common law*", mas diferem, em termos de conteúdo, do "*common law*" aplicável na Inglaterra e no País de Gales (em princípio idêntico para esses dois países).

Do mesmo modo, mas segundo outra ordem de ideias, ainda hoje é verdade que o "*common law*" pode comportar regras amplamente derrogatórias aplicáveis a certas entidades. Por exemplo, a prerrogativa régia no sentido inglês, que reúne um grande feixe daquilo que na França se chamaria de prerrogativas de poder público, é admitida em "*common law*" no sentido de que, segundo os juízes, essa prerrogativa é juridicamente válida e sancionada em direito positivo, sem precisar ser instituída por um ato formal do Parlamento. Nessas condições, a noção de "*common law*" quase não tem relação com a de "direito comum" no sentido francês, uma vez que o "*common law*" comporta regras nitidamente derrogatórias em favor da coroa, que na França seriam qualificadas de "regras exorbitantes do direito comum". O "*common law*" pode também acolher regras cujo caráter derrogatório, pelo menos parcialmente, é destinado a reger mais adequadamente atividades cuja particularidade é cada vez mais reconhecida, tais como as atividades de "*public service*" (pois a noção não é realmente traduzível) ou, mais ainda, as "*public functions*" (que merecem a mesma observação). É assim que se desenvolve um direito administrativo inglês, ainda que esse fenômeno se choque frontalmente com outros princípios do direito inglês ligados à noção de "*Rule of law*".

O "*common law*", em segundo lugar, é entendido por oposição à noção de "*equity*", ainda que a expressão "*common law*" possa, segundo o contexto, ser aplicada ao conjunto do direito elaborado pelo juiz, que compreende também a "*equity*". Esta última nasceu, na Alta Idade Média, das imperfeições e da rigidez da "lei comum" da época, já baseada no estrito sistema do precedente (ou do "*stare decisis*", fórmula latina que significa que o juiz deve ater-se à solução já adotada em casos idênticos ou semelhantes). Assim, quando ocorria que as soluções de "*common law*" parecessem severas demais, não comportando regras de fundo ou de forma capazes de sancionar certas espécies de obrigação, quando elas se mostravam incapazes de trazer à tona a verdade ou não pareciam adequadas a certas situações ou não produziam efeitos, era possível dirigir-se diretamente ao rei, fonte de toda justiça e, em todas as hipóteses, capaz de impor a solução mais satisfatória. Mas o rei confiara o exame desses recursos a seu chanceler (geralmente um clérigo, que podia também ser seu confessor e que, em todo caso, contava com sua confiança); o chanceler logo passou a examinar esses recursos numa corte especial, chamada "*Court of Chancery*". Mas, embora a "*equity*" não fosse então direito no sentido próprio da época – o único direito verdadeiro era o "*common law*" –, o chanceler não podia, de modo algum, pronunciar-se com base somente em sua subjetividade. A consciência, a boa-fé, a razão, a moral e a justiça podiam e deviam inspirar suas soluções (não que o próprio "*common law*" não visasse a justiça, mas reconhecia-se que nem sempre a atingia); desse modo, o recurso à "*equity*" introduzia, no sistema de administração do direito, um precioso elemento de flexibilidade e retificação. No entanto, o chanceler também devia adotar regras e respeitar seus precedentes. Nisso, podia-se dizer que a "*equity follows the law*", ou seja, respeita o direito, uma vez que o direito nasce da repetição dos precedentes e da obrigação de respeitá-los. A "*equity*", portanto, também é um sistema de regras de direito, paralelo ao "*common law*" em sentido estrito, observando métodos muito comparáveis nesse plano. Estes consistem em aplicar regras antigas a casos novos, fazendo-se que tais regras se mantenham vivas adaptando-as progressivamente à novidade das situações e das exigências daquilo que o juiz de "*equity*" concebe como justiça. Mas tinha-se (e ainda se tem) a ideia de que a "*equity*" pode e deve comportar regras que, em sua substância, lhe são próprias e podem diferir do "*common law*". Isso vale, naturalmente, para os domínios já abrangidos por regras de *common law*. Mas, por outro lado, a "*equity*" constituiu domínios próprios (como o *trust* e o legado), que, em princípio, não são regidos pelo "*common law*", de tal modo que a coexistência desses dois ramos do direito não provoca necessariamente reais conflitos. Contudo, a ideia essencial é de que a "*equity*" não conflita com o "*common law*", mas o "auxilia", quando ele se mostra defeituoso. Assim, a "*equity*" pode comportar "*remedies*" (ações jurisdicionais) diferentes das do "*common law*", tal como a "*injunction*" (mandado judicial) destinada a conferir maior alcance a regras de "*common law*". No plano institucional, as cortes de "*common law*" e as de "*equity*" foram fundidas em 1873 dentro de uma nova organização judiciária que possibilita a aplicação de um direito ou do outro por parte das jurisdições, segundo o caso. A dualidade dos direitos, portanto, existe ainda hoje e suscita indagações recorrentes sobre suas relações exatas e sua possível fusão, pelo menos em certos pontos, quando as soluções convergem ou precisam, ao contrário, ser harmonizadas.

A noção de "*common law*" opõe-se também a outra grande noção do direito inglês e anglo-americano, já mencionada, o "*statute law*". De fato, o direito inglês comporta vários grandes ramos, cuja formação reflete com exatidão as vicissitudes do poder régio, considerado em suas relações com os juízes, por um lado, e com o Parlamento, por outro. Toda a história das cortes régias, nesse plano, consistiu em desvincular-se cada vez mais do rei, para acabar sujeitando sua "prerrogativa" a esse "*common law*" (mas com toda a autorrestrição que se impõe – o famoso "*judicial self-restraint*" inglês); mas, ao "*common law*" judiciário original, acompanhado pela "*equity*", somou-se a seguir outro direito emanado do Parlamento, ou melhor, no início do próprio rei, a agir em seu Parlamento – ainda que, historicamente, a posse real da soberania tenha passado das mãos do rei para as do Parlamento apenas. O rei foi assim perdendo, sucessivamente, o poder de proferir o direito por via da justiça e de ditá-lo por via da lei, o que provocou a formação de tantos ramos do direito. Como o Parlamento hoje é soberano, tem o direito de, por meio de seus "*Acts*", impor regras que podem modificar o "*common law*" ou deixar de observá-lo em maior ou menor grau. Esses "*Acts*" formam, assim, o "*statute law*". "*Common law*", portanto, também pode ser entendido por oposição a "*statute law*", que formam, com a "*equity*", os três elementos do sistema de "*common law*" tomado em sentido amplo… Mas, embora a soberania do Parlamento seja total e ele possa derrogar completamente as regras do "*common law*", houve quem sugerisse, com ótimas razões, que, para além dessa dualidade e desse poder de derrogação, é na realidade pelo próprio efeito do "*common law*", tomado em sentido estrito, que os juízes aplicam integralmente as regras do "*statute law*", ditadas pelo Parlamento – com ressalva da primazia do direito europeu sobre estas últimas. Com efeito, a soberania do Parlamento, que deve ser vista como uma regra constitucional, é certamente uma regra consuetudinária no sentido de nunca ter sido ditada por uma Constituição escrita, o que não impede que seja sancionada pelos juízes, em especial; e, a partir do momento em que é reconhecida pelos próprios juízes, na ausência de lei suprema e geral que os obrigue, a soberania do Parlamento pode, desse ponto de vista, ser vista como uma regra de "*common law*". Aliás, é totalmente significativo, nesse aspecto, que os juízes ingleses possam ainda hoje, apenas por sua autoridade e de acordo com o "*common law*", atribuir a certos direitos pessoais o alcance de "direitos fundamentais" ou "constitucionais".

Em qualquer hipótese, a oposição entre "*common law*" e "*statute law*" não deve iludir: os dois direitos frequentemente misturam suas regras de um modo ou de outro; ou, pelo menos, respondem-se constantemente num diálogo que os constitui: grande número de diplomas, *bills* e declarações de autoria do Parlamento foram sendo progressivamente incorporados no "*common law*" – em especial no campo dos direitos e das liberdades das pessoas. Do mesmo modo, grande número de direitos fundamentais ou de regras de direito admitidos em "*common law*" foi retomado em normas de "*statute law*". De modo ainda mais corrente, o "*statute law*" pode ser concretamente aplicado por efeito de regras de "*common law*"; por um lado, antes que diversos "*Acts*" do Parlamento tivessem ditado regras de interpretação das leis parlamentares, essas mesmas regras eram regras de "*common law*" – e ainda o são em parte para tudo o que o Parlamento não tenha decidido ou esclarecido; por outro lado, à medida que são adotadas para afetar o "*common law*" de uma maneira ou de outra (seja para modificá-lo, seja para deixar de observá-lo, seja para codificá-lo em alguns pontos), as regras de "*statute law*" só são entendidas, quanto ao sentido e ao alcance, em relação às regras do "*common law*". Desse ponto de vista, pode-se também admitir que o "*common law*", como sistema, engloba o "*statute law*", que, no entanto, pode derrogar soberanamente certas regras do "*common law*", tomado em sentido estrito... Mas essas relações entre "*common law*" e "*statute law*" só valem para o Reino Unido. Não são aplicadas em outros países – ainda que de "*common law*" –, quando obedecem a outra Constituição, especialmente os Estados Unidos da América. É verdade que o direito americano é dominado por uma Constituição federal escrita, e seria possível acreditar que esse direito é essencialmente escrito. Mas não é exatamente o que acontece. Pois parece que, em última análise, não é a constituição que determina essencialmente as relações entre "*common law*" e "*statute law*", mas sim dados bem mais fundamentais, que o espírito jurídico francês e continental talvez tenha grande dificuldade para entender. Assim, existe um "*federal common law*" que não poderia impor-se ao "*common law*" desenvolvido em cada Estado da federação – em razão, até mesmo, do federalismo. E, sobretudo, o "*common law*", ou "*customary law*", ou "*judge made law*" impõe-se ao "*statute law*" praticamente desde as origens da República sob a égide do controle da constitucionalidade das leis.

Pode-se, portanto, tentar explicar o "*common law*" ressaltando que ele é um direito não escrito, por oposição ao "*statute law*", que é um direito escrito. Mas, por si só, essa distinção formal não basta para expressar a especificidade de natureza do "*common law*". Realmente, a distinção entre direito escrito e direito não escrito permeia outros ramos do direito que são aplicados na Inglaterra, tal como o direito eclesiástico, que não é considerado um direito estrangeiro na Inglaterra. Mas, dentro da linguagem desse direito, "*common law*" designa o direito comum da Igreja de Roma, que é distinto do direito aplicável nesta ou naquela parte do mundo. O mais importante é que o fato de tal direito não ser escrito se mostra bem mais significativo do que parece, pois reflete dados de fundo. Depois dessas abordagens por meio de oposição, falta penetrar mais na noção de "*common law*".

Abordagem interna

Aqui ocorrem várias indagações cujas respostas são infinitamente mais difíceis: elas tendem essencialmente a determinar o modo como é forjado o "*common law*" em termos de conteúdo e a estabelecer aquilo que explica seu caráter obrigatório. Um espírito não realmente inglês indagaria, de modo mais geral, qual o fundamento desse direito e qual é a sua natureza, enquanto o espírito inglês se limitaria às duas primeiras indagações, mais pragmáticas, conferindo-lhes, aliás, um tom bastante diferente.

O "*common law*" é, afinal, um direito consuetudinário ou um direito jurisprudencial? Em outros termos: ele exprime a vontade do juiz, que seria seu autor, ou o juiz se limita a revelar, registrar e formalizar práticas sociais que não nascem dele e que seriam já obrigatórias para ele e para os atores da vida jurídica? O juiz tem função simplesmente declaratória ou, ao contrário, exerce uma função constitutiva do direito? Ele é vinculado por esse costume ou vincula-se por si mesmo às suas próprias decisões? Ou é alguma regra exterior à sua própria vontade que o obriga a respeitar seus precedentes? Mas o que é obrigatório num precedente: a solução dada ao caso ou a regra mais geral que o juiz pretendeu aplicar e que ele mesmo talvez tenha determinado? O "*common law*" porventura não passará de uma casuística, ou implicará a aplicação de regras gerais anteriores e bem definidas? As regras baseiam-se em princípios mais gerais? E, se estes vêm a ser buscados e formalizados, quais são a consistência, a natureza e o alcance deles? São essas as indagações enfrentadas pela "jurisprudência", pela "*legal theory*" e até pelo "*legal reasoning*", das quais a prática jurídica e judiciária já não pode se esquivar em muitos aspectos. Embora as respostas dadas a todas essas indagações sejam infinitamente diferentes e complexas, pode-se tentar esboçar algumas orientações.

Em primeiro lugar, cabe ressaltar que o "*common law*" se formou, *no princípio*, pouquíssimo tempo depois da conquista normanda, provavelmente porque naquele momento já existia o princípio de um direito consuetudinário e só faltava impor um novo conteúdo – o que, aliás, tendia a subtrair-lhe o caráter consuetudinário para torná-lo, pelo menos em parte, um direito de soberania, uma vez que os juízes pronunciavam-se em nome do rei. A partir dessa época, o "*common law*" passou a comportar princípios ou regras (alguns provenientes do direito romano) que foram transmitidos de século em século, em constante evolução. Percebe-se, portanto, que essa primeira indagação comporta duas respostas: uma afirma que o "*common law*" está inteiramente estabelecido desde tempos imemoriais, mas que permaneceu estável por corresponder a certo sistema de direito que, de fato, nunca foi ditado por uma vontade formalmente identificável; a outra afirma que esse sistema comporta normas que evoluem progressivamente ao longo dos séculos ou de repente, ao sabor dos casos, normas que seria menos difícil datar, pois os juízes e suas decisões desempenham papel ativo na determinação dessas regras e, provavelmente, na sua formação. Parece, assim, que em toda a sua história o "*common law*" muda e não muda ao mesmo tempo, exatamente como um rio a correr, que permanece sempre o mesmo sem ser o mesmo, ainda que tome a liberdade de mudar, senão o leito, pelo menos o traçado de suas margens: o "*common law*" permanece totalmente idêntico a si mesmo, fazendo que suas regras evoluam. Ademais, ele nem sequer é afetado, de fora, pelas possíveis codificações feitas pelo Parlamento, o que, na Inglaterra, sempre se dá em pontos precisos, sem que se procure absorver todo o direito nesse "*statute law*", diferentemente da codificação napoleônica, que pretende ser uma codificação capaz de esgotar ou de captar todas as outras fontes de direito; o "*common law*" sobrevive necessária e inteiramente, como fonte originária do direito, a todas essas operações, que na realidade são bastante frequentes. Logo, pode-se afirmar, com autores que parecem ter expressado uma espécie de consenso – pelo menos em sua época –, que o "*common law*" cresce e desenvolve-se, mas não é ditado por uma autoridade identificada. A doutrina mais estabelecida no século XVIII comprazia-se em demonstrar a ideia de que o juiz não *faz* a regra de direito, mas simplesmente a *declara*, pois ela existe desde toda a eternidade. Essa era a tese defendida especialmente por Matthew Hale, em sua *History of the Common Law of England* (1713), ou por Wilham Blackstone, em seus *Commentaries on the Laws of England* (1765). E esses autores atribuíam a formação desse direito a alguma espécie de instância quase transcendente, perante a qual o juiz não passava de oráculo. Mas outros autores, como Jeremy Bentham e John Austin, que zombaram dessa "ficção pueril", consideram que o juiz é o autor verdadeiro desse direito e o veem como um verdadeiro legislador que não quer ser reconhecido como tal – esses autores, aliás, reivindicam com vigor a intervenção do Parlamento, por natureza menos conservador e mais progressista.

Evidentemente, ao dirimirem, mediante aplicação de uma regra de direito, algum tipo de litígio que nunca fora antes levado até eles, os juízes não contribuem tanto para a criação de um direito novo quanto para *determiná-lo* em suas novas implicações, o que parece ser a fórmula exata: eles aplicam princípios ou regras já formulados no passado e, ao fazerem isso, ditam o direito; mas, quando o aplicam a casos novos, deduzindo dele consequências até então inéditas (no sentido de não terem ainda recebido essa aplicação, de não terem apresentado o mesmo alcance ou de não serem aplicáveis ao mesmo campo etc.), contribuem, necessariamente, para forjar o direito novo. Logo, não seria possível raciocinar aqui em termos de alternativa. Quando a situação que deve ser julgada é radicalmente inédita – o que raramente ocorre (pois, segundo a definição mais ou menos refinada da questão jurídica que deve ser dirimida, sempre é possível relacioná-la com casos mais antigos) –, o juiz pode basear-se em múltiplas considerações, extraídas, segundo o caso, do direito romano, dos princípios de direito natural, da prática dos atores da vida jurídica concreta, do direito comparado (especialmente do direito aplicado nos outros países de "*common law*"), da opinião da doutrina autorizada; pode também basear-se em considerações de pura oportunidade ou de política jurisprudencial, ou melhor, de jurisprudência política… Mas nunca se comporta como se fosse um legislador soberano, capaz de ditar uma regra radicalmente nova – isso seria completamente contrário às exigências da "*Rule of law*". Sem dúvida, a judicatura exerce globalmente e a longo prazo um enorme poder de determinação das regras de direito. Mas cada juiz, ao dirimir um caso, não passa de elo numa cadeia normativa que o prende de maneira bastante estreita. A doutrina do "*stare decisis*", ou do precedente, é sua manifestação essencial. É exatamente essa doutrina (tomada aqui no sentido de norma obrigatória) que confere especificidade ao "*common law*". Pode-se mencionar o parentesco com a autoridade que a jurisprudência investe na França, mas no caso esse parentesco é enganoso. Num sistema dominado pelo princípio da legalidade, a jurisprudência consiste essencialmente em determinar e em interpretar a lei ou os regulamentos aplicáveis: um juiz nunca invoca sua própria jurisprudência e alega estar apenas aplicando a lei. As coisas só são diferentes quando ele pretende impor princípios não escritos, como os princípios gerais do direito – que, aliás, ele afirma descobrir, e não forjar, e cujo sentido ou alcance o juiz francês não discute de caso para caso. E ele pode mudar livremente sua jurisprudência, sem precisar justificar-se. Com essa ressalva, na França a estabilidade da jurisprudência decorre da estabilidade da norma formal. No "*common law*", os juízes ingleses encontram-se em situação completamente diferente: eles têm a obrigação, imposta pelo princípio essencial ao próprio "*common law*", de aplicar a mesma solução já dada aos casos idênticos ou semelhantes, anteriormente julgados. A regra é, sem dúvida, exterior aos próprios juízes, mas o simples fato de os juízes terem sempre respeitado estritamente o caráter obrigatório dos precedentes só serve para reforçar o alcance dessa regra; logo, ela não é tão exterior aos juízes, que a integraram como uma espécie de autodisciplina. E, para todos os juristas britânicos, constitui um elemento intrínseco à sua cultura. Assim, em cada processo, toda a discussão judiciária versará sobre a possibilidade de haver um precedente, o sentido exato em que foi dirimido, em virtude de qual regra se pode constituir a *ratio decidendi* e em que medida os fatos *sub judice* podem ser subsumidos à regra que constitui a "*rationale*" dessa decisão. E o próprio juiz, com seu julgamento, deverá tomar posição nessa discussão, o que explica a longa argumentação para justificar, em termos de direito, de fatos e de valores, as decisões tomadas. Naturalmente, o precedente só será obrigatório se tiver sido julgado por uma corte superior àquela que está sendo chamada a pronunciar-se. Mas a própria jurisdição que já tenha julgado em determinado sentido um caso anterior, idêntico ou semelhante, está em princípio formalmente obrigada a ater-se à mesma decisão. Foi isso, pelo menos, o que o direito impôs durante séculos, mesmo em relação à jurisdição suprema do reino, o Comitê Recursório (*Appellate Committee*) da Câmara dos Lordes. No entanto, esses são artifícios que possibilitaram não questionar o princípio sacrossanto, enquanto o direito ia evoluindo constantemente; na realidade, um juiz sempre pode conseguir escapar das exigências formais do princípio, mostrando que o caso *sub judice* nunca se apresentou até então, pelo menos de maneira idêntica – e isso é verdade, pois os fatos sempre variam infinitamente, mesmo que de modo infinitesimal; o juiz também pode considerar que a verdadeira *ratio decidendi* não é aquela que ele pensava, mas outra, um pouco diferente, que fora tomada para um *obiter dictum*. De modo geral, essa regra, para ser respeitada, muitas vezes obriga a torcer a lógica simples, para se chegar ao resultado desejado, de modo que o raciocínio judiciário às vezes apresenta, para um espírito afeito ao rigor formal, especificidades no mínimo espantosas. Hoje, desde 1966, a Câmara dos Lordes reconhece que, embora os precedentes já julgados por ela se imponham sempre por princípio, mesmo a suas próprias decisões, ela pode deixar de observá-los em caso de necessidade, sempre que isso lhe parecer justo. Em 1992, a *Court of Appeal* também aventou a possibilidade de deixar de observar um precedente que ela mesma havia julgado, nos casos em que estivesse em causa a liberdade de uma pessoa e para os quais a aplicação do precedente ensejasse uma injustiça; as *Divisional Courts* também decidiram o mesmo em 1984.

Se tentarmos abordar agora a questão final do fundamento desse direito, convirá ressaltar – pois esse já é um elemento importante de resposta – que os "*common-law lawyers*" geralmente não se fazem essa indagação, que consideram *irrelevante*. Eles só formulam a indagação, mais simples, de sua justificação, que também consideram um tanto inútil. O "*common law*" é por si mesmo sua própria justificação: é justamente graças a essa condição que ele é um direito autônomo, um verdadeiro direito de seu ponto de vista, direito que só depende de si mesmo e de nenhuma outra instância; e um espírito francês (ou continental) que procurasse raciocinar à francesa sobre esse direito – que nada tem de francês – seria tentado a encontrá-lo, por exemplo, na Natureza, na Razão, na Vontade do Príncipe, na Sociedade, na Consciência coletiva… ou em qualquer outra entidade, que não têm consistência real na Inglaterra. Basta dizer simplesmente que quando o rei, fonte de toda justiça, começou a enviar para todo o país seus juízes itinerantes, desejava, evidentemente, que eles fizessem a justiça em seu nome, que os juízes de hoje sempre juram servir. Na Grã-Bretanha, normalmente não ocorreria a ninguém a ideia de separar – por princípio ou por efeito de uma distinção de natureza – direito e justiça, ainda que cada um admita, de fato, nem sempre realizá-la. O "*common law*", portanto, *é* simplesmente porque é preciso um direito, porque este sempre foi como é ainda hoje; porque sempre mostrou que, por natureza, estava em condições de regrar, por princípio e de maneira justa, todos os litígios que ocorrem; porque estabeleceu constantemente, com a dupla salvaguarda da "*equity*" e do "*statute law*", sua capacidade de enfrentar os novos casos; e, sobretudo, porque os próprios juristas não fazem muitas perguntas sobre qual pode ser o fundamento do direito (o que não teria muito sentido para eles, porque essa pergunta não tem muita utilidade). Evidentemente se pode, tal como os ingleses, insistir na justificação histórica do "*common law*". Sem dúvida é a menos inexata e mais fácil de entender. Mas, então, não se deveria entender a história à maneira de Hegel, ou mesmo à maneira dos historiadores alemães e de seus discípulos franceses. Na mentalidade jurídica inglesa, a história não é uma entidade que seria dotada da espécie de legitimidade, racionalidade e normatividade que lhe é atribuída em outros lugares, assim como a Razão, a Natureza, o Espírito, o Poder Público, o Sujeito e todas essas instâncias às quais alguns espíritos sistemáticos atribuíram efeitos absolutos… Em inglês, escreve-se a palavra "história" com letra minúscula. Na Inglaterra, ela nada mais é que a dimensão passada do presente e não contém em si nenhuma visão, nenhum destino, nenhuma dialética que dite o presente e seu futuro. A história certamente se inscreve no presente para contribuir, com outros fatores, sem dúvida menos ativos, para modelá-lo ou talvez, simplesmente, prenunciá-lo. Mas a história não governa: exerce apenas sua inércia natural, com a qual vivemos e da qual não poderíamos nos desfazer. Deve-se também ir um pouco mais longe e admitir que o inglês encontra na história uma caução ou uma garantia, pois o que foi conveniente durante séculos não poderia enganar hoje. Mas a história, quer na sua dimensão passada, quer na presente, não goza de autoridade normativa alguma, aliás como nenhuma outra instância – salvo, talvez, o órgão que exerce a soberania democrática. Pois, caso a experiência concreta – que um inglês considera mais que qualquer outra coisa, pois sua mentalidade o afasta, vigorosamente, de toda e qualquer atitude dogmática – viesse a demonstrar que a solução antiga não é apropriada, adequada ou justa, ele consideraria devidamente a questão e iria ajustando a regra estabelecida à medida que se apresentasse a novidade e à proporção dos imperativos práticos que ela revelasse, sem entrar em nenhum debate teológico ou metafísico sobre os fundamentos de seu direito e de seu poder de modificá-lo. Quem quiser basear o "*common law*" na história precisará, então, considerá-la pelo que ela é para o espírito inglês: experiência condensada, prática adquirida, lições sedimentadas, consenso conveniente sobre o valor racional das soluções que ela amadureceu e comprovou demoradamente. O mesmo deveria ser dito sobre a Moral, a Consciência Social, a Opinião, a Vontade Popular, os Direitos do Homem, nos quais também se poderia pensar em alicerçá-lo: eles o inspiram, mas não o dominam. Ademais, a perenidade e, ao mesmo tempo, certa indeterminação constituem a marca indelével do "*common law*", pois ele não se caracteriza por um conteúdo normativo dado, mas por uma atitude jurídica, de ordem essencialmente cultural, atitude plenamente contínua que busca o normativo no necessário, no útil, no justo, no apropriado, no razoável, no regular e na expectativa legítima, sejam quais forem os fundamentos teóricos que tentemos dar-lhe, e sejam quais forem as formas e os procedimentos por meio dos quais as novas regras devam impor-se. O "*common law*", no fundo, não tem forma nem conteúdo específicos: ele mesmo é o direito das normas que está apto a engendrar e a adequar incessantemente às exigências do presente; ele é o direito das formas que mais convêm ao conteúdo dessas normas, consideradas as condições concretas nas quais elas precisem ser aplicadas. Nessas condições, o "*common law*" contém em si mesmo, em total consonância com sua essência, todas as dialogias que constituem o verdadeiro direito fundamental. O "*common law*" é tanto uma continuidade sempre transitória quanto uma mudança permanente; é tanto um direito histórico, tradicional e consuetudinário, quanto um direito moderno, contemporâneo e inovador; é tanto um direito formalista quanto informal. Por isso é um direito não escrito e só pode ser um direito não escrito.

Mas, ao contrário do que se poderia acreditar do lado de cá do canal da Mancha, o caráter não escrito não é simplesmente uma questão de forma. O "*common law*" continua não escrito porque uma codificação não consistiria simplesmente em transpô-lo para a escrita, mas em desnaturá-lo radicalmente e em erradicá-lo: a escritura seria uma fixação daquilo que não é fixo e não quer sê-lo, uma determinação daquilo que está sempre por determinar-se, ou melhor, redeterminar-se. Só pode continuar não escrito porque a escritura determina como autoridade normativa aquele que empunha a pluma, porque a escritura substancializa o que só pretende ficar como possibilidade de conteúdos virtualmente indefinidos, *a priori* indeterminados, porque ainda não configurados por uma experiência enfrentada, devidamente considerada e superada. O "*common law*", portanto, continua indefinível, a não ser se descrito exatamente por essa característica.

❯ É grande a bibliografia sobre o assunto. A seleção abaixo proposta é propositalmente heteróclita e certamente arbitrária.

ADENS V. (org.), *English Public Law, and the Common Law of Europe*, Londres, Key Havens, 1998. – ANCEL M., La "Common Law" d'Angleterre, Paris, Rousseau, 1927. – ALLISON J. W. F., *A Continental Distinction in the Common Law: a Historical and Comparative Perspective on English Public Law*, Oxford, Clarendon Press, 1995. – ARNHEIM M. (org.), *Common Law*, The International Library of Essays in Law & Legal Theory, Darmouth, 1994. – BLANC-JOUVAN X., *Le Droit anglais*, Paris, PUF, "Que sais-je ?", 7ª ed. – CAENEGEM R. C. van, *The Birth of the English Common Law*, Cambridge, Cambridge Univ Press, 2ª ed., 1981. – EISENBERG M.-A., *The Nature of the Common Law*, Cambridge, Mass., Londres, Harvard Univ. Press, 1988. – GELDART W., *Introduction to English Law*, revised by sir D. Yardley, Oxford Univ. Press, 11ª ed., 1995. – GOODHART A. L. & LEHMAN A., *The Spirit of the English Law, 1891*, Jerusalem, Magnes Press, Hebrew Univ., 1953. – GRIFFITHS J. A. G., "The Common Law and the Political Constitution", *Law Quaterly Review*, 2001, p. 701. – HART H. L. A., *The Concept of Law*, Oxford UP, 1961. – HOGUE A. R., *Origins of the Common Law*, 1906, Indianapolis, Liberty Press, 1985, reprint 1966. – HOLMES O. W., *The Common Law*, Londres, Macmillan, 1881. – IBBETSON D., "Common Law and *Ius Commune*", *Selden Society Lecture*, Londres, 2001. – LEGRAND P., "Pour le Common Law", *Revue internationale de droit comparé*, 1992, p. 942. – LÉVY-ULLMANN M., *Éléments d'introduction à l'étude des Sciences juridiques*, t. II: *Le Système de l'Angleterre*, Paris, Sirey, 1928; *Le Système juridique de l'Angleterre*, reimpr. ed. Panthéon Assas. – MARKESINIS B. S. (org.), *The Coming together of the Common Law and the Civil Law*, Oxford Portland, Or. Hart. Pub., 2000. – PICARD E., "Les droits de l'homme et 'l'activisme judiciaire' en Angleterre", pp. 113-43. – POLLOCK F., *A First Book of Jurisprudence for the Students of the Common Law*, Londres, Nova York, 1986; *The Expansion of the Common Law*, Londres, Stevens & Sons, 1904, reprint, The Lawbook Exchange, New Jersey, 2001. – POSTEMA G. J., *Bentham and the Common Law Tradition*, Oxford, Clarendon Press, 1986. – POUND R., *The Spirit of the Common Law*, Boston, Mass. Marshall Jones Company, 1931. – ROEBUK D., *The Background of the Common Law*, Oxford Univ. Press, 1990, 2ª ed. – ROUHETTE G., "Le genre de 'common law'", in *Français juridique et science du droit*, Bruxelas, Bruylant, 1995, p. 301. – SILTALA R., *A Theory of Precedent. From Analytical Positivism to a Post Analytical Philosophy of Law*, Oxford, Hart Publishing, 2000. – WILLIAMS G., *Learning the Law*, 12ª ed. A. T. H. Smith, Londres, Sweet & Maxwell 2002.

Étienne PICARD

→ Estados Unidos.

COMPETÊNCIA

Considerada de maneira geral, a competência é essencialmente uma noção funcional que, quando vários órgãos são investidos de poder idêntico, possibilita designar aquele que vai exercê-lo concretamente. Essa designação é feita em função de critérios diversos (substanciais, geográficos, cronológicos etc.) que permitem caracterizar a situação. A competência distingue-se, assim, das questões relacionadas com a existência desse poder ou com a maneira de exercê-lo.

O termo "competência" é um daqueles que, no vocabulário jurídico, é tomado nas acepções mais numerosas e diversas possíveis. A propósito da imprevisão nos contratos civis, alguns autores justificaram sua rejeição dizendo que o juiz não era competente para revisar um contrato porque o direito lho vedava, mas também que era destituído dos conhecimentos econômicos necessários para fazê-lo. Embora esse equívoco entre senso comum e jurídico seja raro, a noção é incerta no domínio propriamente jurídico. É frequente ler-se que o juiz administrativo é incompetente para apreciar a legalidade de um ato de governo. Essa "incompetência" será da mesma natureza da incompetência das jurisdições judiciárias para apreciar a legalidade de um decreto, se observarmos que o ato de governo não é da alçada de *nenhum* juiz? Costuma-se falar de incompetência quando o juiz não pode pronunciar-se, o que é um uso abusivo porque o mesmo efeito (o juiz não poder pronunciar-se) pode ter causas diferentes (o prazo para agir expirou; estão presentes as condições para que um juiz seja recusado ou decline; o litígio deve ser dirimido por outro juiz). A esse emprego, muitas vezes impróprio, somam-se as incertezas terminológicas. Convirá distinguir a competência, frequentemente definida como aptidão para agir, de outras noções às vezes apresentadas como sinônimos: poder, capacidade, qualidade e até soberania? Que sentido atribuir, por exemplo, à oposição entre competência vinculada e poder discricionário? Visto que sempre se trata das condições nas quais uma autoridade administrativa pode tomar decisões, caberá deduzir que competência e poder constituem uma única coisa? Na nebulosa dos sentidos possíveis, onde está o traço distintivo? Se houver algum, será a ideia de *concorrência*. Este caráter é ressaltado pela maioria dos autores e corresponde à definição encontrada nos dicionários de "confluência para uma mesma coisa". Toda definição é perigosa, mas é preciso tomar uma decisão. A definição da competência será baseada na ideia de concorrência entre vários órgãos, no sentido mais genérico. Provisoriamente, com a ressalva de serem feitas outras verificações, será proposta uma definição a partir da seguinte observação: as regras de competência designam, entre vários órgãos dotados das mesmas prerrogativas jurídicas, aquele que poderá exercê-las num caso específico. Em outras palavras, competência é a qualidade do órgão que as regras jurídicas designam para exercer concretamente essa (sua) prerrogativa. As incertezas já citadas obrigam a fazer uma distinção entre competência e noções vizinhas. A seguir, antes de tentarmos tornar mais precisa a definição, trataremos das funções da regra de competência, porque essa noção é amplamente funcional.

Competência e noções vizinhas

A comparação poderia acarretar um vício de método: como comparar sem saber de maneira precisa o que é competência? Diante de noções incertas, é útil recorrer à aproximação que consiste em tentar distinguir os fenômenos jurídicos. Na falta de uma comparação sistemática, consideraremos duas noções: a aplicabilidade e o poder jurisdicional.

Toda regra supõe, para sua aplicação, o cumprimento de certas condições. O artigo 310 do Código Civil francês fala de "lei competente" para designar a lei aplicável ao divórcio. Apesar de frequente em direito internacional privado, essa expressão é falsa, e a única expressão correta é "lei aplicável" (P. Mayer). A confusão é frequente quando a aplicação de uma regra interfere na prerrogativa de um juiz.

Assim, na época em que as ações coletivas eram aplicadas apenas aos comerciantes, o tribunal de comércio francês deveria declarar-se incompetente quando o devedor não tivesse essa qualidade? Tal resposta não teria resolvido a questão, pois nenhum outro tribunal podia pronunciar-se sobre o ajuizamento de uma ação coletiva. A própria apreciação deste tipo de ação era impossível (por qualquer juiz) porque uma das condições de sua admissibilidade não era atendida. A situação é análoga quando se pede, em juízo cautelar, uma antecipação da tutela do mérito. É tentador concluir pela sua incompetência, dizendo que, embora ele não possa decidi-la, o juiz que cuida do mérito poderá fazê-lo. Mas não há concorrência entre esses dois juízes: nem seus poderes, nem os efeitos de suas decisões são idênticos. É a aplicação do juízo cautelar que é suspensa (paralisada) em virtude da contestação do mérito.

A noção de "poder" é tão vaga quanto a de competência. Fala-se indiferentemente de "Poder Judiciário" ou de poderes do juiz. Contudo, a noção de "poder jurisdicional" apareceu primeiro no Novo Código de Processo Civil francês (art. 1466) e depois na jurisprudência da Corte de Cassação. Numa definição sucinta, poder jurisdicional é o poder conferido ao juiz – em geral, e não a um juiz em particular – de dirimir os litígios aplicando a regra de direito.

A arbitragem é um domínio privilegiado de sua observação. A missão de árbitro é confiada a uma pessoa privada. O poder jurisdicional lhe é conferido pela convenção das partes, donde seu caráter relativo, e essa investidura nunca é abstrata: a convenção de arbitragem determina (compromisso) ou possibilita determinar (cláusula compromissória) quais questões lhe serão submetidas. A investidura do árbitro, portanto, é subjetiva porque lhe confere a qualidade de juiz, e objetiva porque determina as controvérsias que ele apreciará. Motulsky ressaltou que esses dois elementos são indissociáveis: dizer que um árbitro se pronunciou sem compromisso ou fora dos limites do compromisso é a mesma coisa. Nesse caso, o árbitro não é apenas incompetente; ele não tem a qualidade de juiz. Em contrapartida, se um litígio não for da competência do juiz impetrado, o julgamento que este viesse a proferir ainda assim seria um ato jurisdicional. Seria possível objetar que, se o poder jurisdicional do árbitro for contestado com sucesso (cf. art. 1466 NCPC), a contestação poderá ser levada perante o juiz estatal. Mas, em se tratando de julgar, não se poderá falar de concorrência entre um juiz e uma pessoa privada. A arbitragem ilustra a noção de poder jurisdicional "em estado natural".

Essa distinção também se aplica ao direito internacional público, no qual a resolução jurisdicional de pendências entre Estados é pouco desenvolvida. Quando estes recorrem à arbitragem, a questão se apresenta nos termos que descrevemos. Mas, em razão da igualdade entre os Estados, o recurso às jurisdições instituídas também tem caráter voluntário, e a questão da existência ou da inexistência de poder jurisdicional suplanta totalmente a competência. O poder jurisdicional aparece sob os dois aspectos mencionados ao falarmos da arbitragem: aspecto objetivo (nem todas as pendências são passíveis de solução jurisdicional) e subjetivo (o poder jurisdicional repousa na vontade do Estado), também com o caráter relativo próprio às manifestações de vontade (uma cláusula de jurisdição obrigatória só compromete aqueles que a assinaram). A distinção clássica entre pendência "apreciável" e "não apreciável" fixa um limite entre as pendências passíveis de resolução com aplicação da regra de direito (o que é a essência da atividade jurisdicional) e aquelas para as quais a regra de direito não constitui um tratamento apropriado (pendências políticas, Combacau e Sur). Além disso, as pendências apreciáveis só serão passíveis de solução jurisdicional se os Estados afetados consentirem. Esse caráter confere às jurisdições instituídas um grande parentesco com a arbitragem, e a única diferença decorre da permanência da jurisdição "que seja instituída, tenha uma composição e um modo de funcionamento que escapem à vontade das partes" (Combacau e Sur). Ao contrário do direito interno, em que o poder jurisdicional é de aplicação geral (o juiz conhece de todos os litígios) e obrigatório (o réu não pode eximir-se, a menos que a demanda seja improcedente), a jurisdição, em direito internacional público, não é geral (a jurisdição não conhece necessariamente de todas as pendências, mesmo as apreciáveis) nem obrigatória (os Estados precisarão tê-la aceito, de uma forma ou de outra: acordo *ad hoc* ou aceitação de uma cláusula de jurisdição obrigatória). Encontram-se os dois componentes, objetivo e subjetivo, do poder jurisdicional, e a ausência de um deles afeta o poder jurisdicional em seu princípio. Portanto, tampouco se pode falar de competência da jurisdição internacional, pois, se uma das duas condições não for atendida, a pendência não terá solução jurisdicional. A noção de competência só será pertinente se, numa pendência, as partes tiverem a opção de recorrer à jurisdição ou à arbitragem (art. 17 do Ato Geral de Arbitragem CIJ). A cláusula (jurisdição ou arbitragem) cria uma concorrência entre dois órgãos que, relativamente ao mesmo litígio, podem exercer o poder jurisdicional. Se os Estados recorrerem à arbitragem, então a jurisdição instituída será incompetente, tal como, nos litígios privados, seriam incompetentes as jurisdições estatais em presença de uma convenção de arbitragem. A competência só aparece com esse aspecto negativo e residual.

O poder jurisdicional do juiz estatal estará mais raramente em causa porque a organização jurisdicional em sua íntegra é instituída para dirimir a integralidade dos litígios. Do ponto de vista subjetivo, ela é excepcional e está ligada à existência de jurisdições de legitimidade incerta devido a circunstâncias políticas conturbadas ("jurisdições" de russos brancos depois da Revolução de Outubro; "jurisdições" autoproclamadas na Liberação). A situação fala em usurpação de poder em direito público que não leva a uma banal incompetência, porque pode ser sancionada mesmo pelas jurisdições judiciárias. Do ponto de vista objetivo, haverá mais exemplos. Assim, os atos de governo não são passíveis de apreciação jurisdicional. Nesse aspecto, não basta dizer que as jurisdições administrativas são incompetentes para apreciá-los, como se as jurisdições judiciárias pudessem sê-lo! Na ausência de controle jurisdicional, o ato não entra na categoria das pendências apreciáveis. Da mesma maneira, a Corte de Cassação decidiu que a imunidade de jurisdição afetava, em seu princípio, o poder jurisdicional das jurisdições francesas, o que se traduz de maneira unilateral numa abstenção de julgar.

A história mostra que a extensão do poder jurisdicional varia. Durante muito tempo, a interpretação dos tratados foi reservada ao governo, portanto subtraída ao poder do juiz. Hoje, todo juiz tem o poder de interpretar um tratado. Não se trata de uma competência, pois tal poder pertence a todos os juízes. Na evolução recente do direito privado, a fronteira entre o que decorre da vontade e o que decorre do controle judiciário mostrou-se particularmente móvel, pois ora os poderes do juiz são fortalecidos nos campos em que a vontade individual dominava (conteúdo do contrato, funcionamento das sociedades), ora a ideia de um controle judiciário se enfraquece (mudança de regime matrimonial, eventualmente divórcio consensual). Embora distinta do poder jurisdicional, a competência permanece a ele ligada. Ela vai permitir especificar, entre os diversos órgãos aos quais esse poder foi confiado, aquele que vai exercê-lo concretamente, o que nos leva a examinar as funções da competência.

Funções da competência

Essas funções não são idênticas na ordem interna e em matéria internacional. Na primeira, o conjunto dos órgãos aos quais é atribuído um poder pertence ao mesmo sistema jurídico. A regra de competência, nesse caso, tem uma função de divisão. Na segunda, ao contrário, a independência dos Estados, uns em relação aos outros, lhe confere uma função de interligação.

Em direito interno, num dos raros artigos dedicados à noção de competência, Eisenmann formulou muito bem a questão: "Como atacar o problema da competência? É preciso supor um legislador, de um Estado novo, por exemplo, diante do problema total da instituição do aparato que será totalmente encarregado da execução da tarefa jurisdicional, ou seja, da solução dos processos cuja possibilidade o legislador quer admitir. Esse legislador terá de definir-se na seguinte alternativa que, pelo menos teoricamente, terá diante de si: ou atribuir, sem divisões, a tarefa jurisdicional inteira a um único órgão, que julgará todos os processos, sem distinção nem restrição, ou dividi-los entre várias jurisdições, de tal modo que cada uma só se pronunciará sobre uma parte dos processos." De fato, se o legislador decidir confiar toda a tarefa jurisdicional a uma única jurisdição, estará excluindo toda a questão de competência. O litígio será levado perante o mesmo juiz, sejam quais forem suas características. Assim, ninguém se preocupará com a competência da Corte de Cassação porque ela poderá conhecer de todas as decisões proferidas em todo o território. Se o mesmo não ocorre com o Conselho de Estado, é porque este último é também jurisdição de primeiro grau, portanto em concorrência com os tribunais administrativos. Eisenmann ressaltou, com razão, que a questão só se apresenta quando várias jurisdições coexistem numa mesma ordem jurisdicional: se ocorrer um litígio, diante de que jurisdição será ele levado? A criação de uma verdadeira jurisdição administrativa, em 1872, na França, provocou o aparecimento, pelo menos em direito, da questão da divisão dos litígios entre as duas ordens de jurisdição. É revelador que o fato de se outorgar ao Conselho de Estado um poder jurisdicional do qual ele estava desprovido tenha sido acompanhado da criação do Tribunal dos Conflitos, cuja única razão de ser é a solução dos conflitos de competência.

Essa análise pode ser transposta para fora da atividade jurisdicional. Se considerarmos o poder normativo, entendido como o poder de proferir regras gerais e impessoais, apresenta-se a mesma indagação: órgão único ou pluralidade de órgãos? Neste último caso, surge a necessidade de fixar critérios de divisão que, no caso da regra concretamente considerada, possibilitem designar o órgão que pode ditar validamente as regras. Os artigos 34 e 37 da Constituição francesa são regras de competência que dividem o exercício do poder normativo entre o Parlamento e o governo. Do mesmo modo, para o exercício do poder regulamentar *stricto sensu* de que são investidas algumas autoridades (Primeiro-Ministro, ministros, prefeitos, edis...), um conjunto de regras permite especificar a competência desta ou daquela. Em direito europeu, o princípio de intervenção mínima (subsidiaridade) possibilita proceder a uma divisão de atividades. Em todos os casos, um critério ou uma combinação de critérios permitirá designar a autoridade competente, entre outras dotadas do mesmo poder (jurisdicional, normativo etc.). Sua escolha atende a preocupações muito diferentes (se fosse concebível dotar a Assembleia da Córsega do poder de dispor as leis, seria preciso fixar critérios de competência para o exercício desse poder; se a competência territorial for evidente, os critérios de competência material refletirão o grau de autonomia de que a Córsega gozará; quanto às jurisdições, esses critérios geralmente se inspiram em considerações de fundo – competência material – ou de oportunidade – competência territorial).

A incompetência de uma jurisdição ou de uma autoridade não afeta o poder que lhe foi confiado. A incompetência do prefeito (administrador do departamento francês) para baixar uma portaria municipal não afeta seu poder de baixar portarias departamentais, tanto quanto a incompetência do tribunal de comércio para pronunciar-se sobre um divórcio não afeta seu caráter de jurisdição encarregada de dirimir litígios. A competência estabelece apenas o ponto de aplicação do poder de que os órgãos são igualmente dotados. É por isso que não se pode definir a competência como a fração de jurisdição confiada a um tribunal ou a fração de poder normativo conferida a uma autoridade administrativa: todos os tribunais exercem essa jurisdição identicamente, e seus julgamentos produzem os mesmos efeitos; a regra não difere de acordo com a autoridade que a dita, e a portaria municipal tem a mesma validade de uma lei, no sentido entendido por Kelsen. De modo mais geral – visto que a competência está ligada à existência de dois ou de vários órgãos encarregados de exercer o mesmo poder –, as regras de competência têm a função de possibilitar o bom funcionamento dessa organização, dividindo os litígios que devem ser dirimidos ou as regras que devem ser ditadas. Por essa razão, parece difícil seguir Eisenmann, que definia a competência como a "relação entre titular de um poder e sujeito de um poder", pelo motivo de que a jurisdição é sempre exercida apenas sobre seres humanos. Ninguém procura uma jurisdição para que ela exerça uma competência, mas para que ela dirima um litígio, ou seja, para que ela exerça seu poder jurisdicional (o que permite entender a definição de ação em juízo no art. 30 NCPC). Para quem procura a justiça, a regra de competência só servirá para a escolha do tribunal que decidirá sobre a procedência de sua pretensão. Nessa função divisora, a competência não estabelece tanto uma relação entre aquele que se submete à justiça e à jurisdição, porém mais uma relação entre a jurisdição procurada e as outras. Se tal litígio é da competência de dada jurisdição, as outras estão excluídas (ao menos como principais – art. 49 do NCPC). A competência das autoridades encarregadas de ditar regras funciona segundo o mesmo princípio: a competência do Primeiro-Ministro para assinar um decreto exclui a das outras autoridades.

Essa relação é coercitiva em maior ou menor grau, segundo os interesses em jogo. A competência pode ser exclusiva: só o órgão designado pode agir, com exclusão de todos os outros. Esse é o caso da competência das autoridades que exercem o poder regulamentar: para determinada regra, só existe uma autoridade competente, ressalvando-se corretivos (teoria do funcionário de fato). Do mesmo modo, para determinado litígio, só existe uma jurisdição administrativa competente. Na ordem judiciária, essa exclusividade é menos sistemática (estado das pessoas, concordatas e liquidação judiciária...), e é frequente que a competência territorial seja concorrente (art. 46 do NCPC).

A exclusividade e a concorrência têm como corolário duas técnicas processuais. O respeito à exclusividade é garantido pelas questões preliminares. Suponhamos que, ao ser apresentada contestação perante um juiz, surja uma questão referente à competência exclusiva de outra jurisdição. O juiz impetrado deverá então suspender o julgamento para permitir que esta última dirima a dificuldade antes que ele profira sua decisão. A litispendência palia os inconvenientes da competência concorrente, evitando que dois juízes igualmente competentes conheçam simultaneamente da mesma ação; ela impõe um declínio em favor da primeira jurisdição impetrada. Ao contrário da conexão (art. 101 do NCPC), que se baseia na preocupação com a oportunidade, a litispendência e as questões preliminares constituem complementos necessários ao bom funcionamento das regras de competência. A sanção à incompetência de um órgão está, evidentemente, associada àquilo que está em jogo na regra de competência. Assim, a competência exclusiva é mais estritamente sancionada (cf. impetração do tribunal dos conflitos, o fato de que a incompetência está historicamente na base do recurso por excesso de poder, ou a possibilidade de o juiz se declarar incompetente de ofício – art. 93 do NCPC). Um ato administrativo baixado por uma autoridade incompetente permanece exposto perpetuamente ao risco da exceção de ilegalidade, ao passo que um julgamento, depois de expirados os prazos para os recursos, já não pode ser criticado (o que demonstra que a incompetência não afeta a existência do poder de julgar).

A função divisora das regras de competência supõe que elas são aplicadas numa ordem jurídica homogênea. Por isso, falar de competência dos Estados supõe a existência de uma ordem jurídica internacional suficientemente elaborada para proceder a essa divisão. Hostil à ideia de soberania, Georges Scelle faz esta análise: "Se considerarmos o Estado como uma pessoa jurídica dentro de uma ordem jurídica determinada, a noção (de soberania) será contraditória com a noção de 'sujeito de direito' ou de agente jurídico. Soberania implica 'direito de se determinar por um ato de vontade incondicionado'; ora, quem diz 'sujeito de direito' diz vontade juridicamente limitada pela lei, que é a regulamentação das competências" (*Principes de droit international public*). Também é preciso que essa "ordem jurídica determinada" exista, o que é contestado por aqueles que veem na ordem internacional um sistema "anárquico", porque baseado na igualdade de Estados que não estão subordinados a nenhuma autoridade superior (Combacau e Sur). A sentença proferida pela Corte Permanente de Justiça Internacional no caso da *Lotus*, aliás, lembra que, salvo raras regras proibitivas, "cada Estado é livre para adotar os princípios que julgar melhores e mais convenientes". Se nada, ou quase nada, delimita a atividade de cada Estado em relação aos outros, a noção de competência aqui considerada não tem sentido na ordem internacional.

A competência internacional dos tribunais franceses em direito internacional privado mostra que a função de divisão só é possível numa ordem jurídica única. O direito comum da competência internacional não divide os litígios entre as jurisdições francesas e estrangeiras. Nem por isso nos parece que o emprego do termo "competência" se torne ilegítimo; trata-se também de determinar sobre quais litígios será exercido o poder jurisdicional das jurisdições francesas em seu conjunto, mas sem se preocupar com as jurisdições estrangeiras. A competência é apenas uma função de vinculação, mas não de exclusão, pois a regra francesa deixa intacta a competência das jurisdições estrangeiras na aplicação das regras estrangeiras. Ela fixa os critérios que caracterizam um elo suficiente entre litígio e a ordem jurisdicional francesa. A competência internacional, portanto, expressa-se por procedimentos de designação, sem exclusão correlativa. Também é preciso matizar a oposição com a competência na ordem interna: nada impede que um Estado leve em consideração a existência das ordens jurídicas estrangeiras. Volta-se à ideia de concorrência (de fato), de maneira unilateral, é verdade (o direito francês leva em conta a existência das ordens jurisdicionais estrangeiras). Essa consideração se traduz, por exemplo, na admissão da litispendência internacional.

A ideia de divisão reaparece, porém, quando vários Estados firmam convenções sobre a competência de suas jurisdições nos litígios internacionais. O fato de tal acordo ser marcado pela relatividade (geográfica e pessoal, conforme destacou P. Mayer) não impede a constatação de que as disposições da convenção realizam uma divisão dos litígios entre as ordens jurisdicionais interessadas. O melhor exemplo dessas convenções é dado pelas regras de competência adotadas pelos Estados europeus (Convenções de Bruxelas I e II). A transformação da convenção de 1968 em regulamento europeu ressalta ainda mais a homogeneidade daquilo que constitui atualmente a ordem jurídica supraestatal mais perfeita.

Proposta de definição

No essencial, a competência é, portanto, uma noção funcional, relativa e subordinada. Subordinada, porque só tem utilidade quando determinada tarefa é globalmente delegada a uma organização (jurisdicional, administrativa etc.); funcional, porque serve para designar o órgão que, concretamente, vai exercer essa tarefa; relativa, porque regra as relações entre os diversos órgãos aos quais essa tarefa foi delegada. Fala-se ora de órgão competente, ora de competência de um órgão, o que equivale a considerar a questão de dois ângulos. Afirmar que um órgão é competente (competência subjetiva) pressupõe que se está considerando concretamente o ato por realizar (ditar uma norma, pronunciar-se sobre um divórcio ou um pedido de pagamento). Falar de competência de um órgão (competência objetiva) é considerar abstratamente os critérios que fixam seu domínio de atividade. A competência subjetiva resulta da aplicação concreta dos critérios que determinam a competência objetiva. A competência pode então ser definida como aptidão para exercer um poder numa situação definida a partir de suas características próprias (natureza, matéria, localização etc.). O caráter abstrato dessa fórmula mostra que é difícil definir a competência em si, separada dos critérios de sua aplicação, o que a torna amplamente funcional.

› COMBACAU J. & SUR S., *Droit international public*, Précis Domat, 4ª ed., 1999. – CORNELOUP V., *La Notion de compétence des autorités administratives en droit français (contribution à une théorie générale des aptitudes à agir)*, tese, Paris II, 2000. – EISENMANN Ch., "Sur la compétence des juridictions", *Chronique*, D., 1948, p. 49. – JÈZE G., "Essai d'une théorie générale de la compétence pour l'accomplissement des actes juridiques en droit français", *RDP*, 1928, pp. 58 ss. – MAYER P., "Droit international privé et droit international public sous l'angle de la notion de compétence", *RCDip.*, 1979. – MOTULSKY H., "Études et notes sur l'arbitrage", Écrits **, esp. pp. 189 ss. – THÉRY Ph., *Pouvoir juridictionnel et compétence (étude de droit international privé)*, tese, Paris II, 1981. – SCELLE G., *Manuel de droit international public*, Paris, 1948.

Philippe THÉRY

→ Ação em juízo; Arbitragem; Ato de governo; Autoridade; Direito internacional privado; Direito internacional público; Imunidades; Justiça administrativa; Poder regulamentar; Separação das autoridades; Soberania.

COMUNHÃO (MURO COMUM)

A noção de exclusivismo, quando se refere à propriedade, pressupõe, metafisicamente, um proprietário sem vizinho. Se houver vizinho, o espaço fronteiriço entre duas propriedades contíguas será um lugar em que o direito de cada um não poderá ser exercido sem a alteração de obrigações recíprocas. Estas podem parecer uma agressão ao direito de propriedade ou como melhoria do funcionamento concreto do direito, que sai do círculo das relações de força. Muro comum, servidão, dever de vizinhança ou copropriedade?

Roma, resolvendo o problema em termos de soberania do proprietário, esforçou-se por materializar uma zona de não contato entre as propriedades vizinhas, espaço baldio destinado a evitar qualquer atentado ao *dominium* de cada um e capaz de definir o âmbito territorial da onipotência do *pater.* A Lei das XII Tábuas, fonte legal mais antiga sobre a propriedade romana, impunha a cada proprietário que deixasse em torno de sua plantação uma faixa de terreno sem cultivo, o *confinium* (donde confins). Do mesmo modo, um espaço livre, o *ambitus*, devia ser deixado em torno de cada casa da cidade. Essa organização rigorosamente exclusivista foi alterada com a pressão da urbanização, e surgiu o "muro comum", mas unicamente em bases voluntárias, e as modalidades de seu funcionamento eram regidas pelos acordos particulares. Aliás, pode-se notar que a qualificação de "servidão" aplicada ao muro comum não é de origem romana. Portanto, não foi no direito romano que os redatores do Código Civil francês encontraram inspiração, mas sim no direito consuetudinário, muito detalhado a respeito da questão. Em oposição a Roma, o direito consuetudinário francês ignorava a propriedade-soberania e caracterizava-se pela coexistência de propriedades que concorriam pelas utilidades distintas de uma mesma propriedade. Os conflitos de vizinhança eram inúmeros. Pothier, sábio jurista do século XVIII, adota uma perspectiva societária e trata as relações de vizinhança no estudo do contrato de sociedade: "A vizinhança é quase um contrato que cria obrigações recíprocas entre vizinhos." Algumas costumagens, porém, começavam a qualificar de "servidões" os limites de vizinhança. A posição do Código Civil francês abebera-se nessas duas visões opostas: foi na organização das relações de vizinhança que os redatores captaram melhor o espírito do direito consuetudinário e tiveram consciência de que, na realidade, estavam ditando as regras para o funcionamento ideal das propriedades. Mas, num ato de reverência à poderosa corrente do direito natural, qualificaram essas regras de "servidões", sujeição de uma propriedade em proveito de outra propriedade, apagando assim, doutrinariamente, sua pragmática abordagem da questão. Na discussão ocorrida no Conselho de Estado sobre a delimitação, um conselheiro observava que a obrigação de delimitar não era servidão e propunha remetê-la ao Código Rural; Teilhard encerrou secamente o debate: "A obrigação de tolerar a delimitação é uma servidão." Percebe-se a influência da concepção jusnaturalista: a propriedade, concebida como direito natural supralegislativo, é ferida por qualquer regra que a organize. A partir do século XIX, alguns autores, entre os quais Aubry e Rau, recusaram-se a incluir as obrigações de vizinhança no estudo das servidões e analisavam o muro comum num título denominado "Apêndice à propriedade", dedicado às diferentes formas de propriedade comum. Hoje Ph. Malaurie e L. Aynès arrolam o muro-comum no estudo da vizinhança, no subtítulo "Limites da vizinhança", denominação mais próxima do espírito das regras do que a palavra "servidões". A jurisprudência apagou o dogmatismo aparente do Código Civil francês: "A comunhão é um direito que duas pessoas gozam em comum, não uma servidão" (art. 653 C. C. 1. *Nature juridique de la mitoyenneté*). Já o próprio Teilhard, que se apegava tanto à qualificação de servidão, reconhecia, a respeito das opiniões sobre a propriedade do vizinho, que o muro comum "é uma propriedade comum", e vários artigos do código mencionam o "coproprietário". A definição jurisprudencial faz o muro comum passar da servidão, com tudo o que esta contém de negativo em termos psicológicos e jurídicos, à noção de propriedade que, embora compartilhada, portanto limitada, é fortemente positiva. A organização consuetudinária do muro comum, amplamente retomada pelo Código civil francês, não expressa exatamente esse estado de espírito, mas o prepara. O muro comum, somado à obrigação de murar, nas cidades, é, acima de tudo, considerado do ponto de vista da ordem pública. Ele é o obstáculo material mais eficiente para os conflitos entre vizinhos. Para os autores antigos, essa constatação justifica o caráter obrigatório da delimitação por meio de muro comum. Mas o muro, depois de construído, tem vida própria. Ele é o encontro frontal, forçado ou voluntário, de dois direitos de propriedade; torna-se então um lugar de ajuste pragmático do direito, num contexto societário ao qual subjaz a regra de não prejudicar o próximo.

Muro comum, elemento da ordem pública

Argou (jurista do século XVII) observa: "A invenção do muro comum é muito útil [...] para impedir que os vizinhos se prejudiquem mutuamente e para a manutenção da ordem." Em vista da preocupação com a ordem pública, na maioria das costumagens proliferavam prescrições sobre todos os aspectos da vizinhança, sobretudo o muro comum, mas também aberturas para vistas, passagens, plantações etc. Coquille (século XVI) regozija-se com a intervenção da regra obrigatória: "Embora, segundo as regras vulgares, cada um possa fazer em sua propriedade o que bem entender, as costumagens, considerando que os direitos urbanos, que conservam a sociedade dos homens, devem ser preferidos aos interesses ou à vontade dos particulares, criaram várias leis [...]." Essa visão cívica e imperativa das relações de vizinhança é especialmente ilustrada pela organização minuciosa da comunhão. Em numerosas regiões, o costume impunha, na cidade, a copropriedade do muro de divisa, obrigando assim dois proprietários a entender-se, nas fronteiras de seus domínios, acerca de 50 a 60 cm destinados à administração solidária. O muro comum do direito consuetudinário não evita os conflitos, mas elimina grande número deles e regula os outros em termos de associação. A indivisão forçada pode nascer por três procedimentos:

Presunção de comunhão

Em Paris, onde a proximidade dos imóveis sempre deu origem a inúmeros conflitos, o costume logo adotou a regra: "Na cidade todo muro é comum, salvo prova em contrário." De modo mais geral, o direito consuetudinário decidia que "quando não se sabe por que e à custa de quem" um muro de divisa foi construído, presume-se que ele seja comum. A importância das consequências da presunção levou à estrita regulamentação dos sinais de não comunhão, visto que a prova contrária só podia ser apresentada por meio de certos procedimentos que foram retomados pelo Código Civil.

Cessão obrigatória da comunhão

O proprietário que, na cidade, se fecha com um muro construído na sua divisa é proprietário exclusivo desse muro, mas a maioria das costumagens, com exceção da do Sul, mais ligada à visão romana da propriedade, o obrigam a ceder a metade indivisa ao vizinho que a reclamar, contra reembolso da metade das despesas e do valor do terreno avaliado no dia da cessão. Na concepção exclusivista, há aí uma espécie de desapropriação. Na concepção consuetudinária, a recusa a ceder a metade indivisa do muro é "uma malícia, contrária aos deveres de amizade que os vizinhos se devem entre si" (Pothier). Em direito consuetudinário, as margens da propriedade sempre têm uma zona de tolerância para a invasão do outro. Na Alta Idade Média, a lei dos visigodos permitia que os pastores ambulantes deixassem seus animais pastar às margens das pastagens ao longo das estradas. Loysel lembra, no século XVI, um velho uso que os transeuntes aplicam hoje instintivamente: "Tudo o que chega à sebe é tomadia."

O fechamento forçado nas cidades

Grande número de costumagens organiza o fechamento forçado das divisas nas aglomerações urbanas: o proprietário pode obrigar o vizinho a construir um muro de separação, com divisão dos custos. Às vezes a costumagem não exige que o vizinho participe da construção (talvez ele não tenha recursos financeiros para tanto), mas o obriga a ceder metade do terreno necessário. O muro assim edificado, em parte sobre o terreno alheio, é propriedade exclusiva de quem o construiu, mas o vizinho sempre pode adquirir a copropriedade reembolsando a metade dos custos.

Comunhão, exercício obrigatório de solidariedade

A influência dos canonistas e da moral cristã, mas também da noção de ordem pública, inspiram a regra consuetudinária que determina como limite para o uso da propriedade o prejuízo causado a outrem. Não se fala de abuso de direito, noção subjetiva pouco sentida, mas "do respeito ao pacto de sociedade". Esse respeito não é apenas exigido dos proprietários; várias costumagens, entre as quais a de Paris, empenham a responsabilidade dos pedreiros responsáveis pelas obras de um muro comum, sem que se confirme que o proprietário vizinho tenha sido bem informado. Prejudicar o próximo é coisa vista como perturbação social; é, ao mesmo tempo, ferir a Deus e perturbar a paz. Coquille observa: "Cada habitante, por cortesia e boa vontade, não deve fazer nada que possa prejudicar o vizinho, o que não é direito de servidão, mas direito de cidadania no qual cada um deve viver em amizade e união." A atenção dada ao direito de outrem, que caracteriza o conjunto do direito consuetudinário, é elemento intrínseco da propriedade do antigo direito francês. A Corte de Cassação, em algumas de suas decisões, parece adotar esse ponto de vista consuetudinário (G. Goubeais, *JCP*, 1973, II, 17.491). A influência do direito romano, que considera que quem age no seu direito não pode fazer mal juridicamente, ainda que seu ato cause prejuízo a outrem, logo levou alguns autores a reduzir o limite imposto aos poderes do proprietário apenas à hipótese em que ele tenha agido com a intenção de prejudicar. A costumagem de Paris, artigo 195, autoriza cada proprietário a elevar o muro comum "tanto quanto lhe aprouve" sem precisar justificar utilidade, e Bourjon lembra que a liberdade de "elevação" do muro comum só é limitada pela "malícia" do objetivo buscado. No entanto, a velha ideia consuetudinária que rejeita incondicionalmente o exercício nocivo da propriedade continua dominante, e é lembrada com insistência por Pothier: "O proprietário de uma herdade, por mais perfeito que seja seu direito de propriedade [...], não pode fazer em sua herdade o que as obrigações nascidas da vizinhança não lhe permitam fazer." Cada um pode utilizar o muro comum, mas "deve usá-lo como bom pai de família". Os tribunais do século XIX encontrarão na posição consuetudinária os fundamentos da jurisprudência sobre aquilo que a doutrina chamará mais tarde de abuso de direito, mas o Código Civil francês retomou (art. 658) a solução parisiense do poder ilimitado do coproprietário em matéria de elevação, poder um tanto temperado pela jurisprudência.

Quanto ao funcionamento da comunhão, obedece ao espírito comunitário. O direito consuetudinário se recusa, assim, a aplicar ao muro comum a regra romana "*superficies solo cedit*" que dividiria idealmente o muro em duas partes, cada uma atribuída exclusivamente a cada um dos proprietários. Pothier rejeita a aplicação da regra romana: "As duas partes são inseparáveis e formam um único indivíduo." Disso resulta que o muro é mantido em comum (o coproprietário pode exonerar-se dessa obrigação abandonando sua metade) e cada um pode utilizá-la desde que não cause prejuízo ao outro. O Código Civil francês retoma a solução consuetudinária da copropriedade indivisa, mas no século XIX alguns autores contestarão a análise: "A verdadeira linha de separação [...] está na metade do muro" (Toullier). A solução comunitária já não parece contestada hoje.

➤ ATIAS C., *Droit civil, les biens*, t. I, Litec. – COQUILLE G., *Les œuvres de Maistre Coquille*, t. II: *Institution au droit des français*, ed. 1666. – MALAURIE Ph. & AYNÈS L., *Droit civil. Les biens, la publicité foncière*, 4ª ed. por Ph. Théry, Cujas.

Anne-Marie PATAULT (†)

→ Abuso de direito; Direito consuetudinário na França; Lei das XII Tábuas.

COMUNICAÇÃO

Introdução: três metáforas, três visões do mundo

Apresentaremos aqui, sucessivamente, nosso método, que pretende captar a totalidade dos fenômenos e dos domínios mais heterogêneos das comunicações, identificando-os com três metáforas fundadoras que remetem a três visões do mundo (L. Sfez, *Critique de la communication*, Le Seuil, 3ª ed. 1992).

Representar, ou a máquina. – Primeira atitude, a mais clássica: diante da constatação da tecnologia, recorre-se ao discurso da razão; há primado do sujeito. O homem permanece fundamentalmente livre em relação à técnica. Ele a usa, mas não é sujeitado por ela. Predomina a preposição *com*. É *com* a técnica que o homem realiza as tarefas que ele determina, continuando senhor das atividades cujos meios foram por ele pensados. Trata-se da metáfora da "máquina de comunicar-se" com o mundo: a máquina é exterior ao homem, e ele a usa para dominar as forças da natureza. Falar da comunicação como de um mecanismo enseja uma série de posições referentes aos sujeitos que supostamente a utilizam, tanto quanto (e por implicação) certa ideia daquilo que é uma máquina. Máquina é objeto. O sujeito está separado dela; ele a utiliza e a domina. Está salvo. Existe aí coincidência total de duas teorias clássicas: da representação e da comunicação. Ambas baseiam-se numa tripartição. A comunicação, com efeito, impõe a distinção emissor-receptor e introduz um canal entre eles. A representação recorre a um representante e um representado, ligando-os por meio de um mediador, que está voltado, de um lado, para o mundo objetivo e, de outro, para o signo ao qual corresponde. Resultado: são atribuídos poderes consideráveis e exclusivos às mídias nos dois casos. O receptor da mensagem só pode registrar a realidade objetiva transportada pelo canal. O representante tem, sozinho, o poder de garantir a objetividade.

Expressar, ou o organismo. – Neste caso, os objetos técnicos são nosso ambiente "natural", pois estamos sujeitados à visão do mundo que eles induzem. Nessa organização em que somos parte de um todo, o que conta é detectar os intercâmbios possíveis e analisar o papel dos elementos que formam esse todo chamado universo. Prepondera a preposição *em*. *Em* um mundo feito de objetos técnicos, o homem deve contar com a organização complexa de hierarquias a que se submete. Ele está "lançado no mundo" técnico que se torna sua natureza. A ideia de domínio apaga-se para dar lugar à ideia de adaptação. Ao utilizar a preposição "em", o homem se insere num outro modelo, o do *organismo* que reflete uma relação interna entre as partes e o todo. A mídia já não é a personagem à parte, tradutora do mundo objetivo para um receptor passivo. A mídia está no mundo, assim como o receptor, assim como o mundo está na mídia e no receptor. Cada um é capaz de ser sua própria mídia. Cada um é *subjetivamente objetivo* em sua grande atividade de casamento com o mundo. Comunicação democrática ao alcance de todos.

Confundir, ou Frankenstein: o tautismo. – Frankenstein é uma metáfora, e o "tautismo" é seu conceito. Metáfora e conceito que correspondem a uma terceira atitude: predomina a constatação tecnológica. O sujeito só existe pelo objeto técnico que lhe designa os limites e lhe determina as qualidades. Aqui, prevalece a preposição "por". *Pela* técnica o homem pode existir, mas não fora do espelho que ela lhe oferece. O terceiro modelo metafórico é aquilo que chamamos aqui de *Frankenstein*. É por meio dessa metáfora que se constitui o rosto do homem. Seu duplo o revela a si mesmo. Aplicado à comunicação, esse sistema redunda na confusão total entre emissor e receptor. É a isso que dou o nome de "tautismo", neologismo que contrai autismo e tautologia, ao mesmo tempo que evoca totalidade e totalitarismo. Tais são as três metáforas constitutivas do conjunto do fenômeno comunicacional. Elas se identificam com três visões do mundo e três políticas muito atuais: "Comunicação representativa"; "Comunicação expressiva"; "Comunicação confusionista".

Comunicação representativa

Pode-se afirmar que as teorias clássicas da comunicação e da representação coincidem. A comunicação distingue um emissor e um receptor ligados por um canal, tripartição que se encontra na teoria clássica da representação, que distingue um mundo objetivo por representar e o mundo efetivamente representado, interligados por um mediador. Nos dois casos, atribuem-se poderes consideráveis ao elo intermediário, mediador, representante legal, midiático. Vimos que a comunicação representativa tem a máquina como metáfora. Uma imagem forte dessa máquina comunicativa chama-se "bola de bilhar". Não somos nós, humanos, apenas uma bola de bilhar num circuito? O famoso debate entre Descartes e La Mettrie ilustra essa questão. E assim somos introduzidos nas grandes discussões teóricas sobre a inteligência artificial – modo essencial de comunicação do homem consigo mesmo, cujas bases estão muito enraizadas –, inteligência artificial representativa para a robótica psiquiátrica e para as teorias mecanicistas da comunicação de massas. As correlações e relações entre a teoria clássica da comunicação e a teoria clássica das organizações são evidentes.

Representação, primeira definição da comunicação. – A comunicação, aí, é a mensagem que um sujeito emissor envia a um sujeito receptor por um canal. O conjunto é uma máquina cartesiana concebida com base no modelo da bola de bilhar que tem uma trajetória e um impacto sempre calculáveis sobre o receptor. Causalidade linear. Sujeito e objeto continuam separados e bem reais. A realidade é objetiva e universal, exterior ao sujeito, que a representa. A representação é a única maneira de garantir a realidade do sujeito e a realidade da natureza. A representação garante a coincidência destas.

Comunicação expressiva

Paralelamente à concepção da comunicação representativa, existe, há muito tempo, outra concepção da comunicação: a comunicação expressiva. Nesta, já não há emissor, canal e receptor, já não há bola de bilhar, causa e efeito, com sucessões e hierarquias estanques, signos que representam. Ao contrário, nela tudo é dado de saída. O efeito está na causa. Hierarquias talvez, mas imbricadas umas nas outras, tão bem que não se sabe distinguir o que é base e o que é ápice. Sujeito e objeto estão ligados, mas por níveis. Reina a metáfora do organismo. Ela ganha o nome de Criatura, tão apreciado por Gregory Bateson, que nos introduz nas ideias da chamada Escola de Palo Alto, na auto-organização, no conexionismo, ou versão expressiva da inteligência artificial, nas comunicações de massas expressivas e nas concepções organísmicas da nova ciência das organizações.

Expressão, segunda definição da comunicação. – Aqui já não há envio de uma mensagem calculável por um sujeito emissor a um objeto receptor. A comunicação é inserção de um sujeito complexo num meio, também complexo. O sujeito faz parte do meio, e o meio faz parte do sujeito. Causalidade circular. Ideia paradoxal, de que a parte está num todo que é parte da parte. O sujeito continua, mas desposou o mundo. Par sujeito/mundo, em que os dois parceiros não perderam totalmente a identidade, mas praticam trocas incessantes. A realidade do mundo já não é objetiva, mas faz parte de mim. Ela existe... em mim. Eu existo... nela. Já não há necessidade de representação e de seus limites. Apelo à expressão no modo espinosista. Exprimo o mundo que me exprime. O sujeito global é o mundo natural. Mas o indivíduo não perdeu seus direitos: assim como no esquema espinosista, ele deve fazer o enunciado correto, situar-se corretamente no mundo para suscitar encontros corretos com ele.

Comunicação confusionista

Por muito tempo a comunicação representativa exerceu seus direitos, de modo dominante, sendo atenuada – sempre que seus excessos a enfraqueciam – pela comunicação expressiva. Um pouco de festa, de comunhão e fusão vinham atenuar a frieza do legalismo burocrático, nacional e abstratamente patriótico.

É essa combinação pragmaticamente dosada que chamei de "política simbólica" em *L'Enfer et le paradis* e "gestão tradicional da comunicação" em *Critique de la communication* (L. Sfez, *La Politique symbolique*, PUF, 1993). Ora, essa política simbólica desmoronou, essa gestão tradicional hoje está desagregada. Aconteceu o pior, o inaudito, o inconcebível. Em vez de se compensarem, o representativo e o expressivo tendem a identificar-se. Toma-se o representar pelo expressar, e o expressar pelo representar: comunicação confusionista. Doença da confusão, que chamo de "tautismo". O tautismo e suas manifestações nas comunicações de massa confusionistas, na terapia MAO, em publicidade, marketing e pesquisas, nas tecnologias do espírito e em ciência cognitiva e seu lugar na república computática constituem os elementos da comunicação confusionista.

Confusão, terceira definição da comunicação. – Somem a mensagem, o sujeito emissor e o sujeito receptor. Estão suprimidas a realidade do sujeito, a realidade do mundo, portanto a realidade interativa dos indivíduos. Está eliminada qualquer referência à representação cartesiana que propõe a distância entre sujeito e objeto. Também eliminada toda e qualquer referência à expressão espinosista, à delicada inserção de um sujeito complexo num meio complexo. Aqui, a comunicação já não passa de repetição imperturbável do mesmo (tautologia) no silêncio de um sujeito morto, ou surdo-mudo, encerrado em sua fortaleza interior (autismo), captado por um grande Todo que o engloba e dissolve até o menor de seus átomos paradoxais. Dou a essa totalidade sem hierarquia, a esse autismo tautológico o nome de tautismo, neologismo que condensa totalidade, autismo e tautologia. A comunicação ocorre do si para o si, mas de um si diluído num todo. Essa comunicação, portanto, é de um não si para um não si.

Contra a comunicação confusionista: a interpretação

O senso comum, ou o tornar comum, intervém duas vezes na compreensão das palavras trocadas. Na primeira vez, com a comunhão de linguagem. Falamos a mesma língua (léxico, gramática e significação). Na segunda vez, quando o interpretante atua para tornar comum o sentido: "O que você quer dizer? Não é o que ele quis dizer?" Nesses casos, os sentidos poderão ser numerosos, e a exegese, interminável. Pressupostos e subentendidos estão em ação no senso comum, e o "Dizer" se situa atrás do "Dito". No silêncio do dizer sobre o qual se funde o dito, podemos, portanto, encontrar matéria para resistir ao *tautismo*: à *totalização* por soma de saberes explícitos que logo conduz ao totalitarismo universalizante, à *tautologia*, que é patinhagem do sentido, pois às palavras trocadas vai inventando suas próprias conveniências, ao *autismo*, enfim, pois nenhum discurso pode ser solitário, nem mesmo pode ser feito a dois apenas, num intercâmbio biunívoco, em que um é espelho do outro: é preciso essa assembleia de jogadores que cerca os parceiros com sua presença invisível e serve de anteparo ao narcisismo.

› SFEZ L., *Critique de la communication*, Paris, Le Seuil, 1ª ed., 1988; 3ª ed., 1992; *La Communication*, Paris, PUF, "Que sais-je?" 1ª ed., 1991; 5ª ed., 1999; *Dictionnaire critique de la communication* (2 vol.), Paris, PUF, 1993. – DAYAN D. & KATZ E., *De La Télévision cérémonielle*, Paris, PUF, 1996. – MOSSO P., *Télécommunications et philosophie des réseaux*, Paris, PUF, 1ª ed., 1997; 2ª ed., 1998.

Lucien SFEZ

→ Decisão; Imprensa; Mediação; Rádio e televisão; Representação.

CONCORRÊNCIA

A concorrência, definida desde o século XVI como rivalidade, competição, pode ser percebida, por esse motivo, como fator de desordem. Opõe-se à ordem de uma economia planejada, ordenada, dirigida. Ainda está longe de ser admitida por todos como um modo benéfico de organização, no qual a iniciativa descentralizada dos agentes econômicos, agindo na oferta ou na demanda de bens e serviços, pode garantir maior eficácia na alocação dos recursos da coletividade (relatório do Conselho da Concorrência para 1997, p. XXIX). Contudo, é essa a razão pela qual o direito diligencia em preservar a livre concorrência, não só no âmbito do direito da concorrência, para prevenir e punir práticas cartelistas ou restritivas à concorrência, mas também, de modo mais amplo, para permitir que esta desempenhe seu papel de otimização da utilização dos recursos raros, sempre que isso seja possível. No entanto, embora seja hoje vista como princípio de liberdade, devendo ser protegida como tal, a concorrência pode ser simultaneamente um obstáculo ao exercício de certas liberdades e, por isso, deve ser descartada sempre que se imponha o cumprimento de certas missões de interesse geral. Essa ambivalência entre concorrência e interesse geral – em que este ora se alimenta dela, ora é por ela contrariado – tem sido percebida sobretudo desde que o direito público parece ter sido "assumido" pela concorrência, sendo possível, também legitimamente, ressaltar o movimento inverso da concorrência assumida pelo direito público.

Concorrência no direito econômico

A concorrência está no cerne da economia de mercado, à qual se faz referência no artigo 4º do tratado que instituiu a Comunidade Europeia: o "princípio de uma economia aberta de mercado, com livre concorrência" nele é expressamente consagrado na versão oriunda da revisão de Maastricht. Por outro lado, o artigo 2º preconiza "alto grau de competitividade", e o artigo 3º enuncia, entre as missões da Comunidade, o estabelecimento de um "regime capaz de garantir que a concorrência não seja desvirtuada no mercado interno". Os artigos do tratado relativos às regras de concorrência, amplamente influenciados pela Alemanha, por sua vez marcada pela experiência americana do direito antitruste desenvolvido desde o século XIX, naturalmente desempenharam papel relevante na evolução das políticas da Comunidade Europeia e, por isso mesmo, das políticas nacionais ao longo dos últimos quarenta anos, com um movimento de aceleração há uma década.

Como a concorrência não é um fenômeno espontâneo, visto que a livre concorrência sempre tende a autodestruir-se, suas regras têm em vista, em primeiro lugar, combater a cartelização – ou seja, todos os acordos expressos ou tácitos ou todas as práticas adotadas por acordo que tenham por objetivo ou efeito impedir, restringir ou desvirtuar a concorrência, sobretudo por meio de preços uniformes ou coordenados, ou então de acordos de partilha dos mercados (na Europa, às vezes qualificadas de cláusulas "francesas", pois as empresas francesas observariam essa prática, nem sempre conscientes de seu caráter ilícito). Quanto às situações de domínio, não são proibidas em si; o que se proíbe é o abuso da posição dominante, quer se trate de práticas discriminatórias ou de quaisquer outros comportamentos capazes de fazer que uma empresa em posição dominante aumente sua capacidade de influenciar o mercado ou de comportar-se de modo autônomo em relação às reações dos outros agentes do mercado. Assim, práticas lícitas, por parte de empresas que não estão em posição dominante, tornam-se abusivas, portanto ilícitas, quando adotadas por empresas dominantes. Basta citar o exemplo dos descontos de fidelidade, que não são proibidos em si mesmos, mas se tornam ilícitos quando têm por efeito a maior dificuldade de entrada de novos concorrentes num mercado.

Sabe-se muito bem que a redação do regulamento de 1º de dezembro de 1986, no direito francês da concorrência, inspirou-se em grande parte no direito comunitário da concorrência, cujas disposições às vezes são quase idênticas às do regulamento de dezembro de 1986, relativas à liberdade dos preços e da concorrência, hoje integradas no novo Código de Comércio francês. No entanto, muitas vezes o direito francês da concorrência precedeu o direito comunitário, em se tratando do controle das concentrações, organizado na França desde uma lei de 19 de julho de 1977, ao passo que só no fim de 1989 foi criado um regulamento comunitário sobre o controle das concentrações, até então vistas apenas do ângulo dos abusos estruturais de posição dominante. Por muito tempo, o controle francês das concentrações dependerá, porém, de uma "política da concorrência", mais que de um direito da concorrência, visto que o poder de apreciação do ministro parecia pouquíssimo enquadrado por um controle jurisdicional quase inexistente até há alguns anos. Só com a Lei de 15 de maio de 2001, relativa às novas regulamentações econômicas, ocorrerá uma nítida aproximação entre as técnicas aplicadas em direito francês (notificação obrigatória dos projetos de concentração, além de certos limiares, em especial) e as técnicas do direito da Comunidade Europeia.

É verdade que os direitos nacionais não haviam esperado, evidentemente, o direito comunitário para preocupar-se em garantir a segurança e certa transparência nas transações comerciais, bem como para punir as práticas de concorrência desleal. Essa preocupação não é estranha às regulamentações surgidas na França já durante o Antigo Regime, com o objetivo de garantir a qualidade das mercadorias, com o risco, é verdade, de paralisar o estado dos produtos e das tecnologias em certo estágio de desenvolvimento. O departamento de repressão das fraudes foi criado, no início do século XIX, como parte do Ministério da Agricultura, e essa administração não cessará de desenvolver-se no interior de um grande Ministério do Comércio, dos Trabalhos Públicos e da Agricultura, sendo cada um desses departamentos transformado em ministério distinto a partir de 1886. Quanto à abundante jurisprudência relativa à concorrência desleal, será construída a partir do século XIX, com base no artigo 1.382 e seguintes do Código Civil francês. Embora se assegure a lealdade das relações entre produtores ou comerciantes concorrentes por essa via, é preciso que estes possam ter acesso ao mercado para começar a estabelecer entre si relações de concorrência. Ora, o direito francês durante muito tempo levou muito longe a preocupação com a segurança, chegando ao protecionismo, com a criação de barreiras à entrada no mercado, no âmbito das chamadas profissões regulamentadas e, de modo mais radical, nos setores contemplados por monopólios organizados por lei. Tais monopólios foram previstos não só para pólvora e explosivos, correio, telégrafo, telefone e todos os setores nos quais haja razões para considerações de segurança nacional, mas também para eletricidade, transporte ferroviário, linhas de transporte aéreo e, durante algum tempo, todos os estabelecimentos bancários e creditícios de alguma importância.

Esse aspecto do direito francês, para o qual a concorrência era um fator de desordem que devia ser eliminado pela intervenção dos poderes públicos, durante os últimos anos foi profundamente questionado sob a influência do direito comunitário que, conforme se lembrou, apresenta a liberdade de concorrência como princípio, mesmo admitindo, é verdade, que ele pode ser derrogado por razões ligadas às necessidades de cumprimento de missões de interesse geral.

Concorrência como princípio de liberdade

Um princípio de liberdade econômica, de alcance limitado, fora incidentemente consagrado em direito francês pela Lei de 2-17 de março de 1791, com o nome de "decreto de Allarde", na origem um simples texto fiscal que enunciava que, "a contar de 1º de abril próximo, toda e qualquer pessoa estará livre para praticar o negócio, a arte ou o ofício que considerar conveniente [...], mas caber-lhe-á a obrigação de obter antes uma patente e de pagar o seu preço, de acordo com as taxas abaixo determinadas" etc. Nisso se verá a consagração de um princípio de liberdade de acesso ao mercado, porém com alcance limitado, pois essa liberdade deve limitar-se não só às restrições legislativas que sobre ela incidam, mas também às restrições impostas por via regulamentar, desde que estas se enquadrem nos objetivos definidos pela lei; além disso, o setor econômico interessado parece ter sido, de alguma maneira, subtraído ao princípio de liberdade, considerando-se a amplitude das limitações legislativas já vigentes, por exemplo em matéria de viticultura (CE, 28 de outubro de 1960, *Martial de Laboulaye*, *AJDA*, 1961, p. 20, concl. Heumann). No entanto, uma jurisprudência clássica do Conselho de Estado francês não fazia desse princípio uma leitura "liberal" no sentido próprio, pois consagrava um princípio de interdição, e não de liberdade, sendo redutora por considerar que as coletividades públicas deviam ser subtraídas do campo dessa liberdade para evitar que as pessoas privadas fossem submetidas a uma concorrência, considerada necessariamente desequilibrada, por parte de coletividades públicas. Reconhece-se aí uma jurisprudência destinada a confinar o fenômeno conhecido como "socialismo municipal", que via com grande desconfiança as iniciativas tomadas pelas coletividades locais no domínio econômico, em nome de uma liberdade do comércio e da indústria concebida como algo que impedia – salvo justificações particulares – que as coletividades públicas se dedicassem pessoalmente a atividades capazes de entrar em concorrência com as das pessoas privadas.

Num outro campo, a jurisprudência administrativa às vezes se referia a um princípio de "livre concorrência", no âmbito do direito dos mercados públicos, para censurar os comportamentos de uma coletividade pública que atentava contra a liberdade de acesso aos mercados públicos ou contra a igualdade de tratamento entre os licitantes. Só recentemente o Conselho de Estado francês concedeu um alcance mais amplo ao princípio de liberdade da concorrência, distinguindo-o nitidamente do princípio da liberdade do comércio e da indústria. Essa evolução já se esboçara numa sentença de 1º de abril de 1998, "Union hospitalière privée" (Rec., p. 114) e se desenvolverá mais com as decisões e pareceres do Conselho de Estado de 16 de outubro de 2000, *Compagnie méditerranéenne d'exploitation des services d'eau*, e de 8 de novembro de 2000, *Société Jean-Louis Bernard Consultants*. Fica claro então, segundo palavras da representante do governo, Sra. Bergeal, que "o direito de intervenção econômica pública, que se baseava num princípio de não concorrência entre as atividades públicas e privadas, agora procura um novo fundamento no princípio de igual concorrência entre os agentes econômicos atuantes no mercado, quer seu estatuto seja público ou privado". Ressalta-se então que esse "princípio de liberdade da concorrência", consagrado como tal, "decorre sobretudo do regulamento de 1º de dezembro de 1986", mas está claro que ele tem, na realidade, um fundamento mais amplo, parcialmente extraído das disposições do direito comunitário.

A concorrência como obstáculo às liberdades

O acesso de todos a certo número de serviços essenciais é, em si mesmo, uma forma de liberdade, ou condiciona o exercício de liberdades fundamentais. Isso é evidente não só para o acesso à educação e aos serviços de saúde, mas também vale para certo número de serviços de caráter econômico, tais como os de fornecimento em rede. Que seria hoje da liberdade de comunicação sem o acesso ao telefone e aos serviços postais? Como exercer os direitos essenciais de todo ser humano sem água, iluminação fornecida pela eletricidade e sem um mínimo de meios de transporte? Essas considerações às vezes levaram a questionar com veemência a primazia aparentemente conferida pelo direito comunitário às regras de concorrência. A liberalização de certo número de setores econômicos, considerados na França como constitutivos de serviços públicos, era vista como capaz de atentar, em nome da liberdade da concorrência, contra as liberdades fundamentais, para cujo exercício (na qualidade de "liberdades reais", além de sua consagração formal) a organização dos serviços públicos era vista como condição essencial. Esse mal-entendido só foi esclarecido com uma leitura mais atenta das disposições do Tratado, feita tanto pelos detratores da abertura para a concorrência quanto pela Comissão Europeia, que lhe servira de instrumento, e sobretudo pela Corte de Justiça das Comunidades Europeias. Esta só começou a conferir-lhe real alcance na primeira metade dos anos 1990 com as disposições do artigo 90, parágrafo 2º, do Tratado (que veio a ser o artigo 86.2 CE), que, é verdade, pode receber dupla leitura. Ao enunciar que as disposições do Tratado, inclusive as regras de concorrência, são aplicáveis mesmo às empresas encarregadas da gestão de serviços de interesse econômico geral, ele pode ser analisado como algo que marca a primazia das regras de concorrência mesmo nessas hipóteses. Mas, quem der maior peso ao fim do texto deverá ressaltar que as regras de concorrência só se impõem "nos limites nos quais a aplicação dessas regras não ponham em xeque o cumprimento, de direito ou de fato, da missão particular que lhe foi delegada". A Corte de Justiça, nas sentenças *Paul Corbeau*, de 19 de maio de 1993, e *Commune d'Almelo*, de 27 de abril de 1994, julgou que as regras de concorrência podem ser invalidadas, com esse fundamento, sempre que isso pareça necessário para garantir o equilíbrio econômico de um serviço de interesse geral, quer se trate do serviço postal, no primeiro exemplo, quer da distribuição de eletricidade, no segundo caso. Obviamente, essa primazia da consideração das missões de interesse geral sobre as regras de concorrência só pode ser levada em conta se parecer efetivamente necessária para o cumprimento dessas missões, o que supõe, em primeiro lugar, que seja definida a especificidade do conteúdo das missões de interesse geral e que seja estabelecido que o mesmo serviço não pode ser obtido pelo simples jogo das regras do mercado. Essa prova não se baseia unicamente nos Estados que invocam essas disposições. A própria Comissão Europeia, se considerar que há inobservância das disposições do Tratado, deve estabelecer que os mesmos objetivos de interesse geral podem ser atingidos sem que se atente de maneira tão profunda contra a livre concorrência, como, por exemplo, pela instituição de um monopólio (CJCE, 23 de outubro de 1997, *Commission c/ France*). Mesmo na ausência, em direito interno, de uma disposição equivalente ao artigo 86.2 CE, essa conciliação entre regras de concorrência e missões de interesse geral e até a afirmação da primazia destas sobre aquelas já se delineia na jurisprudência administrativa francesa.

A concorrência contemplada pelo direito público

Embora o juiz administrativo francês, já em 1996, tenha procedido à anulação de um decreto que conferia direito exclusivo a um fundo de pensão, o que o punha em condições de explorar de modo abusivo sua posição dominante, no sentido das regras de concorrência do Tratado (CE, Seção, 8 de novembro de 1996, *FFSA*), foi só a partir de 1997 que ele concordou em examinar meios extraídos do mau conhecimento das regras do regulamento de 1986, sem que eles fossem considerados inoperantes (CE; Seção, 3 de novembro de 1997, *Société Milion et Marais*). O ingresso dessas regras no campo da legalidade administrativa conduzirá a alguma espécie de "reformulação" do direito administrativo, como já se temeu?

Parece possível deduzir das primeiras indicações da jurisprudência que o atentado às regras de concorrência só será levado em conta quando, por um lado, decorrer necessariamente do ato em causa e, por outro, não existir nenhuma consideração de interesse geral suficiente para justificá-la. Afora essas hipóteses, que deveriam ser raras, é provável que a eventual referência feita às regras de concorrência só ressaltará melhor, finalmente, a primazia dada às considerações de interesse geral. A sentença do Conselho de Estado de 26 de março de 1999, *Société Eda*, referente a um ato de uma autoridade administrativa donatária de um imóvel estatal e ao parecer do Conselho de Estado, no âmbito de suas atribuições contenciosas, de 22 de novembro de 2000, *Société L&P Publicité*, a propósito da política de publicação, decerto chamou a atenção pela referência feita às regras de concorrência, que as autoridades administrativas devem, "além disso", levar em conta, a fim de apreciar as consequências eventuais de seus atos sobre a situação das empresas interessadas. Parece previsível, porém, que as primeiras considerações examinadas pela autoridade administrativa serão as de interesse geral, do interesse do domínio ou a da proteção da ordem pública. Ora, ainda não é certo que o juiz administrativo francês terá o cuidado de definir de modo um pouco mais preciso do que o tradicional o conteúdo dessas finalidades de interesse geral, mesmo e quando concluir que elas sobrepujam o eventual atentado às regras de concorrência alegada pelos requerentes. Esta seria uma possível virtude da introdução das regras de concorrência no campo da legalidade administrativa: um enriquecimento bem-vindo do conceito de interesse geral graças ao maior esforço dos juristas para definir com mais precisão o seu conteúdo, desde que se justifique, se necessário, que foram lesadas as regras de concorrência.

➤ BOUTARD-LABARDE M.-C. & CANIVET G., *Droit français de la concurrence*, LGDJ, 1994. – BRAULT D., *Droit et politique de la concurrence*, Economica, 1997. – GENESTE B., *Droit communautaire de la concurrence*, Vuibert, 1993. – LUCAS DE LEYSSAC C. & PARLEANI G., *Droit du marché*, PUF, 2002. – SOUTY F., *Le Droit de la concurrence de l'Union européenne*, Montchestien, 1997.

Ver também: DUMEZ H. & JEUNEMAITRE A., *La Concurrence en Europe*, Le Seuil, 1991. – VOGEL L., *Droit de la concurrence, la pratique en 500 décisions*. Éditions du Jurisclasseur, 1997.

Martine LOMBARD

→ Direito comunitário; Direito público da economia.

CONDUTAS SOCIAIS

Se aceitarmos a definição geral de que os usos designam as maneiras de viver, de ser e de sentir dos membros de uma sociedade em dado momento de seu desenvolvimento histórico, a questão que se colocará imediatamente será a da compatibilidade dessas condutas sociais com a exigência do "governo dos homens", expressão com a qual nos referimos à preocupação de Montesquieu, expressa no título do Livro XIX do *Espírito das leis*: "Leis, na relação que elas têm com os princípios que formam o espírito geral, as condutas sociais e as maneiras de uma nação." Como situar o direito em relação às condutas sociais, que grau de autonomia e que poder deve ele reivindicar perante um fenômeno de "evolução das condutas sociais", acompanhado por uma mudança no modo de produção das normas?

Condutas sociais como fato ou como norma

A questão das condutas sociais está no cerne de uma tensão entre preocupação positiva e preocupação normativa. Conforme lembra François Bourricaud, já se encontra vestígio disso na dupla significação frequentemente atribuída ao próprio fenômeno (F. Bourricaud, 1985). Para esse autor, as condutas sociais são uma maneira de ser, fazer, sentir, pensar, portanto algo da ordem do fato social, daquilo que caracteriza os membros de dada sociedade, algo que pode ser constatado, descrito. Mas atrás das condutas sociais desponta a preocupação com os "bons costumes", ou seja, com aquilo que diz respeito às "regras de vida", às "condições da vida virtuosa e razoável", que concorrem para a manutenção da ordem social. Exatamente por isso uma "ciência das condutas sociais" não terá o mesmo sentido para os sociólogos, para os moralistas ou para os juristas. Para os primeiros, ela visa ao "conhecimento científico da realidade social" (B. Valade, "Aux origines de la science des mœurs: les enseignements de la civilité", *L'Année sociologique*, vol. 43, 1993, p. 29). As transformações das condutas sociais constituem aí um assunto de interesse que não se refere ao dever-ser, mas à procura de sentido que convém dar à mudança social. "Nossa economia afetiva modificou-se ao longo dos séculos", em conformidade com a ideia de que nossa "civilidade" é um construto social inserido no "processo de civilização" (N. Elias, *La Civilisation des moeurs*, Calmann-Lévy, 1973). Do mesmo modo, admite-se que "as condutas sociais se diversificam, pois as práticas e as relações já não estão submetidas a normas fortes [...] cada um [pode] inventar cada dia um novo modo de ser ou de fazer" (*L'Année sociologique*, 1993, p. 20). Falta então, numa perspectiva de ciência positiva, compreender essas evoluções em referência, especialmente, com a ascensão de um "individualismo democrático", que faz parte de uma "nova civilização das condutas sociais" em que fica claro que "o individualismo é uma condição necessária para que as condutas sociais ganhem autonomia e liberdade em relação às grandes estruturas e às grandes clivagens da sociedade" (*ibid.*, p. 28). Para os moralistas e juristas, espera-se que uma "ciência das condutas sociais", tal qual concebida, por exemplo, por Lucien Lévy-Bruhl em sua obra *La Morale et la science des moeurs*, aja sobre as condutas sociais a partir de um conhecimento pleno sobre o estado delas, de modo análogo às ciências físico-químicas, que "observam a natureza e, de posse das leis causais que a regem, agem sobre ela" (J. Carbonnier, 1994). A ciência positiva, "ciência das condutas sociais" como "física social", é mobilizada, mas a serviço de uma ciência normativa como moral "científica" ou como direito. (CURAPP, 1994). É missão da sociologia do direito (como era concebida, por exemplo, por Eugen Ehrlich, em sua obra *Grundlegung der Soziologie der Rechts*, publicada em 1913, com o cuidado de trabalhar a relação entre direito e condutas sociais) debruçar-se sobre essa relação entre condutas sociais e direito, segundo uma concepção geral inspirada por Montesquieu. Este nos convida "a uma dialética universal das leis e das condutas sociais, baseada na ideia de que os princípios que regem a vida social são cognoscíveis apenas pela observação, pela indução e pela comparação, e não, como queria a filosofia do direito natural, pela dedução abstrata de axiomas eternos" (L. Assier-Andrieu, *Le Droit dans les sociétés humaines*, Nathan, 1996, p. 110). A sociologia do direito pode ser então uma "sociologia das condutas sociais", tal como é pensada pelos sociólogos, mas uma "sociologia das condutas sociais" em termos de direito, seja com o fim de assimilar condutas sociais no direito, seja – como sugeria Pierre-Jean Grosley em seu opúsculo publicado em 1757, *Da influência das leis sobre as condutas sociais* – para dominar aquilo que seria, indissociavelmente, a função instituidora das condutas sociais assumida pela lei (*ibid.*, pp. 114-5).

Mas essa referência à ciência expõe ao risco de mascarar as incertezas da distinção entre o que é da alçada do fato – as "maneiras de..." – e o que é da alçada da norma – "as regras de vida" inseridas na moral e no direito. Emile Durkheim, por exemplo, distingue condutas sociais e moral e fala das "condutas sociais" como "estado social do tempo", "natureza da sociedade", para especificá-los em relação à "moral" como "regras de conduta", como "preceitos morais" (*Droits*, 1994, p. 26). Mas, ao mesmo tempo, concebe as condutas sociais como regras de natureza inferior ao direito, sendo este último o único que pode dar conta dos tipos de solidariedade social (E. Durkheim, *De la division du travail social*, PUF, 1986, 1ª ed., 1893). Aparentemente, as "condutas sociais" seriam realmente da alçada do fato e sugeririam uma abordagem dicotomizada entre "condutas sociais" e direito. Como disse Jean Carbonnier: "O direito – ou seja: o direito civil – está contido nas coletâneas seladas do Estado; as condutas sociais estão fora. Nada mais simples, aparentemente" (J. Carbonnier, 1994). Mas todas as reflexões desenvolvidas sobre o assunto por esse autor sugerem a ideia de um *continuum*, mais do que a de dicotomia, de distinção segundo uma modalidade binária, na qual a questão das fronteiras ou dos limiares de juridicidade não criaria incertezas. A referência aqui não é irrelevante para a distinção americana entre *Law* (direito), *mores* como "regra de costumes, norma do *conveniente*" e *folkways* como "maneiras de viver de um povo", como condutas sociais, como "hábitos de uma nação ou, pelo menos, de um grupo social". Ela convida a pensar a relação entre o que faz parte de certa regularidade dos comportamentos sociais e o que faz parte dos modos de gestão de seu controle social no âmbito de interações complexas marcadas por certa permeabilidade entre as diferentes esferas: a constatação dessa permeabilidade justificaria a ideia de um pluralismo normativo. Assim, para Jean Carbonnier, ao comentar Jhering, "no [direito] em busca da cotidianidade, pela força das coisas, convivemos com as condutas sociais, com o infrajurídico" (*ibid.*, p. 87). De fato, a passagem do registro das condutas sociais para o do direito pode depender da percepção dos membros de dada sociedade ("um mesmo comportamento numa mesma sociedade, na mesma época, [pode] ser percebido pelas mesmas testemunhas como fenômeno ora de condutas sociais, ora de direito" [*ibid.*, p. 313]), como pode ocorrer de modo insensível em certas circunstâncias (cf. o exemplo do motorista que sai de um imóvel e dá passagem aos pedestres que passam pela calçada e, para não violar uma regra de cortesia, expõe-se ao risco de causar um prejuízo punido pelo direito [*ibid.*, p. 308]). O "infrajurídico", ou "infradireito", constitui então essa espécie de patamar numa economia das relações entre condutas sociais e direito que leva em conta ao mesmo tempo hábitos, maneiras e práticas sociais, pressão social em prol da conformidade deles decorrente, condutas sociais e direito ("os usos são costumes não jurídicos; os costumes são usos juridicizados" [*ibid.*, p. 324]).

Questão da correlação das condutas sociais com o direito

Evidentemente, todas essas análises dedicadas a definir o lugar das condutas sociais, naquilo que se poderia chamar níveis de normatividade que participam de uma escala de normatividade, ganham toda a importância quando em referência com a regulação da sociedade, aquilo que Montesquieu chamava de "governo dos homens". Constatado que "várias coisas governam os homens: clima, religião, máximas de governo, exemplos das coisas passadas, condutas sociais, maneiras, a partir do que se forma um espírito geral daí resultante" (Montesquieu, 1979, p. 461), resta estabelecer o que devem ser os elos entre esse "espírito geral" de uma nação e as regras que regem os comportamentos de seus cidadãos e suas relações entre si. É assim que se pode colocar a questão de saber "como os 'bons costumes' contribuem [...] para a articulação da sociedade civil com o Estado e com a moralidade individual" (F. Bourricaud, 1985, p. 454), ou, de maneira mais ampla, como as condutas sociais devem inspirar, e em que medida, as regras gerais fixadas para o bom funcionamento de dada sociedade. A normatividade que se estabelece a partir dessa convergência tácita entre maneiras e práticas sociais qualificadas de "condutas sociais" será apropriada para fundamentar a normatividade encarnada no direito? Será pertinente estabelecer aqui uma distinção entre o que faz parte das práticas em sociedade, naquilo que talvez fosse melhor hoje chamar de espaço público, e o que faz parte dos comportamentos do indivíduo em seu universo privado? O emprego que durante muito tempo prevaleceu da expressão "bons costumes" levaria a supor que nossas sociedades tivessem dirimido essas dúvidas. Somente os *bons* costumes podiam ser tomados em consideração pela lei, e esta devia definir as "condições da vida virtuosa e razoável". E assim fazia, especialmente no âmbito do direito penal (note-se aqui que a referência aos "bons costumes" foi abandonada no Código Penal francês de 1993), bem como de uma "política dos costumes", destinados estes a lutar contra a "imoralidade", sobretudo a das "classes perigosas", que ameaçava a ordem pública, especialmente através de condutas julgadas repreensíveis na esfera da vida privada, da sexualidade (M. Kaluszynski, "Les bonnes moeurs. Approche historique", *in* F. de Singly (org.), *Famille. L'État des savoirs*, La Découverte, 1991).

Mas nossas sociedades agora não têm tantas certezas para definir o que deve consistir nos referenciais e dispositivos do controle social em relação ao estado das condutas sociais. A expressão "evolução das condutas sociais" substituiu a expressão "bons costumes", e a constatação "já faz parte dos costumes" é frequentemente acompanhada por uma atitude de renúncia a opor-se. Os escrúpulos liberais de Montesquieu cabem então aqui. Para ele, deve ser feita uma distinção entre as leis que "regulam mais as ações do cidadão" e as condutas sociais que "regulam mais as ações do homem" (Montesquieu, 1979, p. 468), segundo um princípio clássico do pensamento liberal de não ingerência no universo privado dos indivíduos. Acima de tudo, Montesquieu alerta para o risco da formulação de leis que não levem em conta o "espírito geral", com o perigo de uma tirania "que se faz sentir quando aqueles que governam estabelecem coisas que se chocam com a maneira de pensar de uma nação" (*ibid.*, p. 460).

Por conseguinte, o legislador é convidado "a seguir o espírito da nação" (*ibid.*, p. 461) e a nos deixar "tais quais somos [porque] nossas qualidades indiscretas, somadas a certa dose de malícia que temos, tornam inconvenientes as leis que perturbem o humor sociável entre nós" (*ibid.*, p. 462). De fato, "quando quisermos mudar as condutas sociais e as maneiras de agir, não deveremos mudá-las através das leis; isso pareceria tirânico demais; seria melhor mudá-las com outras condutas sociais e outras maneiras de agir" (*ibid.*, p. 467).

As reflexões de Montesquieu nos levam a duas interrogações contemporâneas: a referente aos "limites da intervenção do Estado nas condutas pessoais" (proteção da *privacidade*) e a referente à "adaptação do direito às condutas sociais" (*Droits*, 1994, p. 8). No contexto de nossas sociedades atuais, a "ciência das condutas sociais" já não é simplesmente uma ciência positiva a serviço de uma moral e, ademais, de uma legislação "científica". Sua aplicação através da sociologia do direito ou da sondagem da opinião pública constituiria a prova da impossibilidade de definir o justo a não ser em sua adequação absoluta ao estado das condutas sociais, porque "o direito que se afasta demais das condutas sociais está condenado à inefetividade, de modo que a distância entre a norma jurídica e o fato social pode transformar-se num sorvedouro prejudicial à credibilidade do mundo jurídico" (*ibid.*, p. 9). As condutas sociais tornam-se então "o ponto de encontro da norma prescritiva com a norma puramente quantitativa. Donde sua força" (*L'année sociologique*, 1993, p. 115). E, tal como considera Jean Carbonnier, se "as condutas sociais e a moral já absolveram o divórcio", é preciso conceber um modelo jurídico que não oprima a sua (do casal) liberdade (G. Carbonnier, "Essais sur les lois", *Répertoire du Notariat Defrénois*, 1979, p. 127). Mas tal imposição das condutas sociais sobre o direito, reforçada pelo pleno conhecimento de seu estado e de suas evoluções, não deixa de interrogar o "legislador jurídico" sobre sua função de criador de direito e sobre o risco de renúncia a instituir e intimação a corroborar uma "diluição da normatividade na normalidade" (*Droits*, 1994, p. 9).

Tal interrogação sobre a função do direito em relação às condutas sociais e, por conseguinte, sobre a missão do "legislador jurídico" agora pode assumir novas formas. Se observarmos as condições atuais de produção da norma jurídica, veremos que não é apenas o problema da autonomia relativa do direito em relação às condutas sociais que se pode apresentar. É o das novas condições dessa produção do direito e do papel do próprio "legislador jurídico", isso no âmbito daquilo que seria um novo regime de regulação jurídica como parte de um novo regime de regulação política. A referência às condutas sociais sugere, logicamente, uma influência da vida social sobre os dispositivos de "governo dos homens", das aspirações à autonomia individual e à emancipação dos indivíduos em relação àquilo que os injunge socialmente e, por conseguinte, a potencialidade de uma regulação "por baixo" da sociedade inteira ou, pelo menos, de uma redefinição das condições políticas das convenções que ligam os homens entre si. A economia das relações entre condutas sociais e direito poderia ser assim efetivamente cada vez mais marcada por uma pressão das condutas sociais, mais intensa porque dominada por grupos de atores sociais, oriundos da própria sociedade, que pretendem agir em seu nome e aspiram a uma função legisladora que consagre opções de vida social livremente consentidas, em vez de uma coerção heterônoma, normas livremente escolhidas em vez de normas impostas de cima para baixo. Nada seria mais exemplificativo desse movimento do que aquilo que é apresentado como reivindicação de uma nova forma de direitos humanos: os "direitos-condutas sociais". O que se mostra como nova politização do âmbito privado ou da família contemporânea (J. Commaille e C. Martin, "La repolitisation de la famille contemporaine", *Comprendre*, nº 2, 2001) tem como origem grupos de atores sociais que solicitam princípios políticos que estão no fundamento da democracia (igualdade, liberdade, não discriminação etc.) para tentar a inserção no direito daquilo que já está estabelecido nas condutas sociais, seja no nível dos comportamentos, seja no das representações. Esses grupos de atores procedem, eventualmente, a um trabalho de legitimação de sua ação recorrendo a uma especialidade, ou seja, a uma... "ciência das condutas sociais", cujo monopólio já não seria dos responsáveis instituídos do "governo dos homens". As condutas sociais não pesam sobre o direito apenas por aquilo que são, mas também pela expressão politicamente organizada daqueles que, por meio da ação, reivindicam o seu reconhecimento pelo direito.

A questão das condutas sociais como questão eminentemente política agora se apresenta em termos capazes de reativar – por consequência, mas diferentemente, daquilo que foram os "bons costumes" na construção da "moral republicana" (CURAPP, 1994) – as interrogações fundamentais acerca do lugar do direito e de suas modalidades de elaboração na constituição política da sociedade.

› BOURRICAUD F., "Mœurs", *Encyclopaedia Universalis*, Corpus 12, 1985. – CARBONNIER J., *Sociologie juridique*, PUF, 1944. – MONTESQUIEU, *De l'esprit des lois*, Garnier-Flammarion, 1979 (1ª ed., 1748). – OST F. & VAN DE KERCHOVE M., *Bonnes mœurs, discours pénal et rationalité juridique. Essai d'analyse critique*, Publications des Facultés Universitaires Saint-Louis, 1981. – Col.: CURAPP, *Les Bonnes mœurs*, PUF, 1994. – *Droits*, nº 19, 1994, *Droit et mœurs*. – *L'Année sociologique, La sociologie des mœurs*, vol. 43, 1993.

Jacques COMMAILLE

→ Eficácia; Fato; Moral e direito; Norma; Sociologia jurídica; Usos e costumes.

CONSTITUCIONALISMO

No vocabulário jurídico contemporâneo, a noção de "constitucionalismo" geralmente faz parte de uma concepção *liberal* do direito público, segundo a qual os poderes públicos devem ser essencialmente *limitados*, para que sejam garantidas as principais liberdades do indivíduo. De modo mais preciso, fala-se de "constitucionalismo" para designar os regimes políticos que, graças ao estabelecimento de um *controle de constitucionalidade* exercido por uma instância político-judiciária "independente", possibilitam a limitação do *Poder Legislativo*, apreciando a conformidade das leis à Constituição e a seus princípios gerais, e não simplesmente à *legalidade* das ações do Poder Executivo e da administração. Em sentido mais amplo, fala-se também, às vezes, de constitucionalismo "antigo" ou "medieval" para designar os freios que os regimes da Antiguidade impunham ao exercício do poder político, a fim de substituir o reinado dos homens pelo da lei ou garantir o reinado da "justiça".

Aqui parece preferível limitarmo-nos ao "constitucionalismo" *stricto sensu*, cujo desenvolvimento é inseparável do desenvolvimento do liberalismo político e da democracia moderna, visto que – conforme nota Olivier Beaud – "o constitucionalismo antigo ou medieval tornou-se obsoleto desde o nascimento da soberania e do Estado moderno" (Beaud, 1998): a partir do momento em que o Estado moderno pode modificar a totalidade do direito positivo, as limitações opostas ao poder dos governantes já não podem provir da tradição ou do costume, mas dos próprios princípios que tornam necessário o estabelecimento de um poder político. Assim entendido, o nascimento do constitucionalismo é contemporâneo das revoluções liberais e democráticas do século XVIII, e seu desenvolvimento está estreitamente ligado à legitimação crescente do governo representativo ao longo dos dois últimos séculos; não caberia, porém, ver o atual triunfo do "constitucionalismo" como fruto de um progresso linear do "direito": o constitucionalismo exprime, sem dúvida, uma dimensão essencial da modernidade jurídica, mas sempre sofreu a concorrência de outras tradições, oriundas também da filosofia iluminista, e, por outro lado, deu ensejo a interpretações opostas, recorrendo a técnicas extremamente diversas. Para compreender essa história complexa e para restituir sentido pleno a essas controvérsias, o melhor é partirmos das revoluções americana e francesa, antes de examinarmos rapidamente os diversos tipos de constitucionalismo e analisarmos, para terminar, algumas controvérsias contemporâneas.

Da Constituição inglesa à Constituição americana

Nas origens do constitucionalismo moderno, encontra-se um paradoxo surpreendente, cujo alcance não devemos subestimar: o constitucionalismo repousa numa filosofia liberal da limitação *do* poder, da "separação dos poderes" e da promoção dos "direitos" do indivíduo que tem uma das fontes principais na tradição inglesa, mas que só pôde estabelecer-se por meio de uma *ruptura* com o regime inglês, que se recusava (e se recusa ainda) a limitar a "soberania do Parlamento" com uma Constituição *escrita*, atendo-se a "declarações de direitos" oponíveis apenas ao Poder *Executivo*. O paradoxo inglês pode ser entendido a partir da dualidade de sentido do termo *law*, que pode ser traduzido ao mesmo tempo por "lei" e "direito": o "law" é ao mesmo tempo "direito" que, "descoberto" pelos juízes do *common law*, se impõe a todas as autoridades políticas (nenhuma das quais está "acima do direito"), e também "lei"; por isso, para os grandes juristas ingleses, como Blackstone, a autoridade do *common law* é compatível com a *soberania do Parlamento*, que, com seus *Statute Laws*, pode modificar a totalidade do direito (Raynaud, 2002). Por isso mesmo, a "Constituição inglesa", que, por um lado, é fundamentalmente consuetudinária e, por outro, não distingue "Poder Legislativo" e "poder constituinte", continua fundamentalmente alheia ao espírito do constitucionalismo moderno, a despeito de tudo o que este deve à tradição liberal inglesa. O constitucionalismo *stricto sensu* aparece de fato com a revolução americana que, em muitos aspectos, é herdeira do liberalismo inglês (segundo se disse, ela é a "última revolução inglesa"), mas que rompe com a ideia de soberania do Parlamento e modifica profundamente o sentido da tradição do *common law*.

A ruptura com a doutrina da soberania do Parlamento faz parte da lógica do conflito entre as treze colônias e a metrópole: ainda que, por razões táticas, a *Declaração de Independência* enfatize os erros de Jorge III, os insurgentes sabiam muito bem que os impostos que eles se recusavam a pagar haviam sido votados pelo Parlamento, que se afirmava habilitado a representar todos os súditos britânicos; essa foi a razão pela qual eles foram levados a modificar tão profundamente a concepção tradicional do governo representativo, conferindo aos representantes uma base demográfica mais ampla e mais racional, ao aceitarem a ideia de representação *explícita* da diversidade dos interesses no corpo legislativo e, sobretudo, ao demonstrarem nova desconfiança dos riscos de usurpação da soberania pelo Poder Legislativo. Daí decorreu, em primeiro lugar, certa "democratização" do regime representativo, aliás ligada ao ideal do *self-government* local, que se traduz pelo fato de que, quando os americanos se dotam de um poder central mais forte, escolhem a via *federal*, que permite ao mesmo tempo *dividir o poder* e dar representação própria aos interesses locais, o que não deixa de produzir efeitos, nem mesmo no nível mais elevado do "governo" federal. Também por isso, nas constituições das antigas colônias transformadas em "Estados", a ordem constitucional se impõe explicitamente às legislaturas, e várias constituições são precedidas de um *Bill of Rights* de valor constitucional. A Constituição Federal adotada em 1789, por sua vez, não atribui soberania a nenhum dos poderes constituídos; estabelece uma Corte Suprema que detém o "Poder Judiciário" e é precedida por emendas, as primeiras das quais constituem o *Bill of Rights* que define os "direitos" dos cidadãos americanos; pode, portanto, ser legitimamente considerada a primeira obra-prima do constitucionalismo moderno, mas é preciso notar que seu significado não é de modo algum unívoco, conforme mostra a complexa história do nascimento do *controle de constitucionalidade* e da adoção do *Bill of Rights*.

Inicialmente, a Constituição previa apenas, em seu artigo VI, o controle judiciário da constitucionalidade das leis dos Estados, sem organizá-lo formalmente naquilo que concernia às leis federais adotadas pelo Congresso dos Estados Unidos; de modo geral, considera-se que foi apenas com a sentença *Marbury* v. *Madison*, de 1803, que a Corte Suprema, exprimindo-se pela voz do *Chief Justice* Marshall, atribuiu-se o poder de controlar as leis federais, fazendo do *Judicial Review* uma consequência necessária dos princípios que presidem a adoção de uma Constituição escrita (*Marbury* v. *Madison*, in Zoller, 2000, N. B., pp. 101-2). Contudo, cumpre notar que a lógica do controle de constitucionalidade já é bastante bem descrita por Hamilton em 1787, nos *Federalist Papers* (n.º 78): os tribunais devem interpretar a Constituição porque "a interpretação das leis é função própria e particular dos tribunais", mas, entre as leis, a Constituição ocupa posição especial, pelo fato de exprimir a vontade do povo, enquanto as leis ordinárias exprimem apenas a vontade de uma "autoridade delegada" (trad. fr. *Fédéraliste*, pp. 648-9); o texto de Hamilton não se limita de modo algum às legislaturas dos Estados confederados; ao contrário, trata das relações entre o corpo legislativo e o juiz na Constituição Federal: como esta diz que o Poder Judiciário (federal) cabe à Corte Suprema, é natural pensar que os *Federalist Papers* antecipam a concepção do *Judicial Review* que será defendida por Marshall em *Marbury* v. *Madison*. No entanto, é preciso notar que durante muito tempo o alcance do princípio proposto por Marshall ficou bastante limitado: o raciocínio de Marshall faz parte de uma lógica de *Checks and Balances*, em que o primeiro problema é defender a esfera judiciária contra os outros "ramos" (Clinton, 1989), e nenhuma lei federal foi censurada depois, até o célebre caso *Dred Scott V. Sanford* de 1857, em que a Corte Suprema optou, aliás, por recusar a todos os negros a possibilidade de serem considerados cidadãos dos Estados Unidos, o que deveria no mínimo levar a matizar a ideia de que o *Judicial Review* é, como tal, favorável aos direitos do homem.

A história do *Bill of Rights* não é menos interessante do que a do *Judicial Review*. Inicialmente, os partidários da Constituição, como Madison e Hamilton, não eram favoráveis ao acréscimo de um *Bill of Rights*, que os "antifederalistas" reivindicavam para opor-se ao poder forte que a criação de um verdadeiro governo federal poderia engendrar. Para os federalistas, os *Bills of Rights* eram apenas "barreiras de papel", aliás perfeitamente inúteis, num sistema em que a Constituição inteira era um *Bill of Rights* que garantia realmente os direitos dos cidadãos ao subordinar todas as autoridades à lei e à Constituição; as "declarações de direitos" tinham sua utilidade nas constituições monárquicas, nas quais possibilitavam defender os privilégios do Parlamento ou os direitos do cidadão contra a prerrogativa régia, mas não lhes cabia lugar algum num governo "republicano" em que o povo não renunciava a nada e não tinha, pois, necessidade de fazer ressalvas especiais (ver sobretudo *Fédéraliste*, n.º 84). O fato é que a Constituição só pôde ser adotada porque os federalistas finalmente aceitaram (principalmente graças a Madison) que ela contivesse um *Bill of Rights*, que é hoje uma das bases mais sólidas do patriotismo constitucional americano e uma das principais fontes do direito americano, mas isso não deve levar a esquecer que foi preciso esperar os anos 1950 para que o *Bill of Rights* pudesse ser oposto aos *Estados* e dominar assim realmente o edifício constitucional americano: a proteção dos "direitos", tal como é hoje compreendida, não continua desempenhando o papel principal no desenvolvimento do constitucionalismo.

Em resumo, pode-se dizer que o constitucionalismo americano rompe com a tradição inglesa por meio da descoberta de um *poder constituinte* distinto do Poder Legislativo, que possibilita, ao mesmo tempo, situar o conjunto do direito sob a proteção (portanto, a dependência) da Constituição escrita e limitar os poderes dos representantes: a Constituição, "lei suprema do país", substitui o costume e rompe com o mito da "Antiga Constituição", ao mesmo tempo que impossibilita a "soberania do Parlamento". Mas o recurso à Corte Suprema como última instância de interpretação da Constituição também tem o efeito de conferir posição central à herança do *common law*, cujas técnicas inspiram o trabalho dos juízes: a Constituição não é apenas uma "lei" emanada do povo, mas também um "direito" cujo sentido vai sendo progressivamente "descoberto" pelo juiz constitucional (Raynaud e Zoller, 2000).

Venturas e desventuras do constitucionalismo francês

Embora a República americana tenha constituído o primeiro exemplo de sucesso do constitucionalismo moderno, o fato é que se devem buscar na Revolução francesa as origens das aspirações democráticas e liberais que, na Europa do século XIX, subjazem aos esforços dos liberais para substituir "Antigos Regimes" monárquicos e aristocráticos por constituições escritas. Ora, também aí há algo de paradoxal nesse sucesso internacional do modelo revolucionário francês, pois a França atravessa então um longo período de instabilidade constitucional que no mínimo manifesta certa fragilidade da cultura liberal francesa; o conflito aberto pela Revolução encerra-se, é verdade, com o advento duradouro de um regime "republicano" (a III República), mas este, em muitos aspectos, permanece alheio à lógica do "constitucionalismo", pois nele o Parlamento é *soberano* no sentido mais forte, o que, evidentemente, exclui toda e qualquer espécie de controle de constitucionalidade. Se quisermos compreender a história aparentemente tão caótica do constitucionalismo francês, talvez seja melhor considerar que as razões que alicerçam o prestígio da Revolução francesa são as mesmas que explicam a extrema dificuldade que a França teve para se dotar de instituições liberais estáveis. Se a Revolução francesa repercutiu, junto aos contemporâneos, com mais intensidade do que a criação da República americana, foi porque ela ocorreu no Estado mais poderoso do velho continente, que era também a pátria histórica da monarquia absoluta, o que a levou a dar aos princípios liberais uma interpretação mais *radical* porque não podia, ou não sabia, apoiar-se numa tradição anterior (Gauchet, 1989). Enquanto a Declaração de Independência misturava sutilmente a invocação dos princípios "evidentes por si mesmos" do direito natural moderno e o apelo às tradições jurídicas e políticas inglesas, só para solicitar às antigas nações europeias a aceitação da independência das colônias inglesas da América, a Declaração dos Direitos do Homem e do Cidadão faz dos princípios "abstratos" o único parâmetro que permite avaliar todos os regimes existentes *e que deve, também, fornecer um programa geral de regeneração da Europa*. Mas a doutrina francesa dos "direitos do homem" também está intimamente ligada a teses políticas que tornam problemática a aceitação pura e simples da lógica "constitucionalista" e que não são, provavelmente, estranhas à longuíssima crise que a França (e a Europa) deveria atravessar a partir de 1789.

À primeira vista, o texto da *Declaração dos Direitos do Homem e do Cidadão* desenvolve majestosamente os princípios racionais que fundamentam o sentido do constitucionalismo moderno: os "direitos naturais, estritos e inalienáveis do homem" devem ser garantidos pela Constituição, que determina nesse objetivo as relações entre os diferentes poderes. Esse é o sentido, sobretudo, do artigo 16 da Declaração, segundo o qual "toda sociedade na qual não é indubitável a garantia das leis, nem determinada a separação dos poderes, não tem Constituição"; não se trata de exigir um sistema *particular* de divisão das competências entre os diferentes órgãos do Estado (nem sequer de pedir ao constituinte que se inspire na Constituição inglesa, que tem poucos admiradores na França de 1789), mas simplesmente pedir que entre os poderes haja um sistema estável e transparente de relações, cujo objetivo será garantir os direitos do homem e do cidadão. A mesma exigência, aliás, estende-se ao próprio Poder Legislativo, ao qual são atribuídos limites negativos e obrigações positivas cujo objetivo é, evidentemente, assegurar a "garantia dos direitos" (arts. 5º, 6º, 8º, 9º). Por outro lado, sabe-se também que, em quase todos os casos importantes, a Declaração se remete à lei, "expressão da vontade geral", para determinar, de maneira quase soberana, as condições da garantia dos "direitos inalienáveis", assim como os *limites* nos quais eles podem ser exercidos (cf. em especial arts. 4º, 10 e 11). Ao mesmo tempo que introduzia na Europa a exigência de substituir o velho edifício carunchoso das "constituições" consuetudinárias e das "leis fundamentais" por constituições escritas que limitassem a arbitrariedade, a Revolução se apoiava numa filosofia "legicentrista" (Rials, 1988) que seria um importante obstáculo à aclimatação do "constitucionalismo" na França: a "ortodoxia republicana" foi, assim, durante muito tempo, hostil ao controle de constitucionalidade, cujos mais eloquentes defensores durante a III República, como os juristas Duguit e Hauriou, foram, aliás, também *críticos* da doutrina revolucionária (Raynaud, 1985).

A rejeição da lógica constitucionalista pela Revolução francesa provém ao mesmo tempo de razões conjunturais e, mais profundamente, da herança do Iluminismo *francês*, que via na *lei* o meio-termo capaz de conciliar a autoridade necessária de um poder esclarecido com a promoção da liberdade. O problema político que se apresentava em 1789 aos revolucionários franceses era, de alguma maneira, o inverso do problema que os americanos tiveram de resolver: enquanto estes partiam de uma experiência de usurpação dos direitos do povo pelo Parlamento, os franceses, ao contrário, tinham de *criar* na íntegra um regime representativo, o que só podia ser feito ampliando a autoridade dos "representantes" e, para terminar, transferindo-lhes a "soberania" de que o rei já fora despojado na Constituição "monárquica" de 1791. Mas os constituintes podiam com mais facilidade aderir a essa lógica "legicentrista" porque esta já se inspirava em grande parte no

"Iluminismo" francês, que via na preeminência da lei o meio de racionalizar a ordem social graças ao fortalecimento do Estado, ao mesmo tempo que os cidadãos eram protegidos da arbitrariedade do Executivo (e dos juízes); essa filosofia, que explica o sucesso das ideias de Beccaria na França, já era adotada por Turgot, herdeiro liberal dos fisiocratas e último grande reformador da monarquia, que, aliás, desde 1778 enunciara importantes ressalvas em relação às primeiras constituições americanas. A escolha da soberania da lei e, portanto, do *poder legislativo* era sem dúvida inelutável, uma vez que o conflito com o rei suscitava a questão decisiva da *identidade* do soberano na França regenerada.

A história constitucional da França depois da Revolução ilustra de maneira impressionante as dificuldades constitutivas do projeto revolucionário, que a seguir se tornou "republicano". A "ortodoxia republicana", como vimos, durante muito tempo fez da soberania do Parlamento o critério principal do "republicanismo", como exclusão de todo controle jurisdicional da constitucionalidade das leis, facilmente associado ao fantasma do "governo dos juízes", mas o dispositivo "republicano" nem por isso é comparável ao da Constituição inglesa: a França é um país de "direito administrativo", e não de "*Rule of law*" (Dicey, 1915), onde a dualidade das jurisdições serviu durante muito tempo para proteger a administração; além disso, ela nunca assimilou o parlamentarismo "à inglesa"; mais profundamente, a soberania parlamentar apareceu na França como fruto da ruptura revolucionária, ao passo que o Parlamento inglês podia respaldar-se na "Antiga Constituição". Além disso, a ideia de controle de constitucionalidade das leis chocava-se com dois obstáculos suplementares. De um lado, a cultura revolucionária foi construída em grande parte como reação contra a cultura dos Parlamentos do Antigo Regime, e era dificilmente concebível reinventar alguma coisa como uma "lei fundamental" cuja custódia fosse confiada a um tribunal; por outro lado, foi experimentado certo tipo de controle de constitucionalidade pelos regimes "bonapartistas" (o Consulado e os dois impérios), mas eles contribuíram para desacreditar a ideia, ao associá-la à tutela "autoritária" sobre o corpo legislativo, muito mais do que à "garantia dos direitos". Não se pode dizer, portanto, que a tradição francesa não contribuiu com nada para o constitucionalismo, nem que a legitimação progressiva do Conselho constitucional durante a V República tenha sido um milagre incompreensível.

O maior teórico francês do constitucionalismo sem dúvida é Benjamin Constant, que pode ser legitimamente visto como quem mais soube depreender os princípios *filosóficos* subjacentes aos regimes liberais modernos, graças a um esforço doutrinário que possibilitou dissociar, na Declaração dos Direitos, a filosofia liberal da doutrina "legicentrista" da "lei, expressão da vontade geral". Para Benjamin Constant, a Constituição já não é simplesmente meio de organizar a coexistência dos poderes, mas tem como conteúdo o conjunto dos "princípios de liberdade" que possibilitam garantir os direitos do homem, direitos que "independem de qualquer associação" e, como tais, são superiores à própria lei. A Constituição, portanto, é um "ato de desconfiança, pois ela prescreve limites à autoridade" e seu primeiro objetivo é proteger a "liberdade dos modernos", fundamentada na livre procura de seus fins próprios pelos indivíduos, e não na participação nos negócios públicos; sabe-se, porém, que Constant também está consciente da necessidade de favorecer certo interesse dos cidadãos pelos negócios públicos, o que explica por que, segundo ele, a Constituição também deve organizar e garantir a *liberdade política* reconhecendo um direito de voto mais ou menos estendido, liberdade de impressa e liberdade de reunião. Constant esboça, assim, de maneira impressionante, a hierarquia implícita do constitucionalismo moderno, a da "democracia liberal", na qual a liberdade "liberal" é consequência dos "direitos do homem", e autoriza um desenvolvimento progressivo do direito de voto e das liberdades políticas. De maneira significativa, porém, não é de uma jurisdição que Constant espera a proteção da Constituição e da garantia dos direitos, mas de um "poder neutro", que se interpõe entre os poderes Legislativo e Executivo para temperar o processo de decisão política; nisso, ele é herdeiro de uma corrente pouco conhecida, mas importante, da Revolução francesa, que procurava os meios de estabelecer um "terceiro poder" para marcar a irredutibilidade do "poder constituinte" ao Poder Legislativo (Beaud, 1998; Gauchet, 1995; Raynaud, 1996). O problema que a França devia resolver era o do estabelecimento de um sistema de controle de constitucionalidade que não fosse herdeiro dos Parlamentos do Antigo Regime nem simples instrumento de domesticação autoritária do Poder Legislativo. Conforme mostrou Pierre Avril, a V República na verdade combinou os dois caminhos que Carré de Malberg imaginara, em *La Loi expression de la volonté générale* [A lei como expressão da vontade geral], para sair do "parlamentarismo absoluto" da III República, ao associar o controle de constitucionalidade à democracia e ao fortalecimento do Executivo. Foi assim que ela pôde conferir valor constitucional, e não simplesmente moral ou político, aos "princípios de 1789". O fato de isso ter sido feito por uma instituição que de início apareceu como simples "cão de guarda do Executivo", na pura tradição bonapartista, para depois se revelar cada vez mais "audaciosa" na construção do "bloco de constitucionalidade" e na "descoberta" de princípios "reconhecidos pelas leis da República", mostra que nessas questões – como dizia em outro contexto um grande republicano – "a forma sobrepuja o fundo". Isso não significa, é verdade, que a história constitucional da França esteja encerrada, mas mostra pelo menos que os princípios de 1789 podiam ou deviam um dia encontrar expressão "constitucionalista".

Destino do constitucionalismo

Não é de duvidar que, nos últimos anos do século XX, o constitucionalismo se tenha imposto em quase todos os lugares como o meio mais seguro de realizar a síntese moderna entre democracia e liberalismo (não se pode afirmar que a própria Grã-Bretanha fique para sempre afastada dessa evolução). Esse sucesso se deve, em primeiro lugar, à deslegitimação progressiva dos regimes "autoritários" e "totalitários", e sem dúvida é significativo que um dos grandes teóricos da "democracia constitucional", Carl Friedrich, tenha também sido um dos principais analistas clássicos dos "totalitarismos" nazista e comunista. É importante notar, em todo caso, que a queda dos regimes comunistas da Europa Central foi acompanhada de um impulso importante do modelo de Estado de Direito nas regiões mais pacíficas do antigo império soviético, o que pode ser comparado à maneira como a República Federal soubera romper com o passado nazista sem voltar ao regime de Weimar, ou também à adoção, pela África do Sul democratizada, de um sistema constitucionalista muito ambicioso, apoiado numa Corte Suprema muito ativa. Mas também cabe acrescentar que esse sucesso do constitucionalismo e de suas instituições é incompreensível quando se esquece o fato de que ele foi acompanhado de uma reinterpretação de seus princípios, o que lhe permitiu dissociar-se de certa imagem "conservadora" e ganhar o apoio das forças democráticas mais ativas; o caso mais exemplar é o dos Estados Unidos, onde as posições relativas de conservadores e liberais (ou seja, a esquerda moderada) se inverteram desde a época em que Roosevelt combatia o conservadorismo da Corte Suprema: os conservadores costumam denunciar, a partir dos anos 1960, o "ativismo judiciário" dos juízes federais, defendendo a autoridade política dos eleitos, enquanto os liberais querem apoiar-se na Corte Suprema de Warren para impor a uma América impenetrável e às vezes reticente a igualdade racial ou as novas liberdades nascidas da evolução dos costumes. O caso americano, aqui também, é exemplar por exprimir uma evolução profunda da democracia e de suas correntes mais militantes, que hoje se empenham mais na promoção dos "direitos" do que na organização da vontade coletiva (Raynaud, 1995).

Entende-se assim que, seja qual for a diversidade das formas assumidas hoje pelo "constitucionalismo", as convergências sem dúvida preponderam, se não no que se refere às técnicas, pelo menos no que diz respeito à questão das relações entre direito e política. Classicamente, faz-se a distinção entre o modelo "americano" das Cortes Supremas e o modelo "europeu" das "Cortes constitucionais", que são associadas às inovações de Kelsen na I República austríaca: um afirma o poder de controle de todos os tribunais, sendo a decisão última remetida à Corte Suprema, o outro recorre a uma jurisdição constitucional especializada, independente de qualquer outra autoridade estatal (Favoreu, 1986; Lauvaux, 1998, § 41-2). Não deixa de ser verdade que os problemas teóricos enfrentados pelo constitucionalismo são, na maioria dos casos, os mesmos nos dois modelos, e que as principais teorias gerais de que ele é objeto hoje em dia se referem, na maioria das vezes, à experiência americana.

As grandes controvérsias contemporâneas versam, de fato, sobre a significação do liberalismo jurídico e sobre suas relações com a democracia; muitas vezes deixam de reconhecer a contribuição do positivismo de Hart e de Kelsen para a elucidação do sentido propriamente *jurídico* do constitucionalismo. A doutrina de Dworkin, fundada numa crítica à concepção hartiana das regras, é na verdade uma formulação dos pressupostos "liberais" da Corte Suprema da época de Warren, que destruiu a segregação racial, permitiu a *affirmative action* e constitucionalizou a liberdade de aborto; a distinção entre "princípios" e "regras" dá aos juízes amplo poder de apreciação sobre a lei, ao mesmo tempo que afasta a acusação de *ativismo judiciário*, pois se supõe que o juiz constitucional simplesmente "descobre" princípios inscritos no direito. No outro extremo do campo político-judiciário, as teses do *Chief Justice* Rehnquist ou, mais ainda, do juiz Bork, candidato vencido à Corte Suprema, referem-se à autoridade política dos eleitos ou à "intenção originária" do legislador constituinte para recusar o essencial da obra reformadora realizada pela Corte em seu período "liberal". Essas duas posições opostas apresentam dificuldades simétricas: os "liberais" explicam mal o papel político da Corte, e seus adversários conservadores menosprezam o fato de que, num sistema oriundo da tradição do *common law*, a interpretação da Constituição não poderia deixar de ir além da simples exegese das "intenções" do legislador, mesmo do constituinte. Daí provém o aparecimento de teorias que podem ser consideradas mais plausíveis, teorias que se esforçam por mostrar o papel do processo democrático na evolução do direito americano (Ackermann, 1998) ou de analisar com mais precisão o papel político do juiz constitucional, cuja força muitas vezes provém mais de sua capacidade de promover conciliações limitadas do que de invocar "princípios gerais" (Sunstein, 1996, 1999). Todos têm em comum, contudo, o fato de basearem o discurso jurídico numa doutrina filosófica e política da democracia, o que parece indicar que, para eles, a questão do "constitucionalismo" ultrapassa as competências da simples "ciência do direito".

› AVRIL P., "Une revanche du droit constitutionnel", *Pouvoirs*, nº 49; *La V République*, Paris, PUF, 1989. – BEAUD O., "Constitution et constitutionnalisme", *in* Ph. Raynaud & S. Rials (org.), *Dictionnaire de philosophie politique*, Paris, PUF, 1996. – CLINTON R. L., "Marbury *v.* Madison", *Judicial Review*, Lawrence, Univ. Press of Kansas, 1989. – CONSTANT B., *De la liberté des modernes*, Paris, Gallimard, "Folio", 1999. – DICEY A. V., *Introduction to the law of the Constitution*, 8ª ed., 1915, reed., Indianapolis, Liberty Classics. – DAVIS S., *Justice Rehnquist and the Constitution*, Princeton Univ. Press, 1989. – DWORKIN R., *Law's Empire*, Cambridge, Mass., The Belknap Press of Harvard Univ. Press, 1986. – FRIEDRICH C., *La Démocratie constitutionnelle*, trad. fr., Paris, PUF, 1958. – FURET F. & HALÉVI R., *La Monarchie républicaine. La constitution de 1791*, Paris, Fayard, 1996. – GAUCHET M., *La Révolution des droits de l'homme*, Paris, Gallimard, 1989; *La Révolution des pouvoirs*, Paris, Gallimard, 1995. – HAMILTON A., JAY J. & MADISON J., *Le Fédéraliste* (1788), trad. fr., Paris, LGDJ, 1957, reed. Economica. – LAUVAUX Ph., *Les Grandes Démocraties contemporaines*, Paris, PUF, "Droit fondamental', 2ª ed., 1999. – RAYNAUD Ph., "Des droits de l'homme à l'État de droit". Les droits de l'homme et leurs garanties chez les théoriciens français du droit public", *Droits*, nº 2, Paris, PUF, 1985; "La démocratie saisie par le droit", *Notes de la Fondation Saint-Simon*, 1995: *Le débat*, nº 87, 1995: "Benjamin Constant 1767-1830. Le libéralisme français après la révolution", *in* M. Canto-Sperber (org.), *Dictionnaire de philosophie morale*, Paris, PUF, 1996; "Révolution américaine" et "Révolution française", *in* Ph. Raynaud & S. Rials (org.), *op. cit.*; "Judicial review" et "Law et Right", *in* B. Cassin (org.), *Vocabulaire européen de la philosophie*, Paris, Le Seuil, a ser publicado. – RAYNAUD Ph. & ZOLLER E., "Le judiciaire américain, l'interprétation et le temps", *Droits*, nº 30, Paris, PUF, 2000. – RIALS S., *La Déclaration des droits de l'homme et du citoyen*, Paris, Hachette "Pluriel", 1988; "Entre artificialisme et idolâtrie. Sur l'hésitation du constitutionnalisme", *Le débat*, nº 64, 1991. – SNOWISS S., *Judicial Review, and the Law of the Constitution*, Yale, 1991. – SUNSTEIN C. R., *Legal Reasoning and Political Conflict*, Oxford, 1996; *One Case at a Time. Judicial Minimalism an the Supreme Court*, Cambridge, Mass., Harvard Univ. Press, 1999. – WOOD G., *La Création de la République américaine* (1972), trad. fr., Paris, Belin, "Littérature et politique", 1991. – ZOLLER E., *Les Grands Arrêts de la Cour suprême des États-Unis*, Paris, PUF, "Droit fondamental", 2000.

Philippe RAYNAUD

→ Constituição e direito constitucional; Cortes Supremas; Direito de resistência; Direitos fundamentais; *Due process of law*; Estado de direito; Inglaterra; *Rule of law*.

CONSTITUIÇÃO E DIREITO CONSTITUCIONAL

O termo "Constituição" tem duas definições antagônicas, uma normativa e outra institucional. O objetivo deste verbete é comparar, historicamente, cada uma delas e tentar mostrar que a concepção institucional dá mais conta da especificidade de um direito em particular, que é o direito constitucional, direito político por excelência.

Histórico

Na origem, a palavra Constituição, que vem do latim *constitutio*, remete tanto à medicina (na qual descreve a ideia de estado, ordem ou organização de um todo) quanto ao direito (no qual designa, em direito romano-canônico, as prescrições emanadas do imperador). Ao longo do tempo, passa a designar textos pontificais e as constituições das ordens monásticas, ou, mais tarde, das confrarias franco-maçônicas. A rica polissemia do termo possibilitou-lhe um uso muito extenso. Em três etapas históricas que se sucedem do século XVI ao XVIII, esse termo adquiriu uma acepção político-jurídica (de direito constitucional) que se tornou predominante a partir das Revoluções americana e francesa. Em meados do século XVIII, a "Constituição", sem adjetivo ou complemento, designa, na concepção do público, a Bula *Unigenitus* do papa Clemente XI (1713), que provocou a divisão entre jesuítas e jansenistas. O significado político e constitucionalista da palavra só foi lexicalmente documentado por ocasião da reimpressão da grande *Enciclopédia* de Diderot e D'Alembert na Suíça. Por Constituição do Estado (e não "Constituição" pura e simplesmente), entende-se "a regra fundamental que determina a maneira como a autoridade pública deve ser exercida. Nela se vê a forma pela qual a nação age na qualidade de corpo político" (vol. 11, 1772). Mas foi só a partir das Revoluções americana e francesa que a palavra Constituição, pelo menos na França, adquiriu autonomia conceitual (Beaud).

Essa autonomia resulta da fusão das concepções política e jurídica da palavra Constituição, anteriormente separadas. A Constituição passa a ser uma noção jurídica, pois realiza a discriminação entre o legal e o ilegal (entre o que é constitucional e inconstitucional), mas é também uma noção política, pois organiza e limita o poder do Estado. Conforme escreveu Niklas Luhmann, "pensamos agora na Constituição como um texto jurídico que fixa ao mesmo tempo a Constituição política de um Estado". Essa autonomia conceitual, revelada pelo surgimento das primeiras constituições escritas – processo de racionalização do fenômeno – possibilitou, ao longo do século XIX, o surgimento de uma disciplina chamada *direito constitucional*. Por razões de espaço, aqui nos limitaremos, essencialmente, a estudar as relações entre Constituição e direito constitucional, no modo como elas se delinearam na órbita da doutrina francesa. Gostaríamos de chamar a atenção do leitor para o seguinte paradoxo: a Constituição, noção fundamental do direito constitucional, não tem definição uniforme na doutrina jurídica. Só para citar a doutrina contemporânea, diremos que nesta é consenso considerar que existem duas concepções possíveis de Constituição.

O atual predomínio da concepção normativa da Constituição

De modo majoritário, senão hegemônico, a doutrina francesa apresenta, atualmente, a Constituição como uma norma (ou um conjunto de normas jurídicas) cuja qualidade consistiria em sua supremacia. Segundo essa concepção, chamada "normativa", "uma Constituição é a lei fundamental e suprema adotada por um povo livre" (E. Zoller, p. 31), ou então "uma carta jurisprudencial dos direitos e das liberdades dos cidadãos" (D. Rousseau, p. 7). Segundo uma versão teoricamente mais sofisticada, de inspiração pós-kelseniana, a Constituição é "uma metarregra, uma regra que organiza a produção de outras regras" (Troper, 1992, p. 4). Aliás, caberia introduzir nuances nessa apresentação da doutrina constitucional, pois é óbvio que – só para citar um exemplo –, embora Michel Troper pertença a essa corrente, na verdade se distingue claramente da maioria dos autores que a ela aderem em razão de seus pontos de vista heterodoxos sobre certas questões constitucionais (por exemplo, sobre o estatuto do Conselho Constitucional, sobre seu positivismo radical, sobre sua interpretação "realista" da Constituição). Do mesmo modo, dentro dessa corrente é frequente distinguir dois sentidos possíveis de Constituição normativa: por um lado, a acepção *material* que a define pelo conteúdo das normas que lhe pertencem – e nesse caso se diz que as regras da Constituição regem a organização dos poderes públicos e/ou protegem as liberdades públicas (nesse sentido, por exemplo, ela designa "o conjunto dos grandes princípios que regem a organização do Estado": Barthélémy, Duez, 1926, p. 187); por outro lado a Constituição, *no sentido formal*, possibilita isolar como constitucionais normas que são ditadas ou modificadas segundo certo procedimento. Em outras palavras, a Constituição era analisada como uma lei especial, uma lei constitucional que se distinguia da lei ordinária apenas pelo fato de ser modificada segundo procedimentos particulares (critério formal da revisão), cuja aplicação permitia qualificar o tipo de Constituição (rígida ou flexível, segundo o caso). Mas parece que os defensores da concepção normativa têm cada vez mais tendência a considerar que o verdadeiro critério de pertença formal à Constituição provém do fato de uma norma inscrita numa Constituição escrita ser "aplicada", ou seja, sancionada pelo juiz. O critério do reconhecimento jurisdicional estaria em vias de substituir o critério da revisão, o que supõe – e alguns já deram esse passo – considerar o juiz como um ator *coconstituinte* em virtude de seu poder pretoriano de criação de normas jurídicas (O. Cayla). De maneira geral, a acepção formal recebe a grande maioria dos sufrágios da doutrina que adere a essa visão normativa da Constituição.

Seja como for, essa concepção "normativa" implica, evidentemente, a rejeição da outra concepção, clássica (no sentido de doutrina constitucional clássica), chamada "concepção descritiva da Constituição" (Zoller, p. 12), que vê a Constituição como um regime político, ou como um sistema de governo, que se pretende desqualificar qualificando de "conceito político de Constituição" (Pfersmann, in Favoreu *et al.*, p. 73), por oposição – evidentemente – ao "conceito jurídico de Constituição" (que representaria a concepção normativa). Para entender até que ponto essa concepção "normativa" se tornou dominante, bastará mencionar um episódio bem recente da história da disciplina do direito constitucional, que é a maneira como a doutrina francesa "recebeu" a *Teoria da Constituição* de Carl Schmitt (1928), obra traduzida em 1993, que expõe, quase em sua pureza, a concepção "institucional" (ou "política", se quiserem) da Constituição. Com exceção de Michel Troper que, por razões epistemológicas muito precisas, redigiu uma resenha bastante crítica dessa obra, a doutrina francesa limitou-se a acolher essa suma com um silêncio constrangido ou hostil. Aliás, é lícito perguntar se, simplesmente, ela tem condições de compreender esse tipo de reflexão, ou seja, a reflexão de Schmitt e a reflexão à qual ele se filia (na Alemanha, Hegel, Lorenz von Stein, mais recentemente Böckenförde, e na França Hauriou), a tal ponto a concepção normativa da Constituição e seus diversos corolários (o vocabulário empregado, o raciocínio principalmente centrado na hierarquia das normas, a ênfase apenas na exegese das decisões do juiz etc.) funcionam como um bloqueio, para a maioria dos constitucionalistas, à compreensão de uma obra que se situa precisamente como antípoda dessa maneira de pensar a disciplina do direito constitucional. Como indicam estas últimas notas, tentaremos mostrar neste verbete que a doutrina constitucional ganharia muito em ser pluralista, em não se render a uma visão monista do direito constitucional que reduz arbitrariamente o sentido da Constituição à sua concepção normativa.

As variações da ciência do direito constitucional. – Se quisermos entender por que e como essa concepção normativa da Constituição se tornou amplamente dominante, convém partir do movimento pendular pelo qual passou a ciência do direito constitucional a partir da Segunda Guerra Mundial. Num primeiro tempo (1945-70), os juristas de direito constitucional da nova geração – liderados por Maurice Duverger – pretenderam reintroduzir o estudo da política nas faculdades de direito e criticaram na percepção clássica do direito constitucional – chamada normativa ou imperativa –, por um lado, a sua incapacidade de descrever certos fatos fundamentais da vida política (os partidos políticos, o sistema partidário e as eleições políticas) e, por outro, sua incapacidade de basear-se numa "concepção *a priori* do Estado e do governo" que legitimasse o poder instalado. Invocando o espírito de Auguste Comte, Maurice Duverger escrevia no Prefácio a seu *Manuel de droit constitutionnel* [Manual de direito constitucional] que "a tradição dos juristas consistia até agora em negligenciar em maior ou menor grau essas realidades e, levados pelo gosto da abstração e da sutileza de raciocínio, em dar apoio a essa mistificação fundamental que deifica o Estado e os governantes que o encarnam. Assim, de maneira mais ou menos consciente, eles se tornavam auxiliares dos grupos sociais dominantes. [...] A sociologia política tem como efeito fazer o estudo do Estado e das constituições passar da era metafísica para a era positiva" (pp. VII-VIII). Essa nova tendência redundou – como se sabe – numa fratura institucional entre o direito constitucional e a ciência política. Charles Eisenmann, jurista aberto e lúcido, tentou trazer de volta à razão seus colegas apaixonados por ciência política, lembrando-lhes – sem grande sucesso na época – que essa oposição esquemática entre direito constitucional, "disciplina essencialmente dogmática e lógica", e ciência política, "ciência empírica de observação e indução", deixava de reconhecer o fato de que a ciência do direito constitucional também procura estudar se e como as cartas constitucionais "são realizadas de fato e, caso contrário, saber o que é realizado", e "se empenha em conhecer e expor o sistema real de governo ao qual afirmam que (ela) é indiferente" (Eisenmann, p. 79). Tão instrutivo quanto essa defesa de um "dualismo moderado" pode mostrar-se o tipo de autocrítica de Georges Burdeau. Depois de lembrar que ele foi "daqueles que se empenharam em livrar o professor de direito constitucional da condição de *exegeta das constituições* para fazer dele um *iniciador aos problemas da vida política*", ele se preocupava com as consequências excessivas desse movimento que levou a "desenvolver uma empresa de descrédito da noção de direito" e o deformou grosseiramente, apresentando-o na forma de "regulamentação rígida" (Burdeau, p. 165). A partir de então, o radicalismo de certos politistas, obstinados em denunciar o "juridismo", não facilitou em nada a discussão entre as duas disciplinas (C. Bidégaray, C. Emeri).

Mas, depois de quase ser absorvido pelo estudo dos fatos políticos, o direito constitucional passou por outro movimento pendular, no sentido oposto. Esse movimento, como se sabe, nasceu do desenvolvimento da jurisprudência constitucional. Iniciada em 1971, a extensão do controle de constitucionalidade das leis foi alvo de uma ampliação sem igual a partir da grande mudança de 1981, que transformou o Conselho Constitucional em juiz do conflito político entre a nova maioria e a oposição. A maior parte dos juristas de direito constitucional considera, sem dizer abertamente, que se está finalmente diante de um *verdadeiro* direito constitucional, pois a Constituição agora é sancionada por um juiz, e juiz constitucional. Em suma, o desenvolvimento da jurisprudência constitucional teria provocado a "ressurreição de uma disciplina jurídica" (C. Grewe).

Qual é a noção de Constituição pressuposta por tal representação hoje dominante da disciplina? A resposta figura no primeiro número da *Revue française de droit constitutionnel* (1990), cuja criação institucionaliza essa oscilação da disciplina para o direito do contencioso constitucional. O editorial, em forma de manifesto, explica que a fundação de tal revista repousa na convicção de que, "graças ao desenvolvimento das cartas constitucionais e internacionais das liberdades fundamentais e à ação das jurisdições constitucionais mediadas e fortalecidas pela ação das jurisdições internacionais, o direito constitucional volta a ser o direito da liberdade, tal como era percebido no fim do século XVIII pelos fundadores da democracia americana e pelos autores da Declaração dos Direitos do Homem e do Cidadão de 1789". Mas, como se verá, o direito constitucional clássico nunca renegou seu elo com o constitucionalismo. Onde se situa então a originalidade dessa nova corrente, reivindicada pelos fundadores dessa revista? Reside no fato de que o direito constitucional estaria, por fim, juridicizado porque jurisdicionalizado. Conforme se lê: "Na dimensão jurisprudencial, a exposição do direito constitucional já não está apenas incompleta, mas sem valor" (Favoreu, Maus, p. 3). "O direito constitucional é o direito da Constituição sancionado por um juiz." Essas duas fórmulas são as que melhor resumem essa opção jurisdicional ostentada pelos "neoconstitucionalistas". Assim, sancionado por um juiz, o direito constitucional poderia rivalizar com o direito administrativo e – melhor ainda – com o direito privado. Disso decorre que, para a maioria dos constitucionalistas contemporâneos, fazer ciência constitucional equivale, cada vez mais, a acumular e, depois, tentar articular as diversas jurisprudências, nacionais e internacionais, relativas às normas constitucionais (Conselho Constitucional, Conselho de Estado, Corte de Cassação se possível e, *last but not least*, as Cortes europeias de Luxemburgo e de Estrasburgo).

Essa modificação da percepção da Constituição inevitavelmente teve incidência sobre o próprio objeto do direito constitucional, fundamentalmente remodelado. Seu objeto tradicional, a descrição das instituições políticas, é marginalizado em razão de seu conteúdo parcamente passível de apreciação judicial. O essencial desse direito diz respeito aos seus outros dois objetos, "o sistema normativo e a proteção dos direitos e liberdades fundamentais" (Favoreu, 1998, p. 5). Portanto, de acordo com seu segundo objeto, o direito constitucional é "normativo" ou "fundamental". "O sistema das fontes depende da Constituição" (Favoreu, 1990, p. 75). Traduzindo: esse direito se tornaria, de algum modo, o direito dos outros direitos. Em outros termos, a Constituição é considerada como o fundamento jurídico das outras fontes do direito; ela é a fonte suprema, a fonte das fontes da qual brotaria todo o direito, uma vez que suas disposições têm valor jurídico "superior" às outras, de modo que, sob pena de anulação, as leis destinadas a serem promulgadas devem respeitar o conteúdo da Constituição. Por conseguinte, passa a ser possível falar – formalmente, entenda-se – das "fontes constitucionais" do direito administrativo, do direito penal, das finanças públicas, do direito do trabalho ou do direito civil. A audácia suprema consiste então em mencionar o nascimento de um "direito constitucional penal", ou de um "direito constitucional internacional" etc. Os leitores terão reconhecido aqui o tema da "constitucionalização dos ramos do direito", que, aliás, não deixa de provocar algumas reações por parte dos juristas de direito privado que dificilmente admitem – o que é compreensível – que sua ciência do direito está "subordinada" ao direito formalmente constitucional. Por que – pergunta-se – a Constituição e, com ela, o direito constitucional estariam investidos de tal majestade? É aí que intervém o terceiro objeto do direito constitucional. Este teria mudado de substância, tornando-se "direito constitucional das liberdades". Por essa razão, ele rege menos as relações entre os governantes ou entre estes e os governados, do que as relações entre o Estado e os cidadãos. A partir daí, basta que o juiz reconheça uma liberdade ou um direito contido nas Declarações dos Direitos de 1789 ou de 1946, ou por elas implicado, para que esse direito seja reconhecido como "constitucional" e pertença àquilo que se chamou de "bloco de constitucionalidade". O fundamento teórico dessa modificação do conteúdo é "a ideia de realização do Estado de Direito" (Favoreu, 1990, p. 79). Foi possível resumir fielmente esse argumento escrevendo que "o direito constitucional jurisprudencial se insere, no essencial, numa perspectiva liberal que privilegia a garantia dos direitos subjetivos em relação à democracia política" (Avril, 1999, p. 4). Dessa redefinição do objeto do direito constitucional – ao mesmo tempo material e axiológica – resulta que a disciplina em causa abandonou sua relação incestuosa com as "instituições políticas" (conforme demonstram os títulos dos novos manuais) e está reivindicando o estatuto de disciplina rainha do direito público. Embora, materialmente, ele seja um direito das liberdades públicas, do ponto de vista formal é jurisdicional. Por via de consequência, é cada vez maior sua dificuldade em distinguir-se do contencioso constitucional.

Comparação entre as duas concepções de Constituição

Não há utilidade em explicar aqui por que essa nova concepção de Constituição conseguiu seduzir muitos juristas que acreditaram estar assim retomando a posse de um bem do qual haviam sido desapossados pelos politistas (tema da autonomia do jurista, do constitucionalista). Em contrapartida, pode ser útil, a título de nota preliminar, fazer três observações críticas sobre as teses defendidas por esses "neoconstitucionalistas". A primeira gira em torno da ausência de reflexão fundamental sobre as implicações que tal concepção contém em si. O *Leitmotiv* do Estado de Direito não basta para resolver aqui todos os problemas. A respeito, é de notar que os prosélitos da concepção "normativo-jurisdicional" não se aprofundaram na teoria liberal que supostamente – o Estado de direito obriga! – funda a legitimidade política de sua doutrina constitucional. Assim como, aliás (com exceção, mais uma vez, de Michel Troper), não expuseram realmente os elementos que justificam, em tal concepção da Constituição, o poder decisivo concedido, em última instância, aos juízes (ainda que constitucionais). Não deram nenhuma resposta à objeção formulada por Stéphane Rials, segundo a qual ainda não se conseguiu demonstrar "que o juiz pode ser considerado, pelo menos na maioria das vezes, melhor intérprete da lei natural do que o legislador" (Rials, 1991, p. 164). Na França, ainda estamos distantes do início do debate que, do outro lado do Atlântico, opõe os defensores das teses "fundacionalistas" aos das teses "democrático-monistas" (B. Ackerman). Enfim, para encerrar estas observações preliminares, diremos que essa concepção normativa não tem a originalidade constitucionalista que afirma ter quando deseja reatar com "o direito da liberdade" do século XVIII. Por constitucionalismo é preciso entender o movimento que tende a conceber a Constituição como instrumento de limitação da arbitrariedade estatal. Ora, essa concepção constitucionalista da disciplina não remonta ao século XVIII, mas era precisamente a já compartilhada pelos fundadores da ciência do direito constitucional no século XIX. Não teria sido Pellegrino Rossi (titular da cátedra de direito constitucional em Paris em 1832) que escreveu em seu *Curso de direito constitucional* que "a Constituição é a lei dos países livres, dos países que escaparam ao reinado do privilégio e chegaram à organização de um povo que goza de suas liberdades" (t. I, p. 7)? Não terá sido também Adhémar Esmein, "autor do primeiro tratado republicano de direito constitucional" (Halpérin), quem, no Prefácio à segunda edição (1898) de seu *Tratado*, justificou o fato de não ter estudado a Alemanha guilhermina alegando que desejara "estudar as constituições, mas apenas aquelas que têm 'a liberdade política' como objeto direto, segundo palavras de Montesquieu" (p. VIII)? Por fim, será preciso lembrar a incansável luta de Léon Duguit a favor do Estado de Direito, a elaboração de seu *Manual de direito constitucional* e, mais tarde, de seu *Tratado de direito constitucional* em função desse imperativo axiológico? Assim, ao contrário do que afirmam os neoconstitucionalistas, a doutrina constitucional clássica estabelecia um elo constante entre Constituição e constitucionalismo.

Todavia, visto que cada um desses temas (liberalismo político, Poder Judiciário, Constituição e constitucionalismo) mereceria uma discussão à parte, aqui nos limitaremos a mostrar que, ao limitar a apreensão da Constituição apenas à esfera da sanção jurisdicional, a concepção normativa deixa de levar em conta a riqueza dessa noção e lhe amputa elementos fundamentais do direito constitucional. É essa riqueza que, a nosso ver, é resgatada pela concepção "institucional" da Constituição, concepção que governava a doutrina constitucional clássica (dos fundadores da III República) e dominava os precursores do constitucionalismo: Benjamin Constant e o grupo de Coppet (Necker, Mme. de Staël), redescoberto judiciosamente por Lucien Jaume. Aprendendo com os fracassos constitucionais da Revolução francesa, Constant medita sobre o problema legado pela Revolução francesa, ou seja, o do antagonismo virtual entre a soberania do povo e a liberdade do povo. Ele compreendeu depressa que a Constituição, como lei ou como código constitucional, não é necessariamente o melhor meio de garantir o princípio do constitucionalismo. Com uma fórmula sintética, ele resumiu o espírito de uma Constituição liberal: ela é "um ato de desconfiança, pois prescreve limites à autoridade". Seu liberalismo político leva-o a considerá-la puramente recognitiva ou declarativa, e não constitutiva, como acredita a doutrina jurídica positivista. Ela apenas declara os direitos do indivíduo, que são anteriores à sociedade porque "o homem tem direitos independentes de toda e qualquer associação" (*Fragmentos*, VIII, 8). Consequentemente, a Constituição tem como único conteúdo o conjunto de "princípios de liberdade", ou seja, um conjunto de *princípios constitucionais*. Entre esses princípios que garantem a liberdade, figuram tanto a liberdade de imprensa, a responsabilidade dos ministros e de seus agentes subalternos, uma representação numerosa e independente (*Princípios de política*, cap. XVIII), quanto "a garantia de não ser preso arbitrariamente, de não ser afastado de seus juízes naturais, de não ser afetado por leis retroativas e alguns outros princípios em pequeníssimo número" (*Das reações políticas*). A lista de princípios, aliás, não está acabada; pode ir sendo enriquecida à medida que a sociedade evolui, em conformidade com uma visão dinâmica da Constituição. Daí resulta que a Constituição, no sentido entendido por Constant, já não é concebida no sentido formal e normativo. Segundo ele – e a fórmula é conhecida –, "uma Constituição é a garantia de um povo; por conseguinte, tudo o que diz respeito à liberdade é constitucional e, por conseguinte também, nada do que não lhe diga respeito é constitucional". Em outros termos, embora não formalmente inscritos numa lei constitucional, certos princípios não deixarão de ser *constitucionais*. Inversamente, a Constituição formal (o texto constitucional) pode conter disposições puramente "regulamentares" ou "administrativas" que não são constitucionais no sentido material e serão erroneamente consideradas como "indistintamente sagradas" (*Fragmentos*, VIII, 11). Não se pode dizer que tal proposição – que os juristas poderiam estar inclinados a desqualificar como puramente política – não é atual, a julgar pela jurisprudência do Conselho Constitucional sobre os princípios fundamentais reconhecidos pelas leis da República, princípios constitucionais extraídos de leis formalmente ordinárias. Por fim, a última consequência é que a Constituição também é um conjunto de mecanismos destinados a garantir esses princípios. Constant insiste na importância dos procedimentos e das "formas, essas divindades tutelares das associações humanas". Entre as instituições destinadas a proteger mais os princípios constitucionais, a mais conhecida é o famoso "poder neutro", ou "poder preservador" ao qual o nome de Constant permanece ligado. Esse poder arbitral resulta de uma necessidade imposta pela lógica do sistema constitucionalista. Para um jurista de direito constitucional, a importância da obra de Constant deve-se ao fato de que ela marca a tomada de consciência por um pensador liberal da disjunção entre a Constituição como norma jurídica e o constitucionalismo como modo de limitação do poder. O simples fato de ele ser cada vez menos citado nas obras atuais de direito constitucional demonstra o recesso desse tipo de pensamento constitucional e manifesta uma mudança em relação à doutrina clássica que, adotando uma *concepção institucional da Constituição*, o citava frequentemente. Não é por acaso que Paul Bastid, um dos últimos representantes dessa tradição, dedicou uma polpuda obra (em dois volumes) ao pensamento de Constant.

Breve defesa de uma concepção institucional da Constituição

Chamaremos de doutrina constitucional clássica a doutrina jurídica que, entre 1896 e 1930, emancipou o direito constitucional da teoria política. Evidentemente, ela se apoiou em filósofos, políticos, historiadores, poetas ou romancistas como Montesquieu, Rousseau, Sieyès, Chateaubriand, Benjamin Constant, Lamartine e Victor Hugo, mas o fez para pensar a disciplina do direito constitucional segundo as categorias do direito. Esses principais pioneiros foram Adhémar Esmein, Léon Duguit, Maurice Hauriou e Raymond Carré de Malberg, aos quais seria preciso acrescentar professores eminentes como Larnaude, Chavegrin e Nézard. Ora, é justamente no *objeto do direito constitucional* que essa doutrina constitucional clássica diverge da atual doutrina. Tomemos por guia Adhémar Esmein. Depois dele, "o direito constitucional tem três objetos. Ele determina: 1 / a forma do Estado; 2 / a forma e os órgãos de governo; 3 / os limites dos direitos do Estado" (2ª ed., p. 3). Por via de consequência, a Constituição tem exatamente o mesmo objeto. "Ela tem por objeto determinar a forma do Estado e do governo" (p. 234). Só com essa enumeração, vê-se que essa concepção clássica, à qual nos atemos aqui, considera que "a Constituição é um 'instrumento de governo', tanto quanto uma carta das liberdades, sendo, por esse motivo, inseparável do jogo de forças que condicionam sua aplicação" (Avril, 1999, p. 4). Sendo um "instrumento de governo", a Constituição está intimamente ligada ao poder político, portanto às formas de governo (democracia, aristocracia, monarquia) ou às formas de Estado (Estado unitário, Estado federativo ou outras formas de federação). *Esse elo entre Constituição e regime político* é precisamente aquilo que os defensores da concepção normativa da Constituição deixam de considerar.

Direito constitucional, Constituição e Estado

Ora, quem diz regime político diz, em primeiro lugar, entidade política. Segundo a tradição constitucional francesa, existe uma relação íntima entre Constituição e poder político, ou seja, entre Constituição e Estado, entidade política que ela tem a vocação de reger. Mas, em vez de ser puramente abstrata, essa concepção do direito constitucional não perde de vista a meta empírica e concreta do direito. Não esqueçamos que foram os teóricos do direito constitucional (Duguit, Hauriou) os primeiros a justificar a necessidade de introduzir na França um controle de constitucionalidade das leis da maneira mais ampla possível. Esse elo entre Constituição e Estado figura nitidamente não só na obra constitucional de Esmein, como vimos, mas também na de Léon Duguit. Em seu *Manual* de 1907, que prefigura o *Tratado de direito constitucional*, Duguit nota que, em seu sentido amplo, o direito constitucional é a parte do direito público interno que "agrupa as regras de direito que se aplicam ao Estado tomado em si mesmo, que determinam as obrigações que lhe são impostas, os direitos de que ele é titular e também a sua organização interna" (Duguit, 1907, p. 59). Ele chega a propor chamá-lo de "direito público orgânico" (p. 59) para designar essa parte do direito do Estado quando este não entra em relação com outras personalidades jurídicas. Em sentido estrito, o direito constitucional designa apenas a forma das leis constitucionais, por oposição às leis ordinárias.

Para além de sua oposição doutrinal, encontra-se a mesma inspiração em Maurice Hauriou. Com efeito, em *Princípios de direito público*, apesar do título, Hauriou propõe – conforme explica no prefácio da primeira edição – uma verdadeira teoria do Estado baseada em princípios de direito constitucional. Mais tarde, em seu *Précis de droit constitutionnel* [Compêndio de direito constitucional], ele define o objeto de seu trabalho como a redefinição de "uma doutrina do poder, a da liberdade política e a da ordem individualista" (Prefácio, 1ª ed., 1923, p. V). O Estado como forma moderna do poder político está no cerne de sua teoria constitucional, enquanto a noção de "regime constitucional" serve para conciliar a doutrina do poder político com a da liberdade política.

Embora absolutamente oposto, em termos doutrinais, a Hauriou (positivismo contra jusnaturalismo), Raymond Carré de Malberg também quer manter o elo consubstancial entre a Constituição e a entidade política à qual ela se reporta. Seu monumental tratado sobre a *Contribuição à teoria geral do Estado* (1920) começa com a seguinte profissão de fé: "Todo estudo do direito público em geral e do direito constitucional em particular implica e pressupõe a noção de Estado. [...] Quanto ao direito constitucional, é – conforme seu nome indica – a parte do direito público que compreende as *regras* ou *instituições* cujo conjunto forma, em cada meio estatal, a Constituição do Estado. Portanto, não se pode abordar o estudo do direito ou da Constituição do Estado sem que se seja levado a perguntar imediatamente qual é a ideia que convém ter sobre o próprio Estado" (CGTE, t. I, p. 1). Em tal concepção, o direito constitucional é impensável sem uma teoria do Estado que o acompanhe e até mesmo o sobrepuje. Carré define a Constituição como o *estatuto* do Estado (CGTE, t. II, p. 483). Mas, sob a cobertura dessa expressão, ele designa duas acepções diferentes da Constituição: a lei constitucional, ato unilateral, e a organização do Estado, o *status* do Estado. Seria longo demais demonstrar, em pormenores, como essa dualidade da Constituição, em que consiste a originalidade da posição de Carré de Malberg, foi depois amputada, de maneira sistemática e unilateral, da parte institucional, ficando apenas com a dimensão normativa.

Mas, se a doutrina constitucional francesa se afastou da teoria do Estado, isso provavelmente se deveu à virada "empírica" da disciplina, provocada pelo *Traité élémentaire de droit constitutionnel* [Tratado elementar de direito constitucional] de Joseph-Barthélémy e Paul Duez (1ª ed., 1926; 2ª ed., 1933). Esse Tratado, recentemente reeditado, marca o primeiro distanciamento em relação aos grandes tratados fundadores do direito constitucional francês. Com o pretexto de estudar a vida das instituições, os dois autores retiram a teoria do

Estado do domínio do direito constitucional. É verdade que farão uma concessão à tradição constitucional francesa ao examinarem "as doutrinas: soberania, representação, separação dos poderes", mas, na verdade, o essencial de sua proposta visa a examinar "as instituições da atualidade, não como abstrações, mas como realidades vivas. Por que o direito constitucional não seria uma ciência de observação, útil e positiva?" (1ª ed., p. 7). É provavelmente daí que data a virada politista da ciência do direito constitucional, ocorrida no pós-guerra, conforme analisado acima (cf. *supra*). A partir de então, só excepcionalmente uma parte da doutrina constitucional mantém esse elo intrínseco entre direito constitucional e teoria do Estado. Desse ponto de vista, os defensores da concepção normativa da Constituição apenas prolongaram e, sobretudo, *acentuaram* o movimento impulsionado por Bartélémy/Duez, de tal modo que hoje os desenvolvimentos do Estado são vistos pela maioria dos constitucionalistas como tediosos prolegômenos, ou melhor, como inútil fardo do qual os estudantes deveriam ser liberados por algum tipo de caridade pedagógica. Disso resulta, mais concretamente, que, afastando o estudo da Constituição da teoria do Estado (como, aliás, da teoria política), a ciência do direito constitucional encolheu singularmente o conteúdo do direito constitucional que estuda, a tal ponto que se pode dizer, sem grande exagero, que ela agora trata de um *direito* constitucional *sem Estado*.

Direito constitucional e realidade política: contra o fetichismo da Constituição escrita. – Na doutrina francesa da segunda metade do século XX, um autor, relativamente esquecido hoje, exemplifica a tendência a lutar contra a concepção normativa da Constituição: é René Capitant. Realmente, ele é o verdadeiro continuador do pensamento de Maurice Hauriou no domínio do direito constitucional. Já em sua conferência de 1929 sobre o costume constitucional, ele pretende demonstrar (em oposição a seu mestre Carré de Malberg) que o direito constitucional pode ser *não escrito*. Sua teoria constitucional repousa em considerações de teoria do direito. A primeira delas é que o costume engloba todo o direito não escrito, que o costume pode ser tanto inovador quanto tradicional e que ele forma uma simetria exata com o direito escrito (legislação e jurisprudência). O mais importante, porém, é a tese subjacente, que consiste em defender a juridicidade do direito não escrito, o que supõe outra definição do direito positivo, que não é apenas o direito posto (pelo legislador ou pelo juiz). Escreve ele: "a única questão por resolver é saber se a noção de direito positivo exclui ou admite a noção de direito não escrito. Ora, não exclui; ao contrário, supõe. Pois o direito positivo não é o direito posto por um legislador, é o direito em vigor, ou seja, o direito aplicado, cujas prescrições geralmente recebem execução em dada sociedade" (Capitant, 1934, p. 2). Esse direito positivo "é o direito que realmente se aplica e cujas prescrições são observadas, ao qual se conforma a sociedade que ele rege" (Capitant, 1929, p. 968).

Assim se pode explicar essa defesa do direito constitucional não escrito que, por um lado, exprime um direito em vigor, capaz de tomar em consideração as características da vida política, e, por outro, é o que melhor traduz a vontade da nação soberana. Por isso se pode afirmar que, paradoxalmente, "o domínio do direito constitucional guarda um lugar eminente para o costume" (Capitant, 1929, p. 961), isto precisamente em oposição ao texto da Constituição. É o que ocorre, sobretudo, com as regras de funcionamento dos órgãos políticos. O parlamentarismo é o exemplo de uma instituição constitucional regida por regras não escritas. Esta última constatação é válida não só para a Grã-Bretanha, mas também para o regime da III República francesa, marcado pelo "fosso que separa" a "Constituição positiva" da "Constituição escrita" (Capitant, 1934, p. 6). Com efeito, as "três leis constitucionais de 1875 dão muitas vezes uma impressão enganosa [...] das instituições políticas em vigor [...]. Elas devem ser completadas, amiúde, com textos simplesmente legislativos ou mesmo regulamentares; acima de tudo, é preciso recorrer ao direito não escrito, às convenções constitucionais que, em pontos essenciais, transformam profundamente sua significação" (*ibid*., p. 3). É preciso entender bem aqui o alcance da irrupção do costume constitucional no domínio da Constituição. Este possibilita abrir o campo do direito constitucional para os fatores extraconstitucionais, que são os "fatores históricos e teóricos"

(Capitant, 1929, p. 3). Com isso ocorre a abertura do direito constitucional para a teoria política e para a ideologia política. É impossível – segundo explica Capitant – compreender o parlamentarismo francês sem levar em consideração o fator do individualismo e da tradição republicana que agem ou retroagem sobre o funcionamento das instituições. Esse realismo constitucional repousa, portanto, não só numa observação minuciosa da prática constitucional, mas também na consideração da história constitucional. Não é de espantar que a maioria dos autores pertencentes a essa corrente tenham posto constantemente em evidência a importância, por exemplo, da Revolução francesa, da Declaração dos Direitos do Homem. Nesse aspecto específico, observa-se filiação evidente entre Capitant e Carré de Malberg que, afinal, quis interpretar a Constituição da III República à luz dos princípios de direito público legados pela Revolução francesa.

Será fácil objetar a essa apologia do realismo de Capitant com o fato de que o desenvolvimento maciço do controle de constitucionalidade sob a V República tornou obsoleto esse tipo de abordagem, limitando muito, em nome da Constituição escrita (interpretada pelo juiz), a livre interpretação dos atores políticos. Mas a objeção deixará de ter valor se examinarmos, por exemplo, os trabalhos de Pierre Avril, que mostram como a V República também pode ser analisada a partir dessa espécie de realismo constitucional. Em sua obra sobre as convenções da Constituição [*Les conventions de la Constitution*], ele enuncia sua convicção de que "a 'Constituição' não se reduz ao direito escrito [...], mas comporta também regras que não nos são escritas e cuja origem é propriamente política" (Avril, 1995, p. 2). Adaptando as ideias de Capitant e reatualizando-as com a ajuda da doutrina inglesa, ele opõe "Constituição escrita" a "Constituição real, ou seja, as normas que regem efetivamente o governo do país" (p. 11). A noção de convenção da Constituição é utilizada como um meio técnico para demonstrar, por um lado, a incompletude importante e inevitável da Constituição escrita e, por outro, a impossibilidade prática de subsumir inteiramente a prática constitucional ao texto constitucional (ao texto da norma escrita). Recentemente ele apresentou as razões da "sobrevivência do direito não escrito" na Constituição da V República, ligadas especialmente aos pontos cegos do controle de constitucionalidade, ao poder discricionário presente na aplicação da Constituição (interstício pelo qual se esgueiram as relações políticas de força) e na vontade dos atores políticos de esquivar-se às injunções do direito escrito por razões muitas vezes legítimas (por exemplo, as questões orais antes da revisão de 1995). Esse direito não escrito descreve, na realidade, toda uma série de transgressões às normas constitucionais que não podem ser sancionadas e têm, apesar disso, um valor efetivo. Para ilustrar mais concretamente essa inevitável e constante lacuna que existe entre o texto da Constituição e o funcionamento dos poderes públicos, mencionaremos o caso tópico do regime político da V República francesa. Da observação da prática constitucional, percebe-se que um único e mesmo texto da Constituição, o da V República, pode cobrir diferentes regimes constitucionais, segundo as circunstâncias políticas. A prática quarentenária da V República ensinou, de fato, que há "uma Constituição e dois regimes" (B. Manin); há um regime em tempo de concordância das maiorias – que é o regime "presidencialista" – e um regime em tempo de discordância das maiorias (coexistência), que é um regime parlamentar de um tipo particular.

O alcance dessa tese merece ser ressaltado: o direito constitucional ultrapassa em muito o texto da Constituição. Pode-se, porém, considerar que há hoje dois modos de "relativizar" o texto constitucional. O primeiro consiste em focalizar a atenção do observador na interpretação judiciária e em considerar que, afinal, "a Constituição é aquilo que o juiz diz que ela é". Existe, a respeito, vasta literatura em direito constitucional sobre a chamada teoria "realista" da interpretação (a interpretação judiciária como ato de pura vontade). O segundo modo de "relativizar o texto constitucional" é o de Capitant e de outros; consiste em atribuir posição determinante à prática constitucional dos atores políticos, portanto às circunstâncias políticas do momento: é a que se pode julgar mais fecunda para compreender a Constituição. É preciso entender bem aqui o que está em jogo nessa concepção do "realismo constitucional". Desse ponto de vista, é impressionante a semelhança com a abordagem do constitucionalista americano Bruce Ackerman, que pretendeu demonstrar que, apesar da existência de uma única Constituição escrita desde 1787, os Estados Unidos passaram por três regimes políticos. Para fazer essa demonstração, ele refuta com veemência a tese dos "hiperformalistas" ou "hipertextualistas", segundo a qual a única maneira de revisar a Constituição seria recorrer ao procedimento previsto no artigo V da Constituição. Ora, ele pretende mostrar "a inadequação das regras legais para organizar os grandes movimentos do direito constitucional" (vol. 2, p. 416), e que, portanto, fora do artigo V da Constituição da Filadélfia (modo *legal* de revisão), a história constitucional americana passou por revisões formalmente ilegais que acompanharam as grandes mudanças políticas. Se a ruptura de legalidade constitucional (ou seja, o artigo V) pode ser "coberta", isso decorre unicamente do recurso a um princípio de legitimidade, que é a legitimidade democrática do poder constituinte.

Para além das oposições entre a cultura jurídica da França e a dos Estados Unidos, a posição de Bruce Ackerman aproxima-se da intuição de Capitant, que em 1929 escrevia: "a força constituinte do costume é apenas um aspecto da soberania nacional. [...] Mesmo quando não tem o direito de manifestar por escrito a sua vontade, ela [a nação] tem uma vontade que se impõe. Ela permanece no mínimo como senhora de sua obediência e, por conseguinte, possui a positividade do direito [...] o direito pode receber conteúdo do legislador, mas é da nação que sempre receberá vigor" (p. 968). É essa, com outra forma, a ideia defendida por Carl Schmitt quando define a Constituição como "a determinação consciente da configuração global específica escolhida pela unidade política. [...] Tal Constituição é uma escolha consciente que a unidade política faz e adota por si mesma, através do titular do poder constituinte" (*TdC*, p. 152). O ato do poder constituinte consiste em "determinar, por meio de uma decisão única, a globalidade da unidade política do ponto de vista de sua forma particular de existência" (*TdC*, p. 152). Esse é o significado revolucionário da Constituição e do poder constituinte: por meio dela, o povo torna-se nação, ou seja, torna-se consciente de sua existência política. Logo, não se pode separar a questão da Constituição da questão do corpo político que lhe está associado, nem da forma de organização dessa comunidade política. Mais exatamente, "uma Constituição constitui uma comunidade política" (U. Preuβ, p. 9).

Daí decorre uma última questão que encerra esta reflexão sobre a noção de Constituição e que se tornou premente em vista da atualidade da questão europeia. Os constitucionalistas estão de acordo em considerar que a Europa ainda não tem Constituição porque ainda não é uma comunidade política. Ao contrário, caracteriza-se por profunda dualidade: por um lado, uma união de Estados; por outro, uma união de cidadãos. Mas a maioria considera que a primeira união – interestatal – ainda hoje sobrepuja a segunda. O problema é justamente esse desequilíbrio, uma vez que existe grande desproporção entre os deveres impostos aos cidadãos dos Estados-membros da União Europeia (porque eles pertencem justamente à União Europeia) e seus direitos na qualidade de cidadãos europeus. Donde o problema atual: como se pode passar para esse estágio superior da comunidade de cidadãos europeus? Para admitir a ideia de uma Constituição europeia, seria preciso livrar-se da visão "estatocêntrica" da Constituição. Em resumo: *como pensar uma Constituição não estatal? Visto que nem a União Europeia, nem as comunidades europeias constituem um Estado propriamente dito, isso equivale a perguntar: como se poderia pensar uma democracia supranacional?* Percebe-se que tal maneira de formular o problema supõe a reflexão no modo como se articulam os conceitos de democracia, federalismo, Constituição e Estado. Nesse aspecto, a resposta a essa pergunta certamente não pode ser encontrada na pura exegese das múltiplas decisões das Cortes constitucionais (francesas ou estrangeiras) que tomam posição sobre a "constitucionalidade" das modificações dos tratados fundadores (tratado de Roma e de Maastricht). A questão europeia prova – caso isso ainda fosse necessário – a pertinência de uma reflexão sobre a noção de Constituição a partir da concepção institucional.

› ACIKERMAN B., *Au nom du peuple*, *Les fondements de la démocratie américaine*, Paris, Calmann-Lévy, 1998; *We the Peuple*, t. 2: *Transformations*, Harvard Univ. Press, 1998. – AVRIL P., *Les Conventions de la Consti-*

tution, Paris, Léviathan, 1995; "Une survivance: le droit constitutionnel non écrit: une survivance", *Mélanges Ardant*, LGDJ 1999, pp. 3 ss. – BEAUD O., "Constitution et constitutionnalisme", *in* Ph. Raynaud & S. Rials, *Dictionnaire de philosophie politique*, Paris, PUF, pp. 117-26. – BIDÉGARAY C. & EMERI C., "Du droit constitutionnel au gouvernement comparé", *Mélanges J.-M. Auby*, LGDJ, p. 447. – BURDEAU G., "Du droit à la science politique", *Jahrbuch des öffentlichen Rechts de Gegenwart*, NF, 1984. – CAYLA O., "Le Conseil constitutionnel et la constitution de la science du droit", *in* J. Robert (org.), *Le Conseil constitutionnel a 40 ans*, LGDJ, 1999, pp. 106-41. – CAPITANT R., "La coutume constitutionnelle" (1929) reed. *RDP*, 1979, p. 962; "Le droit constitutionnel non écrit", in *Recueil d'études en l'honneur de François Gény*, Sirey, 1934, t. III, p. 2. – *Droits*, nº 32 (número especial sobre o direito constitucional. Ver em particular os artigos de J.-M. Deriquin e O. Jouanjan). – EISENMANN Ch., "Droit constitutionnel et science politique", *Revue internationale d'histoire politique et constitutionnelle*, 1957, t. 7, pp. 72-85. – FAVOREU D., MAUS L., "Editorial", *RFDC*, 1990, I, p. 3; FAVOREU *et al.*, *Droit constitutionnel*, Paris, Dalloz, 1998; "Droit de la constitution et constitution du droit", *RFDC*, 1990, I, p. 72. – GREWE C., "L'actualité du droit constitutionnel ou la résurrection d'une discipline juridique", *Mélanges Raymond Goy*, PU Rouen, 1998, pp. 85-95 ss. – LUHMANN N., "La constitution comme acquis évolutionnaire", *Droits*, nº 22, pp. 103-26. – PREUβ U., "Der Begriff der Verfassung", *in Die Ordnung des Politischen*, Fischer, 1997. – RIALS S., "Entre artificialisme et idolâtrie. Sur l'hésitation du constitutionnalisme", *Le Débat*, nº 64, 1991, pp. 163 ss. – ROSSI P., *Cours de droit constitutionnel*, 2ª ed., Paris, Guillaumin, 1877, t. I, p. 7. – ROUSSEAU D., "Une résurrection: la notion de Constitution", *RDP*, 1990, pp. 5-22. – SCHMITT C., *Théorie de la Constitution*, Paris, PUF, "Léviathan", 1993. – TROPER M., *Pour une théorie juridique de l'État*, Paris, PUF, "Léviathan", 1994, 358 p.; "La Constitution de 1791 aujourd'hui", *RFDC*, 9, 1992, p. 3 ss. – ZOLLER E., *Droit constitutionnel*, 2ª ed., PUF, 1999.

Olivier BEAUD

→ Constitucionalismo; Direito constitucional (Origens eclesiásticas); Estado de direito; Hierarquia das normas; Justiça constitucional; Separação dos poderes.

CONTRATO

O contrato, instrumento privilegiado das trocas de bens ou de serviços a título oneroso, caracteriza-se, na qualidade de categoria jurídica, por seu elemento subjetivo essencial – o acordo das vontades – e por suas finalidades objetivas – a utilidade e a justiça. Da finalidade de utilidade deduzem-se os princípios subordinados de segurança jurídica e cooperação. Da finalidade de justiça deduz-se a procura de igualdade das prestações pelo respeito a um procedimento contratual efetivamente correto e equitativo.

Não há contratos por natureza. É preciso desistir de fazer do contrato um conceito, e reduzi-lo ao papel mais modesto, porém mais exato, de noção jurídica, cuja justificação só pode ser funcional (Alpa, p. 333). Essa noção é apenas uma categoria jurídica, construto intelectual necessariamente imperfeito em razão de sua diversidade e de sua incoerência, mas que seria possível identificar e distinguir de outras categorias. Para tanto, é preciso, porém, que todos os contratos tenham, em conjunto, um elemento pelo menos, ou vários, que sejam comuns e invariáveis, distinguindo-os de todas as outras categorias jurídicas e possibilitando identificá-los com segurança, o que é contestado (Sacco). Contudo, a noção de contrato (no singular), ou pelo menos a de contratos (no plural) é relativamente antiga. As relações estatutárias predominam nas sociedades comunitaristas ou coletivistas, ao passo que as relações contratuais desenvolvem-se de preferência nas sociedades nas quais os indivíduos prevalecem sobre os grupos (Rouland, nº 158-9). A evolução pode ocorrer, durante certo período, no sentido do estatuto, o que corresponde na França ao fim do século XIX e aos três primeiros quartéis do século XX. A padronização e a regulamentação dos contratos fazem então que eles se pareçam com estatutos. A evolução também pode ocorrer no sentido da predominância das relações contratuais, como no período anterior e subsequente ao Código Civil francês, ou no período atual. O contrato é um ato jurídico, na prática sinônimo de convenção, que vem do latim *conventio*, que por sua vez deriva de *convenire*, que significa vir junto, donde estar de acordo. Fazer um contrato, uma convenção, é *a priori* entrar em acordo a respeito de alguma coisa. Os romanos tinham uma concepção formalista, concreta e objetiva dos contratos. O direito romano, formalista na origem, como, ao que parece, todos os direitos primitivos, continua formalista em seu estágio mais elaborado. Os romanos têm uma concepção essencialmente concreta do contrato. Mais que uma teoria geral do contrato, eles consideraram os diversos contratos entendidos como operações concretas cujos efeitos dependem mais da natureza de cada uma delas do que da vontade das partes. Esta muitas vezes é apenas um fator que serve para especificar as obrigações que nascerão do contrato. Os elementos objetivos e, particularmente, a troca, a transferência de um valor de um patrimônio para outro têm, na obrigação de restituir ou de recompensar daí resultante, uma importância pelo menos equivalente, senão superior (Rouhette, t. I, p. 74 a 92 e 111 a 320). Em *direito romano*, a troca abrange toda e qualquer operação bilateral cujo fim seja econômico. Os juristas romanos a comparam ao *synallagma*, seja este concebido como uma operação econômica com *prestações* recíprocas, seja ele visto como estritamente jurídico, em que as *obrigações* são recíprocas.

No antigo direito, o respeito à palavra dada exigido pela moral cristã e o desenvolvimento das trocas favorecem a rejeição ao formalismo romano. Domat e Pothier orientaram o Código Civil francês para uma concepção "voluntarista" (Rouhette, pp. 591-4). Foram os economistas que, a partir do século XVIII, reabilitaram o conceito de troca. Para eles, todo contrato é uma transferência recíproca, não de objetos, mas de valores. Essa análise econômica chamou a atenção de certos juristas, que adotaram uma concepção mais realista do contrato, definido como operação econômica baseada no equilíbrio objetivo ou subjetivo dos valores intercambiados; todo contrato, definitivamente, é uma troca de valores. A modalidade contratual clássica corresponde essencialmente à troca de bens e serviços cujo instrumento privilegiado é o contrato (Mehren, nº 1).

Além da técnica jurídica, o contrato exprime uma verdadeira ideologia voluntarista das relações humanas. Em direito público, o contrato não terá servido de fundamento para as relações pessoais hierarquizadas que caracterizam a sociedade feudal? Depois, primeiro como justificativa, a seguir como reação ao absolutismo dos príncipes, não se falou de um chamado contrato "social"? Kelsen situa expressamente os contratos individuais na cadeia das normas objetivas que constituem o direito objetivo. Ele acrescenta o contrato às fontes de regras que, embora particulares e não gerais, não deixam de ser regras de direito próprias às partes contratantes. Segundo o artigo 1.134 do Código Napoleônico, "as convenções legalmente formadas funcionam como lei para aqueles que as fizeram".

A qualificação de contrato pode ser ligada a uma questão de competência na enunciação de regras de direito positivo. O direito administrativo francês aplica sistematicamente essa ideia. O Estado e as pessoas de direito público têm competência para agir por via de autoridade ou por via contratual segundo as competências que lhes são atribuídas. Na verdade, a questão só se apresenta nesses termos quando uma das partes dispõe do poder de enunciar de modo unilateral regras que serão impostas a pessoas que já lhes estão submetidas ou que se submeterão. O emprego da modalidade contratual continua aberto, mas nos limites das competências que lhe são concedidas. Trata-se apenas de competências.

Em direito privado, a questão parece *a priori* apresentar-se em termos diferentes. O contrato é fonte de direito. Por isso, seus autores, geralmente simples indivíduos desprovidos de qualquer competência pessoal que os autorize a enunciar regras unilaterais, terão esse poder, essa competência? Sem perder de vista a importância da troca econômica na teoria geral do contrato, não se deve neglicenciar seu modo de formação particular: o acordo das vontades. É preciso então fazer a síntese da concepção propriamente jurídica que faz do *acordo das vontades o elemento subjetivo essencial do contrato*, e da concepção, ao mesmo tempo ética e econômica, deduzida de nossa tradição greco-latina e judaico-cristã, que faz da *utilidade e da justiça as finalidades objetivas do contrato*.

Acordo das vontades, elemento subjetivo essencial do contrato

A criação de regras jurídicas por um acordo de vontades é característica comum de todos os contratos; constitui, assim, seu critério específico. O contrato deve ser destinado a produzir efeitos de direito, condição necessária para dar significado pleno às vontades. No plano hierárquico, seu efeito é criar normas jurídicas. Ele exige a participação de quem lhe está sujeito na própria criação da regra à qual será preciso submeter-se. Nesse aspecto, deve-se evitar confundir o poder de criar a regra com o de participar de sua elaboração por meio da negociação e do diálogo. Não é a negociação que faz o contrato, mas a criação de uma regra pelo acordo das vontades. Os contratos de adesão continuam sendo contratos, acertos negociados das regras impostas a quem lhes está sujeito. O contrato resulta de um acordo de vontades, e não de uma vontade unilateral. Portanto, é preciso que duas vontades, livres ambas, se unam para formar um contrato, que, a partir daí, escapa a cada uma dessas vontades individuais. O contrato, ato voluntário e exercício de uma liberdade, é ao mesmo tempo alienação voluntária de liberdade. O consentimento exprime um poder de escolher que desaparece assim que exercido, dando à outra parte o poder de restringir escolhas futuras incompatíveis. A palavra dada livremente já não pode ser repetida da mesma maneira. A força obrigatória do contrato é, pois, um elemento constitutivo deste, que pertence à sua definição de procedimento criador de efeitos de direito, pois o contrato determina as relações das partes para um intercâmbio futuro. A necessidade de sanção de caráter obrigatório do contrato pelo direito positivo foi, porém, contestada (McNeil, p. 48).

O acordo das vontades não se limita a esse papel de critério. Além disso, ele é o elemento subjetivo essencial do contrato, sem o qual este nem sequer poderia existir, representando sua função primordial nas relações sociais. As vontades são o "motor", o elemento subjetivo dinâmico sem o qual o contrato não pode nascer. É por essas vontades que se expressa o entendimento entre pessoas que têm interesses próprios. De fato, é o interesse, a utilidade particular do contrato para cada uma das partes que as determina a comprometer-se. É o porquê, a causa de seu compromisso.

O papel da vontade, movida pela busca dessa utilidade particular, é o instrumento privilegiado da liberdade e da responsabilidade dos indivíduos, complementos necessários. O respeito à palavra dada é uma regra moral que, em princípio pelo menos, parece unanimemente admitida, ainda que nem sempre respeitada. Aparece naturalmente como o prolongamento da liberdade de empenhar-se. Quando o compromisso é assumido livremente, a obrigação de executá-lo é sentida pelo devedor como um dever de consciência, que a seus olhos justifica a força vinculante do contrato e reforça a coerção estatal. A liberdade de empenhar-se é, assim, um fator importante de sua execução efetiva. Essas diversas considerações incitam a deixar cada um com sua liberdade e responsabilidade, que são complementos necessários.

Embora devam ser livres, as vontades não podem ser totalmente livres, pois ninguém contesta que o direito não pode sancionar qualquer acordo. Portanto, é preciso completar a definição de contrato acrescentando-se que sua força vinculante depende de sua conformidade ao direito objetivo. É preciso ir mais longe. Fonte de regras, mesmo particulares, o contrato é coercitivo. Normalmente realizado por indivíduos particulares, de onde lhe vem essa força vinculante? A teoria da autonomia da vontade não pode responder a essa pergunta. A análise positivista teve o mérito de pôr eficazmente em xeque o dogma da autonomia da vontade, mostrando que é o direito positivo que confere força vinculante ao contrato e que o acordo das vontades só intervém como procedimento específico de criação de efeitos de direito. A evolução das relações contratuais e do direito positivo, aliás, incitou todos os autores a admitir que a autonomia da vontade não pode ser absoluta. Eles concordam em reconhecer que o legislador e o juiz devem poder garantir a conformidade do contrato ao interesse geral, à ordem pública ou ao bem comum. Alguns autores, porém, continuam vendo nessa autonomia o princípio que deve continuar inspirando o direito comum do contrato. As soluções inconciliáveis com esse princípio são apresentadas como exceções, atenuações ou limitações.

A teoria da autonomia da vontade só sobrevive hoje em razão de suas ambiguidades. No sentido de ser o exercício de um poder soberano paralelo e concorrente com a lei, é rejeitada pela maioria dos autores. Nada impede, porém, de reconhecer certa competência delegada, outorgada, às vontades individuais, para que elas mesmas fixem ou pelo menos escolham as regras que regerão suas relações particulares numa operação jurídica determinada. É então possível falar de certa autonomia da vontade, indissociável de certa liberdade contratual.

Afirmando ou não a autonomia da vontade como princípio, o que certos autores pretendem defender é, na realidade, a finalidade inicial desse dogma, a saber, a afirmação de que o princípio universal e intemporal da liberdade contratual seria inerente à própria noção de contrato, e de que, assim, qualquer limitação dessa liberdade só poderia ser admitida excepcionalmente. Os mesmos autores afirmam que a força vinculante do contrato e até seu efeito relativo devem ser, nas mesmas condições, os princípios que ele só poderia transgredir excepcionalmente, sob pena de atentar contra a segurança das relações contratuais. O verdadeiro debate, assim, é travado no campo da liberdade e da segurança, na qualidade de princípios primordiais e até exclusivos, que devem inspirar o conjunto do regime dos contratos.

A análise positivista mostrou que a questão essencial da liberdade contratual é metafísica ou política, no sentido mais amplo, não resultando da natureza das relações contratuais. Ninguém contesta que o contrato só terá força vinculante se não for contrário à ordem pública, que visa a garantir sua conformidade ao interesse geral, fundamento, finalidade e limite da competência das autoridades encarregadas de assegurar sua execução, se necessário pela coerção. Portanto, é lógico que o interesse geral seja critério para as regras imperativas que limitam a liberdade contratual. Esta não é um princípio universal e intemporal. Está necessariamente submetida às variações ideológicas que afetam as relações entre interesse geral e interesses particulares. Contrariamente ao dogma da autonomia da vontade, a liberdade contratual, portanto, não é inerente à noção de contrato, pelo menos como princípio que só possa ser transgredido em condições excepcionais. A ordem pública não é externa ao regime normal do contrato. É um elemento constitutivo deste, pois determina as condições nas quais o direito lhe confere força vinculante.

A partir das observações de Kelsen se poderia dizer então que o contrato extrai força vinculante da vontade do legislador de sancioná-lo. Admitir essa afirmação, porém, equivaleria a considerar que só é realmente direito o direito positivo, ou seja, o direito deliberadamente proposto pela vontade individual ou coletiva do legislador. Também equivaleria a dar ao legislador um poder discricionário em relação aos contratos, o que lhe permitiria decidir, por exemplo, que eles podem ser executados de má-fé. Ora, tal poder não pode ser conferido ao legislador. O direito objetivo, busca concreta da solução em conformidade com a justiça, ultrapassa o direito positivo, que deve tender a ser sua expressão mais perfeita possível. Não é o direito proposto pelo legislador que confere força vinculante ao contrato. Este não esperou o artigo 1.134 do Código Civil francês para ser sancionado pelos tribunais. O contrato tem força vinculante porque o direito objetivo lhe confere tal efeito jurídico, e este só pode fazer isso porque o interesse geral – outros dirão o bem comum – impõe que sejam sancionados os contratos úteis e justos. *A utilidade e a justiça são, assim, as finalidades objetivas do contrato.*

Utilidade e justiça, finalidades objetivas do contrato

O contrato é analisado, de acordo com os economistas, essencialmente como instrumento de troca econômica; deve ter uma *utilidade econômica* e satisfazer a *justiça contratual*.

O contrato só é vinculante porque útil. Ele é o instrumento essencial de uma ordem social liberal. Essa utilidade se traduz pelos princípios subordinados de *segurança jurídica* e de *cooperação*. O princípio subordinado de segurança jurídica impõe-se porque o contrato é o instrumento indispensável das previsões individuais. Sua força vinculante é necessária à confiança legítima do credor (Gounot, p. 355), que Gorla, na Itália, Atiyah, na Grã-Bretanha (com a noção de *detrimental reliance*), e Dieux, na Bélgica (com a noção de expectativa legítima), converteram no fundamento da força vinculante do contrato. Essa confiança, porém, é apenas um elemento da utilidade do contrato, mas de grande importância. Toda e qualquer restrição à sua força vinculante diminui a confiança do credor e atenta contra o crédito do qual dependem numerosas operações de utilidade social incontestável (Mehren, nº 25). A confiança do credor também é, no plano moral, o aspecto positivo do respeito à palavra dada. Essa regra moral pode ser assim justificada, não apenas com referência à justiça contratual, mas também por sua utilidade social.

O princípio subordinado de cooperação pode ser elucidado pela análise econômica do contrato. Essa cooperação é a característica típica do contrato. Ela comporta graus variáveis, segundo os tipos de contrato. Da fraternidade, que anima os contratos a título gratuito, à solidariedade que caracteriza as sociedades, chega-se à necessidade de simples coordenação. Segundo alguns economistas, os mecanismos contratuais fundamentais são respostas às grandes categorias de problemas de coordenação identificados: a racionalidade limitada dos agentes, seu oportunismo, o risco (Brousseau, 1993, p. 74). É preciso então distinguir, segundo os tipos de relação contratual.

Em primeiro lugar, os contratos constitutivos ou de funcionamento daquilo que Hauriou chamava antigamente instituições e os economistas chamam hoje ainda "instituições" ou "organizações", tais como as sociedades comerciais, ocupam lugar à parte. Conforme mostrou a teoria dos custos de transação, iniciada por Coase e desenvolvida por toda uma escola econômica, em especial por Williamson, enquanto as trocas se situam no mercado, as instituições têm por objetivo possibilitar que as trocas internas escapem às leis do mercado. No entanto, o nascimento e até mesmo o funcionamento dessas instituições baseiam-se em acordos de vontades, contratos de sociedade, pactos de acionistas e até contratos de trabalho. Cooperação e oportunismo são aqui diferentes de seus homólogos nos contratos submetidos ao mercado; são, aliás, diferentes também entre acionistas ou entre empregadores e assalariados. O regime jurídico desses contratos-organização é necessariamente afetado por tais coisas.

Em segundo lugar, mesmo para os contratos situados no mercado, tornou-se clássico fazer a distinção, de acordo com Ian MacNeil, entre os contratos transacionais e os contratos relacionais; estes últimos supõem certa duração da relação contratual, que, aliás, pode ser constituída de um único contrato de longa duração ou de uma cooperação à base de contratos repetidos (Brownsword, p. 14). O fenômeno tem mais importância porque numerosos contratos de tipo transacional, tais como a venda, adquirem dimensão relacional graças à sua integração em contratos de trato sucessivo.

Ora, os contratos de tipo relacional obrigam a levar em conta incertezas econômicas do futuro e produzem uma incompletude de conteúdo que facilita sua adaptação dinâmica ulterior, incompletude que tende a corrigir, por um lado, a solidariedade objetiva de interesses, pelo menos parcial e duradouramente comuns, e, por outro, a confiança particular ligada aos hábitos comuns e ao conhecimento recíproco das partes (Brousseau, 1996, p. 23). A solidariedade maior ou menor, conforme a permanência e a importância dos vínculos entre as partes, leva, aliás, a limitar a procura de ganho máximo.

Finalmente, a cooperação antagonista, que caracteriza o contrato e sua utilidade como modo de organização desta, distingue-se em primeiro lugar da concepção idílica de um mundo sem conflitos, no qual nenhuma das partes estaria em condições de impor à outra escolhas contrárias a seus interesses, de tal modo que as trocas seriam necessariamente benéficas para todos. Em segundo lugar, distingue-se de uma percepção do contrato como modo conflituoso de dominação e exploração de uma das partes pela outra. Concretamente, a cooperação supõe que a ação voltada para o interesse próprio de cada parte seja, porém, compatível com a comunhão contratual de interesses. Tal exigência, passível de conciliar-se com uma visão puramente utilitária do contrato, parece, porém, inseparável de certa concepção moral deste (Brownsword, p. 18), supondo a consideração dos interesses de outrem (D. Mazeaud). É por isso que, conforme veremos, o direito positivo às vezes sanciona a obrigação de cooperação com base no fundamento moral da boa-fé. É também a moral que faz da justiça contratual a outra finalidade do contrato.

O contrato só é vinculante se justo. O contrato, na tradição greco-latina e judaico-cristã comum à Europa inteira, expressa especialmente por Aristóteles e são Tomás de Aquino, deve respeitar, em seu princípio, a justiça comutativa. Uma das finalidades do contrato é a equivalência, no mínimo relativa, das prestações. No *plano sociológico*, o contrato é entendido como um ato comutativo "que estabelece normalmente obrigações recíprocas" que "devem ser iguais de ambas as partes" (Rouhette, p. 331). No plano moral e, sobretudo, jurídico, a justiça comutativa, porém, contenta-se com uma simples equivalência relativa das prestações intercambiadas. O funcionamento natural do mercado não permite determinar espontaneamente o "justo" preço dos bens fungíveis. Na ausência de determinação objetiva do justo preço, só quando se observar objetivamente um grande prejuízo é que este será diretamente considerado para se restabelecer o equilíbrio contratual.

O que deve ser buscado, de modo geral, é que cada parte tenha um interesse efetivo no contrato, visto que esse interesse, essa utilidade particular, conforme vimos, é o próprio motor de sua vontade. É preciso e suficiente, *a priori*, que cada parte possa racionalmente considerar que está recebendo mais, ou em todo caso algo mais útil para si, do que aquilo de que se desfaz. O contrato permite então dar a cada uma das prestações um valor superior, que enriquece cada uma das partes e a comunidade. Também é preciso que a apreciação subjetiva dos valores recíprocos não tenha sido falseada. Portanto, cabe enfatizar *o papel do procedimento contratual*.

Um procedimento equitativo transmite seu caráter ao resultado, mas só se for realmente aplicado. A honestidade do procedimento contratual supõe, portanto, a ausência de vício de consentimento, mas também, de modo mais amplo, um controle dos comportamentos. O instrumento essencial desse controle, em direito positivo, tanto na França quanto na maioria dos países, é a boa-fé, no sentido de *Treu und Glauben*, oriunda de nossa tradição romano-cristã, e, em menor grau, seu complemento, o abuso de direito. Por fim, quando as condições da conclusão do contrato levarem a presumir um funcionamento defeituoso do procedimento contratual, especialmente nos contratos de adesão, o direito intervirá diretamente para eliminar as cláusulas abusivamente impostas por uma das partes à outra. A aceitação de um contrato de adesão geralmente reflete a situação de inferioridade do aderente. Ademais, será preciso buscar, além do equilíbrio das prestações, uma *igualdade das partes*?

Para fazer do contrato o instrumento dessa igualdade, é a justiça distributiva que, de alguma maneira, entra em ação, pela intervenção do direito positivo sobre o próprio resultado do procedimento. Já não se trata de garantir um procedimento contratual correto e equitativo, garantia de um resultado também correto e equitativo, mas de substituí-lo por um resultado considerado objetivamente justo. A apreciação daquilo que está em conformidade com a justiça distributiva é feita pelo direito positivo; ou seja, concretamente, pelas autoridades competentes para enunciá-lo. O risco, então, é ver essas autoridades falsear o jogo natural do procedimento contratual em proveito de interesses de categorias, interesses julgados, de modo mais ou menos arbitrário, mais dignos de proteção do que outros. Essa justiça distributiva estatal foi objeto de veementes críticas. Na França, o estatuto do arrendamento ou, mais recentemente, as leis sobre o superendividamento são bons exemplos.

› Alpa G., "Le contrat 'individuel' et sa définition", *Rev. internat. dr. camp.*, 1988, pp. 327 ss. – Gounot E., *Le Principe de l'autonomie de la volonté*, tese, 1912. – KELSEN H., "La théorie juridique de la convention", *Arch. philosophie du droit*, 1940, pp. 33-76. – MacNeil I., *The New Social Contract, An Inquiry into Modern Contractual Relations*, Yale Univ. Press, 1980. – Mehren A. von, *International Encyclopedia of comparative law, A general view of contract*. – Rouhette G., *Contribution à l'étude critique de la notion de contrat*, tese mimeografada, Paris, 1965; *Encyclopedia Universalis*, v. Contrat. – Sacco R., "Dictionnaire, Contrat", *Revue européenne de droit privé*, *Kluwer Law international*, 1999, nº 2, pp. 237 ss.

Ver também: Brousseau E., "L'économie des contrats, Technologies de l'information et coordination interentreprises", *L'Economie en liberté*, PUF, 1993; "Contrats et comportements coopératifs: le cas des relations interentreprises", in *Coopération entre les entreprises et organisation industrielle*, J.-L. Ravix (org.), CNRS, 1996, pp. 23 ss. – Brownsword R., "From Co-operative Contracting to Contract of Co-operation", in *Contract and Economic Organisation, Socio-legal Initiatives*, D. Campbell et P. Vincent-Jones (org.), Dartmouth, 1996, pp. 14 ss. – Dieux X., *Le Respect dû aux anticipations légitimes d'autrui*, Bruylant et LGDJ, 1995. – Mazeaud D., "Loyauté, solidarité, fraternité, la nouvelle devise contractuelle", *Mélanges Terré*, 1999, pp. 603-34. – Rouland N., *Anthropologie juridique*, 1988.

Jacques Ghestin

→ Boa-fé; Justiça administrativa; Ordem pública; Terceiro; Troca, escambo, permuta; Utilitarismo; Vontade.

CONTRATO DE FORNECIMENTO DE BENS OU SERVIÇOS

Trata-se de contratos por meio dos quais as coletividades públicas adquirem bens ou serviços ou confiam a empresários a execução de obras, mediante remuneração. De acordo com seu objeto, podem assemelhar-se aos contratos de venda ou de prestação de serviço que costumam ser firmados entre particulares. No entanto, os contratos firmados com as coletividades públicas têm irredutíveis características particulares e constituem uma forma de contrato administrativo. Obedecem a um regime próprio, diferente do direito privado, justificado pelo interesse público que têm em vista satisfazer e caracterizado pelas prerrogativas de poder público de que goza a administração cocontratante. As atuais regras de contratação e execução do fornecimento de bens e serviços a coletividades públicas têm raízes em práticas oriundas da época medieval, que depois foram consolidadas pela monarquia e sistematizadas na época contemporânea.

Origens medievais

Na época medieval, a construção e a manutenção de edifícios de interesse coletivo, tais como praças-fortes, ruas, pontes e moinhos, incluíam-se no âmbito das relações entre autoridade e subordinados. Para satisfazer a essas necessidades comuns, os senhores feudais e o rei impunham corveias e requisições aos súditos. Depois, sem renunciarem a procedimentos unilaterais, passaram progressivamente a recorrer a procedimentos contratuais. As cidades, que se emanciparam a partir do século XII, seguiram esse exemplo. Eram dadas concessões para a execução de certas obras, por exemplo para a limpeza de ruas e praças de Paris. Também eram concluídas outras convenções, frequentemente qualificadas de "arrendamentos", que deram origem a contratos de fornecimento de bens ou serviços. Evidentemente, em vários aspectos, essas convenções se assemelhavam a contratos de direito privado. Um particular se comprometia a realizar uma obra ou a entregar um bem mediante pagamento de um valor por parte do poder senhorial, régio ou municipal. No entanto, mesmo sem o intuito deliberado de fugir ao regime de direito privado, grande número desses contratos caracterizava-se por evidente peculiaridade: pode-se observar, por exemplo, que o senhor feudal, o rei ou a administração da cidade frequentemente gozavam de preeminência em relação ao seu cocontratante, em especial na execução, preeminência que parece prefigurar as prerrogativas da administração no regime atual dos contratos administrativos (F. P. Benoit; J.-L. Mestre). O renascimento dos direitos doutos, a penetração de conceitos e regras de direito romano na prática contribuíram para formular a especificidade dos contratos firmados pelo poder, especialmente o poder régio. Assim, a noção de *utilitas publica* era invocada para justificar a conclusão de alguns desses contratos. Do mesmo modo, os privilégios do *fiscus* eram aplicados pela doutrina medieval ao tesouro régio, de tal modo que, em suas relações contratuais, ele era investido de prerrogativas que alguns juristas qualificam expressamente de derrogatórias ao *jus commune*, direito aplicável a todos.

No entanto, a adjudicação, procedimento de conclusão do contrato, parece ter sofrido apenas uma influência relativa do direito romano: muito praticada pelos particulares, dela também se valiam os senhores e os representantes das cidades, para obterem as condições financeiras mais vantajosas, quando planejavam contratar. O bom uso dos recursos públicos e a necessidade de reforçar as fortificações, em virtude da Guerra dos Cem Anos, também levaram a autoridade régia a adotar a adjudicação de certos contratos ao "menor licitante", por meio de cartas patentes de 1349 e 1366. Geralmente, as modalidades de arrendamento, direitos e obrigações do cocontratante eram objeto de publicidade oral, frequentemente feita pelo pregoeiro público. O processo de adjudicação não era aberto a todos: inspirando-se em fragmentos do Digesto, várias ordenanças régias e numerosos textos municipais proibiam que os administradores fossem adjudicatários de bens ou de obras públicas. Concretamente, o processo se desenrolava em duas fases: depois que os licitantes faziam os lances, apresentando verbalmente suas ofertas, o administrador mandava acender, sucessivamente, três velas, e os preços eram então fixados em certa taxa. Quando se apagava a última vela, o último licitante que tivesse solicitado o menor preço obtinha o contrato. No entanto, o vencedor podia desistir, pagando uma indenização à administração. Esta última, por sua vez, tinha a possibilidade de se recusar a firmar o contrato, quer porque as garantias do cocontratante não fossem consideradas "boas e suficientes", quer porque a licitação não tivesse estimulado ofertas suficientemente vantajosas. Nada, porém, impedia que as autoridades firmassem contratos por meio de entendimento direto, e isso foi feito com muita frequência.

A execução dos contratos, quer estes fossem concluídos por adjudicação, quer por entendimento direto, muitas vezes apresentava características peculiares. Por um lado, o cocontratante dispunha de direitos perante os administrados, como, por exemplo, o direito de retirada de materiais. Por outro lado, o senhor, o rei ou as cidades exerciam poder de controle e direção sobre a execução das obrigações. Assim, nos séculos XIV e XV, em Paris, o "pavimentador credenciado do rei" cuidava para que a pavimentação das ruas fosse corretamente realizada pelos operários com os quais ele havia firmado contratos. Em 1424, o duque da Bretanha encarregara seu camarista e seu mordomo de controlar pessoalmente o desenrolar das obras de fortificações da cidade de Rennes. Como ocorria com frequência, o pagamento dos cocontratantes era subordinado a uma "visita", ancestral da certidão de conclusão de obras. Surgidas na época medieval, essas práticas contratuais se consolidariam a partir do século XVI.

Consolidação do direito dos contratos de fornecimento de bens e serviços pela monarquia

A partir do século XVI e até a Revolução, o crescimento do Estado monárquico é acompanhado pela consolidação de um direito dos contratos de fornecimento de bens e serviços, especialmente no âmbito das obras públicas. Progressivamente, salvo algumas exceções, a formação e a execução desses contratos eram da alçada dos intendentes e do Conselho do Rei, aos quais também estava reservado o contencioso. O desenvolvimento da monarquia administrativa, seu sentido agudo do bem comum, a atenção cada vez maior que ela dava às finanças, sua intervenção econômica crescente foram fatores que, a partir de Sully e, ainda mais, de Colbert, tiveram o efeito de fortalecer os privilégios da administração em relação a seus cocontratantes, portanto, o caráter derrogatório do direito privado que tinham os contratos com o poder público.

A especificidade dos contratos manifestava-se durante sua elaboração. Antes mesmo de serem firmados, a administração procedia com frequência a um estudo preliminar no curso do qual peritos, sobretudo da Divisão de Edificações do rei e, no século XVIII, os engenheiros de Obras Públicas, eram encarregados de verificar a conveniência dos trabalhos projetados e fazer orçamentos. A conclusão dos contratos também era cercada de fortes garantias que restringiam a liberdade contratual. Com a preocupação de obter as melhores condições financeiras, o poder monárquico submetia a escolha do cocontratante ao princípio da concorrência. O processo de adjudicação ao menor licitante era instaurado por uma decisão do Conselho do Rei do dia 13 de fevereiro de 1605 e por uma declaração régia de 7 de fevereiro de 1608 para as "obras pagas com recursos do Erário", antes de se estender, por meio de um edito de 1689, a todos os contratos firmados pelas províncias, cidades e comunidades de habitantes. A partir do século XVIII, a publicidade com a indicação dos prazos e do preço passou a ser feita de maneira mais rigorosa por meio de editais. Enquanto o procedimento medieval de apagamento dos fogos era retomado e estabilizado, surgiam vários usos no século XVII, que traduziam a superioridade da administração. Por um lado, as condições de arrendamento são intangíveis para os licitantes, que não têm a liberdade de negociá-las, ao passo que a administração frequentemente se faculta o direito de modificá-las durante o andamento da licitação! No entanto, ela renunciaria a isso no século XVIII, preocupada com a "boa-fé". Por outro lado, os administradores, incentivados por Colbert, sempre adiavam a adjudicação para uma sessão ulterior, até obterem um preço satisfatório. Chegando às vezes a quinze, esses "adiamentos de adjudicação" só passaram a ser limitados a partir de 1750. Por fim, a atribuição do negócio era acompanhada por uma condição resolutória que a administração, sobretudo no tempo de Colbert, não hesitava em aplicar a todo momento – às vezes até durante a execução –, assim que lhe fosse feita uma oferta mais atraente. Em vista disso, o processo de adjudicação – que às vezes também redundava em rebaixamentos excessivos dos preços, que o cocontratante não tinha condições de assumir – não excluía fraudes: frequentemente encobria favoritismos e conchavos, dando ensejo a propinas. Por isso, sem questionar o princípio da concorrência, que garantia a igualdade perante a opinião pública, a partir do fim do século XVII a monarquia passa a admitir exceções cada vez mais numerosas a favor dos entendimentos diretos (obras de pouco valor, *intuitu personae*, urgência etc.). Também realizava adjudicações fictícias, especialmente para os contratos de execução sucessiva. E, no século XVIII, Trudaine, intendente das finanças encarregado das Obras Públicas, recomendava que sempre se escolhessem os mesmos empresários, conhecidos pela competência e pela honestidade. Assim, a regra da concorrência retrocede em proveito da livre negociação. Em relação ao cocontratante, a administração gozava de diversas garantias: hipoteca de seus bens, faculdade de prendê-lo, obtenção de cauções como "devedor principal e solidário". Já perceptível na elaboração dos contratos, a preeminência da administração manifestava-se ainda mais em sua execução. Para que a execução de um contrato de interesse geral fosse levada a cabo, o poder público arrogava-se prerrogativas derrogatórias do direito privado, que não encontravam fundamento nas ordenanças régias e muitas vezes nem mesmo nas cláusulas do contrato. Também se arrogava o poder de direção e controle do empreendedor das obras públicas, que ficava submetido a uma vigilância cada vez mais cerrada dos serviços técnicos. A administração dispunha também de poder de sanção em caso de má execução, sanções que podiam assumir a forma de multas e indenizações. Mas, no século XVII, ela também recorria à rescisão unilateral do contrato e, a título de sanção, às vezes punha a execução dos serviços restantes sob controle governamental, por conta e risco do empresário desapossado. Em várias ocasiões, foram assim anulados contratos de manutenção de vias ou de pavimentações de Paris. Colbert, considerando que a construção da ponte de Nevers avançava muito devagar, escreveu em 1670 ao engenheiro, dizendo que era preciso destituir o empresário "para o bem da obra". No século XVIII, a administração preferia exercer o poder de modificação unilateral do contrato e frequentemente impunha "aumentos de obras" não previstos na contratação. Justificando-se pela necessidade de adaptar a execução do contrato às exigências do interesse geral, esse poder atenuava sensivelmente a força obrigatória dos contratos. A esses privilégios se somavam garantias no cumprimento da obrigação de pagar por parte da administração. Ela fazia adiantamentos a seu cocontratante, mas o saldo só era acertado quando da entrega das obras, cuja conclusão era solenemente certificada num auto, com frequência estabelecido com a presença de peritos. Apesar de liberado de suas obrigações, em algumas províncias o cocontratante era responsabilizado por erros e defeitos ocultos. Portanto, o cocontratante estava submetido a privilégios que, no tempo de Colbert e a pedido dele, os agentes régios exerciam rigorosamente pelo "bem da obra" e dos recursos públicos. Mas, para que ele pudesse cumprir suas obrigações, a autoridade pública o investia de prerrogativas exorbitantes do direito comum em relação aos administrados: servidões temporárias sobre propriedades privadas, generalizadas por vários atos régios do século XVII, desapropriação. Por fim, como contrapartida dos privilégios da administração, os cocontratantes obtiveram, sobretudo a partir do século XVIII, garantias na forma de direito a indenização em caso de acréscimos nas obras, rescisão unilateral ou acontecimentos imprevistos. De maneira geral, o antigo direito dos contratos de fornecimento de bens e serviços apresentava um caráter original e derrogatório ao direito privado que se justificava pela utilidade pública e pelo bom uso das finanças do Estado. Em vários aspectos, prefigurava o direito atual: concorrência e publicidade, poderes exorbitantes da administração, garantias dos cocontratantes etc. Em vista disso, afora alguns textos de alcance geral, o antigo direito desenvolveu-se de maneira empírica, pela repetição e pelo acúmulo de práticas que seriam sistematizadas na época contemporânea.

Constituição do regime contemporâneo dos contratos de prestação de bens e serviços

A partir da Revolução, a implantação de uma nova ordem jurídica e política não questionou a importância nem a especificidade desse tipo de contrato com o poder público. Por um lado, para o Estado, os contratos firmados com os particulares continuavam sendo um meio essencial não só de exercer suas funções soberanas, mas também de dar prosseguimento a uma ação econômica inaugurada pela monarquia e de aumentá-la, praticando políticas de obras públicas, urbanismo e planejamento do território. Por outro lado, a salvaguarda de um interesse geral superior ao interesse particular e a proteção das finanças públicas continuavam sendo imperativos que determinavam um regime próprio aos contratos de fornecimento de bens e serviços. Suas peculiaridades se traduziam nas regras relativas ao contencioso, criadas durante o Consulado e o Império. A lei de 28 de pluvioso do ano VIII atribuía aos conselhos departamentais, jurisdição administrativa por ela instaurada, a competência de julgar litígios relativos aos contratos de obras públicas. Em termos de contratos de fornecimento de bens, a competência dos tribunais judiciários, inicialmente mantida, depois lhes foi retirada por vários textos, especialmente um decreto de 1806. Segundo essas regras de atribuição de competência, o legislador conferia aos contratos o caráter de contrato administrativo e manifestava sua vontade de submetê-los a um regime próprio.

Embora fossem extraídas do antigo direito, certas regras fundamentais passavam a fazer parte da nova ordem jurídica e política. Assim, a regulamentação da formação dos contratos com os órgãos públicos não era estranha ao desenvolvimento correlativo do parlamentarismo e dos princípios orçamentários. De fato, durante a Monarquia de julho, a Câmara dos Deputados procurou obter do governo garantias de economia e integridade que deveriam determinar tais contratos, pedindo-lhe que regulamentasse as formas que deviam ser seguidas em sua conclusão. Uniformizando as regras observadas por diferentes administrações, a ordenança de 4 de dezembro de 1836 dispunha que "todos os contratos em nome do Estado serão feitos com publicidade e concorrência", regra que depois se estendeu às coletividades locais (ordenança de 14 de novembro de 1837). Em conformidade com os novos princípios, apesar de sua antiguidade, a adjudicação ao menor licitante continuava sendo o procedimento normal de contratação com órgãos públicos. Só em meados do século XX ela foi suplantada pelo procedimento do edital de licitação e para que a escolha do cocontratante fosse mais determinada por critérios qualitativos. Quanto à execução dos contratos com órgãos públicos, os numerosos empréstimos ao antigo direito não impediram que ocorressem sensíveis transformações nos séculos XIX e XX. No conjunto, o conteúdo e a realização dos contratos passaram a ser objeto de um enquadramento jurídico mais rigoroso. Ao contrário do que ocorria no Antigo Regime, os direitos e as obrigações das partes passaram a ser definidos de maneira geral desde a Revolução e mais ainda no século XIX. Diversas administrações estabeleciam contratos-tipo, unilateralmente e na forma de cadernos de cláusulas e condições gerais (CCCG). Esses documentos gerais, nos quais o poder público se reservava expressamente prerrogativas exorbitantes e aos quais o cocontratante aderia, constituíam "a lei das partes" (CE, 14 de maio de 1817, *Moroy*). Ofereciam assim uma normatização dos contratos de fornecimento de bens e serviços. Em caso de omissão, os contratos estavam "submetidos à regra do direito comum", a saber, do direito privado. No século XIX, o Código Civil é visto como uma fonte importante do regime de execução dos contratos de fornecimento de bens e obras. Frequentemente invocado pela doutrina – seu artigo 1.144, por exemplo, servia de fundamento para a entrada em regime de controle estatal –, ele era aplicado pelas jurisdições administrativas. Assim, a obrigação de garantia dos empresários de obras públicas, que, nos antigos países de direito escrito, era fundamentada numa lei do Código de Justiniano, passa a sê-lo nos artigos 1.792 e 2.270 do Código Civil francês. Mas o juiz administrativo também estabelecia soluções derrogatórias ao direito privado, transformando algumas práticas do antigo direito em regras jurídicas. Assim contribuía de maneira decisiva para a constituição do regime contemporâneo da execução dos contratos de fornecimento de bens e serviços. No início do século XIX, sobretudo durante o Império, este continuava marcado por forte subordinação dos cocontratantes, justificada pelo interesse geral. Os fornecedores, sobretudo os do exército, eram submetidos a condições draconianas. O mesmo rigor era usado nos contratos de obras públicas. A superioridade do poder público aparecia especialmente nas cláusulas da Divisão de Obras Públicas, redigidas em 1811 pelo engenheiro Tarbe de Vauxclairs, contrato-tipo pelo qual a administração se reservava o poder de impor unilateralmente e de forma discricionária a execução de obras não previstas no orçamento, de rescindir o contrato na ausência de qualquer falta do cocontratante e de infligir ao empresário faltoso a pena de transferência da obra para o controle estatal. A partir do fim do século XIX e durante o século XX, o Conselho de Estado erigiu os poderes de rescisão e modificação ao nível de "regras gerais aplicáveis aos contratos administrativos", existentes desde que houvesse omissão no contrato.

No entanto, na mesma época, a adaptação dos CCCGs à evolução econômica e a jurisprudência administrativa melhoravam a condição jurídica dos cocontratantes. Uma das melhorias mais significativas dizia respeito à consideração cada vez maior dos imprevistos que pudessem perturbar a boa execução do contrato. Assim, por derrogação ao direito civil e sem qualquer estipulação contratual, o Conselho de Estado admitia que, em caso de força maior, a perda sofrida pelo fornecedor não corria por sua conta. Foram levados em consideração sobretudo os impactos da conjuntura econômica e dos conflitos militares de 1870 e de 1914 sobre os encargos e os preços que pesavam sobre os cocontratantes. As administrações passaram a inserir sistematicamente cláusulas de revisão de preços nos contratos-tipo. A partir do fim do século XIX, o Conselho de Estado, diferentemente da Corte de Cassação, passou a aplicar a teoria da imprevisibilidade: na hipótese de ocorrerem, quando da conclusão do contrato, circunstâncias imprevisíveis que viessem a perturbar a economia financeira do contrato, o juiz reconheceria o direito de o cocontratante obter da administração uma indenização pelas perdas sofridas. A indenização constituiria uma ajuda justificada pelo interesse público, pois possibilitaria o prosseguimento da execução do contrato. A ideia de colaboração entre as partes, que orienta essa solução, também exigia numerosas reformas que ocorreram na primeira metade do século XX e cujo objetivo era dar solução aos atrasos de pagamento e aliviar os ônus financeiros que incidiam sobre os cocontratantes. Dessa evolução fica claro que a pessoa pública, para garantir a boa execução dos contratos de fornecimento de bens e serviços, mais colaborava com o seu cocontratante do que o dirigia.

Codificação e harmonização europeia

Atendendo a um antigo desejo e inserindo-se num programa inaugurado em 1948, no início da V República a codificação do direito dos contratos de fornecimento de bens e serviços ocorre no âmbito da Comissão Central dos Contratos Públicos: o *Code des marchés publics* (CMP) foi adotado por um decreto de 1964. A codificação não foi sinônimo de criação: realizada por "direito constante", consistiu essencialmente em reunir e organizar regras contidas numa multidão de textos anteriores. A partir daí, o CMP foi enriquecido e frequentemente modificado, e verificou-se a necessidade de uma reforma que entrou em vigor em setembro de 2001. A codificação não foi sinônimo de exaustividade: os contratos de fornecimento de bens e serviços também foram submetidos a outras regras de direito interno e a regras oriundas do direito comunitário. A partir do Tratado de Roma, foram adotadas e transpostas numerosas diretivas, especialmente as criadas em decorrência do Ato Único de 1987 para a realização de um contrato único. Sem perturbar profundamente o regime dos contratos de fornecimento de bens e serviços, a codificação francesa e a harmonização europeia modernizaram alguns de seus aspectos. Enquanto a concorrência, a publicidade e a proteção dos recursos públicos continuavam sendo princípios essenciais para a contratação, os procedimentos, além de se harmonizarem no nível comunitário, sofreram algumas modificações. Passaram a ser alvo da exigência de transparência, como parte da luta contra as práticas de corrupção. Ademais, a escolha do cocontratante já não dependia exclusivamente do critério do preço dos serviços prestados: incorporando a evolução da prática administrativa e das diretivas europeias, o novo CMP de 2001 substitui a noção de "menor licitante" pela de "melhor licitante". Uma das contribuições da regulamentação estabelecida a partir de 1960 também está ligada ao conteúdo e à execução dos contratos. Essa contribuição, porém, é relativa, e a regulamentação não questiona a lógica contratual desse tipo de contratação. Assim, só na falta de concordância de vontades entre as partes, o CMP de 2001 fixa um prazo máximo de pagamento pelos serviços dos cocontratantes. E, baseando-se nas decisões das jurisdições administrativas, grande parte da doutrina ressalta que as regras do Código, afora as relativas à contratação, não são de ordem pública. Sem a menor dúvida, a jurisprudência administrativa continua sendo a principal fonte do regime de execução dos contratos de fornecimento de bens e serviços, cujas peculiaridades, decorrentes das prerrogativas da administração e das garantias de seus cocontratantes desenvolvidas ao longo da história, permanecem.

› BÉNOIT F.-P., *Le Droit administratif français*, Paris, Dalloz, 1968. – BURDEAU F., *Histoire du droit administratif*, Paris, PUF, 1995. – LAUBADÈRE A. de, MODERNE F. & DELVOLÉ P., *Traité des contrats administratifs*, Paris, LGDJ, 1983-84. – LEPOINTE G., L'histoire des marchés de l'État en France, em *Les Marchés publics et leur financement*, Paris, Dalloz, 1962, pp. 13 ss. – MESTRE J.-L., *Introduction historique au droit administratif*, Paris, PUF, 1985. – MONNIER F., *Les Marchés de travaux publics à Paris au XVIIIe siècle*, Paris, LGDJ, 1984.

Ver também: BEZANÇON X., *Essai sur les contrats de travaux et de services publics. Contribution à l'histoire administrative de la délégation de mission publique*, Paris, LGDJ, 1999. – CONDETTE-MARCANT A.-S., *Bâtir une généralité: le droit des travaux publics dans la généralité d'Amiens au XVIIIe siècle*, Paris, Comité pour l'histoire économique et financière de la France, 2001. – PETOT J., *Histoire de l'administration des Ponts et Chaussées. 1599-1815*, Paris, Marcel Rivière et Cie, 1958. – TALBOT J., *L'Évolution de la réglementation des marchés de travaux et de fournitures de l'État*, tese, Paris, 1958.

Laurent PFISTER

→ Administração (apanhado histórico); Contrato; Direito administrativo; Desapropriação; Obras e construções públicas; Sistema viário.

CONTRATO SOCIAL

A noção de contrato social pertence ao registro conceitual da filosofia jurídico-política da modernidade, cujo advento se costuma atribuir a Grócio e Descartes, no século XVII. Ainda que mereça algumas nuances, essa apresentação da evolução das ideias não é inexata no que se refere à concepção do contrato social.

Recuando no tempo, encontramos na filosofia grega, se ouvirmos a voz de Sócrates ou os discursos de Demóstenes, apenas migalhas esparsas de um pensamento contratualista por meio do qual se expressaria o elo que une o cidadão à pólis: o pensamento grego, preocupado com a harmonia da totalidade cósmica, não podia forjar nem problematizar a ideia de contrato social, cujo fulcro é o indivíduo. Do mesmo modo, no mundo romano, Cícero em vão mencionou a existência dos numerosos pactos (*foedus*, *consensus*, *consilium*, *pactum*, *concordia*) que dão vigor à vida social: ele não faz do contrato social a ponta de lança de sua concepção política. A filosofia política medieval, dominada por santo Agostinho e são Tomás, preocupados com o problema das relações entre o poder temporal e o poder espiritual, não abre espaço para o contrato social: essa noção, que implica o domínio do homem sobre a constituição da pólis, teria sido vazio de sentido no contexto filosófico-político da Idade Média. Foi preciso que as crises políticas e as revoluções filosóficas se sucedessem no "declínio da Idade Média" para que, no século XIV, Nicolau de Oresme forjasse a expressão "contrato social" que só dois séculos depois se transformaria no eixo mais pregnante do pensamento jurídico-político moderno.

Avançando no tempo, depois da modernidade, a crítica ao contrato social, especialmente intensa no rescaldo da Revolução francesa, transformou-se rapidamente em crise: o despertar da intersubjetividade e da consciência comunitária na condição humana cercou de desconfiança os princípios que serviram de base para a teorização do contrato social pela filosofia moderna. Assim como a maioria das ideias políticas, o conceito de contrato social traz em si o selo da historicidade, profundamente marcado em suas próprias raízes. Disso não se deve deduzir que, em razão de sua modernidade, esse conceito seja claro e distinto. Até mesmo na problemática para a qual se supõe que o contrato social dê solução, seu conceito está cheio de hesitações. Inscrito no direito político moderno como um conceito operacional, desenvolve-se nele a partir de uma axiomática individualista e racionalista de tons diferenciados, ao mesmo tempo sedutores e problemáticos. Essa postulação complexa, além de pesadas críticas, deveria suscitar uma "revisão" do conceito de contrato social, não sendo absolutamente incontestável, aliás, que possa pôr um termo a seu caráter controvertido, portanto indefinidamente maleável.

Uma problemática hesitante

O surgimento das primeiras intuições do contrato social no século XVI exigiu duas rupturas no humanismo então nascente: por um lado, com o naturalismo aristotélico que enfatizara a imediatez natural da comunidade, pois, segundo o Estagirita, o homem é, por natureza, um animal político; por outro lado, com o providencialismo que, nas estruturas da sociedade feudal, ecoava as vontades divinas. Essas duas rupturas são profundas, mas não bastam para dar, de chofre, conformação segura às primeiras intuições de um "contrato social". A problematização dessa ideia ocorrerá por etapas.

Embora, na época da sociedade feudal, cujas estruturas são eminentemente contratuais, o pensamento político tenha recorrido expressamente à noção de "pacto", limita-se a distinguir, nas *disputationes* escolásticas, o *pactum associationis*, em virtude do qual uma multidão se reúne em comunidade, e o *pactum subjectionis*, em virtude do qual os governados são, nessa comunidade, submetidos a elos de lealdade com os governantes. Esses dois "pactos" só têm valor descritivo, e não explicativo. No século XVI, quando, nos vários libelos que surgem no rescaldo da Noite de São Bartolomeu, os monarcômacos, tais como Teodoro de Bèze (*Do direito dos magistrados*, 1575) e Duplessis-Mornay (*Vindiciae contra tirannos*, 1579), denunciam a tirania, a tônica recai na aliança recíproca que une o monarca a seus súditos, com a preocupação implícita de esclarecer a ideia de um poder político temporal, já bem distinto do poder espiritual: se o monarca – dizem substancialmente – rompe o contrato que o liga a seu povo, este tem *ipso facto* fundamentos para, por meio de uma insurreição legítima, resgatar sua liberdade. Essa ideia fulcral é desenvolvida numa teoria do tiranicídio, cujo tom já era dado pelo *Discurso da servidão voluntária*, filípica inflamada escrita, provavelmente, em 1548 pelo jovem amigo de Montaigne, Étienne de La Boetie. Em suma, são os povos – dizia o texto – que contribuem para fazer os reis. Sob a lei de Deus, os reis só têm realeza graças à investidura popular, de tal modo que um compromisso recíproco une o monarca e os súditos. Esse esquema contratual, de tipo quase sinalagmático, nada mais conota senão uma relação estrutural de governo; contudo, terá forte repercussão no direito político vindouro. Entretanto, no contexto político-religioso atormentado do século XVI, a problemática do contrato social continua ainda muito vaga. Ela só se tornará mais precisa com a consciência da crise que, para além da literatura contestadora, dará impulso à filosofia política.

A primeira fase da problematização do contrato social pode ser distinguida no *De jure belli ac pacis* de Hugo Grócio (1625). Trata-se apenas de um passo preparatório. Depois de dedicar um capítulo inteiro de seu polpudo tratado (livro II, cap. XII) ao estudo dos contratos (em geral), Grócio evidenciou os três princípios – racionalismo, individualismo e consensualismo – nos quais se apoiam esses atos jurídicos que são os contratos. Todavia, não se alinhando com os monarcômacos, ele não discerne no direito público nada mais que um pacto político de submissão; por conseguinte, silencia sobre o aspecto bilateral e recíproco do compromisso particular que configurará um contrato especificamente "social".

Coube a Thomas Hobbes fazer, pela primeira vez, a análise filosófica e jurídica do conceito de "contrato social" e, com isso, assumir a ambição epistemológica de renovar o pensamento sobre o direito público. Para compreender a natureza do "contrato" que dá vida à sociedade política, o filósofo recorre a um tema mediador que ele implanta de alguma maneira na reflexão política moderna: a velha imagem de um hipotético "estado de natureza" no qual o homem, ser solitário e independente de todos, seria igual a qualquer outro e estaria, assim, condenado à competição universal para sobreviver. A tese aristotélica da imediatez natural da sociedade política é, evidentemente, derrubada, o que leva a problematizar o contrato social segundo um novo esquema de inteligibilidade. Além disso, a questão já nem é mais de dissecar a relação "contratual" de subordinação que, a exemplo do elo existente entre vassalo e suserano, unia, segundo os pensadores medievais, o povo e o monarca. A problemática nova implica duas interrogações: uma genética e uma normativa. Primeiramente, trata-se de saber segundo qual procedimento a comunidade social se *edifica* a partir da multidão de solidões naturais. Em segundo lugar, é preciso entender por que a autoridade do poder político encarregada de governar a sociedade assim construída se impõe a todos de maneira *legítima*. O fato de tais interrogações estarem ora dissociadas, ora mais ou menos entremescladas, mesmo em Hobbes, constitui a sua complexidade. No mínimo isso explica a hesitação que acompanha a sua formulação na obra de Hobbes, desde *De Cive* (1642) até *Leviatã* (1651), e que se encontra com intensidade variável nas obras de Espinosa, Pufendorf e Locke. Entretanto, a solução construída por Hobbes e proposta depois dele, sejam quais forem as variantes, pelas diferentes filosofias do contrato social sempre apresentam seu conceito sob o signo de um artificialismo humanista no qual o trabalho do individualismo e do racionalismo constitui a viga mestra de sua teorização.

A axiomática das teorias do contrato social

O antinaturalismo e o antiprovidencialismo são as premissas filosóficas que regeram o surgimento da problemática do contrato social, cujas feições já de início se mostram artificialistas e humanistas. De fato, o contrato social é o artifício por meio do qual os homens se subtraem à sua condição natural; esta, ainda que desejada por Deus, é dura e deplorável segundo Hobbes (*Leviatã*, cap. XIII), precária segundo Pufendorf (*De jure naturae et gentium*, livro II), frágil segundo Locke (*Segundo tratado do governo civil*, caps. II e III) e incerta segundo Kant (*Doutrina do direito*, § 41 e § 44): é preciso abandoná-la. E é em seus próprios recursos que o homem deve buscar o meio de escapar a uma natureza que ameaça esmagá-lo: sua humanidade custa esse preço.

As teorias do contrato social encontram, assim, suas bases principiais nessa primeira fase do humanismo, que é o *individualismo*. Hobbes, que transpõe para a teoria política do *Leviatã* as teses "atomísticas" do mecanicismo de Mersenne, explica que, em sua hipotética condição natural, os homens são indivíduos independentes e iguais em necessidades e forças; portanto, para sobreviver são levados a travar uma guerra universal que, em prazo maior ou menor, implica sua morte. Para pôr fim à miséria desse estado, recorrem ao contrato social: Hobbes explica (*Leviatã*, cap. XIV), com base nos fundamentos individualistas de sua filosofia, que cada indivíduo – desde que todos façam o mesmo – transfere seus direitos naturais (*powers*) para um corpo público (o Estado-Leviatã) que, construído pela soma de todos esses poderes (*potentiae*), passa a ser uma potestade (*potestas*) que, como monarca ou assembleia, agirá em lugar e na vez de todos. O contrato social, portanto, não é um pacto assinado entre um monarca e seus súditos; é "uma transmissão mútua de direitos", ou seja, é concluído *inter pares*, logo, entre todos os membros da "multidão" que, desde então, é transformada em "povo". O contrato social é o ato pelo qual todos os indivíduos, unidos por comum acordo, passam da pluralidade da multidão à unidade do *homo artificialis* que é a sociedade civil ou Estado. Essa passagem, segundo Hobbes, ocorre num único ato: a instituição da sociedade confere-lhe de saída caráter político; toda sociedade é política ou não existe. A postulação individualista de seu conceito não é modificada em nada pelo fato de tal contrato se desdobrar, segundo Pufendorf (*De jure naturae et gentium*, livro VII, II, § 7-8), em dois pactos – o primeiro formaria a sociedade na qual o segundo instauraria a autoridade política –, ou pelo fato de, conforme acredita Rousseau (*Do contrato social*, livro I, cap. VI), na esteira de Hobbes, ser ele o ato único que, transformando a multidão em povo, erige-o em "vontade geral" una e indivisível.

Todavia, a premissa individualista necessária ao contrato social não basta para a sua inteligibilidade. Por isso, a formação e a vocação do contrato social, em todos os autores, são postas sob o signo aparentemente luminoso do *racionalismo* que, para a filosofia moderna, marca o momento mais glorioso do humanismo jurídico. Segundo Hobbes, o contrato social resulta do cálculo teleológico de interesses por meio do qual a razão constrói o modo de substituir a guerra natural pela paz civil. Segundo Locke, que nesse ponto se aproxima de Pufendorf, o consentimento (*consent*) dado à sociedade civil e a confiança (*trust*) dada ao poder político procedem da razão razoável (*reasonableness*) graças à qual os homens, descobrindo no universo os fins que o Criador lhes destinou, podem realizar sua liberdade. Segundo Rousseau, a "vontade geral" – que não é a "vontade de todos", mas constitui matematicamente sua integral – "extrai seu maior peso da razão que a ditou"; ela tem, portanto, a unidade de uma "razão pública" cuja expressão "sublime" será a lei, em sua generalidade, e da qual nascerão – verdadeiros "prodígios" – a justiça e a liberdade. Kant decifra o contrato social como o imperativo categórico político no qual se expressa uma ideia da razão pura prática, transcendental e *a priori*. A razão, denominador comum de todas as teorias do contrato, por mais diversificadas que sejam, é nelas o índice da magnanimidade da ordem política.

No entanto, a racionalidade do contrato nada tem da dominação técnica que hoje em dia se critica com tanta frequência no pensamento moderno. Mesmo em Hobbes, que segue o modelo mecanicista, é do poder prático da razão que o contrato social participa ao se enraizar na vontade do indivíduo. Depois, de Locke a Kant – insistindo o primeiro no fato de que "mesmo um pai não pode querer pelo filho", e mostrando o segundo que a vontade reta se confunde com a razão prática –, o *voluntarismo* afirma-se como corolário do racionalismo reivindicado pelo contrato social. Os efeitos do humanismo jurídico enxertado no racionalismo prático e voluntarista são grandiosos. Quem mais entendeu isso foi Rousseau: ele acredita que o contrato social, em virtude de seu fundamento individualista e consensualista, além de racionalista e voluntarista, é um conceito operacional com vocação de princípio regulador (e não constitutivo); como tal, confere *legitimidade* ao direito político e, por conseguinte, torna pensável, logo possível, a síntese de ordem e liberdade no estado civil. Assim está desenhado, para além da problemática da instauração da sociedade política, o horizonte *normativo* no qual esta ganha força e sentido. Contrariando todo e qualquer empirismo, o contrato social só mostra sua verdadeira natureza no nível normativo do dever-ser, na altitude – ainda implicitamente transcendental no pensamento de Rousseau, mas explicitamente pura e *a priori* segundo o criticismo de Kant – em que seu fundamento racional transcendental faz dele ao mesmo tempo o princípio instituidor da condição civil e o princípio universal de legitimação da autoridade que esta é chamada a exercer. Na perspectiva racional-crítica que Rousseau pressente e Kant consolidará e refinará, o contrato social tornou-se ponta de lança de um código cívico.

O problema do contrato social revela, desse modo, a dificuldade filosófica intrínseca que se dissimula em sua idealidade e, como toda "Ideia da razão", o torna irrealizável. Essa dificuldade, por não ser superada, suscitou não só sua crise e as críticas a seu conceito, como também diversas tentativas de revisão de seu estatuto.

Da crise à revisão do conceito de contrato social

Os ataques ao contrato social ocorreram em vários planos – filosófico, político e jurídico –, com frequentes interferências recíprocas. A confusão intelectual que às vezes se inseriu na crítica não deixa de ter repercussão na vontade de renovar conceitualmente o contrato social.

No plano filosófico, Hume, antes mesmo da publicação de *O contrato social* de Rousseau, denunciara, como que por antecipação, os erros axiomático e procedimental do racionalismo contratualista (*Discursos políticos*: "O contrato primitivo" e "Da origem do governo"): a postulação abstrata e dogmática do contrato social e seus pressupostos individualistas – sejam eles de obediência mecanicista (Hobbes) ou de inspiração metafísica (Pufendorf) – tornam-no perfeitamente inoperante. Crítica mais severa ainda foi feita por Kant (*Teoria e prática*, seção II), que questionou a própria natureza do contrato social, do modo como, segundo ele, Hobbes o concebeu, determinando, sem querer, as tendências gerais da doutrina ulterior. O contrato que rege a construção do Estado-Leviatã é, segundo Kant, um "contrato de negócios", firmado no mundo empírico e inclinando para um pragmatismo eudemonista. A consequência desse vício de pensamento é grave: na teorização do contrato social que Hobbes fora o primeiro a fazer, o pacto foi apresentado como origem do Estado, ao passo que, para Kant, ele é a *regra* de sua Constituição. A confusão entre fato e norma, ou entre ser e dever-ser, maculava sua natureza e fadava sua ideia ao fracasso.

O fracasso do contrato social foi logo denunciado no plano político: de Burke a Chateaubriand e Constant, os ataques feitos à sua ideia encontram espaço na oposição doutrinária à Revolução francesa. Mas foi sobretudo Hegel (*Princípios da filosofia do direito*, § 72-81) quem, preocupado em perceber as razões profundas do fracasso político engendrado pela obra magistral de Rousseau, evidenciou as razões jurídicas daquilo que, a seu ver, era uma grave ilusão. O conceito de contrato social – diz ele numa crítica drástica e sem apelação – transpõe para o direito público esquemas e categorias próprias ao direito privado. Hegel considera que esse deslizamento categorial é fatal porque baseado em duplo equívoco: lógico e ontológico. Por um lado, o *consensus omnium* exigido pelo contrato social não é o universal exigido pela vida estatal, na qual as vontades livres subjetivas precisam objetivar-se; em outras palavras, no caminho aberto por Hobbes e no qual o próprio Rousseau se perdeu, as filosofias do contrato social são incapazes de explicar logicamente a passagem da multidão de indivíduos para a unidade do povo soberano, ou, se preferirmos, de efetuar o *Aufhebung* da pluralidade à totalidade. Por outro lado, acreditar que a vida pública se constrói a partir das relações exteriores de indivíduos originariamente *partes extra partes* é esquecer que a sociedade civil que faz o esquema agregativo nascer do contrato social ainda não é o Estado, que é inconcebível sem a autoridade coercitiva que rege todas as suas manifestações; do ponto de vista ontológico, o Estado do contrato é uma "aparência sem substância", na qual falta o próprio ser da *Sittlichkeit* ou "moralidade objetiva".

Na esteira de uma crítica também cáustica se engolfarão, com maior ou menor probidade intelectual, os críticos marxistas que denunciarão "a maleficência de Rousseau" e o repúdio por Proudhon da "vontade factícia" que, por impostura, rege um pacto muito menos social do que se diz. As acusações de Nietzsche às "ideias novas" de igualdade, vontade geral ou liberdade, que ele declara ver no humanismo racionalista do contrato social, soam como um anúncio de morte da teoria contratualista do Estado.

No entanto, para obstar ao "declínio do Ocidente" ao qual o pensamento do contrato social, segundo opinião de alguns, não teria sido alheio, foram formulados vários projetos de revisão, que têm tonalidades diversificadas, mas provavelmente não permitem dar ao problema do contrato social uma solução decisiva e definitiva. Em meados do século XX, Merleau-Ponty (*Sens et Non-sens*) e Camus (*L'Homme révolté*) ressaltaram, na qualidade de filósofos, a importância da intersubjetividade e insistiram no papel da solidariedade na comunidade humana, especialmente na sociedade civil e na condição política. Com base nisso, propuseram a ideia de "um novo contrato social", segundo eles expressão de um "socialismo liberal" que evitaria o escolho egoísta do individualismo, salvando a liberdade graças às suas exigências racionais. Por volta de 1970, uma comissão de estudos dirigida por E. Faure reuniu, com o nome de "novo contrato social", políticos e economistas de todas as tendências ideológicas; eles elaboraram um "contrato de diálogo" que, construído com base nas ideias de compreensão mútua, equilíbrio e cooperação, seria um "contrato de promoção" que corresponderia a um "modelo qualitativo de sociedade". Na maioria das vezes foi à custa de uma confusão categorial entre o contrato social, como fundamento da legitimidade da autoridade soberana, e o contrato como acordo entre partes durante uma transação econômica que ocorreu a revisão do esquema filosófico do contrato social, com o fito de atender às exigências do "progresso" da condição humana. Hoje, a filosofia que se declara "pós-moderna" recorre à "ética da discussão" (O. K. Apel) ou às teorias do "agir comunicacional" (J. Habermas) para conferir novo estatuto à ideia de contrato social, agora fundamentada no intercâmbio, no diálogo, na negociação e na concessão. Em sua preocupação de aderir aos contornos flexíveis da atualidade, essa revisão da forma, do sentido e da finalidade do conceito veiculado pela filosofia política moderna põe entre parênteses e até aniquila a problemática normativista da legitimidade da autoridade política do Estado que constituíra a originalidade e a força da teoria de Hobbes e, sobretudo, conferira altitude filosófica ao pensamento jurídico-político de Rousseau e Kant.

Os avatares do contrato social, enraizados na polivalência de seu conceito, indicam um destino: a ideia de contrato social não conota uma categoria absoluta do pensamento jurídico e político. Por via de consequência, o pacto social, cuja implicação, na condição política dos homens, é nada menos que a paz possibilitada apenas pela aliança entre ordem e liberdade, sempre deve ser repensado e refeito. Uma vez que, segundo expressão de Kant, é uma "necessidade da razão", o contrato social deve ser incessantemente recomeçado, apresentando-se como uma "tarefa infinita".

› CASSIRER E., *Le Mythe de l'État*, trad. fr. Gallimard, 1993. – DERATHÉ R., *Jean Jacques Rousseau et la science politique de son temps*, PUF, 1950; reed. Vrin, 1970; *Droits*, nº XII, *Le Contrat*, PUF, 1990. – GOUGH J. W., *The Social Contract, a Critical Study of its Development*, Oxford, 1957. – GOYARD-FABRE S., *L'Interminable querelle du contrat social*, PU Ottawa, 1977; *Politique et philosophie dans l'oeuvre de Jean Jacques Rousseau*, PUF, 2001. – RILEY P., *Will and Political Legitimacy: a Critical Exposition of Social Contract Theory in Hobbes, Locke, Rousseau, Kant and Hegel*, Harvard, 1982.

Simone GOYARD-FABRE

→ Estado de direito; Instituição; Ordem pública; Soberania; Vontade geral.

CORPO HUMANO

Como definir o corpo humano? Será ele sinônimo de pessoa? Não será, ao contrário, apenas um instrumento ou alguma coisa a seu serviço? E como definir a pessoa? Esse enigma fundamental não poupa o direito nem a religião ou a filosofia. De sua solução depende o regime jurídico do corpo humano. Caberá atribuir ao corpo do indivíduo o regime jurídico da pessoa? Será preciso, ao contrário, enquadrar o corpo humano no direito dos bens, e vê-lo como objeto, uma vez que não há categoria intermediária entre pessoas e coisas?

O sentido das palavras

Costuma-se dizer que o corpo humano é apenas a parte material do ser, por oposição à sua alma. De fato, o dicionário da língua francesa designa com a palavra "corpo" um "agregado de elementos materiais, uma aglomeração de matérias que formam um todo distinto, uma porção de matéria". A palavra "corpo" não é sinônimo de ser humano porque não supõe vida. Designa apenas o conjunto das partes físicas, dos órgãos que constituem um ser material dotado de vida animal ou humana, ou que dela foi dotado. Portanto, é um material fadado a desaparecer em prazo maior ou menor. Essa palavra é entendida, assim, por oposição à palavra "alma", cujo complemento ela constituiria: "entregar-se de corpo e alma" significa entregar-se inteiramente. A alma seria o "princípio espiritual que, em conjunto com o corpo, constitui o homem vivo". Sua definição complexa decorre, desde a Antiguidade, de duas análises opostas, cujo interesse renasce hoje em dia. A primeira concepção de alma é materialista. Para os antigos filósofos gregos, a alma seria "um ar sutil e vivificante que escapa pela boca dos cadáveres" ou uma "centelha de fogo divino". Para Demócrito, é "a associação ordenada dos átomos mais sutis, mais polidos e mais móveis que permite adquirir a faculdade de sentir". Aristóteles reduz a alma a "uma força que dá vida ao organismo e só tem existência com o corpo". É a *anima* dos latinos, ou a πνευμα dos gregos. Alguns filósofos concederão aos animais essa alma reduzida a princípio de vida. A segunda concepção de alma é espiritualista. Platão rejeita a análise materialista e enuncia que a alma tem três potências (sensibilidade, vontade e razão), que formam um mesmo ser imortal. A análise espiritualista será vivificada com o cristianismo, que prega a imaterialidade da alma e sua imortalidade, visto que esta é levada a sobreviver indefinidamente num mundo superior mais duradouro e justo. "Dessa nova, a Humanidade viveria" (Boutroux). Ao corpo mortal e material opõe-se uma alma imaterial e imortal. Durante toda a Idade Média, até o Renascimento, o pensamento oscilará incessantemente entre o espiritualismo de Platão e o materialismo de Aristóteles, cujas teorias da alma serão conciliadas com o pensamento cristão. Descartes, analisando as ideias de alma e corpo, verá a essência de uma no pensamento ("penso, logo sou") e a do outro na extensão, e essas duas essências são irredutíveis entre si.

Com a palavra "pensamento" ele não entende apenas a inteligência, mas todos os fenômenos psicológicos. Diferentemente dos antigos, que atribuíam alma sensitiva aos animais, Descartes os verá como puras máquinas (uma vez que a sensibilidade e o instinto do animal não se conciliam com o dualismo absoluto "pensamento e extensão"). A alma dos animais foi sacrificada às exigências do sistema. No momento em que a Ciência conseguiu penetrar na intimidade profunda da célula, a procura de uma definição filosófica de alma ganha grande importância. "A alma é neuronal" (prof. Jean Bernard)? O século XXI não deveria ser o século da espiritualidade, da exaltação da consciência que estigmatiza a alma isolada do corpo?

Os conceitos jurídicos

O direito reflete o dualismo cartesiano e a delicada relação entre corpo e pessoa. O Código Civil francês de 1804 enuncia, no artigo 528, que todo "corpo" (sem outra precisão) é por essência de natureza móvel: "São móveis por natureza os corpos que podem ser transportados de um lugar para outro, seja por serem semoventes, como os animais, seja por só poderem mudar de lugar por efeito de uma força que lhe seja alheia, como as coisas inanimadas." Nenhuma definição específica do corpo humano é dada além dessa definição genérica de corpo. Seria preciso esperar até 1994 para que o legislador francês esboçasse um estatuto específico para o corpo "humano".

O Código Civil francês emprega a palavra "alma" (*âme*) no sentido de "pessoa" ("as cidades de 50 mil almas", no art. 663). Em Roma, a palavra *persona* designava a máscara do ator e, por extensão, o papel atribuído ao ator em cena. A etimologia explica a definição jurídica da personalidade, geralmente descrita como a qualidade de sujeito de direitos atribuída pelo legislador aos seres considerados dignos de desempenhar um papel na cena jurídica. A pessoa, portanto, é o sujeito de direitos, ou seja, o ser ao qual a lei concede direitos subjetivos que têm ou não valor pecuniário, reunidos num patrimônio, reflexo da personalidade jurídica. Não há patrimônio sem pessoa, nem pessoa sem patrimônio. Assim como a alma, que é imaterial, a qualidade de sujeito de direitos é desencarnada. Isso é tão verdadeiro que ela só é reservada aos indivíduos pessoas físicas: os grupos de indivíduos que adotam uma forma definida pela lei são dotados de uma personalidade jurídica distinta da de seus membros. Esses grupos têm "personalidade moral", pois não têm corpo para assinalá-los, por oposição às "pessoas físicas". A personalidade jurídica, portanto, não é reservada aos seres humanos porque não é sinônimo de vida. Segundo as épocas, o legislador despojou algumas categorias de seres humanos da qualidade de sujeito de direitos. Foi o que ocorreu em Roma e nas colônias francesas (até 1848) com os escravos, que podiam ser vendidos ou destruídos como simples objetos. A noção de sujeito de direitos seria a tradução jurídica da concepção espiritualista da alma. A lei concede personalidade jurídica a todos os seres humanos no nascimento, pois esse acontecimento indubitável traduz a chegada à cena jurídica de um ser apto a tornar-se racional, dotado de livre-arbítrio, capaz de pensar (portanto, de obrigar-se e agir em justiça), diferentemente do animal vivo que, para o código, continua sendo um objeto móvel. Isso talvez permita compreender por que o direito positivo, essencialmente espiritualista, não equipara sistematicamente o regime do corpo humano ao da pessoa que ele abriga.

O regime jurídico das pessoas e das coisas e a situação do corpo humano

O regime jurídico das pessoas é totalmente oposto ao das coisas. Enquanto a qualidade de pessoa – entendida como a aptidão a ser titular de um patrimônio – é intransferível entre vivos, inconfiscável, intransmissível por herança e imprescritível, as coisas (elementos do patrimônio do indivíduo) são, salvo exceção, transferíveis entre vivos, confiscáveis, prescritíveis e transmitidas por herança. De modo geral, as pessoas são protegidas por regras civis e penais que constituem o direito das pessoas. As coisas são regidas por regras reunidas sob a rubrica "direito dos bens" e são objeto de direitos reais. O direito de propriedade é o direito real mais completo. Que sistema escolher? Como articular o direito das pessoas e o direito dos bens? É preciso responder, pois hoje surgem problemas que não existiam ontem.

Em 1804, o Código Civil francês só trata de pessoas e não fala do corpo humano. Isso não despertou nenhuma dúvida: o corpo, objeto móvel, é submetido ao regime jurídico da pessoa durante todo o tempo em que está a seu serviço pela teoria do acessório. Podia-se dizer facilmente que o corpo do indivíduo era a pessoa, pois não havia praticamente nenhum contencioso que tratasse do corpo isolado da pessoa. Para solucionar os raros problemas, na ausência de um direito especial, recorria-se aos artigos 6º e 1.128 do Código Civil francês ou ao direito das sepulturas. Os progressos da ciência, na segunda metade do século XX, suscitaram questões que não podiam ser imaginadas até então. O melhor conhecimento da biologia e os avanços técnicos possibilitaram intervenções até então inacessíveis: transplante de órgãos, transfusão de sangue, inseminação artificial, fecundação *in vitro*, clonagem, estudos ou manipulações genéticas. Quanto mais as ciências se aprofundaram no corpo humano, mais o separaram da pessoa, fortalecendo sua imagem de simples instrumento posto a seu serviço. Se o corpo não passa de coisa a serviço do sujeito, o indivíduo poderá dispor livremente dele e ser seu proprietário? Surgiram alguns textos específicos, para enquadrar certas práticas, sem resolver esse enigma fundamental, mas tomando o vocabulário de empréstimo ao direito dos bens e ao direito fiscal. A *doação* do corpo à ciência foi autorizada pela Lei de 15 de novembro de 1887 na França, que admitia a disposição dos funerais por testamento. A *doação* dos olhos, para enxerto da córnea, foi autorizada na França por uma Lei de 7 de julho de 1949. Um Decreto de 20 de outubro de 1947, na França, admite a retirada de órgãos após a morte mesmo sem autorização da família, antes que a Lei Caillavet, de 22 de dezembro de 1976, favorecesse as retiradas de órgãos em cadáveres, penalizando as que fossem feitas em pessoas vivas. A Lei Huriet, de 20 de dezembro de 1988, protege as pessoas que se ofereçam para experiências médicas. Esses textos fragmentários mostraram-se insuficientes; uma legislação geral era reivindicada por médicos e cientistas, incapazes de erigir, por si sós, uma barreira entre o lícito e o ilícito. Foi assim que, na França, surgiram as leis de julho de 1994 que tratavam do "respeito ao corpo humano" no capítulo II do primeiro título, sobre os "direitos civis" concedidos às pessoas definidas no Livro I do código. Essas leis criticadas lembram, porém, princípios defendidos desde muito tempo pela jurisprudência.

Para definir o corpo humano em todos os seus estados, a doutrina contemporânea conjuga habilmente o direito das pessoas com o direito dos bens. Para ela, o corpo humano deve ser considerado como pessoa durante todo o tempo em que estiver a seu serviço (ou seja, do nascimento à morte). O corpo é então *pessoa por natureza*. Por extensão, as coisas postas a serviço da pessoa (tais como as próteses) seguirão o seu regime, por serem *pessoas por destinação*. Separado da pessoa, o corpo (órgão, produto, tecido ou cadáver) torna-se um *móvel por natureza*, que será protegido pelo direito civil e penal dos bens, em função dos imperativos sociais. Essa dualidade de regimes combina-se bastante bem com as exigências científicas, pelo fato de que, enquanto vivo, o indivíduo pode prever o momento em que seu corpo será separado de sua pessoa. O corpo poderá, assim, ser visto como "móvel por antecipação". Essas técnicas fazem parte de ficções jurídicas. Só elas permitem dispor claramente a realidade jurídica multifacetada apresentada hoje pelo corpo humano, que ora participa do direito das pessoas, ora do direito dos bens.

O corpo da pessoa, sujeito de direitos

O corpo humano, pessoa por natureza. – A personalidade jurídica é atribuída com o nascimento e desaparece no momento da morte. Durante esse período, o corpo, suporte da pessoa, goza de seu regime jurídico como aplicação do adágio "o acessório segue o principal". Por isso, ao corpo humano serão aplicadas as regras penais e civis que constituem o "direito das pessoas", à exceção de qualquer outra. O corpo não é uma coisa; ele é a pessoa. O indivíduo não é proprietário de seu corpo, assim como não o é de sua qualidade de sujeito de direitos.

O direito penal das pessoas protege o corpo humano desde o nascimento até a morte do sujeito. O livro II do Código Penal francês reprime, por esse motivo, toda uma série de atos voluntários ou involuntários, atentatórios ao invólucro carnal do indivíduo: atentados à vida humana (assassinato, envenenamento), à *integridade* física ou psíquica da pessoa (tortura, ato de barbárie, violências, agressões sexuais), mas também àquilo que constitui sua "personalidade" (vida privada) e sua dignidade (discriminação, proxenetismo). Nisso se vê uma ilustração do princípio geral de inviolabilidade da pessoa em seu corpo, disposto pelo artigo 16-1 do Código Civil francês. Do fato de o indivíduo exercer sobre seu corpo um direito da personalidade, para uns, ou uma liberdade, para outros, deduz-se que ele é livre para destruí-lo no todo ou em parte (é a impunidade do suicídio, da automutilação e da interrupção voluntária de gravidez, realizada nas condições legais). Mas, uma vez que o indivíduo não é proprietário de seu corpo, o direito penal pune tudo o que possa obstar à sua liberdade física (a provocação do suicídio ou do aborto é reprimida) e o protege das agressões físicas provenientes de outros indivíduos aos quais ele tenha dado anuência, mesmo livremente. Por princípio, o consentimento da vítima não é um fato justificativo das infrações que atentem contra a vida, a saúde e a integridade física da pessoa. O indivíduo não age sobre seu corpo como o faria o proprietário de uma coisa. Por isso é que os atos de eutanásia ativa continuam puníveis (ainda que os tribunais tenham frequentemente condenado seus autores a penas mínimas acompanhadas de sursis).

Contudo, existem exceções cada vez mais numerosas a esse princípio; em primeiro lugar, a permissão implícita da lei constitui um fato que justifica a infração. Assim, respeitadas as regras do jogo, justificam-se os golpes e os ferimentos na prática de esportes violentos. Só se considerará que houve delito de violência em caso de desrespeito às regras. Do mesmo modo, o cirurgião que mata ou mutila um paciente durante uma operação não será processado por assassinato ou por agressão física voluntária, desde que se verifique que em sua ação ele tinha em vista um objetivo terapêutico. Em segundo lugar, nas infrações em que é necessário que haja coação, violência ou fraude para a própria existência da infração, o consentimento da vítima elimina um dos elementos constitutivos. Assim, não se constitui estupro quando há consentimento da vítima.

Por fim, cada vez mais leis de exceção tornam expressamente lícito aquilo que o artigo 16-3 do Código Civil francês chama de atentados contra a "integridade do corpo humano", cometidos em caso de "necessidade médica para a pessoa" (em geral ou em particular), desde que "o consentimento do interessado tenha sido previamente obtido". Autorizam-se assim a experiência médica com ou sem benefício direto, a interrupção da gravidez, a retirada de órgãos, mesmo em proveito de terceiros. Essas técnicas não constituem tanto um avanço da patrimonialização do corpo do sujeito quanto uma exemplificação da teoria de mobilização por antecipação, realizada pela pessoa sobre seu corpo.

O direito civil das pessoas protege o corpo humano desde o nascimento até a morte do sujeito. As leis bioéticas confirmam que o corpo é protegido como a pessoa do nascimento à morte por princípios cujo guardião é o juiz, que pode "prescrever todas as medidas próprias a impedir ou a suspender um atentado contra o corpo humano, ou ações ilícitas contra elementos ou produtos deste" (art. 16-2 C. Civ. francês).

1 / Inviolabilidade da pessoa em seu corpo. Do artigo 16 do Código Civil francês decorre que a pessoa é inviolável em seu corpo, que será civilmente protegido contra terceiros. O artigo 1.142 do Código Civil francês é a ilustração disso. Não se pode coagir uma pessoa a fazer o que não quer, nem impedi-la de fazer o que quer. O credor de uma obrigação de fazer não pode executá-la na pessoa de seu devedor (portanto, em seu corpo). Só pode pedir-lhe indenizações e juros. A coerção pelo corpo, que em Roma permitia que os credores se apossassem do corpo de seu devedor, para torná-lo escravo, desapareceu no direito privado: o corpo não é um elemento confiscável do patrimônio da pessoa. Ele é a pessoa e por isso escapa às vias de execução privadas. O juiz civil, aliás, não pode obrigar uma das partes do processo a submeter-se a um exame ou a um tratamento, ainda que possa inferir conclusões da recusa do defensor. Somente razões de ordem pública ditadas pela lei justificam atentados ao corpo humano (vacinações obrigatórias, uso do cinto de segurança, revista por agentes alfandegários). Só o Estado dispõe do poder de coagir fisicamente em matéria fiscal ou em matéria penal.

2 / Ausência de patrimonialidade da pessoa sobre seu corpo. O artigo 16-1, parágrafo 2º, do Código Civil francês dispõe que "o corpo humano, seus elementos e seus produtos não podem

ser objeto de direito patrimonial". Esta última palavra tem duas significações. Quando o corpo humano é encarado como suporte do sujeito, a ausência de caráter patrimonial do corpo significa que ele é indisponível, à imagem da pessoa. Embora o indivíduo possa vender seus serviços ou ceder o produto de sua atividade no âmbito de uma obrigação de fazer, não pode em princípio vender ou dar integralmente seu corpo, assim como sua qualidade de sujeito, pois seu corpo não é elemento de seu patrimônio. Mas, depois que o corpo se separa da pessoa e se torna coisa, poderá ser objeto de atos, desde que estes não tenham caráter pecuniário. A expressão "direito patrimonial" passa a ser sinônimo de "direito pecuniário" (ver Mobilização por antecipação).

3 / A dignidade da pessoa em seu corpo. O conceito de "dignidade", contido no artigo 16 do Código Civil francês ainda é vago. Contudo, pode-se extrair da jurisprudência uma classificação de comportamentos proibidos: sofrimentos inúteis, prostituição, redução do homem ao estado de escravo, animal ou coisa, humilhações físicas associadas à nudez, discriminações. Também aparece o direito à dignidade circunscrito a uma situação social particular (doente, detento, assalariado...).

As coisas, "pessoas por destinação". – O estatuto das próteses. Certos objetos móveis postos a serviço da pessoa se enquadrarão em maior ou menor grau no regime jurídico desta, em razão dessa destinação. É o caso das próteses definidas como peças ou dispositivos destinados a substituir um órgão ou um membro deficiente ou inexistente. Externas ou internas, móveis ou fixas, elas se distinguem dos aparelhos, que só têm função auxiliar. Feitas antigamente de madeira, metal ou matéria plástica, a prótese hoje é eletrônica ou pneumática. Esse objeto móvel, depois que entra no mercado, pode ser vendido ao profissional encarregado de instalá-lo. O fornecedor garante sua conformidade. O médico que confecciona pessoalmente uma prótese não realiza um ato médico, mas um ato técnico que origina uma obrigação com resultado comparável à do vendedor. Um cão-guia chegou a ser qualificado de prótese viva. O estatuto jurídico da prótese instalada resulta de textos esparsos. O artigo 4º da Lei francesa de 5 de julho de 1985 lembra que, em caso de acidente, a indenização das próteses e dispositivos usados por prescrição médica segue as regras aplicáveis à reparação dos atentados contra a pessoa, e não a de seus bens. A prótese instalada é elevada à categoria do corpo humano, suporte da pessoa. O Código de Processo Civil francês declara que são inconfiscáveis os instrumentos necessários aos deficientes físicos, o que remete à inviolabilidade do corpo humano. A doutrina qualifica juridicamente a prótese instalada como "pessoa por destinação", inspirando-se na técnica da imobilização por destinação, conhecida em direito dos bens. Do mesmo modo que um bem móvel pode tornar-se imóvel por destinação, quando afeto ao serviço de um bem de raiz, ou mesmo "imóvel por natureza", quando a ele incorporado, uma coisa móvel pode tornar-se "pessoa por destinação" quando afeta ao serviço de uma pessoa, ou mesmo pessoa por natureza, quando integrada no corpo humano. A prótese como pessoa por natureza estaria integralmente submetida ao direito das pessoas. A prótese como "pessoa por destinação" extrairia a maior parte de seu regime do direito das pessoas, mas poderia, em certos aspectos, conservar seu caráter móvel (uma prótese móvel pode ser roubada, enquanto uma prótese fixa não pode ser objeto de tal qualificação). É sempre o adágio "o acessório segue o principal" que serve de fundamento jurídico a essa análise.

A criança concebida no ventre da mãe é sujeito de direitos? Seu corpo abriga uma personalidade jurídica distinta da personalidade da mãe? Qual é seu estatuto? O problema se complica em razão de um adágio elevado à categoria de princípio geral de direito pela Corte de Cassação, mas do qual não se encontra vestígio no Código Civil francês. Hoje se diz que a máxima "*infans conceptus pro nato habetur quoties de commodiis eius agitur*" não tem o efeito de conferir uma personalidade imediata à criança a partir do instante de sua concepção, como indicaria sua tradução literal. Ao contrário, essa máxima decorre de uma ficção jurídica estabelecida em favor da criança já nascida e viável que, se for de seu interesse, pode fazer sua personalidade remontar retroativamente ao suposto dia de sua concepção, que só será determinado depois que a criança nasceu. Esse dia é situado entre o 300º e o 180º dia anterior ao nascimento. As leis francesas de 1994 não questionaram esse sistema. Enquanto não nasce, a criança concebida não é um sujeito de direitos. Seu corpo, portanto, não pode ser protegido como o de uma pessoa.

Em direito penal, a criança concebida não é protegida pelas disposições do direito das pessoas. O aborto legal (*interrupção voluntária da gravidez*), na França, não é um ato homicida e um atentado à criança, pois esta não é considerada uma pessoa. A partir de 1975, ao contrário, o aborto legal, na França, foi erigido à categoria das liberdades (ou dos "direitos") da mulher, que hoje pode desembaraçar-se impunemente da criança que traz no ventre durante as doze primeiras semanas de gravidez, e, ademais, por razões terapêuticas ou eugênicas. No plano dos princípios, a *interrupção voluntária da gravidez* deve ser associada à impunidade do suicida ou da automutilação. O corpo da criança concebida tem apenas o estatuto de *pars mulieris*; é uma fração de carne do corpo da mãe, protegido como tal pelo direito das pessoas. O Código Penal francês só prevê uma circunstância agravante para punir os atentados ao corpo da mulher grávida. Esse estado foi denunciado por uma parte da doutrina e por algumas decisões jurisprudenciais, que tiveram o intuito de personificar a criança por ser ela um "ser humano". Não foram assim entendidas pela Corte de Cassação, que lembra que a personalidade jurídica corresponde a uma definição própria. Somente o legislador pode atribuir personalidade jurídica aos seres que desejar introduzir na cena jurídica. O juiz não tem esse poder.

No direito civil francês, a criança concebida não tem estado civil (nacionalidade, nome, domicílio, filiação) e não pode ser credor nem devedor enquanto não nascer. Não tem patrimônio. Portanto, ninguém pode agir em seu nome para solicitar punição por algum atentado à sua integridade, enquanto ela não nasce. Se nascer viva e viável, poderá, por aplicação da máxima *infans conceptus*, obter o benefício de alguma vantagem (sucessão, doação, prêmio de seguro), bem como a reparação de eventuais danos dos quais tenha sido vítima durante a gravidez.

O corpo humano, objeto de direito

O corpo, móvel por antecipação. – Toda pessoa pode tomar medidas antecipadas para o momento em que todo o seu corpo ou parte dele se separar de sua pessoa e se tornar objeto móvel. O princípio de indisponibilidade do corpo do sujeito não é posto em causa, pois ele já não será sujeito. O corpo torna-se uma coisa futura, da qual o indivíduo só poderá dispor a título gratuito e para certas finalidades, por razões ligadas à salvaguarda da dignidade humana, contra quaisquer formas de aviltamento.

O legado do corpo "à ciência", na França, enquadra-se na Lei de 1887, chamada "Lei de liberdade dos funerais". Cada um é livre para organizar seus funerais e escolher, por testamento, uma modalidade de sepultura (inumação, cremação). A jurisprudência admite outros modos de expressão (cartas, declarações verbais). Na falta disso, o juiz procurará na família a pessoa mais apta a dizer qual seria o desejo do defunto, se este o tivesse expressado, sem o estabelecimento de nenhuma hierarquia entre os membros da família. Mas se alguém organizar, com conhecimento de causa, funerais contrários aos últimos desejos do defunto, incorrerá em penalidade. Embora o corpo possa ser doado à ciência, não é possível vendê-lo por antecipação, tanto em razão da proibição dos pactos sobre sucessão futura quanto do artigo 16-5 do Código Civil francês, que proíbe as convenções que confiram valor patrimonial ao corpo humano.

Segundo a lei francesa, durante a vida, o indivíduo pode doar seus tecidos e produtos ou órgãos de seu corpo, antecipando o momento em que estes se tornarão móveis. Mas não pode vendê-los. "Nenhuma remuneração pode ser alocada para aquele que se presta [...] à retirada de elementos do corpo ou à coleta de seus produtos" (art. 16-6). São previstas punições tanto para o estabelecimento que remunere quanto para quem seja remunerado. Como exceção, é possível vender certos produtos secundários, enunciados por decreto (leite, cabelos, dentes, pêlos, excrementos).

O corpo, móvel por natureza. – Os produtos, os tecidos ou os elementos humanos separados do corpo da pessoa são móveis por natureza. O estabelecimento autorizado a coletá-los, tratá-los e conservá-los torna-se proprietário ou depositário deles. Sua atividade é enquadrada, na França, pelo Código da Saúde. O caráter móvel dos elementos e produtos do corpo humano postos no mercado depois de tratados é confirmado pela Lei francesa de 19 de maio de 1998, que responsabiliza o profissional pelo dano causado por falha dos produtos postos em circulação. Ele não pode alegar como causa exoneratória a insuficiência dos conhecimentos científicos e técnicos do momento. O corpo, assim mobilizado, cai no anonimato; nada deve lembrar a pessoa cujo invólucro ele constituía. O artigo 16-8 do Código Civil francês diz que não deve ser divulgada informação alguma que possibilite identificar tanto aquele que doou um elemento ou um produto de seu corpo quanto aquele que o tenha recebido. Somente a necessidade terapêutica permitiria que os médicos do doador e do receptor tivessem acesso às informações que possibilitassem a identificação destes.

As disposições penais francesas relativas à proteção do embrião *ex utero* não foram situadas no livro II dedicado aos "crimes e delitos contra as pessoas", mas no último livro, dedicado "aos outros crimes e delitos", logo após uma seção dedicada às "sevícias graves contra os animais". Não se trata tanto de uma proteção ao embrião humano quanto de certa concepção da ética médica, baseada no respeito à vida e a seu caráter sagrado. Não se pode proceder à concepção *in vitro* de embriões humanos para fins de pesquisa ou experimentação, para fins industriais ou comerciais, proceder a experiências com o embrião sem observância das condições expressas pelo código, ou proceder a uma transferência de embrião sem tomar conhecimento dos resultados dos testes de detecção de doenças infecciosas. No direito civil francês, o embrião *ex utero* não é considerado uma criança, mas uma coisa pertencente a seus autores. O direito do casal sobre o embrião *ex utero* seria similar ao direito do autor sobre sua obra. Seria apenas temporário (pois a lei limita seu exercício por um período de cinco anos). As prerrogativas daí decorrentes são reduzidas; afora o projeto parental, o homem e a mulher que constituem o casal de autores nada podem fazer com seus embriões, a não ser doá-los a outro casal estéril nas condições fixadas pela lei, ou consentir na realização de uma pesquisa experimental.

O cadáver do ser humano, para o direito penal francês contemporâneo, é uma coisa móvel, objeto de direito real, perigosa e sagrada. Já não se pode recorrer às qualificações extraídas do direito das pessoas para reprimir os atentados ao cadáver: não se pode matar nem ferir quem já está morto. Esses exemplos caracterizam a infração impossível. Do mesmo modo, o processo penal francês revela que um cadáver é inapto a receber uma pena (não se pode "processar um cadáver" como na Idade Média) ou a sofrer um prejuízo. Um cadáver não pode ser autor ou vítima de uma infração. Aplica-se o direito penal dos bens. Assim, a qualificação de roubo, já utilizada na Idade Média francesa para punir os médicos que carregavam consigo os despojos dos supliciados para fins experimentais, ainda é validamente utilizada hoje para punir quem se apoderar de um cadáver ou de um de seus elementos sobre o qual não justifique direito algum. Ela comprova o caráter móvel do despojo. O direito penal especial, na França, também revela que o cadáver humano é uma coisa perigosa. Textos inspirados pela proteção à higiene regulamentam o transporte de cadáveres, os cuidados com a sua conservação, com a inumação e a cremação, bem como a gestão dos cemitérios. Mas o cadáver é, sobretudo, uma coisa sagrada. O delito de violação de sepultura antigamente só ensejava a punição dos atentados à sepultura e ao corpo sepultado. Hoje, na França, todo e qualquer atentado à integridade do cadáver, seja lá qual for o meio utilizado, é punido com um ano de prisão ou 15 mil euros de multa (a mesma pena é prevista para a violação de túmulo ou de sepultura).

O estudo do direito civil francês revela que os restos mortais são objeto de um "direito de copropriedade familiar inviolável e sagrada", cujo regime jurídico poderia ser inspirado no das relíquias de família, e não no do direito comum das sucessões. Essas coisas, de valor essencialmente moral, são intransferíveis e não confiscáveis, e o juiz não pode ordenar sua partilha sem que haja consenso. A jurisprudência francesa faz referência a essa definição no âmbito de contenciosos ligados à atribuição de urna funerária e à partilha eventual de seu conteúdo entre os diferentes membros da família. Considerações de ordem pública, porém, restringem o direito de propriedade sobre os restos mortais. A Lei de 1994, na França, lembra que é permitido retirar órgãos do cadáver humano para fins terapêuticos ou científicos, depois de devidamente constatada a morte, desde que em vida o indivíduo não tenha expressado desejo em contrário. A expressão do desejo contrário à retirada de órgãos é apreciada em conformidade com as disposições da Lei de 1887 relativa à liberdade dos funerais.

› BAUD J.-P., *L'Affaire de la main volée. Une histoire juridique du corps*, Le Seuil, 1993. – DAVID A., *Structure de la personne humaine*, PUF, 1956. – HERMITTE M.-A., "Le corps hors du commerce, hors du marché", *Archives de philosophie du droit*, Paris, Sirey, 1988, p. 33. – LABBÉE X., *La Condition juridique du corps humain avant la naissance et après la mort*, Presses Universitaires de Lille, 1990. – LABBÉE X., SOINNE B., TAISNE J.-J, HAUSER J., LABRUSSE-RIOU C., LABBÉE P., MEMETAU G., MALAURIE Ph., LEGROS E., CLAEXS Ch. & LECOCQ P.-A., "La vie humaine sur le marché?", Colloque Lille II, março 2002, *Les Petites Affiches*, dezembro 2002.

Xavier LABBÉE

→ Biologia e direito; Comércio jurídico.

CORPUS IURIS CIVILIS

Com a designação *Corpus iuris civilis* (CJC) indica-se a reunião, num conjunto factício, de fontes do direito romano que só têm como elemento comum a época em que foram compostas (na maioria durante o reinado de Justiniano, 527-65), bem como sua utilização nas escolas medievais de direito. O ensino jurídico nessas escolas versava sobre "os dois direitos", o romano e o canônico, e baseava-se em dois "corpos" de direito que eram simétricos, mas profundamente diferentes no espírito e na composição, o *Corpus iuris civilis* e o *Corpus iuris canonici*. A Idade Média designava, de modo mais amplo, o conjunto do direito romano que conhecia e utilizava com a expressão *Leges Romanorum* (Bula *Super Specula*, 1219, que proibia seu ensino em Paris) ou com a expressão *ius scriptum* (direito escrito). "CJC" passa a ser uma expressão habitual a partir de meados do século XVI, com as edições impressas daquilo que frequentemente é qualificado de modo vago e pouco exato de "Compilação Justiniana". Trata-se então da reunião de quatro documentos jurídicos muito diferentes em termos de objeto e composição: as Institutas, o Digesto, o Código e as Novelas.

Em sua vontade de restaurar a grandeza e o prestígio de Roma, Justiniano deu ao direito uma posição de primeira plana, ao lado do restabelecimento da autoridade imperial sobre o Ocidente por meio da reconquista da África aos vândalos (534), da Itália aos ostrogodos (535-54) e de parte da Espanha aos visigodos (550-4). Justiniano quis devolver ao direito romano o brilho que de alguma forma perdera a partir dos últimos anos do século III. Para tanto, coligiu e conservou a herança antiga (Código e Digesto), ensejando a redação de uma exposição didática (as Institutas) e introduzindo abundante legislação nova, que será acrescentada, no Código, à legislação dos imperadores precedentes, desde Adriano (117-38), e constituirá Coleções de Novelas. A reconquista militar do Ocidente logo teve como saldo o total fracasso. Mas a obra jurídica deixará marcas, ainda perceptíveis na aurora do terceiro milênio. Trataremos, sucessivamente, das quatro coleções constitutivas do CJC e depois falaremos do destino que tiveram no Ocidente após o desaparecimento do império de Roma.

O Código

O Código reúne fragmentos de constituições imperiais, organizados por matéria, em doze livros, subdivididos em títulos; as constituições mais antigas datam do reinado de Adriano, e as mais recentes emanam de Justiniano. Em cada título, os textos são organizados em ordem cronológica. Havia muito tempo sentia-se a necessidade de reunir disposição legislativas, às vezes de mais de quatro séculos, mas ainda em vigor, organizá-las, conservá-las e até adaptá-las a um direito novo para que pudessem ser conhecidas e utilizadas por juristas e mesmo por um público mais amplo. Já haviam sido feitas algumas tentativas nesse sentido, desde meados do século III. Tratava-se de iniciativas particulares, de juristas mais ou menos qualificados, portanto sem valor oficial. Ora eram resumos de textos para divulgar o que ordenavam ou proibiam (por exemplo, obras de Papírio Justo [161-92] ou de Paulo no início do século III), ora fragmentos de algum trecho normativo reproduzido. Era o caso dos fragmentos de constituições reproduzidos nos Códigos Gregoriano (291-92?) e Hermogeniano (295, com edições sucessivas em 305 e depois de 324). Esses dois códigos haviam extraído seus textos de rescritos dos séculos II e III, referentes a questões de direito privado. Mais importante havia sido um código (dezesseis livros) prescrito por Teodósio II (donde o nome Código Teodosiano), promulgado pelo imperador em 438 e aplicável no Ocidente tanto quanto no Oriente. Desejada pelo príncipe, aquela compilação conferia a todos os textos reunidos o valor de lei imperial. Seu crédito decorria inteiramente da forma como eram apresentados. Não podiam ser alegados em justiça ou comentados no ensino senão com essa forma. Apesar de sua amplitude, o Código Teodosiano não apresentava toda a legislação imperial em vigor. Nele, o direito privado, objeto dos Códigos Gregoriano e Hermogeniano, ocupava pouco espaço. Não estavam presentes os rescritos, e, depois de 438, a legislação imperial continuara a enriquecer-se. Justiniano nomeou uma comissão de dez membros. Era esta presidida por Triboniano, um dos principais colaboradores do imperador em matéria legislativa, mestre dos Ofícios e depois questor do palácio. Entre os membros da comissão figuravam seis altos funcionários, dois advogados, um outro professor de direito. O trabalho foi rapidamente concluído. Em 7 de abril de 529, o Código era publicado (Const. *Summa rei publicae*). Esse primeiro Código não é conhecido. Um segundo código, obra de uma comissão mais reduzida (cinco membros, entre os quais Triboniano, que a presidia), foi publicado em 16 de novembro de 534.

O Código Teodosiano dedicara seu último livro, o décimo sexto, às questões religiosas. No Código Justiniano estas ocupam os treze primeiros títulos do livro I. Essa mudança de posição é significativa. Corresponde ao lugar agora atribuído à Igreja nas preocupações imperiais. O Código, aliás, é introduzido por uma invocação a "Nosso Senhor Jesus Cristo". A Constituição 3 do livro I, título I, condena as heresias, e as Constituições 5 e 6 repetem a profissão de fé do Credo católico. Seria possível multiplicar tais exemplos. O compromisso do imperador para com a religião definida por Roma é manifesto. O livro II trata, em princípio, dos procedimentos; os livros III a VIII, do direito privado; o livro IX, do direito penal; os três últimos livros, do direito administrativo e fiscal.

As constituições anteriores ao reinado de Constantino (306-37) foram retomadas nos Códigos Gregoriano e Hermogeniano. As constituições posteriores a esse imperador, para o período anterior a 438, vêm do Código Teodosiano. Os textos mais recentes provêm dos arquivos imperiais. Para ficarem em conformidade com o direito do século VI, certas constituições foram interpoladas. Os textos têm no início uma inscrição que indica o nome do imperador, autor da Constituição, e o destinatário (às vezes o "Povo", os habitantes de Constantinopla, o Senado dessa cidade). Mas os copistas da Alta Idade Média às vezes truncaram as inscrições, voluntariamente ou por negligência. No fim do texto, uma subscrição indica os lugares e as datas de emissão (*datum*), de recepção (*acceptum*) e de publicação (*propositum*). Também nesse caso, erros, omissões e distrações dos copistas muitas vezes comprometeram tais indicações.

As Institutas

As Institutas de Justiniano são uma espécie de pequeno "Manual" de direito romano, a exemplo das Institutas compostas por juristas da época clássica, especialmente as Institutas de Gaio, que às vezes são reproduzidas palavra por palavra; as Institutas de Justiniano foram redigidas paralelamente à preparação do Digesto por uma comissão de três membros, três professores de direito, também membros da comissão de redação do Digesto: Triboniano, Doroteu e Teófilo. São divididas em quatro livros. O último título descreve o procedimento "extraordinário" que, no século VI, havia muito suplantara o procedimento formular. As Institutas foram publicadas em 21 de novembro de 533, um mês antes do Digesto, pela Constituição *Imperatoriam majestatem*, endereçada a "uma juventude ávida de direito". Entraram em vigor como manual de ensino em 30 de dezembro de 533, no mesmo dia do Digesto. A Constituição de promulgação põe as Institutas, tal como fizera com o Código, sob a proteção de Nosso Senhor Jesus Cristo.

O Digesto

Antes designado com o nome grego de "Pandectas", o Digesto é a peça mestra do CJC, em termos de amplitude, dificuldades de preparação, interesse histórico e valor jurídico. Trata-se de 9.142 fragmentos de obras dos juristas clássicos, desde os do século I a.C. até meados do século III d.C. Esses fragmentos são agrupados por assunto em cinquenta livros, subdivididos em títulos. Nesses títulos, estão os "fragmentos" cuja origem (autor e obra) é indicada. Chamados durante muito tempo de "leis" e designados por suas primeiras palavras, esses fragmentos são numerados nas edições modernas (numeração que recomeça do 1 a cada título). Havia muito tempo projetava-se reunir trechos interessantes de obras dos jurisconsultos clássicos. Haviam sido feitas algumas tentativas muito limitadas. Eram iniciativas privadas, sem valor oficial. Tratava-se de ações demasiadamente limitadas, raras e medíocres para serem dadas como exemplo e servirem de modelo. Era preciso fazer tudo. Empreendimento ambicioso, que Justiniano arriscou e que, em grande parte, teve sucesso. Numa fase preparatória, o Imperador promulgou cerca de cinquenta Constituições de reforma, as *Quinguagintae Decisiones*, para elucidar mais o direito que deveria tornar-se conhecido, revogando disposições envelhecidas, fazendo escolhas entre opiniões divergentes deixadas sem solução diante das controvérsias entre juristas clássicos, dizendo claramente qual deveria ser o direito por aplicar. Como essas constituições de reforma não lograram, não é possível conhecer em pormenores as medidas prescritas. Foi nomeada uma comissão, encarregada da preparação do Digesto. Reunia onze advogados, quatro professores (entre os quais Teófilo e Doroteu, que haviam já participado da comissão do Código), dois altos funcionários, o "Mestre dos gabinetes dos libelos e das causas judiciárias" e Triboniano, pessoalmente encarregado pelo Imperador do comando de todas as ações.

Em 15 de dezembro de 530, com a Constituição *Deo auctore*, Justiniano esclarecia a missão da comissão. Mais uma vez, Deus era invocado já nas primeiras palavras do texto. O objetivo da compilação era pôr termo às incertezas deixadas pela obra imensa, mas cheia de opiniões contraditórias, dos jurisconsultos clássicos. Graças às bibliotecas de Beirute e de Constantinopla, era possível reunir as obras desses juristas, ou pelo menos daqueles que haviam sido honrados com o privilégio de dar respostas *ex auctoritate principis*. Seria preciso corrigir os textos, abolir as contradições entre opiniões divergentes, eliminar as soluções obsoletas. O trabalho, portanto, não era de historiador, preocupado em conservar uma herança. Tratava-se de produzir uma obra útil ao praticante do direito, trazendo a lume textos seculares. O título dado a esse novo monumento, *Digesta*, era extraído de numerosas obras clássicas que haviam combinado a exposição do direito civil com a do direito pretoriano, distinção que havia muito tempo perdera interesse.

A Constituição *Deo auctore*, § 6, conferia de antemão "autoridade de lei" aos textos assim reunidos. Não era possível tornar todos aqueles textos juridicamente obrigatórios, pois persistiam certas contradições. Talvez fosse o caso de simplesmente conferir-lhes autenticidade e evitar, assim, que lhes fosse oposta em justiça uma forma que não fosse a mesma dada pelos compiladores. O trabalho era considerável. A Constituição *Deo auctore*, § 5, mencionava "a compilação do direito em mais de 1.400 anos" (na verdade em cinco séculos, de meados do século II a.C. até fins do século III d.C.). Falava de cerca de 2 mil livros e de 3 milhões de linhas! O exame dos documentos na verdade foi feito em 1.625 livros. Estimara-se que o trabalho demandaria dez anos. Contudo, o Digesto foi promulgado em 16 de dezembro de 533, pela Constituição *Tanta*, dedicada "ao nome de Nosso Senhor Jesus Cristo, ao Senado e a todos os povos". Como um trabalho tão considerável pôde ser concluído em tempo tão breve? Foram propostas diversas hipóteses na tentativa de achar uma resposta. Mas faltam informações seguras nesse campo.

Obra nova, feita com matéria antiga, o Digesto conserva uma parte da herança dos juristas clássicos e comporta direito novo. Foram utilizados Paulo e, mais ainda, Ulpiano (mais de 6 mil fragmentos de um total de 9.142). A jurisprudência pré-severiana, de Quinto Múcio Cévola (cônsul em 95 a.C.) a Papírio Justo (180-90), é representada por apenas 56 obras.

Apesar das instruções que haviam recebido, os compiladores não descartaram tudo o que caíra em desuso do direito antigo. O exemplo mais notável de conservação do passado é constituído pela frequência de textos referentes ao chamado procedimento "formular". Este havia sido progressivamente suplantado durante o Império pelo procedimento "extraordinário" (*extraordinem iudiciorum privatorum*). Mas marcara tanto o direito romano clássico, determinara tão profundamente suas estruturas e suas regras, que os participantes da comissão de Justiniano não puderam descartá-lo totalmente. Por outro lado, o valor doutrinal de certos textos clássicos justificava sua manutenção, ainda que estivessem "desatualizados".

A contribuição inovadora não é menos considerável. Reside primeiramente na composição da obra, havia muito reivindicada, mas nunca conseguida. A contribuição mais importante e nova, porém, consiste nas adaptações dos textos clássicos, para harmonizá-los com o direito do século VI. Para tanto, os compiladores precisaram suprimir trechos obsoletos e introduzir trechos novos, interpolados nos textos.

Essas *interpolações* eram desejadas. Faziam-se necessárias para a atualização de textos envelhecidos. Distingui-las nem sempre é fácil. A partir do século XVI, comentadores do Digesto tentaram fazê-lo. Citaremos apenas Alciat (1492-1559) e o Presidente do Parlamento de Savoia, Favre (1557-1624). Na primeira metade do século XX verificou-se, com romanistas como Beseler na Alemanha, Solazzi e Albertario na Itália, uma verdadeira "caça às interpolações", que – conforme se reconhece há quarenta anos – foi longe demais (M. Kaser, "Zum heutigen Stand der Interpolationenforchung", *ZSS. R.A.*, 69, 1952, 60-101; R. Villers, Gérard de Beseler, "Misères et grandeurs de l'hypercritique", *Mél.* Falletli, *Ann. Fac. de droit de Lyon*, Li, 1971, 545-59; J. M. A. Lokin, "The End of an Epoch, Collatio iuris romani", *Mél.* Ankum, I, Amsterdam, 1995, 253-73). Um *Index Interpolationum* foi publicado com organização de L. Mitteis, E. Levy, E. Rabel, entre 1929 e 1935 (3 vol. e 1 supl.). Hoje em dia ele está superado há mais de meio século por trabalhos que reabilitaram textos outrora considerados interpolados. Na época pós-clássica às vezes também se considerou que o Código continha constituições interpoladas. Foi proposto um levantamento por Guarneri-Citati ("Indice delle parole e dele fonti tenute interpolare nel Codex Justinianus", *BIDR*, 32, 1923, 79-144).

Foram propostos critérios de interpolação, tais como a introdução de frases explicativas que começam com *id est*, *videlicet*, *sicut*. Também houve quem quisesse tomar por critério de interpolação conclusões extraídas da exposição, iniciadas por *ex quo apparet*, *secundum hoc* etc., generalizações de caráter dogmático. Acreditou-se até encontrar em certas palavras (*vel*, *autem* etc.) indícios de interpolação. O recurso à hipótese de interpolação também foi utilizado para explicar as diferenças de soluções jurídicas que levam a crer numa contradição entre dois textos. Tais contradições não deveriam figurar no Digesto, pois Justiniano prescrevera aos membros da comissão que as eliminassem, para evitar quaisquer incertezas sobre o direito aplicável. A presença delas seria testemunho de certa negligência dos compiladores. Na verdade, essas contradições não são necessariamente obra dos compiladores. Embora eles tenham introduzido algumas, modificando o teor de um texto, outras podem decorrer de opiniões diferentes de dois juristas clássicos, que os compiladores transcreveram, sem perceber que estavam expondo duas opiniões contraditórias. Algumas dessas opiniões às vezes são contribuições de juristas de épocas tardias (séculos IV-V) que modificaram algum texto clássico. Assim, um melhor conhecimento da diversidade de opiniões dos juristas clássicos e das adaptações pós-clássicas leva a considerar com muito mais prudência a explicação por meio da interpolação.

Tais adaptações dos textos introduziram um espírito novo no Digesto. Esse espírito mostra-se em certas soluções. Exprime-se também no plano do Digesto. Esse plano é inspirado no do edito pretoriano, mas sem subserviência. Os quatro primeiros títulos do livro I, bastante breves, são dedicados aos princípios gerais (t. I: "Da justiça e do direito", t. II a IV: "As fontes criadoras do direito"). O fim do livro I (t. V a XXII) considera o estatuto dos seres humanos, a classificação das coisas, as funções públicas (senadores, altos funcionários, prefeitos e governadores). Os dois últimos títulos do livro 50 apresentam uma espécie de "Vocabulário jurídico" (t. XVI, *De verborum significatione*) e "regras de direito" (t. XVII). O essencial do Digesto diz respeito ao direito privado. Nos detalhes das regras formuladas, faz-se sentir amplamente a influência das ideias novas. Muitas vezes se insistiu, nesse aspecto, em duas influências: a do helenismo, ou até mesmo de antiquíssimas tradições orientais, e a do cristianismo, então triunfante.

Qual foi na realidade a contribuição dessas duas correntes de pensamento? Discutiu-se muito o assunto. Exageros e subestimações convivem lado a lado. O papel da hipótese e às vezes de certas ideias preconcebidas não pode ser descartado. O Digesto foi composto na parte oriental do Império; alguns mestres das escolas jurídicas do Oriente desempenharam papel essencial. Portanto, não cabe excluir a possibilidade da existência de influências helenísticas. Por sua vez, a moral cristã, que ganha terreno, contribuiu com a introdução de novas concepções sobre a vida familiar, a boa-fé nas relações de negócios, o respeito pelo ser humano, seja qual for sua situação jurídica. Talvez caiba atribuir à nova religião certos apelos à equidade e à humanidade. Mas raramente é possível apresentar prova indubitável de tais influências. Desde meados do século XX, numerosos estudos têm sido dedicados à evidenciação ou à contestação de tais influências. O debate continua aberto.

Novelas

A publicação do Código em 534 não interrompeu a produção legislativa. O reinado de Justiniano foi uma época de intensa atividade nesse campo, especialmente nos anos 535-40. Pareceu necessário guardar memória dessas constituições, reunir algumas delas em coleções. Daí surgiram Coleções de Novelas de Justiniano. A partir de então a composição destas passou a figurar no conjunto do CJC, constituindo seu quarto elemento. Mas, diferentemente das três outras, as Coleções de Novelas não foram compostas por ordem do Imperador. Não foram publicadas por ele. Trata-se de constituições de Justiniano, mas sua compilação e difusão foram obra de iniciativas privadas. A ideia de compilar constituições novas (*Novellae constitutiones*) já fora apresentada como uma eventualidade pela Constituição *Cordi*, § 4, *in fine*, que havia promulgado o segundo Código em 534. O projeto não tivera prosseguimento. Mas surgiram coleções privadas de Novelas. Um professor de direito de Constantinopla, Juliano, compôs uma coleção de 124 Novelas, que foi publicada entre 535 e 555. É a Coleção das 124 Novelas ou *Epitome Juliani*. Nela, as constituições não são agrupadas por matéria, mas numa ordem cronológica, pelo menos em princípio. Muitas vezes são transcritas numa forma abreviada e são traduzidas em latim, para poderem ser utilizadas no Ocidente. Tais textos não tinham valor obrigatório. Não eram impostos aos juízes na forma que lhes fora dada pelo compilator. Uma segunda coleção reúne constituições dos anos 535-56. As Novelas escritas em grego são traduzidas para o latim, frequentemente de modo medíocre. A data de composição dessa coleção é desconhecida. Também não se tem certeza do lugar (e, com muito mais razão, do autor) da coleção: Itália ou Constantinopla? Essa coleção será qualificada pelos romanistas ocidentais de "Autêntica". A coleção mais rica é "a Coleção Grega das 168 Novelas". Foi composta no reinado de Tibério II (578-82) e apresenta 158 constituições de Justiniano. Até a Novela 120, as constituições são classificadas por ordem cronológica. A Novela mais recente data de 575. Essa coleção só será conhecida no Ocidente a partir do século XV. Foi editada por R. Schoell e G. Kroll no vol. III da edição do CJC, Berlim, 1899 (sobre essa Coleção, cf. P. Noailles, *La Collection grecque des 168 Novelles*, Tese, Bordeaux, 1914).

Todas essas Novelas foram publicadas com preâmbulo, às vezes muito longo. Este esclarece o objetivo que o legislador tem em vista ao promulgar sua Constituição. Os textos são datados.

O destino das coleções justinianas no Ocidente e a formação do CJC

Após a reconquista da Itália aos godos pelas tropas de Justiniano (535-53), o papa Vigílio (537-55) pedira ao Imperador que divulgasse o direito romano no Ocidente: "Assim, depois de um único Estado ter sido restaurado pela vontade de Deus, a autoridade de nossas leis estaria garantida." Foi assim que a Pragmática Sanção *pro petitione Vigilii*, desejando restabelecer a unidade de legislação em todo o Império, estendeu à Itália o direito das Compilações e das *Novella*. Tratava-se, conforme explica o § 21 da Constituição, de tornar aplicáveis os *iura*, ou seja, o direito elaborado pela jurisprudência clássica e consignado no Digesto e nas Constituições reunidas no Código. As constituições que fossem emitidas depois disso, em Constantinopla, também seriam aplicáveis no Ocidente.

De fato, a partir dessa medida de Justiniano, cada um dos quatro elementos, cuja reunião será constitutiva do CJC, teve uma história própria no Ocidente durante o período que se estende do fim do século VI a meados do século XI. Portanto, é preciso considerar o destino de cada um deles ao longo desses cinco séculos.

Dois deles, as Institutas e o Código, têm uma história rica em marcos, o que permite dizer que ela é bem conhecida. A história da transmissão das Novelas é, em menor medida, relativamente conhecida. Quanto ao Digesto, as zonas de sombra, às vezes de escuridão, são grandes. Belo campo aberto às hipóteses e às vezes às fábulas. Diremos algumas palavras sobre o assunto para terminar este quadro.

Transmissão das Institutas de Justiniano. – As Institutas constituíam um manual, relativamente breve, que se limitava ao essencial e procurava responder às interrogações de um público pouco instruído, indiferente aos debates de escola, mas desejoso de dispor de soluções simples para solucionar dificuldades práticas. Por isso, seu uso no Ocidente foi constante. Manuscritos de origem e datas diversas são testemunhos da preferência de que gozavam. Foram objeto de glosas, algumas das quais chegaram até nós. É o que ocorre com a chamada Glosa de Bamberg, do nome da cidade onde seu manuscrito foi conservado, embora sua origem seja italiana. Algumas dessas glosas são mais da alçada da gramática do que do direito, o que demonstra que as Institutas figuravam entre as matérias estudadas no *Trivium*.

Sobrevivência do Código de Justiniano. – O Código também foi apreciado pelos modestos juristas da Alta Idade Média. Ele não assustava em termos de massa. Para torná-lo ainda mais curto, foram compostas *Epítomes*. O código foi glosado. Um manuscrito do século X, de Pistoia, conserva um exemplar do Código glosado. Essas glosas também são testemunhos de sua utilização no *Trivium*.

Transmissão das Novelas. – Esta já não é tão bem conhecida. Certamente foi mais difícil e talvez mais tardia. A Coleção das 124 Novelas (*Epitome Iuliani*) talvez tivesse sido feita para a Itália. Em todo caso, foi grande a sua divulgação ali. Conhecem-se pelo menos quatro manuscritos seus do século VIII para a Itália. É encontrada na Lotaríngia (Lorena) no século IX (C. G. Mor cita um fragmento, Memorie Ac. Patavina Cl. Sc. morali, 80, 1967-68). A Coleção das 134 Novelas em grego, traduzidas para o latim (*supra*), foi provavelmente composta na Itália, em Ravena (Tamassia), ou na Ilíria ou em Constantinopla (Paradisi). O mais antigo manuscrito conhecido data do século XI. Essa coleção, que de início se acreditou ser falsa e depois foi reconhecida como autêntica, recebeu da Escola, por esse motivo, o nome de "Autêntica".

História do Digesto no Ocidente. – É complexa, o que originou lendas e pesquisas críticas. Graças a estas últimas, o papel da história finalmente sobrepujou o da lenda, deixando para esta o encanto do fantástico. O texto do Digesto foi recopiado sobre um manuscrito bizantino do Digesto "original", por volta de 600, tanto na Itália bizantina quanto em Constantinopla (*apud* Lowe, ver a introdução de Vicasio à edição feita por Corbino, que reproduz o "manuscrito laurentino" das Pandectas, pp. 11-21). Essa cópia do Digesto era, portanto, um texto de boa qualidade, em dois volumes (1. I-XXIX e 1. XXX-L). Mas o Digesto foi deixado de lado na Itália a partir do século VII. Sua última menção figura numa carta de Gregório, o Grande, de 602. Contudo, Kuttner (*ZSS., KA.* 107, 1990, 382-4) acreditou ter encontrado uma expressão que teria sido retomada no Digesto numa carta do fim do século VII: *vim vi repellere*, cf. D. 4, 2, 12, 1 e 43, 16, 1, 27. O argumento é sedutor, porém tênue. O Digesto reaparece na Itália num processo de março de 1076 impetrado perante a marquesa Beatrice de Toscana (assembleia judiciária de Martuli, nas proximidades de Florença). O manuscrito do Digesto passou para Pisa antes de meados do século XII, donde o qualificativo que lhe foi dado, de *Littera Pisana*. Está em Florença, no início do século XV (por isso, *Littera Fiorentina*), conservado na Biblioteca Laurenziana (reprodução Corbino Santa Lúcia, Florença, 1988).

A redescoberta do Digesto e sua utilização afirmam-se a partir dos anos 1090. Textos do *Digestum Vetus* (sobre esta expressão, cf. *infra*) figuram numa coleção canônica que se mostra muito receptiva ao direito romano, a coleção *Britannica* (~ 1090-93). Em Bolonha, os primeiros livros do Digesto, os livros I a XXIV, t. 2, o chamado *Digestum Vetus*, são conhecidos por volta de 1090. O *Digestum Novum* (l. XXXIX ao fim) provavelmente é conhecido por volta de 1093-94. Os livros XXIV, t. 3 a XXXV, t. 2, o chamado *Infortiat* (porque, segundo Savigny [*Geschichte des röm. Rechts*, III], teriam vindo "fortalecer" o *Digestum Novum*), só serão conhecidos na primeira metade do século XII; o mesmo acontecerá com as *Tres Partes* (l. XXXV, t. 3 a XXXVIII).

Outra coleção canônica, o *polycarpus*, obra de um cardeal romano, Gregório (entre 1104 e 1113), faz três referências ao *Digestum Novum*. Assim, em meados do século XII, Bolonha dispunha do conjunto do Digesto (Müller, "The Recovery of Justinian's Digest in the Middle Age", *BMCL*, 20, 1990, 1-29). Esse conjunto do Digesto, com seus quatro elementos, é designado com o nome de *Littera Bononiensia*. O texto, encontrado por meio de elementos sucessivos, provavelmente provém de uma cópia antiga feita sobre o manuscrito dos anos 600. Em geral, há acordo no sentido de se considerar como melhor o texto da *Littera Fiorentina*, escrito diretamente sobre um manuscrito de qualidade. Essa era a opinião de Godofredo. A *Littera Bononiensia*, ao contrário, sofreu mais adaptações. Mas prevaleceu porque posta em circulação mais de meio século antes da *Fiorentina*, sendo já utilizada e comentada pela Escola. A *Fiorentina* não será utilizada antes do século XIV, a acatarmos os artigos essenciais de Kantorowicz (*ZSS*, 1909 e 1910), que adota W. Ullmann (*Law and Politics*, 68). Ver sobre esse debate, Pescani, "Origine delle lezioni della littera Bononiensis, superiori a quelle della littera Fiorentina", *BIDR*, 85, 1982, 205-81. A edição *princeps* da *Fiorentina* foi feita, por ordem do Grão-Duque Cosimo I de Medici, por Torelli em 1553: *Digestorum seu Pandectarum Libri ex Florentinis Pandectis repraesentati*.

› Edições do *Corpus iuris civilis*: HALOANDER, ed. em 4 vol., 1529. Utiliza para o Digesto o manuscrito de Florença, e logo foi esquecida com a publicação desse manuscrito por Torelli em 1553. – *Corpus iuris civilis cum Accursi Commentariis*, Lyon, 1555-58, Veneza e Lyon, 1558-74, Lyon, 1618, 6 vol. encadernados em 5 t. – Dionísio GODOFREDO, ed. do CJC; *in qua Institutiones, Digesta ad Codicem Florentinum emendata, Codex et Novellae… exhibentur*, Antuérpia, 1726, 2 vol.; ed. nova, 1781. – MOMMSEN Th., KRUGER P., SCHOLL & KROLL G., *Corpus iuris civilis*, 3 vol., I: Inst. et Dig., 16ª ed. 1954; II: Code, 11ª ed.; III: Nov. 6ª ed., Berlim, 1928-29, múltiplas reedições. É hoje a edição crítica do CJC.

Complementarmente: para o Digesto, MOMMSEN Th., *Digesta*, editio Major, 2 vol., Berlim, 1866-1970, 2ª ed. 1962-63. – CORBINO A. & SANTALUCIA B., reprod., foto do Ms. da *Littera Fiorentina*. – Para o Código, KRÜGER P., *Codex Justinianus*, Berlim, editio Major, 1877.

Para as Institutas, a primeira edição feita por Cujas, em 1585.

Para as Novelas, edição da Coleção das 168 Novelas em grego, feita por SCRIMGER, 1558. – FIORELLI, BERTOLETTI, COLOMBO, ed. Iuliani Epitome latina Novellarum Iustiniani (apud ed. Haenel), Florença 1996.

Todos os manuais de direito romano, em todas as línguas, dedicam ao CJC estudos mais ou menos amplos, com bibliografia.

Aqui indicaremos simplesmente alguns títulos de publicações recentes: ANKUM H., *La "Codification" de Justinien était-elle une véritable codification?* Liber amicorum Gilissen, Antuérpia, 1983, pp. 1-17 (resposta negativa). – GUARINO A., "La compilazione dei 'Digesta justiniani'", *Atti Acc. sc. mor. e pol. Napoli*, 79, 1969, p. 527. – LUCHETTI G., *La legislazione imperiale nelle Istituzioni di Giustiniano*, Milão, 1996. – PUGSLEY, *Justinian's Digest and the Compilers*, Univ. of Exeter, 1995 (reunião de 5 art. dos anos 1991-95). – WALDSTEIN W., "Tribonianus", *ZSS. RA.*, 97, 233-55 (restrições ao Tribonien de J. Honoré, 1978).

Sobre o destino do Digesto depois de Justiniano: MULLER W. P., "The Recovery of Justinian's Digeste in the Middle Age", *BMCL*, 20, 1990, pp. 1-29. – PARADISI B., "Il giudizio di Martuli", *Atti Acc. Lincei, Rendic.*, Ser. IX, vol. V, fasc. 3, 1994, pp. 191-203. Col. *Le Pandette di Giustiniano, Storia e fortuna di un Codice illustre*, jornadas de verão 1983, ed. Florença 1986.

Jean GAUDEMET (†)

→ *Corpus iuris canonici*; Direito canônico; Direito comum.

CORPUS JURIS CANONICI (Compilações canônicas e codificações mais recentes)

Até a primeira codificação oficial do direito da Igreja latina, em 1917, o *Corpus Juris Canonici* constituía a principal fonte do direito canônico ocidental. Elaborado progressivamente entre os séculos XII e XV, essa vasta coletânea, embora reconhecida pelo papado no século XVI, faz parte da sucessão de coleções canônicas que a precederam e não tem o aspecto de uma codificação contemporânea.

Fontes do direito canônico até o século XII

A disciplina das primeiras comunidades cristãs, baseada nos preceitos da Santa Escritura, não constituiu imediatamente um direito. Durante os séculos II e III, a regulamentação disciplinar assume o aspecto de cartas pastorais dirigidas pelos bispos a suas ovelhas. No século III surgem coletâneas, muitas vezes anônimas, que enumeram regras relativas aos ritos, tais como a celebração do ofício e a ordenação, ou à organização da comunidade. Muitas delas, como as Constituições Apostólicas, redigidas no Oriente Próximo por volta de 380, atribuem seus preceitos aos apóstolos. Qualificadas de "canônico-litúrgicas", essas coleções associam estreitamente prescrições cultuais e disciplinares. Ao se multiplicarem, estas últimas transformam-se em verdadeiras regras de direito ao longo do século IV, enquanto o cristianismo, legalizado (313), se torna religião oficial do Império Romano (380). Nessa época encontram-se os três grandes tipos de documento que, até o início do século XX, constituíram as principais fontes do direito canônico. Entre elas, distinguem-se fontes materiais (legislação dos concílios e dos papas) e fontes formais (coleções canônicas).

Surgidas no Oriente no século II, as assembleias conciliares, principalmente compostas de bispos, de início dirimem controvérsias teológicas. A partir do século IV, os concílios passam a emitir também, cada vez mais, decisões disciplinares, apresentadas em forma de "cânones" (*kanones* ou *capitula*) com regras que, com base no modelo das leis romanas, são enunciadas no modo imperativo. No fim do século IV, as decisões do bispo de Roma somam-se a essa legislação conciliar. Nessa época, de fato, diversos bispos começam a submeter questões litigiosas àquele que consideram o sucessor de Pedro. Respondendo a essas petições, o papa formula a norma aplicável sem dirimir diretamente a questão submetida, afirmando assim um Poder Legislativo calcado no dos imperadores romanos, cuja legislação assume então, frequentemente, a forma de rescrito. A partir do século V, o pontífice começa também a ditar regras gerais, com base no modelo dos editos imperiais. Às vezes qualificadas, tal como estes, de "constituições", as decisões pontificais a partir da Idade Média são chamadas, na maioria das vezes, "decretais" (*epistolae decretales*), ou seja, "cartas decisórias".

Os cânones dos primeiros concílios e as decretais mais antigas foram transmitidos pelas coleções "canônicas" que, ao longo do século IV, substituem as coletâneas canônico-litúrgicas. As mais antigas contêm a legislação conciliar, classificada cronologicamente por lugar geográfico (Oriente, África, Gália etc.). No século VI aparecem coleções de decretais. Raramente reconhecidas pela autoridade eclesiástica, essas primeiras coleções canônicas geralmente são obras privadas, tais como as antigas codificações romanas, como os Códigos Gregoriano e Hermogeniano. Em geral anônimas e de alcance regional, elas traduzem a preocupação de conservar e difundir no local a legislação eclesiástica. Muitas se inspiram em compilações mais antigas, das quais às vezes constituem apenas uma atualização ou uma adaptação exigida pela evolução do direito ou pelas necessidades. Assim, os *Statuta ecclesiae antiqua*, compostos no sul da Gália em fins do século V, retomam a trama das *Constituições Apostólicas*, acrescentando algumas disposições mais recentes. Certas coleções também incluem textos laicos. A partir de Constantino, por exemplo, os imperadores legislam em assuntos eclesiásticos, e numerosas constituições imperiais extraídas do Código Teodosiano (438) e do Código Justiniano (534) são retomadas nas coleções canônicas.

Depois da queda do Império do Ocidente (476), o enfraquecimento do papado enseja a rarefação da atividade legislativa dos papas, que quase cessa depois de Gregório, o Grande (590-604). A legislação conciliar tende, em compensação, a desenvolver-se primeiramente na

Gália, onde os merovíngios, convertidos ao catolicismo por volta de 496-98, organizam a Igreja franca. Em dois séculos, são reunidos 55 concílios; uma dezena deles, convocados pelos reis, reúnem bispos de todo o reino. Sua abundante legislação, sobretudo relativa ao estatuto clerical, à administração diocesana ou à vida monástica, é reunida em coleções de divulgação limitada, com exceção da mais importante, composta nos arredores de Lyon por volta de 600 e designada com o nome de *Vetus Gallica*. Adaptada várias vezes, apresenta um plano sistemático e tem grande divulgação, a ponto de se tornar no século VIII uma espécie de código da Igreja franca. Cerca de 34 concílios gerais ou provinciais são realizados também na Espanha nos séculos VI e VII, em especial depois da conversão dos visigodos ao catolicismo (587). Embora mais preocupados com questões dogmáticas do que os concílios merovíngios, sua legislação não deixa de ser voltada, de início, para a disciplina e para a organização da Igreja. Às vezes confirmados pelos reis visigodos, os cânones desses concílios foram transmitidos por intermédio da *Hispana*, grande coleção concluída em 633-36, várias vezes modificada e enriquecida, conhecendo grande sucesso até o século IX. Também são elaboradas coleções na Itália, no início do século VI. A mais importante é *Dyonisiana*, concluída por volta de 527 por Dionísio, o Pequeno, fundador do calendário cristão; apresenta a tradução latina dos cânones dos primeiros concílios ecumênicos realizados no Oriente nos séculos IV-V. No fim do século VI, surge uma nova fonte de direito canônico, os penitenciais (*Libri paenitentiales*), nas ilhas célticas, graças ao desenvolvimento da confissão privada, que tende a substituir a penitência pública do fim da Antiguidade. Redigidos por monges, esses manuais para uso dos confessores enumeram tarifas de penitência aplicadas a listas de pecados, segundo um sistema semelhante ao acerto financeiro (*Wergeld*) que, nos direitos germânicos, possibilita o resgate da vingança pessoal. Logo difundidos no continente, os penitenciais, cujas disposições às vezes são transcritas nas coleções canônicas, multiplicam-se na época carolíngia.

A aliança firmada então entre o papado e a dinastia franca favorece a reforma das estruturas eclesiásticas. Mais que seus predecessores, os carolíngios convocam diretamente concílios e intervêm em seus debates. Essas reuniões quase sempre são acompanhadas por audiências laicas, reunindo os principais vassalos do rei que, após a dissolução da assembleia, promulga suas decisões na forma de capitulares. As legislações laica e conciliar tendem assim a confundir-se. A utilização da hierarquia eclesiástica como auxiliar da administração régia reforça o poder dos bispos e favorece o surgimento de uma legislação episcopal. Promulgados em escala de diocese, os capítulos episcopais (*capitula episcoporum*) difundem a legislação conciliar ou régia, mas também ditam regras novas, adaptadas à situação local. Em meados do século IX, o papado, cuja autoridade voltou a firmar-se, também recomeça a legislar.

Essas mudanças provocam uma retomada das coleções canônicas. Em 774, Carlos Magno recebe do papa Adriano I uma versão enriquecida da *Dyonisiana*, chamada *Dyonisio-Hadriana*. Por volta de 800, a coletânea é novamente fundida com a *Hispana*, dando origem a uma nova coleção chamada *Dacheriana*, do nome de seu editor Luc d'Achery († 1685). Versões adaptadas da *Vetus Gallica* também são difundidas no Império durante o século IX. Várias coletâneas, qualificadas de *Falsas pseudoisidorianas*, reunindo textos heteróclitos apresentados como decretais ou capitulares régias, também são compostas nas proximidades de Reims por volta de 850. O necessário recurso ao direito laico para gerir as questões temporais acaba levando o círculo pontifical a elaborar coleções que reúnem fragmentos de direito romano, tal como a *Lex romana canonice compta* (c. 825-50).

A mudança do Império e o desenvolvimento do feudalismo a seguir enfraquecem a atividade canônica, que no século X se reduz à elaboração de coleções de mínima qualidade, com algumas exceções, como o *Livro das causas sinodais*, composto por volta de 906 por Réginon de Prüm para servir de guia processual para os bispos no exercício de sua jurisdição, ou ainda os Cânones de Abbon de Fleury, que, dedicados (por volta de 988-96) a Hugo Capeto e Roberto, o Pio, apresentam uma reflexão sobre as fontes do direito. No início do século XI, o movimento reformador ligado à Ordem de Cluny, ao denunciar o predomínio laico na Igreja, produz várias coleções, das quais a mais importante, em termos de tamanho (1.783 capítulos) e difusão, é o *Decreto* de Burchard de Worms (c. 1008-12). Mas o espírito da obra, que toma muita coisa de empréstimo a outras, anteriores, tal como a de Réginon, é tradicional e, com exceção dos escritos polêmicos, como o *Livro contra os simoníacos* (1056) do cardeal Humberto de Moyenmoutier, será preciso esperar o pontificado de Gregório VII (1073-85) e a afirmação da primazia romana para que seja retomada uma atividade canônica importante. A Reforma gregoriana, que impulsiona a legislação pontifical e conciliar (o papa às vezes legisla em concílio, diretamente, ou por meio de legados), manifesta-se também pela redação, no círculo pontifical, de coletâneas como a *Coleção em 74 Títulos* (1074-75), a *Coleção de cânones* do bispo Anselmo de Lucca (1083) ou o *Livro dos cânones* do cardeal Deusdedit (1086), que visava a justificar a supremacia papal. Fora da Itália, as coleções mais notáveis são o *Decreto*, a *Panormia* e a *Tripartite*, compostas por volta de 1095 no círculo do bispo Ivo de Chartres (Ivonis Carnuiensis, † 1115), que integra em suas coletâneas fragmentos do *Corpus Juris Civilis*, que começam então a circular.

A formação do Corpus Juris Canonici

A redescoberta do direito de Justiniano inicia uma nova era. O desenvolvimento de estudos jurídicos nas escolas onde até então se ensinava principalmente teologia dá ensejo a novos métodos. A abundante legislação conciliar e pontifical da primeira metade do século XII é assim coligida, ao lado de textos mais antigos, em coleções organizadas segundo um plano cada vez mais sistemático, cujo resultado final é o Decreto de Graciano, que se tornaria o primeiro elemento do *Corpus Juris Canonici*.

Mal conhecida, a elaboração do *Decreto* parece ter transcorrido em duas etapas. Uma primeira versão, concluída por volta de 1140, foi pouco difundida; depois dela houve uma segunda, que circulou a partir dos anos 1150. Graciano, que parece ser um monge bolonhês, talvez acompanhado de uma equipe, dá a sua coletânea o título programático de *Concordância dos cânones discordantes*. A classificação dos numerosos textos reunidos – a segunda versão contém cerca de 4 mil – traz à tona convergências e contradições, tentando às vezes resolver estas últimas. As fontes materiais são variadas: à legislação conciliar e pontifical (cerca de 1.500 cânones) somam-se mais de 900 fragmentos patrísticos, um terço dos quais extraído de Agostinho, e mais de 200 textos de origem secular, metade extraída do direito romano. As fontes formais das quais provêm esses excertos são, sobretudo, coleções recentes, como as de Anselmo de Lucca e de Ivo de Chartres. Precedidos por inscrições indicadoras da proveniência e por rubricas que resumem seu conteúdo, os cânones são distribuídos em duas partes, respectivamente divididas em 101 distinções e 36 causas; cada uma destas últimas inicia-se com um caso fictício de direito que apresenta as questões abordadas. O plano original parece seguir uma ordem rigorosa, apresentando de início as fontes do direito (Dist. 1-20), depois a ordenação dos clérigos (Dist. 21-101), o direito criminal (C. 1-6), o estatuto das igrejas e dos clérigos (C. 7-26) e, por fim, o casamento (C. 27-36). A partir do lançamento da segunda versão, porém, diversos acréscimos destroem essa lógica, introduzindo, por exemplo, um tratado sobre a penitência no meio dos textos relativos ao casamento (C. 33, q. 3) e outro sobre a ordenação no fim da obra. Ao sabor das necessidades, os copistas também foram acrescentando, em lugares variados, textos complementares (cerca de 150) misteriosamente chamados *paleae*, segundo um sistema próximo ao das autênticas que resumem as *Novelas* acrescentadas na mesma época pelos Glosadores do Código Justiniano. Não sendo uma simples compilação, a obra pretende ser doutrinal, conforme comprovam os comentários (*dicta*) que acompanham grande número de cânones, e logo se torna a base do ensino do direito canônico em toda a Europa.

Mas, embora o *Decreto* suplante as antigas coleções, o impulso da legislação pontifical logo o torna parcialmente obsoleto. Contemporâneo de Graciano, Alexandre III (1151-81) emite mais de 900 decretais. Por volta de 1170-80, começam a ser elaboradas, sobretudo na Inglaterra, coleções privadas que reúnem essa legislação nova. Inicialmente cronológicas, essas coletâneas aos poucos vão sendo organizadas de maneira sistemática. O esforço de classificação chega a seu termo por volta de 1192, com o término do *Breviário dos extravagantes* ("Resumo das decretais exteriores ao Decreto de Graciano") por Bernardo de Pávia. O plano adotado, em cinco livros – *judex, judicium, clerus, connubia, crimen* (fontes do direito e ofício do juiz, processo, pessoas e bens eclesiásticos, casamento, direito penal) –, passa a ser a referência para todas as coletâneas de decretais ulteriores, até o fim da Idade Média. A essa *Compilatio Prima* logo se somam outras quatro: a *Compilatio Secunda* de João de Gales (Johannes Galensis) e a *Compilatio Tertia* de Pedro de Benevento (Petrus Beneventanus), redigidas em 1210--12, a *Compilatio Quarta*, publicada em 1216 por João Teutônico (Johannes Teutonicus) e, por fim, a *Compilatio Quinta*, composta por Tancredo a mando de Honório III em 1226. Como cada coletânea completa a precedente, sem a renovar, e a atividade legislativa dos papas prossegue em ritmo acelerado, essas *Quinque Compilationes Antiquae* acabam por tornar-se logo insuficientes.

As dificuldades para garantir a publicidade da legislação recente induzem o papa Gregório IX a encomendar, em 1230, a confecção da primeira compilação oficial de decretais, seguindo o modelo do *Código Justiniano*, então abundantemente difundido. Encarregado de reunir o maior número de textos possível e de classificá-los retirando os elementos supérfluos ou obsoletos, o dominicano Raimundo de Peñaforte inspira-se amplamente nas *Quinque Compilationes Antiquae*, que fornecem 1.756 capítulos dos 2.139, acrescentando, entre outras coisas, 195 textos emanados do próprio Gregório IX. Às decretais somam-se cânones conciliares, provenientes principalmente dos concílios III (1179) e IV (1215) de Latrão. Retomando o plano de Bernardo de Pávia, a coletânea é dividida em cinco livros subdivididos em 185 títulos, em cujo interior as decretais são classificadas cronologicamente, com uma inscrição que lembra sua proveniência. Destinada a substituir de maneira exclusiva as antigas coletâneas de decretais, nas escolas e nos tribunais, a obra é promulgada em 5 de setembro de 1234 por Gregório IX, que a endereça à Universidade de Bolonha, primeiro centro de estudos jurídicos na Europa. Como a nova coleção retoma poucos textos anteriores ao *Decreto* de Graciano (cerca de 13%), o uso deste último fica autorizado. Bem depressa os juristas designam a coletânea de Gregório IX com o nome de "Livro complementar" (*Liber Extra*) do *Decreto*.

Menos abundante a seguir, a legislação pontifical tende a mudar de natureza: os rescritos rareiam, e as constituições de alcance geral, às vezes ditadas durante concílios gerais, multiplicam-se. Ao lado de coleções privadas, vários papas, tais como Inocêncio IV (1245, 1246, 1247), Gregório X (1274) e Nicolau III (1280), publicam coleções oficiais de "novelas", visando a colecionar o direito novo. Sua imperfeição leva Bonifácio VIII a encarregar, em 1296, uma comissão de realizar uma nova coletânea dos principais textos promulgados a partir de 1234. Elaborada por Guilherme de Mandagou († 1321), arcebispo de Embrun, Berengário de Fredol († 1323), bispo de Béziers, e Ricardo Petroni de Siena († 1314), vice-chanceler da Igreja romana, a coleção, que deveria completar as Decretais de Gregório IX e tem valor exclusivo para a legislação posterior, é oficialmente publicada em 3 de março de 1298 por uma bula que a endereça às universidades de Bolonha e Paris, com o nome de *Liber Sextus* (*Sexto Livro, Sexto*). Contudo, os textos compilados, que frequentemente sofreram grandes modificações para ganhar aspecto de regras gerais e abstratas, na verdade são organizados segundo o plano tradicional de Bernardo de Pávia, em cinco livros.

Em 21 de março de 1314, Clemente V promulga uma coletânea do mesmo tipo, destinada a conservar as constituições baixadas em 1312 no concílio geral de Vienne, que devia ser aplicada, com o nome de *Liber Septimus*, depois de seu envio às universidades de Orléans e Paris, o que foi impedido pela morte do papa em 20 de abril seguinte. A coleção é então publicada em 25 de outubro de 1317 por seu sucessor, João XXII, que a endereça às Universidades de Bolonha e Paris. Divulgada com o nome de *Clementinas*, esta última coletânea oficial de decretais, porém, não retoma a totalidade da legislação recente.

Nos anos seguintes, Guilherme de Montlauzun († 1343), professor de Toulouse, reúne três decretais de João XXII às quais Jesselin de Cassagnes (Genzelinus de Cassanis, † 1334) acrescenta outras 17, formando uma nova coletânea, simplesmente cronológica e privada, divulgada com o nome de *Extravagantes de João XXII*. A coleção é reorganizada em 14 títulos no fim do século XV, por dois licenciados em direito canônico da Universidade de Paris, Jean Chappuis e Vital de Thèbes, que elaboram, por outro lado, uma última compilação privada de 74 decretais, que se sucedem de Urbano IV (1261-64) a Sixto IV (1471-84), designada com o nome de *Extravagantes comuns*.

Em 1500, esses dois juristas publicam pela primeira vez um conjunto composto do *Decreto* de Graciano, das *Decretais* de Gregório IX, do *Sexto*, das *Clementinas*, das *Extravagantes de João XXII* e das *Extravagantes comuns*, com o nome de *Corpus Juris Canonici*. Esse título, contraposto ao das compilações de Justiniano, designadas desde o século XIII com o nome de *Corpus Juris Civilis*, não era totalmente novo, visto que a expressão *Corpus Juris* fora por vezes usada na Idade Média para designar o conjunto do direito canônico, ou certas coletâneas como o *Decreto* de Graciano, as *Quinque compilationes* ou o conjunto composto pelo *Liber Extra*, pelo *Sexto* e pelas *Clementinas*. A partir daí, o nome é aplicado ao conjunto fechado dos seis elementos acima enumerados. Ao longo do século XVI, vários juristas humanistas, entre os quais Charles Dumoulin (1500-66) e Antoine Leconte (1517-77), tentam aperfeiçoar a compilação cuja segunda edição fora apresentada por Chappuis em 1503. Atendendo a pedidos feitos durante o concílio de Trento (1545-63), o papa Pio IV nomeia em 1566 uma comissão de eruditos, os *correctores romani*, encarregada de preparar uma edição oficial. Aprovada por Gregório XIII em 1º de julho de 1580, a "Edição romana" do *Corpus* é publicada em 1582.

Do Corpus Juris Canonici às codificações do século XX

Embora reconhecido pela autoridade pontifical, o *Corpus*, assim como as coletâneas oficiais anteriores de decretais, não constitui uma codificação no sentido atual. Apesar de ser uma coleção aprovada, ele não pretende formular regras imediatamente aplicáveis, nem abarcar o conjunto do direito canônico. Fazendo parte do sistema do *Jus commune*, as disposições que formula têm vocação para ser interpretadas pelos juristas. Enviadas logo depois da promulgação para as universidades, as compilações de decretais foram sistematicamente glosadas, tal como o *Decreto* de Graciano. Foi com o acompanhamento de aparatos de glosas, chamados "ordinários"(que acabaram por fixar-se em cada coleção), que Gregório XIII reconheceu oficialmente o *Corpus*, que continha, portanto, os comentários de João Teutônico († 1345-46) e Bartolomeu de Brescia († 1258) sobre o *Decreto*, de Bernardo de Parma († 1266) sobre o *Liber Extra*, de João de André († 1348) sobre o *Sexto* e as *Clementinas*, de Jesselin de Cassagnes († 1334) sobre as *Extravagantes de João XXII*, de João, o Monge (Johannes Monacus, † 1313) e Guilherme de Montlauzun († 1343) sobre as *Extravagantes comuns*. Mas, embora a compilação assim constituída se imponha ao mesmo tempo nas universidades, para o ensino do direito, e nos tribunais, para a alegação dos textos que encerra, ela não é considerada fonte exclusiva do direito canônico. A partir do fim do século XVI, pensa-se em completá-la. Um canonista de Perúsia, Paulo Lancelotti (1522-90), compõe, com base no modelo de Justiniano, *Institutas* de direito canônico, destinadas ao ensino. O papado, por sua vez, nomeia uma comissão cujos trabalhos são publicados em 1598; seu objetivo é elaborar uma coleção complementar. O declínio da primazia pontifical correlativa ao surgimento dos Estados modernos leva, porém, ao rápido abandono de tais projetos, e, durante os séculos XVII e XVIII, o direito canônico continua a desenvolver-se fora da compilação oficial.

Assim, o hábito adquirido pelos bispos no século XIII de legislar durante os sínodos diocesanos prossegue na época moderna. Agora impressos quando da promulgação, os estatutos sinodais, porém, são aplicados apenas na diocese de seu autor. Continuam ocorrendo concílios provinciais, cujas decisões devem ser reconhecidas pela autoridade romana, porém mais raramente. Daí decorre um crescimento do interesse pela legislação conciliar antiga não coligida no *Corpus*. Do século XVI ao XVIII, são, pois, constituídas coleções conciliares oficiais ou privadas. A mais importante, elaborada por Gian Domenico Mansi, arcebispo de Lucca (1692-1769), é publicada em 31 volumes, em Florença, entre 1758 e 1798, recapitulando toda a legislação conciliar até 1439. Completada em 1720, é reimpressa no início do século XX. O papado, por sua vez, continua legislando. Mas as constituições de alcance geral, que haviam se multiplicado a partir do século XIII, assim como os rescritos, agora utilizados quase exclusivamente para as canonizações, tornam-se mais raros. Novas formas legislativas tendem a desenvolver-se, tais como a encíclica (*epistola* ou *littera encyclica*), que elucida uma questão dogmática, o *motu proprio*, pelo qual o papa regulamenta por iniciativa própria um ponto disciplinar, ou ainda a bula apostólica, que muitas vezes outorga um privilégio. Sistematicamente conservados nos Arquivos do Vaticano desde o século XIV, os atos pontificais são publicados a partir do fim do século XVI em "bulários", do nome do ato mais solene deles, que é a "bula", selada com uma cápsula de chumbo. Um *Magnum Bullarium*, em 32 volumes, reúne o conjunto dos documentos pontificais de 440 a 1758. Completado até o ano 1834, é substituído depois por um sistema de publicação por pontificado e, a partir de 1865, por ano, nos *Acta Sanctae Sedis*, que em 1908 se tornaram *Acta Apostolicae Sedis*. A essas coletâneas legislativas se somam compilações de jurisprudência. Publicadas no século XIV, as primeiras reúnem as decisões da Rota, supremo tribunal pontifical. O desenvolvimento, na época moderna, da autoridade das decisões judiciárias provoca, a partir de 1643, a impressão sistemática de suas sentenças que, depois de uma interrupção devida ao enfraquecimento da alta corte no século XIX, volta a funcionar regularmente em 1912. A criação, após o concílio de Trento, de órgãos de governo especializados também enseja o desenvolvimento de uma jurisprudência administrativa que também vem a público, tais como as decisões da Congregação do Índex ou as da Congregação para a Interpretação do Concílio, publicadas anualmente a partir de 1739, até o século XIX.

O imbricamento e a massa de regras que se juntam ainda às disposições das concordatas que o papado assina com diferentes Estados para regulamentar o estatuto do culto católico em tais Estados redundam, em meados do século XIX, numa situação difícil, denunciada por numerosas vozes que se tornam especialmente insistentes durante o concílio Vaticano I (1870), que, interrompido pela Guerra Franco-Prussiana, não pôde atendê-las. Foi só em 1904 que Pio X nomeou uma comissão de cardeais, assistida por consultores, que trabalharia durante mais de dez anos na codificação finalmente promulgada por Bento XV em 1917. O *Codex Iuris Canonici* é aplicado ao conjunto da Igreja latina, revogando as leis que não ratifica. Para elaborá-lo, os redatores se valeram das experiências de racionalização feitas a partir do século XVI por canonistas como Lancelotti, que tentara organizar o conjunto do direito eclesiástico inspirando-se no plano de Gaio (*Personae*, *Res*, *Actiones*), ao qual acrescentava uma quinta divisão que agrupava as disposições penais. Os redatores também se valeram da recente experiência dos Estados europeus que, a partir do século XVIII, haviam empreendido a codificação de sua legislação, especialmente do *Bürgerliches Gesetzbuch* alemão, promulgado em 1900. O *Codex Iuris Canonici* de 1917 reflete essa dupla inspiração através de um plano geral que, após um primeiro livro que contém normas gerais, à imitação do *BGB*, compreende outros quatro, respectivamente dedicados a pessoas, bens, procedimentos e direito penal.

Mostrando-se como triunfo de uma Igreja concebida como "sociedade perfeita", o Código de Pio X e Bento XV é saudado como um grande feito, inclusive por não católicos. Assim, quando, em 1927, Pio XI decide proceder à codificação do direito canônico das Igrejas orientais, a comissão encarregada toma como modelo o Código latino, sem que o papa sequer exprimisse esse desejo. Terminado em 1948, depois de longa preparação, o Código oriental começa a ser promulgado por partes no ano seguinte. Sua promulgação progressiva, porém, seria interrompida pelo concílio Vaticano II. Ao anunciá-lo em 1959, João XXIII prometia, simultaneamente, concluir a obra iniciada. O concílio, entretanto, reunido em 1962 e encerrado em 1965, constatando profundas transformações sociais, decidia-se pelo abandono da eclesiologia herdada da Contrarreforma. A renovação profunda do direito e das estruturas eclesiásticas que ele realizava comprovava a obsolescência do Código de 1917, tornando por isso difícil a promulgação definitiva do Código oriental. A partir de março de 1963, aliás, fora nomeada uma comissão para proceder à revisão do Código latino. Prorrogando voluntariamente suas atividades até o encerramento do concílio, esta só começou a trabalhar a partir de maio de 1965. Depois de mais de dezesseis anos de preparação, o texto definitivo do novo *CIC*, transmitido ao papa João Paulo II em abril de 1982, foi promulgado em 25 de janeiro de 1983 para entrar em vigor em 27 de novembro seguinte.

De 2.414 cânones, o Código se reduzira a 1.752, agrupados em sete livros: Normas gerais, Povo de Deus, Função de ensino da Igreja, Função de santificação da Igreja, Bens temporais, Sanções, Processo. Além desse plano, que conserva parentesco com o do Código de 1917, o conteúdo da codificação, profundamente renovado, traduz em termos jurídicos a nova eclesiologia promovida pelo concílio Vaticano II. Revogando as disposições contrárias anteriores, deixa, porém, normas exteriores, sobretudo as normas próprias às Igrejas particulares. As regras procedurais de beatificação e canonização dos santos foram, por outro lado, promulgadas separadamente, no mesmo dia, pela Constituição *Divinus perfectionis magister*. A Constituição *Pastor bonus*, promulgada em 25 de junho de 1988, reorganiza, além disso, completamente a cúria romana. Por fim, a partir de 1972, o papa Paulo VI criara uma comissão especial para a revisão do Código oriental. O esquema definitivo, concluído em 1989, foi promulgado em 18 de outubro de 1990. Entrando em vigor em 1º de outubro de 1991, o *Código dos cânones das Igrejas orientais* compreende 1.542 cânones divididos em 30 títulos. Além de sua variedade, as duas codificações e seus complementos formam, como o antigo *Corpus Juris Canonici*, ampliado com comentários e normas que lhe eram exteriores, um *jus canonicum unicum*, conforme foi chamado em 25 de outubro de 1990 pela autoridade pontifical.

➤ GAUDEMET J., *Église et cité. Histoire du droit canonique*, Paris, Le Cerf-Montchrestien, 1994, x-740 p. *Les Sources du droit canonique en Occident du IIe au VIIe siècle*, Paris, Le Cerf-CNRS, 1985, 188 p. *Les Sources du droit canonique. VIIIe-XXe siècle*, Paris, Le Cerf; 1993, 262 p. *Le Décret de Gratien revisité. Hommage à Rudolf Weigand*, Estrasburgo, 1998, 448 p. (*Revue de droit canonique*, t. 48/2). – VALDRINI P. et al., *Droit canonique*, 2ª ed., Paris, Dalloz, 1999, XII-696 p. – METZ R, *Le Nouveau droit des Églises orientales catholique*, Paris, Le Cerf, 1997, 239 p.

Franck ROUMY

→ Canonistas, decretistas, decretalistas; Direito canônico; Direito comum; Escolástica jurídica; Glosa e exegese; Romanística medieval.

CORTES SUPREMAS

Com o desenvolvimento de organizações judiciárias complexas e com a multiplicação dos meios de recurso, foram surgindo, a partir da Idade Média, tribunais superiores ou cortes soberanas. Inicialmente ligadas à gênese e ao crescimento do Estado, essas instituições foram associadas à problemática da separação dos poderes e ao constitucionalismo moderno a partir do século XVIII. Seja qual for a sua denominação, as Cortes Supremas foram capazes de encarnar o Poder Judiciário. Sua configuração, variável de um Estado para outro, é reflexo da hierarquia das normas na ordem interna, bem como na ordem internacional.

A ambivalência dos tribunais supremos do Antigo Regime na França

A instituição das cortes supremas não faz parte da herança do direito romano. Durante a República, bem como no Império Romano, a função judiciária suprema – a de pronunciar-se em última instância nos casos mais graves, sobretudo em caso de pena de morte – incumbiu a magistrados, a assembleias e depois ao imperador. Essa função nunca coube a um tribunal colegiado. O conselho imperial, que podia examinar recursos, era um órgão consultivo com competências ao mesmo tempo administrativas e judiciárias. As cortes supremas têm origem nas cortes feudais, em especial na *Curia regis* dos reis da Inglaterra e dos reis da França. Na Inglaterra, durante o reinado de Henrique II (1154-99), a *Curia regis* começa a realizar sessões especializadas: o *Échiquier* (corte de apelação inglesa), que recebia as contas dos *sheriffs* e uma *capitalis curia regis*, depois chamada Banca do rei. Juristas experimentados exercem a justiça em nome do rei em Westminster ou durante visitas aos condados: é a origem do *common law*. No início do século

XIII, essa organização extraordinária dos tribunais régios se desdobra: enquanto a Banca do rei continua seguindo o rei, uma Assembleia Judiciária comum se fixa em Westminster e realiza audiências em presença do rei. Depois da Magna Carta, o *magnum consilium* dos vassalos transforma-se em Parlamento. Nos séculos XIV e XV, o Parlamento se reconhece competente para reformar sentenças da Banca do rei por meio de um *writ of error*. Progressivamente, essa jurisdição de última instância vai sendo reservada para a Câmara dos Lordes. No século XVI, a divisão das causas tende a fixar-se, sem que seja estabelecida uma verdadeira hierarquia judiciária com base no recurso. Os quatro ou cinco juízes da Assembleia Judiciária comum tratam dos assuntos não referentes aos interesses do rei, enquanto os três juízes da Banca do rei cuidam principalmente dos crimes, e o *Échiquier* permanece como jurisdição financeira. Perante essas cortes de *common law* separadas da pessoa do rei, a chancelaria régia exerce uma espécie de justiça régia com base na equidade. A monarquia inglesa desenvolveu uma rede complexa de jurisdições superiores, todas vinculadas à soberania régia. Na França, o processo de surgimento de cortes supremas é mais tardio, porém relativamente mais simples. Na segunda metade do século XIII, o Parlamento nasce do desmembramento da *Curia regis*. Graças ao aparecimento de um pessoal especializado de "mestres" ocorre a passagem da "Corte em Parlamento", que delibera em sessões sobre questões particulares, ao Parlamento propriamente dito, fixado em Paris ao longo de um ano judiciário. O rei já não tem assento nesse Parlamento, e a Corte pronuncia sentenças usando, em seu nome, o plural majestático. Graças às reformas de são Luís, o Parlamento aprecia os recursos das justiças senhoriais e dos juízes régios de primeira instância como os bailios. O estatuto orgânico do Parlamento é estabelecido pela ordenança de março de 1345. Com o fim da Guerra dos Cem Anos, é reorganizado, como Parlamento de Paris, enquanto são estabelecidos os primeiros parlamentos de província: Toulouse (1444), Grenoble (1455), Bordeaux (1462), Dijon (1476), Aix-en-Provence (1501). Em 1789, o reino da França contava treze Parlamentos; o de Paris conservava imensa competência, abrangendo mais da metade do território. Com uma competência geral, na maioria das vezes como recurso, os Parlamentos ocupavam o primeiro plano das cortes soberanas, bem à frente das jurisdições especializadas como as câmaras das contas (*chambres des comptes*) e os tribunais superiores fiscais (*cours des aides*).

Na maioria dos países da Europa, a construção do Estado foi acompanhada pela instituição de jurisdições centrais. O Grande Conselho dos Países Baixos em Malines ou o *Hoge Raad* nas Províncias Unidas assemelham-se aos Parlamentos franceses. Na Itália foram considerados *tribunalia suprema* a Rota romana – tribunal supremo da Igreja desde o século XII e, ao mesmo tempo, jurisdição do Estado pontifical desde o século XV –, o Sacro Regio Consiglio de Nápoles (1444), o Senado de Milão (1499-1786), a Rota de Florença (1502) e os Senados dos territórios da Casa de Savoia (Turim, Chambéry e Nice). O Santo Império Romano Germânico representa o único exemplo de Corte Suprema a constituir o principal órgão permanente do Estado. O *Reichskammergericht*, estabelecido em 1495 por Maximiliano em virtude de um acordo com os príncipes alemães, teve sede, sucessivamente, em Frankfurt, Spira e Wetzlar (de 1690 a 1806), longe da residência imperial de Viena. Seus juízes – em princípio, metade nobres e metade burgueses, com protestantes ao lado de magistrados católicos a partir de 1541 – esforçaram-se por manter a paz no Império e controlar os recursos às decisões das justiças principescas. Limitada pela extensão das isenções – sobretudo a favor dos territórios hereditários dos Habsburgo – e pelo sensível declínio no número de processos a partir do século XVII, essa jurisdição desempenhou papel decisivo na recepção do direito romano na Alemanha.

As Cortes Supremas do Antigo Regime assumiram em quase todos os lugares um poder de interpretação e unificação do direito, sem que haja motivo para opor, de maneira fundamental, os juízes de *common law* e os dos países de direito civil, também convictos da força dos precedentes. A influência da jurisprudência desses grandes tribunais, porém, deve ser matizada em vista dos métodos de trabalho empregados e da ausência de justificação da maioria dos acórdãos. Órgãos de controle a serviço do poder régio, essas jurisdições reivindicaram uma parcela de soberania. Esse desejo de autonomia chocou-se com o absolutismo, conforme mostram os conflitos entre os Bourbons e os Parlamentos na França. O impulso dado a órgãos concorrentes – o Conselho do Rei na França, o *Reichshofrat* em Viena, a *Segnatura* em Roma ou a *Consulta* na Toscana – reflete uma tensão crescente entre o poder régio e os tribunais superiores.

A invenção do Poder Judiciário e a Corte Suprema dos Estados Unidos

O espírito das leis de Montesquieu (1748) pode ser considerado um marco na história das cortes supremas. Montesquieu foi quem primeiro falou de um "poder de julgar" no célebre capítulo sobre a constituição da Inglaterra (XI, VI). Como não deve ser "dado a um senado permanente, mas exercido por pessoas extraídas do conjunto do povo", esse poder é "invisível e nulo". Nem por isso deixa de ser identificável e, para garantir a liberdade, deve ser "separado do Poder Legislativo e do Executivo". Embora essa visão dos "juízes da nação" como simples boca a pronunciar as palavras da lei não tivesse bem o sentido de estabelecer uma poderosa Corte Suprema, as análises de Montesquieu sobre a jurisdição da Câmara dos Lordes ou sobre o papel dos Parlamentos como "repositório das leis" podiam dar a ideia de uma instituição que encarnasse o Poder Judiciário. A influência de Montesquieu sobre os Constituintes americanos – manifesta nos trechos do *Federalist Papers* dedicados à justiça – alimentou os ricos debates que cercaram a criação e os primeiros anos da Corte Suprema dos Estados Unidos. Muito críticos em relação aos juízes da Coroa britânica, os insurgentes americanos foram sensíveis à ideia de estabelecer uma separação entre as funções judiciárias e os órgãos executivos ou legislativos. Ao mesmo tempo, os redatores das constituições dos novos Estados americanos tinham uma concepção restritiva da independência dos juízes, que eles queriam reduzir a puras máquinas. Entre o temor da arbitrariedade judiciária – na linha de Beccaria – e o temor dos abusos do Poder Legislativo que se manifestou nos anos 1780, a Constituição Federal de 1787, por meio da separação dos poderes, procurou conciliar a primazia da lei fundamental com os interesses dos Estados. Seu artigo III confiava o "Poder Judiciário" a uma Corte Suprema (com um número indeterminado de juízes) e a tribunais inferiores estabelecidos pelo Congresso. As competências dessas jurisdições federais estendiam-se às questões de constituição e de leis federais, aos litígios dos quais os Estados Unidos participassem, aos conflitos entre Estados confederados ou cidadãos americanos de diversos Estados, às questões marítimas ou relativas ao direito dos embaixadores. A Corte Suprema era estabelecida para apreciar alguns desses processos em primeira instância e outros em segunda, tanto em questões de fato quanto em questões de direito. O *Judiciary Act* de 1789 definiu como as decisões dos tribunais dos Estados (dos quais alguns tinham o título de Corte Suprema) podiam ser contestadas perante a Corte Suprema dos Estados Unidos.

O laconismo dessas disposições constitucionais ensejou, já nos primeiros anos de funcionamento da Corte Suprema, uma controvérsia sobre o poder de interpretação da Corte em relação à lei fundamental e sobre sua autoridade perante o Congresso Federal e os Estados confederados. A partir do fim dos anos 1780, alguns autores federalistas, como Hamilton, imaginaram a possibilidade de a Corte Suprema recusar-se a aplicar leis que considerasse inconstitucionais. Em nome da superioridade da Constituição sobre as leis ordinárias (teoria da *limited constitution*), da necessária uniformidade jurídica e da fraqueza relativa do Poder Judiciário, os partidários dessa tese apresentaram os juízes nomeados pelo Presidente como os "agentes do povo". Tal concepção, porém, podia parecer antidemocrática e hostil às assembleias eleitas: o procedimento de acusação dos juízes perante o Senado foi invocado como contrapartida. No clima de luta entre os federalistas do presidente Adams, que havia nomeado John Marshall como *Chief Justice*, e os antifederalistas liderados por Jefferson, que acabava de se tornar presidente, a Corte Suprema afirmou seu poder de apreciar a constitucionalidade das leis federais (*judicial review*) no caso *Marbury* v. *Madison* (1803). A propósito da nomeação do juiz de paz Marbury pela administração Adams, a Corte Suprema considerou contrária à constituição uma seção do *Judiciary Act* de

1789. A seguir, a Corte se pronunciou também sobre a constitucionalidade de leis emanadas dos Estados confederados, impôs sua autoridade sobre as outras jurisdições e lançou as bases de interpretação ampla dos poderes do Congresso. Sob a presidência de Taney (1835-64), a Corte adotou uma atitude mais conservadora: a segunda decisão que declarava inconstitucional uma lei federal, em 1857, recusava-se a admitir o recurso de um escravo. Mas Tocqueville já podia classificar a Corte Suprema entre os grandes poderes do Estado e escrever que, sem seus juízes, "a Constituição é uma obra morta".

A Corte de Cassação e o modelo francês de Corte Suprema

Na França, a Assembleia Constituinte fez outra leitura de Montesquieu, instituindo o Tribunal de Cassação por meio da Lei de 27 de novembro e 1º de dezembro de 1790. Desejando realizar uma "revolução completa" na justiça, os Constituintes pensaram rapidamente em estabelecer uma "Corte Suprema de Revisão" (Thouret) ou "grandes juízes" (Duport) para exercer as funções judiciárias do Conselho do Rei, "cuja composição fora calculada para outros tempos e para outro regime". Na abertura dos debates sobre essa questão, em maio de 1790, Barère afirmava "a necessidade deste tribunal supremo". Mas ele era visto como um "mal necessário", uma vez que os Constituintes ainda tinham em mente as pretensões dos antigos Parlamentos e a obsessão de um Poder Judiciário "terrível", segundo a fórmula de Montesquieu. Como impor aos juízes a obediência à lei sem criar uma força capaz de encarnar o Poder Judiciário? Para tornar esse poder "invisível e nulo", propôs-se estabelecer grandes juízes itinerantes ou instalar o Tribunal de Cassação "no âmago do Corpo Legislativo". Esta última ideia, defendida por Robespierre, não deixa de lembrar o sistema escolhido na América por constituições de Estado, inspiradas no papel da Câmara dos Lordes. A Lei de 27 de novembro e 1º de dezembro de 1790 tentou conciliar essas aspirações contrárias, instalando o Tribunal de Cassação "junto ao Corpo Legislativo". Composto de 42 juízes eleitos, esse tribunal devia pronunciar-se sobre todas as demandas em última instância (*cassation*), sem nunca julgar o mérito das causas. Tendo jurisdição autônoma, o Tribunal de Cassação com sede em Paris não rompera totalmente os vínculos com o Poder Legislativo, ao qual o mecanismo de medida liminar (obrigatório após duas cassações na mesma causa) reservava em princípio a interpretação das leis. Apesar de sua função a serviço da lei, o Tribunal de Cassação não se situava fora da ordem judiciária da qual era "regulador". A faculdade de interpor recurso perante o Tribunal de Cassação era amplamente aberta aos demandantes, sobretudo em matéria criminal, pela Lei de 16 de setembro de 1791, que oferecia um sursis para os condenados. De 1791 a 1799, o Tribunal de Cassação atravessou a Revolução, realizando uma obra judiciária impressionante, graças ao afluxo dos recursos interpostos: 20 mil julgamentos e quase 4.500 decisões de cassação em menos de dez anos. A instituição, porém, não se livrou de ataques: expulso do Palácio de Justiça pelo Tribunal Revolucionário, que condenou à morte um de seus presidentes na pessoa de Thouret, o Tribunal de Cassação teve vários de seus julgamentos anulados pela Convenção. Em virtude da Lei de 19 de frutidor do ano V, o Tribunal de Cassação foi expurgado, e o Diretório – que ele desafiara em certo número de causas – nomeou juízes para substituir os eleitos destituídos. Em termos de dependência estatutária dos magistrados da Corte Suprema, a Revolução iniciou um processo que prosseguiu durante o Império – apesar das honras distribuídas e do título de "Corte de Cassação" concedido em 1804 – e redundou, na Carta de 1814, na consagração da regra de nomeação pelo chefe do Estado. Também decisivos se revelariam o declínio do uso da medida liminar legislativa e os progressos de uma verdadeira jurisprudência do órgão de última instância a partir do fim da Revolução. Posta ao abrigo das anulações de suas decisões a partir de 1795, a Corte Suprema francesa tira proveito das interposições de recursos para estender seu controle sobre as decisões dos juízos de primeira instância e desenvolver sua interpretação da lei numa perspectiva de unidade do direito nacional. A autoridade da Corte de Cassação, em caso de conflito persistente com as Cortes de Apelação, também foi contestada no início do século XIX. Em 1807, a interpretação da lei foi confiada, nesses casos, ao chefe do Estado e, em 1828, a última palavra foi dada à Corte de Apelação investida em grau de recurso. Mas a Lei de 1º de abril de 1837 obrigou a segunda corte de revisão a conformar-se à solução jurídica da Corte de Cassação, que, doravante, interpretava soberanamente as leis e participava indiretamente da criação do direito. Essa soberania "setorial" era ao mesmo tempo limitada: a concepção francesa de separação estrita entre as autoridades judiciárias e administrativas deveria levar a erigir o Conselho de Estado em Corte Suprema da ordem administrativa, enquanto a recusa dos juízes a aventurar-se no campo da constitucionalidade das leis preservava o poder político. O modelo francês de Corte Suprema, baseado na especificidade do recurso, foi imitado em numerosos países europeus. Retomada primeiramente nas constituições das Repúblicas Irmãs (1797-99), a instituição de uma Corte de Cassação foi experimentada nos Estados satélites do Grande Império, como o reino de Nápoles. Depois de 1814, vários Estados italianos se dotaram de uma jurisdição do mesmo tipo e, nas províncias renanas anexadas à Prússia, foi estabelecida uma Corte de Cassação e de revisão com sede em Berlim. Durante o século XIX, a área de influência da Corte de Cassação foi comparável à do Código Napoleônico: estendeu-se à Bélgica, ao reino da Itália, à Espanha, a Portugal, à Romênia e à Sérvia. Em outros Estados, como a Prússia (lei de 1833), os Países Baixos e a Áustria, a jurisdição suprema acumulou funções de cassação e revisão, com a possibilidade de um novo exame do mérito. De certa maneira, a Bélgica foi mais longe que a França no sentido de afirmar um Poder Judiciário supremo, atribuindo à sua Corte de Cassação o julgamento dos ministros e a apreciação dos conflitos de atribuição.

Tipologia das Cortes Supremas

A diversidade contemporânea das Cortes Supremas deve muito a essas tradições divergentes. Na Grã-Bretanha, a Câmara dos Lordes ainda constitui "um atentado radical à teoria da separação dos poderes". Ao longo do século XIX, a Câmara Alta britânica confiou progressivamente o exame dos recursos a uma comissão formada por *Law Lords* recrutados entre os juízes profissionais. Ameaçada quando da elaboração das reformas judiciárias de 1873-76, a jurisdição dos Lordes foi salva por Disraeli, que obteve o restabelecimento de um recurso contra as decisões da nova *Court of Appeal*, que, com a *High Court*, formava a *Supreme Court of Judicature*. A especialização dos *Law Lords* – a nomeação de *Lords of Appeal* passara, por etapas, de dois para onze – possibilitou que a Câmara Alta compensasse sua perda de poder em matéria legislativa com uma contribuição ao desenvolvimento jurisprudencial do direito inglês. Todavia, os Lordes examinam um número tão pequeno de causas – algumas dezenas de recursos por ano – que se pode duvidar de seu papel efetivo de direção do sistema judiciário.

A Corte Suprema dos Estados Unidos ainda se impõe, no século XX, como o modelo de poder único no ápice da hierarquia judiciária, com um papel de árbitro em matéria constitucional. Depois de ter desempenhado papel decisivo na dessegregação, sob a presidência de Earl Warren (1953-69), ela favoreceu a queda do presidente Nixon com uma decisão de 1974. Composta de nove juízes vitalícios, nomeados pelo Presidente dos Estados Unidos, "mediante parecer e consentimento do Senado", a Corte Suprema seleciona de maneira discricionária as questões judiciárias que examina, considerando cerca de 150 por ano, essencialmente por via de recurso. A Corte Suprema do Canadá – instituída em 1875 e soberana desde a supressão do recurso ao Conselho Privado da Coroa Britânica em 1949 – também acumula uma competência de tribunal de recursos sobre o conjunto das jurisdições e das atribuições constitucionais. Esse esquema, por fim, inspirou a Corte Suprema do Japão estabelecida em 1947.

As jurisdições supremas da maioria dos países da Europa, ao contrário, são jurisdições especializadas, situadas no ápice de uma ordem jurisdicional específica. A Corte de Cassação e o Conselho de Estado na França e na Itália, assim como a Corte Federal de Justiça (*Bundesgerichtshof*) e as quatro cortes das outras ordens de jurisdição (administrativa, financeira, do trabalho e do contencioso social), na Alemanha, podem ser consideradas também como Cortes Supremas. Em matéria civil e penal, algumas dessas jurisdições só apreciam questões de direito através da cassação, enquanto outras

(Suécia, Noruega) podem apreciar o mérito dos litígios. A essa oposição processual – que deve ser matizada por situações intermediárias, como na Alemanha, ou originais, como na Suíça, em que o tribunal federal é a única jurisdição não cantonal – somam-se critérios quantitativos referentes aos recursos. Enquanto a Corte Federal de Justiça na Alemanha só pode apreciar litígios selecionados em função do valor ou da importância, as Cortes de Cassação francesa e italiana devem examinar todos os recursos em que seja invocada uma violação à lei. Apesar dessas diferenças, quase todas as Cortes Supremas participam da criação do direito, adaptando e unificando a jurisprudência. Desse ponto de vista, esse tipo de instituição contribui para aproximar os países de *common law* e os países de direito civil.

Uma supremacia judiciária contestada

A exaltação do direito jurisprudencial e a recuperação da vitalidade do Poder Judiciário durante o século XX não redundaram num poder ilimitado para as Cortes Supremas. De um ponto de vista institucional, continua havendo um abismo entre as Cortes únicas, que acumulam funções jurisdicionais e constitucionais, e as Cortes especializadas, em razão de uma dualidade e até de uma multiplicidade de ordens jurisdicionais. Seja qual for o prestígio atribuído à obra jurisprudencial da Corte de Cassação francesa, esta continua restrita ao domínio do direito privado, sem verdadeira influência sobre o poder político. Desde o exemplo dado pela Áustria, a criação de cortes ou conselhos constitucionais – na Itália (1948), na RFA (1949) ou na França (1958) – deu ensejo à rivalidade na determinação e na interpretação das normas fundamentais. A jurisprudência constitucional tende a eclipsar a jurisprudência das Cortes Supremas tradicionais e a tornar pouco nítida a imagem de uma hierarquia judiciária que constitua o seu ápice. Frequentemente privadas do poder disciplinar, atribuído a órgãos específicos, as Cortes Supremas quase não têm meios de dirigir magistrados "subalternos". Na Grã-Bretanha, a atividade judiciária da Câmara dos Lordes mostra-se marginal em relação a um sistema judiciário autônomo. A efetividade do controle exercido pelas Cortes Supremas sobre a atividade das jurisdições ainda é mais problemática em certos países da África, onde subsistem tribunais de direito consuetudinário. Nem mesmo a Corte Suprema dos Estados Unidos, que inspirou Édouard Lambert na expressão "governo dos juízes" em 1921, deixa de ter fraquezas. Seus poderes são limitados por sua impotência em fazer que suas decisões sejam executadas e pelas prerrogativas do Congresso, que poderia modificar o número de juízes ou certos procedimentos. Em 1937, a Corte Suprema, até então hostil ao New Deal, deu uma espetacular virada diante dessa ameaça. A orientação conservadora da Corte desde a era Reagan também ilustra o "controle ideológico" exercido pelo Presidente sobre a escolha de seus membros. Por fim, o desenvolvimento das normas internacionais põe em xeque a supremacia de Cortes Supremas que tinham exatamente o papel de garantir a unidade de direitos nacionais. Embora nada impeça a aplicação do direito internacional e sua interpretação pelas Cortes Supremas, suas jurisprudências sofrem a concorrência das jurisprudências das jurisdições especificamente internacionais. Os riscos de conflitos, mínimos para as jurisdições que dirimem conflitos entre Estados, tal como a Corte Internacional de Justiça, são reais com as instituições que examinam recursos de particulares. No âmbito da União Europeia, a primazia do direito comunitário ou convencional ensejou a questão da autoridade da Corte de Luxemburgo (CJCE) e, no que se refere aos direitos do homem, da Corte de Estrasburgo. Com a assinatura do Tratado de Roma sobre a Corte Penal Internacional, em 1998, abre-se também a perspectiva de processos contra criminosos que escapam ao controle de Cortes Supremas. Depois de participar da construção dos Estados modernos e da modernização das ordens jurídicas nacionais, as Cortes Supremas poderiam ser vítimas da complexidade crescente do direito.

› GORLA G., "I Tribunali supremi degli stati italiani fra i secc. XVI e XIX", *La formazione storica del diritto moderno in Europa*, Firenze, 1977, t. 1, pp. 447-532. – HALPÉRIN J.-L., *Le Tribunal de cassation et les pouvoirs sous la Révolutoin*, Paris, 1987. – STEVENS R., *Law and Politics, The House of Lords as a Judicial Body*, 1800-1976, Londres, 1979. – WOOD G. S., *The Creation of the American Republic 1776-1787*, 1969. – Col. "La Cour judiciaire suprême, une enquête comparative", *Revue internationale de droit comparé*,

1978/1. – "La Cour suprême de États-Unis", *Pouvoirs*; t. 59, 1991.

Jean-Louis HALPÉRIN

→ *Common law*; Juiz; Jurisdições; Jurisprudência; Recursos (Vias de).

CRIANÇA

O direito é uma questão de palavras: é no seu léxico que se reconhece sua riqueza conceitual e seu grau de elaboração. A afirmação vale como evidência para lembrar a recepção, por parte do direito, de conceitos herdados da ciência, ou também a criação, por parte dos juristas, de novas figuras de relação humana, de tipo contratual, por exemplo. Por isso, certos conceitos jurídicos são puro produto de seu tempo, porque as realidades às quais remetem também são produto das contingências da época. Mas a linguagem do direito não é redutível a esse aspecto técnico. Alimenta-se das palavras da linguagem corrente, absorve-as às vezes em textos, a ponto de criar a confusão sobre o sentido que convém agora atribuir-lhes. Acima de tudo, as palavras do direito exprimem confusamente realidades ambíguas, situadas na fronteira das modas e dos valores, da atualidade e do arraigamento sociológico. Assim, a palavra "criança", sem ser propriamente um termo jurídico, sem ser uma realidade de hoje (*sic*), é de uso recente na comunidade dos juristas. É como se os juristas, banhados de considerações herdadas de outras ciências humanas, imersos numa sociedade que fez da criança uma personagem essencial, descobrissem só recentemente as virtualidades do desenvolvimento do direito em torno da criança.

Para tentar chegar à origem do advento da criança no direito, ao longo dos dois últimos séculos, e correndo o risco de simplificar exageradamente a realidade, pode-se propor uma descrição que apresentaria três fases. Num primeiro momento, o direito só teria conhecido a criança despersonalizada, presa à canga do "menor", definida por decalque pelas regras que regiam sua capacidade jurídica. Depois, pelo fato de se ter tornado mais complexo o direito dos menores, teria aparecido a figura da criança, na forma de conscientização, por parte dos juristas, de que o menor também é uma pessoa dotada de psicologia, e não apenas de consciência. O surgimento da psicologia da criança precede e possibilita, além de legitimar, a fase derradeira, que realiza a tentação de numerosos juristas e de quase todos os não juristas, a fase dos "direitos da criança". Está fora de dúvida que já entramos nessa fase. Mas é de duvidar que tenhamos explorado todas as suas potencialidades e percebido todos os seus perigos. Evidentemente, é falso que as três fases assim descritas sejam estanques em termos de ordem cronológica: mais que etapas, a figura do menor, a psicologia da criança e os direitos da criança ilustram três modelos cuja interação é permanente e certamente imprevisível. Mas examinemos brevemente cada um deles, para discernirmos suas principais características.

A *figura do menor* é onipresente no direito civil. A criança, sujeito de direito como todo ser humano, é o incapaz por excelência, só podendo exercer seus direitos por intermédio de seus representantes legais. Essa incapacidade de exercício é tradicionalmente apresentada como algo que se inspira em duas constatações: a de que o menor ainda não dispõe da consciência e/ou da experiência que lhe permitiriam defender pessoalmente seus interesses; a constatação, por conseguinte, de que convém proteger o menor, impedindo-o de agir validamente no comércio jurídico. A incapacidade jurídica apresenta-se, portanto, como o meio de evitar os malefícios da incapacidade natural. A explicação é intemporal: de Aristóteles aos autores contemporâneos, sua permanência é a prova de sua força. A ideia de que a incapacidade do menor é uma técnica jurídica de proteção não deve, portanto, ser questionada. Hoje como ontem, a criança não deve ser vítima de uma entrada excessivamente rápida no comércio jurídico, principalmente porque a criança é submetida a solicitações comerciais múltiplas. A figura do menor não se reduz, porém, à do *infans*, ou seja, à da criança de pouca idade, que domina pouco a linguagem verbal e a linguagem gestual. Assim, tornou-se corrente ressaltar a extrema heterogeneidade de uma infância legal que abrange tanto os bebês quanto os adolescentes que estão próximos da maioridade. Por essa razão, o estatuto dos menores se torna cada vez mais complexo, o que se manifesta na proliferação de regras especiais que favorecem o reconhecimento de uma capacidade jurídica limitada: capacidade de realizar sozinho os atos autorizados pelo uso, capacidade de elaborar testamento ou abrir conta de poupança em certas condições a partir de 16 anos etc. Para os mais velhos, a emancipação, dois anos antes da maioridade, permitirá o acesso pleno à capacidade jurídica – ainda que alguns estudos levem a pensar que a prática da emancipação, em vez de consagrar a precocidade dos adolescentes ou permitir-lhes enfrentar necessidades profissionais, na verdade serve aos pais, que veem nela um meio interessante de transferir para o filho ou a filha uma responsabilidade civil um tanto pesada ou de obter certas economias fiscais. O fato é que o menor vai ganhando, progressivamente, uma zona de capacidade jurídica cada vez maior, à medida que progride sua capacidade natural. Alguns, aliás, defendem a criação de um verdadeiro estatuto jurídico do adolescente, uma espécie de "pré-maioridade" que daria forma sistemática a um conjunto de regras hoje dispersas. Embora suscite controvérsias, em especial quanto à sua extensão idêntica aos atos patrimoniais e extrapatrimoniais, essa pré-maioridade não deixa de apresentar uma evolução espetacular na doutrina jurídica no que se refere ao tratamento da minoridade.

Sem dúvida encontraremos, na construção jurídica atual da minoridade, regras nitidamente discrepantes da coerência do conjunto. Poderá causar espanto que a lógica distributiva – mais discernimento acarreta mais capacidade – que governa as regras até agora estudadas deixe de ser respeitada quando se trata de apreciar a responsabilidade da criança. A Corte de Cassação não renuncia a isso, a partir de várias decisões tomadas em plenário em 9 de maio de 1984: o menor pode ser declarado civilmente imputável com base no artigo 1.382 do Código Civil, ainda que totalmente desprovido de discernimento, desde que seu ato apresente caráter objetivamente anormal... A solução foi criticada, foram ressaltados seus efeitos perversos, sobretudo quando uma criança é vítima de um dano causado por sua própria culpa. Nesse caso, o objetivo da proteção da vítima pela instauração da culpa objetiva não é, evidentemente, atingido, pois à criança vítima é negada a reparação, no todo ou em parte. Pode-se também indagar sobre um dispositivo jurídico que faz pesar sobre a criança incapaz de avaliar as consequências de seus atos o peso de uma responsabilidade civil. Mas a Corte resiste, contando talvez com o fato de que seu rigor crescente para com os pais permita limitar o domínio da responsabilidade própria da criança. Seria inútil, em todo caso, tentar colocar essa jurisprudência no âmbito teórico de um direito da infância. O direito da responsabilidade, aqui, nada tem a ver com o direito da minoridade. Este, apesar de sua evolução, não parece vacilar nas bases. Do ponto de vista teórico, o advento de um estatuto mais sutil da minoridade não renova radicalmente a figura do menor na qualidade de pessoa dotada de um entendimento mais ou menos limitado.

A permanência da figura do menor, porém, não impede o aparecimento, como modelo complementar, de uma nova concepção da criança, mais baseada em *considerações psicológicas*. Provavelmente era inevitável que, partindo de uma reflexão sobre a consciência da criança, os juristas chegassem a dar espaço também a seu inconsciente. Pois o direito, embora tenha a tarefa de reger o comportamento dos indivíduos, não pode negar totalmente que esse comportamento, em vez de ser sempre fruto de uma vontade consciente, depende eminentemente de fatores inconscientes. Na criança, isso é sem dúvida mais verdadeiro do que no adulto, por várias razões: em primeiro lugar, porque a criança não tem, necessariamente, a objetividade do adulto perante seus próprios atos; em segundo lugar e principalmente, porque a criança muitas vezes é lançada contra a vontade para um destino decidido por outros. O filho adotivo, o filho de pais divorciados ou separados, a criança cuja filiação é contestada durante sua minoridade por um marido enganado ou por um concubino cansado de ser complacente são personagens cuja lista o direito conhece muito bem e cuja sorte deve ser selada. Não cabe, aqui, dar à criança qualquer capacidade de agir: sob nossos céus, o filho não "se divorcia" dos pais e não pode se ver na qualidade de parte num processo que oponha seus pais. Ela só pode ser representada por um administrador *ad hoc* no caso de seus interesses estarem em oposição aos de seus pais. Somente a assistência educativa (Conselho Tutelar no Brasil) escapa a essa lógica, pois uma criança maltratada, que corre perigo no seio de sua própria família, precisa ter condições de recorrer ao juiz caso nenhuma outra pessoa tome essa iniciativa. A ausência de ação judiciária oferecida à criança não significa, porém, que o direito ignora suas reações diante dos acontecimentos importantes da vida.

Assim, o interesse da criança passou a ser uma noção-chave do direito da família na França. Seu respeito se impõe ao juiz que cuida do divórcio e deve decidir sobre o exercício da autoridade dos pais e a residência habitual da criança; ao juiz que cuida da adoção; àquele responsável por um procedimento de assistência educativa, de delegação ou de retirada de autoridade paterna. De modo mais geral, a Convenção Internacional dos Direitos da Criança, de 20 de novembro de 1989, convida a levar em conta "o interesse superior" desta todas as vezes que algum procedimento lhe diga respeito. O interesse da criança, nesse contexto, não é apenas uma noção vaga, de uso cômodo e arbitrário. Apresenta modalidades facilmente identificáveis. Em primeiro lugar, o interesse da criança passa pela possibilidade de que sua voz seja ouvida nos processos que a interessem diretamente. O artigo 388-1 do Código Civil francês dispõe que "em todo processo que o implique, o menor capaz de discernimento pode, sem prejuízo das disposições que preveem sua intervenção ou seu consentimento, ser ouvido pelo juiz ou pela pessoa designada para tanto. Quando o menor assim solicitar, sua oitiva não poderá ser negada, a não ser por decisão especialmente motivada". Essa disposição certamente não confere à criança um direito sistemático de ser ouvida, muito menos de ser acatada. Aliás, nisso também está envolvido o seu interesse, se levarmos em conta a dificuldade de decifrar o conteúdo e, sobretudo, a autonomia de suas palavras, bem como o caráter às vezes penoso ou traumatizante de um confronto com o juiz. Além do mais, seria prejudicial para a criança carregar a responsabilidade de uma decisão tomada com fundamento numa vontade imatura e como resultado de uma omissão dos adultos. O fato é que a consideração do depoimento de uma criança incontestavelmente representa a preocupação de dar-lhe certo domínio sobre a mudança que a afeta.

O interesse da criança, entendido como interesse no domínio sobre a mudança, também se encontra em numerosas decisões de jurisprudência e em certos textos. O estudo revela, assim, que existem certas constantes na apreciação dessa noção. Os juízes zelam pelo respeito à estabilidade psicológica da criança, estabilidade que passa pela estabilidade do meio familiar e das relações afetivas. Desde a década de 1950, algumas cortes de apelação fazem referência explícita a esses valores humanos para justificar suas decisões nas questões de direito de visita dos pais "de criação" ou diante de conflitos entre pais e avós. O interesse da criança, na prática judiciária, muitas vezes assume a forma de respeito às situações estabelecidas, às vezes mesmo no limite extremo da legalidade.

De modo mais geral, percebe-se que o conjunto do direito positivo se apropriou de um discurso psicológico baseado na necessidade de evitar rupturas que seriam vivenciadas como traumas: a criança de mais de 13 anos não pode, por exemplo, ser submetida a uma adoção à qual se recuse; não pode ser submetida a uma mudança de sobrenome pela única razão de seus pais terem mudado o seu. Do mesmo modo, as considerações psicológicas estão no cerne do direito internacional privado da adoção. Afirma-se com frequência, por exemplo, que o princípio que submete a possibilidade de adoção de uma criança à sua lei pessoal constitui um meio de evitar uma ruptura dos laços familiares, bem como dos elos que unem a criança à sua nação de origem. Aliás, o preâmbulo da Convenção da Haia de 29 de maio de 1993, relativo à adoção internacional, enuncia expressamente que "cada Estado deveria tomar, prioritariamente, medidas apropriadas para possibilitar a manutenção da criança em sua família de origem".

Seria possível multiplicar os exemplos, evidenciando os fatores psicológicos da irrevocabilidade da adoção, lembrando que a legislação sobre a renegação por parte do marido, após inseminação artificial por doador, fez, conscientemente, prevalecer a necessidade de estabilidade da criança sobre a realidade biológica: segundo o artigo 311-20, parágrafo 2º, do Código Civil francês, "o consentimento dado à fertilização assistida veda qualquer ação de contestação de paternidade [...], a menos que se afirme que a criança não nasceu de fertilização assistida".

Essa atenção especial – ainda que insuficiente sob certos aspectos – à estabilidade do ambiente e à identidade civil da criança, por parte do legislador e dos juízes, é sinal de uma tendência mais profunda presente no direito das pessoas e da família em seu conjunto, que vai para além das crianças: a tendência ao respeito ao sentimento de identidade da pessoa. Através da pessoa da criança evidencia-se uma reconstrução mais geral da figura do sujeito de direito: à imagem do sujeito racional e voluntário vem agora se sobrepor a imagem de um sujeito rico em sentimentos e também mais frágil. O sujeito de direito de hoje é um sujeito que deseja desabrochar: é o que os juristas escrevem, e os parlamentares não cessam de repetir. A própria Convenção Internacional dos Direitos da Criança afirma, em seu preâmbulo, que, "para o desenvolvimento harmonioso da personalidade, a criança deve crescer no meio familiar, num clima de felicidade e compreensão". Não é por acaso que, ao lado de um texto jurídico, se encontra esse tipo de afirmação.

A psicologia da criança, portanto, introduziu-se no direito e renovou de ponta a ponta a figura tradicional do menor. Disso resulta um conjunto de regras díspares, unidas por finalidades comuns, mas não por um ordenamento formalmente coerente. Ora, os desenvolvimentos mais recentes do direito e, sobretudo, da ideologia parecem corroborar a ideia de transição a uma terceira fase da evolução, caracterizada por uma abordagem mais sistemática e também mais revolucionária: a fase dos direitos da criança.

Última emanação da reflexão jurídica sobre a criança, *a ideia dos direitos da criança* tem hoje grande sucesso. Alguns veem nisso um modismo; outros, o reconhecimento tão esperado do menor como pessoa integral. Seja como for, é indiscutível que a apreensão da criança pelo direito está em fase de reconstrução. Pode-se, em especial, discernir três fenômenos essenciais e relativamente novos. O primeiro consiste na "*codificação" da criança*, entendida como tentativa de ordenar e sistematizar as regras e os valores fundamentais que devem ser respeitados. Segundo a Declaração dos Direitos da Criança adotada sob a égide das Nações Unidas em 20 de novembro de 1959, a Convenção Internacional dos Direitos da Criança, adotada quarenta anos mais tarde, pretende ser a carta universal dotada de força jurídica superior à de simples declaração de princípio. O resultado atingido é imperfeito na França, em razão da atitude restritiva adotada pela Corte de Cassação (ao contrário do Conselho de Estado) em relação ao efeito direto da Convenção, mas o essencial foi feito: existe um texto de referência que enumera os direitos fundamentais da criança. Nele se encontram, misturados, o direito ao conhecimento das origens (na medida do possível), o direito à educação, à liberdade religiosa e de correspondência, bem como um conjunto de direitos familiares e sociais destinados a garantir-lhe as melhores condições de desenvolvimento. Deve-se observar a maneira como esse texto perfaz a evolução anterior: em vez de considerar o menor como um sujeito de direito abstrato ao qual falta apenas a capacidade de agir, ele acata as considerações psicológicas mencionadas acima para convertê-las da melhor maneira em direitos subjetivos. A Convenção Internacional dos Direitos da Criança pode, portanto, ser considerada como resultado formal de um longo processo de conscientização da nova figura da criança. Seu alcance, pois, é considerável: outros instrumentos internacionais a ela se remetem (por exemplo, a Convenção de Haia em matéria de adoção internacional), enquanto algumas organizações regionais tratam de completá-la (pensemos, por exemplo, na Convenção do Conselho da Europa sobre o exercício dos direitos das crianças – abertura na assinatura em 22 de janeiro de 1996). No Brasil, está em vigor desde 13 de julho de 1990 o Estatuto da Criança e do Adolescente, Lei nº 8.069, que regula todos os direitos do menor, bem como as obrigações paternas e as do Estado para com ele, além de adotar as medidas punitivas para o menor infrator.

Os progressos nos direitos da criança, porém, não são feitos apenas de convenções internacionais. Também são devidos, sem a menor dúvida, à *atividade judiciária da Corte Europeia dos Direitos do Homem*, que estatui aplicando a Convenção Europeia de Salvaguarda dos Direitos do Homem e das Liberdades Fundamentais. Sem entrar nos pormenores de uma jurisprudência considerável, basta constatar que a Corte, baseando-se sobretudo no artigo 8º da Convenção, que prevê o direito ao respeito à privacidade e à vida familiar, já imprimiu uma marca profunda em todo o direito da família: as relações entre pais e filhos depois do divórcio, as relações entre liberdade religiosa e exercício da autoridade paterna, o direito de visita da família de criação, as condições de adoção, a atribuição do nome, a vocação sucessória dos filhos adulterinos, todas essas são questões sensíveis sobre as quais a Corte foi chamada a pronunciar-se e ainda se pronunciará. Provavelmente os juízes de Estrasburgo se interrogam com mais frequência sobre a privacidade e sobre a vida familiar dos adultos que os constituem, e não sobre a privacidade e a vida familiar da criança como tal. Mas é simples ocorrer a confusão: como é, por definição, a vida de uma pluralidade de pessoas, a vida *familiar* também é a vida da criança... Donde se percebe que os direitos da criança, queira-se ou não, estão agora sujeitos aos direitos do homem. Acima de tudo, a combinação nascente entre os direitos da criança como tal e os direitos do homem em geral só poderá aumentar o alcance da evolução em curso. Por se tratar de um ser humano, a criança gozará dos direitos substantivos dos adultos (por um mecanismo de transposição analógica que, aliás, é frequentemente censurado à Convenção Internacional dos Direitos da Criança), assim como da eficácia de sua proteção. Por se tratar de criança, a "codificação" de suas prerrogativas possui forte impacto simbólico: tende a apresentar a criança como um sujeito de direito dotado de interesses particulares que exige tratamento específico. A proteção da criança, portanto, nessa perspectiva, já não é uma política entre outras, que o direito da família deve observar. Ela se apresenta como a política que orienta a evolução do direito da família. E, se nessa afirmação há uma parcela de exagero que se deve à dimensão retórica do recurso sistemático aos direitos da criança, é forçoso constatar que a força de persuasão nela existente está efetivamente em condições de revolucionar o direito da família. Pois o terceiro fenômeno que acompanha a ideia dos direitos da criança é claramente a *redefinição das instituições familiares* com base nesse novo fundamento. Para proteger melhor o sentimento de identidade do menor, é grande a tentação de apresentar critérios psicológicos para atribuir ou conservar poderes paternos, o que já existe com a concordância das pessoas candidatas à adoção, na França, de crianças tuteladas pelo Estado ou de crianças estrangeiras. A proteção da criança estimula também a reconstrução da filiação. Para dar um exemplo, pensemos no artigo 339, parágrafo 3º, do Código Civil francês, que susta a contestação de paternidade quando esta tiver sido corroborada por dez anos de convivência familiar. Cabe mencionar, no mesmo sentido, o artigo 322, parágrafo 3º desse código, que impede qualquer contestação de paternidade legítima quando o título é reforçado pela convivência familiar. Como não ver nisso uma evolução insidiosa do próprio conceito de filiação, que se afasta cada vez mais dos laços de sangue para se aproximar de uma forma de responsabilidade institucionalizada?

Talvez seja cedo demais para predizer as várias consequências que podem decorrer da ideia dos direitos da criança. Aliás, o futuro do direito da família talvez destine um espaço muito maior à casuística, em detrimento de sua coerência teórica. Nesse caso, a entrada da criança na cena jurídica terá feito muito mais do que revolucionar o direito da família: terá posto em causa o próprio direito.

› ALFANDARI E., DEKEUWER-DÉFOSSEZ F., MONÉGER F., VERDIER P. & VERKINDT P.-Y., *Affirmer et promouvoir les droits de l'enfant après la Convention de New York sur les droits de l'enfant*, La Documentation française, 1993. – GUTMANN F., *Le Sentiment d'identité, Etude de droit des personnes et de la famille*, LGDJ, Bibl. de Droit privé, t. 327, préf. F. Terré, 2000. – GRATALOUP S., *L'Enfant et sa famille dans les nonnes européennes*, LGDJ, Bibl. de Droit privé, t. 290, pref. H. Fulchiron, 1998.

Daniel GUTMANN

→ Direito subjetivo; Sujeito de direito.

CRIME CONTRA A HUMANIDADE

Crime contra a humanidade é a violação deliberada e ignominiosa dos direitos fundamentais de um indivíduo ou de um grupo de indivíduos, inspirada por motivos políticos, filosóficos, raciais ou religiosos. A ideia central é que crimes que ultrapassem o entendimento não devem permanecer impunes, mas exigem uma repressão específica. A noção nasceu lentamente. Suas características continuam controvertidas, e não há dúvida de que preocupam a ordem jurídica internacional.

Origens

Pela primeira vez, em 1945 era consagrada a ideia de que existem atos a tal ponto atentatórios à dignidade humana que o fato de terem sido cometidos em conformidade com a legislação de um Estado não constitui escusa absolutória. Pela primeira vez, a pretensa responsabilidade do Estado deixava de encobrir os participantes de guerra que eram postos diante de seus delitos. No entanto, a tradição do crime contra a humanidade não era estranha ao Ocidente. A proteção dos direitos do homem não competia apenas ao direito nacional. Constituía um objetivo essencial do direito das gentes. O inovador, no rescaldo da Segunda Guerra Mundial, era a ideia de punição ligada a uma noção já liberta de suas escórias. A causa imediata disso foi o caráter incomum dos crimes cometidos em aplicação de uma ideologia totalitária, cuja massificação fora favorecida pelo progresso tecnológico.

As origens doutrinárias da noção são nebulosas. Elas explicam – parcialmente pelo menos – a longa marcha do reconhecimento do crime contra a humanidade em direito internacional. A definição de tal crime provoca certo mal-estar em muitos autores, mas a questão de suas origens também não deixa de perturbá-los. Mesmo ressaltando sua visão exclusivamente utilitarista, alguns afirmam que a noção remontaria a Beccaria, que escrevia sobre a tortura: "Tais são os funestos inconvenientes desse pretenso critério de verdade, critério digno de um canibal, que os romanos, também bárbaros sob muitos aspectos, reservavam apenas aos escravos, vítimas de uma 'virtude' feroz e excessivamente louvada" (Beccaria, pp. 96-7). Contudo, o parentesco entre os crimes contra a humanidade, por um lado, as torturas e os tratamentos desumanos e degradantes, por outro, não deixou de ser ressaltado. Outros afirmam, mais seriamente, que a noção brotou da Segunda Escolástica ou de Grócio. A noção de crime de guerra tem origem na erística relativa à "guerra justa", que inspirou especialmente os autores da Segunda Escolástica. Todo homem tem direitos que devem ser protegidos contra a arbitrariedade, seja qual for sua fonte. Se os direitos do homem não forem reconhecidos, os Estados terão razões para agir na repressão à injustiça, ainda que sua intervenção possa acarretar uma ruptura da paz. A proteção dos direitos do homem representa um dever para com o próximo e um mandamento que deve reinar entre os indivíduos. Muitos autores viram na obra de Grócio os prenúncios da noção de crime contra a humanidade. Ressaltaram, em *Direito da guerra e da paz* (Grócio, pp. 558-9) a emergência de uma possível punição das autoridades culpadas de uma guerra injusta. Grócio, principalmente, orienta a reflexão para a reconsideração da guerra como fenômeno humano pertinente ao direito. A definição do direito das gentes como direito voluntário comum a todos os Estados equivale a basear esse direito num *consensus gentium* que abre caminho para a ideia de direito voluntário internacional. A juridicização da guerra como sucedâneo de uma justiça que não pode ser exercida desenha um direito internacional positivo da guerra, sobretudo a ideia de uma convenção internacional sobre os fatos de guerra (*ibid.*, pp. 783 ss.). Grócio demonstra que as nações podem definir convencionalmente princípios cuja transgressão dê ensejo a atos que a guerra não justifica, a atos cujos autores devem responder perante a justiça dos homens (Yves-Charles Zarka, *Philosophie politique à l'âge classique*, PUF, 1998, pp. 171, 173-4, 178-80). Pufendorf reconhece a existência de certas restrições ao direito de guerra tacitamente convencionadas pelas nações civilizadas. Wolff considera que, como o direito natural exige que os litígios tenham fim, supõe-se que as nações consentiram com essas normas do direito voluntário das gentes. Vattel proclama que o objetivo imediato da luta não pode ser apenas a vitória. É apenas um meio, e não poderia constituir por si mesmo uma sanção. O fim da guerra é posto além da guerra, e esta é rigorosamente submetida ao princípio da necessidade do ato belicoso (Peter Haggenmacher, *Grotius et la doctrine de la guerre juste*, PUF, 1983, pp. 606-10). O sexto artigo preliminar de Kant (Kant, p. 80), que tem em mira uma paz perpétua entre Estados, é assim redigido: "Nenhum Estado em guerra com outros deve permitir-se hostilidades que impossibilitassem a confiança recíproca na paz futura...” Kant explica que “uma guerra de extermínio que aniquilasse ao mesmo tempo as duas partes e, com elas, o direito, só estabeleceria a paz perpétua no grande cemitério do gênero humano. Assim, tal guerra e, por conseguinte, também o uso dos meios que a ela conduzem, não devem absolutamente ser permitidos”. Na esteira de Kant, Martens proscreve a guerra de extermínio e considera que o único fim legítimo é obrigar o inimigo a uma paz que garanta a satisfação do que foi reivindicado. As nações convencionaram, expressa ou tacitamente, a prescrição de algumas medidas como totalmente inadmissíveis, outras como teoricamente ilícitas mas escusáveis em vista das circunstâncias extraordinárias nas quais a razão de guerra sobrepuja (Peter Haggenmacher, *op. cit.*, p. 611).

O artigo I, seção 8-10, da Constituição dos Estados Unidos da América, de 17 de setembro de 1787, confere ao Congresso o poder de definir e punir “os delitos contra o direito das gentes”. O artigo 112-2 da Constituição suíça de 1874 dispõe também que o tribunal federal conhece “dos crimes e delitos contra o direito das gentes”. Entrementes, a Convenção Internacional de São Petersburgo, de 11 de dezembro de 1868, indicara: “Os progressos da civilização têm como efeito atenuar o máximo possível as calamidades da guerra.” O objetivo de enfraquecer as forças militares do inimigo “seria ultrapassado pelo emprego de armas que agravem inutilmente os sofrimentos dos homens postos fora do combate ou que tornem inevitável sua morte: o emprego de tais armas seria então contrário às leis da humanidade”. A Convenção de Haia, de 18 de outubro de 1907, dispôs: “As populações e os beligerantes ficam sob a salvaguarda e o império dos princípios do direito das gentes, resultantes dos usos estabelecidos entre nações civilizadas, das leis da humanidade e das exigências da consciência pública.” Em 18 de maio de 1915, os governos britânico, francês e russo declararam conjuntamente que os atos da Turquia contra os armênios eram crimes de “lesa-humanidade”. Declararam “publicamente à Sublime Porta que [considerariam] pessoalmente responsáveis pelos crimes da Turquia todos os membros do governo otomano, bem como seus agentes implicados em semelhantes massacres”. Já em 2 de setembro de 1914 fora publicado no Jornal Oficial da República Francesa um decreto que instituía uma comissão restrita “que tinha a missão de indicar os atos cometidos pelo inimigo em violação ao direito das gentes”. O artigo 227 *in limine* do tratado de Versalhes de 28 de junho de 1919 previu a acusação de Guilherme II “por ofensa suprema à moral internacional e à autoridade sagrada dos tratados”. Uma Comissão dos Quinze foi encarregada de preparar o comparecimento perante a justiça daqueles que podiam ser considerados “autores da guerra e de delitos que violavam as leis da guerra e as da humanidade durante essa guerra”. Segundo a Comissão interaliada instituída pela Conferência para a Paz, os processos deveriam ser estendidos “aos fatos contrários àquilo que poderia ser chamado de lei humana, lei moral”. O relatório definitivo concluiu que a guerra fora travada “com métodos bárbaros ou ilegítimos, em violação às leis e aos costumes de guerra e aos princípios de humanidade”. Foi assim que a expressão “crimes contra a humanidade” veio à baila durante o processo de Nuremberg em 1945.

Especificidade

A doutrina ficou dividida em torno da questão da especificidade do crime contra a humanidade. Alguns deram prioridade ao elemento material da infração; outros, a seu elemento moral; outros ainda insistiram em seu caráter imprescritível.

O artigo 6º *c*) do estatuto do Tribunal Militar Internacional anexo ao acordo de Londres de 8 de agosto de 1945, reproduzido no essencial pelo artigo 5º da Carta do Tribunal de Tóquio de 19 de janeiro seguinte, enumera uma longa lista de crimes: assassinato, extermínio, escravização, deportação e qualquer outro ato desumano cometido contra qualquer população civil, sem se prender ao elemento moral da infração a não ser na expressão “perseguições por motivos políticos, raciais ou religiosos”. Faz do crime contra a humanidade o germe dos crimes de guerra e explica que se trata de infrações cometidas em decorrência de qualquer crime enquadrado na competência do tribunal ou em ligação com esse crime. O inventário à Prévert das manifestações do crime contra a humanidade tinha o defeito de inserir o imprevisível e o inimaginável num quadro sempre estreito demais. A expressão nasceu de uma necessidade: a de um termo que reunisse numa qualificação jurídica os abusos cometidos contra os nacionais do Estado ao qual pertencessem seus autores, ao passo que os "crimes contra a paz" diziam respeito às ações internacionais que desencadeassem um conflito armado, e os "crimes de guerra" correspondiam às violações das leis e dos costumes de guerra. A especificidade da noção de crime contra a humanidade e seu caráter "moderno" derivam do fato de que as leis internacionais limitam a soberania interna dos Estados em tempo de paz assim como em tempo de guerra, e as atrocidades já não são apenas, ou mesmo essencialmente, cometidas durante um conflito declarado entre dois ou vários Estados. O crime contra a humanidade emancipa-se do direito da guerra. Durante muito tempo, considerou-se que tal crime exigia a aplicação de um "plano orquestrado", de uma política de hegemonia ideológica por um Estado totalitário contra um grupo populacional. Essa exigência era justificada pela necessidade de empregar meios consideráveis, que só podiam ser assumidos por um Estado. Depois disso, a doutrina julgou que essa condição podia ser atendida por todo e qualquer grupamento extraestatal suficientemente poderoso. Foi em torno dessa noção de "plano orquestrado" que a erística se cristalizou. O direito francês finalmente se emancipou do direito internacional com a adoção do novo Código Penal. A Corte de Cassação primeiramente definiu os crimes contra a humanidade como "crimes de direito comum cometidos em certas circunstâncias e por certos motivos especificados no texto que os define" (Cass. Crim., 6 fev. 1975, "Touvier"). Desse modo, rompeu o elo de conexidade estabelecido pelo estatuto do Tribunal de Nuremberg entre os crimes de guerra e os crimes contra a paz, por um lado, e os crimes contra a humanidade, por outro lado. Afirmou o caráter autônomo destes últimos para evitar a prescrição vinculada aos crimes de guerra. Depois, considerou que constituíam crimes imprescritíveis contra a humanidade, no sentido do artigo 6º *c*) do estatuto do tribunal militar internacional de Nuremberg anexado ao acordo de Londres de 8 de agosto de 1945 – ao mesmo tempo que seriam também qualificáveis como crimes de guerra – os atos desumanos e as perseguições que fossem cometidos de modo sistemático, em nome de um Estado praticante de uma política de hegemonia ideológica, não só em razão de filiação a alguma coletividade racial ou religiosa, mas também contra os adversários dessa política, seja qual for sua forma de oposição" (Cass. Crim., 20 dez. 1985, "Barbie"). O direito "positivo" era então considerado pouco satisfatório em termos de princípio de legalidade criminal: a repressão apoiava-se na técnica contestada da avocação, num texto internacional de alcance duvidoso e numa definição pretoriana de crime contra a humanidade e restrita às pessoas "que agissem em nome dos países europeus do Eixo", que, além de restritiva, estava inevitavelmente fadada à obsolescência.

Ao ser incorporada ao Código Penal francês, a noção de crime contra a humanidade adquiriu autonomia completa em relação ao tempo e ao lugar da ocorrência dos fatos. O novo Código Penal francês distingue a categoria genérica de crimes contra a humanidade, o genocídio, das diversas espécies que ele encerra. Essa distinção não acarreta consequência alguma sobre o regime dos crimes que tenham a mesma qualificação, os mesmos efeitos e as mesmas penas. O livro segundo, que entrou em vigor em 1º de março de 1994, contém um breve "primeiro título" dedicado aos crimes contra a humanidade. O artigo 211-1 pune o genocídio, ou seja, "a execução de um plano orquestrado, tendente à destruição total ou parcial de um grupo nacional, étnico, racial ou religioso, ou de um grupo determinado, a partir de qualquer outro critério arbitrário, consubstanciado no fato de cometer ou mandar cometer contra membros desse grupo" algum atentado voluntário contra a vida, atentado grave contra a integridade física ou psíquica, sujeição a condições de existência capazes de provocar a destruição total ou parcial do grupo, medidas que visem a impedir nascimentos ou que forcem a transferência de crianças; mas, ao contrário do artigo 6 *c*) do estatuto do Tribunal de Nuremberg, não as perseguições. O artigo 212-1 pune os "outros crimes contra a humanidade" mesmo com a reclusão criminal perpétua: "A deportação, a escravização ou a prática maciça e sistemática de execuções sumárias, do sequestro de pessoas seguido de seu desaparecimento, da tortura ou de atos desumanos, inspirados por motivos políticos, filosóficos, raciais ou religiosos e organizados como execução de um plano orquestrado contra um grupo de população civil." Em virtude do artigo 212-2, o mesmo ocorre com crimes cometidos em tempo de guerra como execução de um "plano orquestrado" contra os que combatem o sistema ideológico em nome do qual são perpetrados crimes contra a humanidade. Durante os debates parlamentares, decidiu-se substituir o critério subjetivo dos motivos, ratificado pela Convenção para a prevenção e a repressão do crime de genocídio de 9 de dezembro de 1948 – ou seja, a intenção de destruir um grupo humano – pelo critério considerado mais objetivo do plano orquestrado. A infração distingue-se por seu caráter planificado, organizado e sistemático. Não se baseia tanto na intenção ou na qualidade dos autores quanto nas características do que cometem, nas circunstâncias do ato e no destino dado às vítimas. O crime contra a humanidade é consequência da vontade (proclamada mais ou menos abertamente) de destruir ou de sujeitar de maneira sistemática e racional um grupo de indivíduos. O plano orquestrado marca a especificidade dos crimes contra a humanidade que não podem resultar apenas da justaposição de infrações de direito comum. Foi a referência à jurisprudência francesa que justificou a promoção do plano orquestrado (*concerté*) ao nível de elemento constitutivo da infração, e não o estatuto do Tribunal de Nuremberg. A noção de plano orquestrado incluída no artigo 6º *a*) e *in fine* do estatuto inspirava-se na teoria anglo-saxônica da *conspiracy* ou do complô, mas não constituía então um elemento constitutivo do crime contra a humanidade. Para além da ampliação da esfera dos atos puníveis, essa teoria permitia perseguir indivíduos por motivo de filiação a uma organização criminosa. Tratava-se de incorporar na noção os atos anteriores a 1939... o que o tribunal se recusou a fazer. A noção de plano orquestrado foi alvo do fogo cerrado, em razão de seu caráter restritivo, da ambiguidade e da imprecisão da noção, mais geralmente de sua inutilidade e das dificuldades de prova do plano. "Não poderia haver crime contra a humanidade senão o perpetrado como execução de alguma espécie de grande complô diabólico urdido pelo gênio do mal" (Zoller, p. 566). Assim, a definição francesa de crime contra a humanidade não só apresentaria pouca ousadia em relação às incriminações internacionais, como também seus raros elementos originais seriam infelizes.

Para crimes extraordinários, assassinos comuns? Provocando uma polêmica que nunca se extinguiu, Hannah Arendt (Arendt, p. 408) falou da "terrível, indizível, impensável *banalidade do mal*". Todo ser humano deve ser capaz de distinguir o bem do mal, mesmo quando tiver como guia o seu próprio governo (*ibid.*, pp. 470-1). Nenhum dever de obediência poderia entrar em jogo. Já não é admissível conceder impunidade, nem mesmo condicional, aos subordinados – como fazia Grócio (Peter Haggenmacher, *op. cit.*, pp. 200-2) –, e considerar que as ordens devem ser julgadas conformes às leis, com primazia do "direito positivo". Foi assim que o Tribunal de Nuremberg repisou que os criminosos não podiam invocar sua qualidade oficial para "se eximir do castigo". A noção de crime contra a humanidade restabelece o nexo rompido pela máquina impessoal entre o homem e o crime. Segundo uma parte da doutrina, a especificidade da infração provém do móbil que animou seu autor. Esse móbil influi na qualificação legal. O crime contra a humanidade consiste em atos desumanos inspirados por motivos políticos, filosóficos, raciais ou religiosos. Constitui uma infração fora do comum. O autor se recusa a reconhecer suas vítimas como seres humanos. Os crimes são não apenas odiosos em si mesmos, mas também porque inspirados por tais motivos. O autor não age somente em virtude do dolo comumente necessário para acarretar a responsabilidade penal. Sua intenção delituosa voltada para a obtenção de um resultado determinado se sobrepõe à simples vontade de cometer um crime. O crime contra a humanidade pertence à categoria limitadíssima das incriminações que, derrogando as regras ordinárias do direito penal, fazem da motivação do agente um dos componentes obrigatórios do *animus*. Outra parte da doutrina define o crime contra a humanidade como toda e qualquer violação intencional ou privação deliberada dos direitos fundamentais do homem. Mais precisamente, concebe-o como uma decisão de excluir de seu "direito à dignidade" certas categorias da população. O crime rebaixa o homem à categoria de coisa ou animal e consuma assim um atentado deliberado contra a natureza humana. Para alguns, a incriminação não protegeria o indivíduo como tal, mas como membro de um grupo político, racial ou religioso. O crime destrói ou persegue os membros de um grupo determinado de pessoas em razão da própria filiação a esse grupo. A qualidade das vítimas possibilitaria estabelecer a distinção entre a infração e o crime de guerra, para o qual a filiação a uma comunidade não seria necessária. Para outros, o que caracterizaria o crime contra a humanidade não é a qualidade das vítimas, mas os meios aplicados – ou seja, o caráter sistemático e a amplitude dos atos criminosos – e o contexto no qual se insere – ou seja, a organização política. Alguns homens se arrogam o direito de decidir que o destino de outros homens é não ter mais destino. O atentado à dignidade é tal que ela não pode – e não deve – ser defendida pelas disposições habituais do direito penal. Para uma infração excepcional, repressão excepcional. Vários autores criticaram uma concepção tão extensa que exponha a diluir a noção na nebulosa dos direitos do homem e a deixar por conta do acaso apreciações subjetivas daquilo que há de humano no homem. Ela romperia a necessária relação entre o ato atentatório à dignidade e o sistema totalitário no qual se insere o ato. A doutrina insiste na reprovação dos crimes pela consciência universal em razão de sua ignomínia e de seu caráter desumano. O crime contra a humanidade é o crime que ultrapassa os limites toleráveis pela comunidade internacional e choca a "consciência coletiva". É um crime que exorbita do direito comum. Ele lesa o ser humano, atingindo-o em sua quintessência. Atenta de maneira desumana contra a humanidade do homem. Transcende o indivíduo, pois, quando o homem é atacado, atingi-se e nega-se a sua humanidade. A ideia principal é que existem na esfera das nações civilizadas normas de conduta tão essenciais para a coexistência dos homens e para a existência de qualquer indivíduo, que nenhum Estado tem o direito de ignorá-las. Ora, o crime contra a humanidade nega os valores que permitiram à condição humana progredir e livrar-se progressivamente da barbárie. "Pecado contra o espírito", fere a consciência moral da humanidade ao vilipendiar valores universalmente reconhecidos. O limite deve ser intransponível porque esse crime marca destruição da ordem simbólica que permite construir a humanidade do homem. Muitos autores não deixaram de ressaltar o paradoxo que havia em insistir na humanidade como valor que deve ser protegido como tal… uma vez que a utilização da expressão fora acidental e a própria locução era ambígua! A noção de humanidade é totalmente ambivalente. Humanidade é o caráter do que é humano, a natureza humana, mas também o gênero humano, os homens em geral. É também o sentimento de benevolência para com o próximo, a compaixão pela desgraça alheia. Como tal, a humanidade é vítima, mas, como parte civil, só ela pode requerer reparação. A humanidade é atingida em cada indivíduo. Poderá então ser juridicamente considerada sujeito de direito, com o risco de incorrer no holismo mais arrematado? O crime contra a humanidade é da alçada da blasfêmia. Substitui o crime de lesa-majestade – infração proteiforme punida pelo Senado romano ou, em razão de seu direito de evocação, pelo próprio imperador. Como já não obriga a respeitar a divindade, o direito impõe o respeito à humanidade. A proibição dos atos desumanos seria, assim, o único sacrilégio de caráter absoluto. Paradoxalmente, a proibição se laiciza enquanto sua transgressão se torna uma blasfêmia.

Para alguns, o crime contra a humanidade seria uma infração de direito comum cometida com o intuito de atentar contra a pessoa humana por meio da aplicação de uma política de hegemonia ideológica. Tratar-se-á de uma incriminação – ou seja, da descrição pela lei de um comportamento preciso que ela declara criminoso com a ameaça de uma pena –, ou de uma qualificação genérica que designa um conjunto de infrações já definidas a fim de submetê-las a um regime de repressão específico – ou seja, o julgamento por um tribunal internacional ou o caráter imprescritível? A definição dos crimes contra a humanidade como crimes de direito comum cometidos em certas circunstâncias por certos motivos peca por omissão, porque expõe à banalização desses crimes. Estes últimos poderiam ser vistos como crimes comuns agravados pelas circunstâncias de sua perpetração. Muitos juristas consideraram que o elemento moral da infração era o que justificava seu imprescritibilidade. A Lei nº 64-1326 de 26 de dezembro de 1964 dispõe que os crimes contra a humanidade definidos pela resolução das Nações Unidas de 13 de fevereiro de 1946 são imprescritíveis pela própria natureza. A dúvida sobre a aplicação da imprescritibilidade (se apenas à ação pública ou também à pena) não deixou então de ser ressaltada... O artigo 213-5 do Código Penal francês encerra a polêmica ao declarar que são imprescritíveis tanto a ação pública quanto a pena. À extinção das infrações assim qualificadas graças ao passar do tempo opõem-se sua extrema gravidade (que nada pode apagar), o fato de prejudicarem a comunidade internacional em seu conjunto, o caráter ideológico dos atos decorrentes de um plano orquestrado, que marcam seus autores por toda a vida, a impossibilidade de julgar rapidamente quando os criminosos continuam sob o comando do Estado que organizou os crimes ou quando eles se refugiaram no estrangeiro, o fato de que as vítimas atingidas duradouramente em sua dignidade esperam um processo, mesmo que tardio, de reconhecimento de seu sofrimento – é a imprescritibilidade que consolida o elo de humanidade entre o algoz e a vítima, que permite afirmar que sempre haverá uma estrutura jurídica graças à qual cada um ganhará igualmente feições humanas, o carrasco pela punição, a vítima pela denúncia –, o fato de que a existência de um plano orquestrado impede que as provas pereçam, o fato de que a prescrição não seja um direito ou um princípio internacionalmente reconhecido, mas uma prática oportunista. Faltariam fundamentos para a prescrição. A imprescritibilidade – ou seja, o fato de que não se dará nenhum prazo final e de que não será traçado nenhum limite no espaço para atingir o autor – é ao mesmo tempo uma característica e uma consequência da noção de crime contra a humanidade. A erística sobre a imprescritibilidade não se apaziguou. Foram numerosos os juristas que constataram os atentados aos direitos do homem que ela acarretaria, sobretudo em razão da violação do princípio fundamental da não retroatividade da lei penal!

O futuro

Os princípios do direito internacional garantiam a impunidade dos criminosos de guerra enquanto um indivíduo isolado estava exposto aos castigos do direito interno. O paradoxo era que os crimes mais graves ficavam impunes: um homem tinha mais chance de ser julgado se matasse uma pessoa do que se contribuísse para chacinar milhares... A noção de crime contra a humanidade opõe-se ao regime de irresponsabilidade política. Ela abala o dogma da não ingerência. Afeta as condições de exercício da soberania interna. Implica o reconhecimento dos direitos fundamentais do indivíduo, superiores às leis do Estado. Esses direitos são protegidos em caso de violação pelas sanções penais internacionais, ainda que tais transgressões tenham sido cometidas em conformidade com a legislação interna. De fato, visto terem sido cometidos por um Estado soberano, os crimes só poderiam ser punidos por uma ordem jurídica hierarquicamente superior. A noção e o regime jurídico daí decorrentes são virtualmente destruidores da ordem jurídica internacional e da soberania que a funda. Ela limita a soberania dos Estados em relação ao indivíduo... a não ser que os próprios Estados consintam nessa limitação recíproca! As lacunas do direito internacional explicam por que a repressão também é exercida no direito interno. Mas, ao mesmo tempo, é um crime internacional cuja proteção não é apenas assunto de um sistema jurídico particular, mas da consciência universal liberta das paixões locais. O Conselho de Segurança das Nações Unidas decidiu que a instituição de tribunais penais internacionais era atribuição sua, em virtude de seu poder de manutenção da paz. Por isso, criou, com a Resolução nº 827 de 25 de maio de 1993, um tribunal penal internacional para a ex-Iugoslávia com sede em Haia, e, com a Resolução nº 955 de 6 de novembro de 1994, um tribunal para Ruanda, com sede em Arusha. A instauração de uma Corte penal internacional, e não de simples tribunais *ad hoc*, pelo Tratado de Roma de 17 de julho de 1998, faz parte do questionamento dos princípios estabelecidos do direito internacional. Pretende, acima de tudo, evitar as críticas que foram feitas contra os tribunais de Nuremberg e de Tóquio, estigmatizados como paradigmas de uma "justiça de vencedores". São de sua competência, afora os crimes de guerra e os crimes de agressão, os crimes de genocídio, ou seja, os atos cometidos com a intenção de destruir no todo ou em parte um grupo nacional, étnico, racial ou religioso, bem como os crimes contra a humanidade, ou seja, os atos perpetrados com conhecimento de causa no âmbito de um ataque sistemático ou em grande escala contra populações civis. Por conseguinte, foi inserido um artigo 53-2 na Constituição francesa, para que a República possa reconhecer essa jurisdição.

› ARONEANU E, *Le Crime contre l'humanité*, Dalloz, 1961. – DONNEDIEU DE VABRES H., *Le Procès de Nuremberg*, Domat-Montchrestien, 1947. – FRANCILLON J., "Crimes de guerre. Crimes contre l'humanité", *Jurisclasseur droit international*, fasc. 410. – GRAVEN J., "Les crimes contre l'humanité", *Recueil des Cours de l'Académie de droit international de la Haye*, Sirey, t. 76, 1959, I, pp. 433-605. – GRYNFOGEL C., "Crimes contre l'humanité", *Jurisclasseur pénal*, arts. 211-1 a 213-5, fasc. 10. – HERZOG J.-B., "Contributions à l'étude de la définition du crime contre l'humanité", *Revue international de droit pénal*, 1947, pp. 135-70. – ZOLLER E., "La définition des crimes contre l'humanité", *Journal du droit international*, 1993, pp. 549-68.

Ver também: ARENDT H., *Eichmann à Jérusalem. Rapport sur la banalité du mal*, trad. fr. Anne Guérin, Gallimard, 1991. – BASSIOUNI C., *Crimes Against Humanity in International Criminal Law*, Dordrecht, Martinus Nijhoff, 1992. – BECCARIA C., *Des délits et des peines*, trad. fr. M. Chevallier. GF-Flammarion, 1991. – BOISSARIE A., "Rapport sur la définition du crime contre l'humanité présenté à la Conférénce d'unification du droit pénal (Bruxelas, 10 de julho de 1947)", *Revue internationale de droit pénal*, 1947, pp. 201-7. – CLERGERIE J.-L., "La notion de crime contre l'humanité", *Revue du droit public*, 1988, pp. 1251-62. – GROTIUS H., *Le droit de la guerre et de la paix*, trad. fr. P. Pradier-Fodéré. D. Alland & S. Coyard-Fabre (org.), PUF, 1999. – JESCHECK H.-H., "Crimes du droit des gens", *Revue internationale de droit pénal*, 1955, pp. 503-54. – KANT E., *Vers la paix perpétuelle. Que signifie s'orienter dans la pensée? Qu'est-ce que les lumières? et autres textes*, trad. fr. J.-F. Poirier & F. Proust, GF-Flammarion, 1991.

Jean-Philippe FELDMAN

→ Antissemitismo; Direito penal internacional; Direitos humanos; Guerra; Nazismo; Raça e racismo.

CRIMES E DELITOS (Evolução na França)

Na linguagem corrente, a expressão "crimes e delitos" é utilizada para designar todos os tipos de infração. Ora, esses termos têm uma significação técnica específica, dada já no primeiro artigo do Código Penal francês: "As infrações penais são classificadas, segundo sua gravidade, em crimes, delitos e contravenções" (art. 111-1). É a natureza da pena prevista para cada infração que determina sua gravidade, segundo a escala das penas criminais, correcionais ou contravencionais dada pela lei (CP francês, arts. 131-1 ss.), conferindo-lhe assim a qualificação "crime", "delito" ou "contravenção".

Definição da infração

Em direito positivo, de acordo com a definição mais clássica, infração é a violação de uma lei do Estado, resultante de um ato externo positivo ou, mais raramente, de uma abstenção, ato que é alvo de uma pena. Essa definição generalíssima deve ser completada com o estudo dos "elementos da infração". Três elementos precisam estar reunidos para estabelecer a existência da infração: um elemento legal, um elemento material, um elemento moral.

O elemento legal deriva do chamado princípio de legalidade, segundo o qual nenhuma pena pode ser pronunciada em razão de um fato que não esteja qualificado pela lei como crime, delito ou contravenção. Sua formulação em adágio é bem conhecida: *nullum crimem sine lege*, que é completado, no que se refere às penas, pelo adágio *nulla poena sine lege*. O Código Penal francês dá-lhe a seguinte definição, que distingue com nitidez o domínio dos crimes, o dos delitos e o das contravenções – sinal, desde a Constituição francesa de 1958, do enfraquecimento do Parlamento: "Ninguém pode ser punido por um crime ou por um delito cujos elementos não sejam definidos pela *lei*, nem por uma contravenção cujos elementos não sejam definidos pelo *regulamento*" (art. 111-3, § 1º). Deve-se notar também que por "lei" é preciso entender hoje não só o Código Penal francês e as leis em vigor não inclusas no Código, mas também os tratados internacionais dotados de autoridade superior à da lei interna (tratado de Roma etc.). As consequências do princípio de legalidade são essenciais para a defesa da liberdade individual. A lei votada e publicada (ou o regulamento publicado) marca em primeiro lugar o limite entre o que é permitido e o que é proibido. Ela também adverte o delinquente antes de puni-lo. O princípio de legalidade impõe a interpretação estrita do texto penal e proíbe o raciocínio por analogia (CP francês, art. 111-4). Por fim, sua aplicação mais importante: a lei penal não pode ser retroativa (CP francês, art. 112-1).

O elemento material da infração consiste num ato positivo (infrações por ação) ou numa abstenção (infrações por omissão). A lei nunca reprime apenas o pensamento criminoso, nem mesmo a resolução criminosa, se não forem acompanhados por um ato exterior: *cogitationis poenam nemo patitur* (= ninguém pode ser punido apenas pelo pensamento, máxima romana extraída do Digesto, 48, 19, 18). As infrações por omissão, raras no Código Penal francês de 1810 (omissão de atender à citação como jurado etc.), foram introduzidas pelas leis posteriores (não revelação de crime, não revelação de maus-tratos a menores de 15 anos ou a pessoa vulnerável etc.). A doutrina discutiu durante muito tempo o caráter criminal da ação por omissão que consiste numa omissão egoísta, que acarreta um resultado análogo ao de um ato positivo: uma pessoa se afoga diante do olhar de um indivíduo que poderia salvá-la sem perigo para a própria vida. Embora o antigo direito francês se tenha mostrado frequentemente favorável à incriminação de tais comportamentos, o legislador moderno recusou durante muito tempo qualquer interpretação extensiva da abstenção. A lei, a partir de 1941 e de 1945, só introduziu no Código francês, a título de simples delitos, a omissão de se opor à perpretação de um crime ou de um delito contra a integridade física de alguém, ou a omissão de socorro.

O elemento moral da infração corresponde à exigência de ocorrência de uma falta, imputável ao réu, para que ele possa ser punido. Essa falta pode ser intencional (procedente de vontade dolosa), ou não intencional (no caso de uma falta procedente de imprudência ou de negligência). Todavia, o elemento moral da infração pode ser abolido ou atenuado por motivo de não imputabilidade (demência, constrangimento, minoridade, erro) ou por algum fato justificativo (ordem da lei ou comando da autoridade legítima, legítima defesa, estado de necessidade). Essas teorias gerais sobre a infração figuram no primeiro livro do Código Penal francês, também dedicado às penas. Os outros livros referem-se ao "direito penal especial", em outras palavras, às diferentes infrações, à sua qualificação e à sua repressão. O Código Penal francês de 1810 não era uma obra inteiramente nova, tanto quanto o Código Penal de 1791, que o precedera. É verdade que o antigo direito nunca codificara o direito penal, ao passo que codificara o processo penal. Mas a abundante legislação régia e a doutrina constituíam um conjunto de soluções suficiente para a administração da justiça penal. A exposição abaixo não se prenderá aos princípios gerais referentes à infração e à responsabilidade, geralmente admitidos desde o direito romano, nem às penas, mas unicamente às diferentes infrações ("crimes e delitos") definidas e reprimidas pelo antigo direito.

Histórico

No século XVII, lê-se na *Prática* de Lange a seguinte definição de crime: "É tudo o que se comete contra a proibição das Leis, tanto naturais quanto civis, e por cuja razão os homens ficam sujeitos a alguma punição." Essa definição, totalmente insuficiente do ponto de vista das fontes formais do direito penal, correspondia perfeitamente à concepção que o antigo direito tinha de um ato culpável, digno de acarretar um castigo. O fundamento da justiça penal é, em primeiro lugar, a lei revelada por Deus, lei, aliás, que todo ser humano pode encontrar em si graças às luzes naturais da razão, pois ninguém pode alegar ignorar os interditos do direito natural inscritos no Decálogo ou ditados por Deus: homicídio, roubo, violências, perjúrio, incesto etc. Nem todos os pecados dos homens constituem, evidentemente, crimes sujeitos a punição temporal, e os antigos criminalistas nunca fizeram tal confusão. A essas proibições "do direito natural" somavam-se proibições "do direito positivo" (também chamadas "do direito arbitrário"), oriundas da vontade dos príncipes temporais, menos graves que as primeiras, portanto punidas com menos severidade e mais perdoáveis, por exemplo, a proibição de vender armas ou trigo aos estrangeiros, ou de abrir casas de jogo etc.

Até o século XVI, a legislação régia restringiu-se à defesa dos direitos do rei ou de uma ordem pública de cunho moral e religioso, donde não só ordenanças como as de 1263, sobre a moeda régia, ou a de 1439, sobre o crime de lesa-majestade em caso de recrutamento irregular de tropas ou de cobrança da talha senhorial, mas também a de 1258, que reprimia a prostituição, a de 1228 contra a simonia, a de 1268 que punia a blasfêmia, a de 1490 sobre o abuso da credulidade pública, a de 1493 sobre a vadiagem. Mas, a partir do século XVI, as ordenanças se multiplicam, a ponto de, nos anos 1600, existirem leis do rei sobre quase todos os crimes: lesa-majestade, blasfêmia, simonia, desobediência a decisão judicial (*rebellion à Justice*), homizio de malfeitores, homicídio, infanticídio, rapto, vadiagem, falsificação em geral, falsificação da moeda, peculato, injúrias e até sobre os "bordéis proibidos", a "embriaguez proibida", os "adivinhos e encantadores", os "fazedores de prognósticos e almanaques". Luís XIV publicará diversos textos contra: autores de sacrilégios e hereges da *Religion Prétendue Réformée* (RPR: religião pretensamente reformada), "adivinhos, adivinhas, fazedores e impressores de prognósticos e almanaques", culpados de peculato, carcereiros negligentes, duelo, porte de armas, ladrões, vadios, boêmios e mendigos, desobedientes à ordem de banimento, galés que se infligem mutilações, envenenadores, incendiários, mulheres de má vida, bancarroteiros, falsários, contrabandistas etc. Portanto, é preciso usar de reserva na afirmação de que o princípio de legalidade das infrações (*nullum crimen sine lege*) era desconhecido do antigo direito francês. Na Revolução francesa, as únicas infrações para as quais não existia legislação régia eram: incêndio – salvo o incêndio de floresta (e os autores observavam que o crime de incêndio era previsto por um capitular de Carlos Magno!) –, parricídio, crime de "plágio" (sequestro de pessoa), estelionato, adultério, poligamia, incesto, crimes contra a natureza. Mas todos esses textos, de épocas muito diversas, constituíam apenas aquilo que Colbert chamava com desprezo de "amontoado de ordenanças". Cabia, portanto, à doutrina, na falta de Código Penal, reunir todos os elementos necessários à definição dos atos criminosos e à sua punição, em especial as "bases legais" da incriminação, hauridas na maioria das vezes nos direitos romano e canônico, que são fontes vivas do direito durante o Antigo Regime. Logo, a opinião dos autores tem grande peso no direito penal, conjugada à "jurisprudência dos arestos", que deverá determinar a repressão de certos atos na ausência de textos, assim como para os crimes que destacamos acima.

Classificação das infrações. – No antigo direito criminal francês, não se encontra a divisão das infrações em crimes, delitos e contravenções. Os termos "crimes", "delitos", "malefícios" e "malfeitorias" só têm o sentido geral de "infrações", de tal modo que os autores falam indiferentemente de "delito leve" ou de "crime leve". No entanto, a gravidade do ato, assim como no direito moderno, é determinada pela pena prevista: os delitos "graves e atrozes são aqueles que ensejam a morte "natural" ou civil; os delitos "particularmente atrozes" ou "enormes" são aqueles que ensejam a morte "cruel" (roda, fogueira). Os outros são delitos "leves".

Tanto quanto hoje, os Estados precisavam enfrentar primordialmente a violência contra as pessoas e os atentados aos bens. A repressão nos parece muito rigorosa porque a sociedade, como se disse, deve contar pouquíssimo com a prevenção, e sobretudo com a intimidação, com a virtude exemplar do castigo. O direito penal, por outro lado, dá proteção aos diversos interesses familiares (que muitas vezes se confundem com a defesa das pessoas), assim como à religião, à moral e à ordem social.

1 / Violência contra as pessoas: assassinato (*assassinat*) designa tanto o homicídio (*meurtre*) premeditado ou de caso pensado quanto pancadas, ferimentos e maus-tratos infligidos (lesões corporais), por exemplo, por indivíduos contratados; todos os atos incorrem na mesma punição. A palavra *meurtre*, no século XVII, depois de uma evolução semântica complexa que remonta à Idade Média, ganhou o sentido moderno de homicídio voluntário não premeditado. A justiça mostra grande severidade (nunca desmentida) para com homicidas deliberados ou premeditados, que são punidos com a roda, bem como para com os envenenadores, que, em princípio, são punidos com a fogueira. O caso dos "venenos" (442 réus), que se iniciou em 1678, terminou com a pronúncia de 36 condenações à morte e foi seguido pelo edito de julho de 1682, que tornou o envenenamento um crime distinto do crime de magia, em especial; os

réus sabiam muito bem que fazia vinte e cinco anos que o Parlamento de Paris não condenava por feitiçaria. Inversamente, a jurisprudência muitas vezes é indulgente demais com a violência leve ou involuntária, inclusive o homicídio involuntário, até mesmo com os homicídios ocorridos durante brigas, apesar do adágio "Todo homem que mata é digno da morte", o que acarretava a obrigação de impetrar cartas de "remissão". O antigo direito francês, a partir da Idade Média, tende a considerar que o direito criminal, com sua pesada tramitação, só diz respeito à violência voluntária resultante do dolo, ou seja, da intenção deliberada de cometer uma infração; em outras palavras, os crimes de sangue. As outras violências são as cometidas pelo "pequeno criminoso", que é punido com multas arbitradas para cada caso (na Idade Média, ao contrário, as multas eram fixas). Quanto ao suicídio – "homicídio de si mesmo" –, provoca (salvo em caso de demência) a condenação do cadáver, que é privado de sepultura. Aliás, o mesmo ocorre com o duelo e a rebeldia contra os atos da justiça, se seguidos de morte.

2 / Atentados aos bens: trata-se sobretudo de roubo, também chamado de *larcin* (latrocínio), *furt* (furto) ou *filouterie* (gatunice). Nos séculos XVII e XVIII, este último termo se refere, na maioria das vezes, ao roubo executado com especial destreza, como o dos cortadores de bolsa, enquanto a extorsão (*escroquerie*) e o abuso de confiança não receberam qualificação específica habitual, a não ser nos últimos cinquenta anos do antigo direito, e são tratados como roubos. Na Idade Média, a distinção entre os diferentes roubos é determinada pela importância da coisa roubada (donde o adágio germânico: "Com cinco florins, a corda está paga"), embora essa rigidez fosse frequentemente descartada pelos juízes, e o roubo *simples* em geral acarretasse apenas ablação de uma parte da orelha, fustigação ou banimento. Estes dois últimos castigos continuam sendo aplicados durante o Antigo Regime. Os roubos *com agravantes* são o roubo nas igrejas, nos auditórios de justiça e nas casas régias, bem como o roubo das "coisas confiadas à fé pública" (material agrícola deixado nos campos, paveias, animais soltos nos prados, madeira nos canteiros de obra, roupas estendidas etc.), o roubo "doméstico" (devido à confiança que o senhor deposita no criado); para tais roubos, os tribunais muitas vezes infligem a pena de morte ou as galés. Mas essa severidade é redobrada quando aplicada a malfeitores profissionais, como no caso do roubo cometido com violência ou arrombamento, do roubo em bando e do roubo em estradas. Este último é, em princípio, punido com a roda, suplício introduzido na França em 1534 para pôr termo a esse tipo de banditismo, cuja repressão cabia em parte à jurisdição dos prebostes dos marechais, encarregada de julgar sem apelação aquilo que chamava de "*son gibier*" [ao mesmo tempo, *sua caça* e *sua alçada*].

3 / Proteção às crianças e à família: os dispositivos penais que protegem a criança sempre se basearam em sua fraqueza natural e em sua incapacidade de se defender. Mas na pessoa da criança protegem-se também a família, o Estado de que a criança já é um súdito e a religião, pois foi Deus que a criou. O antigo direito criminal reprime os atentados contra a vida da criança (aborto, infanticídio, abandono), contra seu estado civil (ocultação, substituição ou falsidade documental de recém-nascido, que privam a criança dos direitos conferidos por seu nascimento), contra sua moral (atentados ao pudor, estupro e rapto). O aborto e o infanticídio são ambos atentados à vida da criança, pois a teologia e a medicina ensinam – pelo menos até o século XVII – que o feto recebe uma alma já no quadragésimo ou no octogésimo dia após a concepção.

Quanto ao infanticídio, ou seja, o assassinato do recém-nascido, a repressão era dificultada pela clandestinidade e pela necessidade de provar que a criança encontrada morta nascera viva. Por isso, um edito de Henrique II, de fevereiro de 1556, declarou que se presumiria que a mãe matara o filho sempre que não tivesse antes declarado a gravidez ao pároco ou a um juiz, sempre que tivesse dado à luz clandestinamente e privado o filho do batismo ou de sepultura cristã. O concurso dessas presunções configurava prova plena e bastava para condenar a mãe à morte. Apesar do texto do edito, o infanticídio não era reprimido sem piedade, em vista do caráter peculiar desse ato: mesmo contra mães culpadas desse crime os magistrados às vezes pronunciavam longas penas de prisão, nos últimos dias do Antigo Regime. A monarquia, aliás, praticou uma verdadeira política de prevenção ao aborto e ao infanticídio, obrigando os pais naturais, após o "comércio ilícito", a arcar com as despesas de parto e de sustento da criança, e a destinar um dote à mãe. O rapto, no antigo direito francês, apresenta-se em duas formas: o rapto violento, que comporta ao mesmo tempo sequestro e tentativa de estupro, e o rapto "com sedução". Este diz respeito primordialmente à proteção da família, pois o menor ou a menor dele vítima consentiu em seu rapto sob efeito de "sedução", com o objetivo de casar-se com o raptor contra a vontade dos pais. Ora, a Igreja sempre considerou válidos tais casamentos, motivo pelo qual a monarquia previa a pena de morte contra o maior, autor da sedução: "Não há casamento tão bom que uma corda não rompa"! Outro atentado à autoridade do chefe de família resulta do adultério da esposa. De fato, apesar de o direito da Igreja não estabelecer diferença alguma entre os esposos, no século XVI o adultério passou a ser, na França, uma infração exclusivamente feminina, uma vez que só a violação da fé conjugal pela esposa expõe ao risco de introduzir na família herdeiros necessários estranhos, subvertendo assim a devolução natural de suas heranças. A mulher, processada com base em queixa apresentada pelo marido, incorre na "pena da Autêntica", que pode levar à reclusão perpétua num convento.

4 / Atentados à religião, à moral e à ordem social: o exercício de certas liberdades hoje consideradas tradicionais se choca, no Antigo Regime francês, com a existência de uma religião de Estado; é o que ocorre com a liberdade de consciência, ou liberdade de culto. Na mesma ordem de ideias, certos atos, como o homossexualismo e o suicídio, são criminosos, porque ferem eminentemente a religião e a ordem pública religiosa. A incriminação de "lesa-majestade divina e humana", surgida em jurisprudência nos primeiros anos do reinado de Luís XIII, permite perceber todas as manifestações de opinião capazes de perturbar a ordem religiosa, moral, social ou mesmo política, porque – conforme escreveu Ferrière no século XVIII – "o culto devido a Deus diz respeito ao bem do Estado e ao sossego público". Se a liberdade de reunião é controlada pela monarquia, sobretudo no século XVIII, seja qual for o motivo (profissional ou outro), pois "esses tipos de assembleia sempre cheiram a libertinagem e só têm em mira maus objetivos", a liberdade de ir e vir na realidade só é limitada para os vadios e mendigos. Cabe lembrar também a proibição das peregrinações para fora do reino, e mesmo em seu interior, sem autorização, que os autores quase sempre comparam às medidas contra vadios e mendigos, porque os próprios editos de proibição ressaltam que essas peregrinações são um pretexto para abandonar as obrigações familiares e profissionais e viver na desordem, fora de seu país ou de sua província de origem.

A partir do início da Revolução francesa, a Assembleia Constituinte, por meio da Declaração dos Direitos do Homem e do Cidadão, de agosto de 1789, proclamara certos princípios que serão seguidos pela discussão e pela votação da lei sobre o tribunal de júri e o Código Penal. Os princípios afirmados na Declaração, que, na origem, só haviam sido concebidos como uma declaração de guerra ao antigo direito penal, estavam destinados a grande futuro. De fato, embora até então tivessem sido apenas puras afirmações desprovidas de cominações, ou simples textos preliminares a discursos eleitorais, o Conselho Constitucional francês conferiu-lhes naqueles últimos anos um valor constitucional superior à lei. Os artigos 5º e 8º tratam da legalidade das infrações e das penas ("ninguém pode ser punido, a não ser em virtude de uma lei estabelecida e promulgada anteriormente ao delito e legalmente aplicada" – "...Nada que não seja proibido por lei pode ser impedido, e ninguém pode ser obrigado a fazer aquilo que ela não ordena"); nos artigos 5º e 10, a existência de limites que o legislador deve respeitar ao criar uma incriminação ("a lei só tem o direito de proibir as ações nocivas à sociedade" – "ninguém deve ser molestado por suas opiniões, mesmo religiosas, desde que a manifestação delas não perturbe a ordem estabelecida pela lei"). A influência de Beccaria é evidente nesses textos, especialmente nos trechos tão curiosos, e tão criticados, do *Tratado dos delitos e das penas* sobre *il danno della società*, único padrão de medida da infração. Na esteira do autor italiano, os Constituintes se apoiaram nesse critério para retirar do rol dos crimes as infrações religiosas ou sexuais, consideradas como atos que não perturbam a ordem social e só prejudicam os indivíduos que se entregam a tais atos imorais ou irreligiosos. Além disso, a lei, conforme dissemos acima, advertia o indivíduo antes de atingi-lo (*Moneat lex priusquam feriat*, segundo um adágio notado por Francis Bacon), e assim permitia que o delinquente – conforme afirmará a aritmética moral dos utilitaristas – comparasse a vantagem do delito com os inconvenientes da pena. A mesma influência também se encontra no artigo 8º ("A lei só deve estabelecer penas estrita e evidentemente necessárias…"), expressão antecipada do adágio da escola neoclássica do século XIX: "Não mais do que o justo, não mais do que o útil." Por fim, o título I da Constituição de 3 de setembro de 1791 garantia a igualdade de todos perante a lei penal, embora a única desigualdade desse tipo reconhecida pelo antigo direito fosse o favorecimento do nobre, que seria decapitado, ao passo que o plebeu era enforcado, mas mesmo assim era preciso que o crime não fosse sórdido.

O Código Penal de 25 de setembro – 6 de outubro de 1791 é o primeiro Código Penal francês. Só contempla os crimes, enquanto a Assembleia Constituinte havia editado disposições específicas para a polícia municipal e correcional por meio da Lei de 19-22 de julho de 1791. O Código Penal de 25 de setembro – 6 de outubro de 1791 estabelece um sistema de penas fixas baseado principalmente na prisão, ao passo que a característica mais marcante do direito das infrações consistia na importância dada aos crimes contra a coisa pública. Os crimes de caráter religioso eram, evidentemente, apagados pela nova lei penal.

O regime das principais infrações não foi profundamente modificado com o Código Penal de 1810. Seria até possível afirmar que o direito penal do Consulado e do Império retomou a maioria das infrações do antigo direito, relativas à segurança das pessoas e dos bens. Essa continuidade é facilmente explicável pelo fato de que, durante longo período, os preceitos do Decálogo, os das escolas do direito natural e, por fim, os imperativos da moral de Kant serviram de base para as proibições do direito penal. De resto, essa continuidade também se encontra nas regras do processo criminal, amplamente copiadas do antigo direito pelo Código de Instrução Criminal de 1808, após o interregno representado pelo procedimento acusatório do Código de 1791. Seríamos tentados a concluir que existe uma estabilidade relativa das regras do direito penal. Ora, embora se justifique para os quatro últimos séculos europeus, essa constatação parece inexata quando o exame dessas regras se estende às sociedades estrangeiras à Europa ou a períodos muito recuados. Montaigne e Pascal haviam alimentado seu ceticismo ou seu desprezo pelo homem: Montaigne escreve: "Quanta verdade, limitada por essas montanhas, é mentira no mundo que fica além delas? […] O assassinato das crianças, o assassinato dos pais, o roubo, enfim nada existe de tão extremo que não seja admitido pelo uso de alguma nação" (II, 12). Como se vê, o catálogo dos atos humanos – que ora são inocentes e se tornam criminosos, ora são criminosos e se tornam inocentes – oferece o quadro mais completo das flutuações do direito. Cabe citar, além do infanticídio, da morte dos velhos, do roubo (em Esparta), alegados por Montaigne, o aborto, a morte de doentes, a prática de sacrifícios humanos e do canibalismo, o suicídio, o homossexualismo, o adultério, os crimes religiosos propriamente ditos, desaparecidos do direito penal francês com a Revolução: heresia e sacrilégio. Por fim, também é preciso indagar sobre a aptidão para o crime por parte de certos indivíduos às vezes considerados – mesmo no direito penal europeu dos últimos séculos do Antigo Regime – "responsáveis", pelo menos até o ponto a que o direito chegou na previsão da cominação de penas: as coisas, os mortos, as pessoas jurídicas (e essa categoria reapareceu recentemente em nossas leis) e, enfim, os animais, embora esse ponto continue duvidoso.

› LAINGUI A. & LEBIGRE A., *Histoire du droit pénal*, vol. 1, Paris, 1979. – CARBASSE J.-M., *Introduction historique au droit pénal*, Paris, 1990.

André LAINGUI

→ Código Penal; Juiz (Longa duração); Legalidade dos delitos e das penas.

CULPA

Presente em todos os ramos do direito, a culpa constitui uma das noções determinantes de nosso sistema jurídico. Embora seu papel tenha sido muitíssimo contestado, ela sempre constitui o fulcro da responsabilidade. Tradicionalmente ancorada na moral, a culpa continua exercendo uma função social de primeiro plano, mesmo tendo precisado adaptar-se e transformar-se.

Mencionar o tema da culpa no universo jurídico não deixa de provocar certa apreensão. Na verdade, não há um só ramo do direito que não comporte referência à culpa e à obrigação do seu autor a reparar, de uma forma ou de outra, as consequências danosas de seus atos. Seu raio de ação é tal, que certos autores conseguiram descobrir que, numa concepção minimalista do direito, apenas uma disposição poderia reinar soberanamente: trata-se do artigo 1.382 do Código Civil francês, que constitui "uma das grandes regras de equidade que poderiam, por si sós, resumir o Direito inteiro", H. e L. Mazeaud, *Traité théorique et pratique de la responsabilité civile délictuelle et contractuelle*, t. I., 6ª ed., 1965, por A. Tunc, Montchrestien, p. 16). A culpa poderia então constituir a chave de todo o direito, a única disposição realmente indispensável às relações sociais. Evidentemente, apenas Cândido poderia, por um instante, imaginar tal contração do direito em torno da noção de culpa. A função social do direito ultrapassa em muito essas considerações contenciosas, e com frequência recorre-se ao juiz independentemente de qualquer litígio. O estudo do papel desempenhado pela culpa ao longo dos anos é extremamente sintomático do estado das relações que o direito mantém com a moral. Numa sociedade fortemente religiosa, a culpa, por lógica, acaba por desempenhar um papel importante. Mas, a partir do momento em que o poder da moral diminui, e o direito vai aos poucos adquirindo maior independência, a culpa vai recuando progressivamente e dando lugar a outros mecanismos reguladores menos conotados, como a ilicitude ou a má-fé. Mas, conforme mostra o desenvolvimento contemporâneo da ética e da deontologia, nosso sistema jurídico se recusa a romper as amarras e está sempre em busca de valores de referência. A culpa, portanto, não desapareceu da paisagem jurídica contemporânea; está sempre ressurgindo. Uma simples pesquisa no Código Civil francês mostra 56 disposições que fazem referência a ela, sem contar as equivalências terminológicas. Além do exame das flutuações conjunturais do papel da culpa, esse é, sem dúvida, o fenômeno mais significativo das últimas décadas. A culpa resiste ao desgaste do tempo, por certo à custa de transformações, mutações, rejuvenescimentos, mas, afinal, resiste. A razão dessa longevidade está clara: o direito não pode prescindir da culpa porque ela constitui o fulcro ético de todo sistema jurídico liberal que toma o homem como finalidade última. Eliminar a culpa é eliminar a liberdade, promover um direito desumanizado, entregue à arbitrariedade. A culpa constitui, então, uma das manifestações mais clamorosas dos elos indefectíveis que há entre direito e moral (I), desempenhando um papel social importante por contribuir na busca permanente de justiça (II).

Raízes morais da culpa

O domínio da culpa sobre nosso sistema jurídico constitui o testemunho mais vivo dos estreitos elos existentes entre direito e moral. Mas, embora exista uma matriz única, numerosas variantes surgiram até hoje, transformando a culpa numa noção proteiforme. É exatamente dessa capacidade de multiplicar-se e adaptar-se às exigências mais diversas que a culpa extrai sua força e consegue subsistir ao longo dos anos. Além de um conceito único de culpa (A), o direito comporta a existência de múltiplas culpas (B).

A culpa. – Oriunda do latim *culpa*, que significa *falta*, *delito*, *erro*, a palavra "culpa" lembra ao mesmo tempo a ideia de obrigação e a de transgressão (J.-L. Gazzaniga, "Note sur l'histoire de la faute", *Droits*, 5, 1987, p. 17). Numa primeira abordagem, a culpa poderia ser definida como o comportamento de uma pessoa que se mostra em contradição com uma regra de conduta que apresente caráter obrigatório. De imediato, dois elementos objetivos se impõem na definição de culpa: um fato, qualificado de elemento material, e a existência de uma norma de comportamento não observada pelo indivíduo, norma chamada de elemento legal. A Corte de Cassação, que controla a qualificação de culpa pelos juízes de primeira instância (Cass. 2º civ., 16 de julho de 1953: *JCP G*,

1953, II, 7.792, nota R. Rodière), não é muito exigente em matéria do elemento legal a partir do momento em que o comportamento seja qualificado de imprudente e negligente pelo juiz; mas, tão logo este considere que um comportamento deve ser punido por ser ilícito, então é imperioso visar a fonte da própria obrigação, ainda que esta seja apenas deontológica (Cass. Com., 29 de abril de 1997; Sté Sofinarex c/ SA Cabinet Fortin: *Bull. civ.*, IV, nº 111). Mas a definição clássica compreende um terceiro elemento subjetivo, chamado de elemento moral, que remete à consciência que a pessoa tinha de suas ações. Essa regra figura no Código Penal francês no artigo 121-1: "Não é penalmente responsável a pessoa que, no momento dos fatos, apresente uma perturbação psíquica ou neuropsíquica que anule seu discernimento ou controle de seus atos." Essa exigência, logicamente, é aplicável fora do campo do direito penal; assim, os juízes de primeira instância podem recusar-se a conceder um divórcio perante alegação de culpa do cônjuge quando ficar claro que o comportamento do cônjuge acusado poderia ser explicado por perturbações mentais (Cass. 2º civ., 12 de março de 1980: *D.*, 1981, IR, p. 76, obs. Breton). Esse terceiro elemento foi contestado, essencialmente por razões utilitaristas, a fim de favorecer a reparação de danos causados por pessoas desprovidas de discernimento. Para torná-las responsáveis e garantir às vítimas a reparação a que elas podem legitimamente pretender, o direito precisou "burlar" a concepção classicamente subjetiva de culpa. Foi assim que, pela lei de 3 de janeiro de 1968, o legislador modificou as disposições do Código Civil francês para tornar civilmente responsáveis por seus atos as pessoas que estejam sob o domínio de uma perturbação mental. Mas, quando tinha a oportunidade de consagrar uma hipótese particular de responsabilidade objetiva que preservasse a integridade da noção de culpa, com fundamento no novo artigo 489-2 do Código Civil francês, a jurisprudência optou por fundamentar a condenação civil do demente nas disposições dos artigos 1.382 e 1.383 do Código Civil francês (Cass. 2º civ., 4 de maio de 1977: *D.*, 1978, Jur. p. 393, nota R. Legeais). Privada de seu elemento moral, a culpa perderia então sua identidade para aquilo que foi chamado de "culpa objetiva", independentemente de qualquer referência à imputabilidade (H. Mazeaud, "La *'faute objective'* et la responsabilité sans faute", *D.*, 1985, cron. p. 13). Prosseguindo no mesmo impasse, em 1984 a jurisprudência consideraria que uma criança muito pequena e desprovida de discernimento poderia também cometer uma "falta" e, com base nisso, incidir em responsabilidade civil (Cass. ass. plén., 9 de maio de 1984: *D.*, 1984, Jur., p. 525, concl. J. Cabannes, nota F. Chabas). Não só essas duas soluções deformam de maneira contestável a noção tradicional de culpa, como também produzem soluções extremamente discutíveis porque, em nome da proteção da vítima, condena-se uma pessoa a reparar consequências de atos cujo alcance ela não podia avaliar. Instrumento de uma justiça cega, a culpa torna-se então joguete de uma experimentação arriscada. Apenas uma despersonalização da reparação teria permitido atender proveitosamente à necessidade de reparação e à necessidade de proteger as pessoas desprovidas de discernimento que, com muita frequência, são as primeiras vítimas de seus atos (G. Viney, "La réparation des dommages causés sous l'emprise d'un état d'inconscience: un transfert nécessaire de la responsabilité vers l'assurance", *JCP G*, 1985, I, 3.189). A unidade da noção de culpa também se verifica na preocupação demonstrada pela jurisprudência em promover uma interpretação uniforme das culpas nos diferentes ramos do direito. Assim, as noções penais de culpas intencionais e não intencionais abrangem a distinção civil entre culpa delituosa e quase delituosa. Prevalece uma mesma unidade, no âmbito da responsabilidade civil, entre a noção de inobservância da obrigação de empregar todos os meios para saldar dívidas e a culpa por imprudência e negligência, do artigo 1.383 do Código Civil francês. Nas duas hipóteses, a culpa é apreciada de maneira idêntica em referência ao comportamento que teria sido adotado por um bom pai de família (assim C. Civ. fr., 1.137, 1.806, etc.). Aliás, é isso o que possibilitará a um terceiro invocar a inobservância de um ato jurídico que lhe é estranho para obter do contratante culpado a reparação do dano que ele lhe tenha causado. Para consolidar essa unidade e evitar desagradáveis contradições, doutrina e jurisprudência, baseadas nas disposições do artigo 4º, parágrafo 2º do

Código de Processo Penal francês, determinaram o princípio da autoridade da coisa julgada no âmbito penal sobre o âmbito civil. Esse princípio, porém, foi prejudicado por uma lei de 10 de julho de 2000 que aboliu a identidade das culpas civis e penais de imprudência em caso de livramento (C. Proc. Pen. fr., art. 4-1 novo).

As culpas. – Os autores do Código Civil francês desejavam promover uma concepção unitária da culpa, rompendo com as distinções herdadas do direito romano. Essa preocupação é notada na universalidade da fórmula contida no artigo 1.382 do Código Civil francês, mas o exame do conjunto das disposições contidas no Código Civil leva a duvidar-se do sucesso desse objetivo. Já no artigo 1.383, aparecem as noções de imprudência (também C. Civ. fr., arts. 1.384, § 8º, e 2.000) e de negligência (também C. Civ. fr., arts. 444, 885, 1.374, 1.384, § 8º, 1.631, 2.080 ou 2.175). Encontra-se também a referência à "má conduta notória", à "improbidade, negligência habitual ou inaptidão para os negócios", em se tratando, por exemplo, do artigo 444 relativo ao tutor. O exame dos artigos 1.382 e 1.383 do Código Civil francês, aliás, abre as portas para uma distinção importante entre a culpa intencional, também chamada de culpa delituosa, e a culpa não intencional, também chamada de culpa quase delituosa. Enquanto a primeira implica que a pessoa desejou o dano, a segunda não o exige. Mas, mesmo considerando a primeira categoria, a das culpas intencionais, existem numerosas variantes, pelo menos terminológicas. Trata-se do dolo, presente no direito dos contratos, mas não só (também em matéria de adoção – C. Civ. fr., art. 350 e os recursos contra as deliberações do conselho de família – C. Civ. fr., art. 416), da má-fé (assim, C. Civ. fr., art. 220), da violência (presente no direito dos contratos – C. Civ. fr., art. 1.111 – ou para a prova do divórcio – C. Civ. fr., art. 259-1), da fraude (especialmente no direito das pessoas ou dos regimes matrimoniais – C. Civ. fr., art. 1.426), do abuso (C. Civ. fr., art. 618), da mentira (C. Civ. fr., art. 26-4), do artifício (C. Civ. fr., art. 564), da prevaricação (C. Civ. fr., art. 2.102), da surpresa (C. Civ. fr., art. 1.255), da falsidade ou do estelionato (C. Civ. fr., art. 1.967). Pode-se, em seguida, considerar que a culpa ronda certo número de técnicas jurídicas, *a priori* anódinas ou distintas de qualquer referência subjetiva. É o que ocorre com a noção de "papel ativo" da coisa. Mas também foi possível observar que, em matéria de responsabilidade civil, o responsável frequentemente era condenado porque, num momento ou noutro, devia ter cometido uma falta, ainda que, no exame das condições de sua responsabilidade, elas nunca tivessem sido diretamente debatidas (nesse sentido nossa crôn. "L'impossible divorce de la faute et de la responsabilité civile", *D.*, 1998, crôn. p. 301). Não só a culpa é passível de apresentar diferentes aspectos, como também se mostra com mil reflexos: embora os romanos, de acordo com o interesse que os protagonistas tivessem na operação jurídica, fizessem a distinção entre culpa muito leve (*culpa levissima*), culpa leve (*culpa levis*) e culpa grave (*culpa lata*), hoje existem novos graus, como culpa séria (que justifica a demissão), culpa gravíssima (que priva o assalariado de seu direito de aviso prévio e de indenização por demissão), mas também a culpa inescusável, inventada para agravar a responsabilidade do empregador em caso de acidente de trabalho (lei de 9 de abril de 1898) e retomada depois, com papel idêntico, pelo direito dos transportes, a partir da Convenção de Varsóvia de 1929, e como causa de exoneração pela lei de 5 de julho de 1985 relativa à indenização das vítimas de acidentes de trânsito.

Portanto, o conteúdo da culpa, considerada como noção difusa, varia ao sabor das necessidades e dos papéis que lhe são atribuídos. Esse poder que o legislador tem de afinar os comportamentos que ele deseja punir também pertence ao juiz em certa medida e decorre de suas amplas possibilidades de interpretação. Quando ele desejar proteger uma pessoa das consequências de seus próprios atos, poderá eventualmente negar aquilo que, para outros, pareceria evidente e recusar-se a constatar a existência de uma culpa para não incidir em condenação. É historicamente no direito administrativo que nasceu essa recusa à qualificação, a propósito da responsabilidade civil dos agentes públicos. Considerando que cabia à pessoa pública responder pelos danos causados por seus agentes no exercício de suas funções, o Tribunal dos Conflitos, no acórdão *Pelletier*, proferido em 1873, inventaria a noção de "culpa pessoal, desvinculável do exercício das funções", exigida para que se possa invocar a responsabilidade própria do agente (Trib. Confl., 30 de julho de 1873, *Pelletier: D.*, 1874, 3, p. 5, concl. David). Essa solução, consagrada a partir de então nos estatutos da função pública (Ordo. 4 de fevereiro de 1959; L. 13 de julho de 1982, art. 11), foi retomada no Judiciário e aplicada aos prepostos (Cass. ass. plén., 25 de fevereiro de 2000, *Costedoat: JCP G*, 2000, II, 10.295, concl. R. Kessous, nota M. Billiau). É possível aventar dois fundamentos para essa solução. Em primeiro lugar, pode-se considerar que o funcionário é passível de cometer faltas no exercício de suas funções, mas sua responsabilidade não deve ser invocada; nessa hipótese, ele é beneficiado por uma verdadeira imunidade, exorbitante do direito comum, que apenas o legislador pode instaurar em princípio, agora sob o controle vigilante do Conselho Constitucional. Mas pode-se também considerar que o comportamento do agente público ou do assalariado que não apresente certas características não poderia constituir culpa, portanto não poderia implicar sua responsabilidade no âmbito dos artigos 1.382 e 1.383 do Código Civil francês. De acordo com esta segunda hipótese, o juiz, como é seu direito, apoia-se em seu poder de qualificação para afirmar ou negar sua existência e daí extrair as devidas consequências sobre a responsabilidade da pessoa em questão. Noção fortemente impregnada de moral, a culpa desempenha um papel social preponderante.

Função social da culpa

A culpa é reflexo de uma preocupação com a normatização do comércio jurídico e das relações sociais. Se seu papel foi contestado, isso decorreu menos desse papel normativo do que dos valores defendidos. Hoje, a culpa continua aí, cumprindo sua missão, à custa de uma redefinição de seus objetivos e de uma evolução de suas modalidades de intervenção.

Função controvertida. – Durante muito tempo a culpa reinou de modo absoluto em nosso sistema jurídico, e a afirmação de que uma pessoa podia ter cometido uma falta parecia suficiente para justificar as sanções tomadas contra ela. Paralelamente, parecia líquido e certo que, na ausência de culpa, seria injusto condenar o autor de um fato prejudicial a reparar as suas consequências. Embora ninguém conteste *a priori* a ideia de que o culpado deve reparar as consequências de seus atos, pareceu chocante, em vista dos interesses das vítimas, que o autor de um dano pudesse escapar à obrigação de reparar suas consequências prejudiciais a pretexto de que nenhuma culpa lhe pudesse ser atribuída. O Código Civil francês de 1804, porém, não negligenciara as hipóteses de responsabilidade sem culpa, mas o lugar delas era extremamente limitado em comparação com o princípio enunciado no artigo 1.382 do Código Civil francês. Esse movimento contestatório redundou, no fim do século XIX, no surgimento de um princípio geral de responsabilidade por danos causados por coisas, embrionário no primeiro parágrafo do artigo 1.384 do Código Civil francês (Cass. civ. fr., 16 de junho de 1896, *Teffaine*), princípio logo desvinculado de qualquer referência à culpa do depositário (Cass. chbres réunies, 13 de fevereiro de 1930, *Jand'heur*). Foi preciso esperar cerca de um século para que a jurisprudência consagrasse implicitamente o outro princípio contido nesse mesmo texto e admitisse que alguém pode ser responsável por danos causados por pessoas situadas sob sua autoridade, afora os casos limitativamente previstos pelas disposições particulares do Código Civil francês (Cass. ass. plén., 29 de março de 1991; Blieck: *JCP G*, 1991, II, 21.673, concl. G. Dontenwille, nota J. Ghestin). Esse movimento de recuo só ocorreu no âmbito da responsabilidade civil. Também afetou o direito administrativo, no qual a doutrina e a jurisprudência multiplicaram os casos de responsabilidades objetivas. Nem mesmo o direito penal, tradicional baluarte da culpa, foi poupado por esse movimento, e certos comportamentos, antes considerados delituosos, foram despenalizados (falência, adultério, emissão de cheque sem fundos, vadiagem) e a própria noção de culpa penal foi prejudicada pela promoção da noção de responsabilidade penal das pessoas jurídicas ou pelas reformas destinadas a restringir a qualificação de culpa penal por imprudência (assim, a lei de 10 de julho de 2000, tendente a tornar mais precisa a definição dos delitos não intencionais).

O legislador moderno, por outro lado, multiplicou as hipóteses nas quais a culpa perdeu o primado a favor de técnicas mais objetivas. Assim, em matéria de divórcio, a lei de 11 de julho de 1975 acrescentou à culpa outras causas mais objetivas que justificassem a solução judicial do vínculo matrimonial (ruptura da vida em comum, consentimento mútuo) e isentou o adultério não só de sua qualificação de infração penal, mas também de seu caráter de causa peremptória para o juiz. O raio de influência da culpa também foi limitado a seu autor, para que as pessoas próximas a ele não sofressem por contágio. A lei de 3 de janeiro de 1972 afirmou o princípio da igualdade de filiação, para que os filhos, especialmente os adulterinos, não pagassem pelas "culpas" de seus pais; a expressão "filho adulterino", aliás, foi banida das disposições do Código Civil francês nessa ocasião. Em matéria de casamento, o benefício da qualificação de família putativa também pode ser recusado aos cônjuges que ajam com má-fé, mas nunca a seus filhos (C. Civ. fr., art. 202). A lei de 8 de janeiro de 1993 também suprimiu a hipótese de inadmissibilidade do processo de reconhecimento de paternidade natural, contida no antigo artigo 340-1 do Código Civil francês, no caso de "má conduta notória", de "comércio com outro indivíduo" por parte da mãe. No entanto, permanecem alguns vestígios dessa projeção da culpa sobre as pessoas próximas. Assim, o filho adulterino que concorresse com os filhos oriundos do casamento ultrajado pelo adultério só tinha direito à meia parte da sucessão (C. Civ. fr., art. 760). Felizmente, esse anacronismo, condenado pela Corte Europeia dos Direitos Humanos (CEDH, 1º de fevereiro de 2000; Mazurek c/ France: *D.*, 2000, jur. p. 332, nota J. Thierry), foi suprimido pela lei de 3 de dezembro de 2001. Em se tratando do direito da responsabilidade civil, a culpa da vítima principal também pode ser oposta à vítima secundária, quando esta reclama a reparação de um prejuízo próprio, o que não deixa de surpreender. No entanto, essa solução, encontrada pela jurisprudência, foi consagrada pelo legislador na lei de 5 de julho de 1985 relativa à indenização das vítimas de acidente de trânsito (art. 6).

A jurisprudência acompanhou esse movimento, ao recusar progressivamente atribuir à culpa o papel de causa de caducidade, que impeça seu autor de invocar o benefício de direitos ou ações. Assim, a culpa do empobrecido, durante muito tempo considerada capaz de impedi-lo de exercer a ação *de in rem verso*, hoje não lhe é oposta *a priori*, mas, se for o caso, intervém no âmbito da redução da dívida a ser paga (Cass. 1º civ., 11 de março de 1997: *D.*, 1997, Jur., p. 407, nota M. Billiau). O mesmo fenômeno foi observado no que se refere à lei de 5 de julho de 1985, relativa à indenização das vítimas de acidentes de trânsito, quando a culpa do motorista vitimado não o priva, por princípio, do direito de mover ação contra o motorista do veículo que lhe causou o dano (Cass. chbre. mixte, 28 de março de 1997; De Meyer: *D.*, 1997, Jur., p. 294, nota H. Groutel). Mas nem todas as aplicações dessa função da culpa desapareceram, e continuamos vendo que ao *errans* é recusada a ação de nulidade do contrato, desde que seu erro tenha sido inescusável (Cass. Iº civ., 16 de dezembro de 1964: *D.*, 1965, Jur., p. 136), e a vítima de um dano causado por um preposto só terá autorização para mover ação contra o mandante se puder acreditar com fundamento que o preposto agia no exercício de suas funções (M.-A. Péano, "Le bénéfice de l'art. 1.384, al. 5 do "Code civil se mérite", *Resp. civ. e assur.*, 1992, crôn. 14). Algumas normas também permitem atenuar indiretamente o impacto da culpa sobre o processo, abrandando, no todo ou em parte, suas consequências nefastas para seu autor. O mesmo ocorre quando a lei dota o juiz de um poder moderador, de autorizar a limitação do ressarcimento por perdas e danos devido em princípio, como se observa diante de uma cláusula penal (C. Civ. fr., art. 1.152) ou de uma falta cometida pelo gerente do negócio (C. Civ. fr., art. 1.374, § 2). Alguns autores, aliás, reclamam hoje da generalização desse poder moderador, que poderia ser acompanhado pela introdução da técnica dos ressarcimentos punitivos (Ph. Le Tourneau e L. Cadiet, "Droit de la responsabilité et des contrats", *Dalloz Action*, 2000, nº 44 e 45).

Inversamente – mas essa segunda tendência aparece como contraponto da primeira –, em grande número de hipóteses o direito renuncia a punir certos comportamentos que poderiam ser punidos em razão de seu caráter classicamente delituoso. Assim, por meio de cláusulas relativas às suas respectivas responsabilidades, os contratantes podem atenuar e até abolir a responsabilidade em caso de inexecução da convenção. A impossibilidade de agir em juízo também poderá resultar da aplicação de regras prescricionais – tanto em matéria civil quanto penal e de acordo com prazos muito variáveis –, de caducidade ou extinção da dívida, mas também do benefício de medidas de anistia (v. Anistia e graça), coletiva ou individual, ou de imunidades tais como a imunidade familiar, que se opõe à qualificação de roubo (C. Pen. fr., art. 311-12) ou ao recurso do segurador contra um familiar do segurado (C. Ass., art. L. 121-12, § 3).

Uma função preservada. – Todos os esforços da doutrina, da jurisprudência e, salvo exceções notáveis (p. ex. L. 7 de novembro de 1922 sobre as construções incendiadas e L. 5 de abril de 1937 sobre a responsabilidade do Estado por faltas cometidas pelos professores), do legislador desde o fim do século XIX consistiram em livrar a responsabilidade do domínio da culpa. Ora, o exame das disposições contemporâneas mostra muito bem que em numerosas hipóteses a culpa recuou, mas não desapareceu (Ph. Le Tourneau, "La verdeur de la faute dans la responsabilité civile (ou de la relativité de son déclin)", *RTD civ.*, 1988, p. 505). Ela continua subsistindo, no próprio âmago dos dispositivos que supostamente teriam rompido todos os seus elos e continua até reinando em alguns setores inteiros, à custa de uma redefinição de suas funções. Nos sistemas modernos de ressarcimento, a culpa já não aparece como condição primeira do direito à reparação. Em compensação, aparece às vezes como um elemento regulador da indenização. Assim, a culpa pode constituir um fator de agravamento da reparação. Essa função não é propriamente nova, pois é esse o papel que o Código Civil francês confere ao dolo do devedor (C. Civ. fr., art. 1.150) ou à culpa do hoteleiro (C. Civ. fr., art. 1.953, § 3). Esse modelo foi amplamente retomado mesmo nos dispositivos de indenização que ostentavam forte espírito de ruptura com as responsabilidades subjetivas tradicionais. Assim, no âmbito dos danos de origem profissional, a vítima só tem direito à reparação de uma fração de seus prejuízos, a menos que prove ter sido inescusável ou intencional a falta do empregador ou de um de seus substitutos (L. 9 de abril de 1898, art. 20, § 3; C. Séc. soc., art. L. 452-1 s.). Mecanismo comparável prevalece em matéria de transporte aéreo desde a Convenção de Varsóvia de 1929, pois a falta inescusável do transportador o impede de invocar as limitações legais de responsabilidade. A lei de 19 de maio de 1998, relativa à indenização das vítimas de produtos defeituosos, também previu que os prazos de extinção da dívida de responsabilidade do produtor ou de prescrição da ação não eram aplicáveis em caso de falta cometida por esse produtor; nesta última hipótese, a falta permite prolongar a responsabilidade objetiva, a título subsidiário, para além do prazo de dez anos (C. Civ. fr., art. 1.386-16 e 1.386-18). A culpa também pode ser utilizada para privar, no todo ou em parte, a vítima de seu direito à indenização. O legislador moderno, aí, prolongou o papel tradicionalmente exoneratório da culpa da vítima, mas limitando essas hipóteses às culpas mais graves; assim, a vítima de um dano de origem profissional terá diminuído o seu ressarcimento se tiver cometido uma falta inescusável na origem do dano e perderá o benefício do pagamento em espécie em caso de falta intencional (C. Séc. soc., art. L. 453-1), ou a vítima de um acidente de trânsito ficará sem indenização pelos prejuízos se tiver cometido uma falta inescusável, causa exclusiva do dano, ou até uma falta intencional, caso se trate de uma vítima superprotegida em razão de idade ou deficiência (L. 5 de julho de 1985, art. 3º). A lei de 19 de maio de 1998, relativa à indenização das vítimas de produtos defeituosos, também conservou a possibilidade de o produtor se exonerar, provando a culpa da vítima ou de uma pessoa pela qual esta fosse responsável (C. Civ. fr., art. 1.386-13). Independentemente dessa presença discreta, mas real, no âmago de dispositivos de responsabilidades objetivas, a culpa conserva seu importante papel nos recursos postos à disposição daquele que tenha pago a vítima, quer se trate de um terceiro ou de um coautor (por exemplo, o recurso do Fundo de indenização das vítimas de atos de terrorismo contra os terroristas – C. Ass., art. L. 422-1, § 3º). Na hipótese da ação recursória do coautor, a jurisprudência estabelece até uma hierarquia entre as responsabilidades e atribui prioritariamente ao devedor considerado culpado a incumbência final da reparação (Cass. 2º civ., 12 de novembro de 1970: *JCP G*, 1970, II, 16.748).

Se ainda hoje a culpa continua tendo lugar em nosso sistema jurídico, é porque ela desempenha um papel que não poderia ser desempenhado por nenhuma outra técnica. Em se tratando do direito da responsabilidade, o reconhecimento de uma culpa e sua punição possibilitarão não só garantir a cominação de uma sanção penal ou a alocação de indenizações – e aí está sua função técnica –, mas possibilitarão, sobretudo, tranquilizar a vítima e permitir que ela supere o dano sofrido – e essa é sua função psicológica. O processo que conduz à constatação da culpa põe em cena a vítima, coloca no centro do debate, e revela toda a atenção e compaixão do sistema jurídico por ela. Mas a culpa também possibilita punir comportamentos antissociais, afora qualquer regulamentação especial, qualquer intervenção específica dos poderes públicos. Com muita frequência, a inflação normativa leva a perverter a relação com o direito, e os jurisdicionados acreditam poder agir impunemente desde que sua atividade não seja ainda objeto de uma regulamentação específica. Ora, o recurso à culpa, seja ela civil ou penal, continua possibilitando condenar a pessoa que infrinja as regras gerais de civilidade. Quando tais condenações se multiplicam, os poderes públicos, alertados por esses indícios, podem decidir intervir com mais precisão e eficácia. Assim, a teoria do abuso de direito, nascida no século XIX para combater o absolutismo do direito de propriedade (caso *Doer*, CA Colmar, 2 de maio de 1855), prosperou a partir de então e possibilitou moralizar atividades humanas tão diversas como as relações comerciais (ação em concorrência desleal ou parasitismo, rompimento dos contratos de concessão exclusiva), o exercício das ações em justiça (Cass. req., 11 de janeiro de 1943: DC, 1944, p. 96), a liberdade de imprensa, os jogos organizados pelos organismos de venda por correspondência, que, com procedimentos ambivalentes, exploram a credulidade das pessoas, mas também as relações profissionais, quando, antes da lei de 13 de julho de 1973, os juízes tendiam a condenar à indenização por perdas e danos os empregadores que abusassem do direito de rescindir unilateralmente o contrato de trabalho (Cass. civ., 5 de fevereiro de 1872: *Grands arrêts Dr civ.*, nº 28, p. 362).

➤ LE TOURNEAU Ph. & CADIET L., *Droit de la responsabilité et des contrats*, Paris, Dalloz action, ed. 2000/2001. – VINES G., *Introduction à la responsabilité*, LGDJ, 2ª ed., 1995. – VINEY G. & JOURDAIN P., *Les Conditions de la responsabilité*, LGDJ, 2ª ed., 1998.

Ver também: LAMBERT-FAIVRE Y., "L'éthique de la responsabilité", *RTD civ.*, 1998, pp. 1-22. – LE TOURNEAU Ph., "La verdeur de la faute dans la responsabilité civile (ou de la relativité de son déclin)", *RTD civ.*, 1988, p. 505. – RADÉ Ch., "L'impossible divorce de la faute et de la responsabilité civile", *D.*, 1998, cron. p. 301. – Col.: "La fin de la faute?", *Droits*, 5, 1987. – *Vocabulaire juridique*, G. Cornu (org.), Paris, PUF, 8ª ed., 2000, Faute.

Christophe RADÉ

→ Moral e direito; Responsabilidade; Responsabilidade administrativa.

D

DANO

O termo "dano" entrou para o português no século XII. Derivado do latim *damnum*, seu sentido evoluiu ao longo do tempo, para designar hoje, em sua acepção corrente, "o prejuízo causado a alguém, o estrago causado a alguma coisa". Na linguagem jurídica, esse termo é usado em direito da responsabilidade, constituindo uma das condições fundamentais para sua aplicação. Assim, os artigos 1.382 ss. do Código Civil francês mencionam a exigência de dano como condição essencial da condenação. Essa noção, "máxima do direito da responsabilidade" (G. Durry, ata do colóquio "Prejuízo, questões selecionadas", número especial de *Resp. civ. et assur.*, maio de 1998, p. 32), porém, foi negligenciada pela doutrina, mais interessada nos conceitos de culpa e causalidade. A apreensão da noção de dano, contudo, é essencial para a justa compreensão da problemática da responsabilidade, pois a precisão de seu sentido "evitaria muitas tergiversações e hesitações com as quais a ordem moral paralisa ou perturba o direito à indenização" (D. Mazeaud, "Ainda sobre a responsabilidade civil", número especial *Resp. civ. et assur.*, maio de 1998, p. 1). Tal providência pressupõe a definição do conceito de dano, bem como do papel desempenhado por essa noção no direito da responsabilidade.

Equiparação ou distinção entre dano e prejuízo

Na linguagem corrente, para a jurisprudência e para a maior parte da doutrina, os termos dano e prejuízo são sinônimos perfeitos, que podem ser usados indiferentemente um pelo outro. Alguns autores, porém, propuseram uma distinção entre essas duas noções (F. Benoilt, "Ensaio sobre as condições da responsabilidade em direito público e privado", *JCP*, 1957.I. 1.351; L. Cadiet, *Le Préjudice d'agrément*, esp. pp. 331 ss.; H.-L. Mazeaud & A. Tunc, *Traité théorique et pratique de la responsabilité civile délictuelle et contractuelle*, nº 208; I. Poirot-Mazères,"A noção de prejuízo em direito administrativo", *RDP*, 1997. 519; S. Rouxel, *Recherches sur la distinction du dommage et du préjudice en droit civil français*, tese, Grenoble 11, 1994). O dano seria assim definido como uma ofensa à vítima (destruição de um bem, atentado à integridade física, aos sentimentos etc.), representando uma noção objetiva de puro fato. O prejuízo, por sua vez, seria constituído pelas consequências jurídicas dessa ofensa (perda patrimonial ou extrapatrimonial causada pelo dano), noção subjetiva que leva em conta a situação pessoal da vítima. Tal proposta inspira-se nas origens históricas das noções de prejuízo e dano. Na *lex aquilia*, quando um *damnum injuria datum* era cometido, originariamente só podia ser reparada a perda da coisa destruída (*damnum*), "pelo valor mais elevado da coisa no ano anterior ao delito" (A. Giffard & R. Villers, *Droit romain et ancien droit français* (*obrigations*), Précis Dalloz, 3ª ed., nº 368). Contudo, houve uma evolução. No Alto Império, surgiu o costume de reparar não só a perda da coisa, mas o conjunto dos prejuízos causados pela sua destruição. Para alguns autores, essa mudança manifestaria a ênfase dada pelo direito romano à noção contemporânea de prejuízo, em oposição à noção de dano. Essa interpretação, porém, não é unânime. De fato, pode-se também ver nessa evolução o reconhecimento de uma dualidade nos elementos da reparação:

perda sofrida e ganho perdido, aliás acatada pelos redatores do Código Civil francês em seu artigo 1.149. Nesse sentido, parece pouco provável que o direito romano tenha definido uma noção de prejuízo *em oposição* à de dano.

A distinção entre dano e prejuízo, por outro lado, baseia-se em argumentos racionais. A diferenciação entre ofensa sofrida (dano) e consequências dessa ofensa (prejuízo) permite esclarecer a apresentação das regras jurídicas que regem a reparação e refinar a compreensão do direito da responsabilidade civil. Assim, pode parecer pertinente, quando houver atentado à integridade física, distinguir o dano físico dos prejuízos que ele acarreta: prejuízos patrimoniais (despesas, lucros cessantes) e extrapatrimoniais (prejuízo estético, perda de qualidade de vida etc.). Tal apresentação, de fato, confere certa coerência à noção de dano físico, que nem sempre se mostra claramente quando se utilizam, de modo indiferente, os termos dano e prejuízo. Do mesmo modo, tal distinção poderia possibilitar justificar-se o indeferimento ao pedido de reparação, oposto pelos tribunais a certas vítimas, como, por exemplo, no nascimento de uma criança (CE, 2 jul. 1982, *D.*, 1982.425; Civ. 1º., 25 de junho de 1991, *D.*, 1991.566). Embora a mãe sofresse um dano em decorrência do nascimento não desejado, este não era constitutivo de prejuízo no sentido jurídico do termo. Mas sabe-se que esse indeferimento foi abandonado, na ordem judiciária, depois do célebre e controvertido acórdão *Perruche*, proferido pela Plenária da Corte de Cassação em 17 de novembro de 2000 (Cass. ass. plén., 17 nov. 2000, *JCP*, 2000.II. 10.438). A reflexão doutrinal que visa a opor o dano ao prejuízo é, pois, interessante, porque chama a atenção para a elucidação que pode provir da distinção entre a sede da ofensa e suas consequências jurídicas. Tal distinção, porém, deverá basear-se numa oposição terminológica sistemática entre dano e prejuízo? É de duvidar. A definição dos critérios de qualificação do dano e do prejuízo parece incerta. Nem todos os autores que defendem a distinção adotam a mesma acepção dessas duas noções, uma vez que os critérios de qualificação do dano e do prejuízo variam segundo as proposições doutrinais. Assim, embora a maioria da doutrina situe a distinção entre a ofensa sofrida (dano) e as consequências dessa ofensa (prejuízo), alguns autores utilizam outro critério de qualificação. Do mesmo modo, o legislador, que parece hoje sensível a essa distinção entre a ofensa material e suas consequências jurídicas, não a exprime numa oposição terminológica entre dano e prejuízo. Ao falar de "dano resultante de uma ofensa à pessoa ou aos bens" (ver, por exemplo, art. 3 L. nº. 85--677 de 5 de julho de 1985, chamada Lei Badinter; arts. 1.386-2 e 1.386-15 C. Civ. fr.), ele utiliza a palavra dano no sentido que a maioria da doutrina pretende dar à noção de prejuízo. Portanto, seria de temer que a oposição feita entre esses dois termos constitua um fator de complexidade excessiva da linguagem jurídica, ainda que o debate suscitado por essa proposta chame legitimamente a atenção para a necessária elucidação da própria noção de dano.

Dano: ofensa a um interesse ou a um direito

O dano, na maioria das vezes, é definido como a simples ofensa a um interesse da vítima. Impõe-se como noção de fato, já que toda ofensa pode dar direito à reparação, o que é afirmado pela Corte de Cassação francesa já em 1836 (Crim., 20 fev. 1863, *S.*, 63.1.321, Rappor Nouguier). Uma definição tão genérica, porém, nem sempre foi admitida em direito positivo, pois a jurisprudência, durante certo período, preferiu definir o dano por referência à ofensa a um *direito*. Assim, na hipótese de indenização do dano sofrido pela concubina em decorrência do falecimento do concubino, o Conselho de Estado francês e a Corte de Cassação indeferiram os pedidos de indenização feitos pela vítima indireta, por considerarem que, não tendo laços de direito com o finado, ela não podia alegar a violação de um direito subjetivo, portanto não podia pretender indenização. Mais precisamente, a Corte de Cassação indeferia o pedido de indenização da concubina, argumentando que esta não apresentava provas de um dano definido como "ofensa a um interesse legítimo, juridicamente protegido" (Civ. 27 jul. 1937, *S.*, 1938.1.321, nota G. Marty). Além de considerações inerentes a uma política jurisprudencial hostil ao reconhecimento do concubinato e do intuito de limitar o círculo das vítimas indiretas, essa jurisprudência suscitou intensa reflexão doutrinal sobre a própria definição de dano. Os considerandos da Corte de

Cassação pareciam dotados de alcance geral, impondo assim uma definição nova do prejuízo, considerado como ofensa, não de simples interesse, *mas de verdadeiro direito subjetivo munido de ação*. Sabe-se que a noção de "interesse legítimo, juridicamente protegido" é a definição dada por Ihering para o direito subjetivo. Ora, essa definição foi objeto de intensas críticas. Em primeiro lugar, mostra-se contrária aos textos do Código Civil francês e à própria vontade de seus redatores. Ao utilizar a palavra dano, sem outra especificação, nos artigos 1.382 ss. do C. Civ. fr., estes manifestaram o desejo de adotar um conceito muito amplo, noção de fato, que exclui qualquer referência a uma situação de direito. Assim, Tarrible, em seu discurso perante o corpo legislativo, afirmou, com palavras que ficaram célebres, que o artigo 1.382 do C. Civ. fr. "abarca em sua vasta latitude todos os gêneros de danos e os submete a uma reparação uniforme que tem como medida o valor do prejuízo sofrido. Desde o homicídio até o mais leve ferimento, desde o incêndio de um edifício até a danificação de um imóvel modesto, tudo está submetido à lei; tudo é declarado passível de apreciação que indenizará a pessoa lesada por quaisquer danos que tenha sofrido" (Tarrible, *Discours du corps législatif*). Ora, ao definir o dano em relação à ofensa a um direito subjetivo, a jurisprudência rompia com a concepção originária dos redatores do Código. Essa exigência, ademais, constitui "um retrocesso brutal da própria ideia de responsabilidade" (J. Dupichot, *Des préjudices réfléchis nés de l'atteinte à la vie ou à l'integrité corporelle*, LGDJ, 1969, nº 109). A não ser que se adote uma concepção muito ampla da noção de direito subjetivo, numerosos prejuízos indenizados constantemente em direito positivo não correspondem, de fato, à ofensa de nenhum direito precisamente identificado. Assim, quando a jurisprudência indeniza de modo constante o prejuízo estético ou sexual, será possível afirmar que a vítima, antes do acidente, era titular de algum *direito subjetivo* à beleza ou à sexualidade? Tal concepção, se aplicada em todo o seu rigor, daria origem a uma subversão das regras de responsabilidade e afetaria profundamente a tendência à indenização das vítimas, preocupação constante da jurisprudência desde o início do século XX.

Em decorrência dessas críticas, a jurisprudência, aliás, abandonou essa definição de dano para voltar à sua acepção clássica: ofensa a um simples interesse da vítima. A doutrina, em seguida, aderiu a essa definição, com a exceção notável de B. Starck, que, no âmbito da teoria da garantia, persistia na definição do prejuízo usando como referência a ofensa a um direito subjetivo.

A generalidade dessa definição permite a reparação dos danos mais diversos, seja qual for sua natureza. O direito positivo admite hoje a reparação do dano material, que atenta contra o patrimônio da vítima; do dano físico, constituído por todo atentado à sua integridade física; mas também do dano moral, que a lesa em seus sentimentos. Admite, indiferentemente, a reparação do dano causado à vítima principal e do dano indireto, sofrido por uma pessoa em decorrência de um dano sofrido por uma vítima primeira com quem aquela mantinha laços de afeição ou de interesse.

O dano, porém, deve apresentar certo número de características. Só é reparável desde que *pessoal*, ou seja, sofrido pela própria pessoa que pede sua reparação; deve ser *indubitável*, devendo sua prova ser produzida pela vítima, que não pode, assim, pedir reparação de um dano eventual, embora o dano futuro seja reparável tão logo se tenha certeza dele; deve ser *direto*, exprimindo assim a exigência de um nexo de causalidade entre o fato indenizável e o prejuízo sofrido. O dano também deve ser *legítimo*. Ainda que o dano seja hoje em dia definido como ofensa a um simples interesse, nem por isso sua legitimidade deixa de ser exigida. Assim, uma pessoa não pode pedir reparação de um dano cujo deferimento seria contrário à ordem pública ou aos bons costumes. A perda de clientela numa atividade ilícita, os lucros cessantes decorrentes da indisponibilidade de um assalariado não registrado pelo empregador não constituem, portanto, danos legítimos que deem direito a reparação. Esse caráter pode ser considerado como a transposição para o domínio da responsabilidade da regra geral imposta ao artigo 31 do NCPC, que exige, para a admissibilidade da ação em juízo, que o autor alegue "um interesse legítimo para o deferimento ou o indeferimento de uma pretensão". Essa necessidade de legitimidade do prejuízo, porém, é contestada por uma parte da doutrina; como o dano é hoje uma noção de fato, este não poderia ser em si legítimo ou ilegítimo. Com tal afirmação, estaria sendo feito um julgamento sobre uma situação anterior à ocorrência do prejuízo, e não sobre o dano em si. Estaria, assim, ocorrendo uma confusão entre a admissibilidade da ação em juízo e a apreciação de suas condições de mérito, confusão que, por outro lado, é em parte imputável à imprecisão denunciada da própria noção de interesse para agir. A despeito dessas críticas doutrinais, a necessária legitimidade do dano é lembrada pela jurisprudência de modo constante, ainda que os acórdãos proferidos nesse sentido sejam pouco numerosos.

Ao definir o dano como ofensa a um simples interesse e ao submeter sua reparação a características pouco exigentes, o direito da responsabilidade postula, portanto, a igual vocação de todos os prejuízos à reparação. A responsabilidade administrativa, porém, contribui com uma nuance para tal afirmação, ao limitar a aplicação de certos regimes de responsabilidade sem culpa apenas aos danos anormais. Tal medida, em compensação, é estranha ao direito da responsabilidade civil. A generosidade de que este dá mostras na admissão indiferenciada de todos os danos foi alvo de recentes interrogações. Tal movimento, de fato, leva à considerável inflação do contencioso, pois as vítimas requerem reparação por prejuízos dos mais diversos e às vezes insignificantes. Desse modo, "esses excessos são hoje tão flagrantes, que obrigam a uma reflexão sobre a noção de dano reparável e à busca de um critério que permita atribuir à responsabilidade civil um domínio razoável" (G. Viney, obs. *JCP*, 2000.I. 197, nº 6). Pode-se duvidar do equilíbrio futuro das regras da responsabilidade civil a se perpetuar a tendência à flexibilização das exigências ligadas ao fato gerador, em conjunção com a admissão cada vez mais ampla dos danos reparáveis. Em tal contexto, caberá, porém, uma reflexão sobre o postulado fundamental do direito da responsabilidade civil que admite a vocação de todos os danos a igual indenização. Assim, seria possível pensar em reservar, a exemplo do direito administrativo, a aplicação de certos regimes de responsabilidade sem culpa apenas aos prejuízos de certa gravidade. Também seria possível utilizar a noção de prejuízo legítimo para excluir a reparação dos danos cuja indenização não pareça atender a nenhum imperativo social. Tal evolução suporia, porém, um questionamento fundamental das regras da responsabilidade. Embora ele pareça muito improvável nos regimes de direito comum, seria possível considerar sua aplicação por ocasião de intervenções legislativas, que subordinassem a aplicação da lei de indenização à apresentação de prova de ocorrência de dano de certa gravidade, embora essa medida não tenha, até hoje, penetrado no direito positivo.

Papel do dano no direito da responsabilidade

O dano é uma noção jurídica inerente ao direito da responsabilidade, sendo, ao mesmo tempo, uma das condições fundamentais de sua aplicação e um parâmetro que serve para o cálculo da reparação por perdas e danos.

Em primeiro lugar, o dano constitui uma condição essencial da responsabilidade civil, que revela sua função indenizadora. Marca, assim, seu particularismo em relação às responsabilidades penais ou disciplinares, terreno no qual o dano sofrido pela vítima não é condição necessária à condenação do responsável. O intuito de indenização dos danos, sobretudo quando eles são de natureza física, constitui assim a chave da evolução do direito da responsabilidade civil desde o início do século XX. O desenvolvimento das responsabilidades sem culpa, a desnaturação do conceito de ato doloso, a tendência de socialização dos riscos, a multiplicação de obrigações acessórias ao contrato explicam-se, assim, pelo desejo constante dos tribunais de assegurar às vítimas uma reparação cada vez maior do dano. Enquanto a reflexão doutrinária se centrou na natureza dos fatos geradores e na apreensão do nexo de causalidade, os tribunais, com base numa leitura audaciosa dos artigos 1.382 ss. do C. Civ. fr., reconstruíram um direito da responsabilidade baseado no dano. Conforme observou com grande oportunidade um autor, a responsabilidade "deixa de ser sanção do delito e passa a ser apenas remédio para o dano" (M.-E. Roujou de Boubée, *Essai sur la notion de réparation*, LGDJ, 1974, p. 26). Aliás, é notável verificar que um dos grandes construtos doutrinais do século XX, dedicado ao direito da responsabilidade – a teoria da garantia de B. Starck –, fundamenta o direito à reparação da vítima apenas na natureza do dano causado e propõe um novo fundamento para a obrigação de indenização, que gira em torno do conceito de prejuízo. O próprio legislador não ficou insensível a tais preocupações. As leis de indenização, adotadas durante o século passado, consideraram todas um dano particular: o dano físico, cuja simples ocorrência parece justificar a adoção de regras específicas, desvinculando o direito à indenização da própria noção de responsabilidade. Assim, a lei Badinter de 5 de julho de 1985 submete a indenização por danos físicos a um regime de indenização particularmente favorável, marcado pela restrição das causas de exoneração das quais a parte passiva pode prevalecer-se, enquanto os danos aos bens são em parte excluídos desse regime de favorecimento. Essa reconstrução do direito da responsabilidade em torno do dano às vezes foi mais longe, conforme demonstra o artigo 47 da Lei francesa nº 91-1.406 de 31 de dezembro de 1991, que elaborou um conjunto de regras específicas apenas a favor das vítimas de prejuízo resultante de contaminação por Aids em virtude de transfusão de sangue.

Tal evolução não surpreenderia num movimento que alterasse as regras da responsabilidade com o único fito de indenização, pois o prejuízo em si mesmo seria suficiente para justificar a reparação. A oportunidade de tal evolução, porém, suscita indagações, uma vez que, a longo prazo, se pode temer a fragmentação do direito da responsabilidade numa multiplicidade de regimes especiais, determinados apenas pela natureza dos prejuízos sofridos. Os redatores do Código Civil francês souberam impor regras gerais na responsabilidade, fundadas não só numa definição abstrata dos fatos geradores, mas também na indiferenciação dos danos reparáveis. O rompimento com aquela dupla postura sem dúvida tem a virtude de permitir a melhor indenização das vítimas, mas consagra o abandono do direito comum em favor de um direito dos delitos especiais, tendência regressiva do direito, tão claramente enfatizada por Oppetit, que poderia ser fonte de prejuízo ao princípio de igualdade.

A questão do dano, essencial no terreno da responsabilidade penal, também penetra no cerne da responsabilidade contratual. Assim, o debate doutrinário atual sobre a natureza desta última – verdadeira responsabilidade ou técnica de execução por equivalente do contrato (Ph. Remy, "A 'responsabilidade contratual', história de um falso conceito", *RTDCiv.*, 1997.322; E. Savaux, "O fim da responsabilidade contratual", *RTDCiv.*, 1999.1) – é dominado pela interrogação acerca da necessidade do dano como condição de sua aplicação. Embora se considere que os artigos 1.147 ss. do C. Civ. fr. exerçam apenas a simples função de pagamento da obrigação não cumprida, a prova de um prejuízo sofrido pelo credor mostra-se inútil. A simples inadimplência da obrigação bastaria para ensejar a condenação do devedor. O dano, portanto, já não seria uma condição de aplicação desses textos, mas serviria no máximo como instrumento de medida da reparação por perdas e danos, o que, aliás, não surpreenderia se considerarmos que já não se tem uma técnica de responsabilidade. A jurisprudência, porém, permaneceu até hoje indiferente a essas considerações doutrinais e continua exigindo, como condição da responsabilidade contratual, a prova de prejuízo sofrido pela vítima. Mas, se os dois tipos de responsabilidade são utilizados apenas para fins de reparação dos danos, pode-se então indagar sobre a perenidade de uma separação hermética entre essas duas ordens.

O dano, condição central da responsabilidade civil, também desempenha função essencial de medida da reparação por perdas e danos. O princípio da reparação integral dos prejuízos implica que se encontre uma equivalência perfeita entre o dano sofrido e o montante do ressarcimento. O dano, portanto, é um instrumento de medida utilizado pelo juiz para fixar a dívida de reparação. A aplicação desse princípio, porém, supõe que o juiz avalie com precisão o prejuízo sofrido pela vítima. Ora, tal avaliação ainda hoje é frequentemente realizada de modo insatisfatório pela jurisprudência. Essa imperfeição às vezes se explica pela própria natureza do dano. Assim, o prejuízo moral é, por essência, rebelde a qualquer avaliação objetiva. A imperfeição também pode resultar da insuficiência de instrumentos jurídicos de avaliação, conforme ilustra o exemplo do dano físico, cuja apreensão apresenta ainda hoje graves deficiências. O reconhecimento por parte da Corte de Cassação de um poder soberano dos juízes do mérito na avaliação do prejuízo agrava esse estado de coisas. As práticas mostram-se divergentes, segundo as jurisdições, e o dano, portanto, não é indenizado em termos idênticos em diferentes tribunais (M. Quenillet-Bourrié, "A avaliação monetária do prejuízo físico: prática judiciária e dados transacionais", *JCP*, 1995.I. 3.818). A fragilidade do controle exercido pela Corte de Cassação às vezes é lastimada pela doutrina, que considera que uma intervenção mais ativa da alta jurisdição possibilitaria harmonizar as práticas dos juízes do mérito, bem como o montante médio da indenização.

› MAZEAUD H.-L. & TUNC A., *Traité théorique et pratique de la responsabilité civile délictuelle et contractuelle*, Montchrestien, t. 1, 6ª ed., 1965, nº 208 ss. – MAZEAUD H., "La lésion d'un intérêt légitime juridiquement protégé, condition de la responsabilité civile", *D.*, 1954, doct. 39. – POIROT-MAZÈRES I., "La notion de préjudice en droit administratif français", *RDP*, 1997, 519. – VINEY G. & JOURDAIN P., *Traité de droit civil* (sous la dir. de J. Ghestin), *Les Conditions de la responsabilité*, LGDJ, 2ª ed., 1998. – VIDAL J., "L'arrêt de la chambre mixte du 27 février 1970, le droit à réparation de la concubine et le concept de dommage réparable", *JCP*, 1971, I. 2.390. Col.: "Le préjudice, questions choisies", numéro spécial de la *Revue responsabilité civile et assurance*, maio de 1998.

Para saber mais: CADIET L., *Le Préjudice d'agrément*, tese, Poitiers, 1983. – CARTIER M.-E., *La Notion du dommage personnel réparable par les juridictions répressives*, tese, Paris, 1968. – ROUXEL S., *Recherches sur la distinction du dommage et du préjudice en droit civil français*, tese, Grenoble, 1994. – SOUSSE M., *La Notion de réparation de dommages en droit administratif français*, LDGJ, 1994.

Stéphanie PORCHY-SIMON

→ Interesse; Reparação; Responsabilidade.

DECÁLOGO

Durante o Êxodo do povo hebreu o Decálogo foi revelado por Deus; esse texto bíblico é conhecido com o nome de "Dez Mandamentos" ou também "Dez Palavras". Está contido naquilo que se convencionou chamar livro da Aliança, ou seja, os cinco primeiros livros da Bíblia hebraica, ou Pentateuco. É preciso esclarecer que, no Pentateuco, se distingue o javista, que os historiadores de Israel chamam J, ao que parece redigido entre 850 e 760 a.C., o eloísta, E, entre 800 e 760, e o código sacerdotal, P, que data de mais ou menos 550 e 450 a.C. Em todo caso, as narrativas de que falamos só receberam forma definitiva depois do estabelecimento dos hebreus em Canaã (A. Lods).

Sem entrar no espinhoso problema da coerência e da continuidade dos diversos livros da Bíblia hebraica, convém notar, em primeiro lugar, que o texto do Decálogo se apresenta em duas versões: *Êxodo XX-XXII* e *Deuteronômio V-VI*. Depois de afirmar sua existência (*Êx.* III, 14), Deus firma uma aliança com o povo hebreu e sela seu caráter coercitivo e sagrado por intermédio dessa aliança: os textos, sejam quais forem sua origem e sua proveniência, são muito claros nesse ponto, como veremos. É importante, porém, antes de tratar do texto do Decálogo, abordar a significação da Aliança, condição da eleição do povo hebreu e da promulgação do "código" que rege as relações com Deus e com os semelhantes. Abraão é a pessoa escolhida por Deus para realizar essa aliança: em *Gênese* (XII, 1 e XIII, 14-15), Deus diz a Abraão que lhe dará a terra de Canaã, a ele e à sua posteridade *para sempre*. Como entender uma aliança na qual um dos contraentes, Deus, confere a Abraão tal privilégio? É a formulação do tema da *terra prometida*. Essa dádiva divina, signo da eleição de Israel, abre o caminho das relações com Deus, das relações de Moisés com Deus e do diálogo entre eles, o de Israel, que significa *Aquele que luta com Deus*, nos dois sentidos opostos da palavra "com" (J. Eisenberg, *Le Judaïsme*, Paris, 1989, p. 13). Depois de Abraão, a segunda figura carismática da epopeia do povo hebreu é Moisés, que se tornará o interlocutor privilegiado de Deus. É Moisés que está na origem do Êxodo, da saída do Egito e da escravidão: a promessa feita a Abraão se concretiza; o Deus de Israel toma pela mão os predestinados de seu povo. O texto do *Êxodo* comporta uma primeira versão da revelação da Lei a Moisés no monte Sinai. Desse extraordinário e propriamente sobrenatural diálogo entre Deus e Moisés, seu servidor, nascerá o Decálogo, mas, em íntima e necessária ligação com essa promulgação, a afirmação da unidade e da unicidade de Deus na posição de seu ser.

Essa primeira teofania é o fundamento das outras que se seguirão: "Sou o Deus de teus pais, o Deus de Abraão, de Isaac e o Deus de Jacó" (*Êx.* III, 5-6). Jeová desce do céu como no *Gênese* (XI, 5-7; XVIII, 21). A confirmação da Aliança precede de pouco a revelação dos mandamentos; de fato, o respeito à Aliança é a condição da promulgação dos mandamentos; ela é fundamental, pois inaugura o diálogo entre Deus e seu povo: "Agora, se ouvirdes bem minha voz e observardes minha aliança, sereis para mim privilegiados entre todos os povos, pois toda a terra é minha. E vós sereis para mim uma dinastia de sacerdotes e uma nação santa" (*Êx.* XIX, 6-15).

A segunda teofania refere-se aos mandamentos; nela, Moisés sobe ao Sinai, e é a ele que Deus em pessoa se dirige. Embora não tenhamos testemunhas seguras de sua atividade, ele é ali apresentado como o intercessor entre Deus e seu povo. Segundo A. Lods (*op. cit.*, t. I, p. 358): "Nenhum elemento do *Pentateuco* pode ser remetido à época mosaica, nem mesmo o Decálogo."

Contudo, ainda segundo A. Lods (*ibid.*), pode-se conjecturar que as tribos hebraicas viviam "numa anarquia mais ou menos completa". A escravidão no Egito teria levado o povo mas também e sobretudo Moisés a tomar consciência do elo que unia todos, como vítimas da crueldade do Faraó. A vitória de Moisés torna-o chefe inconteste de seu povo, admirado com o poder divino que soube vencer o Faraó.

Será preciso, além disso, atribuir a Moisés as funções de juiz? Segundo o eminente historiador de Israel, é preciso atribuir a Moisés a origem da "alta inspiração moral, a aspiração a uma justiça menos bárbara [...] que se exprime com força nas velhas coletâneas de leis israelitas [...] e deve remontar às próprias origens do javismo". Segundo o *Êxodo*, Moisés julga ou delega funções de juiz (*Êx.* XVIII, 13-16; XXIII, 7-11).

O episódio crucial da Aliança introduz ao Decálogo (*Êx.* XXXIV, 5-12). Jeová pede a Moisés que corte duas tábuas de pedra sobre as quais escreverá "as palavras que estavam escritas nas primeiras tábuas que quebraste". A Aliança é então formulada: "E eu faço uma aliança", cujo teor comporta certo número de prescrições que parecem acompanhar os mandamentos ulteriores; de fato, essas palavras se destinam a privilegiar a relação entre Deus e seu povo. A construção da Arca da Aliança confirma os episódios precedentes. No entanto já não é Jeová que proclama os mandamentos, e sim Elohim (*Êx.* XX, 1-11). De maneira geral, os historiadores admitem que o *Êxodo*, portanto o Decálogo, se situam ao longo do século XIII a.C. O Decálogo será o verdadeiro ato fundador da religião de Israel? Para tentar resolver esse problema, precisamos examinar seu conteúdo e lembrar que é costume dividir as dez "palavras" em duas Tábuas: a primeira com os cinco primeiros mandamentos, e a segunda com os outros cinco. Pode-se interpretar essa divisão considerando que os cinco primeiros mandamentos referem-se às relações entre o homem e Deus, enquanto os cinco últimos tratam das relações entre o homem e seu próximo. Mas, antes de enumerá-los, convém lembrar que existe uma segunda versão do Decálogo no *Deuteronômio*, V, 6-18. Essa versão seria a do eloísta, ao passo que a primeira seria a do javista. Segundo A. Lods, o texto do Decálogo não pode ter sido redigido na época mosaica. Ele dataria do período em que foi redigido o *Deuteronômio* (século VII a.C.) ou mesmo do período do código sacerdotal (século VI ou V a.C.). Ele considera o Decálogo (tanto quanto o *Deuteronômio*, aliás) "um reflexo já atenuado da pregação dos profetas dos séculos VIII e VII a.C.".

O Deuteronômio

O texto do *Deuteronômio* provavelmente foi redigido pelo eloísta e faz parte de uma tradição diferente da tradição do javista: o quinto livro do *Pentateuco*, ou *Deuteronômio*, segundo a tradução grega, é aquilo que se convencionou chamar de segunda lei, por ser uma repetição da lei do Sinai, que se encontra no *Êxodo*. Mais uma vez, seu protagonista é Moisés. Qual é o seu conteúdo segundo o *Deuteronômio* V: 1. "Escuta, Israel: Jeová é nosso Deus e só Jeová." Afirmação reiterada, portanto, da unidade e da unicidade de Deus. 2. "Amarás Jeová, teu Deus, de todo o coração, de toda a alma e com todas as tuas forças." 3. "Não farás ídolos, nenhuma imagem daquilo que está no alto, nos céus, ou daquilo que está embaixo, na terra, [...] pois eu, Jeová, teu Deus, sou um Deus ciumento." 4. "Não pronunciarás o nome de Jeová em vão."

5. "Observa o sábado para santificá-lo" [...]. 6. "Honra pai e mãe [...]." 7. "Não matarás." 8. "Não cometerás o adultério..." 9. "Não roubarás." 10. "Não cobiçarás a mulher do próximo..." "Essas palavras são ditas por Jeová a toda a vossa assembleia na montanha, em meio ao fogo, à nuvem e à bruma, em voz alta, sem acrescentar nada; depois, escreveu-as nas tábuas de pedra e as deu a mim" (a Moisés). Mas o papel de Moisés não terminou; ele precisa ouvir as outras 613 prescrições que o povo de Israel deve observar. O que se tem aí é teologia ou direito? A resposta a esse problema fundamental dá a solução: não há oposição entre teologia e direito; foi para a realização do povo judeu que as leis dos capítulos 12-26 foram ditadas. De resto, essas leis e esses preceitos se tornam ainda mais inteligíveis se nos remetermos ao livro dos *Reis*, em que o rei de Judá (o reino do Sul, depois da cisão), Josias, preconiza uma reforma religiosa inspirada no Decálogo e nos 613 preceitos anexos (*II Reis*, XXII-XXIII): "Depois que o rei (Josias) ouviu as palavras do livro da Lei, rasgou suas vestes. [...] Esse rei mandou destruir os ídolos que subsistiam queimando-os, e destruiu a magia e a necromancia."

Vejamos resumidamente o que foi o Código Sacerdotal no tempo da reforma de Josias, período que marca o estabelecimento e a perpetuação da monarquia, depois da destruição do reino de Israel em 722 a.C. Entre os reis de Judá, em 640 a.C., Josias retoma a tradição deuteronômica com a publicação de leis "rituais" conhecidas com o nome de Código Sacerdotal. Assim, o *Levítico* (XI-XV) em seus capítulos promulga uma série de leis sobre a distinção entre o puro e o impuro, com referência especial ao consumo de certo tipo de bovídeo, peixe, ave e inseto; o capítulo XXII edita interditos relativos à mulher, à procriação e aos mênstruos. Também elucida o rito da circuncisão no oitavo dia após o nascimento de um menino. O nascimento de uma criança de sexo feminino é alvo de regras diferentes. É o sacerdote que domina a regra do puro e do impuro, quer se trate de doenças ou de qualquer outra afecção. Merecem destaque o caráter especialmente impuro do cadáver, as elucidações referentes aos leprosos, a importância e a frequência das purificações por imersão na água. Essas recomendações serão preceitos ou sentenças (*Levítico* XVIII, 4-5)? Aí cabe também distinguir os comentários rabínicos que apenas mencionamos, com classificações que medem o caráter, racional ou não, o grau de observância, a obrigatoriedade ou não desses preceitos suplementares, seu caráter positivo ou negativo (em especial as interdições, ou melhor, os interditos). Mencionemos apenas, entre os 613 preceitos anexos, aqueles que se referem à legislação mosaica em relação com o Decálogo, que são sua ilustração ou seu desenvolvimento. Em primeiro lugar, é preciso notar o caráter negativo ou positivo dessas regulamentações, lembrando, porém, que o primeiro mandamento de Deus a Adão no paraíso terrestre é a proibição de comer o fruto proibido.

Entre os mandamentos positivos, podemos ressaltar as orações e as profissões de fé diretamente ligadas à afirmação dos cinco primeiros mandamentos referentes às relações entre o homem e Deus. O santuário e o sacerdócio estão diretamente ligados, bem como a organização do culto, até na ritualização dos sacrifícios públicos ou das oferendas particulares.

A legislação referente aos outros cinco mandamentos é de caráter socioeconômico e jurídico: assim, trata dos produtos do solo, dos anos sabáticos e jubilares, do consumo da carne dos animais, do regulamento das solenidades religiosas, da vida familiar, da obrigação da esmola; há também leis da guerra, um registro de punições e, em particular, da pena de morte, diversas leis civis, sobretudo para a herança.

Os mandamentos negativos são essencialmente dedicados à rejeição dos ídolos, em conformidade com o ensinamento fundamental do Decálogo; também dizem respeito ao comportamento do homem para com o homem. A legislação mosaica versa sobre os interditos alimentares, muito importantes numa perspectiva em que o religioso tem como horizonte fundamental a pureza e o particularismo sociojurídico. Também estabelece as regras dos casamentos dos sacerdotes, as obrigações referentes aos cohanim e aos levitas, cuja finalidade essencial é evitar sujeira e impureza. As leis referentes aos produtos do solo são regras negativas; estão em correlação com as prescrições relativas ao ano sabático e ao ano jubilar. Essas regras são, na maioria, de caráter econômico; regem os intercâmbios; a proibição do empréstimo a juros e todos os outros comportamentos econômicos não conformes com a lei: proibição do roubo, da rapina e de outras extorsões ou fraudes. Da mesma maneira, o texto recomenda tratar humanamente os escravos. O falso testemunho é proibido. Depois da moral social, vem a jurisdição referente aos interditos. Aqui faremos breve menção: 1. preces e profissões de fé; 2. santuário e sacerdócio; 3. sacrifícios públicos; 4. oferendas particulares; 5. sacrifícios e votos; 6. fontes de impureza e ritos de purificação; 7. votos e estimativas; 8. retiradas sobre os produtos do solo; 9. anos sabáticos e jubilares; 10. privilégios dos cohanim; 11. consumo de carne de animais; 12. solenidades; 13. autoridades (propriedade, rei, juízes, entre as quais a instituição de juízes e de magistrado em Israel); 14. respeito à vida humana; punição ao assassinato; 15. extinção do culto pagão; 16. amor ao próximo; 17. bases da vida familiar; 18. punição dos culpados; 19. estatuto dos escravos; 20. diversas leis civis. Entre os interditos, cabe distinguir: 1. idolatria, culto pagão; 2. feitiçaria, relações com os idólatras; 3. blasfêmia, profanação do santo nome; 4. respeito ao santuário; 5. prescrições referentes aos sacrifícios; 6. consumo das coisas santificadas; 7. votos; 8. leis matrimoniais para os sacerdotes; 9. leis referentes ao serviço dos cohanim; 10. leis referentes aos levitas; 11. proibições alimentares; 12. leveduras; 13. nazarenos; 14. leis referentes aos produtos do solo; 15. anos sabáticos e jubilares; 16. empréstimos sem juros; 17. roubo, rapina, denegação. Da mesma maneira, o texto recomenda tratar os escravos com humanidade. As regras referentes à justiça são numerosas, sobretudo o falso testemunho é proibido; na mesma ordem de ideias, porém em ligação mais direta com as relações com o próximo, que remetem ao *Levítico*, são proscritos a vingança e tudo o que possa atentar às relações inter-humanas. Depois da moral social, vem a legislação referente aos tabus e interditos sexuais, tais como a sodomia, a zoofilia e tudo o que o *Levítico* chama de impudicícia, em especial o tabu do incesto, a prostituição, o estupro e a castração.

Resumindo: distinguiremos entre lei oral e lei escrita; o Talmude é a lei oral do judaísmo; a Torá, a lei escrita, os cinco livros de Moisés. A lei oral é o comentário da lei escrita; é, portanto, indispensável à sua compreensão e à sua aplicação: essa Torá (lei oral), indispensável complemento da outra, foi revelada a Moisés durante os quarenta dias em que ficou face a face com Deus no monte Sinai. As perseguições durante a segunda guerra aos judeus e a destruição do Templo obrigaram os rabinos a transcrever essa lei oral na forma de código, conhecido com o nome de Michna, no século II, e de Guemara, nos séculos III a V. Segundo J. Eisenberg, a Michna é o código fundamental do judaísmo; está dividida em seis partes; 1. Zeraim (leis relativas às bênçãos e à vida agrícola); 2. Moed (leis relativas às festas); 3. Nachim (leis da vida conjugal e da família); 4. Nezikim (Código Civil e Código Penal, direito judiciário, direito comercial); 5. Kodachim (leis relativas ao Templo de Jerusalém); 6. Taharot (leis de pureza e purificação). Os judeus da Babilônia acrescentaram elucidações conhecidas com o nome de Guemara: foi assim que o Talmude de Babilônia constituiu um *corpus* (Michna e Guemara) distinto do Talmude de Jerusalém.

O De Decalogo *de Fílon de Alexandria*

Não poderemos, neste verbete, falar da posteridade do Decálogo em seu conjunto. Por isso, aqui nos limitaremos a dois exemplos, lembrando o pensamento de Fílon sobre o Decálogo, ao qual ele dedicou duas obras, o *De Decalogo* e o *De vita Moisis.* Para o judeu de Alexandria, nutrido pela cultura grega, contemporâneo da segunda guerra aos judeus, o Decálogo comporta "as dez palavras que constituem os princípios gerais das Leis". Se foram proferidas no deserto, é porque o deserto é o símbolo "de uma fuga para fora do mundo" (Platão, *Teeteto* 176 a-b). Fílon distingue as leis que Deus formulou em pessoa das que ele prescreveu por intermédio do "profeta" Moisés. A interpretação filoniana das dez leis ou mandamentos é de inspiração pitagórico-platônica; lembra as virtudes da década que ele também encontra nas dez categorias de Aristóteles. O alexandrino distingue as duas tábuas examinadas sucessivamente. Na primeira é exaltada a majestade divina que Fílon opõe aos falsos deuses, sobretudo os da Grécia antiga, mas também do Egito. Comentando o segundo mandamento, também condena os falsos juramentos, depois lembra a santidade do sabá, símbolo da criação; o respeito devido aos pais justifica-se plenamente quando se pensa que a faculdade de gerar os torna semelhantes a Deus, pai do universo. Quanto à segunda tábua, que começa condenando o adultério, Fílon lembra que este faz parte dos atos proibidos porque conduz ao mal e a ele arrasta o parceiro, tanto no corpo quanto na alma; ele expande seus artifícios e ofende esposo, amante adúltero, cúmplices e até a cidade toda, devido à interação de alianças e parentescos; acarreta dúvidas sobre a paternidade das crianças nascidas ou nascituras, que, por sua vez, são lesadas em termos de herança. O homicídio viola o vínculo de solidariedade entre cidadãos e ameaça a concórdia entre eles. Fílon acrescenta que ele destrói um templo, de acordo com o tema platônico de *Leis* 869 b, pois o corpo humano é um templo onde a alma habita (*Leis* 931 e). O roubo é o resultado da cupidez; é a causa do despotismo e da dominação; o falso testemunho é sua consequência. Esse é um ato delituoso que "corrompe a augusta verdade, o bem mais sagrado de nossa vida" (Platão, *Leis* 730 c). Os juízes, por essa razão essencial, fazem juramento e podem, assim, exercer seu cargo com toda a segurança. O desejo (pela mulher do próximo, por exemplo) faz parte das más paixões da alma, contrárias à natureza. O desejo está ligado à liberdade do homem; é o que constitui seu caráter particularmente pernicioso. Sendo o desejo semelhante ao suplício de Tântalo, o homem que deseja se condena moralmente ao suplício da roda. O desejo engendra guerras e desastres, e só pode ser combatido com sucesso pelo raciocínio filosófico. Essas dez palavras abrem o caminho para as leis particulares cujo princípio elas constituem, leis que têm um caráter eminentemente moral. De maneira geral, a observância dessas leis conduz à sabedoria, quer se trate das prescrições (*mishpatim*) ou dos decretos (*hukkim*), ou seja, essencialmente à purificação do homem. A lei mosaica foi revelada por Deus; contudo, está de acordo com a natureza humana. Pode-se dizer, por conseguinte, que há acordo entre lei natural e lei revelada.

A interpretação tomista dos Dez Mandamentos

Para são Tomás, a sabedoria é o livro dos mandamentos de Deus. Com o Doutor Comum, encontramo-nos em presença de um tratado das virtudes, cujo coroamento é a sabedoria (a *sophrosuné* aristotélica). Referimo-nos essencialmente ao seu comentário aos dez mandamentos da lei, texto de um sermão pronunciado por são Tomas em Nápoles um ano antes de sua morte (trad. fr. *Explication des deux preceptes de la charité et des dix commandements de la loi*, Paris, Novelles Éditions latines, 1970). Nesse texto, a tônica recai sobre o amor a Deus que são Tomas considera como "o maior, o mais nobre, o que contém em si todos os outros" (*Mateus* XXII, 37). Um dos corolários da lei do amor é a renúncia aos bens terrestres; é assim que o Doutor Comum interpreta as palavras do *Êxodo* (XX, 5): "Eu, teu Deus, sou um Deus ciumento." Amar a Deus é evitar o pecado, mas também doar coração, alma, espírito e forças. O amor ao próximo vem em segundo lugar: "Aquele que observa esse mandamento [...] cumpre toda a lei." O comentário referente ao amor ao próximo difere do pensamento mosaico: o próximo é também o inimigo. A classificação tomista dos dez mandamentos difere da classificação da versão bíblica: para são Tomás, as duas tábuas estão divididas em três e sete. A condenação da idolatria quase não difere em nossos dois autores; no entanto, a interpretação da santificação do sabá é retomada por são Tomás, que distingue uma primeira criação, relatada pelo *Gênese*. Ele vê na ressurreição de Cristo uma segunda criação, a criação do homem celeste; o domingo comemora essa criação nova. Os outros sete preceitos, da Segunda Tábua, segundo a concepção tomista, também são esclarecidos com referências a Aristóteles; mas são Tomás vai bem além, pois, ampliando seu propósito com reflexões sobre política, considera que os reis e os príncipes são pais porque "devem velar pelo bem do povo", e "todo poder vem de Deus", como diz o apóstolo na *Epístola aos romanos*. Para condenar o homicídio, são Tomás invoca a lei divina; faz o mesmo com o suicídio, e a esse respeito faz uma análise da cólera, que considera a raiz da violência e dos homicídios. A condenação do adultério da mulher e do homem é a oportunidade para análise da concupiscência masculina e para a apologia do casamento. O interdito "não roubarás" permite que nosso autor condene a usura e a tirania: todos os tiranos que tomam, pela violência, reinos, províncias ou feudos são ladrões. A denúncia do falso testemunho (oitavo preceito da lei) e o interdito referente ao que pertence ao próximo permitem que são Tomás faça a distinção entre a lei humana e a lei divina, condenando a cobiça. Por fim, "não cobiçarás a mulher do próximo" dá ensejo a um novo desenvolvimento sobre a concupiscência e os remédios para combatê-la. Definitivamente, tem-se aí mais um tratado das paixões da alma e um tratado das virtudes do que um comentário teológico.

Conclusão

No contexto da teofania do Sinai, o Decálogo precede todos os corpos de leis e é seu inspirador fundamental. Lei revelada? Realmente, é o que dizem os textos bíblicos, mas ela não está em contradição com a lei natural nem com a lei humana. A generalidade – para não dizer a universalidade – das leis reforça seu caráter obrigatório, senão coercitivo, e é a manifestação suprema da liberdade do homem. De fato, a dimensão ética e religiosa sobrepuja amplamente a dimensão jurídica. No Novo Testamento, o Decálogo é pressuposto, conforme demonstram os textos de são Tomás mencionados acima. Para Cristo, o Decálogo é imediatamente acessível a um coração puro; também o é para as *Epístolas* de Paulo, para quem a unidade e a unicidade de Deus são preliminares a qualquer outra consideração. O Decálogo representa a totalidade da Sabedoria divina, e ao mesmo tempo é o conteúdo essencial da consciência moral comum a todos os homens; por conseguinte, representa a forma universal do *ethos*, ao mesmo tempo individual e social (*Lev*. XIX e XXV). O conceito fundamental de justiça estrutura as relações humanas, sem esquecermos a influência tantas vezes mencionada e, sem dúvida, provável do direito das culturas vizinhas do antigo Oriente, em especial do código de Hamurabi. Na história do direito, mas também na teologia e na filosofia do direito, o Decálogo desempenhou papel fundador; com os inúmeros comentários de que foi objeto, constituiu a fonte do respeito à justiça e ao direito.

› BRÉHIER E., *Les Idées philosophiques et religieuses de Philon d'Alexandrie*, Paris, 1950. – DHORME E., *La Bible, l'Ancien Testament*, vol. I, Paris, Bibliothèque de la Pléiade, 1956. – EISENBERG J., *Le Judaïsme*, Paris, 1989. – FLAVIUS J., *La Guerre des Juifs*, trad. fr., Paris, 1977. – GUIGNEBERT Ch., *Le Monde juif vers le temps de Jésus*, t. II: *Des prophètes à Jésus*, Paris, 1935. – LODS A., *Israël, des origines au milieu du VIIIe siècle* (2ª sect.), Paris, 1930; *Les Prophètes d'Israël et les débuts du judaïsme*, Paris, 1935. Col: *Dictionnaire du judaïsme*, adaptation française de *The Encyclopeadia of Judaism*, Paris, 1993.

Ver também: MUNK E., *La Voix de la Thorah: l'Exode* (commentaire du Pentateuque), vol. I, Paris, 1998. – PHILON D'ALEXANDRIE, *De Decalogo*, trad. fr. V. Nikiprowetzky, Paris, 1965; *De vita Moisis*, introdução, tradução e notas de R. Arnaldez, C. Mondésert, J. Pouilloux, P. Savinel, Paris, 1967. – THOMAS D'AQUIN (saint), *Les Commandements*, trad. fr., Paris, 1980.

Jeannine QUILLET

→ Código Penal; Contrato; Direitos humanos; Escravidão; Guerra; Incesto; Juiz; Justiça privada; Lei; Propriedade (Direito de); Suicídio; Talião; Torá; Troca, escambo, permuta; Usos e costumes; Usura.

DECISÃO

Eterna decisão, sagrado fenômeno resistente a todas as críticas! O esquema tradicional da decisão perdura. Ele fraciona a decisão em três momentos: preparação, decisão, execução. Privilegia o segundo momento, chamado apenas de decisão; ao que parece, momento do ato criador. Despreza a execução servil, sempre a jusante. Que se experimente passear pelos jardins elíticos e explicar que a decisão é um encadeamento ou processo não passível de fracionamento, que não existe ato criador isolável, pois a criação é contínua e, na parcela mínima de execução, uma política inteira pode lograr ou malograr; quem assim questionar cada um dos pretensos elos da cadeia será tachado de intelectualista. E quem mostrar (seguindo Sartre) que frequentemente agimos antes mesmo de termos concebido ou escolhido será tachado de anarquista (L. Sfez, *Critique de la décision*, Presses de la Fondation nationale des Sciences politiques, 5ª ed., 1992). Por que essa resistência tenaz a todos os assaltos teóricos? Por que a decisão sobreviverá a uma crítica da decisão?

As funções da decisão

A decisão exerce pelo menos quatro funções fundamentais na sociedade de hoje. Em primeiro lugar, a decisão tem a função de possibilitar que o ator atue. Realmente, se a todo momento da ação quem decide precisasse lembrar-se do peso dos determinismos e das estruturas, seu impulso para a ação seria interrompido. O sistema atua por meio de seus atores, mas deixa-lhes a ilusão de que são sujeitos livres e criadores (o fenômeno da ilusão política foi bem descrito por J. Ellul em *L'Illusion politique*, Laffont). A decisão é o intermediário fantasmático obrigatório entre nós e o mundo. Solução fantasmática que acarreta soluções muito reais. Solução ideológica por excelência, pois ela é a arma lendária de todos os sistemas políticos, de Kennedy a De Gaulle, de Stálin a Mao Tse-tung. Ela permite a camuflagem de políticas que ninguém se dá o trabalho de explicitar em sua pregnância estrutural, políticas que aparecem como fruto das decisões dos grandes homens ou de equipes, o que dá na mesma.

Em segundo lugar, a decisão tem a função de permitir que o atuado, o cidadão, suporte o mundo. Não é por acaso que neste mundo hiper-racionalizado pululem ideologias de apelo ao irracional libertador. Nesse concerto, a decisão ganha espaço privilegiado. Dividido entre a consciência dos determinismos e a volúpia da liberdade, o homem de todos os dias quer apaixonadamente acreditar na decisão, tábua de salvação ideológica, intermediário obrigatório entre a liberdade e o determinismo, oposição esta também ideológica. Graças à decisão, o cidadão cria o bode expiatório; em caso de sucesso, aclamações provisórias; em caso de fracasso, o homem ou a equipe responsável são acusados de todos os pecados e alijados. Disjunção necessária. Em nenhum caso as estruturas são questionadas. Solução facilitadora, que também exerce a função precedente, pois as classes dirigentes tiram proveito da situação.

Em terceiro lugar, a decisão tem a função de fragmentar os atos estatais em competências respectivas, algumas vezes até concorrentes; separação dos poderes em direito constitucional, teoria jurídica dos atos e dos contratos em direito administrativo, teoria da separação das competências jurisdicionais: fragmentações indispensáveis ao Estado liberal. Fragmentar para criar contrapesos, fragmentar para possibilitar a liberdade na ordem. A decisão cartesiana é o conceito básico dessas fragmentações. Delibero e decido (parlamento e governo juntos), decido, executo, controlo (governo e instâncias jurisdicionais juntos). Os dois contrários são aí ordem e liberdade, oposição ideológica tradicional da sociedade liberal coroada pelo conceito de decisão. A decisão desempenha então, com muita franqueza, seu papel conservador; é ela que permite ao sistema evitar a entropia, enquanto mantém o essencial da ordem social existente.

Por que esse modelo é universal? Porque a decisão, por acúmulo sucessivo de estratos, é uma velhíssima ideologia do Ocidente, incrustada em nossos costumes, enraizada em nossos comportamentos bem antes de nascermos, ideologia de nossos pais e avós, da Grécia ao cristianismo, de Descartes à filosofia do Iluminismo. A decisão pertence, em especial, ao século XVIII, o do liberalismo clássico, estende-se até uma parte do século XX moderno, mas já não pertence ao mundo contemporâneo do ano 2000. É como se ela se mantivesse hoje apenas por uma espécie de efeito retardado, por um artifício de linguagem. Cada um – inclusive as elites que denunciamos – age contrariamente à ideologia decisional que persiste. Persistem nas palavras e nos escritos o logos do círculo democrático e a linha reta da reta razão; persiste a universalidade da decisão cristã livre; persistem a razão tomista e a dúvida crítica cartesiana; persiste a construção leibniziana do progresso histórico rentável. Mas os processos nada mais têm a ver com aquilo que se imagina. As realidades se furtam ao esquema.

Outras formas de ação, outras estratégias sociais a substituíram, de início adaptadas à visão de um homem provável, depois à *de um homem aleatório*. A agonia da decisão é a interminável agonia do próprio liberalismo clássico, de suas pompas e de suas obras. Donde a crise do conceito. Estudaremos sucessivamente três aspectos: "O homem seguro, ou a decisão no liberalismo clássico"; "O homem provável, ou a decisão no liberalismo moderno"; "O homem aleatório, ou a decisão em nossas sociedades contemporâneas".

O homem seguro, ou a decisão no liberalismo clássico

O *homo economicus* dos teóricos econômicos ou o *homo civicus* de Rousseau sempre tem ideias claras, sabe exercer suas escolhas com discernimento. Como consumidor, escolhe os melhores produtos pelo melhor preço. Como produtor, sabe inventar as produções mais adequadas às matérias-primas e ao *know-how* de que dispõe e ao melhor gosto (que ele conhece) dos consumidores, a qualquer momento. Como cidadão, sabe eleger os melhores representantes e, assim, designar os melhores agentes. Como representante ou ministro, sabe fazer as escolhas coletivas e individuais mais adequadas ao estado de uma sociedade. Ele é, em todo o seu esplendor, o decididor, ao mesmo tempo consumidor e produtor, cidadão e ministro, personagem única nos múltiplos cenários, personagem cujas características idênticas culminam no Estado, infinitamente seguro e transparente, racional e sempre livre para exercer com discernimento as "grandes arbitragens". Donde uma definição da decisão na era clássica. *A decisão clássica é a boa decisão direta, em linha reta, a decisão que garante ao sujeito livre as escolhas de rentabilidade progressista, linear.* Há dois séculos, esse retrato permanece inalterado. Ainda que a realidade lhe escape, ele vale para todos os países industriais "adiantados" (inclusive os chamados "socialistas"), assim como para todos os países "em desenvolvimento" (o próprio termo é uma indicação), que tentam imitá-los. Foi essa a ficção do liberalismo clássico, já torpedeada em seu devido tempo pelo paradoxo de Condorcet ou pela teoria econômica dos comportamentos irracionais.

O homem provável ou a decisão no liberalismo moderno

Crise geral do dispositivo. O que qualifiquei de "monorracionalidade cartesiana" em *Crítica da decisão* constituía um dispositivo completo em que cada elemento remetia aos outros. Lembro-os mais uma vez: linearidade, progresso, eficiência-lucro, normalidade! Mas aqui, para obter simplificação pedagógica, eu os agruparei dois a dois, associando linearidade a progresso e normalidade a eficiência-lucro. O progresso é sempre uma visão linear da História, e a normalidade exigida do homem padrão, industrioso, sempre está a serviço da eficiência-lucro. Mas é verdade que são possíveis outros agrupamentos. A monorracionalidade forma sistema. Cada um dos elementos do sistema remete a todos os outros, inexoravelmente. A tal ponto que, se autores ou práticos, impelidos pela novidade, mas ainda tímidos, esvaziarem apenas um, dois ou três elementos desse quadrilátero, o elemento restante ressuscitará todos os outros. É como a história da hidra de mil cabeças (cf. J. Ellul, por exemplo: *La Technique ou l'enjeu du siècle*, A. Colin). Donde uma definição da decisão na modernidade. O aborto dessa procura é típico das teorias "modernas", nem digo "contemporâneas". A decisão já não é a da definição clássica, de uma bela escolha direta, em linha reta, de rentabilidade progressista, linear de um sujeito livre. Não, aqui a sociedade já não é segura. O homem já não é seguro. A sociedade é um devir provável, e o *homo economicus* e o *homo civicus* também. A era da incerteza começou. A decisão moderna *é um processo de compromisso progressivo, conectado a outros, marcado pela equifinalidade, ou seja, pela existência reconhecida de vários caminhos para chegar ao mesmo e único objetivo.* Início de tremor, perturbação, mas ainda não confusão.

O homem aleatório, ou a decisão em nossas sociedades contemporâneas

Risco de nosso mundo atual: a crise. A crise generalizada, planetária, dos valores, da economia, da política. Crise do romance e crise do emprego. Crise da escrita em face das tecnologias da comunicação. Crise da família e da demografia. Crise dos imperialismos mundiais, incessantemente ameaçados na periferia. Tudo culmina numa crise central: a crise do próprio limite entre centro e periferia: a crise iugoslava é central ou periférica? Totalização e comunicação instantâneas reagindo sobre o próprio ato. Ligação de todos os elementos do sistema em todos os níveis, em todos os momentos, ou ausência de conexão que faz o sucesso da teoria sistêmica crítica, mas que na prática significa anarquia, ausência de normas, ausência até de uma definição de normalidade. O homem tornou-se totalmente aleatório. *"Homo erraticus"*. E, mais do que nunca, nesse contexto, a questão da liberdade. Pouco adiantou Althusser mostrar que a ideologia interpela o indivíduo como sujeito, ou seja, o constrói na ilusão de sua liberdade, em face das coerções históricas que o carregam: essa "ilusão" persiste e subsiste, engendra efeitos práticos, livres, que se somam a todas as áleas. *Homo erraticus.* Esse homem, nosso contemporâneo, erra interminavelmente entre os signos e simulacros sociais que produz e dos quais é vítima. Errando, porém, nem sempre está em erro, apesar de uma etimologia pesada de interditos: "Segue reto, pois sem isso teu caminho errático te levará ao erro." Ora, o *homo erraticus* mostra, com suas práticas, que o caminho reto é impraticável, está cheio de emboscadas, é fonte de ilusões. O erro estava na retidão. Ou melhor, na própria ideia de que pode existir uma única verdade, um único centro, um único futuro possível, um único bloco de valores por defender. O homem de hoje pode incidir em agnosticismo cético, impotente. Mas já sabe reconhecer a impalpável mensagem da diferença que solapa as fortalezas mais homogêneas, assim como as estruturas que governam, apesar dos simulacros; sabe perceber a relatividade das normas como causalidades invertidas. Pode, por isso, conceber as pluripossibilidades do futuro, bem como aceitar a simples prolongação do presente (cf. *La Nouvelle alliance*, de Prigogine e Stengers, Gallimard). Donde a definição da decisão na era contemporânea. Ao homem seguro correspondia a definição de decisão como ato racional e linear, marcado por um objetivo. Ao homem provável corresponde a mesma definição, mas com o reconhecimento de vários caminhos para se chegar ao mesmo objetivo. Ao homem aleatório corresponde a definição nova. *A decisão contemporânea é uma narrativa sempre interpretável, multirracional, dominada pela multifinalidade, marcada pelo reconhecimento de vários objetivos possíveis, simultâneos, em ruptura.* Damos aqui nome à teoria do supercódigo, desenvolvida e sistematizada em "Crítica da decisão".

› MARCH & SIMON, *Les Organisations*, Dunod, 1969. – SAINSAULIEU R., *Sociologie de l'organisation de l'entreprise*, Presses de Science Po, 1987. – SFEZ L., *Critique de la décision*, 1ª ed. 1973, 5ª ed., 1992; *La Décision*, Paris, PUF "Que sais-je?", 1ª ed., 1984, 3ª ed., 1994. – STARBUCK W. H., "Congealing oil, inventing ideologies to justify acting ideologic out", *Journal of Management Studies*, 19 (1), 1982.

Lucien SFEZ

→ Administração; Ato; Ato administrativo; Autor, coautor, *perfector*; Autoridade; Comunicação; Decisionismo; Estado; Ficção; Vontade.

DECISIONISMO

O neologismo "decisionismo" apresenta essencialmente duas acepções na cultura jurídica contemporânea. Em sentido estrito, designa a doutrina do jurista alemão Carl Schmitt, em especial durante a República de Weimar. Em sentido mais amplo, faz referência às concepções jurídicas que põem em primeiro plano "o reconhecimento da existência de um elemento subjetivo, irracional e ilógico na atividade (*action*) judiciária" (R. Pound).

Decisionismo como teoria político-jurídica

Schmitt cunhará o termo *Dezisionismus* para denominar sua teoria, pelo menos até 1933. A noção de "decisão" (*Entscheidung*), tal como ele a entende, é, antes de tudo, um elemento formal, especificamente jurídico. Num primeiro momento, o conceito de decisão permite passar da ideia do direito à sua realização, pois "seu conteúdo é posto por um ato de decisão soberana". Mas o decisionismo torna-se a matriz do pensamento schmittiano: ele atravessa todas as temáticas, ou melhor, é através dele que todas as suas temáticas se inter-relacionam, desde a ideia de soberania até a interpretação judiciária, desde a definição de política até a noção de constituição, passando pela crítica do parlamentarismo.

Num texto de caráter até certo ponto paradoxal – ao mesmo tempo desenvolvimento sistemático do conceito e (auto)crítica em nome da noção de instituição –, Schmitt eleva o decisionismo ao nível de forma do pensamento jurídico que reduz a ideia de direito à *decisão.* Para o tipo decisionista, "a autoridade ou soberania de uma decisão suprema constitui a fonte de todo direito". Não é o comando pelo comando, mas sim a autoridade de uma decisão que fundamenta tanto a norma quanto a ordem: "A decisão soberana é começo absoluto. Ela brota de um nada normativo e de uma desordem concreta." Ele afirma que o decisionismo é muito disseminado entre os juristas, pois, por sua prática e formação, eles sempre concebem as questões jurídicas por um ângulo conflituoso, como preliminares à decisão judiciária que dirime a controvérsia. Como tipo geral, o decisionismo pode também ser encontrado como componente de outras concepções jurídicas – assim, o positivismo do século XIX procura elevar a decisão do legislador a norma objetiva e suprema.

Schmitt construirá uma genealogia do decisionismo no pensamento europeu, de J. Bodin a J. Donoso Cortés, passando por J. de Maistre. Sua expressão clássica estaria no capítulo XXVI do *Leviatã*: na passagem do caos do estado natural à ordem da *societas civilis* pelo surgimento de uma vontade soberana, Schmitt vê brotar a estrutura lógica do decisionismo em toda a sua clareza. Ele pode ser condensado na fórmula hobbesiana "*auctoritas, non veritas, facit legem*".

O decisionismo apresenta um elo intrínseco com as noções de exceção e soberania, problemática concentrada na fórmula "é soberano aquele que *decide* sobre o estado de exceção". A relação decisão/exceção tem caráter constitutivo: o decisionismo pressupõe "completa desordem, um caos que só pode ser transformado em lei e em ordem por meio de simples decisão". Em outras palavras, não há decisão sem exceção e, "considerada de um ponto de vista normativo, a decisão nasceu de um nada". Tem-se aí uma relação fundadora, pois é na e pela situação excepcional que a decisão revela sua natureza, "liberta-se da obrigação normativa e torna-se absoluta em sentido próprio". Mas não é a decisão que aniquila a norma; ao contrário, é ela que restitui a normalidade, (pré-)condição à aplicação de uma norma, pois o estado de exceção é, por definição, aquilo que não é subsumível, o que mostra em Schmitt, mesmo negativamente, certo apego ao silogismo jurídico em situação normal. Toda ordem – e não só a jurídica – repousa numa decisão. E a decisão tem valor autônomo, independente da justeza do conteúdo; em *Die Diktatur*, ele opõe a uma orientação do jusnaturalismo, que privilegia o "conteúdo da decisão", outra que insiste apenas no fato de ser tomada uma decisão.

A problemática decisionista também está ligada à soberania, pois, "para a realidade da vida jurídica, importa saber *quem decide*". Também neste caso, a efetividade da decisão parece continuar preeminente, pois é ela que, em última instância, possibilita discernir o soberano. Para Schmitt, aquele que domina no estado de exceção domina no Estado, porque decide quando esse estado existe e quais são as medidas apropriadas para pôr-lhe fim. Trata-se de uma decisão concreta, oriunda de uma instância determinada, diante de perigos precisos e iminentes, o que comporta certa relativização da legitimidade. A soberania, então, não é uma qualidade *a priori*, mas se revela diante do caso excepcional, ainda que as constituições de Estado de direito procurem fixar seu titular, para submetê-lo a limitações e controles precisos.

Do ponto de vista histórico, o decisionismo pretende ser uma resposta a uma situação existencial, o que nos leva ao critério da política, à distinção amigo-inimigo. De fato, esse critério não é separável da ideia de decisão, mesmo porque o fenômeno político não tem substância própria, não tem conteúdo específico: "todo grupo social, seja qual for sua forma e seu conteúdo, torna-se político à medida que se associa à decisão ou concentra em si a decisão". Ainda que o fenômeno político não se confunda com o Estado, este último não deixa de ter débitos para com o decisionismo, pois não se define pelo "monopólio da violência", e sim pelo monopólio da decisão. O Estado, pelo menos em sua configuração clássica do *ius publicum europaeum*, é uma unidade política que tem o monopólio da decisão para determinar amigos e inimigos; tem, em especial, o *jus belli*. Se toda unidade política soberana deve ser "o centro de decisão que comanda o agrupamento amigo-inimigo", o Estado parece encarnar – com o risco de certa circularidade – o fenômeno político de maneira privilegiada: "É o caráter político do Estado que funda sua unidade, que faz dele a unidade determinante, o centro de decisão". Não há pluralidade numa situação normal; é por isso que, mais que de metafísica da decisão, cabe falar em "metafísica da unidade" em Schmitt (que se exprime de maneira privilegiada em seu estatismo e, depois, em seu nacionalismo), pois a decisão vale por restabelecer uma ordem, uma unidade. A questão da decisão de um sujeito político (o povo na democracia) ganha mais força em sua definição de "constituição", construída sobre a ideia de poder constituinte. A constituição, em sentido positivo, é definida como a "*decisão política fundamental do titular do poder constituinte*". A decisão constitucional é específica por dizer respeito ao gênero e à forma da existência política própria. É dela que procede a validade das normas, inclusive das normas constitucionais (a "lei constitucional"): "Uma constituição não se baseia numa norma cuja justeza seja a razão de sua validade. Ela se baseia numa decisão política emanada de um ser político sobre o gênero e a forma de seu próprio ser. A palavra 'vontade' define a natureza essencialmente *existencial* desse fundamento de validade, por oposição a toda e qualquer dependência em relação a alguma justeza normativa ou abstrata."

O decisionismo como concepção jurídico-judiciária

São também qualificadas de "decisionistas" – com certa nuance pejorativa – as concepções que "ressaltam a *preeminência* da vontade, do *sentimento* ou da 'intuição' em face de qualquer decisão deduzida e racionalmente justificada" (K. Larenz). Sua problemática está ligada à questão das "lacunas jurídicas" e, sobretudo, à tese da preeminência do juiz na produção do direito. Trata-se de uma abordagem que insiste na atividade do juiz como indivíduo, ou seja, mais em sua vontade do que na legalidade. Mais que uma doutrina, o decisionismo aparece aqui como um componente que se encontra integrado em diversas correntes do pensamento jurídico.

O sucesso que o pensamento de Schmitt teve junto aos não juristas deixou até certo ponto na sombra as suas primeiras reflexões sobre a interpretação judiciária em *Gesetz und Urteil* (1912), obra na qual, partindo da prática jurisdicional, ele critica a ideia de subsunção do julgamento ao âmbito da lei. Defende que a atividade do juiz contém um elemento irredutível ao conteúdo da norma. Essa decisão é "um elemento e um ingrediente de todos os fenômenos jurídicos", pois, de maneira geral, todo direito encerra, "quanto ao conteúdo, um momento arbitrário". Mas a decisão exprime aí um elemento arbitrário *dentro do* direito: o juiz não pode adotar uma apreciação absolutamente livre, sua subjetividade pessoal. Sobretudo, a questão central é a da "justeza da decisão judiciária". E para ele, "uma decisão judiciária é hoje justa quando é de admitir que outro juiz teria decidido do mesmo modo"; em outras palavras, o critério decisivo é menos a subjetividade do juiz do que a prática judiciária. Mais tarde, ele insistirá no fato de que, em toda decisão judiciária – mesmo na de um tribunal que realize a subsunção concreta do fato à regra –, "há um elemento de pura decisão que não pode ser derivado do conteúdo da norma". Assim, o elemento decisional não é um momento, mas o sentido e o objetivo da sentença, cujo valor não está na argumentação, mas na eliminação autoritária de uma dúvida. Contudo, "no caso normal, o momento autônomo da decisão se reduz ao mínimo".

Às vezes essas ideias serão associadas ao "movimento do direito livre". De fato, a expressão mais clara dessa guinada subjetivista da doutrina jurídica alemã é o ensaio de H. Kantorowicz, *Der Kampf um die Rechtswissenschaft* (1906). Para ele, o direito não é produto de uma dedução lógica: "o verdadeiro ator é a vontade", que domina toda a técnica jurídica. A vontade de chegar a uma resolução, já fixada, dirige a escolha dos fundamentos legais nos quais ela se baseará. Esse primado do "momento voluntarista" também exprime uma oposição ao direito estatal, na forma de reivindicação de um direito vivo e livre. O direito em vigor repousa na convicção livre e não controlável do juiz; sua personalidade exerce influência determinante sobre o resultado da sentença. Pois o juiz pode encontrar um regulamento em sua própria vontade, independentemente da lei; "só onde há *personalidade* – escreve ele – há justiça".

A obra de H. Isay, *Rechtsnorm und Entscheidung*, tentará mais tarde uma síntese sistemática dos debates da doutrina alemã. Para Isay, a separação entre a essência da norma jurídica e a da decisão é fundamental: "A decisão é uma ação dinâmica, vivenciada; é, portanto, vida, devir, movimento." Enquanto a norma é – de acordo com sua essência – racional, "a decisão se mostra irracional e sempre encerra elementos irracionais". A decisão exprime um sentimento jurídico; seu conteúdo "não é extraído por um ato cognitivo de pensamento, mas por um ato volitivo". Segundo ele, a decisão é um querer que, como aspiração, se baseia num sentimento valorativo; "ela é o querer de realização de um valor determinado através de um sentimento". É verdade que a justiça pode ser levada em conta como valor que deve ser realizado pela decisão, mas um valor é inapreensível pelo entendimento, que, por sua vez, é *wertblind.* Contudo, quando um juiz toma uma decisão, recorre, posteriormente, às normas, para fundamentar em direito o seu sentimento: essa é a razão pela qual ele considera que essa decisão está, afinal, submetida ao controle das normas.

O momento da decisão judiciária será o fulcro conceitual do movimento realista americano, marcado por um ceticismo geral em relação às regras. Segundo J. Frank, "o direito [...] é constituído por *decisões*, não por regras. Assim, *quando decide um caso, o juiz faz direito*". Mas K. Llewellyn, referindo-se à atividade dos juízes – mas também dos outros atores do sistema jurídico –, afirmava que "o que é feito por esses agentes do direito a respeito dos conflitos constitui, em minha opinião, o próprio direito". Alguns realistas não se limitarão a afirmar que o direito é irredutível às regras, e que a interpretação do juiz faz o direito; continuarão insistindo mais nos elementos subjetivos e arbitrários de seu comportamento. Para Frank, não há aplicação de uma regra ao fato: a regra é apenas um elemento entre outros fatores *unruly* que constituem a sentença; por conseguinte, as decisões futuras são incertas e imprevisíveis. Ele é radical porque seu ceticismo não se refere apenas às regras, mas também aos fatos (*fact-skepticism*), que também dependem das reações subjetivas do juiz diante das declarações das testemunhas, que por sua vez são marcadas por suas visões subjetivas – diante dessa dupla subjetividade, ele falará de "fatos subjetivos". Assim, a personalidade do juiz torna-se o fator fulcral da administração da justiça: "os traços singulares, as disposições, os costumes e os hábitos de um juiz determinarão muitas vezes aquilo que ele decide que é o direito".

Mais que decisionismo, encontra-se na *reine Rechtslehre* certa ambivalência que parece resolver-se em sentido decisionista na última fase da obra de Kelsen. Se é que há decisionismo, ele discorda um pouco: a decisão não é exterior à norma, mas não há norma sem decisão do intérprete autêntico, em particular do juiz. Duas proposições teóricas pressupõem essa concepção: a norma é um âmbito aberto de possibilidades, e a aplicação do direito é um ato de produção de direito. "A decisão jurisdicional é um ato de vontade" – escreve Kelsen –, mas habilitado pelo direito positivo válido. Bem antes, A. Merkl ressaltava que a aplicação do direito não é tanto uma função de conhecimento quanto uma função de vontade: se o querer jurídico daquele que aplica o direito pressupõe um conhecer – o das possibilidades jurídicas de sua vontade –, não é porque ele (re)conheça alguma coisa como direito, mas porque quer que ela seja direito. No entanto, a Escola de Viena sempre rejeitará as concepções da escola do direito livre, que postulariam a liberdade do juiz contra a lei. O pensamento kelseniano se tornará mais nítido em sua obra póstuma: a validade de uma norma é condicionada pelo ato de vontade cuja significação ela é, ou, para usar uma fórmula, "não há imperativo sem *imperator*, não há normas sem autoridade que dite a norma". De fato, "a tarefa funcional da jurisprudência é uma decisão", portanto "não é o pensamento do juiz, mas a sua vontade, que ocupa posição-chave na estrutura global da jurisprudência".

› SCHMITT C., *Gesetz und Urteil*, Berlim, 1912; *Der Wert des Staates und die Bedeutung des Einzeln*, Helleraü, 1917; *Die Diktatur* (1921), Munique, 1928; *Politische Théologie*, Munique, 1922 (*Théologie politique*, Paris, 1988); *Der Begriff des Politischen* (1927), Berlim, 1991 (*La Notion de politique*, Paris, 1992); *Verfassungslehre* (1928), Berlim, 1993 (*Théorie de la Cosntitution*, Paris, 1993); "Staatethik und pluralistischer Staat", *Kant-Studien*, 1930 (*Parlementarisme et démocratie*, Paris, 1988); *Der Hüter der Verfassung*, Tübingen, 1931; *Über die drei Arien des rechtswissenschaftlichen Denkens*, Hamburgo, 1934 (*Les Trois types de pensée juridique*, Paris, 1995).

Ver também: FRANK J., *Law and the Modern Mind* (1930), Londres, 1949; *Courts on Trial* (1949), Princeton, 1950. – ISAY H., *Rechtsnorm und Entscheidung*, Berlim, 1929. – KANTOROWICZ H., "Der Kampf um die Rechtswissenschaft" (1906), in *Rechtswissenschaft und Soziologie*, Karlsruhe, 1962. – KELSEN H., *Allgemeine Theorie der Normen*, Viena, 1979 (*Théorie générale des normes*, Paris, 1996). – LARENZ K., *Methodenlehre der Rechtswissenschaft* (1960), Berlim, 1969. – MERKL A., *Gesammelle Schriften*, I, Berlim, 1993. – POUND R., "The Call for a Realist jurisprudence" (1931), in *American Legal Realism*, Nova York, 1993.

Carlos Miguel HERRERA

→ Decisão; Exceção, urgência, necessidade; Interpretação; Realismo.

DECLARAÇÃO DOS DIREITOS DO HOMEM E DO CIDADÃO

Adotada pela Assembleia Nacional na febre da ruptura com o Antigo Regime, a Declaração dos Direitos do Homem e do Cidadão de 26 de agosto de 1789 é o próprio símbolo da Revolução francesa e dos vestígios que deixou na história da frança. Texto de uma veemência raramente igualada, contestado pelos contrarrevolucionários e depois pelos marxistas, a Declaração é hoje objeto de um consenso cuja edificante demonstração foram as comemorações de 1989. Nossos contemporâneos, portanto, preferiram a insipidez da sociedade do espetáculo (e dos repertórios de jurisprudência!) ao "estrondo da batalha", que Michel Foucault convidava a ouvir no fim de um de seus livros. Estranho destino para um texto cujas ambiguidades alimentaram polêmicas que pareciam inesgotáveis! O desejo de dar destaque à fase liberal da Revolução, ocultando o resvalo do Terror, levou a transformar a Declaração num monumento sem mistérios nem sombras.

No entanto, o próprio estatuto da Declaração é problemático, como demonstra o fato de ela figurar na maioria das antologias da literatura francesa do século XVIII, ao mesmo tempo que constitui o texto jurídico certamente mais importante da era moderna. Não faltam controvérsias em todos os níveis: sobre as origens filosóficas do texto e suas fontes de inspiração, sobre seu grau de originalidade, sobre a participação que nele têm, respectivamente, o direito natural e o direito positivo, os direitos do indivíduo e os imperativos do vínculo social. Quanto ao "trabalho declaratório" e o "espírito da Declaração", aqui nos limitaremos a remeter ao livro magistral de Stéphane Rials, no qual essas duas questões constituem os principais capítulos (1988). Este ressalta "o que constitui a principal dificuldade da interpretação da Declaração: não há um 'pensamento 89' homogêneo, simples, unívoco; há um 'espaço intelectual 89', razoavelmente heterogêneo, singularmente complexo, frequentemente equívoco e, para resumir, móvel"; ele lembra que "seus dispositivos foram, na maioria das vezes, fruto de acordos ambíguos entre homens que procuravam mover-se num campo generalíssimo de pensamento no qual a maioria optava pela divisão, mas, apesar disso, divergindo muito entre si quanto ao modo de pensar, tanto do ponto de vista do conteúdo quanto das exigências de sua reflexão" (*op. cit.*, p. 154). As influências cruzadas, e muitas vezes conflituosas, de Locke, Montesquieu e Rousseau – para só citar os autores mais conhecidos – ensejarão um texto imbuído de inspiração constante (o que será provado *a contrario* pela fraqueza das tentativas de reescrita ou de reelaboração do texto), proveniente tanto dos *cahiers de doléances* quanto do calor dos debates revolucionários. Conforme notou o antropólogo Louis Dumont, a Declaração "marca em certo sentido o triunfo do Indivíduo" (*Essais sur l'individualisme*, Le Seuil, 1983, p. 102), conferindo-lhe direitos oponíveis à autoridade pública e concebendo a liberdade como resultado da abstenção do Estado, em conformidade com a visão dominante no século XVIII.

Imitação e inovação da Declaração

A controvérsia entre Jellinek e Boutmy (textos transcritos no nº 1 da *Revue fraçaise d'histoire des idées politiques*, 1995) ficou famosa: o primeiro inseria a Declaração na tradição anglo-saxã e insistia, em especial, naquilo que ela deve à Declaração de Independência dos Estados Unidos, ao passo que o segundo enfatizava aquilo que diferencia fundamentalmente o texto dos textos anteriores. Ao contrário dos grandes documentos cuja reiteração, por democratização progressiva, construiu o liberalismo político inglês (*Magna Carta* de 1215, *Bill of Rights* de 1689) e da Declaração de Independência dos Estados Unidos (1776), a Declaração francesa só por preterição faz alusão às circunstâncias históricas que a engendraram: os princípios nela contidos valem para um *homem* abstrato (aspecto que provocará a ironia mordaz dos contrarrevolucionários, em especial de Joseph de Maistre) e para qualquer sociedade política, o que só ocorria com alguns trechos do início da Declaração americana. Para o continente europeu e depois para outros, a Declaração terá valor de manifesto e ocasionará muitas dificuldades a todas as espécies de regimes autoritários. A construção de regimes políticos liberais passará frequentemente pela redação de textos mais ou menos inspirados no modelo francês. Testemunho disso é a Declaração Universal dos Direitos do Homem, adotada em 1948 pela Assembleia Geral da Organização das Nações Unidas: a transposição da garantia de direitos individuais para a ordem jurídica internacional, acima dos diferentes sistemas nacionais, também começou com uma Declaração.

Por outro lado, cabe lembrar que, através das fórmulas abstratas da Declaração francesa, o que se condena são as instituições fundamentais do Antigo Regime: divisão da sociedade em ordens, monarquia de direito divino, confusão dos poderes, ausência de limitação jurídica do poder, ordens régias, censura, religião de Estado, privilégios... A Revolução francesa comporta a criação de uma socialidade nova, que transporte para a esfera privada dos indivíduos elementos outrora pertinentes à esfera pública – o que levará Kart Marx (*A questão judia*, 1844) a contestar a existência, nela, de verdadeira socialidade e verdadeira emancipação ("não é o homem como *cidadão*, mas o homem como *burguês* que é tomado pelo homem propriamente dito, pelo homem verdadeiro", escreve ele). É de ressaltar, ao contrário, como faz Claude Lefort ("Direitos do homem e política", *Libre*, nº 7, Payot, 1980, p. 3), a instauração, no artigo 11, de um espaço público de livre discussão e a dimensão simbólica existente na proclamação de uma Lei que é exterior ao poder e a ele se impõe.

Do direito natural ao direito positivo

Outra fonte de discussões é a avaliação da participação, respectiva, do direito natural e do direito positivo na Declaração. Com base nas frequentes referências do texto aos "direitos naturais, inalienáveis e sagrados do homem", muitos autores consideram que a Declaração se limita a constatar o que são os direitos do homem, a *declará-los*, numa enunciação com pretensões à verdade (ver M. Troper, "A Declaração dos direitos do homem e do cidadão em 1789", in *La Déclaration des droits de l'homme et du citoyen et la jurisprudence*, PUF, 1989, p. 13). Outros consideram que a referência aos direitos naturais é puramente retórica, que visa a legitimar a iniciativa constituinte que acabava de ser assumida pela Assembleia Nacional, e que nunca adveio nenhuma consequência (a recusa a "tornar todos os cidadãos juízes da lei", como se diz em 21 de agosto de 1789, é constante). Para tais autores, o que se tem é, antes, uma Constituição dos Direitos, e a proclamação dos direitos pela Assembleia Nacional tem o efeito de colocá-los no vértice da ordem jurídica assim solenemente fundada (ver P. Wachsmann, "Natureza e fundamento da Declaração de 1789, dois séculos depois", *in* F. Borella (org.), *Les Valeurs de la Révolution devant la science actuelle*, PU de Nancy, 1990, p. 113). Os trabalhos de Marcel Thomann (referências *in* P. Wachsmann, "Declaração ou constituição dos direitos?", M. Troper e L. Jaume (org.), *1789 e l'invention de la Constitution*, Bruylant et LGP1, 1994, p. 44) mostraram as influências exercidas sobre Mirabeau, que desempenhou papel determinante apenas na redação do preâmbulo da Declaração, em que as referências jusnaturalistas são numerosas. Em compensação, o artigo 2º da Declaração ("O objetivo de toda associação política é a conservação dos direitos naturais e imprescritíveis do homem. Esses direitos são: liberdade, propriedade, segurança e resistência à opressão") parece-nos mostrar bem o que está no fundo: não a sujeição do direito positivo às injunções do direito natural, mas, ao contrário, a absorção deste último na positividade (é o art. 2º que enuncia exaustivamente quais são os direitos naturais e imprescritíveis do homem, cuja conservação deve ser o objetivo de toda associação política; com isso, ele os "desnaturaliza" e os inscreve – e apenas eles – como direitos consagrados no mais alto nível do direito positivo). Essa questão condiciona, evidentemente, o debate sobre o valor jurídico da Declaração.

Um texto pré-jurídico, supraconstitucional ou constitucional?

O texto da Declaração não ocupou por muito tempo uma Assembleia Nacional impaciente por chegar àquilo que, para ela, era essencial: a elaboração da própria Constituição. A Declaração, portanto, constituiu uma espécie de preliminar (ou, se quiserem, de prefácio) à obra constitucional propriamente dita. O preâmbulo da Constituição de 3 de setembro de 1791 menciona o intuito da Assembleia Nacional "de estabelecer a Constituição francesa sobre os princípios que ela acaba de reconhecer e declarar", e retoma, num título I ("Disposições fundamentais garantidas pela Constituição") a maioria dos direitos enunciados na Declaração, completando-os: a "profissão de fé" (G. Gusdorf, "A França, país dos direitos do homem", *Droits*, nº 8, 1988, p. 24) contida no texto de 1789 dá a impressão de estar fora da esfera do direito positivo. Contudo, um exame mais aprofundado revela que não há verdadeira solução de continuidade entre a Declaração e o título I da Constituição de 1791, que, ao adotarem a Declaração, os membros da Assembleia tinham o sentimento de estarem começando a exercer sua missão constituinte, e que, em todo caso, considerou-se imediatamente que a Declaração participava plenamente dessa missão. Léon Duguit observou: "As Declarações dos Direitos são verdadeiras leis, porque uma Assembleia Constituinte não pode ter deixado de desejar fazer uma lei" (*Traité de droit constitutionnel*, 3ª ed., t. 2, De Broccard, 1928, p. 184). A ausência de controle de constitucionalidade das leis e a brevíssima duração de aplicação da Constituição de 1791 explicam por que essa indagação não recebeu resposta alguma. A Declaração de 1789 tornou-se rapidamente símbolo da Revolução e dos valores a ela ligados. O caráter fragmentário das leis constitutionais de 1875, que só se referem à organização e às relações dos poderes públicos, restituirá atualidade à controvérsia sobre o valor jurídico da Declaração de 1789. Mesmo sendo verdade que o regime republicano fala com ostentação em nome dos "imortais princípios" propostos pelo texto, será grande a tentação de ver nele um possível recurso contra as leis, desconsiderando as exigências (ver A. Tardieu, *La Révolution à refaire*, t. 1: *Le Souverain captif*, Flammarion, 1936). Por meio de raciocínios diferentes, Duguit e Hauriou tentarão convencer os juízes a remeter-se à Declaração, para não aplicarem as leis que lhe fossem contrárias. Nenhuma repercussão terão essas tentativas, que se chocavam demais com os princípios do direito público francês.

A reafirmação solene, pelo preâmbulo da Constituição de 27 de outubro de 1946, dos direitos e das liberdades do homem e do cidadão "consagrados pela Declaração dos Direitos de 1789" reiniciaria o debate, então centrado na inclusão ou não do preâmbulo na Constituição. O valor jurídico da Declaração à qual remete o preâmbulo (a questão de seu valor constitucional se tornara puramente teórica, em virtude dos termos do artigo 92) só foi explicitamente consagrada pelo acórdão *Condamine* (CE, 7 de junho de 1957, *Condamine*, *RDP*, 1958, p. 98, nota M. Waline). Em conformidade com o que era prescrito pela Lei constitucional de 3 de junho de 1958, a Constituição de 4 de outubro de 1958 dispõe, num Preâmbulo, que – já não se duvida – é parte integrante dela, que "o povo francês proclama solenemente seu apreço aos direitos do homem e aos princípios da soberania nacional, nos termos definidos pela Declaração de 1789, confirmada e completada pelo preâmbulo da Constituição de 1946". A instalação de um Conselho Constitucional competente para pronunciar-se sobre a conformidade das leis à Constituição possibilitará, com a decisão de 16 de julho de 1971, o controle do respeito aos direitos aos quais se refere o preâmbulo. A partir da decisão de 27 de dezembro de 1973 relativa à lei de finanças para 1974, o Conselho censurará uma disposição que atenta contra "o princípio de igualdade perante a lei, contido na Declaração dos direitos do homem de 1789 e solenemente reafirmado pelo Preâmbulo da Constituição", enquanto a decisão de 16 de janeiro de 1982 sobre a lei de nacionalização corrobora plenamente o direito de propriedade, proclamado no artigo 17 da Declaração de 1789, e indica que os princípios especialmente necessários a nosso tempo, enunciados pelo preâmbulo de 1946, apenas completam os princípios e os direitos proclamados em 1789, sem nada subtrair a seu "pleno valor constitucional". Nesta última decisão, o Conselho Constitucional extrai da fórmula generalíssima do artigo 4 da Declaração ("A liberdade consiste em poder fazer tudo o que não cause prejuízo a outrem") a proibição de o legislador impor restrições arbitrárias ou abusivas à liberdade de iniciativa. Além disso, o Conselho deduzirá da referência generalíssima à liberdade, contida no artigo 2º da Declaração, o direito ao respeito à privacidade (decisão de 23 de julho de 1999, lei sobre a criação de cobertura universal de doenças) e também a liberdade da mulher de não levar a gravidez a termo (decisão de 27 de junho de 2001, lei relativa à interrupção voluntária de gravidez e à contracepção).

A jurisprudência, portanto, faz hoje da Declaração de 1789 o texto mais importante de nossa ordem jurídica. Com isso, é lícito pensar que consagra o papel desempenhado pela Declaração na tradição republicana (e além dela). Se a Constituição se define como um compromisso solene assumido pelo povo para consigo, que só tem sentido a longo prazo e supõe um esforço contínuo das gerações sucessivas (Jed Rubenfeld, "Reading the Constituição as Spoken", *Yale Law Journal*, t. 104, 1995, p. 1.119), a Constituição da França é a Declaração de 1789.

› Conseil constitutionnel, *La Déclaration des droits de l'homme et du citoyen et la jurisprudence*, PUF, Recherches politiques, 1989. *Droits*, nº 2, *Les Droits de l'homme*, 1985; nº 8, *La Déclaration de 1789*, 1988. – GAZIER F., GENTOT M. & GENEVOIS B., "La marque des idées et des principes de 1789 dans la jurisprudence du Conseil d'État et du Conseil constitutionnel", EDCE, nº 40, 1988, p. 151. – RIALS S., *La Déclaration des droits de l'homme et du citoyen*, Hachette, 1988. – TROPER M. & JAUNIE L. (org.), *1789 et l'invention de la Constitution*, Bruylant et LGDJ, 1994.

Patrick WACHSMANN

→ Constituição e direito constitucional; Direitos fundamentais; Liberalismo; Revolução.

DELEGAÇÃO

Excluindo-se o sentido orgânico do termo (que define a delegação, sobretudo a partir do século XIX, como um organismo administrativo ou constitucional encarregado do estudo e da preparação de medidas relativas a um problema técnico ou científico – pode-se citar, nesse sentido, a Delegação para o Desenvolvimento Territorial e a Ação Regional (Datar) – ou as delegações parlamentares para as comunidades europeias), a delegação (do latim *delegatio*, que se refere à substituição de uma pessoa por outra) corresponde a um ato ou a uma atividade jurídica. Estreitamente associada à noção de representação, cuja face jurídica e técnica constitui, tem conotações diferentes em direito privado e em direito público. Para os privatistas, designa, de modo bem geral, o procedimento pelo qual se dá a uma pessoa o direito de agir em nome de outra; para os publicistas, em contrapartida, está associada a um ato unilateral em virtude do qual uma autoridade pública, devidamente habilitada, transfere o exercício de uma parte de sua competência. Essa noção, que se desenvolveu por estratos sucessivos ao longo da história, tem aplicações que lhe conferem atualidade crescente.

Desenvolvimento histórico da noção de delegação

Foi especialmente a partir do material oferecido pelo direito romano que a época medieval, ao enfrentar situações institucionais, econômicas e sociais em plena evolução, pôde envidar um esforço de adaptação da noção a exigências novas.

Embora a noção certamente existisse na Grécia, através de formas juridicamente pouco elaboradas, é ao direito romano que se devem os primeiros avanços significativos da noção de delegação. Nas primeiras eras da Constituição romana, o rei podia, sempre que quisesse, munir um delegado de um poder igual ao seu e transferir integralmente o poder que ele mesmo detinha. Durante o Império, a justiça nem sempre foi ministrada pessoalmente pelo príncipe e, tanto na Itália quanto fora, a jurisdição civil e penal imperial foi cada vez mais ministrada por via de delegações especiais ou gerais, anuais ou permanentes, de acordo com o desenvolvimento dos processos. Na República, será reconhecida a possibilidade de delegar o exercício da maioria das magistraturas (também estas então concebidas como delegações feitas pelo povo). Enquanto todos os auxiliares do magistrado podiam ser considerados como seus representantes reais ou virtuais, a delegação *stricto sensu* também se mostrou necessária ao bom exercício do cargo e desenvolveu-se segundo modalidades diferentes: o delegante podia optar por não mais cuidar do caso – e as partes eram obrigadas a ater-se à decisão do delegado –, ou então a reexaminar a sentença e, se pertinente, anulá-la para cuidar pessoalmente do caso (exemplo frequente entre os governadores de província). Curiosamente, o direito romano, ainda que muito elaborado, destinou pouco espaço à possibilidade de representação motivada por incapacidade física ou mental, por impedimento do magistrado; era principalmente a ausência que podia justificá-la. Nas cidades, o representante do magistrado ausente era chamado "preposto à cidade". A lei romana decidia o momento em que essa pessoa devia ser nomeada, e a escolha ficava nas mãos do magistrado representado, sem intervenção exterior. Esse direito de nomeação de um representante era até um dever, pois o magistrado que se recusasse a fazê-lo incorreria em eventual responsabilidade judiciária. Em virtude de uma fórmula, consignada no Digesto ("delegação sobre delegação não vale"), parece que um prefeito não podia, por sua vez, nomear outro representante. Em outra esfera, a exploração das relações privadas, pela prática e pelos juristas romanos, deu ensejo a consideráveis avanços. Em direito privado romano, a delegação como expressão de representação perfeita, porém, de início era desconhecida em grande parte. Primitivamente, o formalismo dominante impunha que só quem tivesse realizado um gesto ou pronunciado realmente uma palavra estava de fato vinculado por seus atos. Aos poucos, porém, foi aparecendo o rigor de tal posição, incompatível com o desenvolvimento das relações de negócio, e passou-se a consentir que certas pessoas pudessem concluir atos jurídicos em nome de outras (por exemplo, o filho ou o amigo, pelo *pater-familias*, ou o liberto por seu senhor). Os procedimentos se refinaram mais quando se imaginou uma relação triangular que permitisse duplo compromisso e um sistema de representação imperfeita, pelo qual os atos jurídicos só teriam efeito sobre o representante, devendo este último depois transferir os direitos adquiridos para o representado. Para os comentadores do direito romano, então, a delegação passou a ser a operação mediante a qual uma pessoa, denominada delegado, trata com o delegatário a convite de um terceiro, denominado delegante. A esfera judiciária apresenta, nesse aspecto, uma certa evolução. No princípio, no tempo das ações da lei, a ação judiciária civil só podia ser posta em movimento pela parte lesada, chamada a comparecer em pessoa perante o magistrado. Foi só com o procedimento formular que as partes foram autorizadas a ser representadas em justiça por advogados ou patronos. De início, só eram admitidos representantes constituídos perante o tribunal pelos próprios pleiteantes, com os quais eles eram finalmente identificados; depois apareceram os representantes livres, ou procuradores, que substituíam os pleiteantes sem outra formalidade além de uma delegação escrita ou verbal, passando a responsabilizar-se pelos casos. Embora no fim do período clássico as doutrinas e práticas romanas se aproximem da representação perfeita, será essencialmente na Idade Média e no início da modernidade que se tornarão mais precisas a natureza e as características essenciais da delegação. Pois tal mecanismo, que pressupõe um direito bastante evoluído, permanece estranho para um mundo no qual, não sendo integralmente admitida a noção de ficção legal, um ato praticado por uma pessoa não poderia produzir efeitos sobre outra.

Na Idade Média, foram vários os laboratórios dos quais saiu uma contribuição tanto para a noção quanto para a prática da delegação. A Igreja acima de tudo, ao impor uma concepção renovada da vontade e da personalidade jurídicas, possibilitou a flexibilização e a expansão dos mecanismos de mandato, favorecendo a elucidação da noção de delegação. O direito canônico, promovendo o consensualismo e a reflexão sobre a capacidade das pessoas jurídicas, de fato contribuiu – em estreita conexão com seu desenvolvimento institucional – para a conformação de uma teoria medieval do mandato, mais elaborada que a proposta pelo direito romano. Não só ela acompanhou a expansão das relações econômicas e comerciais, particularmente nítida a partir do século XIII, como também o pensamento dos teólogos e dos canonistas pôde ser aplicado às próprias instituições eclesiásticas. Ao (re)trabalharem a noção romana de mandato, os canonistas conseguiram introduzir a representação no espaço público. A delegação tornou-se assim, em razão das injunções contenciosas, subjacente aos mecanismos de representação em juízo por meio de um procurador – pois, a partir do século IX, os pleitos da Igreja são realizados por meio de procurador. Regulamentada especialmente nas *Decretais*, a representação evoluiu, e os próprios decretalistas se interrogaram sobre os limites que deveriam ter os poderes do representante. Durante os processos que implicavam instâncias eclesiásticas, o procurador, desde o início, não teve o caráter de autêntico mandatário, porque se temia que, no fim do processo, o mandante se recusasse a executar a sentença proferida em nome de seu representante. Só ulteriormente o procurador foi considerado como o "gestor de negócios" daquele que ele representava. Durante a Idade Média, a institucionalização do mecanismo da procuração levou os procuradores a reunir-se em corporações ou colégios junto aos diferentes tribunais. A delegação também se infiltrou em outros setores da vida da Igreja. Quando da eleição dos representantes para as inúmeras assembleias eclesiásticas, como os capítulos nas ordens religiosas e os diferentes sínodos e concílios nacionais ou universais na Igreja secular, a importância da delegação será de novo lembrada. Embora a referência ao mandato seja facultativa para os membros das assembleias que representam sua comunidade *ex officio*, certos teólogos de renome e alguns canonistas subordinam o caráter representativo e plenamente legítimo das referidas assembleias à delegação conferida por uma eleição obtida nas regras canônicas. Rapidamente, à medida de seu desenvolvimento institucional, a Igreja conferiu funções diversas à delegação: a teoria da representação passou a ser aplicada ao vigário geral, que apenas exercia o poder episcopal a ele delegado, com exceção dos pontos reservados por direito ao bispo; ao vigário de fora, que representa este último "fora" da diocese; ao oficial eclesiástico, encarregado de ministrar a justiça em nome dos diferentes juízes eclesiásticos etc. O mecanismo da delegação também está em ação nas nomeações de legados pontificais e de delegados apostólicos, mandatários que tornam o papa onipresente em toda a Igreja. Nas ordens religiosas, é exemplificada pela instituição do procurador geral, designado em numerosos institutos religiosos para cuidar das questões que devem ser tratadas com a Santa Sé. Quer se tratasse da capacidade de ser mandatário, das formas assumidas pelo mandato, das obrigações respectivas dos intervenientes ou do fim do contrato, canonistas e teólogos aprofundaram as conquistas do direito romano relativas ao mandato "de direito privado". Afinando os princípios básicos, contribuíram para as distinções entre delegações "de direito" e delegações feitas "pelo homem", entre delegações expressas e tácitas, entre delegações gerais e especiais, feitas para uma ou para várias causas particulares bem determinadas etc., propondo assim usos apropriados ao espírito e às exigências do tempo. A doutrina e a prática enfatizam as noções de superação de poderes e de interpretação dos termos do mandato, indagando sobre as condições de sua revogação, bem como sobre os efeitos dos atos do representante sobre o representado. Em nível mais conceitual que técnico, deve-se destacar, por fim, que na Igreja houve autores – em especial certos conciliaristas e galicanos, entre o século XIV e o XVII – que, ao arrepio dos defensores da tese sacerdotal de que poderes do papa tinham origem divina, afirmavam que o pontífice só tinha poder em virtude de uma delegação, aliás revogável, feita pela Igreja inteira. Na esfera secular, encontra-se uma ideia vizinha no conjunto dos publicistas pré-liberais opostos ao absolutismo monárquico.

No antigo direito francês, a referência à procuração permanece embrionária no período franco, mas aos poucos a emergência do consensualismo faz desaparecer o obstáculo que o formalismo opunha à representação, o que possibilita a representação das comunidades ou dos incapazes. O mandatário mostrado em certos contratos antigos do direito francês tem todas as características de um procurador geral, mas, embora sua missão seja, acima de tudo, judiciária, muitas vezes ele ultrapassa o âmbito do processo. Ao mesmo tempo que as costumagens se mostram discretas no que se refere à noção, os glosadores, por sua vez, comentam e ensinam os textos de Justiniano relativos ao mandato e à representação. Os legistas (como Bartolo, no século XIV), aproveitando as contribuições da Igreja, adotam certas fórmulas suas e vão montando, progressivamente, uma teoria da representação perfeita entre pessoas de direito privado. Quando Pierre de Belleperche ou Bracton dissertam sobre a representação "secular", fazem-no com o pano de fundo do conhecimento das sutilezas romano-canônicas relativas aos procedimentos e às técnicas representativas. No fim da Idade Média, a expansão econômica também favoreceu o desenvolvimento da instituição entre os mercadores, graças ao contrato de representação, segundo o qual o representante se compromete ora em seu próprio nome, ora em nome do representado. A doutrina (Cujas e Dumoulin, que prenunciam Pothier), na época moderna, coroa a evolução e confere ao mandato uma estrutura praticamente moderna. A "procuração", ou "mandato", irriga então o conjunto das relações sociais. Na Inglaterra, por exemplo, a partir do fim do século XIII e, de maneira crescente, com a frequência das assembleias representativas, as ordens régias de convocação para as eleições exigiam, com o particularismo inerente às instituições públicas, que os deputados tivessem "poderes plenos e integrais" para proceder às deliberações. A fórmula, aliás, redigida de várias maneiras, será reproduzida ainda no *Ballot Act* de 1872. Na França, a noção de "poderes bastantes" dos deputados também faz parte do regulamento eleitoral de 1789, que especifica que os poderes de que eles serão munidos deverão ser gerais e bastantes para "propor, expostular, advertir e consentir". A terminologia formal é fruto de uma evolução técnica da representação, que ocorreu entre 1302 e 1614, datas do primeiro e último Estado Geral convocado pelos monarcas. Era também em virtude de uma delegação, mas de natureza particular, que os diferentes representantes do rei (bailios, senescais, governadores, comissários, intendentes etc.) atuavam em seu nome nas províncias do reino. Na esfera judiciária, visto que o rei era fonte de toda justiça, as autoridades que dispunham da função judiciária atuavam em nome do monarca, que não deixava de reservar para si certos contenciosos de que só ele podia conhecer ou sobre os quais ele se pronunciava em última instância (aliás, será preciso esperar o fim do século XIX para se chegar oficialmente ao sistema de justiça "delegada" graças ao qual a alta jurisdição administrativa se libertou desse domínio…).

A atualidade da noção exprime-se pelo fato de que a delegação, em formas tão variadas que dificultam qualquer síntese, se encontra tanto em direito privado quanto em direito público contemporâneo.

Atualidade da noção de delegação

A delegação desenvolveu-se consideravelmente como instrumento jurídico, assumindo formas variadas em função dos campos, com características que obrigam à distinção entre direito privado e direito público.

Em direito privado, a delegação apresenta uma utilidade específica na maioria das formas de expressão da vida coletiva. Por meio da delegação ficam garantidas a diferentes tipos de mandatários pessoas físicas a ação e a representação de empresas, associações ou organizações sindicais, pessoas jurídicas incapazes de agir por si sós (destacaremos assim o papel eminente dos diferentes mandatários sociais, associativos ou sindicais, ou preposto em direito trabalhista). O mandato possibilita a realização das atividades mais variadas. No entanto, é em direito comercial e em direito civil que a delegação tem aplicações mais numerosas. O interesse do mandato prende-se ao fato de que ele garante à pessoa uma forma de ubiquidade que lhe permite estar presente (representada) em vários lugares diferentes. Graça a ele, é sempre possível a realização de atos em favor das pessoas que, do ponto de vista jurídico, intelectual ou material, são inaptas a realizá-los por si mesmas. Em contrapartida, a delegação já não garante a plenitude de expressão da vontade daquele que delega. Em direito civil, com exceção da forma específica que assume através da delegação do devedor (art. 1.275 do Código Civil francês), a representação é mais particularmente configurada pela técnica do mandato. Concebido originariamente pelos autores do código como um favor de amigo, era caracterizado pela confiança, pela frequente gratuidade, e se classificava entre os contratos de favor. Transformado pelo desenvolvimento das atividades profissionais e pelo número crescente das pessoas físicas, pouco a pouco foi-se tornando um grande contrato, muitas vezes de caráter oneroso. O Código Civil francês (art. 1.984) define-o como "procuração ou ato pelo qual uma pessoa dá a outra o poder de fazer alguma coisa para o mandante e em seu nome". Só é considerado concluído com a aceitação do mandatário; o mandato é original porque, por seu próprio objetivo, destina-se à conclusão de outros atos jurídicos e muitas vezes implica a sobreposição de dois contratos (o próprio contrato de mandato e o contrato concluído pelo mandatário no âmbito de sua missão). Cada vez com mais frequência, o mandato é utilizado como acessório de um contrato principal (esse é o caso do arquiteto, quando encarregado por mandato de solicitar alvará de construção ou escolher as empreiteiras, ou do depositário, quando repara ou vende, em virtude de um mandato, um bem que é objeto do contrato de depósito). Sua utilização também se diversificou, dando ensejo a numerosas adaptações em setores profissionais regulamentados (como o dos agentes imobiliários, dos agentes de viagem ou das corretoras de bolsas de valores). De maneira geral, impõe-se o consensualismo na matéria, com a consequência de que nenhum escrito é necessário em si, e a coincidência das vontades é suficiente para configurar validamente um mandato. Por referir-se a direitos cujo exercício é confiado a certas pessoas, em direito privado o mandato atende a uma lógica e tem regras necessariamente diferentes das que presidem sua organização em direito público, no qual a noção de delegação de direitos pode ser substituída pela de delegação de competências, e isso na maioria dos campos em que sua possibilidade é reconhecida.

Em direito público, suas aplicações mais notáveis se dão essencialmente em direito constitucional e em direito administrativo. Embora o poder público não se preste facilmente a delegações, essa técnica encontra espaço em vários campos. É frequentemente necessária e atende ao desejo de eficácia da ação pública. Não atendendo à mesma lógica do direito privado, a delegação, para além das formas que pode assumir na esfera pública, quase invariavelmente se cerca de certo número de garantias. Os grandes princípios que a governam são então os seguintes: não há delegação sem texto, e o texto deve ser publicado; como exceção a um princípio, ela deve ter caráter especial, ou seja, ter um objeto preciso e limitado, e a jurisprudência, por sua vez, faz uma interpretação muitas vezes estrita dos termos da delegação. Assim, por exemplo, em direito internacional público, a conclusão de um tratado por um ministro plenipotenciário supõe, por exceção à intervenção dos órgãos supremos do Estado, delegação expressa, por meio de um texto, do poder de concluir o ato. Em compensação, por exceção, o regime jurídico da delegação e dos atos praticados por delegação é eventualmente flexibilizado em circunstâncias excepcionais. Em tempo de guerra, por exemplo, uma autoridade pública poderia delegar certos poderes na ausência de disposições textuais expressas. No essencial, porém, as delegações irregulares são passíveis de anulação judicial, do que dá testemunho a jurisprudência relativa ao direito constitucional e ao direito administrativo.

Os constitucionalistas estão bastante familiarizados com a delegação. No entanto, uma eventual doutrina da delegação de poderes choca-se com sérios obstáculos. A noção foi introduzida no direito público francês pela Assembleia Constituinte da época revolucionária, influenciada pela teoria clássica formulada por Sieyès. Fazendo da nação o sujeito primitivo de todos os poderes, ela afirma que esta delega o exercício de tais poderes aos diferentes indivíduos e corpos, que se tornam então seus titulares efetivos (o art. 3º da Constituição francesa de 3 de setembro de 1791 dispõe: "O Poder Legislativo é delegado a uma Assembleia Nacional"; o art. 4º: "O Poder Executivo é delegado ao rei"; o art. 5º: "O Poder Judiciário é delegado a juízes"). Apesar da semelhança, ressaltada por alguns autores, entre a eleição dos representantes e a teoria civilista do mandato, não se poderia afirmar que entre os eleitores e o eleito há uma autêntica delegação de poder, uma vez que esta subordinaria indefinidamente o segundo aos primeiros (em conformidade com a lógica do mandato imperativo, claramente proibido por toda a tradição constitucional francesa). Sobretudo, a teoria do mandato representativo é estranha aos elementos constitutivos clássicos do mandato ordinário. Em primeiro lugar, porque um deputado não representa exclusivamente seu corpo eleitoral, mas a nação inteira; em segundo lugar, a revogabilidade não é da essência do mandato representativo; por outro lado, a responsabilidade dos deputados para com os eleitores é política, pois eles não são obrigados a lhes prestar contas jurídicas; por fim – talvez o mais importante –, os governantes eleitos não são vinculados pelos termos de um mandato, mas exercem uma função livre. Assim, terminologia habitualmente usada, calcada na do direito civil, pode ser considerada como imprópria.

O direito constitucional, porém, não é fundamentalmente hostil à delegação; esta até se mostrou, em certos aspectos, como uma necessidade. Em direito eleitoral e parlamentar, o sistema das procurações (Código Eleitoral francês, art. L. 71-8), herdado, em seu princípio, do Antigo Regime e mesmo da Idade Média, permite que um eleitor, impossibilitado de estar presente, faça ouvir a sua voz (eletiva ou deliberativa) por intermédio de um representante que votará em seu lugar. Embora diferentes textos subordinem a prática da delegação a condições precisas, a jurisprudência também desempenha papel notável nesse sentido. Ela especifica as modalidades que devem ser respeitadas para que sejam consideradas válidas as delegações de voto em instâncias deliberativas das diferentes coletividades locais, que são as comunas, os departamentos e as regiões. Sempre como exceção à obrigação de voto pessoal, as delegações de voto são admitidas com condições (o art. 27, §§ 2 e 3, da Constituição francesa especifica, aliás, que um parlamentar só pode receber um único mandato de outro parlamentar), que são apreciadas com flexibilidade pela jurisprudência em favor dos parlamentares, por ocasião da votação de uma lei: graças a elas – cuja vantagem é possibilitar-lhes conciliar seu mandato nacional com necessidades locais –, são aprovadas certas leis durante sessões nas quais o absenteísmo bate recordes. O regulamento orgânico de 7 de novembro de 1958, portanto, previu várias hipóteses de votação por delegação, relacionadas a doença do parlamentar ou a missões temporárias que o impeçam de estar presente.

No que se refere ao Parlamento, a grande questão (delicada e debatida durante muito tempo) continua sendo a das "delegações legislativas". O fenômeno não é específico da França; explica-se pela modificação das funções dos Estados, o que requer uma adaptação do processo normativo. O Estado do *laissez-faire* foi substituído, no século XX, pelo Estado-providência, que impôs ao conjunto das democracias representativas uma nova relação entre a legislação e a administração à qual poucos países escaparam. Na Itália parlamentarista, a legislação ordinária foi substituída por leis de atribuições de plenos poderes, enquanto, na mesma época, na Alemanha de Weimar, se verifica fenômeno análogo. O regime presidencial não constitui exceção, pois o Congresso americano, particularmente no tempo de Roosevelt, outorgou ao Executivo o mesmo tipo de delegação. Na França, a delegação legislativa, frequente durante a III República, era entendida mais precisamente como um mecanismo pelo qual o Parlamento, destituído durante algum tempo de parte de sua competência legislativa, habilitava o governo a legislar em certos campos (como no econômico, no financeiro ou no social). Sua constitucionalidade era então considerada duvidosa. Apesar da proibição formal imposta pelo artigo 13 da Constituição francesa de 27 de outubro de 1946 ("Apenas a Assembleia Nacional vota a lei. Ela não pode delegar esse direito"), essa prática prosseguiu durante a IV República, e essa continuidade reflete sua utilidade. Juridicamente contestáveis e pouco compatíveis com a doutrina dominante da soberania da lei concebida como um "poder inicial", os decretos-leis, muito úteis na prática, permitiam, porém, uma ação governamental mais rápida e eficaz do que a ação freada pela lentidão das deliberações parlamentares. Essa é uma das razões pelas quais a Constituição francesa de 1958 (art. 38) autoriza expressamente o legislador, durante um prazo limitado, a delegar ao governo, que age por meio de decretos, uma parte de sua competência. Essas medidas, tomadas no Conselho dos Ministros de acordo com parecer do Conselho de Estado, entram em vigor na data da publicação, mas normalmente se tornam caducas quando, ao fim de certo período, não são ratificadas. Ao aceitar as ratificações "implícitas", o juiz constitucional, porém, demonstra certa flexibilidade em relação a elas.

Em direito administrativo, a delegação (e, em menor medida, a subdelegação) atende ao objetivo de descentralização e à preocupação com a eficácia no cumprimento das missões da administração. Também pode acompanhar – como mostram alguns estudos de ciência administrativa – as mudanças nas concepções tradicionais de autoridade hierárquica e o sucesso das fórmulas de responsabilização dos subordinados. Intervém de vários modos. A doutrina e a jurisprudência distinguem delegação de poder (ou de competência) e delegação de assinatura. Além de certas regras comuns que se impõem às duas operações, existem notáveis diferenças: a delegação de poder (como a que é prevista pelo art. 21, § 2º da Constituição francesa de 1958, do Primeiro-Ministro aos outros ministros) acarreta a deposição do delegante, cuja competência desaparece durante o tempo da delegação. Concedida nesse caráter, ela subsiste às mudanças de pessoal, e os atos do delegatário lhe são imputados e, na hierarquia das normas, assumem a categoria dos atos habitualmente praticados por ele (um prefeito municipal que toma uma decisão por delegação de poder de um ministro está, portanto, baixando uma lei municipal). Enquanto essa delegação de competência realiza uma autêntica transferência de poder do delegante para o delegatário, a delegação de assinatura, por sua vez, tem efeitos menos radicais: é pessoal, pois outorgada a uma pessoa determinada, e o autor dos atos continua sendo a autoridade delegante (um chefe de missão exterior do Estado, agindo por delegação de assinatura dos governadores de departamento, dita uma lei departamental), que, aliás, pode reassumir o caso e decidir no lugar do delegatário. Se uma das duas autoridades mudar, a delegação se tornará caduca. Cabe ressaltar, por fim, em estreita relação com outra forma de delegação, a existência de um modo específico de gestão dos serviços públicos, pois, ao lado da "gestão direta" realizada pelas autoridades administrativas, desenvolve-se a delegação de serviço público, em virtude da qual a execução do serviço é confiada a uma pessoa física ou jurídica que fica encarregada de seu cumprimento em lugar da autoridade normalmente competente. Na França, teve origem no Antigo Regime, por meio das múltiplas concessões com as quais o poder monárquico foi instaurando numerosos cargos, como os *officiers*, os *concessionnaires* e os *fermiers*, à medida que crescia a estrutura do Estado. No século XIX, certos contratos (concessões de serviços públicos, contratos de arrendamento ou de gestão) atribuem a organismos privados a tarefa de explorar serviços públicos. Esse recurso a agentes privados, que se tornou familiar em virtude da extensão das intervenções públicas ligadas ao Estado-providência e ainda hoje muito em voga, expõe, porém, ao risco de falta de transparência nas relações entre as autoridades que delegam e essas empresas. Na França, certas leis recentes (em 1992 e 1993 sobretudo) tiveram o objetivo de sanear, em especial em nível local, as relações introduzidas pelas delegações de serviços públicos, dando destaque à luta contra a corrupção e à melhoria da transparência. E, como as instituições viajam, não poderíamos deixar de mencionar, para terminar, o interesse despertado pela noção de delegação no direito da CE, noção cuja utilidade mostrou-se evidente para melhorar o funcionamento da Comissão, como por exemplo com seus agentes ou em suas relações com o Conselho.

› CAGNINIACCI F., *Le Mandat dans la doctrine française de l'Ancien Régime (XIIIe-XVIIIe siècles)*, Nancy, Société d'impressions typographiques, 1962. – GAUTIER Y., *La Délégation en droit communautaire*, Paris, LGDJ, "Bibliothèque de droit public", 1998. – GAZZANIGA J. L., "Mandat et représentation dans l'ancien droit", *Droits*, 1987, nº 6, pp. 21-30. – LE BRAS G., *L'Évolution générale du procurateur en droit romain, des origines au IIIe siècle*, Paris, LGDJ, 1922. – LEBIGRE A., *La Justice du roi. La vie judiciaire dans l'ancienne France*, Albin Michel, 1988. – LEGENDRE P., "Du droit privé au droit public. Nouvelles observations sur le mandat chez les canonistes classiques", *Études en souvenir de Georges Chevrier*, Mémoires de la Société pour l'histoire du droit et des institutions des anciens pays bourguignons, Dijon, 1970, fasc. 30, pp. 7--35. – NAZ R., "Mandat", *Dictionnaire de droit canonique*, t. VI, col. 714-8. – ROSS A., "La délégation de pouvoir. Signification et validité de la maxime *Delegata potestas non potest delegari*", *Droits*, 1997, nº 25, pp. 99-119. – TIERNEY B., "L'idée de représentation dans les conciles d'Occident au Moyen Âge", trad. fr. André Divault, *Concilium*, 1983, nº 187, pp. 43-52.

Ver também: BÉNABENT A., *Droit civil. Les contrats spéciaux, civils et commerciaux*, Montchrestien, 3ª ed., 1997, not. pp. 355-404. – BEZANÇON X., *L'Organisation des services publics en France, des origines juridiques jusqu'en 1789*, Presses de l'Ecole nationale des Ponts et Chaussées, 1994. – CARRÉ DE MALBERG R., *Contribution à la théorie générale de l'État*, t. II, Sirey, 1922 (reimpr. Economica, 1984), not. pp. 200--18. – GROSHENS J.-C., "La délégation de compétence", *Dalloz*, 1958, chron. pp. 197-204. – MALAURIE P. & AYNÉS L., *Les Contrats spéciaux*, Cujas, 5ª ed., 1991, not. pp. 271-319. – MOMMSEN T., *Le Droit public romain*, Thorin, 1891-92, reimp. Economica, 1984-85, 7 t. – VALTON E., "Délégation", *Dictionnaire de théologie catholique*, IV, 1, col. 250-57. – WALINE M., "Délégation de pouvoir et délégation de signature. Note sous Conseil d'État, 20 mai 1966, *Centre national du Commerce extérieur*", *Revue du droit public et de la Science politique*, 1966, pp. 765-71.

Laurent FONBAUSTIER

→ Direito constitucional; Eleição.

DENEGAÇÃO DE JUSTIÇA

A denegação de justiça continua sendo uma questão atual, ainda que se tenha desenvolvido num contexto específico, para fazer frente à arbitrariedade dos parlamentos do Antigo Regime francês. Até a Revolução francesa, porém, permaneceu sem aplicação. O princípio da separação dos poderes e o culto da lei, herdados do Iluminismo, põem o assunto na ordem do dia já com a Constituinte, enquanto Napoleão o introduz em seus códigos. Hoje, diante do fortalecimento do Poder Judiciário e da pressão da construção europeia, ele volta a despertar interesse.

O que é denegação de justiça?

O juiz é obrigado a ditar o direito. Determinados os fatos, ele deve aplicar-lhes a lei. Nada será mais fácil, desde que a norma de direito tenha sido proclamada com nitidez por um texto de lei. Sua intervenção será, então, quase mecânica. Ele agirá com isenção de espírito, pois diante da justiça todos os homens são iguais, apesar de suas diferenças, e cada situação deve ser tratada objetivamente, com critérios estritos de direito. As coisas se complicam quando a lei não é clara, quando o legislador se expressou mal. Por outro lado, os fatos que dão motivo ao litígio podem ser complexos, de difícil interpretação ou se apresentar numa combinação não prevista pela lei. O juiz pode até estar em presença de uma situação que tenha escapado à sagacidade do legislador, pois este não é onisciente e não pode prever todos os progressos da sociedade ou da ciência. Isso significa que o juiz se encontra então diante de uma lei obscura, incompleta ou omissa. Nem por isso estará isento da obrigação de proferir o direito, pois o Código Civil francês determina essa sua obrigação (art. 4º): "O juiz que recusar a julgar, pretextando omissão, obscuridade ou insuficiência da lei, poderá ser processado por denegação de justiça", conforme também previam o artigo 185 do Código Penal e o artigo 506 do Código de Processo Civil. (Na legislação brasileira, encontramos o artigo 126 do Código de Processo Civil: "O juiz não se exime de sentenciar ou despachar alegando lacuna ou obscuridade da lei. No julgamento da lide caber-lhe-á aplicar as normas legais; não as havendo, recorrerá à analogia, aos costumes e aos princípios gerais de direito.")

Seria de acreditar que o juiz está recuperando sua liberdade de apreciação e que pode pronunciar-se de acordo com sua consciência. No entanto, se lembrarmos dos antigos parlamentos e de sua concepção particular de equidade, não é bem assim. A partir da Revolução francesa, nada é mais temido do que a arbitrariedade do juiz, mesmo porque a equidade está sujeita a variações, segundo a personalidade dos magistrados, do que decorreria a incoerência entre suas decisões, pois o que é equitativo para um não o é obrigatoriamente para outro. Na falta de uma solução de equidade, o juiz é obrigado a dar uma solução racional, baseada em razões passíveis de apreciação e controle, por meio de justificações de sua decisão. Assim, deverá apoiar-se sobretudo em precedentes. Isso é feito por razões de segurança, pois, quando uma jurisprudência está bem estabelecida, as pessoas que se submetem à justiça são todas tratadas do mesmo modo, enquanto não ocorre uma eventual mudança na opinião dos juízes, que deverá ser fundamentada em considerações solidamente estabelecidas e aceitas. Em razão da ação da Corte de Cassação francesa, a margem de manobra do juiz é estreita, pois essa corte garante a unidade de interpretação do direito, mesmo – e talvez principalmente – para suas zonas obscuras.

Esses são os princípios. Vamos ao direito. Mas, atrás dos princípios, atrás do direito, não é impossível ver, na denegação de justiça, uma invenção de advogados para impedir que os juízes julguem ou, pelo menos, para tentar pôr em xeque as suas sentenças. Nem sempre sem razão, aliás, pois todos guardam na memória decisões contestáveis e escandalosas, como os casos Calas, Lally, Sirven, La Barre e, mais recentemente, Dreyfus, nos quais inocentes foram condenados sem prova ou, com conhecimento de causa, sobre o fundamento de provas falsas, em processos instruídos ao arrepio da lei, nos quais os juízes, em vez de pronunciar o direito, como é de seu dever, entregaram-se às suas paixões e ao seu fanatismo. Sem chegarmos a esse ponto, podemos ressaltar que, sempre que há recurso, há suspeita de denegação de justiça, pois se sabe muito bem que o ideal revolucionário de justiça "mecânica" não existe. Tal como o historiador, o juiz trabalha com base em probabilidades, e nunca devemos negligenciar sua margem de erro, nem suas concepções políticas ou morais.

Quais são os fundamentos da denegação de justiça?

Bem antes que o Iluminismo se entregasse ao seu culto a seu amor pela lei, a ordenança civil de 1667 (art. 7º, título I) já proibira os juízes de interpretar a lei. Embora inspirada em Justiniano (§ 21 do segundo prefácio do Digesto), essa proibição não tem muito a ver com o legalismo triunfante da Revolução francesa. Destinava-se simplesmente a controlar as cortes soberanas e a evitar que elas concorressem com o legislador. Mas, como a monarquia nunca teve força para impor a sua aplicação, ela permaneceu como letra morta, deixando que os juízes interpretassem o espírito das leis.

Isso foi muito criticado durante a segunda metade do século XVIII, quando filósofos, reformadores sociais e penalistas se pronunciaram em favor da estrita legalidade, a exemplo de Beccaria, para quem o juiz devia limitar-se à aplicação literal dos textos. Montesquieu assim se explicava: "No governo republicano, é da natureza da Constituição que os juízes observem a letra da lei" (*Espírito das leis*, VI, 3). Para Rousseau, a lei era um mandamento absoluto, e só havia uma solução possível: apenas a letra da lei, mesmo porque, como afirmava Voltaire, "interpretar a lei é sempre corrompê-la". Essas posições foram compartilhadas pelos revolucionários que as consagraram já na Constituinte: "Os tribunais não poderão criar normas, mas recorrerão ao corpo legislativo sempre que acreditarem necessário interpretar uma lei ou criar uma nova lei" (Lei de 16-24 de agosto de 1790, que consagra a liminar legislativa (*référé législatif*), que reserva ao legislador o monopólio da interpretação da lei. No Brasil, o controle da constitucionalidade e da interpretação das leis cabe ao Poder Judiciário – art. 102 da Constituição Federal). Esse era então o princípio, ainda que a Convenção logo o tenha esquecido. Mas, terminado o regime de Terror, a ele voltou o Diretório, e foi esse mesmo princípio que Napoleão inseriu em seus códigos.

Para onde vamos?

Mas a questão da denegação de justiça não é apenas um problema de filosofia política; é também uma questão processual. Por falta de espaço, não é possível examinar aqui as suas várias versões durante os séculos XIX e XX, mas apenas indagar se vamos ou não assistir à multiplicação de denegações de justiça. Numa época em que a instituição judiciária não trabalha apenas para julgar, mas também para consolidar-se e afirmar-se como um contrapoder institucional, a questão desperta interesse. Assim, recentemente, na França, altos magistrados atacaram o caráter coercitivo da lei, aspirando a "um dispositivo penal mais comprometido com a liberdade individual e com os direitos da defesa do que com o interesse social e suas necessidades". Talvez, mas isso é esquecer que nosso sistema jurídico escrito consagra a preeminência da lei sobre a inspiração (mesmo que bem comportada) do juiz, condição indispensável para que a obra de justiça não resvale para a arbitrariedade.

Inversamente, a opinião pública – sob a pressão de Bruxelas e da Convenção Europeia dos Direitos do Homem – acalenta a ideia da avaliação do trabalho dos juízes (tais como a impronúncia, execução das penas, rapidez do tratamento, responsabilidade do juiz, rentabilidade da justiça etc.), de um controle de qualidade de seus julgamentos e de sua formação. Como, nessas condições, não temer a multiplicação de denegações de justiça, se nossos chanceleres detestam exercer suas prerrogativas em matéria de oportunidade e orientação dos processos?

François MONNIER

DEONTOLOGIA OU ÉTICA PROFISSIONAL

Deontologia é a ciência dos deveres profissionais. Moral ou direito? Essa é a principal questão dessa "moral juridicizada" ou desse "direito moralista". Devemos a palavra deontologia e o conceito a ela ligado a Jeremy Bentham, representante da corrente "utilitarista" em filosofia. O essencial de seu pensamento, nesse aspecto, está num livro póstumo chamado *Deontologia ou ciência da moral*. Sua ideia básica é ressaltar "as relações que unem o interesse ao dever em todas as coisas da vida". Segundo ele, "em boa moral, o dever de um homem nunca poderia consistir em fazer o que é de seu interesse não fazer"; assim, "a tarefa de um moralista esclarecido é demonstrar que um ato imoral é um cálculo errado do interesse pessoal, e que o homem vicioso faz uma avaliação errônea dos prazeres e das punições". Foi ele que criou o neologismo: "A palavra deontologia deriva de duas palavras gregas, *deon* (o que é conveniente) *e logos* (conhecimento), ou seja, o conhecimento daquilo que é justo e conveniente". Sua conclusão é que "a base da deontologia é, portanto, o princípio de utilidade, ou seja, em outras palavras, que uma ação é boa ou má, digna ou indigna, merecedora de aprovação ou reprovação na proporção de sua tendência a aumentar ou diminuir a soma da felicidade pública". Bentham considera que a deontologia – uma moral utilitarista – serve para limitar a necessidade de recorrer à regulamentação jurídica: "Sem dúvida é desejável ampliar o campo da moral e reduzir o da ação política. A legislação já invadiu demais um território que não lhe pertence." Ao fazer isso, a questão que vem à baila é a da natureza da deontologia. Para alguns, ela é moral transformada em direito; para outros, ela é moral sancionada pelo direito. Compartilhamos esta última opinião.

Na França, o encontro entre deontologia e direito deu-se com a promulgação do primeiro Código de Deontologia dos Médicos, por meio de um regulamento da administração pública datado de 27 de junho de 1947. Qual é o valor desse código e de todos os que vieram depois? Não resta dúvida de que, na forma, se trata de atos de caráter regulamentar: quase todos são decretos. Mas, nesse caso, o Estado, ao legislar, apenas sanciona: não é ele que elabora. Os códigos geralmente são discutidos em organismos profissionais (em especial para as profissões ligadas à saúde). Geralmente, esses organismos depois propõem ao governo que lhes dê consistência por via regulamentar (o que permite o recurso de contestação de legalidade perante o Conselho de Estado). Algumas profissões não têm a faculdade de elaborar seu código de ética, limitando-se a emitir pareceres (tal como ocorre com os arquitetos). Por fim, no que se refere aos advogados, enquanto não ocorre a ação unificadora do Conselho Nacional dos Advogados da França, a deontologia continua essencialmente informal, para não dizer consuetudinária (contudo, é preciso levar em conta o "RHI" – regulamento harmonizado interno –, que ainda enfrenta grandes dificuldades para ser admitido por todos os tribunais). De tudo isso se deve concluir que, ao contrário da opinião muitas vezes defendida, as ordens profissionais não dispõem de delegação legislativa, nem mesmo de qualquer poder regulamentar delegado. Sejamos claros: a ética profissional é da alçada do poder de reflexão dos organismos profissionais, e os códigos que a contêm são da alçada do poder regulador. Portanto, é dessa maneira que o Estado vigia e impõe a ética profissional. Mas também é evidente que haveria uma ética médica, mesmo sem um Código de Deontologia Médica: a forma continua distinta do fundo. Devemos concluir essa primeira indagação dizendo que os códigos de deontologia têm *fonte* na moral e *sanção* no direito.

Essa sanção transformará tais prescrições morais (ética profissional) em prescrições jurídicas? Alguns respondem que sim (ver "Déontologie", in *Dictionnaire d'éthique et de philosophie morale*, PUF). Não pensamos assim. O argumento que tende a fazer da deontologia uma fonte do direito, ao passo que a moral é uma fonte da deontologia, provém do fato de que as inobservâncias às prescrições de algum código de ética profissional podem provocar sanções disciplinares. Esse argumento tem sérias limitações. Em primeiro lugar, fazer o direito brotar da penalidade, que seria o seu revelador, no sentido quase físico do termo, é em si contestável. Sem dúvida alguma, o traço característico do direito é a aptidão à sanção, mas não é a sanção que funda o direito. Tomemos um único exemplo: existe uma lei de 1949, relativa às publicações destinadas à juventude. Essa lei instaura um mecanismo de controle prévio, para evitar que as revistas infantis propaguem imagens chocantes para o desenvolvimento da personalidade (pornografia) ou da educação moral (violência, racismo etc.). Essa disposição da lei raramente dá ensejo a processos (há uma única sentença, de 1951!). Não é a ausência concreta da pena que cancela o caráter jurídico dessa lei. Seria possível tomar muitos exemplos na legislação civil ou penal.

Inversamente, é muito abusivo dizer que os códigos de ética profissional são, inicialmente, códigos de disciplina profissional. Esse caráter é acessório. Não é esse seu papel principal. Os códigos de ética profissional têm a missão essencial de servir de guia às dúvidas de *consciência* de um profissional. Aliás, algumas prescrições escapam quase totalmente à possibilidade de punição. Por exemplo, o Código de Deontologia Médica proíbe o exagero terapêutico; incita o médico a ser prudente na revelação de prognósticos fatais. Seria possível conceber, concretamente, alguma sanção disciplinar contra o médico que não usasse de humanidade nesses dois aspectos? Parece difícil, a não ser em casos de abuso que, na verdade, seriam mais simplesmente da alçada da lei penal. Nesse aspecto, cabe afirmar que, se existe algum elo notável entre a deontologia e a disciplina profissional, este não se encontra na sanção sistemática. Mesmo porque o segundo argumento invocado para confundir deontologia e direito é o argumento recorrente de que a moral é desprovida de sanção. Lemos sempre que a moral é da alçada da consciência individual e que escapa ao juízo público. Essa asserção é das mais frágeis. Em primeiro lugar, porque põe no mesmo nível a regra moral e o caso de consciência. Se é verdade que o *dictamen* da consciência é a voz interior que ordena a cada um agir de determinada maneira em certas situações (a consciência está ligada à casuística), também é verdade que a regra moral, a exemplo da regra do direito, é geral e abstrata. Em sua formulação, a regra moral é tão precisa quanto a regra de direito, a não ser que se tenha uma ideia muito vaga do imperativo categórico. O que distingue a regra moral da regra jurídica é, além dos campos de competência radicalmente diferentes, a formulação: a regra moral normalmente não faz parte das competências soberanas. A melhor demonstração está no fato de que certas regras morais puderam ser facilmente infundidas no universo jurídico. O princípio de que o filho deve honrar pai e mãe deu origem ao artigo 371 do Código Civil francês. Em segundo lugar, a afirmação de que a regra moral, ao contrário da regra de direito, não está submetida a sanção, está pouco de acordo com aquilo que se constata na vida social cotidiana. Se pusermos tudo na balança, veremos que a sociedade demonstra que, na maioria das vezes, é mais desrespeitada a regra jurídica, sem reação por parte das autoridades encarregadas de punir suas transgressões, do que a regra moral, que frequentemente provocará (em função dos costumes e das mentalidades) reações vivas e virulentas das pessoas que convivem com aquele que se permite facilidades inaceitáveis.

Posto isto, voltando à definição da palavra deontologia, é preciso chegar a um acordo sobre o que é abrangido por ela. A deontologia, tomada na acepção dada por Bentham, certamente não é direito. Em compensação, hoje é frequente que a deontologia abranja não só o que lhe diz respeito naturalmente, mas também todos os "deveres profissionais", morais e jurídicos. Em suma, a deontologia tende a ser entendida como o corpo de regras que o profissional deve respeitar, sejam essas regras de origem moral ou provenientes de regulamentação técnica. Por essa razão, é mais conveniente falar de "direito e deontologia" de determinada profissão, do que de deontologia pura e simplesmente. Cabe então perguntar se continuamos falando sempre da mesma coisa. Não se deve negar que a deontologia contemporânea tende a afastar-se de sua fonte normal, para adquirir caráter jurídico. Progressivamente, chega-se a uma regulamentação profissional cuja elaboração é confiada pelo Estado – por uma questão de simplificação e busca de consenso e segurança – a organismos profissionais, que vão desde ordens profissionais até sindicatos. No fim das contas, a deontologia é uma mescla estranha de "direito mole" com "moral dura". No pior dos casos, ela pode até ser a voz mecânica de uma consciência profissional despersonalizada. Contudo, a deontologia pode deixar de imergir em tal confusão. Uma deontologia pode estar perfeitamente fora dos moldes regulamentares. Tem-se prova disso nos esforços – é verdade que pouco concludentes – para o desenvolvimento de uma ética dos jornalistas, cuja profissão não é organizada (no sentido de ordem profissional). Por outro lado, a deontologia pode ser "assumida pelo direito" apenas no aspecto processual. O direito limita-se a organizar sua edição, designando órgãos competentes. É o que ocorre com a profissão de advogado, quando a ordem nacional dos advogados tem a missão de conciliar diversos regulamentos internos; mas, também nesse caso, esse enquadramento leva cada vez mais à instauração de um "direito profissional", mais do que a uma verdadeira deontologia. De fato, para concluirmos essa questão, devemos ressaltar que essa lenta conquista da deontologia pelo direito se deve a um fenômeno contemporâneo inelutável. Numa sociedade que afirma ser inteiramente secularizada e laica, o único ponto de convergência acaba sendo o direito. O Estado de direito é o Estado onde, pouco a pouco, César conquista todos os poderes. É o Estado a introduzir-se em todos os aspectos da vida, pois ele substitui a Providência. Ao contrário do que escrevem muitos autores jurídicos, o Estado de direito não é o enfraquecimento do Estado legal, mas seu triunfo absoluto. Quando tudo se torna direito, tudo vira lei. Uma lei que, para ser aceita, pode apresentar múltiplas variantes (lei do Estado, lei da Europa, lei das profissões), pode até admitir certo controle (Constituição, tratados internacionais), mas que, afinal, é lei apesar de tudo. É quase lícito comparar certos códigos de deontologia aos protetorados dos séculos passados: uma potência só garantia seu controle sobre um país se proclamasse, formalmente, respeito à sua independência.

Pode-se então dizer, para resumir o debate, que a deontologia moderna se assemelha um pouco ao morcego da fábula: "Olhe minha asas, sou pássaro; olhe meu corpo, sou rato." Ela pode afirmar: "olhe minha perspectivas, minha diretrizes, meus objetivos, sou moral"; e acrescentar: "olhe minha forma, as autoridades que me editam, as punições que implica o meu desrespeito: sou direito". Terminaremos com uma palavra. A deontologia, por natureza, é um aspecto da moral, mais particularmente da moral profissional. Mas, em sua aplicação, acaba muitas vezes por sofrer forte atração do direito. Esse amálgama, porém, deve ser considerado o fruto de um vínculo necessário entre o direito profissional e a ética profissional e como a deriva de uma sociedade que tende a reduzir o papel da moral transfundindo-a no direito. Essa constatação não altera a definição fundamental.

› ALMÉRAS J.-P. & PÉQUIGNOT H, *La Déontologie médicale*, Lilec, 1996. – BEIGNIER B., BLANCHARD B. & VILLA-CÈQUE J. (org.), *Droit et déontologie de la profession d'avocat*, PUF, 2002. – BERGEL J.-L. (org.), *Droit et déontologie professionnelle*, Aix, 1997. – CABROL C., *Déontologie et droit*, tese, Toulouse 1, 2000. – HECQUARD-THÉRON M. (org.), *Déontologie et droit*, Presses IEP Toulouse, 1994. – MORET-BAILLY J., *Les Déontologies*, Presses Universitaires d'Aix-Marseille, 2001.

Bernard BEIGNIER

→ Moral e direito; Ordens profissionais.

DERRELITOS E TESOUROS

Derrelitos e tesouros formam dois conceitos distintos. Os derrelitos são bens móveis desgarrados ou perdidos, cujo proprietário é desconhecido; refere-se a todo objeto móvel e em especial àquilo que é atirado à praia pelo mar. O tesouro é um depósito de dinheiro ou de bens preciosos escondido num imóvel, enterrado no solo ou na espessura de uma parede. Entre os dois, porém, existem pontos comuns: o fato de o proprietário ser desconhecido, porque o depósito é antigo demais para que se tenha conservado a memória, no caso do tesouro, ou porque nenhum indício permite identificá-lo, no caso do derrelito, de tal modo que o direito precisou determinar as regras de sua atribuição; ademais, são diversos os pretendentes: o descobridor, o proprietário do terreno e os detentores dos direitos de poder público. As soluções adotadas, muito flutuantes ao longo da história, são reveladoras das diferentes concepções de propriedade que se sucederam.

Regime jurídico do tesouro

Foi o mais precocemente definido. O direito romano fez isso no âmbito de uma concepção exclusivista da propriedade, vinculando à propriedade do terreno a propriedade de todos os elementos que nele se encontrassem incorporados ou aparecessem como acessórios. Em direito clássico, era o proprietário do imóvel em que o tesouro tivesse sido descoberto o único que adquiria sua propriedade. Mas, durante o Império, essa concepção começou a decair, aparecendo concepções concorrentes, o que deu origem a um estatuto específico do tesouro, distinto do estatuto dos outros bens: em primeiro lugar, o fisco, que reivindicava os tesouros assim como todos os bens sem herdeiros, mas essa pretensão, de difícil aplicação, só será afirmada de maneira intermitente; o descobridor, segundo Gaio (*Institutas*, 2, 1, 39), recebia a metade do tesouro, graças a uma Constituição de Adriano, quando não era proprietário do imóvel; essa solução foi consagrada pelo direito romano em seu último estágio (Constituição *de Thesauris: CJ* 10, 15) e passou para a França, vigorando nas regiões de direito escrito, onde numerosas decisões dos Parlamentos indeferiram as pretensões do fisco régio e dos senhores feudais, entrando depois no Código Civil (art. 716). A divisão pela metade entre o proprietário do imóvel e o descobridor, porém, estará excluída quando este tiver feito escavações a mando do proprietário, ou à revelia deste: o direito do descobridor a uma parte do tesouro só existe em caso de descoberta fortuita.

A essas soluções opõe-se uma tradição diferente, nascida na Idade Média, decorrente de uma concepção completamente diferente de propriedade, tendente a limitar os atributos do proprietário do imóvel e a impor, acima dele, o direito eminente dos detentores da autoridade pública. Nas costumagens do século XIII, o tesouro cabia ora ao senhor alto justiceiro, ora ao rei, sem o reconhecimento de direito algum para o proprietário do imóvel onde ele fosse descoberto, nem ao descobridor. O *Établissement de Saint Louis* (1, 94) resolveu de maneira original o conflito entre o rei e o senhor, atribuindo ao primeiro os tesouros de ouro, e ao segundo os tesouros de prata. No entanto, o renascimento do direito romano levou a impor, na maioria das costumagens redigidas, uma solução negociada que conciliava tradição feudal e tradição romana: o tesouro descoberto pelo proprietário do imóvel cabia-lhe pela metade, e a outra metade cabia ao senhor ou ao rei; em caso de descoberta por outra pessoa, que não fosse o proprietário, a divisão era feita em partes iguais entre o descobridor, o proprietário e o senhor.

Durante a Revolução francesa, o Decreto de 13-20 de abril de 1791 aboliu os direitos do senhor e manteve na divisão apenas o proprietário e o descobridor, mas a Convenção (Decreto de 23 de brumário do ano II) apressou-se a impor os direitos do Estado, pelo menos sobre os tesouros pretensamente dissimulados pelos nobres emigrados: um vigésimo cabia ao descobridor, ou melhor, no caso, ao delator, e o restante cabia ao fisco. Com objetivo diferente – proteção dos bens que tivessem interesse arqueológico –, a Lei de 27 de setembro de 1941 previu a divisão dos objetos encontrados durante escavações entre o proprietário e o Estado, com a possibilidade de o Estado ficar com a totalidade, mediante indenização.

Regime jurídico dos derrelitos

Neste caso, ao contrário, está excluída qualquer pretensão do proprietário do imóvel onde os derrelitos foram parar fortuitamente; permanece a concorrência entre o descobridor, eventualmente o proprietário do bem e os detentores do poder público. Num campo em que as disposições do direito romano foram raras e a maioria das soluções nasceu na época feudal, foram os senhores feudais que ficaram com a parte do leão. Beaumanoir (*Coutumes de Beauvaisis*, § 737) foi quem primeiro mencionou um regime jurídico dos derrelitos e utilizou o termo *épaves* para designar os animais domésticos errantes, aos quais algumas costumagens acrescentarão animais selvagens domesticados pelo homem (abelhas, pombos, pavões, falcões). No que se refere a todos os bens que, diferentemente dos animais selvagens, não são *res nullius*, o direito consuetudinário preocupou-se em proteger os direitos do proprietário, e, se este não viesse a ser conhecido, seriam atribuídos ao senhor alto justiceiro: "O direito de apropriar-se, privativamente, dos derrelitos que não tenham sido reclamados é, na França, um direito ligado à alta justiça, que foi atribuído ao senhor alto justiceiro para recompensá-lo das despesas por ele incorridas para fazer justiça", escrevia Pothier. As costumagens obrigavam aquele que encontrasse os derrelitos a declará-los à jurisdição senhorial em breve prazo (na maioria das vezes, vinte e quatro horas e às vezes três dias ou oito), sob pena de multa arbitrária; obrigava o senhor a tornar pública a descoberta por meio de pregões ou anúncios durante as homilias. O proprietário dos derrelitos devia dar-se a conhecer e provar que eles lhe pertenciam num prazo frequentemente fixado em quarenta dias, mas dilatados por certas costumagens para um ano e um dia; ele então recuperava seu bem, desde que pagasse as despesas de guarda. Quando o proprietário não se apresentava no prazo prescrito, sua intenção de abandonar os derrelitos era presumida, e o bem era adjudicado ao senhor, que se tornava seu proprietário, podia vendê-lo e ficar com o valor recebido. A adjudicação em juízo tinha o efeito de extinguir o direito de propriedade sobre a coisa, e aquele que a tivesse perdido deixava de ter direito a reclamá-la depois de vencido o prazo. Essas soluções, ao contrário das que prevaleceram para o tesouro, não conferiam nenhum direito ao descobridor: as costumagens da Bretanha (art. 47) e de Orléans (art. 164) eram as únicas que lhe atribuíam o terço do valor dos bens. No entanto, alguns autores, em especial Domat (*Droit public*, I, tit. 6, seção 3, art. 6), restringiam a noção de derrelito e a aplicação das regras acima referidas apenas aos animais perdidos: a todos os outros bens móveis, especialmente ao dinheiro e às jóias, preconizavam a aplicação de um regime diferente, inspirado no do tesouro, atribuindo-se a propriedade ao descobridor sempre que fosse impossível conhecer a identidade do proprietário, solução que parece dever ser associada aos progressos do conceito de ocupação (é também na seção "Da ocupação das coisas que não pertencem a ninguém" que Pothier tratará do tesouro e dos derrelitos). Quanto aos derrelitos marítimos, seu regime hesitou por muito tempo entre duas tradições opostas: a apropriação pelo senhor, que se encontra em certo número de costumagens, ou a atribução ao soberano, pelo menos no que se refere aos bens de valor, solução, principalmente, da costumagem da Normandia. A Ordenança da Marinha de 1681 seguiu essa última tradição, reservando ao rei e aos almirantados os navios e os objetos lançados à praia que não fossem reclamados pelo proprietário (tit. IX, art. 26), mas fez uma aproximação com as soluções relativas ao tesouro, atribuindo aos descobridores um terço dos derrelitos recolhidos no mar (art. 27) e das "coisas criadas no mar, como o âmbar, o coral, peixes com toicinho" (art. 28).

O direito dos derrelitos era muito marcado por suas origens feudais para não sofrer profundas mudanças com a Revolução francesa. O Decreto de 13-20 de abril de 1791 aboliu o direito senhorial e o substituiu pelo do descobridor. O regime atual mantém essa atribuição ao descobridor, mas ao cabo de um processo (declaração às autoridades, vencimento do prazo de um ano), de inspiração consuetudinária.

› Olivier-Martin Fr., *Histoire de la coutume de la prévôté et vicomté de Paris*, 2ª ed., Paris, Cujas, 1972, t. II, pp. 102-4. – Ourliac P. & Malafosse J. de, *Histoire du droit privé. Les biens*, 2ª ed. Paris, PUF, 1967, pp. 274, 332. – Patault A.-M., *Introduction historique au droit des biens*, Paris, PUF, "Droit fondamental" 1989, pp. 302-5.

Ver também: Arnaud A.-J., "Réflexions sur l'occupation, du droit romain classique au droit moderne", *Revue historique de droit fiançais et étranger*, 1968, pp. 183-210. – Charbonnel N., "Haute justice, droit d'épaves et rivages de la mer au XIVᵉ siècle: l'affaire des baleines du sire de Parthenay (1331)", *Revue historique de droit français et étranger*, 1986, pp. 549-69; "Aux sources du droit maritime à Rome: le *Rudens* de Plaute et le droit d'épaves", *ibid.*, 1995, pp. 303-22.

Jean-Louis Thireau

→ Propriedade (Direito de).

DERROGAÇÃO, DISPENSA, ESCUSA, TOLERÂNCIA

Derrogação, dispensa, escusa e tolerância são termos com significações diferentes. Ora designam regras que constituem exceção a uma regra mais geral, ora a possibilidade de não aplicar a regra cabível num caso específico. Como têm a característica comum de suspender uma regra, é preciso indagar o que justifica sua existência.

Esses termos chamam a atenção para um fenômeno que, à primeira vista, é estranho para o jurista: a não aplicação da regra. Estranho porque o reino da lei, fundamento de nossas concepções políticas, tem como finalidade garantir a igualdade dos homens. Acaso, na França, não se discutiu, por esse motivo, a oportunidade de um Código de Comércio? Nessa perspectiva, seria mais fácil ver nesse fenômeno apenas resquícios do passado que se tornaram irracionais, coisas que a evolução do direito deixa subsistir aqui ou lá. Mas o fenômeno é vivo, e sua persistência leva necessariamente a indagações. Por que essa resistência do particular ao geral? Várias respostas nos vêm à mente, todas talvez complementares: a igualdade abstrata é um engodo; pior: pode levar à injustiça (*summun jus, summa injuria*); o direito está mais no particular do que no geral; a permanência da natureza humana tem como corolário a identidade dos problemas por resolver, logo a identidade das técnicas possíveis; enfim, certo atavismo jurídico que se manifesta na distinção (pensemos no *distinguishing*, tão prezado pelos juristas anglo-saxões). Por que não existiriam então técnicas jurídicas que garantissem a consideração de situações particulares? As técnicas estudadas aqui não são idênticas. Cada uma apresenta características próprias, ainda que os limites que as definem às vezes padeçam de certa vagueza. Seu estudo possibilitará propor definições antes de examinarmos o que elas têm em comum, o que, no fundo, diz respeito ao lugar da regra no direito.

Derrogação, dispensa, escusa e tolerância no direito

Entre esses quatro termos, alguns são equívocos (derrogação), incertos (dispensa) ou aparentemente simples (escusa, tolerância). Derrogação, dispensa e escusa parecem ser do âmbito do direito, enquanto tolerância, à primeira vista, lembra um comportamento de fato. Alguns remetem a uma técnica de caráter geral (escusa), outros, ao acerto de uma situação específica (dispensa); derrogação ou tolerância podem apresentar intersecções. Portanto, é preciso analisar cada um desses termos sob ângulos diferentes para diferenciá-los, não sem algumas observações prévias sobre a terminologia do legislador.

Algumas imprecisões terminológicas do legislador. – Se nos limitarmos ao uso jurídico, derrogação poderá designar três coisas distintas. Designa primeiramente o fato de limitar o domínio de aplicação de uma regra geral, criando-se uma regra diferente para uma ou várias hipóteses abstratamente determinadas. Essa significação é ilustrada pelos adágios clássicos: "*specialia generalibus derogant... legi speciali per generalem non derogatur...*" (como exemplo, ver os arts. L. 221-9 e 10 do Código do Trabalho francês, relativos ao repouso semanal do domingo). Em outro sentido, está ligada às leis supletivas: derrogar é escolher uma regra diferente da regra enunciada por uma lei supletiva, que não diz respeito nem à ordem pública, nem aos bons costumes (art. 6º do Código Civil francês). Finalmente, derrogação é a decisão que possibilita a não aplicação da lei em certo caso particular (derrogações de urbanismo, portaria que dispensa uma empresa de respeitar a regra do repouso dominical, arts. L. 221-6 e 8-1 Código do Trabalho francês). Por trás do termo, portanto, encontra-se ora uma exceção, ora uma manifestação de liberdade individual na elaboração dos atos jurídicos, ora uma isenção individual comparável à dispensa.

O termo "dispensa", por sua vez, também é utilizado em acepções diferentes. Em certos casos, a dispensa tem o objetivo de subtrair uma pessoa determinada ao regime jurídico que lhe é aplicável, seja para lhe possibilitar fazer o que é proibido (exercer um recurso, apesar da expiração dos prazos), seja para subtraí-la ao que é obrigatório (executar sua obrigação no vencimento, atender às formalidades do casamento). Mas o mesmo termo é utilizado pelo Código Civil francês para as manifestações de vontade destinadas a subtrair-se a uma lei supletiva (ver, por exemplo, arts. 601, 843, 844 e 846 C. Civ. francês, ou arts. 12 e 1.474 NCPC). O mesmo ocorre com a isenção no direito europeu da concorrência: a isenção por categoria "confere de pleno direito o benefício da isenção aos cartéis que se enquadrem em seu campo de aplicação". Procede-se, portanto, por determinação de uma categoria abstrata à qual um regime particular é aplicável, o que remete ao mecanismo da exceção. A isenção individual é, em compensação, conferida pela Comissão, à qual o acordo deve ser previamente notificado. Aqui nos limitaremos a esses poucos exemplos. Na sequência serão descobertos outros.

Distinção dos termos. – Dadas essas explicações, podemos examinar os termos sob o aspecto da distinção entre fato e direito. A tolerância, ao contrário dos outros, é da alçada do fato. Sejam quais forem as razões, o comportamento daquele que poderia agir juridicamente mas se abstém conscientemente constitui uma escolha que nada tem de jurídico. Isso não impede que o direito lhe atribua certas consequências, sobretudo se essa passividade estiver presente numa autoridade pública. Na melhor das hipóteses, a tolerância constituirá um fato jurídico, mas, em muitos casos, não acarretará consequência alguma dessa ordem. A derrogação, a escusa e a dispensa são da alçada apenas do direito, ainda que sua aplicação se baseie em razões de oportunidade. Pois, de maneira mais ou menos ampla, elas têm como efeito a não aplicação de uma regra, só podem existir quando o próprio autor da regra o permita, às vezes de maneira implícita (sobre o art. 6º do Código Civil francês e a apreciação do caráter imperativo de uma lei pelo juiz, ver Ch. Leben, in *La Dispense*). Outra distinção que se pode fazer em relação aos quatro termos estudados é a distinção entre regras e decisões, entre norma hipotética e norma categórica, conforme formulado por

P. Mayer. A exceção, evidentemente, entra na categoria das regras. Mas, nos outros casos, a distinção pode ser mais complicada. Às vezes se verifica que ela é desprovida de pertinência. Conforme sugere P. Mayer, embora uma decisão "ordene que haja determinado efeito jurídico", embora uma regra vincule efeitos jurídicos a uma situação abstratamente definida (pressuposto), nem a tolerância, nem a derrogação a uma regra supletiva podem ser reduzidas a um dos dois tipos de norma. A tolerância poderá apresentar certas características de decisão, se admitirmos que ela é uma abstenção consciente. Em certo sentido, toma-se a decisão de não aplicar a regra quando estão reunidas as condições de sua aplicação. Mas, em razão da ausência de consequências jurídicas (a lei não aplicada não deixa de ser aplicável, e a situação tolerada não é contrária ao direito), a tolerância é mais a decisão de não decidir. A escolha do direito aplicável em presença de uma regra supletiva também escapa à distinção. É indiscutível que se trata de uma manifestação de vontade (*electio juris*) destinada a produzir efeitos de direito. Contudo, não se poderia ver nisso uma decisão, pois ela nada ordena, mas se limita – por efeito da liberdade individual – a determinar *a priori* as regras aplicáveis a uma situação.

As escusas podem ora ser da alçada da regra, ora da decisão. As escusas do direito penal são todas do âmbito da legalidade criminal. Quer se trate de escusa atenuante de minoridade (art. 202 do regulamento de 1945) ou da antiga escusa de provocação (arts. 321 a 326 do Código Penal francês), tem-se uma regra que, em certas circunstâncias abstratamente determinadas, diminui as penas incorridas. A antiga escusa absolutória (hoje, fato justificativo), que excluía a responsabilidade penal daquele que tivesse cometido uma infração em obediência a uma autoridade legítima, é também uma norma hipotética (se uma infração for cometida em obediência...). A exceção de boa-fé em matéria de difamação merece ser enfatizada aqui por ser de origem jurisprudencial, o que atenta contra o princípio segundo o qual só ao legislador competem as incriminações. Sua fonte não impede que ela constitua uma regra. A decisão só existirá se, no caso de um menor de 16 a 18 anos, o juiz houver por bem não aplicar a regra de minoração das penas (art. 20-2, § 2º). É um exemplo bastante excepcional de derrogação individual *in pejus*. Em compensação, as escusas do direito civil, referentes à tutela, constituem decisões. A tutela é um "encargo público", obrigatório para a pessoa dela incumbida (art. 1.370, § 3, C. Civ. francês). Esta última, porém, pode ser desincumbida ou dispensada do encargo tutelar se invocar uma escusa prevista em lei. Será necessária então uma decisão para que se deixe de aplicar a obrigação tutelar, considerando-se as circunstâncias.

Essa divisão entre regras e decisões evidentemente comporta consequências, no que se refere ao autor da não aplicação da regra e ao controle que pode ser exercido sobre ela. É um truísmo afirmar que a derrogação-exceção só pode provir do próprio autor da regra. Como a exceção é uma regra, só pode emanar da autoridade habilitada a ditar regras (CE, 27 de junho de 2001, *D.*, 2001, IR 2.873: ilegalidade de uma derrogação prevista por via de circular). Se o Parlamento ou o governo considerarem necessário para determinada categoria de pessoas (consumidores, corsos etc.) ou numa situação abstratamente definida (certo tipo de contrato, de sociedade etc.), bastar-lhe-á prever uma regra particular que, segundo a fórmula de Domat, virá limitar a extensão das outras. Certas leis às vezes são formas quintessenciadas da exceção, tais como as leis de 1975, na França, sobre o IVG, e de 1994, chamadas "bioéticas", construídas com base no mesmo modelo: a afirmação de um princípio (o respeito ao ser humano desde o começo da vida) é a premissa necessária de leis que só têm por objeto determinar as exceções que possam ser-lhes feitas. Seria vão, aliás inútil, tentar inventariar essas exceções, que são numerosíssimas. Talvez seja mais interessante procurar as regras que não tenham nenhuma exceção (Ch. Leben, in *La Dispense*).

É fácil entender por que é preciso uma decisão para que se deixe de aplicar a regra normalmente aplicável. Permitir que uma pessoa se subtraísse à força obrigatória da regra seria negar o direito; é, portanto, necessária a intervenção de um terceiro encarregado de apreciar as circunstâncias do caso, sempre que a lei seja suspensa num caso particular. As soluções são variadas. As decisões podem emanar da administração (derrogações de urbanismo, do direito do trabalho), do Presidente ou do promotor público, e, cada vez mais frequentemente, do juiz, em virtude de um Poder Moderador hoje amplamente admitido (período de tolerância, superendividamento, relevação da preclusão, revisão de cláusulas penais etc.), ora, portanto, de uma autoridade normalmente encarregada de aplicar a regra (administração, juiz), ora de uma autoridade cujo papel não é esse. Esses elementos condicionam diretamente o controle que pode ser exercido. Em presença de uma regra, os únicos modos de controle possíveis são o controle de constitucionalidade e o recurso por excesso de poder. A exceção pode ser contrária a um princípio superior. Na Franca, a coisa é relativamente rara no campo da lei, visto que o Conselho Constitucional admite com bastante liberalidade que uma situação "diferente" justifique um tratamento particular. Pode-se, porém, citar a afirmação do Conselho do Direito, sobre a obtenção de reparação por prejuízo causado por uma falta (decisões 82-144 e 99-419). Em contrapartida, é frequente que uma exceção fixada por um regulamento seja anulada por ser apenas da alçada do legislador (ver, por exemplo, acórdão *Dame David* – Conselho de Estado, 4 out. 1974 – que permitia afastar a publicidade dos debates nas jurisdições judiciárias). Acrescente-se – *last but not least* – o controle de convencionalidade, que se mostra mais temível do que os dois anteriores. No que se refere às decisões, a situação é muito heterogênea. Muitas delas são passíveis de controle de legalidade (isenções individuais do direito da concorrência, derrogações administrativas) e até de um controle de oportunidade (o exercício dos meios de recurso permite controlar a maioria das dispensas do direito privado). Outras são puramente discricionárias (dispensas do promotor público em matéria civil, impronúncia - ver J.-H. Robert, in *La Dispense* –, dispensas do Presidente da República: direito de graça e dispensa em vista de casamento póstumo - sobre este último ponto, ver *Les Grands arrêts de la jurisprudence civile*, 11ª ed., nº 31). Essa ausência de controle jurisdicional não deixa de levar a pensar nos atos de governo. É sob esse ângulo, da existência ou da ausência de controle, que se propôs estabelecer a distinção entre dispensa e derrogação (A. Rouyère, *La Dispense*). A distinção, se existir, é sutil e não afeta "a identidade funcional dos mecanismos da dispensa e da derrogação" (*ibid.*). Em direito privado, uma mesma dispensa já escapou totalmente ao controle para ser depois controlada. Esse é o caso da diferença de idade exigida entre o adotante e o adotado: a possibilidade de uma dispensa presidencial, introduzida pela Lei francesa de 1966, abriu espaço para uma dispensa judiciária em 1976. Esse controle não acarreta, necessariamente, uma juridicização maior, visto que o tribunal de recursos também baseará a sua decisão na oportunidade pura (procurar saber, por exemplo, se um divórcio que rompa a vida comum terá consequências excepcionalmente duras para o cônjuge que não deseja o divórcio).

Se, para terminar, nos ativermos aos efeitos produzidos por essas diversas técnicas, veremos que eles permitem uma classificação relativamente simples. Toda regra, mesmo excepcional, tem como objetivo ser aplicada ao conjunto das situações que entram em seu campo de aplicação. Nisso, ela é abstrata e permanente, com a ressalva de que uma decisão pode, formalmente, assumir a forma de regra. É o que ocorre com as leis de anistia, aplicadas a um número necessariamente determinado de pessoas (as que cometeram certo tipo de infração entre tal e tal data, o que lhe retira o caráter geral de regra), mas indeterminável na prática, o que impõe o recurso a critérios abstratos, portanto à forma de uma regra. Apesar disso, não deixa de ser uma decisão: o Parlamento decide que as infrações visadas perdem caráter delituoso. Em presença de uma lei supletiva, a manifestação de vontade, unilateral (dispensa de caução para o usufrutuário num testamento) ou bilateral (determinação das regras aplicáveis a um contrato, missão de mediador conferida ao árbitro ou ao juiz), fixa, *a priori*, o regime jurídico aplicável. Seria possível dizer que a(s) ou parte(s) se faz(em) legisladora(s) do caso particular. Desse modo, fica bem marcada a diferença entre suspensão de uma regra supletiva e a técnica da dispensa ou da derrogação individual que permitem, ao contrário, suspender uma regra cuja aplicabilidade é certa, por exemplo, as exigências de publicidade em matéria de casamento, as injunções das leis de urbanismo, a obrigação de liquidar a dívida no vencimento (prazo de carência, superendividamento), a inadmissibilidade das vias de recurso tardias (relevação da preclusão). Em todas essas hipóteses, a solução é *a priori* conhecida, mas não aplicada em razão das circunstâncias.

Como toda decisão, a dispensa e a derrogação esgotam seus efeitos no caso particular. Mas cabe contar aqui com um fenômeno que não deixa de lembrar a formação da jurisprudência: os motivos de uma dispensa, assim como os de um julgamento, têm vocação à abstração. A igualdade de tratamento, atávica no jurista, possibilita compreender por que a autoridade que concedeu uma dispensa não a recusará numa situação comparável. Por isso, a prática da dispensa redunda, naturalmente, numa tipologia dos casos que permite concedê-la ou justifica a sua recusa. Essa psicologia é suficientemente comprovada para que certas derrogações individuais constituam "precedentes" no sentido entendido pelo direito inglês (art. L 221-7, § 1º do C. Trab. francês).

Por fim, pertencendo ao âmbito do fato, a tolerância só tem como efeito uma espécie de suspensão da força obrigatória da regra, sempre revogável. Essa ausência de efeito jurídico é consagrada pelo Código Civil francês a propósito da posse: os atos de pura tolerância (deixar que um vizinho passe para entrar em casa) não podem fundamentar uma posse e não constituem, portanto, fatos jurídicos (art. 2.232 C. Civ. francês). Aquele que se beneficia com a benevolência do vizinho não pode ter o *animus domini*. O fato de não processar o devedor após o vencimento da dívida, decorrente da benevolência ou do interesse do credor, não modifica a situação da caução. A tolerância para com uma infração não suprime desta o seu caráter delituoso e possibilita o processo enquanto não expira o prazo de prescrição, a menos, claro – mas estamos no campo do puro fato –, que a prova se torne impossível (o motorista cujo estacionamento em local proibido foi tolerado não poderá ser multado depois que sair de lá). A câmara criminal da Corte de Cassação não tem contemplação pelas tolerâncias que possam ter beneficiado os autores de infrações. Sugeriu-se algumas vezes que a tolerância poderia, no mínimo, constituir um fato jurídico. Assim, a jurisprudência considera que nenhuma servidão de passagem é devida numa propriedade encravada, desde que o vizinho tolere a passagem. Não será isso dotar a tolerância de roupagem jurídica, vendo nela uma condição de concessão da servidão (nesse sentido, Carbonnier, t. III, nº 164)? Pode-se, porém, pensar que a servidão, nesse caso, é inútil, o que nunca é indiferente em direito dos bens. Resta o fato de que a tolerância suspende apenas as disposições relativas ao direito de passagem em caso de enclave, sem criar obrigação para o proprietário nem direito para o vizinho. Isso não significa que a tolerância nunca deixe espaço para nenhuma modificação jurídica. Mas é preciso a mediação de uma outra técnica: a da prescrição da dívida ou da infração.

Essas considerações permitem propor uma definição dos diversos termos estudados:

– *A derrogação* constitui uma exceção quando assume a forma de regra que, coexistindo com uma regra mais geral (escrita ou não), adota uma solução que dela se afaste em casos abstratamente definidos.

– *A escusa* em matéria penal é uma regra pertinente ao princípio de legalidade criminal que, em certas circunstâncias, faz desaparecer a responsabilidade penal.

– *A dispensa* é uma decisão tomada por um terceiro em proveito de uma pessoa que se encontre eximida da regra de direito aplicável, seja porque esta última lhe imponha certo comportamento, seja porque o proíba. Com as nuances mencionadas, acrescentaremos a derrogação individual.

– *A suspensão* de uma regra supletiva é um procedimento de determinação do direito aplicável a uma situação jurídica que os interesses em jogo, puramente privados, possibilitam à vontade individual.

– *A tolerância* é a abstenção consciente de aplicar uma regra (em se tratando de uma autoridade) ou de fazer valer um direito (em se tratando de um particular).

Na técnica jurídica, cada um dos termos corresponde – ou deveria corresponder – a uma necessidade específica. O legislador poderá recorrer à exceção se estiver em condições de definir abstratamente a categoria (atos, pessoas) à qual ela se aplicará, pois essa categoria abstrata é um elemento essencial de toda regra. Essa definição nem sempre é possível. Não se pode dar forma de regra ou de exceção à exigência de certa diferença de idade entre adotante e adotado (regra) ou à afirmação de que essa diferença de idade poderia não ser exigida (exceção). Nesse caso, cabe necessariamente remeter por via de dispensa à instituição encarregada de pronunciar a adoção. Do mesmo modo, embora constitua a única técnica possível para suspender uma lei imperativa em um caso específico, a dispensa não é absolutamente necessária sempre que se tratar de uma lei supletiva, pois a vontade individual é bastante. Todos esses termos, conforme se verifica, merecem distinção. O fato é que nem todos se remetem à força obrigatória da regra, à sua medida ou a seu questionamento. Ainda que a definição possibilite distingui-los uns dos outros, a realidade revela que eles apresentam problemas próximos, senão idênticos, em todo sistema de direito.

Consequências da derrogação, da dispensa, da escusa e da tolerância sobre o direito

Nas considerações seguintes, veremos que essas diversas técnicas (o termo pode parecer impróprio para a tolerância, mas daremos explicações mais adiante) apresentam, em graus diferentes, é verdade, problemas nos quais se misturam direito e política.

A primeira questão que se apresenta é a da legitimidade. O debate é ao mesmo tempo histórico e contemporâneo. Sempre que num Estado ou – de modo mais geral – numa instituição as funções ou os poderes se confundem, a legitimidade da suspensão de uma regra é praticamente indiscutível. Não existe contradição em dar com uma mão (delegar a justiça, por exemplo) e pegar de volta com outra (nomear juízes *ad hoc* ou vedar a alguém a justiça ordinária por meio de carta régia). A separação progressiva das funções, como mostra a história constitucional inglesa (ver Ch. Combe, in *La Dispense*) ou a evolução das estruturas da Igreja (ver A. Lefebvre-Teillard, *ibid.*), ao contrário, chama a atenção para a especificidade e até a anormalidade do procedimento. O surgimento do poder pontifical inaugura a discussão sobre o direito de dispensar dos bispos: ele é próprio ou delegado? A prerrogativa régia, depois que o poder do rei foi reduzido por cartas magnas, *bills* e *statutes* sucessivos, não pôde deixar de provocar a discussão sobre sua extensão ou seu fundamento. A questão é certamente menos aguda hoje em dia, ainda que seja possível ver no direito de graça do Presidente da República um vestígio – afinal irracional – de uma organização política superada. Quando o que está em causa são cidadãos privados, as dispensas e derrogações já não apresentam caráter político. E – o que é importante – as dispensas hoje em dia são previstas nos próprios textos: o direito de graça pela Constituição e quase todas as dispensas, pela própria regra aplicável. Mas o debate sobre a legitimidade política pode deslocar-se, por exemplo para as exceções (em que medida as regras comuns podem ser adaptadas, na Córsega ou fora dela?) ou para a tolerância das autoridades públicas (pode haver na França lugares onde se tolere que a lei não seja aplicada?).

O fato é que não seria inútil uma reflexão sobre as vantagens e as desvantagens dos procedimentos estudados. A multiplicação das exceções, a concessão sistemática de dispensas ou a tolerância deliberada das autoridades não podem deixar de lançar dúvidas sobre a própria regra. Na verdade, tolerar que uma regra não seja aplicada não tem as mesmas consequências quando essa tolerância atinge um particular ou quando se refere a uma autoridade pública. No primeiro caso, só estão em causa os direitos individuais, e, embora a ideia de direito possa com isso sofrer – como sustentou Jhering em *A luta pelo direito* –, a ordem jurídica só é atingida de modo indireto demais, se não conjectural. Em compensação, da parte de uma autoridade pública (a chancelaria ou o ministério público, por exemplo), a tolerância constitui uma técnica de implementação de uma política penal. Ela afeta diretamente a regra, pondo aqueles que dependem da justiça em situação de insegurança, pois a lei não é revogada. Erigir a dispensa em regra ("A dispensa em direito privado", in *La Dispense*) também permite que a administração encarregada de concedê-la prive de efeito uma regra que, porém, não lhe compete revogar (ver sobre esse aspecto J.-M. Olivier, tese citada *infra*). De fato, o exercício abusivo de um poder (política penal, impronúncia, dispensa) tende a confundir os poderes. O debate sobre as leis de validação pode ser uma exemplificação disso. Assim como a lei de anistia elimina, retroativamente, o caráter delituoso de um comportamento, a lei de validação profissional por experiência adquirida expurga, retroativamente, a ilegalidade comprovada de certas situações; assim como a anistia, essa validação é uma lei na forma e uma decisão no fundo: ela compartilha com a dispensa a ideia de favor, mas concedido a um número de beneficiários às vezes indeterminável. As decisões da Corte Europeia de Estrasburgo, que condenam leis de validação profissional por considerá-las contrárias ao direito que cada um tem a um processo de equidade, sancionam uma invasão por parte do legislador da seara do juiz. Tampouco seria descabido reprovar esses procedimentos por serem, às vezes, apenas um disfarce do fato consumado: dispensar um subdiácono casado, a despeito da regra do celibato eclesiástico; conceder dispensa de idade porque a futura esposa está grávida; validar por uma lei específica práticas bancárias estabelecidas, mas de validade incerta (por exemplo, a prática do aval em aposentadoria) e até validar práticas ilegais (caso da tabela de amortização): todas essas são hipóteses nas quais o fato força o direito.

No entanto, a persistência dos procedimentos demonstra sua utilidade. As dispensas previstas pelo Código Civil francês em matéria de casamento são explicáveis porque, na visão do legislador e também da sociedade, o casamento era um estado desejável. As exceções, cada vez mais numerosas, aos princípios gerais nada mais são que uma manifestação da complexidade crescente das relações jurídicas e – o que certamente é mais discutível – de uma mania de regulamentação. Mas tolerância, dispensa, isenção ou derrogação baseiam-se numa ideia que não é apenas de nosso tempo: a ideia de que o direito não esgota a realidade que rege, e de que ele pode ter até efeitos perniciosos (*summum jus, summa injuria*), de que a finalidade da regra não pode excluir outras finalidades desejáveis. Nesse caso, pode ser justificável a suspensão da regra para se evitar um mal ou para se obter um bem maior: tolerar o casamento do subdiácono para que ele deixe de pecar, permitir a subversão da separação dos poderes para salvar um sistema político que de outra forma sucumbiria (ver Ch. Combe, in *La Dispense*, que fala da "válvula de segurança para o edifício jurídico" aludindo ao artigo 16 da Constituição francesa de 1958), conceder isenção a um cartel, desde que ele possibilite o progresso social. De maneira muito eloquente, Gérard Cornu ressaltou que "o poder moderador sempre teve certo caráter subversivo. Sua especificidade consiste em introduzir, em certa ordem jurídica, dados de outra ordem, a título de antídoto e em dose limitada" (*L'Apport des reformes récentes du droit civil à la théorie générale du droit civil*). Essa afirmação se confirma quando a dispensa, comparável aqui à técnica da lei experimental, garante uma transição entre duas leis que comportam soluções opostas (ver "A dispensa em direito privado", in *La Dispense*).

O uso das dispensas, especialmente em direito privado, no qual – conforme ressaltado – elas tendem a proliferar, seja qual for o nome que lhes seja dado, altera a concepção revolucionária de distinção rígida entre *fazer* e *dizer* direito, distinção, aliás, difícil de aplicar, conforme mostra o debate ainda vivo sobre o papel da jurisprudência. As dispensas e as derrogações individuais modificam sensivelmente as relações entre regra e decisão, portanto entre legislador e juiz. Tal como o recurso cada vez mais frequente aos *padrões* no direito contemporâneo, o desenvolvimento das dispensas judiciárias acarreta um deslocamento do geral para o particular, da categoria abstrata para as circunstâncias concretas do caso. É fato que, na legislação recente, a afirmação de um princípio muitas vezes é temperada pela possibilidade de um *arrependimento judiciário*. A justiça então está menos na própria regra do que na decisão que, quase necessariamente, a completa. Em certo sentido, que importam os princípios gerais do direito das obrigações, se o Poder Moderador do juiz permite-lhe adaptá-los ao caso particular? O recurso à dispensa na lei assemelha-se então a um modo de tolerância do legislador. As escapatórias que ela propicia na lei poderiam mostrar-se como uma "não escolha" legislativa, ou uma arte de casar os contrários, o que Jean Carbonnier descreveu com a expressão "ceticismo do legislador". Este último admite, de antemão, que sua lei poderá não ser aplicada, caso as circunstâncias levem a pensar que seus resultados não seriam equitativos. A lei, em certo sentido, é inacabada porque não permite dizer com certeza qual deve ser a solução de um litígio particular. É como se, por trás da definição de direito comumente aceita, que nela vê uma regra de conduta socialmente sancionada, assistíssemos ao ressurgimento das ideias de

Aristóteles ou de Cícero, que privilegiavam a justiça em casos particulares.

› CORNU G., "L'apport des reformes récentes du droit civil à la théorie générale du droit civil", Cours DES, Paris II. – MAYER P., *La Distinction entre règles et décisions et le droit international privé*, Bibliothèque de droit international privé, 1973. – OLIVIER J.-M., *Les Sources administratives du droit privé*, tese, Paris II, 1981. – Col.: *La Dispense*, *Droits*, nº 25, PUF, 1997.

Philippe THÉRY

→ Anistia e graça; Casamento; Privilégio.

DESAPROPRIAÇÃO

A operação administrativa chamada desapropriação por utilidade pública em direito francês há dois séculos (em francês "*expropriation pour cause d'utilité publique*") é o ato compulsório pelo qual o poder público adquire bens imóveis privados, para fins de utilidade pública e mediante uma indenização justa e prévia. A tradição francesa é marcada por uma tendência à desapropriação-sacrifício, resultante em parte do peso do Estado e dos ônus administrativos. Mas, segundo a época, esse dado é enfraquecido ou, ao contrário, reforçado pelas concepções do poder político em matéria de propriedade.

A desapropriação até 1809

É na Idade Média que devem ser buscadas as origens da submissão do poder de desapropriar às condições de utilidade pública e de justa indenização. Provenientes da doutrina erudita, esses princípios passam para a prática jurídica nos séculos XIV e XV. As duas grandes formas de desapropriação na França são então a desapropriação municipal e a desapropriação régia. A real utilidade pública de uma desapropriação podia ser alvo de controle jurisdicional em caso de procedimento misto: uma cidade que não obtivesse justiça devia obter do juiz a cessão de bens que lhe fossem recusados à venda. Quanto à indenização, sua avaliação era frequentemente confiada a peritos. Na maioria das vezes designados pela autoridade expropriante, os peritos eram indicados pelo juiz em caso de procedimento misto. Durante o Antigo Regime, o Estado agia, em detrimento das cidades, monopolizando o poder de desapropriar. No século XVIII, quase todas as decisões referentes a desapropriações de certa importância faziam parte de um texto legislativo emitido pelo poder régio. Este comportava uma espécie de declaração de interesse público que mostrava, de maneira explícita ou implícita, os fins de interesse público da operação. Desse modo, as principais desapropriações ocorriam com base numa utilidade (e às vezes de uma necessidade) pública legalmente constatada, o que prenuncia diretamente os termos da Declaração dos Direitos de 1789.

O Estado do Antigo Regime constrói, em detrimento dos parlamentos e do conjunto da justiça "regulamentar", um sistema administrativo de desapropriação, por meio do desenvolvimento da justiça administrativa, cuja engrenagem principal é constituída pelo intendente. Cada texto régio organizava o procedimento de desapropriação, que, em termos de urbanismo e da construção de canais, era marcada, no século XVIII, por forte tendência à uniformização. A avaliação dos bens desapropriados normalmente era confiada a peritos nomeados pelas partes. Se uma das partes se recusasse a escolher um perito, ele seria designado oficialmente pelo intendente. Era o que ocorria na maioria das províncias, onde o comissário nomeado dirigia o processo de indenização e, por uma portaria, fixava o montante da indenização. Por outro lado, em Paris, na Provença e em Borgonha, o Parlamento manteve posição fundamental no dispositivo de desapropriação. Graças às formas protetoras da perícia contraditória, a indenização dos proprietários parece ter sido, em geral, bastante conveniente, apesar de os processos de desapropriação serem na maioria das vezes inteiramente administrativos. Desse modo, exigindo uma "justa" indenização, o artigo 17 da Declaração de 1789 quase não inova em relação à grande maioria das desapropriações urbanas do século XVIII. O mesmo ocorreu com as desapropriações decorrentes da criação de canais e pela adaptação dos rios à navegação. Em contrapartida, as desapropriações para construção de estradas são muito mal pagas, mas, no fim do Antigo Regime, o problema passou a ser alvo da atenção da administração. Para o pagamento das indenizações, o Estado às vezes se atrasava muito. Mas as cidades, as províncias e as concessionárias de canais, em geral, pagavam com diligência.

Às vésperas da Revolução francesa, o princípio da justa indenização era geralmente aplicado às desapropriações urbanas e às decorrentes de construção de canais, com perspectivas de vir a ser aplicado cada vez mais às desapropriações para construção de estradas. A prévia indenização, prevista por certo número de textos, de fato era aplicada em quantidade nada desprezível, em se tratando de urbanismo e de canais. Assim, o direito de desapropriação já oferecia todos os elementos da Declaração de 26 de agosto de 1789. Esta sem dúvida marca uma data importante na história do direito da desapropriação. O mais importante, porém, é que, segundo a fórmula de Pellegrino Rossi, o direito da desapropriação passa a ter um "cabeçalho de capítulo" no direito constitucional. Ora, os princípios enunciados no artigo 17 traduzem o forte intuito de proteger do poder público a propriedade privada, "direito inviolável e sagrado", que figura entre "os direitos naturais e imprescritíveis do homem". No entanto, a proteção efetiva da propriedade diante das desapropriações ficará muito aquém dessas grandes afirmações. De fato, a Lei de 6 e 7-11 de setembro de 1790 retoma o sistema do administrador juiz, que era o intendente. O diretório do departamento, que sucede ao intendente em suas competências administrativas para obras públicas, também é investido, como ele, do conhecimento do contencioso correspondente. Apesar de tudo, tomava-se uma precaução contra os riscos de arbitrariedade inerentes ao sistema da administração como juiz e parte em causa própria: os administradores-juízes deveriam ser eleitos. Tratava-se da avaliação do bem pelo juiz de paz. Mas sua aplicação foi relativamente limitada. O governo revolucionário, por sua vez, vai utilizar as circunstâncias da repressão política para dissimular certas desapropriações, esquivando-se à indenização. Como punição da revolta de Lyon, um decreto de 12 de outubro de 1793 ordenou a destruição de "tudo o que fosse habitado pelo rico": um bairro inteiro foi demolido numa vasta operação de ampliação, a fim de facilitar a passagem dos comboios militares. A época napoleônica dará ao regime jurídico da desapropriação um desenvolvimento e uma coerência sem precedentes, ao mesmo tempo que confirmava com vigor sua natureza estritamente administrativa, pelo menos até 1809. A Lei orgânica de 28 de pluvioso do ano VIII (23 de fevereiro de 1800) transferiu o contencioso da desapropriação do diretório do departamento para o conselho de administração. A continuidade em relação à legislação de 1790 é manifesta, nesse aspecto: recusava-se a permitir que os tribunais se imiscuíssem no contencioso oriundo de ação da administração, com encaminhamento desse contencioso para outra instância colegiada de caráter administrativo. Mas, como o governador do departamento presidia com voz preponderante o conselho de administração do departamento, a continuidade entre o Antigo Regime e o ano VIII também é evidente. As prerrogativas da administração napoleônica em matéria de desapropriação também são reforçadas pela Lei de 16 de setembro de 1807. A combinação de suas disposições com as de pluvioso do ano VIII possibilitava que a administração acumulasse o direito de declarar a utilidade pública, de pronunciar a desapropriação e de fixar a indenização. Essa lei, nas mãos da administração, constituía um instrumento bastante eficaz. Mas comportava ameaças reais ao respeito dos interesses particulares. Diante das reclamações de grandes personagens do Império, Napoleão decidiu reformar a desapropriação.

O grande parêntese liberal: 1810-1914

Na nota de Schönbrunn (29 de agosto de 1809), Napoleão lançou as bases da nova legislação. Duas condições essenciais pareciam-lhe necessárias para garantir plenamente a proteção dos proprietários. A primeira era a de que fossem definidas as formas de constatação da utilidade pública. A outra era a intervenção do Poder Judiciário para que fossem pronunciadas a desapropriação e a indenização. Daí a distinção entre uma fase administrativa e uma fase judiciária. Napoleão reatava, assim, com um procedimento misto cuja origem estava na Idade Média e não desaparecera inteiramente quando o Antigo Regime optara por um procedimento inteiramente administrativo. Com a nota de Schönbrunn, o procedimento misto, depois das duas exigências de utilidade pública e de justa e prévia indenização, o terceiro grande princípio do regime francês de desapropriação.

A nota de Schönbrunn deu origem à Lei de 8 de março de 1810, infinitamente mais favorável aos direitos e interesses dos particulares do que o sistema administrativo de 1799-1807. É um texto decididamente liberal, que transforma as relações entre administração e propriedade em benefício desta última. A Lei de 1810 provocou sérias críticas por parte dos administradores. Estes criticavam o Judiciário, imbuído de respeito à propriedade, por fazer a balança pender a favor desta, em prejuízo do interesse público. O juiz era acusado de conceder indenizações excessivas. Também lhe imputavam os prazos intermináveis causados pelos incidentes processuais e pelos recursos. Durante a Restauração, muitas vezes eram necessários de dois a quatro ou cinco anos para realizar uma desapropriação. A execução de trabalhos importantes acabava por ser comprometida. Daí decorreram as grandes leis reformadoras da Monarquia de Julho. A Lei de 7 de julho de 1833 confiava a fixação da indenização a um "júri especial" de doze proprietários. Era um texto pioneiro, embora revogado pela Lei de 3 de maio de 1841. Motivada pelo desenvolvimento espetacular da construção de vias férreas, esta retomou o texto de 1833, acrescentando-lhe um procedimento de urgência para a desapropriação de terrenos sem construção. Durante cerca de um século, a Lei de 1841 será a grande carta da desapropriação. O período 1810-1914 foi o século de ouro dos desapropriados. O legislador de 1833 esperava do júri, essencialmente composto de proprietários, entre os quais os que pagavam mais impostos, que o interesse do contribuinte contrabalançasse o ponto de vista do proprietário, com o resultado da moderação na fixação das indenizações. Não foi o que ocorreu. Os jurados tiveram em mente indenizar plenamente o sacrifício das propriedades exigidas pelo Estado. O júri não aceitou outros guias além do bom-senso e da equidade natural. Isso, aliás, estava de acordo com o espírito da legislação, que, ao decidir que ninguém podia ser jurado por dois anos seguidos, impedia qualquer profissionalização dos júris, bem como a determinação de políticas duradouras de fixação das indenizações. Seduzido pelo progresso, mas liberal, o século XIX conseguira construir um sistema de desapropriação eficaz que permitia a realização de trabalhos de equipamento e modernização de uma amplitude sem precedentes, enquanto garantia respeito inédito ao interesse dos desapropriados.

O século XX: tendência de retorno à desapropriação-sacrifício

As reformas do direito da desapropriação no século XX são, no conjunto, desfavoráveis aos desapropriados. O estado de espírito do legislador, bem como de boa parte da doutrina, é marcado por nítida desenvoltura em relação à propriedade, que passa a ser considerada uma noção cuja importância deve ser relativizada. O objetivo foi chegar à baixa das indenizações, especialmente dando à administração os melhores meios possíveis de confiscar as altas nos preços imobiliários, tanto as produzidas pela execução de obras quanto as induzidas por seu anúncio. De 1914 a 1935, ficou-se sob o regime da Lei de 1841, mas toda uma série de textos modificará cada vez mais o direito da desapropriação em detrimento dos desapropriados. O programa é permitir que a administração desaproprie mais e mais barato, para lhe garantir ganhos mais duradouros. Para tanto, o legislador por um lado age sobre o júri, desnaturando-o e modificando sua composição para anular a independência dos jurados, e fixando-lhe regras de avaliação a fim de limitar sua apreciação soberana da indenização; por outro lado, trabalha no sentido de ampliar cada vez mais o campo da desapropriação para além da simples execução de obras públicas, por meio da extensão crescente da noção de utilidade pública. Em 1935, uma reforma nitidamente antiliberal do governo Laval abole o júri. A Lei de 1841 é revogada pelo Decreto-lei de 8 de agosto de 1935. No relatório do governo ao Presidente da República, que precede o texto, o objetivo é explicitamente indicado: acabar com as "indenizações excessivas fixadas pelos júris soberanos". Obra de um governo de direita, o Decreto-lei de 1935 era uma máquina de guerra contra os interesses dos desapropriados. O governo do Front Popular acatou-a e utilizou-a como tal. O novo sistema de indenização instituído em 1935 produziu, como previsto, indenizações pequenas. No entanto, os poderes públicos nem sempre ficam satisfeitos. Vivem obcecados pela vontade de banir, com mais eficácia, da avaliação das indenizações, os menores vestígios de alta "especulativa" dos preços imobiliários. O Decreto-lei de 1935 é severamente modificado nesse sentido pelo de 20 de maio de 1955. É grande o contraste com as possibilidades de especulação paralelamente abertas às pessoas públicas expropriantes, sob o selo da utilidade pública, pela "lei imobiliária" de 6 de agosto de 1953. É "a desapropriação para revenda", segundo a fórmula de Josse, presidente da seção das obras públicas do Conselho de Estado.

A última grande reforma da desapropriação, em 1958-62, reintegra a fixação da indenização na fase judiciária e impõe a avaliação dos bens com base em seu valor um ano antes da abertura do inquérito preliminar. No entanto, a Lei de 10 de julho de 1965 volta à avaliação do valor dos bens no dia do julgamento, tornando ainda mais restritivas as regras de avaliação. Marcando um novo acesso de severidade em relação aos desapropriados, a Lei de 18 de julho de 1985 fixa de novo a data de referência para a avaliação dos bens em um ano antes da abertura do inquérito preliminar. A ideologia da desapropriação-sacrifício inspira mais do que nunca "a multiplicação das disposições que visam a enquadrar e limitar o poder de apreciação do juiz da desapropriação" (R. Hostiou). As últimas décadas do século XX nem por isso deixaram de ser marcadas por importante inovação favorável aos desapropriados. O juiz administrativo passou a considerar-se no direito de exercer controle sobre a realidade da utilidade pública. Essa possibilidade é resultante da decisão de princípio do Conselho de Estado *Ville nouvelle Est*, em 28 de maio de 1971. O juiz administrativo assumia a incumbência de fazer o balanço de uma operação projetada, pesando suas vantagens e desvantagens. Punha-se, assim, em condições de apreciar a oportunidade das obras de desenvolvimento. Pelo menos no princípio, pois essa jurisprudência, conforme observa René Hostiou, só ensejou um pequeníssimo número de decisões de anulação, nenhuma referente às "operações pesadas nas quais esteja implicado o aparelho estatal (centrais nucleares, rodovias, trem-bala)". Apesar disso, a existência do controle da utilidade pública pelo juiz administrativo não deixa de ter interesse. Ele exerce um efeito dissuasório sobre as autoridades, advertindo-as de que "a utilidade pública não é uma noção inconsideradamente maleável" (J. Morand-Deviller).

A história da desapropriação na França foi durante muito tempo marcada pela concomitância de dois grandes modelos: um modelo administrativo, em que todo o procedimento depende da autoridade político-administrativa, e um modelo misto, em que a justiça "regulamentar" intervém para a transferência da propriedade e a fixação da indenização. O primeiro modelo impõe-se progressivamente em detrimento do segundo durante o Antigo Regime e é consagrado pela Revolução francesa e, depois, pelas leis do ano VIII e de 1807. Em compensação, com a Lei de 1810, é o segundo que triunfa de maneira definitiva. Mas ele não é automaticamente mais protetor da propriedade. Para além da questão da intervenção ou não do Judiciário, a grande condição para a real consideração dos interesses dos desapropriados parece ter sido a independência dada pelo poder político àqueles (peritos, magistrados, júris) que tiveram a responsabilidade pela determinação do montante das indenizações.

› AUBY J.-B. & PERINET-MARQUET H., *Droit de l'urbanisme et de la construction*, Paris, 1998, 5ª ed. – HAROUEL J.-L., *Histoire de la desapropriation*, Paris, 2000. – JACQUOT H., *Droit de l'urbanisme*, Paris, 1989, 2ª ed. – LAUBADÈRE A. de, GAUDEMET Y., *Traité de droit administratif*, t. 2, Paris, 1998, 11ª ed. – LEMASURIER J., *Le Droit de la desapropriation*, Paris, 1998. – MESTRE J.-L., *Introduction historique au droit administratif français*, Paris, 1985. – MORAND-DEVILLER J., *Droit de l'urbanisme*, Paris, 1994, 2ª ed. – Col.: *Histoire de la desapropriation du XVIIIe siècle à nos jours*, Actes de la 1ª journée d'études hist. du Laboratoire collectives locales, Orléans, 13 mai 1996.

Jean-Louis HAROUEL

→ Direito administrativo; Justiça administrativa; Propriedade; Urbanismo.

DIREITO À AMPLA DEFESA

Princípio dominante em direito processual, os direitos à ampla defesa não são definidos pela lei. Noção em geral desenvolvida pela jurisprudência, cujas decisões a doutrina conceituou, os direitos à ampla defesa são um conjunto muito vasto de prerrogativas concedidas à pessoa em processo para garantir-lhe a salvaguarda de seus interesses diante do adversário. Alguns autores não falam em direitos à ampla defesa, mas de princípio do contraditório; na realidade, este – que implica a participação de uma pessoa no processo – é apenas aspecto daquele. Os direitos à ampla defesa existem nos processos penais, civis e administrativos e com base em fontes distintas. É preciso lembrar, porém, a existência do artigo 6º da Conv. EDH sobre o processo equitativo, cujas disposições, no primeiro parágrafo, dizem respeito aos três contenciosos.

Nos processos penais, a construção dos direitos à ampla defesa emana da jurisprudência e da lei; em primeiro lugar, da jurisprudência, que viu nessa noção um princípio geral, com uma decisão da Câmara Criminal francesa de 12 de junho de 1952; em segundo lugar, da lei, que, desde a Lei francesa de 8 de dezembro de 1897, não parou de contribuir com novas pedras para o edifício: as Leis de 4 de janeiro e 24 de agosto de 1993, bem como a de 15 de junho de 2000, são atualmente as mais importantes.

Hoje, os principais aspectos do direito à ampla defesa são os seguintes. Durante a investigação, o suspeito sob prisão temporária pode receber, em certos momentos da medida privativa de liberdade, a visita de um advogado que, porém, não tem acesso à ficha e não assiste aos interrogatórios. Durante a primeira fase de instrução, a pessoa sob investigação (assim como, com certas ressalvas, a testemunha suspeita, que tem um estatuto intermediário entre o investigado e a testemunha) e a parte interessada podem beneficiar-se da assistência de um advogado que pode consultar a ficha a qualquer momento e assistir aos interrogatórios e às oitivas dessas pessoas; o investigado tem o direito de ser notificado sobre os indícios de culpa que pesam sobre ele; por fim, o investigado e a parte interessada podem solicitar ao juiz de instrução atos complementares de investigação. Durante a fase de julgamento, o réu ou acusado, a parte interessada e o civilmente responsável têm direito a um advogado que, também nesse caso, pode consultar a ficha e, durante a audiência, fazer perguntas às testemunhas e até citar outras, bem como arrazoar; detalhe psicologicamente importante é que o advogado do réu ou do acusado sempre terá a palavra por último. E o juiz só pode fundamentar-se nos elementos de prova debatidos contraditoriamente durante a audiência. Deve-se acrescentar também que, tanto na fase de instrução quanto na de julgamento, as decisões jurisdicionais são motivadas e passíveis de recurso (recurso a uma jurisdição superior, recurso da promotoria à Corte de Cassação). É de notar que a ênfase atual nos direitos à ampla defesa tende a compensar a inferioridade histórica das partes privadas (pessoa processada e parte interessada sobretudo) perante o Ministério Público que, em todos os tempos, dispôs dos direitos acima citados. Aparece, pois, hoje em dia como uma espécie de igualdade de armas.

A violação de alguma disposição referente ao direito de ampla defesa acarreta a nulidade do ato irregular e até de atos subsequentes que tenham vínculo com esse ato. Entretanto, no interesse da justiça, a lei prevê que a parte cujos interesses foram lesados pode regularizar o processo (art. 172 C. Proc. Pen. fr.) e admite até mesmo que uma ação de anulação não poderá prosperar se a violação de uma disposição não tiver prejudicado a parte em favor da qual ela foi ditada (arts. 171 e 802 C. Proc. Pen. fr.). Essa é uma aplicação em processo penal do adágio "não há nulidade sem prejuízo ", admitido em processo civil.

Em *direito judiciário privado*, o clima é muito diferente, pois não há investigado, réu ou acusado, mas apenas autores e demandados ou partes passivas. Essas partes, porém, são beneficiadas por um conjunto de garantias fundamentais para defender seus interesses, que nem sempre são diferentes das anteriores. Essas garantias ou direitos à ampla defesa constituem um princípio geral do direito segundo um acórdão do Conselho de Estado datado de 5 de maio de 1944 (*Dame Veuve Trompier-Gravier*) e, segundo outros, do Conselho Constitucional e mesmo de um princípio de valor constitucional, na opinião da jurisprudência judiciária francesa.

Os direitos à ampla defesa comportam prerrogativas primitivamente afirmadas pela jurisprudência e depois consagradas pelo novo Código de Processo Civil francês. Os principais são os seguintes. Em primeiro lugar, é preciso evocar o princípio do contraditório. Esse princípio já era afirmado no início do século XIX pela Corte de Cassação francesa, cuja câmara civil decidiu, em 7 de maio de 1828, que, "como a defesa é um direito natural, ninguém deve ser condenado sem ter sido interpelado ou posto em condições de defender-se". O princípio é hoje solenemente lembrado pelo artigo 14 do novo Cód. Proc. Civ. fr., segundo o qual "ninguém pode ser julgado sem ter sido ouvido ou citado". Desse princípio decorrem obrigações das partes, do juiz e do legislador. As partes são obrigadas a dar conhecimento recíproco de seus próprios meios de fato e de direito, para que cada uma tenha condições de organizar sua defesa (art. 15 Nov. C. Proc. Civ. fr.). A jurisprudência exige, por sua vez, um mínimo de moralidade das partes, que não podem lançar mão de meios desleais. O juiz deve observar pessoalmente o contraditório e fazer que as partes o observem, em especial cuidando para que elas respeitem o artigo 15 acima citado; do mesmo modo, o juiz não pode fundamentar-se nos meios que ele levantou de ofício sem antes convidar as partes a apresentar suas observações (art. 16, § 3º Nov. C. Proc. Civ. fr.). Além disso, o legislador deve organizar um sistema racional de vias de recurso, e é assim que, no caso de jurisdição voluntária, procedimento não contraditório por natureza, a parte à revelia da qual a medida foi tomada pode impetrar um recurso (art. 17 Nov. C. Proc. Civ. fr.). Ademais, as decisões são obrigatoriamente motivadas.

Por fim, no *contencioso administrativo* existe a noção de direitos à ampla defesa, também esta proveniente da jurisprudência: em primeiro lugar, da jurisprudência do Conselho de Estado, com um acórdão de 23 de janeiro de 1924 (*Petit Colas*); em segundo, da jurisprudência do Conselho Constitucional, com um acórdão de 2 de dezembro de 1976 que afirma que o respeito aos direitos à ampla defesa resulta dos princípios fundamentais reconhecidos pelas leis da República, o que lhes confere um caráter constitucional.

Os direitos à ampla defesa acarretam uma série de consequências desenvolvidas pela jurisprudência do Conselho de Estado. Já antes do ajuizamento, o interessado deve poder recorrer em tempo hábil, o que implica que o ato passível de ser contestado lhe foi notificado regularmente. Todo interessado deve ser informado da existência de uma ação e a notificação incumbe à jurisdição. Todo interessado também deve ser notificado do desenvolvimento do processo, e a jurisdição deve zelar pelo respeito ao contraditório. O juiz não pode utilizar elementos de prova não comunicados às partes, pois, "entre as regras gerais que se impõem, mesmo na ausência de um texto expresso, a todas as jurisdições administrativas, figura a regra segundo a qual nenhum documento poderia ser submetido ao juiz sem que as partes tivessem tido condições de tomar conhecimento dele" (Conselho de Estado, 13 de maio de 1937, *Société de transbordement du port de Strasbourg*). Toda decisão deve ser motivada, e o Conselho de Estado impõe essa obrigação ao juiz administrativo desde 1818. Sempre são previstas vias de recurso perante os tribunais administrativos de recursos e o Conselho de Estado. Desse modo, em grande medida, os direitos à ampla defesa são muito parecidos nos vários contenciosos. Encontra-se em todos, especialmente, o núcleo duro do princípio do contraditório.

No Brasil, o direito a ampla defesa decorre diretamente da lei, já que o artigo 5º, inciso LV, da Constituição Federal, ao tratar dos direitos e garantias individuais, estabelece que "aos litigantes, em processo judicial ou administrativo, e aos acusados em geral, são assegurados o contraditório e ampla defesa, com os meios e recursos a ela inerentes". Para a consecução desse princípio, é necessário que o litigante seja ouvido e tenha direito a produzir todas as provas admitidas em direito, sem nenhum cerceamento, que seja cientificado de todos os atos do processo e dele tenha vista, que possa ser representado em juízo por advogado, que as decisões sejam motivadas e passíveis de revisão. Tais princípios aplicam-se tanto ao processo administrativo quanto ao processo civil e ao processo penal.

› BOLARD G., "Les juges et les droits de la défense", *Mélanges Bellet*, 1991, p. 49. – FLÉCHEUX G., "Le droit d'être entendu", *Mélanges Bellet*, 1991, p. 149. – FRISONROCHE M.-A., *Généralités sur le principe du contradictoire*, thèse dactyl. Paris, II, 1988. – LÉAUTÉ J., "Les principes généraux relatifs aux droits de la défense", *Rev. sc. crim.*, 1953, p. 47. – MOTULSKY H., "Le droit naturel dans la pratique jurisprudentielle. Le respect des droits de la défense", *Mélanges Roubier*, 1961, t. 11, p. 175. – PRADEL J., "La montée des droits du délinquant au cours de son procès. Essai d'un bilan",

Mélanges Larguier, 1993, p. 223. – WIEDERKEHR C., "Droits de la défense et procédure civile", D., 1978, chron. 36.

Jean PRADEL

→ Ação em juízo; Procedimento; Processo administrativo; Processo cível; Processo penal.

DIREITO ADMINISTRATIVO

O direito administrativo não nasceu para designar o direito da administração, mas sim o seu corpo de normas específicas, destinadas a canalizar a administração para atividades consideradas irredutíveis às que constituem o intercâmbio dos atores comuns da vida jurídica. A aceitação constante dessa definição até hoje reflete o predomínio de suas orientações originais. Foi no âmbito no qual a tradição o encerrou que o direito administrativo foi assumindo formas sucessivas impostas pelas transformações que afetaram todos os setores da vida política, bem como os progressos da consciência jurídica. A recorrência de "crises" solapou seu edifício, sem que fosse possível reconstruí-lo. Num tempo em que a sociedade nacional e internacional é teatro de mutações radicais, o que se encontra em jogo é a identidade herdada dessa parte do direito público.

Invenção recente, história antiga

Em toda a Europa, a identificação de um direito administrativo não remonta além dos primeiros anos do século XIX. Ocorreu na mesma época de ambos os lados dos Alpes. Foi mais tardia na Alemanha e demorou ainda mais no mundo britânico. Essa juventude relativa precisa, porém, ser explicada. Pois, embora tenha sido necessária a ruptura revolucionária para que um direito administrativo tomasse forma no continente europeu, o que se tem não é tanto um surgimento quanto uma consumação. A experiência francesa é um bom exemplo, entre outros. A arbitrariedade, tentação imediata dos poderosos, alimentou desde os primeiros séculos da Idade Média ocidental seus próprios antídotos. Porque tanto a força coletiva das vítimas quanto a compreensão dos interesses dos dominantes levaram ao estabelecimento de costumes aptos a determinar suas doses suportáveis. O próprio Estado monárquico não escapou a esse jogo lógico porque, a partir do renascimento de um pensamento jurídico alimentado pelos direitos eruditos, a majestade do Príncipe nunca legitimou um poder sem limite: sua finalidade a serviço do interesse público lhe impunha limites. O que valia para aquele que se tornou titular único da soberania se impôs naturalmente ao mundo de seus servidores. Pois, se não há autoridade duradoura sem ordem, não há ordem estável nem justa sem disciplina. Os progressos da regulamentação e a intervenção do juiz para obrigar os intermediadores do poder soberano a respeitar normas e direitos são as traduções precoces dessa tomada de consciência.

Até o fim do Antigo Regime, mesmo depois que a doutrina do absolutismo se inscreveu na Constituição do reino da França, o poder não podia ser redutível ao capricho, e os canais por onde corria eram obrigados a seguir um curso determinado, sem transbordamentos. Existe, por isso, um direito público que define os atributos da soberania, determina as competências de seus delegados, fixa o estatuto das pessoas e dos bens públicos. Mas não se poderia falar em direito administrativo, como demonstra o léxico de antigos juristas franceses, em que a expressão nunca aparece. Pois, para que um direito dessa espécie chegue a existir, não basta submeter a normas as manifestações do poder público que visam a garantir a coexistência dos reinóis na paz e na harmonia, bem como a impor os direitos do rei. É preciso também que essa função seja traduzida por atos nitidamente distintos das outras expressões do poder, e que as modalidades dessa atividade sejam fixadas por regras que se considerem atinentes a um ramo diferenciado do direito. Ora, durante muito tempo isso não aconteceu. Assim, as decisões de "polícia", termo que designava a função atribuída às futuras autoridades administrativas, que consistia em regulamentar a atividade dos homens, nunca conseguiram constituir completamente uma categoria específica de atos emanados dos responsáveis públicos. Como, em geral, as funções de polícia eram atribuídas aos titulares dos poderes de justiça e como, na opinião dos juristas, toda e qualquer intrusão na esfera dos direitos privados só é legítima se de natureza judiciária, a polícia permaneceu dependente da jurisdição. O desenvolvimento do poder regulamentar do Conselho do Rei, a promoção do departamento de Finanças às expensas da Chancelaria e a autoridade crescente de suas contrapartidas provinciais, os intendentes, sem dúvida convenceram que o velho Estado de Justiça já não passava de decoração. O aparecimento das palavras "administração pública", nos anos 1750, revela essa conscientização das mudanças do Estado. Seu alcance, porém, limita-se a dar um nome a uma realidade nova, sem transformar as representações nem revolucionar as práticas antigas. As engrenagens que a põem em ação são os instrumentos da prerrogativa de justiça do soberano. E esses novos detentores de um poder de "direção" cumulam, a exemplo dos funcionários que eles destituem, atribuições de polícia e de justiça. A ampliação de suas competências, na resolução dos litígios em que esteja em causa um interesse público, ainda foi inoperante para acarretar o surgimento de um direito específico. Nascia uma verdadeira jurisprudência do exercício de suas funções contenciosas, tendendo a equilibrar as necessidades do serviço público com a reverência devida aos direitos e interesses privados. Os funcionários da justiça, porém, lesados em suas pretensões de monopolizar o direito, negavam-se a ver nisso outra coisa além da usurpação do campo da lei pela "política". De modo mais amplo, na opinião dos juristas, a incerteza, a fluidez e a clandestinidade das normas observadas por aqueles administradores-juízes colocavam-nos num plano extrajurídico. Não era o que ocorria, é verdade, quando os tribunais ordinários, salvaguardando algumas competências em matéria contenciosa e administrativa – assuntos municipais, essencialmente –, flexibilizavam as regras usuais, em consideração à superioridade legítima do interesse comum. Essas singularidades, porém, só pareciam exceções setoriais a um direito que, por ser comum, permanecia fundamentalmente único.

Mas nem por isso cabe minimizar a contribuição do Antigo Regime francês. Mesmo sem atingir seus fins, a evolução deu-se no sentido da emancipação da administração em relação ao campo jurisdicional, no qual a polícia estava tradicionalmente incluída. A herança também é dimensionada em outros setores. Primeiro, no estabelecimento de uma justiça administrativa, à qual a monarquia deu as primeiras fundações. Em segundo lugar, grande número de teorias, que mais tarde o direito administrativo deveria acolher, prolonga soluções adotadas durante séculos. A distinção, em matéria de responsabilidade, entre culpa pessoal e atividades funcionais é, por exemplo, documentada na jurisprudência parlamentar já na Idade Média. E nem o regime da desapropriação por utilidade pública, nem o regime próprio aos negócios firmados pelo Estado, nem mesmo a determinação dos vícios que eivavam de irregularidade atos emanados de uma autoridade pública, nada disso nasceu do nada depois da ruptura revolucionária. O fato é que, antes que ela ocorresse, tanto o dispositivo institucional quanto as concepções aceitas pela cultura jurídica do tempo – para não falar das diversidades jurídicas provinciais – impediam a identificação de um direito administrativo nacional.

As reformas introduzidas pelas Constituintes vão torná-lo possível. A elevação da separação dos poderes ao plano de princípio constitucional fundamental consagrou a existência de uma prerrogativa claramente diferenciada dentro das funções públicas: a prerrogativa do Executivo. Aos "corpos administrativos", que constituem o seu aparato, são atribuídas "funções administrativas" pelas leis, funções cuja substância é, desde a origem, estranha à jurisdição. A grande Lei de 16-24 de agosto de 1790 afirmaria solenemente essa heterogeneidade entre justiça e administração, atribuindo-as a autoridades perfeitamente estanques. Existe a partir daí um "poder administrativo", no sentido de que as decisões dos funcionários públicos vinculam os administradores com base apenas no fundamento de que eles são detentores de uma fração do poder público. A religião da legalidade, compartilhada pelos patriotas, equiparou essas funções administrativas apenas à execução das leis que definiam sua natureza e encerravam seu exercício. À arbitrariedade que parecia caracterizar a direção e a gestão dos assuntos públicos durante o Antigo Regime – tão imprecisas e aleatórias pareciam as normas que os regiam – deve suceder a retidão de uma ação habilitada a não restringir nem paralisar os direitos e as liberdades que as disposições da lei autorizavam. Como à autoridade judiciária era vedada a administração, não lhe cabia mais pretender, como outrora, arbitrar os conflitos de competência entre corpos administrativos (lei de 7-14 out. 1790), assim como não lhe competia mais apreciar a legalidade dos atos destes. Como essa censura se tornou um atributo do poder hierárquico, os juízes já não deviam participar dela, como lembra a Lei de 16 de frutidor do ano III.

No entanto, a descontinuidade só está presente na edificação do sistema administrativo revolucionário. A fidelidade ao princípio do juiz administrador, observada na Constituinte, demonstra a sua vinculação a uma tradição. Pois a Lei de 6, 7 e 11 de setembro de 1790, mesmo restituindo aos tribunais grande número de litígios que lhes haviam sido subtraídos, e mesmo afastando de sua competência a apreciação de um número limitado de contestações ao atribuir competências contenciosas aos corpos administrativos, perpetua um acúmulo antigo. Além disso, abria as portas para uma desqualificação progressivamente mais completa dos juízes, que seria realizada pela proliferação das leis de atribuição. Orientando-se assim no sentido de atribuir à administração o monopólio da resolução das reclamações oriundas de seu funcionamento, a revolução garantiu a perenidade de uma ideia fulcral do absolutismo: partindo-se do princípio de que a regularidade das ações do poder público é benéfica ao poder, reserva-se àqueles que participam dessa esfera a determinação de sua justa medida. Onde os revolucionários introduziram uma inovação decisiva para o futuro foi na instauração de um sistema institucional em que Justiça e Administração formam duas hierarquias paralelas. Daí procedeu à descoberta dos "atos administrativos". Identificada essa categoria específica de decisões jurídicas, tornava-se pensável um direito administrativo. Isto porque fora, finalmente, constituído um objeto de imputação do conjunto de suas regras específicas, como parte de um direito público até então indiferenciado. Até o fim do Diretório, o refluxo dos estudos de direito decorrente do desaparecimento das universidades atrasou seu nascimento. Quando as circunstâncias se tornaram favoráveis, ele ganhou lugar no vocabulário dos juristas durante o regime napoleônico, antes de se impor, no tempo de Luís XVIII, como um ramo do direito público.

Singularidade de uma tradição

O direito administrativo nasceu, portanto, para qualificar as regras impostas pelas leis que, distribuindo o poder público, visavam a disciplinar os atos que o exteriorizavam. Equivalia a consagrar a inaptidão de princípio do direito comum, seja por tais atos excederem as capacidades dos indivíduos, seja porque o interesse público que os inspira parecesse valer-lhes uma condição específica. Desse reconhecimento nasceria uma tradição ininterrupta, na qual se pode detectar a interação de certo número de constantes.

A primeira delas diz respeito ao papel primordial desempenhado pela jurisprudência no desenvolvimento desse direito. Coube ao Conselho de Estado, instalado no ápice da hierarquia jurisdicional administrativa quando de sua criação no ano VIII, definir a amplitude legítima das prerrogativas administrativas e as obrigações que eram sua contrapartida. Tanto as lacunas e contradições dos textos legislativos ou regulamentares quanto a ausência duradoura de uma codificação nesse domínio obrigaram os magistrados do Conselho a mostrar-se tão inventivos nesse aspecto, que o direito administrativo, parecendo reeditar a experiência do pretor romano, mereceu o qualificativo de pretoriano em seus capítulos mais importantes. Adotando as noções fundamentais do direito privado e guiado por princípios jurídicos gerais, o Conselho, em sua atividade jurisdicional, erigiu, peça por peça, o sistema destinado ao governo pelo direito das operações administrativas. Era condená-lo a uma evolução permanente, visto que as soluções nele consagradas só podiam decorrer de transformações das conjunturas política e social, como representações naturalmente variáveis dos limites que devem ser impostos ao poder público para que ele continue justo. Ademais, era conferir-lhe uma flexibilidade que o singulariza ainda entre as outras disciplinas jurídicas. Isto porque, posto no cerne do dispositivo governamental, formado constantemente por magistrados nunca isolados das realidades administrativas, o Conselho de Estado sempre esteve consciente das exigências implicadas na missão de serviço ao público, que incumbe às pessoas administrativas. Essa opção pelo realismo induziu o juiz a diversificar cada vez mais as regras que lhe eram afetas, em função da heterogeneidade das situações em que suas intervenções o punham. Portanto, se é grande o número de princípios gerais, subjacentes às orientações da jurisprudência administrativa, sua aplicação dá origem a uma ramificação cada vez mais exuberante das soluções admitidas, devido ao constante pragmatismo de seus autores. A plasticidade, mas também a complexidade do direito administrativo, encontra aí uma de suas causas.

A segunda constante decorre das injunções da sua elaboração. Não podendo fundar-se num sistema pré-constituído que lhe oferecesse um código, a jurisprudência só pôde estruturar-se a partir de princípios que ela descobriu ou foi convidada a acolher. O antagonismo frequente desses princípios – essa é outra de suas características constantes – trouxe a conflituosidade para seu próprio âmago. A difícil coexistência do princípio revolucionário de separação entre as autoridades administrativa e judiciária com o princípio que faz da segunda a guardiã da propriedade privada e das liberdades individuais fundamentais é um exemplo entre outros. O direito administrativo, ao nascer e crescer no âmbito do juiz, foi produto de ginásticas combinatórias de teorias e princípios com origem, natureza e alcance diversos, cujas figuras se diversificaram segundo o ritmo das variações das necessidades e dos valores favorecidos pelo Conselho.

A dimensão mais notável dessa tradição, porém, encontra-se em outro lugar: na constância da incerteza do campo de aplicação das regras próprias à administração. A resolução, precoce e tenaz, das autoridades judiciárias de voltar a cuidar das contestações que lhes haviam sido subtraídas pela política dos revolucionários muito contribuiu para isso. A jurisdição administrativa abriu mão das questões cuja solução era indiferente para o interesse público. As dificuldades surgiram quando as cortes, em virtude do antigo princípio de ligação entre competência e mérito, reivindicaram a apreciação dos casos nos quais as autoridades administrativas, deixando as alturas em que suas funções as põem, comportam-se como simples indivíduo; o objetivo era submetê-lo à lei civil, desde que nenhum texto o vedasse. Foi nas questões dominiais que essa ambição teve sucesso: tão logo nascido, o direito administrativo abandonou seu império onde a ação do Estado se fazia sentir na administração de seus bens tanto quanto qualquer outro proprietário. Mas, se ele está adstrito à condição comum nas circunstâncias dessa espécie, por que não o estaria ainda mais quando, na execução dos serviços públicos, executa atos que o Código Civil põe à disposição de todos? A partir da Restauração, afirma-se a ideia de que, salvo disposições legais em contrário, o direito comum rege toda e qualquer convenção civil e ordinária concluída pela administração. Continuando, seu domínio governado pelo direito civil ampliou-se ao longo do século XIX, a ponto de parecer, a contar do Segundo Império, o regime normal de suas atividades de "gestão", enquanto apenas os atos nos quais se exprime o poder público de forma imperiosa devem ser-lhe estranhos.

Essa abertura, porém, teve imediatamente limitações. Em sua determinação, a intervenção da responsabilidade extracontratual do Estado desempenhou papel fundamental, visto que a autoridade administrativa considerava inadequadas e perigosas as intervenções judiciárias no setor. Para barrar o caminho à aplicação do artigo 1.382 do Código Civil francês, ela começou exibindo a teoria do Estado devedor. Admitida desde o início do século em questões contratuais, com base em textos revolucionários pouco probantes, passou a ser interpretada no sentido de reservar à jurisdição administrativa todas as ações tendentes a lançar despesas no Tesouro Público. A inconsistência dessa teoria logo levou o Conselho de Estado a somar-lhe, ou a pôr em seu lugar, o princípio de separação das autoridades administrativa e judiciária. Isso equivalia a travestir o significado originário das leis de 16-24 de agosto de 1790 e 16 de frutidor do ano III, que – cabe lembrar – se limitavam a vedar aos juízes toda e qualquer intrusão na ação administrativa. Agora se afirmava que elas fundamentavam a devolução aos magistrados administrativos do conhecimento exclusivo dos litígios que pusessem em causa o poder público. Assim ganhou corpo a ideia de que, ao lado de um contencioso de atribuição resultante de leis particulares, havia lugar para um contencioso administrativo por natureza, portanto um domínio naturalmente reservado às normas derrogatórias acolhidas pelo direito administrativo. Mas que fronteiras lhes atribuir, se os atos que lhe estavam sujeitos representavam apenas uma fração das atividades administrativas? A obscuridade crescera tanto, que se tentou um esclarecimento no início do século XX. Não mais se imputando o jogo das regras administrativas à natureza incomparável das manifestações do poder público, mas sim às conveniências dos serviços públicos, pensou-se em limitar o império do direito comum à gestão do domínio privado do Estado. Desse modo foi possível pautar por ele a condição jurídica das coletividades locais, cujas operações até então eram regidas essencialmente pelo direito privado. A simplificação esperada, porém, malogrou, porque continuava viva a antiga ideia de que há "circunstâncias nas quais se deve considerar que a administração age nas mesmas condições de um simples indivíduo" (concl. Romieu s. Tc, 29 de junho de 1908, *Feutry*). O famoso acórdão *Granits porphyroïdes des Vosges* (CE, 31 jul. 1912), nessa linha de consideração, implantou o famoso par gestão pública-gestão privada no cerne do direito administrativo, deixando para o direito comum a segunda dessas formas. Raciocínio análogo levou, logo após a Grande Guerra, a atender, pelo menos parcialmente, a pretensão antiga dos magistrados judiciários de submeter a seu direito as empresas industriais e comerciais geridas pela administração nas mesmas condições das empresas privadas: a invenção dos serviços públicos industriais e comerciais pelo Conselho de Estado, em decorrência do grande acórdão proferido pelo Tribunal dos Conflitos no caso *Bac d'Eloka* (22 jan. 1921), abriu amplo espaço para o direito privado dentro dos organismos públicos. O mesmo regime misto foi mais tarde atribuído à categoria dos estabelecimentos públicos industriais e comerciais. Na maioria dos setores da vida administrativa, essa coexistência de duas séries de normas não mais deixou de suscitar espinhosos problemas de distribuição das competências contenciosas. A intervenção do legislador, reservando certas categorias de litígio para os magistrados judiciários, às vezes aumentou essa complicação. Lançada em meados do século XX, a iniciativa jurisprudencial de definição de "blocos de competência", para simplificar os trâmites judiciários, mostrou-se decepcionante. A jurisprudência, é verdade, conseguiu esvaziar (como ocorreu com o regime do pessoal não estatutário dos serviços públicos administrativos) soluções que, em vista das sutilezas, se tornavam absurdas. Com excessiva frequência, porém, quer se tratasse do uso do domínio privado, da natureza jurídica dos contratos firmados pela administração ou do funcionamento dos serviços públicos industriais e comerciais, a delimitação do campo coberto pelo direito administrativo continua a ser feita segundo critérios cuja fluidez, a exemplo do que ocorrera no fim do século XIX, era de molde a desorientar os não iniciados.

A medida do justo poder

Destinado a definir as condições impostas à atividade administrativa para ser benéfica à coletividade sem resvalar na arbitrariedade, o direito administrativo apresentou-se na forma de combinação de privilégios e obrigações. Nas funções atribuídas àqueles e a estas, percebe-se a representação – necessariamente mutável – das figuras que a instituição administrativa deve apresentar para ser justa.

O fato de gozar de prerrogativas especiais pareceu constantemente justificado pelo poder que encarna no atendimento ao interesse geral. Por essa razão, passou a ser regra que as decisões dela emanadas vinculam os administrados só pelo fato de existirem (M. Hauriou falava de "decisão executória"), sem que o recurso por eles impetrado possa em princípio suspender sua aplicação. Ademais, ela dispõe, na ocasião, de um direito de execução de ofício. Em questões contratuais também, tem certos direitos exorbitantes, como, por exemplo, o de impor a seu cocontratante, considerando-se as exigências do serviço público, encargos superiores aos estipulados pela convenção (ato de autoridade). Além disso, esse direito privilegiado é para ela fonte de injunções específicas, tais como as que decorrem da "teoria da imprevisão": ela é obrigada a indenizar a empresa com a qual tratou, sempre que circunstâncias excepcionais conturbem o estipulado no contrato. A permanência de uma justiça própria à administração exprime, por sua vez, o arraigamento de um de seus privilégios seculares mais notáveis: o de não se submeter, em sua aplicação do poder público, a outros limites além daqueles que são determinados pelos juízes de sua própria ordem. Esse privilégio, evidentemente, cedo foi restringido. Continua imperfeito. Diversas leis, por um lado, conferiram aos magistrados judiciários funções que são próprias a um verdadeiro juiz administrativo. A jurisprudência, por outro lado, sempre lhes reconheceu um direito de vigiar as manifestações do poder público. É o que ocorre quando elas se desnaturam (abuso de poder que lese gravemente a propriedade privada ou alguma liberdade fundamental), ou quando se traduzem em medidas irregulares (posse ilegal de uma propriedade imobiliária). A "teoria do ato claro", criada já no início do século XIX, autoriza-os a interpretar as medidas desprovidas de ambiguidade, sem que precisem retardar o julgamento. Além disso, os tribunais judiciários estão habilitados a apreciar a validade dos atos administrativos. Por via de exceção: o juiz penal, tradicionalmente, deve abster-se de punir a transgressão de uma medida ilegal de polícia; e, embora esse poder tenha sido por muito tempo limitado apenas aos regulamentos de polícia, o novo Código Penal francês estendeu-o aos atos individuais. Por via de ação: sua competência é integral para os litígios referentes ao serviço judiciário, mesmo quando convidados (estando em causa um serviço público) a aplicar as regras do direito administrativo (Cass., 23 nov. 1956, *Giry*). Tais invasões no domínio do juiz administrativo são limitadas. E o Conselho Constitucional impôs fortemente sua autoridade, elevando à categoria de norma constitucional sua competência em questões de anulação ou de reforma das decisões tomadas pelos órgãos administrativos, no exercício de suas prerrogativas de poder público (23 jan. 1987). A atribuição constante de privilégios foi acompanhada por evoluções notáveis, que traduzem uma apreciação progressivamente mais minuciosa das obrigações atribuídas às autoridades administrativas para adequar-se ao direito. Pode-se dimensionar isso em dois campos, principalmente.

O primeiro, eminentemente estratégico, é o da amplitude legítima do poder discricionário, ou seja, da liberdade dada às autoridades na escolha de suas decisões. A jurisprudência sempre admite que, ao lado de uma atividade considerada vinculada pela lei, se deixe um espaço para a discricionariedade do poder administrativo. Suas dimensões, porém, são consideravelmente restringidas, ainda que em proporções desiguais, segundo o caso, conforme revelam a inconstância do controle do juiz e a profundidade maior ou menor de suas investigações. Ao considerarmos essas gradações segundo a escala dos controles, tomamos consciência da flexibilidade do direito administrativo, imputável apenas ao pragmatismo do Conselho de Estado, chave de sua política jurisprudencial. Opção idêntica explica a extensão do poder que ele se atribui, pois muitas vezes são simples considerações de oportunidade que o levam ora apenas a pronunciar a anulação do ato irregular, ora a reformá-lo. Esse realismo parece beirar a timidez, quando mantém na lista dos "atos de governo" decisões do Executivo, para mascarar sua repugnância a conhecer de casos excessivamente delicados. Em contrapartida, traduz seu senso de responsabilidades quando o Conselho considera válidas (levando-se em conta circunstâncias excepcionais) medidas que teria julgado ilegais em período ordinário. Em sua configuração atual, em todo caso, a censura da arbitrariedade atingiu um grau de rigor até então desconhecido. A história do recurso por excesso de poder – que foi e continua sendo o caminho privilegiado para obrigar o poder público a respeitar a legalidade – é o melhor exemplo da importância das mudanças, realizadas em menos de dois séculos, na representação da justa administração quando ela age pela via prescricional. De início lentamente e depois num ritmo que se acelera durante o Segundo Império para se tornar galopante no começo do século XX, o juiz administrativo, ao flexibilizar as condições de admissibilidade dos recursos, ao multiplicar as aberturas, ao ampliar o bloco da legalidade por meio da referência aos princípios gerais do direito, sempre consegue proteger melhor o poder do descrédito que lhe valeria a arbitrariedade administrativa, ao mesmo tempo que protege melhor os cidadãos contra seus malefícios.

Outro campo foi teatro de progressos também espetaculares do direito: o campo da responsabilidade administrativa fora do contrato. Durante muito tempo, os danos no campo das obras públicas eram os únicos cobertos por um princípio geral de responsabilidade. A demolição de edifício tão restritivo, empreendida pela jurisprudência, devia começar antes do fim do século XIX. No fim do processo, o direito a ser indenizado por prejuízos causados por operações imputáveis a falta do serviço, ao risco próprio incorrido por fato da administração ou resultante de uma culpa da qual escapa a maioria dos outros, foi garantido e mais generosamente apreciado, pelo menos quando se trata de danos a pessoas.

Tal como os avanços jurisprudenciais na repressão da arbitrariedade, esses progressos traduzem a ambição dos juízes de equilibrar o poder com a justiça. Para torná-la mais suportável e mais aceitável, procuraram compensar sempre mais cabalmente os prejuízos causados por sua imposição. A disciplina que, nesse campo também, a jurisprudência impôs à autoridade pública favoreceu o poder graças à salvaguarda dos direitos. Essa prioridade dada ao enquadramento do poder, em função da ideia dominante daquilo que é justo, explica por que, historicamente, a culpa não é (como em direito privado) fundamento da responsabilidade administrativa. A precocidade da consideração do risco, assim como do princípio de igualdade perante os cargos públicos, é claro testemunho disso.

Amadurecimento de uma ciência

A jurisprudência, portanto, desempenhou um papel importante na determinação dos limites dos quais a administração não deveria escapar. A ela cabe a paternidade de grande número de disposições, entre as mais importantes das regras de seu jogo. Sem a reflexão dos juristas, porém, não teria sido possível estabelecer um direito administrativo. Foi dela que, a partir dos elementos esparsos da legislação, da regulamentação, das conclusões dos comissários do governo e dos acórdãos do Conselho de Estado, decorreu a constituição desse ramo do direito num conjunto articulado e o mais coerente possível. Há várias décadas, ninguém mais contesta o fato de ela estar no mesmo nível das outras disciplinas da ciência jurídica e merecer o mesmo interesse. Tal reconhecimento não deixou de ter desvantagens. E os administrativistas de hoje devem muito aos esforços de uma linhagem de doutores para merecer essa consagração. Desde meados do século XX, a ciência do direito administrativo apresenta, é verdade, singularidades inéditas. Estas decorrem, em primeiro lugar, de sua fragmentação em disciplinas especializadas – direito público econômico, urbanismo, saúde pública etc. –, induzida pela multiplicação das normas que acompanharam os avanços do intervencionismo. Também são percebidas na tendência a lançar um olhar muito mais crítico que antes para um direito considerado excessivamente complexo ou incoerente e para um juiz ora acusado de ser demasiado tímido, ora demasiado presunçoso na concepção de suas funções. Quanto ao resto, porém, a ciência do direito administrativo, hoje como ontem, persegue objetivos análogos.

O primeiro é difundir seu conhecimento. Foi essa a finalidade dos "pais fundadores" da disciplina durante a monarquia constitucional: de Gérando, Macarel, Cormenin, todos bem a par das condutas administrativas, em razão de sua profissão. Enquanto o primeiro deu prioridade à harmonização das leis, ao segundo cabe o mérito de ter empreendido a publicação anual dos acórdãos do Conselho de Estado, que seria continuada pelo *Recueil Lebon*, procurando, tal como o terceiro, depreender seus princípios diretivos. Quando o ensino do direito administrativo penetrou na universidade, generalizando-se no tempo de Luís Filipe, a literatura dos professores acompanhou a dos técnicos, com o mesmo propósito pedagógico. Assim se arraigou uma tradição, modificada apenas a partir do fim do século XIX pela preponderância dos acadêmicos na produção editorial. Por essa razão, a doutrina chegou a definir-se, distinguindo-se da prática dos juízes, autorizando o estabelecimento de um "diálogo", na maioria das vezes sereno, entre elas. E, embora de difícil dimensionamento, a influência das posições doutrinais é indubitável na evolução de alguns dos capítulos mais importantes do direito jurisprudencial.

A segunda ambição da ciência foi introduzir uma ordem racional numa construção jurídica que se erguia mais em decorrência de soluções pontuais dadas pelos magistrados administrativos aos litígios de que cuidavam, do que por planos inteiros, conforme a vontade do legislador. Foi por tais motivos que a disciplina do direito administrativo conheceu suas maiores transformações.

Isto porque, no momento em que eram publicadas as primeiras obras, ela tinha a feição desconcertante de um acúmulo de monografias dedicadas a cada setor de responsabilidade do poder público, sem que fossem interligadas por nenhum elo jurídico. Na opinião dos primeiros administrativistas, a administração, afora a gestão de seus bens, é vetor de um poder político, e não a encarnação da personalidade jurídica do Estado. Assim, embora não possam ignorar a categoria dos atos administrativos, criada pela Assembleia Constituinte, são incapazes de conceber a noção abstrata de ato administrativo, expressão da vontade da pessoa pública, passível, como tal, de ser objeto do direito. A atividade administrativa é então apreensível, em termos jurídicos, apenas a partir do estudo dos domínios entre os quais ela se divide e nos quais entra em contato com direitos privados. A exemplo da literatura dedicada à polícia e depois à administração, no último século do Antigo Regime, o direito administrativo, em seus primórdios, estava condenado a ser fragmentado em tantos capítulos quantas são as "matérias administrativas", que, ademais, muitas vezes eram estudadas em simples ordem alfabética.

Durante o Segundo Império foi feito um esforço para libertá-lo dessa ganga material, organizando-se sua apresentação segundo o modelo pouco apropriado das articulações do direito privado. Foi só no fim do século que tiveram sucesso as sistematizações propriamente jurídicas da disciplina. A primeira é oferecida pelo grande *Traité de la jurisdiction administrative et des récours contentieux* (1887-88), obra de um magistrado do Conselho de Estado: E. Laferrière. O que este conseguira sob o ângulo do contencioso foi conseguido, para o mérito, por Maurice Hauriou, cuja primeira edição do *Précis de droit administratif* data de 1892. Em virtude da atribuição de personalidade jurídica ao Estado, o direito administrativo ganhava coerência, uma vez que nada mais era que o conjunto dos direitos das pessoas públicas. Tal apresentação logo deparou com a oposição de Léon Duguit. Enquanto Hauriou baseava a singularidade desse direito exorbitante no poder público em ação na administração, Duguit o atribuía apenas às necessidades do serviço público. Durante muito tempo os administrativistas dividiram-se entre essas duas "escolas", a do poder público e a do serviço público, tomando liberdades maiores ou menores com os ensinamentos de seus fundadores. Essa clivagem agora pertence ao passado. Isto porque, diante das imbricações das regras administrativas, ninguém acredita que a distribuição das competências jurisdicionais sejam regidas por uma só regra, que também sirva de princípio gerador ao conjunto da disciplina.

Recorrência das crises

A constatação de crise pode ser apenas uma apreciação, formulada por uma doutrina desorientada pela evolução jurisprudencial. Ela reflete menos a realidade das mudanças de um sistema jurídico do que a psicologia dos administrativistas. Não se pode negar que o direito administrativo foi vítima de tensões e sofreu ataques que lhe valeram frequentes momentos de dificuldades.

Na maioria das vezes, foi por meio da denúncia dos prejuízos causados pelo dualismo jurisdicional que seu estatuto foi abalado. Tais assaltos atingiram o paroxismo no século XIX; seus adversários nem sempre estavam desarmados, se considerarmos as complicações introduzidas, cujo preço foi pago pelos que dependiam da justiça. Mas é ainda a pertinência desse corpo de normas específicas que foi e continua sendo contestada. Já durante o Segundo Império, os adversários das prerrogativas exorbitantes de um Estado que começou a ser chamado Providência contavam com sua ruína. Um século e meio depois, o processo continua aberto, seja porque, numa óptica empresarial, se deplora o obstáculo oposto pela rigidez de múltiplas normas à modernização administrativa necessária, seja porque, apresentado (como o fazem os neoliberais seduzidos pelo modelo americano) na forma de direito governamental que perpetua privilégios obsoletos, ele é acusado de contribuir para a sujeição paralisante do corpo social. E, enquanto, no fim do século XIX, M. Hauriou, diante da ampliação do direito privado para o campo dos serviços públicos, diagnosticou uma grave "crise do direito administrativo", os responsáveis contemporâneos por uma evolução análoga acreditam estar contribuindo para a eliminação de anacronismos incômodos.

É de convir que não faltaram razões objetivas para essa hostilidade. Desde o último terço do século XIX, o congestionamento do Conselho de Estado provocou lentidão dos processos, de tal modo que o controle jurisdicional se tornou puramente simbólico ou prejudicial aos direitos. Por outro lado, visto que os juízes administrativos durante muito tempo se recusaram a fazer imposições à administração e rejeitavam a utilização dos meios aptos a vencer sua impertinência, a eficácia de suas decisões era aleatória. A partir dos anos 1950, embora o encurtamento dos prazos de julgamento não fosse perceptível, os novos poderes de que o juiz era dotado secaram um pouco as fontes de insatisfação. Durante a fase de instrução, ele se viu no direito de exigir das repartições que fossem apresentados os devidos documentos (1954) e declaradas as razões que haviam motivado suas medidas atacadas (1968). Para lhes impor o respeito da coisa julgada, a criação de uma seção encarregada da elaboração de um relatório anual (*Section du Rapport*) no Conselho de Estado, nos anos 1960, marcou um primeiro avanço. Os progressos se aceleraram com a atribuição ao juiz do direito de impor medidas coercitivas (1980), mesmo preventivamente (1995), e de usar com mais largueza procedimentos de urgência (juízo cautelar), a partir do fim da década de 1980.

Esses progressos foram saudados pelos juristas. Mas o que eles levaram mais em conta foram as confusões desagradavelmente introduzidas num sistema retrospectivamente julgado quase perfeito pelo novo curso seguido pela jurisprudência desde o fim da década de 1930. Depois da idade de ouro pela qual teria passado o direito administrativo do início da III República até meados da década de 1920, quando suas grandes teorias, graças ao gênio do Conselho, atingiram o ponto de perfeição, articulando-se em torno da noção de serviço público, teriam sobrevindo tempos de decadência, marcados pela desorganização generalizada de seus fundamentos. O abandono do fundamento representado pela definição de serviço público, na sua opinião, é o primeiro sintoma de uma "crise" que logo se generalizou. Em sua acepção clássica, o serviço público, a exemplo das atividades de polícia, era monopólio das pessoas públicas: Estado, coletividades territoriais, estabelecimentos públicos. Embora dele participassem pessoas privadas, isso ocorria por via contratual. Mais eis que, à margem desse procedimento (haja vista o que hoje se chama "convenção de delegação de serviço público"), passou-se a considerar que organismos de direito privado podem exercer um serviço público administrativo em razão da natureza de suas atividades. A gestão privada e a invenção dos serviços públicos industriais e comerciais haviam ampliado o império do direito comum para a esfera administrativa; agora era o direito público que passava a reger a atividade de organismos de direito privado. As clivagens mais bem estabelecidas se deslocavam, e a identificação do serviço público perdia rigor, a partir do momento em que sua concepção deixava de ser orgânica para ser funcional. A confusão logo se espalhou para outras categorias fundamentais: estabelecimento público, funcionário público, domínio público. É verdade que ocorreu um esforço de reconstrução a partir da revalorização do critério de serviço público, ao longo dos anos 1950. Mas ele foi insuficiente para eliminar todas as obscuridades. Por essa razão, a "crise" parece ter-se tornado uma dimensão comum do direito administrativo, como demonstram, de modo especial, as incertezas que afetam a distribuição das competências jurisdicionais.

Destino de uma identidade

Na verdade, a complexidade produzida por essas novas orientações não deixa de ter precedentes. Desde os primeiros momentos de sua existência, as formas de sua elaboração, a incerteza de seu campo e as tensões provocadas pela natureza de suas finalidades impediram que esse direito fosse simples. Inédita, em compensação, é a tendência – detectável durante o último terço do século XX – à desnaturação e ao apagamento de suas singularidades.

Na origem dessas metamorfoses encontram-se as conturbações que afetaram o modo de produção. A hegemonia tradicional da criação jurisprudencial foi vítima do surgimento de fontes concorrentes. A multiplicação de leis e regulamentos concorreu para o seu solapamento. Por outro lado, desde a integração do preâmbulo da Constituição francesa de 1958 no corpo jurídico e o desenvolvimento da jurisprudência do Conselho Constitucional com o objetivo de esclarecer seu alcance, o juiz do excesso de poder é obrigado a acolher os princípios que ela depreende, diante do risco de estilhaçar a unidade do direito público. Foi especialmente decisiva a integração na ordem jurídica francesa de disposições normativas de origem internacional e, acima de tudo, europeia: ao lado das regulamentações da Comunidade, os princípios depreendidos pela Corte Europeia de Justiça – tal como os considerados pela Corte de Estrasburgo em sua interpretação da Convenção Europeia dos Direitos do Homem – penetram em número cada vez maior no direito administrativo nacional. Sua especificidade é comprometida de duas maneiras.

Sua própria natureza é posta em xeque. Pois a história lhe dera a forma de um corpo de normas endógenas à esfera pública, às quais as autoridades administrativas eram obrigadas a submeter-se, de tal modo que a legitimidade do poder do qual elas são instrumentos está fundamentada numa aliança apropriada de comando e justiça. Oriundo de uma jurisdição que, em razão de seu estatuto, podia ter pretensões ao papel de consciência do poder, o direito administrativo definia e redefinia a fórmula dela, quer se tratasse de atuar como polícia ou exercendo o serviço público, no ritmo das evoluções da vida nacional. A partir do momento em que passou a ser cada vez mais composto de normas exógenas ao objeto que rege, esse direito se pauta pela condição comum a todos os outros. Essa desnaturação revoluciona seu espírito: ele representava a medida das conveniências administrativas; passa a ser apenas o conjunto das garantias dadas aos administrados.

A intrusão maciça de normas extrajurisprudenciais também renova seu conteúdo. Modelado pela consciência dos privilégios necessários à realização do interesse geral, ele acolhia regras revogatórias do modelo comum, e, na maioria das vezes, elas eram marcadas pelo selo do autoritarismo. É essa dimensão fortemente inigualitária que se abranda em benefício de um novo equilíbrio. A recepção em seu seio de regras elaboradas pelas instâncias europeias, em particular, apaga boa parte de suas singularidades, como se pode constatar no processo administrativo, contencioso ou não, no direito da responsabilidade, no direito dos mercados ou dos serviços públicos e no direito da função pública. Por essas duas razões, o que se desagrega é a autonomia do direito administrativo. Provavelmente a história continuará a esclarecer mais do que o passado, pois grande número de teorias jurisprudenciais continua válido. Sua perenidade estará garantida? Provavelmente também haverá sempre (já que a existência da administração não está em perigo) normas jurídicas aptas a governar atividades que não têm equivalentes. Mas, a continuar a erosão de sua singularidade – nada leva a pressagiar a inversão do processo –, o que se enfraquece é o próprio fundamento da diferenciação do direito administrativo, no interior do sistema jurídico nacional, com o risco de sofrer ataques ainda mais graves no seio de um eventual direito comum europeu.

› BRAIBANT G. & STIRN B., *Le Droit administratif français*, FNSP Dalloz, 4ª ed., 1997. – BURDEAU F., *Histoire du droit administratif*, PUF, 1995. – CHAPUS R., *Droit administratif général*, Montchrestien, I, 13ª ed., 1999; II, 12ª ed., 1999. – DELVOLVÉ P., *Le Droit administratif*, Dalloz, 2ª ed., 1998. – LAUBADÈRE A. de, VENEZIA J.-C. & GAUDEMET Y., *Traité de droit administratif*, LGDJ, I, 15ª ed., 1999; II, 10ª ed., 1995; III, 6ª ed., 1997. – MESTRE J.-L., *Introduction historique au droit administratif français*, PUF, 1985. – RIVERO J. & WALINE J., *Droit administratif*, Dalloz, 16ª ed., 1996. – VEDEL G. & DELVOLVÉ P., *Droit administratif*, 2 vol., PUF, 13ª ed., 1998. – WEIL P. & POUYAUD D., *Le Droit administratif*, PUF, 17ª ed., 1997.

François BURDEAU

→ Abuso de poder; Administração; Ato administrativo; Ato de governo; Contrato de fornecimento de bens e serviços; Domínio; Estado de direito; Função pública; Justiça administrativa; Legalidade (Princípio de); Nacionalização; Obras e construções públicas; Ordem pública; Poder regulamentar; Polícia; Processo administrativo; Proporcionalidade; Responsabilidade administrativa; Separação das autoridades; Serviço público; Sistema viário.

DIREITO CANÔNICO

Direito canônico é o direito próprio da Igreja católica. Rege as relações jurídicas internas a essa Igreja e, assim, distingue-se do *direito eclesiástico*, que diz respeito ao estatuto civil da Igreja católica, e do direito internacional público, do qual participa a Santa Sé na qualidade de entidade soberana. Seu nome provém da palavra cânone, que significa regra ou norma de referência (fala-se, assim, de "cânones de beleza"). Os cânones eram regras de conduta, ou mesmo de verdade, que as autoridades eclesiásticas utilizavam para firmar suas diretivas dirigidas ao povo cristão. O direito canônico recebeu esse nome para distinguir-se dos direitos civis, direitos próprios a cada uma das nações nas quais a Igreja desenvolvia suas atividades. O *Corpus iuris canonici*, compilação de disposições eclesiásticas publicada em 1582, opõe-se, portanto, ao *Corpus iuris civilis*, nome retrospectivamente dado à compilação de Justiniano, feito dez séculos antes para o direito "profano", bem como para seus adendos ulteriores.

Desde a origem, a Igreja se afirma como comunidade estruturada de crentes, o que basta para que em seu seio se faça presente o direito. Mas esse direito deve seu desenvolvimento pleno à presença, na Igreja católica, de um forte princípio hierárquico. Os bispos, pastores de direito divino, formam com o bispo de Roma, soberano pontífice que está à sua cabeça, um mesmo Colégio, chamado apostólico. Por meio dos apóstolos, dos quais são sucessores, receberam de Cristo o encargo de governar o conjunto dos cristãos, ou povo de Deus. Tal doutrina só podia favorecer o crescimento do direito canônico: a orientação das consciências por regras gerais um tanto impessoais é uma prerrogativa sacerdotal fundamental, para cujo exercício, aliás, cada pastor recebe uma assistência particular de Deus, mais ou menos forte segundo o caso. Na Igreja católica, atribui-se ao direito canônico, portanto, algo de divino em razão do próprio fundamento no qual se apoia: o chamado direito das chaves, conferido por Cristo a Pedro e, com este, aos outros apóstolos. Essa crença não é compartilhada por outras Igrejas cristãs. É o que ocorre, em especial, com a chamada Igreja protestante, cujo fundador, Lutero, negava qualquer distinção entre o sacerdócio ministerial e o sacerdócio comum dos fiéis. Para ele (*Sobre a liberdade cristã*), só existe o sacerdócio comum para todos os cristãos. A base teológica do direito canônico é, assim, em grande parte invalidada. O fato é que mesmo a Igreja protestante se rege segundo princípios jurídicos. Mas estes não são numerosos e nada têm de muito específico em relação às regras que ordinariamente regem a vida associativa civil.

Na época moderna, o essencial (em qualidade, e não em quantidade) do direito canônico foi objeto de várias codificações. Um primeiro *Codex iuris canonici* foi promulgado em 1917 e depois substituído em 1983. O novo Código comporta disposições (cânones) aplicáveis a toda a Igreja católica. Mas a maioria delas só diz respeito à Igreja de rito latino, e não às Igrejas orientais, para as quais foi elaborado em 1990 o primeiro código próprio: o Código dos Cânones das Igrejas Orientais. Esses códigos são redigidos em latim, língua oficial da Igreja. Existem traduções em línguas vernaculares, que, por sua vez, devem ser aprovadas pelas Igrejas locais. As dificuldades de interpretação dos cânones em vigor podem dar origem a uma chamada interpretação autêntica: esta, uma vez estabelecida, aprovada e promulgada, é incorporada no cânone interpretado. A atividade da Comissão Pontifical encarregada desse tipo de interpretação é regular, mas relativamente pouco abundante. Fora dos códigos, mas como seu prolongamento, certos aspectos da vida da Igreja são regidos por fontes complementares tais como (para nos atermos às disposições de vocação universal): Constituições apostólicas *Diviius perfectionis Magister* de 25 de janeiro de 1983, sobre as causas da beatificação e da canonização; *Spirituali militum curae* de 25 de abril de 1986, sobre os ordinariados militares (ou vicariatos castrenses); *Pastor bonus* de 25 de junho de 1988 sobre a organização da cúria romana; *Universi dominici gregis* de 22 de fevereiro de 1996 sobre a vacância da sede apostólica e a eleição do pontífice romano.

O direito canônico é um domínio particularmente rico do direito. Suas bases dogmáticas estão bastante próximas das concepções jurídicas que foram aos poucos se impondo nas sociedades ocidentais modernas: a mesma primazia atribuída às leis e aos juízes, que são seus intérpretes; o mesmo valor constitucional de um direito que vem de cima; a mesma fascinação *urbi et orbi* pela coisa escrita etc. No entanto, em razão de sua antiguidade e de sua universalidade, o direito canônico não possui a rigidez e o centralismo de grande número de direitos civis modernos. A equidade, o costume e as práticas têm nele importantíssima função moderadora. Por outro lado, a ciência do direito canônico é quase tão antiga quanto a ciência rival do direito romano. Ambas contribuíram para formar a mentalidade de gerações e gerações de juristas. Desde a Idade Média, época de sua criação, as universidades dedicam boa parte de seus ensinos às duas disciplinas. Juntas, elas constituem a fonte direta da maioria dos direitos civis atuais, senão de todos. O direito canônico também tem a vantagem de ser um ramo positivo do direito. Contudo, ele precisa responder a algumas objeções correntes. Isto porque se discutem sua juridicidade, sua historicidade e sua eficácia.

Juridicidade do direito canônico

Costuma-se negar a juridicidade do "direito" canônico nos seguintes termos: por que falar de direito, se o que se tem nada mais é que uma moral religiosa que só obriga aqueles que se consideram a tanto obrigados? A liberdade de consciência, aliás, impõe que não se obrigue ninguém contra a sua consciência. Por isso, basta que alguém se declare isento das normas da Igreja para que estas deixem de produzir efeitos sobre quem assim se declara. Essa posição é extremada: baseia-se numa falsa ideia sobre o direito canônico. Este não se aplica simplesmente segundo a vontade dos indivíduos. Como toda ordem jurídica, seu vigor está ligado ao fato de as pessoas pertencerem à sociedade que esse direito tem a função de ordenar. Na Igreja católica, a "cidadania" (ou "nacionalidade") está subordinada à recepção do batismo. "Pelo batismo, um ser humano é incorporado à Igreja de Cristo e nela é constituído como pessoa com as obrigações e os direitos próprios aos cristãos", dispõe o cânone 96 do Código de Direito Canônico de 1983. Ora, segundo doutrina estável, o batismo é conferido uma só vez por todas: ele não precisa ser reiterado (havendo dúvida sobre sua recepção, batiza-se com a presunção de ausência de batismo anterior); o mais importante é que seus efeitos se produzem em caráter definitivo. A pessoa que recebeu validamente o batismo não pode, juridicamente, dizer-se não batizada. O apóstata (aquele que rejeitou totalmente a fé cristã depois de ter sido batizado) ou, mais geralmente, qualquer batizado que seja excomungado continua batizado; ele é simplesmente excluído da participação ativa ou passiva nos sacramentos e de certas funções eclesiásticas, o que supõe, aliás, que continua sendo membro da Igreja. A liberdade de consciência, que a Igreja não nega (cf. cânone 748, § 2 do Código de 1983: "A ninguém é lícito obrigar quem quer que seja a aderir à fé católica contra a sua consciência"), autoriza apenas os batizados a deixar de professar sua fé, se assim houverem por bem. Quem assim abjura exclui-se psicologicamente de uma Igreja à qual não deixa de pertencer *de jure*. Em caso de conversão ulterior, ele não precisa ser rebatizado. O direito canônico possui, portanto, uma dimensão coercitiva externa, se nos ativermos a esse critério para definir o direito. Ou melhor, assim como qualquer outra ordem jurídica, o direito canônico atém-se principalmente aos comportamentos sociais das pessoas. Se requer uma justiça, é a justiça do fariseu, mesmo desejando que seus súditos acatem intimamente, com todas as suas forças, as normas que dita em sua intenção. E não é isso o que os ordenamentos jurídicos civis esperam de seus próprios súditos? O direito canônico interessa-se por todos os tipos de relação social: as dos governantes da Igreja entre si e com os governados; a relação entre governados. A preponderância dada aos primeiros nas codificações é compreensível: os códigos tratam sobretudo dos atos essenciais à vida da Igreja, daquele que os ditam e daqueles para quem eles são ditados: ensinamento (livro III do Código de 1983), administração dos sacramentos (livro IV), processos (livro VII) no seio de um povo de Deus (livro II), cuja organização se estrutura em torno de uma divisão determinada pelo fato de os fiéis serem ou não membros da hierarquia, por um lado (primeira e segunda partes do livro II), e pelo fato de os fiéis levarem ou não vida consagrada, por outro lado (primeira e terceira partes do livro II). O direito privado canônico está em outro lugar: nos contratos e, em geral, nos atos jurídicos firmados entre batizados a propósito de bens cuja gestão lhes caiba, nos estatutos das várias associações, nos regulamentos de assembleias de fiéis etc.

O grau de exigência do direito canônico, porém, é mais elevado do que o dos direitos civis, sobretudo desde que estes últimos deixaram de ser impregnados pelos ideais morais cristãos. Isto porque a regra jurídica está em estreita dependência do bem comum da sociedade que pretende governar. Ora, o bem comum da Igreja outro não é senão a santidade de todos os seus membros. Na Igreja católica, a santidade não é facultativa. É uma ardente obrigação, decorrente da própria essência da comunidade dos discípulos de Cristo, que os incita a ser tão perfeitos quanto seu Pai celeste (*Mateus*, 5, 48). "Todos os fiéis devem, segundo condição de cada um, esforçar-se por levar uma vida santa e promover o crescimento e a santificação contínua da Igreja", é o que dispõe o cânone 210 do Código de 1983. Tem-se aí, porém, uma obrigação intermediária: a santidade não é necessária como resultado (quem ousaria impô-la como tal?). O que se exige, em contrapartida, é o esforço consciente para chegar a ela. Quem se empenha cumpre um dever de justiça tão estrito quanto o daquele que, na vida civil, se empenha em honrar pai e mãe (art. 371 do Código Civil francês) ou em cumprir seus compromissos (art. 1.134 do Código Civil francês).

Historicidade do direito canônico

Todos estão concordes em dizer que o direito canônico marcou profundamente a história do direito nos países de tradição cristã. Mas ele mesmo tem uma história? Sim, no que se refere às suas fontes, com as quais ele é muitas vezes confundido: os modos de expressão das regras canônicas variaram de uma época para outra, segundo os gêneros vigentes em cada época. Outra coisa é saber se a substância do direito canônico é em si suscetível de mudar ao longo do tempo, questão da eventual historicidade do direito canônico. As respostas extremas são fáceis. Certas teses progressistas de inspiração protestante afirmam a historicidade completa do direito canônico, que não passaria de puro produto das circunstâncias. Mesmo a figura e as palavras de Jesus Cristo são concebidas como reconstrução *a posteriori* do ideal ao qual as comunidades cristãs dos primeiros tempos pretendiam aderir. Outras teses, evidentemente mais raras em nossos dias, militam a favor do caráter imutável do conjunto das disposições canônicas, que são assim ligadas a uma data de maturidade extrema, o que subentende pelo menos que elas, de fato, evoluíram. O direito canônico não endossa nenhuma dessas teses. Tal como a Igreja por ele refletida, mostra-se duplamente composto. Antes de mais nada, repousa sobre um alicerce formado por princípios denominados *direito divino*. Segundo a fé da Igreja, esses princípios foram propostos definitivamente por Cristo quando da fundação de sua Igreja. Há aí uma adesão básica, por um lado, à veracidade das palavras de Jesus, do modo como foram conservadas pelas Escrituras e pela Tradição, e, por outro, à divindade daquele que as pronunciou. Como verdadeiro Deus, ele pode estatuir para o futuro de maneira definitiva, sem risco de erros. Segundo o magistério da Igreja, fazem parte dessa revelação: o primado de Pedro e de seus sucessores, os bispos de Roma; o colégio apostólico composto dos doze apóstolos e de seus sucessores, os bispos; o chamado poder das chaves ou poder de atar e desatar tanto o foro externo quanto o foro íntimo; a "divisão" da Igreja universal em Igrejas particulares, lugares de exercício pessoal da jurisdição de cada bispo; os sete sacramentos, em sua instituição e suas características (matéria e forma) principais; o caráter essencialmente masculino do sacerdócio ministerial; a indissolubilidade do casamento. O magistério eclesiástico pode, aliás, ser levado a declarar como de direito divino uma regra que até então não fora objeto de decisão explícita nesse sentido. Foi o que se viu recentemente no que se refere à exclusão das mulheres do sacerdócio ministerial (Carta ap. *Ordinatio sacerdotalis* de 22 de maio de 1994). O resto é de *direito humano*: a Igreja estabeleceu isso em determinado momento para responder a circunstâncias particulares de sua história. Esse direito construído pelo homem pode mudar de duas formas. Se as circunstâncias que o aconselharam vierem a mudar, a regra deverá ser modificada e até suprimida. Mesmo em circunstâncias iguais, uma regra considerada melhor pode, legitimamente, vir a substituir a regra que até então regia aquelas mesmas circunstâncias.

Na realidade, o direito canônico conheceu, conscientemente, grandes evoluções, que muitas vezes foram simples revoluções: retorno ao espírito, ou à letra, anterior – autênticos rejuvenescimentos cujo segredo poucas instituições religiosas ou profanas detêm. O concílio Vaticano II constitui nesse plano um "momento" especialmente notável. Citaremos algumas coisas sem ordem definida: a reconsideração da *sacra potestas* como serviço eclesiástico (análoga à "passagem", nos direitos profanos, do conceito de poder público ao conceito de serviço público); renovação da visão da Igreja, povo de Deus em que cada fiel deve contar com direitos e deveres fundamentais, e não simplesmente estrutura hierarquizada em que uns mandam e outros obedecem; superação da dicotomia seculares-regulares; fortalecimento da colegialidade episcopal no nível das relações entre Igrejas particulares, especialmente por delegação de competências legislativas para as Conferências dos Bispos; participação das mulheres na vida pública da Igreja (funções litúrgicas, tarefas de administração etc.). Alguns pontos novos ainda não estão bem estabelecidos. É o que ocorre com o conceito de laico, que ainda carece de uma definição positiva centrada na secularidade, ou com prelazias pessoais, cujo estatuto eclesiástico poderia ser mais bem explicitado.

Eficácia do direito canônico

Muito se discute sobre a eficácia e até sobre a efetividade do direito canônico. Este parece restringir-se a petições de princípio e pouco preocupado com sua aplicação pelos destinatários. A práxis eclesiástica, portanto, contaria muito mais com a pastoral do que com seu direito de governar os costumes dos cristãos. A eficácia do direito canônico só se tornou questão crucial a partir do momento em que a Igreja deixou de contar *de facto* com o estado dos costumes ambientes e de direito com o apoio das autoridades civis (aquilo que se chama de "braço secular"). Na França, em especial, a proclamação reiterada, em formas diversas, do *princípio de laicidade* redundou na ignorância completa das regras canônicas por parte do direito profano. Essa estrita neutralidade do Estado, com forte coloração anticlericalista, teve como resultado final a ausência de efeito dos casamentos celebrados de forma canônica, na ordem jurídica nacional (a não ser que essa forma seja aceita por uma ordem jurídica estrangeira como constitutiva das uniões matrimoniais celebradas em seu território – mas, nesse caso, o que se leva em conta já não é o casamento canônico como tal), a exclusão de qualquer estatuto "civil" específico para os clérigos e para os estabelecimentos católicos de ensino, que não têm tratamento melhor nem pior que as outras instituições de cunho confessional, e, de modo mais geral, a recusa a conferir qualquer efeito, mesmo por meio de ato homologatório, a regras ou decisões adotadas pelas autoridades eclesiásticas em sua atividade legisladora ou jurisdicional. Essa ignorância às vezes é acompanhada pela desconfiança. Assim, quando a lei francesa pune "todo ministro de qualquer culto que proceda, habitualmente, a cerimônias religiosas de casamento sem que lhe seja exibida a certidão de casamento previamente aceita pelos representantes do estado civil" (art. 433-21 do Código Penal francês). O que se tem aí é a melhor garantia de monopólio da celebração dos casamentos que os poderes públicos franceses se reservam.

Assim, o direito canônico só produz efeitos em casa: dentro da Igreja católica. Como então ele organiza sua própria eficácia? De diversas maneiras, que também são encontradas nos ordenamentos jurídicos civis. Para tanto é constituído um forte aparato judiciário. Tecnicamente diversificadas (por competências de atribuição), as jurisdições canônicas cuidam da observância do direito em vigor e, se necessário, fornecem interpretações *ad casum*. Atualmente, porém, padecem da escassez de pessoal e da fraca formação jurídica de seus membros. O direito canônico comporta um sistema repressivo que pode ser aplicado tanto por via disciplinar quanto por via judiciária. Vários comportamentos transgressores ao ordenamento eclesiástico e mesmo civil (por exemplo, atentado à reputação alheia, homicídio e outras agressões e ferimentos, aborto) são objeto de penas específicas. Essas penas obedecem a um regime original de aplicação. O direito canônico faz distinção entre penas *ferendae sententiae*, que, para serem aplicadas, supõem que tenham sido previamente proferidas por autoridade competente, e as penas *latae sententiae*, que recaem sobre o delinquente tão logo seja adotado o comportamento legalmente definido como repreensível. A excomunhão *latae sientetiae* é a pena mais grave. Recai, por exemplo, sobre o herege, o apóstata ou o cismático, sobre quem profana as espécies eucarísticas ou sobre quem lança mão de aborto, caso este se concretize... A própria recusa em aplicar uma sentença judiciária pode ser punida com uma "justa pena" (necessariamente *ferendae sententiae*), bem como a recusa a submeter-se a uma condenação penal. Contrariando a opinião geral, essas penas não têm apenas consequências morais. Para um clérigo, por exemplo, a proibição de exercer suas funções é não só vexatória como também pode produzir consequências pecuniárias nada desprezíveis. A propósito, essa observação não vale para qualquer sistema repressivo? A eficácia de todos eles não está essencialmente na adesão de seus destinatários potenciais ou efetivos?

O direito canônico não ignora que tem vocação para ser aplicado a meios e culturas extremamente diversos, com os quais precisa contar para ser eficaz. Mas não se tem aí uma simples estratégia de aculturação. Existem razões mais imperiosas para que ele se adapte às tradições de cada região. Por definição, a hierarquia eclesiástica é muito descentralizada. Cada bispo tem, por direito divino, ampla autonomia de decisão sobre o território ou as pessoas submetidas à sua jurisdição. Além disso, o direito canônico contemporâneo esforçou-se por dar a cada região do mundo, sobretudo por intermédio das Conferências dos Bispos, o direito (e o dever) de especificar o sentido das normas universais. Essa mesma legislação universal tem profunda consideração pelos ritos e pelas tradições canônicas ou litúrgicas locais. Prova palpável disso, entre outras, é a presença de um Código dos cânones das Igrejas orientais ou, em menor grau, de Igrejas particulares distintas pelo rito dos fiéis, até no seio da Igreja de rito latino (cf. cânone 372, § 2º do Código de 1983). A legislação canônica também sabe retirar-se até diante dos direitos locais profanos. O que ocorre com a formação e a execução dos atos jurídicos: "O que for estabelecido pelo direito civil, em cada território, sobre os contratos, tanto em geral quanto em particular, e sobre os pagamentos deve ser observado com os mesmos efeitos em virtude do direito canônico em matérias submetidas ao poder de regime da Igreja, a não ser que seja contrário ao direito divino, ou que o direito canônico prescreva outra coisa", é o que dispõe como princípio o cânone 1.290 do Código de 1983. É o que ocorre com os esponsais, pois, nos termos do § 1º do cânone 1.062, "a promessa de casamento, tanto unilateral quanto bilateral, chamada esponsais, é regida pelo direito particular estabelecido pela Conferência Episcopal, levando-se em conta os costumes e as leis civis, se houver".

A propósito, o direito canônico está consciente de que sua eficácia passa também e sobretudo pelo esquecimento temporário do direito puro e simples, religioso ou profano. Numa sociedade de santos ou pelo mesmo de pessoas que gostariam de sê-lo, muitas vezes parece judicioso renunciar ao direito. O direito canônico tem essa delicadeza. Ele favorece o máximo possível a conciliação (cf. cânone 1.446 do Código de 1983, que incentiva a solução pacífica dos conflitos por meio do recurso, conforme o caso, à mediação, à transação ou à arbitragem) e a reconciliação (cf. cânone 1.354 ss. do Código de 1983 que organizam a remissão das penas, sobretudo quando o delinquente se corrigiu: "cessou em sua contumácia", segundo a expressão consagrada; cânone 1.341, segundo o qual "o Ordinário deve cuidar de promover o procedimento judicial ou administrativo para impor ou declarar penas somente quando vir que a correção fraterna, a repreensão ou outros meios de solicitação pastoral não bastam para reparar o escândalo, restabelecer a justiça e obter a emenda do réu"). E, mesmo quando não se obtenha sucesso, recomenda a todos os que governam que procurem a solução mais equitativa, "levando em conta a salvação das almas, que deve ser sempre a lei suprema da Igreja (*in Ecclesia suprema semper lex esse debet*)" (cânone 1.752 do Código de 1983).

› CORRECCO E., *Théologie et droit canon. Écrits pour une nouvelle théorie générale du droit canon*, 1990. – LE TOURNEAU D., *Le Droit canonique*, 1997. – SCHOUPPE J.-P., *Le Droit canonique. Introduction générale et droit matrimonial*, 1991. – SÉRIAUX A., *Droit canonique*, 1996; "Un code pour l'univers: réflexions sur la codification du droit canonique", Droits, Revue française de théorie, de philosophie et de culture juridiques, 1996, nº 24, pp. 125 ss. – VALDRINI P. et al., Droit canonique, 2ª ed., 1999.

Alain SÉRIAUX

→ Canonistas, decretistas, decretalistas; *Corpus iuris canonici;* Direito civil; Igrejas/Estado.

DIREITO CIVIL

Provavelmente em razão de sua antiguidade, o direito civil (*ius civile*) continua sendo, ao mesmo tempo, um ensino prestigioso e uma noção misteriosa. O prestígio da disciplina parece ser devido a diversos fatores. Ainda hoje, o direito civil é o "ramo" do direito ensinado por mais tempo. Direito das pessoas e da família, direito dos bens e das obrigações, direito dos regimes matrimoniais, das sucessões e das liberalidades são os pontos principais de um programa de estudo que normalmente se estende por quatro anos. O direito civil, além disso, goza de sólida reputação pedagógica. A história ensina que certas instituições jurídicas, inicialmente polidas pelo direito civil, depois foram transplantadas para outras disciplinas. Embora esteja claro que tais passagens nem sempre ocorreram sem discretas, porém profundas, mutações, o fato é que matérias tão diversas quanto o direito administrativo, o direito penal, o direito do trabalho ou o direito comercial, para só citar as mais notórias, devem parte de sua existência ao direito civil. Ele constitui, enfim, um ramo do direito particularmente bem-sucedido graças aos conceitos que emprega e aos mecanismos que põe em ação. Por isso, o direito civil é considerado apto a contribuir eficazmente para a melhor formação de uma boa mentalidade jurídica, como fez em seu tempo o direito romano, que ele, aliás, tende a substituir nessa importante função.

A noção de direito civil mostra-se, ao contrário, evanescente. A disciplina parece tão óbvia, que aqueles que a ensinam não sentem necessidade de definir melhor seus contornos. Ora, ao longo dos tempos, a noção de direito civil recebeu diversas acepções que convém restabelecer da melhor forma possível. Sua história, aliás, mostra-se como a história de um empobrecimento contínuo. Os juristas romanos concebiam o conjunto de seu direito nada mais nada menos do que como um direito civil e até como o direito civil. Os juristas do início do século XXI de nossa era consideram-no apenas como um ramo – é verdade que ainda importante – de um direito que possui muitas outras ramificações. A unidade da disciplina, ao que parece, depende de um fio bem contingente: o de sua inserção numa única compilação de textos, o Código Civil.

A primeira inspiração: direito civil, direito da cidade

Quando aparece em Roma, o *ius civile* possui uma acepção ao mesmo tempo rica e precisa. Ele é o direito aplicável ao cidadão (*civis*), ao habitante de uma cidade (*civitas*), de um Estado, de um povo ou de uma nação (essas palavras, na época, têm mais ou menos o mesmo sentido). Lemos nas *Institutas* (I, 2): "O direito civil toma o nome de cada cidade, o dos atenienses, por exemplo; pois, sem erro, podem ser chamadas de *direito civil dos atenienses* as leis de Sólon e de Drácon; e assim chamamos de *direito civil dos romanos*, *direito civil dos quirites*, o direito utilizado pelos romanos ou quirites". Oriundo da mesma família semântica de "cidade" e "cidadão", o adjetivo "civil" também tem o sentido de "polido" (ou de pessoa com costumes policiados, expressões também derivadas do grego *polis*, cidade) e de "civilizado", por oposição a "bárbaro". No sentido forte, o direito civil, portanto, é também o direito mais civilizado, o direito dos gregos e depois dos romanos, em especial. Assim entendido, ele possui duas importantes dimensões. Em primeiro lugar, é um direito positivo, consuetudinário e legal ao mesmo tempo. Embora a expressão direito positivo seja mais tardia (forma-se na Idade Média), a realidade que ela tende a descrever já está presente na Grécia e em Roma. É o direito estabelecido, determinado pelas leis próprias de uma cidade, que deve ser, assim, distinguido do outro direito, qualificado de natural, que não foi feito nem criado por nenhum legislador humano, mas é de todos os lugares e de todos os tempos (cf. Aristóteles, *Ética nicomaqueia*, livro V, cap. 7). Com esse direito natural comungam as consciências humanas: nele, os antigos veem um direito pleno e um tanto sobre-humano (cf. Aristóteles, *Retórica*, livro I, cap. 13, interpretando *Antígona* de Sófocles). Apesar de algumas opiniões defendidas durante a segunda metade do século XX, a distinção, ainda presente no Código Civil francês (cf. art. 1.235, § 2º), entre obrigações civis e obrigações naturais parece estar ligada à dicotomia entre direito civil (positivo) e direito natural. As obrigações civis são as impostas pela lei (positiva); as obrigações naturais estão simplesmente ligadas à natureza das coisas e em princípio só obedecem ao ditame da consciência de cada um.

Mais ainda: assim como todo direito positivo, o direito civil mostra-se como uma noção plural. Ainda que, por uma questão de simplificação, só se fale em direito de modo genérico, é preciso entendê-lo, conforme ensinam os juristas romanos, como o direito aplicável a Roma: o direito civil romano. Assim também, existem outros direitos civis: um por cidade, Estado ou nação. "Quando dizemos *direito*, sem dizer de que povo, designamos nosso direito, assim como, quando se diz *poeta*, sem acrescentar nenhum nome, entende-se o grande Homero entre os gregos ou, entre nós, Virgílio" – explicam lindamente as *Institutas*. Por essa razão, os direitos civis distinguem-se sobretudo do direito das gentes (*ius gentium*), direito comum a todos os povos. "É preciso distinguir o *direito civil* do *direito das gentes*. Todos os povos, regidos por leis ou por costumes, têm um direito que lhes é próprio em parte e em parte é comum a todos os homens [...]. Os *romanos* também observam um direito aplicável em parte apenas aos seus cidadãos, em parte a todos os homens" (*Institutas*, I, 2). Assim como os direitos civis, o direito das gentes é um direito substantivo (que determina diretamente o justo e o injusto), mas um é nacional e o outro é internacional ou, mais exatamente, transnacional. Essa característica do direito das gentes provém de seu elo com a humanidade: "O direito das gentes é comum a todos os homens, pois todos adotaram certas regras exigidas pelo uso e pelas necessidades da vida" (*ibid.*). Na opinião comum dos antigos, o direito das gentes, noção tipicamente romana, mantém relações estreitas com o direito natural, noção de origem grega que passou para os latinos por intermédio de Aristóteles e do estoicismo. Ambos são expressão de um direito que os homens não fizeram, mas, ao contrário, lhes foi dado pela própria natureza, ainda que, é verdade, certos trechos famosos do Digesto reservem a expressão "direito natural" àquilo que, nessa natureza, é comum aos homens e aos animais, e a expressão "direito das gentes" àquilo que diz respeito apenas à razão humana, sendo, portanto, próprio apenas dos homens. Aliás, a hipótese de conflito entre direito das gentes e direito natural não está excluída. O direito das gentes, pelo menos para certos jurisconsultos romanos, deveria ser posto ao lado do direito positivo. Todas essas distinções merecerão, mais tarde, ricas reflexões da escolástica medieval.

Tanto quanto o direito natural, o direito das gentes não se opõe em princípio ao direito civil. Trata-se do mesmo direito que é, em parte, próprio e, em parte, comum a todos os homens. Parece mesmo difícil, em todo caso pouco desejável, torná-los estanques, atribuindo-lhes esferas nitidamente distintas. Na realidade tem-se uma hierarquia: o direito civil é a concretização e – mais ainda – a amplificação de princípios já incluídos no direito das gentes e, além dele, no direito natural. Essa é, aliás, a condição para que uma instituição do direito civil possa ser qualificada de justa, portanto, de jurídica. Cícero exprimia isso muito bem: "Existe uma sociedade que, por natureza, se estende de modo muito amplo, é a de todos os homens entre si; uma sociedade mais restrita, daqueles que pertencem à mesma nação; uma sociedade mais estreita, daqueles que são da mesma cidade. Por isso, nossos ancestrais quiseram que uma coisa fosse o direito das gentes e outra coisa fosse o direito civil: o que é direito civil não é ao mesmo tempo, necessariamente, direito das gentes, mas o que é direito das gentes deve ser ao mesmo tempo direito civil" (*De officiis*, III, 17). Assim o direito encontra sua unidade: esta vem de cima e se espalha, como uma onda benfazeja, por sobre as instituições próprias de cada cidade. Os juristas romanos atribuíam muito ao direito das gentes: casamento, propriedade, imunidade dos embaixadores. "É também esse direito das gentes que introduziu quase todos os contratos, a compra e a venda, o aluguel, a sociedade, o depósito, o empréstimo de consumo e tantas outras coisas" (*Institutas*, 1, 2) etc. Se a maioria dessas figuras jurídicas, senão todas, estão hoje classificadas no âmbito do direito civil, é em razão de uma evolução histórica profunda que, ao longo da Idade Média e dos tempos modernos, assistiu à substituição do direito das gentes pelo direito internacional, público ou privado. Com o aparecimento das soberanias modernas, de início em torno de cada feudo e depois em torno do senhor e monarca, o direito aplicável às relações entre estrangeiros deixará de ser, de fato, um direito das gentes (direito substantivo único), mas o direito próprio a uma ou outra das pessoas em relação, determinado por uma regra prévia, chamada regra de conflito das leis. Correlativamente, dentro do próprio domínio onde exerce sua soberania, o suserano se esforçará por unificar o direito em vigor. Na Europa continental, é o direito civil que, por suas grandes virtudes, serve de instrumento de unificação. No Reino Unido, o esforço, aliás bem menor, de unificação redundará na criação de um novo direito comum. Assim nasceu a *common law*, por oposição ao direito dos países de direito civil, ou *civil law*.

O estiolamento ulterior: direito civil, aspecto do direito privado profano

Na aurora dos tempos modernos, pelo menos na Europa continental, o direito civil parece mais forte que nunca. Nesse momento, porém, estão em ação germes mais poderosos ainda de dissolução. O direito romano era um direito profundamente religioso. Uma fórmula célebre de Ulpiano lembra que em Roma "o direito público tem em vista as coisas sagradas, os sacerdotes, os magistrados". A sacralidade – diríamos hoje – apresenta-se como um aspecto essencial do direito constitucional romano. Uma tese famosa, de Fustel de Coulanges (*A cidade antiga*), tende a mostrar que todo o direito do período greco-romano deve ser entendido numa perspectiva religiosa. A não ser que esteja oculta por trás de outras noções (por exemplo, a de "coisas fora do comércio", empregada no art. 1.128 do Código Civil francês), há muito tempo desapareceu toda e qualquer referência ao sacro em nossos direitos civis europeus. Esse é o resultado de uma história bastante atormentada, que, aliás, ainda certamente não acabou. Para isso contribuíram diversas circunstâncias. Quando se afirmou, o cristianismo apresentou-se como uma religião ultramundana, criadora de uma sociedade mais ou menos mística, mas, em todo caso, transnacional. O direito canônico (direito da Igreja católica), constituído aos poucos e depois compilado no *Corpus iuris canonici*, será distinguido dos direitos civis, representados por aquilo que passará a ser chamado, por antífrase, *Corpus iuris civilis*. Como reação, os direitos civis são apresentados como profanos. Só por acaso, por motivos puramente "factuais", os legisladores e os juízes civis admitem levar em consideração certas regras ou instituições religiosas, cristãs ou outras, aliás. Enquanto isso, os Estados modernos já não se constrangem em ditar normas frequentemente reprovadas pela maioria das sociedades religiosas; essa é a aplicação *ativa* do princípio de laicidade.

Quase simultaneamente, por razões muitas vezes da mesma ordem, amputa-se do direito civil uma peça antes fundamental: o direito público. Para afirmar melhor sua soberania interna, os suseranos medievais mandaram elaborar, para seu próprio uso, diversas leis, de início fiscais e depois mais amplamente administrativas. Esse direito, próprio do poder público, só podia afirmar sua autonomia em relação ao direito civil. Como reação contra aquilo que muitas vezes podia ser visto como abuso desse poder, antítese de um autêntico serviço público, os súditos reivindicaram o reconhecimento de direitos ou liberdades qualificados de públicos, com inspiração fortemente contrária aos princípios clássicos do direito civil. Essas cartas de direitos ou liberdades constituem a origem das grandes declarações de direitos do fim do século XVIII. A partir daí, toda constituição digna desse nome deve conter um preâmbulo no qual são enumerados os principais direitos fundamentais dos cidadãos. A ideia de constituição foi assim modificada. No século XX, por outro lado, assistiu-se ao advento de cartas internacionais e até supranacionais de direitos do homem. De acordo com o objetivo de tais direitos ou liberdades – apenas refrear a atividade do chamado Poder Executivo ou, mais radicalmente, impor limites rígidos até ao exercício do chamado Poder Legislativo –, ora receberam o nome de liberdades públicas, ora de direitos e liberdades fundamentais. A ruptura com o direito civil estava consumada...

Testemunho precioso das ideias jurídicas de sua época, o Código Civil francês, quando de sua redação em 1804, ainda continha grande número de disposições que hoje integraríamos no direito público: artigos 1º e 2º sobre as leis, artigos 4º e 5º sobre os juízes, artigos 538 a 542 sobre os bens do domínio público e os bens comunais, artigo 545 sobre a expropriação por motivo de utilidade pública (eco fiel do art. 17 da Declaração dos Direitos do Homem e do Cidadão de 1789)... Contudo, esse mesmo código distingue nitidamente o exercício dos direitos civis e a qualidade de cidadão, "que só pode ser adquirida e conservada em conformidade com a lei constitucional" (art. 7º, redação inicial), distinção que, mais tarde, virá a ser feita entre "direitos civis" e "direitos políticos" (art. 7º, redação oriunda de uma lei de 26 de junho de

1889). As regras civis de dimensão pública são muito menos detalhadas, e seus redatores restringiram-se claramente a apresentar alguns princípios sumários, contando, para o resto, com a utilização da via regulamentar (no sentido da época: regras menos gerais, menos "fundamentais" que as leis). Em 1804, o direito civil concentra a atenção quase exclusivamente na propriedade privada e nas relações entre particulares no que se refere a seus bens.

Esse mesmo direito exclui, assim, qualquer consideração repressiva. É uso que todo soberano tente apropriar-se do direito de vingança (*vindicatio*) entre seus súditos, mesmo à custa de uma mudança profunda no sentido das penas. Esse movimento tem, na França, apogeu com o princípio revolucionário da separação entre ação pública, com finalidade repressiva, e ação civil, com finalidade reparadora (*Código dos delitos e das penas*, de 3 de brumário do ano IV). Em torno dessa clivagem aparentemente simples, o direito francês, a partir de então, procura suas marcas... Mas, seja como for, o direito civil mostrou-se mais do que nunca como um direito privado: o direito da reparação dos danos pessoais; eventualmente das penas "privadas" (ou, ainda, multas "civis"), cuja execução é útil não à coletividade pública, mas à vítima de um dano reparado. No campo em que assim se confinou, o direito civil, porém, permanece matricial. Está mais apto que o direito penal – que só intervém excepcionalmente para punir os comportamentos julgados mais graves – a definir as fronteiras do ilícito. Por exemplo, a descriminação do aborto voluntário, do adultério ou, mais recentemente, de certos atos homossexuais não poderia privar esses comportamentos do caráter de culpa civil, podendo justificar, conforme o caso, o direito à reparação das vítimas.

O direito civil atual, por fim, constitui apenas um aspecto do direito privado. Várias outras regras relativas às fortunas privadas há muito tempo dele saíram: o direito comercial, em razão de seu caráter transnacional; o direito do trabalho, em razão da especificidade de suas questões, o trabalho e seu salário; o direito do consumidor, hoje, por razões bem próximas etc. De todas as vezes, um momento crucial da separação é o agrupamento das regras separatistas num mesmo código. Em nossas culturas fortemente escriturárias, o direito civil acaso não é, definitivamente, o direito do Código Civil?

A unidade residual: direito civil, direito do Código Civil?

De fato, uma busca ativa do elemento confederador do direito civil parece desembocar apenas nesta constatação: é o Código Civil que, pelo menos na França, ainda confere unidade à disciplina. Há quase dois séculos, o uso doutrinário, aliás, fixou-se claramente no sentido de que o direito civil só existe no e pelo Código Civil. Descobre-se assim o direito do cidadão *lambda*, aplicável às situações mais correntes a até mais banais que ele pode encontrar na vida: nascimentos, casamentos, mortes, compras, vendas, locações, acidentes de trânsito ou domésticos... Vida de citadino, principalmente, mas que não teria cortado por inteiro os laços com a vida dos campos (o Código Rural trata do resto). Tanto na forma quanto no fundo, o Código Civil encerra uma filosofia tão rica quanto pode ser a filosofia de todo um ramo do direito: o também chamado direito civil. Mesmo assim circunscrito, o direito civil ainda tem, pelo menos na França, um futuro promissor. O prestígio científico e mesmo moral de seu Código nunca se desmentiu, desde a promulgação. Ao longo da segunda metade do século XX, até cresceu. De 1965 a 1975, o direito da família, ao qual o Código dedica boa parte de suas energias, foi objeto de reelaboração, se não uniforme, pelo menos unificada por um mesmo pensamento que, à semelhança do pensamento de Portalis, conquista direito à imortalidade: o do professor Jean Carbonnier. Em diversos pontos, sua obra sem dúvida cedeu diante da incessante necessidade de reformas que agita cada governo que assume o poder. O essencial, porém, parece admitido por todos: a estima votada ao direito civil, por conseguinte, cresceu também. A partir de 1970, o legislador houve por bem inserir no Código Civil francês certo número de "direitos civis", novos e em pleno avanço: direito ao respeito à vida privada, direito ao respeito à presunção de inocência, direito ao respeito ao corpo, "direito à dignidade" etc. Assim, os direitos e as liberdades fundamentais têm hoje, no Código Civil, uma base tão firme quanto a da Declaração dos Direitos do Homem e do Cidadão de 1789 ou da Convenção Europeia de Salvaguarda dos Direitos do Homem e das Liberdades Fundamentais de 1950. Por fim, desde 1993, o legislador francês adquiriu o hábito de inserir no Código Civil as suas reformas que pareçam essenciais à vida "civil": nacionalidade (1993), corpo humano (1994), pacto civil de solidariedade (1999). Essa exaltação de um livro fundador talvez seja passageira, mas serve para tranquilizar aqueles que ensinam seu conteúdo: seu *sacerdócio* não está em vias de extinção.

› ATIAS Ch., *Le Droit civil*, 5ª ed., 1996.

Ver também: CALAIS-AULOY J., "L'influence du droit de la consommation sur le droit civil des contrats", *Rev. trim. dr. civil*, 1994, pp. 239 ss. – LEGENDRE P., "Revisiter les fondations du droit civil", *Rev. trim. dr. civil*, 1990, pp. 639 ss. – MARTY J.-P., "La distinction du droit civil et du droit commercial dans la législation contemporaine", *Rev. trim. dr. commercial*, 1981, pp. 681 ss. – MATHIEU B., "Droit constitutionnel et droit civil: de vieilles outres pour un vin nouveau", *Rev. trim. dr. civil*, 1994, pp. 59 ss. – TALLON D., "Réflexions comparatistes sur la distinction du droit civil et du droit commercial", *Mélanges Jauffret*, 1974, pp. 649 ss.

Alain SÉRIAUX

→ Código Napoleônico; *Corpus iuris civilis*; Direito das gentes; Direito privado/direito público; Direitos civis e políticos.

DIREITO COMERCIAL

A noção de *direito comercial*, como parte do direito privado interno, apareceu na França com o Código de Comércio de 1807. Logo, porém, esse conceito foi considerado limitado demais. Desde meados do século XX, a doutrina está à procura de outros fundamentos cada vez mais amplos, porém cada vez mais difíceis de dominar, quer se trate de *direito dos negócios* ou de *direito econômico*. Na realidade, o desenvolvimento desse ramo do direito é comandado pela evolução econômica, visto que o substrato prático dos negócios resulta de impulsões rápidas e de uma abertura constante para o exterior. A problemática do direito comercial, a organização atual de suas fontes e a jurisdição consular são esclarecidas pela história.

O direito comercial no Código de Comércio

O *Curso de direito comercial* de J.-M. Pardessus, editado em 1814, começava assim: "O comércio, em suas relações com a jurisprudência, pode ser definido como a troca que os homens fazem entre si das diversas produções mobiliárias da natureza ou da indústria. O direito comercial consiste 1 / nas leis especialmente destinadas a regrar a forma e o efeito das transações de que o comércio se compõe e a determinar as obrigações particulares às quais estão sujeitos aqueles que a ele se dedicam profissionalmente; 2 / nos princípios do direito comum, aplicados, no que permite a natureza das coisas, a essas mesmas transações, sempre que as leis especiais nada tenham determinado."

Pardessus era professor de Código de Comércio na faculdade de direito de Paris. Por um lado, tendo delimitado estritamente o comércio apenas a partir da distribuição, desprezando os aspectos particulares da produção industrial, ele definia a seguir o direito comercial de maneira objetiva, segundo os princípios considerados na codificação de 1807, a partir da noção abstrata de ato de comércio, e não da qualidade de comerciante. Por outro lado, situava imediatamente o direito comercial como um direito de exceção (composto de *leis especiais*) em relação ao direito comum, ao direito civil, mantendo-o assim no âmbito do direito privado e nos limites do direito nacional. Por fim, restringindo-se à concepção legalista do sistema jurídico baseado essencialmente na lei de depois da Revolução, sua definição de direito comercial enunciada a partir das fontes omitia o uso; ora, durante muito tempo nesse ramo do direito, o uso foi um elemento não menos essencial do que a lei e a regulamentação, precisamente porque estava ligado à especificidade da atividade comercial. Mas, enquanto essa especificidade fundamental não pode ser completamente negligenciada quando se trata de explicar a própria existência do direito comercial, o autor o abordava simplesmente de maneira alusiva através de uma menção à *natureza das coisas*.

A partir daí, a doutrina comercialista acadêmica francesa, que permaneceu durante três quartos de século fechada na exegese do texto do Código de Comércio, não levou em conta a evolução econômica e a evolução correlativa das instituições; como o código não mencionava, a doutrina ignorou o fundo de comércio que se formara na prática por volta de 1780 e só descobriu com uma década de atraso as crises de especulação sobre as comanditas por ações que tinham começado na Restauração. Em contrapartida, durante o mesmo período alguns autores práticos, mais próximos da realidade, haviam iniciado aqui ou ali a crítica a essa concepção do direito comercial introduzida pelo Código. Observavam que, para expor a *legislação comercial*, era preciso superar o âmbito restrito do Código de Comércio e ater-se às leis e aos regulamentos de toda natureza que afetavam de maneira mais ou menos direta o comércio. Para isso, não bastava tratar dos comerciantes em seu conjunto, era preciso também abordar: as instituições públicas que supervisionam o comércio; a jurisdição comercial; os auxiliares que prestam serviço nas operações de comércio; os diversos ramos do comércio (bancos, mercadorias, manufaturas); as leis de que dependem os procedimentos comerciais dessas diversas indústrias. À exegese do Código opunha-se uma visão muito mais ampla do direito do comércio em seus aspectos de *direito privado*, mas também de *direito público*. Explicava-se que a codificação do direito do comércio fora iniciada cedo demais, e que o legalismo da codificação, indo na contramão da vida dos negócios, sofrera a contaminação do conceito de direito nacional que dominara a codificação do direito civil; assim, tinha-se deixado de reconhecer ao mesmo tempo a especificidade do direito comercial e a universalidade dos usos do comércio. Observava-se que essa situação provinha do desconhecimento da história e do direito comparado, mas acreditava-se que, inelutavelmente, essa tendência se inverteria diante do desenvolvimento rápido dos intercâmbios mundiais.

As origens do direito do comércio

Na Europa ocidental, durante a "revolução comercial" (retorno a uma cultura de trocas comerciais), formou-se aos poucos um direito dos comerciantes; os historiadores fixam o início desse período a partir do século XII, depois da longa letargia do período franco. O essencial do comércio de longa distância era feito entre dois polos de desenvolvimento: o Norte da Itália, por um lado, e Flandres e os Países Baixos, por outro. Esse despertar do comércio ocorreu num meio jurídico pouco favorável, devido à dispersão das prerrogativas de poder público durante o feudalismo, o que frequentemente provocava insegurança e desconfiança por parte da Igreja em relação à atividade comercial; era, enfim, um direito essencialmente adaptado a um tipo de vida rural e autárquica. Os comerciantes souberam integrar-se nessa sociedade e obter uma flexibilização da posição eclesiástica; usaram, sobretudo, seu poder econômico para abrir caminhos no poder municipal e desempenhar papel determinante no movimento de emancipação das cidades em relação ao poder feudal. Foi nessas condições e utilizando eventualmente os serviços de juristas profissionais que conseguiram obter o reconhecimento de instituições privilegiadas, dotadas de jurisdições específicas, criando o espaço jurídico protegido no qual se desenvolveu seu direito, o *direito consuetudinário dos comerciantes*.

Essas instituições privilegiadas eram as *corporações* e as *feiras*. As corporações, associações de praticantes de um mesmo ofício, que era seu monopólio, eram hierarquizadas sob a direção de alguns mestres; tinham como incumbência a disciplina e o respeito aos usos do ofício que definiam em seus estatutos. Assim, começou a ser elaborado um direito do comércio, e as repúblicas comerciantes do Norte da Itália foram suas iniciadoras. O fenômeno das feiras, reuniões de mercadores oriundos de regiões diversas, desenvolveu-se, na França, em torno das feiras de Champagne, sob a proteção do conde de Champagne; duravam várias semanas, entre o tempo das trocas e o tempo dos acertos à vista ou a prazo. Recebiam privilégios exorbitantes do direito comum. Toda uma técnica de organização das feiras garantia a proteção dos mercadores e de seus bens; garantias excepcionais cercavam as obrigações contraídas na feira, e a inadimplência era tratada severamente. Daí resultava um *verdadeiro direito das feiras*. Nos dois casos (corporações e feiras), essas instituições tinham poderes de polícia e de justiça; dispunham de jurisdições encarregadas de impor a observância de seus usos. Essas jurisdições eram mantidas por comerciantes eleitos ou por juristas profissionais; observavam um procedimento que se afastava do direito comum devido a seu caráter *sumário*, que garantia decisões e execuções rigorosas e rápidas. Também podiam julgar por equidade, e não segundo o direito. Por fim, os mercadores usaram amplamente o poder municipal de que dispunham para impor o reconhecimento de seus estatutos e os usos neles contidos, ou mesmo obtendo a confirmação desses estatutos nos estatutos da própria cidade. Questões de competência e hierarquia entre as jurisdições e as fontes de direito por aplicar eram solucionadas nesse quadro, recorrendo-se a consultas a juristas. O conjunto desses usos, sobretudo do *direito estatutário* italiano, foi o crisol do direito do comércio em gestação e contribuiu para sua difusão através da Europa, conferindo assim, desde a Idade Média, uma *vocação universal* a essa costumagem dos mercadores, corpo de direito relativamente coerente numa fonte difusa.

Durante a modernidade (séculos XVI-XVIII), o direito do comércio foi diretamente afetado pela mudança de dimensão da vida econômica (declínio dos intercâmbios mediterrâneos, novo comércio oceânico em consequência dos grandes descobrimentos, desenvolvimento das técnicas de produção numa economia pré-industrial, sobretudo a partir de meados do século XVIII); a conjuntura deslocou os centros de impulsão para o Norte da Europa, sucessivamente para os Países Baixos e a Inglaterra. A partir daí multiplicam-se as inovações jurídicas, monetárias e financeiras. Assim, a evolução das formas de sociedade prenuncia o papel de instrumento do capitalismo que a sociedade anônima seria chamada a desempenhar, com todos os problemas criados pelo distanciamento do associado em relação à gestão; forma-se um mercado de capitais por meio da instituição da Bolsa. A elaboração jurídica mais intensa é então suscitada pelos problemas de circulação e crédito: desenvolvimentos sucessivos da letra de câmbio (endosso, desconto), surgimento do papel-moeda.

Por um lado, delineou-se uma doutrina comercialista com base na herança medieval a partir do século XVI, em especial na Itália, onde se desenrolou longa tradição jurídica nesse campo, com as obras de Stracca (*De mercatura*, publicada em 1553), Scaccia e, no século XVIII, Casaregis; todos eram jurisconsultos práticos que tinham sólidos conhecimentos de negócios e da jurisprudência. Considerando que a atividade comercial ocupa lugar especial nas relações jurídicas, eles a baseiam na *boa-fé* e na *equidade* para evitar as *sutilezas do direito*, que podem ser ruinosas para o comércio; em contrapartida, definem os limites da equidade, que deve permanecer num âmbito jurídico, unida à razão e ao espírito do direito, não devendo ser arbitrária. Ademais, partindo de sua formação romanista, seu estudo específico do direito do comércio baseia-se nos conceitos da ciência civilista, com a ressalva de se reconhecer a irredutível originalidade do direito do comércio em certos casos, invocando-se a *natureza das coisas*. Essa doutrina teve grande influência tanto na Inglaterra quanto em todo o continente europeu.

Por outro lado, ao mesmo tempo se afirmam novas entidades estatais; na França, o resultado é o domínio crescente da legislação régia sobre o direito do comércio. Já em meados do século XVI, ampla legislação tem em vista os cambadores, os corretores e os agentes de comércio na Bolsa; além disso, as leis régias comportam o edito que, em 1563, cria a jurisdição consular de Paris, reiteradas disposições sobre as falências, sobre a coerção física em matéria comercial, sobre a arbitragem para as pendências entre comerciantes e sobre o registro dos atos referentes aos comerciantes estrangeiros. Na verdade, o desenvolvimento dessa legislação também provém da assimilação do fenômeno estatal pelas mentalidades, visto que os mercadores costumavam pedir a ajuda e a proteção do poder público nos períodos de crise, empenhando-se nisso sobretudo a cada reunião dos Estados Gerais. Mas, por um lado, os negócios – por natureza – têm exigências às vezes dificilmente conciliáveis (simplicidade das formas e segurança; liberdade e proteção); por outro, era ainda dominante o espírito corporativo, havendo preocupação com o segredo dos negócios por medo da inquisição fiscal. A partir daí o direito do comércio provoca uma legislação com tendências repetitivas, com fenômenos de rejeição sempre que essa legislação colidisse diretamente com os usos. Nesse quadro insere-se a codificação do direito do comércio na França, devendo-se fazer um paralelo entre a ordenança de 1673 de Luís XIV e o Código Napoleônico de 1807.

A ordenança redigida a pedido de Colbert por um antigo negociante, Jacques Savary, constituía a primeira tentativa de reunir as regras essenciais do direito dos comerciantes na legislação de um Estado e, com isso, dar-lhe coerência e, sobretudo, unidade. As regras de fundo nem por isso perdiam o caráter de universalidade devido à sua origem, ao passo que essa legislação era ainda parcial, dando grande espaço aos usos, mas sem grande envergadura na concepção. A ordenança teve nítida repercussão fora do reino, mas logo foi superada pelo peso das tradições da prática e pela amplitude das novas necessidades. Durante todo o século XVIII alguns comerciantes foram diretamente associados ao trabalho legislativo do Conselho do Rei, que eles preparavam em sessões ocorridas no *Bureau du commerce*, onde representavam câmaras de comércio. Do mesmo modo, a jurisprudência das jurisdições consulares exerceu influência indubitável. No fim do Antigo Regime, a revisão da ordenança de 1673 foi preparada pelo projeto Miromesnil, mas sem sucesso.

De início, os redatores do projeto de Código de Comércio receberam apenas a missão de revisar a ordenança de 1673. Dessa visão limitada em relação à ambição geral da codificação napoleônica (monumentos legislativos claros e exaustivos) saiu um código mais amplo do que a ordenança, mas ainda uma obra lacunar e canhestra: lacunar porque, ao lado do direito marítimo, da falência e dos tribunais de comércio, o restante do direito comercial ocupava pouco espaço, pois o código ficava colado demais a seu modelo, sendo longa a lista das instituições omitidas ou apenas abordadas; canhestra porque baseada na ambiguidade da noção de *ato de comércio* e fechada na concepção legalista do sistema jurídico. A obra também foi vítima das vicissitudes de sua elaboração; iniciada por uma comissão de práticos, foi retomada e terminada no Conselho de Estado, onde dominavam ao mesmo tempo a ideia da dependência em relação ao Código Civil (o direito comercial seria apenas um direito de exceção em relação ao direito civil, entendido como direito comum) e a desconfiança em relação ao mundo dos negócios. A hostilidade pessoal de Napoleão aos comerciantes, depois da crise financeira de 1805, traduziu-se numa concepção particularmente repressiva da falência, o que fazia dele ainda uma obra de circunstância. Definitivamente, o Código de Comércio não passava de uma atualização um tanto desenvolvida do direito do fim do século XVIII; não podia ser o instrumento capaz de acompanhar as profundas transformações econômicas que marcaram o século XIX com a entrada na era industrial.

Legislação ultrapassada praticamente na sua promulgação, o Código de Comércio, em sua rigidez, estava fadado à revisão que se começou a reclamar já em 1830. Na realidade, a própria concepção de direito comercial e de sua problemática estava em causa.

A problemática do direito comercial

Para entender a evolução do direito comercial desde o Código, é preciso analisar as particularidades do processo de elaboração desse direito e as consequências sobre seu desenvolvimento e seus destinos.

O direito comercial nasceu da inovação econômica decorrente do desenvolvimento dos intercâmbios comerciais, que exigiam relações de confiança e provocavam necessidades de crédito; o acompanhamento jurídico devia atender às exigências de rapidez, mas também de segurança. A finalidade desse direito era, em primeiro lugar, a proteção, e assim continuou em todas as conjunturas, tanto em período de expansão (como no século XIII, momento em que o direito se formou) quanto em período de crise, no século XVII, por exemplo. Ambas as situações econômicas são geradoras de inovações no plano jurídico para a proteção do movimento de negócios. Em contrapartida, técnicas jurídicas novas, surgidas em diversas praças comerciais, correspondentes a certo desenvolvimento econômico, nem sempre são imediatamente transponíveis para as regiões que não estejam no mesmo nível e ainda permanecerão ligadas a técnicas tradicionais; era o caso da França no século XVII, em relação aos Países Baixos e à Inglaterra, o que também explica em parte a ingerência do poder público nos negócios.

A partir da Idade Média, os detentores de prerrogativas de poder público tinham tendência a extrair seus recursos financeiros da vida econômica. A partir do fim do século XV, a realeza esboçava uma ação de certa amplitude em escala de reino. Dois séculos depois, na época de Colbert, procurou-se integrar os elementos de uma ação conjunta em ligação com o desenvolvimento do Estado, e o colbertismo representa uma tendência nova e crescente à intervenção estatal, que anuncia as modernas políticas econômicas. Ora, enquanto o costume for a fonte dominante do direito dos comerciantes, o meio de ação aparentemente mais rápido de que dispõe o poder público para intervir na economia será o direito em sua expressão legislativa e regulamentar; o desenvolvimento da regulamentação econômica caminha de mãos dadas com a tentativa de codificação no período de Colbert, que, com a ordenança de 1673, introduz o direito do comércio como tal no campo da legislação estatal. Mas a intervenção legislativa pode tomar direções com finalidades bem diferentes: de um lado, a política econômica e, de outro, o fisco, finalidades cujos efeitos nem sempre são coerentes e podem eventualmente tornar-se contraditórios. A eficácia dessa legislação dependerá, quando de sua aplicação, das reações da prática, cuja importância é essencial no caso.

Constantemente se critica o legislador por intervir em excesso e sem conhecimento suficiente dos negócios e das necessidades do comércio. Uma regulamentação formalmente medíocre, complicada e mutável é de difícil conhecimento e manejo; o direito deixa de ser protetor e muitas vezes se torna fonte de insegurança. Na realidade, o processo de elaboração do direito comercial também se fundamenta nas reações da prática; foi na prática dos negócios que ele se originou, donde sua reputação de *direito de práticos*. Como bem lembram os homens de negócios, a prática está sempre diretamente submetida aos movimentos da economia, e a busca do lucro é o motor da economia de mercado. Assim, em cada operação é preciso levar em conta o conjunto das regras jurídicas aplicáveis por um motivo ou por outro; ademais, a evolução é cada vez mais rápida, e a visibilidade é de curtíssimo termo. Os homens de negócios também lembram que, inevitavelmente, toda legislação que possa ser paralisante para a vida dos negócios na prática provoca evasões, sem o que ficaria comprometida a vida das empresas.

A primeira consequência apareceu bem cedo, na verdade já na formação do direito consuetudinário dos negociantes. A volta à cultura de trocas no século XII coincidiu com o ressurgimento do direito romano compilado na época do Imperador Justiniano; apareceu, imediatamente, como um modelo, como *o direito* por excelência, que forneceu a técnica do direito civil. A prática comercial também o utilizou, tentando adaptá-lo às suas necessidades; também rejeitou alguns de seus princípios sempre que esse material conceitual fosse inconciliável com as operações da prática. É por esse motivo que os juristas, na falta de algo melhor, às vezes invocam a natureza das coisas para justificar a especificidade de certos princípios do direito comercial em relação ao direito civil.

O legalismo exacerbado de nosso sistema jurídico, desde o início do século XIX, acentuou certo movimento dialético entre a ação legislativa e as reações da prática dos negócios. A partir de uma base tão estreita quanto a do Código de Comércio francês, que reúne apenas um feixe de exceções ao direito civil, encerrando o direito comercial na ordem jurídica interna, o processo de elaboração desse direito resulta essencialmente da oposição constante entre o legalismo e os impulsos da prática. A diversidade das ações legislativas (fiscais, penais etc., e não apenas da técnica comercial) impele a prática a moldar seus comportamentos; a ressurreição do uso, que na realidade está ligado à própria natureza da vida dos negócios, é então considerável. A prática tem amplos recursos não só para preencher as lacunas da legislação, mas também para resistir a ela e para esquivar-se da tributação. Mas os conflitos entre legislação e práticas reativas realmente só podem ser definitivamente resolvidos pela autoridade da jurisprudência e, sobretudo, por novas intervenções legislativas. Desse ponto de vista, a prática dos negócios continua muito dependente e, em desespero de causa, é obrigada, em nosso sistema jurídico, a buscar proteção estatal.

O fenômeno é mais marcante porque a vida dos negócios não pode escapar às influências externas às quais ela estará cada vez mais submetida no futuro, principalmente em decorrência daquilo que se convencionou chamar *globalização*. Mas, na realidade, o direito comercial francês sempre foi muito aberto às influências dos direitos estrangeiros. De fato, a primeira contribuição foi a do direito estatutário italiano, do fim da Idade Média. Nos séculos XVII e XVIII somaram-se as influências dos Países

Baixos e da Inglaterra. No século XIX, o próprio legislador se tornou comparatista e inspirou-se na experiência jurídica inglesa no momento de ensejar a evolução do direito comercial francês em relação a um código já ultrapassado: isso ocorreu com institutos como o cheque e o *warrant*, sobretudo do direito empresarial e da falência. Ora, a essa influência deve-se somar também a do direito alemão (legislação sobre o registro do comércio; legislação sobre a sociedade de responsabilidade limitada em 1925); outro exemplo mais próximo é do direito americano, que forneceu modelos no campo contratual ou para a regulamentação da concorrência. A partir daí, a artificialidade do conceito de direito comercial no qual se baseava a codificação mostrou-se claramente: o direito comercial enriquecia-se porque, por uma espécie de naturalização e sob a cobertura formal da lei, elementos externos penetravam na ordem interna.

Por fim, a partir de meados do século XIX, a expansão da legislação aplicável aos negócios também mostrou, de vários pontos de vista, os limites do conceito tradicional de direito comercial. Diante dessa evolução, o próprio ensino acadêmico francês passou simbolicamente do *Código de Comércio* ao *direito comercial* e, depois de algumas décadas, ao *direito dos negócios*, mostrando assim o percurso seguido pela doutrina. Por um lado, aproximando-se nisso do ponto de vista dos práticos, ela tendeu a superar o quadro estritamente privatista do conceito tradicional, considerado estreito demais para abarcar as realidades atuais, integrando todos os elementos, mesmo de direito público, aplicáveis aos negócios: normas fiscais, penais ou de direito social. Na realidade, a doutrina de meados do século XX não inovava realmente nesse ponto. Redescobria ideias que já estavam no ar no fim do século XVIII, mas que não haviam encontrado espaço no projeto de codificação; desse ponto de vista, era, antes, um retorno às fontes. Mas, por outro lado, esse movimento arrastou a doutrina para muito mais longe. Não só se apresentava o direito comercial como um "direito comum da sociedade técnico-científica", mas, para certos autores, o conceito de direito dos negócios ainda era insuficiente: preferia-se a noção de *direito empresarial* para abarcar um fato primordial da evolução recente da sociedade industrial, enquanto outros autores queriam ampliar ainda mais, rumo a um *direito econômico*, para nele incluir o máximo possível de relações econômicas privadas e públicas. Chegava-se então a um conjunto que ultrapassava amplamente os domínios tradicionais do direito público e do direito civil. Nesse ponto da pesquisa, a doutrina preocupava-se com as consequências desse gigantismo; nesse conjunto enorme censura-se a heterogeneidade, a falta de vínculo com uma jurisdição particular, ao passo que, tradicionalmente, as grandes classificações do direito são o decalque das organizações jurisdicionais.

Fontes do direito dos negócios

A doutrina comercialista atual distingue fontes próprias do direito comercial e outras que ele comunga com o direito civil. Entre as primeiras estão os *usos* (*usos jurídicos e usos convencionais*), bem como um amplo conjunto de fontes administrativas e regulamentares. Entre as segundas, a jurisprudência, considerada criadora de direito, soma-se à legislação no sentido mais amplo, desde os códigos (Civil e Comercial) até os tratados internacionais, o que engloba a contribuição da Comunidade Europeia. Deve-se lembrar que a importância dos usos remonta às próprias origens do direito comercial com a *consuetudo mercatorum*. Em contrapartida, desde 1807 o conteúdo propriamente comercial do Código de Comércio francês estiolou-se em proveito de uma legislação externa; sob a aparência de um fenômeno formal, o acúmulo de textos fora do código, a *descodificação*, na realidade traduz uma evolução fundamental desse ramo do direito.

Lembremos que o desenvolvimento industrial na França, em especial na segunda metade do século XIX, provocou uma evolução institucional considerável. De fato, durante o Segundo Império ocorreu uma renovação completa do direito comercial – o que então se chamou direito *clássico* –, nos moldes de um espírito liberal, sem que se descartasse o crescimento do âmbito fiscal. Toda a primeira metade do século XX, por sua vez, foi marcada, ao contrário, por dois conflitos mundiais e pela ascensão do dirigismo estatal, que se traduziu numa inflação regulamentar. A partir daí, ainda que os efeitos práticos e a autoridade da jurisprudência sempre tenham exercido grande influência, a renovação do direito comercial depois de meados do século XIX assume a aparência de uma construção legislativa realizada essencialmente por meio de uma estratificação ocorrida fora do Código de Comércio.

Na verdade, a construção legislativa a partir do Código começou bem cedo, já em 1838, com a reforma do livro III sobre a falência. Pouco depois surgem as leis de 1841 sobre as vendas de mercadorias em leilão e de 1844 sobre a proteção das patentes de invenção. Durante o Segundo Império, o legislador atacou, simultaneamente, campos muito diversificados, às vezes tateando (no mínimo três tentativas de reforma da legislação sobre as sociedades antes de se chegar à grande Lei de 1867); ele até mesmo tentou introduzir os usos numa lei de codificação (Lei de 1866) para a venda, com a qual o Código não se preocupara. A enxurrada de textos, que só cresceu a partir de então, assumiu várias formas com o movimento dirigista. Não só o legislador procedia por aproximações sucessivas, acumulando leis sobre uma mesma matéria em pouco tempo, como também a fonte legislativa, tornando-se insuficiente, foi completada por uma massa regulamentar cada vez maior. Além disso, na época do segundo conflito mundial, a indecisão ou a lentidão no trabalho legislativo provocou o recurso a decretos-lei para promover as reformas; a Constituição de 1958, aliás, ampliou consideravelmente o campo do regulamento. As indecisões dessa produção foram durante muito tempo criticadas pela doutrina, que ressaltou grandes perigos na aplicação dessa legislação. Por um lado, ela acumula os defeitos da pressa e da falta de precisão do legislador que não domina as questões, enquanto a regulamentação, frequentemente medíocre, contém a marca de uma tecnocracia distante da realidade. Disso também resulta uma grande dispersão dos textos, o que aumenta os riscos de incoerência ou contradição. Por outro lado, em tal situação o direito já não pode desempenhar seu papel protetor e, diante da dificuldade de controle, acaba por se tornar uma fonte de insegurança na prática dos negócios; o resultado é precipitar as reações dos usuários, para esquivar-se às consequências ou modificar as disposições.

A descodificação tem pelo menos duas causas profundas, aliás estreitamente interligadas e decorrentes da própria concepção do Código de 1807. Em primeiro lugar, naquela época pretendia-se produzir uma codificação duradoura, como a do direito civil, enquanto a vida dos negócios, móvel por definição, exige um enquadramento jurídico flexível e submetido a frequentes adaptações. Prova disso também se teve quando, após o segundo conflito mundial, se pôs a revisão do Código de Comércio na ordem do dia; os trabalhos da *Comissão de Reforma do Código de Comércio*, criada em 1947, prosseguiram durante muitos anos sem resultados e, não fosse só isso, essa comissão se extinguiu em 1965 diante de um *Conselho consultivo da legislação comercial*. Esse conselho, na realidade, tinha uma tarefa totalmente oposta, pois já não se cuidava de realizar uma reforma duradoura do direito do comércio, mas, ao contrário, de realizar uma tarefa de renovação de acordo com as necessidades; enfim, de garantir um trabalho de permanente adaptação.

Em segundo lugar, a codificação concebida no início do século XIX incluía o direito comercial (com exceção do direito comum) num direito interno, ao mesmo tempo que ele estava mais do que nunca submetido às influências externas. Não só os empréstimos aos direitos estrangeiros foram numerosos a partir da segunda metade do século XIX, sob a égide de uma espécie de legalização que amparava sua inserção no direito interno por meio de certas adaptações, como também o direito comercial foi cada vez mais submetido às influências de um direito transnacional através de múltiplas convenções e tratados internacionais. Na verdade, teve início, por volta de 1890, e dura há mais de um século um movimento de unificação internacional do direito comercial. Convenções internacionais adotadas depois de demorados trabalhos preparatórios esforçavam-se por introduzir normas de fundo nas relações internacionais (Convenção de 1883 sobre propriedade industrial, Convenção de Berna sobre os transportes ferroviários em 1890) e mesmo nas relações internas francesas (convenções de Genebra de 1930 e 1931 para uma lei uniforme sobre a letra de câmbio e o cheque). Estas últimas convenções obrigavam os Estados signatários a modificar seu direito interno para chegar à unificação internacional; na França, foi por meio de decretos-leis, em 1935, que essas disposições entraram no direito interno. Ademais, essas convenções precisaram ser diversas vezes reformadas para adaptar-se à evolução dos negócios. Por fim, a partir de 1951 a adesão da França à Comunidade Europeia deu ao conceito de direito interno um caráter cada vez mais relativo, pois a aplicação dos tratados previa a harmonização das legislações dos Estados-membros. Foi precisamente nessa perspectiva que se abandonou o projeto de reforma da codificação do século XIX e a comissão de reforma foi substituída por um conselho consultivo da legislação comercial.

O contencioso e a jurisdição consular

O contencioso dos negócios representa uma massa considerável de litígios para resolver; mas ele tem sua especificidade. Vai desde pequenos litígios entre dois comerciantes até negócios de grande vulto, que põem em confronto numerosas partes e têm caráter internacional. No conjunto, esses litígios exigem regulamentação rápida para a segurança dos negócios, pelo menor custo e com a maior discrição possível. Em princípio, todos os litígios relativos a atos de comércio, envolvendo comerciantes, transcorrem em primeira instância perante as jurisdições especializadas chamadas *jurisdições consulares*, ou seja, *tribunais de comércio* compostos por magistrados eleitos por categorias profissionais. Mas, embora os processos perante essas jurisdições pretendam ser mais apropriados à vida dos negócios do que os dos tribunais civis – por várias razões, entre as quais, aliás, a discrição não está ausente –, as partes podem preferir recorrer a outras formas de resolução, diferentes do processo judiciário estatal. Por esse motivo, a gama de procedimentos utilizados é ampla, indo desde a transação e de todas as formas de conciliação até o recurso a uma jurisdição privada (arbitragem) ou pública (tribunal de comércio).

O recurso à arbitragem pode ser decidido no contrato (*cláusula compromissória* permitida apenas para assuntos comerciais) ou no momento do litígio por meio de um *compromisso*. Os árbitros, constituindo uma verdadeira jurisdição privada porque eleitos pelas partes, devem em princípio julgar segundo os procedimentos impostos ao juiz estatal, mas as partes podem também dispensá-lo disso, conferindo-lhe a qualidade de *compositor*. A sentença arbitral que as partes se comprometem a executar pode ensejar recurso, embora seja possível renunciar a este previamente. A eficácia da arbitragem é maior no campo do comércio internacional do que nos processos movidos perante jurisdições estatais; além disso, a arbitragem internacional foi regulamentada no direito francês por um decreto de 1981. Sem dúvida, as sentenças arbitrais apresentam dificuldades para a maioria dos juristas, pois nem sempre são suficientemente justificadas e não estão submetidas a publicação. No entanto, o interesse despertado pela arbitragem está no fato de que, aos poucos, instauram-se usos na maneira de julgar dos árbitros, e, neles, é observado cada vez mais um processo análogo àquele que deu origem à *consuetudo mercatorum*, direito consuetudinário dos negociantes, fonte do direito comercial cujo espírito e cujas características ainda sobrevivem.

É no âmbito dos negócios da época medieval que se encontram as raízes da jurisdição consular, que, no entanto, foi regulamentada pela monarquia no século XVI, sendo então integrada no sistema judiciário do Estado francês. O edito de 1563 criou a jurisdição parisiense, jurisdição de exceção, com procedimentos peculiares, para abreviar "os processos entre negociantes que precisem negociar entre si, sem estarem sujeitos às sutilezas das leis e ordenanças...". Esses procedimentos eram conduzidos sem a participação de auxiliares de justiça (advogado ou promotor), de forma sumária e "sem figura de processo"; o julgamento deveria ocorrer, se possível, imediatamente "em honra e segundo a consciência dos juízes cônsules". A competência em matéria de falências escapava às jurisdições consulares; além disso, o recurso a suas decisões devia ser impetrado perante a jurisdição civil, no Parlamento. O edito de 1563 foi considerado a magna carta das jurisdições consulares e serviu de modelo para a posteridade.

O princípio de jurisdição de exceção nessa forma sempre foi muito atacado. A existência de uma jurisdição comercial em primeira instância parece contestável quando o recurso continua no âmbito civil. Além disso, visto que os magistrados consulares são homens de negócios eleitos por seus pares, logo, não juristas, sua aptidão para julgar bem é posta em dúvida; frequentemente foram acusados de abuso do julgamento de equidade, quer por não conhecerem direito, quer por se remeterem apenas ao jurista da jurisdição, o escrevente. Permanentemente envolvidas durante o Antigo Regime em conflitos com as outras jurisdições, em especial em torno da competência, as jurisdições consulares tiveram um destino paradoxal, talvez porque seus membros eram eleitos: foram os únicos que atravessaram a Revolução francesa sem outra modificação além da mudança de nome, tornando-se tribunais de comércio. Ademais, numerosas propostas de reforma haviam sido transcritas nos *cahiers de doléances*, tais como a introdução de um ministério público (reforma realizada recentemente) ou a instauração do sistema de conselho municipal (adjunção de um magistrado do Estado), questão de que se trata hoje em dia. No entanto, é preciso ressaltar que em todos os tempos as maiores jurisdições – consulares pelo menos – tiveram efetivamente uma jurisprudência e até exerceram influência sobre a evolução do direito do comércio. No século XIX "foram eles (os tribunais de comércio) – conforme reconhecia o grande comercialista Thaller – que imaginaram as liquidações judiciais ao lado das falências, que acreditaram possível conceder prazos aos devedores de títulos comerciais, ou permitiram que os credores de um estabelecimento comercial satisfizessem seu crédito ainda que este tivesse sido alienado".

› CHAMPAUD Cl., "Contribution à la définition du droit économique", *Jur. Gén.*, 1967, chron. p. 215. – HILAIRE J., *Introduction historique au droit commercial*, PUP, "Droit fondamental", 1986. – MARTY J.-P., "La distinction du droit civil et du droit commercial dans la législation contemporaine", *Revue trimestrielle de droit commercial et de droit économique*, nº 4, 1981. – SAYAG A., *Quel droit des affaires pour demain? Essai de prospective juridique*, Études du Centre de recherches sur le droit des affaires de la Chambre de commerce et d'industrie de Paris, Litec, 1984.

Jean HILAIRE

→ Economia e direito; Equidade; *Lex mercatoria*; Moeda; Notários; Pedágio; Prática; Usura.

DIREITO COMPARADO

Pode parecer vergonhosamente fácil um jurista francês falar de direito comparado neste início do terceiro milênio. Isto porque acabam de ser dedicadas publicações recentes a essa disciplina em língua francesa, e sua qualidade deveria excluir qualquer análise que só poderia ser uma repetição. Por isso, se for possível ficaremos no nível da interpretação.

A primeira dessas publicações é o número especial da *Revue internationale de droit comparé* (1999). Esse fascículo compreende vinte contribuições redigidas pelos melhores especialistas em seus respectivos países. Mas sua divisão enseja algumas questões. A Europa é representada por nove artigos, dos quais nenhum surpreendente. Mas cabe ressaltar a ausência da Rússia. A América apresenta quatro estudos: Estados Unidos, Canadá, claro, mas somente duas contribuições representam a América latina (Argentina e Brasil). A Ásia ocupa bastante espaço: Israel, sem dúvida, mas que representa o Oriente Médio, China, Hong Kong, Índia e Japão. Em termos de densidade demográfica e superfície, esse continente, portanto, está bem representado, e isso merece destaque porque a comparação com os direitos asiáticos e o direito muçulmano sempre foi tratada com hesitação e temor. É preciso pôr à parte o direito japonês, não só porque este, mesmo mantendo suas características próprias, soube integrar os direitos estrangeiros quando necessário, mas também porque seus representantes estão entre os melhores comparatistas. A esse respeito, cabe ler o apaixonante estudo do prof. Toshio Yamaguchi. A Oceania não está representada pela Austrália, onde se sabe, porém, que a pesquisa e o ensino do direito comparado são muito ativos, havendo aí algumas instituições que serviram de modelo em alguns lugares. Mas a única contribuição é a da Nova Zelândia. Quanto ao vigésimo artigo, trata-se de uma síntese, um estudo, aliás muito interessante, do prof. Pierre Legrand, intitulado "Sobre a análise diferencial dos jurisconsultos". E a África? Nada. Esse continente está ausente exatamente quando a cultura comparativa é em grande parte o fundamento do direito em diversos Estados que o compõem, e esse direito já foi alvo de pesquisas consideráveis e significativas na África e em outros lugares.

Provavelmente se dirá que essa estatística é muito aproximativa. É preciso considerar o acaso, a disponibilidade dos redatores, os atrasos. Nem por isso as conclusões a que acabamos de chegar deixam de causar certa preocupação. Seja como for, o volume dá uma visão perfeita do estudo e da prática da comparação dos direitos e propicia observações preliminares.

A segunda obra, e ficaremos por aí, é o artigo de nossa colega Horatia Muir Watt, "A função subversiva do direito comparado". "Subversiva" é palavra forte quando se pensa na solenidade do Congresso de 1900! A autora quis situar-se na óptica da jurisprudência "contestadora" dos Estados Unidos, opondo a essa prática um sistema francês positivista que passaria para os juristas americanos "uma imagem até certo ponto congelada". Essa diferença proviria da grande abertura dos juízes americanos para o comparatismo, que redundaria na descoberta da "verdade", em oposição à atitude dos juízes franceses dominados pelo legicentrismo. Decerto é possível contestar essa visão, mas a leitura do artigo é revigorante. Voltaremos a isso.

I

A história do direito e do direito comparado corresponde às mesmas atitudes mentais. Quer se tenha uma visão vertical ou horizontal dos sistemas jurídicos, sente-se a necessidade de comparar fontes, evoluções e influências porque as duas linhas se cruzam necessariamente. Os primeiros comparatistas devem ter sido historiadores, aliás como também os primeiros sociólogos do direito. E, para tomar um exemplo relativamente recente, o de Max Weber é bem claro.

A combinação história-direito comparado, portanto, é de algum modo consubstancial. Em primeiro lugar, permite remontar às fontes, e especialmente às bases filosóficas dos sistemas. O direito romano – quer se trate do direito romano clássico, quer do direito bizantino – e, mais tarde, o direito canônico são bons exemplos metodológicos. Chega-se até a etnologia jurídica. De Tácito a Lévi-Strauss, descobrem-se os mesmos fenômenos sociais e seus mecanismos de regulação. O que são as *Leges Barbarae* em relação ao direito do período galo-romano? Os sistemas se mesclam no tempo e no espaço, e há, de alguma maneira, um determinismo da comparação, mas também da influência. Aliás, naquela sociedade soma-se também um elemento geográfico: a existência do mundo mediterrâneo e da unidade relativa de seus sistemas jurídicos. A *Lex Rhodia de iactu* seria seu exemplo mais poético. E essa unidade vai perdurar até a conquista árabe (H. Pirenne, *Mahommet et Charlemagne* 1970, PUF, 1992). E a comparação com o direito muçulmano será sempre difícil e até impossível, não só por ser um direito religioso – o direito canônico foi impregnado pelo direito romano –, mas por ser o que é. Além disso, "o último dos abencerragens" quis voltar para Granada...

A busca de unidade a partir da comparação ocorrerá principalmente no nível mais elevado, ou seja, da autoridade política. Mas também ocorrerá na vida comum e, evidentemente, através daquele que soluciona os litígios, ou seja, o juiz. Os juízes itinerantes do rei normando, depois da conquista, deverão resolver os conflitos entre celtas, saxões e normandos. De suas decisões nascerá um "direito comum" às suas práticas e aos seus costumes. Ainda hoje, o *common law* mantém esse caráter empírico que o predispõe ao comparatismo e à influência de outros sistemas. Na verdade, foi a criação dos Estados modernos depois do século XVI que cristalizou os sistemas jurídicos. O surgimento das fronteiras os isola e cria neles um sentimento de superioridade das leis baixadas por seus soberanos. A partir desse momento, a comparação se tornará acadêmica, ainda que os efeitos de influência não desapareçam totalmente. Outros fatores unificadores aparecerão mais tarde. O principal é, evidentemente, o espírito do Iluminismo, que chegará a atravessar o Atlântico. No domínio constitucional, ele se disseminará a partir da Declaração americana e das constituições francesas. Mais uma vez a comparação e a influência se misturarão, pois o direito comparado tem uma finalidade que não é só científica, mas também prática. Essa influência nunca desaparecerá, e ainda hoje os juristas brasileiros citam Benjamin Constant, o "poder neutro" e o espírito de conquista.

No mundo atual, essas situações são institucionalizadas. O Conselho da Europa, a União Europeia são paraísos do direito comparado, e os sistemas jurídicos se interpenetraram por efeito da jurisprudência de seus tribunais. A mesma situação se observa, evidentemente, em todas as organizações regionais, americanas ou outras. Além disso, as comparações e as influências seguem trajetórias cada vez mais inclinadas. É o que ocorre com o comércio internacional, a concorrência, os bancos e a bolsa. É verdade que, mesmo nesse caso, tais fatores são institucionalizados, no mínimo dentro do âmbito da OMC.

Só uma doutrina não sofreu esses efeitos. Essa doutrina é o marxismo. Entre 1917 e 1989, a União Soviética e os Estados comunistas do pós-1945 tinham, claro, um direito, e até um direito quantitativamente muito desenvolvido. Mas esse direito não era o Direito, mascarava uma opressão totalitária, e se poderia dizer dele aquilo que os comunistas, sobretudo Vychinsky em seu livro traduzido para o inglês (M. Lesage, *Le Droit soviétique*, PUF, "Que sais-je?", 1975, p. 15), diziam do direito burguês. Não passava de aparência. As reuniões entre comparatistas e os juristas desses países eram caricaturais. Sem dúvida sobravam (por exemplo na Romênia) alguns retalhos do Código Napoleônico, mas essas eram exceções raríssimas. E os autores ocidentais de direito comparado que, em suas obras, dedicavam uma parte ao "direito dos países socialistas" tinham grande dificuldade para despertar interesse científico. A "sovietologia" estava em outro lugar.

II

O direito comparado é uma disciplina jurídica que consiste no estudo científico da comparação entre os direitos, ou seja, dos sistemas jurídicos e das instituições jurídicas dos diversos Estados ou grupos de Estados. Naturalmente, os sistemas muitas vezes ultrapassam as fronteiras e correspondem então a maneiras comuns de pensar: países latinos, *common law*, sistemas romano-germânicos.

A França teve grandes comparatistas e desempenhou na história do comparatismo um papel determinante com a criação da Sociedade de Legislação Comparada, em 1869, que hoje completa, portanto, cento e trinta e um anos. Seu fundador foi Édouard de Laboulaye, historiador e professor de legislação comparada no Collège de France. Só para citar os já falecidos, lembraremos aqui os nomes de Raymond Saleilles, Adhémar Esmein, Édouard Lambert, Henri Lévy-Ullmann, Jacques Lambert, René David, René Rodière e André Tunc.

O método do direito comparado poderia consistir na projeção do direito nacional sobre os sistemas estrangeiros para se chegar à descoberta de um "padrão" ou de uma "grade". Esse método muitas vezes é praticado e dá bons resultados. Mas é preciso evitar a visão apologética do sistema nacional, pois, nesse domínio como em outros, o espírito científico é a maior virtude.

O melhor método é o que parte das *situações jurídicas*, pois elas existem em todos os sistemas e em todas as épocas e são idênticas. Naturalmente, evoluem em função do progresso social, econômico ou técnico. Mas continuam idênticas. A partir desses dados, trata-se de saber como o direito as soluciona em cada sistema. Assim, a comparação nasce espontaneamente.

Esse método é, em primeiro lugar, uma técnica de ensino e pesquisa que atinge todas as disciplinas jurídicas. Mas também é uma técnica de conhecimento e não impede que nos elevemos até os princípios.

Acima mencionamos os grandes sistemas jurídicos que correspondem à tipologia clássica do direito comparado. É desnecessário dizer que se trata apenas de "tipos ideais" no sentido weberiano. É justamente função do direito comparado introduzir-lhes matizes e subdivisões. Estas serão feitas por zonas, nas quais cumprirá descobrir as causas das diferenças. Pensemos, por exemplo, no direito da Europa central e setentrional. No passado, tratava-se de diferenças e semelhanças entre o direito do Império Alemão e do Império Austro-Húngaro, sem esquecer os vínculos e as disparidades com os países escandinavos. Pensemos, por exemplo, na doutrina administrativa dos cameralistas, nascida na Dinamarca, que atravessa a Alemanha e se desenvolve em Viena. Hoje, esses direitos, que conservam suas características, abrangem em grande parte os Estados saídos dos regimes comunistas. Estes se transformaram em terrenos de experimentação, muitas vezes expostos aos exageros dos comparatistas ativistas que propõem soluções miraculosas, nascidas de seu próprio sistema.

As subdivisões também são feitas de acordo com as disciplinas. O melhor exemplo é do direito constitucional. É verdade evidente que os constitucionalistas sempre devem ter sido e sempre foram comparatistas. Basta pensar na referência que ainda se faz a Tocqueville no direito público dos Estados Unidos. Ao contrário, no que se refere à França, o modelo será sempre Adhémar Esmein. O uso que ele faz, em *Éléments de droit constitutionnel* (5ª ed., 1909), do direito inglês e do direito americano é notável e ainda útil. Mas esse uso não é exclusivo, e seu livro está cheio de referências às práticas constitucionais dos Estados do mundo inteiro. E, claro, esse método continuou até nossos dias. Aplica-se, por exemplo, a uma "moda" surgida depois de 1945 em todos os Estados do mundo, a moda do controle da constitucionalidade das leis. Também pode ser aplicada a outra "moda" que teve o mesmo sucesso, a moda do *ombudsman*, nascida nos países escandinavos.

III

O direito comparado é uma disciplina intelectual que possibilita ao jurista ampliar seu campo de pesquisa e aprofundar o conhecimento dos fundamentos de seu próprio sistema jurídico. Mas, como já dissemos, não pode ser apenas uma matéria acadêmica e deve redundar em consequências concretas, ou seja, na influência que os direitos exercem uns sobre os outros. Há então dois fenômenos. Em primeiro lugar, há o *mimetismo* que durante muito tempo constituiu o comportamento dos Estados saídos do sistema colonial, com a transferência maciça do sistema jurídico dos antigos Estados colonizadores, especialmente a França e o Reino Unido. O outro fenômeno é, de certo ponto de vista, o contrário do primeiro. Trata-se da *recepção*, no sentido dado a essa palavra quando se fala em enxertos de órgãos (Strömholm, 1994). Os intercessores são a doutrina, as autoridades públicas e os juízes.

Doutrina

Falamos dela principalmente no texto acima. Sua ação é, na maioria das vezes, desinteressada, pois ela age essencialmente no campo da pesquisa e do ensino. Isso não impede que, apesar de ela ser raramente entendida, suas ideias chegam a convencer, principalmente quando transmitidas por autoridades públicas ou juízes. O exemplo mais claro poderia ser o de André Tunc em sua luta para consagrar a responsabilidade objetiva nos acidentes de trânsito. Inicialmente adotado pela legislação da Nova Zelândia, acabou por se impor mesmo na França.

Autoridades públicas

Trata-se de constituintes, legisladores e administradores. Na França, as assembleias legislativas e a maioria dos ministérios (em especial o da Justiça) dispõem de serviços de legislação estrangeira. Essas autoridades também possuem toda a documentação necessária. No entanto, raramente as utilizam de modo direto. Timidez ou complexo de superioridade?

O recurso ao direito comparado pode ser objeto de um projeto de lei de um parlamentar, mas, nesse caso, é rara a aprovação. O exame de certo número de casos mostra que, frequentemente, é por iniciativa de grupos de interesses públicos ou privados que se fazem estudos preliminares para projetos de lei ou decretos. Nesse sentido, aliás, a doutrina encontra espaço, pois é a ela que se recorre. Basta pensar na reforma do direito empresarial, com a implantação do sistema diretório-conselho de inspeção inspirado no direito alemão. Ou então na criação dos tribunais administrativos de recursos em 1987, reforma reivindicada pela doutrina e também inspirada no direito alemão.

Hoje em dia, é frequentemente no campo do comércio internacional, da concorrência, dos bancos e da bolsa que ocorrem reformas dessa natureza. Mas, como já indicamos, isso é imposto pelas injunções comunitárias. Nesse caso, o modelo pode ser misto, correspondendo à síntese de vários sistemas provenientes dos Estados-membros. A trajetória do direito comparado, portanto, é variável, incerta e submetida a reflexos políticos.

Finalmente, cabe dizer que, em matéria constitucional, as influências externas têm características mais específicas decorrentes da ação e da influência deste ou daquele membro nas instâncias preparatórias. Foi o que ocorreu, por exemplo, com os mecanismos do "parlamentarismo racionalizado" de origem britânica na Constituição francesa de 1958.

Juízes

Ao ler o artigo acima citado de Horatia Muir-Watt, poderíamos pensar que ela tem uma visão excessivamente restritiva do efeito do direito comparado, limitando sua reflexão à jurisprudência. Refletindo, pode-se pensar que efetivamente nesse caso a liberdade dos atores é maior.

Tomaremos um exemplo extraído do direito administrativo francês. Em 1961, o Conselho de Estado tomou a iniciativa de verificar o "erro manifesto de apreciação" em referência às ações de anulação dos atos administrativos nos casos em que, antes, ele se recusava a verificar a qualificação jurídica dos fatos. Realizando um exame do processo que o levou a modificar sua jurisprudência, percebemos que essa medida de verificação (também chamada "princípio de proporcionalidade" ou "balanço custo-benefício") provinha das jurisdições administrativas alemãs. Transitara pela câmara administrativa do Tribunal Federal suíço e depois pelo Tribunal Administrativo da OIT em Genebra, chegando depois a Paris... (F. Dreyfus, "As limitações do poder discricionário por aplicação do princípio de proporcionalidade: a propósito de três julgamentos do Tribunal Administrativo da OIT [14 de maio de 1973]", *RDP* 1974, p. 691). Como vimos, o que houve não foi influência concomitante, mas sucessiva, do direito comparado por intermédio dos magistrados.

Outros exemplos dizem respeito, na época atual, ao controle "invisível" da constitucionalidade das leis pela Corte de Cassação, pelas jurisdições judiciárias e pelo Conselho de Estado (Cass comm., 18 de junho de 1996, *Bull.*, IV, nº 179; 1º déc. 1998, *Bull.*, IV, nº 283. ver também Paris, 7 de março de 2000, *JCP*, 2000, nota R. Drago. CE, Ass. 23 de fevereiro de 2000, *Sté Labor Métal e autres*, *RFDA*, p. 435, concl. Seban) a propósito de noções tais como o princípio de imparcialidade, a presunção de inocência ou os direitos à defesa. Trata-se, nesse caso, não só da influência da jurisprudência da Corte Europeia dos Direitos do Homem, mas também da influência das jurisdições dos Estados-membros do Conselho da Europa.

IV

Seria possível dizer, para terminar, que o direito comparado é uma cultura, seja qual for o sentido dado a essa palavra (Drago, 1993). No entanto, é bem mais que isso. Seria melhor dizer que todo jurista é e deve ser um comparatista. Com ele, este adquirirá capacidade de aprofundamento das noções fundamentais e certa modéstia em relação a seu direito nacional.

Mas as finalidades desse conhecimento são obscuras. Certamente já não se tem em vista – como acreditavam certos participantes do Congresso de 1900 – chegar a um direito uniforme. Nesse campo como em qualquer outro, o risco atual é do "abuso de posição dominante", posição do direito dos Estados Unidos ou mesmo do direito de algum dos Estados-membros, o do Estado de Nova York, frequentemente escolhido como direito aplicável a uma arbitragem (*Americanisation du droit*, 2000). A réplica pode ser encontrada no direito europeu emoldurado por suas instituições. Mas também está no fato de que o direito corresponde ao espírito de cada povo e que o comparatismo é necessariamente igualitário.

› Não faz parte dos objetivos deste estudo oferecer uma bibliografia, mesmo seletiva, sobre a literatura francesa e estrangeira referente ao direito comparado. Nas obras citadas aqui figuram bibliografias. O autor, porém, deseja lembrar os trabalhos numerosos e importantes de Rodolfo Sacco e Pierre Legrand.

DRAGO R., "Vers une nouvelle culture juridique européenne?", *Séance publique annuelle des Cinq Académies*, Institut de France, 1993, pp. 31 ss. – MUIR WATT H., "La fonction subversive du droit comparé", *RIDC*, 2000, pp. 503 ss. – STRÖMHOLM S., *Comparative legal Science. Risks and possibilities*, Turku Law School, 1994. Gol: *Congrès international de droit comparé*, 1900, 2 vol., Paris, 1905 e 1907.

Ver também: *Livre du centenaire de la Société de législation comparée*, Paris, 1969. – "L'avenir du droit comparé. Contributions offertes pour le cinquantenaire de la Revue", *RIDC*, 1999, p. 747 ss. (contributions de X. Blanc-Jouvan, H. Kötz, M. U. Salerno. V. Pasqualini-Salerno, J. Vanderlinden, A. Wald, H. P. Glen, Shen Zonglin, G. Garcia Cantero, T. Modeen, E. Picard, Wang Cheguang, Zhu Guobin, A. Harmathy, D. Annoussamy, A. M. Rabello, P. Lerner, P. G. Monateri, T. Yamaguchi, A. H. Angelo, J. Bell, S. Strömholm, G. Bermann, P. Legrand). *L'Américanisation du droit: Mythes ou réalités?*, Association française de philosophie du droit, colloque des 8-9 juin 2000 (no prelo).

Roland DRAGO

→ Aculturação jurídica; Famílias de direitos.

DIREITO COMUM

A noção de direito comum atravessou os séculos. Vários textos do Digesto e do Código de Justiniano já mencionam diretamente o *jus commune* e seu contrário, o *jus singulare*, que o jurisconsulto Paulo (D, 1, 3, 16) descrevia como algo introduzido contra a razão para a satisfação de necessidades particulares. Na Idade Média, o *jus commune* desempenhou um papel pouco reconhecido entre os franceses, mas cuja amplitude vem sendo revelada por historiadores do direito italianos, alemães e espanhóis, há cerca de sessenta anos; a França do Antigo Regime também teve seu direito comum consuetudinário. No direito francês contemporâneo, a expressão "direito comum" continua em uso para opor os princípios às exceções, as regras de aplicação geral às regras que só ditam disposições especiais, ou, em direito processual, as jurisdições que têm vocação para o julgamento de todas as espécies de causas àquelas que só exercem competências de atribuição. E os outros direitos europeus também conhecem o *common law*, o *Gemeinrecht*, o *diritto comune* ou o *derecho común*.

Atualmente, a noção vem até mesmo despertando novo interesse, uma vez que muitos pretendem ver no direito comum um instrumento de harmonização, senão de unificação, entre os direitos europeus ou, na ordem interna, um remédio para a fragmentação do direito provocada pela proliferação anárquica das normas especializadas. Tal uniformidade no tempo e no espaço não será factícia? Mesmo sem mencionar as características específicas do *common law* inglês, pode-se indagar sobre a unidade profunda de um conceito tão disseminado, ao qual já os romanos davam um sentido equívoco, ao identificá-lo ora com regras gerais, opostas às disposições específicas de certos tipos de atos (como fazemos hoje), ora com o *jus gentium*, direito comum a todas as nações, superior ao *jus civile* de cada cidade. Poderá ter ele nos direitos de hoje, que em sua maioria estão territorialmente unificados e submetidos ao domínio da lei, a mesma significação e as mesmas funções que tinha nos direitos de outrora, quando coexistiam fontes múltiplas, aplicadas em alçadas frequentemente diferentes? E a própria noção de direito comum não deverá sua capacidade de adaptação ao fato de não ser nada mais que um construto intelectual e até pura ficção?

Funções do direito comum

Em nossos direitos unificados e codificados, a noção de direito comum só introduz uma distinção de grau de generalidade e especialização de normas com a mesma origem e a mesma natureza, tendo assim alcance reduzido. Nos regimes jurídicos pluralistas do passado, o direito comum, erigido em verdadeiro sistema, com seus valores e métodos próprios, desempenhou um papel bem mais importante. Acima dos estatutos de aplicação restrita, dos direitos particulares a uma categoria de pessoa, uma matéria ou um território, ele representava ordem, unidade e racionalidade. Mas, ao mesmo tempo, contribuía para legitimar esses direitos particulares, que ele não tinha, necessariamente, o objetivo de eliminar, mas procurava na maioria das vezes disciplinar e organizar. Introduzindo relativa unidade na diversidade, estabelecia uma hierarquia entre as diferentes normas, permitindo não só distingui-las, opô-las, mas também combiná-las e fazê-las coexistir.

Essas são as funções que podem ser atribuídas, em primeiro lugar, ao *jus commune* medieval, cujo grande desenvolvimento se situa entre os séculos XIII e XIV, numa época em que, ao lado do direito romano em pleno renascimento e do direito canônico elaborado pela Igreja, eram aplicados numerosos direitos consuetudinários territoriais, estatutos municipais, leis régias e principescas. A proliferação de normas, que se distinguiam tanto pelas soluções quanto pelas origens, levou a buscar-se um elemento de coesão: esse elemento foi o direito romano, bem mais rico e completo que os outros direitos, e cuja área de influência ultrapassava muito as alçadas territoriais.

As referências contidas no Digesto e no Código ao *jus commune* e ao *jus singulare*, que os romanos não tinham desenvolvido, serviram de ponto de partida. No entanto, a elaboração de uma teoria de conjunto do *jus commune* foi lenta. Hoje existe uma tendência a reduzir a contribuição dos glosadores, que equiparavam o *jus commune* às regras gerais, ao *jus naturale* ou ao *jus gentium*, mais do que ao direito romano, glosadores cuja relativa indiferença pelas outras fontes se opunha à elaboração de uma visão autenticamente pluralista. A identificação entre, de um lado, o direito romano e o direito comum e, de outro, as costumagens, as leis e os estatutos e os direitos particulares ou locais, identificação que constitui a base da teoria medieval do *jus commune*, só se difundiu na segunda metade do século XIII, favorecida pelo declínio da autoridade imperial e pelos progressos dos principados e reinos independentes; foi preciso esperar Bartolo, na primeira metade do século XIV, para que assumisse a forma de doutrina coerente. A partir desse momento, teve grande difusão, ligada à difusão do bartolismo, de início na Itália e depois no Oeste e no Sul da Europa. A França, ao contrário do que se acredita, não escapou à sua influência. Embora, nos textos jurídicos franceses do século XIII, as referências ao "direito que é comum a todos no reino da França", segundo a expressão de Beaumanoir (*Costumes de Beauvaisis*, § 6), não remetessem necessariamente ao direito romano, mas talvez – pois a questão continua aberta – a algumas regras consuetudinárias gerais ou às ordenanças régias, nos juristas dos séculos seguintes elas diziam respeito ao direito romano, tanto nas regiões regidas por costumagens quanto por direito escrito. E na primeira metade do século XVI, quando o direito romano passou por um segundo renascimento e foi aceito nos países onde até então tivera pouca penetração – Alemanha e Estados do Norte e do Leste da Europa –, "a Europa do direito comum" descrita por Manlio Bellomo acabou por coincidir mais ou menos com o continente. Apesar de tardia, a influência do *jus commune* foi especialmente duradoura na Alemanha, onde as divisões políticas impediam a unificação do direito em âmbito nacional: o *Gemeinrecht* de fundo romano, "direito romano de hoje", conforme lembra o título de uma famosa obra de Savigny, constituía ainda no século XIX o único elemento de unidade jurídica, permanecendo como tal até a entrada em vigor do *BGB*.

O sucesso do *jus commune* devia-se ao fato de oferecer um método capaz de superar o pluralismo jurídico e de resolver a maioria das dificuldades dele decorrentes, integrando todos os direitos existentes dentro de um mesmo sistema, sem os confundir nem lhes conferir a mesma autoridade. A noção de direito comum implica a hierarquização das normas, superioridade do corpo de regras ao qual se atribui essa qualidade, e a doutrina do *jus commune* apresentou o princípio da preeminência do direito comum sobre os direitos locais. Dessa hierarquização decorrem as soluções dos conflitos de normas e os princípios gerais de interpretação. Quando contrários ao direito comum, leis, costumagens ou estatutos são aplicados prioritariamente em nome do princípio de que as disposições especiais revogam as gerais, mas o aspecto "odioso" ou "detestável" que lhes é conferido por esse caráter de exceção fada-os a uma interpretação restritiva, estritamente literal; quando conformes, estão fadados a uma interpretação tão extensiva que acabam parecendo complementos do *jus commune*, ao qual se integram. Daí resulta também a solução das dificuldades ligadas às numerosas lacunas dos direitos locais: considerado universal, o *jus commune*, ou seja, a imensa massa normativa oferecida pelo *Corpus juris civilis*, constitui um direito supletório geral, aplicável em todos os lugares na falta de disposições especiais. Mas essa superioridade não acarreta nenhuma exclusividade, e, mais do que opor e eliminar, o método do *jus commune* tem em vista comparar e somar regras que se completam e se apoiam mutuamente. A dialética sutil do direito comum e dos direitos particulares permite que eles sejam aplicados cumulativamente, que se tornem complementares, em vez de antagonistas. A utilização conjunta, nos tratados ou nas ações judiciais, de leis romanas, fontes canônicas, soluções consuetudinárias e disposições legislativas, para ressaltar convergências e – apesar da diversidade das origens – chegar a conclusões homogêneas, é a principal característica desse método em que os textos, seja qual for sua natureza, não são aplicados segundo um raciocínio dedutivo, mas como argumentos que permitem aproximar-se da verdade.

Apesar de muito diferente em certos aspectos, porque concebido em âmbito nacional, o *common law* inglês apresenta alguns traços comparáveis. Emanando dos julgamentos das Cortes Régias, cuja autoridade se estendia ao conjunto do país, esse direito também se sobrepôs aos costumes locais aplicados pelos tribunais de condado e pelas jurisdições senhoriais. Assim como o *jus commune* continental, baseou-se na hierarquização das normas, na superioridade desses julgamentos sobre os direitos locais e depois, após o desaparecimento progressivo destes, na ideia de superioridade das regras de origem jurisprudencial sobre todas as outras, inclusive legislativas, que se perpetuou até nossos dias e continua a servir-lhe de fundamento, pelo menos implicitamente.

Também se encontram essas características nos direitos comuns nacionais que se formaram a partir do século XVI, especialmente no direito comum francês. Embora se tenha constituído contra o *jus commune* medieval, cujo nacionalismo jurídico foi seu alvo favorito na segunda metade do século XVI, o direito comum francês não levou tanto à rejeição pura e simples dele quanto a um desvio da noção. Dissociado do direito romano, considerado excessivamente estrangeiro, o direito comum e os métodos que ele implicava foram recuperados e utilizados em favor da unificação do direito francês. A mesma dialética entre geral e particular permitiu construir, a partir das soluções de costumagens, ordenanças e jurisprudência, um "direito comum da França" (Boujon), destinado a desempenhar o mesmo papel do antigo *jus commune*, a fornecer o critério para o "odioso" e o "aceitável", chave de toda a interpretação, e a ser aplicado em todos os lugares como direito geral supletório. Na França, o sistema do direito comum não morreu no século XVI, mas no início do século XIX, quando a codificação napoleônica realizou a unificação do direito.

Direito comum, mito ou realidade?

Mas esse direito comum alguma vez existiu de fato? Com exceção do *common law*, que encontra sólidas garantias em seus fundamentos jurisprudenciais e em sua perenidade, a noção parece bem apta a desorientar as mentalidades modernas, mais ou menos imbuídas de positivismo, podendo parecer bem frágil desde que supere a simples oposição pontual entre geral e particular para erigir-se em sistema. O *jus commune* e os direitos comuns nacionais que vieram depois dele nunca foram nada mais do que ideias, construtos doutrinários? Os fundamentos positivos do *jus commune* medieval carecem de consistência. Sem dúvida houve tentativas de lhe conferir feições de autoridade "política", um valor "positivo". Bartolo e alguns de seus discípulos, na esteira dos glosadores partidários da soberania universal do Imperador e inclinados a ver no direito romano a emanação de sua onipotência, consideravam as regras do direito comum verdadeiras leis de caráter obrigatório, porém mais em consideração dos objetivos que elas supostamente perseguiam – a realização da unidade do mundo conforme os desígnios do Criador – do que pelo fato de sua origem ser a vontade imperial. Mas essa tese, mesmo na época em que foi formulada, já se mostrava anacrônica diante do declínio do Império, revelando-se inaceitável para os legistas franceses que defendiam a independência do reino. Por isso, mesmo entre os doutores italianos, a autoridade do *jus commune* tinha outro fundamento, o único que parecia sólido fora do Império: a superioridade intrínseca das leis romanas, a razão eminente, o espírito de justiça e de equidade que nelas se encontravam. Diante dos direitos locais, numerosos mas dispersos, fragmentários, lacunares, somente o direito romano, identificado com o direito comum, oferecia um conjunto coerente de soluções, um vocabulário técnico, princípios e procedimentos de raciocínio, e o reconhecimento geral de que era alvo constituía a prova mais evidente de sua superioridade. Paul Ourliac mostrou até que ponto esse argumento combinava com a mentalidade medieval, marcada pelo tuciorismo, voltada para o ideal da *reductio ad unum*, em que a unanimidade e a opinião comum eram consideradas manifestações da verdade, ao passo que os direitos locais, ao contrário, rompendo a harmonia do todo a favor de interesses particulares, se chocavam com um prejulgamento desfavorável e pareciam contrariar a razão, conforme ensinara Paulo. No fim do século XIV, Baldo, abandonando a concepção imperialista que fora defendida por seu mestre Bartolo, fazia da *ratio* o único fundamento da autoridade do direito comum na França: desprovido de força coercitiva, era aplicado apenas pela adesão livre e espontânea dos franceses, em consideração por sua superioridade. Isso significa que o *jus commume* pertencia mais ao domínio das crenças e tinha valor diferente do que lhe atribuíam os juristas.

O *jus commune* era um construto doutrinário por seu conteúdo. Para simplificar, foi dito que ele se identificava com o direito romano, e, de fato, era quase sempre ao Digesto e ao Código de Justiniano que os bartolistas remetiam quando se referiam a ele. Essa afirmação, porém, é só parcialmente exata, e a realidade é mais complexa, pois o *jus commune*, por um lado, representava menos que o direito romano, e, por outro, mais. Menos porque não adotou todas as soluções romanas, algumas das quais já não despertavam interesse prático e não mereciam ser postas de novo em vigor: era preciso fazer uma seleção entre as disposições inúteis e ultrapassadas e as soluções que continuavam utilizáveis, incumbindo aos doutores a tarefa de escolher e sistematizar aquelas que lhes parecessem dignas de consideração. Também representava mais, se é verdade que houve correntes tardias, cuja existência continua controversa, para integrar também no *jus commune* as disposições do direito canônico e mesmo algumas regras dos direitos locais que se mostravam ajustadas às leis romanas e, com seu caráter mais pormenorizado, contribuíam para esclarecer seu sentido e facilitar sua aplicação. Essas são imprecisões que davam aos juristas uma grande liberdade: o *jus commune* nunca constituiu para eles um jugo, mas um quadro flexível, um instrumento maleável. Os direitos comuns nacionais, para os quais o direito francês serviu de precursor e modelo (deixando-se de lado o *common law* inglês), não tinham natureza diferente. As normas que substituíram o direito romano em sua função de direito comum também foram propostas e até criadas pela doutrina, com a diferença de que o abandono de quaisquer referências de princípio às regras romanas propiciava-lhe liberdade ainda maior. Com exceção da legislação régia – em progresso, mas cujo papel ficou limitado ao direito privado –, coube aos autores a função de identificar as soluções mais difundidas nas costumagens, escolher aquelas que, mesmo não sendo necessariamente as mais frequentes, mereciam ser generalizadas em razão de sua racionalidade; também lhes coube, a partir do mesmo critério, levar em consideração as decisões dos Parlamentos e até as disposições inspiradas no direito romano, mas interpretadas livremente, que vinham completar o direito comum propriamente consuetudinário. Quanto àqueles que pretendiam identificar o direito comum à costumagem reformada de Paris, eram movidos também pela superioridade intrínseca que lhe atribuíam, e não por alguma força coercitiva, coisa de que ela era desprovida fora de sua alçada.

Por isso, o valor e a utilidade atribuídos ao direito comum dependem estritamente da posição que se dá à doutrina. Antes da codificação, num tempo em que as concepções jurídicas eram muito diferentes das nossas e em que os jurisconsultos desempenhavam papel primordial na criação do direito, o direito comum, que era obra deles, fazia parte da realidade e desempenhava uma função unificadora que seria anacrônico negar. Em contrapartida, pode-se duvidar da aptidão de um novo sistema do direito comum, de origem e autoridade puramente doutrinais, para preencher essa mesma função em nossos dias.

› BELLOMO M., *L'Europa del diritto comune*, 6ª ed., Roma, 1993. – CALASSO Fr., *Introduzione al diritto commune*, Milão, 1951, reed. 1970. – CAVANNA A., *Storia del diritto moderno in Europa*, I, *Le fonti e il pensiero giuridico*, Milão, 1982. – DAVID R., "Droit commun et *Common Law*", *Studi in memoria di Tullio Ascarelli*, I, Milão, 1969, pp. 345-63. – GOURON A., "Le droit commun a-t-il été l'héritier du droit romain?", *Comptes rendus de l'Académie des Inscriptions et Belles Lettres*, 1998, pp. 283-91. – KRYNEN J. (org.), *Droit romain*, jus civile *et droit français*, *Études d'histoire du droit et des idées politiques*, nº 3, Toulouse, 1999. – OURLIAC P., "Droit commun et commune opinion", *Studi clasice*, VII, Bucareste, 1965, pp. 103-7. – PARADISI B., "Notes critiques sur le problème du droit commun", *RHDFE*, 1980, pp. 423-40. – PETOT P., "Le droit commun en France selon les coutumiers", *RHDFE*, 1960, pp. 412-29. – RENOUX-ZAGAMÉ M.-F., "La méthode du droit commun. Réflexion sur la logique des droits non codifiés", *Revue d'Histoire des Facultés de droit et de la Science juridique*, 1990, nº 10-11, pp. 133-52; "Le droit commun européen entre histoire et raison", *Droits*, nº 14, 1991, pp. 27-37.

Jean-Louis THIREAU

→ *Common law*; Direito francês; Romanística medieval.

DIREITO COMUNITÁRIO

Com a expressão "direito comunitário" entende-se o sistema jurídico da Comunidade Europeia, baseado nos tratados que instituíram a Comunidade Europeia do Carvão e do Aço (tratado de Paris de 18 de abril de 1951), a Comunidade Econômica Europeia e a Comunidade Europeia da Energia Atômica (tratados de Roma de 25 de março de 1957), bem como nos instrumentos convencionais que procederam à revisão desses tratados originais. O direito comunitário não deve ser confundido com o direito europeu, formulação esta geralmente usada para designar o direito do Conselho da Europa e da proteção europeia dos direitos do homem, ou, mais amplamente, o direito das organizações europeias não comunitárias. Pode-se distinguir o direito comunitário *stricto sensu*, que compreende o conjunto das normas jurídicas que regem a organização e o funcionamento das Comunidades Europeias, e o direito comunitário *lato sensu*, que engloba também o direito da União Europeia, construído com base no tratado de Maastricht de 7 de fevereiro de 1992 e do tratado de Amsterdam de 2 de outubro de 1997, modificados e completados pelo tratado de Nice, assinado em 26 de fevereiro de 2001, entrando em vigor em 1º de fevereiro de 2003. Aqui será considerado o segundo ramo da alternativa.

O direito comunitário tem como particularidade o fato de ser um sistema jurídico cuja autonomia é discutida, cuja especificidade é contestada e cuja natureza é controversa. Uma reflexão prévia sobre sua qualidade de ordem jurídica e sobre suas características próprias é indispensável antes de encetarmos a análise de suas fontes, sua articulação com os direitos nacionais dos Estados-membros da União e do controle jurisdicional de sua aplicação.

Um sistema jurídico autônomo

O debate sobre a natureza da ordem jurídica comunitária, que, evidentemente, está ligado às controvérsias em torno da natureza da própria Comunidade Europeia, está longe da conclusão. Se nos restringirmos às doutrinas extremas, com o risco de engrossar os contornos, poderemos constatar, desde a assinatura do tratado de Paris que instituiu a CECA, uma oposição radical entre a *doutrina da especificidade absoluta* e a *tese da banalização*.

A primeira valoriza os elementos da construção comunitária que possibilitam a distinção entre a estrutura da União e da Comunidade Europeias e a estrutura de uma organização internacional clássica, bem como entre a ordem jurídica comunitária e o direito internacional em geral. Apesar de seu fundamento convencional, que ninguém pensa em contestar, o edifício comunitário teria desenvolvido um aparato institucional infinitamente mais sofisticado que o das organizações intergovernamentais tradicionais, um mecanismo de decisão que abre espaço sem precedentes para a regra majoritária e reduz singularmente a função do consensualismo, um equilíbrio institucional original, associando à legitimidade interestatal outras formas de legitimação do poder e do direito, um sistema de fontes e uma hierarquia das normas, sem temor de comparação com os mecanismos jurídicos do direito internacional geral, um controle jurisdicional que vai bem além daquilo que até agora existiu nas relações interestatais, métodos dinâmicos e finalistas de interpretação dos tratados constitutivos; além disso, o direito comunitário mantém com o direito dos Estados-membros relações irredutíveis às relações do direito internacional e do direito interno. A diferença entre direito comunitário e direito internacional, nessas condições, já não poderia ser analisada em termos quantitativos, mas corresponderia a uma diferença de natureza, que faria da ordem jurídica comunitária uma ordem jurídica não só autônoma, mas radicalmente outra em relação à ordem internacional. Essa alteridade, segundo uma primeira corrente doutrinária, poderia ser expressa pelo reconhecimento de uma dimensão federalista da construção europeia que levaria à equiparação, mais ou menos explícita, da ordem jurídica comunitária a uma ordem jurídica estatal ou a um Estado em devir (para um exame das doutrinas "federalistas", ver, por exemplo, M. Croisat e J.-L. Quermonne, 1999). Outra variante, mais consciente dos obstáculos que se opõem à qualificação estatal ou paraestatal do sistema comunitário, caracteriza-se pela utilização de conceitos que exaltam a natureza *sui generis* do sistema comunitário, quer se trate das variações da supranacionalidade, da identificação de um "direito da integração" ou das variações sobre o tema do objeto jurídico não identificado. Mas, seja qual for a opção escolhida para qualificar a natureza jurídica da Comunidade e/ou União, o ponto comum é o mesmo: o direito comunitário já não é direito internacional, mas alguma outra coisa, o que corrobora a pertinência do "mito da ruptura total".

A *tese da banalização* parte de uma análise completamente oposta. Enfatizando a dimensão interestatal da construção europeia, o raciocínio empenha-se em valorizar tudo o que mantém o direito comunitário na órbita do direito internacional. A natureza convencional dos tratados básicos, o lugar central que seria ocupado no dispositivo institucional pelos órgãos interestatais (que, aliás, tendeu mais a crescer do que a diminuir), a permanência da exigência de unanimidade nas modalidades de votação, a "irredutível diplomática" no processo de decisão, as exigências interestatais ligadas ao procedimento de revisão dos tratados constitutivos, o papel dos princípios de atribuição das competências e de subsidiariedade, esses seriam os índices, entre outros, do fato de que, apesar de certas características originais, as Comunidades Europeias continuam sendo "organizações internacionais como as outras", permanecendo, seja qual for seu particularismo, "evidentemente na esfera jurídica internacional". A concessão máxima feita pelos defensores da banalização do direito comunitário seria o reconhecimento da existência de uma diferença de grau, enquanto se nega a pertinência da análise em termos de especificidade qualitativa.

Seja qual for o interesse dessas disputas teológicas que agitam a doutrina, é inegável que a Corte de Justiça das Comunidades Europeias, por sua vez, desenvolveu uma jurisprudência coerente que consagra progressivamente a autonomia da ordem jurídica comunitária. Depois de afirmar, numa de suas decisões mais célebres, que "a Comunidade constitui uma *nova ordem jurídica de direito internacional*, em favor da qual os Estados limitaram – ainda que em domínios restritos – seus direitos soberanos e cujos integrantes são não apenas os Estados-membros, mas também seus nativos que morem fora deles" (CJCE, 5 fev. 1963, *Van Gend en Loos*, 26/62, *Rec.*, 3, grifos nossos), o juiz comunitário, alguns meses depois, cortou o cordão umbilical entre a ordem jurídica comunitária e o direito internacional geral, ao considerar que, "diferentemente dos tratados internacionais ordinários, o tratado da CEE instituiu uma *ordem jurídica própria* integrada no sistema jurídico dos Estados-membros quando da entrada em vigor do tratado, ordem que se impõe às suas jurisdições" (CJCE, 15 julh. 1964, *Costa c/ ENEL*, 6/64, *Rec.*, 1.141, grifos nossos). É lícito considerar que essa sacralização da especificidade do direito comunitário em relação ao direito internacional geral teve uma função encantatória que, por repetição ritual da fórmula mágica, tinha em vista forjar um verdadeiro mito. Mas, apesar de certas tentativas de interpretação redutora, dificilmente se pode contestar que essa afirmação vigorosa da autonomia do direito comunitário constitui a constante por excelência da jurisprudência da Corte de Luxemburgo, que comanda a seguir o conjunto das características do sistema jurídico comunitário. Também é preciso esclarecer que essa proclamação da autonomia da ordem jurídica comunitária não significa a negação da existência de um patrimônio genético interestatal, com origem nas raízes convencionais da integração europeia, que continua condicionando a afirmação da especificidade do direito da Comunidade e da União (para uma análise mais detalhada, D. Simon, *Les fondements de l'autonomie du droit communautaire*, 2000, e D. Simon, 2001). Mas, mesmo sendo verdade que – segundo famosa fórmula da Corte Constitucional alemã – os Estados continuam sendo os "senhores dos tratados" ("*die Herren der Verträge*"), não deixa de ser incontestável que no "inato convencional" se enxertou um "adquirido constitucional", progressivamente sistematizado pela jurisdição comunitária. De fato, é em termos constitucionais que a Corte analisa a natureza do processo de estruturação da ordem jurídica da Comunidade e da União. Os tratados constitutivos são, assim, qualificados de "Constituição interna da Comunidade" ou de "Carta constitucional básica". Sem dúvida, essa afirmação da existência de um "já-lá constitucional" não significa, de modo algum, que a União Europeia tenha atingido o "limiar estatal" ou que goze das características inerentes à "estatalidade". Mas parece difícil negar que estamos em presença de um "processo de constitucionalização" (sobre isso, ver J. Gerkrath, 1997; P. Magnette, 2000), cuja consecução naturalmente está subordinada (no contexto do constitucionalismo moderno) a uma reorganização profunda dos instrumentos constitutivos e à sanção democrática pelos povos europeus numa forma que é alvo das reflexões inauguradas no seio da "Convenção" e destinadas a prolongar-se nas próximas conferências intergovernamentais de revisão dos tratados.

Mas desde já se pode considerar que a Comunidade Europeia encarna a "oficialização de uma ideia de direito" no sentido de certas definições contemporâneas da noção de constituição. São testemunhos disso, ao mesmo tempo, a determinação de objetivos comuns, o reconhecimento dos princípios da democracia e dos direitos fundamentais, concebidos como os "fundamentos da União" pelo artigo 6º do tratado sobre a União Europeia na formulação mantida pelo tratado de Amsterdam, a afirmação de valores comuns, como a prevalência do interesse geral comunitário, e a consagração jurisprudencial e convencional das implicações da noção de "Comunidade de direito" (J. Rideau, 2000; D. Simon, "A Comunidade de direito", in F. Sudre e H. Labayle, 2000). Do mesmo modo, a emergência de uma identidade da União, através da definição de um espaço territorial comunitário, a consolidação da cidadania da União e a existência de uma personalidade jurídica própria da Comunidade constituem sinais indiscutíveis do processo de constitucionalização em ação na estruturação da ordem jurídica comunitária. Por fim e talvez principalmente, a evolução da divisão das competências entre a Comunidade e seus Estados-membros inspira-se nos mecanismos técnicos do federalismo (preempção, subsidiariedade, lealdade federal) e modela a fisionomia irredutivelmente original do sistema jurídico comunitário (para mais detalhes, ver sobretudo V. Constantinesco, 1974; K. Boskovits, 1999; D. Simon, 2001). Isso significa que as "bases constitucionais" da ordem jurídica comunitária comandam, por um lado, a autonomia e a coerência do sistema das fontes do direito comunitário e, por outro, as relações originais mantidas entre as normas comunitárias e as ordens jurídicas nacionais dos Estados-membros.

Fontes do direito comunitário

O direito da Comunidade e da União tem fundamento naquilo que se convencionou chamar *direito primário* ou originário, constituído principalmente pelos tratados constitutivos e pelos tratados que procederam à revisão destes últimos, a saber, o Ato Único Europeu (1986), o Tratado de Maastricht (1992), o Tratado de Amsterdam (1997) e o Tratado de Nice (2000), bem como pelos inumeráveis protocolos e declarações adotados pelo conjunto dos Estados-membros e anexados a estes últimos. A isso se somam vários atos ou tratados adotados em procedimentos simplificados de revisão, que modificam o sistema institucional (entre os quais, o Ato de 20 de setembro de 1976 sobre a eleição do Parlamento europeu por sufrágio universal direto) e regras orçamentárias, e os acórdãos de adesão de novos Estados-membros; esse conjunto de textos convencionais tem o mesmo valor jurídico dos tratados constitutivos em sentido estrito. O direito primário goza de superioridade hierárquica sobre o conjunto das outras fontes do direito comunitário. Ele também prevalece sobre os acordos internacionais firmados pela Comunidade, sendo os riscos de conflitos reduzidos por um procedimento de consulta preventiva que possibilita à Corte de Justiça pronunciar-se sobre a compatibilidade entre os acordos que a Comunidade pretende firmar e as disposições da "carta constitucional de base". O direito primário, porém, não pode prevalecer sobre os compromissos convencionais anteriores dos Estados-membros, ainda que estes últimos tenham a obrigação de eliminar as eventuais incompatibilidades, respeitando as regras do direito internacional público.

A segunda fonte principal do direito comunitário corresponde ao conjunto dos atos que, adotados pelas instituições, constituem o *direito derivado*. Trata-se, em primeiro lugar, de regulamentos, atos de alcance geral, obrigatórios em todos os seus elementos e diretamente aplicáveis em todos os Estados-membros, destinados a substituir as legislações e regulamentações nacionais nos campos em que a Comunidade goza de competências exclusivas que lhe foram transferidas pelos tratados. Em segundo lugar, têm-se as diretivas, instrumento destinado a intervir nos campos em que os Estados-membros aceitaram enquadramento ou coordenação de suas competências. A diretiva, instrumento normativo indireto, vincula as autoridades nacionais quanto ao resultado que deve ser atingido, mas lhes deixa a competência de decidir as formas e os meios adotados. Os Estados-membros, num prazo fixado pelo ato comunitário, estão submetidos à obrigação da transposição, que consiste em incorporar as exigências da diretiva comunitária numa norma nacional que deve possibilitar que as regras comunitárias produzam plenos efeitos. Por fim, as instituições comunitárias estão habilitadas a adotar decisões obrigatórias que correspondem a medidas individuais de execução das regras de alcance geral, bem como recomendações ou pareceres, instrumentos de orientação desprovidos de força obrigatória.

A prática, por outro lado, desenvolveu o uso de *atos atípicos*, que compreendem ao mesmo tempo os atos unilaterais "sem nomenclatura" adotados pelas instituições (tais como os atos informais de vocação principalmente programática, as comunicações da Comissão ou as medidas de organização interna dos diferentes órgãos e instituições), os acordos interinstitucionais, que geram ou consolidam práticas de cooperação entre as instituições numa forma semelhante aos costumes constitucionais. Os "pilares não comunitários" da União Europeia, que organizam a política estrangeira, a segurança comum e a cooperação em matéria de justiça e negócios internos, dispõem de um arsenal de atos específicos, tais como as estratégias comuns, as ações comuns e as posições comuns. A essas diferentes fontes, soma-se o chamado direito complementar, que assume a forma de convenções interestatais formais ou informais não separáveis do sistema jurídico comunitário, apesar de sua natureza de direito internacional. Também figuram entre as fontes do direito comunitário *regras de origem "externa"*, quer se trate de acordos concluídos pela Comunidade com outros países, quer de acordos concluídos pelos Estados-membros, mas "vinculando" a Comunidade, tais como o Gatt, tratados que formulam princípios que a União se comprometeu a respeitar, tais como a Convenção Europeia dos Direitos do Homem (ver, por exemplo, F. Sudre e H. Labayle, 2000), ou regras consuetudinárias internacionais que se impõem à ação da Comunidade. Finalmente, convém mencionar uma categoria de fonte não escrita que desempenha papel essencial na ordem jurídica comunitária. Trata-se dos *princípios gerais do direito comunitário*, quer os oriundos de empréstimos feitos aos direitos constitucional e administrativo dos Estados-membros ou dos instrumentos internacionais que garantem os direitos fundamentais, quer os oriundos das bases constitucionais, econômicas e políticas próprias ao sistema comunitário. Frutos de uma construção jurisprudencial às vezes audaciosa, esses princípios garantem, em primeiro lugar, os direitos fundamentais (respeito à vida privada e familiar, ao domicílio, à correspondência, à liberdade religiosa, ao direito de propriedade, ao livre exercício das atividades econômicas, liberdade sindical, liberdade de expressão etc.), bem como as diferentes dimensões do princípio de igualdade e de não discriminação. Também impõem a observância dos princípios inerentes a todo sistema jurídico organizado, com base no modelo do Estado de direito, sobretudo da segurança jurídica (com suas diversas facetas, na forma do respeito aos direitos adquiridos, à previsibilidade e à clareza do direito, bem como à não retroatividade, à boa-fé, à transparência, à confiança legítima, à proporcionalidade etc.), direitos à proteção jurisdicional ("direito ao juiz", direitos de defesa). Por fim, contêm os chamados princípios estruturais, de caráter constitucional (equilíbrio institucional, subsidiariedade, cooperação leal, igualdade e solidariedade entre os Estados-membros, uniformidade do direito etc.) ou econômico (livre circulação, não discriminação, livre concorrência, unidade do mercado comum etc.). O respeito a esses princípios impõe-se, sob pena de nulidade dos atos, ao conjunto das instituições e dos órgãos comunitários. Também devem ser respeitados como elementos da legalidade comunitária pelos Estados-membros quando agem no campo do direito comunitário. O alcance dos princípios gerais, depreendidos pela jurisprudência, foi também reforçado pela consolidação realizada pelos tratados, sobretudo o Tratado de Amsterdam, que erige o respeito aos direitos fundamentais em condição formal de adesão dos novos Estados-membros e organiza um processo de punição política às violações graves dos direitos e liberdades. A adoção em Nice (dezembro de 2000) da Carta dos Direitos Fundamentais da União é de índole a desenvolver mais a proteção oferecida pelo juiz com base em princípios gerais do direito, ainda que o alcance jurídico desse texto por enquanto seja reduzido. Estas últimas considerações exemplificam o papel desempenhado na ordem comunitária pela *jurisprudência*, levando-se em conta principalmente a leitura sistemática dos tratados, realizada pela Corte de Justiça, que desenvolveu métodos de interpretação que têm em vista reduzir os germes de incoerência e valorizar os fatores de homogeneidade, dando assim uma contribuição fundamental para a unidade da ordem jurídica comunitária (sobre esse aspecto, ver especialmente R. Kovar, 1995; D. Simon, 1981).

Em conclusão, esta apresentação sumária das fontes do direito comunitário revela sua diversidade e sua complexidade, o que nos põe, inevitavelmente, diante da questão de sua coordenação e hierarquização, que várias vezes esteve na ordem do dia das conferências de revisão dos tratados, sem que se tenha chegado a um sistema mais coerente, baseado sobretudo na distinção entre atos de caráter "legislativo" e atos de caráter "administrativo" (ver P.-Y. Monjal, 2000).

Relações entre direito comunitário e direitos nacionais dos Estados-membros

Um dos elementos determinantes que justificam a ênfase dada à originalidade irredutível do direito comunitário é constituído pela resposta específica que ele dá à indagação sobre sua inserção nas ordens jurídicas dos Estados-membros. Em primeiro lugar, o conjunto do direito comunitário possui virtualmente aptidão para produzir efeitos que afetam diretamente a situação jurídica dos sujeitos de direito em cada um desses Estados. Diferentemente do direito internacional, cujo efeito *self executing* é excepcional, a *invocabilidade* do direito comunitário apresenta-se como um atributo de toda norma comunitária que atenda às condições técnicas que a tornem passível de aplicação direta e imediata pelas jurisdições nacionais. A generalização da invocabilidade tem como consequência a faculdade de que goza cada um de prevalecer-se dos direitos oriundos da norma comunitária perante o juiz nacional, bem como a obrigação correlativa, por parte do juiz, de garantir esses direitos, seja interpretando seu direito nacional à luz das disposições comunitárias (a chamada teoria da "interpretação conforme"), seja excluindo a aplicabilidade das regras nacionais incompatíveis ("invocabilidade de exclusão"), seja vedando de antemão a adoção de regras nacionais capazes de contradizer uma norma comunitária ("invocabilidade preventiva"), seja ordenando a indenização dos danos causados por uma violação do direito comunitário pelas autoridades nacionais ("invocabilidade de reparação"), seja substituindo por iniciativa própria o direito nacional incompatível pela regra comunitária ("efeito de substituição"), desde que a norma comunitária preencha as condições de aplicação direta e imediata pelas jurisdições nacionais.

Em segundo lugar, o direito comunitário dispõe de *uma primazia absoluta* sobre os direitos internos, em razão daquilo que a Corte de Justiça chama, sem medo da redundância, de "natureza específica original". De fato, se o direito internacional geral postula primazia em relação ao direito interno, as modalidades de sua inserção nos direitos nacionais dependem de disposições constitucionais que fixam o estatuto dos tratados na hierarquia das normas internas. Em contrapartida, o direito comunitário define sua primazia sobre o direito dos Estados-membros em termos de "primazia interna", ou seja, indicando às autoridades nacionais, sobretudo às jurisdições nacionais, as consequências que devem extrair daí para sua ordem jurídica interna, de tal maneira que se garanta efetivamente a superioridade das regras comuns. Esse é o sentido das posições assumidas pela Corte de Justiça, segundo as quais, "oriundo de uma fonte autônoma, ao direito nascido do tratado não se poderia [...] opor judicialmente um texto interno qualquer, sem destruir seu caráter comunitário e sem pôr em xeque a base jurídica da própria Comunidade" (CJCE, *Costa c/ ENEL*, acima). Daí decorre que as jurisdições nacionais, consideradas como "juízes comunitários de direito comum", não só devem usar diversos procedimentos de ordem jurídica interna para garantir a prevalência da norma comunitária e salvaguardar os direitos individuais oriundos do direito comunitário, como também são obrigados por uma espécie de padrão mínimo imperativo a descartar a aplicação de qualquer regra interna incompatível com o direito comunitário. Por sua própria natureza, o direito comunitário implica assim um efeito de exclusão (inaplicabilidade de pleno direito) das regras nacionais contrárias, acompanhado de um efeito bloqueador (paralisia da atividade normativa) da adoção de novas regras nacionais contrárias. Esse princípio vale para o conjunto das regras do direito interno e foi finalmente – não sem certo número de dificuldades históricas – admitido pelas jurisdições nacionais, inclusive para as regras legislativas. O único quisto residual de fixação está nas relações entre o direito comunitário e as regras constitucionais nacionais (CE, 30 out. de 1998, *Sarran* e outros, notas D. Alland, *RFDA*, 1999, 57, D. Simon, *Europe*, março de 1999, chron. 3; ver também T. de Berranger, 1996; H. Gaudin, 2001; ver também Corte de Cassação, 2 de junho de 2000, Fraisse, nota A. Rigais e D. Simon, *Europe*, agosto-setembro de 2000, chron. 8).

Além da jurisprudência comunitária e nacional relativa à primazia do direito comunitário em caso de conflito frontal com uma regra nacional incompatível, desenvolveu-se progressivamente um "contencioso de segunda geração", que possibilitou à Corte de Justiça regulamentar a autonomia processual nacional em nome da uniformidade de aplicação do direito comunitário. Assim se impôs o princípio da proteção jurisdicional efetiva, que implica sobretudo a generalização do "direito ao juiz", a garantia de equivalência de tratamento jurisdicional, o reconhecimento de um direito à proteção provisória e, em certos limites, a obrigação da apreciação de ofício das regras comunitárias dentro do processo nacional. Do mesmo modo, o direito comunitário impõe que as consequências da violação do direito comunitário pelas autoridades nacionais sejam objeto de reparação adequada, na forma de mecanismos de ressarcimento das quantias pagas indevidamente e de responsabilização dos Estados-membros, obrigados a indenizar os prejuízos resultantes da inobservância do direito comunitário (sobre esses diferentes aspectos, ver D. Simon, 2001).

Controle jurisdicional da aplicação do direito comunitário

A última característica importante do direito comunitário está no controle jurisdicional realizado pela Corte de Justiça e pelo Tribunal de Primeira Instância. Encarregada da tarefa geral de garantir "o respeito ao direito na interpretação e aplicação" do tratado, a jurisdição comunitária exerce, numa combinação complexa de vias de recursos, as funções de jurisdição internacional, constitucional, administrativa e reguladora. Está encarregada de controlar a legalidade dos atos das instituições (ação de anulação, em carência, exceção de ilegalidade), de reparar os danos causados pela atividade comunitária (responsabilidade contratual e extracontratual) e de punir as violações cometidas pelos Estados-membros (recurso diante da constatação de violação). A ela também podem recorrer as jurisdições nacionais para dirimir dúvidas sobre a interpretação ou a validade das regras comunitárias, graças a um mecanismo que contribuiu muito para a uniformidade da aplicação do direito comunitário nos Estados-membros.

➤ CROISAT M. & QUERMONNE J.-L., *l'Europe et le fedéralisme*, Paris Montchrestien, 2ª ed., 1999. – KOVAR R., "La contribution de la Cour de justice à l'édification de l'ordre juridique communautaire", *Collected Courses of the Academy of European Law*, col IV. Book 1, 1995. – PELLET A., "Les fondements juridiques internationaux du droit communautaire", *Collected Courses of the Academy of European Law*, vol. V, Book 2, 1994. – SIMON D., Les fondements de l'autonomie du droit communautaire ", in *Droit international et droit communautaire*, SFDI, Colloque de Bordeaux, Paris, Pedone, 2000, 207; *Le Système juridique communautaire*, Paris, PUF, 3ª ed., 2001.

Ver também: BERRANGER T. de, *Constitutions nationales et construction communautaire*, Paris, LGDJ, 1996. – BOSKOVITS K., *L'Articulation des compétences nonnalines entre la Communauté et ses États membres*, Athènes Sakkoulas, Bruxelles, Bruylant, 1999. – CONSTANTINESCO V., *Compétences et pouvoirs dans les Communautés européennes, contribution à l'étude de la nature juridique des Communautés*, Paris, LGDJ, 1974. – GAUDIN H. (org.), *Droit constitutionnel et droit communautaire, vers un respect réciproque mutuel*, Paris, Economica, 2001. – GERKARATH J., *L'Emergence d'un droit constitutionnel européen*, Bruxelas, ULB, 1997. – MAGNETTE P. (org.), *La Constitution de l'Europe*, Bruxelas, ULB, 2000. – MONJAL P.-Y., *Recherches sur la notion de hiérachie des normes en droit communautaire*, Paris, LGDJ, 2000. – RIDEAU J. (org.), *De la Communauté de droit à l'union de droit, continuité et avatars européens*, Paris, LGDJ, 2000. – SIMON D., *L'Interprétation judiciaire des traités d'organisations internationales, morphologie des conventions et fonction juridictionnelle*, Paris, Pedone, 1981. – SUUDRE F. & LABAYLE H. (org.), *Réalités et perspectives du droit communautaire des droits fondamentaux*, Bruxelas, Bruylant, 2000.

Denys SIMON

→ Cidadania; Constituição e direito constitucional; Direito internacional público; Direitos fundamentais; Direitos humanos; Estado de direito; Federação e Estado federal; Hierarquia das normas; Ordem jurídica.

DIREITO CONSTITUCIONAL (Origens eclesiásticas do)

Mesmo deixando de lado a ambiciosa questão das fontes cristãs do constitucionalismo (em que e até que ponto a antropologia e a teologia veiculadas pelo cristianismo constituíram terreno favorável à emergência desse fenômeno?), a eclesiologia – parte da teologia relativa à natureza e à organização do poder na Igreja visível – oferece preciosas informações sobre a organização das comunidades humanas. Às vezes negligenciada por uma historiografia anticlerical ou pouca receptiva, a experiência eclesiástica como fonte do direito constitucional laico vem sendo parcialmente reabilitada há algumas décadas, segundo dois pontos de vista: um diz respeito ao laboratório eclesiástico em suas evoluções internas, outro se refere à relação complexa que há entre a eclesiologia medieval e seu ambiente secular.

Eclesiologia medieval e direito constitucional

A história da Igreja em seu conjunto é capaz de despertar o interesse do constitucionalista, mas o fim da Idade Média e o início da modernidade foram teatro de grandes progressos e novas concepções. A crise do Grande Cisma, que sacudiu a cristandade entre 1378 e 1449, favoreceu o desenvolvimento do conciliarismo, corrente de múltiplas facetas, verdadeiro movimento de oposição à ideia de monarquia absoluta na Igreja. O discurso conciliar encerra alguns princípios de "governo constitucional", e as práticas eclesiásticas do tempo aperfeiçoam certos procedimentos jurídicos já familiares à Igreja.

O interesse do movimento conciliar para o constitucionalismo é inegável. Um governo moderado, prudente e justo supõe a participação de toda a comunidade nos assuntos que lhe dizem respeito. Lembrando certos princípios tradicionais, os conciliaristas – Gerson, d'Ailly, mas também Nicolau de Cusa, Panormitano, João de Segóvia e André Escobar – encorajam o princípio eletivo ("*Qui praefuturus est omnibus ab omnibus eligatur*" – aquele que está acima de todos deve ser eleito por todos) e negam que o papa decida, sozinho e sem consulta, quais as soluções que devem ser dadas a questões graves, como impostos, ou referentes de modo geral à Igreja inteira ("*Quod omnes tangit ab omnibus comprobetur*" – o que afeta a todos deve ser aprovado por todos). Por meio de um discurso no qual se imbricam perspectivas corporativas e individualistas, os autores incentivam a participação dos fiéis nas eleições e nas deliberações comuns. E o ministério pontifical, que era místico e sacerdotal, torna-se durante algum tempo administrativo e político. É reduzido à simples delegação da Igreja, do concílio ou dos cardinais, e o papa perde o monopólio do poder de comando. Somente a Igreja – se necessário, por intermédio do colégio cardinalício ou do concílio que a representa –, associada a Cristo, detém a *potestas* de modo imediato e pleno. Essa concepção não podia deixar de alterar o antigo princípio de imunidade de jurisdição do papa, muito disseminado a partir da Reforma gregoriana. O Grande Cisma, além das especulações teóricas que ensejou, também deu ocasião a aplicações concretas contra pontífices abusivos, usurpadores ou simplesmente ilegítimos, que passaram a ser revogáveis pela Igreja, uma vez que o concílio desempenhava um papel de primeiríssima plana no governo. A deposição de quatro papas – considerados mentirosos, simoníacos, corruptos e hereges – em trinta anos (Bento XIII e Gregório XII em 1409, João XXIII em 1415 e Eugênio IV em 1439), como resultado de processos exemplares, é o selo do desaparecimento temporário do absolutismo na Igreja, somando ao constitucionalismo medieval, ético e inacabado, os elementos que lhe faltavam: existência de freios tangíveis e reais para os abusos do dirigente. Os teólogos e os canonistas do século XV modificaram muito o campo das possibilidades jurídicas e políticas, construindo, com mais definição do que seus predecessores eclesiásticos ou seus contemporâneos laicos, um modelo de monarquia (pontifical) limitada e responsável. Superando o âmbito eclesiástico, sua doutrina formula um novo espírito constitucional que torna ilegítimos o governo monocrático, a tirania e as ordens injustas, num discurso a partir de então disponível e válido para o conjunto das sociedades políticas. Paralelamente a essas reflexões eclesiásticas pertinentes para a história constitucional a longo prazo, convém notar a sofisticação técnica à qual chegaram as instituições públicas eclesiásticas durante a Idade Média.

Herdeiro dos aperfeiçoamentos realizados em estratos sucessivos – no ritmo das evoluções institucionais da Igreja –, o conciliarismo estimulou assim a engenharia constitucional em diversos campos.

As frequentes eleições de abades, bispos e papas permitiram já de início uma melhoria nas técnicas eleitorais. Os primeiros tratados eleitorais – aliás, frequentemente obra de homens da Igreja (a *Suma sobre a eleição*, de Bernardo de Pávia, data de 1179; o *Libelo sobre as eleições* de Guilherme de Mandagout, de 1285) – especificam as regras relativas à capacidade eleitoral e à eligibilidade. Os doutores descobrem a necessidade da incompatibilidade de funções (que vedam o acúmulo não realista de certos cargos) e pessoas, decorrente em parte da legislação sobre os benefícios eclesiásticos. Em se tratando do desenrolar concreto da votação, a Igreja experimentou de tudo. Sendo refratária ao sorteio, incentivou a prática das eleições "por graus" – próxima dos sistemas de "grandes eleitores" ainda atuais – e multiplicou os turnos de eleições. O papel dos escrutinadores é essencial, sobretudo para contabilizar os votos obtidos por cada candidato. As formas de votação eram heterogêneas (voto oral – *vocalis* –, por moedas, boletins, medalhas, favas, pelouro – *ballottae* –, fazendo sinal com o barrete, sentando-se e levantando-se, levantando a mão ou mesmo saindo da sala de votação, prática em vigor durante muito tempo na Câmara dos Comuns na Inglaterra), e o voto secreto pressupunha um controle estrito. Embora a unanimidade continuasse como ideal eclesiástico, a invenção da maioria numérica se impôs na prática à Igreja, que, tanto para as deliberações quanto para as outras eleições, soube distinguir maioria absoluta e relativa, maioria de sufrágios ou de membros, maioria simples e maioria de dois terços (para a eleição pontifical, por exemplo). Foram criadas regras engenhosas para a escolha de candidatos em caso de empate (por idade ou por antiguidade na vida religiosa). As numerosas contestações que surgiam então explicam a formação de um contencioso eleitoral sutil e sem equivalente no fim da Idade Média.

Também são incomparáveis as regras que organizam o "governo deliberativo" na Igreja medieval. À preocupação teológica com a decisão prudente, que se traduz de modo esclarecedor no recurso frequente à deliberação "por conselho", ou colegial, faz eco a convocação de assembleias consultivas e deliberativas em todos os estágios da vida eclesiástica. Enquanto, nas monarquias seculares, a institucionalização dos Estados Gerais era incerta, erguiam-se vozes na Igreja dos séculos XIV e XV em favor da periodicidade regular dos "Estados da Igreja". Apoiando-se no direito romano, os canonistas desenvolvem uma teoria do mandato necessário à participação nas assembleias eclesiásticas. A organização interna do trabalho das assembleias assim reunidas muitas vezes é sutil e eficaz: a distinção entre assembleia plenária e preparação em comissões vigora entre os cistercienses já no fim do século XII e é adotada pelos grandes concílios da Igreja secular no século XIII. Terá sido por acaso que as assembleias do Clero da França – único interlocutor da monarquia no fim do Antigo Regime, quando os Estados Gerais caíram no esquecimento – desenvolveram para o trabalho interno das assembleias uma regulamentação rigorosa, realmente inspirada na tradição? Nela, o direito de emenda dos textos é rigorosamente organizado, e a liberdade dos debates é protegida, a exemplo do que ocorreu nos concílios de Constança e de Basileia, naquilo que se assemelha a uma prefiguração de nossas imunidades parlamentares.

A contribuição eclesiástica para os "progressos" da engenharia constitucional está ligada à dimensão funcional do poder. Sua transmissão na Igreja por meio de mecanismos artificiais cria as condições para a distinção entre funções e órgãos. As técnicas que organizam os impedimentos e resolvem os problemas de vacâncias e descontinuidade no exercício de cargos são logo postas em prática. Elas possibilitam garantir a continuidade no governo da Igreja, apesar da doença de algum abade, o desaparecimento inopinado ou até rapto de um bispo ou a morte súbita de um papa. Sem incidir em anacronismos, é fascinante a aptidão dos eclesiásticos para responder com precisão a preocupações constitucionais pontuais e para propor soluções mais definitivas para problemas invariantes. Torna verossímil a ideia de que o emprego duradouro desse conjunto de técnicas contribuiu, em certas condições, para sua aclimatação nas esferas seculares.

Eclesiologia medieval e dinâmica constitucional

A experiência eclesiástica não se desenvolveu em circuito fechado, mas no cerne do fenômeno institucional do Ocidente, em perpétua interação com seu meio. Provavelmente, o conciliarismo não teria surgido sem a existência de relações de força entre a Igreja de Roma e as monarquias seculares nascentes. Por outro lado, as doutrinas conciliares enriqueceram-se em contato com o pensamento jurídico dos civilistas (é inegável a contribuição do direito romano à eclesiologia) e com certas concepções aristotélicas do poder (a ideia de "constituição mista" para a Igreja está muito em voga no século XV). A Igreja, porém, se recebeu muito e (esse é um dos paradoxos de sua influência) se muitas vezes atingiu o máximo de audácia constitucional depois de seduzida pelas problemáticas seculares do poder (numa época em que a *jurisdictio* interessava a certos canonistas, teólogos e legistas mais que o poder), também deu muito.

De fato, estavam reunidas as condições de influência. O desenvolvimento institucional da Igreja – com o que isso implica em questões novas, soluções e práticas por inventar – muitas vezes se antecedeu ao dos Estados no Ocidente. Quanto à analogia das problemáticas, seu testemunho – para dar alguns exemplos heterogêneos – eram a utilização de técnicas eleitorais semelhantes às das ordens religiosas pelas comunas italianas, o emprego de métodos deliberativos semelhantes aos das grandes assembleias conciliares ou capitulares por parte das assembleias representativas seculares (na França e na Inglaterra, por exemplo), a referência às concepções conciliaristas de soberania nos discursos dos parlamentares ingleses do século XVII para apoiar seus pontos de vista sobre a submissão do rei ao poder do Parlamento. Desse modo, só seria possível compreender a gênese do constitucionalismo da era moderna considerando os problemas eclesiológicos e políticos como um todo indissociável (Brian Tierney). Se a transposição dos modelos eclesiásticos foi possível, isso ocorreu porque (retomando a imagem de Ernst Kantorowicz relativa aos "reis mitrados" e aos "papas coroados") certas representações mentais permitiram, durante algum tempo, a equiparação entre os dois universos institucionais. A Igreja foi atraída pelos modelos de entidades seculares, enquanto estas eram tentadas por certas experimentações do governo eclesiástico. Nesse sentido, certa comunhão de pessoal e pensamento, difícil de entender em nossos dias, possibilita imaginar as contaminações cruzadas e a dinâmica constitucional.

Os meios da influência convergiram todos. Até o Renascimento, pelo menos (e com intensidade variável segundo as épocas e os países), inúmeros foram os eclesiásticos (abades, bispos, canonistas, teólogos) que trabalharam para poderes seculares (príncipes e reis) para seus governos e suas administrações (pensemos em Suger junto a Luís VI e Luís VII ou em Mazarino e Richelieu a serviço de Luís XIII). Ao lado das personagens célebres, quantos eclesiásticos anônimos, mas exímios nos conceitos e técnicas de governos eclesiásticos, fizeram carreira em cidades, presidiram assembleias representativas ou foram encarregados da administração de negócios públicos que exigiam experiência e eficiência? As instituições também viajam no ritmo da transmissão dos saberes, do imbricamento de culturas. Entre os séculos XII e XVI, o influxo de pensamentos e práticas eclesiásticas é profundo. Essa observação vale tanto para o direito canônico – direito erudito difundido em toda a Europa pelo ensino universitário e pelas edições de obras variadas –, mas também, de maneira mais específica, para a eclesiologia conciliar, visto que os grandes tratados dos séculos XIV e XV tiveram frequentes publicações, às vezes até o século XVIII. A recepção secular dessa cultura eclesiástica, por outro lado, é evidente. Numerosos legistas e pensadores políticos (de Marsílio de Pádua até Locke) foram formados numa cultura eclesiástica que não se limitou apenas à teologia e à liturgia, mas se estendeu às ideias e práticas eclesiásticas relativas ao poder. Os elos, portanto, são suficientemente concretos para que se atribua um lugar (de difícil avaliação, aliás) à esfera eclesiástica na gênese do direito constitucional ocidental.

Ressurgindo com outras formas durante o concílio Vaticano II, o conciliarismo parece um fenômeno acidental na história da Igreja, um episódio pouco revolucionário, dedicado a restaurar a tradição secular e, acima de tudo, centrado na preservação dos corpos e das instituições prezadas por um pensamento medieval decididamente diferente do pensamento que, mais tarde, presidiu o constitucionalismo fundador, cujas premissas individualistas caracterizam tão bem a modernidade. Mas o episódio conciliar, inspirado por uma tradição subterrânea relativa aos equilíbrios institucionais na Igreja, também foi uma oportunidade de pôr em prática princípios e regras ainda atuais, de pensar o poder político em termos mais comunitários do que organicistas e hierárquicos, contribuindo assim com uma pedra para o edifício, sempre em construção, do direito constitucional e pagando seu tributo à secularização do poder, paradoxo apenas aparente.

› MOULIN L., *Le Monde vivant des religieux*, Calmann-Lévy, 1964. – VOOGHT P. de, *Les Pouvoirs du concile et l'autorité du pape au concile de Constance*, Le Cerf, 1965.

Laurent FONBAUSTIER

→ Canonistas, decretistas, decretalistas; Delegação; Eleição; Escolástica (Segunda); Escolástica jurídica; Manuais, tratados e outros livros; Sufrágio.

DIREITO CONSUETUDINÁRIO NA FRANÇA

A questão dos costumes é, sem dúvida, uma das mais difíceis da história do direito francês, e também uma das mais importantes. Ligada, por sua própria substância, ao direito privado, nem por isso deixa de dizer respeito ao direito público no sentido de suscitar, pelo menos no que se refere ao Antigo Regime, a questão dos limites do Estado. Pode-se definir o costume, pelo menos de modo provisório, como um direito não estatal, ou pré-estatal; um direito que tem origem no corpo social, e não na vontade do poder público; um direito que escapa, assim – pelo menos no princípio –, ao domínio do Estado. E é bem por isso que o Estado moderno (o consagrado pela Revolução francesa) não gosta do direito consuetudinário. Para os modernos, todo direito deve caber na Lei Positiva: a prática consuetudinária, tanto quanto o direito natural ou a equidade, não poderia fazer parte de seu império. A respeito, são significativas as vicissitudes do *Livro preliminar* com que Portalis encabeçara o projeto inicial de Código Civil: dando destaque demais a essas fontes concorrentes, não pôde ser mantido.

O que é um costume? Os romanos mal distinguiam o costume propriamente dito (*consuetudo*) do simples uso (*usus* ou *mos*); a expressão *consuetudo ususque* é uma redundância frequente. Ao coligir no *Decreto* (ver 1.140) uma definição tautológica de Isidoro de Sevilha (*mos est vetustate probata consuetudo*), Graciano prolongou essa confusão até os canonistas. Entre os civilistas, desde os primórdios do renascimento romanístico, foram numerosas as discussões. Puxando o costume para o lado do direito, para poder relegar o uso ou as condutas sociais ao domínio dos fatos, os primeiros civilistas franceses (ou, mais exatamente, provençais) forjaram, já nos anos 1130, a expressão *jus consuetudinarium* (direito consuetudinário), de futuro promissor. Caberá aos orleaneses, um século e meio mais tarde, definir melhor o conceito. Para Jacques de Révigny, o direito consuetudinário é "constituído a partir dos usos e costumes do povo (o povo todo ou sua maioria), regularmente introduzidos e continuados, adquirindo [por isso] autoridade de lei". Ao contrário dos juristas mais antigos, Révigny não indica que o direito consuetudinário é um direito "não escrito": ele pode, portanto, ser redigido sem perder seu caráter. Alguns anos depois, Pierre de Belleperche, outro grande orleanês, torna mais precisa essa definição. A repetição de um uso, simples fato material, não basta para constituir o direito consuetudinário: é preciso também um elemento intencional, a vontade do povo, para que esse uso se torne direito: "Os usos e as condutas sociais são a causa distante do direito consuetudinário, mas sua causa próxima é o tácito consentimento do povo que se manifesta por meio de tais usos e condutas."

Os manuais de história do direito francês retomam mais ou menos essa definição clássica: para F. Olivier-Martin, o direito consuetudinário é "um uso jurídico de formação espontânea, aceito por todo o grupo social em questão"; para P.-C. Timbal, esse uso "aceito pela população de um território determinado" deve também ser "consagrado pelo tempo". O caráter jurídico do uso, o tempo que o prescreve, o consentimento que lhe garante legitimidade, a aplicação territorial: essas são, de fato, as características típicas de nossos antigos direitos consuetudinários. Mas não se poderia parar aí. Pois a prática consuetudinária francesa, pelo menos a partir do século XII, não passa de um dos elementos do ordenamento jurídico global. O direito romano, o direito canônico – ambos logo reunidos na categoria de "direito comum" (*ius commune*) –, as ordenanças e outros "estatutos" de origem régia, principesca, senhorial, municipal e corporativa, bem como a jurisprudência das cortes superiores, tudo isso constitui o ambiente normativo em cujo interior se inscreve o direito consuetudinário e em relação ao qual, entre os séculos XII e XVIII, ele se define concretamente. Essa relação entre o direito consuetudinário e as outras fontes normativas evidentemente é uma relação de força; mas é uma relação muito complexa, que combina vários parâmetros e cujo resultado – o triunfo do legiscentrismo – talvez não tivesse o caráter de necessidade que lhe atribuímos hoje, em retrospectiva... Consideraremos, portanto, a evolução do direito consuetudinário francês de um ponto de vista essencialmente político, ou seja, em sua relação com o poder régio, sem deixar de lado, porém, sua relação com a outra grande fonte normativa do Antigo Regime: o direito romano (ou "direito escrito").

Na Idade Média, *o rei é guardião das práticas consuetudinárias*; esse princípio fundamental nunca foi formalmente repudiado. Contudo, essa "guarda" não é pura neutralidade: mesmo conservando as boas práticas, o rei não se privou, desde os tempos de são Luís, de combater e extirpar as ruins. Dá um passo à frente ao ordenar, em meados do século XV, *a redação do corpus consuetudinário* e depois incentivar sua "reforma". Postas em prática no século XVI, essas duas operações, teoricamente limitadas a uma simples reelaboração, também contribuirão para promover a evolução do acervo jurídico, favorecendo o surgimento do direito comum consuetudinário.

O rei e o direito consuetudinário

A partir da grande "ordenança de reformação" de 1254, são Luís impunha a seus bailios a obrigação de julgar "segundo os direitos, usos e costumes aprovados em cada lugar". Beaumanoir não diz outra coisa em seus *Coutumes de Beauvaisis*: o rei "tem a incumbência de guardar os costumes de seu reino e fazer que eles sejam guardados" (§ 683). "Fazer que sejam guardados" significa, em primeiro lugar, fazer que seja respeitado o direito consuetudinário por parte dos que estão submetidos à lei e que ele seja aplicado pelos juízes: assim, o Parlamento deve normalmente anular todo e qualquer julgamento que viole a norma consuetudinária aplicável ao caso em pauta. Mas a obrigação da guarda da prática consuetudinária pelo rei também significa que ele deve abster-se de modificar unilateralmente um corpo consuetudinário existente, pelo menos quando este é "razoável" e se conforma ao bem comum. Na opinião geral, o corpo de costumes faz parte do patrimônio das províncias: o rei deve respeitá-la como um "bem" de seus súditos. Essa obrigação, implicitamente contida no juramento da sagração, estava ainda mais clara no juramento que os reis pronunciavam (até Luís XIII, inclusive) quando da "jubilosa entrada" na capital, ao voltarem de Reims: "Manter os nobres, assim como os camponeses [e] os mercadores, em suas boas leis e antigos costumes..." Os antigos costumes são o bem dos súditos; um bom rei é obrigado a "mantê-los". É verdade que, a partir de Filipe, o Belo, os legistas afirmaram insistentemente a superioridade do direito régio sobre a costumagem. Mas legislar é uma *prática*, e não apenas uma *teoria*. A ideia de que o rei, a seu bel-prazer, pudesse subverter de cabo a rabo o corpo consuetudinário e riscar com uma penada os direitos locais era revolucionária demais (ou *tirânica* demais) para ser aceita pela maioria dos juristas – membros das grandes cortes ou humildes práticos de aldeia – e, além disso, pelo corpo social. Contudo, embora o rei fosse obrigado a "guardar" a *boa* costumagem, seu *ministerium* o obrigava a "extirpar" a *ruim*.

A noção de *costumagem ruim* (*mauvaise coutume*) é antiga. Surgindo por volta do ano 1000, a expressão acabou por designar todo uso injusto – ou seja, contrário ao bom-senso, aos bons costumes, à "lei de Deus e da natureza", enfim, à *razão* e ao *bem comum*. Compete ao rei, a partir do século XIII, lutar contra a prática consuetudinária ruim e extirpá-la, para substituí-la por regras *razoáveis*. "Extirpar o direito ruim", para o rei, é consequência direta de seu dever mais geral de justiça: uma boa justiça implica boas regras. O rei, justiceiro supremo, tem como primeiro dever cuidar da qualidade dessas regras, conservando a boa costumagem; deve, ao mesmo tempo, abolir a ruim. Mas a boa administração da justiça não implica apenas que o direito consuetudinário seja *razoável*: ele também precisa ser *seguro*, ou seja, conhecido com precisão e formulado sem ambiguidade. Muitos processos versavam justamente sobre a questão da exata costumagem aplicável em determinado lugar e caso, quando as duas partes alegassem regras divergentes. Para evitar a multiplicação dos processos, ou pelo menos facilitar e abreviar sua solução, era necessário formular de modo *preciso* e *incontestável* a totalidade das regras consuetudinárias. O meio mais simples de se chegar a isso, mas sem pôr em xeque o próprio princípio de pluralismo consuetudinário, era proceder à compilação oficial do conjunto das práticas consuetudinárias do reino. Foi essa a tarefa iniciada no século XV e terminada no XVI.

A compilação das práticas consuetudinárias

No Sul da França, entre os séculos XII e XIV, sob a influência do direito romano, várias centenas de costumagens, geralmente de âmbito restrito, foram registradas por escrito sob o controle das autoridades municipais, senhoriais ou régias. No Norte do reino, em contrapartida, não houve compilações oficiais, mas comentários privados, os "*coutumiers*", cujo modelo mais perfeito é o de Beaumanoir. Além de não existirem comentários para todas as costumagens, eles não passavam de obras privadas que, portanto, não podiam ter validade em justiça. Daí surgiam incertezas, chicanas, processos intermináveis de que acabamos de falar. Cabia à monarquia prescrever a compilação geral de todas as costumagens do reino: esse é o objeto do artigo 125 da ordenança emitida por Carlos VII em Montils-lès-Tours em abril de 1454 ("ordenança sobre matéria de justiça"). Essa operação desenrolou-se em duas fases: antes, uma primeira redação, realizada no início do século XVI, depois uma revisão dos textos, chamada "reforma", no fim do século. Depois de descrevermos suas modalidades, examinaremos suas consequências sobre o direito.

De imediato, a prescrição de Carlos VII ficou de certa forma como letra morta. No fim do século, Carlos VIII precisará renovar a ordem de seu avô para que o trabalho de redação realmente começasse; mas foi principalmente no fim do reinado de Luís XII e no reinado de Francisco I que o texto das grandes costumagens foi "fixado". Essa redação obedeceu a procedimentos bastante complexos, que associavam os homens do rei e os representantes dos "lugares" interessados. Em cada âmbito consuetudinário, um anteprojeto de texto era estabelecido por uma comissão de juízes régios e auxiliares de justiça (advogados, procuradores...); depois, esse anteprojeto era discutido, na presença dos comissários do rei, pelos Estados provinciais; por fim, o texto oficial da costumagem era "fixado" pelo Parlamento e promulgado em nome do rei. Foram assim promulgadas as costumagens de Anjou e do Maine em 1508, de Orléans em 1509, de Paris em 1510, de Poitou em 1514, de Bordeaux em 1521, de Nivernais em 1534, da Bretanha em 1539... No princípio, o trabalho essencial de redação incumbia aos Estados e, acima deles, aos praticantes locais da costumagem que haviam estabelecido seu anteprojeto. No entanto, a tarefa dos redatores era complexa: eles não deviam apenas fixar a costumagem em vigor, mas também lhes competia melhorá-la, eliminando "o que nela houvesse de duro, rude, rigoroso, insensato". E constata-se que, nesse trabalho de melhoria das antigas regras, os comissários do rei desempenharam papel muito ativo, e até de primeiro plano, nas assembleias de Estados. Eram grandes juristas, "muito experimentados em direito francês (segundo Coquille) e nas belas decisões [...] da corte". Portanto, não hesitaram em impor o peso de toda a sua autoridade nos debates e em intervir na preparação dos artigos. Esse papel dos comissários régios acentuou-se mais na fase da "reforma".

Por que uma reforma da compilação consuetudinária tão pouco tempo depois de sua redação? Porque naquele século XVI, intelectualmente fervilhante, a doutrina jurídica não estava parada. Não demorou a considerar imperfeitos e mesmo insuficientes os primeiros textos consuetudinários. Essas críticas foram mais facilmente formuladas porque a redação das costumagens e a difusão de seu texto graças à imprensa possibilitaram seu estudo sistemático e, sobretudo, sua comparação: os juristas procederam àquilo que se chamava então *conférence* das costumagens ("conferência" no sentido de colação: de considerá-las em conjunto). Esse cotejo trouxe à tona graves discordâncias e até contradições chocantes; assim, na região parisiense, onde coexistiam vários corpos consuetudinários locais na alçada do Parlamento de Paris, a solução dada pelos mesmos juízes de apelação a litígios semelhantes podia variar de um lugarejo ao outro. Havia também muitos "conflitos consuetudinários": num litígio que opunha partes vinculadas a dois corpos consuetudinários diferentes, qual deles devia ser aplicado? A solução nem sempre era clara: a doutrina medieval na verdade já estudara os conflitos de estatuto, no contexto italiano, apresentando os primeiros exemplos daquilo que depois veio a ser o direito internacional privado, mas ainda se tratava de disciplina lacunar e de difícil aplicação.

Foi então que grandes juristas, como Christofle de Thou (primeiro presidente do Parlamento de Paris) ou Charles Du Moulin († 1566), propuseram que se cuidasse da redação para melhorar o fundo mesmo das costumagens, o que seria feito de duas maneiras: em primeiro lugar, eliminando as regras mais arcaicas, e, em segundo, atenuando as discordâncias mais gritantes entre elas, a fim de reduzir o número e a agudez dos conflitos. Por esse motivo, essa segunda redação, que já não tendia apenas a tornar o direito consuetudinário *seguro* como no início do século, mas a aperfeiçoar suas regras, foi chamada de *réformation*. Ela ocorreu na segunda metade do século, de acordo com um procedimento que associava de novo assembleias de Estados provinciais e comissários do rei. A grande novidade deve-se ao fato de que o chanceler confiou a um mesmo comissário a reforma conjunta de todas as costumagens abrangidas pela alçada de um mesmo Parlamento: assim, Christofle de Thou foi encarregado de coordenar a reforma de todas as costumagens da alçada parisiense. Naturalmente, aqueles comissários trabalharam pela harmonização do direito, propondo em certos pontos sensíveis artigos idênticos ou pelo menos muito próximos, no que se referia a todas as costumagens da mesma alçada; nesses pontos, os conflitos de costumagens eram assim eliminados. Em princípio, as assembleias de Estados provinciais tinham a liberdade de aceitar ou recusar as modificações propostas pelos comissários; na prática, como os novos textos eram objetivamente melhores que os antigos, foram quase sempre "acolhidos". Depois de fixadas, as costumagens reformadas foram promulgadas pelos parlamentos em nome do rei, ocupando o lugar dos textos anteriores: são as "novas costumagens" [*nouvelles coutumes*] (NC). Em relação às redações do início do século, são incontestavelmente melhores. Algumas constituem verdadeiros pequenos "códigos civis" provinciais: a NC de Paris, promulgada em 1580, contém 362 artigos; a da Bretanha (1580) comporta 685. Entre todos esses textos, não há dúvida de que a NC de Paris, marcada pelos trabalhos de Du Moulin, era a mais notável: são essas qualidades intrínsecas (além do fato de Paris ser "a capital do reino, sede habitual dos reis e pátria comum de [seus] súditos", como dirá Luís XIV) que explicam seu futuro de *corpus* de referência do direito comum consuetudinário. Voltaremos a isso.

A principal consequência da redação e da reforma das costumagens foi a *consolidação do direito consuetudinário* e sua perenização até a Revolução francesa. A redação oficial das costumagens e, portanto, seu reconhecimento formal pelo rei transformava-as num direito muito mais sólido. É verdade que a costumagem continuava sendo um direito de fundamento popular (não acreditamos que sua promulgação pelo rei baste para transformá-la em "direito régio"), mas esse direito de origem extraestatal torna-se então *oficializado* pelo poder público. O rei, segundo Guy Coquille, "inspira vigor de lei" aos corpos consuetudinários coligidos. Enquanto o segundo renascimento do direito romano, no século XVI, possibilitava que o *corpus juris civilis* não só concluísse a conquista das províncias francesas do Sul, mas também se impusesse em grande parte da Europa – sobretudo nos países do Império –, as costumagens francesas da metade setentrional do reino resistiram vitoriosamente à evolução geral. Se as regiões regidas por costumagens (*pays de coutumes*) conservaram sua singularidade, em meio a uma Europa jurídica cada vez mais "romana", isso se deu graças à sua redação no início do século e a seu aperfeiçoamento algumas décadas depois, tudo com sanção monárquica.

Mas a redação e a reforma das costumagens não permitiram apenas salvar a herança jurídica das províncias, dando-lhe, de algum modo, uma segunda vida. Também suscitaram intensa reflexão doutrinal sobre o valor dessa herança e possibilitaram a percepção de uma noção nova, fundamental: a de *direito francês*. Foi o resultado de um longo processo, iniciado na Idade Média, que possibilitou distinguir o direito francês dos "direitos universais" do momento, o romano e o canônico: processo essencial na construção de um Estado nacional.

O direito comum consuetudinário

A ideia de que há princípios comuns aos diferentes corpos consuetudinários é antiga. No fim do século XIII, Beaumanoir cita, entre as fontes nas quais se abeberou para compor sua obra, "o direito comum a todos no reino de França" (§ 6). No Parlamento, nos séculos XIV e XV, o procurador do rei fala cada vez com mais frequência da "costumagem geral do reino". No século XVI, a noção se banaliza. A colação das costumagens mostra divergências, que a "reforma", como vimos, tenderá a reduzir, mas também convergências e até similitudes. Princípios idênticos, às vezes regras vizinhas, encontram-se em várias costumagens, vizinhas ou não. A partir dessa constatação, podia surgir uma ideia: por que não pensar numa *aproximação* de todos os corpos consuetudinários e, ao fim, sua fusão num *corpo único*? Esse projeto, a acreditar-se em Commynes, já teria sido acalentado por Luís XI no fim de seu reinado: "Naquela época [= 1479], o rei teve um desejo singularíssimo: o de poder dar boa ordem ao reino, mormente no tamanho dos processos. Por isso, desejava muito que neste reino se usasse uma única costumagem, um peso e uma medida, e que todos essas costumagens fossem escritas em francês num belo livro para evitar a cavilação e o roubo dos advogados, que neste reino são tão grandes, que em lugar outro nenhum se encontram semelhantes" (*Mémoires*, VI, 6). A ideia é retomada no século XVI por Charles Du Moulin, que propõe um método para obter "concórdia e união" de todas as costumagens de França (*Oratio de concordia et unione consuetudinum Francie*, 1546). Du Moulin acreditava que a Gália fora na origem regida por um corpo consuetudinário único que se perdera de vista em decorrência da fragmentação feudal; como todas as costumagens se aparentavam, bastaria encontrar seus pontos comuns para voltar à unidade primitiva do direito francês.

Esses projetos, na verdade, eram prematuros. O apego das populações e dos advogados locais aos "direitos próprios" das diferentes províncias era tal, que a uniformização autoritária do direito privado teria sido impossível; se o poder monárquico tivesse pretendido impô-la à força, a opinião pública – cabe repetir – teria visto isso como um ato de tirania. O único caminho praticável era o da redução *progressiva* e *acatada* das disparidades consuetudinárias mais chocantes. Essa foi, como vimos, uma das contribuições da reforma das costumagens. Mas a questão do *direito supletório* também abria perspectivas promissoras. Quando um corpo consuetudinário silenciava sobre determinado ponto, que regra aplicar? No fim da Idade Média, os juristas que lidavam com o assunto teriam admitido que o direito romano, já aplicado no Sul como corpo consuetudinário geral, também no Norte desempenhava a função de *direito comum*. Mas a solução que consistia em fazer que o direito romano se tornasse o direito comum das regiões regidas por costumagens (ou seja, em aplicá-lo *automaticamente* em caso de lacuna ou obscuridade do direito local) não deixava de acarretar riscos para o futuro do próprio direito consuetudinário: no longo prazo, essa escolha implicava a marginalização progressiva das costumagens, seu depauperamento mais ou menos rápido, portanto a *romanização jurídica das províncias do Norte* – em suma, um processo comparável ao que ocorrera a partir do século XII no Sul. Foi contra essa perspectiva que se insurgiu energicamente a maioria dos juristas ligados ao assunto, preocupados em preservar o "tesouro" jurídico das províncias e a originalidade do direito nacional. Du Moulin foi quem primeiro qualificou de simplesmente "estúpida" a ideia de que o direito de Justiniano pudesse ser reconhecido como direito comum do reino: o direito romano, na França, não passava de direito *estrangeiro*. Com exceção de alguns "atrasados" (como o Presidente Lizet, fiel ao direito romano), a maioria dos juristas das regiões regidas pelo direito consuetudinário aderiu a essa opinião.

Se o direito romano não podia ser admitido como direito comum nessas regiões, só nas próprias costumagens, portanto, deveriam ser encontradas soluções para suas eventuais lacunas; assim surge a noção de "direito comum consuetudinário". Ainda um tanto vago em Du Moulin, esse conceito se torna mais preciso no fim do século em autores como Guy Coquille ou Antoine Loisel. "Nossas costumagens – escreve o primeiro – são nosso direito civil, com força e vigor iguais aos que tinha em Roma o direito civil dos romanos. Na minha opinião é um erro comparar nossas costumagens aos estatutos [municipais] de que falam os doutores italianos, pois na Itália o direito comum é o direito civil romano [...] Mas na França consuetudinária o direito civil romano não é o direito comum, não tem força de lei, serve apenas para a razão, e nossas costumagens são nosso verdadeiro direito civil..." (*Institutions au droit français* [Instituições no direito francês], 1607). Quanto a Loisel, suas *Institutes coutumières* [Institutas consuetudinárias] (publicadas em 1607 após as *Instituições* de Coquille) afirmam abertamente ser uma obra preparatória para a unificação do direito consuetudinário. Trata-se de uma coletânea de máximas, adágios ou provérbios jurídicos hauridos no conjunto das costumagens, com predileção pelas de Paris, Reims e Vermandois. No século XVII, o primeiro presidente do Parlamento de Paris, Guillaume de Lamoignon, tenta em sua obra *Arrêtés* [Resoluções] (publicada apenas em 1702) uma síntese consuetudinária cuja referência principal é a NC de Paris. Prenuncia o livro primordial que Bourjon publicará em 1747, *Le droit commun de la France et la coutume de Paris réduits en principes* [O direito comum da França e a costumagem de Paris reduzidos a princípios]. O mais notável é que a opinião de que o direito parisiense seria o direito comum do reino, portanto o cerne de todo o direito francês, acabou por ser aceita mesmo no Sul, pelo menos no século XVIII. Isso foi resultado de um ensino novo, ministrado nas faculdades de direito a partir dos anos 1680, o curso de *direito francês*.

Desde a Idade Média, apenas o direito romano e o direito canônico eram disciplinas universitárias. O direito consuetudinário era aprendido simplesmente na prática. Foi o que Guy Coquille constatou e deplorou, no fim do século XVI: os jovens juristas, embora possam ser muito instruídos em direito romano, são sempre "aprendizes e noviços" em matéria consuetudinária, como aliás também na prática processual (a "prática do palácio"). Por isso, uma sugestão: que sejam instituídas em todas as faculdades de direito cátedras de direito francês. Esse desejo só foi atendido por Luís XIV, no âmbito da reforma geral dos estudos de direito realizada em abril de 1679 pelo edito de Saint-Germain: "A fim de nada omitir daquilo que pode servir à perfeita instrução de quem será investido do cargo da judicatura, desejamos que o direito francês contido em nossas ordenanças e nas costumagens seja publicamente ensinado; e para esse fim nomearemos professores que explicarão os princípios da jurisprudência francesa e darão aulas públicas da matéria..." (art. 14). Esse artigo, portanto, define o direito francês a partir de três elementos: o direito régio, as costumagens e a doutrina. Naturalmente, foram as grandes ordenanças processuais de Luís XIV (o famoso "código Luís") o que de início reteve a atenção dos novos professores. Mas eles também se detiveram no estudo das costumagens: no princípio, é claro, a costumagem própria do lugar, e depois a de Paris, considerada referência do direito comum consuetudinário. O ensino do direito francês, estimulando a reflexão dos mestres e as publicações de corte (na maioria das vezes na forma de *Institutas* ou de *Princípios* com vocação geral), favoreceu um novo surto da doutrina consuetudinária. No século XVIII, os trabalhos desses professores (em especial os de Pothier) prepararão a grande síntese do Código Civil francês. Mas, antes de se chegar a isso, foi preciso que o Estado mudasse de natureza. Trataremos, para concluir, desse ponto essencial.

Conclusão

A partir de meados do século XIII, os legistas não se cansavam de repetir que o rei, *legibus solutus*, tinha o poder de modificar a lei, portanto também as costumagens, "acrescentando ou subtraindo". Contudo, outras opiniões se fazem ouvir. Contra a *plenitudo potestatis* reivindicada para o *rex imperator* pelos precursores do absolutismo, canonistas e teólogos recomendavam moderação legislativa e respeito aos corpos consuetudinários; em suma, uma prática de *autolimitação* do príncipe legislador, que encontrava – é de ressaltar – no próprio direito romano o argumento poderoso da lei *Digna Vox*. Nem os próprios servidores do rei eram unânimes: vimos que um bailio como Beaumanoir podia permanecer fiel à concepção de um rei guardião das boas costumagens. Quem lhe faz eco é Egídio de Roma – discípulo de são Tomás, cujos elos com Filipe, o Belo, são bem conhecidos –, que conclui sua exposição sobre o Poder Legislativo com estas palavras "Logo, importa que os reis e os príncipes observem as boas costumagens de seu principado ou de seu reino e nada mudem nos direitos locais, a não ser que estes se mostrem contrários à reta razão" (*De reg. Princ.*, III, 2, 31). Nos séculos XIV e XV, Nicola Oresme, Gerson e Juvenal dos Ursinos manifestam-se no mesmo sentido: em vez de ser o "senhor absoluto da ordem jurídica", o rei está submetido a princípios que o superam, a lei divina e natural, a reta razão, a justiça, das quais decorre o respeito às boas costumagens. Dizer que ele é *legibus solutus*, portanto, não implica de modo algum que possa, a seu bel-prazer, subverter a ordem jurídica, ainda que *ex certa scientia*. E afirmar a superioridade da lei sobre a costumagem não significa que o direito consuetudinário seja desprovido de valor.

F. Olivier-Martin acreditava discernir na Constituição não escrita do Antigo Regime um princípio de "não intervenção" do poder monárquico no campo do direito privado. Embora uma formulação tão categórica constitua "ilusão historiográfica" (J. Krynen), não há dúvida de que incidiríamos na sistematização inversa se disséssemos que o modelo legiscentrista remonta ao coração do Antigo Regime! Naquela época, a lei ainda não era a *fonte exclusiva* da justiça (a boca que diz o que é justo e o que não é); era apenas o *instrumento* de uma justiça preexistente, a simples aplicação de uma *Norma superior à ordem política*. Essa é a razão pela qual o "Poder Legislativo" do rei da França sempre foi limitado *em princípio*. Mas também o foi *na prática*: diga-se o que for, a "produção" legislativa permaneceu essencialmente publicista até o século XVIII (ficando claro que o direito processual, assim como o direito penal e a disciplina familiar, fazem parte do direito público), e o direito privado, no sentido mais estrito do termo, continuou regido pelo direito consuetudinário (ou, no Sul, pela "costumagem geral" constituída pelo direito escrito). É verdade que, no século XVIII, o chanceler d'Aguesseau deu um passo decisivo, mas cabe notar que suas ordenanças, brevíssimas, só se referem aos princípios gerais do direito sucessório, e que a diversidade consuetudinária subsiste para o restante. Um ano apenas antes do início da Revolução francesa, em 8 de maio de 1788, falando diante do rei em audiência solene no Parlamento de Paris, o guarda-selos Lamoignon mencionava outra vez a eventual "simplificação" das costumagens, para demarcar seus limites: "Faz parte dos objetivos legislativos de Sua Majestade a simplificação dessas costumagens diversas e a redução de seu número, com todas as considerações que merecem as antigas leis, que estão vinculadas aos usos locais". No entanto, embora ao longo de todo o século XIII os espíritos "esclarecidos" tenham reivindicado a uniformização do direito, "é significativo que na prática não se encontre vestígio dessa reivindicação nos *cahiers de doléances*" (J. Poumarède).

➤ Para nos atermos aos títulos mais recentes, que remetem aos estudos anteriores, limitamo-nos a destacar o volume LII de *Recueils de la Société Jean-Bodin* dedicado ao costume, Bruxelas, De Bocck, 1990, ressaltando as contribuições de A. Gourou, J. Poumarède, L. Waelkens etc. Para o direito consuetudinário medieval, cf. os estudos de GOURON A., *Droit et coutume en France aux XIIe et XIIIe siècles*, Londres, Variorum Reprint, 1993. – HILAIRE J., *La vie du droit. Coutumes et droit écrit*, PUF, 1994. – OURLIAC P., *Études d'histoire du droit médiéval*, Paris, 1979.

Para o direito parisiense, sempre é bom remeter-se a OLIVIER-MARTIN F., *Histoire de la coutume... de Paris*, Paris, 1922, repr. 1972.

A bibliografia referente à redação e à "reformação" é imensa. Podemos limitar-nos a FILHOL R., "La rédaction des coutumes en France aux XVe et XVIe siècles", *La Rédaction des coutumes dans le passé et dans le présent*, J. Gilissen (org.), Bruxelas, 1962, pp. 63-85.

Sobre a "reformação", o estudo essencial também é de FILHOL R., *Le Premier président Christofle de Thou et la réformation des coutumes*, Paris, 1937. – Loisel publicou em 1607 a primeira edição póstuma de *L'Institution au droit français* de Coquille e publicou suas próprias *Institutes coutumières* como anexo (ed. crítica de Reulos, Paris, 1935).

A maioria dos costumes redigidos foi publicada no século XVIII por BOURDOT de RICHEBOURG, *Noveau coutumier général*, 4 vol. in-fol., 1724, mas numerosos textos foram objeto de publicações separadas, em geral comentadas: ed. recenseadas por A. Gouron & O. Terrin, *Bibliographie des coutumes de France*, Droz, 1975.

Quanto aos costumes do Sul, v. CARBASSE J.-M., "Bibliographie des coutumes méridionales (XIIe-XVe siècles), Catalogue des textes édités", *Rec. Soc. hist. pays de droit écrit*, Montpellier, X, 1979, pp. 7-89.

Ver também: CARRASSE J.-M., "Contribution à l'étude du processus coutumier: la coutume de droit privé jusqu'à la Révolution", *Droits*; *Revue française de théorie juridique*, nº 3, 1986, pp. 25-37; "Coutume, temps, interprétation", *Droits...*, nº 30, 2000, pp. 15-28. – KRYNEN J., "'Voluntas Domini Regis in sua regno facit jus': le roi de France et la coutume", *El dret comú i Catalunya*, Barcelona, 1998, pp. 59-89. – MARTIN X., "L'unité du droit français à la veille de 1789: une aspiration modérée?", *Rivista di Storia delle idee politiche e sociali*, 1986, pp. 319-28. – OURLIAC P., "Reflexions sur l'origine de la coutume", *Études d'histoire du droit médiéval en souvenir de Josette Metman*, Dijon, 1988, pp. 341-54. – THIREAU J.-L., *Charles Du Moulin*, 1500-1566, Genebra, Droz, 1980.

Jean-Marie CARRASSE

→ Direito comum; Direito francês; Ensino do direito; Fontes do direito; Lei; Romanística medieval.

DIREITO DAS GENTES (Do direito das gentes ao direito internacional)

Numa abordagem que se tornou clássica, o direito das gentes, ou *ius gentium*, é apresentado como a denominação antiga e um tanto arcaica do direito internacional público contemporâneo. Apesar de não ser totalmente falsa, essa abordagem da noção de direito das gentes é excessivamente redutora (D. Alland, p. 152). Sem dúvida, na época moderna, o direito das gentes significou aquilo que costumamos entender por direito internacional público, ou seja, um conjunto coerente e completo de regras que têm por vocação específica reger a comunidade internacional. Mas não se pode reduzir o direito das gentes apenas a essa identificação, pois a cultura jurídica ocidental traçou para ele caminhos diferentes, segundo as épocas, de tal modo que esse termo não teve uma única significação unívoca definitiva (M.-F. Renoux-Zagamé, p. 23). Existe um verdadeiro pluralismo semântico da expressão "direito das gentes" que impede qualquer apresentação simplificada e qualquer identificação excessivamente fácil com o direito internacional público. Mas o direito internacional público, embora não seja o simples prolongamento do direito das gentes, está estreitamente ligado a ele pela história, e é preciso vê-lo como uma categoria jurídica mista, ao mesmo tempo oriunda do direito das gentes dos antigos e portadora de um significado novo, que evoluiu até nossa época.

O direito das gentes durante o período romano, medieval e escolástico

O nome "direito das gentes" provém da terminologia jurídica romana. Era o que os romanos chamavam *ius gentium*, e esse direito era na época um direito interno, e não internacional. Fazia parte do direito romano do mesmo modo que o *ius civile*. Mas, enquanto este se destinava exclusivamente aos cidadãos romanos, o *ius gentium* devia reger a conduta dos peregrinos, ou seja, de todos os súditos do Império Romano que não tinham a qualidade de cidadãos. Essa primeira visão do direito das gentes levou logicamente a considerá-lo fundamentado na natureza ou nos costumes comuns aos diferentes povos. Por isso, aos poucos foram sendo incluídas no direito das gentes instituições de natureza internacional, como a guerra (*ius belli*) ou as embaixadas (*ius legatorum*). De natureza sobretudo privada no início, o direito das gentes ganhará aos poucos caráter público e até internacional em parte, mas somente em parte, sem nunca se tornar um direito especificamente internacional. Seu sentido e seu alcance verdadeiros durante todo o período romano e, depois, medieval e escolástico só podem ser bem aquilatados com a leitura de alguns textos fundamentais que esclarecem, melhor que os acontecimentos da época, a percepção que dele se tinha ordinariamente. É a reflexão de alguns grandes autores que condiciona a noção de direito das gentes naquele momento, não por meio de uma definição uniforme, mas da cristalização de uma visão geral através de definições diversas e múltiplas.

Já nos primeiros séculos d.C., esboça-se um movimento muito forte que tende a fazer do direito das gentes um direito próximo do direito natural e comum aos homens e aos povos. Ele possibilita, assim, justificar a existência de certas instituições, comuns aos diferentes povos, que confundem muito os autores por ser difícil explicar seus fundamentos com base no direito civil, interno aos Estados, ou no direito natural, que é imutável e superior à vontade dos indivíduos. É o que ocorre, por exemplo, com a guerra, a moeda e a propriedade privada. Recorre-se então à noção romana de direito das gentes para legitimar e consolidar sua existência. E o termo *gentes*, na época, remete à ideia de povos. Mas, com isso, o direito das gentes se torna uma espécie de misto entre o direito civil e o direito natural, o que dificulta mais a sua compreensão (M.-F. Renoux-Zagamé, p. 28). Assim como era razoavelmente simples para os autores opor o direito civil (arbitrário) de cada cidade ao direito natural, comum a todos porque fundado numa natureza comum (humana ou simplesmente animal), era delicado situar o direito das gentes entre essas duas categorias de direito (P. Haggenmacher, p. 314). É direito positivo ou direito natural? Foi essa indagação básica que preocupou a maioria dos autores que, em função de sua concepção pessoal do direito natural, vão divergir na definição do direito das gentes. Dois dos principais jurisconsultos romanos diferem nesse aspecto de modo significativo. Seus escritos são encontrados no título primeiro do Digesto, compilação de direito romano publicada pelo imperador Justiniano em 533 d.C. Conforme indica essa obra, no século II d.C., Gaio, contemporâneo de Marco Aurélio, considera que o direito das gentes é idêntico ao direito natural, correspondendo "àquilo que a razão natural estabeleceu entre todos os homens e é igualmente observado por todos ou quase todos os povos" (Digesto, I, 1, 9). Em contrapartida, um segundo jurisconsulto, citado pelo Digesto, distingue com muita clareza o direito das gentes do direito natural e do direito civil. Trata-se de Ulpiano (século III d.C.), cuja doutrina terá considerável influência depois sobre o pensamento medieval e escolástico, em especial através da *Summa* do canonista Silvestre e do famoso *Digesto* de Justiniano. Sem dúvida, segundo Ulpiano, o direito natural e o direito das gentes são ambos direitos comuns a todos os povos, ao passo que o direito civil é o direito em vigor para um só povo. Contudo, o direito natural é aplicável a todos os seres animados e vivos, enquanto o direito das gentes é reservado aos homens (Digesto, I, 1, 1 e 4). E no nome direito das gentes Ulpiano engloba uma série de entidades, a maioria de direito privado, como a propriedade, mas também de caráter internacional, como a guerra ou a separação dos povos (Digesto, I, 1, 5). Encontra-se aí, portanto, uma concepção mais próxima da prática histórica romana. Um último autor desse período, embora mais tardio (século VI), o famoso bispo de Sevilha, Isidoro, apresenta um entendimento do direito das gentes que também marcará de forma duradoura o pensamento jurídico ulterior. Tendo, sem dúvida nenhuma, conhecimento dos textos e da prática romana, Isidoro apresenta, em suas *Etimologias*, diferentes categorias de direito. Em primeiro lugar, opõe um direito natural especificamente humano e comum a todos ao direito civil, inerente a cada cidade (*Etimologias*, V, IV-V). Define em seguida o direito das gentes como um direito positivo, comum a quase todos os povos, exemplificando-o com uma série de entidades que lhe seriam específicas. Ora, essa enumeração de entidades próprias ao direito das gentes cabe, evidentemente, em nossa disciplina internacional, pois nela se encontram, principalmente, a guerra, os tratados e as embaixadas (*Etimologias*, V, VI). E essa lista será amplamente difundida durante a Idade Média, graças à sua inserção no *Decreto* do monge italiano Graciano, que, publicado no século XII, serviu de base para todos os canonistas da época.

Em função desses diferentes textos, ao mesmo tempo romanos e canonistas, será configurado o direito das gentes da época medieval e escolástica. Canonistas e teólogos, legistas e, sobretudo, juristas vão se debruçar sobre esses textos originários para comentá-los e aplicá-los. Na realidade, suas glosas sucessivas não esclarecerão um terreno que se tornou cada vez mais complexo devido à multiplicação das definições e à sobreposição das interpretações sucessivas. A incerteza latente gerada com o seu conceito de direito das gentes continua a provocar discussões e comentários, sem que os intérpretes saíam do dilema inicial sobre a natureza positiva ou natural do direito das gentes. Emperrados nos termos desse debate recorrente, alguns deles se limitam a indicar, tal como Isidoro, as entidades que na época são agrupadas com o nome de *jura gentium* (M.-F.Renoux-Zagamé, p. 24). Em vista disso, pode-se dizer, não sem algum embaraço e a despeito dos caminhos opostos que subsistem, que por volta dos séculos XIV e XV os jurisconsultos e os teólogos estão, em todos os casos, mais ou menos de acordo, considerando os *jura gentium* necessariamente oriundos de um assentimento dos povos, o chamado *consensus gentium* (consentimento dos povos). Os *jura gentium*, portanto, não estão diretamente fundados na natureza, como o direito natural. No entanto, esse assentimento não pode corresponder a um acordo formal dado por todos os povos, pois, conforme observava Tomás de Aquino, estes nunca se reuniram para decidir adotar certas instituições comuns. O assentimento dos povos que está na origem dos *jura gentium*, portanto, é de algum modo presumido; é deduzido do fato de que os povos adotam justamente comportamentos e instituições idênticas. Partindo-se disso, talvez ocorra a tentação de considerar que termina aí a construção do primeiro direito internacional como conjunto de regras positivas cuja fonte de validade é o acordo das nações soberanas. Principalmente porque a maioria das entidades que serão objeto dos *jura gentium* fazem parte de condutas internacionais, como a guerra, os tratados ou as embaixadas. Na realidade, porém, isso seria ir longe demais e torcer o pensamento escolástico em sentido excessivamente moderno. Tais entidades não têm propriamente alcance internacional, tampouco origem internacional. Somente a sua prática, identificada por diferentes povos, leva a agrupá-las, apenas com o intuito de fazê-las escapar ao direito civil e ao direito natural. O direito das gentes, portanto, está aí unicamente para reger certas situações com complementação do direito civil e do direito natural, mas não tem especificamente como objetivo reger relações internacionais ou extranacionais. Essa é, aliás, a razão pela qual se encontram algumas entidades regidas ao mesmo tempo pelo direito natural e pelo direito das gentes, servindo frequentemente o segundo para temperar o rigor do primeiro. Em outras palavras, o intuito não é isolar uma série de regras pertencentes ao direito das gentes, a fim de especificar uma categoria jurídica que corresponda ao direito internacional clássico. Trata-se de diferenciar o fundamento de validade de todas essas regras, a fim de distinguir aquelas que se impõem de modo arbitrário (direito civil) e aquelas que são imutáveis (direito natural), ou mesmo aquelas que, por estarem próximas da natureza humana, serão função da utilidade comum dos povos (direito das gentes).

Entende-se, porém, que é possível lançar uma ponte entre o direito das gentes dos antigos e aquilo que virá a ser o direito internacional moderno. Basta isolar, de algum modo, dentro do direito das gentes, as regras que têm por vocação reger a comunidade internacional. Mas, para isso, é preciso que ganhe corpo essa ideia de comunidade internacional; nada disso apareceu nos escritos desses diferentes autores. Foi só no século XVI que se manifestou claramente a consciência de certa ordem internacional e de uma comunidade de nações, tentando-se imaginar como dotá-las de um sistema jurídico próprio.

Transição entre o direito das gentes dos antigos e o direito internacional dos modernos

Essa evolução não é fortuita; traduz as consequências jurídicas e políticas da formação histórica dos jovens Estados nacionais europeus, tais como a Espanha, a França e a Inglaterra, bem como seu agrupamento progressivo num mesmo conjunto (H. Legohérel, p. 5). É também por essa razão que a elaboração do direito internacional como categoria jurídica autônoma só ocorreu realmente na Europa. Os outros Estados da época, tais como a China, o Japão ou os Estados maometanos, sem dúvida conhecem regras de direito internacional, mas de modo muito limitado, sem gerar um sistema jurídico completo. Na verdade, é no âmbito da Segunda Escolástica espanhola que se percebe mais a nova atenção dada ao mundo internacional. Na Espanha colonizadora do século XVI, onde a descoberta de terras novas e a utilização do direito da guerra provocam vivas controvérsias, destacam-se dois homens, Vitoria e Suarez, cujos trabalhos terão repercussão indubitável sobre a doutrina jurídica europeia e, a longo prazo, sobre a formação de uma corrente propriamente internacionalista. O primeiro, o dominicano Francisco de Vitoria, deixou várias obras, entre as quais *De potestate civili* (1528), onde fala do desejo de uma ordem jurídica que esteja acima dos povos e os abarque numa vasta comunidade. Mesmo não formulando completamente a ideia, através do direito das gentes ele tem em vista uma ordem jurídica natural que se eleve acima dos poderes soberanos e seja aplicada à humanidade inteira. Um século depois, o jesuíta Francisco Suarez concretiza a visão internacionalista de Vitoria. Ele marca um ponto decisivo nesse campo, com *De Legibus ac Deo Legislatore* (1612), a primeira acepção moderna do direito das gentes. Segundo ele, existe entre os homens uma verdadeira comunidade universal, agrupada em entidades autônomas e independentes (*De Legibus*, II, XIX, 9). E o direito das gentes, no sentido próprio do termo, é o direito que rege essa comunidade (*ibid*). Assim está exposta, pela primeira vez de modo muito claro, a ideia de uma comunidade internacional regida por uma ordem jurídica específica, o direito das gentes. O direito das gentes dos antigos não desapareceu completamente, mas só subsiste como uma subespécie do direito das gentes. Suarez diferencia dois tipos de *ius gentium*: um direito das gentes que é *ius intra gentes* e um direito das gentes que é *ius inter gentes*. Ora, segundo ele, este último direito entre as gentes é o verdadeiro direito das gentes. Ele tem uma finalidade internacional, enquanto o *ius inter gentes* tem uma finalidade interna e nasce do consentimento dos povos, enquanto o *ius intra gentes* tem origem interna.

Alguns anos depois, o famoso jurisconsulto holandês Hugo Grócio defende o mesmo tipo de direito das gentes em seu *Direito da guerra e a paz* (1625). Aparentemente, vai mais longe que Suarez, pois não retoma a ideia de um direito das gentes que seja *intra gentes*. É verdade que ele não o apresenta como estritamente *inter gentes*, mas pelo menos o direito das gentes é, segundo esse jurista, um conjunto da regras positivas oriundas de um acordo entre os povos. Por essa razão, Grócio foi durante muito tempo apresentado como o pai do direito internacional, esquecendo-se, aliás, frequentemente, tudo o que ele deve a seus antecessores. No entanto, nenhum desses autores do século XVII – nem Grócio nem Suarez – sistematizou ainda aquilo que depois será chamado de direito internacional clássico. São tributários de sua época e de uma maneira tradicional de pensar o direito das gentes como fonte especial, mas não autônoma, de um direito comum aos homens e, indiretamente, aos Estados. E esse direito das gentes sem dúvida tem como objetivo principal reger situações extranacionais, mas sem exclusividade alguma, pois ele é, antes de mais nada, considerado um direito que deve reger situações que escapem à regulamentação civil, o que pode perfeitamente corresponder a situações internas. Além disso, o *consensus gentium* que está na origem das regras do direito das gentes ainda não traduz realmente um acordo positivo de vontade, mas é muito mais a emanação de uma opinião racional e lógica. É a tradução da razão, e não da vontade direta dos Estados. Por esse motivo, ainda está longe de corresponder a nosso direito internacional público. É notável, porém, que está aberto o caminho para uma compreensão nova do direito das gentes que não corresponde ao direito internacional clássico, estritamente interestatal, mas sim ao nosso direito internacional contemporâneo.

Surgimento do direito internacional clássico

Essa intuição de um direito caracterizado unicamente pelo fundamento de validade positiva, e não por seu objeto interestatal, vai ser eclipsada por outra visão do direito das gentes que surgiu na mesma época no filósofo inglês Thomas Hobbes, mais conhecido por sua análise interna do Estado. A concepção de Thomas Hobbes será retomada por uma grande maioria dos jurisconsultos do século XVIII por intermédio da obra de Samuel Pufendorf. Hobbes foi quem primeiro limitou aos Estados o círculo daqueles que estariam submetidos ao direito das gentes; o direito das gentes é, no caso, a lei natural aplicada aos Estados (*De Cive*, II, XIV, IV). Característica de nosso direito internacional clássico, essa ideia da sujeição exclusiva e direta do Estado ao direito das gentes baseia-se na verdade na noção de personalidade jurídica. É por conceber o Estado como *persona civilis*, ou seja, como um sujeito de direito distinto dos indivíduos que o compõem, que Hobbes determina um direito que lhe deve ser aplicado de maneira específica. A partir daí, o direito das gentes vai significar direito internacional público clássico, conjunto de regras que têm por objeto a comunidade dos Estados soberanos, e não os príncipes ou os monarcas identificados com seus Estados. Essa concepção, porém, não vai se impor como um todo; clivagens e divergências atingirão a escola do direito natural que representa a grande corrente de pensamento jurídico dos séculos XVII e XVIII. Será preciso aguardar as contribuições de Christian Wolff e de seu discípulo Emer de Vattel para que se consume essa nova concepção. O *Direito das gentes* de Vattel, publicado em 1758, representa o primeiro manual de direito internacional clássico, obra destinada aos soberanos da Europa e referente apenas aos direitos e às obrigações dos Estados. O indivíduo já não é sujeito do direito das gentes, mas está relegado ao foro interno dos Estados e sujeitado ao direito civil e ao direito natural. Sem dúvida, a denominação de direito das gentes é conservada, mas a palavra não significa a mesma coisa. Passa a designar o direito internacional clássico, que corresponde, portanto, à última variação semântica da noção de direito das gentes. A própria expressão direito das gentes continua sendo usada até o século XIX. Só progressivamente será substituída pela expressão direito internacional. Esta provém do filósofo inglês Jeremy Bentham que, em 1780, propõe substituir a expressão direito das gentes pela expressão mais apropriada *international law*, direito entre as nações (*Princípios da moral e da legislação*). No entanto, essa expressão só se generalizará no século XX. Seja como for, é o direito internacional clássico que se imporá definitivamente durante todo o século XIX e o começo do século XX como direito interestatal. Vai evoluir com a sociedade internacional, mas sua característica interestatal não será realmente posta em xeque antes da Primeira Guerra Mundial.

O direito das gentes positivo, europeu e das nações civilizadas

Uma das primeiras formas assumidas pelo direito internacional clássico foi a de direito unicamente europeu, conforme demonstra já em 1789 a obra de G. F. de Martens intitulada *Précis du droit des gens moderne de l'Europe.* A partir de 1648 e da Paz de Vestfália, que põe fim à terrível Guerra de Trinta Anos, os Estados europeus foram progressivamente construindo um sistema jurídico próprio, baseado nos tratados entre Estados, que vem garantir a aplicação do princípio político do equilíbrio. O direito das gentes dos jurisconsultos é sua tradução imediata. O direito das gentes é também denominado público, visto que só diz respeito aos Estados soberanos. É chamado de moderno porque fundado na nova sociedade europeia em vias de edificação. Sem dúvida, a Europa vai passar por duas expansões espetaculares: uma marítima, em direção à Índia, à China e ao Japão, e outra continental, em direção à Ásia (A. Truyol y Serra, p. 65). É o início da era das colonizações, que prosseguirá até o século XX na Ásia e na África. Mas o direito internacional oriundo do modelo europeu se expandirá de forma limitada para os novos Estados, pois somente os Estados considerados suficientemente autônomos e civilizados poderão submeter-se a ele. Alguns Estados também entrarão no círculo desse direito, como a Turquia, o Japão e os Estados muçulmanos, mas os povos colonizados ficam deliberadamente excluídos dele. E defende-se com vigor esse campo de aplicação limitado do direito internacional clássico, distinguindo as nações civilizadas dos povos bárbaros (A. Rivier, 1896).

Aliás, é nessa mesma época clássica que o direito das gentes internacional se torna estritamente positivo. Abandona-se a ideia de direito natural universalmente aplicável a todos os Estados ou todos os povos. Prefere-se a ideia de um direito fundamentado unicamente num acordo de vontades entre os Estados considerados juridicamente capazes de contrair acordos. E a prática internacional ruma diretamente nessa direção, pois esse é o período de desenvolvimento considerável do direito convencional. O direito internacional se reduz ao direito efetivo que rege de maneira autônoma as relações entre Estados. Esse positivismo jurídico aplicado ao direito internacional é magistralmente teorizado em sua forma voluntarista por autores como D. Anzilotti (*Corso di diritto internazionale*, 1928) e H. Triepel ("Direito internacional e direito interno", *RCADI*, 1920) e, depois, numa perspectiva normativista, por H. Kelsen ("Teoria geral do direito internacional público", *RCADI*, 1932). Ao mesmo tempo, enquanto o direito na guerra (que mais tarde se tornará direito humanitário) está se humanizando, o direito de fazer a guerra continua sendo um dos direitos pessoais atribuídos aos Estados soberanos. Esse *ius ad bellum*, metamorfose da vingança de sangue medieval, sobrevive então na época clássica como o último recurso possível e legítimo dos Estados em casos de violação de um de seus direitos fundamentais. Na realidade, no início do século XX, o direito internacional clássico quase se tornou uma caricatura de si mesmo, levando ao extremo os princípios básicos propostos por Vattel e Wolff no século XVIII. A vontade soberana dos Estados torna-se critério absoluto de plena liberdade e deixa a comunidade internacional à mercê das arbitrariedades, sem que nenhum real anteparo jusnaturalista as impeça. Isso não significa que, juridicamente, os Estados não estejam enquadrados e não sofram coerções. À parte algumas teorias radicais que logo se marginalizam (por exemplo A. Lasson, *Principes et avenir du droit des gens*, 1871), a doutrina e o sistema efetivo da época não consideram que a soberania dos Estados significa completa liberdade; no sistema clássico, a soberania do Estado é a tradução jurídica de sua independência de fato, mas ele deve respeitar os compromissos assumidos. No entanto, os acontecimentos políticos e históricos demonstrarão a ineficácia desses princípios jurídicos e as fraquezas de um sistema intersubjetivo que dá a seus sujeitos o direito de recorrer à força. Foram as duas guerras mundiais que subverteram a visão clássica do direito internacional e provocaram suas transformações.

O direito internacional contemporâneo

A aspiração à paz internacional duradoura é a consequência lógica das duas guerras e vai repercutir profundamente no direito internacional. Concretiza-se na proibição do recurso à força, constante da Carta das Nações Unidas (art. 2º § 4º), e na instauração correlativa de um sistema de segurança coletiva. O desenvolvimento dos órgãos internacionais é outra consequência natural. A isso se soma a transformação da sociedade internacional interestatal, que assiste ao surgimento de numerosos novos Estados oriundos da descolonização e, bem mais recentemente, da derrocada dos sistemas marxistas do Leste europeu. Os indivíduos, as minorias e os povos fazem novas reivindicações, e exigem consideração por parte do sistema jurídico internacional. O direito internacional contemporâneo abriu-se para essa evolução, modificando o antigo direito clássico das gentes, sem o abandonar completamente. Ele ainda é amplamente relacional, porque fundamentado nas relações entre Estados, mas também se tornou institucional por integrar os elementos de organização da nova sociedade internacional (R. J. Dupuy, *Le Droit international*, 1963). Seu campo de aplicação já não está estritamente limitado aos Estados, pois engloba as organizações internacionais e, em menor medida, os indivíduos. Por princípio, é ilimitado; já não tem vocação estrita a reger apenas as relações interestatais, mas também pode reger a situação de indivíduos dentro dos Estados e até considerá-los sujeitos de direito. Ao lado da proibição substancial do recurso à força, essa é uma das mais importantes metamorfoses do direito internacional na época contemporânea. Abandona-se, portanto, a ideia hobbesiana de direito estritamente interestatal por um direito simplesmente internacional, ou seja, um direito emanado da vontade dos Estados, mas que pode ter por objeto qualquer situação, interna ou internacional. Emana dos Estados em sua ação conjunta (J. Combacau e S. Sur, *Droit international public*, p. 15). Apesar disso, continua sendo um direito internacional público, e não privado, pois não rege as relações transestatais privadas (ver abaixo "Direito internacional privado"), mas é internacional por seu fundamento de validade, e não por seu objeto.

Como então não pensar naquele direito das gentes preconizado por Grócio em 1625, direito que caracterizava apenas o *consensus gentium*, sua origem baseada no acordo dos povos? É grande a tentação de realizar esse retorno ao antigo direito das gentes de antes do período clássico, mas uma aproximação grande demais seria enganosa e simplista. Nosso direito internacional contemporâneo é fruto de uma evolução que integra o direito das gentes dos antigos e o direito internacional clássico dos modernos. Está estabelecido sobre alicerces positivistas e sobre uma estrutura ainda amplamente interestatal que impedem qualquer amálgama excessivamente redutor com o direito interindividual e misto do período escolástico. Ao mesmo tempo, leva em conta as novas finalidades que obrigam a marcar uma cesura com o direito internacional clássico. Não significa um verdadeiro retorno ao direito das gentes escolástico nem é simples prolongamento modificado do direito internacional clássico; talvez esteja se transformando em novo modelo jurídico, modelo que fundamenta e legitima de outro modo a juridicidade do direito das gentes e do direito internacional.

› ALLAND D., "Droit des gens. Droit des gens et droit international", *Dictionnaire de philosophie politique*, Paris, PUF, 1996, pp. 152-7. – DUPUY R. J., *Le Droit international*, Paris, PUF, "Que sais-je?", 1963. – HAGGENMACHER P., *Grotius et la doctrine de la guerre juste*, Paris, PUF, 1983. – JOUANNET E., *Emer de Vattel et l'émergence doctrinale du droit international classique*, Paris, Pedone, 1998. – LEGOHÉREL H., *Histoire du droit international public*, Paris, PUF, "Que sais-je?", 1996. – RENOUX-ZAGAMÉ M. F., "La disparition du droit des gens classique", *Revue d'histoire des facultés de droit et de la science juridique*, 1987, nº 4, pp. 23--53. – TRUYOL Y SERRA A., *Histoire du droit international public*, Paris, Economica, 1995.

Emmanuelle JOUANNET

→ Direito internacional privado; Direito internacional público; Direito natural; Escolástica (Segunda); Jurisconsultos romanos.

DIREITO DE INGERÊNCIA HUMANITÁRIA

Expressão empregada para designar a faculdade de intervenção, assumida ou autorizada pelo Conselho de Segurança das Nações Unidas, sempre que forem cometidas violações graves ao direito humanitário e aos direitos do homem. Essa faculdade, surgida nos anos 1990 por iniciativa da diplomacia francesa, foi preconizada inicialmente pela sociedade civil e recebeu o apoio de várias autoridades políticas ou morais antes de ser consagrada em formas diversas pela prática das Nações Unidas. Sua juridicidade, ainda discutida, estabelece-se progressivamente com a multiplicação de precedentes, e a consistência e convicção por ela expressas prefiguram o nascimento de um costume.

Uma noção na conjunção entre ética e poder

As palavras precedem a norma. Inicialmente, traduzem uma simples pretensão de direito, um desejo, uma ambição ética de particulares, juristas e dirigentes de organizações humanitárias, expressos em 1987 (Mario Bettati e Bernard Kouchner, *Le Devoir d'ingerence*, Paris, Denoel, 1987). Tal aspiração é ratificada por diversas autoridades temporais e espirituais. Em sua alocução de 14 de julho de 1991, F. Mitterrand lembra: "Foi a França que tomou a iniciativa desse novo direito, extraordinário na história do mundo, que é uma espécie de direito de ingerência dentro de um país, quando uma parte de sua população é vítima de perseguição." No ano seguinte, João Paulo II, usando como porta-voz seu secretário de Estado, alia-se ao "direito-dever de ingerência humanitária [...] para deter a mão do agressor" na Bósnia (*L'Osservatore Romano* de 8 de agosto de 1992). Jacques Chirac também se declara "favorável ao direito de ingerência humanitária" (*Le Figaro* de 7 de dezembro de 1992).

Resoluções concordantes; premissas de mudança

Sabe-se que a ONU fundamentou-se, na origem, pelo princípio de não ingerência que figura no artigo 2º, § 7 da Carta. Uma primeira vaga solapa o caráter absoluto dessa norma entre 1948 e 1968, para subtrair progressivamente a questão dos direitos do homem ao domínio reservado do Estado. Essa interpretação deve muito ao jurista francês René Cassin, que derrubou as primeiras resistências na muralha das ditaduras, ao redigir a Declaração Universal dos Direitos do Homem e obter sua adoção pela Assembleia Geral da ONU em 10 de dezembro de 1948. Vista pelos mais ardentes defensores da soberania da época como uma fonte inaceitável de ingerência (sobretudo os países do Leste), ela foi gradualmente ganhando foros de regra com a introdução de textos complementares sucessivos, acompanhados de uma prática institucional cada vez mais rica. Assim, as Nações Unidas se arrogaram o direito de examinar, discutir e estatuir em matéria de direitos do homem, a despeito dos protestos que os Estados visados opunham a esse exame, em nome da soberania. Contudo, durante esse período, a ingerência permaneceu estritamente *imaterial*. Tratava-se de simples direito de vigilância da comunidade internacional sobre a conduta dos governos para com seus governados. A faculdade de deliberação, observação e condenação não comporta medidas intrusivas no território do Estado; no máximo é às vezes acompanhada de contramedidas, especialmente de sanções econômicas (África do Sul, Rodésia). Por outro lado, o aparecimento de jurisdições regionais, como o Tribunal Europeu dos Direitos do Homem, era consentido e negociado, portanto estes não faziam parte das categorias jurídicas das exceções ao princípio de não ingerência.

O livre acesso às vítimas

A passagem a formas mais intrusivas de intervenção no território do Estado ocorre quarenta anos depois da Declaração Universal, por iniciativa da França. A opinião internacional, alertada desde 1968 (Guerra de Biafra) pelo notável avanço das organizações não governamentais como agentes de primeiro plano perante os Estados, favorece esse movimento. Aquilo que se passou a chamar de "sem-fronteirismo" comporta um projeto que tem em vista tornar mais permeáveis os confins do território para favorecer as vítimas. Os governantes não ficam insensíveis. A Assembleia Geral da ONU em parte os satisfaz. Proclama o princípio de livre acesso às vítimas das catástrofes (Resolução 43/131 de 8 de dez. de 1988 e Resolução 45/100 de 10 dez. de 1990) por parte de organizações de socorro. A mudança, mais profunda, porém, surge no início da última década do século no Conselho de Segurança. Este, que até então estava encarregado apenas da manutenção da paz internacional, passa a debater com frequência cada vez maior conflitos intraestatais; e, para fundamentar sua competência, afirma, ao cabo de mais de 200 resoluções, que a violação em massa dos direitos do homem por parte de um governo constitui uma ameaça ou um atentado à paz. Exige então, sucessivamente: cessação da repressão e livre distribuição de ajuda humanitária, acompanhamento armado dos socorros e intervenção militar multinacional para deter genocídios ou pôr fim a crimes contra a humanidade. Seus textos muitas vezes são votados por unanimidade ou pela grande maioria que, devido às renovações à razão de cinco por ano, reúne, desde 1990, 75 Estados que adotam, nos mesmos termos, disposições que exigem respeito aos direitos fundamentais e o fim das violências, proclamando o direito de intervenção.

Soberania e subsidiariedade

Em sua forma inicial, o princípio de livre acesso às vítimas combina-se muito bem com o respeito à soberania, pois figura um princípio de subsidiariedade no § 2º da Resolução 43/131. Ela reafirma a competência dos Estados afetados por uma catástrofe e o *papel principal* que lhes cabe em termos de iniciativa, organização, coordenação e prática da assistência humanitária em seus territórios respectivos. Segue-se que, se uma operação de socorro é realizada a contento em nível nacional, essa simples eficiência induz a inutilidade, portanto a exclusão, de toda e qualquer operação vinda do exterior. É exclusivamente no caso de as autoridades territoriais não estarem em condições de oferecer esse socorro que cabe o *papel secundário* à comunidade internacional. A partir de 1988, houve várias aplicações desse princípio, mostrando com evidência que a assistência estrangeira deve abster-se sempre que sejam suficientes as disposições tomadas no local. Em caso contrário, aplica-se o princípio de subsidiariedade, e as autoridades mais diversas a ele se referem, ora para solicitar uma ação internacional em razão das grandes dificuldades locais, ora para reservar ao país em questão o acompanhamento da ação internacional. No entanto, o exercício dessa ação subsidiária a partir do estrangeiro nem sempre é possível, principalmente quando a insegurança no território impede a comunicação eficaz e a chegada até as vítimas.

Direito de incursão ou direito de trânsito? Os corredores humanitários

Para abrandar mais os temores das partes, a resolução 45/100 preconiza a organização do trânsito dos socorros às vítimas por meio do estabelecimento de corredores humanitários que oferecem diversas salvaguardas à soberania territorial e garantia de passagem de equipes de socorro. Os corredores humanitários devem ser *limitados no tempo*; trata-se de um direito de simples trânsito cuja duração não poderia exceder o tempo necessário ao socorro e a seu prosseguimento, diretamente ligado às operações iniciais. Por serem *limitados no espaço*, não poderiam ser exercidos fora dos trajetos de acesso determinados num documento. Por serem *limitados em termos de objeto*, não têm outra função além do socorro, de transporte de medicamentos, material médico-cirúrgico de urgência e alimentos, excluída qualquer outra forma de assistência. Por serem de *exercício limitado*, devem ser submetidos a regras transpostas do artigo 19 da Convenção sobre o Direito do Mar acerca do direito de passagem inofensiva, e qualquer atividade que não esteja diretamente ligada ao socorro deve ser proibida. Por serem *eticamente limitados*, devem ser excluídas a confusão, a dispersão, e até a incompetência na concessão e na distribuição da assistência, respeitando-se a imparcialidade de todos aqueles que dispensam assistência humanitária (Resolução 43/131, preâmbulo, § 12).

Ingerência humanitária e uso da força

Surge uma última dificuldade quando o território do Estado é inacessível à assistência humanitária em razão da oposição ao trânsito dos socorros por parte de forças regulares ou irregulares. Nesse caso, o uso da força será incompatível com o direito internacional geral? A partir de 1991, o Conselho de Segurança consagra uma nova leitura dos capítulos VI e VII da Carta. Por exemplo, em 1992, foi implantada pelo Conselho de Segurança uma operação clássica de manutenção da paz, com capacetes azuis, a Onusom 1 (Operação das Nações Unidas na Somália); sua tarefa era "escoltar os comboios de socorro das Nações Unidas com uma força militar suficientemente forte para desencorajar os ataques" (Resolução 751 de 24 de abril). Mas essa operação foi insuficiente, e o Conselho de Segurança decidiu, em sua Resolução 794, autorizar a ação de forças nacionais. Com o nome de *Restore Hope*, ela ocorre paralelamente à ampliação das prerrogativas de força das Nações Unidas, decidida pelo Conselho de Segurança em sua Resolução 814 de 26 de março de 1993 (Onusom 2). Foi a primeira operação autorizada a recorrer à força em virtude do capítulo VII da Carta. Põe em ação forças nacionais de vários países interventores, sob um comando unificado. Segundo expressão do secretário-geral, trata-se da primeira operação *de imposição da* paz. A partir daí, outras intervenções foram decididas ou habilitadas pelo Conselho de Segurança, em favor da livre distribuição de ajuda humanitária ou para livrar dos agressores as vítimas de conflitos internos (Bósnia, Haiti, Albânia, Timor Leste, Kosovo...).

Qualificação: intervenções de humanidade ou intervenções humanitárias

As primeiras são expedições armadas e têm em comum algumas características essenciais que, acumuladas, as distinguem de qualquer outra forma de ação de forças através de fronteiras. 1 / São unilaterais, geralmente realizadas por um único Estado ou um pequeno grupo de Estados, sem autorização de um organismo internacional universal. 2 / São temporárias, limitando-se apenas ao tempo necessário à salvação. 3 / São conservadoras, visando a livrar do massacre nativos ou correligionários do Estado interventor, sem busca de vantagens materiais. 4 / Atravessando fronteiras, desenvolvem-se no território de um terceiro Estado sem seu consentimento. 5 / Por serem urgentes, são desprovidas de fundamento legal. 6 / Por terem cunho militar, implicam demonstrações ou ações armadas destinadas a isolar as vítimas ou a retirá-las do lugar onde estão sendo perseguidas. 7 / O único fundamento jurídico dessas ações, mencionado por autores americanos (R. B. Lillich), reside na legítima defesa dos nacionais que vivem no exterior.

As segundas, chamadas *intervenções humanitárias*, distinguem-se das primeiras de várias maneiras. 1 / As intervenções humanitárias têm em vista socorrer os nativos do Estado em cujo território se intervém. 2 / Geralmente são multilaterais (capacetes azuis) ou multinacionais (forças nacionais de diferentes países sob comando unificado). 3 / São legais, porque decididas ou autorizadas pelo Conselho de Segurança. 4 / Seu fundamento jurídico reside no artigo 25 da Carta, cujos termos os Estados aceitam, comprometendo-se a aplicar as decisões do Conselho. 5 / Destinam-se a fornecer assistência, serviços médicos e sanitários, alimentos, abrigos e roupas às populações locais. 6 / Cada vez mais comportam atos de intermediação entre essas populações e os responsáveis pela calamidade. 7 / São seguidas por um convite internacional à democratização do país (Haiti, Kosovo, Timor Leste, Afeganistão...) e/ou por processos internacionalmente organizados contra os autores das grandes transgressões ao direito humanitário ou aos direitos do homem.

A intervenção do juiz internacional

A intervenção da justiça internacional como fator de penalização pelos dois tribunais internacionais penais (TPI) instituídos pelo Conselho de Segurança também é uma novidade relativa, consequente ao surgimento do "direito de ingerência". Testemunho disso é a criação do TPI para a ex-Iugoslávia e para Ruanda. Esses dois tribunais têm o objetivo de lutar contra a impunidade e processar os autores de genocídios, crimes de guerra ou crimes contra a humanidade, perpetrados dentro do perímetro do Estado. Ruanda (que tinha assento no Conselho de Segurança quando da adoção do estatuto do TPIR) e a ex-Iugoslávia não aceitaram a criação desses tribunais que lhes foram impostos como decisão do Conselho. Os processos realizados e as penas proferidas não pouparam os autores subalternos de atos cruéis nem os responsáveis governamentais que os incitaram (governantes, ministros, oficiais superiores, governadores, prefeitos etc.). No futuro, a Corte Penal Internacional talvez venha agir no mesmo sentido, apesar das muitas precauções tomadas pelos redatores de seu estatuto para evitar que ela se imiscua demais nos assuntos internos dos Estados.

Portanto, a soberania não é posta em xeque pelo "direito de ingerência humanitária". Este exige apenas que ela seja exercida de modo mais humano e dá fundamentos à ONU para empregar ou autorizar a coerção com esse fim.

› BETTATI M., *Le Droit d'ingérence, mutation de l'ordre international*, Paris, Odile Jacob, 1996. – CORTÉN O. & KLEIN P., *Droit d'ingérence ou obligation de réaction?*, Bruxelas, Bruylant, 1992. – PELLET A., *Droit d'ingérence ou devoir d'assistance humanitaire*, Paris, La Documentation française, "Problèmes politiques et sociaux", 1995.

Mario BETTATI

→ Asilo; Assistência social; Crime contra a humanidade; Direito humanitário; Direitos humanos; Força; Guerra; Soberania; Território.

DIREITO DE RESISTÊNCIA

Toda doutrina jurídica da resistência à autoridade supõe que seja concebível um conflito entre direito não posto e direito positivo, ou um conflito entre regras positivas hierarquicamente organizadas. Nessa perspectiva, o direito de resistência revela a antinomia entre dois níveis de direito e equivale a opor sua própria interpretação do direito à interpretação, supostamente desviada, da autoridade. O exercício de um direito de resistência, portanto, requer previamente a faculdade de acesso a um conhecimento seguro do direito, assim como a capacidade de interpretar de maneira inconteste a antinomia entre as normas em questão. Essas condições propícias ao reconhecimento do direito de resistência na verdade só se reúnem nas doutrinas do direito natural. O positivismo, ao reconhecer como intérprete do direito apenas o juiz, tornou ilegítima ou impraticável qualquer tradução jurídica da resistência: num sistema no qual apenas a autoridade – e não a verdade – constitui o direito, o reconhecimento jurídico da resistência é impensável. Na melhor das hipóteses, é uma liberdade, sem garantia jurídica.

Direito natural clássico: a resistência como restauração de uma ordem natural

Quer nos situemos no contexto do direito natural dos antigos (o direito na natureza das coisas), quer no do direito natural dos modernos (o direito na natureza do homem), o problema da existência e do conhecimento seguro do direito natural, bem como o problema da interpretação incontestável de eventuais antinomias entre as regras de direito, nunca é totalmente dirimente. A não ser que a abordagem prime pela prudência, o direito de resistência sempre encontra espaço dentro dessas doutrinas, na articulação entre direito natural e direito positivo. Quanto aos antigos, coube a Aristóteles (*Ética nicomaqueia*, V, 7) afirmar com mais clareza a existência de uma lei natural que determina uma rede de obrigações naturais entre governantes e governados, lei essa que pode ser conhecida racionalmente e que permite julgar "objetivamente" a autoridade que dela se afasta. É então admissível uma doutrina do tiranicídio, como meio de restaurar a ordem natural comprometida por um tirano que só busque seu próprio interesse (Aristóteles, *Político*, IV, 2, 1289*a*; Cícero, *De Officis*, II, 7, 23-36; Sêneca, *De Beneficiis*, VII, 19). Essa herança será transmitida aos medievais, não deixando de apresentar dificuldades no contexto do cristianismo. Em primeiro lugar, pelo duplo efeito do *Non occides* e do legalismo pauliniano – todo poder vem de Deus –, segundo o qual aquele que resiste à autoridade resiste a Deus. Em segundo lugar, devido ao naturalismo teologizado que caracteriza um mundo cristão no qual a lei natural é concebida como a expressão da vontade de um Deus criador, incognoscível racionalmente por um homem corrompido pela Queda. As condições do exercício do direito de resistência são assim reprimidas, pois ninguém parece em condições de julgar a autoridade. Em seu *Policraticus*, João de Salisbury tentará, porém, justificar a resistência. Nele, o tirano é oposto ao *rex justus* que governa com justiça, observando a lei divina e natural, a fim de garantir a manutenção da justiça como condição temporal da salvação dos súditos, e a deposição aparece como meio de impedir que o príncipe se afaste das leis naturais ou divinas.

Foi a redescoberta de Aristóteles no século XIII, reabilitando a *ratio naturalis*, que abriu caminho para as teorias medievais da resistência. Ao destinar um lugar para a razão ao lado da fé, a filosofia aristotélica torna concebível um entendimento autônomo e racional do direito natural que possibilite julgar o direito positivo. Tomás de Aquino, que supera a tensão entre cosmocentrismo e teocentrismo, estabelece que a Criação sem dúvida está submetida à vontade de Deus (lei divina), que só é acessível por um ato de fé, mas que essa Criação possui relativa autonomia, ordenada por causas secundárias (lei natural) que participam da lei divina e podem ser conhecidas racionalmente. Torna-se então possível julgar as leis positivas em relação ao direito natural-divino e denunciar o tirano (*Suma teológica*, Ia, IIae, Q. 96, art. 4). No entanto, Tomás de Aquino se mostra muito reservado quanto à conduta que deve ser adotada perante o tirano e sempre se esmera em aconselhar paciência. A sedição nunca é aceitável quando a multidão sofrerá mais com a desordem dela decorrente do que com a tirania presente. Por fim, sempre é necessário que o tirano seja alvo de julgamento público por magistrados qualificados (*ST*, IIa, IIae, Q. 64, art. 3). Retomando a distinção presente em *De Regimine principum* – atribuído a Tomás de Aquino – entre tirano por origem e tirano por exercício, Bartolo, em *De tyrannia* (1519), refinará os critérios da tirania, distinguindo a tirania manifesta da tirania disfarçada, que se dissimula por trás de uma aparência jurídica, mas revela excesso ou usurpação de poder. A cada tipo de tirania corresponde uma maneira de depor o tirano. Mas cabe sobretudo ao imperador, superior natural de todos os príncipes, o poder de condenar o tirano. Acessoriamente, esse papel pode caber aos magistrados. E, como é pouco provável que o tirano aceite sua condenação, então passa a ser um direito o recurso à revolta, mas não ao tiranicídio.

Embora os humanistas do século XVI louvem os grandes tiranicidas da Antiguidade, a Reforma retorna às teses agostinianas. Para Lutero, o tirano está no plano divino, e as Escrituras convidam à obediência passiva e ao martírio. Mas, em sua hostilidade radical ao tomismo, Lutero condena toda e qualquer pretensão humana ao conhecimento da ordem natural. Para Lutero, a Queda obscureceu totalmente a razão, e ninguém está em condições de descobrir nenhuma ordem natural ou de fazer julgamentos seguros sobre o bem e o mal político. A vontade divina, que é a fonte do direito natural, só pode ser conhecida pela revelação, e a lei positiva é o instrumento providencial do castigo dos pecadores. Calvino, porém, reatará com a cultura do tiranicídio do Antigo Testamento, reconstituindo certas condições para o exercício da resistência. Sua doutrina dá ao homem a possibilidade de discernir algumas verdades eternas que autorizam até certo ponto o exame racional da lei positiva. Embora só aos magistrados caiba resistir, Calvino às vezes considera a possibilidade de indivíduos privados matarem o tirano. Mas estes nunca o fazem por efeito de seu livre-arbítrio: eles são sempre instrumentos inconscientes da justiça divina. O fato é que as consequências da noite de são Bartolomeu obrigarão os protestantes a ir mais longe na apologia da resistência à autoridade. Os monarcômacos são os primeiros que tentaram juridicizá-la e ampliá-la, em torno da ideia de contrato. Em 1575, é publicado *Do direito dos magistrados*, de Teodoro de Bèze. O autor desenvolve uma doutrina inspirada na Aliança, que supõe a existência de um contrato firmado entre o povo e o príncipe e entre o povo e Deus. A rescisão do contrato de governo por "coisas irreligiosas ou iníquas" justifica então a resistência dos magistrados, representantes do corpo do povo. Esse argumento contratualista será retomado tanto pelos monarcômacos protestantes (Junius Brutus, Hotman) quanto católicos (Mariana, Boucher), para culminar em

Althusius, partidário de um verdadeiro "direito constitucional" de resistir, posto nas mãos dos "éforos" e dos "optimates", elite de magistrados que afirmam representar a soberania do povo numa monarquia moderada.

Direito natural moderno: a resistência como garantia dos direitos individuais

No século XVII, a escola moderna do direito natural promoverá a ideia de justiça universal, inerente à natureza racional do homem, que vai superar a concepção clássica do direito natural. Por um efeito de assimilação do manifesto ao verdadeiro, o evidentismo – seja ele racionalista ou sensacionista – torna-se penhor de um conhecimento indubitável da lei natural (a autoconservação) e dos direitos naturais que lhe são coextensivos. Assim, Pufendorf escreveu que "nossa lei fundamental do direito natural [...] é verdadeira e clara por si mesma, de modo que dela podemos deduzir todas as máximas do direito natural referentes àquilo que somos obrigados a observar em relação aos outros" (*Le Droit de la nature et des gens*, trad. fr. Barbeyrac, L. II, cap. III, § 19), e Grócio esclarece que se dedicou a "vincular as provas das coisas referentes ao direito da natureza a noções tão certas, que ninguém pode negá-las sem se violentar" (*Le Droit de la guerre et de la paix*, trad. fr. Pradier-Fodéré, pról. XXXIX). Essa teoria da interpretação como ato de conhecimento, articulada a uma concepção metafísica da verdade – a razão é o lugar das verdades eternas comuns ao espírito humano e divino –, cria as condições epistemológicas do exercício de um direito de resistência, que permite garantir o primado do direito natural sobre o direito positivo.

É nesse contexto que o direito de resistência será erigido como garantia suprema dos direitos do indivíduo, no âmbito de uma concepção contratual do poder. O pensamento político dos modernos gravita em torno de dois eixos: por um lado, uma doutrina dos direitos naturais do homem e, por outro, uma doutrina da soberania destinada a garantir o seu respeito. A articulação entre esses dois momentos – o natural e o positivo – é possibilitada pelo contrato social, que traduz o poder do indivíduo de se comprometer juridicamente em relação a uma esfera supraindividual. No entanto, fazer do contrato o fundamento da autoridade pública pode acarretar duas consequências: justificar juridicamente a proibição de qualquer desobediência, ou, ao contrário, legitimá-la. A primeira corrente, inspirada por um consensualismo radical, admite que o contrato autoriza a alienação sem reserva da soberania ou da liberdade individual, vedando qualquer resistência legítima, visto que a alienação foi livremente consentida. Desse modo, para Grócio, assim como um homem pode tornar-se escravo de quem quiser, um povo pode submeter-se a "uma pessoa ou a várias, transferindo-lhe inteiramente o direito de governar, sem ficar com parte alguma" (L. I, cap. III; § 8, 2). Uma vez despojado voluntariamente de sua soberania, o povo se priva de recuperar o seu exercício quando sua liberdade está ameaçada. Se tentar essa recuperação, infringirá os termos do contrato e legitimará, como reação, a resistência à sedição. Grócio avaliará até que ponto essa lógica consensualista às vezes é insustentável e admitirá sete casos nos quais a resistência é legítima (L. I, cap. IV). Só com Locke a lógica consensualista foi limitada pela ideia de direitos inalienáveis e uma doutrina liberal do direito de resistência foi sistematizada. Segundo Locke, o homem deve respeitar sua destinação divina, e o direito de resistência torna-se a garantia do respeito aos fins atribuídos por Deus às suas obras. O homem possui o usufruto sobre si que constitui uma verdadeira propriedade oponível às outras, formando assim uma esfera de direitos inalienáveis. Um *trust*, mais próximo de uma obrigação moral em vista da realização de um objetivo do que de uma promessa jurídica, será então o fundamento de toda obediência política: a soberania só é outorgada aos governantes pelo povo a título de uso. Quando o governo age em contradição com o fim para o qual foi estabelecido, comete um *breach of trust*, e os indivíduos passam a ter a possibilidade "de apelar ao céu todas as vezes que julgarem a causa suficientemente importante" (§ 242). O governo se desfaz então por si mesmo, tornando legítima a oposição, em conformidade com a justiça natural. Nem cláusula constitucional (§ 242), nem ação individual violenta (§ 230): o direito de resistência de Locke torna-se um ato político público (§ 240; ver também Rawls, *Théorie de la justice*, trad. fr. Audard, Le Seuil, 1987, VI).

Recepção do direito de resistência pelo direito positivo

Foi Mably que, às vésperas da Revolução francesa, ressuscitou a temática do direito de resistência (*Des droits et devoirs du citoyen*). Nessa obra, o empirismo e o sensacionismo de Locke são invocados para fundamentar o conhecimento da lei natural, de mescla com considerações racionalistas. Quanto ao direito de resistência, é legitimado principalmente pelo exemplo da declaração de independência americana. Os revolucionários franceses não podiam ficar para trás nesse assunto. No entanto, a fé legicentrista que os anima torna secundária a questão do direito de resistência, pois o novo regime é estabelecido para impedir a arbitrariedade: a lei, expressão de uma vontade geral sempre justa, não poderia ser fonte de opressão; só um executivo corrompido pode ser fonte de opressão, e é a ele que parece referir-se o direito de resistência do artigo 2º da Declaração. O debate ressurgiu em 1793, visto que os girondinos eram partidários de enquadramento constitucional do direito de resistência, enquanto os *montagnards* se recusavam a conferir-lhe forma legal por considerá-lo consequência dos outros direitos do homem, qualificando o projeto girondino de "derradeiro requinte da tirania". Embora a declaração dos *montagnards* reconhecesse o direito de resistência ("o mais sagrado dos direitos e mais indispensável dos deveres", art. XXXV), embora considerassem que seu exercício tinha a finalidade de restabelecer o discurso da vontade geral, o estado de espírito dos *montagnards*, resumido pela réplica de Garnier de Saintes a Condorcet, tem o mérito de determinar a posteridade de toda e qualquer consagração jurídica positiva da resistência: "O direito de resistência está na natureza, e os senhores o aniquilarão no dia em que lhe derem forma legal." Garnier de Saintes convida, assim, a dar importância especial (à maneira de Hobbes) a toda e qualquer tentativa de juridicizar a resistência. Para Hobbes, o estado de natureza é anômico. O direito da natureza "é a liberdade que cada um tem de usar como quiser de seu próprio poder, para a preservação de sua própria natureza, em outras palavras, de sua própria vida, e, por conseguinte, de fazer tudo aquilo que considerar, segundo seu juízo e sua razão, como o meio mais apto a atingir esse fim" (*Leviatã*, § XIV). Assim, se um soberano ordenar a um homem, mesmo a um homem condenado justamente, que atente contra sua própria vida, esse homem sempre terá a liberdade de desobedecer (§ XXI). Mas essa liberdade não pode ser protegida juridicamente, porque remete a um estado ajurídico de natureza, no qual só existe um jogo de forças que traduz o poder de que cada um dispõe para se manter vivo. Hobbes exprime de maneira radical aquilo que se transformará no ferrolho positivista do direito de resistência: só existe o direito posto pelo Estado, e falar de um direito natural de resistência é uma contradição em termos, pois não existe direito na natureza. E, se considerarmos o estado de natureza como uma situação de guerra de todos contra todos, com origem em conflitos de interpretação da lei natural, o papel do Leviatã – erigido à categoria de intérprete autêntico – é fazer essa lei natural caber na lei civil à qual todos devem obediência, sem que possam opor ao soberano a sua própria interpretação do direito, considerada "verdadeira". Quem faz o direito é a autoridade, e aquele que contesta a lei, pretendendo descentralizar a interpretação do direito, torna-se um rebelde (*re-bellare*) que reconduz ao estado de natureza.

Por isso, o direito positivo empenhou-se em neutralizar qualquer reconhecimento jurídico da resistência. O artigo 2º da Declaração foi privado de efeitos, assim como a própria Declaração, relegada até a V República ao plano de petição de princípio. A ideologia do Estado de direito, a seguir, contribuiu para tornar inútil o apelo à resistência, ao privilegiar a solução jurisdicional para dirimir os conflitos entre governados e governantes. O direito penal, principalmente, reduziu a nada toda e qualquer possibilidade de oposição à autoridade pública por parte de particulares, confinando a resistência no delito ou no crime de rebelião. Para a Corte de Cassação francesa, "o sistema [...] que levasse diretamente a autorizar cada indivíduo a constituir-se como juiz dos atos emanados da autoridade pública seria subversivo de qualquer ordem pública" (Crim., 5 jan. 1821, *S.*, 1821.I.168), e "a rebelião não poderia ser escusada em razão da pretensa ilegalidade do ato realizado pelo agente" (Crim., 3 maio 1961, *Bull.*, nº 234). Quanto ao dever de desobediência da função pública civil (CE, 10 nov. 1944, *D.*, 1945, 88; art. 28 L. 13 jul. 1983), é ordenado ao bom funcionamento do serviço público. Um agente público pode, assim, ser levado a executar uma ordem manifestamente ilegal, desde que essa ordem não ponha seriamente em risco um interesse público, que só os superiores hierárquicos parecem em condições de entender. Esse dever de desobediência é então neutralizado a partir de considerações relativas à pretensa inaptidão dos executores para julgar as ordens recebidas. Realmente, o direito positivo, apesar das aparências, continua hobbesiano. A resistência não poderia enveredar pelo caminho do discurso jurídico sob pena de pôr em xeque os fundamentos do Estado como juiz supremo que permite superar o estado de natureza. Admitir juridicamente a resistência equivaleria a considerar que "a legislação suprema contém em si uma determinação em virtude da qual não seria suprema, e o povo, na qualidade de súdito, seria, num único e mesmo julgamento, transformado em soberano daquele a quem está sujeito – o que é contraditório..." (Kant, II, § 49 A).

› ARENILLA L., "La notion de résistance à l'État: le point de vue de Locke", *Diogène*, nº 35, 1961. – BELIN M.-H., "Souveraineté et droit de résistance", *Philosophie*, nº 4, 1984. – BENOÎT-RHOMER F. & WACHSMANN P., "La résistance à l'oppression dans la déclaration", *Droits*, nº 8, 1988. – DESMONS E., *Droit et devoir de résistance en droit interne*, LGDJ, 1999. – ERRERA P., "Le procès Sacheverell et le droit à la résistance", *Revue du droit public*, 1898 . – GOYARD-FABRE S., "Le peuple et le droit d'opposition", *Cahiers de philosophie politique et juridique de Caen*, 1982. – KANT E., *Doctrine du droit*, tr. Renaut, Flammarion-GF, 1994. – LAZZERI C., "Le droit de résistance dans la philosophie libérale", *Rue Descartes*, nº 3, 1992. – LOCKE J., *Traité du gouvernement civil*, tr. Mazel, Flammarion-GF, 1984. – RENAUT A., "Le problème de la loi injuste. Remaraques sur l'anti-juridisme contemporain", *Cahiers de philosophie politique et juridique de Caen*, 1987. – SPITZ J. F., "Le droit de résistance", *Dictionnaire de philosophie*, Rials-Raynaud (org.), PUF, 1997. – TOSEL A., *Kant révolutionnaire*, PUF, 1988. – VERHAEGEN J., *La Protection pénale contre les excès de pouvoir et la résistance légitime à l'autorité*, Bruylant, 1969. – WACHSMANN P., "Un sujet de droit peut-il se révolter?", *Archives de philosophie du droit*, 1989.

Éric DESMONS

→ Contrato social; Legítima defesa; Obediência e disciplina; Revolução.

DIREITO DIVINO

Enunciada sem mais especificações, a expressão direito divino remete a realidades jurídicas múltiplas, ao mesmo tempo teóricas e institucionais, às quais confere idêntico fundamento transcendente. Na linguagem do direito erudito, o *jus divinum*, em sentido lato, designa as regras emanadas de Deus, tanto as regras levadas ao conhecimento dos homens por meio de revelação, quanto as discernidas pela razão humana na ordem introduzida na natureza das coisas por aquele que as criou.

As leis que se baseiam na *expressa palavra* de Deus, ditadas por ele mesmo aos homens (pouco numerosas no domínio propriamente jurídico, segundo os princípios da religião cristã), constituem o direito divino no sentido estrito. Constituído essencialmente pelos mandamentos do Decálogo – as *Tábuas da lei* –, aos quais se soma certo número de preceitos extraídos do Evangelho, esse "direito divino positivo", por exprimir a vontade expressa do criador e mestre dos homens, deve encontrar nestes obediência *absoluta*, que não pode ser questionada por nenhuma vontade particular. Mas, ao lado desse direito divino em sentido estrito, encontra-se na tradição jurídica erudita do mundo ocidental outra categoria de regras, o "direito natural e divino", que ao mesmo tempo se relaciona com aquele e dele se distingue. Devido à sua origem transcendental comum, essas duas categorias são consideradas necessariamente superiores às regras impostas apenas pela vontade humana. Mas, como os meios de conhecimento não são os mesmos para ambas, o alcance dessa superioridade difere substancialmente. Ditados ao homem por um ser definido por sua infinita transcendência, os preceitos do direito divino positivo são *mandamentos* que devem ser executados segundo a literalidade da palavra divina, única que possibilita seu conhecimento; não são passíveis de interpretação nem revogação. Em contrapartida, os princípios do chamado direito "natural e divino" são essencialmente revelados pelo trabalho da razão humana. Esta, por participar da razão divina, pode conhecer por observação a ordem introduzida por Deus na natureza dos seres criados por ele, mas também pode, pela reflexão e por meio de regras por ela inventadas, desenvolver os modelos propostos pela ordem natural.

É à luz dessas diferenças e dessas semelhanças que devemos tentar entender não só a realidade institucional à qual a expressão "direito divino" remete ordinariamente, mas também o poder de atração que exerceu durante séculos sobre tantas inteligências, bem como as discussões nunca realmente resolvidas que ela provocou entre os pensadores da Igreja e os defensores do Estado laico. Durante todo o tempo em que a reflexão política se fundamentou nos princípios da fé cristã, grande parte dos pensadores laicos esteve convencida de que só um soberano designado diretamente por Deus – "*a solo Deo*", para repetir a expressão jurídica tradicional que expressa a reivindicação desse estatuto – pode conduzir seus súditos cristãos rumo às finalidades atribuídas pelo Criador ao poder de governar os homens. Segundo essa interpretação, o Estado de direito divino, no qual o soberano, designado imediatamente por Deus, só depende dele em sua ação, é a única forma institucional fiel ao princípio essencial proposto pelos textos santos do cristianismo em matéria de política, o princípio da origem divina do poder. Mas, enquanto para o pensamento laico a atribuição, portanto a prática, do poder político é da alçada do *direito divino positivo*, para as autoridades da Igreja, seus pensadores e seus juristas – pelo menos na grande maioria – elas são da alçada do *direito natural e divino*. Ao afirmar que todo poder provém de Deus, os célebres textos paulinos, na opinião deles, apenas confirmam aquilo que a razão humana constata por si mesma. Visto que Deus fez o homem como ser social, a existência de um poder político estruturador dessa sociedade corresponde à sua vontade e à natureza do homem. Mas nem as formas nem a atribuição desse poder (sobretudo) dependem da vontade imediata do Criador. O estatuto do direito divino, portanto, está no cerne de um conflito essencial entre os teólogos e os pensadores laicos. As dificuldades que marcam sua aplicação são proporcionais às questões que constituem a raiz desses debates.

Elementos de história

A linguagem política e jurídica corrente, como se sabe, tende a falar de "direito divino" para designar qualquer forma de autoridade que alegue escapar ao controle daqueles sobre quem ela se exerce, afirmando que o poder que ela detém lhe vem de uma fonte superior à vontade humana; é raro que a apreciação, ou melhor, a acusação, seja positiva. O modelo que continua inspirando hoje esse uso não científico deve ser buscado na história política europeia dos tempos modernos. Embora a reivindicação desse estatuto apareça nos autos da Chancelaria do Santo Império já no século XII, e ao longo da Idade Média seja corrente tanto no discurso do poder quanto no de seus defensores a afirmação de que o soberano recebe o poder *a solo Deo*, foi principalmente para qualificar e caracterizar o estatuto e as formas institucionais assumidas a partir do fim do século XVI por dois dos principais Estados europeus que a memória histórica fala do Estado de direito divino. Trata-se, por um lado, da monarquia inglesa: antes de entrar em revolução, esta forneceu à história do estatuto de direito divino um de seus mais ilustres defensores na pessoa do rei Jaime I Stuart e também a oportunidade de debates de grande repercussão, pois, para combater as teses monárquicas e principalmente as medidas que as punham em prática – a obrigação imposta aos católicos ingleses de jurar que nunca se submeteriam a alguma eventual ordem do papa que os levasse a desobedecer a seu soberano –, o papado pediu aos dois maiores teólogos do tempo (Belarmino e Suarez) que demonstrassem a ilegitimidade do estatuto assim reivindicado pelas autoridades temporais.

Mas o exemplo que vem à mente de todos é constituído pela monarquia francesa dos séculos XVII e XVIII. Depois de renunciar em 1614, sob pressão das autoridades eclesiásticas, a adotar oficialmente esse estatuto que os deputados do Terceiro Estado desejavam ver reconhecido como Lei Fundamental do Estado, essa monarquia conseguiu, em 1682, da Assembleia do Clero da França a famosa Declaração dos Quatro Artigos, que equivale ao reconhecimento oficial pelos bispos do reino do estatuto de direito divino da monarquia francesa. Não poderíamos deixar de mencionar a *Política extraída das próprias palavras da Escritura Santa* de Bossuet: ainda que as teses desenvolvidas pelo grande teólogo francês do tempo de Luís XIV tenham mais nuances e sejam mais complexas do que se disse, essa obra, como indica seu título com precisão, baseia-se na convicção de que convém buscar os princípios para pensar, construir e praticar o poder político nos preceitos *revelados* por Deus aos homens – o direito divino positivo expresso pela Palavra divina apresentada nas Santas Escrituras. Aqui cabe notar que as ressurgências "monárquicas" que alguns acreditam ver na história nas características da República francesa são extraídas, na maioria, desse modelo. Embora esses nexos em geral sejam mais denunciados que mostrados, eles provam a existência de continuidades ocultas entre as duas fases da história do Estado francês: a monárquica e a republicana. Apesar do descrédito de que é alvo hoje uma forma política que parece ter sido irremissivelmente extinta na Europa junto com as convicções religiosas com as quais constituía um todo, esses nexos sugerem que a monarquia de direito divino foi um momento essencial da história desses Estados do mundo ocidental, sobre cujo futuro pesam ainda hoje algumas interrogações.

Resta saber qual foi o seu lugar, e essa questão é essencial. Se considerarmos que, no surgimento do Estado moderno, a ruptura com o transcendente foi decisiva, como entender que na história política francesa, durante dois séculos, o estabelecimento de um vínculo direto com Deus pareça a muitos uma condição decisiva para a própria existência da soberania? Conforme acabamos de delinear, a história desse estatuto sugere duas conclusões contraditórias. Em vista do caráter tardio de seu triunfo e da amplitude excepcional dos debates que o acompanharam, conclui-se que o reconhecimento de um estatuto de direito divino para o titular da soberania era uma questão absolutamente essencial tanto para aqueles que o combatiam (ou seja, para as autoridades e os pensadores do clero) quanto para aqueles que o reivindicavam (ou seja, para a maioria dos juristas que trabalhavam para os poderes temporais). Ora, esse estatuto, conquistado de maneira tão penosa e lenta, vai depois desaparecer sem grandes debates. Caberá então considerar que o próprio estatuto de direito divino não passava de um meio que deixou de despertar interesse tão logo foram alcançados os resultados em vista? Mas o que se tinha em vista com essa reivindicação?

O que estava em jogo

O que estava em jogo era de natureza essencialmente política; a controvérsia do direito divino faz parte de uma longa história: aquela em que os dois poderes – espiritual e temporal – não pararam de se defrontar e de colaborar para a direção do *populus christianus*, num movimento em que os dois foram se modelando mutuamente, de maneira progressiva. Se o encarniçamento dos dois protagonistas é extremo no início dos tempos modernos, isso ocorre porque – conforme dizem – cada um deles vê, no triunfo ou na derrota do direito divino do Estado, a condição ou a invalidação de sua própria existência. Para os defensores dos direitos do Príncipe, o que define a soberania é sua total independência; ela é o poder ao qual nenhum outro poder pode se opor de direito: a filosofia política moderna, como se sabe, não dirá outra coisa. Ora, para as mentalidades cristãs, habituadas a pensar o poder a partir das formas de sua ligação com o transcendente, a soberania só escapará ao domínio das vontades humanas se colocada na dependência exclusiva de Deus. As críticas formuladas pelos teólogos possibilitam compreender o essencial. Segundo eles, o que constitui a radical falsidade da interpretação dos pensadores laicos sobre o princípio da origem divina do poder está no fato de que ela transfere para as modalidades humanas de atribuição aquilo que, segundo os textos santos, só vale para o poder em si. Não é o poder que se diz ser coisa divina e desejada por Deus, mas sim sua particularização, sua atribuição concreta; é determinado Príncipe, em sua pessoa histórica, que se diz escolhido, instituído imediatamente por uma vontade particular do Criador. Se lembrarmos que tudo o que é expressamente desejado por Deus não pode de forma alguma ser modificado pelos homens, percebem-se imediatamente as consequências fundamentais desse deslizamento interpretativo: o poder assim conferido está indefectivelmente ligado à pessoa do soberano, e nenhuma vontade humana pode desfazer essa ligação. Só resta aos súditos, segundo fórmula consagrada, a "glória de obedecer" ao rei que Deus lhes dá, não sendo permitida resistência alguma. Com o triunfo desse estatuto, também é descartada a legitimidade de qualquer controle: dos súditos, de seus eventuais representantes, mas sobretudo das autoridades eclesiásticas. Historicamente, a afirmação do direito divino dos reis visa em primeiro lugar a livrar-se definitivamente das intervenções com as quais o papado, instaurando o princípio da subordinação do temporal ao espiritual, se considerava habilitado a exonerar do dever de obediência os súditos de um Príncipe cristão.

Mas, para a Igreja, o triunfo do direito divino do Príncipe não marca apenas o questionamento do poder de direção e de correção reivindicada por ela em relação à política. Constitui também o primeiro passo rumo a uma forma de desapropriação. O estatuto assim conferido ao poder temporal não foi inventado pelos pensadores laicos, mas provém do direito público eclesiástico. Com a qualificação mais técnica *de instituição divina imediata*, ele constitui um todo com o poder espiritual, é graças a ele que este é e continua sendo o que deve ser: um poder "sobrenatural", cuja missão é modificar a substância da natureza, devendo, por conseguinte, vir inteiramente de outro lugar, em virtude de uma vontade própria e particular de Deus. Reivindicar esse estatuto para o Estado é torná-lo *igual* à Igreja e afirmar sua independência em relação a ela. Mas é também (e talvez principalmente) lançar as bases que permitem pensá-lo como uma espécie de *duplo* e assim tornar legítimas as famosas "transferências" teológico-políticas cujo papel foi essencial na construção do Estado moderno. Por essa razão, o Estado de direito divino é realmente um momento essencial dessa construção.

➤ CATTIN E., JAFFRO L. & PETIT A., *Figures du théologco-politique*, Paris, 1999. – CONGAR R. P. Y., "Jus divinum", *Revue de droit canonique*, 1978. – COURTINE J.-F., 'L'héritage scolastique dans la problématique théologico-politique de l'âge baroque", *L État baroque*, éd. H. Méchoulan, J. N. Figgis, *The divine right of King*, Cambridge, 1896. – RENOUX-ZAGAMÉ M.-F., "Droit divin et constitution de l'État. Du juge-prêtre au roi-idole dans la pensée juridique française à l'aube des Temps modernes", *Le Droit entre laïcisation et néosacralisation*, J.-L. Thireau (org.), Paris,1997, et "Théologie sacerdotale contre théologie séculière: la question du droit divin des rois", *Aspects de la pensée médiévale dans la philosophie politique moderne*, Y.-C. Zarka (org.), Paris, 1999.

Marie-France RENOUX-ZAGAMÉ

→ Direito das gentes; Direito natural.

DIREITO DO TRABALHO

Na França, assim como em outros países, chama-se *direito do trabalho* um *ramo* do direito composto por *regras próprias ao trabalho subordinado*. Ele ilustra um *modelo*, entre outros, de institucionalização e de enquadramento daquilo que nossa sociedade trata como "trabalho". Hoje já se indaga sobre o futuro desse ramo, de invenção bastante recente.

A invenção de um direito do trabalho

Duas leis de 1791, na França, "libertaram" o trabalho: a Lei d'Allarde, que arruinou o regime corporativo, instaurando a liberdade profissional, e a Lei Le Chapelier, que proibia qualquer agrupamento daqueles que trabalhassem ou utilizassem o trabalho alheio. Como reflexo de senso de liberdade, uma lei do ano XI e a legislação do Império impuseram diversas obrigações aos operários (instituição policialesca da caderneta operária). O Código Civil dedicou apenas dois pequenos artigos à "avença de gente de trabalho" – um proibindo os contratos perpétuos –, artigos estes de resto submetidos aos princípios da liberdade e da força vinculante das convenções. O trabalho dos "domésticos e operários" foi então dotado de um regime que fundamentava o uso extensivo e a exploração do trabalho assalariado. A adoção de "leis sociais" restritivas da liberdade contratual e das prerrogativas do proprietário pressuporia uma evolução da representação do trabalho ligada à industrialização, ao crescimento de um proletariado frequentemente miserável e às reivindicações e lutas (vai-se falar de um "direito de conquistas"). *A invenção do direito do trabalho é fruto de certo tratamento dessa legislação.*

A lei de 1841 sobre o trabalho das crianças é apresentada como a primeira lei social. Depois da obra efêmera da Revolução de 1848 e da II República, "o Império liberal" eliminou a incriminação das associações de trabalhadores. Depois da derrota de 1870 e da tragédia da Comuna, o avanço industrial, a abertura de espaços comerciais e, depois, a forte depressão com ampliação das greves tornaram mais premente a fixação de uma mão de obra excessivamente móvel. O advento de uma República frágil e a instauração do sufrágio universal (masculino) favoreceram a integração dos trabalhadores na nova ordem republicana. A afirmação do cristianismo social e das correntes socialistas deu suporte a um reformismo preocupado com um pouco de solidariedade e com melhor equilíbrio entre grupos sociais. Com o enriquecimento das leis sociais, foi possível identificar um *direito novo*. A Lei de 1884, que consagrava a liberdade sindical, permitiu que os sindicatos se organizassem e agissem abertamente (fundação da CGT em 1895). Ela certamente facilitou a adoção (de 1890 a 1910) de leis que aboliam a caderneta operária e admitiam que a demissão podia ser abusiva; além disso, instituíam um regime especial de responsabilidade pelos acidentes de trabalho, limitavam a jornada de trabalho, generalizavam o repouso semanal e criavam aposentadorias para os operários. Ao mesmo tempo, reconheceu-se na avença de trabalho, logo denominada "contrato de trabalho", uma relação de dependência. Por fim, uma operação de codificação das "leis operárias" deu origem, entre 1910 e 1927, a quatro livros de um *Código do Trabalho*. Simples compilação de textos em vigor, esse código demonstrou a existência de um novo ramo do direito.

Esse ramo já fora detectado por estudos doutrinais e exposições didáticas. Como o ensino da "legislação industrial" foi introduzido nas faculdades francesas em 1889, seguiram-se as primeiras edições dos tratados de "legislação industrial" ou "operária" (P. Pic, G. Bry). Seriam desenvolvidos trabalhos de racionalização e identificação desse novo ramo do direito. Em 1929, a segunda edição do *Droit ouvrier* de G. Scelle propõe uma visão original de um "direito de classe". Destinada à promoção de um direito que rompesse com o individualismo do Código Civil francês para pacificar as relações entre patrões e assalariados, a revista *Droit social* é fundada em 1938. Em 1947, P. Durand publica o primeiro volume de seu *Traité de droit du travail*. "Direito", e não "legislação", visto que as fontes das normas não são apenas estatais. Direito "do trabalho", e não "operário", visto que diz respeito a todo trabalho subordinado, não é pura proteção conquistada pela classe operária e visa a um "equilíbrio", ao mesmo tempo que contribui para a organização da economia. Os programas acadêmicos consagrariam essa denominação.

Da consolidação ao questionamento

A cronologia legislativa sensível aos acontecimentos políticos e sociais privilegia algumas datas: 1936 e o Front Popular, com as leis que instituíam as férias pagas e a semana de quarenta horas, dando contornos ao regime das convenções coletivas; a *Libération*, com a instituição dos comitês empresariais e dos representantes do pessoal, o reconhecimento de certos direitos sociais "particularmente necessários a nossos tempos" pelo preâmbulo da Constituição; 1968 e o movimento generalizado de greves, o protocolo de Grenelle e alguns textos legislativos e grandes acordos (direito sindical na empresa, reforma do salário mínimo legal, salários mensais, reforma da formação profissional etc.); 1981 e o sucesso da união de esquerda, seguido de cinco regulamentos e outras tantas leis (1982-83), que supostamente transformariam os assalariados em cidadãos na empresa e promoveriam certa "democracia econômica".

Importantes elementos, porém, surgiram em outros períodos. Como fruto de uma "consolidação" do direito em vigor, em 1973 nasceu um novo Código do Trabalho francês. Uma lei do mesmo ano "enquadrou" a demissão. Outros textos haviam nascido de um longo amadurecimento, retomando inovações convencionais ou usos. Outros traduziam ou traduziriam opções de política econômica e social, e uma lei de 1950 reformava o direito das convenções coletivas, criando um salário mínimo e prolongando o reconhecimento constitucional de um direito de greve ("a greve não rescinde o contrato de trabalho").

A imagem do enriquecimento contínuo dos direitos e das garantias dos assalariados não deve levar a esquecer a dívida que o direito do trabalho tem para com as necessidades do capitalismo (a proteção da força de trabalho, moderação do domínio social, pacificação, salvaguarda da concorrência) e para com a ação patronal. Os últimos vinte anos lembraram o peso desta última. Sobre um pano de fundo de *questiona-*

mento de um direito do trabalho acusado de gerar custos e excessivamente rígido, diversas modificações legislativas pretenderam favorecer a contratação num contexto de crescimento do desemprego, bem como a competitividade de empresas submetidas a uma concorrência internacional fortalecida. Iniciado em 1984, o movimento de "flexibilização" e redução dos custos de mão de obra acentuou-se durante a primeira *coabitação*, coexistência de um Presidente com um governo de tendência oposta (1986-88). Privilegiando a faculdade de substituir as disposições do direito estatal por regras negociadas entre parceiros sociais, esse movimento se traduziu numa profusão legislativa e regulamentar. Mas o Código do Trabalho francês também se enriqueceu com inovações voltadas para a proteção dos assalariados (legislatura 1988-93) ou de "gestos" de política de emprego, como a Lei quinquenal pelo emprego, de dezembro de 1993, a Lei de junho de 1998 e a de janeiro de 2000, tendentes à redução efetiva da jornada de trabalho (fixação da nova duração legal em trinta e cinco horas) para proteger ou criar empregos.

Direito privado, direito público ou direito social?

O direito do trabalho pertence ao *direito privado* na maioria de suas disposições, que regem relações entre pessoas privadas. Outras regras, que põem em cena autoridades administrativas, governam seus atos ou organizam um serviço público, pertencem ao *direito público*. Ambos os tipos constituem o regime do chamado trabalho "privado". Este também rege as relações entre as empresas públicas ou pessoas jurídicas de direito público encarregadas do serviço público industrial ou comercial e seus agentes, enquanto o trabalho dos agentes públicos (funcionários ou pessoal dos serviços públicos administrativos) é contemplado, no essencial, por disposições de direito administrativo.

Ao lado do direito da segurança social e do direito da assistência social, o direito do trabalho compõe um *direito social* (no sentido francês), que reúne as disposições normativas que tratam da "questão social" surgida no século XIX e põem em prática os valores de justiça social e solidariedade. Aliás, a proteção contra certos riscos chamados "sociais" (acidentes do trabalho, doença, velhice) inicialmente beneficiou os assalariados no contexto de um direito do trabalho nascente, antes de se tornar objeto de um "sistema de segurança social" criado em 1945. A proteção contra o desemprego também é da alçada do direito do trabalho. Este último, em certa medida, tende a garantir um "emprego" ao assalariado ao estabilizar sua relação de trabalho e ao lhe possibilitar assim segurança e posição na sociedade.

Autonomia ou particularismo

Afirmou-se que esse direito é autônomo. No entanto, elementos de outros ramos concorrem para o ordenamento das relações do trabalho assalariado: direito civil ("o contrato de trabalho está submetido às regras do direito comum", dispõe o Código do Trabalho francês), direito administrativo, direito constitucional, direito penal. Por outro lado, a polissemia do termo "princípio" dificulta a identificação de princípios gerais próprios desse ramo. Na falta de autonomia, o direito do trabalho francês manifesta um autêntico *particularismo*. Este não se deve às suas fontes. Segundo a Constituição francesa de 1958, a lei determina "os princípios fundamentais" do direito do trabalho e do direito sindical, enquanto regulamentações do artigo 37 e regulamentações simples se encarregavam das disposições subsequentes. Com a divisão de cada um de seus nove livros em três partes (art. L, R e D), o atual Código do Trabalho francês, assim como muitos outros códigos de hoje, traz a marca dessa repartição. Tal como outros, ele não acolhe todos os textos pertencentes ao mesmo ramo. A expansão das regras e das interpretações jurisprudenciais nada tem de original. Como nada tem de original a subordinação ostensiva desse ramo ao bloco de constitucionalidade (inicialmente, ao princípio de igualdade e às normas que consagram a liberdade de trabalho, a liberdade sindical, o direito de greve, o direito ao emprego), ou o fato de certas normas de direito comunitário e certas convenções internacionais (convenções da Organização Internacional do Trabalho ou Convenção Europeia dos Direitos do Homem) afetarem a validade ou a interação das normas nacionais, quando não diretamente aplicadas a relações de trabalho. Embora o papel das regras de origem profissional (convenções e acordos coletivos, regras imputadas a usos) seja notável, cumpre observar que a produção e o reconhecimento dessas regras jurídicas "privadas" são objeto do direito estatal.

Aqui se manifesta, porém, um caráter substancial do direito do trabalho: ele leva em conta a *dimensão coletiva* das relações sociais que tem em vista, a presença de coletividades (o pessoal da empresa) ou de atores coletivos (os sindicatos), bem como práticas de negociação de normas empresariais ou profissionais. Por outro lado, é o vetor de uma *ordem pública social*. Isso é ressaltado pela existência de uma fiscalização do trabalho e pela garantia penal de grande número de suas disposições (por incriminações especiais contidas no Código do Trabalho). Mas a maioria das disposições do código apresenta um caráter de ordem pública de proteção dos assalariados, no sentido de lhes propiciar um mínimo, visto que convenções privadas podem conceder-lhes mais (mais férias, garantias suplementares contra a demissão). Essa *ordem pública social* admite, portanto, derrogações convencionais favoráveis aos assalariados, enquanto são inválidas as derrogações *in pejus*, salvo algumas exceções legais que exemplificam o movimento legislativo em direção à maior flexibilidade das condições jurídicas de uso da mão de obra.

A evolução destacou outro caráter do direito do trabalho: sua *instabilidade*, ligada à *instrumentalização* da produção legislativa e regulamentar. O Código do Trabalho francês é retocado incessantemente, as "medidas" e dispositivos destinados a combater o desemprego sucedem-se ao sabor das opções da política de empregos. Algumas leis conferiram um caráter temporário ou experimental a suas inovações. Inspiradas pela busca de resultados socioeconômicos, algumas reformas normativas exigem avaliação (sempre problemática) de sua *eficácia*.

Um ordenamento das relações de trabalho

O direito do trabalho é o principal ordenador das *relações jurídicas do trabalho*; é possível distinguir duas espécies de relação. Chamaremos de *relações de emprego* aquelas nas quais o trabalho é fornecido (relações entre o empregador e cada um de seus assalariados) e as relações estabelecidas em vista do acesso a um emprego ou por motivo de privação de emprego (relações entre os que procuram emprego, assalariados, empregadores, organismos de colocação ou formação, administradoras do seguro-desemprego, Estado). Estabelecidas na periferia, para o governo das relações de emprego, as *relações profissionais* combinam confrontação, cooperação, negociação e controle, implicando organizações ou representantes de empregadores e de assalariados, mas o Estado também, em certa medida.

A relação de emprego, entre contrato e poderes patronais

Em direito francês, considera-se que a relação de emprego nasce de um *contrato de trabalho*. O direito do trabalho comporta disposições próprias a esse contrato especial, de resto submetido ao direito comum; entende-se por esse contrato a convenção por meio da qual uma pessoa física, o assalariado, põe sua atividade à disposição de outra pessoa, o empregador, sob cuja autoridade se coloca, mediante o pagamento de uma remuneração. A qualificação requer a reunião de três elementos – a prestação de serviço, uma remuneração e um vínculo de subordinação –, mas a caracterização deste último é o principal objeto de contenciosos. Para que haja vínculo de subordinação, segundo a Corte de Cassação francesa, é preciso que o trabalho seja executado "sob a autoridade de um empregador que tenha o poder de dar ordens e ditar diretrizes, de controlar sua execução e de punir as faltas de seu subordinado". O Código, porém, impõe a qualificação de contrato de trabalho ao trabalho executado por certos profissionais (representantes comerciais, jornalistas, artistas do espetáculo etc.).

Existe, aliás, uma *grande variedade de contratos*, que comportam empregos de estabilidade variável (fornecerão também um emprego?). O contrato por tempo indeterminado e para um trabalho em tempo integral é de direito comum. Contrato por tempo determinado, contrato de trabalho temporário, contrato de trabalho em tempo parcial e outros são contratos de trabalho especiais. Sua conclusão frequentemente é mais imposta do que escolhida pelo assalariado, visto que em geral são sinônimos de emprego precário. Formam uma terceira família o contrato de aprendizagem, os contratos de formação em alternância (contrato de qualificação) e os contratos de trabalho para colocação (do contrato emprego-solidariedade ao contrato emprego jovem) que combinam prestação de serviço e formação ou colocação. Muitas vezes oferecem empregos com auxílio financeiro do Estado e pequena remuneração.

O contrato de cada assalariado é o *suporte de seu emprego*, uma vez que o fato de pertencer a uma dessas espécies contratuais determina a natureza desse emprego. É também suporte porque as diversas regras aplicáveis a esse contrato tendem a estabilizar a relação, impondo ou autorizando a suspensão da execução do contrato em caso de doença do assalariado, de dificuldades econômicas, ou como modalidade de exercício de uma prerrogativa (greve, férias etc.), mas também mantendo o contrato em caso de "modificação na situação jurídica do empregador" (mudança da empresa). O regime da rescisão do contrato com duração indeterminada – direito comum da demissão e regras próprias à demissão por razões econômicas – restringe (imposição de processos, exigência de uma causa real e séria) ou afeta (indenizações) a liberdade de rescisão concedida ao empregador.

O contrato determina em parte *as condições de emprego e de trabalho* através das obrigações que cria para as partes (dar trabalho e pagar salário no caso do empregador, executar o trabalho no caso do assalariado) e das modalidades que prevê para sua execução (duração do contrato, natureza e qualificação da tarefa ou do posto, montante e modo de determinação de salário, tempo e lugar de trabalho em certa medida). A modificação de qualquer condição pertinente a esse campo contratual, portanto, é uma revisão do contrato que requer o acordo do assalariado em virtude do art. 1.134 do Código Civil francês. No entanto, o próprio código trata do montante e do pagamento do salário, bem como de certas condições materiais de execução do trabalho pelo assalariado (higiene e segurança, tempo de trabalho). Encontra-se aí o núcleo histórico do direito do trabalho, com institutos emblemáticos, como a jornada legal de trabalho (trinta e cinco ou trinta e nove horas), o repouso semanal, as férias pagas. No entanto, não estão excluídos os ajustes convencionais. O contrato também permite aumentar os benefícios ou reduzir a rigidez dos "recursos humanos": as cláusulas contratuais vantajosas para o assalariado, mas também, em certas condições, a estipulação de cláusulas de experiência, de não concorrência, de rotatividade etc., ajustando a mão de obra às necessidades da empresa. Enquanto a relação de emprego apresenta uma *dimensão contratual*, o contrato de trabalho também age à maneira de um ato-condição. Ele submete o assalariado aos poderes concedidos ao empregador, mas também faz dele um membro da empresa (se ela existe) e o dota de certos direitos independente de seu contrato. É a *dimensão institucional* da relação de emprego. O empregador está habilitado a tomar decisões que afetem ou visem o assalariado, e este deve acatá-las ou a elas se submeter. Na ausência de clara consagração legal, esses *poderes patronais* resultam do efeito combinado dos direitos que garantem o domínio dos meios de produção (regime da propriedade, em primeiro lugar) e da regra que confere ao contrato de trabalho um efeito de subordinação. Ao enquadrá-los, o direito do trabalho os reconhece e garante. *Poder de direção, poder normativo* e *poder de punir* têm como titular o empregador (e não a pessoa física, dono da empresa). Eles comportam alguns limites comuns, decorrentes dos direitos da pessoa (direito ao respeito à vida privada, direito à vida familiar normal, liberdade de expressão) ou resultantes de disposições específicas do Código do Trabalho que proíbam qualquer distinção baseada em certos motivos ou imponham igualdade de tratamento entre certas categorias de assalariados (homens e mulheres em primeiro lugar). O poder de ditar regras para a coletividade dos assalariados (regulamento interno) e de infligir penalidades disciplinares (advertência, rebaixamento, suspensão etc.), imputando faltas, é mais estritamente regulamentado depois da reforma de 1982, que tentou aproximar a empresa do modelo de Estado de direito. Mas esses dois poderes a serviço da disciplina acompanham o poder do qual derivam: o poder de direção.

Este último abrange duas prerrogativas distintas: um *poder de direção econômica* e um *poder de direção das pessoas.* Contemplando diretamente o segundo, o direito do trabalho também garante o primeiro. Regulamenta-os por meio de regras procedimentais (informação e consulta dos representantes do pessoal, negociação prévia, procedimentos de demissão etc.)

ou substantivas (proibição ou prescrição de certos atos, exclusão de certos critérios de decisão, exigências de justificação, normas de higiene e segurança ou de jornada de trabalho). O próprio contrato de trabalho os limita, opondo obstáculo a certas modificações unilaterais. Mas em que medida essa regulamentação afeta a direção econômica? Para a Corte de Cassação, o interesse da empresa é condição de justificação dos atos patronais. Contudo, não convida claramente os juízes do trabalho a substituir a apreciação que o empregador tem desse interesse pela sua própria, portanto a questionar a oportunidade de escolha administrativa.

Institucionalização de relações profissionais

Nascidos do reconhecimento legal de meios utilizados por grupos dominados para melhorar seu destino, ou criados de forma autônoma, os *procedimentos de defesa de interesses* oferecidos pelo direito do trabalho francês atingem empregadores e assalariados, independentemente de suas relações contratuais.

A *ação sindical* tende a defender interesses profissionais por parte de um grupo constituído para esse fim. Baseia-se numa liberdade sindical pluridimensional: liberdade de constituir sindicatos, liberdade individual de filiar-se ou não a um sindicato. Como preâmbulo constitucional de 1946, na França, reconhece essa liberdade para "qualquer ser humano", o sindicato é um agrupamento voluntário que pode ser constituído por assalariados ou funcionários públicos, trabalhadores autônomos e empresários. Apesar de ser um grupo privado, é considerado representante dos interesses da profissão, além dos interesses de seus membros, ou seja, do conjunto daqueles que, segundo esses estatutos, poderiam filiar-se a ele. Mesmo não se filiando, numerosas pessoas se beneficiarão de seus frutos ou sofrerão as consequências de sua ação. Ao lado do pluralismo incentivado pela liberdade sindical, esse efeito de representação justifica que certas atribuições sejam reservadas aos sindicatos que tenham algum peso. A técnica da *representatividade* realiza uma seleção dos sindicatos a partir de alguns dados (implantação, atividade real, independência em relação aos empregadores), dados que são tratados como índices de sua aptidão para representar realmente uma fração não desprezível da comunidade profissional cujos pontos de vista alegam expressar e cujos interesses afirmam defender. No que se refere aos sindicatos de assalariados, os *atributos da representatividade* dizem respeito sobretudo à ação dentro da empresa e à negociação coletiva. Todos os sindicatos representativos numa empresa se beneficiam, por exemplo, de meios de ação (constituição de uma seção sindical, meios de expressão, delegados sindicais) e de prerrogativas no estabelecimento das representações eleitas pelo pessoal.

A *greve*, suspensão do trabalho ou afirmação de uma reivindicação profissional, juridicamente não é um aspecto da ação sindical. O direito de que é objeto – ao passo que os empregadores não têm direito algum de suspender a atividade da empresa (*lock out*) em caso de conflito coletivo – é individual. Isso não decorre do preâmbulo constitucional ("o direito de greve é exercido em observância às leis que o regulamentam"), mas do regime elaborado pela jurisprudência. O exercício desse direito não exige iniciativa nem responsabilidade sindical (a não ser nos serviços públicos, desde uma lei de 1963), nem deliberação majoritária. Esse direito individual acarreta outras consequências consagradas pelo regime jurisprudencial. Em contrapartida, o código regulamenta com autoridade certos detalhes dos *procedimentos de dissídios coletivos* (conciliação, mediação, arbitragem), destinados a prevenir ou interromper lutas abertas, mas raramente praticados de acordo com as previsões legais.

Com as *instituições representativas do pessoal*, a lei francesa dá vida a coletividades que têm por âmbito o estabelecimento, a empresa ou o grupo de empresas. Enquanto os delegados sindicais são designados pelos sindicatos, os representantes do pessoal e os membros da comissão empresarial são eleitos pelos assalariados. Os *representantes do pessoal* têm como principal missão apresentar reivindicações individuais ou coletivas. A *comissão empresarial* concretiza um direito dos assalariados à participação, mas só no sentido de favorecer a consideração dos interesses e dos pontos de vista dos assalariados: a comissão empresarial ou do estabelecimento, no essencial, deve ser informada ou consultada antes que a decisão patronal seja oficialmente tomada. As atribuições da comissão de grupo são de pura informação. Aliás, a existência de processos coletivos não impede que o assalariado disponha de direitos individuais estranhos a seu contrato na defesa de seus interesses. O direito de greve pertence à categoria, enriquecida em 1982, de direito à expressão direta sobre o conteúdo e a organização do trabalho e de direito de afastamento de uma situação de trabalho perigosa. Quanto ao direito à negociação coletiva de que fala o código, supondo-se que ele seja concedido a cada trabalhador, seu exercício exige a intervenção de um agente de representação.

Negociação coletiva significa todo e qualquer processo capaz de redundar num acordo dotado de efeito normativo. A convenção ou o acordo coletivo é fonte de regras jurídicas (privadas) que agem à maneira de normas estatais. São aplicadas aos contratos individuais e às relações do trabalho que elas têm em vista, sem necessidade de intermediação e sem dar ensejo a modificações, salvo se favoráveis ao assalariado. Aliás, é digna de nota a chamada eficácia *erga omnes* da convenção ou do acordo, que abrange todas as relações com um empregador sujeitado (pela sua assinatura ou pelo fato de pertencer a uma organização patronal signatária ou filiada), sejam ou não os seus assalariados membros de um sindicato signatário. Esse efeito é mais notável porque o direito convencional, embora tradicionalmente comporte vantagens ou garantias suplementares aos assalariados, também pode impor-lhes obrigações em pontos não regulamentados pela lei, ou, às vezes, estabelecer regras suspensivas de disposições legais num sentido que não lhes seja desfavorável (jornada de trabalho flexível). Por isso, a negociação e a conclusão das convenções e acordos coletivos são apanágio dos sindicatos representativos. Mas basta a assinatura de um único deles. Essa regra da unicidade de assinatura, porém, é compensada, em alguns casos, pela faculdade de que gozam os sindicatos majoritários de se opor à entrada em vigor do acordo minoritário. Também recebeu uma exceção – temporária, mas talvez prenunciadora de uma evolução geral –, com uma disposição de 19 de janeiro de 2000 em matéria de acordo de redução da jornada de trabalho concedendo direito a assistência pública (exigência de assinatura dos sindicatos majoritários na empresa ou de aprovação dos assalariados por referendo).

Por fim, o direito organiza uma *intervenção pública* nas relações de trabalho, na maioria das vezes por intermédio de organismos especializados. Essa intervenção tem diversos objetivos: controle da aplicação das regras e adaptação pontual das situações jurídicas (autorizações, revogações etc.), a cargo principalmente da fiscalização do trabalho; o regulamento das pendências cabe aos tribunais (conselhos de arbitragem dos dissídios trabalhistas e outras jurisdições) ou a órgãos de regulamentação dos dissídios coletivos; a regulação do mercado de trabalho (fiscalização do trabalho ainda, Agência Nacional para o Emprego etc.).

Qual é o futuro?

Há uma competição entre diversas percepções do significado do direito do trabalho. "Direito social": expressão por excelência de um novo tipo de direito, que se opõe (em virtude de sua "racionalidade material", ao mesmo tempo "sociológica e solidarista") ao modelo do direito de "racionalidade formal" do Código Civil francês e que "civiliza" a empresa (F. Ewald, A. Supiot)? Direito que realiza uma autêntica ruptura com o capitalismo, ou direito adequado à organização capitalista da produção em sua "ambivalência" (G. Lyon-Caen) e em suas "funções" (A. Jeammaud), embora portador de uma "democratização" das relações de trabalho (A. Jeammaud e A. Lyon-Caen)? Contudo, a própria legitimidade desse direito do trabalho está em questão. Deverá ele ser erradicado, reformado ou reelaborado? Um relatório europeu propõe "reconfigurá-lo", orientando-se para a construção de um direito "do trabalho sem adjetivo" que se empenharia em assegurar um "estado profissional" a cada pessoa, transformando a liberdade do trabalho em liberdade concreta (A. Supiot e outros).

› Aubin G. & Bouveresse J., *Introduction historique au droit du travail*, Paris, PUF, 1995. – Couturier G., *Droit du travail*, Paris, PUF, t. l, 3ª ed., 1996, t. 2, 2ª ed., 1993. – Jeammaud A., Le Friant M. & Lyon-Caen A., "L'ordonnancement des relations du travail", *Recueil Dalloz*, 1998, Chronique, pp. 359-68. – Pelissier J., Supiot A. & Jeammaud A., *Droit du travail*, Paris, Dalloz, 21ª ed., 2002.

Ver também: *Au-delà de l'emploi. Transformations du travail et devenir du droit du travail en Europe*, Rapport pour la Commission européenne,

A. Supiot (org.), Paris, Flammarion, 1999. – BARRAU P. & HORDERN F., *Histoire du droit du travail par tes textes, Cahiers de l'Institut régional du travail*, Univ. de la Méditerranée (3 t.), 1999-2000; *Deux siècles de droit du travail*, J.-P. Le Crom (org.), Paris, Éd. de l'Atelier, 1998; *Droit du travail, démocratie et crise*, A. Lyon-Caen & A. Jeammaud (org.), Arles, Actes Sud, 1986. – JEAMMAUD A. & ROUDIL A. *et al.*, *Le droit capitaliste du travail*, Grenoble, PUG, 1980. – SUPIOT A., *Critique du droit du travail*, Paris, PUF, 1994.

Antoine JEAMMAUD

→ Direito civil; Direito privado/direito público; Direitos sociais; Pluralismo jurídico.

DIREITO E POLÍTICA

É fácil admitir que direito e política estão interligados "se for verdade que a norma jurídica é ao mesmo tempo o produto de relações políticas de força e instrumento privilegiado de objetivação da ordem política e de regulação dos comportamentos políticos" (J. Chevallier, Curapp, 1993, p. 5). No entanto, essa evidência de relação não se encontra na maioria dos trabalhos de ciências sociais dedicados ao direito e à política. Na verdade, alguns fatores ligados à definição do próprio direito e às formas de institucionalização das disciplinas em causa explicam essa ignorância recíproca. Mas, sob o efeito conjunto de uma transformação do papel do direito e dos modos de regulação política, a questão da correlação entre direito e política mostra-se importante para as ciências sociais, para as quais se abrem assim novas perspectivas de trabalho.

A evidência da relação entre direito e política

Se as grandes personalidades fundadoras das ciências sociais fizeram do direito o instrumento privilegiado de uma teoria geral, isso ocorreu porque – conforme ressalta em especial a antropologia (L. Assier-Andrieu, *Le Droit dans les sociétés humaines*, Nathan, 1996) – o direito exerce uma função de extrema importância na estruturação social e política das sociedades. Por conseguinte, a relação entre direito e política deve efetivamente ser considerada na perspectiva geral na qual "o direito [põe] em cena e em ordem a coletividade humana" (*ibid.*, p. 59). Assim, é significativo que, num capítulo dedicado ao direito e à justiça, um tratado de ciência política cuide da consideração segundo a qual "o direito sempre procurou ser [...] uma ciência do fenômeno político" (G. Soulier, "As instituições judiciárias e repressivas", *in* M. Grawitz e J. Leca (org.), *Traité de science politique*, 2, PUF, 1985, p. 532). Por acaso o próprio Pierre Legendre não lembrava que "o direito romano devia sempre servir a causa do Poder e transmitir, por sua vez, a ideia de uma ciência da Política" (P. Legendre, *L'Amour du censeur, essai sur l'ordre dogmatique*, Le Seuil, 1974, p. 604)?

Mesmo admitindo que o direito está no cerne do fenômeno político e mantém uma relação privilegiada com o poder, parece difícil definir como. Nas reflexões dedicadas a essa relação entre direito e política, poderíamos dizer, de modo sintético, que o direito se apresenta ao mesmo tempo como causa e efeito do fenômeno político, "como modo de estruturação do poder e produto dessa estruturação". Na primeira perspectiva, em que o direito é apresentado como uma "ciência do poder", em que se ressalta seu papel essencial no estabelecimento do fenômeno político e de sua legitimidade, a atenção poderá recair nos processos de legitimação da dominação política. Assim, Max Weber distingue, entre os três tipos ideais de dominação legítima por ele definidos, o modo de dominação legal-racional, ou seja, aquele que tem "como fundamento a crença na validade da legalidade das normas estabelecidas racionalmente e na legitimidade dos dirigentes designados em conformidade com a lei" (J. Freund, *Sociologie de Max Weber*, PUF, 1968, p. 200). Nesse modo, "o dirigente legal ou as instâncias superiores, inclusive o Presidente da República eleito, são obrigados a respeitar a ordem impessoal do direito e orientar sua atividade nesse sentido. Os membros do grupo só obedecem ao direito: eles são cidadãos. Isso quer dizer que eles são obrigados a submeter-se apenas nas condições previstas pela lei. Por fim, a dominação legal consiste num empreendimento contínuo de funções públicas instituídas por leis e repartidas em competências diferenciadas" (*ibid.*, p. 201). Nesse quadro, certamente convém atribuir grande importância aos papéis desempenhados pelos "legistas" em seu "trabalho de montagem e encenação jurídica da legitimidade do Estado", ou ainda em sua obra de formalização jurídica, se considerarmos que "a forma jurídica é a estrutura do discurso com o qual se exprime o poder" (M. Troper, "A ideologia jurídica", *in* G. Duprat (org.), *Analyse de l'idéologie*, Galilée, 1980, p. 221). Como dizia Jhering, "o direito só existe como resultado ou objeto de lutas". Na segunda perspectiva, o direito se torna, sobretudo, revelador de interesses políticos, ao mesmo tempo que é instrumento de relações de poder. Nada ilustra melhor este último aspecto do que o exemplo no qual Marx critica uma decisão do Parlamento renano, proferida em 1842, proibindo os camponeses de recolher as sobras de madeira em florestas particulares. Considerando esse uso como "legítimo", Marx sugere um estatuto "alternativo" do direito, de um direito como contrapoder, ou seja, profundamente inserido nas relações sociais e políticas, precisamente nas implicações políticas (P. Lascoumes e H. Zander (org.), *Marx: du "vol de bois" à la critique du droit*, PUF, 1984).

Seja qual for a perspectiva adotada, cabe ao analista, por um lado, levar em conta a dimensão política da norma jurídica, tanto no papel por ela assumido no exercício da dominação política, quanto no lugar por ela ocupado na manifestação das relações políticas – ao mesmo tempo instrumento e resultado dessas relações –, e por outro lado considerar, reciprocamente, que "a realidade política é assim uma realidade juridicamente constituída, uma realidade regulamentada, regida e codificada pelo direito, uma realidade que a passagem pelo direito contribui para objetivar" (J. Chevallier, *op. cit.*, p. 259). Esquematizada a evidência da relação entre direito e política, a questão é então saber por que, em face dessa evidência da realidade, pesou durante tanto tempo sobre o trabalho de conhecimento que deve ter como objeto o risco permanente da cegueira recíproca dos respectivos saberes, tanto do lado do jurídico quanto do político. Do lado do jurídico, a ignorância da dimensão política certamente se explica por certa representação do estatuto do direito. Houve quem considerasse que certo positivismo da doutrina jurídica oculta a dimensão política do direito "em nome da suposta neutralidade do direito científico" (J. Caillosse, 1994). Existiria uma "indiferença plenamente reivindicada por tudo o que se refere às condições e às finalidades sociais da produção normativa" (*ibid.*, p. 131). Não seria admissível "comprometer-se e perder-se nos territórios impuros da política e/ou da ideologia" (*ibid.*, p. 130). Do lado do político, a ignorância da dimensão jurídica baseia-se nesse "integrismo" jurídico. Uma vez que o direito pretendia ser "puro", isento de aspectos sociais ou políticos, os guardiães do saber político consideraram legítimo ignorar a questão da juridicidade e de sua função específica na construção do fenômeno político. Um politólogo, por exemplo, permitia-se a seguinte consideração: "O direito evolui de maneira autônoma, apenas em função da lógica dos profissionais incumbidos de escrevê-lo, que o escrevem sem nenhuma consideração pelas condições concretas de sua aplicação [...]. A necessidade de produzir direito [...] que têm os profissionais da norma sobrepuja a busca do enquadramento da vida social pelo direito: o direito parece reduzir-se apenas à justificação da existência de seus produtores" (P. Favre, Curapp, p. 288). Assim, impõe-se a seguinte conclusão: "A ciência política não se limita a constatar o movimento de fechamento do pensamento jurídico em si mesmo. Toma parte dele" (J. Caillosse, *op. cit.*, p. 132).

A jurisdicionação do fenômeno político

No entanto, não poderíamos nos limitar indefinidamente a essa constatação das dificuldades do trabalho de conhecimento sobre a relação entre direito e política. O acúmulo de vários fenômenos, que seria aceitável agora qualificar, de maneira geral, como *jurisdicionação* da sociedade ou *jurisdicionação* do fenômeno político, sugere formas novas de mobilização do conhecimento ou a elas obriga. Examinemos alguns desses fenômenos. Aquilo que alguns consideram como o retorno do direito e do Judiciário à regulação política resultaria de um movimento duplo: por um lado, a substituição do monopólio de um Estado central dominante por conjuntos políticos policêntricos exigiria novas formas de regulamentação, ensejaria a adoção de processos de produção da norma jurídica segundo uma modalidade mais negociada e desconcentrada, que implicaria grande diversidade de atores sociais e políticos e, conforme demonstra o discurso do Banco Mundial, atribuiria peso a um modo de governo que, não sendo típico de um Estado intervencionista, permitiria reduzir as incertezas e garantir a generalidade e a estabilidade da regra como fundamento da credibilidade econômica e política do país em questão; por outro lado, a rejeição a modalidades tutelares de ação pública por parte dos cidadãos, acompanhada pelo advento de expressões novas de ação coletiva, com novos grupos de atores sociais, exigiria a multiplicação de formas mais diversificadas e flexíveis de regulação jurídica (B. Jobert, *in* J. Commaille *et al.*, 2000).

A descrição sucinta desse contexto basta para justificar que se levem em conta novas inter-relações fortíssimas entre regulação política e regulação jurídica. Essa economia das relações entre direito e política, aqui desenhada, revela em todo caso um paradoxo. Observa-se, por um lado, a exigência cada vez maior de uma regulação jurídica pluralista ou multiforme. Esta explica, em particular, o lugar cada vez mais importante ocupado pelo juiz, inclusive em relação direta com as novas formas de regulação política. Isso se manifesta por seu papel crescente em negócios que antes eram de domínio exclusivo do âmbito político e pelas expectativas alimentadas em relação a ele, de guardião da democracia (A. Garapon, *Le Gardien des promesses. Justice et democratie*, Odile Jacob, 1996) ou de detentor de um "terceiro poder" (D. Salas, *Le Tiers pouvoir. Vers une autre justice*, Hachette Littérature, 2000). Por outro lado, constata-se a ascensão de uma aspiração por novas expressões jurídicas constitutivas daquilo que se poderia chamar metarrazão da sociedade e da política. A menção ao Estado de Direito é uma boa ilustração disso. Ela reflete a procura de estabelecimento de um novo corpo de princípios para garantir a regulamentação das práticas sociais e políticas, a permanência de valores como fundamento da ordem social e política para além da efervescência e dos movimentos erráticos que caracterizam a administração direta da sociedade. O Estado de Direito é, assim, uma nova maneira de o jurídico investir o político, de voltar a tornar-se, de alguma maneira, constitutivo dele. A importância da restauração do jurídico no político é ainda maior porque o Estado de direito pode ser alvo de uma espécie de mitificação pelo político. Ele teria se tornado não só "uma verdadeira injunção axiológica, mas também um argumento de autoridade no debate político: todo Estado que se preze deve apresentar-se com as cores bonitas do Estado de direito, e este se mostra como um valor em si, padrão pelo qual serão julgadas as virtudes da organização política" (J. Chevallier, *L'État de droit*, Monchrestien, p. 7).

O constitucionalismo parece obedecer à mesma lógica. A importância crescente do Conselho Constitucional em relação às práticas políticas e, por conseguinte, do "direito constitucional formal" em relação à vida política é acompanhada pelo desenvolvimento de uma ciência do direito constitucional que, sendo "conhecimento das normas positivas, seria ao mesmo tempo conhecimento dos fenômenos regidos por essas normas, de tal modo que a ciência do direito constitucional seria também o conhecimento do fenômeno político" (M. Troper, Curapp, 1993). "A Constituição [viria a ser] a forma e a linguagem de atividade política legítima", e as análises que ela gera marcariam a ambição de impor "um padrão de leitura jurídica [aos] fenômenos políticos" (J. Chevallier, Curapp, 1993). A missão assim assumida pelo direito constitucional é de envergadura. Para alguns, cumpriria conceber uma atividade jurídica que enunciasse as "bases sociais e filosóficas da comunidade nacional" (B. François, Curapp, 1993). Cumpriria voltar a dar sentido ao fenômeno político a partir de novas formas de mobilização jurídica. O constitucionalismo seria então uma das manifestações mais fortes da *jurisdicionação* do fenômeno político. O lugar ocupado pelo fato jurídico na construção da Europa constitui outra justificação do renascimento do interesse pela análise das relações entre direito e política. O direito é um recurso na prática dos atores que participam do projeto da Comunidade Europeia. Mas, sobretudo, a Europa é construída com o legislador e o juiz europeu no cerne do processo: "É a partir do direito que se apreende o fenômeno político chamado Europa!" – conforme avalia um autor (J. Caillosse, 1994, p. 131). A construção da Europa pelo direito acabaria de nos convencer de que este está novamente instituído como "agente de estruturação do espaço político" (J. Caillosse, *in* J. Commaille *et al.*, p. 56).

Novas perspectivas de análise da relação entre direito e política

A existência de novas relações entre direito e política incontestavelmente abre novas perspectivas para os saberes em questão. Sem dúvida é significativo que o domínio das políticas públicas, no qual o direito era tratado com desdém ou até desqualificado sob pretexto "de rejeição da Norma, para fora da realidade" (*ibid.*, p. 54), seja agora objeto de trabalho no qual a dimensão jurídica é levada em conta: no nível da produção, da aplicação e da avaliação dessas políticas (ressaltaremos aqui o papel precursor desempenhado por análises como as de P. Lascoumes, "Normas jurídicas e aplicação das políticas públicas", *L'Année sociologique*, 40, 1990, e de P. Duran, "Pilotar a ação pública, com ou sem direito?", *Politiques et management public*, vol. II, 4, dez. 1998). De fato, os fenômenos pertinentes, respectivamente, à análise política e à análise jurídica fazem parte do mesmo processo de mudança, o que torna absurda a divisão estanque dos saberes. Parece evidente que as mudanças ocorridas no campo das políticas públicas e no da produção normativa procedem das mesmas causas e impõem abordagens conjuntas. Por exemplo, é necessária uma análise da ação pública na qual o direito ocupe o lugar que lhe cabe no campo do direito do meio ambiente, na qual se demonstre que a lei não poderia ser reduzida a um imperativo e à sua aplicação, que "uma política não pode ser assim resumida a um conjunto de ordens, e que as atividades de interpretação e mobilização pelas diferentes categorias de atores sociais são determinantes na realização dos objetivos" (P. Lascoumes, *L'Éco-pouvoir, environnements et politique*, La Découverte, 1994, p. 3). Do mesmo modo, as reflexões dedicadas às relações profissionais ilustram essa causalidade que se estabelece entre as recomposições do Estado e as novas formas da ação pública e da produção normativa. Nelas se enfatiza o declínio do exercício de sua função soberana pelo Estado. Uma lógica de incentivos tenderia a prevalecer sobre a lógica de imposição, ao mesmo tempo que ocorreria uma descentralização na produção das regras (J.-F. Amadieu e G. Groux, "Entre a empresa e o Estado. Os novos sistemas de regra", *in* J. Commaille e B. Jobert (org.), *Les Métamorphoses de la régulation politique*, LGDJ, 1999). Assim se esboça de maneira lógica um programa de pesquisa sobre as relações entre direito e política que pode ser dedicado às diferentes expressões dessas relações. Por exemplo, assim como o especialista de sociologia política inclui em suas perspectivas de trabalho a análise das "condições que favorecem a configuração jurídica (ou codificação) dos papéis" (J. Lagroye, *Sociologie politique*, Presses de la FNSP, 2ª ed., 1993, pp. 12-3), o especialista em políticas públicas ressalta o interesse pelo trabalho de formalização jurídica, único que permite, por exemplo, observar "como interesses sociais são transpostos para decisões acompanhadas por dispositivos jurídicos destinados a garantir sua realização" (P. Lascoumes, *L'Éco-pouvoir…*, *op. cit.*, p. 111). Ao mesmo tempo que se levam em conta as inter-relações possíveis com as lógicas políticas, nada se ignora das múltiplas facetas da tecnicidade jurídica. A interação entre as regras de direito, ou com elas, quando da implantação das políticas, também pode ser objeto de abordagens cruzadas, assim como a avaliação das políticas públicas pode mostrar-se indissociável de uma avaliação legislativa, uma vez que a busca de eficácia do direito está ligada à busca da eficácia das políticas correlatas. Por fim, afirma-se o interesse existente por parte dos profissionais do direito, visto que as novas formas assumidas em conjunto pela regulação jurídica e pela regulação política instituem funções de perícia ou julgamento, evidentemente a partir de competências especificamente jurídicas, mas no cerne de processos políticos (O. Paye, *in* J. Commaille *et al.*; sobre o novo papel dos juízes em relação ao fenômeno político, ver, por exemplo: V. Roussel, "Os magistrados nos escândalos políticos", *Revue française de science politique*, vol. 48, nº 2, 1998, pp. 245-73).

Se o conhecimento prevalecer às considerações institucionais e corporativistas, a relação entre direito e política deverá impor-se como fator importante do ponto de vista do saber.

› CAILLOSSE J., "Droit et politique: vieilles lunes, nouveaux champs", *Droit et Société*, nº 26, 1994, pp. 127-54. – COMMAILLE J., DUMOULIN L. & ROBERT C. (org.), *La juridicisation du politique. Leçons scientifi-*

ques, LGDJ, 2000. – CURAPP (org.), *Droit et politique*, PUF, 1993. – DURAN P., *Penser l'action publique*, LGDJ, 1999 – LASCOUMES P., "Normes juridiques et mise en oeuvre des politiques publiques", *L'Année sociologique*, 40, 1990, pp. 43-71.

Jacques COMMAILLE

→ Constitucionalismo; Estado; Estado de direito; Governo; Legitimidade.

DIREITO FRANCÊS

A ideia de que existe um direito específico da França e o hábito de designá-lo com a expressão "direito francês" são bem menos antigos do que em geral se pensa. É verdade que já no século XIII, época em que ocorre a primeira penetração do direito romano na França e, como reação, se fixam as costumagens, se encontram algumas referências à *consuetudo gallicana*, mas essa expressão parece ter deixado de ser usada no fim da Idade Média. Sob a influência da doutrina erudita, que difundia a noção de um direito comum universal equiparado ao direito romano, ao qual estavam subordinados direitos estritamente locais, estatutos municipais ou costumagens, os juristas franceses da época não se preocuparam em destacar o caráter nacional de suas fontes. Nos autores da primeira metade do século XVI ainda, a equiparação entre direito romano e direito comum – não por obrigação política, mas em virtude da razão superior que ele supostamente continha – e a subordinação consecutiva das costumagens, postas na mesma categoria dos estatutos, constituíam lugares-comuns determinantes das regras de interpretação das disposições consuetudinárias, passíveis de ampliação sempre que se mostrassem conformes às soluções romanas, qualificadas de odiosas ou de detestáveis, e fadadas à restrição quando contrárias. Para que se chegasse à noção de um direito especificamente francês, foi necessária uma profunda evolução das mentalidades, o que ocorreu a partir de meados do século XVI, principalmente por iniciativa da doutrina humanista. Ela levou a recusar qualquer autoridade às fontes supranacionais: o direito francês afirmou-se emancipando-se do direito romano, que era identificado ao direito comum, e reagindo contra ele. Paralelamente, essa evolução permitiu que se construísse um direito relativamente unificado que podia ser considerado comum ao conjunto da França, o que foi feito a partir de fontes infranacionais constituídas pelas costumagens.

Emancipação do direito francês

Sua emancipação ocorreu em oposição ao direito romano: o direito nacional só podia afirmar-se rejeitando a tutela de um direito comum universal e a tutela, indissociável, do bartolismo, que contribuíra para lhe conferir essa função superior. Até mais ou menos 1550, a doutrina francesa continuou a referir-se constantemente ao *jus commune*, ou seja, ao direito romano, acima dos costumes que formavam direitos estritamente locais, por isso inferiores. A mudança de atitude em relação às leis romanas, que ocorreu na segunda metade do século, deveu-se em parte a causas conjunturais: hostilidade a alguns italianos, que tinham ido em grande número para a França no séquito de Catarina de Medici, aumentada pelo fracasso retumbante das ambições transalpinas da realeza, que recaiu sobre um direito também oriundo do outro lado dos Alpes e cujos comentadores eram, na maioria, italianos. Tal mudança também se deve a causas mais profundas: as transformações intelectuais introduzidas pelo humanismo, cuja influência sobre os juristas passou a ser muito forte e contribuiu para valorizar a língua e as produções nacionais, tal como em literatura, e a difundir entre as pessoas um profundo relativismo ao mesmo tempo histórico e geográfico em detrimento dos valores universais, ou considerados como tais. Quem primeiro deu o sinal de emancipação foi Charles Du Moulin, não na primeira edição de seu *Commentaire de la coutume de Paris*, em 1539, quando ainda compartilha visões tradicionais, mas na segunda edição, em 1559, na qual se entregava a um ataque cabal a um dos fundamentos da teoria bartolista: a equiparação das costumagens francesas aos estatutos italianos e a subordinação de ambos a um *jus commune* de origem romana. Opondo-se a isso, Du Moulin empenhou-se em demonstrar a profunda originalidade do espírito e das soluções das costumagens e em ressaltar tudo o que as distinguia dos estatutos transalpinos: enquanto estes constituíam apenas uma legislação complementar, criada para especificar as leis romanas, motivo pelo qual remetiam implicitamente a elas, as costumagens da França eram, desde a origem, totalmente independentes do direito romano; participavam de um sistema jurídico totalmente diferente, de uma cultura e de uma tradição histórica fundamentalmente distintas; continham soluções originais desconhecidas em Roma, tais como a comunhão conjugal, a regra *paterna paternis*, a sucessão por linhagem (*retrait lignager*), o direito vidual (*douaire*), os feudos, os territórios feudais sujeitos ao censo (*censives*). Pretender julgar a validade dessas soluções ou simplesmente interpretá-las tomando como referência as leis romanas parecia um contrassenso: o verdadeiro direito comum da França estava em suas costumagens, expressão de um direito original, de um direito nacional recebido dos ancestrais gauleses e francos; ele traduzia os sentimentos, as necessidades, as tradições autênticas do povo francês. Esses temas foram retomados e desenvolvidos por toda uma corrente de juristas práticos, advogados e magistrados ligados na maioria ao Parlamento de Paris, ou pelo menos de sua área de influência, como Guy Coquille, Louis Le Caron, Étienne Pasquier, Antoine Loisel, Pierre de L'Hommeau. Do mesmo modo que a língua francesa, o direito francês foi em grande parte uma criação parisiense, e aqueles que davam sustentáculo à sua existência também foram os primeiros que redigiram suas obras em francês. Foram também os primeiros que usaram e vulgarizaram a expressão "direito francês", surgida timidamente nos anos 1560, antes de se disseminar e impor entre 1580 e 1600. Com mais constância do que Du Moulin, ainda marcado pelas influências bartolistas, esses autores exploraram o veio do relativismo e do nacionalismo jurídicos e reafirmaram, com Coquille, que "Nossas costumagens não são estatutos (mas) são o verdadeiro direito civil", exprimem "os costumes e humores" de cada província, "os gostos e o sentimentos de cada povo". Exaltaram (em especial Étienne Pasquier, o defensor mais eloquente do "direito francês") o espírito superior do direito nacional, que não é apenas igual ao direito romano mas o supera, se não pela técnica, pelo menos pelo espírito mais altruísta, pela preocupação em defender os interesses das famílias contra o egoísmo dos indivíduos. A consequência foi uma completa inversão dos valores, que mostra até que ponto as novas ideias se opunham ao *jus commune* tradicional: já não são os institutos consuetudinários contrários ao direito romano (como o *retrait lignager*) que devem ser declarados odiosos e sistematicamente restringidos, mas sim os institutos romanos nocivos à conservação dos patrimônios familiares (como o testamento), que por isso se opõem ao verdadeiro direito comum, ao espírito do direito francês. Essas teses, evidentemente, não foram aceitas com unanimidade. O direito romano continuava tendo partidários, não só nas regiões de direito escrito, onde sua função de direito comum praticamente não era contestada, mas no próprio Parlamento de Paris, como ocorria com Charles Loyseau, e sobretudo nos parlamentos provinciais, onde, com razão, essa criação parisiense era vista como um instrumento de centralização; a controvérsia continuou durante os séculos XVII e XVIII. No entanto, a ideia de um direito especificamente francês foi-se impondo aos poucos, a ponto de receber a consagração oficial com o edito de Saint-Germain-en-Laye, em abril de 1689, que instituiu nas faculdades de direito o ensino do "direito francês contido nas ordenanças régias e nas costumagens", criando para tanto um corpo docente régio.

A construção do direito francês

A construção do direito francês seguiu, mais que precedeu, a afirmação de sua existência: para convencer da realidade desse direito, era preciso passar uma imagem relativamente homogênea, que contrastasse com os elementos de alcance local ou regional que o compunham. Sem dúvida essa construção foi favorecida pelos progressos alcançados a partir do século XVI pelas fontes nacionais: as costumagens, em virtude de sua redação e de sua reforma, adquiriram um conteúdo mais preciso, moderno, e, sobretudo, a forma escrita indispensável a todo trabalho de análise e reflexão; as leis régias, cada vez mais numerosas, começaram a imiscuir-se no campo do direito privado, no qual quase não entravam antes. Mas foi principalmente obra da doutrina, pois o direito francês, mais que realidade legislativa ou consuetudinária, foi, até o Código Civil, um tema doutrinário, um construto intelectual formado de elementos compósitos que os autores precisavam reunir e harmonizar. "Agora precisamos reconhecer do que é constituído e em que consiste o direito que usamos na França. E podemos dizer que é constituído por quatro partes: a primeira, das Ordenanças régias; a segunda depende das Costumagens das diversas províncias; a terceira, das máximas gerais que transplantamos para a França, não de todo o direito dos romanos, mas de uma parte deste; a quarta, das decisões de cada Parlamento": essa enumeração, apresentada por Étienne Pasquier (*L' Interpretation des Institutes de Justinian...*, I, cap. 15) por volta de 1610, vale também para os períodos seguintes e ressalta bem o caráter heterogêneo do direito francês. O elemento consuetudinário era preponderante, mas, em razão do número e da variedade das costumagens, era preciso aproximar o máximo possível suas soluções. Du Moulin mostrara o exemplo ao partir do postulado contestável de que as costumagens estavam todas ligadas a um mesmo tronco comum, de tal modo que deveria ser possível e até fácil unificá-las, e foi com base nisso que, já em 1542, projetara redigir uma costumagem única, válida para toda a França. Mesmo não tendo realizado esse projeto, ele havia mostrado a pertinência de um estudo comparativo de todas as costumagens, com o intuito de ressaltar seus pontos de convergência, método que foi praticado e aperfeiçoado por seus sucessores. O direito francês, ou melhor, o elemento consuetudinário do direito francês, não é (conforme ressaltou Edmond Meynial) a soma matemática de todas as costumagens, mas a síntese das regras comuns, realizada ao cabo de uma comparação cerrada, feita com a preocupação constante de depreender os princípios mais gerais e reduzir ao máximo o alcance dos particularismos, objetivo este que o edito de Saint-Germain adotou e indicou aos professores de direito francês. Alguns juristas posteriores a Du Moulin acreditaram encontrar essa síntese pronta na nova costumagem de Paris, muitas vezes designada como a melhor expressão do direito comum consuetudinário; mas essa opinião, que tinha a vantagem da facilidade, nunca foi unânime. Na construção do direito francês, o elemento jurisprudencial também ocupou um lugar importante, seja por meio de empréstimos diretos, seja depois que as principais inovações da jurisprudência dos tribunais foram integradas no texto das costumagens reformadas. A legislação régia, por sua vez, se impôs por inteiro como fonte do direito francês nos séculos XVII e XVIII, com as grandes ordenanças de Colbert e de D'Aguesseau, que foram objeto de numerosos comentários, tendo sido ensinados nas Universidades pelos professores de direito francês com as costumagens e mesmo com quase total exclusividade nas faculdades do Sul. Por fim, o elemento romano, cuja presença pode surpreender dentro de um direito nacional que se constituiu contra ele, também ocupou um espaço nada desprezível. Pois o alcance dos ataques dirigidos contra o direito romano não pode ser superestimado: o que os partidários do direito francês combatiam era a preeminência que lhe fora dada como direito comum; era também a doutrina bartolista que pretendia impor sua superioridade. Eles não tinham a intenção de romper todos os elos com ele: observar o direito romano em seu conjunto e reconhecer nele força vinculante, mesmo em virtude apenas da razão, era coisa de que já não se falava; mas extrair dele questões específicas, transpor algumas de suas soluções que se mostrassem compatíveis com os objetivos e o espírito do direito francês e contribuíssem para desenvolvê-lo e enriquecê-lo eram coisas possíveis e até desejáveis, desde que isso fosse feito livremente e de maneira seletiva, a exemplo de Christofle de Thou, que implantara no texto das costumagens reformadas algumas regras, como a legítima, cuja aplicação, apesar da origem romana, vinha reforçar a tradição bem francesa de proteção do patrimônio familiar. Essas leis romanas, escolhidas em nome da razão, não mais da razão universal invocada na Idade Média, mas da razão específica do direito francês, ou seja, a utilidade que elas tinham para ele e a compatibilidade com seus princípios, eram integradas nele, mesmo que com algumas transformações ou adaptações: como escrevia Pasquier, essas leis eram naturalizadas, transmudadas em verdadeiras regras do direito nacional, que pôde anexar assim trechos inteiros da legislação romana sobre contratos, testamentos e tutela...

Consequências da construção do direito francês

Foram muito importantes. Houve quem objetasse que se tratava de um conceito um tanto artificial, cuja unidade era bem factícia, pois ele devia necessariamente acomodar-se à diversidade das costumagens e das leis, inerente ao antigo direito. No entanto, marcou um ponto decisivo na história jurídica, ao habituar a pensar o direito em âmbito nacional, com pelo menos um século e meio de antecedência em relação aos outros países da Europa continental, favorecendo também o amálgama, a fusão progressiva das diferentes fontes nesse quadro único. O direito francês inspirou abundante produção de livros, tendente por inteiro à unificação: colação de costumagens que, cotejando todas as disposições relativas a uma mesma questão, favoreciam sua comparação; colação ou aliança do direito francês com as leis romanas, que também tinham em vista estimular os estudos comparativos e preparar a fusão das diversas fontes; coletâneas de adágios ou brocardos, que procuravam expressar de maneira mais ou menos sucinta os princípios comuns, tais como *Institutes coutumières* de Antoine Loisel e *Maximes générales du Droit François* de Pierre de L'Hommeau, mais tarde *Règles du droit françois* de Claude Pocquet de Livonnière; e principalmente obras de síntese, que combinavam todas os componentes do direito francês num conjunto inspirado pelas *Institutas* romanas, cuja publicação se estendeu desde o fim do século XVI até a véspera da Revolução, desde *Pandectes du droit françois* de Louis Charondas Le Caron (1596) e *Institution au Droit des François* de Guy Coquille (1607) até *Droit commun de la France et la coutume de Paris réduits en principes*... de François Bourjon (1747) e *Introduction générale aux coutumes* que introduz o *Commentaire de la coutume d'Orléans* de Robert-Joseph Pothier (1760), passando pelos *Arrêtés* do presidente de Lamoignon (publicados em 1702). Encontram-se, mais ou menos afirmadas, as mesmas tendências unitaristas nos cursos dos professores de direito francês do século XVIII e nos tratados da época. Todos esses trabalhos, por mais diferentes que pudessem ser em termos de forma e tom, têm em comum o desejo de amalgamar os múltiplos componentes do direito francês para dar a visão mais homogênea possível dele, insistindo nos princípios gerais, desprezando ou pondo em segundo plano as divergências de detalhe. Nos trabalhos mais antigos, encontra-se com mais nitidez – e de maneira mais sistemática nos de Pothier e de seus contemporâneos – o mesmo costume de começar com a exposição das regras mais gerais sobre cada questão, regras que figuram na totalidade ou pelo menos na maioria das costumagens, ou, na falta destas, com regras extraídas da legislação, da jurisprudência ou do direito romano, na maioria das vezes, aliás, sem referência a uma origem precisa, enquanto as singularidades, os particularismos de cada costumagem são omitidos ou tratados sumariamente, sendo alvo de uma interpretação restritiva semelhante àquela antes reservada, no tempo do *jus commune*, às disposições consuetudinárias contrárias ao direito romano. Dessa maneira, sua leitura dá a impressão, certamente ainda ilusória, de um direito quase unificado por inteiro. Mas, embora a unificação definitiva só pudesse ser realizada por meio de uma reforma legislativa de conjunto, a verdade é que a doutrina do direito francês contribuiu muito para fazê-la progredir e para preparar esse futuro trabalho legislativo. Os redatores do Código Civil francês extrairão muito dos tratados de direito francês, especialmente nos de Pothier. Neles encontrarão a síntese não só das diversas costumagens, reduzidas a soluções intermediárias, mas também do direito consuetudinário e das outras fontes, romanas, legislativas e jurisprudenciais, que também contribuíram para a edificação do direito nacional.

› ARNAUD A. J., *Les Origines doctrinales du Code civil français*, Paris, 1969. – CHÊNE Ch., *L'Enseignement du droit français en pays de droit écrit (1679-1793)*, Genève, 1982. – GUIZZI V., "Il diritto comme in Francia nel XVII secolo. I giuristi alla ricerea di un sistema unitario", *Tjdschrift voor Rechtsgeschiedenis*, t. 27, 1969, pp. 1-46. – MEYNIAL E., "Remarques sur le rôle joué par la doctrine et la jurisprudence dans l'oeuvre d'unification du droit en France...", *Revue générale du droit*, 1903, pp. 326-51, 446-57. – OLIVIER-MARTIN Fr., *La Coutume de Paris, trait d'union entre le droit romain et tes législations modernes*, Paris, 1925; "Les professeurs royaux de droit français et l'unification du droit civil français", *Mélanges offerts au professeur Sugiyama*, Paris, 1939, pp. 263-81. – PIANO MORTARI V., *Diritto romano e diritto nazionale in Francia nel secolo XVI*, Milão, 1962. – THIREAU J.-L., "Le comparatisme et la naissance du droit français", *Revue d'histoire des Facultés de droit et de la Science juridique*, nº 10-11, 1989, pp. 153-91; "L'alliance des lois romaines avec le droit français", *Droit romain, Jus civile et droit français. Études d'histoire du droit et des idées politiques*, nº 3, 1999, pp. 347-74; "Pothier et la doctrine française des XVIIe et XVIIIe siècles", *Robert-Joseph Pothier, d'hier à aujourd'hui, Actes des Journées du tricentenaire de la naissance de Pothier, Orléans, 10-11 décembre 1999*, Paris, 2001, pp. 35-54.

Jean-Louis THIREAU

→ Direito; Direito consuetudinário na França; Documentação jurídica; Ordenanças (Grandes) do Antigo Regime.

DIREITO HUMANITÁRIO

O *jus in bello* (direito da guerra) deve ser distinguido do *jus ad bellum* (direito de fazer guerra). Em 1945, a Carta das Nações Unidas pôs a guerra fora da lei, a não ser em legítima defesa. Mas a guerra, seja nesse caso ou não, continua sendo assunto da atualidade. Além disso, hoje os conflitos se caracterizam sobretudo pelo desrespeito generalizado ao direito internacional humanitário. Ora, a ambição desse direito é atenuar o sofrimento das vítimas dos conflitos armados que caíam em poder do inimigo, mas também frear as violências e diminuir as consequências excessivamente nefastas dos combates.

Para humanizar a guerra, os homens se basearam essencialmente na religião e na filosofia. As ideias humanitárias remontam à Antiguidade. Em *A arte da guerra*, 500 anos a.C., o chinês Sun Zi recomendava que se procurasse vencer o inimigo moralmente; um estrategista hábil deveria ser capaz de vencer um exército inimigo sem travar combate. Um soldado não deve atacar os civis nem seus bens. Os males supérfluos devem ser evitados. O imperador indiano Açoka (264 a 227 a.C.), convertido ao budismo, deixou um legado moral e humanitário por meio da lei de piedade. O exército deve ser acompanhado por médicos. O inimigo ferido deve ser tratado com compaixão, mandado de volta à sua casa ou tratado fora do cativeiro. Os soldados da infantaria – ajudados pelos guerreiros montados em carros – devem transportar mortos e feridos para lugar seguro. Também na Índia, segundo as leis de Manu (c. 200 a.C.), os soldados deviam combater com as armas portadas abertamente. O massacre inútil não deve ser o objetivo da guerra, e a vitória deve ser obtida recorrendo-se o mínimo possível à repressão. Só os objetivos militares podem servir de alvo. Como os combates devem ser leais, as pessoas indefesas devem ser poupadas. O mesmo ocorre com as mulheres, as crianças, os velhos e os brâmanes. Os combatentes presos pelo inimigo devem ser postos no cativeiro ou deixados em liberdade. Apesar de tratados com humanidade e generosidade, os cativos se tornarão escravos do vencedor até pagamento de resgate. Segundo *A Ilíada*, aqueus e troianos acertaram uma trégua de um dia para que cada um retirasse seus mortos e lhes prestasse as devidas honras. Na época da Grécia arcaica, a aproximação de povos inimigos era feita em torno dos grandes santuários e com a formação das anfictionias. Assim, os Estados-membros da anfictionia de Delfos se comprometeram a não destruir as cidades que faziam parte dela e a não desviar as águas que as irrigavam. Para Platão, é justo fazer bem aos amigos e mal aos inimigos, embora estes possam ser dignos de respeito. Aristóteles justifica a guerra de conquista contra povos destinados a ser submetidos. O dever de solidariedade que ele menciona, portanto, limita-se à comunidade que partilha o mesmo ideal. No mesmo período, em Roma, exaltam-se a virtude e a coragem. Esta impõe respeito aos vencidos que tenham combatido bem. No século VI a.C., o ditador Camilo recomendou clemência para com o inimigo e ordenou que fossem poupados aqueles que não portassem armas. Fazendo parte da grandeza de Roma, o direito fecial regulamentava os conflitos e exigia que a guerra fosse justa. O historiador Políbio pedia aos combatentes que poupassem os inocentes. A motivação básica do altruísmo romano era a consciência de pertencer à mesma comunidade do gênero humano. Os inimigos fazem parte dele, a não ser que não compartilhem desse sentimento.

O islamismo condena mutilações e torturas e recomenda que mulheres, crianças e velhos sejam protegidos contra os efeitos da guerra. As fontes e as nascentes não devem ser envenenadas. Recomenda misericórdia, clemência e compaixão. Os combatentes crentes não devem nem ultrapassar os limites da justiça e da equidade, nem agir com perfídia ou usar de traição. Os prisioneiros e os não combatentes devem ser respeitados. No entanto, esses princípios humanitários não seriam aplicáveis aos infiéis que persistissem no erro. E, em nome da religião, foram desencadeadas guerras santas ferocíssimas.

Embora Tertuliano fale do princípio da incompatibilidade entre a guerra e o amor ao próximo ensinado por Cristo, a posição da Igreja mudou com o edito de Milão (313) e com as invasões bárbaras. Torna-se lícito defender-se. Assim, Agostinho definiu o conceito de guerra justa, que deve punir os atentados ao direito. Essa noção será retomada por Tomás de Aquino no século XIII. Um pouco antes, os concílios provinciais dos séculos X e XI propõem os princípios de proteção e respeito a certos lugares e pessoas graça à paz de Deus. Clérigos, lavradores no trabalho, peregrinos e mercadores devem ser poupados, pois são fracos e estão isolados. Os instrumentos aratórios e os animais de trabalho devem ser respeitados. Depois, a destruição de casas e colheitas é proibida pela ordenança de 1258. No fim da Idade Média, a "guerra guerreável" ou a "boa guerra" aumenta as imunidades previstas pela paz de Deus. O rei fica com os prisioneiros de qualidade; os outros ficam com aquele a quem tenham dado sua palavra. Os prisioneiros devem ser bem tratados e libertados contra pagamento de resgate. No século XVI, o dominicano Vitoria insiste na regra da moderação da vitória. O combatente deve ser um justiceiro encarregado de evitar e reprimir a violação do direito. Deve agir com humanidade e respeitar o princípio da inviolabilidade da propriedade neutra. O teólogo estabelece uma distinção entre os inimigos combatentes e os inimigos não combatentes: em caso de necessidade absoluta, pode ser retirado a estes últimos tudo o que seja útil à guerra. Embora mulheres, crianças, agricultores e religiosos devam ser poupados, os inocentes podem ter de sofrer bombardeios lícitos, desde que estes sejam praticados em caso de extrema necessidade. O jesuíta Suarez estima que o guerreiro deve agir em conformidade com a justiça e a caridade. Preconiza o princípio da exclusão de todas as represálias contra não combatentes. Segundo ele, de acordo com o direito natural, mulheres, crianças e todos os que não tenham condições de portar armas devem ser considerados inocentes. Os estrangeiros devem ser respeitados. No século XVII, Grócio retoma o princípio da proibição da matança de mulheres e crianças, e proíbe o estupro. É proibido o uso de venenos e de armas envenenadas. No século XVIII, Vattel afirma com clareza a distinção entre combatentes e não combatentes. Insiste mais do que Grócio no dever de moderação para com mulheres e crianças. Estas, como os velhos e os prisioneiros, não devem ser maltratadas nem mortas. Do mesmo modo, não se deve matar um inimigo que não resista. A clemência deve ser aplicada sempre que a severidade não seja absolutamente necessária. Aliás, ao contrário de Grócio, ele considera que os súditos que estejam em território inimigo quando a guerra é declarada não podem ser retidos. Rejeita o assassinato e o envenenamento, o uso de armas envenenadas e a contaminação da água das nascentes como meios de guerra. Os filósofos do Iluminismo defenderão o princípio da dignidade humana em todas as circunstâncias. Segundo Rousseau, um Estado tem como inimigo apenas o outro Estado, nunca homens. Não devem ser agredidos os soldados que se tenham rendido ao inimigo. No século XIX, o jesuíta Taparelli d'Azeglio defende a ideia da moderação na condução da guerra. É proibida a destruição de casas, é proibido o massacre de mulheres, crianças e velhos. O soldado que deponha as armas deve ser respeitado. Como é obrigação evitar um mal desnecessário, são proibidos a propagação de epidemias e o envenenamento da água. Além disso, ele reivindica uma ordem internacional que reja as relações entre as nações.

O francês Piarron de Chamousset propôs em 1757 que a neutralização permanente dos hospitais militares fosse prevista numa convenção internacional. As condições desse acordo ainda não estavam reunidas, mas foram firmados numerosos cartéis ou capitulações durante os conflitos. O primeiro entendimento desse tipo data de 1743 (guerra de sucessão da Áustria). Ainda no século XVIII, diretivas unilaterais estabeleceram disposições humanitárias favoráveis aos feridos e aos não combatentes. Em 1863, o jurista Lieber redigiu as instruções para os exércitos dos Estados Unidos em campanha. Embora nelas se consigne que os atos de crueldade são proibidos, a fome continua sendo um instrumento de guerra. Os hospitais devem ser respeitados. Os feridos não devem ser maltratados. Quando presos pelo inimigo, devem ser considerados prisioneiros de guerra; os que, reconhecidamente, forem incapazes de servir deverão ser mandados de volta para casa.

O direito internacional humanitário só ganha impulso realmente no século XIX, com o desenvolvimento das regras de neutralidade. O espírito desse direito situa-se fora de qualquer sistema religioso ou filosófico. Somente o sofrimento dos homens é levado em conta, o que implica a ausência de julgamento sobre a ação anterior das pessoas socorridas. Entre os numerosos exemplos, a ação do genebrino Henry Dunant depois da batalha de Solferino é a mais marcante, pois as reflexões dela extraídas deram origem à criação da Cruz Vermelha (1863) e do direito internacional humanitário (1864). Essa expressão surgiu depois de 1945 e só se tornou oficial na década de 1970. O direito internacional humanitário nasce diretamente do "direito de Genebra", surgido em 1864, mas tem outra fonte: o "direito da Haia", ou direito da guerra propriamente dito, cuja origem remonta à Declaração de São Petersburgo de 1868, que proclamava que "os progressos da civilização devem ter como efeito atenuar ao máximo as calamidades da guerra". Como o único objetivo dos Estados beligerantes deve ser enfraquecer as forças do inimigo, é proibido o uso de armas julgadas contrárias às "leis da humanidade", ou seja, as que causem sofrimentos inúteis ou tornem a morte inevitável. A convenção para a melhoria da sorte dos militares feridos em campanha, de 22 de agosto de 1864, decide que os "militares feridos ou doentes serão recolhidos e tratados, seja qual for a nação a que pertençam". Estabelece o princípio da neutralidade das ambulâncias, dos hospitais e do pessoal médico. Os habitantes que prestem socorro deverão ser respeitados e ficarão livres. Uma braçadeira e uma bandeira com cruz vermelha sobre fundo branco serão utilizadas pelo pessoal e por estabelecimentos que prestem socorro médico. Os militares inimigos feridos poderão ser remetidos aos postos avançados do adversário. Os que forem considerados incapazes de voltar a servir deverão ser libertados depois de tratados. Os outros poderão ser libertados desde que prometam não retomar as armas. Essa convenção de 1864 é revolucionária para a época, pois pretende regrar de maneira geral e permanente uma situação que até então dera ensejo a entendimentos pontuais. Seu princípio, embora se limite aos feridos e doentes das guerras internacionais em terra, mais tarde será estendido em etapas sucessivas às diversas categorias de vítimas de todos os conflitos internacionais e civis. A Convenção de 1864 foi revista em 1906 por um texto que conservou suas ideias essenciais. Mas o novo tratado rejeitou as disposições que não correspondiam às exigências militares. Os termos "neutro" e "neutralidade" foram substituídos pelas noções de respeito e proteção. Os feridos e os doentes que estejam nas mãos do inimigo são prisioneiros de guerra que podem obter a possibilidade de voltar para casa ou de ser internados em país neutro. Os beligerantes deverão enviar às autoridades inimigas os documentos de identidade encontrados com os mortos, bem como as listas de nomes dos feridos e dos doentes aprisionados. São então mencionadas as sociedades assistenciais. O tratado afirma o caráter laico do sinal protetor da Cruz Vermelha. Em Haia, nos anos de 1899 e 1907, os princípios elaborados em Genebra foram estendidos à guerra marítima por iniciativa da Rússia. A Convenção de 1899 suprimiu as palavras "neutro" e "neutralidade", modificando, portanto, os princípios de 1864. Esse texto menciona os navios-hospital dos exércitos e as sociedades assistenciais, notando que se pode recorrer aos navios mercantes, a iates e a embarcações neutras. Esse tratado leva em conta os náufragos que, com os feridos e os doentes, ser tornem prisioneiros de guerra depois de caírem nas mãos do inimigo. A Convenção de 1907, naturalmente, está muito mais próxima da Convenção de 1906 do que estava a de 1899 em relação ao tratado de 1864. A Primeira Guerra Mundial mostrou a necessidade de revisar a Convenção de 1906 e de redigir um tratado que defendesse os prisioneiros de guerra. Realmente, eles só haviam sido beneficiados por alguns artigos da Convenção de Haia de 1907, referente às leis e aos costumes da guerra terrestre, e do direito de iniciativa do Comitê Internacional da Cruz Vermelha (CICR), que os favoreceu de modo especial, bem como no que se refere aos civis sob o jugo do inimigo. A Convenção de 1929 sobre os feridos e os doentes não modifica fundamentalmente a de 1906. No entanto, é mais completa e inova em certos pontos. Afirma, em primeiríssimo lugar, que os feridos e os doentes serão "tratados com humanidade". A convenção prevê a possibilidade de suspensão temporária dos combates para retirada dos feridos que tenham ficado entre as linhas. O pessoal médico que caia nas mãos do inimigo não pode ser aprisionado, a não ser que haja acordo em contrário firmado entre beligerantes. Quando em poder do adversário, cuidarão "de preferência" dos feridos e dos doentes do beligerante ao qual pertençam. Embora se mantenha o princípio de unicidade do sinal da cruz vermelha, são introduzidas duas exceções: o crescente vermelho e o leão e sol vermelhos. O tratado suprime a cláusula *si omnes* introduzida em 1906. O mesmo ocorre com o código dos prisioneiros de guerra, que introduz no direito de Genebra um campo pertencente ao direito de Haia. Embora este mencione que os cativos devem ser tratados com humanidade, a Convenção de 1929 é mais protetora, dispondo que isso deve ocorrer "o todo tempo". Eles devem ficar a salvo de atos de violência, de insultos e da curiosidade pública. São proibidas as represálias. O Estado detentor deve sustentar seus prisioneiros. Para serem lícitas, as diferenças de tratamento devem ser baseadas na patente militar, no estado de saúde física ou psíquica, nas aptidões profissionais ou no sexo. Em razão das observações dos delegados do CICR, o tratado procura proteger os prisioneiros contra todas as arbitrariedades e regulamenta as instalações dos campos (higiene, aquecimento, iluminação, enfermaria), bem como a vida que lá deve reinar (alimentação, vestuário, prática da religião, distrações intelectuais e esportivas, organização do trabalho, direito à correspondência, recebimento de remessas individuais ou coletivas, eleição de representantes de prisioneiros, disposições referentes a penalidades, punições disciplinares e os processos judiciários). Os campos devem ficar longe da linha de fogo e das regiões insalubres; não devem poder servir de proteção contra eventuais ataques. O CICR é mencionado nessa convenção; passa a ter o direito de propor a criação de uma agência de informações, mas isso não deve restringir sua atividade humanitária. O papel das agências nacionais de informação, já mencionado pelo direito da Haia, é mais detalhado em 1929. Em contrapartida, o artigo sobre as sociedades assistenciais repete quase textualmente o de 1907. A repatriação dos prisioneiros inválidos é obrigatória, mas a hospitalização em país neutro dos homens que apresentem ferimentos mais leves ou daqueles que passaram por longo cativeiro é apenas facultativa. Logo após a Segunda Guerra Mundial, os redatores das convenções de 1949 revisaram as convenções de 1929 e ampliaram mais o campo do direito de Genebra, adotando textos referentes às guerras marítimas e civis. As quatro convenções comportam artigos comuns: as partes contratantes devem respeitar e fazer respeitar esses tratados "em todas as circunstâncias"; as atividades do CICR ou de qualquer outro "organismo humanitário imparcial" não devem ser comprometidas pelas disposições das convenções; em caso de ausência de poder protetor, um organismo humanitário como o CICR deve poder garantir a proteção das pessoas visadas pelos tratados. Também são comuns às convenções os artigos referentes às sanções penais, às infrações graves, à responsabilidade das partes contratantes e ao procedimento de inquérito. Nenhum beligerante pode exonerar-se ou exonerar outra pessoa de responsabilidades pela perpetração de faltas graves. Poderá ser aberto inquérito por qualquer violação de um dos tratados. As convenções – que só se referem aos conflitos internacionais – comportam um artigo 3º comum, que trata das guerras civis e dita as regras mínimas de humanidade (tratar com humanidade as pessoas que não participem diretamente dos combates; cuidar de feridos e doentes). O CICR pode valer-se de seu direito de iniciativa, propondo seus serviços. A convenção I, referente aos feridos e doentes, estende sua proteção aos membros das milícias, dos corpos de voluntários e aos resistentes, se estes forem comandados por um responsável e estiverem abertamente armados, se forem reconhecíveis de longe e se respeitarem as leis e os costumes da guerra. Essas pessoas devem ser beneficiadas pelo estatuto de prisioneiro de guerra. Os beligerantes poderão criar, em seu território ou nos territórios que ocuparem, "zonas e localidades médicas" para feridos e doentes. Assim como nas outras três convenções, as sociedades da Cruz Vermelha são mencionadas. O pessoal médico ou religioso só poderá ser retido nos campos se o número de prisioneiros o exigir. A convenção enumera as facilidades que lhes devem ser facultadas para exercerem suas funções, de preferência em favor das pessoas pertencentes às forças armadas de que dependem. Os beligerantes deverão organizar sua baixa. A convenção II sobre a guerra marítima é inspirada na de 1907, mas é muito mais protetora. Prevê que o pessoal médico não poderá ser capturado, pois se o fosse os navios-hospital não poderiam funcionar. A convenção III amplia as categorias de pessoas beneficiadas pelo estatuto de prisioneiros de guerra e os protege mais que a de 1929. O poder detentor é responsável pelo tratamento dispensado aos prisioneiros. São proibidos atos ou omissões que provoquem a morte. A agência central de informações – que a CICR pode propor criar – deverá receber uma cópia da declaração oficial dada aos prisioneiros, indicando a doença, os ferimentos ou os cuidados recebidos. As transferências e as evacuações do campo deverão ser feitas "com humanidade". Nenhuma transferência deverá aumentar as dificuldades de repatriação. As condições de alojamento deverão "levar em conta os usos e costumes dos prisioneiros". A convenção enumera os trabalhos que podem ser solicitados aos prisioneiros; os que forem julgados humilhantes para o exército do Estado detentor são proibidos. Os soldos que devem ser pagos são fixados pela convenção. Enquanto a Convenção de 1929 prevê apenas as visitas aos campos por parte dos delegados dos poderes protetores, enquanto os do CICR os inspecionam desde 1914, a Convenção de 1949 também menciona este último. No fim das hostilidades, as repatriações deverão ser realizadas "sem demora", mesmo em caso de ausência de armistício ou de tratado de paz. A convenção IV interessa-se pelos civis, que, em caso de conflito ou de ocupação, estejam em poder de uma das partes do conflito ou de uma potência ocupante. Eles devem poder dirigir-se facilmente aos poderes protetores, ao CICR ou a uma associação assistencial. (Por essa convenção e pela anterior, o direito de Genebra reconhece expressamente a posição particular do CICR como instituição neutra e imparcial de informações e socorro.) Os Estados poderão criar "zonas e localidades médicas e de segurança" situadas em seu território ou nos ocupados. Com a concordância do inimigo, também poderão criar "zonas neutralizadas" nas áreas de combate; ao contrário das anteriores, estas têm caráter provisório. Os beligerantes são convidados a organizar a evacuação das zonas sitiadas ou cercadas, ou a permitir a entrada do pessoal médico. Devem aceitar a passagem de medicamentos, material médico e objetos de culto para as populações vinculadas a outro poder, mesmo inimigo. Devem facilitar a procura de membros das famílias dispersas. Prevê-se o confinamento de civis para protegê-los de arbitrariedade. A entrada de ex-colônias na cena internacional provocou a adoção, em 1977, de dois protocolos adicionais. O protocolo II diz respeito às guerras civis e completa o artigo 3º comum de 1949. Enumera as garantias fundamentais dos direitos das "pessoas privadas de liberdade". O protocolo I refere-se às guerras internacionais e às de descolonização. Por isso, já não é exigido o uso de uniforme para beneficiar-se dos estatutos de combatente e prisioneiro de guerra. A assistência às vítimas é melhorada pela ampliação da proteção ao pessoal e às instalações médicas. A importância do papel do CICR é confirmada, e seu direito de iniciativa é implicitamente mencionado. Além disso, esse protocolo realiza notável incursão no direito de Haia, graças a uma seção referente aos métodos e aos meios de guerra. Outra é dedicada à repressão das infrações aos tratados de 1949 e ao protocolo I. As definições das infrações graves e dos crimes de guerra são ampliadas em relação às convenções. As partes contratantes, beligerantes ou não, devem reprimir as infrações graves e pôr fim às outras. Os comandantes militares devem impedir as infrações, reprimi-las e denunciá-las. O protocolo prevê a instauração de uma "comissão internacional de apuração dos fatos" que obriga os signatários a aceitar inquéritos sobre as violações do direito humanitário. Já em 1872, Moynier, então presidente do comitê internacional, redigira o primeiro projeto de criação de uma "Instituição Judiciária Internacional" para julgar violações ao tratado de 1864. Depois do Tribunal de Nuremberg, instituído pelos vencedores de 1945, os tribunais penais internacionais para a ex-Iugoslávia e Ruanda foram criados em 1993 e 1994. Em 1998, foi adotado o estatuto da futura Corte Penal Internacional de Haia para julgar genocídios, crimes de guerra, agressões ou crimes contra a humanidade, que são imprescritíveis desde 1968. Toda uma série de convenções proíbe a tortura e outros tratamentos cruéis, desumanos ou degradantes (1984), as armas bacteriológicas (1972), as químicas (1993), as que têm efeitos traumáticos excessivos ou ferem sem discriminação (1980) ou as minas antipessoais (1997). Por trás da expressão direito internacional humanitário encontra-se o direito de Genebra propriamente dito, ou seja, cerca de 600 artigos que organizam a proteção das vítimas, mas também uma parte do direito inicialmente chamado direito de Haia. O CICR é sempre a origem da elaboração do direito internacional humanitário em sentido estrito. Também pode ser origem de outros tratados, tal como o protocolo que proíbe o emprego de gases asfixiantes ou tóxicos (1925).

➤ BUGNION F., *Le CICR et la protection des victimes de la guerre*, Genève, CICR, 2000. – COCHET F., *Soldats sans armes, la captivité de guerre: une approche culturelle*, Bruxelas, Bruylant, Paris, LGDJ, 1998. – DAVID E., *Principes de droit des conflits armés*, Bruxelas, Bruylant, 1994. – HAROUEL V., *Grands textes du droit humanitaire*, Paris, PUF, 2001; *Histoire de la Croix-Rouge*, Paris, PUF, 1999; Genève-Pais, 1863-1918: *Le Droit humanitaire en construction*, Genève, SHD, CICR, CRF, 2003. – MOORE J. (org.), *Des choix difficiles: les dilemmes moraux de l'humanitaire*, Paris, Gallimard, 1999; *L'Humanitaire en échec?*, Genève, CICR, 1999. – SCHINDLER D. & TOMAN J. (org.), *Droit des conflits armés*; Genève, CICR, IHD, 1996. – TORRELLI M., *Le Droit international humanitaire*, Paris, PUF, 1989. – ZEMMALI A., *Combattants et prisonniers de guerre en droit islamique et en droit international humanitaire*, Paris, Pedone, 1997.

Véronique HAROÜEL-BURELOUP

→ Crime contra a humanidade; Guerra; Ingerência.

DIREITO INTERNACIONAL PRIVADO

O direito internacional privado é o ramo do direito privado cujo objeto é a regulação das relações privadas que apresentem caráter internacional. A definição implica que tal caráter diz respeito às relações que ela qualifica de elaboração e aplicação de instrumentos normativos específicos, que são distintos dos instrumentos do direito comum e constituem o conteúdo da disciplina.

Os homens vivem em sociedade. As sociedades hoje se organizam em Estados. O mundo se fragmenta em ordens jurídicas separadas: cada Estado aplica um corpo de regras e uma rede de institutos destinados a instaurar uma ordem nas relações interindividuais compatível com aquilo que se julga ser o interesse da sociedade que o constituiu. Mas, em vez de se manterem fechados no âmbito nacional, os homens travam relações, cada vez mais numerosas, para além de suas fronteiras. Essas relações são *internacionais*, e esse caráter resulta de alguns de seus elementos que os põem em contato com uma ordem jurídica estrangeira ou com várias. Esses elementos de *estraneidade* dependem dos *sujeitos* da relação – divórcio de casal que mora num país, mas é nativo de outro –, ou de seu *objeto* – cessão entre moradores de um país de um imóvel situado em outro –, de sua *fonte* – acidente ocorrido num país entre dois nativos de outro. O direito internacional privado tem como objetivo garantir o tratamento jurídico desse tipo de relação. Segundo a tradição acadêmica francesa, essa questão comporta duas dimensões. A dimensão subjetiva enseja o problema da condição da pessoa em relação a uma ordem jurídica nacional determinada; em alguns de seus componentes, essa condição varia, conforme o sujeito seja nacional ou estrangeiro. Enquanto, em geral, o nacional goza de estatuto pleno, que lhe dá acesso a qualquer prerrogativa e a qualquer instituto protegido por sua ordem jurídica, o estrangeiro às vezes se vê rebaixado, com redução de sua capacidade de figurar em certas relações jurídicas. O direito internacional privado, portanto, deve pronunciar-se, no que se refere ao sujeito, sobre a possibilidade de existência da relação de direito em causa. Para esse fim, primeiramente deve determinar quem é nacional e, por exclusão, quem não o é; depois, deve definir os direitos cujo gozo é concedido ao estrangeiro. Essas duas operações são pertinentes ao direito da nacionalidade e ao direito da condição de estrangeiro. Este dicionário reserva um verbete próprio a cada uma dessas matérias. Aqui, portanto, o direito internacional privado será abordado em sua dimensão objetiva, que se estende à determinação do regime apropriado à relação privada internacional. Para solucionar os problemas de direito suscitados por uma relação privada internacional, é preciso ter, ao mesmo tempo, regras e juízes para aplicá-las. Fala-se de *conflitos de leis* quando se trata de buscar o direito aplicável, e de *conflitos de jurisdições* quando se trata de obter proteção judiciária efetiva.

Conflitos de leis

Em matéria de conflitos de leis, o direito internacional privado desenvolve-se a partir de *duas ideias fundamentais*, a anterioridade da ordem jurídica nacional e a legitimidade do comércio jurídico internacional, que ele articula numa relação de equilíbrio nesse instrumento específico que é a *regra de conflito.* Mas também pode ocorrer que o direito internacional privado não deseje esse equilíbrio e deixe que uma das duas ideias domine e até anule a outra; então a regra de conflito se transforma ou mesmo desaparece diante dos *procedimentos concorrentes.*

Regra de conflito. – 1 / Ideias fundamentais da regulação de conflitos. Há relações privadas internacionais, não há sociedade internacional constituída como ordem jurídica distinta. Essa deficiência – talvez provisória – justifica a *competência das ordens jurídicas nacionais* nesse campo. Estas já existem e hoje são as únicas que dispõem de capacidade de tratamento das relações privadas, sejam elas quais forem. Essa *anterioridade* histórica determina que as ordens jurídicas nacionais se encarreguem das relações privadas internacionais. De fato, haveria o risco de anarquia, tanto no plano interno quanto no internacional, se uma ordem jurídica nacional se desinteressasse das situações que de alguma maneira lhe escapam, mas que se ligam de um modo ou de outro a essa rede de relações interindividuais em que ela consiste. Não podendo contar com a ordem internacional, cada ordem jurídica nacional assume o tratamento das relações privadas internacionais que lhe dizem respeito. O fato de "já existir" a habilita e a obriga a intervir, no mínimo para preservar sua própria coesão e sua própria existência como ordem – ao que se soma a preocupação com a justiça, se tal ordem jurídica pretender cumprir sua função. Mas, além de seus próprios interesses, também pode preocupar-se com o interesse da ordem internacional que é chamada a suplementar: no estágio atual de evolução, o objetivo será sobretudo tentar garantir às pessoas privadas a possibilidade de travar e desenvolver relações internacionais, urdir a trama daquilo que será talvez a futura ordem internacional.

2 / A legitimidade das relações jurídicas internacionais constitui a segunda *ideia fundamental* do direito internacional privado. O homem é um *animal social*, mas é também um ser dotado de *mobilidade social*, capaz de realizar-se em casa ou fora dela, na pátria ou no estrangeiro. Seria preciso que sua comunidade social de origem fosse exposta a um perigo mortal para que as injunções da organização coletiva legitimassem a proibição de qualquer contato com o estrangeiro. É em caso de guerra que se proíbe o contato com o inimigo. Fora desse caso, o princípio é que a faculdade original do homem de manter contato com os membros das outras nações é um elemento de sua liberdade – um direito natural ou uma liberdade fundamental que convém proteger. Assim fundada, a legitimidade das relações jurídicas internacionais exige um tratamento que não comprometa, mas, ao contrário, favoreça o progresso das relações internacionais.

O perigo provém da pluralidade das ordens jurídicas afetadas pela relação internacional, todas armadas para dirimir as questões de direito que ela suscita; a legitimidade das relações jurídicas internacionais rejeita então opções excessivamente rudimentares, como a da aplicação cumulativa das diversas regras que cada ordem interessada destina à questão de direito suscitada ou a da aplicação exclusiva de sua própria lei por cada autoridade chamada a julgar a questão. Ambas as opções dificultariam ainda mais a formação da relação, acrescentando as condições de sua validade, seja em nível nacional, seja em nível internacional, e se, por felicidade, elas não opusessem nenhum obstáculo insuperável, justaporiam sem nenhuma garantia de coerência os diferentes efeitos previstos de maneira independente por cada lei. Os dois procedimentos se opõem ao desenvolvimento das relações internacionais, impondo-lhes mais severidade e menos segurança do que às relações puramente internas; e nisso atentam contra a liberdade das pessoas privadas e a legitimidade das relações internacionais. Essa liberdade e essa legitimidade encontram seu instrumento de promoção na regra de conflito de leis.

3 / Conciliação das ideias fundamentais. A regra de conflito faz, entre as diversas leis das ordens jurídicas em cujo contato se encontra a relação que deve ser tratada, uma escolha baseada na consideração dos *vínculos mais significativos*. Escolher uma lei é excluir as outras; formalmente, o método é antinômico ao procedimento da aplicação cumulativa. Basear essa escolha nos vínculos mais significativos entre a relação e uma ordem jurídica é negar que, *a priori*, a lei do juiz constituído se impõe em todas as circunstâncias; também formalmente, o método se opõe ao procedimento da aplicação exclusiva da *lex fori*. Os inconvenientes inerentes aos dois procedimentos são assim evitados. Mas, naturalmente, a legitimidade da escolha de uma lei depende, no fundo, do critério que permite efetuar essa escolha. A ideia explorada pela diretriz dos vínculos mais significativos é a seguinte: uma relação de direito não passa da expressão jurídica de um conflito de interesses (eventual ou efetivo, segundo o caso) entre duas pessoas ou várias; é desejável que dessa relação se encarregue a ordem jurídica que, por experiência, demonstre estar em condições de resolver o conflito de interesses, por estar diretamente exposta à perturbação que este pode criar e por estar em posição de exercer uma autoridade efetiva sobre o comportamento dos interessados. Os parâmetros da afetação e da efetividade variam segundo a dinâmica do conflito de interesses; segundo a natureza da relação de direito, é à luz dessa natureza que convém apreciá-los para depreender o critério que indica a ordem jurídica que deve ser solicitada. Esse critério é chamado fator de vinculação. A racionalidade da diretriz dos vínculos mais significativos, que leva uma ordem jurídica a abster-se de sua ação normativa para se pôr a serviço da ação de uma ordem mais interessada, prevê o assentimento dessa ordem, como, aliás, de todas as outras. O objetivo, no caso, é o da *harmonia internacional das soluções*, resultante do acordo das ordens jurídicas sobre a lei aplicável. Evidentemente, como cada ordem interpreta a diretriz à sua maneira, pode haver diferenças de designação, e o objetivo nem sempre é atingido. Mas essa eventualidade incitará cada ordem a levar em consideração a escolha das outras, seja a título corretivo, pelo mecanismo da avocação, seja a título preventivo, por alinhamento (unilateral ou convencional) com a designação mais difundida.

Mas a harmonia internacional das soluções não passa de finalidade intermediária estabelecida com um objetivo ulterior: *a segurança jurídica*. Por um lado, dirigindo-se à ordem jurídica mais diretamente afetada pela relação litigiosa, a regra de conflito propicia, para solução na qual redundará, as maiores probabilidades de reconhecimento e execução onde estas mais importam. A perspectiva de realização prática e útil tende a tornar efetivo e certo, no plano internacional, o direito consagrado por um juiz nacional. Por outro lado, a racionalidade da escolha feita orienta todo espírito sensato para a lei à qual deve ser vinculada a determinação do comportamento por adotar. Assim, no próprio momento em que agem, os sujeitos têm condições de saber segundo que regras de direito civil, comercial, direito social etc. devem conformar sua ação para obter, mesmo no plano internacional, o resultado que buscam. Esse é, provavelmente, o ponto crucial. Subtrair a designação à *naturalis ratio* para confiá-la a critérios impermeáveis ao interesse privado e insensíveis ao senso comum das partes seria converter todas as regras de conduta constituintes do fundo do direito material interno em simples regras de decisão destinadas a facilitar o trabalho jurisdicional; seria, sobretudo, impedir que quem delibera a conduta calcule suas consequências. Ao proteger as *expectativas razoáveis*, a regra de conflito opõe-se à deterioração das condições de ação e à desnaturação do direito no plano internacional; resguarda a segurança jurídica do indivíduo num nível comparável ao que o beneficia quando ele limita sua existência ao perímetro de uma ordem jurídica nacional.

Assim, a regra de conflito é o instrumento da coordenação das duas ideias fundamentais: a competência das ordens jurídicas nacionais (ao lhes confiar o problema que deve ser resolvido) e a legitimidade das relações jurídicas internacionais (ao designar a lei que tem os vínculos mais significativos com a relação de direito que deve ser regulamentada); dessa maneira, esforçando-se por contribuir com harmonia de soluções e com a segurança jurídica, ou – mais geralmente – com a uniformidade e a continuidade de tratamento das relações entre interesses privados, ela tende a estabelecer uma justiça de direito internacional privado que é distinta e complementar da justiça de direito material buscada pelo direito interno.

Essa função imprime características distintivas à regra de conflitos. Em primeiro lugar, é uma regra indireta; não fixa os direitos e as obrigações resultantes da relação de direito, apenas indica a lei que procederá à regulamentação dos interesses das partes. Em segundo lugar, é bilateral no sentido de que o princípio dos vínculos mais significativos dirige, segundo o caso, ora para a lei do juiz constituído, ora para outra lei. Por fim, tem um caráter neutro, pois não escolhe a lei aplicável em função dos conteúdos e das qualidades respectivas das soluções previstas pelas leis referidas; não é guiada por uma apreciação material. Essa neutralidade, porém, é condicional, conforme demonstra a exceção de *ordem pública* pela qual uma ordem jurídica alcança a possibilidade de não adotar a regra de conflito caso o resultado previsto com a aplicação da lei designada seja inaceitável na vida social que organiza. Mas essa neutralidade material também é relativa; a regra de conflito leva ao menos em consideração a natureza material da relação por regulamentar e não escolhe a mesma lei, conforme se trate de casamento, de pensão de alimentos, usufruto ou sucessão...

Essa configuração da regra de conflito ajusta-se a certa representação do problema da lei aplicável, que supõe, por um lado, que a relação privada internacional é da mesma natureza da relação privada interna e, por outro, que ela instaura verdadeira concorrência entre as leis a que diz respeito. A primeira dessas premissas refere-se à anterioridade das ordens jurídicas nacionais e autoriza materialmente a utilização de regras concebidas com o fim de serem aplicadas a relações internas para atender às necessidades das relações internacionais. A segunda premissa refere-se à ideia de legitimidade das relações jurídicas internacionais e autoriza formalmente a escolha feita pela regra de conflito. Se uma dessas premissas vier a ser contraditada em algum caso, e se a relação de forças entre as duas ideias fundamentais se modificar, a regra de conflito se transformará, o método se alterará e até desaparecerá diante de procedimentos concorrentes.

Procedimentos concorrentes. – 1 / Preponderância da autoridade das ordens jurídicas nacionais. O peso da autoridade da ordem jurídica nacional cresce em detrimento da legitimidade da relação jurídica internacional quando as leis das ordens jurídicas em contato com as quais evolui a relação de direito não convergem realmente, seja por não visarem ao mesmo objeto, seja por darem soluções não intercambiáveis.

O primeiro caso quase não se encontra no domínio do direito privado, em que todas as regras ditadas pelas ordens jurídicas se esforçam por resolver os mesmos tipos de problemas, que surgem onde haja homens, por serem os problemas criados pela vida em sociedade (relações entre sexos e gerações, apropriação de bens, troca de produtos e serviços etc.). Assim, cada ordem jurídica dispõe de uma solução para cada relação de interesse privado, de modo que cada relação dessa natureza põe em concorrência as regras que a visam em cada ordem jurídica a que se referem.

Em contrapartida, o caso de impermutabilidade das soluções não é desconhecido no domínio do direito privado. Sem dúvida, em princípio, o direito internacional privado postula que a justiça material das soluções estrangeiras equivale à da solução francesa; por sua neutralidade, a regra de conflito aceita essa relatividade, chave da equivalência, que priva de pertinência as considerações de justiça material na escolha que deve ser feita entre as diferentes leis. De fato, a designação baseia-se, em princípio, no critério dos vínculos mais significativos, que é exterior a essas considerações. Mas às vezes ocorre que esses vínculos, apesar de tudo, não são julgados suficientemente significativos para superar as diferenças de solução. Isso ocorre, por exemplo, quando a ordem do foro pretende promover certa política legislativa que valorize determinada solução. A regra de conflito assume então *caráter material* e, admitindo que várias ordens jurídicas mantêm vínculos significativos com a relação que deve ser regulada, em vez de se basear na intensidade destes, escolhe as leis em função de sua capacidade respectiva de propiciar o resultado material que julga desejável. Dessa maneira, a ordem do foro faz suas próprias opções de direito material triunfar no plano internacional e desqualifica as ordens jurídicas que não compartilham com elas. A desqualificação também pode ser ainda mais brutal com o chamado procedimento das *leis de aplicação imediata* ou de *polícia*. Trata-se de regras de direito privado cuja solução depende dos interesses gerais ou coletivos da ordem jurídica que as dita; aproveitando de sua competência normativa em matéria internacional, esta impõe sua solução à solução das leis estrangeiras, sempre que necessário à realização dos objetivos de polícia que tem em mira. Esse procedimento implica a exclusão *a priori* das leis estrangeiras e subtrai a lei francesa à livre troca arbitrada pela regra de conflito, cuja consequência é uma verdadeira desinternacionalização da situação apreendida pela lei de polícia.

2 / Supremacia da legitimidade das relações jurídicas internacionais. Mas, em sentido inverso, o movimento pode inclinar o fiel da balança para a legitimidade da relação jurídica internacional, com as consequências metodológicas simétricas de alteração ou mesmo apagamento da regra de conflito. A chamada solução da lei de *autonomia* ilustra essa alteração, confiando à vontade privada a tarefa de determinar a lei aplicável. É o que ocorre, de maneira geral, com as obrigações contratuais, bem como com certas questões do direito patrimonial da família e, talvez menos discretamente no futuro, com o direito extrapatrimonial da família. Se a regra de conflito não parece subvertida na estrutura, em sua natureza ela é profundamente modificada; de fato, a liberdade de escolher a lei aplicável libera seus titulares da diretriz dos vínculos mais significativos para oferecer-lhes a lei (ou mesmo o conjunto de leis) cujo teor corresponda mais a suas finalidades. Assim, as partes de um contrato internacional se esquivam à vontade às normas simplesmente imperativas (não de polícia) ditadas pela ordem jurídica objetivamente designada pelos vínculos mais significativos e comporão o regulamento material de seu ato segundo lhes convenha, gozando assim de uma liberdade que o direito interno não concede com tanta generosidade aos contratantes; a lei de autonomia incentiva claramente as relações jurídicas internacionais e só estabelece para as ordens nacionais considerações mínimas, quando não as sujeita à vontade privada.

O procedimento das *regras materiais de direito internacional privado* acentua essa orientação e exprime francamente a recusa a estender às relações privadas internacionais as soluções que as ordens jurídicas nacionais aplicam às relações privadas internas. Evidentemente, de maneira geral, as relações privadas não mudam de natureza conforme se desenvolvam num meio puramente interno ou em âmbito internacional. Não há uma maneira interna e uma maneira internacional de fazer filhos ou de praticar o comércio varejista; os interesses que essas hipóteses põem em confronto são os mesmos; só variam as contingências. No entanto, é também verdade, por exemplo, que as fronteiras complicam o significado dos atos de processo no estrangeiro, e que se impõem soluções específicas, quanto às formalidades e aos prazos; aliás, as ordens jurídicas nacionais cuidam disso, unilateralmente ou por via convencional. Essa aspiração à diferença também é perceptível no domínio das relações privadas de ordem econômica. No mundo do comércio internacional constituíram-se assim práticas e usos, firmaram-se princípios comuns que poderiam contribuir para a formação de um direito material do comércio internacional heterogêneo às ordens jurídicas nacionais, uma *lex mercatoria*. Semelhante resultado, que confinaria as ordens nacionais a um papel subsidiário, evidentemente reduziria muito a utilidade da regra de conflito.

Conflitos de jurisdição

Assim como não está em condições de oferecer a regulamentação das relações privadas internacionais, a ordem internacional não dispõe atualmente de órgãos próprios para sancionar os direitos daí resultantes. Para obter a solução dos litígios de interesse privado, é preciso, pois, voltar-se de novo para as ordens jurídicas nacionais e dirigir-se a seus tribunais nos limites da competência internacional que lhes é atribuída. Mas, pelo fato de ser tratado pelos juízes de um Estado, o contencioso não perde seu caráter internacional, e a relação sobre a qual se decide continua em contato com outras ordens, nas quais pode ser útil reconhecer a decisão e executá-la. Se, por suas regras de *compe-*

tência internacional, cada ordem jurídica determina os processos que podem ser confiados a seus tribunais, por suas regras de *circulação internacional das decisões*, ela considera a hipótese alternativa de o processo ter-se desenrolado no exterior e fixa as condições e o conteúdo da eficácia do julgamento ali pronunciado.

Competência internacional dos tribunais. – Delimitando o domínio de atividade de suas jurisdições, a ordem jurídica nacional exerce um atributo de sua soberania; sem dúvida pretende então defender seus próprios interesses, mas na maioria das vezes só percebe esses interesse de modo mediato, esperando satisfazê-los por meio do uso que as pessoas privadas fizerem dos meios que ela lhes oferece, de obter uma decisão judicial sobre as contestações que lhes dizem respeito. Em suma, a justiça, serviço público, está a serviço daqueles que a procuram. Essa heterogeneidade entre *fins* (*de interesse privado*) e *meios* (*de serviço público*) distribui suas implicações em dois planos diferentes.

1 / No plano do exercício da soberania. Cada ordem jurídica, e só ela, está habilitada para definir a competência de seus tribunais. Esse princípio tem como consequência a *unilateralidade* das regras de competência ditadas por um Estado para seus tribunais. Elas nada dizem da competência dos tribunais dos outros países. No entanto, esse exercício solitário da soberania não se constitui materialmente para o atendimento do interesse público, como demonstra o caráter não imperativo normalmente assumido pela regras de competência internacional; de maneira geral, é autorizada a *escolha do foro* ou a atribuição de jurisdição, pela qual os próprios interessados escolhem, se necessário de antemão, o juiz que julgará seu litígio. Assim, as regras unilaterais de competência internacional podem não ser observadas, segundo a vontade contrária dos particulares. Não é de esperar que semelhante liberalismo promova o interesse do Estado. De fato, a utilidade essencial dessa escolha convencionada de juiz é proteger os demandantes dos inconvenientes da unilateralidade: por mais justificados que sejam seus motivos, as cláusulas de competência são definidas por cada Estado com toda a independência, donde a descoordenação da oferta de justiça no plano internacional, visto que uma mesma ação pode ser simultaneamente aberta em vários tribunais. Essas competências concorrentes criam dificuldades para os particulares (imprevisibilidade da competência para o réu, conflitos de direitos processuais, conflitos de decisões.). A escolha de foro previne esses problemas e evita que a determinação da ordem jurisdicional e muitas vezes, portanto, o direito aplicável fiquem dependendo da iniciativa da mais agressiva delas; os interessados saberão a que juízo recorrer e segundo que direito seu caso será dirimido; com a proteção dos interesses privados dos demandantes, isso pareceu mais importante que o interesse da soberania.

2 / No plano da especificação da competência. Fundamentalmente, o que a competência judiciária internacional se esforça por garantir é uma *boa justiça processual de direito privado*. Embora cada ordem jurídica pretenda que sejam tratados os litígios que envolvam situações pertinentes à vida social por ela controlada, esse interesse público, que inspira a abertura das jurisdições do Estado para o processo internacional, não chega até a determinação das diversas cláusulas de competência que autorizam o conhecimento efetivo desse contencioso. À ordem jurídica e à paz civil de que ela está incumbida basta que as pessoas privadas tenham condições de obter o reconhecimento e a sanção de seus direitos em formas apropriadas, e que ninguém se veja diante de uma situação de denegação de justiça ou seja tentado a fazer justiça com as próprias mãos. No entanto, a ideia de *acessibilidade aos tribunais*, que atua fortemente no terreno do gozo dos direitos, é contrabalançada, no terreno da competência, pela ideia de proteção dos *direitos à ampla defesa*: não caberia o autor, que busca a intervenção do Poder Judiciário para modificar o estado de coisas a seu favor, abusar desse reforço para conduzir o réu diante de um tribunal incômodo à defesa dos interesses deste. Donde a regra geralmente aceita de que o autor constituirá os tribunais do Estado de domicílio do réu: *Actor sequitur forum rei*. Mas, em certo número de casos, em que o autor está em situação de *desigualdade* em relação a seu adversário, a regra – como também se vê às vezes em direito interno – é invertida ou atenuada, com base em considerações de direito material, pois a ordem jurí-

dica pretende então favorecer a sanção judiciária dos direitos do autor considerado parte fraca. Ao lado dessas considerações extraídas de uma apreciação dos interesses dos demandantes intervêm *elementos de caráter objetivo*, independentes das partes, que visam a garantir a qualidade das decisões e a confiabilidade da instituição que as pronuncia. Primeiramente, a exigência de *boa administração da justiça* recomenda a competência do juízo mais apto a apreciar os fatos da causa e mais qualificado para a aplicação do direito cabível. Ora a *proximidade geográfica* dos fatos do litígio, ora a *proximidade cultural* em relação ao direito aplicável, ora a combinação dessas duas proximidades designa o juízo que, presumivelmente, proferirá a melhor justiça possível; e cabe observar que essa esperança se insere numa perspectiva de direito material: quer-se atingir a realização mais exata dos direitos substantivos das partes. É mais no plano estritamente judiciário que se situa o último elemento, a exigência de *economia processual* que, evidentemente, pretende que o processo seja o menos custoso possível e, portanto, exige a *concentração* dos contenciosos. Mas essa exigência também requer a garantia da *eficácia das decisões*. Essa eficácia das decisões é uma preocupação que ganha destaque especial na ordem internacional. Enquanto na ordem interna as decisões são executórias no conjunto do território, além de sua alçada de origem, na ordem internacional isso só ocorre, pelo menos de pleno direito, no território do Estado em nome do qual elas são pronunciadas; por sua estraneidade, a decisão é barrada na fronteira. Assim, uma decisão poderia ser desprovida de eficácia justamente onde seria útil que ela fosse adotada. Para evitar ao máximo possível essa situação, frustrante para o jurisdicionado, é aconselhável integrar esse dado na designação da competência.

A composição desses quatro fatores (subjetivo/objetivo, processual/material) realiza a boa justiça processual de direito privado em figuras diversas, segundo as ordens jurídicas, produzindo as diferentes regras de competência internacional. Considerada de maneira global, ela atende a uma exigência essencial: a da existência de um *vínculo efetivo* entre o processo e a ordem jurisdicional incumbida dele. No entanto, embora não seja infrequente, em direito positivo, que uma cláusula de competência mantenha equilíbrio perfeito entre os quatro polos (tal como o *locus rei sitae* para o contencioso de imóveis) e extraia de sua própria evidência a força de excluir qualquer concorrência, algumas vezes certas cláusulas de competência se mostram infiéis à orientação geral acima exposta e exprimindo, em nome de determinada política legislativa, uma preponderância esmagadora das considerações substanciais, recebem da soberania de que são titulares as ordens jurídicas que as consagram o poder de se opor à constituição de um juízo estrangeiro. Essas competências são ao mesmo tempo exorbitantes e excludentes; servem de obstáculo à circulação internacional das decisões.

Circulação internacional das decisões. – A circulação internacional das decisões refere-se à hipótese de o litígio ter sido dirimido numa ordem jurídica, mas uma das partes ter interesse em fazer que a sentença produza efeitos em outra ordem jurídica. Essa circulação, porém, colide com a compartimentalização institucional resultante da descontinuidade das ordens jurídicas. Emanando de uma jurisdição, ou seja, de um órgão criado e habilitado por um ordem jurídica, o julgamento, ao ser proferido, só tem valor normativo nessa ordem; impõe-se aos demandantes porque se impõe aos outros órgãos da ordem jurídica que são obrigados a respeitá-lo e até, no caso de alguns deles, instituídos para esse fim, de garantir sua execução, se preciso por coerção. As coisas não são tão simples quando é preciso transpor fronteiras. A decisão aparece então como obra de uma jurisdição não habilitada pela ordem *ad quem* e não se impõe por si mesma aos órgãos desta, que poderiam recusar-lhe qualquer valor normativo.

No entanto, restringir a execução de uma decisão à ordem que a emitiu pode prejudicar os interesses que esta supostamente consagra; o direito do beneficiário seria de validade geograficamente limitada: um credor em Oslo não seria credor em Paris, onde seu devedor concentrou seus bens embargáveis; ou então alguém que se divorciou em Mons continuaria casado em Lille, onde mora. Por isso, o direito internacional privado esforça-se por conciliar as exigências do interesse privado com as implicações da descontinuidade das ordens jurídicas. Assim, por exemplo, segundo a articulação entre meios e fins observada a respeito da competência internacional, admite-se que, na França, as decisões estrangeiras têm vocação para produzir seus efeitos primordiais, ainda que estes procedam incontestavelmente de autoridade de uma ordem jurídica estrangeira. A descontinuidade das ordens jurídicas cede perante o objetivo de uniformidade e de continuidade de tratamento das relações de interesses privados. Mas essa abertura tem dois limites.

Em primeiro lugar, com respeito a um processo que tenha escapado a seus juízes, mas cujos efeitos ela pretenda fazer valer na vida social que controla, a ordem jurídica só renunciará em favor de uma ordem estrangeira se tiver garantias de que a decisão desta está em conformidade com as exigências de uma *boa justiça de direito privado*. A primeira dessas exigências é a condição de *competência indireta* que visa à origem do julgamento estrangeiro e exige que um *vínculo caracterizado* tenha ligado o litígio e o tribunal que sobre ele se pronunciou. Essa competência indireta é acompanhada por outros critérios de regularidade que podem ser de ordem substantiva – conformidade à ordem pública e à solução de conflito de leis do país de acolhida – ou de ordem adjetiva – respeito aos princípios processuais fundamentais: processo equitativo, existência de vias de recurso etc. – conjunto que mede o esforço de cooperação da ordem jurídica de acolhida à circulação internacional das decisões.

Em segundo lugar, essa cooperação, embora abra uma brecha na compartimentalização institucional que separa as ordens jurídicas, não a destrói por inteiro. Assim como é concebível que a eficácia substantiva e a autoridade da coisa julgada estrangeira sejam imediatamente invocáveis sem mais formalidades, também é impensável, na falta de convenção internacional, que a força executória adquirida no estrangeiro vincule de imediato os agentes locais de execução. A eficácia substantiva, que é a modificação imposta pela decisão na relação de direito sobre a qual é pronunciada – por determinação dos direitos e obrigações dos demandantes –, e a autoridade da coisa julgada – que garante a imutabilidade dessa determinação pela proibição de reabrir o processo após o julgamento da contestação – não precisam de nenhuma diligência de um órgão qualquer para serem efetivas. Em contrapartida, a força executória injunge os órgãos de execução a proceder (se necessário por coerção) à realização do dispositivo. É preciso levar em conta a dimensão orgânica que a descontinuidade das ordens jurídicas assume no plano da aplicação da força pública, impedindo que o agente de uma ordem jurídica acate o comando contido num julgamento estrangeiro. Por isso, para se obter a execução obrigatória na ordem de acolhida, prevê-se um procedimento especial destinado a munir a decisão estrangeira da fórmula executória. É o procedimento do *exequatur*, que serve para subordinar a outorga da força executória à verificação prévia da regularidade internacional do julgamento estrangeiro pela autoridade do Estado de acolhida, enquanto, por sua vez, eficácia substantiva e autoridade de coisa julgada só conduzirão a um processo se uma provocação impuser o controle judiciário dessa regularidade. Graças a esses mecanismos, o direito internacional privado garante, também no plano contencioso, a uniformidade e a continuidade de tratamento das relações internacionais de interesses privados.

› AUDIT, *Droit international privé*, 3ª ed., Paris, 2000. – BATIFFOL & LAGARDE, *Traité de droit international privé*, 8ª ed. t. I, Paris, 1993. – HOLLEAUX, FOYER & de GEOUFFRE de LA PRADELLE, *Droit international privé*, Paris, 1987. – LOUSSOUARN & BOUREL, *Droit international privé*, 7ª ed., 2001. – MAYER & HEUZÉ, *Droit international privé*, 7ª ed., 2001.

Ver também: BATIFFOL, *Aspects philosophiques du droit international privé*, Paris, 1956. – LAINÉ, *Introduction au droit international privé*, 2 vol., Paris, 1888. – ANCEL & LEQUETTE, *Grands arrêts de la jurisprudence française de droit international privé*, 4ª ed., Paris, 2001. – *Encyclopédie juridique Dalloz, Répertoire de droit international*, 1ª ed., 2 vol., 1968-69, Ph. Francescakis (org.), e 2ª ed., 3 vol., 1998, Carreau, Lagarde & Synvet (org.). – *Jurisclasseur droit international*, 10 vol., Goldman (org.). – *Revue critique de droit international privé*; a partir de 1905, Paris. – *Journal du droit international (Clunet)*, a partir de 1874, Paris.

Bertrand ANCEL

→ Competência; Estrangeiro; *Exequatur*; *Lex mercatoria*; Nacionalidade; Ordem pública; Soberania.

DIREITO INTERNACIONAL PÚBLICO

Depois de passar por importante evolução de longo prazo (ver "Direito das gentes"), a definição de direito internacional público já não enseja grandes controvérsias. Hoje em dia, ele é geralmente definido como o conjunto de regras produzidas pelos diferentes sujeitos de direito internacional, principalmente pelos Estados e pelas entidades às quais atribuíram poder normativo. O campo de aplicação do direito internacional público, por sua vez, enseja mais discussões, conforme se tenha em mente ou não uma acepção ampla das relações internacionais que ele supostamente rege. Mas o que importa são as condições particulares, frequentemente atípicas em relação às condições que costumam caracterizar o direito interno, nas quais o direito internacional público deve realizar-se. Elas suscitam certo número de dificuldades teóricas, das quais a menor não é a juridicidade daquilo que se chama "direito" internacional público. Contudo, seja qual for o modo como o interpretamos, não resta a menor dúvida de que existe uma prática abundante que os atores e os observadores da vida internacional consideram possível colocar sob a autoridade do direito internacional público; isso é inegável. Essa prática permite identificar a maioria dos capítulos clássicos que infalivelmente são abordados no estudo de todos os ramos do direito, ainda que alguns desses capítulos tenham uma índole específica, herdada das características próprias do direito internacional. É o que ocorre com a produção normativa, a aplicação e a interpretação de suas regras, ou com tudo o que gravita ao redor da "violação" do direito internacional.

Quadros gerais da efetivação do direito internacional e características deste

A perspectiva da cultura jurídica incita menos à descrição da regulamentação e do conteúdo das regras de direito positivo reunidas numa disciplina como o direito internacional público e mais à sugestão de seu espírito, das ideias básicas que o animam. Nessa óptica, pode-se dar uma imagem de conjunto do direito internacional, tanto em seus aspectos mais clássicos – arcaicos ou primitivos, como dizem alguns – quanto em suas evoluções contemporâneas mais marcantes, pondo em evidência dois termos cuja interação confere sentido profundo a todo o edifício: a soberania e a interpretação.

Soberanos súditos? – A chave da compreensão principal do direito internacional público é o papel central desempenhado pelos Estados e, por conseguinte, a marca nele impressa pela soberania que os caracteriza. A soberania, de fato, é aquilo que se pode dizer negativamente a propósito daquilo que não conhece nada superior a ele (força *suprema in suo ordine*, como escrevia Suarez). E, se nada é superior ao Estado, de que modo o direito internacional pode se impor a ele? Não será difícil considerar o Estado um "súdito" desse direito? Qualquer concepção do direito internacional público implica um posicionamento sobre essa questão: ou se procura eliminar a soberania da paisagem intelectual, como fizeram seus demolidores entre as duas guerras (Nicolas Politis, Georges Scelle, por exemplo), ou se tenta compor com as realidades às quais essa palavra pretende remeter (era o que faziam, já a seu modo, Vitoria e Suarez), com o risco de incidir em neologismo recente e duvidoso (mas inútil) "soberanista". Não cabe examinar aqui todas as possibilidades oferecidas pelas múltiplas teorias da soberania considerada do ponto de vista internacional (Q. Combacau, *Pouvoirs*, 1993, p. 47). Partiremos da ideia de que o poder mais elevado (soberano) não é o poder que pode fazer tudo, mas o que pode fazer mais (Rials, 1987); fazer mais, sim, porém "em sua ordem", para retomar a expressão citada de Suarez, contanto que se compreenda que os limites dessa "ordem" dependem de um jogo complexo de poderes efetivos. Realmente, assim como os indivíduos no estado de natureza de Hobbes, os Estados não estão sozinhos: formalmente iguais e fundamentalmente rivais, encontram na confrontação de seus poderes mútuos um limite para sua liberdade; assim, sua situação engendra mecanicamente cálculos de reciprocidade. É sobre essas fundações – reflexos do estado das forças em confronto – que se edificarão as múltiplas construções do direito internacional, todas as suas realizações positivas.

Soberanos-intérpretes. – Que num meio caracterizado pela soberania sejam produzidas uma ordem jurídica, instituições e regras de direito é coisa que toda a filosofia política contratualista admite, supondo um ato originário fundador do povo soberano, mas essas teorias convêm desde que se produza com isso uma transferência dos poderes naturais de justiça privada para a justiça institucional. Segundo essa perspectiva, a instituição do juiz é característica do estado "civil" e condição do direito. Ora, conquanto – em virtude das hipóteses teóricas das filosofias políticas às quais acabamos de fazer menção – os indivíduos supostamente tenham abandonado sua soberania, a história ensina que os Estados mantiveram a sua. E a transferência total que torna sedutora a teoria do contrato social não ocorreu. Por isso, a eficácia da capacidade de interpretar as regras, de validar e defender essa interpretação, faculdade conservada em cada "sujeito" do direito internacional, depende manifestamente do poderio econômico e militar do Estado intérprete. A interpretação é aí uma manifestação da soberania, assim como o é a produção de regras que vinculam o *Estado* (ver abaixo); por meio da interpretação, assim como pelos compromissos assumidos, cuja medida e alcance ela dá, desenham-se os contornos móveis das efetividades dos poderes soberanos, que variam em função uns dos outros. Esse é o fundo comum do direito internacional público, que sofreu vários arranjos e não impediu (muito pelo contrário) sensíveis evoluções. Assim, os Estados foram progressivamente implantando polos de interesses comuns, que, com sua dinâmica própria, ensejaram atitudes de promoção e defesa de interesses coletivos, atribuídos à "comunidade internacional". O surgimento de um grande número de organizações internacionais favoreceu aquilo que foi qualificado de "desdobramento funcional" (ver G. Scelle; a ideia também é expressa, mesmo em termos diferentes, por Kelsen em sua teoria da "descentralização") ou de "dialética entre o relacional e o institucional" (R. J. Dupuy), para designar uma espécie de ambivalência que explica por que o Estado defende alternadamente e às vezes de modo intricado seus interesses próprios e os de uma coletividade (por exemplo a dos Estados como parte de uma organização internacional ou a comunidade internacional em seu conjunto). Isso contribui para modificar progressivamente, mas de maneira muito significativa, as características fundamentais do direito internacional público que acabam de ser esboçadas (ver abaixo).

Soberania e espaços. – Essas características também explicam por que o direito internacional estrutura com cuidado os âmbitos espaciais das competências estatais. Os espaços em direito internacional são, acima de tudo, uma geografia de competências com extensões e eficácias variáveis. O Estado dispõe de uma competência plena e exclusiva (que se traduz pela criação e pela aplicação das normas, bem como pela eficácia dos poderes que ela supõe) sobre os espaços qualificados por isso mesmo de "territoriais": o território terrestre, obviamente, que inclui as águas interiores, portos, bacias e – com nuances que podem ser deixadas de lado – as baías de pequenas dimensões, o espaço aéreo sobrejacente, a plataforma continental e a zona econômica exclusiva. A noção de fronteira desempenha um papel evidentemente determinante, e numerosas são as regras que organizam sua fixação, revisão e determinação (*La Frontière*, Pedone, 1980). O Estado territorial goza, em princípio, dessa competência para tudo o que se encontre sob sua jurisdição, pessoas e bens. Esse princípio sofre restrições, seja por existirem enclaves que se subtraem à sua competência (por exemplo, a inviolabilidade das sedes diplomáticas dos Estados estrangeiros), seja porque certas pessoas ou certos atos seus – presumidamente irradiados pela soberania do Estado que essas pessoas representam ou em nome do qual esses atos são realizados – se beneficiam de uma proteção particular, que os põe ao abrigo da aplicação das regras do direito interno do Estado territorial (imunidades de jurisdição e imunidades de execução). Outros espaços, ao contrário, são definidos há muito tempo como espaços de liberdade. Sua extensão reduziu-se muitíssimo em decorrência de um controle territorial dinamizado por inovações técnicas que permitem usos inéditos de certos espaços e a exploração de recursos até então fora de alcance. Mas ainda é fato que o alto-mar, além das zonas de jurisdição nacional, aberto à navegação de todos, não é, em princípio, objeto de apropriação, assim como (mais recentemente) o espaço extra-atmosférico, e deve ter utilização pacífica. Há pouco, surgiu a ideia de "internacionalizar" certos espaços: assim como os acima citados, não se submetem à jurisdição exclusiva de nenhum Estado, mas o princípio de liberdade foi substituído por um regime de exploração e pela gestão internacional, na qual atuam instituições internacionais específicas; é o que ocorre com o fundo do mar, além das zonas de jurisdição nacional (a "Zona", segundo a convenção de Montego Bay sobre o direito do mar de 1982).

Formação das regras

Na ordem interna, a soberania logo foi associada ao poder de ditar leis, de produzir direito; primitivamente, referia-se à faculdade de impor regras a subordinados. Entende-se que a soberania do Estado na ordem internacional se apresenta de modo bem diferente e conduz a uma situação inversa: ela não poderia constituir um argumento de autoridade que possibilitasse a imposição de uma obrigação a outro Estado. Assim, a preocupação que os Estados têm de preservar sua soberania explica a posição eminente do *consentimento* na formação das regras do direito internacional público, consentimento que, para os nossos fins, analisaremos como a expressão de uma vontade de vincular-se: o *compromisso*. Portanto, em princípio, não é possível opor aos Estados uma obrigação com a qual eles não consentiram de uma maneira ou de outra. Além desse princípio fundamental, cabe ressaltar que as modalidades de expressão desse consentimento são muito variadas, dando origem a regras escritas e a princípios não escritos; a posição do direito não escrito continua muito importante. Centrada na identificação das regras do direito positivo, que para serem regras supõem a identificação e até a suposição de um consentimento, a doutrina às vezes faz uma distinção entre direito convencional (o direito dos tratados), direito consuetudinário e atos unilaterais, ou ainda entre a formação do direito convencional e a formação do direito espontâneo (costume e princípios gerais) e do direito voluntário. Podemos descartar aqui – sem discutir suas vantagens e, na verdade, sobretudo suas desvantagens – essas distinções, que na maioria das vezes se baseiam numa concepção bem conformista das "fontes" do direito internacional público. O que importa é o que é possível enfatizar com algumas probabilidades de sucesso para estabelecer a existência de uma regra e sua oponibilidade. Retorno da interpretação: a partir daí, estudar a formação de uma regra é estudar tudo o que é capaz de constituir direito quando nos dispomos a demonstrar o seu estabelecimento. Mesmo que um Estado só seja considerado vinculado se tiver consentido, as modalidades desse consentimento quase não importam no plano formal, razão pela qual se ressalta com razão a ausência de formalismo em direito internacional público. Quer tentemos chegar a uma regra escrita ou a uma não escrita, com o que deparamos na maioria das vezes é um jogo complexo de atos e comportamentos estatais unilaterais. É o que ocorre mesmo com a formação do chamado direito convencional; embora o texto do tratado seja em si mesmo resultado de negociações diplomáticas mais ou menos formais e prolongadas, o fato é que os diferentes atos que, depois de seu estabelecimento, expressarão o consentimento do Estado em vincular-se e levarão a tornar-lhe oponíveis as obrigações que ele contém são todos unilaterais: a assinatura (valendo ou não compromisso), o registro do instrumento de ratificação ou de adesão e até as ressalvas por meio das quais o Estado pretenda evitar a oponibilidade de certas disposições do tratado, quando isso for possível. A dominação dos atos unilaterais também é manifesta, evidentemente, no caso da formação do direito consuetudinário, que se baseia numa prática constituída pela repetição de atos e comportamentos unilaterais: usos de pesca em certas zonas, protestos contra atos julgados contrários ao direito e até atos internos de vocação internacional (delimitação de uma zona de competência do Estado, atribuição da nacionalidade). No prolongamento das indicações dadas pelo artigo 38 do Estatuto da Corte Internacional de Justiça, a jurisprudência internacional afirmou que essa prática deve ter certas características de constância, uniformidade etc., e conter a marca – que muitas vezes é impressa pelo juiz – da consciência da obrigatoriedade (ver o caso, emblemático sob esse aspecto, da *Plataforma continental do mar do Norte*, julgado em 1969). É verdade, porém, no que diz respeito ao direito consuetudinário, que o princípio segundo o qual "quem cala, consente" permite apanhar de surpresa, quando não numa armadilha, o consentimento do Estado, pois se supõe que este objete a práticas e usos com cujo caráter consuetudinário ele não conta (P. M. Dupuy, 1991). O caso dos "princípios gerais de direito reconhecidos pelas nações civilizadas", segundo fórmula consagrada pelo estatuto da Corte (por sua vez herdado do estatuto da Corte Permanente de Justiça Internacional de 1919), é um pouco diferente: embora formados pelas disposições dos direitos internos, no que elas têm em comum, portanto por atos unilaterais do ponto de vista internacional, esses princípios desempenham papel bastante subalterno e não foram evocados com frequência na jurisprudência internacional.

Interpretação e aplicação do direito internacional

Tendo em vista as características próprias ao meio internacional, a questão da interpretação do direito internacional é, evidentemente, crucial. Pode-se tentar resumir essa questão complexa tomando alguns pontos de partida simples, presentes em toda interpretação. O primeiro é que toda aplicação implica uma interpretação (isto é, uma tomada de posição sobre a significação de um enunciado); por conseguinte, sempre que nos interrogamos sobre a aplicação de uma regra, surge a questão de sua interpretação. O segundo ponto refere-se à natureza essencialmente unilateral do ato de interpretação, entendendo-se que todo acerto entre dois ou vários sujeitos quanto ao alcance de uma regra é analisado como um acordo, mesmo quando este só tenha o objetivo de fixar o sentido de um enunciado (D. Alland, *RGDIP*, 1996, p. 599). Estabelecidos esses dois pontos, pode-se distinguir a questão da interpretação, conforme ela se dê em meio internacional ou na ordem interna do Estado.

Na ordem internacional, a interpretação cabe, de direito comum, aos próprios Estados. A prática e a jurisprudência reiteram esse princípio que frequentemente alimenta legítimas suspeitas em relação ao direito internacional. Não deve ter a capacidade de abrandar esse sentimento a doutrina daquilo que se chama abusivamente "métodos" de interpretação. Segundo as diretrizes contidas na Convenção de Viena de 1969, sobre o direito dos tratados, os "métodos" são meios de reconstruir uma hipotética vontade das partes. No artigo 31 é enunciada uma indicação geral: "Um tratado deve ser interpretado de boa-fé segundo o sentido ordinário que se deve atribuir aos termos do tratado em seu contexto e à luz de seu objeto e de seu objetivo." Contexto pode ser o preâmbulo, as outras disposições do tratado, os outros acordos firmados em relação com o tratado em causa, "todo e qualquer instrumento estabelecido" pelas partes em relação com o tratado e até, em certos casos, a evolução do direito no domínio em questão. Assim, num parecer de 1971, a Corte Internacional de Justiça, depois de lembrar "a necessidade primordial de interpretar dado instrumento em conformidade com as intenções (sic) que as partes tiveram ao firmá-lo", expõe que "todo instrumento internacional deve ser interpretado e aplicado no âmbito do conjunto do sistema jurídico em vigor no momento em que ocorre sua interpretação" (*Rec.*, 1971, p. 31, § 53; ver também CIJ, 25 set. 1997, *Gabcikovo-Nagymaros*, § 139 s.). Esses princípios que supostamente devem canalizar a interpretação precisam ser analisados como padrões, não como regras que os Estados seguiriam para organizar seus pontos de vista. Pode-se dizer que esses padrões de interpretação (que variam pouco, quer se trate de direito interno ou de direito internacional) são orientados para a descoberta de uma significação em "alguma coisa" que, na opinião do intérprete, se encontra "evidentemente" (teoria do ato claro) ou, ao contrário, não se encontra na disposição do tratado em causa: a verdade social do tratado segundo alguns (objetivistas), a vontade das partes segundo a maioria (subjetivistas). Em última análise, esses "métodos", pertinentes tanto ao direito interno quanto ao internacional, são mais meios retóricos de justificação da interpretação dada do que "métodos" propriamente ditos. Assim, quando não se prevê ou não se consegue implantar um sistema especial para a interpretação dos direitos em causa (ver abaixo), os próprios Estados apreciam o alcance de seus compromissos. Disso resulta que o direito internacional geral é o terreno onde medram incessantemente inevitáveis conflitos de interpretação, que só podem ser resolvidos no campo do julgamento das pendências (ver abaixo).

Na ordem interna, a interpretação e a aplicação do direito internacional público suscitam múltiplas questões que não é possível expor aqui de maneira exaustiva. Um primeiro problema é o da determinação do órgão competente, dentro do organograma estatal, para interpretar as regras oriundas do direito internacional. É possível imaginar dois sistemas: o de uma competência jurisdicional ou o da chamada interpretação "administrativa", que confia ao Poder Executivo a tarefa de elucidar a amplitude dos compromissos do Estado. Ambos apresentam vantagens e desvantagens, que a doutrina discutiu muito, mas, até data recente, eram mais resultado de uma escolha indiferente do ponto de vista do direito internacional. A jurisprudência da Corte Europeia dos Direitos do Homem, porém, introduziu a ideia de que as exigências decorrentes de sua própria interpretação da Convenção Europeia dos Direitos do Homem deveriam levar a preferir a interpretação jurisdicional ao sistema da interpretação administrativa (acórdão *Beaumartin* de 1994; para a Corte, não se trata tanto da questão de designar positivamente o órgão estatal habilitado a interpretar a convenção quanto a questão, mais geral, da imparcialidade do processo). A Corte, assim, condenou o sistema francês – abandonado na época – que obrigava os juízes a suspender o julgamento e a encaminhar o texto internacional ao Ministério dos Negócios Exteriores, para interpretação, como questão prejudicial, conferindo à resposta fornecida um valor vinculante para o juiz. Outro problema, nitidamente mais amplo e complexo que o primeiro, é o das relações entre o direito internacional e o direito interno, automaticamente gerado por toda aplicação/interpretação das regras internacionais por um órgão interno de um Estado, seja ele qual for. Todas as constituições comportam certo número de disposições relativas ao direito internacional. As soluções, embora não inúmeras, são variadas, e essa variedade constitui por si mesma obstáculo a um tratamento homogêneo do problema das relações entre o direito internacional e o direito interno, portanto do modo como é "aplicado" pelos Estados em seu foro interno. Há mais: além dos textos constitucionais, deve-se constatar que, no momento de sua aplicação na ordem jurídica nacional, o alcance e, mais radicalmente, a própria aplicabilidade de uma regra internacional dependem de condições nascidas da interpretação dessa regra e das exigências constitucionais dos órgãos internos. É assim que uma jurisdição nacional pode censurar a falta de publicação interna de um tratado, tornando-o inaplicável, fazer alguma lei prevalecer sobre ele ou mesmo considerar que as regras nele contidas não são invocáveis perante ela (por exemplo, por só criarem direitos entre Estados, e não entre particulares). Também por isso o conteúdo das regras internacionais (escritas ou não) poderá ser rejeitado se parecer incompatível com uma exigência constitucional (seja ela escrita ou, de origem pretoriana, não escrita, visto que a regra constitucional também nesse caso se confunde com a interpretação que lhe é dada); exemplares, nesse aspecto, são os acórdãos proferidos pelo Conselho de Estado francês em 1996 (*Koné*) e 1998 (*Sarran*). Todos esses casos e muitos outros ainda coincidem e existem em direito francês, assim como na maioria dos Estados. Essa aparente subordinação do destino das regras internacionais às exigências de um Estado não é compatível com a doutrina da primazia do direito internacional sobre o direito interno, constantemente reiterada em direito internacional (convenção de Viena de 1969 sobre o direito dos tratados, jurisprudência internacional). A doutrina debateu muito o assunto, opondo as concepções monistas (Kelsen) e as concepções dualistas (Anzilotti) ou até pluralistas (Santi Romano) das relações entre as ordens jurídicas interna e internacional.

"Violação" do direito internacional

Em vista do acima exposto, compreende-se facilmente por que a questão da violação do direito internacional público assume importância considerável: em primeiro lugar porque, em todos os numerosos campos nos quais não foram instituídos mecanismos que centralizem a interpretação, qualquer aplicação e qualquer interpretação de uma regra são passíveis de ser interpretadas como uma "violação" de seus compromissos pelo Estado, o que, teoricamente, tende a multiplicar as hipóteses de "violações" e a engendrar relações complexas no tratamento das consequências do ilícito. Em segundo lugar, porque, em razão da combinação entre soberania e igualdade dos Estados, as alegações contraditórias relativas à ilegalidade ou à legalidade de um comportamento ou de um ato têm o mesmo valor jurídico, situação que dinamiza e prolonga as pendências, desde que não se ponha em ação algum mecanismo de resolução dessas pendências. Finalmente, porque, em situações nas quais estejam em jogo grandes interesses políticos, econômicos ou militares, pode-se temer que a irredutibilidade dos interesses sirva de obstáculo a uma solução pacífica da pendência, que pode então degenerar em conflito. Tais são, esquematicamente, três das principais questões suscitadas pela "violação" do direito internacional: responsabilidade, solução de pendências e recurso à força.

A responsabilidade é um ponto fundamental de todos os ramos do direito. É o que ocorre em direito internacional, como em outros, e nesse âmbito se encontra mais ou menos o mesmo conjunto de questões clássicas relativas a toda forma de responsabilidade: determinação de um fato gerador, fundamento da responsabilidade, imputabilidade desse fato a um órgão do Estado ou a um particular que aja em seu nome, problemas de definição e de reconhecimento de diferentes formas de danos, avaliação do montante e das modalidades de reparação, circunstâncias que excluem a responsabilidade (força maior, consentimento, emergência, necessidade...) etc. Aqui nos limitaremos a aludir às questões que assumem feição original em direito internacional público, às quais cabe acrescentar outras, mais específicas. É possível ressaltar que, salvo dispositivo especial, a responsabilidade internacional é um mecanismo que na maioria das vezes não se desencadeia em consequência de um fato ilícito verificado (ou seja, constatado por um terceiro imparcial), mas em consequência de uma alegação subjetiva (a interpretação unilateralmente dada por um Estado a uma situação em que algum de seus direitos pareça ter sido ignorado por outro). A constatação da violação, bem como o conjunto das consequências que alguém espere poder extrair dela (existência, forma e montante de uma reparação, por exemplo), dependem de um ajuste mais ou menos problemático entre as posições dos Estados envolvidos. Essa é a razão pela qual a responsabilidade internacional por fatos ilícitos está ligada a uma prática de medidas unilaterais destinadas, segundo o caso, a garantir eficácia ou preencher carências. Esses procedimentos, que ao longo do tempo e em função de certas características próprias foram chamados de represália, retaliação, contramedida etc., são muito frequentes na prática e suscitam numerosos problemas (Alland, 1994). No entanto, hoje em dia se considera que em nenhum caso devem ensejar o uso da coação armada.

Pode-se dizer que uma das consequências da soberania dos Estados no plano internacional é que o essencial de suas soluções converge para a questão da resolução das pendências. Como a lógica "intersubjetiva" (Combacau, 1986), em virtude da qual os Estados intercambiam constantemente pretensões jurídicas, só chega – aliás provisoriamente – à oponibilidade em decorrência de consentimento mútuo, tem-se não só o efeito de multiplicação das oportunidades de pendências, como também a dinamização da necessidade de pôr em ação procedimentos e processos destinados a solucioná-las. Por essa razão é que se diz à saciedade que o princípio da solução pacífica das pendências é o que existe de mais importante em direito internacional público. Embora mencionado em inúmeros textos, é o artigo 33 da Carta das Nações Unidas o mais citado nesse sentido: os Estados são convidados a solucionar as pendências "cujo prolongamento possa vir a ameaçar a manutenção da paz e da segurança internacional", pelos meios à sua escolha (negociação, inquérito, mediação, conciliação, arbitragem, sentença judiciária etc.). É indubitável que todos esses procedimentos pressupõem um mínimo de negociação e consentimento dos Estados envolvidos, para além do desacordo que os separa. É preciso, por exemplo, que os Estados reconheçam a competência do juiz internacional para que este dirima um litígio entre eles, e ele só o fará em virtude do consentimento que lhe tiver sido dado. Contudo, as exigências práticas da vida internacional explicam por que os Estados desprezam esses procedimentos com muito menos frequência do que leva a crer a opinião corrente. As barreiras mais graves surgem, infelizmente – mas não inexplicavelmente –, nas questões nas quais os interesses políticos são maiores. É então que pode surgir a questão do recurso à força.

Deixando de lado as nuances, o recurso à força é proibido nas relações internacionais desde que entrou em vigor a Carta das Nações

Unidas de 1945. Essa proibição é explicitada no artigo 2º, § 4º, esclarecendo-se que continua válido o direito "natural" de legítima defesa em caso de agressão (art. 51), noções que, evidentemente, deram ensejo a amplos debates na prática e na teoria. Visto que os Estados, por intermédio da Carta, concordaram em destituir-se de sua "competência de guerra" e aderiram ao princípio de resolução pacífica das pendências, que é seu corolário, que possibilidades se oferecem na hipótese de suas interpretações contraditórias se oporem irredutivelmente, impedindo-os de chegar a uma solução? Se a pendência não for daquelas cujo prolongamento "pode vir a ameaçar a manutenção da paz e da segurança internacional", e se eles não recorrerem a meios que possam ser vistos como ameaças ou emprego da força, as coisas ficarão como estão. Caso contrário, a Carta previu um sistema evoluído, confiando ao Conselho de Segurança a tarefa de zelar pela manutenção da paz e da segurança internacional, dispondo, em caso de necessidade, de meios coercitivos amplos contra os Estados que as ponham em perigo. Como se sabe, a eficácia desse sistema pressupõe o acordo dos Estados que têm assento no Conselho, principalmente de seus membros privilegiados, que dispõem de direito de veto. Foi assim que o sistema ficou bloqueado durante muito tempo, até passar por um desenvolvimento excepcional durante a última década. Os poderes atribuídos ao Conselho em virtude do capítulo VII da Carta foram amplamente interpretados, pois ele considerou que sua missão de manutenção da paz podia justificar, por exemplo, a instituição de tribunais penais internacionais. Foi então criada uma espécie de "polícia internacional", que não possibilitou superar todas as crises mais recentes (falta muito para isso), crises que mostraram como continua viva a tentação de burlar o sistema.

Fim do direito internacional clássico?

Há casos – cada vez mais numerosos – em que os Estados consentiram em renunciar à sua prerrogativa de interpretação de seus próprios compromissos, conferindo a algum órgão a competência de interpretar esta ou aquela convenção (por exemplo, a da União Europeia). As modalidades segundo as quais uma instituição, *ad hoc* ou permanente, ligada ou não a uma organização internacional, com competência especializada ou não, é investida de tal competência são bastante variáveis. Pode ocorrer que os Estados transfiram também a uma organização internacional a competência para ditar regras oponíveis a seus membros, conferindo-lhe até competência de sanção, como se viu nas Nações Unidas, é verdade, e em algumas outras organizações internacionais (Leben, 1979). É nesse estágio que os trâmites jurídicos e processuais de tais transferências passam a ser questões absolutamente cruciais – visto que a produção e a interpretação das regras são, em princípio, as marcas essenciais da soberania estatal. Deve-se mencionar sobretudo a questão dos mecanismos de tomada de decisões nessas organizações: eles permitem ou não que o Estado sempre imponha sua apreciação soberana ou instauram procedimentos majoritários capazes de lhe impor, eventualmente sem seu consentimento, uma regra, a interpretação de uma regra ou mesmo a punição por aquilo que for considerado violação de uma regra? A complicação dos processos de decisão dentro da União Europeia é um exemplo revelador de uma dosagem inteligente entre a integração e a preservação da soberania dos Estados membros. É provável, porém, que exista um ponto de oscilação de um mundo ao outro, ponto que, desde o consentimento original dado aos tratados de Roma, está opacificado por grande quantidade de etapas intermediárias, cada vez mais técnicas, mas que nem por isso deixará de marcar a passagem da soberania dos Estados-membros à da organização, se esta tiver de ocorrer.

A isso se somam outras evoluções. O direito internacional clássico limitava-se a confrontar as soberanias; a maioria das regras de que se compunha era de tipo processual e só raramente dizia respeito à situação das pessoas privadas, físicas ou jurídicas. Mesmo sem perder todas essas características, ele se tornou um direito cada vez mais regulamentar, visando a reger o comportamento não só dos Estados, mas também dos particulares, aos quais abriu vias de direito (em termos passivos, no que tange à responsabilidade penal internacional, ou, em termos ativos, no que se refere à proteção internacional dos direitos do homem). A emergência do indivíduo na cena internacional não é tudo: além do fato marcante, já mencionado, da ação das Nações Unidas, numerosos campos vieram somar ao direito internacional capítulos que nele estavam em estágio muito embrionário, quando não eram totalmente desconhecidos, antes da Primeira Guerra Mundial, tais como meio ambiente, trabalho, economia, saúde, refugiados, exploração dos recursos naturais ou tráfico de drogas, só para citar alguns exemplos entre muitos outros possíveis. Essa transformação é acelerada pelo desenvolvimento progressivo de instituições internacionais com missões mais ou menos gerais, algumas das quais – como dissemos – tendem a integrar os mecanismos da produção normativa, cujo teor regulamentar é crescente, e às vezes procedimentos de aplicação e interpretação do direito internacional. Mesmo mantendo sua parcela de mistério, o direito internacional público contemporâneo, com funções enriquecidas, tende finalmente a se parecer cada vez mais com os direitos nacionais, aos quais foi, por muito tempo, oposto.

➤ AGO R., "Le délit international", *RCADI*, 1939-II (68), p. 414; "Science juridique et droit international", *RCADI*, 1956-II (90), p. 851. – ALLAND D. (org.), *Droit international public*, PUF, 2000; *Justice privée et ordre juridique international*, Pedone, 1994. – ANZILOTTI D., *Cours de droit international*, Sirey, 1929, repr. Panthéon-Assas. – COMBACAU J., *Le Droit des traités*, PUF, "Que sais-je?" nº 2.613, 1991. – COMBACAU J. & SUR S., *Droit international public*, Montchrestien, 5ª ed., 2001. – COT J.-P. & PELLET A. (org.), *La Charte des Nations Unies. Commentaire article par article*, Economica Bruylant, 1985. – DE VISSCHER Ch., *Théories et réalités en droit international public*, Pedone, 4ª ed., 1970. – DUPUY P.-M., *Droit international public*, Dalloz, 6ª ed., 2002. – DUPUY R. J., *Le Droit international*, PUF, "Que sais-je?", nº 1.060, 2001. – FRIEDMANN W., *De l'efficacité des institutions internationales*, A. Colin, 1970. – KELSEN H., "Théorie du droit international public", *RCADI*, 1953-III (84), p. 1-103; *Écrits français de droit international*, PUF, 2001. – LADREIT de LACHARRIÈRE G., *La Politique juridique extérieure*, Economica, 1983. – LEBEN Ch., *Les Sanctions privatives de droit ou de qualité dans les organisations internationales spécialisées*, Bruxelas, Bruytant, 1979. – NGUYEN QUOC DINH, DAILLET P. & PELLET A., *Droit international public*, LGDJ, 7ª ed., 2002. – REUTER P., *Le Développement de l'ordre juridique international*, Economica, 1995; *Droit international public*, PUF, 5ª ed., 1976. – ROUSSEAU Ch., *Droit international public*, Sirey, 5 vol., 1970-83. – SALMON J. (org.), *Dictionnaire de droit international public*, Bruxelas, Bruylant-AUF, 2001. – SCELLE G., *Précis du droit des gens*, Sirey, 1932-34, repr. CNRS, 1984. – SUR S., *L'Interprétation en droit international public*, LGDJ, 1974; *La Coutume internationale*, Librairies techniques, 1990. – VERHOEVEN J., *Droit international public*, Bruxelas, Larcier, 2000. – VIRALLY M., *Le Droit international en devenir*, PUF, 1990. – WEIL P., *Écrits de droit international*, PUF, 2000. – Col.: *Le chapitre VII de la Charte des Nations Unies*, Pedone, *1995*.

Ver também: ALLAND D., "De l'ordre juridique international", *Droits*, nº 35/2002, p. 79; "Les représentations de l'espace en droit international public", *APD*, 1987, p. 163. – COMBACAU J., "Le droit international: bric-à-brac ou système?", *APD*, 1986, p. 85; "Logique de la validité contre logique de l'opposabilité dans la Convention de Vienne sur le droit des traités", *Mélanges Virally*, Pedone, 1991, p. 195. – DUPUY P.-M., "À propos de l'opposabilité de la coutume générale: enquête brève sur l'objecteur persistant", *Mélanges Virally*, cit., p. 257. – HAGGENMACHER P., "La coutume", *APD*, 1990, p. 27; "La doctrine des deux éléments du droit coutumier dans la pratique de la Cour internationale", *RGDIP*, 1986, p. 6. – RIALS S., "La puissance étatique et le droit dans l'ordre international. Éléments d'une critique de la notion usuelle de 'souveraineté internationale'", *APD*, 1987, p. 189.

Denis ALLAND

→ Capitulação; Direito comunitário; Direito das gentes; Direito de ingerência humanitária; Direito internacional privado; Justiça privada; Soberania.

DIREITO NATURAL

Entre os grandes temas do direito, o do direito natural ocupa posição privilegiada. Durante séculos ele constituiu e ainda constitui muitas vezes, em nossos dias, um dos pontos de chegada de toda a filosofia do direito. O mesmo ocorre em filosofia moral ou política, pois ambas são, mais cedo mais tarde, levadas a indagar-se sobre a essência da juridicidade. Sejam quais forem suas tendências ou suas origens, as teologias tradicionais, para as quais Deus é ao mesmo tempo Princípio e Fim do universo, também são conduzidas a discernir sua presença numa ordem natural das coisas. Os juristas, por fim, nunca desdenharam de basear no direito natural a maioria, senão a totalidade, dos grandes institutos jurídicos: casamento, propriedade, contrato, Constituição etc. A ideia de direito natural, antes de mais nada oriunda da filosofia e da teologia – ambas ciências especulativas –, foi assim aclimatada pelo direito, ciência prática.

A noção de direito natural aparece de maneira explícita primeiramente em Aristóteles. Em *Ética nicomaqueia*, o filósofo distingue duas grandes fontes do direito: a natureza e as leis da cidade. Em *Política* ele considera que, em caso de desacordo entre as duas, deve prevalecer o direito natural. A busca da constituição política natural como melhor forma de governo, aliás, impregna toda a obra. Com mais clareza do que seus predecessores, Aristóteles dessacraliza a vida ética e política da cidade. O fundamento da ordem social já não é a vontade mais ou menos misteriosa dos deuses, e sim leis inscritas nas coisas, que a razão humana está apta a descobrir. A lição será retomada e ampliada pelos estoicos. Cícero (*De legibus*, *De officiis*) a aclimata ao mundo romano. O cristianismo poderia ter-se oposto: a religião judaica, na qual teve origem, por tradição enfatizava o Querer divino, e nada impedia de seguir essa tendência. No entanto, após um período de relativa indiferença a respeito, ele, ao contrário, assimilou a cultura filosófica greco-romana. As etapas decisivas nesse sentido, porém, só foram transpostas em fins da Idade Média, momento em que Tomás de Aquino recapitula as aquisições filosóficas anteriores e as integra numa dinâmica mais ampla. A escolástica espanhola dos séculos XV e XVII (Suarez, Vittoria, Molina) seguirá na sua esteira. Ela será, aliás, levada a aprofundar certos aspectos da doutrina do doutor angélico, relativa ao direito das gentes (*ius gentium*). Vittoria, sobretudo, a usará para depreender as bases de um direito internacional aplicável às relações entre a Coroa da Espanha e as nações indígenas da América.

As doutrinas filosóficas sobre o direito natural tiveram sucesso também com o humanismo e o racionalismo. Um após outro (e aquele mais que este) romperam com as dimensões teológicas que impregnavam as doutrinas anteriores. A referência suprema do direito passa a ser o homem, e o direito natural, concebido como o direito da razão humana, apresenta-se como instrumento conceitual dessa revolução. Vários pensadores da época – que a posteridade reunirá um tanto sumariamente sob o rótulo de escola do direito natural – se esforçaram por estabelecer racionalmente os fundamentos da ordem jurídica com o rigor da matemática, concebida à época como a ciência por excelência. O mesmo espírito, aliás, anima paralelamente os teóricos do contrato social. Hobbes, Locke e Rousseau – para só citar os mais famosos – também procuram garantir um sistema político racional. Neles, porém, o direito natural é concebido em termos individuais, tornando-se o direito que cada homem tem por natureza, antes da instauração da vida política, tendo esta última justamente o objetivo de preservá-lo. Estão assim lançadas as bases da doutrina dos direitos naturais do homem. Apesar desses incontestáveis sucessos, as filosofias do direito natural são profundamente eclipsadas no fim do século XIX e no XX. A filosofia jurídica contemporânea prefere remeter-se a Kant (*Metafísica dos costumes*). Ora, a doutrina kantiana sobre o direito o reduz a um fenômeno coercitivo, com o objetivo de garantir a justaposição das liberdades individuais. Assim, escancara a porta para os positivismos de todos os matizes, que só concebem o direito como um conjunto de regras coercitivas. Hegel (*Princípios da filosofia do direito*) tentará opor-se a Kant, reatando em grande parte com as perspectivas da filosofia grega; mas as filosofias do direito de tendência hegeliana hoje são bem raras. Além disso, os grandes filósofos modernos não kantianos (Husserl, Heidegger...) quase não deram atenção ao direito... De resto, como todas as grandes noções, o direito natural padeceu de excesso de filosofia. Com certa ironia, alguns observam que "natureza" pode ter 17 sentidos, que "direito" tem 15 e que, por conseguinte, "direito natural" deve comportar 255 significações distintas! Seja como for, as representações do direito natural concorrem para se discernir um direito objetivo, universal e razoavelmente imutável, ao qual toda legislação humana deve conformar-se, se quiser ser justa. "Direito natural é o conjunto de normas independentes de qualquer direito positivo e superiores a este; sua dignidade não provém de regulamentações arbitrárias, mas, ao contrário, elas legitimam a força vinculante do direito positivo. O direito natural é, pois, o termo genérico para as normas que não são legítimas em virtude de uma legislação legítima, mas em virtude de suas qualidades imanentes" (M. Weber). "A ideia de natureza das coisas, em todos os domínios [...], é a ideia de um dado primordial, exterior ao espírito, que lhe opõe uma resistência irredutível, mas também fornece um ponto de apoio inabalável a suas construções" (L. Husson).

Provavelmente, mais por uma questão de retórica do que por convicção filosófica, as referências ao direito natural muitas vezes se encontram nas disposições jurídicas oficiais. O *Corpus iuris civilis*, o Código Civil francês de 1804 e a Declaração dos Direitos do Homem e do Cidadão de 1789 (1791) são exemplos célebres. Mais uma vez, somente disposições recentes são exceção à regra. O fato é que, mesmo em nossos dias, o que antigamente se convencionava designar por "direito natural" mantém sua força dentro da ciência jurídica: os nomes mudam, mas a realidade que eles significam permanece. Assim, se admitirmos que o direito dos juristas sempre foi no mínimo o direito "positivo", direito que emana das instâncias oficiais ou, mais exatamente, reconhecidas como tais, a presença do direito "natural" se revela através de três atividades jurídicas típicas: correção, fundação e até mesmo criação do direito positivo.

Função corretiva: o guerreiro

Em relação ao direito positivo, o direito natural exerce mais ou menos a função do guerreiro na tripartição social indo-europeia: ele defende esse direito contra qualquer tentativa de desvio, garantindo assim a pureza e a coesão da ordem jurídica. Nessa perspectiva, o direito natural aparece acima de tudo como "equidade". A equidade sempre esteve aliada ao direito natural. Alguns filósofos viram na equidade o "justo em si", o justo meio natural, aquele que está conforme à natureza das coisas, o direito natural em outros termos. A assunção do direito natural pela equidade aparece também em expressões mais aceitas em direito. Isso ocorre quando se fala dos princípios da "equidade natural", no artigo 565 do Código Civil francês, ou dos "efeitos que a equidade [...] confere à obrigação segundo sua natureza", fórmula mais alambicada, porém com um fundo mais exato, que o artigo 1.135 do Código Civil considera quando indica, em relação aos juízes e aos jurisdicionados, os tipos de obrigação que podem decorrer de um contrato. Ora, a equidade é vista pelos juristas como um corretivo do direito positivo, em particular das leis. A expressão "corretivos de equidade", que às vezes eles empregam, nada mais é que pleonasmo. Essa função tradicional da equidade, portanto do direito natural, encontra-se em várias disposições em vigor na ordem jurídica francesa. O Código Civil francês prevê a correção judiciária da regra geral quando esta redunda em resultados "manifestamente contrários à equidade" (art. 280-1, § 2º, para a recusa de compensação ao cônjuge a quem o divórcio causou prejuízo; art. 1.570, para as regras de avaliação dos bens dos cônjuges na liquidação de um regime matrimonial de participação nos aquestos). Do mesmo modo, ao fim de um processo, os juízes civis (art. 700 do Novo Código de Processo Civil francês) ou penais (arts. 216 e 375 do Código de Processo Penal) são autorizados a dividir, em nome da equidade, diferentemente do que dita a lei, as custas incorridas por uma das partes, não compreendidas nas despesas. Às vezes, aliás, o legislador delega diretamente à equidade do juiz, ou seja, a seu senso do direito natural, a especificação do alcance da regra legal aplicável ao caso (cf. art. 815-13, C. Civ. fr., para o cálculo do reembolso das custas incorridas por um indivisário para melhorar o bem indiviso). Outras vezes, ele chega até a colocar suas próprias leis num nível inferior ao da equidade (cf., por exemplo, art. 565, C. Civ. fr., a respeito do direito de acesso relativamente às coisas mobiliárias; art. 1.135, C. Civ. fr., a respeito da determinação das obrigações oriundas de um contrato).

Em todas essas hipóteses, a função corretiva do direito natural por meio da equidade muitas vezes mal se dissocia do simples intuito de caridade ou de solidariedade que, como tal, ultrapassa o direito, mesmo o mais justo ou natural (cf. art. 700, NCPC, art. 216 e art. 375 CPP, que visam indiferentemente "a equidade ou a situação econômica da parte condenada"). Isto porque o que se tem aí é sempre justiça para um caso particular, que, exatamente por essa razão, não poderia dar ensejo à elaboração de uma regra geral qualquer. Em outras circunstâncias, em contrapartida, o recurso à equidade permite inserir na ordem jurídica princípios corretivos com vocação geral, de alcance análogo ao das leis ou dos regulamentos. Grande número de sistemas jurídicos comportam disposições que autorizam os juízes a completar as lacunas legais com base na equidade. O direito francês, muito legalista, não contém disposições desse tipo. Mas sua jurisprudência remediou essa carência. Foi a equidade que serviu expressamente de base inicial à elaboração da teoria do enriquecimento sem causa (acórdão *Patureau*, da Câmara Cível de 15 de junho de 1892). Foi ao direito natural que a jurisprudência pôde expressamente recorrer, como em 1828, para a afirmação do princípio do respeito aos direitos à ampla defesa (Civ., 7 de maio de 1828: "Como a defesa é direito natural, ninguém deve ser condenado sem ter sido interpelado e posto em condições de defender-se").

Desse modo se chega a outra questão. Ao lado da equidade, que desempenha aqui papel de primeira plana em razão de sua proximidade constante com o direito natural, outras noções de emprego corrente entre os juristas servem incontestavelmente de canal à presença corretiva do direito natural. É o que ocorre, em especial, com o abuso de direito, com a fraude à lei, a boa-fé ou os princípios gerais do direito. Abuso de direito, fraude à lei e boa-fé têm em comum a característica de corrigir *ad casum* comportamentos individuais tão apegados à regra que se tornam injustos: contrários ao direito natural. Com isso, alinham-se com a filosofia da equidade para um caso determinado. Os princípios gerais do direito constituem, ao contrário, vias de correção para as regras gerais. Nas regiões onde a lei não chega, seja por carência manifesta, seja porque – o que dá no mesmo – sua aplicação literal levaria a consequências injustas, o recurso aos princípios gerais do direito permite que os juízes elaborem aos poucos um conjunto de soluções coerentes. Ora, ninguém ignora a inspiração jusnaturalista de referidos princípios. O abuso de direito, a fraude à lei, a boa-fé e os princípios gerais do direito constituem, aliás, triunfos do espírito sobre a letra e, assim, meios de infundir na ordem jurídica positiva uma vitalidade sedutora.

Função fundadora: o camponês

O direito natural exerce com facilidade sua função corretiva sobretudo porque tradicionalmente é considerado pelos juristas como um dos fundamentos mais seguros do direito positivo. Hoje em dia, porém, o positivismo reinante levou os juristas a voltar-se para outros fundamentos. Segundo as escolas e, certamente, também os temperamentos, esses substitutos são ora de ordem ética, ora de ordem política. A ética é invocada sobretudo pelos juristas privatistas, que assim continuam a fazer eco às lições de Georges Ripert (*La Règle morale dans les obligations civiles*, 4ª ed., 1947). Esse autor preferia ver na regra moral, e não no direito natural, a fonte primordial de influência do direito das obrigações. A ideia de que o direito deve fundamentar-se numa moral ou numa ética encontrou mais recentemente novos defensores em direito comercial (ética dos negócios) e em direito médico (ética biomédica), respectivamente. A moral de referência, aliás, mudou nesse ínterim. Em Ripert, tratava-se da ética judaico-cristã; os autores contemporâneos preferem apegar-se a uma moral de tipo kantiano. A perspectiva política, por sua vez, encontrou partidários sobretudo nos juristas publicistas, dos quais o mais famoso é o austríaco Hans Kelsen (*Teoria pura do direito*). Segundo esse autor, a noção de direito se reduz a um corpo hierarquizado de normas acompanhadas de sanções. Portanto, já não é o direito natural que configura o direito positivo: o pretenso "direito" natural, na realidade, simplesmente não é direito. Se o direito (positivo) adota esta ou aquela concepção sobre justiça, é em nome de valores políticos que o superam e dos quais ele não é juiz. Éticos ou políticos, esses novos fundamentos pretendem ser, assim, extrajurídicos. O fundamento extraído do direito natural, ao contrário, é tipicamente jurídico e, por isso, oferece uma perspectiva particularmente apropriada às necessidades dos juristas.

Grande número de juristas que ficaram famosos tirou partido explicitamente de suas ideias jusnaturalistas para assentar melhor as soluções positivas que defendiam. Foi o que fizeram Domat, um dos grandes inspiradores do direito civil francês, Valin, um dos grandes inspiradores do direito marítimo, e, mais recentemente, Henri Motulsky, no processo civil. O mais notável é que o direito natural avança para justificar os dois monumentos do direito positivo que são o Código Civil francês (1804) e a Declaração dos Direitos do Homem e do Cidadão (1789). Os redatores do primeiro baseiam-se de modo constante e consciente no direito natural. "Pretendemos desenvolver os princípios do direito natural"– afirma Portalis no *Discurso preliminar sobre o projeto de Código Civil*. Portalis, aliás, é o autor de um projeto de livro preliminar do Código Civil francês, cujo artigo 2º continha: "As regras prescritas pela razão natural constituem o direito natural; essas regras são a base de todas as leis escritas, que devem apresentar apenas consequências mais ou menos diretas dos princípios de equidade natural." Num discurso ao tribunato, no qual apresenta o direito dos contratos, Jaubert não teme afirmar: "O povo francês terá também, portanto, as leis mais sábias sobre as transações: pois essas leis nada mais são que consequências deduzidas da natureza das coisas, o desenvolvimento das noções de justo e injusto, nada mais são que a equidade natural aplicada às diversas necessidades dos homens." Todas as instituições fundamentais do direito abordadas pelo Código Civil francês são justificadas desse modo. O mesmo ocorre com a Declaração dos Direitos do Homem, que, além disso, comporta até em seu texto diversas menções ao direito natural. Seu artigo 2º dispõe que "o objetivo de toda associação política é a conservação dos direitos naturais e imprescritíveis do homem. Esses direitos são a liberdade, a propriedade, a segurança e a resistência à opressão". O artigo 4º afirma que "o exercício dos direitos naturais de cada homem só tem como limites aqueles que garantem aos outros membros da sociedade o gozo desses mesmos direitos". Grande número de disposições constitucionais da época também comporta tais referências. É o que ocorre com o Preâmbulo da Constituição de 3 de setembro de 1791: "A lei já não reconhece voto religioso, nem qualquer outro compromisso que seja contrário aos direitos naturais ou à Constituição (cf. também Preâmbulo de seu título 1º e Preâmbulo da Const. 24 de junho de 1792)".

A função fundadora do direito natural corresponde àquela que a classificação tripartite indo-europeia reserva ao camponês. O direito natural alimenta o direito positivo; ele lança as bases sobre as quais este pode depois ser construído. Essa função normalmente permanece discreta numa sociedade juridicamente acabada, cujas instâncias de produção do direito haurem em si mesmas sua própria *potestas*, como ocorre hoje com o Estado. Mas, quando a produção do direito se dá de maneira bem menos formalizada, o direito natural passa a ser o lugar de eclosão normal da juridicidade. Isso acontece quando um direito se constitui sem a presença do Estado, como é o caso do direito dos mercadores, ou *lex mercatoria*. Uma famosa sentença arbitral, proferida por Lorde Asquith em 28 de agosto de 1951, disse que certo direito se funda "nos princípios enraizados no bom-senso e na prática comum da totalidade das nações civilizadas, uma espécie de direito natural moderno". É também nas relações entre Estados que a perspectiva jusnaturalista encontra força fundadora: por falta de instâncias superiores aos Estados soberanos, as normas que governam esse tipo de relação só podem falar em nome da equidade, da razão ou do saber-viver: do direito natural, em suma. Aquilo que hoje se chama direito internacional público deve sua origem, a contar dos séculos XV-XVI, ao desenvolvimento do *ius gentium*, ou seja, daquele direito que, porque natural, é aplicável a todas as nações. Em ambos os casos, trata-se de direitos transnacionais, constituídos independentemente das divisões por fronteiras, necessárias à vida interna dos Estados. O crescimento das sociedades supranacionais, cada uma com um direito próprio que se impõe aos Estados-membros, já constitui e provavelmente constituirá cada vez mais a causa do abandono dessas referências ao direito natural. Um Estado, por outro lado, pode sofrer um eclipse temporário, em especial o tempo de uma revolução bem-sucedida. Uma nova ordem jurídica então substitui oficialmente a antiga, com novos fundamentos, que só podem falar explicitamente em nome do direito natural: nem que seja por um instante de razão, toda a ordem jurídica anterior deve ser abolida, e a nova ordem positiva deve vincular-se explicitamente a um começo mítico. Assim se explicam facilmente as múltiplas referências ao direito ou aos direitos naturais na época da Revolução francesa e, antes, quando da Declaração de Independência dos Estados Americanos. Se a Revolução russa constituiu exceção, foi porque até mesmo a ideia de direito – natural ou não – era abominada pelos revolucionários.

Função criadora: o sacerdote

Funções corretivas e fundadoras já atestam, a seu modo, o papel criador do direito natural. Corrigir e, mais ainda, fundar não será insuflar vida? Agora, porém, é preciso mais: certas regras positivas devem ao direito natural até sua própria existência. Pensemos então na dimensão sacerdotal da tripartição das funções nas sociedades indo-europeias. O sacerdote não terá a missão não só de servir de ponte entre o corpo social e as forças espirituais que garantem sua vitalidade, mas também elaborar pessoalmente regras que se insiram na ordem jurídica positiva, para completá-la? É o que ocorre com o direito natural, ao qual os juristas recorrem para preencher diversas lacunas do direito positivo.

A função criadora do direito natural mostra-se em primeiro lugar com a utilização da noção de *obrigação natural*. Em relação às obrigações qualificadas de civis, em razão de sua consagração pelas leis positivas, as obrigações naturais são constituídas ora por deveres para com outrem, deveres que a lei, deliberadamente, negligenciou (por exemplo, dever de ajuda entre irmãos e irmãs), ora por deveres aos quais, por razões diversas, a lei se recusa a dar caução (exemplo: disposições testamentárias verbais ou em contravenção com a reserva hereditária). A execução de tais deveres por aqueles que se sentem obrigados a observá-los pode, em certas condições, ser analisada pelos juízes como um autêntico pagamento que, como tal, não poderia dar ensejo, por parte do *solvens*, a uma ação de repetição de indébito. Essa ação ou uma ação de enriquecimento sem causa deverão ser consideradas procedentes mesmo quando, objetivamente, a obrigação não existe. Essa justificação objetiva do dever nada mais é que direito natural, como bem destaca a própria expressão obrigação natural. Mas o reconhecimento dos tribunais desta ou daquela obrigação natural já implica sua "positivização". Isso é sempre verdadeiro, pelo menos para o caso particular em que o juiz se pronunciou. Não terá ele, ao fazê-lo, criado um dever de justiça? Mas essa sentença comporta, em germe, as características de uma lei positiva, pois sua aplicação a um número indefinido de casos semelhantes sempre é possível.

O domínio das obrigações naturais está restringido, por si mesmo, apenas aos deveres não regulamentados pelo direito positivo. Em outras circunstâncias, em contrapartida, o direito positivo delega ao direito natural sua vocação para a positividade. Ele mesmo já se terá exaurido, em razão da extrema variabilidade dos casos que devem ser regidos. Esse é o campo de desenvolvimento daquilo que os juristas chamam de conceitos indeterminados, regras de pequena determinação que caberá ao tino do juiz especificar de acordo com os casos que deverá dirimir. Os conceitos indeterminados mais notáveis, aliás, nada mais fazem que deixar tudo por conta do tino dos magistrados. É o que ocorre com as noções de medidas ou proporções "razoáveis", "normais" ou "necessárias", de emprego quase constante em direito positivo. A lei as utiliza, mas, na falta delas, é o próprio juiz que o faz. Por exemplo, a Corte Europeia dos Direitos do Homem considera que a igualdade de tratamento (entre as pessoas), no que se refere a seus direitos fundamentais, seria violada se a distinção não tivesse justificação "objetiva e racional"; que o mesmo ocorre "quando fica claramente estabelecido que não existe relação racional de proporcionalidade entre os meios empregados e o objetivo visado". Tais conceitos indeterminados permitem que os juízes interpretem todas as disposições legais num sentido condizente com a justiça natural. Especificados caso por caso, integram-se inteiramente no ordenamento jurídico positivo, realizando assim, uma vez mais, o que constitui sem dúvida a vocação suprema do direito natural: civilizar o direito positivo.

› DIJON X., *Droit naturel*, t. 1: *Les Questions du droit*, PUF, 1998. – HERVADA J., *Introduction critique au droit naturel*, Bordeaux, Bière, 1991. – SÉRIAUX A., *Le Droit naturel*, PUF, "Que sais-je", 2ª ed., 1999. – STRAUSS L., *Droit naturel et histoire*, Flammarion, 1986. – VIEEEY M., *La Formation de la pensée juridique moderne*, PUF, "Léviathan", 2003; *Le Droit et des droits de l'homme*, PUF, 1983.

Ver também: FRANCESCAKIS Ph., "Droit naturel et droit international privé", *Mélanges Maupy*, t. 1, pp. 113 ss. – JESTAZ Ph., "L'avenir du droit naturel ou le droit de seconde nature", *Revue trimestrielle de droit civil*, 1983, pp. 233 ss. – KAYSER P., "Essai de contribution au droit naturel à l'approche du IIIe millénaire", *Revue de la recherche juridique*, 1998, pp. 387 ss. – KELSEN H., "Justice et droit naturel", *Annales de philosophie politique*, 1959; "Positivisme juridique et doctrine du droit naturel", *Mélanges Dabin*, t. 1, pp. 141 ss. – MOTULSKY H., "Le droit naturel dans la pratique jurisprudentielle: le respect des droits de la défense en procédure civile", *Mélanges Roubier*, t. 2, pp. 175 ss. – SÉRIAUX A., "Le droit naturel en France à la fin du XXe siècle", *O Direito*, 1998, pp. 7 ss.; "Droit naturel", *Revue de la recherche juridique* 2000, pp. 1.349 ss.

Alain SÉRIAUX

→ Ciência do direito; Decálogo; Declaração dos Direitos do Homem e do Cidadão; Direito civil; Direito comum; Direito das gentes; Direito de resistência; Economia e direito; Escola do direito natural moderno e racionalismo jurídico; Escolástica (Segunda); Escravidão; Equidade; Justiça; Legitimidade; *Lex mercatoria*; Moral e direito; Positivismo; Princípios; *Standard*; Tópicos jurídicos.

DIREITO PARLAMENTAR

A regulamentação jurídica da política, nas democracias reprensentativas, é inseparável do direito parlamentar. Apesar disso, este não é o estatuto de uma disciplina científica de contornos indiscutíveis. Na França – à qual serão dedicadas no essencial as linhas abaixo – ele pode ter duas acepções, uma ligada às suas características particulares, a outra ao campo que abarca.

Direito parlamentar ou direito do Parlamento?

O direito parlamentar é, em primeiro lugar, "o direito especial das assembleias" (P. Avril e J. Gicquel), o direito que elas elaboram com toda a autonomia para preservar sua liberdade de deliberação e regular sua vida interna. Ele rege de maneira imediata a atividade parlamentar prevista pela Constituição francesa e organiza sua logística. Sendo um direito de autolimitação, feito – como ressaltava Eugène Pierre – por aqueles aos quais se aplica, está contido nos regulamentos internos estabelecidos pelas assembleias para disciplinar sua própria atividade e nas decisões tomadas por seus órgãos instituídos. Engloba os costumes, os precedentes e as práticas nascidas de sua aplicação. No entanto, não cobre o conjunto do direito aplicável ao Parlamento, cujas fontes mais importantes – de natureza constitucional, orgânica ou legislativa – ultrapassam a competência de cada assembleia tomada isoladamente.

É num segundo sentido que o direito parlamentar pode ser entendido como o direito do Parlamento. Designa então a totalidade das regras relativas aos órgãos e às atividades parlamentares, sejam quais forem a origem e a autoridade. Isso significa – retomando a definição clássica de Marcel Prélot – que ele é a "parte do direito constitucional que trata das regras observadas na organização, na composição, nos poderes e no funcionamento das assembleias políticas". Essa definição ampla ("material") designa um conjunto jurídico um tanto heteróclito. Composto pelas regras mais diversas referentes ao estatuto dos parlamentares, à organização do trabalho legislativo e de controle do Parlamento, bem como ao regime administrativo e financeiro aplicável às assembleias e a seus departamentos, o direito parlamentar assim entendido só terá unidade se for considerado o objeto ao qual se refere.

Continuidades e tradições

A definição estrita permite esclarecer algumas constantes de uma história já longa. O direito parlamentar nasceu na França em 1789 sob a pressão dos acontecimentos. A representação soberana da nação não podia adaptar-se a procedimentos de consulta dos corpos, das ordens ou das regiões que o reino conhecia até então. Era preciso romper com os usos das assembleias monárquicas tradicionais, submetidas a um presidente não eleito e prisioneiras de um sistema deliberativo fracionado e inigualitário. Rude tarefa que o movimento de então precisava inventar… Um bom número de deputados tinha experiência com lojas maçônicas, mas essa experiência não era muito apropriada ao tumulto de uma assembleia política. Quase todos conheciam, uns mais, outros menos, as técnicas seculares de deliberação e de votação em uso nas ordens religiosas ou nas assembleias eclesiásticas, mas, em período revolucionário, elas não ajudavam em nada.

Curiosamente, ao arrepio do movimento que triunfou na batalha das ideias constitucionais, a solução veio da Inglaterra, como que para dar crédito à ideia de um direito parlamentar realmente autônomo. O regulamento de 29 de julho de 1789 inspirou-se estritamente nas regras de procedimento em uso na Câmara dos Comuns, compiladas por sir Samuel

Romilly num memorando divulgado por Mirabeau. Suas únicas disposições realmente originais diziam respeito, por um lado, à presidência da assembleia, concebida, segundo o desejo de Sieyès, com base numa adaptação (o presidente, eleito por quinze dias, não era imediatamente reelegível), e por outro à divisão da Assembleia em birôs, encarregados – segundo a velha prática deliberativa francesa – de uma discussão prévia dos temas. A partir do princípio de autonomia do órgão representativo, que combinava maravilhosamente com a filosofia política dominante, as bases do direito parlamentar francês estavam assim lançadas.

Encontra-se o eco disso, frequentemente muito fiel, para além das transformações constitucionais sucessivas. O atual artigo 54 do Regulamento da Assembleia Nacional francesa – "os membros da Assembleia só podem falar depois de pedir a palavra ao Presidente e de tê-la obtido..." – é réplica literal de uma disposição do primeiro regulamento da época revolucionária. Observação análoga poderia ser feita sobre o regime disciplinar e a escala de sanções, estipulados no regulamento da Assembleia Legislativa, em 18 de outubro de 1791. E, por mais secundária que se tornasse a partir da III República, a divisão da Assembleia em birôs sobreviveu até a V República para a confirmação dos poderes dos deputados e senadores. De 1789 a 1958 (salvo durante o Segundo Império e o período de Vichy), a continuidade regulamentar foi impressionante. Ela fez do direito das assembleias políticas um conservatório de tradições. A Assembleia Legislativa e a Convenção inspiraram-se estritamente no regulamento da Constituinte. A Assembleia Nacional de 1871 adotou "provisoriamente" o regulamento de 1849 quase sem modificações. Quanto ao direito parlamentar da III República, coligido no monumental *Traité de droit politique électoral et parlementaire* [Tratado de direito político eleitoral e parlamentar] de Eugène Pierre, é ainda, bem depois de 1940, mencionado, a exemplo do que ocorre na Inglaterra com o *Treatise on the Law, Privileges, Proceedings and Usage of Parliament* de Thomas Erskine May.

A posição eminente das comissões permanentes especializadas ilustra de modo especial a força (e, em comparação com o exemplo inglês, a perfeita originalidade) das tradições parlamentares francesas. Ao contrário do Parlamento de Westminster, que até a fim do século XIX só teve, como órgão de preparação do trabalho legislativo, a comissão da câmara inteira (reunida na ausência do *speaker*, sem *quorum*, sem publicidade e com um formalismo reduzido), as assembleias francesas, a partir do início da Revolução, tinha criado "comitês" para a maioria das matérias de administração e de governo. Mesmo fora de seu papel legislativo, eles intervinham em maior ou menor grau na ação executiva. O regulamento da Assembleia Legislativa consagrou a importância desses comitês e atribuiu a cada um deles (em número de vinte e um) o conhecimento de um setor preciso da atividade governamental. Ele prenunciava silenciosamente o controle completo dos comitês de governo da Convenção sobre a política do país. No tempo do governo revolucionário, nada de importante nem acessório escapava ao Comitê de Salvação Pública; o Poder Executivo, profundamente odiado pelos jacobinos, estava literalmente aniquilado. Depois da queda de Robespierre, ocorreu uma reação. O artigo 67 da Constituição de 5 de frutidor do ano III (22 de agosto de 1795) proíbe os comitês permanentes. O Consulado e o Império prosseguiram nessa via, assim como a Restauração e a Monarquia de Julho, apesar de duas tentativas de restabelecê-los, em 1815 e 1838. A instituição reapareceu em 1848 e perenizou-se. Ao argumento de eficácia – permitir a reunião dos especialistas de cada categoria de questão, ou dos representantes mais interessados – somava-se um escrúpulo democrático em relação às minorias, até então pouquíssimo representadas nas instâncias parlamentares. Nos termos do regulamento da Assembleia Nacional Constituinte, de 31 de maio de 1848, os 900 representantes era divididos em 15 comitês, cujas atribuições eram calcadas nas das administrações centrais. Os birôs, renovados todos os meses por sorteio, subsistiam e, com eles, a possibilidade de formar comissões especiais, mas seu papel seria apenas secundário. A tradição dos comitês permanentes estava restaurada. Logo interrompida pela Assembleia Legislativa, ela triunfou com outro nome no tempo da República Parlamentar. As 16 comissões permanentes institucionalizadas na Câmara dos Deputados pela Resolução de 17 de novembro de 1902 e designadas em função da configuração política existente examinavam, desde o início do século, mais projetos e propostas de lei do que as comissões especiais nomeadas pelos birôs. Ainda hoje, apesar de a V República ter posto fim ao império das comissões sobre a ação governamental, as seis comissões permanentes conservam, em cada uma das duas assembleias, quase o monopólio do trabalho legislativo. Pouco adiantou o artigo 43 da Constituição de 4 de outubro de 1958 transformar em regra o exame dos textos pelas comissões especiais e em exceção a remessa às comissões permanentes; a prática continua fiel à tradição.

A continuidade se observa em muitos outros campos. Encontram-se vestígios disso na fraqueza persistente das comissões de inquérito e de controle, ou mesmo na manutenção, em todos os regimes, de certa concepção da presidência das assembleias parlamentares, que ficam entre a presidência forte, mas despolitizada e imparcial, do *speaker* inglês, e a presidência de tipo majoritário à americana; obrigados à neutralidade em sua assembleia, fora delas os presidentes sempre ficaram livres de sua atividade política e militante. Não é apenas o individualismo jacobino que encontramos no direito parlamentar de nossos tempos (acho que é isso). Julgados atentatórios à independência do parlamentar em relação ao mandato representativo, os grupos foram durante muito tempo proibidos nas assembleias francesas. Só foram oficialmente permitidos na Câmara dos Deputados em 1910, para designar os membros das comissões, mas sem que se atenuasse a concepção que as assembleias da Revolução haviam consagrado. O representante mais obscuro devia poder ocupar a tribuna, tanto quanto seus colegas mais notáveis, e interpelar o governo, fazendo-o sentir a humildade de sua posição perante o Parlamento soberano. Nos bons tempos da República Parlamentar, os regulamentos das assembleias tendiam menos a garantir uma boa organização dos debates, como na Inglaterra, do que a manter a igualdade de direitos e de expressão entre os eleitos, e a mesma igualdade entre os membros do Parlamento e o governo. Tempos passados? De fato. Durante a V República, o governo tem o domínio do trabalho legislativo, mas a igualdade dos parlamentares continua sendo um dogma. Seu respeito não deixa de ter consequências. Ele constituiu um freio eficaz para a institucionalização do papel da oposição. Imaginada com esse objetivo, a divisão em duas partes iguais da hora das "perguntas ao governo", em 1974, malogrou. Alguns anos antes, o Conselho Constitucional fixara os limites de quaisquer inovações, negando aos presidentes de comissões em exercício o direito de fazer perguntas ao governo, pelo motivo de que esse direito só cabe aos membros do Parlamento tomados individualmente (Decisão nº 69-37 DC de 20 nov. 1969).

A constitucionalização do direito parlamentar

A continuidade não deve iludir. Imerso no direito constitucional, o direito parlamentar é ininteligível, abstração feita dos regimes políticos que ele contribui para reger. Mesmo entendido de maneira estritamente técnica, ele se mostra derivado das grandes orientações constitucionais e traz a marca de sua diversidade. Todas as constituições francesas contiveram disposições relativas às assembleias políticas, a começar pela de 1791, que não dedica menos de onze artigos à "realização das sessões e forma de deliberar". Os regimes autoritários, por sua vez, sempre cuidaram de limitar ao extremo a autonomia dos órgãos representativos, e os regulamentos nunca deixaram de refletir as preocupações das autoridades reinantes. O exemplo do Segundo Império mostrou bem isso. Mostrou também até que ponto o direito parlamentar pode depender da evolução constitucional. A liberalização do regime beneficiou em primeiro lugar as assembleias, fechadas em regulamentos fixados por decreto. A publicidade dos debates do Corpo Legislativo e do Senado foi um primeiro passo (em 1861); outros vieram, como a concessão aos deputados do direito de emenda (em 1866) e do direito de interpelação (em 1867); para terminar, os membros do Corpo Legislativo tiveram a iniciativa das leis e o direito de eleger seu presidente. Eram sinais de transformação profunda.

A definição ampla da matéria, explicitamente relacionada ao direito constitucional, tem a vantagem de elucidar as principais cesuras históricas. Traz à tona a profunda originalidade do direito parlamentar da V República, cuja "constitucionalização" impressionou todos os comentadores. A inversão de perspectivas ocorrida em 1958 deve ser ressaltada. Durante a III República, o direito constitucional e o direito parlamentar quase não se dissociavam. A Constituição era de um laconismo extremo, e a autonomia soberana das Câmaras – que continuavam donas de seu regulamento e de sua ordem do dia – era praticamente ilimitada. O direito constitucional era, em primeiro lugar, um direito parlamentar. Ninguém se enganava: no fim do século XIX, por exemplo, passada a tormenta boulangista, o revisionismo, nos moderados, visava prioritariamente o regulamento da câmara dos deputados, visto como um texto-chave. A primeira tentativa de racionalização do parlamentarismo, em 1946, aumentou consideravelmente a importância da fonte constitucional do direito parlamentar. Contudo, os princípios antigos subsistiam. A autonomia das assembleias continuava intacta. A Assembleia Nacional sabia usá-la; do mesmo modo, o Conselho da República, que, por iniciativa própria, conferiu a seus membros o título de "senador" e ressuscitou o procedimento da interpelação. Algumas modificações regulamentares menores, aliás, podiam provocar grandes efeitos. O restabelecimento do escrutínio público na tribuna, nas votações de confiança, em 1955, teve por consequência tornar mais aleatória a "ponderação" dos votos. Considerado em minoria por erro da maioria constitucional, o governo Edgar Faure julgou que estavam preenchidas as condições da dissolução da Assembleia Nacional. O tabu, respeitado por gerações de republicanos, podia ser quebrado…

A Constituição de 4 de outubro de 1958 transformou a autonomia em liberdade vigiada. Além de comportar disposições detalhadas sobre numerosos pontos de direito parlamentar, ela previa que "os regulamentos das assembleias parlamentares, antes de aplicados, devem ser submetidos ao Conselho Constitucional que se pronuncia sobre sua conformidade à Constituição" (art. 61, §. 1º). Devido a esse controle sistemático e prévio, sem exemplo no exterior, as assembleias passaram – como escreveu Léo Hamon – "da condição de soberanas garantidas pela imunidade de jurisdição à condição de jurisdicionadas". O sistema de fontes do direito parlamentar foi assim subvertido.

As fontes atuais do direito parlamentar

O direito parlamentar constitui um conjunto heterogêneo e hierarquizado em que cada elemento (não constitucional) só vale em boa lógica jurídica para especificar ou completar uma norma ditada em escalão superior. No ápice da construção, o andar nobre hoje é bastante extenso. Mais da metade dos artigos da Constituição comportam uma disposição que se relaciona, no todo ou em parte, direta ou indiretamente, com o direito parlamentar. Preocupados em corrigir o tropismo do absolutismo parlamentar, os fundadores da V República conceberam, sem muita consideração pela autonomia das assembleias, uma verdadeira "Constituição ortopédica" (M. Prélot), que comanda o essencial da atividade do Parlamento. Não só as Câmaras perdem o domínio de seu regulamento, como também seu trabalho legislativo é em princípio limitado a uma série de matérias. O governo fica com a direção dos trabalhos parlamentares; ele tem o poder de decisão sobre a ordem do dia das assembleias e sobre a organização dos debates. O procedimento legislativo é redefinido em seu favor, enquanto as iniciativas parlamentares podem sofrer, especialmente em questões financeiras, oposições de inadmissibilidade até então desconhecidas. No mesmo sentido, as condições de questionamento da responsabilidade governamental e, de modo geral, as modalidades de controle do Executivo são estritamente pormenorizadas. Mesmo questões tão tradicionalmente regulamentares, como o número de comissões permanentes, a partir de 1958 fazem parte da Constituição.

Foi por muito tempo indissociável das normas constitucionais o Regulamento nº 59-2 de 2 de janeiro de 1959 (hoje revogado) contendo lei orgânica relativa às leis de finanças, que, segundo o Conselho Constitucional, não podia ser revogada por nenhuma lei, orgânica nem ordinária. Outras leis orgânicas, de menor autoridade, sempre se impõem aos regulamentos das assembleias, assim como ao legislador ordinário. É o que ocorre com textos (eventualmente modificados) estabelecidos por regulamentos para a criação das novas instituições, em virtude da habilitação constitucional do artigo 92, § 1º, da Constituição francesa, em domínios sensíveis como a duração dos poderes das assembleias, o número de seus membros ou o regime das inelegibilidades e das incompatibilidades. O Conselho Constitucional francês também decidiu que o Regulamento nº 58-1.100 de 17 de novembro de 1958, relativo ao funcionamento das assembleias parlamentares – tomado nas mesmas condições, mas com valor legislativo simples – sobrepunha-se aos regulamentos da Assembleia Nacional e do Senado, inclusive nas modificações e nos complementos ulteriormente introduzidos pelo legislador (desde que estes estejam conformes à Constituição). Questões jurídicas que até então competiam ao regulamento ou à apreciação dos órgãos administrativos das assembleias receberam assim uma base legislativa que completa o enquadramento constitucional da atividade parlamentar. O regime das petições, por exemplo, o das comissões de inquérito ou de controle, ou mesmo o direito parlamentar administrativo e financeiro em seu conjunto só subsidiariamente competem à autonomia parlamentar.

O regulamento da assembleia, que supostamente exprime o poder originário de um instituto autônomo, ocupa finalmente posição modesta na hierarquia das normas. Fica como lei interna de cada Câmara, fixada formalmente numa resolução; completado, na Assembleia Nacional e no Senado, por "instruções gerais do Bureau" e por diversos regulamentos administrativos, ele trata da organização e do funcionamento interno da assembleia e da realização de seus trabalhos. Contudo, seu conteúdo é em grande parte predeterminado. E sua autoridade jurídica é reduzida. Uma lei não pode ser censurada pelo Conselho Constitucional pelo simples motivo de, em sua elaboração, ter sido negligenciado um regulamento de assembleia (decisão nº 97 DC de 27 julho de 1978).

Às diversas fontes escritas do direito parlamentar convém acrescentar a jurisprudência constitucional, que, para certos autores, contribuiu para sua "expansão" (L. Hamon) e até para seu "renascimento" (L. Favoreu). O Conselho Constitucional, no exercício do controle sobre os regulamentos, impôs interpretações que não deixaram de aumentar o peso do quadro constitucional que recai sobre as assembleias. Já de início, ele apreciou estritamente a "conformidade" dos regulamentos adotados pela Assembleia Nacional e pelo Senado à Constituição; só se satisfez com uma simples "compatibilidade", ou seja, com uma "não contrariedade", quando as normas controladas não entravam diretamente no campo das previsões constitucionais. Em todas as hipóteses, impôs respeito e vigilância às regras severas do parlamentarismo racionalizado. Em especial, proibiu as assembleias de votar resoluções para concluir os debates sobre questões orais, para que a ação governamental não fosse orientada ou controlada fora dos procedimentos previstos pela Constituição. Mais equilibrada depois, sua jurisprudência se esforçou ao mesmo tempo para proteger as prerrogativas do governo no procedimento legislativo e para garantir os direitos dos parlamentares.

O fenômeno de "constitucionalização", embora acompanhado por um desenvolvimento jurisprudencial do direito parlamentar, não provocou o declínio de suas fontes não escritas. A evolução nesse domínio ocorreu proporcionalmente à diminuição da autonomia parlamentar. As normas de comportamento decorrentes dos usos e das práticas, os precedentes – ou seja, as aplicações dos regulamentos a casos de espécie pelos órgãos das Câmaras – e o conjunto das regras de caráter consuetudinário, nascidas da vida interna da instituição parlamentar, hoje só têm um papel acessório, limitado, salvo exceção, às questões procedimentais. Nem por isso devem deixar de ser reconhecidos e às vezes inspiram modificações regulamentares. Entendida em seu sentido estrito de regra juridicamente sancionada, o costume não existe no Parlamento, por não ter sido consagrado pelo Conselho Constitucional como fonte de direito parlamentar. Nenhuma regra não escrita é oponível ao governo; mas, hoje como ontem, há soluções que se impõem sem texto aos membros e aos órgãos do Parlamento (bem como a seus funcionários, colaboradores ou visitantes). Só para citar um exemplo, o presidente da Assembleia Nacional sempre acata o parecer do presidente da comissão de finanças sobre a procedência de emendas. As práticas, é verdade, podem mudar. Os observadores notaram que, desde a alternância de 1981, a participação dos presidentes de sessão nos escrutínios deixou de ser excepcional. É que as regras não escritas, os precedentes e os simples usos não vinculam (e nunca vincularam) de modo absoluto as assembleias, seus presidentes e seus outros órgãos. Segundo uma fórmula feliz, elas formam "uma jurisprudência que não teria a autoridade de coisa julgada" (J.-L. Pezant).

Lugar à parte cabe às "convenções", que são regras políticas não sancionadas juridicamente, mas efetivamente respeitadas por motivos de oportunidade. No Senado, admite-se que a inadmissibilidade financeira de uma emenda só é eventualmente invocada no fim de uma discussão, e somente pelo governo. Em casos extremos, acordos concluídos entre atores do jogo parlamentar conseguiram neutralizar disposições constitucionais. Tal foi o destino da obrigação, hoje restaurada, do voto pessoal imposta aos membros do Parlamento (art. 27, § 2º), cuja desconsideração o Conselho Constitucional, consciente decerto do peso de uma prática tradicional que remontava a 1848, se recusou a sancionar (decisão nº 87-225 DC de 23 jan. 1987). A posição das fontes não escritas parece irredutível. Ela ilustra a originalidade do direito parlamentar, inevitavelmente voltado para a auto-organização espontânea da instituição política que lhe cabe reger.

➤ AVRIL P. & GICQUEL J., *Droit parlementaire*, Montchrestien, 2ª ed., 1996. – PIERRE E., *Traité de droit politique, électoral et parlementaire*, 5ª ed., 1924, reed. Loysel, 1989; *Nouveaux suppléments*, par J. Lyon, La Documentation française, 1984 e 1990. – PRÉLOT M., *Droit parlementaire français*, Les Cours de droit, 1958. – Col.: *Connaissance de l'Assemblée*. – *Pour mieux connaître le Sénat*, La Documentation française, 1993.

Ver também: AVRIL P., "Droit parlementaire et droit constitutionnel", *RDP*, 1984, p. 573, e "La naissance du droit parlementaire", 1791. *La Première Constitution française*, Economica, 1993. – CASTALDO A., *Les Méthodes de travail de la Constituante*, PUF, 1989. – FOYER J., "Les sources non écrites du droit parlementaire", *Les Règles et principes non écrits en droit public*, Ed. Panthéon-Assas, 2000. – GUCHET Y., *Droit parlementaire*, Economica, 1996. – HAMON L., "Une discipline ancienne et nouvelle, le droit parlementaire", *Dalloz-Sirey*, 1989, p. 294. – LAPORTE J. & TULARI M.-J., *Le Droit parlementaire*, PUF, 1986. – PEZANT J.-L., "Quel droit régit le Parlement?", *Pouvoirs*, nº 64, 1983, p. 63. – PRÉLOT M., "Introduction au droit parlementaire", *Politique*, nº 21-24, 1963, p. 5.

Jean-Pierre MACHELON

→ Constituição e direito constitucional; Justiça constitucional; Lei; Representação; Responsabilidade política; Usos e costumes.

DIREITO PENAL INTERNACIONAL

O direito penal internacional é o ramo do direito criminal que governa o conjunto dos problemas criados por infrações no plano internacional. Esses problemas são extremamente variados: uns dizem respeito ao direito penal propriamente dito (ou direito penal substantivo), tais como os elementos constitutivos da infração, à determinação dos responsáveis, às penas incorridas; outros se referem ao procedimento penal (ou direito processual penal), tais como a competência dos tribunais repressivos de um Estado para julgar uma infração cometida em outro Estado, os efeitos num Estado dos julgamentos repressivos estrangeiros, a extradição, a cooperação policial ou judiciária entre os Estados. Também é preciso que a infração se situe num âmbito "internacional". É o que ocorre, em primeiro lugar, quando ela apresenta um "elemento de estraneidade", ou seja, um elemento pelo qual entra em contato com pelo menos dois Estados (por exemplo, infração cometida no exterior por um francês ou por um estrangeiro em prejuízo de um francês, infração cujo ato constitutivo é realizado na França, mas cujo resultado se produz no exterior); essa primeira hipótese de "delinquência internacional" é cada vez mais frequente, em razão da multiplicação dos deslocamentos de indivíduos através das fronteiras, da cobiça por ganhos, que induz à formação de grupos de malfeitores dedicados ao tráfico internacional de seres humanos, drogas, armas etc. (crime organizado), do desenvolvimento de novas tecnologias (infrações cometidas por meio da Internet, entre outras). Mas, em segundo lugar, uma infração pode situar-se em âmbito internacional mesmo só apresentando elos com um único Estado, seja porque seus elementos constitutivos são definidos por um tratado internacional (tráfico de drogas, por exemplo), seja porque o desenvolvimento do processo penal ao qual ela dá ensejo é regido por uma norma supranacional (por exemplo, Tratado de Roma de 17 de julho de 1998 sobre estatuto da Corte Penal Internacional. Alguns autores qualificam essas normas supranacionais de "direito internacional penal" para opô-las ao "direito penal internacional" que, segundo dizem, designa exclusivamente as regras nacionais de um Estado que regem as infrações dotadas de um elemento de estraneidade).

Fontes do direito penal internacional

Fontes internas ou nacionais. – Ainda predominantes hoje em dia (pois a matéria penal sempre é considerada alçada da soberania estatal), essas fontes são próprias de cada Estado; por meio de suas leis, seus regulamentos, sua jurisprudência, um Estado elabora por iniciativa própria suas próprias regras de direito penal internacional (por exemplo, em matéria de extradição). No que se refere à França, essas fontes internas são essencialmente a lei codificada (arts. 113-1 ss. do Código Penal francês, relativos à aplicação da lei penal francesa no espaço; arts. 689 ss. do Código de Processo Penal, relativos à competência dos tribunais repressivos franceses), ou não codificada (por exemplo, lei de 10 de março de 1927 sobre a extradição, objeto de um projeto de lei modificativo, regulamento de 2 de novembro de 1945 relativo às condições de entrada e permanência de estrangeiros na França); também desempenham algum papel certos regulamentos (a título excepcional), alguns princípios gerais do direito (proibição de extradição de refugiados políticos para o país de origem) e princípios de valor constitucional (a chamada cláusula francesa, que opõe obstáculo à extradição quando o pedido tem objetivo político, declarada como "princípio fundamental reconhecido pelas leis da República") e sobretudo a jurisprudência (que, por exemplo, se recusa a executar na França uma sentença penal estrangeira).

Fontes internacionais. – Com origem supraestatal e comuns a dois ou vários Estados, essas fontes tendem hoje a multiplicar-se, pois os Estados tomaram consciência da necessidade de colaborar para lutar contra o crime internacional. Entre essas fontes figuram alguns raros princípios gerais do direito internacional público, como o princípio da soberania dos Estados, que proíbe os órgãos de um deles de cumprir atos de coerção no território dos outros. Mais importantes são os atos de organizações internacionais, especialmente resoluções do Conselho de Segurança das Nações Unidas (cf. abaixo) ou atos de direito derivado das instituições da União Europeia (regulamentos e diretivas comunitárias no âmbito do "primeiro pilar", ações comuns, decisões-padrão e decisões pertinentes ao "terceiro pilar". Esses atos de direito derivado podem proibir determinado comportamento, que os Estados-membros devem punir penalmente; ao contrário, podem autorizar um comportamento cuja incriminação por um Estado-membro é então proibida ou anulada). Mas as fontes internacionais mais numerosas são as convenções internacionais, firmadas entre os Estados. Também nesse caso, e mais que em outros, é grande a impressão de fragmentação. Por um lado, a geografia desenhada pelas convenções internacionais vai do mundo (por exemplo, convenção da ONU de 10 de dezembro de 1984 contra a tortura) à relação bilateral (por exemplo, convenção franco-argelina sobre a extradição), passando pela região (Conselho da Europa, União Europeia...), cuja geometria é variável (por exemplo, a convenção europeia de colaboração judiciária em matéria penal, de 20 de abril de 1959, que atualmente liga 42 Estados – dentro e fora do Conselho da Europa – foi completada por um protocolo de 17 de março de 1978 que só vinculava 35 Estados, e pela convenção de Schengen de 19 de junho de 1990, firmada por 13 Estados-membros da União Europeia, mas com participação da Irlanda e do Reino Unido "em certas disposições de Schengen"); essa proliferação de tratados internacionais e a diversidade de seu campo de aplicação não facilitam a cooperação repressiva. Por outro lado, o conteúdo das convenções internacionais mostra-se muito díspar: umas se limitam a descrever os comportamentos proibidos (por exemplo, convenção de Basileia de 22 de março de 1989 sobre o controle do transporte de resíduos perigosos através das fronteiras e de sua eliminação. Salvo raríssimas exceções, elas não determinam as penas, que são fixadas por cada Estado); outras só têm o objetivo de facilitar a cooperação judiciária ou policial em matéria repressiva (é sempre o caso das convenções bilaterais); outras, enfim, definem ao mesmo tempo os comportamentos proibidos e os meios processuais de lutar contra eles (por exemplo, convenção de 20 de abril de 1929 sobre falsificação de moedas, convenção de 9 de dezembro de 1948 sobre o crime de genocídio, convenção já citada contra a tortura, convenção de 2 de dezembro de 1949 relativa ao comércio humano e à prostituição, convenção de 23 de setembro de 1971 sobre os atos ilícitos contra a segurança da aviação civil, convenção de 10 de março de 1988 sobre os atos ilícitos contra a segurança da navegação marítima, convenção de 20 de dezembro de 1988 contra o tráfico de drogas e de substâncias psicotrópicas, convenção de 12 de janeiro de 1998 para a repressão dos atentados terroristas, convenção de 10 de janeiro de 2000 para a repressão do financiamento do terrorismo).

Competência da lei penal francesa e dos tribunais repressivos franceses

Em direito penal domina o princípio (criticado por alguns) da solidariedade das competências legislativa e judiciária, segundo o qual os tribunais de um Estado aplicam sempre sua própria lei a uma infração penal, e nunca uma lei penal estrangeira.

1 / Na maioria das vezes, o legislador francês põe em ação esse princípio indicando primeiramente os casos em que a lei penal francesa é aplicável (C. Pen. fr., arts. 113-1 a 12) e especificando depois que esses casos implicam a competência dos tribunais repressivos franceses (C. Proc. Pen. fr., art. 689). Em primeiro lugar, a lei penal francesa tem uma competência "territorial", no sentido de ser aplicável a toda e qualquer infração cometida no território francês. Essa competência é concebida de maneira muito extensiva: por um lado, diz respeito a toda infração cometida na França, mesmo se cometida parcialmente (art. 113-2: "a infração é considerada cometida" na França "sempre que um de seus fatos constitutivos ocorrer nesse território"; é a teoria da "ubiquidade"; por exemplo, localização na França de manobras fraudulentas constitutivas de estelionato e remessa de divisas para o exterior, ou vice-versa); por outro lado, à infração efetivamente cometida na França é equiparada a infração perpetrada a bordo ou em detrimento de um navio ou de uma aeronave matriculada no país, seja qual for o lugar onde ela se encontre (art. 113-4 e 5). Em segundo lugar, a lei penal francesa também tem uma competência "extraterritorial", no sentido de reger – cada vez com mais frequência – crimes e delitos cometidos no exterior (nunca contravenções). Essa competência ora é uma competência "pessoal ativa" (C. Pen. fr., art. 113-6: crime cometido no estrangeiro por um francês; delito cometido no estrangeiro por um francês, desde que o fato também seja punido pela lei estrangeira), ora uma competência "pessoal passiva" (C. Pen. fr., art. 113-7: crime e delito punidos com prisão cometidos no estrangeiro contra um francês), ora uma competência "real" (C. Pen. fr., art. 113-10: crimes e delitos perpetrados no estrangeiro contra os interesses fundamentais da nação ou contra os agentes ou sedes diplomáticas e consulares francesas, por exemplo). Convém acrescentar que, salvo na hipótese de uma competência real, os tribunais franceses só podem apreciar um delito cometido no estrangeiro a pedido do Ministério Público, e só se esse pedido for precedido de denúncia de uma autoridade do Estado estrangeiro ou de uma queixa da vítima (C. Pen. fr., art. 113-8).

2 / Às vezes, o legislador francês recorre ao método inverso, indicando os casos nos quais a competência é dos tribunais repressivos franceses; a lei penal francesa então é aplicada por via de consequência; foi assim que, atendendo às injunções de várias convenções internacionais, a França reconheceu a competência "universal" de seus tribunais repressivos para julgar certas infrações cometidas no estrangeiro que lesavam valores da comunidade internacional, desde que a pessoa processada se encontrasse em solo francês (C. Proc. Pen. fr., arts. 689-1 a 9, que contemplam, entre outras coisas, a tortura, o tráfico de substâncias radioativas, certos atos ilícitos contra a segurança da navegação marítima e da aviação civil…, mas não os crimes contra a humanidade).

Efeitos de uma decisão repressiva estrangeira na França

O direito comum francês, de caráter "territorial", só os admite excepcionalmente; o direito convencional é mais tolerante.

Autoridade negativa de coisa julgada (regra non bis in idem*).* – Em certas condições, uma decisão penal estrangeira impede a realização na França de um processo penal motivado pelo mesmo fato (C. Pen. fr., art. 113-9; C. Proc. Pen. fr., art. 692). A infração julgada no estrangeiro, por sua vez, precisa ter sido cometida num Estado estrangeiro, e não na França (ver, porém, a convenção de Schengen de 19 de junho de 1990, arts. 54 e 55), e não deve ser da competência "real" dos tribunais franceses. A decisão estrangeira (inclusive transação concluída com o Ministério Público, cf. CJCE, 19 set. 2002), por sua vez, precisa ser definitiva e, se for uma condenação, a pena cominada precisa ter sido "cumprida ou prescrita".

Autoridade positiva de coisa julgada. – Uma decisão estrangeira de condenação praticamente inexiste para a França: não constitui o primeiro termo de uma reincidência e não impede o juiz francês de conceder um sursis simples ao pronunciar uma pena para uma nova infração. Contudo, várias leis francesas permitem e até impõem que o juiz francês leve em conta um julgamento estrangeiro que tenha condenado um indivíduo, infligindo-lhe alguma incapacidade ou interdição prevista pelo direito francês (por exemplo, a Lei de 30 de agosto de 1947 comina a proibição do exercício do comércio por qualquer pessoa que tenha sido condenada, mesmo por um juízo estrangeiro, por roubo, estelionato etc.).

Execução. – Em princípio, nenhuma pena proferida no estrangeiro (multa, pena privativa da liberdade, interdição ou incapacidade, confisco etc.) é executória em território francês. Só o direito convencional prevê, às vezes, a execução extraterritorial de certas penas: multas (convenção de Mannheim de 1868 para a navegação no Reno, Tratado de Roma de 1957 que instituiu a Comunidade Europeia, algumas convenções bilaterais), confisco de produtos do crime (Convenção de Viena de 1988 contra o tráfico de drogas, Convenção Europeia de 1990 relativa à lavagem de dinheiro, ao embargo e ao confisco dos produtos do crime) e sobretudo pena privativa de liberdade (Convenção Europeia de 1983 sobre a transferência dos condenado e numerosas convenções bilaterais).

Cooperação para a repressão

Cooperação policial. – Por ser universal, ela lembra a Organização Internacional de Polícia Criminal (Interpol). Baseada em Lyon, a OIPC reúne os serviços nacionais de polícia de 178 países. Desprovida de um corpo de "policiais internacionais", ao contrário do que em geral se pensa, funciona graças às agências centrais nacionais (Bureaux centraux nationaux [o BCN francês fica em Paris, na Direction centrale de la police judiciaire]) que trocam informações destinadas, por exemplo, a reunir as provas de infrações, a buscar objetos (ilícitos, roubados, desviados etc.), a identificar indivíduos (suspeitos, considerados culpados e com mandado de prisão, condenados em fuga etc.).

No plano regional, a Europa dos Quinze se esforça por desenvolver a colaboração policial. Oficializada pelo Tratado sobre a União Europeia (Maastricht, 7 fev. 1992), a colaboração foi confirmada pelo Tratado de Amsterdam (2 out. 1997). Foi assim assinada em 26 de julho de 1995 a convenção sobre a criação da Agência Europeia de Polícia, chamada Europol. Dotada de personalidade jurídica, a Europol visa a melhorar a eficácia dos serviços competentes dos Estados-membros e sua cooperação na prevenção e na luta contra o crime organizado (comércio humano, tráfico de drogas, de material radioativo etc. e lavagem de dinheiro produzido por essas atividades criminosas). Para colher e distribuir dados e informações, a Europol dispõe de sistemas informatizados.

"Laboratório" da Europa policial do futuro, a Convenção de Schengen de 19 de junho de 1990 prevê, entre outras medidas inovadoras: a "observação transfronteiriça", que, em certas condições, permite que os policiais de um "Estado-Schengen" continuem a investigar, sem restrições, um suspeito em território de outro "Estados-Schengen"; a "perseguição transfronteiriça", que, em condições ainda mais estritas, autoriza alguns policiais a perseguir e mesmo a interpelar o autor de um "flagrante delito" ou um condenado fugitivo para além de uma fronteira interna ao espaço Schengen (mas a França não autoriza em seu território a interpelação praticada por policiais não franceses...); por fim, o Sistema de Informações Schengen, ou SIS, cujos dados têm um campo mais amplo do que o da Europol (por exemplo, o da "circulação das pessoas" fora do domínio penal), compreende dois aspectos: o primeiro, formado por arquivos nacionais informatizados já existentes (na França, são gerados pelo Sirène, na Direction centrale de la police judiciaire); o segundo consiste num arquivo central (SIS em Estrasburgo) alimentado pelos arquivos nacionais e consultável pelos Estados que fazem parte do acordo.

Cooperação judiciária. – Chamada de cooperação maior, designa a extradição, procedimento pelo qual um Estado pede a outro que lhe entregue um indivíduo, para julgá-lo ou executar a pena que lhe foi cominada. Pesada e constrangedora, a extradição, que remete a fontes diversas (Lei de 10 de março de 1927, convenções bilaterais e multilaterais, como a Convenção Europeia de Extradição de 13 de dezembro de 1957 da qual participam 44 Estados, em parte modificada pela Convenção de Schengen, sem contar as disposições específicas incluídas nos tratados mais amplos), supõe a reunião de certas condições (relativas, por exemplo, à gravidade dos fatos ou às penas pronunciadas), tropeça em certos obstáculos (não extradição de nacionais, por exemplo) e assiste ao fortalecimento das garantias da pessoa reclamada (na França, recurso judiciário contra o parecer favorável da câmara de instrução e parecer administrativo contra o decreto de extradição; além disso, respeito ao princípio de especialidade pelo Estado requerente). Mas, em nome da confiança obrigatória que vincula os Estados da União Europeia, sobretudo na luta contra o terrorismo, a extradição é grandemente facilitada pela decisão-padrão do Conselho, de 13 de junho de 2002, relativa ao mandado de prisão europeu e aos procedimentos de envio entre os Estados-membros (estes devem adequar-se antes de 31 dez. 2003).

Quanto à chamada cooperação judiciária menor, por falta de um *corpus* específico dos quinze da União Europeia, no momento (o tratado sobre a União Europeia só contém algumas estipulações nesse sentido), estes aplicam a convenção europeia de cooperação judiciária em matéria penal citada. Seu domínio, mais estendido pela Convenção de Schengen, é amplo tanto do ponto de vista das infrações quanto do procedimento; contudo, dela são excluídas certas infrações (obrigatoriamente, as militares..., facultativamente, as políticas...) e certos atos (as sentenças de prisão, de condenação etc.). Entre estes últimos, devem ser citadas as cartas rogatórias internacionais (a autoridade de um Estado delega seus poderes a um homólogo estrangeiro, que, por exemplo, realiza em seu lugar uma busca domiciliar), a cientificação dos atos (uma intimação para comparecer) ou decisões judiciárias, o pedido de oitiva de uma testemunha, que, se for feita no Estado requerente, só pode ser considerada para fatos anteriores a seu deslocamento, a comunicação de ficha criminal etc. Como os pedidos de cooperação são cada vez mais numerosos, as dificuldades na sua execução exigem uma legislação específica (como início de resposta, cf. Lei francesa de 23 de junho de 1999 que reforça a eficácia do procedimento penal – C. Proc. Pen. fr., arts. 694 ss.)

Jurisdições penais internacionais

Ainda que as decisões tomadas pela CJCE (Luxemburgo) e pela CEDH (Estrasburgo) produzam efeitos muitas vezes consideráveis no campo penal interno, não seria possível considerá-las jurisdições penais internacionais. Merecem hoje essa denominação as jurisdições competentes para julgar fatos gravíssimos (crimes contra a humanidade, crimes de guerra etc.) cometidos por quem quer que seja, jurisdições cuja criação marca sem dúvida um dos progressos mais notáveis do direito penal internacional contemporâneo. Contudo, com exceção dos tribunais militares internacionais de Nuremberg e de Tóquio, que, logo após a Segunda Guerra Mundial, julgaram os grandes criminosos dos países do Eixo e do Extremo Oriente, os esforços envidados pelos Estados tiveram dificuldades, por falta, provavelmente, de verdadeira vontade política nesse sentido.

Jurisdições regionais e temporárias. – Tudo começou a mudar com a Resolução 827 do Conselho de Segurança da ONU que instituiu um tribunal internacional (Haia) para julgar os supostos responsáveis por crimes cometidos na ex-Iugoslávia a partir de 1991: infrações graves às convenções de Genebra de 1949, violações às leis e aos costumes de guerra, genocídio, crimes contra a humanidade. O tribunal é composto de dois graus de jurisdição. O promotor desempenha papel importante, pois instrui pessoalmente o caso e atua no processo. As penas cominadas (no máximo, prisão perpétua) são executadas nos países dispostos a receber os condenados. Em contrapartida, as vítimas não podem reclamar reparação perante o tribunal.

Uma lei de 2 de janeiro de 1995, que adaptou a legislação francesa a essa Resolução, organiza as modalidades da cooperação judiciária entre Haia e Paris e institui uma competência universal das jurisdições francesas (cf. acima), com obrigação de avocação em favor do tribunal em caso de processos simultâneos. Outra Resolução (955) do Conselho de Segurança criou um tribunal internacional (Arusha) encarregado de julgar o mesmo tipo de crime, perpetrado em 1994, especialmente em Ruanda. Seu estatuto é muito próximo do tribunal de Haia, e uma lei de adaptação de 22 de maio de 1996, com conteúdo semelhante ao da lei acima citada, de 1995, afirma a primazia da competência do tribunal, instaurando ao mesmo tempo uma competência universal francesa.

Jurisdição universal e permanente. – Essa jurisdição (Corte Penal Internacional, com sede em Haia) foi criada pelo Tratado de Roma de 17 de julho de 1998, que entrou em vigor em 1º de julho de 2002, depois das sessenta ratificações necessárias (para ratificá-lo, a França precisou modificar sua Constituição, a fim de possibilitar a responsabilização penal do Presidente da República: Lei const. de 8 julho 1999). A Corte julgará autores e cúmplices (pessoas físicas) por genocídio, crimes contra a humanidade, crimes de guerra e crimes de agressão, cometidos depois de 1º de julho de 2002. Seja qual for o progresso realizado no plano internacional, alguns duvidam da eficácia do papel da CPI, em razão de obstáculos jurídico-políticos que surgem em seu caminho: por exemplo, diferentemente dos dois tribunais *ad hoc* acima citados, sua competência é subsidiária à competência dos Estados: estes têm a faculdade, e não o dever, de cooperar com ela, e ela não tem o poder de regulamentar procedimentos; além disso, o Conselho de Segurança pode decidir suspender inquéritos diligenciados por sua iniciativa etc. A esses obstáculos se soma a obstrução dos Estados Unidos, que, não contentes por não terem ratificado o tratado, negociam com Estados-membros acordos particulares destinados a reduzir seu alcance!

Para concluir sobre o direito penal internacional contemporâneo, observaremos que ele está inteiramente voltado para a eficácia repressiva máxima. Entretanto, convém lembrar que a pessoa processada, seja qual for seu crime, sempre deve ter o benefício de um "processo equitativo".

› Ascensio, Decaux & Pellet (org.), *Droit international pénal*, Pedone, 2000. – Cassese & Delmas-Marty (org.), *Crimes internationaux et juridictions internationales, Juridictions nationales et crimes internationaux*, PUF, 2002. – Dumont, *Rép. Dalloz dr. int.*, 1998, v. Extradition. – Fournier, *Rep. Dalloz dr. int.*, 1998, v. Compétence pénale, Conflit de lois (matière pénale); Rép. Dalloz dr. pér., v. Extradition. – Huet & Koering-Joulin, *Droit pénal international*, PUF, 2ª ed., 2001; *J.-Cl. dr. int.*, fasc. 403, 404, 406-10 a 40. – Lombois, *Droit pénal international*, Dalloz, 2ª ed., 1979. – Pradel & Corstens, *Droit pénal européen*, Dalloz, 2ª ed., 2002.

André Huet, Renée Koering-Joulin

→ Código Penal; Crime contra a humanidade; Direito comunitário; Direito humanitário; Polícia; Soberania.

DIREITO PRIVADO, DIREITO PÚBLICO

A distinção entre direito público e direito privado é a maneira como o fenômeno jurídico se mostra ao leigo: pretende-se assim estabelecer a distinção entre "as regras que regem o Estado e as coletividades públicas, bem como suas relações com os cidadãos (direito público)" e "as regras que governam as relações entre particulares (direito privado)" (J.-L. Aubert, *Introduction au droit*, PUF, 1981, p. 17). No entanto, é forçoso constatar que certos ramos do direito parecem estar arbitrariamente colocados nessa classificação (o direito penal), enquanto os novos direitos transversais da terceira geração (direito do meio ambiente, direito penal internacional, direito da paz...) parecem escapar a ela. A *summa divisio* de nosso direito só na aparência é dotada de simplicidade...

Seria tentador estabelecer um nexo de causalidade entre o dualismo do direito e a dualidade das ordens de jurisdição. Mas também aí a aparência é enganosa. Basta examinar os contenciosos para verificar que o juiz judiciário lida com o direito administrativo (os mercados públicos) e que o juiz administrativo exerce atividades repressivas ou aplica o direito da concorrência e do consumo às atividades econômicas das pessoas públicas. Por aí se vê que não é o dualismo do direito que explica a dualidade jurisdicional; além disso, não é a dualidade jurisdicional que, além de certo ponto, explica a falta de unidade do direito (Auby, p. 103). A distinção entre os dois ramos do direito e a definição destes são, antes, produto da história. O sentido que lhes é atribuído tem valor mais ideológico que instrumental.

Surgimento do dualismo

A história do dualismo jurídico é em boa parte a história da saída do poder régio da esfera englobadora do direito privado, para submeter-se ao estatuto de direito público. Para isso, foi preciso restabelecer e aclimatar, entre os séculos XI e XVI, a distinção entre o *jus privatum* e o *jus publicum*, herdada do sistema jurídico romano. Essa distinção aparece bem tardiamente em Roma – por muito tempo o que prevalece é a distinção entre direito sacro e direito profano –, e foi no fim da época clássica, com o aparecimento de formas pré-estatais de poder, que Ulpiano pôde consagrá-la: "*Publicum jus est quod ad statum rei Romanae spectat, privatum quod ad singulorum utilitatem.* [...] *Publicum jus in sacris, in sacerdotibus, in magistratibus consistit. Privatum jus tripertitum est; collectum etenim est ex naturalibus praeceptis, aut gentium, aut civilibus*" (Digesto I, I, 1, 1.). Esse trecho do Digesto deve ser confrontado com a máxima *Princeps legibus solutus est*, que possibilita dispensar o Imperador do cumprimento de certas regras de direito privado (Esmein, pp. 201 ss.). Enquanto o direito privado dizia respeito ao direito das pessoas e dos bens, à justiça civil e aos delitos privados, os cultos, as magistraturas e os sacerdócios eram da alçada do *jus publicum*. Depois de Ulpiano, passou-se a considerar que o *jus publicum* abarcava todas as relações jurídicas nas quais estivesse implicado o *populus romanus*. No Baixo Império, a distinção direito público/direito privado passou a ser a divisão suprema do *jus*, de acordo com sua finalidade: salvaguardar os interesses dos particulares ou defender os do Estado. É o sentido registrado pelas *Institutas* de Justiniano (I, l, 4, usado por Ulpiano).

Na Idade Média, essa distinção cai no esquecimento. Primeiramente, porque o fundo sacro do direito público romano é incompatível com os valores do cristianismo: os cultos e os sacerdócios serão matéria do *jus sacrum*. Em segundo lugar, a distinção entre direito público e direito privado é inoperante numa sociedade medieval caracterizada pela ausência de forma estatal e povoada de corpos intermediários que se interpõem entre os súditos e um soberano "desprovido do poder de proferir ordens gerais" (Chevrier, "Remarques...", p. 8). A época é do "monismo da senhoria medieval" (*ibid.*, p. 9), do qual não se afastam o direito régio nem o *jus privatum*: o mundo medieval é impermeável às categorias jurídicas romanas (A. Rigaudière, Pratique politique et droit public dans la Frances des XIVe e XVe s., *Archives de philosophie du droit*, 1997, p. 84). Não se distingue o privado do público: na época dos merovíngios, o poder do príncipe, qualificado de *dominus* e de *senior*, é sinônimo de poder doméstico. A instauração do Império carolíngio não revivifica a noção romana de *jus publicum*. O peso do agostinismo político redundava na confusão entre *res publica* e *ecclesia* – o Bem comum e as virtudes cristãs –, e então era inútil distinguir o direito dos particulares do direito do príncipe. Quando, com a queda do império, o território se fragmenta em senhorias, qualquer distinção entre os dois ramos do direito deixa até mesmo de ser concebível. A decadência do poder régio dá lugar a um direito misto: o direito senhorial só continha relações puramente privadas de dependência. A distinção romana, porém, é trazida à baila na doutrina jurídica erudita, entre o fim do século XI e o início do XII, favorecida por um retorno a Ulpiano e a Justiniano (Chevrier, pp. 25 ss.). O *jus publicum* abrange as prerrogativas exercidas por uma *universitas* para sua utilidade comum. Desembaraçada dos atributos religiosos próprios ao direito romano, a divisão do direito assim redescoberta se basearia, para os romanistas (Placentino), na antítese entre a coisa pública e os interesses particulares, ou seja, no *objeto* ao qual o direito é aplicado. No século XIII, consciente do perigo que essa doutrina podia representar para a unidade do direito, Azo prefere distinguir os ramos do direito segundo seu interesse, sua *utilidade*. Do ponto de vista material, a *mesma* regra de direito pode ser útil ao conjunto dos indivíduos, ou apenas servir a interesses particulares. Essa visão do direito, própria dos romanistas, segundo a qual "o direito público e o direito privado não são partes do *jus*, mas as espécies de um gênero", fazendo do direito público o conjunto das regras de utilidade pública, marcará o pensamento jurídico erudito no futuro. Entretanto, o imperativo da unidade do direito mantido pelas costumagens na prática ainda iria marcar profundamente o direito positivo e conter as potencialidades oferecidas pelos romanistas. Assim, a consolidação do poder régio pelos legistas, a partir do século XIII, será obra de um curioso "direito público", influenciado por um direito romano contido, mas muitas vezes influenciado pelo direito privado consuetudinário "derrogatório", verdadeira "manifestação natural da ideia de que o direito é uno" (Testu, p. 349).

Do século XIII ao XV elabora-se um corpo de regras jurídicas que acompanham a consolidação do poder régio e são organizadas segundo o tríptico *corona*, *dignitas*, *constitutio* (Rigaudière, pp. 85 ss.). O esforço conceitual certamente visa a estabelecer a distinção entre reino (*res publica*) e *res privata* do príncipe, para garantir a perenidade daquele. Mas essa hesitante despatrimonialização do poder político, que deve emancipar o reino da situação e da gestão características das *res privatae*, envereda por caminhos que nem sempre são realmente originais nem constitutivos de um *corpus* acabado de direito público. Quando, depois da morte do último filho de Filipe, o Belo, foi necessário rechaçar as pretensões de um rei inglês à coroa, recorrendo à lei sálica – que garante a entrega do reino ao primogênito varão –, fez-se referência a um texto de direito privado da lei franca, relativo à sucessão dos alódios (Testu, p. 349). A teoria da coroa, elaborada pelos legistas, que supostamente garantiria a despatrimonialização do poder ao dissociar a pessoa física do rei da *corona regni* e redundar na regra de indisponibilidade da coroa e de inalienabilidade do reino, é apoiada por um raciocínio jurídico sem dúvida pouco usual, mas ainda associado a categorias próprias do direito consuetudinário. Terrevermeille, justificando essa despatrimonialização, de fato subtrai o trono ao regime sucessório de direito comum; em vez de admitir que a coroa, como uma *res privata*, é transmitida por um ato de vontade do *pater familias*, aplica-lhe as regras de sucessão consuetudinária das *res publicae*, excluindo qualquer ato de vontade do defunto na designação de seu sucessor. Por conseguinte, o delfim se torna o herdeiro incontestável da coroa e do reino, que são furtados assim à vontade régia [logicamente, para os legistas, o domínio – inalienável, indisponível e imprescritível –, bem como a moeda, também passa a ser "o patrimônio da coroa da França" (Rigaudière, pp. 89 ss.)]. Mas esse raciocínio também deriva de um velho cabedal de direito privado: Terrevermeille apenas recorre a antigas concepções de direito privado, "em que o ponto de partida de um parentesco não era relacionado a um indivíduo, mas a uma pluralidade de pessoas confundidas numa unidade básica (o *trunctus*) na qual ainda não há grau de parentesco" (Testu, p. 349). É certamente por isso que os historiadores consideram que a teoria da coroa não bastou para dissociar totalmente a pessoa do rei das prerrogativas que se pretende vincular exclusivamente a essa *corona*. É sobretudo a *dignitas* que é invocada pelos legistas para garantir a institucionalização do poder (Rigaudière, pp. 92 ss.). Herdada do direito romano por intermédio dos canonistas, a *dignitas* devia assegurar a perpetuidade da instituição monárquica – erigida em função pública – para além da pessoa do soberano. Para tanto, distingue-se o *corpus naturale regis* (o corpo privado e mortal do rei) do *corpus mysticum* (o corpo público e imortal do rei, ou seja, o *officium regis*), que transcende o corpo físico por intermédio do Estado e cujo suporte é a *dignitas*. Assim, esta *dignitas*, encarnada pelos soberanos sucessivos, nunca desaparece com o *corpus naturale* do rei e acarreta a instantaneidade da sucessão ao trono. Mas, também aí, a inspiração do direito comum é patente: o estatuto da *dignitas regia* era regido pelo adágio consuetudinário "o morto investe o vivo", típico do direito das sucessões (Rigaudière, p. 94).

É no início do século XIV, época em que se cristaliza um direito público da administração (Rigaudière, pp. 100 ss.), que se instaura uma "ordem jurídica constitucional" que completa o esboço de institucionalização do poder monárquico, demarcando a ação do soberano. Começa a ter peso a ideia de que o príncipe e seus agentes estão submetidos a uma ordem jurídica superior. As regras inspiradas no direito privado e aplicadas ao poder monárquico serão erigidas ao plano de leis de Estado. Em meados do século XIV, a lei sálica é qualificada de "Constituição" e até de "primeira lei dos franceses". O mesmo ocorre com os princípios de transmissão da coroa, formalmente postos no ápice daquilo que foi qualificado de "hierarquia das normas" (Rigaudière, p. 99).

Assim, entre os séculos XIV e XV, tanto as regras de sucessão quanto as relativas à gestão do domínio começam a fundir-se num regime que pode ser qualificado, em certos aspectos, como direito público. Mas este vai afirmar sua identidade com mais força ao assegurar, no século XVI, a promoção do poder de Estado no contexto atormentado das guerras de religião.

Consagração do dualismo

O século XVI ainda é hesitante em seus ensaios concretos de divisão do direito. O espírito senhorial e o peso dos costumes – pensemos na obra de Guy Coquille – ainda são suficientemente fortes para que a tradição não seja subvertida e não haja a cisão prática entre direito público e direito privado. Entre esses dois domínios subsiste o império do direito senhorial. No fim do século XVI, Charondas le Caron, em suas *Pandectas do direito francês*, tenta fixar uma linha divisória entre o direito público e o direito privado; mas essa tentativa fica presa à ganga das concepções jurídicas monistas medievais (Chevrier, pp. 45 ss.). Contudo, a situação política vai favorecer a eclosão de doutrinas que traziam em seu bojo uma divisão mais radical do direito positivo, passando pela elaboração de um direito público à margem das categorias do direito privado. A teoria da soberania, elaborada por Bodin nos *Seis livros da República* (1576), é em si constitutiva de um direito público regalista, concebido não tanto em vista da utilidade pública, quanto do intuito de concentrar todo o poder nas mãos do rei. Às voltas com a contestação política dos protestantes e dos ultraconservadores da Liga, que reivindicavam o direito de depor o monarca, o poder monárquico precisava ser fortalecido. Para tanto, convinha isolá-lo da sociedade civil, arrancá-lo à influência das facções para melhor as vencer, em suma, torná-lo absoluto, mas não despótico. A soberania – "poder absoluto e perpétuo de uma república" – é o instrumento jurídico legitimador desse poder regulamentado do Estado. Ela concentra em si um verdadeiro direito do Estado – que estrutura a sociedade civil e regula o exercício do poder –, que tem como uma das marcas mais essenciais "o poder de ditar e revogar a lei". Os juristas dos séculos XVI e XVII darão acolhida aos ensinamentos de Bodin – cujo primeiro objetivo não é conceber uma parte do direito positivo como a antítese do direito privado –, mas o adaptam ao molde legado pelos romanistas. Bem no fim do século XVII, o abade Fleury demonstra ter claro entendimento da bipartição do direito em sua *Instituição do direito francês* e consagra, por outro lado, a autonomia do direito público (1679, *Direito público da França*). A obra abre caminho para uma literatura de direito público que caracterizara o século XVIII. É com D'Aguesseau e, sobretudo, com Domat que, em torno da noção de governo, termina por se constituir como ciência um direito público nitidamente separado da política, da economia e, claro, do direito privado. Em seu *Tratado das leis*, Domat distingue dois tipos de lei: as de direito público, que dizem respeito à "ordem pública do governo" (as técnicas de entrega do poder), à administração da justiça, à milícia e às finanças, e as leis de direito civil, que regulam as relações entre particulares. De Réal também restringirá o direito público ao objeto primeiro da soberania: "a manutenção da ordem e a observação da justiça" (*A Ciência do governo, obra de moral, direito e política*, 1765). Na mesma época, o direito privado começa a abdicar de seu caráter provincial, a abandonar as categorias complexas do direito senhorial (sobretudo a do feudo) no qual se unem e entremesclam, até se tornarem indistintos, *jus publicum* e *jus privatum*. Os privatistas, mesmo partindo das costumagens ou da jurisprudência dos parlamentos locais, descobrem uma "ordem natural das leis civis" (Bourjon, *O Direito comum da França e a costumagem de Paris reduzidos a princípios*, 1770). As duas disciplinas podem então constituir-se separadamente. No fim do século XVIII, sob a influência conjunta de Pufendorf e Kant – para quem o direito privado existe no estado de natureza e é garantido no estado social pelo direito público –, os juristas admitem definitivamente a separação do direito entre direito público e direito privado. Assim, para Argou (*Instituição do direito francês*, 1773), o direito francês tem duas partes: o direito público, que diz respeito ao direito da religião e do Estado, e o direito privado, que diz respeito às relações entre particulares.

Mas as duas disciplinas, que estavam em contato direto, logo estariam em conflito. A questão já não é a da existência de dois direitos, mas sim a de sua coexistência. As controvérsias doutrinais então não se referirão tanto ao valor da distinção entre o direito privado e o direito público, mas sim ao traçado da fronteira que delimita seus respectivos domínios e ao sentido que deve ser dado a esse dualismo, que não poderia ser explicado apenas pela herança do direito romano e pelo nascimento do Estado moderno. A defesa de um domínio reservado do direito privado imerge no cerne do conflito político em torno do papel do Estado e das ambiguidades do liberalismo (Legendre, p. 591), traduzido pelo pretenso antagonismo – bem século XX – entre o serviço público e as liberdades públicas. A distinção entre direito público e direito privado torna-se assim "uma questão com implicações ideológicas" (Testu, p. 353).

Leituras e implicações ideológicas

O desejo de submeter certos interesses constitucionais do soberano à lógica do direito privado (tendência iniciada por Grócio) foi definitivamente posto em xeque por Montesquieu (*Espírito das leis*, XXVI, 16) e por Hegel (*Princípios da filosofia do direito*, § 75), que mostra a impossibilidade teórica de subsumir o interesse do Estado a conceitos de direito privado (o que equivaleria a confundir razão e entendimento). Não será, portanto, no nível constitucional que a distinção entre direito público e direito privado se mostrará problemática. Será mais em torno das noções de polícia e ordem pública – ou seja, do papel que se pretende atribuir ao Estado *na* sociedade civil – que o século XVIII prenunciará as disputas ideológicas futuras. Assiste-se então à elaboração de um direito administrativo que traduz o liberal-estatismo que projeta no espaço do Estado-providência, segundo P. Legendre, o mito protetor do Pai. Alguns autores consideram até que o direito público deve ser estendido às regras imperativas do direito privado, que constituem uma forma de ordem pública (Dantoine, *As regras do direito civil*, 1710). Com a noção de polícia, o direito público garante coesão social, pondo em primeiro plano a obrigação do Estado de assegurar a permanência e o prolongamento da segurança, ou da autoconservação, no sentido entendido pelos modernos (C. Larrère, *L'Invention de l'économie au XVIIIe siècle*, PUF, 1992). Para retomar A. Smith, a polícia tem o objetivo de assumir "a regulação das partes inferiores do governo, ou seja, a limpeza, a segurança, a modicidade ou a abundância de mercadorias" (citado por P. Rosanvallon, *La Crise de l'État-providence*, Le Seuil, 1981, p. 65). Desse ponto de vista, o direito do Estado vai penetrar na esfera das atividades individuais, tradicionalmente pertencente ao direito privado. É em Delamare (*Traité de la police*, 1705-10) que se afirma com mais segurança o papel de benefício universal da polícia, justificando as pretensões hegemônicas do direito público. O autor retoma a distinção entre o direito público, que tem por objeto o bem geral, e o direito privado, que diz respeito aos interesses dos particulares; mas ele qualifica o direito público de polícia. Segundo Delamare, que se refere à "República dos hebreus", ela abrange "religião, costumes, víveres, saúde, vias públicas [...], comércio, artes, pobres e hospitalidade". O caráter abrangente da polícia faz dela uma ordem pública que estrutura o conjunto da sociedade. A polícia aparece como a contrapartida terrena da religião, pois, se a religião fosse bem observada, "todas as partes da polícia seriam cumpridas" (L. II, 1). A polícia cumpre na terra todas as prescrições religiosas que a falta de sabedoria dos homens impede de realizar (velho tema da Queda retomado por Domat no *Tratado das leis*, X). Em 1830, Locré ou Macarel se rejubilam porque a administração funciona como "Providência humana" e Vivien verá também na administração um "poder tutelar e providencial" (F. Burdeau, *Histoire de l'administration française. Du XVIIIe au XXe siècle*, Montchrestien, 1994, pp. 109-11).

A interpretação ideológica do dualismo jurídico vai se radicalizar a partir do momento em que o critério priorizado para distinguir o direito público do direito privado for o da pessoa ou do órgão, e não mais o critério da utilidade ou do objeto: considera-se que o direito privado é constituído pelas regras que regem as relações entre particulares postos em pé de igualdade e que, supostamente, têm em vista interesses privados. O direito público, por sua vez, é constituído pelas regras relativas à organização e ao funcionamento do Estado e das coletividades públicas, bem como pelas relações destes com os particulares; é dominado pelo interesse geral e caracterizado pela presença de relações desiguais que favorecem o poder público. Isso é opor um direito autoritário (de formação autocrática), feito de unilateralidade, em que o todo prevalece às partes (o direito público), a um direito liberal (de feição democrática), dominado pela autonomia da vontade pelas técnicas contratuais, que põem em primeiro plano o indivíduo (o direito privado). Essa tese se radicalizará no século XX em torno de uma defesa liberal do direito privado, que supostamente sofre o imperialismo do direito público. Assim, para Hayek (*Droit, législation et liberté*, PUF, 1980, 1, pp. 158 ss.), a hegemonia do direito público é decorrente das conquistas do positivismo jurídico e "das ideologias totalitárias e socialistas nele implícitas"...

Em meados do século XIX, os juristas franceses, ainda impregnados de jusnaturalismo, afirmavam sua adesão à ideologia liberal e à filosofia individualista; isso os impede de realizar qualquer projeto de subordinação do direito privado ao direito público. Declarando a supremacia do indivíduo, circunscrevem juridicamente a ação de um Estado frequentemente suspeito de autoritarismo e consideram o direito civil autenticamente liberal. Para toda uma corrente doutrinária, a distinção entre direito público e direito privado tem um alcance liberal politicamente determinante: conter o direito público dentro de suas fronteiras é circunscrever a intervenção do Estado e deixar a salvo o domínio do direito privado onde supostamente se desenvolve a liberdade individual. O debate doutrinário adquire um tom mais polêmico quando se inicia a era do intervencionismo estatal, traduzido pelo sucesso da noção de serviço público. Hostis a essa evolução, numerosos juristas apresentam o direito civil como uma cidadela de liberdade cercada por um direito dos serviços públicos liberticida (para uma atualização do debate, v. P. Delvolvé, "Serviço público e liberdades públicas", *RFDA*, 1985, 1; E. Pisier-Kouchner, "Serviço público e liberdades públicas", *Pouvoirs*, 1986, nº 36, 143), enquanto não para de ser denunciada a "publicização" do direito privado, passando pela obliteração da fronteira entre o "direito de liberdade" e o "direito de mando" (este não deveria omitir a marca do "espírito privatista" – pensemos no reconhecimento de serviços públicos industriais e comerciais – que muitas vezes, na mesma época, vem liberalizar o direito público). Portanto, caberia falar tanto de interpenetração dos direitos quanto de dualismo. Mas a extrema permeabilidade da fronteira entre direito público e direito privado – que leva à unidade do sistema jurídico – continua em geral considerada como algo marcado pelo antiliberalismo (H. Berthélemy, "Defesa de alguns velhos princípios", *Mélanges Hauriou*, Sirey, 1929, p. 811).

Somente Duguit tentará mostrar, contra o corrente liberal favorável à manutenção da distinção direito privado/direito público, que esta possui uma função autoritária e, por conseguinte, deve ser abolida. Para Duguit, o dualismo jurídico resulta de uma ideologia que se desenvolveu historicamente a partir do *imperium* romano, substituído pela noção de soberania na época moderna (Duguit tem em vista Gerber, Laband ou Jellinek). Não seria tanto o direito, mas sim o interesse do Estado que reinaria na esfera do direito público. A partir daí, se existe uma correlação entre a doutrina da soberania – ou do poder público – e a existência de relações inigualitárias entre o Estado e os indivíduos – por conseguinte, o dualismo da ordem jurídica –, basta pôr em causa a noção de soberania para obter o monismo jurídico e a igualdade de relações entre o Estado e os indivíduos. Segundo Duguit, "os governantes já não têm por tarefa única desempenhar os serviços de guerra, polícia e justiça, mas também organizar e pôr em funcionamento toda uma série de serviços industriais, impedindo que eles sejam interrompidos" (*Les Transformations du droit public*, 1913, XVII). Essa obrigação já não põe em primeiro plano o poder de comandar, mas a obrigação de agir. "A noção de serviço público vem substituir a de soberania. O Estado já não é um poder soberano que comanda; é um grupo de indivíduos que detém uma força que é preciso empregar para criar e gerar os serviços públicos. A noção de serviço público torna-se a noção fundamental do direito público moderno" (*ibid.*, XIX). Ora, a doutrina do serviço público, que supõe que todas as vontades se equivalem, pode tornar caduca a oposição entre o contrato (o direito dos particulares) e o ato unilateral (o direito "autoritário" do Estado) – sobre a qual os juristas assentam a distinção entre direito privado e direito público – e dar lugar a uma concepção unitária e não autoritária do direito. Duguit vai assim fazer uma análise unitária do ato jurídico, demonstrando que a técnica contratual não é monopólio do direito privado, e que a técnica unilateral não é monopólio do direito público (esbarrando na teoria do privilégio de ação do ofício, que o leva à existência irredutível de um direito público inigualitário..., E. Pisier Kouchner, *Service public dans la théorie de l'État de Léon Duguit*, LGDJ, 1972, pp. 270 ss.). A controvérsia que opõe Savatier e Eisenmann, depois da Segunda Guerra Mundial, e que leva os outros juristas a tomar posição (por exemplo, J. Rivero opõe o direito privado "do livre consentimento" ao direito público da "coerção", *D.*, 1947, cap. 69), é testemunho do desejo de certo número de autores de politizar a questão das relações entre o direito público e o direito privado (Mazeaud, "Defesa do direito privado", *D*, 1946. cap. 17). Segundo Savatier (*Du droit civil au droit public*, 1945), em virtude do intervencionismo estatal, o direito público teria posto o direito privado sob tutela e assistiríamos a uma "publicização" radicalmente antiliberal e anti-individualista do direito privado. Para Eisenmann (pp. 903 ss.), que se apresenta como principal contraditor, a tese de Savatier tem, em primeiro lugar, a característica de não estar de acordo com a realidade jurídica. A distinção é essencialmente "uma classificação de ordem" (p. 960) com um caráter prático que não poderia relacionar-se com um conteúdo político determinado, pois os dois ramos do direito não têm finalidades diferentes. Em segundo lugar, é errôneo apresentar a intervenção do Estado como criadora de direito público: o Estado-juiz e o Estado-legislador não criam apenas direito público. Existiria somente um sistema único de direitos públicos e direitos privados, "sem conteúdo político determinado" (p. 963). Por conseguinte, é preciso lutar pela unidade do direito ou então, para ser realista, reconhecer o caráter instrumental do dualismo (p. 964).

Em segundo plano, encontra-se em Eisenmann a distinção positivista entre o direito público e o direito privado. Para Kelsen, é a separação entre direito e Estado que confere alcance ideológico à separação entre direito privado e direito público, separação que deixa de ter fundamento quando se demonstra a identidade entre direito e Estado. A teoria pura, que "vê a ordem jurídica como um todo, pode, sem paradoxo, ver um ato do Estado tanto num contrato como na decisão de um magistrado, visto que ambos são atos criadores de normas que podem ser imputados à unidade da ordem jurídica" (*Théorie pure du droit*, La Baconnière, 1988, p. 165). A oposição direito público/direito privado é assim relativa e intrassistêmica. Ela existe, mas como ideologia do dualismo entre a força – direito público – e o direito (privado) estritamente entendido, que garante ao Estado liberdade perante o respeito ao direito. Por fim, tal distinção baseia-se no postulado criticável de que a esfera jurídica pública seria da alçada da política, enquanto o mundo do direito privado seria apolítico. Mas, para Kelsen, o direito privado criado por contrato pode, assim como o direito público em sua unilateralidade, ser um teatro de dominação política (*Théorie pure du droit*, p. 167); de fato, "a distinção expressa [...] a ideologia econômica do liberalismo" (Troper, p. 187).

Para a crítica marxista, Kelsen silencia sobre o sentido que se deve dar à ideologia que apoia o dualismo entre direito público e direito privado nos Estados liberais. Haveria uma "necessidade política" de oposição entre direito público e direito privado (B. Edelman, *Le Droit saisi par la photographie. Éléments pour une théorie marxiste du droit*, Maspero, 1973, p. 115). Se, para além do dualismo direito público/direito privado, todas as normas são estatais, conforme explica Kelsen, é necessária a presença de um Estado que detenha o monopólio da coerção e garanta a eficácia do direito (público e privado). Ora, o Estado – "instrumento separado da luta de classes" a serviço da classe dominante – é "condição de toda distinção entre público e privado" (Althusser, Ideologia e aparelhos ideológicos do Estado, *La Pensée*, nº 151, 1970, pp. 13-4; *Écrits philosophiques et politiques*, t. I, Stock-Imec, 1994, pp. 428 ss.). Em vez de abolir teoricamente o dualismo, o Estado de Direito kelseniano determina a distinção entre público e privado porque continua sendo uma instância de dominação. Para os juristas marxistas, a dominação "reveste-se de um caráter pronunciado de direito público, uma vez que, ao lado dela e independentemente, nascem relações que estão ligadas ao ato de intercâmbio, ou seja, relações privadas por excelência. À proporção que aparece como fiadora dessas relações, a autoridade se torna uma autoridade social, um poder público que representa o interesse impessoal da ordem" (Pasukanis, *Marxisme et théorie générale du droit*, EDI, 1970, p. 126). Aquilo que participa do poder de Estado pertence assim ao direito público; o resto pertence à esfera do direito privado; nessas condições, somente o desaparecimento do Estado porá termo nesse dualismo.

› *Archives de philosophie du droit*, nº 41, 1997. – CHEVRIER G., "Remarques sur l'introduction et les vicissitudes de la distinction du *jus privatum* et du *jus publicum* dans les ceuvres des anciens juristes français", *Archives de philosophie du droit*, 1952, pp. 1 ss. – EISENMANN Ch., "Droit public, droit privé, *Revue du droit public*, 1952, p. 903.– PAPAEFTHYMIOU S., "La distinction droit privé – droit public en France entre 1848 et 1900: le paradigme positiviste perdu", in *La Science juridique française et la science juridique allemande de 1870 à 1918*, Beaud (dir.), Wachsmann, PU de Strasbourg, 1997, pp. 101 ss.; *La Distinction droit public-droit privé dans la Théorie du droit et de l' État*, tese Paris X, 1994. – SAVATIER R., *Du droit civil au droit public à travers les personnes, les biens et la responsabilité civile*, LGDJ, 1945; *Dalloz*, 1947, cap. 25. – TESTU F. X., "La distinction du droit public et du droit privé est-elle idéologique?", *Dalloz*, 1998, cap. p. 345; *Travaux de l'Association Henri – Captant pour la culture juridique française*, t. II, 1946, *Dalloz*, 1948. – TROPER M., "La distinction droit *public* – droit privé et la structure de l'ordre juridique", *Pour une théorie juridique de l'État*, PUF, 1994, pp. 183 ss.

Ver também: AUBY J.-B., "Dualité juridictionnelle et dualisme juridique", *Le Contrôle juridictionnel de l'administration*, Economica, 1991. – CHEVRIER G., "Les critères de la distinction du droit privé et du droit public dans la pensée savante médiévale", *Études d'histoire du droit canonique dédiées à Gabriel Le Bras*, Paris, 1965, II, pp. 841 ss. – CURAPP, *Public/Privé*, PUF, 1995. – ESMEIN A., "La maxime, *Princeps legibus solutus est* dans l'ancien droit français", *Essays in legal history*, Oxford Univ. Press, 1913, p. 201. – GIORDANENGO G., "Du droit civil au pouvoir royal: un renversement (sec. XII-XV)", *Politique et management public*, nº 1, 1987, p. 9. – KANTOROWICZ E., *Les Deux corps du roi*, Gallimard, 1989. – LEGENDRE P., *Trésor historique de l'État en France. L'Administration classique*, Fayard, 1992. – RIPERT G., *Le Déclin du droit*, LODJ, 1949. – SAVATIER R., "Droit privé et droit public", *Dalloz*, 1946, cap. pp. 25 ss.

Éric DESMONS

→ Direitos; Direitos senhoriais e feudais; Doutrina; Ensino do direito; Jurisdições; Ordem pública; Prerrogativas soberanas.

DIREITO PÚBLICO DA ECONOMIA

A própria denominação "direito público da economia", em vez de "direito público econômico" ou "direito econômico público", foi objeto de debates. Se as controvérsias semânticas têm menos repercussão hoje em dia, provavelmente isso se deve, por um lado, ao fato de que são raros os que se interrogam sobre a autonomia de um "direito econômico". Essa expressão só aparece muitas vezes apenas como facilidade de linguagem para designar o direito da economia. Por outro lado, a evolução recente das formas da ação pública nas questões econômicas marca uma imbricação cada vez mais estreita das chamadas regras de direito público e de direito privado. O direito público da economia, definido hoje em dia como direito da ação pública na economia, na realidade é testemunho da profunda unidade da ordem jurídica aplicada à economia.

Esta nunca é tão evidente como quando o Estado ou outras pessoas públicas intervêm como operadores no mercado, pois são submetidos essencialmente às mesmas regras jurídicas que regem qualquer agente econômico. Mas, mesmo quando o Estado intervém para "forçar" de alguma forma as leis do mercado, a fim de garantir, por exemplo, que todos tenham acesso a serviços essenciais, que o livre jogo do mercado não garantiria, para produzir bens coletivos ou limitar as "externalidades" negativas de certas atividades econômicas, ou mesmo incentivar o desenvolvimento de "externalidades" positivas, esse encontro entre direito e "economia pública" é da alçada do direito público no sentido material do termo, mas numa acepção do direito público que ultrapassa a distinção tradicional entre direito público e direito privado, pelo menos nas feições conferidas, na França, pela existência contingente de uma dualidade de jurisdições.

O campo do direito público da economia

O estudo do direito público da economia geralmente não engloba todos os aspectos do direito público aplicado à economia. Assim, o direito orçamentário, o direito fiscal e o direito da contabilidade pública em geral não são incluídos no campo do direito público da economia. A explicação para essa ausência não tem verdadeiro fundamento científico, visto que o direito tributário e, de modo mais geral, o direito público financeiro se referem, primordialmente, à ação pública em matéria econômica, de que são até mesmo uma das formas perenes. Inversamente, o direito da ação pública em matéria econômica (preferiremos aqui essa definição do direito público da economia à definição mais usual de "direito de intervenção pública na economia", para evitar riscos de confusão com o conceito historicamente datado de "Estado intervencionista") extrapola muito o campo do direito administrativo aplicado à economia, ao qual caberia acrescentar o direito constitucional econômico. De fato, constatou-se há muito tempo que o domínio econômico é um daqueles nos quais se conjugam tão estreitamente direito público e direito privado, que alguns autores nele chegaram a ver a marca característica de um "direito econômico" concebido menos como um novo ramo do direito do que como um campo interdisciplinar por excelência (G. Vedel, "O direito econômico existe?", *Mélanges Vigreux*, 1981, p. 767), que, conforme se observou, "não é nem privatista nem publicista" e "se situa precisamente fora dessas antigas categorias" (C. Champaud, "Contribuição à definição do direito econômico", *D.*, 1967, p. 215). A observação dessa simbiose é ainda maior hoje, embora não implique que nela se distinga a marca da existência de um "direito econômico". Entretanto, é preciso ressaltar que, quando alguns autores foram tentados a ir mais longe e procuraram elaborar um "direito econômico" em torno de um conceito central, conferindo-lhe especificidade e até autonomia, é significativo que tenham enfatizado a interferência entre ação pública e ação privada nesse domínio, sendo o direito econômico definido, por exemplo, como "o direito da concentração e da coletivização dos bens de produção e da organização da economia por poderes privados ou públicos" (G. Farjat, *Droit économique*, PUF, 2ª ed., 1982, p. 14) ou como "o conjunto das regras tendentes a garantir equilíbrio, em dado momento, em dada sociedade, entre os interesses particulares dos agentes econômicos públicos ou privados e um interesse econômico geral" (R. Savy, "A noção de direito econômico em direito francês", *AJDA*, 1971, p. 132).

Se hoje em dia é mais raro tentar apreender o direito econômico como um conjunto de regras específicas, em vista dos conceitos e dos métodos utilizados, e se até prevalece a constatação de ausência de originalidade verdadeira de um direito econômico, isso provavelmente ocorre porque certos traços que pareciam característicos do direito econômico (a "flexibilidade" da regra, o controle de proporcionalidade etc.) na realidade estão espalhados por todos os ramos do direito, a ponto de o direito da economia parecer menos singular que o precursor. A imbricação estreita entre direito público e direito privado é precisamente um dos traços marcantes que se mostraram primeiramente nas questões econômicas com amplitude maior do que em outras, pelo menos provisoriamente. Assim, nas questões econômicas, uma parcela nada desprezível da ação pública é passível de ser objeto de recurso impetrado perante as jurisdições judiciárias. Isso parece natural quando a ação pública se inspira em técnicas do direito privado (técnicas de financiamento privado dos investimentos públicos, direito das empresas públicas em forma de sociedades etc.). Isso é mais surpreendente quando a ação pública é exercida através de um poder de pronunciar sanções por intermédio das autoridades administrativas (na França, Conselho da Concorrência, COB). A solução não é evidente nem mesmo quando a ação das autoridades administrativas se traduz num poder de regulamentar as pendências entre operadores econômicos públicos ou privados (na França, Autoridade da Regulamentação das Telecomunicações, Comissão de Regulamentação da Energia), uma vez que se trata de decisões tomadas por autoridades administrativas no exercício de prerrogativas de poder público. Evidentemente, é possível considerar que o controle exercido sobre essas decisões é sempre da alçada do "pleno contencioso administrativo" (P. Delvolvé, "A corte de apelação de Paris, jurisdição administrativa", *Mélanges J.-M. Auby*, 1992, p. 47). Isso, porém, se dá à custa do abandono do critério orgânico que caracteriza até então as jurisdições administrativas como aquelas cujas decisões dependem em última instância do Conselho de Estado (Y. Gaudemet, "O poder de reforma da corte de apelação de Paris no contencioso das decisões do Conselho da Concorrência" *JCP*, 1999, I, 188). O papel exercido pelo juiz judiciário como juiz administrativo no sentido material certamente não é peculiar às questões econômicas (R. Drago, "O juiz judiciário, juiz administrativo", *RFDA*, 1990, p. 757), mas nelas está particularmente desenvolvido.

Evoluções recentes do direito público da economia

Para dimensionar as mudanças sofridas pelo direito público da economia ao longo dos últimos anos, basta analisar os índices de obras, mesmo pouco antigas, que tratam do assunto e imaginar o que restaria se eliminássemos todos os desenvolvimentos que perderam o essencial de sua atualidade. A planificação, por exemplo, ocupava amplo espaço em grande número desses trabalhos. Hoje, ainda que a Lei francesa de 1982 sobre a reforma da planificação não tenha sido revogada, todo o edifício das leis sucessivas de planejamento que ela previa não passa de lembrança. Além disso, embora a própria lei possa formalmente subsistir sem dificuldades no ordenamento jurídico, isso ocorre porque o Conselho Constitucional ressaltava, desde o início, que o essencial de suas disposições "tem um caráter inoperante", porquanto pretendiam impor um calendário e um conteúdo a leis que já não são aplicadas há muito tempo. Evidentemente, pode-se ressaltar a sobrevivência do Comissariado Geral do Planejamento como organismo de estudo, assim como a sobrevivência dos "contratos de planejamento", agora sem ligação com um plano inexistente. Atualmente, o estudo do direito da planificação constitui, no essencial, uma contribuição – aliás muito interessante – para a história do direito da economia. A mesma observação poderia ser feita, com algumas nuances, para muitos outros campos.

Ainda é tão forte a lembrança da época em que existia na França uma Divisão dos Preços no Ministério da Economia, cujos poderes chegavam a reger – e até a remodelar – setores inteiros da economia. De 1945 a 1986, foram baixadas 30 mil portarias, de congelamento ou de tabelamento dos preços em diversas formas, preços máximos ou porcentagem de margens de lucro, em valores absolutos ou relativos. O pouco que subsiste da regulamentação dos preços na França, como por exemplo para as corridas de táxi ou em situações de crise, não justifica as longas exposições de outrora. É verdade que o abundante contencioso que surgiu sobre esse assunto durante várias décadas ainda permite ilustrar o alcance do controle do juiz administrativo em matéria de intervenções econômicas, em especial sua compreensão a respeito das necessidades, pelo menos presumidas como tais, de uma ação pública diferenciada até o extremo detalhe (só para citar um exemplo, o juiz chegava até a homologar uma taxação diferenciada para um mesmo queijo, de acordo com o teor de gordura, 45 ou 50% [CE, 6 de maio de 1965, *"Fromagerie Delisse"*, *Rec.*, p. 840], procedendo à anulação por ruptura do princípio de igualdade apenas quando a própria administração reconhecia ter cometido um erro material). Do mesmo modo, é instrutivo observar que o juiz administrativo não considerou atentatória ao princípio de liberdade do comércio e da indústria uma regulamentação dos preços que obrigava de fato certas empresas a vender sua produção a um preço inferior ao custo, consideradas suas estruturas de custos (CE, 22 de março de 1950, *"Société des ciments français"*, *Rec.*, p. 175 etc.).

A mesma observação sobre a amplitude de ação atribuída à administração pelo juiz administrativo poderia ser feita a respeito de outras políticas econômicas que tiveram grande desenvolvimento até o início da década de 1980, em particular a referente às relações financeiras com o exterior. Também nesse caso, porém, quase nada resta, em decorrência do enquadramento resultante das liberdades econômicas consagradas pelo direito comunitário.

O direito das empresas públicas, na França, conserva indubitável atualidade, ainda que o setor público esteja consideravelmente reduzido. Em direito, as nacionalizações são sempre possíveis, mesmo que o estudo de seu regime jurídico tenha hoje sobretudo a finalidade de esclarecer as privatizações, de alcance mais tangível atualmente. Algumas pessoas talvez vejam nisso apenas um fenômeno conjuntural, que não merece a atenção dos juristas, uma vez que as fontes e os princípios desse direito não evoluíram fundamentalmente. A influência exercida pelo direito comunitário, antes mesmo que o tratado de Maastricht tivesse expressamente enunciado, no atual artigo 4º CE, que a ação dos Estados-membros, assim como a da Comunidade, se dá no "respeito ao princípio da economia de mercado aberto, em que a concorrência é livre", renovou profundamente a substância desse direito, ainda que o tratado pretenda ser neutro, por princípio, em relação à propriedade pública ou privada das empresas. É verdade que apenas os monopólios que beneficiavam as empresas públicas foram sendo progressivamente questionados. Disso resulta, porém, um questionamento da própria legitimidade, em certos casos, da existência de um setor público de empresas, desde que estas atuem num mercado concorrencial e o Estado dificilmente possa continuar a "instrumentalizá-las" a serviço de uma política industrial nacional ou de uma política conjuntural anticíclica, com o risco de deteriorar o equilíbrio econômico delas. De fato, o Estado não poderia compensar, por exemplo, a prioridade dada à criação de empregos sobre os objetivos próprios da empresa com a atribuição de subvenções de equilíbrio ou de medidas crônicas de recapitalização. As disposições do tratado relativas às ajudas do Estado não o permitiriam.

Contudo, cumpre ressaltar que as empresas encarregadas da gestão de serviços de interesse econômico geral só estão submetidas à aplicação das regras de concorrência dentro dos limites em que a aplicação dessas regras não ponha em xeque a realização de fato ou de direito da missão particular que lhes foi atribuída. Também é preciso definir exatamente o conteúdo dessas missões e justificar a necessidade das restrições feitas às regras de concorrência. Tudo isso não significa o desaparecimento nem o enfraquecimento do direito da ação pública em matéria econômica. Muito pelo contrário, a organização da passagem de uma economia parcialmente fundamentada em monopólios públicos para uma "economia aberta na qual a concorrência é livre" implica a criação de instituições e de regras novas, frequentemente complexas e difíceis de apreender por escaparem em parte às clivagens tradicionais entre direito público e direito privado.

O encontro entre direito e "economia pública"

O sucesso contemporâneo da palavra "regulação" não se deve apenas à anglicização de nossa linguagem, que, aliás, refletiria uma confusão sobre o verdadeiro sentido da palavra "*regulation*" em inglês, que significa regulamentação. Aparecendo na França já no século XVIII para designar a ação tendente a manter um sistema complexo em equilíbrio, a palavra "*régulation*" parece apta a caracterizar a ação pública tendente a organizar de maneira progressiva a passagem de uma economia administrada, na qual os monopólios públicos ocupavam grande espaço, para uma economia mais aberta, na qual a introdução da concorrência em setores que até então estavam fechados para ela cria complexidade cada vez maior, e depois a manter um equilíbrio entre respeito às regras de concorrência e consideração pelas preocupações que vão bem além do simples jogo da concorrência. A regulação da economia pode então ser entendida não só como a ação tendente à manutenção ou à instauração de uma concorrência efetiva (uma vez que esta não existe espontaneamente), mas também, de modo muito mais amplo, como o conjunto de políticas tendentes a levar os atores econômicos – seja por incentivos, seja por medidas coercitivas – a levar em conta os imperativos que o jogo de mercado, por si só, não bastaria para satisfazer, tais como a proteção do meio ambiente, a saúde pública, o acesso de todos a serviços essenciais etc. De fato, mesmo entre os economistas pós-keynesianos, todos estão concordes, ou quase, quanto à subsistência de um "núcleo duro" no qual a intervenção pública parece necessária em todos os casos, mesmo no quadro de recuo do Estado em relação à economia, movimento que se verifica em quase todo o mundo, embora com intensidades variáveis; a intervenção pública se impõe para produzir os bens coletivos, gerir os monopólios naturais, regulamentar as atividades econômicas para limitar as "externalidades negativas", conforme a linguagem dos economistas (exemplo típico seria o da poluição industrial ou agrícola), ou também incentivar os operadores econômicos a desenvolver atividades que produzam "externalidades positivas" (promover a indústria editora francesa, por exemplo). Todas essas formas de ação pública na economia e sobre ela se traduzem pela adoção de regras de direito, pertinentes ao direito público da economia, conforme anteriormente definido.

A palavra "desregulamentação", às vezes utilizada para caracterizar certos aspectos dessa evolução, certamente não é das mais felizes. Organizar a passagem de uma economia protegida para uma economia mais aberta implica, na realidade, intenso recurso a poderes de regulamentação e de decisões individuais, postos em prática por autoridades administrativas com competências gerais ou especializadas. No entanto, certo número de administrações centrais do Estado francês (os ministérios econômicos outrora tão poderosos) vive hoje uma espécie de crise existencial, pois é como se essa nova regulação da economia tivesse necessariamente de operar por intermédio de autoridades administrativas chamadas independentes, às quais é conferida grande parte das competências de intervenção do Estado na economia. Essa transferência de competências pode ser legitimamente explicada quando se trata de marcar uma separação entre as funções do Estado regulador e as do Estado que opera o mercado (por sua qualidade de acionista ou tutor de empresas públicas que ainda têm posição dominante no mercado).

A legitimidade dessas autoridades independentes também pode dever-se à sua eficácia presumida para tomar decisões em setores técnicos complexos que exijam a intervenção de especialistas. Por fim, pode ser útil associar à decisão representantes dos setores econômicos interessados. Em todas essas hipóteses, é importante que essas autoridades sejam submetidas a estritas regras de procedimento destinadas a garantir o respeito à contradição. O controle do respeito à exigência de imparcialidade se impõe ainda mais quando representantes da economia atuam nos órgãos de regulação, para oferecer todas as garantias objetivas e evitar os diversos riscos de "captação" do regulador pelos operadores de mercado. É verdade que esses riscos não existem apenas por parte das autoridades profissionais, mas também são grandes em presença de autoridades puramente administrativas, especialmente em decorrência das "assimetrias de informação" bem conhecidas dos economistas.

A ação dessas autoridades é exercida sob um controle judicial que será mais intenso (pelo menos do ponto de vista das regras processuais) porque este defende o respeito não só às normas do direito interno, mas também da Convenção Europeia de Salvaguarda dos Direitos do Homem. A competência atribuída às jurisdições judiciárias para apreciar recursos impetrados contra certas decisões de autoridades administrativas em matéria econômica desempenhou, sem dúvida alguma, um papel de impulsão nesse sentido. O Conselho de Estado, na França, sempre zelou pelo princípio de imparcialidade das autoridades administrativas. Mas, há alguns anos, depois de uma série de acórdãos da corte de apelação de Paris e da Corte de Cassação, que obrigaram a COB a rever suas regras de procedimento, ficou claro que o conjunto das autoridades administrativas (estejam suas decisões sob o controle do juiz administrativo ou sejam objeto de recurso perante o juiz judiciário) deveria extrair consequências práticas novas dessa maior atenção dada às garantias processuais, uma vez que dispõem de competências passíveis de enquadrar-se no campo material do artigo 6º, § 1º da CEDH. O papel das autoridades de regulação, porém, é apenas um aspecto – ainda que não desprezível – das novas formas da ação pública na economia.

As instituições públicas que atuam na economia também foram abaladas, sob a influência do direito comunitário, pelo questionamento da identificação (antes presumida) entre a atividade de determinada empresa econômica ou de um setor produtivo e a ideia de serviço público. Houve uma época, não tão antiga, em que certo tipo de bem ou de serviço era considerado serviço público: telefone, eletricidade, gás, ferrovia etc. Agora, é preciso definir de modo muito mais rigoroso e completo aquilo que, dentro do setor das telecomunicações, da energia ou do transporte, por exemplo, diz respeito exatamente ao interesse geral, para depois especificar as modalidades pelas quais esses interesses serão atendidos e financiados. O assunto muitas vezes é mais complexo porque a tradição francesa ainda consiste em reservar apenas a certos operadores – públicos na maioria das vezes – a prestação de serviços de interesse geral. Em contrapartida, é o conjunto dos atores econômicos do setor considerado que deverá financiar, de diversas formas, esses serviços de interesse geral. Além disso, depois de se proceder a um exame minucioso desses serviços de interesse geral, de sua consistência e de seu alcance exato, ficou tão pouco evidente quanto antes que o conceito de "serviço público à francesa" é a forma mais perfeita de organização de serviços de interesse geral em matéria econômica. O "serviço universal" do direito comunitário muitas vezes é apresentado na França como a parte pobre do serviço público, que deste só teria conservado uma lógica assistencial. Ressaltaremos simplesmente, a título de exemplificação dos necessários questionamentos de algumas de nossas prevenções, que a França às vezes optou pela parte pobre do serviço universal, com a qualificação de serviço público, para fazer o operador público escapar a certas obrigações que poderiam ser vistas como excessivas para ele (como contrapartida, é verdade, de um serviço que teria sido incrementado para o público). Assim, no campo das telecomunicações, a França optou, diferentemente de alguns vizinhos seus, por não introduzir certos serviços avançados no campo do serviço universal, de tal modo que eles só estão ligados à noção de serviço público, e isso foi feito para que não pesasse a obrigação de acesso a esses serviços mediante tarifas excessivas para o operador público. Nesse exemplo, o "serviço público" serve de anteparo à proteção da liberdade de ação da empresa, visto que não comporta as mesmas injunções de serviço para o operador do "serviço universal", nem, infelizmente, as mesmas garantias para o público. Dessa evolução também resulta uma dissociação (fonte de complexidade) entre serviços de interesse geral e setor público, assim como entre o papel do Estado guardião dos interesses do público e o papel do Estado acionista, que podem até ser antinômicos.

O direito público da economia de antigamente e até da economia não tão antiga parece de abordagem simples, uma vez que o Estado podia substituir as leis econômicas por seu império: a economia administrada apresentava-se não só como um corretivo, mas também como uma alternativa possível à economia de mercado. A opção que a França fez pela economia aberta, no contexto europeu, torna o assunto muito mais complexo. Passou o tempo em que o juiz administrativo podia essencialmente "deixar para a Administração, nesse campo, grande poder discricionário", uma vez que "não se pode encerrar as intervenções econômicas do Estado em regras excessivamente rígidas, pois elas devem poder ser adaptadas à conjuntura e às mudanças dos objetivos da política econômica" (J. Delmas-Marsalet, "O controle jurisdicional das intervenções econômicas do Estado", *EDCE*, 1969, p. 46). Com o domínio crescente do direito comunitário, com o espaço maior dado ao juiz comunitário e judiciário, agora existem regras de direito mais coercitivas e um controle jurisdicional mais efetivo, do qual, aliás, o juiz administrativo participa mais há alguns anos. Para encontrar soluções apropriadas nesse quadro, que conciliem liberdades econômicas, por um lado, mas também a primazia que deve caber aos interesses públicos, por outro, uma diferença radical em relação ao passado recente é que agora é preciso especificar o que são esses imperativos de interesse geral, para além da tentação na qual frequentemente se caiu de uso de uma fórmula mágica que servia de roupagem para o poder da administração ou do juiz. Também é preciso demonstrar em que é necessário dispensar ou restringir, e em que medida, esta ou aquela liberdade. Para apreciar a pertinência dessas normas e decisões individuais, é preciso, mais do que no passado, associar não apenas juristas de direito público e de direito privado, mas também juristas e economistas. As divisões acadêmicas existentes na França constituem um obstáculo para a boa apreensão do direito público da economia, obstáculo que será preciso superar progressivamente.

› CHEROT J.-Y., *Droit public économique*, Economica, 2002. – COLSON J.-P., *Droit public économique*, LCDJ, 1995. – DELVOLVÉ P., *Droit public de l'economie*, Dalloz Précis, 1998. – HUBRECHT H.-G., *Droit public économique*, Dalloz Curso, 1997. – LINOTTE D., MESTRE

A. & Romi R., *Services publics et droit public économique*, Litec, 2000. – Mescheriakoff A. S., *Droit public économique*, PUF, 2ª ed., 1996. – Vlachos G., *Droit public économique français et européen*, Armand Colin, 2001.

Ver também: Chenot B., *Organisation économique de l'État*, Dalloz, 2ª ed., 1965. – Farjat G., *Droit économique*, PUF, 2ª ed., 1982. – *Mélanges Péquignot, L'interventionnisme économique de la puissance publique*, 2º vol., CERAM, 1984.

Martine Lombard

→ Administração; Concorrência; Contrato de fornecimento de bens e serviços; Direito comunitário; Direito privado / Direito público; Domínio; Economia e direito, Nacionalização; Polícia; Preço.

DIREITO ROMANO

→ Canonistas, decretistas, decretalistas; Código Napoleônico; Código Teodosiano; *Corpus iuris civilis*; Direito comum (Problemática); Édito do pretor; Enciclopédias jurídicas; Ensino do direito (História); Escolástica jurídica; Glosa e exegese; História do direito; Humanista (Jurisprudência); Jurisconsultos romanos; Lei das XII Tábuas; Romanística medieval. Ver índice remissivo, "direito romano".

DIREITO SUBJETIVO

Direito subjetivo é o direito do sujeito. Mais precisamente, é ora o direito que uma pessoa tem de fazer alguma coisa, ora o direito de conseguir que outra pessoa faça alguma coisa para ela. Segundo essa primeira abordagem, o direito subjetivo parece reduzir-se a uma prerrogativa individual conferida a um sujeito de direito. Nisso se opõe ao chamado direito "objetivo", que é constituído pelas regras de direito que habilitam o sujeito a agir. A dicotomia direito subjetivo-direito objetivo atualmente é bem aceita.

É verdade que ela pode ser justificada de maneira bem simples, recorrendo-se à própria estrutura da regra de direito. Essa é a solução adotada por Motulsky em seus *Principes d' une réalizatiom méthodique du droit privé (La théorie des éléments génératurs des droits subjectifs)* (préf. P. Roubier, Dalloz, 1948, reimpr. 1991). Segundo esse autor, nesse aspecto fiel a Stammler, a regra de direito consiste no encadeamento de uma "pressuposição" e de um "efeito jurídico". Assim, por exemplo, quando é cometida uma falta que cria um dano (pressuposição), seu autor deve reparação (efeito jurídico). Pode-se apresentar essa situação dizendo que existe um direito da vítima de obter reparação. Nesse sentido, Motulsky estima que "o conceito do direito subjetivo apenas traduz a faculdade que tem o indivíduo de desencadear o imperativo contido na regra de direito" (*op. cit.*, nº 26, p. 29). De modo mais geral, o direito subjetivo não passa de palavra cômoda destinada a traduzir de forma cativante a organização jurídica das relações humanas (*op cit.*, nº 25, p. 29).

Essa representação do direito subjetivo, porém, é de uma neutralidade que contrasta com a importância que a doutrina jurídica atribui à noção. Como escreve Carbonnier, "o direito subjetivo é uma das noções principais do direito e desafia um tanto a análise. O direito civil, em especial, foi e continua sendo construído sobre essa noção" (*Droit civil*, Introdução, PUF, nº 161). De fato, é a partir da dicotomia criação-realização dos direitos subjetivos que frequentemente se apresentam os princípios fundamentais do direito civil: a classificação dos direitos reais e pessoais, as fontes das obrigações, as regras da prova etc. Por isso, é necessário superar a neutralidade descritiva para apreender a acepção técnica da noção de direito subjetivo e lembrar o extraordinário vigor dos debates aos quais a noção deu ensejo.

A acepção técnica da noção de direito subjetivo

O direito subjetivo não poderia designar qualquer forma de prerrogativa dada ao indivíduo, sob pena de perder toda a dimensão operacional para o pensamento. Admitido isso, a utilidade da noção de direito subjetivo pode ser dimensionada delimitando-se seu campo por referência a outras noções utilizadas pelo pensamento jurídico e examinando-se que efeito jurídico resulta do fato de ser titular de um direito subjetivo.

O direito subjetivo distingue-se, segundo se diz, das liberdades públicas. Enquanto estas exprimem de modo muito geral possibilidades de agir conferidas ao sujeito (liberdade de religião, comunicação, trânsito etc.), aquele designaria prerrogativas mais nitidamente especificadas (nesse sentido, ver F. Terré, *Introduction au droit*, Dalloz, nº 256). A propriedade possibilita um exemplo tópico de direito subjetivo, por ser "direito de gozar e dispor das coisas da maneira mais absoluta, contanto que delas não se faça um uso proibido pelas leis ou pelos regulamentos". Haveria, portanto, uma distinção bastante clara entre direito subjetivo e liberdade, distinção que não impediria de modo algum uma complementaridade entre os dois em certos campos; por exemplo, como escreve F. Terré (*op. cit.*, *eod. loc.*), "a liberdade do escritor se prolonga no direito, material e moral, do autor sobre sua obra". Seria possível fazer a mesma observação sobre o direito ao respeito à privacidade, consagrado pelo artigo 9º do Código Civil francês; segundo a doutrina dominante, existe uma liberdade de privacidade que consiste em cada um fazer o que quiser na esfera de sua intimidade. Essa liberdade está, de certo modo, aliada a um direito subjetivo de fazer que esse espaço seja respeitado por terceiros; assim se explica o fato de o indivíduo cuja privacidade está em risco poder agir em juízo para prevenir ou eliminar o risco que está correndo. Se considerarmos bem essa distinção entre direito subjetivo e liberdade, veremos que as duas noções abrangem, na realidade, duas facetas complementares da ação humana apreendida pelo direito. A liberdade designa a possibilidade de agir, com ou sem terceiros, com ou sem exteriorização da ação. O direito subjetivo, por sua vez, pressupõe um terceiro ao qual ele é oponível: é o direito de fazer valer uma prerrogativa dada em oposição a outrem.

Mas essa primeira abordagem do direito subjetivo não deixa de ser excessivamente genérica. Embora o sujeito de direito disponha de possibilidades de ação oponíveis a terceiros, nem todas essas possibilidades de ação são constitutivas de direitos subjetivos. Portanto, é necessário reduzir ainda mais o campo de investigação para fazer a distinção entre direito subjetivo *stricto sensu* e outras prerrogativas conferidas pelo direito ao indivíduo. Nessa perspectiva, perceberemos, por exemplo, uma distinção entre direito subjetivo e poder (sobre esse aspecto, E. Gaillard, *Le Pouvoir en droit privé*, pref. G. Cornu, Economica, 1985). Na verdade, "a hipertrofia da teoria do direito subjetivo e do sujeito de direito abafou a teoria do poder, visto que o titular do poder é bem mais fácil de distinguir do que o sujeito de direito" (E. Gaillard, *op. cit.*, nº 166 e 253). No entanto, é possível traçar uma linha divisória clara: enquanto o poder designa uma prerrogativa conferida a um indivíduo em nome de um interesse pelo menos parcialmente distinto do seu, o direito subjetivo é uma possibilidade de agir conferida em nome do interesse exclusivo do seu titular. Será, portanto, com razão que se falará em poderes – e não em direitos – dos mandatários, dos cônjuges, dos pais ou dos dirigentes sociais. Também é com base na distinção que se poderá diferenciar desvio de poder e abuso de direito. O desvio de poder supõe que o titular do poder utiliza suas prerrogativas para fins diferentes daqueles que justificaram sua nomeação. O abuso de direito designa o caso no qual o titular de um direito subjetivo exerce esse direito de modo ilícito, enquadrando-se assim no campo do artigo 1.382 do Código Civil francês. O abuso de direito, aliás, nem sempre exige um dano causado a uma pessoa nominalmente designada; é, de modo mais geral, o mau uso do direito subjetivo, como demonstra o recurso à noção de abuso de direito pelo artigo L. 64 do livro dos procedimentos fiscais, segundo o qual não podem ser opostos à administração os atos que dissimulem o alcance verdadeiro de um contrato ou de uma convenção por meio de cláusulas cujo efeito seja diminuir artificialmente o imposto.

Para continuar esta breve exposição da acepção técnica da noção de direito subjetivo, mencionaremos a existência de uma doutrina hoje disseminada, segundo a qual o fato de ser titular de um direito subjetivo possibilita gozar de um estatuto jurídico privilegiado. Mais precisamente, a posse de um direito subjetivo possibilitaria evitar, em caso de desrespeito, recorrer às regras habituais da responsabilidade civil para obter reparação mais facilmente. Esse tipo de argumentação é utilizado, por exemplo, para explicar o mecanismo do artigo 9º do Código Civil francês, relativo à proteção da privacidade. Repetindo os termos de Carbonnier, "do fato de a privacidade ser concebida pelo artigo 9º como matéria de um direito subjetivo se deduz que o texto passa a ser aplicado em decorrência do simples desrespeito sofrido, sem que a vítima precise provar as condições da responsabilidade com culpa. Não que o sistema de proteção esteja desvinculado do artigo 1.382: a alusão à reparação do dano mostra que não é isso o que ocorre. A novidade é que a simples constatação do desrespeito implica presunção de fato de que há prejuízo moral e de que houve falta" (*op. cit.*, nº 87). Assim, o direito subjetivo ao respeito à privacidade teria um regime jurídico diferente do direito que tem a vítima de um acidente comum de obter reparação do dano sofrido.

Aqui, porém, convém tomar cuidado com a terminologia, pois ela pode se mostrar enganosa. Em nossa opinião, o direito de obter reparação – seja por desrespeito à privacidade, seja por um dano qualquer – é sempre um direito subjetivo. Em todos os casos, um sujeito de direito exige de outrem uma prestação positiva a seu favor, desde que estejam reunidas as condições legais. No entanto, o regime da reparação varia pela simples razão de que certos atos são de gravidade especial ou apresentam características que autorizam a presunção de falta e a existência do prejuízo. Em resumo, o direito ao respeito à privacidade não é um direito *mais* subjetivo do que o direito de obter reparação de outro tipo de dano. Está submetido a um regime específico em razão da particularidade da matéria.

Estas últimas observações fazem sentir, de modo mais geral, a que ponto é difícil definir corretamente a noção de direito subjetivo. Também fazem pressentir que o assunto não é apenas técnico: quem alega que tem um direito subjetivo de fazer ou exigir pretende opor a outrem o valor particular de sua prerrogativa. A noção de direito subjetivo, portanto, é uma noção conotada que não se esgota na exposição de conceitos abstratos. É provavelmente esse aspecto que explica o desenvolvimento espetacular, na sociedade contemporânea, dos "direitos a ...", dos quais Dany Cohen deu esclarecedora apresentação ("O direito a...", *in L'Avenir du droit, Mélanges en hommage à François Terré*, Dalloz-PUF-Éd. du Jurisclasseur, 1999, pp. 393 ss.). Valendo-nos da lista elaborada com graça por esse autor, enumeraremos os direitos em causa: "à educação, à saúde, à moradia, à privacidade, à própria imagem, à honra, ao ar puro (e até ao meio ambiente), à informação, à renda mínima, ao processo justo, ao nome, a não sofrer tratamento desumano e degradante...". O interesse de redigir a lista desses direitos não consiste apenas em dimensionar os valores promovidos por nossa sociedade, mas também perceber a mudança ocorrida na própria noção de direito subjetivo: "o direito subjetivo é designado, para não dizer definido, pelo objeto no qual incide – em resumo, identificado ao objeto de desejo –, o que é o contrário daquilo a que estamos acostumados" (p. 394). Ora, essa mutação metodológica é também fonte de certa dissolução da noção de direito subjetivo: se prestarmos atenção, perceberemos que os autodenominados direitos se confundem muitas vezes com princípios fundamentais ou com princípios gerais do direito, ou então com liberdades públicas (o que, diga-se de passagem, ocorre desde a origem com os direitos do homem). Além disso, D. Cohen observa que custa discernir qualquer homogeneidade formal no conjunto desses direitos, deduzindo daí justamente ser "duvidoso na atualidade afirmar que os direitos a... constituem uma categoria jurídica". Decerto os direitos a... são, na maioria, direitos não patrimoniais, que assistem a pessoas físicas e implicam um poder maior do juiz. Mas parece que esses novos direitos subjetivos – se é que são direitos subjetivos – só têm em comum um ponto: sua força simbólica, força que se liga à ideia de prerrogativa individual oponível a outrem e ao Estado. O que concluir de tudo isso, senão que a definição de direito subjetivo está em perigo? Na realidade, só restam do direito subjetivo os debates que o cercaram e que manifestam, quase independentemente de seu objeto, as oposições entre várias concepções dos fins do direito.

Debates relativos ao direito subjetivo

Se a noção de direito subjetivo não parou de alimentar controvérsias há cerca de dois séculos, provavelmente é porque ela pode ser considerada uma noção-chave do individualismo jurídico, base da própria modernidade. Devemos a Michel Viley a ênfase dada a esse aspecto das coisas e a tônica posta no papel desempenhado pelo direito subjetivo na filosofia (para ele, exemplar) de Hobbes. Citando seus termos (*La Formation de la penseé juridique moderne*, 1968, p. 663-4), "todo o direito é reconstruído por Hobbes em graus sucessivos a partir do primeiro degrau do direito subjetivo, e é nisso que Hobbes inverte a ciência jurídica anterior. Em Aristóteles, a lei de natureza [...] engendrava a ordem jurídica; imensamente rica em poder, a lei da natureza devia regulamentar (pelo menos no essencial) as 'distribuições' e trocas. Ainda para Grócio, havia multiplicidade de leis naturais que proibiam o roubo e os danos; daí já se tentava deduzir um regime das propriedades. Vejamos o que desaparece em Hobbes: já não há justiça distributiva nem comutativa natural" (*De Cive*, II, 6, *Lev.* XV, p. 116 etc.), já não há *meu* e *teu* segundo a natureza. No ápice da ordem jurídica, uma única regra: a que proíbe violar os pactos. Mas essa regra, por sua vez, deriva do direito natural, do indivíduo. Essa é a nova rocha sobre a qual Hobbes construiu sua Política.

Na perspectiva de Villey, Hobbes, na realidade, apenas prolonga e amplia uma tendência anterior. Conforme explica num artigo intitulado "As origens da noção de direito subjetivo" (*in Leçons d'histoire de la philosophie du droit*, Dalloz, 1962, pp. 221 ss.), Grócio já teria elucidado essa noção ao definir o *jus* como *qualitas moralis personae competens ad aliquid juste habendum vel agendum* (*De jure belli ac pacis*, 1, I, cap. l, § 4). Assim, a ideia de definir o direito como uma qualidade pessoal ou um poder teria preexistido a Hobbes. Teria até mesmo encontrado sua fonte primeira no pensamento nominalista de Duns Escoto e, sobretudo, de Guilherme de Occam. Segundo Villey, "o conjunto da filosofia professada por Guilherme de Occam está fadada [...] a grande perenidade, e é a mãe do direito subjetivo. Nesse nível, e não em outro, se situa a linha divisória" (*La Formation de la penseé juridique moderne*, p. 275).

A apresentação de Villey influenciou numerosos historiadores e filósofos do direito. De fato, ela permite apreender, por meio da noção de direito subjetivo, o elo que une a modernidade jurídica ao desenvolvimento do individualismo. Entretanto, parece que Villey é hoje mais criticado por ter exacerbado certas tensões históricas e carregado um pouco nas tintas ao descrever certos autores. Em Guilherme de Occam, por exemplo, tentou-se mostrar que a definição do direito individual como *potestas* deve ser situada no contexto mais geral da filosofia do franciscano. Do ponto de vista semântico, nela a *potestas* tem significados múltiplos, e a expressão contemporânea "poder individual" não a traduz. Do ponto de vista político, o direito subjetivo é praticamente imaginado por Occam apenas no quadro de um mundo decaído, maculado pelo pecado original, o que dificilmente permite ver nele o ancestral de um jusnaturalismo cujo esforço consistirá em *valorizar* o direito subjetivo (sobre esses pontos, cf. "A questão do direito subjetivo em Guilherme de Occam", *in S.* Rials (org.), *Le droit des modernes (XIV*[e]*-XVIII*[e] *siècles)*, LGDJ, 1994, pp. 11 ss.). Do mesmo modo, P.-F. Moreau recentemente mostrou como Michel Villey conseguiu reconstruir toda a filosofia de Hobbes em torno da noção de direito subjetivo, ao passo que esta, na realidade, está ausente do sistema hobbesiano (Michel Villey leitor de Hobbes, *Droits*, 29, 1999, pp. 105 ss., esp. p. 117). Onde se percebem claramente a fecundidade e as limitações da abordagem de Villey: as limitações, pois é difícil encontrar o justo equilíbrio entre a fidelidade aos autores e a reinterpretação de suas obras; a fecundidade, pois a força de Villey consiste em detectar oposições estruturais entre pensamentos jurídicos sem se deter na formulação literal dos textos. Com o distanciamento da história, mostra-se exato que a atenção dada ao direito subjetivo é proporcional à densidade ideológica contida pela noção. Apesar de não ser possível aqui entrar em detalhes, vê-se com clareza que os conflitos teóricos suscitados pelo direito subjetivo opõem, acima de tudo, visões do direito em geral. Para certos autores, a própria noção de direito subjetivo deve ser recusada, por fazer parte de um sistema de pensamento metafísico e superado. Reconhece-se, por trás desses termos, o pensamento vigoroso de Duguit. Segundo o célebre autor, a ideia de direito subjetivo exprime em termos não rigorosos direitos autodenominados inerentes à pessoa humana e participa de uma hipertrofia generalizada da vontade individual. Por isso, deve ser abandonada, preferindo-se uma abordagem inversa, dando, sem temores, primazia ao fato social sobre as vontades individuais. Se, ao contrário, considerarmos que o sujeito de direito se define pela vontade, segue-se então uma definição do direito subjetivo como poder de vontade. Essa era, por exemplo, a posição de Windscheid, autor alemão do século XIX, que, por outro lado, não negava em absoluto que a esfera da vontade aberta ao sujeito fosse determinada pelo direito objetivo (*Pandektenrecht*, t. I, 8ª ed., Frankfurt, 1900). Se considerarmos, por fim, que a vontade não é o alfa e o ômega do direito, poderemos, a exemplo de Ihering, enunciar que o direito subjetivo nada mais é que um interesse juridicamente protegido, proteção que é garantida pela ação em juízo (*L'Esprit du droit romain*, t. III, 3ª ed., 1888). Todas essas definições foram criticadas com razão. Assim, o debate deu origem a novas definições do direito subjetivo, mais ou menos teóricas, mais ou menos operacionais. Dabin caracterizou-o pela relação "pertença-domínio" que une um sujeito de direito e um objeto dado (*Le Droit subjectif*, Dalloz, 1952): pertença, pelo fato de a pessoa dizer que um direito é "seu" (p. 81); domínio, porquanto poder de livre disposição da coisa objeto do direito, resultante da pertença (p. 93). Menos complexa e mais rigorosa, a tese de Roubier insiste na oposição entre direito subjetivo e situação jurídica objetiva (*Droits subjetifs et situations juridiques*, Dalloz, 1963). Enquanto o primeiro constitui uma situação jurídica tendente principalmente a criar direitos, e não deveres, a segunda tende a reconhecer deveres, e não direitos. Alguns autores contemporâneos estenderam a discussão para o âmbito de suas introduções ao direito e propuseram definições alternativas (cf. especialmente *Introduction générale* de J. Ghestin e G. Goubeaux, LGDJ, ou *Introduction au droit et thèmes fondamentaux du droit civil* de G. Aubert). No final, uma constatação simples: provavelmente existem tantas definições de direito subjetivo quantos sejam os autores que se interessem pela questão.

Essa conclusão pode levar a duvidar da utilidade teórica da noção. Sem adotar necessariamente a apresentação do direito desenvolvida por Duguit, pode-se indagar qual é a pertinência de um debate relativo a uma noção não definida, uma vez que sua utilidade para o jurista não está comprovada. Trata-se de um problema de método, que se torna mais agudo quando procuramos o sentido de outros termos, o primeiro dos quais a palavra "direito" simplesmente. Isso leva a uma conclusão um tanto quanto melancólica: em vez de definir *a priori* o direito subjetivo para chegar a uma fórmula mais ou menos estética, mais ou menos conforme à ideia que se tenha do lugar do indivíduo no direito, parece que o melhor método é perguntar se a noção de direito subjetivo serve para alguma coisa além de alimentar a especulação teórica. A definição do direito subjetivo não pode ser dada em referência a uma realidade objetiva qualquer: ela procede de uma reflexão sobre a função que poderia ser atribuída a essa noção na realidade jurídica.

› COHEN D., "Le droit à...", in *L'Avenir du droit, Mélanges en hommage à François Terré*, Dalloz-PUF-Éd. du Jurisclasseur, 1999, pp. 393 ss. – DABIN J., *Le Droit subjectif*, Dalloz, 1952. – DUGUIT L., *Traité de droit constitutionnel*, t. 1, 3ª ed., 1927; *Les* Transformations générales *du* droit *privé depuis le Code Napoléon*, reimpr. Ed. La Mémoire du droit, 1999. – GHESTIN J. & GOUBEAUX G., *Traité de droit civil. Introduction* générale, LGDJ. – MOTULSKY H., *Principes d'une réalisation méthodique du droit* privé *(La théorie des éléments* générateurs *des droit subjectifs)*, pref: P. Roubier, Dalloz, 1948, reimpr. 1991. – ROUBIER P., *Droits subjectifs et situations juridiques*, Dalloz, 1963.

Daniel GUTMANN

→ Direitos (Classificação); Indivíduo; Sujeito de direito.

DIREITOS (Classificação)

A *summa divisio* dos direitos é aquela que separa os direitos patrimoniais dos direitos extrapatrimoniais; esta última categoria se divide entre os direitos reais e os direitos pessoais. Na verdade, essa fronteira às vezes é mais relativa do que parece. Em geral, considera-se admitido que os direitos patrimoniais são aqueles que engendram um valor pecuniário. A reunião deles forma, propriamente, o patrimônio de uma pessoa. Esses direitos são bens. Isto porque em direito um bem não é uma coisa, mas um direito que recai sobre uma coisa (o direito de propriedade) ou é exigível de uma pessoa (um direito de honrar uma dívida). Esses bens são aqueles que estão "no comércio". Entende-se por isso que eles podem ser transmitidos (gratuitamente ou a título oneroso) ou trocados; o termo comércio significa aí todas as transações, e não apenas as transações entre comerciantes no sentido estrito da palavra (o ato de comércio). Fala-se do "comércio jurídico" (no sentido lato da palavra). Esse patrimônio constitui o direito de penhor dos credores de seu titular, ou seja, eles podem confiscá-lo em caso de necessidade. Os direitos extrapatrimoniais, por sua vez, são desprovidos de valor pecuniário, pelo menos em princípio. Portanto, não são bens, pois dependem estritamente da pessoa, a tal ponto que esta não é realmente sua proprietária. Ela não pode dispor deles como dispõe dos direitos patrimoniais. Não estão no comércio jurídico.

Cabe observar, de início, que convém não misturar os direitos extrapatrimoniais com os direitos pessoais, que são uma categoria dos direitos patrimoniais. Vejamos, em primeiro lugar, a espécie dos direitos extrapatrimoniais. Sua definição negativa é pouco satisfatória. É a razão pela qual se prefere falar de direitos da personalidade. Mas o que se deve entender por "personalidade"? Diversos textos de grande importância, como a Convenção Europeia dos Direitos do Homem e a Declaração dos Direitos do Homem de 1948, começam citando o "direito à vida". A expressão é passível de discussão. Existe um "direito" à vida? Não será mais exato falar de um "dever" de respeitar a vida alheia? Os direitos do indivíduo à proteção da integridade de seu corpo são menos enigmáticos. Mas a ciência moderna incita à dúvida. Ninguém pode fazer comércio de seu corpo (no sentido da venda deste no todo ou em parte, os órgãos), mas o que dizer dos "produtos" do corpo, como o sangue e as células? A questão é saber, aí também, por onde passa a linha divisória entre o que é lícito e o que não é. Afora integridade corporal, a personalidade é o nome, a vida privada, a honra, a dignidade etc. O direito ao nome é entendido como o direito que se tem de reivindicar a verdadeira identidade e de defendê-la. O direito à honra é mais o direito de processar quem contra ela atente sem motivo (difamação) do que de exigir que se prestem honras. O princípio da dignidade da pessoa parece ser uma das grandes descobertas do pensamento jurídico moderno. No entanto, já fazia parte do direito romano, tendo sido vivificado e transcendido pela herança cristã (Deus fez-se homem – mistério da encarnação – e o homem está destinado a encontrá-Lo no dia da ressurreição). Esse princípio, de usos diversos, mas eficaz, permite afirmar que o respeito à dignidade humana não se extingue com a morte. O direito ao respeito à privacidade é um direito em plena expansão. A privacidade, na concepção clássica, foi por muito tempo a vida íntima, a vida doméstica. Sob influência anglo-saxônica da Corte Europeia dos Direitos do Homem, ela foi se tornando cada vez mais o direito que cada um tem de ser ele mesmo. Já não é um direito de proteção para com a sociedade, mas de reivindicação contra a sociedade. Se nos ativermos à noção comum, à qual faz referência o artigo 9º do Código Civil francês, a vida privada também terá várias versões, em especial o direito à própria imagem.

Já se disse que os direitos patrimoniais não são passíveis de nenhuma avaliação. É verdade, mas na prática qualquer atentado a um desses direitos será resolvido num pedido de reparação (com ressalva de certas medidas preventivas em matéria de privacidade), portanto, de indenização por perdas e danos. Por outro lado, admite-se há muito tempo que a imagem de uma pessoa (contrato de publicidade entre uma empresa comercial e um artista ou um esportista) pode ser objeto de comercialização. Inversamente, certos bens estão, de fato ou de direito, "fora do comércio": sepulturas, lembranças de família. Outros ainda não podem vir a ser possuídos; são as *res comnunes* (coisas comuns) ou as *res nullius* (coisas de ninguém). Por exemplo, os bens do domínio público ou os elementos da natureza (água, ar etc.). Quanto às *res derelictae* (coisas abandonadas), são abandonadas por seu proprietário de origem (destroços de um navio) e podem ser possuídas pelo primeiro que as deseje. Esta segunda categoria de direitos, mais importante, na prática, é a dos direitos patrimoniais, dividida entre direitos pessoais e direitos reais, segundo a tradição romana (*jus in personam* e *jus in rem*). Esses direitos também são classificados, segundo seu objeto, em *direitos imobiliários* e *direitos mobiliários*.

O direito pessoal ou direito de crédito (expressões equivalentes) é o direito de que dispõe uma pessoa (o credor) contra outra pessoa (o devedor). A prestação assim devida pode ser uma obrigação de dar (uma soma ou uma coisa), de fazer (contrato de serviço) ou de não fazer (obrigação de abstenção: exemplo, obrigação de não concorrência). É infinito. Basta que haja um contrato para que ele nasça. É a obrigação que une o credor e o devedor, e apenas essas duas pessoas. O credor dispõe de um direito de penhor sobre o patrimônio de seu devedor (caso se trate de uma obrigação de dar). Se ele quiser, esse direito poderá ser reforçado por uma segurança. Nesse caso, o credor já não é apenas quirografário (termo que vem do grego e significa que o credor tem apenas seu título de reconhecimento da dívida, portanto nenhuma garantia suplementar), mas está munido de uma segurança e até, em certos casos, é privilegiado (por exemplo, privilégio dos assalariados para o pagamento de seu salário em caso de "falência" – direito conferido pela lei).

Os direitos reais são direitos incidentes sobre coisas (do latim *res*). Não se fala, nesse caso, de credor ou devedor, mas de um titular e de um objeto. O direito que incide num objeto é oponível a todos, e nisso um direito real é um direito absoluto. Assim é expressamente qualificado o direito de propriedade no artigo 544 do Código Civil francês. A expressão deve ser entendida segundo a terminologia jurídica, e não em consideração do sentido contemporâneo e corrente do qualificativo. Um direito absoluto não é um direito que permite *tudo* e qualquer coisa; é um direito oponível a *todos*. Essa é a diferença notável em relação aos direitos pessoais, por natureza relativos, porque oponíveis apenas ao(s) devedor(es). Pelo menos essa é a doutrina comumente aceita na França. Já foi contestada por Planiol (célebre professor de direito civil da faculdade de direito de Paris no fim do século XIX e começo do XX). Planiol, inspirado na doutrina alemã, afirmava que só poderia haver relações jurídicas entre sujeitos de direito, portanto entre duas pessoas. Por isso, explicava que o direito de propriedade não é um direito que incide sobre um bem, mas é oponível a todos os outros, adstritos à obrigação de respeito ao direito do proprietário. A análise era especiosa. De fato, um proprietário pode perfeitamente fazer valer seu direito contra um usurpador, mas, quando uma pessoa decide, por exemplo, destruir um bem, está exercendo seu direito de propriedade sobre esse bem, e não para com uma pessoa. Na verdade, Planiol amalgamou o próprio direito e sua proteção. Os direitos reais têm um direito mestre, de algum modo, que é o direito de propriedade. Os outros direitos são desmembramentos desse direito.

O direito de propriedade definido pelo artigo 544 do Código Civil francês é levado ao pináculo pela Declaração dos Direitos de 1789, que não hesita em qualificá-lo de "sagrado". Ele também é protegido pelo protocolo adicional nº 1 da Convenção Europeia dos Direitos do Homem. Mas esse direito deve combinar-se a outros, que lhe conferem sérios limites. Por exemplo, o estatuto do arrendamento ou o das locações comerciais confere aos locadores direitos que acabam por reduzir o direito do proprietário ao recebimento de uma compensação. Ele já não é realmente soberano de seu domínio ou de seu imóvel. Além dessas situações, o direito de propriedade sofre ainda mais restrições quanto a seu uso. A ideia de conformidade desse uso à vida social tornou-se, pouco a pouco, um princípio adjacente ao direito de propriedade. Daremos um simples exemplo. O proprietário de um imóvel classificado como monumento histórico é realmente seu proprietário no sentido clássico da palavra, mas deve exercer esse direito contemplando o fato de que esse imóvel faz parte do "patrimônio nacional". O mais costumeiro é que um bem seja afetado de servidões em benefício de outrem. Assim, uma propriedade encravada disporá de uma servidão de passagem na propriedade vizinha. Esse é o exemplo de uma servidão rural mínima. Hoje, as servidões são sobretudo de direito público, com mais amplitude (canalizações de água ou gás; instalações elétricas etc.). Mas o limite mais extremo do direito de propriedade é a possibilidade que a coletividade (nacional ou local) tem de desapropriação em caso de necessidade. A desapropriação não é um confisco, pois está submetida à obrigação estrita de vir acompanhada por uma "justa indenização". A diferença é que, neste caso, já não é o proprietário que opõe seu direito aos outros, mas são os outros que fazem valer seu direito em relação ao proprietário.

Afora o direito de propriedade existem direitos reais que decorrem de arrendamentos de longa duração. É o caso da enfiteuse, incidente num imóvel (frequentemente terras), durante um período mínimo de dezoito anos e máximo de noventa e nove anos. O locatário paga um aluguel que, na realidade, não passa de um ato de reconhecimento do direito do proprietário (tem um nome antigo, proveniente do grego, "foro"); em contrapartida, ele arca com todos os encargos e deve valorizar o bem objeto da enfiteuse. Ao terminar o aforamento, o bem retorna ao proprietário, que goza da mais-valia subsistente: esse é o verdadeiro pagamento do aforamento. Historicamente, na França, a enfiteuse possibilitou a plantação da floresta de Landes e sua exploração, durante o Segundo Império. Como imitação desse aforamento, encontra-se também o arrendamento para construção. O arrendador aluga a alguém um terreno sobre o qual o locatário constrói um imóvel e o explora. No fim do arrendamento, terreno e imóvel são de propriedade do arrendador. Os outros desmembramentos do direito de propriedade são o direito de usufruto e o direito de uso, com uma diferença de natureza entre os dois. O direito de usufruto incide sobre uma coisa que pode ser mobiliária ou imobiliária, pertencente a um proprietário que confere o usufruto a um terceiro. Distinguiremos então o usufruto e o nu-proprietário. É um direito real e vitalício (extingue-se necessariamente com a morte do beneficiário, e o usufruto cabe então ao nu-proprietário). O usufruto consiste no fato de perceber os frutos do bem; por exemplo, num imóvel destinado a produzir renda, o aluguel; numa propriedade agrícola, as colheitas; na ações, os dividendos. Os direitos de uso e habitação são mais modestos. O direito de uso não incide sobre todos os frutos, mas apenas sobre aqueles que atendam às necessidades pessoais e familiares do titular. O direito de habitação, como seu nome indica, é mais reduzido ainda. Esses direitos não são perfeitamente direitos reais, pois têm um caráter estritamente pessoal (o que impede o credor de seus titulares a confiscá-los).

Os direitos reais principais comportam direitos acessórios, são as garantias de que se podem beneficiar os credores do proprietário. Assim, e principalmente, a hipoteca, mas também o penhor. A hipoteca é um direito que incide sobre um imóvel (não pode haver hipoteca sobre um bem móvel). O credor não pago pode mandar confiscar o imóvel (por meio de uma execução hipotecária) e cobrir-se com o valor obtido. Como a hipoteca é um direito real (incidente sobre o próprio bem), tem a característica de seguir o imóvel. Em caso de venda, será preciso cuidar de "quitar a hipoteca", para que o novo proprietário não precise suportá-la. O penhor, por sua vez, pode incidir sobre um bem móvel. Basta lembrar as joias penhoradas nos "pregos". Se o credor não for pago no tempo devido, terá o direito de proceder à venda do bem penhorado para ressarcir-se. Mas existem outras formas de garantia estabelecidas sobre os bens: são a antricrese (a principal é a de poder afetar um imóvel comercial).

Outros direitos são propícios a controvérsias. Tradicionalmente, o aluguel de moradia (de três anos) produz apenas um direito pessoal do locatário para com o locador. Mas se observa que a lei tem fortalecido os direitos do locatário em detrimento da liberdade do proprietário. Entre outras coisas, este último só pode despejar o locatário nos casos estritamente previstos em lei. Mais ainda, será possível falar de uma "propriedade incorporal", especialmente de uma "propriedade literária", mais geralmente de uma "propriedade intelectual" (ver Propriedade literária e artística)? Não caberia mais ficar com a qualificação de "monopólio de exploração?" Os direitos patrimoniais, por fim, são divididos entre direitos que incidem sobre móveis e os que incidem sobre imóveis. Essa é uma das grandes divisões do Código Civil francês, em seu artigo 516: "Todos os bens são móveis ou imóveis." São os bens, ou seja, juridicamente, os direitos que são móveis ou imóveis, e não as coisas, como a língua corrente parece reduzir essa classificação. Sem dúvida, uma casa é um imóvel, mas uma terra também, e a hipoteca que incide sobre o conjunto é um direito imobiliário; um crédito é um bem mobiliário. Definitivamente, cabe, de início, qualificar o que é imóvel, e todo o resto será móvel. *A priori*, os dados são simples: "Os terrenos e as construções são imóveis por natureza" (art. 518 do Código Civil francês). Mas é preciso contar com a noção de imóveis por destinação (a pitoresca ladainha do artigo 524 do Código Civil francês: os pombos dos pombais, os coelhos das reservas de caça, as colmeias etc.) e os bens que se tornam imóveis por estarem fixados a um imóvel (o inventário burguês do artigo 525: vidraças de um apartamento, quadros, estátuas etc.). Esses objetos, móveis por origem, tornam-se imóveis por afetação.

Quanto aos móveis, pode-se dizer "todo o resto", cabe perguntar se isso ou aquilo é passível de uma apropriação qualquer. A indagação foi feita a propósito dos ofícios ministeriais e das clientelas civis. Durante o Antigo Regime, os "oficiais" (titulares de um ofício) eram proprietários de seu cargos, podendo vendê-los ou transmiti-los à descendência. A Revolução provocou a abolição dessa prática, mas a partir de 1816 os oficiais públicos (notários) ou ministeriais (advogados, meirinhos, leiloeiros oficiais etc.) têm o direito de apresentar sucessor ao Guarda dos Selos. Podem então comercializar esse direito. É o que se denomina na França *finance*, que se distingue do *título*. Esse valor é de natureza mobiliária.

Debate mais complexo ainda que o das "clientelas civis", ou seja, a clientela de uma profissão liberal (médico, arquiteto etc.). A lei comercial francesa admite que a clientela de um comerciante faz parte de seus fundos, formando, a partir de 1909, uma entidade passível de cessão. O mesmo poderá ocorrer com as clientelas civis? A dúvida é grande, pois existe um elo estritamente pessoal entre o profissional (de saúde, por exemplo) e seu cliente. A jurisprudência afirmou durante muito tempo que a clientela civil não podia ser transferida, com a única ressalva da possibilidade de um contrato de apresentação. Finalmente, por um acórdão notável de 7 de abril de 2000, a Corte de Cassação acreditou que devia admitir o fundamento da noção de "fundos liberais". A equiparação com os "fundos de comércio" não é muito convincente.

A distinção entre móveis e imóveis é capital, e sua utilização é cotidiana. Cabe lembrar que os seguros incidirão ora sobre imóveis, ora sobre móveis. O destino de móveis e imóveis poderá variar segundo o regime de casamento pelo qual um casal opte. Entre os móveis, pode-se encontrar outra distinção suplementar entre coisas fungíveis e infungíveis. São fungíveis todas as coisas que são passíveis de renovação ou substituição (trigo, areia etc.); são de gênero as coisas que dispõem de um caráter único (quadros). Por fim, não devem ser confundidos os móveis do mobiliário corrente de um apartamento ou de uma casa com os móveis (categoria mais geral). Cabe notar que os termos jurídicos são, nessa questão, frequentes "falsos amigos".

› Todos os manuais de introdução ao direito: CARBONNIER J. (PUF), TERRÉ (Dalloz), MAINGUY (Litec), ROLAND & BOYER (Lice).

Bernard BEIGNIER

→ Ação em juízo; Bens; Cemitérios e sepulturas; Contrato; Dívida; Domínio (Público e privado); Domínio fluvial; Domínio marítimo; Direito subjetivo; Famílias de direitos (Classificação); Minas e mineração; Moeda; Obrigações; Patrimônio; Pessoa; Propriedade (Direito de); Qualificação; Sucessões.

DIREITOS CIVIS E POLÍTICOS

Os juristas franceses, desde o fim do século XVIII, raciocinaram mais em termos de direitos do homem e do cidadão ou de liberdades públicas do que com referência à noção de direitos civis e políticos. Esta, porém, corresponde a uma necessidade: a necessidade de inserir direitos de origem filosófica numa ordem política e jurídica. Os direitos do homem e do cidadão, declarados em 26 de agosto de 1789, foram concebidos como direitos naturais. Convinha, portanto, dar-lhes um alcance efetivo. Conscientes dessa necessidade, os redatores da Constituição de 1791 haviam, aliás, dedicado seu título primeiro às "disposições fundamentais garantidas pela Constituição". Os direitos naturais devem ser traduzidos em cada ordem jurídica em direitos civis e políticos. A posição atribuída a cada um varia em função da natureza do regime.

Democracia e direitos civis e políticos

Duas tradições políticas se sucederão e às vezes se chocarão, antes de se unirem duradouramente no fim do século XIX. Uma enfatiza o papel do cidadão, e a outra, a proteção dos direitos do homem. A primeira fala em nome da Grécia antiga, do modelo ateniense. Em nome do ideal democrático, põe em primeiro plano os direitos políticos. É teorizada mais que praticada com os jacobinos e será reivindicada com ainda mais ambiguidades pelos marxistas. A segunda se inspira no modelo inglês. Em nome de um ideal liberal, valoriza os direitos individuais. Surge a partir de 1789 e é aplicada, pelo menos parcialmente, durante a Restauração e a Monarquia de Julho. Será preciso esperar a II República e depois o Império "liberal" e sobretudo a III República, para que as duas tradições se unam, e a democracia se torne liberal e, com exceção do período 1939-45, permanece até nossos dias.

De modo geral, pode-se constatar que os direitos civis e individuais são mais respeitados do que os direitos do cidadão. Além das revoluções e das numerosas crises políticas que demarcam a história francesa a partir de 1789, existe certa continuidade no reconhecimento dos direitos civis. A igualdade civil e os direitos individuais básicos (liberdade de trânsito, segurança, inviolabilidade do domicílio e da correspondência, liberdade de consciência e credo) já não são questionados em princípio durante todo o século XIX. A Restauração e a Monarquia de Julho desempenham papel determinante no seu enraizamento, ao admitirem, nas constituições, os direitos do homem qualificados como direitos públicos dos franceses. Com a ressalva de algumas nuances, o essencial da contribuição prática da declaração de 1789 é aceita pelo conjunto das famílias políticas francesas.

Em contrapartida, o estabelecimento dos direitos políticos é muito mais hesitante. Já o fora durante o período revolucionário. Houve quem se interrogasse sobre a natureza dos direitos políticos. Correspondem eles a um direito vinculado ao indivíduo ou ao exercício de uma função social? Ulteriormente, seu reconhecimento poderá ser acompanhado por manipulações grosseiras durante o Império, ao passo que são restringidos com severidade entre 1814 e 1848. Será preciso esperar esse ano para que o sufrágio universal masculino seja definitivamente admitido. As grandes liberdades coletivas de alcance político também são submetidas às vicissitudes políticas. Os direitos de reunião e de associação, discutidos durante a Revolução, são submetidos à autorização prévia até o fim do século XIX (1868 e 1881 para os de reunião, 1901 para os de associação). O direito de imprensa passa por constantes revisões (até 1881), enquanto o ensino é arena de múltiplas lutas, entre as quais as que opõem a Igreja católica ao Estado.

Classificação dos direitos civis e políticos

Ainda que não seja totalmente irrepreensível, a III República desempenhará um papel considerável na consagração efetiva dos direitos civis e políticos. É a época em que, na França, eles ganham contornos mais específicos. Dominados pelos princípios de igualdade e liberdade, tais direitos são estreitamente ligados ao princípio da legalidade. Uma liberdade pública só é digna desse nome quando dotada de um regime jurídico por uma das "grandes leis" então votadas. Segundo a firmeza da consagração legislativa, pode-se estabelecer uma hierarquia entre as liberdades. Mesmo desempenhando um papel menos expressivo que o Parlamento, os juízes, e em especial o Conselho de Estado, contribuem para o arraigamento profundo dos direitos civis e políticos. Em decorrência de sua obra e de sua duração, a III República favorecerá as construções doutrinárias. As liberdades públicas são objeto de reflexões e até de tentativas de classificação. Uma das mais elaboradas é proposta por Maurice Hauriou na última edição de seu "Compêndio de direito constitucional" em 1929. Ele distingue, por um lado, as liberdades da vida civil e, por outro, os direitos cívicos e políticos. As primeiras constituem três grupos, o da *civitas sine suffragio* (compreendendo a liberdade física, as liberdades da família, a liberdade de propriedade individual e das convenções), o das liberdades espirituais (que inclui a liberdade de consciência e as liberdades por meio das quais o homem se esforça por agir sobre o homem pelo pensamento) e, por fim, o das liberdades criadoras de instituições sociais (sociedades, sindicatos, associações, congregações e fundações). Os direitos cívicos e políticos também são distinguidos. Os primeiros possibilitam a participação na autoridade pública, na função pública, na coisa pública, mas não no poder de dominação política, o que é suposto pelos segundos, direitos do cidadão-eleitor. A apresentação de Maurrice Hauriou merecia ser lembrada, pois é uma daquelas que levam mais longe a preocupação em distinguir as liberdades públicas, sem desprezar, como é frequente, os direitos cívicos e políticos. Nem por isso está isenta de críticas. Isso ocorre, aliás, com todas as classificações ulteriormente apresentadas, quer se baseiem na oposição liberdade individual-liberdades coletivas, quer em libertades-fim e liberdades-meio, ou liberdades materiais e liberdades intelectuais. Isso provavelmente decorre do fato de que toda divisão das liberdades é artificial. A liberdade humana pode ter diversos rostos e persegue finalidades variadas. Nem por isso deixa de ter profunda unidade, pois é precisamente seu reconhecimento que permite escolher os referidos usos e finalidades muitas vezes indissociáveis uns dos outros.

Evolução dos direitos civis e políticos

As evoluções que ocorreram a partir da III República, aliás, não facilitaram as abordagens globais. Os direitos civis e políticos foram estendidos às mulheres, aos jovens de 18 a 21 anos, mas também, de modo parcial e limitado, aos franceses que moram em outros países da União Europeia. Surgiu então uma categoria intermediária entre os cidadãos e os estrangeiros (fora da União Europeia) para os quais alguns direitos desse tipo às vezes foram reivindicados.

Mas as transformações mais profundas afetaram os direitos civis. Aos direitos individuais – naturais, universais e abstratos de 1789 – se haviam somado, desde o século XIX, alguns direitos mais concretos, coletivos e situados. Esse conjunto foi qualificado de "núcleo duro" das liberdades ou de direitos da primeira geração. Depois da Segunda Guerra Mundial, ele foi completado por direitos de caráter econômico e social, que iam do direito sindical e do direito de greve ao direito à proteção da saúde e à educação e cultura. Esses direitos, segundo o caso, constituem liberdades ou direitos-crédito, ou seja, direitos de obter prestações. Novos direitos, qualificados, segundo os autores, de direitos de terceira geração e até de quarta, são reivindicados ou mencionados em certos textos: pode tratar-se do direito a um meio ambiente saudável, a um nível de vida decente ou do direito à paz… A principal questão sobre eles é saber se, no estado atual, apresentam um grau de precisão suficiente para serem qualificados de direitos. Dispõem de um titular identificável, capaz de invocá-los com sucesso perante as jurisdições?

Seja qual for a resposta a esta última pergunta, deve-se constatar que os direitos civis já não correspondem apenas ao reconhecimento de uma liberdade que deve ser defendida contra o Estado e supõe sua abstenção, mas também o reconhecimento do direito de exigir prestações do Estado. A oposição, porém, não é tão evidente quanto poderia parecer à primeira vista. Os direitos a prestação são cada vez mais considerados, nas sociedades contemporâneas, como condição indispensável ao exercício igual das liberdades. O direito a um mínimo de proteção social não traduzirá uma exigência desse tipo? O direito de obter moradia decente não é uma preliminar à inviolabilidade do domicílio? Do mesmo modo, há décadas, o direito de acesso ao um ensino gratuito de qualidade não condiciona o exercício das liberdades profissionais ou das liberdades de expressão? Na realidade, as sociedades liberais contemporâneas estão mais à procura de um equilíbrio no qual a aspiração à liberdade individual não ignore a solidariedade social, no qual a reivindicação de igualdade não sufoque a liberdade de cada um.

Outra evolução de longa duração desenhou-se progressivamente a partir da IV e, sobretudo, da V República. A lei deixou de ser o único ou mesmo o principal fundamento dos direitos civis e políticos. A norma constitucional desempenha um papel eminente, uma vez que sua superioridade é garantida pelo Conselho Constitucional que, ao interpretá-la, ao depreender princípios fundamentais reconhecidos pelas leis da República ou objetivos de valor constitucional, afirmou-se como uma instituição determinante dessa renovação do direito constitucional. Paralelamente, desenvolveu-se outra fonte de referência com as convenções internacionais e, sobretudo, com a Convenção Europeia dos Direitos do Homem. O controle de convencionalidade é feito pelas jurisdições nacionais e, em última instância, pela Corte Europeia dos Direitos do Homem, mas também, no âmbito da União Europeia, pela Corte de Justiça das Comunidades Europeias, que se remete à Convenção para a obtenção dos princípios fundamentais do direito comunitário. Assim, a realidade dos direitos civis e políticos é cada vez mais marcada pela pluralidade de fontes e garantias. Essa é uma das razões pelas quais novas qualificações apareceram ao lado das qualificações de liberdades públicas ou de direitos civis e políticos e, em especial, de direitos fundamentais ou de liberdades fundamentais. Essas novas terminologias refletem uma evolução, mas não uma ruptura. A referência aos direitos civis e políticos lembra a posição dos direitos nacionais na determinação dos regimes jurídicos aplicáveis. Quanto aos fundamentos, quase não variaram; trata-se sempre da liberdade e da dignidade humanas.

› DENQUIN J.-M., *Les Droits politiques*, Paris, Montchrestien, 1996. – HAURFOU M., *Précis de droit constitutionnel*, Paris, Sirey, 1929 (reed. CNRS, 1965). – MACHELON J.-P., *La République contre les libertés*, Paris, FNSP, 1976. – MORANGE J., *Droits de l'homme et libertés publiques*, Paris, PUF, 2000. – RIVERO J., *Libertés publiques*, Paris, PUF, 2 t., 1997

Jean MORANGE

→ Cidadania; Direitos fundamentais; Direitos humanos; Direitos sociais; Liberdade; Sufrágio.

DIREITOS FUNDAMENTAIS

A noção de "direitos fundamentais" constitui, sem dúvida, uma noção jurídica, mas de difícil definição. O direito francês só não a aceitou relativamente tarde em seu sentido atual, ao passo que alguns direitos estrangeiros, que inspiraram o francês nesse aspecto, a consagraram há muito tempo – o direito alemão, em especial, que garante "direitos fundamentais" desde a adoção da lei fundamental de 1949. Mas o sucesso atual da fórmula "direitos fundamentais" contém alguns paradoxos. De fato, a lei que lhes conferiu essa qualidade "fundamental" e que hoje conduz, mesmo em direito francês, a substituir, pelo menos parcialmente, a noção de "direitos constitucionais" pela de "direitos fundamentais" só era chamada de "fundamental" na origem para ressaltar melhor as circunstâncias históricas que haviam governado a sua adoção e, justamente, levado a recusar-lhe o título de Constituição. Apesar disso, o qualificativo "fundamental", que acompanha esses direitos, se impôs mesmo nas ordens jurídicas que só conhecem uma "Constituição". E essa imputação do caráter fundamental dos direitos à natureza constitucional da norma que os contém desempenha, hoje – especialmente na França –, um papel considerável, ao mesmo tempo que os textos constitucionais franceses não impõem por si mesmos essa expressão, uma vez que não a utilizam. Além disso, nada garante que as duas noções – "direitos fundamentais" e "direitos constitucionais" – sejam intercambiáveis.

De fato, embora aplique o adjetivo "fundamental" a vários substantivos (especialmente "garantias fundamentais" ou "princípios fundamentais", no art. 34), a Constituição francesa não consagra formalmente a noção de "direitos fundamentais", afora a alusão que o artigo 53-1 faz às "liberdades fundamentais". Isso não significa, naturalmente, que a coisa não existe em direito francês: o direito francês garante há vários séculos, a seu modo – que mudou ao longo dos tempos –, direitos que podemos perguntar se já não eram fundamentais antes mesmo de receberem tal qualificação. A coisa pode, realmente, existir há muito mais tempo do que a fórmula a ela hoje aplicada. Mas o aparecimento dessa nova expressão leva a indagar se ela constitui simplesmente o novo nome de uma realidade antiga ou se reflete a formação de um novo objeto jurídico: ou seja, por que se daria um novo nome se o objeto ao qual ele se aplica não fosse resultado de uma inovação? Mas como um novo objeto jurídico tão importante poderia se formar sem modificação apropriada dos textos fundamentais? Talvez somente o modo de perceber a realidade tenha mudado, fazendo ressaltar aquilo que não se percebia até então. Mas poderão as palavras e os conceitos que elas designam conter, em si mesmos, um alcance inovador capaz de modificar as coisas do direito, e serão eles capazes de apresentar, nesse aspecto, alguma espécie de cunho normativo? As palavras já são direito, e o direito não será, de início, palavras?

Mesmo que a Constituição francesa não consagre realmente a noção de "direitos fundamentais", o que se tem é uma noção jurídica positiva, no sentido de que a jurisprudência do Conselho Constitucional a eles se refere expressamente, como ocorre com a jurisprudência da maioria das outras jurisdições francesas. O legislador ordinário também utiliza a noção e institui "direitos fundamentais", sem consideração à Constituição, mas sem a violar, apesar disso; ainda que a Constituição os ignore, o direito à moradia e o direito à segurança, por exemplo, são assim qualificados por simples leis ordinárias como "direitos fundamentais"; esses direitos seriam, portanto, "direitos fundamentais legislativos". Sem consagrar um direito fundamental em particular, a lei também pode referir-se à noção genérica de "liberdade fundamental". É o que faz a lei sobre os processos jurisdicionais administrativos de urgência, mas sem definir essa noção; a lei procede, portanto, como se a noção existisse já, fora se suas próprias disposições, transferindo para o juiz a delicada responsabilidade de estipular seu conteúdo ou de lhe conferir um. Nesse caso, a noção seria uma categoria legal de conteúdo aberto – ou indeterminado – como se a coisa existisse em si, independentemente dos textos que deveriam constituí-la. Do mesmo modo, as convenções internacionais aplicáveis na ordem jurídica francesa também consagram a noção, mas conferindo-lhe um conteúdo. Entre as mais importantes, deve-se citar sobretudo a Convenção de Roma de 4 de novembro de 1950, cujo título, "Convenção Europeia de Salvaguarda dos Direitos do Homem e das Liberdades Fundamentais", comporta essa fórmula, efetivamente muito próxima da fórmula "direitos fundamentais". Embora essa convenção distinga as noções de "direitos" e de "liberdades" – como também o faz o artigo 53-1 da Constituição francesa, que retoma essa ambiguidade –, pode-se supor que essas "liberdades fundamentais", ao serem garantidas como verdadeiros direitos, constituem verdadeiros "direitos fundamentais". Mas a fórmula que distingue "direitos" e "liberdades" não revela, por si mesma, seu sentido e seu alcance. Uma das razões dessa dualidade de "direitos" e "liberdades" pode provir do fato de os direitos fundamentais não constituírem todos liberdades. Mas, se as liberdades em questão são "fundamentais", devem perfeitamente constituir direitos. Por conseguinte, deveria bastar a citação apenas dos "direitos fundamentais", uma vez que a noção abrange ao mesmo tempo certas liberdades e outros direitos não redutíveis a liberdades, tal como a igualdade, por exemplo. Seja qual for sua função em relação ao direito positivo e à sua pequena contribuição para esclarecê-la nesse aspecto, a doutrina usa hoje com constância e abundância a expressão "direitos fundamentais". Mas, embora confirmem a existência da noção, todos esses dados não tendem a elucidá-la, muito pelo contrário. Podem ser identificados pelo menos três modos gerais de conceber a noção de "direitos fundamentais". Mas cada um comporta, segundo o caso, na melhor das hipóteses, zonas de sombra e, na pior, sérias lacunas e até graves incoerências. A primeira pode ser chamada de "ordinária", a segunda, de "positivista", e a última, de "objetivista" –, sabendo-se que aqui só se tem simples rótulos destinados a facilitar a identificação dessas concepções.

Concepção ordinária dos direitos fundamentais

Essa primeira maneira de conceber a noção, a mais corrente, apresenta os "direitos fundamentais" como uma espécie de agregado heteróclito de direitos e liberdades, cujo único ponto comum reside no fato de que quem utiliza a fórmula os considera simplesmente "importantes", "essenciais" ou "determinantes"... Esses diversos qualificativos são, portanto, tomados na linguagem corrente como equivalentes da palavra "fundamentais". Mas este último adjetivo não parece acrescentar nada de mais preciso ou específico do que os anteriores. Contudo, o adjetivo "fundamental" tende a sugerir, mesmo sem afirmar, que esses direitos estariam no próprio fundamento do direito... De qualquer modo, as linguagens políticas, da mídia e do dia a dia utilizam frequentemente a expressão, marcando certa propensão a abusar da palavra "fundamental", como todos aqueles que querem se convencer do caráter primordial, prioritário, preeminente, eminente etc. do objeto ao qual aplicam o adjetivo. Mas os próprios juristas, inclusive aqueles que refletem sobre esses direitos fundamentais – interessando-se, aliás, mais pelo seu regime do que pela sua noção –, em geral não tentam dar-lhes outras definições nem procuram elaborar um conceito mais rigoroso. Nessas condições, os "direitos fundamentais", na maioria das vezes, abrangem diversos direitos e liberdades de toda natureza, desde que sejam percebidos como "importantes" – tal como a liberdade de trânsito, a segurança, a liberdade de reunião, a liberdade de imprensa e a liberdade de associação, às quais se podem acrescentar os direitos cívicos, o direito à igualdade, o direito ao juiz, o direito ao recurso, os direitos à ampla defesa, o direito à presunção de inocência, o direito à moradia, o direito à segurança, o direito de greve etc. Pois nada indica aí qual pode ou deve ser o limite do círculo dos direitos fundamentais: a fundamentalidade nunca é circunscrita, como se sua virtude consistisse em não o ser. Na realidade, essa lista não é apenas incompleta, aproximativa ou desordenada; é viciada, uma vez que não indica qual é *o princípio* de sua constituição, de tal modo que, nessa doutrina, os direitos fundamentais não configuram uma verdadeira categoria jurídica nem mesmo um conceito: é apenas uma noção indefinida ou vaga. Mas talvez esteja nisso sua natureza e sua força. Pois nada permite saber – a não ser uma espécie de intuição espontânea que existe na origem dessa representação dos direitos fundamentais – o que justifica que um direito, uma liberdade ou determinado atributo da pessoa seja incluído ou, mais raramente, excluído da lista dos direitos fundamentais. E os autores que tratam dos direitos fundamentais, se tentam às vezes estabelecer uma lista ou várias – pluralidade que confirma por si só a incerteza provocada pela definição desse objeto –, acabam desistindo de modo mais ou menos deliberado, pois não percebem exatamente o que deveria determinar o próprio estabelecimento da lista. E a incerteza refere-se tanto ao que confere caráter "fundamental" a esses direitos quanto ao que faz que esses atributos sejam ou pudessem ser direitos. Pois é indubitável que nem todas as aspirações humanas podem constituir direitos, e que nem todos os direitos podem ser fundamentais. De fato, se alguns direitos podem ser chamados de "fundamentais", é porque outros não o são, caso contrário a expressão seria pleonástica, e seria preciso suprimir o adjetivo.

Essa noção ordinária e comum provavelmente não é intrinsecamente falsa: é simplesmente incompleta. Pois, olhando bem, *grosso modo*, vê-se que a noção não é elaborada, nem realmente meditada. Mas implica um risco: a fórmula tende a tornar-se quase tão vaga e inconsistente quanto a fórmula que está substituindo e que praticamente acabou perdendo toda significação jurídica, a de "direitos do homem". A noção já não é apenas incerta, mas arbitrária: está ao sabor do subjetivismo ambiente, o que a ameaça de ser expulsa do universo propriamente jurídico (uma vez que a subjetividade não pode ser eliminada da noção dos direitos fundamentais, visto que estes também abrangem direitos subjetivos, em primeiro lugar a liberdade –, mas, a partir da liberdade de pensar a liberdade e, portanto, a partir da liberdade de conceber direitos, passou-se insensivelmente à liberdade de formulá-los normativamente...). Na realidade, a causa essencial da incerteza é fácil de identificar, mas não de superar: uma vez que os direitos fundamentais dizem respeito, por essência, à questão do fundamento do direito – são as próprias palavras que o postulam –, a noção não pode ser especificada por não estar inserida conscientemente em certa concepção dos direitos e do direito em geral. Nesse sentido, cabe uma segunda maneira de compreender a noção. Pode-se, para ser breve, qualificá-la de "concepção positivista".

Concepção positivista dos direitos fundamentais

Essa segunda representação da noção decorre, de maneira razoavelmente direta, de uma concepção do direito bastante inspirada no positivismo mais legalista ou mais constitucionalista, mesclado, no caso, de normativismo kelseniano. Trata-se, sem dúvida, da concepção mais elaborada, portanto, mais sedutora, além de mais fácil de compreender. Mas também se mostra a mais intrinsecamente falsa quando pretende ficar fiel a si mesma, ou a mais gravemente desmentida quando tende a reconhecer e a integrar uma parte da realidade, que a condena. Essa concepção comporta duas tendências misturadas: uma muito pura e outra mais realista, porém paradoxalmente mais incoerente ainda.

A tendência pura ou bastante pura consiste, no essencial – se for lícito resumi-la em algumas palavras simplificadoras –, em afirmar que os direitos fundamentais são exclusivamente os direitos consagrados pela Constituição: não há direitos fundamentais que não sejam constitucionais. É a Constituição, e apenas ela, que lhes confere seu caráter fundamental. De fato, como a Constituição é o fundamento da ordem jurídica, os direitos que ela estabelece só podem ser direitos fundamentais. E como não há, positivamente, outra fonte fundamental do direito, os únicos direitos autorizados a reivindicar o status de direitos fundamentais são os constitucionalmente estabelecidos e garantidos. Essa tendência pura, ou bastante pura, exclui o direito internacional da possibilidade de estabelecer também direitos fundamentais ou não se pronuncia sobre eles. Isso se deve ao fato de que o próprio normativismo não é unitário no que se refere ao caráter fundamental – ou preeminente – do direito internacional em relação ao direito interno. De fato, ele pode defender tanto o monismo com superioridade do direito internacional (a norma *Pacta sunt servanda* é a norma fundamental do direito internacional que se impõe aos Estados e à sua soberania) quanto o monismo com superioridade do direito interno (pois é com base em sua soberania que os Estados estabelecem ou admitem as normas internacionais, que só os obrigam quando eles consentem).

Afora essa incerteza importante, essa tese, quando confrontada com o direito positivo, revela sua falsidade. Esta se deve a duas causas principais: a visão estritamente hierárquica da relação entre as normas jurídicas empobrece a representação do modo como se estabelece realmente, em direito positivo, a hierarquia dos direitos os reflete de maneira inexata; a visão estritamente normativista do direito impede que essa representação faça uma ideia justa e clara do que são os direitos, precisamente na sua qualidade de fundamentais.

Sobre o primeiro aspecto, em direito positivo verifica-se que a hierarquia dos direitos é na realidade mais substancial que formal: não é a hierarquia das normas referentes aos direitos que determina *essencialmente* a hierarquia desses direitos (assim, por exemplo, com muita frequência é preciso distinguir entre dois direitos que, apenas por seu nível normativo, são iguais, porque igualmente constitucionais, ao passo que a articulação dos dois entre si às vezes não pode ser vista como simples conciliação, mas como um sacrifício, pelo menos parcial, de um deles, quando se mostram essencialmente antinômicos – por exemplo, o direito à vida e a liberdade pessoal de abortar...); é a hierarquia substancial dos direitos, representada pelo constituinte, pelo legislador e sobretudo pelo juiz, que determina amplamente a solução de seus conflitos; é até mesmo ela, ao contrário do que parece e de todos os princípios positivistas, que determina muitas vezes a hierarquia das normas que os garantem: os direitos consagrados pela Constituição não são fundamentais porque a Constituição os estabelece, mas foi por considerá-los fundamentais que o constituinte os garantiu constitucionalmente, o que não pode ser mais natural, justo e legítimo. E essa também é a razão pela qual, no caso em que o constituinte não tivesse pensado em consagrá-los expressamente, o próprio juiz, intérprete da Constituição, os protege de um modo ou de outro, por inúmeros métodos, como fazem todos os juízes: erigindo o texto onde os encontram em fonte normativa constitucional ou em fonte prevalente do direito – ainda que essa não fosse a vocação do texto (como ocorreu, em graus diversos, com a Declaração dos Direitos do Homem, com o Preâmbulo da Constituição francesa de 1946, com a Declaração Universal dos Direitos do Homem e com a Carta dos Direitos Fundamentais da União Europeia...) –, conferindo, também sem habilitação particular, posição preeminente aos princípios não escritos nos quais encontram os direitos que aplicam ou as razões para fazê-los prevalecer (princípios gerais do direito interno, exigências de ordem pública, princípios constitucionais não escritos, princípios gerais do direito comunitário, princípio da preeminência do direito e até *jus cogens*...), recorrendo aos recursos da "lista aberta", na qual encontram um catálogo constitucional com intuito exaustivo, especialmente na criação de conceitos "matriciais" (Estado de Direito, direito ao desenvolvimento da personalidade, princípio da preeminência do direito...). O juiz, seja ele qual for, também pode atribuir a direitos de uma mesma categoria formal, baseada apenas em seu alcance normativo, graus ou valores diferenciados, segundo os direitos considerados (direitos de "primeiro" ou de "segundo grau", direitos objetivos, direitos irrevogáveis...). Pode ocorrer até que o juiz inverta a hierarquia formal das normas ou lhes faça restrições importantes em função do alcance mais ou menos fundamental que atribua aos direitos encontrados nessas normas: um princípio geral do direito pode prevalecer sobre uma lei, sob a égide da interpretação desta; uma convenção internacional pode impor-se a uma norma constitucional particular, por efeito de um princípio constitucional mais geral, segundo o qual "a França, fiel a suas tradições, respeita as regras do direito público internacional", ou em virtude do princípio *Pacta sunt servanda* (que também permite opor-se ao questionamento de uma convenção internacional que possa contrariar uma regra constitucional...). É considerável a quantidade de meios de que as jurisdições dispõem para estabelecer uma hierarquia dos direitos, adequando-se à hierarquia das normas ou, ao contrário, segundo o caso, eximindo-se de suas exigências formais. Mas o que pode ser ilusório é que, se o juiz muitas vezes tem a coragem de dobrar a hierarquia formal para proteger os direitos, algumas vezes, em outros casos, ele se refugia por trás das normas e de sua hierarquia formal para justificar o fato de não fazer prevalecer certos direitos, mesmo aqueles que, em outras hipóteses, ele reconhece como "fundamentais"; a norma internacional, que normalmente se impõe à lei, pode na realidade ser descartada com o fundamento e o proveito de uma norma constitucional oportunamente descoberta a fim de consagrar um direito desconhecido pela convenção internacional; inversamente, a norma constitucional que reflita uma vontade política muito firme pode ser invocada para não sancionar um direito reconhecido por uma convenção internacional, mesmo que chamado de "fundamental" em outros casos; formalmente coerentes entre si no sentido de que ambas fazem prevalecer a norma constitucional, as duas soluções são totalmente contraditórias no plano do tratamento dado a direitos que, não obstante, são igualmente "fundamentais", devendo, segundo essa concepção, situar-se sempre no mesmo nível normativo e prevalecer do mesmo modo. Mas todas essas soluções têm explicação comum no *valor* ou no alcance atribuídos aos direitos e aos poderes em conflito, o que não depende *essencialmente* do grau da norma que os consagra formalmente…

Essa doutrina também provoca críticas, no segundo aspecto, pelo fato de erradicar completamente – e com esmero – o alcance específico da palavra "fundamental", que é zelosamente reduzida ao sentido de "constitucional", ao passo que o direito positivo verifica amplamente que esses direitos, ainda que frequentemente consagrados e garantidos pelo constituinte, nem sempre têm origem ou sanção numa norma de nível constitucional e nem sempre prevalecem como deveriam aos direitos constitucionais. A palavra "fundamental" e a verdade que ela exprime provavelmente não se teriam imposto se esses direitos fossem simplesmente "constitucionais": essa palavra teria sido suficiente; e como, de fato, esses direitos não são apenas constitucionais (pois são encontrados na lei, em convenções internacionais ou em princípios gerais do direito), não seria possível reduzir o fundamental ao constitucional. Esse reducionismo parece ser explicável pelo fato de que, se a palavra "fundamental" devesse ter sentido diferente de "constitucional", ou seja, se o seu alcance preeminente devesse ser imputado a uma razão que não fosse sua consagração constitucional, o edifício todo sustentado por essa concepção do direito deveria, se não desabar, pelo menos sofrer sérios abalos e profundas reformas. Aliás, é por isso que, ao que parece, os defensores dessa concepção se opõem com tanta firmeza a qualquer outra concepção dos direitos fundamentais – que eles só condenam por preterição.

O realismo, aliás, conduz uma parte dessa doutrina – é a segunda tendência que se pode observar nessa segunda concepção geral dos direitos fundamentais – a admitir que esses direitos podem encontrar sua fonte não só na Constituição, mas também nas convenções internacionais, o que, em si, é boa doutrina. Mas, por um lado, há uma contradição essencial no fato de admitir que os direitos fundamentais constituem uma categoria jurídica determinada, definindo-a por relação com a estrutura normativa clássica, considerando-os um equivalente dos direitos constitucionalmente garantidos, ao mesmo tempo que se reconhece que a fonte deles também pode estar nas convenções internacionais, que não se situam precisamente no mesmo grau dentro da hierarquia normativa formal: ou os direitos fundamentais se definem *essencialmente* por seu grau normativo, e então eles não podem estar em dois níveis normativos diferente, ou eles podem estar em níveis normativos diferentes, mas então não podem se caracterizar, quanto à sua natureza, pelo grau no qual se situam na hierarquia formal. E, se podem estar consagrados em diversos níveis da hierarquia normativa, é porque o princípio de sua definição não se encontra no grau no qual se situam, mas em outro dado, não mais formal, e sim substancial, o que explica sua capacidade de prevalecer conforme o caso. Em outros termos, se os direitos fundamentais podem ser de origem constitucional e de origem internacional (e muitas vezes jurisprudencial), é porque a categoria que constituem transcende substancialmente essa dualidade formal; e seria preciso que a concepção do direito que reduz o direito a essa estrutura normativa formal concedesse a essa categoria substancial um lugar próprio e específico, que obrigaria a corrigir seriamente essa visão do direito. Pois, se os direitos podem, em seu conjunto, ser chamados de "fundamentais", sejam quais forem as possíveis diferenças de alcance normativo entre eles, é porque essa fundamentalidade comum consegue impor-se como princípio de unidade e identificação desses direitos, apesar de sua heterogeneidade formal; e, se alguns direitos chegam a adquirir uma natureza jurídica comum, independentemente de seus graus normativos diversos, é porque o direito não se reduz a uma estrutura hierárquica formal de normas, mas também deve interessar-se pelo conteúdo – a substância – delas, por seu alcance próprio, por seu fundamento, por seu sentido... Esta segunda concepção, portanto, é obrigada ou a confinar os direitos fundamentais apenas ao grau constitucional – o que a realidade positiva veda – ou então é forçada a reconhecer sua difusão em graus normativos diferentes – o que solapa fundamentalmente a visão do direito na qual essa concepção se baseia na origem... Por outro lado, esse realismo se detém no meio do caminho, pois, provavelmente retido por seu apego a essa concepção do direito e pela vertigem provocada pelo reconhecimento total do fenômeno, ele não diz que a fundamentalidade dos direitos em causa pode encontrar todas as espécies de intermediadores normativos próprios a garantir sua prevalência (aliás, é por essa razão que se impuseram sucessivamente o princípio de legalidade, o princípio de constitucionalidade e o princípio da primazia das convenções internacionais, em especial...). Pois é essa capacidade de prevalecer que os caracteriza. E é também a fundamentalidade dos direitos que pode impor todas as espécies de técnicas jurisdicionais paralelas, às vezes inesperadas mas admitidas em direito positivo, inclusive algumas totalmente heterodoxas em relação a esses princípios, que na prática produzem o mesmo resultado: a necessária prevalência desses direitos fundamentais. De forma ainda mais grave, a concepção do direito que tenta reduzir os direitos fundamentais a uma categoria ordinária da estrutura normativa que ela elaborou é levada a desnaturar esses direitos, para torná-los compatíveis com os pressupostos dessa teoria. Assim, pelo motivo teórico (que é apenas doutrinário) segundo o qual uma norma só poderia proibir, autorizar ou obrigar (ao passo que ela também pode instituir, reconhecer, garantir, sancionar etc.), essa teoria é levada a afirmar que a norma que garante a liberdade é analisada como uma "permissão", como se a liberdade não existisse antes que a regra a garantisse, e como se a proibição fosse juridicamente primeira, portanto, de princípio! Logo, é para uma terceira concepção que convém orientar-se, concepção que se poderia chamar de objetivista.

Concepção objetivista dos direitos fundamentais

A doutrina dominante, atualmente, não admite a validade dessa concepção nem a nega formalmente. Por facilidade de linguagem, alguns qualificaram essa terceira concepção como "jusnaturalista" (e até, para que a conotação seja ainda mais crítica, de "neojusnaturalista"...): pretende ser simplesmente realista (apesar de toda a ambiguidade atual do termo...), uma vez que é a realidade do direito positivo que obriga a rejeitar a segunda concepção e, sobretudo, leva a elaborar uma representação desses direitos que pretende ser-lhe mais fiel, ainda que não obedeça aos cânones do positivismo clássico. Evidentemente, não está excluída a possibilidade de que certa concepção do direito natural leve a reconhecer a existência de direitos fundamentais. Mas o reconhecimento de direitos *diferentes já* procede da observação do direito que se desenvolve positivamente, ainda que, ao fazê-lo, ele não se conforme exatamente a esses cânones: são os órgãos jurisladores – constituintes, legisladores, juízes – que, cada um à sua maneira e no modo como ditam ou proferem o direito, agem como se esses direitos existissem realmente sem serem necessariamente ditados e como se fossem capazes de se impor contra qualquer outra consideração, direito ou poder, mesmo que o direito formalmente ditado não o permitisse e até se opusesse. E, de fato, em direito positivo, esses direitos se impõem *secundum legem*, ou seja, por aplicação das normas que os consagram (o que constitui o caso mais normal, mascarando sua natureza e seu alcance fundamental), ou *praeter legem*, ou seja, quando há omissão das disposições formais (o que é muito significativo do alcance desses direitos, que é pelo menos supletivo), ou ainda *contra legem*, em outras palavras, contrariando a lei (fato ainda mais notável, conquanto mais raro, mas que estabelece o alcance imperativo desses direitos – que, porém, nem sempre pode ser reconhecido e deve também conciliar-se com certas exigências também imperativas, como a ordem pública, por exemplo); existem, nesse sentido, direitos que podem ser qualificados de fundamentais, no sentido de essenciais – essenciais tanto à ordem jurídica que os contém quanto à humanidade de seus titulares. Ora, é preciso reconhecê-los como tais, não só pelo efeito – que continua possível – de certa concepção do homem e da sociedade, mas porque o próprio direito positivo lhes atribui esse valor preeminente, sem o deduzir necessariamente da categoria do grau da norma formal que pode consagrá-los (ou não), mas de sua substância e de seu alcance próprios, sempre determinados em relação ao contexto no qual pretendem ser exercidos. Esses direitos obedecem a uma hierarquia que não depende, portanto, *essencialmente* da hierarquia das normas formais que os contém, pois são as normas formais que estabelecem sua hierarquia própria em função do valor dos direitos que elas consagram. Pode até mesmo ocorrer que essas normas formais recebam valor normativo e categorização em função da importância de seu conteúdo. Essa é a história, por exemplo, da Declaração dos Direitos de 1789 e da Declaração Universal dos Direitos do Homem de 1948; e será, provavelmente, a história da Carta dos Direitos Fundamentais da União Europeia. Isso simplesmente porque esse conteúdo é julgado preeminente – fundamental – pelos jurislatores competentes. Contudo, a validade própria e o alcance desses direitos também podem ser discutidos e estabelecidos em valor e razão; nesse sentido, o valor e a razão não são determinados apenas pelas subjetividades das partes da discussão, mas estas se expressam, se sedimentam, entram em atrito e podem objetivar-se e formalizar-se na arena democrática, no debate jurídico ou na crítica doutrinária em sentido lato. É também nisso que esses direitos fundamentais podem atender a certa objetividade, relativamente independente das normas formais de direito positivo que podem consagrá-los.

Quanto à normatividade desses direitos – sejam quais forem os meandros, às vezes bem tortuosos, pelos quais ela se impõe –, manifesta-se com vigor em direito positivo, que também está submetido a essa *disputatio.* No entanto, de maneira mais fundamental, sua normatividade não é apenas a imposta pelos jurislatores instituídos: existem objetividades que a razão reconhece e nas quais só pode identificar uma força coercitiva, que é bem normativa nesse aspecto. Pois o jurislator, por mais soberano que possa ser, não pode fazer que aquilo que é não seja, e que aquilo que não é seja; ele só pode, imediata ou mediatamente, submeter-se a essas objetividades que escapam a seu poder; e ele só pode exercer esse poder nos limites da liberdade que essas objetividades lhe dão: seja lá o que se queira ou faça, seja lá o que as leis, mesmo constitucionais, disponham, os seres humanos são livres, iguais e solidários – e disso estão conscientes. Pode-se ver aí o fundamento de sua eminente dignidade. Em todo caso, essa é a trindade fundadora dos direitos fundamentais, pois todos os outros decorrem dela. Foi ela que, depois que a razão política tomou consciência de sua necessidade, instituiu os órgãos e os instrumentos próprios a garantir, em direito positivo, todas as suas exigências, que são todas as exigências às quais a democracia e o Estado de direito tentam atender.

› Sobre esse assunto, a bibliografia é considerável, se pretendemos tratar do regime desses direitos, ou muito limitada, se desejamos concentrar o interesse na própria noção de direitos fundamentais. Consideraremos aqui a segunda alternativa, nos limitaremos a mencionar as seguintes referências, a primeira das quais comporta uma boa bibliografia: FAVOREU L. *et al.*, *Droit des libertés fundamentales*, Dalloz, 2ª ed., 2002. – PICARD É., "L'émergence des droits fondamentaux", *Actualité juridique. Droit administratif*, número especial, julho de 1998, pp. 2-42.

Etienne PICARD

→ Constituição e direito constitucional; Declaração dos Direitos do Homem e do Cidadão; Direitos humanos.

DIREITOS HUMANOS (Proteção internacional)

Foram essencialmente os horrores da Segunda Guerra Mundial que deram origem ao aparecimento, em direito internacional, de normas que têm por objetivo a proteção dos indivíduos contra os Estados sob cuja jurisdição se encontram. Tal projeto, que fere a lógica de um direito internacional elaborado pelos Estados a serviço de seus interesses, só pôde prosperar depois que se tomou consciência do elo existente entre a preservação da paz e o destino dos indivíduos nas entidades que compõem a sociedade internacional. Apesar dos precedentes antigos (tais como as cláusulas do Tratado de Vestfália, que garantiam a liberdade religiosa dos súditos deste ou daquele príncipe) e de elementos precursores nos tratados de paz que concluíram o primeiro conflito mundial (proteção internacional das minorias, ou seja, dos nacionais de certos Estados "que diferem da maioria da população em termos de raça, língua ou religião", nos termos dos artigos 86 e 93 do Anexo do Tratado de Versalhes, seguidos depois por numerosos tratados concluídos com Estados da Europa central ou oriental; criação de uma Organização Internacional do Trabalho, encarregada de dar proteção aos trabalhadores), foi na Carta das Nações Unidas de 26 de junho de 1945 que apareceram os termos "direitos do homem", visto que os objetivos da Organização, definidos no artigo 1º, compreendem o incentivo ao respeito "aos direitos do homem e às liberdades fundamentais para todos, sem distinção de raça, sexo, língua ou religião".

A referência aos direitos do homem, evidentemente, tem muitas conotações e suscita algumas dificuldades. O desenvolvimento atual da proteção internacional dos direitos do homem é tal, que se torna difícil desenhar um quadro de conjunto e indicar, mesmo sumariamente, quais são os direitos consagrados e como se dá a sua garantia.

Direitos do homem: liberdades beneficiadas por uma garantia internacional

Ao adotarem, na Carta das Nações Unidas, as palavras "direitos do homem", os vencedores da Segunda Guerra Mundial recorriam a uma noção filosófica que apareceu no século XVI e se desenvolveu ao longo do século XVII, produto de uma "teologia de *leigos*", conforme caracterizado por Michel Villey (*Le Droit et les droits de l'homme*, PUF, 1983, p. 132), que mostrou que ela serviu para justificar o poder absoluto do príncipe (Hobbes), antes de fundamentar a existência de direitos oponíveis ao próprio Estado, em benefício de seus súditos (Locke). Esse recurso à ideia sobre a qual assentam a Declaração de Independência dos Estados Unidos da América (1776) e – no próprio título – a Declaração dos Direitos do Homem e do Cidadão adotada pela Assembleia Nacional Francesa (1789) permitia lançar mão de uma tradição que pretendia opor ao Estado prerrogativas decorrentes do fato de se pertencer à espécie humana. Os horrores do conflito que terminava, em especial o dos campos de extermínio nazistas, conferiam a essa tentativa uma urgência que está bem expressa no preâmbulo da Carta das Nações Unidas, quando fala da fé de seus autores "nos direitos fundamentais do homem, na dignidade e no valor da pessoa humana, na igualdade de direitos de homens e mulheres". A projeção para o nível do direito internacional de garantias que, até então, só se encontravam na ordem jurídica dos Estados (os acontecimentos tinham demonstrado tragicamente sua precariedade) supunha a referência a um elemento transcendente à diversidade das concepções estatais: apenas a humanidade do homem era plenamente pertinente.

Mas de que direitos se tratava? Adotada e proclamada pela Assembleia Geral das Nações Unidas numa resolução de 10 de dezembro de 1948, a Declaração Universal dos Direitos do Homem apresenta uma lista que justapõe direitos-liberdades e direitos-obrigações com uma habilidade que permitiu sua adoção sem oposição (mas com abstenções...), apesar dos antagonismos que a guerra fria não tardaria a exacerbar entre os Estados ocidentais, para os quais bastava a proclamação de direitos conferidos aos indivíduos contra poderes estatais, e os Estados do bloco soviético e do Terceiro Mundo, para os quais importava apenas o reconhecimento de direitos e obrigações por parte desses poderes. A agudeza dessa tensão ideológica será tal, que se tornará impossível, ao termo de um processo de elaboração muito acidentado, chegar à redação de uma Convenção Universal dos Direitos do Homem: dois pactos – um dedicado aos direitos econômicos, sociais e culturais, e outro, aos direitos civis e políticos – serão adotados pela Assembleia Geral das Nações Unidas em 16 de dezembro de 1966. A evidência da complementaridade dos dois tipos de direitos e da perversão constituída pelo jogo de ênfase em uns em detrimento dos outros só será solenemente reconhecida pela comunidade internacional durante a Conferência Mundial das Nações Unidas sobre os Direitos do Homem (Viena, 1993): "Todos os direitos do homem são universais, indissociáveis, interdependentes e estão intimamente ligados." Para chegar a isso, fora necessário o desmantelamento do bloco soviético, o que priva a questão de seu cunho estratégico. A Corte Europeia dos Direitos do Homem, por sua vez, já havia indicado que, embora a Convenção Europeia dos Direitos do Homem "enuncie no essencial direitos civis e políticos, vários deles têm prolongamentos de ordem econômica ou social" e, assim, "não há nenhuma separação estanque" entre os dois tipos de direitos (acórdão *Airey* de 9 out. 1979).

Quanto aos "direitos da terceira geração" (chamados de solidariedade: direito à paz, ao meio ambiente, ao desenvolvimento etc.), de que muito se falou, em nossa opinião podem ser vinculados aos anteriores (a ideia de solidariedade remete, aliás, diretamente à razão de ser dos direitos econômicos, sociais e culturais), ou então podem prestar-se dificilmente a uma lógica de direito subjetivo (a tradução em termos de "direito à paz" da regra de direito internacional que proíbe o recurso à força infelizmente é estéril para os pretensos titulares desse direito e, por isso, expõe a categoria dos direitos do homem a graves riscos de dissolução de sua especificidade). Do mesmo modo, os "novos direitos" regularmente descobertos parecem-nos redutíveis a pelo menos uma das duas categorias tradicionais, desde que possam ser utilmente considerados como direitos subjetivos.

Por outro lado convém entender com certa flexibilidade a referência ao "homem", titular dos direitos em causa. Embora esteja claro que a mulher e o homem estão englobados nessa expressão (*human rights* ou *Menschenrechte* não comportam a ambiguidade do termo francês, mas a expressão *droits humains* [direitos humanos], corrente no Quebec, pouco nos seduz), é preciso saber se convém ou não incluir direitos que não estariam ligados à condição humana de seus titulares, mas a alguma de suas particularidades (sexo, condição social, opção sexual, reivindicação de determinada cultura etc.). Em outros termos, os direitos do homem são apenas os universais – no sentido de serem atribuíveis a qualquer um? Aqui é preciso ter o cuidado, em nossa opinião, de não tomar muito ao pé da letra a expressão *direitos do homem*: do fato de os direitos do homem, em geral, se basearem na existência de uma espécie humana, e de cada representante seu dever ser assistido pelos direitos ligados a essa qualidade não se segue, necessariamente, que todo direito do homem deve se relacionar com essa generalidade. É o gozo *dos* direitos do homem, tomados em seu conjunto, que é o apanágio de cada homem, entendendo-se que esse patrimônio compreende ao mesmo tempo direitos conferidos a cada ser humano como tal e direitos específicos, porque adaptados à situação particular de cada um. Não fosse assim, nunca poderiam ter sido reconhecidos os direitos econômicos, sociais e culturais como direitos do homem, pois a maioria deles compreende o ser humano na singularidade de sua posição (assim, o direito de greve só pode beneficiar os assalariados). Sobretudo, igualdade não significa identidade: renunciando-se a tomar o indivíduo em sua existência cotidiana, ou seja, nas situações em que seus direitos estão realmente em jogo, privam-se os direitos do homem de todo alcance. Também nesse caso, a Corte Europeia dos Direitos do Homem indicou com clareza os termos do debate: "A Convenção tem por objetivo proteger direitos que não são teóricos ou ilusórios, mas concretos e efetivos" (acórdão *Airey*). Para tanto, é indispensável garantir os direitos de que cada um precisa para realizar plenamente sua humanidade. Isso permite ou implica o reconhecimento de direitos econômicos, sociais ou culturais ou de direitos destinados a proteger as pessoas que estejam objetivamente colocadas numa situação de inferioridade ou ameaça. Esta última preocupação explica por que às vezes foi preciso ir além da simples aplicação do princípio de não discriminação para encarar em sua dimensão concreta os problemas das diversas categorias de pessoas (vítimas de discriminação racial, mulheres, crianças, membros de minorias, para citar apenas as principais hipóteses consideradas especificamente por convenções internacionais). São então definidas obrigações positivas (ou obrigações de fazer) a cargo dos Estados, de tal maneira que se reduzam ou eliminem as discriminações visadas, que se preste ajuda apropriada às pessoas ameaçadas, que se possibilite a perpetuação de uma identidade minoritária etc. Este último exemplo (lembramos que ele constituiu o anúncio da proteção internacional dos direitos do homem) também é muito revelador das tensões indivíduo/grupo em ação no caso. As tímidas realizações contemporâneas na área da proteção das minorias nacionais (principalmente a Convenção Padrão do Conselho da Europa assinada em 1995) reconhecem direitos às "pessoas pertencentes a minorias nacionais", ainda que através delas se tenha em vista a proteção dos próprios grupos minoritários. O artigo 3º da Convenção Padrão indica, ademais, que "toda pessoa pertencente a uma minoria nacional tem o direito de optar livremente por ser ou não tratada como tal, e dessa opção ou do exercício dos direitos a ela ligados não deve decorrer nenhuma desvantagem". A abordagem, portanto, continua estritamente individualista, tratando-se com exclusividade de direitos subjetivos dos indivíduos, não obstante o caráter individual e coletivo do exercício dos direitos assim conferidos. O "não reconhecimento de direitos coletivos" (F. Benoît-Rohmer, *Les Minorités, quels droits?*, Ed. do Conselho da Europa, 1999, p. 47) constitui, portanto, uma característica essencial dessa matéria.

Por fim, convém deixar claro que o direito internacional, sede da garantia dos direitos de que aqui tratamos, compreende tanto normas convencionais (é o caso geral) quanto consuetudinárias (a ideia de que o respeito a certos direitos do homem se impõe a todos os Estados, independentemente de seus compromissos convencionais, mostra-se assim como uma evidência, em se tratando do direito à vida, na opinião da Corte Internacional de Justiça de 8 de julho de 1996 sobre a licitude da ameaça ou do emprego de armas nucleares), normas universais ou normas elaboradas em organizações ou instituições regionais (Conselho da Europa, Organização dos Estados Americanos, Organização da Unidade Africana, Organização para a Segurança e a Cooperação na Europa etc.). O caso da União Europeia, que acaba de se dotar de uma Carta dos Direitos Fundamentais, cuja ordem jurídica garante o respeito aos direitos do homem por meio de princípios gerais do direito comunitário extraídos da obra convencional e jurisprudencial do Conselho da Europa, deve ser posto de lado, uma vez que o projeto de integração que ela representa a põe sob a égide tanto de uma lógica federal ou de tipo federal quanto da do direito internacional – não é fortuito, nesse aspecto, que o debate sobre a incorporação futura da Carta dos Direitos Fundamentais (e não dos direitos do homem) nos tratados constitutivos interfira no debate sobre a oportunidade de redigir uma verdadeira Constituição europeia.

Diversidade e unidade dos direitos do homem

O que mais caracteriza a proteção internacional dos direitos do homem é a diversidade: a proliferação dos instrumentos jurídicos pertinentes se traduz por realizações muito contrastadas em termos de grau de proteção atribuído aos direitos reconhecidos. O impulso proveniente da Carta das Nações Unidas se traduziria inicialmente pela adoção da Declaração Universal dos Direitos do Homem de 1948, por uma resolução da Assembleia Geral das Nações Unidas, desprovida, por si mesma, de caráter obrigatório para os Estados. A obra convencional da Organização Mundial seria inibida durante muito tempo pela oposição ideológica entre o Leste e o Oeste, mencionada acima, antes de redundar nos dois Pactos de 1966 e em algumas outras realizações, algumas das quais mencionadas. Mas é em nível regional, sobretudo na Europa e na América, que a empresa convencional terá seus progressos mais espetaculares, favorecidos pela maior homogeneidade cultural e política dos Estados envolvidos. Com grande rapidez, os membros do Conselho da Europa indicam sua rejeição ao totalitarismo, seja ele qual for, elaborando a Convenção de Salvaguarda dos Direitos do Homem e das Liberdades Fundamentais (mais correntemente chamada de Convenção Europeia dos Direitos do Homem), de 4 de novembro de 1950. Esta, já de início, põe o assunto sob o signo de padrões exigentes: os direitos são definidos com uma precisão que elimina a arbitrariedade dos Estados, confere-se um recurso individual ao indivíduo que se considere vítima de uma violação de um dos direitos reconhecidos perante uma instituição internacional independente (a Comissão Europeia dos Direitos do Homem inicialmente, a Corte Europeia dos Direitos do Homem a partir de 1º de novembro de 1998) e é estabelecida uma jurisdição internacional (a Corte Europeia dos Direitos do Homem) competente para constatar o descumprimento das obrigações por parte dos Estados-membros. Completado por protocolos adicionais, o sistema inicial continuará ganhando eficácia. A Carta Social Europeia, assinada em 1961 e completada e revisada em 1996, constitui seu complemento indispensável. Destinando maior espaço à liberdade dos Estados-membros, passa mais tarde por uma valorização que termina na implantação de um sistema de reclamações coletivas (Protocolo de 1995) e no fortalecimento dos poderes do Comitê Europeu dos Direitos Sociais. A Convenção Americana sobre Direitos Humanos de 22 de novembro de 1969 permite que a Organização dos Estados Americanos se dote de um instrumento que garanta um nível de proteção equivalente ao oferecido pela Convenção Europeia, embora ainda não apresente uma eficácia comparável (é de notar, porém, um interessante exercício pela Corte Interamericana dos Direitos Humanos de uma competência consultiva que lhe foi amplamente outorgada). A Carta Africana dos Direitos do Homem e dos Povos de 1981 edulcora consideravelmente a ousadia dessas realizações regionais.

A diversidade daquilo que se relaciona aos direitos garantidos leva a distinguir direitos intangíveis, direitos não passíveis de limitações, salvo em caso de circunstâncias excepcionais (guerra ou perigo público que ameace a vida da nação, nos termos do artigo 15 da Convenção Europeia dos Direitos do Homem), direitos sujeitos apenas às restrições definidas pela convenção pertinente e direitos cuja realização está subordinada a uma aplicação cujo ritmo e cujas modalidades são determinados pelo Estado ao qual ela incumbe. Essa distinção é flexível (por exemplo, embora proclamado intangível pela Convenção Europeia, o direito à vida pode ter restrições previstas no texto dos arts. 2º e 15), e tem o mérito de lembrar que os Estados desejam de modo desigual limitações à sua soberania: à firmeza da proibição da tortura e dos tratamentos desumanos ou degradantes corresponde, no próprio seio do Conselho da Europa, o caráter frouxo dos compromissos resultantes da Convenção Padrão para a Proteção das Minorias Nacionais. Ela redunda na recusa a se reconhecer em estipulações redigidas de maneira insuficientemente coercitiva qualquer aplicabilidade direta, impossibilitando assim a invocação dos direitos em questão perante as jurisdições internas. Quanto às limitações permitidas pelas convenções relativas aos direitos do homem, geralmente dão ensejo ao exercício de um controle de proporcionalidade que possibilita enquadrar estritamente o poder dos Estados (é característica a cláusula que permite conferir aos direitos consagrados nos arts. 8º a 11 da Convenção Europeia dos Direitos do Homem restrições "necessárias, numa sociedade democrática", à salvaguarda de diversos aspectos da ordem pública ou a dos direitos de outrem).

A diversidade dos procedimentos internacionais de garantia dos direitos reconhecidos impressiona: que medida comum haverá entre a intervenção do Alto Comissariado das Nações Unidas para os Direitos Humanos instituído em 1993 para assumir a responsabilidade principal das atividades da Organização Mundial referente aos direitos humanos – em geral, ou seja, num âmbito extraconvencional – e a da Corte Europeia dos Direitos Humanos ao proferir uma decisão investida da autoridade da coisa julgada? Contudo, seria simplista dar crédito apenas às instâncias jurisdicionais. A instauração de um Comissariado dos Direitos Humanos pelo Comitê dos Ministros do Conselho da Europa, em 1999, basta para demonstrar que mesmo o sucesso desigual de um mecanismo jurisdicional não nos exime de refletir sobre meios complementares de proteção. As convenções relativas aos direitos humanos comportam quase sistematicamente a criação de uma instância formada por personalidades independentes dos Estados, encarregada de zelar pelo respeito dos Estados a seus compromissos. As tarefas dessas instâncias variam consideravelmente: exame dos relatórios periodicamente enviados pelos Estados e redação de observações sobre estes, realização de inquéritos ou investigações (citaremos o Comitê Europeu para a Prevenção da Tortura e das Penas ou Tratamentos Desumanos ou Degradantes, instituído pela Convenção do Conselho da Europa de 1987, que pode realizar visitas quando bem entender a qualquer lugar onde se encontrem pessoas privadas da liberdade), instrução contraditória das demandas sobre alegações de violação dos direitos protegidos pela convenção e posicionamento sobre sua realidade. No que se refere a estas últimas, a criação de uma jurisdição também constitui uma exceção (Corte Europeia e Interamericana e, no futuro, talvez, Africana), enquanto os organismos quase jurisdicionais são frequentes [exemplo típico é o Comitê dos Direitos Humanos instituído pelo Pacto Internacional sobre os Direitos Civis e Políticos que, encarregado de comunicações individuais em relação aos Estados-membros do protocolo facultativo, exprime suas conclusões quanto a seu fundamento por meio de "constatações" a propósito das quais, significativamente, Frédéric Sudre fala de autoridade de "coisa constada" (2001, p. 488)].

Mas como também não ficar impressionado com a unidade que se lê por trás de tanta diversidade? Por terem sido instituídos para lançar um olhar objetivo (porque supranacional) sobre o próprio conteúdo da regulamentação jurídica dos Estados e sobre o destino que estes reservam às pessoas postas sob sua jurisdição, todos os organismos criados pelas convenções relativas aos direitos humanos conceberam sua missão com dinamismo e não hesitam em ir além (e às vezes contra) a letra dos tratados. A salvaguarda dos direitos do homem que os Estados se comprometeram a respeitar autoriza e até mesmo impõe tal dinamismo. Este comporta o repúdio à lógica sinalagmática que geralmente preside o consensualismo característico dos tratados internacionais: a reciprocidade já não vige na execução desses tratados, e o indivíduo está colocado no próprio cerne do sistema. Já ressaltado pela Comissão Europeia dos Direitos do Homem em sua decisão *Áustria c. Itália* de 11 de janeiro de 1961, essa característica foi ampliada pela Corte em sua decisão de 23 de março de 1995 sobre as exceções preliminares no caso *Loizidou c. Turquia*, que faz referência à "eficácia da Convenção como instrumento constitucional da ordem pública europeia". A proximidade entre as técnicas de interpretação de que essas convenções são objeto e as técnicas praticadas pelas jurisdições constitucionais foi frequentemente destacada. Embora não deva ser exagerada (referência constante é feita aos métodos de interpretação resultantes da Convenção de Viena sobre o Direito dos Tratados), somos obrigados a admitir essa proximidade diante de jurisprudências que aplicam interpretações segundo o efeito útil ou insistem no fato de que a convenção em causa é "um instrumento vivo que deve ser interpretado [...] à luz das atuais condições de vida" (Corte Europeia dos Direitos do Homem, acórdão *Tyrer* de 25 de abril de 1978). De maneira geral, combinam-se na interpretação as ideias de proteção efetiva dos direitos do homem, de preeminência do direito e da democracia (ver P. Wachsmann, "Os métodos de interpretação das convenções internacionais relativas à proteção dos direitos do homem", *La Protection des droits de l'homme et l' évolution du droit international*, colóquio SFDI, Pedone, 1998, p. 157). A frequência do recurso ao controle de proporcionalidade conduz a analogias da mesma ordem, o que confirma a especificidade conquistada pela matéria dos direitos do homem no direito internacional.

› COHEN-JONATHAN G., *La Convention européenne des droits de l'homme*, Economica et PUAM, 1989. – FAÚNDEZ LEDESMA H., *El sistema interamericano de protección de los derechos humanos*, Instituto Interamericano de derechos humanos, 1996. – MCGOLDRICK D., *The Human Rights Committee*, Clarendon Paperbacks, 1996. – SCHUTTER O. de, TULKENS F. & VAN DROOGHENBROECK S., *Code de droit international des droits de l'homme*, Bruylant et Maklu, 2000. – SUDRE F. *et al.*, *Les Grands arrêts de la Cour européenne des droits de l'homme*, PUF, "Thémis", 2003; *Droit international et européen des droits de l'homme*, PUF, 5ª ed., 2001. – WACHSMANN P., *Les Droits de l'homme*, Dalloz, 4ª ed., 2002.

Patrick WACHSMANN

→ Direitos civis e políticos; Direitos fundamentais; Liberalismo; Liberdade.

DIREITOS SENHORIAIS E FEUDAIS

Por direitos senhoriais devem ser entendidas as prerrogativas que estavam ligadas à qualidade de senhor, enquanto os direitos feudais, em sentido estrito, decorriam das relações entre o senhor e o vassalo. Foi só a partir da Revolução francesa que esses direitos diferentes foram reunidos com o mesmo nome mais genérico de "regime feudal", para serem abolidos. Aqui trataremos deles, sucessivamente, em sua formação e em seu desenvolvimento, para depois cuidarmos de sua supressão.

A origem dos direitos senhoriais deve ser buscada na nova organização social e política que foi construída sobre as ruínas do Império carolíngio. A desagregação territorial ligada à diluição do poder pôs nas mãos dos príncipes e depois nas de simples castelães o exercício de prerrogativas outrora públicas. Donos da senhoria em virtude do seu poderio militar, da força da linhagem e do poder material, os *sires* (ou senhores/*seigneurs*/*seniores*) exercem um poder de comando, de coerção e de jurisdição (o *bannum*, ou *ban*), cujo conteúdo está próximo daquilo que era na época carolíngia, mas cujo exercício agora se dá a título privado, patrimonial. Esse poder de comando impõe aos habitantes da senhoria exigências que traduzem, no campo financeiro ou judiciário, a supremacia senhorial, seja ela laica ou eclesiástica. Mas é também no âmbito da senhoria que se desenvolverão relações já presentes na época carolíngia, mas que assumem um caráter sistemático. Enquanto os camponeses exploram as *tenures* e a reserva (parte da senhoria que não é concedida), os senhores também atribuem terras a alguns de seus cavaleiros, encarregando-os de valorizá-las (mais tarde, essas atribuições passarão a ser de rendas, direitos ou funções); também lhes atribuem senhorias, a fim de remunerar seus serviços.

Direitos feudais

A atribuição do feudo generaliza-se a partir do século XI, com importantes variantes regionais. Como a sociedade estava inteiramente dominada por uma visão das relações sociais caracterizada por elos pessoais e de dependência, o feudo concretiza os elos entre vassalo e senhor. O regime jurídico das relações feudais, redutível a características únicas, foi se definindo com o tempo. O feudo é uma concessão feita pela prestação de serviços nobres, principalmente militares, que procede de um "contrato" composto por dois elementos: a homenagem e o juramento de fidelidade. O primeiro, por meio do ato de ajoelhar-se, de dar as mãos, que são aceitas pelo senhor, formaliza a dependência e a subordinação que se instauram. O segundo garante ao senhor que o vassalo se submete à sua autoridade, que o servirá com lealdade e fidelidade, que lhe garantirá a "segurança" de seu corpo e de seus bens. A contrapartida é a entrega do feudo, que se efetua pela investidura, ato simbólico de transferência (um torrão, uma espada), seguido eventualmente pela "mostra" do feudo. A partir do século XII, redige-se uma nota (declaração e inventário) onde se especificam a natureza e a extensão da concessão. Progressivamente, as obrigações do vassalo vão sendo pormenorizadas e agrupadas com o título de ajuda (*aide*) e conselho (*conseil*). A ajuda é ao mesmo tempo militar (*ost et chevauchée*) e financeira (*aide aux quatre cas*), enquanto o dever de conselho implica serviço de corte e participação na justiça. O feudo, por ser apenas concedido, é objeto de prerrogativas senhoriais (o senhor conserva o domínio eminente ou feudo dominante), mas também de prerrogativas do vassalo (que se beneficia do domínio útil ou *fief servant*: que deve serviços). Essa partilha explica que, embora a transmissão hereditária do feudo logo se tenha instalado, alguns meios de salvaguardar os direitos do senhor vieram contrabalançá-la. Assim, o advento do novo vassalo devia ser autorizado pelo senhor, que na ocasião recebia um direito de mutação cujo montante não era desprezível, mas que também constituía reconhecimento de seus direitos eminentes. A possibilidade de desfazer-se do feudo no todo ou em parte também era dada ao vassalo. Nesse caso, o acordo do senhor era logicamente necessário, com a percepção de um direito de mutação (de 20% do valor do bem). O respeito aos compromissos, resultante do contrato, era garantido por sanções pronunciadas, no caso do vassalo, pela corte senhorial composta do conjunto dos vassalos de mesma condição e, no caso do senhor, pela corte do suserano. O feudo do vassalo podia ser atingido pela saisina (*saisine*) ou *commise* (confisco temporário ou definitivo), enquanto o senhor podia perder o feudo. Essa aparente simplicidade na verdade esconde situações de grande complexidade, ligadas à presença de vários graus de dependência, ao desenvolvimento de homenagens múltiplas, mais ou menos bem distinguidas pela homenagem-lígio (homenagem prioritária), frequentemente plural, por uma cláusula de reserva de fidelidade (reservando eventualmente a execução dos deveres a favor de outro senhor), por critérios de prioridade no cumprimento das obrigações do vassalo que levavam em conta a importância do feudo, o fato de ser o primeiro concedido etc. O sistema feudal depois, a partir do século XII, passa por um exclusivismo crescente, no sentido do fortalecimento do caráter nobre da *tenure*, que é o feudo. Os plebeus (*roturiers*) já não são enobrecidos pela posse de bens feudais e devem quitar-se do direito de feudo livre, exigido regularmente pela monarquia, ou desfazer-se dos feudos adquiridos. Do mesmo modo, as pessoas jurídicas chamadas de mão-morta – Igreja, comunidades eclesiásticas, corporações, cidades etc. – não podem em princípio deter feudos, pois, como não morrem, os senhores ficariam privados para sempre dos direitos de mutação e até do reconhecimento de seu domínio eminente. Foram feitas modificações nessa proibição, por meio do direito de amortização, que compensava essa posse, ou da designação de um indivíduo que representava a pessoa coletiva, e em cuja morte os direitos eram devidos.

Direitos senhoriais

As exigências senhoriais, por volta do ano 1000, recebem o nome genérico de *consuetudines*, o que é habitual fazer ou pagar, termo que logo qualificará o costume, constituído por regras jurídicas habitualmente observadas. Essas *consuetudines* podem ser dadas, afirmadas ou vendidas; a partir do ano 1000, elas também podem ser qualificadas de más, iníquas ou tirânicas, uma vez que o senhor exija mais do que é usual. Entre os primeiros direitos senhoriais figuram um imposto, a talha, contrapartida da segurança dada pelo senhor, o direito de domicílio (geralmente consistente em alimentação e hospedagem) devido pelos camponeses e pelos estabelecimentos eclesiásticos, corveias, direitos de mutação sobre os bens. A dominação senhorial também é econômica, por meio das banalidades, expressão monopolística do poder de jurisdição (*ban*): relego (*banvin*), direito que o senhor tinha de proibir a venda do vinho novo enquanto suas reservas de vinho (que então não se sabia conservar) do ano anterior não estivessem esgotadas; forno banal, forno único e de uso pago, moinho banal, forja banal etc. Bem depressa, a exploração senhorial teve como efeito reduzir consideravelmente os alódios camponeses, terras de posse livre, que foram transformadas em terras mantidas pelo senhor, quer se tratasse de enfiteuses (com o dever de prestação de serviço) ou de censivas (que deviam um censo em dinheiro e uma parte da colheita, o *champart*), todas submetidas a corveias. Mas o domínio senhorial também incidia sobre as pessoas: as livres, das quais o senhor podia exigir serviços, em decorrência do direito de *ban*, e as outras, camponeses qualificados de "homens de *poesté*", porque estavam na *potestas*, em poder do senhor. A condição pessoal é variável e complexa, mas, seja qual for a denominação dos dependentes, cada vez mais numerosos no século XII, ela era marcada por um regime jurídico particular, que comportava diversas incapacidades. Assim, os servos dependiam exclusivamente da justiça de seu senhor, pois não tinham a capacidade de testemunhar em justiça, não podiam casar-se livremente fora da senhoria ou com pessoa de outra condição (*formariage*). Nesse caso, o senhor devia autorizar o casamento, com a condição de haver um entendimento sobre a eventual partilha dos filhos oriundos de tal casamento, a fim de que não faltassem braços para trabalhar as terras. Outro aspecto típico da condição jurídica dos servos é a mão-morta, pois se considerava que a mão deles era inapta para realizar certos atos jurídicos, em especial dispor, mas também receber. Embora primitivamente os senhores herdassem de seus servos, essa situação evoluiu para a partilha da sucessão, variável segundo as regiões. Foi a partir do século XIII que se desenvolveram as alforrias, na maioria das vezes como contrapartida de uma soma nada desprezível; no fim da Idade Média, a condição servil regrediu consideravelmente. No entanto, até as vésperas da Revolução francesa, certos senhores continuaram exigindo esses direitos. Do mesmo modo, foi só pelo edito de 8 de agosto de 1779 que Luís XVI aboliu a mão-morta pessoal no domínio régio e permitiu o resgate, por preço módico, da mão-morta real, que estava vinculada a certos lugares. Mas o rei só pôde incentivar os outros senhores a seguir seu exemplo por não dispor dos meios financeiros que lhe permitissem resgatar aqueles direitos senhoriais.

As relações feudais, em certos principados como a Normandia, passaram logo de início por uma hierarquização favorável ao suserano.

O mesmo ocorreu, porém de modo mais progressivo, com as relações entre a monarquia e os senhores. Essas relações, por muito tempo tensas, evoluíram para o reconhecimento da senhoria superior do rei, único que não presta homenagem e não depende de ninguém, a não ser de Deus, que conseguiu obter sempre a homenagem-lígio e impor o princípio segundo o qual toda a justiça, portanto todas as justiças, provém dele. Os reis da França não hesitavam em agir e apresentar-se como senhores, para beneficiar-se dos direitos de que dispunham como tais; além disso reivindicavam, na qualidade de soberanos, o monopólio de certos direitos senhoriais. Em nome da soberania teve início um processo de recuperação de certas prerrogativas públicas de quaisquer origens, que haviam sido deduzidas e desenvolvidas sobretudo pelos juristas medievais. Foi assim que o direito de albinágio (direito sobre os bens dos estrangeiros mortos sem fidelidade a um senhor) foi reivindicado em nome da Coroa, tal como eram reivindicados os bastardos, um décimo dos metais extraídos das minas, punição com retirada do feudo e até confisco. Quanto às costumagens, gerais e locais, foram redigidas do fim do século XV a meados do século XVI; possibilitaram melhor conhecimento dos direitos dos senhores altos, médios e baixos justiceiros, bem como das regras jurídicas próprias a eles, como por exemplo o direito de primogenitura (morgadio) e as modalidades de eventual devolução ao filho mais novo por parte dos herdeiros. Existia assim um direito próprio dos senhores, exposto geralmente no início das costumagens. De acordo com a região, além disso, o feudo e a justiça eram reunidos ou estritamente separados, e os qualificativos referentes à situação do senhor justiceiro implicam prerrogativas diferentes. Assim, a importância das penas que podiam ser pronunciadas variava segundo ele fosse alto ou baixo justiceiro, mas sua qualificação também lhe conferia direitos sobre os cursos d'água, o benefício dos tesouros e dos destroços que chegassem à sua praia. As justiças senhoriais, geradoras de lucros, foram reduzidas de vários modos, por meio da *prévention* (avocação de uma causa por um juiz régio, antes que o juiz senhorial fosse constituído), por um dos editos de Moulins, de 1566, que retirava a justiça civil das cidades que dela dispunham, e até pela abolição pura e simples, como foi o caso das justiças de Paris, expropriadas por Luís XIV em 1674. Os direitos senhoriais, numerosos e extremamente variáveis, foram consignados nos tombos (*terriers*), ao mesmo tempo cadastros e documentos, pelos quais cresce o interesse na segunda metade do século XVIII. Os senhores, apoiados pelas cortes de justiça, preocuparam-se em resgatar os direitos antigos, inclusive os que haviam caído em desuso, mas que por natureza eram imprescritíveis. Além disso, trataram de reduzir os bens comunais e os direitos seculares de uso das comunidades. Por toda parte, aumentou o montante das arrecadações de impostos. Essas manifestações do poder senhorial, que demonstram sua vitalidade às vésperas da Revolução francesa, também contribuíram para a exasperação diante daquilo que, como nos tempos feudais, foi visto como uma extorsão, de tal modo que não é de surpreender que os *cahiers de doléances* do Terceiro Estado, redigidos às vésperas dos Estados Gerais de 1789, tenham todos exigido a abolição desses direitos.

A abolição do regime feudal

Nenhum camponês tinha assento na Assembleia Nacional Constituinte, sem dúvida influenciada pela fisiocracia e pelo liberalismo, mas pouco preocupada com a sorte do campesinato. Preocupada, acima de tudo, com a redação da Constituição, ela só decide abolir o regime feudal depois da explosão das revoltas camponesas subsequentes ao "grande medo" de julho de 1789. Foi assim que, durante a noite de 4 de agosto de 1789, foi adotado somente o princípio da abolição, por proposta de alguns nobres. Embora os direitos sobre as pessoas tivessem de ser gratuita e imediatamente abolidos, os outros continuavam vigentes até que fossem resgatados, segundo as condições estipuladas em vários decretos discutidos de 5 a 11 de agosto, mas que só foram promulgados no início de novembro. Desapareciam assim da ordem jurídica marcada pela igualdade civil todas as particularidades ligadas aos feudos (direito de primogenitura, por exemplo) e as marcas honoríficas dos senhores (reversa de caça, justiça etc.). Em contrapartida, as rendas perpétuas de bens de raiz, em produtos ou em dinheiro, o direito a uma parte da colheita (*champarts*), os dízimos enfeudados (os que a Igreja vendera a particulares) eram resgatáveis. Essa dicotomia aparentemente simples não podia resumir a grande complexidade do regime feudal, tal como era designado então, o que levou a Assembleia a constituir, em 9 de outubro, um Comitê dos Direitos Feudais, encarregado, ao mesmo tempo, de inventariar, definir e determinar os direitos, assim como as condições de sua abolição gratuita ou de seu resgate. Foram abolidos gratuitamente, pela Lei de 15 de março de 1790, todos os direitos pessoais, considerados usurpados ao poder público ou estabelecidos pela força, bem como as banalidades, caso nenhum título provasse sua origem real. O Comitê considerava que todos os outros direitos deviam ser resgatados, porque ligados ao uso da terra. Paradoxalmente, enquanto a monarquia costumava preocupar-se em verificar a veracidade das pretensões senhoriais, o Comitê presumia ser legítima – salvo prova em contrário – a posse desses direitos. Ele impunha também, para o resgate que o senhor pudesse recusar – pois não era prevista nenhuma coerção –, condições financeiras difíceis de assumir para a maioria de camponeses. De fato, o resgate dos direitos que pesava sobre uma parcela devia ser feito de uma vez e compreendia não só os direitos anuais sobre os quais incidia um coeficiente multiplicador (de 20 para as rendas em dinheiro e de 25 para as pagas em produtos), mas também os direitos casuais, tudo eventualmente acrescido dos atrasos devidos nos últimos trinta anos. Condições tão restritivas explicam naturalmente o retorno das convulsões em quase toda a França. O novo pessoal político que chegou à Assembleia Legislativa tomou medidas mais eficazes, sobretudo depois de 10 de agosto de 1792. A presunção de posse legítima dos senhores foi invertida; os direitos casuais foram em princípio abolidos gratuitamente; os atrasos exigíveis foram limitados a cinco anos. Estes últimos vestígios foram abolidos pela Convenção num contexto político que exigia a associação do campesinato a sua ação. Afora os excessos sintomáticos da época (decisão de queimar todos os títulos referentes ao regime feudal, portanto destruição em massa de arquivos, supressão de direitos nominalmente aparentados a direitos senhoriais), as disposições adotadas entre julho de 1793 e 18 de maio de 1794 (lei de 29 de floreal do ano II) efetivamente puseram termo aos direitos senhoriais e feudais.

› GODECHOT J., *Les Institutions de la France sous la Révolution et l'Empire*, Paris, 1985. – LOT F. & FAWTIER V., *Histoire des institutions françaises au Moyen Âge*, t. 1: *Institutions sengneuriales*, Paris, 1957. – MOUSNIER R., *Les Institutions de la France sous la monarchie absolue*, t. 1, Paris, 1974. – POLY J.-P. & BOURNAZEL E., *La Mutation feodale. X^{e}-XIIe siècle*, Paris, 1991.

Guillaume LEYTE

→ Prerrogativas soberanas.

DIREITOS SOCIAIS

Embora formulados já no início da Revolução francesa, foi só no fim do século XIX que os direitos sociais começaram a arraigar-se duradouramente na paisagem legislativa francesa, antes de serem formalmente consagrados, em 1946, pela Constituinte. Recebendo em seguida pleno valor jurídico, hoje são beneficiados por certo número de garantias capazes de assegurar sua proteção efetiva.

As origens

A expressão "direitos sociais", embora pouco feliz no plano terminológico (todo direito que implica uma relação é por natureza social), se impôs na linguagem corrente por permitir distinguir os direitos civis e políticos conferidos ao homem e ao cidadão de certas prerrogativas específicas concedidas a indivíduos ou a grupos. Remetendo ao homem, não visto *in abstracto*, mas *in concreto*, ou seja, na realidade histórica, econômica e social de seu meio, essas prerrogativas integram tanto os *poderes de fazer* ou *direitos-liberdades* (direito de sindicalizar-se, direito de greve etc.) quanto os *poderes de exigir* ou *direitos-obrigação* (direito à proteção social, à instrução etc.).

No caso em pauta, a ideia de que o indivíduo deve exigir da sociedade certo número de direitos é relativamente antiga: já no fim do Antigo Regime francês, ela tinha a adesão de muitos filósofos, a tal ponto que, assim que sobreveio a Revolução, passou a ocupar lugar privilegiado no debate político-jurídico. Embora afirmados com veemência em certos relatórios

(Comitês de Mendicidade, de Instrução Pública etc.), esses direitos não figuram, é verdade, nem na Declaração de 1789, nem na Constituição de 1791; esta última preferiu falar em dever da sociedade, e não de direito do indivíduo; nem por isso vários deles (direito à assistência e à instrução, em especial) deixaram de ser oficialmente reconhecidos, um pouco mais tarde, não só em grande número de leis, mas também na própria Constituição francesa (1793). Mas esse reconhecimento dura pouco: recusando os princípios que acabavam de ser estabelecidos, os homens que assumiram o poder depois da queda de Robespierre unem-se ao mesmo tempo para negar ao indivíduo todo e qualquer direito de cobrança em relação à sociedade, quanto para dispensá-la de toda e qualquer obrigação em relação a este. Ainda que, diante da miséria do operariado, criada pela industrialização do país, reformadores cada vez mais numerosos (socialistas, republicanos, social-cristãos etc.) não hesitem em reivindicar, durante a Monarquia de Julho, a consagração de certos direitos essenciais (direito à proteção social, ao trabalho, à instrução, ao salário mínimo, à aposentadoria etc.), foi preciso esperar a II República para que estes últimos ressurgissem na cena jurídica, aliás de maneira bem efêmera: os direitos ao trabalho, à assistência e à instrução serão expressamente proclamados pelos governantes (atos do governo provisório, primeiro projeto de Constituição), antes de serem categoricamente rejeitados pela Constituição de 4 de novembro de 1848, após a insurreição operária de junho. Durante os regimes ulteriores, como o constituinte não os declarara expressamente (Segundo Império e III República), esses direitos deixarão de ser enunciados pelo texto supremo. Mas, mesmo não sendo beneficiados por tal promoção, vários deles serão aos poucos integrados na ordem jurídica positiva: o legislador republicano não hesitou em concretizar alguns, tanto direitos que implicavam liberdade de fazer (direito de sindicalizar-se, de greve, de associar-se etc.) quanto direitos que se traduziam por prestações (direito à assistência, à instrução, ao salário-família etc.).

A consagração

Caberá aos fundadores da IV República sancionar solenemente essa evolução. Em perfeita adequação com o espírito do tempo, a inscrição desses direitos na Lei fundamental era, aliás, amplamente previsível; acatando uma ideia expressa desde muito tempo por grande número de observadores, ou seja, a ideia de que a liberdade só seria ilusória se continuasse puramente formal e abstrata, e que a República democrática seria imperfeita caso não redundasse na República social, os governantes estavam inclinados a reconhecê-los principalmente porque esses direitos sociais pareciam-lhes e também à maioria da população o prolongamento lógico e necessário dos direitos civis e políticos. Por outro lado, o contexto político-ideológico os incitava na sua determinação: além de numerosas constituições estrangeiras adotadas depois de 1918 lhes terem já reservado grande espaço, vários documentos elaborados durante o segundo conflito mundial haviam ressaltado a necessidade imperiosa de os poderes públicos reconhecerem alguns desses direitos, em especial o da proteção social (Carta do Atlântico de 1941, assinada por Roosevelt e Churchill; Relatório Beveridge de 1942, que pretendia "libertar o homem da necessidade"; Declaração de Filadélfia de 1944, que se tornaria a nova Carta da Organização Internacional do Trabalho; programas da Resistência etc.). A rejeição, por via de referendo, de um primeiro projeto constitucional que comportava uma Declaração dedicada, por um lado, às "liberdades" e, por outro, aos "direitos econômicos e sociais" não os comprometeu; embora fosse precedido apenas de simples preâmbulo, o novo texto cuidou de proclamar, depois de reafirmar a adesão do regime aos direitos civis e políticos reconhecidos em 1789, diferentes direitos de caráter econômico e social, que qualificou de "princípios particularmente necessários a nosso tempo".

No essencial, esses direitos podem ser divididos em dois grandes grupos, compreendendo, por um lado, os direitos que afirmam um crédito individual ou coletivo em relação à sociedade: direito ao trabalho (§ 5º), à proteção da saúde, à segurança material, ao repouso, ao lazer e aos meios convenientes de subsistência (§ 11), à solidariedade de todos os franceses diante dos encargos resultantes de calamidades nacionais (§ 12), à instrução, à formação profissional e à cultura (§ 13); o outro grupo comporta os direitos diretamente referentes ao "estatuto do trabalhador": direito sindical, direito de greve, direito de todo trabalhador participar, por intermédio de seus representantes, da determinação coletiva das condições de trabalho e da gestão das empresas (§§ 6º a 8º). Mas a obra cumprida na *Libération*, embora fosse um ponto de chegada que sancionou mais de cento e cinquenta anos de lutas políticas, também foi um ponto de partida que influenciaria durante muito tempo o direito público francês, uma vez que essa obra serviu de apoio e fundamento não só para o constituinte (o de 1958 fará referência expressa ao preâmbulo de 1946) e ao legislador (este último nunca deixará de aprofundar seu conteúdo), mas também ao juiz constitucional, quando se desenvolver na França um controle de constitucionalidade.

A proteção

A instituição de um juiz encarregado de controlar a constitucionalidade das leis, em 1958, na França, marcou uma etapa decisiva na proteção dos direitos fundamentais do indivíduo; depois de aceitar integrar nas normas que serviam de base a seu controle todas as disposições do preâmbulo de 1946 (inclusive os "princípios particularmente necessários a nosso tempo"), esse juiz reconheceu pleno valor constitucional no conjunto desses "princípios", sem fazer discriminação entre eles em função de sua maior ou menor precisão ou de seu caráter mais "programático" que positivo, visto que tal valor foi conferido à totalidade dos parágrafos do preâmbulo, quer estes se referissem a "direitos-liberdades" quer a "direitos-obrigação". Sem dúvida, essa proteção comporta vários limites capazes de comprometer seu alcance: além de não existir nenhum procedimento que permita obrigar o legislador a criar os serviços públicos correspondentes aos direitos, é forçoso constatar que a liberdade de ação de que este último dispõe para pôr em prática os princípios de 1946 sempre foi a tal ponto ampla e abrangente, que as decisões pelas quais o juiz declarou que uma lei não se conformava aos referidos princípios até agora constituem exceção. Nem por isso essa proteção deixa de ser real: o mesmo juiz estima, ao termo de uma jurisprudência constante, por um lado, que a margem de manobra com que conta o Parlamento não poderia chegar a pôr em xeque ou a desnaturar os direitos em questão, e, por outro, que os serviços públicos já existentes que atendem a uma exigência constitucional (ajuda social etc.) não poderiam ser pura e simplesmente abolidos pelos governantes. Se acrescentarmos a essas breves observações o fato de que os direitos sociais proclamados depois da guerra também figuram nos diferentes textos internacionais, mais ou menos vinculantes, que a França se comprometeu a respeitar (Carta Social Europeia de 18 de outubro de 1961, Pacto Internacional sobre os Direitos Econômicos, Sociais e Culturais de 16 de dezembro de 1966 etc.), teremos facilmente uma ideia do enraizamento jurídico notável de que foi objeto essa categoria particular de direitos durante o século XX.

Evidentemente, isso não significa que esses últimos têm garantida uma vida quase eterna: mesmo sem contar que, em muitos países, continuam sendo mais promessas do que realidades, está claro que, se considerarmos que sua aplicação está em grande parte condicionada pelo nível de desenvolvimento econômico e social de cada país, veremos que eles são muito mais frágeis e contingentes que as liberdades civis e políticas, pois estas, em geral, só exigem, para serem garantidas, a abstenção dos poderes públicos, ao passo que os direitos, para serem cumpridos, necessitam (pelo menos no que se refere aos direitos-obrigação) de uma intervenção ativa desses mesmos poderes públicos. Isso significa que esses direitos, na maioria dos regimes liberais e em particular na França, constituem um dos elementos mais essenciais da construção democrática, bem como uma das conquistas mais sólidas da consciência jurídica contemporânea.

› BORGETTO M., *La Nation de fraternité en droit public français*, LGDJ-Montchrestien, 1993. – BORGETTO M. & LAFORE R., *La République sociale*, PUF, 2000. – CLAPIÉ M., *De la consécration des principes politiques, économiques et sociaux particulièrement nécessaires à notre temps. Étude de droit public, thèse droit*, Montpellier, 1992. – CONAC G., PRÉTOT X. & TEBOUL G. (dir.), *Le Préambule de la constitution de 1946. Histoire, analyse et commentaires*, Dalloz, 2001.

Ver também: DESWARTE M.-P., "Droits sociaux et État de droit", *RDP*, 1995, p. 951 . – PRÉTOT X., "Les bases constitutionnelles du droit social", *Dr. soc.*,

1991, p. 187. – RIVERO J. & VEDEL G., "Les principes économiques et sociaux de la constitution du 27 octobre 1946: le Préainbule", *Coll. dr. social*, fasc. 31, 1947, p. 13.

Michel BORGETTO

→ Assistência social; Cidadania; Direitos fundamentais; Fraternidade; Solidariedade.

DÍVIDA

O termo "dívida" vem do latim *debita*, plural de *debitum*, particípio passado de *debere*, que significa "dever", proveniente da associação das palavras *de* e *habere*, ter (*habere*) alguma coisa (bem ou direito), que foi retirado de (*de*) alguém. Em seu sentido moral ou filosófico, a dívida corresponde à obrigação contraída por uma pessoa para com outra, por um benefício recebido ou um serviço prestado. Próxima do dever, a dívida distingue-se deste por implicar uma obrigação de restituir: ela é então pensada como uma restituição, uma contrapartida a um sacrifício consentido previamente por uma pessoa, o credor, que depositou sua confiança no devedor ao concordar em receber algo em data posterior. Mas a dívida também pode deixar de ter relação com o termo dever. Em seus trabalhos sobre a noção da dívida na cultura indiana, C. Malamoud destacou a ausência de relação etimológica entre o termo "dívida" e o termo "dever". A dívida preexistiria até ao dever, remetendo à situação originária do homem, que nasce mortal, ligado aos ancestrais, à sua descendência e aos deuses. Em seu sentido propriamente jurídico, a dívida é frequentemente apresentada como sinônimo de obrigação, por constituir um vínculo de direito, em virtude do qual existe a obrigação de uma prestação que deverá ser cumprida pelo devedor para com o credor. Diz-se então que uma dívida "obriga", no sentido de constituir um dever juridicamente sancionado. Em sentido amplo, a dívida designa apenas o aspecto passivo da obrigação, quando considerado do ponto de vista daquele que deve cumprir a prestação, e opõe-se ao "crédito", que representa o aspecto ativo da obrigação, quando considerado do ponto de vista daquele que reivindica o cumprimento da prestação. Em sentido estrito, dívida designa o objeto da obrigação, a prestação devida, na forma de ação ou de abstenção da parte do devedor em favor do credor. Mais especificamente, entende-se dívida como a obrigação de pagar uma soma em dinheiro, designando-se a própria soma que o devedor é obrigado a pagar ao credor.

O conceito de dívida mostrou-se relativamente estável. A dívida, mesmo em sua forma primitiva, cria um vínculo entre credores e devedores, e sua execução está sujeita a sanções. Pouco importa se esse vínculo já foi físico e depois intelectual, que a sanção tenha na origem atingido a pessoa, antes de atingir seu patrimônio: os elementos essenciais perduram. Contudo, a percepção jurídica da dívida modificou-se ao longo do tempo sob a influência dos dados econômicos e sociais, mais precisamente durante os dois últimos séculos, marcados pela expansão do endividamento como modo de financiamento da atividade econômica e como instrumento de inserção social. Numa economia e numa sociedade baseadas no endividamento, a dívida já não é temporária e não gira em torno do pagamento, mas se pereniza, e seu pagamento se torna mais aleatório. A banalização do endividamento fez a dívida perder sua gravidade original, visto que a insolvência e o superendividamento são vivenciados como vicissitudes. Num sistema amplamente construído sobre o crédito, as finalidades do direito das obrigações e do direito da execução evoluíram. O imperativo já não está no pagamento dos credores e na penalização do devedor inadimplente, mas na conciliação das dívidas, para evitar a exclusão social e econômica do devedor. Nesse contexto, o direito elaborou um estatuto geral da dívida, não mais baseado numa concepção subjetiva e pessoal, mas numa concepção objetiva e patrimonial.

Percepção jurídica: continuidade e rupturas

Embora o endividamento constitua um problema recorrente da história social, a tradução jurídica desse fenômeno evoluiu. Além do simples abrandamento da condição de devedor, a atitude do direito consistiu em integrar o endividamento como um dado novo, mas totalmente aceitável, da vida econômica e social, nos quadros jurídicos existentes. Procedendo de uma dialética constante, a atitude clássica do direito em relação aos devedores variou entre o rigor de princípio em nome de uma moral dos negócios, que erige em imperativo jurídico a palavra dada e o respeito aos compromissos, e uma indulgência pragmática em nome de uma moral mais humana e compassiva.

Na Antiguidade, o endividamento era um mal crônico da sociedade grega, que no século VI a.C. passou por graves conturbações políticas decorrentes do endividamento dos camponeses, expulsos de suas terras e escravizados até a liquidação de suas dívidas. Em Roma, a questão das dívidas esteve no cerne da luta que, no início da República, opôs os patrícios depositários da riqueza e detentores do poder e os plebeus obrigados a endividar-se para conservar suas terras, devastadas enquanto eles serviam no exército, plebeus que se expunham ao risco de serem reduzidos a uma servidão de fato, a servidão dos *nexi*. Naquela época, a obrigação, em sua acepção mais nua, designava o vínculo material, as cadeias que prendem o devedor a seu credor. O *nexum* acarretava a sujeição imediata do devedor a seu credor, com a ressalva da obtenção da libertação por meio do pagamento do valor devido, ao passo que a *addictio* consistia na entrega definitiva, em caso de inadimplência, da pessoa do devedor a seu credor, que podia então mandar matá-lo ou escravizá-lo. Só com o passar do tempo esse vínculo se intelectualizou, e a execução passou da pessoa do devedor para seu patrimônio, com o procedimento da *venditio bonorum*, que organizava a liquidação dos bens do insolvente. Paralelamente a esse abrandamento da condição dos devedores, são tomadas medidas de abolição ou de redução das dívidas. Em Atenas, a primeira reforma de Sólon consistiu em abolir a servidão do devedor, mas também em anistiar milhares de devedores sem nenhuma indenização dos credores, decretando-se o estado de *seisachtheia* (rejeição do fardo). Em Roma, a sujeição dos devedores na forma de *nexi* foi abolida pela *lex Poetilia Papiria* (326 a.C.). Depois da rejeição de várias propostas favoráveis aos devedores, a *lex Valeria* (86 a.C.) permitiu uma redução das dívidas a três quartos de seu montante. Recusando-se a decretar a abolição das dívidas, César tomou, a seguir, certas medidas que reduziram em um quarto as obrigações dos devedores, o que corresponde à proporção inversa do estabelecido pela *lex Valeria*. Mas todas essas medidas, por um lado, eram conjunturais e tomadas em resposta a conturbações e desordens que ameaçavam a cidade e, por outro, já estavam sujeitas a controvérsias. A lembrança da *seisachtheia* explica por que, no século de Péricles, exigia-se dos juízes jurados da Helieia que se comprometessem solenemente a não votar a abolição das dívidas privadas.

O antigo direito conheceu os mesmos fenômenos de endividamento e assistiu ao confronto de devedores e credores em condições idênticas. Com formas diversas, continuava sendo admitido o vínculo da pessoa do devedor, pois o credor estava habilitado a apoderar-se do devedor para escravizá-lo ou fazê-lo trabalhar para ele até o completo pagamento da dívida. As primeiras ordenanças régias, na França, eram marcadas pelo rigor em relação aos devedores. A insolvência, que vilipendia publicamente a confiança do credor, exigia um tratamento implacável dos inadimplentes, que eram "extraordinariamente e capitalmente", e depois "exemplarmente", punidos, nos termos de uma ordenança régia de 1560. Essas práticas cruéis justificaram a limitação da coerção física a certos casos, em virtude de uma ordenança de 1667, e depois a sua supressão total em 1793, por meio de um decreto da Convenção. Restabelecida durante o Diretório, a coerção física foi mantida pelo Código Civil francês em certos casos, e pelo Código de Comércio para todos os comerciantes. A fim de aliviar certos devedores do peso de suas dívidas, eram concedidos prazos na forma de "*lettres de Répit*" ou "*lettres d'État*", previstas numa ordenança de 1669. Vivamente discutido durante os trabalhos preparatórios do Código Civil francês, foi instaurado o prazo de carência como medida de equidade, mas ele foi estritamente enquadrado e parcimoniosamente aplicado.

No século XIX, Karl Marx viu a questão das dívidas como uma das principais causas dos acontecimentos revolucionários de 1848. Ao endividamento crescente do Estado, cujo déficit foi alvo de especulações por parte das classes dirigentes, corresponde o endividamento das classes médias e dos comerciantes. Enquanto os devedores civis obtiveram a abolição da coerção física em 1867, a sorte dos comerciantes foi abrandada progressivamente graças a ações coletivas. No século XX, esse movimento legislativo favorável aos devedores enriqueceu-se com uma nova medida, a moratória, que organizou, em caráter coletivo e temporário, a suspensão dos pagamentos favorável a certas categorias de devedores ou de dívidas. Na França, delineia-se uma ruptura conceitual no direito das falências com a Lei de 13 de julho de 1967, que dissocia os procedimentos aplicáveis às empresas dos aplicáveis aos dirigentes. Mas essas intervenções são restritas a certos pontos específicos, limitadas e justificadas por considerações humanísticas, visando a preservar a paz social.

A dívida como fenômeno estrutural

Durante as últimas décadas do século XX, a relação de dívida como meio de financiamento das atividades ou dos recursos conheceu formidável expansão, com o aparecimento da economia de mercado e o advento da sociedade de consumo. Apresentado como uma força econômica e um fator de democratização da sociedade de consumo que é posto ao alcance de todos, o crédito invadiu a vida econômica e social. Essa afirmação da função econômica do crédito possibilitou uma expansão sem precedentes da dívida. Ao longo dos anos 1970, todos os agentes econômicos não tiveram dúvidas em optar pelo endividamento, sobretudo porque as condições econômicas alimentavam suas ilusões de contínuo aligeiramento do fardo de suas dívidas sob o efeito da depreciação monetária.

No plano internacional, o relaxamento das políticas financeiras ortodoxas, a implantação de um sistema monetário e financeiro internacional privado e a adoção dos dogmas keynesianos do modelo de Estado-providência levaram os Estados a recorrer sistematicamente a empréstimos para financiar não só os seus investimentos, mas também os seus déficits. O resultado foi um endividamento internacional maciço de tal nível, que pôs em risco tanto o sistema bancário internacional e os mercados monetários e financeiros quanto a própria ordem internacional. Diante da inadequação dos modelos clássicos de quitação da dívida internacional, foram buscadas soluções inovadoras, para obstar a derrocada do sistema e a insolvência dos países mais frágeis. Num primeiro momento, estabeleceram-se negociações no Clube de Paris e no FMI, buscando-se o reescalonamento das dívidas, na esperança de que, mesmo demorado, o pagamento acabasse por absorver o endividamento. Fosse qual fosse o sucesso de tais medidas de remanejamento das dívidas, num segundo momento impôs-se a ideia de que apenas a sua extinção total ou parcial permitiria resolver aquele espinhoso problema. Foi então criada uma estratégia de anulação das dívidas que assumiu diversas formas.

No plano interno, o endividamento chegou a ser entusiasticamente defendido pelas coletividades públicas, pelas empresas e por particulares. O contexto econômico, o ambiente institucional, as políticas financeiras e fiscais do Estado e a evolução do pensamento financeiro incitaram as empresas a tirar proveito do efeito de alavancagem constituído pelo financiamento por meio de empréstimos. Naquele contexto financeiro e contábil, o endividamento já não aparecia como uma fatalidade, mas como um fator estratégico e um objeto de administração racionalizada. Desse ponto de vista, a evolução legislativa contemporânea consistiu em fornecer às empresas as técnicas jurídicas apropriadas a administrar a dívida existente, ou a estabelecer uma gestão planificada dela. Sem questionar o mecanismo do endividamento, o legislador favoreceu assim o surgimento de um capitalismo sem capital, com o aparecimento dos quase-capitais, ou de um capital intermediário, com a prática das dívidas subordinadas. Esses instrumentos jurídicos híbridos, equiparados aos fundos próprios, em razão de sua fraca exigibilidade, melhoram o coeficiente de endividamento da empresa e propiciam-lhe nova capacidade de endividamento. Mas, seja qual for a realidade financeira, do ponto de vista jurídico esses recursos não deixam de constituir dívidas. O endividamento serve então de título para o endividamento. Embora o entusiasmo dos particulares pelo endividamento tenha demorado mais a manifestar-se, nem por isso foi menos pronunciado. Libertos das crenças que estigmatizavam o empréstimo a juros, os particulares praticaram o crédito como modo de vida, num contexto de inflação que os levava a crer que suas dívidas se tornariam mais leves com o passar do tempo. A retirada progressiva das limitações ao crédito orientou a oferta de créditos para os particulares, num momento em que os bancos sofriam uma diminuição da demanda de crédito empresarial. Os emprestadores entraram nesse novo mercado com grande confiança porque incitados pelos poderes públicos. A política social de acesso à propriedade contribuiu em grande parte para o endividamento das famílias, enquanto o crédito ao consumidor se impunha como um componente suplementar da renda, capaz de satisfazer um número crescente de necessidades provocadas pelos sonhos da sociedade de consumo. Numa economia moderna que já não pode ser concebida sem o crédito, sua proliferação facilitou a propagação do endividamento. Percebendo o endividamento como um fenômeno consumado do jogo econômico e como um prolongamento natural do direito a certa qualidade de vida, o sistema jurídico precisou tratar, por via de consequência, do fenômeno do superendividamento. Essa percepção do endividamento como um problema de ordem estrutural conferiu caráter mais sistemático ao tratamento da questão das dívidas pelo direito. Com a Lei de 25 de janeiro de 1985, na França, o direito referente às ações coletivas adota uma concepção social e econômica em detrimento de uma concepção repressiva e patrimonial da insolvência. Centradas na salvação da empresa, na manutenção do emprego e na conciliação das dívidas, as ações coletivas acabaram por transformar-se em técnica de extinção do passivo para garantir a sobrevivência econômica e social da empresa. Essa mudança de perspectiva explica por que as ações coletivas não pararam de ser estendidas a um número cada vez maior de participantes. Aproveitando-se dessa evolução, os particulares se beneficiaram de um tratamento jurídico do endividamento civil, que, entretanto, se apresenta como um dispositivo essencialmente social destinado a lutar contra a precariedade e a exclusão social decorrentes do estado de superendividamento. Atrás dessas implicações sociais de salvação da empresa ou de luta contra a exclusão também se delineia a ideia de que todo agente econômico, diante de uma grave crise de gestão de seus negócios, deve ter a possibilidade de ser beneficiado por uma assistência que lhe possibilite voltar a integrar-se no circuito econômico e social. Embora não tenha desaparecido de nosso horizonte jurídico, a preocupação humanística foi absorvida por considerações econômicas que justificam uma abordagem global e sistemática da síndrome do endividamento.

Repercussões jurídicas da mudança de perspectiva

O domínio da economia sobre o direito revelou a natureza dúplice da dívida, que, apresentada durante muito tempo como uma relação pessoal entre um credor e um devedor, constitui também uma relação entre dois patrimônios. A concepção clássica, focalizada no sujeito da obrigação, apresenta a dívida como um vínculo voluntário e pessoal. A vontade do devedor mostra-se preponderante, pois o cumprimento da prestação ao qual ele é obrigado depende inteiramente dele, ao passo que o credor está numa situação de espera ou expectativa. Mas, embora se mostre como algo fundamental, a vontade do devedor não é exclusiva, porque, na falta de pagamento voluntário, o credor está em condições de obrigar o devedor a pagar. Ainda que as necessidades econômicas tenham possibilitado passar da execução sobre a pessoa para a execução sobre os bens, a relação de coerção não deixa de ser pessoal, uma vez que o patrimônio é concebido como uma emanação da personalidade do devedor. Nesse contexto, a dívida lembra essencialmente a situação de dependência do devedor e o encargo que ele assume em virtude do vínculo jurídico. Essa concepção personalista da dívida, porém, oculta a finalidade econômica da obrigação, ou seja, o fato de que o vínculo de direito é estabelecido com o fim de proporcionar ao credor uma vantagem de caráter patrimonial. A obrigação constitui também um elemento do patrimônio, lançado no ativo do credor e no passivo do devedor. A ideia de patrimonialidade, embora apresentada ao lado da ideia de personalidade, tem apenas um alcance relativo. Em direito romano, a transmissão universal dos créditos e dos débitos do defunto aos herdeiros só foi admitida com base numa ficção: o princípio da continuação da pessoa do defunto nos herdeiros. Quanto à transmissão particular das obrigações, foi apenas sob o efeito das exigências da prática que os jurisconsultos a organizaram por meio de procedimentos desviados de sua finalidade inicial, antes de admitirem uma verdadeira cessão de créditos. Quando a cessão de créditos se transformou em procedimento suficientemente corrente para constituir um instrumento de especulação, logo foram tomadas medidas legislativas para restringir seu uso. Quanto à transmissão das dívidas, os romanos não procuraram criar um verdadeiro mecanismo de cessão de dívidas, que implicasse a substituição do devedor sem o consentimento do credor, uma vez que a personalidade do devedor continuava fundamental. Enquanto o crédito acabava sendo considerado um elemento de riqueza patrimonial, a obrigação, considerada do lado passivo, conservava forte caráter de personalidade que constituía um obstáculo a qualquer transmissão direta. As legislações modernas, construídas com base no modelo romano, ficaram fortemente impregnadas por essa concepção personalista da obrigação. Embora tenham admitido a transmissão direta dos créditos por meio de uma cessão de créditos, os redatores do Código Civil francês não adotaram nenhuma disposição de princípio quanto à cessão de dívida, e dessa lacuna da lei a doutrina deduziu um princípio de intransmissibilidade das dívidas. Em conformidade com essa análise clássica, a dívida apresenta-se como um encargo pessoal do devedor originário, por essência intransmissível. Segundo alguns autores, em especial A. Sériaux, ela não é um elemento do patrimônio, "um passivo, estrito equivalente do ativo, mas sim o compromisso de uma pessoa, que pagará com seus bens", de acordo com o artigo 2.092 do Código Civil francês.

Opondo-se a essa concepção romanista, a partir do século XIX alguns autores alemães, cujos trabalhos foram retomados por uma parte da doutrina francesa, propuseram que fosse feita uma abstração dos sujeitos da obrigação, passando-se a focalizar o objeto da obrigação, ou seja, a prestação prometida. Realmente, a realidade econômica revela que o que importa na obrigação é a prestação, e não a personalidade daquele que produz o resultado. A obrigação é então apresentada como um valor pecuniário próprio, um elemento de riqueza que deve figurar, respectivamente, no ativo e no passivo do patrimônio do credor e no do devedor. Nesse contexto, o patrimônio já não é simplesmente considerado como uma emanação da personalidade, mas torna-se a expressão jurídica do resultado da atividade econômica de um sujeito de direito. Uma vez que o ativo e o passivo são constantemente equilibrados, o patrimônio se enquadra automaticamente na ideia de valor. Dotada de existência própria, a obrigação constitui um bem, que, como tal, deve ser passível de cessão e de transmissão – ativa e passivamente –, sem que a personalidade do credor ou do devedor possa constituir obstáculo. Essa dimensão patrimonial da dívida se impôs plenamente numa economia na qual o endividamento constitui o principal motor. Enquanto a análise financeira fez da dívida um valor patrimonial próprio, o direito foi solicitado a fornecer instrumentos capazes de permitir uma administração dinâmica da dívida, o que implica garantir sua mobilidade. A dívida, na qualidade de valor patrimonial passivo, tornou-se então objeto de convenções. A transferência indireta das dívidas organizou-se por meio da substituição de um devedor por outro ou pela adjunção de um segundo devedor ao devedor originário. Por esse caminho, em que a lógica financeira se sobrepõe à lógica jurídica, o direito positivo deixou que se desenvolvesse uma estratégia de limpeza dos balanços, inclusive do passivo, com a técnica da cisão (*défaisance*), que possibilita retirar dívidas do balanço de uma empresa e transferi-las para uma nova entidade jurídica responsável pela sua administração. Quando da introdução da cisão (*défaisance*), o debate sobre a criação de um mecanismo de transferência direta das dívidas, que poderia ser o da fidúcia, foi reiniciado sem sucesso. Paralelamente, o legislador, porém, reconheceu, em campos circunscritos, verdadeiras cessões de dívida acessoriamente à cessão de um bem ou no âmbito de uma cessão de contrato. Nesse contexto, a dívida se impôs como um valor patrimonial administrável, e não como um encargo destinado a permanecer ancorado no patrimônio do devedor até sua completa liquidação. Apesar disso, a patrimonialização da dívida ainda está incompleta, uma vez que ela não se concretizou no enunciado de um princípio geral de sua cessibilidade, à imagem do princípio da cessibilidade do crédito.

Tratamento jurídico moderno da dívida

A elaboração do tratamento jurídico do endividamento também levou a abandonar a concepção monista em favor de uma concepção dualista da obrigação. Enquanto o direito francês considera a obrigação como um vínculo unitário, no qual a dívida só adquire valor jurídico em correlação com o poder de coerção do credor, o direito alemão adota uma concepção dualista da obrigação, que leva a distinguir, por um lado, a *Schuld*, ou obrigação do devedor de cumprir uma prestação em benefício do credor, e, por outro, a *Haftung*, ou poder de sujeição de que o credor dispõe em relação ao devedor, em caso de inadimplência. Essa distinção já era percebida em direito romano, através da noção de *debitum*, que designava a prestação devida pelo devedor, e a *obligatio*, que representava o domínio do credor sobre o devedor, a fim de obter o pagamento da dívida. Embora a doutrina francesa não tenha adotado essa análise, por julgá-la excessivamente complexa, abstrata e capaz de gerar erros, esta, porém, cobre uma realidade já verificável, uma vez que o sistema jurídico francês nunca integrou o direito de execução forçada no direito da obrigação. Hoje, o tratamento jurídico do endividamento acentua ainda essa dissociação entre a dívida, cujo remanejamento ele organiza, e a relação de coerção do credor, que ele paralisa temporária ou definitivamente.

O tratamento jurídico do endividamento civil ou comercial baseia-se em dois mecanismos. O primeiro consiste em temporizar, ou seja, conceder um prazo ao devedor para o pagamento, na forma de prazo de carência, moratória e suspensão dos processos ou ações executivas. Se esse parcelamento das dívidas não bastar para absorver o endividamento do devedor, o segundo mecanismo consistirá então em aliviar o fardo do devedor, na forma de redução, remissão ou extinção total ou parcial. Destinados a serem aplicados às situações de menor endividamento, os artigos 1.244-1 e seguintes do Código Civil francês dispõem que o juiz judiciário pode prorrogar ou parcelar o pagamento de todas as dívidas exigíveis do devedor, com algumas exceções, por um prazo máximo de dois anos. Transpondo uma nova barreira, o poder moderador do juiz enriqueceu-se com a possibilidade de reduzir de duas maneiras o montante dos juros devidos: a redução da taxa de juros incidentes sobre as parcelas prorrogadas, que não pode ser inferior à taxa legal, e a amortização prioritária do capital com o pagamento dessas parcelas. Quando concedido, o prazo de carência possibilita ao devedor escapar ao rigor do vínculo obrigatório. Não apenas são suspensas de pleno direito as ações executivas movidas pelo credor, como também este é privado de seu direito de recorrer à execução forçada durante todo o período de carência, ao mesmo tempo que as majorações ou as penalidades incorridas em razão do atraso deixam de ser devidas. O legislador ampliou o campo dessas medidas no caso das pessoas físicas superendividadas. Nos termos do artigo L 331-7 do Código do Consumidor francês, a comissão de superendividamento pode recomendar, ou o juiz pode decidir, o reescalonamento de certas dívidas exigíveis e a vencer, por um prazo máximo de oito anos ou igual à metade do período de reembolso que restar, para os empréstimos em andamento. Essa medida pode ser acompanhada da rolagem de uma parte da dívida. Do mesmo modo, o total de juros devidos pode ser diminuído, seja por redução das taxas de juros das parcelas roladas e reescalonadas até uma taxa que pode ser de zero, sem ultrapassar a taxa legal, seja pela amortização prioritária dos pagamentos sobre o capital. Por fim, o capital da dívida pode ser aliviado no todo ou em parte, pois a comissão ou o juiz pode prescrever a redução ou até a supressão do saldo do empréstimo restante, sempre que, após a venda litigiosa ou amigável da residência principal, o preço de venda não for suficiente para cobrir o empréstimo concedido pelo estabelecimento de crédito que financiou a aquisição. Para reduzir ainda mais o saldo da dívida, prevê-se que o produto dessa venda por embargo deve ser lançado com prioridade à conta do capital restante devido ao organismo emprestador. Embora todas essas medidas acarretem a suspensão de pleno direito das ações executivas diligenciadas contra as dívidas a que se referem, a suspensão provisória das ações executivas não é um efeito obrigatório da abertura do procedimento de tratamento do superendividamento, pois ela deve ser solicitada e justificada pela urgência. Nas situações mais graves, ou seja, em caso de insolvência notória do superendividado, o legislador retoma a prática da moratória, autorizando a suspensão da exigibilidade das dívidas que não sejam de alimentos ou fiscais, assim como dos pagamentos dos juros incidentes, por um período máximo de três anos. Se, terminada essa moratória prévia obrigatória, persistir o estado de insolvabilidade, caberá a remissão total ou parcial das dívidas como extinção final.

Foi dado mais um passo nesse sentido com o Anteprojeto de Lei apresentado em 28 de abril de 2003 pelo ministro delegado para a cidade, com o objetivo de instaurar um novo procedimento de restabelecimento pessoal semelhante ao da "falência civil" em vigor na Alsácia-Mosela. O objetivo é permitir que as pessoas físicas com situação irremediavelmente comprometida se beneficiem da extinção total e definitiva das dívidas, nos termos de uma liquidação dos bens ou do encerramento por insuficiência de ativos.

Em matéria de ações coletivas, o plano de continuação organiza um pagamento prorrogado das dívidas por meio de prazos cuja duração é fixada livremente pelo tribunal, sem nenhuma limitação de tempo e sem distinção de créditos (arts. L. 621-76 e L. 621-77 C. Com. francês). Embora o tribunal disponha de uma margem de manobra mais estreita para obtenção das remissões ou reduções de dívidas, numerosas regras e mecanismos decorrentes da Lei de 25 de janeiro de 1985 os favorecem direta ou indiretamente. A remissão poderá, assim, ser involuntariamente consentida por um credor que não tenha respondido num prazo de trinta dias à proposta de remissão do representante dos credores. Do mesmo modo, o artigo L. 621-46, 4º do C. Com. francês, ao decidir pela extinção dos créditos não declarados no prazo, e na relevação da preclusão, permite liberar definitivamente o devedor de suas dívidas. Esse sacrifício indireto mostra-se ainda mais pesado para os credores porque eles já suportam uma redução forçada da taxa de juros, por efeito do artigo L. 621-48 do C. Com. francês, que exige a suspensão da incidência de juros. O tribunal também dispõe da faculdade de orientar a escolha dos credores, oferecendo-lhes a alternativa de pagamento em longo prazo (o que fará pesar sobre eles os efeitos da desvalorização monetária), ou de pagamento em prazo curto, porém com redução proporcional de seus créditos. Na concordata judicial, a vontade do legislador de oferecer à empresa a trégua necessária à elaboração de um plano está expressa no artigo L. 621-40 do C. Com. francês, relativo à suspensão dos processos e das ações executivas. Inerente à ação coletiva, esse congelamento do poder de coerção dos credores pode não só manifestar-se com maior precocidade – pois o conciliador pode, por meio de um acordo amigável, solicitar a suspensão dos processos –, mas também prolongar-se indefinidamente, além do encerramento do processo. De fato, está previsto nos artigos L. 622-32 e L. 621-95 do C. Com. francês que o julgamento de encerramento da liquidação judicial por insuficiência de ativos, assim como o julgamento de encerramento segundo um plano de cessão total da empresa não restituem aos credores o exercício individual de suas ações contra o devedor. Como os credores ficam impedidos, salvo algumas exceções, de proceder ao resgate de seus créditos por via judicial, o devedor, com o encerramento desses processos, fica liberado de suas dívidas residuais, a exemplo da *discharge* americana, recuperando uma virgindade patrimonial indispensável a seu reerguimento financeiro. Desvinculada da vontade daqueles que lhe deram origem, a dívida torna-se objetiva para ser apenas um encargo do devedor, maleável segundo as circunstâncias econômicas e sociais. Por um lado, a dívida pode sofrer uma modificação estrutural, pois as modalidades de seu reembolso no tempo podem ser reorganizadas: com a rolagem, o pagamento é prorrogado para uma data diferente da data inicialmente escolhida pelas partes, e, com o escalonamento, as parcelas são deslocadas e modificadas em seu montante, enquanto, graças às medidas de redução, o montante da dívida também pode ser reduzido, em termos de juros ou de principal. É assim que, partindo da manipulação do tempo de vida da dívida, chega-se a uma diminuição de seu *quantum*. Por outro lado, é possível pôr em causa a existência ou a força executória da dívida, sob o efeito das medidas de extinção total ou parcial, ou em consequência da paralisia definitiva do poder de coerção dos credores. A dívida ganha, assim, sua autonomia em relação ao pagamento que o credor pode reivindicar. Preocupado em reinserir o devedor no circuito econômico e social, o tratamento jurídico do endividamento deu origem a uma visão nova da dívida. A dívida já não é fixa, mas suas condições de exigibilidade e seu montante podem evoluir. A dívida já não está necessariamente centrada no pagamento, mas na conciliação, ou seja, na extinção do passivo com ou sem pagamento.

› BENVÉNISTE E., *Le Vocabulaire des institutions indoeuropéennes*, Paris, Minuit, 1969. – CHATAIN & FERRIÈRE, *Surendettement des particuliers*, Dalloz Référence, 2000. – CREDA, *L'Endettement. Modes de financement des entreprises*, A. Sayag & M. Jeantin (org.), Litec, 1997, e *L'Apurement des dettes. Solution au surendettement*, sob a direção d'Y. Chaput, Litec, 1998. – GJIDARAS S., *L'Endettement et le droit privé*, LGDJ, t. 310, 1999. – LAGARDE X., *L'Endettement des particuliers*, 2ª ed., Joly Éditions, 2003. – MALAMOUD C., "Dette et devoir", in *Lien de vie, noeud mortel*, Paris, EHESS, 1988. – MOZAS P., *La Notion de dette en droit privé*, tese datilografada, Bordeaux, 1996. – OPPETIT B., "L'endettement et le droit", in *Mélanges en hommage à André Breton et Fernand Derrida*, Dalloz, 1991, p. 295. – RIZZO F., *Le Traitement juridique de l'endettement*, PU d'Aix-Marseille, 1996; Travaux de l'Association Henri-Capitant, *L'Endettement*, Journées Argentines, t. XLVI/1995, LGDJ, 1997.

Sophie GJIDARA

→ Contrato; Direito civil; Obrigações; Patrimônio

DOAÇÃO

Seríamos tentados a dizer que a palavra "doação" pertence mais ao vocabulário de certas disciplinas não jurídicas (especialmente da sociologia e da antropologia) ou à linguagem corrente do que à do direito. Apesar de seu fraco caráter técnico (que, em direito romano, também caracterizava as palavras *donatio* e *liberalitas*, conforme ressaltaram, respectivamente, Savigny e Pringsheim), a palavra é utilizada em alguns textos jurídicos (de valor normativo ou não) geralmente para indicar a doação *inter vivos* ou para designar certos atos diferentes desta, como a doação de elementos e produtos do corpo humano.

A doação é uma prática social que ganhou maior ou menor importância segundo as civilizações; suas formas e funções evoluíram com estas. Da fastuosa prodigalidade antiga, com manifestações como a dos romanos (prática da *sparsio*), de lançar para a multidão aves raras, taças de ouro e prata, pérolas, pedras preciosas e outros bens, já não restam vestígios em nosso mundo contemporâneo. A doação hoje é menos ostentatória e também menos onipresente. Paul Veyne mostrou "o espaço enorme ocupado pela doação na vida coletiva no período helenístico e romano" ("*Panem et circenses*: o evergetismo diante das ciências sociais", *AESC*, maio-junho de 1969), e o declínio talvez seja mais recente do que se costuma imaginar. É fácil entender a posição central que ocupou na sociedade medieval e, talvez, também no Antigo Regime francês, quando se conhece a força com que o pensamento católico, em cujo cerne figura a caridade, exerceu sua influência durante todo esse período. Em nossas sociedades mercantilistas, a doação tende a restringir-se à esfera privada. No entanto, delineia-se uma tendência bastante nítida, tanto em sociologia quanto em economia, no sentido de reavaliar um fenômeno cuja marginalidade teria sido exagerada no passado. Mas também é possível que a doação esteja, atualmente, para recuperar uma função que perdeu. Assim, ao concluir seu livro *L'Énigme du don*, Maurice Godelier escreveu: "hoje, diante da amplitude dos problemas sociais, a doação está a ponto de voltar a ser uma condição objetiva, socialmente necessária, da reprodução da sociedade". Essa doação, que pode vir a ocupar de novo um espaço na vida coletiva, é a doação caridosa, filantrópica. Essa forma de doação fora até agora praticada com muito menos força na França do que no mundo anglo-saxão. Mas o desenvolvimento das associações e das fundações, incentivado pelo direito, mostra bem o seu progresso.

Embora uma parcela importante da reflexão contemporânea em ciências sociais vise a contestar a ideia de que o interesse pode ser erigido em modelo único de interpretação do comportamento dos indivíduos, este não é substituído, necessariamente, pelo desinteresse. De fato, toda uma corrente de pensamento que segue o caminho aberto pelo *Ensaio sobre a dádiva*, de Marcel Mauss, insiste na ambiguidade fundamental da doação, ato que mistura inextricavelmente obrigação e liberdade, interesse e desinteresse. Nessa perspectiva, a doação não poderia ser equiparada à gratuidade e à generosidade. Poucos autores procuraram tirar proveito dessas "descobertas sociológicas" em sua análise da doação. É certo que se, em razão dessa ambivalência da doação, deduzirmos que é impossível distinguir interesse e desinteresse, espontaneidade e obrigação, seríamos levados a confundir categorias jurídicas que, tal como a doação, pressupõem a possibilidade de distinguir atos gratuitos de atos não gratuitos, atos espontâneos de atos obrigatórios.

Doação inter vivos

Sem nos demorarmos no problema da definição de doação, diremos simplesmente que hoje a doutrina está de acordo em considerar que um ato pode ser qualificado de doação desde que estejam reunidas duas condições: por um lado, é preciso que o ato engendre uma transferência de valor patrimonial unilateral (o ato não deve dar origem a uma contrapartida equivalente) e, por outro, é preciso que o doador seja movido por uma intenção liberal. Evidentemente, essa apresentação cômoda está longe de resolver todos os problemas de qualificação que se apresentam na prática (principalmente porque os termos da definição também merecem ser definidos). Preferimos associar à questão efeitos jurídicos da vontade liberal. Uma pessoa que exprime sua vontade de fazer uma doação deve ser vinculada por esta? Nos direitos de *common law*, a distinção feita entre *promises* e *gifts executed* é fundamental, uma vez que as primeiras geralmente não dão origem a nenhuma obrigação. Em direito francês contemporâneo, tal distinção já não é pertinente, e as indagações subjacentes às quais ela responde já não são formuladas na doutrina. Hoje em dia, a doação é vista como um contrato que, tal como os outros contratos, cria uma obrigação cuja execução e cujo nascimento podem ser diferidos. Mas as regras expressas por máximas como "quem dá para receber não dá" revelam que isso nem sempre ocorreu no antigo direito.

Embora a entrega da coisa (tradição) já não seja exigida em direito positivo, o nascimento da doação continua submetido a condições particulares, sobretudo de forma, que revelam que hoje ainda a vontade generosa vincula com menos facilidade aquele que a expressa do que a vontade onerosa (e deve-se notar que, no momento em que a exigência do desapossamento do doador perdeu quase todo o alcance, a forma notarial da doação passou a se impor no antigo direito). Também é notável que em direito positivo os efeitos da doação são mais frágeis do que os dos contratos onerosos.

Formação da doação. – Para que uma doação seja validamente formada, devem estar presentes as condições exigidas para a validade de todo e qualquer contrato (integridade do consentimento, capacidade, objeto, causa), mas com variações que atuam mais no sentido do endurecimento dessas condições. De maneira mais específica – e esse aspecto será alvo de nossa atenção –, a doação é submetida a severas condições formais pelo Código Civil francês, que, nesse aspecto, adotou em grande parte as condições impostas pela Ordenança de Daguesseau de 1731. Em primeiro lugar, está a exigência do ato notarial. Mas outras condições também devem ser atendidas, tais como a formulação expressa de sua aceitação pelo donatário, o estabelecimento de um laudo e avaliação para as doações mobiliárias. A pesadíssima formalidade que envolve a doação distingue-a dos outros atos organizados pelo Código Civil francês, para os quais geralmente não se impõe nenhuma forma de expressão de consentimento (ainda que atualmente estejamos assistindo ao desenvolvimento do formalismo contratual). A lei brasileira, em especial o Código Civil de 2002, permite que a doação seja formalizada por instrumento público ou particular (artigo 541), impõe apenas que a rejeição da doação seja expressa (artigo 539) e não exige a avaliação dos bens móveis. Por outro lado, sujeita os bens recebidos em doação por ato *inter vivos* à tributação sobre a renda.

É verdade, por outro lado, que essas disposições não foram muito respeitadas pela jurisprudência que, poucos anos depois da entrada em vigor do Código, dispensou do cumprimento das exigências formais por ele impostas bom número de doações, reconhecendo não só a validade das doações diretas, mas também a das doações disfarçadas e das doações indiretas. Contudo, pode-se perguntar se a jurisprudência não escapou de um formalismo para cair em outro. E o estranho sistema criado pela jurisprudência para admitir a validade das doações informais lembra o direito romano, uma vez que, até certo ponto, parece atribuir às categorias jurídicas uma função semelhante à que este último lhes atribuía. Conforme observou François Gény, para reconhecer a validade de uma doação que não atendia às condições formais impostas pelo Código, "o meio geralmente empregado consistiu em enquadrar a operação gratuita que se queria validar numa categoria jurídica que parecesse suficiente para contê-la e que, de per si, escapasse às formas que tolhiam a liberalidade legal" (*Science et technique en droit privé positif*, t. III, Sirey, 1921). Assim, uma doação disfarçada de venda (o preço estipulado é fictício) que não se enquadre na forma das doações não incorre em nulidade, e será, por outro lado, submetida ao regime destas. Sejam quais forem as críticas formuladas contra esse estado do direito (referentes especialmente ao papel – inaceitável em nosso sistema jurídico – atribuído pela jurisprudência às categorias jurídicas), deve-se reconhecer que, sem o apoio da tradição (para as doações diretas) ou de algum outro ato (para as doações indiretas ou disfarçadas), o concurso das vontades do doador e do donatário, não expressas nas formas solenes do Código Civil francês, não é validado pelo direito.

Fragilidade dos efeitos da doação. – Alguns autores ressaltaram a fragilidade da propriedade adquirida por doação. Seria possível conceber que essa fragilidade beneficia o doador que, vinculando-se por benevolência, poderia liberar-se mais facilmente de suas obrigações. Mas o direito francês não enveredou por esse caminho (deve-se, porém, notar que a doação não acarreta uma obrigação de garantia por parte do doador). A doação caracteriza-se por uma irrevogabilidade especial. Em virtude dessa irrevogabilidade, o doador não deve ter o poder de tomar de volta tudo ou parte do que doou.

Apesar dessa irrevogabilidade, são previstas algumas causas de anulação dos efeitos do contrato. Algumas se conformam à teoria geral dos contratos. É o caso das causas que têm origem no não cumprimento das obrigações por parte do cocontratante. É o que ocorre com a revogação por inexecução dos encargos (artigo 555 do Código Civil brasileiro). Também seria possível considerar que a revogação por ingratidão (artigo 557 do Código Civil brasileiro) pune o descumprimento de obrigações por parte do donatário. Mas existem outras causas mais originais de anulação. Assim, as doações feitas por uma pessoa que, no momento da realização do ato, não tinha filhos nem descendentes vivos, serão revogadas de pleno direito (art. 960 C. Civ. fr.) se nascer algum filho legítimo (mesmo póstumo) ou um filho natural legitimado por casamento subsequente (dispositivo inexistente na legislação brasileira). Os efeitos do contrato podem ser atenuados ou anulados em outras hipóteses; aqui citaremos apenas a mais importante: a redução das doações em caso de atentado à reserva. A reserva, que tem origem em duas instituições do antigo direito (a legítima, de origem romana, e a reserva consuetudinária), permite que seja reservada para certos herdeiros uma parte do patrimônio do *de cujus*. Em direito positivo, as doações, assim como os legados, são passíveis de redução caso excedam a cota disponível (que varia principalmente segundo a qualidade dos herdeiros reservatários, ascendentes ou descendentes em linha direta, e segundo seu número), e se os herdeiros reservatários ingressarem oportunamente no juízo sucessório. Por conseguinte, a propriedade de um bem transferido por doação pode ser questionada muitos anos depois de sua aquisição, questionamento este pouco previsível para o donatário. Desse modo, a manutenção de tal instituição num sistema de direito moderno pode surpreender (ver a respeito as reflexões de J.-P. Dawson). Ainda que a diferença estrutural entre as doações (constituídas por um empobrecimento) e os contratos a título oneroso (constituídos por uma troca) pareça, por si mesma, determinar a submissão desses atos a regimes diferentes, só pode surpreender a facilidade com que o direito, ao se tratar de doações, faz que prevaleçam diferentes interesses (em especial os da família) em detrimento da estabilidade da situação jurídica criada por estas.

Doação de elementos e produtos do corpo humano

Os progressos da medicina e da biologia possibilitaram novas utilizações do corpo humano. Desse modo, ao longo do século XX o legislador foi obrigado, em várias ocasiões, a intervir para regular as práticas provocadas por esses progressos científicos. O poder conferido pelas novas técnicas sobre o corpo humano e sobre os mecanismos de reprodução só poderia acarretar grandes preocupações. E o caminho buscado pelo legislador francês, já em suas primeiras intervenções (em 1949 e em 1952), o da doação gratuita, revela que, em resposta a algumas dessas preocupações, este teve o intuito de evitar que o corpo humano pudesse ser tratado como mercadoria. As leis seguintes refletirão o mesmo posicionamento: o legislador pretende possibilitar a utilização científica e terapêutica do corpo, autorizando, por conseguinte, a circulação "de elementos ou produtos do corpo humano". Mas ele rejeita a transformação do corpo em coisa comerciável e impõe que as cessões de certas partes deste assumam a forma de doação, *post-mortem* ou *inter vivos* (aqui só trataremos destas últimas). O legislador organizou a operação (que deve fazer parte de um quadro científico ou terapêutico) por meio da qual uma pessoa transfere elementos ou produtos do corpo humano a outra, submetendo-a a certo número de princípios que tendem a garantir a primazia e a dignidade da pessoa (art. 16 C. Civ. fr.; artigos 13 e 14 do C. Civil brasileiro), bem como o direito de todos ao respeito por seu corpo (art. 16-1 C. Civ. fr.). Esses princípios têm como efeito conferir à doação organizada pela lei características singulares que dificultam a determinação de sua natureza jurídica. No Brasil, a doação de órgãos, sangue, medula óssea e tecidos está disposta na Lei 9.434, de 04/02/1997, parcialmente alterada pela Lei 10.211, de 23/03/2001, que aboliu a doação presumida e capacitou a família a doar em caso de morte.

Princípios que regem a operação. – A doação de elementos e produtos do corpo humano deve ser livre, gratuita e anônima. Esses são os grandes princípios que prevalecem em direito positivo, ainda que sejam admitidas algumas exceções em certas hipóteses. Impondo o consentimento prévio a qualquer retirada de elementos do corpo humano ou coleta de seus produtos, o legislador garante a liberdade do doador. E, para preservar essa liberdade, a lei chega a afirmar que o doador não é vinculado por seu próprio consentimento, que é revogável a qualquer momento. No entanto, convém notar que, por um lado, essa revogação não é concebível depois da execução da doação e que, por outro, há casos em que esse consentimento não é exigido. Os dois mecanismos tradicionais de proteção do consentimento, que são o formalismo e as incapacidades, são utilizados pela lei: as formas de expressão do consentimento às vezes são muito coercitivas (assim, o acordo dado à retirada de órgão deve ser, em princípio, expresso perante o presidente do tribunal de última instância), e pesa uma proibição de princípio sobre os menores e os maiores protegidos.

O legislador impôs a gratuidade dessas doações de elementos e produtos do corpo humano, o que não impede que o doador seja indenizado (a indenização tem por objetivo cobrir certos custos como, por exemplo, os do deslocamento do doador). Foram tomadas algumas medidas para garantir essa gratuidade. Assim, o Código Civil francês prevê que o "corpo humano, seus elementos e seus produtos não podem ser objeto de direito patrimonial", e que "são nulas as convenções que tenham como efeito conferir valor patrimonial ao corpo humano". Embora a interpretação dessas duas disposições suscite discussões, não há dúvida de que elas vedam "no mínimo" as transferências onerosas de elementos e produtos do corpo humano.

Por fim, de maneira mais original, o legislador quis estabelecer o anonimato. Assim, está previsto nos textos que o doador deve ignorar a identidade do receptor, e este deve ignorar a identidade do doador. Pode-se derrogar esse princípio de anonimato em caso de necessidade terapêutica. Convém, ademais, notar que esse princípio não pode ser aplicável à retirada de órgãos de uma pessoa viva, pois esta só é admitida pela lei quando há relações familiares estreitas.

Natureza do ato. – A lei francesa qualifica esse tipo de doação como o ato por meio do qual uma pessoa cede elementos ou produtos de seu corpo. Na verdade, a doutrina mostra certa dificuldade diante desse tipo de doação, no modo como ela está organizada pela lei. Parece difícil enquadrar esse ato nas categorias jurídicas existentes. Ele poderia ser arrolado entre as doações *inter vivos*. Mas essa incorporação só poderia ser feita à custa de uma distorção dessa categoria, e a impossibilidade que haveria de aplicar seu regime torna inútil essa tentativa. Pode-se, por outro lado, duvidar da natureza contratual da doação de elementos e produtos do corpo humano. Talvez se pudesse considerar que o doador firma um contrato com o estabelecimento realizador da retirada (na hipótese em que os vínculos entre essas duas pessoas fossem de direito privado). Uma coisa é certa: não há contrato entre o doador e o receptor, que, em princípio, não devem conhecer-se. O sistema instaurado pelo legislador tende a evitar o estabelecimento de quaisquer vínculos entre doador e receptor, e o reconhecimento de um contrato entre essas duas pessoas seria incoerente com esse objetivo.

Outra característica da doação de elementos e produtos do corpo humano que contribui para a sua singularidade é a natureza do objeto transferido. Muitos fatores, entre os quais a inserção das novas disposições no livro I do Código Civil francês, levam a pensar que as leis bioéticas se recusaram a inserir o corpo humano na categoria das coisas. Essa é a opinião de uma parte da doutrina (J. Carbonnier, Y. Thomas). Sendo assim, pode-se lamentar que a proteção do corpo só tenha parecido viável por meio de sua personalização. Essa solução não se impunha. A incorporação do corpo humano na categoria das coisas não teria impedido a proteção deste e não teria sido necessariamente contrária à "dignidade humana". Por outro lado, teria sido mais conforme às "estruturas permanentes de nossa cultura jurídica" (Y. Thomas). O corpo, devendo ser vinculado à pessoa, é posto fora de nosso patrimônio. Ora, tradicionalmente, são os elementos de nosso patrimônio que podem circular entre vivos. E ninguém poderia negar que os elementos do corpo humano do doador são transferidos para o receptor, da maneira mais absoluta e definitiva, quando a operação é concluída. Uma maneira de resolver a dificuldade é diminuir (como propõe uma parte da doutrina) o alcance das disposições do Código Civil francês sobre o corpo humano e considerar que, em direito positivo, os elementos e produtos do corpo humano são bens que não podem, em princípio, ser transferidos a título oneroso.

O sistema instaurado pelo legislador é desorientador (mas as mesmas reflexões podiam ser feitas em 1952, a respeito da lei sobre as transfusões de sangue). É como se o legislador, para regular a transferência de partes do corpo humano, não tivesse recorrido à doação na forma jurídica de ato de transferência da propriedade dos bens, mas tivesse tentado ressuscitar a doação em sua forma arcaica, na qual, conforme demonstrou Marcel Mauss, coisas e pessoas ainda estão misturadas.

› DAWSON J.-P., *Gifs and Promises, Continental and American Law Compared*, Londres, New Haven, Yale Univ. Press, 1980. – DUPEYROUX J.-J., *Contribution à la théorie générale de l'acte à titre gratuit*, Paris, LGDJ, 1955. – MAUSS M., "Essai sur le don, forme et raison de l'échange dans les sociétés archaïques", in *Sociologie et anthropologie*, Paris, PUF, 1995 (1ª ed. 1950). – MICHEL J., *Gratuité en droit romain*, Bruxelles, Université libre de Bruxelles, 1962. – PRIEUR S., *La Disposition par l'individu de son corps*, Bordeaux, Les Études hospitalières, 1998. – RAY J., *De la notion de donation en droit civil français*, Paris, Sirey, 1912.

Ver também: GODELIER M., *L'Énigme du don*, Paris, Fayard, 1996. – KARSENTI B., *L'Homme total, sociologie, anthropologie et philosophie chez Marcel Mauss*, Paris, PUF, 1997. – MARAIS J.-L., *Histoire du don en France de 1800 à 1939, Dons et legs charitables, pieux et philanthropiques*, Rennes, PUR, 1999. – THOMAS Y., "Le sujet de droit, la personne et la nature, sur la critique contemporaine du sujet de droit", *Le Débat*, 1998, nº 100, pp. 85-107.

Anne FOUBERT

→ Causa; Contrato; Corpo humano; Solidariedade; Sucessões; Truste.

DOCUMENTAÇÃO JURÍDICA (Antes da invenção da imprensa)

Como conhecer e provar a existência e o conteúdo de uma regra jurídica enunciada antes da segunda metade do século XV? Para os contemporâneos, a dificuldade, evidentemente, era maior do que o é para os historiadores de hoje, que dispõem de edições científicas modernas de quase todas as fontes escritas de que se conservou vestígio, em todo caso das mais antigas. Sua pesquisa, transcrição e crítica são da alçada de uma ciência auxiliar da história, a diplomática ou estudo dos documentos, essencialmente oficiais, seja qual for seu suporte: tábulas cobertas de cera, em uso durante muito tempo após o fim da Antiguidade, papiros, pergaminhos e, depois, papel. Mas as fontes ou *monumentos* do direito diferem segundo os momentos e as autoridades ou os grupos que os emitem.

Das "leis" às ordenanças

A partir da queda do Império Romano, dispõe-se de textos que emanam de um chefe com o poder de impor um conjunto de normas que regem as relações jurídicas dentro de dada sociedade. Digamos – sem dar às palavras um sentido preciso – que se tratava de *leis*, e foi exatamente isso o que se entendeu quando, depois da queda do Império Romano do Ocidente, foram redigidos os usos dos diferentes grupos étnicos sediados no Oeste da Europa, como princípios que regiam as populações autóctones. Essa foi a origem da *Lei dos Visigodos*, da *Lei dos Burgúndios* ou *Lei Gombeta*, do nome do rei Gondebaud, da *Lei Sálica*, da *Lei Ripuária* e de muitas outras, para os "bárbaros", bem como do Breviário de Alarico, para os galo-romanos que viviam sob a autoridade do rei dos visigodos, da *Lei Romana dos Burgúndios*, do *edito de Teodorico*, em vigor entre os ostrogodos. As "Leis bárbaras" pouco passavam de compilações de costumes; as outras, "Leis romanas dos bárbaros", conservavam o essencial das normas antigas, aplicadas antes das invasões, na forma expressa pelo Código Teodosiano (438). Não há espaço para recordar aqui as soluções complexas de aplicação dessas leis pessoais no território de um mesmo reino. Cabe lembrar, simplesmente, que estamos diante de compilações cuja redação foi decidida, ou pelo menos imposta, pelo monarca, e cujo teor foi conservado por manuscritos. A *Lei Sálica* (dos chamados francos sálios) – só para citar um exemplo, porém o mais significativo – teve várias versões de Clovis a Carlos Magno (início do século VI – início do século IX): em latim, língua dos povos conquistados, que se tornou a língua escrita predominante, e em frâncico, que era principalmente uma língua falada, o que reflete adaptações ou emendas sucessivas. Os editores modernos dispõem de uns sessenta manuscritos que reproduzem os diferentes estratos da compilação, até a mais recente, chamada "Lei sálica corrigida por Carlos Magno".

A lado das "leis" próprias a cada etnia, encontram-se, na mesma época, textos que o monarca edita em virtude de seu poder pessoal de comando; raras nos tempos dos merovíngios, são inicialmente designadas pelas palavras do vocabulário jurídico antigo: *edicta* ("editos") ou *praecepta* ("preceitos"). Na época dos carolíngios, sobretudo durante o reinado de Carlos Magno, quando o imperador se mostra (ao modo romano) como a lei em pessoa, fala-se de "capitulares", ou seja, textos compostos de artigos ou capítulos (*capitulum* = pequena cabeça), cujos conteúdos são dos mais variados, desde simples instruções ou circulares dirigidas aos célebres *missi dominici* até atos de caráter propriamente legislativo que ditavam regras novas ou modificavam textos antigos, tal como a "Lei sálica emendada por Carlos Magno", acima citada. O florescimento dos capitulares carolíngios levou os clérigos, por uma questão de facilidade, a reuni-los numa mesma coletânea, mas essas não eram iniciativas oficiais, e essas coleções – por exemplo, a de Ansegiso, abade de São Vandrilo (c. 827), ou a de Bento, diácono da igreja de Mogúncia, em meados do século IX – contêm erros e falsidades que a crítica moderna procura pinçar. Contudo, durante o século IX, enquanto as estruturas políticas do Império se esboroam e está em declínio o poder de imposição da vontade dos sucessores de Carlos Magno, os capitulares vão-se tornando cada vez menos numerosos, até que desaparecem completamente no fim do século. Na mesma época, o sistema da personalidade das leis foi completamente abandonado. A produção de textos jurídicos de alcance geral passa então por um longo eclipse, de aproximadamente três séculos, correspondente ao da noção de Estado, enquanto o poder público é fragmentado, dando lugar a múltiplos senhores. Cada senhor importante goza do poder de proclamação, que lhe permite regulamentar a vida de seus feudatários. O rei da França – Hugo Capeto (987) e seus primeiros sucessores – não agiu de outro modo. Contudo, quando sua autoridade se firma, a partir do século XII, ele passa a utilizar os princípios do direito feudal para obter de seus vassalos – duques, condes ou outros senhores – apoio para a aplicação, em seus principados, das normas emanadas da chancelaria régia, chamadas *stabilamenta* (*stabilamentum* = o que deve permanecer estável), ou "ordenanças". Com bastante rapidez – no século XIII –, conseguiu obrigar seus barões recalcitrantes a impor respeito a esses textos, de tal modo que seus conselheiros, imbuídos de direito romano, retomaram a fórmula antiga para declarar que "o que apraz ao príncipe tem força de lei". O rei goza então do "poder de fazer estabelecimento". Logo redigida em francês, essa fonte legislativa, porém, não foi muito prolífica de início, sobretudo em matéria de direito privado, que permaneceu regido principalmente pelos costumes ou pelo direito escrito (cf. *infra*). Por outro lado, o texto dos primeiros "estabelecimentos" ou ordenanças nem sempre chegou até nós. Assim, só conhecemos por alusões ou citações os "estabelecimentos (do) bom rei Filipe" referentes ao direito à sucessão concedido às viúvas (ordenanças baixadas em 1204 e provavelmente em 1214 por Filipe Augusto). Depois disso, a conservação e a publicação dos atos régios foram organizadas. A partir do século XIII, o *Trésor des Chartes* passa a conter capsas (pequenos cofres) com documentos originais e registros com transcrição dos atos. Por outro lado, os textos das ordenanças são enviados às jurisdições encarregadas de publicá-los e aplicá-los. As cortes de justiça são então levadas a verificar sua origem e autenticidade, antes de mandá-los copiar em registros para conservar seu teor. Essa é a origem do direito de registro das cortes soberanas, que no futuro terá importantes consequências políticas. O fato é que, graças a ele, podemos conhecer com exatidão os atos legislativos do rei, seja qual for o nome que lhes seja dado: estabelecimentos, ordenanças, editos, cartas patentes etc., de tal modo que foi possível publicar coletâneas já durante o Antigo Regime e, mais ainda, no século XIX. As "leis do rei", porém, estão longe de constituir as fontes documentares mais importantes.

"Ambos os direitos"

Na Idade Média era assim designado o programa de estudos universitários, em outras palavras o "direito douto", escrito em latim, língua dos clérigos, em oposição ao direito "vulgar" das costumagens, expresso nas línguas vernáculas e aplicado cotidianamente, mas sem ser alvo de doutas especulações. Eram o direito canônico e o direito "civil", ou romano. O primeiro é composto das regras ditadas para a sociedade cristã por aqueles que tinham poder para tanto, dentro da Igreja católica: os papas, que agiam por meio de decretais, e os concílios – assembleias de prelados –, na forma de cânones, aplicáveis segundo o tipo de reunião tanto ao conjunto da cristandade, quanto a uma província ou a um reino. Fosse qual fosse sua natureza, esses textos não apenas impunham uma disciplina ao clero, como também continham normas destinadas ao conjunto dos fiéis, regendo amplos setores da vida jurídica, como o casamento, por exemplo. A partir do fim da Antiguidade, a legislação da Igreja – cujos atos eram escritos em grego ou em latim – foi abundante, de tal modo que, durante toda a alta Idade Média, foram compostas compilações de maior ou menor autenticidade (pois não são raras as falsificações). Esse trabalho de compilação foi oficializado a partir do século XII, dando origem, primeiramente, ao célebre *Decreto de Graciano*, que reunia numerosos cânones (c. 1140), e depois a compilações de textos pontificais: as *Decretais de Gregório IX*, o *Sexto*, as *Clementinas* e as *Extravagantes*, conjunto que foi reunido, no início do XVI, para constituir o *Corpus iuris canonici*. Como este já foi objeto de um dos verbetes deste dicionário, limitamo-nos a remeter o leitor a ele, bem como ao que trata dos *canonistas, decretistas e decretalistas*. A legislação da Igreja e seu ensino nas universidades de fato provocou uma proliferação de comentários e estudos doutrinários, a maioria dos quais foi depois publicada, constituindo rica documentação.

O mesmo se pode dizer dos trabalhos dos romanistas medievais. Mesmo depois de sofrer adaptações e alterações, o direito antigo nunca foi completamente esquecido no Ocidente, no mínimo em virtude da redação das "leis romanas dos bárbaros", baseadas no conhecimento e na interpretação do Código Teodosiano. No século XII, o renascimento intelectual possibilitou o conhecimento e a compreensão das compilações jurídicas, posteriores às invasões (século VI), determinadas pelo imperador Justiniano, que sonhava em reconquistar a parte ocidental do Império e exaltava as tradições romanas. Daí adveio o primeiro "renascimento do direito romano", pois haverá outro no século XVI – manifestado pela divulgação de cópias do Digesto (ou *Pandectas*), das *Institutas*, do *Código* e das *Novelas* (conjunto que receberá o nome de *Corpus juris civilis*) e por uma extraordinária produção de obras eruditas nascidas nas universidades. Também neste caso nos limitaremos a remeter a outros verbetes deste dicionário para que o leitor possa inteirar-se da amplidão da documentação jurídica manuscrita assim criada e em grande parte editada a seguir. Observaremos apenas que o direito romano, na Idade Média e depois, permaneceu como direito vivo e aplicado, pois muitos de seus princípios foram adotados nos países meridionais e influenciaram em maior ou menor grau o direito das outras regiões.

Turbas e costumagens

Apesar da importância do direito erudito, na Idade Média o costume aparece como fonte essencial do direito, pois mesmo nos lugares onde as lembranças da Antiguidade continuaram vivas, esse direito foi, de início, integrado na costumagem. Esta pode ser definida simplesmente como um conjunto de práticas ou usos que ganha força de obrigação em virtude da repetição. Aliás, é melhor falar em costumagens, no plural, pois, surgindo no momento em que os reinos foram fragmentados em múltiplas senhorias e o poder de impor normas gerais desapareceu, sua área de aplicação territorial – castelania, bailiado e, na melhor das hipóteses, condado ou ducado – é estreita, e seu número é elevado. O conhecimento das costumagens mais antigas apresenta muitas dificuldades, mas sua pesquisa é a que desperta maior interesse, pois permite acompanhar a passagem da oralidade à escrita. Realmente, a norma consuetudinária, quando se forma, não é expressa em textos; existe na consciência dos membros do grupo que a ela se submete e é transmitida por tradição oral de geração em geração. Opõe-se ao "direito escrito", ou seja, às normas contidas nas compilações antigas, e essa dicotomia entre costume e direito escrito subsistirá por muito tempo, mesmo depois do processo de redação das costumagens. Daí advém a oposição excessivamente esquemática – que a crítica moderna tende a matizar – entre "regiões regidas por costumes" e "regiões regidas por direito escrito"; os melhores autores consideram "o direito do Sul [da França] um direito consuetudinário de fundo romano" (P. Ourliac).

Seja como for, o caráter oral do costume suscita o grande problema do conhecimento de sua existência e de seu conteúdo, por conseguinte de sua prova. Com os séculos, alguns princípios consuetudinários, porém, considerados como sabidos por todos: são os "costumes notórios", tão conhecidos, que não é preciso estabelecer sua veracidade; eles se impõem aos juízes sem que precisem ser provados, o que sem dúvida facilita a tarefa dos litigantes ou de seus conselheiros, mas não a dos historiadores, pois seu conhecimento só pode ser indireto, dependendo do estudo dos atos da prática (ver Arquivos, direito nos). As normas consuetudinárias não notórias são denominadas normas "privadas", pois os juízes não são obrigados a conhecê-las; por conseguinte, os litigantes que as invocam devem prová-las. Para tanto – visto que os costumes são conservados na memória dos homens –, recorre-se aos mais idosos, os homens conhecedores das costumanças ("*prud'homens*", "*hommes coutumiers*" ou simplesmente "*coutumiers*", ou também "*usagiers*"), a fim de ouvir suas lembranças mais remotas, pois, como se sabe, é o tempo que transforma o simples uso em norma jurídica. As informações são então colhidas com eles, quer por meio de inquirição individual, quer em grupo (*turba*), com o objetivo de se obter um parecer unânime. Diz-se então que a inquirição é "em forma de turba", ou "por turba". Na França, esse procedimento foi regulamentado por uma ordenança de são Luís (1269-70). A resposta da turba, que devia reunir pelo menos dez testemunhas, vincula o juiz, em princípio; ela estabelece, portanto, com certeza este ou aquele aspecto consuetudinário alegado por um litigante. Mas é considerada globalmente como um único testemunho e, em certos casos, a partir do século XIV, cada litigante produz sua própria turba, de tal forma que o juiz se vê diante de duas normas consuetudinárias contraditórias, o que acaba duplicando o problema do conhecimento da regra aplicável, em vez de resolvê-lo. Assim, além da complexidade, da lentidão e do custo de tal sistema, essa inquirição tinha o inconveniente de às vezes deixar na incerteza o aspecto consuetudinário em litígio, mantendo-o na tradição oral. Por outro lado, no que se refere à documentação disponível para os historiadores franceses, a grande maioria das inquirições ficou inédita, ainda adormecidas em meio aos arquivos judiciários. Seus confrades alemães e ingleses são menos desfavorecidos, pois os primeiros dispõem dos papéis de *Weistümer*, que registram as costumanças dos almotacés de cidades ou aldeias, e os segundos têm *Records* e *Reports*, que relacionam o conteúdo de sentenças judiciárias; todos publicados.

A maioria das publicações, na França e em outros lugares, é constituída por textos que permitem reconstituir parcialmente os costumes observados em alguns forais municipais, preciosíssimos porque os mais antigos remontam ao século XI e começam a tornar-se numerosos a partir do século XII. Evidentemente, não cabe buscar neles – sobretudo nos forais de cidades franqueadas ou de comunas da parte setentrional da França – exposições sistemáticas de direito consuetudinário. Eles definem as relações entre senhores e habitantes, desenham os contornos da administração e da justiça municipais, fixam normas de polícia, estabelecem multas etc., mas contêm pouquíssimas disposições referentes ao direito privado. No entanto, os forais meridionais são diferentes, sobretudo os que foram outorgados no século XIII (os mais numerosos). Quer tenham o nome de *costumagem*, *privilégio*, *franquia* ou *estatuto*, a documentação jurídica que fornecem é importantíssima por possibilitar dimensionar ao mesmo tempo a força das tradições antigas e a importância das normas de fundo consuetudinário que depois serão muitas vezes dispensadas. É o que ocorre – para só citar alguns exemplos – com a *costumagem de Montpellier* (1204-1205), que descreve um sistema sucessório muito distante do que está presente nas compilações de Justiniano, ou as *costumagens de Toulouse* (1286), que – bem cedo comentadas (1296) – "são testemunho [...] de uma reação contra as infiltrações doutas que vêm à luz durante todo o século XIII" (H. Gilles), ou também os múltiplos textos provenientes da região dos Pirineus, dotados de grande originalidade. Chamados frequentemente de *fors*, podem ser aproximados dos *fueros* que na mesma época se encontram do outro lado dos Pirineus e exercem função idêntica: reconhecer privilégios e confirmar usos jurídicos locais. É até possível comparar os forais das cidades do Sudeste da França com os estatutos municipais italianos. Apesar disso, além de estarem localizados nas regiões meridionais, tais documentos são, em geral, específicos de uma cidade e não se referem à região que a cerca. O teor de vastos setores das costumagens jurídicas continua assim confiado apenas à memória humana, com todos os perigos que isso implica. Para usar as palavras de Philippe de Beaumanoir, um daqueles que, justamente, acabariam com a oralidade, "o que não se escreve logo se esquece"!

A iniciativa de redação das normas consuetudinárias em vigor nas várias regiões, a partir do século XIII, é obra dos práticos do direito que, para sua própria orientação, sem injunção de qualquer autoridade, registraram por escrito aquilo que conheciam por terem visto em ação ou em julgamentos, arrolando usos contratuais, decisões judiciárias, opiniões colhidas em universidades etc. Seus manuscritos são comumente chamados *coutumiers* [costumagens], palavra francesa que designa ao mesmo tempo as pessoas que conheciam as normas em uso e as primeiras redações dos costumes. Tais obras, de elaboração melhor ou pior, contêm uma mistura de elementos normativos, resumos de sentenças ou acórdãos e reflexões doutrinárias. Seu conteúdo não tem nenhuma força coercitiva; não vincula o juiz, mas, inevitavelmente, só a existência do texto escrito, sem falar do prestígio do autor (às vezes anônimo), acaba por conferir-lhe valor semioficial. Em todo caso, decerto foram de grande ajuda no mundo dos juristas, mesmo porque, com raras exceções, as costumagens são escritas em língua "vulgar". Também são muito úteis para os historiadores do direito, pois a grande maioria das que se conservaram hoje estão editadas. As mais antigas provêm da Normandia; sua origem remonta ao fim do século XII; durante o século XIII, apresentam-se na forma de várias versões sucessivas, em latim (*Summa de legibus Normaniae*) ou em francês (*Grand coutumier de Normandie*). Na região que compreende Orléans e Paris, na segunda metade do mesmo século, surgem vários textos; o mais volumoso e célebre deles – ao lado do *Conselho a um amigo* (*Conseil à un ami*), do *Livro de justiça e pleito* (*Livre de jostice et plet*) e dos *Estabelecimentos de são Luís* (*Établissements de saint Louis*) – é o que o bailio Philippe de Beaumanoir, homem do círculo do rei e grande erudito, escreveu por volta de 1280: *Les Coutumes de Beauvaisis*. Esse texto aparece como um tratado de direito consuetudinário que excede o âmbito geográfico indicado pelo título, além de ser alimentado por reflexões pessoais. Durante o século XIV e no início do século XV, há poucas províncias cujos usos jurídicos não sejam objeto de redações que vão evoluindo ao longo dos anos, como a *Antiga costumagem de Champanha* (*Ancien coutumier de Champagne*), a *Antiquíssima costumagem da Bretanha* (*Très ancienne coutume de Bretagne*), a *Suma rural* (*Somme rural*) de Jean Boutillier para as regiões do Norte, a *Grande costumagem de França* (*Grand coutumier de France*), centrada no direito parisiense, as várias costumagens da Borgonha, a *Velha costumagem de Poitou* (*Vieux coutumier de Poitou*) etc., textos estes que podem ser comparados aos *Rechtsbücher* dos países germânicos. Nenhuma dessas compilações, porém, tem valor oficial. As redações de costumes, solicitadas pelo poder régio a partir da Ordenança de Montils-lès-Tours (1454), são contemporâneas da invenção e do desenvolvimento da imprensa. Definitivamente, antes de meados do século XV, o jurista tem diante de si cópias manuscritas, mais ou menos fiéis, de ordenanças régias, tratados de direito erudito e de costumagens locais.

› A maioria dos tratados ou dos manuais de história do direito aborda o problema das fontes. Remetemos aqui ao velho livro, sempre importante, de BRISSAUD, J., *Manuel d'histoire du droit français* (*Sources – droit public – droit privé*), Paris, 1898.

Ver, além disso, entre as publicações mais recentes: BART J., *Histoire du droit privé de la chute de l'Empire romains au XIXe siècle*, Paris, 1998. – CARBASSE J.-M., *Introduction historique au droit*, Paris, 1998. – OURLIAC P. & GAZZANIGA J.-L., *Histoire du droit privé français de l'An mil au Code civil*, Paris, 1985.

Ver também: OLIVIER-MARTIN F., *Histoire de la coutume de la prévôté et vicomté de Paris*, 3 t., 2 vol., Paris, 1922-30, assim como *Les Lois du roi*, cours pol., Paris, 1947. – PETOT P., *La Formation du droit privé français*, cours pol., Paris, 1958.

Jean BART

→ Canonistas, decretistas, decretalistas; *Corpus juris canonici*; *Corpus juris civilis*; Direito consuetudinário na França; Fontes do direito; Leis bárbaras; Manuais, tratados e outros livros; Ordenanças (Grandes) do Antigo Regime; Romanística medieval.

DOCUMENTAÇÃO JURÍDICA (Da invenção da imprensa à Revolução francesa)

A documentação jurídica foi transformada pela invenção da imprensa, que possibilitou editar e divulgar em maior número compilações de fontes e obras de doutrina. Nem por isso manuscritos desapareceram: os juristas sempre consultavam velhos textos medievais, conservavam e utilizavam as anotações feitas em seus estudos e em audiências. Além disso, trabalhos de composição recente, como o *Antitriboniano*, de François Hotman, ou os *Arrêtés*, de Guillaume de Lamoignon, circularam durante muito tempo nessa forma antes de serem publicados. No entanto, desde cedo os profissionais do direito passaram a utilizar obras impressas, que podem ser identificadas por meio do recenseamento dos títulos publicados na França e no exterior, da análise do conteúdo das bibliotecas em inventários *post-mortem* e do levantamento das referências citadas nas obras dos escritores de então. A característica dominante dessa documentação impressa entre o século XV e a Revolução francesa é a imensa diversidade, reflexo do direito da época: ela abrange múltiplas fontes, os direitos eruditos e o direito francês em seus diferentes componentes, costumes, legislação, jurisprudência, e, para cada uma, uma literatura doutrinal variada, na qual convivem obras práticas e teóricas, dicionários e repertórios, comentários e tratados.

A documentação sobre o direito erudito

Herdada da Idade Média, a influência do direito erudito perdurou, mas foi-se atenuando progressivamente, até mudar de natureza. Os instrumentos de trabalho dos juristas seguiram a evolução. O direito romano ainda ocupa o primeiro plano na edição e nas bibliotecas jurídicas no fim do século XV e durante boa parte do século XVI, mas a seguir passa para o segundo plano. Durante o século XVI, o interesse constante suscitado pelas fontes romanas, por razões ligadas, ao mesmo tempo, à persistência das tradições e à influência do humanismo, se reflete nas numerosas publicações do *Corpus juris civilis*, em seu conjunto, ou, separadamente, das *Pandectas*, do *Código* e das *Institutas* de Justiniano. Dentro de um espírito tradicionalista, quase todas as edições até mais ou menos 1520 e algumas até ainda 1627 apresentam uma versão adaptada ao texto da Vulgata e acompanhada da glosa de Accursio. Inspiradas nos ensinamentos do humanismo, outras, cada vez mais numerosas, propõem versões remanejadas, estabelecidas com base no manuscrito de Florença, considerado o mais antigo e puro, sobretudo sem glosas: as das *Institutas* (1525), das *Pandectas* (1529) e do *Código* (1530) de Gregório Meltzer (Haloander), reeditadas em Lyon em 1551, a do *Digesto*, de Lelio Torelli (1553), a edição do *Corpus juris civilis*, de Roussard, de acordo com Le Douaren (1560), e, um pouco depois, a de Dionísio Godofredo (1583), inúmeras vezes reproduzida nos séculos seguintes. Também se deve à influência humanista a multiplicação das edições de fontes anteriores a Justiniano: *Lei das XII Tábuas*, reconstituída e comentada por François Baudouin (1550), depois por François Pithou (1586) e Jacques Godefroy (1616), *Leges regiae et decemvirales* de Justus Lipsius (1584), *Código Teodosiano*, impresso já no início do século XVI, mas divulgado sobretudo pelas edições de Jean du Tillet (1549), de Jacques Cujas (1566) e, mais tarde, de Jacques Godefroy (1655). Nos séculos XVII e XVIII, o interesse pelo direito romano, considerado de um ponto de vista científico, diminuiu na França, e as publicações de fontes, ainda numerosas no exterior, se rarefizeram. Os instrumentos de trabalho mais comuns dos juristas da época, mesmo nas regiões regidas pelo direito escrito, reduzem-se a traduções (como a das *Institutas de Justiniano*, feita por Claude de Ferrière), destinadas a um público de estudantes, mais que de praticantes, sobretudo em compêndios que reduzem as leis romanas a seus princípios essenciais ou só ficam com as soluções ainda cabíveis: inaugurado no século XVI, com o *Enchiridion* de Jean Imbert e o *Traité des lois abrogées et inusitées* [Tratado das leis ab-rogadas e fora de uso] de Philibert Bugnyon, o gênero alcança grande prosperidade nos séculos seguintes: além das numerosas reedições dos dois títulos acima citados, conta-se com os resumos das *Institutas*, de Boscager e Hauteserre, os das *Pandectas*, de Claude Colombet e Claude Joseph de Ferrière, que revelam um conhecimento minimalista e utilitarista do direito romano. Para voltar a despertar interesse, o direito romano precisou adaptar-se aos novos cânones do racionalismo, sair do plano das compilações de Justiniano para uma ordem considerada mais lógica e cômoda. Essa foi a obra das *Pandectas* de Pothier (1748), que, mantendo a mesma organização dos livros e dos títulos, ordenava os fragmentos do *Digesto* de modo sistemático: foi grande o seu sucesso, com numerosas reedições latinas e francesas até o século XIX.

As produções da doutrina romanista sofreram evolução idêntica. Entre as primeiras obras publicadas a partir do século XV, os comentários e tratados de direito romano figuravam em boa posição e continuaram numerosos durante uma parte do século XVI. Preferidos à literatura consuetudinária, constituíam o acervo das bibliotecas, que quase sempre continham as obras dos grandes jurisconsultos medievais, Bartolo e Baldo, muitas vezes as de seus numerosos discípulos que, mesmo na França, ainda tinham leitores, e, mais tardiamente, as dos romanistas franceses, tradicionalistas como Tiraqueau ou Du Moulin, ou inovadores como Le Douaren, Connan, Baudouin, Cujas, Hotman, Doneau. Essa profusão ressalta a utilização intensiva que os juristas franceses faziam então da literatura romanista, considerada a expressão por excelência da ciência do direito, por meio da leitura direta de seus principais representantes ou, para os mais apressados, pela leitura das obras dos antinomistas, que inventariavam os pontos controversos entre as leis romanas e entre seus intérpretes, resumiam as opiniões e tentavam conciliá-las. Mas, a partir do fim do século XVI, o declínio prenunciado pela rarefação das edições das fontes confirma-se também nas obras doutrinárias. Nos séculos XVII e XVIII, nenhum dos grandes romanistas franceses do século anterior é publicado de novo, e, com exceção de Cujas em 1658, poucos são lidos, sendo preciso atentar para os Países Baixos, a Alemanha e, sobretudo, a Itália para encontrar novas edições de Connan, Le Douaren ou Doneau, cuja notoriedade era maior naqueles países do que em sua própria pátria. Bem poucas obras novas também saem dos prelos franceses, por falta de autores e, talvez mais, por falta de leitores. Se os trabalhos de direito romano sobreviveram na França, foi na forma de clássicos e, frequentemente, resumidos comentários das *Institutas* ou de obras que, segundo a expressão de Camus, "trataram do direito romano especialmente em relação ao direito e aos usos da França", ou seja, segundo um ponto de vista imposto pelo direito francês e estritamente utilitarista, cuja única finalidade era mostrar as convergências existentes entre o direito francês e as leis romanas, procurando descobrir de que modo estas últimas podiam servir à interpretação das normas nacionais e completá-las utilmente. Era esse o objetivo das numerosas *Alliances* ou *Conférences des lois romaines avec le droit français* [cotejos das leis romanas com o direito francês], como as de Jean Duret (1600), Bernard Automne (1610), Etienne Pasquier (c. 1610, mas publicada apenas no século XIX), Jerôme Mercier (1655), Claude de Ferrière (1677), Boutaric (1738) e Pierre-Louis Gin (1782), que só estudavam o direito romano na perspectiva de comparação e amálgama, sempre muito perto das preocupações da prática, e não como disciplina autônoma. E mesmo os grandes trabalhos que servirão de referência no século XVIII, as *Loix civiles* de Domat (1689-94) e os tratados de Pothier sobre as obrigações e os contratos, eram do mesmo gênero, embora com visões mais elevadas, tomando por base o direito romano, mas com grandes liberdades, ficando apenas com os princípios gerais e misturando elementos de origens diversas demais para que possamos ver neles a obra de verdadeiros romanistas, a tal ponto que eles são arrolados, com razão, entre as obras de direito francês. Os juristas ainda atraídos pela teoria podiam voltar-se para as publicações estrangeiras, num momento em que o comércio dos livros era europeu: foi o que alguns fizeram, e encontram-se em suas bibliotecas as obras de autores da escola do direito natural, Grócio, Pufendorf, Vinnen, Brunemann, Heineccius; mas é difícil determinar sua exata influência, e parece que esta só ganhou força no século XVIII, graças às traduções de Barbeyrac e Burlamaqui. Contudo, foi por intermédio deles que se manteve – e quiçá retornou – certo interesse pela ciência romanista, renovada pelo racionalismo e, com ela, pela teoria geral do direito entre os juristas mais curiosos e cultos.

O direito canônico seguiu o mesmo pendor, que se tornou mais abrupto pela influência do galicanismo. Uma mesma tendência a passar de um direito supranacional, o da Igreja universal, para um direito nacional, o da Igreja da França, aparece quando se examinam obras publicadas e o conteúdo das bibliotecas, mas se impõe com mais rapidez. Na primeira metade do século XVI, o direito canônico constitui, assim como o direito romano, o centro de interesse de muitos juristas, e as obras a ele dedicadas ocupam posição vantajosa em suas bibliotecas, onde figuram ao menos um exemplar do *Corpus juris canonici* e algumas obras clássicas de doutrina, como o *Speculum juris* de Guillaume Durand, os comentários de Baldo e de Panormitano e, mais recentemente, os de Henri Bohic (1520) sobre as *Decretais* e de Zabarella sobre as *Clementinas*. A presença também frequente da *Pragmatique Sanction de Bourges*, anotada por Cosme Guymier, porém, reflete a preferência precoce pelas ideias galicanas, enquanto a Concordata de 1516, editada e comentada por Pierre Rebiffe, tem presença mais rara. A evolução posterior apenas acentuou a preferência pelas obras de inspiração galicana. Entre as edições novas do *Corpus juris canonici*, muitas eram anotadas em sentido crítico e até hostil pelos humanistas (Du Moulin, Cujas, Pierre e François Pithou). Nos séculos XVII e XVIII, encontram-se, com mais frequência do que as edições eruditas dos *correctores romani*, publicações de cânones dos antigos concílios ou dos concílios nacionais e provinciais, coletâneas de ordenanças régias e de decisões jurisprudenciais proferidas em matéria eclesiástica, tal como a *Coletânea de jurisprudência canônica e beneficial* de Du Rousseaud de La Combe e as *Leis eclesiásticas da França* de Louis de Héricourt. Em matéria de doutrina abundam também os autores galicanos, com posições enrijecidas pelo jansenismo: ao lado das *Institutas de direito canônico*, que expunham o direito canônico em princípios organizados segundo um plano racional inspirado pelas *Institutas* romanas, como as de Lancelotti (1563), modelo de todas as obras posteriores, do abade Fleury (1676) e de Durand de Maillane (1770), os títulos favoritos dos juristas franceses estavam todos marcados pelo galicanismo, tal como as *Liberdades da Igreja galicana* de Pierre Pithou (1594), os tratados gerais de Pierre de Marca (1641) e de Van Espen, o *Dicionário de direito canônico* de Durand de Maillane, e, entre as obras especializadas, o *Tratado do abuso* de Févret.

Documentação sobre o direito francês

Ao mesmo tempo que se acentuava a distância em relação ao direito romano e ao direito canônico, afirmava-se a preeminência do direito francês, evolução que é bem refletida pela documentação jurídica: a partir do fim do século XVI e do início do século XVII, as obras relativas ao direito nacional ganham posição preponderante, especialmente as que se referem ao direito consuetudinário. Embora a edição das costumagens medievais tenha começado já em fins do século XV, foram sua redação e sua reformulação que deram forte impulso à publicação de textos consuetudinários e despertaram novo interesse doutrinário por essa fonte do direito, antes considerada de um ponto de vista estritamente prático. Foram poucas as costumagens, mesmo locais, que deixaram de ser impressas, com ou sem comentário, e foram recenseadas mais de duas mil obras desse tipo. As mais importantes são a costumagem de Paris e a da Normandia, alvo de aproximadamente sessenta edições, na maioria comentários, entre a redação e a Revolução francesa. O comentário de costumagens, gênero ainda menor no início do século XVI, passou a ser objeto de predileção dos grandes juristas: Tiraqueau e Du Moulin, Coquille, Le Caron, Brodeau, Basnage, Ricard, Pothier. O direito consuetudinário deu origem também a toda uma literatura agregada, destinada a facilitar seu manejo e sua compreensão: bibliografias que propõem listas mais ou menos completas de edições e de comentários das costumagens, como *A Biblioteca ou Tesouro do direito francês* de Laurent Bouchel, o *Tratado da almoeda* de Bruneau e, sobretudo, *A Biblioteca dos Costumes* de Berroyer e Laurière; compilações de costumagens, que agrupam os textos em vigor em alçadas geograficamente vizinhas, especialmente no Norte da França; costumagens gerais que visam a reunir os costumes adotados em todo o reino: as primeiras, publicadas em 1517, são bastante incompletas, mas se tornaram quase exaustivas com o *Grand Coutumier général* de 1567, acompanhado das notas de Du Moulin, e, principalmente, o *Nouveau Coutumier général* de Bourdot de Richebourg (1724); concordâncias de costumagens que comparavam e confrontavam as soluções sobre uma matéria particular ou de maneira geral, tal como as *Alliances des Coutumes de France*... de Jean Duret (c. 1600), a *Conférence des Coutumes de France réduites en épitomés*... de Guy Coquille e, sobretudo, a *Conférence des Coutumes tant générales que locales et particulières du royaume de France*... de Pierre Guénois (1596), reeditada várias vezes no século XVII.

A publicação de textos legislativos constitui outro gênero de grande impulso durante o Antigo Regime e revela a importância assumida por essa fonte não só em direito público, campo predileto da legislação monárquica, mas também em direito privado. A partir do século XVI, ao lado dos folhetos impressos com uma lei única, que deviam servir mais para a afixação do que a consulta regular, são publicadas compilações gerais ou particulares, cujo número irá crescer até a Revolução francesa. Entre as primeiras compilações gerais, que continham o texto das leis mais importantes na opinião do compilador, merecem destaque *Les Edits et Ordonnances des rois de France, depuis l'an 1226 jusqu'à présent*... de Pierre Rebuffe (1573) e *Les Édits et Ordonnances des rois de France depuis Louis le Gros, l'an 1108, jusqu'au roi Henri IV*... de Antoine Fontanon (1585). Seguiram-se muitas outras; citaremos as mais notáveis: *Les Édicts et ordonnances des rois de France depuis Louis VI... jusques à présent*... de Gabriel Michel de La Rochemaillet (1611), *Recueil d'Édits et d'Ordonnances royaux* de Néron e Girard (1627), e grande coletânea *Ordonnances des rois de France de la troisième race*, empreendida por Eusèbe de Laurière em 1723, numa perspectiva acima de tudo erudita, cuja publicação prosseguiu até nossos dias. Essas obras apresentavam as ordenanças em ordem cronológica (como a de Néron e Girard), ou em ordem de assunto, na maioria das vezes. Destas, algumas pretendiam ser verdadeiros códigos, conforme títulos dados por seus autores; tais obras eram construídas de acordo com um plano metódico e racional, tal como o *Code Henri III* de De Barnabé Brisson no século XVI, o *Code Henri IV* de Thomas Cormier, o *Code Louis XIII* de Corbin, no século XVII, o *Code Louis XV* no século XVIII; tratava-se de códigos puramente privados, pois, assim como as outras, essas compilações de leis não tinham caráter oficial. Mais tarde, em 1767, apareceu a primeira publicação periódica de leis e regulamentos: o *Recueil Simon*, distribuído por assinatura à razão de um ou dois volumes por ano, apresentando o texto de todas as leis promulgadas no ano, bem como as decisões do Conselho e do Parlamento. Por sua vez, as numerosas compilações particulares eram publicações de ordenanças selecionadas segundo critérios diversos: compilações regionais ou locais, que reuniam as leis registradas perante um parlamento ou uma corte soberana, os privilégios de uma cidade ou de uma província, de uma profissão ou de uma corporação. No século XVIII, foi publicado grande número de compilações especializadas numa única matéria, apresentando de maneira ordenada os textos que a regiam; também ostentavam o título de código: *Code matrimonial* de Le Ridant, reeditado e completado por Camus, *Code pénal* de Laverdy, *Code de la police* de Duchesne, *Code rural* de Boucher d'Argis, *Code des chasses* de Saugrain etc. Assim como todas as costumagens, a despeito desses esforços de classificação, foi preciso publicar vários volumes de tabelas cronológicas, sínteses e colações de ordenanças; a principal, de Pierre Guénois, foi durante muito tempo a fonte mais autorizada no século XVII. Ao mesmo tempo que as publicações se multiplicaram, também se avolumaram os comentários às leis, que deram origem a uma nova especialidade doutrinal, tal como ocorrera com o comentário das costumagens: no século XVI, as grandes ordenanças de redação das costumagens, as de Villers-Cotterêts, Orléans, Blois, já haviam sido objeto de vários comentários; nos séculos XVII e XVIII, os comentadores inspiraram-se sobretudo nas ordenanças de Colbert e nas de D'Aguesseau, mostrando-se alguns verdadeiros especialistas no gênero, ao qual é dedicada uma parte notável da obra, tal como Philippe Bornier, autor de uma *Conférence des ordonnances de Louis XIV*, Daniel Jousse, comentador das ordenanças de Colbert, e Sallé, das ordenanças de D'Aguesseau. Assim como ocorrera com as compilações de leis, durante o Antigo Regime multiplicaram-se compilações de jurisprudência. Contudo só raramente essas obras apresentavam o texto integral, cujo interesse, aliás, era limitado pela ausência de motivos; tampouco apresentam a totalidade das decisões proferidas por uma jurisdição. Tratava-se de seleções feitas por um autor que transcrevia com maior ou menor fidelidade as decisões de que tinha conhecimento, dando explicações mais ou menos pertinentes, em outras palavras, obras mais doutrinais que propriamente jurisprudenciais. Seu valor, por isso, é desigual; alguns são muito aproximativos, com referências errôneas ou interpretações puramente pessoais que forçam abusivamente o sentido das decisões; outros são mais rigorosos, mas, no todo, os jurisprudencialistas passaram a ter má reputação, o que durou muito tempo. Nem por isso suas obras deixaram de ser muito utilizadas pelos juristas, e seu número é impressionante: cerca de 120, segundo recenseamentos incompletos. Ao lado de algumas compilações gerais, que contêm decisões provenientes de todo o reino, tais como *Notables et singulières questions de droit*... de Jean Chenu, *Recueil des principales questions de droit*... de Bretonnier, *Dictionnaire des arrêts, ou jurisprudence universelle des parlements de France, et autres juridictions* de Brillon, e a *Collection de décisions nouvelles* de Denisart, encontram-se obras específicas de um parlamento ou de uma corte soberana: existe cerca de uma dúzia só do Parlamento de Paris, entre as quais as de Louet, várias vezes reeditadas durante os séculos XVII e XVIII, e de Bardet, bem como o *Journal de Palais* e o *Journal des audiences*. É possível comparar essas compilações de acórdãos às publicações, também abundantes, de arrazoados de grandes advogados, como as de Antoine Lemaitre, Jean-Guy Basset, Omer e Denis Talon, Olivier Patru, D'Aguesseau, Mathieu Terrasson, Henri Cochin etc.

No século XVII e mais ainda no século XVIII, as publicações de direito francês orientam-se, na maioria, para obras de caráter puramente prático, apresentadas na forma de dicionários, ou para obras de síntese e grandes tratados, que tendem a suplantar os comentários de costumagens. A voga dos dicionários deu origem a numerosos títulos. Os já citados, de Brillon e Denisart, limitavam-se à jurisprudência. O *Glossaire du droit françois* de François Ragueau (1585), reeditado e aumentado por Eusèbe de Laurière (1704), apresentava o sentido de termos e expressões antigos, fora de uso ou específicos de alguma província, que eram encontrados em costumagens e ordenanças. Os mais importantes e, sem dúvida, mais utilizados, eram os dicionários gerais: *Dictionnaire de droit et de pratique* de Claude Joseph de Ferrière (1734), constantemente reeditado no século XVIII, e *Répertoire universel et raisonné de jurisprudence civile, criminelle, canonique et bénéficiale* de Guyot, enorme suma de 64 volumes publicada às vésperas da Revolução (1775-86). Mais especializados, alguns dicionários expunham o essencial das regras aplicáveis à justiça, à polícia, às finanças e às talhas (Duchemin, 1742), aos tribunais fiscais (Brunet de Grandmaison, 1778), às águas e florestas (Noël, 1737; Massé, 1766; Chailland, 1769), às cidades, paróquias e comunidades de habitantes (La Poix de Fréminville, 1758). As obras de síntese do direito francês e os grandes tratados, menos subservientes à prática, mais orientados para a reflexão, representam o melhor da literatura jurídica do tempo. As primeiras, elaboradas em sua maioria segundo o modelo das *Institutas* de Justiniano, apresentavam, de forma concisa e clara, uma exposição do conjunto do direito francês, reduzido a seus princípios essenciais. As mais antigas foram publicadas já em fins do século XVI e no início do XVII, tais como as célebres e lapidares *Institutes coutumières* de Antoine Loisel (1607) e, com mais conteúdo, as *Pandectes du Droict François* de Louis Le Caron (1596), *Institution au Droict des François* de Guy Coquille (composto nos anos 1580-90, publicado em 1607), e *Maximes générales du Droict François* de Pierre de L'Hommeau (1610). São seus dignos continuadores: *Institution au droit français* de Gabriel Argou (fim do século XVII), *Règles du droit français* de Claude Pocquet de Livonnière (1730), *Principes de la Jurisprudence française* de Prévôt de la Jannès (1750). Tinham como complemento os grandes tratados especializados que propunham o estudo quase exaustivo de uma matéria, misturando e sintetizando as disposições consuetudinárias, ordenanças, jurisprudência e direito romano, cuja influência foi considerável para a formação do direito francês. Exemplos disso são os de Bacquet (fim do século XVI) e de Choppin (1605) sobre o domínio, de De La Mare sobre a polícia (1713-38), de Pocquet de Livonnière (1756), de Boutaric (1741), de Guyot (1738) sobre os feudos, de Renusson (1692) e de Lebrun (1709) sobre a comunhão conjugal, do mesmo Renusson sobre o direito vidual (1699) e sobre os bens parafernais (1700), de Lebrun sobre as sucessões (1692), de Ricard sobre as doações (1652), de Furgole sobre os testamentos (1745), de Tiraqueau e de Grimaudet sobre sucessão por linhagem (século XVI), de Basnage sobre as hipotecas (1687), de Dunod de Charnage sobre as prescrições (1731), de Jousse (1771) e de Muyart de Vouglans (1780) sobre o direito criminal e, evidentemente, os de Pothier, que, além dos contratos e das obrigações, abarcaram quase todas as matérias consuetudinárias, extraindo muita coisa das obras anteriores. Foi com a leitura e o uso cotidiano desses grandes tratados fundadores do direito moderno que os juristas franceses se acostumaram, antes mesmo da promulgação do Código Civil, a superar as divisões tradicionais entre direito consuetudinário e direito romano e a considerar o direito francês como um conjunto uniforme.

➤ ARNAUD A. J., *Les Origines doctrinales du Code civil français*, Paris, 1969. – CAMUS A.-G. & DUPIN A.-M., *Lettres sur la profession d'avocat et bibliothèque choisie des livres de droit qu'il est le plus utile d'acquérir et de connaître*, t. II, Paris, 1832. – COING H. (org.), *Handbuch der Quellen and Literatur der neueren europäischen Privatrechtsgeschichte*, t. 11, Francfort-sur-le-Main, 1976-77. – GAUDEMET J., *Les Sources du droit canonique, VIII*ᵉ*-XX*ᵉ *siècles*, Paris, 1993. – GOURON A. & TERRIN O., *Bibliographie des coutumes de France. Éditions antérieures à la Révolution*, Gênova, 1975.

Ver também: CHÊNE Chr., "L'arrestographie, science fort douteuse", *Mémoires de la Société d'histoire du droit des anciens pays de droit écrit*, t. 13, 1985, pp. 179-87. – DAUCHY S. & DEMARS-SION V. (org.), *Les Recueils d'arrêts et dictionnaires de jurisprudence, XVI*ᵉ*-XVIII*ᵉ *siècles*, Centre d'Histoire judiciaire, CNRS-Lille II, 2002. – GOURON A., "Coutumes et commentateurs: essai d'analyse quantitative", *Droit privé et institutions régionales. Études historique offertes à Jean Yver*, Paris, 1976, pp. 321-32. – LAINGUI A., "La doctrine européenne du droit pénal à l'époque moderne (XVIᵉ-XVIIIᵉ siècles)", *Revue d'Histoire des facultés de droit et de la science juridique*, 1992, nº 13, pp. 75-89.

Jean-Louis THIEREAU

→ Adágios e brocardos; Bibliotecas; Canonistas, decretistas, decretalistas; *Corpus juris canonici*, compilações canônicas e codificações mais recentes; *Corpus iuris civilis*; Direito consuetudinário na França; Manuais, tratados e outros livros.

DOCUMENTAÇÃO JURÍDICA (de 1789 a 1945)

Documentação é a pesquisa dos documentos ou das informações que servem para apoiar um estudo; por extensão, tem em vista o conjunto dos documentos coletados para esse fim. Essa denominação é recente e só aparece na metade do período aqui considerado, por volta de 1870, ao passo que o verbo "documentar" é de um século antes (1762). Existe atividade documentária sempre que uma pessoa reúne, para si mesma ou para outrem, referências e documentos de que precisa, sem se limitar aos documentos que possui. A documentação moderna nasceu como atividade empírica em instituições que precisavam reunir e utilizar informações especializadas, tal como as administrações, as universidades, os profissionais de direito, para citar apenas exemplos jurídicos. Sua história, porém, não poderia confundir-se com a das bibliotecas jurídicas, dos órgãos conservadores da documentação jurídica, num momento em que os centros de documentação ganham impulso, e o novo método de classificação, apresentado em 1876 por Melvil Dewey, subverte os métodos de classificação. Mais precisamente, a documentação moderna nasce oficialmente em 1895, quando Paul Otlet e Henri La Fontaine, juristas de formação, fundam o Instituto Internacional de Documentação.

Nascimento e impulso da documentação contemporânea

A partir do século XVIII, são constituídas bibliotecas públicas especializadas com vocação profissional. Por exemplo, o advogado Gabriau de Riparfonds lega em 1704 a seus confrades do Parlamento de Paris todos os seus livros para "servir ao público e, em particular, aos da profissão, nem todos munidos do socorro necessário para se tornarem eficientes". Põe à sua disposição uma primeira base de documentação profissional, para a qual destina uma verba de 800 francos, para compra de títulos novos, a fim de manter a biblioteca com um bom nível de documentação. O chanceler chega a ordenar, em 1709, que os livreiros sejam obrigados a ali depositar um exemplar de cada livro de direito que publiquem. A obrigação foi pouco respeitada. Continha 25 mil volumes às vésperas da Revolução francesa, conforme indica o catálogo (sem dúvida otimista), impresso em 1788, e seus acervos são confiscados em 1792. Para a administração monárquica, o controlador geral das Finanças, Bertin, cria em 1759 o "depósito de legislação", verdadeiro centro de documentação jurídica e administrativa que se mostra necessário na época da grande campanha de reformas do reino. Com o mesmo espírito, Necker propõe em 1777 reunir os documentos dos ex-ministros num *Bureau général de recherche de renseignements* [Divisão geral de pesquisa de informações]. Essa denominação mostra a evolução da noção de documentação. De simples conservação depositada e posta à disposição dos usuários profissionais, a documentação administrativa e jurídica passa a ter papel ativo.

No século XIX, assiste-se a algumas realizações, tal como a da Sociedade de Legislação Comparada, em 1869. O maior impulso recebido pela documentação data principalmente dos anos 1880. São criados diversos centros destinados a coletar a documentação jurídica até a Primeira Guerra Mundial, como parte do amplo movimento que atinge o conjunto da documentação francesa. Assim, o ofício de informações da comissão de estudos sociais reuniu os documentos posteriores a 1880 (sobre a organização política, a administração, a justiça, as questões sociais etc.) por meio de séries distintas, com os documentos parlamentares, os artigos de jornais e revistas e a bibliografia referente ao assunto. Adota um método considerado então revolucionário, que consiste na classificação por caixas subdivididas em pastas de cores diferentes. Assim, o classificador "pena de morte" enche quatro caixas, respectivamente destinadas aos documentos parlamentares, a artigos de jornais, à legislação estrangeira e às informações bibliográficas. Por sua vez, a agência do trabalho legislativo e parlamentar reúne, antes de 1914, mais de 400 mil documentos com ponto de partida em 1871, oferecidos por meio de assinatura anual.

Depois da desaceleração devida à Primeira Guerra Mundial, multiplicam-se os centros nas administrações e universidades, especialmente com a abertura, na faculdade de direito da Universidade de Bordeaux, de um instituto de estudos e documentação econômica e social e com a criação da agência de legislação e documentação do Sena em 1932. Esse movimento também atinge o setor privado, que abre um verdadeiro mercado da documentação e do acesso à informação com sociedades que oferecem a clientes ou assinantes o conhecimento da documentação jurídica. A partir de 1919, Albert Liaudois funda em Metz um centro de documentação econômica, jurídica, comercial e administrativa, que em 1928 se transforma em sociedade anônima, graças ao sucesso alcançado. Esse impulso corresponde à grande quantidade de documentação, que já preocupa os profissionais às vésperas da Segunda Guerra Mundial, embora o uso da microfotografia já tivesse sido preconizado com entusiasmo por P. Otlet em 1912.

O suporte da documentação contemporânea

A documentação vale por seu valor de informação. P. Otlet nota que toda documentação deve procurar atingir o ideal de exaustividade, universalidade e acessibilidade. Portanto, é preciso extrair a informação dos volumes onde está, para colocá-la à disposição do usuário que prefira consultar as obras a lê-las. São vários os métodos possíveis. O primeiro consiste em apresentar o direito de maneira enciclopédica. Mas esse método imobiliza e leva ao insucesso. A última parte do dicionário de jurisprudência em oito volumes da *Enciclopédia metódica* organizada por Charles Panckouke é publicada em abril de 1789. Sua vasta coleção de verbetes sobre as justiças senhoriais, os direitos feudais etc. já se torna obsoleta na noite de 4 de agosto. Embora Panckoucke se esmerasse na demonstração de que sua obra continuava útil para as contestações futuras, os assinantes contestavam sua utilidade. Esse fracasso não dissuade as tentativas enciclopedistas da primeira metade do século XIX, tal como a de Merlin de Douai (*Manuel raisonné et universale*) ou de Désiré Dalloz (*Répertoire méthodique et alphabétique de législation*... publicado a partir de 1824). Os objetivos expostos no prefácio são claros: "Possibilitar percorrer num piscar de olhos não só todos os acórdãos proferidos sobre uma questão, como também todos os que se relacionem com a matéria, dar ao leitor a faculdade de comparar decisões que ele seria obrigado a compulsar arduamente"; assim, a obra "oferecerá o corpo completo e comentado da jurisprudência". No fim do século XIX, a ambição continua sendo a mesma, e a advertência contida no *Répertoire encyclopédique du droit français* de Fernand Labori apresenta como regra conceitual "ser completo e ao mesmo tempo conciso". Pouco a pouco, os prefácios dos *Codes annotés Dalloz* do século XX refletem um intuito de acessibilidade voltado tanto para os profissionais quanto para não profissionais e até para os leigos, tal como o *L'Avocat du foyer* de Adam (1910), "feito principalmente para as pessoas que não aprenderam leis". Mas, para que o valor informativo fosse conservado, multiplicam-se *Suplementos* ao longo dos anos, que vão atualizando a coleção segundo um método rigoroso, "ainda mais necessário porque o número de documentos com que tínhamos de trabalhar era considerável", segundo o *Suplemento* do *Recueil périodique Dalloz* de 1897.

Outro método consiste na revista jurídica, que ganha impulso durante esse período. Assim, o *Bulletin des arrêts* da Corte de Cassação francesa aparece já em 1798, e o *Journal du Palais* formula perguntas de direito às quais responde por meio do comentário de decisões recentes de jurisprudência, já no primeiro número, em 1800. Essas revistas pretendem "permitir o conhecimento do estado atual da ciência do direito", segundo o primeiro número de *Thémis* em 1819. Aparecem diários, como *La Gazette du Palais, La Gazette des tribunaux*, *La Loi* e *Le Droit*.

Por fim, é possível recorrer ao "livro dos livros", ou seja, o repertório bibliográfico. Charles Sustrac, bibliotecário em Sainte-Geneviève, que recebe então o segundo exemplar do depósito legal de direito, e Jean Gautier, bibliotecário da faculdade de direito de Paris, apresentam como grandes repertórios de bibliografia jurídica: *Sources de l'histoire des institutions et du droit français* de G. Gavet, *Grand Répertoire alphabétique du droit français* de Fuzier-Hermann (1886-1906) e *Wegweiser durch die neuere Literatur der Staats und Rechtszvissenschaften* de O. Mühlbrecht, "lista dos melhores livros de direito", segundo Gautier. Esses repertórios são completados por bibliografias periódicas; J. Gautier apresenta, a partir de 1911, a edição francesa da bibliografia jurídica do Instituto Internacional de Bibliografia de Berlim. A bibliografia jurídica tornou-se internacional. Nessa época, o futuro parece pertencer aos dossiês e fichários. No guia que publica em 1919 para os estudantes de direito, J. Gautier escreve: "O livro, mesmo o mais recente, não apresenta a última palavra dos fatos; esta se encontra sobretudo nas revistas, nos jornais, nas brochuras e nos documentos de todas as espécies. Ora, como a pesquisa e a reunião dessa documentação exigem muito tempo, para facilitar esse trabalho, fomos levados a reunir e a constituir dossiês."

O acesso à documentação contemporânea

O acesso à informação jurídica é primordial, pois, segundo Jean Dubois, "a ciência do direito deve basear-se em documentação abundante e precisa". Esse conhecimento do direito, no fim do século XIX, já não pode depender unicamente das bibliotecas tradicionais. Segundo P. Otlet e H. La Fontaine, a tendência é a do centro de documentação. O estabelecimento deve então ser apoiado por uma agência de informações, que classifique e organize esses documentos em conjuntos sistemáticos. Isto porque um público novo deseja ter acesso à informação, que tende até a prevalecer à documentação. Portanto, é melhor oferecer ao usuário um dossiê sobre a matéria que lhe interessa, em vez de um livro. Esse estágio documental mostra-se "indispensável" em matérias como o direito, no qual é imprescindível a informação imediata, e, segundo eles, essas informações tendem a concentrar-se mais em notas breves do que em estudos aprofundados. Isso possibilita a constituição de amplos repertórios, e "os juristas sabem dos esforços envidados para documentá-los sem longas pesquisas".

Essas bibliotecas jurídicas são principalmente as de faculdades de direito, de administrações ou de corporações judiciárias, bem como a da Sociedade de Legislação Comparada. Esta última, fundada em 1869, é imediatamente dotada de uma biblioteca especializada em direito internacional e nas legislações francesa e estrangeira. Contando com cerca de 15 mil volumes antes de 1914, dedica especial atenção aos periódicos. Aberta aos membros dessa sociedade duas horas por dia, atrai menos de oito leitores por sessão, sendo permitido o empréstimo de livros. Durante esse período, em que se desenvolve o interesse pelo direito comparado, um decreto de 27 de março de 1876 institui um *Comité de législation étrangère*, situado no Ministério da Justiça, com a missão principal de constituir uma biblioteca que reunisse as leis estrangeiras, os trabalhos parlamentares estrangeiros referentes às obras julgadas interessantes que tivessem sido publicadas pela legislação de cada país. No início do século XX, ela comporta 60 mil volumes e publica regularmente seu catálogo (1879, 1899, 1902). Essa comissão transforma-se em agência central de informações jurídicas internacionais em 1912, passando a ser Agência de Legislação Estrangeira e Direito Internacional. Por iniciativa de seu diretor J. Dubois, cria um repertório jurídico elaborado regularmente em fichas, que já são 400 mil em 1913. Mais de 300 legislações estrangeiras estão ali representadas. Apesar de aberta ao público durante quatro horas por dia, atrai apenas uma dezena de leitores diários. A facilidade de acesso à documentação não significa obrigatoriamente ampla utilização...

O exemplo parisiense do Palácio de Justiça é revelador sobre vários aspectos. A modesta biblioteca dos procuradores judiciais da corte de apelação, criada e mantida com fundos de sua entidade, contém apenas cerca de 1.500 volumes no início do século XX. A dos procuradores judiciais do tribunal de primeira instância de Paris data da Lei de 4 de dezembro de 1810, que reorganiza sua entidade; reservadas aos procuradores e seus escreventes, contém cerca de 6 mil volumes antes da Primeira Guerra Mundial. Os advogados fundam em 1810 uma nova biblioteca graças ao legado do advogado Nicolas Ferey. Vítima dos incêndios da Comuna, é reconstituída no Palácio de Justiça, onde em 1890 obtém o terreno antes destinado aos arquivos judiciários! Muito frequentada e reservada aos membros da ordem, cuida para que a documentação sempre esteja disponível àqueles que dela necessitem, não admitindo o empréstimo das obras de legislação e de jurisprudência. Os contemporâneos, aliás, insistem em sua função centralizada em pesquisas específicas. Também cabe mencionar a biblioteca particular dos advogados da Corte de Cassação.

Os juízes parisienses têm diversas bibliotecas que lhes são reservadas. A do Conselho de Estado ardeu durante a Comuna de 1871. Foi reconstruída no ano seguinte para uso exclusivo dos membros do Conselho. Os magistrados da corte de apelação têm sua própria biblioteca a partir de 1855, com cujas despesas de manutenção eles arcam durante o século XIX. A da Corte de Cassação é fundada durante a Revolução francesa com o que é retirado dos depósitos literários. Um decreto de 31 de janeiro de 1797 atribui-lhe quase todos os livros confiscados da biblioteca dos advogados do Parlamento. Contava 30 mil volumes em 1871, quando é destruída pelos incêndios da Comuna. Em contrapartida, a biblioteca dos magistrados do tribunal de instância, antes de 1914, contém apenas 4 mil volumes divididos em duas salas, uma das quais em estado de abandono, com as obras antigas, e a outra "cheia de lindas encadernações", segundo o guia de Alfred Franklin.

Os funcionários parisienses também dispõem de bibliotecas destinadas a pôr a documentação jurídica à sua disposição. A da Chefatura de Polícia é reconstruída depois da Comuna, enquanto a do Ministério da Justiça herda o acervo da antiga chancelaria. A partir de 1786, os notários têm uma biblioteca profissional aberta aos membros da profissão e a seus funcionários; sobre ela J. Gautier diz que "é pouco viva", e que suas "aquisições são por assim dizer nulas".

Ao contrário dos juristas profissionais, os estudantes de direito são muito mal aquinhoados durante muito tempo. Em 1841, era possível ler no *Magasin pittoresque*: "Nesta biblioteca só existem 8 mil volumes no máximo, e ela é muito pobre, sobretudo no que se refere ao direito francês moderno. A exiguidade da sala não permite receber mais de uns trinta leitores ao mesmo tempo." Depois da guerra de 1870, envida-se grande esforço, tanto para a melhoria das coleções quanto da arquitetura, com a construção de novas salas. Além disso, a partir de 1873, cada estudante precisa pagar taxas universitárias, parte das quais é destinada à biblioteca, e em 1898 a universidade é obrigada a destinar ao serviço da biblioteca um crédito no mínimo igual ao montante das taxas de biblioteca recebidas durante o exercício. No início do século XX, graças a seus 280 lugares, ela consegue acolher até mil leitores por dia, pondo à sua disposição cerca de 90 mil volumes. Um catálogo moderno permite fácil consulta, graças ao bibliotecário J. Gautier, que desenvolveu o fichário analítico e um fichário para consulta de revistas. Além disso, os estudantes encontram em seu Guia todos "os conselhos valiosos sobre o modo como devem documentar-se", entre os quais listas de revistas, de livros do acervo, de repertórios bibliográficos, instruções sobre o modo de encontrar um acórdão etc. É natural que essa biblioteca tenha acolhido 204 mil leitores durante o ano letivo 1911-12, e que o Guia Dalloz do estudante de direito de 1938 a cumprimente por suas "grandes e belas salas de leitura sempre assiduamente frequentadas". Seu acesso é permitido a professores e estudantes inscritos, bem como a pessoas autorizadas pelo decano. Além disso, a faculdade dispõe de uma biblioteca específica, reservada aos *agrégés* de Paris e da província, cujas aquisições se concentram mais em periódicos. Outras nove salas especiais são apresentadas como salas de documentação, dando ao direito o aspecto de uma ciência exata, pois o Guia Dalloz do estudante observa que são "verdadeiros laboratórios nos quais os bons estudantes se formam nos métodos científicos indispensáveis".

Cumpre também mencionar o acesso privilegiado à documentação jurídica daqueles que criam as leis. A biblioteca dos deputados franceses teve como origem os 12 mil volumes reunidos pelo *Comité de l'instruction publique*. Quando de seu desaparecimento, em 1796, esse acervo passa ao Conselho dos Quinhentos. Enriquecendo-se com obras de jurisprudência, história e economia política, atinge 250 mil volumes já antes da Primeira Guerra Mundial. A biblioteca constituída em 1818 para a Câmara dos Pares torna-se Biblioteca do Senado. Vai sendo progressivamente enriquecida ao longo do século XIX, passando de 15 mil volumes em 1836 a 150 mil no início do século XX; seus maiores esforços são na área da jurisprudência, da economia política, das legislações francesa e estrangeira e das revistas judiciárias e administrativas.

Os ministérios também dispõem de bibliotecas e de centros de documentação destinados a seus departamentos. Mas as dimensões gigantescas da massa documental dificultavam cada vez mais o acesso. Para solucionar esse problema, Charles Braibant propôs em 1936 "substituir a papelada da administração francesa por uma documentação", por meio da reorganização da documentação que vai desde o mobiliário até um método de catalogação organizado de acordo com os princípios vigentes na *École des Chartes*, que propiciariam "ordem, clareza e rapidez". Esses dossiês, completados por fichas de regulamentação jurídica, teriam uma vida de no máximo cinco anos, prazo que transforma a documentação e a informação em arquivo morto. Conclui, três anos antes do início da Segunda Guerra Mundial, a importância dessa obra para o trabalho das administrações. Quer, assim, defender "a liberdade em perigo". Será ouvido. A *Documentação Francesa* é oficialmente criada em 1945, oriunda de dois serviços instituídos em 1942 durante a Segunda Guerra Mundial: um em Londres para atender às necessidades da Resistência e dos poderes públicos na França, e outro em Argel, onde nasce o projeto de uma documentação a serviço do Estado, das administrações e dos cidadãos, com a denominação "Serviço de documentação e estudos".

› DELMAS B., "Une fonction nouvelle: genèse et développement des centres de documentation", *Histoire des Bibliothèques françaises*, t. 4, Paris, 1992. – FAYET-SCRIBE S., *Histoire de la documentation en France. Culture, science et technologie de l'information*, 1895-1937, Paris, 2000. – FRANKLIN A., *Guide des savants, des littérateurs et des artistes dans les bibliothèques de Paris par un vieux bibliothécaire*, Paris, 1908. – GAUTIER J., *La Bibliothèque de la faculté de droit de Paris: guide à l'usage des étudiants*, Paris, 1919. – LA FONTAINE H. & OTLET P., *L'État actuel des questions bibliographiques et de l'organisation internationale de la documentation*, Bruxelas, 1908.

Ver também: BRAIBANT C., *Un nouveau système de documentation administrative*, Paris, 1936 [conferência pronunciada na École des Chartes]. – DUBOIS J., "L'office de législation étrangère et de droit international", em *Bibliothèques, livres et libraires, conférences faites à l'École des hautes études en sciences sociales sous le patronage de l'association des bibliothécaires français...*, Paris, 1912, t. 3, pp. 131 ss. – GAUTIER J., "Les bibliothèques de droit et de sciences sociales", *ibid.*, t. 1, pp. 131 ss. – LA FONTAINE H., "L'institut international de bibliographie et de documentation", *ibid.*, t. 1, pp. 35 ss. – OTLET P., "L'avenir du livre et de la bibliographie", *ibid.*, t. 1, pp. 47 ss. – SUSTRAC C., "Comment se servir des bibliothèques", *ibid.*, pp. 17 ss.

Louis de CARBONNIÈRES

→ Administração; Bibliotecas; Enciclopédias jurídicas; Manuais, tratados e outros livros.

DOMICÍLIO

Domicílio é onde a pessoa se estabelece. Nesse sentido, o direito civil o considera como elemento de identificação da pessoa no espaço. Mas essa função localizadora explica que ele pode ser apreendido de diversos modos, podendo ser equiparado ao lugar onde se considera que o indivíduo está presente de modo permanente, ou então considerado como o vínculo que o liga à alçada de uma autoridade determinada. Percebido como vínculo no antigo direito francês, para fins de resolução do conflito entre direitos consuetudinários, o domicílio foi importado pelo Código Civil francês para a esfera interna, onde seu significado original se dilui e às vezes até se confunde com o próprio lugar de habitação, ou *domus*. Esse significado é conservado, em compensação, no direito internacional privado, no qual tem uma importância especial.

Lugar ou vínculo

Concebido como lugar, pode ser um ponto fixo do território, frequentemente sinônimo de endereço, servindo para fins de administração civil, ou então funcionando como habitação, espaço íntimo e verdadeira projeção geográfica da personalidade, requerendo a proteção devida a esta última. Percebido, ao contrário, como vínculo, seu papel varia, conforme se trate, em direito interno, de determinar uma competência territorial, ou então, nas relações internacionais, de solicitar a solução de um conflito de leis, de definir a extensão da competência da ordem jurisdicional estatal ou de conferir nacionalidade. Aliás, é a dimensão internacional que revela a diferença entre as duas acepções de domicílio. Quando uma norma de direito judiciário privado e interno atribui efeitos à presença do domicílio de um indivíduo em determinado lugar, há alusão de que a vinculação buscada é sinônimo de habitação ou endereço. Mas, a partir do momento em que a sede do domicílio é o território inteiro de um Estado, passa a ser perfeitamente concebível que uma pessoa desprovida de residência fixa tenha um estabelecimento estável no sentido do direito internacional privado; o que se busca, na verdade, não é o endereço nem mesmo o espaço íntimo, que pode ser constituído até por um abrigo ocasional, mas sim a qualidade dos vínculos que ligam o interessado a uma comunidade nacional.

Características do domicílio. Confusões em torno da teoria clássica

A equivocidade do conceito de domicílio criou certo número de confusões na teoria clássica, que submete a determinação do domicílio a princípios concebidos em atendimento a finalidades de polícia civil ou de proteção à intimidade da vida pessoal, pouco pertinentes quando o domicílio não é concebido como lugar, mas como vínculo. Assim, o princípio da unidade do domicílio, aliado ao de sua necessidade, provê cada um de um domicílio, como se fosse um patrimônio; assim como este, ele é único. Ora, a unidade do domicílio é posta em xeque pelo caráter funcional dessa noção quando ela serve de elo de vinculação. Em relação a normas diferentes, que perseguem finalidades bem diversas, um mesmo indivíduo pode ter domicílios em vários lugares; seu domicílio fiscal não coincide necessariamente com o domicílio que lhe é atribuído pelo direito de nacionalidade, ou com o domicílio comum considerado para fins de fixação da competência legislativa em matéria de divórcio. Por outro lado, a necessidade de domicílio, que, em direito interno, leva a localizar num ponto fixo pessoas desprovidas de residência, não tem muito sentido em matéria internacional, visto que a possibilidade de um indivíduo estar sem domicílio para as necessidades de uma norma determinada pode ser perfeitamente concebível ou ser o simples reflexo de um regulamento unilateralista do conflito de leis. Por essa razão, também é difícil admitir que possa haver um verdadeiro direito do domicílio-vínculo, uma vez que as diversas afirmações solenes do direito ao domicílio ou a sua proteção se baseiam numa analogia ultrapassada com a nacionalidade, que faz do domicílio um atributo de direito público, com base numa concepção deste último como espaço inviolável de intimidade da vida privada. Inversamente, o fato de atribuir um domicílio a uma pessoa jurídica ou a um truste não representa antropomorfismo excessivo, pois no caso não se concede uma intimidade ou uma personalidade que eles não têm, mas apenas se exprime a efetividade de seu vínculo com determinada jurisdição. Ora, é esta última característica que hoje em dia exprime a essência do domicílio. Esta, porém, evoluiu.

História. A ruptura formal do Código Civil francês

O lugar privilegiado que o domicílio ocupava na solução dos conflitos consuetudinários devia-se à sua aptidão para conciliar as exigências do caráter territorial dos estatutos com a flexibilidade exigida pela continuidade da fidelidade feudal quando as pessoas se deslocavam. Assim, o estatuto pessoal estendia-se aos domiciliados, enquanto a determinação da competência jurisdicional baseada na regra *actor sequitur forum rei* recorria ao domicílio para identificar o foro natural do litígio; por outro lado, o elo de fidelidade política constitutiva da qualidade de reinol também se baseava nesse mesmo critério. Ao dar preferência à nacionalidade tanto para delimitar o campo de aplicação da lei francesa em matéria de estado e de capacidade (art. 3, § 3) quanto como critério do privilégio de jurisdição (arts. 14 e 15) ou na própria definição de pertença à comunidade política, o Código Civil francês parece marcar uma ruptura brutal com a herança do antigo direito, como se o domicílio já não fosse capaz de atender às novas exigências de unificação jurídica do país. Na realidade, a eclipsação do domicílio em favor da nacionalidade permaneceu, em muitos aspectos, praticamente imperceptível, por falta de real diferenciação conceitual das duas noções. O verdadeiro ponto decisivo ocorreu quando da difusão na Europa da doutrina personalista de Mancini na segunda metade do século XIX. Carreada pelo romantismo nacionalista, esta favoreceu a conscientização do significado político de nacionalidade como signo de pertença *iure sanguinis* a uma população, ressaltando, indiretamente, a vocação contrastante do domicílio, no terreno do conflito de leis, a favorecer a assimilação das populações imigrantes em consideração dos elos criados entre o indivíduo e o meio de vida que ele voluntariamente escolheu.

Vocação contemporânea

O surgimento dessa oposição favoreceu o progressivo amadurecimento do conteúdo contemporâneo do domicílio, percebido como fruto de uma escolha livre do indivíduo, perfeitamente desvinculado da *origo*. Assim definida, a vocação da lei do domicílio a intervir no estatuto pessoal e familiar dos indivíduos fortaleceu-se a seguir, tanto sob a pressão da imigração, quanto, de modo mais geral, em decorrência da privatização do conflito de leis, na qual – substituindo uma concepção divisionista do conflito de leis favorecida pela doutrina política da nacionalidade –, a localização flexível dos interesses dos indivíduos por meio de vínculos sociais voluntariamente criados com o meio de vida constitui a expressão mais fiel do princípio de proximidade. Paradoxalmente, hoje, essa diferenciação tende de novo a atenuar-se, porque o direito da nacionalidade leva cada vez mais em conta elementos de integração "horizontal" do indivíduo ao meio no qual ele vive, elementos que eram até então sinais distintivos do domicílio.

Unidade conceitual do domicílio-vínculo

Os artigos 102 e 103 do Código Civil francês fazem do domicílio um lugar de habitação real, voluntariamente escolhido e livremente modificável, no qual o indivíduo tem intenção de fixar seu principal estabelecimento. Essa definição incita, em primeiro lugar, a buscar um elemento material na forma de presença efetiva num lugar. Este último qualificativo lembra que a função de vínculo do domicílio exige certa continuidade, uma vocação à duração, de tal modo que não se trata apenas de contabilizar uma presença física, que pode ser explicada por razões puramente contingentes (que levam com a mesma facilidade a interrompê-la), mas também de identificar os vínculos de todas as naturezas – familiares, administrativos, econômicos, afetivos, culturais – que o interessado tenha constituído com determinada jurisdição, vínculos que induzem a permanência de sua residência naquele lugar. O domicílio pertence assim à categoria dos conceitos flexíveis, cuja realização concreta depende da apreciação das circunstâncias particulares em cada caso. O exame superficial da abundante jurisprudência relativa à determinação do domicílio, tanto na ordem interna francesa quanto nas relações internacionais, revela que são levados em conta indícios diversificados, como o exercício de um cargo remunerado, o recebimento de recursos ou de rendas imobiliárias, a aquisição de imóveis ou de um estabelecimento comercial, e, em caso de pluralidade de bens, seus respectivos valores, a criação de uma sociedade, o casamento com um nativo do país, o lugar de celebração do casamento, o nascimento e a escolarização de filhos, a filiação a clubes, a titularidade de passaportes, a obtenção ou renovação de vistos de permanência, o pagamento de impostos, o exercício do direito de voto, a naturalização, o estilo de vida e a manutenção de empregados domésticos. Alguns desses elementos, evidentemente, têm significado maior em termos internacionais; o mesmo ocorre no caso delicado dos laços sentimentais que um indivíduo pode manter com a cultura de origem, mesmo depois de uma ausência muito prolongada, considerada pela antiga jurisprudência como "espírito de retorno".

Intenção domiciliar, mecanismo de controle qualitativo da proximidade

Na hipótese de tais indícios induzirem a conclusões equívocas, revelando que o indivíduo mantém, simultaneamente, laços significativos com várias jurisdições, revela-se a importância do componente intencional do domicílio. A escolha entre esses diversos vínculos exige a identificação daqueles que, na mente do interessado, tenham peso preponderante, correspondendo ao centro de seus interesses. Ora, como a intenção dificilmente se presta à prova direta, e como as declarações do próprio interessado devem superar a prova da sinceridade ou da realidade da intenção, a demonstração do elemento subjetivo passa necessariamente pela avaliação qualitativa dos vínculos respectivamente constituídos com os diferentes lugares em causa. A intenção domiciliar, portanto, é uma luz projetada sobre a presença material do indivíduo em determinada jurisdição pelas circunstâncias de seu estabelecimento ali, mecanismo este moderador que convida à ponderação dos diversos vínculos que o indivíduo tenha constituído com diferentes jurisdições. Essa dimensão qualitativa do domicílio, que permite avaliar o grau de integração do indivíduo em determinada jurisdição, transforma-o na expressão mais fiel do princípio de proximidade no domínio do conflito de leis, a despeito da pretensão contemporânea da noção de residência a fornecer soluções mais realistas ou mais previsíveis. Ela também confere ao domicílio um caráter funcional, no sentido de que o peso que se deve dar aos diversos indícios concretos é passível de variações, segundo a finalidade da regra aplicável.

Definições autônomas

A força atual da noção de residência deve-se em parte à preocupação de evitar o jogo de domicílios dos dependentes, que acompanham a referência aos textos do Código Civil francês. Mas a jurisprudência chegou a resultado idêntico elaborando definições autônomas, específicas para dadas matérias, sempre que a interferência de um domicílio de dependência tivesse como efeito subverter as finalidades da regra aplicável. Assim, o domicílio do direito da nacionalidade caracteriza-se pela notável ausência de qualquer referência aos artigos 102 ss. do Código Civil francês, principalmente para que a integração dos menores à comunidade nacional possa ser avaliada por si mesma, e não através das escolhas de um parente. Essa proliferação de definições autônomas não põe em xeque a unidade conceitual do domicílio quando ele é concebido como um vínculo; a identificação deste resulta assim sempre da conjunção desse duplo elemento, material e intencional, ainda que este último às vezes tenha expressão mais objetiva na forma, por exemplo, da exigência da efetividade do domicílio ou da estabilidade da permanência; trata-se, em todos os casos, de verificar a vocação à permanência da instalação material.

Diferenciação em relação à residência. Concorrência

A flexibilidade e a versatilidade do domicílio, cuja identificação depende, em cada caso, da verificação judiciária do limiar de proximidade exigido pela norma aplicável em relação aos fatos de cada espécie, constituem ao mesmo tempo a principal fonte de queixas formuladas sobre um conceito cujas aplicações são percebidas como excessivamente imprevisíveis. A vocação concorrente da residência, geralmente qualificada de "habitual", cuja ênfase é notável nos textos contemporâneos de direito internacional privado convencional, seria, assim, devida à sua aptidão a servir de critério seguro, excludente de casuísticas. Curiosamente, verifica-se que, ao mesmo tempo, a promoção da residência habitual a critério de vinculação também se prevalece do maior realismo desse conceito, que contrasta com a rigidez e a abstração do domicílio, cujo caráter excessivamente intelectual é, por outro lado, denunciado. Tais queixas, certamente admissíveis na história ou em direito comparado, não parecem, porém, atingir a acepção de domicílio resultante da prática jurisprudencial da atualidade. Ao contrário, a mínima aptidão da residência a comprovar a integração qualitativa do indivíduo em determinada jurisdição explica a tendência dos tribunais, em matéria de conflito de leis, sobretudo na interpretação das convenções recentes de Haia, a revestir essa vinculação de um componente intencional, a fim de lhe restituir a flexibilidade exigida por sua função localizadora. Por isso é que a residência só é preferível quando a regra aplicável supõe antes de tudo uma presença material contínua, independentemente da avaliação da integração do interessado em determinado meio.

› CARBONNIER J., *Droit civil*, t. 1: *Les Personnes*, PUF, "Thémis", 1996, p. 85. – FRANCESCAKIS Ph., "Les avatars du concept de domicile dans le droit international privé actuel", *Trav. Comité fr. dr. int. pr.*, 1962-64, p. 291. – GUTMANN D., *Le Sentiment d'identité (Étude de droit des personnes et de la famille)*, LGDJ, 2000. – LAGARDE P., "Le principe de proximité dans le droit international privé contemporain", *RCADI*, 1986, t. 196.9.

Horatia MUIR-WATT

DOMÍNIO (Público e privado)

Hoje em dia o termo domínio é empregado para designar os bens, móveis ou imóveis, pertencentes a um poder público. Conforme sejam ou não afetos à utilidade pública e de acordo com as determinações da lei e dos critérios jurisprudenciais, fazem parte do domínio público ou do domínio privado e são submetidos a regimes jurídicos diferentes. Essa distinção remonta a Roma, mas a evolução histórica traz à tona abordagens muito diferentes dessas noções. Embora todas tendam a determinar a existência de bens particulares que merecem ser regidos por regras próprias, aqui distinguiremos (em virtude da existência de lógicas diferentes) o antigo direito francês do direito nascido da Revolução francesa.

Domínio e reino

A própria palavra domínio apareceu durante a Idade Média. Domínio (ou *domanium*) deriva do termo de direito romano *dominium*, que na Idade Média qualifica um poder capaz de se impor às pessoas, a um território ou aos bens, um poder que geralmente se traduz por senhoria. Domínio acabou por designar mais precisamente a expressão do poder sobre as coisas, difícil de definir em relação às categorias jurídicas atuais, mas que se sobrepõe principalmente à disposição dos direitos úteis (*usus* e *fructus*) ou à reunião destes com direitos eminentes, chamados então *proprietas*. A palavra domínio é de emprego geral, a exemplo da saisina, que é seu sinônimo, e todas as pessoas, físicas ou jurídicas, podem dispor de um domínio ou exercer "em domínio" (como possuidor efetivo) direitos sobre alguma coisa. Entre todos esses domínios, aquele que está fadado a tornar-se domínio público é o domínio do rei, ainda que, no reinado dos merovíngios e no dos carolíngios, prevaleça uma visão privativa do poder. O termo fisco, tomado do vocabulário romano, designa apenas categorias de bens régios ou imperiais regidos apenas pelos princípios do direito germânico. De fato, os fiscos, a exemplo do próprio reino, são constituídos pelos elementos patrimoniais passíveis de transmissão hereditária. Com os capetíngios, inicia-se um período novo – que faz parte de um contexto geral de preservação das terras para devolução ao primogênito –, no sentido de que o reino já não é dividido entre os filhos do rei. Os grandes senhores, assim como o rei, tomam consciência de que o domínio é a necessária base da autoridade, e que convém preservar a integridade do primeiro, para garantir a segunda. Domínio e reino são então entendidos como sinônimos, pois até o século XII, mais ou menos, a autoridade do rei praticamente só é exercida sobre as terras que lhe pertencem. Foi só com a extensão do campo de ação da soberania régia que a distinção entre domínio e reino pôde estabelecer-se. Entende-se por domínio o conjunto de posses régias (bem mais tarde, em 1659, um regulamento ordenou a elaboração do cadastro geral do domínio no reino), enquanto o reino deve ser entendido como o território submetido à autoridade do rei, sem que seja necessária uma relação da ordem de propriedade. Isso leva a estabelecer a distinção, na formação histórica do reino da França, entre a anexação sucessiva de senhorias ou províncias (Delfinado, Provença, Bretanha etc.), sujeitas globalmente à autoridade régia, e o domínio, consistente em possessões de que o rei podia ser titular por motivos diversos. Nos primeiros tempos do período capetíngio, o domínio régio tinha modesta importância, mas, terminado o reinado de Filipe Augusto, em decorrência do confisco dos feudos franceses dos plantagenetas, o rei passa a dispor de um domínio incomparavelmente mais extenso, que ele não cessará de aumentar a partir de então por todos os meios possíveis. Paralelamente, o poder se consolida e extrai nos proventos e nas prerrogativas dominiais os meios financeiros para sua ação.

Em que consiste o domínio

Esses recursos são qualificados, já no início do século XIV, de recursos ordinários. Opõem-se às arrecadações extraordinárias, às ajudas (mais tarde, impostos) que, oriundas das ajudas feudais, eram concedidas pelos Estados Gerais e estritamente afetas à condução da guerra. Entre os recursos do rei figuram rendimentos ligados aos bens de raiz (censos, rendas, taxas diversas...), outros que são arrecadados porque o rei também é um senhor feudal, outros que ele recebe porque é rei e, finalmente, direitos extremamente variados. Esses recursos serão divididos em duas categorias contábeis. Por um lado, o domínio fixo, que corresponde aos rendimentos regulares; por outro, o domínio casual, no qual entram todos os recursos aleatórios. Mas o domínio fixo equivalia também ao antigo domínio, o que os reis, desde muito tempo, tinham o direito de receber, ou aquilo que (desde o século XIV) eles tinham expressamente incorporado no domínio. O primeiro edito de Moulins, em 1566, vai a ele equiparar todos os bens incorporados ou administrados pelos agentes da monarquia nos últimos dez anos. Cabe ainda mencionar os pequenos domínios, objeto de um segundo edito baixado em Moulins em 1566. Trata-se dos bens de pouco valor ou distantes de algum grande conjunto dominial, cuja exploração direta custa mais do que os rendimentos que produz, bens que os reis arrendam a partir do início do século XIV. Nos séculos XVII e XVIII, surgirão numerosos atos destinados a aproveitá-los. Embora o caráter público do domínio apareça pouco nesses elementos, o período medieval é crucial para o seu surgimento, que resulta de dois fatores principais. Em primeiro lugar, o rei reivindica, por motivos de utilidade pública, prerrogativas (que não são da ordem da propriedade) sobre certos bens. Ao contrário do imperador germânico, que, já em 1158, exigira para si o reconhecimento de *regalias* (prerrogativas reais), entre as quais as faixas litorâneas, os rios e as minas, os reis da França, durante a Idade Média, não fizeram tais reivindicações. Em contrapartida, a partir do momento em que estradas e rios são comuns ou públicos (essa denominação decorre simplesmente da importância do seu uso público), o rei usa seu poder de polícia – ele é fiador do bem público – a fim de manter a sua destinação, ou seja, principalmente a liberdade e a segurança da circulação. Há, portanto, o surgimento espontâneo de "bens públicos" pelo uso, assim como nas cidades, onde praças, ruas e obras públicas recebem essa denominação. Em segundo lugar, não é tanto o monarca que aparece como titular do domínio, mas a Coroa. Esse símbolo da unidade do reino, estabelecido na sagração, desde meados do século XII tende, na França, porém mais nitidamente na Inglaterra, a confundir-se com a instituição monárquica e depois, de algum modo, a suplantá-la. A Coroa, cada vez mais identificada com o Estado, vê as prerrogativas ligadas à soberania exercidas em seu nome, enquanto o domínio lhe é atribuído. Essa apropriação – o domínio da *Coroa* – revela sua natureza pública, uma vez que já não é o bem dos reis, mas de uma entidade que os ultrapassa. Com o reinado de Luís XIV, por meio das grandes ordenanças redigidas por incentivo de Colbert, assiste-se a uma nova etapa: a reivindicação de propriedade de bens públicos e a declaração de que eles pertencem ao domínio da Coroa. Assim, a ordenança de 1669, relativa às Águas e Florestas, declara "a propriedade de todos os rios do reino que comportem embarcações, de seu fundo sem artifício e obras de mãos humanas [...] fazer parte do domínio de nossa Coroa". O mesmo ocorreu com as grandes estradas. Quanto à faixa litorânea, a ordenança de 1681 retoma a delimitação em uso na Idade Média, para prescrever a proibição de construir em faixas litorâneas, mas, em 1710, Luís XIV afirma que, na qualidade de senhor, dispõe de um "direito de propriedade [...] sobre as bordas do mar". A extensão do domínio da Coroa durante a monarquia absoluta reflete, ao mesmo tempo, a visão mais radical de certos juristas medievais e uma percepção fundamentalmente pública desse domínio, uma vez que esse acréscimo sempre é feito em proveito do Estado. A maioria dos defensores do domínio, porém, considerava essas medidas inúteis, preferindo recorrer às categorias romanas das coisas públicas, comuns, não comerciáveis. Embora considerem que o domínio público é formado principalmente de tais coisas, aprovam o fato de o Estado poder regulamentar seu uso e arrecadar seus frutos. Ainda nessa época, a monarquia, adotando antigas reivindicações senhoriais, tem pretensões à extensão feudal direta universal. Segundo essa teoria, todas as terras do reino dependem do rei, proprietário originário, e não existe nenhuma que possa ser possuída plenamente sem título. No século XVII, esses bens possuídos livremente (os alodiais) ainda eram numerosos, e a aplicação da política régia, ainda que variável segundo as regiões, teve o efeito de provocar nítida redução nesse número. Os bens alodiais tornavam-se sujeitos ao censo, e os seus possuidores pagavam ao rei, a título de reconhecimento de uma dominialidade eminente, uma soma em dinheiro (o censo), aliás bem módica.

Domínio privado

Quanto ao domínio privado, sua distinção do domínio público surge em Roma a partir do Principado. Durante a República, os cargos públicos eram assumidos por meio de recursos também públicos, centralizados no *aerarium populi romani*, erário do povo romano. Com o advento do Principado, o príncipe foi, cada vez mais, cobrindo as despesas do Estado com sua fortuna pessoal (*fiscus*). Esta, naturalmente, precisou ser suplementada com rendimentos públicos, para tal cobertura, e bem depressa passaram a coexistir no fisco imperial bens de origem pública e bens pessoais, formando um todo destinado ao pagamento das despesas públicas. No entanto – embora não se deva ver nisso uma distinção estrita entre bens pessoais e bens públicos –, uma administração dúplice era encarregada de gerir, por um lado, as finanças públicas e, por outro, a *res privata* do príncipe. Quando os glosadores descobriram esses textos, fizeram uma distinção entre o fisco do príncipe como tal (ou seja, como pessoa pública) e o do príncipe como pessoa privada. Na França, porém, essa questão não se colocou com grande nitidez antes do reinado de Luís XII e, depois, de Henrique IV, que, ao subir ao trono, recusou-se a unir seus bens patrimoniais ao domínio da Coroa. Foi só em 1607 que ele concordou com isso, por insistência do Parlamento de Paris, declarando ter desposado a Coroa em casamento santo e político, trazendo-lhe seus bens como dote. Embora essa regra não pareça ter sido questionada a partir daí, nem sempre é fácil distinguir o domínio da Coroa do domínio privado. Este consistiu, essencialmente, no domínio casual e nas posses adquiridas durante o reinado, que, na falta de incorporação expressa ou de administração pública durante dez anos, parecem ter conservado essa natureza até o falecimento do rei.

Regime jurídico

O domínio régio aparece também como público devido a seu regime jurídico. No início do século XIV, a problemática é simples: considera-se que o rei deve restringir suas despesas àquilo que os rendimentos dominiais lhe permitem financiar (ele deve "viver do próprio bolso"). Essa visão traduz uma incompreensão básica – e cada vez mais ultrapassada com a construção do Estado moderno – sobre o papel da realeza como poder público, pois seus recursos não se mostravam necessariamente suficientes para a realização de tarefas de interesse público, sem contar que também havia a necessidade de extrair do domínio doações capazes de garantir fidelidades e remunerar serviços. A partir do início do século XIII, a exigência de preservação do domínio constitui o cerne de uma extraordinária confluência de análises que nada têm de ocasionais, pois a situação político-financeira era idêntica em numerosos países. A doutrina jurídica desempenhou então um papel importantíssimo. Preocupados em fundamentar a natureza pública das instituições de seu tempo, os juristas equiparam o domínio ao fisco romano e o veem como prerrogativa financeira conferida aos governantes como tais. Como os bens estavam vinculados à função, isso implica que o príncipe-administrador não podia dispor de bens que não lhe pertencessem. Ademais, a partir da década de 1220, com fundamento numa bula pontifical, transcrita nas compilações oficiais de decretais, veio à baila a questão da legalidade das alienações dominiais na Hungria. O papa, com fundamento no juramento da sagração, incitava o rei a revogar as alienações feitas contra os direitos do reino e a honra da coroa. A solução preconizada para a Hungria na realidade interessava a toda a cristandade, e, antes do fim do século XIII, a Sicília, o Santo Império, a Inglaterra e a Espanha (outros países os seguem) implantam um regime de inalienabilidade dominial que se traduz sobretudo pela possibilidade de revogar os domínios alienados. Na França, a prática das revogações dominiais, a partir de 1318, precede a declaração de princípio da inalienabilidade. Esta é afirmada a partir de 1329 pelos legistas da monarquia, reivindicada pelos Estados Gerais em 1355-57, e parece ter sido incluída no juramento de sagração dos reis, de Carlos V a Carlos VIII. Passado esse reinado, a inalienabilidade dominial parece ter-se tornado uma lei fundamental, pois os reis, afora qualquer compromisso expresso, se sentem obrigados a respeitá-la. Os Estados Gerais lembrarão constantemente sua adesão a esse princípio, que, além do mais, constitui um penhor de boa política. Assim, Luís XIV, no edito de abril de 1667, lembra que seus predecessores foram obrigados a cobrar muitos impostos, e que ele pretende desonerar seus súditos; mas "seria difícil que, sem o gozo de nossos rendimentos e o desimpedimento do patrimônio de nossa Coroa, conseguíssemos fazê-los sentir o efeito de nossas boas intenções". A inalienabilidade do antigo direito vale para todos os domínios, grandes e pequenos, e certamente possibilitou evitar alienações excessivas, mas, na realidade, mostrou-se como um princípio impossível de respeitar, em razão das incessantes necessidades de dinheiro por parte da monarquia. Isso também explica por que quase todos os reis inauguraram seu reinado com a revogação das alienações realizadas por seu predecessor. Além de ser protegido pela inalienabilidade, o domínio também o é pela imprescritibilidade. Esta, incerta na Idade Média, resulta de um edito de Francisco I, de 1539, que, transformando o domínio em coisa fora do comércio, o excluía da possibilidade de posse, mesmo depois de cem anos. Essa regra, discutida em doutrina, foi confirmada pelo edito de abril de 1667, que regulamentava em geral o domínio da Coroa.

Exceções

Foram feitas duas exceções ao princípio da inalienabilidade. A primeira refere-se aos apanágios, desmembramentos do domínio concedidos aos segundo gênitos (as filhas eram dotadas em dinheiro), mas estes, a partir do reinado de Carlos V, passam a ter uma cláusula de retorno ao domínio na ausência de descendência masculina. A segunda exceção visa os empréstimos dominiais, consistentes na entrega, a título de garantia, de um bem dominial em troca de uma soma em dinheiro fornecida à realeza, prática esta que teve amplo uso. A partir do reinado de Carlos VI, os atos de empréstimo estipulam que os bens comprometidos poderão ser resgatados em caráter perpétuo. Essas duas exceções são repetidas no edito de Moulins de 1566, que só autoriza novos empréstimos para as necessidades de guerra, trazendo ao conhecimento de todos as "regras e máximas antigas" do direito dominial. Sem inovar em nada, esse texto mereceu ser considerado como um texto fundador porque desenhava um quadro completo desse direito, codificando princípios e práticas seculares. Foi visto como tal tanto pelos contemporâneos quanto pelo direito ulterior.

Novos princípios

A Revolução francesa modifica profundamente a economia dominial do Antigo Regime. Embora, depois da decisão tomada na noite de 4 de agosto de 1789, de pôr fim ao regime feudal, os direitos senhoriais e feudais já estivessem meio excluídos do domínio, foram as leis de 22 de novembro e 1º de dezembro de 1790, além da lei de 14 de ventoso do ano VII, que apresentaram princípios novos e distinguiram soberania e propriedade. A nação, soberana, tem como tal autoridade sobre o território, mas são os particulares que possuem o solo, com exceção de porções declaradas não passíveis de propriedade privada. No entanto, embora alguns constituintes achassem que a nação não deve ser proprietária, esta passou a sê-lo, inclusive de bens "nacionalizados" do clero e, mais tarde, de bens dos nobres emigrados. O Estado é titular de um domínio nacional que compreende, por um lado, os caminhos públicos, a faixa litorânea, terrenos da marinha etc. (antigo domínio da Coroa, termo que designa agora a lista civil) e, por outro, os bens vacantes e sem proprietário ou provenientes da sucessão de pessoas que falecem sem herdeiro, bem como as obras de defesa feitas pelo Estado. Uma vez que a nação – conforme escrevia Enjubault, relator da comissão dos domínios – dispunha da "propriedade plena e integral do domínio público", essa propriedade "seria imperfeita se ela não pudesse transferi-la quando as necessidades do Estado o exigissem". O regime jurídico do domínio inverte-se então. O princípio passa a ser o de alienabilidade, mas com a ressalva da necessidade de autorização pela Assembleia. Ademais, considerava-se que todas as alienações feitas a partir de 1566 tinham forma de empréstimo e, por isso, seriam perpetuamente resgatáveis. O domínio, passando a ser alienável, também passa a ser, logicamente, prescritível. Essas disposições, ainda em vigor, não significam que o domínio público deixou de ser protegido – ele continua inalienável –, mas significam que a nação determina e tem, legitimamente, o direito de dispor dele. As disposições adotadas durante a Revolução francesa encontram-se em parte no Código Civil francês (arts. 537 ss.), que realiza uma divisão mais nítida das coisas, entre aquelas que, não sendo "passíveis de propriedade privada", são consideradas "dependências do domínio público" e os bens passíveis de propriedade que podem pertencer tanto à nação quanto aos cidadãos comuns.

O regime napoleônico caracterizou-se pela criação – que só sobreviveu até 1818 – de um domínio extraordinário, constituído pelos bens provenientes das conquistas e à disposição do Imperador, e pelo restabelecimento de um domínio privado (distinto da lista civil ou dotação da coroa), conjunto de bens fora do comércio (s.-c. 30 jan. 1810) que só seriam reunidos ao domínio do Estado por um ato expresso. Os regimes monárquicos seguintes (inclusive o Segundo Império) regeram o domínio privado do rei – distinto do domínio privado do Estado – por disposições inspiradas na monarquia constitucional, no Império, ou por uma combinação dos dois. Finalmente, coube à doutrina (Proudhon em particular) e à jurisprudência dos séculos XIX e XX (primeiro com fundamento no Código Civil e depois em abundante regulamentação) determinar e justificar os critérios de divisão entre aquilo que pertencia (ou deveria pertencer) ao domínio público – merecendo por isso ser protegido pela inalienabilidade –, ou ao domínio privado do Estado ou das outras pessoas públicas.

› CHAPUS R., *Droit administratif général*, t. 2 (ed. régulières) – DEPAMBOUR-TARRIDE L., *Les Petits domaines de la Couronne. Contribution à l'étude historique de la domanialité*, th. Paris, 1975. – LEYTE G., *Domaine et domanialité publique dans la France médiévale (XIIe-XIe siècles)*, Estrasburgo, 1996. – MONTEIL M., *Formation et évolution de la notion de domanialité publique*, Paris, 1902. – RÉCY R. de, *Traité du domaine public*, t. l, Paris, 1893.

Guillaume LEYTE

→ Domínio fluvial; Domínio marítimo; Sistema viário.

DOMÍNIO FLUVIAL

Desde tempos imemoriais, os homens povoaram as margens dos rios. Estes dão água, que é fonte de vida, mas também complementam a alimentação, dão a força que move moinhos e são caminho evidente para o transporte de pessoas e mercadorias – o rio ou o caminho que anda. Em estado natural, porém, poucos cursos de água são navegáveis ou dispõem da vazão suficiente para movimentar um moinho ou permitir a flutuação de troncos. Muitas vezes o homem precisou lançar mão de artifícios e transformar a natureza. Entende-se então por que os poderes senhoriais ou municipais, de início, e o poder monárquico depois controlaram os cursos de água e seus usos. A parte útil dos cursos de água foi, desde o século XVII, integrada ao domínio da Coroa francesa e depois se tornou componente importante do domínio público nacional. O patrimônio fluvial desempenha papel decisivo de composição do território estatal. Nisso, está mais ligado à terra e ao território, à propriedade e à soberania do que à água que o percorre, *res communis* (ver art. 1º da lei francesa de 3 jan. 1992), que se transformou em recurso raro e ameaçado, com gestão mais regulamentada do que o domínio por onde corre. Assim, serão sucessivamente estudadas a noção de domínio fluvial e sua evolução, aquilo em que ele consiste e seu regime.

Evolução da noção de domínio fluvial

Durante o Antigo Regime, afirmou-se progressivamente, através de compilações consuetudinárias, sentenças ou textos de jurisconsultos, uma distinção, tomada de empréstimo ao direito romano, entre duas categorias de cursos de água: os navegáveis, pertencentes ao rei, e os outros, que, em função do porte, são dos senhores ou das populações ribeirinhas. Um acórdão de 9 de dezembro de 1651 decide, portanto, que o Loire pertence ao rei acima de Roanne, onde se torna navegável, e é senhorial a jusante. Lefèvre de la Planche justifica essa distinção com o fato de que a natureza, ao tornar navegáveis os cursos de água, destina-os a usos públicos, subtraindo-os, portanto, à senhoria e à propriedade privada. A famosa ordenança das águas e florestas, de agosto de 1669, em seu artigo XLI, consagra essa situação, pois nela o rei se declara proprietário de todos os rios do reino que comportem embarcações, de seu fundo sem artifício e obras de mãos humanas, incorporando-os ao domínio da Coroa. Embora a afirmação do direito de propriedade do rei seja clara, seu campo de aplicação é ambíguo. Em primeiro lugar, parece excluir os cursos de água que se tornaram navegáveis, uma vez que a navegabilidade natural é excepcional. Os cursos de água sempre foram transformados. Por isso, essa exclusão foi interpretada como referente apenas aos canais de derivação ou de navegação, tal como os canais de Briare ou do Midi, de propriedade das companhias concessionárias até sua compra pelo Estado na segunda metade do século XIX. Em segundo lugar, a redação parece limitar o domínio fluvial apenas aos rios navegáveis, descartando aqueles que propiciam apenas a flutuação. Também nesse caso, não foi considerada essa interpretação. De fato, a flutuação por balsas ou jangadas foi equiparada à navegação por influência do direito romano. Os artigos seguintes, aliás, refletem essa equiparação que é confirmada pela jurisprudência (ver, por exemplo, um acórdão do Conselho do Rei de 24 de junho de 1777). Segue-se que os rios que permitem apenas o transporte de troncos por flutuação não eram dominiais. Durante o Antigo Regime, os rios navegáveis ou flutuáveis por jangadas estavam, tal como as faixas litorâneas e as estradas, à disposição do público e, como tais, incorporados ao domínio da Coroa. A posse régia, afirmada pela ordenança de 1669 e por um edito de abril de 1683, teve como efeito impedir toda e qualquer forma de posse privada ou de utilização não adequada ou não autorizada dos cursos de água, capaz de impedir o livre uso do público, que é a destinação primeira desses bens, *rei publicae*, reificação da República pensada por J. Bodin. A posse pública já se mostra como garantia para os usuários.

O decreto dominial de 22 de novembro e de 1º de dezembro de 1790 e, principalmente, o Código Civil francês (art. 538) consagraram essa concepção incluindo os rios navegáveis ou flutuáveis no domínio público, expressão que manifesta bem sua destinação pública. Indo além do decreto dominial, o Código ratifica a interpretação jurisprudencial e doutrinal da ordenança de 1669. Com essa base, o domínio fluvial não parará de crescer, com a substituição progressiva do critério material por um critério formal de navegabilidade-flutuabilidade, ao mesmo tempo que manterá sua unicidade. Esse domínio é, de fato, apenas público, pois só tem sentido em relação à destinação e ao regime dos cursos de água que o constituem. Em consequência, as acessões estatais que, embora contíguas, não lhes são incorporadas fazem parte, tais como as ilhas constituídas no leito de um rio (ver T. confl., 23 jan. 1978, Schwartz: Lebon, p. 644), do domínio privado do Estado. Acrescentar que esse domínio privado é fluvial não contribuiria estritamente com nada, a não ser com uma ambiguidade suplementar.

Embora a Lei francesa de 8 de abril de 1898 sobre o regime das águas ainda se baseie no critério natural, a partir da Lei de 8 de abril de 1910 a referência ao estado real do curso de água é abandonada. A incorporação ao domínio público fluvial passa a resultar da classificação do curso de água constante na nomenclatura não limitativa de rios navegáveis ou flutuáveis, anexada a uma ordenança de 10 de julho de 1835, portanto de um ato formal, ainda que aqueles autores tenham levado em conta, na origem, um dado natural. A partir de um decreto-lei de 28 de dezembro de 1926, o formalismo triunfa, pois esse texto permite riscar certos cursos de água da nomenclatura, mesmo possibilitando mantê-los no domínio público fluvial. Para tanto, basta não os desclassificar. Um rio, portanto, pode ser declarado não navegável, mas permanecer dominial. Essa constatação faz lembrar que o domínio público, inclusive fluvial, é uma categoria jurídica. É a ordem civil, e não a natureza das coisas, que constitui o domínio. Somente os rios têm realidade. O domínio fluvial, por sua vez, é um artifício, apenas um duplo do real destinado a produzir efeitos de direito.

No que consiste o domínio fluvial

O Código do Domínio Público Fluvial francês, que, com a Lei de 16 de dezembro de 1964, substitui os diferentes textos que, desde a ordenança de 1669, foram construindo progressivamente o domínio fluvial, consagra a abordagem positivista de sua constituição, usando a expressão "cursos de água dominiais" em lugar da expressão "cursos de água navegáveis", ressaltando assim a ruptura absoluta com o antigo elo entre navegabilidade e dominialidade pública. O artigo 1º, por conseguinte, apresenta a lista dos diferentes componentes desse domínio, que inclui, além dos cursos de água navegáveis ou flutuáveis e seus braços mesmo não navegáveis, os lagos classificados como navegáveis ou flutuáveis, canais, portos fluviais, cursos de água excluídos da nomenclatura das vias navegáveis, mas mantidos no domínio, e, por fim, os que servem para atender às necessidades de água da agricultura, da indústria e das populações. O artigo 3º acrescenta que essas diversas vias de água podem ser excluídas da nomenclatura das vias navegáveis ou flutuáveis e mantidas no domínio público fluvial por decreto. Será necessária uma reclassificação pronunciada por decreto depois de enquete de utilidade pública para fazê-los sair do domínio fluvial e transformá-los em cursos de água ou lagos não dominiais. O formalismo também é forte nos departamentos de ultramar, pois o artigo L. 90 do Código do Domínio francês inclui todos os cursos de água navegáveis, flutuáveis ou não, no domínio público. O caráter dominial fluvial não atinge todo um curso de água, mas apenas algumas de suas partes com soluções de continuidade, conforme o caso. Também aí são decretos que os determinam. Na foz, principalmente, a delimitação leva a distinguir domínio fluvial de domínio marítimo, com consequências importantes para o regime dos terrenos acrescidos. Constituídos sobre as margens dos rios, serão terrenos reservados e se tornarão propriedades dos ribeirinhos (art. 556 C. Civ. francês), ao passo que, quando formados na faixa litorânea, serão terrenos da marinha e se incorporarão ao domínio marítimo. A delimitação da largura dos cursos de água em relação às propriedades ribeirinhas, por sua vez, é realizada a partir de um *plenissimum flumen*, ou seja, da altura das águas correntes em cheia, antes de transbordar. Num acórdão *Servois* de 11 de junho de 1909 (Lebon, p. 572), o Conselho de Estado considerou que o cálculo dessa altura deveria ser feito a partir do ponto mais baixo do talude, no trecho referido, com o que se traça um plano inclinado de montante a jusante, paralelo à superfície da cheia observada, que não deve, porém, resultar de perturbações meteorológicas excepcionais (CE, 30 jan. 1990, Min. eqt c./ Richaud: Lebon, p. 57).

Regime do domínio fluvial

Embora a lei não o especifique, como no Antigo Regime, o domínio fluvial é propriedade do Estado. O Conselho de Estado francês consagrou formalmente esse ponto num acórdão de 17 de maio de 1946, comuna de Vieux-Boucau (*S.*, 1947.111.9). A propriedade é do Estado, e não das coletividades locais, em virtude de seu papel na configuração do território nacional e, portanto, de seu vínculo com a soberania. Segue-se que o leito do Reno, na parte de seu curso que serve de fronteira entre a França e a Alemanha, só pertence àquela até o meio. Já em 16 de novembro de 1792, um acórdão do Conselho Executivo da República proclamava essa comunhão de propriedade dos rios internacionais. A partir do Tratado de Paris de 30 de maio de 1814 e dos Atos do Congresso de Viena de 1815, o Reno passa a ser submetido a um regime internacional definido em particular pela Convenção de Mannheim de 1868. O direito de propriedade do Estado, porém – e aí está uma fonte de ambiguidades –, não incide sobre a água que, conforme vimos, é *res communis*, de modo que o regime do domínio fluvial só lhe diz respeito indiretamente, visto que ela é hoje o recurso raro por excelência. Segue-se uma superposição de regulamentações, que a incorporação da água no domínio fluvial (como ocorre em certos países, por exemplo, Espanha, Tunísia etc.), provavelmente evitaria, ao restabelecer a unidade do rio.

O domínio fluvial é protegido tanto contra o Estado proprietário quanto contra terceiros. O Estado não pode aliená-lo, no todo ou em parte, por ser componente do domínio público, a não ser excluindo um de seus elementos da nomenclatura das vias navegáveis e reclassificando-o depois. Além disso, com fundamento no artigo 14 do Código do Domínio Público Fluvial francês, tem obrigação de conservá-lo, embora não seja obrigado a garantir a defesa dos ribeirinhos contra inundações (Lei de 16 de setembro de 1807). Estes são submetidos a importantes injunções. A parte de suas terras situada ao longo das margens é atingida por servidões estabelecidas no interesse da navegação e da pesca. Contudo, não criam uma servidão de passagem análoga à exercida nas propriedades litorâneas e não consagram o direito ao entretenimento nas margens dos rios. A isso se somam servidões de urbanismo, que limitam a possibilidade de construir em zonas inundáveis. Por fim, desde o Antigo Regime existe na França uma política de conservação do domínio fluvial que torna ilegais todas as ações que dificultem a navegação ou modifiquem o regime de escoamento das águas, poluindo-as ou retirando-as sem autorização. A infração constitui uma contravenção contra uma grande via de comunicação, da alçada do juiz administrativo competente para reprimir o contraventor e obrigá-lo a reparar o prejuízo causado ao domínio fluvial. Essa forte proteção justifica-se pelo risco que ele representa e as funções que lhe são atribuídas, ou seja, por sua destinação ao uso do público ou a atividades de serviço público.

Embora proprietário do domínio fluvial, o Estado não é seu administrador, ou o é em pequeno grau. A exploração, a manutenção e até mesmo o policiamento da maior parte dos trechos navegáveis foram, no essencial, confiados por ele (Lei de 31 dez. 1990) a um estabelecimento público industrial e comercial, "Voies navigables de France", e, em menor parte, a três regiões: Bretanha, Loire e Picardia (decretos de 15 e 20 de junho de 1989 e de 8 de julho de 1992). O Estado, porém, não poderia delegar a uma região a administração de um curso de água antes de sua incorporação no domínio público fluvial (CE, 15 out. 1999, comuna de Lattes, *AJDA*, 1999, p. 1.044). Portanto, só ficou com a gestão de alguns trechos navegáveis e, principalmente, com a dos cursos de água dominiais excluídos da nomenclatura das vias navegáveis, tarefa cumprida pelos serviços do Ministério do Meio Ambiente. Essa pluralidade de organismos administrativos, sem contar as subdelegações, confere bastante opacidade a essa gestão, principalmente porque confrontada com usos variados e muitas vezes contraditórios. De fato, o rio sempre foi objeto de conflitos entre usuários: no Antigo Regime os barqueiros se opunham aos moleiros que montavam suas azenhas no meio da correnteza. Hoje a situação se agravou. Os cursos de água têm uma pluralidade de utilizações, ainda que uma hierarquia de usos, resultante sobretudo do artigo 1º do Código do Domínio Público Fluvial francês, permita distinguir usos adequados (tais como navegação, alimentação das populações, irrigação, movimentação de turbinas ou pesca) e usos simplesmente compatíveis (como extração de matéria-prima ou descarga de águas servidas). O alcance do controle do Estado sobre esses usos varia, conforme impliquem ou não ocupação privativa. Enquanto a navegação é apenas regulamentada (ver decreto de 21 set. 1973 sobre regulamento geral da política de navegação interna), as ocupações – exceto para os titulares de direitos baseados em título de propriedade, ou seja, adquiridos antes da ordenança de Moulins de 1566 ou durante alguma venda de bens nacionais – estão submetidas a um regime de autorização que deriva da existência de um direito reconhecido do Estado (direito de pesca pelo Código Rural francês ou direito sobre a energia hidráulica nacionalizada pela lei francesa de 16 de outubro de 1919), ou então deriva de seu poder de polícia (retirada de água, despejo etc.). Os titulares de autorizações pagam as taxas de licença, que conferem certa rentabilidade ao domínio fluvial, e também o tornam um patrimônio público passível de exploração. A legislação sobre o meio ambiente, porém, limita essa exploração ao garantir a proteção dos recursos hídricos e das fontes de pesca que, por sua vez, constituem patrimônio comum da nação.

Vê-se, assim, que o regime do domínio fluvial na França está agora mais centrado na água que o irriga, mas lhe escapa, que ele não está ligado à terra e ao território que o viu nascer. Certamente não está distante o tempo em que terra e água confluirão para um único regime no qual, sob o domínio, se encontrará o rio.

No Brasil, o domínio fluvial sempre foi público, pois se partiu do princípio de que todas as terras descobertas (e os rios nelas incluídas) pertenciam ao rei, independentemente de sua navegabilidade. Tais terras, contudo, poderiam ser concedidas pelo rei a particulares. Dessa forma, o que não foi concedido a particulares continua integrando o domínio público. Atualmente, para o direito brasileiro, são bens públicos federais de domínio hídrico e de uso comum as águas salgadas e doces navegáveis ou flutuáveis, as correntes que se façam dessas águas, as nascentes (quando forem de tal modo consideráveis que, por si sós, constituam o *caput fluminis*), bem como os braços das correntes públicas, desde que influam na navegabilidade ou flutuabilidade delas (art. 2º do Decreto nº 24.643/34, Código de Águas). E uma corrente considerada pública não perde este seu caráter, caso deixe de ser navegável ou flutuável, no todo ou em parte. Serão bens públicos dominiais as águas públicas que simplesmente se situem em terras públicas sem preencherem as características acima expostas (artigo 6º do mesmo decreto). A Constituição Federal define ainda que serão federais os rios e quaisquer correntes de água que se situem em terras federais ou que banhem mais de um Estado, ou que sirvam de limite com outros países ou quando se estendam ou provenham de território estrangeiro (art. 20, inciso III, da Constituição Federal) e, residualmente, estaduais os demais (art. 26 da Constituição Federal). Também são consideradas públicas as águas situadas nas zonas periodicamente assoladas pelas secas (Código de Águas, artigo 5º).

O Código de Águas confere à União a competência para legislar sobre a navegação e flutuação dos canais, lagos, correntes e rios, bem como dos mares territoriais. Mas a Constituição Federal brasileira garante a Estados, Municípios, Distrito Federal e órgãos da administração direta da União a participação no resultado da exploração dos recursos hídricos em território nacional (parágrafo primeiro do artigo 20 da CF).

› BADY J.-F., *Protection des cours d'eau et domanialité publique fluviale*, tese, Pau, 1979. – DUFAU J., *Le Domaine public*, Le Moniteur, 2001. – GARNIER F., *Régime des eaux*, Paris, 1839. – GAZZANIGA J.-L., OURLIAC J.-P. & LARROUY-CASTERA X., *L'Eau: usages et gestion*, Litec, 1998. – LEFÈVRE DE LA PLANCHE, *Traité du domaine*, Paris, 1764, t. l. – PROUDHON V., *Traité du domaine public*, Dijon, 1833.

Ver também: DAVIGNON J.-F., "La condition juridique des lacs", *AJDA*, 1979, nº 11. – DELVIT P., *Le Lot, de Louis XIV à Charles X*, tese, Toulouse, 1985. – LAVIALLE C., "Existe-t-il un domaine public naturel?", *CJEG*, 1987, p. 627. – TEBOUL G., "La réforme de l'Office national de la navigation: Transports fluviaux et domaine public fluvial", *GJEG*, 1992, p. 405.

Christian LAVIALLE

→ Domínio marítimo; Domínio (Público e privado); Meio ambiente.

DOMÍNIO MARÍTIMO

Domínio marítimo é um conjunto de bens submetidos ao regime jurídico do poder público em razão da relação que este mantém com o mar. A faixa litorânea, alternadamente coberta e descoberta pelas águas, em razão dos movimentos da maré, constitui seu elemento central, embora a noção englobe também superfícies permanentemente submersas ou não submetidas à ação da maré, bem como diversos bens construídos pelo homem, tais como os portos.

A consciência do caráter público da faixa litorânea parece difundida, como demonstra a reivindicação da possibilidade de locomover-se ao longo das costas ou pescar livremente no mar. Contudo, os litígios relativos a pretensas "praias particulares" também ressaltam que esse caráter não é tão óbvio e nem sempre foi admitido. Além disso, a noção de domínio marítimo também não apresenta a homogeneidade normalmente ligada às ideias diretivas e é resultante da "combinação" empírica de várias instituições. O estudo das etapas dessa elaboração permitirá discernir melhor a questão.

Antiguidade romana

O direito romano definiu a faixa litorânea com base num fato natural e tentou situá-la na classificação dos bens. Esses princípios deram origem à noção moderna de domínio marítimo. Senhores de um império que, apesar de se estender em torno do Mediterrâneo – mar sem marés –, também se prolongava até o Atlântico, os romanos definiam o limite da faixa litorânea pelo avanço máximo das águas do mar que ocorre durante o inverno (Digesto, L, XVI, 96 e 112, Institutas de Justiniano, II, I, 3). Por outro lado, havia a questão do lugar ocupado pela faixa litorânea na classificação das coisas do *Corpus juris civilis*. Como não pertencesse a nenhuma pessoa privada, no mínimo em razão de sua submersão periódica, ela não fazia parte dos patrimônios privados (*res singulorum*). Mas, entre as coisas que eram objeto de posse, os jurisconsultos hesitaram em situá-la entre as *res communes omnium*, "coisas comuns a todos", e as *res publicae*, "coisas públicas". A distinção entre essas duas categorias de bens devia-se à sua relação com a autoridade pública. Regulando a utilização das *res publicae*, essa autoridade podia autorizar seu uso a todos ou a alguns, cobrando taxas dos usuários (Digesto, XVIII, I). Em contrapartida, as *res communes*, tais como o ar, a água corrente e o mar, não estavam vinculadas a ninguém e a nenhuma coletividade, e seu uso, comparável a uma ocupação, era livre (Institutas de Justiniano, II, I, pr.; Digesto, I, VIII, 2). Ainda que se aceite a opinião de que a faixa litorânea, assim como o mar, faz parte das *res communes*, isso não impede um "uso privativo". Assim como todos os seres vivos respiram e bebem água, todas as pessoas podem circular pela costa, nela aportar, nela estender suas redes para secar e até – o que surpreende – nela construir e tornar-se seu proprietário! Em vez de constituir uma exceção aos princípios, essa faculdade de construir na faixa litorânea é comparável à ocupação de uma parte do mar por um barco, que cessa com a saída deste: por isso, a propriedade não dura mais do que as construções. Mas, no caso das construções, é necessária a autorização de um magistrado, pois a navegação, a atracação e a estadia nos portos não podem ser dificultadas. É justamente devido a esse vínculo do lugar com o Estado que se dá a classificação entre as *res publicae* (Digesto, XLI, I, 50, e XLIII, VIII, 3). Portanto, permanece a ambiguidade.

Apropriação das costas por parte dos senhores e do rei

Durante a Idade Média e, às vezes, depois, os princípios romanos foram esquecidos. A partir da decadência dos carolíngios, as dominações feudais, fossem elas dos príncipes territoriais ou dos senhores locais, incluíram as faixas litorâneas. Assim, na Normandia, os senhores afirmavam que seus feudos se estendiam pelo mar até a distância que um cavaleiro pudesse alcançar com uma lança, e essa pretensão, avalizada pelo costume da província, durou até a Revolução francesa. O controle das costas tornou-se, para os senhores, uma questão de poder e, ao mesmo tempo, uma fonte de riquezas, em virtude da posse dos bens que a ela fossem dar: baleias, âmbar-cinzento e objetos provenientes de naufrágios: o "*wreck*" ou "*varech*" dos países do Atlântico. Em várias ocasiões, a Igreja condenou esse "direito de naufrágio", o que, aliás, não impedia que as senhorias eclesiásticas dele se valessem. Na Bretanha, o duque chegou a vender salvo-condutos ou "*brefs*" para permitir que os navegantes recuperassem seus bens naufragados. Os reis da Inglaterra e da França também pretenderam regulamentar esse pretenso direito. Mas seria o renascimento concomitante da ciência jurídica e da soberania monárquica que poria cobro à situação. A redescoberta do direito de Justiniano, que seria ao mesmo tempo referência intelectual e arma de dominação nas mãos dos legistas, justificaria a ação do rei da França no esforço de obter a soberania sobre o mar e a faixa litorânea. Tal soberania foi afirmada pelo Parlamento de Paris em detrimento de um senhor que tinha domínios às margens do Mediterrâneo, já na primeira metade do século XIV, durante um processo relativo à carga de um navio pirata naufragado nas proximidades de Agde.

O rei, aliás, interessava-se pelo mar desde o início do século XIII, por razões geopolíticas. O confisco de feudos franceses de João sem Terra por Filipe Augusto, em especial na Normandia e em Poitou, e a aquisição de territórios situados em Languedoc pelo tratado de Meaux em 1229 garantiram ao rei a posse de territórios costeiros de que ele antes estava quase desprovido. Na Aquitânia, onde o duque, aliás rei da Inglaterra, alegava conceder ou reter a faixa litorânea, o suserano capetíngio interferia nos assuntos de seu vassalo, considerando que este recebia dele a faixa litorânea, tanto quanto o restante do ducado.

Foi, porém, somente no século XIV, durante a Guerra dos Cem Anos, que apareceu um almirante na França, contrapartida naval do condestável, que, opondo-se aos senhores, mas também aos juízes monárquicos, manifestaria pretensões ao controle do mar e da faixa litorânea por delegação do soberano. Diversos textos dos séculos XIV, XV e XVI especificaram as prerrogativas sobre o mar, as costas e os naufrágios, concedidas a esse grande oficial, bem como a seus colegas da Provença, da Guyenne e da Bretanha, surgidos na época da anexação dessas províncias. Assim, uma ordenança de Carlos V, datada de 7 de dezembro de 1373, outorgou ao almirante de França "o conhecimento, a jurisdição, a correção e a punição de todos os fatos do referido mar e de suas dependências, criminal ou civilmente".

Em conformidade com a instauração de uma regulamentação estatal do direito sobre a faixa litorânea, também foi regulamentado o destino dos destroços marítimos por meio da legislação monárquica, especialmente o edito de Fontainebleau, de janeiro de 1543. Afirmou-se que eles podiam ser reclamados pelo proprietário dentro de certo prazo. Se isso não ocorresse, seriam partilhados entre o rei, o almirante e o descobridor. Os direitos de naufrágio dos senhores, baseados em título de propriedade, não eram revogados, mas só eram exercidos em relação à terça parte reservada ao rei. Essa legislação foi ratificada pelo importante edito de março de 1584, que reafirmava a competência do rei e do almirante sobre o mar e a faixa litorânea. Uma disposição ainda em vigor daquele texto exigia a apresentação de um título de propriedade anterior a 1544 para a manutenção de um parque ou de uma pesqueira no litoral.

Em 1626, Richelieu substituiu os quatro almirantados por um cargo de Grão-Mestre e Superintendente da Navegação e do Comércio de França, que exerceu em pessoa; esse cargo perdurou até 1669. Depois o rei restabeleceu um almirante de França com competência para todo o reino (exceto a Bretanha); esse cargo existiu até a Revolução francesa.

Ordenança da marinha de 1681

Em agosto de 1681, foi promulgada a Ordenança da Marinha, aconselhada a Luís XIV por Colbert. Era uma síntese de todo o direito marítimo anterior, francês e estrangeiro. Embora de início não tivesse em vista regulamentar o comércio marítimo, essa ordenança não deixava de lado os aspectos administrativos. Assim, dava uma definição, ainda aplicável, de faixa litorânea: "Será considerado costa e faixa litorânea tudo o que for coberto e descoberto durante as luas novas e cheias, e até onde a grande maré de março puder se estender nas praias" (livro IV, título VII, art. 1). Foi só com a V República que um acórdão do Conselho de Estado, pondo fim às controvérsias, considerou que essas palavras deviam ser entendidas como a maior maré do ano, aplicando-se tal definição a todas as costas francesas, mesmo as do Mediterrâneo (CE, Ass. 12 out. 1973, Kreitmann, *Rec.*, p. 563). No interesse da navegação, a Ordenança da Marinha protegia a faixa litorânea, proibindo que nela se fizessem construções, implantassem postes e estabelecessem canteiros de obras, sob pena de demolição, confisco de material e multa. Essas disposições repressivas serviram de fundamento à vinculação ulterior da proteção do domínio marítimo ao sistema viário nacional. A ordenança reafirmava as prerrogativas do almirante. Regulamentava a atividade dos tribunais particulares do almirantado, existentes em diversos portos, cuja competência se estendia às faixas litorâneas, estando ligados, direta ou indiretamente, aos parlamentos. Quanto ao direito de naufrágio dos senhores, que devia ser fundamentado num título de propriedade, ficava limitado à parcela do rei sobre os objetos não reclamados. No entanto, como alguns senhores tentaram manter seu controle sobre a costa e continuar cobrando por sua utilização, em 1739 foi preciso encarregar uma comissão do Conselho do Rei da verificação dos direitos marítimos. Mas no século XVIII, por razões financeiras, o estatuto da faixa litorânea se pautaria pelo de outra instituição, o domínio.

A incorporação da faixa litorânea ao domínio público

O domínio nasceu na Idade Média, da preocupação dos legistas em evitar a dilapidação dos bens e direitos do rei. Em fevereiro de 1566, o primeiro edito de Moulins consagrou a inalienabilidade do domínio régio (mais tarde completada pela imprescritibilidade), tornando nulas quaisquer alienações futuras. Mas esse texto tinha objeto limitado: visava apenas às terras dominiais, enquanto diversos outros bens, como a faixa litorânea, os rios, as estradas e os logradouros públicos, eram objeto de uma legislação especial. Assim, em 1599, ao ter de decidir o destino de uma peça de âmbar cinzento descoberta na costa de Landes e disputada entre o senhor vizinho e os descobridores, o Parlamento de Bordeaux não fez nenhuma referência ao edito de 1566. Em seguida, o domínio público absorveria categorias de bens não compreendidas nas previsões do edito de Moulins, que ganharia alcance geral. No fim do Antigo Regime, a inalienabilidade foi mesmo posta na categoria das leis fundamentais do reino. Mas o princípio tinha uma restrição: um segundo edito de Moulins, de fevereiro de 1566, chamado "edito das terras inúteis e baldias", dela excluíra bens de pouca monta ou "pequenos domínios" (prados, pântanos e pauis baldios, landas, charnecas, moinhos, fornos, tendas, quitandas etc.), cuja cessão em caráter perpétuo era autorizada. Essa possibilidade foi confirmada por um edito de maio de 1708. Portanto, ao mover a fronteira entre grande domínio inalienável e pequenos domínios alienáveis, o rei pôde regularizar usurpações e até fazer novas concessões.

Vários textos (ordenança das águas e florestas de 1669, declaração do rei de abril de 1683, edito de dezembro de 1693 etc.) pautaram o estatuto dos cursos de água e dos aluviões ou ilhas neles formados pelo estatuto do domínio público. Da mesma maneira, afirmando que era preciso contrabalançar a legislação relativa aos cursos de água, um edito de fevereiro de 1710 afirmou o caráter de domínio público das faixas litorâneas (falando, aliás, de "propriedade" do rei) e estabeleceu um nexo entre costas e domínio. Esse texto oferecia aos usurpadores a possibilidade de regularizar sua situação, e um acórdão do Conselho do Rei, de 13 de novembro de 1714, relativo à tarifa do direito de confirmação, introduziu a referência à data de 1566. Há outro exemplo da integração da faixa litorânea ao domínio público e do avanço dos "pequenos domínios". No século XVIII, o rei concedeu frequentemente, por intermédio de comissários régios e com formas diversas – sobretudo subenfeudação, cuja validade de princípio foi reafirmada pela jurisprudência administrativa moderna –, terrenos à beira-mar e para aterramento (o aterramento seria a concessão futura de terrenos de marinha). Como visassem a estender as terras cultiváveis ou a estabelecer salinas, essas concessões teriam apoio dos agrônomos.

Às razões fiscais cabe acrescentar razões doutrinais. Embora Valin – comentador da Ordenança da Marinha – tenha mantido a especificidade da faixa litorânea, outros autores estabeleceram uma proximidade que preparava sua inclusão no domínio. Assim, Domat, em seu *Direito público*, publicado em 1697, dois anos depois de sua morte, mesmo retomando a distinção romana entre *res communes* e *res publicae*, atribuía a administração das coisas comuns ao soberano, aliás já administrador do domínio público. Era a preparação imperceptível da unificação.

A Revolução francesa e o século XIX

A Lei de 22 de novembro e 1º de dezembro de 1790, chamada Código Dominial, substituiu a soberania régia pela soberania nacional e permitiu que a Nação, por meio de um decreto do Corpo Legislativo sancionado pelo rei, alienasse partes do domínio público. Embora alguns bens integrados expressamente ao domínio público pela lei, entre os quais a faixa litorânea, fossem proclamados incessíveis, houve algumas alienações, a título de bens nacionais, validadas depois por uma jurisprudência dominante, ao arrepio do princípio segundo o qual ninguém pode ter mais direitos que seu autor. Mais tarde, a partir de 1804, a inalienabilidade dos bens não passíveis de propriedade privada – entre os quais a faixa litorânea – foi retomada pelo Código Civil francês (art. 538). Mas foi principalmente com o Tratado do Domínio Público de Victor Proud'hon, professor da faculdade de direito de Dijon, publicado em 1833-34, que essa noção foi reintroduzida e reinterpretada como elemento fundamental do regime jurídico do domínio público, em oposição à alienabilidade que caracteriza o domínio privado.

No que se refere ao legado do Antigo Regime, manteve-se a continuidade, apesar da Revolução. Os pequenos domínios alienados, cujo estatuto sempre fora precário, foram até mesmo transformados em propriedades. As concessões antigas foram mantidas, o mesmo ocorrendo até com certas usurpações; assim, um decreto de 21 de prairial do ano II (9 de junho de 1794) manteve "provisoriamente" a posse dos detentores de terrenos na faixa litorânea que houvessem sido cercados e cultivados antes do mês de julho de 1789. As concessões de aterramentos concedidas antes da Revolução não foram questionadas. Essas medidas, avalizadas pela jurisprudência moderna, continuam válidas.

O século XIX deu importante contribuição para a noção de domínio público marítimo. Um decreto de 9 de janeiro e 1º de fevereiro de 1852 sobre a pesca marítima costeira submetera a criação de pesqueiras (viveiros de ostras, mariscos e peixes) à autorização do Ministro da Marinha. Portanto, havia motivo para distinguir com precisão as zonas submetidas a essa regulamentação das zonas da alçada da pesca fluvial. Por conseguinte, o Príncipe-Presidente baixou o Decreto de 21 de fevereiro – 12 de março de 1852 relativo às delimitações da faixa litorânea. Esse texto, cujas disposições, levemente retocadas em 1968, subsistem até hoje, fixou as modalidades da delimitação, que deveria ser efetivada por decreto do chefe de Estado, depois das verificações feitas em campo. O fato de um lugar ser periodicamente coberto pelas marés comuns constituía apenas uma presunção simples do caráter dominial: era expressamente previsto que os decretos de delimitação, baseados apenas no estado físico das faixas litorâneas, deviam preservar os direitos de terceiros, o que significava que eles não poriam em xeque os direitos particulares que pudessem existir sobre os terrenos, especialmente em relação a títulos de propriedade anteriores a 1566, de vendas de bens nacionais ou de concessões de aterramento ainda não efetivadas. Para a doutrina do século XIX, o domínio se definia como um elemento de soberania e uma categoria de bens não passível de propriedade privada. Mas essa concepção foi posta em xeque em decorrência da evolução econômica, que reatualizou a ideia de exploração do domínio. Às concessões de aterramento e de terrenos de marinha, já conhecidas durante o Antigo Regime e regulamentadas por uma lei de 16-26 de setembro de 1807, somaram-se diversos usos privativos do domínio marítimo que não põem em xeque a inalienabilidade: estabelecimentos de pesca, viveiros de ostras e mariscos. A partir da Lei de Finanças de 1873 (Lei de 20 dez. 1872), essas concessões passaram a ser acompanhadas de taxação. Assim como antes da Revolução, as preocupações financeiras constituíram, portanto, um impulso às transformações das instituições dominiais.

O direito administrativo do século XX

O direito dominial permaneceu muito estável durante a primeira metade do século XX. A osmose entre faixa litorânea e domínio público – a primeira fazia plenamente parte do segundo – é total, como demonstram os acórdãos do Conselho de Estado que visam conjuntamente o edito de 1566 e a ordenança de 1681. A faixa litorânea, portanto, é alvo das controvérsias gerais sobre o domínio público, em especial daquelas que criticam a pertinência da noção de domínio público natural ou opõem a noção de destinação à de inalienabilidade. Quanto a esse assunto, convém remeter às regras gerais referentes ao domínio público, bem como ao Código do Domínio do Estado, codificação francesa publicada em 1962. Ao direito específico sobre a faixa litorânea sucederam-se modalidades particulares do direito dominial aplicadas a diversos bens ligados ao mar. Fazem parte do domínio público marítimo, ao lado das faixas litorâneas, as enseadas e as baías, ou seja, os portos naturais e as lagunas, mas não as dunas, situadas fora da linha atingida pela maré. Ao lado do domínio público marítimo natural, existe um domínio público marítimo artificial do qual fazem parte: terrenos de aterramentos, praias artificiais, portos marítimos e suas dependências (quebra-mares, diques, eclusas, lagos artificiais, casa de barcos etc.), faróis, balizas e sinais de navegação em geral, diques de proteção etc.

Durante a V República, manifestou-se uma tendência à ampliação do domínio público marítimo. A Lei de 28 de novembro de 1963 decidiu incorporar-lhe os terrenos de marinha formados a partir de sua entrada em vigor, inclusive os terrenos subtraídos à ação da maré em decorrência de concessões de aterramentos (salvo disposições em contrário do ato de concessão). Enquanto, antes, a emergência dos terrenos da marinha fazia que eles passassem a pertencer ao domínio privado e até mesmo – no caso de propriedades privadas invadidas pela maré – os restituía a seu estatuto anterior, a nova disposição implica que o controle do domínio marítimo pode crescer devido a variações da linha da faixa litorânea, mas não diminuir mais. A Lei francesa de 1963 também permitiu a incorporação ao domínio público dos terrenos da marinha existentes na data que faziam parte do domínio privado, somando-lhe o solo e o subsolo do mar territorial, cuja largura foi aumentada de três para doze milhas marítimas pela Lei de 24 de dezembro de 1971. Por fim, a "loi littoral", de 3 de janeiro de 1986, incluiu no domínio marítimo dos quatro departamentos franceses de ultramar a zona dos "cinquenta passos geométricos", instituída por razões militares durante o Antigo Regime. O uso direto e coletivo do domínio público marítimo, ilustrado pelo sucesso das férias no mar, permaneceu então como regra. Mas o Estado proclamou-se pleno proprietário do domínio público marítimo, a partir de então visto como uma riqueza coletiva que deve ser conservada e explorada. A regulamentação de atividades como a extração de matéria-prima e retirada de destroços não constitui novidade. Em contrapartida, os usos privativos e as concessões (cf., por exemplo, a concessão de instalações portuárias, a concessão de praias naturais ou artificiais…), fontes de renda para o concedente, multiplicaram-se e diversificaram-se. Por fim, múltiplas regulamentações particulares estendem o direito do domínio marítimo propriamente dito, como por exemplo as disposições referentes à preservação do litoral (com organismos encarregados de adquirir terrenos próximos à faixa litorânea para proteger a natureza), a servidão de passagem para pedestres incidente sobre propriedades limítrofes ao domínio marítimo, o urbanismo à beira-mar, a criação de zonas de ancoragem, as culturas marinhas, a poluição dos mares, a plataforma continental…

As influências contraditórias, por um lado, da atração que o litoral exerce sobre as populações e, por outro, da exploração das riquezas –

que põe em ação grandes recursos industriais e financeiros e importantes inovações tecnológicas – têm a capacidade de provocar mudanças no direito do domínio marítimo em futuro próximo. Por ora, renovando a antiga oposição entre propriedade e soberania, o direito internacional, secundado pela legislação nacional, atribui ao Estado competências no mar sobre vasta zona econômica exclusiva… Desse modo, assiste-se ao renascimento, com nova roupagem, da oposição entre a *res communis* e as instâncias internacionais, por um lado, e a *res publica* e a autoridade estatal, por outro…

› BEQUET L. & LAFERRIÈRE F., *Répertoire du droit administratif*, Paris, P. Dupont, 1882-1911, t. XI (par R. de Récy et L. Tisserant). – BOUSCAU F., *Les Prés Salés de la Teste de Buch en Aquitaine. Contribution à l'étude du domaine maritime du Moyen Âge à nos jours*, tese, Paris II (1988), Paris-Tours, 1993. – CHARBONNEL N. & MORABITO M., "Les rivages de la mer: droit romain et glossateurs", *Revue historique de droit*, 1987, pp. 23-44. – DEPAMBOUR-TARRIDE L., *Les Petits domaines de la Couronne. Contribution à l'étude historique de la domanialité*, tese, Paris II, 1975, 2 vol. – DUFAU J., *Le Domaine public*, Paris, Le Moniteur, 1987 (2ª ed.), 2 vol. – PELLOUX R., *La Notion de domanialité publique depuis la fin de l'ancien droit*, tese, Grenoble, Paris, Dalloz, 1932. – VEGTING W. G., *Domaine Public et* res extra commercium. *Étude historique du droit romain, français et néerlandais*, Alphen a/d Rijn – Paris, N. Samson n. V, s.d.

Ver também: CASTALDO A., "Le roi, l'évêque et les pirates. Agde 1332. A l'origine de l'inaliénabilité du domaine public", in *43º Congrès de la Fédération historique du languedoc méditerranéen et du Roussillon* (1970), Montpellier, 1971. – CHARBONNEL N., "Haute justice, droit d'épaves et rivages de la mer au XIVe siècle: l'affaire des baleines du sire de Parthenay", *Revue historique de droit*, 1986, pp. 549-69. – NESMOND A. de, Premier Président du Parlement de Bordeaux, *Remontrances et ouvertures de palais et arrests prononcez en robes rouges*, Lyon, 3ª ed., 1656, 2º arrêt ("De l'ambre gris"), pp. 436-97; e as passagens dos manuais, tratados e léxicos de direito adminstrativo dedicados aos bens.

Franck BOUSCAU

→ Bens; *Corpus iuris civilis*; Domínio (Público e privado); Domínio fluvial; Direito administrativo; Direitos senhoriais e feudais; Direitos soberanos; Leis fundamentais do reino; Mar; Ordenanças (Grandes) do Antigo Regime; Romanística medieval; Sistema viário.

DOUTRINA

A palavra "doutrina" tem como origem etimológica a palavra latina *doctrina*, que por sua vez deriva de *docere*, ato de ensinar, no sentido de formação teórica (em oposição a *natura* e a *usus*, a prática). Utilizada em direito, tem um sentido específico e recente. Não figura nos velhos dicionários ou repertórios jurídicos do Antigo Regime francês ou do início do século XIX. Segundo o *Dictionnaire historique de la langue française*, é usada desde 1840 para designar o conjunto dos trabalhos destinados a expor o direito, em oposição à legislação e à jurisprudência. Parece, porém, que a origem é um pouco mais recente, a julgarmos pelo prefácio-manifesto do primeiro número da revista *Thémis*, que data de 1819. Em tal prefácio se estabelece o objetivo de estudar, entre outras coisas, a "jurisprudência dos acórdãos" e "a doutrina dos autores".

Após essa breve genealogia semântica, está na hora de nos debruçarmos sobre a questão mais delicada da significação da expressão doutrina jurídica. Segundo uma definição usual, que tem a vantagem da simplicidade, doutrina seria "o conjunto dos estudos publicados pelos juristas sobre a criação do direito e a interpretação das leis" (*Répertoire de droit civil*, ed. 1955). Mas, em vez de comentar sua definição, o autor dessa rubrica examina principalmente o "valor da doutrina" e retoma a ideia dominante de que ela "não constitui uma fonte formal do direito" – ao contrário, precisamente, da legislação e da jurisprudência. Essa ideia, que se tornou lugar-comum, já figura no grande *Tratado de direito civil* de Marcel Planiol, com a seguinte conclusão: por um lado, a doutrina não cria direito porque "os comentadores não possuem nenhum poder de coerção". Por outro, "é nos livros destes, por meio deles e do ensino oral, que se transmitem os princípios científicos e as ideias jurídicas cuja autoridade domina o pensamento dos juízes e do próprio legislador" (nº 127). O decano Carbonnier sintetiza esse ponto de vista observando que, se não é "fonte do direito", a doutrina, em compensação, é uma "autoridade" em direito civil, por via do legislador ou dos juízes. Contudo, os defensores dessa tese sobre o papel da doutrina são, de certa maneira, contraditos pelo direito positivo que, às vezes, reconhece nela certo "valor". Assim, o famoso artigo 38 do estatuto da Corte Internacional de Justiça arrola, entre os diferentes elementos de formação do direito internacional (depois do tratado e do costume), "[...] as decisões judiciárias e a doutrina dos publicistas mais qualificados das diferentes nações, como meio auxiliar de determinação do direito". No mesmo sentido, a doutrina é considerada uma espécie de auxiliar da jurisprudência, segundo o artigo I do Código Civil suíço: "Na ausência de disposição legal aplicável, o juiz pronuncia-se segundo o direito consuetudinário, e, na ausência deste, segundo as regras que ele estabeleceria, caso tivesse de atuar como legislador. Ele se inspira nas soluções consagradas pela doutrina e pela jurisprudência." (No Brasil, o artigo 4º da Lei de Introdução ao Código Civil estabelece que, "quando a lei for omissa, o juiz decidirá o caso de acordo com a analogia, os costumes e os princípios gerais de direito", dispositivo reproduzido no artigo 126 do Código de Processo Civil brasileiro. Os princípios gerais de direito são estabelecidos pela doutrina.)

Embora a imensa maioria dos manuais trate da doutrina no capítulo dedicado às fontes do direito, alguns juristas se recusaram e ainda se recusam a proceder assim. Isto principalmente porque têm outra concepção do direito e porque rejeitam a ideia de que o direito seria o conjunto das regras de direito ou simplesmente um fenômeno de poder. Maurice Hauriou, um dos mais eminentes desses juristas, considera que a doutrina exerce um "magistério" sobre "a jurisprudência e sobre a interpretação da lei" (1926). Retomando em parte essa inspiração, alguns juristas consideram, em nossos dias, que a doutrina "pode legitimamente pretender ser *a* fonte do direito". Ela é *auctoritas* (A. Sériaux). Tal opinião não prevalece, por alinhar-se com uma concepção do direito que se recusa a defini-lo como regra com poder coercitivo, tendendo a uma concepção jusnaturalista do direito. Seja como for, da *disputatio* relativa ao "valor" da doutrina, essa problemática tradicional se esquiva à questão fundamental: *o que é doutrina?* O que segue tem o objetivo de tentar responder a essa difícil pergunta.

Os três significados da palavra doutrina

Até agora, todos agiram como se o termo *doutrina* fosse unívoco. Mas, na realidade, sua definição se presta a discussão, como provam as linhas que lhe são dedicadas pelo decano Carbonnier. Ela designa "as *opiniões* emitidas pelos autores em suas obras, o direito tal como é concebido pelos teóricos. Ou, se nos ativermos mais ao continente que ao conteúdo, diremos que a doutrina é o conjunto das obras jurídicas, a *literatura* do direito" (*Droit civil*, t. I, p. 237, nº 150). Haveria, portanto, duas acepções, dois significados, desse termo: de um lado, o conteúdo; do outro, o continente.

Segundo a primeira, a doutrina equivale ao "direito tal como é concebido pelos teóricos". Ela designa, portanto, uma representação do direito por juristas ou, para repetir uma fórmula de Bonnecase, "o estado das concepções sobre o direito e o conjunto das soluções positivas refletidas nas obras dos escritores jurídicos" (1926, p. 52). No entanto, tal definição leva a pensar que se trata de um pensamento sobre o direito dotado de certa superioridade de visão. Trata-se de pensamento "autorizado", no sentido de que "o que constitui a doutrina é *ser uma opinião com autoridade*: uma doutrina sem autoridade está morta" (Ph. Malaurie, p. 84). Resta então saber *o que* confere, ou *quem* confere, essa autoridade doutrinal. Não será o reconhecimento do direito positivo, o reconhecimento dos pares, conforme demonstra, à sua maneira, o artigo 38 da CIJ que menciona os "publicistas mais qualificados das diferentes nações"? Logo, não é errôneo afirmar que, se "o poder de interpretação do juiz resulta de uma competência legal (*habilitação*), o da doutrina se apoia numa competência científica (*autorização*) que deve ser conquistada e permanentemente consolidada" (J. Chevallier, p. 268). Passemos agora à segunda acepção da palavra doutrina, considerada como "a literatura do direito". A palavra leva então a pensar num *corpus* anônimo de obras diversas. Mas esse *corpus* variou, uma vez que os canais pelos quais se exprime essa doutrina se diversificaram ao longo do tempo. Cada período teve formas literárias diferentes. Na Idade Média houve a glosa do Digesto, monumento do direito romano medieval. No período moderno, a consideração da jurisprudência pela doutrina deu origem às anotações a decisões, forma de escrita especificamente francesa que foi exemplificada notoriamente por dois grandes nomes do direito privado, Labbe, "o jurisprudencialista por excelência", e, em direito público, Maurice Hauriou, comentador sempar da jurisprudência do Conselho de Estado. Desde então, esse gênero literário está em baixa (Jestaz, *Droit*, nº 20). Foi suplantado pelas compilações de acórdãos, *Casebooks* à francesa, chamados *Les Grands arrêts*, cuja voga não passou. A publicação da primeira edição (1936) dos *Grands arrêts de la jurisprudence civile*, por Henri Capitant, marca uma divisão, talvez insuficientemente ressaltada, na história das formas da literatura jurídica. Essas compilações de acórdãos se estenderam a todas as disciplinas e deixaram marcas consideráveis em algumas, o direito administrativo, por exemplo. A partir do século XIX, e atualmente mais ainda, são as revistas jurídicas que desempenham a função de sismógrafo fiel do pensamento jurídico. Mais apropriadas ao período contemporâneo são as atas dos colóquios científicos que, quando de boa qualidade, são um exemplo positivo de obra doutrinária coletiva.

Contudo, não poderíamos limitar-nos a registrar essa visão dúplice da doutrina, clivada entre as opiniões (conteúdo) e a condensação formal dessas opiniões (literatura do direito). Realmente, existe uma terceira significação possível da palavra doutrina: a *de ciência do direito* ou de *pensamento jurídico*. Segundo essa terceira acepção, a doutrina é "o órgão da ciência do direito" (Bonnecase). É empregada em certos casos como sinônimo de "ciência jurídica" (Capitant e Colin, *Droit civil*, t. 1, 2ª ed., pp. 29-30) e definida como "pensamento jurídico em sua mais alta expressão" (Saleilles), o que lhe confere uma espécie de dignidade, de preeminência sobre os outros modos de fazer direito. Preeminência que se reflete em sua definição recente, como "o conjunto das pessoas que, tendo a missão de ensinar direito, têm a vocação de refletir sobre o direito" (Gobert, *Droits*, nº 20, p. 97).

Mas essa nobre missão confiada à doutrina, que até certo ponto segue o ideal de jurista preconizado por Savigny, "sacerdote terreno", foi contestada, dentro da própria disciplina jurídica, pela teoria contemporânea do direito, encabeçada pela teoria kelseniana do direito. Esta opôs à impureza da doutrina a pureza da ciência do direito, pretendendo, portanto, substituir a primeira pela segunda. Antes sinônimos, os dois termos passaram a ser antagônicos. Doutrina ou (no sentido de ou então) ciência do direito? Eis um conflito atinente às duas maneiras de conceber o conhecimento do direito, que pode ser assim resumido: a ciência do direito, "apesar da relação inicialmente ambígua com seu objeto, pretende situar-se fora do direito, enquanto [a doutrina], ao contrário, pretende implicar-se deliberadamente nele" (E. Picard, p. 123). Segundo a concepção "científica" (ou epistemológica) do direito, a ciência do direito, em oposição à doutrina, admite que cria "conhecimento *sobre* o direito", mas se recusa expressamente a "participar da elaboração *do* direito". Seu axioma principal é a distinção entre a atividade cognitiva – a *ciência*, objeto de conhecimento – e o objeto estudado, o *direito*, que deve ser exterior àquilo que o apreende. A ciência descreve o que o direito prescreve: é esse o *Leitmotiv* dessa filosofia que Kelsen repete em *Teoria geral das normas*, filosofia fundada num ideal de objetividade científica em grande parte proveniente do modelo epistemológico das ciências da natureza. A doutrina, em contrapartida, tem "uma concepção, sob certos aspectos, de participante do conhecimento do direito: ela pretende conhecê-lo e revelá-lo em si mesmo, com um objetivo operacional, eficiente, que concerne ao próprio direito. Na qualidade de iniciativa cognitiva, mesmo quando se apresenta com as características de ciência, mostra-se fundamentalmente teleológica ou teleonômica" (Picard, p. 139). Assim, a doutrina não reivindica exterioridade de posição como elemento necessário a um juízo científico. Contudo, ela se percebe como científica, porque tem uma concepção diferente de ciência. Ela não compartilha a concepção determinista de ciência, que dita a descoberta das leis de causalidade entre fenômenos, nem a concepção epistemológica baseada na separação rígida entre o material observado e o observador. Ela se limita a uma concepção modesta de ciência, no sentido de "todo o conjunto de conhecimentos argumentados e coordenados" (J. Carbonnier).

A análise desses três significados da palavra doutrina, porém, não esgotou seu conteúdo. Deixou de considerar dois problemas: por um lado, sua relação com a liberdade; por outro, uma reflexão sobre a especificidade da doutrina francesa.

Doutrina e liberdade: um casamento indissolúvel

"Doutrina, em primeiro lugar, implica *indivíduos livres*. Sua característica essencial é a liberdade, tripla liberdade. Todos podem denominar-se autor ou jurisconsulto – é um título nu, que só a autoridade preenche. Todo jurisconsulto é livre para expressar sua opinião, sempre que quiser, sem precisar esperar que o interroguem – a doutrina é espontânea. Todo jurisconsulto é livre para expressar a opinião que quiser" (Malaurie, p. 83). Ainda que dirigida contra os regimes políticos comunistas e sua rejeição ao pluralismo, essa observação não deve ocultar, a despeito de sua contingência política, um fato essencial: *o caráter intrínseco do vínculo entre doutrina e liberdade*. A atividade da doutrina, como toda atividade científica (seja qual for o sentido da palavra), pressupõe a possibilidade de buscar a verdade, o que implica não só liberdade, mas também crítica, que é inerente ao *ethos* científico.

Essa é a principal razão da frequente identificação entre doutrina e doutrina *acadêmica*. Nesse aspecto crucial, Savigny pode também servir de guia: "Nossa vida científica seria cômoda e fácil, se pudéssemos nos entregar com plena confiança à ação da verdade pura, caminhando assim, sem obstáculo, de descoberta em descoberta. Mas estamos cercados e confrontados por uma carrada de noções ou opiniões falsas ou meio verdadeiras, através das quais precisamos abrir caminho. Haveremos de pretender entrar em luta com o destino que nos impõe esse labor inútil? A essa necessária condição de nosso ser intelectual só nos cabe opor a resignação. Mas esse trabalho ao qual essa condição da humanidade nos condena traz consigo recompensa e frutos: ele desenvolve as forças da inteligência, e cada verdade conquistada na luta contra o erro pertence-nos bem mais e revela-se bem mais fecunda do que se a tivéssemos recebido de outrem, passivamente e sem esforço" (*System*, t. I, p. XXXII). Essa herança de Savigny, ou seja, esse ideal científico, foi reivindicada à sua maneira por alguns grandes juristas franceses da III República, entre os quais Léon Duguit, por exemplo, que dava a seus alunos do Cairo a seguinte definição de Universidade: "É uma instituição cujo primeiro dever é buscar a verdade" (1926, p. 24).

Mas a independência intelectual e a liberdade são condições necessárias para realizar esse objetivo científico. Tal independência deve manifestar-se de duas maneiras: em relação ao poder político e ao poder econômico. No primeiro caso, essa independência intelectual é garantida institucionalmente por um princípio constitucional. Essa "independência" não diz respeito apenas ao status dos professores, mas também inclui a liberdade de ensinar (ou seja, de ensinar doutrinas) e de criticá-las. Aqui, o Conselho Constitucional nada mais fez além de traduzir um princípio não escrito que fora perfeitamente expresso pelo internacionalista Decencière-Ferrandière em sua diatribe contra os funcionários de Quai d'Orsay. Contra estes últimos, que tentaram introduzir o critério da "experiência prática" no recrutamento dos membros da Corte Internacional de Justiça, ele assumiu a defesa da doutrina acadêmica e objetou: "Existe uma qualidade que talvez seja mais comum nos professores do que nos outros meios, em razão da própria natureza de suas ocupações e do status que lhes é garantido, pelo menos nos Estados onde ainda subsistem instituições liberais: é o senso crítico e a independência intelectual. O conformismo é incompatível com o espírito de pesquisa, e os professores que têm o senso da dignidade de suas funções sempre saberão lembrar-se disso" (*Essai de justice internationale*, p. 25).

Mas a doutrina acadêmica também deve ser independente do poder econômico. Realmente, outra ameaça que pesa sobre a doutrina está em limitar-se a formalizar soluções jurídicas ditadas pela clientela. E essa é uma maneira de sacrificar a independência ao interesse dos que encomendam pareceres jurídicos. Essa ameaça era evitada em Roma com a separação bem definida entre advogado e jurisconsulto, cujos "pareceres têm mais garantia de imparcialidade" (*Dict. des antiquités*, t. III, p. 716). Hoje, porém, são cada vez mais numerosas as vozes que denunciam a inflação de consultas dadas por professores universitários, que assim criam o risco de subserviência da doutrina. Sobre essa questão, até certo ponto um tabu, o silêncio foi quebrado em 1981 por eminente professor, mas também grande advogado, que percebeu os perigos contidos nessa tendência galopante à consultoria. A continuar assim – escrevia ele – essa tendência poderá redundar em "verdadeira prostituição do pensamento jurídico" e no "desprezo pela doutrina", em razão da *dependência que implica* (Bredin). Desde então, a ameaça aqui apontada só fez crescer, ainda que continuem divididas as opiniões sobre o perigo que o crescimento dessa prática representa para o trabalho da doutrina (ver Gobert e Jestaz, *Droits*, n.º 20).

Retorno para a doutrina francesa e sua especificidade

Na tradição francesa, a doutrina é vista como um pensamento em ação. Segundo essa perspectiva, a arte do jurisconsulto (palavra-chave até meados do século XX) é manter estreita união entre teoria e prática. Mas, na realidade, os juristas franceses veem sua atividade como uma ciência essencialmente prática e consideram-se pragmáticos (J.-L. Thireau, *b*). Uma breve história da doutrina confirma essa hipótese, válida para uma história do direito com perspectivas mais remotas. No século XIX, a doutrina pretendia ser intérprete fiel do Código Civil. No século XX, o ídolo dos juristas passa a ser a jurisprudência, e não mais a lei. A história das relações entre doutrina e jurisprudência, aliás, é paradoxal, pois os inovadores da ciência do direito, na França do fim do século XIX, exaltavam o estudo da jurisprudência para dinamizar o papel da doutrina. Raymond Saleilles resumiu essa oscilação em seu prefácio à obra de François Gény sobre os métodos de interpretação (*Les Méthodes d'interpretation*), e Hauriou escreveu, sobre ele, que aquela fora "uma data importante na história da doutrina francesa". Adhémar Esmein resume com palavras lapidares o sentido dessa evolução: "A doutrina [...] precisa tomar a jurisprudência como seu principal objeto de estudo; nem por isso perderá originalidade e força; ao contrário, ganhará nova seiva e reflorescerá" (1902). Mas a história do século XX ensina que a doutrina, embora tenha redescoberto a jurisprudência, tornou-se progressivamente sua escrava. Esse risco de subordinação fora magistralmente previsto por Gény, que compreendera que a voga das anotações a decisões podia levar a mutilar a vocação da doutrina, restringindo-a "à pura e simples classificação dos precedentes": tende-se ao *Repertório*, mina de informações preciosas, sem dúvida, mas não trabalho científico (*Méthodes*, 1899, p. 5). Um século depois, somos testemunhas da realização dessa profecia: "o culto à jurisprudência" (Bredin) domina, e os juristas não souberam evitar essa deriva que consiste em seguir "o pendor dos fatos ou da jurisprudência, servidores dóceis da atualidade, prisioneiros do acontecimento e da escória das coisas, fadados à paráfrase dos acórdãos" (Cornu, 1960). Se os próprios juízes reivindicaram, e obtiveram, o direito de interpretar, em igualdade com a doutrina, e até ocupar seu lugar, é porque esta já não tem o distanciamento necessário e o espírito crítico reivindicados pelos juristas inovadores. E isso por uma razão prosaica, mas determinante: falta à doutrina acadêmica "tempo para pensar" (M. Gobert, *Droits*, n.º 20), essencial para fazer obra científica.

Não podemos concluir estas palavras sem lembrar o alerta feito por Savigny em seu prefácio a seu *Tratado de direito romano*. Ele notava que a divisão entre teoria e prática, "boa e legítima, poderia degenerar em isolamento funesto [...]. A divisão é boa, desde que não se perca de vista a unidade primitiva, desde que o teórico conserve e cultive a compreensão da prática, e o prático, a compreensão da teoria. Quando essa harmonia é destruída, quando a separação entre teoria e prática se torna absoluta, é inevitável o risco de a teoria tornar-se um jogo intelectual, e a prática, ofício puramente *artesanal* (*Handwerk*)" (*System*, t. 1, p. XV). A doutrina francesa não terá sucumbido a este último viés, e o jurista francês não se terá tornado uma espécie de artesão do direito, desconhecendo assim o que Laboulaye dizia da ciência do direito: é uma *ciência mista*, e murchará se for uma ciência exclusivamente prática?

➤ BERNARD P. & POIRMEUR Y. (org.), *La Doctrine juridique*, PUF (art. de J. Chevallier & J.-L. Thireau). – CARBONNIER J., *Droit civil*, t. 1, PUF. – DUGUIT L., *Leçons de droit public général*, 1926. – GAUDEMET E., *L'Interprétation du Code civil en France*, Bâle, 1936. – GÉNY F., *Méthodes d'interprétation du droit privé*, 2 t., 1899. – PLANIOL H. & RIPERT, G., *Traité de droit civil*. – SAVIGNY C. F. von, *System des heutigen rämischn*

Rechts, 8 vol. (1840-48). – *Droits*, nº 20, *Doctrine et recherche en droit* (artigos de Ph. Conte, M. Gobert, Ph. Jestaz, J.-L. Thireau & A. Sériaux).

Ver também: BREDIN J.-D., "Remarques sur la doctrine", in *Mélanges Pierre Hébraud*, Dalloz, 1981, pp. 111 ss. – CORNU G., "Aperçu de la pensée juridique française contemporaine", *Annales de l'Université de Poitiers*, 1960, nº 1, pp. 15 ss. – DECENCIÈRE-FERRANDIÈRE A., "Essai critique sur la justice internationale", *Mélanges Decencière-Ferrandière*, Pedone, 1939. – ESMEIN A., "Doctrine et jurisprudence", *RTDCiv.*, 1902. – HAURIOU M., "Police juridique et fond du droit", *RTDCiv.*, 1926. – MALAURIE Ph., "Rapport français", Travaux de l'Assoc. Capitant, 1980, pp. 84 ss. – PICARD E., "Science du droit ou doctrine juridique", in *L'Unité du droit. Mélanges en hommage à Roland Drago*, Paris, LGDJ, 1989, pp. 12 ss. – SALEILLES R., "La méthode historique dans la science du droit", 1891.

Olivier BEAUD

→ Ciência do direito; Código Napoleônico; Fontes do direito; Jurisconsultos romanos; Jurisprudência; Positivismo; Século XX.

DUE PROCESS OF LAW

O artigo 29 da *Magna Carta* de 1215 previa: "Nenhum homem [...] será desapossado de sua terra ou de sua *tenure*, nem será detido, preso, deserdado ou condenado à morte, a não ser após um julgamento legal de seus pares e segundo a lei do país (*by the law of the land*)." Em 1354, uma lei do Parlamento inglês ratificou esse texto, mas terminando a frase com a expressão: "sem que esteja em condições de responder segundo os procedimentos exigidos pelo direito (*due process of law*)". Essa foi a primeira referência ao *due process* na história jurídica da Inglaterra. As duas expressões *due process* e *law of the land* eram consideradas equivalentes e utilizadas indistintamente.

Os usos ingleses passaram para as colônias americanas. Todas as constituições de estados adotadas após a Independência utilizaram a expressão *law of the land*; nenhuma, em compensação, recorreu à expressão *due process of law*. A primeira Constituição americana que utilizou a expressão *due process of law* foi a própria Constituição Federal em sua V Emenda adotada para limitar os poderes do Congresso, ratificada em 1791. Esse texto prevê: "Ninguém [...] será privado da vida, da liberdade ou da propriedade sem *due process of law*." A fórmula foi retomada palavra por palavra na Décima Quarta Emenda, adotada para limitar os poderes dos estados e ratificada em 1868. Esse texto dispõe: "Nenhum Estado [...] privará nenhuma pessoa da vida, da liberdade ou da propriedade sem *due process of law*." Nos Estados Unidos, a expressão *due process of law* foi identificada e considerada como equivalente à expressão *law of the land*; ou seja, além de seu conteúdo formal inicial, ele adquiriu um conteúdo material. *Due process* designa, portanto, ora as proteções decorrentes de regras jurídicas processuais, ora as resultantes de regras jurídicas de mérito, como as que definem direitos fundamentais.

A proteção devida em termos processuais

O primeiro significado de *due process* é proteger o ser humano diante do poder organizado. Todas as ações de *due process* põem em causa um conflito entre os interesses do poder e os do indivíduo. O *due process* postula um ideal no exercício dos poderes do governo. Implica decisões 1 / que não sejam arbitrárias, mas conformes aos valores reconhecidos pela sociedade, 2 / que não sejam autoritárias, mas tomadas em conjunto com aqueles a quem visam, 3 / que não sejam opressivas, mas respeitem interesses e valores daqueles que elas atingem. O *due process* participa dos mesmos ideais que decorrem da *rule of law* ou do Estado de Direito, mas o conceito permaneceu peculiar ao direito constitucional dos Estados Unidos. No início da história constitucional americana, a cláusula de *due process* contida na V Emenda visava, acima de tudo, às proteções ou garantias processuais. Esse conteúdo formal foi completado por um conteúdo material, mas nunca desapareceu do direito constitucional americano. As garantias processuais do *due process* são aplicáveis em matéria civil e em matéria penal. Em matéria de processo civil, a cláusula de *due process* sempre suscita duas questões: Um processo qualquer é devido? Em caso afirmativo, qual processo é devido? Em qualquer caso, um processo só é devido quando estão em causa interesses referentes à vida, à liberdade ou à propriedade de uma pessoa. A Corte Suprema admitiu uma concepção relativamente ampla dos interesses de propriedade protegidos pela cláusula (benefícios sociais podem fazer parte dela). Nessa hipótese, sempre é devida certa forma de processo, em especial na forma de respeito aos direitos à ampla defesa.

Em termos de processo penal, o alcance do *due process* difere em princípio, segundo se trate da V ou da XIV Emenda. Em se tratando de processos que a Constituição impõe ao governo federal para a repressão dos crimes e dos delitos federais, a cláusula de *due process* da V Emenda sofre ampla concorrência e é completada pelas outras garantias do *Bill of Rights*. Em se tratando de garantias de processo penal que a Constituição impõe aos estados, o alcance do *due process* previsto na XIV Emenda foi construído pela jurisprudência. No fim do século XIX, a Corte Suprema apoiara-se nos usos habitualmente observados em direito inglês para pronunciar-se sobre a constitucionalidade das regras de processo penal dos Estados, em especial quando se tratasse da incriminação de indivíduos. Em seguida, julgou as leis penais dos estados com referência a seu caráter intrinsecamente justo, consideradas as circunstâncias da espécie. Foi tentada toda uma série de fórmulas. Finalmente, a Corte acabou por julgar que os processos penais exigidos pela cláusula de *due process* da XIV Emenda nada mais eram que as do próprio *Bill of Rights*. Em outros termos, segundo a terminologia americana, a cláusula *due process* da XIV Emenda teria "incorporado" (*incorporated*), na qualidade de limitações aos poderes dos Estados, as mais importantes garantias de processo das oito primeiras emendas à Constituição (*Bill of Rights*) inicialmente concebidas como limitações ao poder do governo federal.

A proteção devida em termos de direitos fundamentais

A cláusula *due process* foi concebida na origem como portadora, em princípio, apenas de garantias formais, mas acabou por implicar garantias jurídicas de mérito. Esse deslizamento semântico explica-se porque a arbitrariedade do poder pode manifestar-se tanto nos procedimentos que utiliza para chegar a seus fins quanto pelos objetivos e pelo conteúdo das leis que ele impõe. Assim nasceu a necessidade de estabelecer a distinção entre o *procedural* e o *substantive due process*. Dizer que determinado ato do poder é constitutivo de uma violação do *substantive due process* significa que o ato em questão, mesmo respeitando as formas do direito, ultrapassa de maneira injustificável os limites impostos ao Estado pela Constituição. O ato contestado penetra num domínio em que o Estado não tem simplesmente o direito de agir em nome do direito. O *due process* material refere-se, assim, à ideia de limite à ação do poder.

O desenvolvimento da cláusula de *due process* começou depois da adoção da XIV Emenda em 1868. Uma decisão *Barron v. Baltimore* (1833) limitara a oponibilidade da cláusula semelhante da V Emenda apenas ao governo federal. No entanto, mesmo antes de 1868, tanto a Corte Suprema quanto as cortes estaduais já haviam tomado a iniciativa de impor limites aos desrespeitos dos estados à liberdade individual, em especial em questões econômicas. Assim nasceu a ideia de que existiria, ao lado dos limites expressos impostos pela Constituição, outros limites, implícitos, que decorreriam dos "princípios do direito natural" (*principles of natural justice*), "leis fundamentais de todo governo livre" ou mais simplesmente "da letra e do espírito da Constituição". A teoria dos limites implícitos aos poderes dos estados conheceu seu apogeu depois da guerra civil, quando, pressionada pelos meios jurídicos e de negócios, a Corte Suprema tomou a iniciativa de verificar a constitucionalidade material das leis dos estados que contivessem restrições injustificadas ao direito de propriedade ou que impusessem limites não razoáveis à liberdade contratual. Numa decisão de princípio *Allgeyer v. Louisiana* (1897), a Corte invalidou, como contrária ao *due process of law*, uma lei do estado da Louisiana que regulamentava a atividade das companhias de seguro. Ela considerou que, ao proibir as companhias de seguro não registradas no estado de segurar a propriedade nele situada, o estado da Louisiana excedera seus poderes de polícia e atentara inconstitucionalmente à liberdade contratual. Durante os quarenta anos seguintes a *Allgeyer*, a Corte Suprema verificou sistematicamente a constitucionalidade das leis estaduais e das leis federais em questões econômicas e sociais. Anulou cerca de 200 por considerá-las contrárias ao *due process of law*. Foi a época áurea do "governo dos juízes", denunciado na França por Édouard Lambert. Esse período ficou conhecido na história constitucional dos Estados Unidos como "era Lochner" (*Lochner era*), do nome de um caso julgado em 1905 (*Lochner v. New York*), no qual a Corte Suprema invalidou uma lei do estado de Nova York que limitava a sessenta horas por semana a jornada de trabalho nas padarias. Segundo ela, tal lei limitava de maneira não razoável a liberdade contratual. Essa jurisprudência naufragou com a crise econômica dos anos 1930 e com o advento do New Deal. A decisão de princípio que encerra essa época é a decisão *West Coast Hotel v. Parrish* (1937), na qual a Corte validou a constitucionalidade de uma lei estadual que garantia um salário feminino mínimo. A Corte Suprema, porém, nunca repudiou explicitamente a essência da jurisprudência sobre o *due process*. Ainda hoje, continua sendo dogma oficial que a Corte tem o direito (e até o dever) de dizer o que constitui ou não constitui uma legislação legítima. As coisas mudaram no grau do controle exercido, que varia segundo os campos nos quais o poder da Corte é chamado a exercer-se. Admite-se que a Corte não exerce sempre seu poder com a mesma intensidade e que, por exemplo, em questões econômicas e sociais, ela se limita a certificar-se de que a lei é "razoável".

Depois da Segunda Guerra Mundial, a teoria do *substantive due process* passou por grandes mudanças. O contraste impressionante da jurisprudência da Corte, em matéria econômica, de antes e de depois do New Deal, inicialmente levou a crer na morte da teoria. Ela ressuscitou quando a Corte negou aos estados o direito de atentar contra a privacidade dos indivíduos. Esse renascimento do *due process* começou em 1965, quando, no caso *Griswold v. Connecticut*, a Corte considerou que o direito à privacidade (*right of privacy*) era um obstáculo à proibição da venda por parte de um estado da pílula anticoncepcional a casais casados. O triunfo contemporâneo da teoria é, incontestavelmente, a decisão histórica *Roe v. Wade* de 1973, na qual a Corte se apoiou explicitamente na XIV Emenda, em especial na cláusula de *due process*, para dar à mulher o direito ao aborto nos três primeiros meses de gravidez. Segundo a Corte, esse direito é parte integrante do direito mais geral de cada indivíduo a ter privacidade. Hoje a Corte é frequentemente levada a definir os contornos do direito à privacidade. Em 1997, ela julgou que esse direito não possibilita aos adultos afetados por doenças incuráveis o direito de requerer suicídio assistido por médicos (*Washington v. Glucksberg*).

› Black C. L., *Structure and Relationship in Constitutional Law*, Baton Rouge, Louisiana State Univ. Press, 1969. – Ely J. H., *Demonary and Distrust*, Cambridge, Harvard Univ. Press, 1980. – Lambert E., *Le Couvemernent des juges et la lutte contre la législation sociale aux États-Unis; L'Expérience américaine du contrôle judiciaire de constitutionnalité des lois*, Paris, Marcel Giard, 1921. – Martin G., *Le Due process of law aux États-Unis*, tese, Paris II, 1997, 565 p. – Pennock R. J. & Chapman J. W. (dir.), *Due Process*, New York, New York Univ. Press, 1977. – Tribe L. H., *American Constitutional Law*, New York, The Foundation Press, 1978. – Zoller E., *Grands arrêts de la Cour supreme des États-Unis*, Paris, PUF, 2000, arrêts nº 9, 16, 42, 46, 74.

Elisabeth Zoller

→ Constitucionalismo; Direito natural; Estado de direito; Estados Unidos; Formas de justiça; Formas e procedimentos; Inglaterra; Magna Carta; *Rule of law*

DUELO

Combate solene e público entre duas (ou mais) pessoas, o duelo nem sempre teve o mesmo significado ao longo da história.

Parece que num primeiro período, durante o qual a sociedade passa do estágio da guerra privada para o da justiça privada, a vingança entre famílias se limitou a uma luta entre duas pessoas. O célebre combate entre Horácios e Curiácios é um bom exemplo. Num segundo momento, ao longo da Idade Média, a prova de uma pretensão às vezes era obtida por meio de um combate judiciário. A parte que vencia o combate era a que supostamente estava do lado do direito. Nisso se via o juízo de Deus. Na prática, o acusador (vítima) combatia em duelo contra o acusado, que podia também lutar com as testemunhas cujas afirmações ele contestava. Quando o acusador e o acusado não podiam travar pessoalmente o duelo por motivo de fraqueza física, podiam recorrer a campeões. O duelo judiciário só desaparecerá no século XIV. Por fim, na época moderna, aparece uma terceira modalidade de duelo: é o combate que serve para lavar a honra. Surgido no século XVII, esse tipo de duelo desaparece lentamente ao longo dos séculos XIX e XX. A monarquia, encabeçada por Richelieu, luta com força e continuidade contra o duelo, fenômeno então frequente que ceifava a vida de muitos membros da nobreza, ou seja, de soldados. A pena de morte era então prevista, e todos ainda se lembram de Cinq Mars e de Thou, aos quais Richelieu recusou a graça. Diante do silêncio do Código Penal de 1810, ocorreu uma famosa hesitação na Corte de Cassação, em todas as suas câmaras: uma primeira decisão, proferida sob a influência do procurador geral Merlin (4 dez. 1824), decidiu que o assassinato era justificado, enquanto uma segunda (15 dez. 1837), proferida sob a influência do procurador geral Dupin, julgou o inverso. A tese da impunidade invocava a ausência de intenção de matar e a existência de legítima defesa. Essa análise pecava duas vezes: confundia intenção e motivação (nobre no caso), que é juridicamente indiferente; esquecia que a legítima defesa supõe uma reação a um ataque, ao passo que no caso as duas agressões são concomitantes. É preciso acrescentar que, em direito, o consentimento da vítima é indiferente.

Do ponto de vista jurídico, o duelo no sentido moderno é, portanto, delituoso, constituindo até um assassinato (ou uma tentativa de assassinato), pois a morte do outro é premeditada. Seria até possível pensar-se em processar as testemunhas dos duelistas por falta de assistência a pessoas em perigo ou por não se oporem à perpetração de uma infração contra a integridade física que será cometida. O Código Penal francês de 1994 é omisso sobre a questão, tanto quanto seu antecessor de 1810. Em certos códigos estrangeiros, há uma disposição que prevê, em geral, uma pena reduzida. Na França, os processos são raríssimos. Aliás, chegam a resultados curiosos. Se houver morte de um parceiro, o sobrevivente é julgado por um tribunal de júri e frequentemente absolvido. Se só tiver havido ferimentos os autores são citados perante a jurisdição correcional e condenados. Vestígio de uma época quase desaparecida, o duelo é um bom tema para sociólogos, historiadores e penalistas.

› CARBASSE J. L., "Le duel judiciaire dans les coutumes méridionales", *Annales du Midi*, t. 87, 1975, p. 311. – CHABAS M., *Le Duel judiciaire en France – XIIe-XVIe siècles*, tese, Paris 11, 1978. – GRAVEN Ph., "Le duel, pratique d'un autre âge", *Revue de criminologie*, 1967, p. 89. – OURLIAC M., "Le duel judiciaire dans le Sud-Ouest", *Mélanger Monter*, 1958, p. 213.

Jean PRADEL

→ Guerra privada.

E

ECONOMIA E DIREITO

Talvez seja a ignorância mútua, mesmo que relativa, que explica melhor as relações mantidas há dois séculos entre juristas e economistas franceses.

Restrições originárias

No momento em que estes últimos reivindicam um objeto e um método próprios à sua disciplina, precisam enfrentar a intransigência dos juristas cujas convicções foram fortalecidas pela recente promulgação do Código Civil. Estamos em 1804: o comentário desse monumento legislativo que é o Código Civil deve necessariamente ter preeminência sobre a introdução da economia política nas novas escolas de direito. A reforma abortada de 1819 nada muda: os juristas e, mais especialmente, os civilistas estão decididos a não deixar nenhuma cátedra para as outras ciências morais e políticas. Em conformidade com a tradição continental desde o direito romano, apenas o estudo dos textos deve merecer atenção; só ele permite reconhecer a verdadeira ciência, o que não ocorre com a economia, que privilegia o método experimental ignorado pelo direito. Essa é a primeira crítica feita pelos juristas aos economistas: a de não serem cientistas, pois não forjam uma ciência dos textos. A essa primeira crítica, marcada por um estreito positivismo legalista, soma-se outra, de natureza mais diretamente política. Nascida com os fisiocratas, a economia política identifica-se, desde o século XVIII, com a corrente política liberal num país que ainda rejeita o livre-comércio. Além disso, por muito tempo ela ganha cores de anticlericalismo, o que acaba por fazer dela uma matéria subversiva. Portanto, é preciso esperar o surto liberal, mais especialmente o da década 1860-70, para que a economia penetre realmente nas faculdades de direito francesas. E essa penetração, mesmo assim, não ocorre sem dificuldades: por tentarem impor autodidatas que não têm título de doutor em direito, os economistas se chocam com uma resistência feroz dos professores de direito. Não é o que ocorre em 1864, quando é criada a primeira cátedra de economia política na faculdade de direito de Paris, ocupada pelo ativíssimo Batbie, ao qual sucedem Boissonade e sobretudo Cauwès, que tem a vantagem de defender uma concepção menos liberal de economia. No entanto, será preciso esperar 1877, ou seja, a reação da III República nascente em relação ao sucesso da escola livre das ciências políticas onde são ensinadas as teorias do livre-comércio às futuras elites, para que o ensino da economia política passe a fazer oficialmente parte do programa do segundo ano de licenciatura em direito. A introdução da economia política nas faculdades de direito e, depois, a profunda reforma da agregação das faculdades de direito em 1895, que reserva uma menção às ciências econômicas, possibilitam então, em plano institucional, o início de um diálogo entre juristas e economistas.

Início de diálogo

Esse diálogo se alimenta do declínio do direito civil. Sofrendo a concorrência de novas disciplinas que desviam a juventude de seu ensino, vários civilistas questionam radicalmente o método tradicional, que eles logo equiparam a uma exegese estreita. Mas essa crítica os põe diante de um abismo metodológico: como a referência aos textos e à autoridade da tradição já não pode garantir nenhuma objetividade científica, eles precisam absolutamente procurar uma nova fonte de objetividade para que o estudo do direito continue merecendo o nome de ciência numa época profundamente cientificista. Alguns acreditam que essa objetividade se situa, de maneira natural, nos confins da sociedade, desde que se tenha o trabalho de procurá-la com a ajuda das ciências sociais novas, das quais a economia política faz parte. É o que defende, em especial, Gény, que lamenta, numa carta dirigida a Saleilles, em 1896, que "a economia política, do modo como é entendida na França, se restringe demais, a meu ver, às teorias gerais; para nós juristas, seria preciso que ela descesse um pouco daqueles píncaros nublados, que ela se transformasse mais em economia privada e nos ajudasse a estabelecer judiciosamente o equilíbrio dos interesses particulares a partir de um critério decisivo". Essas palavras, porém, sob certos aspectos, precursoras da futura análise econômica do direito, não são seguidas de efeitos. Do lado dos economistas, a moda ainda não é a da microeconomia, enquanto do outro lado não se fala realmente de libertar-se dos textos. Em outras palavras, os juristas franceses ainda pretendem encontrar todo o direito em suas bibliotecas. Além disso, eles não estão de fato convencidos da possibilidade de extrair soluções objetivas recorrendo a diversas disciplinas exteriores ao direito. Por isso, limitam-se a certa aprendizagem do discurso econômico, o que é provado pela introdução progressiva das ciências econômicas no currículo jurídico. Mas não desejam ir mais longe. Não põem, portanto, na economia mais rigor do que numa sociologia que também parecera em condições de constituir um meio útil de se chegar a essa objetividade científica. A economia torna-se assim uma ciência muito auxiliar, destinada a completar a instrução dos juristas cultos.

Economia, ciência auxiliar do direito

O status reservado à economia determina a natureza do diálogo que os juristas mantêm com os economistas. Numa referência mais ou menos explícita à doutrina da livre pesquisa científica inaugurada por Gény no início do século XX, eles procuram de alguma maneira no saber econômico um parâmetro de leitura ou, mais precisamente, um *dado* que eles se abstêm de discutir, para se limitar a aplicá-lo no discurso jurídico por meio da *técnica*. Foi assim que os debates entre economistas sobre a *corporate gouvernance* foram integrados pelos juristas franceses versados em direito das sociedades. Da mesma maneira, um autor forjou recentemente uma nova análise jurídica da representação em direito privado, inspirando-se nas teorias econômicas da agência. E, no futuro, talvez vejamos as regras que governam a execução das convenções ser profundamente modificadas pela integração no discurso jurídico da chamada teoria dos contratos relacionais, nascida de pesquisas empíricas de sociologia econômica.

Essa maneira de proceder não está desprovida de certo paradoxo, uma vez que os juristas franceses se recusaram oficialmente a homologar o método de Gény, que consideraram incapaz de chegar a soluções objetivas. Por isso, essa forma de diálogo, que de algum modo põe os juristas franceses diante de teorias econômicas, não é majoritária. Para a maioria deles, não cabe introduzir o discurso econômico no direito, mas observar a evolução dos fatos econômicos, mais ou menos à maneira como um químico observa os corpos, para tentar não só mostrar como estes podem influenciar a evolução do direito positivo, mas também exercer um julgamento sobre esses fatos pelo prisma do direito. Esse meio de não atentar contra a integridade de um direito erigido em disciplina autônoma talvez tenha sido inaugurado por Ripert na obra que em 1947 ele dedicou aos aspectos jurídicos do capitalismo moderno. O autor considera que poderá contribuir para as controvérsias intermináveis que opõem os economistas – que, segundo ele, se limitam a emitir juízos de valor sobre os méritos do capitalismo – descrevendo a maneira como o direito positivo o organiza, o que lhe possibilita prevalecer-se do prestígio da objetividade científica. Esse ensaio constitui, portanto, o meio de os juristas darem maior importância à evolução dos fatos econômicos, fazendo-os passar sob as forcas caudinas do direito. Talvez também seja preciso ver nele uma das obras precursoras do direito econômico, constituindo a expressão mais acabada do diálogo que os juristas franceses pretendem manter com a economia.

Direito econômico

O direito econômico, que os alemães parecem ter sido os primeiros a teorizar, e que os franceses desenvolveram de início numa perspectiva marxista, é acima de tudo direito, mas um direito que pretende tomar em consideração os fatos, mais especialmente as transformações econômicas das sociedades contemporâneas, com o objetivo de organizá-los. Em outros termos, o direito econômico constitui uma adoção da economia pelo jurídico. Nesse discurso nada há de novo no plano metodológico; baseado numa concepção positivista do direito, ele se associa facilmente ao pensamento dos juristas do fim do século XIX e de seus sucessores imediatos que, sem falar de direito econômico, pretendiam inventar um sistema capaz de responder (já) aos fatos de uma sociedade industrial que supostamente inviabilizaria a filosofia do Código Civil, e certos autores chegavam mesmo a afirmar que esse sistema deveria consistir na construção de uma ordem jurídica corporativa.

Além disso, o direito econômico, desde seu aparecimento em meados do século XX, se choca com um problema de definição que nem sempre é resolvido. Será ele uma disciplina autônoma que consiste no estudo das dificuldades criadas pela intervenção do Estado na economia, negligenciando-se parcelas inteiras das relações entre direito e economia? De maneira mais abrangente, será possível dizer que uma norma pertence ao direito econômico quando ela rege relações propriamente econômicas, ainda que esse direito seja constituído por um conjunto heteróclito capaz de englobar quase todo o conjunto dos ramos do direito? Essa polêmica dogmática, que passou por todas as variantes, é interminável. Além disso, ela se mostra amplamente estéril em relação à questão política maior: admitindo-se que a economia deve ser organizada, qual é o grau de organização necessário? Caberá ceder à lógica liberal que privilegia uma ordem em grande parte espontânea, só autorizando uma regulação marginal, ou caberá ser mais construtivista? O direito econômico é até certo ponto incapaz de responder a essas perguntas. Em compensação, segundo alguns, isso não ocorreria com a análise econômica do direito.

Análise econômica do direito

Esta tem posição exatamente oposta à do direito econômico: como tentativa de apreensão do direito pela economia, aparece e desenvolve-se primeiramente nos Estados Unidos sob a influência de um primeiro fator de ordem intelectual. Alguns anos depois dos juristas continentais, os americanos passam por uma revolução *realista* que pretende derrubar o formalismo no pensamento jurídico. Esse movimento tem um sucesso inegável na época do *New Deal*, antes de cair em relativo esquecimento. Reaparece, porém, trinta anos depois em duas versões distintas. A primeira retoma os aspectos mais contestadores e anarquistas do realismo: surgem os *Critical Legal Studies.* A segunda prevalece-se de sua crítica do formalismo para privar o direito de qualquer pretensão a constituir uma disciplina autônoma com vocação científica: a ciência reside na teoria econômica, única em condições de dar soluções adequadas às questões jurídicas. Nasce então o movimento *Law and Economics*, oriundo do encontro quase fortuito entre economistas e juristas da Universidade de Chicago, tendo como precursor genial o economista Ronald Coase, que publicou, mais especialmente em 1960, um artigo seminal sobre o problema do custo social; esse movimento encontrou na pessoa do juiz Posner seu melhor divulgador. Essa corrente parece hoje exercer influência decisiva nos Estados Unidos, graças a um segundo fator de ordem institucional: há cerca de meio século, as escolas de direito abriram-se consideravelmente para os especialistas mais variados das ciências humanas, entre os quais os economistas parecem ser os mais ativos. Esse sucesso da análise econômica do direito, porém, possibilita todas as controvérsias e nuances. Em sua versão mais extrema, constitui a realização inconsciente do velho sonho cientificista de Gény, que se acreditava há muito tempo abandonado: a solução mais eficaz estabelecida segundo os critérios da análise liberal baseada num individualismo metodológico é vista como a solução objetivamente justa! No entanto, essa versão não é a única: é grande o número de autores que utilizam a ferramenta econômica e seus métodos mais ou menos sofisticados para apreciar melhor o alcance das regras jurídicas. É verdade que a análise econômica do direito assim percebida pode prestar grandes serviços nos mais variados ramos do direito, mesmo nos que não remetem diretamente aos valores comerciais, tais como o direito processual ou o direito de família.

Contudo, mesmo nessa versão atenuada, essa análise parece ter sucesso na França apenas entre os economistas que estão começando a publicar abundantemente sobre o assunto. Mas a prova da inexistência de um diálogo com os juristas, dos quais eles, aliás, acabaram por se separar no plano institucional, é que seus exemplos são invariavelmente extraídos somente do direito americano. Cumpre dizer que a maioria dos juristas franceses pretende ignorar a análise econômica do direito. Estes, no fundo, nunca romperam realmente com seus predecessores, que viam no estudo dos textos a própria essência da arte jurídica, e na economia política, o cavalo de troia de um liberalismo sempre suspeito na França. Aquilo que poderia ter sido a revolução realista francesa do primeiro terço do século XX permaneceu em estado embrionário. Talvez lhe tenha faltado um suporte institucional equivalente ao dos Estados Unidos: as faculdades francesas favorecem pouco as pesquisas multidisciplinares, e há pouquíssimos juristas que receberam uma formação capaz de lhes possibilitar abordar com a mesma facilidade o direito e uma economia agora fortemente impregnada de lógica matemática. Em compensação, não se pode acusar essas faculdades de ter privilegiado, desde meados do século XX, um normativismo kelseniano que teria incentivado os juristas franceses a limitar-se a uma definição bastante estreita do direito. Na verdade, não se sabe qual foi sua influência exata, afora a expressão de uma vulgata que veio reiterar hábitos de pensamento bem mais antigos. Além disso, é preciso reconhecer que os kelsenianos franceses estão hoje entre os juristas mais abertos às outras disciplinas.

O que impede, definitivamente, que a análise econômica do direito se imponha é, portanto, uma tradição dogmática muito antiga que privilegia o estudo dos textos, mas também um velho fundo moralista que nunca foi favorável à economia. Essa tradição, aliás, é hoje valorizada por uma corrente muito ativa entre os juristas. Influenciados pelas ideias de Pierre Legendre, aqueles que a defendem insistem especialmente naquilo que consideram ser o alcance antropológico do direito, o que os leva a privilegiar o estudo de uma história de longa duração, a história da construção do direito civil (no sentido de civilização) herdado do direito romano; admite-se de alguma maneira que esse estudo poderia instituir os indivíduos e as relações que eles mantêm, forjando categorias jurídicas até certo ponto imutáveis. Nessa óptica, fortemente marcada pelo jusnaturalismo, a análise econômica do direito só poderia ser denunciada e combatida, pois ela constituiria um dos instrumentos de *decivilização* do direito francês. Resta saber qual dessas duas visões do direito prevalecerá nos próximos anos, pois tem-se a impressão de que a análise econômica do direito ganha poder nos países europeus, aliás sob a pressão de certos meios profissionais dominados pelo utilitarismo anglo-americano.

› CHAMPAUD C., "Contribution à la définition du droit économique", *Recueil Dalloz Sirey*, 1967, Chronique, pp. 215-20. – FARJAT G., "La notion de droit économique", *Archices de philosophie du droit*, t. 37, 1992, pp. 27-68; *Droit économique*, Paris, PUF, 2ª ed., 1982. – KIRAT T., *Économie du droit*, Paris, La Découverte, 1999. – MACKAAY E., *L'Analyse économique du droit*, Ed. Thémis et Bruylant, 2000. – MERCURO N. & MEDEMA S. G., *Economics and the Law*, Princeton UP, 1997. – OGUS A. & FAURE M., *Économie du droit: le cas français*, Ed. Panthéon-Assas, 2002. – OPPETIT B., "Droit et économie", *Archives de philosophie du droit*, t. 37, 1992, pp. 17-26. – POSNER R. A., *Economie Analysis of Law*, Aspen Law & Business, 5ª ed., 1998.

Ver também: COASE R., *Le Coût du droit*, Paris, PUF, 2000 (trad. et présentation Y.-M. Morissette). – DIDIER Ph., *De la représentation en droit privé*, LGDJ, 2000. – LE VAN LEMESLE L., "La promotion de l'économie politique en France au XIXe siècle jusqu'à son introduction dans les Facultés (1815-1881)", *Revue d'histoire moderne et contemporaine*, avril-juin 1980, pp. 270-92. – MACKAAY E., "La règle juridique observée par le prisme de l'économiste. Une histoire stylisée du mouvement de l'analyse économique du droit", *Revue internationale de droit économique*, 1986, pp. 43-88. – RIPERT G., *Aspects juridiques du capitalisme moderne*, LGDJ, 2ª ed., 1951. – VER LOREN VAN THEMAAT P., "L'économie à travers le prisme du juriste", *Revue internationale de droit économique*, 1989, pp. 133-62.

Christophe JAMIN

→ Ciência do direito; Estados Unidos (grandes correntes do pensamento jurídico americano contemporâneo); Normativismo; Realismo; Século XX: crise e renovação na cultura jurídica.

ÉDITO DO PRETOR

Documento afixado, no qual o pretor romano anunciava a maneira pela qual ele organizaria os processos e propunha as fórmulas das ações e dos meios de procedimento. Na chamada época "clássica" (que vai aproximadamente de meados do século II a.C. até o século III d.C.) esse édito era a fonte mais importante do direito.

Tradicionalmente, o processo civil romano se articulava em duas fases. A primeira desenrolava-se perante um magistrado (no sentido romano da palavra, que designava um político eleito pelo povo) a quem apenas incumbia pôr o processo em andamento e delegar a um juiz o encargo de julgá-lo; este era, de fato, um notável, escolhido pelas partes e investido pelo magistrado. A maioria dos processos, em Roma e logo na Itália, eram de competência do pretor, magistrado de um nível bastante elevado. De início existia um único pretor, mas a partir de 242 a.C. a função foi desdobrada e passou a haver dois pretores: um, chamado de pretor urbano, era encarregado dos processos entre os cidadãos romanos; o outro, chamado pretor peregrino, cuidava dos processos em que uma das partes fosse de nacionalidade estrangeira. Ao lado deles, os *edis curules* e os magistrados municipais cuidavam dos assuntos de menor importância. Nas províncias, o governador substituía os pretores.

Na época clássica reinava o procedimento formular. Ao nomear o juiz, o magistrado dava-lhe instruções escritas, convidando-o a condenar ou a absolver em função dos fatos provados e de sua convicção. Ele utilizaria esse poder da maneira mais ampla, acrescentando à fórmula diversas cláusulas, ora para ampliar os direitos do autor, ora para limitá-los em favor da parte passiva, segundo as necessidades da equidade, chegando até a criar fórmulas novas ou a dar ordens, realizando aos poucos uma obra considerável que acabaria por revolucionar o direito romano. Esse fato surpreendente se explica pelas circunstâncias históricas. O velho direito romano, chamado de direito civil, ou seja, da cidade, remontava a uma época em que os romanos viviam essencialmente da agricultura e da pecuária, num território limitado. A conquista de um imenso império que se estendia do Atlântico ao Eufrates e do Mar do Norte aos confins do Saara, centrado no Mediterrâneo, onde se desenvolvia intensa atividade comercial, criara inúmeras necessidades e tornara o direito civil inadequado. Só uma abundante legislação poderia transformá-lo. Mas, por infelicidade, a crise das instituições republicanas a impossibilitava. O pretor foi chamado a preencher essa lacuna. E o fez guiado pelos jurisconsultos que, justamente, aparecem no início desse período, com o apoio da opinião pública.

Na teoria, todas essas inovações são muito inferiores ao direito civil. Só este é o direito com força obrigatória; é permanente; aplica-se em toda a extensão dos territórios submissos a Roma. O pretor só fica no cargo um ano. Sua competência se restringe a Roma e à Itália, tal como o governador em sua província. Ele pode criar meios processuais, mas, evidentemente, não tem nenhum poder legislativo. Na realidade, porém, todas essas inferioridades são superadas. Cada magistrado retoma as disposições aprovadas de seu predecessor. Os governadores das províncias imitam o que é feito em Roma ou nas províncias vizinhas. Por fim, não se deve esquecer que o que conta é menos a regra de direito do que sua sanção. Aliás, em Roma se dizia: sem ação (em juízo) não há direito. Por isso, edificou-se um verdadeiro direito pretoriano – como não se demorará a chamar – ao lado do direito civil; sendo mais moderno que este, se não o eliminou, pelo menos acabou por suplantá-lo, a tal ponto que, no século III, o jurisconsulto Papiniano dirá: "Direito pretoriano é aquilo que os pretores introduziram para ajudar o direito civil, para suplementá-lo ou para corrigi-lo, em razão da utilidade pública." Atualmente, ainda se fala em jurisprudência pretoriana quando se trata de uma jurisprudência bem implantada que tenha sido construída à margem da legislação. O direito pretoriano se encontra expresso no édito. Sua história passou por três fases: construção progressiva, estabilização de fato e codificação de direito.

Estabelecimento

Todos os magistrados tinham o direito de fazer uma proclamação ao povo, ordinariamente na forma oral (*edicere*, donde *edictum*). Quando o uso da escrita se tornou disseminado, essas proclamações, quando tinham certa importância, passaram a ser afixadas. Os magistrados faziam isso sempre que queriam, mas adquiriram o hábito de fazê-lo em especial quando assumiam o cargo, para indicar seu programa de ação. Ao édito que eles promulgavam nessa ocasião dava-se o nome de édito perpétuo, ou seja, permanente, pois ele continuava válido durante todo o período das funções do magistrado.

O édito perpétuo do pretor era escrito e afixado diante do estrado (*tribunal*) onde ele tomava assento para tratar dos processos. Era escrito em tábuas pintadas de branco (donde o nome *album* dado a esse édito) com letras pretas, com títulos em vermelho (*rubricae*). Continha duas espécies de coisas. Acima de tudo, promessas; por exemplo: em tal caso, abrirei uma ação. Também havia uma coletânea de fórmulas de ações e de outros procedimentos: quando compareciam diante do pretor, os demandantes indicavam no *Album* a fórmula que solicitavam. À medida que os pretores sucessivos foram criando novos procedimentos, foram-se somando promessas e fórmulas, e o *Album* se tornou grande.

Estabilização

A partir do século I a.C., o édito tende a estabilizar-se. Em consequência dos abusos de Verres, estigmatizados por Cícero, e de outros, uma lei Cornélia, do ano 67, ordenou aos pretores que se pronunciassem em conformidade com seus éditos. Ao lado dessa medida jurídica, uma estabilidade de fato se introduziu nos usos. Estabilidade no tempo, pois cada pretor reproduzia em seu édito, com o mínimo de mudanças, os éditos de seus predecessores, de tal modo que os iniciados podiam distinguir no édito uma parte *translaticia*, extraída dos éditos anteriores, e uma parte nova, decorrente de inovações pessoais, mas a primeira era muito maior. Estabilidade no espaço também: nomeado governador da província de Cilícia (sudeste da Ásia Menor), Cícero redige seu édito em Roma, antes de partir, e escreve que, quando chegar na Cilícia, se perceber que é preciso complementá-lo, recorrerá aos éditos dos governadores das províncias vizinhas. A partir do fim da República, o édito do pretor passa a ter importância primordial e desempenha um papel comparável ao do Código Civil moderno. Os praticantes a ele se remetem constantemente e, como ele quase não varia, será possível redigir seus comentários. O primeiro muito curto, é o de Sérvio Sulpício (cônsul em 51 a.C.). Pouco depois, outro jurisconsulto, Alfeno Varo (cônsul em 39), compõe um tratado que é um amálgama de direito civil e exposição do édito.

Codificação

Desde o estabelecimento do império, os pretores parecem ter perdido todo espírito de iniciativa. Pessoalmente, nada mais acrescentam ao édito. Se o fazem, é a convite do Senado, como execução de um senátus-consulto. Essa situação decerto foi consagrada pelo imperador Adriano que, ao que parece, mandou o jurisconsulto Sálvio Juliano redigir o texto definitivo do édito perpétuo do pretor urbano, talvez em 131 a.C. Existe, porém, sobre esse caso uma grande controvérsia, visto que esse acontecimento nos é relatado apenas por textos de dois séculos ou mais depois, textos bastante vagos. Por isso, alguns estudiosos contestam a realidade dessa codificação. Entretanto, embora os magistrados tenham conservado o direito de fazer éditos, os pretores não parecem ter recorrido muito a eles, de modo que parece provável a ocorrência de uma codificação; em todo caso, a fixação definitiva do édito não pode ser posta em dúvida.

Os textos falam apenas do édito do pretor urbano. Quanto ao do pretor peregrino, o mistério é completo: não se sabe se ele ficou fora da codificação ou se seu texto codificado desapareceu depois. Não há nenhum vestígio dele. No que se refere aos éditos dos governadores das províncias, ou pelo menos da parte que podia ser comum a todos, a existência de um comentário sobre o "édito provincial", feito por Gaio durante o século II, torna bastante provável a codificação. Durante muito tempo se acreditou que Juliano também havia codificado o pequeno édito dos *edis curules*, magistrados encarregados da administração dos mercados, mas disso não há prova alguma.

Segundo uma lei de 533 do imperador Justiniano, a elaboração do édito seria consagrada por um senátus-consulto que visava o caso de se apresentar algum problema não exatamente dirimido pelo édito; mas a solução é bastante incerta: decisão a exemplo e no espírito do édito ou, talvez, recurso à autoridade imperial.

Seja como for, o édito a partir daí se tornou mais ou menos imutável, o que permitiu a elaboração de grandes comentários por parte dos jurisconsultos a partir do século II (o próprio Juliano e Gaio para o édito provincial) e do século III (Paulo e Ulpiano). Seu texto perdeu-se, mas grandes excertos desses comentários foram coligidos no Digesto de Justiniano. Eles frequentemente nos dão, em citação literal, trechos do édito. Portanto, os eruditos eram muito tentados a reconstituir o texto do édito juntando esses trechos. Foram feitas tentativas nesse sentido a partir do século XVI. Chegaram a um resultado brilhante no fim do século XIX, obra do romanista alemão Otto Lenel. Sua reconstituição do édito perpétuo teve três edições e foi traduzida para o francês.

O plano do édito também foi descoberto graças aos comentários, pois todos adotam mais ou menos a mesma ordem. Ele segue essencialmente o desenrolar do processo, desde a citação em juízo até a execução da sentença, trazendo, no fim, apêndices relativos a certos instrumentos. Nos detalhes, constatam-se muitas desordens, visto que, por uma espécie de associação de ideias, algumas questões foram atraídas para a proximidade de outras e se encontram, assim, num lugar no qual, pela lógica, não deveriam estar. Essa é uma característica habitual das obras de praticantes.

› A reconstituição de Lenel foi publicada em alemão em três edições: de 1883, 1907 e 1927. A segunda, já pronta antes de ser publicada, foi traduzida para o francês por Fr. Peltier, 2 vols., Paris, Sirey, 1901 e 1903. Sobre o conjunto da questão, ver todos os manuais de direito romano e, em especial, GAUDEMET J., *Institutions de l'Antiquité*, n.os 418-25. – A contestação da codificação feita no período de Adriano é de A. Guarino, ver em sua *Storia del diritto romano*, 9.ª ed., Nápoles, 1993, n.º 205, pp. 431 ss.

Jean-Philippe LÉVY

→ *Corpus iuris civilis*; Formas e procedimentos; Jurisconsultos romanos; Processo civil.

EFICÁCIA

Nada está mais no cerne das relações entre direito e sociedade do que a questão da eficácia. Esta pode ser definida como o "grau de realização, nas práticas sociais, das regras enunciadas pelo direito" (P. Lascoumes, "Eficácia", *Dictionnaire encyclopédique de théorie et de sociologie du droit*, LGDJ, 1993). De modo mais amplo, eficácia designa qualquer efeito de qualquer natureza que uma lei possa ter. O termo sugere assim a comparação entre um modelo normativo de comportamento e as condutas reais de seus destinatários, ou seja, o estudo da correspondência entre as regras de direito e os comportamentos. A pertinência de tal noção, porém, é discutida: ela participa de uma nova racionalidade do direito, mas, ao mesmo tempo, ilustra suas limitações; sua utilidade é contestada por modos diferentes de caracterizar a atividade jurídica.

Usos da noção de eficácia

A preocupação com a eficácia do direito marca uma ruptura com as concepções dogmáticas segundo as quais a validade do direito reside mais nele mesmo, na lógica de sua própria construção, do que em sua *realização social*. Segundo os princípios gerais do positivismo, essa validade do direito (constitutiva da norma jurídica) resulta em primeiro lugar de seu modo de estabelecimento; ainda que as condições de sua eficiência ou de sua eficácia devam ser consideradas, isso se dá mais em termos de aplicabilidade (na perspectiva de sua exequibilidade) do que de aplicação efetiva. Formular a questão da eficácia do direito é, portanto, preocupar-se com sua adequação aos comportamentos sociais e com os eventuais desvios (como manifestações de *ineficácia*) entre as normas jurídicas e a realidade social que elas devem reger, entre o direito e a experiência. Tal projeto justifica, evidentemente, uma sociologia jurídica. Cabe a esta trabalhar essa relação entre direito e sociedade. Num artigo que inaugurava as perspectivas contemporâneas de trabalho no assunto, Jean Carbonnier, inspirado nas análises de Théodore Geiger (*Vorstudien zu einer Soziologie des Rechts*, 1947, 2.ª ed., P. Troppe, H. Luchterland, Verlag, 1964) e em sua procura das dimensões da eficácia, define o âmbito geral e as orientações de uma pesquisa sobre a eficácia, pensada como uma abordagem crítica do direito em oposição à concepção dogmática (J. Carbonnier, 1958). Cabe à sociologia jurídica avaliar as situações e os comportamentos sociais em relação à regra de direito que supostamente as ordena, ou seja, dimensionar ao mesmo tempo a conformidade (o grau de eficácia ou *compliance to the law* na tradição anglófona) e os eventuais desvios (o grau de ineficácia ou *gap approach* na tradição anglófona) nesses processos de realização social da norma jurídica. Inserido nessa tradição de pesquisa que contribuiu para desenvolver, Jean-François Perrin (1979) provou seus méritos num estudo que serve de referência, dedicado ao uso obrigatório do cinto de segurança. Nesse âmbito, a lei é eficaz se incita os automobilistas a usar o cinto. Esse exemplo também permite distinguir a eficiência da eficácia. Se o objetivo da lei em questão é reduzir as graves consequências dos acidentes de trânsito, a lei em pauta pode ser eficaz (os automobilistas usam o cinto), mas ineficiente (não se observa uma redução na gravidade das consequências dos acidentes). Em vez de levar a reduzir a eficácia a uma relação causal simples entre regra de direito como incitação ou injunção e reação social, os estudos na matéria demonstram, na maioria das vezes, a consideração da complexidade dessa relação, resultante da multiplicidade de fatores capazes de agir sobre ela (F. Rangeon, 1989). Em primeiro lugar, pareceu necessário não se limitar aos comportamentos sociais, mas interessar-se pelas práticas das instâncias encarregadas de garantir a aplicação da lei (eficácia do controle do respeito à regra), bem como pela clareza da regra, pelo seu grau de acessibilidade por parte daqueles a quem ela é destinada. Também com referência a esses destinatários da regra, as desigualdades de acesso ao seu conhecimento, "as capacidades diferenciais dos atores sociais para mobilizar os recursos jurídicos" foram interpretados como causas de eficácia ou de ineficácia diferenciais (P. Lascoumes, 1998). Do mesmo modo, foi preconizada a ampliação, em certos casos, da noção de eficácia com a consideração não só dos efeitos diretos sobre os comportamentos, mas também de funções mais gerais que a lei é capaz de exercer (por exemplo, de coesão ou integração social), no âmbito de uma abordagem mais voltada para os *efeitos do direito* do que para a eficácia estritamente dita. No âmbito de tal ampliação, a existência de efeitos simbólicos ao lado de efeitos concretos também foi estabelecida (J. Carbonnier, *Flexible droit*, LGDJ, 1995). Um estudo sobre o divórcio na Europa ocidental permitiu, assim, mostrar que as mudanças legislativas na matéria podiam produzir menos efeitos diretos sobre os comportamentos do que efeitos sobre as representações que determinada sociedade tem sobre o divórcio (J. Commaille *et al.*, *Le Divorce en Europe ocidentale. La loi et le nombre*, INED, 1983) e a conformidade à ideia de que existe um poder de agir sobre a realidade ao se agir sobre a representação da realidade. Por fim, convencionou-se que os efeitos de uma mudança da norma jurídica podem ser imediatos, mas também retardados, que essa mudança pode provocar efeitos desejados, mas também efeitos "não intencionais" (V. Demers, 1996).

Os limites da noção de eficácia

Apesar de todos esses esforços de enriquecimento da noção de eficácia, esta não escapa às críticas em relação às visões da atividade jurídica que ela implica. Acaso não se dá uma representação redutora do direito e não se promove uma concepção da sociologia jurídica em termos de simples engenharia social, quando se pensa a eficácia apenas em termos de medida dos desvios entre a regra de direito e os comportamentos sociais? Desse ponto de vista, o uso da noção no campo penal certamente contribuiu para situá-la numa óptica comportamentista, ou seja, numa perspectiva de conformidade/não conformidade, de grau de obediência ou de resistência à regra, impondo finalmente uma percepção patológica do direito em que a sociologia da eficácia se tornaria, de alguma maneira, uma sociologia do "desvio" (P. Lascoumes e E. Serverin, 1986). Do mesmo modo, pretender confrontar os comportamentos sociais com a regra que supostamente os rege é supor que essa regra contém uma intenção claramente identificável: a do "Legislador". Ora, essa personagem mítica, se observarmos os processos de produção das leis, só existe nas palavras, visto que a lei frequentemente é resultante de uma sequência de interações complexas entre forças políticas, sociais, econômicas e culturais em ação dentro de uma sociedade determinada e, eventualmente, de um "legislador jurídico" (J. Commaille, *L'Esprit sociologique des lois. Essai de sociologie politique du droit*, PUF, 1994). A realidade dos modos de criação das normas jurídicas é mais feita de objetivos buscados, que são múltiplos e eventualmente contraditórios, do que da expressão da vontade de um "Legislador" racional, em condições de dominar o processo legislativo a fim de garantir a coerência e a lógica de uma construção jurídica isenta de contradições internas. A noção de eficácia nascida de uma ruptura com certa dogmática jurídica suscita, assim, um trabalho de análise crítica que redunda em interrogações fundamentais sobre a própria natureza, sobre os fundamentos da racionalidade jurídica e suas transformações. Essa obsessão pelo *depois* do direito – com o risco, pelo menos, de que os comportamentos ignoram o direito –, demonstrada pela preocupação com a eficácia, pode assim ser vista como algo que traz em si uma dificuldade: o da submissão à tirania da opinião pública, que acarreta uma busca desesperada pelo consenso para que a lei possa resgatar uma legitimidade perdida. Depois da renúncia à perspectiva jusnaturalista (a legitimidade da regra de direito deve-se ao fato de que ela se coaduna com certos ideais e certos valores) e da renúncia à perspectiva do positivismo (a legitimidade da regra de direito deve-se ao fato de que ela foi estabelecida em conformidade com o princípio de legalidade, ou seja, ela "foi ditada pelas autoridades competentes e segundo um procedimento estabelecido", V. Demers, 1996), agora caberia ao "estado das práticas sociais fundamentar a legislação, a legitimidade [se tornaria] um problema de consenso" (P. Lascoumes e E. Serverin, 1986). Em última instância, seria o caso de falar em "marketing político", ou seja, processo de criação da norma jurídica análogo ao observado por um empresário que lança um produto e se preocupa com a satisfação das expectativas da clientela (J. Commaille, *op. cit.*). Por recorrer à pesquisa de opinião pública, o sociólogo se tornaria então "o oráculo do consenso", pois se admitiria que "a concordância da opinião pública confere às leis maior probabilidade de eficácia" (J. Carbonnier, *Sociologie juridique*, PUF, 1994, p. 298). A questão da eficácia seria assim reveladora de uma mudança de regime de racionalidade jurídica. A racionalidade do direito moderno resultaria de suas qualidades próprias (sistematicidade, generalidade, estabilidade, previsibilidade etc.). Essa racionalidade está em crise, e o que se impõe é uma racionalidade técnico-econômica, como racionalidade material baseada na eficácia das ações empreendidas. Nesse contexto, o estudo da eficácia da regra de direito se insere no estudo da avaliação legislativa, participa da preocupação crescente com a *implementação*, ao mesmo tempo, do direito e das políticas públicas, ou seja, das condições e das modalidades de sua execução. Nessa perspectiva, o direito e a ação pública (como nova forma de política pública) só se justificam por seus resultados. Mas, ao introduzir a ideia de mudança de regime de racionalidade jurídica, de que seria uma das expressões, a noção de eficácia sugere também um novo regime de conhecimento do fato jurídico que corre o risco de acarretar... sua própria invalidação! À força de trabalhar com o conjunto do processo de atividade jurídica – da criação da norma à sua execução –, prendendo-se cada vez mais ao momento posterior à promulgação, o analista tem mais consciência de que "os sistemas de ação organizados pelo direito são sistemas abertos, que dão grande espaço à interpretação e às margens de jogo. Isso leva a descartar os raciocínios dicotômicos [por exemplo, em termo de eficácia versus ineficácia]. [...] Finalmente, acreditando fazer um estudo da eficácia de uma regra mítica que tem objetivos claros e dotados de instrumentos estritos, o pesquisador termina na objetivação de um conjunto de margens de interpretação e de ação disponíveis e diferencialmente mobilizadas" (P. Lascoumes, 1998), inclusive para enxergar essa regra de diversas maneiras. A noção de eficácia, assim discutida, abriria perspectivas de análise que poriam no centro da observação os múltiplos modos como os atores sociais mobilizam os recursos jurídicos.

› CARBONNIER J., "Effectivité et ineffecuvité de la règle de droit", *L'Année sociologique*, vol. 7, 1958. – DEMERS V., *Le* Contrôle des fumeurs. *Une étude d'effertivité du droit*, Thémis, 1996. – LASCOUMES P., "L'analyse sociologique des effets de la norme juridique: de la contrainte à l'interaction", *in* A. Lajoie *et al.*, *Théorie et émergence du droit: pluralisme, surdétermination et effectivité*, Bruylant, Thémis, 1998. – LASCOUMES P. & SERVERIN E., "Théories et pratiques de l'effectivité du Droit", *Droit et Société*, nº 2, 1986. – MADER L., *L'Évaluation législative. Pour une étude empirique des effets de la législation*, Payot, 1985. – PERRIN J.-F., *Pour une théorie de la connaissance juridique*, Droz,

1979. – Rangeon F., "Réflexions sur l'effectivité du droit", in Curapp, *Les Usages sociaux du droit*, PUF, 1989.

Jacques Commaille

→ Condutas sociais; Fato; Legitimidade; Prática; Sociologia jurídica.

ELEIÇÃO

Historicamente, a eleição nunca abandonou as regiões esclarecedoras da etimologia. *Eligere* significa escolher, e eleição corresponde a essa faculdade. Palavra precoce e importante do vocabulário teológico, eleição remete desde a origem à ideia diretriz de povo eleito, designado livremente pelo amor de Deus, consentindo em ser fiel às suas promessas. Nessa esteira, as orientações mais mundanas de uma eleição recomposta conservarão vestígios dessas características. Excluído o significado particular que o termo tem em história financeira – um país de "eleição" é a sede do contencioso da talha e dos principais impostos indiretos –, o termo pode ser definido de maneira bastante simples. Apresentando certos pontos de semelhança com as noções de designação e nominação, a eleição particulariza-se como um modo de entrega do poder que supõe uma escolha (portanto, várias possíveis) realizada dentro de um grupo (portanto, um eleitorado) em meio a mecanismos apropriados que permitam garantir o uso do voto. Historicamente e de maneira ideal, a eleição apareceu como o meio adequado e mais justo (se não o mais eficaz) de obter a representação (dos governados pelos governantes), com a qual a eleição mantém, aliás, uma relação quase simbiótica. Com algumas exceções (o poder, na União Europeia, por exemplo, não é inteiramente exercido ou assumido por órgãos diretamente eleitos; o direito da função pública frequentemente, como é compreensível, da preferência às nomeações), a eleição se generalizou progressivamente, enquanto os mecanismos que garantem sua concretização também se refinaram e seu significado modificou-se profundamente.

Generalização progressiva da eleição

Como instrumento de designação dos governantes, a eleição conquistou foros de nobreza em detrimento de outros modos de outorga do poder. Impôs-se, assim, como um possível substituto do sorteio, invenção da democracia grega que hoje chocaria, mas que durante muito tempo foi a marca de um ideal republicano. Ela também é sentida como uma alternativa viável, que limita os modos de governo por nomeação; também é – o que historicamente se verifica com clareza, pela passagem das monarquias hereditárias aos regimes representativos de tipo parlamentar – um instrumento de participação dos cidadãos na coisa pública, diferentemente da transmissão hereditária do poder, que confisca sua escolha em proveito de uma família ou de uma linhagem e sempre pode levar a temer a arbitrariedade e a incompetência da descendência.

A extensão dos corpos eleitorais aparece como caráter histórico notável da eleição. Já no século de Péricles, nenhuma condição de senso era necessária para que alguém fosse eleito magistrado. Em Roma, o direito de participar das eleições variou durante a República e durante o Império, mas, em princípio, como em todas as cidades antigas, os escravos, as mulheres e os estrangeiros eram excluídos do processo eleitoral (como eleitores e como candidatos). Uma mesma redução do eleitorado e da possibilidade de ter acesso aos cargos públicos manifesta-se em grande parte da Idade Média, durante a qual as concepções hierárquicas e aristocráticas do corpo social têm o efeito de confiar as eleições a corpos limitados, compostos por eleitores que, pela posição que ocupam no espaço social, são considerados capazes ou sábios. Na Igreja, onde a noção de *sanior et maior pars* remete diretamente à desigualdade nas eleições, bem cedo aparecem movimentos fundamentais em favor de um direito de sufrágio mais amplamente compartilhado, nas ordens religiosas e depois, como consequência do fenômeno político representado pelo conciliarismo, na Igreja secular. O sufrágio universal reaparece, em seu princípio, apenas progressivamente. Na Grã-Bretanha, a extensão do direito de sufrágio masculino só foi real a partir da reforma de 1832 e exigiu quase um século. Mesmo a Revolução francesa, que proclamou energicamente os direitos universais, em 1791 fez uma distinção entre cidadãos passivos e cidadãos ativos, únicos que tinham acesso ao voto (com um fundo de debates sub-reptícios entre eleitorado-direito e eleitorado-função). A concretização dos princípios eleitorais, de fato, nada tem de linear: assim, durante muito tempo foram excluídos do voto, por um lado, as mulheres, cuja capacidade era questionada e que só conquistaram esse direito tardiamente, muitas vezes graças a seu papel ativo durante as guerras (Áustria: 1918; Estados Unidos: 1920; França: 1944); por outro lado, os não proprietários e os pobres, muitas vezes considerados carentes dos esclarecimentos indispensáveis (durante a Restauração, o sufrágio censitário impunha um senso eleitoral que era fixado em 300 francos de contribuição direta e em 250 francos durante a Monarquia de Julho). A questão do voto dos estrangeiros, por fim, permite entrever a relação histórica entre nacionalidade e cidadania. Embora na Grã-Bretanha os oriundos dos países do *Commonwealth* disponham do direito de voto para todas as eleições, essa faculdade geralmente é reduzida, na maioria dos países que aceitam esse princípio, às eleições locais e em condição de residência (como é o caso da Suécia desde 1976 e dos Países Baixos desde 1985). O tratado de Maastricht, ratificado pela França em 1992, confere aos estrangeiros cidadãos de um Estado membro da União o direito de voto às eleições europeias e municipais. Por outro lado, outras circunstâncias restringem ainda mais o direito de sufrágio: faixa etária (18 anos, atualmente, é o limiar fixado para a maioridade eleitoral em numerosas democracias representativas); proibições ligadas à incapacidade (noção útil, mas perigosa, pois às vezes baseada em motivos discutíveis, como o analfabetismo na Itália até 1912) ou a indignidade de um eleitor (privado do direito de voto em razão de condenações judiciais). A ampliação do eleitorado pode, assim como a liberalização das condições da candidatura, ser analisada como sinal da democratização da eleição.

A extensão progressiva do eleitorado é reflexo da amplificação do fenômeno da eleição. Por uma espécie de efeito de irradiação, os princípios eleitorais foram progressivamente ganhando a maioria das esferas sociais em que a representação desempenha algum papel (sem que seja fácil definir o sentido da irradiação entre espaços público e privado). Já na república romana, a eleição era o modo habitual – com algumas exceções – de designar magistrados. No movimento de ideias liberais e individualistas, ela se estendeu historicamente a numerosas funções políticas. Mas, em vez de ser redutível ao universo político, nacional ou local, a eleição conquistou o conjunto das coletividades humanas: as associações e certas sociedades empresariais elegem seus presidentes; as empresas também designam os representantes do pessoal, e os cardeais elegem o papa; as academias elegem acadêmicos etc. A eleição se tornou um modo privilegiado e inconteste de escolha dos representantes e de acesso a funções de direção. Sua extensão à designação dos juízes é até mesmo preconizada pelos otimistas que, mirando-se no exemplo da Suíça (para os magistrados cantonais e federais) ou dos Estados Unidos (onde o juiz é há muito tempo considerado um agente do Estado de Direito), veem esse mecanismo como o único capaz de garantir a imparcialidade e a competência moral da magistratura. Na esfera do direito público, a eleição está tão ligada à democracia, que as constituições modernas escritas muitas vezes lhe dedicam dispositivos (Constituição francesa de 4 out. 1958, art. 3º.; Constituição dos Estados Unidos de 17 set. 1787, art. 1º., seção II; Lei Fundamental da República Federal da Alemanha de 23 de maio de 1949, art. 20.2; Constituição italiana de 27 dez. 1947, art. 48). Para além do direito interno, a comunidade internacional, que para tanto frequentemente cria importantes missões de observação, vê na eleição, quando esta é mais do que simples fachada, um indício forte da garantia do caráter democrático de um Estado, bem como uma condição indispensável para o reconhecimento oficial.

Evolução das técnicas eleitorais

A leitura rápida de um código eleitoral surpreende pelas precauções que ele revela e pelo rigor que impõe. Os procedimentos eleitorais são complexos e variados. A concretização das ideias eleitorais supunha a invenção de técnicas capazes de garantir a conformidade das eleições aos princípios que as governavam. Essas modalidades são significativas; são orientadas pelas diferentes concepções da vida democrática e podem incidir sobre elas. Sua elaboração histórica não é linear; vários períodos foram particularmente importantes para sua descoberta e criação. É verdade que a Antiguidade oferece exemplos da engenharia eleitoral. Os regulamentos da *ecclesia*, nos tempos fortes da democracia grega, criaram mecanismos sofisticados de voto. Por sua vez, Roma favoreceu também o desenvolvimento de um direito eleitoral rigoroso e preciso, que possibilitava a designação eficaz dos magistrados e de grande número de representantes do povo. Depois de um período incerto, em que o formalismo perdeu terreno, a Idade Média, também nisso falsamente obscura, racionalizou eficazmente as técnicas eleitorais. Nesse sentido, as estruturas seculares devem muito à Igreja, que, já no século XIII, criou os primeiros códigos eleitorais. A ela são devidas importantes conquistas (ou redescobertas): capacidade eleitoral, incompatibilidades, turnos, eleições de vários graus, voto com cédula secreta (que permite a liberdade do eleitor), fiscais (que garantem a transparência da eleição e a contabilização dos votos) etc. Quer se tratasse de comunas italianas, dos Estados gerais na França, das *Cortes* na Espanha ou do Parlamento inglês, as experiências seculares ulteriores provavelmente, favorecidas pela transmissão das práticas e dos saberes eleitorais, se beneficiaram com os aperfeiçoamentos realizados nos diferentes laboratórios eclesiásticos. Sem idealizar esses mecanismos da era pré-moderna, pode-se notar que sua eficácia às vezes contrasta com o pesadume das operações eleitorais mais tardias, como durante a Revolução francesa. Devido à urgência e porque os atores pareciam desprovidos e ignorantes dos procedimentos esquecidos, os autores do regulamento eleitoral de 1789 inventaram pouco e, aliás, copiaram muito do Antigo Regime, garantindo assim certa continuidade formal de longo prazo.

Para assegurar o respeito às regras eleitorais prescritas, as democracias liberais dotaram-se de instâncias não jurisdicionais (algumas autoridades administrativas independentes na França e seu equivalente no exterior) de fiscalização das operações eleitorais. As instituições jurisdicionais (juízes constitucionais, repressivos ou ordinários) também têm a missão, no âmbito de um contencioso eleitoral complexo, de favorecer a transparência das eleições. Os juízes procedem à verificação das regularidades externa e interna do processo eleitoral. A história das eleições é a história da inserção crescente de suas modalidades num sistema de regras coercitivas e de sua submissão a um controle jurisdicional cerrado. Não que o contencioso eleitoral seja uma invenção inteiramente moderna. Já na Idade Média, alguns doutores da Igreja (Guilherme de Mandagout, Bellemère) aprenderam a distinguir todos os vícios capazes de afetar o ato eleitoral e de prejudicar a transparência da escolha feita pelos eleitores. No entanto, foi obra da época moderna a insistência no elo entre eficácia das regras eleitorais e intervenção jurisdicional, sem a qual a vontade do eleitorado só pode ser traída. Nas democracias parlamentares, a fim de evitar certos abusos, as jurisdições geralmente substituíram as assembleias parlamentares para o controle das eleições de seus membros. Ao admitir censurar uma eleição apenas no caso de o número de votos duvidosos poder influenciar o resultado do escrutínio, os juízes provam que são guardiães da sinceridade, e não da moralidade do voto, concepção realista sem a qual ocorreriam incessantes escrutínios, o que fragilizaria o próprio ato da eleição.

A evolução histórica consagrou a variedade dos modos de escrutínio; cada uma corresponde a considerações políticas diferentes. Historicamente mais antigo, o escrutínio majoritário (uni ou plurinominal) baseia-se na atribuição de assentos àqueles que ganhem mais votos (a exigência de maioria varia conforme o escrutínio seja feito em um ou em dois turnos). Pode ser utilizado com ou sem representação proporcional, cuja invenção, mais recente, deu ensejo a modificações sutis. Como indica seu nome, ela se baseia no princípio da divisão dos assentos proporcionalmente aos sufrágios obtidos. O contraste entre esses dois modos principais de escrutínio (há muitos outros, com maior ou menor semelhança com estes) manifesta-se de três pontos de vista: no que diz respeito à representação, o efeito simplificador do escrutínio majoritário é evidente, pois ele elimina das instituições minorias às vezes fortíssimas e pode até provocar a eliminação total de correntes políticas essenciais, oferecendo um "prêmio à maioria" (as experiências inglesa e americana são exemplo disso). A representação proporcional, em nome de certa ética da representação, apresenta uma fotografia mais apurada da sociologia eleitoral (apesar dos inevitáveis efeitos de limiar: por exemplo, piso de 5% de votos para participar na divisão dos assentos). Em se tratando do funcionamento das instituições, o escrutínio majoritário apresenta a vantagem (atenuada quando o escrutínio é em dois turnos) de facilitar o aparecimento de uma maioria estável e de um modo de governo eficaz, enquanto a eleição proporcional favorece, em vista da multiplicação dos grupos representativos, coalizões frequentemente heterogêneas e incontroláveis, que tornam delicada a tarefa de governar e a missão do governo. Seus efeitos sobre os partidos políticos também demonstram a oposição entre os dois modos de escrutínio: o escrutínio majoritário é simplificador e concentra a representação. Geralmente incentiva o voto útil e o bipartidarismo (escrutínio de um turno) e um multipartidarismo limitado (escrutínio de dois turnos). Ao contrário, a eleição proporcional, com o risco de pulverizar a representação, estimula a formação de correntes de opinião, mesmo minoritárias, que muitas vezes se traduzem pelo surgimento de partidos políticos que esperam participar da divisão dos assentos. Combinados, esses diversos elementos suscitam a questão do significado da eleição do ponto de vista democrático.

Transformação do significado da eleição

Atualmente, o direito de eleger e o de ser eleito são classificados entre os direitos fundamentais, como expressões maiores dos "direitos-participação"; no entanto, essa concepção é razoavelmente recente. Como forma, as eleições existem desde a Antiguidade, mas só remetem ao modelo do cidadão-eleitor e ao universo democrático-individualista a partir da era moderna. Durante muito tempo, o ato eleitoral, marcado pelo organicismo, foi indissociável da ideia de um povo como corpo social, e a designação por um agregado de indivíduos apareceu recentemente. Quando existia a eleição de reis e bispos, tinha-se um ato de reconhecimento (do melhor, do mais sábio), mais do que um acontecimento institutivo ou constitutivo realmente autônomo. No Ocidente, pelo menos, certas rupturas culturais e certas metamorfoses da representação transformaram o significado da eleição: de escolha divina, à qual ela remetia na origem, passou a ser instrumento de designação dos governantes numa lógica segundo a qual ela, apesar de humana, realizava o espírito de concórdia e revelava os melhores, os mais aptos a servir o bem comum. Em seguida, passou a ser um instrumento de luta entre as vontades individuais ou entre os interesses particulares, por sua vez progressivamente canalizados com o surgimento crucial dos partidos políticos modernos, nos séculos XVIII e XIX. Portanto, aquilo que os procedimentos têm em comum em nada elimina as profundas transformações da eleição. Apesar de baseadas em mecanismos básicos análogos, as eleições em Roma, na Idade Média, na época moderna e na atualidade não remetem ao mesmo universo mental; refletem problemáticas do poder e da coexistência que são fundamentalmente diferentes. A sociologia política ensina que a autonomia individual galopante, na tomada de decisão eleitoral, permite hoje em dia que, por intermédio dos partidos políticos, se faça uma escolha entre programas de governo e se distingam as equipes em competição (nesse sentido, continua atual a fórmula de Schumpeter, para quem o papel do povo é produzir um governo), ao mesmo tempo que, de algum modo, se cria uma submissão ao tipo de regime político em cujo âmbito atuam os eleitores.

Os mecanismos eleitorais interrogam, por fim, a democracia. As eleições são uma condição *sine qua non* da democracia, uma vez que constituem a alternativa moderna à legitimidade carismática ou histórica; para elas, a razão de ser do poder dos governantes está no fato de que eles representam (sem dúvida de maneira fictícia) a vontade do povo, pelo menos do eleitorado. A eleição, assim, tornou-se o modo de expressão da vontade dos eleitores e de sua escolha dos dirigentes encarregados de decidir em seu nome. Nesse sentido, ela suscita o problema geral do civismo e do abstencionismo. Fazer dela o fundamento técnico e o princípio de expressão da democracia implica educação política suficiente dos cidadãos, senso exacerbado de coletividade, para não dizer certa virtude cívica, aliás às vezes ajudada pelo caráter obrigatório do voto (como na Bélgica, na Itália ou na Austrália). Supondo-se que essas condições ideais sejam cumpridas, a eleição nem por isso constitui elemento suficiente para a realização de uma democracia, não só em virtude da manutenção esclerosante e sempre possível de verdadeiras oligarquias políticas (já perceptíveis na Revolução francesa), mas também porque ela expõe o povo a um eventual confisco de seu poder e de sua soberania pelos representantes. A fórmula de Rousseau, nesse sentido, é significativa, quando afirma: "O povo inglês acredita ser livre, mas está muito enganado; só é livre durante a eleição dos membros do Parlamento: assim que eles são eleitos, o povo é escravo, é nada" (*Contrato social*, III, XV). Por outro lado, a eleição, mesmo se mostrando como única alternativa à democracia direta, afasta-se da democracia quando não é acompanhada por um autêntico pluralismo político, reflexo da variedade de opiniões do corpo social e fator da manutenção de uma verdadeira liberdade de escolha. Por fim, concretamente, as eleições só serão capazes de veicular certa ideia de democracia se traduzirem transparência e sinceridade, num quadro em que a alternância e o debate estruturem a opinião dos eleitores.

O desencanto do mundo e a conhecida perda de referência à transcendência transformaram a eleição em meio de legitimação dos governantes. Sempre se pode temer que o desinteresse generalizado e o desenvolvimento de um eleitorado tão flutuante que deixe de se deslocar até as urnas levem ao poder algum ditador ou tirano. A partir do momento em que deixe de ser um mecanismo "envolvido" por valores éticos e simplesmente delineie a relação entre governantes e governados, a eleição se assemelha à autodeterminação de um povo ou de um grupo e, com isso, pode agir, mesmo respeitando a democracia formal, contra a democracia real. A grandeza da eleição, portanto, é indissociável da preocupação que ela gera, pois através dos governantes ela apresenta a toda a sociedade o espelho frequentemente deformador de suas próprias escolhas.

➤ BRAUD Ph., *Le Suffrage universel contre la démocratie*, PUF, 1980. – GAUDEMET J. *et al.*, *Les Élections dans l'Église latine, des origines au XVIe siècle*, Ignore, 1979. – IHL O., *Le Vote*, Montchrestien "Clefs", 2ª ed., 2000. – KRYNEN J. (org.), *L'Élection des juges. Étude historique française et contemporaine*, PUF, "Droit & Justice", 1999. – MARTIN P., *Les Systèmes électoraux et les modes de scrutin*, Montchrestien, "Clefs politique", 1997. – ROSANVALLON P., *Le Sacre du citoyen. Histoire du suffrage universel en France*, Gallimard, "Bibliothèque des Histoires", 1992.

Ver também: BENSON R. L., *The Bishop Elect. À Study in Medieval Ecclesiastical Office*, Princeton, Princeton Univ. Press, 1968. – LÉVY-BRUHL H., *Etude sur les élections abbatiales en France jusqu'à la fin du règne de Charles le Chauve*, Rousseau, 1913. – MANIN B., *Principes du gouvernement représentatif*, Flammarion, "Champs", 1996.

Laurent FONBAUSTIER

→ Delegação; Direito constitucional (Origens eclesiásticas do); Sufrágio.

ENCICLOPÉDIAS JURÍDICAS

A noção de enciclopédia jurídica é um conceito variegado que não permite definir considerações formais nem mesmo fazer um exame de conteúdo. Isto porque ela abarca, para todos os períodos históricos e para todas as áreas geográficas, modos completamente diferentes de reunir o saber jurídico numa só obra. Dicionário jurídico, *Thesaurus iuris*, Compilação de jurisprudência são seus sinônimos. Seja qual for a denominação empregada, o que se procura sempre é apresentar o conjunto do saber jurídico. A enciclopédia jurídica mostra-se, assim, como parte da enciclopédia universal que reúne a totalidade do saber humano.

A origem do conceito "enciclopédia" é, em certa medida, obscura. Deriva do termo grego *enkyklios paideia*, que descreve o perímetro do saber (instrucional), e acredita-se que surgiu com a colocação em semicírculo do coro (que instrui o público) no teatro grego. As etimologias são sempre um jogo sedutor da fantasia. Na Antiguidade europeia, a *Historia naturalis* de Plínio em vários volumes, que remonta ao ano 70 d.C., é a enciclopédia *avant la lettre* mais conhecida. De fato, os homens sempre procuraram reunir, ordenar, descrever e transmitir seus saberes. Por isso, encontram-se enciclopédias em todas as sociedades que atingiram certo nível de desenvolvimento da escrita. Assim, sumérios, persas, indianos, árabes e chineses registraram o saber de que dispunham. Esses espaços do saber foram construídos na China em gigantescos labirintos, e aos chineses se devem ainda hoje as maiores enciclopédias ao mundo.

Nessas arquiteturas do saber, o direito não desempenhou nenhum papel, ou eventualmente desempenhou papel secundário. Foi só na Idade Média que nasceram, com o nome de *speculum iuris*, compilações do direito romano e do direito canônico em vigor. A mais famosa visão de conjunto é a do *Speculator Durantis* do fim do século XII. A palavra *encyclopaedia* só aparece, a seguir, pela primeira vez em 1444. Num manuscrito das *Institutiones oratoriae* de Quintiliano, texto clássico sobre a retórica, é provável que o copista se tenha enganado, transformando *enkyklios paideia* em *encyclopaedia*. Verdadeira invenção! Em 1476, a palavra foi latinizada no incunábulo *Institutiones oratoriae*. Em 1522, Guillaume Budé introduziu em seu manuscrito *L'Intitution du Prince* [A instituição do príncipe] a palavra francesa *encyclopédie*. Talvez não tenha sido por acaso que coube às personagens insaciáveis de Rabelais abrir "o verdadeiro poço e abismo de enciclopédia" pela primeira vez, em 1532, em forma impressa. Esse era o programa pedagógico que Gargantua queria oferecer ao filho Pantagruel. Em seguida, os juristas também começaram cada vez mais a coligir seus direitos, suas decisões, suas opiniões, fundindo-os na forma enciclopédica, até que essa atividade atingisse o apogeu luminoso no século XVIII. Foi especialmente na forma de alfabeto do direito que as obras enciclopédicas de referência estiveram em voga no século XVIII. Na França, principalmente, apareceu toda uma série de obras alfabéticas, cuja envergadura convida à veneração, com títulos como: *Arrêts, Dictionnaire de police, Décisions du droit civil, Ordre alphabétique ou dictionnaire contenant les principales maximes et décisions du palais, Collections de décisions, Nouveau recueil d'arrêts et règlements, Encyclopédie méthodique (Jurisprudence), Dictionnaire de Droit et de Pratique, Dictionnaire ou traité de la police, Répertoire universel et raisonné de jurisprudence, Décisions sommaires du Palais, Nouveau Dictionnaire civil et canonique du droit et de pratique* etc.

O léxico jurídico outrora mais famoso certamente foi o de Pierre Jacques Brillon: *Dictionnaire des Arrêts, ou jurisprudence universelle des Parlemens de France, et autres Tribunaux': contenant par ordre alphabetique les matieres beneficiales, civiles, et criminelles; les maximes du Droit ecclesiastique, du droit romain, du droit public, des coutumes, ordonnances, edits, et declarations*. Seis volumes espessos in-fólio de mil páginas chegaram em 1727 ao mercado. Era a segunda edição. Ele trabalhara durante quinze anos na primeira edição e trabalhou de novo quinze anos na segunda. Do que se trata? Não é "uma simples compilação de decisões", mas uma obra que abrange "o que temos de principais Doutores, Juízes, Comentadores de Costumes, Autores sagrados, profanos, Latinos, Franceses, Ultramontanos, no que se refere à Jurisprudência". Mesmo do estrangeiro. Por isso, a obra poderia ter também sido chamada de "Biblioteca Universal de Jurisprudência". Mas Brillon manteve o título da primeira edição que o público recebera com bons olhos. O autor fez algumas observações gerais sobre o gênero "Dicionários". Sem dúvida, gostava-se de seu uso, mas pouco se respeitava seu nome. Ademais, os mais antigos na "Ordem" (ou seja, os advogados) prezavam pouco essa maneira de escrever "lexicalmente". Acreditavam poder prescindir daquelas compilações nas quais não podiam deixar-se convencer, nas quais não tinham nada que aprender. No entanto, os jovens não puderam continuar reagindo assim. A massa daquilo que havia para aprender crescera tanto em todos os domínios jurídicos, que já não era possível saber tudo a fundo. Entretanto, é importante adquirir um saber fundamental em todas as disciplinas do direito e, principalmente, tê-lo à mão. Como: "Eles (ou seja, os jovens) podem ser escusáveis de desejar uma indicação pronta e universal das matérias [...] o essencial é instruir-se com os princípios, conhecer os bons Autores, e saber onde encontrar aquilo que eles trataram melhor." Brillon ressalva várias vezes que não se trata apenas de uma reunião de decisões, mas que os verbetes, pelo menos os mais importantes, continham até mesmo quase que discussões metódicas ("tratado metódico"). Sua obra ajudou, acima de tudo, os advogados que haviam adquirido o hábito de criar durante os dez primeiros anos de ofício, uma caixa de fichas que facilitava o acesso a decisões, máximas, opiniões doutrinais etc. O dicionário lhes poupou esse trabalho, para que eles pudessem dedicar mais tempo a estudos aprofundados. Brillon teve a consciência de que, com isso, estaria ajudando a preguiça. Mas só propunha aos usuários o alívio e a diminuição de seu trabalho.

A exigência explícita dos léxicos jurídicos era a exaustividade capaz de substituir uma biblioteca completa. Para Claude de la Ville, um volume in-fólio de mil páginas bastava em 1692. Ele criticou as obras em x volumes de seus colegas convencidos de que com muitas palavras se pode seguir as pegadas da verdade e do direito. "A verdade não precisa de tantos discursos, ela se dá a conhecer em poucas palavras, e quase por si mesma, ela é simples, e quanto mais bonita ela nos parece, menos ela aparece." No entanto, a situação do direito na França era complexa. Estava desarticulado, em razão da diferença entre as regiões de direito escrito e as de direito consuetudinário. O surto da enciclopédia parece estar estreitamente ligado à fragmentação do direito, que havia muitos séculos era o principal problema dos juristas e daqueles que buscam o direito. As glosas e os comentários escritos desde a redescoberta do Digesto no Ocidente, no século XI, nada mais foram que esforços para vincular o direito a um ordenamento jurídico e para impedi-lo de ser pulverizado pelo turbilhão das interpretações. Esse ordenamento, o *Corpus juris civilis*, fora, seiscentos anos antes, uma tentativa de estruturar o direito antigo desarticulado (ou seja, diversas opiniões jurídicas sobre questões particulares), por meio do abandono das contradições e das inutilidades, bem como por meio da proibição dos comentários, feita por Justiniano.

A fragmentação do direito tem três facetas características. Por um lado, a da representação. O que significam as palavras, o que significam as coisas e qual é a relação entre as palavras e as coisas? Os juristas estão sempre às voltas com "As palavras e as coisas" (Foucault). Sem dúvida, ainda não se conheciam léxicos jurídicos na Antiguidade romana, e no entanto existe no Digesto (50, 16) um léxico não alfabético, o *De verborum signicatione.* Esses livros jurídicos sobre a significação das palavras depois foram postos em ordem alfabética, sendo reescritos durante o Antigo Regime. A partir do século IX deu-se início, também em Bizâncio, à inclusão, nas obras lexicais, de materiais jurídicos, de palavras latinas com sua tradução grega. Os juristas tornaram-se especialistas da tradução, da descoberta do sentido. Os séculos XII, XIII e XIV, era das glosas e dos comentários sobre o direito canônico e laico, com seus códigos chamados mais tarde, respectivamente, *Corpus iuris civilis* e *Corpus iuris canonici*, foram teatro da revolução (ocidental) do intérprete. Mas logo surgiu uma controvérsia. Tão logo vários juristas-intérpretes punham seus olhos no texto, cada um via uma coisa diferente na decifração do segredo do texto, na descoberta do sentido das palavras e das coisas que se escondem por trás delas, na recepção das informações que datavam de vários séculos. Qualquer recurso à *ratio scripta*, ao papa, à verdade ou à natureza era incapaz de deter a diversidade das interpretações. As interpretações entravam, plurais, no mundo.

A segunda faceta da fragmentação do direito é o reverso da primeira. As leis também se manifestaram no plural. O direito único de Deus, da natureza ou dos homens nunca poderia ser mais do que uma ideia. Bem cedo os direitos de Deus, da natureza ou dos homens se haviam erguido contra a positividade do direito, criado, estabelecido e ditado pelos homens. Que trabalho tiveram os juristas tementes a Deus durante a Idade Média para interpretar o texto escrito com cuidado! De fato, não só as interpretações enlaçavam e engoliam os textos, como também os próprios textos se expandiam para englobar os antigos usos e costumes. Isso ocorria em todos os lugares, até nos confins da humanidade continental. Aqueles direitos consuetudinários, aqueles costumes que foram sendo cada vez mais escritos, chegaram ao direito erudito, havia muito tempo escrito. Com a invenção da imprensa, desistiu-se de frear a revolução do texto jurídico escrito. Era uma invasão total de textos jurídicos cuja unidade dentro de uma mesma edição, a despeito de Gutenberg, nunca estava garantida. O próprio rei trouxe ao mundo textos (jurídicos), ordenanças. Em Roma e na província associou-se o poder central, sem jamais conseguir ocupar o centro jurídico – até o primeiro Imperador dos franceses, Napoleão.

A terceira faceta da dissolução de um direito único numa multidão de direitos está na jurisprudência. A *jurisdictio* desferiu um golpe mortal na condição do direito. Por um lado, podia-se exigir dos juízes o domínio perfeito do sentido das palavras ditadas por Deus, pela natureza ou pela razão, mas ninguém podia descobrir a verdade que se acreditava escondida nas palavras escritas. Ao contrário, desenvolveram-se estilos na jurisprudência. Os domadores do sentido jurídico começaram rapidamente e sem medo a transformar suas próprias perspectivas em instrumento de medida. As coleções pessoais de *consilia*, ou seja, coleções de pareceres para casos em juízo, são conhecidas desde a Idade Média. No século XVI, juízes e advogados começaram a mandar imprimir seus julgamentos e seus arrazoados pessoais. Nenhum sistema racional ou natural pôde, até o século XVIII, subjugar a proliferação das inúmeras opiniões. Por outro lado, a quantidade de contatos entre os homens aumentou de modo drástico a partir do século XVI, com o desenvolvimento da economia capitalista. Os conflitos jurídicos correlatos aumentaram paralelamente. Foi preciso julgar cada vez mais casos com cada vez mais regras fixas e impressas. As próprias decisões foram impressas e mais tarde serão tomadas em consideração. Essa quantidade de "material" jurídico essencial para a jurisprudência, ou seja, o cerne de toda sociedade baseada no direito, ampliou-se imensamente e se tornou um problema. Nenhum livro sistemático, nenhum sistema de direito natural ou racional era capaz de ajudar o juiz. Teorias jurídicas nascidas em cérebros queriam estabelecer legitimações para um direito terreno, e o direito, na realidade, era ditado a partir do zero todos os dias. Como o juiz podia se orientar nesse mundo? Ofereciam-se dois caminhos para o domínio de um mundo textual incomensurável: o sistema e o alfabeto.

O sistema é o campo das enciclopédias. A Alemanha foi a primeira que se empenhou nisso, com Pütter em Göttingen, a partir de meados do século XVIII. Mais de cem enciclopédias jurídicas surgiram lá até o fim do século XIX. Concebidas como introduções aos estudos jurídicos universitários, serviam para apresentar o conjunto do direito aos estudantes. Relativamente breves e concisas, transmitiam o direito como um material compreensível que se podia ensinar e aprender. Em seu gênero particular, aproximavam-se dos manuais e, com isso, das Instituições de Justiniano (a parte pedagógica de sua compilação). A ordem vinha em primeiro plano e devia dominar a massa dos textos.

A França não conheceu literatura-sistema no sentido desenvolvido durante o século XVIII na Alemanha. Imaginou outro modo de enciclopedismo: o alfabeto. O alfabeto é o campo dos dicionários. O acaso (na forma de uma antiga maneira de contar) tornou-se na França o princípio da ordem. De uma ordem que só pode ser entendida por meio de um sistema complexo de remissões que transforma o conjunto numa ordem ordenada. Foi nisso, aliás, que Diderot e D'Alembert fracassaram. Os dois volumes de remissões (chamados tabelas) só foram publicados algumas décadas depois do primeiro volume de seu empreendimento único, que ridiculariza todos os fetichistas das definições com a própria designação "Enciclopédia, ou Dicionário comentado das ciências, das artes e dos ofícios". O alfabeto, em todo caso, mostra-se mais paciente que o sistema, por ser um grande digeridor gargantuesco da massa do saber jurídico e das decisões jurídicas. Ele assimila tudo no modo da simples ordenação alfabética. Todo o direito é acolhido pelo alfabeto. O alfabeto aparece como o primeiro grande projeto de numerização. No alfabeto, as remissões fora do alfabeto são inúteis, pois as outras disciplinas se encontram em outros dicionários, em outros verbetes e subverbetes. O alfabeto, paradoxalmente, separa todas as coisas e as põe todas lado a lado, no mesmo nível. Não há hierarquia, nem de bom, nem de ruim. Ou, como diz Voltaire, ele também autor de um dicionário filosófico: "O alfabeto foi a origem de todos os conhecimentos do homem, e de todas as suas tolices." O alfabeto não autoriza derivações, e as legitimações são inúteis. O alfabeto baseia-se em si mesmo: a (des)ordem alfabética é autorreferencial. Para uma ordem jurídica que não parava de se tornar cada vez mais autônoma na prática, o alfabeto era o espaço adequado ao saber. Ao acaso da justiça correspondia o acaso de uma ordenação dos resultados dessa mesma justiça. O alfabeto era o canto de acompanhamento de uma ordem jurídica que se transpunha para o modo da positividade radical. Certamente não foi por acaso que se observou de início o fenômeno do alfabeto autônomo do direito principalmente na França. Num grande Estado centralizado, o problema do crescimento das decisões jurídicas devia ser percebido antes e mais intensamente do que numa Alemanha atomizada em partículas provinciais. O alfabeto constituía então um instrumento puramente formal para compreender (durante cerca de dois séculos) um direito que se funda cada vez mais sobre si mesmo.

Mas o direito, por sua vez, nem por isso parou de inflar-se. Houve cada vez mais direito. Guyot já precisava, entre 1775 e 1783, de 64 volumes para seu Repertório Universal. Alguns verbetes às vezes tinham seu próprio índice. A grande enciclopédia de Diderot e D'Alembert foi explorada e remanejada segundo esse princípio. Na Enciclopédia metódica de mais de 260 volumes, milhares de artigos jurídicos em 10 volumes foram reformulados e desmesuradamente inchados. Prost de Royer começou em 1781 uma nova edição do dicionário de Brillon. Trabalho monumental que abrange todos os países e todas as épocas. Em termos de verbetes, tratados inteiros são apresentados. Ele declara em sua introdução: "Empreendo a maior Obra de Jurisprudência que existe, uma das mais úteis, se cumprir seu objetivo, e sem dúvida uma das mais difíceis." O dicionário deveria ser uma muralha contra o labirinto do direito, de um direito que se encontra "imerso numa noite escura", em meio a "uma infinidade de Livros", de "Leis diversas", de um "vasto Oceano", "sobre areias movediças". De fato: "Se um Dicionário é útil, isso ocorre num século no qual cresce o horizonte dos conhecimentos humanos." Mas seria justamente esse crescimento que deveria trazer a morte do enciclopedismo alfabético.

Não foi preciso esperar muito tempo para que se iniciasse uma nova era, na qual os dicionários do direito deveriam fatalmente tornar-se supérfluos. Os homens, que já não contavam com Deus, a natureza, a razão e o direito, tomaram seus direitos nas mãos e fizeram a revolução. Acabou-se assim o belo alfabeto do direito. O quadro sinótico da "Enciclopédia metódica" (Jurisprudência) que se havia anunciado e que deveria reunir e interligar os diferentes ramos do direito segundo o espírito das antigas enciclopédias, não foi publicado. Do mesmo modo, o maior empreendimento jurídico de todos os tempos, a nova edição de Brillon, que deveria servir de guia nas brenhas do direito, só chegou, no sétimo volume, à letra "Ass" e – ironia! – ao verbete artigo "Assignation" (intimação). A revolução não deixou tempo para sistemas figurados de todos os conhecimentos e para grandes empreendimentos; as letras do alfabeto se dispersaram nos movimentos dos homens.

A amplificação do direito teve, na Alemanha e na França, duas consequências radicalmente diferentes. Na França, a revolução antecipou-se à implosão dos enormes alfabetos jurídicos. Prost de Royer, novo editor do grande Brillon, adivinhava, em seu prefácio de 1781, a nova estrela, a lei unitária: "Quem garante, ó meu Rei, que em dias mais tranquilos, penetrando *esse labirinto escuro e tortuoso onde os mais esclarecidos se perdem*, não concebereis o sublime projeto de ter *um Código no qual cada um de vossos Súditos possa comodamente instruir-se sobre seus deveres*; no qual propriedade, honra e vida não estejam incessantemente comprometidos pela diversidade, pela confusão, pela obscuridade e por enorme quantidade de Leis?"

Na realidade, Napoleão resolveu o problema da quantidade em 1804, com a introdução de 2.281 artigos no Código Civil francês. Todos os juízes tiveram então a mesma lei diante dos olhos. No entanto, ficaram prisioneiros no labirinto escuro do direito. Merlin e Dalloz tentaram uma última vez, até meados do século, reunir as novas decisões por meio do alfabeto. A massa da jurisprudência (não unificada) cresceu como nunca se tinha visto, até que não pudesse caber nas dezenas de volumes da Enciclopédia Jurídica de Dalloz, escritos em letras miúdas. Era o fim do alfabeto francês do direito. A lei o venceu. Aliás, não pelo processo que ela desejara. O próprio código revolucionário não tornara inútil o ordenamento alfabético, mas a unificação da jurisprudência não ocorreu. O alfabeto foi mais do que nunca indispensável, mas era pedir-lhe demais, e foi preciso substituí-lo por revistas: fichários de polifonias judiciárias editados semanalmente. É verdade que comportavam índices alfabéticos, mas não se restringiam apenas ao alfabeto. Nem se cogitava em um sistema enciclopédico (segundo o modelo alemão). O grande sonho jurídico – reunião dos direitos fragmentados e das decisões em forma de alfabeto do direito – já estava superado. O alfabeto periclitou por causa da massa de seus fragmentos; o código unitário introduzido viveu sua própria fragmentação precária. Só sobraram decisões atomizadas e opiniões políticas.

A Alemanha, por sua vez, que tinha uma tradição de enciclopédias jurídicas orientadas para a sistemática, não chegou imediatamente a um código único para todos os alemães. A ampliação do direito, que foi ao mesmo tempo virulenta, porém menos visível, devido à fragmentação territorial do direito, seguiu um caminho específico: o caminho científico. A ciência jurídica do século XIX brotou das teorias jurídicas do século XVIII. O direito alemão não queria subtrair-se à emergência geral das disciplinas científicas e acadêmicas. O direito também queria tornar-se ciência. Mas que ciência? Começou um longo desfile de ciências vizinhas nascentes, nas quais era possível apoiar-se. Pois o sistema e as enciclopédias já não eram capazes de dar as certezas de que o juiz e os juristas tinham necessidade tão imperiosa. Por um lado, ficava cada vez mais difícil comprimir a massa das diversas interpretações num sistema; por outro lado, o que se poderia esperar de uma enciclopédia sistemática que, até 1840, já havia conhecido mais de uma centena de variantes e de autores? A enciclopédia teve o mesmo destino do alfabeto. Ou, como dizia Nietzsche: "O todo já não vive do todo." Todas as tentativas feitas para reunir, ordenar, estruturar ou simplesmente apreender a quantidade (que aumentara incrivelmente com o tempo) de normas, decisões, teorias e opiniões não tiveram sucesso.

No novo mundo do direito, já não há abecedário. A multidão das simultaneidades das operações jurídicas privadas já não se deixa capturar pelo alfabeto enciclopédico ou pelo sistema enciclopédico. Já não há reis que possam realizar boas ações com a ajuda do direito. Agora faz um frio glacial no mundo infinitamente complexo da rede do saber. Nada mais serve de sustentação, já que tudo pode ser desarticulado. O alfabeto certamente foi a acelerador oculto desse processo, pois ele podia recolher tudo bem melhor do que o sistema, realmente tudo. Agora se tornou demais. Mesmo as designações são incertas e vêm a ser desconstruídas. O acaso torna-se mais contingente e onipresente. Assim, as enciclopédias do direito são substituídas por uma situação na qual a visão de conjunto e a instrução se tornam difíceis, situação que Diderot já pressentia em seu verbete *enciclopédia da* grande *Enciclopédia*: "À medida que os séculos transcorrem, a massa de obras cresce incessantemente, e é de prever um momento em que será quase tão difícil instruir-se numa biblioteca quanto no universo, e quase tão rápido procurar uma verdade subsistente na natureza quanto perdida numa multidão imensa de volumes."

› Sobre as Enciclopédias jurídicas, ainda não foram feitas pesquisas profundas; as obras abaixo servem apenas de indicações gerais. Becq A. (org.), *L'enryclopédisme*, Paris, Éditions Klincksicek (Éditions aux Amateurs de livres), 1991. – Didier B., *Alphahet et raison. Le paradoxe des dictionnaires au XVIIIe siècle*, Paris, PUF, 1996. – Dierie U., *Enzyklopädie. Zur Geschichte eines philosophishen und wissenschaftstheoretischen Begriffs*, Bonn, Bouvier Verlag Herbert Grundmann, 1977 (Archic für Begriffsgeschichte, Supplementheft 2). – Schaer R. (org., *Tous les savoirs du monde. Encyclopédies et bibliothèques, de Sumer au XXIe siècle*, Paris, Bibliothèque nationale de France/Flammarion, 1996.

Rainer Maria Kiesow

→ Bibliotecas; Ciência do direito; Jurisprudência; Lei; Sistema.

ENSINO DO DIREITO

O direito nasceu de sua prática, e ensiná-lo supõe certa ideia de seu objeto, ou seja, da resolução dos conflitos. Sem dúvida, fez-se justiça bem antes de se fazer direito. Durante muito tempo, era a qualidade de quem intervinha que permitia a solução, fosse pelo caráter sagrado de que essa pessoa era investida, fosse por se tratar de um guardião das tradições, donde o papel dos anciãos, do pai chefe da justiça familiar, fosse ainda em razão de uma preeminência social ou, inversamente, por se tratar de alguém reconhecido como par. Assim se formará uma memória das soluções, longa casuística que implicará a necessidade de coerência, primeiro buscada no respeito à tradição ou, quando esta terminava por ser insuficiente, pela busca racional. Como o constata um jurisconsulto romano: "Não se pode dar a razão de tudo o que foi decidido pelos Antigos" e seguir a tradição nem sempre é "razoável" (Juliano, citado por J. Gaudemet, *Les Naissances*..., p. 267). Será o nascimento de uma ciência do direito. Esse conhecimento leva ao aparecimento de especialistas aos quais será confiada a resolução dos conflitos, desbancando os atores precedentes, não sem que estes deixassem reminiscências. O ensino do direito ficará para sempre marcado por essa origem e será obra não apenas de eruditos, mas também – e talvez principalmente – de práticos que compartilham seus conhecimentos. Bem cedo o direito é definido como uma ciência e uma arte. Essas características se confirmarão em todos os períodos estudados. Na tradição ocidental, o direito é inventado em Roma e redescoberto no ritmo dos Renascimentos, do século XII ao XVI, antes de ser reformado no novo quadro político dos Estados que apropriam da palavra "justo", cada um à sua maneira impondo-a às vezes aos outros. O ensino foi remodelado por essas coisas.

O ensino em Roma

Na sociedade romana das origens, como indica Pompônio, primeiro autor de uma história do direito romano, "a ciência da interpretação [do direito] e das ações estava nas mãos do Colégio dos pontífices", ou, se preferirmos, da aristocracia que lhe fornecia os membros, única que tinha para tanto a cultura necessária. Os ritos, as regras e as fórmulas eram transmitidos diretamente, tomando-se o cuidado de só divulgar esses importantes segredos para os iniciados. Quando as tensões sociais obrigaram a fazer concessões, os primeiros juristas, sacerdotes ou leigos, foram acima de tudo praticantes, *patroni* que aconselhavam os partidos e iniciavam seus protegidos. Foi no século II a.C. que se fundou o direito civil e surgiu o termo jurisconsulto, que designava esses leigos que tendiam a suplantar os sacerdotes. O conhecimento deles era a "jurisprudência", definida algo sentenciosamente como "o conhecimento das coisas divinas e humanas, a ciência do justo e do injusto" (Ulpiano, *Digesto*, 1, 1, 10). Eram simples particulares sem nenhuma autoridade oficial, mas apenas opiniões. Os primeiros escritos são fruto desse esforço. Públio Múcio Cévola deixa dez livros de consultas (*Responsa*) sobre o direito. Um primeiro glossário foi estabelecido por Élio Gálio, um primeiro tratado, por Quinto Múcio Cévola, filho de Públio, considerado organizador do direito civil. Os hábitos da retórica são transpostos para o direito e permitem um esboço de sistematização. No fim da República, já estava estabelecido o objeto de um ensino, mas as suas formas de difusão haviam mudado pouco. Cícero permite-nos conhecer os estudos de Bruto, que, na juventude, se iniciou na arte da oratória e passou muito tempo a estudar o direito civil com um outro membro da família patrícia dos *Mucii*, Quinto Cévola, cognominado áugure, para ser distinguido de seu primo. "Embora não fizesse profissão de ensinar, Cévola, respondendo às consultas, instruía os estudiosos que iam ouvi-lo." Assim se organizam *stationes* ou *auditoria*, decerto ao ar livre, em lugares fixos e depois junto a templos que tivessem bibliotecas e onde se encontrassem livros de direito (P. Collinet, *Histoire d'école de droit de Beyrouth*, 1925, p. 61). Os juristas lá faziam consultas e ensinavam ao mesmo tempo, procurando clientela e reconhecimento eleitoral. Essa situação durou até os tempos de Antonino (135-61), pois nessa época um texto fixa o número de professores beneficiados por isenções de cargos públicos. Citam-se médicos, sofistas, gramáticos e retóricos, mas não juristas. Paradoxalmente, a época clássica do direito romano não conhecerá ensino mais organizado.

A extensão da cidadania romana ao conjunto do Império em 212 confere interesse suplementar ao estudo do direito, que já não pode ficar como simples aprendizado. Organizam-se verdadeiros ensinos em Roma e em outros lugares: Constantinopla ou Beirute, cuja reputação se afirma a partir do fim do século III. De acordo com o testemunho de um retórico de Antioquia, Libânio, o estudo da retórica regride diante do estudo das leis, que dá acesso normal às funções administrativas. O pior é que quem se engaja é gente de origem modesta, filho de artesãos! Os filhos de famílias nobres, ainda fiéis aos estudos de retórica, só se deixarão convencer lentamente, durante o século IV. Assim, os alunos que começaram em Antioquia ou Alexandria irão concluir sua formação em Beirute. O sucesso é geral e, em Roma, Valentiniano I, em 370, precisará limitar o número de estudantes que afluem. É verdade que eles eram incentivados por vantagens fiscais. Certamente nem todos os centros de ensino tinham a mesma qualidade, e os imperadores se preocupavam em manter o nível daquelas escolas nas quais às vezes se tendia mais a estudar a arte oratória que o direito em si. Eles acabarão por reservar o estudo do direito apenas às cidades de Roma, Constantinopla e Beirute, que condecora seus professores com o título de "mestres ecumênicos". Uma reforma dos programas (*Constitutio Omnem*, em 534) permite-nos conhecer o conteúdo do ensino antes e depois da reforma. Os estudantes começavam jovens, aos 16 anos, e faziam quatro a cinco anos de estudos. No primeiro ano, eram chamados de *Dupondii* e estudavam as *Institutas* de Gaio, mais algumas questões de direito da família extraídas dos *Libri ad Sabinum* de Ulpiano. No segundo ano, o ensino tratava dos *Libri ad edictum* de Ulpiano, e daí derivava o nome dos estudantes (*Edictales*), pois eles estudavam essencialmente o édito do pretor. No terceiro ano, cursavam o programa anterior e começavam a estudar as *Responsa* de Papiniano, donde o cognome *Papinianistae*. O quarto ano não comportava curso nenhum, e os estudantes faziam sozinhos o estudo dos *Responsa*. A autonomia deles no estudo pode explicar o cognome *Lutae*, "aqueles que resolvem casos". Alguns estudantes, *Prolutae*, ainda cursavam um quinto ano, que era dedicado ao estudo das "constituições" imperiais. Os professores as encontravam nos três códigos existentes antes do século VI ou nos textos originais. Assim, os estudantes completavam uma formação baseada em temas de direito privado, com aspectos do direito público ou do direito eclesiástico. A reforma de Justiniano substituirá as coletâneas antigas por suas compilações, e os autores clássicos serão então estudados por meio do Digesto e das Institutas. O Código será utilizado no quinto ano, que se tornou obrigatório. Tudo era sancionado por um atestado de estudo, entregue por um professor, provando o nível do interessado.

Em resumo, no exemplo romano, a aprendizagem tinha mais importância que o ensino propriamente dito. Sabe-se que os mestres, sobretudo orientais, souberam aproveitar a herança clássica dos "prudentes", utilizá-la para formar os quadros do império do Oriente e participar, como Doroteu, ao lado dos funcionários imperiais, da Constituição daquilo que na época seguinte será chamado *Corpus juris civilis*.

Idade Média

Foi, portanto, na época medieval que se desenvolveu realmente tanto em direito quanto em outras disciplinas o quadro institucional da Universidade. Serão as comunidades de mestres e estudantes que, finalmente, organizarão as formações oriundas da renovação intelectual geral, nascida nas escolas eclesiásticas. Para os juristas, a novidade virá da redescoberta de manuscritos das compilações de Justiniano, em especial a *littera pisana*. Por muito tempo acreditou-se que se tratava de uma espécie de milagre, mas esses achados demonstram principalmente uma maior atenção intelectual para as lembranças do passado antigo. A busca de todos os manuscritos capazes de servir para justificar a reforma gregoriana certamente favoreceu outras invenções. Seja como for, esses textos ensejarão leituras comentadas, cujo sucesso será imenso.

O principal lugar de todos esses progressos foi Bolonha, por razões nem sempre bem elucidadas. A região e a cidade parecem ter conservado uma tradição jurídica que se manifestou com a existência precoce de uma escola que formava escreventes públicos, notários. Em fins do século XI, em condições pouco conhecidas, ensinava certo Pepo. Mais famoso que este, no início do século XII, Irnério começou a construir a glória de Bolonha. Seu nome (Werner/Garnier) mostra, aliás, que já naquele momento a reputação bolonhesa se expandia para longe da Emilia-Romagna! Grandes nobres, imperadores e papas rivalizavam com a municipalidade para fixar em Bolonha os melhores mestres e atrair assim cada vez mais estudantes. Foi o tempo dos quatro doutores (Martino, Búlgaro, Jacobus e Hugo). Seus sucessores farão o apogeu de Bolonha no século XIII, com Azo, Accursio ou Gotofredus. Calcula-se que reuniam a cada ano cerca de mil estudantes de todas as proveniências, conforme demonstra a diversidade das treze nações que os acolhiam no fim do século (Alemanha, Ilha de França, Espanha, Provença, Inglaterra, Picardia, Borgonha, Touraine, Maine, Normandia, Catalunha, Hungria, Polônia).

A Bolonha logo terá êmulos. Juristas vindos da Itália deixaram marcas no delta do Ródano, em Montpellier, onde certo Rogerius e depois uma pessoa oriunda de Piacenza (Placência), donde seu cognome Placentino, ensinaram, já em meados do século XII, a pequenos grupos de estudantes. Mas essa influência também se encontra em Paris, Oxford e Salamanca.

Esses lugares de estudos recebiam das autoridades pontificais ou laicas estatutos que fixavam suas relações com as autoridades locais, seu modo de funcionamento interno e a organização de seus estudos. O movimento prosseguirá no século XIV, com a criação de Universidades, especialmente em Praga, em Avignon, na Cracóvia e em Heidelberg; no século XV também na Alemanha, em Dôle, Lovaina, Caen, Bordeaux. As motivações são variadas, e a ascendência pontifical mistura-se à influência dos príncipes, preocupados, por exemplo, em recompensar cidades fiéis, como fez Carlos VII em Poitiers em 1431. As estruturas muitas vezes imitavam os modelos bolonheses ou parisienses e se assemelhavam; o mesmo ocorria com os estudos. De início, sabe-se que as diferentes disciplinas se reuniam em faculdades. A faculdade das artes acolhia os mais jovens que depois cursavam uma das três disciplinas superiores: teologia, direito ou medicina.

Assim, em Bolonha, o ensino é de responsabilidade dos doutores-regentes ou ordinários, assistidos por extraordinários, estudantes confirmados que recebiam a *licencia docendi* do mestre. O ano letivo começava em outubro e durava até julho, com duas quinzenas de férias no Natal e na Páscoa, bem como um repouso semanal às quintas-feiras. Os cursos ordinários eram dados pela manhã e tratavam do *Digesturn vetus* (os 24 primeiros livros), do Código, do Decreto e das decretais de Gregório IX. Os curso extraordinários tratavam da sequência do Digesto (*Infortiat, Digestum novum*...), das Autênticas, dos *Libri feudorum*, do Sexto e das Clementinas. A duração dos estudos variava conforme as Universidades e os graus: dois a quatro anos para ser bacharel; cinco a oito anos para a licenciatura; seis a dez anos para o doutorado. Um exame, frequentemente público, sancionava esses níveis de estudo. O papado às vezes outorgava aos maiores centros o estatuto de *studium generale*, e seus graus eram válidos não só localmente, mas em toda a cristandade. Isso facilitava a mobilidade universitária. Os estudantes muito ligados a um mestre não hesitavam em segui-lo caso este mudasse de Universidade, para grande prejuízo das autoridades universitárias ou municipais.

O método de ensino evoluirá; tem-se o costume de opor dois períodos: o dos glosadores (séculos XII-XIII) e o dos comentadores (fim do século XIII-XV), e a forma de ensino determinou o nome das primeiras manifestações da doutrina jurídica ocidental. Os primeiros juristas da escola bolonhesa, Irnério, os quatro doutores e seus múltiplos discípulos faziam a exegese dos textos que aprendiam a dominar, donde sua preocupação com a interpretação literal. Eram leitores que começavam por ler um fragmento, explicavam seu vocabulário, palavra por palavra, e continuavam com um pequeno resumo do sentido do trecho (sumário) quando o autor pode emitir uma opinião. Essas glosas serão retomadas de um autor a outro e acabarão por acumular-se. Os glosadores do século XIII farão sua síntese, o que se encontra em Azo e sobretudo Accursio, que publica a "Grande Glosa". Eram também questionadores. Faziam indagações ao texto, depreendiam um caso (*questio, casus*), quer porque dois fragmentos tivessem sentidos contraditórios e fosse preciso tentar conciliá-los, quer porque fosse necessário adaptar aquele direito romano arcaico às situações dos séculos XI-XIII. Inventava-se então um caso prático, e o texto romano devia possibilitar-lhe uma solução. O caso suscitava a disputa. O mestre lançava mão da dialética, alinhava os argumentos *pro* e *contra* antes de propor sua *solutio*, seu *dictum* (M. Boulet-Sautel, "Equidade, justiça e direito...", *SHDE*, II, 1951, pp. 3-11).

Esses raciocínios ignoravam o tempo, a cronologia e o método histórico. Assim, os textos podiam ser contraditórios porque de épocas diferentes, e os últimos revogavam os primeiros. Isso era ignorado pelos glosadores, que conheciam muito mal a história romana. Para eles, qualquer texto continha sua parcela de verdade, de justiça, que era dever do jurista acolher. Portanto, eles enfatizavam as definições, as distinções, as analogias. Seu método apoiava-se na cultura aprendida no *trivium*. Continuavam a utilizar esses instrumentos de trabalho e os autores assim descobertos. Os tratados de Boécio (século V), cujo conteúdo foi qualificado de "teologia geométrica", ensinavam-lhe o necessário rigor das definições. As *Etimologias* de Isidoro, bispo de Sevilha, no século VI, constituíam uma coletânea de termos bem cômodos para os exegetas. Outras obras de autores menos conhecidos, mas praticados nas escolas da época, também eram utilizadas, como o *Elementarium de Papias*, gramático lombardo do século XI. Ele prestava mais ou menos os mesmos serviços de nossos dicionários contemporâneos. Assim armados, nossos autores iam tentar precisar as primeiras noções que definiam seu papel, o campo do direito, os fundamentos do sistema: as noções de *aequitas*, *iusticia* e *ius*. Encontravam as grandes definições de Ulpiano ou as influências aristotélicas veiculadas por Cícero. O direito deriva da justiça, tal como "um rio deriva de sua fonte", segundo uma imagem de Boécio, constantemente repetida. Ele é a manifestação exterior da vontade de equidade que é a justiça. O direito é compreendido como uma parte da equidade. Os autores distinguiam assim a *aequitas rudis*, a equidade que o intérprete pode imaginar, e a *aequitas constituta*, ou seja, o direito, as normas equitativas consagradas pela lei, no sentido mais amplo da palavra, reconhecidas por aquele que representava um poder na sociedade considerada. Ressaltavam aquilo que era a natureza profunda do direito: a autoridade atribuída a um preceito condizente com a equidade. Por fim, segundo os hábitos da pedagogia da época, esse tipo de explicação acabava com uma imagem, uma alegoria suntuosa, e o professor levava seus alunos para um templo de prata em cujo centro reinava a justiça, cercada de suas seis filhas, carregando a equidade nos braços, enquanto a Razão dominava toda a cena! Essa imagem não era inventada pelo jurista. Era uma adaptação, compreensível para os estudantes da época, da alegoria da Sabedoria tomada à Bíblia (Provérbios 9, 1: a Sabedoria construiu uma casa de sete colunas). Os autores carolíngios – Alcuíno – retomaram essa imagem para representar a Sabedoria no sentido do conhecimento, e as colunas figuravam as sete artes liberais. Os juristas conferem-lhe nova feição.

No entanto, embora esses autores mostrassem, em geral, uma cultura feita de saber antigo e bíblico, é possível ressaltar uma oposição importante entre Bolonha e os outros lugares de ensino do direito. Bolonha era única, por sua precocidade nos estudos, pela origem dos mestres, dos leigos e pela independência destes em relação a qualquer autoridade. O número de docentes (até 12 canonistas e 16 legistas, ao passo que Orléans, no período do esplendor, contava cinco de cada) e o de seus estudantes não tem equivalentes. Além do mais, os manuscritos que davam acesso às fontes textuais eram lá abundantes, ao passo que em outros lugares eram raros ou de segunda mão. Assim, Bolonha era para o resto da Europa uma espécie de modelo impossível (A. Gouron, "Bolonha…", in *Droit romain,* jus civile *et droit français*, org. de J. Krynen, Toulouse, 3/1999, p. 189). Era somente lá que se podiam cruzar opiniões e onde podia haver realmente disputas e tendências (o tradicionalismo exegético de Bulgarus, a inventividade de Martin Gosia…). Acima de tudo, o domínio das fontes justinianas era suficiente para que os romanistas se especializassem muito depressa e chegassem, antes mesmo da formação do direito canônico, a um grau de tecnicidade que lhes dava um bom avanço nas soluções propostas. O método estava formado, e eles não precisavam depois recorrer a Graciano ou às decretais nem às fontes extrajurídicas da Antiguidade. Quando houve influência entre os dois direitos, o *utrumque jus*, foram os canonistas que se inspiraram nos romanistas, e não o inverso.

A situação era diferente na França, na Inglaterra e na Renânia. Em Paris, por exemplo, os mestres eram clérigos próximos ao bispo. Tinham a preocupação principal de comentar o Decreto. O direito romano entrava apenas complementarmente, fornecendo sobretudo regras processuais. A forte presença de estudantes de artes os imerge num universo de referências retóricas que interferem em suas explicações e misturam as especialidades. As soluções propostas baseiam-se muitas vezes em explicações de tipo moral ou teológico. Enfim, o modelo bolonhês é copiado com dificuldade. Pode-se mesmo situar nesse contexto a proibição do ensino do direito romano pela famosa bula *Super specula* (1219). Deu-se razão a uma explicação política de Filipe Augusto, temendo-se por seu poder. As motivações são intelectuais e mostram o papado pouco preocupado em ver Paris concorrer com Bolonha exatamente no momento em que alguns romanistas pareciam restabelecer os estudos civilistas. Seja como for, a sorte estava lançada, e podemos dizer, para simplificar, que duas tradições nascerão dessa diferença: a dos estudos jurídicos vindos de Bolonha e a das ciências sociais provenientes de Paris.

Quanto à Inglaterra, escolhe seu próprio caminho em função da autoridade régia baseada na conquista, podendo assim impor-se aos senhores, desde o apego às tradições locais até o medo da atração continental. Pouco adiantou Vacarius ter organizado cedo (1140) o ensino do direito romano, pois as oposições serão mais fortes. É proibido por Estevão I (1151), pouco preocupado com a ambiguidade com a autoridade imperial. Henrique III retoma a medida para Londres em 1234. Embora o ensino se mantenha em Oxford e Cambridge, ensejando a redação de algumas obras (de Glanvill ou Bracton), os práticos se formarão sobretudo em contato com a prática. Conferem ao procedimento esse papel característico na formação do *Common Law.* Já em meados do século XIII, os práticos da Corte Régia se organizam e se iniciam em direito nos *Inns of Courts*, onde o ensino do direito romano é excluído.

No continente, a influência bolonhesa não deve ser subestimada, mesmo quando sua predominância diminui. Na segunda metade do século XIII, os romanistas que ensinam em Orléans aproveitam a proibição parisiense e ganham notoriedade (Guido de Cuneis, Jacques de Revigny, Pierre de Belleperche), mas os doutores italianos, qualquer que fosse sua universidade, continuavam a ditar os exemplos. Foi o tempo dos comentadores, ou bartolistas, do nome do mais famoso deles, Bartolo, professor em Pisa e Perugia. Sua reputação será diminuída, em razão da crítica que lhes será feita por seus sucessores, no século XVI. No entanto, hoje em dia tende-se a reabilitá-los, pela consciência que se tem da contribuição prática que deram. Não devem ser estritamente opostos aos glosadores, pois frequentemente são seus continuadores. Tiram proveito das conquistas anteriores: começam suas lições com a *declaratio legis.* O autor procura o espírito da lei, a *mens legis.* Para encontrá-la, a expressão literal não é ignorada, mas também se pode admitir que as palavras são um veículo imperfeito para a expressão da intenção verdadeira do autor. Cabe ao comentador libertá-la! Fazem-no com mais facilidade porque se beneficiam dos progressos da filosofia do século XIII, da aceitação de Aristóteles. Assim se difunde a ideia de um direito natural. Esse direito vem menos das regras. Deve ser procurado na solução justa para os caso do contencioso. As regras não passam de auxiliares para ajudar a chegar a uma solução justa. Isso os leva a aceitar a grande ampliação das soluções previstas nos textos para casos análogos, por motivo de necessidade da *utilitas publica.* As questões se multiplicam, criando uma casuística, suscitando um debate que lembra o debate judiciário bem conhecido por aqueles autores, sendo muitas vezes conselhos das partes em litígio. Aos argumentos textuais somam-se assim cada vez mais as opiniões de outros doutores, citados para se ressaltar sua autoridade. A reflexão se concentra nos comentários dos doutores, sobretudo dos mais célebres: Bartolo e Balde em especial. Assim se chega à ideia de uma opinião comum sobre esta ou aquela questão, a *communis opinio doctorum*, ou seja, a opinião dos autores mais autorizados.

Essa afirmação da doutrina possibilitará adaptação dos textos do direito romano, realmente arcaicos, às situações do fim da Idade Média, deixando não poucos vestígios no direito ulterior. Esses autores concluem a elaboração de noções como de pessoa jurídica ou de fundação. A partir de um fragmento do Código que menciona as doações feitas a um liberto, admitem, por analogia bastante livre, a revogação de doação por superveniência de herdeiro… Assim se formou um direito erudito, com seus dois ramos – direito romano, direito canônico –, cada um dos quais deu origem a um tipo de ensino. Os mestres, aliás, podem confrontá-los e dar mostras de competência *in utroque jure*, o que facilitará as influências. Numa época em que a autoridade política ainda não se constituiu bem, instaura-se um direito de juristas, de professores, um *Lehrenrecht.*

Modernidade

Essa primazia dos doutores seria questionada, especialmente na França, em vista de duas influências: cultural e política. No século XVI, a Universidade passou pela crítica humanista. Todos conhecem o escarnecimento de Rabelais contra os comentários de Accursio, que sujam a bela toga de ouro dos Pandectas (*Pantagruel*, L II, cap. 10). O gigante, em seu vasto périplo universitário, só aprenderá nas universidades que estiverem abertas às novas ideias. Aqueles centros são muitas vezes criações recentes, provenientes de iniciativas municipais. As cidades firmam contratos (*conduites*) com professores considerados capazes de atrair um público ávido de modernidade. Foi o que ocorreu com Valence e Bourges, sobretudo, que conhecerá então seu momento de glória universitária. Desses novos mestres sobressai o nome de Jacques Cujas (1522-90). Saído da Universidade de Toulouse, que não soube retê-lo, preferindo o tradicionalista Forcatel, ele peregrinou entre Cahors, Valence, Turim e Paris, onde o Parlamento suspendeu temporariamente, para ele, a proibição de se ensinar direito romano; mas ensina principalmente em Bourges, onde constrói boa parte de sua reputação. O novo método é desenvolvido especialmente na França. Por esse motivo, em oposição à tradição italiana, receberá o nome de *mos gallicus*. Baseava-se no uso de uma língua latina mais rebuscada e adequada à ideia que se passará a ter do latim clássico, na busca de textos antigos e na sua interpretação em conformidade com a cronologia da história. Cujas se preocupa tanto em editar textos (*Sententiae Pauli*...) quanto em comentá-los (Paratitlos sobre o Digesto ou o Código). Jacques Godefroy, em Genebra, faz uma famosa edição do Código Teodosiano.

Esses juristas, frequentemente conquistados pelas novas ideias em questões religiosas e outras, serão levados a fugir das perseguições francesas e encontrar refúgio nas Províncias Unidas, em Genebra ou nos Estados protestantes da Alemanha, ampliando assim a influência da renovação. Foi o que ocorreu com Hugues Doneau (1527-91), aluno de François Le Duaren em Bourges, antes de ensinar ao lado de Cujas. Ele entra em confronto com este último por expressar a renovação de outra maneira, de modo mais sistemático. A Noite de São Bartolomeu obriga-o a fugir e, assim, passa a lecionar em Heidelberg, Leiden e Altdorf. (J.-L. Thireau,"Hugues Doneau...", *Droits*, 1997, p. 82). Sua obra traduz uma aspiração a mais ordem e método. Denunciando a confusão do direito romano, resgata a definição de justiça de Ulpiano, mas a interpreta de modo diferente. A fonte do sistema é viver honestamente, não prejudicar ninguém, atribuir a cada um seu direito. Esses mandamentos, mais morais que jurídicos, traduzem-se numa série de deveres que serão concebidos inversamente como direitos. Assim, o direito se torna um conjunto de prescrições que precedem a justiça, à qual só cabe aplicá-los. O positivismo encontra fundamento. É também uma maneira de reconhecer prerrogativas da pessoa, do sujeito de direito. Tudo se insere no velho quadro das Institutas que enumeram pessoas, coisas e ações, sujeitos de direito, bens ou objetos de direito e meios de adquiri-los (obrigações e sucessões). Está anunciado o espírito da corrente subjetivista jusnaturalista.

Nem todos os juristas se deixaram empolgar por essa renovação, e alguns dos mais fecundos, como Charles Du Moulin, são considerados bartolistas. Esse advogado, grande comentador de costumagens, é também um excelente conhecedor do direito romano. Embora só lecionasse esporadicamente, suas observações e intuições enriqueceram muito a doutrina moderna. Essa renovação intelectual será, afinal, mal canalizada pelas Universidades francesas. Sabemos que as oposições religiosas dividiram e dispersaram mestres e estudantes. A instituição envereda por um lento declínio. Henrique IV e, depois, Luís XIV, esforçaram-se por reformá-la. Mas a Universidade não será porta-voz do movimento intelectual dos séculos XVII e XVIII, que saberão inventar outras formas de difusão do pensamento e da cultura. No que se refere ao ensino do direito, a razão profunda parece, porém, ter sido política. Paralelamente ao desenvolvimento do Estado e da autoridade de seu príncipe, afirma-se a vontade de consolidar um direito nacional que proceda de sua soberania. Assim, a Europa continental se fragmenta progressivamente em certo número de grandes conjuntos jurídicos. Essa tendência é especialmente perceptível na França. A partir do século XVI, ela se manifesta primeiramente pela obrigação de utilizar a língua francesa na vida judiciária e na prática notarial (Ordenança de Villers-Cotterêts, 1539). A redação das costumagens possibilita a promoção de um direito nacional. O ensino tenta seguir o movimento e, a partir do fim do século, François de Nesmond dá um curso em francês em Poitiers, abordando as Institutas (T. Peach, "O direito romano...", *NRHD*, 1982, p. 8.). Essa iniciativa é isolada, mas a renovação do direito será mais expressa pelos escritos dos magistrados e dos advogados do que dos doutores regentes. Jean Domat, por exemplo, magistrado de Auvergne, encontra apoio junto a Luís XIV para pôr as leis civis em ordem natural, mas seus ensinamentos só se darão por meio de seus escritos.

Essa tendência confere sentido à reforma de 1679. O edito de Saint-Germain pretende reformar os estudos tradicionais e introduzir o ensino do direito francês. Os estudos de direito romano e canônico são reorganizados em três anos, e os programas são definidos. Os doutores agregados são investidos para substituir os doutores regentes impedidos e diminuir, assim, o inconveniente das ausências. Acima de tudo, é revogada a antiga proibição, e o ensino do direito romano é restabelecido na Faculdade de Direito de Paris. Os resultados serão modestos. Haverá algumas tentativas de renovação, sobretudo por meio de um ensino do direito romano reanimado pelo método histórico. Isso foi tentado por Claude Joseph de Ferrières (1666--1747), doutor regente parisiense que não só escreveu o *Dicionário de direito e de prática*, mas também, em 1719, uma edição anotada das *Institutas*, obra fundamental do ensino de primeiro ano. Deu o tom de seu trabalho ao lembrar, dentro do espírito do *mos gallicus*, que "o entendimento das leis romanas depende muito do conhecimento do governo sob o qual estava o povo romano no momento em que elas foram feitas". Assim "nada pode contribuir mais para facilitar o estudo do direito do que aprender sua origem e seu progresso". No ano anterior (1718), ele publicara uma *História do direito romano.* Mas essa iniciativa não teve quase futuro (G. Antonetti, "Tradicionalistas e inovadores...", *Ann. Fac. Dr.*, 1985/2, p. 37). Em outros lugares, como em Dijon (apesar de sua Universidade ter sido recentemente criada), o curso se torna um sólido exercício de memória. Convinha "aprender Delusseux de cor" (pequeno tratado do professor) (A.-J. Arnaud, *Les Origines doctrinales du Code civil*, 1969, p. 309).

O artigo 14 do edito introduzia um novo ensino, o do direito francês. Respondia assim à evolução da doutrina jurídica e às exigências práticas. A iniciativa era reveladora do peso das tradições. Era previsto o recrutamento, para esse ensino, de magistrados ou advogados que tivessem pelo menos dez anos de experiência. É o representante do ministério público no Parlamento que propunha três nomes ao Chanceler da França, e este indicava um para a nominação pelo rei. Desse modo, não pertenciam ao corpo da Faculdade. Serão numerosas as rivalidades e humilhações daqueles recém-chegados que nem sempre eram doutores. Por isso, eles ficarão um pouco à parte. Seu trabalho, contudo, é comprovado pelas numerosas obras que escreveram, muitas vezes publicação de suas aulas. Embora alguns se limitassem a comentar as costumagens ou as ordenanças recentes, com notas nascidas de sua experiência prática e de seu conhecimento da "jurisprudência, outros se esforçavam por sintetizar a nova matéria, aproveitando as lições romanas e as de seus precursores Coquille, Loisel e Argou, publicando Instituições do direito francês (de Launay, Boutaric, Serres etc.). A importância dessas lições é comprovada especialmente pela influência do mais célebre deles, Robert-Joseph Pothier (1699-1772). Esse magistrado do *Présidial d'Orléans* é nomeado para a cátedra de direito francês pelo Chanceler d'Aguesseau. Apaixonado pelo seu trabalho, às vezes misturava as funções e não hesitava em corrigir um advogado, repreendendo-o por não observar aquilo que ele havia ensinado! É verdade que não poupava esforços e organizava aulas particulares para completar o curso, prática que às vezes se encontra em outros lugares, como Angers na mesma época. A qualidade de seus textos, em especial do tratado das obrigações, valeu-lhe o cognome de pai do Código Civil. Assim se fez justiça a um esforço de toda uma série de professores que prepararam a síntese que seria realizada por seus alunos.

Mas, embora a competência dos mestres não estivesse realmente em questão, isso não bastou para reanimar duradouramente a instituição universitária. É de convir que o sistema de remuneração dos docentes, baseado em salários módicos e esporádicos, pouco incentivava ao zelo. Recebiam um complemento irregular pelo pagamento de direitos por parte dos estudantes. O total era frequentemente muito modesto e impelia os melhores professores a preferir cuidar de seus bens pessoais ou a vender alhures o seu saber. O resultado foi uma escolaridade deficiente, exames fáceis demais e às vezes até escandalosos. Molière não devia sua incontestável cultura jurídica aos rapidíssimos estudos feitos em Orléans (M. Boulet-Sautel, "Molière...", *Bull. Soc. arch. Orléanais*, 1963, p. 61). Em Paris, em meados do século XIII, os estudantes se preocupavam principalmente em comprar cópias ruins de aulas e em memorizá-las de qualquer jeito. Em Reims e principalmente nas portas do reino (Avignon, Orange), o comércio era franco. Por isso, não se deve subestimar o trabalho pessoal e a aprendizagem que completavam os estudos de direito e davam aos práticos os meios de exercer seu ofício. As funções jurídicas mais modestas, aliás, não supõem diploma. Notários, procuradores, os solicitadores de outrora e vários outros profissionais eram autodidatas. Todos conhecem os sofrimentos do jovem François-Marie Arouet (Voltaire) que, como muitos outros, copiava incansavelmente autos de processos. Os jovens advogados, depois de diplomados, passavam vários anos como advogado ouvinte, tomando notas durante as audiências para depois tirarem proveitos delas.

Portanto, muitas vezes se julgaram de maneira muito severa aquelas Universidades do Antigo Regime, enfatizando alguns abusos gritantes. Apesar disso, elas tiveram a delicada tarefa de passar de um tempo no qual suas opiniões constituíam o direito a outro tempo no qual só lhes pediam que comentassem a prática, à espera da exegese de um código. Era grande o contraste com as Universidades da Europa Central, portadoras de alta cultura, como demonstra o jovem Goethe ao fazer seus estudos jurídicos em Estrasburgo. Durante um jantar, conheceu certo doutor Salzmann e conta: "Falei-lhe de minha intenção de estudar ciência do direito em Estrasburgo, a fim de me diplomar o mais cedo possível. Como estava bem informado, perguntei-lhe que cursos deveria fazer e o que ele pensava de meus estudos. Respondeu-me que em Estrasburgo as coisas não eram como nas universidades alemãs, onde havia o esforço de formar jurisconsultos eruditos. Como lugar ligado à França, tudo lá tinha um objetivo prático, tudo era feito segundo o gosto dos franceses, que preferiam restringir-se ao fato existente. Eram ensinados alguns princípios gerais, algumas noções preliminares, porém do modo mais condensado possível, limitando-se ao estritamente necessário" (Goethe, *Ses Mémoires et sa vie*, 1979, pp. 141-2).

Da Revolução à atualidade

Os últimos professores de direito francês mal tiveram tempo de ensinar os princípios da Declaração dos Direitos do Homem e do Cidadão, pois os estudantes abandonaram o curso. A abolição oficial ocorrerá finalmente em 15 de setembro de 1793. Sabe-se que toda a organização jurídica e judiciária foi então questionada. As Assembleias revolucionárias, embora amplamente compostas por juristas, desenvolveram uma ideologia preocupada em favorecer conciliação, arbitragem e compromisso. O direito é visto como fonte de chicanas, e o legislador, estabelecendo leis claras, deve limitar o papel do magistrado à simples aplicação dos textos que cada um tem condições de fiscalizar por meio do uso de sua própria razão. Ensinar direito ainda é útil?

De fato, durante dez anos isso não será feito. Quando forem instituídas escolas centrais, seus programas inaugurarão os cursos de instrução cívica. Proudhon, em Besançon, aproveitou para apresentar um ensino jurídico. É advertido. Essa situação acabou por fazer sentir seus inconvenientes. Com o tempo e com as múltiplas solicitações, especialmente políticas, os juristas formados durante o Antigo Regime se tornaram raros. Quando alguém procurava orientação, só encontrava – segundo o testemunho de um contemporâneo – "miseráveis práticos sem teoria, qualificados indistintamente de homens de leis [...] sem mais instrução do que uma rotina obscura e quase sempre incorreta" (H. Hayem, "O renascimento dos estudos segundo o Consulado", *NRHD*, 1905, p. 115). Organizam-se cursos particulares em Paris e Estrasburgo, principalmente. Depois ganham corpo duas iniciativas mais ambiciosas: a Universidade de Jurisprudência e a Academia de Legislação, que reuniam as melhores inteligências do momento. Ofereciam um ensino que associava às preocupações jurídicas uma dimensão filosófica e comparatista. Assim, encontravam-se cursos de direito romano e de direito francês, de direito processual prático e de direito comercial, de direito criminal e de medicina legal. Ensinava-se também a história constitucional e civil de cada povo, desdobrada em dois cursos: direito público positivo francês e história da Antiguidade. Esses cursos magistrais eram completados por conferências livres nas quais os alunos faziam perguntas ao professor. Segundo consta, eram "muito mais úteis à juventude do que exercícios nos quais tudo fosse arte e estudos e, com boa memória, se pudesse facilmente parecer erudito". Por fim, a prática dos "defensores domésticos" e das consultas gratuitas iniciava na prática da profissão. O programa talvez fosse mais ambicioso que as realizações, mas sua memória persistirá bem depois que Napoleão escolheu outro caminho.

O ensino do direito no século XIX foi de início marcado pela camisa de força napoleônica que só lentamente evoluirá para a Universidade republicana. Foram instituídas nove escolas de direito pela Lei de 22 de ventoso do ano XII, oito dias antes da promulgação do Código Civil, em 30 de ventoso. Situavam-se em Paris, Dijon, Grenoble, Aix, Toulouse, Poitiers, Rennes, Caen e Estrasburgo; a essas se somaram, no período do Império, Turim, Bruxelas e Coblença. Começaram a funcionar a partir de 1806 e transformaram-se em faculdades com a reforma universitária de 1808. Até o fim do Segundo Império, as coisas mudaram pouco, apesar de algumas veleidades de reforma. O efetivo inicialmente é estável, entre três mil e cinco mil estudantes anuais em média, dos quais três mil em Paris, o que dava apenas duzentas ou trezentas pessoas para cada uma das outras. O programa foi fixado pela Lei de ventoso e definido com mais precisão pelo Decreto do 4º complementar do ano XII: "Um professor ensinará todos os anos as Institutas de Justiniano e o direito romano. Três professores darão, cada um em três anos, um curso completo sobre o direito civil francês. No segundo e no terceiro ano, além da sequência do Código dos Franceses, serão ensinados o direito público francês e o direito civil em suas relações com a administração pública; um professor dará um curso anual de legislação criminal e de processo criminal e civil" (citado por Ph. Rémy, "O papel da exegese...", *Ann. Fac. Dr.*, 1985/2, p. 94). Esse programa mínimo estava lá para suprir o mais urgente e formar sem mais ambições os magistrados e advogados de que o Império precisava. Sua evolução foi muito lenta, com modesta diversificação das disciplinas. Paris deu o exemplo com o ensino do Código de Comércio, inaugurado por Pardessus. Ortolan completou o ensino do direito penal e do direito processual inaugurando um curso de legislação criminal comparada em 1837. Gérando dá início ao ensino do direito administrativo de 1819 a 1822 e depois, após 1828. Guizot induz Rossi a criar um curso de direito constitucional em 1834, que durará até 1845. Às lições sobre os Pandectas se somam lições sobre as Institutas em 1822. Será preciso esperar 1859 para que o direito francês seja "estudado em suas origens feudais e consuetudinárias". A economia política foi introduzida por iniciativa de Victor Duruy em 1864. As faculdades da província seguiam de longe. O direito comercial começou a ser ensinado durante a Monarquia de Julho. Em 1832, Foccart orgulhou Poitiers quando deu o primeiro curso de direito administrativo na província e publicou seu curso a partir de 1837. Toulouse seguiu Paris em seus interesses históricos. Mas foi só no fim do século que esses movimentos se generalizaram.

De fato, imaginaram-se projetos de reformas mais globais. Em 1819, teve-se uma primeira tentativa de Royer-Collard, que presidia a Comissão de Instrução Pública, mas Villèle e amigos apagarão qualquer vestígio de reforma a partir de 1822. Em seguida, durante a Monarquia de Julho, em 1838, o ministro da Instrução Pública, Salvandy, constatou queixas do enfraquecimento do estudo de direito na França, provavelmente decorrente do "domínio de códigos uniformes que contribuíram para deter o progresso da ciência no estudo da lei escrita e da jurisprudência que fixou a interpretação dos textos". Portanto, ele desejava conferir dimensão científica aos estudos de direito. Mas essa tentativa não despertou realmente o entusiasmo das faculdades e malogrou antes mesmo da revolução de 1848.

Esse ensino foi criticado por ter esquecido os debates de seu tempo. Recentemente se justificou essa visão excessivamente restritiva, muitas vezes baseada apenas em prefácios e declarações de intenções dos autores da escola da exegese. Uma análise mais atenta das obras mostra que o mérito daqueles autores foi saber aclimatar o código, servindo assim a causa dos direitos civis e das liberdades essenciais. Eles perpetuaram uma cultura jurídica menos diferente do Antigo Regime do que parece – Pothier ainda é editado no século XIX –, e aderiram a uma filosofia, um racionalismo tranquilo (Ph. Rémy) que evitou os manifestos espetaculares mas se manteve, apesar das múltiplas variações políticas do período. Não ignoravam a escola histórica alemã, mas resistiam à sua influência e a seus defensores franceses, que animavam revistas efêmeras e fervilhantes de ideias, como *La Thémis* ou as revistas *Foelix* e *Wolowski*, onde se encontravam os nomes de vários professores. Também se viam diante da solicitação dos economistas liberais que queriam acompanhar a evolução da riqueza com uma legislação nova. Só serão entendidos em meados do século XIX, mas, antes disso, os exegetas conseguiram flexibilizar espantosamente os textos.

Essas promessas ou ambições só se concretizarão com a III República, especialmente nos anos 1889-1896. O número de faculdades passou para 14 no fim do século. O recrutamento dos professores, feito por um concurso de agregação nacional a partir de 1855, passou a distinguir quatro especialidades (privado, público, história do direito e economia política). É a consagração da diversificação dos programas, que podia generalizar-se. É verdade que as faculdades tinham, a partir de 1871, um concorrente na Escola Livre de Ciências Políticas. Esmein constata em 1896: "As Faculdades de direito entraram então em plena corrente científica; contribuem para a alta cultura com alguns de seus elementos mais precisos e fecundos." O ensino do direito era, de fato, marcado pela escola científica, que denunciava a estreiteza divisão de seus predecessores e proclamava ir, pelo Código Civil, além do Código Civil, segundo palavras de Saleilles. Assim, Gény e Planiol, no que se refere aos civilistas, e Duguit e Hauriou, em direito público, fundam os elementos da doutrina do século XX. Metodologicamente, grande número de professores, atentos ao exemplo prussiano desde a derrota, imaginou conferir às suas aulas a forma que no início dos anos 1920 será chamada de "aula magistral". Paralelamente, sente-se necessidade de bibliotecas e de salas de trabalho, "clínicas jurídicas" que, com a análise das coletâneas de jurisprudência, permitissem a iniciação na vida do direito. Seguiram-se sessões de trabalhos práticos, que se tornaram obrigatórias com a Lei de 30 de outubro de 1940.

No entanto, já em 1904, a comemoração do centenário do Código Civil francês ressaltou o sentimento de crise do direito, que se expressou por sua fragmentação e atomização. Era a afirmação do direito comercial e do direito do trabalho. As necessidades sociais, exacerbadas pela Grande Guerra, aumentaram muito suas dimensões. O desenvolvimento do direito parecia reduzir-se à multiplicação de textos, cada vez mais aproximativos em termos de redação e menos preocupados com o respeito aos princípios do que com a proposta de medidas cabíveis às circunstâncias. O ensino ia mal, apesar de uma reforma ocorrida em 1922. Os três anos de estudos logo pareceram insuficientes. Na época da Libertação, Michel Debré, preparando a criação da Escola Nacional de Administração, denunciava a estreiteza dos programas das faculdades de direito.

No entanto, foi preciso esperar 1954 para que ocorresse uma reforma que aumentou a duração do curso de licenciatura para quatro anos. Ela foi preparada a partir de 1950 por uma comissão de professores e de representantes da administração. O prof. Trotabas a justifica com a renovação do recrutamento social dos estudos de direito. Eles já não formam apenas os filhos das famílias do mundo judiciário. Era também resultado do papel desempenhado pelos problemas econômicos e sociais e pelo desenvolvimento do setor público desde a Libertação. Havia também o peso da comparação internacional. Os estudos, portanto, serão prolongados e organizados em dois ciclos, um tronco comum e uma especialização. Foram previstos: o direito privado, que também compreendia o estudo do direito romano e do antigo direito francês; o direito público, que associava as ciências políticas e a economia política. O método pretendia justapor ao ensino teórico um ensino prático conferido pelos trabalhos dirigidos, que não deviam ficar à margem do ensino doutrinário, mas ser um elemento integrante da formação. Seus resultados serão levados em conta pelas bancas examinadoras. Houve mais adaptações. Em 1959, a licenciatura em ciências econômicas substitui a seção econômica. Os programas jurídicos são mais especificados em 1962, com a substituição do bacharelado em direito por um diploma de estudos jurídicos gerais que pretende ressaltar seu caráter de conclusão para aqueles que desejam fazer um curso curto. Os acontecimentos de maio de 68 provocam a reforma de todo o sistema universitário (Lei de Diretrizes Universitárias de 12 nov. 1968). Tanto em direito quanto em outras disciplinas, há uma tendência à multidisciplinaridade dos estudos, sem atribuição de uma dimensão prática na formação dos juristas. O número de estudantes parece obstar qualquer iniciativa nesse sentido, tal como a criação de estágios. Foi lentamente, na década de 1980, mais pela prática do que pela nova reforma de 1984, que o sucesso de formações como os diplomas de estudos superiores especializados inverteu essa tendência.

Mas, seja qual for a época, pela diversidade intelectual ou pela confrontação com a prática, o estudante de direito sempre será convidado a cultivar (como diz Alain) "a dúvida sobre o direito que salva o direito". É a definição da justiça e a finalidade do ensino.

➤ É possível consultar: DUBOUCHET P., *La Pensée juridique avant et après le Code civil*, 1998. – GATTI-MONTAIN J., *Le Système d'enseignement de droit en France*, PUF, 1987. – GAUDEMET J., *Les Naissances de droit*..., Montchrestien, 1997 et la bibliographie. – Col.: Colloque "Les méthodes de l'enseignement du droit du Moyen tige à nos jours", *Annales des Facultés de droit et de la science juridique*, nº 2, 1985.

Christian CHÊNE

→ Canonistas, decretistas, decretalistas; Ciência do direito; Ensino do direito; Escolástica jurídica; Glosa e exegese; Humanista (Jurisprudência); Jurisconsultos romanos; Jurisprudência; Metodologia jurídica; Revolução francesa e direito; Século XX: crise e renovação da cultura jurídica.

EQUIDADE

A equidade sempre embaraçou os juristas em razão da dificuldade que eles tiveram para defini-la de maneira unívoca e situá-la precisamente em relação ao direito. Como mostram as análises semântica e histórica, a equidade, segundo a concepção que se tem, opõe-se à lei ou a prolonga, a melhora e até a corrige. Seja como for, a equidade ocupa um lugar central em grande número de interrogações fundamentais sobre o direito.

Diversidade semântica

Numerosos léxicos apresentam a equidade, num primeiro sentido, como sinônimo de justiça distributiva ou mesmo de lei natural; ela é equiparada à própria justiça. A origem dessa concepção não remonta para além dos autores romanos influenciados pelo estoicismo, como Cícero, quando escreve: "Sem a equidade, o direito não é direito" (*De Officiis*, 2, 12, 42). Ela demonstra sobretudo confusão estoica entre moral e direito (*Jus est ars boni et aequi*). Essa concepção será retomada pelos Enciclopedistas, apreciadores de uma religião puramente moral, nascida do coração do homem. É encontrava como primeiro sentido da palavra *equidade*, nos dicionários clássicos e no *Vocabulário jurídico* da Association Capitant: baseia-se na etimologia *aequitas*, *aequus* (igual), enquanto a noção de equidade, proveniente da filosofia grega, é designada na origem de uma outra maneira (*epikeia*); seja como for, a ideia de igualdade, efetivamente determinante para o sentido mais objetivo da palavra equidade, remete à ideia de justiça comutativa, enquanto a lei natural determina em primeiro lugar a justiça distributiva. De qualquer modo, assim considerada, a equidade já não cabe ao jurista nem mesmo ao filósofo do direito, por falta de sentido específico em relação à justiça superior ou ao direito natural; ela nada tem para lhes dar (camp. A. Sériaux, *Le Droit naturel*). Apesar disso, encontra-se toda uma inspiração próxima numa concepção bastante comum de equidade *com conotação puramente subjetiva*: entende-se então por *equidade* aquilo que o foro íntimo considera, num caso particular, conforme à justiça, sem consideração pelo direito estrito. Esse é o primeiro sentido específico que merece ser arrolado. Muitas vezes se criticou essa concepção de equidade por ser sinônimo de arbitrariedade, pois se deixa por conta do juiz o poder de proferir o direito apenas seguindo sua consciência, sem que o raciocínio permita verificar os fundamentos da solução – nem, *a fortiori*, prevê-la. Os outros sentidos específicos da palavra *equidade* procedem de uma *inspiração objetiva*: a equidade se torna um meio legítimo de completar as regras jurídicas, ou de corrigir a aplicação particular de uma regra. No primeiro caso, ou seja, quando se trata de complementar o sistema em questão, a equidade é capaz de inspirar no intérprete um conjunto de regras novas, o que só é legítimo quando a novidade se conforma ao espírito do sistema – é por isso que, nessa função que não exclui certa amplitude, a equidade deve ser entendida como puramente objetiva. No segundo caso, ou seja, quando se deseja corrigir a aplicação particular de uma regra, a equidade tem uma inspiração mais pessoal, ainda que ela esteja embutida nas regras vigentes, e se permanecer circunscrita pelo legislador: a equidade é então a justiça exercida, não segundo o rigor da lei, mas com uma moderação e um abrandamento racional; o procedimento é legítimo porque se sabe que uma regra positiva, formulada em termos gerais, nem sempre é *justa*.

Histórico

Os pré-socráticos consideravam que a justiça é uma força compreendida no real: a maior ou menor justiça das coisas dependeria do grau de realidade que se encontrasse nelas. Mas logo se vê despontar, já em Homero, um possível distanciamento entre justiça e consciência: a lei e a consciência, em vias de afastamento em relação à ordem das coisas, tornaram-se duas realidades capazes de se opor. A percepção do direito pode então assumir um aspecto psicológico: o *sentimento de justiça*, que corresponde a uma definição clássica de equidade. Foi, porém, com Aristóteles, em sua *Ética nicomaqueia*, que se descobriu um desenvolvimento substancial dedicado à equidade επιεικεια. Aristóteles observa que nos ocorre transferir o termo *equitativo* para as ações outras que não as ações justas, fazendo da equidade algo melhor. O filósofo supera a contradição explicando que "o equitativo, sendo superior a certa justiça, é justo"; a diferença entre ambos é específica. O justo é o gênero; e no interior desse gênero, o equitativo é um corretivo daquilo que é justo segundo a lei. A justiça legal também pertence à justiça, mas a lei é geral, e essa natureza faz "que haja casos específicos para os quais não é possível impor um enunciado geral que se aplique com correção". Isso legitima o recurso à equidade: se ocorrer um caso fora da regra, tem-se o direito de ser intérprete daquilo que o legislador diria se tivesse tratado do caso, isso esclarece a natureza do equitativo: ser "um corretivo da lei, naquilo que a lei deixou de estatuir em virtude de sua generalidade". Portanto, segundo essa concepção, a equidade é um corretivo à justiça legal; porém mais como o inevitável complemento da lei do que em decorrência de dissidência em relação a ela, pois a lei e a equidade abeberam-se na mesma fonte: o justo. Com esse mesmo espírito, Tomás de Aquino (*Suma teológica*, IIa IIae, Q 120, *De epiikeia seu aequitate*) ressaltará o possível distanciamento entre lei e justiça, bem como o papel que incumbe à equidade, de rechaçar a letra da lei caso sua observância vier a ser contrária à justiça; ela permite assim adequar-se àquilo que a justiça e o bem comum exigem. A equidade não se afasta daquilo que é justo em si, mas unicamente daquilo que a lei declara ser justo; ela é "uma espécie de regra superior que dirige os atos humanos na observância da justiça legal" (etimologicamente, a equidade, επιεικεια está *acima da justiça*: επι διχαιον), e não um meio de esquivar-se da lei. A equidade tem o objetivo de regrar e moderar a observância literal da lei. Mas a equidade não é um absoluto e – escreve Tomás de Aquino – "como é uma certa justiça, não poderia ser melhor que a justiça". A equidade, portanto, não poderia ser um pretexto para uma solução qualquer, perversão esta que ela conheceu em diversas épocas. Essas ideias inspirarão a teoria da *aequitas* na Idade Média. O costume, direito popular e primeira das fontes do direito francês, será submetido à eventual correção do poder régio, em caso de *mau costume*: só o costume razoável, *rationi consonans*, merece ser aplicado. Alguns reis, como são Luís, usarão esse poder, mas o exercerão com prudência. A imprudência consistiu em pôr o mesmo poder nas mãos dos juízes. Em 1298 o rei permitiu que o tribunal do Parlamento vetasse, sem necessidade de reportar-se a ele, um costume considerado não razoável; essa permissão acabará por alimentar a pretensão dos juízes a ser também fonte do direito, tal como o rei e o povo. Essa será a origem de abusos sempre denunciados: as cortes soberanas registravam, com modificações de sua iniciativa, ordenanças régias que tinham transformado em lei desejos expressos pelos Estados Gerais, e estes protestavam. Por outro lado, a correção da regra comum pelo juiz em nome da equidade ensejou tantos excessos, que as ordenanças dos últimos séculos a proibiram, sem o menor efeito. A arbitrariedade das cortes era motivo de queixas perpétuas por parte do público, o que, na França, foi traduzido pelo célebre ditado: "Deus nos livre da equidade dos parlamentos!"

Os fundadores do sistema jurídico francês moderno, no tempo da Revolução francesa e do Consulado, não ignoraram nenhum dos dois aspectos comprovados da equidade: justo meio de completar e até de corrigir as regras positivas, ou pretexto para que o juiz, em nome de sua consciência, deixasse instalar-se a arbitrariedade, a discricionariedade e o acaso. Com grande presença durante os trabalhos preparatórios do Código Civil francês, a noção de equidade foi objeto de acalorado debate por ocasião das discussões sobre o artigo 4º. O dever de julgar com ou sem obscuridade da lei levava a temer o retorno da "equidade dos parlamentos". Portalis, em seu *Discurso prelimimar*, lembra de maneira racional que "a equidade é o retorno à lei natural quando há silêncio, oposição ou obscuridade das leis positivas"; além da invocação então convencionada à *lei natural*, deve-se considerar que o apelo à equidade é condicional. A equidade, no novo sistema, nunca será mais que um suplemento à lei positiva para tratar os casos que esta não teria previsto e considerar o detalhe e o caráter variável das ações humanas; o juiz deve então decidir segundo seu talante, mas unicamente da maneira como o próprio legislador teria decidido. A doutrina clássica permanecerá fiel a essa corrente de ideias.

A equidade em direito positivo

A equidade ocupa hoje um lugar incontestável tanto no direito substantivo quanto no adjetivo. Esse lugar pode ser apresentado segundo as distinções semânticas estabelecidas acima. A equidade puramente subjetiva é considerada desfavoravelmente. As tentativas dos juízes de pronunciar-se apenas segundo seu senso de equidade são inúteis: todos se lembram das veementes afirmações da Corte de Cassação francesa no caso *Canal de Craponne*, que em 1876 negou aos juízes de segunda instância a revisão de um contrato cuja economia fora subvertida "por mais equitativa que lhes possa parecer sua decisão" (o que, porém, não impediu de disfarçar, a partir daí, uma revisão por imprevisão, fundada na equidade e com a máscara da interpretação de vontade: Soc., 11 de junho de 1942). A mesma Corte continua sancionando a utilização discricionária da equidade; assim, censurou com base nos artigos 1382 e 1.134 do C. Civ. fr. duas decisões que haviam errado: uma de fixar o montante de um prejuízo em termos de equidade, e outra de transformar o preço contratual num "preço justo" (Civ. 1º e 3 julho de 1996; Com., 18 dez. 1979).

Em contrapartida, a equidade objetiva é amplamente admitida e manifesta-se de diversas maneiras. Um primeiro modo de utilização é puramente objetivo, quando a jurisprudência adota soluções próprias ou descobre princípios gerais do direito fundamentados numa regra de equidade; esta é então afirmada como o fundamento autônomo de uma solução; o exemplo mais notável é, incontestavelmente, a teoria do enriquecimento sem causa – enunciada de maneira abstrata e submetida a critérios de aplicação gerais (Req. 15 de junho de 1892): a Corte visa expressamente à ação *de in rem verso*, "derivada do princípio de equidade que proíbe enriquecer-se em detrimento dos outros". A descoberta da teoria da retenção por benfeitoria é outro exemplo desse poder criador. Essa equidade é objetiva, pois permanece fiel ao espírito do sistema que ela completa. Com uma segunda manifestação, menos puramente objetiva, a equidade vem prolongar o sistema, por avocação expressa ou implícita do legislador. Numa primeira série de exemplos, a referência à equidade é uma diretriz dirigida ao juiz. Ela pode intervir antes da solução, para preparar o seu caráter equitativo: é nesse sentido que se pode entender a referência do artigo 6º CEDH à noção de processo equitativo. Também intervem no momento em que o juiz se pronuncia sobre o mérito: assim, a alusão do artigo 565 do C. Civ. fr. aos "princípios da equidade natural" para medir os efeitos do mecanismo de acesso às coisas mobiliárias, ou ainda a disposição do artigo 1.135 do C. Civ. fr., que permite que o juiz supere o conteúdo de uma convenção para determinar aquilo a que uma parte é obrigada, em consideração aos "desdobramentos que a equidade (dá) à obrigação de acordo com sua natureza". Com fundamento neste último texto, a jurisprudência utilizou menos a equidade como uma adaptação da regra ao caso particular do que para descobrir obrigações implícitas e gerais, tais como as obrigações de informação ou de segurança que faziam falta no sistema jurídico. Numa segunda série de exemplos, a equidade é o meio de adaptar a regra ao caso particular. A avocação frequentemente é direta: o artigo 278 do C. Civ. fr. permite que o juiz recuse a homologação da convenção entre os cônjuges que se divorciam caso ela fixe "de modo não equitativo" seus direitos e obrigações (ver também os arts. 280-1, 815-13, 1579 do C. Civ. fr.). Às vezes, mesmo quando a palavra não aparece, o que se encontra no texto é a ideia de equidade, ilustrando então uma avocação implícita ou indireta. Assim, a equidade fundamenta o poder moderador do juiz em matéria de cláusulas penais (arts. 1152 e 1231) ou de período de carência (arts. 1244-1 ss.), permitindo-lhe levar em consideração a gravidade de uma situação (exemplo art. 240: o excepcional rigor das consequências do divórcio para o cônjuge que não o desejava), ou guiando-o no equilíbrio dos interesses que devem ser levados em conta (arts. 641, § 6º e 645). Em todos esses casos, a equidade se situa no prolongamento da lei e, portanto, não é puramente subjetiva, pois deixa por conta da sabedoria do juiz apenas a adequação da regra ao caso particular. Ocorre também que a equidade seja visada por um texto, não diretamente dirigido ao juiz, mas às partes às quais seja dada a faculdade de conferir ao juiz (art. 12 NCPC) ou ao árbitro (arts. 1474 e 1497 NCPC) a faculdade de pronunciar-se como mediador. A mediação arbitral é o exemplo mais puro da função corretiva da equidade na aplicação da regra a um caso particular.

Nessas manifestações objetivas, a equidade apresenta-se como um instrumento destinado a dar mais garantias de igualdade, ou, mais exatamente, como a ideia fundamental de equilíbrio; o objetivo é assegurar as chances de cada um no processo, garantir um equilíbrio elementar do contrato (nesse sentido, por exemplo, a Corte de Cassação rechaçou uma cláusula abusiva fora das previsões legais), reequilibrar dois patrimônios pela teoria do enriquecimento sem causa ou pela da retenção por benfeitorias etc. A equidade apresenta-se como um instrumento de justiça comutativa, variedade importante, mas especial, de justiça – o que leva à ideia aristotélica ou tomista segundo a qual a equidade é uma espécie de justiça, mas não pode ser totalmente confundida com a justiça superior.

A posição da equidade no sistema jurídico

Quando concebida como um retorno à lei natural (ver projeto de Código Civil do ano VIII, na França), a equidade se apresenta como algo fora do direito positivo. Mais amplamente, se a equidade for entendida como o sentimento individual de justiça, mostrar-se-á bem exterior ao direito. O risco de arbitrariedade que ela apresenta então foi ilustrado de modo caricatural pela "jurisprudência" *Magnaud*, o "bom presidente" de Château-Thierry que desculpou o roubo cometido por uma mãe para alimentar o filho faminto: por trás dessa arbitrariedade inocente, o que se teme é o abuso de poder dos juízes. De fato, julgar com equidade descartando a lei é pôr-se no lugar dela, dominá-la, portanto erigir-se como fonte do direito, violando assim a separação dos poderes. Bonnecase via na equidade do juiz uma manifestação do romantismo jurídico e judiciário: a equidade "nada mais é que a concepção subjetiva que cada um tem do direito e da justiça [...] ela é total romantismo judiciário, é o *governo dos juízes*". Pode-se, porém, perguntar se não existe uma tendência do direito a absorver a equidade, a fazer dela uma noção jurídica. É o que ocorreu em grande parte no direito inglês com a *Equity*, que hoje é um corpo de regras estruturado, integrado no direito, como a *common law*. Também é o que ocorre quando a jurisprudência revela uma regra por ela enunciada de maneira geral, como a do enriquecimento sem causa, ou, em direito internacional público, quando a Corte Internacional de Justiça declara que "a noção jurídica de equidade é um princípio geral diretamente aplicável na qualidade de direito", antes de especificar, em 1985, que os princípios de equidade devem ser expressos em termos gerais (casos da plataforma continental Líbia/Tunísia, 1982, e Líbia/Malta, 1985). Se um texto incentiva o juiz a levar em conta a equidade, não será em virtude dessa delegação que a equidade é absorvida pelo direito? No entanto, a absorção não é total: a equidade continua em parte exterior ao direito, pois pretende constituir um traço de união entre ele e valores metajurídicos, morais ou superiores, todos referentes à ideia de justiça. A equidade irriga o direito, para que ele tenda mais ao justo. Chegou-se a afirmar que a equidade, ao ser juridicizada, tornou-se outra ordem jurídica (B. Oppetit, *Philosophie du droit*, pp. 121 ss.). A consideração da equidade pelo direito seria uma marca de seu "autoceticismo", uma confissão de que ele nem sempre pode atingir a justiça da maneira mais satisfatória em todas as aplicações particulares da regra (cf. a lei francesa de 3 jan. 1973 que confere ao Mediador da República o direito de intervir sempre que a aplicação de um texto redundar numa iniquidade). Essa é a resposta aos excessos do direito, ao *Summum jus, summa injuria*, ou a *Dura lex sed lex*. Por seu aspecto corretivo, para aquele que a utiliza, a equidade equivale a *avaliar* a solução concreta resultante apenas da aplicação da regra jurídica, para, se for o caso, corrigir esse resultado. A equidade às vezes também tem um efeito perturbador: ela convida o juiz a inverter o silogismo jurídico, mas de maneira frequentemente clandestina, pois ele procura primeiro a solução equitativa para depois elaborar o raciocínio que leva a ela. Uma motivação formal vem depois fundamentar a decisão e restituir-lhe uma ordem silogística. A utilização da equidade afeta a maneira de proferir o direito, diminuindo as formalidades ou as exigências de prova, autorizando uma interpretação mais flexível da regra, fundamentando a descoberta de obrigações implícitas pelo juiz, ou de abrandamentos à regra. Sem dúvida, o lugar que a equidade ocupa dentro de um sistema jurídico funciona como um revelador da concepção do direito sobre a qual ele repousa.

› AGOSTINI E., "L'équité", *D.*, 1978, chron. p. 7. – ALBIGES Ch., *De l'équité en droit privé*, Paris, LGDJ, 2000. – ARISTOTE, *Éthique à Nicomaque*, Paris, Ed. Tricot, 1959. – BELLET P., "Le juge et l'équité", *Mélanges Roduère*, p. 9. – BONNECASE J., *Introduction à l'étude du droit*, Sirey, 1939. – BUYER G., "La notion d'équité et son rôle dans la jurisprudence des Parlements", *Mélanges offerts à J. Marey*, 1960, t. II, p. 257; *La Conscience du juge dans la tradition juridique européenne*, J.-M. Carbasse & L. Depambour-Tarride (org.), Paris, PUF, 1999. – DION S., "Le juge et le désir du juste", *D.*, 1999, chron. p. 195. – JESTAZ Ph., V Équité, *Encycl. Dalloz dr. civ.* – KAYSER P., "L'équité modératrice et créatrice de règles juridiques en droit privé français", *RRJ*, 1999-1, p. 13. – OPPETIT B., *Philosophie du droit*, Paris, Dalloz, 1999. – THOMAS D'AQUIN, *Somme théologique*, t. 9, Paris, Ed. Lachat, 1858. – SÉRIAUX A., *Le Droit naturel*, Paris, PUF, "Que sais-je?", 1993, p. 29. – TRIGEAUD J.-M., "Ontologie de l'équité", *Rev. dr. McGill*, 1989, p. 414. – Col.: Revue *Justices*, numéro spécial, vol. 9, 1998, nº 1.

Charles JARROSSON, François-Xavier TESTU

→ Arbitragem; Casuística; Direito natural; Interpretação.

ESCOLA DO DIREITO NATURAL MODERNO E RACIONALISMO JURÍDICO (XVII-XVIII)

O hábito mental, hoje solidamente enraizado, que opõe os "modernos" aos "antigos", costumeiramente se encontra, mesmo de maneira simplificadora, na conceituação do direito natural: quando, no século XVII, a "modernidade" despertou, a filosofia, negando as raízes cosmoteológicas do direito natural, viu nele, de maneira geral, uma expressão da razão humana. Por isso, aceita-se na maioria das vezes a ideia de que esse gesto intelectual, que marca sem dúvida uma guinada no pensamento ocidental, teria feito uma equação entre a modernidade do direito natural e sua racionalidade. Vê-se, portanto, nessa equação a chave filosófica da corrente que se manifesta naquilo que se costuma chamar "escola do direito natural moderno". As coisas, na verdade, são mais complexas.

Por um lado, mesmo se admitindo que o racionalismo de Grócio e de Descartes abriu caminho para a modernidade, a velha ideia de direito natural não encontrou de imediato seu lugar eminente na razão humana. Várias remanescências, vindas da escolástica tardia, continuaram presentes ao lado das intuições novas do direito natural. O exemplo de Grócio é, nesse aspecto, totalmente significativo: se o grande tratado *De jure belli ac pacis* (1625) marca incontestavelmente um ponto sem retorno na evolução de um mundo jurídico que se apega à teologia e constrói uma arquitetônica nova para sustentar seu edifício, também são características suas tanto o grande número de referências às Escrituras e de reminiscências eclesiásticas quanto os modos de pensamento provenientes dos autores medievais, que afloram durante suas análises. A ambivalência na qual coexistem, às vezes mal, o novo e o velho, nada tem de excepcional: em campos muito diferentes uns dos outros – da arquitetura à literatura ou à filosofia –, as agitações da inovação na maioria das vezes ocorrem sobre fundo de resistências resolvidas a perenizar os hábitos do passado. Não deixa de ser importante ressaltar que o nascimento das concepções do direito natural qualificadas de "modernas" não resultou, na história do pensamento (como já se disse numa visão muito sumária), de uma ruptura intelectual que teria feito "tábua rasa" do passado. No entanto, esse fenômeno tem um caráter tão geral, que não esclarece aquilo que a doutrina jusnaturalista dos dois grandes séculos da modernidade tem de específico.

Por outro lado, é mais original e tem maior alcance filosófico observar que a razão, mesmo encontrando expressão maior e mais gloriosa nesse período da história das ideias, é o fio condutor de tendências doutrinais diversificadas que dificilmente seriam provenientes de uma única e mesma inspiração. O racionalismo jurídico dos séculos XVII e XVIII é tão segmentado que está longe de constituir o corpo dos princípios fundadores de uma "escola" do direito natural moderno (se, por "escola", designarmos uma corrente de pensamento que se desenvolve sob a autoridade de um mestre a partir de alguns preceitos básicos). Sem dúvida, de Grócio a Kant, a ideia de direito natural, que a filosofia já não relaciona com a ordem do mundo ou a vontade divina, é uma expressão da razão no homem. Mas a vaga de fundo racionalista que a partir de então transporta o pensamento do direito natural, embora poderosa, também é diversificada e cerca a noção de direito natural de uma hesitação conceitual tão intensa, que a doutrina, em vez de se caracterizar pela unidade de uma intuição fundamental, se enche de inflexões polêmicas. A controvérsia é então – sinal dos tempos – mais cortês e silenciosa que violenta ou clamorosa. Contudo, ela permeia, onipresente, o racionalismo jurídico dos "grandes séculos" e, apesar de grandes rasgos de luz, envolve o conceito de direito natural em sombras equívocas.

Para respaldar nossa análise, relataremos aqui as três "disputas" do jusnaturalismo que, por bifurcações das postulações filosóficas da teoria jurídica, comprometeram profundamente sua unicidade. De fato, Grócio e Pufendorf, que costumam ser vistos como os pais do jusnaturalismo moderno, são, na realidade, falsos amigos; Hobbes e Espinosa, segundo palavras desde último, conferem ao direito natural estatutos mais discordantes que convergentes; Barbeyrac, ao ressaltar tudo o que opõe Pufendorf a Leibniz, traz à luz a ambiguidade do conceito de direito natural. Para além dos enfrentamentos de escola de um racionalismo dogmático estilhaçado, que os epígonos acentuam ainda mais no âmago da doutrina, Kant abordará o problema do direito natural segundo a visão criticista que lhe é própria. No fim do século XVIII, ele subverterá o estatuto filosófico da ideia de direito natural e, sob o signo de um racionalismo normativo-crítico, proporá uma nova maneira de pensar a juridicidade do direito.

Nas fontes da doutrina, dois falsos amigos: Grócio e Pufendorf

Hugo Grócio (1583-1645) e Samuel Pufendorf (1632-94) são, geralmente, apresentados como os mestres da "escola do direito da natureza e das gentes". Abordando ambos, em seus tratados magistrais – *De jure belli ac pacis* (1625) e *De jure naturae et gentium* (1672) –, o velho problema do direito natural, eles renovam sua compreensão inscrevendo-o no projeto epistemológico de uma "ciência do direito" posta sob o signo da racionalidade. No entanto, conforme entendeu de maneira luminosa Jean Barbeyrac, que já no início do século XVIII traduziu para o francês a obra de ambos, ainda escritas em latim, acompanhando suas traduções com notas substanciais, as teorias deles nada têm de homogêneas. Elas contêm até mesmo as sementes de dois ramos divergentes: o *corpus* jurídico leibnizo-wolffiano, de um lado, e a linhagem que vai de Barbeyrac a Burlamaqui, de outro, são seus desenvolvimentos diferenciados. Os projetos epistemológicos dos dois jurisconsultos têm uma semelhança apenas aparente, e suas axiomáticas jusnaturalistas são reveladoras da bifurcação doutrinária que se opera nos princípios e nos conceitos diretivos da teorização racional do direito natural feita por ambos.

Grócio e Pufendorf têm a grande ambição epistemológica de dar ao universo jurídico forma racional e sistemática. As regras metodológicas sobre as quais eles constroem seus tratados são eloquentes nesse sentido. Grócio sempre admirou o rigor demonstrativo e sintético dos matemáticos. Já em 1605, em *De jure praedae*, e vinte anos mais tarde nos Prolegômenos de *De jure belli ac pacis*, ele explica que seu projeto de elaborar uma "ciência do direito" repousa no poder da racionalidade dedutiva e construtiva de que o homem tem o privilégio. Ao dizer isso, antecipa a concepção da razão que logo Descartes, Hobbes e Espinosa desenvolverão, e enuncia as "regras" que seu trabalho deve pôr em prática. A partir de alguns princípios – "ideias tão certas, que ninguém poderia negá-las sem fazer violência a si mesmo" –, a máxima do *certus ordo* implica o rigor lógico da demonstração. Embora às vezes não distinga muito bem o método dedutivo dos geômetras e a visão analítico-sintética dos físicos, Grócio põe toda seu obra sob o signo de um racionalismo sistemático que exige a clareza dos princípios e o rigor dessa visão.

Pufendorf também é animado por esse ideal de rigorosa cientificidade cujos requisitos ele expõe já em 1660 em *Elementa jurisprudentiae universalis* e repetirá sem mudanças notáveis nas suas obras ulteriores. A dedução *more geometrico*, cujas virtudes racionais ele gaba com base em pequeno número de definições e axiomas, é, segundo diz, um desafio ao método escolástico da *disputatio*: a "ciência do direito" deve ser construída a partir de princípios indubitáveis, de acordo com longas cadeias de razões, graças à *concatenatio* de regras que possibilita um procedimento dedutivista. Pufendorf, assim como Espinosa, Leibniz e Wolff, afirma, a exemplo de Grócio e Descartes, os méritos da racionalidade matemática.

No entanto, desde o enunciado de seu projeto racionalista de uma ciência do direito, Grócio e Pufendorf não concebem seu programa de pesquisa do mesmo modo, o que os distancia, contrariando todas as expectativas. Segundo Grócio, conduzir os pensamentos por ordem, a fim de conferir à ciência do direito um aspecto "sistemático", é sem dúvida reportar-se, conforme diz, a procedimentos demonstrativos e hipotético-dedutivos. Mas, em vez de valorizar um modo operacional nesse procedimento, Grócio não hesita em reconhecer que, para além da regra metodológica, o *dictamen rationis* é o princípio regulador e unificador das ações humanas. O racionalismo do jurisconsulto, ultrapassando então o método, assume um sentido filosófico cardinal: a razão, que governa o conhecimento e a ação, é a senhora do mundo inteiro. Em outras palavras, os preceitos da razão são ontologicamente fundamentais e até fundacionais: no âmbito jurídico, nada mais são que o "direito natural", no qual nem mesmo Deus poderá mudar nada. A consciência da racionalidade fornece assim a Grócio o fio condutor do universo jurídico, a tal ponto que *De jure belli ac pacis* aparece como uma grande defesa da independência racional do direito: o direito "seria aquilo que é, mesmo que Deus não existisse".

Pufendorf também declara ter o intuito de construir um "sistema do direito natural"; mas afasta-se do esquema hipotético-dedutivo e, ao longo de seus escritos, a razão vai adquirindo uma silhueta mais complexa do que aquela que se perfila na obra de Grócio. Pufendorf explica em *Elementa jurisprudentiae universalis* que, para compreender o direito, é necessário somar ao rigor demonstrativo da dedução euclidiana a contribuição da observação experimental gabada pelo *Novum Organum* de Bacon. Ainda que, em 1663, a *carta a Boinebourg* seja mais reservada quanto à pertinência do método experimental aplicado aos costumes, Pufendorf insiste muito, em *De jure naturae et gentium* e em *De Officio humanis et civis*, na necessidade de não equiparar o princípio fundamental do direito natural a um postulado de tipo euclidiano, pois, conforme diz, ele só pode ser formulado após a observação e a análise da condição do homem no estado de natureza. O exame analítico da realidade humana é indispensável para o estabelecimento da "lei fundamental" do direito natural. No domínio das condutas humanas, Descartes não entra em disputa com Bacon: um dualismo metodológico deve corresponder ao dualismo ontológico que torna os *entia moralia* diferentes dos *entia physica*. Assim, a racionalidade da ciência do direito que, tanto para Grócio quanto para Pufendorf, seria inconcebível se o direito natural que está no fundamento das realidades humanas não fosse uma expressão da razão, não tem para os dois jurisconsultos a mesma tonalidade filosófica. Essa diferença reflete as divergências das axiomáticas jusnaturalistas adotadas pelos dois autores.

A ideia de direito natural constitui, sem dúvida, o ponto forte que há em comum nos dois sistemas que, adotando a *summa divisio* do direito natural e do direito positivo, atribuem ao direito natural prioridade sobre todas as leis positivas. Mas, nessa tese clássica (que, em outros tempos, fora de Cícero e de são Tomás), os dois jurisconsultos não estabelecem da mesma maneira os prolegômenos de suas doutrinas respectivas: segundo Grócio, o direito natural é um requisito racional puramente humano; segundo Pufendorf, o direito natural é inerente à obrigação que a lei natural divina impõe aos homens. Segue-se que as duas doutrinas enfatizam ou o racionalismo ou o voluntarismo.

Grócio , em *De jure praedae*, definia de modo bastante clássico o direito natural como "aquilo que Deus dita através da natureza". Mas, em *De jure belli ac pacis*, abandonando a tradição teológico-cósmica, considera que o direito natural está inscrito na "natureza humana", porquanto esta tem o privilégio da razão. Esse direito – explica – não comporta nenhum elemento voluntário, pois é a lei intrínseca da natureza racional do homem. Imanente à razão, ele é a voz interior que indica aquilo que é moralmente necessário, portanto justo, e que deve ser cumprido, assinalando simultaneamente aquilo que, em desacordo com a razão, é injusto e não deve ser cumprido. O efeito imediato dessa regra puramente racional é tornar certas ações ou obrigatórias ou ilícitas. Essa concepção do direito natural como imperativo da razão não faz de Grócio, segundo uma metáfora consagrada, "o pai do direito natural", mas abre carreira para o racionalismo jurídico.

Pufendorf esboça uma análise do direito natural que contrasta com a de Grócio. Ele diz, aliás, que pretende "retificar" seus erros. Sem dúvida, o direito natural, segundo Pufendorf e também Grócio, é próprio do homem; mas, embora *De jure naturae et gentium* não elabore nenhum tratado da natureza humana, Pufendorf nele explica que "duas nobres faculdades" – o entendimento e a vontade – fazem do homem um ser livre, capaz de inventar regras e de submeter-se a elas. Pufendorf não fala de "autonomia da vontade", mas observa que, nos seres humanos, a vontade exprime a liberdade em ato e, caracterizando exclusivamente os *entia moralia*, ela soma à natureza originária deles uma dimensão cultural que lhes descortina um horizonte de sentido e de valor. O erro que Grócio e Hobbes teriam cometido seria, portanto, segundo Pufendorf, situar o direito natural na natureza humana, ao passo que ele está relacionado à força normativa inerente à lei natural divina, e ao homem cabe livremente querer (ou não querer) observá-lo. Em outras palavras, enquanto a razão é, por suas luzes, o instrumento do conhecimento do direito natural, cabe à vontade determiná-lo como tal: primeiramente, à vontade de Deus, porque ela é criadora do ser e da ordem do mundo; em segundo lugar, à vontade do homem, porque cabe a ela, e a ela somente, cumprir a obrigação vinculada à lei fundamental da natureza.

Quando se ressaltam o racionalismo de Grócio e o voluntarismo de Pufendorf, não se deve incidir num simplismo falsificador. Por um lado, é imprudente interpretar o célebre *etiamsi daremus non esse Deum* no sentido de puro laicismo racionalista; por outro, inversamente, o voluntarismo de Pufendorf não dispensa a razão, mas participa de uma ontologia dualística de tipo cartesiano, em que a vontade e a liberdade estão "sobrepostas" ao "instinto da natureza". Portanto, as duas doutrinas não são antitéticas. Mas seus filosofemas orientadores revelam que, sem inimizade, Grócio e Pufendorf são falsos amigos.

Três fortes filosofemas constituem a arquitetônica das teorias jusnaturalistas de Grócio e de Pufendorf: a sociabilidade humana, a obrigação vinculada à lei, a normatividade do aparato jurídico. Mas essas linhas mestras não têm a mesma tonalidade filosófica nas duas doutrinas e não são, de modo algum, convergentes.

Em sua tradução de *De jure belli ac pacis*, Barbeyrac lembra em nota, num resumo histórico sugestivo, que "a inclinação natural do homem a viver em sociedade com seus semelhantes é um princípio que foi reconhecido em todos os tempos pelos pensadores sábios e esclarecidos". A lição de Aristóteles, portanto, foi entendida; mas, na doutrina jusnaturalista do século XVII, ela tem inflexões diferenciadas. Pufendorf admite que Grócio enveredou pelo bom caminho ao reconhecer no homem o "desejo de sociedade". Mas – diz ele – Grócio não é bastante explícito, e sua análise do conceito de sociabilidade é muito curta. A sociabilidade realmente é no homem, como pensa Grócio, "efeito admirável" da sabedoria do criador. Contudo – prossegue Pufendorf –, Grócio se engana quando só vê nela uma tendência, um pendor ou um desejo, ou seja, um dado natural inato e simples. Ele não vê que ela exige uma "relação com outrem" que é múltipla, contingente e variável, que pode ser de amizade, comércio, serviço ou socorro. Ele até mesmo oculta o aspecto mais importante da sociabilidade, a saber, em todas as suas formas, ela se opõe ao individualismo e ao egoísmo interesseiro que conduzem (como mostrou Hobbes) à concorrência e à guerra, o que contradiz o sentido fundamental dessa noção. Enquanto Grócio só vê nela uma "inclinação" ou um "pendor", Pufendorf a entende como uma "obrigação", ou seja, como o princípio dos "deveres" que o homem, em conformidade com a lei natural divina, tem o encargo de cumprir segundo sua livre vontade para ser verdadeiramente humano. A diferença de forma e sentido do conceito-chave da sociabilidade nos dois pensadores jusnaturalistas é importante. Embora para Grócio ela seja um *habitus* natural com pretensão ontológica, para Pufendorf é uma máxima moral de alcance axiológico: poder de determinação para um, preceito da obrigação para outro.

O conceito de obrigação não pode ser ignorado pelos juristas. Mas, se existe um ponto nodal na doutrina, este está, mais uma vez, na ambivalência. Em busca de noções claras, Grócio ressalta que, diferentemente do conselho ou de uma máxima não imperativa, a lei, na qualidade de regra das ações morais, obriga àquilo que é justo. Segundo o jurisconsulto, a lei, no caso, é a lei civil que fixa o *corpus* de regras estatais. Pufendorf e Barbeyrac, nas notas de sua tradução de *De jure naturae et gentium*, não se limitam a esse posicionamento, pois, segundo dizem, a lei não obriga por si mesma, mas sempre e somente em virtude da "vontade de um Superior": ela não está inscrita na natureza das coisas e não procede da razão (ainda que a razão possa conhecê-la). Justiniano não estava errado quando via nela um *vinculum juris*, porém, de modo mais profundo, ela instaura entre os homens um elo ético que é um princípio de consciência e assume um valor existencial porque compenetrada do senso de justiça inter-humana. Assim, ao juridicismo racional de Grócio, Pufendorf prefere a perspectiva ética na qual vontade e responsabilidade são os próprios signos dos *entia moralia*.

A partir daí, a normatividade assume nas duas teorias jusnaturalistas contornos matizados, ainda que em certos momentos só possa ser compreendida quando relacionada com a distinção entre "estado de natureza" e "estado civil". A normatividade, segundo Grócio, só é inteligível porque pertence ao monismo racionalista de uma concepção teleológica do mundo. Essa ideia, evidentemente, é inconciliável com a concepção que Pufendorf tem da lei natural desejada por Deus e da obrigação que, inerente ao dualismo ontológico da natureza e da liberdade, se impõe moralmente aos homens de maneira universal. Duas vias divergentes abrem-se assim para a normatividade. Segundo Grócio, o *corpus* normativo do direito haure sua fonte nas luzes da razão, e ele é perfeitamente cognoscível por essa mesma razão, pois ela o edificou. A teoria do direito natural exprime nessas condições uma filosofia da separação: o homem está separado de Deus; a razão está separada da experiência; a ordem epistemológica, por sua autossuficiência, está separada da ordem ontológica. O direito natural é a celebração do *lógos*: ele não é *ordo ordinatus*, mas *ordo ordinans*. Segundo Pufendorf, as coisas são diferentes: a normatividade só é concebida em relação com o torrão ontológico que a comporta desde a Criação; por conseguinte, o direito natural implica, na comunidade moral dos homens, respeito à ordem do mundo que é governada pela lei natural nascida da vontade de Deus.

A corrente jusnaturalista está, de algum modo, duplicada. Sua bifurcação só pode dar ensejo a controvérsia. As filosofias de Hobbes e de Espinosa tecem o pano de fundo sobre o qual críticas e polêmicas não demorarão a mostrar-se.

Um acordo discordante na filosofia do direito natural: Hobbes e Espinosa

Em 2 de junho de 1764, Espinosa escrevia a seu amigo Jarig Jelles: "você me pergunta que diferença existe entre mim e Hobbes no que se refere à política: a diferença consiste no fato de que eu sempre mantenho o direito natural e não atribuo ao soberano, numa cidade qualquer, nenhum direito sobre seus súditos a não ser o que decorre de seu poder: é a continuação do estado de natureza." Com essas linhas, Espinosa anunciava um debate substantivo referente ao estatuto filosófico do direito natural: nesse debate, as semelhanças terminológicas mascaram diferenças semânticas primordiais, e estas são tão radicais, que repercutirão, de modo mais ou menos explícito, porém sempre com força, em todo o direito político moderno.

Hobbes e Espinosa fazem da ideia de Natureza uma ideia primeira cujo correlato imediato é a noção de direito natural. Embora ambos dispensem a ontologia aristotélica e a metafísica tradicional, consumam essa ruptura em registros diferentes. Hobbes, influenciado pela jovem ciência mecanicista, inclina-se em sua "filosofia natural" para o mecanicismo – a natureza inteira obedece ao monismo principial do *conatus* – e para o atomismo – a natureza no homem é a natureza do indivíduo insular cuja vida é levada por suas próprias forças (*powers* ou *potentiae*). Segundo Espinosa, a Natureza se identifica com Deus: *Deus sive Natura*. Como única substância, ela é plenitude do ser, seja ela considerada como *Natura naturans* (Deus e seus atributos), seja como *Natura naturata* (as coisas que decorrem de sua necessidade). A problemática do direito natural, portanto, não poderá situar-se no mesmo nível filosófico nos dois pensadores: segundo Hobbes, o *conatus* é o esforço físico do indivíduo para evitar a morte; segundo Espinosa, o *conatus* consiste, em sua generalidade ontológica, em atualizar a essência do indivíduo. Segue-se que, para Hobbes, o direito natural designa a força que todo indivíduo em estado de natureza requisita para satisfazer suas necessidades e para afirmar-se em face do outro, ao passo que, para Espinosa, o direito natural exprime a essência atual de um ser que não pode conter em si a ideia daquilo que destrói ou exclui sua existência. Em outras palavras, no cerne da condição natural dos homens, o conceito de direito natural conota, na filosofia de Hobbes, um poder (*potentia*) que envolve o direito de todos sobre todas as coisas (*fus omnium in omnia*); na filosofia de Espinosa, ele corresponde, no estado de natureza, à capacidade que a essência de todo ser tem de agir segundo a Natureza (assim, é da natureza dos peixinhos ser comidos pelos peixes maiores).

Em razão de sua característica primeira nas duas filosofias, o direito natural não desempenha a mesma função segundo o mecanismo hobbesiano e segundo a ontologia espinosista.

A lítotes da carta a Jarig Jelles, nesse aspecto, é eloquente: com o mesmo vocabulário e com uma irônica convergência de pontos de vista, Espinosa, na realidade, é adversário de Hobbes. Sem dúvida, a conotação do conceito de direito natural só pode ser decifrada em ambos os filósofos no estado de natureza. Mas, na teoria de Hobbes, o estado de natureza corresponde a uma hipótese metodológica com função operacional. Aliás, preferindo utilizar a expressão "condição natural dos homens", Hobbes, em *Leviatã*, designa como isso a situação na qual estariam os homens *se* sua coexistência não fosse regida (já não fosse regida ou ainda não fosse regida) por leis civis e regras jurídicas. Tal situação – explica ele – é "uma inferência extraída das paixões" e "nunca foi assim, de maneira geral, no mundo inteiro". A ideia de direito natural apresenta-se, por conseguinte, como uma hipótese de trabalho que põe em jogo uma condição ideal típica, a saber, a determinação totalmente mecânica das forças que designa "a liberdade que cada um tem de usar como quer o seu próprio poder, para a preservação de sua própria natureza, em outras palavras, de sua própria vida". Como tal, o direito natural, evidentemente, não tem nenhuma dimensão jurídica. Além disso, ele é o contrário de uma "lei de natureza", pois uma lei vincula e obriga: ele é liberdade (no sentido mecanicista do termo). Confundindo-se com um poder de ação, só pode ser limitado por um outro poder de ação; assim, delineia-se entre os indivíduos uma competição universal: a guerra de todos contra todos (*bellum omnium contra omnes*). A serviço da vida, o direito natural contém a infelicidade e a morte: *Homo homini lupus*. Por isso, é necessário conjurar os malefícios naturais, construindo, por arte e artifício, o estado civil destinado a suplantar o estado de natureza.

As ressonâncias filosóficas do pensamento de Espinosa são diferentes. A expressão *jus naturae* remete, de fato, ao comportamento natural e originário do indivíduo. Mas a ontologia de Espinosa anula a necessidade de forjar a hipótese operacional da condição natural dos homens. O direito de natureza é o estado no qual cada um, existindo "pelo direito supremo da Natureza" (portanto de Deus), faz aquilo que decorre da necessidade de sua própria natureza. Sem dúvida – admite Espinosa –, é raro que os homens, seguindo a razão, obedeçam à grande lei da Natureza e que, preocupados com as exigências éticas, se preocupem com a liberdade como virtude moral ou perfeição ontológica. Mas, embora deixar o estado de natureza seja uma conduta moral e sábia, pois nele não pode realmente realizar-se a lei suprema da Natureza, é preciso que o estado civil prolongue e cumpra o direito natural numa política que obedeça às exigências éticas. Em outros termos que afastam consideravelmente Espinosa e Hobbes, porque o *conatus* que leva a "perseverar em seu ser" é, em cada um, sua essência ativa própria, é necessário que a obediência aos *dictamina rationis* nada mais seja que o prolongamento do direito natural. Essa é, segundo o esquema espinosista, a condição para que, até no Estado, se atualizem os poderes do direito natural: o estado civil é o prolongamento, sem solução de continuidade, do estado de natureza.

Sobre o pano de fundo tecido, por um lado, pelo mecanicismo de Hobbes e, por outro, pela ontologia de Espinosa, o direito natural revela, sejam quais forem o rigor dos dois sistemas e a semelhança dos vocabulários, a ambiguidade filosófica presente não só em seus princípios, mas também em seus efeitos. Por um lado, o estatismo centralizador do *Leviatã* exprime as vitórias da razão arquitetural sobre o *jus naturae* inserido num jogo de forças naturais; por outro lado, a política da terra concebida por Espinosa (é a única que, para ele, tem sentido, pois não existem Céu e Transcendência) não é a estátua altaneira do racionalismo triunfante, mas se situa no entremeio das paixões e da razão, onde um *corpus* de leis e de regras utiliza, num combate que sempre deve recomeçar, os meios que a Natureza pôs no homem. A discordância dos efeitos políticos atribuídos à filosofia do direito natural é tão grande, que certos exegetas verão em Hobbes o adversário do direito natural e o defensor do absolutismo estatal, e em Espinosa, o defensor do direito natural e o porta-voz da democracia. Se levarmos em conta o fato de que Hobbes e Espinosa foram ambos considerados pensadores iconoclastas e frequentemente amaldiçoados em seu tempo, essas interpretações deverão sofrer grandes restrições. Mas é inegável que elas trazem à tona, sem polêmica veemente e sem exageros verbais, a ambiguidade da teoria jusnaturalista moderna e a incerteza semântica do conceito de direito natural que é seu eixo.

O conflito das interpretações: Barbeyrac e o Julgamento de um anônimo

Ainda que as filosofias de Hobbes e de Espinosa tenham produzido, a partir da segunda metade do século XVII e sobretudo no século XVIII, repercussões nada desprezíveis, este último, cercado pelo escândalo, foi mais político que jurídico, e na época nem sempre se mediu a influência de suas respectivas teorizações sobre o direito natural, que, no entanto, eram tão reveladoras das hesitações inerentes a seu conceito. Em contrapartida, o mesmo período é dominado pela bifurcação doutrinal que separa os epígonos de Grócio e os de Pufendorf. O breve escrito que Jean Barbeyrac, tradutor das obras dos dois jurisconsultos, dedica ao *Julgamento* feito sem contemplação por Leibniz sobre Pufendorf é, antes da *Enciclopédia* de Diderot e D'Alembert, a indicação da profunda clivagem que afeta o jusnaturalismo dos tempo modernos.

A obra de Pufendorf, em seu componente jurídico, desencadeou a hostilidade de Leibniz que, em *Monita* (1709), respondeu a *De Officio hominis et civis* (1673, resumo didático então famoso do *De jure naturae et gentium*) com um escrito extremamente severo, publicado, aliás, sem nome do autor e intitulado, precisamente, *Julgamento de um anônimo*. O fato de a história das ideias revelar as discordâncias temáticas que separam dois autores nada tem, em si, de excepcional. Mas, quando Barbeyrac comenta, parágrafo por parágrafo, o *Julgamento* do "finado sr. Leibniz", mostra que a doutrina jusnaturalista, em vez de ser a expressão homogênea de uma escola, está cheia de estridências dissonantes que são índice de uma conflituosidade intestina. As repercussões dessa discordância se farão ouvir até Kant e Hegel. Leibniz declara que "notou grandes defeitos nos princípios" da doutrina de Pufendorf. Essa era uma declaração de guerra. No sistema filosófico de Leibniz, cuja chave é a ideia da harmonia universal preestabelecida, o direito natural, respondendo às ordens da "suprema Razão", ocupa lugar preeminente. Ele confere homogeneidade e univocidade ao universo onde tudo é interdependente e solidário. A justiça que o direito natural requer assume aspecto de verdade eterna e conota o maior bem possível no mundo. Com base nessas premissas metafísicas, o sistema leibniziano, por seu monismo racionalista, é totalmente inconciliável com a versão dualística da natureza e da liberdade que, segundo Pufendorf, a lei natural desejada por Deus implica, bem como com a obrigação que ela impõe aos homens. A divergência é tão flagrante que, em seu *Julgamento*, Leibniz critica Pufendorf por não ter estabelecido bem nem a finalidade, nem o objeto, nem a causa eficiente do direito natural. Barbeyrac critica a crítica de Leibniz não só por ficar "repetindo sempre a mesma cantilena", mas também porque, em termos de fundo – explica –, Leibniz se engana quando considera em sua *Monadologia*, ao se fechar num racionalismo monista frio e imóvel, que o "mundo moral" simplesmente faz parte do "mundo natural" e, como ele, é predeterminado. Ao contrário, Pufendorf tem razão de trazer à baila o voluntarismo que, em sua doutrina, é um apelo à liberdade. Com seu dualismo ontológico, que contrapõe sua doutrina às figuras preestabelecidas da harmonia universal gabada por Leibniz, ele confere grande valor à obrigação que, como sombra projetada do direito natural, confere ao homem, juntamente com o senso de sociabilidade, o senso de responsabilidade. No cerne do debate, a oposição doutrinal é radical e, ao longo do século XVIII, irá se acentuando na "escola" do jusnaturalismo, claramente cindida. Sem dúvida, todos os autores reconhecem que "a reta razão" é o princípio do direito natural. Mas a bifurcação filosófica da doutrina mostra como é difícil elevar a noção de direito natural ao nível de conceito claro e distinto.

No entanto, os dois ramos divergentes do jusnaturalismo, apesar da crítica feita por Leibniz contra Pufendorf, não dão ensejo a controvérsias virulentas. Nem por isso deixam de demarcar dois caminhos que demonstram a fragmentação da doutrina e preparam "a crise do direito natural". Citaremos aqui apenas as figuras de proa dessa clivagem. Num primeiro caminho, Jean-Jacques Burlamaqui (1694-1748) demonstra, numa obra muito didática, a fidelidade intelectual que o liga a Barbeyrac e, para além dele, a Pufendorf. Confessa várias vezes sua admiração pela pertinência e pela justeza das notas de Barbeyrac em suas magistrais traduções das obras de Grócio e Pufendorf. No essencial, repete os filosofemas que Pufendorf transformara em fulcros de seu sistema, e sua ambição secreta (embora não realmente realizada) era ampliar seu alcance, inserindo-os num *corpus* jusnaturalista mais completo. É significativo que, sendo manifestamente influenciado não só por Pufendorf, mas também pelas filosofias de Cumberland (*Disquisitio de legibus naturae*, 1672) e de Thomasius (*Institutionum jurisprudentiae divinae*, 1688), tão próximas das teses do jurisconsulto, ele dedica um capítulo original de seus *Elementos do direito natural* (obra póstuma impressa pela primeira vez em 1774 por seu amigo De Felice) à "liberdade natural": explica que esse "direito de liberdade" não existe sem os deveres de sociabilidade que, ao respeitar obrigações e promessas, dão testemunho da dignidade do homem e são indicação do forte elo que une moral e direito. Disso não se deve concluir que a teoria de Burlamaqui contenha a marca de uma modernidade que caracteriza o humanismo individualista. Como Pufendorf e Barbeyrac, Burlamaqui é alimentado por reminiscências e referências estoicas extraídas tanto do *corpus* e das glosas do direito romano quanto da inspiração ciceroniana de numerosos jurisconsultos do século XVI. Ora, nessa perspectiva, moral e direito são indissociáveis porque sua unidade é bem mais comandada pela natureza das coisas do que pelas solicitações da razão própria de cada indivíduo: assim, o que ordena a não matar ou roubar e proíbe o incesto ou a homossexualidade é a "lei natural universal" que Deus gravou na natureza humana. Em cada ser humano, a razão não é instituidora do direito natural, mas apenas está apta a descobrir o que é o direito natural que Deus inscreveu na espécie inteira. Segundo esse ramo do jusnaturalismo, o direito natural comporta numerosos componentes "clássicos" que, em seu conjunto, se vinculam à cosmologia teleológica dos estoicos e, através de sua inspiração pufendorfiana, se liga à filosofia de Locke (*Segundo tratado do governo civil*, 1690). Nesse caminho, o direito natural não simboliza o poder normatizador da razão própria a cada um; a justiça cujo esquema ele fornece exprime a relação do homem com a lei natural que o Criador pôs no mundo.

Num segundo caminho, porém, a força da tradição estava abalada. Uma versão divergente da doutrina jusnaturalista expressava sua fidelidade à teoria de Grócio e enveredava pelas trilhas do leibnizianismo. Esse segundo caminho é desbravado por Christian Wolff (1679-1754) que em várias obras, mas em especial em *Institutiones juris naturae et gentium* (1750), desenvolve, sob o signo do racionalismo, uma ampla sistematização sintética do saber humano que lhe permite ressaltar a grande importância do direito natural. Começa por pressupor a essência racional da natureza humana e, referindo-se a Grócio, expõe que "a fonte de todo direito [reside] na natureza do homem", na qual ele encontra "sua razão suficiente". Depois, com rigor lógico-matemático exemplar – também inspirado no método de Grócio –, demonstra que, como a razão humana participa da Suprema Razão e do Verbo divinos, teodiceia e antropodiceia necessariamente se cruzam. Ressalte-se, porém, que Wolff, impressionado pela tendência individualista da *Monadologia* de Leibniz, considera que o pluralismo do mundo humano não tem outro fundamento senão o perspectivismo individualista, extraindo as consequências disso no que diz respeito à ideia de direito natural. Apoia-se na visão monádica de um mundo humano constituído de indivíduos racionais e considera que em cada um deles se revelam os poderes de um "direito natural-racional". Disso decorre que uma "obrigação natural", enraizada na essência do homem, possibilita a realização, ou melhor, a concretização das virtualidades inscritas em cada indivíduo, o que é útil à felicidade e constitui sua "perfeição".

Jean-Henry Samuel Formey (1679-1764) que, em 1758, traduziu e adaptou para o público francês *Princípios do direito da natureza e das gentes* de Ch. Wolff, conferiu feições nítidas às ideias mestras de sua teoria, que ele considera um "código de razão" justificado pelo caráter antropológico do direito natural, pela obrigação que ele impõe aos homens, pelo individualismo, pela mediação da razão para o conhecimento exigido pela execução do direito natural. Na Suíça, Emeric de Vattel (1714-67) declarou orgulhosamente que sua obra *Le droit des gents* (1758) era a versão francesa, destinada à "gente do mundo", do erudito *Jus gentium* de Wolff. Já em 1747, em *Loisir philosophique*, ele reunira diversos escritos hostis a Pufendorf, Barbeyrac e Burlamaqui. Em 1762, em *Questions de droit naturel et observations sur le traité de droit de la nature de Wolff*, mostra de novo sua oposição e apresenta uma defesa do leibnizo-wolffismo. Rejeita a tese do voluntarismo divino oriunda de Pufendorf e adotada por Burlamaqui; considera que procurar o fundamento do direito natural na sociabilidade é um erro. Em contrapartida, formula uma profissão de fé num individualismo sem concessões e, como Wolff, ressalta que, se a obrigação moral deriva da natureza humana, também é preciso considerar que a utilidade, que caminha *pari passu* com a virtude e a honestidade, é o motivo primordial do dever. Se Vattel admite que a lei civil "não pode ser contrária à lei de natureza", admite também que pode afastar-se desta "por um desvio necessário". Embora não chegue a ponto de conferir autonomia à lei civil positiva (pois, diferindo uma vez de Wolff, recusa a ideia de uma *Civitas maxima*), introduz uma fissura no jusnaturalismo. Essa fissura, sinal precursor daquilo que Leo Strauss chamará de "crise do direito natural", possibilitará o advento do positivismo jurídico alguns anos depois. Em seu tempo, Vattel certamente não chega tão longe, mas sua obra demonstra a divergência doutrinal entre as duas tendências expressas pelo jusnaturalismo: por um lado, na linha tradicionalista de Pufendorf, o voluntarismo providencial; por outro, na via inaugurada por Grócio, o humanismo racionalista.

No século XVIII, a teoria do direito natural que se costuma qualificar de "moderna" comporta tantas nuances que, mesmo falando constantemente em nome do racionalismo, carece de unidade e de homogeneidade. Pode-se afirmar com certeza que jurisconsultos e filósofos estão em busca da radicalidade do direito natural e que, nessa procura, unem-se a despeito do ecletismo para glorificar, com maior ou menor intensidade e com inflexões diferenciadas, as capacidades da razão humana. É mais pertinente, porém, considerar a ambivalência que caracteriza então o amplo movimento das teorizações do direito natural, divididas entre a tradição e a inovação. Na *Enciclopédia*, as vicissitudes redacionais e as peripécias editoriais do verbete "Direito natural" (t. V, 1755), devidas ao desacordo entre Boucher d'Argis e Diderot, contêm a marca das dissidências que dilaceram a teoria jusnaturalista. Boucher d'Argis retomava as teses metajurídicas de Burlamaqui; Diderot, inclinado ao materialismo, considerando que elas punham em risco a ordem do mundo e a serenidade do homem, defendeu, com maior ou menor consciência, a exemplo de Grócio, contra Pufendorf, um monismo racionalista que fazia eco ao leibnizo-wolffismo. Rousseau estava manifestamente perturbado com as disputas latentes ou manifestas que não só abalavam a noção secular do direito natural, como também introduziam na teoria o mal-estar que ele sentia rondar a modernidade em vias de estabelecimento. Distinguiu então o "direito natural propriamente dito", naturalmente natural, e o "direito natural racional", cujo conceito propõe ao jurislator humano um modelo paradigmático que traz a marca da razão. Mas, acima de tudo preocupado com os fundamentos "contratuais" do direito político, ele não se aplica a uma teorização dessa distinção sugestiva. Foi preciso que Kant pensasse os pensamentos de Rousseau para que, trabalhando o conceito dilacerado e proteiforme de direito natural, os retirasse dos trilhos dos dogmatismos antagonistas nos quais estava preso. Opondo a atitude criticista aos dogmatismos dos dois "grandes séculos", confere ao direito natural um estatuto filosófico inédito que explicita as intuições implícitas de Rousseau. Sem renegar o racionalismo jurídico, ele decifra as mais altas demandas no horizonte transcendental da razão pura prática e, em sua *Doutrina do direito* (1796), dá ao direito natural o estatuto de uma Ideia pura e *a priori* com vocação de princípio regulador, no mundo do direito. Com Kant, o direito natural já não é pensado como o fundamento transcendente ou como a razão imanente do universo jurídico, mas como o horizonte transcendental para o qual deve voltar-se o jurislator humano para que, no estado civil que é imperativo construir a fim de escapar à *in-juria* do estado de natureza, os caminhos do direito estatutário sejam esclarecidos e demarcados. Fichte entenderá a lição do criticismo normativo kantiano. Em *Fundamento do direito natural* (1796-97), ele também envereda pelo caminho do racionalismo crítico e até mesmo acentua a importância diretiva do direito natural, quando escreve que "as leis do Estado não devem (*sollen*) ser nada mais que o direito natural realizado". Conferindo grande alcance à observação de Kant, que fazia do direito natural a *lex permissiva* de todo o direito, ressalta com vigor que há nisso um momento evidentemente indispensável para quem queira elaborar uma ciência pura do direito.

No entanto, a ideia de direito natural, ainda que elevada à máxima altura com o normativismo crítico, não parece desprovida de sua essencial problematicidade. Embora a filosofia jurídica "moderna" a tenha, em maior ou menor grau, libertado da ganga cosmoteológica de que o pensamento clássico afirmava ser ela dependente, os triunfos racionalistas da modernidade não bastaram para dar-lhe perfeita transparência conceitual. Assim como o próprio racionalismo, ela se cerca de nuances que às vezes são francas discordâncias e expõe a filosofia do direito – quer a elogiando, quer a criticando – às consequências de controvérsias intermináveis. Pelo menos podemos admitir que, em meio a suas agitações recorrentes, ela conserva, para a filosofia do direito, um valor funcional e diretivo que não é possível ignorar, mesmo nos positivismos mais intransigentes.

› BOBBIO N., *Il diritto naturale nel secolo XVIII*, Turim, 1947. – GOYARD-FABRE S., *Pufendorf et le droit naturel*, PUF, 1994; *Les Embarras philosophiques du droit naturel*, Vrin, 2002. – HAGGENMACHER P., *Grotius et la doctrine de la guerre juste*, PUF, 1983. – SÉRIAUX A., *Le Droit naturel*, PUF, 1993. – SÈVE R., *Leibniz et l'école moderne du droit naturel*, PUF, 1989. – STRAUSS L., *Droit naturel et Histoire* (1952), trad. fr., Plon, 1953, Flammarion, 1986. – TULLY L., *Introduction à la traduction anglaise du De officio hominis et civis de Pufendorf*, Cambridge, 1991. – VILLEY M., *La Formation de la pensée juridique moderne*, rééd., PUF, 2002. – WOLFF E., *Das Problem der Naturrechtslehre*, 1955. – *Revue d'histoire des Facultés de droit et de la science juridique*, Le droit naturel, 1987, nº 4; 1988, nº 6; 1989, nº 8. – *Cahiers de philosophie politique et juridique*, nº XI, *Des théories du droit naturel*, 1987.

Simone GOYARD-FABRE

→ Direito das gentes; Direito natural; Positivismo.

ESCOLA HISTÓRICA DO DIREITO, PANDECTISMO E CODIFICAÇÃO NA ALEMANHA (século XIX)

A questão da codificação urde a intriga do pensamento jurídico alemão do século XIX. Na famosa disputa da qual participam, em 1814, Friedrich Carl van Savigny (1779-1861) e Anton Friedrich Justus Thibaut (1772-1840), quando da entrada em vigor do Código Civil em 1º de janeiro de 1900, a codificação foi um dos temas principais do debate doutrinário. Ademais, Savigny e as teses da escola histórica constituem o próprio horizonte a partir do qual se orienta o pensamento jurídico alemão do século XIX: este está em debate permanente com a obra do mestre berlinense. A ruptura começará com a retratação de Jhering que, nos anos 1870, recusou o "conceptualismo" jurídico (*Begriffsjurisprudenz*). Em 1911, Hermann Kantorowicz interroga: "O que é Savigny para nós?" Durante o século XIX, Hegel e os hegelianos (Eduard Gans, Lorenz von Stein) – e, com eles, Marx – haviam manifestado, depois dos kantianos, uma hostilidade radical pelas teses da escola histórica. A influência deles será limitada entre os juristas. Contudo, se algo de Savigny domina esse século XIX, isso não ocorre sem tensões e sem modificações. Significa que, para pensar mesmo contra Savigny, era preciso pensar com Savigny.

Savigny e a querela da codificação

Em 1808, um inimigo íntimo de Savigny, N. T. Gönner (1764-1827), ataca violentamente os "novos civilistas", "conhecidos com o nome de escola histórica" (Rückert, *Idealismus, Jurisprudenz und Politik bei F. C.* v. *Savigny*, pp. 82 ss.). Essa expressão é resgatada por Savigny no artigo que inicia o primeiro número da revista por ele fundada em 1815 (*Zeitschrifi für geschichtliche Rechtswissenschaft*, hoje: *Savigny-Zeitschrifl*). Esse escrito célebre, "Sobre o objetivo da presente revista", opõe uma escola "histórica" a uma escola para a qual não há nome "positivo" e que, por ser muito diversificada e contraditória, será suficientemente caracterizada pelo adjetivo negativo "anistórica". Ademais, acrescenta Savigny, essa escola anistórica não é apenas negativa em si mesma; ela também marcha contra a história de um pensamento que é precisamente marcado, neste início do século XIX, por um traço historicizante geral.

Esse texto é a imediata continuação da querela da codificação, cujas fontes são, em 1806, os projetos de codificação da Confederação do Reno. É a sua referência teórica. Em 1814, Thibaut reage à obra redigida por um contrarrevolucionário, August Wilhelm Rehberg (1757-1836), que desejava a revogação de todos os códigos, em especial do Código Napoleônico, nos territórios alemães, para retornar ao bom e velho direito consuetudinário. Thibaut, que é então um conceituado mestre do direito civil alemão, um burguês esclarecido, sensível às necessidades do comércio e também um liberal nacionalista, responde: "da necessidade de um direito civil geral para a Alemanha." É a ele que Savigny replica: *Da vocação de nosso tempo pela legislação e pela ciência jurídica* (*Vom Beruf unsrer Zeit für Gesetzgebung und Rechtswissenschaft*, Heidelberg, 1814). Se esse debate levou a uma cisão duradoura, foi por remeter a uma oposição mais profunda.

Os motivos que guiam Thibaut são claros. A questão da unidade política da Alemanha, após as guerras napoleônicas, está em suspenso. O Império extinguiu-se em 1806. A questão da "Constituição alemã" é levantada no Congresso de Viena. O antagonismo entre Prússia e a Áustria e a vontade dos poderes médios do Sul de preservar suas conquistas territoriais impedem qualquer solução centralizadora, e o resultado será a *Confederação Germânica*, agrupamento internacional de Estados, com fraca centralização. Na falta de uma constituição política, improvável já em 1814, a constituição *social*, que seria um código geral para a Alemanha, aparece como um primeiro passo rumo à unificação. Um código geral favoreceria os intercâmbios. O código, portanto, é uma reivindicação nacional e burguesa. Considera-se que ele constituiria "a felicidade do burguês", como disse Thibaut: é preciso "um código simples para o comerciante". Savigny está ligado ao movimento das ideias contrarrevolucionárias, defendendo uma política das comunidades tradicionais e a legitimidade histórica que lhe dá suporte, contra a *hýbris* do ato revolucionário de reconstrução individualista da ordem social que, menosprezando o *organismo* social, só pode dar origem a essas formas "sem vida" que ele abomina. O esquema do organismo justifica a promoção, ao contrário, dos processos de "crescimento natural", da "necessidade interna" contra a "arbitrariedade" dos fazedores de sistemas sociais. Sem dúvida Savigny não é um reacionário radical: embora não se possa admitir nele a existência de traços propriamente "liberais" (*contra*: O. Beaud, "Savigny e o direito público", Monnhaupt/Kervégan (org.), *Le Droit entre nature et histoire*, 1997), o próprio tema do organismo e do crescimento o obriga a aceitar a evolução dos sistemas políticos, cuja reforma – em conformidade com a tradição prussiana – deve vir do alto (onde têm sede a *consciência*, o *espírito* do organismo), e não de baixo (onde reina a lei mecânica do número e da massa desorganizada). Assim, a codificação só podia parecer a Savigny uma contrapartida da revolução política.

Na verdade, a escola histórica em seu conjunto é marcada por profundas clivagens políticas das quais a clivagem científica é apenas um aspecto. A cisão entre romanistas e germanistas, a partir dos anos 1830-40, é profunda. Friedrich Julius Stahl (1802-61), autor de uma famosa *Filosofia do direito de um ponto de vista histórico*, torna-se porta-voz de um monarquismo radical e reacionário. Em compensação, ao condenar a recepção do direito romano na Alemanha, no século XVI, ao ver nisso uma violência estrangeira contra o espírito popular germânico, a escola germanista, dirigida sobretudo por August Ludwig Reyscher (1802--80) e Georg Beseler (1809-88), enxerta sobre a querela da codificação uma querela da "recepção", que leva a reivindicar uma codificação geral, não concebida, como em Thibaut, como uma codificação racional, mas como o ato reparador dessa violência originária, como o ato de retorno da comunidade nacional alemã a si mesma e a seu direito. Uma terceira voz, portanto, se junta ao concerto discordante provocado pela codificação. O nacionalismo dos germanistas é também um liberalismo, mas ambíguo, pois, pelo menos para alguns deles, é não individualista. Encontra-se um organicismo menos hierarquizado, de tendência pluralista, no qual os grupos e os indivíduos que os formam devem ser beneficiados por garantias jurídicas contra o Estado, o que parece impossível para uma visão puramente hierárquica do organicismo. Os germanistas tardios – Otto Bähr (1817-95), Otto Gierke (1841-1921) – serão os defensores de um "Estado de Direito" no qual a via jurisdicional (ordinária) contra o Estado está aberta aos sujeitos individuais ou coletivos.

Fundamentos filosóficos

Já em 1802, nas cortes de Marburgo, é formulado um ponto essencial da doutrina de Savigny: a ciência do direito é marcada por uma dualidade fundamental, ligada aos aspectos sincrônico e diacrônico do seu objeto. Isso implica que uma abordagem científica é necessariamente dupla: "elemento histórico-exegético", de um lado, e "elemento filosófico-sistemático" de outro. Mas o que se tem aí é um desdobramento orgânico, uma dualidade na unidade. O problema é o da manutenção da unidade, desse "desdobramento precário" do Todo orgânico (Rückert, p. 334). Essa exigência é mantida por seu discípulo, Puchta: "A ciência do direito tem duas faces, uma sistemática e uma histórica; a verdadeira ciência jurídica consiste na igual apreensão de ambas" (*Cursus der Institutionen*, 1841, p. 56).

Essa unidade desejada mostra como a emergência do historicismo jurídico está ligada a um contexto filosófico preciso. Concordamos com a tese de J. Rückert, que vincula as teses de Savigny a um "idealismo objetivo", coadunando-se, assim, com a apreciação feita por E.--W. Böckenförde ("A escola histórica do direito e o problema da historicidade do direito", *Le Droit, et la constitution démocratique*, 2000, pp. 53 ss.) contra a tese "antifilosófica" da autonomia de uma ciência positivista do direito, defendida por H. H. Jakobs (*Die Begründung der geschichtlichen Rechtswissenschaft*, 1992). O adjetivo "histórico" não é sinal de abandono da filosofia. Na verdade, o traço dominante da *filosofia* da época é precisamente tornar-se *pensamento da história*. Herder (1744-1803) procura vincular o desenvolvimento da natureza a da história. Kant formulou o problema fundamental (em *Crítica da faculdade de julgar* de 1790) da articulação entre natureza e liberdade (as manifestações fenomênicas do querer são determinadas pelas leis universais da natureza), problema que implica a filosofia de uma história que é preciso pensar como sistema, e não como agregado (sobre todos esses pontos, ver A. Renaut, "Apresentação" de Kant, *Critique de la faculté de juger*, 1995).

A categoria do organismo, como totalidade natural em devir, permite pensar essa ligação íntima entre natureza e tempo, entre sistema e história como forma e vida (donde rejeição de Savigny às "formas sem vida"). Mas, além disso, o que os idealismos de Schelling e Hegel visam é a síntese desses dualismos, nos quais

Kant e Fichte ainda esbarram, os dualismos entre natureza e espírito, sujeito e objeto, necessidade e liberdade. O absoluto é o "domínio da paz universal" (Schelling) onde se anula a distinção entre subjetivo e objetivo. Essa busca passa pela reelaboração do tema kantiano e fichtiano da "consciência de si": Schelling assim descreveu seu gesto filosófico inaugural como consistente em encontrar a objetividade no próprio eu que, no ato da consciência de si, põe-se si mesmo como objeto (*Contribution à l'histoire de la philosophie moderne*, pp. 110 ss.). Não se trata de ligar o pensamento de Savigny a uma corrente determinada, mas de insistir na existência de um fundo filosófico no qual ele se abebera. Isso explica a presença de certos temas e de um modo original de pensamento que se ignora quando se faz a abstração dessa *tonalidade* filosófica.

"Não há existência humana perfeitamente individual e separada; ao contrário, o que pode ser considerado como individual, quando visto de outro lado, é membro de um todo mais elevado. É assim que todo ser humano individual deve ser necessariamente, ao mesmo tempo, pensado como membro de uma família, de um povo, de um Estado." Essa é a posição organicista fundamental de Savigny em "Sobre o objetivo da presente revista". Qualquer outra visão é "unilateral", "falsa e funesta". São assim igualmente condenadas a afirmação do indivíduo sem o todo e a do todo sem a individualidade. A individualidade não é apagada. Isso implica uma concepção da historicidade: um povo é, por um lado, individualidade (o povo atual) mas também, de outro, membro de uma totalidade, tomado como a continuação das épocas passadas. Desse modo, "cada época deve reconhecer alguma coisa de dado e que, no entanto, é ao mesmo tempo necessária e livre". A necessidade provém do fato de que o povo atual herda alguma coisa do qual não dispõe, que é subtraída à sua "arbitrariedade"; a liberdade está ligada à autonomia do povo, pois o povo herda de si mesmo, engendra-se a si mesmo e se encontra, portanto, subtraído a toda arbitrariedade estrangeira. O organicismo aqui culmina na postulação de uma "natureza superior do povo, na qualidade de um todo em devir permanente, que se desenvolve a si mesmo". Convém insistir na presença, no discurso savigniniano, dos temas do idealismo pós-kantiano, que são a unidade da liberdade e da necessidade, bem como da natureza (superior) e da história. Aplicada ao direito, a concepção histórica parte do princípio de que "a matéria do direito é dada à nação pelo passado inteiro, e não arbitrariamente, o que faria que ela fosse uma coisa ou outra, ao sabor do acaso; não, ela provém da essência mais íntima da nação e de sua história. Disso resulta que "a atividade refletida de cada época deveria ser dedicada a trazer à tona essa matéria dada com uma necessidade íntima, rejuvenescê-la e mantê-la vigorosa". Individualidade supõe consciência de si. A evidenciação da matéria jurídica supõe um trabalho do povo consigo mesmo, um trabalho de consciência. O sujeito popular constitui-se na tomada de consciência de sua identidade objetiva, dada e necessária, e através dela. A história savigniniana do direito lembra, em Schelling, a historicização da consciência de si. Se a matéria jurídica é *dada*, não o é *imediatamente*. Ter acesso a ela supõe um esforço, portanto, um movimento histórico. É por isso que: "A verdadeira sede do direito é a consciência comum do povo" (*Beruf*, p. 11).

Essa história da consciência de si de um povo implica esse povo num processo de complexificação de sua relação de si para si e de especialização de sua organização íntima necessária a esse trabalho de consciência. O direito (civil), assim como os costumes, a língua ou a constituição, é uma "função espiritual" do organismo popular, mas essa função, para ser "mantida", precisa de uma "existência corporal". São as formas, os "atos simbólicos", que constituem como que a "gramática verdadeira do direito" (*Beruf*, p. 10). A elevação da cultura apaga relativamente esse modo de emergência do direito relativamente imediato, em favor do trabalho de um grupo, de um "estado" particular, o dos juristas: "O direito forma-se então na linguagem, assume uma orientação científica e, assim como vivia antes na consciência do povo inteiro, volta agora à consciência dos juristas pelos quais o povo é representado agora nessa função." O direito, a partir daí, tem "vida dupla", como parte do conjunto da vida popular (elemento *político*), como ciência particular nas mãos dos juristas (elemento *técnico*) (*Beruf*, p. 12). Essa socioantropologia histórica determina a concepção savigniniana das fontes do direito, assim como o idealismo objetivo subjacente obriga a infinitas precauções na interpretação das noções de relação entre direito e instituição jurídica.

As fontes do direito, a relação de direito e a instituição jurídica

A *fonte* verdadeira do direito é o fundamento do qual ele nasce, seu *Enstehuogsgrund* (seguimos aqui o *Sistema do direito romano atual*, t. 1, §§ 6 ss.). Esse fundamento é "o espírito do povo que vive e age em todos os indivíduos como comunidade". O nascimento do direito, portanto, é em primeiro lugar um fenômeno "invisível", uma fermentação obscura. As três "fontes" do direito comumente admitidas – costume, legislação e ciência – são na verdade modos de "revelação" (*Offenbarung*) do direito "positivo". O costume é o modo primeiro, ao mesmo tempo originário e mais imediato de revelação do direito; não é o fundamento de nascimento do direito, mas um de seus "sinais de reconhecimento". A repetição de um uso não deve ser explicada pelo acaso, mas – com exceção de certas regras indiferentes (a duração exata de uma prescrição, por exemplo) – como fruto da "energia de espírito". O costume, que traduz mais imediatamente o espírito do povo, é um modo confiável de reconhecimento do direito; no entanto, ele é tradução e já, mesmo em pequeno grau, mediação: é o trabalho primeiro, em consciência, do povo consigo mesmo. Precede historicamente as outras "fontes" que, por sua vez, supõem certa diferenciação social, portanto certa elevação cultural. A legislação é "o direito positivo, encarnado através da língua e munido de um poder absoluto". A exposição do *Sistema* de 1840 mostra-se mais receptiva à lei do que o panfleto de 1814. A legislação possui uma "dignidade" igual à do direito consuetudinário, pois ela também é um "órgão do direito popular", uma vez que o legislador (monarca ou assembleia) não está "fora da nação": "Ao contrário, ele se situa em seu centro." Quanto a seu conteúdo, a lei está subordinada ao direito "positivo" já existente e, embora tenha um papel importante, é materialmente determinada e limitada: ela completa o direito positivo ou então sustenta seu progresso. Mas não escapa ao domínio do direito popular, e o costume pode revogá-la. Acima de tudo, o terceiro modo de formação do direito (a ciência) adquire posição dominante. A especialização de um corpo particular de indivíduos, os juristas, confere-lhe duas ações: uma, material, pela qual essa corporação especializada se torna, mais que o legislador, o "representante do todo", e a "atividade produtora de direito" do povo se "retira" em grande parte para esse corpo; a outra, formal e "puramente científica", pela qual o direito, seja qual for a maneira como ganha corpo (costume ou legislação), é "levado à consciência de uma maneira científica e exposta". A atividade científica *encerra*, conclui assim esse trabalho de consciência que é a revelação do direito. E, assim como o corpo de juristas se torna autônomo socialmente, pelo menos em termos relativos ("cada um pode torna-ser jurista", o que estabelece o elo com o povo), o direito científico se torna relativamente autônomo em relação ao direito popular. É a segunda vida do direito, em seu elemento técnico, que é também uma vida mais elevada, a assunção verdadeira do direito. A "relação de direito" (*Rechtsverhältnis*) é o "fundamento mais profundo", do qual "cada direito particular representa apenas um aspecto distinguido por abstração" (*System*, I, § 4). A compreensão do direito particular só pode ocorrer com base numa "visão de conjunto" da relação de direito: "Essa construção viva da relação de direito em cada caso é o elemento espiritual da prática jurídica e distingue seu nobre trabalho do simples mecanismo que tanto ignorantes nela veem." Construção "viva", pois a relação de direito tem uma "natureza orgânica" e, por conseguinte, é ao mesmo tempo sistema e "constante evolução". Embora, mais adiante (*System*, I, § 52 ss.), a "essência" da relação de direito seja definida como "um domínio de dominação independente da vontade individual", é preciso ver que a posição aí assumida não é individualista. Savigny não compreende o indivíduo como o corpo isolado de uma série, completo em si e para si. Ele imediatamente critica (§ 52) a concepção negativa de liberdade, que vê na liberdade a inclinação natural do homem, e no direito seu limite exterior, concebendo, por conseguinte, o Estado como um mal necessário. O direito não é *exterior* a essa independência das vontades, mas a *coconstitui*: a relação de direito comporta dois elementos que são sua matéria (a relação tomada em si) e a forma (a determinação jurídica dessa matéria). A regra de direito é sem dúvida a "fronteira invisível" da liberdade do indivíduo, mas, ao determinar a fronteira, ela também determina o espaço dessa liberdade, que não existiria de outra forma. Todo esse trecho é animado por uma pujante reflexão sobre o limite e a forma jurídica, que não são substancialmente separáveis da matéria da vontade, e isso impede que se leia o direito privado de Savigny com olhos de liberal moderno, criando matizes nos princípios da tese do "liberalismo de direito privado" em Savigny (*contra*: Rückert, *op. cit.*, pp. 184 ss., pp. 358 ss.). Aliás, Savigny, que pensa na unidade da necessidade e da liberdade, de objetivo e subjetivo, não adota a terminologia do "direito subjetivo", que pertence a um pensamento da separação, estranho para ele. Também deixa para outros a expressão "direito no sentido objetivo" (§ 5º). Assim como o direito especial, individual, só se deixa captar sobre o fundo da "relação jurídica", a regra (objetiva) só é concebida plenamente sobre o fundo da "instituição jurídica". Esta possui uma natureza orgânica que a transforma num sistema coerente e evolutivo. Ela não está separada da relação de direito, mas constitui seu "tipo". Seria preciso interrogar demoradamente essa noção de "tipo" aqui introduzida e, provavelmente, relacioná-la com a filosofia natural de Goethe. Mas limitar-nos-emos a insistir na maneira como, em Savigny, se unem dentro de uma unidade superior, o "organismo", aquilo que separamos como direito objetivo, de um lado, e direito subjetivo, de outro: esse pensamento da unidade fundamenta-se – é essa a sua tese – num idealismo no qual se encontram, se conjungem e se engendram reciprocamente necessidade e liberdade.

Sistema jurídico, ciência do direito e codificação

Não se pode *concluir* sobre Savigny, do qual só expomos aqui os princípios essenciais. Mas é preciso insistir no elo entre o sistema e a codificação (que se apresenta como sistema). "Todas as instituições jurídicas se mantêm unidas num sistema" (*System*, I, § 5). Elas só podem ser completamente apreendidas na coesão de conjunto desse sistema "no qual, de novo, aparece a mesma natureza orgânica". "Por mais incomensurável que possa ser a distância entre uma relação de direito específica e limitada e o sistema de direito positivo de uma nação, a diferença só reside nas dimensões; quanto à sua essência, não são distintos, da mesma maneira que os procedimentos mentais que levam ao conhecimento de ambos é essencialmente o mesmo." Esse unitarismo essencial ao pensamento savigniniamo acarreta três consequências fundamentais.

Primeira: "Daí decorre a inutilidade de separar completamente e até de opor, como se faz com tanta frequência na ciência do direito, teoria e prática." Quando a separação entre teoria e prática se torna absoluta, "nasce inevitavelmente o perigo de a teoria naufragar num jogo vazio e a prática afundar em simples artesanato (*Handwerk*)" (*System, Vorrede*). O modelo dessa unidade deve ser buscado na ciência dos juristas romanos clássicos, onde tinha sua "eficácia mais viva" (*ibid.*). Era como se o caso particular fosse por eles tratado como "o ponto de partida da ciência inteira, que devia ser assim redescoberta a partir daí" (*Beruf*, p. 30). Essa maneira de agir propiciava-lhes tamanha segurança de julgamento, que "se pode dizer, sem exagero, que eles calculavam com seus conceitos" (*Beruf*, p. 29).

Esta última fórmula impressionou os contemporâneos e ainda se presta a discussões. Mas pode-se ressaltar que ela autoriza uma leitura de Savigny que enfatize mais a sistemática do que o elemento histórico. Tal leitura, que induz à via do conceitualismo da segunda metade do século, pode, aliás, ser abonada por este trecho do *Beruf* (p. 22): "Pôr à prova (esses princípios diretivos do sistema) e, partindo deles, conhecer a coesão interna, o modo de parentesco que une todos os conceitos e os princípios jurídicos é a uma das tarefas mais difíceis de nossa ciência; é até, na verdade, aquilo que confere caráter científico a nosso trabalho." É a sistematização do direito, mais que seu historização, que o enobrece. Essa característica, acentuada em Puchta, já anuncia a ciência dos Pandectistas.

Por fim, a sistematização, na qualidade de marca do caráter científico da disciplina dos juristas, só pode caber à ciência do direito. Essa evidência condena a codificação, que, por trás de sua pretensão totalizadora, não passa de sistema *apócrifo*. Num célebre trecho do *Beruf* (pp. 133 ss.), que fala de um estado futuro de perfeição da ciência jurídica, Savigny escreve: "Teremos atingido algo mais elevado que a simples segurança e a rapidez na justiça: o estado de clara e evidente sabedoria, que costuma ser próprio ao direito dos povos jovens, se unirá à elevação da cultura científica. Nesse momento, poderemos também nos preocupar com épocas mais frágeis que deverão vir e com a questão de saber se a melhor forma de fazê-lo será por meio de códigos ou de outra forma; estará então na hora de discutir essa questão."

O pandectismo e a ciência jurídica conceptualisa

Pandectismo designa a grande doutrina alemã do direito civil no século XIX. Mais precisamente, visa a ciência do "direito privado alemão comum de origem romana" (B. Windscheid, *Lehrbuh des Pandektenrechts*, t. 1, 2ª ed., 1867, p. 1). Mas "pandectismo" também diz mais que isso, pois qualifica um *estilo*, um *método* da ciência jurídica.

Embora o pandectismo esteja associado ao nome de seu mais eminente representante, Bernhard Windscheid (1817-92), em geral se vê em Georg Puchta (1798-1846) seu grande precursor, o primeiro que, segundo Jhering, passou no exame de ingresso no paraíso dos conceitos jurídicos, lugar estranho que teme contatos com o mundo real (Jhering, *Scherz und Ernst in der Jurisprudenz*, 13ª ed., 1924, p. 253). Com seu *Tratado das Pandectas* (1ª ed., 1838), Puchta apresenta a primeira obra sistemática de direito romano contemporâneo no estilo do pandectismo (ver a homenagem de Windscheid *Lehrbuch*, t. 1, *op. cit.*, pp. 22 ss.). Deve-de acrescentar a esses dois nomes os de Karl Adolf Vangerow (1808-70), Alois Brinz (1820-87), Ludwig Arndts (1822-80), Ernst Immanuel Bekker (1827-1916), Heinrich Dernburg (1829-1907) e Ferdinand Regelsberger (1831-1911). O pandectismo pode ser considerado, por um lado, o aperfeiçoamento do programa de Savigny. Puchta é o primeiro discípulo de Savigny, e Windscheid foi seu aluno em Berlim. No entanto, o pandectismo, por outro lado, é a expressão do fracasso do conceito epistemológico savigniniano.

Cumpre reavivar o espírito do direito e dos juristas romanos. O pandectismo é uma ciência engajada: sua missão é da ordem da história universal, da civilização, pois a ciência jurídica é parte integrante das coisas do espírito. Cumpre defender o direito romano dos ataques dos germanistas. A recepção do direito romano é um processo orgânico, que envereda pelo caminho do direito consuetudinário, assimilando-se a ele, para deixar de ser um corpo estranho à consciência popular: "Não foi por obra da violência externa, mas pelo poder da convicção científica que o direito romano, assim como a filosofia dos gregos e, de modo mais geral, as obras intelectuais do mundo antigo, penetrou em nós e encontrou vida nova" (Puchta, *Pandekten*, 3ª ed., 1845, p. 1). É um direito consuetudinário não baseado no uso popular, mas no uso dos juristas subjugados pelo seu "poder espiritual": ele já não parece *um* direito qualquer, mas a própria encarnação *do* direito, um *ersatz* positivo ao direito natural (Windscheid, *Lehrbuch*, t. 1, *op. cit.*, p. 2). Esse poder faz que o espírito do direito romano extravase de sua matéria: apesar de ser um direito comum "subsidiário", que se apaga diante do costume e da legislação local (os "direitos particulares"), modificado pelo direito comum germânico, ou o direito canônico, não existe "nenhuma parte de nosso direito atual que esteja completamente subtraído à influência do direito romano" (Puchta, *Pandekten*, p. 9). O direito romano exprime e garante o poder espiritual do direito, "o essencial e duradouro" contra "o acidental e o transitório" (*ibid.*).

O essencial e o duradouro são os *conceitos* do direito que o recolhem e o protegem. Nisso, o pandectismo é um conceitualismo (*Begriffsjurisprudenz*). Ele é um *essencialismo*: o trabalho do jurista é, primeiramente, determinar a essência de um relação de direito, de uma instituição jurídica e de seus elementos (a "construção"); essa essência existe de modo relativamente independente das regras positivas que, se benfeitas, se limitam a traduzir esse mundo conceitual (realismo platônico); trata-se, em segundo lugar, de determinar as relações entre essas essências que constituem a sistematicidade desse mundo conceitual (é um mundo, um "organismo", e não um agregado); o método só pode ser dedutivo, visto que a dedução garante a pureza do sistema. Mas este último precisa estar preso a um conceito primeiro do qual se deduz a totalidade dos conceitos. Ora, para sustentar esse mundo completo e universal de conceitos e relações, o conceito primeiro não pode conter nenhuma determinação material (um objetivo ou um interesse) que o particularize; ele deve ser *formal* (*nesse sentido*, o pandectismo é um formalismo). É o conceito de "vontade" que dá a solução, se cuidarmos de purificá-lo de todo e qualquer conteúdo (os conteúdos particularizarão os ramos do direito, os tipos de relação jurídica, as instituições), compreendendo a vontade como puro *poder*, na qualidade de *possibilidade*. O direito é então um sistema de possibilidades da vontade (Puchta, *Cursus der Institutionen*, livro 1, cap. 1). A definição canônica do direito subjetivo dada por Windscheid, por meio do "*poder* de vontade" (*Willensmacht*), é apenas expressão desse fundamento formalista e sistemático do direito. O pandectismo, nesse aspecto, é herdeiro de Kant: o conceito de direito visa apenas a "forma da relação entre os árbitros" (*Doutrina do direito*, § B). Por fim, também se entende que a introdução, feita por Jhering, de um elemento *material*, o interesse, na definição do direito subjetivo não é uma simples modificação, mas o questionamento integral de todo o edifício do pandectismo (Jhering, *Geist des römischen Rechts*, III/1, 2ª ed., 1871, pp. 317 ss.). Os conceitos do direito romano exprimem "o essencial e o duradouro": no fundo, aí a história já não tem verdadeiro papel para desempenhar. O método é integralmente sistemático. O que o pandectismo faz é esvaziar o projeto savigniniano de equilíbrio metodológico. "O tempo é sobrepujado pelo sistema" (Jhering). A história do direito é rebaixada à categoria de "ciência auxiliar", passa a viver no ambiente do sistema. Compreende-se enfim que o espírito do direito romano de que o pandectismo se afirma depositário, exprimindo-se acima de tudo como método, está destinado a extrapolar o domínio de aplicação das Pandectas. A importância da obra de Carl Friedrich Gerber (1823-91), aluno de Puchta, é transpor o método pandectista para os domínios do direito privado germânico (*System des deutschen Privatrechts*, 1848-49) e, sobretudo, do direito público (*Grundzüge eines Systerns des deutschen Staatsrechts*, 1865). O *Direito público de Império alemão* (1ª ed., 1876-82) de Laband é a consagração desse método no domínio do direito constitucional, um "pandectismo de direito público".

A codificação do direito alemão

A cruzada de Savigny contra a codificação não interrompeu o movimento desta, que culmina com a entrada em vigor do Código Civil (*Bürgerliches Gesetzbuch* = *BGB*), em 1º de janeiro de 1900. No entanto, por trás da aparente ironia de um Savigny derrotado pela evolução histórica do direito, deve-se admitir uma vitória mais secreta, parcial decerto, mas efetiva no *estilo* da codificação do direito civil.

O espaço jurídico germânico no século XIX já é sede de várias codificações modernas. A Baviera codificou seu direito criminal (*Codex juris Bavarici criminalis*, 1751), o processo civil (*Codex juris Bavarici judiciarii*, 1753) e o direito civil (*Codex Maximilianeus Bavaricus Civilis*, 1756), obra realizada por Kreitmayr (1705--90). O direito criminal foi substituído em 1813 por um Código Penal redigido em grande parte pelo jurista de inspiração kantiana, Feuerbach (1775-1833). O Código de Direito Civil de 1756, modificado, ficou em vigor até ser revogado pelo *BGB*. O mesmo vale para a grande codificação do direito prussiano de 1794 (*Allgemeines Landrecht*) realizada a convite de Frederico II por Carl Gottlieb Suarez (1746-98), discípulo do direito natural de Wolff. Esse código, que ultrapassa em muito o direito privado, esforça-se por esgotar a matéria jurídica com uma abundância de detalhes que lhe conferem forma casuística. Mais conciso, adstrito aos princípios e limitado ao direito civil, apresenta-se por contraste o "Código Civil Geral para as Províncias Alemãs Herdeiras da Monarquia Austríaca" de 1811 (*Algemeines Bürgerliches Recht* = *ABGB*). Esse texto é essencialmente fruto do trabalho de Franz von Zeiller (1751-1828) que, a partir dos princípios kantianos, adapta o código provisório de orientação jusnaturalista mais tradicional vigente na Galícia a partir de 1797 e elaborado por Karl Anton von Martini (1726-1800). O *ABGB* foi profundamente remanejado no século XX, em especial a partir de 1914-16, com base em reflexões do grande discípulo austríaco da escola histórica, Joseph Unger (1828-1913). A isso se soma o Código Civil francês, em vigor até 1900 nas províncias alemãs da margem esquerda do Reno, bem como, numa versão um pouco modificada a partir de 1809, no Grão-Ducado de Baden. Mais tardiamente, o Código Civil saxônico de 1863 prefigura, no plano e na concepção, o *BGB*. Por fim, cabe destacar a unificação do direito comercial, nos últimos anos da Confederação Germânica: em 1861, a Dieta da Confederação recomenda a adoção, pelos Estados-membros, do Código Geral de Comércio alemão, elaborado a partir de uma iniciativa bávara. Esse código valerá como lei de Império em 1870, antes de ser substituído por um Código de Comércio (*Handelgesetzbuch*) que entre em vigor ao mesmo tempo que o *BGB* e está mais adaptado a ele.

A elaboração do *BGB* foi um processo demorado e difícil que se estendeu por um período de vinte e dois anos, de 1874 (instalação da primeira comissão consultiva) a 1896 (adoção definitiva do terceiro projeto). Windscheid participou dos trabalhos da primeira comissão, e um dos redatores principais foi Gottlieb Planck (1824-1910), que redigiu o essencial do direito de família, apesar de sua cegueira completa. O primeiro projeto enfrentou a violenta crítica dos germanistas (Otto Gierke [1841-1921]) e dos socialistas (Anton Menger [1841-1906]). As modificações introduzidas não satisfizeram essas críticas: o Código adotado, tal como o primeiro projeto, é fruto da ciência pandectista.

O *BGB* não contém disposições relativas aos métodos de sua interpretação, não é casuístico na forma e levou muito a sério a proibição que o primeiro Jhering (ainda "conceitualista") pronunciara: "O legislador não deve construir", ou seja, proceder pessoalmente à análise e à combinação dos conceitos, "calcular" com eles. Essas abstenções intencionais delimitam uma espécie de "reserva da ciência", um domínio reservado, pela natureza das coisas, à ciência do direito. Isso pode ser interpretado como consequência do realismo conceitual do pandectismo: ao estabelecer regras, o legislador trabalha com um mundo conceitual completo, essências jurídicas invariáveis e preexistentes que só à objetividade da ciência, e não à subjetividade de uma autoridade normativa, cabe descobrir. Percebe-se até que ponto estamos longe de um "positivismo da lei". Desse modo, esse texto exprime a vontade de levar em conta a advertência de Savigny: cuidem para que um código não rebaixe a ciência. Poderíamos dizer, carregando nas tintas, que o pandectismo adota um código para demonstrar precisamente sua superioridade a esse código. Seria, paradoxalmente, "uma codificação no espírito da escola histórica" (Jakobs).

› Bockenförde E.-W., "L'École historique du droit et le problème de l'historicité du droit" (1964), *Le Droit, l'Étal et la constitution démocratique*, Paris, LGDJ, 2000, pp. 53-76. – Dufour A., *Droits de l'homme, droit naturel et histoire*, Paris, PUF, 1991; "L'idée de codification et sa critique dans la pensée juridique allemande des XVIIIe-XIXe siècles", *Droits*, nº 24, 1996, p. 45. – Gaudemet J., *Les Naissances du droit*, Paris, 1997, pp. 344-51. – Jakobs H. H., *Wissenschaft und Gesetzgebung im bürgerlichen Recht nach der Rechtsquellenlehre des 19. Jahrhunderts*, Paderborn, München, Wien, Zürich, Schöning, 1983. – Jouanjan O., "Science juridique et codification en Allemagne (1850-1900)", *Droits*, nº 27, 1998, p. 65; "La volonté dans la science juridique allemande du XIXe siècle. Itinéraires d'un concept, entre droit romain et droit politique", *Droits*, nº 28, 1999, pp. 47-69. – Rückert J., *Idealismus, Junsprudenz und Politik bei Friedrich Carl von Savigny*, Ebelsbach, Gremer, 1984.

Olivier Jouanjan

→ Alemanha; Ciência do direito; Codificação; Doutrina; História do direito.

ESCOLÁSTICA (Segunda)

Ensinamentos da escola, mas percebidos na forma de segunda vida que tiveram na aurora dos Tempos Modernos, quando aqueles que desde sempre eram seus mestres, professores da faculdade de teologia, tentaram encontrar as respostas para as múltiplas questões que rondavam a consciência dos homens do tempo – a descoberta de um "Novo Mundo" e, com ele, de comunidades que viviam segundo regras radicalmente diferentes das que se acreditava serem universais, a ruptura dessa unidade cristã que se acreditava necessária à prometida união dos homens em Deus, o advento de formas políticas parcialmente novas, os Estados nacionais, cuja pretensão a uma soberania sem igual abalava a harmonia da *respublica christiana*: tal era o momento crucial da história do pensamento europeu que a historiografia do século XX tentou especificar falando de "Segunda Escolástica".

A menção das principais questões que impulsionaram essa renovação do pensamento teológico permite compreender a importância essencial que hoje lhe é atribuída na evolução dos principais conceitos da ciência jurídica. Mas o reconhecimento dessa influência passou por surpreendentes eclipses, que dão a medida das dificuldades que o pensamento jurídico-político moderno enfrenta para definir os elos que o ligam a essa herança escolástica multiforme, que é, ao mesmo tempo, a herança contra a qual ele se construiu, mas também aquilo sem o que ele não poderia ter-se construído. Daí a oscilação entre negação e supervalorização que caracterizam a historiografia nesse aspecto. Durante mais de dois séculos, a partir, *grosso modo*, dos anos 1650, os nomes dos grandes teólogos do século XVI quase desapareceram da memória jurídica. Na Europa protestante, foi uma verdadeira anulação. Do ponto de vista de seus historiógrafos, a ciência do direito natural teve uma espécie de começo absoluto, a obra de Grócio, que lhes parece criá-la em sua totalidade. Nas Universidades católicas, em compensação, especialmente nos estabelecimentos dependentes da ordem dos jesuítas, o ensino dos teólogos continuou notavelmente fiel à tradição de pensamento cuja síntese fora feita por seus predecessores no século XVI. Mas, por mais real que seja, sua influência agora parece limitada no campo da reflexão jurídica e política. Evidentemente, os dicionários de casos de consciência comprovam que era com base nos princípios extraídos diretamente da tradição escolástica que os padres orientavam as almas e explicavam como deveriam ser entendidas e aplicadas as principais regras do direito. Evidentemente, é só lendo um grande número de obras de doutrina jurídica que se pode dimensionar o papel essencial desempenhado pelo direito canônico na transmissão dos princípios provenientes da teologia. Mas, por mais fundamental que tenha sido na formação e na orientação espiritual em países que permaneceram fiéis à comunhão católica, esse domínio do discurso teológico foi abalado pela suspeição que sobre ele fizeram pesar os defensores dos Estados monárquicos: desde o apoio doutrinário oferecido por sua ordem ao movimento da Liga na França, os teólogos jesuítas foram sempre denunciados como apologistas do tiranicídio, e, através deles, o conjunto do ensino teológico sobre política e direito pareceu a muitos potencialmente subversivo.

Foram os especialistas em direito internacional público que, a partir do século XIX, puseram termo nesse eclipse, redescobrindo o importante papel desempenhado pelos mestres espanhóis do século XVI no surgimento e na fundamentação de sua disciplina. A partir daí, a historiografia devolverá aos teólogos do século XVI mais talvez do que lhes fora indevidamente subtraído. Se acompanharmos os trabalhos que marcaram essa ressurreição, veremos que nos pensadores da Segunda Escolástica surgiria grande número de conceitos-chave a partir dos quais seria construído o pensamento jurídico moderno: direito definido como faculdade moral, propriedade concebida como expressão da liberdade e da razão humana, lei positiva reduzida a uma pura e simples dedução da lei natural e soberania vinculada à comunidade humana como fonte dela. Mas caberá concluir que através de sua obra ocorreram as rupturas essenciais que caracterizaram a modernidade jurídica? Para tentar responder a essa pergunta ainda discutida, será preciso examinar os princípios fundamentais que motivam tais pensadores. Eles foram vistos como autores divididos entre orientações doutrinárias contraditórias, e muitos acreditaram encontrar na progressão das teses nominalistas que neles se observa a fonte das rupturas que marcaram seu pensamento jurídico. Mas, por mais real que seja essa divisão, acaso ela abalaria decisivamente o fator de unidade essencial representado pelo desejo de tais teólogos de encontrar o sumo critério de verdade na conformidade de seu pensamento com o pensamento do conjunto de seus predecessores? O exame dessa primeira questão possibilita dimensionar a "modernidade" de suas proposições para o direito. Embora seja pouco contestável que neles se encontra a maioria dos princípios e dos conceitos que estruturarão a nova figura do direito e do Estado, essa modernidade, encravada que está numa reflexão que pensa o direito humano sobretudo em sua relação com Deus, permanece tradicional, como já se disse.

Múltipla e una

A expressão "Segunda Escolástica" acabou por prevalecer, mas não apagou outras fórmulas – escolástica espanhola, *Spätscholastik* –, que não eram desprovidas de méritos. Seu confronto permite depreender um primeiro esboço dessa complexa corrente de pensamento e, ao mesmo tempo, mostrar sua unidade e sua multiplicidade. A Segunda Escolástica é, em primeiro lugar e essencialmente, a escolástica espanhola da historiografia ibérica, a escolástica do *Siglo de oro*. Espanhola ela é pelas origens, pois na Universidade de Salamanca foram dadas as primeiras aulas em que os estudiosos do mundo antigo, os professores da *sacra doctrina*, aceitaram responder às novas questões da modernidade nascente. Lá também, depois da Sorbonne e na esteira de um novo interesse nascido na Itália, a *Summa theologica* de são Tomás de Aquino substituiu as *Sentenças* de Pedro Lombardo como base dos estudos de teologia. Mas foram sobretudo os seus principais pensadores que constituíram uma Escola Espanhola: de Vitoria a Suarez, passando por De Soto, Bañez, Vazquez, Molina e muitos outros, os mestres do movimento eram súditos dos Reis Católicos, não por acaso. Nas primeiras décadas do século XVI, coube aos pensadores espanhóis interrogar-se sobre a legitimidade da conquista do Novo Mundo. Do mesmo modo, depois da ruptura definitiva entre protestantes e católicos, numa Europa já separada em dois campos, em que a Espanha tendia frequentemente a aparecer como braço armado da autoridade pontifical, a eles se recorreu também para o combate contra aquilo que a Igreja católica denunciava como heresia, em suas formas doutrinais, mas também em suas consequências políticas. No entanto, por mais importante que fosse, a participação espanhola não foi exclusiva, aliás, não poderia sê-lo. Em conformidade com as tradições herdadas da Universidade medieval e com as possibilidades oferecidas pelo uso universal da língua latina, que servia ao ensino e à escrita, os mestres espanhóis não estavam ligados apenas às universidades da Península, nem na formação – Vitoria foi aluno daqueles *parisienses* que ele depois não hesitará em criticar – nem no ensino – Suarez foi durante vários anos professor em Roma. Além disso, sobretudo a partir das últimas décadas do século XVI, com o desenvolvimento da Ordem dos Jesuítas, vários homens oriundos de toda a Europa – Itália, Alemanha, Inglaterra, Holanda – foram para Universidades como Salamanca, Coimbra, Roma, Lovaina e Ingolstadt colaborar com aquilo que foi, acima de tudo, uma obra coletiva, como aliás não poderia deixar de ser.

É verdade que muitos historiadores consideraram que o intuito de unidade e permanência ostentado pelos teólogos católicos do século XVI mascarava, por um lado, as divergências doutrinárias que os opunham entre si e, por outro, as rupturas que eles introduziam na tradição de pensamento que pretendiam perpetuar. De fato, é fácil perceber neles perpétuas oscilações que marcaram tanto sua primeira filosofia – entre o realismo, para o qual eram conduzidos pelo desejo de permanecer fiéis a Tomás de Aquino, e o nominalismo, herdado da corrente escotista e ockamiana, perceptível em muitos deles – quanto suas propostas para o direito – que parecem permanentemente hesitar ou recusar-se a optar entre racionalismo e voluntarismo. Mas que peso dar a essas tensões? Elas foram certamente exacerbadas pelo desejo que orientou esses diferentes pensadores de tentar continuar fiéis às orientações intelectuais dos mestres das ordens às quais eles pertenciam. Há também o risco de tomar por oposições de fundo aquilo que é apenas resultado da aplicação do método escolástico do *pro* e *contra*, ao qual, como se sabe, eles permaneceram fiéis. A julgar pela permanência no tempo, o que confunde as coisas é a necessidade que tinham aqueles pensadores de responder a questões novas no âmbito da reflexão jurídica e política. A grande ênfase que eles precisaram dar a certos princípios da argumentação clássica acaso não os levaria para posições novas?

O fato é que nos séculos XVI e XVII os espíritos foram sensíveis, acima de tudo, à *unidade* desse pensamento. Naquele tempo, falar em "ensinamento da escola" bastava para que cada um soubesse sem verdadeira ambiguidade quais eram os princípios visados, quer o intuito fosse basear-se neles, quer, ao contrário, combatê-los. E como poderia ser diferente, se, para a *sacra doctrina*, a unidade no tempo e no espaço era o principal sinal de conformidade da palavra humana com a palavra divina e se, através e além dos debates, o que se procurava manter era essa unidade, *eadem, ubique, semper*? Donde a suspeita de que, em parte, o olhar lançado sobre eles por uma história preocupada em encontrar as raízes da modernidade talvez tenha levado a mostrar neles rupturas prenunciadoras. Essa é a hipótese que se pode pôr à prova para tentar delimitar o lugar deles na história do pensamento jurídico.

Modernidade da tradição

A importância do papel de tais pensadores nesse campo decorre, primeiramente, do fato de que, no século XVI, teologia e direito ainda não estavam separados. A partir do renascimento das Universidades, foram essencialmente os mestres da faculdade de teologia que enunciaram os princípios segundo os quais era preciso pensar a legitimidade do direito e do Estado, construir suas regras e definir seus fins. Mas era deles o monopólio desse magistério, ou eles o compartilhariam com os professores de direito civil e de direito canônico? A importância dos temas e das afirmações comuns às três disciplinas na apresentação dos fundamentos do direito torna difícil saber quem enuncia e quem repete, e esse vaivém tradicional se amplia no século XVI. Grande número de asserções e princípios atribuídos à Segunda Escolástica parece resultar de um verdadeiro diálogo e, em certos pontos, a contribuição dos canonistas não é desprezível. Além disso, como as questões para as quais lhes pediam respostas eram cruciais e punham em jogo não só os fundamentos, mas também as próprias formas do direito, os grandes teólogos daquele tempo fizeram questão de adquirir um verdadeiro conhecimento das regras jurídicas e não hesitaram, como Suarez, em realizar verdadeiras dissecações da obra dos legistas e dos canonistas. Assim, o conjunto da tradição escolástica de reflexão sobre o direito forneceu toda a argumentação por meio da qual os "teólogos-juristas" construíram sua reflexão. Por meio de qual alquimia esse trabalho os levou a trazer à luz alguns dos conceitos essenciais do pensamento moderno sobre o direito?

Inicialmente, como se sabe, o descobrimento do Novo Mundo e os problemas suscitados pela conquista deram ensejo à sua reflexão. Interrogados sobre a validade dos direitos que cabiam às comunidades humanas totalmente estranhas ao cristianismo ali encontrado pelos europeus, eles foram levados a refletir sobre o lugar e o papel de Deus no fundamento do direito humano. Nesse sentido, através de respostas, célebres, que eles formularam sobre essa questão, pode-se tentar discernir o sentido e o alcance do conjunto de sua reflexão jurídica.

Para legitimar a empresa europeia de conquista e colonização, partiu-se de certa interpretação da visão cristã do fenômeno político. Desde a Idade Média, os teólogos não paravam de repetir que, visto que o mundo – como afirma a *Bíblia* – pertence ao Deus que o criou, todos os direitos que os homens possam exercer sobre as criaturas que os cercam devem ser concebidos como formas de participação nesse *dominium* divino. A situação do ser humano, que para eles estava posto no ápice da hierarquia das criaturas terrestres, confirma aquilo que a Escritura afirma: todos os direitos que o homem exerce sobre os outros seres repousam, por um lado, sobre a ordem inscrita por Deus na ordem natural que estrutura a criação e, por outro, sobre a concessão expressa pela qual ele a deu ao homem. Ora, como esse *dominium* que o Criador comunicou ao homem remete, no discurso teológico, tanto ao poder com o qual Deus tirou o mundo do nada quanto ao poder com o qual ele o mantém no ser e o governa, o princípio vale para o poder sobre os homens e também para o poder sobre as coisas. Por isso, desde sempre, as interrogações recorrentes sobre o destinatário dessa concessão divina e sobre os caminhos pelos quais ela opera. Se a considerarmos baseada, acima de tudo, numa hierarquia inscrita na *natureza* das coisas, ela valerá para a totalidade dos seres humanos, e a atribuição dos direitos assim concedidos se dará por intermédio das "causas segundas", e ela faz parte da história e da ação dos homens. Mas se vincularmos essa concessão a uma vontade *expressa* do Criador, como os textos santos parecem indicar, não caberá deduzir que ela diz respeito apenas aos eleitos de Deus? Donde a presença, especialmente em alguns canonistas medievais, da afirmação de que o domínio das coisas criadas, pertencendo tanto a Deus quanto a Cristo, Deus-feito-homem, deverá caber, desde a Encarnação, apenas aos cristãos, com a eventual consequência de que eles são as autoridades às quais o Filho de Deus transmitiu o seu poder, cristão que têm a incumbência de controlar o uso que dele se faz ou mesmo – segundo os intérpretes mais radicais – de distribuí-lo entre si. Forjadas pela corrente curialista para justificar o controle do espiritual sobre o temporal, essas teses foram retomadas pelos legistas para legitimar o *dominium mundi* reivindicado pelo Imperador.

Foram elas que inicialmente possibilitaram justificar a conquista espanhola, sendo seu documento principal o ato pelo qual o papa, em 1493, dividira entre espanhóis e portugueses o Novo Mundo que ainda seria descoberto. Compreende-se então por que, para demonstrar a legitimidade das comunidades e das possessões indígenas, os teólogos foram levados a enfatizar fortemente os fundamentos *naturais* dos direitos humanos. Embora todo o domínio e todo o poder de que o homem dispõe lhe advenham e só possam advir de uma concessão divina, em sua realidade histórica esse domínio e esse poder não podem ser vinculados à existência de um elo, direto ou indireto, entre Deus e o detentor deles; eles estão vinculados apenas à natureza de ser humano, ao conjunto de qualidades com que o Criador dotou o homem para lhe permitir dominar as outras criaturas. Por isso está presente desde sempre no discurso teológico, mas fortemente amplificada pelos teólogos do século XVI, a afirmação de que o domínio pertence ao homem segundo a razão, de que se baseia no seu livre-arbítrio. Nesse ponto, parece desenhar-se a propriedade concebida como expressão da razão e da liberdade humanas. Mas para eles – e aí está a outra vertente da reflexão teológica sobre os fundamentos do direito humano a que eles recorrem – esse *dominium* não é um poder de fato que as circunstâncias fariam aparecer ou desaparecer, é um *dominium juris*, um poder-direito: como está ligado à natureza humana em virtude de uma vontade superior a qualquer outra, não poderia ser dela desligado, é inalienável. E então parecem ganhar forma a noção de direito subjetivo e também o conceito de direitos naturais do homem.

A análise assim esboçada poderia ser feita para outros momentos-chave da reflexão dos teólogos da Segunda Escolástica, em que a historiografia acreditou ver a emergência das linhas gerais do pensamento jurídico moderno. É o que ocorre quando eles apresentam os elementos para se pensar o direito das gentes, não mais segundo a acepção clássica, como conjunto das instituições presentes na maioria dos povos, mas como um direito *entre* as nações cuja fonte está na existência de uma comunidade política do mundo inteiro. É também o que ocorre quando alguns deles, especialmente Suarez, transformam radicalmente a realidade visada através do termo lei: enquanto no pensamento e na prática provenientes do realismo tomista as leis, diversificadas pelos elos que as vinculam a cada nível de realidade, estavam unidas apenas por uma hierarquia dos fins e exigiam, para serem aplicadas aos casos particulares, as regras da discussão jurisprudencial, na apresentação do teólogo jesuíta, as leis passam a ser pensadas apenas como simples aplicações de uma única lei superior – a de Deus, mas também a do Príncipe –, com a consequência essencial de que, para serem aplicadas, o trabalho da razão jurídica pode em última análise reduzir-se a simples dedução. É o que ocorre, enfim, quando, para combater a expansão das teses do direito divino e o intuito de seus defensores de pôr o soberano fora de qualquer controle, afirmando que ele foi escolhido por vontade particular de Deus, eles lembram que é na comunidade, no momento em que o povo nasce da multidão, que aparece a soberania e, por conseguinte, ela não existe sem *consenso*, quaisquer que sejam os caminhos pelos quais ela passa do povo ao Príncipe – caminhos múltiplos, mas, afora o caso do povo eleito, sempre humanos.

É certo que pouco basta para extrair desses desenvolvimentos as principais características da figura moderna do direito e do Estado. Certamente era necessário desenhar esse quadro para compreender esse estranho e permanente diálogo com as escolásticas que possibilitou aos primeiros grandes pensadores modernos – Grócio e Pufendorf, mas também Hobbes e Locke – construir sua obra. Mas não é menos necessário notar que essa figura, que acreditamos simplesmente acentuar seus traços, é em grande parte uma *reconstrução*. Ela ganha forma com um trabalho de desencravamento, que rompe os múltiplos elos que vinculavam suas características à vontade constante e nunca desmentida dos teólogos de pensar o direito humano em sua relação com Deus. Para compreendermos o que o pensamento jurídico moderno deve à reflexão teológica sobre o direito, certamente é importante vermos o que ele lhe deve, mas não menos importante é distinguir as consequências dessas rupturas.

› BASTIT M., *Naissance de la loi moderne, La pensée de la loi de saint Thomas à Suarez*, Paris, 1990. – COURTINE J.-F., *Suarez et le système de la métaphysique*, Paris, 1990. – GROSSI P. (org.), *La Seconda Scolastica nella formazione del diritto privato moderno*, Milão, 1973. – RENOUX-ZAGAMÉ M.-F., *Origines théologiques du concept moderne de propriété*, Paris-Genebra, 1986; *Du droit de Dieu au droit de l'homme*, Paris, 2003. – TODESCAN F., *Lex, Natura, Beatitudo. Il problema della legge nella scolastica spagnola del sec. XVI*, Pádua, 1973. – VILLEY M., *La Formation de la pensée juridique moderne*, Paris, 1967. – ZARKA Y.-C. (org.), *Aspects de la pensée médiévale dans la philosophie politique moderne*, Paris, 1999.

Marie-France RENOUX-ZAGAMÉ

→ Direito das gentes; Direito natural; Escolástica jurídica.

ESCOLÁSTICA JURÍDICA

Embora ligado a estudos teológicos, o substantivo escolástica, de modo mais amplo, expressa o renascimento intelectual do século XII, sendo o método que organiza toda a pesquisa. Não seria possível, então, defini-la pela matéria à qual é aplicada (aplicação da razão filosófica à fé religiosa para tornar esta última acessível ao espírito humano), mas sim como um método racional de explicação e concordância de textos, pondo as técnicas da retórica e da lógica antigas a serviço de obras consideradas como *auctoritates* – hoje diríamos textos de referência, não fosse a reverência que orientava os medievais em seu trato com as fontes de saber. No entanto, ela tampouco consiste no respeito a um esquema determinado, e sim em certo estado de espírito perante a tradição: menos uma abordagem científica moderna e crítica, e mais a translação e a assimilação escrupulosas de uma herança intelectual. Assim definida, a escolástica deixa de ser uma disciplina inventada por algum Abelardo e levada ao apogeu por certo Tomás de Aquino. No campo jurídico, especialmente, esboça-se uma evolução paralela à que é admitida há muito tempo pelos historiadores da filosofia, mas com algumas diferenças de aspecto. Descrever a história do método jurídico na Idade Média é trazer à tona os meios que estavam à disposição dos juristas, meios que eram elementos para inventar, já antes de qualquer influência da teologia, uma escolástica autônoma, mas oriunda do mesmo tecido cultural.

Uma herança antiga

Os juristas medievais compartilhavam com as outras disciplinas científicas a abordagem dos textos com os quais trabalhavam: consideravam tais textos como manifestações da razão, tanto pela origem quanto pela forma. Era o que ocorria com os canonistas, e o Decreto de Graciano (~ 1140) apresentava a particularidade de ser a aplicação a *auctoritates* do método escolástico que, por sua vez, tornava-se *auctoritas*. Os civilistas, por sua vez, baseavam-se no *Corpus* de Justiniano, mas aos poucos foram integrando os direitos lombardos e feudais (meados do século XII) e até mesmo as costumagens e os direitos particulares, no caso dos pós-glosadores. Quando um texto é lido como autoridade, há três consequências. Em primeiro lugar, ele adquire atualidade absoluta: nada nele é supérfluo ou ultrapassado. A exegese medieval, portanto, ignorava qualquer perspectiva crítica histórica, não se interessando pelo autor das leis, por sua autenticidade nem por seu contexto. Em segundo lugar, considerava-se que a autoridade era completa, capaz de resolver todos os problemas que se apresentassem. "*Sicut ex quatuor elementis omnia corpora conficiuntor* [...], *ita hic liber comprehendit omnia iura*" – disse a glosa sobre os "*prima elementa*" no proêmio às *Institutas*. Em terceiro lugar, a Idade Média postulava a unidade de suas fontes, que, portanto, não poderiam contradizer-se. Por conseguinte, era preciso formular uma explicação total pela absorção de todo e qualquer antagonismo entre os textos. Para levar a cabo esse trabalho de exegese, os autores dispunham de meios tão veneráveis quanto as próprias autoridades. A cultura latina medieval, vasto quadro no qual evoluíam eruditos, formados nas *artes liberales* do *triuium* (gramática, retórica, dialética), punha à disposição deles a lógica e a filosofia clássicas. A *uetus logica*, composta de traduções de algumas obras de Aristóteles (*Categorias, Peri Henneneias*) e da *Isagoge*, era transmitida pelos comentários de Boécio e por escritos mais ou menos autônomos, mas também pelos manuais de *artes*, que compreendiam exposições de lógica. Foi completada na segunda década do século XII pela *noua logica*, que apresentava os outros livros do *Organon* aristotélico e terminava fundindo lógica e gramática no fim do século. De filosofia, os medievais conheciam por outro lado o platonismo, Cícero e Sêneca, bem como toda a literatura patrística, mas só tardia e imperfeitamente os juristas citaram essas fontes filosóficas (a partir de Placentino), e da lógica nova pareciam utilizar apenas as *Refutações sofísticas*. A literatura do tempo só servia para dar-lhes o conhecimento da dialética clássica. Em outros termos, enquanto filósofos e teólogos estavam à espreita de descobertas metodológicas – e com eles os canonistas que, pelo menos até o advento do *utrumque ius*, se vinculavam mais a métodos teológicos –, os romanistas faziam uma seleção entre aquilo que os estudos lhes apresentavam, usando como critério a utilidade imediata para seu trabalho exegético e para a prática jurídica.

Essa influência do *triuium* atuou em dois planos. A apresentação material, o vocabulário, os gêneros literários lhe devem muito, mas também a técnica de análise textual. Assim se explica grande unidade da ciência jurídica medieval, que em todos os países dava mostras de notável uniformidade literária, com exceção das diferenças de nível das escolas das quais provêm os escritos. Essa unidade também se observa no tempo. Se é que há uma evolução, ela se dá menos por reações radicais de uma escola em relação à outra do que por um desenvolvimento exigido pelos progressos científicos e paralelo ao das outras disciplinas. O progresso dos conhecimentos em lógica contribuía com novos instrumentos e com um aumento da tecnicidade, enquanto os avanços do saber jurídico lhe contrapunham novas exigências de profundidade analítica. A preponderância das técnicas retóricas e gramaticais dos primórdios foi substituída pela aplicação mais ampla de métodos lógicos. Assim, não cabe negar o aumento da sistematização – detectável na multiplicação dos tratados organizados por matérias – e o aprofundamento da exegese – que dava destaque aos desenvolvimentos dogmáticos e às soluções práticas, mas de Irnérius aos pós-glosadores observam-se os mesmos procedimentos didáticos, o mesmo interesse pela Antiguidade, as mesmas tendências de complexificação abusiva, os mesmos objetivos. A liberdade de interpretação, tradicionalmente apresentada como sinal distintivo dos pós-glosadores, é muito grande desde o início: os glosadores ignoravam expressamente o contexto das palavras que explicavam e acrescentavam princípios de distinção (como exemplo desse modo de proceder, remetemos à análise da constituição *Omnia principis*, feita em Roncaglia em 1158). Buscava-se menos um sentido literal do que, através dele, um direito em evolução sem nenhuma referência temporal. As noções de interpretação fixa ou livre, assim como a de adaptação, não tinham sentido nessa óptica. Assim, os procedimentos dos pós-glosadores não resultavam de uma conscientização da singularidade de sua época (negando, em contrapartida, a autoridade do *Corpus*, fora do tempo), mas da constatação de que no momento eram aqueles os procedimentos que possibilitavam a melhor realização da atemporalidade absoluta do direito romano, *des-cobrindo-se* mais sua verdade aplicável na prática. A verdadeira mudança estaria mais no fato de que no século XIII o que se comentava era a glosa de Accursio, de preferência ao *Corpus* de Justiniano. Mas o texto antigo não deixava de estar presente, subjacente, e, quando os autores trabalhavam a partir da *Glossa ordinaria*, apenas visavam através dela o direito de Justiniano. Foi só com a admiração despertada por Bartolo, no fim do período, que se assistiu à transferência da autoridade da fonte para o seu comentador.

Interpretação racional

A partir dessa dupla herança antiga (texto e método), formou-se aquilo que constituiu propriamente a escolástica jurídica: a busca da compreensão racional do direito romano. Essa busca ocorre no contexto de um esquema exegético específico. Conhece-se a abordagem escolástica clássica, que procede em quatro movimentos: apresentação e discussão dos argumentos e dos contra-argumentos, solução, crítica dos argumentos que se lhe opõem. Os civilistas adaptaram esse esquema e o integraram numa apresentação mais ampla do problema por tratar, portanto, do texto de Justiniano. O desenrolar ideal (e raramente observado na íntegra) de uma *lectura* compreendia a introdução ao título e o resumo das leis que seriam tratadas, uma leitura acompanhada de primeiras explicações, apresentação de textos paralelos ou contrários, solução das contradições daí resultantes, depreensão das ideias jurídicas do texto e discussão das questões de direito. Tratava-se de guiar o estudante na abordagem de tais textos novos e de prepará-lo para a prática judiciária dando-lhe argumentos e ensinando-lhe como usá-los. Percebe-se aí até que ponto interagiam os dois campos do método herdado da Antiguidade: o esforço de apresentação racional que obedecia a regras de retórica punha em evidência problemas de conteúdo que cabia resolver com a dialética. O trabalho com as *auctoritates* jurídicas comportava três etapas: compreensão textual por meio da análise linguística, compreensão racional por meio da reestruturação da matéria e solução das contradições.

A análise linguística era reduzida à congruência. Os juristas se limitavam, por outro lado, à aplicação das regras gramaticais mais elementares e a um longo trabalho de definição. Em se tratando de definições nominais, os autores ora recorriam à etimologia, às vezes fantasiosa, utilizando um vocabulário técnico estoico, ora recorriam a sinônimos, o que os aproxima dos gramáticos. As definições reais encontradas situam-se principalmente num contexto de crítica ou de compreensão das definições dadas pelo próprio texto. Por meio de descrições ou de definições nominais, os medievais tentavam traduzir para o latim escolástico medieval as imagens retóricas antigas. Chegando-se assim à compreensão literal (que algumas vezes pode revelar-se errônea), a determinação retórica dos *loci argumentorum* para a explicação do caso jurídico por tratar possibilitava delimitar pela primeira vez os elementos em jogo e passar à classificação sistemática.

Esta última era feita em função das categorias aristotélicas, articulando o saber jurídico segundo pontos de vista superiores. Azo chegou a tentar uma classificação das ficções jurídicas de acordo com todas as dez categorias. No entanto, as mais úteis para os juristas eram as de contrariedade e semelhança: pela prática das autênticas (excertos das *Novelas* recopiadas no *Código* sob as leis que tratassem da mesma matéria) e das alegações, eles reuniam os textos segundo a identidade de seu objeto, e nos *Brocardos* reuniam pares de argumentos contrários. Além das categorias, usavam procedimentos dialéticos como a *distinctio* para comparar textos disseminados. Esse método indutivo permitia-lhes trazer à tona nexos lógicos entre textos e conceitos, portanto generalizar as regras assim obtidas. A tendência à generalização surgiu já antes dos pós-glosadores: por meio dos *notabilia*, pontos de vista geral eram abstraídos da decisão casual com o fim de se chegar a um uso mais amplo, enquanto as *solutiones contrarietatum* davam ensejo à dedução de regras jurídicas segundo o ideal expresso por Azo. Por isso, preferia-se proceder por argumentos *per similitudinem*, mais propícios às generalizações do que os argumentos *e contrario*, que comportavam restrições. O primeiro resultado desses esforços de racionalização na apresentação da matéria, porém, foi a descoberta de contradições inerentes ao *Corpus*.

Para resolvê-las, os exegetas recorreram aos conceitos lógicos clássicos. Retomaram assim as reflexões aristotélicas sobre o princípio de não contradição e do terceiro excluído, bem como sobre as oposições, o mais e o menos e a impossibilidade de um *summum genus*. Inspiraram-se nas teorias clássicas dos silogismos e nas teorias sobre as falsas conclusões (que possibilitavam explicar algumas contradições por equivocidade ou generalização vedada). Mas foi principalmente a ciência dos predicados que deu início à aplicação do método emblemático da escolástica dialética: tentando emendar o texto latino, os juristas eram levados a fazer *distinctiones*. O texto justiniano dera o exemplo, ao aplicar o critério de distinção segundo o gênero e a espécie. Valendo-se em graus diversos das diferentes espécies de divisão, os glosadores faziam da distinção seu instrumento principal de trabalho, chegando a erigi-la a gênero literário autônomo. Ela é encontrada em todos os seus trabalhos. O caso mais típico, que tinha em vista, diretamente, a solução de um problema, era sem dúvida a *quaestio*, existente pelo menos desde Bulgarus. A *quaestio legitima* tratava de um ponto de direito que revelasse uma contradição na própria lei. A solução, portanto, não podia consistir na rejeição de uma das duas posições. Ademais, para evitar falsos debates, era preciso que se tratasse de um ponto de direito "duvidoso", que o saber teórico apenas fosse incapaz de resolver, algo que exigisse imaginação criativa, discernimento jurídico, esforço dialético, em suma, aplicação de distinções. Estas eram também utilizadas na solução das questões disputadas, cujo objeto fossem reivindicações contraditórias e fictícias de duas partes, que pudessem ter determinado a rejeição pura e simples da posição que não estivesse fundamentada em direito. Isto porque a distinção se tornara o principal método no tratamento do direito, não só para a resolução das contradições, mas sobretudo para a consecução da sistematização do direito, que ela possibilitava entrever e levar a cabo. Não é raro observar a cisão de grupos de conceitos romanos e a reunião de seus elementos em novos grupos, raciocínios romanos traduzidos em esquemas dialéticos. Mais que isso, as divisões logo possibilitaram a criação de pequenos sistemas que ultrapassavam a simples *collectio* generalizadora que lhes servia de fundamento. Essa substituição de uma ordem dada por um sistema nada tem de surpreendente, se lembrarmos que a problemática jurídica não consistia apenas em compreender os diferentes textos, mas em ter domínio completo da matéria em seu conjunto. Portanto, era preciso conformá-la à razão, o que, afinal, não passava da realização do postulado básico de *ratio scripta*. As sistematizações por distinções coordenadas atingiram graus nunca mais vistos em termos de complexidade de ramificações e exaustividade; testemunho disso é o gênero *Arbor actionum*.

Uma ciência autônoma

Não satisfeitos em levar ao extremo seu conhecimento do direito romano, os juristas reivindicavam uma diferenciação nítida em relação às outras ciências, uma vez que a "*uera philosophia legalis*" não se confundiria com a simples "*philosophia dialectica*". Evidentemente, houve relações intelectuais com outras disciplinas, relações que indicam os itinerários pessoais dos autores (Irnérius é autor de *sententiae* teológicas; Jacques de Révigny estudara teologia). Sem dúvida a singularidade do método jurídico era relativa: Jean de Salisbury acaso não cita exemplos? Sem dúvida, os glosadores quase não utilizam os trechos do *Corpus iuris ciuilis* nos quais são aplicados os meios metodológicos que também serão os da escolástica. No entanto, caberá concluir por uma necessária influência da filosofia ou da teologia do tempo sobre a escolástica jurídica? Algumas tendências específicas à dialética jurídica, entre as quais a já mencionada preocupação linguística mínima, preocupações que não são ontológicas, e a diferença no estatuto das questões são elementos que indicariam a ausência de tal influência. A probabilidade de uma origem dos conhecimentos dialéticos comum às diferentes ciências por via do *triuium*, que por si só justificaria o parentesco entre formas e gêneros, afora qualquer paternidade determinável, permitiria defender a tese da autonomia. Cabe afirmar essa independência, ao mesmo tempo de método e de fatores.

O *Sic et Non* de Abelardo durante muito tempo foi considerado o marco do nascimento do método escolástico. Os autores modernos começam a rejeitar essa tese, embora a influência desse texto não seja desprezível. No que se refere ao direito, essa mesma influência deve ser questionada. A obra de Abelardo pretende dar as chaves para superar as divergências nascidas da compilação de textos extraídos das Escrituras e da literatura patrística. O autor considera que tais contradições são inevitáveis, em vista do grande número de textos, e num prólogo expõe regras de harmonização. Segundo ele, é preciso verificar a autenticidade dos textos, a eventual existência de textos posteriores da mesma lavra que revoguem as primeiras asserções, portanto o caráter obrigatório respectivo dos diferentes textos canônicos em questão; também preconiza determinar os múltiplos sentidos que uma mesma palavra pode ter num autor e pôr à prova a força argumentativa dos diferentes textos. Quem não vê a diferença de abordagem em relação aos juristas! A harmonização buscada por Abelardo é menos dialética que crítica. (Nisso, nem os próprios teólogos o seguem.) O corpo do texto, por sua vez, é constituído por um conjunto de 158 questões que não comportam soluções nem justificação, ou só contêm a discussão das teses em oposição, uma vez que, para Abelardo, o prólogo torna algumas corretas e outras supérfluas. Também nesse caso, a diferença em relação aos escritos jurídicos é patente. Isto porque os juristas sem dúvida não tinham a pretensão de encontrar as soluções por meio da aplicação mecânica de regras!

De modo mais amplo, a escolástica se caracterizava pela procura de uma resolução para o antagonismo entre *auctoritas* e *ratio*, e a teologia, em virtude do *status* especial do texto com o qual trabalhava, só podia conceber essa resolução em termos dogmáticos de absorção total de toda e qualquer contradição entre *auctoritates*. Por sua vez, a atividade jurídica alimentava-se do postulado de uma possibilidade de solução e, uma vez que sua argumentação estava voltada para a harmonização, a própria argumentação podia surgir como seu próprio fim. Grande número de *Brocardos*, por exemplo, não tinha solução. Argumentar era uma questão de didática: mostrar como se pode ajudar uma tese a ser reconhecida. Era também uma injunção à pesquisa perpétua: mostrar que nunca é preciso abandonar a busca de uma solução. Duas soluções dadas para dois problemas diferentes podiam então contradizer-se, sem que nenhuma fosse apresentada como necessariamente verdadeira, justificada em termos absolutos, e cada uma apresentava em seu momento uma verdade provável. A comparação entre técnicas jurídicas e teológicas da disputa ilustra essa afirmação. Enquanto o jurista, para expor o problema do modo mais amplo possível ou para aumentar suas chances de aprovação, enumerava várias justificações, sem impor limitações às premissas utilizadas, o teólogo, esforçando-se por conduzir sua ciência para uma axiomática dialética, só admitia uma única demonstração a partir de premissas reconhecidas ou deduzidas destas. Na busca de razões superiores, este acreditava que o principal interesse não estava no acúmulo de argumentos, mas na justificação de sua tese e na refutação ponto por ponto das teses dos adversários. O jurista podia permitir-se não discutir as teses contrárias, não recorrer na defesa de sua tese a razões que não estivessem no enunciado, pois não se sentia investido da missão de refutar o erro. Cabia-lhe, de preferência, buscar a verdade. M.-F. Renoux-Zagamé mostrou que o direito romano era seu instrumento, mais que objeto; graças à comparação das *leges* entre si e aos direitos singulares, ele possibilitava uma aproximação cada vez maior do direito justo por si. Com essa abordagem essencialmente não dogmática, a escolástica jurídica com suas escolhas, interpretações e adaptações, podia levar à verdadeira criação de direito, além da simples "redação" do direito *in artem*.

Isto porque a concepção autoritária dos textos paradoxalmente possibilitava uma utilização extremamente ampla, afora as restrições resultantes de uma explicação atada por considerações históricas. O sentimento de identidade universal que aqueles autores tinham diante dos textos autorizava justificações a partir de fragmentos isolados, em vez de deduções sistemáticas a partir de noções gerais, assim como lhes possibilitava fazer analogias ousadas, provocadas por um pensamento jurídico que se libertava do estado de fato, do caso, sem se deter em separações decorrentes dos campos do direito ou da natureza dos textos. Bem mais que autorizar tal atitude, esse sentimento a incitava. Segundo palavras de H. Coing, o método escolástico funciona como um ímã que encontra no *Corpus* ideias criadoras para problemas novos. O *Corpus* de Justiniano apresentava-se como um catálogo de problemas e justificações, convidando a um diálogo entre juristas através dos tempos, abolindo as fronteiras entre passado e presente numa tensão comum em direção ao futuro.

➤ BOULET-SAUTEL M., "Sur la Méthode de la glose", *Annales d'Histoire des Facultés de droit*, 1985, nº 2, pp. 21-6. – CHEVRIER G., "Sur l'Art de l'argumentation chez quelques romanistes médiévaux au XIIe et au XIIIe siècle", *Archives de philosophie du droit*, 1965, t. XI, pp. 115-48. – COING H., "Die Anwendung des *Corpus Iuris* in den Consilien des Bartolus", *L'Europa e il diritto romano. Studi in memoria di Paolo Koschaker*, Milão, Giuffrè, 1954, vol. 1, pp. 73-97. – GIULIANI A., "La Logique de la controverse et le droit chez les romanistes du XIIe et du XIIIe siècle", *Studia et documenta historiae et iuris*, 1968, nº XXXIV, pp. 223-48. – MOR C. G., "Il 'Miracolo' bolognese: la diffusione del metodo scientifico della scuola di Bologna nel secolo XII", *Studi e memorie per la storia dell'Università di Bologna*, 1985, nova série, vol. 1, pp. 161-71. – OTTE G., *Dialektik und Jurisprudenz. Untersuchungen zur Methode der Glossatoren* (*Ius commune, Sonderhefle. Texte und Monographien*, 1), Frankfurt-am-Main, 1971. – RENOUX-ZAGAMÉ M.-F, "La Méthode du droit commun: réflexions sur la logique des droits non codifié", *Revue d'histoire des facultés de droit et de la science juridique*, 1990, nos. 10-1, pp. 133-52.

Yves MAUSEN

→ Canonistas, decretistas, decretalistas; *Corpus iuris civilis*; Escolástica (Segunda); Glosa e exegese; Manuais, tratados e outros livros (Idade Média); Romanística medieval.

ESCRAVIDÃO

O escravo é um ser humano ou um simples instrumento de produção? O direito está constantemente dividido entre filosofia e economia. Necessária durante a Antiguidade, a escravidão desapareceu na Idade Média, essencialmente em razão de mudanças importantes no domínio das terras. Seu reaparecimento durante o Antigo Regime francês por necessidades da economia colonial logo se confronta com uma antropologia ambígua: a antropologia cultivada pelos ocidentais desde o Iluminismo até a abolição definitiva em 1848.

Da Antiguidade à Idade Média

A história grega da escravidão parece preparar a dos romanos: a integração econômica implica a exclusão jurídica. Os não livres da cidade ateniense compreendem duas categorias, que correspondiam a uma evolução política e econômica capaz de condicionar sua sorte. A escravidão particular, praticada no âmbito da casa (*oikos*), aparece como o tipo original. Juridicamente, o escravo é então um bem (*ktema*) ou no máximo um corpo (*soma*). É negociado como uma mercadoria e serve de instrumento a seu senhor, que o destina ao trabalho de sua escolha. Reduzido à condição de objeto e excluído da cidadania, o escravo não deixa de ser pessoa humana: é uma contradição que o direito levará mais de dois mil anos para superar. De fato, embora o casamento entre escravos não seja legalmente autorizado, na prática os senhores o toleram; por outro lado, a impossibilidade de princípio de constituir um patrimônio é atenuada pela possibilidade de os escravos disporem de um pecúlio que pode permitir-lhes a compra de sua liberdade. O desenvolvimento do imperialismo ateniense apresenta o exemplo do segundo tipo de escravidão, praticado em massa pelas necessidades da Cidade. As massas de escravos provenientes dos mercados ou das presas de guerra tornaram-se necessárias ao desenvolvimento econômico de Atenas. Nas minas e nas pedreiras, milhares de não livres conhecem um destino detestável que se traduz em altíssima taxa de mortalidade. É essa prática da escravidão pré-industrial que Aristóteles condena nas *Políticas*, rompendo com o método por ele tradicionalmente empregado. Ele começa por construir o conceito de escravo. Teoricamente, "aquele que por natureza não se pertence e pertence a outro é escravo por natureza" (I, 4, 1254 *a*). Posteriormente essa definição foi confrontada com a observação da realidade. Ora, existe inadequação entre essência e existência: não é intenção da natureza – ou pelo menos essa intenção não é visível – de distinguir homens naturalmente feitos para obedecer de homens naturalmente feitos para mandar. Seria preciso que o escravo fosse diferenciado do senhor tal como o corpo é diferenciado da alma; ora, a complexidade da realidade impede de discernir os corpos de escravos (eles deveriam ser robustos) e, sobretudo, as almas de escravos (elas deveriam ser inaptas à deliberação) (I, 5, 1254 *a*-1254 *b*). A observação empírica permite que Aristóteles desqualifique a escravidão "segundo a lei", ou seja, aquela que provém da guerra; ela é contra a natureza, pois resulta apenas de um acidente. Finalmente só é "escravo por natureza" aquele que consente com a condição servil; o mando do senhor e a sujeição do escravo correspondem então à ordem natural: ambos extraem vantagem (I, 6, 1255 *a*-1255 *b*). Essa justificação parece passadista em Aristóteles; está voltada para a submissão doméstica e privada. Mas cabe notar que, mais adiante, em *Políticas*, a escravidão é em parte justificada em relação à "constituição excelente"; e já não há menção ao escravo natural, mas ao escravo como mão de obra. De fato, a cidadania é apresentada como algo incompatível com o trabalho: ela implica a virtude, ao passo que ele supõe uma decadência material, intelectual e moral. Os perfeitos cidadãos exercem em tempo integral as funções públicas; eles precisam viver em bem-estar, sem se degradar com o trabalho; são, portanto, os possuidores de terras agrícolas nas quais "os camponeses serão escravos" (VII, 9, 1328 *b*). Essa ideia atravessará séculos: a escravidão é entendida como uma relação com a propriedade da terra, condicionando a participação na vida política.

Os romanos perpetuam o paradoxo da escravidão. A cidade eterna reconhece *a priori* o ser humano no escravo; isto por obra dos filósofos, que, sob a influência do estoicismo, pregam a igualdade natural e universal. Mas os juristas, pragmáticos, sujeitam os corpos, a exemplo dos gregos, para atender às necessidades da economia; desse ponto de vista, o escravo é duradouramente uma coisa (*res*), porque é sempre englobado num direito de propriedade. As guerras de conquista são a principal fonte da servidão; a escravidão é uma instituição do *ius gentium* que, segundo Gaio, é um direito originário, universal, racional e equitativo (Dig. 41.I.5.7.). Se, do ponto de vista da antropologia, o *servus* talvez seja uma pessoa, do ponto de vista da economia e do direito ele é uma *res*. Pode ser vendido; como o gado ou o instrumento agrícola, seu preço é função das leis do mercado. Sua qualidade jurídica de coisa permite tanto a alienação quanto a doação; ele pode ser empenhado, hipotecado ou até apresentado como caução. O escravo não pode constituir família; sua união com uma escrava não passa de puro fato, qualificado de *contubernium*. As crianças seguem a condição da mãe escrava: são incluídas como frutos no patrimônio do senhor. O *servus*, paradoxalmente, nunca deixou de ser um humano; prova disso é a condição que lhe cabe quando sai da escravidão. A alforria romana tem consequências mais generosas do que a praticada pelos gregos. Esta última não confere a cidadania, de que Atenas é avara: o liberto será meteco. No Império Romano, quando posto em liberdade por seu senhor ou pelos poderes públicos, o escravo se torna cidadão incondicionalmente (pelo menos depois de uma geração). Essa perspectiva invejável explica em parte a ausência de ideologia e de revolta na classe servil. Nos séculos II-III, a escravidão está em transformação; o enquadramento dos escravos rurais torna-se custoso demais, ao passo que o desenvolvimento do colonato provoca o aparecimento de uma forma de servidão menos pesada; o colono, ligado mais à sua terra do que a seu distante senhor, estaria na origem direta da diluição da escravidão na servidão medieval. Se acrescentarmos a esse fator a influência do cristianismo, de início emancipadora, estarão reunidas todas as condições para que, com a queda do Império, a escravidão se extinga rapidamente. Essa abordagem, por muito tempo unânime, deve ser matizada. A escravidão sobrevive pelo menos até o século VIII.

Provavelmente a religião cristã é o vetor potencial de uma igualdade de todos os homens em Deus. Mas aqueles que a difundem durante o Império estão preocupados com a integração social; eles legitimam a submissão à ordem temporal, portanto, a escravidão. O apóstolo Paulo, cujas Epístolas serão retomadas nos séculos seguintes, preconiza a obediência incondicional dos escravos a seus senhores. Com Agostinho, a escravidão tem uma justificação teológica destinada a durar; a servidão obedece à lei natural, pois a própria natureza humana está desarticulada pelo pecado (*De civ. Dei*, XIX, 15). A Igreja recorre à escravidão: às terras que possui vincula seus escravos. Sem dúvida, esses *servi* são integrados na comunidade cristã; ao serem batizados, concedem-lhes uma alma. Mas garantir a salvação espiritual dos escravos não significa que eles tenham sido libertos em massa na alta Idade Média. Na verdade, a Igreja, em comparação com o poder temporal, aparece como a mais importante proprietária de escravos. Quanto aos chamados reinos bárbaros da era merovíngia, praticavam também a servidão. Do século V ao VIII, a guerra permanente restabelece a escravidão em nome do *ius gentium*; as conquistas engendram a recrudescência do número de *servi*, enquadrados pelas prescrições do direito romano. A época não tem consciência do declínio desse direito, pois ele figura em abundância nas leis bárbaras que nele se inspiram. Os artigos que estas contêm sobre o direito da escravidão montam a cerca de 15 a 25%. Ora, trata-se de *servi*, e não de servos, pois essas leis os tratam sempre como instrumentos providos de voz, segundo definição dos agrônomos romanos. Os escravos dos séculos VI e VIII na verdade têm a condição do gado, em especial no que se refere à venda e aos danos que causam: são arrolados com os animais nas leis bárbaras; sua condição é a dos bens móveis. A infra-humanidade jurídica que os caracteriza corresponde também à liberdade que os senhores têm de castigar, o que inclui às vezes também o direito de matar, o de mutilar os órgãos que não servem à cultura da terra (ablação das orelhas, do nariz, da língua, dos cabelos). A lei visigótica autoriza a castração dos escravos do sexo masculino: o intuito é fazer que deixem de frequentar mulheres livres, prova de que os *servi* devem ser mantidos em sua condição, e que sua mistura com as pessoas livres é sentida como uma aliança antinatural. Por fim, eles não são servos porque o casamento nem sempre lhes é permitido; a progênie de uma escrava continua sendo propriedade exclusiva do senhor.

As transformações econômicas são em parte responsáveis pela extinção da escravidão na alta Idade Média. A difusão do moinho à água e os progressos alcançados nos métodos de atrelagem dos animais tornam menos útil o recurso maciço à mão de obra servil. Ademais, esse novo domínio na exploração da energia não se desenvolve tanto na grande propriedade quanto no alódio, que só aparece realmente nos séculos VIII-X, antes de ser absorvido pelas senhorias nos séculos seguintes. Ora, o alódio é fruto de um campesinato pobre, mas livre. Como reação às conquistas do alódio camponês, a grande propriedade se fragmenta e dispersa, criando grande número de concessões de terras ou compartimentando-as. Essas modalidades de expansão agrária são inadequadas à manutenção da escravidão; implicam uma parte de iniciativa da mão de obra que, ademais, está instalada longe de seus senhores. Os elos, assim afrouxados, entre proprietários e *servi* acarretam uma alforria *de facto*, por razões econômicas. Portanto, não há continuidade entre a escravidão e a servidão medieval, mas substituição de um modo de produção por outro. Ao subverter a relação com a propriedade das terras – com a instauração progressiva das propriedades simultâneas – a alta Idade Média extingue o recurso à escravidão. O servo medieval sem dúvida é vítima de incapacidades, mas já não é apenas uma simples coisa pertencente a um senhor: ele compartilha com este dos direitos sobre as terras.

A escravidão das colônias (séculos XVII-XVIII)

A descoberta do Novo Mundo reintroduz a escravidão nas colônias ocidentais. Portugal e Espanha, em sua divisão das Américas, restabelecem a servidão para atender às necessidades de domínio agrícola das terras conquistadas. Como o ameríndio foi considerado inapto para fornecer mão de obra servil, os dois países rapidamente passam a extrair escravos do território oeste da África. A França, assim que toma posse de ilhas americanas no século XVII, copia esse recurso à escravidão.

O direito natural moderno, em vez de se opor a esse comércio, legitima-o. Na verdade, capta a herança filosófica e jurídica antiga e a readapta à sua lógica contratualista. Pressupondo que os homens são naturalmente iguais e livres, repudia a escravidão na teoria. Para Grócio, "segundo a natureza, ou seja, independentemente de um fato humano, ou no estado primitivo da natureza, nenhum homem é escravo" (*DGP* III, VII, I, 1). No entanto, a escravidão convencional é legítima. E, retomando os argumentos de Aristóteles, Grócio justifica a submissão doméstica (*DGP* II, V, XXX). Quanto à escravidão pública, nascida do direito de conquista, apoia-se no direito das gentes por aplicação do Digesto. Grócio acrescenta-lhe um consensualismo que se pode dizer tácito; o conquistador não mata, visto que seu interesse é ressarcir-se escravizando o conquistado. Este, por sua vez, consente em suportar esse destino com paciência; o *ius gentium* é a resultante de uma guerra justa: aquele que incorre em injustiça – acaso ele não provocou a relação de força? – recebe equitativa e conscientemente a escravidão como resgate de seus erros (*DGP* VII, V-VI). Inspirado nessa demonstração, Locke justifica a escravidão: aquele que desencadeia a violência, por ter perdido a razão, "rebaixa-se do nível de sua própria espécie ao de animal", merece a servidão como contrapartida de seu comportamento (*Segundo tratado do governo civil*, 172 e 196). As obras de Grócio e Locke, entre outras, têm um sucesso considerável na França durante o século XVIII: o Iluminismo sonha com o cosmopolitismo pacífico em escala europeia. Mas, no que se refere ao continente africano, a conquista continua legítima e justa, pois, conforme leva a supor o suplemento da *Enciclopédia* publicado em 1780, em seu verbete "África", os negros parecem estar fora do contrato social: "Em quase todos os lugares, o governo é quase bizarro, despótico e inteiramente dependente das paixões e dos caprichos dos soberanos [...]. [Os povos da África] são acusados de ferocidade, crueldade, perfídia, covardia, preguiça. Essa acusação talvez seja verdadeira." Isso significa que escravidão colonial e Iluminismo são compatíveis apenas com fundamento no direito natural moderno? São principalmente as grandes transformações na antropologia que explicam melhor o próspero comércio dos negros. Numa atmosfera cada vez mais deísta ou ateia, a confusão frequente entre natureza humana e estado de natureza leva os filósofos, influenciados pelos desenvolvimentos das ciências naturais, a buscar determinismos físicos para a condição dos homens. O sensacionismo (palavra forjada no século XIX) ocupa lugar importante. Imbricado às teorias em voga sobre os climas, considera que o ser humano é condicionado por seus sentidos: ele o reduz a uma condição material, julgada boa, por propiciar gozo. Autores como Holbach, La Mettrie, Condillac e Helvétius preparam o terreno para uma forma de reducionismo antropológico, que explica por que o tráfico dos negros pôde ir além de 1789. Considerado em sua natureza africana, o negro não é visto como bom, mas como mau selvagem: sua crueldade lhe foi impressa por um meio ambiente hostil. Às vezes se supõe que é antropófago, a exemplo dos animais com que convive, e se sua pele e seu sangue são anormalmente pretos, é porque o sol inclemente o corrompeu para sempre. Portanto, é de seu interesse ser escravo em sociedade, uma vez que, por si mesmo, é inapto a sair do estado de natureza. Essa é uma maneira comum de ver as coisas por parte do Iluminismo etnocentrista; coaduna-se conceitualmente com o que Holbach pensa – ainda que, em princípio, ele seja antiescravagista – quando observa: "o homem sem cultura [...] mais digno de ódio que os insetos mais vis" (*Le Bon Sens, ou idées naturelles opposées aux idées surnaturelles*, ed. 1971, p. 90). Pois se, como escreveu La Mettrie, "dos animais ao homem, a transição não é violenta" (*L'Homme-Machine*, ed. 1966, p. 78), é lógico que o século XVIII tenda a ver no negro uma criatura mais próxima do primata que do homem; é a opinião comum de Fontenelle, Voltaire, ou de Rousselot de Surgy, para quem "os negros formam uma raça de criaturas que é a gradação por meio da qual a natureza sensível sobe dos orangotangos, dos chimpanzés, ao homem" (*Mélanges intéressans et curieux*, 1763-1765, t. X, pp. 164-5).

A Igreja, interrogada sobre o tráfico de negros, não o reprova como tal. Preocupada em ganhar almas para a salvação desde a contrarreforma, incita ao batismo dos escravos, o que justifica por si mesmo a instituição: batizados, estão salvos. Essas preocupações estão expostas no édito de março de 1685 (qualificado de Código Negro), criado a pedido dos colonos do Haiti. Os artigos 2º a 8º têm em vista "manter a disciplina da Igreja católica, apostólica e romana", segundo expressão usada no preâmbulo. Mesmo não sendo súditos, os escravos são humanos; "batizados e instruídos na religião católica" (art. 2º), são salvos da heresia da reforma (arts. 3º-5º). O edito de 1685 humaniza os negros quando lhes reconhece o direito ao casamento, desde que o senhor concorde (art. 10). Mas, em suas disposições não referentes às preocupações religiosas, o Código Negro volta às prescrições do direito romano, como destaca o *caput* do artigo 48: "Declaramos que os escravos são móveis..." Juridicamente, a escravidão-mercadoria autoriza a venda e o confisco, enquanto a progênie de escravos faz parte, naturalmente, do patrimônio do senhor. Os que saem da escravidão mostram que os negros são humanos por natureza. De fato, podem tornar-se súditos, tal como os brancos, quando são alforriados (arts. 9º e 55), pois o edito de 1685 destaca: "Desejamos que o mérito da liberdade adquirida produza neles, tanto em suas pessoas quanto em seus bens, os mesmos efeitos que a felicidade da liberdade natural causa em nossos outros súditos" (art. 59).

Atravessando o século XVIII, essa legislação se degrada. Uma ordenança de 15 de junho de 1736 proíbe a alforria sem autorização dos poderes públicos. Além disso, o Estado decide criar exceções para o princípio segundo o qual a escravidão era proibida em território francês; contrariando a regra segundo a qual um escravo que penetrasse no reino seria automaticamente livre (Bodin, *La Republique*, I, 5), um edito de outubro de 1716 autorizava que os colonos fossem "servidos por seus escravos, em Paris ou alhures". Mas essa medida prejudicava as colônias, pois os escravos que passavam algum tempo na capital adquiriam "um espírito de independência e indocilidade", tornando-se assim "mais nocivos que úteis". Para remediar esse inconveniente, uma declaração de 9 de agosto de 1777 proibia a presença de escravos em território francês (Guyot, *Répertoire*, 1778, t. XXIII, pp. 380-2).

1789-1848: a abolição à prova dos fatos

"Os homens nascem e permanecem livres e iguais em direitos." O artigo 1º da Declaração dos Direitos do Homem e do Cidadão, de 26 de agosto de 1789, mata conceitualmente a escravidão, a menos que se suponha uma graduação na escala da humanidade. A Sociedade Francesa dos Amigos dos Negros, criada em 19 de fevereiro de 1788, é omissa a respeito; seu estatuto concentra-se num único objetivo: a abolição do tráfico. O abade Grégoire, membro da Sociedade e da Constituinte, não ataca a escravidão em si mesma; limita-se a exigir direitos cívicos para os alforriados de cor. A Lei de 15 de maio de 1791 só outorga esses direitos aos alforriados de segunda geração, ou seja, 400 pessoas em 25 mil alforriados. Foi só com a finalidade de que estes últimos ajudassem os brancos a debelar as insurreições de escravos no Haiti que um decreto de 28 de março de 1792 lhes concedeu a plenitude de direitos. A abolição da escravidão é fruto da guerra e de um cálculo; diante da ameaça inglesa, a Convenção decreta a abolição sem discussão; acredita que, assim, os negros lutarão ao lado dos colonos franceses, e que os escravos britânicos desejarão a liberdade por contágio. A Lei apressada de 4 de fevereiro de 1794 abole a escravidão em todas as colônias francesas; Danton pode exclamar: "Cidadãos, é hoje que os ingleses morrem! Pitt e seus complôs estão frustrados! Os ingleses veem seu comércio aniquilar-se!" (*AP*, 1ª série, t. 84, p. 284). A medida erra o alvo. O Haiti mergulha no caos, enquanto Guadalupe e Martinica passam rapidamente para o controle inglês. Depois da paz de Amiens, o Consulado recupera as duas ilhas: o debate relativo à humanidade e à sociabilidade dos negros é então reiniciado: a França tem na memória os massacres perpetrados no Haiti depois da abolição. E, "em nome da santa humanidade", o conselheiro de Estado Régnauld de Saint-Jean-d'Angély propõe o restabelecimento do Código Negro. Para os negros, "a liberdade não passa de fruto envenenado, ressalta o tribuno Jaubert, pois ofereceu o seguinte espetáculo no Haiti, segundo descrição de Régnauld: "A população branca, entregue a uma horda de bárbaros; a beleza e a inocência, vítimas da ferocidade mais selvagem, da crueldade mais atroz" (*AP*, 2ª série, t. 2, pp. 692-754). Por conseguinte, a Lei de 20 de maio de 1802 prevê que nas colônias "a escravidão será mantida, em conformidade com as leis e os regulamentos anteriores a 1789" (art. 1º).

A Inglaterra, que abolira o tráfico dos negros em 1807, exige medida similar por parte da França nas negociações de paz de 1815. Será preciso esperar a Lei de 15 de abril de 1818 para que ela se dobre a essa exigência. No entanto, a Restauração não é antiescravagista em seu conjunto; cidades como Nantes continuam a enriquecer-se com o comércio ilegal. O engajamento do influente duque de Broglie, em 1822, a favor da causa dos negros modifica a indiferença da classe política à questão da escravidão. Na Sociedade da Moral Cristã, a abolição da escravidão não é um assunto tabu. Contudo, os duques de Orléans e de Guizot, membros dessa sociedade, limitam-se a reprimir o tráfico ilegal de negros durante a Monarquia de Julho. Em parte, essa prudência é imposta pelo açúcar, proveniente majoritariamente das colônias.

Victor Schoelcher e, sobretudo, Alexis de Tocqueville lançam uma campanha abolicionista moderada durante o reinado de Luís Filipe. Essa atitude é devida, em parte, ao fato de o império britânico ter abolido a escravidão em 1832 nas suas colônias. Como essa abolição se desenrolou sem conflitos, os abolicionistas franceses podiam tranquilizar a opinião pública: libertos, os negros não arruinarão os colonos, já que o retorno à barbárie não era uma fatalidade para eles, como se supunha até então. Estavam então reunidas as condições para que o direito pudesse, finalmente, reconhecer no negro um ser humano integral. A partir daí ele está apto a participar do esquema do contrato social que o alçará ao nível de cidadão. Foi segundo essa lógica que o governo provisório da República – que leva abolicionistas ao poder – decidiu a abolição definitiva da escravidão em 28 de abril de 1848, pois a escravidão, "destruindo o livre-arbítrio do homem, [...] suprime o princípio natural do direito e do dever".

› Benot Y, "Comment la Convention a-t-elle voté l'abolition de l'esclavage en l'an II?", *AHRF*, 1993, pp. 349-61. – Bonassié P., "Survie et extinction du régime esclavagiste dans l'Occident du haut Moyen Âge", *Cahiers de civilisation médiévale*, 1985, pp. 307--43; "Liberté et servitude", *Dictionnaire raisonné de l'occident médiéval*, Paris, 1999, pp. 595-609. – Cohen W. B., *Français et Aficains. Les Noirs dans le regard des Blancs, 1530-1880*, Paris, 1981. – Finley, M. I., *Esclavage antique et idéologie moderne*, Paris, 1981. – Morabito M., *Les Réalités de l'esclavage d'après le Digeste*, Paris, 1981. – Sève R., "Esclavage", *Dictionnaire de philosophie politique*, Paris, 1996, pp. 215-9.

Ver também: Garlan Y., *Les Esclaves en Grèce ancienne*, Paris, 1981. – Hurbon L., "Esclavage moderne et État de droit", *Genèse de l'État moderne en Méditerranée. Approches historiques et anthropologiques des représentations*, Roma, 1993, pp. 131-49. – Ménager L. R., *Histoire institutionnelle et sociale de l'Antiquité*, Perpignan, 1999. – Sala-Molins L., *Le Code Noir ou le calvaire de Canaan*, Paris, 1987.

Grégoire Bigot

→ Código Negro; Direito natural; Escola do direito natural moderno e racionalismo jurídico.

ESTADO

Na ciência e na cultura jurídicas, o Estado ocupa posição central. Mesmo que sua legitimidade e seu poder sejam contestados e às vezes afetados, ele continua sendo um referencial inicial e/ou supremo, modelo paradigmático de organização e de exercício do poder. Todo discurso sobre o direito parte da ideia de Estado ou a postula, pois ele é, ao mesmo tempo, autor e sujeito do direito, e o conjunto das disciplinas jurídicas o vê como instituição maior. Essa eminência ou aparente evidência não deve dissimular o fato de que o Estado é apenas um dos modelos possíveis de organização das relações humanas, modelo contingente, portanto. Isso significa que o Estado pode ser abordado de duas maneiras distintas, mas complementares, segundo seja visto como um fenômeno histórico e social de regulação dos comportamentos, ou segundo seja apreendido como uma instituição jurídica.

Estado, fenômeno histórico

Historicidade do fenômeno estatal. – A historicidade do Estado opõe-se ao reconhecimento de sua atemporalidade. No entanto, cabe notar que, nesse assunto, duas escolas se defrontam: uma delas adota uma concepção extensiva da noção de Estado, considerando que toda organização do poder pode ser qualificada de Estado; outra, mais restritiva, estima que o Estado constitui apenas uma das formas particulares de organização do poder. Somente esta última posição permite depreender uma definição específica de Estado, pois a primeira conduz à constatação vã e não operacional da adequação ou da simultaneidade entre Estado e sociedade política. Nesse sentido, pode-se dizer que o Estado constitui um modo especial, sem dúvida eminente no pensamento jurídico, de racionalização do poder, de organização e enquadramento das relações humanas. Entendido dessa maneira, o Estado passa a ser um fenômeno histórico, evidentemente apreendido pelo direito e, portanto, em grande parte convencional ou – o que dá na mesma – artificial. Tal concepção possibilita e impõe identificar o momento de emergência do Estado e seus traços distintivos. Embora sempre tenham existido modos de organização das relações humanas, o Estado se distingue da *pólis* grega, da *civitas* romana e também do Império. Mas também se distingue de outros modos de organização das relações sociais, às vezes concorrentes, tais como a quadrilha de bandidos (santo Agostinho), a mais contemporânea associação mafiosa, a família, a Igreja ou – e isso não é exaustivo – a organização internacional, interestatal ou não.

Uma breve incursão na genealogia do Estado, em especial em sua etimologia, permite confirmar o caráter recente dessa noção. Várias expressões designaram por muito tempo a organização política, entre as quais a expressão grega *koinonia politike*, ou as expressões latinas *res publica* e *civitas*. Quanto ao significante Estado, provém da palavra latina *status*, de *stare*, ficar em pé, cuja generalidade implica que seu uso não foi reservado à designação do Estado, contribuindo razoavelmente para a dificuldade de compreensão da noção. Entendido como um modo de ser, visando especialmente a condição social de um grupo ou de uma comunidade – o terceiro estado ou os estados de uma província – foi só no século XVI que sua significação se definiu. Assim se deu sua consagração italiana (*stato*), correspondente ao significado moderno, com Maquiavel (*O príncipe*). Na França, Charles Loyseau confirmará a utilização do termo "Estado", grafado a partir de então com maiúscula (*Traité des seigneuries*). A palavra passa então a ser definitivamente adotada, e seu sentido é fixado. É acompanhada – simultaneidade que, evidentemente, não se dá por acaso – pelo aparecimento do fenômeno estatal, bem como pela sistematização da noção. É possível datar o advento do Estado moderno no fim do século XVI na França e na Inglaterra, acompanhando a sistematização do conceito, que se deve em grande parte a Jean Bodin (*Les Six Livres de la République*). O surgimento da noção resulta de três movimentos: a concentração do poder, sua secularização e sua abstração. Quanto ao primeiro ponto, tratava-se de garantir a concentração dos poderes nas mãos do rei, afirmando sua proeminência sobre o conjunto dos senhores feudais e levando a depreender a unidade do território do reino sobre o qual ele poderá exercer suas prerrogativas monárquicas, para além da decomposição do espaço em feudos. A afirmação do poder monárquico ocorre, portanto, internamente, mas também no exterior, uma vez que – esse é o segundo ponto – o Estado se formou quando o monarca se emancipou da tutela da Igreja, impondo a distinção entre poder temporal e poder espiritual e reivindicando com sucesso a autonomia do primeiro. Finalmente, o Estado só podia aparecer ao cabo de um processo de abstração do poder, ou seja, uma dissociação nítida entre a figura privada do monarca e sua figura pública, realizando uma mudança radical em relação à concepção patrimonial e à personificação do poder baseado na homenagem, elo de lealdade entre o senhor e seus vassalos. Na Inglaterra, a teoria dos dois corpos do rei e a consagração do princípio de inalienabilidade da Coroa constituirão suas primeiras manifestações. Essa institucionalização do titular do poder e a de seu exercício permitirão que se assegure a permanência do poder estatal, sejam quais forem as mudanças que este venha a sofrer. A noção moderna de Estado resulta, assim, da distinção fundamental entre a instituição dos governantes, órgãos do Estado, e os governados, submetidos ao poder dos primeiros.

Crise(s) do Estado? – O Estado, desde que seus contornos foram definidos, e seu poder, afirmado, foi ornado de todas as virtudes ou afetado por todos os vícios, o que, em si, tende a provar o vazio das posições maniqueístas. De maneira recorrente, anuncia-se assim, em tom de constatação, de lástima ou de esperança, expressa com maior ou menor clareza, a morte, a superação, a dissolução, as tribulações, o caráter subsidiário etc. do Estado; este é descrito como instrumento de dominação totalitária e – fórmula clássica – é elevado ao nível do mais frio dos monstros frios (Nietzsche). Tais expressões corroboram uma evidência: o Estado não é uma necessidade lógica, mas uma realidade histórica, cuja sorte depende, em última análise, de sua eficácia. Isto posto, o conjunto dessas contestações repousa em argumentos fundamentados e revela um paradoxo. O anunciado enfraquecimento do Estado manifesta-se de um ponto de vista interno e externo e deve-se a causas jurídicas, políticas ou econômicas. O Estado, como se disse, não é o único modo de organização das relações humanas, e, por conseguinte, sempre esteve, pelo menos potencialmente, em concorrência com outras entidades. É verdade que ele está, hoje mais do que antes, confrontado com certo número de fenômenos – basta lembrar aqui o desenvolvimento da internet – e de atores, entre os quais se arrolam como principais as empresas multinacionais e os numerosos grupos de interesse, seja qual for sua pretensa generalidade, designada pela expressão cômoda e indeterminada de sociedade civil; tais fenômenos e atores ultrapassam o âmbito estatal ou, pelo menos, não podem ser enquadrados e controlados pelo Estado. Mas o paradoxo é o seguinte: apesar desses fatores de dissolução do poder estatal, o Estado continua sendo a matriz, o esquema ideal de exercício do poder. Só a multiplicação do número de Estados já comprova o sucesso do modelo estatal; em meio século, o número de Estados quadruplicou: 51 Estados-membros da ONU em 1945, 191 hoje. E cumpre observar que o modelo estatal, mesmo sendo objeto de contestações (sobretudo da reivindicação do direito dos povos à autodeterminação), continua sendo o horizonte dos próprios movimentos que o invocam, uma vez que o alegado direito de secessão conduz, na maioria das vezes, à criação de um novo Estado. Em suma, pode-se dizer que o Estado nunca foi tão contestado ou ameaçado, mas que, em vez de afetar sua existência, essas contestações, seja qual for seu sucesso, confirmam sua perenidade. Essa permanência provavelmente resulta do fato de que nenhum modelo alternativo eficaz foi proposto, o que se deve, em grande parte, às características do poder do Estado, mas se trata aí do Estado entendido como instituição jurídica.

Estado, instituição jurídica

Estado e Direito. – Entendido como instituição jurídica, o Estado é ao mesmo tempo criador de direito e está submetido ao direito, é autor e sujeito. As relações existentes entre o Estado e o direito sempre suscitaram divergências de análise, amplamente imputáveis à bivalência do Estado, segundo se enfatize sua natureza histórica ou jurídica. Em primeiro lugar, é possível considerar que o Estado é um fenômeno ajurídico, ou seja, um sujeito fora do direito, que não é absorvido por ele. Em outros termos, ele existe fora da ordem jurídica, como um fenômeno essencialmente político e, por conseguinte, não totalmente informado pela ordem jurídica nem a ela redutível. É em parte nessa concepção que se baseia a invocação da razão de Estado, ou seja, a possibilidade que ele tem de escapar ao domínio das regras jurídicas, em especial quando está em causa a sua própria sobrevivência. Apreender o Estado como instituição jurídica leva a dar prioridade a duas posições, que formularemos em traços amplos: as que afirmam a identidade ou a alteridade entre Estado e direito. No primeiro caso, afirma-se que existe identidade entre Estado e direito, sendo o primeiro o único produtor de direito, único fundamento para o direito, único critério de validade. O direito é produzido pelo Estado e só existe por ele. Disso resulta uma concepção de estrito positivismo; nela se baseia a teoria da autolimitação, em cujos termos o Estado só está vinculado pelas regras produzidas por ele ou por outra autoridade, se e quando ele consentir. Nenhum direito é então anterior nem superior à autoridade estatal. Essa é, por exemplo, em direito internacional, a posição defendida pela Corte Permanente de Justiça Internacional numa decisão de 1927: "As regras de direito que vinculam os Estados procedem, portanto, da vontade destes" (acórdão de 7 set. 1927, caso *Lotus*, Série A, nº 10). Mas também é possível afirmar a alteridade, ou a não adequação, entre Estado e direito. Isso equivale a postular a existência de uma ordem superior. Em outros termos, o Estado é limitado pela existência de uma regra jurídica a cujo fundamento ele é estranho, sendo obrigado a respeitá-la. Tal posição será sistematizada na Alemanha, no século XIX, com a noção designada pela expressão *Rechtsstaat* e transposta em suas linhas mestras para a cultura francesa com a noção de Estado de Direito. Segundo essas teorias, que só podemos mencionar aqui sucintamente, o Estado está submetido ao direito, ou seja, a validade do exercício do poder estatal está subordinada ao respeito a regras preexistentes e superiores. Concebida para limitar a monarquia absoluta e passando depois a constituir uma limitação ao poder arbitrário dos órgãos do Estado e a subordinar a ação administrativa à lei, a noção de Estado de Direito é agora entendida, em grande parte, como a enunciação de certo número de direitos subjetivos que o Estado deve respeitar; esses direitos podem ser equiparados, de maneira rápida, às regras relativas à proteção dos direitos humanos. Seja qual for a legitimidade de tal posição, deve-se observar que, assim entendida, a noção de Estado de Direito redunda na negação da soberania do Estado.

Formação do Estado. – A formação do Estado está subordinada ao respeito a certo número de condições determinadas pelo direito internacional – as condições de surgimento da coletividade estatal – que, satisfeitas pela coletividade, implicam a aquisição do estatuto de Estado. A formação objetiva conduz assim à oponibilidade do novo Estado ao conjunto dos outros sujeitos de direito internacional. No entanto, essa formação objetiva do Estado será teórica ou abstrata se não for acompanhada por um ato de vinculação subjetiva dos Estados ao novo Estado.

1 / Condições de surgimento da coletividade estatal. A instituição jurídica Estado só aparece quando se reúnem três condições: uma população, seu estabelecimento num espaço determinado e um aparato governamental que exerça controle sobre ela. Esse enunciado, sejam quais forem as modalidades de formulação, é adotado pela doutrina interna e internacional e pela jurisprudência, em especial a internacio-

nal (1º parecer de 29 nov. 1991 da Comissão de Arbitragem para a Paz na Iugoslávia: "O Estado costuma ser definido como uma coletividade que se compõe de um território e de uma população, ambos submetidos a um poder político organizado"). Cumpre dizer algumas palavras sobre a consistência de cada uma dessas condições e do significado de seu reconhecimento. A população constitui a dimensão humana do Estado, seu fundamento social. Seu número e sua unidade não constituem um elemento discriminante e não afetam, nem reforçam, aliás, a igualdade entre os Estados. Deve-se observar que a unidade da população implica, às vezes, a qualificação de nação, e é nesse sentido que se fala em Estado nacional ou Estado multinacional. Contudo, não se trata de afirmar nada sobre a questão do titular originário da soberania, interrogação que, classicamente, opõe os dois termos do par soberania nacional/soberania popular, mas sim de dimensionar o caráter homogêneo ou não da população do Estado, os "nacionais" sobre os quais ele exercerá sua competência pessoal. Isso significa que poucas condições presidem a realização dessa condição humana, além da condição de ser um grupo *grosso modo* determinado, mas cuja identificação é confirmada por sua localização num espaço. De fato, a base espacial, que será qualificada de território ao cabo do processo de criação do Estado, no qual a população deverá situar-se, constitui a segunda condição do advento da coletividade estatal. Essa base não precisa satisfazer condições rigorosas; sobretudo, é indiferente que essa base seja dispersa ou composta de um único corpo. É preciso, ou melhor, basta que seus contornos sejam suficientemente precisos. Finalmente, o Estado como organização política postula certa estrutura orgânica. Por conseguinte, a coletividade humana localizada deve dispor de um aparato governamental, que é obrigado (e essa é praticamente a única exigência) a ter sob controle seu poder de mando sobre a população e o espaço considerado: em relação à população, fala-se de eficácia do poder; em relação ao exterior, ou seja, às outras potências, fala-se de independência. Essas duas exigências impedem as situações de concomitância de governos, tal como no Estado títere. O conjunto dessas condições constitui fatos-condições, ou seja, fatos a cuja realização o direito vincula certo número de consequências. Assim, a simples realização factual das condições de surgimento implica, automaticamente, a aplicação da regra preexistente, no caso a aquisição do estatuto de Estado pela coletividade em questão. Esta é então considerada um Estado, dispondo objetivamente dos atributos que o direito vincula à qualidade de Estado. Disso resulta que o novo Estado pode arguir o respeito às qualidades inerentes a seu estatuto e opor ao conjunto dos Estados certo número de direitos que consistem no respeito àquilo que se designa pela expressão "direitos fundamentais". Estes últimos manifestam-se especialmente pelo direito à integridade territorial, ou seja, o direito ao respeito de uma de suas condições de surgimento, a base espacial, que se tornou território. Mas, embora a existência jurídica do Estado não esteja subordinada a um ato de vontade dos outros Estados, sua existência, especialmente política, depende da reação desses Estados, reação que assume a forma do reconhecimento.

2 / Condições de oponibilidade subjetiva da coletividade estatal: o reconhecimento. Trata-se do ato unilateral ou coletivo, pelo qual o(s) Estado(s) reconhece(m) a existência do novo Estado, extraindo disso as consequências jurídicas e aceitando travar relações de igualdade com a entidade soberana reconhecida. Esse ato jurídico, marcado por uma dimensão política e simbólica evidente, é um ato de natureza declarativa, e não constitutiva (1º parecer de 29 nov. 1991 da Comissão de Arbitragem para a paz na Iugoslávia), o que significa que não há incidência sobre a existência do Estado. Por conseguinte, o ato de reconhecimento é um poder discricionário do Estado por duas razões. Em primeiro lugar, o Estado nunca tem a obrigação de reconhecer um novo Estado. O reconhecimento é um ato de perfeita oportunidade política, pura faculdade de que dispõe cada Estado. Em segundo lugar, ele pode subordinar o reconhecimento ao respeito a determinadas condições, em especial, a do respeito aos direitos humanos ou ao caráter democrático do regime político (prática que tende a generalizar-se). De resto, cabe perguntar se o Estado está habilitado a reconhecer qualquer entidade, ou se existe um impedimento ao reconhecimento. Em pura lógica jurídica, o ato

declarativo atesta uma situação realizada, e não pode preceder a realização de referida situação. Portanto, não poderia haver reconhecimento prematuro ou antecipado, visando a uma coletividade que ainda não tenha satisfeito as condições acima mencionadas para ter acesso ao estatuto de Estado. Ora, a prática demonstra que os Estados utilizam o reconhecimento como arma política muito eficaz para acelerar o processo de advento do Estado. Dito isto, o direito internacional proíbe, em princípio, o reconhecimento de um Estado que se tenha formado com o uso da violência (doutrina Stimson). Apesar de louvável, essa intenção não resiste aos fatos e às considerações de eficácia, uma vez que o Estado que garanta pacificamente o domínio sobre sua população em seu território não poderia ser posto definitivamente no ostracismo da sociedade internacional pela simples razão de sua formação ter ocorrido num processo de utilização ilícita da força. Quanto aos efeitos do reconhecimento, deve-se dizer que são políticos e jurídicos. Políticos porque determinam a viabilidade do Estado na cena internacional – um Estado não reconhecido pelas principais potências só dispõe de existência virtual; jurídicos porque o reconhecimento permite manter relações intersubjetivas positivas, tais como a conclusão de tratado bilateral ou o estabelecimento de relações diplomáticas entre os dois Estados.

Qualidades do Estado. – A coletividade estatal dispõe, desde de seu surgimento, de certo número de qualidades que – como dissemos – não dependem nem da intervenção de uma autoridade externa nem da realização de um procedimento especial. O Estado é uma pessoa jurídica que se beneficia de um atributo discriminante, a soberania.

1 / Estado, pessoa jurídica. Dizer que o Estado dispõe de personalidade jurídica significa apenas que ele se beneficia da situação de sujeito de direito, ou seja, que está apto a arcar com obrigações e a ter direitos. Essa personalidade jurídica, que não permite diferenciar o Estado de qualquer outro sujeito de direito, permite, em compensação, que se impute à instituição Estado o comportamento adotado pelos agentes ou pelos órgãos que agem em nome dele. Nesse sentido, o Estado não é apenas um sujeito de direitos, mas é também uma pessoa jurídica, que só pode agir por intermédio de indivíduos habilitados a representá-lo. Cumpre notar que a personalidade jurídica de que o Estado se beneficia, simples aptidão sem consistência, consolida-se com o conjunto de direitos, obrigações, competências ou poderes que constituem aquilo que se chama capacidade jurídica. Essa personalidade e a capacidade que lhe dá corpo manifestam-se nas diferentes ordens internas, mas também na ordem internacional. Elas permitem que o Estado, na primeira hipótese, disponha de um patrimônio imobiliário e mobiliário, e que firme contratos; na segunda hipótese, que conclua tratados internacionais ou assuma responsabilidades. Cabe observar que a personalidade e a capacidade do Estado se distinguem das de qualquer outro sujeito de direito, tanto em direito interno quanto em direito internacional. Nos dois casos, ela é originária ou inicial, ao passo que a dos outros sujeitos é derivada no sentido de depender de seu reconhecimento pelo Estado, tomado individual ou coletivamente. Essa personalidade que permite a permanência ou a imutabilidade do Estado, apesar das mudanças de governantes ou da modificação, mesmo radical (pensemos na revolução) da organização interna do Estado. A unidade do sujeito de direito conduz, no mesmo movimento, a consagrar a indiferença da organização do poder dentro do Estado ou da forma do Estado. Nesse sentido, as formas de organização, que distinguem o Estado unitário do Estado federal, não estão ligadas à existência ou à qualificação do Estado.

2 / Estado, pessoa soberana. O que distingue de maneira radical o Estado do conjunto dos outros sujeitos reside nesse atributo eminente e exclusivo, a soberania. A noção de soberania, embora tenha precedido a de Estado, reforçou as contestações relativas à sua onipotência. De fato, a palavra soberania, que deriva da expressão *summa potestas*, foi durante muito tempo equiparada ao poder absoluto, portanto ilimitado, do Estado (nesse sentido, Bodin a define como "poder absoluto e perpétuo da República", *Les six livres de la République*, L. I, cap. VIII). Contudo, a etimologia e a definição contemporânea de soberania não apontam para o caráter absoluto do poder, mas para o seu grau. Dizer que um poder é superior (*summa*

potestas) nunca significa que ele é ilimitado, mas simplesmente que não admite nenhuma autoridade acima dele, ou – o que dá na mesma – que ele não pode ser heterolimitado. De resto, distinguem-se duas faces da soberania: uma externa, a soberania do Estado que se projeta para a ordem internacional e cuja definição e regime dependem, por conseguinte, do direito internacional; e outra interna, a soberania do Estado em sua ordem jurídica. Entendida como poder externo, a soberania é definida de maneira estritamente negativa, como o fato de o Estado não ter superior; em outros termos, de só estar vinculado pelas regras com as quais ele consentiu de uma maneira ou de outra. Daí decorre uma consequência muito simples: o Estado dispõe de uma liberdade inicial incondicionada, uma vez que qualquer obrigação só poderia resultar de uma limitação, por ele consentida, à indeterminação juridicamente entendida de seu comportamento. A soberania do Estado possibilita uma limitação que, em vez de ser vista como um atentado à soberania, manifesta o seu exercício. Isso foi confirmado com veemência pela Corte Permanente de Justiça Internacional em sua primeira decisão: "A faculdade de assumir compromissos internacionais é precisamente um atributo da soberania do Estado" (CPJI, acórdão de 17 de agosto de 1923, Série A, nº 1, Caso do vapor *Wimbledon*). Essa soberania internacional implica, por outro lado, a igualdade, pelo menos jurídica, entre os Estados, igualdade lembrada pelo artigo 2º, § 1º da Carta das Nações Unidas. Entendida como poder interno, a soberania sempre consiste nesse poder supremo, mas desta vez apreciado na ordem interna do Estado. Sua manifestação mais tópica reside no poder de mando do soberano, representado pelo ato unilateral que se impõe a seus súditos e destinatários. Dito isto, a soberania interna distingue-se de sua face externa por ser possível identificar seu conteúdo, portanto defini-la positivamente como a soma de certo número de prerrogativas soberanas. Essa concepção "material" de soberania é consagrada pelo Conselho Constitucional Francês, que, em jurisprudência recente, aponta "as condições essenciais de exercício da soberania nacional" (Decisão nº 92-308, decisão de 9 de abril de 1992, *Tratado sobre a União Europeia*) ou, mesmo de maneira um tanto distinta e mais antiga, ressalta a proibição das transferências de soberania, aceitando apenas as "limitações" desta última (Decisão nº 76-71, decisão de 30 dez. 1976, *Eleição do Parlamento europeu por sufrágio universal direto*). Dar assim consistência à soberania do Estado é admitir uma possível identificação dos poderes e competências que a definem, o que leva inevitavelmente a indagar sobre as funções do Estado.

Funções do Estado. – 1 / Identificação. O Estado deve (é essa razão pela qual se formou) cumprir certo número de missões cuja consistência é eminentemente variável, de acordo com a situação e as exigências da sociedade. Visto como algo destinado a tirar do estado de natureza e da situação de anomia que o acompanha, garantindo a ordem e privando cada um do direito de fazer justiça, o Estado passou por uma evolução: o Estado policial cedeu lugar ao Estado comerciante, intervencionista, mediador etc. Da diversidade dessas figuras resulta certo número de consequências, tal como a distinção entre essas atividades exercidas pelo Estado como poder soberano, *jure imperii*, e as atividades que não implicam o exercício de prerrogativas soberanas, as atividades *jure gestionis*. Seja qual for a situação dos lugares das missões assumidas pelo Estado, para que este as realize, identificam-se qualidades de funções do Estado. Três funções são classicamente definidas de modo esquemático desde Montesquieu (*Espírito das leis*): a função de fazer a lei, a de executá-la e de julgar. Deve-se, porém, observar que a função de julgar, muitas vezes minorada, foi às vezes integrada na função executiva, constituindo então uma de suas espécies (Locke, *Segundo tratado sobre o governo civil*). Dessa trilogia, resulta logicamente uma subordinação no mínimo cronológica e frequentemente axiológica entre as três funções, na qual a função de execução da lei está necessariamente subordinada (pelo menos em um desses pontos de vista) à lei cuja execução ela garante. Cabe ressaltar que a evolução contemporânea do Estado demonstra o sucesso doutrinário e pragmático da função de julgar, em que a "judiciarização" da sociedade acompanhou a conscientização da importância, na organização estatal, da função de julgar e, por conseguinte, do órgão que a cumpre. De fato, não sendo o exercício de um simples poder de *juris-dictio*, o poder de julgar implica a interpretação das normas, a determinação de seu sentido, de sua verdade legal portanto, e isso às vezes em última instância.

2 / Distribuições das funções: a teoria da separação dos poderes. A essas três funções corresponde um modo de organização ou divisão, cuja escolha compete exclusivamente a cada Estado (Corte Internacional de Justiça, decisão de 27 de junho de 1986, *Caso das atividades militares e paramilitares na Nicaragua e contra esta*). A questão é saber quais serão os titulares das três funções identificadas. Essa distribuição dos poderes que, desde o século XVI na Inglaterra, é qualificada de separação dos poderes, será erigida à categoria dos critérios do Estado de Direito. O artigo 16 da Declaração dos Direitos do Homem e do Cidadão de 1789 dispõe que "toda sociedade na qual os direitos não sejam garantidos e a separação dos poderes não seja determinada não tem Constituição". Essa distribuição das funções leva a depreender dois princípios. O primeiro consiste em estabelecer uma dissociação nítida entre a função e o órgão; o segundo, em proibir a concentração do conjunto de funções em benefício de um mesmo órgão. De resto, as modalidades particulares de organização receberão a qualificação doutrinária de regime presidencial, parlamentarista ou convencional, sem que nenhuma dessas hipóteses afete mais do que as outras a natureza do Estado.

3 / "As verdadeiras marcas da soberania" (Bodin). A questão dos poderes indisponíveis. O poder do Estado também pode ser medido materialmente, em razão das competências ou dos poderes que ele tem de exercer. A questão é então saber se e em que medida o Estado pode dispor de qualquer competência. Essa interrogação não terá a mesma resposta caso nos situemos do ponto de vista do direito internacional ou do direito interno. No primeiro caso, a soberania do Estado é entendida de maneira puramente formal, e ele pode alienar, ou seja, enquadrar sua liberdade até então incondicional em qualquer domínio, se e apenas se com isso consentir, pois, como se disse, o ato de vontade soberana implica manifestação da soberania. A única ressalva consiste em determinar até que ponto a inobservância de uma das condições de surgimento não acarreta prejuízo a seu estatuto de Estado. Se é perfeitamente possível e até frequente que o Estado passe por mudanças em sua base espacial, o desaparecimento – voluntário ou não – da totalidade de seu território leva logicamente a seu desaparecimento como sujeito estatal. A conclusão é estritamente idêntica quando o Estado decide abandonar seus atributos de pessoa soberana para fundir-se num Estado federal e constituir uma entidade federada. Em contrapartida, no segundo caso – o da soberania interna –, é possível considerar que o Estado dispõe de certo número de prerrogativas inalienáveis, indisponíveis, ou seja, que ele não pode legalmente ceder a uma entidade exterior, a um terceiro Estado ou a uma organização internacional. Nessa medida, existe certo número de competências, identificadas (identificáveis? e por quem?) com maior ou menor clareza, que são essenciais à manutenção do poder estatal. Pensamos aqui nas asserções já mencionadas do Conselho Constitucional que afirmam a existência de "condições essenciais de exercício da soberania nacional". Essa concepção material da soberania exclui, pelo menos em princípio, que o Estado abandone (numa proporção que falta determinar), uma competência ligada à existência de seu poder soberano.

› Entre as numerosíssimas referências bibliográficas, destacaremos as seguintes: De maneira geral, os dois números da revista *Droits* dedicados ao Estado, t. 15 e t. 16, 1992, 1993, bem como o colóquio da Sociedade Francesa de Direito Internacional também dedicado ao Estado, *L'État souverain à l'aube du XXIe siècle*, Paris, Pedone, 1994.

BEAUD O., "La notion d'État", *APD*, 1990, t. 35; *La Puissance de l'État*, Paris, PUF, 1994. – BRANCOURT J.-P., "Des "estats" à l'État: évolution d'un mot", *APD*, 1976, t. 21. – BRUNET P., *Le concept de représentation dans la théorie de l'État*, tese, Paris X, 1997. – CARRÉ DE MALBERG R., *Contribution à la théorie générale de l'État*, 2 vols., Paris, Sirey, 1920, CNRS, 1962. – COMBACAU J., "Pas une puissance, une liberté: la souveraineté internationale de l'Etat", *Pouvoirs*, 1993; "La souveraineté internationale de l'État dans la jurisprudence du Conseil constitutionnel français", *Cahiers du Conseil constitutionnel*, nº 9, 2000. – DOWDALL K. C., "The word State", *Law Quaterly Review*, vol. XXXIX, nº 153. – GUENÉE B., "État et nation au Moyen Age", *Revue historique*, 1967, nº 237. – JELLINEK G., *L'État moderne et son droit*, Paris,

Giard, 1913, 2 t. – KANTOROWICZ E., *Les Deux Corps du roi, Essai sur la théologie au Moyen Âge*, Paris, Gallimard, 1989. – KELSEN H., "Aperçu d'une théorie générale de l'État", *RDP*, 1926. – MILLON-DELSOL Ch., *L'État subsidiaire, Ingérence et non-ingérence de l'État, le principe de subsidiarité aux fondements de l'histoire européenne*, Paris, PUF, 1992. – MORIN J.-Y., "L'État de droit: émergence d'un principe du droit international", *RCADI*, 1995, t. 254. – MOUTON J.-D., "L'État selon le droit international: diversité et unité", *in L'État souverain à l'aube du XXI*[e] *siècle*, Paris, Pedone, 1994. – REDOR M. J., *De l'État légal à l'État de droit. L'évolution des conceptions de la doctrine publiciste française (1879-1914)*, Paris, Economica, 1992. – REGLADE M., "La notion juridique d'État en droit public interne et en droit international public", *Mélanges Scelle*, Paris, LGDJ, 1950, t. II. – RIALS S., *Destin du fedéralisme*, Paris, LGDJ, 1986; "Supraconstitutionnalité et systématicité du droit", *APD*, 1986, t. 31; "La puissance étatique et le droit dans l'ordre international, Éléments d'une critique de la notion usuelle de souveraineté externe", *APD*, 1987, t. 32. – RUIZ-FABRI H., "Genèse et disparition de l'État à l'époque contemporaine", *AFDI*, 1992. – SCELLE G., "Quelques réflexions sur une institution juridique primitive: la reconnaissance internationale", *Introduction à l'étude du droit comparé, Recueil d'études en l'honneur d'Edouard Lambert*, Paris, Sirey, 1938, t. II. – SCHMITT C., *Théorie de la constitution.* Paris, PUF, 1993. – STRAYER J. R., *Les Origines médiévales de l'État moderne*, Paris, Payot, 1979. – SUR S., "Sur quelques tribulations de l'État dans la société internationale", *RGDIP*, 1993. – TROPER M., *Pour une théorie juridique de l'État*, Paris, PUF, 1994. – VERHOEVEN J., "L'État et l'ordre juridique international. Remarques", *RGDIP*, 1978.

Florence POIRAT

→ Constituição e direito constitucional; Imunidades; Responsabilidade política; Revolução; Soberania; Território.

ESTADO DE DIREITO

Os conceitos políticos e constitucionais fundamentais não são invariantes, mas construtos, conceituações elaboradas em função de contextos intelectuais, sociais, institucionais e políticos. São constituídos ao longo de "lutas semânticas" para a determinação de seu conteúdo, para o domínio pelo menos parcial da interpretação desses contextos. É o que ocorre com "Estado de direito".

Embora essa expressão tenha de início remetido a uma noção política, a certo tipo de Estado, a um modo particular de organização política cuja finalidade é a divisão igualitária das liberdades entre os membros da coletividade, hoje ela remete, em certos sistemas jurídicos, a uma noção de direito positivo.

A noção jurídica atual

Encontra-se assim essa expressão nas constituições alemã, espanhola, portuguesa, búlgara, húngara, romena, russa e tcheca. A "preeminência do direito", no preâmbulo da Convenção Europeia dos Direitos do Homem, constitui uma expressão do princípio do Estado de direito que ela assim introduz no "patrimônio comum" dos Estados que fazem parte da Convenção. Por outro lado, o Tratado sobre a União Europeia dispõe, em seu artigo 6º, que a União se baseia no princípio do Estado de direito que é comum aos Estados-membros (ver também o Preâmbulo da *Carta dos direitos fundamentais da União Europeia*), e a Corte de Justiça das Comunidades Europeias vê nos tratados institutivos a carta constitucional de uma Comunidade de Direito (CJCE, 23 abr. 1986, *Les Verts*). Os textos europeus, aliás, equiparam a tradição alemã do *Rechtsstaat* à anglo-saxônica do *Rule of law.* O princípio do Estado de direito apresenta-se como um feixe de subprincípios. Para o direito constitucional alemão, K. Sobota (*Das Prinzip Rechtsstaat*, 1997) enumerou 25, escritos ou não, e subdivididos em regras mais particulares. Podem ser assim sintetizados: princípio de primazia da constituição e de sua garantia jurisdicional, submissão da administração e da justiça à lei e ao direito, reserva de lei que proíbe ao Executivo agir sem uma base legislativa suficiente, princípio de aplicabilidade imediata dos direitos fundamentais, separação dos poderes, segurança jurídica (e seus corolários: precisão e clareza das normas, proteção da confiança legítima, princípio de não retroatividade), responsabilidade do poder público, princípio de proporcionalidade, direito a recurso e garantias processuais. É preciso distinguir as noções formal e material do Estado de Direito: a primeira se baseia nos princípios de constitucionalidade e legalidade; a segunda supõe que a constituição contém regras que correspondem aos princípios enumerados acima. A expressão Estado de direito abrange noções distintas não só no conteúdo, mas também na natureza e na função. Primeiramente, pode remeter a uma *noção política descritiva* que qualifica um Estado em cuja constituição se encontram os elementos do conteúdo (formal ou material) exposto pela definição: é um *tipo* de Estado. Significa, em segundo lugar, uma *noção de direito positivo* que tem, essencialmente, o efeito de conferir ancoragem constitucional a alguns desses princípios para os quais falte uma base textual: é um *princípio* constitucional. Pode, por fim, expressar uma *noção política normativa* quando funciona como um ideal, um objetivo por atingir: é uma *ideia* de Estado. Foi neste último sentido que ela surgiu na Alemanha, na virada do século XVIII para o XIX.

Um conceito liberal

Quando foi forjada, em 1798 (Placidus, *Literatur der Staatslehre*, Estrasburgo), a expressão *Rechts-Staat* designava a "escola crítica". O kantismo é, de fato, decisivo para a construção do conceito liberal de Estado de Direito na primeira metade do século XIX, cujos principais autores são Johann Christian von Aretin (1773-1824), Karl von Rotteck (1775-1840), Carl Theodor Welcker (1790-1869) e Robert von Mohl (1799-1875). Definindo-a como "a reunião de uma multiplicidade de homens sob leis jurídicas" (*Doutrina do direito*, § 45), Kant apresenta uma primeira configuração do Estado de direito. As leis "jurídicas" não são "estatutárias", postas, mas "*a priori*, necessárias" (*ibid.*) e correspondem ao "princípio universal do direito": "É justa toda ação que queira estabelecer a coexistência da liberdade do arbítrio de cada um com a liberdade de qualquer outro, segundo uma lei universal, ou cuja máxima permita essa coexistência" (*ibid.*, introdução, § C). Pode-se assim identificar "Estado de direito" com "Estado *em sua ideia*, tal como deve ser de acordo com puros princípios de direito" (*ibid.*, § 45). Sua forma está na "Constituição republicana" (*Projeto de paz perpétua*, II, 1): esta consiste no modo de organização da dominação política que permite a formação e o reinado de uma vontade geral, não no sentido de emanar realmente da soma das vontades individuais, mas nos sentidos (ver já Rousseau, *Contrato social*, II, 6) de poder ser imputada à coletividade do povo e de, por seu objeto, abranger essa coletividade. É nessa relação do povo consigo, através da lei, que se situa a questão da razão política dos modernos, questão complicada pela circunstância de que esse povo não é um dado de natureza, mas, empiricamente, uma multidão de indivíduos (Hobbes, *Leviatã*, cap. 16). Em Kant, a solução passa pela *representação*, condição de possibilidade de formação de uma vontade geral. É nessa condição que o Estado pode ser chamado de "coisa *pública*", uma vez que sua vontade escapa à determinação por uma vontade particular, *privada*. Ademais, essa ideia de Estado racional contém também o conceito de separação dos poderes que distingue a vontade geral da vontade particular. Nessas condições, o Estado pode ser um "nós", constituído na e pela lei que determina, segundo critérios universais, o "meu" e o "teu". A doutrina liberal alemã da primeira metade do século XIX difunde um conceito de Estado de Direito inspirado por essa ideia (normativa) de Estado. Ele é o Estado racional, representativo, o Estado constitucional propriamente dito, o Estado da liberdade, ou ainda o Estado "governado em conformidade com a vontade geral racional" (Aretin). O tema da separação dos poderes desaparece em grande parte: a expressão "Estado de direito", a partir de 1815, é utilizada como um conceito polêmico que visa orientar a interpretação das primeiras constituições monárquicas do Sul da Alemanha no sentido mais liberal possível; ora, essas constituições, forjadas com base no modelo francês de 1814, baseiam-se no princípio monárquico (o poder de Estado está na mão do príncipe), incompatível com uma teoria da divisão dos poderes. As assembleias representativas são principalmente órgãos da *sociedade* que se defrontam com o Estado para limitar sua ação. A moderação do poder, portanto, já não é buscada tanto num equilíbrio imanente ao Estado (separação dos poderes) quanto no equilíbrio que deve resultar da confrontação entre o príncipe (Estado) e a sociedade (assembleias). Através de sua representação, a sociedade participa da determinação dos objetivos do Estado. Este último já não tem objetivo em si mesmo, mas fora de si, na sociedade. A doutrina clássica do Estado de direito é uma doutrina dos objetivos do Estado, que não podem ser nem o Estado e seu regente (despotismo), nem a lei divina (teocracia). Por ser de direito, o Estado só pode ter um objetivo adequado ao conceito do direito "exterior": determinar a forma da relação exterior entre indivíduos livres sem interferir na determinação da matéria (o interesse, o desejo) na qual é exercida essa liberdade. O objetivo do Estado de direito, portanto, só pode ser a proteção da liberdade e da propriedade individuais. Sua fórmula institucional cabe toda no chamado princípio da reserva de lei: o Estado só pode intervir na esfera da liberdade e da propriedade dos indivíduos em virtude de uma regra universal, condizente com o princípio de conciliação racional dos arbítrios individuais e adotada com o consentimento da representação. A lei é definida como o ato do monarca aceito pelas assembleias no domínio da liberdade e da propriedade dos cidadãos. Os "direitos constitucionais" definem e delimitam esse domínio reservado à lei, cerne dessa noção liberal do Estado de Direito.

Um conceito conservador

Mas a expressão "Estado de direito", simbolicamente tão forte por dizer algo sobre o mistério da política dos Modernos por meio da conjunção entre força do Estado e razão do direito, que ela articula, deveria ser objeto de uma "luta semântica": a doutrina antiliberal procura dar-lhe outro conteúdo. A partir de 1808-09, Adam Müller afirma uma noção romântica do "verdadeiro Estado de direito orgânico", do Estado do direito histórico. Acima de tudo, o monarquista Friedrich Julius Stahl (1802-61) começa a monopolizar a noção (*Filosofia do direito*, 2ª ed., 1846). O conceito de Estado de direito "não significa em modo algum o objetivo e o conteúdo do Estado, mas apenas a arte e a maneira de realizá-los". Essa fórmula marcou a segunda metade do século XIX alemão. Ao *formalizar* a noção, despojando-a das ideias de objetivo e de conteúdo da ação do Estado, Stahl traduz a autonomia do direito em relação à ética. É ela que explica a dicotomia entre Estado de direito formalizado e a noção de Estado como "reino ético". Stahl deduz rigorosamente de um conceito formal do direito uma noção de Estado de direito da qual são eliminados os conteúdos e os objetivos: o direito significa apenas a forma de ação do poder público. Desse modo a noção também é despolitizada: foi-lhe extraída a peçonha liberal.

Essa evolução coincide com a tendência cada vez mais formalista da ciência do direito. Por volta de 1850 constitui-se uma ciência "pura" do direito público (Carl Friedrich Gerber, Paul Laband) que pretende eliminar a filosofia, a política e a moral da abordagem científica do direito do Estado. À separação introduzida por Stahl entre o Estado como "reino ético" e o Estado "de direito" corresponde a separação entre a política e o direito, a retirada do discurso sobre os objetivos do Estado do discurso jurídico e a recusa a reconhecer verdadeiros direitos públicos subjetivos em favor dos cidadãos (pretensões materiais oponíveis ao poder público). Enquanto esse "direito do Estado" (*Staatsrecht*) é tributário dessa formalização e da despolitização do conceito de Estado de direito, a palavra "*Rechtsstaat*" só marginalmente aparece nessa literatura: esse *Staatsrecht* não transforma o *Rechsstaat* numa de suas noções estruturadoras. Isto porque o Estado de Direito formalizado nada mais é que a organização de competências, formas e procedimentos cuja exposição sistemática a nova ciência positiva pretende ser; ele é o Estado que se presta à construção jurídica. A expressão Estado de direito tende a não passar de pleonasmo, o que será expresso de modo mais radical por Kelsen, ao identificar o Estado a uma ordem jurídica (*Teoria pura do direito*, 2ª ed., 1999, p. 304).

Contudo, a doutrina clássica, ao construir o Estado como pessoa jurídica (Gerber), introduz uma dificuldade cujo testemunho é a obra de Jellinek: a ideia de personalidade contém em si mesma a ideia de face a face, de coexistência de pessoas (o Estado e as pessoas privadas), cujas relações parecem só poder ser analisadas em termos de relações de direitos subjetivos. "O grande interesse da aplicação do conceito de personalidade e de subjetividade bilateral às relações de poder dominador é que só esse conceito permite que se transforme esse poder de fato num poder de direito" (Carré de Malberg, *Contribution à la théorie générale de l'État*, I, p. 255). O pensamento de Jellinek atua na conjunção da teoria da autolimitação do Estado com o "sistema dos direitos públicos subjetivos". Com a primeira, ele aprofunda o formalismo: *formalmente*, o Estado-pessoa não pode escapar a um regime de direito inerente a seu próprio conceito, sem que se possa *a priori* determinar o *conteúdo* desse direito do qual o Estado continua senhor (ele estabelece a ordem jurídica, mas não pode destruir nenhuma ordem jurídica sem se autodestruir). Com a segunda, ele reintroduz um elemento (de tipo liberal) de heteronomia do Estado que, para se coadunar com seu conceito, deve atribuir esferas de autonomia para os indivíduos e seus grupos, assim como poderes jurídicos para si mesmo.

A questão do juiz

Se as pessoas privadas são titulares de direitos subjetivos oponíveis ao Estado, parece necessário que um juiz possa garantir seu respeito. A questão do juiz num Estado de direito é formulada segundo três quesitos: estatuto, competência e poder. Do ponto de vista estatutário, o princípio de independência dos tribunais é um elemento constitutivo da ideia de Estado de direito. Desde o século XVIII, afirmou-se a necessidade de uma justiça independente, como reação ao poder de evocação do monarca. Fonte de justiça, o príncipe deve investir o juiz de seu poder de proferir o direito, de sua *jurisdictio*; mas deve deixá-lo livre na atividade intelectual de busca da solução jurídica, no exercício de seu *judicium*. Essa independência é essencial para o próprio conceito da função judiciária. A doutrina conservadora não contestará o princípio de independência, que é uma peça essencial da noção *formal* do Estado de direito: sem ela, nenhum regime de direito é possível. Do ponto de vista da competência, a ideia de Estado de direito, que constrói a relação de dominação como uma relação de direito, contém em si mesma a tendência a confiar a uma instância independente a solução dos litígios que possam surgir entre o poder público e as pessoas privadas. Isto porque, nas concepções clássicas, a lei é o cerne do Estado de direito, e o que se coloca essencialmente é a questão da solução dos litígios oriundos do exercício das atividades administrativas de execução da lei em relação aos administrados.

Na Europa do século XIX, a lei parece fora do alcance da justiça, não só porque seria expressão da vontade do soberano, mas também por ser o dispositivo de garantia dos direitos individuais, sendo contraditório querer garantir os direitos contra sua garantia. Com a massificação dos sistemas políticos, o advento do sufrágio universal e dos partidos, a profissionalização da vida política, em resumo, com a questão *democrática*, surgiu em grande parte a questão do controle das leis em fins do século XIX, na Europa (mesmo o *Judicial Review*, nos Estados Unidos, se explica como uma reação ao poder do número que parece encarnado em Jefferson em 1803). A ideia de confiar a competência do controle das leis a um juiz especial (modelo "kelseniano" de justiça constitucional) foi amplamente inspirada, na obra de Kelsen, pela necessidade de resolver os problemas da democracia: o controle de constitucionalidade é uma garantia essencial para a minoria, mas convém que não seja da competência da oligarquia judiciária, o que se obtém com a criação de uma corte especial. Hoje em dia, o controle de constitucionalidade mostra-se como o ponto arquimediano no qual se encontram (sem necessariamente se conciliar) a democracia e o Estado de direito: ao mesmo tempo que estabiliza a democracia dos partidos, deve garantir igual proteção dos direitos fundamentais. No entanto, essa visão idílica deve ser matizada pela consideração dos poderes do juiz. Isto porque, se o Estado de direito parece consolidar-se na figura do juiz, é porque o juiz parece um poder não ostensivo capaz de dar corpo à ideia de um puro governo das normas. Mas as normas não são interpretadas nem aplicadas por si mesmas, e as teorias modernas da interpretação indicam a existência de um momento criador, produtor, na operação jurisdicional que proíbe de reduzi-la a um simples automatismo lógico (ver M. Troper, *Droits*, nº 15, 1992, pp. 56 ss.). Segue-se que a jurisdicionalização mais completa do direito público que tende a impor a lógica do Estado de direito não pode ser apresentada na forma angelical de um reino puro e abstrato do direito; ela não elimina pura e simplesmente a dominação política; ela produz, em contrapartida, novos equilíbrios e uma nova distribuição das competências e dos poderes dentro do sistema político. É essencialmente do ponto de vista *institucional* que se marca a diferença entre o Estado "de direito", fortemente jurisdicionalizado, e o Estado no qual a injunção jurisdicional pesa pouco sobre o exercício do poder.

Problemas fundamentais do Estado de direito

O tema do Estado de direito acompanhou as transformações ocorridas na Europa depois da Revolução francesa: a sociedade dos indivíduos e das trocas devia, ao mesmo tempo, separar-se do Estado e assumi-lo, a fim de determinar as novas regras de relações entre o Estado e a sociedade; a sociedade devia controlar suficientemente o Estado para poder emancipar-se dele. O constitucionalismo clássico é a expressão desse movimento fundamental. O Estado de direito aparece como sua forma política: é na representação que se dá a mediação das relações Estado-sociedade, que passa pela lei, cujo conteúdo universal e abstrato, estabelecendo uma forma de igualdade, contribui para reforçar o princípio individualista da sociedade e para racionalizar as formas de intercâmbio. Essa dialética entre o Estado e a sociedade supõe a consideração da sociedade simultaneamente como princípio determinante do Estado (sociedade dos cidadãos, constituinte e legisladora como povo e nação) e como objeto determinado pelo Estado (sociedade de pessoas). Disso resulta um mistério da dominação política cujo mito é contado pela doutrina do Estado de direito. Mas, por ser também um discurso de substituição da teologia política do Estado cristão, essa doutrina procura um substituto para a estabilidade que os fundamentos transcendentes do Estado do Antigo Regime supostamente conferiam: o Estado de direito é um Estado racional. O mito do Estado fundado e *fixado* pela razão tende a mascarar os movimentos induzidos pela dialética da relação entre o Estado e a sociedade e a dinâmica da igualdade que lhe dá impulso. Do ponto de vista da determinação do Estado pela sociedade, cabe constatar que as concepções liberais iniciais do Estado de direito não foram democráticas. A formação da vontade geral que deve determinar a ação do Estado não supõe a participação de todos e muito menos a participação *imediata* de todos. Representação significa uma "divisão do todo" que era recusada por Rousseau, a rejeição do "*demos* total" (Marx). Ora, caso se afirme que a democracia é definida pelos princípios de identidade dos governantes e dos governados e pelos princípios da soberania popular, ela parecerá incompatível com a ideia de um Estado de direito que supõe uma limitação. A soberania como ausência de limites não é compatível com o Estado de direito limitado (ver Troper, art. citado). Mas essa definição de democracia é insuficiente: ela deixa de interrogar a noção de povo e parte do pressuposto implícito da possível presença imediata do povo para si mesmo, que configuraria o *criterium* da democracia (cujo conceito verdadeiro seria a democracia *direta*). Trata-se de uma mitologia: mesmo os procedimentos da democracia "direta" introduzem, como todo procedimento, certa distância entre o povo e ele mesmo, uma forma de *representação de si* (E.-W. Böckenförde, "Democracia e representação", *Le Droit, l'Etat et la constitution démocratique*, 2000, pp. 294 ss.). Somente desmistificando as noções de democracia e Estado de direito pode-se pensar em conciliá-las: se inconciliáveis, não passam de duas utopias, a da identidade entre governantes e governados e a do puro reino abstrato das normas, duas utopias de sociedade sem dominação. Do ponto de vista da determinação da sociedade pelo Estado, do *domínio* do poder político sobre a sociedade civil, o princípio de igual liberdade que governa a ideia de Estado de direito impõe grande abstinência ao Estado: ele deve regular a relação externa entre os arbítrios individuais de acordo com um princípio formal de igualdade sem interferir na determinação dos conteúdos desses arbítrios, sem determinar os interesses nem as inclinações (princípio de liberdade). No entanto, como mostrou Hegel (*Princípios da filosofia do direito*, § 243), antes de Marx, a sociedade civil, entregue ao livre jogo dos interesses e das inclinações, produz uma contradição: uma parte necessária da sociedade civil, a classe laboriosa, por meio da pauperização sai, por assim dizer, dessa mesma sociedade civil à qual já não está ligada. O princípio formal de igual liberdade aplicado pelo Estado produz desigualdade e alienação na sociedade. Para Lorenz von Stein, o princípio de Estado entra necessariamente em contradição com o princípio de sociedade; segue-se um movimento do Estado de direito em direção ao Estado social redistribuidor, o Estado-providência. É um movimento paradoxal: ele é necessário para preservar a possibilidade de realização dos princípios do Estado de direito, mas entra em contradição com os princípios de igualdade perante a lei e de livre disposição das propriedades e dos rendimentos que fundamentam esse tipo de Estado. Percebe-se hoje como essas contradições alimentam os debates sobre as discriminações positivas.

Se admitirmos que a história do Estado de direito europeu seguiu, esquematicamente duas fases – a da determinação crescente do Estado pela sociedade civil (afirmação do princípio representativo) e a da determinação crescente da sociedade civil pelo Estado (Estado-providência), até a negação da autonomia social (totalitarismos) –, podemos pensar que hoje se inicia uma nova fase: a sociedade civil econômica está empenhada num processo novo de emancipação em relação ao Estado. As lógicas fundadoras do Estado moderno estão sendo cada vez mais contestadas pelas lógicas sociais: a internacionalização e a desmaterialização dos intercâmbios econômicos e humanos põem em xeque o *ius territorium* do Estado; relativizam nacionalidade e cidadania; quanto ao monopólio do poder legítimo, sabe-se quanto está sendo questionado, tanto no plano internacional ou supranacional, quanto no plano infraestatal local, sem contar a relativização do poder dos Estados pelos poderes privados. Em muitos aspectos, a celebração contemporânea do Estado de direito no tom elogioso habitualmente usado mascara esse processo de relativização do Estado, enquanto a apologia hipertrófica dos direitos fundamentais deixa aberta a questão da forma *política* que amanhã poderá assegurar a garantia efetiva desses direitos contra poderes cada vez mais informais.

› BOCKENFORDE E.-W., *Le Droit, l'État et la constitution démocratique*, Paris, LDGJ, 2000. – Cahiers de Philosophie politique et juridique, *L'État de droit*, 1993, nº 24. – CHEVALLIER J., *L'État de droit*, Paris, Montchrestien, 1992. – HEUSCHLING L., *État de droit, Rechtsstaat, Rule of Law*, Paris, Dalloz, 2002. – JOUANJAN O. (org.), *Figures de l'État de droit*, PU Strasbourg, 2001. – LA TORRE M., "*Rechtsstaat* et science juridique", *Annales de la faculté de droit de Strasbourg*, nouvelle série, nº 2, 1998, p. 251. – REDOR M.-J., *De l'État légal à l'État de droit*, Economica, PUAM, 1992. – SOBOTA K., *Das Prinzip Rechtsstaat*, Tübingen, Mohr, 1997. – TROPER M., "Le concept d'État de droit", *Droits*, nº 15, 1992, p. 51.

Olivier JOUANJAN

→ Alemanha; *Bill of Rights*; Constitucionalismo; Direitos civis e políticos; Direitos humanos; Igualdade; Justiça administrativa; Justiça constitucional; Nazismo; *Rule of law*; Separação e equilíbrio dos poderes.

ESTADOS UNIDOS (Cultura jurídica)

A contribuição dos Estados Unidos para a cultura jurídica contemporânea é considerável. Evidentemente, os Estados Unidos não criaram diretamente os sistemas jurídicos dos Estados modernos, mas os influenciaram em graus diversos. A influência da cultura jurídica americana sobre a maioria dos sistemas jurídicos contemporâneos deve muito à posição excepcional dos Estados Unidos nos equilíbrios mundiais, mas nunca se teria manifestado com tanta de força se a cultura jurídica americana não exprimisse, em muitos pontos, a quintessência da modernidade. O ponto fundamental é que a cultura jurídica dos Estados Unidos remete às instituições e às representações de uma sociedade democrática, igualitária e individualista, como é ou aspira a ser a maioria das sociedades contemporâneas. Essa cultura jurídica desposa, assim, as aspirações de milhões de homens, e é essa qualidade que faz o seu sucesso.

Herança da common law

A cultura jurídica americana enraíza-se na cultura europeia. Os primeiros assentamentos ingleses na América do Norte datam do século XVII. Os ingleses criaram colônias independentes em Virgínia (1607), Plymouth (1620), Massachusetts (1630) e Maryland (1632). Inicialmente holandesa, a colônia de Nova York tornou-se inglesa em 1664. A Pensilvânia era originariamente sueca e passou para o controle inglês em 1681. Treze colônias foram assim constituídas a partir do início do século XVIII.

O direito inglês passou da Inglaterra para a América de acordo com um princípio muito simples. Em conformidade com o *Calvin's Case* de 1608, os súditos da Inglaterra "transportavam" seu direito consigo quando se estabeleciam em territórios que não estavam submetidos a nações civilizadas, pelo menos à medida que seu direito fosse aplicável às novas condições. O direito inglês era para eles um direito de nascença (*birthright*) e uma herança (*inheritance*). Considerava-se que um inglês, aonde quer que fosse, transportava consigo tantos direitos e liberdades quantos fossem permitidos pela natureza das coisas. Foi por essa razão que, mais tarde, durante a Revolução, as insurgentes da América invocaram contra o rei Jorge III e o Parlamento da Inglaterra os direitos e as liberdades ancestrais da *common law*, entre os quais o célebre princípio *no taxation without representation*, que podiam fazer remontar à Magna Carta de 1215. Ao fazerem isso, os americanos compartilhavam com os ingleses a ideia essencial da *common law*, pedra fundamental do princípio de preeminência e reino do direito (*rule of law*), de que os direitos e liberdades enraizados no passado se impõem ao soberano e a seus representantes, limitando a vontade arbitrária destes. No entanto, essa posição não impediu que os americanos – conforme provou a experiência revolucionária dos anos 1770-80, com as declarações de direitos que precederam as novas constituições de que se dotaram as antigas colônias – aderissem também à tradição continental que considera que os direitos são soberanamente declarados pela vontade popular.

A *common law* foi transportada para a América com certas ressalvas. Sua aplicação estava subordinada às condições sociais e materiais da vida nas colônias. Ora, os colonos encontravam problemas para os quais a *common law* não dava respostas adequadas. Por exemplo, não era necessário aplicar as regras complicadas do regime das terras e da sucessão às terras, impregnadas de feudalismo, num país onde a terra era tão abundante. Por outro lado, os colonos fizeram uma distinção entre as regras da *common law* propriamente ditas e as prescrições do direito inglês "legislativo"; principalmente este último, muito mais que a própria *common law*, que não exercia igual atração sobre eles. Os puritanos que se haviam instalado no Norte, na Nova Inglaterra, especialmente em Massachusetts, fugidos da Inglaterra devido às perseguições sofridas, não tinham boas disposições para com as leis inglesas. Em alguns casos, a principal preocupação dos colonos foi até mesmo encontrar meios de escapar às suas prescrições. Por exemplo, os júris das colônias absolviam generosamente os delinquentes que, violando leis inglesas sobre o comércio e a navegação, se dedicavam ao contrabando. Para solucionar isso, o governo de Londres adquirira o hábito de transferir sistematicamente esses casos para os tribunais de vice-almirantado, que, diretamente vinculados à Coroa da Inglaterra, escapavam à regra do julgamento por júri. Dessa prática deveria nascer o apego dos americanos ao tribunal de júri para dirimir as questões de fato dos litígios. Chegaram a tornar esse princípio de *common law* um direito garantido pela Constituição (Quinta, Sexta e Sétima Emendas). O mais surpreendente não é o fato de a *common law* se ter implantado em território americano, e sim de ter ficado. Considerando retrospectivamente as conturbações geradas pelos acontecimentos históricos constituídos pela Declaração de Independência de 1776 e pelas novas constituições dos jovens Estados independentes, com suas declarações de direitos e seus governos populares, bem como, alguns anos depois, pelo estabelecimento de um governo federativo poderoso, com a Constituição de 1787, não podemos deixar de perguntar de que modo, em meio a circunstâncias tão excepcionais e únicas, os Estados Unidos não passaram pela revolução jurídica que transformou as sociedades europeias, fazendo tábua rasa das antigas leis e dos costumes e introduzindo uma ordem jurídica totalmente nova. Quando estavam reunidas todas as condições necessárias para tomar um novo rumo, o direito americano que começava a surgir e constituir-se realmente entre os anos 1770-80 e 1820-30 moldou-se curiosamente pelas tradições seculares da *common law* (Gilmore, 1977, pp. 9-10).

As razões do triunfo da *common law* são complexas. A primeira e mais simples é que ela constituía o sistema jurídico com o qual os advogados e os juristas estavam mais familiarizados. No entanto, diziam que ela era complicada, difícil e pesada para administrar. Nesse aspecto, os *Comentários sobre as leis da Inglaterra*, de Blackstone, impressos na Filadélfia a partir de 1771-72, contribuíram com uma exposição lógica e sistemática dos princípios fundamentais da *common law*. O sucesso da obra foi considerável. Contudo, apesar da objeção de complexidade, alguns continuavam vendo na *common law* uma instituição monárquica ou aristocrática. O movimento de rejeição à *common law*, que se delineou depois da Independência fazia parte de um desejo mais geral de abandono das instituições inglesas. Alguns juristas americanos, principalmente no início do século XIX, sonhavam com códigos que enunciassem em termos simples e compreensíveis os preceitos de um direito que satisfizesse o ideal republicano. Essas ideias nunca puderam ganhar corpo e, apesar dos esforços de Jeremy Bentham, que em 1811 escreveu pessoalmente a Madison, então Presidente dos Estados Unidos, para explicar-lhe as vantagens de um sistema jurídico codificado, os resultados do movimento a favor da codificação foram pífios. Com a única exceção do território da Nova Orleans, que em 1812 se transformou no estado da Louisiana, os Estados Unidos continuaram no sistema da *common law*. Esta nunca foi realmente ameaçada nem em termos de conteúdo, nem de técnicas. Em segundo lugar, a obra magistral do grande jurista americano que foi James Kent – chamado de Chanceler Kent, devido à sua qualidade de juiz da *Court of Chancery* do estado de Nova York –, cujos quatro volumes de *Comentários sobre o direito americano*, publicados de 1826 a 1830, podem ser facilmente comparados aos de Blackstone, reforçou a adesão dos americanos ao sistema da *common law*. A obra do chanceler Kent contribuiu muito para consolidar duradouramente a *common law* em território americano. A razão disso está no fato de que Kent teve a felicidade de explicar a uma opinião pública dividida que a *common law* não era tanto aquele direito particular e complicado que, segundo alguns, fora a lei comum da Inglaterra, quanto a "aplicação dos princípios da justiça natural e da razão humana a casos particulares". Em outros termos, Kent soube conferir valor universal à *common law*. A obra de seu contemporâneo, o juiz Joseph Story, da Corte Suprema, autor de numerosas obras sobre a Constituição (1833), os conflitos de leis (1834), a *equity* (1836) e o processo da *equity* (1838), bem como sobre os títulos de crédito (1843-45), seguiu no mesmo sentido e universalizou a *common law*. Esses ensinamentos nunca se perderam. Ainda hoje, os juristas americanos consideram o fato de seu país pertencer à esfera da *common law* uma das razões da excelência de seu sistema jurídico e de seu valor universal. Sem dúvida reconhecem (sempre a contragosto) que sua importância diminuiu seriamente devido à inflação de leis, "orgia legislativa" à qual a sociedade industrial moderna se entregou por necessidade (Gilmore, 1977, p. 95). No entanto, embora todos admitam que uma parte considerável do direito atual já não é o direito jurisprudecial, mas o direito legislativo, em outras palavras, o direito proposto pelo legislador (*statutory law*), todos falam com saudades daquele direito que Sir Francis Pollock chamava, no início do século XX, com afetuoso respeito "*Our Lady the Common Law*".

Os americanos conservaram as três principais instituições da *common law*, que são o respeito ao precedente judiciário, o júri para pronunciar-se sobre os fatos de um litígio e a preeminência do direito. Mas os adaptaram e, segundo o caso, atenuaram ou aumentaram o rigor de suas consequências. Por exemplo, o respeito ao precedente judiciário – conhecido nos Estados Unidos com o nome de regra *stare decisis* – não tem a mesma força que tem na Inglaterra. Admite-se que a Corte Suprema pode e até deve modificar sua jurisprudência quando esta não corresponder às exigências da justiça. Foi o que ocorreu em 1937, quando a Corte Suprema renunciou à sua jurisprudência, chamada *substantive due process of law*, que protegia a liberdade contratual, ou em 1954, quando abandonou suas posições de quase sessenta anos sobre a constitucionalidade da doutrina "separados, mas iguais", que institucionalizava a discriminação racial entre brancos e negros nos estados do Sul. Do mesmo modo, a instituição do júri é entendida de maneiras diferentes nos dois países. Hoje em dia ela é muito limitada na Inglaterra, pois continua existindo apenas para processos criminais e para certos casos de difamação; em contrapartida, continua existindo plenamente nos Estados Unidos em questões civis e penais. Mesmo sendo verdade que hoje, devido à explosão do contencioso e à evolução das regras processuais, os julgamentos por tribunal de júri representam uma ínfima minoria dos casos efetivamente julgados pelos tribunais de justiça dos Estados Unidos, tanto em questões civis quanto penais, o fato é que a instituição do júri continua sendo uma das mais importantes características do direito americano. Sua influência foi considerável, por um lado porque o júri põe o povo ao lado dos juízes e dá assim à administração da justiça um colorido democrático aparentemente muito mais forte, portanto muito mais sedutor do que no continente; por outro lado, porque o instituto do júri modelou e determinou o caráter inevitável e obrigatoriamente acusatório de todas as regras processuais. Em especial, com o júri, a descoberta da verdade é tarefa das partes, e não do juiz, o que exclui do procedimento americano todo e qualquer elemento inquisitorial. Por fim, o princípio de preeminência (ou reino) do direito, que a Inglaterra conhece como *rule of law*, não existe como tal nos Estados Unidos. Nos Estados Unidos, a noção de *rule of law* tem um sentido mais restrito, significando principalmente ausência de poder discricionário. Isto porque nos Estados Unidos, como veremos, não pode haver preeminência de um direito que não seja o direito da Constituição, de tal modo que o princípio inglês de *rule of law* transformou-se em um princípio de supremacia da Constituição.

A herança da *common law* foi assim adotada nos Estados Unidos com restrições. Os americanos só puderam manter do sistema inglês as instituições e as ideias que podiam encaixar-se ou adaptar-se às suas próprias regras e princípios. Algumas foram tão remanejadas que se chega até a perguntar se, em termos práticos, elas não foram pura e simplesmente abandonadas (o exemplo mais enigmático é o da regra do precedente); outras, em compensação, foram profundamente modificadas. É o caso da ideia de que não há direito verdadeiro que não seja o proferido pelo juiz (*judge made law*). Essa ideia decorre do princípio fundamental da *common law*, acima citado, que é o respeito ao precedente judiciário, cuja consequência é que o direito é em princípio constituído pelo conjunto das decisões proferidas pelos tribunais de justiça. Mas hoje essa concepção da *common law* como direito consuetudinário proferido pelo juiz já não existe nos Estados Unidos (nem na Inglaterra, aliás) senão em estado residual. As leis (*statutes*), tanto quanto as decisões de justiça, se não mais, são as fontes que governam a sociedade. Em contrapartida, da doutrina do precedente judiciário ficou a ideia de que os litígios devem ser resolvidos por indução, a partir dos princípios depreendidos da experiência judiciária do passado, e não por dedução de regras estabelecidas por uma vontade soberana. Essa doutrina pesa muito na concepção, no ensino e na percepção do direito, uma vez que significa que o direito é menos aquilo que a lei diz do que aquilo que o juiz diz. A regra de direito que resolve o litígio tem assim justificação na razão (*reason*), fundamento da *common law* há séculos, e não na vontade arbitrária do legislador. Com isso, o direito (*the law*) não consiste apenas na Constituição ou nas leis ordinárias; consiste, é certo, nas regras contidas nesses textos, mas sempre na interpretação dada pelo juiz e, especialmente, pela Corte Suprema. Dessa espécie de imersão do direito na *common law* resultam várias consequências. Por um lado, o estudante de direito aprende o direito principalmente a partir de casos (*cases*), e não a partir dos textos. O advogado conhece direito principalmente a partir de processos, e, se for indagado sobre um problema jurídico, responderá citando um ou vários casos, mais raramente (e em geral em segundo lugar) um texto de lei. Não há nem mesmo um cidadão americano médio que deixe de integrar em sua concepção do direito a interpretação judiciária que lhe foi dada. Decisões da Corte Suprema, como *Brown v. Board of Education* (1954), que pôs fim à regra "separados, mas iguais", ou *Roe v. Wade* (1973), sobre a liberdade de aborto, são conhecidas do grande público. Percebe-se assim que nos Estados Unidos, como em todos os sistemas de *common law*, o juiz é sempre um grande poder social e jurídico, como observou Maurice Hauriou, sem contar que nos Estados Unidos ele é até mais que isso. Lá, o juiz é também um grande poder político. É, aliás, nessa qualidade e posição excepcional do juiz que se deve ver a característica mais marcante e talvez mais importante da cultura jurídica americana.

O poder do Poder Judiciário

Falando da Corte Suprema, Alexis de Tocqueville observava que "nunca poder mais imenso foi constituído por qualquer povo". A observação é ainda mais verdadeira hoje do que 1835. Os americanos não criaram "o império do direito". Outras civilizações, antes deles, atribuíram às regras de direito uma importância essencial na regulação social. Roma e Bizâncio são exemplos disso. Em contrapartida, nenhuma civilização alçou o Poder Judiciário às alturas nas quais os norte-americanos o puseram.

O poder do Poder Judiciário nos Estados Unidos sempre foi avaliado de maneiras diferentes pelos juristas franceses. Nos anos 1920, a análise feita pelo comparatista Edouard Lambert sobre a jurisprudência da Corte Suprema no início do século no âmbito da legislação social, numa época em que triunfava na Corte o *substantive due process of law*, deu crédito à tese de que o poder dos juízes norte-americanos nada mais era que expressão de um "governo dos juízes". Mais recentemente, o advogado Laurent Cohen-Tanugi tentou, ao contrário, mostrar que o poder dos juízes é bom em si, por diminuir o poder do Estado e possibilitar o aparecimento de um modelo de sociedade na qual o direito é criado e modificado "sem o Estado", ao contrário – segundo esse autor – do modelo francês de regulação social. É indubitável que, para os franceses criados numa cultura de desconfiança em relação aos juízes, a posição excepcional do Poder Judiciário na sociedade norte-americana é motivo de espanto. Para entender as razões do "imenso poder" do Poder Judiciário nos Estados Unidos, como dizia Tocqueville, é preciso começar por desfazer-se da ideia preconcebida de que esse poder seria resultado de uma usurpação ou de uma conquista feita pelos juízes a partir da decisão histórica *Marbury v. Madison* (1801) que afirmou o poder dos juízes de controlar a constitucionalidade das leis do Congresso (*judicial review*). Esse "imenso poder" do Poder Judiciário nos Estados Unidos deriva indiscutivelmente, como explicou Tocqueville, do poder que lhes foi dado, de basear suas decisões mais na Constituição do que nas leis. Mas nunca se deve perder de vista que essa possibilidade não é resultado de um *fiat* judiciário, e que foi expressamente conferida aos juízes pelo constituinte, pelo menos em se tratando das leis de estados, porque o constituinte queria e necessitava de um Poder Judiciário forte. A Convenção da Filadélfia não deixa dúvida alguma sobre esse aspecto. Quando os representantes dos jovens estados da América se reuniram na Filadélfia em 1787, o objetivo da reunião e o objeto dos trabalhos estavam perfeitamente claros. Sua missão era salvar uma Confederação moribunda, ou seja, criar – como diriam no início daquilo que se tornaria a Constituição dos Estados Unidos da América – uma "União mais perfeita" (*a More Perfect Union*). Em especial, uma de suas grandes preocupações era que a Confederação, ou seja, os Estados Unidos, fosse respeitada e obedecida pelos estados. Para tanto, eles começaram por dar aos juízes de cada estado o poder de conhecer e aplicar a Constituição, notadamente qualificando-a de *law* (a exemplo das leis e dos tratados dos Estados Unidos) e obrigando a fazê-las prevalecer sobre as leis de seus próprios estados. Essas eram as principais consequências da "cláusula de supremacia" (*supremacy clause*) contida no Artigo VI da Constituição Federal de 1787. Ao ordenar aos juízes dos estados que desobedecessem a seus legisladores e preferissem a Constituição Federal, as leis e os tratados da legislatura federal, os constituintes da Filadélfia contribuíram com uma pedra fundamental para a construção de um Estado federal, mas, ao mesmo tempo, transformaram o Poder Judiciário dos estados num grande poder em cada estado. As exigências do federalismo, porém, não param por aí. Por um efeito em cadeia, nascido da vontade de constituir essa "União mais perfeita", os constituintes foram levados a criar outro grande Poder Judiciário, mas dessa vez na própria União. De fato, uma vez que o governo central só tinha competências limitadas e definidas, "poderes enumerados" como dizem os norte-americanos (*enumerated powers*), e uma vez que todo o poder de direito comum cabia aos estados confederados, era preciso criar uma instância neutra que pudesse arbitrar entre a competência da União e a dos estados. A não ser que se quisesse deixar a União em perpétuo estado de natureza, conservando o direito de cada um de seus membros de ser juiz em causa própria, essa instância não podia pertencer a nenhum estado. Sua imparcialidade teria sido constantemente posta sob suspeita, sem contar que a multiplicidade de interpretações divergentes entre cada estado teria sido fatal à unidade e à segurança jurídica. A instância neutra e imparcial, que interpreta e aplica o direito federal, até então apenas onde a Constituição a autorizasse a penetrar, só podia ser uma instância comum a todos os estados da União. Os constituintes da Filadélfia constituíram essa instância comum, neutra e imparcial, criando um Poder Judiciário federal independente e atribuindo-o "a uma Corte Suprema e a cortes inferiores que o Congresso poderá, se for o caso, ordenar e estabelecer" [Artigo III, seção I da Constituição Federal]. Aceito o princípio, cumpria encontrar as condições de aplicação que garantissem uma execução eficaz. Os constituintes criaram essas condições atuando no plano do estatuto e no da competência do Poder Judiciário federal. Ao garantirem a inamovibilidade aos juízes federais, fizeram deles um poder independente dos outros dois. Ao lhes atribuírem, por via de recurso, a apreciação em última instância de todos os casos e de todas as controvérsias (*cases and controversies*) que pusessem em jogo questões de direito federal, fizeram deles um poder independente dos estados. Com isso, a Constituição transformou o Poder Judiciário federal num grande poder, dentro da União e em cada estado. É, portanto, o caráter federal dos Estados Unidos que explica, em grande medida, o poder que o Poder Judiciário lá exerce. O Poder Judiciário pode ser maior ou menor, segundo o tipo de estado no qual atua. Mas, num Estado federativo, ele é sempre (como bem vira Tocqueville) uma grande potência. A razão está no fato de que, nesse tipo de Estado, o poder é limitado por hipótese e definição. Nenhuma pessoa, nenhum órgão detém totalmente o poder, nem o governo federal, nem os Estados federados. Cada um deles tem parcelas de poder, de tal modo que os conflitos são inevitáveis. O Judiciário aparece como a única instância neutra e imparcial que pode julgar os limites impostos pelo constituinte aos poderes da União e aos dos Estados, portanto a divisão das competências entre o governo federal e os Estados soberanos e independentes.

A supremacia da Constituição

A criação de um Poder Judiciário forte e independente foi essencial para a execução da cláusula de supremacia imposta pelo Artigo VI da Constituição Federal. Sem o Poder Judiciário federal e, em especial, sem a Corte Suprema, a Constituição teria permanecido como letra morta. Em 1908, Charles Evans Hughes, então governador do estado de Nova York, teria dito num discurso oficial perante a Câmara de Comércio de Elmira, cidadezinha do norte do estado: "Estamos submetidos a uma Constituição, mas a Constituição é aquilo que os juízes dizem que ela é." A fórmula certamente é verdadeira, porém talvez menos em relação à maioria do povo norte-americano em seu conjunto do que em relação às maiorias populares de cada estado. Em nível federal, a Corte Suprema é bem menos livre do que se diz para determinar o conteúdo que deseja para as normas constitucionais, sobretudo desde o advento da democracia de massa. Essa é a lição essencial da crise do *New Deal*, quando a Corte precisou inclinar-se diante da vontade dos órgãos eleitos pelo povo norte-americano, o presidente Franklin D. Roosevelt e o Congresso com maioria democrática. Em compensação, nada jamais limitou a Corte no valor que ela desejasse atribuir à Constituição. A obra mais importante da Corte Suprema foi construir o estatuto jurídico da Constituição. Foi ela que deu a esse documento o valor de texto sagrado, transformando-a na arca santa da república norte-americana; por um lado, garantindo, tal como incentivava a cláusula de supremacia, o caráter de lei suprema da União, mas de outro lado, fazendo da Constituição Federal a única lei suprema do povo norte-americano. A Constituição dos Estados Unidos é oponível a todos; todos são obrigados por ela. A Constituição é lei suprema principalmente para os estados. Para isso foi feita e, desde a origem, a Corte atribuiu o maior alcance possível à cláusula de supremacia. Para tanto, duas decisões foram essenciais: *McCulloch v. Maryland* (1819) e *Gibbons v. Ogden* (1824). Na primeira, o estado de Maryland se arrogara o direito de taxar a sucursal do banco nacional que operava em seu território; na segunda, o estado de Nova York concedera monopólio da navegação a vapor em suas águas interiores e fluviais. A cláusula de supremacia permitiu que a Corte invalidasse essas duas medidas. A jurisprudência *McCulloch* formulou o princípio de que mesmo uma competência reservada dos estados – no caso, o poder fiscal – não podia ser exercida de uma maneira que impedisse ou atrapalhasse a execução das atividades de um órgão do governo federal. A jurisprudência *Gibbons* formulou a regra de que a regulamentação, por parte de um estado, de uma atividade ocorrida em território e em princípio submetida a seu controle deveria ser sobrepujada pela regulamentação estabelecida pela lei federal, materialmente contrária e constitucionalmente válida. Em seguida, a Corte ampliou o alcance da supremacia constitucional em seus efeitos sobre os estados. Na origem, ela havia julgado (atendendo às intenções do constituinte) que as oito primeiras emendas que enunciam certo número de direitos e liberdades essenciais não seriam oponíveis aos estados (*Barron v. Baltimore*, 1833). Em outras palavras, o *Bill of Rights* eram realmente uma lei suprema para o Congresso, mas não para os estados. A adoção da XIV Emenda após a Guerra de Secessão (1868) devia pôr fim a essa exceção. A Corte, porém, só extraiu todas as consequências desse fato no século XX, quando decidiu progressivamente, direito após direito, liberdade após liberdade, que não só uma, mas praticamente todas as cláusulas do *Bill of Rights* se impunham aos estados. Essa jurisprudência foi a grande obra da Corte Warren (1953-69) e passou à história como o grande período do ativismo judiciário (*judicial activism*). A Constituição é também lei suprema para os órgãos do governo federal. Ao contrário daquilo que se dispunha para os estados, o texto adotado na Filadélfia não especificava formalmente o estatuto da Constituição para os poderes constituídos. Na memorável decisão *Marbury v. Madison* (1803), a Corte Suprema considerou que a Constituição se impunha a eles, quer se tratasse do Presidente ou do Congresso. Em se tratando do Presidente, a Corte afirmou seu poder de controlar a constitucionalidade de seus atos, com exceção daqueles que pusessem em causa questões políticas. Em se tratando do Congresso, a contribuição da jurisprudência *Marbury* foi declarar o princípio do controle judiciário de constitucionalidade das leis como corolário obrigatório do princípio da supremacia constitucional.

Enfim, não há nem na sociedade civil quem possa escapar ao reino da Constituição como lei suprema. Depois da adoção da XIV Emenda, destinada a conceder aos negros a igualdade dos direitos civis e políticos, a Corte julgara que as disposições desse texto só eram oponíveis aos estados, e não às pessoas privadas (*Civil Rights Cases*, 1883). Para ela, essa emenda só poderia ser aplicada na hipótese de estar em causa uma ação de estado (*state action*). A interpretação deste último conceito foi consideravelmente flexibilizada no século XX, e graças a isso a Corte Suprema pôde impor respeito aos direitos e liberdades garantidos pela Constituição às pessoas privadas. A jurisprudência da Corte teve continuidade na ação do Congresso, com a adoção da grande lei de 1964 sobre os direitos civis (*Civil Rights Act of 1964*). O princípio de supremacia da Constituição, nos Estados Unidos, se não desempenha exatamente o mesmo papel desempenhado na Europa por princípios como os da *rule of law* ou Estado de direito, tem pelo menos uma função muito próxima. Garante a submissão do poder ao direito.

A ideia dos direitos

Em frases premonitórias, Alexis de Tocqueville notara que em nenhum lugar o homem do povo tinha ideia tão elevada de seus direitos quanto na América do Norte. Para ele, a ideia dos direitos nada mais era que a ideia de virtude introduzida no mundo político e, vendo nisso um benefício para todo o corpo social, ele considerava que o único meio de inculcar nos homens a ideia dos direitos era distribuir a todos o exercício de certos direitos. Raciocinando a partir do exemplo do direito de propriedade, ele indagava por que na América do Norte "ninguém faz contra a propriedade as queixas que frequentemente ressoam na Europa". Explicava: "É porque na América não há proletários. Como cada um tem um bem particular para defender, o direito de propriedade é reconhecido em princípio." Os Estados Unidos foram constituídos com base na ideia de que "todos os homens foram criados iguais; e são dotados pelo Criador de certos direitos inalienáveis". Esses eram os termos da Declaração de Independência de 4 de julho de 1776. Na época, esses princípios estavam longe de ser concedidos a "todos os homens", pois o instituto da escravidão privava de direitos centenas de milhares de escravos que trabalhavam nas plantações dos estados do Sul. Apesar das emendas XIII, XIV e XV, adotadas depois da Guerra de Secessão, que aboliram a escravidão e estabeleceram a igualdade de direitos para ex-escravos, os negros norte-americanos só viram seus direitos realmente reconhecidos depois da Segunda Guerra Mundial quando, em 1954, numa decisão histórica (*Brown v. Board of Education of Topeka*), a Corte Suprema julgou que a doutrina "separados, mas iguais", que institucionalizava o *apartheid* nos estados do Sul, era inconstitucional. Essa decisão e as medidas legislativas que a seguiram nos anos 1960 deram origem àquilo que se chamou de "revolução dos direitos", que extrapolou em muito a situação dos negros. No século XX, os direitos se multiplicaram na sociedade norte-americana; segundo alguns, eles até explodiram, proporcionalmente à extensão dos direitos garantidos pela Constituição ao conjunto da sociedade civil e política. A proliferação dos direitos na sociedade norte-americana contemporânea é um dos fenômenos mais notáveis da evolução social. Na origem dessa revolução está a característica distintiva da cultura jurídica norte-americana, que consiste em ver a Constituição como o documento cuja aplicação qualquer um pode exigir perante as cortes de justiça. A ideia dos direitos, tão forte nos Estados Unidos, encontra explicação nessa oponibilidade da Constituição, judiciariamente garantida a todos. O cidadão norte-americano pode invocar "sua" Constituição e "seu" *Bill of Rights* (Declaração dos direitos, constituída pelas oito primeiras emendas), exatamente como o cidadão francês pode invocar a lei, digamos "seu" Código Civil. Os direitos e liberdades do cidadão norte-americano são assim definidos pelo Poder Judiciário por meio do mecanismo da ação em juízo. As ações em juízo baseadas em violações à Constituição (*constitutional claims*) tiveram um desenvolvimento espetacular após a Segunda Guerra Mundial. Os dois setores mais envolvidos foram, por um lado, a liberdade de expressão, com um contencioso muito abundante com base na cláusula de *free speech* da I Emenda, e, por outro lado, o princípio de igualdade, com uma multiplicação de causas a partir do princípio de igual proteção das leis (*equal protection of the laws*), previsto na XIV Emenda. Vista de uma perspectiva histórica, a generalização da ideia dos direitos ao conjunto da sociedade é um retorno às primeiras fontes da cultura norte-americana. A ideia de direitos inerentes a cada homem fundamenta a ideologia que animava os primeiros emigrantes, os autodenominados peregrinos (*pilgrims*), vindos para as terras da América a fim de "obter a vitória de *uma ideia*" (Tocqueville), a ideia de liberdade e de igualdade de nascimento entre todos os homens. O puritanismo não passava de doutrina religiosa. Desde a origem, confundiu-se com as doutrinas democráticas e republicanas mais absolutas, motivo pelo qual, numa época em que a monarquia e a aristocracia reinavam sem concorrência na Europa, seus fiéis foram perseguidos com tanto ardor. Os puritanos saíram da Europa (da Inglaterra, mas também da Holanda) para fundar na Nova Inglaterra uma sociedade democrática radicalmente diferente da velha sociedade feudal. Em nenhum lugar o princípio de liberdade foi aplicado tão completamente quanto nos estados da Nova Inglaterra. Desde a origem, os puritanos se governaram livremente, e as colônias inglesas sempre gozaram de mais independência e liberdade interna do que as outras colônias europeias. Ademais, em virtude da concepção puritana do homem em relação a seu Criador, as condições foram desde a origem e continuam sendo sempre iguais. A aristocracia nunca conseguiu se reconstituir nos Estados Unidos. Esse modelo de sociedade fundou a sociedade democrática que Tocqueville descobriu e analisou com tanta profundidade no século XIX.

No início da história dos Estados Unidos, essa sociedade democrática só existia realmente nos estados do Norte. A sociedade escravagista dos estados do Sul não a tiveram até a Guerra de Secessão. No entanto, mesmo depois dessa guerra civil que revolucionou a história norte-americana, o Sul, por razões complexas decorrentes, especialmente, da estrutura federalista da União, conseguiu ficar à margem e até a escapar ao modelo democrático de igualdade de condições que prevalecia nos Estados do Norte. Os progressos que teriam sido permitidos pela adoção das emendas XII, XIV e XV, que aboliam a escravidão e estendiam o princípio de igual proteção das leis, só se realizaram de modo bastante imperfeito e, em muitos aspectos, permaneceram até pura e simplesmente como letra morta. Essa evolução teve como resultado que a "ideia dos direitos", herança direta do pensamento puritano, ficou por muito tempo estranha a uma grande fração da sociedade norte-americana. Ao decidir que não poderia mais haver, por um lado, os direitos dos brancos e, por outro, os direitos dos negros, o acórdão *Brown* estendeu o império da ideia dos direitos à população negra. Essa jurisprudência marcou uma ruptura radical nas representações culturais até então predominantes na sociedade norte-americana. A rejeição ao princípio "separados, mas iguais" pela jurisprudência *Brown* fez mais do que proibir a concepção de direitos diferentes para a população negra como tal. Ela ganhou, de um em um, todos os grupos sociais que se beneficiavam até então de direitos diferentes e que, por razões diversas, nunca haviam gozado da possibilidade de desenvolver uma ideia dos direitos idêntica à dos herdeiros dos puritanos, os famosos "WASP" (*white anglo-saxon protestants*). O caráter revolucionário do acórdão *Brown* está no fato de proibir os norte-americanos de se acreditarem racialmente diferentes uns dos outros em termos de direitos. *Brown* privou de qualquer legitimidade a representação de diferenças entre indivíduos em termos de raças. Em virtude dessa proibição de pensar a raça como tal, os programas de discriminação positiva (*affirmative action*), destinados a dar direitos suplementares às minorias, só foram bem aceitos pelo conjunto da opinião pública porque a minoria beneficiária não é identificada por um critério racial (tal como a *affirmative action* em favor dos deficientes).

Lugar do direito na sociedade

A cultura jurídica norte-americana muitas vezes é vista como uma cultura chicanista, apaixonada por processos e contenciosos. Os números, na verdade, são impressionantes. Calcula-se que, em 1998, os tribunais federais de primeira instância (*district courts*) julgaram cerca de 250 mil causas. Mas esse número nada é em comparação com os cerca de 33,4 milhões de ações abertas perante os tribunais estaduais (*state trial courts*). Por outro lado, considera-se que, com mais de 800 mil *lawyers*, os Estados Unidos têm a maior densidade de advogados do mundo, e que – melhor ainda – cerca de metade dos advogados existentes no mundo trabalha nos Estados Unidos. Reforçados pelas representações que nascem do cinema e da televisão, esses números fazem dos norte-americanos, pelo menos numa primeira análise, um povo de demandantes. A ideia dos direitos que penetra tão profundamente na consciência jurídica de cada norte-americano certamente é uma das razões essenciais para isso, mas não a única. A consciência jurídica norte-americana foi objeto de numerosas análises, especialmente em sociologia e antropologia jurídica. Estudos de casos feitos por etnólogos em comunidades da Geórgia, de Illinois e de Massachusetts demonstraram o caráter elementar da análise que consiste em pintar a sociedade norte-americana como uma sociedade que adquiriu essa característica em decorrência da revolução dos direitos que ocorreu a partir dos anos 1950. O recurso aos tribunais e às cortes não ocorre nem se distribui de maneira idêntica no conjunto do país. As diferenças são grandes de uma comunidade para outra. Quanto mais estruturada é uma comunidade no plano religioso (como era ainda, por exemplo, nos anos 1970, a comunidade da Geórgia, amplamente dominada pela seita batista), mais o recurso ao juiz e o uso do direito são vistos como práticas sociais exteriores aos seus membros e até como fatores de desintegração da comunidade. Num caso desse tipo, pode-se dizer que, em última análise, a religião, com seus princípios, instituições, regras e ministros, substitui o direito, o juiz, o xerife e a lei. Mais exatamente, ela os integra num modelo de regulação social em que a lei religiosa não se distingue da lei humana. A força da religião é tão grande nessas comunidades, que a sabedoria popular considera que os bons fiéis não participam de processos. Enfim, o direito é concebido como algo estranho ou externo à moral (Greenhouse, 1986, p. 110). Ao contrário, a percepção do direito como algo que integra os valores morais é a representação dominante das comunidades da Nova Inglaterra e do centro dos Estados Unidos. É lá que a herança puritana se faz sentir com mais intensidade. O puritanismo sempre considerou que a religião é a chave da ordem social e da moral pública e privada. Os puritanos basearam nela todas as suas instituições políticas e jurídicas e até suas leis penais, que foram concebidas e compostas com inspiração nos textos sagrados. Convencidos de que os governos só existem entre os homens para regulamentar os maus instintos e redimi-los, os puritanos da Nova Inglaterra elaboraram um sistema complicado de múltiplas cortes e tribunais, em que os magistrados eram vistos como representantes da autoridade divina, tal como os próprios sacerdotes. Nas comunidades marcadas por essa herança, a ordem moral é representada pelas instituições jurídicas (Greenhouse, Yngvesson e Engel, 1994, pp. 139-42). Isso pode ser verificado até mesmo no plano topográfico, pois com frequência a corte do condado (*courthouse*) fica na praça central, ao lado da igreja.

A predisposição dos norte-americanos para intentar processos ensejou muitas interrogações. Não é de duvidar que a desestruturação das comunidades tradicionais, que são a Igreja, a família e o condado, tem uma parcela de responsabilidade no desenvolvimento considerável do uso do direito e de suas instituições pelos cidadãos para resolver os conflitos sociais. Por não poder se apoiar nas instituições tradicionais de regulação social, o cidadão tende a se voltar para o Estado. Mas também não se deve perder de vista o fato de que, devido à herança puritana, sempre existiu a tendência entre os norte-americanos de confiar aos juízes seus problemas pessoais, tal como as relações entre os membros de uma mesma família (inclusive o adultério e as relações entre pais e filhos). Por outro lado, o recurso ao juiz e o uso cotidiano do direito e de suas instituições são consubstanciais com os valores norte-americanos do individualismo e do igualitarismo. Em certos casos, o recurso ao direito e aos tribunais serviu para libertar alguns grupos sociais da tutela das comunidades. Foi assim que o juiz melhorou a sorte dos grupos desfavorecidos ou desvalidos, como os negros, as mães solteiras, os prisioneiros, os consumidores (Merry, 1990, pp. 172-82). A condição feminina é um exemplo tópico. Nos Estados Unidos, ao contrário do que se vê na Europa, foi o juiz (no caso, a Corte Suprema), e não o legislador, que concedeu às mulheres o direito ao aborto na decisão histórica *Roe v. Wade* (1973). Nada ilustra melhor o papel capital do juiz na cultura jurídica norte-americana do que a constatação, no fundo bem banal, de que foi o Poder Judiciário, e não o Poder Legislativo, que iniciou as duas mais importantes conquistas das liberdades públicas nos Estados Unidos desde 1950, ou seja, a igualdade racial e a igualdade dos sexos, mesmo que depois o Poder Legislativo tenha precisado intervir para consolidar e aprofundar os progressos feitos pelos juízes. Seja qual for o aspecto abordado, as características da cultura jurídica dos Estados Unidos conduzem todas a essa figura central que é o juiz. O Poder Judiciário nos Estados Unidos não se parece com nenhum outro. Tocqueville disse tudo quando observou: "Não acredito que, até agora, alguma nação do mundo tenha constituído o Poder Judiciário da mesma maneira que os norte-americanos. A busca das origens, das causas e das consequências dessa organização judiciária única e excepcional é inesgotável, bem como o debate sem fim entre os legistas norte-americanos sobre sua legitimidade. O fato é que a influência da cultura jurídica norte-americana no mundo deve muito a essa representação do juiz como grande poder político. De certa maneira, o juiz está para a sociedade norte-americana como o rei estava para a antiga França: ele é a fonte de justiça (*fons juris*). Entende-se então como e por que esse modelo de cultura jurídica exerce um poder de sedução tão grande.

› BOGDAN M., *Comparative Law*, Kluwer, Norstedts Juridik, Tano, 1994. – CANTOR N. F., *Imagining the Law, Common Law and the Foundations of the Norte-american Legal System*, New York, Harper Collins, 1997. – COHEN-TANUGI L., *Le Droit sans l'État, De la démocratie en France et en Amérique*, Paris, PUF, 1985. – DAVID R., *Les Grands Systèmes de droit contemporains*, Paris, Dalloz, 5ª ed., 1973. – EHRMANN H. W., *Comparative Legal Cultures*, Prenctice-Hall, New Jersey, 1976. – ENGEL D. M. & MUNGER F. W., "Rights, Remembrance, and the Reconcialiation of Difference", *Law & Society Renew*, 30, 1996, pp. 7--53. – FRIEDMAN L. M., *A History of Norte-american law*, New York, Simon & Schuster, 1973. – GILMORE G., *The Ages of Norte-american Law*, Yale Univ. Press, 1974. – GREENHOUSE C., *Praying for Justice*, Cornell Univ. Press, 1986. – GREENHOUSE C., YNGVESSON B. & ENGEL. D., *Law and Community in Three Norte-american Towns*, Cornell Univ. Press, 1994. – LAMBERT E., *Le Gouvernement des juges et la lutte contre la législation sociale aux États-Unis. L'expérience américaine du contrôle judiciaire de constitutionnalité des lois*, Paris, Marcel Giard, 1921. – MERRY S. E., *Getting Justice and Getting Even*, The Univ. of Chicago Press, 1990. – SARAT A. & KEARNS T. [eds.], *Law in Everyday Life*, The Univ. of Michigan Press, 1993. – STYCHIN C. F., "The Commentaries of Chancellor James Kent and the Development of an Norte-american Common Law", *Norte-american Journal of Legal History*, vol. 37, 1993, pp. 440-63. TOCQUEVILLE A. de, *De la démocratie en Amérique*, 2º vol., Paris, Flammarion "GF", 1981. – TUNC A., *Le Droit des États-Unis d'Amérique, Sources et techniques*, Paris, Dalloz, 1955. – ZOLLER E., *Grands arrêts de la Cour suprême des États-Unis*, Paris, PUF, 2000, acórdãos nºs 3, 6, 8, 9, 13, 35, 46; *Le Droit des Etats-Unis*, Paris, PUF, 2001.

Élisabeth ZOLLER

→ *Common law*; Constitucionalismo; Constituição e direito constitucional; Direitos fundamentais; Escravidão; Estado; Estados Unidos; Inglaterra; Júri; Justiça constitucional; Raça e racismos.

ESTADOS UNIDOS (Grandes correntes do pensamento jurídico americano contemporâneo)

Uma teoria do direito americano desenvolveu-se de modo constante desde o fim do século XIX. Marcada pela grande quantidade das fontes às quais a jurisprudência podia recorrer e pela existência de um controle de constitucionalidade muito firme, ela teve tendência a destinar grande espaço à noção de princípios e às relações entre direito e política. Desde as origens, lutou contra o formalismo, insistiu na originalidade de cada caso. Em cada época, também tentou extrair tudo o que pudesse dos progressos feitos nas outras disciplinas.

Falar de grandes correntes do pensamento jurídico americano contemporâneo passa, necessariamente, pela apresentação da *sociological jurisprudence*, do realismo jurídico americano e das quatro orientações nascidas dele: direito e sociedade, direito e economia, direito e literatura e *Critical Legal Studies*. Outros setores da reflexão jurídica nos Estados Unidos, que contribuíram para o debate do conjunto, não podem, porém, ser totalmente descartados: controvérsia sobre os princípios neutros, oposição interpretativistas não interpretitivistas, polêmica do majoritarismo. Do mesmo modo, convirá mencionar e situar em relação às grandes correntes as obras de Ronald Dworkin e Robert M. Cover, que constituem dois pontos de referência importantes.

Os primeiros professores universitários de direito em tempo integral surgem, nos Estados Unidos, por volta de 1870. Terão a preocupação de conferir caráter científico a sua disciplina. Para Christopher Columbus Langdell, pai do "método dos casos", que ainda preside, depois da revisão, as modalidades de ensino do direito nos Estados Unidos, que consistem em aprender direito e seus métodos a partir do estudo e da discussão de julgamentos esclarecedores, a tarefa do teórico do direito era extrair do conjunto dos casos alguns grandes princípios que expressariam a quintessência do direito, o que deveria permitir, por simples operação lógica, extrair as respostas para os casos novos que viessem a apresentar-se. Essa concepção do direito e de seu desenvolvimento logo será alvo das críticas de outro grande mestre da Escola de Direito da Universidade de Harvard, ainda que lá tenha ensinado por pouco tempo. Trata-se de O. W. Holmes, ora considerado representante da *sociological jurisprudence*, ora como realista, de tal modo uma parte de suas primeiras intuições marcarão a segunda corrente. Com sua obra, toma-se um rumo que vale ainda hoje: o juiz é considerado como alguém que tem e deve ter um papel criador, e a teoria do direito tem a tarefa de elucidar a trajetória desse trabalho criador e, eventualmente, guiá-lo.

A sociological jurisprudence

Com o rótulo de "sociological jurisprudence" reúnem-se cinco autores: O. W. Holmes, R. Pound, L. D. Brandeis, B. N. Cardozo e F. Frankfurter, que preconizam um direito vivo, uma constituição viva, utilizados pelo juiz para responder às realidades de uma sociedade em movimento, bem como para a consideração dos ensinamentos das ciências sociais em pleno desenvolvimento. Oliver Wendell Holmes (1841-1935), cujo pensamento ilustra mais a "*sociological jurisprudence*" do que o realismo, por razões de época e de sensibilidade pessoal, oporá a experiência à lógica como motor no desenvolvimento do direito. Apoiando-se na história da *common law*, ele afirmará: "A vida do direito não é a lógica, mas a experiência. O que é sentido como necessidade numa época, as teorias morais e políticas dominantes, as intuições de política pública, conscientes ou inconscientes, e até mesmo os preconceitos que os juízes compartilham com seus concidadãos desempenham um papel mais importante do que silogismo, na determinação das regras que devem servir ao governo dos homens" (O. W. Holmes, *The Common Law*, Londres, 1881, p. 1). Tem-se aí uma espécie de resumo do tema importante que será desenvolvido, pelos autores que podem ser reunidos sob o rótulo de "*sociological jurisprudence*". Essa abordagem, influenciada pelos primeiros trabalhos de sociologia nos Estados Unidos, foi teorizada sobretudo por Roscoe Pound (1870-1964); trata-se também, sob certos aspectos, de uma filosofia – o que explica a preferência por manter a denominação em inglês, mais coerente devido ao sentido amplo de "*jurisprudence*" (teoria do direito, mas também, eventualmente, filosofia). Pound batizou essa teoria e fixou-lhe um programa: estudo dos institutos, dos preceitos e das doutrinas de um direito em termos de efeitos sociais e de condições que presidiram seu aparecimento, quer se trate de um direito presente, quer de um direito passado; procura das possibilidades de melhoria do funcionamento do sistema de direito existente (melhor aplicação dos preceitos e exame do método); procura da individualização das soluções na aplicação dos preceitos; exigência da criação de um Ministério da Justiça para incentivar estudos e propor reformas úteis (R. Pound, "Outlines of Jurisprudence", 1943). O próprio Pound pôs em prática essas propostas, detectando a alternância de períodos de formalismo e de períodos, ao contrário, de criação na jurisprudência, e detendo-se na evidenciação da intervenção de ideais e princípios ao lado das regras na interpretação judiciária. Benjamin N. Cardozo (1870-1938), por sua vez, detectaria quatro métodos de interpretação no direito: o método filosófico, ou regra da analogia, o método da evolução, que corresponde ao desenvolvimento histórico, o método da tradição, que remete aos costumes da comunidade considerada, e o método sociológico, que se refere mais particularmente às noções de justiça, moral, bem-estar social e aos costumes da época (B. N. Cardozo, *The Nature of the Judicial Process*, 1921). Foi o que fez Louis D. Brandeis (1856-1941), que como advogado apresentou um memorial perante a Corte Suprema, conhecido com o nome de *Brandeis Brief*, em que ele afirmava a constitucionalidade de uma lei que limitasse o tempo de trabalho das mulheres nas lavanderias; esse memorial continha apenas duas páginas de argumentos puramente jurídicos e um longo estudo sociológico sobre o efeito nocivo das jornadas de trabalho excessivamente longas, insistindo na importância de um conhecimento minucioso das circunstâncias de fato, das quais poderá brotar a intuição da regra jurídica que se impõe. Tal como Felix Frankfurter (1882-1965), Cardozo retratará mais um juiz prisioneiro de reflexos, enquanto Brandeis considerará questão de honra ressaltar que não se deve confundir a constatação necessária daquilo que é feito e as exigências da justiça. A exemplo dos defensores dos movimentos do Livre Direito na Europa, os três serão defensores de um "direito vivo". Holmes, Brandeis, Cardozo e Frankfurter, juízes na Corte Suprema, terão uma atitude de autolimitação na linha da *sociological jurisprudence*, que confere o papel principal de reformador ao legislador. No entanto, Frankfurter terá já concluído que o juiz constitucional precisará ter a envergadura de um estadista. Era uma antecipação ao pensamento realista. Isso fora feito por Holmes, quando da seguinte afirmação: "Previsão do que será feito pelos tribunais, e nada de mais extraordinário: é isso o que chamo de direito" (O. W. Holmes, "The Path of the Law", 1897, repr. *in id.*, *Collected Legal Papers*, 1920). O que ele pretendia não era dar uma definição essencialista de direito, como prova o fato de ter escrito: "O direito é o testemunho e o receptáculo externo de nossa vida moral." Pretendia, em compensação, convidar seus ouvintes a considerar o fato de que o direito evolui, inclusive através da obra judiciária, e que, por conseguinte, o advogado ou o conselheiro precisa prever as reações do juiz; acima de tudo, ele podia, assim, assentar um projeto de ciência do direito que, tal como as outras ciências, teria a ambição de dizer (de prever/de predizer) os mecanismos de funcionamento de uma atividade. Leslie Stephen definira, em *The Science of Ethics* (Londres, 1882, p. 11), "o teste reconhecido do conhecimento científico verdadeiro" como "um poder de previsão". Holmes sonhará com uma ciência do direito que pudesse, no futuro, guiar a elaboração deste, dando ao ator a faculdade de levar em conta o impacto que seria de esperar de suas decisões. Sonhará até com um direito que, a longo prazo, extraísse seus primeiros postulados da ciência. Às vezes se viu em Holmes um representante do pragmatismo, filosofia que se apresenta em três versões, reflexo de três personalidades diferentes, através da obra de Charles S. Peirce, William James e John Dewey; caracteriza-se pela insistência no fato de que nada nunca é igual, de que tudo muda e de que uma coisa se reduz a seus efeitos; a experiência é primordial, e as teorias são instrumentos de pesquisa que devem ser julgadas pelo parâmetro dos resultados que possibilitam obter, por seu caráter operacional. Embora Holmes tenha frequentado os pragmatistas, rejeitou para si mesmo essa caracterização; mostra-se acima de tudo um utilitarista. Pound reivindicou para a *sociological jurisprudence* uma inspiração pragmatista. Esse rótulo valerá plenamente para o realismo. Pound, por sua vez, com sua teoria dos interesses e sua concepção do direito como instrumento de *social engineering*, que deveria permitir satisfazer o máximo de interesses, sacrificando o mínimo, continua próximo do utilitarismo clássico. A ideia do direito como instrumento de engenharia social será retomada numa perspectiva holmesiana por Frederick K. Beutel, que defenderá uma *experimental jurisprudence*, uma prática do direito experimental.

Realismo jurídico americano

Os representantes do realismo jurídico americano são numerosos, mesmo que nos limitemos à definição clássica dessa corrente. Alguns elaboraram teorias relativamente completas, muitos se limitaram a contribuições pontuais. É impossível citar todos. O realismo jurídico americano desenvolveu-se com base na herança da *sociological jurisprudence*. É mais ou menos contemporâneo do realismo escandinavo, mas ambos têm poucos pontos em comum – com exceção da crítica da linguagem e, de maneira geral, uma atração pela psicologia, em certos autores. O grande artigo de fé do realismo americano é extraído da filosofia pragmatista: "Uma coisa é aquilo que ela faz", dirá Felix S. Cohen (1907-53), posição perfeitamente compatível com o desejo de desenvolver uma abordagem científica do direito. O segundo também tem origem na filosofia pragmatista: o mundo está em constante evolução. Muitos dos primeiros realistas estudaram antes outras disciplinas: matemáticos, um químico, um psicólogo e um cientista político contribuirão com sua experiência nas atividades científicas.

Deve-se buscar a origem do movimento na obra de Joseph W. Bingham, cujo artigo de 1912, "What is the Law?" na *Michigan Law Review*, reforça as bases de uma nova pesquisa sobre o direito. Bingham defende a adoção de um ponto de vista de observador exterior ao fenômeno jurídico, a adoção do ponto de vista daquele que quer adquirir o conhecimento científico de um objeto. Preconiza uma abordagem empírica, a busca dos nexos entre causa e efeito e a busca de princípios e regras de um novo tipo, que permitam explicar a atividade jurídica. O programa realista é desenvolvido por Karl N. Llewellyn (1893-1962), no início dos anos 1930, especialmente numa controvérsia com Pound. Para Pound, uma ciência do direito só poderia versar sobre um dever-ser. Llewellyn, ao contrário, preconizava aquilo que chamava de "divórcio temporário entre o *Is* e o *Ought*", entre o ser e do dever-ser, ou seja, defendia um estudo das práticas para poder depois fazer afirmações sobre o que devia ser, após ter tomado consciência dos problemas que devem ser resolvidos e dos escolhos que devem ser evitados. Para Llewellyn, os defensores do realismo compartilhariam a concepção de um direito em movimento e de um papel criador do juiz; veriam no direito um meio a serviço de um fim, e não um fim em si; não confundiriam as regras e os princípios do direito tradicional com um relato em todos os conformes da atividade judiciária. Essas regras e esses princípios eram racionalizações *a posteriori* de uma decisão à qual o juiz chegara de modo intuitivo, para depois procurar justificá-la da melhor maneira possível; mas a empresa não era simples, especialmente nos casos de grande novidade (ver, nesse ponto, Joseph C. Hutcheson, "The Judgment Intuitive; the Function of the *Hunch*", 1929, reproduzido em *Mélanges Gény*, 1935: "Surgida a solução, o caminho que a ela levou, no instante ofuscante, uma pista luminosa, desaparece completamente de vista"). Llewellyn propõe-se buscar regras e princípios novos, que permitam prever a conduta dos juízes e, mais geralmente, dos agentes do Estado. Opõe as regras reais – as que são efetivamente aplicadas – às regras do papel – as que são deixadas como letra morta pelos atores. Um trabalho feito em colaboração com um antropólogo lhe dá a oportunidade de elaborar um modelo referente à resolução dos conflitos jurídicos (ver K. N. Llewellyn e E. A. Hoebel, *The Cheyenne Way*, 1941, trad. fr., 1999). Na esteira de Pound, ele insiste na posição dos princípios na adaptação do direito às circunstâncias novas. Defende aquilo que chama de Grande Estilo de interpretação, que opõe ao Estilo Formal: o primeiro faz amplo uso dos princípios, enquanto o segundo se limita à aplicação estrita da regra. Para ele, o princípio fundamental do Grande Estilo (que ele se esforçará por introduzir no código do comércio que elabora) é que "onde a razão para, para a regra", ou seja, deve ser possível para o intérprete evitar uma aplicação contraprodutiva da regra. Em seus escritos teóricos, especialmente em *The Common Law Tradition: Deciding Appeals*, publicado em 1960, ele destaca a importância do *know-how* profissional que se transmite eventualmente não formulado – e talvez não formulável.

Os realistas foram denunciados como perigosos niilistas aos quais seriam imputáveis todos os males do século. Haveria neles uma espécie de jusnaturalismo pragmatista que os levava a privilegiar, em suas prescrições, o sentido da situação (Llewellyn), a intuição da solução justa – ainda que seja possível, em última análise, atribuir esses resultados simplesmente ao bom conhecimento do ofício. Para um número excessivo de pessoas, o realismo jurídico americano se resume a algumas considerações sobre os efeitos do humor do juiz no dia de sua decisão. Isso não é válido para nenhum deles. Nem mesmo para Jerome Frank. Este aplicou as teorias freudianas ao comportamento do juiz e ao direito em geral. Definiu a decisão judiciária com a equação: S × P = D, em que S representa os estímulos recebidos pelo juiz; P, sua personalidade; D, evidentemente, a decisão. Considera como influências sobre a formação da personalidade do juiz "seus pais, seus estudos, seus professores e seus condiscípulos, além das pessoas que tiver conhecido, da mulher com a qual se tiver (ou não) casado, de seus filhos, dos livros e dos artigos que tiver lido" (J. Frank, *Courts on Trial*, Princeton, 1949). Opôs ao "ceticismo para com regras" (*rule-skepticism*), que corresponde à recusa em confundir a justificação da decisão com sua explicação – atitude que vale para todos os realistas americanos –, um "ceticismo para com fatos" (*fact-skepticism*), que duvida da possibilidade de o juiz chegar a um conhecimento exato destes, em razão da reconstituição que eles exigem e das carências da observação humana –, por ele exemplificadas, o que o leva a rejeitar por impossível toda e qualquer previsibilidade. Também se inspirou na teoria psicológica da forma – gestaltismo –, para a qual de um conjunto de pequenos elementos esparsos se chega a uma visão global, irredutível à soma desses elementos. Dirá isso de outra maneira quando comparar o juiz a um músico cuja interpretação de uma obra não se resume à simples leitura das notas da partitura que está à sua frente. Por outro lado, insurgiu-se vigorosamente contra o fatalismo: nem a história, nem a ciência têm condições de fazer, em lugar do homem, as escolhas que lhe competem (*id.*, *Fate and Freedom*, 1945), e atribuirá ao juiz nada menos que a missão de procurar a solução equitativa para cada caso.

Cohen, o mais filósofo dos realistas americanos, atacou o modo tradicional de raciocinar em direito, segundo o qual se deve interrogar sobre a classificação de um caso, como se, por trás dos conceitos jurídicos, houvesse uma natureza própria da coisa que não se resume a um puro estatuto jurídico. Cohen fala de "*contrassensos transcendentais*" que, no campo do direito e no da moral, impedem de enxergar os verdadeiros problemas. A isso opõe a abordagem funcionalista, para a qual a questão é saber se, do ponto de vista *moral*, o caso *sub judice*, que *necessariamente* é diferente daqueles que o precederam, deve, em vista de suas diferenças, entrar ou não em determinada categoria (pessoa jurídica, contrato etc.), ou seja, se a ele se deve aplicar o estatuto jurídico (as regras jurídicas, o arsenal jurídico) ao qual ela corresponde. Para ele, só há duas questões pertinentes em direito: "como os tribunais julgam de fato os casos de determinado tipo?" e "como deveriam julgar os casos de determinado tipo?" (F. S. Cohen, "Transcendental Nonsense and the Functional Approach", 1935, *in* Lucy K. Cohen, *The Legal Conscience: Selected Papers of Felix S. Cohen*, 1960, repr. Hamden, Conn., Archon Books, 1970). Cohen, como William O. Douglas (1898-1980), insiste no caráter social da decisão. A decisão judiciária é previsível. A decisão atípica não tem futuro, a menos que seja o sinal anunciador de um movimento de fundo. A decisão do juiz deve ser esclarecida pelos conhecimentos adquiridos em psicologia, economia, criminologia, sociologia etc., mas a ciência, por si só, é incapaz de ditar uma escolha. Esta está sempre ancorada em juízos de valor – ocultados pelo cientista, que se prevalece apenas de sua ciência para oferecer receitas. Encontra-se em Edward H. Levi o problema da originalidade de cada caso: para esse autor, o raciocínio jurídico tem como modelo o raciocínio a partir do exemplo, que não se caracteriza por uma passagem da parte ao todo ou do todo à parte, mas por uma passagem de uma parte a outra parte do todo (E. H. Levi, "An Introduction to Legal Reasoning", in *The University of Chicago Law Review*, vol. 15, 1948). Um único autor realista será juiz da Corte Suprema, Douglas, que se tornou defensor ferrenho das liberdades individuais, dos direitos humanos, como se diria hoje. Para ele, o direito repousa na justiça, mas isso não significa que deve ser imóvel. A constituição dita princípios, "artigos de fé", e não um conjunto de regras que devam ser aplicadas de olhos fechados. O juiz constitucional deve saber discernir o intangível daquilo que pode ser modulado. A Corte Suprema está no coração da sociedade. Compartilha com ela interrogações e sentimentos. As divisões de opinião dentro da Corte são reflexo dos debates que agitam a sociedade em seu conjunto. O juiz constitucional deve saber tornar-se, quando necessário, "guardião da consciência do povo" (W. O. Douglas, *We, the Judges*, 1956).

Isso nos leva aos anos 1960. Caberá considerar que aí termina o realismo jurídico americano, ainda que se afirme que todo o mundo se tornou realista, maneira esta de constatar que o realismo se tornou o modo de pensamento dominante? A melhor solução seria considerar que foi criado um novo paradigma de pesquisa, e que o realismo americano, em sentido lato, ao mergulhar suas raízes na "*sociological jurisprudence*", prolonga-se bem além dos anos 1960, constituindo a origem do essencial dos trabalhos atuais de pesquisa em teoria do direito nos Estados Unidos.

O debate constitucional dos anos 1960-70

Em 1962, Alexander Bickel, que não é realista, dá um nome a uma antiga polêmica, várias vezes reiniciada: fala em "dificuldade contramajoritária", que seria criada pelo exercício do controle judiciário de constitucionalidade. A expressão teve sucesso. O contexto não é indiferente: passou-se dos problemas econômicos do *New Deal* para problemas sociais, e a doutrina começa a interrogar sobre o modo correto de justificar as decisões judiciárias na matéria. Em 1959, Herbert Wechsler defendera a ideia de que o juiz deve recorrer a princípios neutros; não sendo fácil atribuir um sentido à recomendação, pode-se dizer no máximo que a decisão deve ser justificada racionalmente, e que o juiz deve estar pronto a aplicar de modo regular o padrão de interpretação que é o princípio neutro, seja qual for o lado a favor do qual ele jogaria. Thomas Grey, em 1975, tratará de distinguir na doutrina "interpretativistas" e "não interpretativistas", entre os quais ele se incluía. John Ely acabava de formular uma crítica contra a decisão *Roe v. Wade*, na questão do aborto, escrevendo que "um princípio neutro e duradouro pode ser uma boa coisa e propiciar uma alegria sem fim, mas, se não puder ser associado a um valor ao qual a constituição confira um estatuto especial, não será um princípio constitucional, e a corte não deverá impô-lo". Grey faz então uma interrogação sobre a existência de uma constituição não escrita, questão que continua sendo trabalhada.

Direito e Sociedade

Uma parte do debate constitucional transcorreu durante certo tempo fora da herança realista; antes de entrar nesse debate, esta passou por um desenvolvimento vigoroso através de uma corrente doutrinária chamada "Direito e Sociedade", que pratica uma espécie de sociologia do direito ou, mais exatamente, na intersecção entre sociologia, psicologia, antropologia e direito, tenta esclarecer a prática judiciária, a aplicação e as repercussões (o impacto) das normas jurídicas, das variantes culturais etc. Existia uma associação "Direito e Sociedade" já em 1964. Em 1966 foi publicado o primeiro número da *Law and Society Review.* Já em janeiro de 1965, a *Wisconsin Law Review* abrira uma seção chamada "Direito e Sociedade".

Direito e Economia

Paralelamente a "Direito e Sociedade", formou-se, também na esteira do realismo, uma corrente chamada "Direito e Economia". Esta, tal como o realismo, apresenta uma vertente descritiva e uma prescritiva. Para alguns críticos, elas seriam inseparáveis: por terem escolhido o utilitarismo como ideal, os defensores dessa escola se perguntam se o direito atende às exigências da eficácia econômica ou não, ou como ele poderia, eventualmente, fazê-lo melhor. Seu objetivo – como observa Richard Posner, figura emblemática da escola – é a melhor produção possível de riquezas, e está previsto que os perdedores potenciais serão compensados de suas perdas, de modo que, afinal, não haverá perdedores. Bem cedo se fez um esforço para demonstrar que a *common law*, através de seu mecanismo de evolução, tende a garantir o triunfo da eficiência econômica. A regra não eficiente ou mais eficiente provoca o aparecimento de litígios, enquanto a regra eficiente escapa ao questionamento judiciário, já que os atores têm mais o que perder do que ganhar ao acionar a justiça. A análise econômica foi aplicada ao direito da responsabilidade, ao direito dos contratos, ao direito de propriedade, ao direito penal e ao direito das sociedades. Nascido no início dos anos 1960, na Universidade de Chicago, berço de prêmio Nobel de Economia, esse campo de pesquisa continua em pleno desenvolvimento. Entre as últimas questões postas na ordem do dia, está a necessidade ou a oportunidade de corrigir o modelo do *Homo economicus*, perfeitamente racional, para levar em conta o fato de que o ator só dispõe, em geral, de uma informação incompleta, de uma vontade limitada, e seu egoísmo poderá ser temperado. Além de Posner, contribuíram com a corrente "Direito e Economia" Ronald Coase, Guido Calabresi, Richard Cooter e Lewis A. Kornhauser.

Abordagem crítica do direito conhecida com o nome de Critical Legal Studies

Será preciso esperar quase o fim da década de 1970 para que apareça uma nova corrente, herdeira direta ou prolongamento do realismo, os *Critical Legal Studies*. Trata-se de um grupo difuso, cujos representantes frequentemente se identificaram pelo fato de participarem das conferências anuais do movimento ou de reivindicarem sua participação neste. As conferências nasceram de uma iniciativa de Duncan Kennedy e David Trubek, que, em 1976, perceberam uma convergência temática entre trabalhos recentes e concluíram que seria útil reunir seus autores. Foi produzida uma massa de literatura sob a bandeira dos CLS, produção que continua no círculo vizinho a essa corrente, considerada morta. A variedade das contribuições atribuídas aos *Critical Legal Studies* permitiu percepções diferentes sobre esse movimento. Alguns autores foram influenciados pelo pensamento crítico, marxista, europeu, por Foucault ou o estruturalismo. Pareceu, num primeiro momento, que a tendência estava na confusão entre direito e política, sendo o fato jurídico percebido como um simples argumento de fachada, inconsistente, que dissimulava opções políticas. Num segundo momento, no âmbito de trabalhos feministas e de estudos no campo da discriminação racial, a atitude consistiu mais em dissecar o discurso jurídico para mostrar como ele podia ser posto a serviço de outras causas, que não as denunciadas, e que podia ser até um instrumento único para garantir a proteção dos mais fracos. Típico do tom dos trabalhos dessa corrente é o artigo de seu fundador, Duncan Kennedy, a respeito da forma e do fundo na resolução dos conflitos de direito privado, em que não está implicada a validade de textos de lei. Kennedy constata, em primeiro lugar, que é possível colocar-se em diferentes níveis para apreender a escolha entre regras e padrões e para caracterizar umas e outros. O ponto de vista mais adotado é o do cálculo de eficiência, que exclui qualquer escolha de valor e se limita a apreciar o custo e as vantagens desses dois tipos de normas em termos de arbitrariedade, certeza, previsão e flexibilidade. Mas também é possível formular o problema da escolha oportuna entre regra e padrão em função do contexto. Para Kennedy, a escolha entre regra e padrão não é um problema de forma, mas de fundo: trata-se sempre, afinal, de optar entre individualismo e altruísmo, duas éticas, estando a regra do lado do individualismo, que não é um egoísmo, mas uma opção a favor da autonomia e do respeito aos direitos alheios, e o padrão, do lado do altruísmo, da atenção dada aos outros e da recusa a impor seus próprios interesses a todo custo (D. Kennedy, "Form and Substance in Private Law Adjudication", *in Harvard Law Review*, vol. 89, 1976). No campo do direito constitucional, os autores e, em particular, Mark Tushnet tendem a opor o republicanismo, que sonham em ressuscitar, ao liberalismo atual, mas Tushnet deve admitir que a restauração do republicanismo suporia condições que não estão reunidas (M. Tushnet, "Antiformalism in Recent Constitutional Theory", *in Michigan Law Review*, vol. 83, 1985). Frank I. Michelman propõe uma releitura do republicanismo para os dias de hoje, leitura que permitiria um diálogo protetor dos direitos à liberdade moral. Será feito um trabalho considerável sobre a historiografia do direito, em especial por Robert W. Gordon. Ele compartilha as teses dos realistas, para os quais as formas jurídicas deveriam ser consideradas no contexto social em que se apresentam, não se devendo dissociar as formas técnicas de seu meio ambiente. Rejeita, em contrapartida, todo e qualquer determinismo ligado a um processo de evolução uniforme ou que associe certas formas jurídicas a certas formas sociais, pois foram adotadas respostas jurídicas contrárias em situações comparáveis, e formas jurídicas comparáveis geraram efeitos sociais contrários. Os contextos culturais e históricos devem ser minuciosamente considerados. Gordon rejeita a referência estruturalista às forças anônimas: há sempre homens por trás da produção do direito (R. W. Gordon, "Critical Legal Histories", *in Stanford Law Review*, vol. 36, 1984). O "historicismo crítico" ainda está bem vivo, como demonstra o simpósio publicado pela *Stanford Law Review* (vol. 49, 1997, pp. 1021-110), com a seguinte nota introdutória: "O que emerge [...] é, de certa maneira, o começo de um novo movimento no estudo crítico do direito: uma sinergia entre direito, literatura, antropologia, estudos culturais e história, que oferece novos caminhos para a descrição do direito e de sua relação dinâmica com o social."

Os representantes dos *Critical Legal Studies* descobrirão no conceito de desconstrução, introduzido por Jacques Derrida, a definição de um procedimento valioso. J. M. Balkin teorizará seu uso em ciência do direito e a aplicará em diferentes setores. Ela lhe servirá para explicar a transmissão dos saberes, com as noções de sujeito construído e intertextualidade: todo homem e toda mulher dependem, para seu desenvolvimento e sua ação, do contato direto ou indireto com certo número de textos que lhes fornecem um contexto a partir do qual podem atuar. Um texto é compreendido a partir de outro texto, de certa quantidade de outros textos. John Leubsdorf, também a partir da ideia de desconstrução, ressaltará os desejos contraditórios sobre os quais se constrói uma constituição, a pluralidade de vozes que a fazem e a inevitabilidade das contradições e das ambiguidades em seu seio. Outros autores desconstruirão o contrato (Clare Dalton, Jack M. Beermann), a regra de direito (Arthur Jacobsohn) e a *rule of law* (o reino do direito, contrapartida não idêntica do Estado de Direito nos países de cultura jurídica anglo-saxônica) (Margaret Jane Radin, J. M. Balkin). Os representantes dos *Critical Legal Studies* também trabalharam muito com as histórias contadas no direito e com as narrações que lhe dão sentido. O uso da desconstrução e o interesse pelas narrações e pelas histórias contadas no direito aproximaram os trabalhos dos defensores dos *Critical Legal Studies* da corrente "Direito e Literatura" (sobre Direito e Literatura, ver abaixo). Os *Critical Legal Studies*, por sua vez, deram lugar a dois ramos herdeiros, especialmente ativos: a corrente dos estudos feministas (*fem-crits*), cujas representantes tentaram levar à aceitação da existência de uma mentalidade feminina particular que precisa expressar-se para aumentar o bem-estar da sociedade e denunciaram as desigualdades a que as mulheres precisavam submeter-se, tentando encontrar solução para isso; e a *Critical Race Theory*, que tenta demonstrar os mecanismos que possibilitam ao racismo ter livre curso e procura os meios mais aptos à sua derrota.

Direito e Literatura

Para enxergar com mais clareza em meio aos problemas de interpretação constitucional que os preocupavam, os autores, no início da década de 1980, tiveram a ideia de se voltar para outros intérpretes de textos e outros críticos da matéria: procuraram respostas na religião e na literatura. Grey pôde então estabelecer uma nova distinção: os "textualistas", de um lado, para quem apenas a Escritura (o texto) é autorizada (a exemplo dos protestantes), e os "suplementadores", de outro, para os quais o texto deve ser lido à luz de uma Tradição que também é autorizada (a exemplo dos católicos). Ainda havia muito para descobrir; vinham à baila novos métodos de leituras existencialistas, que atribuíam posição considerável ao intérprete: seria ele, e ninguém mais, que daria sentido ao texto, que o faria viver à luz de sua experiência, e os literatos não diziam outra coisa. Colóquios e publicações reuniram as contribuições dos defensores das diferentes teorias da interpretação, que iam do jusnaturalista Michael S. Moore aos desconstrucionistas, passando pelos originalistas. Nesse percurso, encontraram-se comunidades interpretativas que desempenhavam papel essencial (cf. Stanley Fish, por exemplo), interrogando-se, de passagem, a tradição talmúdica (que diz ela sobre a opinião da maioria? A resposta é mais complexa do que parece ao olhar apressado). Houve quem se descobrisse construído e ao mesmo tempo único, dividido, e sempre minoritário em algum lugar. Os problemas que preocupam as minorias chegaram, um a um, diante da Corte Suprema, e percebeu-se que, às vezes, uma mudança de óptica permite resolvê-los de maneira mais satisfatória para os demandantes, que às vezes se é prisioneiro de uma visão ideológica que priva o outro de seus direitos, porque não se tenta outra leitura da situação, que tornaria a reivindicação completamente compatível com a constituição. Ronald Dworkin e Robert M. Cover, que podem aparecer como referenciais no desenvolvimento do pensamento jurídico hoje nos Estados Unidos, contribuíram com essa corrente, embora sua obra não se confunda com ela. Dworkin, já de início, declarou-se distinto do realismo, ainda que ele indubitavelmente seja um de seus herdeiros, apesar de tudo. Comparou os juízes a autores que escrevem um romance em série e defendeu uma concepção protestante do papel de cada cidadão diante de seu sistema jurídico: ele deve tomar o direito nas mãos para moldá-lo segundo lhe pareça bom. Robert M. Cover, ao mesmo tempo, ilustrou o realismo descritivo e defendeu uma concepção realista (em oposição à jusnaturalista ou juspositivista) do papel que o juiz deve desempenhar – opção por uma criatividade responsável. Mostrou a importância das narrações na constituição e na evolução dos sistemas normativos, mas, ao mesmo tempo, denunciou a abstração que a corrente "Direito e Literatura" faz da presença inelutável da violência no direito. Sua crítica foi entendida por aqueles que continuam a pesquisa nesse caminho, em especial em *Cardozo Studies in Law and Literature* (transformados em *Law and Literature*) e a *Cardozo Law Review.* Essa corrente, há algum tempo, comporta dois ramos novos: um se liga ao estudo das concepções de justiça, expressas na literatura; o outro privilegia o exame da maneira de narrar em direito. Assim, *a* grande questão que preocupa o pensamento jurídico americano é a *singularidade de cada caso* submetido à apreciação dos juízes. Ele continua a se perguntar como apreendê-la e a ela responder da melhor forma possível.

➤ COLEMAN J. & LANGE J., *Law and Economics*, 2 vols., Dartmouth, 1992. – COVER R. M., "The 1982 Supreme Court Term, Forward: *Nomos* and Narrative", *Harvard Law Review*, vol. 97, 1983. – LEVINSON S. & MAILLOUX S., *Interpreting Law and Literature*, Evanston, IL, 1988. – OLSEN F. E., *Feminist Legal Theory*, 2 vols., Dartmouth, 1995. – Col.: "Interpretation Symposium", *California Law Review*, vol. 58, 1985. – *Stanford Law Review*, vol. 50, 1998, pp. 1471-608 (sobre a introdução de uma dimensão comportamentalista na aproximação direito e economia).

Ver também: MICHAUT F., *La Recherche d'un nouveau paradigme de la décision judiciaire à travers un siècle de doctrine américaine*, Paris, L'Harmattan, 2000. – *Le Droit dans taus ses états à travers l'ouvre de Robert M. Caver*, Textos traduzidos e introduzidos por F. Michaut, Pans, L'Harmattan, 2001.

Françoise MICHAUT

→ Ciência do direito; Economia e direito; Estados Unidos (Cultura jurídica dos); Realismo.

ESTRANGEIRO

"Um estrangeiro que não é do lugar…", assim se designava antigamente, no interior da França, aquele que vinha da aldeia ou do cantão vizinho. A estraneidade percorre círculos concêntricos, mas o elemento invariante da definição de estrangeiro está na negatividade: é estranho e estrangeiro – a origem etimológica comum (*extraneus*, externo) das duas palavras é significativa – "aquele que não é…" (J. Gaudemet), aquele que não pertence ao grupo mais ou menos vasto em relação ao qual sua situação é definida. Noção seguramente variável em função dos grupos considerados, e diversa segundo as épocas, da cidade antiga ao Estado moderno, pois a ideia que se tem do estrangeiro e seu estatuto ou ausência de estatuto seguem uma evolução paralela à das estruturas políticas.

Bárbaros, metecos e peregrinos…

Apesar dos limites territoriais estreitos das cidades que na Antiguidade se constituíram em torno do Mediterrâneo, existia entre seus habitantes a consciência de pertencer a uma civilização comum que os elevava acima dos povos grosseiros que viviam nas outras regiões do mundo e se expressavam em línguas incompreensíveis. Foi assim que os gregos e depois os romanos se distinguiram dos "bárbaros", palavra de carga pejorativa, oriunda de uma onomatopeia que lembrava sua maneira de falar e, por conseguinte, a incomunicabilidade. Os bárbaros são, acima de tudo, os "estrangeiros culturais" (N. Rouland), destinados a tornar-se escravos quando capturados. São, em todo caso, os mais estranhos e os mais distantes. Distinguem-se dos *xenoi*, estrangeiros pertencentes ao mundo civilizado, mas cidadãos de cidades diferentes. A situação jurídica deles varia em função da política das cidades e das hostilidades manifestas ou latentes que as opõem. Esparta é bem conhecida pelo fechamento, que acarretava a rejeição a qualquer elemento exterior à comunidade reduzida dos cidadãos. Em outras cidades, como em Atenas, os estrangeiros eram acolhidos. Beneficiavam-se da proteção ou do patrocínio (*proxenia*) de um cidadão que representava seus interesses, podendo, pelo menos nas origens, ser integrados com facilidade na comunidade dos cidadãos. Aqueles que não eram (ainda) cidadãos eram chamados "metecos" (*metoikoi*), "aqueles que moram entre" os cidadãos, ou "aqueles que mudaram de domicílio". Aliás, quando ricos – o que ocorria com frequência –, solicitavam-lhes que ajudassem a cidade que os acolhia; outros, como Aristóteles em Atenas, participavam de seu renome. Todos pagavam um imposto específico (*metoikion*), em reconhecimento à sua qualidade. No entanto, a partir de meados do século V, enquanto a democracia progredia em Atenas, a cidade tendia a fechar-se: no tempo de Péricles, uma lei (451 a.C.) exigia, para a participação na vida da cidade, dupla ascendência cidadã, paterna e materna. A integração se torna então mais difícil, e a inferioridade do estatuto de meteco é mais pronunciada. Isto porque, de modo geral, a cidadania das cidades antigas era reservada a um grupo privilegiado e restrito que, ao lado dos estrangeiros e dos escravos, compunha uma pequena minoria. A palavra *metoikos* começou então a receber um conteúdo pejorativo que tão cedo não perderá. Aristófanes (fim do século V a.C.) acaso não punha na boca de uma de suas personagens que "os cidadãos são o trigo da cidade, e os metecos, o joio"? A derrocada das cidades gregas, independentes em decorrência das conquistas dos monarcas da Macedônia, não modificou perceptivelmente a atitude em relação ao outro, pois o sonho de Alexandre Magno, favorável à miscigenação das populações europeias e orientais, até então consideradas bárbaras, não teve futuro.

Ao sabor de sua política expansionista, Roma certamente superou com mais sucesso o âmbito estreito da cidade. Na origem, porém, sua atitude era a mesma das cidades gregas em relação àqueles que vinham de fora; o deslizamento semântico do latim *hostis* é dos mais esclarecedores nesse aspecto. Durante a época arcaica, essa palavra, que se aplicava ao estrangeiro, designava *hóspede*, aquele que recebe a *hospitalidade*, mas depois, na língua clássica, recebeu o sentido de *inimigo* (cf. *hostil*, *hostilidade*), como se todo estrangeiro fosse um inimigo; o hóspede passou então a ser chamado de *hospes*, palavra formada com a mesma raiz. De fato, se o estrangeiro capturado na guerra estava destinado a tornar-se escravo, o estrangeiro vindo livremente para a cidade – o *peregrino* – podia sempre ser acolhido na qualidade de hóspede de uma família romana, portanto protegido segundo um sistema análogo à *proxenia* grega. Acima de tudo, Roma praticou desde cedo uma política de integração ou, pelo menos, de assimilação parcial; em primeiro lugar, em relação às cidades vizinhas do Lácio, cujas populações livres receberam a cidadania romana a partir do século IV a.C. Depois, foram concedidos na península itálica estatutos municipais diversos que conferiam a seus oriundos pelo menos um embrião de cidadania. Cabe acrescentar o estabelecimento, em terras conquistadas, de colônias nas quais se misturavam populações de origens diversas, o que também era favorável à sua aproximação. Está claro que essa política pragmática atendia à preocupação de estender e aumentar a dominação romana, bem como ao desejo de satisfazer os interesses das classes dirigentes; sua prática não esteve isenta de choques nem de guerras externas ou internas, mas o fato é que "Roma não procurou impor aos povos submetidos uma assimilação forçada" e "no plano do direito, o imperialismo romano combinava-se perfeitamente com um extraordinário pluralismo jurídico" (N. Rouland). Com a ampliação das conquistas para todo o contorno Mediterrâneo a partir da República, passou a viver em Roma, entre os cidadãos, um número elevado de peregrinos que conservaram seus usos particulares e tinham seus interesses protegidos, sobretudo a partir do momento (242 a.C.) em que foi criada uma magistratura especial destinada a regrar as relações entre romanos e estrangeiros, a magistratura do *pretor peregrino*, cujas iniciativas contribuíram notavelmente para a evolução do velho direito romano, enquanto se estabeleciam as bases de um direito comum a ambos, direito que receberá o nome de direito das gentes (*jus gentium*). Durante o Império, o aumento dos territórios conquistados, a multiplicação das colônias e a decorrente miscigenação das populações agiam no sentido da unificação dos estatutos, mesmo porque os direitos políticos dos cidadãos estavam então reduzidos à sua expressão mais simples. A verdade é que, por meio de um célebre edito proferido em 212 d.C., o imperador Caracala, talvez influenciado pelo estoicismo, provavelmente guiado também por objetivos fiscais menos nobres, concedeu a todos os habitantes do Império "o direito à cidadania romana". Desaparecia assim a distinção entre cidadãos romanos e peregrinos. Os estrangeiros – os bárbaros – encontravam-se então fora do solo do Império, para além de suas fronteiras, ameaçando-as com suas incursões. Na realidade, a atitude dos romanos em relação aos bárbaros é bastante diferente da dos gregos: é menos desdenhosa e não exclui os contatos. Alguns, como Tácito (século I d.C.), exaltam até as virtudes dos germanos para melhor fustigar a degradação dos costumes romanos. Por outro lado, os limites territoriais do Império nunca foram impermeáveis, e o enfraquecimento do poderio militar levou os imperadores do Baixo Império a tolerar e até a favorecer o estabelecimento de grupos étnicos diversos no interior das fronteiras, para servirem, de algum modo, de tampões destinados a conter invasores mais perigosos, ou simplesmente para melhorar a exploração das terras. Alguns povos chegaram até a ser "confederados" ao Império em decorrência de tratados firmados com as devidas formalidades, mas sem que por isso fossem equiparados aos romanos. Em resumo, as relações entre estes e os estrangeiros, e, por conseguinte, a própria concepção sobre o outro, continuavam atendendo a preocupações pragmáticas. Apesar disso, a cristianização do império teve como efeito, a partir do século IV, a introdução de germes de discriminação que prosperaram até nossos dias: os judeus (acusados de deicídio) que se recusassem à conversão eram alijados da comunidade dos súditos do imperador.

No entanto, a derrocada do poder imperial no Ocidente por pressão dos invasores vindos do Leste e do Nordeste cria, a partir do século V, o problema de relação entre os habitantes do império e os recém-chegados, em termos particulares. Populações mais ou menos numerosas de origem germânica instalaram-se, aliás, com bastante facilidade, entre os autóctones romanizados. Coexistia, portanto, num mesmo território gente de origens diversas, mas principalmente com tradições, costumes e modos de vida muito diferentes: burgúndios, visigodos, alamanos, francos de diversas ramificações, "romanos" e outros, agrupados em configurações políticas e geográficas efêmeras. As profundas divergências culturais entre os diferentes povos, sobretudo entre os celtas romanizados de longa data e os germanos, dificultavam ou pelo menos retardavam qualquer aculturação. Por isso, cada população conservou durante vários séculos seus próprios usos jurídicos redigidos dentro de cada reino, segundo o sistema original mais complexo da *personalidade das leis*: Leis dos burgúndios, Lei romana dos burgúndios (para os galo-romanos submetidos à dominação burgúndia), Lei dos visigodos, Lei romana dos visigodos, Lei dos francos sálicos (Lei sálica), Lei dos francos ripuários (Lei ripuária) etc., sistema este favorecido pelo fato de que a submissão ao poder resultava mais de um vínculo pessoal ao chefe do que do nascimento ou da residência num lugar ou noutro. Se raciocinarmos abstratamente, veremos que tal sistema fazia desaparecer a distinção entre súditos e estrangeiros, pois, em dado território (por exemplo, no reino dos francos), as diferentes etnias eram tratadas do mesmo modo... ou quase. De fato, a tarifa das composições pecuniárias devidas em caso da morte de um homem variava segundo a origem da vítima; a morte de um franco custava mais do que a de um descendente de galo-romano, mas o montante também variava segundo a posição social do defunto, e pode-se considerar que, de modo geral, as discriminações baseadas nas origens étnicas eram reduzidas. Finalmente, os "bárbaros" já não eram os mesmos! O fato é que os textos da época franca (merovíngia e depois carolíngia) mencionam os estrangeiros – *wargengi* (palavra de origem germânica) ou *peregrini*, entre outros – como aqueles que não eram súditos do monarca. Isto porque, para além do território das monarquias ou dos impérios francos, existiam outros povos – eslavos, por exemplo –, e a escravidão era praticada tanto pelas populações de origem romana quanto pelas de origem germânica. Os escravos eram prisioneiros de guerra (ou seus descendentes), ou então haviam sido comprados nos mercados abastecidos por incursões militares e razias. Acaso não é significativo que no século IX os não livres já não fossem designados, na maioria das vezes, pelas palavras do vocabulário jurídico antigo, *mancipia* e até *servi*, mas por termos novos: *slavi* (eslavos), *sclavi*, *esclavi* (escravos)? Inversamente, são mencionados estrangeiros que recebem proteção particular do soberano. É o que ocorria com os peregrinos ou com os mercadores: uma carta de Luís, o Piedoso, sucessor de Carlos Magno, concedeu essa salvaguarda ao judeu Abraham, mercador de escravos de Saragoça. De qualquer maneira, naquela época, especialmente em decorrência de casamentos mistos, as diferentes etnias tendiam a confundir-se, e a personalidade das leis deixava pouco espaço a um regime de territorialidade do direito. Finalmente, por volta do ano 1000, o estabelecimento do regime feudal senhorial sobre as ruínas das monarquias e dos impérios incluiu homens e mulheres em unidades geopolíticas estritas, de tal modo que a estraneidade foi multiplicada.

Albinágios e derrelitos

O açambarcamento das prerrogativas de poder público por parte dos poderosos e o quase desaparecimento da noção de Estado daí resultante transformaram a senhoria em sede dos poderes, a chamada senhoria justiceira ou banal, ou seja, de um território mais ou menos vasto no qual um poderoso exercia a justiça – a alta justiça – e o poder geral de comando – o banho (*ban*) – que pertencia antes ao monarca. Os habitantes da senhoria – os *manants* – eram submetidos às prerrogativas de seu senhor, que, em compensação, devia garantir-lhes proteção. No entanto, alguns eram chamados *albani*, "aubain"; dependiam de outro banho – *ban* – (*all-bann ou aliban*), do banho de outro senhor; segundo uma expressão que na França se conhece ainda hoje, "*en rupture de ban*". Essa é a etimologia mais verossímil, que teria depois sido suplantada pela ideia de que o *aubain* é alguém "que nasceu alhures" (*alibi natus*), manifestação evidente do *jus soli*, que suplantou então o *jus sanguinis* antigo. O fato é que *aubain* e estrangeiro eram sinônimos; o primeiro critério de estraneidade era então o fato de pertencer a outra senhoria, a outra justiça. A qualidade de *aubain* coloca aquele que a tem numa situação jurídica inferior, próxima à dos servos ou bastardos, pois a principal incapacidade que os atinge é de ordem sucessória. Na verdade, o *aubain* não pode, em princípio, herdar nem transmitir seus bens por sucessão ou qualquer outra modalidade e, quando morre, o senhor do lugar fica com seu patrimônio, quer irrestritamente, quer na ausência de descendentes legítimos do finado. Exerce então o "direito de albinágio". Os *aubains*, além disso, eram às vezes submetidos a alguns ônus específicos, em troca da tolerância e da proteção senhoriais; era frequente que não pudessem contrair matrimônio com pessoas da mesma senhoria onde viviam. Na realidade, sua condição variava segundo a vontade dos senhores, em função de imperativos demográficos e econômicos: onde a necessidade de mão de obra se fazia sentir, onde o comércio estava em expansão, procurava-se atrair elementos externos, prometendo-lhes certas vantagens. Isso significa que os comerciantes que vinham de outros lugares muitas vezes escapavam à condição comum dos *aubains*. Isso ocorria com aqueles que eram chamados de lombardos ou *cahorsins*: financistas provenientes da Itália ou do Sul da França, que, apesar de serem desprezados (pois, de certo modo, eram comparados aos judeus), recebiam franquias ou privilégios diversos, mas não eram equiparados aos autóctones. Aliás, todos os mercadores estrangeiros incidiam numa responsabilidade coletiva em virtude das "cartas de marca" que traduziam desconfiança e até hostilidade em relação a eles. Elas autorizavam uma espécie de direito de represália, pois permitiam, por exemplo, que os burgueses de uma cidade, titulares de um crédito não honrado por parte de algum mercador estrangeiro, insolvente ou ausente, confiscassem os bens de qualquer de seus compatriotas que passasse por lá. Entre os estrangeiros cuja ida à França era desejável, beneficiando-se, por conseguinte, de privilégios, figuravam também letrados, professores, estudantes, agrupados por origem geográfica em "nações" (por exemplo, a *nação da Borgonha* ou a *da Provença*) das universidades medievais. Além disso, escapavam ao direito de albinágio os membros do clero e da nobreza, o que mostra que, em todas as épocas, nas mentalidades e no direito, a estranheza e a estraneidade são determinadas pela posição ocupada na sociedade de acolhida, tanto quanto pela origem geográfica. Nem todos os *aubains* eram tratados da mesma maneira na França.

Por outro lado, a partir dos últimos séculos da Idade Média, quando se reconstrói o Estado monárquico e surge o conceito de Nação, as prerrogativas em relação aos estrangeiros deixam de ser senhoriais e passam a ser soberanas (*régaliennes*), o que teve o efeito de uniformizar, em certa medida, o *status* dos *aubains*. Estes passaram a ser considerados estrangeiros no reino; opunham-se aos "reinícolas" ou "naturais", ou seja, aos súditos do rei que nasciam e viviam na França. Continuavam sendo atingidos por certo número de incapacidades ou inferioridades tanto em direito privado quanto em direito público: liberdade reduzida do direito de dispor de seus bens, sucessão limitada apenas aos descendentes, obrigação de fornecimento de uma caução especial para agir em justiça, impossibilidade de receber benefícios eclesiásticos, de adquirir ofícios, de tornar-se advogados... Contudo, mediante pagamento, os estrangeiros podiam obter "cartas de naturalização" e tornar-se assim reinícolas. Além disso, ao longo dos últimos séculos do Antigo Regime, os tratados entre Estados costumavam conter o reconhecimento da reciprocidade dos direitos em favor de seus respectivos cidadãos, de tal modo que a aplicação do direito de albinágio se reduziu proporcionalmente. Por fim, apesar da incapacidade teórica de exercer funções públicas, o rei não se negava a contratar os serviços de estrangeiros, não só de contingentes militares com seus comandantes, mas também de auxiliares civis e até de ministros (Necker, banqueiro genebrino, chamado a exercer o Controle Geral das Finanças por Luís XVI, apenas para citar um exemplo). Também nesse caso a situação social dos interessados era determinante. Além disso, importava a proximidade geográfica de origem. No século XVIII, Pothier falava desse critério, lembrando que antigamente se distinguiam "dois tipos de estrangeiros; uns eram chamados *aubains*: eram os nascidos nos países vizinhos, cuja origem podia ser conhecida; outros eram chamados *épaves* (derrelitos): eram os nascidos nos países distantes da França, cuja verdadeira pátria era desconhecida". Efetivamente, certas costumagens redigidas no início do século XVI expressavam a natureza de estrangeiro com a palavra *épavité*, equiparando albinágio e derrelito para designar os bens que cabiam ao rei com a morte daquele que não era reinícola. Embora estrangeiros de alta hierarquia social fossem integrados na comunidade nacional sem ser naturalizados, inversamente, certos grupos populacionais viviam durante muito tempo no reino, mas eram juridicamente excluídos dele. Essa era a sorte dos judeus, cujo estatuto, aliás, era variável segundo o lugar: menos rigoroso no sudoeste da França (onde eram chamados "judeus portugueses", ou "judeus espanhóis", como referência a uma origem distante), mais rigoroso no Leste, mas nunca assimilados aos "naturais franceses". Não se deve esquecer, enfim, que, a partir dos séculos XVI e XVII, passaram a viver em terras francesas da América e do Oceano Índico escravos provenientes da África, adquiridos em virtude do tráfico, e seus descendentes, também escravos, bem como alforriados cujo grau extremo de alteridade era marcado pelo estatuto jurídico e pela cor da pele; os primeiros, aliás, eram em muitos aspectos considerados coisas. Era essa a situação no fim do Antigo Regime. Como a nova ordem jurídica consideraria e trataria os estrangeiros?

Homens ou cidadãos?

"Os homens nascem e permanecem livres e iguais em direitos..." Todos conhecem a primeira frase do artigo 1º do texto votado em 26 de agosto de 1789, que continua sendo um princípio do direito positivo francês, pois a

Constituição de 4 de outubro de 1958 remete expressamente, em seu preâmbulo, à primeira Declaração Francesa. Com base nessa bela fórmula proclamada nas primeiras semanas da Revolução, as Assembleias, não sem dificuldades, integraram na Nação aqueles que haviam sido excluídos por motivo de religião ou de ausência de liberdade somada à cor da pele: os judeus precisaram esperar dois anos para ser considerados franceses, por efeito da lei de 27 de setembro de 1791, cuja aplicação, aliás, enfrentou fortes resistências, mas sem implicar o desaparecimento do antissemitismo. Quanto aos "homens de cor" e aos escravos, sua integração foi muito mais difícil e lenta, em razão do poder do *lobby* colonial, que até conseguiu a revogação das medidas tomadas durante a década revolucionária. A Constituinte, que em 15 de maio de 1791 votara a igualdade entre mulatos livres e brancos, anulou essa decisão em 24 de setembro. Quanto aos escravos, foi somente a Convenção, diante dos movimentos insurrecionais que explodiram nas ilhas da América, que, em 4 de fevereiro de 1794, votou a abolição da "escravidão dos negros em todas as colônias", decidindo que "todos os homens, sem distinção de cor, domiciliados nas colônias, são cidadãos franceses...". Mas o texto quase não foi aplicado, e Bonaparte, em 20 de maio de 1802, fez votar uma lei que restabelecia o tráfico e a escravidão. Foi apenas a II República que, em 1848, pôs fim à escravidão nas possessões da França, nas chamadas "antigas colônias". Nas "novas colônias" (as criadas a partir da expansão colonial do século XIX, como a Argélia), a escravidão não foi introduzida, mas os "indígenas" não gozavam dos mesmos direitos dos colonos. Se a liberdade e a igualdade em direitos de "todos os homens" mostraram assim suas limitações na definição da comunidade nacional, com muito mais razão não fizeram desaparecer a oposição entre estrangeiros e cidadãos. Alguns, porém, como o prussiano Anacharsis Cloots, membro da Convenção, acreditavam nisso; para ele "estrangeiro [é] uma expressão bárbara da qual começamos a nos envergonhar", e chegaria o dia em que "o gênero humano liberto imitará [...] a natureza, que não conhece estrangeiros"; preconizava o estabelecimento de uma República Universal. Estava-se longe disso, tão consolidado se encontrava por muito tempo o conceito de Estado-nação. Por esse motivo, os princípios recém-instituídos pela Revolução, que ainda fundamentam o direito francês, pareciam contraditórios. Favorecendo o direito do solo, o novo sistema facilitou o acesso à cidadania – mais ou menos de acordo com o momento –, por razões de ordem prática ou econômica, mais do que por referência à ideia de fraternidade universal. As primeiras Constituições escritas condicionavam a concessão da nacionalidade francesa à residência em território nacional durante certo número de anos (cinco em 1791, um em 1793 e sete em 1795), mas também ao de ser proprietário, de ter fundado um estabelecimento comercial ou de se ter casado com uma francesa... Depois, de maneira geral, as condições de integração na Nação passaram a ter relação estreita com a conjuntura. Assim, no século XIX, a necessidade de mão de obra em decorrência da Revolução Industrial foi favorável à naturalização. No século XX, as crises demográficas acentuadas pelas guerras mundiais tiveram os mesmos efeitos. Como reação à política xenófoba do governo de Vichy, os regulamentos de 1945 destinados a "introduzir [...] bons elementos de imigração na coletividade francesa" (Ch. de Gaulle) compensaram as perdas de vidas humanas e permitiram a reconstrução do país. "A nacionalidade francesa é assim considerada um resultado normal para os estrangeiros que criaram vínculos com a França" (X. Vandendriessche). Note-se de passagem que, apesar das naturalizações ou integrações, a opinião comum ainda tende a confundir imigrantes e estrangeiros, enquanto a grande maioria dos trabalhadores e suas famílias, que vieram à França por razões econômicas, já são parte integrante da comunidade nacional. Isto porque as crises econômicas do último terço do século XX puseram em xeque a política de abertura determinada pela expansão subsequente ao fim da Segunda Guerra Mundial. O estrangeiro torna-se um bode expiatório. Da Lei Bonnet (10 jan. 1980) às Leis Pasqua (1986 e 1993-94), apesar dos retrocessos, de acordo com as opções políticas dos governos sucessivos, as fronteiras se fecham, o direito do solo é contestado, os estrangeiros que entraram clandestinamente na França são perseguidos e expulsos, ao mesmo tempo que permanece o objetivo de integração daqueles que estão regularmente instalados em território francês.

Qual é, porém, a situação jurídica daqueles que não possuem a nacionalidade francesa? Simplificando e sem descrever uma evolução jurisprudencial e doutrinária desenvolvida a partir do artigo II do Código Civil (o direito de albinágio foi abolido desde o início da Revolução), pode-se dizer que hoje os estrangeiros gozam, em direito privado, de todos os direitos que assistem aos nacionais, com exceção dos que lhes são recusados por disposição legislativa expressa. Em contrapartida, segundo uma tradição secular e geral, eles não têm direitos políticos eleitorais e de elegibilidade. A Convenção, quando abriu as portas (logo após a proclamação da I República) para estrangeiros que tivessem "lutado contra a tirania" (como Cloots, já citado, ou o americano Thomas Paine e outros), em primeiro lugar os transformou em cidadãos franceses, antes de adotar atitude hostil em relação a eles e decidir, em dezembro de 1993, que "todos os indivíduos nascidos em países estrangeiros estão excluídos do direito de representar o povo francês". Nessas condições, o estrangeiro, há mais de dois séculos, "continua sendo 'aquele que não é', aquele que não é cidadão, pois a cidadania está, ainda hoje, ligada à nacionalidade. Diante disso, cada Estado fixa soberanamente as condições de acesso e de acolhida em seu território, firmando eventualmente com outros Estados convenções que permitam a reciprocidade de direitos. Por conseguinte, a condição dos estrangeiros varia segundo os países, bem como no interior de um mesmo Estado. Conforme se constatou em outros momentos da história, a estraneidade comporta graus; em outras palavras, nem todos os estrangeiros são considerados da mesma maneira; assim, o estatuto dos tunisianos ou argelinos na França obedece a regras especiais ajustadas na época da independência do antigo protetorado e da antiga colônia; acima de tudo, os oriundos dos países-membros da União Europeia escapam ao direito comum dos estrangeiros, sendo, de algum modo, menos estrangeiros que os outros, à espera, talvez… de uma nacionalidade europeia. Por outro lado, as causas da domiciliação na França provocam a variação das regras aplicáveis. Assim, por exemplo, disposições especiais incidem sobre os que pedem asilo ou os refugiados políticos, enquanto os estudantes e os trabalhadores assalariados não são submetidos a regime idêntico. Seja, porém, qual for a sua situação jurídica, o estrangeiro é sempre o outro, "aquele que não é do lugar".

› BART J., *Histoire du droit privé de la chute de l'Empire romain au XIXe siècle*, Paris, Montchrestien, 1998. – LEQUIN Y. (org.), *La Mosaïque France. Histoire des étrangers et de l'immigration en France*, Paris, Larousse, 1988. Ver, em especial, as contribuições de J. Gaudemet, J.-P. Poly & P. Riché. – ROULAND N., PIERRE-CAPS S. & POUMAREDE J., *Droit des minorités et des peuples autochtones*, Paris, PUF, 1996. – VANDENDRIESSCHE X., *Le Droit des étrangers*, Paris, Dalloz, 1996. – Col.: Recueils de la Société Jean Bodin, *L'étranger*, I et II, Bruxelas, ed. Librairie encyclopédique, 1958.

Jean BART

→ Antissemitismo; Antropologia jurídica; Cidadania; Escravidão; Nacionalidade; Raça e racismo.

EUTANÁSIA

A palavra *eutanásia* é fonte de confusão. Se admitirmos que toda eutanásia, no sentido moderno, é um ato que provoca a morte de outra pessoa, então tal decisão será, por natureza, ilegítima. Existem outros caminhos para soluções humanas para casos dolorosos (tratamentos paliativos, teoria do duplo efeito). Uma lei sobre a eutanásia certamente é supérflua, porque a questão da eutanásia não pode ter uma solução *única* e *jurídica*. A eutanásia é, portanto, um termo profundamente ambíguo. Todos são favoráveis ou contrários à eutanásia, mas ninguém dá o mesmo sentido à palavra, muito menos ao ato. A história da palavra revela *quatro sentidos*: a arte da morte suave, depois as eutanásias utilitarista, eugenista e compassiva.

Na Grécia antiga o termo *euthanatos* significava "bela morte" ou "morte suave". Foi o filósofo inglês Francis Bacon que descreveu a medicina como a arte de *curar* e *tratar* a dor. Em seus escritos, a palavra eutanásia aparece em sua forma moderna significando "morte suave cercada de cuidados". Está claro que em seu pensamento a eutanásia nada mais é que o poder de enfrentar a morte sem dor. Depois dele, John Stuart Mill (na linha de Bentham, mas também na de Thomas More) desenvolveu uma noção nova, a de eutanásia utilitarista. A doutrina utilitarista afirma que a única coisa desejável neste mundo é a felicidade. Ora, quando a dor supera o prazer, a vida se torna inútil. Quando essa inutilidade é confirmada, então convém pôr um termo à uma vida sem objetivo. Na primeira parte do século XX surgiram doutrinas eugenistas cuja finalidade programática era melhorar a "raça" eliminando os indivíduos deficientes ou supérfluos. Por fim, apareceu a ideia (que está em voga hoje) da eutanásia compassiva: quando a morte é inevitável, mas a dor é invencível, então só podemos nos livrar de sua atrocidade apressando a morte.

Na realidade médica, a eutanásia nunca se apresenta como uma solução definida, da noite para o dia. No *processo* que pode conduzir à eutanásia, podem ser dissociadas *cinco fases* perfeitamente distintas: 1 / a administração de analgésicos em doses elevadas que aceleram, eventualmente, o falecimento; 2 / limitação ou abstenção de tratamentos ativos ou de reanimação; 3 / desligamento dos aparelhos de manutenção artificial da vida (desligamento de um respirador ou um rim artificial); 4 / auxílio ao suicídio ou suicídio assistido; 5 / injeção de uma substância mortífera. Cabe acrescentar que o ato de eutanásia pode ser *voluntário* (a pedido do paciente), *involuntário* (sem pedido do paciente) ou *não voluntário* (contra a vontade do paciente). Se voltarmos às cinco fases que acabam de ser descritas, veremos que *duas teses* se defrontam irredutivelmente, a tese *continuísta* e a tese *descontinuísta*. A primeira afirma que o processo constitui um todo crescente: passa-se de uma fase a outra até que se atinja uma morte "conveniente", chegando, se necessário, até a fase 5. A segunda enuncia que existe uma ruptura radical entre as três primeiras fases e as duas últimas: estas são ilegítimas, pois sua finalidade é provocar a morte (ao contrário das três primeiras). Percebe-se, incidentemente, que a distinção entre eutanásia *ativa* e eutanásia *passiva* não tem muito sentido na prática. Um ato (no sentido atual da palavra) é ou não é um ato de eutanásia. O ato de eutanásia é todo ato que, deliberadamente, gera a morte. Não é eutanásia o ato que pode ter por efeito (teoria do duplo efeito) ativar o processo letal sem o buscar imediatamente (causa).

A eutanásia enseja problemas morais, mas existe (não declarado) um relativo consenso a respeito, por parte das "autoridades morais" (religiosas ou não). A tradição judaica é hostil a qualquer ato que provoque a morte de um ser humano. A Igreja católica afirma que é legítimo lutar contra a dor, que nunca é necessário empregar meios extraordinários para retardar a morte (condenação do exagero terapêutico), que o uso de certos medicamentos pode ter o efeito de apressar a morte sem a buscar (legitimidade do duplo efeito), e que toda morte provocada é condenável por ser contrária à dignidade da pessoa humana. Os protestantes remetem-se à consciência do paciente e do médico, mas disso não deduzem em absoluto que possa existir um direito à eutanásia. O islamismo reprova tanto o suicídio quanto a eutanásia. Os partidários da eutanásia são encontrados nas correntes do livre-pensamento e nas que veem o homem como senhor absoluto de seu destino e de sua vida.

No terreno legislativo não se deve dissociar as legislações favoráveis ou não à eutanásia, mas os países que *toleram* o ato eutanásico e os países que são *indulgentes* para com o culpado de um ato eutanásico. Esses dois campos não estão em igualdade. Só dois países ocidentais têm legislação de tolerância à eutanásia: os Países Baixos (Lei de 10 de abril de 2001) e a Bélgica (Lei de 23 de maio de 2002). A imensa maioria dos países (entre os que legislaram a respeito) tem uma legislação que dá mostras de grande benevolência para com a morte propiciada por compaixão (Alemanha, Espanha, Suíça, países escandinavos). Do outro lado do Atlântico, os Estados Unidos da América têm legislações variáveis segundo os estados. A Corte Suprema, numa notável decisão de 26 de junho de 1997, afirmou, sem rodeios, que o suicídio assistido é contrário à Constituição. Por esse motivo, algumas tentativas de aprovação de leis de eutanásia foram fadadas ao fracasso. Em contrapartida, alguns estados dispõem de leis que permitem que o paciente comunique seu desejo de oposição a qualquer exagero terapêutico (leis do Oregon de 1994 e lei da Califórnia de 1976).

Na França, o direito se abstém. Não existe nenhuma lei relativa à eutanásia. O direito comum é aplicado normalmente. Caso seja cometido, o ato de eutanásia pode ser qualificado de homicídio e até de assassinato. Na prática, os processos por essa razão são raríssimos. O ministério público só processa os atos manifestamente delituosos, pela simples razão de que os tribunais de júri sempre demonstram profunda indulgência para com os casos de consciência. Uma legislação sobre a eutanásia é desnecessária principalmente porque o direito francês atual possibilita encontrar soluções adequadas segundo as circunstâncias. No entanto, o Comitê Consultivo Nacional de Ética houve por bem propor, por meio de um parecer de 3 de março de 2000, uma "exceção de eutanásia" que permitira que o médico processado se justificasse. Mas desde que haja processo. O Comitê esqueceu o fato de que os processos são quantitativamente desprezíveis: caberá então provocá-los para escusá-los? Ao lado disso, o direito francês promoveu os tratamentos paliativos (Lei de 9 de junho de 1999, art. L. 1111-2 do Código da Saúde Pública). Ele condena o exagero terapêutico (art. 38 do Código de Deontologia Médica, oriundo do Decreto de 6 set. 1995). A partir daí, optou pelo "mandatário de confiança" (lei sobre os direitos dos doentes de 4 de março de 2002, art. L. 1111-6 C. Saúde Publ.), e não pelo "testamento de vida" (possível, apesar de tudo). A "pessoa de confiança" é aquela que tem possibilidade de transmitir os desejos do paciente, em caso de incapacidade deste, quanto aos tratamentos que lhe devem ser dispensados no fim da vida. Quais são esses desejos? É preciso saber distinguir entre *a cessação da terapêutica* (lícita quando esta é inútil) e *a cessação do atendimento* (sempre ilícito). Voltamos à definição da arte médica, segundo Bacon: "Curar e tratar." Quando já não se pode curar, ainda se pode tratar, para aliviar a dor.

Qual é o futuro da legislação sobre a eutanásia na França? Pode-se com razão duvidar de sua pertinência. Por um lado, um regulamento muito claro do Conselho de Estado, datado de 29 de dezembro de 2000, estabeleceu que a eutanásia é um ato contrário à ética médica. Por outro lado, uma decisão também notável da Corte Europeia dos Direitos do Homem, de 29 de novembro de 2002 (*Diane Pretty c/ Reino Unido*) lembrou (por unanimidade dos juízes) que o suicídio assistido não poderia ser considerado um direito humano, dando assim razão à Câmara dos Lordes (judiciários) que, numa decisão de 29 de novembro de 2001, se pronunciara no mesmo sentido. Na linguagem jurídica, a palavra *eutanásia* só é empregada em relação aos animais (art. 211 do Código Rural). A sabedoria manda que assim continue. De resto, cabe remeter-se à prudência dos médicos para encontrar as soluções humanas para casos extremos. A consciência nunca encontrou seu caminho pelo direito; em compensação, o direito às vezes lhe serviu de escapatória.

› AUMONIER N., BEIGNIER B. & LETELLIER Ph., *L'Euthanasie*, Paris, PUF, "*Que sais-je?*" – GIRAULT C., *Le droit à l'épreuve des pratique, euthanasiques*, tese, Paris XI, PUAM, 2001.

Bernard BEIGNIER

→ Deontologia ou ética profissional; Direitos fundamentais; Medicina; Morte; Saúde; Vontade.

EXCEÇÃO, NECESSIDADE, URGÊNCIA

A existência da exceção só se deve à regra de direito. Segundo sua etimologia (*ex-capere*), ela é aquilo que está fora de apreensão. 1 / Pode escapar à regra ficando à margem desta sem a afetar diretamente; ocupa um lugar ao lado da regra, mas em princípio permanece estranha a ela. 2 / A exceção também pode ser integrada na regra e assumir duas formas: ou alternativa (dualidade de soluções prevista pela regra), ou a revogação (a autoridade que deve aplicar a regra suspende-a com base em motivos por ela apreciados – como urgência ou necessidade – e determina uma solução original ignorada pelo texto). 3 / A exceção pode pôr em xeque a regra que não preveja alternativa nem revogação. A regra é violada: o ato se enquadra na categoria de exceção desde que fortes justificações de alguma forma escusem a subtração, que se torna simples desvio à norma. Essa exceção *stricto sensu* deve permanecer singular, ligada a um caso particular. A repetição idêntica ou comparável desse caso pode ensejar a integração da exceção na regra, na forma de uma alternativa ou revogação, ou a teorização jurisprudencial ou doutrinária de sua justificação.

O primeiro sentido da exceção também é o mais antigo. Em direito romano primitivo, as ações da lei não toleravam iniciativa nem criatividade e encerravam as partes e o juiz num quadro formalista muito estrito. As evoluções sociais e econômicas de Roma tornaram indispensável a consideração do acordo de vontades como fonte de obrigação e da *bona fides* dos contratantes. O pretor foi então incumbido da tarefa de redigir, em colaboração com as partes, o conteúdo da instrução – a *fórmula*, donde o chamado procedimento formular – entregue ao juiz. Este examina as objeções da parte passiva, as *exceções* (por exemplo, a exceção de dolo), que têm vocação a paralisar a ação do demandante, caso não sejam fundadas. Em direito romano, a exceção exercia influência sobre o mérito da causa. Não é o que ocorre com a concepção atual em direito judiciário: durante um processo, uma parte invoca uma exceção para impedir o desenrolar normal dos procedimentos. Esse tipo de exceção compreende todo e qualquer meio de defesa que, antes de qualquer exame do mérito ou da contestação do direito de ação, tende "a fazer que o procedimento seja declarado irregular ou extinto, ou a suspender o seu curso" (art. 73 do NCPC). Para ser consideradas procedentes, essas exceções devem ser apontadas simultaneamente e antes de qualquer contestação ao mérito ou de inadmissibilidade. A exceção, nessa hipótese, fica à margem da causa e não exerce nenhuma influência sobre o direito das partes. No entanto, a palavra exceção também é empregada em sentido mais amplo, para designar casos de inadmissibilidade ou meios de contestação ao mérito: essas exceções influem diretamente sobre o resultado do litígio. São invocadas, por exemplo, para denunciar a ilegalidade de um ato administrativo passível de ser aplicado pelo juiz ou arguir a coisa julgada. O fato é que essas exceções que influem sobre o resultado do litígio não atingem a regra passível de ser aplicada pelo juiz caso se mostrem infundadas. Nessa primeira acepção, figuram também as concorrências de regras: quando uma norma propõe uma solução (especial) em contradição com uma outra (geral), às vezes se afirma que ela é uma exceção a essa regra, uma revogação, donde o adágio *specialia generalibus derogant*. Na realidade, só a regra especial é aplicável ao caso (não há verdadeira concorrência) e só constitui uma exceção à regra geral caso se especifique que esta não poderia sofrer revogação. Nesta última hipótese, deve-se concluir que o sistema é ilógico ou pelo menos imperfeito.

A norma também pode prever sua própria exceção. O motivo da exceção depende de seu conteúdo e deixa maior ou menor margem de manobra àquele que indica a exceção. O motivo pode ser facilmente determinável: determinada regra se aplica a todos, *salvo* aos menores não emancipados, aos incapazes maiores etc. A subtração à regra não dá ensejo a nenhuma apreciação: a exceção assume a forma de alternativa simples. A regra e a exceção estão em situação de independência recíproca, de tal modo que o que se tem é uma dualidade de regras que escapa à dialética do normal e do excepcional. Assim, segundo o artigo 221-5 do Código do Trabalho francês, "o repouso semanal deve ser dado aos domingos". No entanto, os artigos 221-9 e 10 apresentam uma lista dos estabelecimentos que "são autorizados pelo direito a dar repouso semanal em rodízio" – a regra não é o repouso dominical – e o artigo 221-17 prevê que o governador do departamento, por revogação, pode ordenar o fechamento em certo dia. Também pode ocorrer que o motivo da exceção esteja contido numa fórmula aberta: interesse das famílias, bons costumes, serviço público, equidade, legítima defesa, força maior, mas também a urgência e a necessidade. Nesses casos, a exceção assume a forma da revogação ou dispensa. Seu alcance varia com a interpretação de seus motivos. A regra permanece, mas lhes serão subtraídos certos casos por um motivo julgado superior. As problemáticas pertinentes passam a ser a da *autoridade* capaz de subtrair dado caso à regra e a dos critérios que possibilitam a exceção sem extinção da regra.

Por fim, a exceção pode nascer da violação de um texto que não preveja exceções. Assim, o Conselho de Estado francês consente que seja julgado válido um ato contrário a uma lei por motivo de *circunstâncias excepcionais* que tenham obrigado a administração a agir assim em consideração de sua missão específica. Para que o caso possa ser julgado excepcional, portanto juridicamente válido, é preciso considerar que a regra está suspensa, ou reduzir seu campo de aplicação, concebendo casos de revogação a despeito de sua omissão, ou então pressupor uma regra superior e imperativa que dote o ato de validade a despeito da violação da regra imposta. Esse exercício de justificação, frequentemente à margem do jurídico, cria problemas teóricos importantes, pois o que está em jogo é nada menos que a segurança jurídica. Essa questão também remete à autoridade capaz de dizer, em última instância, o que constitui violação ou exceção. Dizer esse tipo de exceção, segundo alguns, pode constituir prerrogativa de *decidir* sobre a regra; o que leva a indagar sobre a soberania, a exemplo de Carl Schmitt, para quem "é soberano aquele que decide sobre a [ou na] situação de exceção". Na maioria das vezes, tais exceções *contra legem* são justificadas pela urgência ou por evidente necessidade.

As exceções que não se chocam de frente com a regra ou que resultam de uma alternativa juridicamente enquadrada não criam problemas importantes porque podem ser consideradas regras. Só criam problemas quando põem em xeque a eficácia da regra, ainda que a exceção seja aventada para preservar um interesse julgado superior. Em vista disso, são frequentemente a urgência e a necessidade que permitem estabelecer o elo entre esse interesse por salvaguardar e a regra.

A salvaguarda de um interesse superior

As exceções se baseiam na ideia de preservação, proteção, defesa, salvaguarda de um interesse considerado superior ao respeito escrupuloso à regra em determinado momento. Ou – o que dá na mesma – na convicção de que a aplicação normal da regra causa um prejuízo. Esse é o objetivo da exceção, e é também o objetivo da justificação.

A autorização dada pelo procurador da República da França para o casamento de um homem menor de dezoito anos ou de uma mulher menor de quinze anos deve basear-se em "motivos graves" (art. 145 do Código Civil francês). Geralmente, a dispensa é concedida por motivo de gravidez ou para garantir ao impúbere meios de subsistência pelo casamento. O interesse das partes e/ou do nascituro possibilita justificar a exceção. O procurador também pode autorizar a celebração do casamento fora do órgão competente "em caso de impedimento grave". O oficial do cartório civil pode até mesmo tomar essa iniciativa sem autorização "em caso de perigo iminente de morte de um dos noivos" (art. 75 do Código Civil francês). Esse casamento *in extremis* foi justificado em jurisprudência pela ideia de "que a sociedade estava interessada em favorecer esses tipos de reparações e a conferir ao cônjuge sobrevivente e a seus filhos a honra da legitimidade". Se um dos noivos não puder falar, convirá interpretar e transmitir os sinais pelos quais ele pretendeu afirmar sua vontade. Os interesses superiores podem ser justificados pela ideia de ordem nas famílias, o que pressupõe a superioridade da família e da filiação legítimas sobre a união livre e a filiação natural. Esses interesses já eram protegidos antes de 1804; no entanto, a declaração de 26 de novembro de 1639 proibia os casamentos celebrados *in extremis*, para não incentivar as uniões ilícitas. A exceção era então descartada, uma vez que o respeito às formas imperativas era considerado superior (motivo de ordem pública).

O número e a extensão da exceção variam, pois "cada época afirma a preeminência dos interesses que ela julga fundamentais, e a proteção das situações jurídicas particulares é mais forte quando essas situações estão mais ligadas ao interesse público" (P. Jestaz). O conteúdo desses "interesses superiores" é bastante influenciado pela ideologia em determinada época. Na Idade Média, a papado reivindicou o direito de intervir no domínio temporal, normalmente reservado ao imperador ou aos reis, por motivo da salvaguarda da Cristandade, considerando-se a erradicação do pecado como um interesse fundamental. Mas quando os reinos se consolidam, no século XIII, os monarcas contestam esse direito de intervenção excepcional, considerando que a proteção do reino é um imperativo absoluto; eram apoiados pela filosofia escolástica, que pensava a comunidade política como uma entidade natural. Por sua vez, considerarão que, em caso de extrema necessidade para a defesa do reino, poderão se libertar da autorização pontifical prévia para a cobrança de impostos a clérigos (dízima). A partir daí, a ideia de salvaguarda da comunidade política foi dotada de conteúdos bem diferentes, mas o princípio permaneceu.

Os interesses por preservar só estão em perigo quando ocorre um acontecimento particular que os ameace. Nesse caso, a exceção se baseia na urgência ou na necessidade premente de paliar esse risco: ela tem vocação provisória e não pretende afetar o fundo do direito. Em direito penal, o estado de necessidade subtrai uma pessoa à responsabilidade quando, "diante de um perigo atual ou iminente que ameace a pessoa, outrem ou um bem", ela realize "um ato necessário à salvaguarda da pessoa ou do bem, salvo se houver desproporção entre os meios empregados e a gravidade da ameaça" (art. 122-7 do Código Penal francês). Em direito judiciário, a decisão do juízo cautelar e o ato conservatório, baseados na urgência, não devem causar prejuízo ao mérito da causa. Ao contrário, seria o caso de empenhar-se para evitar que o irreparável afete o resultado do julgamento futuro e os interesses de uma das partes (por exemplo, o desaparecimento de provas). No interesse de uma justiça boa, mas lenta, impõem-se medidas de urgência que derroguem certas regras de direito; um exemplo é a excepcional permissão dada ao incapaz para agir.

Quando se trata de salvaguardar interesses públicos fundamentais ameaçados – o funcionamento ininterrupto dos serviços públicos, a ordem pública, a defesa nacional ou, mais radicalmente, a existência do Estado – as exceções muitas vezes são consideradas mais perigosas, pois modificam as relações de poder. Elas consistem no atentado perpetrado pelos governantes contra os direitos dos governados e na concentração das funções nas mãos de um único órgão. A partir da Revolução francesa, o legislador acreditou que poderia encerrar essas exceções em barreiras legais ou constitucionais (leis de 1849 sobre o estado de sítio, de 1955 sobre o estado de urgência, art. 16 da Constituição de 1958 etc.), a fim de prevenir o abuso de poder, sempre potencial nas circunstâncias de crise. Mas as definições textuais dos perigos muitas vezes são imprecisas, apesar da grande quantidade de superlativos que tendem a caracterizar com exatidão a gravidade da situação em vista. Além disso, os meios excepcionais outorgados aos poderes públicos por essas legislações nem sempre permitem salvaguardar os interesses em causa, pois a forma das ameaças futuras nunca é perfeitamente previsível. Por outro lado, existem situações nas quais os poderes públicos agem mesmo quando nenhum texto previu a extensão revogatória de suas competências, de modo que o Estado é quase fatalmente levado a violar as leis ou a Constituição pelo motivo de necessidade imperiosa de salvaguardar-se. Com sua jurisprudência das "circunstâncias excepcionais", o Conselho de Estado francês acorre em socorro da administração depurando as ilegalidades cometidas sempre que julgar evidente a necessidade de cometê-las. Esse apoio lhe é dado mesmo quando a administração se desembaraça dos limites traçados por legislações que também são de exceção, a tal ponto que se pode duvidar da utilidade de tais dispositivos se eles não são respeitados estritamente. Em direito constitucional, os estados de necessidade foram amplamente discutidos em doutrina até que o artigo 16 da Constituição francesa de 1958 levou o debate para o terreno do controle de sua execução e do perigo de ser dotado de tal dispositivo.

Em direito privado, assim como em direito público, as exceções baseadas na salvaguarda de um interesse superior só justificam o comprometimento da regra caso o seu respeito conduza eventualmente a afastar-se dessa finalidade. Se, como ocorre na grande maioria dos casos, ambas forem compatíveis, deixa de haver exceções e passa-se ao plano da violação ao direito. Levando-se em conta a diversidade das regras e dos interesses por salvaguardar, a exceção resulta de uma comparação das finalidades entre o respeito às primeiras e a defesa às segundas. Nenhum interesse é, em si, superior; só é superior em relação a dada situação e a dada finalidade. Em vista disso, a exceção só é concebida em termos teleológicos: finalidade prevista pelo legislador que considera a possibilidade de revogação ou dispensa, finalidade buscada pelo agente que se afasta da regra, finalidade concebida pelo juiz que valida um ato ilegal quando a exceção é ignorada do texto. Essa pressão da finalidade abala seriamente a concepção positivista do direito.

Exceção e filosofias do direito

Na concepção finalista do direito concebida pelo racionalismo tomista, a validade de um ato sempre é calculada pelos parâmetros de suas finalidades, que são a justiça e o bem comum. A exceção se integra facilmente nessa concepção, pois o respeito escrupuloso à regra, ao se desviar em certos casos dessa finalidade, invalida o ato. A doutrina medieval não condena o roubo em caso de necessidade, nem o questionamento das imunidades fiscais do clero caso o reino esteja ameaçado de modo iminente, e a urgência exija meios extraordinários para sua defesa etc. Em vista disso, a fronteira entre a regra e a exceção nem sempre é – nem deve ser – muito clara e definida, pois critério de validade de um ato é sempre o serviço à justiça em si e ao "proveito comum".

Segundo a concepção positivista do direito, um ato é válido quando conforme ao dispositivo de um texto. Se a dispensa ou a revogação não for explicitamente prevista – razão pela qual o legislador contemporâneo as acolhe amplamente –, o ato contrário à regra só poderá ser considerado uma exceção graças a uma interpretação extensiva e até *contra legem*, fundada na finalidade, portanto à custa da intrusão da concepção finalista na concepção positivista do direito, que são radicalmente incompatíveis. A questão se apresenta com especial importância em direito administrativo e em direito constitucional quando, por motivos de urgência ou de necessidade, a administração ou os governantes ferem direitos individuais fundamentais normalmente inaccessíveis ao Estado. Para justificar os arranhões à legalidade e à constitucionalidade, a doutrina moderna deu duas respostas teóricas principais. A primeira consiste em considerar, com apoio na existência de legislações de exceção, que existe uma "legalidade de crise" em si. Quando os poderes públicos atentam contra uma regra prevista para os tempos de calma, é preciso interpretar seus atos em função de uma legalidade de crise, depois de constatar a lacuna de um texto especialmente previsto para enfrentar tal situação. Por conseguinte, uma simples interpretação *praeter legem*, baseada na intenção do legislador ou do constituinte, permite validar um ato que, em tempos normais, seria uma violação à regra. Pode-se criticar os seguidores dessa concepção porque não constataram a lacuna do texto especial, mas a criaram, pois nada permite afirmar que o legislador não se absteve de legislar propositadamente, e de fato existe um texto (donde a ausência de lacuna) ao qual os poderes públicos estavam submetidos. A segunda explicação consiste em admitir que os textos não podem ser maltratados a ponto de negar suas disposições. Por conseguinte, em caso de urgência ou de necessidade, o direito vigente deve eclipsar-se perante o direito superior do Estado à sua própria salvaguarda, à "legítima defesa" do Estado, segundo Hauriou. Os poderes públicos estão, pois, fundamentados para agir contra o direito dos tempos normais com base num *direito de necessidade*, direito que, para alguns, estaria baseado no costume e para outros, no direito natural; fundamentos frágeis numa concepção positivista do direito. Diante dessas dificuldades conceituais, uma parte da doutrina prefere considerar que os atos contrários ao direito dos tempos normais, porém justificados pela urgência ou pela extrema necessidade, estão desprovidos de fundamento jurídico. Isso não os impede de ser oportunos e até salutares, mas o que se tem é uma questão política: em outros termos, eles não poderiam ser considerados como exceções no sentido jurídico do termo; são atos que o poder cumpre por sua própria responsabilidade (política), com a condição de beneficiar-se posteriormente de uma reintegração por via de "ratificação". Numa tal concepção, porém, no momento em que agem, os poderes públicos não podem beneficiar-se do apoio da legalidade para exigir a obediência indispensável à eficácia de sua ação. Essas dificuldades doutrinais podem ser reduzidas à alternativa exemplificada pelos dois adágios contraditórios "necessidade é lei" e "necessidade não tem lei". Ou a necessidade e a urgência dispõem de uma juridicidade em si que autoriza a desembaraçar-se provisoriamente da legalidade normal, permanecendo no direito, ou estão desprovidas dessa juridicidade e seguem uma lógica que demonstra a incapacidade do direito de regrar tudo, prever tudo, provocando o aparecimento, se assim se pode dizer, de períodos de não direito no tempo jurídico. Essa aporia, porém, poderá ser superada se nos ativermos ao discurso dos atores e dos autores confrontados com a questão da urgência e da necessidade.

A evidência: critério da urgência e da necessidade

Segundo a doutrina, a ideia de urgência, "mais facilmente sentida que definida" (P. Jestaz), é difícil de encerrar em limites estáveis. Não é fácil distingui-la de noções próximas, tais como o perigo da demora, a celeridade, a ameaça extrema, grave, iminente ou imediata: os superlativos são legião para empurrar seus limites para confins extremos. A ideia de necessidade, por sua vez, pode ser quase sinônimo da ideia de utilidade, mas é também frequentemente acompanhada por adjetivos como absoluta, imperiosa, premente, manifesta, extrema: nesta segunda acepção, ela se aproxima da ideia de urgência. O ponto comum entre as duas é mostrar-se sem que seja preciso deliberar, argumentar, exibir provas racionais de sua existência; elas estão como *evidências.* Para além das evoluções dos ordenamentos jurídicos e das filosofias do direito desde a Idade Média, foi-lhes reservado um registro semântico específico, que remete à ideia de percepção pela sensação, que provoca o sentimento imediato de que é preciso agir para escapar a uma ameaça. A evidência, critério desencadeador da urgência ou da necessidade imperiosa, supõe que não existe nenhuma alternativa. Por essa razão, ela escapa a qualquer escolha entre agir de um modo ou de outro e entre agir e não agir; ela impede qualquer interpretação jurídica, que supõe deliberar e argumentar para subsumir a ação à regra. Essa apresentação permite dimensionar o que está em jogo na máxima antiga de Tomás de Aquino: "Nos casos evidentes, o que cumpre não é interpretar, mas agir" (IIa IIae, q. 120, a. 1, s. 3), compreender por que a Corte de Cassação, juiz do direito, se recusa a examinar a veracidade da urgência, ou, afinal, captar o sentido da fórmula de Ph. Théry para quem "o juízo cautelar é o juízo da evidência". A hermenêutica jurídica supõe uma mediação dos praticantes entre a regra e o ato, a *i*-mediatez da urgência ou da necessidade imperiosa do interdito. Os argumentos desenvolvidos em direito público remetem também a essa ideia de ausência de mediação, portanto de *decisão*, que resultaria de uma escolha política do governante ou de uma vontade positiva do administrador a afastar-se da norma. Os atores se defendem da acusação de terem usado seu "poder"; ao contrário, afirmam que cumpriram um "dever" salutar.

Essa lógica da evidência pode ser aproximada, em filosofia, de um modo de juízo específico: o juízo estético. Para Burke e para Kant, ninguém pode provar (demonstrar por argumentos racionais) que determinado objeto é belo ou sublime; em contrapartida, pode-se sentir a mesma sensação e ter o mesmo sentimento. Do mesmo modo, ninguém pode demonstrar por argumentos que determinada ação é urgente ou evidentemente necessária para rechaçar um perigo, mas é possível compartilhar a convicção de que ele existe. Se essa certeza não for compartilhada, deixará de ser evidente para todos, o que implica que é possível conformar-se à regra, ou então que a ação resulta de uma escolha, portanto da parcialidade e até do capricho ou do abuso de poder. A urgência e a necessidade imperiosa dispõem, portanto, de verdadeira autonomia: elas estão fora do jurídico, pois a regra é efetivamente posta em xeque – C. Schmitt vê no caso excepcional o calcanhar de aquiles do normativismo kelseniano –, mas também fora do político, pois a ação não é movida por uma escolha – donde a dificuldade de se basear na situação de exceção, por essência rara e fugaz, para fundamentar uma teoria decisionista do Estado, como faz C. Schmitt. Do mesmo modo, pode-se entender a dificuldade e o embaraço dos legisladores para enunciar textos para tempos de crise. Um texto restritivo demais impede os governantes de enfrentar eficazmente o perigo; um texto frouxo demais deixa entrever o espectro do abuso de poder (os debates para a adoção do art. 16 da Constituição francesa foram apaixonados e conturbados). No fundo, esses textos tendem a obrigar os governantes a agir apenas quando a necessidade é evidente. Ora, pelo próprio fato de ser uma sensação, a necessidade evidente é inefável. Sua capacidade de ser compartilhada só pode ser pensada *in situ* e depende em grande parte dos interesses (variáveis) que se pretende defender absolutamente à custa da suspensão das garantias jurídicas de cada indivíduo. A evidência é tão inapreensível quanto a exceção que ela justifica: o estado de exceção é sempre um momento perfeitamente singular porque está "fora de apreensão".

› Frier P.-L., *L'Urgence*, Paris, LDGJ, 1987. – Jestaz Ph., *L'Urgence et les principes classiques du droit civil*, Paris, LDGJ, 1968. – Nizard L., *Les Circonstances exceptionnelles dans la jurisprudence administrative*, Paris, LDGJ, 1962. – Saint-Bonnet F., *L'État d'exception*, Paris, PUF, 2001.

François Saint-Bonnet

→ Derrogação, dispensa, escusa e tolerância; Estado; Estado de direito; Funções jurídicas do Estado; Guerra; Legítima defesa (Ponto de vista filosófico); Prerrogativa; Soberania.

EXECUÇÃO

Execução é a realização de uma obrigação ou de um dever jurídico, processo que possibilita fazer o direito passar para os fatos, estabelecendo-se a coincidência entre o que é e o que deve ser. Normalmente resulta da existência de um devedor. A execução forçada prescinde da participação do devedor e só é possível para certas obrigações; nela se verifica um desenvolvimento dos procedimentos de incitação à execução, cuja finalidade é pesar sobre a vontade do devedor.

Segundo o artigo 21 da Constituição francesa, o governo está encarregado da execução das leis. A execução das sentenças estrangeiras faz parte dos conflitos de jurisdições, enquanto a das sentenças arbitrais é da competência do direito judiciário em sentido lato. Na esfera dos contratos, a execução em espécie se opõe à execução por indenização; na esfera das sentenças, a execução provisória se opõe à execução definitiva. A execução pode ser voluntária ou forçada. O termo talvez nem sempre seja utilizado de maneira rigorosa. Se tivermos em mente que a execução propicia a satisfação de uma exigência, certos usos do termo parecerão impróprios. Assim, a execução das penas não consiste somente em fixar suas modalidades de execução, mas também em aquilatar se o comportamento do condenado justifica um reexame da pena. Do mesmo modo, a execução das sentenças estrangeiras ou das sentenças arbitrais só visa às condições necessárias para que uma decisão exterior à ordem jurídica possa nela adquirir força executória. O procedimento de *exequatur* é preliminar e necessário à execução forçada que, mesmo nesse estágio, é eventual. Ao decidir que o Estado estrangeiro que participara de um procedimento arbitral não poderia prevalecer-se da imunidade de execução para paralisar um pedido de *exequatur*, a Corte de Cassação francesa ressaltou, concretamente, a diferença entre execução e *exequatur*. A adequação dos fatos ao direito às vezes se produz de maneira automática: a transferência de propriedade nos contratos translativos, a dissolução do casamento pelo divórcio ou o estabelecimento da filiação por julgamento, a extinção do litígio por efeito da transação ou anulação de um ato regulamentar em consequência do reconhecimento do abuso do poder... São efeitos dos contratos ou dos julgamentos (direito que tem o adquirente de exercer atos de propriedade, novo casamento, entrada na família do pai em relação a quem a filiação é estabelecida, inadmissibilidade de uma ação sobre o mesmo litígio, extinção do ato) que ocorrem necessariamente. Caberá falar de execução se a inexecução é inconcebível? Só se apresenta a questão da execução quando existir, correlativamente, uma possibilidade de inexecução. Ela supõe a existência de uma obrigação entendida no sentido lato, que impõe certo comportamento àquele que é obrigado a tê-lo. Apesar de caracterizada pela diversidade de seus meios, a execução não deixa de conservar sua unidade.

Diversidade dos meios

A execução espontânea das obrigações é a mais corrente, mas, como a coerção está ligada ao direito, este prevê meios para remediar a inércia do devedor. O artigo 2.092 do Código Civil francês, embora não seja de aplicação geral, expressa essa alternativa: se o devedor não honrar seu compromisso, seus bens responderão pela dívida. Texto fundamental porque expõe um princípio de responsabilidade pessoal, mas texto limitado porque resolve apenas parcialmente a dificuldade. Os bens só podem responder pelas dívidas assumidas em dinheiro, diretamente (a dívida é extinta graças ao crédito de somas de dinheiro feitas pelo devedor) ou indiretamente (a dívida é extinta por utilização do valor da venda forçada do bem). O texto perde a utilidade quando uma pessoa é obrigada a fazer ou a abster-se de fazer. Os bens não respondem pelo comportamento do devedor. Se a inexecução persistir, o direito substantivo permite que a obrigação não executada seja substituída por uma indenização por perdas e danos, em que os bens do devedor poderão então ser arrolados. Mas isso não passa de equivalente.

É preciso então uma definição. Ou se considera que ninguém pode ser obrigado a agir – o que é expresso pelo adágio "*nemo praecise potest cogi ad factum*" – nesse caso, a execução só pode ser voluntária e, em sua ausência, só resta extrair as consequências da inexecução (o que, em princípio, é a posição da *common law*) – ou a execução pode ser ordenada em espécie, a não ser que se encontrem meios de coerção apropriados. O direito francês optou progressivamente pela segunda solução. Daí resulta que as vias de execução são diversificadas, passando-se de uma a outra por uma gradação às vezes imperceptível. Aliás, certos procedimentos de execução são difíceis de classificar, tal como a substituição do devedor insolvente por um terceiro (arts. 1.143 e 1.144, C. Civ. fr., substituição em matéria comercial, compra à revelia nas praças públicas), que permite prescindir da participação do devedor mas não constitui uma execução forçada.

Execução voluntária. – Essa é a via ideal. Nela se encontram reunidos os dois aspectos da execução: o devedor cumpre aquilo a que está obrigado, e o credor é satisfeito. Constitui o modelo da execução, como veremos quando tratarmos de outras formas que ela pode ter. Mas, paradoxalmente, essa forma de execução quase não tem consistência jurídica. Resume-se ao *fato* da execução: o contribuinte paga os impostos, o fornecedor entrega a mercadoria, o governo promulga em tempo hábil os decretos necessários à aplicação de uma lei. Se quisermos encontrar alguma substância jurídica na execução voluntária, precisaremos voltar-nos para as margens. Para a obrigação natural, por exemplo, cuja execução voluntária implica a inserção na vida jurídica. Ou para o direito penal, no qual se desenvolvem formas de justiça contratual (mediação, composição) que introduzem uma execução voluntária que se poderia acreditar incompatível com o imperativo de repressão. Embora constitua um modelo, a execução voluntária não é suficiente, pois deixa o credor à mercê do devedor. Durante muito tempo, porém, ela constituiu o único modo de execução das obrigações das pessoas jurídicas públicas. A impossibilidade de utilizar contra elas as vias de execução do direito privado, impossibilidade esta vista como princípio tanto pelas jurisdições administrativas quanto judiciárias, durante muito tempo coincidiu com a ausência de qualquer procedimento de execução próprio ao direito público. As primeiras medidas destinadas a favorecer a execução só apareceram na França com o decreto de 30 de julho de 1963. De maneira tímida, as medidas de incitação à execução, utilizadas de longa data contra pessoas privadas, apareciam no direito público.

Incitação à execução. – Visa à execução voluntária, mas alia à obrigação procedimentos cominatórios que assumem formas variadas; examinando-os, constata-se que a *noção* de execução extrapola amplamente os *procedimentos de execução*. As penalidades contratuais, conhecidas tanto em direito privado quanto administrativo, visam dissuadir o devedor de não cumprir seu compromisso. A ameaça muitas vezes é de origem legal: majoração do juro legal se a decisão não for executada dois meses após ter se tornado executória, não conhecimento do recurso pela Corte de Cassação da Corte de Cassação, caso a decisão deferida não seja executada, sanções penais por falta de pagamento de pensões alimentícias (delito de abandono da família) ou penalidades fiscais ou alfandegárias em caso de pagamento atrasado. Em todos os casos, a perspectiva de precisar pagar mais favorece, supostamente, a execução. Podem ser utilizados outros meios, pois é bom tudo ou quase tudo que permita a execução. Os elos entre as jurisdições administrativas e a administração ativa permitem compreender por que o decreto de 1963 privilegiou a ação com um *intermediário* entre o requerente e a administração, fórmula reiterada, com mais energia, pela Lei de 1973, que instituiu o mediador da República. Este último pode impor à pessoa pública em questão que respeite a coisa julgada, sem o que, segundo a fórmula de P. Delvolvé, ela poderá ser exposta ao "pelourinho moderno", que é a publicidade da inexecução no *Diário Oficial*. Na mesma ordem de ideias, o relatório anual do Conselho de Estado torna públicos os casos de inexecução mais flagrantes.

Entre tais medidas, a multa desempenha um papel especial. Progressivamente distinguida da indenização por perdas e danos, com a qual foi confundida durante certo tempo, constitui a única arma de que o juiz dispõe para obrigar a respeitar sua decisão e, sobretudo, o único procedimento de coerção concebível para garantir a execução das obrigações de fazer. Se os juízes puderam pronunciar condenações de execução em espécie, sem se deterem na letra do artigo 1.142 do Código Civil francês, segundo o qual as obrigações de fazer são resolvidas em indenizações por perdas e danos, foi porque a multa podia garantir sua eficácia. O êxito da multa não se desmentiu, e uma das datas importantes de sua história na França certamente é a de sua introdução no direito público pela Lei de 16 de julho de 1980, seguida por sua generalização pela Lei de 8 de fevereiro de 1995. Embora seu uso tenha sido tímido de início, um acórdão do Conselho de Estado de 1997, que obriga o Estado a baixar as regulamentações necessárias à aplicação de uma lei de 1984 relativa ao empossamento de seus agentes, sob pena de multa, revela as suas virtualidades.

O sucesso desses meios de incitação poderia ser imputado às fraquezas da execução forçada. Mas o fenômeno tem razões mais profundas. Como o campo da execução forçada é mais restrito que o da execução em geral, a incitação é o único meio concebível em grande número de casos. A isso poderiam ser somadas razões psicológicas. Para um credor, a execução pelo próprio devedor é sempre preferível. O recurso à execução forçada põe o credor numa situação paradoxal: embora ninguém censure o credor por ter obtido do devedor aquilo que lhe era devido, o recurso à execução forçada muitas vezes lhe confere, segundo a fórmula de Jean Carbonnier, a imagem de usurário impiedoso.

Execução forçada. – É o meio extremo de obter a execução, *ultima ratio creditorum.* Seu domínio é limitado: as obrigações monetárias e raras obrigações em espécie (expulsão e busca e apreensão que permitem que o credor recupere *seu próprio bem*), visto que essa forma de execução pressupõe que se pode prescindir do devedor. Em princípio, ela exige um título executivo que, na maioria das vezes, será uma decisão judicial. No entanto, existem numerosas exceções: em direito público, onde vige a *prerrogativa da autoexecutoriedade* que permite que a administração emita seus próprios títulos executivos, e, em direito privado, no qual as partes podem decidir formalizar seus compromissos em cartório, por um ato investido da força executiva, ou pedir ao juiz que aponha a força executiva numa transação. Do mesmo modo, um cheque sem fundos pode tornar-se um título executivo. No entanto, pode ocorrer que o título executivo não seja necessário para uma execução, mesmo forçada: oferta à venda de um bem objeto de uma penhora comercial, por exemplo (art. 93, C. Com. fr.).

A execução forçada apresenta certo número de características que exigem alguns esclarecimentos. Ela se baseia na coerção, cujo monopólio é do Estado em seu território, o que lhe cria, em contrapartida, a obrigação de auxiliar na execução. Assume a forma de "procedimentos" que garantem ao devedor que o uso da coerção ficará restrita a limites socialmente toleráveis. Ela é, sobretudo, indissociável do direito substantivo. Esse elo é facilmente verificável nos procedimentos do direito privado. Ninguém pode organizar o sequestro de um crédito, de uma patente, de um imóvel ou de uma ação sem levar em conta as regras que os regem. Mas, com outra forma, esse elo se encontra nos procedimentos criados pela Lei de 1980, que se baseiam em técnicas do direito administrativo (papel das autoridades de tutela ou técnica de ordenamento). A própria coerção assume formas diferentes. Embora subsista em seu aspecto material (recurso à força pública, entrada forçada em um lugar privado, apreensão de um veículo), a coerção apresenta, na maioria das vezes, um caráter puramente jurídico (indisponibilidade do bem penhorado). E, embora a coerção seja sempre exercida contra o devedor, a execução pode extrair maior eficácia da implicação de terceiros, sobre os quais a lei às vezes impõe pesadas obrigações (o terceiro detentor de bens embargados que não colabore com o embargo e o contador, ou a autoridade tutelar, que desconsidere as exigências da Lei de 1980 incorrem em sanções pecuniárias). Acima de tudo, a execução forçada nunca é tão eficaz como quando imita a execução voluntária. Esse mimetismo é flagrante na busca e apreensão ou na ordem de pagamento da despesa por falta de execução. Nos dois casos, a ordem legal supre a vontade ausente do devedor.

Unidade da noção

Seja qual for sua forma, a execução encontra unidade no resultado que deve ser atingido, na satisfação que se tem o direito de esperar do contrato, do julgamento, da regra, em outras palavras, em *fazer justiça.* Ela é um desfecho que tem origem e medida na obrigação preexistente, de tal modo que o questionamento da obrigação acarreta o questionamento da execução (repetição do indevido depois de uma execução voluntária ou forçada, anulação da multa decorrente da anulação da decisão). A Corte de Estrasburgo ressaltou que ela constitui o resultado normal da obrigação, vinculando-a ao processo equitativo: "Se esse artigo (6-I) tivesse de ser considerado exclusivamente como referente ao acesso ao juiz e ao desenrolar da instância, isso poderia criar situações incompatíveis com o princípio de preeminência do direito" (acórdão Hornsby). É preciso levar o direito "a sério", e não é de duvidar que, sem a Lei de 1980, a França poderia estar exposta a uma condenação. Intelectualmente, os diferentes procedimentos de execução se distinguem. Na realidade, estão imbricados. As penalidades do direito privado ou administrativo dos contratos são utilizadas preventivamente, quando a inexecução não está confirmada, de tal modo que é difícil dizer se elas determinam ou não a execução. Inversamente, a execução forçada deixa grande espaço para a execução pelo devedor. Sociologicamente, as medidas de execução forçada que incidem sobre os bens corporais constituem meios de pressão que incitam o devedor a pagar: a penhora de bem imóvel termina numa venda amigável em mais da metade dos casos, e a penhora com venda só chega a termo em 1% dos casos. Por isso, a Lei de 9 de julho de 1991 previu sistematicamente a possibilidade de execução voluntária até na execução forçada. O desenvolvimento dos procedimentos de incitação à execução põe em xeque, em certa medida, a afirmação clássica da superioridade da obrigação monetária, cuja execução nunca seria impossível. Apesar de exata em termos abstratos, visto que a moeda é a medida de todas as coisas, a fórmula se choca com a realidade frequente: a insolvência do devedor cada vez mais tratada de forma coletiva (extensão dos procedimentos coletivos comerciais, superendividamento). Os outros tipos de obrigações certamente têm fraquezas, porém têm a vantagem de não depender, em geral, da solvência do devedor, mas apenas de sua atividade. Nessa perspectiva, o recurso aos procedimentos de incitação compensa a inferioridade que lhes é tradicionalmente atribuída.

› CARBONNIER J., *Sociologie juridique*, Paris, PUF, sp. pp. 407 ss. – PERROT R. & THÉRY Ph., *Procédures civiles d'exécution*, Paris, Dalloz, 2000. – RÉMY Ph., "La responsabilité contractuelle", histoire d'un faux concept", *RTD civ.*, 1997, p. 323. – RIVERO J., "Le Huron au Palais royal", *D.*, 1962, cap. 37. – Col.: *L'efficacité des décisions de justice*, Travaux de l'Association Capitant, 1985. – "La réforme des procédures civiles d'exécution", número especial da *RTD civ.*, 1993. – "L'administration et l'exécution des décisions de justice", *AJDA*, 1999, número especial, p. 66. – *L'exécution*, XXIIIe colloque des Instituts d'études judiciaires, Lyon, L'Harmattan, 2001.

Philippe THÉRY

→ Coerção; Eficácia; Justiça privada (Direito de fazer justiça com as próprias mãos); Sanção.

EXEGESE (Escola)

No século XX, a expressão "Escola da Exegese" serviu para designar a obra dos comentadores do Código Napoleônico de 1804 a 1904, aproximando seu método de interpretação a seu respeito pelo texto da exegese bíblica. Hoje, a ideia de uma escola nitidamente caracterizada é questionada, o que não impede de procurar, no *corpus* das obras didáticas dedicadas ao Código Civil francês, características comuns relativas à técnica de explicação e à concepção que seus autores têm do direito. Os trabalhos mais recentes também indagam sobre a especificidade francesa ou conjuntural da exegese.

Um debate historiográfico do século XX

Embora os termos exegese e método exegético tenham sido amplamente empregados pelos civilistas franceses do século XIX, a ideia de "Escola da Exegese" é mais tardia e só ganha corpo no início do século XX, com um olhar retrospectivo para a doutrina passada. Em 1879, Dramard propunha, em sua *Bibliographie raisonnée du droit civil*, uma lista de "comentários, tratados e outras obras de exegese". Ernest Glasson, decano da faculdade de direito de Paris, deu o passo decisivo no discurso que pronunciou na Sorbonne por ocasião do centenário do Código Civil em 1904: "Quase todos aqueles que dedicaram sua vida científica ao estudo ou ao ensino do Código Civil formaram uma espécie de escola que se poderia chamar de escola da exegese". Na mesma época, Charmont e Causse dedicavam sua contribuição no *Livre du Centenaire* àqueles que ainda chamavam de "intérpretes do Código Civil", ressaltando "as semelhanças, os traços comuns", em especial "a parte da exegese". Alguns anos antes, em 1899, a nova geração dos civilistas franceses vira seu manifesto na obra de Gény, *Méthode d'interprétation et sources en droit privé positif, essai critique.* Nela, Gény afirmava sua vontade de romper com o "método tradicional", que "durante tanto tempo fora a razão do sucesso da exegese". Saleilles, no prefácio à obra de Gény, defendera seu sucessor na crítica de um método clássico que, apesar de suas qualidades, tinha o defeito capital "de encerrar numa rede de abstrações que só existe no pensamento puro, uma ciência que é, acima de tudo, uma ciência social, a ciência social por excelência". Com o mesmo espírito de renovação da doutrina francesa, Edouard Lambert denunciava em 1903 as fraquezas da "escola dos intérpretes do Código Civil", que teriam acreditado na "a imobilidade absoluta" do direito. Antes da Primeira Guerra Mundial, a noção de uma escola da exegese ainda não se impusera: o advogado belga Mallieux falara em 1908 das "duas escolas de exegese", incluindo na segunda Gény e Saleilles, e, em 1914, Colin e Capitant desejaram fazer justiça aos intérpretes do Código Civil, especialmente a Aubry e Rau, que para eles haviam sido vítimas de censuras exageradas. Foi Julien Bonnecase quem ligou seu nome ao reconhecimento e à condenação da "Escola da Exegese". Num estudo publicado na revista *La Thémis*, editada em 1911, no *Recueil de législation de Toulouse*, Bonnecase já manifestara simpatias por Athanase Jourdan e seu pouco apreço científico pelos primeiros comentadores do Código Civil. Sistematizou seu pensamento, a partir de 1918-19, com um estudo intitulado "a Escola da Exegese em direito civil", publicado na *Revue générale du droit, de la législation et de la jurisprudence*, e depois em edição especial. Bonnecase afirma alto e bom som – referindo-se às palavras de Glasson – a existência de uma Escola da Exegese, "marca" da história da ciência do direito civil na França no século XIX. Essa escola, segundo ele, tinha sua "doutrina", que podia ser descrita com cinco características distintivas: culto ao texto da lei, predominância da busca da intenção do legislador, caráter profundamente estatista, recurso "ilógico e paradoxal" à "noção de direito" e força do argumento de autoridade. A terminologia de Bonnecase, combinada com a de "fases" ou "gerações" dentro da escola, foi retomada por Eugène Gaudemet em 1935 (*L'interprétation du Code civil en France depuis 1804*) e se impôs como um lugar-comum durante várias décadas. Em 1985, Philippe Rémy atacou aquilo que ele chamava de "vulgata rudimentar", propondo um retumbante "elogio à Exegese". Criticou, de início, a própria ideia de escola, constatando que a doutrina civilista francesa do século XIX fora um "conjunto heterogêneo de autores", caracterizado pela diversidade de profissões, de temperamentos e de opiniões políticas. Em seguida repetiu os argumentos, já enunciados na época de Bonnecase, em favor da obra dos comentadores do Código Civil, em especial para lembrar os méritos dos primeiros intérpretes da codificação, que "partiram do nada". Por fim, analisou a doutrina exegética – que deveria ser buscada "no próprio corpo dos comentários", e não nos prefácios – como método de casuístas e controversistas que vão da regra às indagações e depois ao sistema, tudo segundo um espírito de "livre pesquisa" e de crença na superioridade do Direito sobre a lei. Os trabalhos históricos publicados a partir de então reforçaram a tese da ausência de uma verdadeira escola, a despeito daquilo que o *corpus* dos comentadores do Código Napoleônico representa em termos de obra coletiva. Em compensação, continua o debate em torno da apreciação do método e da doutrina desses intérpretes do "primeiro século" do Código Civil.

Uma suma de explicações do Código Napoleônico

O objetivo comum dos exegetas foi explicar o novo direito reunido no Código Civil em 1804. Durante um século, sua contribuição para a doutrina privatista – e para a interpretação do Código, em concorrência com a jurisprudência – apresenta-se como a suma de uma centena de obras didáticas, frequentemente ligadas ao ensino ministrado nas faculdades de direito. Essa literatura jurídica impressionante pelo volume – e sem igual para os outros códigos franceses ou europeus – assumiu várias formas e diferentes rostos em função das gerações e das personalidades.

Até os anos 1820-30, correspondentes àquilo que Bonnecase chamou de "período de instauração da Exegese", as primeiras análises do Código Civil tinham ambições limitadas. Parece até difícil falar de exegese para obras que se seguiram imediatamente à codificação: *l'Analyse raisonnée de la discussion du Code civil* (4 vols., 1805) de Maleville e *l'Esprit du Code Napoléon* (6 vols., 1805-08) de Locré, que divulgavam, de maneira sucinta, os trabalhos preparatórios e as linhas-mestras do Código; *Méthode du droit civil* de Cotelle (1804) ou *Principes généraux du droit civil privé* de Perreau (1805), que foram publicados como "livros elementares" para as escolas de direito; os tratados de Chabot de l'Allier sobre as sucessões (1805), de Grenier sobre as doações (1807) ou de Loiseau sobre os filhos naturais (1811-19), monografias dedicadas a "questões transitórias"; por fim, o *Répertoire de jurisprudence* de Merlin (três edições de 1807 a 1827) e o *Répertoire de la nouvelle législation civile* de Favard de Langlade (1823-24), que prolongavam a tradição dos dicionários jurídicos do Antigo Regime. Realizada a partir de um curso dado em alemão em Coblence, a *Introduction à l'étude du Code Napoléon* de Lassaulx (1812) também ocupa um lugar à parte. Destinados aos alunos das faculdades de direito francesas, o *Cours de Code civil* de Delvincourt (três edições de 1808 a 1824), os tratados de Proudhon sobre o estado das pessoas (1809), os direitos de usufruto, de uso e de superfície (1823-27) e o domínio de propriedade (1839), e sobretudo o *Droit civil français suivant l'ordre du Code* de Toullier (quatro edições em vida, de 1811 a 1824) podem ser vinculados à Exegese, desde que se ressaltem as particularidades desses primeiros ensaios de comentário sistemático do Código. Numa fase de transição com o antigo direito, esses autores ainda hesitavam no que faziam: Delvincourt separou o texto conciso das "Institutas" e as notas abundantes em forma de glosa; Proudhon limitou seus estudos aos livros I e II do Código Civil e especializou-se nos direitos reais; Toullier deixou um comentário inacabado (até o contrato de sociedade), impregnado de direito natural e de considerações "filosóficas".

A fase de impulso da Exegese começa com a publicação dos trabalhos preparatórios do Código Civil – concomitantemente por Fenet e Locré a partir de 1827 – e com a realização do primeiro comentário completo (em 22 volumes) pelo professor parisiense Duranton (1825-44). Quando o termo exegese se torna corrente – encontrado na pluma de Klimrath, Cabantous, Troplong ou Demolombe –, surgem os monumentos que deram motivos à ideia de escola: os tratados de Troplong sobre as diferentes matérias do livro III do Código (*des Privilèges et hipotecas* em 1833, até *Donations et testaments* em 1855), o *Cours de droit civil* de Aubry e Rau a partir de 1839 e o *Cours de Code Napoléon* de Demolombe, cuja publicação se inicia em 1845. Também nesse caso, cada uma de suas obras apresenta especificidades: Troplong, que era magistrado, e não acadêmico, propunha-se continuar Toullier (o que Duvergier também fez) com "tratados" que lembram Pothier; Aubry e Rau tinham partido da tradução do manual do alemão Zachariæ (1808), que se singularizada por um plano sistemático, diferente do plano do Código Napoleônico; Demolombe não chegou ao fim de sua construção, apesar da publicação de 31 volumes, em razão da amplitude de seus desenvolvimentos em forma de "arrazoados". Cabe acrescentar a esses autores celebérrimos as exegeses "menores", que tiveram menos sucesso: (*Théorie raisonnée du Code civil*, 7 vols., 1840-46), Marcadé (*Éléments du Droit civil français*, 1842-54, prosseguidos por Pont), Mourlon (*Répétitions écrites sur le Code civil*, 3 vols. a partir de 1846), Demante (*Cours analytique du Code civil*, 1849, 3 vols. prosseguidos por Colmet de Santerre) ou Valette (*Cours de Code civil* reduzido a um volume sobre as pessoas em 1872). Às vezes são tênues as diferenças entre esses comentários e coletâneas de controvérsias (como *Questions pratiques et doctrinales de Code Napoléon* de Bertauld, 2 vols., 1867-69) ou obras mais simples destinadas aos estudantes (Boileux a partir de 1828, Ducaurroy de 1848 a 1851, Berriat-Saint-Prix em 1856, Bressolles em 1868). O republicano Acollas (*Manuel de droit civil*, 1868-71), por ter opiniões iconoclastas sobre o código, e o professor Laurent (*Principes de droit civil*, 1869-77), devido à sua implicação na reforma do direito belga, ocupam posição marginal em relação à Exegese. Pode-se dizer que esta produz seus últimos frutos com as reedições anotadas de

Aubry e Rau (em especial por Bartin a partir de 1897), com o *Commentaire théorique et pratique du Code civil* por Huc (12 vols., 1892-98) ou *Précis de droit civil* de Baudry-Lacantinerie (1882). O *Traité élémentaire de droit civil* de Planiol (3 vols., 1899-1901) já estava marcado, em suas orientações metodológicas, pelo movimento de crítica e mesmo de rejeição da Exegese.

Um método sem rigor

A história da Exegese sem dúvida está ligada à do ensino do direito organizada a partir de 1804. A Lei de 22 de ventoso do ano XII (13 de março de 1804) e o Decreto do 4º dia complementar do ano XII (21 de setembro de 1804) haviam prescrito o estudo do direito civil francês "na ordem estabelecida pelo Código Civil" durante três anos, na forma de aulas que compreendiam especialmente ditados de textos – ou seja, de artigos do código –, seguidos de explicações verbais do professor. Foi preciso esperar 1895 para que os professores se libertassem oficialmente dessas injunções. Os cadernos e as notas que foram conservados mostram que muitos cursos se moldaram por essa explicação do código artigo por artigo: houve realmente uma "exegese de escola". Em sentido inverso, não faltam testemunhos de que vários professores – como Valette em Paris – tomavam liberdades em relação a essas regras em seu ensino oral. Ademais, os acadêmicos – e com mais razão advogados como Marcadé ou magistrados como Troplong – não eram obrigados a respeitar essas imposições nas suas publicações. Prova disso é que Aubry e Rau, professores em Estrasburgo, puderam retomar o plano de Zachariae. Apesar disso, o estrito enquadramento dos docentes, ao lado da manutenção das tradições acadêmicas que remontavam à glosa, contribuiu para fixar as características gerais do método de exposição e de interpretação do Código Civil. No método exegético, o antigo se mistura ao novo. Quando Demolombe escrevia "os textos antes de tudo", ou quando Toullier e Duranton se apoiavam nos jurisconsultos romanos e consuetudinários para determinar a atitude que deveria ser tomada em caso de omissão da lei – recorrendo sobretudo à equidade e aos usos –, apenas utilizavam técnicas de interpretação dos atos legislativos ou contratuais (com a referência aos arts. 1.156 ss. do Código, por sua vez inspirados em Pothier) praticadas desde muito tempo. A Revolução francesa, porém, impusera sua concepção da primazia da lei e da separação dos poderes: as palavras de Portalis sobre a interpretação "por via de doutrina", distinguida da interpretação "por via de autoridade", foram repetidas por todos os exegetas. Acima de tudo, a codificação limitava o âmbito da interpretação, conferindo força especial à combinação dos diferentes artigos do código – "é no Código Civil que se deve estudar o Código Civil", escrevia Proudhon – e à procura da intenção do legislador. Este já não era uma figura vaga que atravessava os séculos, mas tinha um rosto familiar aos autores do século XIX. Embora não imediato (levando-se em conta a data da publicação das coleções de Fenet e Locré), o recurso aos trabalhos preparatórios tornou-se um argumento de peso nas grandes controvérsias nascidas da aplicação do Código Civil.

À medida que recorreram à explicação literal ou gramatical do Código – como a análise de Demolombe sobre o título III do livro III "dos contratos ou das obrigações convencionais", diferenciada da formulação "dos contratos ou obrigações convencionais" –, os comentadores do Código Civil entregaram-se à exegese. Mas seu método não se resume apenas a essa consideração da letra do Código Civil. Conforme eles mesmos escreverem, combinaram várias abordagens. Rompendo com o plano do Código Civil, Aubry e Rau pretendiam aliar "o método exegético" ao "ensino dogmático". Demolombe, por sua vez, pretendia representar uma terceira via entre a exegese e "o arranjo sistemático". Não foi desprezível a influência da escola histórica do direito sobre Troplong ou mesmo sobre Demolombe, através de seus êmulos na França, a exemplo de Klimrath, para quem só "a história pode tornar-se a base de uma exegese mais ampla, segura e científica". Todos esses autores recorreram à jurisprudência – "essa parte animada, diria quase dramática, da legislação", escrevia Demolombe –, e, embora na ocasião tenham denunciado o modo como alguns abusavam das sentenças, reconheceram o papel dos juízes na interpretação do Código. Os comentadores do Código Civil, alguns dos quais advogados ou magistrados, participando da fundação de periódicos como *Revue critique de législation et de jurisprudence* (1851), não foram responsáveis pelo divórcio entre a escola e os tribunais. A discrepância entre o aparente rigor dos prefácios e a variedade das técnicas de interpretação empregadas nos casos explica a existência de controvérsias doutrinais e a participação dos pretensos exegetas numa interpretação evolutiva do Código Napoleônico. Como nem sempre se limitavam a explicitar a lei e como às vezes defendiam opiniões pessoais, privilegiando este ou aquele tipo de argumento, os comentadores do Código Civil tiveram opiniões divergentes sobre questões candentes, como a legitimação dos filhos incestuosos, o estabelecimento da filiação natural, acúmulo da reserva e da quota disponível, regime de hipotecas etc. Quando diante de lacunas do Código, por exemplo na questão da adoção de filhos naturais, dividiam-se em correntes que, apesar de opostas, afirmavam-se fiéis à lei! Sob a máscara da lei expressaram-se, na realidade, preferências e orientações ideológicas. Assim, nos anos 1830-50, os civilistas enfatizaram o caráter de "direito natural" e de "poder soberano" da propriedade, que Demolombe considerava ameaçada pelo "hediondo comunismo". Mesmo sendo possível discutir a tese de Alfons Bürge sobre a "liberalização" do direito civil francês por uma doutrina impregnada, conscientemente ou não, pelas ideias individualistas da escola histórica alemã, não é contestável que os comentadores do Código Civil tenham participado de um movimento de interpretação que afastava a codificação de seus fundamentos autoritários. Com compromissos políticos vários – desde monarquistas constitucionais (Toullier) até católicos liberais (Marcadé) e partidários do regime bonapartista (Troplong) e republicanos (Valette e Acollas) –, os civilistas do século XIX procuraram torcer, pelo menos em alguns artigos, o sentido do Código Civil. Desse ponto de vista, atenuam-se as fronteiras entre os autores "clássicos", entrincheirados atrás de uma aparente "neutralidade", e os que podiam aparecer como marginais em razão de suas posições mais críticas à codificação.

Bastará isso para dizer que os pretensos exegetas foram, antes da hora, partidários da "livre pesquisa", com o risco de contestar a existência de uma ruptura com a nova geração dos anos 1880 e seguintes? Várias características levantadas por Bonnecase naquilo que ele acreditava ser uma Escola da Exegese se opõem a essa visão de uma espécie de continuidade no desenvolvimento da doutrina civilista. Por sua formação e suas leituras, autores como Troplong, Demolombe ou Aubry e Rau não eram "cabeças pensantes" banhadas no conhecimento do idealismo filosófico ou na familiaridade com o pandectismo alemão. Faltava-lhes claramente uma reflexão teórica para ir "além" do Código Napoleônico. Seu interesse pela prática sempre foi esporádica e frequentemente superficial, afora algumas raras anotações sobre o concubinato, o analfabetismo ou a situação dos operários: eles foram em grande parte alheios à "vida do direito" e à realidade dos fenômenos sociais. Por isso, seu papel na adaptação do Código Civil foi bem inferior ao da jurisprudência. Basta pensar nas áreas da responsabilidade civil, do abuso de direito ou da estipulação para outrem para convencer-se e dimensionar a novidade das teses de Saleilles, Gény ou mesmo Beudant e Bufnoir, no fim do século XIX. O método sem rigor – mas também sem profundidade – daqueles que foram qualificados de exegetas aliava-se a um conformismo que talvez constitua o fundo de sua doutrina comum.

Uma doutrina do absolutismo jurídico

Todos estão concordes em reconhecer que os comentadores do Código Civil tiveram em comum uma concepção ou uma filosofia do direito. Bonnecase falava do "caráter profundamente estatista da doutrina exegética" e, como eles identificavam direito positivo e lei, foi proposta a expressão "positivismo legislativo" para autores como Aubry e Rau. Mesmo reconhecendo o papel fundamental – para não dizer o monopólio – da lei positiva entre os exegetas, cumpre demonstrar prudência quanto ao emprego do termo "positivismo" em relação a autores anteriores às teorias normativistas ou realistas – que conferiram maior rigor a esse vocábulo no século XX. O método praticado pelos comentadores do Código Civil para explicá-lo e interpretá-lo, deixando espaço nada desprezível à expressão das opiniões pessoais, não era realmente positivista. Ademais – o que parecia "ilógico e paradoxal" a Bonnecase –, os pretensos exegetas afirmaram-se ligados a uma "noção metafísica do Direito" e não rejeitaram completamente o recurso ao direito natural. É verdade que se pode notar uma evolução que vai de Toullier – herdeiro do jusnaturalismo da época moderna, para quem "a vontade de Deus, promulgada pela reta razão", era o fundamento do direito – a Demolombe, que desejavam manter estrita separação entre a moral e o direito. Mas tanto Aubry e Rau quanto Troplong reconheceram a existência de "princípios absolutos e imutáveis, anteriores e superiores a qualquer legislação positiva". A aparente contradição se resolve com a leitura daqueles que, como Marcadé, afirmaram que o Código Napoleônico absorvera o direito natural. Para nossos autores, a codificação era a realização histórica do jusnaturalismo moderno, e o Código Civil, especialmente em suas regras relativas à organização da família, à propriedade e ao direito das obrigações, consagrara as teorias do direito natural. Assim, não tiveram dificuldade alguma para afirmar, a partir dos anos 1830, que a propriedade era um direito natural reconhecido e garantido pelo artigo 544 do código. Se o Código Civil realizou a síntese entre direito positivo e direito natural, foi por constituir o único campo de estudo e o único objeto de admiração desses autores que foram reunidos na Exegese. Sua convicção comum mais marcante consistiu em não ver o Código Civil e em não exaltá-lo como um monumento inigualável do direito. A Exegese representou a forma mais acabada daquilo que Paolo Grossi chamou de absolutismo jurídico: uma concepção monista do direito equiparado à lei estatal e codificada, que teria conferido ao detentor do poder político no século XIX um monopólio da produção jurídica que iria bem além do monopólio dos monarcas absolutos. Para os comentadores "ortodoxos" do Código Civil, que exerciam funções oficiais, havia identidade entre o direito, a lei – a lei civil situada no cerne das relações entre cidadãos burgueses – e o Código Civil, o Código por excelência. Esse absolutismo do Código Napoleônico explica a adesão de numerosos juristas a um sistema de ensino centrado no estudo da codificação, que teria levado Bugnet a dizer: "Não conheço o direito civil, ensino o Código Napoleônico." Tamanho "amor" pelo código tornou seus exegetas inaptos a interrogar-se sobre os fundamentos filosóficos do direito, incapazes de dirigir o olhar para as realidades sociológicas, cegos para certas evoluções da jurisprudência, da legislação especial ou do direito administrativo que modificavam o alcance de vários artigos da codificação. Por verem o Código Civil como um sistema unificado, seus comentadores se fecharam numa explicação estreita do texto: por acaso Aubry e Rau não consideravam que na arte de interpretar as leis há técnicas particulares de interpretação do código, e que o "procedimento mais seguro" é explicar "o Código Napoleônico por ele mesmo"? Como aprovavam as linhas-mestras diretivas do Código – a ordem familiar aferrolhada pela revogação do divórcio em 1816, a propriedade elevada à categoria de direito sagrado, a liberdade contratual aberta ao desenvolvimento das trocas –, os exegetas desistiram de criticar a legislação existente, salvo em aspectos formais ou em detalhes, bem como de propor reformas de envergadura. Esse culto ao código é a característica comum mais acentuada desses autores, fixando a linha de demarcação com os autores "heterodoxos" (os partidários da escola histórica, os saudosos do antigo direito, os defensores do puro liberalismo econômico, os republicanos) e fazendo da Exegese uma doutrina sem grandes ambições.

Um fenômeno francês e conjuntural

Se a Exegese não foi uma escola, mas se é possível manter esse termo para expressar o menor denominador comum aos comentadores francês do Código Civil no século XIX, será possível considerar essa situação da doutrina como algo limitado a um único exemplo da história do direito? Vários argumentos puderam ser propostos para fazer da Exegese um fenômeno repetitivo no espaço e no tempo. Segundo um significado mínimo do método exegético, como a explicação literal de um texto passo a passo, é totalmente admissível falar de exegese a propósito da glosa medieval, de certos comentários das costumagens na época moderna ou das técnicas de interpretação dos juristas alemães de escola histórica e do pandectismo. Windscheid – cuja definição da interpretação como "declaração" do direito é espantosamente semelhante à de Demolombe – falou nesse sentido de um método exegético que é quase de todos os tempos para os juristas dados ao estudo dos textos. Conferindo à exegese um sentido mais forte, em relação com o fenômeno de desenvolvimento da lei estatal e da codificação, pode-se constatar tendências exegéticas que se afirmaram em vários países logo após a votação de um código: a Itália teve sua exegese depois de 1865 – o termo, aliás, era empregado para cátedras dedicadas ao estudo das fontes do direito italiano –, assim como a Alemanha com os comentários do BGB e até o Japão, com a doutrina consecutiva a seu Código Civil de 1898. Mas, em sentido inverso, a exaltação do Código nesses países nunca chegou aos píncaros atingidos na França e restritos ao Código Civil, o que explica a ausência de exegese em direito penal. Ademais, o aparecimento de novas correntes no pensamento jurídico da segunda metade do século XIX criava um contexto muito menos favorável à extensão dessas orientações exegéticas. A doutrina dos anos 1900 talvez tenha aumentado o "mito" da Exegese, mas também pôs fim a um fenômeno essencialmente francês e conjuntural que ela não criou inteiramente.

› BONNECASE J., *L'École de l'Exégèse en droit civil*, Paris, 1924. – BÜRGE A., "Le Code civil et son évolution vers un droit imprégné d'individualisme libéral", *RTD civ.*, jan.-mar. 2000, p. 1. – HALPÉRIN J.-L., "L'enseignement du droit civil dans les années 1880 à travers les notes de Louis Stouff", *MSHDB*, 57, 2000, p. 197. – RÉMY Ph., "Éloge de l'Exégèse", *Droits*, 1, 1985, p. 115.

Jean-Louis HALPÉRIN

→ Código Napoleônico; Ensino do direito; Glosa e exegese; Interpretação; Metodologia jurídica.

EXEQUATUR

O *exequatur* é uma autorização judiciária para executar, dada a um ato jurisdicional ou gracioso de direito privado, desprovido de força executória na ordem jurídica em questão, seja em razão de sua estraneidade (sentença ou ato público estrangeiro, art. 509 NCPC), seja em razão de sua origem não estatal (sentença arbitral, art. 1477 NCPC). Sua função, porém, diversificou-se, ao mesmo tempo que o *exequatur* perdeu sua vocação inicial para constituir o meio exclusivo de tornar eficazes as decisões e os instrumentos públicos estrangeiros; assim, pode ser proferido a título puramente declaratório, a fim de fundamentar a oponibilidade, na França, de diversas categorias de atos que, por outro lado, podem produzir de pleno direito seus efeitos e atributos.

Âmbito: atos individuais providos de certa normatividade

Os atos passíveis de obter o *exequatur* são atos individuais, providos de certa normatividade ligada à intervenção de uma autoridade pública estrangeira. Mas não constituem um conjunto homogêneo, visto que nem todos consistem em decisões *stricto sensu*, no sentido de promanarem da vontade própria de um órgão público. Assim, ao lado do ato jurisdicional contencioso ou gracioso, arquétipo da decisão individual, o *exequatur* também se refere aos simples instrumentos públicos, acatados por uma autoridade que exerça uma competência vinculada, não jurisdicional. Estes devem ser distinguidos das diversas intervenções puramente orgânicas de uma autoridade pública, cujos efeitos, insuficientemente normativos para justificar o *exequatur*, dizem respeito apenas ao conflito de leis.

Evolução: da reapreciação do mérito ao contencioso objetivo

A concessão do *exequatur* resulta, em todos os casos, de uma verificação de conformidade a certas condições de acolhida, cuja manifestação mais antiga implicava uma apreciação pelo juiz competente do fundamento de fato e de direito da decisão estrangeira. A reapreciação do mérito, porém, cedeu lugar a exigências de ordem extrínseca, mais em harmonia com o caráter objetivo agora atribuído ao contencioso do *exequatur*. A verificação incide, assim, mais sobre as condições de elaboração dos atos estrangeiros do que sobre seu conteúdo, e demonstra a conscientização progressiva de que os atos pronunciados ou instrumentados por autoridades públicas estrangeiras em matéria de direito privado devem poder produzir efeitos na ordem jurídica do foro, independentemente da solução de direito substantivo que consagram, desde que tenham a natureza de gerar previsões legítimas em seus destinatários.

Conteúdo das condições de regularidade internacional

Codificadas pelo célebre acórdão *Munzer* em 1964, as condições do *exequatur* compreendiam apenas a verificação da competência jurisdicional do juiz estrangeiro, da conformidade da lei aplicada à regra de conflito do foro, do respeito à ordem pública de forma e fundo, em especial dos direitos à ampla defesa e da ausência de fraude. Embora as condições assim formuladas continuem hoje pouco modificadas do ponto de vista formal, está ocorrendo uma evolução no sentido de sua liberalização. A mudança mais notável referiu-se à admissão, pelo famoso acórdão *Simitch* em 1985, de que, na ausência de competência jurisdicional francesa exclusiva, a do juiz estrangeiro dependerá apenas da condição de haver um vínculo substancial e não fraudulento entre o foro e o litígio.

A questão das finalidades da verificação

A evolução, porém, não acabou. O direito comum ainda padece de certa ambiguidade que afeta a finalidade da verificação do *exequatur*, visto que as condições de concessão deste sempre refletem uma concepção narcísica da ordem internacional. Um reconhecimento mais franco do valor das sentenças estrangeiras poderia levar a distinguir duas hipóteses. Ou o litígio põe em jogo um interesse absolutamente imperioso do Estado do foro, justificando que ele o reserve à competência exclusiva de seus próprios tribunais – e nesse caso, que deve ser excepcional, porque se baseia na presunção de inaptidão de um tribunal estrangeiro para cuidar dos interesses em causa, nenhuma sentença estrangeira pode ser reconhecida –, ou tal interesse não está presente, de modo que bastaria confirmar ou mesmo presumir que a sentença foi proferida sem abuso processual e sem transgressão à ordem pública restritivamente entendida; as outras condições atualmente consideradas pelo direito positivo, concebidas numa óptica de proteção da soberania do foro, não têm espaço aqui.

Perspectivas futuras

Não é de excluir que, na esteira da evolução já realizada nesse sentido pelo direito europeu, convencional e derivado, o direito positivo comum também se integre. Entre as condições do *exequatur*, a jurisprudência contemporânea já atesta a importância crescente do respeito ao direito a processo equitativo, que tende a tornar-se consubstancial com a própria definição do ato jurisdicional e, por si só, bastaria para responder às finalidades da verificação.

› HOLLEAUX D., *Compétence du juge étranger et effets des jugements*, Paris, Dalloz, 1970; "Les conséquences de la suppression de la révision", *Trav. Comité fr. dr. Int. Pr.*, 1980-81, p. 53. – MAYER P., *La Distinction des règles et décisions en droit international privé*, Paris, Dalloz, 1974. – MOTULSKY H., "Les actes de juridiction gracieuse en droit international privé", *Trav. Com. Fr. dr. Int. Pr.*, 1948-52, pp. 13 ss. – PAMBOUKIS Ch., "L'acte quasi public en droit international privé", *RCDIP*, 1993, p. 565.

Horatia MUIR-WATT

→ Arbitragem; Execução.

F

FAMÍLIA

É por meio dela que a espécie humana sobrevive: ela transmite a vida, os meios de viver, as razões de viver. Célula vital para a criança e para a sociedade, tanto no Oriente quanto no Ocidente parece organizada para essa transmissão. É o que lhe dá, ao mesmo tempo, unidade e extraordinária diversidade. Nascida de sua sensibilidade às influências religiosas, filosóficas, políticas e econômicas, do peso da tradição e das contingências, essa diversidade espacial e temporal torna perigosa qualquer síntese, mesmo quando esta se limite aos aspectos jurídicos. No entanto, tentaremos depreender suas principais características em nossa própria cultura jurídica.

Cabe aqui uma primeira constatação; a família foi apreendida pelo direito não tanto em si mesma quanto por meio daquilo que a estrutura: casamento, filiação, relações pessoais e patrimoniais dela decorrentes. A família, apesar de onipresente no Código Civil francês de 1804 (ainda que a palavra apareça raramente), nunca é objeto de definição. Isso permitirá que o conceito evolua, não sem equívocos, de uma definição única implícita, baseada no casamento como única fonte da família, para um pluralismo estabelecido na filiação em suas diferentes formas. De maneira constante na nossa história jurídica, a noção de família foi estreitamente ligada à de parentesco, por um lado, e à de patrimônio, por outro; duas constantes que foram frequentemente acompanhadas por uma terceira: a vontade de controlar o acesso às duas por meio da instituição do casamento. Ela foi e continua sendo um componente essencial da própria sociedade.

Família e parentesco

Conforme se vê nas fontes jurídicas, a família é, em primeiro lugar, um grupo de pessoas unidas por laços de parentesco ou, subsidiariamente, de aliança, grupo em cujo seio se insere normalmente o indivíduo por intermédio daqueles que lhe dão vida: pai e mãe. Trata-se de uma célula fundamental, que não convém opor ao resto do grupo, como se tendeu muito a fazer (cf. oposição clássica entre família nuclear e família extensa), mas sim inseri-la no grupo; as dimensões de tal grupo variam forçosamente, mas não é possível reduzi-lo apenas a esse núcleo, no mínimo por razões de impedimentos de parentesco ou de direitos sucessórios.

Em Roma, parentesco e família baseavam-se essencialmente na noção jurídica de poder, fonte do parentesco agnatício, que continuará sendo o modelo por excelência do parentesco pelo varão. A submissão a esse poder (*patria potestas*), que só pertence aos varões e só é exercido no âmbito da família legítima, é a fonte do parentesco agnatício. Para compreender seu conceito, é preciso partir de uma distinção fundamental do direito das pessoas: a distinção entre *sui iuris* e *alieni iuris*. Eram *sui iuris* apenas os cidadãos juridicamente capazes de ser titulares de direitos. Os outros, os *alieni iuris*, eram todos aqueles que, por estarem submetidos a um ancestral varão ainda vivo (pai ou avô), eram incapazes de ser *sui iuris*. Estavam submetidos ao poder do *paterfamilias*, pertenciam à *domus*, à casa cujo chefe ele era. Essa *patria potestas* era o pilar de toda a organização familiar romana. A submissão presente ou passada a um mesmo poder criava o parentesco agnatício que se estendia até o 7º grau, o que correspondia à *domus* "ideal", aquela que podia reunir sob o mesmo teto, sob a autoridade do ancestral, três gerações. Além dela situava-se a *gens*, que reunia todos os descendentes de um ancestral comum, real ou mítico, cujo nome usavam. Entrava-se nesse parentesco pela procriação no casamento legítimo, pela adoção, que permitia ao adotante adquirir essa *patria potestas* sobre o adotado, qualquer que fosse sua idade ou, eventualmente (no caso das mulheres), pelo casamento "*cum manu*" (ver casamento). Ao lado desse parentesco, que marcou profundamente a história jurídica romana e contribuiu, no Ocidente, para valorizar o poder paterno e o parentesco por linha masculina, surgiria o parentesco cognático, que vinculava o indivíduo aos pais das linhas paterna e materna das quais ele nascera. Tal parentesco é natural, e a ele se dará também o nome de parentesco sanguíneo; no entanto, o direito só o considera de maneira restritiva: o filho natural, no sentido atual do termo, fica unicamente vinculado à mãe. Só no Baixo Império a paternidade natural foi realmente levada em conta, na maioria das vezes, aliás, para restringir seu efeito jurídico, em especial no plano sucessório. No âmbito do parentesco legítimo, serão chamados de cognatos, por oposição aos agnatos, os pais pelo sangue, tanto do lado paterno quanto materno. No fim da República romana, o pretor começou a dar o direito de sucessão aos cognatos, na falta de agnatos. Aos poucos, o parentesco pelo sangue se tornou dominante, mas só eliminou definitivamente o parentesco agnatício, na ordem sucessória, no século VI (novela 118 de Justiniano). Entrementes, o Império, em sua parte ocidental, deu lugar aos "bárbaros", para os quais o parentesco pelo sangue era o único verdadeiro, e a prática (pelo menos entre os poderosos) de manter simultaneamente esposa e concubina(s) era um bom meio de constituir um grupo familiar forte no qual a sucessão aos bens, pelo menos para os filhos varões, era feita sem distinção. O vigor e a duração da luta travada pela Igreja contra tais práticas mostraram o peso dos usos de origem germânica nesse aspecto.

O parentesco pelo sangue continuou sendo a base de todo o nosso sistema de parentesco. "Natural", por provir de uma Natureza criada por Deus, tornou-se a fonte por excelência do parentesco, mas foi vista de modos diferentes segundo a importância atribuída ao casamento como elemento estruturador da família. Ele foi, em todas as hipóteses, a fonte de uma obrigação alimentícia entre pais e filhos, concebida de maneira muito ampla pelo direito medieval, porque existia para todos os filhos, inclusive adulterinos e incestuosos. Ainda que o termo "alimentos" fosse concebido em sentido muito amplo, os direitos dos filhos naturais paravam aí. O acesso ao patrimônio era reservado aos filhos que os juristas qualificavam de "legítimos e naturais", ou seja, nascidos do casamento de seus pais. Esse princípio limitará durante muito tempo os efeitos do parentesco sanguíneo, sobretudo em razão da importância do patrimônio na vida das famílias.

Família e patrimônio

Rede de parentescos e alianças, a família é também um patrimônio cuja existência e transmissão foram historicamente essenciais para o grupo doméstico. Ele constitui até mesmo a origem do termo família: *familia*, primitivamente, designava o conjunto de bens e escravos nas mãos do *paterfamilias*, termo que foi depois estendido às pessoas reunidas sob seu poder. Sobre esse patrimônio (termo também carregado de sentido), o direito romano reconhecia para os membros da *domus* um direito latente que transformava em *heredes sui* todos aqueles que, com a morte do *pater*, se tornavam *sui iuris*; *heredes sui*, literalmente, significa herdeiros dele, herdeiros de si mesmo, o que era ao mesmo tempo um dever: dever de suceder (literalmente, tomar o lugar de). Assim era formulado, já em Roma, o vínculo estreito entre família e patrimônio, que permanecerá como constante na ordem jurídica, mesmo tendo sido tantas vezes discutido e tendo mesmo assumido formas bem diversas nas diferentes épocas. Herdar, transmitir e, entrementes, se possível, aumentar: isso constitui a base material da família; direito e dever que se encontram ao longo de toda a história. Durante muito tempo os pais cumpriram esse dever no momento em que "estabeleciam" os filhos no casamento, fazendo-lhes doações ou garantindo-lhes suas partes sucessórias. As convenções matrimoniais estiveram estreitamente ligadas, durante séculos e mais particularmente no antigo direito, aos problemas sucessórios. O Código Civil francês de 1804 ainda tem vestígios disso. Direito: ser herdeiro é ser reconhecido como membro integrante da família. Foi exatamente por essa razão que os revolucionários fizeram questão de atribuir a qualidade de herdeiro ao filho natural simples, e também por ela os redatores do Código Civil lhe recusaram esse direito. Na sua opinião, somente o filho legítimo merecia esse título; o filho natural só o terá em 1896, mas nem por isso será plenamente integrado na família de quem lhe deu a vida. O obstáculo a essa integração estava no papel desempenhado pelo casamento como estrutura da família, obstáculo ainda real mesmo para os mais fervorosos partidários dos direitos do filho natural. Só em 1972 ocorrerá essa integração, aliada à igualdade dos direitos, num momento em que os vínculos entre família e casamento estarão muito enfraquecidos.

Família e casamento

A instituição do casamento foi (e ainda é em muitos países) um meio de as famílias só conferirem todos os seus efeitos ao parentesco sanguíneo apenas às uniões por elas controladas. O estreitíssimo elo estabelecido, desde Roma, entre casamento e família, é um dos dados essenciais de nossa história. Ele foi fortalecido pelo cristianismo para que a instituição matrimonial, destinada à procriação e à educação dos filhos, ganhasse caráter sacramental. Mas também foi profundamente modificado por ele. Exatamente em razão desse caráter sacramental, o direito canônico medieval fez do consentimento dos noivos a única condição de validade do casamento, enquanto até então o consentimento dos pais era necessário. Ora, esse consentimento pode ser trocado entre os noivos sem solenidades obrigatórias (ainda que estas sejam muito recomendadas) desde a puberdade, idade do casamento tradicional desde a Antiguidade. A importância assim atribuída ao consentimento dos noivos levará os juristas medievais a analisar o casamento como um contrato, análise esta que no futuro produzirá muitas consequências. Realmente, a mudança era mais teórica que prática: a autoridade parental continua forte, e as diferentes sanções pecuniárias que os pais podiam impor aos filhos que se casassem sem seu consentimento bastavam em geral para preservá-los. Mas o fato é que o princípio estava posto e modificava profundamente a substância do casamento. Os pais não se deixaram enganar. Obtiveram do rei aquilo que não tinham conseguido da Igreja e que só o concílio de Trento (1545-63) permitiu: transformar o casamento em ato público e solene. Em consequência do edito de 1556, a ordenança de Blois (1579) restabeleceu a necessidade do consentimento dos pais até idade avançada, acatando as prescrições do concílio. O casamento voltou a desempenhar plenamente seu papel a serviço da família. Da família "legítima"? O adjetivo é supérfluo: para os juristas, não há outra. Nem para os detentores do poder político, que veem a família como a base do Estado. A secularização do casamento, a história agitada deste durante a Revolução e depois dela, as primeiras ideias libertárias pouco prejudicaram esse elo. A família, mesmo para os mais avançados republicanos da III República, continuava sendo a família legítima, baseada no casamento. No entanto, a aproximação que já havia ocorrido durante o século entre filho natural e filho legítimo quanto à autoridade dos pais e à tutela, a evolução do próprio casamento durante as primeiras décadas do século XX e o desenvolvimento da legislação social foram fatores – sem falar da evolução dos costumes – que concorreram para o surgimento da família "natural". Assiste-se à ampliação progressiva do termo família à medida que o casamento declina como estrutura fundamental e cai, sendo substituído pela filiação. Subversão profunda, reforçada pela Lei de 1972 na França que, mesmo conservando a distinção entre filho legítimo e filho natural, proclama a igualdade dos dois. Ela explica a intensidade dos confrontos de que foi objeto, pois era também certa concepção do Estado que se abandonava.

Família e sociedade

Luís XIII escrevia em sua declaração de 1639: "A natural reverência dos filhos pelos pais é o elo da legítima obediência dos súditos ao soberano"; não seria possível evidenciar melhor a função educadora primordial dos pais e a tentação frequente a tirar proveito dela por parte do poder. A família é célula vital para a criança e também para a sociedade, pois é em seu seio que a criança faz sua aprendizagem da vida social: direitos e deveres que vão estruturar seu comportamento presente e futuro. A família, portanto, está de algum modo no cerne de uma vontade política que procura moldá-la... mas só consegue quando está em harmonia com as aspirações profundas do corpo social, que por sua vez são modeladas por crenças religiosas, convicções filosóficas e imperativos econômicos nem sempre fáceis de dimensionar e muito menos de controlar (donde a tentação suprema de subtrair a criança à sua família para melhor "educá-la"). Desde a Antiguidade grega, o pensamento político (Aristóteles, em particular) insistiu muito na relação entre família e sociedade. Roma vivenciou-a intensamente: a Cidade republicana baseava-se nas famílias, que se situavam sob a autoridade de seus chefes, "pais" cujo poder paterno, verdadeiro poder "político", se estendia até o direito de vida ou morte e durava toda a vida. Poder que tinha como correlativo um dever: dar filhos à Cidade. Relações estreitas entre família e poder, entre autoridade paterna e ordem na Cidade: dois fenômenos que em várias ocasiões marcaram nossa história, ainda que a forte autoridade paterna que caracteriza o Antigo Regime e impregna a filosofia do Código Napoleônico não tenha muito a ver com seu "modelo romano".

Entrementes, a ideia de dever, em especial sob a influência do cristianismo, viera atenuar a ideia de poder. Durante a Idade Média também se impôs a ideia de seu caráter temporário, para a qual as tradições dos povos germânicos tinham contribuído bastante. Apesar de certas ressurgências tardias do poder paterno vitalício nas regiões de direito escrito, ela contribuiu para fortalecer as concepções de autoridade paterna e de dever que cessa com o "estabelecimento" dos filhos. Foi devido a ela que os revolucionários quiseram regenerar a família, uma família que mantinham na base do Estado, fazendo da autoridade parental uma tutela que cessava com a maioridade fixada aos 21 anos. Ligada demais aos "excessos" do período revolucionário, mal aceita por uma população que aspirava ao restabelecimento da ordem, essa concepção foi descartada pelo Código Civil, que voltou à concepção forte do poder paterno. Mas a Revolução francesa, feita em nome da liberdade e da igualdade, deveria deixar marcas mais profundas do que parecia. A partir do Segundo Império e, sobretudo, da III República, muitos fatores concorrem para sua evolução em direção ao conceito de autoridade parental, que prevalece hoje. Sob a influência de considerações sociais, mas também de ideias populacionistas e patrióticas, muito fortes no fim do século XIX, depois da derrota para a Alemanha, o Estado francês interveio cada vez mais para controlar e transformar o uso do poder paterno. Por intermédio de juízes, mas também de diversas administrações (inspeção do trabalho, inspeção acadêmica, organismos de segurança social etc.), o Estado intensificou seu controle direto sobre a população e foi soltando progressivamente os laços que o uniam tradicionalmente à família legítima. Assim, possibilitou que o direito se tornasse muito mais sensível à evolução dos costumes, e que os princípios de liberdade e igualdade, sobre os quais assenta, produzissem plenos efeitos. Transformado em autoridade parental, o poder paterno aparentemente só tem hoje o interesse da criança como justificação; sob a influência de um personalismo crescente, sua única razão de ser é o desenvolvimento harmonioso de sua personalidade. Mas isso também não seria, de certa maneira, do interesse do Estado?

› Além dos manuais e dos tratados sobre o direito da família, cf.: BART J., *Histoire du droit privé*, Paris, Montchrestien, 1998. – COMMAILLE J., *L'Esprit sociologique des lois*, Paris, PUF, 1994. – GAUDEMET J., *Droit privé romain*, Paris, Montchrestien, 1998. – GAUDEMET-TALLON H., "Famille", *Répertoire civil*, Paris, Dalloz, 1997. – HALPERIN J.-L., *Histoire du droit privé français depuis 1804*, Paris, PUF, 1996. – LEFEBVRE-TEILLARD A., *Introduction historique au droit des personnes et de la famille*, Paris, PUF, 1996. – LEGENDRE P.: *Le Dossier occidental de la parenté*, Paris, Fayard, 1985. – RENZO VILLATA G. di, *Persone e famiglia nel diritto medioevale e moderno*, Digesto, 4ª ed., v. 13 civile, Turin, 1996. – THOMAS Y., "À Rome, pères citoyens et cité des pères", *in Histoire de la famille*, t. 1, Paris, Colin, 1986, pp. 195-229.

Anne LEFEBVRE-TEILLARD

→ Capacidade; Casamento; Criança; Filiação; Sucessões.

FAMÍLIAS DE DIREITOS (Classificação)

A denominação *famílias de direitos* designa os grupos constituídos e alimentados por um trabalho de classificação aplicada às diversas ordens jurídicas que administram ou administraram a vida dos seres humanos em sociedade. Fruto de uma atitude científica, esses grupos na verdade têm consistência variável, segundo o método utilizado. Por isso, antes de apresentar as principais classificações, convém abordar as questões de método.

Questões de método

Abstraindo as questões de uso, que comprovam sua inocuidade, preferiríamos à expressão *famílias de direitos* a expressão *classes ou grupos de ordens jurídicas*, que é mais direta. Os vocábulos *classes* e *grupos* têm a vantagem de não superestimar o fator genético ou histórico na construção de tipologias nas quais podem intervir elementos de outra natureza. *Ordem jurídica* permite especificar a acepção do termo direito, que o intuito de exaustividade impõe ao trabalho de classificação. Ordem jurídica é o conjunto das relações entre indivíduos que, modelando-se com uma constância suficiente sobre um fundo homogêneo de valores geralmente aceitos e de um aparato comum de regulação de comportamentos, se constituem numa rede que forma um corpo social diferenciado; a ordem jurídica é uma vida social organizada. Distingue-se, assim, do *sistema jurídico*, que não passa do corpo de regras vigentes numa ordem jurídica, regras que se reúnem num conjunto formalmente estruturado (do ponto de vista da validade e das fontes, bem como do ponto de vista da organização e das competências) e substancialmente coordenado (do ponto de vista do teor das regras e de sua articulação em instituições). Essas definições sugerem que o sistema jurídico nada mais é que um mecanismo dentro da ordem jurídica, mecanismo que esta maneja para realizar seus fins. Semelhante configuração possibilita ultrapassar uma concepção demasiado estreita do direito objetivo, característico de um grupo e não comum ao conjunto das ordens jurídicas. Trata-se da concepção em vigor na família romano-germânica, na qual a tendência dominante oculta o papel que pode ser desempenhado por fatores como religião, crenças, tradição e costumes na conduta da vida social, enquanto grande número de ordens jurídicas reserva à ação do sistema jurídico as relações que essas fontes informais de regulação dos comportamentos não conseguiram orquestrar. Uma classificação que se limitasse à equação "direito = sistema" negligenciaria a verdade dessas ordens jurídicas e, afastando-se da realidade, perderia todo o caráter natural e, simultaneamente, grande parte de sua utilidade. A escolha das ordens jurídicas como objetos indica já que a classificação desenvolve sua utilidade antes mesmo da fase de exploração, desde o estágio de elaboração. De fato, o critério adotado incorpora aos objetos estudados, por exemplo, os ritos chineses ou os *giris* japoneses que, nas ordens onde vigem, conservam uma função essencial na organização das relações interindividuais e pesam de maneira significativa sobre a ação efetiva do sistema jurídico mais recentemente implantado, de feição socialista ou ocidental. Confrontando as ordens mais diversas, a classificação favorece, assim, uma delimitação mais precisa e menos eurocêntrica do campo jurídico e sugere uma definição mais exata do fenômeno jurídico; isto porque ela demanda não só a detecção, em cada objeto, dos traços fundamentais e das características permanentes que constituem sua identidade e autorizam sua classificação neste ou naquele grupo, mas também e sobretudo a determinação dos critérios aos quais correspondem esses traços e essas características. O conjunto desses critérios, cujas combinações diversas constroem as diferentes classes, expressa certa concepção do direito. Desse modo, a tipologia dá sua contribuição à teoria geral do direito.

Evidentemente, essa utilidade pode ser considerada marginal ou incidente, visto que a utilidade direta e principal é extraída da exploração da classificação constituída. Nesse aspecto, como toda classificação, aquela que engendra as famílias de direitos, com suas reduções sinópticas, induz grande economia na exposição dos dados e, sobretudo, racionalização da pesquisa do comparatista. Garante, especialmente e em primeiro lugar, facilidades de acesso a quem se propuser abordar uma ordem jurídica determinada que lhe seja desconhecida. A compartimentação põe, então, à sua disposição uma tábua de orientação. Principalmente por se apoiar em traços fundamentais e características permanentes, a classificação, com suas categorias, oferece uma série de representações sintéticas das diversas ordens jurídicas. Detectar uma ordem no compartimento que a acolhe já é colher, em nível macroscópico, uma informação sobre suas engrenagens essenciais, sobre sua economia geral, seus modos de constituição e de funcionamento, de tal maneira que uma parte de seu mistério é dissipada e não é necessário fazer *ab initio* as investigações sobre os diferentes elementos capazes de revelar suas estruturas principais. Essa função didática propicia uma compreensão prévia que protege o comparatista dos enganos mais grosseiros e o afasta dos impasses.

Em segundo lugar, a classificação ordena as relações entre ordens jurídicas (o que, segundo Schlesinger, a instituiria como "fim último de toda pesquisa comparativa"). Em todo caso, ela vem, desse modo, garantir a pertinência das escolhas necessárias à tarefa do comparatista. Assim, por exemplo, uma microcomparação empreendida para fins de melhoria, invenção, transplantação ou unificação das soluções de casos particulares normalmente lucrará se evoluir entre ordens jurídicas pertencentes ao mesmo grupo, pois no interior desse grupo unido por afinidades culturais, estruturais, ideológicas e técnicas, a circulação dos modelos jurídicos é mais segura e produtiva. A classificação demarca proveitosamente o campo de investigação. Também exerce essa função, mas em sentido inverso, quando a técnica comparativa é conduzida com um objetivo principalmente especulativo e se propõe depreender conclusões gerais e até princípios universais; recomenda-se então submeter o caso examinado à apreciação de ordens jurídicas pertencentes a grupos diferentes, obtendo, assim, os meios da universalidade.

No entanto, por mais útil que seja, a formação das famílias de direitos não deixa de apresentar algumas dificuldades devidas tanto ao método quanto à matéria. Para constituir as classes, é preciso apoiar-se numa ou em várias características ou qualidades. Uma qualidade engendra duas classes, a dos objetos que a confirmam e a dos objetos que não a confirmam; a soma de uma segunda qualidade desdobra por cissiparidade as duas classes iniciais, para recortar quatro delas. A introdução de uma terceira qualidade produzirá oito classes etc. A progressão anuncia a dificuldade: as ordens jurídicas apresentam *características extremamente variadas* porque, abrangendo extensos setores da vida social, geram relações muito diversificadas e complexas que se prestam a múltiplas apreciações; elas são assim levadas a adotar soluções e atitudes que podem ser muito diferentes. Há, portanto, uma multiplicidade de elementos que devem ser considerados. Para dar conta dessa riqueza infinita, seria preciso acumular critérios (ver L.-J. Constantinesco, *Traité de droit comparé*, t. 3: *La Science des droits comparés*: a ciência dos direitos comparados ensina, à sua revelia, os perigos de uma atitude cientificamente intransigente que, depois de levá-lo a depreender uma dezena de "elementos determinantes" [potencialmente geradores de não menos de 1.024 famílias!], impunha-lhe a explicitação e a justificação destes com tanto cuidado e labor que ele já não dispunha de tempo nem de forças para submetê-los à prova e propor uma classificação que constituísse sua aplicação). Logo se adivinha a consequência: quanto mais exata a classificação, mais fielmente ela representará as singularidades de cada ordem e mais numerosas serão as categorias; em última análise, cada ordem terá a sua, e já não haverá classificação, mas sim uma simples identificação. Portanto, para obter o benefício decorrente da classificação, é preciso encontrar o nível de *generalidade* adequado e remontar dos objetos individuais às espécies e aos gêneros, depreendendo as leis gerais e às vezes implícitas de constituição e funcionamento das ordens jurídicas, ou seja, elevar-se sempre em direção aos cumes da abstração, correndo o risco de afastar-se da exuberância da coisa viva. Há nisso um problema de equilíbrio de difícil resolução porque as ordens jurídicas, devido à sua complexidade, somam *instabilidade* a variedade. O quadro das famílias do direito abarca "o direito do globo inteiro, o passado e o presente, a relação do direito com o solo, o clima e a raça, com os destinos históricos dos povos – guerra, revolução, fundação e sujeição de Estados –, com as ideias religiosas e morais, com a ambição e o poder criador de indivíduos, necessidades da produção e do consumo, interesses de estratos, classes e partidos diferentes. Fazem-se sentir correntes espirituais de todas as ordens – pois não foram apenas o feudalismo, o liberalismo e o socialismo que produziram um direito diferente cada um; a isso se somam a lógica de uma via jurídica que se impõe tão logo escolhida e também a procura de um ideal estatal e de justiça. Todos esses fatores se condicionam mutuamente através das estruturas sociais, econômicas e jurídicas" (Rabel, 1924); e, mesmo que, com a implantação de sistemas jurídicos, esses fatores entrem num processo de estabilização, seus equilíbrios são apenas passageiros. "Sob o sol e o vento, o direito de todo povo evolui, oscila e treme de mil formas diferentes. Todos esses corpos em vibração formam um conjunto que ninguém ainda conseguiu abarcar com o olhar." Assim, os direitos mudam; "as ordens jurídicas nunca *repousam*, sempre *vêm a ser*" (Mattei, Sacco); o modelo soviético mostra até que eles podem implodir e desaparecer. Juntas às dificuldades próprias ao conhecimento dos direitos estrangeiros (acesso, informação, compreensão), essas dificuldades recomendarão a uns o realismo e a modéstia das ambições – de um direito comparado instrumental, que não passaria de método –, ao passo que, para outros, constituirão um verdadeiro desafio científico – assumido por um direito comparado, disciplina principal, cultivada por si mesma para fins de conhecimento. Para esta última, uma classificação deve ser tal que cada direito se coloque num compartimento e num só. O direito comparado instrumental não acredita na perfeição formal e propõe-se apenas elaborar, pelo menos empiricamente, classificações operacionais que sejam utilizáveis ao longo do processo comparativo, o que subordina sua construção ao objetivo para o qual esse processo foi iniciado. Nessa perspectiva, pode-se admitir a coexistência de várias classificações que se diversificam segundo os objetivos.

A experiência parece dar razão ao pragmatismo do direito comparado instrumental contra o dogmatismo do direito comparado científico. É que as ordens jurídicas não obedecem estritamente a nenhum determinismo. As espécies animais e vegetais deixam-se distribuir em séries, grupos e famílias quase regulares porque suas respectivas estruturas orgânicas não parecem sofrer a ação de sua liberdade (se é que elas têm alguma); essas espécies adaptam-se ou desaparecem. Do mesmo modo, os elementos químicos não têm potencialidade alguma de modificação de seu estado que já não esteja inscrita em sua composição e em sua estrutura: até mesmo um elétron livre fica sem poder de decisão sobre sua trajetória. Sendo coisas especificamente humanas, as ordens jurídicas, ao contrário, articulam uma multidão de escolhas que incorporam uma parte importante de liberdade de apreciação e decisão. Além disso, na ausência de determinismo cabal, não pode haver classificação perfeita das ordens jurídicas. Cada uma delas goza de autonomia suficiente para pôr em xeque os critérios mais sólidos e sutis. O pragmatismo, porém, não deve resvalar no utilitarismo – que parasita e compromete o conhecimento, sempre pronto a desdenhar os dados permanentes da realidade, desde que o objetivo imediato seja atingido. A sabedoria, como é frequente, estará na aliança das duas tendências que combinam a exigência de praticidade inerente ao direito comparado instrumental e a exigência de rigor característico do direito comparado científico. A via da sabedoria já não é a da facilidade. Contudo, ela está abarrotada. R. David observava em 1950 que há "tantas classificações ou quase tantas quantos são os autores que trataram da questão".

Principais classificações

Nessas condições, seria presunçoso tentar descrever o conjunto dessas classificações. Somos forçados a limitar-nos a uma amostragem. Em vista disso, é lícito sacrificar certo número de tentativas antigas cujo mérito já não compensa as imperfeições. Portanto, só por uma questão de memória mencionaremos aqui as obras pioneiras de Glasson (1880), Esmein (1900), Sauser-Hall (1913), Lévy-Ullmann (1922), Sarfatti (1933), Martinez-Paz (1934) etc. Nos últimos cinquenta anos teve início o período moderno da classificação das famílias de direitos; mais precisamente, o *Traité élémentaire de droit civil comparé*, publicado por David em 1950, inicia a era das classificações sistemáticas, utilizando vários critérios. Pessoalmente, ele fica com duas, que são também versáteis e abrangentes, absorvendo cada uma múltiplos elementos que dão conta da complexidade do fenômeno jurídico e correspondem a forças vivas e a constantes estruturais das ordens jurídicas estudadas. Assim, ele distribui em cinco "sistemas" ou grupos o conjunto das ordens jurídicas: sistema ocidental, sistema soviético, sistema islâmico, sistema hindu e sistema chinês. O sucesso dessa construção se deve, evidentemente, à sua capacidade de refletir fielmente as ordens jurídicas que ela reúne, mas sobretudo à qualidade e à coexistência dos dois critérios aplicados. A diferenciação das ordens é feita "de dois pontos de vista. *Ponto de vista ideológico*: os direitos se opõem uns aos outros porque traduzem diferentes concepções de justiça que estão em relação, naturalmente, com todos os fatores de organização da sociedade em questão; os direitos diferem porque as comunidades às quais se aplicam têm crenças religiosas ou filosóficas diferentes ou porque têm estruturas políticas, econômicas ou sociais diferentes. *Ponto de vista técnico*: os direitos se opõem uns aos outros mesmo quando refletem uma mesma concepção daquilo que é justo, devido à técnica que, desenvolvida por seus juristas, é por eles utilizada para fazer essa concepção triunfar. [...] parece [...] adequado a uma hierarquia saudável dos valores subordinar a técnica à ideologia". Ocorreu sem dificuldade o acordo doutrinário sobre a distinção e a natureza dos critérios; a hierarquia estabelecida entre eles suscitou restrições. O fator técnico só intervinha em segundo plano, no interior das famílias, e, no sistema ocidental, separava, de maneira totalmente legítima e inconteste, o grupo de *common law* e o grupo *francês*; mas esta última denominação, que prestava homenagem à transformação operada pelo Código Civil francês na esfera das fontes e dos métodos, também podia sugerir a subordinação ao direito francês das outras ordens de filiação romano-germânica... Uma revalorização do fator técnico teria ressaltado os desvios sulcados pelo Código Civil alemão ou pelos códigos suíços e teria gerado outros grupos libertos da tutela napoleônica. Além disso, David, em 1964, procedia a essa promoção do fator técnico e colocava no mesmo plano as três famílias: romano-germânica (concepção democrático-liberal e predominância de regras de conduta cuja conformação deve muito à tradição científica do *jus commune* alimentada pelas universidades); *common law* (concepção democrático-liberal e predominância de regras de decisão moldadas pela experiência da prática e dos tribunais); direitos socialistas (concepção marxista-leninista e predominância das regras de conduta comandadas por uma análise científica das relações de produção); ao lado destas, o grupo heterogêneo das "outras concepções da vida social e do direito" cuja denominação indica que elas não cultivam o primado do sistema jurídico formalizado à moda ocidental, e que são mais diretamente condicionadas pelas crenças filosóficas ou religiosas. É de notar que essa importante reformulação não abre nenhum espaço próprio para os direitos alemão, suíço e austríaco, nem para os direitos escandinavos e latino-americanos, que foram todos incluídos no grupo romano-germânico; isto porque não pareceu que nessas ordens jurídicas se fizesse uso de códigos ou legislações distantes daquilo que fora inaugurado pelo Código Napoleônico (Zajtay, 1973). O debate, em todo caso, teve por efeito criar divergência entre os classificadores, pois alguns continuavam defendendo a primazia da ideologia, e outros, acentuando a importância da técnica. A era davidiana põe, assim, em concorrência classificações estruturais e classificações culturais.

Pode-se chamar de *estrutural* a classificação que reconheça a prioridade do critério técnico e que, segundo o preceito de Arminjon, Nolde e Wolff, só tenha em vista considerar a maneira como se organizam e funcionam as ordens jurídicas, apreender, em primeiro lugar, o sistema em sua substância de aparato de normas e instituições, e fazer abstração dos "fatores exteriores". A condenação visa a "ideologia", as crenças religiosas e filosóficas, o dado cultural; também atinge o dado natural, censurando a teoria dos climas, o contextualismo. Trata-se de depreender e privilegiar as estruturas da ordem jurídica. Evidentemente, tal programa, em sua pureza, é irrealizável, e seus conceituadores não o executarão. Enumerando sete grupos – os grupos francês, germânico e escandinavo, que se distinguem pelo estilo, pelo papel da codificação e pela permeabilidade à romanística, o grupo de *common law*, o grupo islâmico, aglutinado pela submissão ao ensinamento do Alcorão, o grupo hindu e o grupo soviético –, sua classificação é incompleta e, sobretudo, mostra-se infiel à sua doutrina, em especial com as três últimas famílias que, evidentemente, se individualizam com base em fatores não estruturais, mas sim ideológicos ou culturais. Assim, a identidade do grupo soviético é forjada com base em sua adesão ao projeto coletivista, o que não é um simples dado técnico. Ademais, com a distinção de direitos-tronco típicos, aglutinadores dentro de cada classe, o recorte participa de uma perspectiva histórico-genética. Essas infrações taxionômicas, porém, não constituem falta imperdoável; demonstram a preocupação em não faltar à verdade e em adquirir um caráter operacional. Essa preocupação certamente é compartilhada por Zweigert e Kötz, quando enumeram os elementos discriminadores e consideram cinco critérios, denominados *Rechtsstilen*, que, combinados, produzem oito classes, os *Rechtskreise*, ou áreas jurídicas correspondentes aos grupos de Arminjon, Nolde e Wolff, aos quais se soma a classe dos direitos do Extremo Oriente. Os *Rechtsstilen* que caracterizam uma ordem jurídica são: 1 / a origem e a evolução histórica (síndrome da recepção), 2 / o modo de raciocínio jurídico predominante (dogmático ou pragmático), 3 / a existência de instituições distintivas (marca do *trust* ou do *estoppel*, da *Prokuratura*, do *Rechtsgeschaft*, do abuso de direito etc.), 4 / as fontes do direito e os modos de interpretação (síndrome da exegese), 5 / os fatores ideológicos. Essa tipologia é marcada pela pluralidade dos critérios e pela relatividade de sua exploração. Deslocando uma ordem jurídica de uma casa para outra, para delimitar mais a sua realidade, essa relatividade é tridimensional: segundo as matérias (a Alemanha, a Itália e os Estados Unidos se encontram no terreno constitucional, mas se distinguem no terreno do direito privado), segundo as épocas (o direito tcheco ou o direito húngaro saem da área comunista) e segundo as funções (a pesquisa é puramente especulativa ou tem objetivo prático ou didático). Semelhante flexibilidade dá boa ideia da variabilidade das ordens jurídicas e consolida o valor operacional dos critérios (Rozmaryn, 1973). Reduzidos a um número restrito que garante a maneabilidade da classificação, esses *Rechtstilen* impressionam sobretudo por sua ordenação hierárquica, que mantém a perspectiva histórico-genética e deixa um espaço modesto para a ideologia; os escalões intermediários são monopolizados por elementos técnicos que provocam a segmentação do "sistema ocidental". Essa hierarquia é desaprovada por Malmström, quando eleva as "orientações ideológicas gerais" ao segundo degrau, por ele liberado com o rebaixamento de um grau nos critérios técnicos de estilo; ao fazer isso, ele reconstitui um grupo ocidental dentro do qual evoluem quatro famílias – eurocontinental, latino-americana, escandinava e de *common law*: a primeira estende seus componentes de um polo centro-europeu (*Deutscher Rechtskreis* de Zweigert) a um polo latino (*Romanischer Rechtskreis*), enquanto os direitos francês, belga, luxemburguês e neerlandês ocupam a zona intermediária. Esse reequilíbrio dos fatores reaproxima tal elaboração da de David.

Uma classificação pode ser chamada de *cultural* quando nela prevalece o "ponto de vista ideológico". Com os esclarecimentos de Gény e de seu "dado ideal", a indicação descobre o fator cultural, e a cultura, aproximando-se da mentalidade dos sociólogos, é o estoque de recursos intelectuais, da ordem do conhecimento e do juízo, constituída e compartilhada por uma coletividade, que permite que cada membro desta regule seu comportamento na vida social e compreenda o dos outros. Esse fator cultural já se revela por meio de algumas categorias que qualificam maneiras de agir e de reagir, de manter relações com outrem, com as coisas, com o mundo, ou seja, por meio de marcadores que o denunciam e podem encontrar seus suportes nos elementos de técnica jurídica. Assim, Vanderlinden (1982) utiliza um *quadrinômio* das fontes – costume, doutrina, jurisprudência e lei – para montar uma tabela matricial que classifica as ordens jurídicas segundo o domínio efetivo de cada fonte sobre a vida social. Esse método deveria libertar do eurocentrismo e integrar as evoluções históricas. Cada combinação do quadrinômio corresponde a certa maneira de gerir, portanto de apreender, a vida social. Onde domina o costume, o passado enlaça o presente, fadado a perdurar no futuro, e o direito garante a conservação da ordem estabelecida (CDLJ: antigo direito francês, direitos africanos pré-coloniais); onde a lei sobrepuja, o direito prepara uma ordem melhor, atribuindo à regra uma função programática que prevê os conflitos de interesses e projeta certo modelo de sociedade ao qual se devem adequar as relações futuras entre membros da coletividade (LCJD: direito francês logo após o Código Civil, direito soviético); o primado da jurisprudência expressa certa contenção do direito, que não visa à melhoria da sociedade, mas intervém para resolver os conflitos que os sujeitos não souberam ou não puderam prevenir ou absorver (JLDC: *common law* clássico). Por fim, a preponderância da doutrina dá à busca das soluções e das regras uma dimensão sagrada que alça o direito ao nível de uma arte ou de um sacerdócio tendente à realização da natureza do homem (DIJC: direito muçulmano cristalizado no ensino dos comentadores, direito hindu pré-colonial oriundo das *sastra*). Deixando o cálculo matricial para a topografia, Mattei (1994) identificou três *modelos* de direito: o regime do *direito tradicional*, que obedece aos imperativos religiosos e filosóficos, o regime do *direito político*, dominado pelo projeto de um homem, de uma doutrina ou de uma estrutura de poder, e o regime do *direito profissional*, que, de maneira autônoma, não engajada nos planos político e religioso, impõe a governantes e governados um modo determinado de funcionamento da vida social. Se for verdade que toda ordem jurídica realiza esses três regimes em proporções variáveis que o singularizam, toda ordem jurídica poderá então, por triangulação, ocupar uma posição própria no mapa do direito e, segundo os acontecimentos que a afetam, movimentar-se em relação a esses três polos. Por sua vez, Wieacker (1985) prefere lidar com o fator cultural usando perfis gerais, tais como o *humanismo* (uma representação axiológica da pessoa humana), o *legalismo* (confiança na regra), o *intelectualismo* (recurso à razão e às construções técnicas e sistemáticas), que reconhece como distintivos da tradição ocidental, que se divide em duas famílias: a anglo-americana, com seu direito de resolução dos conflitos, e a continental, que, com seu direito de organização da sociedade, se compõe de quatro ramos – romanista, centro-europeu, escandinavo e russo; em face desse mundo ocidental, há o outro mundo, que o autor confessa precisar conhecer melhor para incluir em sua classificação. Esse esboço é passível de desenvolvimento (Van Hoecke e Warrington, 1998). Essas classificações incitam pelo menos duas observações. Em primeiro lugar, embora não diretamente submissas aos objetivos de aplicação do direito comparado-método, parecem menos rigorosas em sua construção do que as classificações estruturais; em segundo lugar, ou associam elementos técnicos ao fator cultural, ou induzem este último a partir daqueles – assim como, aliás, as classificações estruturais misturavam a seus critérios técnicos o fator ideológico. A observação valida a "intuição" que R. David extraíra, há meio século, do encontro entre o pensamento de F. Gény e o estudo dos direitos estrangeiros.

No entanto, como as ordens jurídicas sempre se modificam, suas famílias se recompõem com o passar do tempo. A família do direito socialista parece estar em vias de extinção; o "sistema ocidental" se reconstitui; as famílias de *common law* e romano-germânica multiplicam contatos, empréstimos e influências recíprocas. As "outras concepções do direito e da vida social" definem-se melhor, distinguem-se e também se transformam. Por isso, guiados por etnólogos, sociólogos, antropólogos e até mesmo epistemólogos, e às vezes seduzidos pelas últimas teses da teoria geral ou da filosofia do direito, os comparatistas não param de repensar o problema da classificação, aplicando-se com obstinação a forjar novos instrumentos para apreender um material que se torna cada vez mais fugidio graças às informações cada vez mais ricas. Dessa obra sem fim saem tipologias interessantes e atípicas que talvez levem a perspectivas pós-davidianas. Cabe citar aqui, por exemplo, a classificação de Sacco (1992) que, dissolvendo numa abordagem multidisciplinar o binômio cultura-estrutura, distingue sistemas de poder difuso e sistemas de poder centralizado, e depois cruza essa divisão por meio de oposições que giram em torno do uso da legislação ou da existência de juristas profissionais..., redundando na enumeração de tipos, e não na constituição de famílias de direitos. Será que também nessa área cabe prenunciar o fim da família?

› Arminion M., Nolde B. & Wolff P., *Traité de droit comparé*, I, Paris, 1950. – David R., *Traité élémentaire de droit civil comparé*, Paris, 1950; *Les Grands Systèmes de droit contemporains*, 1ª ed. Paris. 1964, e 11ª ed., col. C. Jauffret-Spinozi, 2002. – Malmström A., "The System of Legal Systems", 13, *Scandinavian Studies in Law*, 1969, p. 127. – Mattei U., "Verso una tripartizione non eurocentrica dei sistemi giuridici", *Scintillas Iuris, Studi in memoria di Gino Goda*, I, 1994, p. 776, esp. p. 797; "Three Patterns of Law: Taxonomy and Change in the World's Legal Systems",

45, *Am. J. Comp. L.* 5, 1997. – SACCO R., *Introduzione al diritto comparato*, 5ª ed., Turim, 1992. – VANDERLINDEN J., "À propos des familles de droit en droit civil comparé", *Mélanges René Dekkers*, 1982, p. 359. – WIEACKER F., "Grundlagen der Rechtskultur", *in Tradition and Progress in Modern legal Cultures*, S. Jörgensen *et al.*, 1985, 176; "Foundations of European Legal Culture", 38, *Am. J. Comp. L.*, 1990, 1. – ZWEIGERT K. & KÖTZ H., *Einfrihrung in die Rechtsvergleichung*, J. C. B. Mohr, 1996. trad. ingl. T. Weir, *Introduction to Comparative Law*, Oxford, 1998.

Ver também: RABEL E., Aufgabe und Notwendigkeit der Rechtsvergleichung, *ReinischeZ*, 1924, 273. – ROZMARYN S., "Les grandes controverses du droit comparé", *in Inchieste di diritto comparato*, vol. II, p. 581. – SACCO R., V°. Sistemi giuridici (Aspetti generali), *Digesto Italiano*[4], 1998. – SCHLESINGER R., *Comparative Law: Cases. Texts, Materials*, 5ª. ed., New York, 1988. – SCHNITZER A., *Vergleichende Rechtslehre*, Basileia, 1961. – de SOLÁ CAÑIZARES F., *Initiation al derecho comparado*, Barcelona, 1954. – VAN HOECKE M. & WARRINGTON M., "Legal Cultures, Legal Paradigms. Legal Doctrine: Towards a New Model for Comparative Law", *ICLQ*, 47, 1998, 495. – ZAJTAY I., Réflexions sur le problème de la division des familles de droits, *RabelZ*, 37, 1973, 210.

Bertrand ANCEL

→ Código Napoleônico; *Common law*; Direito comparado; Direito comum; Islamismo; Fontes do direito; Ordem jurídica; Sistema; Truste.

FATO

O fato é habitualmente oposto ao direito, em primeiro lugar aos valores e à normatividade, embora várias teorias critiquem essa distinção. Mas o conceito é muitíssimo complexo, e sua construção continua controversa. E o fato é também objeto das normas: em primeiro lugar porque estas tornam obrigatórios, permitidos ou proibidos certos comportamentos, ou seja, obrigam seus destinatários a agir sobre o que é; em segundo lugar, porque as ações são condicionadas pela realização de acontecimentos.

I / Os fatos são apresentados, no sentido mais geral, como o conjunto dos referentes de enunciados verdadeiros ou como o conjunto das entidades que tornam verdadeiros os enunciados verdadeiros. A questão então é saber se e como as normas poderiam decorrer da factualidade.

A) A concepção referencial dos fatos criará, eventualmente, um problema, se quisermos dar conta de relações causais, mas aqui o consideraremos resolvido (Davidson); o que importa é que o conceito de fato, assim entendido, está ligado a uma concepção semântica da verdade-correspondência. Essa caracterização deixa aberta a possibilidade de enunciados que não sejam verdadeiros nem falsos e que poderiam, entre outras coisas, versar sobre valores ou normas. Os fatos são inconcebíveis sem as "coisas" (mas distintos delas), às quais se atribui uma identidade na duração, enquanto os fatos são mais ou menos delimitados no espaço e no tempo. O fato, no sentido considerado pelo jurista, não está, porém, limitado aos dados instantâneos, mas compreende os acontecimentos que interligam vários estados de coisas pela causalidade, através do tempo. As ações, imputadas a "agentes" racionais, são também visadas como fatos. Somente as ações são, propriamente, objeto de obrigações, permissões ou proibições, e as ações obrigatórias não são, como tais, fatos, mas é fato que esta ou aquela ação é obrigatória, e a realização dessa obrigação constitui, por sua vez, um fato cuja descrição correta dá um enunciado verdadeiro. Aos fatos, assim amplamente entendidos, opõem-se habitualmente as normas e os valores, na qualidade de significados de enunciados que não têm referente na realidade observável, mas em mundos alternativos, possíveis e ideais, nos quais só ocorreriam ações permitidas ou obrigatórias. E, segundo a *lei de Hume*, não é possível proceder de uma inferência logicamente válida de premissas que sejam apenas descritivas (de fatos) a uma conclusão normativa e vice-versa. Os fatos estão então submetidos às leis da natureza e constituem objeto da observação e da investigação científica, segundo métodos apropriados, enquanto as normas não fazem parte desse universo observável e descritível, e nada do que pode ser validamente afirmado em relação a estes pode ser transposto para aquelas. A aceitar-se essa concepção, é bem possível descrever o fato de que este ou aquele enunciado foi proferido, e de que seu significado consiste em ordem, desejo ou prescrição geral, mas isso nada diz quanto ao estatuto dessa ordem ou desse desejo, nem das consequências que poderiam ser inferidas. Num texto famoso, Max

Weber explica assim a tarefa do estudioso que é obrigado a só dizer aquilo que é objetivamente verificável, mantendo neutralidade em relação ao campo dos valores cuja expressão cabe à esfera política. Mas, se as normas e os valores são, como tais, subjetivos, é de perguntar como podem ser analisados segundo métodos cientificamente apropriados.

B) A distinção estrita entre fatos e normas (e valores) foi criticada principalmente pelos jusnaturalistas, pela "teoria realista do direito", pelos institucionalistas e pelo "realismo moral". Ela estrutura, em compensação, o pensamento dos "normativistas".

1. Embora admita uma derivação da normatividade a partir da factualidade, o jusnaturalismo pretende limitar os fatos pertinentes àqueles que permitam fundamentar a moral ou a ordem jurídica, por exemplo certos elementos da "natureza humana". É o caráter seletivo e muitas vezes metafísico dos fatos assim considerados que provoca objeções, pois fora desse domínio a norma será vista como oposta aos fatos.

"Quem afirmar que no direito há mais que 'fatos' e coisa diferente de 'fatos' deverá assumir o ônus da prova." Foi nesses termos que Karl Olivecrona resumiu em seu tempo a tese "realista" de que o direito nada mais é que um fato, e que toda teoria alternativa constitui metafísica obscura e irracional. Ele formulava assim as consequências radicais de um empirismo excludente, para o qual, literalmente, tudo aquilo em relação a que é possível dizer algo que tenha sentido deve poder ser estabelecido pela experiência. A teoria "emotivista", oriunda do Círculo de Viena, chegara às mesmas conclusões para toda a esfera da moral: certos enunciados não são proferidos para descrever a realidade, mas para influenciar os sentimentos dos outros, de tal modo que o destinatário da mensagem se conforme às preferências, racionalmente não deriváveis, do locutor. Os "realistas do direito", tanto escandinavos como americanos, consideram que toda ciência do direito só pode ser uma ciência social empírica que visa estabelecer previsões sobre os comportamentos futuros dos decididores, em especial dos juízes. A "teoria realista da interpretação", mais recente e desenvolvida, principalmente, na França e na Itália, pretende analisar apenas como fatos pertinentes os atos de interpretação que constituam decisões últimas relativas a dada questão. Os críticos dessas posições afirmam que elas não têm condições de produzir critérios que permitam distinguir as decisões que, segundo os realistas, teriam caráter jurídico, reduzindo assim seu objeto ao conjunto das relações de poder.

Os neoinstitucionalistas fazem percurso oposto e distinguem os "fatos brutos", analisáveis em termos apenas das leis da natureza, dos "fatos institucionais", só identificáveis graças a um conjunto de "regras constitutivas", entre os quais se encontra o fato de X fazer uma promessa a Y, da condenação de Z e de uma pena *p* para o crime *c* ou o casamento entre *q* e *r*, enquanto os mesmos fenômenos, encarados como fatos brutos, seriam apenas um conjunto de movimentos que põem em jogo as leis da física e da biologia, mas são perfeitamente ininteligíveis em sua dimensão propriamente significativa. Existe incontestavelmente uma diferença entre esses dois casos. Ora – dirão os críticos dessa forma de pensamento –, se certos fatos podem ser interpretados segundo diferentes perspectivas, isso não decorre em absoluto desses próprios fatos, mas resulta de serem considerados como casos de aplicação de uma norma.

A concepção institucionalista se aproxima da concepção do "realismo moral", para a qual existe, ao contrário do que afirmam os "realistas" jurídicos, uma verdadeira realidade *moral*, que, segundo uns, seria a própria realidade natural, e, segundo outros, uma realidade específica "não natural". Haveria então "fatos morais", eventualmente cognoscíveis segundo métodos apropriados. Não está inteiramente claro que consequências adviriam para o direito e para a normatividade específica que lhe é geralmente atribuída, mas é certo que essa teoria pode ser utilizada pelos partidários do direito natural (R. George) com o fim de trazer à tona a qualidade intrinsecamente normativa de certos fatos que constituem o pilar de toda ordem jurídica que nenhuma instância humana seria capaz de modificar. Mas, se essa realidade se impõe por si mesma, não está claro como seria possível determinar exatamente seus contornos e qual seria então o estatuto daquilo que só é normativo graças ao direito posto por instâncias humanas, para o qual essa posição neonaturalista é obrigada a reconhecer fatos que não seriam normativos do ponto de vista intrínseco, moral e, por conseguinte, jurídico.

5. As concepções normativistas pretendem desenvolver uma distinção estrita entre os fatos, regidos pelas leis causais da natureza, por um lado, e as normas e valores que constituem o significado de certos atos, por outro lado. Segundo essa posição, os atos, como tais, são fatos e, desse ponto de vista, sua análise pertence exclusivamente às ciências empíricas. A significação desses atos constitui, em contrapartida, algo que não é derivável de tal factualidade natural, mas que pressupõe uma operação de postulação ou de hipótese de seu caráter propriamente normativo. Do fato de se receber o aviso de imposto ou a insistente exortação para se fazer uma doação para alguma causa talvez resulte um sentimento de obrigação de consentir com aquilo que esses atos exigem, conforme acreditam os emotivistas, mas não que *sejamos* obrigados. Pois poderia ocorrer que nos considerássemos *obrigados* a obedecer, mas que agíssemos em sentido contrário, assim como podemos considerar-nos isentos de quaisquer obrigações e, mesmo assim, nos conformar a determinado pedido. Tal concepção deverá então explicar por que considera que certos enunciados não só expressam uma *norma*, mas também expressam normas *jurídicas*. A maioria dos autores admite então que somente sistemas de normas globalmente eficazes correspondem à ideia intuitiva de ordem jurídica. Ora, a eficácia remete de novo a um elemento factual, e alguns críticos destacam então uma dificuldade quando afirmam que essa concepção não respeita suas próprias exigências e transgride a lei de Hume. A resposta a essa objeção está esboçada em numerosas variantes, sempre muito discutidas, que em geral partem da distinção entre eficácia, como elemento de uma classificação, e o fundamento da normatividade resultante de uma estipulação que não é derivável daquela.

II / Sejam quais forem as razões pelas quais se aceite que uma norma ou um sistema de normas tem precisamente essa qualidade, admitidas essas razões, percebe-se que as normas, tanto no campo da moral quanto no do direito, têm fatos como *objeto*. As normas jurídicas os articulam de maneira condicional, segundo o seguinte esquema: "Dadas certas condições Cl, C2, ..., Cn, então p é obrigatório (permitido, proibido)." E como as normas são as significações de certos atos linguísticos (e de outros atos passíveis de significação prescritiva), a determinação exata dessa significação constitui a condição de aplicação das normas. A operação pela qual se procede a essa determinação é a *interpretação*. Assim, a identificação dos fatos pertinentes pela interpretação das formulações de normas é um elemento constitutivo da aplicação das normas, e a aplicação das normas é, por sua vez, um ato normativo. Daí resultam várias questões referentes ao estatuto da interpretação, à estrutura das normas, aos métodos de identificação dos fatos considerados pertinentes.

A) Se os fatos forem mencionados nos textos que expressam normas, e se a determinação exata do significado desses enunciados resultar de uma operação distinta da edição dos textos em questão, a interpretação será constitutiva da identificação dos fatos. As teorias realistas da interpretação extraíram daí o seguinte argumento: as únicas interpretações juridicamente pertinentes são as feitas pelos intérpretes "autênticos", ou seja, aqueles cujas decisões se impõem nos *fatos*. A significação dos textos em si mesmos é, por conseguinte, desprovida de qualquer pertinência jurídica, e os únicos fatos que contam são aqueles que os intérpretes autênticos consideram como tais. Como tal interpretação resulta de avaliações perfeitamente subjetivas, o campo de análise de uma ciência do direito será o estudo dessas avaliações interpretativas que, em si mesmas, constituem fatos observáveis. Essa concepção enriquece, assim, a teoria realista com a tese de que não é a identificação dos fatos que deveria interessar à ciência do direito, mas sim a identificação dos fatos de identificação dos fatos (as interpretações autênticas), e assim deparamos com todos os problemas suscitados por uma atitude estritamente empirista em matéria jurídica.

B) Independentemente da posição teórica relativa ao estatuto da interpretação, deve-se notar que as formulações se referem a dois tipos de fatos distintos. Os *fatos condicionais* constituem uma categoria muito ampla. Qualquer conjunto de acontecimentos possíveis pode ser erigido em condição: fatos naturais (uma catástrofe natural, o transcurso do tempo, uma modificação ambiental), ações humanas (um homicídio, uma promessa), atos já juridicamente qualificados como normativos (votação parlamentar como condição para a promulgação de uma lei, decisão do conselho administrativo de uma empresa como condição para a validade de um mandato específico de outro órgão). Esses fatos parecem dever ser objeto de observação objetiva, mas isso muitas vezes cria numerosas dificuldades. A formulação das condições comporta, assim, um elemento normativo importante: ao órgão que procede à identificação dos fatos atribui-se, assim, um poder *discricionário* mais ou menos extenso e independente das prerrogativas que lhe possam ter sido conferidas para a decisão propriamente dita. A competência em matéria de identificação dos fatos e, portanto, o ajuste dos procedimentos são, por conseguinte, frequentemente determinantes para o resultado de um litígio. A dificuldade primeira e mais geral resulta da ausência de precisão das línguas naturais nas quais são expressas as normas. A vagueza e a indeterminação são redutíveis até certo grau. Quanto menos precisa for a fórmula, maior será a liberdade do órgão. Essa questão faz parte da teoria geral da interpretação. O enunciado das condições pode, por outro lado, mencionar dados de natureza avaliativa ("perspectiva monumental", "local pitoresco", "comportamento moralmente irrepreensível", "perigo iminente para a ordem pública", "de acordo com o bem comum"). A menos que outras disposições redefinam alguns desses predicados em termos mais estritamente atuais, tais expressões autorizam o órgão a fazer uso de seus próprios juízos. No entanto, poderia ocorrer que se delegasse a outros órgãos a consideração do que constitui uma perspectiva monumental ou um perigo para a ordem pública. Nesse caso, a dificuldade é transferida e consiste em reconstruir exatamente o que X, Y ou Z entende pelas expressões em questão.

O problema da interpretação apresenta-se então tanto no que se refere às regras que regem a administração da prova quanto à qualificação dos fatos estabelecidos. Os fatos condicionais podem ser acontecimentos individuais ou (mais ou menos) gerais. A constatação de um fato individual (a morte de X) pode exigir a aplicação de recursos científicos consideráveis, e mesmo o manejo mais generoso destes não oferece, necessariamente, resultados indubitáveis. Ora, uma vez que há generalidade, a apreciação dos fatos se choca com o problema da indução, dificuldade clássica da filosofia das ciências, para a qual os órgãos jurisdicionais, administrativos ou mesmo legislativos estão em geral mal equipados. Em certos casos, o decididor decide a questão de acordo com sua "experiência", às vezes recorre ou pode recorrer a especialistas que, por sua vez, podem chegar a conclusões divergentes. As técnicas científicas tornam-se cada vez mais sofisticadas e cada vez mais caras, muitas vezes reduzindo pouquíssimo o grau de incerteza. Às vezes, o órgão de identificação dos fatos precisará apreciar se certos comportamentos ou se a aplicação de certas normas é capaz de produzir certos efeitos, e não outros. Tais prognósticos muitas vezes são extremamente arriscados, caso a questão não seja simplesmente indecidível. Esses problemas, muito importantes em direito do meio ambiente ou para qualquer controle *a priori*, sobretudo de normas legislativas, reforçam também o poder do juiz. Quanto menos o fato for diretamente observável sem perícia científica, mais difíceis serão sua apreciação e sua justificação motivada.

As consequências constituem o elemento propriamente normativo e, por conseguinte, referem-se unicamente às ações que seguem o modelo da obrigação, da permissão ou da proibição (se tiver ocorrido a votação definitiva do Parlamento e se se passaram quinze dias, o presidente deverá promulgar a lei; se as vontades convergirem quanto aos direitos e às obrigações recíprocas, e se não for transgredida nenhuma regra constitutiva, o contrato terá efeito entre as partes; se o homicídio for intencional e doloso, então a pessoa à qual essa ação for imputável deverá ser punida). Trata-se de fatos possíveis num mundo ideal, e não de fatos observáveis como tais. Em contrapartida, a realização concreta pelos destinatários da norma constitui de novo fatos observáveis que podem ser considerados como condições por outras normas. A aplicação de uma norma (por outra norma que a concretiza) muitas vezes já é visada por uma terceira norma que faz dela a condição para um controle. A aplicação deverá então consistir na produção de uma norma que seja capaz de produzir os efeitos exigidos pela norma originária. Isso requer operações prospectivas quanto à avaliação das consequências de atos e de escolhas, duplicando as dificuldades encontradas na determinação das condições.

C) As ordens jurídicas delimitam em geral as jurisdições e os recursos nos quais só podem ser formuladas questões de direito. Trata-se da exclusão da consideração de verificações empíricas. Embora não verifiquem os fatos condicionais por meio de investigações empíricas (cf. prova), essas instâncias procedem à interpretação que deles foi dada pelos órgãos aos quais esse exame incumbe, confrontando-os com as exigências das normas pertinentes.

› CHALVON-DEMERSAY E., *De l'Examen du fait, par le Conseil d'État, statuant en matière de recours pour excès de pouvoir*, tese, Paris, F. Pichon et Durand-Auzias, 1922. – DAVIDSON D., *Essays on Actions and Events*, Oxford Clarendon Press, 1980; *Inquiries into Truth and Interpretation*, Oxford Clarendon Press, 1984 (trad. fr. *Enquêtes sur la vérité et l'interprétation*, Jacqueline Chambon, 1983. – GEORGE R., *In Defense of Natural Law*, Oxford Univ. Press, 1999; *Le Fait et le droit: études de logique juridique*, Bruxelas, Bruylant, 1961. – HABERMAS J., *Faktizitätund Geltung: Beiträge zur Diskurstheorie des Rechts und des demokratischen Rechtsstaats*, Francfort-sur-le-Main, Suhrkamp, 1992 (trad. fr. *Droit et démocratie: entre faits et normes*, Paris, Gallimard, 1997). – IVAINER Th., *L'Interprétation des faits en droit*, LGDJ, 1988. – OGIEN R., *Le Réalisme moral* (avec des essais de Ch. Larmoie, J. McDowell, Th. Nagel & D. Wiggins, PUF, Paris, 1999. – OLIVECRONA K., *Law as fact* (2ª ed.), Londres, Stevens, 1971. – PHILIPPI K. J., *Tatsachenfeststellungen des Bundesverfassungsgerichts: ein Beitrag zur rational-empirischen Fundierung verfassungsgerichtlicher Entscheidungen*, Cologne, Heymann, 1971. – PFERSMANN O., "Pour une typologie modale de classes de validité normative", *in* Jean-Luc Petit (s.l.d.), "La Querelle des normes. Hommage à Georg Henrik von Wright", *Cahiers de philosophie politique et juridique* de l'Université de Caen, 27, 1995, pp. 69-113. – RIVERO J., *La Distinction du droit et du fait dans la jurisprudence du Conseil d'État francais*, La Neuveville, Ed. du Griffon, 1961. – SEARLE J., *Speech Acts*, Cambridge Univ. Press, 1969. – TROPER M., *Pour une théorie juridique de l'État*, Paris, PUF, 1994. – WEBER M., *Le Savant et le Politique*, Paris, UGE, 1992.

Otto PFERSMANN

FEDERAÇÃO E ESTADO FEDERAL

A atual discussão sobre a construção europeia trouxe à ordem do dia a noção de federação. Em seu discurso programático de 12 de maio de 2000, proferido na Universidade Humboldt de Berlim, com grande repercussão, o ministro alemão dos Negócios Estrangeiros (J. Fischer) defendeu a causa da passagem da "Confederação [*Staatenverbund*] da União à inteira parlamentarização numa Federação Europeia", que "deverá basear-se num tratado constitucional [*Verfassungsvertrag*]".

Afora o fundo desse discurso, de que aqui não trataremos, é de destacar o caráter contestável da tradução, aqui feita, das palavras alemãs. O *Staatenverbund*, neologismo inventado pela Corte de Karlsruhe em sua decisão sobre o tratado de Maastricht, seria provavelmente mais bem traduzido pela fórmula um tanto pesada, porém mais fiel, "união federativa de Estados", e *Verfassungsvertrag*, por "pacto constitucional". Esse problema de tradução sem dúvida indica um problema de vocabulário, mas este procede de uma dificuldade para compreender os conceitos em questão. O objeto principal deste verbete é tentar um esclarecimento de tipo terminológico e conceitual das noções referentes ao regime federativo. Assim se explica a escolha inabitual do par Federação/Estado federal, que substitui o par mais tradicional Confederação/Estado federal. A partir da codificação doutrinária da distinção doutrinária entre Estado federal e confederação de Estados, realizada no fim do século XIX, a própria palavra federação desapareceu um pouco da literatura jurídica. O objetivo deste verbete consiste em devolver-lhe sentido e existência.

Antes de fazer essa demonstração, cabem duas constatações preliminares. Por um lado, a doutrina jurídica francesa referente à questão federal (*lato sensu*) é quantitativamente restrita. Como a França não teve experiência federal, os juristas do direito público estudam essa questão ora em exposições relativas à teoria do Estado e às formas de Estado – o que outrora se chamava "teoria dos Estados compostos" –, ora em exposições de direito comparado, quando examinam o direito público de um Estado estrangeiro de tipo federativo. Por outro lado, é preciso convir que há uma desproporção manifesta na literatura jurídica entre a parte dedicada ao estudo da Confederação – que é ínfima – e a parte dedicada ao estudo do Estado federal – que é a maior, conforme demonstram as teses mais marcantes dos últimos vinte anos sobre "os aspectos financeiros do federalismo", o federalismo cooperativo na República Federal Alemã (C. Grewe) ou o federalismo austríaco (Douin).

Doutrina dominante: a federação desaparece por trás da distinção entre Estado federal e confederação

Em 1896, Louis Le Fur institucionalizou na França a distinção entre Estado federal e Confederação, usando-a até como título de sua gigantesca tese, *Estado federal e confederação de Estados* [*État fédéral et confédération d'États*], recentemente reeditada. Na época, não havia ainda tradição semântica fixa na França, conforme ele observa no prefácio: "Os dois termos, Estado federal e Confederação de Estados, eram frequentemente empregados um pelo outro, ou como termos gerais que abarcavam todas as uniões federativas" (p. VIII). E pretende codificar a língua jurídica, atribuindo a uma palavra um sentido bem específico, reservando a expressão Estado federal para o tipo de união federativa "que constitui um único Estado", e a expressão "confederação de Estados (*Staatenbund*)" a uma "simples união entre Estados que continuam distintos, conservando cada um sua soberania". Definiu então cada um dos conceitos, opondo-os a partir do critério da soberania. Mas, antes de examinarmos a maneira como funciona essa distinção que faz parte da dogmática jurídica, é preciso ressaltar que essa distinção também tem um significado de ordem histórica e traduziria uma espécie de "lei" histórica que consistiria em passar da Confederação ao Estado federal. O exemplo paradigmático seria o dos Estados Unidos, com a passagem da Confederação de 1781 para o Estado federal de 1787, ainda que recentemente uma tese tenha questionado a compreensão que se possa ter da Constituição Federal de Filadélfia (Th. Chopin). A Confederação estaria, em grande parte, do lado do passado, e o Estado federal, do lado do futuro. Foi necessária a criação da Sociedade das Nações, da Organização das Nações Unidas e, agora, da União Europeia, para que a noção de Confederação voltasse à tona.

Voltemos agora à distinção jurídica estabelecida por Le Fur. Ele definia a Confederação de Estados (*Staatenbund*) como "uma associação de Estados soberanos na qual existe um poder central que possui personalidade jurídica e é dotado de órgãos permanentes" (p. 495). A partir dessa definição, passava à sua especificação, por oposição não só às outras figuras de união de Estados, que são a aliança e a "união real", mas também em relação ao Estado federal. Este é definido tomando-se como referência a sua construção lexical: "como indica seu nome alemão (*Bundesstaat*), ele é ao mesmo tempo *Staat* e *Bund*, Estado e federação. Por conseguinte, é ao mesmo tempo uma reunião de indivíduos, como o Estado simples, e uma reunião de coletividades não soberanas de certo tipo, diferentes de todas as que compõem o Estado unitário" (p. 589). Segundo ele, daí decorre que a soberania pertence unicamente ao Estado federal, e não a seus Estados-membros. Para mostrar que estes não têm soberania, Le Fur baseia-se nas "disposições das diversas constituições federais sobre as relações entre o poder central e os Estados em particular" (p. 590) – ou seja, na realidade, numa interpretação destas a partir do critério jurídico da "competência da competência" (que as autoridades federadas não possuem). Em direito interno, duas consequências fundamentais decorrem dessa dominação do Estado federal sobre os Estados-membros: por um lado, a aplicação da máxima segundo a qual "*Bundesrecht bricht Landesrecht*, o direito federal quebra o direito particular" (p. 593), o que significa que a regra de conflito de leis aproveita ao Estado federal, cuja lei ab-roga implícita, mas necessariamente, toda lei federada que lhe seja contrária. Por outro lado, em caso de conflito entre duas instâncias, federal e federada, "sempre uma autoridade federal é chamada a dirimir o conflito" (p. 594), como provaria cabalmente o caso da Corte Suprema dos Estados Unidos. Essas duas consequências bastam para mostrar que o Estado federal é concebido como uma ordem jurídica superior ao Estado federado. Na realidade, Le Fur fundamenta sua demonstração importando a distinção estabelecida pela escola alemã da *Isolierung* entre os dois fundamentos jurídicos dessas duas uniões federativas. Enquanto a Confederação de Estados assentaria, juridicamente, num *tratado internacional*, o Estado federal assentaria numa "*constituição* federal", que é uma "constituição verdadeira" (pp. 579, 581). Tal distinção tratado/Constituição remete à oposição básica feita pelos juristas alemães a respeito das pessoas jurídicas, entre a associação, que se baseia no contrato, e a corporação, que se baseia no estatuto. Assim, a confederação seria construída com base no modelo jurídico da associação, e o Estado federal, no da corporação (O. Beaud, *a*).

Diferindo em termos de fundamento jurídico, as duas figuras da federação são também distintas na relação que mantêm com o direito internacional. Uma das originalidades de Le Fur, em sua época, foi defender a tese da personalidade internacional da Confederação (Ch. Leben). As relações entre Estados-membros e Confederação, segundo ele, fazem parte do direito internacional público, enquanto as relações que regem os Estados federados e o Estado federal são da alçada apenas do direito interno (direito constitucional), visto que, como os primeiros não são soberanos e, portanto, não são Estados, "o direito internacional, em princípio, não lhes é aplicável" (p. 764). Por conseguinte, no plano do direito internacional público, o Estado federal absorve de alguma maneira seus Estados-membros, aos quais são negadas as principais prerrogativas de um Estado em direito internacional (faculdade de firmar tratados ou de travar guerras, direito ativo ou passivo de legação, capacidade de assumir uma responsabilidade por fatos ilícitos etc.).

Mas a exposição dessa distinção seria incompleta, caso se esquecesse o terceiro ator dessa tipologia das formas estatais: o Estado unitário. De fato, se o Estado federal é soberano e seus Estados-membros não o são, falta demonstrar o que distinguiria o primeiro do Estado unitário, e os segundos das "províncias" do Estado unitário descentralizado. Em outros termos, falta explicar, em direito, a diferença entre federalismo e descentralização. Segundo Le Fur, a noção de autonomia não basta para estabelecer um critério de distinção suficiente. É preciso acrescentar-lhe um critério determinante: a participação. E explica: os Estados-membros de um Estado federal participam do poder soberano na sua qualidade de "órgãos do Estado federal" (p. 601). O exemplo tópico que ilustra esse critério é a existência de uma segunda Câmara Federal, graças à qual os Estados-membros têm o poder decisivo de influir sobre a decisão tomada pelo Estado federal. Mais tarde, Georges Scelle vulgarizará essa ideia, enunciando uma espécie de teorema do federalismo, baseado na lei de autonomia e na de participação, e interpretando essa participação como uma aplicação do desdobramento funcional (as autoridades dos Estados federados podem agir também como autoridades do Estado federal). Não nos deteremos muito na análise da posteridade dessa distinção. Basta dizer que ela não foi realmente questionada pela doutrina francesa subsequente. Ainda que em *Contribution à la théorie générale de l'État* (1920), Carré de Malberg tenha divergido de uma ou outra explicação jurídica de Le Fur, ele permaneceu no quadro dessa construção dual das duas figuras federativas. Em outros termos, adotou sua postura analítica, que consiste, como bem notou Murray Forsyth, em "traçar uma linha firme de demarcação entre o Estado federal e a confederação de Estados" (p. 138). Desde então, a doutrina não variou muito. Basta considerar os trabalhos de Charles Durand que, em sua tese sobre *Os Estados federais* (*Les États fédéraux*, 1930) e em sua última obra sobre *Confederação de Estados e Estado federal* (*Confédération d'États et État fédéral*, 1950), adota esse esquema de análise, mesmo tentando isolar o conceito de Federação, como veremos abaixo. Deve-se notar ainda que Kelsen, cuja influência sobre a literatura publicista francesa (interna e internacional) lhe vale algum espaço aqui, também permaneceu fiel a essa distinção entre Confederação e Estado federal, na qual, porém, introduziu duas correções. Por um lado, ele afirma que há diferença de natureza entre o Estado unitário e o Estado federal, pois se trata apenas de uma questão de "grau de descentralização". Essa tese é o corolário de uma outra tese, principal, segundo a qual a soberania não é um critério jurídico pertinente. Por outro lado, ele propõe uma doutrina do "Estado federal de tripla dimensão (*dreigliederigen Staatsbegriff*)", segundo a qual essa entidade seria composta de três Estados: dois Estados parciais e um Estado global. Em outras palavras, à relação binária

Estado federal/Estados-membros, descrita na doutrina dominante, Kelsen opõe uma relação ternária: Estado global – Estado central – Estados-membros. A acréscimo dessa terceira dimensão – o Estado global ou o Estado geral (*Gesamtstaat*), concebido como ordem jurídica repartidora – tem o efeito de modificar as relações entre o Estado federal clássico ("Estado central") e os Estados-membros, que já não estão numa relação hierárquica. Estes já não estão subordinados àquele. Esses dois Estados, em compensação, na qualidade de ordens jurídicas parciais, também estão subordinados a essa ordem jurídica total, o "Estado global", que é uma criação intelectual, resultante da lógica jurídica – o que torna criticável o seu constructo (O. Beaud, *b*).

Pode-se lamentar que a doutrina francesa tenha retomado, com demasiada frequência e de um modo um tanto mecânico, a doutrina de Le Fur, adaptada ou não por Carré de Malberg ou assumida por Kelsen. Ela não fez o trabalho crítico necessário sobre a própria validade dessa distinção nem examinou bastante a pertinência dos diferentes critérios progressivamente adotados (revisão da constituição, maioria/unanimidade, mediatez/imediatez etc.). O mérito dessa investigação crítica cabe ao constitucionalista suíço, Jean-François Aubert, que, depois de ter dedicado importante artigo a essa questão (1963), sintetizou as ideias nele contidas em seu *Traité de droit constitutionnel*, onde escreve que tal distinção "contém certamente uma parcela de verdade", mas que é "definida demais" (p. 199). Na mesma ordem de ideias, a doutrina jurídica francesa poderia ainda tirar proveito de certas intuições de outras correntes doutrinais. Assim, Maurice Hauriou, em seu *Précis de droit constitutionnel*, destaca com razão a prerrogativa de auto-organização constitucional de que gozam os Estados-membros de um Estado federal, ou seja, "a liberdade de redigir sua constituição como bem entenderem, salvo se, em princípio, a forma republicana for exigida em virtude da constituição federal" (p. 126) – análise prolongada por Stéphane Rials em seu *Destin du fédéralisme*. Mas, acima de tudo, Hauriou ressaltou inteligentemente a posição especial atribuída ao Poder Judiciário num Estado federal. "De fato, os conflitos entre Estados particulares ou entre Estados particulares e Estado federal não podem ser dirimidos por via diplomática, pois são de direito público interno; tampouco podem ser dirimidos por via administrativa, porque os Estados federais [entenda-se: Estados-membros – O.B.] não estão subordinados ao superestado federal pela hierarquia administrativa; não podem ser dirimidos por via judiciária. Assim, a Corte Suprema dos Estados Unidos exerce sobre as leis votadas pelas legislaturas estaduais um controle de federalismo" (p. 126). A expressão "controle de federalismo" leva à ideia, fundamental, de que existiria um vínculo intrínseco entre a noção de Estado federal e a técnica de controle de constitucionalidade das leis. Uma Corte Constitucional Federal tem, sobretudo, a vocação de ser guardiã da divisão de competências entre o Estado federal e os Estados-membros. Ela deve zelar para que nenhuma das duas instâncias invada o domínio da outra. Por outro lado, Maurice Hauriou percebeu bem os efeitos de contrapoderes provocados pela imbricação das competências "num Estado federal". Essa imbricação "obriga o poder central a negociar com os poderes estaduais locais, em vez de lhes dar ordens", e constitui um "amortecedor" (p. 125).

Do mesmo modo, é pena que as reflexões estimulantes de Léon Duguit sobre a distinção entre federalismo e descentralização não tenham tido utilidade. Para o decano de Bordeaux, o federalismo – ou seja, o estatuto dos Estados-membros – é mais bem protegido que a descentralização – ou seja, o estatuto das coletividades descentralizadas –, pois seria de alguma maneira intangível, em razão de um compromisso unilateral, assumido pelo Estado federal, de não o revisar. "Haverá federalismo – escreve – se houver, da parte dos governantes, a intenção de criar uma situação permanente, uma autonomia, que se impõe ao respeito dos governantes, porque, ao criá-la e reconhecê-la, eles quiseram criar uma situação jurídica que se impusesse ao respeito de todos. Caso contrário, haverá simples descentralização, que provavelmente só poderá ser modificada na forma na qual foi estabelecida ou reconhecida" (Duguit, *Études de droit public*, t. II, p. 763). Ao contrário da doutrina dominante, Duguit considera que, no caso do federalismo, a autonomia dos Estados-membros está a salvo de uma modificação unilateral do Estado federal, seja ela legislativa ou *constitucional*. Em outros termos, ele nega a faculdade, que teria uma revisão constitucional, de pôr em xeque esse princípio federal.

Resumiremos esse primeiro ponto observando que a doutrina constitucional, empenhada como estava em estabelecer essa distinção entre Estado federal e Confederação, simplesmente esqueceu de indagar sobre a própria noção de Federação, sobre o gênero que englobaria essas duas espécies de união política. É esse desafio que convém agora fazer, mesmo que brevemente.

A busca de uma teoria autônoma da federação

A literatura sobre a Federação não se esgota na análise da distinção entre Confederação e Estado federal. Existem juristas que tentaram conceituá-la antes mesmo que a *summa divisio* acima mencionada existisse em doutrina. É o caso, por exemplo, de Pellegrino Rossi, jurista italiano exilado na Suíça e autor de um relatório (1832) sobre a revisão da constituição helvécia, que é um dos mais importantes textos jamais escritos sobre a ideia de Federação (*Per la patria commune*). Ele opõe o sistema "unitário" ao sistema "federativo", o Estado unitário à Federação (por ele chamada, aliás, "Confederação"). Define-a como "um estado intermediário entre a independência absoluta de várias individualidades políticas e a sua completa fusão numa única soberania. A Confederação começa quando há comunhão de uma porção qualquer da soberania de cada um; termina quando essa comunhão abarca tudo sem reserva alguma, e as individualidades soberanas são absorvidas pela nova e grande unidade política" (p. 10). Ela é, portanto, um meio-termo entre o isolamento e a fusão. O ponto comum ao regime constitucional de toda Federação reside na ideia de divisão entre o poder central e o poder local. Em tal sistema, sejam quais forem suas formas, "o princípio parece sempre o mesmo, as diversidades parecem reduzir-se a uma variedade nas formas, a uma questão de mais ou de menos, nos direitos dos dois poderes, o poder central e o poder local" (p. 14). Essa unidade do governo federativo não impede de constatar a existência de dois tipos ideais federativos: o governo federativo descentralizado e o governo federativo centralizado. No primeiro caso, o poder local (a "soberania local", como escreve Rossi) sobrepuja, e o regime jurídico é de *delegação*, enquanto no segundo caso o poder central domina e o regime jurídico é o da *concessão*. Seria possível objetar que esse texto de Rossi é antigo demais para ainda ser pertinente. Pode ser. Mas, para aqueles que querem exemplos mais recentes, pode-se mencionar, no que se refere à doutrina publicista francesa, a figura de Charles Durand, um dos raros juristas franceses que tentaram isolar a noção de federação numa última obra sua sobre o assunto. Segundo ele, a Federação pode ser definida como um "agrupamento voluntário de cidades, tribos, Estados etc., que possui órgãos distintos e se torna, assim, uma nova coletividade pública, união duradoura de coletividades públicas preexistentes" (Durand, 1955, p. 10). Mas sua tentativa malogra, pois ele retoma a maioria das questões já abordadas por Le Fur e Carré de Malberg (critério da divisão das competências e, sobretudo, critério da revisão da Constituição).

Quem quiser encontrar, no século XX, uma teoria da Federação que leve a sério a sua autonomia em relação a uma teoria do Estado, precisará voltar-se para a doutrina proposta por Carl Schmitt em sua *Teoria da Constituição*. Nela, ele define a Federação e tenta especificar seu regime jurídico. A Federação é concebida como "uma união duradoura, baseada em livre convenção, servindo ao objetivo comum da conservação política de todos os membros da Federação; ela modifica o *status* político global de cada membro da Federação em função desse objetivo comum" (p. 512). Ao contrário do Estado, ela se caracterizaria por um "dualismo da existência política". Há, de um lado, uma unidade política resultante da associação das unidades-membros – é a Federação – e, de outro, uma pluralidade ou multidão de unidades políticas, que são os Estados-membros. Estes, ao criarem uma federação, não renunciaram a seu estatuto de Estado e não pretendem ser tratados como províncias de um Estado unitário descentralizado. Essa teoria da Federação apresenta pelo menos três particularidades. A primeira é que tenta superar a divisão institucional que inclui a noção de Estado federal na esfera do direito constitucional e a noção de Confederação na esfera do direito internacional. Na qualidade de instituição de direito público, a noção de federação é de natureza mista: é ao mesmo tempo um sujeito de direito internacional e um sujeito de direito interno (p. 527). É sujeito de direito internacional porque goza do direito de guerra, mas, ao mesmo tempo, é um sujeito de direito interno "porque, em face dos membros da federação, é titular de prerrogativas próprias de direito público, e porque as relações entre a federação e seus membros são da alçada do direito público interno" (p. 528). Múltiplas instituições traduzem a existência do direito federativo interno: a execução federativa, a intervenção federativa, o direito de tutela, a primazia relativa do direito federal sobre o direito federado. Assim, tal como o Estado, a Federação pode, em virtude de sua dupla face, ser objeto de um tratamento constitucional e de um tratamento internacionalista. A segunda particularidade refere-se à resposta dada ao problema capital do fundamento jurídico das uniões federativas. Em vez de opor o tratado (Confederação) à Constituição (Estado federal), Schmitt considera que toda Federação assenta num pacto constitucional, chamado pacto federativo (*Bundesvertrag*). A homologia entre a entidade federal e o ato federal que a criou é impressionante. Em primeiro lugar, assim como a Federação, o pacto que a funda resulta de um ato de vontade das partes interessadas. Ele é uma emanação do poder constituinte dos Estados-membros (ou de seus povos); o poder constituinte federativo é distinto do poder constituinte de um Estado (cap. 7). Assim como a constituição de um Estado, o pacto constitucional exprime, à sua maneira, a ideia de autodeterminação política. Por conseguinte, todo Estado pode, em nome de sua soberania, decidir entrar numa federação. Em contrapartida, não pode, a não ser que sua soberania seja violada, ser obrigado a entrar numa federação. Em segundo lugar, a singularidade jurídica do pacto constitucional federativo decorre do fato de que ele não é equiparável nem a um tratado (internacional) – pois resulta de um ato do "poder constituinte" (p. 515) –, nem à constituição de um Estado, pois é necessariamente *um pacto interestatal.* De fato, "pressupõe que pelo menos duas partes desse pacto lhe preexistam e continuem a existir depois dele, que cada uma delas contenha um sujeito do poder constituinte, em outras palavras, é uma unidade política (p. 197). Por fim, se esse pacto federativo merece ser qualificado de *pacto constitucional*, isso decorre de seu objeto (critério material, portanto), que é ambivalente; este diz respeito tanto à entidade criada pelo pacto – a Federação – quanto às unidades políticas membros desta. Se, por um lado, "o pacto federativo cria uma nova constituição" (p. 197), por outro, modifica o estatuto constitucional dos Estados-membros que, graças a ele, "recebem um novo *status* político global" (p. 197). Essa modificação de sua *constituição* – por reação – pode ser não escrita, pois decorre da lógica federal. Por exemplo, o poder público de cada Estado-membro é afetado por sua inclusão na federação no que se refere a seu direito de guerra. De fato, a criação de uma Federação pressupõe que os Estados-membros renunciam, entre si, ao uso do direito de guerra e tem como consequência a "internalização" de seus conflitos, seja pela arbitragem jurisdicional (e até normal), seja pela "execução federativa não bélica" (e até excepcional). A terceira e última singularidade dessa teoria da Federação consiste em resolver de modo diferente o problema da soberania. Enquanto os conflitos políticos (referentes à existência política) são dirimidos pelo soberano no Estado, esses mesmos conflitos políticos na Federação são *alternativamente* dirimidos, segundo os domínios fixados pela Constituição, por uma ou por outra das duas instâncias políticas, a Federação e os Estados membros. Desse modo, o poder soberano oscila, segundo o caso, entre a Federação e os Estados-membros. Mas – exceção importante –, relativamente às relações entre a Federação e os Estados-membros, e *somente para essas relações*, a soberania "paira nos ares". De fato, no caso preciso do conflito Federação/Estados-membros, a possibilidade de um conflito existencial nunca deve concretizar-se, pois, se ocorresse conflito de soberania entre a Federação e os Estados-membros, a Federação se fragmentaria. Uma unidade política se imporia à outra, e já não haveria o dualismo político que é a essência da Federação. Para resolver essa antinomia entre a noção de soberania e a de Federação, Schmitt propõe sua solução de "homogeneidade federativa" dos Estados-membros.

Houve quem considerasse, de maneira implicitamente crítica, que tal teoria da Federação, criando "um *tertium genus* entre as noções de Confederação de Estado e Estado federal [era uma] superação hegeliana dos contrários" (Leben). Não sabemos se é ou não autenticamente hegeliana, mas, em todo caso, ela permite descrever de outra maneira um conjunto federativo. Entre suas múltiplas contribuições, gostaríamos de mencionar apenas uma: a que se refere à concepção global das relações entre a Federação e os Estados-membros. Essa ideia de "dualismo político" significa, sobretudo, que as relações entre essas duas instâncias não devem ser vistas como relações hierárquicas (o que é a representação habitual do Estado federal superior aos Estados federados), mas simplesmente *igualitárias*. E essa hipótese é confirmada, indiretamente, pela doutrina de Kelsen, que caracteriza o Estado federal pela ideia de "paridade federativa", ou seja, de igualdade de princípio entre a instância federal e as instâncias federadas. Feita essa inversão de perspectiva e estabelecido esse esclarecimento conceitual, pode-se tentar sistematizar essa hipótese, estudando as implicações dessa igualdade sobre a descrição de uma Federação. Esta não deve ser copiada da teoria do Estado e, portanto, convém substituir os conceitos estatais por conceitos próprios à Federação. É o ponto principal de uma teoria da Federação.

› Obras ou teses: AUBERT J.-F., *Traité de droit constitulionnel suisse*, Neuchâtel, Iles et Calendes, 1967, 2 vols. – CARRÉ DE MALBERG R., *Contribution u la théorie générale de l'État* (1920), reed. CNRS, 2 vols. – CHOPIN Th., *La République "une et divisible"*, Paris, Plon, 2002. – DOUIN C.-S., *Le Fédéralisme autrichien*, Paris, LGDJ, 1977. – DUGUIT L., *Études de droit public.* t. II: *L'État, les gouvernants et les agents*, Paris, Fontemoing, 1903. – DURAND Ch., *Confédération d'États et l'État fédéral. Réalisations acquises et perspectives d'avenir*, Paris, M. Rivière, 1955. – GREWE-LEYMARIE C., *Le Fédéralisme coopératif en République fédérale d'Allemagne*, Paris, Economica, 1981. – HAURIOU M., *Précis de droit constitutionnel*, 2ª ed., Sirey, 1929. – KELSEN H., *Théorie générale du droit et de l'État* (1945), trad. fr., LGDJ, Bruylant, 1997. – LE FUR L., *État fédéral et confédération d'États*, Larose, 1896, reed. Paris, Panthéon-Assas (prefácio de Ch. Leben), 2000, 840 p. – RIALS S., *Destin du fédéralisme*, Paris, LGDJ, 1986. – ROSSI P., *Per la patria commune* (1832) (org. L. Lacché), Macerata, 1998. – SCHMITT C., *Théorie de la Constitution* 1928, trad. fr., Paris, PUF, 1993.

Artigos: AUBERT J: F., "Essai sur le fédéralisme" *RDP*, 1963, pp. 403 ss. – BEAUD O. *a)* "La notion de pacte fédératif. Contribution à une théorie constitutionnelle de la Fédération", *in* H. Mohnhaupt, J.-F. Kervégan, *Liberté sociale et contrat dans l'histoire du droit et de la philosophie*, Frankfurt, Klostermann "Ius Commune", 1997, pp. 197-270; *b)* "Hans Kelsen, théoricien constitutionnel de la Fédération", *in* C.-M. Herrera (org.), *Actualité de la pensée de Kelsen*, LGDJ, 2000, pp. 47-84 – LEBEN Ch., "Avant-Propos" à la rééd. de la thèse de Louis Le Fur.

Olivier BEAUD

→ Estado; Separação e equilíbrio dos poderes; Soberania.

FEIRAS E MERCADOS

As feiras e os mercados têm em comum o fato de serem instituições que fazem parte do sistema de distribuição de mercadorias e estão sob o controle do poder público. Mas essas instituições antiquíssimas e ainda vivas não atendem às mesmas necessidades e não tiveram o mesmo destino.

No mercado vão abastecer-se os indivíduos de vilarejos ou bairros de grandes cidades. O resultado é que, embora tenha havido mercados especializados, no conjunto as quantidades de mercadorias (aliás, alimentícias na maioria) são reduzidas, ao passo que o mercado deve funcionar com frequência, várias vezes por semana ao longo do ano. Desse ponto de vista, as condições nas quais funcionaram os mercados foram de grande estabilidade até nossos dias, e desde cedo o poder público interessou-se diretamente por ele por várias razões. Por um lado, o mercado não deveria ser uma causa de perturbação da ordem pública, o que supunha a regularidade do abastecimento, uma eventual fiscalização sanitária e, sobretudo, a luta contra o monopólio, para evitar as grandes altas de preços em períodos de carestia; por outro lado, o mercado podia ser fonte de impostos sobre circulação de mercadorias e sobre a instalação das bancas dos vendedores. Por isso, na Idade Média, os detentores de prerrogativas de poder público, cujos recursos se baseavam apenas em rendimentos públicos, esforçavam-se por criar mercados em seus feudos; essas criações despertavam então interesses políticos entre senhores. A realeza foi controlando aos poucos os mercados, cuja criação passou a ser um direito régio; desenvolveu a regulamentação com maior rigor nos séculos XVI e XVII porque as sublevações nascidas nesses locais em decorrência de problemas de abastecimento eram temíveis por serem repentinas, violentas e contagiosas. A política dos mercados na França foi também acompanhada pela constatação dos preços do trigo, feita pelo escrivão da justiça local ou por um agente da cidade, que estabeleciam as tabelas semanais oficiais nas quais os juízes podiam basear-se nas avaliações que eram levados a fazer em decorrência das contribuições estipuladas "em natureza de grãos". A limitação desse sistema de distribuição não acompanhava a escala do grande comércio, cuja necessária segurança também não atendia. A "revolução comercial" do século XII desenvolveu as grandes trocas através de um outro tipo de reuniões comerciais, muito mais espaçadas, mas com um raio de influência internacional, as feiras; eram o que ocorria na época com as feiras de Beaucaire e, principalmente, as feiras de Champagne e Brie. Estas últimas seguiam um ciclo anual em quatro cidades (Troyes, Bar-sur-Aube, Lagny, Provins) e atraíam comerciantes estrangeiros que chegavam da Itália, de Flandres, da Alemanha e da Inglaterra. Duravam várias semanas, nas quais se sucediam a apresentação dos produtos, as trocas e as operações de acerto de contas à vista e a prazo. Sua importância decorria especialmente de sua organização, baseada em privilégios exorbitantes do direito comum, tanto do ponto de vista fiscal quanto em relação às garantias de proteção das pessoas e dos bens dos comerciantes que frequentavam as feiras. O privilégio provavelmente mais antigo que serviu de fundamento para o sistema era o *conduit de foire*, que punha os comerciantes e suas mercadorias sob a proteção do conde de Champagne durante toda viagem, garantindo-lhes, mediante compensação financeira, uma indenização rápida, caso sofressem danos durante a viagem. Depois disso, a própria realização das feiras era confiada à guarda de oficiais do conde, que dispunham de poderes de polícia e justiça; essas guardas das feiras eram dotadas de uma jurisdição não itinerante, uma vez que ela se situava nos locais das feiras, cuja competência era limitada às pessoas protegidas pelo *conduit de foire*, mas estendia-se às violações desse salvo-conduto e aos litígios referentes às obrigações contraídas na feira e sob a égide dessa jurisdição. O procedimento observado pelas guardas das feiras afastava-se do direito comum por seu caráter sumário e rápido: rejeição às exceções dilatórias, sistema de prova baseado no juramento e no escrito, execução imediata e prosseguimento eventual perante outras jurisdições fora das terras do conde. Nesse caso, as guardas dispunham de um meio de pressão, a *défense des foires*, ou seja, a proibição da prática do comércio nas feiras a todos os jurisdicionados que se recusassem a cooperar.

Essa instituição serviu de modelo para outras feiras, e o conjunto dessas jurisdições excepcionais contribuiu assim para o desenvolvimento do direito comercial. Mais tarde, os privilégios das feiras de Champagne, que estavam em decadência, foram transferidos pela monarquia para as feiras de Lyon, primeira praça comercial do reino e porta para a Itália, e, nos séculos XVI e XVII, a jurisdição dessas feiras também aperfeiçoou o processo comercial. As feiras, cuja criação também se tornara uma prerrogativa soberana, sendo estritamente controladas pelo poder régio, contavam-se então aos milhares e às vezes eram muito especializadas. Sua periodicidade era em geral anual, mas algumas, a começar pelas feiras de Lyon, ainda seguiam o ritmo das antigas feiras de Champagne, que duravam várias semanas. A grande mudança na matéria proveio da evolução da produção industrial, que possibilitou trabalhar com amostras. Assim enquadrada pelo poder público, a tradição das feiras prosseguiu com ímpeto renovado, e, embora muitas tenham desaparecido, foram criadas outras.

❯ Hilaire J., *Introduction historique au droit commercial*, Paris, PUF "Droit fondamental, série Droit commercial", Paris, 1986. – Huvelin P., *Essai historique sur le droit des marchés et des foires*, Paris, 1897. – Poitrineau A., "Foires et marchés", in *Dictionnaire du Grand Siècle*, Paris, Fayard, 1990. – Col.: *Recueil de la Société Jean-Bodin*, t. V: *La Faire*, 1953.

Jean Hilaire

→ Direito comercial; Economia e direito; Pedágio.

FICÇÃO

Presente desde a Antiguidade grega e oriental, a ficção passou por grande desenvolvimento em direito romano e ainda hoje pode ser observada em todos os sistemas jurídicos contemporâneos. A ela recorrem não só os direitos ocidentais, quer se trate dos sistemas anglo-americanos de *common law*, quer dos de inspiração romano-germânica, mas também os sistemas tão afastados de nós quanto o direito chinês e o muçulmano. Em razão de sua universalidade e, provavelmente por manifestar os limites da racionalidade na concepção e na aplicação do direito, a ficção foi objeto de estudos numerosos e incessantemente renovados; os mais antigos foram feitos por juristas medievais. Do conjunto desses trabalhos, extrai-se que a ficção, mesmo quando discutida em termos de definição e funções, desempenha papel importante tanto na criação quanto na interpretação e na sistematização do direito.

Definição e funções da ficção

De todas as definições propostas pelos autores, é possível depreender um elemento comum: a ficção caracteriza-se sempre por uma denegação ou uma desnaturação da realidade; constitui ficção toda solução de direito contrária à realidade. Além disso, surgem discordâncias quando se trata de determinar, por um lado, qual deve ser a realidade de referência e, por outro, se essa contravenção à realidade deve ou não ser voluntária.

Sobre o primeiro ponto, a doutrina antiga e certos autores modernos, como Gény e Dabin, consideram que só há verdadeira ficção quando uma regra de direito é estabelecida em violação à realidade material ou natural, ou seja, em violação à realidade exterior ao direito. Inspirada nas doutrinas do direito natural, a ideia que baseia essa escolha é a ideia de que, por ser um sistema convencional, o direito não tem realidade própria; por conseguinte, a realidade ou o caráter de ficção de uma regra de direito só pode ser apreciada em função de sua conformidade com a realidade material que ela está destinada a apreender e reger. Nessa perspectiva, constitui ficção, por exemplo, a qualificação jurídica de imóvel por destinação aplicada a um bem que, materialmente, é móvel. Apesar de não ser inexata, essa concepção tem alcance reduzido: levando em conta apenas a capacidade da regra de direito de dar conta da realidade material, ela só diz respeito à questão da elaboração da regra. Privilegiada pela maioria da doutrina contemporânea, a referência à realidade jurídica, definida tomando-se em consideração o conjunto das regras de direito, confere, em contrapartida, maior alcance à ficção porque leva a considerar essa qualificação toda vez que uma solução de direito se mostra contrária a uma regra de direito. É o que ocorre na hipótese da falsa aplicação de uma regra e na hipótese em que uma primeira regra se mostre incompatível com uma segunda. Entre esta segunda concepção e a primeira, a discordância é de fato mais aparente que real, pois ambas se mostram complementares. Quando a referência à realidade material remete à questão da elaboração da regra de direito, a referência à realidade jurídica permite apreender os problemas de sua aplicação, de sua interpretação e de sua inserção na construção do direito.

Do mesmo modo, a discordância manifestada quanto ao caráter voluntário ou não da ficção é reflexo de duas abordagens da noção que se mostram complementares, mais que contraditórias. Aqueles que consideram que ela constitui necessariamente uma contravenção voluntária à realidade – em outras palavras, uma mentira – veem a ficção como produto de uma atividade consciente, que consiste em desconsiderar a realidade com o objetivo de obter um resultado de direito. Mentira criadora que participa então da dinâmica da criação do direito. Porém a ficção não é apenas um meio de criar o direito, mas também um resultado de direito. Neste segundo aspecto, estático e não mais dinâmico, a ficção procede de um juízo de valor feito *a posteriori* sobre uma solução de direito para a qual se formula uma indagação sobre sua compreensão, e não sobre sua constituição. Para apreciar a validade e o alcance da solução considerada, dessa vez é preciso determinar se e como ela contravém à realidade. Nesse caso, pouco importa que essa contravenção tenha sido ou não voluntária, pois de qualquer modo ela existe.

Enfim, se praticamente só é possível definir a ficção pela desconsideração da realidade, a razão disso deve ser buscada no caráter proteiforme dessa noção, cujos contornos variam segundo os múltiplos papéis que ela deve desempenhar. Intervindo na elaboração e na aplicação da regra de direito, a ficção se mostra como uma mentira criadora de direito por contravenção à realidade material ou jurídica; em contrapartida, no estágio da interpretação e da sistematização da regra em relação à construção do direito, a ficção decorre de um juízo de valor formulado tomando por referência a realidade jurídica. Portanto, cabe daí deduzir que a noção, se sempre constitui um instrumento de técnica jurídica, ora se insere na prática jurídica, como mecanismo técnico de criação do direito, ora na ciência do direito e, mais particularmente, na dogmática jurídica, como instrumento técnico de interpretação e sistematização do direito. De qualquer modo, essa dualidade funcional foi, há muito tempo, caracterizada pela doutrina, em especial por Jhering, que distingue a função histórica das ficções, em virtude da qual elas são o meio de introduzir na vida social regras novas de direito, e sua função dogmática, que é de inserir as soluções jurídicas novas na construção do direito. O fato é que alguns daí extraíram a consequência de que existiriam duas categorias de ficção; assim, Unger opõe ficções práticas e ficções teóricas. Mas tal oposição é artificial porquanto a prática jurídica e a ciência do direito estão destinadas a alimentar-se reciprocamente. Estabelecendo-se uma relação com a ficção, isso significa que uma solução de direito contrária à realidade interessará tanto à prática jurídica, no que se refere à sua criação – é a função pragmática da ficção –, quanto à ciência do direito, para que sua compreensão se torne mais clara – é a função dogmática da ficção.

A ficção como mecanismo técnico de criação do direito

Quando concorre para a criação do direito, a ficção pode ser definida como um mecanismo técnico que consiste na desconsideração voluntária da realidade, para a obtenção de um resultado de direito. É a esse aspecto de mentira criadora que se referem as definições que apresentam a ficção como um artifício de técnica jurídica ou como um modo de raciocínio. Conforme a realidade desconsiderada seja a realidade material ou a jurídica, a ficção desempenhará um papel na elaboração da regra de direito, ou em sua aplicação.

Ficção e elaboração da regra de direito. – Como o direito tem vocação a reger uma realidade que lhe é preexistente e exterior, é importante que as regras por ele elaboradas sejam, na medida do possível, reflexo dessa realidade. A verdade é que o direito não poderia apreender essa realidade em toda a sua complexidade; dela só ficará com o que é necessário para seu objetivo, que é o de organizar as relações entre os homens. Por conseguinte, a elaboração da regra de direito supõe uma redução e uma simplificação da realidade material. Mas pode ocorrer que, por efeito de uma ficção, essa redução e essa simplificação sejam levadas a tal ponto que a realidade jurídica posta pela regra rompa voluntariamente com a realidade material. É o que ocorre, por exemplo, com a regra do nominalismo monetário. Em virtude dessa regra, é de princípio que o valor de uma unidade monetária deve ser considerada constante e sempre igual a seu valor nominal, sejam quais forem as variações de seu valor real. Essa regra é, evidentemente, produto de uma ficção, porquanto contravém à realidade econômica. No entanto, ela se justifica porque, ao atribuir arbitrariamente um valor constante à moeda, permite prevenir incertezas e contestações nas relações entre devedor e credor, que o direito tem a missão de reger. De modo mais geral, esse exemplo põe em evidência que a ficção é o meio de deformar a realidade material com o objetivo de submetê-la aos imperativos da ordem jurídica. Ainda no âmbito da elaboração da regra de direito, a ficção às vezes só desconsidera a realidade material com o fim de indicar um resultado de direito por meio de uma imagem voluntariamente falsa. A ilustração disso pode ser dada pela técnica da cláusula considerada não escrita. Essa técnica visa sancionar a ilicitude da cláusula de um contrato, agindo como se essa cláusula nunca tivesse sido escrita no contrato. Por meio dessa imagem deliberadamente contrária à realidade, a ficção expressa abreviadamente o fato de que a cláusula ilícita é nula, mas essa nulidade não põe em xeque a validade do contrato no qual ela figura. Isso significa que a ficção, quando assume a forma de uma imagem falsa, constitui um procedimento de elaboração da regra de direito por economia de meios.

Ficção e aplicação da regra de direito. – Em conformidade com sua estrutura própria, toda regra de direito pressupõe uma situação de fato cuja realização concreta condiciona sua aplicação. Em outras palavras, uma regra de direito é uma realidade jurídica cuja concretização está subordinada à constatação de certa realidade material. Por conseguinte, há constituição de ficção toda vez que uma regra é aplicada a uma situação de fato que não corresponda exatamente à sua pressuposição. Como mecanismo técnico, a ficção consiste, portanto, em desnaturar ou remodelar a situação de fato da qual depende a aplicação da regra de direito. Assim, ao modificar as condições de aplicação da regra, ela se apresenta como um procedimento de extensão ou adaptação do direito existente. Contrariando as aparências, é preciso ver que em semelhante caso a ficção contravém menos à realidade material do que à realidade jurídica, pois tem por objeto primeiro uma aplicação voluntariamente falsa da regra de direito; o que equivale a dizer que ela implica violação de uma realidade jurídica. Essa manifestação da ficção é, provavelmente, a mais antiga. Historicamente, ela desempenhou um papel da maior importância no desenvolvimento do direito romano, com o procedimento das "condições fictícias". Ou seja, em razão da rigidez do formalismo jurídico romano, o pretor, por não poder modificar a lei, foi levado a ordenar ao juiz que se pronunciasse como se determinada condição tivesse sido atendida, condição esta inexistente. Amplamente aplicado nos direitos formalistas, tal como o direito inglês, esse modo de ação da ficção se encontra ainda hoje nos sistemas jurídicos contemporâneos. A ficção pode então desempenhar três funções, cada uma por meio de uma técnica que lhe é própria. O recurso à ficção possibilita, em primeiro lugar, estender a aplicação de uma regra de direito a casos para os quais ela não foi prevista. Tecnicamente, ela atua por equiparação de uma situação de fato à situação visada pela regra, com o fim de estender esta última. É o que ocorre com a técnica da legitimação, por meio da qual um filho natural é equiparado a um filho legítimo para ser submetido ao mesmo regime deste último. Aqui cumpre destacar que a extensão da regra de direito por via de equiparação não deixa de ter relação com sua extensão por analogia, uma vez que a assimilação por ficção corresponde às vezes à intuição de uma relação de analogia. Assim, por exemplo, a personalidade jurídica de que se beneficiam certos grupos foi concebida, num primeiro momento, como uma equiparação por ficção à personalidade das pessoas físicas; depois, num segundo momento, pareceu que essa equiparação na realidade abrangia uma analogia, pois existe uma relação de identidade entre pessoas jurídicas e pessoas físicas que é traduzida pelo conceito único de personalidade jurídica. O recurso à ficção possibilita, em segundo lugar, adaptar ou modificar uma regra de direito diminuindo-se o número de suas condições de aplicação. O mecanismo técnico consiste então em supor, em qualquer hipótese, a existência de uma dessas condições, a fim de suprimir sua exigência nos fatos. Essa ficção por suposição na maioria das vezes assume, aliás, a forma de presunção absoluta. Em termos de responsabilidade civil, toda vez que uma presunção simples de culpa é transformada em presunção absoluta, excluindo, portanto, a possibilidade de prova em contrário, resulta que a culpa é, na realidade, excluída das condições da responsabilidade civil. O recurso à ficção possibilita, por fim, deixar de aplicar uma regra em favor de outra. Nesse caso, configura-se como a técnica da redução: da situação de fato considerada só se fica com os elementos que condicionam a regra que se pretende aplicar, ao mesmo tempo que são ocultados os elementos que teriam determinado a aplicação da regra que se deseja evitar. Exemplo disso seria o procedimento da descriminalização judiciária, pelo qual o juiz penal desqualifica um crime e o toma como delito, considerando apenas, entre todos os elementos constitutivos de uma infração, aqueles que determinam esta última qualificação.

A ficção como instrumento técnico de interpretação e sistematização do direito

Do ponto de vista da interpretação e da sistematização do direito, a ficção já não é considerada sob o ângulo dinâmico de sua participação na criação do direito, mas de modo estático, como fenômeno observável da realidade do direito. Ela é uma qualificação que expressa um juízo de valor feito sobre uma regra de direito, o que exclui que seja dotada da menor virtude explicativa. Contudo, cabe ressaltar que há certas ficções formuladas pela doutrina com o único objetivo de fundamentar um resultado de direito. É o caso, por exemplo, da ficção (herdada do direito romano) constituída pela ideia de "continuação da pessoa do defunto", que se destina a justificar o fato de os herdeiros serem responsabilizados pela integralidade das dívidas da sucessão. Mas deve-se observar que as ficções desse tipo, além de serem marginais, não são consideradas ficções porque são, de fato, apenas remanescente de uma concepção obsoleta. A ideia de "continuação da pessoa do defunto" atualmente só é percebida como ficção porque a obrigação indefinida dos herdeiros pelo passivo sucessório é agora explicada pela confusão entre patrimônio hereditário e patrimônio pessoal do herdeiro. Descartadas, portanto, essas ficções doutrinárias, a qualificação de ficção pode ser feita em consideração da realidade material ou da realidade jurídica. Quando é apreciada do ponto de vista da realidade material, a qualificação de ficção supõe que a regra seja julgada contrária ou pelo menos inadequada a essa realidade. Decorrendo de um juízo de oportunidade, essa qualificação praticamente não desperta outro interesse além do de estigmatizar a regra considerada, cuja existência será, por esse motivo, contestada. Determinada por referência à realidade jurídica, a qualificação de ficção – que alguns denominam então ficção jurídica ou ficção-conceito – mostra-se bem mais fértil. Supõe que a regra seja julgada incompatível com outras regras pertencentes à mesma ordem jurídica. Essa qualificação permite, assim, identificar uma insuficiência ou uma incoerência na construção do direito. Como essa construção é elaborada por meio do conjunto dos conceitos jurídicos, segue-se que a ficção pode, então, ser definida como a alteração de um ou de vários dos conceitos jurídicos pela desconsideração das condições lógicas ou dos efeitos lógicos de sua aplicação. Será, portanto, constituída uma ficção quando se aplica um conceito na falta de um elemento necessário à sua aplicação. É o caso, por exemplo, da obrigação nascida de um compromisso unilateral, pois essa obrigação, cuja definição postula que sua fonte está num contrato, não é produto de um acordo de vontades, mas de uma vontade única. Também haverá ficção se os efeitos produzidos não forem os efeitos logicamente ligados ao conceito considerado. A essa hipótese corresponde a retroatividade da condição que confere à obrigação uma eficácia para época anterior à de sua formação.

O maior interesse da definição de ficção em relação aos conceitos jurídicos está no fato de que ela possibilita tornar mais precisa a interpretação da regra assim qualificada. Em razão de seu caráter de anomalia, é frequente afirmar-se que as ficções são de interpretação estrita. Ora, na realidade, conforme evidenciou Gény, é a partir de uma explicação racional das ficções que deve ser determinada sua justa medida. Em outros termos, é sua exata compreensão que deve guiar sua interpretação. Por isso, convém determinar o objeto verdadeiro da ficção especificando os conceitos aos quais ela contravém, para em seguida depreender o conteúdo verdadeiro da regra e, por conseguinte, os limites de sua aplicação.

O segundo interesse do estudo das ficções tomando como referência os conceitos jurídicos é que a qualificação de ficção, sempre que considerada, manifesta os limites da sistematização do direito ao ressaltar a insuficiência dos conceitos que ela põe em ação. Do ponto de vista imediato, ela traduz, como escreveu Gény, "a incapacidade de nosso espírito impotente para criar, o tempo todo, conceitos perfeitamente adequados às realidades". Mais do que a ideia de desistência, o que se tem aqui é a ideia de que, em dado momento de seu desenvolvimento, a ciência do direito sempre se chocará com soluções novas que marcarão seus limites. Mas, como esses limites nunca são intransponíveis, cabe admitir, como fizeram Jhering, Gény e Dabin, que toda ficção apresenta um caráter transitório no sentido de que o aperfeiçoamento da ciência do direito (que sua própria presença incita) deve conduzir a seu desaparecimento. Isso significa, por conseguinte, que o estudo das ficções deve ser concebido como meio de aprofundamento da análise jurídica, com o objetivo de integrá-las na construção do direito. Nessa perspectiva, as ficções, segundo expressão de Demogue, constituem "um instrumento de descoberta", pois implicam uma renovação da sistematização do direito e dos conceitos que para isso concorrem; e essa renovação pode redundar ou na redefinição total ou parcial de um conceito ou das relações que o unem a outros, ou na introdução de conceitos novos. Assim, por exemplo, a introdução do conceito de personalidade jurídica permitiu, ao mesmo tempo, que a personalidade moral deixasse de ser qualificada de ficção e que fossem mais bem definidos seus objetivos e suas condições de atribuição.

› DABIN J., *La Technique de l'élaboration du droit positif, spécialement du droit privé*, Paris, Sirey, Bruxelas, Bruylant, 1935. – DEMOGUE R., *Les Notions fondamentales du droit privé, Essai critique*, Paris, Rousseau, 1911. – GÉNY F., *Science et technique en droit privé positif*, t. III, Paris, Sirey, 1921. – JHERING R. von, *L'Esprit du droit romain dans les diverses phases de son développement*, trad. O. de Meulenaere, 3ª ed., t. IV, Paris, Marescq, 1888. – Col.: *Le Problème des fictions en droit civil*, Travaux de l'Association H. Capitant, t. III, 1947, Paris, Dalloz, 1948. – *Les Présomptions et les fictions en droit*, Études publiées par C. Perelman et P. Foricrs, Bruxelas, Bruylant, 1974. – "La fiction", *Droits*, nº 21, *Revue française de théorie juridique*, PUF, 1995.

Ver também: COSTA D., *les Fictions juridiques en droit administratif*, tese, LGDJ, 2000. – ISSA-SAYEGH J., *Les Fictions en droit privé*, tese, Dakar, 1968. – LECOCQ L., *De la fiction comme procédé juridique*, tese, Paris, Rousseau, 1914. – LEROYER A.-M., *Les Fictions juridiques*, tese, Paris II, 1995. – WICKER G., *Les Fictions juridiques, Contribution à l'analyse de Pacte juridique*, tese, LGDJ, 1997. – WOODLAND P., *Le Procédé de la fiction dans la pensée juridique*, tese, Paris II, 1981.

Guillaume WICKER

→ Antinomias; Lacunas e completude; Metodologia jurídica; Qualificação; Raciocínio jurídico; Regra de direito.

FILIAÇÃO

A filiação, assim como o casamento, constitui noções primordiais, a partir das quais se construiu todo o direito da família. Ambas têm por institucionalizar a reprodução da espécie em conformidade com certas regras consideradas necessárias à transmissão. Transmissão que não é apenas da vida, mas de uma ordem de coisas por meio da qual a própria sociedade se reproduz enquanto evolui. A filiação é um conceito de essência política no sentido próprio do termo. Por isso, desde a Antiguidade, a filiação é definida como um vínculo de direito que não se confunde com o vínculo biológico. Entre a criança e aqueles que lhe deram vida, o direito só aceita reconhecer vínculo jurídico sob certas condições.

Durante muito tempo, por exemplo, só houve em Roma a paternidade legítima. A filiação é um vínculo de direito, a tal ponto que prescindir de vínculo biológico, que é seu suporte habitual: é o que ocorre com a filiação adotiva. Os romanos, que estavam muito compenetrados do caráter jurídico da filiação, qualificavam de legítimos tanto os filhos nascidos de núpcias regulares quanto os adotados. Esse aspecto jurídico era mais dominante ainda porque, pelo nascimento, o indivíduo não era apenas ligado ao pai e/ou à mãe, mas, por intermédio deles, à Cidade. "O homem não nasce apenas para sua família, mas também para o Estado": essa afirmação, extraída do Digesto, que falava mais modestamente de "parte" (D., 37, 9, 15), será retomada pelo relator do Código Civil francês perante o Tribunato. Ela destacava um dos efeitos potenciais da filiação: a agregação à Cidade, que justificava o controle do Estado sobre o vínculo de filiação, mas também sobre a própria criança, "arte" particularmente desenvolvida pelos Estados modernos.

Esse vínculo de direito foi por muito tempo pensado e manejado principalmente em favor dos ascendentes, mais do que dos descendentes, no interesse dos pais mais do que no da criança. Nesse sentido, o vocabulário é muito revelador: será preciso esperar o fim do século XII para que o termo *filiatio*, extraído da teologia, assim como *paternitas* e *maternitas*, aparecesse no vocabulário jurídico. Ele traduz uma concepção do vínculo que parte do filho em direção ao pai, relação a partir de então tratada principalmente no interesse da criança, e não mais o inverso. O termo *paternitas*, seu correlativo, é bem distinto, para os juristas medievais, da *potestas* que o pai pode exercer sobre seus filhos. A paternidade é um dever. Essa mudança de vocabulário marca uma virada na história do mundo ocidental, ainda que todos os efeitos dessa inversão em favor da criança não se tenham produzido de imediato, precisamente devido aos efeitos vinculados à filiação. Vínculo de direito, a filiação tem, efetivamente, o efeito de inserir um indivíduo não só numa ordem genealógica, mas também política. Inserção variável segundo o tipo de filiação, pois se tem não só um acesso à família, mas também um acesso a seu patrimônio, o que parecia essencial, pelo menos no contexto de uma economia em que a transmissão de um patrimônio, mesmo modesto, foi vital por muito tempo. Inserção também variável, segundo o papel que é atribuído à família legítima na organização do Estado. Por isso, ainda que se tenha afirmado desde cedo que, segundo a Natureza, "não existe diferença alguma entre os filhos naturais e os legítimos" (Justiniano, nov. 74, cap. 1), essa inserção frequentemente foi completa apenas a favor dos filhos oriundos de união controlada pelo direito: os filhos nascidos do casamento de seus pais. A eles o Código Napoleônico reservou a denominação legítimos, só a eles concedeu a qualidade de herdeiros ao cabo de uma história cujos elementos essenciais descreveremos, antes de seguirmos a evolução até o direito contemporâneo.

A história do direito da filiação foi profundamente marcada pelo direito canônico medieval, expressão jurídica de um fenômeno que então modelava o Ocidente: o cristianismo. A Igreja, que, em fins do século XI, assumia a competência exclusiva de julgar a existência e a validade do vínculo matrimonial, estendeu, consequentemente, seu domínio sobre a filiação legítima. Seus tribunais, ainda no século XIII, eram os únicos competentes para sentenciar sobre o caráter legítimo ou não de uma pessoa, quando essa legitimidade dependia da existência ou da validade do casamento; as jurisdições laicas extraíam em seguida as consequências, em especial no plano sucessório. O direito canônico, apoiando-se em parte no direito romano das compilações de Justiniano, remodelou o direito da filiação em função de uma moral das relações sexuais que é sua fonte profunda. O casamento dos pais é o único âmbito legítimo dessas relações e também a única fonte da legitimidade dos filhos. Mas, como contrapartida desse princípio rigoroso, o direito canônico praticava o direito da filiação em favor da criança, nos limites mais compatíveis possíveis com o princípio. Para tanto, definia o filho legítimo e o filho nascido no casamento, criando o casamento putativo, ao copiar do direito de Justiniano a legitimação por casamento subsequente e a legitimação por rescrito, até então desconhecidas no Ocidente, e ao forjar a presunção de paternidade e favorecer sua prova pela posse de estado, quando é o filho que invoca sua legitimidade. A intervenção da Igreja não se limitava a isso. Como toda relação carnal fora do casamento constituía um pecado, quem o cometesse, especialmente o homem, era obrigado a reparar a falta assumindo a responsabilidade pelo filho, quer espontaneamente, reconhecendo assim ser seu pai, quer coagido e forçado ao cabo de uma ação de investigação de paternidade natural. Criação dos tribunais eclesiásticos, a investigação de paternidade podia ser exercida pela mãe, antes mesmo do nascimento, contra qualquer homem, clérigo ou leigo, solteiro ou casado. Foi essencial essa contribuição (assim como a obrigação decorrente de dar alimentos) do direito canônico ao direito da filiação, pois consagrou legalmente, enquanto restringia seus efeitos, a importância dos vínculos biológicos, dos "laços de sangue" aos quais as populações de origem germânica continuavam muito apegadas. Assim modeladas pelo direito canônico, filiação legítima e filiação natural tornaram-se as duas formas essenciais dos laços de filiação. Mesmo sem desaparecer totalmente, a adoção, já em franco declínio no Baixo Império, quando só aparecia como "uma representação da natureza a fim de que quem não pode procriar possa ter um filho" (Epitome Gai, séc. V), passou a ser um instituto marginal e polimorfo. Passou a desempenhar papel restrito, e, no fim da Idade Média, a doutrina jurídica lhe negava firmemente qualquer efeito sucessório.

A transferência de competência das jurisdições eclesiásticas para as jurisdições laicas, que se realizou progressivamente a partir do fim do século XIII no que se refere à filiação legítima e, bem mais tarde, à filiação natural, foi acompanhada pela transferência das soluções jurídicas. Todo o direito da filiação durante o Antigo Regime deveu muito a essa origem, como destacará Merlin a propósito da legitimação. Contudo, ao fazer da família legítima a base do Estado, o poder monárquico, por intermédio de seus juízes, sobre os quais se exercia a influência de uma moral cada vez mais rigorista, eliminou progressivamente todas as regras que lhe pareciam atentar demais contra esse ordenamento político. O casamento, passando a ser um ato público e solene (ord. de Blois, 1579), permitia controlar melhor seus efeitos quanto à filiação; a criação de registros paroquiais e sua utilização necessária como prova (ord. de 1667), também. A presunção de paternidade foi fortalecida; a legitimação por cartas régias foi limitada aos filhos naturais simples oriundos de pais católicos. Em tal contexto, as relações carnais fora do casamento tornaram-se cada vez menos toleráveis e toleradas; as moças passaram a ser cada vez mais vistas como "pecaminosas": a ação de investigação de paternidade que ainda pudessem intentar era alvo de hostilidade crescente na segunda metade do século XVIII.

Essa hostilidade será compartilhada pelos revolucionários, que, mesmo estipulando a igualdade entre filhos legítimos e filhos naturais simples (lei de 12 de brumário do ano II), abolem a investigação de paternidade: a família republicana, "regenerada", só pode assentar no compromisso livremente consentido. A paternidade natural assumiu então um aspecto voluntário, que foi conservado no Código Civil francês. Renegando os "excessos" do período revolucionário, voltando à família legítima como base do Estado, para "restabelecer a ordem", os redatores do Código Civil francês consideraram necessário traçar "uma linha de separação perfeita" entre os filhos legítimos e os naturais. Acreditava-se que a ordem cívica só podia renascer do restabelecimento de uma ordem familiar baseada apenas na família legítima. Toda a economia do direito da filiação no Código Civil francês foi dominada por essa ideia, e sua interpretação jurisprudencial frequentemente a reforçará. Foi o que ocorreu com o artigo 312: "O filho concebido durante o casamento tem por pai o cônjuge varão." Sua interpretação a partir de 1811 pela Corte de Cassação acabou por só presumir legítimo o filho que se presumia concebido durante o casamento, ou seja, nascido 180 dias depois da celebração deste; o filho nascido antes era simplesmente legitimado pelo casamento, desde que, evidentemente, essa legitimação fosse possível, o que excluía os filhos adulterinos e incestuosos, cuja legitimação era proibida (art. 331). Foi preciso esperar o acórdão *Degas* (1930) para que essa interpretação fosse abandonada, em favor de uma definição do filho legítimo como filho "nascido no casamento". Presumindo-se que fosse concebido no casamento, o filho legítimo era protegido por uma regulamentação que encerrava a negação de paternidade em condições extremamente restritivas (causas e prazos), mesmo quando os cônjuges estivessem separados de corpo. Foi só em 1850 que o legislador atenuou, nesse caso, a força da presunção de paternidade. Essa concepção restritiva da negação como certo número de regras referentes às ações de reclamação ou de contestação do estado de filho (arts. 322-330) tinha por objetivo garantir a maior estabilidade possível à família legítima.

Proteger a família legítima era exatamente a ideia que orientava o tratamento da filiação natural por um Código cujas disposições sobre o assunto eram introduzidas, de maneira muito significativa, por três artigos relativos à legitimação por casamento subsequente. Proibindo a investigação de paternidade natural (art. 340), restringindo a investigação de maternidade em condições que a tornavam extremamente difícil, para evitar – como dirá Maleville – que um indivíduo intentasse com demasiada facilidade alguma ação contra uma mulher casada e "comprometesse assim a tranquilidade de uma família inteira", o Código Civil deixava o filho natural essencialmente à mercê do reconhecimento voluntário. Além disso, o reconhecimento não podia ser dado a um filho adulterino ou incestuoso (art. 335); no caso de um filho natural simples, nem mesmo durante o casamento de seu genitor. O filho natural simples é tolerado, mas não é um herdeiro (art. 756), e, embora os redatores do Código Civil não ousassem suprimir os direitos sucessórios que lhe haviam sido concedidos pela Revolução, estes foram muitíssimo reduzidos, em especial quando houvesse descendentes legítimos. Quanto aos filhos adulterinos ou incestuosos, sem que lhes fosse abertamente negado o direito aos alimentos, estes eram deixados à discrição dos pais. A filiação, legítima ou natural, era, acima de tudo, um "vínculo de direito". Esse aspecto é, de alguma maneira, reforçado pela instituição da adoção, que reaparece no Código Civil francês, mas não sem dificuldades, como mostram as vivas e longas discussões de que é alvo. Seu restabelecimento, cujo princípio fora decidido já em 1792, se chocara contra um primeiro obstáculo, exatamente aquele que acabara provocando o seu desaparecimento: a ideia de que "só a Natureza pode dar filhos". Essa ideia foi superada dando-se a possibilidade de adotar apenas às pessoas com mais de cinquenta anos, sem descendentes legítimos, com a manutenção de elos entre o adotado e sua família de origem. Foi superado com muito mais dificuldade o obstáculo constituído pela irrevocabilidade (contudo necessária) da adoção. Como admitir que uma criança, sem seu consentimento, possa ser "separada de sua família natural"? Impossível – dirão: isso seria contrário à liberdade (Fenet, t. 10, p. 350). Ora, só há consentimento juridicamente válido quando emanado de um maior... A solução, que conferiu fisionomia tão particular ao regime de adoção no Código de 1804, foi recuar o momento da adoção à maioridade do adotado (art. 346), contanto que a adoção fosse, obrigatoriamente, precedida, durante a minoridade, por um período de pelo menos seis anos de atendimento e cuidados ininterruptos.

Tal sistema não facilitará o desenvolvimento de uma instituição em relação à qual os franceses, até a III República, manifestarão grandes reservas e até hostilidade. Contudo, diante do gravíssimo problema das crianças abandonadas, cujo número não parava de crescer, surgiu um movimento, em especial no âmbito da Assistência Pública, para que as mentalidades evoluíssem em relação a esse instituto.

Do interesse do Estado ao interesse da criança: seria tentador caracterizar com essa fórmula a evolução geral que, do fim do século XIX, conduziu ao direito contemporâneo. Mas seria exata? O interesse do Estado não terá precisamente comandado em parte a ênfase dada ao interesse da criança, em função de uma política populacional que se interessa menos pela "família" do que pelos indivíduos que a compõem? Decorrente do papel que o Estado confere à família, a evolução do direito da filiação também decorre do conceito de família, do fundamento no qual se acredita que ela repouse. À família de tipo "monárquico", herdada do Código Civil, opõe-se desde o fim do século XIX, num contexto político muito tenso, a família "republicana" à qual a Revolução serve de modelo; e à família legítima, essencial mesmo para os republicanos, opõe-se a família natural. A evolução do direito da filiação, finalmente, é condicionada, de maneira geral, pela atenção dada à pessoa, em especial à pessoa da criança, por nossas sociedades ocidentais contemporâneas. A evolução, extremamente complexa, caracteriza-se pela ampliação do acesso à própria legitimidade, essencialmente comandada pela reintrodução do divórcio (1884). Como o casamento com o cúmplice de adultério se tornou possível (1904), a lei de 1907 permitiu a legitimação, por casamento subsequente, do filho adulterino concebido durante o período de separação dos corpos ou de divórcio, ou não reconhecido pelo pai. É o ponto de partida de uma legislação que, em 1956, acabará por tornar legitimáveis por casamento subsequente todos os filhos adulterinos *a patre*. A legitimidade continua ligada ao casamento, mas se desvincula progressivamente da concepção em casamento. A evolução da filiação adotiva contribui não só para ampliar seu campo, mas também para modificar sua substância com a legitimação adotiva criada em 1939. A evolução das mentalidades em relação à adoção, que se iniciou no fim do século XIX, foi consideravelmente acelerada pela Guerra de 1914-18. A Lei de 1923, ao permitir a adoção dos menores, já havia removido o obstáculo essencial ao desenvolvimento do instituto. Mas foi o Decreto-lei de 1939, completado por uma Lei de 1941, que aproximou de modo decisivo a filiação adotiva da filiação legítima, ao permitir que uma criança de pouca idade entrasse numa família constituída por dois cônjuges, como se tivesse nascido de seu casamento. A legitimação adotiva, assim, ocupa lugar ao lado da adoção. A partir daí, o instituto não cessará de ser modificado, à procura de melhor equilíbrio entre a salvaguarda dos direitos dos pais pelo sangue e a dos pais adotivos, mas também no interesse da criança, o que ensejará, entre outras coisas, uma diminuição contínua da idade dos adotantes. A Lei de 1966, mantendo a adoção simples, retomará a legitimação adotiva com o nome de adoção plena: adoção que não só equipara "plenamente" o filho adotivo ao filho legítimo, mas também é aberta aos solteiros de mais de 35 anos.

Essa ampliação da noção de legitimidade é acompanhada pelo enfraquecimento, relativo mas real, da presunção "*pater is est quem nuptiae demonstrant*". Percebe-se, em especial através da evolução jurisprudencial, um aumento do poder do conceito de "verdade biológica" que se acelera a partir da Segunda Guerra Mundial. As divergências pronunciadas que ele provoca, as discussões doutrinárias que enseja minam uma regra que a Corte de Cassação tenta ainda defender energicamente no início da década de 1960.

Acima de tudo, porém, a evolução da filiação natural marcou as mentalidades. Com razão. O desaparecimento da investigação da paternidade natural não fora facilmente admitida, em especial pelos juízes, que, diante do desamparo de muitas mães, tentaram, já logo depois da promulgação do Código Civil, salvar o direito aos alimentos, nem sempre com sucesso. Por esse motivo se vê, já em meados do século XIX, ressurgir a "sedução": o juiz autoriza o pagamento de indenização à mãe, especialmente em caso de sedução com promessa de casamento, para compensar sua falta, reparando o prejuízo. A jurisprudência se empenha aos poucos para reintroduzir de fato a investigação de paternidade, enquanto se desenvolve toda uma ação em nível legislativo para a sua reintrodução de direito. Mas, por razões complexas, essa ação só terá resultados em 1912, bem depois que o legislador concedeu direitos sucessórios maiores aos filhos naturais reconhecidos (1896). Ainda sim, essa ação de investigação de paternidade, que só podia redundar no estabelecimento de uma paternidade natural simples, será limitada em termos de abertura e cercada de uma abundância de precauções que mostra bem o medo do escândalo ou da chantagem sentido pelos deputados, que foi uma das causas, e não das menores, do atraso da reforma. Sua interpretação jurisprudencial flexível e extensiva aumentará as possibilidades de a mãe estabelecer esse elo. Mas, acima de tudo, o ressurgimento da "sedução" e a Lei de 1912 mantiveram a ideia fundamental da responsabilidade do homem na transmissão da vida. Dessa ideia se acabará por extrair consequências no que se refere ao filho adulterino, ao qual serão concedidos subsídios em 1955, mas sem se reconhecer oficialmente sua filiação. Isso só ocorreu em 1972. Em 3 de janeiro de 1972: realiza-se a reforma completa do direito de filiação na França, reforma que era temida por uns, desejada por outros, necessária em todo caso. Ponto de chegada do movimento iniciado em fins do século XIX, ela reitera a ruptura do vínculo privilegiado que, havia séculos, unia a família legítima ao Estado, ruptura já em grande parte consumada pelo direito social, mas ruptura profunda que explica as acaloradas discussões de que essa lei foi alvo. Ruptura que permite propor, e não mais impor, o modelo da família legítima; que permite que os princípios constitucionais de liberdade e igualdade produzam plenos efeitos; que permite que a "verdade biológica" se torne princípio orientador do estabelecimento do vínculo. A adequação da paternidade jurídica à verdade biológica, que passa a ser "valor supremo", segundo Jean Carbonnier, a partir de então só encontra dois obstáculos: o incesto (no sentido muito restrito dado pelos arts. 334-10), as procriações assistidas com terceiro doador, que impedem não só o estabelecimento de elos com o doador, mas também obrigam, sob certas condições, o consorte (marido ou concubino), que deu seu consentimento, a assumir juridicamente a paternidade da criança daí nascida (arts. 311-20). Embora subsista, a presunção "*pater is est*" não passa de sombra de si mesma. Mesmo a mãe já pode contestar a paternidade do marido para fins de legitimação por casamento subsequente com o pai verdadeiro (art. 318). É o triunfo da "verdade biológica", tanto no âmbito da filiação legítima quanto no da filiação natural. O recurso à posse do Estado, pelo qual o legislador quis atenuar a importância assim conferida ao vínculo biológico, não produziu todos os efeitos moderadores esperados. Isso se deu em parte por causa da interpretação jurisprudencial dada, em parte porque a estabilidade do vínculo que antes constituía sua força frequentemente falta na atualidade. No entanto, tem um mérito: o de chamar a atenção para a importância da filiação para a própria criança. Criança para a qual a Convenção de Nova York (1990), estabelecida sob a égide da ONU, reconhece o direito de ter filiação, "de conhecer seus pais, de ser criada por eles [...] na medida do possível": prudente reserva que a realidade infelizmente justifica.

› Entre os tratados e manuais referentes ao direito civil da família, *cf.*: BELLIVIER F., BRUNET L., LABRUS-

SE-RIOU C., "La filiation, la génétique et le juge: *où* est passée la loi?, *RTD civ*., 1999, pp. 529 ss. – FENOUILLET D., "La filiation plénière, un modèle en quête d'identité", in *L'avenir du Droit. Mélanges en l'honneur de F. Terré*, Paris, 1999, pp. 509 ss. – GUTMANN D., *Le Sentiment d'identité*, Paris, LGDJ, 2000. – HALPÉRIN J.-L., *Histoire du droit privé français depuis 1804*, Paris, PUF, 1996. – LABRUSSE-RIOU C., "Filiation", *Répertoire civil Dalloz*, 1995. – LEFEBVRE-TEILLARD A., *Introduction historique au droit des personnes et de la famille*, Paris, PUF, 1996. – LEFEBVRE-TEILLARD A., DEMOULIN F. & ROUMY F., "De la théologie au droit: naissance médiévale du concept de filiation", in *Grundlagen des Rechts, Festschrift für Peter Landau*, Paderborn, 2000, pp. 421 ss. – ROUMY F., *L'Adoption dans le droit savant du XIIe au XVIe siècle*, Paris, LGDJ, 1998.

Anne LEFEBVRE-TEILLARD

→ Casamento; Criança; Família; Nome; Pessoa

FLORESTAS

A floresta francesa apresenta características que a diferenciam de muitos componentes florestais dos países da Europa. Seus numerosos traços distintivos frequentemente enganam o leigo, tornando-se dificilmente perceptíveis. Por isso, o leigo pode surpreender-se ao saber que as áreas florestais cobrem hoje cerca de 27% da superfície do território metropolitano, que os espaços pertencentes ao Estado são menores do que os das outras coletividades públicas, e que a propriedade particular predomina com grande margem de vantagem. Nosso observador não deixará de descobrir que a floresta francesa está fragmentada em razão da grande quantidade de propriedades, situação que afeta sua exploração e onera sua produtividade. Tais particularidades decorrem de um longo percurso que os estudiosos do assunto e os juristas, unindo seus conhecimentos, explicam facilmente. Os juristas se preocupam com a floresta de longa data; há muito tempo ela se tornou um de seus principais campos de atuação. Com senso de precisão e classificação, contribuíram para elaborar definições com o objetivo de se aplicarem regras circunstanciadas. Ao declararem que "floresta é um espaço plantado de árvores", parecem usar pouca imaginação. A definição pode parecer simplista, embora comumente admitida. Na realidade, ela permite englobar situações diversas que se enquadram, assim, em disposições legislativas ou regulamentares.

Os jurisconsultos prosseguiram na trajetória de duas maneiras. Admitiram, por um lado, que as florestas são terrenos plantados de árvores, cujos produtos consistem em madeira para calefação ou madeira para construção. Ressaltaram, por outro, que as palavras bosque e florestas, do ponto de vista jurídico, são sinônimos, comportando, porém, uma nuance lembrada por Merlin de Douai, que, na esteira de diversos autores, observa que o termo floresta designa os bosques de grande extensão. Essas definições remetem aos regimes jurídicos dos bens de raiz arborizados e dos produtos lenhosos que deles se extraem. Essa imprecisão aparente ensejou a intervenção no poder central representado pelos agentes do rei. O interesse dos juristas pelas questões florestais tradicionalmente fez parte da função confiada aos legistas que acompanharam o rei em suas providências para reduzir o poder feudal e controlar o domínio público então nascente. A floresta era considerada uma questão de grande importância, com múltiplas facetas: terra de caça, espaço de proteção contra exércitos feudais, lugar sagrado, cercado de mil lendas, reserva de madeira para calefação e construção ou espaço para desenvolvimento. Os capetíngios imediatamente legislaram sobre seus produtos tão logo o rei recobrou a liberdade de ditar o direito. É costume considerar que a primeira legislação florestal data de 1219. Seu objetivo era regulamentar os cortes na floresta de Gisors (Normandia). Ocorreu pouco depois do confisco daquele ducado decidido contra João sem Terra a favor de Filipe Augusto.

À medida que se ampliavam as possessões e as pretensões da monarquia, algumas disposições normativas criaram um corpo de funcionários especializados, ao qual foi confiado o destino das florestas reais. As regras visavam proteger o domínio público e cuidar para que sua exploração respeitasse os interesses do rei, que dali extraía os recursos necessários para conduzir sua política, em virtude do adágio "o rei deve viver de seus próprios recursos". A ordenança de 1346, mais ambiciosa, adotou medidas que conferiram ao direito francês uma feição peculiar, nunca abandonada. Um corpo de funcionários florestais foi especialmente encarregado de fiscalizar, conservar e explorar os bosques. Também foi dotado de prerrogativas judiciárias excepcionais para reprimir os abusos. Sua competência era exercida com a exclusão da competência dos bailios e senescais, destituídos de qualquer poder de intervenção nas florestas reais. Também se esperava que fiscalizasse as florestas particulares. Com o passar do tempo, em especial durante o século XVI, depois de reduzidas as pretensões das grandes casas feudais, essas medidas ganharam real alcance, acompanhando a marcha de um poder monárquico que já estendia sua soberania pelo conjunto do reino. Numa administração centralizada, então nas mãos do chanceler, incumbia aos funcionários florestais rechaçar todos aqueles que pretendessem medir áreas florestais, produzir produtos lenhosos em quantidade e qualidade e encher o erário com uma exploração racional. A essas primeiras missões somam-se outras, tal como fiscalizar a caça, destruir animais daninhos e regulamentar a pesca. Em razão da divisão das propriedades para atingir os resultados esperados, as prerrogativas dos funcionários florestais não paravam de crescer, visando especialmente os bens das comunidades "para maior bem do reino". A ordenança de 1515, seguida de vários complementos, abriu caminho para um grande controle dos bens florestais do reino de França. A abundância de textos adotados a partir do século XIII é testemunho da impotência para solucionar as principais dificuldades: diminuição regular dos espaços florestais, rarefação da madeira de lei, aumento da usurpação dos espaços de domínio público e encarecimento progressivo dos produtos da madeira – tanto para construção quanto para calefação. As intervenções enérgicas do Estado, para reprimir os abusos e as transgressões às diretrizes monárquicas, na forma de reformas na lei, redunda em fracassos repetidos. Confiadas aos grão-mestres, dirigentes da administração florestal, tais iniciativas não tinham probabilidade alguma de chegar a resultados tangíveis. Evidentemente, aqueles que encobriam as malversações não iriam punir suas próprias fraquezas nem reprimir aqueles que lhes estavam próximos. O espírito de corpo, próprio dos funcionários, impediu que qualquer reforma se aprofundasse.

O ponto decisivo da história jurídica florestal começou com a subida de Colbert ao poder (1661), apoiado pelo jovem Luís XIV, preocupado em mostrar sua autoridade em grande parte abalada durante a Fronda e no tempo do ministério de Mazarino. A preparação da ordenança de 1669 contribuiu em grande parte para garantir sua perenidade. A "grande reforma" iniciada em 1661 é confiada a intendentes de finanças e de justiça situados no mais alto nível do aparelho estatal. Os funcionários florestais são destituídos, com a aplicação de punições exemplares. Alguns cargos vitalícios – casos raríssimos – são pura e simplesmente confiscados por motivo de prevaricação, sem pagamento de nenhuma indenização. As observações feitas no reino e as disposições anteriores coligidas possibilitaram reunir um *corpus* transferido para um texto codificado e solidamente estruturado, com trinta e dois títulos. Esse texto pretendia regulamentar o destino das florestas reais e das florestas das comunidades leigas e eclesiásticas sob tutela. Os bens dos particulares, essencialmente nas mãos da nobreza, eram alvo de medidas mais incentivadoras do que coercitivas. Estas seriam, mais tarde, completadas pelas servidões que, em zonas definidas, possibilitavam a arrecadação de um direito de preempção da madeira de fins navais, com o objetivo de abastecer os arsenais do Estado. Para levar a cabo esse programa, é restabelecido um corpo de funcionários florestais que tinham estatuto de oficiais. Sua competência se resumia em três palavras: fiscalização, punições, exploração. Trabalhavam no âmbito de um grão-mestrado especial para Águas e Florestas, que constituía o escalão local que agrupava as funções administrativas e judiciárias. Estas últimas correspondiam a prerrogativas excepcionais não só em primeira instância, mas também em grau de recurso, perante as *Tables de Marbre*, câmaras especiais dos Parlamentos. Esse corpo foi submetido à autoridade direta da Controladoria Geral das Finanças, que pretendia verificar tudo e outorgar autorizações mínimas para o desenvolvimento e a exploração de toda e qualquer madeira. Essa organização estrita, submetida à autoridade do poder central, levou ao aumento da atividade burocrática, visto que as mínimas iniciativas deviam ser autorizadas em alto escalão com base num relatório analisado em cada nível hierárquico. Todos os funcionários florestais, oriundos do mundo jurídico, adotavam tais práticas. Além disso, os principais agentes dos grão-mestrados eram obrigatoriamente formados em direito. Sua atividade administrativa, judiciária e policial ocupava a maior parte de seu tempo. No plano silvícola, Colbert tinha a intenção de separar as áreas florestais, a fim de que a produção madeireira pudesse crescer sem entraves. Os usos deviam ser circunscritos e até eliminados, e o sistema silvícola-pastoral deixa de ser admitido. Foram grandes as resistências nos setores em que os direitos de compáscuo e de pastagem florestal, baseados numa prática secular, eram necessários ao equilíbrio econômico, bem como nos setores onde os direitos de corte anual nas matas comunais repousavam em sólida tradição. Depois de reduzidos e até restringidos os usos, com o fechamento da floresta, materializado por um conjunto de valados e barreiras, foi concebido um sistema para produção de madeira em florestas cultivadas (para um chamado quarto de reserva) e de talhadia composta. O sistema imposto pelo texto organizava a rotação dos cortes e previa que se deixasse fora do abate um número prescrito de árvores promissoras, denominadas balizas. No ritmo de uma rotação de dez anos (depois, de vinte e cinco anos), as florestas depauperadas foram renascendo progressivamente, apesar das dificuldades crônicas para reflorestar os espaços vazios. O sistema desejado por Colbert e continuado por seus sucessores na Controladoria Geral das Finanças foi concebido de maneira uniforme para todas as florestas do reino, quer elas cobrissem planícies ou montanhas. Esse desejo visava impor um controle estrito sobre todos os bosques "submetidos ao regime florestal", a saber, as propriedades do domínio da Coroa e das comunidades laicas e eclesiásticas. Os proprietários privados estavam sujeitos a uma regulamentação estatal bem pouco exigente. Temiam mais as exigências das populações utilizadoras, que reclamavam especialmente os direitos de corte anual e os direitos de compáscuo ou pastagem em zonas florestais.

Ao longo do século XVIII, o dispositivo criado em 1669 sofreu modificações insignificantes. O pessoal permaneceu no estatuto de oficial. O prolongamento do período do plano de gestão obrigou à elaboração de novos planos de cortes. Essa decisão acabou por levar ao mercado madeira de calefação de porte superior. O direito de preempção da madeira para fins navais foi ligeiramente estendido. O sistema florestal ficou fortemente regulamentado pelo poder central, controle este atenuado em cada localidade pela interação social das famílias dos funcionários florestais, solidamente implantados na burguesia burocrata. Criam-se dinastias, favorecendo a transmissão de um conhecimento silvícola empírico, preferido aos trabalhos eruditos, tais como os de Buffon e Duhamel do Montceau. Apesar disso, suas tarefas, que se estendem por longo prazo, são exercidas com segura diligência. O culto à árvore cultivada, ao belo carvalho de porte majestoso, às reservas densas e de copas exuberantes deu ensejo a críticas severas durante as últimas décadas do Antigo Regime. Segundo os autores, os funcionários florestais eram a origem de todos os males. Eram-lhes atribuídos a crise da carestia de madeira, a falta de certos produtos madeireiros e os investimentos de longo prazo, que privilegiavam a floresta cultivada de árvores de grande porte. Diante das várias propostas que objetivavam alienar uma parte das reservas, projetos estes não desprovidos de interesse financeiro, a Controladoria Geral das Finanças resistiu e conseguiu fazer frente a quase todas as iniciativas capazes de atentar contra o caráter inalienável dos bens do domínio da Coroa. A crise florestal do fim do Antigo Regime merece ser observada com prudência. Ela está menos ligada à rarefação das reservas florestais do que às dificuldades de abastecimento e ao aumento dos preços que afetou todos os bens de consumo. Certas províncias conseguiram escoar sua produção (Poitou), enquanto outras aumentavam suas áreas de plantio, a exemplo das costas de Landes e Gironda. Quanto aos desmatamentos, foram marginais.

Segundo opinião amplamente difundida, o período revolucionário teria sido prejudicial às florestas francesas. É preciso fazer algumas ressalvas. Sem dúvida, foram cometidas destruições, mas que não atingiram um nível irremediável. Fato importante, porém, é que o Estado não abandonou a tutela que vinha exercendo havia pouco tempo sobre as florestas do reino por intermédio da Controladoria Geral das Finanças. Foi grande o número de leis criadas nesse âmbito, a fim de se encontrarem novos equilíbrios com o objetivo de repartir prerrogativas entre Paris e as células florestais básicas. Os grão-mestrados foram abolidos, suas funções judiciárias foram transmitidas aos tribunais ordinários, e o corpo de agentes, de antigos funcionários comissários, foi dividido em três categorias: conservadores, inspetores e guardas. As áreas florestais controladas pelo Estado aumentaram em razão do confisco dos bens da Igreja. Em contrapartida, a liberdade de explorar é amplamente concedida aos particulares (Lei de 4 set. 1791), a tal ponto que a impressão geral leva a pensar que as reservas de madeira de boa qualidade desapareceram em alguns anos.

Durante o Consulado e o Império, mostram-se claras tentativas de recuperação do controle. Embora o projeto de Código Florestal do ano IX tenha malogrado, a Lei de 9 de floreal do ano XI regulamentou a gestão dos bosques comunais, submetidos de novo ao regime de domínio público. Quanto aos particulares, todo e qualquer desmatamento implicava autorização prévia. A faculdade de usar os próprios bens é mais uma vez submetida ao interesse geral. Napoleão, com um Decreto de 7 termidor do ano XIII, pôs à testa da administração central um conselheiro de Estado que tinha o título de diretor-geral e criou um corpo de inspetores-gerais. Os funcionários florestais eram obrigados a usar uniforme e a residir no local. O peso do Estado, conservador florestal, era claramente sentido, inclusive nas extrações destinadas a sustentar esforços de guerra, prejudiciais à manutenção das reservas. Na Restauração, o balanço é diferente. Os especialistas florestais não apreciam muito nesse período e deploram a hemorragia dos bens públicos: vendas para equilibrar o orçamento, retrocessões aos nobres emigrados, constituição de apanágios para os filho da França etc. Mas, ao mesmo tempo, o Estado adotou medidas que prenunciavam o futuro: a criação da Escola Nacional das Águas e Florestas em Nancy (1824) para formar um corpo de executivos especializados de alto nível, e a adoção de um novo Código Florestal (ordenança de 1827), que lançou bases duradouras para a silvicultura francesa.

Somos obrigados a constatar que o Estado, apesar de ser pequeno proprietário, pretendeu impor sua marca. A produção foi mantida sob o controle de funcionários florestais, pertencentes a um corpo fortemente hierarquizado, cujo espírito se alimentava de uma formação uniforme, científica e não imune a influências silvícolas alemãs. Quanto ao texto, fixando um quadro normativo de referência, desposava o espírito do tempo. Em primeiro lugar, marcava uma continuidade, prestigiando grande número de disposições da ordenança de 1669 (inclusive o controle dos bens das comunidades "submetidas ao regime florestal"); em segundo lugar, inovava, ao dar mais liberdade aos funcionários florestais em sua atividade cotidiana. A fiscalização e a repressão dos delitos foram distinguidas para atender aos princípios de separação dos poderes. Quanto aos particulares, recobravam sua liberdade de gestão, salvo no que se referia à nomeação dos guardas, empossados pela administração dos departamentos, e à declaração prévia de todo e qualquer abate. Esse quadro possibilitou um novo impulso, esmorecido por dificuldades imediatas. O consumo da madeira continuava alto, em razão dos múltiplos canteiros de obras e para a alimentação de fundições, grandes consumidoras de carvão vegetal (foi preciso esperar meados do século XIX para que o carvão mineral destronasse a siderurgia movida a carvão vegetal). As catástrofes naturais preocupam os poderes públicos e restabelecem a questão do controle das florestas, apesar de as pressões de consumo continuarem altas. As grandes inundações obrigam a criar projetos de reflorestamento em regiões montanhosas. O litoral do Atlântico exige proteção apropriada para fixar as dunas móveis, em virtude do Decreto de 1804: as plantações começaram a partir de 1835. Partindo do sul da Bretanha, elas orlam as costas da Vendeia e Charente, para terminar nos departamentos da Gironda e de Landes. O Estado, sob a direção da administração dos departamentos, arca sozinho com o financiamento desses dispositivos pesados. Estão envolvidas duas administrações cujas relações às vezes se tornam difíceis: Águas e Florestas e Obras Públicas. As iniciativas prosseguem e até se ampliam durante o Segundo Império. O esforço de reflorestamento nos territórios montanhosos é completado por medidas legislativas adotadas durante a III República, apesar das grandes resistências (Lei de

4 de abril de 1882 completada pela Lei de 16 de agosto de 1913). Fortemente intervencionistas, esses textos criavam perímetros de proteção que autorizavam o Estado a tornar-se proprietário e a proibir quaisquer usos, a começar pelas pastagens. Os funcionários florestais tinham consciência de que deviam reconquistar espaços outrora abandonados e recuperar suas prerrogativas: a partir de 1862, retomaram o controle das florestas costeiras em lugar dos engenheiros de obras públicas. Para formar um pessoal administrativo e técnico qualificado, sob a autoridade de engenheiros, criou-se a escola de Barres em 1873. O pessoal florestal, de todos os níveis, sai de duas escolas do Estado que pretende criar um modelo de tratamento das florestas francesas. Essa preocupação deu lugar a discussões inflamadas entre os defensores de duas concepções. A primeira opta pela liberdade dos proprietários privados, pressupondo confiança em suas relações com o Estado. A segunda preconiza um controle amplo para a obtenção de uma produção regulamentada. As concepções iniciadas outrora por Colbert continuam fortes: o país não deve depender, no abastecimento de madeira, de nenhuma potência estrangeira. Essa ideia, perfeitamente ilusória, está ligada ao domínio imperfeito dos mares e a concepções comerciais e orçamentárias estreitas, muito diferentes das práticas inglesas.

Para justificar uma intervenção nas propriedades particulares, o Estado enuncia que o direito de propriedade deve ser limitado em vista do interesse público, pois "as florestas não são herdades comuns". Essa concepção triunfa durante o regime de Vichy, que, baseado num princípio de maior autoridade do Estado, justifica assim seu direito de intervenção (Lei de 13 de agosto de 1940 e Regulamento de aplicação de 18 de junho de 1941). As medidas adotadas não são questionadas depois da Libertação (Regulamento de 9 de agosto de 1944).

No entanto, no fim da guerra, instaura-se um novo clima entre a administração florestal e os proprietários particulares. Diante das tendências dirigistas ostentadas por todos os defensores da planificação, os liberais constituem uma frente. Obtêm a manutenção e até a melhoria de medidas favoráveis aos exploradores privados que correspondem a uma produção de longo prazo (tributação adequada, subsídios do fundo florestal nacional, associações florestais etc.) São concebidas estruturas para desenvolver colaborações institucionalizadas com o Estado (Centros Regionais da Propriedade Florestal). Ao mesmo tempo, o Estado conservador cria uma bateria de textos que visava se opor às tendências do momento: controle dos desmatamentos, proteção dos espaços arborizados nos planos de urbanismo, medidas contra queimadas, criação de parques naturais, nacionais ou regionais. As principais disposições legislativas e regulamentares florestais passam a ser reunidas no Código Florestal. A partir da década de 1950, a evolução econômica obriga a uma mudança profunda na administração florestal, cuja gestão estava sendo entravada por medidas excessivamente rígidas. A reforma ocorre em 1º de janeiro de 1966, com a criação do Ofício Nacional das Florestas (ONF), estabelecimento público nacional de caráter industrial e comercial dotado de personalidade jurídica e autonomia financeira. Esse contexto impõe uma gestão responsável, acompanhada de previsões orçamentárias de longo prazo, permitindo escapar à regra da anualidade. O ONF administra as florestas públicas, as das coletividades e, por meio de convenções, várias propriedades privadas.

Hoje os administradores florestais desempenham com paixão sua tarefa de interesse geral. Sua função evolui incessantemente, ainda que, na aparência, apenas deem continuidade às incumbências de seus predecessores: conservação, manutenção, proteção, exploração. No entanto, surgem encargos novos, que correspondem às expectativas de um público urbano que busca tranquilidade e descoberta da natureza. Seus funcionários organizam excursões, facilitam passeios, inauguram trilhas, desempenhando um papel pedagógico de primeira plana. Com isso, zelam pela produção e comercialização dos produtos madeireiros, preocupados em transmitir a seus sucessores boas florestas, de grande beleza paisagística, tal como eram quando pertenciam ao domínio da Coroa. A Lei de diretrizes de 9 de julho de 2001, numa sábia alquimia que mistura respeito à tradição e necessidade de inovação, fixa o conjunto das tarefas atribuídas ao pessoal da administração florestal e reúne vários dispositivos complementares numa perspectiva de desenvolvimento duradouro na qual o Estado pretende desempenhar papel motor e regulador, como no passado.

› Corvol A., *L'Homme aux Bois, Histoire des relations de l'homme et de la forêt XVIIe-XXe siècle*, Paris, Fayard, 1987. – Devèze M., *La Vie dans la forêt française au XVIe siècle*, Paris, Sevpen, 1961, 2 t. – Legal P., "Droit de propriété privée et contraintes d'utilité publique dans la première moitié du XIXe siècle. La plantation de la forêt littorale d'Olonne", *Actes des journées internationales d'Histoire du droit, Campagne, Forêt et Droit* (Nancy, jun. 2002) – Col.: "Histoire de l'administration française", *Les Eaux et Forêts du XIIe au XXe siècle*, Paris, CNRS, 1990. – "La forêt", *Actes du 113e congrès national des sociétés savantes* (Strasbourg, 1988), Paris, Ed. du CTHS, 1991.

Pierre Legal

→ Administração; Agricultura; Domínio; Leis fundamentais do reino; Prerrogativas soberanas; Soberania.

FONTES DO DIREITO (Problemática geral)

A problemática das fontes do direito poderia, sem dificuldades, aspirar à categoria de metafísica do direito, pois nasce da questão de saber – parafraseando Heidegger – "por que existe direito em vez de nada" (P. Amselek). As fontes do direito contribuem para revelar o fundamento da regra de direito e possibilitam identificar as prescrições jurídicas no âmago das normas sociais. Funções tão essenciais implicam um instrumento competente: se as fontes do direito não conseguissem exercer sua função, o sistema jurídico seria incapaz de compreender, portanto de controlar, a manifestação de sua matéria-prima.

Noção e tipologia das "fontes do direito"

Mais do que uma problemática das fontes do direito, é problemática a noção de fonte de direito. Classicamente utilizada, a expressão nunca é estudada por si mesma, mas por seus elementos constitutivos. O termo "fonte" designa o "lugar de onde se extrai algo" e, por extensão, "princípio, causa, origem". Aplicada ao Direito (a metáfora viria de Cícero), a ideia de "fonte" designa as "forças das quais surge o Direito (objetivo), aquilo que o engendra" (*Vocabulaire Juridique Capitant*). O fenômeno não deixa de ter uma tipologia – mais ou menos oficial – destas últimas. Diversos códigos estrangeiros (suíço, italiano, espanhol, sírio, da Louisiana etc.) comportam até, em seus primeiros artigos, uma lista das fontes do direito. Isso teria ocorrido também na França, se o projeto de Código Civil do ano VIII tivesse vingado, pois seu artigo 4º propunha uma enumeração das "fontes do direito de cada povo", incluindo jurisprudência, costumes e Razão natural. O fato é que a veleidade de estabelecer oficialmente as fontes do direito é não só paradoxal, mas principalmente ilusória: além de pretender – em vão – fixar os polos emissores de Direito, nega fundamentalmente, contrariando todas as evidências, o pluralismo das fontes do direito porque extrai o título de "fonte" da decisão de uma delas, no caso a lei: porque a lei permite que o costume tenha acesso ao título de fonte, o que constitui, para começar, a negação daquilo que o costume é… Na imensa maioria dos casos, identificação, classificação e hierarquização das fontes do direito são tarefas da doutrina (destas também faz parte saber se essa instância constitui uma fonte…). Por mais que esse caminho seja razoável, não deixa de singularizar-se pelo fato de redundar em certa privatização do ofício de identificação daquilo de onde brota o Direito. No entanto, a apreciação doutrinária, salvo em períodos transitórios, não se reflete na existência de grandes controvérsias sobre a tipologia das fontes do direito. Assim, há um amplo acordo (para não dizer mais) sobre a admissão da lei, dos costumes e da jurisprudência como fontes do direito; na ordem internacional, estabelece-se semelhante concórdia em relação a tratados, princípios gerais dos costumes internacionais, jurisprudência internacional e, no âmbito comercial, à *lex mercatoria*.

Dualismo

Além dessas categorias gerais, regularmente se propõem distinções com intuitos didáticos: fontes formais e fontes materiais ou reais, fontes nacionais e fontes internacionais, fontes escritas e fontes não escritas, fontes diretas e fontes interpretativas, fontes ideais e fontes formais etc. Essas subdivisões são testemunho da polissemia da expressão "fontes do direito", ao mesmo tempo que revelam sua causa, ligada à incerteza fundamental do critério das fontes do direito: a questão insolúvel consiste em saber se as fontes se limitam a configurar um direito que lhes seja preexistente ou se sua ação é de instituir prescrições que, até sua intervenção, nada tinha a ver com o direito. Se ficarmos com a segunda alternativa, poderemos delimitar mais ou menos as fontes do direito (vantagem nada desprezível), mas com o risco (também nada desprezível) de separar o direito de sua fonte: a concepção formal das fontes é a única realmente praticável na ordem positiva, mas também a mais perigosa para esta ordem, pois contém em si a insensata pretensão de onipotência da prescrição jurídica, ou seja, daquele que a enuncia; além do mais, essa ideia é pura e simplesmente errônea, pois o fato é determinante na produção do direito, e ela é de índole a provocar abusos cujas dimensões são aumentadas pelo fato de usarem a máscara da regra de direito; o século XX tem abundantes exemplos dos excessos provocados pelo desabrochar do positivismo voluntarista. Além disso, as chamadas fontes "materiais", apesar de amplamente indetermináveis e, em suma, infindáveis, devem ser incluídas na problemática geral das fontes do direito, pelo menos como anteparo.

Direito/fontes do direito

Por hipótese, o fenômeno das fontes é tão antigo quanto o do Direito, a tal ponto que se confundem, pelo menos em parte: a atividade jurídica começa com a elaboração das prescrições (gerais ou individuais), de tal modo que "o Direito" compreende "a produção do direito"; e, sabendo-se que esta é não só permanente, como também "continuamente reiniciada", não será tentador reconduzir "o Direito" à sua produção? No entanto, é inveterado o hábito de distinguir prescrição e aquilo que a alimenta e produz, a despeito do movimento contínuo em virtude do qual o direito é posto num momento e interpretado no outro: negar a existência de uma problemática das fontes do direito que seja suficientemente distinta da problemática geral do Direito equivale a tolerar que um sistema coercitivo possa se impor independentemente da possibilidade científica de identificar os produtores das prescrições assim enunciadas. O recurso à noção de fontes para apresentar a ação desses diversos produtores é, pois, primordial. Tenta-se resolver a complexidade e mesmo a confusão dos fenômenos situados sob essa égide com a adaptação dos diversos elementos reconhecidos como fontes.

Evoluções e permanências

No tempo e no espaço, as fontes do direito manifestam inegável variedade. E como poderia ser diferente, se os sistemas jurídicos divergem em suas concepções sobre a origem e a função do direito? Alguns deles privilegiam fontes "materiais" e caracterizam-se também por forte aproximação entre o direito e sua formulação: a tradição nas sociedades primitivas, a religião nas sociedades teocráticas, o litígio no sistema de *common law*. No entanto, nenhum sistema referiu-se a elas como causa única. Apesar da grande variação de seus respectivos pesos, é possível identificar quatro grandes polos em todo sistema jurídico: o juiz, o doutor, o legista, o grupo. Evidentemente, é constante a tentação de estabelecer um sistema baseado numa noção uniforme de fonte ou mesmo numa fonte única (a lei para Jhering, o costume para Henri Lévy-Bruhl), mas esses projetos esbarram inexoravelmente na impossibilidade de o direito se estabilizar numa forma única: se houvesse uma constante na problemática das fontes do direito, ela seria a pluralidade dessas fontes.

Concepção moderna das fontes

Com base numa nova visão da lei, a Revolução francesa e o Código Civil francês impuseram uma apresentação rigorista e hierarquizada das fontes. À força de Razão e Expressão da Vontade Geral, um dos modos de criação do direito foi consagrado como fonte privilegiada, a tal ponto que em dado momento teve pretensões a uma espécie de monopólio. Em todas as hipóteses, a lei tornava-se "a" fonte, sua elaboração era racionalizada, seu estudo era engrandecido, e as outras fontes eram desvalorizadas. É verdade que a construção concomitante do Estado moderno favoreceu consideravelmente o legiscentrismo. Lei e Estado mantêm tais relações de conivência, que se sustentam e servem mutuamente: o Estado encontra na lei fundamento e meio para sua autoridade; a lei encontra no Estado fundamento e meio para sua autoridade. A expressão popular dessa visão será dada pelos trabalhos do filósofo austríaco Hans Kelsen, dos quais é possível depreender, esquematicamente, que eles se articulam em torno de uma associação ontológica entre Direito (a lei) e Estado. Na concepção moderna das fontes, o principal ator, portanto, nada mais é que o poder público. Este, aliás, encontrará na lei o meio de procurar moldar cada vez mais o corpo social, como cumprimento de sua missão fundamental de proteção. A lei moderna comporta essa promessa de possibilidade de ação social com efeito imediato, ao passo que as concepções que a produziram participam, em grande parte, da ideia clássica de simples escrita de um direito preexistente e experimentado. Essa dimensão não resistirá a uma modernidade cujo projeto nada mais é do que transformar... tudo o que pode ser transformado. No entanto, essa mobilização universal da regra legal progressivamente forjará seu declínio, embora, ainda hoje, apesar do desenvolvimento irreprimível das fontes concorrentes, a lei continue sendo a referência central em matéria de fontes. A outra consequência da concepção moderna das fontes é a profunda resistência ao reconhecimento das fontes não estatais do direito. Embora, evidentemente, essa circunstância não tenha impedido sua proliferação, retardou ou pelo menos complicou a articulação entre as fontes internas e internacionais – delimitação dos respectivos campos de aplicação dessas legislações, começando por temperar as concepções que ligam estreitamente demais soberania e produção de regras de direito, sanção estatal e juridicidade. No entanto, a problemática geral das fontes do direito não teria sido fundamentalmente subvertida por tal ação, pois os mesmos processos de criação são utilizados na ordem interna e na ordem internacional, assim como se emprega semelhante classificação das diferentes fontes em categorias – com a adaptação à principal característica da sociedade internacional, ou seja, o fato de que nela os sujeitos são soberanos. As maiores transformações ocorreram no interior dos sistemas estatais: somados à profunda degradação da lei, o aumento do poder dos direitos fundamentais, o fim da subordinação do juiz e a proliferação do direito infralegislativo estão derrubando a organização das fontes estabelecida há duzentos anos. No entanto, a revisão da teoria das fontes do direito quase não faz parte da ordem do dia. A distorção crescente entre dogmática e realidade não modifica de fato o hábito de classificar cada prescrição jurídica nas categorias tradicionais, como se estas continuassem sendo suficientemente competentes. Essa unanimidade do desvio pela noção de "fontes do direito", apesar de cristalizar o assentimento social na identificação das regras de direito e na justificação de sua positividade, já não consegue dissimular a incapacidade desse instrumento para desempenhar essas eminentes funções: a noção de "fontes do direito" não possibilita dimensionar as regras de direito existentes nem articular corretamente os diferentes fatores de criação do direito.

Crise da identificação das regras de direito

As fontes do direito atualmente são incapazes de possibilitar identificar as regras de direito. Em primeiro lugar, as fontes tradicionais estão se transformando substancialmente. A lei não só deixou de ser a emanação eminente do poder, como também (e de modo corolário) se abre cada vez mais para processos de negociação, quando não de adesão; além disso, as disposições legislativas comportam uma parcela nada desprezível de propostas não normativas (declarações de princípio, orientações programáticas, reconhecimentos simbólicos etc.). Do mesmo modo, inversamente, a jurisprudência (judiciária, administrativa, constitucional, convencional, comunitária etc.) assumiu a dupla função de questionadora da lei e de fonte direta de normas gerais, funções inéditas no esquema moderno das fontes. Por outro lado, instalam-se e desenvolvem-se polos novos ou renovados de produção de prescrições. A relegitimação dos corpos intermediários empreendida desde o advento da III República na França acabou por dar ao direito sindical oriundo da "negociação coletiva" um lugar cuja posição essencial só uma doutrina obnubilada pelos cânones clássicos ainda ignora: o direito do trabalho não passaria de um *corpus* não aplicado sem o socorro dos acordos profissionais que, ao mesmo tempo o inspiram, completam, adaptam e corrigem mais do que conviria. A tal ponto que, dos relacionamentos de moradia às relações de consumo, passando pela "sociedade da informação", o modelo da negociação coletiva se difunde como tal. Simultaneamente, os organismos mais diversos, dos mais oficiais (tal como a Comissão de Ética) aos mais insólitos (tal como a Comissão de Tanatologia), formulam diariamente pareceres e recomendações espontaneamente ou a pedido de algum solicitante (este, ora por livre vontade, ora obrigado a recorrer a essa nova forma de consultoria). À primeira vista, o parecer ocupa posição periférica nas fontes do direito, pois, como seu nome indica, ele não é coercitivo: sugere, mas não impõe. Na verdade, o alcance dessas aparentes opiniões não é tão homogêneo: de acordo com a esfera, o teor, a forma do parecer e em função da qualidade ou da composição do órgão que o emite, ele pode desempenhar papel equivalente ao de uma lei. De qualquer modo, mesmo que isso não ocorra, a simples existência desse direito "consultivo" denuncia o enfraquecimento da lei e, através dele, a decomposição do esquema moderno das fontes do direito: com sua simples existência, o parecer consagra a impossibilidade de intervir de imediato por meio da lei; ora, essa maneira de privilegiar pré-requisitos possibilita-lhe orientar a forma da ação jurídica num sentido que não é o da lei (moderna). Sendo as fontes o que são hoje, cabe perguntar se, no mundo jurídico, resta algum interveniente que possa não ser reconhecido como "fonte de direito". Certamente a pluralidade é inerente à necessidade de configurar juridicamente o conjunto dos elementos materiais que baseiam o direito. Mas, desenvolvida em excesso, a pluralidade só pode alterar a capacidade do sistema jurídico para desempenhar corretamente sua função: multiplicando-se, as fontes formais se esgotam na solução dos conflitos provocados por sua proliferação. Como as fontes materiais, por hipótese, não atuam diretamente na ordem jurídica, a crise de seus intermediadores formais nada mais é que uma crise geral das fontes. É nesses momentos que se dimensiona melhor a dificuldade ontológica da própria noção de fonte do direito, que decorre de seu desdobramento em duas faces inconciliáveis e insubstituíveis: forma e matéria.

Coordenação das forças criadoras

A pluralidade das fontes, além de ter como primeira consequência a incerteza sobre a identificação das regras, também traz em seu bojo outro efeito perverso: o conflito entre diferentes fontes, que exige princípios de solução. A noção de "fontes do direito" tropeça na colaboração permanente dos diferentes fatores de criação apresentados. Suponhamos uma técnica contratual que nasceu da prática e foi consagrada por uma organização profissional antes de ser reconhecida pelo juiz, eventualmente com a cumplicidade de um artigo do Código Civil, para finalmente ser organizada por uma lei: qual é a "fonte" desse instituto jurídico? O exemplo revela que toda "fonte" no singular deve ser entendida no plural. Ora, o esquema moderno postula uma classificação apta a dar a cada fonte a sua prescrição – quando não a cada prescrição sua fonte. Esse projeto participa da própria teoria das fontes. Essa perspectiva, porém, não pode alcançar inteiro sucesso, e daí provém outra limitação importante de toda dogmática das fontes do direito. Quanto mais elaborada é a teoria das fontes, menos viável é a vinculação de uma prescrição a uma fonte, com exclusão de qualquer outra. Esse fenômeno redunda nos princípios de articulação entre as fontes. Do primado da lei sobre a jurisprudência ao primado da convenção coletiva sobre o regulamento interno, passando pela separação entre direito comunitário e direito constitucional, a pluralidade das fontes pauta-se, classicamente, pela hierarquização. Concebível num sistema em que as fontes são numericamente limitadas e uma delas é nitidamente preeminente, essa modalidade de regulação se esgota quando há grande aumento no número das fontes e com o concomitante fenômeno que acabamos de mencionar, a equiparação de sua dignidade. Admite-se hoje que a "hierarquia das normas" já não soluciona os conflitos, mais perceptíveis entre as prescrições. O sistema que se estabelece progressivamente, em lugar da hierarquia, é o da apreciação caso a caso, pelo menos em se tratando de conflitos entre normas globalmente pertencentes a um mesmo nível. Assim se confirma o aumento do poder da figura do juiz na atual sequência das fontes do direito: acaso o novo sistema de solução dos conflitos de fontes não participará fundamentalmente do ofício do juiz?

Futuro da noção de fontes do direito

A noção de fonte do direito estará sendo amplamente suplantada pela noção de ordem ou de sistema jurídico? Acaso não é no âmago deles que se encontram os mecanismos geradores dos conflitos oriundos da proliferação dos polos de criação do direito? Tal evolução poderia parecer salutar, em vista da relativa incapacidade das fontes para fundar ou pelo menos para determinar o direito: se, formalmente, a qualificação "fonte de direito" marca a competência de uma instância para ditar uma norma, isso só ocorre depois de se responder que norma confere o poder de qualificar um fenômeno de "fonte do direito"... Ora, todos sabem que não há resposta para tal interrogação, donde a tentação de fugir dela com as fontes do direito. Essa proposta, porém, é ilusória, pois implicaria uma impossível desistência de delimitar os lugares de produção do direito, sejam eles qualificados de "fontes do direito" ou por qualquer outro termo pretensamente distinto (ato de vontade, fato social...): apesar de seus limites, a técnica das fontes do direito é insubstituível. Aliás, é lícito considerar que a grande crise pela qual passa hoje a teoria das fontes decorre bem mais de uma crise de certas fontes do que da descoberta da ineficiência do instrumento "fontes do direito". Certamente o sistema tradicional atribuiu coisas demais às fontes, esperando delas muito mais do que elas podiam dar; mas esse era o preço da elevação de uma fonte no frontispício do direito. O fim desse período deveria ter aberto para um tempo mais propício à apreensão racional daquilo que é oferecido pela teoria das fontes e daquilo que ela não poderia proporcionar. No entanto, sendo a crise o que é, assim como a história das fontes, provavelmente está em preparação uma reorganização que dá primazia a outra fonte que não a lei – seria de pensar no direito negociado. O debate sobre o fenômeno das fontes deveria alterar-se em proveito de uma exegese aplicada da nova organização da produção do direito. Assim poderia ser a vida (portanto, a problemática) das fontes do direito: fenômeno contestado quando as fontes mais se mostram como tais, em decorrência de sua pluralidade, e enaltecido quando as fontes são freadas naquilo que constitui sua característica menos indubitável: sua diversidade.

› AMSELEK P., "L'évolution générale de la technique juridique dans les sociétés occidentales", *RDP*, 1982, p. 275. – CHEVALLIER J., "Vers un droit post-moderne? Les transformations de la régulation juridique", *RDP*, 1998, p. 659. – DJUVARA M., "Quelques considérations sur la nature des sources et sur la formation du droit positive", *Mélanges H. Capitant*, p. 219. – JESTAZ Ph., "Source délicieuse", *RTD civ.*, 1993, p. 73. – KELSEN H., *Théorie pure du droit*, Paris, Dalloz, 2ª ed., 1962. – LÉVY-BRUHL H., "Esquisse d'une théorie des sources du droit", *L'Année sociologique*, 1951, p. 3. – VIRALLY M., *La Pensée juridique*, Paris, LGDJ, 1960. – ZENATI F., "L'évolution des sources du droit dans les pays de droit civil", *D.*, 2002, cron., 1. – Col.: "Sources du droit", *APD*, t. 27, Paris, Sirey, 1982. – *Le Problème des sources du droit positif*, Institut international de philosophie du droit et de sociologie juridique, 1re session, Sirey, 1934.

Ver também: BÉCHILLON D. de, *Qu'est-ce qu'une règle de droit?*, Paris, Odile Jacob, 1997. – COHEN-TANUGI L., *Le Droit sans l'État*, Paris, PUF, 1985. – DEUMIER P., *Le Droit spontané*, Economica, 2002. – GOLDMAN G., "Nouvelles réflexions sur la *lex mercatoria*", *Mélanges P. Lalive*, Genebra, 1993, p. 241. – KERCHOVE M. van de & OST F., *Le Système Juridique – entre ordre et désordre*, Paris, PUF, 1988. – LIBCHABER R. & MOLFESSIS N., "Sources du droit", *RTD civ.*, a partir de 1997. – OPPETIT B., "Les réponses ministérielles aux questions écrites des parlementaires et l'interprétation des lois", *D.*, 1974, cron., 107. – OSMAN F., "Avis, directives, codes de bonne conduite, recommandations, déontologie, éthique, etc., réflexions sur la dégradation des sources privées du droit", *RTD civ.*, 1995, p. 509. – REVET Th. (org.), *L'Inflation des avis en droit*, Economica, 1998. – RIPERT G., *Les Forces créatrices du droit*, Paris, LGDJ, 1955. – ROUBIER P., "L'ordre juridique et la théorie des sources du droit", *Mélanges G. Ripert*, Paris, LGDJ, 1950, t. 1, p. 9. – SAVATIER R., "L'inflation législative et l'indigestion du corps social", *D.*, 1977, cron., p. 43. – TERRÉ F., "La 'crise de la loi'", *APD*, t. 25, 1980, p. 17. – TIMSIT G., "Les deux corps du droit – Essai sur la notion de régulation", *Rev. franç. d'administration publique*, 1996, p. 375. – TROPER M., "Système juridique et État", *APD*, t. 31, 1986, p. 29. – ZENATI F., *La Jurisprudence*, Paris, Dalloz, 1991.

Pascale DEUMIER, Thierry REVET

→ Codificação; Deontologia; Doutrina; Equidade; Hierarquia das normas; Juiz; Jurisconsulto; Jurisprudência; Lei; *Lex mercatoria*; Ordem jurídica; Pluralismo jurídico; Positivismo; Precedente; Princípios; Usos e costumes.

FORÇA

Opor a força e o direito é lugar-comum: o direito proíbe a justiça privada e seus possíveis excessos; protege os indivíduos da força brutal... Essa era a felicidade do moleiro do castelo de Sans-Souci; mas, se havia juízes em Berlim, era porque o autocrata Frederico assim desejava. O jurista sabe, em todo caso, que o direito não existe sem a força, pois a regra de direito é uma regra de comportamento cujo respeito pode ser obtido pela coerção.

Quando as autoridades sociais recorrem à força para exercer a coerção, esse poder é qualificado de força pública; mas a coerção legítima pode resultar da formulação de sanções que não pressupõem recurso à força pública (por exemplo, as sanções disciplinares ou mesmo as sanções convencionais). Assim, numa percepção de primeira vista, a palavra *força* remete ao caráter coercitivo do direito, e todos estão concordes em dizer que a sanção é um elemento constitutivo da regra de direito. Ainda que direito não pareça reduzir-se a força, direito e força mantêm entre si um vínculo indissolúvel. Quanto ao sentido do vínculo, somos levados a dizer que a força alimenta o direito; a afirmação inversa parece muito mais arriscada. Evidentemente, o pensamento otimista que caracteriza a modernidade considera, ao contrário, que "a sanção é um meio de pôr a força *a serviço* da ordem jurídica" (Bergel, Virally), mas o que seria da ordem jurídica sem a força? A verdadeira pergunta é se o direito não passa de tradução mais ou menos elaborada da força, ou se existem elementos essenciais, independentes da força ou da coerção (por exemplo, um mínimo de adesão do grupo), que se interpõem entre a força e o direito e, sem tornar este independente daquela, lhe conferem uma natureza diferente: o direito seria então uma regra que deve receber assentimento suficiente do grupo ao qual é a aplicada, de tal modo que a coerção só seria aplicada no caso especial de transgressão.

Sempre houve pessoas pessimistas ou realistas, desde os sofistas gregos até Pascal, para ressaltar o caráter determinante da força no nascimento do direito, ou mesmo para dizer que o direito nada mais é que a expressão direta, em dado momento, das relações de força: os mais fortes impõem aos outros um sistema de regras garantido pela coerção. Foi com esse espírito que Jhering construiu sua famosa teoria da irrigação do direito pela força, que, provavelmente, continua sendo a mais elaborada sobre a questão e, por sua própria evolução, é rica de ensinamentos. Segundo Jhering, se a coerção pode garantir o respeito ao direito, é porque a força é origem do direito. Tudo começou com uma visão darwiniana, segundo a qual os mais fortes se impõem aos mais fracos: eles assumem o poder e ditam as regras sociais em função apenas de seus interesses. Depois, os detentores do poder entendem que é de seu interesse moderar as marcas da força, substituir a luta pela paz, criando normas aplicáveis a todos; é então que o direito nasce. A força bruta ganha, assim, a forma do direito, que nada mais é que um outro meio de os mais fortes imporem seus pontos de vista. "O direito nasce do poder do mais forte que, guiado por seu próprio interesse, restringe com a norma seu próprio poder" (*Der Zweck im Recht*). O direito, portanto, é a força camuflada, inteligente, e a lei é um poder de composição que o forte outorga para garantir seu poder. Por isso, o famoso aforismo de Jhering, segundo o qual *o direito é a política da força*, pôde ser traduzido pela ideia de que o direito é a gentileza da força (Carbonnier), ou a habilidade da força (Coulombel). Jhering terá incondicional admiração por Bismarck, hábil comandante que foi importante legislador. Por meio do direito, a força avança com o rosto coberto, às vezes sob o manto da moral e dos princípios mais elevados. Mas essa transformação da força em direito não provém da incorporação de um valor superior; estamos do lado oposto do Rousseau do *Contrato social* (I, I-III). Jhering explica que a força redunda no direito, "não como em alguma coisa que ela deve tomar de empréstimo fora do sentimento jurídico, não como uma concepção superior que o sentimento de sua própria inferioridade lhe engendra; ela o engendra espontaneamente, como sua própria lei. O direito é a política da força. A força fica; não desaparece diante do direito; mantém seu lugar, mas incorpora o direito como elemento acessório: torna-se a força justa" (*ibid.*). A opinião de Jhering sobre a atitude dos mais fracos reitera sua análise, segundo a qual o direito é a roupagem da força: os fracos têm a inteligência de se submeter às regras ditadas pelos mais fortes, até que as relações de força mudem, e eles possam assumir o poder para ditar seu direito. O direito é, assim, fruto de uma luta permanente, pois a coincidência entre as formas da força e a ordem jurídica é passível de ruptura; em certas circunstâncias, a força pode recusar-se a obedecer ao direito; "ela age então como força nua, seja ela do poder público (golpe de Estado), seja do povo (revoluções), realizando então a mesma obra realizada no início da formação das sociedades: ela dita o direito" (*idem*). O direito não é uma matéria imóvel, deduzido de uma razão imutável; é vivo e não para de sofrer transformações devido à luta travada por interesses contraditórios (*Scherz und Ernst in der Jurisprudenz* [1885]). Em Philippe Heck (1933) encontra-se a ideia de que o direito resulta da rivalidade dos interesses particulares, ainda que desse combate saia alguma coisa superior. Donde o "nobre dever" que há, segundo Jhering, em fazer valer o seu direito ("*Im Kampfe sollst du dein Recht finden*"). Coulombel ressaltou que, por meio de uma ruptura radical com a escola do direito natural, Jhering substituiu a razão pela força como princípio do direito: "O direito não é um poder intelectual, não é uma ideia lógica, mas uma ideia de força"; e também: "O direito não se reconhece como verdade, estabelece-se pela luta de interesses, e não pela virtude de raciocínios e deduções, mas pela ação e pela energia do querer geral" (*Der Zweck im Recht*). Entende-se, aliás, que foi virada uma página da filosofia do direito; o debate era mais ideológico que metafísico, e, entre a consolidação do pensamento kantiano, profundamente individualista, e o desabrochar do utilitarismo social de Jhering, encontra-se meio século de importantes mudanças sociais.

Mesmo nas sociedades contemporâneas, o direito é fruto de uma relação de forças; nelas, a luta simplesmente assume forma diferente da que caracteriza os estados humanos primários: antes violenta, tornou-se pacífica, pela expressão contida das forças políticas rivais. Citaríamos Michel Foucault, em *Vontade de saber*: "Uma das características fundamentais das sociedades ocidentais é que as relações de força, que por muito tempo haviam encontrado na guerra, em todas as formas de guerra, sua principal expressão, foram sendo, aos poucos, investidas na ordem do poder político." O ideal pacífico das sociedades ocidentais modernas (o capitalismo só pode funcionar bem num mercado regular, numa sociedade pacificada) e a paz civil na qual se baseiam seus regimes democráticos não contradizem a ideia de que as relações de força constituem o fundamento do direito. Isso significa simplesmente que, no caso, os mais fortes têm interesse na paz. A coletividade, em seu conjunto, pode, aliás, felicitar-se quando as condições concretas dessa paz propiciam a todos um mínimo objetivo de dignidade material e moral. A camuflagem da relação de força por meio da abertura do debate político torna os sujeitos de direito mais vítimas da realidade, e a mudança de expressão da força tem o objetivo de diminuir o ritmo das inversões de poderes e das rupturas sociais radicais? Na verdade a questão é complexa, pois não está excluída a possibilidade de que as minorias aceitem ser coagidas, quando não humilhadas. Não é apenas uma questão de artifícios: a vida em sociedade é feita de formas e de ritos; e, desde que esses ritos sejam suficientemente reguladores, podem conferir legitimidade à dominação, assim como todos os fatores que estabelecem certa distância entre a vontade dominante e a aplicação da força. A chamada teoria do Estado de Direito talvez não signifique outra coisa. A *Analytical School* contribuiu para formular o problema. Gray considera que "a sociedade humana é organizada para a proteção dos interesses humanos, mas o verdadeiro objetivo da organização social é, às vezes, consolidar os interesses de um número muito limitado de indivíduos. No entanto, são tais os benefícios da ordem, que toda organização política, por mais ínfimo que seja o número de seus beneficiários, é preferível para os outros à anarquia". Do mesmo modo, Hart insistiu no valor da segurança, admitindo que a sanção coercitiva no direito, embora tenha a função de ser utilizada contra os malfeitores, pode ser usada para o proveito de uma minoria governante com o único objetivo de defender seus próprios interesses e manter a submissão de uma maioria indefesa; ora, isso não invalida o sistema como ordem jurídica. A moral é outra questão, pois cada um está moralmente livre para não obedecer. A constatação estritamente analítica fora, porém, superada pelo próprio Jhering. Na segunda parte de sua obra, ele ressaltou que o caráter coercitivo do direito é justificado pelo objetivo que ele possibilita atingir, e que não consiste em manter, a qualquer custo, a força no poder. No fim de sua obra, o grande autor alemão extraiu todas as implicações dessa ideia expressa em *Geist des römishen Rechts*... [Espírito do direito romano...] (pelo menos na 3ª ed.), de que "a força não é o objetivo do direito". Ele considera então que a própria força do Estado deve ficar subordinada ao objetivo social do direito, que é garantir a segurança, a unidade e a permanência do grupo. Batiffol identificou muito bem a evolução do pensamento do professor de Goettingen: "Jhering, depois da afirmação veemente do papel da vontade no direito (*der Kampf ums Recht*), reconhece que mesmo a fórmula *o direito é a política da força* obriga a descobrir o que essa política quer, e que, embora se trate de uma vontade a procurar atingir um objetivo, o fundamental para a compreensão do direito é a determinação desse objetivo (*der Zweck im Recht*). Com sua experiência de jurista, ele identifica a tradição que mescla vontade e inteligência, sem as confundir: a vontade se volta para aquilo que é conhecido como bem; se fosse diferente, como distinguir a vontade da força pura e simples? A força como tal é, precisamente, a violência cega, ou seja, não guiada pela razão."

Na inversão de perspectiva realizada por essa visão teleológica, já não é apenas a dominação que se encontra na origem do direito. É o objetivo atribuído ao direito, e não o caráter brutal da força no poder, que explica o fato de ele poder ser imposto pela força. Já não é apenas por calculismo interesseiro que a força bruta se autolimita por meio do direito; conforme ressaltou de forma excelente Batiffol, "a razão na ação também diz respeito ao objetivo que a ação quer atingir pela decisão". O respeito ao direito não se baseia apenas no medo que os indivíduos sentem em relação à força no poder; o próprio objetivo é respeitado, pelo menos enquanto se tratar de um imperativo inconteste: a manutenção e a permanência do grupo em segurança.

Os matizes dados por Jhering às suas próprias teorias são convincentes, pois mesmo que a coerção seja um elemento característico da regra, é de duvidar que constitua o elemento essencial do direito. A aplicação da sanção não é o objetivo do soberano: a lei é feita para obter abstenções ou comportamentos positivos, de tal modo que o essencial da prescrição está em seu objeto, e não na sanção que o acompanha (Batiffol). Chegou-se a dizer que o critério da sanção é um falso critério (Foriers): não adianta a regra ser tecnicamente sancionada; se não obtiver adesão, não será uma regra digna desse nome, pois será desconsiderada, a despeito da sanção. Se, em contrapartida, houver adesão à regra, a sanção funcionará como consequência eventual da adesão. Assim, a consideração dos fins traz à tona essa ideia de que o conteúdo do direito não é indiferente à justificação de seu caráter coercitivo. E, sem negar a existência de uma força no poder (tem-se aí um pleonasmo), acaba-se por admitir uma condição suplementar à manutenção do direito: a aceitabilidade das regras por aqueles que não as ditaram. Embora o poder constituído, oriundo de uma relação de forças, seja *a priori* livre na determinação dos fins do direito, suas regras só poderão ser duradouramente impostas caso não transponham os limites do aceitável para a parcela do corpo social à qual são impostas. Isso, aliás, não conduz ao direito natural: o valor moral das regras consideradas aceitáveis por um dado grupo pode ter um nível bastante baixo. Do mesmo modo, as considerações acima parecem poder ser explicadas sem que se percam de vista os dados positivos. A verdadeira questão pela qual o jurista não transgride os limites de sua ciência é a seguinte: por que se atribui validade a um sistema jurídico "positivo"? Por que é exatamente determinado sistema de regras – e não qualquer outro – que consideramos ser o direito válido para determinada sociedade?

Na realidade, atribuímos uma validade ao sistema que, no conjunto, é mantido por uma autoridade social constituída. E se, além dessa constatação que parece puramente positivista, procurarmos um elemento que justifique a resposta, só saberemos dizer que o que nos interessa e é atual para nós é o sistema de normas efetivamente mantido, aceito e respeitado. Nenhuma realidade em si parece dar resposta ao problema da validade. Quando validamos um sistema normativo, nós o fazemos em virtude de uma série de postulados relativos à validade dos poderes constituídos e de certo reconhecimento dos princípios capazes de servir de complemento às disposições do direito positivo. "Em filosofia do direito, escreveu-se muito sobre as relações entre força e direito e entre Estado e direito. Mas, em geral, o único resultado a que se chegou foi limitar-se à facticidade do sistema jurídico, sendo, portanto, necessário aceitar as relações de força existentes como fatores de importância absolutamente decisiva" (Castberg). Em toda sociedade há um "soberano", ou seja, um detentor de poder; e o direito consiste em dizer que as decisões do soberano são válidas (Austin). A existência de sistemas que identificam o soberano ao povo não permite pôr em causa essa análise, considerando-se as regras que primam por estabelecer uma distância considerável entre um sentimento popular versátil e a expressão de um resultado politicamente utilizável. No entanto, embora o funcionamento do direito (hierarquia das normas, separação dos poderes etc.) possa facilmente ser considerado factício, é impossível limitar-se à ideia de que o próprio direito seria factício. Em toda sociedade humana é identificável um direito (mesmo que ele se distinga pouco da moral, da religião ou das superstições), e não se poderia considerar factício um fenômeno social tão constante. A constatação formal de que o direito é produzido pelo soberano, sinônimo de *mais forte*, deve, portanto, ser enriquecida com um elemento "moral". O próprio Hart destacava que não se pode pôr em dúvida que o desenvolvimento do direito foi profundamente influenciado, em todos os tempos e em todos os lugares, pela moralidade convencional e pelos ideais dos diversos grupos sociais. Acrescentava que nenhum positivista poderia negar que a estabilidade de uma ordem jurídica depende, em parte, de tais tipos de relação com a moral. Ora, o resultado da relação de forças expresso pela regra de direito pode estar excessivamente distante da moralidade convencional e dos ideais do grupo social em causa. Jellinek já ressaltara, além das relações exteriores de forças, a importância do sentimento de justiça quando se procura identificar o direito de um país. É nessa perspectiva que ele formulou seu critério da *força normativa do efetivo* ("*Die normative Kraft des Faktischen*"). Ao procurarmos identificar o direito em vigor, limitamo-nos com razão às normas efetivamente observadas e aplicadas. Ora, estas não atenderiam ao caráter de efetividade se, além das relações sociais de forças, a importância do sentimento de justiça fosse ignorada. O sistema de normas, para ser socialmente ativo, deve não só ser mantido pelas forças estabelecidas e oficialmente instituídas, mas também ser sustentado pela concepção predominante de direito na sociedade em causa. Isso não significa que a ordem jurídica seja apreciada ou popular, mas que sua manutenção de maneira suficientemente eficaz depende da convicção geral de que as regras que a constituem devem ser respeitadas como fundamento da ordem social. E isso traz à tona, sem dúvida, o papel desempenhado pela liberdade irredutível que não cabe aos indivíduos, mas à sua reunião em corpo social.

Já foi mencionado o fato de que, em certa medida, as minorias aceitam a coerção. É verdade que, para grande número de indivíduos, é um dever religioso ou moral obedecer à autoridade estabelecida (a teologia luterana levou ao extremo essa concepção); para outros, a obediência jurídica se mostra como um dever cívico racional, algo que se deve a uma coletividade que, de toda maneira, é necessária à nossa sobrevivência. Isso não impede que a sustentação do sistema vigente, por sua própria natureza, possa faltar: se o sistema jurídico existente se opuser com muita força às apreciações religiosas ou éticas predominantes, ou se ele não parecer estar garantindo a vida social em condições de segurança aceitáveis, o conjunto ruirá. As interrogações, inicialmente embrionárias, sobre a ordem jurídica vigente, acabarão por exteriorizar-se em momentos de perturbações sociais ou de dificuldades externas, e uma proporção maior de cidadãos acabará por tomar consciência do fato de que sistemas normativos opostos se combatem abertamente, e a questão relativa àquilo que deverá ser considerado direito em vigor no país dará lugar a grandes dúvidas. Em de tais condições, gostos e meios, a atitude que cada um adotará em relação ao problema da validade do direito será decidida por situações fortuitas ou profundas convicções (Castberg). Assim, o critério decisivo para que um sistema de normas tenha caráter de direito, é que haja, no conjunto, aceitação e respeito às regras do sistema e, se necessário, sua manutenção pela coerção – na expectativa de uma ruptura mais ou menos próxima que produza uma renovação do direito em consequência de uma inversão na relação de forças ou de uma evolução radical das consciências no que tange às realidades que possam ter evoluído. De uma maneira ou de outra, e a não ser que se dê uma evasão para o jusnaturalismo que propõe postulados completamente exteriores, encontramos as ideias de Jhering: que o direito expressa uma relação de forças passível de inversão, mas, como a natureza do direito é servir a um objetivo social, sua expressão não pode ser completamente desvinculada da consideração do bem da comunidade, com o risco de se precipitarem inversões sucessivas, de tal modo que o direito já não seria o direito.

Assim chegamos àquilo que Edith Stein, filósofa da escola fenomenológica alemã, escreveu em seu *Ensaio sobre o Estado* (*Eine Untersuchung über den Staat*, 1925, trad. fr. 1989). A essência do Estado, que é produtor de direito, é o poder, mas a existência do Estado pressupõe que ele esteja em condições de impor seu reconhecimento, pois ele mesmo se originou de indivíduos que se mantiveram juntos por uma consciência comunitária. Essas condições do nascimento do Estado determinam as condições de sua manutenção: o Estado precisa ajudar a comunidade a ser moral. Isso levava E. Stein a ressaltar a fragilidade da situação do Estado, pois nem sua soberania nem o direito conseguem garantir sua existência. Ele não pode desvincular-se da associação de pessoas que o configuraram: para que o Estado tenha boa saúde, é preciso que o direito por ele produzido despose suficientemente as tendências da vida comunitária. Se o Estado se alienar das forças espirituais da comunidade, as pessoas se tornarão indiferentes ao comando do Estado e abalarão sua existência, que depende da obediência. O Estado, soberano em sua ordem, é, portanto, frágil em termos absolutos. É eloquente a proximidade entre Jhering e E. Stein, em relação ao tema do poder do Estado e das condições de sua legitimidade no tempo. Ela contribui para derrubar diversas críticas sobre a obra do primeiro. Stammler e Kohler escarneceram da pobreza do aparato filosófico de Jhering, coisa com a qual ele próprio concordava sem dificuldade. Mas a concordância entre as observações de Jhering e as de E. Stein sobre o fenômeno do direito, sua expressão pelo Estado, as origens do poder deste, a fragilidade de sua existência no tempo e as possíveis causas de seu declínio são tais, que as reflexões da filósofa prolongam as palavras do jurista. Sem dúvida, a crítica de que Jhering não teria apresentado o menor critério de Justiça parece pertinente: "Voltando toda a sua atenção para o conflito entre objetivos e interesses que está por trás do direito e para o fato de que a regra de direito pouco mais é que a resultante de um acerto provisório desses conflitos, ele não apresentava orientação satisfatória para decidir se o acerto incorporado na lei é justo, ou para explicar como se poderia atingir um acerto mais justo" (J. Stone). Mas Edith Stein possibilita responder que, embora a estrutura ôntica do Estado (que, filosoficamente, não é uma pessoa) seja laica no sentido de não ser portador de valores religiosos próprios, embora seja verdade que ele não tem alma, existe um devotamento ao Estado que é uma questão de alma. Ora, isso só será possível se o Estado manifestar capacidade de analogia com a pessoa humana, porque esta constitui a categoria fundamental da realidade. Já não se trata de Jhering, mas de um prolongamento filosófico bastante natural de suas ideias em torno dessa consideração dos fins, sem a qual nenhuma ordem jurídica pode ser duradoura: por acaso ele mesmo não terá procurado demonstrar que "a ideia de poder e de liberdade, tanto no direito público quanto no direito privado, é a expressão legítima e necessária do sentimento da personalidade" (*Geist des römishen Rechts*)?

Efetivamente, a proximidade que pode haver entre o admirador do *Chanceler de ferro* e a filósofa judia, convertida ao catolicismo e martirizada em Auschwitz, impede, sob muitos aspectos, que se reduza o primeiro à gênese do totalitarismo. Ambos constataram que a força ou o poder está na origem do direito e ambos explicaram que a conservação da ordem jurídica baseia-se, de qualquer maneira, numa legitimidade que depende do que pode ser sentido fundamentalmente pelos seres humanos aos quais ela se aplica.

› BATIFFOL H., *Problèmes de base de la philosophie du droit*, Paris, Sirey, 1979. – CASTBERG F., *La Philosophie du droit*, Paris, 1970. – COULOMBEL P., "Force et but dans le droit selon la pensée juridique de Ihering", *RTD Civ.*, 1957, p. 609. – EL SHAKANKIRI M., "Analyse du langage et droit chez quelques juristes anglo-américains de Bentham à Hart", *APD*, 1970, p. 113. – FORIERS P., "La Règle de droit, essai d'une problématique", in *La Règle de droit* [col.], Bruxelas,

1971. – HART H. L. A., *Law, Liberty and Morality*, Oxford, 1963; "Positivism and the Separation of Law and Morals", *Harvard Law Review*, vol. 71, 1958, p. 593. – JHERING R. von, *L'Esprit du droit romain*, 3ª ed., trad. Paris, 1886 [reprint Bolonha, 1969]; *Der Zweck im Recht* (*Le But dans le Droit*), 1887. trad. fr. 1901 com o título: *L'Évolution du Droit; Der Kampf ums Recht* (*Le Combat pour le Droit*), 1872, in *Der Geist des Rechts*, ed. Bremen, 1965, trad. fr. *La Lutte pour le droit*, Paris, 1890. – MARGERIE B. de, "Edith Stein et l'État", *APD*, 1993, p. 129. – STEIN E., "Eine Untersuchung über den Staat", *Jahrbuch für Philosophie und phänomenologische Forschung*, 7 (1925) 1-123 [reprint Tübingen, 1970], introd. e trad. fr., Fribourg, 1989 por Ph. Secretan com o título *De l'Etat*. – STONE J., *Human Law and Human, Justice*, Londres, 1965.

François Xavier TESTU,
Gwendoline LARDEUX

→ Alemanha; Coerção; Direito natural; Eficácia; Escola do direito natural moderno e racionalismo jurídico; Estado; Estados Unidos; Fontes do direito; Ordem jurídica; Positivismo; Regra de direito; Sociedades tradicionais.

FORÇAS ARMADAS, ALISTAMENTO E SERVIÇO MILITAR

"O estado social e político de uma nação está sempre em relação com a natureza e a composição de seus exércitos" (N.-D. Fustel de Coulanges, *A cidade antiga*). Serviço militar e recrutamento estão ligados ao *recrutamento* militar, ou seja, ao modo como um Estado mantém disponível um efetivo permanente de tropas aptas a combater. O *recrutamento* não passa de ato preparatório, inscrição, em listas comuns, de todos os cidadãos de uma mesma faixa etária. Quanto ao *serviço* propriamente dito (qualificado antigamente na França como *militar*, e agora como *nacional*) é o tempo durante o qual o cidadão é mobilizável para o serviço armado, em que serve diretamente, tendo sido *mobilizado* ou *incorporado* (fala-se então de *serviço ativo*), ou mantido em disponibilidade na *reserva*. Se o termo recrutamento desempenha tal papel em nosso imaginário jurídico-político, é decerto porque essa inscrição comum remete aos próprios princípios do exército nacional: universalidade do serviço e igualdade, diante desse serviço, de cidadãos que poderão matar ou morrer em nome da Nação.

Existem duas abordagens ao assunto. A primeira concebe o serviço como um direito do Estado, tal como Maurice Hauriou, em seu *Précis de droit administratif et de droit public général*, para quem o Estado "foi levado a exigir o serviço militar pessoal de cada indivíduo, o que constitui um direito de poder acessório: *o direito ao serviço militar*". De acordo com a segunda abordagem, que considera que a comunidade nacional deve manifestar um "desejo de conviver" de cunho renaniano, que imagem poderia ser melhor que a luta comum traduzida pela vitalidade do grupo em causa? Essas duas perspectivas convergem ao longo de toda a evolução do recrutamento do exército francês e dos debates que o acompanham.

Durante o Antigo Regime, o alistamento, de responsabilidade de suboficiais chamados "*racoleurs*", é o principal modo de recrutamento. Quando esse exército profissional se mostra insuficiente em número de efetivos, o soberano pode constituir milícias provinciais – as antigas companhias de franco-arqueiros de Carlos VII – recrutadas por sorteio nas paróquias. Mas o recrutamento dessa milícia é excessivamente desigual, e sua tentativa de reorganização no século XVIII teve sucesso apenas parcial. Por isso, prefere-se recorrer a tropas estrangeiras aguerridas que servem a França a soldo – suíços ou alemães, por exemplo. Com o Iluminismo, as novas ideias atendem aos desejos dos estrategistas militares, em torno da ideia do *Soldado cidadão*, título de uma obra de Servan, futuro ministro girondino da Guerra. Em resposta ao *Essai général de tactique*, de Guibert, ou a *Rêveries*, de Maurice de Saxe, que insistem na necessidade de mobilizar grandes contingentes, surgem *Bélissaire*, romance de Marmontel, e o verbete "Armée" da *Enciclopédia*, segundo o qual "para cada condição [social], o cidadão deveria ter dois hábitos: o hábito de seu estado e o hábito militar". Tratava-se, portanto, de tomar consciência, ao mesmo tempo, de uma solidariedade efetiva entre todos os cidadãos e de uma comunhão de deveres, na defesa do território.

Em 4 de maio de 1789, a Constituinte abole a milícia. Falta formar um exército, ainda que a

Constituinte declare paz para o resto do mundo. Fiel porta-voz do Iluminismo, Dubois-Crancé apresenta à tribuna, em 12 de dezembro de 1789, aquele que, por mais de um século, será o principal argumento a favor do recrutamento, símbolo da igualdade diante dos deveres que seria traduzido pela coesão exército-nação: "É agora um direito de todos os franceses servir a pátria; é uma honra ser soldado quando esse título é o título de defensor da constituição de seu país. Digo que, numa nação que quer ser livre, cercada de vizinhos poderosos, crivada de facções surdas e ulceradas, todo cidadão deve ser soldado, e todo soldado deve ser cidadão." Como é um dever, o alistamento voluntário continua sendo a base do recrutamento, mas é preciso considerar à parte a nova instituição, que é a *guarda nacional*. Criada oficialmente pelo decreto de 9 e 25 de março de 1791, é apenas a confirmação jurídica de uma situação de fato existente em Paris desde junho de 1789 e ampliada até a província durante o tempo do Grande Medo. Atendendo aos desejos dos filósofos, que tomavam como exemplo as milícias inglesa e americana, o objetivo era confiar a defesa da ordem pública (e/ou das conquistas revolucionárias) aos próprios cidadãos. Todos os cidadãos ativos de 18 a 60 anos devem em princípio alistar-se, sob pena de perderem seus direitos civis, mas essa lei logo cai em desuso, primeiro por falta de organização nacional, segundo pela pouca pressa dos cidadãos de participar dos períodos de treinamento, e terceiro em virtude de uma organização interna inadequada, pois os oficiais eram eleitos por seus homens para o período de um ano e os guardas só obedeciam às ordens depois de terem debatido! Esse pseudoexército dura até ser abolido pela lei de 25 de agosto de 1871; no melhor dos casos, servia de reserva de voluntários para o exército. A lei de 4 de março de 1791 propõe o princípio segundo o qual "o serviço à pátria é um dever cívico e geral", mas, quando as forças de coalizão ameaçam o território nacional, o poder recorre à convocação de voluntários (decretos de 21 de junho e de 28 de julho de 1791, depois convocação da Assembleia Legislativa de 20 de julho de 1792), e a participação deles na batalha de Valmy impressiona muito Clausewitz. A lei de 24 de fevereiro de 1793, votada pela Convenção, ordena uma convocação de 300 mil homens, teoricamente voluntários, mas permite completar esse número, se necessário, com um sorteio complementar, sendo admitida a substituição. Como esses diferentes apelos ao voluntariado não atingissem o sucesso esperado, o Comitê de Salvação Pública parece ordenar, com seu famoso decreto de 23 de agosto de 1793, o recrutamento em massa, mas só acaba convocando os homens solteiros, viúvos e sem filhos, de 18 a 25 anos. Portanto, ainda não se trata de recrutamento imposto, e isso só ocorrerá com o Diretório, quando os militares assumem sua organização. A lei Jourdan-Delbrel de 19 de frutidor do ano VI (5 de setembro de 1798) é a lei de recrutamento por excelência (cabe saber que não se refere ao recrutamento da Marinha, que é feito a partir de Colbert pelo chamado sistema de *inscrição marítima*). Propõe, em princípio, que todo francês é soldado e tem o dever de defender a pátria quando ela está em perigo. É então o momento da convocação em massa, da luta do povo inteiro contra o invasor. Afora esse caso, o exército é formado pelo recrutamento (alistamento voluntário de franceses de 18 a 30 anos) e pelo recrutamento (que visa ao conjunto dos franceses do sexo masculino com 20 anos completos). A convocação para o serviço militar, obrigatório e igual, atinge os franceses de 20 a 25 anos, "defensores conscritos" divididos em cinco faixas etárias, e ocorre, em caso de necessidade, da faixa menor à maior, com semelhante progressão dentro de cada faixa. Como a duração do serviço ativo não é determinada em tempo de guerra, os recrutados terão a desagradável impressão – confirmada no tempo do Império – de que ele só termina realmente com a paz. Isso provavelmente explica o número de insubmissões verificadas, apesar da repressão crescente: pena de cinco anos de trabalhos forçados (lei de 11 de novembro de 1796), perda dos direitos cívicos e de sucessão (lei Jourdan), confisco dos bens dos insubmissos e de seus ascendentes (outubro de 1798). Esse sistema de complementação única dos militares ativos com o recrutamento continua em vigor nos exércitos do Império, mas só ocorrem 52 mil alistamentos voluntários durante o Consulado e o Império, o que obriga a fazer grande emprego dos recrutados: 2 milhões deles foram convocados entre 1800 e 1814. Embora na origem fossem designados pelos edis, depois pelos prefeitos e subprefeitos, para que houvesse mais imparcialidade, o decreto de 8 de frutidor do ano XIII (1804) estabelece sorteio por um século. Por outro lado, como primeira manifestação tangível do elo existente entre valor cidadão e cumprimento das obrigações militares, um decreto de 17 de termidor do ano XIII decide que toda nomeação para uma função administrativa só pode ser efetuada com base na comprovação de cumprimento do serviço militar, de isenção ou de dispensa. A verdade é que mais da metade dos contingentes escapa, nessa época, ao serviço ativo em razão de múltiplas causas de reforma, desde a fraqueza física até o casamento, inclusive de conveniência. Também é preciso contar as insubmissões e, sobretudo, as substituições, pois, a partir de 1800, cada convocado podia ser substituído por um voluntário apto. Muito bem pagos pelos pais dos convocados, esses substitutos constituem um quarto dos suboficiais e dos soldados convocados, com grandes disparidades, segundo as regiões e as categorias sociais. Esse sistema de recrutamento, muito injusto, aliado ao caráter mortífero das guerras do Império, contribui para tornar o recrutamento detestável e, segundo o artigo 12 da Carta de 1814, "o recrutamento obrigatório é abolido". No entanto, é preciso voltar atrás, pois os alistamentos registrados não bastam para constituir as legiões departamentais que conformariam a ossatura do novo exército permanente. Embora alguns, entre os quais Chateaubriand, se recusam a admitir "sob um governo monárquico uma modalidade de recrutamento que conduz à democracia pelo princípio de igualdade no qual se funda", a lei Gouvion Saint-Cyr, de 10 de março de 1818, restabelece um sistema de convocação que atinge todos os jovens, casados ou não, num volume total de 240 mil homens. Quarenta mil homens são assim convocados a cada ano, para um serviço de seis anos, por sorteio. Há um sistema de isenções (em função da capacidade física), dispensas (para os que atuam na instrução pública ou para os alunos eclesiásticos), substituição voluntária e compra de substitutos. A lei de 9 de junho de 1824, por sua vez, estabelece o recrutamento nacional – os regimentos já não serão formados de conscritos dos mesmos departamentos – e institui o sistema da segunda porção de contingente: metade do contingente presta um serviço de oito anos, e a outra metade só é posta na ativa em caso de necessidade. Com Luís Filipe, a lei de 11 de outubro de 1830 limita-se de início a estabelecer que a porção de contingente que deve ser incorporada é determinada anualmente pelas Câmaras, pondo fim, portanto, ao sistema de contingentes fixos. Para aumentar o efetivo das tropas regulares, uma decisão de 9 e 15 de março de 1831 cria a Legião Estrangeira e prevê o recrutamento de corpos autóctones. É nessa época que também nasce o debate sobre a incorporação de estrangeiros de segunda ou terceira geração residentes na França, malvistos por poderem subtrair-se às obrigações do serviço militar.

É a lei Soult, de 21 de março de 1832, que percorre caminho exatamente inverso ao dos princípios em vigor desde 1818. Com ela, o exército é formado *de início* pelo contingente e completado depois apenas por alistamentos. O contingente, formado por sorteio cantonal entre os jovens franceses de 20 anos, é dividido em três partes: a que cumpre um serviço de sete anos, a que fica à disposição e a dos isentos. As isenções sempre são resultantes de incapacidades físicas, mas também de critérios sociais, pois o Estado devolve aos lares os mais desvalidos (órfão mais velho, por exemplo) e certas categorias (alunos de escolas técnicas e de seminários, ou premiados do Institut de France e da Universidade). A substituição continua possível, como, aliás, a substituição de números sorteados cuja ordem pudesse indicar uma prestação de serviço na Marinha ou em tropas coloniais, como complementação. Como a obrigação de prestação de serviço militar, estabelecida em 1832, é uma prerrogativa reservada aos cidadãos e como o serviço é visto como uma honra, os condenados estão excluídos. Mas só são alvo de exclusão completa os condenados às penas mais graves, ao passo que os condenados a penas leves são incorporados em unidades especializadas (regimentos coloniais, exército da África etc.), onde cumprem seu tempo em condições particularmente rigorosas.

A partir de 1841, os republicanos desejam que o exército assuma uma função de instrução patriótica. Sabe-se, porém, que as conturbações que tanto amedrontam a assembleia de 1848 levam-na a considerar com benevolência uma força armada das mais clássicas. Esse decerto é a razão de não se encontrar durante essa República nenhuma mudança no modo de convocação e no seu volume. Mas não será também por poder ser qualificado de profissional, em vista de sua composição e do tempo de serviço, que esse exército se dobra tão facilmente, depois, ao golpe de Estado do príncipe-presidente? Durante o Segundo Império, a lei sobre a dotação do exército, de 26 de abril de 1855, limita-se a abolir a substituição, instituindo, como meio de livrar-se da obrigação de prestar serviço, o depósito de uma quantia em dinheiro na chamada caixa de dotação do exército, dando ao Estado liberdade de encontrar substitutos, geralmente por meio de realistamentos com prêmio. Esse texto não permite a manutenção do efetivo e choca os franceses, devido a seu caráter injusto, pois só os pobres acabam sendo soldados. Tenta-se completar esse exército em serviço ativo de cinco anos com reservas, e a lei Niel, de 1º de fevereiro de 1868, reúne todos os homens não adstritos ao serviço ativo, dispensados e substituídos, numa guarda nacional móvel, ao mesmo tempo que restabelece a substituição pessoal e institui o serviço obrigatório em caso de guerra. Mas a guerra de 1870 é declarada antes de qualquer convocação, e o governo de defesa nacional organiza unicamente uma mobilização capaz de enviar 180 mil homens para o Exército do Loire.

Voltando aos princípios do ano VI, a lei de 27 de julho de 1872 (lei Cissey) volta ao princípio de universalidade e restabelece o serviço militar pessoal para todos os franceses: já não há contingente limitado, exoneração por pagamento ou substituição, e as próprias dispensas (alunos eclesiásticos, futuros professores etc.) são válidas apenas em tempos de paz, sendo excluídos apenas os inválidos e os indignos. Entre os 20 e os 40 anos de idade, todo francês pode, portanto, ser convocado a servir o exército cinco anos na ativa e quatro anos na reserva, depois mais cinco anos no exército territorial e seis anos na reserva deste. Mas essa lei não apresenta o princípio de igualdade. A cada ano o contingente, de cerca de 300 mil homens, fornece de 100 mil a 150 mil homens, pois, por razões orçamentárias, não pode ser mantido inteiramente na ativa. Depois das operações de recrutamento, o ministro fixa anualmente, com base na lista sorteada em cada cantão, a começar dos números mais elevados, o número de homens que serão dispensados, para ficarem em disponibilidade depois de um único ano de serviço. Para completar os contingentes, esse texto mantém um alistamento subsidiário e realistamentos.

É finalmente com a lei de 15 de julho de 1889, criada enquanto o general Boulanger é ministro da Guerra, que os grandes princípios do exército republicano parecem definitivamente fixados. Primeiramente, há o da universalidade do serviço, pois todo francês é obrigado ao serviço, e a nação armada opõe-se, mais uma vez, ao exército profissional. Em segundo lugar, há o princípio da personalidade, pois a obrigatoriedade do serviço é pessoal, tanto em tempos de paz quanto em tempos de guerra, descartando-se a substituição e a exoneração mediante pagamento. Em terceiro lugar, há o princípio de igualdade, que demandaria serviço igualitário, mas que de fato obriga apenas a um serviço reduzido de um ano os antigos dispensados. Assim, são incorporados os alunos eclesiásticos (é a lei dos "párocos de mochila"), enquanto outros estudantes são beneficiados por dispensas (contrato decenal na instrução pública, Prêmio de Roma, doutorado em direito, diploma da École des haras du Pin etc.). É a "proteção da alta cultura", como gosta de lembrar Berthélémy em seu *Traité elementaire de droit administratif*, mas é preciso deixar claro que as dispensas também beneficiam operários e artesãos das indústrias de arte (relojoaria, joalheira, litografia, entalhe etc.), após apreciação de um júri departamental. Continuam sendo verdadeiras dispensas as referentes a casos sociais (órfão mais velho etc.). Considerada em seu conjunto, a obrigação militar propriamente dita é então de vinte e cinco anos e se decompõe da seguinte maneira: três anos de serviço militar na ativa, sete anos na reserva, seis anos no exército territorial, nove na reserva deste. Dispensado depois do serviço ativo, o soldado-cidadão continua *disponível*, e a obrigação de serviço é de vinte anos em 1872, vinte e cinco em 1889 e vinte e oito em 1913. Ainda durante a III República, a lei de 21 de março de 1905 reduz de três para dois anos o serviço no exército ativo e reforma os reservistas. Também abole as dispensas, em vista dessa redução no tempo de serviço, por maior preocupação igualitária e para garantir a homogeneidade das classes por meio da instrução militar comum. Serve-se então durante dois anos na ativa, onze anos na reserva, depois no exército territorial e na sua reserva, seis anos cada. A lei de 7 de agosto de 1913, violentamente combatida durante a campanha eleitoral de 1914, restabelece o serviço de três anos.

As operações administrativas de recrutamento militar decompõem-se então do seguinte modo: de início, o *recenseamento*, operação realizada em âmbito comunal, atingindo os cidadãos que ultrapassaram o limite dos 20 anos completos, recenseamento feito pelos edis e centralizado no cantão. O *sorteio* de um número, em seguida, é feito por comuna, no âmbito do cantão. Vem então o tempo do *conselho de revisão*, também cantonal. Presidido pelo prefeito ou pelo subprefeito, é composto por um conselheiro de prefeitura, por um membro do conselho geral, um membro do conselho da circunscrição, que não deve ser o eleito do cantão em causa, e um oficial superior. O subintendente militar, o comando de recrutamento e um médico militar os assistem nessa operação, bem como os edis das comunas do cantão. Esse conselho de revisão tem a tarefa de verificar a aptidão física dos recrutados (altura, deficiências físicas etc.) e de apreciar as dispensas que lhe são apresentadas. Segue-se, por fim, a *matrícula*, quando o comando de recrutamento de cada subdivisão inscreve os incorporados num registro. Os indignos são sempre incorporados nos batalhões de infantaria ligeira da África, e a lei de 24 de dezembro de 1896 sobre a inscrição marítima, em que se observam grandes desigualdades, fixa uma duração de serviço de cinco anos, depois dois anos de disponibilidade e um período de reserva até cinquenta anos, inconvenientes estes compensados pelos privilégios conferidos por essa inscrição.

A lei provisória de 1º de abril de 1923 e a de 31 de março de 1928 fixam o tempo de serviço em dezoito meses (1923) e em um ano (1928). Todo francês está assim obrigado ao serviço dos 20 aos 49 anos, e esses anos se dividem em quatro períodos: ativa durante um ano; disponibilidade durante três anos; primeira reserva durante dezesseis anos; segunda reserva durante oito anos. É esse texto que prevalece durante a III e a IV República. É ele que permite conservar os convocados na ativa ou convocar os disponíveis, como ocorrerá com a Argélia. Esses textos também instituem um sistema de Preparação Militar Superior (PMS) destinado a formar oficiais da reserva. São abertas "preparações" para jovens voluntários que, depois de obterem seu diploma, cumprem um tempo de serviço como Alunos Oficiais da Reserva (*Élèves officiers de réserve* – EOR) antes de servirem como aspirantes.

Com a V República, a decisão de 1959 qualifica as obrigações dos cidadãos a prestarem "serviço *nacional*", e não mais "serviço *militar*", enquanto a lei de 1965, estabelecendo que "todos os cidadãos franceses do sexo masculino devem prestar o serviço nacional dos 18 aos 50 anos, desde que tenham a aptidão necessária, confirmada medicamente", institui também uma ajuda e uma cooperação técnicas. O sistema criado também possibilita a postergação da incorporação para os 21 anos e, a partir da lei de 21 de dezembro de 1963, a aceitação da objeção de consciência. Depois do recenseamento, os jovens franceses são convocados para um período de três dias num centro de seleção, onde são submetidos a testes e divididos em aptos, prorrogados (por quatro meses) e dispensados. Certas dispensas são previstas, como para os arrimos de família, ao lado das isenções referentes, por exemplo, aos filhos de franceses e de estrangeiros "mortos pela França". A lei de 10 de junho de 1971, constituindo o Código do Serviço Nacional, fixa o tempo do "serviço nacional" em doze meses, e a lei de 4 de janeiro de 1992 o reduz para dez. Cria-se um serviço feminino em 1992 "a título experimental", destinado a voluntárias de 18 a 27 anos de idade.

Em 22 de fevereiro de 1996, o chefe do Estado francês anuncia sua decisão de suspender a convocação e de limitar-se a um exército profissional. Isso é feito com a lei de 28 de outubro de 1997, que suspende a convocação dos franceses nascidos depois de 31 de dezembro de 1978. O "percurso de cidadania" é então o seguinte: um *ensino de defesa* obrigatório nos programas do segundo grau desde a volta às aulas de 1998; *recenseamento* obrigatório para rapazes e moças de 16 anos, permitindo-se, por outro lado, a inscrição nas listas eleitorais aos 18 anos; *dia da convocação e preparação para a defesa*, obrigatório para os rapazes e as moças entre o recenseamento e os 18 anos, quando são mantidos alguns testes de avaliação e um breve curso de defesa. Os exércitos recrutam, portanto, voluntários de 18 a 26 anos de idade, mas os jovens franceses também podem fazer um curso de preparação militar de quatro semanas e, com ou sem essa preparação, solicitar servir na reserva.

Essa mudança tem diversas causas. Em virtude das reformas e das dispensas, cerca de um terço de uma geração não fazia "serviço nacional", e a mescla social, que devia favorecer a coesão cidadã, tornava-se irreal em virtude da multiplicação dos serviços civis remunerados em empresas, na França ou no estrangeiro, ou aos empregos administrativos, postos reservados aos "apadrinhados" longe do corpo de tropa. Mas, sobretudo, ao longo dos anos, vários autores ressaltaram a pequena contribuição do recrutamento nas novas condições de combate dos conflitos modernos, cada vez mais técnicos, deixando-se de ver no exército a expressão e ou a matriz da nação cidadã. É verdade que não se percebia bem como essa instituição, baseada em valores de disciplina e honra, podia formar uma cidadania respaldada numa ética do dever, quando tais princípios eram tão questionados pelo restante da sociedade.

› BERTAUD J. P., *La Révolution armée. Les soldats-citoyens de la Révolution française*, Paris, Laffont, 1979. – CORVISIER S. D. A., *Histoire militaire de La France*, Paris, PUF, 1992. – CRÉPIN A., *La Conscription en débat*, Amiens, Artois Presses Université, 1998. – GIRARDET R., *La Société militaire dans la France contemporaine*, Paris, Plon, 1953. – SCHNAPPER B., *Le Remplacement militaire en France*, Paris, SEVPEN, 1968.

Christophe BOUTIN

→ Cidadania; Guerra; Obediência e disciplina.

FORMAS DE JUSTIÇA

O uso da expressão "formas de justiça" visa lançar mão de uma concepção pluralista do exercício da função de justiça, em substituição à concepção unívoca e limitada ao que se desenrola no âmbito da Justiça como instituição. As obras de historiadores e antropólogos enfatizam especialmente as formas diversas que podem ser efetivamente assumidas por esse exercício da função de justiça: no tempo, no espaço, dentro de uma mesma sociedade, em sociedades diferentes. Uma vez que dizem respeito a funções de extrema importância para todas as sociedades, essas formas pluralistas mostram-se dependentes de concepções gerais da ordem política.

A natureza política da função de justiça

Georges Gurvitch ilustra sua noção de "patamares" (*Éléments de sociologie juridique*, Aubier, 1940, pp. 24-5, 167 ss.) contidos em toda realidade social, descrevendo formas sucessivas de direito que vão do "direito organizado", ligado às manifestações formais da atividade social institucionalizada, ao "direito inorganizado", "camada mais profunda e mais impregnada da experiência intuitiva de justiça". Pode-se encontrar uma aplicação direta à questão da justiça, nessa noção de pluralismo normativo, essencial para sua sociologia. Um primeiro patamar, o mais institucionalizado, relaciona-se com o "Palácio da Justiça" e os instrumentos da atividade judiciária; depois aparece um outro patamar no qual estão situadas as condutas coletivas diretamente inspiradas no sentimento de justiça, que se expressam, por exemplo, em manifestações da justiça popular; existe um outro patamar, constituído pelo valor de justiça como ideia e valor coletivo; ao último patamar corresponderiam os "estados mentais, atos psíquicos coletivos que manifestam a experiência social de justiça" (J.-G. Belley, "Georges Gurvitch et les professionnels de la pensée juridique", *Droit et Société*, 4, 1986, p. 357). A ideia de uma multiplicidade de níveis de justiça, como representação e realidade, é perfeitamente introduzida; ela sugere efetivamente que pode haver vários modos de se exercer uma função que consiste em aplicar as regras de conduta estabelecidas pela comunidade, eventualmente construídas pelo direito, para punir ou inocentar por transgressões cometidas por um ou outro membro do grupo social, para apresentar decisões ou estabelecer conciliações em casos de conflitos entre eles. Pode-se então fazer a observação de que "as sociedades inventaram os dispositivos mais variados e, na maioria das vezes, possibilitaram sua coexistência" (L. Assier-Andrieu, 1996, p. 163): desde os modos bilaterais de regulação dos conflitos até os modos triádicos implicam a intervenção de um terceiro. A institucionalização da função de justiça não exclui formas ou graus diferentes: desde "o terceiro escolhido pelos protagonistas para tentar resolver seu conflito" (*ibid.*, p. 174), passando pelo "recurso a um princípio de autoridade" com a busca de um mediador que baseie sua intervenção em sua palavra portadora de normas", e a arbitragem por meio do recurso a "uma terceira autoridade que tem o poder instituído de dirimir sua pendência", o que "prefigura a instituição do juízo no qual a delegação do poder de proferir a lei é total e absoluta, no qual a execução da sentença está incluída na letra de um veredicto decisivo" (*ibid.*, p. 164). O que distingue os modos trilaterais de regulação dos conflitos dos modos bilaterais é "a intervenção oficial de uma personagem vinculada à constituição política do grupo, cujo raciocínio sobre o caso será apoiado nas referências normatizadas fundadoras da ordem social" (*ibid.*, p. 174).

Formas de justiça e concepções da ordem política

Nos Estados Unidos, além das particularidades do sistema judiciário americano e das referentes à nomeação dos juízes, é interessante observar que é banal considerar que as questões de justiça são questões políticas (C. E. Smith, 1997, pp. 16-7). Aliás, nos últimos anos, na França, desenvolveram-se numerosos trabalhos de história da justiça fiéis a essa perspectiva. Neles se demonstra, por exemplo, como a história da justiça participa da história política da França e constitui uma "história propriamente política da justiça no sentido do lugar que ocupa e que lhe é dado na cidade" (J.-P. Roger, 1996; sobre esses aspectos, também se pode consultar: J.-C. Farcy, *Magistrats en majesté. Les discours de rentrée aux audiences solennelles des cours d'appel XIX*[e]*-XX*[e] *siècles*, CNRS, 1998). Mas essa natureza profundamente política da função de justiça não está apenas em sua definição nem é simplesmente revelada pelo desejo recorrente de controlar o Poder Judiciário por parte do poder político. Ela se manifesta com força em formas de justiça diferentes que são ao mesmo tempo expressão de concepções políticas fundamentais opostas. Para nos limitarmos à fase histórica que vai da Revolução francesa ao período atual, as concepções opostas a respeito do bom exercício da função de justiça parecem girar em torno de um eixo que teria, em um dos polos, um modelo de exercício da função de justiça como metagarante da sociedade, expressão da soberania, justa consecução das prerrogativas soberanas, e no outro polo, um modelo de exercício da função de justiça como operador do fenômeno social, expressão endógena de um bom funcionamento da comunidade. Em outras palavras, haveria uma oposição entre dois significados de injustiça: "Um próximo do sentido aristotélico remete a uma justiça acessível e regulável nas coisas. O outro [...] remete a uma justiça que se sabe fora de alcance imediato, para além da proximidade" (A. Cottereau, "Justice et injustice ordinaire sur les lieux de travail d'après les audiences prud'homales (1806-1866)", *Le Mouvement social*, nº 141, oct.-déc. 1987).

No modelo de justiça como metagarante, a finalidade é garantir a paz social recorrendo a uma autoridade que se apoie estritamente na lei, que é a encarnação da Lei. A justiça é então concebida e se assume no modo mais nobre, como simples executante da Lei. O juiz, sendo "a boca da lei", ao "proferir o direito", submete-se à razão jurídica e, por isso, contribui de modo eminente para a conservação da Razão da sociedade inteira e de seus interesses superiores. O juiz é uma espécie de grão-sacerdote da metarrazão da sociedade, ordenador dos ritos de realização de uma racionalidade que se impõe de cima para baixo ao conjunto social. Essa sacralização da obra de justiça ou as "transferências de sacralidade" de que ela é o objeto com o advento da República manifestam-se na concepção do espaço arquitetônico e nos rituais por meio dos quais se cumpre a própria obra de justiça (F. Chauvaud (dir.), *Le Sanglot judiciaire. La désacralisation de la justice VIII*[e]*-XX*[e] *siècle*, Créaphis, 1999). Existe aí estrita correspondência entre direito e justiça, ambos expressão de uma transcendência que se perpetuaria ainda que a sociedade fosse formalmente laicizada, e o Estado fosse investido como "substituto do monoteísmo" (P. Legendre, *L'Amour du censeur. Essai sur l'ordre dog-*

matique, Le Seuil, 1974). Essa representação sacralizada da função de justiça, apta a manter sua excepcionalidade, insere-se precisamente numa arquitetura: a do "Palácio da Justiça". Nesse contexto, o juiz é, evidentemente, investido de uma missão que exige que, de alguma maneira, ele seja desencarnado, que seu aspecto físico se apague sob as vestes que impõem uma função em lugar de um homem, para estabelecer a distância necessária, para justificar a deferência que todo cidadão comum deve demonstrar diante daquele que exerce uma função social tão excepcional que é quase sagrada. Sendo "humanos", mas não "demasiado humanos" (J.-C. Farcy, 1998, p. 141), os juízes fazem parte dos "grandes", ou seja, daqueles "que encarnam o coletivo, que representam os outros e servem de expressão à vontade geral. O magistrado é uma generalidade encarnada. Ele deve levar a esquecer seu corpo porque seu corpo, que lhe é próprio, só pode sustentar interesses particulares" (L. Boltanski, *L'Amour et la justice comme compétence*, Métailié, 1990, p. 32). Para cultivar essa representação necessária de uma "generalidade encarnada", é importante que o juiz preserve a distância física e social em relação ao mundo comum. A proximidade comporta o risco da promiscuidade.

Esse modelo de justiça sobrestante, que pressupõe forte institucionalização e profissionalização, só pode corresponder a uma concepção de estruturação política "pelo alto". É, de alguma maneira, uma das manifestações de uma concepção do poder, de um poder central forte que supostamente abrange o interesse geral, expressa a "consciência coletiva" de uma sociedade.

Em sentido oposto, afirma-se um modelo de justiça que está próxima dos cidadãos e da comunidade na qual eles vivem. Segundo a concepção muitas vezes evocada nos debates da Revolução francesa, convém levar a justiça às casas. A eficácia da função de justiça já não se deve ao respeito que ela inspira pela distância estabelecida, mas à sua imersão no social. Se, no primeiro modelo, estava-se numa genética do religioso, do sagrado e, por conseguinte, do transcendente, agora se está numa genética da comunidade e, por conseguinte, da imanência. Essa visão "ordinária" da função de justiça só pode levar à rejeição ou à desconfiança de toda e qualquer forma de institucionalização ou profissionalização, principalmente porque o direito já não é a fonte principal do exercício da função de justiça e a justificação de uma competência em particular. O que importa é mais a efetivação de um princípio de equidade, que exige sobretudo "sabedoria" por parte dos indivíduos que são membros da comunidade em questão, mas dela se distinguem por serem, como já se disse sobre os juízes de paz, "homens de bem", "que têm vivência dos costumes, dos hábitos e do caráter dos habitantes" (palavras de Thouret, relator na Assembleia Nacional do projeto de 24 de março de 1790, citadas por J.-P. Nandrin, *La Justice de paix à l'aube de l'indépendance da la Belgique 1832-1848. La professionnalisation d'une fonction judiciaire*, Publications des Facultés universitaires Saint-Louis, 1998, p. 12). Como lembra o antropólogo Louis Assier-Andrieu: "a arte de proferir a justa medida das relações sociais é origem de uma arte popular, aldeã, independente das instituições do Estado, exercida por aqueles cujos saberes e sabedoria são reconhecidos pelos outros, por aqueles aos quais estes se aplicam." A institucionalização e a profissionalização da função de justiça são sinal de declínio ou desaparecimento de um mundo social harmonioso em que a justiça não se impõe à comunidade, mas dela procede [...] e o desejo de restauração dessa forma de justiça é, logicamente, a aspiração recorrente a um retorno à comunidade (J. S. Auerbach, 1983). Essa aspiração está sempre presente até em nossas sociedades atuais, onde tem ganhado importância. Ao desejo expresso durante a Revolução francesa, de que os conflitos fossem dirimidos "sem a intervenção de juristas profissionais" (G.-R. Ikni, "La loi du 10 de juin 1793 et la sentence arbitrale: une procédure d'expropriation revolucionaire", in *La Révolution et l'ordre juridique privé. Rationalité ou scandale*, PUF, 1988), e os cidadãos participassem diretamente da obra de justiça em nome do "espírito público" faz eco à preocupação atual de um juiz americano "conectado à sociedade", no contexto de uma justiça inserida em suas bases locais e condizente com o princípio de uma "*popular democracy*" (C. E. Smith, 1997). Efetivamente, outro modelo de estruturação política está atrás dessa forma de justiça, de modo subjacente ou, às vezes, totalmente explícito: o modelo de sociedade que não se constrói na transcendência, mas na imanência, a partir dos próprios cidadãos, "por baixo", e não mais "por cima". É relativamente a esse modelo político que são interpretados os modos "alternativos" à forma de justiça clássica. Supõe-se também que os jurados populares dos tribunais de júri efetivam uma justiça "profana" ou "laica" que se distingue do exercício da justiça dos "religiosos", com a finalidade de se apresentar como "fiadora do elo social e de certa imagem do homem" (L. Gruel, 1981). Do mesmo modo, a justiça dos conselhos de arbitragem (*prud'hommes*), justiça paritária exercida por não profissionais, pode ser concebida como algo que prenuncie "o regime da verdadeira justiça", que torna inútil "a existência de um conjunto funcional chamado Justiça", no âmbito do advento de uma "verdadeira democracia" (N. Olszak, "Les Conseils de *prud'hommes*: un archétype judiciaire pour le mouvement ouvrier?", *Le Mouvement social*, nº 141, oct.-déc. 1987).

Além das representações de que são objeto, as duas formas de justiça, embora distintas, paradoxalmente constituem um sistema. Se nos remetermos aos desenvolvimentos mais recentes de modelos de exercício da função de justiça, tal como, por exemplo, a mediação ou as "Casas de justiça", poderemos dizer que esses modelos se estabelecem no âmbito de uma economia complexa de relações com a primeira forma de justiça: a justiça "clássica". Essa economia é determinada por certo número de fatores, como: inserção, no próprio direito, desses diferentes modos de resolução dos conflitos; estratégias dos profissionais envolvidos ou da instituição judiciária que podem, por exemplo, não confiar totalmente nessas "alternativas" e, ao mesmo tempo, querer investir nelas para preservar seu domínio da função de justiça; expectativas dos cidadãos, que podem desejar, com maior ou menor grau de consciência, a coexistência das duas formas de justiça; recomposições sociais que podem obrigar os "territórios do poder público" (P. Duran, *Penser l'action publique*, LGDJ, 1999), nos quais se exerce a justiça "clássica", a compor com os novos "territórios de gestão dos problemas públicos" (*ibid.*), que incitam ao desenvolvimento de novos modos de exercício da função de justiça. Opostas no ideal de investimentos políticos diferentes dos quais podem ser objeto, as formas de justiça obedecem a um jogo complexo de combinações na realidade da construção da função de justiça dentro da sociedade.

› Assier-Andrieu L., *Le Droit dans les sociétés humaines*, Paris, Nathan, 1996. – Auerbach J. S., *Justice without Law? Resolving Disputes without Lawyers*, Oxford Univ. Press, 1983. – Commaille J., *Territoires de justice. Une sociologie politique de la carte judiciaire*, Paris, PUF, 2000. – Gruel L., Pardons et châtiments, Paris, Nathan, 1991. – Jacob R., *Images de la justice*, Le Léopard d'or, 1994. – Royer J.-P., *Histoire de la justice en France*, Paris, PUF, 1996. – Smith C. E., *Courts, Politics and the judicial Process*, Nelson-Hall Publishers, ed., 1997.

Jacques Gommaille

→ Ação em juízo; Juiz; Justiça; Magistrado.

FORMAS E PROCEDIMENTOS

Formas e procedimentos regulamentam e disciplinam todo processo que tenha por objeto a determinação, a definição ou a realização de uma situação ou de um ato jurídico. Sua posição privilegiada no sistema das referências jurídicas provém do fato de condicionarem frequentemente a existência do direito. Sua ausência deixa o campo livre para o fato. Simultaneamente criadores e guardiães do direito, as formas e os procedimentos contribuem eficazmente, desde a Antiguidade, para conservar viva a cultura jurídica. Os diplomatistas do século XVII, que sintetizavam a contribuição da forma na disciplina que eles estabeleciam, foram provavelmente os primeiros que fixaram seu sentido. Ao descreverem e explicarem a forma dos atos escritos, captavam na produção diplomática de dada sociedade o reflexo de sua cultura jurídica. O monopólio legalista proclamado e efetivado pela Revolução francesa em 1789 levou a uma releitura mais sistemática da utilização das formas e dos procedimentos. A definição mais ampla das formas atrai o procedimento, que nelas se perde. Este último, em contrapartida, oferece argumentos de garantia e proteção que conferem nova legitimidade à forma, mas também revelam o lugar onde se exerce de maneira privilegiada o poder do Estado.

A história paralela das formas e dos procedimentos

Desde a Antiguidade, a forma serve de moldura ao estabelecimento do direito. No primeiro século de nossa era, *forma* designava em Roma o documento que servia para provar a distribuição de terras feita a particulares. A *forma*, que informava sobre a escolha dos beneficiários, descrevia a partilha das parcelas e previa o status do espaço concedido (*loca publica, loca sacra*), tem função administrativa, jurídica e cartográfica. Esse ato administrativo indicava a natureza dos contratos (*occupatio, venditio, locatio*), firmados entre os particulares e a autoridade pública representada pelos signatários. Estes últimos, com sua assinatura na *forma*, assumiam sua responsabilidade administrativa tanto quanto os magistrados ou os governantes, quando da prestação de contas, ao saírem do cargo. Devidamente registrada na colônia envolvida, bem como nos arquivos oficiais, em Roma, a *forma* dava fé em juízo. Juridicamente, esse documento definitivo, no qual não podiam ser introduzidas modificações posteriores nem correções, constituía o ponto de partida de qualquer inquérito. Estabelecida por agrônomos civis, a função cartográfica do documento permitia fixar nos arquivos a memória da terra (C. Moatti).

O direito, assim determinado nessa *forma*, foi também forjado em Roma no crisol de um verdadeiro formalismo. A forma participa não só da validade, mas também da própria natureza do ato jurídico. O consentimento apenas não podia constituir a essência de um ato gerador de compromissos. A forma exigida pelo direito *ad substantiam* podia ser oral (contratos *verbis*), escrita (contratos *litteris*) ou real (contratos *re*), e seu princípio é consignado no Digesto (2, 14, 7, 5 e 19, 5, 15). Na formação, por exemplo, dos contratos *verbis*, como a *sponsio*, a enunciação de palavras solenes obedece ao paralelismo das formas. À pergunta "*Spondesne?*", aquele que assume a responsabilidade deve responder: "*Spondeo*". A utilização de outro verbo impossibilitava a formação do contrato. O vínculo da obrigação se estabelecia nesse discurso homótipo. Nesse ritual de compromisso, as partes se correspondiam assim como as formas. Por dispensar qualquer inovação, por impressionar eficazmente a memória e tranquilizar pela simplicidade da reciprocidade, o paralelismo caracterizava esse formalismo que também se desenvolve no procedimento judiciário.

No início da República, o cidadão romano que desejasse reivindicar um direito podia dirigir-se ao magistrado. Devia expressar sua demanda segundo formas predeterminadas. A ação devia ser prevista pela lei, e essa exigência formal, estritamente controlada pelo magistrado, possibilitava a abertura do processo. Gaio relata o caso de um demandante que, como sua vinha tivesse sido cortada, impetrou a ação de *arboribus succisis*, na qual se baseava a ação relativa ao corte de vinhas. Infelizmente – relata ele –, em vez de dizer *arbores*, ele pronunciou *vites* (vinhas) e, por não ter respeitado a forma, privou-se do benefício dessa ação da lei. Ao lado das cinco ações previstas originalmente pela lei (ações civis), o magistrado pretor, para atender à variedade crescente de litígios, no fim do século II a.C., passou a ter o direito de ampliar e, depois, criar ações novas (ações pretorianas). Por meio de uma fórmula, o pretor indicava de que maneira o litígio devia ser dirimido, de tal modo que o direito acabava por confundir-se com a fórmula adequada, ditada por aquele magistrado. Na falta da forma, é a fórmula que cria e renova o direito. Formas e procedimentos, portanto, combinam-se na obra de criação do direito. Oriundo desse formalismo rígido, o direito se desenvolve no espaço e no tempo.

A forma ressalta as relações que a criação do direito tem com o espaço. A função cartográfica da *forma* mostrava que o reconhecimento do direito passava por uma apreensão do espaço. Essa relação da forma com o espaço também se mostrava em sentido inverso: *locus regit actum*. O lugar rege as formas do ato. Essa regra se aplicava à forma dos acordos privados, que deviam observar as prescrições do lugar onde eram firmados. A forma dos atos públicos era determinada pela autoridade regularmente investida para lavrá-los e conferir-lhes efeito. Os juristas da Idade Média mantiveram consciência aguda da forma, não lhes sendo estranha a influência do direito romano. A difusão desse direito, por intermédio do comentário erudito, pressupunha, para a mentalidade medieval, os elementos conceituais de um sistema no qual cada palavra ganhava um valor formal.

Privilegiando esse formalismo, na repetição escolar dos mesmos temas, os autores do direito erudito conseguiram conciliar numa mesma concordância os valores romanos e medievais. O *Decreto* de Graciano (c. 1140) é testemunho dessa influência em suas causas II a VI, dedicadas ao procedimento, nas quais a utilização das fontes de direito romano é especialmente perceptível: o procedimento das cortes feudais apaga-se diante dos progressos de um procedimento erudito, romano-canônico.

Sobre o princípio sistematizado por Bartolo, da relação entre forma e espaço, um dos mais ilustres autores, Luís "Charondas" explica: "Dizemos que, nas ações que queiramos intentar e em outros atos que são de uso dos homens, convém considerar se o direito do *lugar* dita e prescreve alguma forma, para que a observemos e sigamos." A forma, em compensação, mostra-se menos sensível ao tempo. A *forma* era um documento definitivo. Cabia ao procedimento revelar a dimensão temporal da criação do direito. Desenrolando-se no tempo, o procedimento às vezes agia no sentido de acelerá-la ou retardá-la.

Embora, no início do século XIV, o recurso direto ao rei não permitisse isolar as diferentes etapas do procedimento, o poder monárquico tomou consciência da necessidade de instâncias intermediárias, de juízes intermédios, *juges moyens*, segundo expressão de uma ordenança de março de 1356. A partir daí, todas as sentenças proferidas por um juiz abriam a possibilidade de recurso à parte que se considerasse lesada pela decisão. O recurso, assim organizado e estipulado ao longo do século XIV, segundo os autores consuetudinários, devia seguir-se imediatamente à sentença. Jean Boutilier, para mostrar sua necessidade, vai buscar nos canonistas a expressão recurso *illico*. Quando o recurso era impetrado, os registros do Parlamento mostravam como o prazo era suspenso. Nas causas criminais, com exceção da detenção do acusado, o juiz de primeira instância devia abster-se de qualquer ato ulterior. Proceder, por exemplo, à execução do castigo é qualificado por Jean Boutilier e seus contemporâneos como atentado passível de ensejar punição para o juiz. Essa suspensão do prazo e da ação, porém, era temporária. As ordenanças régias de maio de 1330 e de dezembro de 1344 especificam esses prazos. A suspensão exigia da corte a anulação do recurso pelo qual ela fora investida, antes de preceder a seu tratamento.

Esse período crucial no estabelecimento das regras processuais também ensejou uma indagação essencial sobre a relação que o procedimento mantém com o prazo: o processo é unitário ou fragmentado? A concepção unitária era defendida por Hugues Aubriot, preboste de Paris (1367-81). Ela impede de considerar o processo como um conjunto de fases dissociáveis e independentes. Ela o vê como um todo coerente, do qual parece difícil destacar uma parte sem prejudicar a estrutura do conjunto. O processo mostra-se como uma progressão da qual cada patamar, pouco significativo em si mesmo, conduz à decisão sobre o mérito, única que deve ser levada em conta. Desse ponto de vista, as decisões interlocutórias que estatuem sobre uma medida de instrução ou sobre uma liminar, sem julgar o mérito, mostram-se como simples atos preparatórios à decisão final e definitiva. O Parlamento de Paris, por sua vez, defendia um processo fragmentado. Mostrando-se favorável aos direitos à ampla defesa, sua visão pretende ser pragmática: o processo é construído etapa por etapa, e cada uma delas pode ser considerada e até julgada em si mesma.

Essas duas concepções do processo se conjugam com as particularidades declinadas perante cada corte. Para racionalizar, unificar e uniformizar tanto os "estilos" redigidos às vezes oficiosamente ou mesmo oficialmente, quanto os usos refinados ao gosto dos advogados, foram promulgadas grandes ordenanças durante o reinado de Luís XIV, graças ao incentivo de Colbert, Lamoignon e Pussort. A ordenança civil para a reforma da justiça, registrada no Parlamento em 20 de abril de 1667, verdadeiro código de trinta e cinco títulos, certifica e consagra formalidades judiciárias simplificadas. A ordenança referente a processos criminais, em 1670, obedece aos mesmos princípios. Por meio da codificação, o procedimento acaba unido à forma.

Embora os procedimentos sejam diversamente apreciados e formulados ao longo das épocas, sua função essencial não é discutível desde o século XIV: ela determina a qualificação jurídica. O processo que tramitava perante a câmara criminal do Parlamento de Paris mostrava perfeitamente que "é o procedimento que qualifica o crime, e não a incriminação" (L. de Carbonnières). A presença de casos de caráter penal perante a câmara civil do Parlamento é assim explicada. O procedimento é determinante da qualificação jurídica. Esse papel primordial atribuído ao procedimento acaba com a Revolução, por meio do artigo 7º da Declaração dos Direitos do Homem e do Cidadão de 1789: "Ninguém pode ser acusado, preso nem detido, a não ser nos casos determinados pela lei e segundo as *formas* que ela prescreveu..." O princípio da legalidade das incriminações e das penas tenta apagar o papel determinante do procedimento, a favor do triunfo anunciado das formas legais.

Essa ruptura essencial, em que a forma invade o domínio do procedimento e procura fundir-se com ele, foi preparada. Já em fins do século XVII, a verdade da forma foi percebida pelos frades beneditinos. Em 1681, a publicação de *De re diplomatica libri* VI, de dom Jean Mabillon, inaugurava a diplomática, nova disciplina que cujo objeto era a descrição e a explicação da forma dos atos escritos (G. Tessier). A ciência do diplomatista não o levava apenas a privilegiar os atos com autoridade devidamente avaliada, mas acarretava, sobretudo, uma compreensão nova da forma. Assim entendida, esta não visava apenas os contornos exteriores, as disposições materiais, a aparência sensível, mas também a ordenação interna do discurso, o conjunto das características externas e internas dos atos. A descrição e a explicação da forma passavam então pelo estudo das modificações ocorridas nas características dos atos e determinadas pelas circunstâncias de elaboração destes, pela qualidade e pelos conhecimentos do pessoal encarregado de redigi-los e escrevê-los, pelos modelos que os redatores e os escritores podiam utilizar, pela natureza das disposições se competia consignar, enfim pela cultura ambiente na qual os atos eram elaborados. Os frades beneditinos, fortalecidos por uma tradição jurídica sólida e amantes dos trabalhos de erudição, fazem da forma um padrão próprio para dimensionar o nível de cultura jurídica de uma civilização.

O procedimento perdido pela definição ampliada das formas

O sentido ampliado da forma assim entendida, que em 1789 abrangia as funções atribuídas ao procedimento, não deixa de exercer influência sobre a definição desta última. Os juristas, alegando a etimologia latina, *procedere* (andar para a frente), para defini-la em sentido amplo, podiam considerar toda e qualquer regulamentação destinada a resolver dificuldades e chegar a uma solução. O procedimento, portanto, supunha uma questão, eventualmente uma contestação e uma decisão. Embora o litígio não seja obrigatoriamente considerado nessa definição, o procedimento sempre diz respeito a interesses humanos e sociais. A elaboração de trabalhos de assembleias públicas ou privadas podia, com a qualificação de procedimento, visar a competência da assembleia, a ordem das questões abordadas, a ordenação dos debates e a fixação da votação final. Esses procedimentos e sua observação escrupulosa davam frequentemente à crítica ocasião de ressaltar os atrasos ou a inutilidade dos debates. No entanto, constituem as demarcações de uma discussão que possibilita ordem, clareza e respeito às partes intervenientes.

A problemática do procedimento une-se aqui à da forma: a necessidade de uma injunção que, segundo expressão atribuída a Jhering, deve aparecer como salvaguarda da liberdade. A Revolução francesa, em suas declarações sucessivas dos direitos humanos, deveria contribuir com os valores capazes de garantir respeito às formas: liberdade, garantia, segurança... O procedimento, como toda forma legal, é sempre socialmente justificado. A intervenção do grupo social impõe a seus membros um comportamento geralmente apresentado como coadunado à sua vontade (L. Lévy-Bruhl). Toda contestação deve desaparecer diante da forma imposta. A proteção dos direitos tem esse preço e, além disso, é a própria vida do Direito. *Forma dat esse rei.* A forma dá existência à coisa. Pela intercessão da forma, o inanimado se anima. A força imagética desse adágio é necessária, pois o princípio que ele defende contrasta com a prática corrente. Numerosos atos jurídicos não têm necessidade de forma. Para eles, o princípio do consensualismo, garantido por simples intercâmbio de vontades, basta para garantir validade. É só por exceção que certos atos ou contratos solenes são submetidos a exigências formais. A solenidade torna-se então um elemento constitutivo, sem o qual o ato jurídico é nulo. A forma se erige, portanto, contra o aniquilamento do direito. Embora a ameaça da nulidade não convença o usuário, a leveza de certas formas pode seduzir. Certas solenidades, entendidas no sentido mais amplo, podem ser estabelecidas por um gesto (uma mão erguida para uma venda pública de bens móveis, a troca de palmadas para selar um negócio nas feiras) ou apenas pela enunciação de palavras rituais (*verba certa*: "sim" na cerimônia do casamento, "juro" na declaração de testemunhas, jurados ou advogados). O acordo escrito privado também pode bastar entre as partes (contrato de sociedade, cessão de uma patente de invenção, convenções coletivas de trabalho, caução), mas é frequente que a forma provoque a intervenção de uma terceira pessoa (tabelião ou juiz) que tenha, oficialmente, qualidade para registrar a declaração de vontades que cria o ato jurídico. No caso do registro, a forma ganha outra função. Além de ser elemento constitutivo, elemento de validade, a forma também tem a função de fixar, guardar memória, provar. É o que ocorre com doações (C. Civ. fr., art. 931), contratos de casamento (C. Civ. fr., art. 1.394), constituições de hipoteca (C. Civ. fr., art. 2.127) ou sub-rogações convencionais pela vontade do devedor (C. Civ. fr., art. 1.250). Esses diferentes exemplos consagram e ilustram o princípio de que "as convenções *legalmente formadas* têm força de lei para aqueles que as constituíram" (C. Civ. fr., art. 1.134). A expressão "*legalmente formadas*" sugere que a lei, e só ela, determina a forma. Esse artigo 1.134, designado frequentemente como a expressão de um consensualismo libertador, em que as partes parecem ter todas as faculdades, sem dúvida limita todo o horizonte ao reinado da lei apenas. As convenções devem nela encontrar sua forma para, finalmente, incidirem na qualificação de "lei das partes", sem seja encontrada outra saída ou mencionada outra finalidade.

O desenvolvimento dessas formas legais e os atores que atuam para sua aplicação provocam reações. Assim, as intervenções notariais e judiciárias não estiveram imunes a críticas. No antigo direito, a redação do ato notarial em dois momentos levava a uma primeira anotação das intenções das partes presentes, a minuta, em que as cláusulas, por economia de tempo, terminavam com: *et cetera*. Depois, sem a presença das partes, o notário fazia a lavratura, dotada de força executória, em que as cláusulas se encontravam em sua forma definitiva, mas cujo desenvolvimento muitas vezes se prestava a controvérsias. A ordenança de Villers-Cotterêts, de 1539, exigia, em seu artigo 147, que as duas formas fossem idênticas, enquanto a sabedoria popular cristalizava suas ressalvas num provérbio: Deus nos proteja dos etc. dos notários. A Revolução francesa soube expressar de maneira mais radical ainda as críticas feitas às formas e aos procedimentos. Os arcanos da justiça, os conhecidos leguleios das chicanas vãs e as denúncias feitas por Voltaire de uma justiça complexa e sujeita a erros, no caso Calas, contribuíram para alimentar todas as hostilidades.

A justificação das formas impostas *ad validitatem* deve mostrar ao cidadão o bom fundamento da pressão do grupo social e do Estado. A forma exigida pode assegurar rapidez e segurança nas relações de negócios (carta de câmbio), revelar a existência de uma vontade (testamento), defender os credores, proteger as pessoas incapazes, ou ainda permitir consulta, sendo a atenção das partes atraída para a importância ou a gravidade que o grupo social atribui ao ato contraído (doação, casamento etc.). O direito contemporâneo, a partir desses argumentos, multiplica exigências formais: redação, obrigação de inserir menções informativas para a proteção do consumidor, registro das promessas unilaterais de venda de imóvel, de sociedades mercantis ou de direitos de arrendamento, entrega de documentos anexos ou de publicidades. Essas formalidades penosas provavelmente levariam a esquecer os valores essenciais da forma, caso não se pudesse pensar em resgatá-la por meio da definição estrita dos procedimentos.

A forma salva pela definição estrita dos procedimentos

Em sentido estrito, entende-se procedimento como um conjunto de atos ou formalidades cuja realização possibilita que uma jurisdição dirima uma questão jurídica. Oriundo da ciência do direito, o procedimento é um ramo que tem o objetivo de determinar as regras de organização judiciária, competência, instrução e execução (G. Cornu). Os procedimentos administrativo, civil, penal e canônico são os ramos adaptados às instituições judiciárias em questão. Com essa adaptação, que se desenvolve com base numa lógica vegetativa, o procedimento se enraíza no processo, e esse torrão lhe oferece os argumentos de uma nova legitimidade. O ritual judiciário organiza um tempo, um espaço e uma ação em que a regra de direito abstrata e impessoal, assumida pelo juiz, é aplicada a um litígio cujo envoltório concreto deve ser qualificado. A essas funções qualificativas e públicas próprias, o procedimento soma a função de fixar, guardar memória e prouver. A publicidade das audiências e a autoridade da coisa julgada são outros tantos argumentos para vencer o tempo. O procedimento, deslocando o campo do conflito, também evita confrontações ferozes e brutais. Tenta preservar os refinamentos da civilização. O deslocamento assim realizado dá vantagem ao formalismo, ao desvendar um significado essencial da forma.

No século VI a.C., Jeremias já o percebera. Um trecho famoso de seu livro epônimo expressa a virtude fundamental do formalismo. Para obedecer à palavra do Senhor, Jeremias compra de Hanameel um terreno situado em Anatoth e paga seu preço. Redige para tanto um contrato no qual põe seu selo, em presença das testemunhas convocadas, e pesa o dinheiro numa balança. Pega o contrato de venda, sua cópia selada e sua cópia aberta e os remete a Baruque, em presença de Hanameel, das testemunhas que haviam assinado o contrato de venda e de todos os judeus presentes, pedindo que as coloquem num recipiente de terracota para que se conservem por muito tempo (Jeremias, 32, 6-15). Jeremias observa escrupulosamente as formalidades egípcias e babilônias em uso no Oriente Próximo para os atos escritos, enquanto está na prisão por ter previsto a ruína de Jerusalém, e as tropas do rei da Babilônia efetivamente sitiam a cidade e ocupam Anatote. Apesar de estar no coração daquele apocalipse, Jeremias obedece aos rigores da forma. Nesse caso ela confere realidade à ficção jurídica. *Forma dat esse rei.* Ela permite tornar verdadeiro aquilo que não o é. Esse artifício, de extrair consequências de direito de uma ficção, é admirável, porque justificado pela esperança. "Assim fala o Senhor, o todo-poderoso, o Deus de Israel: nessa terra ainda se comprarão casas, campos e pomares." Com essa crença e esse respeito à forma, a civilização poderá triunfar do caos e da desolação.

A consideração da forma não deve, porém, ser privilégio apenas dos profetas. Bossuet escreve: "Jesus Cristo, depois de dissipar com a morte as sombras e as figuras da lei deixou-nos livres da servidão das leis cerimoniais." A necessidade da forma deve ser mais compreendida nessa liberdade que nos cabe do que na observância escrupulosa de um ritual sempre recomeçado. A cerimônia só subsiste para nos restituir a liberdade e a confiança no futuro. A codificação, por exemplo, primeiro modelo de formalismo, introduz racionalidade no presente das relações sociais, em seu futuro, a certeza de previsibilidade. A formalização do direito permite ocultar a parcela de arbitrariedade inerente a seu funcionamento e condiciona certa transparência. A lógica formal do direito assim estabelecida confere-lhe uma capacidade de generalização que deve, fundamentalmente, servir sua eficácia.

O trabalho jurídico contemporâneo é cada vez mais uma atividade de formalização cujo impacto é aumentado pelas afinidades que unem os agentes jurídicos aos detentores dos poderes temporais. Embora o direito frequentemente assuma a forma de um discurso capaz, por sua própria virtude, de produzir efeitos no mundo social, não se deve esquecer que o império da forma ultrapassa as contingências econômicas e políticas do momento. Além das necessidades sociais, a forma possibilita que o direito se eleve, atinja uma dimensão simbólica e, com sua beleza formal, exerça uma atração estética. Esse valor simbólico suplementar também se soma à pragmática eficácia da função de adaptação. O direito abre-se então para outra dimensão, a dimensão da arte. Então é possível admitir, com o poeta, que, de fato, a obra sai mais bela de uma forma rebelde ao trabalho.

› BASDEVANT-GAUDEMET B., "Les sources de droit romain en matière de procédure dans le Décret de Gratien", *Revue de droit canonique*, t. XXVII, nº 3-1, 1977, pp. 193-242. – CARBONNIÈRES I. de, *La procédure devant la chambre criminelle du Parlement de Paris au XIV siècle*, Paris, Champion, 2003. – HILAIRE J., "Le roi et nous. Procédure et genèse de l'État aux XIIIe e XIVe siècles", *Histoire de la justice*, nº 5, 1992, pp. 3-18; "La procédure civile et l'influence de l'État autour de l'appel", *Droit, savants et pratiques françai-*

ses du pouvoir (XIe-XVe siècles), org. J. Krynen & A. Rigaudière, Université de Bordeaux I, PU de Bordeaux, 1992, pp. 151-60. – MOATTI C., *Archives et partage de la terre dans le monde romain (IIe siècle avant-I[e] siècle après J.-C.)*, Ecole française de Rome, 1993 (Collection de l'École française de Rome, 173). – RIALS S., "*Veritas juris.* La vérité du droit écrit. Critique philologique humaniste et culture juridique moderne de la forme", *Droits, revue française de théorie, de philosophie et de culture juridique*, 26, La codification, 1997, pp. 101-82. – TESSIER G., *La Diplomatique*, Paris, PUF, "Que sais-je?", 3ª ed., 1966.

Ver também: FOWLER-MAGERL L., *"Ordines iudiciarii" and "Libelli de ordine iudiciorum (from the middle of the 12th to the end of the 15th century)*, Turnhout, Brepols, "Typologie des sources du Moyen Age occidental", 63, 1994. – Col.: *Revue générale des procédures*, org. L. Cadiet e S. Guinchard, Paris, Dalloz, nº 1, jan.-mar. 1998, 184 p. e números seguintes.

Jean-Paul ANDRIEUX

→ Formas de justiça; Fórmulas; Procedimento; Processo; Processos (Administrativo, civil, penal).

FÓRMULAS

Conforme indica a origem latina (*formula*, diminutivo de *forma*), esse termo serve para designar uma proposição logicamente ordenada e apresentada como regra ou modelo. A fórmula apresenta em termos técnicos precisos e medidos o âmbito rigoroso adaptado e até necessário à aplicação de princípios jurídicos. Mas, na qualidade de instrumentos da prática, as fórmulas, sobretudo as notariais, não são fixas e podem pesar na evolução do direito.

No fim do século XVIII, Guyot assim definia a fórmula: "Essa palavra, tomada em seu verdadeiro significado, é um modelo de ato que se refere à substância e aos principais termos nos quais deve ele ser concebido para estar em conformidade com as ordenanças e as outras leis do país." Assim, a tendência a reduzir-se a fórmulas é uma das características mais constantes e importantes da atividade jurídica. O próprio legislador emprega fórmulas. As decisões judiciárias obedecem a fórmulas, quer se trate de considerandos, quer da decisão; todos os atos processuais, apesar do recente esforço de simplificação, são exarados de acordo com fórmulas. A vida administrativa também utiliza muitas fórmulas, até mesmo com o *formulário* impresso, que deixa apenas brancos para serem preenchidos, segundo o caso. Do mesmo modo, a prática notarial expressa-se pela fórmula na qual o teor de cada ato é inserido. Por fim, é também com uma fórmula especial que um julgamento, um ato administrativo ou um ato notarial recebem força executória do poder público. Essa fórmula permite recorrer, precisamente com o apoio da força pública, às vias de execução forçada para a aplicação das disposições contidas no julgamento ou no ato. A expedição de uma sentença ou de um ato notarial, exarado na fórmula executória, chama-se traslado. De maneira geral, os profissionais que redigem instrumentos jurídicos sentem instintivamente a necessidade de usar formas que deixem poucas oportunidades às iniciativas individuais, e a fórmula provada pelo uso, ou até consagrada pela jurisprudência, tem a vantagem de possibilitar economia de tempo e, sobretudo, segurança quanto à validade do ato lavrado. Por isso existem coletâneas de modelos de atos à disposição dos profissionais, os *formulários*, e esse tipo de instrumento (que não deve ser confundido com o formulário administrativo) remonta à Antiguidade. Desde a Idade Média desenvolveu-se longa tradição do formulário destinado aos profissionais e da prática judiciária e notarial; principalmente a partir do século XVI, os formulários se enriqueceram cada vez mais com exposições teóricas que acompanhavam as fórmulas. Pois, como a vida prática é feita de situações múltiplas e diversificadas, a fórmula, apesar de propiciar o rigor exigido pela matéria jurídica, deve ser ao mesmo passível de adaptação a cada caso. Isso é especialmente verdadeiro e essencial na prática notarial. A fórmula de um ato é então uma reunião de cláusulas. No século XVIII definia-se a cláusula como "uma estipulação particular inserida num contrato ou num ato" (Denisart), ou, do ponto de vista formal, como uma "disposição particular que faz parte de um tratado, de um edito, de um contrato e de qualquer outro ato público ou particular" (Guyot). Ao se teorizar o sistema das fórmulas, distinguiam-se cláusulas derrogatórias (por meio das quais as partes se subtraíam a uma disposição legal desde que a lei o permitisse) e, sobretudo, *cláusu-*

las de estilo. Estas últimas tinham grande importância prática e eram assim definidas: "Todas as que fazem parte dos atos mais como fórmulas antigas e costumeiras, comuns a todos os contratantes, que como das convenções expressamente consentidas pelas partes e mais próprias a uma que a outras. Esses tipos de cláusula são entendidas apenas em relação e em conformidade com o uso que as dita, que sempre lhes decide o sentido, a extensão e o efeito" (Denisart). O Código Civil francês então ditou como princípio que (art. 1.160): "Deve-se suplementar o contrato com as cláusulas usuais, ainda que não estejam expressas." Assim, é possível distinguir duas partes na fórmula: uma, que compreende especialmente as cláusulas de estilo, é própria de um tipo de ato ao qual está associada por natureza; a outra constitui um conjunto de cláusulas que podem enriquecer a construção do ato e, nos limites permitidos pela lei, conferem-lhe a consistência desejada pelas partes. Como princípios e regras são feitos para serem aplicados, sem dúvida constituem parte fundamental do sistema jurídico, mas é a prática que lhes insufla vida. Nesse sentido, as fórmulas notariais, em especial, sob o controle da jurisprudência, mas às vezes em oposição a ela, contribuem para orientar a evolução do direito. Essas fórmulas são forjadas na prática diária e se impõem pela repetição, pelo efeito de massa. Como os tabeliões estão em contato direto com as realidades sociais, suas fórmulas são um primeiro revelador dos problemas de aplicação; a persistência de um conflito com a jurisprudência pode levar então à modificação legislativa da regra ou, ao contrário, à consagração da orientação da prática. Nos séculos passados ocorreu que algumas fórmulas deram origem a uma norma, por um processo que consiste em passar de uma prática contratual à expressão de uma regra de direito. Atualmente, as instituições notariais superiores desempenham o papel de órgãos de reflexão e intervenção, ao mesmo tempo sugerindo novas fórmulas ao conjunto do corpo, sempre que se apresenta uma dificuldade nova, e fazendo propostas de adaptação do direito em direção do legislador.

➤ CHARLIN J., *La participation du notaire à la création de la règle de droit*, tese, Lyon, 1981. – SOURIOUX J.-L., *Recherches sur le rôle de la formule notariale dans le droit positif*, Paris, 1965.

Jean HILAIRE

→ Ato; Notários; Prática.

FRATERNIDADE

Embora muito antiga, pois constitui um dos dogmas fundamentais das revelações judaico-cristãs, a ideia de que os homens são e devem ser unidos por estreitos laços de fraternidade só penetrou no universo político-jurídico tardiamente, a partir do século XVIII: durante a Revolução francesa e em meados do século seguinte, ela será considerada suficientemente importante e capital para ser promovida à categoria de princípio fundamental da República. Depois da Revolução de 1848, passa por grande declínio, visto que os homens que estavam no poder, para justificar sua ação, preferiam basear-se num conceito vizinho, mas diferente, o da solidariedade. No entanto, esse declínio não deve ser superestimado, pois a ideia de fraternidade funciona de novo, hoje, como um princípio integrante do direito público positivo.

Afirmação inicial

Foi essencialmente na segunda metade do século XVIII que o último termo do lema nacional francês adquiriu novo estatuto; até então, ele estava restrito principalmente à esfera religiosa ou filosófica, visto que a fraternidade, segundo as épocas, era considerada resultante de uma identidade de filiação (todos são irmãos, porque todos filhos de um mesmo Deus), ou de uma identidade de constituição (todos são irmãos porque todos dotados de uma mesma natureza). Mas, sob a influência de certos teóricos, em especial de Rousseau, essa ideia vai sendo pouco a pouco associada a diversos conceitos oriundos da linguagem política (Pátria, Nação, direitos humanos), graças aos quais adquire dimensão bem diferente; ligando-a de maneira estreita aos dois primeiros termos do tríptico republicano, o Iluminismo ampliou sensivelmente seu campo de aplicação; dotado de forte carga subversiva (afirma-se que só onde reinam a liberdade e a igualdade pode haver fraternidade), ela consegue impor-se a partir da queda do Antigo Regime: a partir de então, todos são considerados irmãos porque, sendo livres e iguais, todos devem possuir uma Pátria e porque, formando uma Nação, todos devem ser parte integrante do poder soberano. É evidente que essa afirmação eminentemente *política* da fraternidade não deixa de ter, na prática, um caráter ilusório e mistificador: pois, se basta ser cidadão para ser visto como irmão (pelo menos no início da Revolução), é só como cidadãos que todos são irmãos. Portanto, o irmão não é um ser real, mas uma abstração: é irmão, seja qual for sua condição, seja ele rico ou pobre, forte ou fraco, cidadão ativo ou cidadão passivo... Mas essa afirmação, embora se acomode muito bem à desigualdade real e, além disso, se revele até capaz de produzir exclusão (visto que todos os que não são "patriotas" tendem a ser excluídos do círculo dos irmãos...), não deixa de encerrar uma lógica própria que, no plano jurídico, implicará certo número de ações e/ou disposições totalmente tangíveis. Assim, em nome e em virtude do princípio de fraternidade, instaurou-se, pelo menos num primeiro momento, uma política de abertura e tolerância para com os estrangeiros: são abolidas, na França, as medidas discriminatórias que atingiam estes últimos no plano civil (direito de albinágio): em matéria de nacionalidade e de cidadania, quem fosse favorável à ordem sociopolítica em vigor tinha todas as condições de tornar-se francês e de gozar de direitos políticos. De mesmo modo, em nome e em virtude desse princípio, desenvolveu-se uma política de educação nacional e, sobretudo, afirmou-se uma política de assistência e solidariedade para com os mais desfavorecidos: proclamação do direito à assistência nos textos constitucionais (1793) e legislativos (1793-94) em favor das crianças abandonadas ou órfãs, das pessoas doentes, deficientes ou idosas etc.; reconhecimento de um dever social para com os desempregados; política de ajuda às vítimas de danos materiais ou físicos causados pela guerra; prestação de socorro às famílias dos "defensores da pátria" em necessidade etc. A queda de Robespierre e a reação resultante inauguram um período de desgraça da fraternidade: correlacionada ao mesmo tempo ao Terror e à morte, à intolerância e à subversão, ao sufrágio universal e à proclamação de direitos sociais, logo ela se torna objeto de repulsa para os regimes ulteriores, antes de ser solenemente promovida, em 1848, à categoria de princípio fundamental do novo regime.

Promoção constitucional

A rejeição à ideia de fraternidade estende-se globalmente até a Monarquia de Julho: só nas décadas de 1830 e, sobretudo, 1840 ela foi redescoberta e tirada do esquecimento. O contexto econômico e social e o clima intelectual que tende então a prevalecer (reabilitação da obra revolucionária, ressurgimento do republicanismo, impulso das doutrinas socialistas, releitura da mensagem cristã...) mostram-se propícios à sua renovação: em menos de duas décadas, ela consegue superar o descrédito de que fora alvo. Constituindo o objeto de verdadeiro culto por parte dos contemporâneos, pois se considerava que resumia em si o conjunto do pensamento e das aspirações da época, em fins do Regime de Julho ela constituía uma das palavras-chave da linguagem política e um dos principais símbolos aglutinadores de todos os que se opunham ao poder vigente. Logicamente, ocupava posição central no debate iniciado em fevereiro de 1848; além de se adotar como lema oficial do regime o tríptico cujo último termo ela constitui, a palavra fraternidade é vista como o principal símbolo da nova República e um de seus três princípios, constitutivos a exemplo da liberdade e da igualdade. Nesse sentido, é diretamente invocada como apoio a grande número de reivindicações não só civis e políticas, mas também econômicas e sociais; em seu nome os republicanos reconhecem ou preconizam certos direitos individuais, tais como o direito ao trabalho, à assistência e à educação; a instauração de um imposto progressivo; a implantação de uma política de tolerância para com os trabalhadores estrangeiros; a redução da jornada de trabalho; proibição da contratação simulada por subempreitada; a abolição da escravidão e da pena de morte por razões políticas; a supressão da prática da substituição no serviço militar etc. Mas a chegada de maioria conservadora à Assembleia Constituinte, a dissolução das oficinas nacionais instituídas em fevereiro, a insurreição operária de junho daí resultante e seu esmagamento pelo exército puseram fim ao entusiasmo geral. Sem dúvida, a fraternidade não foi totalmente rejeitada pela Constituição, visto que o legislador supremo não hesitou em consagrá-la solenemente como princípio fundamental da República (preâmbulo, § 4), mas a maioria das consequências dela extraída bem no início da Revolução só será imperfeitamente sancionada no plano jurídico, quando não categoricamente rejeitada; embora confirme certo número de medidas adotadas no âmbito civil e político, o constituinte descarta as principais reivindicações inicialmente formuladas na esfera econômica e social: o enunciado de direitos individuais e coletivos é substituído pelo enunciado de simples deveres, cujo cumprimento é deixado à inteira discrição dos poderes públicos. O fim da República e o advento do Império marcam uma nova fase de declínio da ideia de fraternidade: declínio que só uma evolução marcante do ambiente político e ideológico, no século seguinte, poderá realmente bloquear.

Declínio e renovação

Na esteira da corrente solidarista popularizada por Léon Bourgeois, os dirigentes da III República preferiram outro conceito ao antigo conceito de fraternidade, acusado de estar excessivamente ligado aos preceitos cristãos, de se mostrar ilusório numa sociedade dividida em classes antagônicas, de conter uma dimensão afetiva não passível de tradução pelo Direito: tratava-se do conceito de solidariedade, que, para os contemporâneos, apresentava a vantagem de não comportar tais inconvenientes e, sobretudo, de se mostrar muito mais condizente com as ideias do tempo, pois tinha a seu favor o fato de se enraizar na sociologia (presumia-se que assentasse na interdependência social) e o de ser fortalecido pelas descobertas mais recentes da ciência (em especial as geradas pela revolução pasteuriana). Durante mais de um século, o conceito de solidariedade tenderá fortemente a suplantar o de fraternidade no discurso político-jurídico. Evidentemente, este último não desaparece totalmente da paisagem político-jurídica: para todos os que pretendiam realizar as promessas da Revolução francesa e as potencialidades da ideia republicana, ele continuava aparecendo sempre como um valor que, à guisa de fanal, deveria guiar a ação dos governantes. O fato é que, na maioria das vezes, já não é nesse valor, mas sim no de solidariedade, que o legislador se apoia para fundar grande número de disposições adotadas em questões econômicas e, sobretudo, sociais, tanto nos domínios da assistência pública, da previdência coletiva e das seguridades sociais quanto no da responsabilidade administrativa (indenização de certos danos inerentes à vida em sociedade, tais que os danos de guerra, insurreições etc.).

Será preciso esperar o fim do século seguinte para que a fraternidade recupere a posição que tinha antes no ordenamento jurídico. Esse processo se iniciou com a libertação do jugo alemão; diante da tentativa feita por certos regimes "de sujeitar e degradar a pessoa humana" (constituição de 1946, preâmbulo), os governantes julgaram necessário reafirmar os grandes princípios constitutivos da República: o último termo do lema foi então formalmente reintroduzido no texto supremo ao lado da liberdade e da igualdade (Constituições de 1946 e de 1958, art. 2º). Depois disso, foi sobretudo durante as duas ou três últimas décadas que o movimento ganhou amplidão; em associação com o declínio das doutrinas que outrora determinaram seu eclipse (o marxismo, com a noção de luta de classes, e o solidarismo, com sua pretensão à cientificidade), o conceito de fraternidade foi sendo aos poucos redescoberto e reavaliado; constatando-se que, reduzida a si mesma, a ideia de solidariedade se mostra não só esterilizante, burocrática e desumanizadora quando penetra no direito e, em especial, no direito social, mas também incapaz de responder a questões cruciais como a tolerância e o respeito ao Outro, foram numerosos os que tomaram consciência do valor insuperável do conceito de fraternidade, que parecia mais bem armado para combater toda e qualquer forma de intolerância, racismo ou xenofobia – uma vez que assenta na eminente dignidade atribuída à qualidade de humano – e, por outro lado, em melhores condições de restabelecer os laços sociais – em vista de sua capacidade de introduzir mais convivialidade, afeição e consideração nas relações entre indivíduos. Os poderes públicos franceses, aliás, entenderam isso e não hesitaram em recorrer expressamente a ele, quando em 1988, por exemplo, decidiram instituir o salário mínimo de inclusão: poderiam ter-se limitado, em nome do princípio de solidariedade, a socorrer os mais desfavorecidos pagando-lhes uma simples alocação monetária, mas, ao contrário, preferiram sancionar juridicamente o princípio de fraternidade, cobrando da sociedade um dever estrito de inclusão de todos aqueles que estejam em situação ou em vias de exclusão...

Isso significa que a renovação pela qual passa a fraternidade nos dias de hoje apenas revela, finalmente, a sua natureza verdadeira: se ela se mostra sempre, no passado e no presente, como um fator de interesse do Poder e um objeto de Direito, provavelmente é porque sua afirmação e sua instauração remetem a uma necessidade consubstancial a toda vida em sociedade e, mais particularmente, a toda vida em democracia. Por isso, não será arriscado prever que ela ocupará posição eminente, ainda por muito tempo, no debate político e social, francês e internacional, porque constitui um princípio de ação indispensável e insubstituível.

› BORGETTO M., *La Nation de fraternité en droit public fiançais*, LGDJ-Montchrestien, 1993; *La Devise "Liberté, Egalité, Fraternité"*, Paris, PUF, "Que sais-je?", 1997. – BORGETTO M. & LAFORE R., *La République sociale*, Paris, PUF, 2000. – DAVID M., *Fraternité et Révolution française*, Paris, Aubier, 1987; *Le Printemps de la fraternité. Genèse et vicissitudes (1830-1854)*, Paris, Aubier, 1992.

Ver também: MUNOZ-DARDÉ V., "Fraternité", *in* M. Canto Sperber (org.), *Dictionnaire d'éthique et de philosophie morale*, Paris, PUF, 1996. – OZOUF M., "Fraternité" *in* F. Furet, M. Ozouf (org.), *Dictionnaire critique de la Révolution française*, Paris, Flammarion, 1987.

Michel BORGETTO

→ Assistência social; Cidadania; Direitos sociais; Igualdade; Liberdade; Solidariedade.

FRAUDE

A noção de fraude é onipresente em direito, porque é natural a tentação de procurar esquivar-se de certas injunções que a lei impõe. A teoria que pode ser formulada a seu respeito comporta essencialmente duas vertentes. Uma consiste em definir o conceito analisando-se os elementos constitutivos de uma fraude. A outra, em isolar os efeitos específicos que a fraude pode provocar na punição por transgressão à lei; isto leva a identificar um modo de sanção especial: a exceção de fraude à lei.

O vocábulo fraude implica, em primeiro lugar, transgressão a uma regra cujas condições de aplicação estão reunidas. Sua especificidade reside no caráter voluntário da transgressão. Implica, portanto, um elemento intencional, de má-fé, do qual a fraude constituiria uma forma agravada. Esse elemento aparenta-se ao elemento intencional da infração penal, que separa, por exemplo, o fato de apoderar-se por inadvertência de um objeto alheio de sua subtração com o objetivo de apropriar-se dele. A intenção de transgredir a lei pode traduzir-se em simples mentira ou mesmo omissão; mas muitas vezes implica manobras mais elaboradas, tendentes a mascarar ou dissimular a realidade. Às vezes, o interessado se protege por trás de regras jurídicas: fala-se, nesse caso, de *fraude à lei*, expressão que visa menos o objeto da fraude do que o meio empregado, mostrando que há um desvio do espírito da lei, quando não de sua letra. A fraude é expressamente prevista e punida por certo número de textos. Assim, na França, a lei de 1º de agosto de 1905 sobre as fraudes e falsificações de produtos ou serviços (hoje integrada no Código do Consumidor, arts. L. 121-1 ss.), ou ainda o artigo 595 NCPC, que dá a possibilidade de recurso para revisão de uma decisão judicial sempre que se verificar, ulteriormente, que ela foi "obtida por fraude da parte em favor da qual foi pronunciada". Mas os textos que citam a fraude ou seu diminutivo, a má-fé, estão longe de abarcar as inúmeras hipóteses de transgressão insidiosa da lei, e, se nenhuma disposição geral a incrimina, a fraude ganha lugar entre as noções corretivas de regime jurídico, do mesmo modo a aparência ou a ordem pública; mais precisamente, a ausência de fraude desempenha papel de princípio geral do direito. Como é frequente em casos semelhantes, recorre-se a um adágio, *Fraus omnia corrumpit* (mas foram os glosadores, mais que os romanos, que formularam um princípio geral sancionando a fraude): a fraude constitui exceção a todas as regras. Ela coexiste com outras noções, como o abuso de direito, o abuso de poder e até mesmo a ordem pública, uma vez que o desrespeito constatado à lealdade se choca com esta; de modo mais amplo, coexiste com as noções de causa ilícita e até de culpa. Transpondo a análise clássica da infração penal, é possível identificar três elementos constitutivos de uma fraude: a regra fraudada, o meio fraudulento e a intenção fraudulenta. O último elemento é o mais específico, pois nem toda violação à lei constitui fraude. No entanto, existe, paradoxalmente, uma concepção objetiva da fraude, segundo a qual, como esta sempre tem o objetivo ou o efeito de violação a lei, a intenção de desviar a lei nada acrescenta. Essa concepção procede, provavelmente, do postulado liberal de que tudo o que não é proibido é permitido, de modo que, se a lei não prevê punição, não haveria por que cominá-la. Na realidade, a fraude pode desempenhar um papel mais ou menos decisivo na condenação, como veremos depois de pormenorizarmos os três elementos acima citados.

A regra fraudada

A fraude pode visar a regra de direito objetiva, como na hipótese banal de sonegação voluntária de imposto devido de acordo com a lei fiscal. Em direito privado, ela visa frequentemente os direitos alheios, como os dos credores ou de herdeiros, infringidos por alienações fictícias com a intenção de subtrair aos primeiros certos bens apresentados como garantia (fraude "pauliana", outra hipótese contemplada por um texto, o art. 1.167 do C. Civ. fr.), aos segundos a reserva sucessória. Mas essa distinção, embora tenha virtudes descritivas, parece desprovida de consequências, pois, mesmo quando prejudica interesses privados, a fraude sempre se dirige contra uma regra obrigatória, tal como uma convenção ou um julgamento, que são simplesmente regras individuais. No contexto internacional se indagou se deveria ser punida a fraude que atentasse contra uma regra estrangeira; pois, visto que, por hipótese, a regra atacada não emana da ordem jurídica do foro, sua violação não prejudica, pelo menos diretamente, nenhum interesse sobre o qual este jurisdicione. A opinião tradicional segundo a qual a ordem jurídica francesa não deveria punir a fraude às leis estrangeiras parece ter sido influenciada pelo estatuto tradicional do direito público estrangeiro, declarado "inaplicável" por princípio. Esta última proposição hoje é fortemente questionada, conforme demonstram duas resoluções do Instituto de Direito Internacional. Nesse domínio mesmo, admite-se que os Estados se devem respeito mútuo à soberania. Segue-se que nenhum deles deveria, normalmente, prestar auxílio à violação deliberada das leis de outro (por exemplo, alfandegárias), especialmente permitindo a execução de um contrato que contravenha a ela; nesse caso, se for mesmo preciso basear a punição num texto francês, o art. 1.133 C. Civ., referente à causa imoral, poderá ser utilizado. Em direito privado, o princípio do respeito às leis estrangeiras só parece coerente com o enunciado de regras de conflito bilaterais, que atribuem às diferentes ordens jurídicas as situações que lhes competem. Várias decisões ilustram hoje a punição de fraudes a leis estrangeiras, especialmente por meio da negação de homologação de divórcios proferidos por jurisdições sem o menor vínculo permanente com os cônjuges. Quer se trate de direito público ou de direito privado, o princípio de que as fraudes às leis estrangeiras são puníveis deve, porém, ser entendido com a ressalva de que não haja contrariedade da regra à ordem pública francesa.

O meio fraudulento

Nem toda violação a regras constitui fraude, muito pelo contrário. Aquele que se encontre na incapacidade real e não provocada de pagar suas dívidas não comete fraude em prejuízo de seus credores; e mesmo no campo fiscal admite-se o direito ao erro. Ao contrário, exatamente por contravir conscientemente contra uma regra, o autor da fraude se esforçará, em geral, para conferir aparência de validade à situação. Ele poderá fazê-lo através de um meio material (dissimulação de uma operação ou de um bem), mas também jurídico, invocando uma regra que derrogue a regra que ele pretenda infringir, ou recorrendo a um instituto cujas finalidades são desviadas. É nessa situação que, se a aparência de validade for muito forte, se fala de "fraude à lei". Os meios fraudulentos, portanto, variam em termos de natureza e grau de elaboração. A terminologia está longe de ser homogênea, sobretudo de um ramo do direito ao outro; assim, o direito fiscal sanciona amplas categorias de fraudes sob o qualificativo de abuso de direito. No entanto, pode-se tentar descrever uma tipologia.

1 / Pelo fato de o comércio jurídico basear-se no princípio da boa-fé, o meio fraudulento mais elementar é a *mentira*. Pode tratar-se de mentira simples, como no caso em que a lei fiscal se baseia na declaração dos interessados para estabelecer o imposto. Em outros casos, a mentira precisa ser mais caracterizada, como quando a validade de um contrato é prejudicada por dolo (art. 1.116, C. Civ. fr.): a jurisprudência lança mão da distinção antiga entre *dolus bonus*, habilidade tolerada em relação ao cocontratante para obter o compromisso, e *dolus malus*, fraude punida. Próxima da mentira está a *omissão dolosa*, que consiste em não revelar um fato pertinente, em especial quando da formulação de um contrato. Depois de considerar durante muito tempo que quem se cala não comete um dolo, a jurisprudência, encorajada por certas intervenções legislativas (em especial no campo do seguro), hoje pune o fato de um contratante não revelar algo significativo, de que a outra parte não poderia ter conhecimento por seus próprios meios. A dissimulação de um bem sucessório, ou seja, a não revelação de sua existência para subtraí-lo à garantia dos credores sucessórios ou para apropriar-se dele em detrimento dos coerdeiros, também é punida pela lei (art. 792, C. Civ. fr.).

2 / Avança-se outro grau quando a fraude decorre de verdadeiras *manobras*, que podem apresentar-se de inúmeros formas. Um bom leque era apresentado pela definição do elemento material do delito de estelionato, segundo o antigo Código Penal francês (art. 405), menos parcimonioso nesse aspecto do que o novo (art. 313-1). No caso de falsificação de produtos ou serviços, a fraude não se limitará a simples mentira verbal: haverá, por exemplo, indicação de origem inexata. A falsidade ideológica também é punida no campo eleitoral, quer se trate de voltar em nome de outra pessoa (às vezes falecida) ou de candidatar-se com falsos nomes ou dissimular uma incapacidade prevista em lei (art. L. 88-1, C. Eleitoral fr.).

3 / Pode resultar desrespeito doloso aos direitos de terceiros do exercício de *um direito* que a autoridade considere abusivo, portanto lesivo. A noção de fraude é subjacente, se considerarmos que a regra infringida é a obrigação geral de não prejudicar ninguém – muito menos de maneira deliberada –, e que o meio reside no uso que é feito do direito. O fato de o interessado não poder justificar esse uso com um interesse plausível exclui a justificação, constituída normalmente pela simples titularidade do direito, já que este se mostra desviado de sua finalidade. A noção de desvio, com sua conotação fraudulenta, também é invocada em direito administrativo, no qual caracteriza o fato de uma autoridade usar seus poderes com fins outros que não aqueles para os quais eles lhe foram conferidos, em detrimento do interesse geral. Em direito privado também, a noção de abuso de bem social sanciona o fato de o dirigente de uma pessoa jurídica gerir os bens desta em benefício próprio ou de terceiro, e não em conformidade com os fins designados, como é seu dever. O direito fiscal pune (com fundamento no art. 39 CGI) como ato anormal de administração aquele que faz uma empresa suportar um ônus ou a priva de uma vantagem sem que tais atos sejam justificados pelos interesses da atividade, reduzindo assim o lucro tributável.

4 / Costuma-se recorrer com mais frequência à noção de fraude quando o interessado age em detrimento de terceiros por meio de *atos jurídicos*. É o caso do devedor *in bonis* que procede a alienações destinadas a fazê-lo aparecer como insolvente (a segurança do comércio jurídico, porém, se opõe à punição de tal fraude caso o terceiro seja de boa-fé). "Enquanto isso ocorre quando os interessados agem abertamente, em outras hipóteses firma-se um ato secreto, chamado "contrato de gaveta", destinado a evitar os efeitos de um ato manifesto que o acompanha. Fala-se então de *simulação*, noção muito próxima da de fraude. Mas não há equiparação entre ambas, porque a simulação pode excepcionalmente ser inspirada por um motivo não repreensível: por exemplo, o intuito de realizar um ato de liberalidade de maneira discreta. A simulação pode, assim, ter por objeto ocultar a verdadeira parte do ato, realizando uma "interposição de pessoa": o objeto do contrato de gaveta é então transformar aquele que firma o ato ostensivo em simples mandatário daquele que é realmente parte nesse ato; outra possibilidade é que uma doação seja disfarçada de venda, convencionando-se (é o contrato de gaveta) que o preço não será pago. A simulação não é em si uma causa de nulidade das convenções; ela é apenas declarada inoponível aos ter-

ceiros, segundo o artigo 1.321 do Código Civil francês, pois estes não devem sofrer pela criação de uma aparência contrária à realidade. Na maioria das vezes, porém, a simulação tem, efetivamente, o objetivo de esquivar-se a uma regra imperativa, sendo então qualificada de fraudulenta; isso ocorre quando a interposição de pessoa tem a finalidade de contornar uma incapacidade especial relativamente ao ato visado, tal como a proibição de um mandatário se portar como contraparte. Um devedor que procure não pagar suas dívidas, em vez de dilapidar seu patrimônio com atos de consumo, procederá a alienações de bens, que assim se tornarão total ou parcialmente fictícios, visto que de uma maneira ou de outra ele se reservará o gozo de tal bem; outra possibilidade é que, como uma soma de dinheiro é mais fácil de dissimular do que um bem corporal, ele firmará uma venda cujo preço ostensivo será minorado, com o pagamento imediato da diferença. Numa concepção mais ampla da simulação, esta é também constituída pela *falsa qualificação* de um ato jurídico único. O objetivo muitas vezes é fiscal, e o artigo L. 64 do Livro dos Procedimentos Fiscais declara que não podem ser opostos à administração os atos que dissimulem o alcance verdadeiro de um ato ou de uma convenção, acrescentando que a administração pode restituir seu verdadeiro caráter à operação litigiosa. Vários exemplos são dados por certas operações que implicam ao mesmo tempo venda, arrendamento e financiamento. Uma venda a crédito pode, assim, ser dissimulada como locação com opção de compra (ou crédito-arrendamento), a fim de tornar dedutíveis, na forma de aluguéis, parcelas do pagamento (durante muito tempo, também se evitou a jurisprudência que não permitia que o vendedor a crédito com reserva de propriedade opusesse essa propriedade aos outros credores em caso de falência; uma lei de 3 de maio de 1980 pôs fim a essa jurisprudência). É então necessário fazer uma análise jurídica muito precisa, a fim de distinguir o que separa objetivamente as duas categorias de operação.

Segundo uma hipótese vizinha, qualificada no campo fiscal como "abuso de direito", o ato jurídico é efetivamente firmado; mas sua única finalidade é esquivar-se de certas disposições ou beneficiar-se de outras, é uma simples "montagem jurídica". Por exemplo, uma operação única, tal como uma cessão de fundo de comércio, é decomposta em várias operações, associando venda e locação e visando, distintivamente, os elementos materiais ou imateriais. O fato de recorrer a certos institutos sem ter em vista o fim essencial também evoca a ideia de desvio, já encontrada. É o que ocorria antigamente com a constituição de sociedades para o exercício do comércio com limitação da responsabilidade pessoal (hipótese amplamente esvaziada pela introdução legislativa da empresa unipessoal de responsabilidade limitada); o que confere caráter contestável à operação é a ausência de *afetio societatis* entre os sócios declarados. No âmbito puramente civil, um casamento às vezes é contraído para atingir fins estranhos à união matrimonial. Os fins naturais do casamento são os resultantes, explícita ou implicitamente, dos artigos 212 ss., C. Civ. fr., essencialmente a comunhão de vida, enquanto os outros fins não passam de incidentes: tal como a possibilidade de obter uma liberalidade que de outro modo não seria obtida ou, eventualmente, de exercer alguma influência sobre a nacionalidade. Pode ocorrer que, com o objetivo de obter o efeito incidente, em benefício de uma ou das duas partes, estas se prestem a um casamento cujos efeitos principais são excluídos por meio de uma variedade de contrato de gaveta (fala-se de casamento "com efeito convencionalmente limitado"). Nos exemplos dados pelas coletâneas de jurisprudência do século XIV, tratava-se às vezes de esquivar-se às obrigações militares, mas na maioria das vezes o objetivo era tornar exigíveis doações subordinadas ao casamento do beneficiário ou validar doações que de outra forma seriam proibidas. Enquanto essas espécies se esvaziaram, os "casamentos não consumados", que se tornaram menos comprometedores porque o divórcio por consentimento mútuo possibilita, na França, desvencilhar-se deles facilmente desde 1975, constituem hoje em dia um meio usual de esquivar-se do estatuto dos estrangeiros: ele permite obter um título de permanência e até a nacionalidade francesa por declaração, e não por naturalização, que está submetida a diferentes condições, bem como a uma decisão da autoridade pública.

5 / Entre os meios jurídicos da fraude, convém por fim citar em particular as *leis estran-*

geiras. A diversidade dos direitos internos pode constituir uma tentação de fraude, desde que uma lei estrangeira permita fazer o que não poderia ser feito de acordo com a lei à qual se está submetido: casar-se, divorciar-se, constituir sociedades, realizar determinadas operações. Veremos, porém, que, na prática, a fraude nunca desempenha papel decisivo na punição dessas ações.

A intenção fraudulenta

O esforço de certos autores para reduzir a fraude a uma noção objetiva, descartando o que o conceito tem de mais específico, pode ser explicado pela resistência a basear uma punição numa intenção que o sujeito em geral não está disposto a reconhecer, enquanto, segundo outro adágio, "fraude não se presume". Portanto, pode parecer preferível basear a solução na violação objetiva da lei, e não no estado de espírito dos interessados. Contudo, o fato de a intenção fraudulenta ser do âmbito do foro íntimo não constitui um obstáculo dirimente para sua demonstração, visto que sua realização às vezes obriga à exteriorização da intenção: é o que ocorre quando um contrato de gaveta é feito por escrito. Apesar do adágio acima citado, a fraude é tipicamente contemplada pelo artigo 1.353 do C. Civ. fr., que autoriza o juiz a inferir a existência de um fato/ de "presunções graves, precisas e concordantes". Ela é frequentemente estabelecida a partir de constatações objetivas, como demonstra a maior parte do direito penal. Em todos os âmbitos, esforços prévios para dissimular a violação cometida revelam o caráter deliberado desta. Frequentemente, é o encadeamento de acontecimentos pertinentes em curtíssimo prazo que lança luzes sobre as intenções dos interessados; por exemplo, a transformação de uma sociedade imediatamente antes da cessão do essencial de seus ativos. Permitem ainda inferir as intenções a ausência de qualquer finalidade econômica de um ato de natureza patrimonial ou simplesmente a ausência de qualquer verossimilhança de uma situação criada (por exemplo, a alegada existência de intenção matrimonial entre pessoas que acabaram de se conhecer e que, na prática, não podem demonstrar coabitação posterior). Sem dúvida, a hesitação poderá depor a favor da regularidade da situação. Mas não deixa de ser verdade que a fraude, fato jurídico, pode ser estabelecida por todos os meios e, portanto, resultar de presunções; o artigo próprio 1.353 do C. Civ. fr. prevê, por outro lado, em sua parte final, que se faça exceção à exigência de prova legal em caso de fraude. Aliás, trata-se de um caso no qual a intenção não deixa dúvidas, mas que cria uma dificuldade de outro tipo: o caso em que a fraude é estabelecida com mais clareza porque aquele que a urdiu ou dela participou, depois de deixar de encontrar vantagem nela, apresenta voluntariamente suas provas. Por exemplo, um divórcio foi requerido e obtido num Estado estrangeiro com o qual os cônjuges não tinham nenhum vínculo (de nacionalidade ou residência); mais tarde, com o falecimento de um deles, o outro invoca os direitos de cônjuge supérstite, argumentando irregularidade do divórcio. O que está em questão é a oportunidade de punir a fraude. Um outro adágio consuetudinário, *Nemo auditur propriam turpitudinem allegans*, pode propiciar rechaçar a argumentação. Mas essa regra é oposta sobretudo em matéria patrimonial a quem reclame a restituição daquilo que pagou para realizar uma operação ilícita (*In pari causa turpitudinis cessat repetitio*). Quando se trata de estado civil, a preocupação é em fazer prevalecer a regularidade jurídica parecer que deve sobrepujar a preocupação de "punir" o interessado, apanhá-lo em seu próprio jogo (sem prejuízo de outro meio eventual de privar o demandante daquilo que está requerendo).

O papel da fraude na condenação

Quando a fraude é expressamente prevista num texto de lei, sua existência – ou ausência – constitui uma condição de aplicação da norma como qualquer outra; sua sanção, portanto, não é do âmbito de uma teoria específica. Por exemplo, toda vez que uma disposição legal enuncia que "é nula qualquer convenção cujo objetivo seja eludir a aplicação das disposições que precedem": aquilo que poderia ter sido sancionado em virtude do adágio *Fraus omnia corrumpit* para privar de efeito a convenção litigiosa se torna uma violação dos textos. Em diferentes casos, porém, a intenção verificada de desviar a lei pode ter o efeito de agravar a sanção civil (em matéria de sonegação de bens, o interessado é privado da opção sucessória normalmente aberta e obrigado a aceitar, pura e simplesmente, o inventário, bem como sua parte nos objetos sonegados) e, sobretudo, de levar à aplicação do direito penal (fraude fiscal; passagem do dolo civil ao estelionato). O agravamento da condenação muitas vezes tem papel preventivo, ligado ao risco particularmente alto de fraude: por exemplo, em caso de obrigação de declarar (direito fiscal) ou de possível ignorância de direitos por terceiros lesados (caso da sonegação de bens, donde a sanção excepcional de uma pena civil). Em outros casos, a severidade excessiva da lei levou a própria jurisprudência a erigir a fraude em condição de aplicação da condenação. Assim, segundo o artigo 170 do C. Civ. fr., o casamento de um francês, celebrado no estrangeiro segundo as formalidades locais, para ser reconhecido deve ter sido precedido de publicação na França. Segundo a jurisprudência que se edificou sobre esse texto, a falta de publicação só poderá ensejar a nulidade (na realidade, a inoponibilidade) do casamento se ela for intencional. De fato, verificou-se que a omissão na maioria das vezes resultava mais da ignorância da formalidade exigida do que da vontade de subtrair-se a um impedimento ao casamento; a sentença de nulidade constituiria, portanto, uma sanção despropositada, que mais é de natureza a prestar-se a uma fraude – esta verdadeira – da parte de um dos cônjuges que encontrasse aí um meio de desembaraçar-se do casamento sem as condições do divórcio. Descartadas essas hipóteses, a oposição entre uma concepção subjetiva e uma concepção objetiva da fraude abarca o papel desempenhado pela fraude na sanção de uma transgressão voluntária à lei. Nesse aspecto, é possível distinguir três situações: uma fraude pode ser condenada sem ser particularmente mencionada como violação objetiva da lei; ela pode ser ressaltada como argumento adicional para apoiar uma decisão objetivamente fundamentada; finalmente, pode constituir o próprio fundamento da condenação, e chegamos então àquilo que a teoria da fraude tem de mais específico: a exceção de fraude à lei.

1 / Como a fraude, em última análise, sempre se traduz na violação a uma regra, muitas vezes é possível puni-la sem declarar a intenção que animava os interessados, seja qual for a convicção do juiz a respeito. É o que ocorre em caso de falsa qualificação de um contrato para escapar a uma regra imperativa: o restabelecimento da qualificação verdadeira, baseada na economia do contrato, não exige que seja constatada a vontade das partes de burlar a lei. Também pode ocorrer que estas, mesmo tendo efetivamente procurado esquivar-se de uma disposição imperativa incidente sobre um contrato semelhante, tenham acreditado manter-se suficientemente distantes deste ao formularem sua convenção. Pois constitui fraude à lei evitar colocar-se em seu campo de aplicação (o que distingue, em especial, a evasão fiscal da fraude). De maneira geral, quando o comportamento censurado pode ser justificado por uma regra jurídica (seria a simples liberdade das convenções), a situação é analisada como um conflito de regras: enquanto o sujeito invoca uma, é de perguntar se não seria a outra que deveria ser aplicada ao caso. Caso o juiz se pronuncie a favor da segunda, bastará constatar que suas condições de aplicação estão objetivamente reunidas; o estado de espírito das partes não precisará ser ressaltado.

2 / Contudo, como vimos, pode ocorrer que as circunstâncias tragam à luz a intenção de fraude que animava os interessados, de tal modo que o juiz praticamente não tenha razões para deixar de reconhecê-la. É o que ocorre em caso de discordância notável entre a economia de uma relação contratual e a qualificação que lhe foi dada pelas partes, principalmente quando a intenção de burlar a lei é materialmente estabelecida (por exemplo, pelo conteúdo dos intercâmbios que precederam a conclusão da operação). O juiz então normalmente levará em conta a intenção de esquivar-se a uma disposição imperativa. A fraude, nesse caso, é um elemento de fato, ressaltado para melhor fundamentar uma decisão que, nesses exemplos, contravém aparentemente à liberdade contratual. No entanto, ela não constitui realmente o fundamento da decisão, que reside na violação objetiva da regra aplicável finalmente declarada. Essa é a situação da imensa maioria das hipóteses de direito internacional privado, no qual, porém, se acreditou distinguir o terreno de eleição da teoria da fraude à lei. Regularmente, as decisões se negam a reconhecer direitos adquiridos segundo uma lei estrangeira, fazendo menção à intenção de fraude que anima-

va os interessados. Mas, uma vez que a lei estrangeira não fosse aquela que é designada pela regra de conflito francesa aplicável, o reconhecimento dos direitos invocados se chocaria de frente com esta, e a fraude aventada não constituiria o fundamento da decisão. Ao ressaltá-la, o juiz apenas mostra que não se deixou enganar e justifica mais o que poderia ser visto como falta de colaboração internacional.

3 / Numa terceira série de hipóteses, o juiz *só* descarta o raciocínio invocado perante ele porque considera que as condições nas quais o demandante se baseia foram realizadas na intenção exclusiva de esquivar-se à regra: chegamos então àquilo que a fraude tem de mais específico, pois a intenção fraudulenta constitui o próprio fundamento da decisão. O remédio aplicado é a *exceção de fraude.* Sua característica é que o juiz admite o raciocínio invocado pelo demandante, portanto a regularidade formal da situação, mas numa etapa suplementar do raciocínio descarta o argumento pelo motivo puramente subjetivo de fraude. Uma hipótese já bem antiga provavelmente representa o melhor exemplo da articulação do raciocínio. Por razões facilmente compreensíveis, o artigo 909 do C. Civ. fr. proíbe que o médico seja legatário a título gratuito da pessoa por ele tratada em sua última doença. A jurisprudência, porém, logo admitiu que essa proibição deixaria de ser aplicada entre cônjuges, presumindo-se que a liberalidade do doente teria sido ditada pela afeição conjugal, e não pela ascendência exercida pelo médico. Mas o médico que se casasse com sua paciente às portas da morte poderia tentar por esse meio validar a liberalidade que de outro modo seria proibida. Certo número de decisões declarara, assim, inoponíveis casamentos celebrados *in extremis.* No caso, porém, a nulidade da liberalidade resultava de um texto claro. Teria então bastado que o juiz, quando considerasse que a lei tivesse sido burlada, aplicasse o artigo 909 ao pé da letra, pois o texto não prevê exceção alguma; ter-se-ia incidido na primeira hipótese acima, de condenação de uma fraude sem menção da fraude (de fato inútil, pois a regra legal a presume de alguma maneira). Mas, como a utilização da regra jurisprudencial invocada para fins fraudulentos, por parte do gratificado, era suficientemente rara, os juízes consideraram preferível manter como princípio a atenuante segundo a qual a existência de casamento entre as partes obstava à nulidade. Provavelmente por isso preferiram aceitar a argumentação dos demandantes em questão, com a possibilidade de lhes opor, numa etapa suplementar do raciocínio, a exceção de fraude. A análise da situação é, em suma, a seguinte: a lei omitira no artigo 909 do C. Civ. a previsão da hipótese de boa-fé; a jurisprudência introduziu-a na forma de regra derrogatória; mas precisou prover, por meio de uma exceção à exceção, ao caso em que se verificasse má-fé. O recurso à exceção de fraude, que postula o reconhecimento da regularidade formal da situação, traz à tona uma última questão: saber-se que efeitos da manobra condenada serão suspensos e quais serão mantidos. Segundo opinião difundida, a condenação própria da fraude à lei residiria na privação do próprio efeito buscado, deixando-se que subsista aquilo que possa ter sido feito para obtê-lo. Em outros termos, o ato seria simplesmente *inoponível* relativamente ao efeito buscado. Essa concepção, porém, parece excessivamente teórica e demanda no mínimo algumas ressalvas. Se, por exemplo, se verificar que duas pessoas contraíram matrimônio com objetivos estranhos à intenção matrimonial, tal como a aquisição de nacionalidade francesa, o resultado buscado deverá certamente ser recusado. Mas, sob todos os aspectos, seria inoportuno manter os interessados presos aos laços do matrimônio: este será então declarado nulo. Diferente é a situação quando o meio fraudulento tiver sido o recurso a uma lei estrangeira (em conformidade ou não com a regra de conflito), materializada pela intervenção de uma autoridade pública (ato de naturalização, casamento, declaração de divórcio, registro de uma sociedade etc.). A inoponibilidade é então a condenação que convém (ainda que comumente se fale em nulidade), mas por uma razão própria: não cabe a um Estado declarar nulos os atos de outro.

› AUDIT B., *La Fraude à la loi*, Paris, Dalloz, 1974. – DESBOIS H., *La notion de fraude à la loi et la jurisprudence française*, tese, Paris, 1927. – LIGEROPOULO, *Le problème de la fraude à la loi*, tese Aix, 1928. – VIDAL J., *Essai d'une théorie générale de la fraude en droit français*, Dalloz, 1957. – VOUIN R., *La bonne foi. No-*

tion et rôle actuel en droit français, tese, Bordeaux, 1939.

Bernard AUDIT

→ Abuso de direito; Adágios e brocardos; Aparência; Boa-fé; Ordem pública; Princípios; Raciocínio jurídico.

FUNÇÃO PÚBLICA

De maneira geral, exercer uma função pública consiste em cumprir uma tarefa de interesse público (político, técnico, administrativo, judiciário) no âmbito de uma coletividade pública. Mas é o ponto de vista orgânico, mais restritivo, que chama a atenção do jurista: o direito da função pública é o direito aplicável à atividade profissional das pessoas que trabalham nas administrações públicas. Sua problemática é simples: em que medida esse direito é (ou pode ser, *ou ainda* deve ser) diferente do direito aplicável aos assalariados das empresas? A resposta varia segundo as culturas e a história; na França, há muito tempo optou-se pela forte especificidade jurídica da função pública.

Modelos de função pública

Distinguem-se tradicionalmente dois grandes modelos de função pública, o modelo "aberto", ou sistema de emprego, e o modelo "fechado", ou sistema da carreira. No modelo aberto, a administração deve recrutar um funcionário para ocupar um emprego determinado, da mesma maneira que uma empresa. Esse tipo de recrutamento ocorre em todos os níveis de funções e dirige-se a candidatos de todas as idades. A administração não concede a seu pessoal nem garantia de emprego nem progressão na carreira. Esse sistema, cujo exemplo típico é a função pública federal dos Estados Unidos, favorece a mobilidade entre administrações, mas também entre o setor público e o setor privado: assim, ainda que em sua maioria os funcionários federais americanos façam toda a carreira no setor público, é frequente que alternem contratos na administração pública com contratos nas empresas privadas, dependendo das ocasiões de melhoria no nível de remuneração e de responsabilidade. No modelo fechado, cuja origem remonta à China antiga, a administração recruta os funcionários mais jovens possíveis para inseri-los num setor profissional no qual transcorre toda a sua carreira. Durante essa carreira, o funcionário poderá ocupar, sucessivamente, vários empregos e terá garantias de um progresso mínimo em sua situação financeira e profissional, beneficiando-se (salvo falta grave) de estabilidade no emprego para toda a vida. Na prática, os dois modelos se combinam de diversas maneiras. Alguns países praticam a distinção entre funcionários com autoridade e os que têm funções apenas de execução. Essa é a situação tradicional na Alemanha, onde a divisão entre essas duas categorias depende da natureza das funções exercidas: os empregados e os operários das coletividades públicas são recrutados por contrato e regidos por convenções coletivas, enquanto os funcionários públicos (cujas atribuições correspondem ao exercício de tarefas de poder público, segurança ou de algum interesse público particular) são submetidos a um estatuto de direito público. Os países que dão preferência ao modelo "aberto" frequentemente submetem uma parte de seu pessoal a um sistema estatutário muito rígido (diplomatas, militares, policiais). Inversamente, os países que dão preferência ao sistema de carreira autorizam suas administrações a recrutar por via contratual. De fato, é difícil aplicar integralmente o sistema da carreira, que obriga à previsão do efetivo a longuíssimo prazo (25 a 35 anos), o que é praticamente impossível de realizar; a presença de funcionários em regime contratual possibilita, assim, corrigir as incertezas ou os erros de previsão. Por fim, dentro de um mesmo país, os funcionários do Estado e os de outras coletividades públicas podem ser submetidos a sistemas diferentes.

A escolha entre um dos dois modelos de função pública não implica a modalidade de recrutamento. Assim, na função pública federal americana, embora certo número de funcionários seja recrutado segundo critérios políticos (*spoil system*), em função dos resultados da eleição presidencial (o que é até considerado uma exigência democrática), a massa dos funcionários federais é submetida ao "*merit system*", ou seja, a um sistema de recrutamento por concurso, que garante a igualdade de acesso de todos à função pública, bem como a boa qualidade do recrutamento. Do mesmo modo, embora em países de função pública "fechada" (tal como a

França e a Espanha) o concurso seja o modo normal de recrutamento dos funcionários, grande número de empregos é preenchido de maneira diferente (exame, lista de aptidão etc.), enquanto alguns – os "cargos de confiança", em princípio de nível elevado – são preenchidos discricionariamente, segundo critérios que aliam competência e fidelidade política. O modelo "fechado" também predomina na Ásia, na Europa (onde se costuma falar de modelo franco-britânico) e no Terceiro Mundo. Mas a situação evolui rapidamente, sob influência das ideias liberais de origem norte-americana: mesmo na Europa continental, alguns países, como a Itália (1993) e a Suíça (1999), abandonam o sistema de função pública de carreira.

Especificidade do direito da função pública

O direito do trabalho basta, em princípio, para a gestão de um sistema de função pública aberta, no qual os funcionários são vinculados à administração empregadora por um contrato de trabalho. Em contrapartida, o modelo de função pública fechada supõe a elaboração de um corpo de regras específicas à gestão da carreira (recrutamento, promoção, mobilidade, disciplina, demissão). Por esse motivo, o funcionário de carreira é, em geral, regido por um estatuto de direito público, o que lhe nega toda e qualquer possibilidade de negociar salário ou condições de trabalho. Essa é, em todo caso, a posição constante da jurisprudência administrativa francesa (CE 22 out. 1937, *Dlle Minaire*), mas não se deve exagerar o alcance jurídico da distinção entre situação estatutária e situação contratual. Em primeiro lugar, porque estatuto e contrato frequentemente de sobrepõem (caso dos funcionários da maioria das organizações internacionais); em segundo lugar, porque, nos sistemas "abertos", a liberdade dos cocontratantes é, na maioria das vezes, regida por convenções coletivas. Na França, o direito público rege o conjunto da função pública, mas de modo diferenciado: o princípio é que todos os funcionários da administração são estatutários (Lei nº 83.634 de 13 jul. 1983, art. 3º), mas várias dezenas de milhares de cargos são ocupadas por funcionários contratuais de direito público. O modelo "fechado" supõe forte especificidade jurídica, mas, mesmo nos sistemas mais abertos, é inevitável um regime jurídico próprio à função pública: dedicado ao serviço de interesse geral, o funcionário nunca é totalmente um assalariado como os outros. Quase sempre a lei restringe em maior ou menor grau os direitos políticos dos funcionários, sua liberdade de expressão, seus direitos sindicais ou o direito de greve. De resto, os Estados também não são inteiramente livres: está surgindo um direito internacional da função pública, que consagra o princípio de igual admissibilidade dos cidadãos aos empregos públicos, a igualdade de tratamento entre homens e mulheres, regulamentando as restrições ao direito sindical e ao direito de greve (ver, especialmente, pacto das Nações Unidas de 16 dez. 1966, Convenção Europeia dos Direitos do Homem de 4 nov. 1950, Carta Social Europeia de 18 out. 1961). Por sua vez, o direito comunitário europeu empenha-se, em especial, no respeito à igualdade entre os sexos (diretiva de 9 fev. 1976), bem como na livre circulação das pessoas dentro da União Europeia: autoriza os Estados-membros a reservar a seus nacionais apenas os "cargos que impliquem participação direta ou indireta no exercício do poder público e as funções que têm como objeto a salvaguarda dos interesses gerais do Estado ou das outras coletividades públicas" (CJCE, 17 dez. 1980).

Sistema francês de função pública

A venalidade dos "ofícios" só foi abolida com a Revolução francesa; a partir do século XVII, uma parcela crescente do pessoal do Estado é submetida a um regime estatutário: ainda que a maioria dos "comissários", nomeados e demitidos discricionariamente, não fizesse realmente carreira, isso ocorria já no século XVIII, com diplomatas, engenheiros e uma parte dos militares. O princípio de igual admissibilidade dos cidadãos aos empregos públicos, "sem nenhuma outra distinção além da virtude e do talento", proclamado pela Declaração dos Direitos do Homem e do Cidadão (art. 6º), é traduzido inicialmente pela generalização da eleição e depois, durante o Império, por um funcionalismo público hierarquizado em que é possível uma verdadeira carreira. São os corpos docentes e os corpos técnicos: para os primeiros, havia uma carreira baseada no recrutamento por concurso e promoção por mérito. Os "grandes corpos do Estado" (Conselho de Estado, Tribunal de Contas, inspeção das finanças, engenheiros de minas), característicos da administração francesa, nasceram antes de 1850, enquanto a ideia de função pública neutra e estável progredia: o princípio de separação de graus e empregos, aplicada de início no exército (lei Soult, 1834), que permitia transferir o funcionário de posto, sem modificar seu grau na hierarquia, estendeu progressivamente à função pública civil. Com a III República, desenvolvem-se as garantias jurídicas contra os riscos de arbitrariedade: a Lei de 22 de abril de 1905 impõe a regra da comunicação do dossiê antes de qualquer medida disciplinar, visto que qualquer mudança ou medida poderia retardar a promoção por antiguidade; o Conselho de Estado abria amplos recursos contra o excesso de poder para os funcionários que quisessem opor-se a qualquer decisão capaz de afetar sua carreira (CE, 11 dez. 1903; CE, 8 mar. 1912, *Lafage*), antes de facilitar a reparação dos prejuízos decorrentes de tais decisões (CE, 7 abr. 1933, *Deberles*), inclusive com o direito de reintegração na carreira comprometida por uma decisão ilegal (CE, 26 dez. 1925, *Rodière*). Por fim, a Lei de 14 de abril de 1924 impunha as bases do regime atual de aposentadoria dos funcionários, baseado no direito a uma pensão proporcional ao tempo de serviço e ao nível de remuneração atingido no fim da carreira.

Depois de várias tentativas infrutíferas, a partir de 1845, um estatuto geral dos funcionários foi finalmente adotado pela Lei de 19 de outubro de 1946, que consagrou a concepção francesa contemporânea da função pública francesa: a serviço da Nação, o funcionário, porém, deve obedecer às instruções que recebe, ser neutro em suas relações com o público, dedicar-se exclusivamente à sua função, ser discreto sobre os assuntos de seu serviço e respeitar o sigilo profissional; como contrapartida, ele é protegido contra as pressões políticas, mas a administração também deve protegê-lo contra as pressões ou os ataques dos administrados. Sobretudo, o funcionário, assim como os outros assalariados, têm direitos sindicais, liberdade de expressão, direito de participar da gestão de sua carreira por intermédio de representantes eleitos, direito de greve (CE, 7 jul. 1950, *Dehaene*) e direito de ter atividades políticas. Esses princípios foram retomados pelos estatutos gerais posteriores, de 4 de fevereiro de 1959 e de 13 de julho de 1983. Além dessa continuidade, a reforma de 1983, porém, realizou uma reforma capital. Os estatutos anteriores restringiam a qualidade de funcionário apenas ao pessoal estatutário do Estado (cerca de 2 milhões de funcionários); a Lei de 13 de julho de 1983 estendeu a qualificação de funcionário ao pessoal das coletividades locais e dos estabelecimentos hospitalares públicos. São, portanto, mais de 4 milhões de funcionários das coletividades públicas, divididos em três ramos: função pública do Estado (Lei de 11 jan. 1984), função pública territorial (Lei de 26 jan. 1984) e função pública hospitalar (Lei de 9 jan. 1986); assim, todo emprego público permanente – sejam quais forem o nível e a natureza das funções ao qual corresponda – deve em princípio ser ocupado por um funcionário público, ou seja, por um agente submetido a um estatuto de direito público, efetivado em um grau da hierarquia administrativa e convidado a fazer carreira no corpo ao qual pertence. A possibilidade de recorrer a pessoal enquadrado em regime contratual é estritamente regulamentada pela lei. Por sua vez, os magistrados (Reg. de 22 dez. 1958) e os militares (Lei de 13 jul. 1972) não são chamados de "funcionários", embora também sejam submetidos a um sistema estatutário e ao regime de carreira.

Carreira dos funcionários franceses

Recrutado em princípio com base em concurso por um júri "soberano" em suas apreciações sobre a qualidade dos candidatos (CE, 24 fev. 1932, *Philippi*), o candidato classificado é primeiramente nomeado na qualidade de "estagiário antes de ser "efetivado" em um "grau" do "corpo" ao qual postulou, o que marca sua integração definitiva no corpo no qual pode vir a fazer carreira. O grau é o título jurídico que marca seu lugar na hierarquia do corpo; o corpo é o grupo de pessoas chamadas a exercer o mesmo tipo de função, estando submetidas por isso ao mesmo estatuto particular: os funcionários do Estado são, assim, repartidos entre cerca de 1.300 corpos diferentes, cada um dos quais dotado de um estatuto particular estabelecido por decreto, com o fim de adaptar as regras gerais postas pela lei à especificidade profissional de cada corpo. Esses corpos, por sua vez, são repartidos em quatro categorias (A, B, C, D), segundo o nível de qualificação ao qual correspondem. Segundo as disposições previstas para cada estatuto particular, o acesso a cada um desses corpos pode ser facultado, em proporções variáveis, segundo outras modalidades que não o concurso: nomeação mais ou menos discricionária pelo governo ("tour extérieur"), ou simples exame de aptidão. Cada grau é dividido em "escalões", que correspondem a níveis de antiguidade no grau, e também de remuneração, diferentes: em conformidade com o princípio da carreira, todo funcionário tem condições de atingir o mais alto escalão de seu grau apenas por efeito de antiguidade. Em contrapartida, para passar ao grau superior, é sempre necessária uma seleção: promoção "por escolha" dos superiores hierárquicos ou aprovação num exame. O número de empregos disponíveis para cada grau é contingenciado por razões orçamentárias evidentes, e a nomeação para o grau superior só será possível se um emprego correspondente a esse grau estiver vacante. Mas uma carreira de funcionário não é necessariamente linear dentro de um mesmo corpo. Os concursos internos, muito desenvolvidos na França, permitem que o funcionário tenha acesso a corpos de uma categoria mais elevada. Assim, a Escola Nacional de Administração, criada em 1945 para a formação de executivos de nível superior do Estado, recruta cerca de metade de seus alunos na administração, enquanto parcela idêntica vem diretamente do ensino superior (e uma pequena parte, por meio do "terceiro concurso", provém de empresas, dos eleitos locais e dos sindicatos). Diversos procedimentos permitem que os funcionários mudem temporariamente de administração (disponibilização, remoção) e até façam experiência no setor privado (disponibilidade).

Durante toda a carreira, o funcionário é submetido a obrigações éticas especiais, cuja violação às vezes é punida penalmente (sigilo, interesses ilegais) ou pelo menos por sanções disciplinares que vão desde a advertência à exoneração (obediência, discrição, "reserva" na expressão das opiniões pessoais etc.); esse regime disciplinar, submetido a regras processuais muito estritas (comunicação do dossiê, intervenção de um conselho disciplinar, justificação), é controlado pelo juiz administrativo que, em caso de recurso, chega a verificar se não há desproporção manifesta entre a falta cometida e a punição cominada pela autoridade hierárquica (CE, 9 jun. 1978, *Lebon*). Mas também dispõe de certos direitos cujo respeito é controlado pelo juiz administrativo: liberdade e direito sindicais, importantes porque todas as decisões que afetam sensivelmente a carreira são tomadas depois de parecer da "comissão administrativa paritária" do corpo, composta, na metade, por representantes eleitos, na maioria das vezes com base em listas sindicais; direito de greve nos limites das exigências do princípio de continuidade do serviço público; direito (e mesmo dever) de desobedecer a um ordem "manifestamente ilegal"; liberdade de opinião; liberdade de expressão desde que ela não comprometa a neutralidade do serviço. Dominada pelo princípio de igualdade de tratamento, a carreira estatutária supõe um regime de remuneração impessoal. O funcionário recebe uma remuneração que, supostamente, deve garantir-lhe um nível de vida compatível com a dignidade das funções que exerce. Cada escalão de cada grau de cada corpo conta com um índice que remete a uma "tabela de índices" estabelecida por decreto. Todas as remunerações são automaticamente aumentadas toda vez que o Primeiro-Ministro aumenta o valor do índice; também é possível só revalorizar os índices referentes a um corpo em particular e até a um só grau. Além da remuneração principal, os funcionários podem receber "remunerações acessórias", algumas das quais (os "prêmios") são objeto de debates acalorados.

Salvo em situações de invalidez, exoneração ou mesmo pedido de demissão devidamente aceito pela autoridade hierárquica, a carreira normal termina com a aposentadoria, o mais tardar aos 65 anos (mas, em certos corpos, a idade da aposentadoria pode ser menor – 60 anos – ou maior – até 70 anos). A pensão da aposentadoria proporcional é um direito estatutário adquirido após quinze anos de serviços. O montante dessa pensão, salvo em casos particulares, é de 2% do último salário de atividade multiplicados pelo número de anos de serviço e, a partir de 1948, em virtude do princípio da "relação constante", as pensões dos aposentados são aumentadas na mesma ocasião e na mesma proporção dos aumentos dos ativos. A função pública, portanto, está enquadrada em regimes especiais de aposentadoria, o que, com a estabilidade no emprego, constitui um dos atrativos principais da carreira administrativa.

› GRÉGOIRE R., *La Fonction publique*, Paris, Colin, 1954. – GAZIER F., *La Fonction publique dans le monde*, Paris, Cujas, 1972. – PIQUEMAL M., *Le Fonctionnaire et l'Agent des services publics*, Paris, Berger-Levrault "L'adm. Nouvelle", 3º vol., 1979-81. – PLANTEY A., *La Fonction publique. Traité général*, Paris, Litec, 1992. – AUBY J.-M. & AUBY J.-B., *Droit de la fonction publique*, Paris, Dalloz (Précis), 3ª ed., 1997. – FORGES J.-M. de, *Droit de la fonction publique*, Paris, PUF, "Droit fondamental", 2ª ed., 1997.

Jean-Michel LEMOYNE DE FORGES

→ Administração; Declaração dos Direitos do Homem e do Cidadão; Deontologia.

FUNÇÕES JURÍDICAS DO ESTADO

"Há em cada Estado três tipos de poder", comentava Montesquieu em célebre capítulo de seu *Espírito das leis*. A partir daí, Legislativo, Executivo e Judiciário tornaram-se uma espécie de verdade primordial do pensamento político, bem como um de seus pontos centrais, pois tocam ao mesmo tempo a teoria pura do poder e de sua limitação e a análise concreta dos regimes políticos, tendo sempre como centro a questão da separação ou da fusão dos poderes. Contudo, por trás dessa aparente transparência, as funções do Estado são, na realidade, extremamente difíceis de pensar: prova disso são os dois séculos de debates doutrinários, sempre centrados na *separação* dos poderes, sem nunca abordar realmente a questão de seu conteúdo. Isto porque, em vez de constituir um inventário racional das diversas funções do Estado, os três poderes só foram construídos em meio a um debate, implícito e inconfesso, em torno da questão central da soberania. É exatamente por essa razão, por exemplo, que a ideia de função diplomática, desenvolvida por Locke através de sua noção de poder federativo, nunca chegou realmente a ganhar consistência, uma vez que não mantinha nenhuma relação *necessária* com a soberania legislativa.

A teoria dos poderes, além de instável, é eminentemente obscura: a ideia legislativa, desde Bodin, não é uma função como outra; é a expressão mesma da soberania. Limitá-la por um ou por vários outros poderes é, na realidade, destruí-la. Donde a fragilidade das três funções, sempre passíveis de ser postas em xeque em seu próprio princípio. Por isso também, com mais profundidade, a constante ambiguidade da própria noção de *poder*: uma vez que a função de fazer a lei é essencialmente do soberano, a lei e o legislador tornam-se inseparáveis; por hipótese, o pensamento funcional sempre tenderá a confundir órgão e função. Essa confusão continua até nossos dias: ainda hoje, o Legislativo tende a identificar-se com o Parlamento, apesar da participação crescente do órgão governamental na função legislativa. Hoje, é a função de julgar que tende a tornar-se cada vez mais central: à promoção do juiz constitucional soma-se a juridicização crescente da vida pública. Daí o interesse de começar por um reexame, frequentemente negligenciado, das origens medievais.

A idade dos mistérios da justiça

Na Idade Média, tudo é justiça: o rei tem a função de ditar a justiça a seus súditos; em pleno século XVII, os ingleses ainda definiam seu Parlamento como a *High Court of Parliament*. Os órgãos governamentais são cortes: o conselho do rei, na França, assume casos judiciários até o fim do Antigo Regime; na Inglaterra, o Conselho Privado constitui-se como formação jurisdicional, a *Court of Star Chamber*, até 1642. A própria administração local é exercida por cortes: os bailios franceses são juízes, e as *justices of the peace* inglesas cuidam de manutenção das vias públicas e do socorro aos pobres. Por isso, no pensamento medieval, não há espaço para uma ideia governamental distinta; não existe nem sequer espaço para a noção de um Poder Legislativo. Para Charondas, contemporâneo de Jean Bodin, "a Justiça é a primeira marca da soberania: pois dela depende o poder de fazer Leis e de desfazê-las para o bem e salvação da alma da República". Ora, a própria lei nada mais é que justiça revelada: "a lei é a obra da Justiça, e pelas leis santamente ordenadas Justiça dá a conhecer" (Church, 1969, pp. 196 e 200). Para os ingleses, a lei é um julgamento feito no Parlamento. William Lambard, em 1591, afirma que "o julgamento de nosso Parlamento é de uma autoridade tão grande quanto a sentença de todas as outras cortes [...]: pois ele dita leis, que obrigam todos os súditos, em todas as causas" (McIwain, 1910, pp. 123-4).

Mas, se a lei participa da função de justiça, é também por ser resultado de um procedimento judiciário: ela resulta de uma *queixa* da parte dos súditos, que exigem reparação para uma injustiça de que se consideram vítimas. Donde a *doléance*, na França, e a *petition* ou *bill* na Inglaterra (as duas noções se diferenciam pouco até os Tudor). O rei é *debitor justitiae*, devedor de justiça para o conjunto de seu reino: por isso, a lei pode mostrar-se como um caminho de justiça entre outros.

Em termos funcionais, não se opõe justiça a lei, que são indissociáveis, e ainda menos o *gubernaculum* e a *jurisdictio* de McIwain, cujo caráter artificial B. Tierney mostrou. Na realidade, a *summa divisio* passa pelo próprio seio da justiça, entre o poder absoluto e o poder ordenado, *potestas absoluta* e *potestas ordinata*, cuja dialética está no cerne dos mistérios da justiça que, desde Agostinho, permeiam todo o pensamento medieval. O rei deve respeitar o direito quando dita a justiça, ou seja, no essencial os direitos subjetivos de seus súditos; mas, ao mesmo tempo, deve, em certos casos, agir com equidade, libertar-se do respeito literal à lei. A ideia, desenvolvida por Frederico II, que se vê ao mesmo tempo como "Pai e filho da justiça", está presente também em Egídio de Roma e em Occam e Baldo. O rei age *supra legem* quando adota uma lei nova, mas também quando julga com equidade, quando usa de seu direito de dispensa ou quando concede uma graça. Por isso, em termos orgânicos, a fronteira não passa entre os órgãos legislativos e os outros, mas entre as cortes superiores de justiça e os tribunais ordinários (é o que ocorre, na Inglaterra, com a dualidade entre a *equity* e a *common law*).

Da soberania legislativa aos três poderes

Mas a dialética sutil dos dois poderes é subvertida pelo trauma da Noite de São Bartolomeu, da qual saem teses políticas radicais, a primeira das quais a soberania legislativa de Bodin. O rei já não é um devedor de justiça; passa a ser um senhor que quer ser obedecido. Na teoria de Bodin, o poder de fazer a lei contém, na realidade, todos os outros; a lei de Bodin absorve tudo o que constitui hoje o Executivo (nomeações, moeda, Forças Armadas) e o Judiciário (último recurso, direito de graça: *République*, I, 10, pp. 298-9 e 309). Isso tem uma razão muito simples: a lei nada mais é que "o reto comando do Príncipe"; por isso, toda ordem do soberano pode ser qualificada de lei. A partir daí, a lei é uma função ao mesmo tempo *específica* e *englobadora*: só o rei a possui, mas nela estão concentrados todos os poderes. Nesse contexto, a pluralidade das funções é um fenômeno impossível: o poder, em seu conjunto, é monopólio de um só. A lei torna-se então um poder verdadeiramente "absoluto, infinito" (III, 5, p. 120), principalmente porque o rei nunca é vinculado por suas próprias leis e deve poder modificá-las a qualquer momento. Essa perpétua projeção da função legislativa no futuro invalida inteiramente a velha ideia de que só as leis devem governar, e não os homens: se o Príncipe pode a qualquer momento modificar a norma, já não é à lei que se obedece, mas ao poder de fazer a lei, ou seja, ao próprio Príncipe. Percebe-se que, com a mutabilidade no tempo, a própria noção de "poder" tende a deslizar da função ao órgão, da lei ao legislador. Na lógica de Bodin, o pensamento funcional tenderá sempre a personificar as funções, concebidas como monopólios opostos.

Mas a projeção no futuro também leva a destruir toda e qualquer ordem jurídica: já não há legalidade que não seja provisória e revogável, uma vez que a lei se identifica com a vontade do Príncipe. Como o finito poderá deter o infinito? É a primeira revolução inglesa que, em torno de 1650, consegue realizar essa proeza, graças ao princípio da não retroatividade da lei penal. O legislador pode tudo no futuro; mas não pode condenar um homem com base num crime que não existia no momento em que foi cometido. Essa foi a lição que os revolucionários ingleses extraíram do processo Strafford (1641), cuja onda de choque conduziu à primeira teoria da separação dos poderes. Para Lilburne, o poder de fazer a lei deve ser separado do poder de punir; os cidadãos só podem ser condenados pelas cortes ordinárias, que aplicam a lei antiga, e não por um Parlamento agora soberano, ao qual compete apenas ditar a lei nova. Ora, aplicar a lei é executá-la; donde a distinção entre o Poder Legislativo, atribuído ao Parlamento, e o Poder Executivo, no qual o órgão parlamentar não poderia tomar parte alguma (Gwyn, 1965, pp. 37-65). O que há de paradoxal em tal concepção é que a noção de execução abrange essencialmente as funções exercidas pelas cortes de justiça. Mas, na verdade, a ideia não é nova: desde o fim da Idade Média, ela já servia para designar as cortes inferiores que, como vimos, eram as guardiães da *potestas ordinata*. Como disse Charondas, durante as guerras de religião francesas, "guardar e executar as leis [compete] à ciência e ao poder dos juízes".

O núcleo da ideia executiva, portanto, até Montesquieu é de natureza essencialmente judiciária: é o que ocorre com Locke, que define a função como um poder de "julgar, por leis estabelecidas e constantes (*standing laws*), de qual maneira as ofensas devem ser punidas" (*Second treatise*, VII, § 88, p. 158). O rei será definido como um executivo, porque é antes de tudo visto como o primeiro magistrado de seu reino. Por isso, de acordo com tal concepção, a ideia governamental e a função judiciária continuam inseparáveis. O rei governa, mas só pode fazê-lo legitimamente porque é o guardião da legalidade aplicada pelas cortes de justiça que sentenciam em seu nome. Em Rousseau, que só conhece que o Legislativo e o Executivo, "os reis são os juízes nascidos de seus povos"; para Delolme, "a primeira prerrogativa do rei [...] tem por objeto a administração da justiça. Ele é a fonte de todo o poder judicial, é chefe de todos os tribunais". Só há dois poderes concebíveis: o de fazer a lei e o de aplicá-la.

Foi somente com o *Espírito das leis* que o âmbito do pensamento funcional foi revolucionado pelo aparecimento de um terceiro poder. Montesquieu expõe sua teoria num capítulo dedicado à Inglaterra, mas, na realidade, está pensando na França quando inventa a nova função. O rei faz a lei e administra, mas não deve julgar: se o fizesse, "a constituição seria destruída [...]; o medo se apoderaria de todos os espíritos [...]; não haveria mais confiança, [...] segurança, monarquia" (*Espírito das leis*, II, 5, p. 314). Por isso, os dois poderes ingleses não podem ser transpostos para a França. Sem dúvida, governar e julgar são duas maneiras de aplicar a lei: Montesquieu começa por definir esses dois últimos poderes como duas variedades do "Poder Executivo" (XI, 6, p. 396). Mas é para abrir com mais facilidade um abismo entre as duas funções, a fim de eliminar qualquer elo hierárquico entre o rei e seus Parlamentos. Nesse contexto, o "conselho do Príncipe" nada mais é que o "repositório da vontade momentânea do príncipe que executa", e opõe-se à fixidez, à permanência da magistratura, "repositório das leis fundamentais" (II, 4, p. 249). Por isso, a noção de execução muda radicalmente de sentido: o Poder Executivo, na França, já não é o guardião da legalidade, mas o ministro do Príncipe e de suas "vontades momentâneas", sempre suspeitas de despotismo (o despotismo é, precisamente, definido como um regime inteiramente dominado pela "vontade momentânea e caprichosa de uma única pessoa"). O executivo-juiz, na Inglaterra, era o guardião da lei penal preestabelecida, contra as interferências retroativas do legislador; o Poder Judiciário francês de Montesquieu virá a ser o guardião da lei fundamental, intangível e imutável, por isso fiador da própria monarquia, se preciso contra o rei. O terceiro poder só é "invisível e nulo" no caso da Inglaterra, simplesmente porque não é necessário para caracterizar um regime que se acomoda muito bem com a distinção tradicional em dois poderes; por isso, Montesquieu, que não sabe muito bem o que fazer dele, confia-o aos júris, e não aos magistrados, como bem viu P. Raynaud (XI, 6, p. 398). Foi para a França que Montesquieu inventou seu terceiro poder; o poder "de algum modo nulo" torna-se, ao contrário, a chave do regime, pois sem ele a monarquia degeneraria em despotismo.

Mas o aparecimento de uma terceira função fragiliza o edifício conceitual, reduzindo a noção de execução a uma casca vazia: com Montesquieu, o Executivo deixou de ser definido como um poder de punir; resta a aplicação da lei, mas o Poder Executivo a compartilha com o Judiciário. A noção de execução não passa de uma palavra, que abrange arbitrariamente um conteúdo governamental impossível de qualificar do ponto de vista conceitual. Que dizer, se apenas a execução designa a ação do rei e de seus ministros? Se agora ela só tem sentido em termos orgânicos, e não mais funcionais? Simultaneamente, a antiga ideia de separação entre Legislativo e Executivo perde a justificação, e só passa a abranger uma questão de simples oportunidade política. A execução perdeu especificidade; com mais gravidade ainda para a coerência do pensamento funcional, a função legislativa também perde rapidamente a sua. Já com Bodin, o poder de fazer a lei se confundia com a soberania; ora, como diz muito bem Cardin le Bret, "a soberania não é mais divisível do que o ponto em geometria". Por isso, em tal contexto, o legislador só é imaginável como exemplar único. O edifício é profundamente transformado quando, para lutar contra as tendências despóticas de suas legislaturas estaduais, os americanos inventaram, entre 1776 e 1787, a ideia nova de poder constituinte: a partir de então, já não haverá um único legislador, mas dois. O Poder Legislativo deixa de ter o poder "transcendente e absoluto" que Blackstone atribuía ao Parlamento inglês: ele agora está limitado por uma lei suprema. Já não será com a invenção de funções novas que se tentará limitar o poder, mas sim com o fracionamento do Poder Legislativo, pela divisão entre poder constituinte e poder constituído.

O positivismo e o desmantelamento das funções do Estado

Rompida a unidade da função normativa, o pensamento funcional entrou numa era radicalmente nova: primeiro porque, admitida a ideia de dois legisladores, já não havia razão para se prosseguir nesse processo de fracionamento; já com a constituição do ano III, os franceses começaram a reconhecer a existência de um poder regulamentar cujas consistência e autonomia só fazem tornar-se mais precisas durante o século XIX. Pouco a pouco, a ideia de hierarquia das normas substitui a ficção de um legislador único. Extraindo todas as consequências da fragmentação da função normativa, Kelsen constrói uma hierarquia das normas na qual legislação e execução se tornam noções puramente *relativas*: o legislador, por exemplo, nada mais é que o executor da constituição, pois, ao exercer seu poder normativo, ele apenas aplica a norma superior. Por isso, para ele, "legislação e execução não são duas funções estatais coordenadas, mas duas etapas hierarquizadas do processo de criação e aplicação do Direito" (Kelsen, 1928, p. 199); ou ainda: "a maioria dos atos que ocorrem no domínio do direito é ao mesmo tempo atos de criação e de aplicação de normas jurídicas" (*TPD*, p. 137). Em outras palavras, todo legislador é ao mesmo tempo executante, e o poder de Estado nada mais é que o exercício de uma função normativa indivisa. Já em Carré de Malberg, podia-se dizer que "os órgãos do Estado exercem [...] o *mesmo poder* em graus desiguais, ou – caso se prefira – funções semelhantes com um poder desigual" (*TGE*, t. 2, § 308, p. 121). De fato, com forma nova, voltou-se à antiga unidade de poder exposta por Bodin: o Poder Legislativo do Príncipe continha todas as outras marcas de soberania; o "poder do Estado" de Carré e a função normativa de Kelsen, por sua vez, absorveram todos os outros poderes, e a teoria funcional parece voltar a seu ponto de partida. A razão fundamental disso é simples: é que essa função única se reduz a um simples poder de comandar. Assim como em Bodin a lei é "o direito comando do Príncipe", para os positivistas o direito é o comando do Estado: "Quem quer o Estado, quer o direito."

Mas o paradoxo dessa abordagem é que a função de julgar torna inclassificável ou impensável. Inclassificável em Carré, porque o juiz, para ser pensado adequadamente, deveria poder ocupar *várias posições ao mesmo tempo*: o juiz constitucional deveria ser colocado acima do legislador; o juiz que analisa casos de excesso de poder, acima da administração. Tendo em mente o modelo do juiz administrativo, Carré põe o órgão jurisdicional entre o Poder Legislativo e a administração; mas essa escolha é totalmente arbitrária. Inclassificável em Carré, o Poder Judiciário torna-se propriamente impensável em Kelsen. A cada grau da hierarquia das normas, Kelsen equipara pura e simplesmente o juiz com o poder normativo de plano equivalente: assim, o juiz constitucional é "um órgão do Poder Legislativo" (Kelsen, 1928, p. 225); quanto ao juiz ordinário, "não há diferença essencial entre a decisão de um tribunal que inflige uma pena [...] e a decisão de uma autoridade administrativa que condena um automobilista" (*TPD*, p. 136). Contrariando todas as evidências, Kelsen se empenhará em fazer o magistrado *desaparecer* do pensamento funcional. Por isso, o juiz se torna insituável e até invisível, enquanto seu papel vai-se tornando cada vez mais central: não só porque as teorias positivistas, como se sabe, orientaram a introdução dos juízes constitucionais na Europa, mas – o que é mais profundo – porque, numa ordem jurídica totalmente centrada na ideia de hierarquia das normas, na realidade tudo se baseia no juiz. Somente a intervenção constante do magistrado permitirá que se assegure a conformidade das normas entre si. Ora, se o juiz pode invalidar uma regra a qualquer momento, será realmente à norma que se obedecerá? Kelsen afirma que se deve obedecer "à regra, e não ao indivíduo que [...] a criou": de novo o reinado das leis, e não dos homens. Mas, se as leis só reinam graças à autorização do juiz, a uma permissão que ele pode sempre retirar, não será ao juiz, e não à lei, que se deve obediência? Assim como em Bodin, por meio do tempo, o reinado da lei desaparecia diante do reinado do legislador, aqui o poder da lei se resume, afinal, ao poder daquele que a controla.

Por isso, deve-se concluir que o legiscentrismo de Carré, assim como o normativismo de Kelsen, em vez de nos levar de volta a Bodin, na realidade nos leva para nova forma de judicocentrismo, na qual o juiz concentra o essencial do poder normativo. É o que ocorre com a teoria realista da interpretação defendida por M. Troper: o poder obrigatório da norma não lhe advém de si mesma, mas unicamente da interpretação que lhe dará o juiz. Prova de que os juízes constitucionais se tornaram "legisladores sem tirar nem pôr" (Troper, 1994, p. 337) é dada pelo exemplo do aborto, em que a minúcia das injunções impostas pela Corte Suprema americana equivalia a retirar das legislaturas estaduais toda e qualquer margem de apreciação. O tribunal constitucional alemão, por sua vez, não hesitou em impor as soluções preconizadas pela oposição parlamentar em detrimento das soluções contidas na lei votada pela maioria. Apesar disso, seria exagero ver no juiz o único e verdadeiro legislador: S. Rials mostrou muito bem a relatividade da margem deixada para o magistrado (*Droits*, nº 9, p. 13).

O normativismo absoluto, cavalo de troia de uma nova forma de soberania do juiz, levou, portanto, a teoria funcional ao fracasso. Das ruínas do edifício, provavelmente convém rejeitar ao mesmo tempo abordagem funcional, que se mostrou insustentável, e a teoria do órgão, excessivamente restritiva, e ficar com a noção muito mais vasta de relação: mais que aplicação da norma, o que mais caracteriza a função do juiz é a posição de terceiro imparcial. E, muito mais profundamente, foi o princípio de separação entre juiz e parte que em todos os tempos constituiu o cerne da separação dos poderes, presidindo assim o próprio nascimento das funções políticas. Era o caso da distinção inglesa dos dois poderes no século XVII: nada impedia, funcionalmente, que o Parlamento fizesse a lei, limitando-se a estatuir para o futuro, e, por outro lado, aplicasse aos litígios a lei já feita. O verdadeiro problema era constituído pela parcialidade dos Comuns e pela confusão entre juiz e parte implicada no *bill of attainder* votado contra Strafford. De modo análogo, a ideia constituinte americana só pôde desenvolver-se plenamente baseando-se por inteiro no princípio implícito de que *ninguém pode legislar em causa própria* (Wood, 1993, pp. 337-8). O fundo do pensamento funcional é, na realidade, a constante procura da *imparcialidade.* Mas esta é uma questão de relação, e não de função. Por isso, é em bases estritamente relacionais que convém retomar a tentativa liberal dos séculos XVII-XVIII, se quisermos escapar ao dilema entre função e órgão, ou, mais profundamente, à alternativa estéril entre um positivismo incapaz de pensar realmente a limitação do poder e um jusnaturalismo dogmático também insustentável.

➤ BODIN J., *Les Six Livres de la République*, 6 vols., Paris, Fayard, 1986. – CARRÉ DE MALBERG R., *Contribution à la théorie générale de l'État*, 2 vols., Paris, reed. CNRS, 1962. – KELSEN H., "La garantie juridictionnelle de la constitution", *RDP*, 1928, pp. 197-257; *Théorie pure du droit*, trad. fr., 2ª ed., Neuchâtel, La Baconnière, 1988. – LOCKE J., *Two Treatises of Government*, London, Everyman Library, 1993. Trad. fr., Paris, Garnier-Flammarion, 1984. – MONTESQUIEU C.-L., *Esprit des lois*, in *Œuvres complètes*, vol. 2, Paris, Pléiade, 1956.

Ver também: CHURCH W. F., *Constitutional thought in sixteenth century France*, New York, Harvard Univ. Press, 1969. – EISENMANN C., "Fonctions de l'État", in *Encyclopédie française*, 2ª ed., t. X, p. 291. – GWYN W. B., *The meaning of the separation of powers*, New Orleans, Tulane Univ., 1965. – MAC ILWAIN C. H., *The high court of Parliament and its supremacy*, New Haven, Yale Univ. Press, 1910. – TROPER M., *Pour une théorie juridique de l'État*, Paris, 1994. – VILE M. J. C., *Constitutionalism and the separation of pauses.* Oxford, 1967. – WOOD G. S., *The creation of the American Republic*, reed., New York, Norton, 1993. – Col.: *Droits*, nº 9, *La fonction de juger*, Paris, 1989.

Philippe LAUVAUX, Carlos-Miguel PIMENTEL

→ Hierarquia das normas; Juiz; Separação e equilíbrio dos poderes.

G

GALICANISMO

O galicanismo é uma corrente do catolicismo francês do Antigo Regime. Marcado em sua origem pelos conflitos entre a monarquia francesa e o papado, ele se constituiu numa doutrina autônoma sob a influência do humanismo jurídico. Procurou definir, no seio do direito universal da Igreja, um direito francês: as liberdades da Igreja galicana. Seus métodos de trabalho, suas afinidades com uma teologia dita "positiva" levaram-no a defender suas posições mediante um raciocínio histórico.

A noção de galicanismo é recente: aparece no dicionário *Littré* em 1882, pouco depois do primeiro concílio do Vaticano. O galicanismo é acima de tudo ligado à Igreja galicana, ou seja, a Igreja da França, na organização política e religiosa da monarquia francesa. O estatuto dessa Igreja e sua organização foram definidos juridicamente num conjunto de costumes, de tradições denominadas as liberdades da Igreja galicana. O galicanismo não se reduz, porém, a uma teoria dos poderes na Igreja: é respaldado por concepções filosóficas, teológicas, históricas e jurídicas, por uma mentalidade própria do catolicismo francês. Distinguem-se classicamente dentro do galicismo diversas tendências: um galicismo episcopal ou eclesiástico e um galicismo político; e, neste último, um galicismo parlamentar e um galicismo monárquico. Em sua generalidade, o galicismo teve pontos em comum com diversas correntes de pensamento, sem substituí-las totalmente: conciliarismo, episcopalismo, richerismo, jansenismo, rigorismo, até mesmo uma forma de anticlericalismo…

O galicanismo do século XIV ao XX

As origens do galicanismo são antigas. Suas primeiras manifestações remontam ao conflito entre Filipe, o Belo, e Bonifácio VIII, no início do século XIV. O ressurgimento do direito romano e do aristotelismo leva os legistas franceses a formularem nitidamente a tese da independência do rei da França no campo temporal. Esse primeiro artigo será completado no final do século, durante o período do grande cisma (1378-1417), pela segunda máxima fundamental: a limitação dos poderes do papa pela submissão ao Concílio Geral e o respeito pelos antigos cânones. A noção de "liberdades da Igreja galicana" aparece então no contexto geral de uma crise sem precedente da cristandade e das demandas prementes de sua reforma. As liberdades são a reivindicação de manter-se, graças ao apoio do rei da França, no direito autêntico da Igreja, aquele concluído pelo Decreto de Graciano (por volta de 1140). O direito moderno das Decretais é rejeitado porque aboliu a antiga liberdade, o direito comum, ou seja, "os decretos dos Santos Padres antigos". A autoridade do rei é, claro, o elemento essencial dessa restauração; ela permite o recebimento na França de alguns decretos do concílio de Basileia cujo fracasso final ficará sem efeitos. Essa acepção matizada – ninguém na França almeja romper com o papa – é obra de um texto que se tornará mítico na tradição galicana: a Pragmática Sanção de Bourges, assinada por Carlos VII em 7 de julho de 1438. A Pragmática repete sem reserva os decretos que previam a realização periódica dos concílios e afirmavam a superioridade absoluta destes últimos sobre o papa; por outro lado, ela confirma diversas medidas disciplinares, que restringiam especialmente os poderes do papa em questão de benefícios, de jurisdição e de impostos. Suscitará, até no século XVIII – apesar de sua ab-rogação parcial pela Concordata de Bolonha de 1516 e, sobretudo, apesar das numerosas desordens que suscitou – a nostalgia do clero e dos parlamentares franceses, que nela viram uma utópica idade de ouro. A Pragmática encerra, na história do galicanismo, o período das origens (Martin).

O século XVI renovou profundamente as temáticas galicanas, tanto pelo advento de novos métodos em direito como pela convulsão das guerras religiosas. O fenômeno central desse período é, acima de tudo, o advento de uma concepção do Estado que o separa das rivalidades religiosas. A sanção das Liberdades galicanas já não se deve associar a um conciliarismo que parece ter vivido: sob certos aspectos, a monarquia desconfia dele por seus fermentos democráticos, e o clero o repele por medo de que ele ceda tudo ao poder secular. As Liberdades prosperam e impõem uma ordem pública que exclui a intervenção de qualquer jurisdição estrangeira. Ora, a Reforma católica, em seus prolongamentos tridentinos, parece, vista de Paris, monopolizar, em proveito da cúria romana, o poder de jurisdição na Igreja. Os Parlamentos se pretenderão os defensores infatigáveis do direito galicano, e manterão até o fim do Antigo Regime um lugar essencial na vida eclesiástica. O galicanismo parlamentar prolonga, e não tardará a ultrapassá-lo, o galicanismo monárquico: recebe as apelações como abusos das decisões pontifícias ou episcopais; submete todo documento romano a um exame estrito e verifica os poderes dos legados enviados pela Santa Sé; reduz aos poucos a jurisdição eclesiástica. E, para justificar suas intervenções, fundamenta-se num renascimento dos métodos jurídicos que, na veia aberta pelo humanismo, privilegia a análise histórica do direito. No final do século XVI, ele encontra sua carta numa obra de Pierre Pithou, as *Libertés de l'Église gallicane* [Liberdades da Igreja galicana]. Mas são inúmeros os trabalhos nessa época: os cinquenta anos que precederam a publicação do concílio de Trento pela Assembleia do Clero em 1615 permitiram aos juristas francesas fixar, no essencial, para o uso dos Parlamentos, sua teoria das liberdades da Igreja galicana. Elas permanecerão quase as mesmas até o fim do Antigo Regime, salvo a mostrar-se mais intransigentes ainda para com a autoridade romana. Os principais tratados serão reunidos por Pierre Dupuy, acompanhados de uma coletânea de *Provas* que atestam a antiguidade das liberdades, em 1638, depois em 1651; o conjunto foi retomado em 1715, com algumas modificações, por Lenglet du Fresnoy, em 1731 por Jean-Louis Brunet, advogado no Parlamento de Paris; depois, em 1771, por Durand de Maillane, futuro redator da Constituição Civil do Clero, que o atualizou.

A segunda metade do século XVII foi marcada pelos primórdios da crise jansenista e pela Declaração dos quatro artigos de 19 de março de 1682. Essa Declaração da Assembleia do Clero, cujo inspirador e defensor será Bossuet, dá às "nossas máximas" um reconhecimento oficial, que nunca elas haviam obtido antes. Em seu primeiro artigo, a Declaração repete a tese clássica da independência do rei de qualquer poder eclesiástico no tocante aos negócios temporais; o segundo artigo afirma indiretamente a superioridade do concílio sobre o papa, e o terceiro, o caráter inabalável das leis e dos costumes de Igrejas locais; enfim, o último artigo rejeita a infalibilidade pontifícia. Se as teses galicanas obtêm assim uma consagração oficial, é graças a uma política régia que Luís XIV conduz sem deferências para com Roma. Ora, essa consagração marca também o derradeiro fulgor do galicanismo monárquico, pois o desenvolvimento dos distúrbios jansenistas, tanto no século XVII como no XVIII, vai derrubar a oposição entre a monarquia e a autoridade romana. É, de fato, o jansenismo que, no último século do Antigo Regime, adota as teorias galicanas e rejeita tanto a autoridade do papa como a do rei. O episcopado francês, mesmo guardando como doutrina comum a Declaração de 1682, condena-o, seguindo Roma. Os parlamentares se tornarão, ao contrário, seus defensores; tentarão pôr em xeque as medidas antijansenistas dos bispos, sob pretexto das Liberdades galicanas, e se substituir à jurisdição deles, mesmo para as questões doutrinais. A exacerbação do jansenismo resultará nas teses ditas richeristas que, para lutar contra a autoridade episcopal, darão ao direito canônico uma feição quase democrática. A Constituição Civil do Clero, promulgada em 12 de julho de 1790, se inspirará nesses princípios: ela previa, assim, que a eleição dos bispos era entregue ao corpo eleitoral do departamento e que a dos párocos o era ao corpo eleitoral do distrito. Embora a concordata de 1801 tenha encerrado a crise revolucionária, fica marcada pela tradição galicana, em especial nos artigos orgânicos que lhe serão acrescidos em sua publicação em 1802. Além da evolução do catolicismo francês no século XIX e da influência do primeiro concílio do Vaticano, a lei de separação de 9 de dezembro de 1905 é que porá fim à legislação concordatária. O galicanismo institucional, com pelo menos quatro séculos de idade, desaparecia definitivamente, deixando aberta a questão de sua sobrevivência a título de mentalidade.

O galicanismo, o direito e a história do direito

Depois de ter lembrado brevemente as grandes etapas de sua história, podemos tentar pôr em evidência algumas características das teorias galicanas. Nós as tomaremos tais como foram formuladas a partir da segunda metade do século XVI. É nessa época que, sob a influência do humanismo, elas adquirem traços que as caracterizarão até o fim do Antigo Regime.

O galicanismo é *historiador*. A abordagem histórica do direito é uma das contribuições fundamentais da cultura humanista; ela encontrou, porém, um terreno particularmente favorável entre os juristas franceses, a ponto de se ver atribuir o nome de *mos gallicus*. Além da figura de Jacques Cujas, de quem Pierre Pithou fora aluno, como Étienne Pasquier, Antoine Loisel, ou ainda Claude Dupuy, o pai de Pierre Dupuy, é uma escola inteira que aclimata os novos métodos ao estudo do direito. Enquanto o *mos italicus iuris docendi* se caracteriza pela prolixidade dos desenvolvimentos, pelo acúmulo de autoridades a favor ou contra uma tese, sem as distinguir de outra maneira, o *mos gallicus* dá primazia à erudição histórica, à filologia, ao conjunto das disciplinas que o humanismo do Renascimento elaborou. Trata-se, às vezes, de uma simples acentuação em juristas que se inserem, por outro lado, no longo termo da cultura jurídica. Mas é bem significativo que aqueles que conferem às liberdades galicanas uma importância teórica sem precedentes são também os ardentes defensores de um direito francês que pode assumir as formas de *Institutes coutumières* [Institutas consuetudinárias] em Antoine Loisel, ou de uma *Institution au droit des Français* [Instituição ao direito dos franceses] em Guy Coquille. Invocar-se-á o testemunho de Étienne Pasquier, quando ele ataca Graciano, o autor do Decreto que constituía a base da legislação canônica aplicável, reprovando-o por "ter em diversos lugares remendado sua obra com vários exemplos, que colhemos dele como verdadeiros, dos quais, todavia, todo homem que tiver ciosamente lançado o olhar à antiguidade duvidará muito".

A utilização de um método histórico que define o direito a partir de critérios formais, como a autenticidade de um testemunho, de um ato, ou sua coerência interna, participa de concepções científicas que encontrarão seu advento nos tempos modernos. O que se esboça nas críticas humanistas e no *mos gallicus* é, finalmente, a ideia de uma ciência do direito que se pretende puramente descritiva de seu objeto. Serão necessários vários séculos de pensamento jurídico para levar às condições de uma teoria positivista do direito, mas desenvolveu-se uma orientação geral, imperfeitamente entretanto, nos escritos galicanos. Não parece surpreendente que, nesse contexto, já no século XVI, um jurista como Guy Coquille, repetindo uma queixa comum de seus confrades, aspire a uma ciência do direito mais chã, mais afastada das sutilezas dos direitos eruditos. Sobretudo, os dois séculos, que separam Coquille da constituição civil do clero, viram proliferar uma forte hostilidade, não só para com doutores ultramontanos, mas também contra teólogos escolásticos. Tanto uns como outros serão rejeitados porque seus métodos são bastante comuns, pois privilegiam os confrontos de autoridades, a dialética no sentido clássico, aos critérios puramente históricos. O projeto de uma ciência dedicada exclusivamente às verdades factuais adquire no campo teológico a denominação "teologia positiva" (Quantin). Do ponto de vista romano, a teologia histórica é perfeitamente louvável: a "positiva" deve, aliás, suas primeiras armas à necessidade de demonstrar a antiguidade dos artigos da fé católica e das instituições eclesiásticas na controvérsia com a Reforma. Entretanto, ela é subordinada à teologia dogmática, que apresenta de maneira racional os enunciados de fé, e ao direito canônico. História e razão, poder-se-ia dizer: o que representa em Roma dois aspectos de uma mesma realidade torna-se em Paris, nos meios galicanos, uma oposição de objetos. A história está presente para demonstrar a ilegitimidade das pretensões romanas. Os limites da jurisdição pontifícia ou os direitos régios sobre os bens do clero.

Compreende-se, por conseguinte, que a erudição galicana foi levada a um ponto hoje dificilmente concebível. Ela se baseia, porém, num raciocínio artificioso: seu método histórico a leva a reduzir o direito à questão de sua autenticidade, de sua prova. Não busca definir o direito mediante um raciocínio dedutivo, mas vinculá-lo a um título histórico. Assim, Tomás de Aquino fora infeliz em sustentar o direito da Igreja de depor os príncipes infiéis e apóstatas; no século XVII, Jean de Launoy respondeu-lhe que ele se comportara "como filósofo e não como discípulo da revelação divina", por não ter produzido nenhum testemunho "dos livros teológicos, ou seja, da Santa Escritura e das obras dos Santos Padres". Poderíamos multiplicar ao infinito os exemplos: Claude Fauchet, em 1591, já escrevia em seu *Traité des privilèges et libertés de l'Église gallicane* [Tratado dos privilégios e liberdades da Igreja galicana] que havia "pretendido tratar essa questão mais como historiador do que como teólogo". Embora tenhamos que nos admirar diante do profundo conhecimento das fontes que os galicanos tiveram, devemos, contudo, constatar que seu método, totalmente apegado à autenticidade dos textos, dos atos, encerrava-os numa visão *documental* do direito. As teorias modernas do Estado e do direito supõem que se vejam nas fontes (os códigos, os boletins oficiais, etc.) normas que são fruto de um ato de vontade do Estado. Ora, esse postulado está totalmente ausente das teorias galicanas. Temos de vincular esse caráter das doutrinas francesas à circulação incessante de manuscritos e de arquivos, que infelizmente nem sempre aparece explicitamente, e à constituição progressiva de bibliotecas. A vida erudita está subjacente a inúmeros desenvolvimentos: em geral é silenciosa, mas não deixa de ser essencial. Homens como Pierre Dupuy, Edmond Richer, Pierre de Marca e, mais tarde, Étienne Baluze procuram pôr em ordem os arquivos do galicanismo; antes mesmo de suas gerações, os alunos de Cujas já reuniam os testemunhos das antiguidades nacionais. As esperanças fundamentadas neste ou naquele arquivo puderam mostrar-se falaciosas, mas o raciocínio continua revelador: o texto reputado autêntico *prova* a legitimidade de um direito, nunca é lido como a expressão de uma *norma* (Epron).

O momento galicano

As teorias galicanas procuram na história os títulos de suas reivindicações. São animadas pela ideia de que os primeiros séculos da Igreja constituíram uma idade de ouro, corrompida pelo desenvolvimento do poder pontifício. O termo de seus trabalhos de erudição reside na restituição desses tempos primitivos que elas idealizam. O galicanismo é *primitivista*. Esse aspecto deve ser ligado à teoria da Tradição. A história da Igreja veiculou tradições, costumes que não têm vínculo explícito com as Escrituras. São elementos de direito canônico, de liturgia, de disciplina, ou mesmo elementos do dogma. Dando seguimento a um argumento que a reforma protestante, em sua vontade de voltar apenas às Escrituras, de início elaborara, o galicanismo procurou a regra de sua fé na história dos primeiros séculos. Enquanto Roma se considerava o juiz natural das questões dogmáticas e morais, o galicanismo, em particular em sua filiação jansenista, recorreu a sentenças pontifícias perante a jurisdição dos historiadores. Ele supõe que a verdade de um dogma católico, ou a validade de um elemento disciplinar, depende de sua transmissão desde os tempos apostólicos. A fé e a disciplina tiveram, no início, a perfeição, nos primeiros séculos da história cristã: o que viria acrescer-se a essa origem ideal suscita no mínimo desconfiança, quando uma pura e simples rejeição não lhe é oposta. A definição das Liberdades da Igreja galicana participa muito cedo dessa convicção. Durante o período do grande cisma, as Liberdades residem na aplicação do Decreto de Graciano, independentemente de todo o direito posterior. Na época dos legistas de Henrique IV, já não é o Decreto que se tem por fundamento das Liberdades, mas um direito mais primitivo, "uma retenção de obediência aos decretos antigos", como escrevia Guy Coquille, aliás suscetível de definições variáveis. Jacques Leschassier considerava, por exemplo, no início do século XVII, que o direito comum residia nos quatro primeiros concílios ecumênicos. Limitava-se à coleção calcedônia de 451. Um pouco mais tarde, Pierre de Marca admitirá que se incluíssem nas Liberdades não só a coleção dionisíaca do início do século VI, mas também as Falsas Decretais de meados do século IX. Não havia dúvida alguma, entretanto, tanto para um como para o outro, de que, em suma, se tratava apenas de uma aplicação do direito comum e antigo.

Este último aspecto, precisamente, parecerá hoje muito mais duvidoso. Por trás da reivindicação da volta pura e simples a uma era primitiva, encontraremos sem dificuldade teses de uma modernidade inconfessa. As lições da arqueolatria galicana constituirão, aliás, o leito da historiografia das Luzes, que conservará sua miragem originarista, para construir, por sua vez, uma história libertada da religião cristã (Neveu). Um dos aspectos do movimento geral que, do século XVI ao XIX, trouxeram a construção dos Estados modernos na Europa, reside provavelmente nessa reviravolta. Isolando abstratamente os séculos da Antiguidade cristã, e voltando-os contra os direitos modernos, maculados de uma corrupção irremediável, as teses galicanas isolavam o governo da Igreja de uma Tradição, em seu significado teológico, a única que era capaz de dar-lhe seu sentido. A Igreja galicana, apegada à única fonte de uma doutrina cristã imutável e abstrata, mostrava-se então como uma administração do clero e dos sacramentos. Concebe-se, assim, que no século XVIII as reivindicações jansenistas, tingidas de um potente naturalismo, tiveram de ganhar incessantemente em intransigência, minando a um só tempo o Estado e a Igreja, e fazendo do anticlericalismo uma paixão propriamente religiosa (Maire). Há muita distância, porém, entre a constituição civil do clero e a Igreja primitiva.

Num prazo mais longo, o renascimento dos métodos jurídicos iniciado pelo humanismo, prolongado no galicanismo no seio de uma teologia positiva, provavelmente sela, na história geral do pensamento jurídico europeu, o desaparecimento da questão da interpretação. O emprego de novos instrumentos da crítica histórica submetia o direito a certo número de condições formais de enunciação: contudo, no termo do processo de restauração, já não se tratava de interpretar um texto que aparecia claramente. As fontes bastavam-se a si mesmas: de maneira significativa, Pierre Dupuy garantia ao leitor das *Preuves de Libertés de l'Église Gallicane* [Provas de liberdades da Igreja galicana] que ele "evitara fazer alguma indução dos atos". A convicção de encontrar atos claros devia permanecer um dos postulados fundamentais da ciência moderna do Estado e do direito. A ideia de que os textos não oferecem um acesso direto ao sentido, que não contêm um significado como um objeto dentro de um bolso, que estão ou estarão sempre por interpretar, foi largamente velada pela segurança dos novos modelos racionalistas. Em suma, há na contradição latente dos artigos 4 e 5 do Código Civil, bem como nas excentricidades daquilo a que outrora se chamou, às vezes injustamente, a Escola da Exegese, uma lembrança do conselho que o pai de Pierre Pithou deu ao filho quando este partiu para fazer seus estudos jurídicos: "Divertir-se nos textos sem se deter nas glosas nem nos doutores." A questão da interpretação devia voltar, não somente no campo da filosofia geral a pretexto de hermenêutica, mas também no campo jurídico, através do grande livro de François Gény ou ainda através do último capítulo da *Teoria pura do direito* de Hans Kelsen (Rials).

› EPRON Q., "Le gallicanisme a-t-il connu l'idée d'un ordre juridique?", *Droits*, nº 35, 2002, pp. 3-24. – MAIRE C., *De la cause de Dieu à la cause de la Nation. Le jansénisme au XVIIIe siècle*, Paris, Gallimard, 1998. – MARTIMORT A. G., *Le gallicanisme de Bossuet*, Paris, 1953. – MARTIN V., *Les origines du gallicanisme*, Paris, Bloud & Gay, 1939. – NEVEU B., *Érudition et religion aux XVIIe et XVIIIe siècles*, Paris, Albin Michel, 1994; *L'erreur et son juge. Remarques sur les censures doctrinales à l'époque moderne*, Nápoles, Bibliopolis, 1993. – QUANTIN J. L., *Le catholicisme classique et les Péres de l'Église. Un retour aux sources (1669-1713)*, Paris, Institut d'Études Augustiniennes, 1999. – RIALS S., "*Veritas iuris*. La vérité du droit écrit. Critique philologique humaniste et culture juridique moderne de la forme", *Droits*, nº 26, 1997, pp. 101-82. – TALLON A., *Conscience nationale et sentiment religieux en France au XVIe siècle*, Paris, 2002.

Quentin EPRON

→ Direito canônico; Direito comum (Problemática do); Direito divino; Direito francês; Humanista (Jurisprudência); Igrejas/Estado.

GARANTIAS

As garantias têm o objetivo de assegurar o pagamento do credor e suprir a insolvência do devedor. São de dois tipos: garantias pessoais, que consistem no fato de uma pessoa se comprometer como garantia do pagamento, e garantias reais (do latim *res*, coisa), em que a coisa é oferecida como garantia. Sua importância respectiva varia de acordo com as épocas. Há pouco tempo, as garantias reais predominavam pelo menos em matéria cível. Isso ocorre menos atualmente, sobretudo no campo comercial e profissional. Entre os romanos, as garantias reais, em especial a hipoteca, eram mal organizadas, enquanto as garantias pessoais eram muito difundidas: era uma obrigação de amigo ser fiador de outrem, com a contrapartida da reciprocidade, sendo também às vezes um meio de ampliar a influência política.

Garantias pessoais

A garantia pessoal típica é a fiança (termo que, em direito civil, não deve ser confundido com a consignação de uma soma em dinheiro). Está muito próxima da solidariedade. Nesta há vários devedores no mesmo plano, todos vinculados à totalidade da dívida em relação ao credor, enquanto na fiança há, por um lado, um ou vários devedores principais e, de outro, um ou vários fiadores que, pessoalmente, só intervêm e só devem intervir como garantidores do pagamento. O fiador só é devedor a título acessório e subsidiário. Acessório porque sua dívida depende da dívida do devedor principal, não pode ultrapassá-la e se extingue (quase sempre) com ela. Subsidiário porque, em princípio, o fiador só deveria pagar quando houvesse inadimplência do devedor principal, depois de malogradas as tentativas de cobrá-lo. Mas esta última diferença frequentemente não é observada. A fiança nasce de uma convenção que ganhou diferentes nomes e diferentes formas ao longo da história. A que se usa hoje é herdeira da fidejussão romana (a palavra cofidejussor ainda figura na rubrica que precede o artigo 2.033 do Código Civil francês). Seus efeitos devem ser examinados distinguindo-se dois problemas: obrigação perante a dívida, concorrência pela dívida.

O primeiro diz respeito às relações entre um ou mais fiadores e o credor. Em quase todas as formas de fiança, a história começa com um estado em que o credor tem a livre escolha de cobrar o pagamento tanto ao fiador quanto ao devedor principal. A fiança, portanto, não é subsidiária. A prática inventa diversos procedimentos para solucionar a questão, com o acordo do credor. Só em data tardia (535) Justiniano concedeu ao fiador o "benefício da discussão": o credor, antes de recorrer ao fiador, devia "discutir" (literalmente: sacudir) o devedor e só em caso de malogro de sua tentativa ele podia agir contra o fiador. Desaparecendo com o direito romano durante a Alta Idade Média, o benefício da discussão reapareceu por volta dos séculos XII-XIII, mas com o estabelecimento do costume de fazer o fiador renunciar a ele, solução que se encontra no Código Civil francês (caso em que se diz que o fiador é solidário). Quando havia vários fiadores, o mesmo princípio de livre escolha permitia que o credor cobrasse de cada um deles o pagamento de toda a dívida. Mas aí a solução foi encontrada mais cedo. Depois de uma primeira medida, anterior à era cristã, que levava em conta a eventual insolvência de um dos fiadores, o imperador Adriano (117-138 d.C.) obrigou o credor a dividir sua ação entre os fiadores, mas unicamente os solventes. Esse "benefício da divisão", na época do renascimento do direito romano, também se chocou com a resistência dos credores. O Código Civil francês também o concedeu a título facultativo: os fiadores podiam renunciar a esse benefício, o que na realidade lhes era frequentemente imposto.

O problema da concorrência pela dívida é o do recurso do fiador pagante contra o devedor principal ou, eventualmente, contra os outros fiadores. Nesse caso, as resistências são menores porque não estão em jogo os direitos do credor e, por conseguinte, o crédito do devedor. A prática romana aventou exigir do credor, no momento do pagamento, a cessão ao fiador de todas as ações e garantias que ele tivesse contra o devedor e contra os outros fiadores. Era o benefício da cessão de ações, que se transformou em "benefício de sub-rogação" (esta operaria de pleno direito sem cessão expressa) no Código Civil francês.

Deve-se notar que, ao longo da história, algumas intervenções legislativas quiseram abrandar o destino dos fiadores. Mas a prática reagiu, inventando novas formas de fiança ou obrigando o fiador a renunciar aos benefícios concedidos. Atualmente, a jurisprudência procurou proteger os fiadores impondo exigências inauditas à formação de seu compromisso e à sua expressão escrita. Mas na mesma época se desenvolveu o uso de garantias autônomas, isentas do caráter acessório e subsidiário da fiança, tal como a "garantia ao primeiro pedido", bastante enérgica e eficaz para o credor.

Cabe ressaltar a curiosa presença, na Idade Média, de uma variedade de fiança chamada *plègerie* (ou *plévine*). Nesse caso, o fiador não era obrigado a pagar em lugar do devedor, mas a pressioná-lo para que pagasse. Havia duas variedades: o *pleige-influent*, personalidade importante, e o *pleige-otage*, de posição social inferior, que era preso por dívidas em lugar do devedor. Essas duas formas desapareceram já no início da época moderna.

Tratada muito longe das garantias pelo Código Civil francês, a solidariedade (passiva), que não atende unicamente a uma preocupação de crédito, constitui uma garantia muito eficaz. Ela pode nascer de uma convenção, de um delito (solidariedade chamada imperfeita ou obrigação *in solidum* entre corresponsáveis de um delito) ou da lei. Pode somar-se à fiança. Características distintivas: para a obrigação à dívida, ela nunca comporta benefício de discussão nem de divisão. Quanto ao recurso do pagante contra os codevedores, sua sub-rogação é incompleta, pois, sendo ele mesmo devedor, deve arcar com sua parcela da dívida.

Garantias reais

Todo credor tem o direito de agir sobre os bens de seus devedores para ressarcir-se. É isso que se chama de penhor geral dos credores. Mas ele deverá concorrer com os outros credores, caso o passivo do devedor ultrapasse o ativo, e não será integralmente ressarcido. Apenas uma garantia especial lhe possibilitará passar à frente dos outros. Há duas espécies de garantias: os privilégios e diversos meios que podem ser agrupados em torno do conceito de penhor.

Privilégio é um direito de preferência: seu beneficiário será ressarcido, mas aquilo que ele receber reduzirá na mesma quantia o ativo restante e, portanto, o quinhão dos outros. Por isso, o privilégio só pode resultar de lei ou de algo equivalente. Segundo sua natureza, está ligado a certos créditos, considerados dignos de proteção. Pode ser geral, incidindo sobre todo o patrimônio do devedor, como o do Tesouro Público, ou pelo menos sobre todos os seus bens móveis (privilégios para custas judiciais, despesas funerárias, despesas de última doença), ou especial, sobre certos bens (privilégio do locador sobre a mobília dos imóveis alugados; do vendedor do imóvel sobre o imóvel vendido para a quitação do preço). Os privilégios sobre os imóveis estão muito próximos da hipoteca e, na prática, são equiparáveis a esta.

As outras garantias reais, sejam quais forem a diversidade do regime e o nome que recebam, correspondem à ideia de penhor, objeto entregue ao credor (às vezes a um terceiro) e conservado por ele até o pagamento. O penhor propriamente dito pode ser comparado a garantias como os *warrants* (cédula pignoratícia), os bens dados em garantia de contratos, de fundos de comércio, de contas de títulos negociáveis, de aplicativos, etc., e mesmo o direito de retenção, garantia incompleta e provisória.

O penhor às vezes foi concebido de modo tão enérgico que constituiu uma verdadeira retrovenda: o credor tornava-se absolutamente proprietário do objeto e podia ficar com ele para sempre e dispor dele, a menos que o devedor o resgatasse num prazo razoavelmente curto. Essa era a antiga fidúcia romana, ainda que seus efeitos tenham sido muito atenuados com o tempo; também constituíam algumas garantias na Antiguidade greco-oriental ou na Idade Média. Atualmente, a retrovenda já não é empregada com função de garantia, a não ser com intuitos fraudulentos, para burlar as medidas de proteção ao devedor e a proibição do pacto comissório. O penhor confere ao credor a posse de um objeto. Mas o credor não pode tirar proveito do bem e, sendo este frugífero, não pode receber seus rendimentos, a menos que haja uma convenção particular de anticrese (palavra grega que significa intercâmbio do gozo da coisa, subentendido: contra juros). Na data do vencimento, não havendo pagamento, ele poderá vender os bens em hasta pública e será ressarcido de preferência sobre o preço, mas o excedente do preço em relação à dívida será devolvido ao devedor. Eventualmente, ele poderá conseguir apropriar-se do penhor depois de avaliação por peritos, também restituindo o excedente sobre o valor. Em todos os casos, é necessária uma decisão judiciária. Toda convenção que dispense tais formalidades constituiria um "pacto comissório". Corrente nos direitos antigos, semelhante pacto foi proibido pelo imperador Constantino em 326. Esquecida durante a Alta Idade Média, a proibição foi reiterada em

1198 pelo direito canônico, para lutar contra a usura. Passou para o direito atual.

A grande desvantagem do penhor (chamado de "manual") é despojar o devedor desde a origem da dívida. Ele perde de imediato o uso e o gozo de seu bem, assim como a possibilidade de dispor dele, seja para vendê-lo, seja para constituir com ele outras garantias, caso o seu valor ultrapasse a dívida; desse modo, ele esgota de uma vez todo o crédito que poderia auferir dele. Desde época remota a humanidade tem feito esforços para remediar esses efeitos. Para permitir que o devedor tenha direito de uso e gozo sobre seu bem até a data do vencimento, desde cedo foram usados diversos procedimentos. Por exemplo, o bem lhe era entregue a título de locação. Foi mais difícil permitir-lhe alienar o bem, deixando que subsistisse a garantia (que o credor exerceria contra o adquirente), ou constituir com ele novas garantias. Alguns expedientes às vezes deram resultados interessantes, mas só a hipoteca romana constituiu a verdadeira solução.

A hipoteca é um penhor sem perda imediata da posse. Hoje em dia ela é aplicável quase exclusivamente a imóveis, embora existam hipotecas sobre navios e aeronaves e, com outros nomes, garantias análogas sobre outros bens. A hipoteca resulta principalmente de uma convenção que deve ser firmada em cartório (entre o século XVI e a Revolução francesa todo ato notarial produzia automaticamente uma hipoteca sobre todos os bens imóveis do devedor), mas há também algumas hipotecas legais e uma hipoteca judiciária; o direito romano conheceu durante algum tempo uma hipoteca testamentária, que acabou por se tornar legal. O efeito é o seguinte: o credor não ressarcido pode apoderar-se do bem não só em prejuízo do devedor, mas de todo e qualquer adquirente ou detentor (*direito de sequela*), vendê-lo para ressarcir-se preferencialmente. Portanto, é um verdadeiro direito real. Se houver vários credores hipotecários, eles serão ressarcidos de acordo com sua categoria, que depende em princípio de sua data; no entanto, certas hipotecas legais são privilegiadas.

A hipoteca romana era uma criação bastante imperfeita. Seus defeitos foram corrigidos nos últimos séculos do Antigo Regime francês. Organizou-se então uma classificação por ordem para dividir o dinheiro entre os credores, e a purgação para possibilitar que o adquirente se eximisse das hipotecas que pesassem sobre seu bem, oferecendo um pagamento aos credores. A publicidade das hipotecas, que funcionou em certas épocas ou em certas regiões, foi generalizada durante a Revolução francesa pela Lei de 9 de messidor do ano III. A hipoteca poderia ser considerada a rainha das garantias, caso sua própria perfeição não acarretasse complicações e despesas em excesso.

› CABRILLAC M. & MOULY Ch., *Droit des sûretés*, 5ª ed., Paris, Litec, 1999. – LÉVY J.-Ph., "Coup d'œil historique d'ensemble sur les sûretés réelles", *Tijdschrift voor Rechtsgeshiedenis*, LV, 1987, pp. 231-66 (reimpr. em *Diachroniques*, pp. 169-204). – SIMLER Ph. & DELEBECQUE Ph., *Droit civil. Les sûretés*, Paris, Dalloz, 1989. – Col.: *Recueils de la Société Jean-Bodin*, Bruxelas, *Les sûretés personnelles*, t. XXVIII a XXX, 1974, 1971 e 1969.

Jean-Philippe LÉVY

→ Privilégio; Solidariedade.

GLOSA E EXEGESE

Os efeitos produzidos por uma codificação dependem não só da maneira pela qual ela foi concebida e criada, mas também da maneira pela qual é compreendida por aqueles a quem compete compreender e/ou aplicar suas disposições, ficando entendido que a interpretação que lhe é dada às vezes pode evoluir consideravelmente no decorrer do tempo. Os dois sistemas de interpretação, constituídos pela Exegese e pela Glosa, explicam-se pela natureza específica dos corpos de legislação que os suscitaram e só podem ser compreendidos por referência a ela.

As compilações justinianas e a Glosa

O que é chamado a partir da Idade Média o *Corpus juris civilis* comporta, como se sabe, duas empreitadas maiores de codificação ordenadas por Justiniano, o Código e, sobretudo, o Digesto. Publicado em 529, com uma segunda edição em 534 (a única que subsistiu), o Código era consagrado apenas à legislação imperial. Escolhidas pelos compiladores em razão de seu interesse prático, às vezes remanejadas para corresponder às necessidades do tempo, nele as constituições eram classificadas em doze livros, subdivididos em título. Os nove primeiros livros eram consagrados principalmente ao processo e ao direito privado, os três últimos, à vida administrativa e fiscal. Muito mais ambicioso era o Digesto, publicado em 25 de novembro de 533. A comissão encarregada de sua preparação tinha a missão de abarcar a enorme massa da jurisprudência romana, cinco séculos de doutrina jurídica cujos elementos eram tão difíceis de encontrar nas bibliotecas quanto de interpretar. A despeito das escolhas operadas, o Digesto conservou o essencial da jurisprudência clássica romana. Como no Código, a organização dos fragmentos escolhidos conservava-lhes a individualidade, sendo a identidade deles assegurada por uma *inscriptio* que indicava o autor e o título da obra da qual era tirado. Esses inumeráveis fragmentos foram metodicamente agrupados em cinquenta livros, que seguiam em grande parte o plano do Edito do pretor. Ao mesmo tempo que desejava uma restauração do passado romano que fazia parte de sua política, Justiniano prescrevera aos seus comissários corrigir, se necessário, os textos para adaptá-los à prática do século VI. De sorte que os redatores do Digesto, depois de se terem mostrado versados historiadores do direito romano clássico, demonstraram sua habilidade de juristas através de suas perniciosas interpolações. A despeito de uma publicação feita a pedido do papa Vigílio, o *Corpus* de Justiniano não ficou muito conhecido no Ocidente. Depois, talvez salvo no Sul da Itália, onde a dominação bizantina se manteve por mais tempo, ele caiu num esquecimento quase completo já no final do século VI, até a redescoberta do fim do século XI.

No início do século XII, um professor de letras humanas da Universidade de Bolonha, igualmente juiz de Bolonha, chamado Irnérius, utiliza o Digesto para o ensino da gramática que está a seu cargo. Lê esse livro de direito, e acrescenta-lhe um comentário das palavras importantes que os estudantes inserem entre as linhas do texto. Esse comentário é uma glosa (de uma palavra grega que significa ao mesmo tempo "língua" e "palavra"). O sucesso do ensino de Irnérius foi imenso, e deixou discípulos que ele formara na explicação do direito romano: Martinus, Bulgarus, Hugo e Jacobus. São os "quatro doutores" de Bolonha, cujo ensino atraiu a essa cidade alunos de toda a Europa. A estirpe famosa dos mestres bolonheses prosseguiu até pleno século XIII, notadamente com Johannes, Bassianus, Azon e seu aluno Acúrsio, cuja Grande Glosa pretendeu ser a síntese de todas as precedentes. Ademais, de volta a suas cidades, os jovens juristas formados em Bolonha criaram um ensino: assim, no Sul francês, Rogerius e Placentin (este último em Montpellier) ou Vacarius em Oxford. Em toda parte, a Glosa se identifica ao ensino do direito romano, e Bolonha, seu foco iniciador, constitui a *Universitas juris* para onde afluem os curiosos do saber ou os ambiciosos de carreira, futuros magistrados, profissionais, conselheiros dos príncipes, uma vez que o direito de Justiniano trazia à autoridade monárquica um arsenal inteiro de máximas absolutistas.

Às glosas feitas por Irnérius e os quatro doutores acrescentaram-se as dos glosadores das gerações seguintes. De modo que, de interlinear em seus primórdios, a Glosa veio acumular-se nas margens, formando um contexto cada vez mais maciço à volta do texto do *Corpus*, reduzido ao centro da página. Por outro lado, os Glosadores redigiram igualmente obras, em particular sumas, a um só tempo resumo e explicação de uma parte, de extensão variável, do *Corpus juris civilis*. A mais célebre é a *Summa Codicis* de Azon. A Glosa nasceu, portanto, no ensino de um gramático, e suas primeiras manifestações são ligadas ao reaparecimento no Ocidente das compilações justinianas. Ora, sabe-se, a Glosa era um dos mecanismos principais da linguística na Idade Média. Centrada na pesquisa do significado da palavra, ela implicava a exatidão do texto envolvido e obrigava uma pesquisa muito profunda de sua autenticidade. Esses imperativos de linguística decerto não são alheios ao apego manifestado pelos Glosadores ao *Corpus juris* de Justiniano, cuja forma é muito superior à dos resumos do Breviário de Alarico, que naquele momento veiculavam o direito romano no Ocidente. De todo modo, justificam a importância conferida pelos Glosadores à descoberta do manuscrito de Pisa do Digesto, obra de um copista grego quase contemporâneo de Justiniano. Compreende-se também, por conseguinte, o minucioso trabalho de correção operado depois por esses mesmos Glosadores nas antigas versões (*littera vetus*) do *Corpus juris* que os mestres de Ravena e de Pávia possuíam. Esses criadores do direito medieval, cujo espírito é dominado pelo valor da palavra, foram naturalmente conduzidos a uma espécie de edição científica do texto que pretendiam explicar. Dizendo-se titulares do Império Romano, os imperadores da Idade Média pretenderam, para tirar proveito político disso, apropriar-se do *Corpus juris* de Justiniano como se ele fosse da legislação deles. Mas, apesar das adulações dos mestres da Glosa à dieta de Roncaglia, essa pretensão foi rejeitada pelos outros príncipes do Ocidente. Na realidade, a autoridade do *Corpus juris* no momento do renascimento intelectual do século XII vem de seu extraordinário valor científico. Para os juristas, ele é a *Ratio scripta*. Na análise do momento, as compilações de Justiniano constituíam o direito, o *Jus*, em oposição ao ritmo regular criado espontaneamente pela vida cotidiana, o *Consuetudo*, o costume. Visão de intelectuais, a Glosa era criada na Universidade e foi exclusivamente desenvolvida por professores desejosos de encontrar, através do sentido original das palavras e das regras, um conjunto normativo eminente de valor intemporal. Quer dizer que essa "leitura" permaneceu uma visão abstrata, sem efeito prático imediato? Isso seria não levar em conta a substância social do direito. Para fazer seu auditório compreender o sentido da palavra, o Glosador é necessariamente levado a traduzi-lo por exemplos vivos que passam todos os dias diante dos olhos de todos. Estabelece-se assim um tipo de osmose entre a roupagem erudita do *Jus* e o concreto cotidiano do *Consuetudo*. Entretanto, essa osmose será muito mais importante com os sucessores dos Glosadores, os Cynus de Pistoia, os Bartolo, a Escola de Orléans, por exemplo, os que são chamados os pós-glosadores, que considerarão o *Corpus* apenas um simples material, que se deve utilizar adaptando-o, com seus comentários, às necessidades presentes.

O Código Civil e a Exegese

Se bem que tendo constituído no início do século XIX a pedra angular da reviravolta realizada na existência dos particulares pela Revolução, o Código Civil é com maior frequência apresentado sob o aspecto tranquilizador e lisonjeiro de instrumento de unificação do direito – o que sem dúvida foi. Parecendo o instrumento de remate da consagração do Estado, essa unificação de há muito esperada foi tornada possível pela Revolução: triunfo do individualismo nivelador da sociedade, que deu fim às estruturas de ordens e de privilégios; recorte administrativo uniforme do território, que suprimiu os imemoriais particularismos locais. Apresentando oficialmente o *Código Civil dos Franceses* promulgado em 1804, o *Discurso preliminar*, redigido por Portalis, salienta sua vontade de conciliação, diante da diversidade jurídica da Antiga França, assim como da oposição entre os princípios do Antigo Direito e os da legislação revolucionária. Atendia à esse cuidado de comedimento a escolha dos executores do Código, esses quatro antigos advogados representativos da antiga geografia consuetudinária e cujo passado político garantia a moderação. Tiraram do direito romano a técnica das obrigações e das sucessões sem testamento, referem-se aos costumes (ao de Paris sobretudo) para o regime da família, reportam-se às regulamentações (as de Dagusseau para as doações e testamentos), prenderam-se às lições da doutrina (Domat, Pothier, Escola do direito natural) para reter seus modernos princípios de responsabilidade por culpa e de transferência da propriedade por simples consentimento, e conservaram os aspectos considerados razoáveis da legislação revolucionária (ideia de uma propriedade inviolável e sagrada, igualdade entre os herdeiros, casamento civil, divórcio). Seu anteprojeto foi submetido aos tribunais de apelação, ao Tribunal de Cassação e aprimorados no Conselho de Estado, com a presença frequente e ativa de Bonaparte, antes de ser discutido no Tribunato e homologado pelo Corpo Legislativo. As mais altas autoridades políticas, administrativas e científicas da época dirigiram, portanto, uma atenção extraordinária à preparação do Código Civil, culminância de um desejo quase nacional que remontava a uns duzentos anos. As dificuldades a serem superadas foram enormes, devidas a antagonismos que pareciam irredutíveis: entre os costumes do Norte da França e o direito escrito do Sul, mas também entre a ideologia que inspirou a legislação revolucionária e o espírito do Antigo Direito. Apesar disso, o método de conciliação permitiu construir um equilíbrio entre as correntes adversas. A amplitude da tarefa realizada deixou ainda mais fragoroso o sucesso aos olhos dos contemporâneos. Tiveram a impressão de ter escrito um Código para sempre. Estando revogadas as regras antigas, entrava-se no mundo da lei escrita, que escorraçava irrevogavelmente aquele, mais acomodatício aos usos, aos costumes aos quais os séculos anteriores estavam habituados. Texto de ajuste que aboliu o Antigo Regime mesmo reproduzindo Pothier "a toda hora", o Código é "*um tratado de paz civil*" que a Escola exegética se atribuiu a missão de "fazer respeitar" (P. Rémy).

Primeira interpretação doutrinal do Código Civil, a Exegese (de uma palavra grega que significa "explicação") corresponde ao século XIX, com um apogeu entre os anos 1830-1880. Ela é enobrecida dos maiores nomes dos juristas franceses da época, universitários e altos magistrados. Os mais antigos ainda estão vinculados aos modos de pensamento do Antigo Regime, tal como Merlin, Touillier, Proudhon, Delvincourt ou Duranton. Mas, a partir da geração seguinte, a referência à letra do Código Civil fica mais estrita, especialmente com Troplong, primeiro presidente do Tribunal de Cassação, Taulier, Valette, Laurent, respectivamente professores em Grenoble, Paris e Gand, e os mestres incontestes e triunfantes da Exegese, os professores na Faculdade de Estrasburgo, Aubry e Rau, e Demolombe em Caen, diretor da faculdade e presidente da Ordem dos Advogados, falecido em 1888. Todos sustentaram o princípio essencial da Exegese: o direito, o direito inteiro, está contido nas páginas do Código Civil, assimilado à lei. Com isso, a missão do jurista se limita a guiar o leitor do Código para nele descobrir todo o direito. Uma concepção expressa por algumas afirmações muito célebres: "O Direito Positivo se resume à Lei" (Laurent). "Não conheço o direito civil, ensino o código de Napoleão" (Bugnet). Do mesmo modo, a Exegese podia assumir formas variadas, desde o comentário artigo por artigo até comentários sintéticos organizados segundo um plano sistemático ("dogmático") como em Aubry e Rau. É isso que Aubry evoca num célebre relatório de 1877 sobre o ensino jurídico: "*Toda a lei*, em seu espírito bem como em sua letra, com uma larga aplicação de seus princípios e o mais completo desenvolvimento das consequências dela decorrentes, mas nada além da Lei, essa foi a divisa do professor do Código de Napoleão." Mesmo para Aubry e Rau, o procedimento permanece estritamente positivista: "Toda a Lei, mas nada além da Lei!"

Denunciam nos exegetas uma estrita rigidez na interpretação do Código. Acusam os professores de direito do século XIX de terem sido os "Grãos-Sacerdotes de uma nova religião", ciosos somente de não verem seu sistema "ultrapassado pelos desenvolvimentos da vida política, social e econômica" (A.-J. Arnaud). Como explicação, invocou-se o efeito esclerosante muito conhecido de toda codificação e salientou-se a necessidade dos juristas de adquirir familiaridade com o novo direito (Planiol). Mas isso não poderia levar em conta a longevidade da interpretação exegética. Pesou sobretudo o fato de que, para os exegetas, o Código marcava uma ruptura total com a concepção do direito e de sua forma consuetudinária apreciada sob o Antigo Regime. Na nova ordem oriunda da Revolução, a formulação do direito dependia apenas do legislador, pois o juiz só pode declarar a lei ao aplicá-la. Interpretando o Código de Napoleão como a única expressão lícita do direito, a Exegese se ateve a conformar-se ao princípio revolucionário da soberania nacional. Em seu relatório de 1877, o decano Aubry escreve: "A missão do professor, chamado a ministrar em nome do Estado o ensino jurídico, é protestar [...] contra qualquer inovação que tendesse a substituir a vontade do legislador por uma estranha." Mesmo discurso em Laurent: "Fazendo o Direito, os autores e os magistrados usurpariam o poder daqueles que a nação soberana investiu dessa missão." Mourlon é mais explícito ainda: "Um bom magistrado humilha a sua razão perante a lei, pois é instituído para julgar segundo a lei, não para julgá-la. [...] Na jurisprudência, não pode haver razão mais razoável e equidade mais equitativa do que a razão e a equidade da lei." No entanto, a Exegese abre para a razão dos intérpretes o campo mais vasto, como o salienta Philippe Rémy: "Para os exegetas, há que descobrir os princípios escondidos nos textos, reduzir as contradições, preencher as lacunas, resolver os casos – sendo a hipótese que o Código, obra da razão na medida em que coleção de regras instrumentais, declarou um direito que se presta a um trabalho racional: trabalho de desvelamento do 'sistema do Código', como se diz então. A razão do intérprete confere ao Código as suas razões." O fundamento da doutrina da Exegese é "a racionalidade do Código, onde reside um direito 'natural' que o intérprete descobre e desenvolve. Ideologicamente, aqueles que tratam assim o Código são (em geral e muito por alto) os filhos ou netos das Luzes."

Por mais solidamente lógico que tenha sido o talento de seus grandes sacerdotes – pensamos naturalmente em Aubry e Rau e em Demolombe –, a Exegese morre no final do século XIX, principalmente sob o efeito das grandes mudanças consistentes na Revolução Industrial, na questão operária, na supremacia dada aos problemas econômicos. A reflexão intelectual se detém noutras curiosidades: a história, a sociologia, a filosofia. Mestres como Saleilles e sobretudo Gény consideram, mais ou menos abertamente, aceito que o direito não pode fechar-se num Código Civil, eternamente mantido em sua forma antiga. De fato, no decorrer da Terceira República, marcada pela proliferação de uma legislação de direito privado fora do Código, inclusive nas matérias mais civis, o Código vai perder seu estatuto de "razão escrita" para se tornar "uma espécie de *direito comum com vocação residual*, cujos princípios já não têm a força de animar a interpretação desse novo direito privado que se constrói na maior desordem" (P. Rémy). Hoje, os princípios essenciais da Exegese parecem pertencer ao passado, ainda que as críticas que lhe tenham sido feitas pareçam a alguns exageradas ou injustas. Fica claro que a doutrina civilista do século XIX cumpriu seu objetivo, que era "aclimatar" o Código à sociedade francesa, dando-lhe assim, "com esse Código explicado, confirmado e bem desenvolvido, sua verdadeira *constituição civil*" (P. Rémy). Seja como for, a Exegese por certo tinha razão de recear a reflexão de Pompônio: "O Direito civil, quando não está escrito, consiste apenas na interpretação dos prudentes" (D. I, 2, fr. 20).

A comparação entre os dois temas do Código Civil e da Exegese, do *Corpus juris* e da Glosa, não é algo fácil. Existe apenas uma filiação longínqua entre as duas prestigiosas codificações, a de Justiniano e a de Napoleão. As finalidades políticas perseguidas têm poucos traços em comum, as soluções dadas são amiúde contraditórias. Pelo menos poderíamos assinalar que a ciência técnica de ambas é da mesma família. Quanto à interpretação que o século XIX deu ao Código Civil e a que o século XII e a primeira metade do XIII reservaram ao *Corpus juris* de Justiniano, nada parece de natureza mais oposta. Enquanto a Glosa se pretendeu uma leitura científica de um antigo *corpus* por muito tempo perdido, cujo verdadeiro rosto se procurava encontrar, a Exegese foi a leitura técnica de uma codificação novíssima que se tratava, com um objetivo político, de fazer viver mostrando que ela trazia resposta a todas as situações. Todavia, Glosa e Exegese têm em comum ter considerado seu corpo de legislação de referência uma verdade intangível, um monumento intocável autossuficiente, do qual se tratava apenas de revelar o sentido verdadeiro, fixado para sempre pelo legislador. Assim como os mestres do século XII, os do XIX "só tinham de ler a obra-prima imperial, do início ao fim, artigo após artigo, para ir-lhe esclarecendo as dificuldades" (J.-M. Carbasse). Glosa e Exegese também têm em comum ter deixado lugar a correntes de doutrina que davam prova de muito mais liberdade com os grandes textos fundamentais, tratasse da inventividade dos pós-glosadores em seu comentário do *Corpus* ou dos reclamos para revisão do Código Civil que se multiplicarão na doutrina civilista do fim do século XIX.

➜ BOULET-SAUTEL M., "L'exégèse, la glose et leurs corps de référence", *Droits*, 24, 1996. – CARBASSE J.-M. *Introduction historique au droit*, Paris, PUF, 1998. – HALPÉRIN J.-L., *Histoire du droit privé français depuis 1804*, Paris, 1996. – RÉMY P., "Éloge de l'exégèse", *Droits*, I, 1985; "Le rôle de l'exégèse dans l'enseignement du droit au XIXe siècle", *Annales d'histoire des facultés de droit et de la science juridique*, 2, 1985; "La recodification civile", *Droits*, 26, 1997.

Marguerite BOULET-SAUTEL,
Jean-Louis HAROUEL

→ Exegese (Escola da); Interpretação.

GOVERNO

Na linguagem jurídica e política moderna, esta palavra comporta três significados essenciais. 1 / Quer ela designa a forma de organização política de um Estado, sua estrutura institucional: é nesse sentido, oriundo da noção grega de *politea* e sinônimo, desde o século XVI, do conceito de *regime*, que Montesquieu distinguia três espécies de governo – republicano, monárquico ou despótico (*Espírito das leis*, II, 1) – e que se fala de governo constitucional ou de governo revolucionário; 2 / quer designa o órgão do poder político dentro do Estado: então é sinônimo de autoridade pública ou se confunde, numa acepção mais estrita, com a instância do executivo; 3 / quer, enfim, designa a condução dos negócios públicos, a ação de dirigir o Estado ou, mais especificamente, a maneira de exercer essa ação. De um modo geral, podemos distinguir um sentido institucional (o governo como organização de funções públicas) e um sentido funcional (o governo como prática, dependente de regras e de técnicas específicas). Este último, embora seja em nossos dias estreitamente dependente do anterior, é de fato historicamente primeiro. Por isso convém traçar-lhe a evolução desde os primeiros séculos da Idade Média, para ver como o governo temporal, definido de início num contexto de pensamento religioso, pouco a pouco adquiriu sua autonomia, depois articulou-se à ideia de soberania a ponto de confundir-se com ela no vocabulário absolutista, antes de se dissociar dela no século XVIII, para designar apenas o poder executivo, distinto da vontade do legislador.

A concepção ministerial do poder monárquico

A primeira etapa consiste na passagem da antropologia da queda para a ideia de *ministério*. Como explica Agostinho (354-430) na *Cidade de Deus* (413-415), Deus não quis que o homem, feito à sua imagem, dominasse sobre o homem, mas somente sobre os animais (XIX, 15). Como a irrupção do pecado, todavia, tornou necessário o estabelecimento da coerção para pôr um freio nas desordens da concupiscência, essa ordem natural deu lugar às relações de servidão: "Foi com todo o direito que a condição servil foi imposta ao pecador" (*ibid.*). Por certo existe, no seio da família, relações naturais de subordinação das quais decorre, para quem comanda, a obrigação de servir aqueles que lhe obedecem (XIX, 14), mas esta relação, baseada na afeição e na benevolência, não poderia servir de modelo à autoridade política que repousa na coerção. Essa doutrina, que ia prevalecer no Ocidente durante séculos, marcava uma ruptura radical com a concepção antiga do bom governo, orientada para uma finalidade ética: nenhuma diferença, para Agostinho, entre autoridade política e dominação; a servidão é a forma de obediência exigida, neste mundo, pela realização da paz. Nem por isso ela implica a submissão do poder secular à Igreja. As duas cidades, terrestre e celeste (isto é, a da comunidade dos crentes), coexistem e se interpenetram. Distinguem-se pelas suas respectivas finalidades, sem relação de subordinação. A redução do poder ao *dominium*, em compensação, permitia que se ressaltasse a especificidade do *regimen* eclesiástico. Foi Gregório, o Grande, (c. 540-604) que lhe expôs a teoria em sua *Regra pastoral* (590-591). Enunciando as regras da *cura animarum* (o cuidado das almas) – governo não violento, que se exerce pela palavra e pelo exemplo – ele abriu o caminho para uma hierarquização mais rigorosa dos dois tipos de governo.

Ao clero, a direção das almas, aos príncipes, o poder sobre o corpo: essa distinção dos papéis, já formulada por João Crisóstomo (c. 354-407), serviu de base, de fato, a partir dos séculos VII-VIII, para a redefinição ministerial do poder monárquico. "O poder dos príncipes", escreve Isidoro de Sevilha (560-637), "não seria necessário se eles não impusessem pelo terror da disciplina o que os sacerdotes são impotentes para obter pela palavra" (*Sentenças*, III, 51). Os príncipes, a partir de então, são os ministros da Igreja, que a protegem com sua espada. Estritamente submetida à sua autoridade, a função deles, por isso, é essencialmente repressiva. Segundo uma etimologia citada por todos os autores, "'rei' vem de reger. [...] Ora, não se rege se não se corrige" (Isidoro de Sevilha, *Etimologias*, IX, 3). O governo temporal acha-se assim totalmente absorvido pela esfera religiosa.

A segunda etapa corresponde ao recebimento do direito romano, no século XII, no âmbito de uma teologia de inspiração naturalista e otimista. Próximo da Escola de Chartres, João de Salisbury (1115/1120-1180) sustenta de fato, em seu *Policraticus*, que o Estado (*res publica*) é um organismo natural. Servidor da lei, o príncipe domina seus súditos como a cabeça, no corpo, manda nos membros. Tem por tarefa, não mais simplesmente defender a Igreja, mas assegurar a salvação do corpo político, *salus publica* (VI, 24). Por essa razão é que é designado ministro do interesse público (*minister publicae utilitatis*, IV, 2) e revestido da dignidade de pessoa pública (*persona publica*). Embora recupere o vocabulário do direito romano, João de Salisbury não é, porém, favorável à emancipação do poder régio. É contra a interpretação regalista desenvolvida na corte de Henrique II Plantageneta que ele usa essas expressões, que identificam o interesse comum com a justiça, inserida por Deus na própria ordem das coisas. O príncipe, assim, permanece o instrumento do sacerdote. Comentando a célebre frase do Digesto (I, 3, § 31), "o príncipe está acima das leis (*legibus solutus*)", João afirma que este último só pode querer o que a equidade exige. É por isso que se transforma em tirano assim que obedece ao seu desejo: "A vontade do tirano é escrava de seu desejo", ou seja, o apetite de dominação (VIII, 22).

O governo, agente do bem comum

É a redescoberta dos escritos éticos e políticos de Aristóteles, no século XIII, que abre a terceira etapa decisiva. Ela vai acarretar logo de início, em Tomás de Aquino, a crítica da concepção agostiniana do *dominium* e a definição propriamente política do *regimen*, depois, em Bartolo, a delimitação jurídica do fenômeno tirânico, enfim, em Marsílio de Pádua, a distinção entre a vontade popular e o governo, no âmbito de uma análise laicizada das finalidades da sociedade civil. Perguntando, na esteira de Agostinho, se o homem, no estado de inocência, era submetido ao homem, Tomás de Aquino (1225-1274) distingue duas espécies de *dominium* conforme ele designe, no sentido estrito, o poder do senhor sobre o escravo ou, num sentido geral, o poder "de quem tem a missão de governar e dirigir homens livres". Se o primeiro está excluído do estado de inocência, não se dá o mesmo com o segundo, em razão da natureza social do homem e da necessidade, já em sua condição primeira, de um princípio diretor que oriente a multidão para o bem comum (*Suma teológica*, I, 96, 4). Enquanto para Agostinho o *dominium*, oriundo do pecado, implicava a sujeição dos homens com o intuito da conservação da paz, Tomás de Aquino, que o dissocia do pecado, faz dele o agente natural da liberdade humana. Já que ser livre é tender sem entraves para sua finalidade própria, e já que o homem só atinge a sua – a vida feliz, conforme à razão – na sociedade, o governo já não consiste em corrigir, mas em dirigir: "Governar um ser é conduzi-lo com retidão à finalidade que lhe convém" (*Do reino*, I, 14). "Se, portanto, uma multidão de homens livres é ordenada, por aquele que a governa, ao bem comum, teremos um governo reto e justo, tal como convém a homens livres " (*ibid*., I, 1). Pela primeira vez desde o início da era cristã, o governo é concebido como uma força positiva, imanente à comunidade humana e trabalhando para a realização de sua finalidade terrestre. Se permanece submetido à tutela da Igreja (pois a vida boa reside na virtude), liberta-se, não obstante, de sua pura função instrumental e adquire uma relativa autonomia no plano temporal.

Esse novo conceito do governo foi reforçado, no século XVI, pela análise bartoliana da tirania. Enquanto esta, na tradição religiosa, era objeto de uma mera condenação moral (apenas João de Salisbury ousara sustentar que era lícito, em certos casos, recorrer ao tiranicídio), Bartolo (1314-1357) empreende estabelecer rigorosamente a sua teoria (*De tyranno*). Tratava-se, em suma, de construir o conceito jurídico de um fenômeno essencialmente antijurídico. Distinguindo cinco espécies de tirania (no plano do Império, das províncias, das cidades, das casas e do foro interior), o jurisconsulto centra sua análise na terceira, que constituía o problema mais urgente no Sul da Itália – "A Itália, hoje, está repleta de tiranos" (*De regimine civitatis*, III). Essa tirania civil apresenta um duplo aspecto, quer "flagrante ou manifesto", quer "velado ou oculto" (ou seja, sob a aparência do respeito às formas constitucionais). A tirania manifesta, por sua vez, subdivide-se em dois tipos: a tirania por falta de título (*ex defectu tituli*) e a tirania por abuso de poder (*ex parte exercitii*). À primeira corresponde o usurpador, cujos atos são juridicamente nulos e ao qual se aplica, no seio do Império, a *lex Julia maiestatis*; a segunda define um poder legítimo, mas que, excedendo os limites de sua competência, merece igualmente ser sancionado. Esta distinção, constantemente repetida desde então, desempenhará papel decisivo na problemática do direito de resistência nos séculos XVI-XVII. Ela marca uma etapa importante na elaboração jurídico-política da ideia de governo: este já não é avaliado somente em termos de moralidade (virtude do príncipe) ou de finalidade (bem comum), mas de legalidade; obedece a regras de direito inscritas na história das cidades, sendo com relação a essas normas fundamentais que se mensura, quando necessário, seu grau de perversão.

Esse duplo processo de naturalização e de juridicização da ideia de governo se remata com Marsílio de Pádua (c. 1275-1342) que, em *Defensor da paz* (1324), liberta pela primeira vez o poder político de qualquer subordinação para com a autoridade religiosa. Partidário do imperador Luís da Baviera, em seu conflito com o papa João XXII, Marsílio segue fielmente o pensamento de Aristóteles em matéria política. A sociedade humana é um fenômeno natural, autossuficiente, e tem como fim próprio a realização da felicidade civil. Aristóteles, porém, não pôde conhecer uma das causas mais temíveis da ruína dos Estados: a pretensão do papa à plenitude de poder. A essa tese teocrática, que solapa a unidade da cidade e põe em perigo a paz comum, Marsílio de Pádua responde num plano duplo: primeiro negando a possibilidade de um poder espiritual, depois fundamentando a autoridade do príncipe na vontade do conjunto dos cidadãos. Como todo poder implica o poder de coagir (*potestas coactiva*), a Igreja não pode pretender dispor de um poder de jurisdição temporal. Seu papel, de fato, é ensinar e administrar os sacramentos. Ela exerce o ministério da persuasão com vistas à salvação dos fiéis, e não possui, para tanto, nenhum direito de coerção física. É ao príncipe, enquanto instrumento da lei, que pertence o poder coercitivo. Este foi-lhe entregue pelo legislador, ou seja, o povo inteiro ou sua parte preponderante, perante o qual ele é responsável.

Governo e soberania

Decerto é a primeira vez, antes de Rousseau, que o governo (*pars principans*) se acha assim distinguido da vontade soberana, mesmo que o príncipe, dada à sua eleição, exerça de fato a totalidade dos poderes. Numa perspectiva diferente, Bodin, dois séculos e meio mais tarde, distingue por sua vez o governo da forma da soberania: "[...] há muita diferença entre o Estado e o governo. [...] Pois o Estado pode ser em monarquia, e não obstante será governado popularmente se o príncipe distribuir os estados, magistrados, cargos e recompensas igualmente a todos, sem levar em consideração a nobreza, nem as riquezas, nem a virtude" (*République* (1576), II, 2, p. 34). "Governo", todavia, aqui não designa propriamente o órgão do Executivo, mas certa maneira, para o soberano, de distribuir honras e cargos consoante o uso. É esse jogo entre a vontade soberana e os costumes da nação que define o conceito de governo.

Cumpre esperar Rousseau para que o governo deixe de ser considerado a maneira pela qual se exerce o poder soberano para se achar reduzido ao papel de oficial ou de agente deste último. Distinção capital, que marcava uma ruptura decisiva com o absolutismo. Rousseau tinha consciência de inovar – "essa palavra [governo]", escreve ele, "ainda não foi muito bem explicada" (*Contrato social*, III, prólogo) – e seus contemporâneos são se enganaram a esse respeito, como o atesta esta observação de Turgot: "Na verdade, esse livro [o *Contrato social*] se reduz à distinção precisa do soberano e do governo" (carta a Hume de 25 de março de 1767, *Œuvres*, t. 2, 1914, p. 660). Definir o conceito de governo, para Rousseau, é dar-lhe seu verdadeiro sentido republicano. Ao passo que nas monarquias o governo se confunde com a potência soberana, nas repúblicas (isto é, "todo Estado regido por leis, sob qualquer forma de administração que possa ser", *ibid*, II, 6), é-lhe estritamente subordinado. Em sua acepção verdadeira, ou seja, conforme aos princípios do direito público, ele é apenas o Poder Executivo submetido à vontade do soberano – o Poder Legislativo que pertence ao povo. "Que vem a ser, então, o Governo? Um corpo intermediário estabelecido entre os súditos e o Soberano para sua mútua correspondência, encarregado da execução das leis e da manutenção da liberdade, tanto civil quanto política" (*ibid.*, III, I).

Agindo assim, Rousseau, embora delimitasse estritamente a competência do governo, continuava a inserir-se no espaço jurídico da soberania. Opunha-se, assim, aos riscos de arbitrariedade, sem circunscrever de modo rigoroso o campo da ação governamental. É do lado da economia política, no século XVIII, mais que da teoria do direito público, que nasceu a reflexão, não mais sobre os abusos do poder, mas sobre o excesso de governo. O mal das sociedades não vem, como escrevia Mirabeau o pai, da "gana de governar, a mais funesta doença dos governos modernos" (*Sur l'éducation publique* [Sobre a educação política], 1791)? Não era preferível dar livre curso à competição dos interesses e aos efeitos reguladores do mercado? Transpondo as ideias de Adam Smith para o terreno político, Thomas Paine, no final do século, afirmava que a sociedade não tivera necessidade de governo para se desenvolver: "Grande parte dessa ordem que reina entre os homens não é efeito do governo. Tem sua origem nos princípios da sociedade e da constituição natural do homem. Existia antes do governo, e continuaria a existir se a formalidade do governo fosse abolida. [...] [Pelo jogo do interesse recíproco] a sociedade realiza por si só quase tudo o que é atribuído ao governo" (*Direitos do homem*, 1791, 2ª parte). A partir daí concluía que a sociedade, pelos mecanismos naturais da troca e da divisão do trabalho, assegurava a ordem e a prosperidade melhor do que poderia fazer o melhor governo, não sendo este necessário. Apenas as fraquezas humanas justificavam que se conservasse um mínimo de Estado. É essa ideia liberal de uma sociedade imediata a si mesma, que se autorregula pelo jogo dos interesses, que encontramos, no início do século XIX, na noção de "governo sem grande custo" defendida por alguns liberais (Constant, Dunoyer, Charles Comte) contra o autoritarismo napoleônico. Ela constitui, ainda hoje, o principal concorrente do modelo da soberania elaborado pelos juristas e pelos filósofos da idade clássica.

› Fontes: AGOSTINHO, *Civitas (La cité de Dieu)*, trad. fr. G. Combès, Paris, Desclée de Brouwer "Bibliothèque augustinienne", 1959. – BARTOLO, *De tyranno; De regimine civitatum*, *in* D. Quaglioni, *Politica e diritto nel trecento italiano*, Florença, Olschki, 1983. – BODIN J., *Les six livres de la république* (1576), Paris, Fayard, "Corpus des œuvres de philosophie en langue française", 1986. – GREGÓRIO, O GRANDE, *Règle pastorale*, trad. fr. Ch. Morel, introd. E notas de B. Judic, Paris, Le cerf, "Sources chrétiennes", nº 381-382, 1992. – ISIDORO DE SEVILHA, *Étymologies*, trad. M. Reydellet, Paris, Les belles lettres, 1984; *Sententiae*, Patrologie latine, ed. J.-P. Migne, vol. 83. – JOÃO DE SALISBURY, *Policraticus*, ed. C. I. Webb, Oxford, 1909. – MARSÍLIO DE PÁDUA, *Defensor pacis (Le défenseur de la paix)*, trad. fr. J. Quillet, Paris, Vrin, 1968. – ROUSSEAU J.-J., *Du contrat social*, introd. e notas de B. Bernardi, Paris, Garnier-Flammarion, 2000. – TOMÁS DE AQUINO, *Somme théologique*, Paris, Le cerf, 1984-1986; *De regno; Du royaume*, trad. fr. M. Martin-Cottier, Egloff, 1946.

Estudos: BLYTHE J. M., *Ideal Governement and the Mixed Constitution in the Middle Ages*, Princenton UP, 1992. – DERATHÉ R., *Jean-Jacques Rousseau et la science politique de son temps*, 2ª ed., Paris, Vrin, 1970. – FOUCAULT M., *Sécurité, territoire, population et naissance de la biopolitique*, Curso no Colégio de França, anos 1977-1978 e 1978-1979, Paris, Gallimard/Le Seuil, "Hautes études" (no prelo). – KANTOROWICZ E. H., *Les deux corps du roi*, trad. fr. N. e J.-Ph. Genet, Paris, Gallimard, "Bibliothèque des histoires", 1989. – SENELLART M., *Les arts de gouverner*, Paris, Le seuil "Des travaux", 1995.

Michel SENELLART

→ Direito de resistência; Igrejas/Estado; Obediência e disciplina; Soberania.

GUERRA

Na Antiguidade, os Estados do Oriente mediterrâneo travaram guerra com numerosíssimos efetivos, destruindo cidades e populações. Os exércitos romanos puderam fazer o mesmo. Na *Ciropédia*, Xenofonte afirma que é uma "lei universal e eterna que numa cidade tomada [...] tudo, as pessoas e os bens, pertençam ao vencedor". Quem é aprisionado pelo inimigo "está à sua mercê", avalia Platão em *A República*. Ele julga normal a guerra contra os bárbaros, que são os inimigos naturais, e lamentável aquela entre gregos. As proibições desaparecem por ocasião das guerras religiosas ou quando os gregos combatem bárbaros. O sentimento de pertencer a uma mesma comunidade proíbe às cidades se destruírem. Os arautos devem ser respeitados, pois podem negociar com o adversário. Tréguas sazonais são observadas. Os santuários e as festas pan-helênicas são respeitados. Devem-se poupar as pessoas que se rendem, os não combatentes e os prisioneiros. Entretanto, os vencidos em geral são submetidos às leis do vencedor; podem ser executados, mas com maior frequência tornam-se escravos, são trocados ou remidos graças a um resgate (nos tratados de paz, Roma exige a volta de seus prisioneiros). Embora a lei das XII Tábuas mencione que "tudo é permitido contra o inimigo", em 427 Atenas poupa o povo de Mitileno e só ataca os inimigos. O respeito às regras desaparece com o endurecimento da guerra do Peloponeso.

Ainda que a guerra seja frequente entre as cidades gregas, ela requer a observação de formalidades oficiais que tendem a demonstrar "o merecido direito do atacante" (J. de Romilly). Por outro lado, os gregos podem invocar a arbitragem para evitar uma guerra. Para Aristóteles, o objetivo de toda guerra deve ser recobrar a paz. A guerra deve proteger contra a servidão, não obstante, alguns não merecem a liberdade. Cícero defende a guerra feita com moderação e espírito de justiça. Com o direito fecial, Roma conhece a declaração de guerra: envio de uma missão sacerdotal (fécios conduzidos por seu chefe, o *pater patratus*) aos países visados para reclamar a reparação de erros, verídicos ou não. O adversário potencial dispõe de trinta e três dias de reflexão. Caso haja ausência de resposta, outra missão vai constatar o caráter injusto dessa atitude. Depois o Senado – e, a partir do século V, o povo – decide da guerra. A fim de declará-la, os fécios vão à fronteira inimiga para onde o *pater patratus* envia uma lança ensanguentada (quando a fronteira se situa longe de Roma, a formalidade é cumprida num campo comprado outrora por um prisioneiro originário do país inimigo). Seja uma guerra de conquista ou não, essas regras devem demonstrar sua licitude e seu caráter justo.

Os hindus da Antiguidade criaram relações entre Estados a partir de um conjunto de deveres de ordem religiosa, moral e jurídica, o *darma*. Conheciam a noção de guerra justa, o *darmayuda*. Os soldados devem portar as armas abertamente, atacar apenas os combatentes. Qualquer massacre inútil é proscrito. Se um cativo não devolvido à liberdade se torna escravo, é protegido pelo direito e pela religião.

Santo Ambrósio estabelece os primeiros elementos da guerra justa que será desenvolvida por Santo Agostinho e ficará um dos fundamentos da doutrina católica sobre a guerra. Sendo a paz a "tranquilidade da ordem", uma guerra é justa se tem o objetivo de suprimir uma desordem da qual decorrem injustiças. Só o príncipe pode decidir de uma guerra justa que sempre deve ser o último recurso. No século XIII, são Tomás de Aquino avalia que a guerra justa deve ser iniciada por um príncipe independente para lutar contra uma agressão. A intenção deve ser íntegra. Assim, os combatentes devem respeitar a caridade e a temperança. A noção de guerra justa vai dominar a Idade Média. Mas a guerra representa então uma relação normal entre pessoas privadas. No século XI, a trégua de Deus veda a guerra durante as grandes festas religiosas e os dias consagrados à oração. Depois é proibida da manhã de quinta-feira à noite de domingo. Por outro lado, o rei da França, protetor das pessoas, institui no século XIII um prazo de quarenta dias (quarentena do rei) antes da abertura das hostilidades e impõe se necessário um juramento de paz (*asseurement*) entre os indivíduos, cujos descumprimentos pune. Protetor do reino, o rei deve fazer que nele reine a ordem e a paz. Aliás, a ordenação de 1155 prevê uma paz geral de dez anos. Em 1258, São Luís proíbe as guerras privadas. De fato, elas diminuirão no século XIV e desaparecerão no XV. Os príncipes têm, todos eles, uma razão justa de lutar entre si. Para enganar o adversário, os dias de oração nem sempre são respeitados. Assim, quiseram regulamentar a guerra. Ao lado da "guerra mortal", a ser aproximada das guerras de cruzadas travadas contra não cristãos, a "guerra guerreável" ou "boa guerra" comporta regras precisas. Mas, embora a imunidade de certas pessoas seja respeitada (arautos, portadores de salvo-condutos de graça), os clérigos e o povo o são menos, pois podem ser suspeitados pelo inimigo. A proteção dos prisioneiros é prevista, mas devem um resgate para serem libertados. O objetivo dessas regras, cujo respeito é assegurado por cortes de honra, é, sobretudo, diminuir os mortos entre os combatentes. Mas, se os cavalheiros obedecem a essas leis, não é esse o caso dos mercenários, aos quais o rei recorre a partir do século XIV. O exército permanente será realizado por Carlos VII (ordenação de 1445). Contrariamente ao reino da França, o império germânico conhecia um direito de guerras intraestatais. Esse direito que regia a guerra entre grandes nobres é vinculado ao direito público do império.

Vitoria (*De jure belli*, 1539) acha que a guerra só deve ser travada quando é o único meio para defender o direito, a paz, a segurança ou restabelecer a justiça. Somente quem possui o poder supremo pode decidir recorrer a ela. O combatente não pode empregar nenhum meio que seja contra o inimigo; deve respeitar a moral e o direito. Mas, para Vitoria, as represálias são apenas um meio de guerra, ainda que desaconselhe seu emprego. A guerra defensiva é lícita. A guerra ofensiva deve ter o fito de se defender contra uma injustiça. O direito de fazer a guerra pertence a todo Estado soberano, mas o imperialismo não o justifica. Mesmo que o príncipe avalie que a guerra pretendida é justa, deve consultar os homens sábios e os mais competentes. Os súditos também devem interrogar-se sobre a justiça da guerra, mas podem seguir a opinião da maioria. No entanto, devem estar convencidos de que a guerra é justa ou recusar combater apesar da ordem do príncipe. Este deve ficar moderado por ocasião da vitória. A guerra pode ser considerada justa pelos dois beligerantes. Sendo primordial a boa-fé, em caso de dúvida há que preferir a paz. Sempre no século XVI, Gentilis exclui as guerras privadas e o duelo de sua definição da guerra. Apenas a dos príncipes pode ser justa em razão da ausência de uma jurisdição que possa julgar o litígio. A causa divina da guerra é legítima. Como Vitoria, ele rejeita, porém, as guerras religiosas. É permitido defender-se contra um ataque ou prevenir um que é premeditado ou preparado ou ainda ir socorrer outras nações injustamente atacadas. A guerra deve ter motivos justos ligados à necessidade quando estrangeiros solicitam direitos civis ou exilados ocupam territórios livres. A honra justifica uma guerra travada para defender as leis da natureza e da humanidade. Ela pode ser legítima quando se trata de vingar uma injúria, de evitar receber outras ou de garantir um direito de passagem. As antigas causas não justificam uma guerra. Gentilis só a concebe justamente conduzida. Salvo em caso de ataque súbito, a declaração de guerra deve ser seguida de um prazo antes de seu desencadeamento. Para Suarez, apenas pode existir a guerra entre Estados. A guerra defensiva é obrigatória em razão do direito natural e da necessidade de se defender. Uma guerra aparentemente ofensiva pode, assim, ser na realidade defensiva. Apenas um príncipe ou um Estado soberano pode declarar uma guerra. Como para Gentilis, a guerra deve ser apenas o último recurso para reparar uma injustiça. Cumpre, por conseguinte, que nada exista acima da pessoa ou do Estado que a declara que permita que a contenda seja julgada. Para ser justa, a guerra deve ter uma causa legítima, como uma injustiça que só seja reparável por um conflito. Aproximando-se em parte de Gentilis, Suarez acha que a ocupação, o atentado contra a honra ou a reputação, assim como o questionamento dos direitos comuns de uma nação (direito de passagem, comércio) constituem faltas que justificam uma guerra. Antes de desencadeá-la, o príncipe ou o Estado vítima de uma injustiça deve pedir reparação e aceitá-la se é proposta. Muito avançado em relação ao seu tempo, o autor prenuncia as iniciativas do século XIX. Assim é que ele evoca "a comunidade moral e jurídica de todos os povos da terra inteira, vinculados por um conjunto de direitos e de deveres universais e humanos" (Y. de la Brière) que deve acarretar a redação de convenções que adotem regras e deveres que se imponham a todos os homens com certo grau de razão e de moralidade. É no século XVI que começa a laicização do direito internacional em razão do cisma conhecido pelo mundo cristão. A doutrina da guerra justa cai em desfavor, mas desaparecerá apenas no fim do século XVII. Grócio a retoma, aliás, em *De jure bellis ac pacis* (1625). Ele declara justa a guerra travada em caso de legítima defesa e injusta a guerra de conquista. Por essa razão, condena a política de expansão romana. Embora todo Estado seja juiz do que deve fazer para continuar a existir, isso não justifica uma guerra encetada para antecipar um ataque. Grócio condena as falsas justificações para legitimar a lei do talião ou o terror e reclama a moderação no tratamento dos prisioneiros. Para a responsabilidade dos atos cometidos, estabelece uma distinção entre os "autores" da guerra e seus subordinados. A guerra é lícita, pois não é contrária ao direito das gentes. Grócio admite três formas de conflitos: a guerra pública entre Estados, a guerra privada que se justifica quando nenhum recurso judiciário é possível, e a guerra mista a cujo respeito formula a questão da resistência à opressão. Embora Grócio estabeleça o princípio da proibição da resistência dos súditos, reconhece-lhe exceções vinculadas à existência de uma retomada pelo Estado dos poderes confiados ao príncipe. A guerra é legítima para recuperar um bem e reprimir os autores da violação. Aquela realizada com o único intuito de punir é suspeita de injustiça, salvo se estão em questão crimes atrozes. Condena a guerra conduzida para converter ao cristianismo, mas legitima a dirigida contra aqueles que maltratam os cristãos. Se a justiça da guerra parece duvidosa, Grócio prega a abstenção e prefere a paz mantida pela organização de uma conferência conciliadora entre as partes. Objetivamente, a guerra só pode ser justa para uma parte. Subjetivamente, pode sê-lo para as duas, pois já não é o direito que é levado em conta, mas a opinião das partes. A guerra é justa para salvaguardar os direitos de um Estado e de seus aliados, salvo se travam um conflito injusto. Mais que Grócio, Pufendorf é que cria realmente a Escola do direito da natureza e das gentes ao suprimir de suas reflexões as referências de ordem teológica. Segundo ele, os princípios da guerra justa vêm do direito natural. Os Estados podem ficar neutros diante de um conflito e recusar tomar partido se os beligerantes respeitam as leis da guerra. Esta última é fundamentada no direito natural de se defender contra um ataque injusto. Esse direito existe também em favor de quem tem uma razão justa de tomar as armas e se existe um tratado de aliança ou uma amizade. Assim também, a guerra pode ser conduzida para defender súditos tiranizados ao ponto de eles mesmos poderem legitimamente atacar seu príncipe. A guerra deve conduzir à paz e deve ter causas justas: a resistência a uma agressão injusta, a reclamação de um direito ou a reparação de um dano. Portanto, a guerra pode ser defensiva ou ofensiva. O caráter justo da guerra deve ser evidente. Como Grócio, Pufendorf pensa que, mesmo que a causa da guerra seja justa, é preferível negociar. Diferenciando-se de Grócio, Vattel distingue a guerra entre soberanos – que corresponde à perseguição de um direito – da guerra privada que pertence ao direito natural propriamente dito. Interessa-se apenas pela primeira. A guerra permite utilizar a força para defender ou conservar um bem. Mas esse direito deve ser utilizado consoante regras "da justiça, da equidade, da humanidade". Apenas o soberano pode decidir iniciar uma guerra, mas a declaração obrigatoriamente não lhe cabe. Vattel remete para isso ao processo previsto pelas constituições dos Estados. A nação deve estar em seu direito para iniciar a guerra. Deve ter causas justas, tal como uma injúria cometida ou que sem dúvida alguma o será. A guerra deve ser feita para o bem do Estado e dos cidadãos; a paixão não a legitima. Como Grócio, Vattel se opõe, em princípio, ao fato de travar uma guerra contra um Estado que está crescendo, salvo se parece perigoso. Defende, aliás, a ideia do equilíbrio europeu. Segundo Vattel, todo Estado tem competência para julgar seu direito justo. Opõe o direito natural proveniente da teoria da guerra justa ao direito voluntário que implica que os próprios Estados estabeleçam as regras da guerra. Entretanto, esse direito "não confere àquele cujas armas são injustas um verdadeiro direito, capaz de justificar sua conduta e de tranquilizar sua consciência, mas somente o efeito exterior do direito e a impunidade entre os homens", afirma ele. A teoria da guerra justa e o *jus ad bellum* perdem importância (Voltaire avalia que não existe guerra justa em si mesma, pois ela o é para cada beligerante). O *jus in bello* assume desde então um lugar primordial e não cessará de se desenvolver. Alias, Vattel trata de diversos pontos tocantes à condução da guerra. O conflito é o do rei e da nação. No entanto, "todo o povo desarmado" deve ser poupado pelos rigores da guerra. Dessa Escola do direito natural decorrem o direito da neutralidade e o direito internacional humanitário.

Nos séculos XVI e XVII, diferenciaram claramente as guerras entre "Estados perfeitos" das antigas guerras privadas tornadas simples duelos ou banditismo em razão da afirmação dos poderes de soberania monárquicos. Desde o final do século XVI, diminui a proporção dos nobres nos exércitos. A partir do século XVIII, as guerras são travadas por exércitos de profissionais a serviço de um Estado. Em 1747, Frederico, o Grande, recomenda a seus generais combater unicamente quando todos os trunfos estão de seu lado, sendo o melhor reduzir à fome o inimigo. A guerra custa caro e amiúde os soldados devem viver de roubos dos civis, ainda que para estes últimos a guerra seja menos mortífera. Mas não é esse o caso para os combatentes, por causa da insuficiência dos serviços de saúde. O papado se empenhou em limitar as violências e em defender a paz. A criação, no século XVI, das nunciaturas permanentes não teve a eficácia esperada em razão dos cismas que acabaram com a unidade da cristandade. O Antigo Regime conhece poucos períodos de paz entre as guerras religiosas e as travadas com o exterior, nas quais ainda não se trata de esmagar o adversário (até 1750, a guerra costuma ter um motivo dinástico). O objetivo é manter ou restabelecer o equilíbrio europeu. A guerra ideológica desaparece com a paz da Vestefália (1648), mas reaparece de 1792 a 1815. Depois de 1814, os Estados querem recobrar o equilíbrio existente antes da aventura napoleônica e procuram reconstituir exércitos com oficiais aristocráticos e tropas profissionais. Entrementes, o abade de Saint-Pierre publica seu *Projet de paix perpétuelle* [Projeto de paz perpétua] (1713) que traz de novo à baila a ideia de que a guerra possa ser um justo meio de recurso. Os soberanos aceitariam que uma "polícia internacional" (L. Bély) brecasse as tentativas de guerras e as revoltas internas. Depois, Taparelli d'Azeglio (1793-1862) almeja a criação de um tribunal para solucionar as disputas internacionais e de uma força militar comum. Este tema será defendido pela Igreja. Mas, para Von Clausewitz (1780-1831), a guerra é a aplicação da política de um Estado que age em nome de conceitos abstratos suscetíveis de justificar todos os sacrifícios. Essas guerras são "absolutas". As teorias de Clausewitz, que recusam qualquer moderação – que seria um "absurdo" – para ganhar uma guerra, são adotadas por Von Hartmann (oficial de Estado-maior em 1870-1871), para quem o combatente deve ser liberto dos "entraves de uma legalidade incômoda". Em 1902, a Alemanha estabelece uma distinção entre a "lei da guerra" (*Kriegsräson*) e a "necessidade de fazer a guerra" (*Kriegsmanier*) que autoriza o recurso a procedimentos contrários às leis internacionais para atingir o fim perseguido. Os Estados devem formar exércitos com efetivos muito elevados. Porque é preciso provisionar em tudo os soldados e conduzi-los perto dos campos de batalha, e em razão do desenvolvimento das guerras marítimas bem como das aéreas, a distinção entre combatentes e não combatentes vai desaparecer de novo: a guerra se tornará "total". No entanto, a Declaração de Paris de 1856 abole a guerra de corso, protege a mercadoria inimiga sob bandeira neutra e trata do bloqueio. Nos Estados Unidos, as leis de Lieber, de 1863, regulamentam o direito de conduzir a guerra. A evolução dos transportes terrestres e marítimos suprime as longas jornadas de marcha para os soldados. Contudo, em 1859, se homens e cavalos se deslocaram depressa, não se deu o mesmo com provisões, notadamente materiais cirúrgicos. Ora, foi vendo os horrores ocorridos na batalha de Solferino e notando a falta de médicos, enfermeiros e de materiais de curativos, que Dunant pregou a criação das futuras sociedades da Cruz Vermelha e daquilo a que se chamará o direito internacional humanitário. Assim é que em Genebra, em 1864, é adotada a primeira convenção que enuncia o princípio da neutralidade dos estabelecimentos sanitários para feridos e doentes vítimas das guerras terrestres internacionais. Em 1868, as balas explosivas são proibidas (Declaração de São Petersburgo). Em 1874, em Bruxelas, é redigida uma Declaração (não ratificada) sobre as leis e os costumes da guerra terrestre. Sempre por iniciativa da Rússia, esse tema é retomado, em Haia, em 1899. A cláusula Martens, que figura na Convenção com o mesmo título que o texto de 1874, prevê que para os casos não descritos, "as populações e os beligerantes ficam sob a salvaguarda e sob o império dos princípios do direito das gentes, tais como resultam dos usos estabelecidos entre nações civilizadas, das leis da humanidade e das exigências da consciência pública". Essa primeira Conferência da Paz será seguida de outra em 1907. Em 1899, ela regulamenta as leis da guerra terrestre, dá seguimento à Convenção de 1864, organizando os socorros por ocasião das guerras marítimas, proíbe lançar projéteis ou explosivos do alto de balões, os projéteis que espalham gazes asfixiantes ou tóxicos assim como as balas que se expandem ou se achatam no corpo humano. Em 1907, os conferencistas revisam os textos de 1899 e ampliam as proibições de algumas armas, regulamentam a utilização dos navios mercantes, preveem numa convenção independente os deveres dos neutros em caso de guerra terrestre, limitam o direito de captura por ocasião das guerras marítimas. Por outro lado, os conferencistas de Haia de 1899 e 1907 adotam uma Convenção sobre o solucionamento pacífico dos conflitos internacionais e sobre a criação de uma Corte permanente de arbitragem. A Conferência de 1907 será seguida de muitas outras, que tendem a regulamentar os meios e métodos de guerra. O direito adotado em Genebra se aperfeiçoa para proteger cada vez mais as vítimas dos conflitos (as Convenções de 1949 não são exceção por causa da natureza do conflito e não mencionam a "guerra total" para disso deduzir que certas regras deveriam ser descartadas por ocasião de um conflito assim). Ademais, pelo Protocolo adicional I às Convenções de Genebra de 1949, o direito dos conflitos armados e o direito internacional humanitário se aproximam até se confundir. Depois da Primeira Guerra Mundial, os Estados membros da Sociedade das nações se comprometiam a "aceitar certas obrigações de não recorrer à guerra". Desde 1945, o *jus ad bellum* é baseado na proibição de recorrer à força, salvo em caso de legítima defesa. Mas a guerra continua onipresente sob todas as suas formas e em todos os continentes, daí a importância do direito internacional humanitário.

› BACOT G., *La doctrine de la guerre juste*, Paris, Economica, 1989. – BRIÈRE Y. de la, *Le droit de juste guerre*, Paris, Pédone, 1938. – CHAUNU P. (dir.), *Les fondements de la paix: des origines au début du XVIIe siècle*, Paris, PUF, 1993. – DUCREY P., *Guerre et guerriers dans la Grèce antique*, Paris, Hachette, 1999; *Le traitement des prisonniers de guerre dans la Grèce antique des origines à la conquête romaine*, Paris, 1999. – HOWARD M., *La guerre dans l'histoire de l'Occident*, Paris, Fayard, 1990. – VERNANT J.-P. (dir.), *Problèmes de la guerre en Grèce ancienne*, Paris, ed. da École des Hautes Études en Sciences Sociales, 1999. – Col.: *Les fondateurs du droit international*, Paris, Giard & E. Brière, 1904.

Véronique HAROUEL-BURELOUP

→ Direito das gentes; Direito humanitário.

GUERRA PRIVADA

A expressão, infeliz, aplica-se a conflitos guerreiros entre pessoas privadas entre si. Como tais, eles dão seguimento a práticas antigas de vingança entre grupos familiares (*faide*) que o poder régio, na época franca, empenhou-se em temperar ou em jugular, mediante sistemas de acordo, principalmente legal (facultativo ou obrigatório), até mesmo abertamente pela força, reservando-se o monopólio da violência legítima e da "guerra pública". Com os distúrbios que acompanham no Ano Mil a mutação feudal e a difusão em muitas terras dessa forma política nova e opressiva constituída pela senhoria banal, essas práticas guerreiras conhecem um recrudescimento, especialmente sob a forma de conflitos armados de linhagem que opõem os membros da nobreza castelã entre si (dos quais eles constituem uma espécie de privilégio, ao menos de fato, e às vezes de passatempo), mas tais "guerras vindicatórias" costumam arrastar em sua esteira as clientelas vassálicas e, eventualmente, os originários da terra senhorial.

Muito cedo, nas regiões onde a autoridade central se conservou num nível suficientemente alto, na tradição carolíngia, os príncipes e os condes se esforçaram, como na Normandia, em Flandres ou em Anjou, em impedir, ou pelo menos represar tais práticas impondo-lhes sua ordem e sua paz públicas e reservando-se o monopólio realengo da guerra e das requisições militares. Noutras regiões, notadamente no Sul da França, a Igreja é que se substitui às autoridades públicas debilitadas para frear esses múltiplos conflitos cujos custos muito amiúde recaíam em seus estabelecimentos, e, de modo mais geral, para tentar moralizar e canalizar a ordem dos guerreiros. Foi todo o movimento (que, aliás, vai mais além das simples práticas de "guerras privadas") de Paz e de Trégua de Deus que se desenvolveu em ondas sucessivas de ambas as partes do Ano Mil, por iniciativa de um clero reformador próximo de Cluny, e que veda aos guerreiros atacar certas pessoas (clérigos, vilãos, mercadores) e certos bens (principalmente da Igreja e rebanhos camponeses), depois, combater durante certos períodos do calendário litúrgico (segundo a regulamentação do concílio de Clermont, em 1130, repetida pelo concílio ecumênico de Latrão em 1139: não restam mais que noventa dias por ano em que é possível guerrear).

Já em meados do século XII, a realeza capetiana resgata sua vocação fundamental: uma ordenação de Luís VII, subscrita em 1155, em Soissons, por certo número de prelados e de barões, proíbe por dez anos as guerras privadas no reino. Todavia, a ausência do príncipe plantageneta e do conde de Toulouse reduz singularmente o alcance territorial dessa decisão, aliás prematura. Mais realistas, a partir de Filipe Augusto são instauradas medidas de "quarentena do rei", que impõe aos beligerantes potenciais um prazo de quarenta dias entre a declaração de guerra e o início efetivo das hostilidades (para evitar que as famílias, sobretudo as que estão afastadas, sejam surpreendidas pelo conflito… e esperando que, durante esse tempo, os espíritos esfriem) e também garantias régias ("salvaguardas") outorgadas aos membros das linhagens que renunciam à via guerreira comprometendo-se mutuamente a não se agredir (*asseurement*). Enfim, por uma ordenação de janeiro de 1258, Luís IX, tocado pelas devastações dos bens e das colheitas acarretadas por esses conflitos de linhagens ou de senhorias, proíbe, em nome do "comum proveito", toda guerra em seu reino. Mas, também nesse caso, essa medida ficou longe de ser aplicada e deverá ser renovada várias vezes nos séculos XIII e XIV.

Aliás, no final do século XIII, Beaumanoir, em sua coletânea de costumes, detalha em miúdos o direito aplicável a esses conflitos entre linhagens, considerados desde então um verdadeiro privilégio da nobreza (cap. 59 e 60: condições de regularidade do desafio; obrigação de participação dos membros da linhagem até o quarto grau canônico, com exceção para alguns parentes – clérigos, religiosos, mulheres, menores de idade… – e possibilidades de subtrair-se ao conflito, abjurando por juramento na justiça, renegando, aqueles que o desencadearam; parada ou fim das violências guerreiras legítimas pela trégua, o *asseurement*, a paz). Cumprirá esperar o século XV para que desapareça esse tipo de guerra – salvo sua permanência sob a forma igualmente combatida pela realeza, invocando a lesa-majestade, dos duelos nobiliários – e que os juristas possam afirmar: "Todas as guerras são proibidas no reino da França, só há o rei que as possa ordenar" (Loysel).

› Poly J.-P. & Bournazel E., *La mutation féodale (X^e^-XIIe siècle)*, Paris, PUF, 1991. – Harouel J.-L. *et al.*, *Histoire des institutions de l'époque franque à la Révolution*, Paris, PUF, 2003. – Contamine Ph., *La guerre au Moyen Âge*, Paris, PUF, 1992. – Petot P., *Histoire du droit privé français. La famille*, Paris, Ed. Loysel, 1992.

Éric Bournazel

→ Direitos senhoriais e feudais; Duelo; Guerra; Nobreza e títulos; Privilégio; Vingança.

H

HABEAS CORPUS

Writ de origem medieval e ato do Parlamento votado em 1679 (para facilitar a execução do *writ*), o *habeas corpus* remete a um só tempo a um procedimento judiciário bem preciso e a um símbolo das garantias oferecidas pelo direito anglo-americano às liberdades individuais. O *writ* (dito "de prerrogativa") tem o objetivo de limitar o mais estritamente possível as probabilidades de detenção de um súdito ou cidadão. Seu intuito não é de modo algum determinar a inocência ou a culpabilidade do detido, mas unicamente verificar a legalidade da detenção, exigindo que ela seja justificada por motivos aceitáveis em direito, sem o quê a pessoa presa deverá ser solta. Concedido pela Alta Corte de Justiça no Reino Unido, pelas cortes federais nos Estados Unidos, ele é aplicável a numerosas situações vinculadas ao direito penal ou civil: detidos à espera de julgamento, incapazes de pagar uma caução excessiva, mantidos na prisão depois do fim da pena; ou ainda nos casos de guarda abusiva de crianças ou de internamento psiquiátrico infundado. O fato de o Parlamento da Restauração ter solenemente especificado as condições de aplicação desse procedimento e, agindo assim, ter declarado seu caráter sacrossanto em 1679, quer dizer, numa época de intensos debates sobre os fundamentos do regime político inglês, atesta a importância metajurídica que ele assumia e, na verdade, assume ainda.

Segundo a opinião expressa por William Blakstone em seus *Commentaries on the Laws of England*, a adoção do instituto de *Habeas Corpus* constituiu, com o fim das *tenures* [concessões] militares feudais, uma "segunda Magna Carta", tão "benéfica e efetiva" quanto a de 1215. Então realizou-se, segundo o eminente magistrado, a "completa restituição" das liberdades de que a Conquista normanda despojara o povo inglês. Por outro lado, a Constituição dos Estados Unidos manifestou claramente a vontade dos Pais Fundadores de assumir altamente essa parte da herança jurídica inglesa dispondo que "o privilégio do *writ* de *habeas corpus* não será suspenso, exceto quando, nos casos de rebelião ou de invasão, a segurança pública o exigir" (art. 1 § 9).

Os *writs* de prerrogativa (*prerogative writs*) resultam da vontade da Coroa, na Idade Média, de controlar o exercício da justiça e de remediar os erros e os abusos cometidos na questão mediante a extensão de sua jurisdição a todos os tribunais do país. Até o século XVII, eles são aplicados pelas cortes régias (Tribunal presidido pelo rei [Banc du roi], Tribunais comuns [Plaids communs], Tribunal de Finanças [Échiquier], Chancelaria) ou, diretamente, pelo Conselho Privado do rei. Podemos mencionar os seguintes *writs*: *certiorari* (pedido de comunicação dos arquivos de um tribunal para verificar a legalidade de uma decisão); *prohibition* (proibição, notificada a um tribunal, de continuar o exame de uma causa devido à incompetência); *mandamus* (ordem dada a um tribunal de receber uma causa ou de dar uma decisão precisa); *quo warranto* (informação aberta contra uma pessoa ou uma coletividade suspeitas de terem usurpado um direito ou uma função pertencente à Coroa); *de homine replegiando* (ordem dada a um xerife de soltar um detido ou de pô-lo sob a guarda de uma pessoa nomeada no *writ*); *mainprize* (recondução de um detento à guarda de uma pessoa que será responsável por ele); *de otio et atia* (soltura de um detento dada a suposição que seu encarceramento foi motivado pelo ódio ou pela malevolência). Os três últimos *writs* mencionados têm o objetivo específico de proteção da liberdade das pessoas. Por razões diversas, sua aplicação se revela complexa e pouco eficaz. É por isso que o *writ* de *habeas corpus* os supera progressivamente. Sua existência é atestada sob Eduardo I (1239-1307, c. 1272). Ele assume três formas principais: *habeas corpus ad respondendum* (para assegurar-se do comparecimento de uma pessoa à justiça), *habeas corpus ad subjiciendum et recipiendum* (para forçar um xerife a manter uma pessoa detida por um motivo criminal), *habeas corpus ad faciendum et recipiendum* (numa ação civil, para que uma pessoa seja julgada por um tribunal superior). No século XV, é utilizado pelos tribunais de *common law* (Tribunal do Rei [Banc du roi], Tribunais Comuns [Plaids communs]) em benefício das pessoas que eles estimam ser os únicos competentes para julgar. Sob a forma do *habeas corpus ad subjiciendum et recipiendum*, ele vem, com frequência cada vez maior, visar pessoas encarceradas por ordem direta do chanceler. É o início de um conflito de competências que se agrava no século XVI e opõe os tribunais de *common law* ao conjunto das jurisdições colocadas sob a autoridade do soberano (Chancelaria, Câmara Estrelada, Tribunal de Finanças [Échiquier], Alta Comissão, Tribunal de Recursos, Almirantado), assim como ao Conselho do Rei. O *writ* de *habeas corpus* adquire então um alcance que vai muito além do mero procedimento e mostra-se aos olhos dos *common lawyers* como a própria expressão dos princípios de justiça igual e regular formulados na Magna Carta. As circunstâncias particulares do século XVII o colocam no cerne de controvérsias que procedem da interpretação constitucional. Os desafios de que se acha investido giram em torno da prerrogativa régia e de sua articulação com os direitos e as liberdades dos súditos tais como os entendem os *commons lawyers* e seus aliados do Parlamento. Assume um valor propriamente simbólico e se torna uma arma de natureza ideológica.

O lugar ocupado pelo *habeas corpus* nos debates do período dos Stuarts deve-se também ao fato de o direito inglês, em matéria de liberdades públicas, ainda comportar inúmeras incertezas. A prova disso é fornecida por ocasião do processo Darnel de 1627. Darnel e quatro outros indivíduos são presos *per speciale mandatum regis* por terem recusado subscrever a um empréstimo forçado. Em aplicação do *writ* de *habeas corpus*, eles são citados perante o Tribunal do Rei [Banc du roi] e pedem para ser libertados. A decisão dada põe em relevo as ambiguidades da situação jurídica em debate: os prisioneiros deverão ficar em detenção esperando seu processo; o rei possui o poder de mandar prender quem ele quiser e, num caso assim, o tribunal não pode ordenar a soltura sob caução; pode pronunciar-se sobre as razões fornecidas para justificar o aprisionamento mas, se não é apresentado nenhum motivo, não pode contestar a legalidade do procedimento aplicado; ele conserva, entretanto, a possibilidade de encetar consultas com o monarca sobre tais causas.

Duas lógicas se entremeiam nesse discurso, cujo confronto sistemático ressurge no ano seguinte no decorrer dos debates relativos à Petição de Direito. Da opinião expressa pelos juízes no processo Darnel, o texto finalmente votado pelos Comuns em 1628 retoma a parte favorável às liberdades individuais e considera direito certo que um súdito inglês não possa ser encarcerado por ordem do rei sem que tenha sido trazido contra ele um elemento de acusação do qual ele possa inocentar-se perante o tribunal. Prova de que essa leitura ainda não se impõe, a dissolução do Parlamento, em 1629, provoca distúrbios em consequência dos quais várias personalidades são lançadas à prisão por ordem da Câmara Estrelada. Os protestos acarretados por essa iniciativa levam Carlos I a reconhecer o direito dos prisioneiros de serem soltos sob caução em aplicação do *writ* de *habeas corpus*. Entretanto, ele exige deles um compromisso de boa conduta que alguns recusam, o que lhes resultará ficar em detenção até a eleição do Parlamento seguinte, em 1640. A Inglaterra está então às vésperas de sua primeira revolução. Abre-se um período decisivo na história do *habeas corpus*. Abolindo, em 1641, a Câmara Estrelada, o Parlamento parece fixar a doutrina que deverá prevalecer: o ato de abolição estipula que toda pessoa presa por mando do rei ou do Conselho poderá solicitar ao Tribunal do Rei [Banc du roi] ou aos Tribunais Comuns [Plaids communs] a emissão de um *writ* de *habeas corpus*; o oficial que executou o ordem deverá conduzir seu prisioneiro perante o tribunal que emitiu o *writ* e indicar a causa do encarceramento; o tribunal disporá de três dias para determinar, de acordo com essa informação, se convém libertar o prisioneiro, conceder-lhe o benefício de uma caução ou mantê-lo em detenção. No entanto, a Restauração (que começa em 1660) revela novos defeitos nas condições de aplicação do *writ* – defeitos de que se aproveitam o novo monarca, Carlos II, e seus ministros para ordenar prisões arbitrárias e prolongadas, em nome da segurança do Estado ameaçada pelos numerosos complôs que florescem nesse período. Parece impossível determinar quais tribunais têm competência para emitir um *habeas corpus*, sob qual forma e em quais momentos (somente durante as sessões ou também durante as férias judiciárias). Ocorre frequentemente que os oficiais encarregados da guarda dos prisioneiros desloquem estes últimos de cárcere em cárcere, até mesmo de uma região a outra, para contornar as injunções dos tribunais, e exigem a produção de um *writ* de *alias* (destinado a substituir um *writ* precedente que se revelou ineficaz) antes de obedecer. Alguns magistrados só emitem um *habeas corpus* mediante dinheiro.

Essa situação leva o Parlamento a considerar várias vezes uma reforma do procedimento que traga os aclaramentos julgados necessários à sua execução. O procedimento é renovado com uma insistência que assinala a aspereza dos debates que se desenrolam no Parlamento e alhures. No início dos anos 1670, a oposição a Carlos II se fortalece consideravelmente, fazendo do anticatolicismo e da denúncia dos métodos de governo arbitrários seus cavalos de batalha. Dirigida (há pouco) por Shaftesbury, o protetor de Locke, ela está mui particularmente resolvida a impedir que ao soberano, que não tem descendência legítima, suceda seu jovem irmão católico Jaime, duque de York. Em 1673 é votado o primeiro *Test Act*, que exclui os não anglicanos, católicos ou protestantes, de qualquer cargo público, civil ou militar, e impõe um estrito controle da ortodoxia religiosa dos servidores da Coroa. Em 1678, um segundo *Act Teste* exclui os católicos do Parlamento. A revelação de um pretenso "Complô papista" (que teria por objetivo o assassinato do soberano e sua substituição pelo duque de York e se baseia inteiramente em falsos testemunhos) faz nascer um clima de histeria coletiva. O ano de 1679 vê urdir-se a crise maior em cujo desenvolvimento tomam corpo, de ambas as partes do tabuleiro político, as correntes *whig* e *tory*: a crise da Exclusão, que perdurará até 1681 e é desencadeada por manobras parlamentares que visam excluir pela lei o duque de York da sucessão ao trono por causa de sua religião. As eleições de março de 1679 deram uma nítida vitória à oposição, e Shaftesbury e seus amigos dominam o novo governo. O primeiro *bill* de Exclusão é então apresentado e aprovado por uma confortável maioria de votos. Carlos II põe um termo provisório a esse empreendimento suspendendo o Parlamento no mês de maio. É no último dia da sessão, em 27 de maio de 1679, que Shaftesbury consegue que votem (por uma fraquíssima maioria, que alguns atribuirão a uma contagem errada dos votos) o *Act* de *Habeas Corpus*, ao qual por vezes se dá o nome de *Shaftesbury Act*. O texto faz do *habeas corpus ad subjiciendum* a forma predominante do *writ* e, sanando as falhas técnicas mencionadas, fundamenta a liberdade do indivíduo na dupla segurança de um exame rápido da legalidade dos motivos de todo aprisionamento criminal e de um processo igualmente rápido para os prisioneiros à espera de julgamento. Podemos resumir seu teor da seguinte maneira.

– O Lorde Chanceler ou qualquer outro juiz de uma corte superior (Tribunal do Rei [Banc du roi], Tribunais comuns [Plaids communs], Tribunal de Finanças [Échiquier]) deve emitir o *writ* durante as sessões assim como durante os tempos de férias, exceto se o prisioneiro é detido por um ato de alta traição ou de felonia claramente mencionado no mandado de aprisionamento, ou então a partir de uma ação legal para a qual não pode ser aceito dar caução; a recusa de emitir o *writ* é passível de uma multa de 500 libras (§ 3 e 10).

– O tempo deixado aos oficiais, que têm a guarda do prisioneiro, para dar a conhecer os motivos da detenção é claramente especificado (três dias), bem como o tempo deixado aos juízes de quem emanou o *habeas corpus* para decidir sua eventual soltura (contra segurança) e seu comparecimento perante o tribunal apropriado (dois dias) (§ 2 e 3).

– Os oficiais que têm a guarda do prisioneiro devem entregar-lhe, se ele o solicita, cópia de seu mandado de detenção e responder à apresentação eventual do *writ* de *habeas corpus* sob pena de uma pesada multa (100 libras para a primeira ofensa, 200 libras para a segunda) (§ 5).

– Uma pessoa solta em aplicação de um *habeas corpus* não pode ser presa de novo pelo mesmo delito, a não ser pela ordem ou pela ação legal da corte perante a qual ela é obrigada a reapresentar-se (§ 6).

– Um prisioneiro acusado de alta traição ou de felonia deve, se o pede, ser levado a julgamento sem demora ou então solto sob caução; se os depoimentos para o rei não podem ser produzidos a tempo, seu processo pode ser adiado ao termo seguinte; se não é julgado então, deve ser posto de novo em liberdade (§ 7).

– Um oficial que tem a guarda de um prisioneiro não pode confiá-lo à guarda de outro oficial a não ser em virtude de um *habeas corpus* ou de outro *writ* legal (§ 9).

– Nenhum súdito do reino da Inglaterra pode ser enviado em detenção ao País de Gales, à Escócia, à Irlanda, às ilhas anglo-normandas nem a nenhuma possessão de ultramar (§ 12).

– As disposições do ato não são aplicáveis às causas civis (§ 8).

Em 1816, pela adoção de um ato (tendente a garantir com mais eficácia a liberdade do indivíduo), o Parlamento britânico estende as disposições do *Act* de *habeas corpus* à detenção por motivos de natureza civil. Atualmente, a aplicação do *writ* é regida pelo Ato de Administração da Justiça de 1960. A aplicação do "privilégio" do *habeas corpus* só foi suspensa, nos Estados Unidos, pelo presidente Lincoln, no início da Guerra de Secessão (1861). Na Inglaterra, ela o foi por ocasião das rebeliões jacobinas do século XVIII (1715, 1722, 1745), depois, de novo, no momento dos distúrbios vinculados à Revolução francesa (1794). Julgada a partir do critério das liberdades individuais, a realidade do direito anglo-saxão de hoje demonstra a força de alguns dos princípios proclamados na Magna Carta.

› BAKER J. H., *An Introduction to English Legal History* (1971), Londres, Butterworth, 1990. – DUKER W. F., *Constitutional History of Habeas Corpus*, Westport (Conn.), Greenwood Press, 1980. – FRIEDMAN L. M., *A History os American Law* (1973), Nova York, Simon & Schuster, 1985. – HOLDS-WORTH Sir W., *A History of English Law*, 17 vol., Londres, Methuen, 1952-1972 (7ª ed.) – KINDER-GEST P., *Droit anglais. 1) Institutions politiques et judiciaires* (1989), Paris, LGDJ, 1997. – NENNER H. *By Colour of Law: Legal Culture and Constitutional Politics in England 1660-1689*, Chicago, Chicago Univ. Press, 1978. – ZOLLER É., *Le droit des États-Unis*, Paris, PUF, 2002.

Franck LESSAY

→ *Bill of Rights; Common law;* Declaração dos direitos do homem e do cidadão; Direito de resistência; Direitos civis e políticos; Direitos fundamentais; *Due process of law;* Estado de direito; Inglaterra; *Magna Carta; Rule of law.*

HIERARQUIA DAS NORMAS

Em alemão, *Stufenbau der Rechtsordnung*, mais raramente *Normenhierarchie*, designa-se com esses termos o fato de existir entre as normas ou regras uma relação de *dependência*, que essa relação é que é *constitutiva* do sistema jurídico, que é por sua vez de natureza *jurídica* e determina a *estrutura* sincrônica e diacrônica do sistema. A teoria da hierarquia das normas existe sob uma forma simplificada e ideológica e sob uma forma desenvolvida e analítica. Elemento indissociável da maioria das teorias positivistas (sobretudo vienense e oxfordiana), ela é rejeitada ou abandonada pelas teorias dominadas por preocupações morais.

A teoria da hierarquia das normas constitui um dos elementos essenciais da Teoria Pura do Direito e permanece muito discutida nos debates europeus continentais. Quando Hans Kelsen apresenta a primeira versão de seu positivismo crítico, oposto às concepções jusnaturalistas bem como aos procedimentos sociologizantes ou psicologizantes, ele considera o direito efetivamente estabelecido como sendo principalmente o direito legislativo. É A. J. Merkl que introduz a questão do modo de dependência normativa entre as normas na teoria positivista vienense em vários trabalhos pioneiros dos quais Kelsen integrará alguns aspectos em seus escritos sem fornecer uma apresentação integral deles. Ativamente discutida nos anos 1930 na França por autores que tinham acesso aos trabalhos originais (principalmente Carré de Malberg), essa problemática será abandonada já antes da

Segunda Guerra Mundial e ocupará a doutrina francesa apenas sob uma forma excessivamente simplificada até por volta do fim do século XX, quando o debate será reavivado em razão da incidência crescente do controle de constitucionalidade e do direito comunitário. Bem depois de Merkl e Kelsen, H. L. Hart se interessará pela estrutura das ordens jurídicas e pelas diferentes funções das regras de direito. A teoria vienense e a teoria oxfordiana, mesmo aproximando-se na problemática da hierarquia, darão sobre certos pontos respostas totalmente diferentes, de sorte que ainda hoje permanecem as principais versões discordes de uma concepção hierarquicamente estruturada do direito. Os trabalhos ingleses e americanos recentes se afastam delas sob a influência de Ronald Dworkin, no intuito de conferir um papel central à questão dos "direitos" a partir de conceitos "interpretativos".

Grande parte da doutrina só guardou uma *versão extremamente simplificada* da teoria, segundo a qual ela exigiria que as normas "inferiores" fossem "conformes" às normas "superiores". Essa concepção não tem nenhum valor interpretativo, pois não fornece nenhum critério de superioridade ou de inferioridade e não permite compreender o que se passa se, contrariamente a essa exigência, não há "conformidade". Essas normas não têm então nenhuma existência ou, se o destino delas é regido diferentemente, isso falsifica a teoria? A versão simplificada certamente marcou as consciências, mas constitui uma caricatura e pode, com razão, ser considerada ideológica por seus adversários, que nela verão uma mera reivindicação moral, mas não a explicação da estrutura do direito positivo.

A *teoria desenvolvida* é uma teoria geral das relações *normativas* entre as normas de uma ordem jurídica, são normas que regem a produção, a modificação, a destruição de normas assim como os "conflitos" entre elas.

A ordem jurídica é concebida não simplesmente como uma montagem de normas estabelecidas, mas como um sistema que se organiza por si só. A juridicidade é definida de maneira *recursiva*, no sentido em que algo só pode ser uma norma de uma dada ordem se já existe outra norma dessa ordem que permite identificá-la como tal. O direito regula sua própria produção na medida em que determina procedimentos, de maior ou menor complexidade, cuja conclusão constitui uma nova norma. Se denominamos "constituição" um primeiro conjunto de normas que supomos já dado no sistema, denominaremos "lei" as normas cuja produção essa constituição regula (iniciativa, procedimento parlamentar, voto, promulgação pelo chefe do Estado, publicação no diário oficial) e assim por diante, até a injunção que um agente das forças da ordem pode (sob certas condições) dirigir a um indivíduo ou até ao contrato que fixa obrigações entre várias pessoas. Falaremos então de "hierarquia das normas segundo a ordem da produção". Denominamos habitualmente "validade" o fato de que uma norma faça assim parte de um sistema, então ela é "válida na ordem X", independentemente do que possa ser noutras ordens. Uma norma do sistema que regula a validade de outra norma será *superior na ordem da produção*. As *condições de validade* são a mesma coisa que as *regras de produção* de uma norma: cada regra de produção define uma forma ou categoria normativa ("lei", "julgamento", "tratado", etc.). Daí resulta diretamente uma relativização das noções de produção e de execução do direito como regra e de aplicação da regra: fora do conjunto de normas de categoria superior e da norma mais concreta que comanda uma ação factual, toda regra é também a execução de outra e também uma produção, toda norma é condicionante bem como é condicionada. Isto permite igualmente compreender que não é possível restringir o conceito de regra ou de norma unicamente à "lei" geral e abstrata. Em segundo lugar, as normas ficam cada vez mais concretas e particulares: com relação à ordem superior, a norma inferior dirige-se a um círculo de destinatários e incide sobre ações mais estritamente delimitadas. Essa *concretização* progressiva traz uma verdadeira inversão da hierarquia: a norma mais geral e mais abstrata se aplica à produção da norma mais concreta e mais particular conferindo-lhe sua validade, mas é a norma mais concreta que se aplica ao caso e é sempre a norma relativamente mais concreta que se aplica aos comportamentos que ela torna obrigatórios, proibidos ou permitidos *antes* daquela que o é menos.

Esses elementos acarretam importantes consequências. Acima de tudo, existe um limite estrito entre a validade e a não validade, ou seja, entre o que está *dentro* e o que está *fora* do sistema. Se falta uma só das condições necessárias, o fenômeno em questão não é uma norma válida na ordem X, mas, em compensação, se todas as condições suficientes estiverem satisfeitas, tratar-se realmente de tal norma válida em X, *seja qual for seu conteúdo de outro ponto de vista*. Ora, isto quer dizer que se certas faltas (a não satisfação de uma condição necessária) excluem um ato da normatividade jurídica (por exemplo, está previsto que um ato seja assinado por certo órgão e ele é assinado por outro órgão), outros podem, ao contrário, se lhe acrescentar sem que sua validade seja afetada (por exemplo, uma lei promulgada inclui uma discriminação flagrante entre "cristãos" e "não cristãos" e a ausência de discriminação não faz parte das condições de validade). Se existisse apenas uma hierarquia segundo a ordem da produção, as normas inferiores poderiam, por conseguinte, comportar todas as espécies de defeitos, mesmo assim elas se aplicariam às ações que abrangem, tornando ineficazes todas as prescrições contidas nas normas superiores não relativas à validade. Esse estranho fenômeno é chamado de *paradoxo da concretização*. A teoria desenvolvida permite, assim, explicar por que pode haver *normas válidas mas não conformes*, quando todas as condições necessárias e suficientes (referentes à validade) são satisfeitas, ao passo que outras exigências não o são, mas estas não têm incidência nenhuma sobre a validade.

Se queremos evitar as consequências da concretização, podem ser consideradas três técnicas: quer introduzem-se controles que precedem o término da produção da norma, quer instituem-se regras que permitem modificar ou eliminar (anular, privar de validade) as normas laivadas de defeitos, quer, enfim, uma norma priva a concretização de seu efeito. *a)* A primeira solução consiste em tornar mais difícil a produção de normas maculadas de defeitos, multiplicando a intervenção de órgãos que poderão se opor a ela, podendo esses órgãos ter uma competência discricionária ou uma obrigação de exame argumentativamente justificado: tratar-se-á então, em geral, de um controle jurisdicional preventivo. Uma vez terminado o processo, a norma entra em vigor, e encontra-se o problema inicial. *b)* Se se quer então poder *modificar ou eliminar normas válidas*, são necessárias normas que introduzam processos para tanto. Tal norma dirá, por exemplo, que, se uma norma N_j pertencente à categoria C_j (por exemplo, um regulamento) viola uma norma de categoria C_j (por exemplo, uma lei), então o órgão O (por exemplo, o juiz administrativo), se é provocado por um destinatário da norma N_j antes da expiração de certo prazo, poderá anular essa norma N_j. Existe, em geral, uma grande diversidade de tais regras e a articulação delas pode atingir um grau de complexidade muito elevado: assim, um procedimento de apelação ou de cassação, que depende da ordem da produção, pode ser associado a um procedimento de controle da lei ou do regulamento se se permite à jurisdição de apelação ou de cassação investir outra jurisdição (ou investir-se ela própria) da questão da conformidade da lei ou do regulamento aplicável à constituição ou à lei. A modificação é apenas uma variante da anulação: em ambos os casos a norma laivada de defeitos é eliminada da ordem jurídica, na segunda hipótese, ela desaparece pura e simplesmente, na primeira, há desaparecimento *e* produção de *outra norma*, que se supõe não estar maculada de defeitos. Existirá nesse caso uma segunda hierarquia, dita *de força derrogatória*, no sentido de que uma norma será considerada superior segundo esse aspecto se ela contiver as condições que permitem modificar ou anular outra norma, inferior desse ponto de vista. Essa hierarquia equivale à introdução de um *cálculo dos defeitos* na ordem jurídica: há defeito de uma norma na medida em que uma de suas propriedades constitui uma condição para que outro órgão, não aquele competente em matéria de produção, esteja habilitado a destruí-la ou a modificá-la. *c)* A terceira solução não parece eliminar nem modificar normas válidas: estas permanecem na ordem jurídica, mas uma norma veda-lhes a aplicação em proveito de outras normas, quer individualmente, quer coletivamente. Um exemplo disso é dado pelo direito constitucional francês, que faz os tratados ratificados ou aprovados e publicados se beneficiarem "de uma autoridade superior àquela das leis sob reserva, para cada acordo ou tratado, de sua aplicação pela outra parte" (art. 55). Outro exemplo é a primazia do direito comunitário sobre os direitos nacionais dos Estados membros. Sem essas regras, a concretização age em favor do direito nacional (infraconstitucional no primeiro caso, inclusive constitucional no segundo). Por todo o tempo que a regra convencional ou comunitária permanece válida, a norma nacional que não lhe é conforme tem sua aplicação proibida, sem ser formalmente anulada. Mas a validade nada mais é senão o pertencimento de uma *norma* a dada ordem e, aqui, uma "norma" não conforme fica privada de seu efeito normativo por outra norma: torna-se, consequentemente, inválida por todo o tempo que a norma convencional ou comunitária continua válida e ela volta a ser válida, aliás todas as coisas iguais, assim que a norma convencional ou comunitária perde sua própria validade. Tal construção pode, igualmente, funcionar no *interior* de uma única categoria normativa em que não há, por hipótese, nenhuma hierarquia segundo a ordem da produção. Uma norma referente à categoria C (por exemplo, uma lei) dirá então que, se várias normas dessa categoria (várias leis) tornam obrigatórios, permitidos ou proibidos comportamentos que não são simultaneamente realizáveis, então somente uma delas, correspondente a certas propriedades $\{P_1, ..., P_n\}$ (por exemplo, a que foi produzida antes ou a que foi produzida depois) se aplicará. Tal regra constitui uma regra material de solucionamento de conflitos de normas. Se, ao contrário, atribui-se a competência de solucionar tais conflitos a um órgão, trata-se de uma regra formal de solucionamento de conflitos.

A hierarquia segundo a ordem da produção fundamenta as outras, uma norma de destruição de normas deve, por sua, vez, ser válida, noutros termos, regular a anulação deve entrar no campo das competências do órgão que delas se ocupa. Se a constituição ordena que as leis devem ser-lhe "conformes", uma norma assim só tem sentido se ela faz da não conformidade uma condição de validade, a condição de uma anulação ou a condição de uma proibição de aplicação, e, se ela o fizer, a constituição não será somente superior segundo a ordem de produção, mas também segundo a força derrogatória. Mas nenhuma hierarquia pode fazer mais do que tornar mais complexa sua própria concretização. Noutros termos, sejam quais forem a complexidade e a sutileza dos cálculos dos defeitos, é impossível eliminar a não conformidade das regras válidas, já que sempre vai ser preciso produzir uma norma válida para determinar se uma norma atacada é ou não maculada de defeitos. Inversamente, poderemos dizer que as normas que não se podem contestar juridicamente "por não conformidade a uma norma superior" são trivialmente válidas *e* conformes.

A teoria exige um complemento, pois se fazemos a hierarquia começar segundo a ordem da produção por um conjunto de normas (a "constituição") que permita a produção de outras normas, cumpre quer considerar esse primeiro conjunto como já composto de normas válidas, quer admitir que a ordem jurídica contém igualmente normas não válidas. Esta última solução não é, porém, admissível, pois então normas que fazem parte do sistema em questão poderiam não fazer parte do sistema em questão, o que é desprovido de sentido. Resta então a possibilidade de supor válida a constituição. A Teoria Pura do Direito chama essa suposição "Norma Fundamental".

A primeira hierarquia das normas é o conjunto das normas de produção de normas. Uma norma de produção é composta de um conjunto de normas de habilitação: por exemplo, a lei é o resultado de uma iniciativa, de um exame em comissão, de várias leituras por várias assembleias, de uma promulgação, de uma publicação. Cada uma dessas habilitações define um "órgão" que convém distinguir das pessoas que serão designadas (segundo outras normas) com o fito de exercê-las validamente. Segue-se que é a hierarquia das normas que define a hierarquia dos órgãos.

A teoria de H. L. Hart se distingue em vários aspectos da teoria vienense. Ela se interessa acima de tudo pelas diversas funções das regras e constrói, assim, uma explicação hierárquica. Com efeito, se um sistema só contivesse regras referentes diretamente a comportamentos humanos, não seria possível identificá-las exatamente, nem modificá-las, nem aplicá-las a casos concretos. Uma ordem jurídica contém, por conseguinte, afora tais regras primárias, regras secundárias que têm por objeto as regras primárias. São regras (secundárias) de reconhecimento (*recognição*) que permitem a identificação das razões de validade de outras regras até uma regra de reconhecimento suprema. Embora encontremos aqui, sob uma forma menos diferenciada, a ideia fundamental de Merkl, Hart propõe, em compensação, uma concepção mais elaborada (porém mais problemática) da razão última da validade de um sistema que ele considera não um puro dado formal, mas uma "regra realmente existente" que anima o ponto de vista interno daqueles que a aplicam com o intuito de produzir direito.

A teoria da hierarquia das normas foi objeto de inúmeras críticas que, em sua maioria, se baseiam no desconhecimento da teoria desenvolvida, em particular na confusão entre validade e conformidade, entre o que faz de alguma coisa uma norma de um sistema e as relações de prevalência entre normas válidas normativamente organizadas nesse sistema. A objeção levantada por Carré de Malberg visa a generalidade da teoria: segundo este autor, o direito público francês instituiria uma *hierarquia de órgãos*, e não de normas, e privaria a aplicação da dignidade de regra. Mais recentemente, a Escola Francesa da *teoria realista da interpretação* propôs uma inversão da hierarquia: segundo esta concepção, apenas são normas as aplicações individuais e determinadas, as normas gerais e indeterminadas seriam, assim, criadas por e com estas. A corrente dworkiana se inspira, por sua vez, numa crítica da teoria de Hart, que contesta que a concepção hierárquica permita explicar a busca da melhor solução de casos difíceis, que põem em jogo os direitos dos indivíduos, pelo juiz que não levaria somente em conta regras, estritamente válidas ou não válidas, mas "princípios" não hierarquicamente deriváveis e, por outro lado, suscetíveis de uma ponderação. Essa teoria deixa deliberadamente o terreno do estudo do direito como conjunto de normas explicitamente estabelecidas e sua crítica da concepção hierárquica depende em larga medida de uma justificação (ou às vezes de uma crítica) moral de decisões jurisdicionais.

› BÉCHILLON D. de, *Hiérarchie des normes et hiérarchie des fonctions normatives de l'État*, Paris, Economica, 1996. – BONNARD R., "La théorie de la formation du droit par degrés dans l'œuvre d'Adolf Merkl", *Revue du droit public*, 45, 1928, pp. 668-96. – CARRÉ DE MALBERG R., *Confrontation de la théorie de la formation du droit par degré avec les institutions et les idées consacrées par le droit positif français relativement à sa formation*, Paris, Sirey, 1933. – DWORKIN R., "The Model of Rules I", *in Taking Rights Seriously*, Londres, Duckworth, 1977, pp. 14-5 (trad. fr. *Prendre les droits au sérieux*, Paris, PUF, 1995). – HART H. L. A., *The Concept of Law* (1961), Oxford Univ. Press, 1994. – KELSEN H., "Was ist ein Rechtsakt?", *in Österreichische Zeitschrift für Öffentliches Recht*, 1951-1952, pp. 263-74; *Reine Rechtslehre, Wien Deuticke 1960* (trad. *Théorie pure du droit* [Ch. Eisenmann], Dalloz, 1962, reed. Paris, LGDJ, 1999). – MAYER H., "Die Theorie des rechtlichen Stufenbaus", R. Walter (dir.), *Schwerpunkte der Reinen Rechtslehre*, Viena, Manz, 1992, p. 37 ss. – MERKL A., "Das doppelte Rechtsantlitz. Eine Betrachtung aus der Erkenntnistheorie des Rechts", *in Juristische Blätter* 47 (1918), pp. 425-7, 444-7, 463-5, reproduzido *in* H. Klecatsky, R. Marcic, H. Schambeck (dir.), *Die Wiener Rechtstheoretische Schule. Schiften von Hans Kelsen, Adolf Merkl, Alfred Verdross*, Viena, Europa-Verlag, 1968, vol. 1, p. 1091 ss.; *Allgemeines Verwaltugsrecht*, Viena, Berlim, 1927; "Prolegomena einer Theorie des rechtlichen Stufenbaues", *in Gesellschaft, Staat und Recht*. Festschrift für Hans Kelsen, Viena, 1931, pp. 252-94, reproduzido *in* Klecatsky, vol. 2, p. 1311 ss. – OHLINGER T., *Der Stufenbau der Rechtsordnung*, Viena, Manz, 1975. – PAULSON S. L., "Zur Stufenbaulehre Merkls in ihrer Bedeutung für die Allgemeine Rechtslehre", *in* R. Walter (dir.), *Adolf J. Merkl, Werk und Wirksamkeit*, Viena, Manz, 1990, p. 93 ss. – PFERSMANN O., "Carré de Malberg et la 'hiérarchie des normes'", *Revue française de droit constitutionnel*, nº 31, 1997, pp. 481-509. – TROPER M., *Pour une théorie juridique de l'État*, Paris, PUF, 1994. – WALTER R., *Der Aufbau der Rechtsordnung*, Viena, Manz, 1964.

Otto PFERSMANN

→ Antinomias; Codificação; Justiça constitucional; Obediência e disciplina; Sistema.

HISTÓRIA DO DIREITO

A valorização da ancoragem histórica dos fenômenos jurídicos pode resultar de diversos procedimentos. Embora o uso do argumento histórico seja antigo na controvérsia jurídica, as pesquisas sistemáticas em história do direito se desenvolveram desde os Tempos Modernos antes de ocasionar, no século XIX, a formação de uma disciplina acadêmica baseada no postulado da historicidade do direito. Ensinada num grande número de faculdades de direito em países muito diversos, a história do direito sempre se indaga sobre seu estatuto híbrido que a torna a um só tempo um ramo da ciência histórica e um método de compreensão do direito.

A busca das origens

Segundo uma ideia comumente aceita, a história antiga teria se limitado à narração dos acontecimentos do passado, ao passo que juristas e filósofos dirigiam suas investigações para as instituições e as sociedades contemporâneas. Contudo, vários exemplos atestam a tomada de consciência da dimensão histórica do direito já na Antiguidade. Aristóteles, tanto na *Política* como na *Constituição de Atenas*, interessou-se pela história das instituições políticas. No Digesto (D. I, 2, *De origine juris*, 2), um fragmento do *Enquirídio* de Pompônio – um jurista do século II da nossa era – apresenta a história das diferentes magistraturas da República Romana e dos representantes da ciência do direito civil. Na Idade Média, o apelo à lei sálica para justificar os princípios de devolução da coroa na França ou o recurso ao precedente em matéria judiciária na Inglaterra introduzem a história do direito no rol dos argumentos. Embora a invocação da tradição e de sua autoridade de há muito faça parte do universo dos juristas, as relações entre o direito e a história foram embaralhadas pelos destinos do direito romano – um direito antigo, revitalizado e, portanto, dotado de positividade – depois da descoberta das compilações de Justiniano no Ocidente.

Os humanistas do Renascimento deram muito mais amplitude à perspectiva histórica no estudo do direito. Com maior consciência da distância que os separava da Antiguidade, eles procuraram ressuscitá-la mediante uma crítica racional das fontes, abrindo, assim, o caminho ao relativismo e ao historicismo. Já no século XV, os humanistas italianos, como Lorenzo Valla ou Angelo Poliziano, aplicam aos textos de direito romano o método de compreensão que eles desenvolveram com seus trabalhos sobre a filologia e a retórica: em busca do "*sensus historicus*", eles repõem a evolução do vocabulário jurídico em seu contexto cronológico e pesquisam sistematicamente as interpolações nas compilações de Justiniano. Utilizado na Alemanha por Zazius, esse procedimento histórico ganha impulso na França graças a Alciat (1492-1550) e Budé (1468-1540). A publicação de *Historia juris civilis* de Aymar du Rivail participa de um largo debate sobre o comentário de Pompônio. Doutor da Universidade de Bolonha, Alciat é chamado a Avignon e, sobretudo, a Bourges (1529-1532) onde imprime o impulso decisivo à formação do *mos gallicus*. Em Bourges e em Orléans, uma notável sucessão de professores e de discípulos – Eguinaire Baron, François Duaren, François Baudouin, Jacques Cujas, François Hotman – suscita pesquisas sobre a história do direito romano e alimenta a crítica do *mos gallicus* dos bartolistas, acusados de insensibilidade à evolução histórica. Para Baudouin (como para Jean Bodin), "o direito deve ser juntado à história" (*De institutione historiae universae et ejus cum jurisprudentia conjunctione*, 1561): os livros de direito são produto da história e chaves de compreensão dos comportamentos humanos na história universal. A denúncia das manipulações operadas sobre os textos romanos nas compilações de Justiniano – o Antitribonianismo, cavalo de batalha de Baudouin, depois de Hotman (1567) – conduz progressivamente esses juristas eruditos, muito envolvidos nas lutas religiosas de seu tempo, a repudiar tudo ou parte da herança do direito romano. Aprofundando essa tendência ao nacionalismo jurídico, os alunos de Cujas orientam seus trabalhos para as instituições gaulesas, germânicas ou feudais. Enquanto ganha forma entre os profissionais a ideia de um *direito francês*, Étienne Pasquier estabelece as primeiras balizas de sua história em *Les recherches de la France* (1560-1596).

Depois dessa primeira florescência da história do direito, os séculos XVII e XVIII parecem, à primeira vista, menos ricos em reflexões sobre a historicidade do direito. O fenômeno de nacionalização da história jurídica ainda assim prossegue: na França, com os progressos da erudição no seio da Congregação de Saint-Maur (*La diplomatique* de Mabillon, 1681) e a publicação das ordenações dos reis da França pelo Gabinete das Cartas no século XVIII; na Alemanha, com o estudo das origens do direito germânico por Conring (1643) e os trabalhos históricos de Pufendorf (*De Statu Imperii Germanici*, 1667) e Thomasius; na Inglaterra, com a *History of the Common Law* de Hale (1713).

Influenciado pela Escola Moderna do direito natural, Vico se torna o defensor dos estudos históricos em *A ciência nova* (1725): tomando o exemplo do desenvolvimento das leis romanas, relacionado com a forma dos sucessivos governos da cidade, ele afirma que cada nação conheceu um processo comparável de acordo com sua própria índole. Sem conhecer Vico, Montesquieu escreve que "cumpre esclarecer a história pelas leis, e as leis pela história" (*Espírito das leis*, XXXI, II). Dedicando-se a um estudo das leis feudais, para o qual ele adota uma via mediana entre os sistemas do conde de Boulanvilliers e do abade Dubos, também ele mostra como a história esclarece o conhecimento do direito.

Historicismo e Escolas Históricas

Mais do que de uma solução de continuidade entre a Escola do Direito Natural moderna e a Escola Histórica, os historiadores hoje preferem falar dos progressos do historicismo do século XVIII ao XIX. Depois de Heineccius, aluno de Thomasius e professor em Halle, que sintetizara os conhecimentos anteriormente adquiridos no campo da história do direito romano, a Universidade de Göttingen se orientava, com Pütter, para pesquisas empíricas relativas à gênese das instituições germânicas. Professor em Göttingen desde 1788, Hugo revoluciona os estudos de direito romano, articulando-os entre a história externa – a das fontes, apresentem-se elas sob a forma de textos (logo depois com a redescoberta das Institutas de Gaius por Niebuhr), de inscrições ou de medalhas – e a história interna consagrada aos princípios e às instituições (*Histoire du droit romain*, 1806, trad. fr., 1825). Para Hugo, "a história forma a metade da parte científica do direito, ou seja, daquela que não é puramente manual ou rotineira", mas não é chamada a servir a aplicação "diária e usual do direito romano".

No contexto da guerra de "libertação nacional" travada pelos alemães contra Napoleão em nome do *Volksgeist* exaltado por Herder, Savigny coloca a história no centro de seu programa de renovação da ciência jurídica. Apresentando em 1815 os objetivos da *Zeitschrift für geschichtliche Rechtswissenschaft*, ele afirma que o direito procede do mais íntimo da nação e que a ciência histórica leva ao verdadeiro conhecimento do direito como organismo formado através do tempo por uma sequência ininterrupta de transformações. Sobre essas bases, Savigny privilegiou a história do direito romano para traçar o sua aceitação na Idade Média (*Geschichte des Römischen Rechts in Mittelalter*, 1815-1831), e, depois, para expor seu sistema que prolonga seus efeitos até o direito contemporâneo (*System des heutigen Römischen Rechts*, 1840-1849). Embora o postulado da historicidade do direito tenha sido largamente compartilhado, algumas das escolhas científicas de Savigny foram contestadas. De um lado, aqueles que recusavam a naturalização do direito romano na Alemanha se orientaram para a história das instituições germânicas, na linha traçada por Eichhorn e sua *Deutsche Staats-und Rechtsgeschichte* (1808-1823). A Escola Histórica dividiu-se duradouramente entre germanistas e romanistas. De outro lado, a visão de Savigny, que unia a dogmática do direito positivo e a história do direito, favorecia o estudo abstrato das instituições jurídicas e conduzia a uma supressão do elemento histórico pelos partidários da *Begriffsjurisprudenz*.

Em todos os países da Europa, o historicismo progrediu no decorrer do século XIX estimulando o estudo da história do direito. Na França, a influência de Savigny se conjugou com a expansão da pesquisa histórica a partir da Restauração. Enquanto era criada a Escola das Cartas (1821) e se formava uma "nova escola histórica" em torno de Augustin Thierry (*Lettres sur l'histoire de France*, 1827), de Guizot (tradutor de Gibbon) e de Michelet (tradutor de Vico), alguns juristas renovam o estudo das fontes do direito romano ou do direito francês: Berriat-Saint-Prix trabalha sobre Cujas, o advogado Isambert publica, com a ajuda de Jourdan, as antigas leis francesas, Pardessus edita a lei sálica e as obras de Daguesseau. À volta da revista *La Thémis*, o pensamento de Savigny é difundido por Lerminier (*Introduction générale à l'histoire du droit*, 1829) e Laboulaye (*Histoire du droit de propriété foncière en Occident*, 1839). Mesmo distanciando-se de Savigny, Troplong e Taulier advogam o desenvolvimento dos estudos históricos, indispensáveis, segundo eles, para a compreensão do direito. Os primeiros ensaios sobre história do direito francês são propostos por Klimrath (falecido aos trinta anos em 1837), Laferrière (*Histoire du droit français*,

1836-1838) e Minier (*Précis historique du droit français*, 1854). Em 1855, Laboulaye, Dareste e De Rozière fundam a *Revue historique de droit français et étranger*, com a ambição de fazer do método histórico e comparativo o instrumento de uma ciência que solicita "ao passado o segredo do futuro". Depois da guerra de 1870-1871, interpretada como uma vitória da ciência alemã, o historiador da *Cité antique* (1864), Fustel de Coulanges, vincula o direito nacional às suas origens galo-romanas (*Histoire des institutions politiques de l'ancienne France*, t. I em 1875).

Na Inglaterra, Henry Sumner Maine, professor de *civil law* e depois de direito romano, inspira-se igualmente em Savigny em seu *Ancient Law* 91861) onde ele pesquisa as leis de evolução do direito em povos indo-europeus. Na Itália, o estudo do direito romano começa a ser renovado segundo os princípios da Escola Histórica alemã já em meados do século XIX, com os trabalhos de Serafini. Enquanto Jhering questiona a abordagem nacionalista da história e a utilidade prática do direito romano ("pelo direito romano, mas além e mais longe"), o debate sobre a historicidade do direito está no cerne das reflexões sobre a natureza dos fenômenos jurídicos.

A constituição de uma disciplina

Na segunda metade do século XIX, a história do direito tornou-se uma disciplina específica na organização universitária de vários países da Europa. A Itália abriu o caminho: depois da criação de cátedras consagradas à história jurídica em Pávia, Bolonha, Florença, Pádua e Turim, a lei Casati, de 1859, associa a história do direito à introdução das ciências jurídicas em todas as universidades do reino da Itália. Os primeiros livros didáticos – a *Storia del diritto italiano* de Pertile (1873) – orientam o ensino para a história do direito italiano, em paralelo com o estudo do direito romano redefinido por Decretos de 1876 e 1885. Na França, onde o programa de estudos fixado por Napoleão era centrado nos códigos, é preciso esperar a Terceira República para que o ensino da história do direito seja generalizado. A primeira tentativa para introduzir essa matéria nas faculdades de direito, em 1819-1820, acabou fracassando em 1822. Cátedras isoladas foram estabelecidas somente em Paris em 1829 (para a história do direito romano e francês), em Rennes em 1838 (em associação com o direito administrativo, para Laferrière), em Toulouse em 1859 (seu titular foi Ginoulhiac). Ao mesmo tempo, o ensino do direito romano, até então concebido como complemento da análise do Código Civil, foi reorientado para uma perspectiva histórica por professores como Pellat ou Paul Gide. Depois do Segundo Império, pouco favorável à diversificação dos cursos dentro das faculdades de direito, os republicanos se mostraram mais abertos às mudanças de programa: um curso de história geral do direito francês foi criado, para o primeiro ano, pelo Decreto de 28 de dezembro de 1880.

Os anos 1880 e 1890 marcam uma verdadeira virada para a história do direito como disciplina acadêmica. Uma primeira geração, saída do molde único do concurso para professor de direito, especializa-se na matéria, que continua, aliás, a ser ensinada por civilistas ou publicistas em início de carreira, como Saleilles ou Hauriou. O *Cours élémentaire d'histoire du droit français* (1892) de Adhémar Esmein, professor em Paris, o *Manuel d'histoire du droit français* (1898-1904) de Jean-Baptiste Brissaud, professor em Toulouse, e as obras de Paul Viollet, bibliotecário da Faculdade de Direito de Paris (*Précis de l'histoire du droit français*, 1886; *Histoire des institutions politiques et administratives de la France*, 3 vol., 1890-1898) rapidamente fazem figura de referências. O debate relativo à instauração de um concurso específico para professor se inicia já em 1881-1882. Numerosos juristas, a exemplo de Bufnoir, temem então cortar os estudos históricos de todo vínculo com o direito positivo e isolá-los na área da erudição pura. No entanto, o passo é dado com a divisão do exame de admissão ao magistério em 1896. A criação de um corpo de professores especializados em direito romano e em história do direito francês é então defendida por Esmein em nome da tecnicidade crescente da pesquisa histórica. A história do direito se profissionaliza na época do triunfo da história positivista – seu breviário, a *Introduction aux études historiques* de Langlois e Seignobos, data de 1898-1899 – embora ficando no âmbito das faculdades de direito. Na virada do século XIX para o XX, os historiadores do direito francês ainda aspiram a ser "jurisconsultos" e a promover um método de compreensão dos fenômenos jurídicos que alguns não hesitam em aproximar da sociologia nascente. Na Espanha, uma revolução comparável conduz à introdução da história do direito no programa dos estudos jurídicos, em 1883, e à publicação de livros didáticos "canônicos" sobre a história do direito espanhol por Hinojosa (1887) ou Pérez Pujol (1896). Paradoxalmente, foi na Alemanha, pátria da Escola Histórica do Direito, que a configuração acadêmica da história do direito foi mais lenta para se decidir. Com o aumento de poder do positivismo, fizeram-se ouvir vozes nos anos 1870-1890 para dar mais independência à história do direito: em 1875, Karl von Amira afirmou que a pesquisa histórica não tinha como principal função explicar o direito em vigor, mas restituir – segundo a missão atribuída por Ranke à história – o direito do passado; em 1880, Rudolph Sohm convidava seus colegas a tirar as consequências do declínio do direito romano em face da legislação moderna. Ao mesmo tempo, os historiadores alemães renovavam com brilho a análise das fontes jurídicas da Antiguidade: Mommsen publicava seu monumental *Römisches Staatsrecht* (1871-1888), Lenel reconstituía o Édito perpétuo (1883), depois Ludwig Mitteis desenvolvia a ideia de direito vulgar (*Volksrecht*), em 1891. A elaboração, depois a entrada em vigor do Código Civil alemão (*BGB*, 1896-1900) consagraram um divórcio entre o direito positivo e a história do direito. Contrariamente aos princípios da Escola Histórica, já não parecia necessário compreender o direito alemão através da história do direito romano e do direito germânico: a exegese do *BGB* se impunha por vários anos e relegava a história do direito à descrição erudita – "neo-humanista" para repetir a expressão de Koschaker – de sistemas jurídicos ultrapassados. Quando muito a história do direito podia pretender conservar, nos programas dos estudos jurídicos, um papel de introdução à dogmática do direito romano e do direito germânico. E logo os partidários da Escola do Direito Livre reclamaram a libertação da doutrina com relação a uma perspectiva histórica muito amiúde reacionária.

História das instituições e dos fatos sociais

Tornada uma disciplina autônoma no interior das faculdades de direito, a história do direito teve então de delimitar seu campo de ação entre as matérias puramente jurídicas e a ciência histórica propriamente dita. Em inúmeros países, a noção de "instituição" – já utilizada pela Escola Histórica – adquire uma posição central na problemática dos historiadores do direito que se empenhavam em superar a mera descrição dos fenômenos jurídicos do passado para descobrir a natureza e os princípios das instituições jurídicas. Na França, seguindo a linha de Esmein, os historiadores do direito se dedicaram principalmente ao desenvolvimento do Estado nacional, centrando seus trabalhos no direito público francês, das invasões dos bárbaros ao fim do Antigo Regime. Com a *Histoire du droit français public et privé*, de Émile Chénon (1926-1929), e a *Histoire générale du droit français*, de Declareuil, essa abordagem se conjugou com ideias tradicionalistas, habitualmente nostálgicas da antiga monarquia. Essa visão – que praticamente parou a história do direito em 1789 – encontrou seu remate no ensino e nas publicações de François Olivier-Martin (1879-1952). Progressivamente, essa história das instituições abriu-se para o direito privado, mormente para o estudo dos costumes: os trabalhos de Olivier-Martin sobre os costumes de Paris, assim como os de Pierre Petot (1887-1966) sobre o antigo direito, orientaram as pesquisas para a formação do direito francês até a Revolução a partir dos Arquivos da Idade Média e dos Tempos Modernos. Na Alemanha, igualmente, a história das instituições desenvolveu-se até a Segunda Guerra Mundial: tanto os romanistas como os germanistas – como Heinrich Mitteis (1889-1952) ou Karl August Eckhardt (1901-1979) – viram nisso o meio de conservar um vínculo entre a história e a dogmática jurídica. Aliás, as cátedras das universidades alemãs associavam a história do direito a matérias de direito positivo. A pretexto de apolitismo, a prioridade conferida ao desenvolvimento técnico das instituições deu origem a uma visão histórica que combina preconceitos evolucionistas e uma exaltação da continuidade.

Essa concepção da história do direito nem sempre foi sinônimo de fechamento da disciplina. Na França, alguns romanistas e historiadores do direito – como Paul Huvelin, Henri Lévy-Bruhl, Paul Noailles e Gabriel Le Bras – mantiveram contato com os sociólogos, até mesmo com a jovem Escola dos *Anais*. Na Alemanha, Otto Brunner (*Land und Herrschaft*, 1939) desenvolveu a ideia da alteridade fundamental dos sistemas políticos do Antigo Regime, criticando a visão histórica e sistemática dos historiadores do direito alemão. Não é de admirar que a tradicional história das instituições tenha entrado num período de crise após a Segunda Guerra Mundial. Habitualmente nostálgica, até mesmo reacionária, essa abordagem que tendia a legitimar as formas antigas do poder e do direito foi parcialmente desacreditada pela sustentação de alguns de seus arautos ao nazismo, na Alemanha, e ao regime de Vichy, na França. De um ponto de vista metodológico, a pesquisa sistemática das "constantes", com o fito de descobrir um "espírito das leis", mostrou-se cada vez mais um obstáculo para a compreensão de cada época em sua alteridade social e cultural, com o risco de transposição anacrônica dos conceitos jurídicos modernos. Longe de ser neutra, a ideia de uma continuidade dos dogmas jurídicos – fundamentada numa histórica formalista das fontes, que põe no mesmo plano as regras de direito, a doutrina e os atos da prática – foi mais bem percebida como a expressão de concepções nitidamente jusnaturalistas.

Sob a pressão exterior da crítica marxista e, sobretudo, da história social em pleno desenvolvimento com o movimento oriundo dos *Anais*, os historiadores do direito repensaram a delimitação de sua disciplina. Na França, o decreto de 27 de março de 1954 diminuiu a parte do direito romano no ensino jurídico e associou a história das instituições à dos fatos sociais. Provocando o aparecimento de novos livros didáticos – os de Jacques Ellul, Jean Imbert, Pierre-Clément Timbal, Paul Orliac e Jehan de Malafosse – essa reforma dos programas foi acompanhada de profissão de fé em favor de uma aliança entre a história do direito e a história social. Na Alemanha, depois da fase de reconstituição de uma história do direito vinculada aos valores democráticos, o debate nascido da confrontação com a "nova" história social se desenvolveu sobretudo a partir dos anos 1970. Deu-se o mesmo nos Estados Unidos, onde, depois dos trabalhos pioneiros de Willard Hurst, constituiu-se uma jovem escola ao redor de Lawrence M. Friedman e Morton J. Horwitz. Prolongada pelos efeitos do choque de 1968 – que em geral conduziu a uma redução drástica dos ensinos de história do direito – esse novo questionamento dos esquemas clássicos estimulou a abertura da história do direito para novos campos de pesquisa: o estudo da prática notarial, a geografia consuetudinária, a história da administração pública ou do direito penal... Esse *aggiornamento* não pôs fim, porém, às indagações sobre o futuro da disciplina: sua vinculação à história dos fatos sociais – às vezes mais aparente do que real – fez surgir a dúvida sobre sua especificidade e o temor de um fenômeno de absorção nas ciências históricas.

História das normas e do pensamento jurídico

O recrudescimento de interesse pelo direito, o impulso do pluralismo jurídico, a atualidade das questões relativas à gênese bem como ao declínio do Estado foram, todos eles, fatores favoráveis ao aprofundamento da reflexão epistemológica sobre a história do direito no curso das últimas décadas do século XX. Confrontada com procedimentos formalistas, lógicos ou estruturalistas, a história pode parecer inútil ao jurista, profissional ou teórico "puro", que se esforça em descrever o direito tal como ele *é*. A história do direito e o positivismo não são, porém, antinomônicos: repetindo a terminologia de Kelsen, o historiador dirige seus olhares a normas que *foram* positivas no passado e a uma ciência do direito sempre nutrida de tradição, a despeito das rupturas reivindicadas. Se ela não aspira a analisar os mecanismos de funcionamento e as condições de validade das normas jurídicas enquanto "produtos", a história procura compreender-lhes o modo de "produção". Todo o processo de elaboração das normas se situa na história e seu estudo renova constantemente a reflexão sobre as relações entre o direito, o poder e a sociedade. A história do Estado e das formas políticas que o precederam ou concorrem com ele está no cerne da luta pelo direito ou em torno do direito.

A história das normas jurídicas é também a de sua interpretação e de sua "leitura", bem como da aceitação das regras de direito na sociedade. A história do direito é ligada à hermenêutica na medida em que se interessa pelo desenvolvimento cronológico dos sentidos e dos sucessivos efeitos dados a um texto. Empregando os métodos da história social para compreender a aplicação concreta das normas no tempo, o historiador do direito se indaga sobre as relações interativas entre economia, sociedade e direito. É por essa razão que a história da justiça, mais particularmente a do solucionamento dos litígios, adquiriu um espaço crescente na disciplina. Essas investigações têm vocação para estender-se até o mundo contemporâneo – por meio de uma *Zeitgeschichte* – para participar, ao lado da sociologia, de uma melhor compreensão do direito em vigor. Tal orientação não significa necessariamente uma nova aliança entre a história do direito e uma doutrina prescritiva, nem a rejeição, no campo da erudição, dos estudos consagrados aos direitos mais antigos: a pesquisa histórica sempre parte de uma problemática definida no presente e determinada por ele. A história do pensamento jurídico é outro meio de voltar à dialética entre a autonomia e a heteronomia do direito. Os conceitos jurídicos têm uma história – de sua "invenção" à sua influência – e a pesquisa nesse campo ganhou impulso, ultrapassando os objetivos da história das fontes ou das instituições para apreender a genealogia das ideias jurídicas. A história cultural do direito tornou-se a do meio dos juristas e das lutas de posição no interior do campo jurídico em suas configurações passadas. Nessa ótica, ela também é o estudo das relações entre os profissionais do direito, seu entorno sociopolítico e as correntes intelectuais de dada época. A história do direito enquanto discurso é chamada a se desenvolver, trate-se da evolução da retórica e da argumentação jurídicas ou da consideração do "poder de nominação" do direito na determinação das categorias sociais. Sem levar em conta as inevitáveis controvérsias, principalmente sobre as continuidades e as rupturas, a ciência histórica do direito continua a afirmar-se.

› BOURDIEU P., "La force du droit. Éléments pour une sociologie du champ juridique", *Actes de la recherche en sciences sociales*, nº 64, setembro de 1986, pp. 3-19. – DUFOUR A., "Histoire naturelle ou nature historique du droit dans l'École du Droit Historique", *in* J.-Fr. Kervégan & H. Mohnhaupt (dir.), *Recht zwischen Natur und Geschichte*, Frankfurt, 1997, pp. 125-68. – HALPÉRIN J.-L., "Adhémar Esmein et les ambitions de l'histoire du droit", *RHD*, 1997, pp. 415-33. – HILAIRE J., "L'approche historique d'un système juridique: l'enjeu français", *Tijdschrift voor Rechtsgeschiedenis*, 1994, pp. 36-7. – KELLEY D. R., *Foundations of Modern Historical Scholarschip*, Nova York, Columbia Univ. Press, 1970; *Historians and the Law in Postrevolutionary France*, Princeton, Princeton Univ. Press, 1984. – MOTTE O., *Sur la genèse allemande d'un nouveau paradigme de l'histoire du droit*, Berna, P. Lang, 1986.

Vide também: HESPANHA A. M., *Introduzione alla storia del diritto europeo*, Bolonha, 1999. – KLIPPEL D., *Juristische Zeitgeschichte*, Giessen, 1985. – LOSANO M. G. (dir.), *Storia contemporanea del diritto e sociologica giuridica*, Milão, 1997. – OGOREK R., "Rechtgeschichte in der Bundesrepublik (1945-1990)", *in* D. Simon (dir.), *Rechtswissenschaft in der Bundesrepublik*, Frankfurt, 1994, pp. 12-99. – ORESTANO R., *Introduzione allo studio del diritto romano*, Bolonha, 1987. – SUGARMAN D. (dir.), *Law in History*, Alderchot, Dartmouth, 1996, 2 vol.

Jean-Louis HALPÉRIN

→ Arquivos; Direito francês; Escola histórica do direito, pandectismo e codificação na Alemanha; Sociologia jurídica.

HOMOSSEXUALIDADE

Vários períodos da cultura jurídica da homossexualidade se distinguem nitidamente. Nas sociedades pagãs pré-cristãs, a homossexualidade é integrada na organização social, desde que se respeite o equilíbrio entre os estatutos sociais e os papéis sexuais. O judaísmo e depois o cristianismo teorizam a homossexualidade como um crime e, com o desenvolvimento do poder da Igreja, essa dimensão criminal impregna largamente o direito positivo aplicado em toda a Europa. A partir do século XVI, emerge uma reflexão sobre a validade da penalização das relações homossexuais, que redunda numa descriminação progressiva e, no decorrer da segunda metade do século XX, na criação de direitos civis.

O Ocidente pré-cristão apresenta uma característica comum aos povos pagãos da Grécia, de Roma, dos territórios germânicos e dos territórios americanos. Nele, o comportamento homossexual encontra um lugar como comportamento normal. O ser humano faz parte de seu universo, que ele aprende a conhecer para poder inserir-se nele. As relações interpessoais com as divindades, a maiêutica, o aprendizado da ordem social são aspectos da formação humana. As relações homossexuais correspondem menos a uma busca pessoal do que à aplicação de códigos sociais. Seu desenvolvimento só pode efetuar-se num âmbito de idade, de estatuto social e de reconhecimento relativamente público cuja transgressão é proibida. Como as relações íntimas entre pessoas do mesmo sexo são uma realidade social codificada e generalizada, não se pode falar de "homossexuais" enquanto grupo distinto. Trata-se de homossexualidade parcial, temporária, ou de situação. A finalidade das sociedades politeístas parece ser integrar todos os tipos de interesse sexual para reforçar os laços sociais, sobretudo no seio dos grupos de homens. Está operante uma "regra de proporcionalidade", caracterizada por uma equivalência entre o estatuto social e o papel sexual dos parceiros. A homossexualidade é uma forma de valorização recíproca e nunca deve ser fonte de humilhação de um dos parceiros pelo outro. A transgressão desta regra de proporcionalidade se traduz por sanções, penais e sociais. Quando existe uma proibição, ela é relativa ao homem cujo papel passivo é marcado demais em comparação à conduta que seu estatuto social lhe impõe seguir (proibição da prostituição dos cidadãos em Atenas; *Lex Scatinia* ou *Scantinia* em Roma; insultos cerimoniais germânicos, etc.).

A cultura pagã pouco a pouco é suprimida pelo desenvolvimento do judaísmo e do cristianismo. Com o judaísmo, é formulada uma nova concepção das relações do homem com seus semelhantes e com Deus. Mais além das obrigações e proibições, é certa noção da dignidade do homem, representante de Deus, que aparece. As leis do *Levítico* formulam uma proibição global das relações homossexuais entre homens que dormem "com um homem como se dorme com uma mulher" (18, 22; 20, 13). A homossexualidade masculina é classificada entre as "abominações" (do hebreu *toevah*) que designam a impureza, o irrespeito dos ritos judaicos opostamente aos povos pagãos. Essa impiedade criminosa acarreta, por princípio, a exclusão fora do povo (*Levítico*, 18, 24-31) e, mais precisamente, no que toca à homossexualidade, a morte dos dois culpados (*Levítico*, 20, 13). Os textos judaicos e cristãos não mencionam, em compensação, a homossexualidade feminina que, por isso, escapa por muito tempo a qualquer definição. A partir do fim do Império Romano, opera-se uma transformação radical: do politeísmo ao monoteísmo, da busca pessoal à aplicação da Lei revelada, da integração social da homossexualidade à sua exclusão, da legalidade na proporcionalidade à proibição absoluta. Com o desenvolvimento do poder da Igreja, aparece uma condenação explícita das relações sexuais entre homens fora da esfera do direito canônico. Essa condenação assume diferentes formas, mas sempre é fundamentada por referência à Bíblia. Uma razão fundamental para a aplicação duradoura da proibição consiste num motivo político. A força do povo que aplica a Bíblia reside em parte em sua demarcação nítida em comparação aos costumes pagãos, dentre eles a homossexualidade (notadamente: *Levítico*, 18, 24-30). Através da emergência do cristianismo, firma-se essa mesma especificidade. Em termos de intensidade da repressão, podem ser distinguidos dois períodos. Do final do Império Romano ao século XIII, a homossexualidade é objeto de ações penais em toda parte da Europa. Mas, sem contar essa distinção, existe uma continuidade na justificação da condenação.

Podem ser isolados quatro tipos de crimes. Primeiramente, o crime contra a dignidade masculina encontra sua origem teórica no *Levítico* e consiste numa transgressão da hierarquia Deus-homem-mulher. Transgredir a proibição de homossexualidade masculina é destruir a ordem da criação divina, colocando o homem, com quem Deus mantém uma relação privilegiada, numa situação inferior. É negar o Verbo e a originalidade do monoteísmo e destruir a dignidade do homem. As sanções são, essencialmente, de três tipos. Por referência ao *Levítico*, trata-se, em primeiro lugar, de eliminar os pecadores do seio do seu povo, em segundo, de infligir a pena de morte, em terceiro, de punir quem negou a dignidade do homem pela supressão de um elemento físico constitutivo dessa dignidade, pela castração. Em segundo lugar, a noção de crime contra a natureza é derivada de uma interpretação judaico-platônica da ordem do mundo criada por Deus e constitui uma injúria contra Deus e os homens. A noção de natureza é plurívoca e a de crime contra a natureza não o é menos. A proibição das relações homossexuais é justificada pela referência à natureza em Platão (*As leis*, 8, 835 *c*-842 *a*) e

Juvenal (*Sátiras*, 2, 117-142). A partir do fim do século III e do início do IV, ela é objeto de uma atenção especial e os autores cristãos procuram definir qual é a natureza contra a qual vai a homossexualidade. A terceira noção de crime contra a coletividade faz, por sua vez, referência à narrativa da destruição de Sodoma na *Gênese* (19) e à *Epístola ao efésios* (5, 3-5). Decorre do relato da destruição de Sodoma e implica que a sodomia acarreta necessariamente a cólera divina e a miséria da humanidade. Para evitar esses flagelos, a solução proposta é a supressão física do criminoso e dos vestígios do crime. A pena geralmente é a eliminação pelo fogo do criminoso, do lugar do crime, dos autos do processo, etc., como Deus destruiu Sodoma pelo fogo. A motivação da proibição global pela referência à destruição de Sodoma é formulada pela primeira vez por Justiniano (527-565: *Institutas*, 4, 18, 1; *Novellae*, 77 e 141). Depois de 1100, a redescoberta do *Digesto* de Justiniano suscita um renascimento do estudo do direito romano e contribui para renovar a legislação que condena a sodomia.Quando a repressão se intensifica a partir do século XII, é importante a referência a Sodoma. O concílio de Naplusa (1120) precisa que a pena de morte deve ser aplicada na fogueira, por referência à história de Sodoma e à punição destinada aos hereges. Começam a desenvolver-se os vínculos complexos entre as acusações de heresia e as de homossexualidade, que fornecem, principalmente, uma base para as perseguições contra os cátaros. É no contexto das legislações municipais italianas, a partir do século XI, que a pesquisa aperfeiçoou as mais importantes aplicações da noção de crime contra a coletividade (Bolonha, Ascoli Piceno, Pisa, Siena, Florença, Veneza, etc.). Essa noção estendeu-se da ameaça para um grupo particular à ameaça a toda a humanidade. Uma primeira formulação do perigo da homossexualidade para a humanidade fora expressa de modo anedótico por Fílon de Alexandria (século I, *Sobre Abraão*, 133-141; *Das leis especiais*, III; *A vida contemplativa*, 59-63). No meio da Idade Média, enquanto se generaliza a repressão da homossexualidade, inúmeros autores eclesiásticos sustentam que a sodomia é de uma gravidade equivalente ou superior à do homicídio, porquanto ameaça a sobrevivência da espécie humana. A partir do fim do século XII, a referência à novela 77 de Justiniano é utilizada para sustentar que a fome, a peste, os terremotos, as inundações e outras catástrofes de gravidade equivalente são retribuições divinas da sodomia. O quarto crime ("crime do outro") é assim qualificado, no contexto da generalização da noção de crime homossexual, por razões de oportunismo político e corresponde a uma lógica que pode ser resumida pelo silogismo: "O sodomita é o pior dos criminosos; o inimigo de meu grupo é o pior dos criminosos; logo, o inimigo de meu grupo é um sodomita." Esse processo é particularmente corrente a partir do século XII, quando a homossexualidade se torna um pecado e um crime da mais alta gravidade. As aplicações do "silogismo do outro" são muito diversificadas: inquisidores e cátaros, guelfos e gibelinos, cristãos e liberais, católicos e protestantes, cruzados e muçulmanos. Permanece a característica que esse processo se desenvolve a partir da convicção geral de que a homossexualidade é o pior crime e o mais perigoso pecado. A gravidade particular atribuída ao ato homossexual repercute na importância conferida à autoridade que tem sua competência.

A partir do século XVI, emerge um questionamento sobre a própria validade da qualificação penal da homossexualidade. Em seguida, é essencialmente impulsionada pelos escritos de Montesquieu, Bayle, Beccaria e Voltaire que essa crítica moderna se torna influente e que o direito penal começa a evoluir. Esses autores, sempre utilizando a linguagem da reprovação, propõem um direito penal moderado e reformas sociais. Montesquieu, considerando ao mesmo tempo os princípios gerais do direito em termos de direito natural e as necessidades dos povos específicos, critica a associação entre um crime cuja "natureza [...] é ser oculto" e um processo secreto, desencadeado a partir de um único testemunho, mesmo o de uma criança, abrindo assim "uma porta muito larga para a calúnia" (*O espírito das leis*, 12, 6). Beccaria denuncia em termos análogos um processo não só inadaptado ao delito de pederastia, mas igualmente perigoso para a coletividade. A pederastia faz parte dos crimes que "admitem as presunções arbitrárias, as *quase-provas*, as *semiprovas* (como se alguém pudesse ser *meio inocente*, *meio culpado*, logo, *metade punível* e *metade absolvível*); são daqueles em que a tortura exerce seu cruel domínio sobre o acusado, sobre as testemunhas e, enfim, sobre toda a família de um infeliz" (*Dos delitos e das penas* [Publicação 1766], 31, "Delitos difíceis de provar"). Não é somente o processo, mas também o estatuto deste e a sociedade que lhe deu origem que devem ser objeto de reformas. Convém dar à sociedade regras conformes às necessidades humanas, pensam Montesquieu, Beccaria e Voltaire ("Amor socrático", *Dicionário filosófico*).

A crítica utilitarista iniciada por Bentham repousa em elementos diferentes. Nessa perspectiva, a homossexualidade é pensada em termos de prazer individual. O direito penal deve abranger apenas os crimes cometidos contra um terceiro identificável e não somente contra uma moral. Ademais, a distinção operada entre a esfera privada e a esfera pública leva a considerar que as relações no âmbito privado são da ordem da moral e dos direitos individuais nos quais não deve haver ingerência do Estado. A homossexualidade na esfera privada entre adultos concordantes está, portanto, excluída por natureza do direito penal. Em termos de direito positivo, a primeira ruptura no modelo clássico de repressão aparece no século XVIII nos Estados Unidos nascentes. Em 1786, após várias tentativas de reformas, a Pensilvânia suprime a pena de morte para sodomia e a substitui pelos trabalhos forçados. Essa medida é a primeira de uma importante série de reformas similares. No curso dos séculos XVIII e XIX, inúmeros países europeus abolem a pena de morte e a substituem pelos trabalhos forçados ou pela prisão (Áustria, 1787; Prússia, 1794; Rússia, 1796; Inglaterra, 1861; Escócia, 1887). O Código Penal adotado pela Assembleia Constituinte Revolucionária francesa em 1791 exclui, pela primeira vez na história moderna, o crime de sodomia da lista de crimes puníveis. O Código de Napoleão de 1810 mantém essa inovação. Com o desdobramento do modelo francês, por razões de influência cultural e, sobretudo, de invasão militar, quase todos os Estados católicos, e os Países Baixos entre os Estados protestantes, revogam suas leis contra a sodomia no final do século XVIII e no decorrer do século XIX.

Existe uma dialética particular à história e à filosofia jurídicas relativas à homossexualidade: 1 / penalização das práticas homossexuais e negação da homossexualidade; 2 / Tolerância para com a homossexualidade e reconhecimento de certos direitos que se exercem numa esfera invisível à maioria da população (direitos reativos); 3 / Criação de modelos inovadores correlativos de uma mudança de mentalidades e que levam a reconhecer a ruptura na lógica sexual acerca da homossexualidade (direitos prospectivos); 4 / Normas unificadas entre os/as heterossexuais e os/as homossexuais enquanto as mentalidades evoluíram verdadeira e favoravelmente acerca da homossexualidade banalizada (direitos assexuados). Apresentando-o de outra maneira, a fase 1 consiste numa negação, a fase 2, numa negação da negação, a fase 3, numa afirmação; a fase 4 consiste numa indiferença jurídica quanto à especificidade da orientação sexual. Os direitos reativos, de ordem penal ou civil, visam uma supressão de medidas discriminatórias e correspondem a uma atitude de simples tolerância para com os/as homossexuais. Os direitos reativos acautelam contra a ilegitimidade da ingerência pública na esfera privada, enquanto os direitos prospectivos colocam as relações privadas sob a proteção da autoridade estatal e sob o olhar público. Estão do lado da tolerância e os direitos prospectivos, do lado do reconhecimento. Os "direitos prospectivos" supõem uma vontade de reconhecimento a um só tempo coletiva e pública dos laços tanto afetivos quanto sexuais entre os/as homossexuais. Aplicam-se especificamente a essa categoria e se referem essencialmente ao direito civil. Trata-se, por exemplo, dos primeiros textos de lei europeus que conferem ao casal de homossexuais direitos e deveres recíprocos e para com terceiros: lei dinamarquesa de 1989, lei norueguesa de 1993, lei sueca de 1994, lei islandesa de 1996, sobre a parceria das pessoas de mesmo sexo, acarretam certos efeitos idênticos ao casamento, com exceção de direitos de paternidade tais como o direito à adoção. Assim também, uma modificação do Código Civil húngaro em 1996 permite aos concubinos/as homossexuais se beneficiarem dos mesmos direitos que os concubinos/as heterossexuais, com exceção do direito à adoção (e ao casamento). Embora alguns projetos de lei que visavam unificar o estatuto dos pares homossexuais e heterossexuais tenham surgido em diferentes países europeus (França, Espanha, Itália), a primeira aplicação positiva da fase 4 dessa dialética (direitos assexuados) só apareceu com a lei neerlandesa de 1997 sobre o concubinato de pessoas do mesmo sexo ou de sexo diferente. A atitude inovadora dos juristas e publicistas neerlandeses tende mesmo a estender o casamento aos casais de pessoas de mesmo sexo. Na evolução do direito civil relativo à homossexualidade, trate-se dos direitos dos casais ou de pais de mesmo sexo, é atuante uma lógica de reconhecimento recíproco dos/as homossexuais e do Estado, a qual rompe com a lógica do direito penal assim como a dos direitos reativos, cujo princípio é pôr uma barreira entre um e o outro. Os direitos subjetivos reivindicados são da ordem dos deveres, mas deveres consentidos e não impostos a título da exclusão de uma categoria da população pela outra.

➤ BENTHAM J., "The *Essay on Paederasty* of J. Bentham – 1785", L. Crompton (dir.), *Journal of Homosexuality*, n°s 3-4 e 4-1, 1978. – BORRILLO D. (dir.), *Homosexualités et droits*, Paris, PUF, 1998. – BOSWELL J., *Christianisme, tolérance sociale et homosexualité*, Paris, Gallimard, 1985 (ed. original 1980); *Les unions de même sexe*, Paris, Fayard, 1996 (ed. original 1994). – COURTRAY F., *Norme sociale, droit et homosexualité*, Tese, Universidade Aix-Marselha III, 1996. – HART H. L. A., *Law, Liberty and Morality*, Londres, Oxford University Press, 1963. – LEROY-FORGEOT F., *Histoire juridique de l'homosexualité en Europe*, Paris, PUF, 1997; *Les enfants du PACS, Réalités de l'homoparentalité*, Paris, L'Archer, 1999. – MÉCARY C., *Droit et homosexualité*, Paris, Dalloz, 2000. – Col.: *Homoparentalités: état des lieux, Actes du Colloque Parenté et différence des sexes*, Paris, ESF, 2000.

Flora LEROY-FORGEOT

→ Código Napoleônico; Código Penal; Direito canônico; Utilitarismo.

HONRA

A honra é um sentimento ambivalente. Conforme a abordemos pelo aspecto do individualismo ou, ao contrário, da vida social, podemos defini-la como sendo quer a voz interior da consciência, quer a exigência moral da vida cívica. No artigo "honra" da *Encyclopédie*, d'Alembert assinalava: "A palavra honra nem sempre é tomada no mesmo sentido em francês. 1 / Significa primeiro a estima, a glória e a consideração que se obtém de seus semelhantes; é nesse sentido que se diz conquistar a honra. 2 / Honra significa ainda o conjunto das regras que ajudam a obter essa glória, essa estima e essa consideração."

A honra enquanto "consideração" de seus semelhantes nada mais é senão "a estima pública". Esse juízo refere-se essencialmente às qualidades morais do indivíduo. Em princípio, haverá concordância entre essas qualidades e a posição da pessoa com relação ao direito, principalmente ao direito penal. Alguém que for condenado pelos tribunais será mantido à distância por seus concidadãos. Por outro lado, o juízo social, por natureza, quase só incidirá sobre o comportamento visível e público da pessoa. Dirão dela que é "honrosamente conhecida". É aí que pode intervir um erro de juízo. De um lado, uma pessoa pode ver-se condenar pelos tribunais sem que sua honra pessoal fique afetada (responsabilidade ligada à função). Do outro, e inversamente, uma pessoa isenta de qualquer condenação e que apresente uma vida social das mais conformes pode do mesmo modo ser desprezível. Mais ainda, há risco de rebentar conflito entre a honra social e a honra individual, uma mandando o que a outra exclui. A honra enquanto "sentimento" está mais estreitamente ligada à consciência do que à regra moral, o que a concepção contemporânea tende a confundir demasiado sistematicamente. A moral é uma regra largamente comparável à regra jurídica. Como ela, é geral e abstrata. O que é particular e pessoal não é a determinação dessa regra, mas sua aplicação que depende da ética (em seu sentido preciso) e da consciência. Nem por isso a honra deve ser confundida com a consciência moral, pois ela poderá até convencer a cometer um ato, de violência, por exemplo, que contravirá manifestamente o que esta exige. No passado, foi esse o caso do duelo. Compreende-se, assim, a rude condenação da honra por Bossuet. Em nossos dias, podemos citar, como exemplo quase perfeito dos desvios da honra, o comportamento dos "homens honrados" da máfia italiana. Sem remontar a longe no tempo, bastará lembrar o que, em nome da honra, os SS puderam realizar, sendo a honra sido posta na categoria dos "cinco pilares" do nazismo, com o sangue, a terra, a raça e o *führer*.

A verdade é que, expurgada de seu vício de egocentrismo (mais que de egoísmo) que lhe ameaça regularmente o valor, a honra pode revelar-se ser a energia viril da alma. Dois autores salientaram essa força que se tira da honra. Primeiro, Alfred de Vigny: "A honra é a consciência, mas a consciência exaltada. É o respeito de si mesmo e da beleza da vida levada à mais pura elevação e à paixão mais ardente. [...] Ora ela leva o homem a não sobreviver a uma afronta, ora a sustentá-lo com um brilho e uma grandeza que a reparam e lhe apagam a mácula. Outras vezes, ela sabe esconder juntas a injúria e a expiação. Noutros tempos, ela inventa grandes empresas, lutas magníficas e perseverantes, sacrifícios inacreditáveis lentamente realizados e mais belos por sua paciência e por sua obscuridade do que os ímpetos do entusiasmo sentido ou de uma violenta indignação; ela produz atos de benevolência que a evangélica caridade jamais superou; ela tem tolerâncias maravilhosas, delicadas bondades, indulgências divinas e sublimes perdões. Sempre e em todo lugar ela mantém em toda a sua beleza a dignidade pessoal do homem. A honra é o pudor viril." Mais próximo de nós, será Georges Bernanos que, ao longo de toda a sua obra, glorificará o lugar devido à honra, a seu ver, valor eminente do cristianismo, pois "sem a caridade de Cristo, um cristão não é um cristão, mas, sem a honra, não passa de um porco" e da liberdade, pois "toda a liberdade do homem está na honra, é a honra que torna livre".

Dito isso, é lícito interrogar-se sobre o lugar da honra nas sociedades contemporâneas. Segundo uma distinção conhecida, Montesquieu fazia dela a base dos governos monárquicos, ao passo que atribuía à virtude ser a pedra angular da república. Na verdade, Montesquieu estudava a honra por um ângulo que hoje se qualificaria de ciência política. A honra só o interessa como motor de um tipo político, a monarquia, não como senso moral. Sua análise já não tem muito interesse senão histórico.

Alexis de Tocqueville, em *De la démocracie en Amérique*, no capítulo "Da honra nos Estados Unidos e nas sociedades democráticas", arruinou essa distinção, no fundo de puro academismo, e mostrou que o papel da honra estava destinado a uma profunda mutação nas sociedades democráticas modernas: "Isso a que nossos pais chamaram por excelência a honra era, para dizer a verdade, apenas uma de suas formas. Deram um nome genérico ao que era só uma espécie. Encontra-se a honra, portanto, nos séculos democráticos bem como nos tempos de aristocracia. Mas não será difícil mostrar que naqueles ela apresenta outra fisionomia. Não só suas prescrições são diferentes, vamos ver que são menos numerosas e menos claras e que não seguimos com tanto rigor as suas leis. As prescrições da honra serão, portanto, sempre menos numerosas num povo que não é dividido em castas do que em outro. Se vierem a estabelecer-se nações em que seja até difícil encontrar classes, nelas a honra se limitará a um pequeno número de preceitos, e esses preceitos se afastarão cada vez menos das leis morais adotadas pela maioria da humanidade. Assim, as prescrições da honra serão menos esquisitas e menos numerosas numa nação democrática do que numa aristocracia. Serão também mais obscuras; isso resulta necessariamente do que precede. Como os traços característicos da honra são menos numerosos e menos singulares, em geral deve ser difícil discerni-los. [...] Nas nações democráticas, a honra, sendo mal definida, é necessariamente menos poderosa; pois é difícil aplicar com certeza e firmeza uma lei que é imperfeitamente conhecida." E conclui com um pressentimento seguro: "Assim, para afinal encerrar numa única frase todo o meu pensamento, são as dessemelhanças e as desigualdades dos homens que criaram a honra; ela se enfraquece à medida que se apagam essas diferenças, e desapareceria com ela."

De fato, deve-se considerar que a honra não é hoje a palavra-chave das sociedades modernas, trate-se da condução dos negócios públicos ou privados. No tocante a estes últimos, sua explicação encontra-se na dominação de um conceito amplamente ignorado pelas antigas sociedades, o de "vida privada". Este princípio, inspirado pelo modelo americano mais vasto em sua compreensão de *privacy*, permite a todos reivindicarem não só um direito a ver sua "intimidade" preservada, porém, mais ainda, impor aos outros o respeito de uma escolha pessoal de modo de vida. Cada qual, tornando-se o juiz de sua própria vida, rejeita, pois, o juízo alheio, e mesmo lho proíbe radicalmente. O juízo da honra é necessariamente vinculado a uma sociedade fundamentada em valores compartilhados por todos e fora de discussão. Ao inverso, a ideologia dos direitos humanos conduz a um "direito de ingerência" que pretende limitar a plena soberania das nações. Ora, essas mudanças são diametralmente opostas. De um lado, são os indivíduos que recusam qualquer juízo sobre eles; do outro, é a comunidade internacional que, agora, tem pretensão a um direito eminente sobre a soberania de cada nação. Os mesmos princípios oriundos da filosofia dos "direitos humanos" redundam, pois, em resultados divergentes, conforme observemos seus efeitos pelo ângulo dos indivíduos ou dos países. Se nos demorarmos um pouco para observar a honra das pessoas, perceberemos a afirmação frequente de um "direito à honra". Tal ideia entra perfeitamente na linha do triunfo contemporâneo dos direitos subjetivos. De fato, por trás de um hipotético "direito", encontramos muito mais, porém de uma maneira menos flagrante, um "dever" de todos de respeitarem o outro na honra que é a dele. Na verdade, ninguém é obrigado a reverenciar esta ou aquela pessoa. O que é proibido é atentar contra a reputação dessa mesma pessoa de uma maneira intempestiva e incorreta.

Encontramos a verificação disso no fato de a proteção da honra ser organizada principalmente pelo direito penal, em especial o direito penal de imprensa contido, no essencial, na lei de 29 de julho de 1881. Um dos artigos capitais desse texto, o artigo 29, dispõe que "toda alegação ou imputação de um fato que atente contra a honra ou a consideração da pessoa ou do corpo ao qual o fato é imputado é uma difamação", e termina pela definição da injúria: "Toda expressão ultrajante, termos de desprezo ou invectiva que não contenha a imputação de um fato é uma injúria." A jurisprudência, praticamente desde a entrada em vigor da lei de 1881, afirma que "as imputações difamatórias são reputadas de fatos jurídicos com a intenção de prejudicar". Esta jurisprudência é estimada (reputada?) conforme à Convenção Europeia dos Direitos Humanos pela Corte de Cassação. Com igual constância, a jurisprudência decide que essa presunção não pode desaparecer senão em presença de fatos justificativos capazes de fazer que se admita a boa fé. Não é raro essa exceção ser benéfica aos jornalistas e aos historiadores, desde que estejam reunidos os quatro elementos que permitem conservá-la: a legitimidade do objetivo perseguido, a ausência de animosidade pessoal, a prudência e o comedimento na expressão, assim como a qualidade da pesquisa. Nesse caso, a difamação, enquanto tal, é bem constituída, e o tribunal acolherá a demanda da vítima, mas falta a intenção delituosa e o autor do escrito não será condenado. Pôde-se, assim, falar de um "bom difamador". Mais ainda, o jornalista processado por difamação pode desculpar-se alegando a exceção de verdade (*exceptio veritatis*), prevista pelo artigo 35 da lei de 1881. Em certos casos, limitativamente enumerados, a lei permite ao autor trazer a prova da verdade dos fatos que ele imputa. Esse direito é terrível para a sua vítima, pois, em vez de obter reparação, ela verá o processo fortalecer a acusação feita contra ela. Em resumo, essa prova da verdade quase só é possível com relação às pessoas que exercem uma função pública (e em consideração desta). Ela é proibida quando a vida privada está em jogo, mas igualmente quando uma anistia lançou o véu do esquecimento (sentido exato da palavra "anistia") sobre os fatos, e mesmo passado um prazo de dez anos, que constitui uma espécie de anistia automática.

Os servidores públicos e os titulares da autoridade pública são protegidos de uma maneira mais rigorosa quando sua honra é atacada. Assim também, existe um delito particular de ofensa ao Presidente da República, mas que caiu em desuso desde 1974. Em compensação, os soberanos e chefes de Estado estrangeiros bem como os embaixadores dispõem de uma ação própria. Mas o Tribunal Europeu dos Direitos Humanos, por um acórdão de 2002, julgou-a contrária aos direitos fundamentais inerentes à liberdade de expressão. Ao inverso, parlamentares e advogados se beneficiam de uma completa imunidade de palavra, quando tomam a palavra na tribuna ou no tribunal. Essa imunidade estende-se naturalmente aos jornalistas que citam em seus artigos esses discursos ou sustentações.

Embora o direito deva proteger a honra, ele pode, senão a subtrair, pelo menos constatar que uma pessoa faltou à sua. Por muito tempo, e até a entrada em vigor do Código Penal de 1994, as penas pronunciadas pelos tribunais repressivos se distinguiam, entre outras, entre aquelas que eram simplesmente "aflitivas", e as que eram "aflitivas e infamantes". Em nossos dias, o direito penal já não deseja "difamar" (no sentido preciso) um culpado. Ao mesmo tempo, porque esse direito se quer mais curativo do que punitivo (daí penas novas como os trabalhos de interesse geral) mas, sem dúvida também, porque a honra já não é o sentimento vivo que foi: a sanção já não se sustentaria, acredita-se. Tudo isso está por verificar. Pois o direito penal moderno fortaleceu consideravelmente a decisão da divulgação e da inserção nos jornais das condenações pronunciadas (em particular no tocante à fraude). Não se pode esquecer que toda condenação correcional ou criminal acarreta, de direito, a exclusão das Ordens Nacionais do Mérito ou da Legião de Honra, precisamente por "falta à honra" (Código das Ordens Nacionais). É que a referência à "lei da honra" permanece essencial na disciplina de alguns corpos. Há que nomear, em primeiríssimo lugar, o exército. O Código de Justiça Militar incrimina diversos delitos e crimes sob o título genérico de "infrações contra a honra e o dever". Podemos, assim, citar a capitulação em campo aberto, a traição, o insulto à bandeira ou contra os superiores. Mas muitíssimos códigos de deontologia de diversas profissões, sem relação, é o mínimo que se possa dizer, com o exército, obrigam seus membros a comportar-se segundo as regras da honra profissional. São a maioria das profissões liberais e vinculadas a conselhos, por exemplo, os médicos ou os advogados. Essa obrigação tem consequências no terreno disciplinar. Sabe-se que o direito disciplinar não conhece, contrariamente ao direito penal, o princípio da legalidade dos delitos. Com mais exatidão, as faltas disciplinares são previstas de uma maneira muito geral: falta de delicadeza, de probidade, de honra. As instâncias disciplinares serão, mais particularmente, conduzidas a examinar a falta reprovada pelo ângulo da honra em caso de anistia das sanções disciplinares, o que ocorre com muita regularidade por ocasião de cada eleição presidencial. Com efeito, uma cláusula característica de cada uma dessas leis é excluir do benefício delas os que foram condenados por uma falta contra a honra (por exemplo, para um médico, uma violação do sigilo profissional).

O direito civil às vezes faz referência à honra como regra de conduta. O artigo 371 do Código Civil enuncia como princípio que "o filho, em qualquer idade, deve honra e respeito ao pai e à mãe". Essa regra, que o direito romano já conhecia e que não é mais que a transcrição para a ordem jurídica de um preceito do Decálogo, foi por muito tempo considerada como não contendo nenhum preceito coercitivo. Mas, em 1991, a Corte de Cassação, com toda a razão, amparou-se nela para obrigar um filho, que recusara a herança do pai, a pagar as despesas de funeral deste último, ao passo que quem renuncia a uma herança não é responsável pelas dívidas do *de cujus*. Entre cônjuges, o desrespeito à honra acarretará o direito de solicitar o divórcio motivado.

Fora do direito de família, ocorre que o direito dos contratos encontre-se diante da delicada qualificação dos "compromissos de honra". Serão ou não verdadeiros contratos, e, como tais, submetidos à sanção judiciária em caso de inexecução? Perfeitamente resolvida no direito inglês que, desde os anos 1920, declara que esses *gentlemen's agreements* escapam à qualificação de contratos comuns, a questão (é verdade, raramente posta) não recebe, na França, uma solução tão clara. Os juízes franceses o mais das vezes decidem que uma convenção assim é apenas um contrato comum. Pelo menos quando se trata de um contrato perfeito, ou seja, cujo objeto é determinado e que resulta de vontades clara e definitivamente expressas pois, se assim não for, pode-se estar diante de um mero "contrato preliminar" que não passa do arcabouço de um contrato em negociação. Outra dificuldade provém da interpretação das "cartas de intenção", espécie de caução moral dada por uma matriz a uma filial (obrigação de meios ou de resultados?).

Em última análise, podemos perguntar-nos quais relações exatas o sentimento de honra e o direito mantêm. Se o direito não protege bem a honra, é pura e simplesmente porque outros valores se opõem a essa proteção, em primeiro lugar, a da liberdade de expressão. Partindo daí, o direito tem necessariamente muitas dificuldades para "receber" a lei da honra. O padrão da "falta à honra" tem utilização muito delicada numa sociedade que rejeita a noção de infâmia. Afinal de contas, essa falta não é muito diferente de uma falta profissional como, no direito de família, um descumprimento numa dívida de alimentos. O direito francês contemplar no compromisso de honra apenas um contrato como qualquer outro basta para demonstrar que honra e direito não pertencem à mesma ordem de ideias. O direito é o aliado obrigatório do senso da medida; a honra é um ideal que recusa qualquer limite. Em geral foi essa exaltação da pureza que a corrompeu, mas, no apelo de 18 de junho de 1940, foi à honra que Charles de Gaulle apelou, não ao direito.

› BEIGNIER B., *L'honneur et le droit*, tese, Paris, LGDJ, t. 234.

Bernard BEIGNIER

→ Anistia e graça; Antropologia jurídica; Brasões; Contrato; Deontologia ou ética profissional; Duelo; Força; Guerra; Imprensa; Legitimidade; Nobreza e títulos; Nome; Obediência e disciplina; Regra de direito.

HOSPITAL E ASILO

De origem muito antiga, já que encontramos seus vestígios já nos primórdios da era cristã, os hospitais e asilos viram suas missões e seu estatuto evoluir profundamente no decorrer do tempo: só no século XX é que o hospital adquire a feição que tem hoje. Antes, essas instituições colocadas inicialmente sob o signo da caridade conhecem uma história caótica que é marcada principalmente, do Renascimento ao final do Antigo Regime, por uma ascendência crescente do poder monárquico e depois, por mais de um século, pela duradoura ascendência da Revolução.

A ascendência crescente do poder monárquico

Mesmo que se note a presença, sob o Império Romano, de estruturas específicas que visam cuidar de militares, é, não obstante, a difusão do cristianismo que dá um impulso decisivo ao desenvolvimento dos hospitais e asilos; já no século IV no Oriente, um pouco mais tarde no Ocidente, cria-se, graças às liberalidades suscitadas pela Igreja, grande quantidade de estabelecimentos que formam, sob denominações diversas (hospital, asilo, santa casa, leprosário, etc.), todos eles lugares de *hospitalidade* para os peregrinos, indigentes, crianças órfãs ou abandonadas, pessoas doentes, idosas, inválidas, etc. Mais tarde, esse desenvolvimento conhece, ao sabor da conjuntura política ou econômica (invasões, guerras, miséria), fases de refluxo (séculos VIII-X) ou, ao contrário, de aceleração (séculos XI-XV). Mas as missões e o estatuto desses estabelecimentos permanecem globalmente os mesmos ao longo de toda a Idade Média; expressões do princípio de caridade ao mesmo tempo que testemunhos de fé de seus fundadores, são fortemente impregnados pelo espírito religioso de que procedem; tendo a tarefa de cuidar das almas (se não mais) assim como dos corpos, alguns deles que têm uma vocação sanitária mais nítida (santas casas) recorrem apenas pouco e tardiamente (século XIV) às regras da arte médica (higiene deplorável, raridade de médicos, etc.). Parte integrante do patrimônio da Igreja, com todas as vantagens (notadamente fiscais) que isso comporta, são submetidos, salvo exceções, à tutela administrativa e religiosa do bispo, o mais das vezes são administrados por clérigos (nascem várias ordens hospitaleiras) e financiados por rendas provenientes de seus bens imobiliários e de produtos diversos (coletas, liberalidades).

As devastações causadas pela Guerra dos Cem Anos, assim como inúmeros abusos constatados (desperdícios, roubos, etc.) acarretam uma intervenção crescente do poder temporal; às pretensões da burguesia que quer desempenhar um papel ativo na gestão e na fiscalização dos estabelecimentos, respondem as iniciativas do rei que se esforça, enquanto defensor dos princípios cristãos e garante da ordem pública, de estender a eles sua dominação: de um lado, colocando-os sob o controle de seus oficiais e de seu capelão-mor; do outro, instituindo uma taxa comunal com o fito de completar seus recursos (1551). Se bem que colidindo, no século seguinte, com uma Igreja robustecida por uma recrudescência da caridade (ordem de São Vicente de Paula...), essas medidas são prolongadas por outras, de inspiração muito mais repressiva: assim é ordenada, em Paris, depois em todos os burgos e cidades do Reino (1656-1662), a criação de um "Hospital Geral", destinado a "alojar, fechar e alimentar" os pobres válidos ou inválidos que praticam a mendicidade. No essencial, as coisas ficarão nesse estado até a Revolução; em sua véspera, os hospitais perderam grande parte de sua vocação original de hospitalidade: tendo grande número deles se tornado verdadeiras prisões onde se acotovelam vagabundos e doentes, alienados e inválidos, crianças e velhos, eles são desprovidos de qualquer preocupação sanitária e estão repartidos de maneira anárquica no território: quanto às suas rendas, cujo montante não variou muito desde o século XVI, elas se revelam notoriamente insuficientes.

A ascendência duradoura da Revolução

Diante do estado deplorável dos estabelecimentos, agravado por uma grande ascensão da miséria, o Comitê de Mendicidade da Constituinte lança as bases de uma reforma radical do direito positivo: ao mesmo tempo que preconiza o desenvolvimento da assistência em domicílio, ele propõe logicamente – na medida em que vê nos auxílios públicos um encargo do Estado – nacionalizar os bens hospitalares. Mas essas visões ambiciosas (preocupação de corrigir a implantação dos hospitais, de unificar-lhes o regime, de laicizar-lhes a administração, ampliar-lhes a missão) devem esperar a Convenção para ser em parte ratificadas; banindo o termo infernal "hospital", ligado ao ambiente fétido que tinham, que ela substitui pelo genérico "asilo", esta põe à venda os bens hospitalares (11 de julho de 1794). Depois, cônscia dos efeitos nocivos de sua política (diminuição dramática dos recursos disponíveis), ela suspende a execução da lei, que é definitivamente revogada pelo Diretório. Preferindo ao princípio de uma assistência nacional o de uma assistência local, este reúne todas as instituições de caridade da comuna dentro de um mesmo estabelecimento público administrado por uma comissão municipal: medida que, embora tenha permitido racionalizar a administração no interior da localidade, deixou também subsistir, durante mais de um século, uma distribuição dos estabelecimentos muito desigual e sem vínculo direto com as necessidades do país. Quanto ao mais, ele se empenha sobretudo em romper com os princípios revolucionários: reconstituição do patrimônio hospitalar, restauração dos direitos e taxas em favor dos estabelecimentos, acessibilidade destes apenas aos habitantes da comuna. Os regimes posteriores (Consulado, Império, Monarquia) conservam essa arquitetura geral embora trazendo-lhe corretivos: o Estado, que toma ou conserva o encargo de certas instituições (cegos, surdos-mudos, etc...), aumenta sua tutela sobre os estabelecimentos locais (comissão presidida pelo prefeito que ele nomeia, controle *a priori* exercido sobre os atos administrativos, uniformização das regras aplicáveis, etc.) e estende aos departamentos a possibilidade ou a obrigação (lei de 30 de junho de 1838 sobre os cuidados aos alienados) de criá-los ou geri-los. Ademais, o período vê a volta a práticas antigas: reintegrações do pessoal religioso nos hospitais, recurso maciço às doações e legados da caridade privada, que dispõe de um direito de fiscalização sobre o funcionamento de suas fundações... A lei de 7 de agosto de 1851 tenta melhorar o sistema: mesmo consagrando uma distinção surgida na prática entre o termo "hospital", que devia designar as estruturas que recebem doentes, e o de "asilo" que devia designar, por sua vez, as casas destinadas aos velhos e inválidos, ela impõe às comunas providas de um hospital aceitar os doentes indigentes nela domiciliados; mas essa lei tem apenas um alcance limitado: tanto porque repugna às autoridades locais operarem essa distinção como porque ela não prescreve nenhuma acolhida para os indigentes que dependem de uma comuna desprovida de estabelecimento, sendo, além disso, a admissão subordinada à existência de leitos vagos.

A evolução progressiva para o hospital moderno

A lei de 15 de julho de 1893, que institui a assistência médica gratuita e obrigatória, é que dá a essa evolução um impulso decisivo; além de ela reconhecer a todos os indigentes, que preencham as condições requeridas, o direito de obter prestações num estabelecimento (cada comuna é vinculada a uma estrutura hospitalar), ela contribui, de fato, em fazendo a coletividade pública arcar com os tratamentos dispensados nessa estrutura e, portanto, transformando o hospitalizado em doente pagante, para fazer o hospital perder seu estatuto de estabelecimento de assistência para lhe conferir o de estabelecimento aberto progressivamente a toda a população. Processo que, sem ser novo (um "preço de diária" era pago para a acolhida dos militares, etc.), conhece, porém, a partir dessa lei, um desenvolvimento regular; às pessoas participantes de uma mútua ou que pagavam o custo de sua permanência acrescenta-se aos poucos um número suficiente de doentes pagantes (vítimas de acidentes do trabalho em 1898, beneficiários das previdências sociais em 1928...) para que o legislador oficialize, já antes da instituição da Previdência Social que remata essa evolução, o princípio do acesso dos hospitais ao conjunto da sociedade (Lei de 21 de dezembro de 1941). No seguimento dessa transformação substancial firma-se também a vocação puramente sanitária destes últimos; a exclusão progressiva do pessoal religioso à qual corresponde, vinculada com os progressos contínuos da ciência, o aumento de poder do pessoal médico é completada pelo desejo de estabelecer uma diferenciação entre os estabelecimentos destinados a dispensar tratamentos e aqueles destinados a abrigar certas pessoas (idosas, incuráveis, deficientes, etc.). Expresso ao longo de todo o século XIX, esse desejo, também ele, é realizado no século seguinte: as Leis de 31 de dezembro de 1970 referentes à reforma hospitalar e a de 30 de junho de 1975, referente às instituições sociais, consagram formalmente tal diferenciação, submetendo esses dois tipos de estabelecimento a regras jurídicas distintas, prevendo ao mesmo tempo a transformação dos velhos asilos em casas de repouso... Nesses dois textos fundamentais, aos quais convém acrescentar os grandes Decretos de 11 e 30 de dezembro de 1958 bem como a lei hospitalar de 31 de julho de 1991, reside o essencial dos instrumentos jurídicos que regem hoje as estruturas de tratamentos e de acolhida antigamente denominadas "hospitais" e "asilos".

Mas, entre estas atuais estruturas e aqueles antigos estabelecimentos há tamanha diferença que se tem dificuldade em imaginar que estas possam realmente ser o produto daqueles: os tratamentos sofisticados dispensados nos "estabelecimentos de saúde", a preocupação de humanizar as condições de acolhida e de vida, a missão tanto preventiva como curativa que lhes é confiada, o desenvolvimento das "consultas externas" e das alternativas à hospitalização ("hospital dia"), a vontade de controlar as despesas e de coordenar a oferta de tratamentos ("orçamento global", "carta sanitária", etc.), o estatuto específico concedido aos agentes, a presença da medicina privada no próprio seio do hospital público constituem outros tantos elementos que distinguem radicalmente o presente do passado. Somente, talvez, a arquitetura imponente de algumas novas edificações, o lugar importante que os estabelecimentos privados continuam a ocupar no sistema hospitalar, assim como, sobretudo, a perenização de inúmeros serviços de tratamento em edifícios construídos há vários séculos são capazes de lembrar a rica história de que o hospital moderno é, a um só tempo, a testemunha e o herdeiro.

› CROS-MAYREVIELLE G., *Traité de l'assistance hospitalière*, 3 vol., Berger-Levrault, 1912. – IMBERT J., *Le droit hospitalier de la Révolution et de l'Empire*, Paris, Sirey, 1954; *Le droit hospitalier de l'Ancien Régime*, Paris, PUF, 1993; *Les hôpitaux en France*, 7ª ed., Paris, PUF, 1997. – IMBERT J. (dir.), *Histoire des hôpitaux en France*, Toulouse, Privat, 1982. – MAILLARD C., *Histoire de l'hôpital de 1940 à nos jours*, Paris, Dunod, 1986. – ROCHAIX M., *Les questions hospitalières, de la fin de l'Ancien Régime à nos jours*, Berger-Levrault, 1996.

Michel BORGETTO

→ Assistência social; Direitos sociais; Fraternidade; Mendigos e vagabundos; Saúde; Solidariedade.

HUMANISTA (Jurisprudência)

O humanismo esteve na origem de uma profunda renovação do pensamento jurídico e contribuiu muito para a formação do direito moderno. O movimento apareceu na Itália no século XV, em particular com Lorenzo Valla: primeiro literário e filológico, ele se interessou rapidamente pelo direito, aplicando-lhe os mesmos métodos que às outras disciplinas. No século XVI, o humanismo jurídico tornou-se um fenômeno europeu, mas foi sobretudo na França, onde penetrou já no início do século, que ele encontrou sua principal terra de eleição com Guillaume Budé e seus discípulos, a ponto de o método característico da "jurisprudência" humanista tomar o nome de *mos gallicus*, em oposição ao *mos italicus* dos bartolistas.

Reinou soberano em algumas Universidades, especialmente a de Bourges, onde foi implantado nos anos 1530 pelo milanês Andrea Alciat, mesmo que a expressão "Escola de Bourges", que se costuma empregar para designar o grupo de seus adeptos, pareça criticável, na medida em que não leva em conta o fato de os estudos jurídicos humanistas terem sido realizados também noutros lugares, e dá desse movimento uma imagem de unidade um tanto factícia. Pois a "jurisprudência" humanista, embora seja constituída sobre bases comuns a todos os seus representantes – o gosto pela literatura e pela filosofia antigas, uma concepção teórica e histórica do direito – cindiu-se em várias correntes que convém distinguir. Houve um primeiro humanismo jurídico, até os anos 1530-1540, o dos conciliadores como Chasseneuz, Tiraqueau, Du Moulin, Alciat, que acreditaram possível conciliar a adesão às ideias novas com a fidelidade aos métodos tradicionais herdados do bartolismo. A partir de meados do século, quando a influência humanista se firmou mais nitidamente na França e tornou impossível qualquer conciliação com o velho *mos italicus*, discernimos claramente duas grandes correntes: o humanismo historicista, que se atribui o objetivo de reencontrar as soluções do direito romano autêntico, e o humanismo sistemático, preocupado em agrupar os textos do *Corpus juris civilis* num conjunto coerente e lógico, em torno de temas de inspiração filosófica. Mais tardiamente, nas últimas décadas do século XVI, aparece uma terceira corrente: o humanismo dos profissionais, que se inspira até certo ponto nos dois anteriores, mas se atribui objetivos diferentes, voltando-se não mais para a história e para o direito de Roma, mas para as fontes jurídicas francesas e para o passado nacional.

O humanismo historicista

Ele constituiu a corrente mais antiga e mais importante entre os juristas: a mais antiga, porquanto pode louvar-se em grandes precursores, Valla, Budé; a mais importante, pelo menos na França, já que é representada por um dos grandes jurisconsultos franceses, Jacques Cujas e por seus numerosos êmulos. O que a caracteriza é mormente sua visão do direito, especialmente do direito romano, profundamente marcada pela ideia de evolução, pela consciência aguda da mudança. Enquanto a Idade Média pensava o direito e as instituições na continuidade, via no Santo Império o herdeiro direto do Império Romano e, no trabalho de interpretação dos glosadores e dos bartolistas sobre o *Corpus juris civilis*, o prolongamento da obra dos Prudentes, o humanismo, ao contrário, desenvolveu um modo de pensamento fundamentado na cronologia, na distinção entre períodos separados por rupturas, opostos por sua cultura, por sua civilização. Foi o humanismo que difundiu o tema da sucessão de civilizações mutantes, mortais, no curso da história, e a crença de que a Antiguidade, tão brilhante no campo do direito, da filosofia e das artes, foi substituída por uma Idade Média decadente e bárbara. Por isso atribuiu-se o objetivo de recobrar em sua plenitude a herança antiga, não só por gosto da erudição, mas também porque essa redescoberta, essa volta à Antiguidade, constituía em si mesma um fator de progresso: a história, entre os jurisconsultos humanistas, não é uma atividade intelectual gratuita, mas o instrumento indispensável do aperfeiçoamento a um só tempo ético e técnico do direito, partindo do postulado de que o "verdadeiro" direito romano fora superior a todos os outros sistemas jurídicos posteriores e devia servir de referência constante. Os humanistas eram obcecados pela ideia de pureza original e de autenticidade dos textos: pureza histórica, pureza gramatical, mas também pureza moral, impossíveis de dissociar uma vez que eram as expressões de uma mesma verdade.

Por isso o humanismo jurídico teve por principal objetivo reconstituir o direito romano autêntico. Sobretudo desvencilhando-o de todos os acréscimos medievais, dos comentários parasitas, das excrescências e das deformações devidas aos glosadores e aos bartolistas: uma das grandes palavras de ordem dos humanistas historicistas era a volta aos textos primitivos, e começaram por expurgar as edições do *Corpus juris civilis* da glosa. Mas sua busca da autenticidade não parou nas compilações: com mais audácia, eles pretendiam também reencontrar o direito anterior, que se supunha profundamente alterado por Justiniano e por seus colaboradores. Pois existia, entre eles, uma forte propensão para idealizar o direito romano e, diante da decepção provocada pela leitura do Digesto, feito de inumeráveis fragmentos díspares e contraditórios que pareciam artificialmente reunidos, para imaginar um direito romano anterior mais coerente, mais penetrado de moral e de filosofia, que o trabalho dos compiladores teria destruído, tanto por ignorância como por maldade. O antitribonianismo, a hostilidade contra Justiniano e seus comissários, faz parte dos lugares-comuns do pensamento humanista e tem como corolário a realização de um intenso trabalho de crítica histórica ao qual foram submetidos sistematicamente os textos do Digesto. Introduzidas por Alciat, desenvolvidas por Cujas, a pesquisa das interpolações e a reconstituição dos fragmentos presumidos interpolados se tornaram a principal atividade dos jurisconsultos de Bourges, a qual mobilizava, entre os melhores, tesouros de ciência filológica e uma soma considerável de conhecimentos literários e filosóficos. Tiveram o mérito de aprimorar técnicas de crítica histórica à altura de suas ambições, resumidas pela trilogia *collatio*, *emendatio*, *interpretatio*. Cotejaram, a exemplo de Cujas, as melhores versões do *Corpus juris civilis*, inventariaram os manuscritos mais seguros, em vez de se contentar apenas com a Vulgata, e os compararam entre eles. Submeteram cada fragmento a uma crítica serrada para corrigi-lo, para detectar os indícios de eventuais interpolações: impropriedades gramaticais, deselegâncias ou rupturas de estilo, contradições no interior de um mesmo texto ou entre textos diferentes. Sobretudo, interpretaram as fontes jurídicas confrontando-as sistematicamente com as obras literárias contemporâneas, com os escritos de Cícero, de Sêneca, de Plutarco, não só porque neles encontravam úteis elementos de informação e de comparação, mas também porque, no pensamento humanista, o direito não constituía uma disciplina encerrada, fechada em si mesma, mas era, do mesmo modo que a filosofia ou a literatura, um dos componentes da cultura e só podia ser realmente compreendido em estreita relação com as outras.

O humanismo resgatou assim, em profundidade, os métodos e as perspectivas do direito. A exegese por demais literal e gramatical dos bartolistas, ele substituiu por uma crítica filológica e histórica dos textos. Aos esforços de conciliação puramente lógicos despendidos pelos romanistas medievais, respaldados em muitas distinções e exceções, quando se achavam confrontados com fragmentos contraditórios, ele preferiu uma interpretação histórica, que explicasse as divergências pela evolução e pela sucessão dos tempos. Incontestavelmente fundou a crítica histórica moderna e fez o conhecimento da história do direito romano, bem como o do contexto em que ele nascera, realizar progressos decisivos. Os juristas humanistas foram os primeiros, como Aymar du Rivail já em 1525, a reconstituir a lei das Doze Tábuas a partir dos fragmentos do Digesto e das alusões que a elas faziam os autores literários, e a distinguir, com Cujas e seus discípulos, o direito, a que chamarão mais tarde clássico, daquele do Baixo Império, aberto às influências orientais. No entanto, a romanística humanista não produziu apenas efeitos positivos. O direito anterior a Justiniano, ornado de virtudes mais ou menos imaginárias, foi elevado à categoria de mito, e decerto opuseram-no açodadamente ao das compilações, que ele serviu para rebaixar. Da crítica, passaram aos poucos para a hipercrítica e, já no final do século XVI, houve alguns autores que julgaram interpolados quase todos os textos do *Digesto*, com base em critérios fortemente subjetivos. O direito romano não saiu indene dessa subversão das perspectivas. Seguramente é errôneo atribuir aos partidários do *mos gallicus*, especialmente a Cujas, a segunda intenção maquiavélica de ter desenvolvido as pesquisas históricas sobre as leis romanas com o intuito de reduzir-lhes a influência e torná-las, com o tempo, um direito morto, um mero vestígio arqueológico. Os humanistas, pelo menos os que pertenciam a essa corrente, continuavam fervorosos admiradores do direito romano, mesmo que o objeto da admiração deles tivesse mudado e já não fosse, como antes, o direito de Justiniano, mas o do período precedente. Tampouco tinham a intenção de privar as leis romanas de qualquer influência prática: suas pesquisas não visavam somente satisfazer a curiosidade científica, mas deviam, exumando soluções presumidas superiores àquelas das compilações, contribuir para a melhoria do direito do tempo deles. Não obstante, era grande o risco, ao rejeitar o trabalho realizado pelos juristas medievais e, antes deles, pelos compiladores, que, por mais contestável que fosse de um ponto de vista histórico, tivera o mérito de adaptar o direito romano às realidades novas e de tratá-lo como uma legislação viva, ao privilegiar, ao contrário, as soluções mais antigas, de fazer muitas leis romanas parecerem antiquadas e inutilizáveis: podia-se, assim, pregar, sem inconvenientes, como alguns o fizeram, o restabelecimento do formalismo constrangedor da estipulação num tempo em que se firmava cada vez mais o consensualismo nos contratos? Ademais, a pesquisa sistemática das interpolações e o caráter aleatório das reconstituições propostas dos textos presumidos interpolados multiplicavam os temas de controvérsia entre os autores e introduziam muita incerteza sobre o conteúdo das soluções romanas, com grande prejuízo para os profissionais: já na segunda metade do século XVI, estes começam a deplorar as divergências, as discussões estéreis, as oposições insolúveis que agitam e dividem a doutrina humanista e lembram, mais confusas ainda, as intermináveis controvérsias dos bartolistas. Para advogados como Du Moulin ou Coquille, acima de tudo preocupados em dispor de soluções seguras para estear sua argumentação, as obras inspiradas no *mos gallicus* parecem "alambiques para cérebros", que deixam os textos incertos e acumulam vãos temas de polêmica sem nunca chegar a conclusões sólidas e sem utilidade real para a prática do direito. Enfim, embora a admiração para com o direito romano em geral se tenha mantido, ela já não podia basear-se nos mesmos fundamentos que antes. Objetos de história, as leis romanas apareceram como elas eram: o produto de uma sociedade e de uma época determinadas, o direito de um povo seguramente dotado na arte de legislar, mas não o direito de todos os povos, reputado válido para todos os lugares e todos os tempos. O espírito histórico dos humanistas introduziu o relativismo: conduziu a negar o caráter providencial e universal com que fora aureolado o direito romano na Idade Média. Com o humanismo jurídico, o direito romano torna a ser puramente humano, mesmo aos olhos daqueles que continuam a apreciá-lo e a defendê-lo. Outros saberão tirar partido dele para contestar-lhe a supremacia e a autoridade.

O humanismo sistemático

Ele forma uma segunda corrente, decerto menos ativa na França, onde, no entanto, foi representado por numerosos e eminentes juristas, François Connan, Éguinaire Baron, Antoine Leconte, Jean de Coras, Pierre Grégoire de Toulouse, François Le Douaren e, sobretudo, Hugues Doneau, mas muito influente na Alemanha e na Itália e que, a longo prazo, produziu efeitos mais duradouros do que o *mos gallicus* de Cujas. Com este último, ele apresenta, aliás, pontos em comum, inerentes à visão humanista do direito. Como os humanistas historicistas, os humanistas sistemáticos aspiravam a resgatar o "verdadeiro" direito romano, anterior às compilações, e davam mostras da maior severidade com Justiniano e seus colaboradores: para Doneau, o Digesto era apenas um corpo desconjuntado e sem alma, cujos membros não tinham entre si nenhum vínculo aparente – por não terem sido reunidos por visões gerais. Como eles também, propunham-se reconstituir o direito romano autêntico amparados em testemunhos literários e filosóficos da Antiguidade, e a reencontrar todas as riquezas jurídicas e morais que se suponha ele contivesse. Mas, em vez de dirigir seus esforços de reconstituição a textos isolados e de ir no encalço das interpolações, eles preferiam concentrá-los numa reconstituição de conjunto do direito romano, persuadidos que estavam de que este, antes da intervenção mutiladora dos compiladores, se revestira do aspecto de um sistema coerente e cuidadosamente ordenado. Achavam-se corroborados nessa convicção pela existência, na literatura jurídica romana, de obras mais curtas e mais bem construídas do que as outras, as *Institutas*, as de Justiniano e mesmo as de Gaius, cujo plano, na falta do texto, era conhecido, relatado num fragmento do Digesto, e pela doutrina de Cícero, que, num escrito perdido mas cujo tema geral nada tinha de misterioso, preconizara tratar o direito como uma arte (*jus in artem redigere*), construí-lo, tanto com um cuidado de lógica como de estética, com o mesmo rigor formal que a geometria ou a música, ordená-lo em torno de princípios dos quais se poderia fazer decorrer, mediante um simples raciocínio dedutivo, as soluções de todas as questões particulares. Não há dúvida de que tenha havido, nessa visão do direito romano, muitas ilusões, e sabe-se hoje que os jurisconsultos clássicos haviam conservado um espírito demasiado pragmático para se preocupar com grandes construções sintéticas, pois seus esforços nessa área haviam correspondido, nos manuais para estudantes que as *Institutas* eram, a imperativos puramente didáticos que permaneceriam para eles secundários. Mas os humanistas, tomando ao pé da letra as afirmações de Cícero, não duvidavam de que as obras dos Prudentes, antes de serem deturpadas pelos glosadores, apresentavam-se sob a forma de sistemas rigorosamente ordenados. E, se eles cometiam tamanho anacronismo, era porque transpunham para o passado a própria concepção deles do direito, sistemática e abstrata, forjada sob a influência, crescente no decorrer do século XVI, do racionalismo.

De fato, mais que a reconstituição de textos isolados, que tinha, ao menos em princípio, de respeitar certas regras metodológicas, a dos sistemas supostos terem sido do direito romano deixava uma grande liberdade e conduzia inevitavelmente a edificar essas construções sobre a base das ideias filosóficas então dominantes. As filosofias, em que os humanistas se inspiravam principalmente, eram o platonismo e o estoicismo, que enfatizavam a natureza do homem, o indivíduo. E foi a partir de um direito natural identificado à natureza humana, profundamente diferente daquele de Aristóteles, que eles construíram esses sistemas. Claro, em sua maioria eles deram provas de uma fidelidade, pelo menos aparente, ao direito romano. Sobretudo na forma: houve mesmo alguns, a exemplo de Jean Bodin, em *Juris universi distributio*, e do toulousano Pierre Grégoire, que tentaram reconstruir o direito seguindo planos novos, relativamente inspirados nas ideias do filósofo Pierre de La Ramée, mas sem grande sucesso; a maioria se contentou em repetir o plano das *Institutas*, fundamentado na tripartição pessoas-coisas-ações, mas dando-lhe um conteúdo diferente. Igualmente quanto ao fundo: os sistemas que eles edificavam se faziam passar por romanos e o eram no sentido de que se baseavam principalmente, até mesmo exclusivamente, nos textos do *Corpus juris civilis*, mas textos cuja interpretação era a maior parte do tempo bem afastada do sentido original e dava primazia às ideias do tempo. O exemplo mais notório é o de Hugues Doneau, que adotou como fio diretor de seus *Commentaires du droit civil* a ideia, ainda nova entre os juristas de seu tempo e *a fortiori* desconhecida dos romanos, de que cada homem, seja quem for, é por essência titular de certo número de direitos subjetivos: o direito à vida, à liberdade, à segurança, à honra, à propriedade, cujo emprego o direito civil assegura com maior ou menor completitude. Doneau por isso foi levado a transformar o direito romano a pretexto de reconstituí-lo, a atribuir-lhe um subjetivismo que lhe era alheio. Assim como deu origem à noção moderna da propriedade, abusivamente qualificada de "romana", por certo criada a partir dos textos do Digesto comentados de maneira totalmente intemporal e abstrata, mas concebida como um direito bem mais individualista e absoluto do que ele o era na Roma clássica. Dessa visão racionalista e subjetivista do direito romano nasceu, em grande parte, o direito moderno: o humanismo sistemático a difundiu nos países onde ele exerceu uma forte influência, a Alemanha, os Países Baixos, antes que o *Usus modernus Pandectarum*, que por sua vez é oriundo dele, tome-lhe o lugar. E, na própria França, embora sua influência tenha ficado no imediato limitada, fez-se sentir no século XVIII (é muito nítida em Pothier), por intermédio da Escola do Direito Natural.

O humanismo dos profissionais do direito

Ele representou uma corrente mais tardia e mais especificamente francesa. Embora não seja alheio às tendências anteriores, principalmente ao humanismo historicista, no qual muito se inspirou, manifeste a mesma sede de cultura e de conhecimentos, o mesmo gosto da erudição, embora utilize os mesmos métodos, ele oferece também traços particulares que vedam confundi-lo com elas. Primeiro, o fato de que ele se desenvolveu fora dos meios universitários aos quais pertencia a maioria dos outros jurisconsultos humanistas. E, sobretudo, se bem que seus adeptos tenham ficado impregnados de cultura grega e latina, um desinteresse relativo pelo direito romano e pela Antiguidade em geral, que uma paixão tão viva quanto exclusiva pelo direito e pela história da França eclipsam. A orientação dos estudos humanistas para, de um lado, a história do direito romano, do outro, para a elaboração de obras sistemáticas, não podia satisfazer os juristas profissionais e, por isso, ela progressivamente acarretou um divórcio entre teoria e prática. Na França da segunda metade do século XVI, ficou claro que os magistrados e os advogados, inclusive os mais abertos às ideias novas, não podiam aderir sem restrição ao historicismo de Cujas, nem ao sistematismo de um Doneau, ainda que, em suma, eles se adaptassem melhor ao primeiro do que ao segundo. Sabe-se que, à busca desenfreada das interpolações e às discussões que ela suscitava, eles opunham as necessidades concretas da vida jurídica, sua necessidade de estabilidade e de segurança. Quanto à sistematização do direito, embora essa preocupação não lhes fosse estranha, já que alguns deles se esforçaram em construir racionalmente o direito francês segundo o plano das *Institutas*, ela tinha aos seus olhos o inconveniente de incidir exclusivamente sobre o direito romano numa época em que este era objeto de restrições, ao menos quanto ao seu acolhimento e à sua aplicação globais. Por isso esses profissionais esclarecidos deram ao humanismo jurídico uma orientação nova, mais próxima de suas opiniões e de suas preocupações: eles que, na vida profissional, empenhavam-se em defender os direitos do rei, em fazer que se observassem as ordenações régias, que julgavam ou advogavam segundo as disposições do costume, utilizaram o espírito e as técnicas do humanismo a serviço das fontes do direito especificamente francesas, para lhes precisar o conteúdo e esclarecer-lhes a história.

A principal lição que os profissionais do direito conservaram do humanista historicista foi seu relativismo, que eles acentuaram e exploraram no sentido de um verdadeiro nacionalismo jurídico. Repudiaram, em sua maioria, qualquer ideia de universalidade, qualquer crença em regras jurídicas comuns ao conjunto dos povos. Conceberam o direito como a expressão do "natural", para repetir o vocabulário de Jean Bodin, de cada nação, até mesmo de cada província, como o reflexo fiel das opiniões e das necessidades de sua população, como o produto de sua história e mesmo de certo determinismo geográfico e climático. Para opor o direito francês ao direito romano e sustentar a total independência do primeiro com relação ao segundo, Étienne Pasquier invocava a razão de que Deus ergueu, entre a França e a Itália, "uma alta interposição de montanhas" e manifestou, assim, sua vontade de fazer dos franceses e dos italianos dois povos muito diferentes, opostos "quase em todas as coisas, costumes, leis, natureza e compleições". A partir de tais considerações, os profissionais humanistas se sentiam autorizados a consagrar seus estudos não mais ao direito romano, de um modo ou de outro identificado ao direito comum universal, mas ao direito francês e, de modo mais geral, aos costumes antigos nacionais, ou, num plano inferior, aos costumes e às tradições de sua província. Estudos ilustrados pelas célebres *Recherches de la France* de Étienne Pasquier, mas igualmente por muitos outros trabalhos de menor amplitude e menos fama, do mesmo modo representativos de um humanismo que se pretendia nacional e votado à exaltação das tradições e dos particularismos do povo francês.

Essa mudança de perspectivas produziu consequências muito importantes. No plano jurídico, levou a elaborar a noção de direito francês. Gerou também, paralelamente, importantes progressos no conhecimento da história da França, pois, para os humanistas profissionais do direito, a história era inseparável do direito. Alguns redigiram em paralelo uma história de sua província e um comentário de seus costumes, obras que lhes pareciam estreitamente complementares: como Guy Coquille, autor de um *Commentaire de la coutume de Nivernais* e de uma *Histoire du pays et duché de Nivernais*. Suas investigações históricas foram executadas com a ajuda dos mesmos métodos que haviam sido aplicados à Antiguidade pelos humanistas anteriores, mas enriquecidos e aprimorados pela experiência do direito. Impunham a acumulação de uma massa impressionante de "provas", de documentos originais, à qual um Étienne Pasquier consagrou toda a vida, pois os profissionais do direito humanistas sempre procuraram trabalhar com fontes diretas e autênticas: foram os promotores de uma "história perfeita", escrita não a partir de relatos de segunda mão e numa perspectiva edificante, mas sobre a base de documentos pacientemente coligidos e submetidos a um exame crítico semelhante ao que se aplicava aos depoimentos produzidos nos processos; uma história que já podemos qualificar de científica, mesmo que a crítica das fontes às vezes continuasse inábil e em geral seletiva, que devia ser tão verídica e exaustiva quanto possível e rejeitar as narrativas puramente legendárias. Essas pesquisas permitiram encontrar, ou pelo menos tornar mais conhecidos, manuscritos esquecidos, não mais os do *Corpus juris civilis*, mas os de velhas compilações consuetudinárias e de estilos de procedimento: o *Stylus Curiae Parlamenti* de Guillaume Du Breuil e as *Quaestiones* de Jean Le Coq, editados por Charles Du Moulin; os *Coutumes de Beauvaisis* de Philippe de Beaumanoir, exumados por Antoine Loisel antes de serem publicados por La Thaumassière. Ao mesmo Loisel e a seu compatriota Le Caron, devemos publicações da *Somme rural* de Jean Boutillier e do *Grand Coutumier de France*. Paradoxal metamorfose desse humanismo tardio: ele levou a reabilitar a Idade Média, período tão depreciado pelos primeiros humanistas mas que se tornou o centro de interesse principal dos jurisconsultos franceses, uma vez que foi ele que vira a gênese da "Nação França" e dos costumes que constituíam seu direito. Quando os humanistas profissionais do direito repetiam os sarcasmos sobre a ignorância e a falta de cultura de seus predecessores, era para aplicá-los apenas aos romanistas italianos, nunca aos que haviam contribuído para construir a história e o direito da França, de quem falavam, ao contrário, com respeito e emoção. Essa erudição, todavia, nunca era isenta de segundas intenções políticas: inseparável do direito, a história não servia somente para lhe esclarecer a fundação, mas também para lhe fundamentar a autoridade. Se já não visava moralizar, visava legitimar. A tradição nacional, tal como a expunham os humanistas, vinha oportunamente estabelecer a independência da França e de seu direito, ao mesmo tempo que a extensão dos poderes de seu rei. As invasões bárbaras, longe de suscitar desgosto pela perda da herança antiga, permitiam celebrar a emancipação da tutela romana, e o nome dos francos era exaltado como o símbolo da liberdade intrínseca da nação francesa. As decisões régias que, tal como a concessão dos privilégios da Universidade de Orléans, procuravam refrear a penetração do direito romano e limitar sua autoridade, serviam para estabelecer a um só tempo a independência do reino com relação ao Sacro Império e a do direito francês com relação às leis romanas. A longa lista das prerrogativas que o rei pudera exercer desde os primórdios da monarquia permitia alicerçar a soberania e desenhar seus contornos jurídicos, já que nenhuma atribuição regalenga, desde que sua existência fosse provada, por natureza não podia perder-se, ainda que fosse por longa prescrição. Enfim, para os galicanos resolutos que os humanistas profissionais do direito eram, a história fornecia também os melhores argumentos contra as pretensões pontifícias: a evocação de um passado relativamente longínquo, em que o papa teria exercido apenas uma preeminência moral, em que as Igrejas locais ou nacionais se teriam organizado em meio a uma grande liberdade, em que o poder espiritual teria sido subordinado ao poder temporal em todos os negócios políticos e disciplinares, permitia denunciar o caráter recente, e por isso mesmo juridicamente infundado, das pretensões pontifícias, e demonstrar a subordinação ao rei da Igreja galicana. Entre alguns juristas consuetudinários, familiares de um direito que, até nas redações oficiais, assentava-se exclusivamente nos precedentes, a história tinha valor imediatamente normativo: num mesmo movimento, ela constatava a existência da regra e estabelecia seu caráter obrigatório. Traços que se perenizarão entre os jurisconsultos e os eruditos (em geral são os mesmos) dos séculos XVII e XVIII.

› CALASSO Fr., "Umanesimo giuridico", *Introduzione al diritto comune*, Milão, Giuffré, 1970, pp. 183-205. – CAVANNA A., *Storia del diritto moderno in Europa. I, Le fonti e il pensiero giuridico*, Milão, Giuffré, 1982, pp. 172-89. – LAHOZ F., *El humanismo jurídico en Europa*, Universidad de Las Palmas de Gran Canaria, 2003. – MAFFEI D., *Gli inizi del Umanesimo giuridico*, 3ª ed., Milão, Giuffré, 1972. – ORESTANO R., *Introduzione allo studio storico del diritto romano*, 2ª ed., Turim, 1961. – VILLEY M., *La formation de la pensée juridique moderne*, 3ª ed., PUF, 2003, cap. 4. – Coletivo, *Pédagogues et juristes. Actes du Congrès du Centre d'Études Supérieures de la Renaissance de Tours, Été 1960*, Paris, Vrin.

Vide também: CARPINTERO Fr., "*Mos italicus, mos gallicus* y el Humanismo racionalista. Una contribución a la historia de la metodologia juridica", *Jus Commune*, t. 6, 1977, pp. 108-71. – HUPPERT G., *L'idée de l'histoire parfaite*, trad. fr., Paris, 1973. – KELLEY D.-R., *Foundations of modern historical Scolarship. Language, Law and History in the French Renaissance*, Nova York, 1970; *History, Law and Human Sciences. Medieval and Renaissance Perspectives*, Londres, 1984 (coletânea de artigos). – PIANO MORTARI V., *Ricerca sulla teoria dell'interpretazione del diritto nel secolo XVI, I, La premesse*, Milão, 1956; *Diritto, Logica, Metodo nel secolo XVI*, Nápoles, 1978 (coletânea de artigos). – RIALS S., "*Veritas juris.* La vérité du droit écrit. Critique philologique humaniste et culture juridique moderne de la forme", *Droits. Revue française de théorie juridique*, t. 26, 1997, pp. 101-82. – THIREAU J.-L., *Charles Du Moulin (1500-1566). Étude sur les sources, la méthode, les idées politiques et économiques d'un juriste de la Renaissance*, Genebra, 1980; "Cicéron et le droit naturel au XVIe siècle", *Revue d'Histoire des Facultés de Droit et de la Science Juridique*, nº 4, 1986, pp. 55-85; "Hugues Doneau et les fondements de la codification moderne", *Droits. Revue française de théorie juridique*, t. 26, 1997, pp. 81-100; "Droit national et histoire national. Les recherches érudites des fondateurs du droit français", *Droits*, 2003.

Jean-Louis THIREAU

→ *Corpus juris civilis*; Direito comum; Direito francês; Doutrina; Escola do direito natural moderno e racionalismo jurídico; História do direito.

I

IGREJAS/ESTADO

Em toda sociedade, Estado e confissões religiosas ou Igrejas não podem se ignorar mutuamente. Ambos se dirigem aos mesmos indivíduos, num mesmo ambiente territorial, propondo-se objetivos em geral distintos, mas raramente opostos ou excludentes. A questão da organização das relações entre Igrejas e Estado é uma constante em todas as épocas e em todos os sistemas políticos ou jurídicos. Essas relações se estruturam segundo modelos extremamente diversificados. Uma religião pode comandar a organização do Estado, a designação das autoridades políticas; o direito pode ser ditado pela vontade divina; o Estado pode estar então numa condição de subordinação tal que haverá na prática absorção das instituições públicas pela religião (várias sociedades da Antiguidade, da Ásia ou da África, e em certa medida alguns Estados muçulmanos). Inversamente, um Estado pode perseguir uma religião (proibir suas manifestações cultuais, perseguir seus adeptos etc.); não há ignorância, pois não é concebível a ignorância de crenças ou convicções de uma parcela significativa da população por parte dos poderes públicos. Entre esses dois extremos, são possíveis todas as situações, desde uma colaboração mais ou menos estreita até uma hostilidade mais ou menos declarada, ou uma neutralidade que implica distinção de dois domínios e, por parte do Estado, intenção de imiscuir-se o mínimo possível nos assuntos internos das religiões. Dentro de cada Estado, essas diversas soluções podem aplicar-se a uma religião ou a várias religiões que coexistam num mesmo território.

No âmbito deste artigo, não é possível tratar de cada uma das situações mencionadas e ilustrá-las com exemplos concretos. Aqui nos concentraremos no caso da França e do restante da Europa. De resto, a terminologia "Igreja" é apropriada às diversas Igrejas cristãs. Muitas vezes é por abuso de linguagem que são qualificados de Igrejas os movimentos espirituais cujas origens se situam em outras regiões do globo. Traçaremos brevemente a evolução das relações Igrejas/Estados desde o aparecimento do cristianismo, e depois estudaremos os principais modelos constitucionais e jurídicos dessas relações na Europa dos Quinze na aurora do terceiro milênio, insistindo na situação francesa. Para esses mesmos Estados, abordaremos as principais respostas jurídicas dadas às questões resultantes da necessidade em que se viu o jurista de levar em conta as Igrejas, bem como da interferência dos dois direitos; de fato, cada Igreja tem seu próprio direito, disposições que regram a vida dos fiéis (práticas religiosas, casamentos, atos proibidos ou impostos etc.) e a vida das comunidades, o estatuto dos ministros do culto etc. Num Estado que diz respeitar a liberdade de religião, importa encontrar soluções jurídicas que permitam a conciliação desses dois sistemas jurídicos. Veremos que a diversidade dos sistemas constitucionais e jurídicos não impede certa semelhança dos princípios fundamentais que o direito põe em ação.

Perspectiva histórica: evolução das relações Igrejas/Estados no Ocidente a partir do século I

A Igreja cristã nasce num reino judeu, submetido à dominação política de um imperador romano pagão, em meio à civilização do Oriente helenizado. Esquematicamente, pode-se traçar assim a evolução de seus primórdios: no século I, as comunidades cristãs ficam limitadas, a autoridade imperial finge ignorá-las. Rapidamente, o progresso da nova religião obriga a posicionamentos oficiais, que no início são tolerantes. Trajano, por volta de 111, em suas cartas a Plínio, o Jovem, governador de Bitínia (Ep. X), aconselha a só perseguir os cristãos se eles persistirem na adesão a essas novas comunidades. No século III, o cristianismo conquistou grande parte da população, em todos os meios sociais, nas cidades e nos campos, essencialmente no Oriente, mas também no Ocidente. A semi-ignorância dos poderes públicos já não é mais possível. Na mesma época, o Império Romano passa por várias dificuldades (militares, principalmente). O Estado multiplica medidas de hostilidade e depois de perseguição em relação à Igreja cristã. Em 249-250, o imperador Décio ordena uma perseguição sistemática a todo e qualquer cristão que se recuse a abjurar sua fé e a participar dos sacrifícios em honra do imperador, medida esta reiterada por seus sucessores, vindo a ganhar ainda mais amplitude a partir de 303-304, quando Diocleciano obriga os cristãos a oferecer sacrifícios aos deuses pagãos, sob pena de morte. Perseguições, confiscos dos bens das comunidades cristãs (edifícios destinados ao culto). No entanto, o cristianismo progride. Para garantir a paz social, Galério, imperador do Oriente, publica em abril de 311 um edito de Tolerância; o cristianismo é tolerado, desde que não perturbe a ordem pública. Mas a medida é mal aplicada. No inverno de 312-313, Constantino, imperador do Ocidente, toma a iniciativa de promover conferências em Milão, com Licínio, seu colega do Oriente. Essas conferências terminam com aquilo que foi qualificado de edito de Milão. (Não possuímos os textos do edito de Tolerância nem do edito de Milão, mas temos dois relatos concordantes por Lactâncio, *De mortibus persecutorum*, 34 e 48, e de Eusébio de Cesareia, *História eclesiástica*, VIII e X.). O edito dita para todos o princípio de liberdade religiosa, liberdade de aderir à crença de sua escolha e de exercer o culto da sua convicção. A administração imperial recebe a missão de garantir às comunidades cristãs a restituição de seus imóveis e outros bens confiscados no governo dos predecessores. Constantino introduz no Império um regime de liberdade e pluralismo religioso. A partir dos anos seguintes, continua a liberdade, mas a igualdade entre os cultos desaparece. Numerosas constituições imperiais instauram um regime que favorece o cristianismo, ainda que as outras religiões (paganismo) continuem sendo toleradas: privilégios fiscais, reconhecimento e proteção de uma jurisdição exercida pelos bispos, instauração do repouso semanal do domingo etc. Os sucessores de Constantino – com exceção da reação pagã, curta (361-363), mas firme, desejada pelo imperador Juliano – prosseguirão sua política, com pequenas diferenças, e às vezes, atitudes desastradas. Em 28 de fevereiro de 380, Teodósio I, imperador do Oriente, publica o edito de Tessalônica, impondo a todos a fé romana e contendo uma condenação de princípio às outras religiões. O cristianismo se torna religião de Estado, e o pluralismo religioso deve desaparecer. Com base nesse edito se construirá um regime de colaboração estreita entre a Igreja e o Estado, e os imperadores promulgarão abundante legislação relativa aos assuntos eclesiásticos (a administração das questões religiosas ocupa todo o último livro do *Código Teodosiano* de 438 (liv. XVI) e os treze primeiros títulos do livro I do *Código Justiniano* de 534. Qualificou-se o regime praticado por Justiniano (527-565) de cesaropapismo (questões religiosas e temporais são misturadas, numa confusão proveitosa para a autoridade imperial). Os historiadores discutem a questão de saber até que ponto Justiniano se imiscuiu nas questões dogmáticas sem se limitar à organização da Igreja. Essa união e até a confusão dos poderes terá consequências duradouras no Oriente. No Ocidente, o poder imperial romano desaparece durante o século V, quando tem início a era da civilização medieval do Ocidente cristão (ver os volumes da coleção "História do direito e das instituições da Igreja no Ocidente", G. Le Bras e J. Gaudemet (org.), Paris, Sirey, e Cujas; ver também: J. Gaudemet, *Église et Cité*, Paris, Cerf-Montchrestien, 1994).

Designa-se com a expressão "cristandade do Ocidente medieval" a civilização que dominou então. Durante cerca de dez séculos, a unidade do Ocidente deveu-se à onipresença da Igreja na sociedade. Contudo, as relações Igreja/Estado ou poder espiritual/poder temporal não ocorreram constantemente segundo um mesmo esquema. Durante a Alta Idade Média, alguns reis exerceram real autoridade (sobre territórios restritos no caso dos reis francos ou visigodos, e muito extensos, no caso dos carolíngios). Por conseguinte, submeteram a Igreja a seu poder e consideraram-se no direito de intervir de modo muitas vezes decisivo nas designações dos altos dignitários eclesiásticos. O regime carolíngio às vezes é qualificado de teocracia monárquica. Durante o século X, o feudalismo se instala em detrimento dos reis, e os historiadores discutem a questão do desaparecimento ou não dos Estados. A união entre espiritual e temporal subsiste, mas para proveito da Igreja, então única força política, intelectual e social. Dentro dessa Igreja, progride a *plenitudo potestatis* do pontífice romano, que atinge apogeu no século XIII, num regime de teocracia pontifical que põe os príncipes a serviço da Igreja. Mas o eclipse dos poderes seculares é apenas provisório. A partir do século XIV, os príncipes tentam afirmar-se e reintroduzem uma distinção entre espiritual e temporal, procurando estender sua influência para as instituições eclesiásticas. Paralelamente, formam-se Estados por toda a Europa, independentes uns dos outros, muitas vezes rivais. Nesse contexto, propagam-se as doutrinas de reforma religiosa de Lutero e de Calvino. Alguns príncipes aderem a elas. Um novo princípio de organização das relações Igreja/Estado é então expressamente formulado: *cujus regio, ejus religio*; os súditos devem aderir à religião do príncipe, ou exilar-se. A unidade do Estado passa pela unidade da fé. No século XVI, as estruturas dessas Igrejas nacionais se definem: amplos poderes do príncipe nos Estados ganhos pelo protestantismo, que não precisam prestar contas à autoridade estrangeira, que é o pontífice romano; poderes mais atenuados do príncipe nos Estados que continuam católicos e devem entrar em acordo com Roma. Dois modelos de relações Igreja/Estado ganharão forma e perdurarão: Igrejas nacionais dirigidas pelo príncipe, ou Estados que negociam concordatas e outros acordos. Cada país, a partir de então, tem sua própria história (*v. Les Évolutions historiques du statut des confessions religieuses dans les pays de l'Union européenne*, B. Basdevant-Gaudemet e Fr. Messner (org.), Paris, PUF, 1999).

Evolução histórica na França. – Na França, desde que a monarquia capetíngia afirmou sua autoridade sobre um território que pôde ser qualificado de nacional, desde que surgiu o esboço de um Estado francês, começou a delinear-se um sistema próprio ao reino da França, que regia as relações entre a realeza e a Igreja católica. Foi o galicanismo, com seus dois aspectos; o chamado galicanismo espiritual ou religioso é a afirmação da superioridade da autoridade de um concílio ecumênico sobre a autoridade do pontífice romano; só indiretamente diz respeito às relações Igreja/Estado. O chamado galicanismo temporal ou político é a afirmação da autoridade do rei da França sobre a organização temporal da Igreja da França; autoridade régia sobre as questões da administração temporal, o que não implica que o rei pudesse intervir nas questões espirituais para as quais o poder próprio da hierarquia eclesiástica não é teoricamente questionado; no entanto, na prática, os dois domínios são frequentemente interdependentes. O galicanismo continuou sendo a doutrina oficial durante o Antigo Regime e no século XIX. Os historiadores tradicionalmente situam suas origens no conflito que opôs o rei Filipe, o Belo, ao papa Bonifácio VIII (1296-1302) (ver V. Martin, *Les Origines du gallicanisme*, Paris, 1939, e Msr A. G. Martimort, *Le Gallicanisme*, Paris, PUF, "Que sais-je?", 1973). O rei impôs seu controle sobre as taxas que o papado pretendia cobrar sobre o clero da França; por outro lado, opôs-se ao julgamento dos bispos da França pelos tribunais romanos. Além desses dois domínios, a autoridade do papa sobre o clero da França estava em xeque. Filipe, o Belo, teve o apoio dos Estados Gerais (convocados pela primeira vez em 1302) e do clero da França. Saiu triunfante. O galicanismo desenvolveu-se até 1789, numa monarquia de direito divino, nas mãos de um Cristianíssimo Rei. Ele garantia ao clero da França uma independência relativa em relação ao papa e notável influência sobre o rei e sua política. Nisso a monarquia também tinha interesse. O galicanismo incitava o Estado nascente a tomar posse de setores nos quais a Igreja havia antes tomado lugar. O mais importante foi que a partir do século XVI os poderes seculares passaram a fiscalizar os cultos.

A história do galicanismo é marcada por decisões monárquicas notáveis, que reforçaram progressivamente a autoridade do rei sobre a

Igreja da França. Com a *Pragmatique Sanction de Bourges* (1438), Carlos VII decidiu unilateralmente o modo de designação dos altos dignitários eclesiásticos; bispos e abades, em conformidade com os princípios antigos, eram eleitos (os primeiros pelo capítulo catedral, os segundos pelos monges), e o rei podia "recomendar" um candidato aos eleitores. Mal aplicada, ora revogada e ora restabelecida, a *Pragmatique Sanction* foi definitivamente substituída pela *Concordata de Bolonha*, acordo bilateral firmado em 1516 entre Francisco I e Leão X, base jurídica do regime dos cultos na França até a Revolução francesa. A partir daí, o rei apresentava ao papa um candidato aos benefícios maiores; o papa conferia a investidura canônica. Na prática, as prerrogativas régias continuavam bastante semelhantes ao que haviam sido no sistema da *Pragmatique Sanction*, mas decorriam de um acordo bilateral expressamente aceito pelo papa. Durante mais de três séculos, as designações dos altos dignitários eclesiásticos ficaram nas mãos do rei. O poder monárquico controlava a doutrina ensinada, sua conformidade à *Declaração dos Quatro Artigos* redigida em 1682, carta do galicanismo. Esse texto, inspirado por Bossuet, fora adotado pela assembleia do clero da França, durante a reunião extraordinária que Luís XIV convocara durante seu conflito com Inocêncio XI. O direito relativo às questões religiosas emanava em grande parte da legislação régia (por exemplo, o edito de 1695, *que regulamentava a jurisdição eclesiástica*, contendo numerosas disposições sobre a administração das paróquias, mas também sobre a autoridade dos bispos em relação a curas e vigários). Apesar das importantes crises, o galicanismo nunca chegou ao cisma. A monarquia não ignorava as decisões romanas nem os cânones dos concílios ecumênicos (concílio de Trento, 1545-63), mas essas regras canônicas elaboradas fora do reino só eram aplicadas na França desde que fossem expressamente recebidas pelos parlamentos. O galicanismo implicava uma Igreja às vezes qualificada de nacional, mas que não ignorava Roma.

Nesse contexto, quase não havia espaço para a pluralidade religiosa. As dificuldades surgiram na Reforma, com a difusão das doutrinas de Lutero e de Calvino e com as terríveis guerras de religião de que a França foi teatro (1559-98). Em 1598, com o *edito de Nantes*, Henri IV, mesmo mantendo o catolicismo como religião de Estado, reconheceu a liberdade de consciência dos adeptos da "Religião Pretensamente Reformada", e lhes conferiu o direito de celebrar seu culto publicamente em certas cidades. Esse regime de tolerância e de pluralismo religioso constitui uma exceção na história do Ocidente no século XVI. Foi revogado por Luís XIV no *edito de Fontainebleau* (1685). Às vésperas da Revolução francesa, em novembro de 1787, um novo *edito de Tolerância* permitiu que os protestantes fossem reintegrados em seus direitos civis, tivessem acesso aos empregos públicos, embora a liberdade de exercício público do culto nem sempre lhes fosse expressamente concedida.

O período revolucionário é ambíguo; seus reflexos sobre a evolução ulterior do regime dos cultos são complexos. Às vezes se vê na Revolução a origem direta da oposição entre República e Igreja, a causa do laicismo agressivo, da luta sistemática entre dois clãs. O Estado laico seria consequência da Revolução. Essa é uma visão esquemática e inexata. Sem dúvida, a Revolução foi acompanhada por perseguições religiosas (sobretudo de 1793 a 1795). Entretanto, não foi, desde a origem, e principalmente na origem, uma máquina de guerra contra a Igreja católica. A Declaração dos Direitos do Homem e do Cidadão de 26 de agosto de 1789 proclama a liberdade de consciência (art. 10: "Ninguém deve ser molestado por suas opiniões, mesmo religiosas, desde que sua manifestação não perturbe a ordem pública estabelecida pela lei"), e a Constituição de 1791 garante o livre exercício público do culto ("A Constituição garante a todos os homens como direito natural e civil a liberdade [...] de exercer o culto religioso ao qual estejam ligados"). Esses textos continuam sendo os princípios constitucionais fundamentais do regime dos cultos na França, que fundam a liberdade de religião como liberdade individual (com seus dois componentes, liberdade de consciência e liberdade de exercício público do culto) e aceitando a diversidade de crenças, ou seja, o pluralismo religioso. O Decreto de 2 de novembro de 1789 nacionaliza os bens do clero na esperança de vencer o déficit orçamentário do Estado, e os eclesiásticos passam a ser assalariados do Estado. A *Constituição civil do clero*

(12 jul. 1790), ato unilateral do Estado que substituiu a Concordata de Bolonha, consagrava o domínio do Estado sobre a Igreja. Tratava-se de fazer a Igreja caber no Estado, de transformá-la em serviço público. Continuava havendo alguma ideia de "Igreja nacional" e de galicanismo, mas em proveito de um Estado que já iniciara um processo de secularização: o soberano, agora nação, já não era "cristianíssimo". A secularização do estado civil e a do casamento estavam sendo elaboradas e seriam consagradas pelo decreto de 20 de setembro de 1792; no mesmo dia, outra lei autorizaria o divórcio por consentimento mútuo. Essas primeiras medidas de secularização inauguram uma política nova e duradoura. Pio VI não fora associado à elaboração desse novo estatuto, que ele condenou no breve *Quod aliquantum* de 10 de março de 1791. A partir de 1793, a experiência revolucionária tentou uma descristianização que, se não teve futuro, não deixou de ter efeitos. A imagem das lutas antirreligiosas permaneceu na lembrança. O decreto de 18 de setembro de 1794 legalizava uma situação de fato ao declarar que "a República francesa já não paga as despesas nem os salários de culto algum". Seis meses depois, o decreto de 21 de fevereiro de 1795 instaurava pela primeira vez na França a separação entre Igreja e Estado, segundo modalidades muito parecidas com aquelas que, um século depois, serão ditadas pela Lei de 1905: princípio de liberdade de exercício de culto, mas nenhum reconhecimento do Estado, nenhum local posto à disposição pela autoridade pública, nenhum salário.

Bonaparte restabelece na França uma paz religiosa que ele considerava indispensável à paz social (ver B. Basdevant-Gaudemet, *Le Jeu concordataire dans la France du XIXe siècle*, Paris, PUF, 1988, e J. Lafon, *Les Prêtres, les fidèles et l'État, le ménage à trois au XIXe siècle*, Paris, Beauchesne, 1987). Adotando a herança revolucionária sobre a liberdade de consciência e de culto, autorizava todas as religiões. O Estado "reconhecia" algumas, dotadas de estatuto específico, vigiadas e protegidas. Bonaparte negociou com Pio VII uma Concordata, ato bilateral (26 de messidor do ano IX, 15 de julho de 1801), que assegurava a intervenção do Estado na nomeação dos bispos e dos curas, segundo um procedimento que lembrava o do Antigo Regime. A essa convenção se somaram os artigos orgânicos unilateralmente decretados pelo governo francês (18 de germinal do ano X, 2 de abril de 1802), relativos à Igreja católica e às Igrejas protestantes. O culto judaico foi organizado em bases similares em 1808. Definitivamente, no século XIX, os cultos católicos, protestantes e israelitas eram "reconhecidos". Seus ministros eram assalariados de um Estado que controlava as nomeações. Os prédios eram de propriedade do Estado, das coletividades locais ou de estabelecimentos públicos do culto. Um controle policial severo regulamentava as atividades dessas religiões. Formalmente, esses textos lembravam o Antigo Regime. No entanto, a concepção das relações entre a Igreja e o Estado era radicalmente diferente, pois o regime dos cultos não dependia unicamente de regras jurídicas, mas também da política aplicada pelos governos. Segundo Jean-Michel Léniaud (*L'Administration des cultes pendant la periode concordataire*, Paris, NEL, 1988), "a união dogmática é seguida por uma união administrativa, financeira e policial geral". A liberdade de culto era proclamada, mas os poderes públicos estavam autorizados a adotar numerosos "regulamentos de polícia" que continham disposições às vezes excessivas. O sistema dos cultos reconhecidos, organizado por Bonaparte, realiza aquilo que Jean Baubérot chama de primeiro limiar de laicização. Ao longo do século XIX, as lutas entre republicanos e conservadores, adeptos da Revolução francesa e partidários da ordem antiga, frequentemente ocorreram por causa da Igreja, cristalizando-se nas questões escolares, e terminaram com a Lei de 1905, atualmente em vigor (cf. abaixo).

Modelos constitucionais e estatutos jurídicos diversificados

Para nos limitarmos aos *Quinze Estados da União Europeia*, constatamos que as relações Igrejas/Estado em cada um desses países obedecem a princípios fundamentais comuns, garantidos constitucionalmente, mas tais relações são regidas por disposições constitucionais e modalidades de organização jurídicas diversificadas. Depois de um apanhado sobre os regimes desses Estados, trataremos do caso da França.

Pelo menos três princípios constitucionais fundamentais são garantidos em todos os Estados da União Europeia: 1 / liberdade religiosa, em seus dois aspectos: liberdade de consciência e liberdade de exercício público do culto. Trata-se de uma liberdade individual, geralmente denominada liberdade religiosa. 2 / Princípio qualificado de autodeterminação das confissões religiosas, ou seja, de não intervenção do Estado em sua organização interna, de respeito ao direito próprio e das estruturas adotadas por elas. Esse princípio consiste numa liberdade coletiva, designada como liberdade das religiões. 3 / Princípio do pluralismo religioso e do respeito a todos os credos pelo Estado, o que é consequência do princípio de liberdade religiosa. E acompanhado pela obrigação do Estado, das empresas ou dos particulares de não fazer nenhuma discriminação fundamentada em convicções ou crenças e de respeitar as minorias religiosas. A esses princípios acrescentaremos dados de fato, também comuns a todos os países da União Europeia. 1 / Considera-se que existem na Europa seis grandes confissões religiosas: catolicismo, protestantismo, ortodoxia, judaísmo, islamismo e budismo. De um modo ou de outro, oficialmente ou não, os poderes públicos não ignoram essas confissões. 2 / Constata-se em toda a Europa um declínio das práticas, do domínio social das religiões e uma tendência à secularização da vida social (menor prática dominical, menor frequência dos cursos de educação religiosa, secularização do casamento, das instituições hospitalares e escolares etc.). 3 / Outra evidência é o desenvolvimento do islamismo em toda a Europa, mas de modo desigual. Os muçulmanos são bastante numerosos na França (5 milhões). A principal dificuldade apresentada pela organização desse culto é a mesma nos diversos países e resulta da ausência de instância representativa do conjunto da comunidade muçulmana de um país, capaz de constituir junto aos poderes públicos um interlocutor aceito por todos os muçulmanos do Estado em questão. 4 / Desenvolvimento, por outro lado, dos "novos movimentos religiosos", às vezes qualificados de seitas. A mesma dificuldade ocorre em toda a Europa: como conciliar liberdade religiosa, liberdade de opinião, de associação ou de reunião e luta contra a periculosidade das seitas? Como avaliar essa periculosidade?

Essa semelhança dos princípios constitucionais fundamentais e dos dados sociológicos não impede que cada Estado possua seu próprio regime jurídico dos cultos. Os regimes constitucionais são diversificados; cada Estado é cioso de sua independência nesse campo, e um modelo europeu único não parece viável por enquanto. É possível distinguir três grandes categorias: 1 / *Igrejas nacionais.* Essa é, geralmente, a condição dos Estados de maioria protestante. A situação é explicada em grande parte pela história e pela possibilidade que as Igrejas protestantes tiveram de organizar-se independentemente de um poder estrangeiro, a Santa Sé. O príncipe (rei ou outro), desde o século XVI, assumiu uma posição peculiar nessas Igrejas, que se consolidaram em torno de sua personalidade (exemplos: Dinamarca, onde a Constituição decide que o rei é membro da Igreja luterana nacional; as outras confissões, qualificadas de dissidentes, são contempladas por disposições constitucionais específicas que lhes garantem a liberdade. Na Suécia, o Estado administra a Igreja, mas estão ocorrendo importantes reformas. Na Inglaterra e na Escócia, a religião protestante é "estabelecida" pela lei. Na Grécia, a Igreja ortodoxa é "religião dominante" e os Santos Cânones são incorporados na Constituição, que prevê as regras relativas à doutrina e à organização dessa Igreja). 2 / *Cultos reconhecidos.* Os poderes públicos dotam várias confissões religiosas de um estatuto jurídico particular, ao mesmo tempo que garantem a liberdade de expressão das outras religiões (exemplos: na Áustria e na Espanha, segundo sistemas muito diferentes, certas confissões registradas, inscritas num registro público, têm personalidade jurídica e podem firmar acordos com o Estado sobre o estatuto de seus ministros, de seus locais de culto, sobre o ensino religioso etc. A Bélgica e Luxemburgo possuem um regime de cultos reconhecidos, pois a Concordata de Bonaparte ainda está parcialmente em vigor. A situação dos três departamentos do Leste da França – Alto Reno, Baixo Reno, Mosela – é comparável; o regime dos cultos reconhecidos – em vigor para o catolicismo, o protestantismo e o judaísmo – não foi revogado pela Lei de 1905. Citaremos ainda a Finlândia, que tem duas Igrejas oficiais: protestante e ortodoxa). Nos sistemas de Igrejas nacionais, ou de cultos reconhecidos, o Estado geralmente financia as confissões religiosas (salário dos ministros do culto, construção ou reparação dos edifícios etc.). 3 / Cultos que estão *em pé de igualdade*, pelo menos teoricamente (exemplos: França, cf. abaixo. A Alemanha e os Países Baixos têm um regime às vezes qualificado de separação, bem diferente do regime francês, porque não é acompanhado pelo princípio de não reconhecimento das confissões religiosas pelos poderes públicos; na Alemanha, as religiões podem ter um estatuto de corporação de direito público. Na Itália, o princípio de neutralidade do Estado não impede que aquele Estado firme pactos com as principais confissões; acordos da Vila Madama em 1984 para a Igreja católica e numerosos acordos com outros cultos. Na Espanha, as religiões também podem assinar acordos com o Estado. O tratamento igualitário de todos os cultos pelo Estado não se opõe ao "reconhecimento" de alguns deles, desde que as modalidades desse reconhecimento sejam em princípio acessíveis a todos. A igualdade entre os cultos existe também teoricamente na Irlanda, onde nenhuma disposição jurídica prevê desigualdade entre as religiões, ainda que cerca de 95% da população seja católica).

Regime constitucional e jurídico dos cultos na França. – A Lei de 9 de dezembro de 1905 instaurou um regime jurídico de separação entre as Igrejas e o Estado, ao qual se junta uma concepção política da laicidade; os cultos são livres; o Estado não reconhece nem subvenciona nenhum deles. A partir dos anos 1880, quando os republicanos tiveram realmente acesso ao poder, desenvolveram uma política anticlerical firme, considerando que a consolidação do regime republicano implicava a abolição das influências clericais de toda a esfera pública (laicização dos programas do ensino primário público, Lei Jules Ferry 1882; laicização do pessoal do ensino primário público, Lei Goblet 1886; laicização dos locais públicos e dos cemitérios, Lei de 1881; supressão das orações durante cerimônias públicas, Lei de 1884; liberdade de associações, com exceção das associações religiosas, Lei de 1901 etc.). Essa política culminou na Lei de 9 de dezembro de 1905, sobre a separação entre as Igrejas e o Estado, que a doutrina dominante considera parte do bloco de constitucionalidade (ver J.-M. Mayeur, *La Séparation des Églises et de l'État*, Paris, Ed. Ouvrières, 1991). Os princípios fundamentais são enunciados nos dois primeiros artigos. Artigo 1º: "A República garante a liberdade de consciência; ela garante o livre exercício dos cultos com as únicas restrições expressas abaixo, no interesse da ordem pública." Artigo 2º: "A República não reconhece, não assalaria nem subvenciona nenhum culto. Por conseguinte, a partir do dia 1º de janeiro subsequente à promulgação da presente lei, serão abolidas dos orçamentos do Estado, dos departamentos e das comunas todas as despesas relativas ao exercício dos cultos. No entanto, poderão ser inseridas nos referidos orçamentos as despesas relativas a serviços de esmolaria e destinadas a garantir o livre exercício dos cultos em estabelecimentos públicos como liceus, colégios, escolas, hospitais, asilos e prisões." A lei previa (arts. 4º e 19) associações cultuais, que deveriam substituir antigos estabelecimentos públicos de culto e receber bens antes geridos por aqueles.

As confissões protestantes e israelitas aceitaram a Lei de 1905 e formaram associações cultuais. Em compensação, a lei foi condenada por Pio X (encíclica *Vehementer Nos*, 11 fev. 1906) por vários motivos: a política anticlerical dos republicanos visava sobretudo a Igreja católica; uma lei unilateral punha fim a uma concordata bilateral; as associações cultuais pareciam incompatíveis com a própria estrutura da Igreja católica. A rejeição da Igreja católica levava a um impasse jurídico. Foram aplicadas diversas leis, qualificadas de leis laicas (Lei de 2 jan. 1907 sobre o exercício público dos cultos, Lei de 28 de março de 1907 sobre as reuniões públicas, Lei de 13 abr. 1908 que modificava a lei de 9 dez. 1905). Como aplicação desses textos, o culto podia ser exercido segundo os moldes das associações da Lei de 1901, ou como qualquer reunião pública (e mesmo segundo um regime mais liberal). Os edifícios de culto e os bens que tivessem pertencido aos estabelecimentos públicos e não tivessem sido reclamados por nenhuma associação cultual tornavam-se propriedade do Estado, dos departamentos ou das comunas e ficavam gratuitamente à disposição dos fiéis e dos ministros do culto para exercício da religião. O legislador permitia que a Igreja católica se dotasse de um regime jurídico, prova de que o Estado não queria ignorar o fato religioso. A separação não era a finalidade da religião nem de um regime jurídico das religiões. O exercício público do culto não era apenas autorizado, mas encontrava um contexto jurídico correspondente às necessidades da Igreja católica. Os prédios (catedrais, igrejas, palácios episcopais, presbitérios etc.) passavam a ser propriedade do Estado ou das coletividades públicas, e as grandes reparações dos edifícios destinados ao culto católico seriam de responsabilidade do proprietário. Esse regime só se destinava à Igreja católica, que rejeitara a Lei de 1905. Os prédios destinados ao culto protestante ou israelita haviam passado à propriedade das associações cultuais dessas confissões e eram, portanto, reparados à custa dessas associações. A situação perdura: os bens de cada confissão são em princípio de propriedade das associações cultuais próprias a cada uma; estas constroem, reparam e mantêm à sua própria custa. No que se refere ao culto católico, os edifícios construídos antes de 1905 continuam sendo propriedade do Estado ou das coletividades públicas, que continuam a repará-los. Em contrapartida, também com respeito à Igreja católica, a partir de 1924 foram criadas associações cultuais (ver abaixo), proprietárias dos novos edifícios dos cultos construídos a partir dessa data, portanto encarregadas de sua reparação e manutenção.

Essa legislação continua em vigor, acompanhada de numerosas medidas, marcando uma distensão contínua nas relações Igreja/Estado. Progressivamente, instala-se um regime de "concórdia sem concordata" (G. Le Bras). Logo após a Primeira Guerra Mundial, decidiu-se pela manutenção do *status quo* (regime concordatário modificado pelas leis alemãs) nos três departamentos do Leste (Alto Reno, Baixo Reno, Mosela); esse sistema perdura (ministros do culto assalariados do Estado; arcebispo de Estrasburgo nomeado pelo Presidente da República; horário de religião nas escolas públicas). A partir de 1921 restabelecem-se relações diplomáticas com a Santa Sé. Governo francês e autoridade romana entram em acordo quanto ao procedimento de designação dos bispos (*direito de inspeção*: a Secretaria de Estado pergunta ao embaixador da França junto à Santa Sé "se o governo tem alguma restrição ao candidato do ponto de vista político"). Em 1924, em consequência de um parecer do Conselho de Estado da França (13 dez. 1923), são criadas associações diocesanas como associações cultuais, em conformidade com o direito francês (Lei 1901 e Lei de 1905) e com a estrutura hierárquica da Igreja (elas preservam o poder do bispo em sua diocese). Na França, são previstas medidas financeiras favoráveis às associações cultuais (e diocesanas) nas leis de finanças de 1926, de 1929 e na Lei de revisão financeira de 29 de julho de 1961 (o art. 11 autoriza os departamentos e comunas a conceder garantias de empréstimos às associações cultuais); deve-se acrescentar a prática da enfiteuse desde 1930. A legislação de Vichy aboliu o delito de congregação ilícita (Lei de 18 de abril de 1842), e um decreto do Conselho de Estado passou a ser suficiente para que uma congregação obtivesse o "reconhecimento legal". Em seguida, foram promulgadas várias leis favoráveis às congregações católicas, ortodoxas, budistas e protestantes. Cumpre mencionar também medidas de ajuda financeira indireta, essencialmente fiscais (por exemplo, a chamada Lei do mecenato, 23 de julho de 1987, permite descontar do imposto devido grande parte das doações feitas às associações cultuais). É possível conceder subvenções sobre fundos públicos para as atividades cultuais geridas por organismos de caráter confessional constituídos em decorrência da Lei de 1901, ou a associações reconhecidas como de utilidade pública (assistenciais, por exemplo). A partir da Lei Debré (dez. 1959), a escola privada é subvencionada pelo Estado, caso se trate de classes sob contrato (cf. abaixo).

Essa separação jurídica faz parte da doutrina da laicidade, conceito complexo, ligado à história da França, o que não significa que o Estado ignore o fato religioso. A laicidade foi um valor ideológico nos anos 1880, antes de se tornar um princípio constitucional, evoluindo constantemente. No século XIX, a questão religiosa foi o fermento da oposição direita/esquerda, conflito latente durante todo o século, "conflito entre as duas Franças", segundo expressão de E. Poulat, que teve origem na Revolução francesa, manifestou-se claramente a partir da Monarquia de Julho e atingiu a maior intensidade depois da Comuna e sobretudo como reação ao governo da Ordem Moral, que tentara restabelecer a monarquia com o apoio da Igreja. A Lei de 1905 é seu resultado, mas o termo laicidade não figura na lei, pois está carregado de um sentido anticlerical virulento demais.

A laicidade se torna um princípio constitucional a partir da IV República. O artigo 1º do Título I da Constituição de 1946 dispõe: "A França é uma República indivisível, laica, democrática e social." O prof. Jean Rivero mostrou que, se em 1946 foi possível incluir o termo no texto da Constituição, foi porque a palavra já não tinha sentido ideológico passional, e a laicidade se tornou um sistema de organização do regime das confissões religiosas. A fórmula se encontra na Constituição francesa de 1958, art. 2º: "A França é uma República indivisível, laica, democrática e social. Ela garante a igualdade de todos os cidadãos perante a lei, sem distinção de origem, raça ou religião. Respeita todas as crenças." Enquanto a terminologia jurídica adotava o termo laicidade, paralelamente a doutrina evoluía. A França passou do laicismo agressivo da III República para uma laicidade aberta, ou laicidade positiva. Segundo essa concepção, a laicidade cria deveres para o Estado. A religião já não é assunto puramente privado, mas o Estado tem duas obrigações: dar a cada um os meios de ter acesso à religião de sua escolha e de exercê-la (liberdade religiosa do indivíduo); dar também a cada religião os meios de organizar-se e exprimir-se (liberdade coletiva das religiões). Enquanto, num primeiro momento, a laicidade deveria permitir a liberdade dos indivíduos em seus assuntos privados, depois passou a implicar mais o Estado e as obrigações que incumbiam aos poderes públicos.

Na França, afirma-se com frequência que essa laicidade se identifica com a neutralidade do Estado: o Estado aceitaria todas as religiões, tratá-las-ia segundo um regime jurídico igual, ao mesmo tempo que não reconheceria nenhuma. A laicidade-neutralidade é a aceitação do pluralismo religioso e o respeito a todos os credos, tal como exigem tanto a Constituição quanto os textos internacionais (por exemplo, a Convenção Europeia dos Direitos do Homem, art. 9º). Essa laicidade-neutralidade estará realizada na França? O Estado tratará todos os credos em estrito pé de igualdade? Ele recusa a movimentos que se dizem religiosos o estatuto de associação cultual, que comporta reais vantagens fiscais e possibilita que os movimentos se beneficiem de certo reconhecimento social. O Estado faz suas escolhas; estará sendo neutro quando rejeita grupos qualificados de "movimentos religiosos socialmente controversos" ou seitas? Na França (ao contrário da Itália, por exemplo), o Conselho de Estado recusa às Testemunhas de Jeová o direito de constituir associações cultuais; indiretamente, é o mesmo que dizer que não constituem uma religião, sem definir explicitamente o que é religião. Embora a neutralidade dos poderes públicos seja discutível, o Estado admite, incontestavelmente, o pluralismo. Existem na França seis grandes religiões "conhecidas", para não falarmos em reconhecimento: católica, protestante, ortodoxa, israelita, muçulmana e budista. No interior desse pluralismo, haverá igualdade de tratamento das diversas confissões religiosas? Como observa o prof. Jean Duffar, o tratamento jurídico igualitário das religiões não permite uma igualdade de fato. Não basta que as mesmas leis proponham quadros jurídicos teoricamente abertos a todos para que todos tirem proveito deles de modo semelhante. O tratamento igualitário das religiões talvez passe – como diz Jean Duffar – por uma discriminação positiva, ou seja, por medidas particulares a favor de certas confissões minoritárias ou de práticas mais recentes na França. Na realidade, constatou-se a vantagem financeira que representa, para a Igreja católica, a destinação da propriedade dos edifícios construídos antes de 1905 para as coletividades públicas. Encontra-se o mesmo desequilíbrio no que se refere às escolas privadas confessionais e às esmolarias (cf. abaixo).

Interferência dos direitos estatais e dos direitos religiosos

Nos regimes em que há colaboração estreita entre Igreja e Estado, os direitos religiosos (ou o direito próprio à religião dominante, ou oficial, ou de Estado) são naturalmente integrados, pelo menos em algumas de suas disposições, no direito estatal. Na Europa, exemplo típico é o da Grécia. A Constituição da República Helênica de 1975 incorpora na ordem constitucional estatal os Santos Cânones da Igreja ortodoxa da Grécia. A Constituição reconhece a liberdade das outras religiões (católica, judaica, muçulmana), mas esses cultos não ocupam o lugar privilegiado da Igreja ortodoxa no ordenamento jurídico. De modo mais pontual, porém às vezes importante, o direito estatal pode consagrar normas de um direito religioso, ou permitir efeitos de prescrições ou de atos religiosos na ordem jurídica civil. Assim, na Inglaterra e na Escócia, o direito penal reprime a blasfêmia, conforme definido e proibido nas religiões cristãs, mas ignora outras formas de blasfêmia, relativas a outras confissões. O regime francês de separação, em que o Estado não reconhece nenhum culto, implica em princípio que o direito estatal não se preocupa com o direito religioso nem com o fato religioso. No entanto, numa laicidade positiva, o Estado cuida para que cada um possa efetivamente respeitar todas as regras e práticas da religião de sua escolha. Esses dois imperativos, contraditórios *a priori*, devem ser conciliados. De fato, o direito francês encontra um equilíbrio. Enumeraremos alguns pontos do direito francês referentes à esfera das instituições públicas e à condição dos particulares, mencionando soluções diferentes adotadas em outros Estados.

A religião não é ignorada pelas *instituições públicas de interesse geral*. Na França, o ensino público é laico. Em todos os outros países da União Europeia, os programas oficiais das escolas públicas preveem uma (ou duas) "horas de religião" por semana; as famílias podem escolher a religião ensinada ou podem dispensar seus filhos nesse horário. Essa também é a situação nos três departamentos do Leste da França. Em compensação, no conjunto da França, a escola é laica. No entanto, algumas leis estabeleceram o princípio da liberdade de ensino (Lei Guizot, 28 de junho de 1833, liberdade do ensino primário; Lei Falloux, 15 de março de 1850, liberdade do ensino secundário; Lei Dupanloup, 12 de julho de 1875, liberdade do ensino superior; Lei Astier, 23 de julho de 1923, liberdade do ensino técnico). Existe um ensino livre, privado, em todos esses setores, e ele pode ser confessional. Hoje, no que se refere ao ensino primário e secundário, 16% dos alunos estão em estabelecimentos privados; 90% destes são católicos. A Lei Debré (31 dez. 1959) prevê que os estabelecimentos privados podem firmar contratos com o Estado, garantindo-lhes grandes financiamentos públicos, ao mesmo tempo que lhes assegura o "caráter próprio", ou seja, confessional (cf. N. Fontaine, *La Liberté de l'enseignement, guide juridique de l'enseignement privvé associé à l'État par contrat*, Paris, Unapec, 1994). A escola privada religiosa participa do serviço público escolar. Essa situação na verdade beneficia em grande parte as escolas católicas, raramente as israelitas ou protestantes, e nunca as muçulmanas (com uma única exceção, a escola Saint-Denis de la Réunion). A lei prevê que, antes de poder firmar contrato, uma escola precisa ter funcionado regularmente por pelo menos cinco anos, condição que, na prática, torna a Lei Debré inútil para os muçulmanos. Por outro lado, nas escolas públicas primárias, as aulas são suspensas um dia por semana para que os pais possam cuidar da instrução religiosa de sua escolha, fora do estabelecimento (Lei Ferry, 1882). Nas escolas secundárias públicas, podem ser organizados serviços de instrução religiosa, autorizados pela diretoria, que funcionam dentro ou fora do estabelecimento (Decreto de 22 abr. 1960, regulamento de 8 de agosto de 1960, circular de 22 abr. 1988). A Lei de 1905 não proíbe seu financiamento público, mas na prática eles são financiados pelas confissões religiosas e pelos pais interessados.

Existem serviços semelhantes em outros setores públicos, geralmente beneficiados por financiamento parcial do Estado. Alguns textos preveem sua organização (para hospitais, Circular de 26 de julho de 1976; para prisões, Decreto de 12 de setembro de 1972; para o exército, Lei de 8 de julho de 1880, modificada em várias ocasiões, sobretudo pelo Decreto de 1964). Em todos os setores, esses serviços são em número insuficiente. Os do culto católico são os mais numerosos, e para os muçulmanos a insuficiência é mais gritante.

No que se refere à *condição pessoal dos indivíduos*, a religião já não é totalmente ignorada. Tomemos o exemplo do direito matrimonial. Na França, todo casamento deve ser celebrado por um funcionário de registro civil. Se os noivos desejarem, pode ocorrer uma cerimônia religiosa depois do casamento civil, mas o Estado não cuida disso. O divórcio é totalmente independente das nulidades de casamento proferidas pelos tribunais eclesiásticos. No entanto, pode ocorrer que o direito civil francês considere casamentos celebrados no religioso (e não no civil) em países estrangeiros, em conformidade com o direito dos cônjuges. Os princípios de direito internacional privado são aplicados a essas questões delicadas. Por outro lado, nos trâmites do divórcio, a religião às vezes é indiretamente considerada (exemplo: a filiação por um dos cônjuges a uma seita pode constituir falta grave que justifique o divórcio, se a situação impossibilitar a normalidade da vida familiar. Ou então o juiz pode invocar a "cláusula da dureza" [art. 240 C. Civ. fr.] para recusar o divórcio se considerar que esse divórcio seria duro demais para o cônjuge católico, em razão de suas convicções religiosas; todavia, os tribunais hesitam, hoje em dia, em aplicar essa jurisprudência, já antiga. Outra hipótese é que a jurisprudência puna o marido israelita (condenação a indenização por perdas e danos) que, no divórcio, se recuse a entregar à ex-esposa o "gueth", necessário a um novo casamento, segundo a lei judaica.

Fora da França, em numerosos países, o casamento religioso produz efeitos civis, e os noivos podem optar entre as formas de casamento, civil ou religioso. O casamento pode ser celebrado por um padre, um pastor, um imã etc., e ser válido para o Estado, desde que satisfaça as regras de formação do vínculo matrimonial definidas pelo direito civil (ausência de impedimento, de vícios de consentimento etc.). O casamento religioso é então inscrito nos registros administrativos e produz automaticamente todos os efeitos de um casamento civil (filiação, regime matrimonial, sucessão etc.). Assim, na Itália, os Acordos do Latrão, de 1929, decidiam dessa forma para o casamento canônico católico. Os Acordos da Villa Madama, de 1984, atualmente em vigor, modificam um pouco o sistema mas não o alteram profundamente, e a mesma regra vale na Itália para qualquer casamento religioso de uma confissão que tenha firmado acordo com o Estado. Situação comparável se verifica na Espanha para as quatro confissões que assinaram acordos com o Estado, mas com nuances segundo as confissões: o casamento católico pode ser reconhecido pelo Estado quando inteiramente preparado, organizado e celebrado no âmbito paroquial. Em contrapartida, os casamentos protestantes, judeus ou muçulmanos, celebrados apenas no religioso, só serão reconhecidos pelo Estado se forem preparados em coordenação com as autoridades civis (publicação das proclamas, escolha do ministro do culto que celebrará o casamento etc.). Na Polônia, o artigo 10 da Concordata de 26 de julho de 1993, ratificada pela Dieta em 8 de janeiro de 1998, reconhece os efeitos civis do casamento canônico católico, desde que lavrado nos registros civis; as outras confissões não gozam de tais privilégios. Na maioria dos Estados que têm Igreja nacional, o casamento religioso produz efeitos civis.

Num campo completamente diferente, o do direito do trabalho, a religião, em princípio ignorada, é levada em conta em diversas situações. O preâmbulo da Constituição francesa de 1946, ao qual remete a Constituição de 1958, dispõe: "Ninguém pode ser lesado no trabalho ou no emprego em razão de suas origens, suas opiniões ou de suas crenças." Quando da contratação de um assalariado, durante o desenrolar do contrato de trabalho ou na demissão, o empregador não tem o direito de levar em conta a religião do assalariado. No entanto, nas instituições de caráter confessional (escolas, hospitais), pode ser exigida a adesão ao caráter próprio do estabelecimento. Um assalariado pode ser demitido caso sua conduta constitua "perturbação caracterizada" ao bom funcionamento da empresa. A doutrina faz um paralelo entre a situação dos estabelecimentos confessionais e a das "empresas de tendência". O empregador deve respeitar as crenças de seus empregados e dar-lhes a possibilidade de cumprir os deveres de sua religião, mas só na medida em que isso não prejudique o bom funcionamento da empresa.

› Além dos títulos mencionados no artigo, citaremos principalmente: BASDEVANT-GAUDEMET B., "Droit et religions en France", *Revue internationale de droit comparé*, 1998, 2, pp. 335-60. – BOYER A., *Le Droit des religions en France*, Paris, PUF, 1993. – CAPARROS E. & CHRISTIANS L. L. (org.), *La Religion en droit comparé à l'aube du XXe siècle*, XVe congrès international de droit comparé, Bristol, 1998, Bruxelas, Bruylant, 2000, 497 p. – COULOMBEL, "Le droit privé français devant le fait religieux depuis la séparation de l'Église et de l'État", *Revue trimestrielle de droit civil*, 1956, pp. 1-54. – GÉRALDY Y., *La Religion et le droit privé*, tese de direito, Limoges, 1978. – GUIMEZANES N., "L'Eglise et le droit du travail en France", *Les Églises et le droit du travail dans les pays de la communauté européenne*, Milão, Giuffrè, 1993, pp. 83-104. – MORANGE J., "Le régime constitutionnel des cultes en France", *Le Statut constitutionnel des cultes dans les pays de l'Union européenne*, Paris, Litec, 1995, pp. 119-38. – ROBBERS G. (org.), *État et Églises dans l'Union européenne*, Nomos, Baden-Baden, 1997. – ROBERT J. & DUFFAR J., *Droits de l'Homme et Libertés fondamentales*, Paris, Montchrestien, 6ª ed., 1996. – ROBERT J., *La Liberté religieuse et le régime des cultes*, Paris, PUF, SUP, 1977. – SÉGUR Ph., "Le Principe constitutionnel de laïcité", *Annales de l'Université des sciences sociales de Toulouse*, 1996, pp. 117-34. – TERRÉ, "Sectes, pour leur faire la guerre, notre droit est armé", dossier de la *Semaine juridique*, fevereiro 1996, pp. 12-5. – VALDRINI P. *et al.*, *Droit canonique*, Paris, Dalloz, 2ª ed., 1999. – Col.: "La Laïcité", Revue *Pouvoirs*, 1975, nº 75.

Ver também os trabalhos do "Consortium européen pour les relations Églises/État", Milão, Giuffrè.

Brigitte BASDEVANT-GAÜDEMET

→ Direito canônico; Islamismo; Laicidade; Protestantes; Seita.

IGUALDADE

O princípio de igualdade não é um princípio jurídico como os outros. É o fulcro dos sistemas político-jurídicos modernos. Prescreve a forma mais geral segundo a qual devem estabelecer-se as relações recíprocas entre o Estado e a sociedade civil: o Estado moderno emana de uma sociedade de iguais (igualdade política) e deve considerar os membros dessa sociedade como igualmente submetidos a seu poder (igualdade civil). Essas relações dialéticas passam pela mediação da lei: expressão da vontade geral, ela é o ato reflexivo do povo sobre si mesmo (J.-J. Rousseau, *Contrato social*, II, 6) que implica a igualdade antes e depois do ato, conforme diz o artigo 6º da Declaração de 1789: "A lei é a expressão da vontade geral. Todos os cidadãos têm direito de contribuir pessoalmente ou por seus representantes para a sua formação. Ela deve ser a mesma para todos, protegendo ou punindo. Todos os cidadãos, por serem iguais a seus olhos, são igualmente admissíveis em todas as dignidades, em todos os postos e empregos públicos, segundo sua capacidade e sem nenhuma outra distinção além da decorrente de suas virtudes e de seus talentos." A igualdade é necessariamente, *perante* a lei – mas é preciso determinar seu *conceito* antes de especificar seus grandes *princípios de interpretação e de aplicação jurisprudenciais* –, ainda que na maioria das constituições essa igualdade geral seja completada por *princípios especiais* de igualdade. A questão das *discriminações positivas* e da *paridade* abre brechas importantes na dogmática jurídica contemporânea da igualdade.

Igualdade perante a lei

Em *Teoria pura do direito* (2ª ed., trad. fr., 1962, p. 190), Kelsen fazia uma distinção que se tornou clássica entre "igualdade *perante* a lei" e "igualdade *na* lei": com a primeira, afirma-se "simplesmente que os órgãos de aplicação do direito só têm o direito de levar em consideração as distinções feitas nas próprias leis que devem ser aplicadas, o que equivale a afirmar simplesmente o princípio de regularidade da aplicação do direito em geral, princípio que é imanente a toda a ordem jurídica"; a segunda dirige-se ao legislador e visa ao próprio conteúdo da lei, proibindo que se "baseie alguma diferença de tratamento em certas distinções muito determinadas, tais como as ligadas à raça, à religião, à classe social ou à riqueza". Estabelece-se assim uma distinção de natureza e de alcance entre dois princípios separados e distintos. Ao se fazer isso, a igualdade perante a lei é reduzida a ser apenas outra expressão do princípio da legalidade: significa a tautologia de que o direito deve ser aplicado em conformidade com o direito.

Ao escrever que "o princípio de igualdade se dirige aos órgãos encarregados de *aplicar* as normas gerais", Charles Leben, num artigo de referência (*Rev. dr. pub.*, 1982, p. 303), associava à doutrina precedente outra doutrina tradicional, que se poderia remontar a Rousseau (*Contrato social*, II, 6), a doutrina da igualdade pela generalidade: é a generalidade da lei – escrevia Maurice Hauriou (*Précis de droit administratif et de droit public*, 6ª ed., 1907, p. 297) – que "enseja seu caráter de regra igual para todos". Desse modo, o princípio de igualdade seria satisfeito desde que a decisão individual fosse tomada com fundamento numa regulamentação geral prévia: o contencioso, para garantir a igualdade perante a lei, só precisaria provar a violação direta da regra de direito. Aliás, cumpre ressaltar que, na França, na virada do século XIX para o XX, a jurisprudência e a doutrina limitavam-se em grande parte a essa concepção: identificada na prática com a legalidade, faltava ao princípio de igualdade perante a lei aquilo que se pode chamar de uma verdadeira autonomia normativa (ver O. Jouanjan, *Le Principe d'égalité devant la loi en droit allemand*, pp. 69 ss., retomado, sobretudo nesse ponto, por F. Mélin-Soucramanien, *Le Principe d'égalité dans la jurisprudence du Conseil constitutionnel*, 1997, pp. 51 ss.).

No entanto, por mais clássicas que sejam, essas interpretações restritivas da igualdade perante a lei, bem como a separação radical entre esta e a chamada igualdade "na" lei não poderiam convencer. É preciso lembrar, em primeiro lugar, que a interpretação kelseniana se insere no contexto de uma discussão alemã que se desenrola do início do século até o fim da República de Weimar. Kelsen defende a posição propugnada pelos principais positivistas (Gerhard Anschütz, Richard Thoma): neles, a interpretação restritiva da igualdade perante a lei está ligada a um debate mais geral sobre o alcance dos direitos fundamentais (que caberia limitar), bem como à rejeição por parte deles a um eventual controle de constitucionalidade das leis pelo juiz ordinário (que, entretanto, será afirmado por uma decisão do *Reichsgericht* de 4 de novembro de 1925). De fato, afirmar o direito de controle dos juízes e acrescentar um princípio geral de igualdade aplicável ao conteúdo das leis seria, segundo eles, entregar o poder de apreciação do legislador em seu conjunto a um direito corretivo ilimitado dos juízes.

Apesar disso, os textos constitucionais – se considerarmos os textos europeus atuais e passados – não proclamam uma "igualdade perante a lei", mas um princípio segundo o qual o conjunto dos cidadãos, dos nacionais ou dos seres humanos (segundo o caso) são iguais perante a lei. A igualdade, aí, não é substantiva, mas qualitativa, e isso basta para pôr em dúvida o argumento aparentemente extraído da interpretação literal, segundo o qual uma igualdade "perante" a lei não poderia ser uma igualdade "na" lei. São os sujeitos de direito que estão "perante a lei", e aí estão como iguais. Por isso, a chamada igualdade "perante a lei" diz respeito, em primeiro lugar, ao legislador e ao conteúdo da lei: ela deve considerar o círculo das pessoas visadas pelo texto como iguais, o que, no fundo, é dito com exatidão pelo texto do artigo 6º da Declaração de 1789, que fala de uma igualdade "aos olhos" da lei. É notável que um dos raríssimos textos que utilizam com exatidão a expressão "igualdade perante a lei" (art. 1º da Constituição francesa de 4 out. 1958) faz isso de maneira muito ambígua, vinculando logo depois a essa igualdade os princípios daquilo que, em Kelsen, diz respeito à igualdade na lei: "A França [...] assegura a igualdade perante a lei de todos os cidadãos, sem distinção de origem, raça ou religião."

Se nos pusermos agora no ponto de vista da interpretação histórica, caberá perguntar a quem o princípio de igualdade perante a lei poderia se dirigir, além do legislador, em primeiro lugar durante a Revolução francesa e depois durante os primórdios do constitucionalismo europeu do século XIX, quando se tratava de abolir a sociedade de privilégios para estabelecer o reinado da lei comum e a igualdade dos direitos cujos limites ou âmbitos devem ser precisamente fixados pela lei (art. 4 da *Declaração de 1789*). Por outro lado, a articulação das duas teses – a da igualdade perante a lei como igualdade de aplicação da lei e a da igualdade pela generalidade – traz em seu bojo um problema: Por que a lei deveria ser geral? Por motivo da própria igualdade ("A lei deve ser a mesma para todos", diz o art. 6º da *Declaração*), mas então esta se dirige ao próprio conteúdo da lei, o que contradiz a primeira tese. Por fim, o lugar-comum da igualdade pela generalidade não resiste ao exame: generalidade significa que categorias de indivíduos são definidas por meio de um critério ou de vários (as classes de destinatários das normas são definidas de modo abrangente); mas, ao visar *todos* os cidadãos ou *todos* os seres humanos, os textos constitucionais que consagram a igualdade perante a lei remetem a uma classe *universal*; ainda que distinga nessa classe universal categorias gerais, o legislador deve respeitar a igualdade de todos, passando essa igualdade a ser *transcategorial*, ou seja, não é satisfeita como tal apenas pela generalidade das classificações. É essa ideia de universalidade que se encontra claramente na interpretação dada, em geral, pelas jurisdições ao princípio de igualdade.

Princípios de interpretação e de aplicação

Inspirando-se na noção aristotélica de justiça proporcional (*Ética nicomaqueia*, V), a fórmula judiciária mais comum de igualdade é assim enunciada: o que é essencialmente semelhante deve ser tratado de maneira idêntica; o que é essencialmente dessemelhante deve ser tratado de maneira diferente. Cabe ressaltar, porém, que alguns direitos nacionais, especialmente o direito francês resultante da jurisprudência, limitam o alcance da igualdade à primeira dessas duas proposições: não há obrigação de diferenciar os tratamentos, mas apenas a obrigação de tratar da mesma maneira o que é essencialmente semelhante. Abrir a possibilidade de punir judiciariamente a diferença omitida acarretaria uma notável extensão do poder dos juízes. Seja como for, percebe-se que tal princípio se situa logicamente na origem das classificações legislativas (ou regulamentares), pois ele deve servir de guia para o trabalho de definição das categorias realizado pela autoridade normativa: a igualdade não resulta da generalidade das categorias legislativas nem se limita a prescrever a generalidade da lei, mas impõe um *método de estabelecimento* das classificações normativas. Esse método, se bem decifrado, comporta dois momentos distintos: o da comparação e o da proporção.

A igualdade supõe, em primeiro lugar, comparar situações concretas. Essas situações podem ser de puro fato: o sexo das pessoas, a situação geográfica de diferentes regiões etc. São frequentemente situações jurídicas ou juridicamente determinadas: comparar casais casados e casais não casados, filhos legítimos, naturais e adulterinos, comparar empresas com estatutos diferentes etc. É comum dizer-se que entre duas situações dadas sempre se encontrará um número indefinido de semelhanças e dessemelhanças. No entanto, o erro decorre do fato de que as semelhanças e as dessemelhanças não existem em si, mas sempre de um ponto de vista particular. Toda a problemática de aplicação da igualdade, nesse primeiro tempo da comparação, consiste, portanto, na busca de um ponto de vista comparativo, do *tertium comparationis*, de acordo com o qual seja possível apreciar as semelhanças e dessemelhanças pertinentes, "essenciais" entre as situações. Se admitirmos que os atos normativos são instrumentos a serviço de objetivos políticos (éticos, culturais, sociais, econômicos etc.), será, em princípio, pelo padrão do objetivo buscado que se justificará um critério de classificação normativa. Esse objetivo só pode ser fornecido pela própria ordem jurídica. Pode ser fornecido por textos de categoria superior ou equivalente àquela que, segundo o caso, se tenha de elaborar ou controlar: o sistema classificatório de uma lei deve ser estabelecido segundo pontos de vista constitucionais ou legislativos; o sistema classificatório de um regulamento das autoridades estatais superiores deve procurar seu critério no direito constitucional, legislativo ou regulamentar de mesmo nível etc. Se tomarmos o caso de um ato legislativo, o critério de sua classificação deverá ser avaliado em relação a uma prescrição de valor constitucional ou a um objetivo legislativo de interesse geral. Sobre o primeiro ponto, convém fazer duas observações. Primeiro, é em ligação com o princípio de igualdade que a categoria dos "objetivos de valor constitucional" – encontrada na maioria dos direitos constitucionais modernos, especialmente na França – apresenta seus principais efeitos: um objetivo constitucional (pensemos nos objetivos de caráter social, tais como o direito ao trabalho ou o direito a moradia, por exemplo) justificará a diferença de tratamento à qual procede uma legislação corretiva e redistributiva. Em segundo lugar, o princípio de igualdade desempenha um papel especial no controle das regras (normalmente legislativas) que determinam o regime de exercício dos direitos e das liberdades constitucionais: uma diferença de tratamento no exercício desses direitos deve ser justificada (aplicação de um padrão de controle máximo pelo juiz constitucional alemão, por exemplo). Mas a classificação pode ser justificada apenas em relação ao direito legislativo: o princípio de igualdade desenvolve uma espécie de efeito "relativo" porque o legislador, depois de tratar uma categoria de determinada maneira, já não é livre, em princípio, para tratar outra categoria de outra maneira; ele se autovincula. Encontra-se exemplo bem claro disso na decisão proferida pelo Conselho Constitucional francês em 9 de maio de 1991 (290 DC, *Peuple corse*): como o artigo 8º da lei apreciada "põe no mesmo plano, no que diz respeito à regulamentação geral dos acúmulos, o mandato de conselheiro da Assembleia da Córsega e o de conselheiro regional", é em relação a esse princípio legislativo geral que deveria justificar-se, por considerações extraídas de uma situação particular, a proibição de acúmulo imposta apenas aos conselheiros da Assembleia da Córsega. A igualdade acarreta, em relação ao legislador (e qualquer outra autoridade normativa), a obrigação de coerência (ver O. Jouanjan, *Le Principe d'égalité devant la loi en droit allemand*, pp. 235 ss., pp. 353 ss.). Essa coerência não basta, porém, para satisfazer as exigências de igualdade que, na realidade, não é um simples aspecto do princípio segundo o qual o fim justifica *todos* os meios. Embora a classificação legislativa seja compreensível e coerente por se basear em diferenças pertinentes de situação em relação aos objetivos buscados, ainda é preciso que os tratamentos sejam *proporcionais* às situações. Não é de surpreender, então, ver na jurisprudência relativa à igualdade o surgimento da ideia de atentado "grave" à igualdade (Conselho Constitucional, dec. 144 DC de 22 out. 1982, "Irresponsabilidade por greve"), da ideia de "necessidade" ("um atentado que ultrapasse claramente aquilo que seria necessário para fazer justiça à situação particular de certas categorias de sócios": Conselho Constitucional, dec. 232 DC de 7 jan. 1988, *Mutualisation de la Caisse nationale de Crédit agricole*), ou ainda a afirmação de que uma vantagem, quando "excessiva", constituiria violação da igualdade (Conselho Constitucional, dec. 419 DC de 9 nov. 1999, *Pacte civil de solidarité*). A ideia de proporcionalidade também aparece na formulação do princípio adotado pela Corte Constitucional Federal Alemã (a diferença de situação deve ser "de uma natureza e de um *peso*", de tal modo que possa justificar a diferença de situação: Jouanjan, *op. cit.*, p. 146). A Corte de Arbitragem belga, num acórdão 74-92 de 18 de novembro de 1992, por exemplo, aproxima o controle da igualdade e da não discriminação ao "controle de proporcionalidade". A Corte Europeia dos Direitos do Homem julga no mesmo sentido, em se tratando do princípio de não discriminação, que o artigo 14 da Convenção é violado, quando "a distinção carece de justificação objetiva e racional", justificação que se aprecia "em relação ao objetivo e aos efeitos da medida considerada, em relação aos princípios que geralmente prevalecem nas sociedades democráticas", mas que também é violado "quando se estabelece claramente que não existe relação racional de proporcionalidade entre os meios empregados e o objetivo visado" (acórdão de 23 jul. 1968, *affaire linguistique belge*, A nº 6, p. 34). Assim proporcional, igualdade significa que nenhum grupo social poderia auferir vantagem (excessiva) nem sofrer desvantagem (excessiva) em decorrência da lei comum. A igualdade perante a lei conserva, assim, um vínculo conceitual com a noção de abolição dos "privilégios".

Princípios especiais de igualdade

Esses princípios são de dois tipos: uns formulam uma regra especial de igualdade num campo objetivo determinado (impostos, sufrágio, acesso a empregos públicos etc.); outros proíbem, em princípio, a consideração, por parte do legislador, de certos critérios ligados à personalidade dos indivíduos em questão (sexo, raça, língua, origem etc.). Foi proposto que os primeiros fossem qualificados como princípios "objetivos" e os segundos, como princípios "subjetivos" de igualdade (O. Jouanjan, *op. cit.*, p. 213). A imagem frequentemente utilizada de "bonecas russas" para designar essa pluralidade de princípios associados à igualdade geral não é de fato pertinente: esses princípios não se encaixam uns nos outros. Os princípios "objetivos" especificam campos de aplicação nos quais a igualdade assume sentido especial: a igualdade perante o sufrágio comporta um momento puramente esquemático, que corresponde ao princípio *one man, one vote*, que se opõe a "qualquer divisão por categorias de eleitores ou de candidatos" (Conselho Constitucional, dec. 146 DC de 18 nov. 1982); a igualdade de acesso às funções públicas geralmente remete a critérios exclusivos para a escolha dos funcionários (capacidade, talentos e virtudes segundo o art. 6º da *Declaração* de 1789, aplicado pelo Conselho Constitucional dec. 153 DC de 14 de jan. de 1983). Os princípios "subjetivos" proíbem a consideração de certos critérios pessoais ou a submetem a condições mais rigorosas: a consideração de certos critérios (sexo, raça, etnia etc.) constitui *prima facie* uma discriminação, e a justificação de qualquer diferença de tratamento baseada em tal critério supõe, pelo menos, que se demonstre não só sua "racionalidade", mas também sua "necessidade" (ver por exemplo, CE Ass., 6 jan. 1956, *Syndicat national autonome du cadre d'administration générale des colonies*, *Rec.*, 4; Trib. Fed. Suíço, acórdão *Fischer et consorts* de 12 fev. 1982: "O princípio de igualdade entre os sexos não significa nivelamento total; por isso, são toleradas exceções quando a diferença biológica ou funcional devida ao sexo *exclui absolutamente* a igualdade de tratamento" [grifo nosso]).

Discriminações positivas e paridade

A expressão "*affirmative action*" designa, nos Estados Unidos, um programa obrigatório de distribuição preferencial de um bem ou de um serviço (emprego público, mercado público, vaga em universidade etc.) para os membros de uma minoria ou de um grupo social desfavorecido, a fim de compensar a desigualdade social existente (G. Calvès, 1998). A decisão que deu nome a essas questões foi proferida pela Corte Suprema (*University of California Regents v. Bakke*, de 1978). Não é raro que à noção francesa "discriminação positiva", que supostamente transporia essa noção americana, se atribua um conteúdo perceptivelmente mais vasto e menos rigoroso, incluindo nela qualquer forma compensadora de diferença de tratamento (CE, *Rapport peblic 1996. Sur le principe d'égalité*, EDCE, nº 48, pp. 86 ss.; F. Mélin-Soucramanien, acima cit., pp. 206 ss.). Tal extensão, porém, não é convincente. Aquilo que, para designar a categoria mais ampla, se chama de "diferenças compensadoras de tratamento" deve, em primeiro lugar, ser justificado em relação às exigências ordinárias de igualdade: a diferença de situação (aqui desigualdade social) justificará a diferença de tratamento relativamente ao objetivo da lei (que deve, por outro lado, ser legítima)? Por ser extensa demais, a categoria não apresenta especificidades notáveis em relação às condições e modalidades de aplicação do princípio de igualdade. A diferença de tratamento não será, em si, já discriminação, ainda que positiva?

As coisas são diferentes quando está claro que a decisão tomada não pode ser justificada em relação aos critérios ordinários do teste de igualdade por ser, em última instância, baseada num critério normalmente proibido que modifica, no caso, a solução que resultaria da utilização dos critérios admissíveis. Por exemplo, apenas a capacidade, os talentos e a virtude podem justificar a escolha de um funcionário; a introdução de um critério extraído da filiação étnica ou do sexo, a fim de favorecer os candidatos deste ou daquele grupo, relativiza a aplicação dos critérios lícitos de seleção. Assim, deve-se preferir definir estritamente a "discriminação positiva" como uma regra de seleção entre candidatos à obtenção de um bem ou de um serviço, regra que, pelo menos a título subsidiário, se baseia num critério de pertença dos candidatos a um grupo socialmente desfavorecido.

Esses programas de seleção criam um problema específico, uma vez que a igualdade, por essência, é o princípio constitutivo da sociedade dos indivíduos e exige, em primeiro lugar, que o Estado se abstraia dos elos biológicos ou sociológicos desses indivíduos. A igualdade libera dos estatutos pessoais. A discriminação positiva, portanto, em seu conceito, é uma verdadeira discriminação porquanto remete o indivíduo a um estatuto, nivela-o a uma pertença que não escolheu (de sexo, cor da pele, deficiência etc.). Por esse motivo, o argumento tradicional dos adversários americanos das políticas de *affirmative action* é extraído da ideia de "cegueira à cor de pele", argumento que já fora utilizado pelo juiz Harlan na opinião minoritária que dera para condenar a solução segregacionista (iguais, mas separados) adotada pela maioria da Corte no célebre acórdão *Plessy v. Ferguson* de 1896.

Mas esse princípio de cegueira à cor de pele ou, mais geralmente, aos caracteres pessoais dos indivíduos conduz a outra cegueira, a das condições sociais de realização dos direitos e liberdades, civis e políticos, garantidos pelas constituições democráticas. Certa igualdade de fato e de oportunidades, buscada com as políticas de quotas, certamente é uma condição de eficácia dos direitos para certos grupos minoritários ou objetivamente desfavorecidos (mulheres). Está aí, provavelmente, a antinomia da igualdade: se abstrairmos dos critérios de pertença das pessoas, ela contribui para possibilitar os direitos fundamentais, dos quais ela é o próprio princípio de atribuição (igualdade dos direitos), liberdades em grande parte formais, cujo exercício tende a se tornar efetivamente inigualitário; se levarmos em conta esses critérios para praticar uma política redistributiva de acesso a posições a partir das quais esses direitos possam ser efetivamente exercidos (promoção das minorias, paridade), o que se põe em xeque é o próprio fundamento individualista da igualdade.

Por esse motivo, os juízes procuram pontos de equilíbrio, mesmo que o equilíbrio encontrado seja perigoso e instável. Assim, a jurisprudência da Corte Suprema dos Estados Unidos, do acórdão *Bakke* de 1978 ao acórdão *Adarand* de 1995, caracteriza-se pela extrema sutileza das soluções e pela incerteza revelada pela multiplicação das opiniões redigidas pelos juízes (ver a notável exposição de G. Calvès, *op. cit.*, pp. 128 ss.). Por outro lado, a Corte de Justiça das Comunidades Europeias, confrontada com os programas de recrutamento preferencial de mulheres na função pública dos *Länder* alemães, subordina a conformidade ao princípio comunitário de não discriminação desses programas à existência de uma "cláusula de abertura" que prive a regra de preferência de sua automaticidade, permitindo que se escolha, eventualmente, o candidato masculino por motivos decorrentes de suas qualidades pessoais (acórdãos de 17 de outubro de 1995, *Kalanke*, e de 11 de novembro de 1997, *Hellmut Marschall*). Trata-se de manter, pelo menos no nível dos princípios, a primazia do indivíduo sobre o grupo, do direito subjetivo sobre o direito coletivo, de obrigar, a despeito do programa preferencial, que "se trate cada candidato como um indivíduo", para retomar os termos da opinião do juiz Powell no caso *Bakke*.

O direito constitucional francês, por sua vez, está construído sobre princípios de um individualismo estrito e de rejeição do reconhecimento de grupos ou povos minoritários aos quais possam ser atribuídos direitos coletivos. Essa é a linha jurisprudencial do Conselho Constitucional (dec. 146 DC de 18 nov. 1982, *Quotas par sexe*; dec. 290 DC de 9 de maio de 1991, *Peuple corse*; dec. 412 DC de 15 de junho de 1999, *Charte européenne des langues régionales ou minoritaires*). Esse princípio, porém, atualmente sofre restrições que chegam à alteração em nome do reconhecimento dos particularismos de certos grupos da população (revisão constitucional relativa à Nova Caledônia) ou da paridade (revisão do art. 3º da Constituição). É a herança revolucionária da ideia de igualdade que assim se põe em xeque, juntamente, aliás, com a ideia correlativa de cidadania.

› CALVÈS G., *L'Affirmative action dans la jurisprudence de la Cour suprême des États-Unis*, Paris, LGDJ, 1998. – JOUANJAN O., *Le Principe d'égalité devant la loi en droit allemand*, Paris, Economica, 1992; "Réflexions sur l'égalité devant la loi", *Droits*, nº 16, 1992, p. 131; "Conseil d'Etat", *Rapport public 1996. Sur le principe d'égalité, Études et documents*, nº 48. – LEBEN Ch., "Le Conseil constitutionnel et principe d'égalité devant la loi", *Rev. dr. pub.*, 1982, p. 295. MÈLIN-SOUCRAMANIEN F., *Le Principe d'égalité dans la jurisprudence du Conseil constitutionnel*, Paris, Economica, 1997.

Olivier JOUANJAN

→ Direitos civis e políticos; Escola do direito natural moderno e racionalismo jurídico; Estado de direito; Fraternidade; Raça e racismo; Solidariedade.

IGUALDADE DOS SEXOS

A noção de igualdade não precisaria ser considerada em seu aspecto de identidade sexual dos indivíduos, se não se verificasse a existência fundamental de uma desigualdade. Tratar da igualdade dos sexos equivale, por conseguinte, a relatar as aspirações da mulher à eliminação dessa desigualdade e as hesitações do direito em realizá-las.

Igualdade dos sexos e status da mulher

Antropólogos e historiadores defrontam-se quanto ao caráter universal de desigualdade dos sexos, mas estão de acordo na constatação de uma hierarquia dos sexos, mais precisamente, da universalidade da dominação masculina. Para legitimá-la, alguns estudos fundamentaram sua origem num determinismo biológico ou sociobiológico que explicaria a evolução humana em duas velocidades: a dos homens, dedicados à caça e, por isso, mais às voltas com a tecnicidade e seu desenvolvimento, e a das mulheres, dedicadas à coleta e, por isso, mais passivas, portanto dominadas. Ressaltando a importância "social" das funções domésticas, educacionais e reprodutivas, consideradas, ou melhor, não consideradas nos trabalhos dos antropólogos clássicos devido a seu caráter "natural", as etnólogas feministas começaram, a partir dos anos 1970, a revisar a noção de divisão sexual do trabalho, erigindo a categoria mulheres em objeto de reflexão. ("Assim, tornar-se um objeto na teoria era a consequência necessária de tornar-se sujeito na história", C. Guillaumin). Embora os estudos feitos com as primeiras sociedades de caçadores-coletores tenham mostrado que a atividade de coleta – "por natureza" feminina – representava mais de 70% no balanço dos recursos alimentícios, era forçoso constatar que, em todas essas sociedades, o prestígio era dado à caça (e à guerra). Essa origem da dominação masculina não seria a única, e outros estudos enfatizam a vontade masculina de apropriar-se da fecundidade das mulheres e de controlá-la, pois nela estava em jogo o futuro, portanto o poder.

É com a questão subjacente do poder que as relações entre homens e mulheres se enraízam naquilo que se convencionou chamar divisão sexual do trabalho. Constatada essa dominação masculina, ainda que de formas variadas, tanto nas sociedades contemporâneas de caçadores-coletores quanto nas sociedades hierarquizadas e agrícolas, convinha indagar as razões do "consentimento" das mulheres a essa condição de inferioridade. A perspectiva antropológica obrigava a apreender o conjunto das representações próprias e comuns às diferentes sociedades. Ora, as mulheres compartilham com os homens esse universo simbólico no qual se insere essa dominação masculina. Em vista disso, o fato de esse "consentimento" ser real ou forçado por retenção do saber pouco importa: o modelo ideológico de dominação masculina se impõe pelo próprio fato de fazer parte do universo simbólico comum. E o estudo das sociedades iniciáticas femininas pôde mostrar que, em oposição, não existia contramodelo feminino. O mito das amazonas não contradiz em nada essa modelização, mas traduz o sonho de sua inversão. A hierarquia dos sexos e a dominação masculina fazem parte de um acervo comum universal que se acomoda facilmente a transgressões (trocas "entre dois gêneros" no teatro ou em rituais primitivos) que não perturbem sua perenidade.

O *status* estabelecido para as mulheres nas diferentes sociedades não passa de reflexo desse modelo ideológico. Numerosas sociedades antigas cujas regras constituem fontes de nosso direito concebiam a mulher apenas em sua função de genitora e não lhe atribuíam nenhum *status* social. Verdadeira propriedade do marido, a mulher era "comprada" com a função de lhe dar uma posteridade – o que justificava, em caso de ausência de prole masculina, o repúdio e a poligamia (ainda que esta última nem sempre tenha estado necessariamente ligada à esterilidade da mulher). Proprietário da função geradora de sua mulher, o marido também era proprietário de seu corpo: o adultério da mulher era punido com a morte (devorada por cães no direito hindu, lapidada no direito mosaico etc.). Em direito hindu, mosaico, helênico ou romano, a mulher estava sob a tutela do marido e não podia realizar sozinha nenhum ato jurídico: com o casamento, ela saía da tutela (*manus* em direito romano) do pai para a do marido. Essa "incapacidade" jurídica era tal, que o senátus-consulto Veleio proibia as mulheres de agir em nome de terceiros em qualquer tipo de negócio ou de obrigação, e a mulher só podia prometer indenização aos tutores dos filhos. No entanto, tratava-se mais de uma proteção do que de uma incapacidade, uma vez que a mulher tinha a faculdade de renunciar à aplicação desse texto.

O direito privado dos bárbaros, primeira fonte daquilo que foi o direito consuetudinário, continha disposições idênticas, e na França a *manus* do direito romano se transformava em "*mainbournie*". Na maioria das vezes, dessas leis bárbaras, ficou-se com a disposição sucessória segundo a qual só os parentes varões da linha paterna podiam herdar alódios, enquanto as mulheres só sucediam na falta de filho varão. Essa regra acabou sendo oportunamente aplicada na sucessão ao trono da França, visto que, graças a ela, Eduardo III da Inglaterra pôde ser afastado da Coroa da França, que ele reivindicava na qualidade de neto de Filipe, o Belo, e de filho de Isabel de França. Aplicação oportunista de uma regra que não exigia tanto, a "lei sálica" afastou as mulheres do poder político e estabeleceu na França aquilo que foi apresentado como o princípio fundamental do direito público monárquico sobre o direito de sucessão ao trono: só podiam ter acesso à Coroa da França os herdeiros varões, mesmo que de linhagem colateral. Essas mesmas regras seriam encontradas em direito consuetudinário feudal com o nome de "direito de masculinidade" para o direito sucessório e de "*bail*" (tutela) para o poder do marido sobre a mulher: ela não podia dispor de seus bens, obrigar-se, intentar ação em juízo sem a autorização do marido. O direito monárquico não evoluiria muito em todos esses pontos, mas o edito de agosto de 1606 declarou válidos os compromissos assumidos pela mulher para com terceiros, opondo-se então aos costumes, que afirmavam sua nulidade, e ao senátus-consulto Veleio, aplicado nas regiões de direito escrito: a mulher tinha, portanto, adquirido o direito de obrigar-se para com terceiros, mas não havia adquirido autonomia em relação ao marido sob cujo poder jurídico continuava.

A Revolução francesa partiria do mesmo esquema de pensamento sobre essa questão, ainda que os termos do artigo 6º da Declaração Universal dos Direitos do Homem e do Cidadão, de 1789, levassem a pensar que se tinha em vista também a supressão de quaisquer diferenças baseadas no sexo. Embora fosse verdade que o divórcio era possibilitado tanto ao marido como à mulher pelos mesmos motivos (Decreto de 20 set. 1792) e que a Assembleia Constituinte abolia o "direito de masculinidade" e o do "morgadio" para dar lugar ao princípio de igualdade sucessória (Decreto de 15 abr. 1791), a mulher não era apresentada como igual ao homem e, quando casada, ficava sob a autoridade do marido, depois de ter vivido sob a autoridade do pai. Por outro lado, era excluída de todos os direitos políticos e civis. A célebre frase de Mirabeau resume o pensamento dos revolucionários de 1789: "A mulher deve reinar dentro de seu lar, mas só lá." Napoleão perpetuaria essa concepção, denunciando "a fraqueza do cérebro das mulheres", e até mesmo os teóricos socialistas do século XIX, tal como Proudhon, achavam legítima e fundada a inferioridade da mulher.

Esse pensamento não mudou fundamentalmente. Cabe constatar, portanto, que, embora nomes de mulheres permeiem todos os períodos da História, em especial da História da França, isso só ocorre na qualidade de grandes figuras épicas, na qualidade de "heroínas" que constituem transgressões a um sistema de pensamento que procede de um universo simbólico comum aos dois sexos. A noção de igualdade dos sexos, portanto, é por origem reivindicadora. É a reivindicação da mudança de *status* e do acesso a outro *status*. Mas, nisso, a própria mulher parte desse sistema de pensamento.

Noção dinâmica e reivindicadora, a igualdade dos sexos implica a ideia de movimento em relação a um estado, mas é uma noção que nunca é global, baseando-se em equilíbrios particulares, específicos de determinados direitos ou valores aos quais a mulher não tem acesso, ou seu acesso não é tão fácil quanto o do homem. A reivindicação refere-se, então, a motivos de divisão na qual esse equilíbrio teve origem, e não no próprio princípio dessa divisão. Assim, o caráter universal da Declaração dos Direitos do Homem e do Cidadão poderia ter permitido que se iniciasse uma nova era, inaugurando um novo sistema de valores e de pensamento. A Revolução francesa, sendo uma revolução "burguesa" por essência, não tinha essa ambição. E as feministas da época, limitando-se a reivindicar uma melhoria em seu *status*, proclamaram, com base na ideia de Olympe de Gouges, uma "Declaração dos Direitos da Mulher e da Cidadã", simples transposição dos direitos concedidos aos homens.

A aspiração aos atributos da masculinidade foi muitas vezes a única expressão da reivindicação das mulheres, sob a máscara da noção de igualdade dos sexos. Em lugar do "por que?" fundamental, o que se perguntou foi "por que não uma mulher?", indagação reivindicadora mas pouco reestruturadora...

Igualdade dos sexos e direito protetor

Partindo sempre do mesmo esquema de valores e de pensamento, o direito frequentemente teve uma atitude de proteção à mulher, considerada como um ser fraco e até sem cérebro, mas digno de consideração jurídica. Assim, houve quem lembrasse que o senátus-consulto Veleio não visava tanto estabelecer uma incapacidade da mulher para assumir compromissos para com terceiros, mas sim permitir-lhe desembaraçar-se de um compromisso inoportuno no qual ela não tivesse pensado suficientemente.

O direito dos regimes matrimoniais é revelador dessa preocupação com a proteção: o poder do marido implicava que só ele exercia os poderes, inclusive sobre os bens pertencentes à esposa, mas que lhe devia garantias. Assim, no Código Civil francês de 1804, se a administração dos bens pelo marido pusesse em perigo os interesses pecuniários da mulher, esta podia pedir a separação judicial. Do mesmo modo, quando da dissolução do regime matrimonial (sobretudo por morte), ela podia renunciar à comunhão para evitar o pagamento das dívidas comuns, nascidas da administração do marido. A mais notável dessas garantias unilaterais dadas pelo direito à esposa é a da hipoteca legal de que ela era beneficiária de pleno direito sobre os imóveis comuns e os próprios do marido, como garantia de seu direito de reversão: durante todo o casamento, era o marido que tinha o poder de gerir os bens móveis e imóveis pertencentes à comunhão e também os bens parafernais. A mulher, com a dissolução, tendia a reassumir o que lhe pertencia. Como garantia dessa reversão, e como credor prudente, ela era beneficiada por uma hipoteca sobre os bens imobiliários comuns e os do marido. Em outras palavras, o Código Civil francês consagrava uma igualdade dos sexos quanto à aptidão a possuir bens; o exercício dos poderes sobre esses bens era reservado ao marido, mas com a responsabilidade de prestar contas, como um devedor a seu credor.

O direito do trabalho fundamentou-se durante muito tempo na preocupação de proteger a mulher. Em nome da igualdade dos sexos, consagrou o direito ao trabalho para a mulher, enquanto protegia suas diferenças:

– Toda mulher é uma mãe potencial, e é preciso preservar essa função socialmente indispensável. Daí, o conjunto das regras relativas às condições de trabalho da gestante e à proteção de seu emprego (pois ela não deveria renunciar a seu papel gerador).

– A mulher é fisicamente mais fraca que o homem. Algumas tarefas lhe serão vedadas ou serão regulamentadas em função de suas aptidões. Embora os sindicatos, como a CGT, tenham manifestado a preocupação de preservar o emprego masculino, o recurso ao trabalho das mulheres se tornou frequente a partir da primeira Revolução Industrial (1780-1880), e o patronato acostumou-se a essa mão de obra menos qualificada e mal paga.

O legislador interveio então para proteger as mulheres no trabalho, atribuindo às modalidades de trabalho: jornada de trabalho limitada a onze horas (Lei de 30 de março de 1900), obrigação de repouso semanal (Lei de 2 de novembro de 1892). Essas disposições foram generalizadas em seguida para todos os assalariados, indiferentemente do sexo.

Subsistem, porém, em direito do trabalho francês certas regras essencialmente protetoras, como, por exemplo, a possibilidade de reduzir o repouso semanal com a ressalva de um repouso compensatório, de meia jornada; essa regra derrogatória aplica-se aos assalariados encarregados da manutenção de máquinas, salvo as mulheres (arts. L 221-13 a L 221-15 C. Trab. fr.). Certo número de trabalhos continua vedado às mulheres; trata-se de trabalhos considerados perigosos ou penosos: é o caso dos trabalhos subterrâneos nas minas e nas pedreiras (art. L 711-3 C. Trab. fr.). Outros empregos, embora não proibidos, são especificamente regulamentados para as mulheres: é o que ocorre com os trabalhos que exijam o deslocamento de cargas (limites de pesos fixados no art. R 234-6 C. Trab. fr.). A proibição do trabalho noturno para as mulheres, porém, foi declarada não conforme com a regulamentação comunitária pela Corte de Justiça das Comunidades Europeias (CJCE, 25 jul. 1991), de tal modo que o trabalho noturno das mulheres é hoje autorizado, assim como o dos homens, com a ressalva das disposições particulares sobre o trabalho noturno em se tratando de gestante ou puérpera (Diretiva nº 92/85/CEE).

Apesar de ter evoluído desde o fim do século XIX, o direito do trabalho continua sendo, por natureza, um direito protetor. No entanto, está mudando: a noção de igualdade não se acomoda muito bem à noção de proteção, ainda que esta proteção tenha em vista apenas a função geradora da mulher, e não mais a "fraqueza" de seu cérebro.

Igualdade dos sexos e direito igualitário

A unidade doutrinária do feminismo, na diversidade de seus movimentos e de suas épocas, sempre se manifestou pela vontade de igualdade entre os sexos, igualdade expressa em termos de identidade, de analogia e até de complementaridade. Mas isso sempre foi feito tomando por referência o modelo masculino... "Caso de aspiração coletiva pela igualdade", segundo Léon Abensour, o feminismo nunca foi mais bem expresso do que na época das agitações políticas e do surgimento de um pensamento revolucionário (1789, 1830 e 1848). Mas não foi nesses momentos que ele se fez mais ouvir: nunca foi reivindicado pelos "revolucionários" como prioridade. Foi só depois da Segunda Guerra Mundial que a igualdade dos sexos se afirmou como princípio geral do direito no Preâmbulo da Constituição francesa de 1946, retomado pelo da Constituição de 1958.

No plano do direito dos regimes matrimoniais, a preocupação igualitária se traduziu pela vontade de abolir o poder do marido. "Senhor e cabeça" do casal e de seu patrimônio na época do Código Civil francês, mas também fiador dessa preeminência, o marido viu seus poderes diminuir à medida que eram feitas reformas, em especial durante o século XX: administração reservada à mulher dos bens adquiridos no exercício de uma profissão (Lei de 13 jul. 1907), abolição da incapacidade jurídica da mulher casada (Leis de 18 fev. 1938 e 22 set. 1942); liberdade de administração e disposição por parte da mulher, assim como do marido, de seus respectivos bens; liberdade de administração por parte da mulher, bem como do marido, de seus bens reservados e abolição do direito de veto que o marido podia opor ao exercício do trabalho pela esposa (Lei de 13 jul. 1965); abolição da figura do marido como "cabeça do casal" e igualdade perfeita entre os cônjuges na administração dos bens comuns, com necessidade de cogestão para os atos mais importantes (Lei de 23 dez. 1985). Com essa igualdade perfeita entre os cônjuges em suas relações conjugais, a mulher perdeu as garantias protetoras do Código Civil: supressão da hipoteca legal e partilha do passivo comum sem consideração de causa.

Essa mesma evolução deveria ocorrer com o poder paterno: a Lei francesa de 4 de junho de 1970 o substituiu pela noção de autoridade parental, e a Lei de 11 de julho de 1975 aboliu o direito exclusivo do pai na escolha do lugar da residência da família.

No plano do direito do trabalho, a preocupação igualitária traduziu-se pela vontade de garantir igualdade profissional das mulheres em relação aos homens. Essa igualdade passava prioritariamente pelo acesso à educação, e, na França, foi só com a Lei de 28 de março de 1882 que a instrução primária se tornou obrigatória para as crianças de 6 a 13 anos de ambos os sexos. O acesso à educação devia desenvolver-se em seguida, e hoje em dia já não há áreas educativas inacessíveis às mulheres. Com o desenvolvimento da formação, necessariamente haveria maior acesso a empregos e funções.

Essa igualdade, porém, deveria ser apenas teórica, sendo desmentida sobretudo pelas desigualdades constatadas na remuneração: na França, a diferença média global em 1999 era de 25% e, em situação similar, de 12%. Foi até mesmo possível constatar que as diferenças de salário cresciam com a hierarquia dos cargos: com diploma igual, em postos iguais, os executivos do sexo masculino recebiam uma remuneração que podia ser superior em 20% a 35% à de seus homólogos femininos. Essas diferenças, existentes ainda no ano 2000, são observadas no mundo inteiro, a tal ponto que foram escritos inúmeros textos internacionais com a finalidade de solucionar essa situação: Convenção 100 da OIT em 1951, Convenção 111 da OIT em 1958, Convenção da ONU em 1979. No plano europeu, são: Carta Social do Conselho da Europa em 1961 (art. 4º respaldado pelo antigo art. 119, que se tornou art. 141 do Tratado de Roma de 1957), Diretiva 75/117 de 10 de fevereiro de 1975 que introduziu a noção de salário igual para um mesmo trabalho ou para trabalho de valor igual, Diretiva 76/207 de 9 de fevereiro de 1976 que introduziu a noção de igualdade de oportunidades, Carta Comunitária dos Direitos Sociais Fundamentais de 1989 (arts. 9º e 16), Tratado de Maastricht de 1992 (art. 119) e Tratado de Amsterdam de 1997 (arts. 137 e 141). Em direito interno francês, o Código do Trabalho comporta textos específicos, introduzidos pela Lei de 22 de dezembro de 1972, pelas Leis Auroux de 1982 e pela Lei de 13 de julho de 1983: são os artigos L 140-2 e seguintes que enunciam o princípio de "para trabalho igual, salário igual", os artigos L 123-1 e seguintes que proíbem qualquer medida discriminatória, sobretudo se baseada no sexo, e os artigos L 123-4 e L 133-5 que introduzem a noção de igualdade de oportunidades e fazem da negociação coletiva o instrumento privilegiado de acesso a essa igualdade. É uma igualdade "obrigatória", para cuja realização o legislador utiliza todo um arsenal de meios jurídicos de que dispõe: punições (arts. L 152-1-1, L 152-1-2 e R 154-0 C. Trab. fr.), ajudas financeiras do Estado para incentivar as ações que possibilitem instaurar realmente uma igualdade entre os sexos (art. L 123-4 C. Trab. fr.), os dispositivos dos acordos coletivos ou dos contratos de trabalho que sejam contrários à igualdade de remuneração são nulos e substituídos pela remuneração mais elevada paga em situação igual (art. L 140-4 C. Trab. fr.) etc. Por outro lado, um "Código de Conduta" foi objeto de uma comunicação da Comissão das Comunidades Europeias de 17 de julho de 1996, e um "Guia para a negociação coletiva" foi elaborado em 1999/2000 pelo Ministério do Emprego e da Solidariedade da França a pedido do Conselho Superior da Igualdade Profissional... As últimas palavras da conclusão desse documento são reveladoras das limitações inerentes a um direito igualitário: "Os caminhos que levam à igualdade salarial entre homens e mulheres ainda são longos. [...] A mobilização de todos os atores sociais, talvez em primeiro lugar das primeiras interessadas, é inevitável desse ponto de vista..." O direito apenas pode impor nos textos uma igualdade à qual, de fato e por razões sociológicas, econômicas e psicológicas, só pode aspirar.

Igualdade dos sexos e direito das minorias

O último movimento feminista dos anos 1970 é notável em relação aos anteriores, pois, pela primeira vez, as reivindicações feministas se expressaram mais em termos de libertação do que de alforria ou emancipação. Considerando-se como uma minoria oprimida e explorada, o movimento feminista dos anos 1970 não se contenta em querer melhorar a condição das mulheres, mas a denuncia, a exemplo do racismo, em todos os âmbitos da vida. Estigmatizava-se então tudo o que pudesse revelar o androcentrismo dominador, e – efeito "Maio de 68" – essas reivindicações explodiram em primeiríssimo lugar no âmbito reservado do corpo da mulher. A função geradora da mulher fazia de seu corpo um objeto cujo domínio o homem tivera em todos os tempos. Era, portanto, preciso libertá-lo. O corpo da mulher só pertence a ela, e a função geradora não é sua vocação "obrigatória": direito à contracepção, direito ao aborto, direito ao amor livre, direito ao divórcio livremente consentido, direito às relações homossexuais... direito da mulher de dispor de seu corpo como quiser e quando quiser. O feminismo dos anos 1970 fez da privacidade uma questão política, criando assim uma cisão entre as mulheres, pois nem todas se viam nessas reivindicações. Reduzir o movimento feminista dos anos 1970 a essas reivindicações seria, porém, caricatural, mas é essa a imagem dominante que subsiste.

Desse movimento pela libertação das mulheres resulta essencialmente a ideia de que a igualdade dos sexos exige a aplicação de meios de ação mais eficazes do que a simples afirmação como direito num sistema feito por e para homens. Ainda que esses meios sejam imperfeitos, sempre serão conquistas políticas. Foi essa estratégia que se pôs em ação no referente ao acesso das mulheres à vida política. Por muito tempo reduzidas ao silêncio ou aos complôs, apesar do papel que chegaram a desempenhar nos grandes momentos da História, as mulheres eram tradicionalmente excluídas do poder político e de seu exercício. Depois que o direito de voto lhes foi conferido na França em 21 de abril de 1944, passou-se à questão de sua elegibilidade: na teoria, nada se opõe à elegibilidade das mulheres, mas na prática foi preciso constatar que poucas mulheres no mundo, e na França em especial, tinham um mandato eletivo. Levantou-se então a questão de sua representatividade nas instâncias políticas, contabilizando porcentagens. Só a questão da representatividade já induz a questão do direito das minorias. E como tal ela foi vista nas soluções aventadas.

Optou-se de início pelo método das quotas. Método clássico em direito das minorias, a quota apresenta a vantagem de ser eficiente em termos de contabilidade. A lei votada em novembro de 1982 impunha uma quota de 25% de mulheres nas listas de candidatos às eleições municipais das cidades com mais de 3.500 habitantes. Respondeu-se que, em termos de representatividade, 25% eram insuficientes, levando em conta que a população feminina representava mais de 50% da população francesa. Mas já era um "bom começo", e, além disso, não se tratava de "fotografar" a população e reproduzir sua composição nas assembleias políticas. Tratava-se de permitir que uma minoria (não quantitativa, mas política) tivesse a garantia de dispor de representatividade. Essa lei, porém, seria censurada pelo Conselho Constitucional em razão da discriminação feita entre os sexos, contrariando o princípio de igual acesso aos mandatos eleitorais e às funções eletivas, afirmado no artigo 3º *in fine* da Constituição, e o princípio geral de igualdade contido no artigo 6º da Declaração dos Direitos do Homem e do Cidadão. No entanto, a ideia ficou nos espíritos e encontrou justificação na analogia com a técnica da "*affirmative action*" utilizada nos Estados Unidos para promover a igualdade racial.

Foi assim que apareceu a noção de "paridade", mais sutil e menos "contábil" do que a de quotas, mas proveniente da mesma vontade de garantir direitos a uma minoria. Já em 1995, foi criado um Observatório da Paridade junto ao Primeiro-Ministro, e a lei deveria intervir em 6 de junho de 2000, "tendendo a favorecer o igual acesso das mulheres e dos homens aos mandatos eletivos e às funções eletivas". Ela se baseia na obrigação de, nas eleições com escrutínio, apresentar um número igual de candidatos dos dois sexos, com uma diferença que "não pode ser superior a um". Com a ressalva dos casos visados pelo artigo 300 do Código Eleitoral francês, as listas não comportam, alternadamente, um candidato e uma candidata, mas "em cada grupo inteiro de seis candidatos na ordem de apresentação da lista" deve figurar um número igual de candidatos de cada sexo. Apresentada como uma "consagração" da igualdade dos sexos no âmbito político, essa reforma deve ser posta à prova, visto que as primeiras eleições ocorrerão em 2001. Paralelamente, não se pode ocultar o desenvolvimento de um fenômeno cuja exacerbação poderá ocorrer com a necessidade da paridade: trata-se do risco de o verdadeiro candidato apresentar sua esposa. Candidata de fachada (o fato é que os eleitores, "cativos", seguem um nome ou uma imagem), ela satisfaz as estatísticas, ao mesmo tempo que reforça o modelo masculino...

Verdadeira válvula de segurança de um sistema exaurido, o direito das minorias nunca conseguiu mais do que abafar (temporariamente) as reivindicações de baixo de um espesso manto de consensualismo. Nesse sentido, pode ocorrer com a igualdade dos sexos o que ocorreu com a igualdade racial... Na França, restam desse espírito de libertação dos anos 1970 a questão fundamental de "*Madame la Présidente*" ou "*Madame le Président*" [senhora presidenta ou senhora presidente], a contestação da regra gramatical da preeminência do masculino sobre o feminino, ou ainda a atual luta travada pela senhora Ministra delegada para o emprego contra o "sexismo" nos livros didáticos, que contêm "estereótipos obsoletos"...

Igualdade dos sexos e direito assexuado: a tentação do neutro

Alternada e simultaneamente protetor, com vocação igualitária ou partindo de uma estratégia de dominação respeitosa de suas minorias, mas nunca indiferente ao caráter fundamental da função geradora da mulher para a sobrevivência do homem, o direito, apesar das hesitações e dúvidas, evoluiu, e a sociedade com ele. Com isso, o esquema inicial de divisão dos poderes entre homens e mulheres, que se convencionou chamar de divisão sexual do trabalho, está um tanto abalado. O exercício de uma atividade profissional que, em 1998, ocupava mais de 79% das mulheres entre 25 e 49 anos subverteu necessariamente os dados iniciais: as funções domésticas e de educação, às quais elas eram exclusivamente destinadas, estão hoje cada vez mais partilhadas, sendo até assumidas pelos "novos pais". As novas gerações de homens já não se concebem necessariamente como "caçadores" que levam a caça para o lar. A divisão do trabalho nos casais jovens já é menos sexual e mais de oportunidade, variando assim no tempo.

O direito leva em conta esse fenômeno sociológico e tende cada vez mais ao neutro. No entanto, grande número de disposições, embora redigidas em termos neutros, pela própria vocação igualitária, só visam a restabelecer uma situação desequilibrada, cujo caráter insuportável é possível constatar no estágio atual do pensamento, tanto no plano filosófico quanto cultural, econômico, político e sociológico. Assim, a Lei francesa de 10 de julho de 1982, que estabeleceu de maneira neutra um estatuto do casal artesão ou comerciante, visava essencialmente a resolver o problema sociológico da mulher que, depois de trabalhar na empresa familiar, com a ruptura do casamento (por morte ou divórcio), se encontrava numa situação de inexistência jurídica, pois sempre trabalhara "sob a cobertura" do marido. É também o que ocorre com a Lei de 23 de dezembro de 1985, relativa à igualdade dos cônjuges nos regimes matrimoniais e dos pais na administração dos bens de seus filhos menores, ou então com a Lei de 2 de novembro de 1992, que visa a prevenir o assédio sexual nas relações de trabalho. Baseadas num desequilíbrio inicial que convinha resolver, essas disposições neutras nos termos empregados derivam mais de um direito protetor do que de um direito igualitário.

O direito do trabalho na França, em contrapartida, é revelador dessa tentação do neutro. Ele se mostra mais protetor dos assalariados em geral do que das mulheres em particular; a análise de suas condições de trabalho muitas vezes foi o elemento desencadeador de um questionamento mais global. Redigido em termos neutros e aplicado indiferentemente a ambos os sexos, ele é o Direito dos Assalariados, embora alguns particularismos possam ser validamente levados em conta. É o que ocorre, por exemplo, com o concurso de acesso ao emprego de guarda civil e de policial, que levou em conta critérios morfológicos inerentes aos sexos masculino e feminino: desde 1998, a altura mínima exigida é de 1,68 m para os homens e de 1,60 m para as mulheres.

As discriminações que o direito do trabalho se permite em favor das mulheres são consideradas "positivas", mas, mesmo nesse ponto, cabe notar uma evolução em curso. São discriminações positivas e legítimas as que se fundamentam na função geradora da mulher: regras protetoras para gestante ou para a maternidade. São discriminações positivas ilegítimas as que proíbem o trabalho noturno das mulheres (CJCE, 25 jul. 1991) ou as que se fundamentam em alguma função que já não seja hoje, do ponto de vista sociológico, exclusivamente feminina. Assim, por se tratar de uma discriminação positiva ilegítima, foi destinado a um pai o bônus para manutenção de filho em creche, que a convenção coletiva aplicável reservava apenas às mães (C. Cass. Soc., 27 fev. 1991). Também nesses termos se colocou o problema da bonificação pela paternidade na aposentadoria do funcionalismo civil, reservada pelo regime francês apenas às mulheres funcionárias (CE, 28 jul. 1999: Question prejudicielle à la CJCE). A posição adotada em 21 de março de 2000 pela Câmara Social da Corte de Cassação, "tomando conhecimento" da decisão da CJCE de 16 de setembro de 1999, é reveladora desse movimento de questionamento das discriminações positivas: certamente não aprovando, no fundo, essa decisão, a Corte Suprema limitou-se a tomar conhecimento da decisão comunitária de validar a concessão de abono padrão apenas às mulheres assalariadas da Régie Renault, abono destinado a compensar as desvantagens profissionais resultantes da licença-maternidade. A submissão "muda" da Corte de Cassação é eloquente em si... As discriminações baseadas em critérios chamados morfológicos (altura, força etc.) continuarão legítimas por muito tempo? Pela lógica, não.

E nos surpreendemos a imaginar, de maneira mais geral, um direito assexuado que reja as relações entre homens e mulheres numa sociedade reestruturada, na qual a igualdade dos sexos já não precisasse ser proclamada. Sonho de mulheres... Mulher velada cujos traços precisam ser escondidos para evitar a inconveniência. Mulher tosada, desafogo de homens em busca de virilidade. Mulher posse, oferta aos deuses ou presa de guerra. Mulher reservada, em todos os sentidos do termo... São essas as utopias que, em todos os tempos, fizeram até o Homem avançar.

› ABENSOUR L., *Histoire générale du feminisme*, 1921. – ALBISTUR M. & ARMOGATHE D., *Histoire du feminisme français du Moyen Âge à nos jours*, Ed. Des femmes, 1977. – BADINTER E., *L'Un ou et l'autre: des relations entre hommes et femmes*, O. Jacob, 1986. – GUILLAUMIN C., "Femmes et théories de la société: remarques sur les effets théoriques de la colère des opprimées", in *Sociologie et sociétés*, t. XIII, 1981. – MICOU E., *L'Égalité des sexes en droit privé*, thèse pour le doctorat en droit, Presses Universitaires de Perpignan, 1997. – Coll.: "Anthropologie des sexes et sexe des anthropologues", in *Journal des anthropologues*, nº 45, 1991. – *Egalité de rémunération femmes hommes – Enjeux et perspectives*, Ministère del'Emploi et de la Solidarité, Liaisons Sociales, 2000.

Jacqueline AMIEL-DONAT

→ Igualdade; Minorias.

IMPÉRIO

O Império é uma das várias formas de governo dos homens. Essa palavra vem do latim *imperium*, que na origem designava o poder dos reis etruscos, poder forte e indivisível. No entanto, essa intensidade do poder só parece ter sido considerada como um dos elementos do conceito imperial. Os historiadores, provavelmente obedientes às orientações sociológicas, não hesitam em qualificar de Império as mais antigas comunidades humanas cujos vestígios nos chegaram, ou seja, as que se formaram no Oriente Médio, naquelas planícies onde se unem o Tigre e o Eufrates, ou no Egito, nos territórios irrigados pelo Nilo.

A característica essencial valorizada pelos textos dedicados a esses governos humanos antigos parece ter sido sua amplidão, real ou ambicionada: um deles por acaso não se intitula "Reino das quatro planícies do mundo?" Os eruditos que se debruçaram sobre esses testemunhos difíceis montam uma lista respeitável daquilo que chamam de sete Impérios orientais: Império Acad ou Akkad (fim do III milênio a.C.), primeiro Império babilônio (II milênio), Império egípcio da XVII e XIX dinastias (1555-1200), Império hitita (c. 1380), Império assírio (séculos VII-VI.), Império neobabilônio ou caldeu (séculos VII-VI), Império persa dos Aquemênidas (séculos VI-IV).

Seu sucesso é medido pela extensão do espaço que dominam. Em suma, quando se tenta sintetizar aquilo que levou a essa qualificação imperial, percebe-se que essas realizações orientais se apresentam como formas políticas que se alimentam da dominação e do espaço. O Império é construído em torno do poder absoluto de uma só pessoa, quer ela se chame Lugalzagesi, Sargão, Hamurabi, Amenófis, Assurbanípal, Nabucodonosor ou Dario. A intensidade desse poder baseia-se na essência ou pelo menos na representação divina em nome da qual se apresenta. Seu exercício se efetua na maioria das vezes por intermédio de uma rede de funcionários hierarquizados numa construção centralizadora muito forte. No fundo, é essa centralização que favorece a vocação para o universal, alma do Império.

Na verdade, tanta ambição coercitiva faz parte da essência do Império oriental, que este lembra, quase irresistivelmente, civilizações infernais para os homens simples que a ele se submeteram. Os orientalistas, porém, afirmam que pelo menos três desses Impérios deixaram a imagem de um sucesso quase sem falhas: seria o caso da primeira dinastia de Babilônia, que em razão do código de Hamurabi é considerada a época clássica do Oriente Próximo; seria o caso também do Império egípcio das dinastias XVIII-XIX; seria ainda mais o caso do Império dos Aquemênidas. O equilíbrio que esses Impérios conseguiram estabelecer entre ação unificadora e respeito aos costumes e às instituições das regiões conquistadas opõe-se estranhamente às estritas concepções étnicas das cidades gregas.

Efetivamente, estas não chegaram a criar um Império, e foi preciso esperar as injunções impostas pelo poder do macedônio Filipe às cidades desunidas para que se delineasse uma confederação sólida. Seu filho Alexandre continuou seus desígnios, desenvolvendo-os num plano grandioso, que começou com a vitória sobre o inimigo persa tradicional, ampliando-se depois para dimensões imperiais, graças a uma travessia militar triunfante das fronteiras do Egito ao Paquistão. Quando morreu, seus interesses se estendiam à África. A administração desse Império – pois nenhum historiador negou esse qualificativo à comunidade política erigida por Alexandre – merece atenção. Sua "carne" demográfica não é fundamentalmente grega nem oriental: ele foi construído com a participação de gregos e macedônios, que enquadraram em maior ou menor grau as populações autóctones. Sua inspiração geral, sua principal civilização são gregas, bem como a língua oficial nele falada, mas sua estrutura política integrou a pólis num vasto conjunto que é uma monarquia oriental. As novas cidades fundadas com base no modelo da pólis grega constituem os pontos de apoio do governo de Alexandre, mas o motor e a decisão sobre a sorte de todos residem apenas na vontade do dirigente. Paradoxalmente, o Império de Alexandre deu ao mundo a Constituição da pólis grega (M. Humbert).

Esse caráter já ocidental do Império seria uma experiência única, devida ao gênio de Alexandre. Em todo caso, nada levaria a pensar que essa experiência seria repetida por Roma. A *urbs* romana, em suas estruturas originais, não parecia muito que viria a ser a fonte do mais completo e célebre Império que a civilização já conheceu. Segundo a tradição transmitida por Tito Lívio, a revolução de 509 expulsara os reis; o poder deles, o *imperium*, passava às mãos de dois cônsules eleitos, encarregados de gerir a *res publica*. A monarquia, portanto, era excluída da sociedade romana. Essa irremediável condenação seria novamente exemplificada, seis séculos depois, pelo assassinato de Júlio César. Na verdade, as *Antiguidades romanas* de Dionísio de Halicarnasso, obra contemporânea de *Res gestae* de Tito Lívio, apresentam os acontecimentos de modo um pouco diferente. O *imperium* dos reis de Roma, que teriam sido eleitos, era o mesmo que depois foi conferido aos cônsules em 509. Essa continuidade talvez explique o sucesso da política de Otávio. Seja como for, depois que Roma conquistou o mundo mediterrâneo, a vastidão de seu poder já era a de um Império, e a realidade política já dava lugar ao pensamento filosófico estoico, cuja cosmologia abarca todo o gênero humano. Como o edito de Caracala, em 212, transformava todo e qualquer habitante do Império em cidadão romano, cada região conquistada parecia encontrar um lugar próprio no conjunto imperial. A conversão de Constantino ao cristianismo alicerça ainda mais a universalidade imperial, mesmo sem destruir o equilíbrio dos poderes, pois o Imperador passa a ser mandatário de Deus, ao qual ele deve contas, coisa que os patriarcas cristãos nunca deixarão de lembrar. No entanto, as invasões que ameaçam a construção imperial a partir do século III acabarão por anular esse sucesso. Os bárbaros destruíram o Império romano, ainda que não tivessem expressamente essa intenção. Mas o deslumbramento de sua imagem ficou na memória dos melhores espíritos – clérigos ou dirigentes políticos. Essa sobrevivência abstrata explica por que se tentou duas vezes restabelecê-lo: renovação de Carlos Magno em 800, renovação de Óton I em 962. Na verdade, essa renovação dissimula uma realidade original: uma espécie de desdobramento do poder em espiritualidade e temporalidade, uma vez que a *auctoritas* fica nas mãos do Pontífice romano, e a *potestas*, nas do Imperador. Embora intelectualmente sedutora, a harmonia dualista termina, como se sabe, com o rebaixamento do Império em Canossa e com a humilhação de Bonifácio VIII no atentado de Anagni. A Europa estupefata via o Império desmoronar sob os golpes de seu rival triunfante, o Estado.

Juridicamente, o Império desaparece da realidade política, com exceção, talvez, da aventura napoleônica. Também nesse caso se encontra uma ideologia, ideologia revolucionária de caráter universal, manejada por um gênio militar que lembra Alexandre e que estrutura suas conquistas por uma administração sem falhas, mas sem destruir o mapa dos Estados. Mas o conceito imperial, que continua a animar a linguística e o vocabulário histórico, possibilita saudar os sucessos políticos cuja amplitude ultrapasse a do Estado. A História fala, assim, dos Impérios coloniais: português, espanhol, inglês, francês. As ambições políticas, um pouco diferentes, é verdade, mas sempre tendentes a superar os limites do Estado, explicam as qualificações, correntes no século XIX, dos Impérios russo, alemão e mesmo austro-húngaro. Acabou-se por usar esse qualificativo com uma conotação etnológica para indicar unidades políticas como o Império do Sol nascente ou o Império dos Incas.

Mais recentemente, o conceito imperial desviou-se para o mundo econômico. Desse modo, menciona-se o sucesso excepcional de certas grandes empresas, cuja atividade é quase mundial. O Império acaso passaria a ser a designação um tanto preciosa da globalização? No entanto, para o historiador aristocraticamente fiel à tradição, Império continua sendo essa extraordinária construção política que Roma outrora realizou: poder forte, indiscutível, que constrói a ordem em torno da *res publica* e propicia ao mundo sua paz invencível.

› BARBEY J., *Être roi*, Paris, Fayard, 1992. – BOULET-SAUTEL M., "Le Roi et l'Empereur", *in* S. Rials, *Le Miracle capétien*, Paris, Librairie Perrin, 1987, pp. 63-7. – CARDASCIA G., "Les Institutions de l'Antiquité préromaine", *in* Monier R., G. Cardascia & J. Imbert, *Histoire des institutions et des faits sociaux, des origines à l'aube du Moyen Age*, Paris, Montchrestien, 1955, pp. 17-82. – FOLZ R., *L'Idée d'Empire en Occident du Ve au XIVe siècle*, Paris, Aubier-Montaigne, 1953. – GAUDEMET J., "Le concept d'Empire", *Revue historique de droit français et étranger*, 1991, pp. 61-6. – HUMBERT M., *Institutions politiques et sociales de l'Antiquité*, Paris, Dalloz, 1991. – TULARD J. (org.), *Dictionnaire Napoléon*, Paris, Fayard, 1987, Mousnier R., *Monarchies et royautés de la préhistoire à nos jours*, Paris, Librairie Perrin, 1969. – RAYNAUD P. & RIALS S., *Dictionnaire de philosophie politique*, Paris, PUF, 1996, v. Empire.

Marguerite BOULET-SAUTEZ

→ Autoridade; Governo.

IMPOSTO (Grandes doutrinas)

Dentre as instituições públicas que formam o arcabouço das sociedades organizadas, o imposto provavelmente é daquelas que alimentam com mais paixão o debate político. Repleto de referências ideológicas, até mesmo de justificações teológicas, ele atiça os conflitos partidários (é só lembrar, na França, a longa discussão sobre o imposto sobre a renda no século XIX ou a do imposto sobre o capital no século XX), divide os cenáculos universitários, nutre os programas eleitorais. Logo, o imposto é, realmente e por essência, um objeto de doutrina. Mormente no tocante à sua própria concepção, trate-se de seus princípios fundamentais ou das finalidades que se lhe atribuem, mas também através das múltiplas incidências de sua aplicação (sejam elas políticas, sociais ou econômicas) pelos debates cardeais que contribuíram para lhe construir a técnica, para lhe moldar a base, para construir seus modelos de repartição.

As grandes doutrinas na concepção do imposto

Os fundamentos do imposto. – 1 / Da soberania... A origem do imposto pode ser encontrada na transformação da pilhagem em tributo imposto aos povos conquistados pelo vencedor, marcando, assim, o vínculo natural entre o poder de impor e o poder de subordinar. Entretanto, o imposto não deixa de marcar um progresso em relação às partilhas dos saques. Tito Lívio mostra bem que foram as exigências financeiras da guerra que haviam obrigado Fabiano e o Senado a proibir a pilhagem e a pagar o soldo das tropas com dinheiro público. O nascimento das sociedades organizadas é, pois, acompanhado de um desenvolvimento do imposto. Em Roma, é um ato de poder público, um ato "mandado (*imperatum*) e não consentido" (Clameragan). "Os grandes Estados da Antiguidade", salienta G. Ardant, "só ficaram realmente poderosos na medida em que os soberanos souberam estabelecer, manter ou restaurar um sistema fiscal que permitisse retribuir funcionários públicos e soldados, alimentar ou equipar um exército sem recorrer exclusivamente à atribuição de propriedades e à requisição." Na França, na época medieval, o imposto só tem justificação para o financiamento da guerra porque, num sistema feudal, a guerra era uma das raras competências que o rei podia exercer sobre os seus vassalos. Foi com esse intuito que Filipe, o Belo, e seus sucessores apelaram para a Igreja ou para seus vassalos, até mesmo para seus súditos, para obter uma contribuição extraordinária e temporária. O desenvolvimento progressivo da monarquia administrativa aumentou as necessidades financeiras do rei, que já não podia contentar-se em "viver do seu", ou seja, apenas dos recursos de suas propriedades. Assim, o imposto se instala a partir do princípio emergente segundo o qual, nos períodos de dificuldades, os reinícolas devem participar da defesa do reino. O imposto perde seu caráter de subsídio de exceção e de contribuição voluntária para se tornar permanente, amparando-se num ato de autoridade que encontra progressivamente seus fundamentos no vínculo entre soberania e coisa pública. Beaumanoir já afirmava que "em tempo de guerra [...] o rei pode fazer instituições para ajudar em tudo, com a condição de repartir o ônus entre seus súditos". Em *Le songe du verger*, cuja redação foi inspirada por Carlos V, é sustentado que "os reis soberanos na terra, como o é o rei da França, podem tais ajudas extraordinárias [...] impor a seus súditos [...] por uma causa como é a defesa da coisa pública, eles o podem fazer e justamente". Legistas e teólogos conjugam seus esforços para enraizar o imposto no direito público. Bossuet afirma que "os tributos que são pagos ao príncipe são um reconhecimento da autoridade suprema: não podem ser recusados sem rebelião. E, se se deve expor a vida pela pátria e pelo príncipe, com mais forte razão deve-se dar uma parte dos bens para sustentar os encargos públicos". Para Cardin Le Bret, a lei fiscal, como qualquer outra lei, é uma ordenação geral que impõe a obediência aos súditos, porque emana de uma autoridade soberana e absoluta e porque a soberania é o poder de fazer as leis, notadamente as leis de imposto. Os monarcas absolutos "podem [portanto...] impor talhas e arrecadar subsídios quando o julgam necessário para o bem de seus negócios". Para Bodin, os impostos e subsídios "decorrem do poder de legislação..." Inútil especificar qual momento o soberano deve escolher para estabelecer subsídios, já que tem o seu poder absoluto. Esse poder fiscal soberano é, no entanto, temperado por um princípio geral de moderação. Richelieu considera que "cabe apenas a lisonjeadores e a verdadeiras pestes do Estado e da Corte soprar nos ouvidos dos príncipes que eles podem exigir o que bem lhes apetecer e que nesse ponto a vontade deles é a regra de seu poder".

2 / ...ao consentimento. A progressiva extensão da competência fiscal dos soberanos foi contrabalançada pela regra, relativamente aceita aliás, do consentimento ao imposto. Na Inglaterra, já em 1215, a *Magna Carta* postula seu princípio. Na França, Filipe IV, o Belo, e Luís X se chocam com as três ordens reunidas em Estados Gerais, que adquiriram o hábito de debater sobre as arrecadações de subsídios. As dificuldades financeiras acarretadas pela captura e pelo resgate de João, o Bom, vão modificar progressivamente a natureza do imposto consentido. Provisoriamente "autorizados" na origem, os impostos são regularmente prorrogados a pedido do rei, com o consentimento dos Estados, mas sem lhes discutir o montante, até que o consentimento desapareça com Carlos VI. "Sob a ficção ciosamente mantida do consentimento dos Estados", observa J. Barbey, "essas imposições, periodicamente reconduzidas pelo rei desde Carlos V, adquirem uma permanência que as desvencilha de seu caráter contratual. O rei conseguiu brandamente tornar efetivo seu direito régio de tributar". Embora o direito régio esteja estabelecido, mesmo assim é contestado, geralmente por ocasião dos Estados Gerais como os de Blois em 1588, quando é lembrado que "é pelo parecer (avis) dos Estados que devem ser arrecadados os subsídios e não de outra maneira". Também é verdade que, sobre a legitimidade do consentimento, as opiniões estão divididas. No século XIV, se Jean Le Coq sustentava que o rei podia tributar seus súditos com ou sem o consentimento deles, Jean Bodin, entretanto um dos inspiradores do absolutismo, considera que, salvo urgência, "não faz parte do poder do príncipe arrecadar impostos como lhe apraz". Em compensação, no início do século XVII, Cardin Le Bret sustenta que "os monarcas absolutos podem, sem o consentimento de seus súditos, impor talhas e arrecadar subsídios quando o julgam ser necessário para o bem de seus negócios". O consentimento ao imposto fica juridicamente consagrado com a Revolução e na Declaração dos Direitos do Homem e do Cidadão, cujo artigo 14 proclama que "os cidadãos têm o direito de constatar por si mesmos ou por seus representantes a necessidade da contribuição pública...", mesmo que, por um tempo, tenha sido sustentado que esse artigo 14 da Declaração não tinha alcance constitucional em todas as suas disposições, pois o consentimento ao imposto não concernia à soberania nacional nem aos direitos do homem evocados pelo Preâmbulo de 1958. Interpretação contestável quando se conhece a importância desse consentimento na formação da democracia política, mas que permitia descartar o recurso ao referendo em matéria fiscal. De fato, essa concepção foi abandonada, apoiando-se o consentimento ao imposto tanto no artigo 34 da Constituição de 1958 como no artigo 14 da Declaração de 1789. Levanta-se hoje a questão da realidade do princípio. Inúmeros autores sustentaram e sustentam sempre a ideia de seu enfraquecimento. O decano Trotabas havia muito tempo encontrara a causa disso na evolução da estrutura do sistema fiscal francês ao longo de todo o século XIX. Com efeito, tendo concebido sua reforma em torno do princípio segundo o qual um imposto consentido é um imposto sentido, os revolucionários de 1789 haviam-no apoiado em dois pilares: a supressão dos impostos indiretos aos quais se reprovava seu caráter indolor, e a instituição de quatro contribuições diretas (as famosas quatro "velhas") cujo ônus o contribuinte devia sentir mais nitidamente e, assim, ficar mais capacitado para lhes contestar o princípio ou as modalidades. Ora, o renascimento da fiscalidade indireta já no Primeiro Império e seu desenvolvimento crescente no século XIX, em detrimento de um imposto direto em estagnação, contribuíram para aumentar o fenômeno de anestesia fiscal e, portanto, para enfraquecer o alcance do consentimento ao imposto. Por algum tempo houve a esperança de que o emprego de um imposto geral sobre a ren-

da ia permitir inverter a tendência, mas, ao mesmo tempo, eram instituídos grandes impostos gerais sobre a despesa (imposto sobre o faturamento em 1920, imposto sobre a produção em 1936 e TVA – taxa sobre o valor agregado – desde 1954), ao passo que a nova tributação da renda se dilui na instauração crescente de regimes derrogatórios. A isso se acresce o peso dos encargos sociais, como as cotizações sociais e mesmo, recentemente, a Contribuição Social Generalizada (CSG) ou a Contribuição para Reembolso da Dívida Social (CRDS), elas mesmas percebidas na fonte e que agravam, assim, o fenômeno de anestesia fiscal. O enfraquecimento do consentimento ao imposto também encontraria sua origem, segundo alguns autores, num processo de "confisco em cascata" do poder de autorizar o imposto: primeiro foi o povo que teve confiscado seu direito por representantes que acabaram conquistando o monopólio da autorização do imposto; depois essa mesma representação nacional perdeu uma parte dele em proveito do poder regulamentar, principalmente pela multiplicação de arrecadações obrigatórias que escapam ao Poder Legislativo (taxas parafiscais, cotizações sociais); sendo a derradeira fase do confisco a do direito comunitário, pela atribuição às instâncias europeias de dois tipos de competências supranacionais em matéria fiscal: uma competência de controle das fiscalidades nacionais (direitos alfandegários e discriminação) e uma competência de harmonização, particularmente em matéria de impostos sobre o volume de vendas que acarretam um crescimento das invasões sobre as competências fiscais nacionais. De sorte que, em última análise, já não restaria do consentimento ao imposto senão o frágil resguardo do "simulacro" parlamentar, álibi da democracia financeira, que a argumentação libertária, baseada na recusa do Estado, não se priva de denunciar para reduzir o imposto a um mero "confisco pela violência da propriedade de seus cidadãos pelos homens do Estado" (M. Rothbard).

3 / A legitimação religiosa. Fenômeno sofrido, obrigação coercitiva e fatalmente contestada, o imposto sempre encontrou sólidos apoios para ele no seio das doutrinas religiosas. Aliás, imposto e religião foram frequentemente ligados e marcados por influências recíprocas. As Igrejas viveram e às vezes até vivem ainda (como na Alemanha) de recursos fiscais como o dízimo, sobrevivência do imposto do templo consagrado pelo Antigo Testamento. No livro do Êxodo (25-11), Jeová dirige-se a Moisés: "Diga aos israelitas que retirem para mim uma contribuição. [...] quem estiver sujeito ao recenseamento dará a quantia a Jeová"; e Moisés diz à comunidade de todos os israelitas: "Eis o que Jeová ordenou: Retirai de vossos bens uma contribuição para Jeová. Que todos os que o coração incite a isso tragam a contribuição de Jeová" (Ex. 30-11). No Novo Testamento, São Paulo lembra aos coríntios que "os que servem ao altar devem viver do altar". Portanto, as religiões contribuíram largamente para legitimar o imposto. O que Jesus faz em sua resposta aos fariseus que usavam o pretexto da religião para escapar ao imposto de César: "Daí a César o que é de César e a Deus o que é de Deus" (Mateus XIII, 17-27). O reconhecimento da independência da ordem política implica a do poder fiscal. É nessa perspectiva que São Paulo se coloca ao desenvolver uma "teologia da justificação do imposto" fundamentada na submissão dos cristãos às autoridades constituídas: "Que todo homem fique sujeito às autoridades que exercem o poder, pois só há autoridade por Deus e as que existem são estabelecidas por Ele. Assim, quem se opõe à autoridade se rebela contra a ordem querida por Deus, e os rebeldes atrairão a condenação para si mesmos. [...] Também por essa razão é que pagais impostos: aqueles que os recebem são encarregados por Deus de aplicar-se a esse ofício. Pagai a todos o que lhes é devido: a quem o tributo, o tributo, a quem o imposto, o imposto" (Rm. XIII, 7). A doutrina cristã confere, pois, ao imposto uma dimensão social. O Rev. P. Brückberger constatava que "o homem deve amar com adoração unicamente a Deus, mas tem obrigações para com César, que é poder deste mundo, poder que lhe protege a vida, os bens e a honra terrestre, e de quem tira benefícios. É o simbolismo da moeda. [...] É por isso que César tem o direito de coletar o imposto sobre os bens terrestres. Desse modo, não é somente pelo medo da repressão ou da cólera da autoridade, mas por consciência que se estabelece a obrigação fiscal". Toca-se aqui em um problema de teologia moral, o do ponto de saber se pagar o imposto obriga ou não em consciência. Alguns autores (tais como Génicot e Noidin)

estimam que a lei de imposto não depende das leis morais, mas somente das leis penais e, portanto, não obriga em consciência. Outros (tais como Boquillon e, mais recentemente, os papas, de Leão XIII a João Paulo II, passando por Pio XI e Pio XII) pensam o contrário, fundamentando-se nas exigências da justiça distributiva e da justiça social, e especificam que os fraudadores são obrigados a restituir. Logo, o cristianismo contribuiu largamente para reforçar a legitimidade do imposto ao lhe reconhecer uma função de coesão social.

As finalidades do imposto. – A justificação do imposto não pode reduzir-se à sua base legal, apenas à equação "soberania-consentimento". É-lhe preciso uma justificação finalista. O imposto é uma necessidade social (o que o Conselho Constitucional consagrou em sua jurisprudência), mas, para ser legítimo, todo imposto deve ser *necessário*. Para inúmeros autores (F. Bastiat ou P.-J. Proudhon), todo imposto inútil é um atentado à propriedade e à liberdade. Portanto, a utilidade dos serviços prestados é que determina a utilidade do imposto.

1 / Da neutralidade... Durante muito tempo, prevaleceu uma concepção muito restritiva do imposto, concentrada no financiamento das despesas decorrentes da soberania do Estado. Nessa perspectiva, o imposto só é legítimo se é cobrado apenas para a manutenção do Estado que assegura a garantia dos direitos individuais assim como a segurança das pessoas e dos bens. No livro XIII do *Espírito das leis*, Montesquieu considera que: "As rendas do Estado são uma porção que cada cidadão dá de seus bens para ter a segurança do outro ou para usufruí-los agradavelmente." Esse elemento será encontrado no projeto de redação do artigo 13 da Declaração dos Direitos do Homem proposto por Mounier, para quem "cada membro da sociedade, tendo direito à proteção do Estado, deve concorrer para a sua prosperidade e contribuir para as despesas necessárias na proporção de suas faculdades e de seus bens". No século XIX, Paul Leroy-Beaulieu definia o imposto como "o preço dos serviços que o Estado prestou ou presta". Em todas essas formulações transparece a concepção do *imposto troca*, concebido como "o preço justo dos serviços que ele recebe e a parte justa que lhe cabe nas dívidas da sociedade" (P. Leroy-Beaulieu). Em consequência, o imposto é *neutro*, investido apenas da função de financiar as despesas públicas. Segundo a fórmula de René Stourm, "o imposto não deve ser estimulante, nem moralizador, nem protetor, mas somente o provedor do Tesouro". Fundamento das doutrinas liberais, mas também paradoxalmente sustentada por P.-J. Proudhon, essa teoria do imposto-troca predomina durante todo o século XIX, fortalecida por justificações econômicas. Com efeito, a teoria liberal reconhece à organização estatal uma utilidade inegável, até mesmo preponderante na hierarquia das utilidades. Essa organização necessária é comparável a uma vasta empresa que reúne a comunidade nacional. Como toda empresa, ela tem seus gastos gerais que são as despesas públicas. Essa confusão das duas noções repetida por Thiers já prevalecia em A. Smith, para quem: "A relação da despesa do governo com os indivíduos de uma grande nação é igual à dos gastos de administração dos coproprietários de uma grande propriedade, que são todos obrigados a contribuir para esses gastos na proporção do lucro que eles têm respectivamente nessa propriedade." Proudhon acrescenta que essas despesas de gastos gerais "são [...] independentes do nível da exploração: seja ela próspera ou não, a carga é a mesma. De sorte que todos os que recebem a contrapartida dos serviços prestados pelo Estado ao mercado cuja proteção ele assegura devem pagar sua cota-parte desses gastos gerais". Isso explica que o sistema fiscal francês seja então organizado em torno de impostos baseados em índices (impots indiciaires) e de contribuições indiretas sem grande relação com a capacidade contributiva dos contribuintes. A doutrina econômica e a doutrina fiscal criticaram essa teoria do imposto-troca, considerando que o imposto, por ser uma contribuição proporcional às faculdades contributivas dos cidadãos, não tem nada a ver com um preço que é determinado em função do mercado. Conquanto hoje muito contestada, essa teoria não deixa de conhecer certa ressurgência. A Escola Americana do *Public Choice* desenvolveu a ideia de que o imposto é repartido de acordo com a utilidade que os contribuintes podem retirar dos serviços coletivos que ele financia. Assim é que a *Poll Tax* instaurada por Margareth Thatcher em substituição

às *rates* inspirava-se numa concepção neotrocadora (neocambial?) do imposto local concebido como o preço das prestações que a coletividade local presta aos seus habitantes e não como um instrumento de redistribuição social. Essa neutralidade quase dogmática significa também que a arrecadação deve ser moderada. O imperativo de moderação da arrecadação fiscal está, aliás, presente em toda a literatura financeira do século XVIII e do XIX. No livro III do *Espírito das leis* consagrado ao imposto, Montesquieu gravou esta máxima de sabedoria financeira: "Para bem fixar essas rendas, cumpre levar em consideração as necessidades do Estado e as necessidades dos cidadãos. Não se deve tirar das necessidades reais do povo para necessidades imaginárias do Estado." Essa concepção muito estrita da arrecadação fiscal encontra-se em Adam Smith, para quem o imposto deve respeitar quatro regras imperativas: *a regra de justiça*, segundo a qual "os súditos de cada Estado devem contribuir para as despesas do governo, na medida do possível em razão de suas respectivas faculdades, ou seja, em proporção à renda que usufruem sob a proteção do Estado"; *a regra de certeza*, segundo a qual "a taxa imposta a cada cidadão deve ser certa e não arbitrária. A época, o modo, a cota do pagamento, tudo deve estar claro e nítido para o contribuinte, assim como para qualquer outra pessoa"; *a regra de comodidade* em virtude da qual "toda contribuição deve ser cobrada na época e conforme o modo que pareça mais conveniente para o contribuinte"; *a regra de economia* que supõe que toda contribuição seja "estabelecida de maneira que se retire do bolso do contribuinte o menos possível relativamente ao que ela faz entrar no Tesouro do Estado". Uma concepção mais recente e sensivelmente diferente da neutralidade fiscal desenvolveu-se depois da Segunda Guerra Mundial, notadamente com Maurice Lauré, para quem ela expressa a indiferença do imposto relativamente às estruturas econômicas ou jurídicas. Era nesse sentido que ele criticava a taxa à produção que sobretaxava os investimentos. Do mesmo modo, para M. Lauré, a política fiscal podia conciliar intervencionismo e neutralidade, já que consistia em eliminar, no seio do sistema fiscal, os fatores de distorções econômicas e em deixar o imposto economicamente neutro. Assim, a construção da Taxa de Valor Agregado se confundiu com uma busca constante da neutralidade fiscal: em 1954, no setor da produção, em 1963, com o ciclo de produção imobiliária, em 1968, com a distribuição.

2 / ... ao intervencionismo fiscal. Opostamente ao imposto-troca, o imposto-solidariedade se apoia no princípio segundo o qual, como cada indivíduo pertence a uma coletividade, ele deve, em razão dos vínculos que o unem a essa comunidade, participar dos encargos que ele gera. O imposto é, pois, uma obrigação social que deve estar em relação estreita com a capacidade econômica de cada membro para contribuir para o funcionamento da coletividade. Enquanto o imposto-custo supunha uma arrecadação proporcional, sem relação com as faculdades do contribuinte, o imposto-solidariedade – ou imposto comunitário – permite uma repartição justa das riquezas ao levar em conta a capacidade contributiva deles. Largamente influenciado pela corrente radical e radical-socialista e pelas ideias solidaristas de Léon Bourgeois, o imposto-solidariedade está no cerne do intervencionismo fiscal. O imposto não é somente um meio de cobrir as despesas do Estado; é também, e talvez sobretudo, um meio de realização da igualdade mediante a redistribuição das riquezas, o que supõe uma fiscalidade progressiva. Era esse o sentido dos debates que puseram em confronto na França, no fim do século XIX, os liberais (Poincaré, Cochery) e as correntes radical e socialista (Doumer, Cavaignac, Bourgeois e Jaurès). Há ainda duas décadas, não queriam confiar ao imposto a missão de "mudar a França"? Assim concebido, o imposto levanta o problema de sua confrontação com as liberdades. Essa preocupação foi a dos constituintes de 1789; ela inspirou, em grande parte, a estrutura da reforma fiscal da época, a qual privilegiava as arrecadações baseadas em índices, por definição exteriores à pessoa do contribuinte e mais bem configuradas às exigências da liberdade individual. G. Ardant desenvolveu, aliás, a ideia de que, dentre todos os meios de autoridade de que o Estado dispõe (requisições, racionamento, corveia, etc.), é o imposto que ainda é a técnica mais liberal; teoria sedutora no contexto de uma fiscalidade fraca ou moderada, mas que a evolução da fiscalidade moderna enfraqueceu um pouco. Sem cair nas po-

sições extremas das teorias libertárias que recusam globalmente o imposto, pois recusam o Estado, observa-se que o aumento da pressão fiscal, a considerável extensão do campo de aplicação do imposto, o aperfeiçoamento crescente dos meios de investigação em proveito da administração fiscal acentuaram a imagem de um "imposto demiurgo" que ameaça as liberdades públicas. O imposto já não é somente o instrumento de financiamento das despesas públicas, mas um meio de intervenção econômica e social, um instrumento de regulação conjuntural (reativação ou estabilização), mas também de crescimento e de política estrutural. O intervencionismo fiscal não deixou, entretanto, de ser objeto de severas críticas. H. Laufenburger considerava que, "em questão de finanças públicas, apenas a despesa é um instrumento eficaz de dirigismo ou de reforma econômica [...], pois o homem reage muito menos a uma economia de despesa do que a uma receita". Em compensação, Maurice Lauré é globalmente hostil ao intervencionismo pelo imposto, em razão da inadaptação do instrumento fiscal às evoluções econômicas: lento demais, brutal demais, caro demais e, sobretudo, de uma eficácia limitada, especialmente em razão da fragilidade do postulado segundo o qual a fiscalidade é um fator essencial de decisão dos agentes econômicos que modificam seu comportamento consoante manipulações da legislação fiscal. Como observou M. Lauré, "é difícil exercer uma influência diretora com a ajuda da fiscalidade, porque os impostos são instrumentos concebidos para arrecadar e não para guiar. A fiscalidade é uma cirurgia, não do corpo, mas da carteira. Ora, não se dirige com um bisturi, corta-se". Enfim, há uma derradeira consequência do intervencionismo pelo imposto, é a deformação do sistema fiscal devida às múltiplas disposições, derrogações e regimes especiais, aos "nichos fiscais" denunciados pelos relatórios das comissões Ducamin e La Martinière como outros tantos fatores de desigualdade, e que, sob a pressão dos interesses de categorias, aumentam a inércia do sistema fiscal e fortalecem o que Milton Friedman denomina "a tirania do *statu quo*".

As grandes doutrinas e a técnica do imposto

A justificação de um sistema fiscal universal se apoia na apreensão da riqueza particular sob todos os seus aspectos e em todas as suas manifestações: esteja ela consolidada dentro do patrimônio do contribuinte sob forma de capital, revele-se ela quando entra nele sob forma de rendas ou quando saí dele sob forma de despesa. A síntese desses três elementos forma o que se pode chamar a *base ótima*, a que permite apreender melhor as *capacidades contributivas* dos contribuintes, ou seja, segundo H. Laufenburger, "a escolha e, mais particularmente, a combinação das bases do imposto que geram uma fiscalidade metódica".

As doutrinas da base do imposto. – A busca de uma base fiscal ideal suscitou um amplo e forte debate doutrinal que reflete a diversidade das teorias políticas e econômicas sobre a finalidade do imposto.

1 / Imposto único-imposto múltiplo. Essa oposição traduz uma das mais antigas controvérsias da fiscalidade, se bem que o imposto único, que supostamente concentra numa única arrecadação as vantagens de todos os outros sem arcar com seus inconvenientes, hoje se relacione com o campo da utopia. De maneira geral, os projetos de imposto único são representativos dos valores econômicos de seu tempo. Assim, no século XVIII, o imposto territorial dos fisiocratas repousava na riqueza principal da época, a terra. No século XIX, o imposto sobre o capital fixo do industrial Menier devia atingir a riqueza industrial, enquanto o século XX, o do consumo e da diversificação das energias, inspira projetos de imposto único sobre a energia (E. Schueller) ou progressivo sobre a despesa (N. Kaldor) ou sobre o capital (M. Allais). Fortemente criticados pela rigidez e pela brutalidade de seus princípios, esses projetos em geral não deixam de se basear numa crítica pertinente dos sistemas fiscais existentes. Assim, Maurice Allais considera que "em seu conjunto, a legislação fiscal atual sobre os lucros industriais e comerciais resulta de fato, por seus excessos, numa verdadeira espoliação", salientando o peso psicológico da progressividade do imposto sobre a renda que protege a fortuna adquirida e se apõe à promoção dos mais capazes e ao acesso deles à propriedade. De fato, mais que a de um imposto único e exclusivo, é, antes, a ideia de um *imposto dominante* coexistente com outras imposições ane-

xas ou satélites que predomina. N. Kaldor reforçara seu imposto geral e progressivo sobre a despesa com direitos sucessórios. Maurice Allais associa o imposto sobre o capital a uma TVA de taxa única. A pluralidade das bases é, aliás, geralmente considerada uma condição necessária para a conjugação de dois objetivos: uma apreensão ótima das capacidades contributivas dos agentes econômicos e a satisfação da justiça fiscal. A associação das três bases – renda, capital, despesa – e o emprego de técnicas específicas de repartição do imposto permitem realizar esses objetivos. Mesmo assim Pascal Salin recusa a fórmula "imposto único-imposto iníquo", pois a multiplicidade dos impostos em nada resolve a desigualdade de tratamento entre os contribuintes. Noutros termos, não se luta contra a fraude e a evasão fiscais acrescentando um imposto, mas melhorando a informação, ou diminuindo a rentabilidade da fraude, abaixando a taxa do imposto.

2 / A matéria passível de imposto: renda, capital, despesa. A taxação sobre a renda é o mais das vezes sustentada pelas doutrinas que se louvam em certo progressivismo fiscal, como as de Sismondi ou de Proudhon. Na França, a maioria dos projetos apresentados, pelo menos até 1890, só considera o imposto sobre a renda para corrigir o peso da fiscalidade indireta sobre as pequenas rendas. Sob a influência das ideias solidaristas de L. Bourgeois, o imposto sobre a renda, acompanhado da personalização e da progressividade, é concebido como um instrumento de redistribuição das riquezas e de justiça social assim como um meio de financiamento das despesas públicas. Não deixa de ser muito criticado, em razão de seus efeitos julgados esterilizantes sobre a poupança e sobre o consumo, tanto por representantes do progressivismo fiscal (N. Kaldor) como pela corrente neoliberal (P. Salin, J.-C. Martinez e M. Allais) que pregam sua supressão ou, pelo menos, uma redução substancial de seu nível. É verdade que uma redução da pressão fiscal sobre as rendas parece ter unido uma grande parte da classe política, da direita aos socialistas, na Grã-Bretanha (reformas Thatcher, depois Blair) e na Alemanha (reforma Schröder) e mesmo na França (reformas Juppé e Jospin-Fabius). Ao imposto sobre a renda, alguns preferem o imposto sobre a despesa, notadamente a TVA, imposto muito produtivo, indolor, jurídica e economicamente neutro, ainda que seus oponentes salientem sua inaptidão estrutural para a progressividade e a personalização. Foi nessa perspectiva que N. Kaldor propusera a solução de um imposto único "progressivo e personalizado" sobre a despesa que, de fato, nada mais era senão um imposto sobre a renda gasta, que concentrava os principais defeitos do imposto sobre a renda e sobre as propriedades próprias (sendo o contribuinte condenado a poupar). Portanto, parece ser preciso resignar-se à existência de uma taxação geral do consumo, com a possibilidade de atenuar-se o peso por taxas razoáveis ou, como no Canadá, por políticas de reembolsos compensatórios. Quanto ao capital, ele de modo geral é considerado uma matéria tributável que dispõe de uma capacidade contributiva superior, pois produz uma renda "que não diminui com a idade e não é obtido à custa do lazer" (Relatório Meade). À justificação econômica acrescenta-se uma finalidade ideológica muito marcada, segundo a qual a tributação da fortuna ou da herança assegura uma missão moralizadora a um só tempo pela taxação dessa "riqueza não ganha", constituída pela herança, e por uma igualação dos patrimônios, mesmo que, numa perspectiva mais "consensual", o imposto sobre as fortunas seja associado à execução de políticas de solidariedade (como, na França, com o financiamento da renda mínima de inserção). Numa ótica mais liberal, a tributação do capital seria um meio de incitar os contribuintes a otimizar suas aplicações mediante investimentos produtivos em detrimento de comportamentos entesouradores (M. Allais). Aliás, o imposto sobre o capital não é estabelecido unicamente em razão da posse do capital, mas igualmente por causa de suas mutações, especialmente a título gratuito ao atingir as doações e as sucessões. Esta última forma de taxação de capital, em geral dotada de mecanismos confiscatórios e de discriminações incoerentes, perdeu o essencial das justificações técnicas, morais ou econômicas que acompanhavam o progressivismo fiscal. Proudhon fizera, já havia muito tempo, uma crítica severa de toda taxação de sucessão, direta ou colateral, pois constitui "um ataque formal à família" pelo qual "o Estado sai de suas atribuições fiscais [...] se faz reformador dos costumes [...] introduz-se na família, em

certa medida, [...] nega-a. Ele desfaz o que é anterior a ele, sem o quê ele não existiria e que ele é obrigado a proteger acima de tudo".

As doutrinas de distribuição do imposto. – A distribuição do imposto implica a escolha dos procedimentos, das regras jurídicas que permitam calcular o imposto devido, as quais estão, portanto, no âmago das políticas fiscais intervencionistas. Estas se manifestam na utilização de mecanismos de cálculo que permitem explorar o melhor possível as capacidades contributivas das diferentes bases (renda, capital, despesa) em duas opções fundamentais: de um lado, a escolha entre a discriminação e a uniformidade, do outro, a escolha entre imposto real e imposto pessoal.

1 / A discriminação fiscal. No início, a discriminação foi concebida como um instrumento de equidade fiscal ao tributar com taxas diferentes rendas de natureza diferente. Os regimes especiais, as tarifas preferenciais, os mecanismos derrogatórios são meios de superar uma igualdade formal inspirada no liberalismo e, portanto, de buscar uma igualdade real, impregnada de uma ideia de solidariedade levando em conta as diferenças da situação. Assim, a discriminação se prende essencialmente às técnicas de liquidação dos impostos analíticos. O elemento pessoal fica ausente, mesmo que, progressivamente, discriminação e personalização se tenham conjugado. Essas discriminações, que tocam à maioria das arrecadações, em geral são fundamentadas quer nas diferenças de capacidade contributiva das diferentes bases que justificam tratamentos preferenciais assentes em diversos procedimentos de amputação da matéria tributável (abatimentos, reduções, deduções), quer em necessidades técnicas (consideração do caráter profissional de certos ganhos que necessitam do emprego de mecanismos singulares como as provisões ou as amortizações), quer em objetivos de política fiscal que visam orientar o comportamento econômico do contribuinte (isenções, taxas ou regimes privilegiados). Essas vantagens múltiplas, esses "nichos fiscais" ocasionam graves distorções no sistema fiscal e amiúde agravam as desigualdades que inicialmente elas eram encarregadas de reduzir.

2 / A personalização econômica: a progressividade. O dilema imposto proporcional-imposto progressivo é antigo. Nem sempre é completamente dirimido. Procedimento muito marcado de símbolos socioeconômicos, pedra angular do progressivismo financeiro, a progressividade fiscal não deixa de ser discutida tanto em seus fundamentos doutrinais como em seus efeitos. Os partidários do imposto progressivo via de regra o justificam com razões de equidade e de justiça fiscal, fundamentando-se na teoria da equivalência do sacrifício, postulando que os que dispõem de uma renda superior à necessária para cobrir esse mínimo de necessidades devem pagar uma porcentagem de imposto superior a fim de que a "sensação de mal-estar" (H. Laufenburger) seja idêntica para os contribuintes que dispõem de recursos inferiores. Assim, raciocinava Montesquieu a propósito de uma taxa ateniense por ele considerada justa "conquanto não proporcional", pois, "se ela não seguia a proporção dos bens, ela seguia a proporção das necessidades". Jean-Baptiste Say considerava o imposto progressivo "o único equitativo". A esses fundamentos objetivos, os partidários da progressividade acrescentam um elemento subjetivo que se ampara nas distorções de estruturas do sistema fiscal: o imposto progressivo permite compensar a degressividade dos impostos indiretos sobre o consumo cujo peso é maior para os menos favorecidos. Essa justificação da progressividade por compensação foi adotada por alguns autores, contudo reticentes, como Gaston Jèze, para quem a tributação geral deve ser proporcional, mas admite que, em razão da "desproporcionalidade" (ou seja, a degressividade) das taxas sobre o consumo, alguns impostos possam ser dotados de uma progressividade destinada a restabelecer o que ele denomina *proporcionalidade geral*. Sem contar o objetivo de equidade ou de busca de uma igualdade corrigida, a progressividade é utilizada para fins de política econômica e social. Aplicada ao imposto sobre a renda ou ao imposto sobre o capital, a progressividade é um meio de operar uma redistribuição, até mesmo um nivelamento das riquezas. Essa concepção inspirará, nos anos 1970, as políticas fiscais dos governos trabalhistas da Grã-Bretanha ou social-democratas na Suécia, marcadas por taxas marginais muito elevadas, que tornam as tabelas confiscatórias. Tal perspectiva está próxima das teorias socialistas e marxistas para as

quais uma progressividade brutal é um meio de socialização da economia, até mesmo da sociedade, mediante a supressão da propriedade privada (Kautsky). Tendo durante muito tempo amparado o princípio do imposto progressivo numa lógica de inspiração "humanística", quiseram dotá-lo de uma base "científica", apoiando-se nas teorias marginalistas. Tratando-se da utilidade marginal de um bem composto de vários exemplares, a utilidade do último exemplar é que é decrescente; ela diminui à medida que aumenta a quantidade dos bens. Portanto, a capacidade contributiva cresce com a quantidade de recursos tributáveis. Inúmeros autores se mostraram muito críticos acerca do imposto progressivo. Sem o condenar formalmente, Adam Smith não lhe é muito favorável. J. S. Mill o considera "uma forma amenizada do roubo". P. Leroy-Beaulieu o denuncia como um processo de coletivização da sociedade. Ademais, o imposto progressivo apresenta um defeito de ordem sociopolítica já levantado por V. Pareto, que observava que: "Para o imposto progressivo, o perigo vem, sobretudo, nos países onde reinam o sufrágio universal e o parlamentarismo [e onde] os impostos acabam sendo votados por pessoas que, não só não pagam, mas que, além disso, partilham entre si o produto dos impostos que eles fazem os outros pagarem." Quanto ao recurso à justificação marginalista, ele foi vivamente contestado por alguns autores como F. Hayek, para quem esse recurso constitui "um erro lamentável" que não tem outro efeito senão "tornar respeitável o que só depende da arbitrariedade, que não oferece nenhum princípio que permita determinar o que deve ser a carga relativa de pessoas diferentes". Para Maurice Allais, como para Pascal Salin, a utilização da teoria marginalista não passa da "aplicação errônea de um princípio correto". Com efeito, a utilidade marginal só é realmente decrescente para dado indivíduo e em circunstâncias particulares; logo, ele não poderia ser objeto de uma generalização. Milton Friedman acrescenta que a nocividade da progressividade também se deve às deformações técnicas geradas pelas legislação de exceção destinadas a corrigir os efeitos da progressividade e que são ocasião de fraudes e de evasão fiscais. Depois, salientaram o caráter infundado de uma igualação dos sacrifícios que deixaria supor que o contribuinte seria uma "vítima passiva e não consentinte". Ora, o imposto que é uma contribuição obrigatória e sem contrapartida não pode ser assimilado a um sacrifício. Enfim, esse processo de comparação das utilidades individuais leva o poder de Estado a imiscuir-se nas escolhas privadas e a determinar unilateralmente o que é da alçada do necessário ou do supérfluo, segundo um esquema muito mecânico e arbitrário da vida econômica. H. Laufenburger observava que a progressividade é postulada sem que seja possível determinar-lhe o grau nem o teto. Por isso Ludwig von Mise considera o Imposto progressivo "incompatível com uma economia de mercado", pois "entrava o progresso econômico e favorece a rigidez social". Na França, principalmente, em razão de sua fortíssima concentração nas classes médias e superiores, ou seja, referente a categorias sociais que dispõem da propensão mais forte para poupar, e embora implicitamente consagrada pelo Conselho Constitucional (285 DC), a progressividade gera uma desmotivação e um desengajamento dos contribuintes, tentados seja pela fraude, seja pelo escambo, tornado corrente em certos países escandinavos, seja também pela abstenção e pela diminuição do trabalho, cujo custo ficaria superior ao do lazer, seja ainda pela emigração para céus fiscais mais acolhedores. O crescimento das cobranças fiscais inspirou várias reflexões sobre os limites do imposto, especialmente com os "economistas da oferta" (*supplies siders*), como A. B. Laffer, autor de uma curva tendente a mostrar que uma pressão fiscal forte demais acarreta, em razão de um efeito de substituição, uma diminuição das receitas por causa de fenômenos aberrantes sobre a oferta de trabalho.

3 / A personalização familiar. A célula familiar ocupa um lugar essencial na maioria dos sistemas fiscais. Em 1960, no Canadá, o Relatório Carter fizera da família o único contribuinte. O princípio de justiça fiscal implica, segundo a Comissão Real, que a tributação se efetue de acordo com o poder econômico que unicamente a entidade familiar possui, tenha ela escolhido o celibato ou o casamento, com ou sem filhos menores dependentes. É incontestável que a capacidade contributiva de um cidadão é diferente conforme, com renda igual, ele seja sozinho ou tenha o encargo de uma família ou

de ascendentes sem recursos. Portanto, a contribuição não poderia ser uniforme. Inspirado em propostas de reforma de Alfred Sauvy, o regime do cociente familiar foi adotado em 1945. Incontestavelmente, ele atenta contra a progressividade do imposto sobre a renda – uma vez que este se aplica sobre uma base dividida – e tem, pois, como consequência torná-lo degressivo. Desse modo, esse cociente foi criticado como um auxílio abusivo concedido às famílias mais ricas, o que justificou dar-lhe um teto em 1982. De fato, essa análise peca pela fraqueza de suas premissas: o cociente familiar não é um "auxílio" concedido às famílias, mas somente um meio de avaliação da capacidade contributiva delas. Como o assinala G. Calot, "considerar o desvio resultante do cociente como uma redução equivale a considerar que seria legítimo reclamar às famílias de mesma renda o mesmo imposto, independentemente do número de filhos". Observa-se, aliás, um duplo movimento de ofensiva em relação à família. De um lado, o imposto penaliza a família com a confusão das políticas orçamentárias e das técnicas fiscais (teto e projetos de fiscalização dos abonos familiares). Do outro, ele acentua a desestabilização da família tanto pelas tolerâncias fiscais consentidas à união livre como pelos privilégios abusivos Pacto Civil de Solidariedade (PACS) conferidos às "uniões recompostas".

› ARDANT G., *Histoire de l'impôt*, Paris, Fayard, 2 t., 1971. – GEFFROY J.-B., *Grands problèmes fiscaux contemporains*, Paris, PUF, 1993. – LAUFENBURGER H., *Traité d'économie de science et de législation financière*, t. II. *Économie du système fiscal français*, Paris, Sirey, 1954. – LAURÉ M., *Science fiscale*, Paris, PUF, 1994. – LLAU P., *Économie financière*, Paris, PUF, 1985. – MARTINEZ J.-C. & MALTA P., *Droit fiscal contemporain*, 2 t., Paris, Litec, 1986-1989. – NIZET J.-Y., *Fiscalité, économie et politique*, Paris LGDJ, 1991. – ORSONI G., *L'interventionnisme fiscal*, Paris, PUF, 1995. – Col. *Théories contre l'impôt* (textos de A. Smith, J. B. Say, F. Bastiat, P.-J. Proudhon, V. Pareto, F. Hayek, M. Friedman, M. Rothbard, etc.), Paris, Les Belles Lettres, 2000. – *Dieu et l'impôt*, Actes des Universités Fiscales Européennes de Printemps, Nice, FIREF, 1998, Ed. Godefroy de Bouillon, 2001. – VÁRIOS AUTORES, "L'impôt", *Archives de Philosophie du Droit*, t. 46, Dalloz, 2002.

Jean-Baptiste GEFFROY

→ Estado.

IMPRENSA

A complexidade da imprensa decorre ao mesmo tempo da ambiguidade da natureza dos jornais – produções industriais, mas também criações intelectuais –, da diversidade de suas funções – informar, educar, distrair – e da multiplicidade de suas categorias e títulos. As implicações sociais do jornalismo conferem à sua regulamentação uma dimensão eminentemente política que, há quatro séculos, tem inspirado em todos os países o direito de imprensa. No entanto, essa questão não é da alçada apenas do direito público, ainda que a liberdade de imprensa continue sendo a primeira das liberdades públicas: também diz respeito ao direito privado, comercial das empresas, profissional dos jornalistas ou de proteção à privacidade dos indivíduos.

O produto impresso – livros e folhas volantes, a partir de meados do século XV, e imprensa periódica a partir do início do século XVII – foi perdendo progressivamente o monopólio de difusão de massa das informações a favor da mídia audiovisual – rádio na década de 1920, televisão na década de 1950 –, mas principalmente em decorrência da introdução da nova mídia eletrônica a partir da década de 1980. O direito de imprensa hoje é apenas um dos ramos do direito da comunicação.

Conquista da liberdade: da prevenção administrativa...

A Antiguidade grega e romana transmitiu à história a lembrança de alguns processos movidos por expressões atentatórias às instituições ou com finalidades difamatórias (*libella*). Na Idade Média, a Igreja inspirou a condenação de opiniões ou escritos heterodoxos ou francamente heréticos. No entanto, as origens diretas do direito de imprensa devem ser buscadas nas crises provocadas pela Reforma no século XVI, amplificadas pelo uso da imprensa. Foram então implantadas em toda a cristandade três modalidades de controle das impressões: fiscalização rigorosa de impressores e livrarias, controle dos conteúdos por meio da censura eclesiástica ou laica, obrigação de obter autorização para publicação de quaisquer impressos, periódicos ou não. Assim, ao sabor das circunstâncias e dos lugares, adaptando-se aos progressos dos modos de coligir informações, das técnicas de impressão, dos métodos de difusão e, mais geralmente, do crescimento do mercado do livro e dos periódicos, foi ganhando precisão um *sistema preventivo* tendente a impor uma espécie de conformismo nos conteúdos da informação e na expressão das ideias. No Ocidente, esse sistema se desagregou já no século XVIII sob a pressão das ideias liberais e da expansão irresistível e incontrolável do mercado dos jornais. No entanto, atingiu seu apogeu nos regimes totalitários do século XX, que transformaram a imprensa em serviço público e os jornalistas em funcionários. A Revolução francesa revelara brutalmente o poder da imprensa sobre a opinião pública. Se ela permite definir os princípios da liberdade de expressão, foi nos anos 1792-99 que se percebeu como os jornais incomodam o exercício do poder. Depois do episódio da completa tutela dos jornais durante o Império, na França, de 1814 a 1877, os governos conservadores, com exceção do breve período de liberdade da primavera de 1848, esforçaram-se, sem sucesso, por reduzir a imprensa a papel secundário. Os jornais pretendiam emancipar-se do regime preventivo em nome do poder que reivindicavam – o quarto –, encarregado ao mesmo tempo de esclarecer o Executivo e o Legislativo sobre as expectativas dos cidadãos, informar estes últimos sobre as necessidades do governo e, com suas críticas, cuidar para que os outros três poderes respeitassem o pacto social. Esse poder eles pretendiam exercer em nome do povo, ou pelo menos falar em nome de seus leitores. Ora, a compra de um jornal e sua leitura nunca equivaleram à delegação de confiança, muito menos de autoridade: os jornalistas não são mandatários de seus leitores-cidadãos-eleitores. O "quarto poder" nunca pôde ser institucionalizado como os outros três. A carta que servia de prefácio às ordens de julho de 1830 (uma das quais abolia a liberdade de imprensa) denunciava com vigor – como fazem ainda hoje muitos governos – a arrogância e a ilegitimidade dessa intrusão da imprensa no debate político: "A imprensa periódica nunca foi e não é de sua natureza ser mais do que um instrumento de desordem e sedição [...] ela tende tanto a subjugar a soberania quanto a invadir os poderes do Estado; pretenso órgão da opinião pública, aspira a dirigir os debates das duas câmaras [...]." Para impor a difusão das informações em conformidade com a ordem estabelecida e reduzir a difusão das ideias subversivas, esse sistema preventivo baseava-se numa vasta gama de medidas administrativas, na maioria das vezes arbitrárias, que eram tomadas antes da divulgação do material impresso para o público. Aqui serão apresentados apenas seus princípios, pois a exposição de sua aplicação equivaleria a refazer a história de um sem-número de acontecimentos do mundo da imprensa ao longo de mais de dois séculos. Para esquematizar, é possível agrupá-los em sete procedimentos diferentes cujos efeitos se conjugavam.

Garantir a preeminência da informação do Estado. – Isso era feito reservando para os órgãos oficiais como a *Gazette* (*de France*) durante o Antigo Regime, o *Moniteur universel* de 1800 a 1869, ou inspirando oficiosamente os correspondentes e as agências de imprensa (no caso destas, concedendo tarifas telegráficas reduzidas). Muitos outros meios diretos ou indiretos possibilitavam (e às vezes ainda possibilitam) que os governos influenciassem o conteúdo dos jornais: distribuição de papel em períodos de penúria, subvenções ocultas a jornais ou a jornalistas, orientação da publicidade estatal apenas para órgãos "fiéis" – de 1806 a 1871 os jornais de oposição foram praticamente privados do maná dos anúncios legais. Sem falar da distribuição de condecorações para lisonjear os donos de jornais e os jornalistas amigos: na Grã-Bretanha, nos séculos XIX e XX, os grandes donos de jornais de Londres foram nobilitados, e falava-se dos *Press Lords*; durante a III República, na França, os jornalistas constituíam a corporação que contava com mais membros condecorados, depois dos militares.

Vigiar impressores e livreiros. – Desde o nascimento da imprensa, a profissão foi submetida a autorização revogável, tal como a de livreiro. A licença de impressor e a de livreiro só foram abolidas definitivamente em 1870. A obrigação de fazer depósito legal remonta a Henrique II: na origem, esse foi um meio de controlar a produção, mas progressivamente ela se tornou uma simples formalidade, sobretudo destinada à conservação do patrimônio impresso.

Reduzir o número de publicações. – A finalidade é facilitar sua vigilância. Já no Antigo Regime, a criação de um periódico dependia da obtenção de um privilégio. Na prática, a *autorização prévia* continuou sendo regra desde 1793 até a lei de 11 de maio de 1868, que a substituiu por uma simples declaração. Ao longo da história, os governos, às vezes a pretexto de estado de sítio, às vezes por revogação da autorização (depois de uma terceira advertência, segundo Decreto de 17 de fevereiro de 1852), ou mais simplesmente por meio de uma decisão judicial, podiam fechar os jornais temporária ou definitivamente. Muitas vezes, era possível obrigá-los a desaparecer com uma sobrecarga de processos e multas. Essa possibilidade deixou de existir, salvo em estado de exceção, com a lei liberatória de 1881. A *apreensão* do conjunto dos exemplares de algum número também foi frequentemente praticada. Desde uma decisão do Tribunal dos Conflitos, de 1889, a apreensão administrativa foi proibida – salvo em estado de exceção, como na Argélia em 1950 –, e a apreensão judiciária depende apenas do juízo cautelar.

Conter o consumo de jornais. – Desde as origens até as últimas décadas do século XIX, no mundo da imprensa a demanda sempre foi superior à oferta. Os governos, preocupados com o poder de subversão da ordem social pelos jornais, procuraram limitar sua leitura, sobretudo entre as massas populares, com o objetivo de reduzi-las a um papel político passivo: ausência de representação e depois sufrágio censitário. O sufrágio universal, introduzido em 1848, só facultou de fato o livre acesso de todos os cidadãos à imprensa depois da Lei de 1881.

Política do jornal caro. – Ela foi inaugurada na Inglaterra em 1712 pela imposição de taxas fiscais, pelo *timbre* obrigatório para cada exemplar, a fim de reduzir o público leitor da imprensa radical na pequena burguesia. Isso aumentava o preço do jornal em um terço ou metade. Foi introduzido na França pelo Diretório em 1797 e manteve-se até que fosse abolido pelo governo da Defesa Nacional em setembro de 1870. A Lei de junho de 1819 instaurou a *fiança*, soma vultosa, depositada nos cofres públicos quando da criação do jornal para garantir o pagamento de multas em caso de condenação judiciária; esse fator não só contribuiu para o encarecimento do jornal, como também teve efeito dissuasivo sobre a criação de jornais de oposição. Lamennais foi obrigado a fechar o seu *Peuple Constituant* em 1848, quando proferiu o seguinte grito de raiva: "Hoje é preciso ter muito ouro para ter o direito de falar. Nós não somos ricos. Os pobres que se calem!" A fiança desapareceu com a Lei de 1881.

Difusão dos jornais. – Durante muito tempo ela foi freada e vigiada pelo *monopólio postal*, que remontava ao século XV. Este limitava a distribuição da imprensa à modalidade de assinatura e praticamente excluía a venda de números avulsos por jornaleiros ou lojas. Agindo sobre as tarifas postais, o governo conseguia regular o mercado dos jornais e possibilitava que sua polícia conhecesse os leitores não conformistas. Ademais, já no século XVI, os vendedores foram submetidos a uma rigorosa vigilância das autoridades, desejosas de impedi-los de divulgar impressos perigosos. Além disso, a polícia cuidava de controlar mais de perto a leitura coletiva de jornais em lugares públicos, especialmente em cafés, mas também em gabinetes de leitura. A *proibição de venda em via pública* foi uma das armas mais usadas contra os jornais até 1878. No entanto, na Inglaterra, já no fim do século XVIII, e depois na França, a partir da Monarquia de Julho, foi preciso saciar a sede de leitura, sobretudo de jornais, crescente numa população cada vez mais alfabetizada. Foi criada toda uma pequena imprensa, voltada para a popularização de conhecimentos e para a leitura escapista de cunho moralizador. Esses periódicos podiam ser vendidos a preço baixo, pois, não sendo políticos, eram isentos do timbre. Os governos do Segundo Império haviam percebido que tais publicações ofereciam um oportuno derivativo para a leitura dos jornais políticos. Tais governos favoreceram sua divulgação abolindo o monopólio postal em benefício da imprensa não política, por meio da Lei postal de 1856. As revistas populares começaram a difundir-se por venda avulsa e, para regular esse novo mercado, nasceram os primeiros sistemas de entrega por correio. O apogeu desse novo jornalismo foi atingido depois de fevereiro de 1863 com o *Le Petit journal*, vendido a um soldo, e com seus imitadores, cujo sucesso foi fenomenal, pois em 1869 foram vendidos 350 mil exemplares, tanto quanto o conjunto dos cotidianos políticos parisienses. Também aí a República nascente favoreceu a expansão da imprensa, abolindo em setembro de 1870 o monopólio postal para os jornais políticos e generalizando a venda por número avulso. Na Alemanha, ao contrário, a manutenção do monopólio postal favoreceu a conservação da assinatura, que continuou sendo e ainda é o principal modo de divulgação da imprensa.

Controle do conteúdo. – Evidentemente, esse também era um objetivo prioritário. Além de fornecer a informação oficial, os governos podiam recorrer à censura preventiva ou aos processos judiciários. A *censura* tinha sido regra desde o século XII para a edição dos textos manuscritos e foi estendida para os textos impressos. Apesar dos ataques de que nunca deixou de ser alvo no século XIX e continua sendo em nossos dias, não se deve exagerar a sua eficácia. Além disso, depois do Primeiro Império, ela foi aplicada esporadicamente durante a Restauração e, após a Lei de 1835, apenas às caricaturas e outros desenhos até 1881. A arma essencial do poder contra os jornalistas continuava sendo a *ameaça de suspensão ou de fechamento* do jornal e, acessoriamente, a abertura de processo por *delitos* da imprensa contra a ordem pública ou as autoridades. Por maior que fosse a imaginação dos juristas para criar delitos incertos que tornassem a repressão quase tão arbitrária quanto as medidas preventivas – delito de tendência na França, em março de 1822, ou, na Alemanha, em 1854, delito de negligência contra os chefes de redação que não soubessem conter a audácia de seus jornalistas –, os processos abertos contra a imprensa sempre moveram a opinião pública contra o poder que os intentava; o "martirológio da imprensa" serviu para exaltar o espírito de resistência e para aumentar a celebridade dos jornalistas condenados tanto quanto para garantir uma pena eficaz por seus excessos no uso da pluma.

... à repressão judiciária

A emancipação da imprensa resultou tanto da impossibilidade de controlar administrativamente o crescimento de seu mercado quanto dos progressos da democratização da vida política (sufrágio universal = jornal para todos). O sistema repressivo então implantado inspirou-se em dois modelos diferentes de salvaguarda da liberdade de imprensa que ainda hoje continuam a distinguir a situação dos jornais nos países anglo-saxões e na França.

Nos Estados Unidos, em 1783 e em virtude da I emenda de 1791 – "o Congresso não criará nenhuma lei restritiva [...] à liberdade de imprensa" –, e na Inglaterra depois do abandono progressivo (de 1850 a 1900) das medidas preventivas anteriores, não existe lei específica para a imprensa, e os jornais são da alçada do direito comum. Portanto, cabe apenas à justiça, por meio de sua jurisprudência, fixar o direito de imprensa; o "deixar-dizer", portanto, é consequência natural do "deixar-fazer", e são as leis econômicas que regulam essencialmente o mercado.

Na França e nos outros países da Europa continental, com exceção da Noruega, a imprensa goza de uma legislação específica. Sem entrar aqui nos mistérios de um direito da imprensa e de sua extraordinária complexidade, cujas sutilezas ainda crescem, ano a ano, graças ao arranjo dos detalhes, a exposição que segue se limitará às suas linhas gerais e à sua principal evolução.

Lei de 29 de julho de 1881. – Esta lei foi demoradamente preparada durante mais de dois anos no Parlamento. Codificou num texto único a regulamentação da imprensa, da indústria livreira, da produção de cartazes e da venda avulsa. Aboliu mais de 325 artigos esparsos em cerca de 43 textos legislativos anteriores. Reduzindo muito as obrigações administrativas (declaração – indicação do prelo – depósito de exemplares), dedicou-se essencialmente à definição precisa dos crimes e delitos cometidos por meio da imprensa (19 artigos) e à praxe dos processos e julgamentos. Pretendia limitar os processos políticos à provocação direta e seguida de efeitos a crimes e delitos, à publicação de falsas notícias capazes de perturbar a ordem pública. Punia apenas as ofensas ao Presidente da República, que na época era não responsável em virtude das disposições da Constituição de 1875, e aos chefes de Estados estrangeiros, a difamação dos corpos constituídos, o atentado aos bons costumes e a incitação à desobediência dos militares. Os Tribunais de Júri popular julgavam todos os delitos políticos. A difamação de pessoas privadas era da alçada correcional, e os pedidos de indenização por parte das vítimas só podiam ser feitos na justiça civil depois dos processos penais em âmbito correcional. O direito de resposta foi confirmado (o que é ignorado nos países anglo-saxônicos). Na realidade dos fatos, o liberalismo da lei foi acentuado pelo pequeníssimo número de processos políticos abertos pelo Ministério Público: a liberdade logo se transformou em libertinagem. Essa "magna carta" do jornalismo, que de fato se transformou numa lei fundamental da República, omitia voluntariamente a empresa jornalística: os comanditários ou proprietários estavam cobertos pelo anteparo opaco do gerente, sobre o qual deviam deter-se os processos penais; os problemas da publicidade eram ignorados. Na realidade, a lei aproveitava bem a lição da luta entre o poder e os jornais, mas ignorava todos os problemas da independência econômica e as novas condições do mercado da imprensa moderna de grande tiragem. Também ignorava os jornalistas, salvo, eventualmente, quando os via como simples cúmplices dos delitos ou crimes alvo de processos. Fracassaram algumas tentativas de reforma fundamental, destinadas a limitar a impunidade de fato de que gozavam jornais e jornalistas em matéria de difamação ou venalidade – projetos Barthou 1929, Raynaldi 1934, Blum 1936. O regime da imprensa sofreu poucas mudanças, exceto, evidentemente, durante as duas guerras mundiais. No entanto, a criação de novos delitos, não incluídos na Lei de 1881, que eram julgados em âmbito correcional, feriu pela primeira vez o princípio do julgamento dos delitos políticos de imprensa pelo Tribunal de Júri: propaganda anarquista em 1893; atentado à credibilidade do Estado em 1924, 1933, 1936; falsas notícias de índole a abalar o moral dos exércitos e, sobretudo, decretos-leis de 1939 para lutar contra a propaganda estrangeira e as campanhas antissemitas.

Novo estatuto da imprensa depois da Libertação. – A submissão dos jornais depois do armistício à propaganda nazista e da República de Vichy, bem como os casos de corrupção do jornalismo entre as duas guerras, levaram os resistentes e a França livre a preparar o renascimento da imprensa. Foi ditada uma série de ordens – 6 de maio, 22 de junho, 26 de agosto, 30 de setembro de 1944 – que implantaram um rigoroso expurgo de jornalistas e interditaram os títulos que haviam surgido sob o controle do ocupante, com sequestro de seus bens; estes eram transmitidos aos novos jornais devidamente autorizados. Esse renascimento não só ocorreu num regime preventivo – autorização de publicação até 1947, racionamento de papel até 1949, fixação do preço de venda até 1959, manutenção do sequestro dos bens sob a tutela da Sociedade Nacional das Empresas Jornalísticas até 1954 –, como também ensejou o desaparecimento de duas das principais estipulações da lei de 1881. Primeiramente, isso ocorreu por meio da correcionalização de todos os delitos de imprensa. Em segundo lugar, substituindo-se o gerente – testa de ferro – pelo "diretor da publicação", verdadeiro representante da propriedade do jornal. O resgate (devolução) dos bens da imprensa havia sido prometido para breve, assim que a situação econômica do país se estabilizasse, pela votação de uma lei que fixasse o *estatuto* específico das *empresas jornalísticas.* Apesar da apresentação ao Parlamento de meia dúzia de projetos ou propostas de lei entre 1946 e 1954, a Lei de 2 de agosto de 1954, que autorizava os jornais a resgatar os bens, as instalações e os materiais que usavam, pôs termo àquela estranha situação provisória.

Para garantir a transparência das empresas, a ordem de 26 de agosto de 1944 impusera a publicação da tiragem do jornal, da lista dos proprietários e do balanço anual das sociedades; para garantir o pluralismo dos títulos contra os nefastos efeitos da concentração, o mesmo texto proibia que uma única empresa possuísse mais de um cotidiano. Essas estipulações, durante muito tempo desobedecidas, só foram definitivamente revogadas em 1986. Uma lei de 23 de agosto de 1984 tentou restituir algum vigor a essa defesa da transparência e do pluralismo, mas foi anulada pela Lei de 23 de outubro de 1986, que revogou definitivamente a Ordem de 26 de agosto de 1944.

Para limitar os perigos da concentração, essa Lei "Léotard" previa um sistema de quotas de participação no mercado, que não podiam ser ultrapassadas por uma mesma empresa, sistema muito complexo principalmente porque associava empresas de audiovisual a empresas jornalísticas. Essa lei limita a 20% no máximo a participação do capital que uma sociedade estrangeira pode controlar numa empresa de mídia francesa, e em 30% a participação de mercado dos cotidianos de uma única empresa.

Um dos efeitos mais duradouros e importantes do novo regime da imprensa foi instaurar um complexo sistema de subvenção à imprensa (para superar as dificuldades econômicas dos primeiros anos do pós-guerra e, depois, para manter o pluralismo das publicações), que situou o Estado francês no primeiro plano entre os países liberais nesse assunto, provocando comentários preocupados dos observadores anglo-saxões, que viam nisso ainda um indício perigoso de pressão do governo sobre os jornais franceses. Em 1998, associando de maneira um tanto artificial – é verdade – as ajudas diretas (subvenções) e as indiretas (tarifas preferenciais, redução ou isenção de taxas diversas), seu total equivalia a mais de 10% do orçamento total da imprensa francesa, que assim tem uma compensação relativa para os baixos números de sua receita publicitária.

Sobre alguns debates contemporâneos

Situação da publicação. – As zonas de conflito entre o direito e o jornalismo continuam as mesmas: a lei continua tentando opor a resistência dos princípios à pressão dos interesses. Toda uma série de textos legislativos aperfeiçoou e ampliou o direito de imprensa: Lei de 1949 sobre a proteção da juventude, Ordem de 28 de setembro de 1967 sobre as operações em Bolsa, Lei de 17 de julho de 1970 sobre a proteção da privacidade, Lei de 6 de janeiro de 1978 sobre informação e liberdades, Lei de 17 de julho de 1978 sobre o acesso aos documentos administrativos, Lei de 4 de janeiro de 1993 para fortalecer a presunção de inocência. No entanto, apesar da abundante jurisprudência que tenta adaptar esses princípios às realidades do jornalismo, a natural indiscrição dos jornalistas, que se dizem impelidos pela curiosidade de seus leitores, leva ao desvendamento dos segredos que lhes são legitimamente opostos. Sem falar dos segredos militares ou diplomáticos nacionais, frequentemente revelados pela mídia estrangeira, nem dos segredos dos negócios, o venerável segredo de justiça parece ter caído em desuso, com a cumplicidade até mesmo daqueles que deveriam protegê-lo. A salvaguarda do direito à privacidade e à imagem, ainda que a França talvez seja o país onde a privacidade é legalmente mais bem protegida, é bem pouco respeitada pelos métodos agressivos de um jornalismo demagógico que denuncia em altos brados qualquer tentativa de repressão de seus excessos em nome da liberdade de expressão ou do direito do público à informação…

Situação das empresas. – Hoje a regulação do mundo da imprensa é tanto da alçada econômica quanto da jurídica, e as leis do mercado contestam as leis do código de imprensa. Durante a Libertação, a tentativa de dotar as empresas jornalísticas de um estatuto específico – a imprensa não é uma mercadoria como as outras – foi de fato abandonada, e as estipulações contra a concentração – postas na ordem do dia pelo processo movido em novembro de 1978 contra o grupo Hersant – perderam a pertinência em virtude de sua derrota. Na realidade, a evolução do mercado da mídia levou a imprensa a perder boa parte de sua autonomia, e agora sua independência econômica está sendo ameaçada pelos grupos de multimídia franceses ou estrangeiros, para os quais os jornais e as revistas representam apenas uma fração secundária da atividade.

O legislador também tentou intervir num setor conexo, mas vital para a imprensa: a publicidade. As leis de 10 de janeiro de 1992 e de 29 de janeiro de 1993 interessam diretamente à imprensa, que delas recebe cerca de 50% de suas receitas. É interessante verificar como ainda é lacunar a regulamentação nesse setor econômico essencial para a vida da mídia.

Situação dos profissionais. – Alegando as funções sociais de sua profissão, desde o período entre as duas guerras os jornalistas reivindicam um estatuto específico. Este foi parcialmente obtido em virtude da Lei de 29 de março de 1935, que lhes concedeu a "cláusula de consciência", mas apresentou uma definição tautológica do jornalismo – "é jornalista aquele que aufere o essencial de seus proventos da colaboração num jornal" –, na falta da possibilidade de definir alguma condição para o acesso a uma das raras profissões cujo exercício não exige nenhuma competência prévia. Durante o período da Libertação os sindicatos de jornalistas tiveram alguma esperança de reconhecimento de seu lugar na empresa jornalística: o projeto entrou em vigor depois de maio de 1968 com as *Associações de Redatores*, que, associando os jornalistas de um mesmo órgão, esperavam obter participação na definição de sua política redacional ou mesmo de sua propriedade. O projeto foi rejeitado em 1970 pelos donos de jornais.

Nas duas últimas décadas do século XX, com base nos modelos ingleses e suecos, os jornalistas franceses restabeleceram o debate sobre sua ética profissional. Já em 1918, o *Sindicato Nacional dos Jornalistas* propôs uma "carta dos deveres profissionais dos jornalistas franceses", e as associações de jornalistas franceses aderiram em 1971 a uma carta europeia na matéria. Embora esses códigos de boa conduta sejam facilmente aceitos, o que fazer para garantir seu respeito pelo conjunto de uma profissão que pretende continuar aberta? Ora, as instâncias sindicais e corporativas do jornalismo francês sempre recusaram soluções que alguns países estrangeiros tentaram. Parece-lhes inaceitável uma *ordem dos jornalistas* que exija formação específica para o ingresso na profissão e que, inspirada pelas ordens existentes nas profissões liberais, parece – é verdade – pouco apta a assalariados. Enquanto a Grã-Bretanha criou já em 1953 um *Conselho de Imprensa*, autoridade independente encarregada de controlar e censurar os excessos do jornalismo (no que foi seguida pela maioria dos grandes países ocidentais), na França não existe nenhum organismo desse tipo. É verdade que os resultados desses conselhos, "tigres sem dente", não incentivam a imitação. Querendo ou não, jornalistas franceses, portanto, precisam continuar recorrendo aos juízes para a punição de seus excessos, enquanto não se imaginar nenhuma forma de tribunal corporativo com julgamento "pelos pares".

› ALBERT P. & LETEINTURIER C., *Les Médias dans le monde*, Paris, Ellipses, 1999, 162 p. – FERIEUX E., *Droit de la communication*, Paris, LGDJ, 3ª ed., 1999, 674 p. – HUET J. & MAISL H. (org.), *Code de la communication*, Paris, Dalloz, 2000, 1.370 p. – Col.: *Histoire générale de la presse fraçaise*, 5 t., Paris, PUF, 1965-72.

Pierre ALBERT

→ Liberdade; Rádio e televisão.

IMUNIDADES

Do latim *munus* (encargo), precedido de um prefixo privativo, a imunidade encontra sua origem no direito romano, para designar a isenção de um encargo, ou seja, de qualquer obrigação imposta pela lei, pelo costume ou pela autoridade. É atribuída ao detentor de uma função para preservar a independência desta com relação a qualquer outra autoridade estatal. Pondo seu beneficiário numa situação derrogatória ao direito comum, ela tende a ser contestada principalmente em nome do princípio de igualdade.

Desde a comprovação de sua existência na Antiguidade, todos os sistemas jurídicos recorreram à técnica imunitária de maneira ininterrupta, em favor das mais variadas pessoas. Em razão dessa diversidade, uma abordagem histórica geral das imunidades mostra-se particularmente difícil. Ademais, com base na definição etimológica e puramente descritiva do fenômeno, o termo foi frequentemente empregado tendendo a incluir-lhe toda forma de derrogação, ou seja, para designar o fenômeno pelo qual uma pessoa jurídica, uma situação, um comportamento, até mesmo um ato escapam a uma sanção jurisdicional. Essa caracterização de fato é enganosa, uma vez que assimila a instituição a seu resultado, o qual pode ter causas diversas, sendo, portanto, fonte de confusão com noções próximas. Essa noção incerta pode ser devida à percepção tanto do termo como da situação gerada por sua aplicação: a outorga de um privilégio, qualificação geralmente desvalorizadora na mente de quem o emprega, com o objetivo de denunciar uma situação e incentivar a dar-lhe fim. Só que convém saber a extensão precisa do "privilégio" em questão. O exame das imunidades somente por seus beneficiários é insuficiente a esse respeito. Ele permite, sobretudo, esclarecer a função protetora da imunidade pelo estudo das razões próprias de cada sistema jurídico pelas quais tal proteção é atribuída. Mas, para circunscrever perfeitamente as imunidades, é indispensável o estudo do cerne da noção, a isenção. Somente depois desse estudo das imunidades apreendido do ponto de vista do beneficiário, depois do destinatário da regra, é que se pode avistar o próprio futuro da instituição política constituída pela imunidade que, por colocar seu beneficiário numa situação derrogatória do direito comum, levanta as mesmas indagações a respeito do princípio de igualdade perante o direito.

Atribuição

A razão pela qual são atribuídas imunidades a uma determinada pessoa não pode ser encontrada na própria instituição. Atendendo a um objetivo preciso – a proteção de certas pessoas em relação a certos rigores do direito – a imunidade é apenas uma técnica jurídica a serviço de um objetivo que lhe é exterior. O fundamento da atribuição da imunidade reside numa diferença de situação, considerada suficientemente pertinente pela ordem jurídica para justificar uma diferença de tratamento jurídico que a traduz. Trata-se, portanto, de um processo para escapar ao direito, que tenta estabelecer um equilíbrio entre os princípios de legalidade e de igualdade, aos quais ele atenta, e outro princípio juridicamente protegido. Mesmo que tenham sido trazidas outras justificações, mas somente a título complementar, à existência de regimes imunitários (respeito à dignidade – até mesmo a sacralidade – de uma pessoa ou de suas funções, deferência devida à designação pelo sufrágio universal, cortesia ou reciprocidade no tratamento recebido), a característica comum e primordial que preside à atribuição de todas as imunidades é assegurar o exercício independente e sereno de suas funções pelo beneficiário. Dois tipos de princípios estão na origem dos estatutos imunitários, conforme a pessoa protegida pertença à ordem jurídica que outorga a imunidade ou lhe seja alheia. Em direito interno, as imunidades procedem do princípio de separação dos poderes, que veda a interferência mútua das funções estatais. Mais particularmente, o poder judiciário não pode, por sua ação, impedir os titulares dos outros poderes de os exercer; daí o reconhecimento de imunidades jurisdicionais para os parlamentares, para o chefe do Estado – seja ele monárquico ou republicano – para a administração pública, principalmente na área penal. Igualmente, ele proíbe a administração pública de usar seu poder coercitivo para com outras autoridades e, em consequência, de atentar contra a pessoa do chefe do Estado, dos parlamentares ou dos juízes. Na ordem internacional, são atribuídas imunidades ao Estado estrangeiro – e, consequentemente, aos seus representantes – para garantir o respeito ao princípio da igualdade soberana dos Estados (também se pode ver um princípio equivalente, ou uma sobrevivência desse princípio, na atribuição de imunidades aos Estados federados na Constituição dos Estados Unidos) e às organizações internacionais e aos seus funcionários mais eminentes, para garantir o respeito ao princípio de independência e de neutralidade das organizações internacionais. Originalmente, a imunidade soberana expressava-se pelo adágio *par in parem imperium non habet*, que proibia ao soberano praticar ato de autoridade em relação a outro e, portanto, submetê-lo a um poder que lhe seria então superior. O aparecimento do Estado moderno e a consequente transferência da soberania a essa nova instituição foram naturalmente acompanhadas de uma mudança de titular dessas imunidades, que às vezes continuou-se a qualificar de soberanas, ao passo que se cristalizavam regimes autônomos para outras regras imunitárias em benefício dos representantes do Estado, a saber, os chefes de Estado, chefes de governo, ministros do Exterior e os diplomatas. Essas imunidades são atribuídas *ratione personae*, o que significa que o beneficiário as usufrui mesmo quando não estão envolvidas suas atividades oficiais; elas ilustram idealmente a preocupação de não atrapalhar o exercício das funções, objetivo distinto daquele de não exercer um controle das atividades. Dentre essas regras, as imunidades diplomáticas foram inegavelmente objeto dos desenvolvimentos mais marcantes. Sua explicação é simples: como as relações diplomáticas supõem a presença física do representante de um Estado estrangeiro, este era ainda mais suscetível de ser objeto de pressões, até mesmo de represálias, em caso de tensões. As imunidades dos representantes permanentes dos Estados estrangeiros são, pois, muito cedo objeto de regras, que estendem a inviolabilidade dos enviados que, por ocasião de um conflito armado, vinham parlamentar com o adversário protegidos pela bandeira branca. O caráter sagrado dos embaixadores era reconhecido desde a Antiguidade; a proteção a que tinham direito foi sistematizada pela primeira vez por Grócio (*O di-*

reito da guerra e da pax, livro II, cap. XVIII), e justificada, segundo Vatell, pelo interesse e pelas necessidades da função (*O direito das gentes*, t. II, livro II, cap. VIII). Na França, a inviolabilidade dos diplomatas era consagrada pelo decreto da Convenção Nacional de 13 ventoso, ano II. Esse texto continuou em vigor até a ratificação, em 31 de dezembro de 1970, da Convenção de Viena, de 18 de abril de 1961, sobre as relações diplomáticas. Esse texto codifica quase todo o conjunto das imunidades diplomáticas e, sobretudo, incorpora o princípio *ne impediatur legatio*, em virtude do qual nada deve impedir o funcionamento de uma embaixada, o que explica a extensão do benefício aos funcionários das missões, aos membros da família e aos empregados domésticos privados. Sempre dentro do mesmo espírito, a inviolabilidade diplomática cobre os locais utilizados para as finalidades da missão, inclusive a residência do chefe da missão, os arquivos e documentos da missão onde se encontram, a correspondência oficial da missão, inclusive a mala diplomática.

As imunidades são sempre e exclusivamente atribuídas a uma pessoa, seja ela jurídica ou física. A garantia da independência sempre deve ser igualmente material, pois a privação de bens, de locais ou de outros meios necessários ao exercício das funções pode naturalmente impedi-la. Isto explica que sempre tenham sido previstas imunidades relativas aos haveres ou bens possuídos pelas pessoas protegidas. Assim, o direito canônico previa, ao lado das imunidades pessoais, imunidades que isentavam os bens da Igreja dos impostos civis e os objetos do culto de qualquer uso profano, e as inviolabilidades tradicionais, desde a Antiguidade, dos lugares de culto, protegendo-os dos atos profanos e oferecendo a alguns criminosos um asilo, que encontramos atualmente sob a forma do asilo diplomático. Se a extensão da proteção de uma pessoa a bens não levanta problemas específicos, em razão do vínculo entre os dois constituído pela propriedade, pela posse ou pelo uso, o mesmo não se dá com atos jurídicos. Em particular, pode-se dizer de um ato que ele é imune, que goza de uma proteção, na medida em que sua legalidade não é objeto de um controle jurisdicional? Essa problemática não se confunde com a da imunidade de jurisdição de seu autor, já que a questão da legalidade de um ato pode muito bem surgir mesmo quando a autoridade que o editou não é parte da instância. Trate-se das teorias de *common law*, das "*political questions*" quando estão em causa atos do Poder Executivo americano, do "*act of state*" quando o ato emana de um Estado estrangeiro, ou da teoria francesa dos atos de governo, a autoliminatação da jurisdição, de origem pretoriana em ambos os casos, resulta do cuidado de não invadir as prerrogativas do Poder Executivo, o que é mais da incompetência do que da imunidade, como atesta a jurisprudência constante do Conselho de Estado.

Isenção do exercício de um poder

As imunidades só podem ser distinguidas de outras instituições jurídicas pelo exame de seus efeitos sobre o titular do poder cujo exercício é paralisado. O termo central da definição da imunidade é a isenção, enquanto forma particular da derrogação; enquanto regra, ela se dirige, portanto, mais ao titular de um poder do que ao beneficiário, que só pode reclamar a aplicação da regra imunitária. Esta é, em consequência, unicamente negativa, pois se enuncia numa proibição feita ao titular de um poder de usá-lo contra beneficiários de imunidades. Classicamente, o poder em questão é, quer o Poder Normativo geral ou Legislativo, quer o poder normativo particular ou Poder Jurisdicional, quer o Poder Executivo.

As imunidades substanciais: antes exceção do que isenção do Poder Legislativo. – A categoria das imunidades básicas ou imunidades substanciais é consagrada, especialmente na literatura de direito constitucional ou de direito penal, interno ou internacional, para qualificar a situação na qual uma pessoa não vê sua responsabilidade envolvida no tocante a certos comportamentos normalmente repreensíveis. Encontramo-las igualmente, se bem que nem sempre sejam assim identificadas, no campo fiscal, notadamente em benefício das organizações internacionais, diplomatas e missões diplomáticas, até mesmo, a título gracioso, dos Estados ou governantes estrangeiros. Todavia, essas derrogações, ainda que sempre persigam o mesmo objetivo que as imunidades, obedecem a um mecanismo distinto. Os mais característicos são as supostas imunidades penais que, tais como previstas pelo direito francês, não incriminam certas pessoas que cometeram uma infração em nome seja da proteção da estrutura familiar, seja da necessidade de assegurar os direitos da defesa e a publicidade dos debates judiciários, seja da liberdade de expressão dos ocupantes de cargos eletivos (art. 26 da Constituição francesa). Mas trata-se de exceções da lei, de casos de inaplicabilidade, e não de casos de não aplicação por um mecanismo de isenção. A irresponsabilidade do autor do fato que decorre disso se realiza, a exemplo das imunidades de jurisdição, pela paralisia da ação jurisdicional, mas em razão da supressão do elemento legal da infração, a tal ponto que é impossível processar eventuais cúmplices, porquanto a infração não é constituída; o juiz não poderá pronunciar-se em razão da ausência de regra e não porque lhe é proibido fazer uso de suas competências. A mesma ambiguidade pode ser observada em direito administrativo. Todo fenômeno em que a administração pública "escapa" ao controle do juiz é comumente qualificado de "imunidade jurisdicional", seja qual for a sua causa: inexistência de um juiz para a administração pública, ausência de normas que regem a ação administrativa ou incompetência. Essa apreciação global pode explicar-se pela particularidade do direito administrativo. O princípio de legalidade se impôs à administração por sua submissão a um direito particular, que não é o direito comum, e pela ação do juiz que edificou esse direito de exceção. Cada recusa do juiz administrativo de sancionar o comportamento da administração pode, assim, ser analisada por uma recusa de estabelecer uma nova regra; tal decisão se prende à sua função de jurislegislador e não de sua função jurisdicional. Qualificar esse fenômeno de princípio imunitário revela alguns *a priori* comuns a todas as imunidades básicas. Avaliar que nesse caso se trata de isenções à regra repousa, necessariamente, na convicção de que o beneficiário deveria normalmente ser-lhe submetido. Ora, essa pressuposição, ou esse ideal perseguido, só pode encontrar-se fora do direito. A qualificação de isenção – e, portanto, de "imunidade" – provém, pois, exclusivamente da interpretação do campo de aplicação dos princípios de legalidade e de igualdade perante o direito. Enfim, como a imunidade substancial se refere à aplicabilidade de uma regra de direito, é impossível renunciar a ela, contrariamente às outras imunidades. Se o beneficiário aceita submeter-se ao conteúdo de uma obrigação à qual não é obrigado, atém-se a adotar um comportamento a título gracioso, pois não entra em seus poderes completar ou modificar uma regra de direito.

Isenção do exercício do poder jurisdicional: as imunidades de jurisdição. – A imunidade de jurisdição proíbe o juiz de usar seu poder assim que uma pessoa imune é réu perante ele, e somente quando está diante dele nessa situação. Quando o beneficiário de uma imunidade de jurisdição entra com uma ação perante um tribunal, sempre se considera que ele renunciou a se prevalecer de seu direito (vide *infra* a análise da renúncia). Daí resulta um desequilíbrio em proveito do beneficiário: este pode atrair outra pessoa perante tribunais, enquanto esta não o pode. É frequente ler que as imunidades jurisdicionais equivalem a colocar seu beneficiário acima do direito, quando elas impedem unicamente a sanção judiciária do direito, ao qual o beneficiário é por hipótese submetido. A proibição feita ao juiz de usar seu poder jurisdicional não é absoluta e não redunda necessariamente numa impunidade (vide TIJ, *Mandado de prisão de 10 de abril de 2000*), mesmo que possa participar dela. A "denegação de justiça" – expressão amiúde utilizada para qualificar o resultado do jogo das imunidades jurisdicionais – deve ser apreciada no tempo, no espaço e caso a caso. As imunidades de jurisdições das pessoas são apenas um obstáculo temporário à ação jurisdicional. O desaparecimento da imunidade ao final das funções do beneficiário está expressamente previsto para os diplomatas na Convenção de Viena de 18 de abril de 1961 sobre as relações diplomáticas e foi reconhecida tanto pelo Tribunal Internacional de Justiça na causa já citada como pela Corte de Cassação francesa em seu acórdão de 10 de outubro de 2001 *M. Breisacher*, a propósito do Presidente da República. A questão fica mais complexa quando está em causa a imunidade de jurisdição de um Estado estrangeiro ou de uma organização internacional, uma vez que, por hipótese, trata-se de instituições permanentes. A ausência de papel de decorrer do tempo é então temperada pela apreciação da imunidade no espaço: esta, prevista por um sistema jurídico, só desenvolve seus efeitos nesse sistema jurídico. Portanto, a denegação de justiça só é constituída se não existe nenhuma outra via jurisdicional. O fato de que esses outros sistemas de resolução das contendas possam não funcionar de maneira excelente – por exemplo, porque as jurisdições do Estado estrangeiro revelam-se parciais quando o Estado é réu – não deveria ser imputado ao jogo da regra imunitária. Essa dupla apreciação dos efeitos de uma regra imunitária permite ver que ela só resulta numa impunidade nas hipóteses em que ela se conjuga com outros fatores, trate-se da manipulação das circunstâncias factuais de aplicação da regra (hipótese do bloqueio do fator temporal pela manutenção artificial do beneficiário em suas funções) ou do mau funcionamento de um sistema jurisdicional alternativo. Sendo apenas processual o "encargo" do beneficiário de uma imunidade de jurisdição, é necessário assegurar-se da realidade da competência do juiz investido antes de qualificar de imunidade a causa de uma decisão de recusa de julgar. O juiz de direito comum se declarará incompetente, por exemplo, quanto tiver sido criada uma jurisdição especial de substituição, como em direito constitucional francês a Alta Corte de Justiça para o Presidente da República (art. 68 da Constituição) e a Corte de Justiça da República para os membros do governo (arts. 68-1 a 68-3 da Constituição), cujo objetivo é notadamente subtrair certos litígios ou certas pessoas do juiz de direito comum. Portanto, não poderia tratar-se de imunidades nessa hipótese. A criação e a existência dessas jurisdições são uma técnica alternativa para a regra imunitária, que atua acima, e não uma técnica aditiva para reduzir seus efeitos indesejáveis. Por conseguinte, a ausência de submissão da administração pública ao juiz de direito comum, não acompanhada, originalmente, da criação de uma jurisdição especializada, é acima de tudo uma regra de incompetência das jurisdições judiciárias. O aparecimento da jurisdição administrativa, preenchendo a carência institucional sem pôr em causa a incompetência das jurisdições judiciárias, somente introduziu uma distribuição positiva das competências no lugar daquela negativa que prevalecia até então. Inversamente, apenas a atribuição de uma competência jurisdicional, principalmente em direito internacional, é insuficiente para demonstrar a não aplicação da regra imunitária. Ocorre isso notadamente no campo do direito internacional penal: o reconhecimento do dever que cabe aos Estados de processar e julgar os autores dos crimes mais graves – se necessário estabelecendo para seus tribunais uma competência universal – não acarreta o desaparecimento das imunidades de jurisdição penal usufruída pelos representantes estatais em exercício (TIJ, processo do *Mandato*).

Isenção do exercício do Poder Executivo: imunidades de execução. – A regra relativa à imunidade de execução se dirige às autoridades titulares do poder de coerção legítimo. Na realidade, conviria distinguir as imunidades jurisdicionais de execução e as imunidades do poder coercitivo, pois as primeiras proíbem o juiz de prolatar uma sentença ou uma decisão que ordene um recurso à coerção, as segundas proíbem o Poder Executivo de empregar qualquer coerção material. A imunidade de execução diz respeito, portanto, à extensão do poder coercitivo que a administração pública pode possuir contra pessoas, bens ou lugares. Desse ponto de vista, a imunidade de execução de que se beneficia a administração se mostra uma necessidade lógica: seria inconcebível que ela utilizasse a coerção para com ela própria. Como a coerção cria danos mais imediatos, mais dificilmente reparáveis e capazes de entravar efetivamente o exercício das funções da pessoa protegida, a imunidade de execução é considerada como obedecendo a motivos mais imperiosos que a imunidade de jurisdição. Seu regime é, por conseguinte, mais vasto. A inviolabilidade pessoal às vezes é difícil de distinguir da imunidade de jurisdição penal, que geralmente é apreendida de maneira mais compreensiva do que a imunidade de jurisdição civil, sendo o procedimento penal considerado mais atentatório contra o estatuto da pessoa protegida. Como o procedimento penal é mais suscetível de ser acompanhado de medidas de coerção, o regime da inviolabilidade atrai o da imunidade de jurisdição penal (processo do *Mandato*; Corte de Cassação, acórdão de 10 de outubro de 2001 *M. Breisacher*). A imunidade de execução pode assumir várias formas, conforme proíba os atentados materiais às pessoas, aos lugares – fala-se então de inviolabilidade – ou aos bens. A inviolabilidade veda qualquer medida que constitua uma coação direta pelas autoridades: requisição, prisão, detenção, extradição, expulsão. A imunidade de execução proíbe igualmente privar uma pessoa do gozo de seus bens por qualquer medida que seja, penhora, privação de posse, congelamento ou outra medida. Vinculada à pessoa, a imunidade de execução sobre os bens deveria, com toda a lógica, abranger o conjunto de seu patrimônio. Embora esse princípio permaneça para as organizações internacionais, essa concepção absolutista da imunidade de execução recuou, no que concerne aos Estados estrangeiros, perante uma abordagem funcional, que proíbe a penhora dos bens e haveres destinados ao exercício das funções de poder público, mas autoriza a dos bens ligados a atividades econômicas ou comerciais, substituindo assim a imunidade de execução por um regime de impenhorabilidade de certos bens – os ligados a prerrogativas de poder público – pondo um estatuto dos bens no lugar daquele de uma pessoa.

Renúncia às imunidades, tradução técnica necessária da definição das imunidades como isenção. – Mais que uma simples consequência, a renúncia é um corolário obrigatório de uma tradução técnica da definição da imunidade como uma isenção, que encontramos em todos os estatutos imunitários (eclesiásticos, parlamentares, agentes diplomáticos, organizações internacionais, Estados ou chefes de Estado estrangeiros, Presidente da República no acórdão *M. Breisacher*, *op. cit.*). Porque o beneficiário é, em princípio, submetido ao direito, sempre lhe é possível renunciar a ele, mesmo quando isso não é expressamente previsto, fazendo então a autoridade recobrar o pleno exercício de seu poder. Todavia, esse consentimento, também denominado "supressão da imunidade", incide apenas sobre o *exercício* do poder e seu único objetivo é suprimir o obstáculo constituído pela imunidade; em nenhum caso pode fundar a competência. Esse papel central do consentimento explica que a noção de imunidade não exista perante as jurisdições internacionais. Em direito internacional, a independência do Estado é protegida não no momento do exercício do poder jurisdicional, mas em sua origem, com o consentimento à jurisdição, em direito internacional, fundamentando a existência e o caráter obrigatório do solucionamento jurisdicional das contendas.

Contestação das imunidades

As imunidades são, de maneira recorrente, objeto de críticas, porque batem de frente nos princípios de legalidade, de igualdade perante o direito, de acesso a um juiz imparcial: logo, é em nome de certa concepção do Estado de direito que elas são regularmente contestadas. Essas críticas, que põem na balança princípios jurídicos cujo respectivo peso tem de depender do estado de espírito de uma sociedade jurídica em dado momento, declaram-se com mais facilidade contra a regra imunitária porque ela traz em si sua própria contradição: princípio de direito que se baseia no postulado de que a proteção é colocar uma pessoa fora das "coerções" do direito, ela só pode estar fadada a desaparecer. O próprio direito se põe em xeque, por razões extrínsecas ao sistema jurídico; é bem normal que um fenômeno de "rejeição" possa ser observado. A contestação é, porém, raramente radical. Começa sistematicamente, na melhor das hipóteses em nome de uma luta contra os abusos que a imunidade pode ocasionar, pela limitação de seu regime, como o demonstra o declínio das imunidades eclesiásticas, ou então a redução das imunidades parlamentares na França pela revisão constitucional de 4 de agosto de 1995. As imunidades jurisdicionais dos Estados estrangeiros, de quase absolutas que eram no século XIX, agora estão restritas apenas às atividades *de jure imperii*, ou seja, aquelas que são a expressão do poder público do Estado. De maneira paradoxal, as imunidades *ratione personae* resistem melhor, ao passo que são as mais vilipendiadas. Essa busca de um melhor equilíbrio no interior do regime não deve, porém, iludir. As justificações jurídicas trazidas à sustentação da restrição, partindo do fundamento das imunidades para atenuar-lhes o efeito, fragilizam a instituição em seu conjunto. Podem ser resumidas pelo seguinte postulado: atribuídas para proteger o exercício de funções, o regime da imunidade deveria ser restrito aos atos da função. A lógica aparente do argumento não deve, contudo, dissimular que, tentando racionalizar a restrição, a proteção muda insensivelmente de objeto: já não é uma pessoa que é protegida a fim de que exerça suas funções de maneira independente, mas a própria atividade. Já não se trata de uma proteção contra uma interferência, mas contra uma ingerência na maneira pela qual essas funções são exercidas. Evoluindo para uma proibição do controle das atividades, a imunidade jurisdicional tende a desaparecer para dar lugar apenas a uma incompetência, a imunidade de execução sobre os bens por um estatuto dos bens, conceitos que têm uma existência autônoma.

› BINCZAC P., *Le principe d'immunité juridictionnelle en droit administratif, histoire d'un paradoxe*, tese de direito, Paris I, 2000. – COSNARD M., *La soumission des États aux tribunaux internes face à la théorie des immunités des États*, Paris, Pedone, 1996; "Les immunités du chef d'État", in SFDI, Colloque de Clermont-Ferrand, *Le chef d'État et le droit international*, Paris, Pedone, 2002. – LE DIVELLEC A. & GUETTIER Ch. (dir.), *La responsabilité du Président de la République*, L'Harmattan, no prelo. – PINGEL-LENUZZA I., *Les immunités des États en droit international*, Bruxelas, Bruylant, 1998. – SALMON J., *Manuel de droit diplomatique*, Bruxelas, Bruylant, 1994. – Coletivo: Annuaire international de Justice constitutionnelle, *XVIIe Table ronde internationale: Immunités constitutionnelles et privilèges de juridiction*, 2002.

Michel COSNARD

→ Ato de governo; Capitulação; Competência; Denegação de justiça; Derrogação, dispensa, escusa, tolerância; Privilégio.

INCESTO

A proibição do incesto suscitou mais as reflexões dos antropólogos do que as dos juristas, que tendem a tê-la por naturalmente aceita em seu princípio. Atualmente, as teorias antropológicas a fundamentam principalmente nos fatores sociais, em vez de biológicos. Mais recentemente, mostrou-se que em certos casos ela podia resultar das operações do pensamento simbólico. O incesto é uma união direta ou indiretamente proibida pela lei ou pelos costumes entre parentes consanguíneos ou afins num grau cuja extensão varia conforme as sociedades e as épocas. O incesto (do latim *incestus*, contrário de casto) é uma noção fundamental da teoria antropológica do parentesco, ao passo que seu lugar parece paradoxalmente reduzido em direito francês desde a Revolução (o antigo direito francês previa a pena de morte), bem como em direito positivo, em que esse termo não aparece enquanto tal.

O Código Civil (art. 161 ss.) trata implicitamente dele ao enumerar os parentes proibidos em questão de casamento ou ao proibir a instituição da dupla filiação. O Código Penal reprime-o apenas abrangido em incriminações diversas que visam as agressões sexuais cometidas por ascendentes sobre certas categorias de menores (as relações entre um pai e a filha maior ou emancipada pelo casamento – e, portanto, liberada da tutela paterna – não são juridicamente incestuosas, assim como as existentes entre irmãos e irmãs com mais de quinze anos contanto que sejam consentidas), e não prevê nada para aquelas imputáveis a colaterais ou afins (enquanto o direito civil proíbe o casamento entre irmãos e irmãs: de modo imperativo para os filhos legítimos ou naturais, com dispensa para filhos adotivos). Entretanto, a reprovação social permanece forte para com esses atos, que aparecem com frequência cada vez maior no plano judiciário e que a multiplicação das famílias recompostas traz o risco de deixar mais constantes. A discrição do legislador não pode ser assimilada à sua indiferença e parece mais de ordem cultural: ela permite a sanção evitando ao mesmo tempo nomear um tabu. No entanto, esse silêncio tem por consequência que, *em si* e num plano jurídico, o incesto não é uma infração e, portanto, presume-se que não perturbe a ordem social. Mesmo assim, certos atos incestuosos, mas qualificados de outra maneira, permanecem repreensíveis. Seja como for, o incesto suscitou fartas reflexões por parte dos antropólogos.

As teorias antropológicas

Os antropólogos constataram a existência de um número finito de sistemas de aliança matrimonial. Esquematizando, pode-se dizer que os sistemas elementares proíbem certos círculos de parentes e especificam outros, que são, ao contrário, preferencialmente recomendados. Os sistemas complexos formulam proibições, mas deixam aberta a escolha no seio dos cônjuges não proibidos. Mesmo que as sociedades ocidentais modernas pertençam a esse segundo grupo, essa divisão elementar/complexa não se confunde com a distinção sociedades tradicionais/modernas. Com efeito, inúmeras sociedades tradicionais conhecem um sistema de parentesco complexo similar ao nosso. Ademais, embora nosso sistema de parentesco seja juridicamente aberto, ele é muito mais restrito no plano sociológico: os estudos sobre a escolha dos cônjuges mostram claramente que, a despeito da evolução dos costumes, continua-se a se casar majoritariamente dentro de seu meio social.

Os debates antropológicos concernem à interpretação da quase universalidade do princípio da proibição do incesto, ainda que seus graus de definição possam variar largamente. Embora a opinião popular a fundamente em imperativos essencialmente biológicos, os antropólogos preferem explicá-la por necessidades sociais, na esteira de C. Lévi-Strauss. Este último interpreta o incesto como o determinante da troca entre grupos humanos: aceitando renunciar a um parente próximo, *ego* se obriga a ceder a um indivíduo exterior ao seu grupo e a ir procurar um cônjuge num grupo igualmente exterior. Para C. Lévi-Strauss, essa função, na realidade prescritiva do incesto, permitiu aos diferentes grupos humanos atar relações e perpetuar-se, em vez de afundar-se em si mesmos. Ele refuta, por outro lado, as explicações biológicas, deixando claro que elas são insuficientes para explicar a variedade das proibições do incesto. Os antropólogos observaram, de fato, que as sociedades tradicionais tinham tendência a valorizar as uniões entre primos cruzados – filhos dos irmãos da mãe ou das irmãs do pai – e a vedar aquelas entre primos paralelos – filhos de irmãos do mesmo sexo que o do pai ou da mãe – ao passo que esses dois tipos de relação ocorrem em um grau idêntico de parentesco biológico. Pode-se também observar que esse tipo de razão não pode fundamentar as proibições muito frequentes que visam a interdição dos casamentos entre um pai adotivo e um filho adotado, como entre um cônjuge e suas cunhadas. O consenso é largamente compartilhado sobre essas orientações gerais, mesmo que se possa ter discutido o fato de que sempre sejam mulheres, e não homens, que sejam trocadas; que se possam ter descoberto incestos homossexuais; ou formular a hipótese de que poderiam existir dispositivos geneticamente fixados, herdados da seleção natural, que possam inclinar à proibição do incesto ao mesmo tempo que esta é juridicamente instituída. Enfim, contrariamente a certos preconceitos que postulam a obediência cega dos membros das sociedades tradicionais aos valores instituídos (absorção do indivíduo pelo grupo), as pesquisas de campo mostraram muitas vezes que existiam defasagens significativas entre as regras ideais e os comportamentos concretos, quer os indivíduos julguem de seu interesse violar a norma ou não se conformar a ela, quer a contornem, notadamente mediante manipulações genealógicas. Aliás, convém distinguir vários tipos de incesto.

Os diferentes tipos de incesto

Podemos, antes de mais nada, distinguir o incesto ocasional e o incesto matrimonial, que só pode ocorrer por ocasião do casamento: este último é sancionado com muito maior rigor. Pelo menos nas sociedades ocidentais modernas, alguns incestos são mais frequentes do que outros: em primeiro lugar, de modo muito majoritário, o incesto pai-filha (cerca de 85%), depois o da irmã e do irmão e, longe atrás (aproximadamente 2%), o entre a mãe e o filho, proporções que podem explicar a indiferença do direito penal francês pelos incestos colaterais. Por outro lado, por certo existe uma razão mais profunda para a incriminação exclusiva dos atos incestuosos cometidos pelos ascendentes. De fato, *mesmo nas sociedades modernas*, a geração de uma descendência continua a ser uma finalidade maior do casamento (a maioria das pessoas casadas tem filhos, ao passo que as técnicas de evitá-los estão perfeitamente no ponto), ainda mais porque somos menos sensíveis às extensões colaterais do parentesco (o francês só possui um termo para designar os primos). Ora, um incesto que ocorre entre um ascendente e um descendente se insere às avessas nessa concepção vertical da família e do casamento: a criança posta no mundo por uma filha se torna para ela ao mesmo tempo filha e irmã... Enfim, F. Héritier chamou a atenção para os incestos "do segundo tipo", que se realizam com a inserção de um intermediário, um parceiro sexual em comum, mesmo que essa comunidade possa inserir-se numa defasagem temporal. Com efeito, em inúmeras sociedades (inclusive ocidentais e modernas), pesa uma proibição de casamento sobre o marido com relação às irmãs da esposa falecida ou sobre as esposas dos irmãos desaparecidos do marido. Podemos também citar a proibição da união entre um homem e a filha de um casamento anterior de sua esposa: o Alcorão o institui… exceto se o casamento entre esse homem e sua esposa não tenha sido consumado. Essas proibições não podem, evidentemente, explicar-se por imperativos biológicos. Sua lógica é de tipo simbólico: a união é proibida porque, através da mediação de relações sexuais mantidas com um cônjuge "em comum" (trate-se de viuvez ou de poligamia), ela redundaria em pôr em contato elementos de natureza idêntica, sendo essa identidade de tipo sexual: a esposa com suas irmãs, o marido com seus irmãos, a filha com a mãe. Ora, o pensamento humano, mesmo em graus diferentes nas sociedades tradicionais e modernas, institui a coerência do universo e da sociedade, concebendo-os como a sinergia de elementos (principalmente a determinação sexual) classificados como idênticos ou diferentes cujas conjunção ou distinção convém respeitar sob pena de ameaçar essa coerência fundamental. Embora essa razão da proibição do incesto pareça particularmente clara no caso desses incestos do "segundo tipo", nem por isso ela invalida a teoria da troca que embasa os incestos do primeiro, à qual ela pode acrescentar-se enquanto fator explicativo.

› BARRY R. J., "L'inceste: le dernier tabou", *Revue Internationale de Police Criminelle*, nº 389, junho-julho de 1985, p. 147 ss. – DURKHEIN E., "La prohibition de l'inceste et ses origines", *L'Année Sociologique*, I, 1898, pp. 1-70. – GUERY C., "L'inceste: étude de droit pénal comparé", *Recueil Dalloz*, nº 5, 5 de fevereiro de 1998, p. 47 ss. – HERVÉ J., *La cassure de l'inceste*, Paris, Fayard, 1997. – LANNOY J.-D. de & FEYREISEN P., *L'inceste*, Paris, PUF, 1992. – LÉVI-STRAUSS C., *Les structures élémentaires de la parenté*, Paris-Haia, Mouton, 2ª ed., 1983. – CORPHART I., "L'inceste en droit français", *Gazette du Palais*, 8 de julho de 1995, pp. 888-895. – HÉRITIER F., *Les deux sœurs et leur mère: anthropologie de l'inceste*, Paris, Odile Jacob, 1994. – HÉRITIER F., CYRULNIK B. & NAOURI A., *De l'inceste*, Paris, Odile Jacob, 1994. – RAZON L., *L'énigme de l'inceste. Du fantasme à la réalité*, Paris, Éditions Denoël, "L'espace analytique", 1996.

Norbert ROULAND

→ Dívida; Doação; Homossexualidade; Igualdade dos sexos; Troca, escambo, permuta.

ÍNDIA (Cultura jurídica)

A literatura normativa da Índia apresenta, faz vinte e cinco séculos, uma notável continuidade, atestada pela abundância dos textos e pelo refinamento da especulação sobre o rito, a lógica, a linguagem e o direito. Este se orientou para uma definição detalhada da ordem social, o lugar de todos no mundo, as relações e os deveres de Estado resultantes do pertencimento. O método e o conteúdo desse direito, que logo regerá cerca de um quinto da humanidade, não poderiam, contudo, ser descritos, mesmo sucintamente, no âmbito restrito deste artigo. Tampouco é possível evocar os infinitos matizes da especulação e do vocabulário, nem multiplicar as citações. Pareceu preferível evocar os problemas particulares levantados por esse direito (especialmente seu encontro com os direitos ocidentais), propor algumas direções para a reflexão, colocar algumas balizas para compreender sua natureza e seu desenvolvimento e abordar os elementos bibliográficos propostos.

Prescrições jurídicas e prescrições religiosas

Apresenta-se o problema de uma ciência jurídica autônoma para os direitos tradicionais. Mas as prescrições jurídicas e religiosas não se confundem e, na Índia, o trabalho dos teóricos permite desenvolver uma literatura jurídica original. Durante o primeiro milênio antes de nossa era, as fontes são em sua maioria religiosas. Consistem em hinos, em fórmulas, em procedimentos rituais e em injunções técnicas em matéria sacrificatória. Elas se limitam apenas aos partidários da tradição bramânica e, particularmente, aos sacerdotes, concernem às relações sociais apenas na medida em que estas estão implicadas na conduta do sacrificante e do oficiante. Nelas encontraremos passagens de sentido jurídico como que por acidente, quando uma comparação, uma explicação, um esclarecimento se mostrar necessário (para as referências aos textos clássicos citados *infra*, reportar-se notadamente a Lingat e a Kane, bibliografia *in fine*).

O *S'atapathabrâhmana* (texto ritual do século VII ao V antes de nossa era) indica, no final de uma fase sacrificatória, que o oficiante deve baixar os olhos para a oferenda recitando fórmulas previstas para a bênção do sacrificante. O texto enuncia: "O olho é certamente verdade, o olho é evidentemente verdade; então, se duas pessoas estão em conflito e dizem: 'eu vi isso', 'eu ouvi isso', devemos acreditar naquela que diz 'eu vi isso' e não na outra" (I, 3, 1, 27). Essa afirmação assegura que o procedimento do oficiante é realizado somente em benefício do sacrificante, pois seu olhar é precisamente um ato de verdade. O comentador explica literalmente que o oficiante deve prestar testemunho por esse olhar. Temos aí uma prescrição jurídica a que se recorre na causa para sustentar uma prescrição ritual; a religião utiliza as categorias do direito. E, se esse procedimento está inserido aqui, é porque ele já existe e funciona claramente como um procedimento destinado a dirimir um conflito de direito. A palavra *sâkshin*, aquele que viu os fatos, o ato ou o acordo ocorrido, que está habilitado a relatá-los e a estabelecer a prova da existência e do conteúdo deles, designa a testemunha em matéria jurídica ou judiciária. O mesmo tratado (I, 7, 2, 1) expõe que "Todo ser ao nascer nasce como uma dívida (*rina*) devida aos deuses, aos Santos, aos Pais, aos homens" (trad. fr. S. Lévi). A dívida está no fundamento da condição humana. Ela "afeta o homem e o define já no instante em que ele nasce [ela é] como que constitutiva da natureza humana [...] ela é o homem" (Ch. Malamoud). Ela impõe os estudos védicos, a realização dos sacrifícios, obriga à procriação de um filho, rege, enfim, o dever de hospitalidade. Trata-se de viver pela dívida (e não apesar dela), adiando o reembolso (assegurando a continuidade social e familiar), fracionando a dívida (pelo rito e pela multiplicação dos credores) e, enfim, ganhando a redenção. A dívida é, aqui, uma relação de profundidade no tempo com os ancestrais e uma relação de aliança com os contemporâneos. Ela não é uma resposta à condição humana (como pagar suas dívidas), nem uma via da salvação (por realização regular dos ritos ou pelo respeito aos deveres). Ela fundamenta uma justificação dos sacrifícios sob um termo que é aquele mesmo da linguagem jurídica, por troca entre uma literatura profana e uma literatura religiosa.

Uma literatura dita de *artha* desenvolve-se, aliás, paralelamente, representada sobretudo pelo *Arthaçâstra* (*AS'*, entre o século IV antes de nossa era e o IV século depois, mas esse tratado é herdeiro de obras mais antigas). Nele encontramos sobretudo considerações sobre a administração pública, a fiscalidade, a justiça, as obrigações e as penas, a política, a economia, a guerra, etc., num espírito desembaraçado da tradição religiosa e numa ótica essencialmente prática, centrada nos deveres e nos poderes do rei. Este não é legislador e deve respeitar e proteger as instituições religiosas tanto como as jurídicas, assim como os costumes dos países conquistados. Ele é um administrador e um juiz, exerce suas funções diretamente ou por delegação a especialistas e a representantes das corporações. A hipótese de que uma pesquisa sobre as instituições de caráter jurídico, se não uma jurisprudência e uma prática, tenha inspirado aqui as especulações rituais não deve, portanto, ser excluída *a priori*. O direito indiano, adquirindo a dimensão que ele tem ainda hoje, conheceu um desenvolvimento em vários planos. Suas categorias, suas sanções, seus procedimentos e suas instituições foram reconhecidos e aceitos por não hindus (budistas, jainistas, seitas heterodoxas, povos da Índia exterior). Sob a influência do poder, grande parte da sociedade foi regida por seus princípios. Inúmeras fontes até então memorizadas foram escritas e ordenadas em proveito dos soberanos estrangeiros e dos colonizadores. O escrito sempre tivera apenas um valor subsidiário de prova ou de confirmação de decisões pontuais (isenção de taxas, doações régias, fundações religiosas, etc., assim como o confirma a epigrafia, mas as inscrições de Açoka têm mais amplitude). A escrita, por muito tempo reservada a especialistas, artesãos e executores, alheios à cultura erudita e à formação do direito, acabou impondo-se.

A literatura jurídica e as fontes do direito

Todo pensamento erudito da Índia se louva nos *Vedas* e nas coletâneas a eles vinculadas, os quais são os textos fundadores da religião védica e depois bramânica. Ora, na virada de nossa era, instaura-se uma Tradição (que traduz o sânscrito *smriti*). Ela já não se vincula senão de maneira formal às fontes védicas e se consagra a temas exclusivamente jurídicos. Nessa época, costuma-se colocar a coletânea dita das *Leis de Manu* (século II a.C., século II d.C.) como a obra mais conhecida dessa literatura denominada dos *dharmaçâtras*, tratados do *dharma*, ou seja, dos deveres, da condução reta, apropriada. Ela adota os desenvolvimentos que já apareceram em apêndice de uma literatura ritual anterior, os *dharmasûtras* ou aforismos do *dharma*. Ela o transforma em uma matéria especial que terá sua expansão até cerca do século VI. Nela encontramos, de fato, a exposição das regras do casamento e das obrigações entre cônjuges, da filiação, das sucessões, de alguns atos patrimoniais, etc. Vemos desenvolver-se a matéria dos contratos, do direito penal, da organização judiciária. A responsabilidade dos juristas parece essencial. Amparados num perfeito conhecimento da gramática e da lógica, os "autores" (dos quais só conhecemos o nome, tais como Manu, Nârada, Yâjñavalkya, Kâtyâyana, Brihaspati, etc.) e os comentadores (depois do século VI e pouco mais bem conhecidos) organizam um raciocínio jurídico e uma linguagem técnica. Discutem as posições divergentes, eliminam as contradições, elaboram os critérios e os graus da obrigação, distinguem na injunção o essencial do acessório, procedem ao aclaramento das regras (pois os tratados nem sempre são inteligíveis sem sua glosa). Põem em ordem e selecionam os textos (e vemos que muitos fragmentos atribuídos a autores de tratados encontram-se isolados noutro tipo de fontes). Sob a expressão "bom costume", eles escolhem os usos conformes aos ensinamentos dos antigos, as regras heterodoxas mas bem implantadas se tornam uma variante local. Não se trata de avalizar o que é feito desde tempos imemoriais, mas de conformar-se ao parecer dos peritos em matéria de prescrições tradicionais e de operar a difusão de certa ortodoxia dos deveres.

A Idade Média foi a época das compilações sob a forma de coletâneas metódicas de direito ou digestos por categorias de textos (*nibandha*, *samgraha*) ou sobre assuntos particulares. Obras de dimensões consideráveis, às vezes, em razão da reunião de um material já muito abundante, elas mostram pretensões enciclopédicas, uma vontade de comparatismo, instauram o estudo das dificuldades em termos de lógica (*mîmâmsâ*). Essas coletâneas aludem a trabalhos perdidos e às vezes até à prática, sem que, entretanto, possamos estar certos de que existisse uma verdadeira atitude jurisprudencial. Todos continuam a Tradição e todos dispõem da mesma autoridade. O direito não é, para sermos exatos, uma ciência no sentido tradicional, ou seja, a exposição sistemática de um conhecimento fundamentado diretamente nos *Vedas*. No entanto, ele é ensinado e praticado, transmitido de mestre a aluno, com os métodos mnemotécnicos testados no aprendizado dos textos religiosos, com a elucidação dos significados ocultos que tornam necessário um esforço intelectual. Nesse sentido, existem escolas divergentes (ainda hoje naquele da regulamentação das sucessões) e que já não correspondem a uma filiação religiosa. O jurista assim formado sabe, em particular, organizar procedimentos e qualificar modos de ação, fazer a diferença entre as exigências da religião e da moral e as das relações sociais.

A prova da aculturação

As potências ocidentais (portugueses, holandeses, dinamarqueses, franceses e ingleses) encontraram na Índia instituições, uma literatura normativa e de especialistas. Elas introduziram sua concepção do direito, sem, no entanto, fazer com que desaparecessem completamente as velhas instituições e os órgãos de elaboração do direito (as pesquisas no campo tâmil e as fontes neerlandesas estão por desenvolver). Poder-se-ia dizer que essa aculturação se deu, à indiana, mais por acumulação do que por mudança. A partir do século XVII, as jurisdições das instituições foram dirigidas diretamente por funcionários das Companhias (por exemplo, Chaudrie em Pondichéry, Choultry em Madras). Depois os assessores especialistas em direito hindu foram suprimidos e aos cursos foi imposta a obrigação de seguir o comentário comumente reconhecido pelos juristas locais. Disso resultou a exclusão de todos os outros, mormente aqueles não publicados, e uma variação entre as circunscrições. No final, existiam várias fontes de *dharmaçâstras*, os das jurisdições, os dos eruditos (que nem sempre são compatíveis), os do público ou, pelo menos, nas versões deles que ele podia conhecer, os dos comparatistas e historiadores do direito (admitidos pelos modernos e pelos reformadores, mas sem efetividade e desconhecidos do público). Segue-se uma incerteza do direito tradicional e um desvio de seu primeiro sentido. Na Índia inglesa, o ato conhecido sob o nome de *Bengal Regulation* de 1772 impõe a aplicação, pelas jurisdições da Companhia, das regras dos *çâstras*, especialmente para o direito pessoal e das castas e, em sua falta, as categorias de "*Justice, Equity & Good Conscience*", ou seja, as do *common law*. Elas deviam preencher uma lacuna (ou a ignorância) do direito indiano e completá-las eventualmente com o direito natural ou o direito romano. Elas retificam ou anulam uma regra, com as contradições inerentes a esse sistema misto. Com efeito, se a fonte do *common law* é o conjunto das sentenças anteriores, a do direito tradicional é a autoridade antiga. A ambiguidade nasce da invocação simultânea delas, sendo cada qual superior à outra conforme a pessoa que a invoca. Ademais, é sabido que, se o precedente tem um caráter obrigatório num caso limitado, o aforismo do *dharma* tem um poder prescritivo sobre a conduta geral.

Nas possessões francesas, de dimensões consideravelmente mais reduzidas, é verdade, o soberano prometeu aplicar o direito pessoal. Assim é que o tribunal da Chaudrie de Pondichéry (sob o controle do Conselho Soberano e depois do Conselho Superior) foi provido de um pessoal francês, juízes e auxiliares, ao lado de auxiliares e executantes indianos. Esse pessoal não era jurista, pelo menos no decorrer do século XVIII, mas estava habituado ao costume de Paris e seguia com maior ou menor rigor os pareceres dos árbitros que ele designava entre os notáveis de casta. Comitês consultivos foram depois constituídos, com o encargo de arbitrar as questões prejudiciais e de redigir o direito local, mas sua ação foi muito limitada e os trabalhos de compilação ficam quase inexistentes. A tendência foi, num primeiro tempo, julgar em equidade e o melhor possível, segundo as indicações de direito tradicional dadas pelas partes e pelos árbitros, e depois, como nas possessões portuguesas, introduzir ou favorecer os Códigos metropolitanos.

A situação jurídica da Índia, no momento da independência, era das mais confusas. As decisões do Conselho Privado a partir daí já não vinculavam as Altas Cortes (as dos Estados novamente federados), mas eram respeitadas na medida em que não eram contrárias à Constituição (assim também para as leis inglesas), e até, a espera de que a Corte Suprema, federal (que tampouco se considerada vinculada por essas decisões) tenha estatuído sobre essas questões. As Cortes dos Estados principescos (desaparecidos mais tarde) não se sentiam vinculadas, senão voluntariamente, por essas decisões. As Altas Cortes não eram coordenadas (e continuam a não o ser). As decisões judiciárias não abrangem todo o direito e o direito continua feito de uma profusão de decisões de todas as épocas. Os tratados tradicionais abrangem cada vez menos campos, o direito pessoal é levado de novo em conta pelas leis centrais e pela jurisprudência. Fica presumido que se aplica o costume quando a lei não o exclui expressamente, e ele deve ser provado. Mas, se ele é judiciariamente estabelecido em muitos casos, também é rejeitado com frequência, sobretudo quando, no tocante aos hindus, ele se mostra contrário aos tratados antigos, já conhecidos ou redescobertos. Daí resulta uma grave incerteza quanto à lei aplicável, acrescida à dificuldade em conhecer as regras adequadas, às ambiguidades da formulação, ao desaparecimento parcial de um direito, às divergências dos comentários e das interpretações dos princípios.

O conhecimento da lei é tornado difícil pela abundância das coletâneas, as das vinte e seis Altas Cortes e da Corte Suprema, as do *common law* que se acrescentam às da tradição (sem contar a "pequena" jurisprudência, aquela que nunca é repertoriada ainda que faça o cotidiano do direito e dos jurisdicionados). Disso resulta uma incerteza quanto às soluções, um mistério do conteúdo e dos procedimentos, aumentados pela rareza dos juristas formados nas duas escolas, pela contestação do caráter geral do direito hindu por outros grupos (siques, lingaístas, budistas, jainistas, etc.). As soluções ditas ortodoxas (a volta aos tratados) bem como reformistas (por um Código Geral ou, pelo menos, um Código Hindu) encontram oposições dos muçulmanos e dos parses principalmente. De qualquer maneira, fica claro que um código é apenas uma nova fonte de direito para o *common law*, sua aplicação é limitada o mais possível pelos juízes e é interpretado à luz dos precedentes. A Índia preferiu uma codificação de tipo inglesa (*consolidação*), parcial, que reúne e reforma um direito existente, criando ao mesmo tempo dificuldades e interpretações novas. Ao menos ela apresenta a vantagem de mascarar as metas e os objetivos suscetíveis de dividir a classe política e a opinião pública. Essa codificação só encontra obstáculos no tocante ao direito dito pessoal, outras grandes matérias (comércio, penal) são objeto de legislações de conjunto. É verdade que entram no campo tradicional do soberano. Os oponentes ressaltam as exigências religiosas, mas elas não são absolutas, pois existe um direito consuetudinário reconhecido pelos tratados e direito fora da tradição religiosa, assim como as crenças no sentido estrito estão em geral fora do direito. A incompetência de um Estado laico para legislar nessa matéria é alegada, mas o rei sempre acrescentou ao *dharma*. É pretendida a exclusão dos hindus de seu próprio direito, ao passo que sempre podem ser feitas reservas em benefício de todas as comunidades. Uma moderação do pluralismo, numa sociedade muito diversificada e com necessidades e grupos múltiplos, não seria bem-vinda, mas existem outros elementos de pluralismo. Critica-se uma falta de flexibilidade nos códigos em geral, mas um código sempre pode ser emendado. As dificuldades novas na interpretação, as sentenças, as ocasiões de litígio vêm sobretudo do contexto *common law*. Esse período também pode ser visto como transitório. Os partidários da codificação veem nessa obra uma oportunidade de simplificação, de modernização e de desbloqueio da sociedade indiana. Vê-se que a discussão está longe de estar terminada. O exemplo do Quebec e da Luisiana, que dispõem de um Código Civil ao mesmo tempo que aplicam o precedente, poderia ser fecundo.

Um exemplo contemporâneo de pluralismo normativo

A configuração judiciária e jurídica indiana pode ser qualificada de original, uma vez que funciona, num sistema parlamentar e de *common law*, numa organização federativa e segmentar. Os Estados federados são providos de ampla autonomia. Uma Corte Suprema e codificações parciais unificam o direito, reservando ao mesmo tempo uma multiplicidade de situações particulares. A legislação tem apenas uma função de conciliação e de resolução de um conflito limitado, pois os hindus avaliam que ela só dispõe de um poder derivado e não pode atingir os aspectos morais e sociais da conduta, ainda que o conflito só se manifeste raramente, dada à dispersão das opiniões e à variedade dos posicionamentos. Mesmo que a legislação tenha alterado e simplificado partes consideráveis do direito tradicional (casamento das viúvas, divórcio, dote), ab-rogado múltiplos costumes, em que medida ela é aplicada? Daí resulta um conjunto de leis referentes ao estatuto pessoal. O estatuto pessoal não é o direito tradicional dos tratados, mas esse direito completado pelos costumes particulares dos grupos envolvidos e modificado pelos estatutos anglo-indianos e, eventualmente, pela jurisprudência. Essas disposições não são de aplicação geral (ainda que existam algumas nesse campo gerais, mas opcionais e laicas, como o casamento civil, ou jurisprudenciais, como a adoção internacional). Elas são feitas em função das categorias sociais, principalmente para os hindus, mas também para muitas outras comunidades. Esses textos e as Altas Cortes consideram hindus aqueles cuja religião é hinduísta, principalmente pela filiação e pertencimento a um grupo (a conversão é pouco provável), e a partir de crenças comuns mínimas (referências mitológicas, ritos, regime alimentar, etc.). Incluem nela budistas, siques e jainistas, e outros grupos heterodoxos ao hinduismo (se é verdade que uma ortodoxia possa ser definida nessa matéria). Dela são excluídos os cristãos, judeus e mulçumanos residentes (adeptos de religiões qualificadas de estrangeiras, mas eles mesmos jamais considerados estrangeiros), que se beneficiam de estatutos pessoais relativamente completos (para os cristãos, os impedimentos canônicos ao casamento).

As outras comunidades devem ter como justificação um costume antigo, invariável, certo, obrigatório, razoável, não contrário à ordem pública. Alguns se impuseram por razões históricas, políticas, os dos agricultores do Punjab, o estatuto dos malabarenses, os dos grupos que praticam o divórcio, os oriundos de regulamentações de antigos Estados principescos, os dos originários de Pondichéry (mas, nestes últimos casos, tratar-se-á ainda de costume?), etc. As tribos, grupos tradicionais mais ou menos hinduizados, dispõem de seus próprios costumes, às vezes completados pelo direito hindu. Cumpre também contar com as práticas de grupos apegados a tradições marginais ou rejeitadas pela lei (separações de casta, dote, etc.). Vê-se que esses critérios legais repetem os do pertencimento religioso, mas não exigem prova de fidelidade, de prática e de fé pessoal, podem tanto abranger ateus como convertidos. Esse fato é um sinal, e não o único, de que o legado ocidental da secularização da sociedade, existem outros, não se impôs na Índia. Como prova, as religiões "estrangeiras" constituem um critério negativo de qualificação jurídica. As jurisdições desempenham uma função capital nessas distinções e em sua aplicação. O papel da Corte Suprema, e em menor medida o das Altas Cortes dos Estados, assumiu uma dimensão excepcional. Outro legado (inglês assim como francês) para a Índia é uma separação entre governo e juiz. Essa separação não foi proveitosa ao político, ao contrário, ela permitiu às jurisdições se imporem como árbitros dos direitos e das liberdades. Hoje, o legislador muitas vezes fica paralisado em lutas partidárias, em conflitos de interesses, pela complexidade da gestão social e pelas divergências entre direitos fundamentais (liberais) e princípios diretores de governo (de orientação social), duas cláusulas inscritas na Constituição. É o juiz que assume o comando por meio de ações fundamentadas nos litígios de interesse público, nas disposições constitucionais que permitem que se faça anular qualquer ato público contrário aos interesses fundamentais e fazer que se emitam proibições ou injunções positivas destinadas ao governo, à administração pública e aos servidores. A Justiça adquiriu uma legitimidade específica como protetora da Constituição, que os partidos têm tendência a modificar consoante necessidades conjunturais e para se oporem às iniciativas judiciárias. A Corte Suprema assegura assim uma função de oposição política, traça princípios fundamentais constitucionais intangíveis que escapam às revisões e ao legislador, supre as carências políticas e administrativas.

Depreende-se uma visão específica dos direitos humanos no direito indiano, a partir de fundamentos ideológicos originais e bastante diferentes dos nossos. O direito tradicional, ainda vivo pelo menos nas mentalidades, enuncia prescrições que delimitam os campos sociais, propõem modelos de comportamento de acordo com os pertencimentos e as aspirações, por prioridade sobre os direitos subjetivos. Invocam a primazia de todos os viventes, não somente os humanos. Essas atitudes se manifestam na estabilidade das instituições, na diversidade das opções entre os grupos específicos, uma larga tolerância, nos freios impostos à ação do homem sobre o meio ambiente.

Os juízes, e de modo mais geral as instituições habilitadas a dizer a regra ao cotidiano mais do que a solucionar os conflitos propriamente ditos, constituem, na esteira dos intérpretes do comportamento coletivo desejável, a modelar esse direito indiano e permanecem os construtores de sua orientação atual, direito sempre fundamentado em práticas multiformes, mais de caráter incitativo do que coativo e que trabalha para oferecer a todos o seu lugar no mundo social. Os campos dos direitos dos grupos autônomos em face do direito erudito e o da diversidade da efetividade jurídica desenham um pluralismo normativo aberto às pesquisas.

› [A transcrição das palavras sânscritas (repetida na bibliografia) foi simplificada: "ç" (maiúscula S') e "sh" (pronúncia próxima do "ch" francês e português), "c" = "tch"; o acento circunflexo indica uma vogal longa; o "r vogal" foi trocado por "ri".]

ANNOUSSAMY D., *Le droit indien en marche*, Société de législation comparée, Paris, 2001. – DERRET J. D. M., *Hindu Law, Past and Present*, Calcutá, 1957; *Religion, Law and the State in India*, Londres, 1968; *History of Indian Law (Dharmaçâstra)*, Leiden, 1973; *Dharmaçâstra and Juridical Literature*, Wiesbaden, 1973. – DORÉ F., *La République indienne*, Paris, 1970. – LINGAT R., *Les sources du droit dans le système traditionnel de l'Inde*, Paris/Haia, 1967 (Referências às obras, aos autores e aos textos clássicos citados aqui).

Ver também: BONNAN J.-C., *Être juge dans l'Inde ancienne*, tese (não publicada), Universidade Paris III, 1990; *Jugements du tribunal de la Chaudrie de Pondichéry, 1766-1817*, Pondichéry, 1999, 2 vol. – DERRETT J. D. M., *Introdution to Modern Hindu Law*, Bombaim, 1963; *A Critique of modern Hindu Law*, Bombaim, 1970; *Essays in Classical and Modern Hindu Law*, Leiden, 1976-1978, 4 vol. – KANE P. V., *History of Dharmaçâstra (Ancient and Mediaeval Religious and Civil Law)*, Poona, 1975-1977, 5 vol. (muito importante para o conhecimento das fontes clássicas). – MALAMOUD CH., *Le Svâdhyâya. Récitation person-*

nelle du Veda, Paris, 1977. – STERNBACH L., *Juridical Studies in Ancient Indian Law*, Delhi, 1967, 2 vol.

Jean-Claude BONNAN

→ Argumentação e retórica jurídica; Deontologia ou ética profissional; Famílias de direito; Ficção.

INDIVÍDUO

Os juristas costumam falar dos direitos fundamentais do indivíduo, do interesse individual, etc. Mas a palavra *indivíduo* não corresponde a um conceito jurídico, diferentemente da palavra *pessoa*. Para o jurista, o conceito *pessoa* possui contornos precisos que englobam as pessoas físicas e as pessoas jurídicas; é suscetível de definição técnica. A palavra *indivíduo* não tem as mesmas qualidades; pertence mais à sociologia e à filosofia, e o jurista não reflete muito sobre o sentido preciso que ele lhe poderia dar. Originalmente, os conceitos de pessoa e de indivíduo eram perfeitamente distintos em direito. Em Roma, a *pessoa* é um ser humano, sujeito ativo ou passivo do direito, apto a desempenhar um papel no palco jurídico (a palavra é derivada do vocabulário teatral), e no qual se concentram os três elementos estatutários da personalidade: *libertas*, *civitas*, *familia*. Os escravos, que enquanto seres humanos singulares eram indivíduos no sentido em que o entendemos, não eram pessoas.

Mesmo em nossos dias, não se poderia confundir o ser humano, considerado singularmente, e o ser civil, centro de um feixe de direitos e de obrigações. As pessoas são de diversas espécies, ao menos porque existem pessoas físicas e pessoas jurídicas, que não têm os mesmos atributos. Por certo ambas são titulares de direitos fundamentais: as pessoas jurídicas podem ser titulares de direitos de propriedade, elas têm direito à segurança jurídica, a um processo equitativo… Mesmo assim, o direito à filiação, o direito à vida privada, como a maioria dos direitos extrapatrimoniais, não lhes são abertos. Enfim, não esqueceremos que o próprio Estado é uma pessoa jurídica; ora, os direitos individuais fundamentais não poderiam ser facilmente reconhecidos ao Estado, uma vez que a ideologia liberal concebeu-os *contra* ele. Se o emprego da palavra *indivíduo* ou de seus derivados se manteve entre os juristas sem se apagar perante o conceito técnico de pessoa, foi porque o utilizam em discursos de ordem diferente. O indivíduo é um desafio na filosofia do direito. E, quando se evocam os direitos individuais, em geral é para afirmá-los contra as pretensões da coletividade pública ou de um grupo secundário – como na teoria dos direitos individuais do acionista.

Direitos do indivíduo deduzidos do "estado de natureza"

O individualismo jurídico, ou a ideia de estabelecer o direito a partir das prerrogativas individuais, é relativamente recente. Ele corresponde à maneira de raciocinar dos filósofos do direito e dos publicistas dos tempos modernos, quando pretenderam fundamentar o ordenamento jurídico em bases racionais. O pensamento de Hobbes é particularmente representativo dessa maneira de reconstruir o sistema do direito, enunciando o postulado do indivíduo isolado, examinando a maneira pela qual ele entra em sociedade, no próprio momento em que a sociedade se constitui, quando todos os outros indivíduos entram nela junto com ele. Além do postulado metodológico que consiste em explicar a sociedade raciocinando a partir do indivíduo fora da sociedade, existe outro postulado, também arriscado: aquele segundo o qual, antes de entrar na sociedade, o indivíduo tem direitos nesse "estado de natureza" que não é natural ao homem. Pufendorf fala dos "direitos inatos da pessoa humana, que existiam antes que o homem entrasse em sociedade", e Kant, em particular em sua *Doutrina do direito*, reexaminará filosoficamente a teoria. Reconhecer direitos nesse estado pré-social muda radicalmente a compreensão que se pode ter do direito considerado prerrogativa pessoal: ele já não é essencialmente relação entre pessoas, como o era nas sociedades clássicas em que o direito variável de cada qual resultava de certa partilha social dos bens; o direito "subjetivo" é desde então uma aspiração infinita, que tem um ponto inicial (*ego*), mas não tem ponto de chegada rumo a outro sujeito ou a alguns outros; eu posso opor ao universo o meu direito de natureza. Logo, vai ser preciso reinventar um sistema jurídico no qual cada ser humano seja titular de direitos que ele pode opor ao mundo inteiro, ficando salientado que se trata menos de uma oponibilidade *erga omnes*, no sentido técnico, do que de uma reivindicação fundamental contra o resto do mundo. Mistura-se assim a linguagem da moral ou da religião com a do direito, indo além da natureza instrumentária desta; dizem *eu tenho direitos, e vocês não podem tirá-los de mim*, como deveriam dizer melhor: *vocês nunca poderão atentar contra a minha dignidade humana*. Essa confusão entre a moral e o direito não é o menor paradoxo de um sistema que ensina escrupulosamente, desde o início dos tempos modernos, a separação entre um e outro.

Crítica do sistema

Fazer o direito decorrer do conceito de indivíduo isolado parece absurdo se pensamos com Motulsky que: "Na base do fato jurídico, não se encontra a ideia de poder, mas, de modo muito mais simples, a relação entre homens, de sorte que, se procuramos definir o elemento inicial da organização jurídica, só podemos designar como tal a relação de direito" (*Principes d'une réalisation méthodique du droit privé*, 1948, nº 24). A fraqueza da teoria dos direitos do indivíduo é igualmente revelada pela quase impossibilidade de definir o conceito de direito subjetivo, que constitui, porém, o topo do sistema. A contar de Hobbes, o direito é tirado de um indivíduo separado de qualquer ordem social preexistente: é exclusivamente fundamentado no próprio sujeito; é realmente um direito *subjetivo* no sentido forte e preciso do termo. Léon Duguit denunciara, por volta de 1900, o mito do indivíduo considerado fora do estado social. É digno de nota que, apesar do vigor dessas críticas, e também apesar dos sucessos intelectuais do socialismo, o individualismo jurídico não tenha conhecido declínio algum. Ele, da mesma forma, resistiu ao questionamento da misteriosa noção de direito subjetivo. Apesar dos recuos acerca de pontos técnicos limitados, hoje ele triunfa em direito positivo, com a institucionalização efetiva da doutrina dos direitos humanos, que são as prerrogativas fundamentais que cada indivíduo pode opor a qualquer grupo humano. É verdade que não se deve superestimar a força, nesse caso, da crítica socialista; esse produto dos tempos modernos se desenvolveu no interior da teoria que individualiza as prerrogativas fundamentais, ainda que a palavra *socialismo* tenha sido empregada pela primeira vez em 1832, por Pierre Leroux, como oposta a *individualismo*. Os direitos políticos burgueses são criticados, mas para substituí-los por outros direitos individuais: os direitos econômicos fundamentais, representados pelo direito ao trabalho e o direito a um mínimo de existência. Com efeito, nenhum socialista contesta o mito do estado de natureza, ao qual subscrevem todos os progressistas. Isto também é verdade sobre o socialismo radical, em sua forma coletivista: é apoiando-se nas ideias de direito natural e de igualdade entre os indivíduos que Babœuf critica a obra econômica da Revolução; ele conta com o direito para implantar os meios de satisfazer o mais completamente possível as necessidades individuais, única condição de uma felicidade geral. E o outro fundador do socialismo radical, Godwin (*Political Justice*, 1793) acredita que o ideal comunista será realizado por uma sociedade coletivizada na qual cada indivíduo usufruirá, de acordo com suas necessidades, o produto do trabalho de todos. As teorias socialistas atribuem, portanto, uma importância fundamental à ideia de felicidade individual, repelindo com virulência a noção de justiça classicamente concebida, a que se propunha a assegurar a felicidade de conjunto, atribuindo um lugar diferente a cada um. Em suma, os socialistas querem estender ao conjunto dos indivíduos os benefícios que a burguesia conquistou para si mesma. Como se escrevia há cem anos: "Socializar o direito é torná-lo mais abrangente, mais amplo do que o era, estendê-lo do rico ao pobre, do possuidor ao assalariado, do homem à mulher, do pai ao filho, para dizer tudo, é admiti-lo em proveito de todos os membros da sociedade"; e ainda: "Em que, portanto, consistirá o progresso do direito? Em penetrar no interior da família, em assegurar a cada um de seus membros uma proteção particular, em transportar a capacidade jurídica do grupo para o indivíduo" (J. Charmont, *Le droit et l'esprit démocratique*, Masson, 1908, p. 39 ss.). Assim, confrontado com essa unanimidade das duas correntes maiores do pensamento contemporâneo (o socialismo e o liberalismo que fez o individualismo nascer), não se vê, contrariamente ao que pensava Duguit, qual fator poderia, nessa ótica, ter contestado um sistema jurídico e social centrado no indivíduo. Duguit aderia ao positivismo de Auguste Comte, mas essa mistura um tanto seca de empirismo e de racionalidade não mexeu muito com os espíritos do século XX; as multidões foram mais sensíveis às ideias generosas do socialismo e às práticas cômodas da sociedade liberal.

Origens do individualismo jurídico

O cristianismo contribuiu para soltar o indivíduo das fortes comunidades que o encerravam no mundo antigo (família, tribo, cidade, etc.). Dizendo que cada ser humano representa um valor sagrado e que é único, essa religião se encontra na origem de uma concepção do mundo atenta ao indivíduo. O reino dos céus é mais importante do que a cidade temporal, e nele a eleição é individual: já não há raça eleita nem divindades políades: há apenas méritos individuais e uma graça pessoal; o próprio indivíduo se torna sujeito do destino. Como o diz Hegel, "É apenas no princípio cristão que essencialmente o espírito pessoal individual adquire um valor infinito, absoluto; Deus quer ajudar à salvação de todos os homens" (*Leçons sur l'histoire de la philosophie*, trad. fr., Gallimard, 1954, p. 131). Não se tratou somente de considerações metafísicas; o cristianismo permitiu a emancipação do indivíduo, assegurando, por exemplo, o desuso da escravidão, ou fazendo que se respeitasse a liberdade do casamento. Entretanto, é difícil confundir mais o cristianismo e o individualismo jurídico. Na teologia cristã, a primazia deve ser reconhecida à pessoa (divina e humana), à qual corresponde uma realidade radicalmente diferente daquela do indivíduo, designação de um elemento da matéria (v. *infra*). Nas fontes do individualismo jurídico, encontramos também o estoicismo, que despreza a cidade para se interessar pela conduta moral dos indivíduos, o que ele faz escrutando a natureza do homem, e não mais a realidade orgânica da cidade. Se Platão e Aristóteles subordinavam o indivíduo ao Estado, concebendo o homem apenas enquanto cidadão, os estoicos, por sua vez, pretenderam restabelecer o homem no lugar do cidadão e a humanidade no lugar da cidade. Empenham-se em considerar uma individualidade moral igual em toda parte: eles têm o espírito cosmopolita, e Cícero se conceberá como cidadão do mundo (*Civis sum totius mundi*). É verdade que nem tudo isso foi posto em prática: Sêneca diz que não há escravos, que há somente homens, mas não se vê que Marco Aurélio tenha abolido a escravidão; quanto aos grandes jurisconsultos do Império, todos estoicos, eles justificam a escravidão por um sofisma, no momento em que a dizem contrária à natureza (*Inst.*, 1. 3. 1. 1). Ainda assim, como fator intelectual, o estoicismo permitirá aos filósofos e juristas modernos encontrar uma autoridade distinta do cristianismo para fundamentar a ideia de uma emancipação do indivíduo conforme às exigências práticas do capitalismo. A filosofia nominalista constitui uma terceira fonte do individualismo jurídico. Diferentemente do *realista*, que crê na realidade das categorias do entendimento (os *universais*), o nominalista considera que apenas são reais as coisas consideradas em sua individualidade, e que os gêneros e as espécies (por exemplo, a humanidade) não passam de *nomes* dados a abstrações. O mundo de coisas singulares concebido pelos nominalistas rompia radicalmente com um universo antigo que não era construído a partir do indivíduo considerado isoladamente, mas de acordo com o fato social recebido como um dado; nele estimava-se que a própria sociedade havia instilado coletivamente as regras que lhe convinham, e o direito da pessoa era então apenas a parte que lhe cabia, numa partilha oriunda de uma visão de conjunto. Uma vez rompido o vínculo com aquele mundo, é necessário recompor o sistema jurídico a partir do indivíduo, de seu poder e de sua vontade, e não é sem razão que Michel Villey viu no nominalista Guilherme de Occam o pai da ideia de direito subjetivo. Passava-se de um mundo ordenado, com gêneros e espécies, para um mundo que cada indivíduo tem vocação para transformar ou conquistar. No entanto, não se deve superestimar o alcance prático do nominalismo. A discussão dos universais era, aliás, apenas um aspecto do problema do conhecimento. Victor Cousin foi o primeiro, em sua introdução às obras inéditas de Abelardo, que lançou a ideia de que se tratara da maior interrogação da filosofia medieval; e, como ele nada fazia sem estardalhaço, segundo o dizer de Sainte-Beuve, essa explicação particular da história do pensamento ficou nos trabalhos posteriores. Mas é compreensível que a tese tenha agradado: reconstituir consoante o nominalismo a evolução da filosofia da Idade Média permitia acreditar no trabalho da razão na história, rumo ao triunfo do individualismo racional. Imagina-se qual proveito os modernos souberam tirar de uma visão que apresenta o individual como a única realidade; eles o fizeram, porém, muito tempo depois do esgotamento do debate metafísico. O individualismo jurídico por certo se beneficiou de influências morais e intelectuais, mas deveu seu brilhante destino à sua perfeita adaptação às concepções econômicas modernas.

Função prática do individualismo jurídico

O progresso do individualismo jurídico está ligado ao desabrochar da sociedade técnica e comerciante que, *de facto*, é dificilmente dissociável da teoria dos direitos naturais. As teorias modernas sobre o estado de natureza e a existência de direitos imprescritíveis deduzidos desse estado facilitaram o advento do cosmopolitismo, cuja tradução na realidade é necessária a uma prática certa do capitalismo. Somente no século XVIII é que a palavra *cosmopolita* ou seus derivados acham-se consagrados por sua entrada nos dicionários de Trévoux e da Academia Francesa; seu emprego tornou-se usual apenas no tempo das Luzes. A palavra que, tirada do grego, significa *cidadão do mundo*, expressa um ideal caro aos enciclopedistas: "Eles consideram a espécie humana una, possuidora dos mesmos direitos, capaz dos mesmos progressos: as diferenças de raça, de nações não têm importância. Não há povo eleito, raça superior. Ser o homem de toda nação, esse é o ideal do verdadeiro filósofo. Essa ideologia é que inspirará as cruzadas da Revolução francesa, nutrida da ilusão de que todos os povos são irmãos, solidários contra os tiranos" (L. Réau). Por não encontrar os germes desse tipo de universalismo na realidade social ou histórica, as razões do cosmopolitismo devem ser procuradas no mítico estado de natureza, e o cavalheiro de Bouflers escreve num bom resumo que "a natureza deu a cada homem o mundo como cidade e todos os homens como concidadãos". Essa ideologia do cosmopolitismo é um elemento necessário à realização do capitalismo, porque este necessita do mercado mais extenso possível; não só isso promete mais lucros aos melhores, mas sobretudo a extensão do mercado assegura sua regularidade. A tendência mecânica do capitalismo é, portanto, transformar o mundo inteiro num mercado único, o que não é possível enquanto existirem obstáculos locais, nacionais ou étnicos; barreiras alfandegárias, diversidade das tradições jurídicas, resistências culturais, etc. Ora, tais obstáculos existem enquanto um povo, por acreditar em sua identidade por uma comunidade de raça, de crença ou de território, acha que constitui uma coletividade diferente das outras. Se, em compensação, eu me concebo essencialmente como membro da humanidade – *cidadão do mundo* – eu não tenho nenhuma legitimidade para preservar as particularidades que resultam do fato de pertencer a dada coletividade; pelo menos não estou legitimado para fazer que esses particularismos prevaleçam sobre minha qualidade fundamental de cidadão do mundo. O cidadão do mundo é o agente econômico ideal do mercado universal. Ora, o cidadão do mundo, como o dizia o cavalheiro de Bouflers, é esse indivíduo abstrato que, enquanto tal, só pode receber seus direitos do estado de natureza. O sistema jurídico deve ficar de acordo com esse universalismo econômico e social, e não ficaremos espantados de que o jusnaturalista Wolff tenha sonhado com um poder mundial, espécie de ONU e OMC reunidas, uma *Civitas gentium maxima*, destinada a superar os entraves dos Estados (*Civitates particulares*).

Destino do sistema

Embora não seja contestável que, em sua forma mais apurada, o individualismo jurídico seja um produto do mundo ocidental moderno, não devemos acreditar que a afirmação dos direitos individuais pertença unicamente aos tempos modernos. Ela se manifesta em diferentes momentos da história; sempre foi o instrumento de uma emancipação do sujeito contra grupos que o prendiam e que poderes políticos ou econômicos novos acabavam achando estreitos demais. A história das instituições gregas, por exemplo, torna evidente uma evolução em três períodos: a cidade lutou contra o *genos*, e cada uma de suas vitórias foi marcada pela abolição de uma coação patriarcal; ora, para consegui-lo, a cidade se apoiou nas reivindicações individuais que ela encorajava. Originalmente, a cidade se compunha de famílias, que guardavam ciosamente seu sistema de normas particular e submetiam cada um de seus membros ao interesse coletivo. Em seguida, a cidade subordinou a ela as famílias, apoiando-se na promoção de indivíduos em vias de libertação. Enfim, os excessos do individualismo arruinaram a cidade, parecendo tornar inevitável a constituição de Estados mais extensos (G. Glotz). A observação revela que, acerca da questão examinada, não há sentido da história: nem as maiores confederações gregas nem o império alexandrino sobreviveram. Ao Império Romano sucederam, no Ocidente, coletividades étnicas, às vezes reduzidas, oriundas das invasões do século V; o Império Carolíngio soçobrou no feudalismo e na pior pulverização política que a França tenha conhecido. É que, nas épocas de insegurança, o homem reencontra os benefícios das coletividades fortes e estritas, porque estima então que a segurança, ou seja, a sua sobrevivência, vale mais do que uma liberdade extensa. As incertezas do mundo contemporâneo não permitem dizer se o futuro está no desenvolvimento universal do cosmopolitismo ou na recomposição de uma profusão de coletividades, às quais seres humanos privados de uma segurança suficiente terão entregado o essencial das prerrogativas que julgamos fundamentais. Num movimento inverso daquele preconizado pelo socialismo (v. a citação *supra*) e que o capitalismo tornou possível, poderíamos, assim, assistir a uma volta da capacidade jurídica do indivíduo ao grupo, em nome do direito primordial de conservação ou sob a pura pressão dos fatos. Depois desse renascimento do sistema dos estatutos, nem sequer viria à ideia que um indivíduo tire seus direitos do estado de natureza; reencontraríamos o sistema no qual o sujeito se atém a deduzir suas prerrogativas do grupo social ao qual pertence, beneficiando-se então, por efeito reflexo, do poder do grupo.

Epistemologia

O tomismo, em particular, ensinava o caráter eminente da pessoa, definida como uma substância individual animada pelo espírito (Boécio já dizia: *persona est rationalis naturæ individua substantia*); uma substância que, por causa de sua natureza intelectual, é capaz de determinar a si mesma e de introduzir no universo, por essa liberdade, séries de acontecimentos novos; pois essa substância pode ordenar à sua matéria fazer, e isso é feito; a pessoa é *per se subsistens* e *per se operans*. Em compensação, a individualidade se aplica não somente aos homens, mas também aos animais, às plantas... Ela pertence completamente ao mundo da matéria. Assim, o princípio de individuação (ou seja, a distinção dos indivíduos no seio da espécie) é vinculado à ordem mensurável; trata-se unicamente de ocupar uma posição e de ter uma quantidade. Portanto, se o homem é resumido ao indivíduo, ele não passa de matéria dotada de dimensões, e estreitamente submetido, enquanto tal, às forças físicas e às leis naturais. Era por isso que Alfred Fouillée, filósofo do século XIX que se interessava pelo direito, criticava a são Tomás ter desvalorizado o indivíduo tornando-o apenas uma delimitação da matéria; opunha-lhe o franciscano Duns Scot que, colocando a vontade no fundo do ser, via na individualidade o princípio positivo da ação; isto era feito para agradar a um moderno. Mas a teoria da individuação em Duns Scot, que se apoia em seu conceito de *hecceidade*, é comumente tida por obscura, e compreende-se que as Luzes, que gostavam de simplificar a filosofia, não tenham pensado diferente dos tomistas sobre a questão. A *Encyclopédie* (verbete Indivíduo) explica o indivíduo pelo cavalo: a espécie *cavalo* abrange o que se encontra em todos os cavalos, "e acrescentai-lhe tal pelo, tal idade, tal conformação precisamente determinada, tal lugar onde um cavalo está, e tereis a ideia de um indivíduo dessa espécie; e eis o verdadeiro princípio de individuação, sobre o qual os escolásticos desfiaram tantas quimeras. Nada mais é senão uma determinação completa, da qual nasce a diferença numérica". Diderot adota essa concepção do indivíduo como delimitação da matéria, quando ele explica a d'Alembert, no início do *Entretien*, que não há muita diferença entre um ser humano e uma estátua de mármore. Tomistas e filósofos das Luzes estão de acordo, portanto, sobre a individualidade; quanto ao resto, é claro, as diferenças são grandes. Os segundos admitem a unidade da matéria, já que não concebem outra realidade; os primeiros acreditam na existência de uma realidade mais alta (a pessoa) que não seria inteiramente submetida às determinações físicas. Mas, enfim, sobre o conceito do indivíduo, uns e outros compartilham a mesma visão, clara, e, por sua própria simplicidade, mais convincente do que outros dizem sobre ela. Uma vez restaurada essa definição do indivíduo, compreende-se que o criticismo materialista das Luzes tenha privilegiado o emprego da palavra para designar o foco do qual partem os direitos imaginados pela doutrina moderna do direito natural. E isso explica o sucesso, entre os juristas, das expressões *direitos individuais*, *prerrogativas individuais*. Era, porém, ficar em terreno ambíguo, em vários aspectos. Acima de tudo, crer no valor do indivíduo concebido como uma delimitação da matéria, quando se crê fundamentalmente na unidade da matéria, a todo momento apresenta o risco de fazer que se admita que esse fragmento seja subordinado ao grande todo; a observação contribui para explicar alguns totalitarismos do século XX, os quais foi possível apresentar como aberrações do individualismo, aliás favorecidas pelo desarraigamento de muitos seres humanos (H. Arendt). Depois, é difícil salientar, de um lado, o caráter eminente, para todo membro da sociedade, de sua condição de titular de direitos, alguns deles insondáveis, e continuar a usar, do outro, a palavra *indivíduo*, que pertence ao mundo das quantidades. Filosoficamente, não é "o indivíduo" (um homem, um burro, uma árvore, até mesmo uma pedrinha ou um átomo) que deve ser identificado como sujeito de prerrogativas fundamentais, é a pessoa. Isso decerto explica que, para designar esses direitos tidos por sagrados, hoje fale-se menos de prerrogativas individuais do que de *direitos primordiais da pessoa* (G. Cornu). Assim, hesita-se em conservar a linguagem dos mecanicistas dos séculos XVIII e XIX; volta-se insensivelmente à ideia de personalidade, que postula uma ordem superior à ordem sensível e mensurável, e que pretende alcançar uma autonomia que apenas o reconhecimento da inteligência e da vontade associadas pode produzir. Pois, como fazer que se admita que uma delimitação da matéria seja titular de prerrogativas fundamentais?

Essa volta a outro vocabulário, embora seja um sinal, não prejulga a solução das questões fundamentais, que ela deixa inteiras. Salientaremos que um positivista do século XX como Henri Batiffol acreditara dever recorrer a uma vocação superior do homem para restaurar uma coerência nesse mundo de contradições: "Num liberalismo autêntico, o direito inteiro tem como único objetivo a proteção do indivíduo; na cidade antiga e nas concepções modernas, que esqueceram o valor da pessoa humana, o indivíduo não é mais que a parte de um todo, integralmente subordinado a esse todo. A primeira concepção é a negação de toda sociedade, ou a afirmação, contrária à mais constante experiência, que o interesse geral é somente a soma dos interesses particulares; a segunda parece racional e praticamente difícil de evitar se não pedimos à concepção cristã do homem, que afirma sua vocação sobrenatural, a razão do respeito que lhe deve o Estado" (*Droit international privé*, 4ª ed., p. 273, nota 60). Como se a individualidade fosse, por definição, tão limitada que as interrogações que o ser humano suscita atraiam o jurista a outra dimensão – se ele se interrogar.

› BERHELOT R., "Socialisme", *La Grande Encyclopédie*, t. 30. – BRÉHIER E., *La philosophie du Moyen Âge*, Paris, Albin Michel, 1928. – DUGUIT L., *Les transformations générales du droit privé depuis le Code Napoléon*, 2ª ed., 1920 (reed. 1999). – FOUILLÉE A., *Histoire de la philosophie*, 4ª ed., Paris, 1883. – GILSON É., *La philosophie au Moyen Âge*, 2ª ed., Paris, Payot, 1947. – GLOTZ G., *La cité grecque*, Albin Michel, 1928. – LE FUR L., *La théorie du droit naturel et la doctrine moderne*, Paris, Hachette, 1928. – MARITAIN J., *Trois réformateurs: Luther, Descartes, Rousseau*, Paris, Plon, 1925. – RÉAU L., *L'Europe française au siècle des Lumières*, Paris, Albin Michel, 1938. – VILLEY M., "Le droit de l'individu chez Hobbes", *APD*, 1968, p. 209 ss. – Col. "Le droit subjectif en question", *APD*, 1964.

François-Xavier TESTU

→ Antropologia jurídica; Contrato social; Direito e política; Sujeito de direito; Vontade.

INFORMÁTICA E MULTIMÍDIA (Direito de)

Originário das necessidades da prática e centrado nas questões jurídicas levantadas pelo processamento da informação feito por calculadoras e computadores, o direito da informática nasceu na segunda metade do século XX, mais precisamente nos anos 1970, e agrupa questões tão diversas como a proteção das pessoas contra os perigos dos processamentos automatizados de dados nominativos, o estatuto dos programas de computador enquanto criação intelectual, a formação e a prova dos contratos, o pagamento eletrônico, a criminalidade informática, etc. A matéria se estende do direito privado ao direito público (v. "La modification du droit sous l'influence de l'informatique, aspects de droit privé", de J. Huet, *JCP*, 1983, I, 3095; "Aspects de droit public" de H. Maisl, *JCP*, 1983, I, 3101). Essa disciplina adquire uma dimensão nova no final do século XX e no início do XXI, pelo fato de os computadores serem cada vez mais amiúde utilizados em redes e de – notadamente graças à norma *IP, Internet Protocol* e à linguagem HTML, *Hyper Text Markup Language*, que permitiram a criação de sites "web" acessíveis do mundo inteiro – essas redes serem cada vez mais abertas ao grande público: ela encontra um prolongamento no direito da multimídia. Às dificuldades levantadas pela informática, tornadas clássicas mas que subsistem, vieram juntar-se novas questões referentes, principalmente, às possibilidades de comunicação pública, oferecidas pelas redes digitais, e ao desenvolvimento do comércio eletrônico em escala internacional.

Enquadramento jurídico e especificidade

Muito depressa, o direito de informática e de multimídia foi enquadrado por disposições legislativas e regulamentares, assim como por textos comunitários. Poucas disciplinas são objeto de tamanha abundância de textos. Podemos citar, em ordem cronológica, a Lei de 1978, denominada "Informática e as liberdades", a Lei de 1985, que estabeleceu a proteção dos *softwares* pelo direito autoral, as disposições relativas à telemática nas Leis de 1982 e 1986, referentes à comunicação audiovisual, a Lei de 1998, sobre a fraude informática, a circular de 1994, relativa à difusão dos dados públicos, a Lei de 2000, sobre a prova e a assinatura eletrônicas, a Lei de 2000, que modificou a lei de 1986 e suprimiu a declaração dos serviços *on-line*, a diretriz de 1991, sobre a proteção dos programas de computador, a diretriz de 1995, sobre a proteção dos dados pessoais que são objeto de um processamento informático e a de 2002, concernente aos do setor das comunicações eletrônicas, a diretriz de 1999, sobre as assinaturas eletrônicas, a diretriz de 2000, sobre certos aspectos jurídicos do comércio eletrônico, a diretriz de 2001, sobre o direito autoral na sociedade da informação, etc. Alguns textos também foram adotados no plano internacional: por exemplo, o tratado da Organização Mundial da Proteção Intelectual (OMPI) de 1996 em matéria de direito autoral, que estabelece o princípio da proteção dos programas de computador, a lei-padrão da Comissão das Nações Unidas para o Direito Comercial Internacional (CNUDI) de 1996 sobre o comércio eletrônico...

A matéria possui, naturalmente, uma linguagem específica, em razão da tecnicidade de seu objeto. Nos anos 1950 a 1980, impõem-se termos de invenção francesa: "*ordinateur*" (em inglês *computer*, em português computador), "*logiciel*" (em oposição a *matériel*, e, em inglês, *computer program*, ou *software*), "*telemática*" (comunicação entre computadores por intermédio de redes de telecomunicação, neologismo inventado por Nora e Minc). A partir dos anos 1990, chegam termos de origem inglesa, sem equivalentes em francês verdadeiramente praticados: "internet" (para as aplicações que utilizam a norma IP sobre as redes públicas), "e-mail" (ele não foi suplantado pelo horrível "*mél*" inventado pela administração pública francesa), vínculo "hipertexto" (conexão automática a partir de um documento, para outro documento, eventualmente situado noutro computador), "interatividade" (pelo que se distingue a comunicação eletrônica: o usuário não recebe passivamente a informação como com o rádio e a televisão, mas escolhe em seu terminal o que deseja consultar, a "web" (abreviação de *world wide web*), o "clique" (por meio do *mouse* conectado ao computador)... Quanto à expressão "sociedade da informação", pouco clara em si mesma mas posta na moda pelas autoridades comunitárias, ela visa vagamente a etapa nova que a aventura humana conheceria desde que a comunicação eletrônica permitiu um acesso relativamente ilimitado a informações que se encontram em qualquer parte do mundo.

Proteção das pessoas contra os perigos da informática

Nos anos 1970, alguns esquemas administrativos de informatização, notadamente a vontade de utilizar o número de identificação nacional das pessoas para interconectar arquivos (projeto Safari), causaram uma viva comoção, depois provocaram o Relatório Tricot que resultou na Lei de 1978 relativa à informática, aos arquivos e às liberdades. Esta implanta uma autoridade administrativa independente, a Comissão Nacional da Informática e das Liberdades (CNIL), e submete os "processamentos automatizados de informações nominativas", ainda chamadas "dados pessoais", a uma formalidade prévia: um ato regulamentar, precedido de um parecer da CNIL, para os processamentos do setor público, uma declaração à CNIL, para os processamentos do setor privado. Esses processamentos, aliás, devem obedecer a imperativos: definição da finalidade, determinação de um responsável pelo processamento e dos destinatários das informações, duração limitada de conservação das informações... Vários tipos de informações, consideradas delicadas, não devem poder, salvo exceção em favor de certos organismos ou por certas razões (imprensa, Igrejas, interesse público, etc.), figurar num processamento: origem racial, opiniões políticas, filosóficas ou religiosas, participação num sindicato, dados relativos aos costumes ou à saúde. Enfim, as pessoas envolvidas se beneficiam de certos direitos: direito de acesso e de retificação e, em certa medida, direito à informação prévia, direito à oposição.

Em 1980 a Organização para a Cooperação e Desenvolvimento Econômico (OCDE) adotava, na matéria, linhas diretrizes mais flexíveis, por certo, mas de alcance internacional e, em 1981, no âmbito do Conselho da Europa, era assinada uma convenção cujos termos são bastante coercitivos (texto ratificado pela França) e que está aberta à adesão de países mesmo não europeus. Uma diretriz comunitária de 1995, seguida de outra no setor das comunicações eletrônicas em 2002, reforça o dispositivo estabelecendo o princípio de que o consentimento prévio do interessado é necessário para a execução de um processamento de dados pessoais e trazendo-lhe apenas algumas exceções: tratando-se de informações necessárias à execução de um contrato, ao respeito de uma obrigação legal, ao interesse vital da pessoa, a uma missão de interesse público, etc. Ela trata, por outro lado, da delicada questão dos fluxos internacionais desses dados, prevendo que eles podem ocorrer somente se o país estrangeiro "assegure um nível de proteção adequado". Nas relações com os Estados Unidos, que não dispõem de uma legislação global sobre o assunto, essa exigência provocou a adoção, em 2000, de um texto de compromisso que estabelece certo número de regras às quais as empresas americanas declarariam submeter-se, a fim de poder trocar dados pessoais com empresas europeias (princípios da "esfera de segurança", ou *safe harbour principles*). E, em 2001, foram difundidas pela autoridade comunitária cláusulas-padrão suscetíveis de serem inseridas em contratos fechados entre uma empresa europeia e a de um país terceiro, que não tenha um nível de proteção adequado, cláusulas que preveem medidas de proteção dos dados pessoais trocados.

Por outro lado, no interior de uma empresa, não é fácil separar o que (depende) diz respeito à (da) vida privada do assalariado e o que o empregador tem o direito de controlar: é o que ocorre na utilização do correio eletrônico, ou ainda no acesso a *sites* da *internet*; ademais, a utilização dos computadores em rede fez nascer riscos de fraude informática: acesso por *hackers* a informações confidenciais, manipulação de dados de natureza financeira para desviar fundos, difusão de "vírus" informático nas redes... O perigo se deve ao fato de que à distância, usando a via das telecomunicações, um terceiro pode se introduzir num sistema informático e, portanto, numa empresa, num órgão público, até mesmo no de uma simples pessoa física. A legislação já comportava sanções em caso de violação de domicílio, que foram estendidas às hipóteses em que (são) uma empresa ou um órgão público (que) são invadidos. Cumpria completar o direito prevendo a intrusão num sistema informático. Foi esse o objetivo da lei Godfrain, adotada em 1988, cuja substância foi retomada no Novo Código Penal, nos artigos L. 323-1 e seguintes: eles visam o fato de aceder ou se manter fraudulosamente num sistema de processamento automatizado de dados, o de bloquear ou falsear o funcionamento do sistema, assim como o de introduzir fraudulosamente dados e de suprimir ou modificar fraudulosamente dados. Ademais, em 2001, no âmbito do Conselho da Europa, foi adotada uma convenção sobre a cibercriminalidade que deveria facilitar, principalmente no terreno processual, processar os infratores.

Proteção de criações intelectuais ligadas ao processamento da informação

As novas tecnologias da informação suscitam novas criações intelectuais. O direito existente nos anos 1970 e seguintes não permitia apreendê-las com clareza. Trata-se, acima de tudo, dos programas de computadores, ou *softwares*: sequências de instruções expressas numa linguagem técnica (Cobol, Fortran, Pascal, Unix, etc.) executáveis por um instrumento de processamento da informação. Como o regime das patentes na época excluía, em larga medida, a proteção desse tipo de criação (Lei de 1968, Convenção de Munique de 1973, Lei de 1978), foi escolhido voltar-se para a propriedade literária e artística, ou direito autoral, que tinha a vantagem da maleabilidade (sem exclusão expressa, sem formalidade prévia, etc.) e, desde então, um alcance internacional (Convenção de Berna, Convenção da Unesco). Seguindo a jurisprudência, o legislador modificou, em 1985, a Lei de 1957 sobre o direito autoral, para consagrar a aplicação desse regime aos *softwares*, entretanto com certas regras específicas: devolução dos direitos ao empregador em caso de criação assalariada, possibilidade de cessão por um preço fixo, limitação do uso do direito moral... Essas disposições foram retomadas no Código da Propriedade Intelectual em 1992. A solução impôs-se rapidamente em inúmeros países, dentre eles os Estados Unidos e o Japão e, em 1991, ela foi consagrada no plano europeu por uma diretriz: esta conserva o mesmo princípio de proteção desse tipo de criação pelo direito autoral, enquanto obra literária, e estabelece algumas regras específicas, notadamente a da devolução dos direitos ao empregador no âmbito de um contrato de trabalho (transposição na França por uma lei de 1994). Trata-se, por outro lado, de estender as possibilidades oferecidas pelo direito das patentes a fim de favorecer uma proteção, mais profunda, dos programas de computador por esse outro meio.

Existia outra dificuldade no tocante às bases e aos bancos de dados: reunião de informações especializadas – por exemplo, econômicas, jurídicas, médicas, etc. – armazenadas em um servidor e acessíveis por computador. O direito autoral só permitia protegê-las na medida em que elas fossem originais, critério difícil de ser preenchido quando se trata de compilações destinadas a serem o mais completas e o mais objetivas possível. Sobre essa matéria, era grande a hesitação, na maioria dos países, na jurisprudência: certas decisões admitiam protegê-las assim mesmo (casos *Microfor*, 1983, e *INSEE*, 1996, na França), outras não (caso *Coprosa*, 1989, na França; *Feist*, 1991, nos Estados Unidos). Ficou decidido no plano europeu, por uma diretriz de 1996, implantar um direito *sui generis* em prol do produtor que realizou esse investimento, para permitir-lhe agir contra aqueles que desviam uma parte substancial da base de informação, direito com uma duração de quinze anos (transposição por uma lei francesa de 1998). A questão da extensão desse regime no plano internacional não está decidida: na Organização Mundial da Propriedade Intelectual (OMPI), a solução foi rejeitada por ocasião dos tratados de 1996, anexados à Convenção de Berna; e nos Estados Unidos principalmente, em razão do risco de atentado contra a livre circulação da informação, a ideia de modificar o direito positivo nesse sentido é muitíssimo debatida.

Quanto à obra multimídia, figure ela num suporte como o CD-ROM ou consista num site "*web*" acessível pela rede, embora não haja dúvida de que ela é protegida pelo direito autoral em seus elementos textuais, gráficos ou sonoros, sob reserva da originalidade deles, indaga-se sobre certos aspectos do regime a ser-lhe aplicado: o da obra coletiva (com o domínio dos direitos dado à empresa que tomou a iniciativa de sua realização), o das bases de dados (com a proteção *sui generis* para o que é sem originalidade), até mesmo o dos *softwares* (com, por exemplo, a ausência de direito à cópia privada), não sendo essas diferentes opções necessariamente exclusivas umas das outras.

Regime editorial da comunicação eletrônica

Já no advento da telemática na França no início dos anos 1980, com seus serviços de informação – em primeiro lugar a lista telefônica – acessíveis em uma rede voltada a isso, *Télétel*, e por um terminal específico distribuído gratuitamente, o *Minitel*, surgiram questões relativas ao regime de comunicação pública a ser criado: quais regras se deveriam aplicar a essa nova mídia, eletrônica e interativa, graças à qual acedia-se a informações (meteorológicas, financeiras, das bolsas, etc.), ou a serviços comerciais (banco, alimentação, grande distribuição, etc.)? Entrava-se no direito da multimídia. As coisas iam acelerar-se com a difusão da *internet*: podia-se consultar, a partir de um verdadeiro computador com todas as suas funcionalidades, sites que utilizam tanto a imagem e o som quanto, como anteriormente, texto e números, *sites* acessíveis do mundo inteiro pela rede telefônica clássica ou por outros meios como o cabo.

Em 1982, o legislador decidiu submeter os serviços telemáticos, considerados dependentes da "comunicação audiovisual", a um regime de autorização – obtida tacitamente, na falta de resposta dentro dos dois meses do pedido (lei de 29 de julho de 1982 sobre a comunicação audiovisual) – depois, em 1986, a um regime de simples declaração junto ao Conselho Superior do Audiovisual e do Procurador da República (Lei de 30 de setembro de 1986 relativa à liberdade de comunicação). Chegava-se a um regime do mesmo tipo que o da imprensa escrita. E, aliás, ao mesmo tempo, tornava-se obrigação de todo serviço de comunicação audiovisual e, portanto, de serviços eletrônicos, ter um diretor da publicação, responsável pelo conteúdo da informação deixada acessível ao público, e era instituída uma responsabilidade penal em cascata (Lei de 1985, que modificava a lei de 1982). Ademais, eram previstas regras específicas de direito de resposta (art. 6 da lei de 1982) e uma obrigação de conservar as informações durante certo tempo a fim de permitir aos terceiros exercerem um recurso em caso de ataque a seus interesses (decreto de 1987).

Com o desenvolvimento da *internet*, ficou decidido flexibilizar essas regras: em 2000, um capítulo específico dedicado aos "serviços de comunicação *on-line* que não sejam de correspondência privada" era introduzido na lei de 1986, a obrigação de declarar um serviço de comunicação eletrônica foi suprimido, e a responsabilidade do hospedeiro de um *site* da internet (na prática, um centro servidor) em razão do conteúdo das informações armazenadas, foi limitada; mas previu-se que quem edita um serviço eletrônico deve fornecer ao público certo número de informações que permita identificá-lo e que, se é uma pessoa física que pretende ficar anônima, o servidor que a hospeda deve conservar os dados que permitam identificá-la (Lei de 1º de agosto de 2000, que modificou a lei de 1986). Essas regulamentações vão no sentido da diretriz comunitária de 8 de maio de 2000.

Por outro lado, os jornais eletrônicos estão submetidos às regras gerais estabelecidas pela lei de 1986, que trouxe reforma do regime jurídico da imprensa escrita, mas devia surgir um contencioso a propósito delas com os jornalistas, desejosos de que a utilização da contribuição deles nessa nova mídia fosse submetida à autorização deles e fosse objeto de uma remuneração complementar.

Problemática jurídica do comércio eletrônico

A técnica informática e o direito dos contratos deviam, muito cedo, encontrar-se a propósito dessas diferentes prestações que convergem para permitir a implantação e a exploração de um sistema de processamento da informação: fornecimento de *hardware* e de *software* padrão, desenvolvimento de programa específico, formação do utilizador, manutenção do equipamento, etc. A matéria dos contratos informáticos afirmava certa particularidade, devida principalmente à forte tecnicidade de seu objeto – daí o dever de assistência imposto ao fornecedor – e à interferência, muito sensível, da propriedade intelectual de que os *softwares* se beneficiam.

Mas o direito das obrigações ia ser afetado mais profundamente pela multimídia. As modalidades de conclusão, e às vezes até de execução, dos contratos ficam modificadas com o comércio eletrônico, em razão do caráter imaterial das trocas que se operam. Impunha-se, pois, adaptar o direito positivo, principalmente para flexibilizar ou afastar as exigências formais que possam existir e que tornariam impossível a prova de um ato jurídico ou, pior ainda, que se oporiam à sua própria validade. A problemática é dupla. Tratando-se da prova, a questão está em saber se os meios eletrônicos podem trazer segurança suficiente para tomar o lugar, nessa nova mídia, da prova escrita figurante num papel. No tocante à validade, a necessidade de fazer o contrato assinado constar num papel deve-se o mais das vezes à necessidade de proteger uma das partes, como o mostra o exemplo do crédito ao consumo: afastá-lo em troca de um escrito simplesmente eletrônico poderia apresentar certo perigo.

Algumas soluções foram consagradas por uma lei de 2000, que modificou o Código Civil, e por diretrizes comunitárias de 1999 e de 2000. Elas haviam sido preconizadas, em parte, numa lei-padrão da Comissão das Nações Unidas Para o Direito Comercial Internacional (CNUDCI) de 1996. Seguindo uma jurisprudência já firmemente estabelecida, uma lei de 2000 veio introduzir no Código Civil os artigos de 1316 a 1316-4 que confirmam o valor da prova e da assinatura eletrônicas com a restrição de que, tecnicamente, esteja-se seguro de que o documento emana da pessoa a quem é atribuído (identidade), assim como condições de estabelecimento e de conservação (integridade), e que, no que concerne à assinatura, exista um vínculo técnico com o conjunto do documento em pauta, como quando uma assinatura manuscrita é posta num papel. Um decreto de aplicação de 2001 especifica em quais condições um prestador de serviço de certificação, ao qual se teria recorrido para assinar um documento, pode se beneficiar da presunção de confiabilidade, salvo prova contrária, prevista pelo artigo 1316-4 novo.

No que tange à validade dos contratos, o princípio exposto pela diretriz europeia de 2000 é de que ela não deveria poder ser contestada pelo simples motivo de que o contrato foi firmado pela via eletrônica. No entanto, são previstas exceções para atos de particular importância: contrato de transferência de direitos imobiliários, contratos de direito de família, etc. No que concerne às operações como o crédito para o consumo, que são tradicionalmente enquadradas por exigências de forma escrita (Código do Consumidor), convém respeitar um formalismo eletrônico com capacidade de conferir ao tomador de empréstimo uma proteção da mesma ordem daquela que o beneficia quando se faz empréstimo por meio do papel. Por outro lado, como nessa mídia eletrônica os contratos são fechados à distância, aplicam-se, entre profissionais e consumidores, as disposições da diretriz de 1997 que rege esse tipo de relações (texto transposto por um decreto de 2001), e estes últimos usufruem uma proteção particular, especialmente um direito de retratação durante um prazo de sete dias após a entrega do bem, tratando-se da venda de um produto, ou a conclusão da operação, tratando-se de prestação de serviço.

Outras questões jurídicas salpicam o comércio eletrônico. O fornecimento de um produto por via eletrônica, por exemplo, o de um *software* ou de um filme, deveria ser tratado da mesma maneira que o desse produto em um suporte físico: em ambos os casos, trata-se da venda de um bem. No entanto, várias vezes, pôde-se afirmar que o que é fornecido *on-line* sempre é ligado à qualificação de serviço (doutrina fiscal em matéria de TVA, na França e no plano europeu; diretriz de 2001 sobre o direito autoral, considerando nº. 29). O pagamento eletrônico com segurança, que é dependente da comercialização de *softwares* de certificação ou de terminais que permitem a leitura de dispositivos como o cartão com *chip*, leva a refletir sobre a própria existência de uma moeda eletrônica cujos emissores não seriam exclusivamente os estabelecimentos de crédito, devidamente autorizados. Quanto ao fundo de comércio eletrônico, fica-se tentado a reconhecer que é seu proprietário aquele que pratica uma atividade exclusivamente a partir de um *site web*, mas pode-se hesitar em usar esse argumento para se beneficiar do estatuto dos aluguéis comerciais a partir do momento em que a clientela não é recebida nos locais da empresa.

Dimensão internacional da comunicação eletrônica

Com a norma "IP", a comunicação por meios eletrônicos adquire cada vez mais uma dimensão mundial, que antes ela tinha apenas em redes fechadas com as de SWITF em matéria bancária, ou de SITA para o transporte aéreo, em cujo interior estão previstas modalidades de solucionamento de litígios. Daí resultam questões de competência jurisdicional no plano internacional e de determinação da lei aplicável. As regras clássicas do direito internacional privado devem ser aplicadas para trazer soluções.

O tribunal competente será, em princípio, o do domicílio do réu, a não ser que o autor da causa deseje invocar o privilégio de jurisdição do artigo 14 do Código Civil (facultado para um francês solicitar justiça perante um tribunal de seu país), o que lhe é proibido no âmbito da Comunidade Europeia pela Convenção de Bruxelas de 1973, tornada em 2000 um regimento "referente à competência judiciária, ao reconhecimento e à execução das decisões em matéria civil e comercial". Certos motivos de competência especial também podem intervir: assim, será competente, em matéria de contrato, o tribunal do local de execução da prestação (regra difícil de executar no caso das prestações executáveis *on-line*, por exemplo, a consulta de um banco de dados), até mesmo aquele designado pelas partes na medida em que se admite essa escolha; nas relações entre profissional e consumidor, este último poderá recorrer ao tribunal de seu domicílio se o contrato foi fechado no âmbito de uma atividade dirigida para o país onde ele reside (solução cuja aplicação concreta é difícil de ocorrer: o mais sensato teria sido reconhecer ao consumidor o direito de dirigir-se, sempre, ao tribunal de seu domicílio); e, tratando-se de delito ou quase delito, o tribunal do lugar onde o fato danoso aconteceu ou há o risco se realizar será igualmente competente (regulamento 2000). Essas diferentes regras abrem bem largamente a possibilidade, para quem quer intentar um processo, de dirigir-se ao foro nacional.

Quanto à lei aplicável, ela dependerá, em matéria contratual, dos princípios estabelecidos pela Convenção de Haia de 1955, tratando-se da venda de mercadorias, e, para os outros contratos, da Convenção de Roma de 1980 sobre a lei aplicável às obrigações contratuais que unifica a, a esse respeito, o direito internacional privado dos Estados membros da Comunidade: assim, deverá aplicar-se com prioridade a lei escolhida pelas partes; na falta de estipulação sobre esse ponto, será empregada, segundo os casos, a do país onde reside o vendedor (Convenção de Haia), ou a do país onde reside o prestador de serviço, considerado como fornecedor da prestação característica (Convenção de Roma); todavia, aplica-se a lei do país do comprador se é nele que a encomenda é recebida (Convenção de Haia; a disposição é de difícil aplicação diante de um processo de encomenda imaterial) e, tratando-se de serviço, o consumidor pode prevalecer-se das disposições protetoras de sua lei nacional desde que ele tenha sido solicitado em seu próprio país e o contrato tenha sido fechado nele (Convenção de Roma; na prática, essa regra raramente permitirá ao consumidor prevalecer-se de sua lei nacional no âmbito do comércio eletrônico).

No caso em que os interessados não estejam vinculados por um contrato e o litígio incida sobre a reparação de um dano, aplicar-se-á a *lex loci delicti*, que é, quer a lei do lugar onde se produziu o fato danoso, quer a do lugar onde se sofreu o dano. Por outro lado, no tocante aos atentados contra o direito autoral, há que se levar em conta o fato de que a Convenção de Berna estabelece como regra geral que se deve aplicar a lei do país onde a proteção é reclamada, a qual em geral se confundirá com a lei do lugar onde o dano foi sofrido. Tratando-se de comunicação eletrônica aberta ao público, os conflitos em geral são causados por um fato delituoso – atentado contra o direito à imagem, representações ou objetos que incentivam o ódio racial, consultáveis *on-line* ou propostos à venda, reprodução ou difusão de obras sem a autorização do autor, imagens de caráter pedofílico, etc. – de sorte que, frequentemente, a pessoa vítima ou o organismo encarregado de defender os interesses lesados intentará sua ação perante o tribunal de seu domicílio, por ser o lugar onde a informação é acessível por um terminal de computador e, portanto, onde o dano se produziu, depois pedirá a aplicação de sua lei nacional como sendo a lei do local do delito: de modo geral, o tribunal investido se reconhece competente e admite aplicar, assim, a lei do foro (v., nesse sentido, o caso *Yahoo!*, julgado pelo Tribunal de Grande Instância de Paris em 2000). Foram denunciados os inconvenientes dessa solução, que deixa a comunicação eletrônica potencialmente jurisdicionada dos magistrados e das leis de qualquer país, mas, na falta de harmonização internacional na matéria, é difícil agir de outra maneira.

› HUET J. & MAISL H., *Droit de l'informatique et des télécommunications*, Paris, Litec, 1989. – LINANT DE BELLEFONDS X., *L'informatique et le droit*, Paris, PUF, "Que sais-je?", 1998. – LUCAS A., DEVÈZE J. & FRAISSINET J., *Le droit de l'informatique et de l'internet*, Paris, PUF, 2001. – MALLET-POUJOL N., *La création multimédia et le droit*, Paris, Litec, 2000. – ROJINSKY C. & LÉAURANT O., *Créer et exploiter un site*, Paris, Lamy – Les Échos, 2000. – VIVANT M. & LE STANC Ch., Lamy, *Droit de l'informatique et les réseaux*, 2001 (reedição anual). – Col.: AFTEL, *Le droit du multimédia (de la télématique à internet)*, P. Huet (dir.), com P. Huet, H., Maisl, A. Lucas, J. Huet, Éd. Du Téléphone, 1996.

Jérôme HUET

→ Ato; Banco e crédito; Bens; Comunicação; Contrato; Crimes e delitos; Direito comunitário; Direito internacional privado; Direito privado, direito público; Imprensa; Liberdade; Pessoa; Propriedade literária e artística; Prova; Publicação; Responsabilidade; Venda.

INGERÊNCIA (Direito interno)

A noção de ingerência pode ser entendida de várias maneiras. No registro das ciências sociais, *a ingerência dos funcionários públicos* nada mais é senão uma das formas de *corrupção* de que os servidores do Estado podem tornar-se culpados. Essa assimilação entre *ingerência* e *corrupção* não oferece, porém, uma representação exata do direito penal francês que distingue essas duas noções: o delito de ingerência designa o fato de uma pessoa, depositária da autoridade pública ou encarregada de uma missão de serviço público, imiscuir-se em negócios incompatíveis com a sua qualidade. A ingerência e a corrupção participam, contudo – com a concussão, o tráfico de influência, os atentados à liberdade de acesso e à igualdade dos candidatos nas transações públicas e nas delegações de serviço público, a subtração e o desvio de bens – daquilo a que o Código Penal chama *faltas contra o dever de probidade* cometidas por pessoas depositárias da autoridade pública ou encarregadas de uma missão de serviço público.

O conhecimento jurídico da ingerência não poderia limitar-se ao direito penal, já que outros diferentes subsistemas normativos regem os conflitos de interesses dos servidores das coletividades públicas, quer se trate de regras que proíbem certos acúmulos de atividades ou de remunerações, quer se trate de regras que proíbem precisamente a ingerência. É o que se dá com disposições do Código Eleitoral relativas às incompatibilidades entre o exercício de um mandato parlamentar e o exercício de certas funções públicas ou privadas. Dá-se o mesmo com o direito disciplinar da função pública, no qual essas regras se dividem entre disposições de alcance geral – artigo 25 da Lei de 13 de julho de 1983 referente a direitos e obrigações dos funcionários públicos – e disposições específicas de certos corpos de servidores ou de certos agentes públicos (policiais, magistrados, militares, corpos de inspeção e de controle do Estado, etc.).

Entre o Código Penal de 1810 (arts. 175 e 176) e o de 1992, a economia dos delitos de ingerência não foi muito afetada. Foi em consideração da necessidade de adaptar o Código Penal ao novo intervencionismo público e à renovação subsequente dos modos de ação das coletividades públicas que as Leis de Finanças de 6 de outubro de 1919 e de 23 de dezembro de 1960 regulamentaram delitos de ingerência imputáveis, não só a servidores em atividade, mas igualmente a funcionários públicos inativos, a antigos funcionários públicos bem como aos antigos agentes dos estabelecimentos públicos, das empresas nacionalizadas e das sociedades de economia mista controladas pelo Estado ou de outras coletividades públicas. Por outro lado, como não era raro que em inúmeras pequenas comunas a única empresa capaz de satisfazer às transações municipais pertencesse a um ocupante de cargo eleito municipal, uma Lei de 17 de junho de 1967 julgou dever reconhecer aos membros dos executivos das comunas com menos de 1.500 habitantes a possibilidade, quer de tratar a partir de contas ou de simples faturas, quer de fazer transações com as comunas que eles representam, para a execução de pequenos trabalhos ou para a entrega de fornecimentos correntes. Se bem que adotado num contexto sociopolítico de *moralização da vida pública* que parecia justificar uma atenção particular do legislador para os *atentados contra o dever de probidade* cometidos por depositários da autoridade pública, o Código Penal de 1992 não modificou, porém, a economia clássica da ingerência (arts. 432-12 e 432-13). Além da substituição do substantivo Ingerência por uma expressão já consagrada pelo uso – *participação ilegal de interesses* – e do agravamento das penas aplicáveis a esse delito, o novo Código Penal redefiniu as regras aplicáveis às pequenas comunas de uma maneira reputada mais conforme à evolução demográfica e socioeconômica delas, principalmente levando a 3.500 habitantes o limiar de população das comunas às quais são aplicáveis as derrogações à proibição penal das ingerências. O realismo do legislador não se deteve na manutenção de uma liberalidade em favor dos ocupantes de cargos eleitos das pequenas comunas para operações de transferência de bens mobiliários e imobiliários e de fornecimento de serviços, uma vez que o novo Código Penal consente, para essas comunas, que um ocupante de cargo eletivo adquira um bem pertencente à comuna para a criação ou o desenvolvimento de sua atividade profissional. Essa outra liberalidade se justificou pela recusa de criar um monopólio, dos aposentados ou dos funcionários públicos, sobre os mandatos municipais. O novo Código Penal removeu, aliás, a impossibilidade em que o código anterior punha os ocupantes de cargos eletivos municipais de adquirir terrenos ou alugar uma moradia no território da comuna, quando esta era proprietária da totalidade dos terrenos situados nesse território. Em vez de obrigar os mandatários eleitos dessas comunas a residir noutra comuna, o legislador preferiu consentir essas aquisições de parcelas do loteamento comunal ou essas locações de habitação, com a condição, notadamente, de sua destinação à moradia pessoal do ocupante de cargo eletivo. Outro aporte substancial do novo Código Penal ao delito de ingerência se reporta à situação dos antigos funcionários públicos, dos antigos agentes ou prepostos de uma administração pública, dos antigos agentes dos estabelecimentos públicos, empresas nacionalizadas, das sociedades de economia mista controladas pelo Estados ou pelas coletividades públicas. A *quarentena* desses antigos servidores da coletividade, seja o fato de eles terem uma participação, nos cinco anos consecutivos do cessamento de funções, numa empresa com que trataram anteriormente, será objeto de uma maior severidade do legislador através, principalmente, de uma proibição nova de participar em empresas públicas que exercem sua atividade no setor de concorrência e em conformidade com as regras do direito privado.

De uma maneira geral, o objetivo buscado através da repressão da ingerência é tanto impedir a arbitrariedade ou a parcialidade dos servidores da coletividade como evitar uma alienação do interesse público para os interesses privados. No entanto, a condenação jurídica da ingerência e o dever de probidade que é sua interface são, em última análise, apenas meios de um poder estatal – o de mandar – que não deve ser comprometido por certas manobras de seus servidores. Assim, o conhecimento, a longo termo, da repressão política, penal ou administrativa da ingerência e das infrações vizinhas não poderia separar-se da sócio-história do Estado moderno, nem do processo de racionalização dessa forma jurídico-política (M. Weber, *Économie et société*, Paris, Plon, 1971, t. 1), nem de seu processo de democratização a partir do século XVIII sob a pressão de uma reivindicação de publicidade da política e de transparência da ação pública e administrativa (J. Habermas, *L'espace public*, Paris, Payot, 1978; R. Koselleck, *Le règne de la critique*, Paris, Minuit, 1979). Enfim, a universalidade da condenação da ingerência no mundo democrático não impede a busca de uma singularidade francesa na matéria, já que a preferência constante do legislador francês por uma definição formal do conflito de interesses pôde ser analisada como a expressão de uma cultura político-administrativa que se acomoda com o princípio da confusão de interesses, para condenar apenas os seus excessos.

› JEAN-PIERRE D., *L'éthique du fonctionnaire civil*, Paris, LGDJ, 1999. – MÉNY Y., *La corruption de la République*, Paris, Fayard, 1992. – PLANTEY, *La fonction publique: traité général*, Paris, Litec, 2001.

Pascal MBONGO

→ Administração; Deontologia ou ética professional; Função pública; Obediência e disciplina.

INGLATERRA (Cultura jurídica)

A cultura jurídica investiga a maneira como o trabalho da razão produziu, num conjunto política e historicamente coerente, formas aptas a dar cumprimento e substância à ideia de justiça. Essa cultura é a coletânea das formas jurídicas criadas para o cumprimento ou o restabelecimento do bem nas situações concretas, e, estudando-a, pode-se esperar compreender, em grande parte, o que significava justiça nas entidades políticas referidas. Nessa medida, existe uma cultura jurídica britânica. Sua autonomia é marcante, a ponto de constituir o fundamento de uma das grandes famílias do direito ocidental. A *common law* ultrapassou o âmbito de sua ilha natal e constitui a base dos direitos da maioria das nações de língua inglesa.

Todos conhecem a observação do juiz (americano) O. W. Holmes, segundo o qual a história da *common law* é feita de experiências. Holmes remetia assim a uma propriedade decisiva do direito inglês, a primeira que deve ser considerada: sua natureza histórica. Enquanto outros direitos, mesmo sem querer, ou quase, estão mergulhados no curso do tempo, a *common law* parece identificar-se com a imanência histórica. No entanto, sua história é das mais difíceis de traçar. Ela apaga os primórdios e as fundações, mas insiste nas confirmações e nos recomeços. Recusa a mudança para pôr-se em posição de provocá-la às vezes. Outrora se abeberou na ciência histórica e filológica mais rigorosa para alimentar um espírito que permaneceu próximo do mito. Pouquíssimo transcendente e pouquíssimo positiva, a *common law* tinha vocação a apresentar-se como reflexo do direito natural, tal como era também a pretensão do direito romano.

Essas palavras preliminares remetem à ideia de que a cultura jurídica britânica se organiza em torno da *common law*, e que esta só pode ser conhecida por meio da história. O que poderia sugerir essa história é que, segundo os termos do grande historiador do direito S. F. C. Milsom, "a vida da *common law* foi sendo feita através do abuso incessante de suas ideias elementares". São essas ideias elementares que tentaremos aqui depreender.

Formação histórica do direito inglês

Tentaremos, em primeiro lugar, propor alguns elementos de um esquema histórico e mostrar em que esse esquema nos informa sobre o que é a *common law*.

A questão das condições nas quais foram lançadas as bases da *common law* é certamente uma das mais discutidas. São propostos vários pontos de referência: o período anglo-saxão, anterior à conquista normanda; o período da conquista e da dinastia normanda (1066-1154); o período "angevino" dos reis da casa de Plantageneta (1154-1399). Esse debate foi amplamente predeterminado pelos conflitos historiográficos do início do século XVII, sobretudo o que ocorreu entre os defensores da "antiga Constituição" (Coke), segundo os quais o invasor normando, apesar de animado por um sinistro espírito de inovação, confirmara as leis de Eduardo, o Confessor, e, assim, garantira a continuação das leis e liberdades saxãs. Ao contrário, outra escola, a dos antiquários (Spelman), insistia no papel do feudalismo importado pelos normandos (em especial através da noção de *tenures*, ou seja, de direitos de propriedade imobiliária de natureza pessoal), que vinculava a Inglaterra a uma tradição comum a toda a Europa medieval, na constituição da *common law*. A referência "feudal" tinha, para ela, argumentos sólidos, mas a autonomia da tradição jurídica inglesa era, por outro lado, flagrante. Vitoriosas na guerra civil (1641-49), as forças parlamentares estavam interessadas em apresentar uma liberdade política imemorial que nada devia a uma arquitetura feudal que remontasse, de feudo em feudo e de conselho em conselho, ao rei e à sua *curia regis*. Essa vitória, assim como sua "confirmação" em 1689, certamente contribuíram para que a conquista de 1066 fosse vista como um acontecimento catastrófico, que, apesar disso, não suprimira todas as aquisições do período anglo-saxão: formação de um Estado unificado a partir dos sete reinos saxões, desenvolvimento de um sistema de cortes de justiça no qual, sobretudo no reinado de Alfredo (871-899), a instituição monárquica começa a garantir certo grau de coordenação central. Blackstone, que expõe com clareza essa maneira de ver, apresenta a sucessão da história como um esforço contínuo pela restauração das liberdades e das leis do povo inglês. Sobre essa etapa de formação, a historiografia moderna não modificou tanto as indagações quanto matizou as respostas. O efeito destruidor da invasão normanda continua pouco contestado, e um observador eminente (J. Baker) chegou a dizer que nenhuma das contribuições da conquista "ajudou a produzir a *common law*, mas o contrário", e que esta "surgira no século XII da eficaz e rápida expansão de instituições que existiam numa forma não desenvolvida antes de 1066". Do ponto de vista da datação, a posição dominante continua sendo a de F. W. Maitland, que atribui a Henrique II (1154-89) e a sua corte papel decisivo na construção do edifício. Essa construção teria sido transcrita no primeiro grande tratado de direito inglês, que recebeu o nome de seu autor presumido, Glanvill (morto em 1190). O debate historiográfico gira sobretudo em torno do peso que se deve dar ao papel de cada época (admitindo todos que o processo de formação é ao mesmo tempo contínuo e desprovido de um esquema de conjunto) e ao esquema de construção da *common law*. S. F. C. Milsom descreveu as reformas angevinas como a ruptura constitutiva dos elementos decisivos da *common law*: antes delas, o sistema feudal estava privado de coordenação central. Seu objetivo foi preservar as relações jurídicas feudais, fragilizadas sobretudo pelo declínio da justiça que o senhor podia exercer sem ser derrogado por um ato oriundo da chancelaria régia (*writ*). Para preservar as relações feudais, a monarquia teria implantado sua própria justiça e produzido o efeito inverso ao esperado. Os novos mecanismos criados, tais como os *assizes* – processos locais diligenciados pela justiça do rei –, tinham em vista corrigir disputas no seio do sistema feudal ou desapossamentos perigosos para a paz do reino. Foram necessárias inovações determinantes, tais como o *returnable writ*, que obriga o xerife a encaminhar aos juízes dados capazes de tornar precisas suas informações e, ao mesmo tempo, reforça a padronização dos procedimentos. Mas o sistema, de algum modo, teria sido vítima de sua eficácia. Para R. Van Caenegem, porém, as reformas "angevinas" só são explicáveis pela maneira como, desde o período anglo-saxão, se implantara uma monarquia suficientemente estruturada para recorrer, por exemplo, ao método do *writ*. Estudos mais recentes tentaram mostrar que o período normando não foi inteiramente estranho a essa construção dos primeiros pilares do Estado. O feudalismo normando talvez fosse mais hierarquizado e afeito a um controle central, como leva a pensar a renovação das categorias principais do direito imobiliário pela conquista. O próprio Blackstone, porém, que odiava o conquistador e o espírito feudal, só pôde construir sua teoria do direito dos bens (*right of things*) em torno do direito das *tenures*. Apesar disso, deve-se usar de prudência para falar de Estado, tanto em épocas remotas quanto na nossa. Reduzir, para todos os fins práticos, o Estado à Coroa é ancorar a coisa pública num sistema em que as instituições são, antes de mais nada, *pessoas*.

A história da *common law* nos séculos ulteriores já não é a da formação, mas das transformações de um direito cujos elementos constitutivos já estão enraizados. Não é possível narrar todos os episódios de uma construção tão ampla, mas pode-se tentar mostrar alguns períodos decisivos. Uma questão importante é a da evolução do direito inglês no Renascimento. Segundo Maitland, a Inglaterra não participou do processo de recepção do direito romano na Europa, nem nos séculos XII-XIII, nem no Renascimento. Sem dúvida, essa época é um momento de mudança para a *common law*, por exemplo, com o fim das coletâneas medievais (*YearBooks*), o declínio das antigas cortes e a prosperidade das que procediam diretamente da prerrogativa régia: *Star Chamber*, cortes conciliares e, sobretudo, o *english side* da chancelaria, cujo papel como corte de "consciência" se aclara no século XV. No entanto, esses elementos não teriam levado o direito inglês a integrar-se no ressurgimento romanista continental, mas a um *gothic revival*, que se traduziu sobretudo pelo estudo erudito da Idade Média (Littleton, depois Selden). Contudo, a partir de então se criticou a tendência de Maitland a subestimar as transformações do direito inglês no Renascimento, em razão principalmente de sua tendência a identificar "Renascimento" e "romanização". Entretanto, as proximidades com o direito romano muitas vezes são surdas, mas estão presentes, na *common law*. Houve quem dissesse que a *common law* reinventara por sua conta o sistema formular. Pode-se também detectar em Bracton a influência do Digesto e de Azon. No século XVI, período fulcral no amadurecimento do sistema das ações civis e dos princípios procedimentais, também se vê que a *equity* se emancipa da "consciência" e se torna um corpo de direito autônomo, cujas relações com a *common law* foram teorizadas por C. St. Germain (*Doctor and Student*, 1528-31) e defendidas por Ellesmere contra Coke, quando da importante crise de 1616. O século XVII, do ponto de vista do direito, é em seguida um período que combina a afirmação triunfante da *common law* contra o direito oriundo da prerrogativa (por Coke, autor dos importantes *Reports* e dos *Institutes of the Laws of England*) e contra as reformas (propostas de F. Bacon, depois da vaga de reformas do período do *Com-*

monwealth). Grande número de reformas da época de Cromwell (ampliação dos direitos de defesa, supressão dos aspectos arcaicos do direito imobiliário, humanização do direito criminal) que permaneceram como letra morta ou foram abolidas por Carlos II entraram em vigor no século XVIII. Esse século, suficientemente estável para possibilitar que Blackstone (1723-80), primeiro titular de uma cátedra dedicada ao direito inglês numa universidade, apresentasse a primeira grande síntese de conjunto da *common law* (com a publicação, em 1765-69, de suas aulas em Oxford, com o título *Comentários sobre o direito da Inglaterra*), também é o século de alguns grandes reformadores, como lorde Mansfield, conhecido por ter favorecido a implantação dos princípios do direito comercial na *common law*. A *common law* moderna nasce com as grandes reformas do século XIX, que se tende (talvez excessivamente) a imputar ao trabalho de sapa dos pensadores radicais e, em especial, utilitaristas (J. Bentham, J. Austin), mas também às transformações profundas da sociedade vitoriana. Essas reformas, que muitas vezes utilizam o vetor da legislação, começam por quase aniquilar o sistema dos *writs* nos anos 1830, prosseguem com a substancial modernização das regras procedimentais com o *Common Law Procedure Act* de 1853 e chegam ao paroxismo com os *Judicature Acts* de 1873-75, cuja principal conquista foi a criação de uma única *Supreme Court of Judicature* que integrava as antigas altas cortes de *common law* (*King's Bench* e *Common Pleas*) num sistema de dois graus (*Court of Appeal* e *High Court of Justice* que tinha duas divisões e depois três, mais a *Crown Court*, com competência penal). A reforma serviu de ocasião para o rompimento das barreiras anteriormente criadas pela prática. Deixou de haver escolha de ação, visto que o sistema de *forms of action*, muitíssimo amputado em matéria imobiliária desde 1833, fora abolido integralmente. As cortes respeitam procedimentos uniformes, independentemente da ação impetrada, e administram conjuntamente as regras de *equity* e de *common law*. Em 1876, o sistema de recursos entre a nova corte única e a Câmara dos Lordes, jurisdição suprema do direito inglês, foi remodelado por sua vez.

No entanto, esta crônica das mudanças visíveis da *common law* deve ser acompanhada por uma história que deixou pegadas menos nítidas: a da adaptação incessante das formas jurídicas às necessidades da justiça. Tomaremos um único exemplo. Um dos princípios constitutivos da *common law* é a exigência de se obter da chancelaria um *writ* que autorizasse o exercício da ação. Essa regra, imposta sobretudo para limitar a competência da justiça régia, ditava que o número dos *writs* fosse limitado. Entre os *writs* que serviam para obter a reparação de um dano (*wrong*), o *writ* inicial, surgido na virada do século XIII, estava intimamente ligado às ações penais (*appeals of felony*), comportava a alegação estereotipada de um ato de violência armada. Essa restrição foi inicialmente evitada por meio de ficções, em virtude das quais se viam atos *vi et armis* em danos que na realidade eram puramente civis. Em meados do século XIV, a ficção foi rapidamente abandonada em favor de uma nova formulação do *writ of trespass*, cuja fórmula referente a fatos *vi et armis* foi substituída por fórmulas especiais adaptadas a diferentes "casos" de danos (*trespass on the case*). A *action on case* acaba por emancipar-se do *trespass*, a ponto de provocar, no século XVIII, a inadmissibilidade das ações impetradas com um mau fundamento. O instrumento flexível constituído pela *action on the case* não serviu apenas para desenvolver um direito da responsabilidade delitual. Sobre as ações disponíveis em matéria contratual a partir do século XII (*covenant, debt*) incidiam pesadas limitações. Por exemplo, segundo o princípio das *forms of action* que associa o mérito do direito a procedimentos específicos, a dívida só podia ser provada por juramento coletivo (*wager of law*). Tais dificuldades eram fonte de injustiças e constituíam a delícia da competência "equitativa" da chancelaria. Por conseguinte, passou-se progressivamente a permitir ações com base no *trespass* para a reparação de danos contratuais e, em especial, de inadimplências. Uma variante da *action on the case*, o *assumpsit* (forma de ação pela qual a determinação dos fatos por um júri civil substituía a prova por juramento), tornou-se progressivamente acessível para os contratos, mas também para a cobrança de dívidas. Esse processo se concluiu no início do século XVII. No entanto, a prova por júri, típica do *assumpsit*, vantajosa em relação ao arcaico juramento da *action on debt*, tinha o inconveniente de dissimular, por trás da afirmação abrupta na qual se baseavam as alegações finais das partes e a decisão do júri (*assumpsit* ou *non assumpsit*: prometeu ou não prometeu), todo o raciocínio jurídico que levara até lá e, por conseguinte, de limitar o aperfeiçoamento do direito substantivo. Foi sobretudo admitindo as técnicas mais flexíveis do direito comercial que Mansfield teve condições de teorizar sobre o direito contratual em torno da ideia de *consideration*. Essa história mostra que o processo de adaptação da *common law* reúne todos os elementos destacados por sir H. Maine como característicos do processo de evolução dos "antigos direitos" (ficção, equidade, legislação). Mas o papel desses fatores não está em nenhum caso encerrado num esquema de sucessão rígida e linear. Evidentemente, as ficções desempenham algum papel, mas este não é ilimitado. Os juízes fazem o direito avançar, mas com a extrema prudência que lhes é imposta por dever de mantê-lo. A racionalização intelectual, pela doutrina ou pelos juízes, apresenta uma imagem global de um direito que só existe como um conjunto de soluções particulares. Por fim, na Grã-Bretanha mais que alhures, a legislação começou desempenhando um papel restrito de correção do direito existente.

Se procurarmos saber qual é a ordenação atual do direito inglês, veremos os vestígios das mutações que acabam de ser descritas. A *common law* está no cerne do direito inglês, embora não constitua sua totalidade: depois de ter coabitado com o direito "civil" de origem romano-canônica, admite agora, ao seu redor, direitos de competência territorial restrita, tal como o direito escocês. As grandes oposições históricas foram reduzidas: a *equity* continua sendo um corpo de regras distintas, que oferece sobretudo remédios inacessíveis na *common law* (*specific performance*: execução específica) e a administração de formas jurídicas de natureza "equitativa", tais como o importante domínio dos *trusts*. Mas a *equity*, administrada pelas mesmas jurisdições, completa a *common law* sem com ela concorrer. Assim também, as relações entre *common law* e legislação parlamentar, ainda mal fixadas no século XVI, foram estabilizadas depois de 1689, para redundar numa dependência mútua teorizada no fim do século XIX por Dicey: o princípio é o reino do direito (*rule of law*), mas as cortes admitiram que o direito existente podia ser modificado por meio de leis adotadas concomitantemente pelos três órgãos formalmente soberanos (rei, Câmara dos Comuns, Câmaras dos Lordes). É o princípio de soberania do Parlamento. Esses dois princípios podem servir de ponto de referência para fixar as relações entre a *common law* e a Constituição: são as cortes de justiça que conferem às leis parlamentares sua autoridade superior. Isso permitiu que Dicey dissesse que "a Constituição procede do direito ordinário desse país". Inversamente, resulta do que foi dito sobre a formação da *common law* que esta procede das mutações políticas ligadas à unificação da Inglaterra em torno de uma monarquia forte e centralizada. Do mesmo modo, a definição de autoridade suscetível de adotar validamente leis (o "rei em seu Parlamento") resulta da revolução de 1689. A *common law*, no direito inglês, permanece como um núcleo forte, que absorve os corretivos progressivamente desenvolvidos em torno dela, não tolerando divisões internas. Assim, pode-se afirmar com segurança que a *common law* não conhece divisão entre vários direitos autônomos, nem fracionamento das "ordens de jurisdição". A divisão mais clara desse tipo, que no entanto não coincide com a divisão existente nos direitos de origem romano-canônica, opõe o direito ordinário ao direito "criminal". Por outro lado, a *common law* reconhece certas zonas em que a competência de suas jurisdições ("ordinárias") não se estende, tal como a "lei e costume do Parlamento". F. Bacon reconhecia também a existência de um *jus privatum* e de um *jus publicum*, mas essa maneira de ver foi vencida pela vaga que varreu a ideia de razão de Estado decorrente de regras excepcionais e protegida por ampla imunidade. Essa recusa a opor direito público e direito privado não impediu o reconhecimento de certa especificidade jurídica da ação administrativa. O desenvolvimento da administração no século XX levou a conceder certo grau de autonomia às regras que governam o funcionamento das administrações. Por outro lado, foi criado um procedimento específico que simplifica o acesso aos remédios disponíveis contra a administração (*Application for Judicial Review*, 1978-81), que a Câmara dos Lordes tornou obrigatório em todos os casos nos quais estivesse em causa algum interesse protegido exclusivamente pelo direito público. Fato é que essa especificação relativa se insere num quadro dominado pela ideia de sujeição de todos ao direito comum, inclusive os funcionários e mesmo a Coroa, que, em 1947, perdeu sua imunidade em relação a ações de responsabilidade indireta, perante as quais ela deve passar a ser tratada "como se fosse apenas uma pessoa privada" (*Crown Proceedings Act*, 1947).

Traços distintivos da cultura jurídica britânica

Esses poucos elementos relativos à história e ao ordenamento do direito inglês podem servir de base para a procura de alguns traços distintivos da cultura jurídica britânica. Essa procura, animada por um espírito de prudência, pode ser resguardada por uma afirmação que durante muito tempo constituiu a base das convicções dos juristas ingleses, afirmação que poucos deles (provavelmente) renegariam em nossos dias: existe uma "razão do direito", que nasce da prática constante e do estudo das fontes e não é simplesmente ancilar em relação à razão filosófica ou humanista. Manifestações dessa "razão artificial e juízo sobre o direito", comparada por Coke a um rei que pretendesse imiscuir-se nos assuntos decididos por suas cortes (*Prohibitions del Roy*, 1607), podem ser encontradas na definição do direito e nas especificidades formais que delas se deduzem, bem como das formas privilegiadas de administração da verdade, próprias do direito inglês.

A procura da definição do direito própria à cultura jurídica britânica está intimamente ligada à procura das formas assumidas pela *common law* e deve deixar de lado a ideia de que só existe formalismo no enquadramento e na certificação da vontade. Já se ressaltou (cf. P. Raynaud) que a Inglaterra reúne no termo "*law*" aquilo que o direito romano e, depois dele, os direitos continentais, distinguem em "*jus*" e "*lex*". A palavra "*law*" abrange tanto a "*statute law*" de origem parlamentar quanto o costume e as decisões das jurisdições. O fato é que a história do formalismo jurídico inglês poderia muito bem parecer-se ao eterno retorno de uma confrontação entre o voluntarismo, que só atribui ao direito o que assume a forma de manifestações regradas da vontade soberana, e aquilo que aqui chamaremos de espírito consuetudinário, não voluntarista. A permanência do espírito consuetudinário certamente é um dos traços mais marcantes da cultura jurídica do mundo britânico, e, em nossos dias, é o que mais contribui para sua autonomia. O costume, de longa data (cf. as primeiras linhas do tratado de Bracton), tem sido reconhecido como uma forma e mesmo como a matriz do direito inglês: Blackstone impôs uma distinção básica entre *lex scripta* e *lex non scripta*, não segundo seu suporte, mas em relação à autoridade da qual procedem: a *lex scripta* decorre da autoridade do soberano, enquanto a *lex non scripta* extrai "sua força coercitiva [...] de um uso prolongado e imemorial e de sua recepção universal através do reino" (*Com.*, I, 63). O espírito consuetudinário, porém, é algo mais amplo que o costume no sentido de "fonte" do direito. Sua permanência é maior que esta última, cujas pegadas se apagam em nossa era positivista. Pode ser apresentado por meio de três facetas. Em primeiro lugar, o espírito consuetudinário baseia-se num princípio de preexistência. Queremos com isso dizer que, com o costume, faz-se prevalecer o que ocorreu "antes" sobre o que se desenrola "depois", ou, de maneira mais dissimulada, descreve-se o que apresenta "mais" valor como algo que preexiste ao que apresenta "menos" valor. A primeira significação está naturalmente incorporada na visão clássica da *common law*. Esta é, por essência, inencontrável e deve ser buscada em vestígios do passado: os precedentes – escreve o grande jurista e magistrado M. Hale – são "provas da *common law*". O direito consuetudinário prova-se.

A lógica dos precedentes está claramente exposta neste trecho dos *Comentários*: "É regra estabelecida que é preciso ater-se aos precedentes, quando os mesmos pontos voltam a ser alvo de litígio", para "manter igual e direita a escala da justiça", e o juiz não pode modificá-la segundo sua opinião, pois comprometeu-se por juramento e recebeu a incumbência de "não pronunciar novas leis, mas manter e expor as antigas" (*Com.*, I, 69). Essa regra do precedente mantém a "ficção de que o direito é permanente e nunca deixou de existir: se a Câmara dos Lordes exerce seu direito indubitável de declarar a existência de uma regra de direito contrária ao que foi declarado anteriormente pela Corte de Apelação, nada mudou teoricamente, a Corte de Apelação se enganou, e a Câmara dos Lordes descobriu o que sempre foi a regra de direito" (J. A. Jolowicz). Essa regra do *stare decisis*, que a doutrina moderna tentou deliberadamente dissociar do espírito consuetudinário, para concluir que ela "não tem nenhum respaldo fora de si mesma" (*id.*), é uma garantia de igualdade de tratamento e pode justificar o fato de se sacrificar um interesse particular legítimo em favor da estabilidade e da generalidade da regra: é preferível – diz uma sentença de 1572 – "suportar um malefício para uma só pessoa do que um incômodo para todas". A evidenciação da natureza vinculante (*binding*) de um precedente baseia-se na resposta a duas séries de indagações. A primeira série visa à identificação da própria regra. Primeiro, é preciso saber onde está a "proposição de direito" na opinião que justifica a sentença. Trata-se de dissociar o direito do fato (uma proposição de fato nunca vale como precedente), o que leva a indagações semelhantes às feitas pelos juristas franceses sobre a existência ou não de uma qualificação jurídica. A referida proposição de direito só será vinculante se fizer parte da *ratio decidendi* (razão de decidir) do julgamento, a saber, se (ao contrário do *dictum* – decisório) constituir "uma regra de direito expressa ou implicitamente tratada pelo juiz como etapa necessária para chegar à sua conclusão [...] ou como parte necessária das instruções que ele dá ao júri" (Cross & Harris). A segunda série de indagações visa a estabelecer a medida na qual o precedente identificado é efetivamente vinculante. No sistema moderno dos precedentes, é preciso levar em conta a hierarquia das jurisdições: um tribunal é – salvo exceção – obrigado a respeitar os precedentes estabelecidos pelas jurisdições mais elevadas que ele. A rigidez crescente do sistema levou ao princípio segundo o qual cada tribunal é vinculado por seus próprios precedentes (princípio ao qual a Câmara dos Lordes se atinha desde 1898, mas do qual se emancipou em 1966) e até, em certa medida, pelos das jurisdições do mesmo nível. Na França, há grande preocupação em saber se o sistema dos precedentes dá muita ou pouca liberdade às jurisdições britânicas. Não é fácil responder a essa pergunta: a prática dos precedentes evoluiu, tanto quanto o grau de liberdade dado à máquina de fabricação judiciária das regras de direito. A questão não é tão importante. A regra do precedente é antes de mais nada uma maneira de conceber a relação entre o direito, as circunstâncias e a justiça. Seu objetivo seria garantir que o direito só mudasse quando a justiça o exigisse. Essa necessidade é revelada pelos dados particulares de um litígio ou pela mudança das circunstâncias mais gerais da sociedade. As circunstâncias são mutáveis. Mas, sobre a justiça, caberia dizer o que César disse sobre um dos rios da Gália: é tão calmo que não é possível saber para que lado corre.

Seria possível encontrar manifestações do mesmo espírito de preexistência em outros métodos ou instituições importantes: as ficções extraíam elementos constitutivos da obrigação de continuar a fazer no presente o que foi feito no passado. Segundo o mesmo espírito, os mecanismos corretivos respeitam o que corrigem: as regras de *equity* não podem extinguir a *common law*, elas a "seguem". O segundo significado do princípio de preexistência (apresentar o que tem "mais" valor como preexistente ao que tem "menos" valor) é mais típico do direito moderno que, a partir do século XIX, não aprecia no costume aquilo que julga irracional e aquilo que considera ilegítimo (uma vez que o costume se choca com as manifestações presentes da vontade soberana, sobretudo na era democrática). Para isso, a ideia de preexistência está longe de deixar de preocupar: por exemplo, cabe associar-lhe a afirmação de Dicey, segundo a qual os direitos individuais preexistem à constituição, em vez de serem concedidos por ela. De fato, não é possível basear tudo na vontade legislativa num sistema em que esta, por um lado, repousa sobre um fundamento consuetudinário e, por outro, começou a desincumbir-se de uma missão essencialmente corretiva, pouco distinta, em épocas remotas, da missão das jurisdições. Esse princípio de preexistência não é inteiramente distinto de outro princípio acessório importante do espírito consuetudinário: o princípio de consentimento. O que se situa "antes" frequentemente é um consentimento (o uso imemorial). Mas, simetricamente, é o consentimento contemporâneo (dos juízes, da nação) que dá autoridade à referência ao passado.

Por fim, a terceira faceta do espírito consuetudinário poderia ser encontrada num princípio de perfeição. Quer se trate de uma convicção profunda, quer apenas de um princípio de interpretação, o fato é que o direito foi entendido, por muito tempo, como perfeito na prática. Blackstonc gabava sua "excelência". A *common law* esteve por muito tempo – e em certa medida continua – cercada por essa auréola de reverência. A constituição foi muitas vezes, da mesma maneira, julgada excelente, e abunda em semelhantes máximas de perfeição, nem todas antigas como o reino: Dicey, em 1885, julgará que as garantias que cercam a liberdade individual são "tão completas quanto podem ser em direito". Assim como a preexistência era uma condição jurídica (a imemorialidade de um costume devia, por exemplo, ser provada diante da jurisdição onde era alegada), o princípio de perfeição também tem seu papel no entendimento do sistema jurídico – em relação, aliás, com a preexistência: o que foi fixado é perfeito. É o que ocorre com a antiga máxima, segundo a qual "ninguém sai da chancelaria sem remédio", ou com aquela segundo a qual "nenhuma infração (*wrong*) fica sem solução". Esta última máxima continuou sua carreira na qualidade de guia de interpretação para os juízes: significa – lembra um juiz em 1884 – "que infração legal e solução legal são termos correlativos, e ela seria mais bem expressa se invertida, dizendo-se: 'onde não há solução legal, não há infração legal'". Essa tendência, porém, entrou em recesso no século XX, quando se assistiu, por exemplo, à supressão da maioria dos efeitos legais da máxima "o rei não pode agir mal". De fato, a tendência a reconhecer a perfeição não é, certamente, uma das características do gosto moderno. A *common law* não foi poupada por um processo de crítica aprofundada de suas fundações e de suas ramificações. De certo ponto de vista, pode-se ver nessa tendência alguma desconfiança em relação à história ("o objetivo social [...] é obscurecido e apenas parcialmente atingido, em consequência do fato de que a forma da regra decorre de um desenvolvimento histórico gradual", escrevia Holmes em 1897). Mas, por outro lado, na *common law*, o que é tomado da religião da história só pode ser entregue à razão: é como o lento movimento de um pêndulo. Por um equilíbrio de forma idêntica, o espírito consuetudinário nunca deixou de coexistir com uma tendência voluntarista. A capacidade do rei de dar origem ao direito na prática nunca foi discutida. As teses prerrogativistas do século XVII pecaram por excesso, ao afirmarem que não há direito que não provenha do rei (*rex est lex*). A renovação voluntarista foi possibilitada pela crítica acerba às bases consuetudinárias do direito, feita por Bentham na virada do século XVIII. Não que Bentham tenha conseguido implantar sua visão de um direito inteiramente oriundo da vontade de uma legislatura soberana desenvolvida numa série de códigos interdependentes. Mas, para recoser a túnica sem costura da *common law*, era preciso propor uma compreensão do direito que integrasse suas críticas e o espírito racionalista e reformador por ele representado. O crescimento administrativo e social do Estado, repousando sobre a prática do governo por parte da legislação, levou a tal conciliação.

Hoje em dia ninguém mais duvida da importância da legislação, que é a própria base de numerosas ramificações do direito e fonte da maioria das competências assumidas pelas autoridades executivas. Fato é que o lugar ocupado por essa legislação está, em uma certa medida, sob o império das decisões judiciais. Assim, a Câmara dos Lordes desempenhou papel importante na integração do direito comunitário no direito inglês, integração por muito tempo entravada por uma leitura estrita do princípio de soberania do Parlamento. A importância crescente do direito internacional, contudo, é um processo que, se não tende a abolir a influência recíproca das tendências voluntaristas e consuetudinárias, tende pelo menos a demandar sua combinação. Assim, foi pela lei que a Convenção Europeia dos Direitos do Homem foi incorporada no direito do Reino Unido. Mas cabe às jurisdições a competência de verificar as violações às disposições dessa convenção pelo direito interno. Na verdade, muita coisa depende daquilo que os juízes consentem em reconhecer, e não é necessariamente irreversível a recusa em arvorar-se em juízes da lei ("nós temos assento aqui na qualidade de Corte de Apelação do Parlamento", J. Willes, juiz de *Common Pleas*, em 1871). Por tudo isso, poder-se-ia dizer que o espírito consuetudinário e a tendência voluntarista não são inteiramente distinguíveis na cultura jurídica britânica; assim, o voluntarismo não é apenas perceptível no favor de que goza a legislação, mas também no favor de que gozam as jurisdições na formação do direito. Quem não quiser reconhecer que os juízes aplicam um direito imemorial será obrigado a conformar-se com a ideia de que tudo se baseia na *vontade* deles, ainda que ela esteja encerrada no rigoroso sistema dos precedentes. É deles que depende a força das leis parlamentares, e sua autoridade não depende de nenhuma constituição escrita ou de nenhum estatuto. Assim, quem insistir no fato de que o direito inglês é feito pelos juízes (*judge-made*) estará muito além ou muito aquém da realidade. Muito além em razão da limitação que pesa sobre a possibilidade de formulação do direito por parte dos juízes: essa possibilidade é contida pela obrigação de mantê-lo, conforme se expressa na regra do *stare decisis*. Muito aquém, porque em regiões como as nossas, dominadas por uma doutrina tão forte do poder constituinte, percebe-se mal que o Parlamento só é soberano pela consagração dos juízes.

Outro aspecto característico da tradição jurídica britânica está nas formas pelas quais é buscada a verdade factual. Uma cultura jurídica não mantém relações mais estreitas com a civilização de que é oriunda do que em seus modos de revelar a verdade factual. Ela não pode impor tais formas a uma sociedade reticente demais (Guilherme, o Conquistador, ainda deve estar ardendo no inferno por ter importado o *trial by battle* para a Inglaterra). Inversamente, o direito judiciário deixa impressão profunda sobre a visão comum da verdade. Em nenhum lugar isso é mais verdadeiro do que na tradição da *common law*. Não é possível conceber instituição mais representativa dessa tradição do que o júri. A instituição do júri é indissociável da história do direito da prova. Parece que a referência a um júri de doze homens da localidade, escolhidos pelo conhecimento que têm dos fatos litigiosos, é a solução encontrada pelos juízes da *common law* para estabelecer a verdade judiciária, depois que o concílio de Latrão IV repudiou os ordálios. É entre o século XVI e o XVII que o júri se torna aquilo que conhecemos, a saber, um órgão neutro e imparcial, ignorante dos fatos censurados. A instituição do júri não é independente dos princípios que regem o direito da prova: ela explica em especial a insistência no testemunho. Contudo, provavelmente foi só depois de meados do século XVIII que o testemunho se impôs como a modalidade de prova por excelência na *common law*. Também nessa época se cristalizaram as grandes regras que governam a prova oral: proibição do ouvir-dizer (*hearsay*), privilégio contra a autoacusação, regras estritas de admissibilidade. A testemunha, hoje, conserva posição central, mas não ocorre o mesmo com o júri: este só existe marginalmente, tanto em matéria civil (difamação, "*false imprisonment*", "*malicious prosecution*") quanto criminal (as infrações mais graves, chamadas "*trial on indictment*").

Há um elo estreito entre a existência do júri, a importância das testemunhas e a maneira como se estruturou o procedimento do *trial at common law*, que acabou por ser considerado um dos direitos fundamentais do povo inglês. O processo (*trial*) é diligenciado, segundo princípios acusatórios, pelas partes que formulam atos postulatórios (*pleadings*); segundo a *issue* (o pedido, ponto que o autor quer ver reconhecido), a parte contrária podia rejeitar *in totum* a pretensão (*general pleading*), ou seja, opor *special pleadings* (por exemplo, reconhecer os fatos, mas alegar que foram cometidos em situação de legítima defesa). A ciência dos *pleadings* logo atinge um grau de extremo refinamento, com o risco de se multiplicarem os casos em que os processos eram suspensos por vícios formais no jogo complexo de "mútua altercação das partes" (Blackstone). Os *special pleadings* tiveram fases de refluxo (em que se tentou, por exemplo, favorecer o *general pleading* autorizando que ele fosse acompanhado de provas que estabelecessem aquilo que teria sido antes pleiteado de forma especial: "não culpado", com prova de legítima defesa, por exemplo), ou, ao contrário, fases de prosperidade. O sistema foi integralmente reformado em meados do século XIX.

Voltemos a uma questão formal. O crescimento e, depois, o declínio do júri desempenha papel decisivo na história da apresentação dos julgamentos: o juiz civil inglês, quando assume a missão do júri, não dá seu próprio "veredicto". Profere um julgamento amplamente circunstanciado, em que se mesclam o direito e os fatos. Esse resultado de um acidente histórico, contrário em certa medida ao ideal de concisão da *common law* clássica, acabou por conferir colorido particular à maneira de fazer justiça. Função jurisdicional e reflexão doutrinal estão unidas. Se puséssemos diante dos olhos de um perfeito estrangeiro, por um lado, uma sentença proferida por uma jurisdição francesa e, por outro, a decisão de algum magistrado britânico, e se lhe perguntássemos "De quem é isto?", ele provavelmente responderia que o primeiro documento, conforme demonstra sua brevidade imperial, emana de um príncipe que proferisse um julgamento, e que o segundo, ao contrário, deve provir de um jurisconsulto, ou de conselheiro que só preconiza solução ao cabo de longos arrazoados. Parece que o juiz francês apagou, na medida do possível, todo e qualquer vestígio das incertezas que acompanham a deliberação. O juiz britânico, por sua vez, pretende mostrar o pouco uso que fez de sua vontade própria. Um consente em dar os "motivos" de uma decisão que é firmemente a sua. O outro consolida com uma "opinião" uma decisão que lhe é como que exterior, vinculada por uma ficção a um direito que nunca teria mudado.

➤ BAKER J. H., *An Intoduction to English Legal History*, Butterworth, 1990. – BLACKSTONE, *Commentaries on the Laws of England*, A facsimile of the first edition of 1765-1769, Univ. of Chicago Press, 1979, 4 vols. – LÉVY-ULLMANN H., *Le Système juridique de l'Angleterre* (1928) reprint Éd. Panthéon-Assas, 1999. – DAVID R. & BLANC-JOUVAN X., *Le Droit anglais*, PUF. "Que sais-je?". – JOLOWICZ E. A. (org.), *Droit anglais*, Dalloz, 1992. – MAITLAND F. W. & POLLOCK F., *The Constitutional History of England, a course of lectures (...)*, Cambridge, Univ Press, 1908.

Denis BARANGER

→ *Bill of Rights; Common law;* Direito privado, direito público; *Habeas corpus;* Júri; *Magna Carta.*

INJÚRIA, DIFAMAÇÃO, OFENSA

No contexto do direito francês, as noções de injúria, de difamação e de ofensa remetem, não a três infrações, mas a três *séries de infrações* definidas pela Lei de 29 de julho de 1881 sobre a liberdade de imprensa e pelo Código Penal (injúrias e difamações não públicas, injúrias e difamações não públicas de caráter racista ou discriminatório). O conhecimento dos fundamentos da unidade dessas categorias jurídicas permite compreender ao mesmo tempo o renascimento permanente característico das infrações de injúria e de difamação e a obsolescência dos delitos de ofensa.

Unidade das infrações de injúria, de difamação e de ofensa

Essa unidade procede de várias considerações. O fato é que a história jurídico-política dessas infrações, em geral comum, permite fixar algumas balizas da história geral da liberdade de imprensa na França desde a Revolução até a lei de 1881. De outro lado, as infrações de injúria, de difamação e de ofensa têm em comum visar atos de linguagem (art. 23 da Lei de 1881). Essa segunda proposição não tem, porém, um alcance geral, porquanto, admitindo que uma ideia pode expressar-se tanto por um ato de linguagem quanto por um ato não verbal (um gesto, uma atitude, uma mímica), inúmeros sistemas jurídicos aplicam igualmente esse tipo de infrações a atos não verbais. Aliás, o direito francês (Lei de 18 de maio de 1941 que reprime "a ofensa por gestos" ao chefe de Estado) pôde sancionar atos não verbais como abuso da liberdade de expressão, e a circunstância de que a Lei de 1881 não remeta ao seu artigo 23 para a identificação das ofensas a chefe de Estado e a representantes estrangeiros pôde ser interpretada como a autorização da aplicação dessas qualificações a atos não verbais. Mais uma consideração favorável à aproximação das injúrias, das difamações e das ofensas se deve ao fato de todas essas infrações serem limitações da liberdade de expressão. É por serem justificadas pela proteção da honra, da reputação ou da consideração das pessoas, de certas categorias de pessoas ou de certas autoridades sociais que se reputa que essas infrações procedem de motivos juridicamente legítimos: a "proteção dos direitos alheios" e a "proteção da reputação alheia".

As difamações, as injúrias e as ofensas se incluem, por certo, entre as mais delicadas das infrações. Isso de deve à natureza dos constrangimentos que pesam sobre o juiz para a identificação e a sanção delas. Com efeito, supõe-se que o juiz objetive um valor, a honra, que é confusamente um sentimento individual e um código social e moral que não escapa à historicidade. Ele deve também levar em consideração a vocação da liberdade de expressão a ser coberta, tanto das informações ou das ideias "acolhidas com favor ou consideradas inofensivas ou indiferentes" quanto das informações ou das ideias "que ferem, chocam ou inquietam o Estado ou uma fração da população" (Tribunal Europeu dos Direitos Humanos, *Handyside c/ Reino-Unido*, 7 de dezembro de 1976). Ele ainda deve levar em conta, antes de concluir pela existência de uma dessas infrações, a diferença julgada necessária, pelo Tribunal Europeu dos Direitos Humanos, entre "questões suscetíveis de ofender convicções íntimas, no campo da moral e, especialmente, da religião" e discursos políticos ou discursos que dizem respeito a questões de interesse geral. É precisamente à luz desses constrangimentos que devemos compreender que as infrações de difamação e de injúria se tenham renovado significativamente na França e, de modo mais geral, nos Estados democráticos, ao mesmo tempo que os delitos de ofensa aos governantes ficaram para trás.

Renascimento permanente das infrações de injúria e de difamação

Em direito francês, a noção de difamação designa "toda alegação ou imputação de um fato que atente contra a honra ou a consideração da pessoa ou do corpo ao qual o fato é imputado". Paralelamente, considera-se injúria "toda expressão ultrajante, termos de desprezo ou invectiva que não contenha a imputação de nenhum fato". Por isso a diferença entre difamação e injúria em geral se estabelece através da existência ou não da imputação de um fato. Numa história simplificada, a distinção assim estabelecida pela lei francesa se analisa como a consequência de dois fenômenos: a laicização da condenação cristã dos pecados de inveja representados pela maledicência e pela calúnia; a autonomização das noções de difamação e de injúria em relação à infração de calúnia, tendo esta perdido o caráter genérico que ela ainda tinha no Código Penal de 1810 para dar lugar às quatro categorias autônomas representadas pela difamação, injúria, ofensa e denúncia caluniosa.

Inúmeros aspectos relativamente recentes do regime das injúrias e das difamações justificariam uma análise particular. Tal como (Assim), dessa forma de padrão democrático constituído pela imunidade concedida nessa matéria aos discursos realizados no interior das assembleias parlamentares e aos relatórios e documentos impressos por ordem das assembleias. Como (Assim) também, e tratando-se especialmente do direito francês da difamação, de certas regras relativas à exceção de verdade da alegação litigiosa, tal como a recusa do legislador em admitir a *exceptio veritatis* nos casos em que essa alegação diz respeito à vida privada, refere-se a fatos que remontam a mais de dez anos, visa um fato anistiado ou prescrito, tal como, também, a admissão pela jurisprudência de uma desculpa de *boa-fé* do autor das imputações litigiosas, em caso de dificuldade ou de impossibilidade deste em trazer a prova de suas alegações.

O ponto nevrálgico da regulamentação contemporânea das difamações e das ofensas por certo reside na ampliação dos titulares do "direito à honra" de que essas infrações são a interface. De fato, a honra suscetível de ser atingida por uma difamação ou uma injúria não é somente a das "pessoas privadas" – podendo estas ser, aliás, grupos dotados da personalidade jurídica – uma vez que a lei francesa identifica várias outras categorias de difamações e de injúrias: as difamações e as injúrias contra as cortes, os tribunais, os exércitos, os corpos constituídos e as administrações públicas; as difamações e as injúrias contra um membro do governo ou um parlamentar, um funcionário público, um depositário ou agente da autoridade pública, um jurado ou uma testemunha em razão de seu depoimento; as difamações e as injúrias contra os agentes públicos; as difamações e as injúrias contra a memória dos mortos, sendo estas, aliás, passíveis de punição apenas na medida em que seus autores tivessem tido a intenção de atacar a honra ou a consideração dos herdeiros, cônjuges ou legatários universais vivos; as difamações e as injúrias raciais ou religiosas, sendo estas sido fixadas pela *Lei Archambeau* (decreto-lei sobre a imprensa de 1º de abril de 1939) que foi posta novamente em vigor em 1944 depois de ter sido ab-rogada em 1940. Essa lista pode ser ainda alongada em virtude, notadamente, de uma importação na França de duas outras categorias jurídicas conhecidas de certos Estados europeus ou na América do Norte, as difamações e injúrias *homófobas* ou *sexistas*.

Essa multiplicação das categorias protegidas no título das difamações e das injúrias sugere que essas infrações vão além do âmbito da proteção de um direito individual para participar da proteção das instituições e, novamente, da proteção de uma ordem social que recusa as distinções fundadas na raça e que exalta o pluralismo das crenças. Todavia, embora a raridade contemporânea dos processos por difamação ou injúria contra instituições públicas tenha dissipado as indagações clássicas sobre a justificação liberal dessas infrações, o mesmo não ocorre com as difamações ou injúrias religiosas ou raciais. Considerada em sua expressão mais prosaica e unicamente no contexto europeu, a contestação dessas categorias jurídicas tende a assimilá-las seja a uma sobrevivência, incompatível com o princípio de neutralidade ou de laicidade do Estado, dos crimes de blasfêmia ou de sacrilégio (injúrias e difamações religiosas), seja a um sistema de encerramento de toda discussão sobre a igualdade racial e as políticas estatais em matéria de imigração (injúrias e difamações raciais). A circunstância de que essas infrações tenham recebido a unção do Tribunal Europeu dos Direitos Humanos (*Otto Preminger-Institut c/ Áustria*, 20 de setembro de 1994; *Jersild c/ Dinamarca*, 23 de setembro de 1994) não encerra totalmente a discussão filosófica sobre sua justificação liberal: quer que se apreenda com desconfiança a ideia de uma *difamação coletiva*; quer, ao contrário, que se considere que essas infrações não saem do âmbito da defesa dos direitos individuais, na medida em que toquem a atos suscetíveis de ferir e, portanto, de causar um dano a outrem e que, sobretudo, em matéria de injúrias e de difamações raciais ou religiosas, "dizer é fazer" ou, pelo menos, encorajar ou incitar o ódio racial ou religioso.

Obsolescência dos delitos de ofensa

São três infrações abrangidas pela noção de ofensa. A primeira, a ofensa ao Presidente da República, é definida pelo artigo 26 da Lei de 1881. Essa infração é uma herdeira remota do *crimen majestatis* instituído sob a República romana e cuja celebridade foi fixada pelo Império através da crueldade dos castigos que lhe eram vinculados, tais como o suplício do fogo ou a condenação às feras. Do *crimen majestatis* à ofensa ao Presidente da República, passando pelo crime de lesa-majestade do Antigo Direito, a proteção da honra e da dignidade do príncipe contra as injúrias e as difamações nunca deixou de ser, entretanto, um dos instrumentos de defesa do regime político vigente. Essa contiguidade entre proteção da honra do Príncipe e proteção do regime se verifica historicamente na adjunção à proteção da honra do chefe do Estado, seja uma proteção da honra dos membros de sua família (Lei de 17 de maio de 1819, sobre os delitos de imprensa, e Leis de 28 de abril de 1832 e de 10 de junho de 1853, que modificaram o Código Penal), seja de uma proteção da honra dos membros do governo ou das assembleias parlamentares (Lei de 17 de maio de 1819 e Decreto de 11 de agosto de 1849 sobre a imprensa, Lei de 10 de junho de 1853, modificando o Código Penal, e Lei de 29 de dezembro de 1875 sobre a imprensa), seja, e isso desde 1944, de uma proteção da honra da "pessoa que exerce todas as prerrogativas, ou parte delas, do Presidente da República" (art. 26 al. 2 da lei de 1881).

A ofensa ao chefe de Estado foi, porém, domada pela República, tanto pela III, que só a aplicou quatro vezes, quanto pela IV, que a aplicou apenas duas vezes. Podia-se supor que a hipertrofia da função presidencial característica da Constituição da V República conduziria a uma maior solicitação dessa incriminação. Esse temor só se verificou sob a presidência do General De Gaulle, durante a qual não menos de trezentos processos foram instaurados e mais de uma centena de condenações pronunciadas com base no artigo 26 da Lei de 1881, sendo esse zelo dos juízes ainda mais digno de nota pois não poupava nem sequer os que, em 1962, à passagem do cortejo presidencial por ocasião das cerimônias de 11 de novembro, teriam gritado "*Hu! Hu!*" (Processo Vicari) ou "*Aposentadoria!*" (Processo Castaing). Depois do General De Gaulle, os processos abertos por ofensa ao Presidente da República se tornaram mais raros até desaparecerem sob Valéry Giscard d'Estaing e François Mitterand. Essa decadência do artigo 26 da Lei de 181 se formalizou na promessa feita aos eleitores pelos sucessores do General De Gaule de não dar seguimento –

a vítima não dispõe de nenhum poder de ação na matéria – aos processos por ofensa ao Presidente da República. Governantes e magistrados davam, assim, provas da estabilidade das instituições republicanas, da concorrência de regras e de procedimentos de defesa republicana reputados mais eficazes, de uma definição ampliada do espaço do debate democrático, da crítica dos poderes e da caricatura política.

Além da proteção penal da honra e da dignidade do chefe do Estado, a noção de ofensa remete a duas outras infrações instituídas pela Lei de 29 de julho de 1881: "A ofensa cometida publicamente contra os chefes de Estado estrangeiros, os chefes de governo estrangeiros e os Ministros do Exterior estrangeiros de um governo estrangeiro" (art. 36) e "o ultraje cometido publicamente contra os embaixadores e ministros plenipotenciários, enviados, encarregados de negócios ou agentes diplomáticos credenciados junto ao governo francês" (art. 37). Essas duas infrações, que não se distinguem muito por seu regime, podem ser olhadas como uma espécie de espelho intraestatal de certos privilégios e imunidades concedidos pelo direito internacional (Convenção de Viena de 18 de abril de 1961 sobre as relações diplomáticas) a certos atores das relações internacionais. A ofensa contra um chefe de Estado estrangeiro consiste, segundo a Corte de Cassação, em "toda expressão ofensiva ou de desprezo, toda imputação difamatória ou injuriosa que, tanto por ocasião do exercício das funções como da vida privada, são capazes de atingir um chefe de Estado estrangeiro em sua honra, sua dignidade ou na delicadeza de seus sentimentos". Ressalta notadamente dessa definição que, diferentemente da ofensa ao Presidente da República, a ofensa ao chefe de Estado estrangeiro abrange, ultrapassando-as, as injúrias e as difamações. Essa infração se singulariza também pela regra de processo que requer que a ação pública só possa ser desencadeada a partir de uma queixa da vítima dirigida por via diplomática ao ministro das Relações Exteriores, sendo este encarregado de transmiti-la ao ministro da Justiça (art. 48 da lei de 1881). A ofensa ao chefe de Estado estrangeiro também se singulariza por regras de prova derrogatórias ao direito comum da difamação. Assim, o ônus da prova da intenção de prejudicar compete, nessa matéria, à parte requerente, e a exceção da verdade das alegações litigiosas não exonera de sua responsabilidade penal as pessoas processadas, ou seja, os diretores de publicação ou os editores enquanto autores principais e os autores das alegações litigiosas enquanto cúmplices.

Tanto quanto a esse regime singular da prova, a crítica dos artigos 36 e 37 da Lei de 1881 incidiu constantemente sobre dois outros pontos. Primeiro, a própria necessidade dessas incriminações não parece estabelecida, pois as infrações de difamação e de injúria parecem ser suficientes para proteger a honra e a dignidade dos representantes de Estados estrangeiros. Sobretudo, o objeto da ofensa a representantes de Estados estrangeiros é pelo menos inapreensível, pois sua não definição pela lei e sua vocação para aplicar-se a um número ilimitado de fatos ficam ainda mais problemáticas porque, de um lado, o princípio constitucional de "definição clara e precisa das infrações" parece afetado e, do outro, esse desconhecimento se refere a uma liberdade fundamental, a liberdade de expressão. Ora, essa indeterminação do objeto do delito de ofensa a chefe de Estado estrangeiro tem a dupla consequência de confiar ao juiz um poder quase soberano de apreciação e, na mesma ocasião, colocar os escritores, os jornalistas, os diretores de publicação e os editores numa situação de insegurança jurídica.

A recusa da Corte de Cassação de anuir a todas essas críticas ou parte delas podia, entretanto, justificar-se pelo fato de esse contencioso ter decrescido muito no século XX. Assim como os representantes de Estados democráticos não foram levados a solicitar na França uma forma de proteção de sua honra ou de sua dignidade que eles não conheciam muito em seu próprio solo, aos representantes de Estados não democráticos repugnava solicitar a proteção da Lei de 1881, dado que um processo é uma caixa de ressonância das alegações dirigidas contra eles, dado igualmente a maior vantagem proporcionada por uma solução diplomática feita de escusas ou de desculpas oficiais do Governo francês. O Tribunal Europeu dos Direitos Humanos anulou a sentença da Corte de Cassação, porque tal como é organizada pela lei francesa, a ofensa a chefe de Estado estrangeiro constitui "um privilégio exorbitante" que não poderia conciliar-se com "a prática e as concepções políticas" contemporâneas (*Colombani c/ França*, 25 de junho de 2002).

› AUSTIN J. L. *How to do Things with Words*, Londres, Oxford Univ. Press, 1962 (trad. fr. *Quand dire, c'est faire*, Paris, Le Seuil, 1970). – BEIGNIER B., *L'honneur et le droit*, Paris, LGDJ, 1995. – DARTEVELLE P., DENIS P. & ROBYN J., *Blasphème et libertés*, Paris, Le Cerf, 1993. – DELUMEAU J., *Injures et blasphèmes*, Paris, Imago, 1989. – FARGE A., *Dire et mal dire: l'opinion publique au XVIIIe siècle*, Paris, Le Seuil, 1992. – LAMY B. de, *La liberté d'opinion et le droit pénal*, Paris, LGDJ, 2000. – ROUSSIN P., *Critique et affaires de blasphème à l'époque des Lumières*, Paris, Honoré Champion, 1998. – TROPER M., "La loi Gayssot et la Constitution", *Annales (Histoire, Sciences Sociales)*, nov.-dez. de 1999, nº 6, pp. 1239-55.

Pascal MBONGO

→ Antissemitismo; Censura; Crimes e delitos; Duelo; Honra; Imprensa; Raça e racismo.

INQUISIÇÃO

"Inquisição" já não tem sentido técnico na língua do direito moderno. No entanto, a teoria jurídica ainda a utiliza para designar um gênero de processo penal particular, o processo inquisitório, em oposição ao processo acusatório. Do ponto de vista histórico, entende-se, sobretudo, por processo de inquisição (*per inquisitionem*) o processo instituído pelo papado no final do século XII e no início do XIII para suprir a insuficiência do processo *per accusationem* e facilitar a ação contra réus e sua punição. Mais tarde, a busca e a ação contra hereges foram entregues a *Inquisidores da fé*, e seus tribunais foram qualificados de tribunais de Inquisição, ao passo que a luta contra a heresia se intitulava *Inquisitio hereticae pravitatis* (a busca da depravação herética).

Aparecimento do processo inquisitório

A Igreja, enquanto sociedade perfeita, detém desde suas origens o poder de fazer leis e de impor preceitos a seus filhos batizados. O poder judiciário daí derivado logicamente a autoriza a julgar os crimes deles, seja no foro interno, no tribunal da penitência, seja no foro externo, perante os tribunais eclesiásticos. O processo inquisitório foi regulamentado pelo papa Inocente III para dar mais rigor às leis penais eclesiásticas, por Decretais de 1198, 1199, 1206, 1212 e 1213. O quarto concílio de Latrão proclamará solenemente em seu oitavo cânone as novas regras processuais, repetindo a decretal *Qualiter et quando* de 29 de janeiro de 1206, que, à maneira de um verdadeiro resumo, lembra que, assim como a acusação deve ser precedida da "inscrição" e a denúncia da "exortação caritativa", a inquisição (cujo nome figura pela primeira vez na decretal *Licet Heli* de 2 de setembro de 1199) só pode ocorrer em caso de difamação pública. O superior exporá então ao indivíduo, contra quem quer informar, os pontos de acusação, os nomes das testemunhas e o conteúdo dos depoimentos, e receberá seus meios de defesa, antes de se pronunciar. O processo de inquisição, assim apresentado como uma novidade, amparado em textos da Santa Escritura (Lucas, XVI, 1 e s.; Gen., XVIII, 21), visava uma repressão mais eficaz dos excessos cometidos pelos membros do clero, sobretudo dos clérigos de uma posição elevada. Uma prática que se pode atribuir a Inocente IV (1243-1254) e fundamentada em textos romanos e escriturais autorizou mais tarde o juiz a informar mesmo em ausência de *diffamatio apud bonos et graves*, em caso de crime certo. O rigor desse processo foi depois agravado, com decisões de vários pontífices, sucessores de Inocente III, com o fito de favorecer a luta contra os hereges, em especial contra os albigenses: ignorância pelo acusado do nome das testemunhas de acusação, supressão de certas incapacidades de testemunhar, emprego da tortura, recusa do ministério de advogado.

Inquisição monástica

Foi Gregório IX (1227-1241) que, conferindo a "Inquisidores" monásticos o poder de perseguir a "depravação herética" (*inquisitio haereticae pravitatis*), sem no entanto negar aos bispos sua qualidade de juízes ordinários, foi o criador dos Tribunais da Inquisição. Sua atividade é-nos conhecida pelas decisões pontifícias que a eles se reportam, pelos arquivos conservados da Inquisição, enfim, pelos manuais redigidos pelos Inquisidores para seu próprio uso ou pelo de seus sucessores, como a *Practica inquisitionis hereticae pravitatis* de Bernard Gui, inquisidor de 1307 a 1323 ou o *Directorium Inquisitorum*... de Nicolas Eymeric (1329-1399). O regime inquisitorial inaugurado na França meridional, e confiado aos dominicanos, foi progressivamente estendido a toda a Cristandade latina, com exceção da Inglaterra, sob o pontificado de Gregório IX. Os inquisidores recebem sua jurisdição diretamente do papa, sendo esta a característica própria da instituição. Além dos auxiliares habituais de toda jurisdição (notários-escrivães, carcereiros, sargentos, *exploratores* a um só tempo policiais e espiões, etc.), encontramos ao lado do inquisidor uma espécie de conselho que compreende de vinte e cinco a cinquenta e uma pessoas, que ele consulta antes de dar sua sentença. O processo propriamente dito só começava depois de um "tempo de graça" ou "de indulgência" em cujo decorrer os hereges podiam obter facilmente o perdão, enquanto um "edito de fé" ordenava a todos os cristãos do lugar denunciar os hereges notórios ou os suspeitos de heresia. As pessoas assim denunciadas pelos fiéis ou pelo rumor público (*diffamatio*, *infamia*) eram citadas pelo inquisidor e eram comunicadas das acusações levantadas contra elas. Contrariamente ao direito comum, o nome das testemunhas era dissimulado, mas apenas com vistas a proteger as testemunhas contra as represálias da família do acusado e, mormente, dos outros hereges. A sentença era pronunciada depois no decorrer de uma cerimônia solene, o *sermo* generalis. Bastará assinalar que as penas eram muito mais clementes, mesmo nos momentos mais fortes da heresia, do que a lenda espalhou. As absolvições eram numerosas, assim como as sanções puramente espirituais, orações ou peregrinações. As penas podiam ser pecuniárias (multas, confiscos) ou infamantes (porte de sinais distintivos); nos casos mais graves, penas de flagelação ou de prisão (o *murus*), cuja severidade era graduada de acordo com a responsabilidade do condenado, até o *murus strictissimus*, reclusão na escuridão e os ferros, enfim pena de morte, excepcional, uma vez que só podia atingir os hereges relapsos ou impenitentes. O tribunal do inquisidor evidentemente não ordenava o suplício do condenado, pois "a Igreja tem horror do sangue", mas declarava somente em sua sentença que, estando a Igreja desarmada perante o impenitente ou o relapso e já não tendo a esperança de emendá-lo, ela o abandonava ao braço secular. O papel da Inquisição declinou consideravelmente depois, quando os soberanos resolveram pô-la a serviço de seus interesses políticos, atingindo seus próprios inimigos como inimigos de Deus. Na França, o domínio monárquico sobre a Inquisição começa já no reinado de Filipe, o Belo, com o processo dos templários (1307-1314) e, apesar das resistências pontifícias, ela prosseguiu nos séculos XIV-XV. No século seguinte, a repressão do protestantismo foi entregue aos tribunais régios.

Inquisição espanhola

Denominada Santo Ofício da Inquisição, criada em 1478 pelo papado a pedido dos reis católicos, ela foi incomparavelmente mais rigorosa do que a Inquisição monástica medieval que, paradoxalmente, não fora ativa nessas regiões da cristandade. Instaurada para atingir os judeus e os muçulmanos convertidos somente em aparência e que continuavam a prática de sua religião de origem (marranos e mouriscos), a Inquisição estendeu sua competência a todos os crimes contra a religião, depois à heresia protestante. Napoleão I a aboliu em 1808. Restabelecida por Ferdinando VII já em sua restauração, ela será suprimida definitivamente em 1820. Não se deverá confundir a Inquisição, ou Santo Ofício da Espanha de que acabamos de tratar, com a Congregação da Suprema Inquisição ou Congregação do Santo Ofício instituída pela bula *Licet ab initio*, de 21 de julho de 1542. Sua missão era opor-se aos progressos da Reforma Protestante. Essa comissão, composta de seis cardeais, tinha uma competência jurisdicional universal, que atraía a si todas as causas referentes à fé: heresia, apostasia, cisma, feitiçaria, delitos eclesiásticos, etc. A Inquisição romana não era, portanto, um rejuvenescimento da velha Inquisição medieval, mas uma criação nova, que conservou até a era moderna a sua fisionomia original, apesar de sua transformação, em 1965, por uma decisão de Paulo VI, em Sagrada Congregação para a Doutrina da Fé e a supressão do Índex dos livros proibidos.

› GUIRAUD J., *L'inquisition médiévale*, 1928. – TANON L., *Histoire des Tribunaux de l'Inquisition en France*, 1893. – Cole.: *Dictionnaire de théologie catholique*, v. Inquisition; Office (Congrégation du Saint-Office);

Dictionnaire apologétique de la foi catholique, v. Inquisition; Saint-Office; *Dictionnaire de Droit Canonique*, v. Inquisition.

André LAINGUI

→ Crimes e delitos; Pena; Processo penal.

INSTITUIÇÃO (Doutrina)

Para Maurice Hauriou, o principal tema é a ideia de contrapeso. Movimento de autolimitação, equilíbrio e contrapeso são as palavras que sempre tentam sua pena. Nessas condições, a teoria da instituição é fundamental em sua obra, pois ela permeia e coordena as preocupações de seu criador (L. Sfez, 1966). Três parágrafos formarão o corpo dos desenvolvimentos: essência da instituição; direito disciplinar; direito estatutário.

Essência da instituição

Hauriou se interessa pelas instituições consideradas como elementos da organização social, com exclusão dos meios da técnica do direito. Para ele, há duas espécies de instituição: instituições vivas, que se orientam para a personalidade jurídica; instituições inertes da categoria das coisas. Sua diferença fundamental reside na autonomia ou na ausência de autonomia. As "instituições vivas" têm uma autonomia interna que lhes permite perseguir por si mesmas seus objetivos e cumprir suas funções, ao passo que as "instituições-coisas" não possuem essa autonomia. Entre as "instituições vivas", o primeiro lugar é dado às instituições políticas. Nesse sentido, os clãs e a tribo foram políticos, mas a maioria das instituições modernas não o é, pois só requerem a atividade dos seus membros em vista de um objetivo muito restrito e especializado. Assim entendida, a instituição política se insere na categoria da instituição viva, que o autor define como organização social "em relação com a ordem geral das coisas, cuja permanência individual é garantida pelo equilíbrio interno de uma separação dos poderes, realizando em seu âmago uma situação jurídica" (M. Hauriou, 1910).

Cabe decompor os elementos dessa definição (definição ligeiramente diferente é dada na 6ª edição do *Précis de droit administratif*, p. 8.). 1 / Instituição é uma organização social, ou seja, uma organização feita por um grupo de indivíduos. Mas, envolvendo uma coletividade e, ao mesmo tempo, tendo existência autônoma devido à sua organização, ela constitui uma verdadeira realidade social separável dos indivíduos. 2 / Instituição é uma organização social estabelecida em relação com a ordem geral das coisas. Há aí um fenômeno de reconhecimento que é indispensável. 3 / Instituição é uma organização social cuja permanência é garantida por um equilíbrio de forças internas. A duração é condição fundamental. Uma obra que, embora bem organizada, não pareça capaz de sobreviver a seu fundador não seria uma instituição. Só por esse elemento já se reconhece que a instituição é uma coisa social, pois lhe é necessário separar-se do indivíduo, sobrevivendo a ele. Simultaneamente, o movimento é outra condição fundamental. E esse movimento é mantido por um equilíbrio de forças internas – coletivas ou individuais, materiais, ideais ou morais. Por fim, em torno de uma instituição se desenvolvem sentimentos morais e princípios de conduta inspirados especialmente por um ideal de justiça. Todas essas forças de tipos diferentes se equilibram entre si. Mas convém perceber que não se trata de um equilíbrio estático, análogo ao da balança; trata-se do equilíbrio dos organismos vivos, nos quais as energias são mantidas em seu estado de combinação pela supremacia de uma delas. Para que uma nação constitua um corpo político (ou instituição), é preciso que, de todas as forças por ela contidas, uma tenha emergido o suficiente para dominar todas as outras e constituir, assim, a base do edifício. Mas esse poder de dominação não poderia manter-se sozinho. Será equilibrado pela separação dos poderes, "signo exterior das instituições".

Como essa coerção pode ser mantida? Essencialmente pela aceitação da dominação por parte das outras forças. Assim, numa assembleia deliberativa, a minoria, embora regularmente vencida nos escrutínios, continua deliberando e tomando parte nos trabalhos da assembleia, contribuindo para constituir o quórum. Da aceitação da instituição pelas forças dominadas resulta, entre todos os indivíduos englobados pela instituição, um estado de paz social que favorece a criação das situações estabelecidas. A noção de equilíbrio, como se vê, é a noção-chave da teoria da instituição. Ela será confirmada em cada uma das análises parcelares, do direito administrativo em particular (o equilíbrio é a noção-chave da instituição, teoria que dá o tom ao conjunto da obra constitucional e administrativa de Hauriou, sempre animada por grande preocupação com a coerência [L. Sfez, 1966]). Aliás, ela converge para a vontade sistemática do autor de adotar vias doutrinais intermediárias (a principal delas é a via intermediária entre o direito objetivo e o direito subjetivo).

Portanto, estudaremos esse novo sistema de equilíbrio expondo sucessivamente: direito disciplinar e direito estatutário.

Direito disciplinar

"O direito disciplinar é constituído pelo conjunto dos atos jurídicos e das regras jurídicas que emanam da autoridade social instituída, tendo como objeto impor medidas aos indivíduos, criar situações oponíveis ou reprimir desvios de conduta, tudo principalmente no interesse da instituição e apenas sob a sanção da força de coerção de que ela dispõe" (M. Hauriou, 1910, p. 137). Analisemos essa definição. Pelo que entendemos, seu sentido é restringido a ponto de apenas designar o conjunto dos meios de repressão de uma administração sobre seus próprios agentes, com base no fato de que ela pode revogá-los. Mas o direito disciplinar não é apenas repressivo, é *orgânico*. O peso da instituição não exerce coerção sobre os membros que, em razão de sua conduta, mereçam ser expulsos, mas exerce coerção sobre todos os membros, para forçá-los a aceitar as organizações internas da instituição. O direito disciplinar não compreende como objeto apenas regras gerais; compreende também atos jurídicos que podem ser particulares em seu objeto, mas apresentam o caráter de serem oponíveis a todos e, por conseguinte, regulamentares do ponto de vista de sua sanção. Toda decisão executória da autoridade produz um efeito de direito, portanto é criadora de direito. Segue-se "que a teoria dos atos de administração ou das decisões executórias, que tanta importância tem no direito administrativo francês, é um capítulo do direito disciplinar. Não preciso acrescentar que toda a hierarquia administrativa com as instituições do recurso hierárquico e do recurso por excesso de poder também dependem disso" (*ibid.*, p. 138). A sanção do direito disciplinar é a coerção pura e simples, ou seja, a execução pela força que é posta à disposição do magistrado. A obrigação preestabelecida de obedecer existe no direito legal porque a lei é concebida de tal modo, que se supõe que todos os cidadãos lhe deram seu consentimento. Mas nada disso ocorre com o direito disciplinar: ele se impõe mesmo sem consentimento. Apesar de não ser direito público de Estado, o direito disciplinar não deixa de ser direito, a tal ponto que o direito público anexa províncias inteiras do direito disciplinar.

Direito estatutário

A instituição engendra o direito estatutário com tanta naturalidade quanto o direito disciplinar. O direito estatutário, tal como o direito disciplinar, comporta regras jurídicas, mas também atos dos quais essas regras procedem. O que naturalmente torna os procedimentos estatutários mais pesados é o sistema majoritário, que busca obter o consentimento de todos os membros do grupo para determinada medida, sem que a minoria emigre para fora da instituição. Esses procedimentos estatutários, portanto, têm grande importância prática, mas também teórica, uma vez que são explicativos de atos que não são contratos, mas se baseiam em fenômenos de consentimento. Os chamados "atos complexos", tais como fundações de sociedade, associação, corporação etc., têm em comum o fato de serem acompanhados por um procedimento. São atos nascidos no âmbito de operações com procedimentos marcados por "fenômenos especiais de consentimento", caracterizados pela adesão ao fato, mais do que pelo consentimento dado a esses atos. Portanto, é preciso definir como essas adesões ao fato podem ser reduzidas ao ato jurídico pelo artifício das operações procedimentais. Visto em seu conjunto, o fenômeno de consentimento, que interliga todas as fases procedimentais de uma mesma operação, deve ser caracterizado por uma adesão a fatos de consentimento e por uma adesão a um ato jurídico objetivo: adesão a fatos de consentimento em relação aos elementos particulares do procedimento; adesão a um ato jurídico objetivo em relação à aceitação do procedimento global, realizando a *unidade da operação*; todo procedimento organizado é em si uma instituição social; toda instituição social da categoria dos corpos vivos só pode viver vida orgânica segundo certos procedimentos que engendram continuamente atos complexos, cuja maioria é composta por atos estatutários.

Mas qual é, afinal, a forma desse direito estatutário? Segundo o Decano Hauriou, o direito estatutário procede do costume ou da operação deliberativa: nos dois casos, o fenômeno de consentimento é uma adesão ao fato dentro de um procedimento. Em se tratando do âmbito consuetudinário, o fato será chamado de precedente. As adesões atuais a esses precedentes, por sua vez, se tornarão precedentes para adesões futuras e assim por diante. Em se tratando da formação dos estatutos por operação deliberativa, o precedente também existe, mas é posto hipoteticamente, discutido e imediatamente transformado em regra, em virtude de um procedimento. A operação deliberativa que supõe o regime majoritário se reproduz em direito público no funcionamento das assembleias deliberativas e no funcionamento das eleições. Uma proposta é apresentada à assembleia que, sem isso, não poderia deliberar. Mas, pelo fato de ter sido proposta, já não é ato, porém fato. A proposta votada em regime de maioria de votos pela assembleia torna-se uma deliberação executória dessa assembleia inteira. Mas como explicar, ao mesmo tempo, que essa obra da maioria se torne obra de unanimidade, uma vez que a minoria votou contra? O que permite explicar esse fenômeno é a adesão ao fato, ao precedente criado pela maioria. Não é a adesão ao ato da maioria – pois, precisamente, houve voto minoritário contra o ato –, mas é a adesão ao fato consumado, a partir do momento em que a assembleia passou para outro ponto da ordem do dia. É a adesão ao procedimento da instituição.

Essa é, sumariamente resumida, a teoria da instituição segundo o decano Hauriou. Ao leitor cabe pensar e examinar sobretudo seus elos ou relações de parentesco com a moderníssima auto-organização. A meu ver, ambas decorrem de uma mesma lógica, a lógica da *expressão*, e de uma mesma metáfora, a metáfora do *organismo* (L. Sfez, *Critique de la communication*, Le Seuil, 1988, 3ª ed., 1992).

› HAURIOU M., *Principes de droit public*, 1ª ed., 1910, Paris, Larose et Tenin; *Précis de droit administratif*, 6ª ed., 1907, Paris, Larose et Tenin; "La théorie de l'institution et de la fondation", *Cahiers de la nouvelle journée*, nº 4, 1925; "L'institution et le droit statutaire", *Recueil de législation de Toulouse*, 2ª série, t. II, 1906. – SFEZ L., *Essai sur la contribution du Doyen Hauriou au droit administratif français*, LGDJ, 1966.

Lucien SFEZ

→ Administração; Ato administrativo; Comunicação; Contrato; Norma; Obediência e disciplina; Ordem jurídica; Realismo; Usos e costumes; Vontade; Vontade geral.

INTERESSE

Antes de se tornar termo jurídico, o interesse marcou o pensamento político. Definindo o interesse em sua *Enciclopédia*, D'Alembert e Diderot começam indicando: "Essa palavra (*intérêt*) tem muitas acepções em nossa língua: tomada em sentido absoluto, […] significa o que nos faz buscar nossas vantagens em detrimento da justiça e da virtude, sendo vil ambição." Atrás dessas observações transparece a evolução descrita por Albert O. Hirschman, em sua obra *Les Passions et les Intérêts*, que faz do interesse, tomado sobretudo de maneira estrita e egoísta, o sucessor do bem comum. Hirschman cita como revelador do início dessa transformação a obra escrita em 1638 pelo duque de Rohan, *De l'intérêt des princes et États de la chrétienté*, na qual se encontra a fórmula: "Os príncipes comandam os povos, e o interesse comanda os príncipes." A constatação se encontra nas considerações gerais do relatório público do Conselho de Estado para 1999, dedicadas ao tema do interesse público: "Foi apenas no início do século XVII que a ideia de interesse surge na história do pensamento político europeu. Enquanto, até então, o bem comum era visto como valor supremo, a opinião de que o interesse governa o mundo e constitui o único móbil das ações humanas vai-se impondo progressivamente." Sucessor do bem comum, o interesse passa a identificar-se cada vez mais com o interesse público.

Dessa evolução, a palavra francesa *intérêt* conserva grande diversidade de significações no vocabulário jurídico. Em primeiro lugar, devem ser mencionados os *dommages-intérêts* (indenizações por perdas e danos) e os *intérêts* (juros) produzidos por uma soma de dinheiro. No primeiro caso, tem-se uma indenização que repara um prejuízo. No segundo, o preço do tempo é compensado com a soma de juros (*intérêts*). Em decorrência das disposições dos artigos 1.153 e 1.154 do Código Civil francês, a distinção entre juros de mora e juros compensatórios, as regras relativas ao ponto de partida, à vigência e à capitalização dos juros são aplicadas de maneira análoga pelo juiz judiciário e pelo juiz administrativo. Provavelmente como lembrança do sentido original da palavra, esses termos são de grande importância para o contencioso, nos processos de ressarcimento. Mas, além dessa primeira acepção, o interesse é uma noção de caráter transversal que ocupa um espaço muito maior, tanto em direito privado quanto em direito público. Com referência, primeiramente, ao *processo*, o interesse define o acesso aos tribunais. Segundo um adágio do antigo direito: "O interesse é a medida das ações. Onde não há interesse, não há ação." O processo civil e o processo administrativo continuam impregnados por essa regra, fazendo dela uma aplicação muito vizinha. O interesse é também *uma noção de mérito*, especialmente em direito público: o interesse público define amplamente o campo do serviço público e constitui por isso uma das chaves do direito administrativo.

Interesse e processo

Regra processual, ao lado da qualidade para agir, o interesse é uma das condições de admissibilidade das ações. Próximos a ponto de às vezes se confundirem, interesse e qualidade se distinguem porque a qualidade está ligada à capacidade do requerente, considerado em si mesmo, a intentar ações em justiça ou a representar outra pessoa em cujo nome age, enquanto o interesse diz respeito à possibilidade de introduzir determinado recurso. A qualidade refere-se à pessoa do requerente; o interesse, à ação que ele move. Ninguém poderá recorrer ao juiz se não tiver um interesse. Essa regra está implicada no artigo 31 do Novo Código de Processo Civil francês: "A ação está aberta a todos aqueles que tenham um interesse legítimo no sucesso ou na rejeição de uma pretensão." Seus contornos são mais bem definidos pela jurisprudência.

Para o Conselho de Estado e para a Corte de Cassação, o interesse é apreciado na data da impetração do recurso (CE, 1º de julho de 1955, *Charles*; 21 de março de 1958, Delteil; Cass. Soc, 7 de abril de 1993). Por isso, as modificações do objeto social de uma sociedade depois dessa data não são levadas em consideração na apreciação de seu interesse para agir (CE, 26 de outubro de 1994, *Commune de la Tour du Meix*). O interesse depende das conclusões da petição, e não dos meios invocados. Por conseguinte, é admissível que um requerente que tenha interesse em impugnar uma decisão lance mão de todos os meios contra ela, mesmo os passíveis de se voltar contra ele (CE, 13 de dezembro de 1974, *Ministre de l'Aménagement du territoire c./ Mlle de Gratet du Bouchage*).

Interesse é aquilo de que o requerente se prevalece, e não algum outro interesse que lhe possa ser reconhecido. Ele deve ser legítimo, ou seja, juridicamente reconhecido ou mesmo protegido. Por isso, durante muito tempo foi recusado à concubina o direito de pedir reparação pelo prejuízo causado pelo desaparecimento do concubino. Depois a Corte de Cassação modificou sua jurisprudência, reconhecendo o caráter legítimo do interesse dos concubinos, pelos menos quando sua relação tivesse caráter estável e contínuo (Cass., Chambre mixte, 27 de fevereiro de 1970). O Conselho de Estado passou pela mesma evolução jurisprudencial (CR, Ass., 3 de março de 1978, *Mme Muësser, veuve Leconte*). Progressivamente, a Corte de Cassação, pelo menos em sua câmara criminal, tratou da mesma maneira a concubina adulterina (Cass. crim., 20 de abril de 1972; 14 de junho de 1975; 19 de junho de 1975). O concubinato homossexual também tem sido reconhecido por enquanto pelo menos pelas jurisdições de primeira instância (Tribunal Civil de Belfort, 25 de julho de 1975). Também não têm interesse para agir em juízo aqueles que pretendam manter uma situação irregular ou que lhes deem origem. Não se admite um demandante que invoque sua própria torpeza (Cass. 1º civ., 25 de junho de 1972; Comm., 27 de abril de 1981). E um professor que cometeu graves irregularidades na correção de provas não faz jus ao interesse que lhe possibilite impugnar a decisão de organizar novas provas (CE, 22 de setembro de 1993, *Université de Nancy II*).

O interesse invocado para agir deve ser existente e atual. Um interesse futuro ou puramente eventual não basta. Mas uma ameaça suficientemente séria cria interesse (Cass. comm., 25 de junho de 1951). E a jurisprudência judiciária, sem admitir as ações puramente declaratórias, aprecia amplamente o interesse que consiste em aventar uma dúvida sobre uma situação. São assim admissíveis as ações do fazendeiro em vista de constatar que ele tem a qualidade de enfiteuta (Tribunal Civil de Vouziers, 25 de março de 1947), de um dos cônjuges para obter a declaração judicial da lei aplicável a seu regime matrimonial (TGI, Paris, 21 de junho de 1970), de assalariados ainda ativos sobre o montante de seus direitos à aposentadoria (Cass. soc., 12 de fevereiro de 1970), de um dos cônjuges para que se estatua sobre a oponibilidade de uma sentença de divórcio que lhe diz respeito e foi pronunciada no exterior (Cass. 1ª civ., 10 de fevereiro de 1971) ou do pedido de uma mulher para que a sociedade criada por seu marido seja declarada fictícia (Tribunal de Recursos de Paris, 9 de junho de 1971).

O interesse, que deve ser pessoal, pode ser material ou apenas moral, inclusive para uma pessoa jurídica. Não é admissível uma ação por indenização quando o prejuízo já foi inteiramente reparado (Cass. 2ª civ., 26 de janeiro de 1994; Soc., 26 de janeiro de 1995). Um demandante não terá interesse em contestar uma decisão que lhe dê inteira satisfação (Cass. 2ª civ., 11 de junho de 1979) ou que melhore sua situação (CE, 18 de junho de 1958, *Pécunia et Viard*). Um demandante não terá interesse em criticar sequer os motivos de uma decisão jurisdicional cujo dispositivo lhe seja favorável (CE, 28 de janeiro de 1966, *Sté la Purfina française*; 16 de novembro de 1979, cidade de Toulon). E, por poder anular decisões de uma autoridade subordinada, o superior hierárquico não tem interesse em submeter tal decisão a juízo, o que seria, por conseguinte, inadmissível (CE, 4 de fevereiro de 1955, *Marcotte*; 3 de janeiro de 1975, *Sté civile immobilière foncière Cannes-Bénéfiat*).

Em direito administrativo, embora sempre tenha sido rejeitada a "ação popular" acessível a todos contra qualquer ato administrativo, o interesse de agir foi cada vez mais reconhecido, tanto para as pessoas físicas quanto para as jurídicas. Tudo nesse campo é, em grande parte, uma questão de espécie. Por isso, só com alguns exemplos é possível delinear os interesses que qualificam para agir.

Quanto às pessoas físicas, o ponto de partida de uma concepção ampla do "círculo de interesses" que possibilite impetrar um recurso por excesso de poder é marcado pela decisão do Conselho de Estado de 29 de março de 1901, *Casanova*, que reconhece o interesse de todo e qualquer contribuinte municipal em contestar uma decisão das autoridades municipais que tenha incidência sobre o orçamento da comuna. Essa jurisprudência vale para o contribuinte departamental (CE, 27 de janeiro de 1911, *Richmond*), mas não se estende ao contribuinte nacional (CE, 13 de fevereiro de 1930, *Dufour*). Um vizinho tem interesse em pleitear a anulação de um alvará de construção – mas não é justificável o interesse de um agente imobiliário para impugnar um alvará concedido a um concorrente (CE, 5 de outubro de 1979, SCI *Adal d'Avor*). O caráter direto e certo do interesse é apreciado com flexibilidade. Assim, é admissível que um campista conteste uma lei municipal que regulamente o campismo (CE, 14 de fevereiro de 1958, *Abisset*), que um hoteleiro recorra contra um dispositivo que fixe as datas das férias escolares (CE, 28 de maio de 1971, *Damasio*), que um jornalista judiciário peça a anulação de um decreto relativo à publicidade das audiências (CE, Ass., 4 de outubro de 1974, *Mme. David*), ou que um trabalhador estrangeiro critique uma circular sobre a imigração (CE, 13 de janeiro de 1975, *Da Silva*).

Em direito público, assim como em direito privado, uma pessoa jurídica age em juízo quer em nome de seus próprios interesses, quer para defender os interesses coletivos por ela representados. Em se tratando de seus próprios interesses, é admissível que uma pessoa jurídica, privada ou pública, conteste as decisões que afetem seus bens, seus meios e até sua própria existência. Assim, uma sociedade pode pleitear a anulação do decreto que tenha decidido a sua dissolução (CE, 4 de abril de 1936, *de Lassus, Pujo et Real del Sarte*). Mas não é admissível que uma sociedade pleiteie a nulidade de outra sociedade (Trib. Civ. do Sena, 19 de junho de 1957; Tribunal de Recursos de Paris, 26 de maio de 1967). Um sindicato tem interesse em contestar a negação de autorização para se ausentar oposta a alguns de seus membros (CE, 24 de julho de 1981, *Syndicat national des impôts CFDT*), assim como um comitê de empresa tem interesse em contestar a desapropriação de imóveis de sua propriedade (CE, 18 de maio de 1977, *Comité central d'entreprise de la BNP*). O interesse das sociedades comerciais é amplamente admitido. Empresas do setor cinematográfico podem contestar o decreto que aprovou as especificações de uma concessão para uma cadeia de televisão (CE, 16 de abril de 1986, *Compagnie luxembourgeoise de télévision*), é admissível que uma sociedade impugne a autorização de funcionamento concedida a uma loja concorrente (CE, 31 de janeiro de 1997, *SA Samu-Anchan*), é admissível que uma empresa de radiodifusão tenha interesse em contestar a decisão do conselho superior do audiovisual de permitir que uma empresa concorrente modifique seu capital (CE, 8 de abril 1998, *Sté NRJ*), assim como que uma empresa peça a anulação da decisão que tenha concedido um incentivo a uma empresa concorrente (CE, 29 de julho 1998, *SA Minoterie de Saint-Vincent*). Também é admissível que os órgãos públicos defendam seus interesses, o que autoriza, por exemplo, que uma comuna impugne o decreto que autenticou os resultados do recenseamento de sua população (CE, 3 de outubro de 1958, *Charles-François et autres*; 26 de julho de 1985, *Commune de Tallone*). Mais do que seus próprios interesses, as pessoas jurídicas defendem os interesses coletivos que elas representam.

Desde a decisão de princípio de 28 de dezembro de 1906, *Syndicat des patrons-coiffeurs de Limoges*, o Conselho de Estado reconhece amplamente, com esse fundamento, o interesse dos sindicatos para agir. No mesmo espírito, uma decisão das câmaras reunidas da Corte de Cassação em 5 de abril de 1913 julga ser admissível a ação dos sindicatos em juízo em decorrência de fatos que provoquem prejuízo direto ou indireto ao interesse coletivo da profissão por eles representada. Uma associação ou um sindicato podem ter pretensão à reparação de um prejuízo moral, desde que justifique tal prejuízo (CE, 19 de fevereiro de 1980, *Syndicat CFDT des Postes et Télécommunications du Haut-Rhin*; 30 de março de 1981, *Association pour la défense des sinistrés de la région morlaisienne*). O interesse moral também qualifica para agir contra o excesso de poder, desde que exista um elo suficiente entre o ato impugnado e o interesse invocado: como a legalidade de um alvará de construção é discutido em termos de considerações urbanísticas, não é admissível que uma confederação de livres-pensadores pleiteie a anulação do alvará de construção concedido a um estabelecimento privado de ensino (CE, 29 de julho de 1983, *Fédération départementale des libres-penseurs des Yvelines*).

No julgamento do excesso de poder, a admissibilidade das demandas apresentadas pelos sindicatos é facilmente aceita quando essas demandas são dirigidas contra atos regulamentares ou coletivos que atentem contra os interesses materiais ou morais que eles defendem. Assim, foi julgada procedente a ação de um sindicato de advogados contra uma circular que determinava as modalidades de detenção de estrangeiros em caso de expulsão (7 de julho de 1978, *Syndicat des avocats de France*). No que se refere a atos individuais, admite-se o interesse para agir dos sindicatos contra atos positivos, mas não contra medidas de caráter negativo, que cabe aos próprios interessados impugnar, exceto se o sindicato intervier em apoio de sua demanda. O interesse para agir das associações também é definido de maneira liberal. Desde uma decisão de 27 de abril de 1934, *Ligue nationale contre l'alcoolisme*, o Conselho de Estado julga admissível que essa liga antialcoolismo impugne uma decisão favorável às destilarias particulares. Mesmo não declarada, portanto desprovida de personalidade jurídica, a sociedade que, por falta de patrimônio, não poderia mover uma ação judicial contenciosa, pode pleitear a anulação por excesso de poder de um ato contrário aos interesses que ela defende (CE, 31 de outubro de 1969, *Syndicat de défense des canaux de la Durance*). Os tribunais estão abertos para as associações de defesa, especialmente em matéria de urbanismo ou meio ambiente. A jurisprudência, porém, tem o cuidado de se prevenir contra as associações cujo objeto, amplo demais, lhes daria a possibilidade de impugnar um número indeterminado de decisões. Assim, uma associação que tenha como objeto combater a injustiça, em todas as suas formas e em todos os lugares, em vista da generalidade de seu objeto, não tem interesse justificável para impugnar uma circular relativa à situação dos estrangeiros irregulares (CE, 10 de março de 1995, *Association Le droit pour la justice et la démocratie*). Além disso, associações autorizadas receberam do legislador vocação para agir em juízo no âmbito de sua missão, especialmente associações autorizadas de proteção da natureza e do meio ambiente, de defesa dos consumidores, de luta contra a exclusão, contra as discriminações "sexistas", ou mesmo as associações que combatem crimes de guerra e crimes contra a humanidade.

As coletividades públicas também têm interesses coletivos que elas podem defender na justiça. Desde a decisão de 18 de abril de 1902, *Mairie de Néris-les-Bains*, o Conselho de Estado concede até mesmo às coletividades descentralizadas a possibilidade de mover processo administrativo contra decisões tomadas a seu respeito pelo Estado. Defendendo os interesses de seus habitantes, a comuna de Boulogne-Billancourt pôde contestar o alvará de construção concedido, no território vizinho da cidade de Paris, para a ampliação do estádio Roland Garros (CE, 17 de junho de 1987, *Ville de Boulogne-Billancourt*). Do mesmo modo, a cidade de Amiens tem interesse em contestar o traçado do TGV Norte, queixando-se de que ele não garante serviços para o seu território (CE, 3 de dezembro de 1990, *Ville d'Amiens*).

Interesse e mérito

Mais do que noção procedimental, o interesse é uma noção de mérito. Para o direito público, o interesse público é uma referência constante, pelo menos de maneira implícita. As prerrogativas de poder público são atribuídas em seu nome. A ação das coletividades públicas deve ter o objetivo de servi-lo. Ao fazer a introdução do relatório público do Conselho de Estado dedicado, em 1999, ao interesse público, Renaud Denoix de Saint Marc, vice-presidente do Conselho de Estado, escreve: "O interesse público, há mais de duzentos anos, está no cerne do pensamento político e jurídico francês. É considerado o fim último da ação pública. Está no cerne da construção do direito público pelo Conselho de Estado" ("Relatório público do Conselho de Estado", *Études et Documents*, nº 5, 1999).

Sem dúvida, é difícil delimitar com precisão o interesse público. O decano Vedel chegou a qualificá-lo de "indefinível". No entanto, se tentarmos caracterizá-lo, obviamente de forma negativa, poderíamos dizer que o interesse público não é a soma dos interesses particulares. De modo mais positivo, ele expressa um ideal comum, corresponde à melhor satisfação coletiva de valores compartilhados. "Hoje, como ontem, o interesse público expressa a ideia que a coletividade tem das exigências que superam os interesses dos grupos ou dos indivíduos que a compõem e se traduzem por medidas que podem ferir esses interesses" – escreve o prof. Didier Truchet. Noção fulcral do direito público, o interesse público é percebido acima de tudo através de outros temas-chave, em especial o serviço público, as prerrogativas de poder público, a utilidade pública. Além disso, agora ele também tem espaço no direito europeu.

A Corte de Cassação vincula estreitamente interesse público e serviço público; assim, ela julga que a atividade de interesse público exercida pelas casas de juventude e cultura tem o caráter de serviço público (17 de abril de 1977, *Association MJC de Boulogne-Billancourt*). No mesmo espírito, o Conselho de Estado define o serviço público como uma atividade de interesse público exercida sob o controle da administração e com prerrogativas de poder público. Por isso, o campo do serviço público foi-se estendendo à medida que o interesse público era entendido de maneira mais ampla. Desde o início do século, a higiene e a saúde pública são vistas como atividades de interesse público, com as decisões do Conselho de Estado Terrier, de 6 de fevereiro de 1903, a respeito da destruição das víboras, e Thérond, de 4 de março de 1910, que diz respeito ao confinamento dos cães vadios.

Quando, a partir da decisão do Tribunal dos Conflitos de 22 de janeiro de 1921, *Sté commerciale de l'Ouest africain*, foi reconhecido o serviço público industrial e comercial, abriu-se um campo novo para o interesse público. Logo depois da Primeira Guerra Mundial, as intervenções econômicas e sociais do poder público passaram a atender a necessidades de interesse público e, com o serviço público industrial e comercial, encontram um âmbito jurídico apropriado. O movimento se amplia depois de 1945, com a generalização da seguridade social e com a criação dos grandes serviços públicos nacionais sobretudo nos campos dos transportes e da energia. Se o setor público hoje se reduz nessas atividades, nem por isso desaparece o serviço público, baseado nas aspirações de interesse público.

No campo cultural, o direito acompanha uma profunda evolução das mentalidades. Uma decisão do Conselho de Estado *Astruc*, de 7 de abril de 1916, se recusa a considerar que o teatro é de interesse público. Essa decisão foi entusiasticamente aprovada por Maurice Hauriou, decano da Faculdade de Direito de Toulouse, que escreve que "o teatro representa o importante inconveniente de exaltar a imaginação, habituar os espíritos à vida factícia e fictícia, em detrimento de uma vida séria, e de exaltar as paixões do amor, que são tão perigosas quanto as do jogo e da intemperança". Por isso, ele parabeniza o Conselho de Estado por ter condenado "a concepção que consistiria em arrogar aos jogos circenses o caráter de serviço público, como no período da decadência romana". Os tempos mudam, as mentalidades evoluem, o interesse público se estende. Por uma decisão de 21 de janeiro de 1944, *Léoni*, o Conselho de Estado julga que um teatro municipal é um serviço público, desde que garanta um serviço permanente de apresentações de qualidade. Depois o teatro, mesmo o de simples distração, passa a ser visto como atividade de interesse público, capaz de constituir serviço público para uma comuna, por uma decisão de 12 de junho de 1959, *Syndicat des exploitants de cinématographe de l'Oranie*. Mesmo um teatro-cassino representa um serviço público para uma comuna (CE, 25 de março de 1966, *Ville de Royan*, e 18 de maio de 1979, *Association "Urbanisme judaïque Saint-Seurin"*). Estas últimas decisões são exemplos de uma jurisprudência que qualifica o desenvolvimento turístico como serviço público. A partir de uma decisão de 18 de dezembro de 1936, *Prade*, o Conselho de Estado julga que a exploração da praia de Juan-les-Pins é uma atividade de interesse público. A mesma solução é aplicada à administração de um transporte teleférico de esquiadores (23 de janeiro de 1959, *Commune d'Huez*), à administração de um camping (30 de junho de 1976, *Carrier*), à exploração de um hotel termal (TC, 13 de fevereiro de 1984, *Pomarèdes*). A Corte de Cassação também julga que o desenvolvimento e o impulso turístico de um balneário são de interesse público (Cass., 18 de fevereiro 1986, *Ville de Biarritz*). Mais recentemente, a regulamentação das atividades esportivas e a organização das competições foram vistas como atividades de interesse público. As federações esportivas, por conseguinte, estão encarregadas de cumprir uma missão pública (CE, 22 de novembro de 1974, *Fédération des industries françaises d'articles de sport* e 26 de novembro de 1976, *Fédération française de cyclisme*; TC, 7 de julho de 1980, *Peschaud*).

A extensão do interesse público, porém, não é indefinida. As sociedades que organizam corridas de cavalo e apostas turfísticas não são investidas de missão de serviço público (CE, 9 de fevereiro de 1979, *Société d'encouragement pour l'amélioration des races de chevaux en France*; 24 de fevereiro de 1999, *Wildenstein*). E, embora a Loteria Nacional fosse um serviço público (CE, 17 de dezembro de 1948, *Angrand*), a tarefa de organização dos jogos de azar, confiada agora à sociedade "La Française des jeux", não tem caráter de interesse público que possibilite qualificá-la como de serviço público (CE, 27 de outubro de 1999, *Rolin*). Por intermédio do serviço público, o interesse público influi sobre as noções que, por sua vez, se definem em referência ao serviço público: domínio público, obras públicas, contratos administrativos, agente público. E as particularidades do regime dessas grandes categorias são em grande parte explicadas pelo interesse público. Aberto ao público ou afetado a um serviço público, o domínio público serve o interesse público; isso justifica a proteção de que é alvo e legitima a preocupação em garantir sua melhor exploração. Em razão do interesse público por ele representado, "uma obra pública mal implantada não se destrói", ao passo que à finalidade de interesse público das obras públicas corresponde um regime de responsabilidade objetiva, que protege suas vítimas. O objeto de interesse público dos contratos administrativos torna necessários tantos poderes particulares da administração em relação a seu cocontratante quantas são as garantias dadas a este para que leve a cabo a sua missão. Mesmo quando não funcionários públicos, os agentes públicos são submetidos a injunções que decorrem de sua missão de interesse geral. As prerrogativas de poder público são concedidas à administração não em seu interesse próprio, mas para lhe possibilitar servir o interesse público. O privilégio da supremacia, o caráter autoexecutório das decisões administrativas, o efeito em princípio não suspensivo dos recursos perante a jurisdição administrativa são consequências do interesse público atribuído para que a administração possa tomar e aplicar suas decisões.

Mesmo as regras mais fortes que enquadram as decisões administrativas cedem diante das considerações de interesse público. Embora "reja o funcionamento dos serviços públicos" (CE, 9 de março de 1951, *Societé des concerts du conservatoire*), o princípio de igualdade pode, sem ilegalidade, ser rejeitado sempre que necessidades de interesse público o justificarem (CE, 10 de maio de 1974, *Denoyez et Chorques*). Discriminações positivas podem mesmo ser introduzidas por motivos de interesse público. Assim, o interesse que se vê na possibilidade de um conservatório musical municipal "ser frequentado pelos alunos que o queiram, sem distinção de possibilidades financeiras" possibilita modular as tarifas em função dos recursos dos pais (CE, 29 de dezembro de 1997, *Commune de Gennevilliers*). Em suas conclusões sobre esse caso, que marca uma virada em relação a uma solução encontrada em 1985, o comissário do governo Jacques-Henri Stahl declarava: "A noção de interesse público é uma noção de certa plasticidade, voluntariamente imprecisa, que possibilita ao juiz adaptar os contornos de sua jurisprudência às aspirações e necessidades de seu tempo. Nesse sentido, os senhores não ignoram as profundas fraturas que hoje, mais do que em 1985, dividem a sociedade francesa. [...] Nesse contexto, não é insensato admitir como de interesse público tudo o que contribua para consolidar ou restabelecer os elos sociais."

Para o Conselho Constitucional, que vê o princípio de igualdade como um de seus instrumentos mais utilizados no controle da lei (F. Mélin Soucramanien), considerações de interesse público também possibilitam derrogações (especialmente decisões de 12 de julho de 1979, 19 e 20 de janeiro de 1981, 22 de julho de 1987, 7 de janeiro de 1988, 13 de janeiro de 1994, 26 de janeiro de 1995). Nesta última decisão, por exemplo, o Conselho Constitucional julga que "o princípio de igualdade não constitui obstáculo para que o legislador, por meio da concessão de vantagens fiscais, dite medidas de incentivo ao desenvolvimento e ao planejamento territorial tendo em mira o interesse público". Em cada caso, estabelece-se um equilíbrio entre a discriminação introduzida pela lei e o objetivo de interesse público perseguido por esta: o prejuízo ao princípio de igualdade não deve exceder o que for necessário para atingir o objetivo de interesse público buscado pelo legislador.

A partir da decisão de princípio do Conselho de Estado de 30 de novembro de 1923, *Couitéas*, a administração, por motivos de interesse público, pode recusar a ajuda da força pública para a execução das decisões judiciais. Uma vez que dessa execução poderiam resultar perturbações à ordem pública, não é ilegítimo abster-se desse procedimento. Mas a responsabilidade do poder público tem lugar no terreno da igualdade perante os encargos públicos, em relação à vítima da inexecução, que pode ser, por exemplo, um proprietário cujo locatário não seja despejado a despeito de uma decisão judicial, um empresário cuja fábrica continue ocupada por grevistas cuja ação tenha sido condenada por um juiz, ou então empresas cuja atividade seja interrompida pela decisão de não evacuar pela força barreiras que impeçam indevidamente o uso do domínio público fluvial ou viário. Para evitar a censura de atos administrativos eivados de ilegalidade, o legislador pode decidir validá-los. Mas essa prática é fortemente restringida por exigências similares emanadas do Conselho Constitucional, e, no âmbito do controle de conveniência, pelo Conselho de Estado. Violação à separação dos poderes e à divisão das competências entre lei e regulamento, a validação, que não pode em caso algum pôr em xeque decisões jurisdicionais definitivas, só é admitida pelo Conselho Constitucional, desde uma decisão de princípio de 22 de julho de 1980, se for justificada pelo interesse público. Este deve ser suficiente: não é o que ocorre com simples considerações financeiras, de alcance limitado (decisão de 28 de dezembro de 1995). O mesmo raciocínio é feito pelo Conselho de Estado em relação ao direito a processo equitativo, garantido pelo artigo 6-1 da Convenção Europeia dos Direitos Humanos: para não ferir esse direito, uma lei de validação deve basear-se em suficientes razões de interesse público (5 de dezembro de 1997, *Mme. Lambert*). Em sua decisão de 13 de janeiro de 2000, relativa à lei sobre a redução negociada da jornada de trabalho, o Conselho Constitucional julgou que, na ausência de "motivo de interesse público suficiente", o legislador não podia questionar as soluções adotadas por um acordo coletivo de trabalho. Também aí, apenas o interesse público autorizaria a inobservância de exigências constitucionais, atendo-se no caso à liberdade contratual.

Distinto da utilidade pública, o interesse público é um de seus componentes principais. Prova disso é a fórmula de princípio adotada pelo Conselho de Estado a partir da decisão de 28 de maio de 1971, *Ville Nouvelle Est*, que introduziu o chamado controle do balanço sobre as declarações de utilidade pública: "Uma operação só poderá legalmente ser declarada de utilidade pública se os danos à propriedade privada, o custo financeiro e, eventualmente, os inconvenientes de ordem social que ela comporta não forem excessivos em relação ao interesse que ela apresenta." Aos elementos negativos do balanço, que devem ser comparados com o interesse da operação projetada, a decisão de 20 de outubro de 1972, *Société civile Sainte-Marie de l'Assomption*, acrescenta "o prejuízo de outros interesses públicos"; no caso, foi considerado desmedido o prejuízo que um trevo rodoviário, considerado de interesse do transporte público, causaria a um hospital psiquiátrico, portanto ao interesse da saúde pública. Forma reforçada do controle do juiz, o balanço é uma balança de interesses. Em suas conclusões sobre a decisão *Ville Nouvelle Est*, o comissário de governo Guy Braibant a explicava nos seguintes termos: "Já não existe apenas de um lado o poder público e o interesse público e, do outro, a propriedade privada; com frequência cada vez maior, diversos interesses públicos se opõem por trás de desapropriadores e desapropriados; pode até ocorrer que os interesses privados beneficiados pela operação pesem mais no processo de decisão do que os interesses públicos que ela é capaz de prejudicar. Portanto, não é possível limitar-se a perguntar se a operação representa, por si mesma, uma utilidade pública. Também é preciso pôr na balança seus inconvenientes e suas vantagens, seu preço e seu rendimento ou, como diriam os economistas, seu custo-benefício." Em certos casos, o interesse público pode decorrer da satisfação de interesses privados, que representem uma utilidade coletiva: o desvio de uma estrada que represente grande vantagem para a Peugeot também atende ao interesse público (CE, 20 de julho de 1971, *Ville de Sochaux*). Em compensação, não é de utilidade pública a abertura de uma estrada a um custo excessivamente elevado em relação ao interesse que ela apresenta (CE, 28 de março de 1997, *Association contre le projet de l'autoroute transchablaisienne*). Aplicada a algumas outras hipóteses, além do controle das declarações de utilidade pública, especialmente as infrações aos planos urbanísticos (CE, 18 de julho de 1973, *Ville de Limoges*), a teoria do balanço também inspira a jurisprudência que, num campo muito diferente, se desenvolveu em matéria de controle das autorizações de demissão de assalariados protegidos (CE, 5 de maio de 1976, *SAFER d'Auvergne*). Ela não deixa de ter relação com o controle de proporcionalidade exercido na apreciação dos prejuízos causados à vida privada e familiar de um estrangeiro ao qual seja recusado um visto de permanência ou que seja obrigado a um afastamento forçado (CE, 19 de abril de 1991, Belgacem e Babas). Comparando o interesse de uma decisão com os efeitos negativos que ela provoca, o juiz reduz a margem de apreciação por parte das autoridades administrativas da oportunidade de tal decisão. Cada vez mais, a legalidade das decisões administrativas depende do interesse que elas implicam.

Direito europeu

Com grande presença no direito francês, o interesse também encontra espaço no direito europeu. O Tratado de Roma, em relação às regras de livre concorrência, reconhece a particularidade dos "serviços de interesse econômico geral". Semelhantes aos serviços públicos industriais e comerciais, do modo como são estes concebidos na França, tais serviços de interesse econômico geral, no grande mercado europeu, são beneficiados pelos meios necessários ao exercício de sua atividade. A Corte de Justiça das Comunidades Europeias o reconheceu plenamente, ao admitir a compensação entre atividades rentáveis e atividades não rentáveis (19 de maio de 1993, *Corbeau*), as restrições à concorrência, "necessárias para possibilitar que uma empresa investida de uma missão de interesse público a cumpra" (27 de abril de 1994,

Comuna de Almelo) ou também o monopólio de importação e exportação (23 de outubro de 1997, *EDF e GDF*).

A noção de interesse público tampouco está ausente da convenção europeia de salvaguarda dos direitos humanos e das liberdades fundamentais. Embora a proibição da tortura ou da escravidão não sofra restrição alguma, o reconhecimento dos direitos fundamentais é acompanhado por um direito de ingerência da autoridade pública, desde que essa ingerência, prevista pela lei, "constitua uma medida que, numa sociedade democrática, seja necessária à segurança nacional, à segurança pública, à proteção da ordem, da saúde e da moral públicas ou à proteção dos direitos e das liberdades alheias". Sem usar o termo, essas estipulações evocam considerações de interesse público em vista das quais as autoridades públicas podem restringir o exercício dos direitos e das liberdades. Prolongando o estrito controle exercido sobre as medidas de política administrativa (CE, 19 de maio de 1933, *Benjamin*), a Corte Europeia dos Direitos Humanos e as jurisdições nacionais vigiam a proporcionalidade entre as medidas tomadas e as exigências às quais elas atendem.

Termo procedimental ou noção de mérito, o interesse ocupa um lugar ao mesmo tempo incerto e fundamental no vocabulário e nos construtos jurídicos. Incerto porque a palavra tem acepções demais, e seu sentido é evolutivo demais para se deixar encerrar numa definição estrita. Mas essa diversidade e essas evoluções são reveladoras do alcance de um conceito que, certamente por expressar os elos entre o homem e a regra, entre o direito e a ação, se situa no cerne da reflexão jurídica.

› HIRSCHMAN A. O., *The passions and the interest*, Priceton Univ. Press, 1977, trad. fr., PUF, "Quadrige", 1980. – MÉLIN-SOUCRAMANIEN F., *Le Principe d'égalité dans la jurisprudence du Conseil constitutionnel*, Paris, Economica, 1997. – Col.: "Rapport public du Conseil d'État pour 1999", *La Documentation française, Éludes et documents*, nº 50, 1999.

Bernard STIRN

→ Ação em juízo; Direito administrativo; Procedimento; Serviço público.

INTERPRETAÇÃO

A interpretação é uma operação pela qual se atribui um significado a alguma coisa. Há duas teorias em oposição: de acordo com a primeira, a interpretação é função do conhecimento; de acordo com a segunda, chamada de *realista*, ela é função da vontade. A ser exata esta segunda teoria, o intérprete dispõe de um poder considerável, porque produz a norma que supostamente aplica.

A palavra "interpretação" designa ao mesmo tempo a operação pela qual um significado é atribuído a uma coisa, que pode ser um objeto material ou um enunciado, e o produto dessa operação. Na literatura da teoria do direito, acerca da interpretação, existem concepções muito diversas. As teorias podem ser descritivas ou normativas e se opõem sobre várias questões: sobre a natureza do significado que é atribuído à coisa, à operação de interpretação, a seu objeto e a seus métodos ou também sobre as consequências que elas comportam para a compreensão do sistema jurídico.

Natureza da interpretação

A questão da natureza da operação de interpretação se apresenta apenas do ponto de vista descritivo. Trata-se de determinar as funções mentais que são postas em ação nas operações efetivas de interpretação jurídica. Nesse sentido, costuma-se opor duas teses principais, cada uma com diversas variantes.

Segundo uma concepção tradicional, a interpretação é uma função do conhecimento. Nesse aspecto, a interpretação jurídica não apresenta diferença importante em relação a outras interpretações, como por exemplo a interpretação dos textos literários ou religiosos. Essa concepção se baseia em alguns pressupostos: a interpretação versa sobre enunciados dotados de um significado; esse significado seria único, em razão de uma relação necessária entre as palavras e suas significações; assim, cada enunciado teria seu significado, que só caberia formular; no entanto, essa formulação não seria uma verdadeira interpretação; só quando o significado estivesse oculto, em razão do caráter de certos enunciados vagos e ambíguos, seria preciso interpretar; a interpretação, portanto, não é necessária quando o enunciado está claro (*in claris cessat interpretatio*), e, quando não está, a interpretação consiste em trazer à tona esse significado oculto. O próprio significado às vezes é concebido como intenção do autor do enunciado, mas às vezes como a função objetiva que deve ser desempenhada pela norma no sistema jurídico ou no sistema social. Como é função do conhecimento, a operação pode ser bem-sucedida ou não, e seu produto pode ser uma proposição verdadeira ou falsa. Mas, para dado enunciado, só existe uma interpretação correta, e todas as outras são falsas. Por fim, ela pode ser feita por qualquer pessoa, desde que dotada de competência suficiente.

Segundo a concepção oposta, às vezes chamada de *realista*, a interpretação é função da vontade. Todo enunciado é dotado não só de um, mas de vários significados, entre os quais é preciso escolher. Essa escolha não corresponde a uma realidade objetiva, mas traduz apenas as preferências daquele que a faz. É uma decisão. Por isso, o produto da interpretação não pode ser verdadeiro nem falso, e o debate sobre o significado de um texto pode prosseguir infinitamente.

No entanto, em se tratando de interpretação jurídica, cabe distinguir, na esteira de Hans Kelsen, entre interpretação autêntica e interpretação doutrinária, também chamada às vezes de *científica*. O termo "autêntica" é empregado por Kelsen num sentido diferente de seu sentido clássico. No vocabulário jurídico clássico, interpretação autêntica é aquela que emana do próprio autor do ato, aquela que só ele tem direito de fazer. Essa prerrogativa exclusiva é justificada por dois argumentos: por um lado, aquele que dita o ato, o legislador, por exemplo, é quem conhece melhor seu significado; por outro – e mais importante –, o poder de determinar o significado do ato possibilita refazê-lo, de tal modo que autorizar outro, que não o legislador, a interpretar a lei equivaleria a transferir-lhe o Poder Legislativo. No vocabulário de Hans Kelsen, interpretação autêntica não é apenas a interpretação que emana do autor do ato, porém, de modo mais geral, aquela que é feita por uma autoridade habilitada a interpretar, ou também aquela à qual é dado pela ordem jurídica o poder de produzir efeitos, mesmo que seu autor não esteja formalmente habilitado. Assim, apresenta o caráter de autêntica a interpretação que emana de uma corte suprema, mas também aquela que emana de um Parlamento quando não existe corte constitucional. Quase não há diferença entre essas duas interpretações porque, sejam quais forem seus conteúdos, elas se impõem, no sentido de não poderem ser contestadas e de o texto interpretado não ter outro significado senão aquele que lhe é atribuído pelo intérprete. Disso resulta que a atividade de interpretação não ocorre apenas quando o texto é obscuro, mas na ocasião da aplicação. Essa tese é justificada de duas maneiras: em primeiro lugar, para afirmar que (se) um texto é claro, é preciso conhecer seu significado; em outras palavras, é preciso tê-lo interpretado. Por outro lado, a autoridade que disponha do poder de fazer uma interpretação autêntica pode usar esse poder tanto quando o texto pareça claro como quando pareça obscuro. A ideia de que um texto claro não deve ser interpretado é apenas um instrumento para dissimular um poder de interpretação. Por exemplo, pode ocorrer que uma autoridade não tenha o poder de interpretar certos textos e que, em caso de obscuridade, ela seja obrigada a pedir uma interpretação oficial a outra autoridade. Basta-lhe então afirmar que um texto está claro e que, portanto, não precisa ser interpretado, para poder determinar ela mesma o seu significado. Às vezes se considera que os problemas de interpretação provêm não só da obscuridade dos textos, mas também das lacunas ou das antinomias. Mas com as lacunas e as antinomias ocorre o mesmo que se observa com a obscuridade: para poder afirmar que alguns textos comportam lacunas ou antinomias que exigem interpretação, antes é preciso tê-los interpretado. Ora, essa interpretação prévia é, em si mesma, uma decisão que tem como objeto considerar os textos como lacunares ou antinômicos, a fim de justificar uma interpretação. Assim, não há significado antes da interpretação autêntica. Se não há outro significado senão aquele que é atribuído pelo intérprete autêntico, seja qual for seu conteúdo, então é perfeitamente vã toda e qualquer pretensão da doutrina de declarar falsa uma interpretação. Isto porque, como não existe nenhum significado objetivo ao qual poderia ser comparado o produto da interpretação autêntica, afirmar que a interpretação de uma corte suprema é falsa equivaleria apenas a comparar esse significado àquele que a doutrina tivesse produzido e apresentado como padrão.

Quanto à interpretação doutrinária, Kelsen considera que se trata de uma atividade cognitiva, mas, ao contrário da tese tradicional, não admite que ela possibilite descobrir um significado oculto único. Ela visa apenas a descrever todos os sentidos possíveis de um enunciado, de tal maneira que o intérprete autêntico possa fazer uma escolha entre eles. Essa tese pôde ser contestada com o auxílio de alguns argumentos simples. Não é possível limitar-se a descrever os sentidos de uma palavra ou de um enunciado na língua natural porque nada impede que o intérprete autêntico lhes atribua sentido específico diferente, de acordo com as necessidades de aplicação. Por outro lado, não é possível descrever todos os sentidos possíveis, porque a relação entre o enunciado e seu significado é contingente e sempre existe a possibilidade de que o intérprete autêntico utilize sua vontade para impor de modo arbitrário uma interpretação que ninguém poderia ter imaginado. Enfim, caso se tratasse de uma verdadeira descrição, as proposições nas quais ela redundasse seriam passíveis de ser qualificadas de verdadeiras ou falsas; no entanto, não se dispõe de nenhuma referência que possibilite verificá-las ou refutá-las. O fato de um juiz ter atribuído um sentido no qual ninguém tinha pensado não é um fracasso da doutrina e não significa que ela se enganou, mas sim que esse juiz enunciou uma norma em conformidade com preferências diferentes das preferências da doutrina.

Assim, se é que há profunda diferença entre a interpretação autêntica e a interpretação doutrinária, ela não decorre do fato de uma delas ser atividade cognitiva e a outra, atividade volitiva, mas simplesmente do fato de que a ordem jurídica atribui efeitos a uma e não à outra.

Métodos de interpretação

Os métodos de interpretação não se confundem com os simples procedimentos ou técnicas de interpretação, nem com os resultados da interpretação. Os procedimentos são tipos de argumentos utilizados no raciocínio jurídico em geral e aplicados à interpretação, como os argumentos *a contrario*, *a simili*, *a fortiori*. Por outro lado, é possível comparar os resultados obtidos com a ajuda de métodos e procedimentos, distinguindo a interpretação *extensiva* da interpretação *restritiva*. Aqui só consideraremos os métodos propriamente ditos, ou seja, os princípios do método geral de interpretação ou as classes de argumentos específicos à interpretação. É possível distinguir as interpretações semiótica, genética, sistêmica e funcional.

A interpretação semiótica baseia-se na linguagem. As palavras recebem o sentido que habitualmente têm na língua, e as expressões, o sentido resultante das regras gramaticais. A língua, no caso, pode ser a língua natural ou uma língua técnica, a do direito ou a de uma disciplina específica. A interpretação genética, por sua vez, baseia-se no conhecimento da vontade real do autor do texto, tal como a que se pode depreender, por exemplo, dos seus trabalhos preparatórios. A interpretação sistêmica tem em vista esclarecer um fragmento do texto por meio de outro ou mesmo de outros textos. Por fim, a interpretação funcional tem em vista dar ao texto o significado que lhe possibilite cumprir a função que lhe é atribuída. Uma variedade de interpretação funcional é a interpretação teleológica, que se baseia no objetivo buscado pelo legislador. Na realidade, as diversas categorias se interseccionam. Assim, pode-se determinar a função do texto por meio de argumentos extraídos da linguagem usada ou do contexto sistêmico ou então por meio da vontade do legislador de empregar as palavras em seu sentido comum ou num sentido técnico, por meio de argumentos sistêmicos. Por outro lado, cada um desses métodos, com exclusão, claro, do método genético, pode ter em vista descobrir a intenção do autor originário do texto ou um sentido objetivo independente dessa intenção. Assim, pela interpretação semiótica, pode-se procurar o sentido das palavras tanto no momento em que foram escritas, quanto no momento em que são interpretadas. Do mesmo modo, por meio da interpretação funcional, pode-se procurar o sentido do enunciado para que ele cumpra a função que lhe era atribuída pelo autor do texto, ou o sentido que ele deveria ter para produzir efeitos ótimos na sociedade contemporânea.

A preocupação ou a indiferença em relação à intenção do autor corresponde a preferências ideológicas. Assim, nos Estados Unidos, aqueles que querem interpretar a Constituição em conformidade com a intenção de seus autores, os *originalistas*, são conservadores. De fato, se dermos às palavras o sentido que elas tinham no século XVIII, certo número de regras e políticas, que os conservadores combatem, devem ser consideradas não autorizadas pela Constituição: por exemplo, as discriminações positivas (*affirmative action*). Seu principal argumento é que uma corte constitucional, que não é eleita e não é investida do Poder Constituinte, não dispõe de nenhuma legitimidade para aplicar uma Constituição diferente daquela que foi desejada por seus redatores. Seus adversários, os *interpretativistas*, são liberais. Argumentam que, numa democracia, o povo de hoje não deve ser submetido ao povo de ontem, e que a Constituição deve ser interpretada não como uma norma fixada há dois séculos, mas como uma norma viva. Compreende-se que os métodos de interpretação não possam levar a um resultado único e certo, pela boa razão de que não há sentido verdadeiro, e que elas dão resultados diferentes segundo a maneira como são hierarquizados os argumentos. A existência desses métodos, portanto, não põe em xeque, mas, ao contrário, confirma a liberdade do intérprete.

Objeto da interpretação

Na maioria das vezes se admite que a interpretação gira em torno das normas. Na realidade, essa ideia não é aceitável e deve ser rejeitada. Ela se baseia numa confusão entre um texto (ou, mais precisamente, um fragmento de texto, um enunciado) e uma norma. A norma nada mais é que o significado prescritivo de um enunciado. Dizer que um texto pode ter vários significados é afirmar que ele pode expressar várias normas. Por exemplo, o artigo 11 da Constituição francesa de 1958 ou significa que é permitido submeter diretamente a referendo um projeto de revisão constitucional ou então que isso é proibido. Mas, se for significado, a norma não poderá ser interpretada, pois um significado não pode ter significado. Logo, apenas um enunciado pode ser interpretado, e a interpretação consiste em determinar a norma que ele expressa. A proposição formulada acima, de que antes da interpretação não há significado, pode então ser traduzida da seguinte maneira: antes da interpretação, não há norma, mas simples texto.

No entanto, não se interpreta um enunciado apenas para determinar seu conteúdo, aquilo que ele prescreve, mas também para determinar seu estatuto. Assim, antes de saber o que uma Declaração de Direitos prescreve, se ela autoriza ou não o legislador a limitar a liberdade de associação ou o direito ao aborto, cabe determinar se ela possui valor jurídico, em outras palavras, se ela contém normas juridicamente obrigatórias e, caso a resposta seja afirmativa, quais são seus destinatários. Sabe-se que o Conselho Constitucional decidiu em 1971 que o preâmbulo da Constituição e a Declaração de Direitos à qual ele remetia eram obrigatórios para o legislador. Portanto, foi a vontade do Conselho Constitucional que conferiu valor constitucional a esse enunciado.

É preciso ressaltar que a interpretação também pode girar em torno dos fatos, em dois casos diferentes. Se a lei ordena um comportamento q na hipótese de um fato p, antes de adotar o comportamento prescrito, deve-se necessariamente determinar se o fato ocorreu. Assim, antes de pronunciar a pena prevista para o caso em que um crime é cometido, o tribunal deve determinar se o crime foi realmente cometido. Ora, essa determinação não é a simples constatação de um fato empírico, mas uma verdadeira decisão. Pode ocorrer que, contrariando todas as evidências, o tribunal decida que o crime nunca ocorreu. É o que às vezes acontece, por exemplo, quando um júri quer evitar que uma pessoa que tenha cometido um ato de eutanásia seja condenada por assassinato. Uma vez que essa decisão não pode ser legalmente contestada, é ela que produz efeitos jurídicos, seja qual for a realidade empírica. A interpretação não gira apenas em torno da existência material dos fatos, mas também da qualificação. Qualificação é a operação pela qual um fato é subsumido sob uma categoria. Assim, o réu de fato se apoderou de um bem que não lhe pertencia, mas esse gesto pode ou não ser considerado roubo. A qualificação jurídica constitui uma interpretação do fato e apresenta grande semelhança com a interpretação do enunciado. No exemplo acima, o tribunal pode optar: ou interpreta o enunciado, dando uma definição geral do roubo tal que o ato do réu seja considerado ou não roubo, ou qualifica o ato concreto sem se referir a uma definição prévia. A primeira solução lhe permite produzir uma norma geral (todos os comportamentos definidos como roubo pelo juiz serão punidos com penas previstas para o roubo). A segunda, que só vale para o caso *sub judice*, poupa-lhe a necessidade de formular uma definição difícil, que o implicaria pessoalmente. Pensemos, por exemplo, em todos os padrões, tais como o do bom pai de família ou o dos bons costumes.

Autor da interpretação

Se interpretação autêntica é apenas aquela à qual a ordem jurídica vincula efeitos, aquela que não pode ser contestada e, por conseguinte – no caso da interpretação de um texto –, se incorpora nesse texto, então intérprete é toda autoridade competente para fazer essa interpretação. Naturalmente, trata-se em primeiro lugar das jurisdições supremas. Mas, além disso, há muitas outras autoridades com competência para fazer interpretações autênticas: são as que, embora não jurisdicionais, podem fazer uma interpretação que seja incontestável diante de uma jurisdição qualquer. A Constituição francesa de 1958 apresenta alguns exemplos: só o Presidente da República interpreta os termos do artigo 16 e decide o que significam as expressões "ameaça grave e imediata" ou "interrupção no funcionamento regular dos poderes públicos". Aliás, nota-se que a interpretação pode girar em torno da definição dessas expressões ou em torno da qualificação das circunstâncias de fato. Observa-se também que a interpretação autêntica feita por uma autoridade não jurisdicional é a tal ponto uma decisão, que às vezes pode ser interpretada por outra autoridade como criminal. Tal é o caso do artigo 16 da Constituição de 1958: o Presidente da República pode interpretar esta ou aquela circunstância como algo que justifique a implantação de poderes excepcionais, e essa interpretação, por sua vez, pode ser interpretada pelo Parlamento como constitutiva do crime de alta traição. Se o primeiro tomar sua decisão considerando a possível decisão do segundo, a interpretação autêntica será uma atividade exercida em comum, e seu produto será o resultado de uma relação de forças entre autoridades competentes.

Poder do intérprete

A teoria da interpretação como atividade de descoberta de um significado oculto está estreitamente ligada à ideia de que o juiz não exerce e não deve exercer nenhum poder. Ele se limita a enunciar um silogismo, cuja premissa maior é a lei, e cuja premissa menor é o fato. Quando o enunciado da lei é claro, não há por que interpretar, e quando não é claro, a interpretação consiste apenas em, usando métodos seguros, descobrir um significado oculto, mas presente no enunciado. Essa teoria é pressuposta pelas doutrinas da separação dos poderes e do Estado de Direito.

Em compensação, a ideia de que a interpretação é um ato de vontade leva a atribuir poder considerável ao juiz e, de modo mais geral, a todo intérprete. De fato, se interpretar é determinar o significado de um texto, e se esse significado nada mais é que a norma expressa pelo texto, quem determina a norma é o intérprete. Esta não é realmente exposta pelo autor do texto interpretado – o legislador, por exemplo –, mas pelo intérprete autêntico. Por isso, da teoria realista clássica resulta que, se há uma corte soberana, o verdadeiro legislador não é o Parlamento, mas o intérprete da lei. Prolongando o raciocínio, seria possível dizer que o verdadeiro constituinte não é o autor da Constituição inicial, mas sim a corte constitucional.

Na realidade, essas conclusões precisam ser moduladas, e o poder do intérprete é, ao mesmo tempo, mais extenso e mais limitado. Em primeiro lugar, é mais extenso por três razões. A primeira é que a justificação de uma decisão jurisdicional assume a forma de silogismo. A norma aplicável é a premissa maior; o fato, a menor; a sentença, a conclusão. Interpretando um enunciado, o tribunal pode determinar livremente a premissa maior, portanto refazer a norma que constitui seu significado. Assim, a Corte de Cassação ou o Conselho de Estado pode reformular a lei aplicável, e o Conselho Constitucional, reformular a Constituição. Mas dessa decisão sobre a premissa maior resulta que a norma que lhe é submetida para exame será declarada conforme ou não conforme. Portanto, uma corte constitucional, interpretando a Constituição, tem o poder de manter uma lei em vigor ou de privá-la de validade. Logo, ela exerce simultaneamente um Poder Constituinte e um Poder Legislativo. Em segundo lugar, seu poder também é exercido, como vimos, sobre a premissa menor, o fato. É o que faz uma corte constitucional quando decide que a lei que lhe foi encaminhada pode ser considerada em conformidade com a Constituição, desde que seja interpretada de determinada maneira. Portanto, também desse modo ela exerce um Poder Legislativo. Em terceiro lugar, a significação dada a um texto geral, mesmo que tenha sido dada por ocasião de um caso particular, é uma norma geral. As jurisdições, assim, produzem não só normas particulares, mas também normas gerais, que compõem a jurisprudência. Essas normas, ademais, são retroativas, pois considera-se que os textos têm desde a origem a situação que lhes será atribuída ao longo do processo de aplicação. Mas é sobretudo pela quarta razão que o poder de certos intérpretes é tão considerável. Entre os enunciados que uma corte constitucional deve interpretar, há aqueles que delimitam sua competência. Ao interpretar esses enunciados, a corte está em condições de determinar suas próprias competências, na maioria das vezes para ampliá-las. Foi o que fez, por exemplo, a Corte Suprema dos Estados Unidos, quando, em 1803, se declarou competente para controlar a constitucionalidade das leis; foi o que fez o Conselho Constitucional francês em 1971, quando decidiu exercer seu controle em relação ao preâmbulo da Constituição e aos princípios fundamentais reconhecidos pelas leis da República.

Mas, por outro lado, o poder do intérprete se mostra limitado por vários fatores. O primeiro limite não é conhecido por todos os intérpretes. É a impossibilidade de uma jurisdição julgar a si mesma. Esse limite existe para o Conselho Constitucional francês. Em compensação, quanto às jurisdições que estatuem sobre recursos amplamente abertos, como o Conselho de Estado ou certas cortes constitucionais estrangeiras, é muito grande a probabilidade de julgamento a propósito de uma questão qualquer, o que equivale a um autojulgamento. Um segundo limite decorre do caráter coletivo da interpretação, que resulta de uma relação de forças. A interpretação que o Presidente da República francesa faz do artigo 16 deve, necessariamente, levar em conta a interpretação que o Parlamento poderia fazer da Alta Traição. Do mesmo modo, a interpretação feita por uma corte constitucional sobre uma disposição da Constituição pode ser derrubada por uma lei de revisão. Um terceiro limite é próprio às jurisdições. A interpretação feita por uma jurisdição inferior é passível de ser controlada e derrubada por uma jurisdição superior. Portanto, na maioria das vezes ela estará em conformidade com a interpretação já feita ou passível de ser feita pela jurisdição superior. Quanto às jurisdições supremas, sem dúvida podem dar a um texto qualquer significado, pois, seja qual for seu conteúdo, ele não poderá ser juridicamente contestado, ou seja, será válido e produzirá efeitos de direito. Tais jurisdições poderiam até modificar, por ocasião de cada aplicação, a interpretação que fazem de um mesmo enunciado. No entanto, verifica-se que elas fazem interpretações consistentes – em outros termos, as reviravoltas em jurisprudências são bastante raras – e coerentes, ou seja, na interpretação de um enunciado elas levam em conta as interpretações que já fizeram de outros enunciados. Os partidários da tese da interpretação cognitiva veem nisso a prova de que essas cortes não são juridicamente livres e apenas se conformam a uma obrigação de dar ao texto o seu sentido verdadeiro. Na realidade, tal sentido não existe, e o comportamento das cortes é explicado de outra maneira: as normas que elas produzem são gerais, ou seja, visam a regrar o comportamento de um número indeterminado de sujeitos. Estes só poderão submeter-se a elas se estiverem conscientes de que a norma que lhes será aplicada será a mesma que foi produzida pela interpretação da jurisdição suprema. Se esta agisse por capricho, ninguém poderia conhecer a norma aplicável. Uma vez que pretende exercer um poder real e reger categorias de comportamentos por meio de regras, ela é, portanto, obrigada à coerência e à consistência. Não há nisso nenhuma obrigação jurídica, mas apenas o produto da situação na qual ela se encontra, o que a obriga a optar racionalmente pela coerência. Ela é juridicamente livre, mas socialmente determinada.

➤ Amselek P. (org.), *Interprétation et droit*, Bruxelas, Bruylant e PU d'Aix-Marseille, 1995. – Guastini R. *Le fonti del diritto e l'interpretazione*, Milão, Giuffrè, 1993. – MacCormick N. & Summers R. S., *Interpre-*

ting, Statutes. A Comparative Study, Dartmouth, Aldershot, 1991. – MARMOR A., *Law and Intepretation. Essays in Legal Philosophy*, Oxford, Clarendon Press, 1992. – TROPER M., *Pour une théorie juridique de l'État*, Paris, PUF, 1994; *Le Droit, la théorie du droit, l'État*, Paris, PUF, 2001. – WROBLEWSKI J., *Meaning and Truth in Judicial Decision* (Aulis Aamio (org.)), Helsinki, Juridica, 1979.

Michel TROPER

→ Hierarquia das normas; Jurisprudência; Norma; Normativismo; Ordem jurídica; Positivismo; Realismo; Vontade.

INTERRUPÇÃO DA GRAVIDEZ

A interrupção da gravidez – ou aborto – pode ser definida como cessação da vida *in utero* e expulsão de um ser humano concebido. O direito só se interessa pela interrupção da gravidez voluntariamente provocada pela mãe ou por um terceiro; algumas normas jurídicas e morais ora reprimem, ora toleram ou autorizam e, em todos os casos, regulamentam o atentado assim feito à vida humana pré-natal. O ato é grave: liga vida e morte de maneira compulsória. O elo complexo e ambivalente que une a criança concebida à mãe dificulta uma dissociação total entre os dois indivíduos e entre os valores que cada um deles encarna, de tal modo que, quando se opõem, a lei é inevitavelmente sacrificial, seja para a criança concebida, cuja vida e nascimento exigem proteções legais, seja para a gestante, cuja gravidez pode ser uma infelicidade ou um risco, podendo o nascimento da criança representar um fardo pesado demais. A tensão entre o caráter incondicional do respeito à vida do próximo e a consideração da situação concreta da mulher grávida é extremamente forte, o que explica a intensidade das oposições que dividem as opiniões sobre o direito e a prática da interrupção da gravidez, categoricamente condenada pela Igreja católica. Assim, o direito deve combinar dados de importância desigual: filosóficos, morais, médicos, sanitários, demográficos, sociais, mas também psicológicos e familiares. O regime jurídico da interrupção voluntária da gravidez, na imensa maioria dos Estados europeus, foi objeto de uma verdadeira mutação; passando da proibição à permissão, ele reflete o movimento de liberação das mulheres, privatização das questões de vida e morte e, mais geralmente, controle individual e coletivo da procriação por meio da medicina.

A inversão dos princípios foi favorecida por concepções positivistas e liberais, segundo as quais, em caso de oposições ideológicas dentro do corpo social, o Estado não deve tomar nenhum partido e deve, sobretudo, garantir a liberdade de consciência, a segurança sanitária das pessoas e a paz civil. Mas a permissividade implica uma organização legal cujo conteúdo indica os limites da neutralidade axiológica do direito. Marcada por forte e irredutível ambivalência, a interrupção da gravidez nunca é neutra e constitui um exemplo emblemático das relações entre direito e moral, das tensões entre a legalidade e a legitimidade das normas comuns a todos e das escolhas pessoais de cada um. No plano técnico, os interesses e valores em jogo só podem ser tratados por regras objetivas que seria impróprio e perigoso arvorar em direitos subjetivos no sentido civilista do termo. De fato, ainda que os instrumentos internacionais empreguem a expressão "direito à vida", evitando na maioria das vezes esclarecer se esse "direito" abrange a vida pré-natal, só pode tratar-se de uma obrigação imposta a todos de respeitar a vida, e não de um "débito de vida", passível de ser atribuído a um devedor. A vida do ser humano não nascido, que a interrupção da gravidez impede de chegar ao nascimento, portanto à qualidade de pessoa, pode ser protegida pelo direito, independentemente da personalidade jurídica. Toda a dificuldade está em saber a que preço e dentro de quais limites a vida pré-natal precisa da proteção do direito penal. No plano ideológico, a tendência dominante dos direitos internos e do direito internacional dos direitos humanos é de se negar a fazer qualquer definição objetiva do ser humano ou da pessoa, em razão das ameaças que tal definição poderia representar para diversas liberdades. A interrupção da gravidez aparece então, erroneamente, como um obstáculo à elaboração de um estatuto coerente do embrião e do feto como ser humano.

Da repressão à permissão legal

Em direito romano, o aborto era da alçada da ordem doméstica e estava sob o controle do *pater familias* ou do *curator ventris*; o direito da *urbs* não se interessava diretamente por ele, portanto o tolerava. Mas, sob a influência do cristianismo que, como a maioria das religiões, ainda considera o aborto como um mal, este durante muito tempo foi visto como crime, punido com a pena de morte até o século XVIII e depois com a reclusão criminal, de acordo com o Código Penal francês de 1810 (art. 317). A indulgência dos júris populares, por um lado, e o déficit demográfico decorrente da Primeira Guerra Mundial, por outro, justificaram uma política hostil às práticas anticoncepcionais (Lei de 31 de julho de 1920); a seguir, tem-se a correcionalização da infração (os juízes profissionais se mostram mais severos do que os júris populares) e a incriminação da tentativa de aborto e de autoaborto (Lei de 27 de março de 1923, cujo caráter repressivo foi reforçado por um Decreto-lei de 29 de julho de 1939 e depois por uma Lei de 15 de dezembro de 1942 que restabelece a pena capital, mas foi revogada em 1945). Esse estado do direito teve como resultado tornar clandestino grande número de abortos, com graves danos para a integridade física das mulheres que a eles recorriam. A partir da década de 1960, na opinião e na prática judiciária manifestou-se uma inversão tendencial que abriu caminho para a legalização dos métodos contraceptivos (leis de 28 de dezembro de 1967 e de 4 de dezembro de 1974) e depois, como resultado de um debate acaloradíssimo, para a interrupção voluntária da gravidez (Lei de 17 de janeiro de 1975, ratificada pela Lei de 31 de dezembro de 1979). A despenalização parcial da interrupção da gravidez implicava obrigatoriedade de sua regulamentação e medicalização (com a ressalva da objeção de consciência declarada pelo médico), nos dois casos de interrupção lícita da gravidez (nas dez ou doze primeiras semanas, em razão de sofrimento presumido da mãe, a qualquer momento em razão de perigo para a saúde da mãe ou de estado patológico muito grave e incurável da criança, artigos L. 2.211-1 s. CSP). A exemplo de numerosos outros países, o movimento de liberalização deveria prosseguir; depois de admitir em 1982 o reembolso do ato médico pela Seguridade Social, a Lei de 4 de julho de 2001 facilita o acesso das menores à interrupção da gravidez e reduz ainda mais o alcance das disposições penais ou das medidas dissuasivas. Apesar de cada vez mais banalizada, a interrupção da gravidez continua dividindo a opinião pública, a ponto de provocar manifestações hostis, que justificaram, em contrapartida, a criação do delito de entrave à interrupção da gravidez, em 1993. Regularmente, mas em vão, surge um contencioso da legalidade, da constitucionalidade ou da conformidade ao direito internacional dos textos legislativos ou regulamentares sobre a interrupção da gravidez. Enquanto na França não é julgada contrária aos direitos fundamentais (Cons. Const. 15 de janeiro de 1975, *D.*, 1975, 529, nota L. Hamon; 27 de junho de 2001, *D.*, 2001, 2533, nota B. Mathieu), nos Estados Unidos a interrupção voluntária da gravidez tem proteção constitucional federal em nome do respeito à *privacy*. Nos sistemas jurídicos atuais, a interrupção lícita da gravidez é uma liberdade da mulher; as condenações por interrupção ilícita da gravidez raramente se concretizam, e a importância quantitativa do fenômeno, apesar do desenvolvimento da contracepção, demonstra seu caráter não excepcional (a despeito da incerteza dos dados estatísticos oficiais, calcula-se em 250 mil o número de IVGs praticadas na França em 1976, 220 mil em 1994 e 214 mil em 1998, ou seja, mais do que na Inglaterra e menos do que na Itália e no Leste europeu). Tornando-se permissivo, o direito à interrupção da gravidez abandona, cada vez com mais clareza, o campo penal e, sob a égide dos direitos fundamentais, entra no domínio do direito médico e, indiretamente, do direito civil ou do direito administrativo. Nos países ocidentais, o ato deve ser livremente consentido tanto pela mulher quanto pelo médico, ao passo que em outros países, sobretudo do Extremo Oriente, ele pode ou podia ser imposto pela lei ou pela pressão social. Na Europa, as condições da interrupção lícita da gravidez e as da repressão à interrupção ilícita variam substancialmente de um país para o outro: continua sendo ilícita na Irlanda, onde a Constituição a proíbe; é amplamente autorizada na Inglaterra e na Holanda; é admitida com restrições ainda na Espanha. Recusando-se a condená-la em nome de um "direito à vida" do feto, a Corte Europeia dos Direitos Humanos adota uma posição liberal, mas concede aos Estados ampla margem de liberdade na apreciação das modalidades da permissão, assim como da repressão. A liberdade de trânsito das pessoas e dos serviços dentro da União Europeia, aliada à liberdade de informação e expressão, na prática favorece o recurso às leis permissivas.

Regulamento dos conflitos de valores

Uma vez que o direito abandona posições sistematicamente repressivas, impõem-se composições entre princípios e interesses públicos e privados contrários. A questão é então saber em que espírito o equilíbrio é buscado. Em se tratando de um ato de morte administrada a um ser humano cuja vida depende inteiramente da mãe, visto que ele ainda não nasceu ou não é capaz de viver com autonomia, é preciso associar princípios que *a priori* se excluem: a liberdade de não levar a gravidez a termo por parte da mãe e a proteção da vida do embrião ou do feto, imposta pelo "respeito ao ser humano desde o começo de sua vida" (art. 16 Código Civil francês). O espaço de liberdade concedido à mãe nas doze primeiras semanas remete o julgamento sobre a legitimidade do ato para a consciência individual da mãe e do médico. Essa redução da norma à moral pessoal acarreta o abandono da proteção objetiva ao ser humano concebido, o que reforça a ambiguidade das representações jurídicas desse ser. Ora, nesse aspecto, as posições filosóficas e morais divergem de maneira radical: segundo posições extremas, a liberdade da mãe é justificada pela ideia de que o embrião ou o feto não passa de excrescência do corpo materno, da qual a mãe pode se separar em virtude da recusa de considerar como pessoa o ser humano não nascido; inversamente, a existência de um indivíduo naturalmente apto a nascer, de fato irredutível a um órgão, oriundo – ressalvado o caso do estupro – da relação voluntária da mulher e do homem, veda o impedimento deliberado do nascimento. Essas posições extremas, na realidade, são impraticáveis socialmente; ambas se chocam com objeções que impedem tomar uma ou outra como fundamento exclusivo da legislação. Por esse motivo, o direito se inspira em uma e outra e corrige seus respectivos excessos. O fundamento propriamente jurídico da lei nem por isso deixa de ser ambíguo, o que revela as contradições internas da sociedade: simples tolerância legal quando a interrupção da gravidez se apresenta como exceção ao princípio de respeito à vida pré-natal e como fato justificativo de uma infração; verdadeira liberdade e até direito da mãe, quando a lei enfatiza o direito de dispor livremente do próprio corpo por parte da mãe, bem como a submissão da personalidade da criança concebida à vontade materna. A sutileza da composição atingida pelo direito objetivo foi alterada pela pressão social, que obriga cada um a escolher seu campo. Aos conflitos ideológicos se somam às vezes conflitos reais entre a mãe e o pai ou entre a mãe menor e seus pais; como, nas primeiras semanas da gravidez, a criança concebida está sob o poder materno, não se admite que o pai se oponha à vontade da mãe de prosseguir ou não a gravidez, e a autonomia da menor está crescendo nos direitos contemporâneos. A consagração de um poder exclusivo da mãe é sinal de uma transformação profunda nos costumes e nas estruturas sociais, transformação que, por ser recente, é defendida por alguns com mais vigor. No entanto, uma gravidez infeliz não leva necessariamente a uma maternidade infeliz; o aborto continua sendo um fracasso e, na maioria das vezes, para a mãe representa um trauma assumido ou recalcado.

Diferentes e talvez mais trágicos são os conflitos suscitados pela interrupção da gravidez pelas chamadas "razões médicas", sob o aspecto dos princípios e do tratamento de situações individuais em que o nascimento é desejado *a priori*. Enquanto a preservação da vida da mãe quase não constitui problema, a justificação do aborto em razão de deficiências ou afecções graves e incuráveis que possivelmente afetarão a criança tornou-se mais delicada do que no passado: novos dilemas surgem, por um lado, do desenvolvimento dos cuidados médicos dispensados à gestante e da assistência dada a esta pelos serviços sociais, e, por outro, dos progressos da ciência e do uso de imagens, que possibilitam diagnosticar, prever e avaliar com maior ou menor certeza o estado atual ou futuro da criança e, por conseguinte, tomar alguma decisão acerca do nascimento ou da supressão do feto. Por um lado, é difícil ignorar o estado gravemente patológico da criança e as dificuldades às quais a deficiência a expõe, expondo também sua família e a sociedade; por outro, uma permissão excessivamente liberal expõe ao risco, já concretizado, ao que parece, da adoção de práticas eugênicas por parte do Estado e do corpo médico, da desvalorização social das pessoas deficientes de nascença, da temida reivindicação de filhos "sem defeitos" e – levando-se em conta a margem de incerteza dos testes pré-natais – de aborto de fetos sadios. Finalmente, a arbitrariedade da fronteira entre o aborto permitido e o infanticídio proibido torna-se patente quando é lícito, nesse caso, interromper a gravidez em qualquer momento, o que está longe de ser admitido por todos. O controle do respeito às condições restritivas impostas pela lei é difícil. A legitimidade do ato depende então dos princípios éticos das equipes médicas encarregadas do diagnóstico, dos peritos chamados a dar parecer e do médico que procederá ao aborto, mas também e principalmente do consentimento informado da mãe. A regulação médico-social da interrupção médica da gravidez faz que a existência dos indivíduos dependa de uma apreciação da "qualidade" de uma vida futura, em que os padrões legais implicam a criação de normas biológicas provavelmente constitutivas de práticas eugênicas; ela tende, de maneira liberal e racional, a uma gestão seletiva dos nascimentos que pode deixar apenas um espaço restrito à liberdade da mãe.

Efeitos sistêmicos

A legalização do aborto dificilmente fica contida em seus próprios limites, pois, em direito positivo, a teoria do mal menor se conjuga com a teoria da liberdade e com a vontade de prevenir deficiências de nascença. Desse modo, direta ou indiretamente, o debate sobre a IVG, depois de apaziguado ou abafado, é periodicamente reavivado.

Em direito penal, procurou-se saber se o atentado involuntário contra a vida de um feto cuja existência a mãe não tinha a menor intenção de interromper constitui um "homicídio" (art. 2.216 CP), o que implica pronunciar-se sobre a qualidade de "pessoa" ou "de outrem" do nascituro. Seria possível considerar que o Código Penal francês tem em vista menos as pessoas jurídicas, sujeitos do direito, do que os seres humanos vivos, e distinguir o sentido e a função da palavra "pessoa" em direito civil e em direito penal. Em várias decisões, a Corte de Cassação, invocando o princípio de interpretação estrita da lei penal, decidiu de modo diferente, o que significa que a vida humana antes do nascimento não é protegida contra as infrações involuntárias, e que ela só pode ser protegida no estado do direito positivo pela infração voluntária de interrupção ilícita da gravidez (Crim., 30 de junho de 1999, *Bull. crim.*, nº 174; Ass. plén., 29 de junho de 2001, *JCP*, 2001, II, 10.569); o legislador poderia ser levado a intervir se não fosse inibido pelo temor, infundado mas persistente, de que a proteção penal à vida pré-natal ponha em xeque a liberdade de interromper a gravidez. Em direito civil, o fracasso da intervenção abortiva e o nascimento de uma criança não são, em princípio e salvo exceções, causa de um prejuízo indenizável. A Corte de Cassação, porém, julgou que a deficiência grave não diagnosticada, por erro médico, enseja ressarcimento não só para os pais, mas também para a própria criança, por ferir a faculdade que a mãe tem de interromper a gravidez (Ass. plén., 17 de novembro de 2000, *ACP*, 2000, II, 10.438, rap. P. Sargos, concl. J. Sainte-Rose; 13 de julho de 2001, *JCP*, 2001, II, 10.601, concl. J. Sainte-Rose, 28 de novembro de 2001, *D.* 2001, IR 3.587, 3.588). Esses casos marcavam uma possível tendência para um direito subjetivo de não deixar nascer e para a consagração de um interesse juridicamente protegido de nascer não deficiente, o que, por desdobramento do efeito sistêmico, incitava ao aborto e poderia ter levado o filho a criticar a mãe que, embora bem informada, tivesse levado sua gravidez a termo. À incoerência que há em invocar a não interrupção da gravidez, ou seja, um prejuízo devido ao nascimento, a fim de reparar apenas a deficiência, enquanto a reparação dos prejuízos ligados à deficiência podia ser obtida sem se invocar o impedimento da IVG, soma-se o atentado à dignidade humana contida em tais pretensões. Por esse motivo o legislador invalidou essa jurisprudência, de uma maneira, aliás, muito discutível (art. 1º Lei de 4 de março de 2002 relativa aos direitos dos doentes e à qualidade do sistema de saúde).

Mais indiretamente, a liberdade de interromper a gravidez constitui um limiar a partir do qual o embrião pode ser tratado não como ser humano indesejável, mas como uma coisa disponível para a experimentação biomédica, para a retirada de células ou para culturas de células-tronco, ou, depois da expulsão, para retirada de órgãos ou tecidos. Assim, as condições de realização da interrupção da gravidez poderiam ser (e às vezes são na prática) adaptadas à utilidade dos embriões e fetos como reservatórios de materiais biológicos. Por fim, o enfraquecimento do interdito, por mais defensável que possa ser em grande número de casos individuais, repercute no interdito de matar (eutanásia ativa) ou de mutilar (esterilização irreversível); a preservação da liberdade real e do interesse da mulher poderia ceder diante da utilidade social da interrupção da gravidez. Inversamente, a dor dos abortos tardios incita ao desenvolvimento dos diagnósticos pré-implantatórios dos embriões concebidos *in vitro*, prática manifestamente eugênica por visar a selecionar o melhor e a evitar a interrupção da gravidez.

A consciência das consequências induzidas e dos efeitos simbólicos dos dispositivos jurídicos é a condição necessária de seu controle; isso pressupõe trazer à luz fronteiras claras entre o lícito e o ilícito e depreender a razão de normas diferentes em termos de fontes, natureza e conteúdo, que concorrem para forjar uma ordem jurídica sensata.

› CARBONNIER J., *Droit civil*, 1: *Les personnes*, Paris, PUF, "Thémis/Droit privé", 2000, 21ª ed., nºs 13 e 16. – DÉKEUWER-DÉFOSSEZ F., "Avortement (Interruption volontaire de grossesse)", *Répertoire Dalloz Droit pénal*, 1996. – DIJON X., "Baudouin Ier et l'enfant à venir", in *Droit comparé des personnes et de la famille, Liber amicorum Marie-Thérèse Meulders-Klein*, Bruxelas, Bruylant, 1998, p. 181. – ENGELHARDT H. T., *The Foundations of Bioethics*, Oxford Univ. Press, 1986, espec. cap. 4. – FAGOT-LARGEAULT A. & DELAISI DE PARSEVAL G., "Les droits de l'embryon (foetus) et la notion de personne humaine potentielle", *Revue de métaphysique et de morale*, 1987, p. 361. – GEOUFFRE DE LA PRADELLE G. de, "À la recherche du 'droit à la vie'", *Droit syndical et droits de l'homme à l'aube du XXIe siècle, Mélanges en l'honneur de J. M. Verdier*, Dalloz, 2001, p. 325. – GOFFI J. Y., "Avortement", in *Dictionnaire d'éthique et de philosophie morale* (M. Canto-Sperber, org.), Paris, PUF, 1996. – HERMITTE M. A., "L'embryon aléatoire", *in* J. Testart (org.), *Le Magasin des enfants*, F. Bourin (org.), Paris, 1990, p. 238. – HORELLOU-LAFARGE C., "Une mutation dans les dispositifs du contrôle social: le cas de l'avortement", *Revue française de sociologie*, 1982, p. 397. – LABBÉE X., *La Condition juridique du corps humain avant la naissance et après la mort*, tese, Lille, 1986. – MURAT P., "Réflexions sur la distinction être humain / personne juridique", *Revue Droit de la famille*, nº 9, setembro de 1997, p. 4. – NISAND I., *L'IVG en France*, La Documentation française, 1999. – VÉRON M., *Droit pénal spécial*, 8ª ed., Armand Colin, 2000. – VIGNEAU D., *L'enfant à naître*, tese, Toulouse, 1988. – Col.: *Dictionnaire permanent Bioéthique et biotechnologies*, v. Interruption de grossesse, Éditions législatives. – *L'Interruption de la grossesse dans l'Europe des neuf*, INED, 1981. – *La Vie prénatale, biologie, morale et droit*, Association des juristes catholiques, Téqui, Paris, 1985. – Le point sur l'avortement en France, *Population et société*, nº 325, INED, 1997.

Catherine LABRUSSE-RIOU

→ Corpo humano; Criança; Deontologia ou ética profissional; Direito natural; Direitos humanos; Laicidade; Liberdade; Medicina; Moral e direito; Pessoa.

ISLAMISMO

O islamismo se apresenta como uma religião de caráter jurídico, baseada numa Lei revelada, comportando ao mesmo tempo um aspecto ritual e um aspecto social; exigiu uma elaboração progressiva antes de dar lugar, no plano social, a códigos de concepção ocidental surgidos na época contemporânea. É necessário conhecer as etapas dessa elaboração e os métodos utilizados nesse trabalho, para compreender os principais elementos daquilo que se chama "direito" muçulmano.

Elaboração da Lei

Primeiro é preciso lembrar que as relações entre Deus e as criaturas são reguladas por um pacto pré-eterno concedido por Deus em virtude do versículo do Alcorão: "E lembra-lhes quando teu Senhor extraiu uma descendência dos flancos dos filhos de Adão e os fez testemunhar contra si mesmos. 'Acaso não sou vosso Senhor?' Eles responderam: 'Sim, somos testemunho disso!'" (VII, 171). Em virtude desse pacto, o crente que reconhece um Deus único e adere à mensagem deixada por seu Enviado goza de uma situação particular que lhe garante a esperança na vida eterna mediante a observância de uma Lei chamada *sharî'a*, cujo conhecimento é chamado "direito" (*fiqh*). Mas essa Lei não se baseia numa tábua de mandamentos, e sim num dado revelado que precisa ser interpretado. Este dado revelado contém, por um lado, alguns versículos corânicos e, por outro, algumas palavras atribuídas ao profeta do islamismo e chamadas de *hadiths*, que foram objeto de coletâneas frequentemente divergentes. Os *hadiths* constituem a Tradição profética ou *sunna*. Esse conjunto de dados foi objeto de interpretações que possibilitaram apresentar uma Lei estruturada.

De fato, apenas alguns versículos corânicos dão indicações mais ou menos precisas sobre as diversas obrigações que incumbem ao crente, obrigações rituais ou sociais, enquanto os outros versículos relatam a história dos profetas anteriores ao islamismo, anunciam o Juízo Final ou contêm diferentes exortações. Os versículos de caráter jurídico frequentemente precisam ser completados pelas informações contidas nos *hadiths*. Portanto, bem cedo grupos de juristas se esforçaram por redigir tratados que definissem as diversas disposições contidas no Alcorão e nos *hadiths*. Evidentemente, essas disposições correspondiam a uma inspiração divina, cabendo buscar uma lógica nesse conjunto. Mas era necessário estabelecer certa coerência entre elas. Para tanto, os juristas frequentemente recorreram a métodos de raciocínio um pouco simplistas. Assim, muitas vezes utilizaram o raciocínio por analogia, o que permitiu, por exemplo, fixar o montante de certas penas, mas foi só ao cabo de algumas décadas de reflexão que esse raciocínio ganhou certa precisão. Essa situação explica por que, desde o segundo século da hégira – na verdade, no início da dominação dos califas abássidas sobre o mundo muçulmano –, constituíram-se escolas rivais de direito nos centros intelectuais do Iraque. Algumas escolas apareceram no início: os hanafitas, os maliquitas e os xiitas; no século seguinte, surgiram os chafitas e depois os hanbalitas. Essas escolas eram totalmente independentes do poder. É verdade que os primeiros "califas", "sucessores" do Profeta, haviam tomado algumas decisões acerca dos problemas de direito, sobretudo de família, problemas para os quais o texto corânico carecida de clareza. Mas os califas seguintes, omíadas e depois abássidas, se abstiveram de intervir nessas questões, deixando que os juristas, chamados *faqîh* (pl. *fuqahâ'*), elaborassem a Lei e definissem os métodos que deveriam ser seguidos na utilização dos dados fornecidos pelas "fontes" (*usûl*) do direito. Os *fuqahâ'*, principalmente a partir do século X, redigiram tratados de direito mais ou menos detalhados que podiam ser usados pelos cádis, pessoas encarregadas da justiça, mas que em geral não eram juristas de profissão. Os *fuqahâ'* eram, portanto, intérpretes da Lei; eram eles que os cádis consultavam eventualmente, quando se viam diante de uma situação difícil para resolver. A opinião deles, porém, não tinha nenhum valor de autoridade, e era possível que dois deles emitissem opiniões diferentes. De fato, a Lei, cujos intérpretes eles eram, nunca recebeu forma definitiva. Havia divergências entre as quatro escolas sunitas reconhecidas como tais a partir do século XI, em virtude de um consenso tácito, e também surgiam divergências dentro de uma mesma escola. Na verdade, nenhum dos tratados de direito elaborados entre os séculos X e XV foi considerado dotado de valor de código.

Esse caráter particular do "direito" islâmico decorre de duas razões. A primeira era a imprecisão do dado revelado no qual ele devia basear-se. Os versículos corânicos não previam todas as situações; ademais, precisavam ser completados pelos *hadiths*, que estavam longe de constituir um *corpus* definido. Os doutos que estudaram os *hadiths*, ou "ditos do Profeta", em circulação, provenientes de diferentes transmissores, que declaravam tê-los recebido do próprio Maomé, não deixaram de identificar algumas contradições e chegaram à conclusão de que, enquanto certos *hadiths* podiam ser considerados "bons", ou seja, autênticos, outros deviam ser qualificados de duvidosos. Coletâneas de *hadiths*, chamados de "canônicos", foram elaboradas durante o século IX: são seis, e a mais conhecida é a de al-Bukhâri. Essas seis coletâneas não são idênticas, o que, em alguns casos, dá aos juristas certa margem de interpretação. A outra razão era que os doutos faziam questão de conservar sua independência de julgamento. Já no segundo século da hégira, ou seja, o século VIII, fica claro que os juízes proferiam sentenças diferentes segundo as regiões. Cada douto podia reivindicar o direito de exercer sua "reflexão pessoal", ou *ijtihâd*, sobre os problemas relativos à Lei, apesar da existência de escolas jurídicas que, por sua vez, se reservavam o direito de *ijtihâd*. Mas teria sido útil redigir um código. Essa era a ideia defendida por um secretário da administração abássida, Ibn al-Muqaffa' (m. c. 756), quando aconselhou o califa al-Mansûr a elaborar tal código cuja aplicação seria obrigatória em todo o Império. Esse conselho não foi acatado, e o califa deu aos juristas a liberdade de estabelecer escolas que aplicavam diversos métodos de raciocínio. Finalmente, prevaleceu uma tendência intermediária, que reservava a independência de julgamento para as escolas constituídas. Mas a definição das "fontes" do direito precisava ser refinada.

Um jurista, al-Shaffi'i, que no século IX fundou a terceira escola, a chafita, tentou defini-las melhor. Por um lado, insistiu no valor dos *hadiths*, considerando que as palavras do profeta do islamismo tinham quase tanto valor quanto o Alcorão, desde que, evidentemente, fossem autênticas. Esse julgamento estimulou os doutos, especialistas nas Tradições, ou tradicionistas, a examinar com cuidado a personalidade dos transmissores daqueles *hadiths* e a só considerar válidos os que fossem atribuíveis a um companheiro conhecido de Maomé. Por outro lado, al-Shaffi'i quis aplicar novas regras à reflexão pessoal dos doutos. Ele admitiu como terceira fonte da Lei o consenso, ou *ijmâ'*, já reconhecido por seus predecessores, mas o limitou ao consenso da comunidade, na época em que essa reflexão se exercia, e recusou-se a admitir o consenso dos companheiros do profeta. Acima de tudo, examinou a noção de raciocínio por analogia, ou *qiyâs*, e se recusou a levar em conta as semelhanças distantes entre dois casos para aplicar a um a solução preconizada no outro. Só admitiu esse tipo de raciocínio caso estivesse baseado em alguma causa precisa, que pudesse intervir nos dois casos em questão. Portanto, era introduzir um método lógico que não fora adotado até então. Contudo, deve-se notar que esse método não podia ter a pretensão de conhecer exatamente o conteúdo das injunções divinas. O chafismo poderia ter suplantado as escolas existentes, mas na realidade foram estas que subsistiram, e o chafismo foi uma nova escola à qual se somou uma escola mais literalista do que as primeiras, o hanbalismo, que também sobreviveu durante os séculos seguintes.

A maneira de raciocinar que caracteriza as escolas jurídicas marcou os espíritos e, em certa medida, é encontrada em outras disciplinas, sobretudo em teologia. Aos literalistas, que se restringiam à letra do Alcorão, tal como os hanbalitas, opunham-se também aqueles que poderiam ser chamados de intelectualistas, que utilizavam diversos métodos de raciocínio. Isso explica a existência de certo parentesco entre o chafismo e a escola teológica moderada, chamada de acharita, que surgiu no século X. Quatro escolas sunitas – o maliquismo, o hanafismo, o chafismo e o hanbalismo – estavam tão firmadas, que foram reconhecidas mais ou menos no século XII, e, no século XIII, os soberanos adquiriram o hábito de nomear quatro cádis, um para cada escola. A partir daí passou-se a considerar que a "porta do *ijtihâd* estava fechada", ou seja, que só os fundadores de escolas tinham feito um esforço de reflexão completo, e os outros doutos tinham se contentado com esforços de reflexão limitados. Autores mais tardios, como Ibn Taymiya (m. em 1328), porém, recusaram-se a admitir esse fechamento da porta do *ijtihâd*. A partir do século XI, de qualquer modo, o estudo do direito teve um desenvolvimento notável que exerceria influência sobre a vida intelectual. Até então, de fato, não havia ensino organizado do direito e das ciências religiosas. Os juristas geralmente reuniam seus estudantes nas grandes mesquitas: era um ensino puramente privado; os doutos não eram remunerados por essa atividade, tampouco pelas consultas que lhes eram solicitadas. No século XI foram fundados – não por iniciativa dos soberanos, mas de alguns de seus auxiliares, vizires ou tesoureiros, em especial – estabelecimentos especializados, chamados madrasas. Estes colégios, dedicados ao ensino do direito segundo uma das quatro escolas admitidas então, recebiam os rendimentos de um bem imobilizado para esse fim, e esses rendimentos permitiam que eles não só mantivessem o edifício, mas também remunerassem o pessoal empregado, inclusive os docentes, e oferecessem alojamento para os estudantes. Esses estabelecimentos possibilitaram estender o ensino do direito a um número maior de estudantes, garantindo-se assim melhor formação dos magistrados e até permitindo que os futuros administradores adquirissem conhecimentos sérios no campo jurídico. As madrasas, que apareceram primeiramente no Irã, disseminaram-se pelo Iraque e depois pela Síria e pelo Egito, nos séculos XII e XIII, chegando finalmente ao Magreb. O ensino ali ministrado contribuiu muito para defender o sunismo ao qual pertenciam as quatro escolas. Contribuiu também para orientar a reflexão dos pensadores para os problemas de lógica, o que levou à produção de definições mais racionais para certos procedimentos, tais como o raciocínio por analogia que al-Shaffii'i já examinara. O estudo da lógica, portanto, se desenvolveu, e, enquanto alguns se atinham à lógica jurídica primitiva, outros se esforçavam por dar lugar à lógica grega conhecida pelas obras dos filósofos antigos que tinham sido traduzidas para o árabe a partir do século IX. Assim, um autor como al-Ghazali (m. em 1111), jurista e místico, mostrou-se preocupado em respeitar essas regras de lógica, propondo uma definição mais estrita do raciocínio por analogia, ao mesmo tempo que recusava as teorias inspiradas no neoplatonismo. Mais tarde, o célebre Averróis (m. em 1198) continuou as pesquisas sobre a lógica, considerando que um raciocínio correto por analogia possibilitaria conhecer exatamente o conteúdo dos mandamentos divinos. Em compensação, os meios xiitas se ativeram o máximo possível à interpretação literalista, mas abrindo um grande espaço para as palavras dos imãs, descendentes do profeta do islamismo que em certas épocas continuavam com pretensões ao poder, e introduzindo por esse meio disposições diferentes das adotadas pelo mundo sunita.

Códigos modernos

Na época contemporânea, em contrapartida, ocorreu uma transformação importante na concepção do direito islâmico, no sentido de que acabou triunfando a tendência já anterior à codificação, mas deixando-se espaço para a reflexão pessoal. O Império otomano (1300-1923), sobretudo na época do "Legislador" Solimão, chamado de "o Magnífico", empreendeu a codificação de certos ramos do direito, modificando-o ligeiramente para dar conta de certas situações; foi sobretudo o direito penal que constituiu o objeto das elaborações. Mas as autoridades otomanas, em seu desejo de unificar o direito sunita, se chocaram com as dificuldades já mencionadas. Embora seu desejo fosse impor a todos o direito da escola hanafita, não puderam fazê-lo por não poderem impor a alguns de seus súditos as regras de um direito que eles não haviam escolhido. Os dados do problema foram modificados pelo surgimento de novas nações independentes, no fim do século XIX e, principalmente, no século XX, depois de 1945. Cada nação se esforçou por elaborar um direito único que pudesse ser imposto a todos os muçulmanos, pelo menos sunitas. A redação de novos códigos ocorreu primeiramente no Egito e depois nos outros países do Oriente Médio árabe, nascidos do desmembramento do Império otomano. Por razões diversas, cada Estado adotou um código que, em geral, não seguia as disposições de uma escola, mas era resultado de uma espécie de mistura das disposições adotadas pelas quatro escolas. Esse trabalho de elaboração foi chamado pelos historiadores ocidentais de "neo-ijtihâd", porque resultante de um novo esforço de reflexão. Acresce que o direito assim definido levava em conta certas condições da vida moderna e das aspirações dos movimentos feministas, o que explica diferentes modificações feitas no direito de família: restrição ou mesmo supressão da poligamia, regulamentação do divórcio em substituição ao repúdio unilateral. É essa adaptação mais ou menos importante do direito islâmico à vida moderna que explica o fato de, numa região fiel à escola maliquita, como o Magreb, os três Estados oriundos da descolonização terem adotado códigos diferentes. Cabe acrescentar que outros Estados mais conservadores mantiveram o direito tradicional, sunita ou xiita, sem codificá-lo de maneira sistemática. A elaboração do direito, a partir de então, tornou-se mais dependente do que antes das orientações políticas.

Obrigações rituais

As linhas gerais do direito muçulmano são as seguintes. Esse direito comporta duas partes, uma referente às obrigações rituais (*'ibâdât*) e outra, às relações sociais (*mu'âmalât*). As obrigações rituais, chamadas de "pilares do islã", são cinco. A profissão de fé consiste na recitação de uma fórmula simples, na crença na unicidade divina e no caráter profético da missão de Maomé, que implica uma doutrina exposta pelos teólogos. A prece, que deve ser feita cinco vezes por dia, é um conjunto de gestos e palavras rigorosamente fixado, constituindo um ato de adoração. Só pode ser feita se o fiel está em estado de pureza, ou seja, se ele procedeu a uma ablução geral ou reduzida, cujas modalidades são fixadas com precisão. Em terceiro lugar, vem o jejum do mês de ramadã, obrigação especificada pelos textos. A ruptura do jejum acarreta punições. A quarta obrigação tem caráter social, é o pagamento da esmola obrigatória que pesa sobre todos os proprietários e cujo objetivo é socorrer os carentes. Por fim, a Peregrinação a Meca é um conjunto de ritos que o fiel deve realizar uma vez em sua existência, se tiver possibilidade material. Uma sexta obrigação é frequentemente mencionada: consiste em travar o *jihâd*, ou "guerra santa", contra os infiéis. Mas essa é uma obrigação de caráter coletivo, e não individual, que pesa sobre o chefe da comunidade, único habilitado a decretar o *jihâd*.

Essas regras que definem a vida religiosa e também se aplicam à vida social ou política são de caráter contratual, mas também acarretam controle sobre a vida comunitária de cada um. As faltas consistem essencialmente em não observar as obrigações previstas pela lei. A mais grave é a recusa em acreditar na unicidade divina e na missão profética de Maomé. Trata-se de uma apostasia punida com a morte, se confirmada. Direito e religião estão aí estreitamente ligados. Quanto às outras faltas, cada muçulmano deve pedir perdão a Deus, esperando que Deus manifeste misericórdia. A peregrinação é um dos melhores meios de obter esse perdão.

A vida religiosa, porém, não se limita a esses aspectos jurídicos e contratuais. O Alcorão admite a existência e a eficácia da prece de solicitação, chamada *du'â'* (sura XL, versículo 62). Por outro lado, o culto dos santos, praticado por numerosos fiéis, foi reconhecido como canônico pelos juristas, em virtude daquilo que se chama de consenso dos muçulmanos. Entre esses santos, cuja "bênção" é buscada, encontram-se muito daqueles místicos ou sufis que, baseados em certos trechos do Alcorão, procuram "aproximar-se" de Deus ou mesmo unir-se a ele no êxtase, por diversos meios, dos quais o mais conhecido era o *dhikr*, "repetição do nome de Deus".

Regras sociais

Embora na vida religiosa propriamente dita exista uma tensão entre a relação contratual e a interiorização espiritual, o mesmo não ocorre com as regras que se aplicam à vida social. O estatuto das pessoas é fixado de modo estrito. As regras sociais são aplicadas essencialmente aos muçulmanos de condição livre, cujo testemunho em juízo é reconhecido, cuja vida é protegida e que são submetidos a um sistema fiscal próprio e a certas interdições. Contudo, as mulheres são vítimas de uma discriminação em virtude da qual seu testemunho só vale metade do testemunho do homem, e a parte delas na herança também é metade da parte do herdeiro varão da mesma condição social. Os escravos têm seu próprio estatuto: possuídos por um amo, não podem possuir nada. O amo tem o direito de tomar uma escrava como concubina, e esta, se der à luz um filho, torna-se *umm al-walad* e é alforriada quando da morte de seu amo. O escravo pode ser alforriado em virtude de uma simples palavra do amo. Também pode comprar sua alforria.

Os não muçulmanos, adeptos de uma "religião do Livro", judeus, cristãos e zoroastrianos (equiparados aos anteriores), são submetidos a um regime particular que foi definido pelos próprios califas nos primeiros tempos do islamismo. São "protegidos", tributários ou *dhimmi* em árabe, gozando da liberdade de culto mediante pagamento de um imposto especial, mas precisam respeitar diversas interdições. Havia na origem uma discriminação entre os árabes muçulmanos e os não árabes convertidos. Estes últimos eram vinculados a tribos árabes na qualidade de "clientes" e não tinham os mesmos direitos que os primeiros. Em particular, não estavam autorizados a fazer parte do exército ou, quando eram convocados, não recebiam os mesmos soldos. Essa desigualdade desapareceu na época dos abássidas, a partir de 749, e a miscigenação das populações de origens diversas, que se tornaram muçulmanas como os árabes, só cresceu ao longo dos séculos.

A vida familiar era regrada com precisão. A situação normal era o casamento entre uma mulher muçulmana, representada por um "tutor", e um muçulmano que pagava arras. O casamento pode ser desfeito pelo repúdio unilateral pronunciado pelo marido. A poligamia, reduzida a quatro esposas, era permitida em certas condições. Além disso, era autorizado o concubinato com escravas. Cabe acrescentar que a vida cotidiana era condicionada pelo respeito aos interditos alimentares referentes às bebidas fermentadas e aos animais não abatidos de acordo com o ritual imposto. O uso dos bens também é regulamentado. Disposições novas modificaram o sistema sucessório que parece ter existido na Arábia antes do islamismo. Elas outorgaram direitos aos parentes por parte das mulheres, ou cognatos, e não mais apenas aos parentes por parte dos homens, ou agnatos. Atribuíram direitos às filhas, mas reduzidos à metade daquilo que cabia aos filhos homens. Assim, cada possível herdeiro tinha direito a uma "parte" determinada, o que frequentemente acarretava cálculos muito complicados. Em todo caso, os bens quase sempre eram divididos quando da sucessão, o que impedia a constituição de grandes propriedades imobiliárias. Eram possíveis as doações, mas em proporções reduzidas. Além disso, a tradição profética permitia imobilizar um bem, afetando seus rendimentos a uma obra de caridade. Essa instituição, chamada *waqf*, foi utilizada para a fundação e a manutenção da maioria dos edifícios religiosos. A utilização dos bens era limitada por certas disposições. A primeira delas era a interdição do empréstimo a juros, enunciada por um versículo corânico pouco preciso, mas cuja interpretação nunca foi discutida. A segunda era a autorização, baseada na tradição, de praticar a comandita, o que possibilitava a uma pessoa fornecer capital a outra que o fizesse frutificar por meio de uma operação comercial cujos lucros seriam divididos entre as duas. Acresce que a venda era permitida, mas submetida a condições estritas, para eliminar quaisquer imprevistos. No entanto, nada impedia o livre curso da lei de oferta e procura. Quanto ao sistema fiscal, baseava-se em princípio em dois versículos corânicos: um referente à esmola obrigatória e um que impunha à "gente do Livro" o pagamento de uma capitação chamada *jizya*. Depois, a capitação foi mantida com taxas diversas segundo as regiões. A esmola também foi mantida sobre os bens possuídos pelos comerciantes, mas, no que se refere às terras, os califas instituíram depois das conquistas um sistema que já não correspondia às disposições corânicas. Embora os árabes proprietários de terras pagassem um dízimo que representava a esmola – o que também ocorria com os detentores de concessões provisórias –, a maioria das terras estava submetida a um imposto territorial que era pago tanto pelos muçulmanos quanto pelos não muçulmanos, pois as terras conquistadas haviam sido consideradas terras pertencentes à comunidade e locadas para seus ocupantes.

Por fim, a lei comportava um sistema penal preciso, mas às vezes difícil de aplicar. O homicídio é condenado, mas o representante da vítima pode escolher entre a pena do talião e o preço do sangue, desde que a vítima não seja um "tributário". Várias penas legais são definidas pelo Alcorão: a fornicação, ou seja, a prática de relações sexuais entre um homem e uma mulher que lhe seja interdita, é um delito punido pela lapidação se houver testemunhas, ou pela flagelação. A falsa acusação de fornicação é punida, tanto quanto o uso de bebidas fermentadas. O roubo implica amputação da mão direita, se o objeto roubado atingir certo valor. A apostasia é punida com a pena capital, desde que o apóstata persista. Por fim, o banditismo e a rebelião devem ser combatidos pelo chefe da comunidade que, se houver por bem, pode recorrer à pena de morte. A existência desse sistema penal enseja uma organização judiciária controlada pelo chefe da comunidade. O juiz ou cádi dirime os litígios de ordem privada segundo a equidade, recorrendo a testemunhos orais. Profere sentenças para punir os delitos, mas confia ao chefe de polícia a tarefa de aplicar as punições. O chefe da comunidade, encarregado de reprimir pessoalmente o banditismo e a rebelião, também tem o dever de impor o bem e proibir o mal. Nessa qualidade, ele delega ao chefe de polícia ou ao administrador dos mercados a tarefa de reprimir os delitos menores, não especificados pelo Alcorão, que exijam as chamadas penas discricionárias, inferiores à mais baixa pena legal. Quanto à organização política, foi determinada ou pelo menos inspirada por um versículo corânico que ordena aos fiéis "obedecer a Deus, ao Profeta e às autoridades", o que implicava a noção de monarquia de direito divino. Essa monarquia, chamada califado e depois sultanado, deveria assumir formas frequentemente variadas ao longo dos séculos, mas sem que o sistema deixasse de se impor até nossos dias. Na época contemporânea surgiram profundas modificações no direito muçulmano, tanto no conteúdo quanto na apresentação. Diversas disposições, em especial nos campos penal e familiar, foram modificadas ou abolidas, ao passo que na maioria dos novos Estados surgiam códigos que unificavam o direito sunita e eram apresentados à maneira dos códigos europeus. No entanto, a *shari'a* continuou sendo aplicada ou reivindicada por diversos grupos da comunidade muçulmana.

➤ ASAF A. & FYZEE A., *Compendium of Fatimid Law*, Simla, 1969. – BOUSQUET G. H., *Les Grandes pratiques rituelles de l'islam*, Paris, 1949. – COUSON N., *A Histoy of Islamic Law*, Edimburgo, 1964, e trad. fr. *Histoire du droit musulman*, Paris, 1995. – LINANT DE BELLEFONDS Y., *Traité de droit musulman comparé*, Paris, Haia, 1955. – SCHACHT J., *An Introduction to Islamic Law*, Oxford, 1964, e trad. fr. *Introduction au droit musulman*, Paris, 1983. – SOURDEL D. & SOURDEL J., *Dictionnaire historique de l'islam*, Paris, 1996.

Dominique SOURDEL

→ Codificação; Direito canônico; Direito divino; Jurisprudência; Manuais, tratados e outros livros; Pluralismo jurídico; Raciocínio jurídico.

J

JAPÃO (Cultura jurídica)

O atual direito positivo no Japão apresenta o aspecto de um sistema jurídico constituído no fim do século XIX por meio de codificações sucessivas inspiradas em modelos estrangeiros. No entanto, o direito japonês não se define apenas por um fenômeno de aculturação jurídica. De fato, assim como na China, o direito no Japão faz parte de uma tradição muito antiga, cujos efeitos continuam sendo observáveis. O direito japonês de hoje é resultado de uma síntese que só parcialmente apagou as características herdadas do passado.

Concepção japonesa do direito

No pensamento japonês tradicional, direito não é sinônimo de justiça. Essa concepção está profundamente enraizada em seu passado confuciano e budista. Para o confucianismo (corpo doutrinário criado na China pelos herdeiros do pensamento do Mestre), a virtude essencial é a submissão às autoridades estabelecidas. Tal submissão se inspira diretamente na piedade filial, verdadeiro rito religioso e fundamento de toda a sociedade. O direito é a expressão de uma ordem natural intangível. As relações sociais, em tal sociedade hierarquizada, proíbem os conflitos de vontades. Em caso de conflito, nada é mais urgente do que restaurar a paz e a harmonia. Tal visão do mundo é corroborada pela tradição budista, vinda da China também no século VII, que influenciou fortemente as mentalidades japonesas no sentido da resignação e do desprendimento, e mais ainda pelo xintoísmo, doutrina japonesa tradicional, baseada em ritos agrários, que vê o imperador como avalista dos elos naturais entre o Japão e seu povo (sobre a manutenção dos ritos xintoístas durante cerimônias oficiais por ocasião da morte do imperador Hirohito em 1989 e a entronização do novo imperador, apesar do caráter laico do Estado proclamado pelo artigo 20 da Constituição de 1946, ver J.-H. Moitry, *Le Droit japonais*).

Há um debate tradicional sobre a aversão do japonês ao direito ou, mais precisamente, sobre a distorção entre "direito formal" e "direito vivenciado". A regra de direito no Japão só representaria um quebra-galho em relação às regras de comportamento baseadas na harmonia natural e social, denominadas regras de "giri". Alguns autores definem o "*giri*" como expressão do "*niponismo*", ou da "alma do povo japonês". Na verdade, é na história do Japão que se devem buscar as razões dessa situação. Essas regras de "giri" são *regras de conduta*, cuja origem é preciso buscar no passado consuetudinário do país, em seus usos ancestrais moldados pelo feudalismo. A palavra *giri* ("*gi*": direito, justo; "*ri*": comportamento razoável) significa exatamente "comportar-se como exigem o status ou a posição". O "giri" se assemelha à noção de honra, de sentimento do dever, de regra moral. Em seu estudo clássico sobre a sociedade japonesa (*O crisântemo e a espada*, 1946), Ruth Benedict propõe uma distinção entre as *sociedades da vergonha* (*shame*), nas quais ela inclui o Japão, e as *sociedades do pecado* (*sin*). Nas sociedades da "vergonha", o indivíduo precisa abster-se de todo e qualquer comportamento que o distancie das regras da coletividade. Essa concepção tradicional do direito no Japão tem como consequência a rejeição ao contrato, a rejeição à responsabilidade, a rejeição ao processo. A vida em sociedade baseia-se na noção de *harmonia* (*wa*), corolário da *alma japonesa* (*wakon*), mais do que na noção de norma jurídica. A condenação de um prejuízo causado por uma falta não é o "ressarcimento", pois este designa um responsável que a vítima põe em situação vergonhosa, o que é inaceitável perante as regras de vida em sociedade. As relações entre vítima e responsável, portanto, não se colocarão no terreno do direito. As partes preferirão confiar nas regras de "*giri*". O responsável, assim, prefere dar por iniciativa própria um presente ("aquilo que ele não deve"), em vez de se ver coagido à execução de uma obrigação legal. A rejeição à ação em juízo é a consequência lógica dessas atitudes. Os litígios são tradicionalmente menos disseminados no Japão do que nos Estados Unidos ou nos países europeus, e seus regulamentos se fazem sentir fora dos tribunais, especialmente por meio da conciliação (*chotei*), e baseia-se frequentemente no *jôri* (noção próxima da equidade), que é uma das fontes do direito no Japão (sobre todas essas questões, ver as obras citadas na bibliografia geral). Essa situação resulta da história do direito no Japão.

Da codificação dos "ritsu-ryo" (século VII) ao xogunato dos Tokugawa

Foi por meio de três códigos redigidos em chinês, considerado na época como língua erudita e língua do direito, que os imperadores, ancestrais da atual família imperial, decidiram introduzir no Japão importantes reformas políticas e administrativas. Trata-se do edito de Taishi Shotoku (604), do grande edito de Taika (646) e do Código de Taiho (701). Essas codificações geralmente são designadas com o termo *ritsu-ryo*. O edito de Taishi Shotoku (em 604) começa com um artigo 1º, que declara: "Deve-se honrar a harmonia." É desse princípio geral que procede toda a organização do sistema jurídico e administrativo desejado pelo imperador Shotoku, a saber, um Estado centralizado de acordo com o modelo chinês, dirigido por um imperador (*Mikado*) com poderes absolutos, dispondo de uma burocracia recrutada por merecimento, como os mandarins, segundo os preceitos do confucionismo. O grande edito de Taika tem o objetivo de quebrar a resistência dos clãs. Enuncia claramente o princípio do "domínio régio eminente": o povo e as terras estão diretamente vinculados ao imperador. Os servos são emancipados; as terras, repartidas entre os camponeses; os impostos, reformados ao modo chinês; as estruturas administrativas, reformuladas. Por fim, o edito de Taiho introduz disposições civis e penais e coloca, ao lado do *Mikado*, um "Conselho Supremo do Império".

Esse sistema dos *ritsu-ryo* combinava dois elementos: o *ritsu* é um conjunto de disposições penais; o *ryo* compreende conselhos e exortações. O caráter moral dessas leis é marcante: elas têm o objetivo de educar os ignorantes e conduzi-los para um ideal feito de sabedoria e erudição. Tal sistema faz dos administradores instrumentos de realização desse ideal moral e justifica as armas de que são investidos: direito penal e regras administrativas. Uma verdadeira escola de direito funcionava sob a direção do ministro dos Exames e da Formação dos Funcionários (*Shikibo*). Desde essa época, alguns autores dedicam tratados comparativos aos direitos chinês e japonês. Em princípio, os *ritsu-ryo* vigoram até 1868, ou mesmo além. Mas, entre os séculos VII e XIX, sua aplicação evolui, pois o poder escapará ao imperador para passar às mãos de famílias aristocráticas, até 1868 (são os regimes de inspiração feudalista, denominados inicialmente "bakufu" [1185-fim do século XVI], e depois "xogunato", sob a égide da família Tokugawa, de 1604 até 1868).

Durante todo esse período, o imperador continua, formalmente, a legislar com base nos *ritsu-ryo*, mas trata-se essencialmente de textos de inspiração moral. Essa legislação imperial (*kuge-ho*) teoricamente representava o direito comum, mas era limitada pelos regulamentos administrativos que emanavam do *bakufu* ou do *xogun*. Uma das fontes importantes do direito da época era a opinião dos juristas, expressa em respostas às perguntas da administração xogunal sobre a interpretação dos *ritsu-ryo*. Nessa época criou-se uma Corte de Justiça, mas não se pressupunha que seus juízes devessem conhecer as regras de direito ou os costumes, pois cabia às partes demonstrar sua existência. Ora, sabe-se que desde a origem dos sistemas judiciários na Europa pressupunha-se que os juízes deviam conhecer o direito, segundo os adágios "*Jura novit curia*" ("a Corte conhece o direito"), e "*Da mihi factum, dabo tibi jus*" ("Dá-me os fatos, e eu te darei o direito"). A legislação não era publicada, mas dirigida às autoridades judiciárias. Só os magistrados das três cortes de justiça do *xogun* podiam consultar os textos. Em 1742, é redigido o código mais significativo da época ("Coletânea das Cem Leis Processuais"). Ele codifica e institucionaliza as bases sociais tradicionais: a sociedade é imobilizada num sistema hierárquico de quatro castas, inspirado em preceitos confucianos (guerreiro ["samurai" ou "bushi"]; camponês; artesão; mercador). Essa hierarquia baseia-se na consciência dos deveres inerentes a cada uma das classes; em outros termos, em "regras de conduta" que permaneceram como base da percepção japonesa do direito até nossos dias.

O artigo 45 da "Coletânea das Cem Leis" é especialmente esclarecedor: "Cada súdito deve estar disposto a exaurir forças, inteligência e bens pelo imperador; cada filho, por seus pais; cada aluno, por seu mestre; pois ao imperador deve o sustento; aos pais, a existência; ao mestre, a instrução, e a vida não é possível sem esses três benefícios." Por exemplo, o *samurai*, guerreiro (*bushi*), pertence à primeira classe. O *bushido* fixa suas regras de vida, suas prerrogativas e seus deveres em relação aos inferiores. Um código de honra exigente também o vincula a seu senhor, *daimio* ou *xogun*. O *bushi* tem um dever de fidelidade absoluta para seu senhor, mas não tem nenhum meio de exigir que este respeite qualquer obrigação. Nenhuma sanção jurídica pesa sobre o *bakufu* ou *xogun*. No entanto, este concederá um *onkyu* a seus vassalos: essa palavra designa literalmente um "favor que se é legalmente obrigado a fazer". Na maioria das vezes, a terra é objeto do *onkyu*. Por conseguinte, em suas relações com o senhor, os *bushi* não têm nenhum recurso jurídico, pois o processo entre senhor e vassalo é proibido. Em contrapartida, na concepção europeia do feudalismo, a relação senhor/vassalo constitui um contrato hereditário, gerador de direitos e obrigações.

Durante o período do xogunato dos Tokugawa, nos séculos XVII e XVIII, o funcionamento do sistema jurídico se afasta do regime dos *ritsu-ryo*. Não se encontra mais nenhuma escola de direito. Os "advogados" ("*kujishi*": especialistas em processo) podem aconselhar as partes, mas não podem representá-las na justiça. Sua profissão não é organizada nem reconhecida. Os juízes tampouco constituem uma profissão autônoma: o *bugyo* é, acima de tudo, um funcionário com competências que se estendem a todos os assuntos públicos (administrativos e judiciários). Nessa época, o direito passa por um período de profundo declínio. A maioria dos historiadores do direito japonês considera que da era Tokugawa data a repugnância dos japoneses pelo direito. No entanto, alguns autores sustentaram que o direito privado japonês conseguiu continuar a desenvolver-se sob os Tokugawa graças à jurisprudência oriunda dos tribunais, mas essa posição é contestável (sobre esse debate, ver John H. Wigmore, pp. 481 ss.; J. H. Moitry, p. 13).

Era Meiji (1868-1912): codificações legislativas inspiradas pelos sistemas jurídicos europeus

Sob pressão dos Estados Unidos e dos países europeus, em 1858 o *xogun* é obrigado a firmar tratados comerciais que concedem a esses países privilégios exorbitantes (regime de extraterritorialidade, jurisdições consulares, e não "tribunais mistos", para julgar pendências entre seus súditos no Japão e os japoneses), em razão das imperfeições do sistema jurídico japonês (ausência de direitos de defesa, processo penal inexistente, problemas de aplicação dos *ritsu-ryo*). Depois de uma grave crise social e política que põe fim ao xogunato, o imperador recupera seus poderes e se propõe o objetivo de modernizar as estruturas econômicas e institucionais do país, a fim de atingir a igualdade com os países ocidentais. Em 1899 o governo imperial obtém a revisão dos "tratados desiguais" de 1858. O direito japonês moderno, portanto, vai ser construído depois de se fazer tábula rasa do antigo direito.

Já em 1869, o governo japonês pede uma tradução do Código Penal francês. O jurista Mitsukuri Rinshô é encarregado disso, e seu papel vai ser determinante. Ele traduz o conjunto dos códigos napoleônicos, que dá origem à maioria dos termos e conceitos jurídicos do direito japonês atual. O prof. Boissonnade, da Universidade de Paris, teve a missão de adaptar os códigos napoleônicos. Propôs, de início, projetos de Código Penal e de Código de Processo Penal, terminados em 1877. Esses códigos foram promulgados em 1880 e entraram em vigor em 1882. Foram os dois primeiros códigos modernos publicados e aplicados no Japão. A partir daí, a lei é publicada e dirigida a todos os indivíduos. Surge o princípio de legalidade das penas e dos delitos no direito japonês. Por fim, é claramente proclamado o princípio da igualdade de todos perante a lei. O Código Civil redigido sob a direção de Boissonnade foi promulgado em 1889, e sua entrada em vigor estava prevista para 1894. Mas a Dieta recusou em 1892 a adoção desse Código Civil, principalmente sob a pressão dos meios tradicionalistas. A retirada do Código Civil de Boissonnade também traduz um declínio do direito francês e o crescimento da influência do direito alemão. A Constituição de Meiji foi preparada sob as diretrizes de Hirobumi Ito, um dos altos dignitários do regime, que voltava de uma viagem à Alemanha, onde conhecera os constitucionalistas alemães Gueist e Stein. Os professores alemães Roesler e Mosse, que trabalhavam na redação do Código de Comércio e do Código de Processo Civil, também foram consultados. A Constituição foi solenemente "outorgada" pelo imperador a seus súditos em 1889. O texto afirmava a filiação divina do imperador, personificação do Estado e da Lei. Até 1946, data da nova Constituição inspirada pelas autoridades americanas, o imperador é um monarca de direito divino e de natureza divina. Depois da postergação do projeto de Código Civil de Boissonnade, foi instituída uma nova comissão de redação a partir de 1896, com Hozumi, Ume e Tomii. Os dois últimos pertenciam à escola francesa. Hozumi era de formação inglesa e alemã. O Código Civil foi terminado em 1898, aprovado pela Dieta, e entrou em vigor no mesmo ano.

O método de construção é alemão, mas o conteúdo está amplamente inspirado no projeto de Boissonnade. Mais que isso, o projeto de Boissonnade subsistiu como instrumento de trabalho dos juízes e mostrou-se útil para a interpretação do novo Código Civil. O direito francês subsistiu, portanto, a título de "razão escrita" para a jurisprudência. A adoção do Código de Comércio passou por etapas mais ou menos comparáveis. Inicialmente, em 1884, foi redigido um projeto por Roesler, professor alemão da Universidade Imperial de Tóquio. Esse projeto, eclético, inspirava-se nos direitos francês, alemão e inglês, mas continuava muito fiel ao Código de Comércio napoleônico. Foi promulgado em 1890, mas teve a mesma sorte do projeto de Boissonnade, em razão da oposição dos tradicionalistas. No entanto, a necessidade de estruturar as atividades econômicas impôs, em 1893, a entrada em vigor dos Livros sobre as Sociedades e sobre a Falência. O Novo Código de Comércio, terminado em 1899, entrou em vigor no mesmo ano e refletia a influência do direito alemão. O Código de Processo Civil redigido pelo alemão Techow a partir de 1884 sem dúvida é o texto no qual é maior a participação do direito alemão. Frequentemente é uma tradução literal da *Ziwilprozessordnung* de 1877. Entrou em vigor em 1891.

Balanço atual

O Japão apresenta um sistema jurídico elaborado a partir de codificações sucessivas. Desde a revisão dos "tratados desiguais", em 1899, o direito japonês segue seu próprio movimento: o direito escrito, na forma de leis especiais, ou de atos administrativos, vem completar ou reformar os códigos. Os tribunais vão interpretar essas regras de direito e adaptá-las às necessidades do corpo social. A influência intelectual dos "direitos romano-germânicos" (francês e alemão) continuará dominante até 1940. Os contatos universitários e a formação dos magistrados japoneses reforçam seu papel de modelo jurídico. O direito anglo-saxão não está completamente ausente, em especial no campo do direito comercial. Nesse aspecto, podemos citar as leis sobre o truste e sobre o truste comercial em 1922. Mas não restam dúvidas de que o direito japonês, marcado pelo espírito teórico e doutrinário dos direitos continentais, apreciava pouco a flexibilidade e o pragmatismo da análise doutrinária americana ou de sua jurisprudência. Foi sobretudo depois da Segunda Guerra Mundial que essas modificações ocorreram, durante a ocupação americana, quando são empreendidas reformas constitucionais e legislativas consideráveis, a fim de dar um regime democrático ao Japão. Com a Constituição de 1946 o sistema jurídico japonês passa a ser um verdadeiro Estado de direito, garantindo a constitucionalidade das leis e a igualdade dos cidadãos perante a lei. A organização judiciária e administrativa também foi consideravelmente modificada. Cabe notar que a doutrina japonesa, de qualidade notável, a partir do fim do século XIX desempenhou papel ativo no desenvolvimento do direito. Os séculos anteriores já haviam conhecido uma tradição de jurisconsultos eminentes. Na época das codificações da era Meiji, os autores japoneses se atinham principalmente aos ensinamentos da escola francesa da exegese ou aos da *Begriffsjurisprudenz*, consagrando o papel da doutrina na sistematização e na interpretação da lei. O papel do juiz é praticamente ignorado. Uma das profissões de fé mais significativas dessa tendência é o *Tratado sobre os códigos*, do grande jurista Hozumi, publicado em 1890, segundo o qual os objetivos da lei devem ser a clareza (aspecto formal) e a expressão dos interesses nacionais (nacionalismo jurídico). O próprio Hozumi participou da redação de numerosos textos (em especial a lei de *Horei* de 1898, verdadeira "lei sobre as leis", que ainda hoje formula os princípios básicos da aplicação da lei japonesa e as regras do direito internacional privado japonês [aplicação das leis estrangeiras no Japão]). Uma segunda tendência se manifestará já no início do século, lembrando a função do juiz na aplicação da lei. Essa doutrina, oriunda da escola do direito livre e dos escritos do decano Gény e de R. Saleilles, insistirá na função social e política do juiz, instrumento da adequação dos textos de origem estrangeira às realidades humanas japonesas. Por fim, uma terceira tendência, a Doutrina Comparativista Japonesa, em que se encontram os nomes de Hozumi (que também preconizou esse método), Sugiyama e Takayanagoshi, erige como sistema a busca crítica das regras mais convenientes dentro dos direitos estrangeiros e a elaboração de uma síntese especificamente japonesa. Todos os projetos de reforma legislativa hoje se inspiram nesse método pluralista.

› DAVID R., *Les Grands systèmes de droit contemporains*, Paris, Dalloz, 1982. – JOUÖN DES LONGRAIS F., *L'Est et l'Ouest. Institutions du Japon et de l'Occident comparées*, Paris, 1958. – MEHREN A. T. von, *Law in Japan*, Cambridge, 1963. – MOITRY J.-H., *Le Droit japonais*, PUF, 1988, 2ª ed., no prelo. – NODA Y., *Introduction au droit japonais*, Paris, Dalloz, 1966. – ROBERT J., *Le Japon*, Paris, col. "Comment ils sont gouvernés", 1970. – TANAKA H., *The Japonese Legal System*, Tóquio, 1982. – WIGMORE J. H., *Panorama of the World's Legal Systems*, 1936.

Ver também: BENEDICT R., *The Chrysanthemum and the Sword*, 1946, trad. fr., *Le Chrysanthème et le sabre*, 1987. – ESCARRA J., *Le Droit chinois*, 1936. – KAWASHIMA T., *Legal Consciousness of the Japanese*, 1967. – WANG D. T. C., *Les Sources du droit japonais*, Genebra, 1978. – WATANABE Y., *Legal Sociology and the Science of Legal Interpretation*, 1959.

Jean-Hubert MOITRY

→ Aculturação jurídica; Alemanha; China; Codificação; Direito Comparado; Direito francês; Doutrina; Mediação.

JOGO

O jogo é uma atividade livre, "fruto do amor pelo prazer que varia ao infinito", de acordo com o cavaleiro de Jaucourt no verbete "Jogo" da *Enciclopédia* de Diderot e D'Alembert. Os jogos frequentemente foram objeto de regulamentação das autoridades públicas, quer em razão de seu caráter público, que pode ser intrínseco ou adquirido quando praticados em lugar público, quer em razão das consequências anexas que podem provocar, como injúrias, golpes e ferimentos… O jogo também pode interessar às autoridades espirituais sempre que desvia o fiel de seus deveres morais. Além disso, durante esse divertimento, pode nascer um contrato aleatório, chamado contrato de jogo.

Da licitude dos jogos

Direito, moral e teologia levantaram a questão da licitude em si do jogo e intercambiaram argumentos. Assim, Nicolas Delamare, autor do *Traité de la police*, invoca a autoridade de são Cipriano e de são Tomás de Aquino, e Jean de Castellan, bispo de Valence, lembra numa carta pastoral contra o jogo as interdições civis e a jurisprudência do Parlamento de Toulouse. A edição alemã de 1617 do tratado moral, destinado a cuidar dos jogadores de Justus, propõe anexa uma coleção variada de textos contrários ao jogo em que são Cipriano aparece ao lado de Lutero e Calvino e em que o poeta Petrarca convive com os juristas Julius Clarus e Damhoudère.

Numerosos teólogos condenaram o próprio princípio do jogo, como atividade que desvia o homem de sua salvação e constitui um pecado mortal, referindo-se às Santas Escrituras e à condenação do jogo formulada por Aristóteles na *Ética*. Assim, são Boaventura considera que os jogos são simplesmente contrários a Deus. Mesmo o xadrez, apesar de admitido por numerosos autores eclesiásticos, às vezes é incluído nas proibições de princípio. Ainda no século XVII, o autor anônimo que assina sua *Questão cristã sobre o jogo* com o nome de Théotime considera que o jogo é o principal obstáculo à salvação da alma, e "que só podem ocorrer desgraças para a França, prejuízo à religião, aumento do vício e da libertinagem, fomentação da heresia e do ateísmo, profanação de todas as leis divinas e humanas". Com mais sobriedade, o moralista Jean de la Bruyère afirma que o jogo é "uma inversão de todas as conveniências", enquanto Dusaulx, em *Da paixão do jogo*, lembra que numerosas casas de jogo se chamam "Inferno".

Apareceu outra corrente. Na *Suma teológica* (II-IIa, q. 168, a. 2), são Tomás de Aquino indica que o jogo pode possibilitar um repouso necessário ao espírito. Trata-se então de distinguir entre jogos permitidos ou tolerados, destinados à recreação do espírito ou ao exercício do corpo, e jogos proibidos. Essa distinção é seguida pelos juristas, que distinguem jogos ilícitos (jogos de azar) e jogos lícitos, tal como Áquila, decano da faculdade de direito de Tübingen, numa obra publicada em 1516. A distinção era fácil porque os jogos de azar tinham sido proibidos no Código de Justiniano (III, 43) e no Digesto (XI, 5). Ruim não era tanto o jogo, mas as circunstâncias que o acompanham, que podem levar ao assassinato. O jogo, por provocar paixões, engendra blasfêmias, sacrilégio quando o jogador sem sorte chega a destruir imagens santas, e até heresia e idolatria, para Bernardino de Siena, que faz uma comparação entre os ossos de Cristo e o material com que são feitos os dados. As consequências então são graves para os jogadores (Rocca dá exemplos de jogadores punidos pela ação divina com um naufrágio imediato), mas também para a sociedade: na época de Carlos VI, a loucura do rei pareceu ser consequência dos pecados públicos, e em 1394 algumas ordenanças régias proibiram os jogos de azar, as blasfêmias e os perjúrios, na esperança de obter a cura do rei pela purificação do reino.

Em seguida, os autores quiseram insistir principalmente nos desregramentos provocados pelo jogo e às vezes até mesmo se recusaram expressamente a pronunciar-se sobre a natureza eventualmente condenável do jogo. Os juristas acabaram por demonstrar que o jogo, por princípio, está em conformidade com o direito natural, tal como fez Barbeyrac, professor de direito em Groningen. Já não se tem em vista proibir os jogos, mas regulamentá-los.

A regulamentação dos jogos

Delamare expressa a ideia de que o exercício do jogo não é proibido, mas que é preciso regulamentar as circunstâncias que, segundo ele, estejam ligadas ao local, ao momento, aos objetivos e às pessoas com quem se joga. Um dos exemplos disso é a ordenança de abril-maio de 1369, que proíbe todo e qualquer jogo de azar ou outro, em proveito do exercício do arco ou da balestra, para criar durante a Guerra dos Cem Anos um corpo de arqueiros que pudesse rivalizar com os arqueiros ingleses. Como o jogo é uma recreação, o jogo profissional é proibido desde o edito do pretor de Roma na Antiguidade. Depois das proibições medievais, na época moderna assiste-se a uma verdadeira explosão do jogo, sobretudo dos jogos de cartas, que acarretam a intervenção das autoridades, que neles viam uma ameaça para a sociedade. Assim, o edito de maio de 1583 apresenta como razão oficial da proibição dos jogos de cartas e de dados o fato de que eles não servem para a recreação, mas sim para o "dano notório e o escândalo público". Os juristas veem no jogo ocasião para diversos delitos, sobretudo devido à utilização de material fraudulento, que Damhoudère considera um roubo mascarado. Analisando sua época, ele declara: "*Is enim ludus est instar pestis in nostra republica*", palavras que comparam o jogo a uma epidemia de peste. Por sua vez, o poder régio emite diversas ordenanças contra certos jogos, como a Declaração de 1611, que proíbe as casas de jogo, para lutar contra o mundo do jogo. Ele é seguido pelo Parlamento de Paris, que emite várias portarias contra o *hoca* ou a *bassette*. Apesar das severas penas aflitivas e infamantes (vergasta, cabresto), acompanhadas de penas pecuniárias pesadas, esses textos produzem pouco efeito. Mme. de Sévigné escreveu em 1680 que os jogadores de *bassette* "jogam todos os seus bens numa mesma carta", Regnard e Dancourt dedicam peças aos jogadores, e o abade Prévost situa as aventuras do cavaleiro Des Grieux numa famosa casa de jogo. A situação continua a mesma no fim do Antigo Regime, apesar da declaração régia de 1781, pois o flagrante delito é necessário e pressupõe que os protagonistas foram apanhados com as cartas nas mãos e com as apostas nas mesas. A essa dificuldade se soma em 1789 a dificuldade do respeito à inviolabilidade do domicílio, conforme nota o procurador da comuna de Paris, Cahier de Gerville, em 1790. Por essas razões, a política enérgica do ministro da polícia, Merlin de Douai, fracassa durante o Diretório. Finalmente, o poder opta pela criação de uma taxa para a abertura de casas de jogos, que produziu muitos frutos. Sua existência provoca um debate no Conselho dos Quinhentos entre Boissy d'Anglas (a legislação deve educar o povo e impor a virtude) e o deputado Darracq (o poder deve controlar o vício, visto que não pode impedi-lo). Por essa razão, as autoridades públicas acabaram por permitir a organização de jogos de azar nos cassinos de estações termais ou balneários, por meio da Lei de 15 de junho de 1907 e em círculos privados, regulamentados pela Lei de 30 de junho de 1923. Em contrapartida, a loteria de Estado, primeiramente régia e depois nacional, parece ter provocado mais críticas morais do que jurídicas.

Do contrato de jogo

Durante o jogo, pode surgir uma convenção segundo a qual cada uma das partes garante à outra um ganho determinado que dependerá da força, da habilidade ou da inteligência de uma das partes, ou mesmo apenas da sorte. Nisso, o contrato de jogo se distingue da aposta, em que o valor jogado está associado a um acontecimento que é completamente independente das partes. Depois de uma condenação dos moralistas, considerou-se que a obrigação oriunda do contrato era de ordem natural. Para os defensores dessa teoria, a convenção é lícita desde que nada tenha de injusto ou impossível; finalmente, nada impede que a convenção dependa de uma condição fortuita, o que também ocorre com o contrato de seguro. Essa ideia não era unanimemente compartilhada, e o jurista inglês Blackstone considerava, no século XVIII, que o contrato de jogo é o mais absurdo dos contratos. De qualquer maneira, a legislação civil sempre pode descartar essa obrigação natural e, na França, a ordenança de maio de 1611 contra as casas de jogo declarou nula toda e qualquer dívida de jogo e exonerou aqueles que a contraíssem "de qualquer obrigação civil e natural", regra lembrada pela legislação ulterior, como a declaração de 1781, que corrobora a exceção de jogo em seu artigo 10. O Código Civil francês considerou que os jogos não podem constituir causa de obrigação. Segundo os artigos 1.965 e 1.967, o ganhador não dispõe de nenhuma ação de pagamento, e o perdedor que tenha voluntariamente honrado sua dívida não pode obter reembolso. Mas, na esteira do Código Justiniano (III, 43) e da jurisprudência da época moderna, o artigo 1.966 organiza uma exceção para as somas módicas apostadas em jogos de habilidade ou esportivos.

› FREUNDLICH F., *Le Monde du jeu à Paris, 1715-1800*, Paris, 1995. – HAROUEL J.-L., "Les pouvoirs publics face au problème des jeux de hasard à Paris à la fin de l'Ancien Régime", *Liber amicorum, études offertes à Pierre Jaubert*, Bordeaux, 1992, pp. 367-76. – MEHL J.-M., *Les Jeux au royaume de France du XIIe siècle au début du XVIe siècle*, Paris, 1990. – Col.: *Les Jeux à la Renaissance, Actes du XXIIe colloque international d'études humanistes, Tours, juillet 1980*, Estudos reunidos por Philippe Ariès e Jean Claude Margolin, Paris, 1982.

Ver também: Anônimo: *Question chrestienne touchant le jeu, addressée* (sic) *aux dames de Paris par Théotime, savoir si une personne addonnée* (sic) *au jeu se peut sauver et principalement les femmes*, Paris, 1633. – AQUILA J., *Opusculum enchiridion appellatum Ioannis Aquilae ferme de omni ludorum genere*, Oppenheim, 1516. – BARBEYRAC J., *Traité du jeu où on examine les principales questions de droit naturel et de morale*, 6ª ed., 1737. – CASTELLAN J. de, *Mandement et instruction pastorale de Monseigneur l'évêque et comte de Valence au sujet des jeux de hazard* (sic), Valence, 1714. – DELAMARE N., *Traité de la police*, Paris, 1722. – DUSAULX J., *Lettres et réflexions sur la fureur du jeu*, Paris, 1775; *De la passion du jeu depuis les temps anciens jusqu'à nos jours*, Paris, 1779. – LA PLACETTE J., *Traité du jeu de hasard défendu contre les objections de M. de Foncourt et de quelques autres*, Haia, 1714. – ROCCA A., *Commentariis ...contra ludum alearum, chartarum, scilicet ac taxillorum...*, Roma, 1616.

Louis de CARBONNIÈRES

→ Acaso, sorte.

JUIZ (Hoje)

Nada na cultura jurídica continental predispunha o juiz a desempenhar papel de alguma importância. Sempre que a soberania do Estado administrativo é dominante, o lugar do juiz é menor. O século XIX nos legou um juiz integrado na Administração, situado sob a autoridade do Executivo e submetido à lei, da qual é executante mudo. Ora, o ponto comum de muitas reformas dos últimos trinta anos mais ou menos, sobretudo na França, consistiu em confiar-lhe funções novas. Seu papel clássico de aplicação da lei nos litígios é duplamente extrapolado: primeiramente, de baixo para cima, em razão de um comprometimento maior na vida da pólis, que aumenta sua esfera de influência; em segundo lugar, de cima para baixo, em decorrência de um direito europeu e mundial que, ampliando seu poder normativo, torna mais complexa sua tarefa. Tal subversão ocorreu sem modificação perceptível do âmbito institucional. Nem o estatuto nem a organização das jurisdições se adaptaram a esse novo papel. Essa evolução paradoxal confere à instituição judiciária uma imagem de instituição impotente que já não tem centro de gravidade. Na falta de encontrar a legitimidade que dá sentido às múltiplas tarefas do juiz nas democracias pluralistas, a impotência se transforma em crise de identidade para juízes desorientados entre um estatuto excessivamente estreito para eles e essas novas expectativas. A distância crescente entre o *papel* exponencial do juiz e o seu *estatuto* constitucional incita a reformular sua *legitimidade* democrática.

Razões do aumento do poder

Declínio do legiscentrismo. – O aumento do poder do juiz é uma imagem em negativo do declínio de uma lei sacralizada por nossa cultura política. Enquanto filtra as demandas sociais e se assegura de sua adequação, enquanto coaduna seu projeto com um *corpus* de valores comuns, a lei pode permanecer como espelho de uma pólis harmoniosa. A conjunção de uma lei poderosamente integradora e um Estado administrativo instituiu a sociedade francesa. O Código Civil francês foi, à sua maneira, um manual exaustivo, claro e coerente cujo valor de "constituição sociológica" da sociedade civil é inegável a longo prazo. Mas esse legiscentrismo foi-se diluindo à medida que o direito se tornou instrumento ativo da mudança social. Exuberantes e sobrecarregadas por normas muitas vezes transitórias e submetidas às pressões da opinião pública, as leis deixam de atender à expectativa de previsibilidade dos comportamentos que elas regem. Nossas sociedades, por serem menos homogêneas e mais individualistas, não demandam prescrições gerais, mas arbitragens. As leis se limitam a orientar, recomendar, fixar objetivos para um número crescente de atores. O juiz, para o corpo de defensores, deixa de ser a figura weberiana do *Paragraphen Automat*, máquina de produzir silogismo, passando à de intérprete da lei e, depois, de suplementação, seja porque a lei se omite sobre os problemas para cuja resolução ele é investido, seja porque ela contém normas contraditórias, seja porque ela lhe confia a tarefa de arbitrar entre uma gama de interesses contraditórios. Nestes últimos anos, inúmeras decisões judiciárias, especialmente no direito civil das pessoas, sobrecarregam a função de julgar com interrogações filosóficas que a lei se recusa a formular. O juiz argumenta, dialoga, compara e constrói respostas normativas provisórias. Recompõe incessantemente a trama de um elo social que a lei é impotente para retocar sem desfazer. Depois, o legislador submete à prova da universalização essa argumentação construída na origem a partir de um caso particular. Esse papel de suplementação deu origem à difração do papel do juiz em nossas democracias. Para uns, a identidade do juiz é ternária, conforme ele seja Júpiter (vetor de um direito codificado), Hércules (que carrega nos ombros os problemas da sociedade) ou Hermes (mensageiro na rede do direito). Para outros, ela é decididamente multipolar. Assim, foi possível distinguir nada menos do que oito papéis que hoje são geralmente delegados aos juízes: 1 / resolução de litígios (*dispute settlement*); 2 / conciliação, quando se visa menos à resolução do que à dissolução do conflito; 3 / determinação da lei (*rule determination*); 4 / enunciação de normas sociais de comportamento (*public standards of behaviour*), em que o juiz é um porta-voz da sociedade que determina o comportamento típico de um "bom pai de família", daquilo que é "o interesse da criança" etc.; 5 / autentificação, ou seja, todas as funções de homologação de acordos prévios; 6 / supervisão (*supervisory task*) que vai da tutela à supervisão das eleições; 7 / supervisão constitucional das leis; 8 / aplicação de políticas sociais. Sendo ele herdeiro de uma missão tão heterogênea, compreende-se por que o juiz enuncia a regra comum frequentemente sem apoio. Enquanto antigamente ele tinha a missão de arbitrar um jogo social que ocorria fora dele, agora define diretamente suas regras a partir da aplicação delas. A norma já não precede o juiz, mas resulta da aplicação que ele lhe dá. A lei, decididamente, já não é o instituidor coletivo que foi para a sociedade. O direito torna-se um modo dominante de organização da vida coletiva, e o juiz é seu principal arquiteto.

A demanda por justiça. – A essa judiciarização compulsória se soma a emancipação jurídica da sociedade civil que pleiteia melhor reconhecimento dos interesses por ela defendidos. O aumento do volume global dos processos na França se explica pela verdadeira explosão do contencioso civil e comercial (em 2001, 65% da atividade dos tribunais de última instância vem do contencioso familiar). Isso exprime dois fatos sociais: recomposição das relações familiares (o bloco maciço das decisões gira em torno do divórcio) e contratualização crescente da vida econômica e social (contencioso do trabalho, da moradia, do consumo etc.). Um mercado crescente do direito (espelhado pelo aumento do número de advogados que em vinte anos passou de 3 mil para 14 mil, aproximadamente, em Paris) acarreta uma mudança de escala no conjunto do contencioso. Em vez de traduzir o surgimento de interesses particulares, esse movimento traz à tona questões que dizem respeito à própria comunidade política. Os cidadãos pleiteantes exigem uma instância que valide sua demanda, aceite defendê-los, autentifique suas palavras. Em numerosos campos (meio ambiente, moradia, vida privada etc.), o juiz é um recurso indispensável para quem queira obter a requalificação de uma causa ou reabrir um debate sobre o justo e o injusto. A reivindicação deixa de ser protesto singular quando é feita por um movimento associativo, intermediada pelos meios de comunicação e legitimada pelas referências jurídicas mobilizadas por atores coletivos. O juiz se faz intérprete dos valores morais emergentes, tornando-se seu porta-voz reflexivo. Constrói em causas juridicamente legítimas reivindicações que, sem ele, não passariam de uma coleção de interesses sem representação. Reinventa, assim, outro direito para além das regras abstratas que mascaravam sua fonte moral. Ao reivindicarem – no sentido entendido por Dworkin – direitos morais contra o Estado, os cidadãos expressam uma necessidade de reconhecimento político. Ao lado do mandato exercido pelos representantes, os tribunais contribuem para ampliar o espaço da democracia. O que exprime o aumento da influência do juiz é o seguinte: um compromisso cívico que extrapola a expressão do sufrágio, procura novos canais de expressão, explora formas novas de representação.

Esferas da expansão judiciária. – A primeira afetada pela ascensão do poder do juiz foi a *esfera da vida privada*, campo eletivo da justiça civil. Em sociedades democráticas dedicadas a reinventar seu destino longe das tradições, o direito tornou-se a única norma comum disponível. Quando os valores são múltiplos e contraditórios ou nos casos em que estão ausentes, o juiz dirime. Por esse motivo, numa sociedade deserta de moral e religião, ele se mostra como o novo clérigo da religião dos direitos humanos. O aumento da influência da justiça exprime o crescimento de um individualismo ensimesmado que parece dar as costas para as responsabilidades de cada um numa comunidade política. Na realidade, a justiça não tem tanto como incumbência a emancipação dos direitos subjetivos quanto a demanda institucional. Diante dos indivíduos isolados e desarraigados, o juiz traça limites e ajuda a interiorizar a norma. Seu espaço de decisão dilata-se, levando cada vez mais longe sua tutela sobre os sujeitos: em permanente estado de aforamento, ele é cada vez mais mobilizado para uma função de assistência aos indivíduos fustigados por conflitos que não podem assumir. Toda uma fração da obra da justiça se assemelha a um tratamento dos casos individuais mais pesados, cujas evoluções circunstanciais ela aprecia ao longo do tempo com base em elementos mais factuais que jurídicos. Em vez de se limitar ao julgamento, ela desenvolve uma função de proteção de interesses (da criança, da família, da empresa etc.) cujo processo acompanha e orienta até o desfecho. Pensemos, por exemplo, no tratamento jurídico, indenizatório e terapêutico – sem contar o incompressível tempo de oitiva – reservado às vítimas de acidentes coletivos hoje em dia.

O juiz também está onipresente na *esfera política*. Desde o fim da Segunda Guerra Mundial, todos os Estados europeus se reconstruíram com base na ideia da moderação do poder político pelos direitos humanos. A figura do juiz encarna a vontade de evitar o renascimento de uma arbitrariedade potencialmente criminosa do Estado, como demonstram a criação das cortes constitucionais e das garantias de independência que envolvem o estatuto dos magistrados. Em toda a Europa, a exigência dos direitos impõe a aceitação de contrapoderes. Nada encarna melhor esse limite imposto à soberania do que a Corte Europeia dos Direitos Humanos, nascida do desejo de adotar mecanismos de controle mobilizáveis pelos cidadãos contra seus Estados. A cidadania, no sentido de projeto de incorporação à nação, sofre a concorrência do direito que, inversamente, tem como veículo a singularidade do pleito. A capacidade de querer pela nação é substituída pela reivindicação de julgamento dos direitos por parte dos pleiteantes. O fim das imunidades políticas, provocado pela determinação dos juízes e dos meios de comunicação em investigar as modalidades ilícitas de financiamento dos partidos políticos, só pode ampliar esse movimento. De uma democracia intermitente dominada por um Estado soberano, passa-se paulatinamente para um Estado jurisdicionável submetido a uma democracia mais constante.

Nem mesmo a vida *internacional* escapa à judiciarização. A existência de tribunais penais *ad hoc* para os crimes cometidos na ex-Iugoslávia e em Ruanda foi o prelúdio para a adoção do estatuto da Corte Penal Internacional em 1999. Também aí a lógica estatal tende a compor com a internacionalização das sociedades civis mais autônomas, cuja voz agora é ouvida em escala supraestatal. Até aí o Estado era o único interlocutor na comunidade internacional, mas hoje o homem se torna sujeito do direito, seja como vítima de uma violação de seus direitos, seja como autor dessa violação. O direito de Nuremberg é sua faceta incriminatória, enquanto a Declaração Universal dos Direitos do Homem é sua faceta protetora. Assiste-se à emergência de um direito que, por não ser puramente estatal, se torna inapreensível e se coloca fora do alcance das ambições hegemônicas. Diante do mal irreparável do crime contra a humanidade, o juiz põe palavras no indizível, dá nome às faltas cometidas, identifica os culpados. É chamado a preencher o abismo que se abre entre o apelo do sofrimento e a necessidade de justiça, a busca de reparação e a impotência para atendê-la. Nesse ponto em que o desacoplamento entre direito e lei se torna irreversível, a cena judiciária apresenta uma narrativa inteligível para aqueles que sem ela não podem ter acesso a um trabalho de memória.

Um novo ator da democracia. – Movido por tal demanda de justiça, o juiz reivindica um novo lugar em nossa democracia. A determinação dos juízes, apoiados pela imprensa, na luta contra a corrupção, sem dúvida é o principal fato político destes últimos anos, ainda que também seja o avesso da incapacidade do Estado em impor seus valores e sua arbitragem. Alguns juízes europeus não hesitaram em tornar-se porta-vozes da opinião pública, ao denunciarem a corrupção política impune em nome da promessa democrática de igualdade de todos perante a lei. De modo que, abandonando sua posição de segundo plano, contribuem para provocar a reação moral dos governantes. Mas, ao mesmo tempo que abre a democracia para um novo ator, essa atitude pode levar a enfraquecer o setor político quando, por exemplo, os juízes cedem à utopia da formação de uma rede judiciária mundial que nos livrasse da corrupção. O papel deles pode tornar-se indecifrável à força de se multiplicarem os apelos à opinião pública. Caindo na armadilha do espaço público midiatizado, esse papel sofre três deslocamentos: ao cair na contração temporal da mídia (destemporalização), a ação do juiz se desenrola fora do âmbito dos procedimentos (deslocalização) e pode dissolver-se numa circulação incessante de imagens (desrealização). É isso o que aumenta a distância entre o estatuto do juiz e esse papel ainda incerto de ator coletivo para o qual o aspira a democracia da opinião pública.

Um estatuto que se tornou inadequado

Modelo de gestão da magistratura. – Uma primeira zona de incerteza diz respeito ao modelo de magistratura. Na Europa existem dois tipos ideais de organização judiciária: um de tipo "burocrático" nos países continentais de direito escrito; outro de tipo "profissional", próprio aos países de *common law*. No primeiro modelo, a seleção do juiz é feita por concurso; sua organização é hierarquizada, suas competências são generalistas. No segundo, o juiz é escolhido entre os advogados mais reputados e não faz parte de uma hierarquia que lhe propicie promoção e prestígio. Para um juiz francês, o que conta é o progresso na carreira do corpo ao qual ele pertence. Para um juiz inglês, a referência é externa ao corpo: é, por exemplo, o pequeno grupo de *barristers*, advogados experimentados da Inglaterra, entre os quais são recrutados os juízes. Evidentemente, a independência é bem menor onde a promoção é politicamente controlada, como ocorreu por muito tempo na França, ao passo que na Inglaterra ela decorre do prestígio adquirido pelo apreço dos pares. Os modelos burocráticos evoluem tanto no nível das instituições quanto das profissões. As autoridades constitucionais, que são os Conselhos Superiores da Magistratura, encarnam uma gestão da magistratura que escapa ao Executivo, ainda que este conserve o poder de nomeação. Eles representam a autogestão do corpo (Itália) e a gestão parcialmente exterior ao corpo (Bélgica e Espanha), quando são compostos por não magistrados.

Além disso, os modelos de referência se deslocam: o que conta não é tanto a atração dos postos hierarquicamente elevados, e sim a gestão dos processos importantes (terrorismo, corrupção etc.), que na prática estão em relação direta com a vida da pólis. O fosso se aprofunda com um estatuto que tenha pretensões generalistas e pressuponha a mudança funcional em vista de promoções na carreira, ao mesmo tempo que a especialização aumenta na prática. Os juízes continentais vivenciam um declínio do sistema legal-hierárquico (lei menos precisa, hierarquia menos estrita) sem o benefício do cabedal de experiência e prestígio de que gozam os juízes de *common law*. Somente nossa justiça administrativa apresenta traços convergentes com o modelo anglo-saxão: prestígio do Conselho de Estado, hierarquia interna fraca (faz-se parte dele ou não) e criação normativa que o aproxima do *judge mode law*. Em compensação, a heterogeneidade das profissões jurídicas e sua grande dispersão entre juízes franceses (funcionarizados) e advogados (profissionais liberais) contrasta com a unidade da profissão de *lawyer* nos Estados Unidos e de *referendar* na Alemanha.

A questão do Ministério Público. – Outra fronteira abalada, no seio da magistratura, é a que separa a magistratura do Ministério Público. As práticas inovadoras de iniciativa do Ministério Público, incrementadas para regular o afluxo das demandas, provocaram tensões crescentes. O desejo de levar a assumir uma série de demandas – sobretudo prevenção da delinquência – tende à "administrativização" da gestão dos processos individuais por parte das direções das políticas públicas. O Ministério Público soube territorializar sua ação, descentralizar seus modos de intervenção e renunciar a esquemas verticais de aplicação da lei que se tornaram inadequados. Essa expansão aumenta a contradição entre os tribunais e o Ministério Público: quanto mais o procurador sai a campo, mais o juiz parece fechar-se no palácio de justiça; quanto mais o procurador age, mais o juiz arbitra; quanto mais um conduz políticas públicas, mais o outro se limita a seus processos. Essa evolução simétrica acentua as diferenças entre as funções especializadas dentro de um estatuto imutável. Assim, a autonomia assumida pelo Ministério Público na definição de seu papel tornou-se incompatível com sua velha subordinação às instruções do ministro. Mas está subjacente o temor do desmembramento do Estado, provocado pela independência, mesmo que parcial, dos procuradores. Isso explica a hesitação da reforma do Ministério Público na França, que fica entre a preocupação de manter a centralização da direção política (diretivas de política penal) e a salvaguarda de um espaço de autonomia (ausência de injunções judiciais), a tal ponto não se consegue distinguir o que é da alçada das políticas governamentais e do tratamento do contencioso. É toda a ambiguidade da reforma francesa da justiça, situada na encruzilhada de duas incertezas: a dos responsáveis políticos, que dela esperam uma imagem melhor, sem se convencerem de que o caminho escolhido é o correto; a dos juízes, que não dispõem de referências para desempenhar esse papel nem, às vezes, da vontade de assumir as responsabilidades dele resultantes.

Uma nova fronteira com a política. – Essa nova posição do juiz influencia profundamente o estatuto do poder em nossa democracia. Toda a nossa cultura republicana postula a identificação entre representantes e representados, na qual se concentra toda a legitimidade política. A própria ideia de controle exterior é impensável em tal esquema, a tal ponto seria ele capaz de destruir o primado da representação eletiva. Ora, a partir do momento em que é identificado, o poder de julgar marca realmente uma fronteira que o separa do poder político, ao mesmo tempo que o rearticula de outro modo com este. Traduz, além da justiça penal, a emergência de terceiras instâncias de controle e arbitragem em relação ao Estado administrativo. Por isso, não pode ser posto no mesmo plano dos dois poderes eleitos, Executivo e Legislativo. Já não se pode, como hoje, pensar o poder de julgar *por analogia* com o princípio eletivo, em nome do qual o juiz, para ser legítimo, deveria ser eleito. O juiz está situado *entre* o povo e seus representantes: ele encarna a faculdade oferecida aos cidadãos de fazer valer seus direitos de maneira direta, se necessário, contra a ação dos poderes eleitos. Sua legitimidade consiste em aplicar a lei que os representantes votaram e os princípios fundamentais do direito nos quais a sociedade se reconhece. Seu poder é sempre *passivo* (os juízes não criam os processos, eles lhes são encaminhados), *neutro* (em meio aos antagonismos políticos que ele deve arbitrar) e *responsável* em relação ao público que é seu destinatário. Tal hipótese que associa a nova situação da justiça com uma ruptura em relação à visão unitária da política continuará incerta enquanto não puder convencer que se apoia num núcleo suficiente de valores.

Em busca de outra legitimidade

Imparcialidade. – A concepção do juiz como terceiro imparcial se choca com nossa concepção de justiça. O que se valoriza na França é a vontade que anima a decisão, e não a imparcialidade que a enfraquece e a dúvida que a desarma. Bom juiz é aquele que sabe até onde não chegar, porque compreende as molas ocultas de uma administração na qual ele atuou. A legitimidade do juiz é, acima de tudo, a legitimidade de um funcionário esclarecido. Ao contrário, hoje se espera que o juiz ostente a "aparência de imparcialidade", ou seja, no sentido entendido pela Corte Europeia dos Direitos Humanos, de demonstrar uma imparcialidade à altura das expectativas de seu público e de ser um prolongamento do olhar que esse público lança sobre ele. É como se a submissão ao julgamento alheio fundamentasse a legitimidade do juiz e o autorizasse a realizar a justiça. A partir do momento em que o juiz tem extenso poder de arbitragem na vida coletiva, sua imparcialidade não deve ser equívoca. A independência jurisdicional é a chave. Ninguém aceitaria que um Ministério Público submetido ao Poder Executivo usasse sua função para fins partidários. Não é aceitável que o guardião das portas de entrada da justiça penal possa decidir que por ela não passa nada do que contrarie o poder. Para chegar a isso, é preciso quebrar o espelho da representação sem terceiros entre o povo e seus eleitos. Um Estado identificado por muito tempo com a sua Administração precisa aprender a decifrar-se no interior de poderes separados entre si. O espaço de autonomia do juiz é uma ascese que implica, por parte do poder político, uma renúncia parcial ao poder, se ele quiser conquistar a imparcialidade e recobrar a confiança.

Responsabilidade. – Sob o olhar do público, o juiz reencontra um lugar inédito que o incumbe de responsabilidades novas. O novo aspecto é que ele se sente responsável pela imagem que passa de sua ação, o que acrescenta à sua responsabilidade a exigência de reflexividade. Assim, a jurisprudência do Conselho Superior da Magistratura, nessas decisões disciplinares, refere-se à imagem que o magistrado deve passar de sua função. Tal exigência rompe com uma magistratura de carreira em que os percursos são avaliados em relação aos critérios fixados pelo sistema hierárquico. O que conta hoje, ao contrário, é transferir para a justiça as expectativas da sociedade democrática. Desse ponto de vista, o baixo índice de legitimidade do juiz não passa de desvantagem. Ele lhe impõe um esforço permanente de comportamento, argumentação e escuta, enfim, uma legitimidade profissional que obedeça a altos padrões éticos. Os juízes não podem pedir controle neutro e imparcial somente para os outros. Precisam aplicar essa exigência a si mesmos. Sua legitimidade não está contida na referência apenas a um ato de soberania do qual são delegatários (julgar "em nome do povo francês"), mas também na referência à vigilância que o público lhes pede que imponham a si mesmos. Esse é o sentido do juramento do juiz no momento de sua investidura: ao fazer o juramento, o juiz aceita situar sua função no horizonte de uma promessa de fidelidade a seus deveres; mas é também uma maneira de colocar-se na posição de ser julgado por outrem. Também aí um elemento estatutário ganha nova significação: o juramento não é tanto um ato de inserção num corpo quanto a aceitação de uma responsabilidade perante outrem. Não se pode conceber a independência como uma credencial sem contrapartida. Uma justiça que julga cada vez mais a ética dos outros poderá ficar muito tempo sem justificar sua própria ética?

Fundamentação constitucional. – A justificação mais sólida que o juiz encontra é quando ele se situa no registro da hermenêutica dos princípios fundamentais da democracia. A descoberta dos *princípios gerais do direito* pelo Conselho de Estado, prolongada na obra do Conselho Constitucional e da Corte Europeia dos Direitos Humanos, lhe dá, enfim, lugar na democracia. O juiz escapa à subordinação em relação à política e cria, consigo, as condições de um diálogo argumentado por meio de normas proeminentes. Na qualidade de regras não escritas, oriundas de nossa tradição jurídica (o princípio dos direitos de defesa ou de igualdade perante a lei, por exemplo), elas possibilitam articular a temporalidade curta da política (o povo atual) com a temporalidade longa (o povo perpétuo) que liga a comunidade política a um patrimônio de princípios constitucionais. Ao arrepio de nossa concepção republicana, o juiz descobre o meio de julgar a legalidade em nome de um direito que ele interpreta e do qual é avalista. A proteção da liberdade pela lei é por ele substituída pela hipótese da defesa da liberdade contra a lei. A lei é individualizada, é revisitada e reinventada à luz dos princípios que lhe dão sentido. A função do juiz se abre para a busca do justo, ou seja, ele se situa entre o bom (que pressupõe uma avaliação do bem) e o legal (que implica fidelidade à lei e aos princípios constitucionais).

Por conseguinte, a política precisa aceitar ler sua conduta no discurso do direito. A técnica da *desconfiança graduada* em relação ao Estado, no cerne da obra da Corte Europeia dos Direitos Humanos, modula esse temor. O juiz traça três círculos que situam a ação litigiosa de acordo com o grau de proteção desejável das liberdades: no primeiro círculo, o Estado mantém ampla liberdade de ação, em especial nos domínios da vida privada e familiar, da liberdade de opinião ou da segurança. Aí, a Corte Europeia *sugere* um simples controle de compatibilidade com as normas europeias. Num segundo círculo, ela *enquadra* a intervenção do Estado respeitando uma margem de apreciação em relação às normas europeias. Encontra-se aí a ideia de "restrição necessária à sociedade democrática", origem da condenação da França à sua legislação sobre as escutas telefônicas. Por fim, num terceiro círculo, ela *impõe* à soberania estatal interditos referentes à tortura ou aos tratamentos desumanos e degradantes. Chega-se aí a um controle em conformidade com direitos irrevogáveis, além dos quais não se pode passar sem incorrer em condenação. O que domina é a criação prudente de uma dialética entre conformidade e compatibilidade. O juiz se reserva o direito de falar no imperativo sempre que é transposto o limiar do atentado grave à dignidade humana. Esse modelo significa que não se trata de paralisar o Estado, mas sim de lhe possibilitar prevenir atentados às liberdades. O velho antagonismo entre soberania e direitos individuais transmuda-se numa relação de compatibilidade entre o jurídico e o político. O juiz deve manter essa referência a regras que garantem que um dia concebemos juntos a fundação do pacto social. Quando o Conselho de Estado reafirma o princípio da laicidade, quando o Conselho Constitucional reformula nossa concepção de pessoa humana ou quando a Corte de Cassação lembra que o vínculo de filiação não pode ser contratualizado, o que fazem, se não reafirmar os princípios fundadores desse pacto? Eles passam pelo crivo da argumentação a finalidade das normas jurídicas em relação aos princípios fundamentais de que são guardiões. Mas a tarefa do juiz também é trabalhar os pontos em que essa referência se esgarça em contato com uma sociedade em movimento. Embora precise seguir o fio da narrativa de nossas representações comuns, também precisa saber reinterpretar as missões novas a cada vez que com elas é confrontado. A prática viva do direito deve tornar visíveis esses pontos de referência, mas também reformulá-los para que não se tornem letra morta. No horizonte do mundo comum, a obra da justiça é um espaço de experiência no qual se elaboram as novas representações que queiramos adotar. O desafio da abertura para a pólis – tanto em sua memória quanto em seus projetos – é a outra cena na qual se pode redefinir a identidade do juiz.

› BELL J., *The Judge as Bureaucrats*, Oxford Univ. Press, 1987. – DELMAS-MARTY M., *Pour un droit commun*, Le Seuil, 1994. – DWORKIN R., *Prendre les droits au sérieux*, PUF, 1995. – GARAPON A., *Le Gardien des promesses, Justice et démocratie*, Odile Jacob, 1996. – GAUCHET M., *La Révolution des pouvoirs. La souveraineté, peuple et la représentation*, Gallimard, NRF, 1995. – GUARNIERI C. & PÉDERZOLI P., "La Puissance de juger". *Pouvoir judiciaire et démocratie*, Michalon, 1996. – KARPIK L., "L'avancée politique de la justice menace-t-elle la République", *Le Débat*, nº 110, maio-agosto 2000. – OST F., "Jupiter, Hermès, Hercule, trois modèles du juge", in *La Force du droit*, P. Bouretz (org.), 1991. – SALAS D., *Le Tiers pouvoir. Vers une autre justice*, Hachette "Pluriel". 2000.

Denis SALAS

→ Juiz; Jurisdições; Jurisprudência.

JUIZ (Longa duração)

"Juiz" é o termo que, especialmente no Código Civil francês, designa toda e qualquer jurisdição, de qualquer natureza, grau ou ordem. A função de julgar se encarna desde sempre na pessoa que exerce esse cargo, terceiro imparcial que dirime um conflito que opõe duas partes. Esse juiz, se for estatal, ocupará uma função investida de autoridade: à *jurisdictio*, poder de proferir o direito num caso, soma-se o *imperium*, poder de mando traduzido concretamente pela aposição da fórmula executória no fim da sentença. Da Bíblia aos discursos de reabertura dos tribunais e cortes contemporâneas, o retrato do "bom juiz" pode parecer relativamente estável (rigor, desprendimento, imparcialidade). Essa permanência da exigência moral, porém, não pode mascarar profundas variações que afetaram as relações entre juiz e Estado, entre o cargo e as qualidades do juiz.

Agente do Estado?

Sem dúvida, proferir a justiça hoje é função do Estado e, na França, os juízes proferem suas decisões "em nome do povo francês". Para exercer essa função existe um setor judiciário (jurisdições e magistrados). Essa abordagem parece clara e, em sua generalidade, é exata, mas só imperfeitamente explica a eventual existência de pessoas privadas, que tomam parte na solução dos conflitos, e das ambiguidades da posição ocupada pela função judiciária no Estado.

O primeiro ponto abrange duas ideias. Por um lado, a noção de justiça proferida pelos próprios cidadãos atravessa toda a história; o procedimento de recurso ao povo (*provocatio ad populum*), no qual os cidadãos romanos viam a garantia de sua liberdade, ou mesmo a ideia de júri criminal, são célebres exemplos históricos dessa maneira de pensar. Por outro lado, todos sabem que a arbitragem (antiquíssima instituição de que a Bíblia se faz eco e cujos fundamentos jurídicos são romanos) põe em cena um verdadeiro juiz; o árbitro é uma pessoa privada chamada a proferir o direito num caso, e sua decisão tem a autoridade de coisa julgada, mesmo que, por ser um juiz de origem convencional, ele seja desprovido de *imperium*, isto é, não possa recorrer à força pública para coagir à execução. O sucesso da arbitragem em matéria internacional leva a ressaltar que negócios que envolvem interesses consideráveis escapam ao juiz estatal.

Quanto à posição da função judiciária no Estado, o exame na longa duração é especialmente esclarecedor: apesar da constante menção da separação dos "poderes", foram razoavelmente raros os textos constitucionais que utilizaram a expressão "Poder Judiciário", e sabe-se que a Constituição francesa de 1958 só menciona uma "autoridade" judiciária. Essas não são sutilezas gratuitas: aí se exprime toda a dificuldade de conciliar o poder dos juízes com a preeminência da lei, bem como a independência da magistratura com o risco de domínio por parte do Executivo, enquanto se estabelecia para os magistrados um funcionalismo de um tipo especial, a partir do século XIX. Por conseguinte, logo se percebe que o "monopólio" do Estado em matéria judiciária merece esclarecimentos para os quais a história pode contribuir. O exemplo romano é característico do lugar mantido pelo cidadão num sistema que, no entanto, era amplamente público. Nascida da vingança privada, em mais de um milênio a justiça romana acabou por se tornar uma justiça estatal completa, mas, durante séculos, reservou papel importante para o cidadão. O juiz romano clássico, por razões históricas que também decorrem do fundo da questão da natureza do juiz, mostrou-se como um meio-termo entre a ideia de justiça segundo a vontade dos deuses e a ideia de justiça proferida pelos cidadãos. No período do reinado, fortalecido por suas prerrogativas religiosas, o rei dirimia os litígios interpretando a vontade divina. Quando a complexidade das causas aumentou e foi preciso examinar fatos e provas, o processo se transformou e, a partir da República, passou por duas fases: a primeira perante o magistrado que nomeava um juiz; a segunda perante o juiz que estatuía. Essa divisão do processo romano manifesta os dois caracteres deste último: um aspecto público muito marcante (especialmente a partir do momento em que o pretor, magistrado especializado, é encarregado da justiça), mas também um aspecto privado, pois o procedimento formular (o pretor entrega uma "fórmula" que especifica o direito que deve ser aplicado com a ressalva da verificação dos fatos), sempre de base convencional, exige a colaboração das partes. Nesse sistema, o juiz é um simples particular, normalmente escolhido pelas partes a partir de listas. Enquanto a questão de direito é considerada resolvida quando o litígio chega perante o juiz, este é completamente livre no que se refere à prova, e a sentença que ele profere só é válida para o caso considerado. A posição privada do juiz impede qualquer sistema de precedentes. Na época imperial, ao lado desse procedimento ordinário, surgirá um chamado procedimento extraordinário, de tipo administrativo, no qual o papel do juiz-funcionário se tornará essencial. Eliminando progressivamente o antigo, esse procedimento triunfará no Baixo Império e se estabelecerá uma justiça estatal. Então o processo só comportará uma fase diante do administrador imperial que se incumbe do caso, garante o comparecimento das partes com a ajuda da força pública, julga e, eventualmente, faz executar. A generalização do procedimento extraordinário, em termos de legado distante para o Ocidente medieval, terá consequências contrastantes. O Baixo Império, nesse campo, tem duas faces. Por um lado, a justiça se torna justiça de Estado (mas o processo inquisitório não triunfa em todos os campos), sendo acompanhada pelo uso da tortura e de uma terrível violência das penas; por outro lado, esse regime, baseado na ideia de hierarquia, estabelece esse princípio na organização judiciária, autorizando a existência do recurso no sentido moderno da palavra. O recurso ao povo vai ceder lugar diante do recurso à jurisdição superior, e o poder do cidadão sobre o destino de seus semelhantes se eclipsa por trás do poder do príncipe com tintas de técnica judiciária.

Ao desmoronamento do Império Romano do Ocidente a partir de 476 segue-se um longo esquecimento dessa técnica. A tradição germânica prevalece: a população livre participa da justiça franca; os carolíngios tentam imprimir feição institucional à justiça, mas a vingança privada continua como direito, e o tribunal de direito comum, o *Mallus*, tem muitos rivais. No período feudal prosseguirá esse fracionamento das funções de justiça. A justiça é então entendida como o principal atributo do poder e, quando este se degrada, as justiças do rei existem apenas concorrencialmente com as justiças senhoriais, eclesiásticas (muito poderosas) e com as jurisdições municipais a partir dos séculos XI e XII. Ao mesmo tempo, por todos os lados (cf. *infra*) empreende-se grande teorização sobre o que deve ser um juiz. Na teoria, o rei medieval é, acima de tudo, um rei justiceiro, uma vez que tanto a paz interna quanto a externa é a primeira de suas missões. Nesse sentido, o rei promete uma boa justiça a todos os seus súditos no juramento da sagração e, na simbólica do poder, a mão da justiça é essencial. Graças a diferentes técnicas, entre as quais a principal é o recurso (das justiças senhoriais e municipais às justiças do rei), os juízes régios lentamente levarão ao triunfo o princípio construído pelos juristas do monarca: "Toda justiça emana do rei." A luta com as jurisdições eclesiásticas será das mais ferozes. Durante aquele período, sem dúvida a autoridade do juiz estatal cresce, mas suas conquistas se dão no próprio cerne da vida política: ele é parte e agente da luta do rei contra o poder feudal e a influência da Igreja. O juiz régio, sustentáculo do rei capetiano e também administrador, acabará por conservar alguns dos matizes que acompanharam o desenvolvimento de seu campo de ação. Importante fator da política, ele não abandonará esse campo e, nos últimos séculos do Antigo Regime, o próprio rei sofrerá com isso. Este, enredado na venalidade dos cargos, deverá sofrer os assaltos dos parlamentos, cortes soberanas que ele instituíra essencialmente para julgar os recursos. Essas cortes por um lado pretenderão julgar com equidade e, por outro, proferir decisões regulamentares e rivalizar com o soberano na função legislativa. O mecanismo de registro das leis do rei por esses parlamentos parisienses e provinciais possibilitava frustrar ou, pelo menos, frear as reformas monárquicas.

A partir da Revolução, a separação dos poderes parece ser um dogma (Declaração dos Direitos de 1789, art. 16), mas esse novo "poder" está realmente limitado porque o novo regime, continuando o antigo, proibirá formalmente o juiz judiciário de se imiscuir nos assuntos do Estado, fortalecendo assim o desenvolvimento do contencioso administrativo e a teoria do administrador-juiz. Limitar o poder do juiz é também e sobretudo celebrar o culto da lei, regra geral e impessoal, garantia de igualdade entre os cidadãos. As relações entre o juiz e o Estado traduzem, pois, uma concepção do par lei/interpretação que é totalmente favorável à primeira. Por outro lado, a eminência da soberania nacional incita a recolocar o cidadão no dispositivo judiciário, na medida em que soluções "à inglesa" sejam possíveis: em 1790, estabelece-se a eleição dos juízes e o júri criminal. A qualificação profissional dos juízes passa, portanto, para segundo plano, sempre em nome da excelência da lei. A inevitável politização que se segue ao estabelecimento do princípio eletivo e a dificuldade de encontrar garantias efetivas de independência dos juízes levaram à reorganização napoleônica. Um clima menos tenso permitiu então o retorno a um corpo de magistrados profissionais, evidentemente nomeados pelo Estado, mas com inamovibilidade garantida. Nos séculos XIX e XX, a busca de equilíbrio evoluirá em torno de recrutamento, remuneração, carreira e melhoria das garantias de independência. Neste último ponto, o caráter ideal da ideia de justiça nunca deixará de lado essa busca incessante do melhor sistema.

Por fim, não se pode omitir a menção ao desenvolvimento atual daquilo que os juristas de *common law* chamam de *alternative dispute resolution*. Mediação, mediação penal, transação, conciliação e arbitragem são auxílios solicitados para – como se diz com frequência – enfrentar a explosão do contencioso. Essa justificação prática não deve ocultar os problemas teóricos: a função judiciária do Estado tolera ao seu lado formas de resolução de conflitos com caráter de direito privado e, se preciso, até as incentiva. Fala-se hoje em contratualização da justiça e, em algumas formulações extremas, pode-se escrever que esta chega até a mercadejar-se; essa tendência propicia que uma corrente ultraliberal proponha sua privatização total. Isso não espanta o historiador. Impor a autoridade de seu próprio juiz foi a demorada conquista de um Estado que sempre reconheceu a existência de rivais, seja a contragosto (como durante o feudalismo), seja deliberadamente (como no período revolucionário). Sempre estão prestes a surgir mecanismos de privatização, ainda que não pagar seu juiz tenha sido uma antiga reivindicação. Afinal de contas, como monopólio é ou não é, não se pode dizer (quer do ponto de vista histórico, quer da atualidade) que o juiz seja sempre agente estatal, ainda que em algumas épocas o serviço público da justiça domine realmente o cenário.

Cargo de juiz

É preciso dar resposta a duas indagações fundamentais: qual é o papel do juiz na marcha do processo? Qual é a medida de sua liberdade de interpretar ou mesmo de criar? Quanto à primeira indagação, procedimental, diremos simplesmente que hoje em dia, até no campo civil, foi constatada a extensão dos poderes do juiz, e o novo Código de Processo Civil francês tendeu a "exaltar o cargo de juiz" (Cornu), mas também que, recentemente e de modo mais geral, as virtudes do libelo acusatório, portanto do papel das partes, parecem estar sendo redescobertas por alguns, e a moda (recorrente) da influência anglo-saxã pode então encontrar campo. As ações do juiz inglês realmente diferem profundamente das do juiz francês: em princípio, na posição de árbitro, ele não precisa procurar a regra de direito aplicável, e os precedentes lhe são propostos pelos *barristers* (Jauffret-Spinosi). Quanto à liberdade do juiz, no fundo, atualmente os observadores são concordes em constatar progressos da jurisprudência criadora e faz muito tempo que a ciência do direito comporta o conhecimento das grandes decisões. Na França, porém, a arte do juiz deve inserir-se no espaço autorizado pela combinação dos artigos 4º e 5º do Código Civil: o primeiro obriga o juiz a estatuir a despeito da omissão, da obscuridade ou da insuficiência da lei; o segundo proíbe decisões regulamentares. Esses textos não podem cair em desuso, noção desconhecida pelo direito francês, mas os autores admitem cada vez mais que, de fato, o poder do juiz frequentemente atinge um nível geral e alguns até chegam a indagar-se sobre os efeitos das guinadas impostas pela jurisprudência às situações criadas anteriormente à inovação jurisprudencial. A história do pensamento político e jurídico permite dimensionar a amplitude de tais transformações.

As grandes fontes religiosas e profanas da Antiguidade apresentaram sua concepção do problema. Segundo a Bíblia, muito elevada é a função de julgar, pois essa atividade, propriamente, só deve caber a Deus. O texto insiste nessa posição de Deus ocupada pelo juiz (S. 81) e no caráter temível da função (Mat. 7, 1, ideia segundo a qual o julgador será julgado). Na Grécia, Aristóteles é determinante. Para ele, o juiz ocupa um lugar importante, mas só existe numa comunidade política que lhe é anterior e superior: a lei é geral, o juiz só se pronuncia sobre casos específicos. Contudo, no pensamento aristotélico, o lugar primordial do justo possibilita que, eventualmente, a decisão equitativa seja preferível à lei.

A longa Idade Média será de excepcional riqueza quanto a essa reflexão. A primazia da lei se estabelecerá progressivamente nas posições dos juristas, mas com diferenças, segundo o grau inquisitorial conferido ao procedimento nas épocas consideradas. O juiz medieval, evidentemente, é um juiz cristão, e a escritura devia permanecer sob os olhos dos juízes durante a audiência (origens do crucifixo posto durante séculos atrás do presidente da jurisdição). Os textos impõem aos juízes da Igreja e, com variações de formulações, aos juízes seculares que julguem de acordo com Deus, com sua consciência, com sua reta razão. As coisas vão ficar mais claras a partir do século XII, especialmente com o renascimento do direito romano, e afirma-se constantemente que os juízes devem julgar "de acordo com as leis"; entenda-se: de acordo com o direito (Carbasse). O juramento que são Luis impõe aos bailios e senescais insiste nessa obrigação. Por volta do século XIII, o procedimento em muitos casos se torna inquisitorial: o juiz tem o papel principal na reunião das provas, pode lançar mão da tortura para obter uma confissão, ao passo que antes o procedimento acusatório demandava que só o acusador fornecesse a prova daquilo que ele alegava. Os juízes criminais, assim, ganharam grande liberdade de manobra, e surge uma indagação que se tornaria célebre: o que deve fazer o juiz que, como indivíduo, tem conhecimento de fatos que, como juiz, ignora? Tomás de Aquino adotará a tese que observa rigorosamente o direito, ou seja, a tese que obriga o juiz a só se basear nas provas apresentadas. Essa posição é dominante, ainda que alguns teólogos lhe sejam hostis. Em regime de provas legais, os direitos da consciência judiciária são bem tênues. Diante dessa insigne dificuldade, por deslizamentos sucessivos, chegou-se a distinguir o juiz que está acima da lei (príncipe, juiz superior) e o juiz que está submetido a ela (juiz inferior). Paradoxalmente, o sistema medieval foi a matriz da ideia moderna da íntima convicção, exatamente contrária. Isto porque, para contrabalançar esse rigor das provas legais, todos os meios de provas foram hierarquizados e sistematizados, de tal modo que o juiz pudesse somá-los, subtraí-los e, na realidade, condenar até na ausência de prova plena. O juiz pôde, assim, exercer sua "arbitrariedade", termo que só tardiamente se tornou pejorativo. No século XVIII, essa "arbitrariedade" detestada pelos filósofos se transformará, sobretudo graças às evoluções do pensamento científico (Padoa-Schioppa), e se converterá na "íntima convicção".

Nos séculos XVI e XVII, tal como ocorrera com o direito divino dos reis, elabora-se um "verdadeiro direito divino dos juízes" (Thireau). Os juízes repetem à saciedade que julgar é função divina. A partir daí, o juiz corre o risco de rivalizar com o sacerdote, o que não deixa de lembrar o conflito que muito antes opusera o rei ao papa. Por esse motivo, segundo La Roche Flavin (L. X, cap. IV), os integrantes do Parlamento e outros funcionários régios "não podem ser excomungados por motivos ligados à justiça ou ao seu cargo". Por isso também Domat faz entre o sacerdote e o juiz uma comparação bastante vantajosa para este último. Nesse trecho do *Droit Publique* (L. II, T. IV, S. II), como é clássico, Domat baseia-se sobretudo no Salmo 81 para escrever: "É porque ocupam o lugar de Deus que os juízes se autodenominam deuses", e depois lembra que, como a natureza torna todos os homens iguais, os juízes só devem proferir o julgamento de Deus e, no fim, chega a estabelecer, sob certo aspecto, a inferioridade do sacerdote em relação ao juiz; a função do sacerdote, por um lado, "comporta a sujeição e a dependência", ao passo que a função de julgar "comporta a superioridade e o caráter da autoridade divina". O vínculo direto com Deus e a necessidade técnica de independência permitem que os grandes juízes do Antigo Regime justifiquem seu poder. Essas teses são juridicamente bem pouco compatíveis com uma justiça que era apenas delegada pelo rei e aí se pode dimensionar, tal como no âmbito do absolutismo monárquico, o papel histórico desempenhado pela emancipação em relação à esfera eclesiástica. O caráter especificamente francês da questão da responsabilidade dos juízes tem aí fortes raízes. Situando-se em tais alturas, o juiz só podia encontrar obstáculos. Nem a monarquia absoluta, nem a filosofia do Iluminismo lhe atribuíram tanta grandeza. No entanto, a problemática é complexa e existem correntes opostas. Para Hobbes, cujo positivismo conhecemos, "a interpretação de todas as leis depende da autoridade soberana, e os intérpretes só podem ser aqueles que forem instituídos pelo soberano" (*Leviatã*, 2ª parte, XXVI). Mais favorável ao juiz é o pensamento de Locke: a falta de juiz faz parte das carências do estado de natureza que impelem o homem a sair dele. Inversamente, as famosas frases de Montesquieu relativas ao poder de julgar, que é, "por assim dizer, invisível e nulo", ou relativas aos juízes que nada mais são do que "a boca que pronuncia as palavras da lei", foram escritas sem dúvida a respeito da Inglaterra, mas não deixam de participar da tendência que deseja a separação dos poderes, atribuindo, porém, ao juiz apenas uma posição subordinada. Evidentemente, o papel do *Tratado dos delitos e das penas* (1764) de Beccaria foi essencial: garantir a liberdade e afirmar a posição do soberano implicam a primazia da lei geral, que só o legislador pode interpretar. A propósito das leis penais (§ 4), Beccaria escreve a frase provavelmente mais famosa sobre o trabalho do juiz: "Diante de qualquer delito, o juiz deve construir um silogismo perfeito: a premissa maior deve ser a lei geral; a premissa menor, o ato em conformidade ou não com a lei; a conclusão é a absolvição ou a condenação."

Dessa tendência nascerá a concepção revolucionária de juiz: grande preferência declarada pela conciliação; juiz "autômato" que aplica mecanicamente a lei; justificação das decisões; recusa a instaurar tribunais de recurso; obrigação de lançar mão de medida legislativa toda vez que o juiz acreditar necessária uma interpretação ou uma lei nova. Misto de utopia e inovações duradouras, esse sistema, em sua totalidade, não poderá impor-se durante muito tempo. Portalis, no *Discurso preliminar* ao Código Civil, já restabelece a necessidade do raciocínio judiciário e prepara assim o aumento do poder da jurisprudência do século XIX. No fim do século XX, o reconhecimento da força criadora das decisões é tão pleno, que alguns autores falam no questionamento da proibição das decisões regulamentares através das decisões de princípio e dos pareceres judiciários (Frison-Roche). Além disso, atualmente se faz uma reflexão importante em torno do cargo de juiz, especialmente nos países anglo-saxões, países de tradição pouco legalista.

Qualidades do juiz

Não se deve entender essa expressão em seu sentido apenas moral, pois, entre essas qualidades, muitas podem ser parte integrante do estatuto do juiz ou de suas obrigações. Evidentemente, o ponto de vista moral é de todos os tempos. A Bíblia recomenda ao juiz objetividade, honestidade e imparcialidade, consistindo esta última em não "favorecer o miserável em seu processo" (Ex. 23, 2-8). Toda a Antiguidade concorre para traçar um retrato do bom juiz e, tal como em muitos outros campos morais, vai difundir-se no Ocidente um composto de cristianismo e (em diversos graus, segundo a época) de estoicismo, muitas vezes na forma de listas de virtudes. Na verdade, direito e virtudes se misturam. Quantas vezes o estudante de direito, ao aprender as disposições que garantem a independência da magistratura, lê que "a independência é sobretudo uma questão de caráter"? Além do pitoresco (La Roche Flavin, L. VIII, cap. XLVI, recomenda aos juízes que não sejam "perfumados nem almiscarados"), os conselhos de conduta descem até a atitude que o juiz deve assumir na audiência: o juiz "deve ser tolerante e atencioso, sem se encolerizar nem emocionar com nada" (Beaumanoir, *Coutumes de Beauvaisis*, cap. I, *De l'Office as bailli*, 15). Quanto à lista completa das qualidades profissionais e do conhecimento do direito, as tradições inglesa e francesa não são tão diferentes: muitas vezes se repete que "para ser bom juiz, é preciso ter sido advogado" (La Roche Flavin, L. IV, XCIV). Um quadro geral é dado por Domat (*Droit Publique*, L. II, T. IV, S. II): o juiz deve temer não ser fiel àquilo que é exigido por "um ministério no qual se ocupa o lugar de Deus", deve ser firme, o que permite julgar sem acepção de pessoa, deve ser zeloso com a verdade e com a justiça, ser desapaixonado.

No conjunto, esses antigos catálogos de virtudes se inspiravam na ideia de que do juiz se exigem honestidade e rigor excepcionais. Atualmente, "a eminência das funções e a gravidade das decisões que podem ser tomadas pelos juízes implicam, da parte deles, deveres muito especiais que vão além das obrigações que normalmente incumbem a funcionários" (Perrot). Daí decorrem algumas interdições, incompatibilidades, incapacidades de julgar. Vários países também elaboraram códigos de deontologia judiciária. Duas das qualidades que o jurisdicionado tem o direito de esperar do juiz merecem atenção especial: aptidão para manter segredo e imparcialidade. A noção de segredo tem várias aplicações. Historicamente, o segredo mais famoso, porque mais atacado, é o que está no cerne do procedimento criminal inquisitorial do antigo regime. No entanto, depois da Revolução, a estruturação napoleônica restaura (até nossos dias, quando a controvérsia recomeça) o segredo da instrução. De modo mais geral, o trabalho do juiz tem caráter público. É isso o que pretende significar, no fim do século XX, a ampla utilização do vidro, símbolo de "transparência", na construção dos palácios de justiça. No entanto, a publicidade não é absoluta; isso é mostrado pela evolução da deliberação, articulada à evolução da motivação. No parlamento medieval, quando o rei presenciava a deliberação, as razões da decisão eram frequentemente redigidas e às vezes até podia mostrar-se a pluralidade das opiniões (Hilaire). Com a ausência do rei, instaurar-se-ia o segredo da deliberação, e os motivos desapareceriam. Sem dúvida, desde o século XVII, o processo de cassação ensejava um "pedido de motivos", mas os grandes juízes dificilmente o atendiam. Portanto, a Revolução impôs a motivação. O fato é que a tradição do segredo da deliberação ficou (apesar de uma breve interrupção durante a Revolução) e mesmo hoje mostra ser o elemento forte do juramento do novo magistrado. Cabe destacar que, nos procedimentos de inspiração inglesa, em caso de pluralidade de juízes, estes opinam publicamente e às vezes manifestam na decisão a sua "opinião dissidente". A regra francesa, muito marcada pela colegialidade (a decisão é do colégio que compõe o tribunal), é muito forte em sentido inverso.

A imparcialidade, por fim, poderia assumir hoje um papel histórico importante. Enquanto tradicionalmente a ideia de imparcialidade era tratada de início em termos morais e depois em relação com a deposição ou a recusa de juiz (Domat, *Droit publique*, L. II, T. IV, S. II, XIV), em nossos dias a atenção recai na jurisprudência da Corte Europeia dos Direitos Humanos: a imparcialidade pode ser "objetiva", proceder de considerações funcionais e orgânicas. Assim, em 1995, o acórdão *Procola/Luxembourg* assinala, a propósito do Conselho de Estado daquele país, o duplo caráter de conselheiro do Estado em um projeto de decreto e de juiz administrativo da legalidade deste. Se fossem inferidas todas as consequências de tal concepção, poderiam ser necessárias numerosas reorganizações jurisdicionais, em campos muito diversos, o que não deixa de preocupar alguns juristas que resistem a uma concepção do direito que na realidade é muito judiciária. Seja como for, a internacionalização da justiça, especialmente no que se refere às consequências do art. 6-1 da Convenção Europeia dos Direitos Humanos dedicado ao direito ao *processo equitativo*, está em condições de produzir importantes efeitos. Portanto, pode-se concluir: com a aparência de certa permanência moral, a figura do juiz foi essencialmente variável, o que é particularmente verdadeiro hoje em dia.

› Col: Droits, nº 9, *La Fonction de juger*, PUF, 1989. – *Le Juge et le jugement dans les traditions juridiques européennes*, org. R. Jacob, LGDJ, 1996. – *La Conscience du juge dans la tradition juridique européenne*, org. J.-M. Carbasse e L. Depambour-Tarride, PUF, 1999.

Laurence DEPAMBOUR-TARRIDE

→ Interpretação; Juiz (Hoje); Jurisprudência; Justiça administrativa; Magistrado; Precedente.

JÚRI

No sentido lato, fala-se de júri para designar toda instância coletiva encarregada de deliberar sobre dada questão, a fim de proferir uma decisão comum: atribuição de um prêmio, por exemplo. No campo judiciário, chama-se júri o grupo de pessoas, jurados, que se reúnem em certos tribunais ao lado de magistrados profissionais e deliberam, na presença dos juízes ou separadamente, para apresentar a solução de um processo ou um elemento dessa solução. Simples cidadãos, *a priori* desprovidos de formação jurídica, os jurados, ao lado dos juízes profissionais, representam uma espécie de justiça "popular". Enquanto os magistrados são encarregados de velar pela estrita aplicação do *direito*, os jurados têm sobretudo de "dizer a verdade": nos termos do juramento que prestam ao assumirem a função – e que os constitui no sentido próprio como "jurados" –, eles devem dar um "veredicto" (*vere dictum*: um "dito" verdadeiro) acerca dos *fatos* da causa. É esse pelo menos o esquema que prevaleceu na França a partir de 1790, quando a Assembleia Constituinte instituiu os júris criminais. Deixando de lado as discussões relativas ao júri civil (que praticamente só funcionou na França na forma do júri de expropriação, entre 1841 e 1935), aqui nos limitaremos à questão do júri penal.

Origens

A história europeia apresenta exemplos de júris criminais desde as *quaestiones perpetuae* da República romana: esses "júris permanentes" funcionaram até o fim do Principado, antes de darem lugar aos juízes funcionários no século III. Mas o princípio segundo o qual um réu tem direito a ser julgado por seus iguais (seus *pares*) depois foi amplamente reconhecido em toda a Europa medieval. Esse princípio era aplicado não só nas cortes feudais (competentes para julgar litígios entre vassalos de um mesmo senhor), mas também, a partir do século XII, nas cortes municipais, em que os burgueses se julgavam uns aos outros. No continente, a profissionalização da justiça, consequência da redescoberta do direito romano (que, em seu último estágio, já não conhecia o júri), foi aos poucos marginalizando para afinal eliminar as diferentes formas de julgamento pelos pares, ainda que os júris dos conselhos profissionais ou de almotacés tenham sido mantidos em certas regiões e segundo modalidades variáveis, até a época moderna. Foi diferente na Inglaterra, por duas razões: por um lado, o direito romano ali não se aclimatou; por outro, o princípio do *judgement by peers* foi incluído no rol das liberdades fundamentais do reino, especialmente na Carta Magna de 1215, que por sua vez foi completada seguidamente até o século XVII. Segundo o *Habeas Corpus Act* de 1679, quando um cidadão inglês é preso, a notificação lhe deve ser feita nas vinte e quatro horas seguintes ao delito que lhe é imputado, e um juiz deve poder verificar o motivo de sua detenção. Nos vinte dias de detenção, o acusado deve ser levado perante um primeiro júri (o "grande júri") que examina se as acusações são suficientes para justificar o prosseguimento do processo. Se o grande júri considerar que as acusações que pesam sobre o acusado são suficientemente graves, ele será levado perante um segundo júri (chamado de "pequeno júri"), que procederá ao julgamento. Esse é, no século XVIII, o modelo europeu de júri.

O júri revolucionário

Montesquieu foi o primeiro que na França elogiou o procedimento inglês. Ao mesmo tempo, compara-o ao procedimento romano das *quaestiones* republicanas e das cortes feudais. Nesses três casos, a justiça era feita de acordo com uma modalidade acusatória, oral e pública, por juízes não profissionais constituídos em júri: segundo o *Espírito das leis*, esse é o sistema que oferece melhores garantias ao acusado (XI, 6). A ideia do júri criminal é adotada depois pela maioria dos reformadores: é o que fazem Jaucourt, no verbete "Pares" da *Enciclopédia*, e Beccaria, na terceira edição do *Tratado dos delitos e das penas* (XIV). Em 1771, Voltaire acredita poder afirmar que "os jurados nunca teriam mandado Calas para a roda" – asserção bem arriscada, se pensarmos que a grande maioria da população de Toulouse estava absolutamente convencida da culpa do condenado, pelo menos tanto quanto os próprios magistrados! Nos anos 1780, a superioridade do julgamento por júri é opinião compartilhada por Condorcet, Linguet, Delolme, Dupaty e pela maioria dos autores publicados por Brissot na *Biblioteca filosófica do Legislador* – em especial Bergasse e Marat. Somente Turgot se distingue da tropa, criticando o próprio princípio de julgamento pelos pares, sobretudo se os jurados forem extraídos do povo. Para os reformadores, o júri devia possibilitar garantir ao máximo os direitos do acusado, pondo-os sob a salvaguarda de seus pares. Já não se queria uma "inquisição" feita em segredo por um juiz de instrução onipotente, mas um procedimento acusatório e público, controlado pelos cidadãos, que desse ao réu toda a liberdade de se defender; não queriam provas legais, portanto não queriam torturas: os jurados deviam ser livres, como na Inglaterra, para formar sua convicção por todos os meios.

E cabia à Constituinte concretizar esse programa. O princípio do júri criminal foi adotado em 30 de abril de 1790, depois de um mês de debates, durante os quais Adrien Duport e Thouret se evidenciaram. Em seguida, a Lei de 16-24 de agosto de 1790, reorganizando as jurisdições penais em seu conjunto, instituiu um tribunal criminal departamental, primeira forma da atual *cour d'assises*. O procedimento desse tribunal (procedimento *criminal* no sentido estrito) foi regulamentado pelas leis de 16-29 de setembro, 29 de setembro e 21 de outubro de 1791. A informação preliminar era dada ao juiz de paz da sede do delito, que podia agir por ofício ou por constituição de um particular. Terminada a fase de instrução, o juiz de paz transmitia o caso a um primeiro júri, chamado de *júri de acusação*, composto por oito cidadãos sorteados a partir da lista de eleitores do primeiro grau. Se esse júri considerasse suficientes as acusações, encaminharia o réu para o tribunal criminal. Ao lado de cinco juízes eleitos, esse tribunal comportava um segundo júri, chamado *júri de julgamento*, formado por doze cidadãos. O procedimento perante o tribunal criminal era oral, contraditório, público e puramente acusatório: o processo era um debate entre o acusador público e o acusado. Depois de deliberar sobre as questões de fato ("o fato da acusação é consistente ou não?"), o júri se pronunciava sobre a culpabilidade ("o réu é culpado?"). A partir daí, os jurados eram totalmente livres para formar sua convicção em consciência: estava, portanto, oficialmente encerrado o antigo sistema das provas legais. O código de 3 de brumário do ano IV, redigido por Merlin de Douai, apresentava uma definição muito clara da nova modalidade probatória: "A lei não pede contas aos jurados dos meios pelos quais eles se convenceram, não lhes prescreve regras das quais devem depender especificamente a plenitude e a suficiência de uma prova; ela lhes prescreve que se interroguem no silêncio e no recolhimento, e que procurem saber, na sinceridade de sua consciência, que impressão causaram sobre sua razão as provas apresentadas contra o réu e os meios de sua defesa. A lei [...] só lhes faz esta pergunta, que encerra toda a medida de seus deveres: *Os senhores têm íntima convicção?*" Esse texto, conservado pelo Código de Instrução Criminal, sempre figura no Código de Processo Penal (art. 353).

Depois que o júri dava sua resposta, cabia ao comissário do rei requerer a aplicação da lei, após o que os juízes (que não tinham tomado parte das deliberações do júri) só precisavam pronunciar a pena precisa, prevista pelos textos. Essa estrita distribuição das tarefas entre os jurados (únicos senhores das questões de fato) e os juízes profissionais (encarregados da aplicação do direito) distingue nitidamente o júri francês de seu modelo de *common law*. Apresentada por Duport como mais lógica (mas, na realidade, ditada pela profunda hostilidade dos revolucionários aos juízes profissionais), essa solução se mostrará cheia de inconvenientes na prática. Isto porque a total liberdade do júri nas questões de fato se combinava com a sujeição dos juízes à letra da lei: eles só podiam aplicar mecanicamente a punição legal sem nenhuma possibilidade de modulação da pena. Na prática, para evitar a cominação de penas que eles consideravam excessivas em relação aos fatos da espécie (sempre mais complicados do que as hipóteses sumárias aventadas pelo código), os jurados não hesitavam em desnaturar os fatos ou em negar – às vezes contra todas as evidências – a culpabilidade do réu. Daí decorreu uma série de absolvições que os magistrados formados pela antiga escola logo consideraram "escandalosas". Cabia ao regime fundado por Bonaparte encontrar um novo equilíbrio.

O júri napoleônico e suas várias versões

Das quatorze "indagações fundamentais" que Napoleão (que acabava de se autoproclamar Imperador) fazia à seção de legislação do Conselho de Estado em maio de 1804, as quatro primeiras referiam-se ao júri: "1 / A instituição do júri será conservada? 2 / Haverá um júri de acusação e um júri de julgamento? 3 / Como serão nomeados os jurados? Em que classe serão nomeados? Quem os nomeará? 4 / Como se exercerá a recusa do júri?" De fato, fazia vários anos que o cerne da reforma da justiça era constituído pelo júri. A anglomania tinha caído de moda e, depois de dez anos de desordens, os procedimentos do Antigo Regime (da ordenança de 1670) tinham encontrado partidários. Muitos magistrados alegavam a experiência pouco concludente dos anos anteriores para pedir a supressão dos júris. O júri de acusação era o mais criticado; com muita frequência, ele extrapolara seu papel, decidindo a questão da culpabilidade no lugar do júri de julgamento. A partir de 1801 ele foi privado do direito de ouvir testemunhas, e só podia pronunciar-se sobre a acusação com base na vista dos autos. Em 1808, o Código de Instrução Criminal impõe seu desaparecimento definitivo e transfere suas funções para uma câmara especial da corte de apelação, a câmara das pronúncias.

Quanto ao júri de julgamento, também era muito criticado. Se o Imperador, depois de longas discussões no Conselho de Estado, finalmente decidiu conservá-lo, foi com a condição expressa de "chegar-se à sua boa composição" (sessão do CE de 16 de prairial do ano XII). A desconfiança de Bonaparte em relação ao júri de julgamento manifestou-se desde o início do Consulado, por exemplo com a Lei de 25 de frimário do ano VIII, que submetia à jurisdição correcional toda uma série de infrações até então criminais (a pretexto de restabelecer "uma proporção mais justa entre delito e pena", mas na realidade para remediar a indulgência excessiva dos jurados), ou com a instituição pela Lei de 18 de pluvioso do ano IX de tribunais especiais sem júri, encarregados de julgar certos delinquentes ou certas infrações segundo um procedimento acelerado. O júri, porém, foi mantido para as causas criminais ordinárias, mas, como o Código Penal de 1810, a exemplo de seu predecessor, continuava cominando penas fixas, teve prosseguimento a desagradável prática das "absolvições escandalosas". Foi só a lei de 28 de abril de 1832 que acabou com ela, permitindo que os jurados declarassem circunstâncias atenuantes em todos os casos.

A partir daí, o júri conseguiu enraizar-se no panorama judiciário francês, mas sem deixar de alimentar debates recorrentes. Começou-se por discutir sua composição. Caberá "democratizar" o júri, dar a todos os cidadãos a possibilidade de julgar seus semelhantes, ou reservar essa função a uma elite esclarecida? Para decidir uma simples questão de fato, será melhor um grupo de doze artesãos ou de doze acadêmicos? Benjamin Constant, que fazia essa indagação desde a Restauração, optava pelos artesãos. Nesse aspecto, a bem da verdade, a evolução foi muito lenta, pois a democratização do júri só foi terminada durante a V República (Lei de 23 de dezembro de 1980).

No século XIX, embora recrutados durante muito tempo a partir de um grupo pequeno de notáveis, em princípio prudentes, os júris foram muitas vezes apresentados como responsáveis por decisões imprevisíveis e até incoerentes. Por essa razão, a partir do fim do século, a Sociedade Geral das Prisões pediu que as jurisdições criminais departamentais fossem reformadas segundo a modalidade do *échevinage*, em que magistrados e jurados deliberam em comum tanto sobre questões de fato quanto sobre a escolha da pena. Essa reivindicação, que se ampliou depois de 1918, será atendida pelo ato (chamado de "lei") de 25 de novembro de 1941. Na realidade, se deixarmos de lado os clichês e examinarmos os arquivos, considerando não só algumas "causas célebres", mas a massa das causas, veremos que a justiça proferida pelos júris do século XIX se mostra muito menos caprichosa e cega do que se disse. A partir da votação da lei de 1832, verifica-se que os jurados não hesitam em admitir amplamente as circunstâncias atenuantes para reduzir a frequência das condenações à morte ou à prisão perpétua. Se essas penas se reduzem regularmente, ao passo que o Código Penal continua inalterado até 1863, e o número de crimes julgados aumenta, é porque os jurados deram-lhe um uso cada vez mais circunspecto. Em vez de se limitarem apenas aos fatos, eles se preocupam com a pena (com a possibilidade de convocar o presidente das jurisdições criminais departamentais na câmara das deliberações) e fazem de tudo para reservar as penas mais pesadas para os criminosos por eles considerados como irremediavelmente contumazes.

"Soberania" do júri?

Desde a Primeira Guerra Mundial, a questão do júri volta regularmente à ordem do dia. Basta que um caso um tanto difícil, cuidadosamente divulgado pela mídia, divida a opinião pública, para que o papel dos jurados seja posto novamente em xeque. E todas as vezes, como a serpente do mar, ressurge a ideia de uma pretensa "soberania" do júri criminal. Sem dúvida essa concepção é subjacente ao crescimento do júri popular que caracterizou a década revolucionária. Os jurados, tal como os deputados, seriam representantes do povo soberano, encarregados por este de exercer o Poder Judiciário. Em 1817, num discurso à Câmara, Royer-Collard arriscara a seguinte fórmula: "Senhores deputados, os senhores são o país a contribuir para as leis; senhores jurados, os senhores são o país a contribuir para os julgamentos." Essa ideia de um júri a exprimir uma vontade "soberana" é recorrente. Ainda recentemente foi útil, quando das discussões sobre os projetos de lei (Toubon, em 1995; Guigou, em 2000), tendentes a instituir dois graus de jurisdição em matéria criminal. Na realidade, se o júri das jurisdições criminais departamentais é soberano, isto ocorre apenas porque ele decide *em última instância*. Mas a possibilidade de decidir em última instância sobre casos *particulares* e num âmbito jurídico preciso evidentemente nada tem a ver com a soberania propriamente dita, definida desde Jean Bodin como um "poder" ao mesmo tempo originário e geral. Transferida em 1789 do rei para a Nação, a soberania assim definida só pode ser plenamente delegada ao único órgão que, por natureza, tem vocação para decidir de modo geral sobre todas as coisas, ou seja, o órgão legislativo. De que modo um júri de julgamento, mesmo que "extraído do seio do povo", poderia participar da soberania nacional, uma vez que suas decisões, ainda que tomadas em última instância, sempre dizem respeito apenas a casos específicos? Além disso, desde a Constituinte, esse júri pretensamente "soberano" foi posto sob a vigilância cerrada dos magistrados: assim, a Lei de 16 de setembro de 1791 dispunha que, "se o tribunal estiver unanimemente convencido de que os jurados se enganaram, ordenará que três [novos] jurados sejam somados aos doze primeiros para dar uma declaração com quatro quintos de votos" (II parte, VIII, 27). O código de instrução criminal de 1808 vai ainda mais longe nesse sentido, pois, de acordo com seu artigo 352, "no caso em que o réu seja considerado culpado, a corte, se estiver convencida de que os jurados, observadas as formalidades, se enganaram no mérito, declarará a prorrogação do julgamento, transferindo o caso para a sessão seguinte, a fim de submetê-lo a um novo júri, do qual não poderá fazer parte nenhum dos jurados que participaram da deliberação anulada". Embora a aplicação desse artigo tenha sido excepcional, ele ficou em vigor até 1941, data em que a reunião do júri e da corte o tornou inútil. Mas, evidentemente, a Lei de 15 de junho de 2000, instituindo dois graus de jurisdição em matéria criminal, definitivamente demoliu o mito tenaz do júri "soberano".

› GREEN T. A., *Verdict According Conscience. Perspectives on English Criminal Trial Jury, 1200-1800*, Chicago, 1985. – PADOA-SCHIOPPA A. (org.), *The Trial Jury in England, France, Germany*, 1700-1900, vol. 4 de *Comparative Studies in Continental and Anglo-american Legal History*, H. Coing & D. Nör (org.), Berlim, 1987 (espec. A. Padoa-Schioppa, *La giuria all'Assemblea Costituente francese*, pp. 75-163, e B. Schnapper, *Le jury français aux XIXe et XXe siècles*, pp. 165-239). A Lei de 15 de junho de 2000 já está amplamente comentada nas edições mais recentes dos grandes manuais de processo penal.

Jean-Marie CARBASSE

→ Código Penal; *Habeas corpus*; Legalidade dos delitos e das penas.

JURISDIÇÕES (Evolução do sistema francês)

A história das jurisdições correlaciona três parceiros – justiça, sociedade e poder político – com estratégias frequentemente opostas. A concepção de uma justiça próxima dos cidadãos, que emane da soberania popular, é a favorita no início da Revolução. O modelo napoleônico de justiça sacralizada e majestosa, imponente e distante, estatizada e dominada pelo Poder Executivo prepondera até meados do século XX. A partir da década de 1970, surge uma nova configuração: aproximando-se de uma sociedade civil cujos direitos ela garante, no lugar de um Estado enfraquecido, a justiça parece recobrar parte do poder que havia perdido em 1789.

Constituinte: uma justiça a serviço do povo?

A transferência de soberania do rei para a nação confere um novo lugar para uma justiça nacionalizada e unificada, determina a geografia como organização das jurisdições e justifica, aos olhos dos constituintes, a dependência da função judiciária em relação ao Poder Legislativo então onipotente, porque considerado como expressão direta da Nação, portanto habilitado a supervisionar os juízes e suas decisões ou mesmo a exercer diretamente a justiça numa concepção de salvação pública que põe em primeiro lugar a defesa da Revolução.

O contexto político esclarece os princípios novos em matéria de justiça. A lembrança recente dos Parlamentos dedicados ao controle dos atos do soberano e a desconfiança em relação ao rei, sob suspeita de querer entravar a construção da sociedade nova, incitam a despolitizar a justiça, proibindo a seus integrantes qualquer intervenção nos outros poderes. A valorização do papel da lei restringe os juízes à estrita aplicação mecânica do direito. A abolição dos privilégios, a vontade de promover a liberdade dos cidadãos e de lhes dar meios de exercer a soberania e, de maneira mais geral, a forte aspiração a uma sociedade pacificada, baseada num ideal de justiça e de pureza dos costumes, tendem para uma justiça que afasta ao máximo os profissionais – suspeitos de ter interesse no desenvolvimento da chicana – para dar aos próprios cidadãos o poder de julgar. Dessas aspirações e princípios decorrem as principais características da nova justiça: um Poder Judiciário negado nos fatos, uma organização descentralizada dos tribunais, uma intervenção multiforme do povo no exercício da justiça e a última palavra dada à soberania nacional, especialmente em matéria de justiça política.

Inspirada numa leitura vulgarizada do *Espírito das leis* de Montesquieu, a separação dos poderes está inscrita no artigo 16 da *Declaração dos Direitos do Homem e do Cidadão.* No entanto, embora a Constituição de 1791 dedique um capítulo ao exercício do *Poder Judiciário*, este não tem conteúdo real: é verdade que se veda ao Legislativo e ao Executivo toda e qualquer intervenção no exercício da justiça, mas os tribunais não devem imiscuir-se nem nos assuntos administrativos (a ponto de não poderem conhecer de seu contencioso, confiado à própria administração) nem no exercício do Poder Legislativo, especialmente por ocasião de dificuldades oriundas da interpretação da lei. Significativas são as ressalvas feitas para estabelecer um tribunal de cassação e as coerções impostas a seus magistrados, que devem remeter-se ao Corpo Legislativo em caso de conflito com os juízes de primeira instância (*liminar legislativa*). A justiça representa uma autoridade distinta, especializada na função jurisdicional e subordinada ao legislador: limitando-se a aplicar a lei, ela não pode compartilhar com ele nenhuma ínfima parcela da criação do direito. A nova organização judiciária, favorecendo muito o juiz cidadão e reduzindo ao máximo a intervenção do magistrado profissional, ilustra perfeitamente essa posição eclipsada da justiça, como instituição, na organização dos poderes.

Assim, a justiça civil se caracteriza pela importância dada à conciliação. A arbitragem, facultativa para todas as pendências, torna-se obrigatória nos conflitos familiares na forma de tribunais de família compostos por parentes, amigos e vizinhos, e essa obrigação será estendida a outros campos no ano II. Do mesmo modo, a justiça de paz, com vocação rural – uma por cantão –, confiada a um magistrado paternal que julgava mais por equidade do que com base no direito, tem vocação para apaziguar conflitos, pois seu juizado de paz procedia à conciliação antes de qualquer instância civil perante as jurisdições de direito comum. Os tribunais consulares, herança do Antigo Regime, são conservados, porque em harmonia com o ideal de uma justiça feita pelos pares, confiada a pessoas que não julgam por profissão e, ademais, são eleitas. Paralelamente, o "sistema dos tribunais" é enfraquecido pela descentralização e pela simplificação dos graus de jurisdição, obedecendo ao desejo de estabelecer uma justiça próxima das populações e de afastar o fantasma de um eventual Poder Judiciário. Os tribunais distritais – em número de 553 – julgam em primeira instância. Embora realmente haja duplo grau de jurisdição para dar recursos aos jurisdicionados, o recurso circular – confiado a um dos tribunais distritais mais próximos – evita a reconstituição de uma hierarquia considerada perigosa demais para o poder político. Quanto ao tribunal de cassação, sua competência se limita à anulação dos procedimentos e julgamentos contrários à lei, sem possibilidade de interpretar esta última.

Simplificação e proximidade semelhantes são postas em prática na área penal, com três níveis determinados em função da pena aplicável: o tribunal de polícia municipal, composto por administradores, julga infrações menores; o tribunal de polícia correcional, de âmbito cantonal, é confiado ao juiz de paz cercado de assessores (cidadãos com papel consultivo) e o tribunal criminal, estabelecido na sede do departamento, julga os fatos mais graves. Do mesmo modo, a intervenção popular, com o desejo de dar garantias máximas aos direitos individuais, é muito importante na área criminal: encorajada no nível da denúncia pelo favorecimento à queixa cívica, ela está presente na acusação (um júri de acusação se pronuncia sobre a remessa ao foro criminal, após instrução realizada pelo juiz de paz) e durante o julgamento, quando os jurados deliberam sobre a culpa, e os juízes ditam a pena. O júri, cuja competência alguns constituintes propunham ampliar para os assuntos civis, é considerado o símbolo de uma justiça que emana diretamente da soberania popular; nesse sentido, ele se estende aos tribunais militares.

Fazer justiça ao povo é também reduzir ao mínimo o lugar de um ministério público excessivamente ligado ao Executivo; como este é confiado a comissários vitalícios nomeados pelo rei, o poder do ministro público é limitado à aplicação da lei nos julgamentos e à execução das sentenças. Além disso, o desejo de fazer o povo participar do exercício da justiça explica a adoção do princípio de eleição dos juízes – da justiça de paz ao tribunal de cassação – com condições de idade e capacidade (exceto para o juiz de paz); a possibilidade de reeleição garante certa estabilidade. Juízes temporários, eleitos, que nada devem ao Executivo, estão em harmonia com a concepção de justiça próxima dos cidadãos e sob seu controle. No entanto, a prática, inclusive nas instâncias arbitrais, deixou muito espaço para os profissionais do direito que os revolucionários queriam afastar, embora a eleição, pelo menos até a renovação de 1792, inclusive, não merecesse as críticas que lhe foram feitas depois.

Até mesmo a justiça política foi posta parcialmente sob o controle popular, por intermédio da Convenção eleita e de seus Comitês, ainda que estes últimos, durante o Terror, tivessem exercido uma ditadura de salvação pública com o objetivo de defender a Revolução. A prática de pôr na ilegalidade certas categorias da população (emigrados, padres refratários, rebeldes do Oeste) é adotada por várias leis sucessivas e aplicada pelo Tribunal Revolucionário, que julgava de modo cada vez mais expeditivo, com procedimento simplificado, mas conservando jurados, que, é verdade, no fim são nomeados pela Convenção. Na província, a repressão é composta por uma miríade de jurisdições de exceção – comissões militares, populares ou revolucionárias, segundo os lugares –, implantadas nas regiões afetadas por conturbações, ao lado dos tribunais criminais que julgavam revolucionariamente (sem júri). Os excessos cometidos levam a Convenção, em 22 prairial do ano II (10 de junho de 1794), a centralizar a repressão em Paris nas mãos do Tribunal Revolucionário. Por outro lado, o processo do rei mostra que a própria Convenção podia exercer a justiça, e a anulação de certos julgamentos (sobretudo políticos) por ela realizados de forma corrente no ano II tem o mesmo sentido. Numa situação de exceção, o Poder Legislativo, que supostamente representa o povo, deseja manter o controle da justiça. Desse ponto de vista, a evolução ulterior é oposta, uma vez que a justiça vai ser rapidamente colocada sob o controle do Executivo.

Modelo estatal de Napoleão I

Frequentemente apresentada como uma síntese entre a tradição do Antigo Regime e as novidades revolucionárias, a reforma do ano VIII, completada pelos Códigos de 1808-10, também serve de fundamento para a atual organização judiciária. Realizada no contexto de uma política que visava a pôr termo à década revolucionária e a seus excessos populares, ela insere a justiça num movimento de centralização e fortalecimento do Poder Executivo. Para afastar o fantasma revolucionário e garantir a manutenção da ordem pública, a instituição judiciária é posta sob a autoridade do governo.

A partir do Diretório, a conciliação é veementemente criticada, e os tribunais de família são suprimidos. Os tribunais distritais são substituídos por um tribunal departamental, e os delitos correcionais passam a ser julgados no nível da circunscrição (*arrondissement*). O Ministério da Justiça é restabelecido, e o ministério público, cujos membros se tornam exoneráveis, recobra uma parte de seus antigos poderes. O recurso hierárquico renasce para as jurisdições penais, e o tribunal de cassação começa a tornar-se fonte de interpretação da lei. Do mesmo modo, o princípio da eleição dos juízes esvazia-se de substância, visto que o Diretório nomeia os magistrados para os numerosos postos vacantes ou questiona o resultado dos escrutínios. No plano da justiça de exceção, a competência outorgada às comissões militares também faz parte de uma evolução que privilegia uma justiça dependente do governo.

As características se acentuam com as reformas consulares e imperiais. A nova ordem judiciária é hierarquizada e dominada pelo Executivo. O mapa judiciário é simplificado: manutenção de um juiz de paz em cada cantão, criação de um tribunal de primeira instância de circunscrição (402 em toda a França) e de tribunais de recursos em nível regional (em número de 28), cuja alçada agrupa vários departamentos. A sensação de volta à hierarquia judiciária se acentua com o retorno às apelações do Antigo Regime em 1804. No entanto, essa restauração não deve mascarar a dependência de magistrados profissionais que eram nomeados pelo chefe de Estado; estes eram teoricamente inamovíveis (salvo os juízes de paz), mas na prática foram submetidos já no Império a dois expurgos, em 1807 e 1810. Por outro lado, o ministério público reconstituído, recobrando o direito de demandar e a capacidade de ajuizar ação pública, está sob a dependência direta do governo, visto que os procuradores eram exoneráveis. Assim enquadrada pelo Executivo e seus agentes – o ministério público rapidamente se transformará em precioso auxiliar nesse plano –, a justiça napoleônica afastou-se muito do modelo desejado pela Constituinte.

Embora subsista, a justiça pelos pares se reduz a competências profissionais: tribunais consulares e – criação imperial – conselhos de arbitragem trabalhista – o primeiro foi estabelecido em Lyon, em 1806 –, sendo compostos por operários e patrões, estes majoritários então. A prática da conciliação, muito prezada nessa instância, também se encontra na justiça de paz. Em compensação, a intervenção popular no exercício da justiça penal é seriamente reduzida. A supressão do júri de acusação e a instauração de uma instrução preparatória secreta e escrita, confiada a um juiz de instrução, não permitem a subsistência de mais de um júri no julgamento das jurisdições criminais departamentais (*cours d'assises*) que, a partir de 1811, substituem os tribunais criminais; essas jurisdições tinham reuniões periódicas e estavam submetidas ao controle das cortes de apelação. Os jurados eram selecionados pelos *préfets* (governadores de departamentos), e a repressão política prescindirá facilmente deles graças à multiplicação de tribunais criminais especiais que associavam militares e juízes cuja competência, aliás, se estendia a numerosos crimes de direito comum, sem contar as comissões militares implantadas para executar os conspiradores reais ou supostos.

Parcialmente afastada do contencioso político, a ordem judiciária também tem questões administrativas, como ocorria antes e ao longo da Revolução. A novidade imperial está na organização de uma justiça administrativa com dois graus. Os Conseils de Préfecture, em nível departamental, competentes em matéria de contribuições diretas, obras públicas, domínios nacionais e estradas, são muito dependentes do governador do departamento, que os preside. O Conselho de Estado, restabelecido no ano VIII, recobra, em sua formação especializada (comissão do contencioso criada em 1806) e no regulamento procedimental que lhe é vinculado, as competências e os métodos de trabalho do antigo Conselho do Rei, sempre com o mesmo princípio da justiça ditada pelo soberano, mesmo que o imperador quase não tenha intervindo nesse campo.

Estabilidade do modelo napoleônico (1810-1958)

A estabilidade da organização judiciária definida no ano VIII – com exceção de alguns remanejamentos limitados, realizados no século XX – é acompanhada do fortalecimento do controle do Executivo sobre a marcha da justiça e do recuo da competência dos tribunais de direito comum que assistem ao desenvolvimento e à multiplicação, a seu lado, das jurisdições de exceção, administrativas, especializadas ou políticas.

A hierarquia das jurisdições continua a mesma: justiça de paz cantonal, tribunal de primeira instância na circunscrição, corte de apelação, Corte de Cassação. Somente as modificações territoriais resultantes de anexações (Nice e Savoia em 1860) ou das guerras (1870, 1914) provocam as mudanças de alçada das cortes de apelação afetadas. A organização interna dos tribunais passa apenas por remanejamentos técnicos (criação de câmaras suplementares, às vezes especializadas, para as mais importantes), e sua competência modifica-se pouco, com exceção da Corte de Cassação que, obrigando ao abandono da medida legislativa em 1837 e julgando, no mérito, todas as câmaras reunidas depois de um segundo recurso, fortalece sua posição à testa da hierarquia judiciária. É de ressaltar também a extensão e a diversificação da competência dos juízes de paz, que tendem a profissionalizar-se no início do século XX.

Essa estabilidade surpreende, enquanto os projetos de reforma judiciária são muito numerosos em todos os regimes políticos, desde a Restauração. Entre 1883 e 1924 houve pelo menos 75! Justificadas oficialmente pela preocupação de adaptar o mapa judiciário à evolução da vida social e às modificações na distribuição da população, elas fracassam diante das resistências locais à supressão dos tribunais pouco requisitados. A grande reforma tentada por Poincaré em 1926, no âmbito de uma política rigorosa de economias orçamentárias, conhece o mesmo destino: os tribunais de circunscrição suprimidos em proveito do tribunal departamental são restabelecidos em 1930, mas com a redução do pessoal a um único juiz residente, no caso dos menos requisitados, com o deslocamento dos magistrados dos tribunais vizinhos para garantir as audiências. Do mesmo modo, a partir da Primeira Guerra Mundial várias justiças de paz podem ser atendidas por um único juiz. Na impossibilidade de suprimir tribunais, nasceu a tendência ao enxugamento e à mobilidade do pessoal, ao mesmo tempo que se hesitava em estabelecer um juiz único em primeira instância. Numa França majoritariamente rural até a década de 1930, apegada à proximidade dos serviços públicos, enquanto a vida política é estruturada no nível da circunscrição, era difícil subverter um mapa judiciário adaptado à vida relacional das populações.

No entanto, a estabilidade das jurisdições não deve levar a esquecer as evoluções que fortalecem a estatização da justiça, especialmente no âmbito penal. Em primeiro lugar, apenas a influência da intervenção popular mantida no ano VIII se reduz progressivamente: o júri, aliás, composto durante muito tempo por notáveis, tende a ser submetido ao controle dos magistrados por meio do *échevinage* (deliberação em comum sobre a culpabilidade e a pena com as leis de 1932 e 1941). Acima de tudo, a competência concedida aos jurados é consideravelmente reduzida pela correcionalização legal (leis de 1832 e 1863) e judiciária, de tal modo que o contencioso penal julgado nas jurisdições criminais departamentais (*assises*), mesmo conservando forte valor simbólico, tornou-se minoritário. Em seguida, o papel do ministério público reconstituído durante o Consulado foi sendo fortalecido ao longo dos anos. A partir de meados do século XIX, o ministério público monopoliza a ação pública, em detrimento dos processos movidos pelas administrações e das partes civis, que se tenta desencorajar. O princípio da oportunidade dos processos possibilita que o ministério público aplique a política penal desejada pelo governo do qual é agente. Além de sua função puramente judiciária, o ministério público cumpre tarefas de administração e supervisão do pessoal judiciário e, até os anos 1870, mesmo de vigilância política, especialmente durante o Segundo Império, quando funciona como agência de informações gerais *avant la lettre*.

Ele está no cerne do processo de tutela da magistratura pelo poder político, por controlar em parte o desenrolar das carreiras. Por um lado, suas apreciações contam muito junto à chancelaria no caso das transferências e nomeações e, por outro, grande número de juízes começa trabalhando no ministério público, onde adquirem o condicionamento da submissão ao governo. A inamovibilidade dos magistrados, aliás, não é garantia de independência: todos os regimes políticos, do Império à *Libération*, procederam a expurgos de maior ou menor porte na magistratura, com o uso de técnicas variadas, desde a aposentadoria até a suspensão da inamovibilidade, passando por juramentos de fidelidade e pela investidura outorgada pelo chefe de Estado. A vitória republicana de 1876-77 é seguida pelo maior expurgo do século: de 1880 a 1883 a magistratura foi quase inteiramente renovada em todos os níveis. A inamovibilidade é garantida apenas nos períodos de funcionamento normal das instituições, quando o novo regime está seguro do apoio de uma magistratura que ele acaba de expurgar. Recrutados entre os notáveis – proprietários de terras até os anos 1870-80 –, com uma abertura tímida em direção às classes médias a partir da III República, os magistrados desejosos de fazer carreira se inseriram em redes de patrocínios políticos – a nomeação para postos elevados precisa do apoio de deputados ou ministros –, o que reforça ainda sua dependência em relação ao poder instituído. O ensaio malogrado de um concurso de ingresso em 1906 dá lugar ao recrutamento baseado na cooptação e nas recomendações políticas. Os magistrados são os únicos responsáveis por sua própria disciplina, pela criação em 1883 de um Conselho Superior da Magistratura, emanação da Corte de Cassação, ainda que o Guarda dos Selos seja o único habilitado a selecionar as demandas. A reforma desse organismo em 1946 – a partir de então composto por políticos eleitos e magistrados – lhe dá um direito ainda limitado de supervisão das carreiras.

A dependência da justiça em relação ao Executivo, portanto, foi reforçada desde a implantação do modelo napoleônico, e o desenvolvimento das jurisdições de exceção acentuou essa tendência. Além da dualidade das ordens jurisdicionais, a criação de numerosas jurisdições especializadas durante o século XX e, temporariamente, de jurisdições políticas de exceção em períodos conturbados, contribui para reduzir muito a competência do juiz judiciário.

A justiça administrativa foi fortalecida durante o século XIX em termos de organização e competência, afirmando-se progressivamente sua autonomia em relação ao Executivo. O sistema da justiça do rei – até 1872 a decisão final compete ao chefe de Estado –, além de ser pouco praticado, acabou favorecendo a extensão dos poderes do Conselho de Estado, conferindo caráter hierárquico a suas decisões. O estabelecimento de um ministério público em 1831 é considerado etapa decisiva na elaboração de um direito pretoriano – desenvolvido nas conclusões dos comissários –, o que contrasta com os magistrados da ordem judiciária, limitados à aplicação e à interpretação estrita da lei. Quanto aos Conseils de Préfecture, mais apagados, seu agrupamento em 22 conselhos interdepartementais em 1926 constitui uma etapa na criação, em 1953, dos tribunais administrativos, jurisdições de direito comum.

Outros contenciosos escapam ao juiz judiciário. As decisões dos tribunais militares, com sua justiça frequentemente contestada desde o fim do século XIX, às vezes foram corrigidas pela Corte de Cassação, como ocorreu com o caso Dreyfus. O contencioso comercial é julgado pelos tribunais consulares, cujo número cresceu com o surto da atividade econômica, ainda que, na falta destes, os tribunais de circunscrição sejam competentes na matéria. Do mesmo modo, a partir de 1806, multiplicaram-

-se os conselhos de arbitragem trabalhista, com democratização de sua composição e seu funcionamento a partir da década de 1880, a ponto de se tornarem uma verdadeira justiça social no início do século XX. As guerras provocam o surgimento de novas jurisdições especializadas que associam magistrados e representantes dos meios em questão: tribunal das pensões (1919), tribunal de indenizações de guerra (1919 e 1946), comissões arbitrais para arrendamentos (1918), tribunais paritários de arrendamentos rurais (1944). Assim se desenvolve uma justiça de regulação social – à qual podem ser vinculadas as comissões que tratam do contencioso da Seguridade Social e os juizados de menores que se orientem nesse sentido –, que escapa em parte à competência do juiz ordinário.

Além disso, no âmbito penal, este último é frequentemente afastado do contencioso político. As Cortes Supremas, incumbidas de julgar os ministros ou os atentados contra a segurança do Estado, geralmente associam magistrados da Corte de Cassação aos representantes da Câmara Alta (Corte dos Pares ou Senado). Numa história francesa muito atormentada, os regimes oriundos de revoluções ou ameaçados em sua existência inclinam-se a estabelecer tribunais de exceção em que os réus muitas vezes são os vencidos. Desde as Cortes Prebostais da Restauração até a Corte de Segurança Nacional, é longa a lista dessas jurisdições cuja legalidade às vezes é duvidosa (Comissões Mistas de 1852); estas, além de contar com magistrados escolhidos com base em critérios políticos, frequentemente recorrem a militares, isso quando a repressão não é exercida pelos próprios tribunais militares (como no caso da Comuna ou no julgamento das tentativas insurrecionais do fim da guerra da Argélia). Essa repressão expeditiva amiúde é acompanhada de medidas de segurança, especialmente desenvolvidas durante as guerras (na forma de prisão administrativa, fora de qualquer controle judiciário).

Evoluções da segunda metade do século XX (1958-2000)

O modelo de justiça fortemente controlada pelo Executivo vem sendo questionado há várias décadas. Enquanto a reforma judiciária de 1958 aparentemente reforçou suas características, no último terço do século XX tem início uma ruptura em que os juízes dão cada vez mais mostras de independência em relação a um poder político que escapa menos ao controle da justiça.

Realizada com o objetivo de restaurar a função judiciária e modernizar os tribunais, a reforma de 1958 representa uma nova etapa na centralização da justiça. As justiças de paz são eliminadas, os tribunais de instância assumem seu lugar em nível de circunscrição. Os antigos tribunais de circunscrição são agrupados na sede do departamento com o nome de tribunais de instância superior. Paralelamente, as cortes de apelação passam a desempenhar papel mais importante, ao centralizarem todos os recursos dos tribunais inferiores, tanto de direito comum como de exceção. Assim, a autoridade do juiz sobrepuja a justiça próxima do povo, principalmente com a criação da Escola Nacional da Magistratura, que unifica a formação e o recrutamento dos juízes e faz assim que estes escapem mais ao patrocínio dos próceres políticos. Ao contrário das reformas anteriores, a de 1958 não é questionada. Imposta de cima para baixo, já na instauração da V República, por um poder autoritário – concentrado nas mãos do Executivo, desejando romper os elos com as solidariedades locais –, a reforma realizada por Michel Debré coincide com uma fase de desenvolvimento econômico (os "trinta anos gloriosos") e um intenso movimento de urbanização que tornou obsoleto o mapa judiciário herdado do Consulado. Essa racionalização do sistema judiciário vai contribuir (especialmente por meio do ensino) para reforçar a unidade da magistratura e assim constituir, a longo prazo, uma das fontes do aumento do poder da justiça na sociedade contemporânea.

Em sua vontade de curvar o Legislativo, o regime gaullista criou um Conselho Constitucional em 1958. Composto por nove membros, nomeados pelo Presidente da República e pelos presidentes da Assembleia Nacional e do Senado, esse Conselho julga, antes da promulgação, a conformidade das leis em relação aos princípios constitucionais. Embora a sua competência não vá além dos parlamentares, ele dispõe de um poder que não deixa de lembrar o poder dos antigos Parlamentos: apresentando-se como protetor dos direitos e das liberdades individuais, fixa cada vez mais limites ao exercício do poder do Parlamento e do governo; uma das primeiras decisões nesse sentido, relativa à liberdade de associação, data de 1971.

Paralelamente, o juiz judiciário se emancipa da tutela política. Vários fatores levam a isso. A longa fase de depressão econômica iniciada no começo da década de 1970 é acompanhada pelo enfraquecimento dos elos sociais e por forte crescimento dos contenciosos, ao mesmo tempo que o Estado perde autoridade e renuncia às suas funções de regulação social (fim do Estado-providência). O declínio dos quadros sociais tradicionais (empresa, família, Estado) impele à contratualização da vida econômica e social. Numa sociedade cada vez mais individualista, a justiça se torna o último recurso quando o Estado liberal dá livre curso ao jogo dos mercados. Ora, simultaneamente, o corpo judiciário se transformou: deixando de ser recrutado entre os notáveis, feminilizado, parcialmente sindicalizado, ele aspira a uma justiça igual para todos, sem privilégio de jurisdição. Os processos de políticos por motivo de corrupção ou abuso de bens sociais durante a década de 1990, com suas repercussões nos meios de comunicação, são um bom reflexo dessa nova tendência. Por outro lado, a supressão de certas jurisdições de exceção em 1981 – tribunais militares, Corte de Segurança Nacional – e a presença mais recente de magistrados profissionais em tribunais de comércio aumentam um pouco a competência do juiz judiciário, ainda que em matéria política a Corte de Justiça da República (1993) seja composta majoritariamente de parlamentares. O questionamento da tutela do poder político, provocado pela demanda da sociedade civil, traz à baila a questão da justiça acessível e próxima aos cidadãos. Nesse campo, as experiências da justiça próxima – conciliadores, casas de justiça – têm relação distante com o modelo judiciário da Constituinte, totalmente inspirado na ideia de arbitrar os conflitos, e não de os julgar. Aliás, é possível indagar se tal filosofia não é incompatível com um Estado de direito dentro do qual os juízes aspiram a exercer um poder real.

› Bancaud A. & Robert Ph., "La place de la justice en France: un avenir incertain", *in* Ph. Robert & A. Cottino, *Les Mutations de la justice. Comparaisons européennes*, Paris, L'Harmattan, 2001, p. 161. – Chauvaud F. & Yvorel J. J., *Le Juge, le tribun et le comptable. Histoire de l'organisation judiciare entre les pouvoirs, les savoirs et les discours (1790-1930)*, Paris, Economica, 1995. – Halpérin J.-L., "1789-1815: un quart de siècle décisif pour les relations entre la Justice et le Pouvoir en France", *Justices. Revue générale de droit processuel*, nº 3, janeiro-junho de 1996, p. 13. – Hilaire J., *Histoire des institutions judiciaires*, Paris, Les Cours de Droit, 1990-91. – Royer J.-P., *Histoire de la Justice en France*, Paris, PUF, 3ª ed. reformulada, 2001, 1.032 p.

Jean-Claude Fargy

→ Arbitragem; Código Napoleônico; Código Penal; Competência; Cortes Supremas; Declaração dos Direitos do Homem e do Cidadão; Equidade; Estado de direito; Formas de justiça; Funções jurídicas do Estado; Juiz; Júri; Justiça; Justiça administrativa; Justiça constitucional; Lei; Magistrado; Ordem jurídica; Revolução francesa e direito; Soberania.

JURISCONSULTO

"Jurisconsultos são pessoas versadas nas ciências das Leis, que dão respostas sobre questões de Direito a quem os consulta […]." Dessa definição, dada por Ferrière no século XVIII, ressalta sobretudo o caráter impreciso da noção de jurisconsulto. Os jurisconsultos são juristas que pensam sobre o direito, apresentando em publicações o produto de suas reflexões (ainda que essa condição não pareça indispensável, pois Tronchet, conforme relata Merlin, foi honrado por Bonaparte com o título de "primeiro jurisconsulto da França" sem nunca ter publicado nada) e cuja notoriedade é suficiente para que sejam regularmente consultados.

No mundo do direito eles constituem a elite, uma elite em grande parte autoproclamada, pois, ao contrário do que fez o direito romano da época imperial, o antigo direito francês e o direito contemporâneo não regulamentaram a atribuição desse título, tampouco a autoridade vinculada às opiniões emitidas, que ficou como algo puramente particular e, por isso, sujeito a muitas variações em função da importância do papel que em certas épocas o jurisconsulto foi chamado a desempenhar, do prestígio atribuído à lei e ao direito e, através destes, a todos os que os servem. Sua autoridade era muito grande na Idade

Média, quando o jurisconsulto aparece como intermediário necessário à aplicação dos direitos de origem douta, tanto como intérprete quanto como criador; foi ele ainda mais valorizado a partir do século XVI, depois que o humanismo o investiu de uma missão não apenas jurídica, mas também intelectual e moral, sem dúvida bem menor em nossos dias, em consequência do positivismo e da concepção estritamente técnica e utilitária do direito, que tende a prevalecer.

Jurisconsulto, intérprete das leis e criador do direito

O jurisconsulto nasceu com o surto do direito romano douto e durante muito tempo sua sorte esteve ligada a este. Soçobrou com ele na Alta Idade Média, quando as leis romanas deixaram de ser compreendidas e aplicadas e passou a prevalecer um sistema puramente consuetudinário, que, por ter caráter ainda rudimentar e ser do conhecimento geral, tornava inútil a intermediação de um corpo de especialistas. Reapareceram os dois em decorrência da redescoberta das compilações de Justiniano e de sua difusão progressiva na Itália e em quase toda a Europa medieval. Assim, na origem, o jurisconsulto se identificou com o legista, profissional das leis (romanas), estudadas nas universidades e consideradas expressão do direito por excelência, direito técnico e complexo que só podia ser conhecido e entendido por um pequeno grupo de doutos e cuja aceitação precisava ser imposta a populações frequentemente recalcitrantes. Por isso, o jurisconsulto já nessa época adquiriu alguns dos traços que deveriam caracterizar permanentemente sua função.

Em primeiro lugar, seu papel fundamental era de exegeta, pois o jurisconsulto, por definição, era aquele que trabalhava com um direito exclusivamente escrito que, esquecido por muito tempo, se tornara estranho ao espírito do tempo. Assim como o teólogo, com o qual compartilhou muitas técnicas de interpretação e raciocínio, apareceu como intérprete qualificado de textos veneráveis, mas portadores de um sentido oculto ao comum dos mortais. A multiplicação das glosas à margem das leis romanas, para se depreender seu significado e conciliar ao máximo leis que parecessem contraditórias, foi a primeira manifestação concreta de sua intervenção. Mas muito depressa essa interpretação literal mostrou-se indissociável da função de criação do direito: com leis romanas fragmentárias e díspares demais, dotadas de pequeníssimo alcance normativo, que mais forneciam elementos de raciocínio jurídico e referenciais para que a reflexão não se desgarrasse do que soluções prontas, não era possível limitar-se somente à exegese, preliminar indispensável, mas insuficiente. Principalmente porque, numa sociedade bem diferente da sociedade de Roma, impregnada pela religião cristã, modelada pelo feudalismo, transformada pelo desenvolvimento do comércio, muitas regras tinham se tornado caducas ou inadequadas, sendo também preciso conciliá-las com outras fontes do direito surgidas num contexto marcado pelo pluralismo jurídico. Explicar e comentar o direito romano equivalia, necessariamente, a mostrar em que ele podia atender às necessidades do tempo, a modular seu sentido para adaptá-lo a tais necessidades, a transformar o direito antigo em direito novo, flexível e vivo. Esse trabalho de adaptação, conciliação e criação, já empreendido pelos primeiros glosadores, foi muito desenvolvido por seus sucessores, pós-glosadores e bartolistas, que não hesitaram em tomar grandes liberdades em relação ao sentido original dos textos, tanto para descobrir aplicações concretas quanto para construir teorias gerais, a tal ponto que logo se tornou difícil dissociar a autoridade vinculada às próprias leis romanas da autoridade de que gozavam seus comentadores. Em seus comentários, tratados e – talvez mais ainda – nos pareceres escritos que forneciam e reuniam em coletâneas de *consilia*, os jurisconsultos medievais se dedicaram a conciliar tradição e inovação, respeito ao direito romano e liberdades necessárias à sua adaptação.

O conhecimento exclusivo de um direito aureolado de caráter providencial, quase divino, que se refletia em seus intérpretes, a necessidade de recorrer a eles num mundo onde as relações privadas e a autoridade pública assentavam em grande parte nos direitos eruditos cujo conhecimento eles tinham, explicam o prestígio e a posição social frequentemente elevada que os jurisconsultos alcançaram nos últimos séculos da Idade Média. Eles eram onipresentes: junto aos príncipes, com os legistas régios que Michelet alçou ao nível de verdadeiro mito, mas também na Igreja, que lhes reservava inúmeros benefícios, nas senhorias, nas cidades, nas diferentes corporações, sempre que houvesse interesses por representar e defender. Autoridade e prestígio que, no entanto, tinham limites. Servir os poderosos possibilitava acesso a fortuna e honrarias, mas não deixava de implicar múltiplos compromissos: desde os testemunhos contemporâneos, que denunciavam os juristas como maus cristãos, ou no mínimo "idiotas políticos" subjugados por seus textos e raciocínios especiosos, até as recentes teses de historiadores de inspiração marxista, passando pelas diatribes dos humanistas do século XVI, é longa a tradição que vê os jurisconsultos medievais como mercenários, servidores zelosos e pouquíssimo escrupulosos de todos os potentados, e suas interpretações do direito como simples mascaramento erudito dos interesses destes. Críticas nem sempre desprovidas de fundamento, mas que convém moderar. Os procedimentos de raciocínio dos jurisconsultos, baseados em rigorosíssimas regras de interpretação e num sistema estrito de autoridades, não constituíam simples roupagem de soluções arbitrárias ou interesseiras, e a invocação da *mens* ou da *ratio legis*, embora às vezes tenha impingido interpretações oportunistas, também possibilitou a intervenção de considerações morais e temperou o rigor do direito. Apesar de certos desvios, a união estreita de teoria e prática numa mesma pessoa contribuiu para fazer da "jurisprudência" essa "ciência digestiva" que Baldo celebrava, ciência que sabia combinar o conhecimento teórico das leis ingurgitadas nas escolas e seu domínio na resolução das questões concretas. Mas, com o humanismo, ela acabou parecendo insuficiente.

Jurisconsulto, autoridade moral e filosófica

Nos séculos XVI e XVII, a influência do humanismo e das correntes de pensamento dele oriundas levou a repensar e enriquecer o papel do jurisconsulto. Não propriamente para lhe atribuir tarefas novas, mas para levá-lo a exercer sua função mais escrupulosamente, o que, porém, fez com que se estendesse para além dos limites do direito *stricto sensu*, conferindo-lhe autoridade sobre o conjunto das disciplinas morais e sociais. O desejo de reagir contra a especialização, considerada excessiva, dos juristas medievais, a autoridade dos textos do *Digesto* que definiam a "jurisprudência" como o conhecimento das coisas divinas e humanas, a reminiscência do tema platônico do rei-filósofo transposto para o jurista, a influência moralizadora de Erasmo, tudo isso contribuiu para desenhar a imagem do "bom jurisconsulto", do *jurisconsultus perfectus*, proposta como modelo para todos os juristas. Mais que de seus predecessores, esse jurisconsulto perfeito aparece afastado da prática e de suas eventuais concessões. É mais um intelectual, mais tendente às reflexões teóricas, com uma cultura universal que lhe permite pensar o direito em relação com as outras disciplinas, adquirir melhores conhecimentos sobre ele e revelar seus verdadeiros fins. O jurisconsulto humanista precisa abrir-se primeiramente para a filosofia: a partir do fim da Idade Média, já houve juristas ilustres, como Baldo, que preconizaram sua união com o direito, mas foi no século XVI que o tema do jurisconsulto-filósofo, tão caro a Louis Le Caron, se tornou um verdadeiro lugar-comum. Deve abrir-se também para a teologia, indissociável da filosofia num mundo cristão: na esteira de Alciat, até Domat, numerosos jurisconsultos se viram como intérpretes das leis divinas, assim como das humanas, não hesitando em afirmar a superioridade que a experiência da vida, haurida na longa prática do direito, lhes conferia sobre eclesiásticos fechados demais para as realidades do mundo. Para a filologia também, necessária à sã interpretação dos textos jurídicos; e para a história, fonte insubstituível de conhecimento dos homens e das leis. Da conjunção de todas essas disciplinas intelectuais devia resultar o progresso geral do direito; no fundo, porque o jurisconsulto assim formado estaria apto não só a dominar sua técnica, mas também a compreender e a revelar todo o seu alcance moral e mesmo espiritual; na forma também, porque o exemplo das outras disciplinas devia possibilitar uma expressão mais clara do direito, a condução a seus princípios essenciais, sua apresentação com uma forma sistemática e organizada, deixando-o assim ao alcance da maioria. Em suma, a superação – mas sem o abandono – da tradicional "jurisprudência", a procura das soluções práticas, ainda marcada pelo pragmatismo, para elevar a disciplina jurídica ao nível de verdadeira ciência, comparável em rigor à matemática ou à geometria.

Não é de duvidar que o *jurisconsultus perfectus* tenha representado um ideal; tampouco que, tal como todos os outros ideais de perfeição, este não tenha sido atingido. No entanto, é indubitável que a imagem do jurisconsulto proposta pelos humanistas e por seus sucessores imediatos produziu efeitos concretos, contribuiu para transformar a função e para aumentar a influência intelectual daqueles que a exerciam. No século XVI e durante parte do século XVII, o jurisconsulto apareceu como o tipo mais acabado do *homo politicus* (*jurisperitus, id est politicus*, proclamavam François Baudouin e Louis Le Caron), como o especialista inconteste não só da ciência jurídica como também da ciência da sociedade e de seu governo, na qual o conhecimento do direito introduzia necessariamente. De fato, aproveitando-se do declínio que então afetava seus antigos rivais, teólogos e filósofos aristotélicos, os juristas se arrogaram quase o monopólio do pensamento político e se impuseram também em esferas *a priori* mais afastadas do direito, como a linguística e a história. Trabalhos recentes mostraram tudo o que lhes era devido pela historiografia moderna, do qual foram em grande parte fundadores, e mesmo pela língua francesa, em sua fixação e desenvolvimento. Boa parte das publicações do século XVI, somadas todas as disciplinas, provinha deles. O mais notável, aliás, não é o fato de juristas terem brilhado em outras disciplinas que não o direito (isso ocorreu em outras épocas), mas sim o fato de terem introduzido modalidades de pensamento e usos diretamente inspirados no direito: os procedimentos críticos utilizados em "jurisprudência" contribuíram para criar uma nova metodologia em história; e foi em boa parte graças à eloquência e ao estilo judiciários que o francês fez progressos decisivos. Em virtude do renascimento intelectual do século XVI, o jurisconsulto se tornou a autoridade intelectual e moral por excelência.

Jurisconsulto, puro técnico do direito?

Nossa época parece bem distante dessa concepção extensiva e elevada das funções do jurisconsulto. De fato, a partir da segunda metade do século XVII teve início uma virada, senão um declínio, que conduziu à situação presente. O primeiro indício disso sem dúvida foi o encolhimento das atividades da maioria dos jurisconsultos, restritas ao direito positivo ou mesmo ao direito privado: no momento do triunfo da realeza de direito divino, construto que devia tanto aos próprios juristas, momento em que a organização política e mesmo a organização da sociedade em geral se tornavam mistérios inacessíveis e quase não davam mais espaço à reflexão, os jurisconsultos, com algumas exceções, como Domat ou Claude Fleury, abandonaram as questões de direito público para se dedicarem aos comentários de costumagens e ordenanças. As contestações provocadas no século XVIII pelas crises jansenista e parlamentar, embora tivessem marcado uma revivescência dos debates políticos, nada mudaram; alguns juristas tiveram participação ativa, mas, a exemplo de Montesquieu, de um ponto de vista muito mais filosófico do que especificamente jurídico. Pois, paralelamente, outras evoluções mais profundas vinham solapar os fundamentos da supremacia intelectual dos jurisconsultos: o surgimento de um novo espírito científico, oriundo das ciências matemáticas, de um racionalismo abstrato que sobrepujava progressivamente os antigos modos de pensar, mais próximos da reflexão jurídica que, mesmo na forma que os humanistas haviam desejado lhe dar, continuava marcada pelo pragmatismo próprio à "jurisprudência", ligada aos fatos, à autoridade dos precedentes, à influência determinante da história. Enquanto no século XVI o pensamento jurídico influenciava o conjunto das disciplinas intelectuais, no século XVIII é ele que sofre a influência das ideias novas, tendendo a distanciar-se de suas técnicas tradicionais e orientar-se para grandes sistemas racionalistas e abstratos. Ao lado dos "filósofos", o jurisconsulto, mesmo com um pensamento frequentemente menos superficial e opiniões mais abalizadas, fica eclipsado e se mostra como tradicionalista, retrógrado. A Revolução lhes mostrará isso com clareza porque, apesar de ter arregimentado certo número de magistrados e, sobretudo, de advogados, odiará o direito e os juristas e, no paroxismo da Convenção, pensará em confiar a "um conciliábulo de pensadores e filósofos" escolhidos pelo Comitê de Salvação Pública a elaboração de um projeto de Código Civil que ela desejava desembaraçado de todo e qualquer espírito jurídico. Pode-se ver aí o sinal de certa desvalorização do direito e, por contragolpe, do jurisconsulto, sob o efeito das ideologias do tempo, mas também, talvez, da passagem progressiva de um Estado de justiça para um Estado administrativo, iniciada no Antigo Regime e concretizada durante a Revolução. Por fim, a evolução das fontes do direito também atuou contra o jurisconsulto. A unificação destas, parcial nos últimos séculos do Antigo Regime, em parte graças à doutrina, e completa durante a Revolução e o Império, o legiscentrismo exacerbado que acompanhou essa tendência de unificação e desejou fazer do "legislador" o único criador do direito, tudo isso contribuiu para reduzir o papel dos juristas, que já não precisavam harmonizar regras, soluções heterogêneas e até certo ponto contraditórias, mas apenas interpretar as normas fixadas pelo legislador soberano. As tendências exegéticas que prevaleceram após a promulgação do Código Civil, embora não trouxessem nada de exatamente novo no plano das técnicas de interpretação e fossem menos absolutas do que se disse, expressam bem essa restrição do jurisconsulto à simples tarefa de interpretação, mas uma interpretação que, ao contrário da interpretação das leis romanas na Idade Média, quase não permite liberdade. A evolução não parece ter-se revertido no século XX: ainda que a inflação de textos legislativos e regulamentares mais do que nunca torne o direito obscuro, exigindo o recurso a especialistas, estes porventura não são considerados simples técnicos, quando não "mercadores de direito", direito visto de um ponto de vista puramente utilitário, como instrumento, e não mais como objetivo, separado de suas raízes morais, filosóficas e históricas? Não será também por isso que o título de jurisconsulto, outrora alçado a grande altura, já não é quase reivindicado e apresenta hoje um caráter um tanto ultrapassado?

› Arnaud A.-J., *Les Juristes face à la société, du XIXe siècle à nos jours*, Paris, 1975. – Bernard A. & Poirmeur Y. (org.), *La Doctrine juridique*, Paris, 1993. – Church W. F., "The Decline of French Jurists als Political Theorists", *French Historical Studies*, t. 5, 1967, pp. 1-40. – Hakim N., *L'Autorité de la doctrine civiliste française au XIXe siècle*, Paris, LGDJ, 2002. – Kelley D. R., "*Jurisconsultus perfectus*: the Lawyer as Renaissance Man", *Journal of the Warburg and Courtauld Institutes*, t. 51, 1988, pp. 84-102; *Historians and the Law in the Post-Revolutionnary France*, Princeton, 1984. – Mayali L., "La notion de *statutum odiosum* dans la doctrine romaniste du Moyen Âge. Remarques sur la fonction du Docteur", *Jus Commune*, XII, 1984, pp. 57-69. – Sbriccoli M., *L'interpretazione dello statuto. Contributo allo studio della funzione dei giuristi nell'età comunale*, Milão, 1969. – Thireau J.-L., "Le jurisconsulte", *Droits. Revue française de théorie juridique*, 1994, pp. 21-30.

Jean-Louis Thireau

→ Doutrina; Glosa e exegese.

JURISCONSULTOS ROMANOS

A originalidade fundamental do direito da Roma antiga – direito eminentemente jurisdicional, produzido pela ação em juízo – consiste em ter disposto, a serviço do sistema judiciário, de um grupo social de peritos especializados na elaboração "científica" da matéria. A ciência do direito, *juris prudentia*, é uma invenção romana, elaborada pelos jurisprudentes, ou jurisconsultos, cuja idade de ouro se estende do século II a.C. ao século III d.C. Menos de cem deles são citados como autores de obras, cuja fonte principal de informação é o *Digesto* de Justiniano, mas quase nada é indicado sobre sua biografia. No entanto, é possível traçar a história política e social desse grupo. Sempre próximos dos círculos do poder durante a República, oriundos da elite social e emitindo pareceres que tinham foro de autoridade, mais tarde, honrados com uma *auctoritas* oficial pelos imperadores, dos quais se tornaram conselheiros a partir do século II, os juristas guiavam os pleiteantes, davam consultoria, *responsa*, aos magistrados encarregados da jurisdição e aos juízes; muitos, por outro lado, escreveram coletâneas de casuística, manuais e tratados, especialmente comentários sobre o "direito civil", ou seja, direito baseado na lei – Lei das XII Tábuas e as leis relativas ao direito privado –, bem como comentários sobre o Édito do pretor. Graças a essa dupla atividade de consultoria e interpretação do direito, os jurisconsultos foram uma fonte criadora primordial para a formação do direito romano. Essa elite profissional constituiu-se no fim da República e atingiu o apogeu nos primeiros três séculos do Império.

A República e a constituição de uma elite profissional

Ancestrais: dos pontífices-juristas aos juristas-magistrados da urbs. – Embora o próprio termo "jurisconsulto" qualifique os juristas mais eminentes a partir do último período da República (a partir do século II a.C.), estes são herdeiros de uma tradição que remonta à época arcaica, em que o direito é encarnado pela figura do sacerdote, do pontífice-jurista. Nascido num quadro religioso, o direito – *ius* – foi obra dos *sacerdotes* durante muito tempo: sob o Reinado e nos primeiros tempos da República (séculos V-III a.C.). Conforme escreverá Pompônio, jurista do século II do Império e autor de uma história do direito romano, "a ciência da interpretação (do direito), as ações (em juízo) estavam nas mãos do colégio dos pontífices" (Dig. 1, 2, 6). Numa sociedade arcaica, em que é muito estreita a relação entre religião, direito e poder, somente os pontífices e os sacerdotes de outros colégios sacerdotais (áugures, feciais, decênviros sacrificadores) dominavam a cultura e os conhecimentos necessários para revelar um *ius* baseado acima de tudo na memória das tradições ancestrais, os *mores*; e o fato de pertencerem à aristocracia dos patrícios apenas reforçava a autoridade e o prestígio necessários para impor respeito. Somente eles conheciam as formas rituais obrigatórias para a expressão do direito, cuja observância rigorosa, garantindo a eficácia de toda a operação, obrigava a recorrer à sua competência. Sua intervenção era expressa na forma de respostas, verdadeiras declarações oraculares, para atender a uma consulta (*respondere*), designar os ritos que deveriam ser realizados no caso (*agere*), redigir os atos e as fórmulas (*cavere*): triplo papel que sempre qualificará a função social do jurista romano. Entre os séculos IV e III a.C., porém, o nexo entre função mágico-religiosa e conhecimento do direito se atenua em proveito do nexo entre saber jurídico e poder político. À figura do sacerdote-jurista sucede a do jurista magistrado da *urbs*, no contexto do conflito político e social dos séculos V e IV, quando se assiste ao advento de uma nova aristocracia, *a nobilitas* patrício-plebeia: às concessões políticas, arrancadas ao patriciado pela elite da plebe, corresponde a divulgação do conhecimento do direito para romper o círculo do segredo e da arbitrariedade dos pontífices patrícios que cercava a oralidade aristocrática dos primeiros tempos. Nesse aspecto, a promulgação da Lei das XII Tábuas em 450, autêntico código do direito romano arcaico, inaugura um processo gradual de escrita do direito, com muita frequência qualificado de "secularização" ou "laicização" do direito, cujos marcos sucessivos o texto de Pompônio enumera: Ápio Cláudio Ceco, cônsul em 307 e 296 e censor em 312, ordena que seu secretário Cneu Flávio, filho de um liberto, publique uma compilação das ações da lei e o calendário judiciário (o *ius civile Flavianum*); Tibério Coruncânio, cônsul em 280 e primeiro grande pontífice plebeu em 254, atendeu a consultas jurídicas em público; Sexto Élio Peto Cato, cônsul em 198, compôs *Tripertita*, que continham os elementos constitutivos do "direito civil": o texto das XII Tábuas, acompanhado das interpretações e da indicação das ações legais apropriadas com suas fórmulas (o *ius civile Aelianum*). A este último nome devem ser aliados o de seu irmão, Públio Élio Peto, cônsul em 201, e o de Catão, censor, e seu filho M. Pórcio Catão Liciniano, qualificado por Pompônio como pai da literatura jurídica. O *ius civile* nascera. Faltava fundá-lo.

Primeiros jurisconsultos: "veteres". – Durante os dois últimos séculos da República, quando se assiste à crise e à falência da oligarquia do poder, dos Gracos à tomada do poder por Augusto (133-27 a.C.), a jurisprudência conquista autonomia em relação à política, ainda que seus representantes sejam magistrados e dirigentes da *nobilitas* senatorial. Nos anos 150-115 aparece o termo *iurisconsultus*, reservado apenas aos juristas laicos que, para além de suas divergências de opinião, passam a constituir uma elite profissional, os "prudentes", aqueles que têm conhecimento metódico do "justo e do injusto" (Dig. 1, 1, 10, 2) para aplicação prática, cujos pareceres valem em decorrência do prestígio vinculado à sua competência. Esses primeiros *iurisconsulti*, no sentido próprio, serão denominados por seus sucessores como antigos, *veteres.* A primeira geração é representada pelos três fundadores do direito civil, segundo palavras de Pompônio: Mânlio Manílio, cônsul em 149, Marco Júnio Bruto, pretor em 142, Públio Múcio Cévola, cônsul em 133 e grande pontífice, morto mais ou menos em 115, autor de *Responsa* em dez livros e primeiro representante de uma dinastia de célebres juristas.

É durante esse período que nasce uma verdadeira literatura jurídica. A expansão de Roma, a necessária adaptação do direito realizada pelo pretor e a influência da filosofia grega – especialmente o estoicismo, representado por Panécio de Rodes, familiar do círculo dos Cipiões tanto quanto aqueles juristas, e a Escola cética da Nova Academia – explicam o surgimento de uma nova orientação dos métodos de análise, "uma revolução científica" exemplificada por dois nomes muito famosos. Um deles é Quinto Múcio Cévola (140-82), filho de Públio, cônsul em 95 e provavelmente pontífice antes dessa data, última figura da tradição pontifical, mestre em direito para Cícero; é autor do primeiro tratado de direito (tratado de direito civil em dezoito livros), que pretende ser uma exposição metódica e sistemática do direito civil em seu conjunto. Múcio utiliza a classificação por "gênero" e "espécie" e fundamenta o direito em princípios racionais e definidos, concepção inspirada na teoria do conhecimento do estoicismo (Escola do Pórtico). Seu grande adversário no século I é Sérvio Sulpício Rufo, cônsul em 51 (morto em 43), amigo de Cícero, que o celebra por sua sutileza dialética; domina sua geração. Formado na escola cética da Nova Academia, autor de uma obra imensa, ele critica as categorias de Quinto Múcio e introduz uma nova lógica do probabilismo, baseada numa ética dialética idêntica à *ars artium* de Cícero (*Brutus* 41, 153), aplicada em seu comentário ao édito do pretor (primeiro do gênero) e em *responsa* editados por seus numerosos discípulos, entre os quais Aulo Ofílio, Alfeno Varo, C. Trebácio Testa. Para resolver casos concretos, a busca e a formulação de regras imperativas, de caráter geral e abstrato (*regulae iuris*), definem a técnica dos *veteres*, predominante nos dois últimos séculos da República. Introduzindo uma concepção nova de regra de direito, percebida como solução casuística cuja pertinência decorre da adesão geral que provoca, Sérvio e seus discípulos realizam a transição da jurisprudência republicana para a jurisprudência clássica da época imperial.

O Império e o apogeu da ciência jurídica

De Labeão a Juliano: a idade clássica (séculos I-II d.C.). – O *principado de Augusto (27 a.C.-14 d.C.)* inaugura uma era muito fecunda para a ciência jurídica, que culmina com o reinado de Adriano (117-138). M. Antístio Labeão inaugura essa nova jurisprudência. Aluno de Trebácio Testa, conhecido por sua oposição ao novo regime e por seu gosto pelo estudo (Pompônio lhe atribui 400 livros), é um inovador. Oficializa o novo método já inaugurado por Sérvio Sulpício e seus discípulos, distinguindo-se dos *veteres*, numa obra conhecida por um compêndio composto pelo jurista Paulo no século III, os *Pithana*. O termo *pithanon* designa um enunciado persuasivo e verossímil, mas que pode ser contestado. Em Labeão, ele se apresenta como uma solução casuística enunciada na forma de regra, a propósito de um caso concreto descrito por seus elementos jurídicos essenciais; assim individualizado, este constitui um "tipo" de situação. E a solução proposta e enunciada como regra – portanto, regra casuística – valerá para outros casos do mesmo "tipo", mas pode ser contestada pelos outros juristas, pois é proposta como um enunciado provável e verossímil. Mesmo participando da tradição do *responsum*, a nova técnica utiliza apenas as regras casuísticas para a elaboração das regras jurídicas, *regulae iuris*, o que implica a rejeição ao velho método, que redundava no enunciado de tais *regulae* por deduções baseadas nas instituições, e não em soluções concretas. Donde a célebre fórmula de Paulo que resume o método de Labeão (Dig. 50, 171): "A regra é uma exposição breve do caso concreto. A solução justa não provém da regra, mas é a regra que nasce da solução casuística justa." O termo *regulae* ganhava sentido novo; elas são depreendidas dos casos e, nascendo da casuística, redundam em definições que atendem a um esforço de sistematização do direito. Foi esse método que os juristas da idade clássica utilizaram, confirmando com isso o papel eminente de Labeão na ciência jurídica romana. Com esse método, defenderam seus pontos de vista e travaram disputas eruditas, debates estes que se manifestam já no início da idade clássica e constituem um fator essencial dos progressos da ciência do direito.

A história do direito de Pompônio opõe ao inovador Labeão (morto entre 10 e 21 d.C.) o tradicionalista C. Ateio Capitão (morto em 22), e faz remontar a essa oposição a existência (até o reinado de Adriano) de duas escolas – *sectae* ou *scholae* –, por trás desses dois mestres: a escola sabiniana, do nome do aluno de Capitão, Masúrio Sabino (entre 14 e 68), e a escola proculiana, do nome de Próculo (mesma época), discípulo de Labeão. A ocorrência de intensas controvérsias doutrinárias nesse período é uma realidade comprovada pelos textos coligidos no Digesto; elas foram estudadas pela romanística contemporânea, sobretudo a italiana e a alemã. No entanto, é vão opor uma escola de inovadores a uma escola de conservadores: há tanto oposições quanto concordâncias de opiniões entre as duas "escolas" e no interior de cada uma delas. Espírito de tradição e espírito de inovação, simpatia pelo helenismo e tradicionalismo nelas se expressam simultaneamente, pois os juristas romanos souberam fazer o direito progredir mesmo respeitando a tradição. Por isso, a existência das duas escolas deve ter correspondido a dois tipos de considerações. Por um lado, a orientação intelectual dos sabinianos foi uma atitude sobretudo empirista, ditada pela prática e pelas necessidades da utilidade comum, enquanto os proculianos se remeteram mais à gramática, à lógica, às correntes de pensamento de seu tempo (especialmente o estoicismo) e a um racionalismo não dogmático, na busca da solução considerada justa. Por outro lado, o termo *schola* não designa uma instituição escolar, pois não existe ensino oficial do direito antes do fim da época clássica: ele se esboça no século III em Roma, em Beirute, por exemplo; é documentado a partir do século IV. A formação se dava diretamente com um mestre que iniciava seus *auditores* nos construtos doutrinais e na técnica da prática judiciária, criando entre estes certa homogeneidade de pensamento e a sensação de continuidade. Alguns nomes de célebres jurisconsultos exemplificam tais filiações intelectuais. Quanto aos sabinianos: depois dos fundadores, Capitão, seus alunos Sabino e Cássio Longino (sobrinho do cesaricida e bisneto de Sérvio Sulpício), sob os Júlio-Claudianos, devem ser citados (sob os Flavianos [69-96] e sobretudo sob os Antoninos [96-192]), Javoleno (49-130), que polemiza com Labeão, Aristão, conselheiro de Trajano, e Juliano (aluno de Javoleno), membro do conselho de Adriano, duas vezes cônsul, prefeito da Cidade, sobretudo conhecido pela sua contribuição numa "ordenação" do édito do pretor e último e eminente representante da escola que continua com seus alunos Africano, Volúsio Meciano (membros do conselho de Antonino Pio e dos *divi fratres*), Marco Aurélio e Lúcio Vero (138-169). Quanto aos proculianos: a primeira geração do início do Principado, Labeão e Nerva, o pai, familiar de Tibério e avô do futuro imperador Nerva (96-98), teve como primeiros sucessores Nerva, o filho, e Próculo, que dá seu nome à escola; depois, Pégaso sob os Flavianos e, principalmente no século II, Celso, pai, e Celso, filho, autor da famosa definição do direito como "a arte do bom e equitativo" (Dig. 1, 1 pr.), adepto do empirismo e inovador, que frequentemente se opôs a seu colega Nerácio, estoico fiel ao dogmatismo, conselheiro de Trajano e de Adriano. A maioria desses juristas realizou o *cursus honorum* e exerceu cargos na administração imperial, inclusive no próprio conselho do príncipe. À parte essas duas escolas, outros não devem ser esquecidos, tais como Sexto Pédio, sob os Flavianos, e, sob os últimos imperadores Antoninos, Pompônio, já frequentemente citado, por sua história do direito romano (Dig. 1, 2, 2), Gaio, cujo manual conheceu longa posteridade, Úlpio Marcelo e Cervídio Cévola, conselheiros de Marco Aurélio.

O século dos Antoninos marca uma guinada. O estatuto do jurisconsulto se transforma. O recrutamento dos juristas se amplia: no campo social, da *nobilitas* para a ordem equestre; no campo geográfico, da Itália para as províncias; e sua carreira transcorre a serviço do imperador, do qual alguns deles se tornam conselheiros e familiares. Nesse aspecto, Juliano é um caso exemplar. Encarregado por Adriano da "fixação" do Édito do pretor, no momento em que os decretos imperiais e as constituições se desenvolvem em detrimento das fontes tradicionais do direito, Juliano considera necessária uma consolidação do direito baseada na "certeza" dada pelas constituições e no critério da "utilidade comum". Como a colaboração entre juristas e Estado imperial era desejada, o resultado só podia ser a subordinação daqueles a este.

O príncipe e os jurisconsultos. – Independente na República, a atividade dos jurisconsultos passou a ser controlada pelo novo regime. A primeira etapa foi a medida de Augusto, cuja interpretação continua delicada; alguns jurisconsultos (uns trinta em todo o Alto Império) receberam o privilégio de dar consultoria *ex auctoritate principis*. Os *responsa* desses juristas "credenciados" eram obra pessoal, não tinham valor oficial e não vinculavam o juiz, que, no entanto, era incitado a observá-los em razão da autoridade de fato e do prestígio resultante da credencial. Esse é o início do domínio indireto do poder sobre a jurisprudência, o que se acentua no século II com a decisão de Adriano sobre a unanimidade: os pareceres concordantes dos juristas credenciados obrigam o juiz, caso contrário este recobra sua liberdade de apreciação. No século III, a evolução se completa. O fim do período clássico é marcado pela funcionarização dos jurisconsultos.

Um resultado: os juristas altos funcionários da época epiclássica (século III). – A dinastia dos Severos (193-235) é a última fase da história dos jurisconsultos. Depois de Labeão e Sabino, no século I, e de Celso e Juliano, no século II, aos reinados de Septímio Severo, Caracala e Severo Alexandre estão ligados os maiores nomes da jurisprudência em seus últimos esplendores: Papiniano, Paulo e Ulpiano, aos quais devem ser associados os nomes de Árrio Menandro, Calístrato, Modestino, aluno de Ulpiano, Macro, Marciano, Trifonino. A partir daí, os juristas dirigem os escritórios da chancelaria, onde, em nome do imperador, redigem os pareceres – rescritos – em resposta aos inúmeros pedidos provenientes dos súditos e dos funcionários das diversas regiões do Império. Seu papel é essencial no conselho do príncipe, que estatui, como Corte Suprema, na maioria das vezes em recurso (Paulo dedicou um livro aos processos imperiais dos quais participou). Os mais eminentes ocupam as mais altas funções e orientam a política jurídica: Papiniano foi prefeito do pretório de Septímio Severo; Ulpiano, prefeito da anona e depois prefeito do pretório de Severo Alexandre. E, ao mesmo tempo, eles citam abundantemente as constituições imperiais para justificar o direito em vigor, mas com "o desejo de inseri-lo harmoniosamente na tradição jurisprudencial" (Cannata, p. 146). O direito jurisprudencial autônomo deixou de existir, ou melhor, sobreviveu, mas em moldes estatais de direito legislado. Com Modestino, que morre pouco depois do último dos Severos, sem deixar discípulo, extingue-se a grande linhagem dos jurisconsultos clássicos; a partir daí os juristas trabalharão no anonimato e no segredo dos escritórios. Nesse aspecto, o período dos Severos prenuncia os métodos do direito pós-clássico, o direito do Império tardio. Ele pode ser qualificado de epiclássico: os jurisconsultos são funcionários a serviço do príncipe legislador, que se torna o único senhor do direito e cuja figura emblemática será Justiniano, no século VI, com sua compilação.

› GAUDEMET J., *Les Institutions de l'Antiquité*, 7ª ed., Paris, Montchrestien, 2002, pp. 232-3, 346-54, 456-71. – *Les Naissances du droit*, 2ª ed., *ibid.*, 2001, pp. 267-300. – CANNATA A., *Histoire de la jurisprudence romaine*, Turim, Giappichelli, 1989, XVI-221 p. – SCHIAVONE A., "Le juriste", *in* A. Giardina (org.), *L'Homme romain*, Paris, Le Seuil, 1992, pp. 107-25. – *Linee di storia del pensiero giuridico romano*, Turim, Giappichelli, 1994, XI-283 p. – BRETONE M., *Storia del diritto romano*, 6ª ed., Bari-Roma, Laterza, 1992, VIII-529 p. – BAUMAN A., *Lawyers and Politics in the Early Roman Empire. A Study of Relations between the Roman Jurists and the Emperors from Augustus to Hadrian*, Munique, Beck, 1989, XXXII-336 p. – HONORÉ T., *Emperors and Lawyers*, 2ª ed., Oxford, Clarendon Press, 1994, XXVIII-252 p. – VACCA L., *La Giurisprudenza nel sistema della fonte del diritto romano*, Turim, Giappichelli, 1989, 204 p. – WIEACKER F., "Le Droit romain de la mort d'Alexandre Sévère à l'avènement de Dioclétien (235-284 d.C.)", *RHD*, 49, 1971, pp. 201-23.

Jean-Pierre CORIAT

→ Casuística; *Corpus juris civilis*; Édito do pretor; Lei das XII Tábuas; Manuais, tratados e outros livros (Antiguidade – Roma).

JURISPRUDÊNCIA

Etimologicamente, jurisprudência é a virtude da prudência aplicada ao direito e, por isso mesmo, a busca do justo por realizar e do injusto por evitar. Originalmente, pois, a jurisprudência caracteriza todas as fontes do direito, uma vez que estas expressem a prudência do direito e a justiça. É ainda essa acepção que prevalece nos países anglo-saxões, onde a jurisprudência é equiparada à ciência do direito, à prudência do jurista na busca do bom direito. Ao cabo de um processo de empobrecimento de seu sentido, a jurisprudência designa hoje, nos países romano-germânicos, o conjunto das regras de direito que emanam dos juízes, ou mesmo o conjunto das decisões jurisdicionais das Cortes Supremas, ou ainda o conjunto das soluções dadas pelos tribunais num ramo determinado do direito. É verdade que, ao proferirem o direito, os juízes às vezes são levados a criar direito, seja interpretando a lei que devem aplicar, seja dissipando sua obscuridade, seja preenchendo suas lacunas, reais ou supostas. Por conseguinte, o poder normativo do juiz, unanimemente reconhecido, quando não solicitado, leva os juristas a interrogar-se sobre a formação da jurisprudência e sobre a legitimidade de ser ela arvorada em fonte do direito, tanto quanto a lei ou o costume.

A acepção sociológica da jurisprudência redunda nas mesmas indagações. Na qualidade de "autoridade daquilo que foi julgado constantemente no mesmo sentido" (J. Carbonnier), a jurisprudência se caracteriza pela repetição e pela coerção, que remetem à formação do fenômeno da jurisprudência e a seu eventual estatuto de fonte do direito. Numa perspectiva sociológica, é comum falar-se do "poder normativo da jurisprudência", mas na teoria formal das fontes do direito, apenas o "poder normativo do juiz" é concebível (J. Roche). De fato, o poder de criar normas só pode pertencer ao juiz, como autoridade constituída, e é esse poder que "se manifesta na jurisprudência" (S. Rials). A hipótese fundamental da sociologia jurídica, segundo a qual o direito é maior que a regra de direito, é transponível para a jurisprudência, que certamente é maior que a regra jurisprudencial. O estudo do fenômeno da jurisprudência, portanto, precederá o estudo de seu pertencimento às fontes do direito.

O fenômeno da jurisprudência

Historicamente, o fenômeno da jurisprudência surgiu na França no século XIX, graças à conjunção de três fatores: supressão da liminar legislativa, que possibilitou aos juízes interpretar as leis; motivação obrigatória das decisões de justiça, que obrigou o juiz a expor seu raciocínio; e publicação de coletâneas de sentenças, que garantiu a divulgação das decisões jurisdicionais. Numa concepção estendida ao sistema judiciário, a jurisprudência pode ser considerada não só como um conjunto de regras pretorianas, mas também como o conjunto das práticas judiciárias, tais como o método do silogismo, o recurso à equidade ou o recurso às ficções e presunções. Nessa perspectiva, a jurisprudência não é reduzida ao normativismo, mas é situada socialmente numa época e em determinado lugar, em que os juízes levam em consideração os fatos e os costumes e tendem a fazer prevalecer certa moral social (J. Carbonnier; M. Saluden).

Numa concepção restrita à produção de normas jurídicas, a formação da jurisprudência suscita dificuldades de apreensão material no tempo. A questão é saber se todas as decisões jurisdicionais são criadoras de direito ou se apenas algumas delas o são. Nesse aspecto, convencionou-se distinguir as sentenças específicas, "que não constituem jurisprudência", e as sentenças de princípio, que em sua motivação encerram uma regra de direito, ditada de modo solene e passível de ser transposta para a solução de causas semelhantes. A identificação das sentenças de princípio nem sempre é fácil e exige o auxílio da doutrina, que contribui assim para revelar a jurisprudência. A questão da necessidade ou não de acúmulo de sentenças no mesmo sentido para a constituição de uma "jurisprudência consistente" é resolvida de maneira sensivelmente diferente segundo os autores. Enquanto os autores privatistas são concordes quanto à intervenção de várias sentenças para estabilizar uma jurisprudência e quanto à periodicidade de sua recorrência, "as grandes sentenças da jurisprudência administrativa" dão testemunho da "instantaneidade" da obra criadora do juiz administrativo (H. Le Berre). Por fim, em todos os escalões da hierarquia judiciária forma-se uma jurisprudência, e os tribunais inferiores muitas vezes dão mostras de uma ousadia que as Cortes Supremas evitam para não se comprometerem no futuro. A vontade "de não constituir jurisprudência" pode ser tão forte quanto a vontade de exercer a função de jurislador. Evidentemente, o peso da hierarquia judiciária muitas vezes levará a só considerar como jurisprudência as posições tomadas na cúpula, principalmente porque a resistência da base é equiparada à violação da lei pelos juízes de cassação.

De fato, a jurisprudência não compromete no futuro nem os tribunais inferiores, nem as Cortes Supremas que a estabeleceram. A regra do precedente obrigatório, em vigor nos países de *common law*, é inconcebível na jurisprudência continental, em que todo juiz tem a liberdade de modificar sua jurisprudência. Embora os estudos de campo revelem certa força do precedente, pelo menos na fase de busca de solução para o litígio, "a virada jurisprudencial" é sempre possível teoricamente. Mas, nesse ponto, o espetacular oculta a raridade do fenômeno, e na realidade todas as ordens de jurisdições parecem preferir a maturidade das evoluções à brutalidade das viradas (Ph. Jestaz, H. Le Berre). O juiz não só tende a evitá-las, como também atenua a amplitude da mudança que provocam e os inconvenientes da retroatividade da regra jurisprudencial, formalizando-as numa sentença denegatória. De qualquer maneira, a unidade da jurisprudência e a segurança jurídica são garantidas essencialmente pela função reguladora das Cortes Supremas e, acessoriamente, por sua função disciplinar e pedagógica. Isto a tal ponto e de tal modo, que a estabilidade da jurisprudência é celebrada por comparação com a exuberância efêmera da legislação. A inflação legislativa e regulamentar justamente tem alimentado a tese do declínio da jurisprudência há cerca de trinta anos. Por um lado, os textos teriam "roubado" à jurisprudência a primeira posição na inovação em direito administrativo (M. Waline). Por outro, "esse declínio do poder jurisprudencial" seria acompanhado pela "ascensão de um poder jurisdicional", pelo menos do juiz administrativo, poder que tende mais à solução dos litígios caso a caso do que à formulação de uma regra geral aplicável a outras espécies (D. Linotte). Mas não se deixou de observar que é difícil distinguir o fundo do direito da administração do direito, e que todas as decisões jurisdicionais revelam forçosamente o exercício de um poder normativo por parte do juiz, ainda que nem todas constituam "jurisprudência" (S. Rials). Além disso, as chamadas decisões específicas podem assentar as premissas de uma futura regra jurisprudencial e anunciar uma virada, dando início a uma evolução, muito mais preferível do que uma reviravolta repentina da regra.

À tese do declínio se somou a suspeição que pesava sobre a jurisprudência, de tender a ser "política", na falta de uma "política jurisprudencial" claramente definida pelo juiz, mais versado no empirismo do que no conceitualismo e forjando noções "de geometria variável". Embora a jurisprudência possa servir momentaneamente aos interesses de certas categorias – aos da administração ou aos de seus usuários, aos dos trabalhadores ou aos dos empregadores –, os juízes, na qualidade de corpo constituído, não parecem aderir a uma doutrina política uniforme e fazer da jurisprudência uma arma de combate ou de propaganda política. A suspeição, portanto, assemelha-se à incriminação. No entanto, não deixa de ser verdade que uma "política jurisprudencial", apesar do impressionismo da expressão, pode caracterizar as tendências dominantes da solução de uma categoria de litígios, enfatizando a busca de equilíbrio dos interesses em causa, a atenção dada à igualdade de tratamento das pessoas envolvidas numa situação comparável, ou a consideração da equidade na indenização de vítimas inocentes. Desse ponto de vista, a jurisprudência goza de certa legitimidade, pelo menos a legitimidade de participar do aperfeiçoamento do Estado de direito e da afirmação da justiça. Essa legitimidade acaso será acompanhada pela autoridade e bastará para fazer da jurisprudência uma fonte do direito?

Jurisprudência e fontes do direito

É fácil responder que a jurisprudência é uma fonte do direito, desde que a noção de fonte seja entendida no sentido material: a jurisprudência é reconhecida desde o século XIX como a fonte mais abundante do direito administrativo e, em todos os ramos do direito privado, ela se tornou auxiliar do legislador, que às vezes a codifica. No entanto, se a noção de fonte for entendida no sentido formal, a questão será insolúvel. A jurisprudência sem dúvida se assemelha à legislação e ao costume, por ter algumas de suas características, mas não é investida de nenhuma competência e de nenhuma função legal para criar direito. Os juízes, por sua vez, se viram investidos de um poder normativo com base no artigo 4º do Código Civil francês, que os obriga a estatuir, mesmo quando há omissão da lei, para dirimir o litígio que lhes é submetido, sob pena de denegação de justiça. Portanto, trata-se de uma habilitação legislativa, ou mesmo de uma delegação, aliás em grande parte fictícia, que legitima o poder normativo do juiz como competência implícita de sua função jurisdicional e consequência natural da própria noção de jurisdição. Mas a regra jurisdicional criada para resolver um caso concreto não é jurisprudência, fenômeno segundo, global e não definido, mas apenas traduzida pelo intérprete como regra geral, como princípio, ou mesmo simplesmente como raciocínio abstrato que subjaz a uma solução. Portanto, para tentar esclarecer a questão, é preciso confrontar a jurisprudência com as outras fontes do direito – lei, costumes, juiz e até a doutrina, fonte material e não formal com a qual a jurisprudência mantém relações especiais.

Jurisprudência e lei. – As relações entre a jurisprudência e a lei foram inicialmente marcadas pela hostilidade. A lei sofreu a concorrência da jurisprudência, que foi combatida pela lei, sempre capaz de derrubar uma jurisprudência, ainda que consistente. A autoridade da coisa julgada que tem força de verdade legal não constitui obstáculo para que o legislador desminta a coisa julgada. A jurisprudência chegou mesmo a ser denunciada como "fonte abusiva de direito", que não gozava de nenhuma legitimidade democrática e até violava a separação dos poderes (O. Dupeyroux). Depois, a concorrência real ou potencial entre lei e jurisprudência foi sucedida pela pacificação, pela cooperação e pela complementaridade aceitas por ambas as partes. Uma jurisprudência que dure pode ser entendida como implicitamente acolhida pelo legislador ou até como incorporada na lei e unificada com o texto interpretado pelos juízes. A codificação de uma jurisprudência pode ser a marca extrema do reconhecimento da boa fundamentação da evolução jurisprudencial por parte do legislador. Por fim, a jurisprudência hoje é mais percebida como "um poder de rejuvenescimento" (J.-L. Bergel) da lei, que a faz viver de acordo com as exigências do momento atual, concorrendo assim para a sua flexibilidade e sua adaptação à evolução social. Por isso, na escala das fontes, os juristas chegam a situar a jurisprudência e a lei no "mesmo plano" com "igualdade de valor" (Ph. Malaurie).

Jurisprudência e costume. – A jurisprudência foi equiparada ao costume, por ter em comum com ele os elementos de duração e repetição, necessários à formação de ambos. Mesmo "o assentimento dos interessados" (a comunidade dos juristas) foi considerado uma forma de *opinio necessitatis* (J. Maury). Evidentemente, a ideia de que uma jurisprudência é obrigatória pode nascer na mente de numerosos juristas, mas alguns requerentes tratarão de convencer os juízes a abandoná-la, e opiniões dissidentes na doutrina – inclusive entre os juízes que atuam na área doutrinária – a impedirão de ser admitida por todos. Duas outras objeções impedem qualquer equiparação entre jurisprudência e costume: por um lado, uma única sentença pode constituir jurisprudência, excluindo-se assim a repetição constante e regular; por outro, a possibilidade de virada da jurisprudência impede que esta adquira a rigidez do costume num sistema judiciário como o nosso, que rejeita o precedente obrigatório, baseado na ideia de que o primeiro julgamento proferido revela uma regra jurídica preexistente. Embora possibilite negar o poder normativo da jurisprudência nos países continentais (H. Le Berre), a rejeição a essa concepção não exclui sua qualidade de fonte do direito, conforme ficará claro pelas relações mantidas entre jurisprudência, juiz e doutrina.

Jurisprudência e juiz. – A proibição das decisões regulamentadoras pelo artigo 5º do Código Civil francês é uma disposição de ordem constitucional destinada a evitar que os juízes usurpem o Poder Legislativo. Embora as jurisdições supremas francesas de vez em quando se emancipem dessa proibição, proferindo decisões regulamentadoras (B. Beignier), resta o artigo 1.351 do mesmo código para lembrar-lhes de que os julgamentos são investidos apenas da autoridade relativa da coisa julgada. A regra jurisdicional da qual a solução procede, regra que é expressa nos motivos necessários à manutenção do dispositivo, só vale para as partes dos processos e não poderia ser estendida a outros litígios. E, como há poder normativo do juiz, a norma criada só pode ser individual, e não geral e impessoal. Esses breves lembretes mostram que a jurisprudência não decorre da simples leitura das sentenças, principalmente porque a legibilidade da motivação e os arcanos do raciocínio seguido às vezes dificilmente transparecem da *imperatoria brevitas* das cortes supremas. No máximo se pode mencionar a exceção dos princípios gerais do direito, "aplicáveis mesmo na ausência de texto", que o Conselho de Estado "descobre" e consagra com certo grau de generalidade, mas essa exceção está aí para confirmar a regra do alcance relativo do ato jurisdicional. Por um lado, o julgamento é o ato de vontade que emana do juiz que profere o direito para um caso concreto e particular; por outro, a jurisprudência encerra soluções abstratas e gerais dadas a questões de direito pelos tribunais. Por conseguinte, é forçoso constatar que o processo de formação de uma regra geral a partir de uma ou de várias sentenças, chegando-se à jurisprudência, é independente de qualquer intervenção do juiz. A passagem do caso concreto e particular para a abstração de alcance geral revela quase "uma antinomia" entre julgamento e jurisprudência (J. Hilaire). No entanto, há um ponto de passagem entre os dois, constituído pela motivação da sentença judiciária. Nos motivos, se necessário, o juiz formula e cria a regra de direito da qual sua decisão procederá, regra que possui uma virtualidade de extensão a todos os casos semelhantes. A antinomia então se alia a um paradoxo: a regra criada pelo juiz é ao mesmo tempo específica, por surgir na ocasião de uma espécie, e passível de generalização, quando será retomada para resolver outros litígios. Mas a fase de abstração e generalização da regra exige um catalisador para realizar a mutação desta. Esse catalisador não pode ser o juiz cuja função não se estende nem à generalização das regras que ele propõe, nem à reflexão sobre seu alcance, muito menos ao paralelo e à comparação entre as espécies. Essas etapas, necessárias à formação da jurisprudência, não parecem ser a obra do juiz, mas da doutrina, que finalmente revelaria a jurisprudência. São precisamente os motivos das sentenças que fornecem aos comentadores matéria para comparação, análise, agrupamento, crítica e projeções para o futuro. Somente a doutrina pode assim estabelecer a coerência, portanto a própria existência, da jurisprudência.

Jurisprudência e doutrina. – Com exceção de alguns considerandos redigidos em termos solenes em chamadas sentenças de princípio, é raro que a regra de direito criada pelo juiz seja legível e explícita. Ela é uma mensagem que cabe decodificar progressivamente, para depreender sua significação normativa e situá-la no passado, calculando-se o futuro; e somente os iniciados penetrarão sua incomunicabilidade. É notório que certas sentenças valem mais por seu silêncio do que pelas poucas linhas destinadas aos jurisdicionados. O *obiter dictum*, embora seja um procedimento corrente das jurisdições europeias, quase nunca se encontra nas sentenças das jurisdições supremas da França, refreadas pela regra do *ultra petita* e adeptas da economia dos meios. Ora, interpretando os silêncios, discernindo o sentido do implícito, simulando o raciocínio *a contrario* e criticando os princípios libertos da ganga das decisões individuais, a doutrina mantém um diálogo contínuo com o juiz. O coro a duas vozes de jurisprudência e doutrina foi celebrado diversas vezes, mas na realidade o que se ouve são as vozes do juiz e da doutrina. Pois a jurisprudência só aparece ao cabo de uma indução doutrinal que, a partir da comparação das decisões individuais emanadas dos juízes, formula uma regra geral que transcenderá os casos de espécie. Além da reescrita da regra, a doutrina procede à sua perspectivação: só ela dispõe da serenidade necessária para analisá-la, compará-la com outras, comentá-la, às vezes com olho crítico, e dimensionar seu alcance. Portanto, a jurisprudência nasce ao cabo de uma lenta gestação e aparece, finalmente, como obra comum do juiz e da doutrina. O obstáculo constitucional ao pretenso "poder normativo da jurisprudência", revelado pelos autores clássicos, é removido quando dissociamos desse modo poder normativo do juiz e jurisprudência, considerando o papel fundamental da doutrina na formação desta. Curiosamente, a doutrina durante muito tempo ocultou a parcela criativa que lhe cabe na abstração e na generalização das proposições de direito que emanam dos tribunais. Além disso, as grandes sínteses doutrinárias, em seu esforço de sistematização do direito, também contribuem para esclarecer a coerência da jurisprudência, organizando-a de acordo com grandes temas, e para corroborar – ou modificar – as escolhas jurisdicionais. Incontestavelmente, ao formular a jurisprudência e ao levá-la ao conhecimento dos interessados, a doutrina lhe confere certa autoridade, pois ela será ensinada como direito, tanto quanto a lei, e será invocada pelos pleiteantes em sua argumentação. E acaso essa autoridade possibilitará incluir a jurisprudência entre as fontes formais do direito?

Jurisprudência, fonte do direito ou simples autoridade. – Dois argumentos principais são tradicionalmente formulados para negar à jurisprudência a qualidade de fonte do direito e para relegá-la ao nível de simples autoridade. Em primeiro lugar, ausência da regra do precedente obrigatório no sistema jurídico continental faria que um "precedente", emanado de qualquer jurisdição, não passasse de indicação, diretriz a mostrar uma orientação. Portanto, alguns veem na regra jurisprudencial uma regra diferente da regra oriunda do ato legislativo, pois, em relação aos juízes, ela só teria uma autoridade de fato que eles podem sempre questionar. No entanto, as regras criadas pela jurisdição suprema, embora não tenham valor obrigatório para ela, têm um valor implícito – devido ao peso da hierarquia judiciária – em relação às jurisdições subordinadas. E é verdade, conforme notava Eisenmann num estudo sobre a justiça em 1961, que "o direito jurisprudencial" existe, desde que a jurisdição suprema o mantenha em vigor, e existe realmente como fonte do direito. Além disso – é o segundo argumento dos adversários dessa tese –, a jurisprudência não seria fonte de direito porque pode ser modificada a qualquer momento pela lei. Mas tal argumento pode ser oposto a todas as fontes do direito cujo estatuto seja incontestе: uma lei sempre pode revogar outra lei anterior, e o mesmo ocorre com o decreto. Ademais, é razoável acreditar que certas jurisprudências o legislador não pode deixar de considerar – como a responsabilidade objetiva ou o abuso de direito. Se os argumentos contrários à jurisprudência como fonte do direito não parecem dirimentes, haverá argumentos mais convincentes a favor dessa tese? Ao que parece, há um argumento quantitativo e um argumento qualitativo. O primeiro é o argumento da acumulação: a jurisprudência é a conjunção de um poder normativo – o do juiz – com um "assentimento" (J. Maury) ou um "reconhecimento comum" (Ph. Jestaz) – o da doutrina, que não se limita a aquiescer, mas soma uma mais-valia à regra ditada pelo juiz. Ora, a lei, fonte do direito por excelência, não apresenta nenhum trunfo suplementar, a não ser, talvez, aquele que é extraído do caráter mais democrático da representação dos parlamentares em comparação com a comunidade dos juristas. O segundo argumento – qualitativo – é extraído do sentido que deve ser dado à expressão "fonte do direito". Conforme seja considerada monolítica e centralizadora, ou admitida como fragmentada e diversificada, a jurisprudência não será ou será fonte do direito. O estatuto da jurisprudência, portanto, é uma questão de "ontologia" do direito (F. Zenati) e parece efetiva e objetivamente insolúvel.

› BEIGNIER B., "Les arrêts de règlement", *Droits*, nº 9, 1989, p. 45. – BERGEL J.-L., "'La loi du juge': dialogue ou duel?", *Mél. Kayser*, PU Aix, 1979, t. 1, p. 21. – DUPEYROUX O., "La jurisprudence, source abusive de droit", *Mél. Maury*, Dalloz, 1960, t. 2, p. 349; "La doctrine française et le problème de la jurisprudence, source de droit", *Mél. Marty*, Toulouse, 1979, p. 463. – HEBRAUD P., "Le juge et la jurisprudence", *Mél. Couzinet*, Toulouse, 1974, p. 329. – HILAIRE J., "Jugement et jurisprudence", *APD*, t. 39, 1995, p. 181. – JESTAZ Ph., "La jurisprudence: réflexions sur un malentendu", *D.*, 1987, cr. p. 11; "La jurisprudence, ombre portée du contentieux", *D.*, 1989, cr. p. 149. – LE BERRE H., "La jurisprudence et le temps", *Droits*, nº 30, 2000, p. 71. – MALAURIE Ph., "La jurisprudence combattue par la loi", *Mél. Savatier*, Dalloz, 1965, p. 603 – MAURY J., "Observations sur la jurisprudence en tant que source de droit", *Mél. Ripert*, LGDJ, 1950, t. 1, p. 28. – ROCHE J., "Réflexions sur le pouvoir normatif de la jurisprudence", *AJDA*, 1962, I, p. 532. – WALINE M., "Le pouvoir normatif de la jurisprudence", *Mél. Scelle*, LGDJ, 1950, t. 2, p. 613.

Ver também: LINOTTE D., "Déclin du pouvoir jurisprudentiel et ascension du pouvoir juridictionnel en droit administratif", *AJDA*, 1980, p. 632. – RIALS S., "Sur une distinction contestable et un trop réel déclin. À propos d'un récent article sur le pouvoir normatif du juge", *AJDA*, 1981, p. 115. – SALUDEN M., "La jurisprudence, phénomène sociologique",

APD, t. 30, 1985, p. 191; "Variétés, La jurisprudence aujourd'hui", *RTD Civ.*, 1992, p. 337.

Maryse DEGUERGUE

→ Doutrina; Equidade; Fato; Fontes do direito; Interpretação; Precedente.

JUSTIÇA (Doutrinas)

No *Tratado da natureza humana*, David Hume define as condições elementares que determinam a reflexão moderna sobre a justiça. Ele afirma que esta nasce de convenções humanas que têm por objetivo remediar inconvenientes oriundos do encontro entre certas qualidades de nosso espírito e a disposição das coisas exteriores entre as quais estamos colocados. As qualidades de nosso espírito são o egoísmo e uma generosidade limitada, ao passo que as disposições das coisas exteriores são, por um lado, sua raridade relativa em relação às necessidades e aos desejos dos homens e, por outro, a facilidade que temos em permutá-las. É numa situação marcada por esse tipo de fator que surgem as questões de justiça, ou seja, as questões de distribuição dos bens e dos direitos entre os diferentes indivíduos que compõem a sociedade.

Segundo Hume, aumentando-se o grau de benevolência entre os indivíduos ou as bondades da natureza, a justiça se tornará supérflua, "pondo em seu lugar virtudes muito mais nobres e dons mais estimáveis", como o amor ao próximo e a generosidade desinteressada. Portanto, como, ao mesmo tempo, os homens sempre têm uma benevolência muito limitada, e a natureza é sempre relativamente avara, cada um dá preferência a seu próprio interesse sobre o dos outros, e, por conseguinte, os homens foram obrigados a estabelecer "as distinções e os limites da propriedade e da posse atualmente em uso".

A justiça, assim, é uma virtude "compensatória", um remédio para uma situação feita de egoísmo subjetivo e raridade objetiva, que impede os homens de gozar as coisas em comum e os obriga a distinguir suas posses. Está claro que ela é também a forma moral substitutiva assumida pelas relações entre indivíduos que, fundamentalmente, não são animados pela benevolência mútua. A intuição humana nos possibilita, assim, compreender por que as doutrinas contemporâneas da justiça são, acima de tudo, tentativas de formular o critério ao qual devem recorrer as instituições sociais "para distribuir os direitos e os deveres fundamentais e determinar a distribuição das vantagens auferidas da cooperação social" (Rawls, 1971, § 2). As instituições sociais não precisariam buscar esse critério de distribuição de recursos raros entre indivíduos egoístas, se a natureza nos permitisse satisfazer todas as nossas necessidades, ou se ela nos tivesse tornado mais benevolentes uns para com os outros. A análise de Hume não deixou de ser pertinente e nos permite compreender o que é hoje uma doutrina da justiça: uma tentativa de encontrar uma regra imparcial de organização das instituições sociais, capaz de obrigar e vincular por uma mesma legitimidade indivíduos cujas opções éticas são profundamente diversas ou mesmo opostas, indivíduos que, em todas as hipóteses, se mostram indiferentes à sorte do outro. Mas essa busca de um critério imparcial de distribuição dos direitos e dos recursos é feita de duas maneiras distintas, pois é possível concentrar a atenção ou na estrutura da distribuição final, ou no procedimento de distribuição. No primeiro caso, a teoria da justiça se esforçará por dizer quais são os recursos que devem ser alocados para cada um, e é a justiça da distribuição que decidirá sobre o procedimento adotado para esse fim. No segundo caso, em compensação, tentar-se-á dizer quais são as regras formais que convém adotar para proceder à distribuição, e então será a justiça do procedimento que decidirá a distribuição a que se chegará, graças a esse procedimento. O debate contemporâneo opõe essas duas espécies de doutrinas da justiça. Está claro que o utilitarismo se liga à primeira espécie de teoria. Ele define a maximização da utilidade como critério decisivo da justiça e, por conseguinte, prescreve os procedimentos que possibilitam atingi-la. É injusto o procedimento de produção ou de distribuição que obste essa maximização da utilidade, pois frustra a sociedade numa parte das riquezas úteis às quais ela tem direito. As instituições sociais devem então propor o conjunto de regras que, a longo prazo, terá o efeito de aumentar a utilidade total ou a utilidade média, mais do que qualquer outro conjunto, e devem cuidar de proscrever as ações que, se adotadas individualmente, teriam o efeito de aumentar a utilidade mais do que qualquer outra, mas que, se geralmente permitidas, teriam como efeito diminuir essa mesma utilidade. Por exemplo, é possível que, em dada situação, o não cumprimento de uma promessa ou um ato de discriminação racial sejam produtores de uma utilidade superior àquela que poderia ser produzida pelo cumprimento da promessa em questão e pela estrita igualdade entre as raças. Mas, a longo prazo, a sociedade inteira gozaria de uma quantidade de utilidade menor se as instituições sociais ditassem regras que permitissem o não cumprimento das promessas e a discriminação dos indivíduos segundo a cor da pele.

As teorias utilitaristas da justiça se chocam com problemas consideráveis: elas parecem esquecer que certas ações são moralmente injustas e devem ser proibidas independentemente de se saber se elas têm o efeito de maximizar a utilidade. Conforme mostrou, por exemplo, Ronald Dworkin, as preferências externas – que refletem os preconceitos que certos indivíduos podem ter a respeito de outros – devem ser excluídas *a priori* do cálculo da utilidade global ou média: elas – por razões ligadas à consideração da igualdade moral – simplesmente não têm o direito de ser levadas em conta. Mas, além do fato de certas exigências morais serem prioritárias em relação à consideração da produção da utilidade máxima, o utilitarismo apresenta o grave inconveniente de não poder levar a sério a distinção entre as pessoas e, por conseguinte, de não respeitar o ser moral individual; introduzindo todas as preferências no cálculo global, ele afirma que a justiça é realizada pelo sistema de regras que permitem maximizar a utilidade. Mas, ao fazer isso, ele autoriza que certas pessoas sejam sacrificadas – ou seja, que gozem de uma utilidade menor –, desde que tal sacrifício possibilite aumentar a utilidade total ou média. Ora, para numerosos autores liberais (Rawls, Dworkin), tal possibilidade é fundamentalmente injusta.

A teoria rawlsiana de justiça como equidade – em torno da qual giram todos os debates contemporâneos – está destinada a remediar os inconvenientes do utilitarismo (falta de distinção entre as pessoas), mas também os de um intuicionismo que se contentaria com pontos de vista morais dispersos que somos levados a admitir como válidos na existência comum, mas desprovidos de qualquer regra lexical que possibilite hierarquizá-los. A tese central de *Uma teoria da justiça* é que todos os bens sociais primários – liberdade e oportunidades, renda e riquezas, assim como as bases sociais do autorrespeito – devem ser distribuídos de maneira igualitária, "a não ser que uma distribuição desigual do conjunto desses bens ou de um deles beneficie os mais desfavorecidos" (Rawls, 1971, p. 303). Não se dirá que uma sociedade é justa e que ela trata todos os indivíduos com respeito igual quando ela elimina todas as desigualdades, mas quando elimina as desigualdades que sacrificam certos indivíduos a outros, ou que desfavorecem certos membros da sociedade de tal modo que sua situação intrínseca seria melhor se essas desigualdades não existissem. A intuição de Rawls, portanto, é que seria injusto – especialmente para com os menos favorecidos – eliminar as desigualdades que tenham efeitos positivos para todos, em especial para aqueles que são menos aquinhoados. Segundo a feliz formulação de W. Kymlicka, pode-se afirmar que, "se beneficiarem a todos, fazendo que frutifiquem aptidões e energias socialmente úteis, certas desigualdades serão aceitáveis por todos. Se o fato de alguém obter renda superior à minha promover meus próprios interesses, então a igual consideração de meus interesses indicará que autorizamos essa desigualdade em vez de proscrevê-la" (Kymlicka, 64). Condição anexa, que parece óbvia, é que as posições que dão acesso a essas rendas superiores sejam, segundo expressão de Rawls, "abertas a todos, em conformidade com o princípio da justa igualdade das oportunidades". Esse modo de organizar a compatibilidade entre princípios igualitaristas e desigualdades concretas aparece em *Uma teoria da justiça* com o nome de "princípio de diferença". No fundamento dessa análise, evidentemente, figura a intuição – que Rawls parece considerar como conquista essencial da história recente – de que as sociedades estritamente igualitárias são menos estimulantes e, por conseguinte, menos produtivas do que as que autorizam o desenvolvimento das desigualdades de renda. O nível de vida atingido por todos numa sociedade perfeitamente igualitária – supondo-se, evidentemente, que tal sociedade seja possível – seria, pois, inferior ao nível de vida atingido pelos menos favorecidos numa sociedade na qual as desigualdades tivessem começado a desenvolver-se. Nesse aspecto, é legítimo autorizar o desenvolvimento ulterior dessas desigualdades até o momento em que a sorte dos menos favorecidos da sociedade não igualitária passasse a ser inferior àquilo que, na hipótese, se observasse na sociedade perfeitamente igualitária.

Está claro que se trata de um modelo puramente especulativo, pois o nível de vida numa sociedade perfeitamente igualitária não é um dado cognoscível. Mas essa especulação nos fornece informações preciosas sobre o nível das desigualdades compatível com a ideia de sociedade justa. O justo, portanto, é que cada um tenha uma parcela igual à parcela de todos os outros; ou então pode-se dizer que cada um possui um direito imprescritível à parcela dos bens que seria sua na hipótese de uma distribuição estritamente igualitária, e que cada um pode legitimamente queixar-se caso a sociedade seja organizada de tal maneira que a quantidade de bens de que dispõe fique abaixo dessa parcela. Mas também é evidente que ninguém tem fundamento para se queixar de ser tratado com respeito desigual, caso a parcela de bens de que ele dispõe seja *superior* à parcela de que disporia na hipótese de uma distribuição estritamente igualitária. Sem dúvida, é preciso levar em conta o fato de que as diferenças entre os indivíduos aumentam, e diferenças excessivas podem afetar as bases do autorrespeito. Rawls sabe bem disso e inclui essa consideração na determinação das desigualdades compatíveis com uma sociedade justa. Mas, com essa ressalva, a intuição fundamental é, realmente, de que as desigualdades proveitosas a todos não podem ser concebidas como violações à igualdade e à justiça.

Esse primeiro aspecto da teoria da justiça como equidade responde diretamente ao utilitarismo, pois mostra que as pessoas têm um direito imprescritível a não serem sacrificadas à maximização da utilidade; esta será legítima se e apenas se for compatível com o princípio da igualdade de todos os participantes. Em compensação, esse primeiro aspecto é incapaz de corrigir a falta de ordenação que obrigava Rawls a rejeitar o intuicionismo e a procurar uma teoria geral da justiça para as instituições sociais. Acabamos de dizer que nenhuma desigualdade seria legítima se tivesse o efeito de deteriorar a situação de certos membros da sociedade em relação àquilo que ela seria na hipótese igualitarista estrita. Mas é evidente que isso é simplificado demais. É possível, por exemplo, que a situação de alguns membros seja melhor do que seria na hipótese igualitarista estrita em certos aspectos de sua existência, e pior em outros aspectos. A evolução social no sentido da maior diferenciação nunca afeta da mesma maneira todos os aspectos da existência dos indivíduos: eles terão mais recursos, porém menos tempo livre; mais qualificações, porém um meio ambiente mais poluído. Todos temos a intuição de que é bom dispor de recursos adicionais, mas também temos a intuição de que a degradação de nosso meio ambiente é um mau negócio, tanto quanto a diminuição de nosso tempo livre. Portanto, queremos saber como organizar essas intuições umas em relação às outras. Mais especificamente, queremos saber como arbitrar entre duas intuições que nos parecem essenciais: a primeira, como acabamos de ver, é que uma desigualdade de recursos cujos efeitos fossem vantajosos para todos é fundamentalmente justa. A segunda é que as liberdades devem ser iguais para todos, ou que "cada pessoa deve ter um direito igual ao sistema total mais extenso de liberdades básicas iguais para todos e compatível com um mesmo sistema para todos" (TJ, § 46). Portanto, queremos uma regra que nos permita ordenar essas duas intuições e nos diga, em especial, se a sociedade tem o direito de buscar o crescimento geral dos recursos para todos à custa da diminuição da liberdade de alguns de seus membros, ou à custa de uma desigualdade na quantidade de liberdades de que todos eles gozam.

A resposta de Rawls consiste em propor uma regra de prioridade lexical da liberdade e em excluir qualquer permuta entre liberdade e aumento de recursos materiais, ainda que este seja vantajoso para todos. Portanto, só se pode limitar a liberdade em nome da própria liberdade e quando alguma restrição às liberdades básicas tenha o efeito de fortalecer o sistema total das liberdades, compartilhado por todos (por exemplo, quando regras enquadram o direito à liberdade de expressão para impedir abusos, ou quando a lei limita a liberdade de ação de seitas intolerantes). Pode-se acrescentar que, na opinião de Rawls, a desigualdade das liberdades é admissível desde que essa desigualdade seja aceitável para aqueles que têm liberdade menor. O exemplo de Rawls é uma civilização na qual não se fizessem prisioneiros e todos os vencidos, sem exceção, fossem executados. Numa situação desse tipo, a decisão de introduzir a escravidão para os vencidos representaria um progresso em relação ao uso anterior, do ponto de vista das liberdades. A desigualdade de liberdades seria real, mas seria aceitável para os escravos que prefeririam a nova regra à antiga. Portanto, pode-se aliar ao princípio de liberdade igual para todos – que agora aparece como o primeiro princípio da teoria da justiça como equidade – uma regra de prioridade que exija que nunca se reduza a liberdade a não ser em nome da liberdade, o que ocorre em dois casos: primeiramente, quando a redução da liberdade tem o efeito de reforçar o sistema total das liberdades compartilhado por todos; em segundo lugar, quando a desigualdade das liberdades reflete um progresso para os menos favorecidos em relação à sua situação anterior, sendo, pois, aceitável para eles. Quanto ao princípio de diferença, também ele é afetado por uma regra de prioridade: é injusto sacrificar o princípio de igualdade das oportunidades (posições abertas a todos) para aumentar o bem-estar, de tal modo que a introdução de uma desigualdade vantajosa para todos – inclusive os menos favorecidos – não será legítima e será incompatível com os princípios da justiça como equidade se só for possível com a renúncia ao princípio da justa igualdade das oportunidades.

Como então podem ser *justificados* os dois princípios da justiça? Qual é o raciocínio que pode apoiá-los ou respaldá-los? O princípio de diferença, em especial, parece dificilmente aceitável, pois está em contradição com o modo mais comum de abordar os problemas da justiça na distribuição. Segundo a teoria mais corrente – que Rawls chama de teoria da igualdade liberal –, uma distribuição será justa se compensar a desigualdade inicial dos recursos graças a uma vigorosa política educativa (que neutralize as diferenças de capital cultural de partida) e graças a uma política fiscal redistributiva que realize uma transferência em direção aos menos favorecidos. Na teoria da igualdade liberal, portanto, não basta que os direitos sejam os mesmos para todos, e que o conjunto das posições sociais seja acessível a todos, sem distinção de raça, posição social ou sexo. Também é preciso que a talentos iguais caibam as mesmas oportunidades de atingir as posições em questão: "A ideia aí é que as posições não devem apenas ser abertas a todos em sentido formal, mas que todos tenham uma oportunidade equitativa de alcançá-las" (TJ, § 12). A sedução dessa teoria decorre do fato de que ela só deixa subsistir como legítimas as diferenças resultantes de nossas escolhas e de nossos méritos pessoais, anulando todas as diferenças devidas à posição que cada um ocupe inicialmente na estrutura social.

Segundo a tese de Rawls, porém, essa igualdade liberal não é satisfatória, pois, tal como a igualdade jurídica, ainda atribui peso excessivo a diferenças arbitrárias do ponto de vista moral: não se entende por que as diferenças de talento e energia entre os indivíduos deveriam ser consideradas de maneira diferente das diferenças de cabedal cultural ou de fortuna. Aqueles que gozam de talentos superiores não os merecem, pois nada fizeram para obtê-los; do mesmo modo, aqueles que dão mostras de uma energia superior não merecem que a estrutura social lhes atribua a totalidade das vantagens produzidas por essa energia, pois esta é produto da educação, do meio social favorável, e não de uma distinção pessoal merecida. Para Rawls, portanto, os indivíduos talentosos e cheios de energia não merecem as vantagens resultantes da aplicação de suas qualidades; logo, eles não têm nenhum direito a reivindicar que a estrutura social seja organizada de tal maneira que lhes atribua essas vantagens. E, se a justiça social exigir a compensação das diferenças oriundas do pertencimento social em razão de seu caráter moralmente injustificável, também exigirá a compensação das diferenças de talento, energia ou qualidades pessoais. Em contrapartida, uma vez que a sociedade optou por um sistema de regras que incentiva e estimula a aplicação dessas qualidades (porque essa aplicação é benéfica para todos), esses mesmos indivíduos têm o *direito* de que a sociedade honre o compromisso que assumiu em relação a eles, ao lhes prometer vantagens adicionais em troca da aplicação de seus talentos pessoais. Os mais talentosos, portanto, têm o direito a um salário superior à média (calculado de tal maneira que estimule sua atividade), mas não têm *a priori* o direito à totalidade das vantagens produzidas graças às suas qualidades excepcionais. A noção de expectativa legítima, portanto, substitui a noção de mérito.

No entanto, há um problema. Não é possível pura e simplesmente anular as diferenças resultantes das aptidões naturais, mesmo reconhecendo que estas são moralmente arbitrárias e por isso não deveriam servir de critério na distribuição dos recursos. Rawls reconhece essa impossibilidade, mas afirma que ela não justifica que nos limitemos à tese da igualdade das oportunidades. Haveria outra maneira de tratar as diferenças de talento, que é organizar a estrutura básica da sociedade de tal maneira que essas realidades contingentes funcionem em benefício de todos, especialmente dos membros mais desfavorecidos da sociedade. É precisamente esse o objetivo visado pelo princípio de diferença. Contudo, essa série de argumentos se mostra impotente para justificar plenamente os princípios de justiça. Tem-se, pois, necessidade de outro dispositivo, que consiste em mostrar que esses princípios seriam necessariamente escolhidos por todos numa situação de racionalidade e imparcialidade perfeitas, que Rawls chama de "posição original".

Portanto, trata-se de perguntar que princípios de justiça seriam os escolhidos numa situação de igualdade perfeita em que os indivíduos não pudessem absolutamente escolher em função de suas particularidades ou de suas vantagens pessoais, construindo-se para isso um procedimento que, nos termos de Kymlicka, "impedisse os indivíduos de explorar suas vantagens arbitrárias na seleção dos princípios de justiça" (Kymlicka, 74). Para isso, Rawls propõe colocar, hipoteticamente, os indivíduos atrás de um véu de ignorância que dissimulasse para cada um todas as características que os distinguem e que possam criar qualquer forma de parcialidade em seu raciocínio sobre os princípios de justiça que convenha escolher. Como disse Rawls, o raciocínio que leva a essa ideia do véu de ignorância baseia-se na intuição de que ninguém deve poder modelar os princípios de justiça em torno dos quais proponha organizar as instituições sociais em função das informações de que dispõe sobre sua própria situação e sobre a maneira como os princípios em causa o favorecerão ou desfavorecerão em relação a seus concidadãos. Intuitivamente, percebemos que princípios de justiça propostos por alguém que reflita em função de seus próprios interesses não podem ser admitidos como obrigatórios e legítimos por todos os membros da sociedade, ao passo que ocorreria exatamente o contrário com princípios propostos por quem, nada sabendo de sua própria situação, não poderia modelar suas propostas de acordo com ela. A igualdade perfeita dos parceiros situados atrás do véu de ignorância os fará desejar unanimemente a solução que maximize o que se obtém quando se está na posição menos favorável, ou seja, na posição mínima. Portanto, desejarão a solução que maximize para todos – especialmente para os que estiverem nas posições menos favorecidas – a quantidade de bens primários (recursos, direitos, liberdades, oportunidades) distribuídos pelas instituições sociais. Cada um adotaria essa solução porque todos teriam uma concepção da vida boa, um plano de vida que desejariam realizar, e porque, na ignorância em que cada um está daquilo que o distingue como indivíduo, todos desejariam maximizar suas oportunidades de realizar suas aspirações, qualquer que seja a natureza destas. Não é muito difícil compreender que os parceiros não escolheriam uma solução utilitarista, pois ninguém gostaria de se achar na situação daquele que é sacrificado no altar da maximização da utilidade. Tampouco escolheriam uma distribuição estritamente igualitária, pois teriam conhecimento dos fatos gerais da sociedade humana e por isso saberiam que as sociedades são estimuladas pelas diferenças, e que certas desigualdades têm o efeito de aumentar a quantidade de bens primários de que todos poderão dispor, inclusive e sobretudo os menos favorecidos. Portanto, os parceiros situados atrás do véu de ignorância agiriam de maneira perfeitamente racional, selecionando os dois princípios da justiça como equidade em detrimento das soluções utilitaristas ou de formas de distribuição mais estritamente igualitárias. Como observa Kymlicka, isso não significa que o sentido de justiça seja ditado por uma forma de egoísmo. Visto que ninguém conhece a posição que ocupará, pedir que as pessoas decidam o que lhes parece ser o melhor para si mesmas equivale a perguntar-lhes o que é o melhor para cada uma delas de um ponto de vista imparcial. Cada um quer seu próprio bem, mas, à medida que ninguém pode distinguir-se dos outros, cada um quer ao mesmo tempo o bem de todos. Portanto, segundo expressão de Kymlicka, esse procedimento realiza "a mesma coisa que a benevolência universal".

O esboço que acaba de ser apresentado, da teoria rawlsiana da justiça como equidade, permite augurar a variedade e o vigor das críticas que provocou. Consideraremos duas que, provenientes de horizontes filosóficos diferentes, tocam no cerne da teoria. A primeira se refere à ideia de que as diferenças moralmente arbitrárias entre os indivíduos deveriam ser compensadas por procedimentos de redistribuição e igualação. A segunda se refere à pretensão à neutralidade que essa teoria da justiça tem em relação a todas as concepções de bem, pretensão que fundamenta a ideia de Rawls de que os princípios de justiça devem ser considerados justos e obrigatórios por todos os membros da sociedade, sejam quais forem suas escolhas e seus princípios éticos pessoais. A oposição à ideia de compensar as diferenças que pudessem ser apresentadas como moralmente arbitrárias manifesta-se essencialmente nos autores qualificados de "libertarianos" porque partidários de um respeito estrito à distribuição dos recursos realizada por um mercado isento de entraves e em obediência ao princípio da legitimidade das transferências voluntárias. O principal deles é Robert Nozick, autor de um livro intitulado *Anarquia, Estado e utopia*. Se houver uma distribuição inicial justa, e se todas as transações realizadas depois obedecerem a essa regra da transferência voluntária, a distribuição resultante dessas transações também será justa, sejam quais forem as desigualdades que ela possa conter – e tais desigualdades são necessariamente numerosas e importantes. Supondo-se, por exemplo, que se parta de uma distribuição conforme ao princípio de diferença definido por Rawls – na qual, por conseguinte, cada um dispusesse de sua justa parte –, o que pode impedir que os indivíduos procedam voluntariamente a uma série de transferências ao cabo das quais as condições rawlsianas já não sejam respeitadas? Decerto seria possível objetar que esse raciocínio é tendencioso, pois, se existir um princípio que possibilite prescrever que as desvantagens não merecidas devem ser compensadas (o que é afirmado quando se diz que a distribuição inicial é justa porque em conformidade com o princípio rawlsiano de diferença), também existirá, necessariamente, uma regra que proíba todas as transferências voluntárias capazes de acarretar uma situação na qual as desvantagens não merecidas não sejam compensadas. O argumento de Nozick, portanto, só poderá funcionar se a situação inicial justa for definida em termos não rawlsianos e estipulando-se que quem tiver a posse de bens terá direito absoluto sobre eles – ainda que não os mereça, do ponto de vista moral –, e não um direito condicionado pela satisfação de critérios de justiça que impliquem a compensação das vantagens moralmente arbitrárias.

Esse é o motivo pelo qual os libertarianos – Nozick, especialmente – propuseram uma teoria da aquisição que permite pensar a existência desses direitos absolutos. Em termos sucintos, essa teoria assenta, em primeiro lugar, na ideia de que cada um é absolutamente proprietário de sua própria pessoa e nunca pode ser simples meio para outrem; em segundo lugar, assenta numa tese de inspiração lockiana, segundo a qual os produtos de nossa atividade são parte integrante de nossa pessoa. Portanto, nenhuma redistribuição e nenhuma compensação seriam legítimas num contexto em que as aquisições fossem legítimas nesse sentido e em que as transferências fossem voluntárias. Não tem cabimento aí a objeção segundo a qual são moralmente arbitrários os talentos e a atividade de que os indivíduos dão prova porque, supondo-se que isso seja verdade – diz Nozick –, daí não segue que os outros ou a sociedade tenham qualquer direito sobre o produto dos talentos com que alguns são dotados. Os indivíduos talvez não mereçam seus talentos, mas a sociedade também não, e por isso ela não tem nenhum direito de ficar com uma parte dos frutos que eles geram para redistribuí-los. Portanto, na falta de qualquer sujeito – individual ou coletivo – que mereça os recursos criados pela aplicação dos talentos superiores, é legítimo considerar que os portadores desses talentos são os mais qualificados para possuir legitimamente as vantagens que engendram.

A segunda objeção refere-se à própria ideia de uma teoria da justiça. Contestando a possibilidade de definir instituições justas em condições de neutralidade ética, ela contesta pura e simplesmente a independência do conceito de justiça e põe em xeque o projeto implícito no desenvolvimento de uma doutrina da justiça, projeto que visa a propor e a justificar um sistema de regras imparciais e neutras, capazes de obrigar os cidadãos, independentemente de suas concepções pessoais do bem. Michael Sandel, especialmente, mostrou que a busca de uma doutrina imparcial da justiça nas instituições supõe compromissos éticos e filosóficos que não são necessariamente compartilhados por todos nas democracias contemporâneas. Para buscar uma regra de justiça independente de qualquer concepção do bem, é preciso pensar que a tarefa das instituições sociais é, acima de tudo, respeitar a autonomia dos indivíduos, em especial suas escolhas em termos de opções morais e de projetos de vida. Também é preciso pensar que os cidadãos podem formar uma sociedade que considerem legítima e obrigatória, sem que, para eles, essa legitimidade esteja ligada a uma concepção ética comum e compartilhada. Em outros termos, é preciso pensar que os indivíduos sempre se remetem a suas finalidades como coisas que escolheram, e nunca como elementos constitutivos de sua identidade; e é preciso pensar também que nossos concidadãos são sempre *outros* que têm seus próprios valores, e não que formamos com eles uma comunidade essencial a nossas próprias opções. Como sugere Sandel a respeito da teoria rawlsiana da justiça como equidade, só é possível fundar a obrigação de princípios imparciais de justiça construindo uma situação hipotética na qual se tenha condições de estabelecer que esses princípios seriam escolhidos por todos. Em todas as hipóteses, é isso o que se pode objetar àqueles que, na vida real, renegam os princípios de justiça porque estes atrapalham o desenvolvimento de suas próprias escolhas morais: eles mesmos teriam escolhido esses princípios atrás do véu de ignorância. Mas, se a maneira como concebemos a situação racional de escolha encerrar por si mesma uma concepção implícita de moralidade humana (a autonomia absoluta da escolha) e de sociedade (seres que coexistem sem identidade ética comum), o próprio projeto de doutrina da justiça como teoria de um critério eticamente neutro de coexistência legítima entre indivíduos diferentes se torna em grande parte duvidoso.

› Guillarme B., *Rawls et l'égalité démocratique*, Paris, 1999 – Hume D., *Traité de la nature humaine*. – Kymlicka W., *Les Théories de la justice, une introduction*, trad. fr., Paris, 1999. – Munoz-Darde V., *La Justice sociale, le libéralisme égalitaire de John Rawls*, Paris, 2000. – Nozick R., *Anarchie, État et Utopie*, trad. fr., Paris, 1990. – Rawls J., *Théorie de la Justice*, trad. fr., Paris, 1987; *Justice et démocratie*, trad. fr., Paris, 1996; *Libéralisme politique*, trad. fr., Paris, 1995. – Sandel M., *Le Libéralisme et les limites de la justice*, tr. fr., Paris, 1999. – Smart J.-C. & Williams B., *Utilitarisme, le pour et le contre*, trad. fr., Genebra, 1997. – Van Parijs P., *Qu'est ce qu'une société juste?*, Paris, 1991.

Jean-Fabien Spitz

→ Justiça administrativa; Justiça constitucional; Justiça privada.

JUSTIÇA ADMINISTRATIVA

Segundo definição do dicionário *Robert*, justiça é, acima de tudo, uma função: o "poder de fazer o direito", mais simplesmente, o ministério de julgar, ou seja, de resolver os litígios com base no direito. Justiça designa também uma instituição formada de um conjunto de órgãos internos ao Estado, encarregados de exercer essa atividade. De modo que a justiça administrativa pode ser definida como um ramo da justiça, como uma tarefa específica desta (estatuir sobre os processos que ponham a administração em causa), tarefa confiada a órgãos especiais (juízos administrativos). Apesar de genérica, essa definição é insuficiente, pois a justiça administrativa, por razões históricas, é também um desmembramento do Poder Executivo. Mas as razões de ontem não constituem, obrigatoriamente, unanimidade hoje. Talvez por isso a justiça administrativa esteja em crise.

O que acreditamos saber

Ao contrário da questão primitiva sobre a justiça, que é abstrata e sofística, pois nunca ninguém se encontra na situação fundadora de uma realidade, nossa justiça administrativa se mostra como uma evidência banalmente concreta, como fruto de uma concepção singular e pragmática do justo, instituída pela história e pela tradição. É do âmbito do fato. Ou seja: é marcada pelas circunstâncias que governaram sua criação e por uma contingência que durou o bastante para que sua legitimidade e justificação não criassem grandes problemas desde a Revolução francesa.

Separação das funções judiciária e administrativa. – Com a queda do Antigo Regime, a Constituinte quase não teve dificuldade (apesar de algumas hesitações) para recusar o conhecimento do contencioso administrativo aos tribunais da ordem judiciária. Não confiou esse contencioso a jurisdições especiais, mas sim à própria administração e ao Conselho dos Ministros, afora algumas exceções, que ficaram a cargo dos juízes ordinários (leis de 6, 7 e 11 de setembro de 1790): impostos indiretos, administração de estradas, águas, florestas e moeda. Ao agir assim (ela não será contradita pela Convenção nem pelo Diretório), a Constituinte teve em mente não violar o princípio de separação dos poderes, definido por Montesquieu e proclamado na Declaração dos Direitos do Homem, de 1789. Acima de tudo, ela teve em mente evitar o perigo da reconstituição do poder político e administrativo dos parlamentos. Isso foi mais fácil porque ela pareceu restabelecer as soluções praticadas por Richelieu, capazes de produzir certo consenso em torno do discutível tratamento dos contenciosos administrativos. Para entender melhor, é necessário voltar um pouco atrás. Desejando romper com a antiga gestão judiciária da coisa pública praticada pelos capetianos e pelos Valois, que era exercida por magistrados e em conformidade com os procedimentos em vigor nos palácios de justiça, o cardeal esforçou-se por separar justiça e administração (edito de Saint-Germain-en-Laye de 1641). Seus sucessores reiterarão várias vezes suas prescrições, tal foi a dificuldade de impor essa separação a magistrados recalcitrantes e pouco inclinados a perder a preeminência política. Seja como for, assim se afirmou o princípio da separação do tratamento dos assuntos públicos e privados: à justiça, garantir respeito à honra e aos interesses dos particulares; ao governo, portanto à administração, expedir tudo o que dissesse respeito aos assuntos públicos. O trabalho administrativo separou-se da justiça para tornar-se uma atividade autônoma, e o contencioso a esta associado foi separado do contencioso judiciário, dando origem a uma das principais especificidades do direito administrativo e da organização judiciária na França. Isso quer dizer que Richelieu e seus sucessores consagraram a regra do administrador-juiz, retomada no século XIX, pois julgar a administração ainda é administrar.

O Conselho de Estado foi a peça mestra desse novo edifício. Por ser expressão da justiça exercida pelo rei, era competente em última instância em todas as matérias administrativas, inclusive contenciosas. Também desempenhava o papel de tribunal dos conflitos entre parlamentos e administrações e de corte de cassação para todas as jurisdições. Ou melhor, o Conselho estava na situação de controlar o essencial da administração local, bem como o contencioso que ela pudesse gerar, pois os intendentes das circunscrições financeiras eram recrutados entre seus referendários. No entanto, a partir dos anos 1660-70, o Conselho passa a sofrer a concorrência dos ministérios (guerra, marinha, finanças), que se estabilizam e se burocratizam, enquanto procuravam libertar-se da autoridade e do controle dele. Desde então, perdendo influência política e administrativa, o Conselho vai-se restringindo aos poucos à simples decisão do contencioso da administração. Desenvolve então procedimentos mais atentos às expectativas dos administrados, numa época em que o individualismo nascente favorece a multiplicação dos conflitos com a administração. Também aparecem regras protetoras dos indivíduos contra a arbitrariedade do Estado (regulamento de 1738 do chanceler D'Aguesseau, que lança bases jurisdicionais para a decisão das questões contenciosas). No fim do reinado de Luís XV, sob pressão da opinião pública, o governo busca meios de proteger os administrados da tendência da burocracia financeira a tratar as causas sem garantia de um exame do Conselho, com a instauração das comissões extraordinárias de julgamento subsequentes ao Conselho, enquanto não se criava o Comitê Contencioso das Finanças (1777). Nem tudo se formalizou, continuava-se no âmbito da justiça do rei, mas sempre com o cuidado de evitar julgamentos demasiado parciais. Apesar do que a oposição parlamentar pode ter dito, essa nova mentalidade administrativa legitima a consideração do interesse pessoal do jurisdicionado. Desse modo é traçada a via que será retomada no século XIX e são lançadas as bases da justiça administrativa francesa da atualidade.

Jurisdições especializadas. – Originariamente, o Conselho do Rei fora um instrumento de conquista do poder. Restaurando a aplicação da lei romana, pusera fim às assembleias feudais e curvara os senhores feudais perante a autoridade do soberano. Depois, com a dinastia dos Bourbons, impusera a monarquia administrativa a um país recalcitrante. Em outras palavras, o Conselho assentou, consolidou e legitimou o poder centralizador dos reis da França. Bonaparte aprendeu a lição, e seu primeiro gesto, no dia seguinte ao 18 brumário, foi restaurá-lo. Fez dele o fulcro de seu poder, dotando-o de prerrogativas legislativas, administrativas e jurisdicionais. Mas não pôs em xeque a vinculação do contencioso administrativo à própria administração, consolidando as escolhas da antiga França e da Revolução. O próprio princípio do administrador-juiz é restabelecido. A lei de 28 pluvioso do ano VIII cria o *Conseil de préfecture*. Este é dotado de atribuições na administração ativa, mas é concebido acima de tudo como uma divisão contenciosa à disposição do governador do departamento, como uma espécie de embrião de jurisdição de primeiro grau, especializada no contencioso do imposto direto, das obras públicas, das estradas nacionais e departamentais e dos domínios nacionais. É presidido pelo governador do departamento, que, pessoalmente, conserva certas competências jurisdicionais residuais. O *Conseil de préfecture* não é tribunal de direito comum. O Conselho de Estado é que está incumbido "de resolver as dificuldades surgidas em matéria administrativa" (Constituição do ano VIII). Portanto, de acordo com seu regulamento interno, cabe-lhe examinar as "questões contenciosas cuja decisão fora anteriormente da competência dos ministros", mas também os recursos aos julgamentos dos *Conseils de préfecture*. Além disso, ele é dotado dos instrumentos jurídicos (supervisão da massa dos despachos de aplicação e redação dos regulamentos de administração pública) que lhe possibilitam fiscalizar toda a cadeia administrativa. Em 1806 é instituída, em seu âmbito, uma Comissão do Contencioso, que se incumbiria das preliminares do tratamento jurisdicional dos assuntos contenciosos. No entanto, o Conselho, cujas deliberações a Comissão apenas preparava, continuou sendo o órgão da justiça do imperador, único árbitro final, inclusive em matéria contenciosa. Consta que Napoleão nunca se recusou a assinar uma decisão contenciosa. Mas a Alta Corte nunca deu mostras de grande veleidade de independência, e o chefe de Estado contava com outros meios de intervenção: exceção de incompetência da Comissão ou a retirada da discussão de casos delicados. Se em 1814 foram feitas tantas críticas à sua subserviência ao poder, à sua timidez jurisprudencial, à opacidade de seus procedimentos, à amovibilidade de seus membros, à presença de responsáveis do ministério em suas instâncias deliberativas, ao abuso no encaminhamento dos conflitos, pode-se dizer que essas "fraquezas" lhe garantiram perenidade. Porque, passada a fase dos efeitos retóricos, a Restauração o mantém em suas funções contenciosas (mas privado de suas prerrogativas legislativas e de algumas de suas funções administrativas), sem que seus ritos sejam realmente melhorados – a despeito de inegáveis esforços – e sem que seja dotado de maior independência. A Revolução de 1830 também não ousa prescindir de seus serviços. Reorganizado e expurgado, continua-se esperando que ele ponha a administração a salvo das indiscrições do Judiciário. No entanto, tenta-se salvar as aparências: os conselheiros em serviço extraordinário são excluídos dos debates contenciosos e, a partir de 1831, as audiências passam a ser públicas, enquanto comissários régios independentes (que em 1849 ganham o título de comissários do governo) são encarregados de defender a lei e os interesses da sociedade.

A II República lhe restitui algum papel político, fazendo-o participar da elaboração das leis, do controle das coletividades locais, do exercício do direito de graça e da fiscalização da alta administração. Mas também procura afirmá-lo em suas funções contenciosas, dotando-o de uma justiça delegada (Lei de 3 de março de

1849), criando o Tribunal dos Conflitos (Lei de 28 de outubro de 1849) e organizando um concurso para recrutamento de seus auditores. Depois do golpe de Estado de 2 de dezembro de 1851, o príncipe-presidente o dissolve, para consolidá-lo melhor e mudar seu pessoal. A Constituição de 1852 faz dele um de seus órgãos essenciais, à imagem do que fora durante o Primeiro Império, retirando-lhe a justiça delegada, mas restituindo-lhe os conflitos. A III República o conserva, voltando às formas adotadas em 1849 (Lei de 24 de maio de 1872) relativas à justiça delegada e ao Tribunal dos Conflitos, mas priva-o de suas prerrogativas políticas. Ela também desenvolve, de modo liberal, o controle do excesso de poder, que fora implantado durante o Segundo Império para obter a anulação de uma decisão administrativa.

Com a consagração da justiça delegada, julgar a administração já não é totalmente administrar, pois o Conselho passa a estatuir soberanamente sobre os recursos contenciosos. Já questionada durante o Império liberal, a teoria de "ministro juiz" se torna obsoleta, mas, formalmente, só com a decisão Cadot (1889) ela foi definitivamente condenada. É esse um progresso decisivo na separação entre administração ativa e justiça administrativa. Mas esse progresso tem limites, pois dentro do Conselho de Estado continua não havendo separação entre as formações incumbidas de atribuições consultivas e a seção do contencioso, enquanto continua forte o controle do Executivo sobre o recrutamento e a carreira de seu pessoal (como foi mostrado pelo expurgo de 1879). É verdade que os conselheiros em serviço extraordinário agora estão afastados das formações contenciosas, mas é preciso esperar até 1923 para que os órgãos normais de julgamento se tornem subseções do contencioso, e 1900 para que a metade dos postos de conselheiros de Estado seja reservada para os referendários, e dois terços destes para os auditores (proporção que subiu para três quartos em 1910). A situação dos membros dos *Conseils de préfecture* não é melhor. Uma reforma de 1865 tornou mais estritas suas condições de recrutamento, mas nem por isso tais conselhos se tornaram verdadeiras jurisdições, ainda que lhes fossem aplicáveis as regras de procedimento do Conselho de Estado. Eles continuam sendo divisões técnicas dos governadores dos departamentos, que os presidiam de direito (de fato até 1880): suas atribuições administrativas e jurisdicionais são exercidas pelos mesmos órgãos, as funções de comissário do governo são exercidas pelos secretários-gerais dos departamentos, enquanto o recrutamento e a carreira dos conselheiros ficam nas mãos da administração. Só em 1926 os *Conseils de préfecture* serão transformados em conselhos interdepartamentais, a fim de acentuar seu caráter jurisdicional e subtraí-los em parte à influência dos governadores dos departamentos. Também receberão o contencioso das coletividades locais em 1934, bem como o da ocupação do domínio público em 1938, de modo que sua competência de atribuição passa a abranger o essencial daquilo que não seja excesso de poder.

A IV República não concretizou as reformas que seriam de esperar. Uma Lei de 30 de setembro de 1953 limita-se a substituir os antigos *Conseils de préfecture* por tribunais administrativos, transformando-os na ocasião em verdadeiros juízos administrativos de direito comum. De modo que a reforma deixa para o Conselho de Estado apenas uma competência de atribuição, na qualidade de juízo de primeira instância, e, de fato, essencialmente um tribunal de recurso dos julgamentos proferidos pelos novos tribunais. Por fim, a Lei de 31 de dezembro de 1987 acaba por calcar a organização da justiça administrativa na justiça judiciária, criando tribunais de recurso administrativos e, por conseguinte, reduzindo o Conselho de Estado à função de cassação.

Papel da justiça administrativa. – Essa justiça influenciada e dominada pelo Conselho de Estado sempre teve papel político. Desde a origem, quer no Antigo Regime, quer na Revolução, a regra do administrador-juiz foi justificada pelo intuito de proteger a administração contra as pretensões hegemônicas do Poder Judiciário. Justificativa cômoda, que ocultou outros desígnios. Porque, se a lembrança dos parlamentos ainda podia causar temor nos tempos da Revolução, o mesmo já não ocorria durante os regimes seguintes, a começar pelo Consulado e o Império. Bonaparte estava mais preocupado em não reconstituir um superpoderoso controle geral das finanças, que açambarcara toda a administração interna, do que com um

Poder Judiciário que já não causava apreensão, visto que as companhias judiciárias tinham sido destruídas, e os magistrados haviam perdido o direito de propriedade de seus ofícios. De modo que ele dividiu os poderes e acima dos ministérios pôs seções do Conselho aliadas à sua causa, encarregadas de tutelá-los. Para o futuro imperador, as atividades contenciosas eram acessórias, e realmente só contava a fiscalização dos ministros. É verdade que, depois disso, nenhum dos regimes esqueceu que era preciso proteger a administração da curiosidade do Judiciário, mas os governos procuraram, acima de tudo, fazer que prevalecessem as prerrogativas de poder público, defender os estabelecimentos públicos, consolidar os mercados públicos, dar conta das dificuldades de execução dos serviços públicos e favorecer o fisco, enfim, privilegiar os interesses políticos do Estado. Isso significa que a questão da existência da justiça administrativa não pode ser reduzida a um problema técnico de organização dos contenciosos, visto que o contencioso administrativo é específico demais para ser convenientemente tratado pelo judiciário. É bem enraizada a convicção de que a justiça administrativa existe para pôr a defesa dos interesses do Estado acima dos particulares (o que não significa que ela não deva se preocupar com estes), de que ela só pode subsistir na defesa da administração e de seus funcionários. A Restauração, assim como a Monarquia de Julho, não raciocinaram de outro modo, ainda que sua visão filosófica do Estado pareça contradizer esse cinismo administrativo. A III República também não esqueceu isso, mesmo sabendo desenvolver garantias e proteções para os administrados. Essa é toda a história do século XIX. A crise (voltaremos a isso) pela qual passa hoje a justiça administrativa talvez se deva ao fato de tê-lo esquecido.

No entanto, a justiça administrativa nunca cedeu à defesa cega dos interesses do Estado. Sua força sempre esteve em saber dosar o apoio. Essa moderação garantiu-lhe legitimidade e credibilidade. Iniciada com a Monarquia de Julho, a construção de uma jurisprudência liberal prossegue durante o Segundo Império. Imagina-se o controle do excesso de poder, o que possibilita aos particulares obter a anulação de decisões administrativas, e, a partir dos anos 1860, o Conselho de Estado reconhece a decisão implícita de indeferimento, resultante do silêncio da administração, e flexibiliza as condições de admissibilidade dos recursos extraordinários. Mas é a III República que tem a reputação de ser a idade de ouro da elaboração de um direito administrativo benevolente para com o administrado. O Conselho, em especial, desenvolve liberalmente o recurso por excesso de poder (na verdade, seus primórdios são bem anteriores, pois já nos anos 1820 são franqueados os primeiros recursos aos funcionários, especialmente em matéria de aposentadorias), fixa o regime geral da responsabilidade do poder público (acórdão *Blanco*, 8 de fevereiro de 1873), reduz o número dos atos de governo (não passíveis de recurso, acórdão *Prince Napoléon*, 19 de fevereiro de 1875), renuncia à teoria do ministro-juiz (acórdão *Cadot*, 13 de dezembro de 1889), cria o princípio da responsabilidade objetiva da administração (acórdao *Cames*, 21 de junho de 1895) e define algumas noções fundamentais, como as de contrato administrativo, de agente público ou de obras públicas... Por isso grande parte da doutrina atribuiu muitas virtudes a essa jurisprudência e arvorou o Conselho em fiador dos valores liberais, construindo, com a figura emblemática de Romieu, a imagem de uma jurisprudência administrativa que submetia o Estado ao direito. Mas essa jurisprudência não é realmente original, é apenas reflexo das ideias dominantes, fazendo parte de um movimento geral de reconhecimento das liberdades individuais e de consolidação dos direitos de defesa. A obra dos tribunais judiciários não é diferente. Aliás, a ação inovadora do Conselho não cala todas as críticas. É verdade que muitas vezes se impôs como muralha contra a arbitrariedade do Estado ou a onipotência parlamentar, apresentando-se como paladino da liberdade religiosa. Mas isso não deve levar a esquecer sua timidez, as fraquezas de seu controle jurisdicional e sua propensão a não indispor a administração ativa, assim como não se deve esquecer sua dependência em relação ao poder ou sua complacência diante de governantes pouco respeitosos das liberdades individuais. Apesar disso, esse sábio equilíbrio entre a defesa dos interesses do Estado e a invenção de regras destinadas a enquadrar a atividade administrativa é o segredo da duração do Conselho. Sua sorte foi ter encontrado pela frente uma administração envelhecida e arcaica – a legada pelo ano VIII – e ter sabido revivificá-la, construir um regime administrativo ao mesmo tempo flexível e forte. Foi esse equilíbrio que levou os crédulos a acreditar em sua independência e em seu caráter inovador, ao passo que essa moderação não passa de reflexo da contradição entre os imperativos da autoridade e os da liberdade, que ele procurou conciliar em conformidade com a ideia liberal de que não existe liberdade sem certa ordem, e de que a ordem nada vale sem a liberdade.

O que não se quer ver

Vale reconhecer que, sob o impulso do Conselho de Estado, a justiça administrativa é dotada de uma missão política. Órgão produtor de consenso (mesmo que às vezes possa ter dado impressão contrária, em especial durante a III República), o Conselho é, em primeiro lugar, conselheiro do Poder Executivo. Em segundo lugar, uma Corte Suprema. Assim, mesmo num regime como o de 1830, que, segundo consta, não lhe foi muito favorável, ele sempre foi constituído principalmente de políticos que não conhecem muita coisa de administração nem de contencioso administrativo. E, se o Conselho da Monarquia de Julho merece menção especial, não é em razão das melhorias introduzidas no andamento de seu contencioso, mas por ter participado de maneira eficaz do esforço de modernização e industrialização da França, pelas autorizações dadas para a criação de bancos, companhias de seguros, minas, metalúrgicas etc. Ele fiscaliza, controla a atividade econômica, como o fará durante o Segundo Império. Mesmo durante a III República, ele mantém um papel político importante, que não deve levar a esquecer sua ascensão à posição de verdadeira jurisdição. Embora perca o poder de examinar automaticamente projetos e propostas de leis, sua consulta continua facultativa, e são conservadas algumas de suas prerrogativas administrativas (projeto de decretos, regulamentos de administração pública, em especial), que fazem dele um instrumento no mínimo tão administrativo quanto contencioso.

De fato, ao contrário do que pensam majoritariamente a doutrina e alguns conselheiros de Estado, o Conselho nunca foi uma máquina de julgar. Sua atividade contenciosa sempre foi um tanto acessória em vista de suas competências políticas e administrativas, sem contar seu papel de viveiro de administradores para altas funções públicas. Essa supervalorização de sua função jurisdicional decorre da influência ou da importância psicológica da seção do contencioso: todos os membros do Conselho passam por essa seção e, quando estão em outras, deliberando, às vezes o fazem com um espírito de contencioso, pelo temor de possíveis recursos, mesmo quando têm em vista a eficácia, a coerência e a clareza dos textos e quando não procuram atrapalhar a administração ativa, sobretudo se pessoalmente administram. Essa superestimação também decorre de uma questão de fontes: como os arquivos do Conselho anteriores a 1871 foram incendiados, os autores são obrigados a contentar-se com o que subsiste e a conformar-se com as coletâneas de acórdãos, as revistas jurídicas e os manuais para estudantes de direito (aliás, mesmo em data posterior a 1870 só se tem acesso a uma parte do contencioso, a que está publicada, ou seja, uma fração).

Hoje as funções administrativas ainda estão fortalecidas, pois desde 1945 é obrigatória a passagem de projetos de leis e decretos pelo Conselho. São determinantes suas intervenções em questões econômicas, sociais, culturais, de armamentos, transportes, educação, polícia, imigração, saúde etc., bem como as posições que tomou em questões sociais (bioética, xador islâmico etc.). Acima de tudo, não devemos nos deixar deformar pelo conceito de Estado de direito que está na moda, segundo o qual o Conselho é seu instrumento; este é, acima de tudo, o conselheiro do governo, inclusive em seus atos de poder público (atualmente suas seções administrativas examinam, por ano, uma centena de leis e portarias, além de 1.500 decretos regulamentares ou individuais). Só depois vem seu papel contencioso. O aumento das funções contenciosas do Conselho está aliado à ideia disseminada entre numerosos comentadores, de que existe uma jurisprudência administrativa sistemática, pensada e coerente. Elaborada pelo Conselho, esta teria traçado o quadro jurídico da ação administrativa, impondo respeito ao princípio de legalidade republicana e especificando as condições de funcionamento da responsabilidade administrativa. Mas como não enxergar que essa é uma visão idealista? O direito administrativo realmente é, em grande medida, um direito pretoriano. Mas é preciso constatar que a "jurisprudência" do Conselho se constituiu sem espírito dogmático. É formada das simples respostas, sem organização preconcebida, para os casos que o juiz precisou dirimir. O juiz administrativo é pragmático demais para se sentir preso a qualquer sistema doutrinário. Só o direito positivo pode ditar-lhe a conduta. Ele não é vinculado por nenhum precedente jurisprudencial. Foi a doutrina que, a partir de suas respostas, imaginou uma coerência, uma teoria. Os magistrados sempre se abstiveram dela, querendo continuar com as mãos livres. Assim, não existe fenomenologia da atividade de juiz administrativo, nem teoria geral do direito administrativo. As noções de "regras processuais gerais", "princípios processuais gerais", "princípios gerais do direito" ou "princípios tradicionais do direito público" são invenções de uma doutrina interessada e de alguns conselheiros de Estado tentados a sobreviver procurando atar as mãos de seus sucessores. "Sempre haverá gente depois de mim", disse Valéry. Isso se aplica ainda mais a um juiz. Uma jurisdição não vive do passado. As perspectivas mudam. Os juízes bem sabem disso.

Todo edifício jurídico é frágil, marcado pelo tempo, e logo se torna obsoleto. Num belo artigo ("Existencialismo e direito", *Revue française de science politique*, 1953), Bernard Chenot lembra que a vinculação aos sistemas não tem outro objetivo senão o de tranquilizar e "manter as situações constituídas". Não existe livro de ouro dos grandes princípios, e "a única preocupação que hoje orienta a jurisprudência do Conselho de Estado é evitar as regras gerais e as noções *a priori*, examinar em si mesmo cada um dos atos que lhe é submetido antes de dizer se ele é da competência da jurisdição ordinária ou de outra". Não se pode imaginar condenação mais explícita da doutrina Bouffandeau e de seus princípios gerais do direito público (exposta em 1947 e desenvolvida em 1951 pelo presidente Letourneur). As decisões contenciosas possibilitam as adaptações de que o direito administrativo e a sociedade francesa possam precisar (será preciso lembrar a confissão de Chenot: "primeiro se decide qual é o dispositivo e depois se constrói o considerando"?). Ligado ao poder e à administração, o juiz administrativo contribui para a evolução das estruturas do Estado e participa das rivalidades dos governantes. Assim, contribuiu para a maioria das lutas ideológicas e religiosas, mas também partidárias (contra a Ação Francesa, as ligas etc.) que o país atravessou. Nunca deixou de apoiar as políticas econômicas, desde a industrialização da França durante a Monarquia de Julho, passando por sua urbanização durante o Segundo Império, sem esquecer os comitês de organização de Vichy. Sua defesa ostensiva das liberdades individuais contra o estatismo econômico foi muitas vezes inconsistente, tortuosa e pouco eficaz, tão estreitos foram seus elos com os ministérios econômicos (em razão de seu papel de viveiro da alta administração e da importância do serviço extraordinário). Aliás, seria interessante fazer uma análise do contencioso fiscal sob esse ângulo, pois o Conselho bem cedo se mostrou protetor da administração financeira (assim como teve por muito tempo uma atitude restritiva em relação às aposentadorias dos funcionários). A injustiça do Conselho seria um bom assunto para se tratar…

O que se poderia ver

Isso remete ao problema da utilidade da justiça administrativa. O Estado precisa dela? O passado não deixa muitas dúvidas sobre isso, pois, não fosse assim, o juiz judiciário teria absorvido o contencioso administrativo. Mas, e hoje? A resposta é menos categórica. Sob as pressões conjugadas da Convenção Europeia dos Direitos Humanos, dos procedimentos judiciários e de uma ideologia antiadministrativista, não é indubitável que a justiça administrativa ainda possa proteger eficazmente a administração. Nessa conjuntura, não se deve omitir a responsabilidade do Conselho de Estado. Como não ver que ele negligencia seu papel de protetor da função pública contra as usurpações que ela possa sofrer, especialmente por parte do juiz judiciário? Ora, o Conselho corre o risco de aumentar a distância em relação à administração ativa e de se "judiciarizar", rompendo o antigo equilíbrio que constituíra a sua força. Isso é mais preocupante porque, em sua outra função tradicional de defensores dos administrados, os juízes judiciários estão ocupando o espaço e criando um contrapoder pouco condescendente para a administração. De modo que o Conselho perde sua posição de regulador da burocracia, penhor de sua perenidade. Pois de que serve uma justiça administrativa que não proteja a administração (isso é bem visível, com os governadores de departamento, regularmente postos em causa)? Tal justiça talvez já não seja muito útil numa sociedade que tolera a derrocada de noções como as de serviço público ou de estabelecimento público. Em todo caso, a relação de força já não lhe é favorável. Nos últimos vinte anos mais ou menos, a autoridade do Conselho diminui diante de uma administração menos atenta à justiça, à regularidade e às normas jurídicas, tendente a negligenciá-lo com o apoio das autoridades políticas, que o acobertam (como o caso do PACS mostrou recentemente). E, para aumentar seu enfraquecimento, o governo consulta de preferência o Conselho Constitucional. Os pareceres deste corpo político, que quer fazer-se passar por uma jurisdição, têm mais impacto, porque são mais divulgados pela mídia. Essa evolução é ainda menos propícia ao Conselho de Estado porque este favoreceu abertamente (contaminação anglo-saxônica) a criação de autoridades concorrentes (Conselho Superior do Audiovisual, Comissão das Operações de Bolsa, Conselho da Concorrência, Autoridade de Regulação das Telecomunicações etc.), que ameaçam sua capacidade de perícia e reduzem sua função contenciosa (ainda que suas decisões sejam passíveis de recursos perante o juiz administrativo).

Seu papel de conselheiro é também posto em xeque pela construção europeia, que leva à transferência de poder de que ele é "vítima", pois orienta menos a política do que no passado. Assim, o Conselho aceitou (em 1989) a supremacia da lei europeia sobre a lei nacional. Uma lei europeia onipotente, que tende a transformar o trabalho regulamentar (e legislativo) em simples aplicação forçada das diretivas de Bruxelas. Mas a Europa também contesta suas competências contenciosas, especialmente em razão de seus vínculos com a administração e de alguns procedimentos seus, julgados contrários ao artigo 6º da Convenção Europeia dos Direitos Humanos. Há ingerência da Corte de Cassação, que nunca pôde realmente admitir a existência de uma justiça administrativa. Sem ousar atacar ainda diretamente o Conselho de Estado, ela contesta nas autoridades administrativas independentes (como se viu recentemente com a Comissão das Operações de Bolsa, com o Conselho da Concorrência e com a Comissão dos Mercados Financeiros) a aplicação da regra tradicional do Conselho, que permite que seu relator participe da fase de deliberação das decisões contenciosas. Assim está reanimando uma velha guerrinha jurídica e um acerto de contas que remontam ao Primeiro Império. Quem pode acreditar que os acórdãos do Conselho, assim como os do Tribunal de Contas, estejam eivados de parcialidade, visto que há comunicação das conclusões do comissário do governo ou participação do relator na fase de deliberação? E existe aí uma preocupante manifestação de integrismo jurídico. A menos que a Corte de Cassação procure – velho sonho tantas vezes acalentado – demolir nosso sistema de jurisdições administrativas.

O poder regional tampouco é favorável a esse sistema. Não tolera muito a tutela do tribunal administrativo (assim como do financeiro). O que lhe sucederá numa Europa dominada pelas regiões ou, simplesmente, numa Europa em que as nações, as regiões e a União tiverem reexaminado seus respectivos poderes (o que já está ocorrendo, mesmo na França)? Não é certo que ainda haverá lugar para o tribunal administrativo, tal como o concebemos. Ora, a justiça administrativa está cada vez mais envolvida com casos impossíveis (responsabilidade médica), cujos problemas o Judiciário talvez tenha mais aptidão para resolver (em razão de seus meios de investigação). São questões para vinte ou trinta anos, mas que será preciso resolver.

Mas, de imediato, o que é o Conselho de Estado, fulcro de nossa justiça administrativa? Uma Corte Suprema? O Conselho – não se deve esquecer – é herdeiro direto do antigo Conselho de Estado dos reis da França ou Conselho das Partes (também chamado Conselho privado), muito mais que dos conselhos de governo (Conselho de Cima e Conselho dos Despachos). Como já dissemos, desde a Restauração, passando pela Monarquia de Julho, mas também pela III República, nunca se deixou de querer reatar com esse passado e de procurar reduzir o Conselho apenas à sua função contenciosa. Ideologicamente, essa posição prevalece de novo hoje na Europa. A "esquerda" no poder na

França, mas também majoritariamente na Europa, por enquanto protege esse Conselho de tal deterioração (este artigo foi escrito em 2001). Mas os liberais voltarão e não deixarão de levantar o problema. A evolução já está esboçada com a reforma de 1987 (contaminação do Judiciário), que o privou do essencial do exame das questões de mérito, reduzindo-o a um papel de cassação.

Então, para salvaguardar o essencial de nossa justiça administrativa, acaso não deveria o Conselho desembaraçar-se de sua função contenciosa em favor de um tribunal superior situado acima do conjunto das jurisdições administrativas? A pressão ideológica anglo-saxã devolve atualidade a essa antiga ideia já formulada por Cormenin. Mesmo sem chegar a isso, não é impossível imaginar que, progressivamente, em dez ou vinte anos, o Conselho possa passar "blocos" de competência (contratos, bens, responsabilidade, obras públicas, contravenções viárias) para as jurisdições civis, o que não teria grandes consequências e talvez fosse benéfico. Ao mesmo tempo que deixaria de se expor a críticas, o Conselho poderia assim concentrar-se nas coisas importantes: papel de conselho técnico do governo, bem como controle dos atos do poder público.

› ARNOULT E. & MONNIER F., *Le Conseil d'État, Juger, conseiller et servir*, Paris, Gallimard, 1999, 112 p. – AUCOC L., "Conseil d'État", in *Dictionnaire de l'administration française* de Maurice Block, Paris, Berger-Levrault, 2ª ed., 1877. – CHAPUS R., *L'Administration et son juge*, Paris, PUF, 1999, 426 p. – PANSEY H. de, *Oeuvres judiciaires*, com anotações feitas por uma associação de jurisconsultos e magistrados, introduzido por uma nota biográfica sobre o autor, de Louis Rozet, Paris, Geennequin aîné, 768 p. – LOCHAK D., *La Justice administrative*, Paris, Montchrestien, 3ª ed., 1998, 156 p. – Col.: *Du Conseil d'État envisagé comme conseil et comme juridiction*, fascículo sem nome de autor, mas atribuído a Cormenin, Paris: 1818, 132 p. – *Le Conseil d'État, de l'an VIII à nos jours*, Livro comemorativo do Bicentenário, Paris, 1999, 191 p. – *Le Droit administratif en mutation*, Paris, PUF, 1993, 321 p. – Jornadas de estudos do Conselho de Estado, organizadas por ocasião do Bicentenário do Conselho de Estado: *Le Conseil d'État et la doctrine; Le Conseil d'État et les changements de régimes politiques; Évolution et révolution du contentieux administratif; Le Conseil d'État et la liberté religieuse, deux siècles d'Histoire; Le Conseil d'État avant le Conseil d'État; Colloque du Deuxième centenaire; Les Conseils d'État de France et d'Italie; Histoire et perspectives de la juridiction administrative en France et en Amérique latine; Conseil d'État et État de droit; Les Transformations de la juridiction administrative en France et en Allemagne; La Place des principes non écrits dans les avis et les décisions des Conseils d'État; Les Conseils d'États français et libanais; Les Conseils d'État de France et de Grèce.* Essas jornadas de estudos foram publicadas por *Revue administrative*, em números especiais de 1998, 1999, 2000 e 2001. Estão reunidas em *Deuxième centenaire du Conseil d'État*, Paris, PUF, 2001, vol. 1, 688 p., vol. 2, 1.070 p.

François MONNIER

→ Direito administrativo; Justiça constitucional.

JUSTIÇA CONSTITUCIONAL

O objeto da justiça constitucional é garantir a supremacia da Constituição sobre as outras normas jurídicas, segundo um procedimento de tipo jurisdicional. Primeiramente, a história permitirá explicar a formação dos diferentes modelos de justiça constitucional. Depois, caberá destacar as grandes tendências contemporâneas e propor uma concepção funcional e procedimental da justiça constitucional.

História

Durante muito tempo, a identificação da justiça constitucional foi a Corte Suprema dos Estados Unidos da América. O prestígio, a influência e a antiguidade dessa corte marcam a própria ideia de justiça constitucional. No entanto, vista da Europa, a Corte Suprema é analisada de modos contrastantes. Tocqueville, em *Da democracia na América*, ressalta a grandeza do sistema americano comparado ao sistema judiciário europeu: "Nenhuma das nações europeias ainda pensou na possibilidade de entregar aos juízes de direito comum toda e qualquer questão judiciária, seja qual for sua origem. Na América, essa teoria foi posta em prática. A Corte Suprema dos Estados Unidos é o único e exclusivo tribunal da nação."

Antes dele, é verdade, os criadores americanos da futura Constituição dos Estados Unidos haviam explicado as razões de confiar aos juízes a guarda do pacto constitucional. Em *The Federalist* (nº 78), Hamilton explica que "a interpretação das leis é função própria e específica dos tribunais. Uma Constituição é, de fato, e deve ser vista pelos juízes como uma lei fundamental. A partir disso, a eles cabe determinar seu sentido, bem como o sentido de toda e qualquer lei específica que emane do Corpo Legislativo". Conhecemos a continuação: a decisão de 1803 *Marbury v. Madison* faria da Corte Suprema o juiz da constitucionalidade das leis federais e lhe daria uma função importante de interpretação da Constituição (E. Zoller, 1999 e 2000).

De fato, o conjunto do continente americano sofreu durante muito tempo a influência do modelo da Corte Suprema, outorgando ao juiz ordinário o poder de decidir os litígios que pusessem em causa a constituição, a partir do momento em que a emancipação dos povos americanos possibilitasse o nascimento de Estados soberanos e, por conseguinte, a redação de constituições formais. Mas a imitação do modelo americano terá variações infinitas (México, 1847; Venezuela, 1858; Argentina, 1860; Brasil, 1891; Colômbia, 1910), nas quais o sistema americano de justiça constitucional podia ser completado com uma ação direta perante o juiz constitucional, como na Venezuela. Fora do continente americano, a exportação do sistema de controle de constitucionalidade pelo juiz ordinário terá pouca aplicação: Suíça (1874), Irlanda (1937), Grécia e Noruega, quando as jurisdições supremas reivindicaram competência de controle de constitucionalidade, com o título de corte reguladora do direito (M. Fromont, 1996).

Mas, no início do século XX, também havia autores continentais que criticavam o poder da Corte Suprema americana, inspiradora de uma expressão que ainda marca a justiça constitucional de modo negativo: a de "governo dos juízes" (É. Lambert, *Le Gouvernement des juges et la lutte contre la législation sociale aux États Unis*, 1921). No entanto, apesar da influência exercida pela obra de Édouard Lambert, a apreciação da justiça constitucional na França na realidade era muito mais variada. Léon Duguit a apoiava na última edição de seu *Traité de droit constitutionnel* (1930) e, antes dele, Barthélemy e Jèze (1912), Barthélemy (1925), Hauriou (1929) e Duez (1929) eram favoráveis, enquanto outros autores se mostravam reticentes, objetando com argumentos baseados em textos legais: Larnaude, que opõe o artigo 10 da Lei de 16 e 24 de agosto de 1790 (1926), e Carré de Malberg, que só admite esse controle se forem revisadas as leis constitucionais de 1875 (1927; É. Maulin, 1995). Isto porque a percepção da justiça constitucional só se dava através do prisma da experiência americana, ou seja, controle exercido pelo juiz ordinário. Ora, o princípio de separação dos poderes vedava qualquer possibilidade de controle do Poder Legislativo por um órgão judiciário, e o controle de constitucionalidade era percebido apenas por via de exceção, num processo movido perante o tribunal de direito comum. Esse obstáculo de princípio, ao qual se somava o poder da lei, expressão da vontade geral, pesava muito, mesmo para as mentes mais favoráveis à justiça constitucional. Decididamente, a questão era a mesma, ainda atual, da legitimidade da justiça constitucional.

No entanto, a história da justiça constitucional na França tem mais conteúdo do que se poderia acreditar. Evidentemente, os projetos e as experiências de controle de constitucionalidade da lei não lhe fazem jus. O "júri constitucionário" proposto por Sieyès quando da redação da Constituição do ano III, espécie de assembleia que tinha a "missão especial de julgar as queixas contra qualquer atentado cometido contra a Constituição", não passou de projeto, mas o Senado conservador do ano VIII e, mais tarde, o Senado do Segundo Império, segundas Câmaras Parlamentares encarregadas da salvaguarda da Constituição, talvez pudessem ter dado início ao exercício do controle se sua subserviência ao imperador não as tivesse desacreditado totalmente. Essas experiências desastrosas servem facilmente de contraexemplo para os detratores do controle de constitucionalidade.

Contudo, seria falso acreditar que o século XIX e o início do século XX constituíam um período de negação da justiça constitucional na França. Trabalhos recentes (J.-L. Mestre, 1995; G. Bigot, 1999) mostraram o papel eminente desempenhado pelo Tribunal e depois pela Corte de Cassação no exercício de uma justiça constitucional que será qualificada de comedida. De fato, desde praticamente a sua criação, a jurisdição de cassação vai exercer controle de constitucionalidade, primeiramente das decisões das jurisdições inferiores, depois, principalmente dos atos do Poder Executivo, qualquer que fosse, aliás, o regime no poder: Império, Restauração, Monarquia de Julho ou II República. Esse controle orienta-se sobretudo em duas direções: um controle do mérito, em vista dos direitos inscritos no texto constitucional, e um controle semelhante ao de caducidade, que comparava as leis e os atos do Poder Executivo dos regimes anteriores com a constituição do momento. Não devemos nos enganar, tratava-se realmente do exercício da justiça constitucional por um juiz de direito comum, sobretudo a Corte de Cassação, mas frequentemente como eco das decisões das cortes inferiores, as primeiras que se tornam juízes constitucionais dos atos do Executivo. Mas nem por isso se deve superestimar a importância de tal controle. De certo modo, como incide principalmente (e exclusivamente a partir da III República) sobre as decisões das jurisdições inferiores, o controle exercido pela Corte reguladora é de fato um controle de cassação, por motivo de inconstitucionalidade, é verdade, mas apenas com o efeito de decisão cassatória, ou seja, com efeitos jurídicos limitados à instância. A jurisdição administrativa, por sua vez, manterá por muito tempo uma posição de princípio segundo a qual formular perante o Conselho de Estado a inconstitucionalidade de uma lei é, "no atual estado do direito público francês, um meio (que) não é de índole a ser discutido perante o Conselho de Estado a estatuir no contencioso" (CE, Sect., 6 nov. 1936, *Arrighi et Dame Coudert*), ainda que Hauriou veja na jurisprudência do Conselho de Estado do início do século uma forma de controle de constitucionalidade quando a alta jurisdição administrativa chega a fazer uma regra de valor constitucional prevalecer sobre uma lei (nos famosos acórdãos *Winkell* de 1909, *Tichit* de 1912 e *Heyriès* de 1918). A visão da justiça constitucional é então apenas a visão de um controle por via de exceção que não atenta contra a separação dos poderes nem contra os direitos do Parlamento. Mas já se vê apontar a ideia de hierarquia das regras de direito, de cujo ápice a Constituição impõe suas regras fundamentais. A frase de Hauriou é reveladora: "A inconstitucionalidade das leis pode ser entendida em sentido mais amplo; por trás da ideia formal de fazer leis constitucionais que não são votadas do mesmo modo que as leis ordinárias [...], há a ideia material de que existe uma hierarquia para as leis, de que há leis fundamentais e leis que não o são, de que as leis ordinárias devem ser subordinadas às leis fundamentais." O conceito de hierarquia das normas conquistou a consciência dos juristas; só falta pô-lo em prática por meio de um procedimento jurisdicional apropriado.

Finalmente chegou Kelsen ...

Excetuando-se o caso do Tribunal de Império (*Reichsgericht*), criado na Áustria pela Lei constitucional de 21 de dezembro de 1867, e o do Tribunal Supremo de Mônaco, criado pela Constituição de 1911, depois da Primeira Guerra Mundial o continente europeu não conhece nenhum exercício eficiente da justiça constitucional por um órgão específico. A República da Áustria, que sucede ao Império, dará ensejo a Hans Kelsen de pôr em prática os princípios daquilo que depois foi chamado de modelo kelseniano (ou europeu) de justiça constitucional. A Alta Corte Constitucional da Áustria (1920) é uma jurisdição especialmente encarregada de exercer o controle de constitucionalidade das leis e dos regulamentos, agindo como órgão regulador do federalismo. A função de tal jurisdição especializada é garantir a coerência da ordem jurídica situada sob a autoridade da Constituição, por meio de decisões que têm autoridade absoluta sobre o conjunto dos atos e dos órgãos do Estado.

Esse modelo de justiça constitucional terá um início de aplicação na Europa: Tchecoslováquia (1920), Espanha (1931). Mas a ascensão dos totalitarismos e a guerra vão pôr fim às experiências de justiça constitucional com base no modelo criado na Áustria. Será preciso esperar o fim da Segunda Guerra Mundial para que o retorno à democracia fosse acompanhado por uma nova criação de jurisdições constitucionais. A Áustria retoma seu modelo já em 1945, e os regimes democráticos que se sucedem aos regimes totalitários na Alemanha (1949) e na Itália (1947) se submeterão à autoridade de uma Constituição que inclui direitos fundamentais e um sistema de justiça constitucional específica. O modelo kelseniano de jurisdição única especializada no controle de constitucionalidade se diferenciará em múltiplas aplicações particulares. As diferentes cortes constitucionais europeias podem assim conjugar diferentes tipos de recursos ou privilegiar algum tipo: recurso direto dos cidadãos perante o tribunal constitucional para a defesa de um direito garantido pela constituição, recurso abstrato por certos órgãos do Estado contra uma lei ou um ato regulamentar para a defesa das competências desses órgãos, segundo as garantias constitucionais, e questão de constitucionalidade formulada perante um tribunal de direito comum e obrigatoriamente remetida para a corte constitucional. A criação contínua das cortes constitucionais europeias a partir dos anos 1960 possibilitará combinar todos os tipos de controle de constitucionalidade cuja característica comum é o julgamento reservado para a corte constitucional. Assiste-se assim a duas ondas de criação de jurisdições constitucionais: primeiramente Grécia (1975), Portugal (1976) e Espanha (1978), países que retomam regimes democráticos, e Bélgica (1980); depois, uma segunda vaga que se segue à derrocada do bloco comunista (a Polônia figura como precursora, já em 1986), em que cada nação, voltando a ser independente, situa a defesa da Constituição por uma jurisdição especial no primeiro plano de suas preocupações jurídicas imediatas. É verdade que esse movimento de desenvolvimento dos direitos fundamentais nos países da Europa central e oriental também se manifesta por uma adesão quase geral ao sistema da Convenção Europeia de Salvaguarda dos Direitos Humanos e das Liberdades Fundamentais.

A França tentara implantar um Comitê Constitucional (1946), mas cujas competências lhe vedavam qualquer referência aos direitos fundamentais recentemente inscritos no Preâmbulo da Constituição e cuja jurisdição era limitadíssima. Ao criar o Conselho Constitucional (1958), a Constituição da V República implanta uma instituição que se autoqualifica como "órgão regulador da atividade normativa dos poderes públicos" (l962), cuja competência, no que se refere ao controle das normas (tanto em termos de autores quanto de motivos), é limitada ao respeito às competências dos órgãos do Estado, Executivo e Legislativo. Nesse sentido, o Conselho Constitucional é uma instituição à parte, ainda que suas características gerais o associem muito ao modelo kelseniano de justiça constitucional, pelo caráter concentrado do controle. Mas o confinamento da instituição no controle das competências normativas (se deixarmos de lado os contenciosos particulares em matéria eleitoral, de estatuto dos parlamentares e em circunstâncias excepcionais) faz do Conselho um órgão limitado no exercício da justiça constitucional. É que o Conselho Constitucional também divide com o Conselho de Estado uma competência de controle de constitucionalidade, e a novidade de tal controle por uma instituição específica incita à prudência num panorama ainda dominado pelo parlamentarismo. Será preciso esperar 1970-73 para que o Conselho Constitucional passe a cuidar dos direitos fundamentais (Declaração dos Direitos do Homem e do Cidadão de 1789, Preâmbulos da Constituição de 1946 e de 1958) e 1974 para que sua jurisdição se estenda aos parlamentares, situando-se assim o Conselho no centro dos debates político-jurídicos, e a Constituição da V República como referência suprema. Num país cuja história constitucional e política fora até então marcada pelo poder da lei – "legiscentrismo" –, o Conselho Constitucional vai dar novo foco às controvérsias jurídico-políticas sobre a Constituição, ao declarar que "a lei só expressa a vontade geral quando respeita a Constituição" (decisão nº 85-197 DC, 23 de agosto de 1985), pondo assim a justiça constitucional no cerne do processo de criação da lei (ver Ph. Blachèr, 2001). De certa maneira, o modelo concentrado de justiça constitucional, em vista da posição fundamental atribuída à constituição, coincide com a concepção de democracia constitucional dominada pelo constitucionalismo americano (cf. Hayek).

Modelos iniciais de justiça constitucional

A história da justiça constitucional possibilitou depreender dois grandes modelos de justiça constitucional (L. Favoreu, 1984): modelo americano e modelo europeu ou kelseniano, que serão chamados de iniciais porque ambos passaram por variações infinitas em sua aplicação. Aliás, cabe esclarecer que a modelização da justiça constitucional pode enveredar por outros caminhos: por exemplo, controle por procedimentos abstratos ou por procedimentos concretos (M. Fromont, 1996).

O modelo americano de justiça constitucional baseia-se no da Corte Suprema dos Estados Unidos e da organização jurisdicional a ela associada. Propõe um princípio de unidade jurisdicional que pode levar qualquer juiz a exercer função de controle de constitucionalidade, sob a autoridade de uma Corte Suprema que é a mais alta jurisdição do país. Mas, no que se refere aos Estados Unidos especialmente, cabe esclarecer que, embora a Constituição federal seja "a lei suprema do país", o controle de constitucionalidade também é exercido em cada estado da federação, em relação com a Constituição de cada estado. Essa particularidade e o regime estrito de separação dos poderes fazem da organização jurisdicional dos Estados Unidos um modelo dificilmente transferível tal como é. Seja como for, aquilo que se chama de "modelo americano" corresponde às características abaixo. A justiça constitucional pode ser exercida por todo e qualquer juiz, quando seu controle é qualificado de "difuso". Em outros termos, todo contencioso é passível de ter dimensão constitucional. O controle exercido também é qualificado de "concreto" no sentido de a questão de constitucionalidade poder ser formulada por ocasião de um processo de direito comum. Por fim, a autoridade da decisão de constitucionalidade em princípio goza de um efeito relativo, em relação às partes em causa. Mas, quando o julgamento é dado pela Corte Suprema, compreende-se que a esse efeito relativo se soma um efeito necessariamente mais geral, em vista do prestígio e da autoridade moral e jurídica da jurisdição suprema.

O modelo kelseniano (ou europeu) de justiça constitucional caracteriza-se pela existência de uma jurisdição única, especificamente encarregada do controle de constitucionalidade e distinta das outras jurisdições do Estado, cujo estatuto na maioria das vezes está inscrito na constituição. Fala-se então de controle "concentrado" naquela jurisdição única, pois a competência no exercício da justiça constitucional lhe é exclusiva. Ela se manifesta primordialmente pelo controle de constitucionalidade da lei, mas a essa função podem somar-se diversas outras: alta corte de justiça, tribunal eleitoral, controle das competências dos órgãos do Estado, inclusive em âmbito federal. Em virtude da possibilidade de censurar uma lei contrária à constituição, o juiz constitucional às vezes é qualificado de "legislador negativo", retomando-se assim a fórmula de Kelsen (1928): "Anular uma lei é propor uma norma geral, pois a anulação de uma lei tem o mesmo caráter de generalidade de sua elaboração com sinal negativo; portanto é uma função legislativa." O controle em geral é desencadeado pela ação direta de autoridades públicas ou políticas diretamente perante o juiz constitucional, mas esse controle pode combinar-se, de um lado, com uma ação direta dos cidadãos – apenas contra decisões jurisdicionais ou atos da administração (por exemplo, os recursos de *amparo*) – ou, de outro, com uma possibilidade de questão prejudicial de constitucionalidade proposta perante um tribunal ordinário que transfira o julgamento da questão de constitucionalidade para o tribunal constitucional habilitado. Por fim, os efeitos da decisão do juiz constitucional são absolutos (*erga omnes*) e formam um verdadeiro poder de anulação da norma censurada, inclusive legislativa.

Embora alguns elementos vinculem o Conselho Constitucional ao modelo europeu, especialmente o controle concentrado da constitucionalidade das leis, a especificidade do controle e o ambiente jurídico do Conselho determinam uma diferença sensível em relação à tipologia clássica. O Conselho Constitucional não foi concebido como uma jurisdição, mas como órgão encarregado de fiscalizar a distribuição das competências entre os poderes públicos. Seu funcionamento e seus métodos hoje só imperfeitamente se aproximam da modalidade jurisdicional, em relação àquilo que se exige de uma jurisdição. Além disso, o solo jurídico no qual ele cresceu não é o do constitucionalismo. O panorama jurídico é marcado por dois elementos principais: por um lado, o poder fundador da lei; por outro, uma organização jurisdicional já constituída e organizada sem espaço para um tribunal constitucional. Em 1958, está evidente que o direito francês não procede nem da Constituição, nem de uma corte constitucional que estenda seu poder sobre o conjunto dos tribunais. No entanto, aos poucos, o Conselho Constitucional vai assumindo seu lugar, com a ajuda da revisão constitucional e da jurisprudência, e as outrora conflituosas relações com as jurisdições ordinárias parecem apaziguadas. Na realidade, todo juiz quer ser hoje juiz da aplicação da Constituição e aprendeu a fazê-lo. A concorrência, para não dizer a supervalorização, dos direitos fundamentais domina as jurisdições francesas sem que o Conselho Constitucional possa realmente impor seu ponto de vista e seu julgamento. Sua autoridade provém hoje principalmente do fato de controlar a lei antes da sua promulgação, mas alguns fenômenos de contornamento pelas normas europeias o põem numa posição de fechamento constitucional. O juiz ordinário, administrativo e judiciário, não tem com ele uma atitude de juiz subordinado. Lança mão de todas as referências à disposição: Constituição, direito comunitário, Convenção Europeia dos Direitos Humanos, direito francês, nisso encontrando a fonte de seu julgamento. O Conselho Constitucional não pode fazer isso porque está fechado numa lógica de controle abstrato, sem organização de sua autoridade em relação às jurisdições ordinárias.

Grandes tendências contemporâneas da justiça constitucional

As tendências contemporâneas da justiça constitucional acompanham o desenvolvimento do constitucionalismo. Este se orienta em várias direções. A constituição aparece hoje como norma sancionada, garantida pela existência de juízes encarregados de cuidar para que ela seja respeitada. O fato de o controle de constitucionalidade ser aqui difuso ou concentrado não influi. Na maioria das constituições democráticas, o direito procede da constituição. O juiz nela encontra uma fonte do direito, entre outras, claro, mas hierarquicamente superior, contanto que isso esteja escrito num texto fundamental. Essas constituições contêm direitos fundamentais, individuais e coletivos, dos quais os cidadãos podem prevalecer-se. A justiça constitucional é o órgão privilegiado para a defesa desses direitos fundamentais, o que não exclui os outros juízes. Mas essa imagem de um tribunal supremo, guardião da constituição, está fortemente ancorada nas mentalidades, o que legitima com mais facilidade seus avanços jurisprudenciais. Essa "constitucionalização do direito" (L. Favoreu) é perceptível em todos os ramos do direito, mas produz efeitos jurisdicionais inéditos. Mesmo onde o controle de constitucionalidade é concentrado, como na França, o juiz ordinário se sente autorizado a utilizar essa constituição que lhe é apresentada por todos os lados. O juiz de direito comum torna-se juiz constitucional porque abriu a Caixa de Pandora dos direitos fundamentais e encontrou a constituição.

A segunda tendência é inversa à anterior porque é sua consequência. À medida que se desenvolve um fenômeno de imitação entre os tribunais constitucionais, espécie de corrida dos direitos fundamentais, os sistemas jurídicos nacionais resistem, opondo suas particularidades culturais e históricas. As resistências nacionais usam as mesmas armas: especificidades presentes na constituição, relações de sistemas de direito e de instituições que limitam a influência do juiz constitucional, como ocorre na França, oposições puramente políticas.

A terceira linha de força diz respeito particularmente ao continente europeu. Quer se trate dos países-membros da União Europeia, quer dos que aderem à Convenção Europeia de Salvaguarda dos Direitos Humanos e das Liberdades Fundamentais, mais numerosos, as relações de sistema jurídico induzidas por essa imbricação de competências e instituições põem em posição secundária a justiça constitucional, necessariamente vinculada a uma ordem jurídica nacional. Visto que a União Europeia e o sistema da Convenção dos Direitos Humanos criam jurisdições especiais com vocação geral, cujas decisões se impõem ao direito nacional, o juiz constitucional assiste ao estreitamento de seu horizonte. Para o jurisdicionado, a justiça constitucional já não é a única referência, já não é a referência última. O guardião dos direitos fundamentais está em Estrasburgo ou em Luxemburgo.

Por uma concepção funcional e procedimental da justiça constitucional

A noção de justiça constitucional pode englobar concepções muito diferentes, de acordo com o critério empregado. No sentido orgânico, é a instituição encarregada de garantir a supremacia jurídica da constituição. Do ponto de vista do critério material, é a atividade de controle da constitucionalidade dos atos que lhe são subordinados. Defende-se aqui uma concepção funcional e procedimental da justiça constitucional, segundo a qual o exercício desta se dará sempre que existir um procedimento que garanta a supremacia da constituição. Segundo essa concepção, a natureza do órgão que exerce esse controle passa para o segundo plano. O que importa é que a constituição seja uma norma jurídica efetiva, no sentido de ser organizado um procedimento que possibilite punir sua violação. O exercício dessa função de justiça constitucional está voltado para a busca de unificação do sistema jurídico em torno dos princípios de direito e de organização política presentes na constituição.

› BLACHÈR Ph., *Contrôle de constitutionnalité et volonté générale*, Paris, PUF, 2001. – CAPPELLETTI M., *Le Pouvoir des juges*, trad. fr. R. David, pref. L. Favoreu, Economica, 1996. – DRAGO C., *Contentieux constitutionnel français*, Paris, PUF, "Thémis", 1998. – EISENMANN Ch., *La Justice constitutionnelle et la Haute Cour constitutionnelle d'Autriche*, pref. H. Kelsen, Paris, 1928 (reed. Economica-PUAM, 1986, introdução G. Vedel). – FAVOREU L., *Droit constitutionnel*, Paris, Dalloz, 2003; *Les Cours constitutionnelles*, Paris, PUF, "Que sais-je?", 1996. – FROMONT M., *La justice constitutionnelle dans le monde*, Paris, Dalloz "Connaissance du droit", 1996. – KELSEN B., "La garantie juridictionnelle de la Constitution (la justice constitutionnelle)", *Revue du droit public*, 1928, pp. 197-285. – ROUSSEAU D., *Droit du contentieux constitutionnel*, Paris, Montchrestien, 2002; *La justice constitutionnelle en Europe*, Montchrestien "Clefs". – TURPIN D., *Contentieux constitutionnel*, Paris, PUF, "Droit fondamental". – VEDEL G., "Excès de pouvoir législatif et excès de pouvoir administratif", *Les Cahiers du Conseil constitutionnel*, Paris, nº 1, 1996, p. 57, e nº 2, 1997, p. 77. – ZOLLER E., *Droit constitutionnel*, Paris, PUF, "Droit fondamental". – Col.: *Annuaire international de justice constitutionnelle.*

Guillaume DRAGO

→ Constitucionalismo; Constituição e direito constitucional; Cortes Supremas; Direitos fundamentais; *Due process of law*; Estado de direito; Hierarquia das normas.

JUSTIÇA PRIVADA (Direito de fazer justiça pelas próprias mãos)

A expressão justiça privada pretende abranger o conjunto de atos por meio dos quais um sujeito de direito faz justiça por suas próprias mãos. Portanto, deixa-se de lado aqui a outra acepção corrente dessa expressão, que designa a arbitragem, como justiça "privada" oposta à justiça estatal. Entendido como direito de fazer justiça pelas próprias mãos, o recurso à justiça privada remete a práticas pertencentes a tempos remotos e levanta importantes questões teóricas. Antigas instituições consagram casos de exercício da justiça privada; costuma-se dizer que ela corresponde a uma era ou a um estado pré-jurídico, no qual assumiria as funções do direito e da política, ambos debilitados. No entanto, a civilização nunca conseguiu eliminá-la totalmente. Assim, apesar da força e da aparente universalidade do adágio "ninguém deve fazer justiça pelas próprias mãos", mecanismos de justiça privada nunca deixaram de se manifestar na ordem interna e, sobretudo, nas relações interestatais.

Questões teóricas da justiça privada

Visto que a faculdade de fazer justiça pelas próprias mãos só pode basear-se na apreciação puramente subjetiva de quem pretende recorrer a ela, a justiça privada é objeto de desconfiança, fazendo parte de um debate filosófico no qual é oposta ao estado social e à ideia de direito. Isso provém em parte do fato de a justiça privada durante muito tempo ter designado exclusivamente o uso de atos violentos com o fito de fazer prevalecer algum direito. Em outros termos, não poderia haver sociedade que acolhesse em seu seio essa faculdade de vingança anárquica. Os filósofos que refletiram na formação do estado social, opondo-o a um estado pré-social (e às vezes pré-racional), o "estado de natureza", viram no desaparecimento da justiça privada e na promoção da justiça institucional (figura do juiz) as condições de existência da sociedade política. No *Segundo tratado do governo civil*, de 1690, Locke expôs que o exercício do direito da justiça pelas próprias mãos ("cada um é ao mesmo tempo juiz e carrasco do estado de natureza") é uma das causas da degradação do estado de natureza e um dos motores da formação do governo civil. Pufendorf, em *Direito da natureza e das gentes* (1732), mostra que a ausência de juiz é a característica do estado de natureza, ao passo que a sociedade civil assenta na exclusão da faculdade de se fazer justiça pelas próprias mãos. A mesma ideia é desenvolvida por Rousseau, Espinosa, Kant e Montesquieu. Essas doutrinas apresentam o desaparecimento da justiça privada como necessidade histórica, a mesma que preside a formação do estado social. O elo entre estado social e abolição dos atos de justiça privada é apresentado como indefectível. No entanto, há razões para se pensar que a antinomia não é tão radical assim. Primeiro, é preciso constatar que existe justiça privada em grande número de sociedades, nas quais, em vez de funcionar como fator de dissolução, ela se apresenta como agregadora de práticas muito regulamentadas que contribuem para fortalecer a coesão social (A. R. Radcliffe-Brown, *Structure et fonction dans la société primitive*, Le Seuil, 1972). Em segundo lugar, é preciso ver que a relação entre direito e justiça privada só imperfeitamente traduz a antinomia destacada por esses filósofos e, na esteira destes, por inúmeros juristas (Eismein, Hauriou, Roubier etc.); de fato, em vez de condenar sistematicamente a justiça privada, o direito a reconhece, legitima e às vezes regulamenta.

Justiça privada e direito interno

Por mais que se remonte no tempo, encontram-se regras jurídicas que supõem o reconhecimento de uma faculdade de justiça própria. Assim, entre diferentes instituições do direito romano referentes à justiça privada, seria possível citar a *manus injectio*, poder do credor sobre a pessoa do devedor, a *pignoris captio*, poder do credor sobre alguma coisa pertencente ao devedor, o corte dos ramos e das raízes pelo proprietário do terreno que eles invadam e, evidentemente, o mais ilustre dos atos de justiça privada, que é a legítima defesa (Cícero, *Pro Milone*, IV). O grande movimento de codificação que se iniciou no século XIX e prosseguiu até o início do século XX abriu espaço para diferentes atos de justiça privada. O Código Civil alemão (*BGB*) de 1896 consagrava uma série de casos sob uma rubrica geral intitulada "Do exercício dos direitos; da legítima defesa; da justiça privada" (arts. 229 a 231); outras disposições, em âmbito rural, participam de uma concepção vigorosa de justiça privada (abate de animais) tanto em direito alemão quanto austríaco, francês e suíço. O Código das Obrigações suíço, de 1911, também consagrou diferentes casos de justiça privada, e é possível encontrá-la, em matéria penal e civil, em numerosas ordens jurídicas. Em 1966, uma importante série de trabalhos foi dedicada ao alcance que em direito contemporâneo tinha o adágio "ninguém deve fazer justiça pelas próprias mãos"; eles dão uma ideia dos diferentes casos de justiça privada admitidos nos direitos positivos internos. O mais conhecido, evidentemente, é o da legítima defesa, que permite reagir com violência a uma agressão atual e injusta contra pessoas ou bens. Afora esse caso mais evidente, diferentes instituições jurídicas são equiparáveis a mecanismos de justiça privada. Em direito francês, a convenção da conta corrente permite que o banqueiro se reembolse em caso de falência do cliente, contrariando as regras falimentares, em virtude das quais a conta é fechada: admite-se que, posteriormente à falência, o banco pode ainda fazer estornos de títulos de comércio vencidos e não pagos (ou seja, anular por meio de lançamento inverso uma operação contábil anterior). O estorno diminui o saldo credor (que normalmente deveria fazer parte da massa falida). Pode-se também mencionar a execução do penhor pelo credor beneficiário do penhor, certas prerrogativas do proprietário sobre seus bens de raiz ou, ainda que discutida, a cláusula penal (D. Mazeaud, *La Notion de clause pénale*, LGDJ, 1992). Os melhores exemplos continuam sendo a exceção de inexecução, o direito de retenção e a rescisão do contrato por inadimplência. A *exceptio non adimpleti contractus* é considerada um ato de justiça privada. É claramente o que diz René Cassin em sua tese de 1914: "É praticamente impossível negar que o contratante que, por iniciativa própria, se recusa provisoriamente a honrar suas obrigações com o fim de obrigar a outra parte a cumprir as suas está procurando defender seu direito à execução por meio de uma pressão exercida sobre a vontade do adversário sem recorrer à intervenção da autoridade pública. Por outro lado, quem assim se recusa subtrai-se [...] por iniciativa própria a seus compromissos. Constitui-se juiz das faltas que imputa ao adversário e dos direitos que nascem em seu proveito do descumprimento dos compromissos assumidos para com ele." Savatier dirá a respeito que a *exceptio non adimpleti contractus*, sob a aparência da ideia jurídica de causa, é "uma aplicação grosseira e maciça da lei de talião" (*D.*, 1957). Ela é realmente um direito que se exerce independentemente de qualquer recurso aos tribunais. Quanto ao direito de retenção que permite ao credor ficar com um objeto pertencente ao devedor até o pagamento do que lhe é devido, embora não o tenha recebido por um contrato de penhor, é analisado como meio de execução privada, comparada à legítima defesa e à exceção de inexecução. Por fim, em termos de justiça privada, é interessante o caso da rescisão do contrato por inadimplência: na ausência de cláusula expressa em contrário, em direito francês vigora o princípio de que ele está sujeito a rescisão judiciária (art. 1.184 C. Civ.). No entanto, o legislador reconheceu certo número de dispensas de ajuizamento e de invocação da rescisão de pleno direito (art. 1.657 C. Civ.). Ademais, desde o fim do século XIX, a jurisprudência tem admitido que às vezes é possível suspender em caráter definitivo a execução das próprias obrigações contratuais como reação à violação do contrato, sem ajuizamento, solução simetricamente oposta à letra do Código Civil francês e que foi confirmada em jurisprudência recente. Pode-se também notar, na esteira de Hauriou (*Précis de droit administratif et de droit public général*, Sirey, 9ª ed., 1919, pp. 36 ss.), que, através do poder de autoexecutoriedade, boa parte do direito administrativo repousa num direito de fazer justiça pelas próprias mãos, pois "a própria atividade cria uma situação tão vantajosa e oponível aos terceiros quanto a que tivesse sido autorizada por um juiz". Para Hauriou, esse domínio da "ação direta" é mais amplo nas "civilizações primitivas" do que nas "civilizações avançadas". Mas, como notava Kelsen a propósito das punições, "mesmo nos Estados modernos, em que a centralização do procedimento de punição atinge o grau mais elevado, subsiste um mínimo de autojustiça". O próprio Hauriou considerava que a "ação direta" continua a manifestar-se em quatro campos: relações internacionais (em que é fundamento do direito de guerra, de represálias e bloqueios), matérias constitucionais (em que os poderes públicos e os partidos políticos em suas lutas "fazem justiça pelas próprias mãos e reina a lei da maioria, ou seja, a lei do mais forte"), "matérias industriais" (relações empregadores/empregados, greve, ação sindical) e matérias administrativas (privilégio de autoexecutoriedade). Nem é preciso dizer que a observação se aplica em graus diversos a todos os sistemas jurídicos nacionais. Assim, estes últimos, embora baseados no princípio de que "ninguém deve fazer justiça pelas próprias mãos", dão espaço a mecanismos de justiça privada e consagram casos nos quais um particular tem condições de satisfazer suas pretensões jurídicas modificando unilateralmente a situação de fato ou de direito na qual se encontra outro sujeito. Para resumir a situação em linhas gerais, pode-se dizer que esses mecanismos de justiça privada em direito interno têm três características: em primeiro lugar, mostram-se como casos excepcionais de justificação, porque permitem fazer o que normalmente é proibido; em segundo lugar, implicam, necessariamente, uma autoapreciação por parte daquele que age. Todas as explicações dadas para justificar a manutenção de casos de justiça privada na ordem jurídica (urgência, eficácia, irreparabilidade de um dano, necessidade, equidade, carência institucional etc.) convergem no sentido de mostrar que ela está totalmente restrita a uma relação intersubjetiva, e seu único interesse ou razão de ser é a exclusão do terceiro. Em todos os casos nos quais são reconhecidos, os atos de justiça própria só têm sentido e existência porque estão nas mãos do sujeito que os aciona. Evidentemente, nada restaria da legítima defesa se, para usá-la, fosse preciso obter autorização ou haver um julgamento prévio para constatar que estariam "objetivamente" reunidas as condições necessárias. A proteção ou realização de direitos por meios de justiça própria, portanto, decorre necessariamente da simples pretensão por parte do sujeito. Em terceiro lugar, a justiça privada em direito interno parece ser em grande parte provisória, visto que a justiça institucional é chamada a tomar seu lugar. Esta intervém *a posteriori*, para decidir da procedência da ação subjetiva que se desenrolou sem ela. As condições que podem ter acompanhado o recurso à justiça por iniciativa própria só serão questionadas quando e se for movida uma ação em juízo. A ordem jurídica interna restringe a justiça privada arvorando-se como juiz último – mas virtual – da regularidade de seu exercício.

Justiça privada e direito internacional

Conforme mencionamos sucintamente, a doutrina filosófica e jurídica tende a relegar a justiça privada à desordem original do estado de natureza. Mas é interessante observar que, para vários pensadores, o estado de natureza e a justiça privada, em vez de desaparecerem com a instituição das sociedades políticas, encontram-se confinados às relações internacionais, tal como a marcha da civilização recalca os primitivos aos confins da terra. Assim, para Kant, no direito das gentes "como em geral no estado de natureza, todo estado é juiz de sua própria causa" (*Metafísica dos costumes*, § 60). Enquanto a expressão "justiça privada" não é de emprego frequente em direito internacional, o vocabulário diplomático usa muitas vezes expressões como "direito de fazer justiça pelas próprias mãos" ou "ato de justiça por iniciativa própria", expressando o que está no cerne da justiça privada, a saber, a autoadministração. Assim como em direito interno, o recurso a atos de justiça privada é questão primordial para o direito internacional, pois a avaliação que os Estados fazem das ameaças que pesam sobre seus direitos, o desencadeamento, o alcance e o conteúdo dos meios que eles põem em prática para defendê-los ficam por conta de sua apreciação subjetiva. O recurso a atos de justiça privada nas relações internacionais é incontestavelmente muito antigo. Para alguns, esses usos remontam às cidades-Estados gregas, sobretudo em razão da prática da androlepsia, vigente na antiga Atenas, que consistia em prender habitantes da cidade onde fora cometido um crime, até que o culpado fosse punido. Do mesmo modo, a prática das cartas de corso (H. Wheaton, *Histoire du progrès du droit des gens*, Brockhaus, 1865) mostra de que maneira a justiça privada combinou um poder soberano (de outorgar a carta), uma ação imputável a uma pessoa privada (que está em busca do respeito a seu direito) e meios violentos (R. De Mas Latrie, 1875). A distinção progressiva entre cartas de corso e cartas de represália, bem como o recurso a atos semelhantes à androlepsia nas relações entre entidades soberanas, traduz a lentidão com que elas se libertaram de seu persistente caráter pessoal. Já no século XII foram criadas instituições tendentes a limitar o recurso a tais práticas. Guerra, represálias armadas e legítima defesa, que implicam o uso da força, representam, sem dúvida alguma, a parte mais importante e constante da prática mais contemporânea nesse aspecto, mas a proibição do recurso à força privou a guerra e as represálias armadas de qualquer possibilidade de atuar como mecanismos legais de justificação, pois, em termos de justiça privada, o direito internacional atual reduziu essas hipóteses a uma só, a legítima defesa, que, como lembrava Anzilotti, é uma forma de autoproteção. Mas esse direito natural, segundo a terminologia da Carta das Nações Unidas, não esgota o problema, pois a justiça privada também pode assumir formas pacíficas.

Assim como em direito interno, mas em outra medida, existem diferentes procedimentos de justiça privada, percebidos como tais pela ordem jurídica internacional. Uma expressão recente visa a sintetizar casos de justiça privada que, apesar de frequentemente considerados em separado, têm em comum o fato de não comportarem o uso da força: são chamados de "contramedidas", o que pode ser traduzido como "represálias que não implicam o uso da força". Aliás, é preciso analisar como legitimação da justiça privada pelos direitos internos, no meio internacional, o fato de tais direitos internos consagrarem, muitas vezes de modo explícito, atos de justiça privada internacional (no plano legislativo ou constitucional, por ocasião da organização interna das competências internacionais dos órgãos estatais – através da jurisprudência interna relativa à reciprocidade na execução das convenções internacionais): artigo 55 da Constituição francesa de 1958, ou nos Estados Unidos (*Restatment of the Foreign Relations Law of the United States*, Seção 301 do *Trade Act* de 1974, jurisprudência da Corte Suprema, *Ware v. Hylton*, 1796, *Charlton v. Kelly*, 1913 etc.), bem como numerosos outros direitos nacionais (Alland, 1994). A prática internacional da justiça privada, além dos numerosos casos de invocação de legítima defesa, abrange todas as hipóteses nas quais dois ou mais Estados deixam de observar as obrigações que normalmente lhes incumbem, argumentando que estão reagindo a uma violação do direito internacional que lhes causou algum prejuízo. Essas hipóteses são numerosas, mas não tanto quanto imaginam aqueles para quem a sociedade internacional é uma selva (R. Aron). Essa prática da reação ao ilícito foi consagrada de diversas maneiras: no direito dos tratados, por meio da exceção de inexecução aplicada aos tratados (art. 60 da Convenção de Viena sobre o direito dos tratados de 1969), no direito da responsabilidade (pela ideia de circunstância excludente da ilicitude e mesmo pela de "sanção" do direito internacional) e na jurisprudência internacional e arbitral. Hoje são cada vez mais numerosos os mecanismos destinados a limitar e, talvez, proscrever o jogo da justiça privada, de tal modo que esta tende a recuar: criação de mecanismos de resolução dos litígios, organizações regionais integradas (União Europeia) etc. Mas o fato é que o problema central formulado pela justiça privada entre Estados é que a justificação das medidas adotadas pelo sujeito que faz justiça pelas próprias mãos não pode ser automaticamente implicada na pretensão do Estado que a ela recorre. Em outros termos, é com a justiça privada que se manifesta com maior evidência o caráter subjetivo, dialógico, se preferirem, do direito internacional geral.

› ALLAND D., *Justice privée et ordre juridique international*, Paris, Pedone, 1994. – GAGNIEUR J.-P., *Du motif légitime comme fait justificatif*, Paris, Blanquet, 1941. – HUGUENEY L., *L'Idée de peine privée en droit contemporain*, Paris, A. Rousseau, 1904. – LAMBERT J., *La Vengeance privée et les fondements du droit international public*, Paris, Sirey, 1936. – LAFARGUE P., *Les Représailles en temps de paix*, Paris, Rousseau, 1898. – MAS LATRIE R. de, *Du droit de marque ou droit de représailles au Moyen Âge, suivi de pièces justificatives*, Paris, Baur, 1875. – VALLIMARESCO A., *La Justice privée en droit moderne*, Paris, Duchemin, Chauny & Quinsac, 1928. – VERDIER R., COURTOIS G. & POLY J.-P. (org.), *La Vengeance. Études d'ethnologie, d'histoire et de philosophie*, 4º vol., Paris, Cujas, 1980-84. – Col.: *La Règle "nul ne peut se faire justice à soi-même", Travaux de l'association Henri-Capitant des amis de la culture juridique française*, t. XVIII, Paris, Dalloz, 1969.

Denis ALLAND

→ Arbitragem; Direito internacional privado; Força; Legítima defesa; Procedimento; Talião; Vingança.

L

LACUNAS E COMPLETUDE

Significação e problemática

A palavra "lacuna" é utilizada em pelo menos três sentidos diferentes. Numa primeira acepção, diz-se que há lacuna (às vezes chamadas de "verdadeiras lacunas") quando uma ordem jurídica não contém uma norma que, segundo se considera, deveria conter (por exemplo, ocorre uma catástrofe natural, e não há nenhuma regra que oriente o ressarcimento das vítimas). Ela apresenta três variantes: 1 / a ordem jurídica não contém certa regra geral considerada desejável; 2 / a ordem jurídica é considerada "lacunar" porque se julga que determinado caso particular deveria encontrar esta ou aquela solução, e os recursos do direito positivo não permitem chegar a ela (por exemplo, existe uma lei sobre a indenização das vítimas de catástrofes naturais, mas ela não é aplicável ao caso de X..., mas acredita-se que este deveria ser indenizado segundo essas regras); 3 / existe uma norma geral, mas sua formulação parece "obscura", de modo que não se sabe como a aplicar a dado caso, considerando-se que ou ela deveria ser aplicada de certa maneira que não parecesse coberta pelo texto, ou que deveria haver uma solução, mas não se sabe qual. Num segundo sentido, fala-se de "lacunas" (às vezes chamadas "técnicas"), quando uma norma prevê uma ação cuja realização é condicionada pela realização de outra ação, sem indicar as modalidades segundo as quais esta deveria ser realizada (por exemplo, a Constituição prevê a eleição do Presidente, mas não diz qual é a modalidade de escrutínio aplicável). Às vezes também se fala de "lacunas" nesse sentido quando uma norma prevê uma ação, mas as circunstâncias jurídicas impossibilitam sua realização (por exemplo, um órgão colegiado deve adotar uma decisão em dado prazo, mas a aplicação do procedimento previsto torna impossível o respeito ao prazo). Num terceiro sentido, enfim, oposto ao primeiro, diz-se que as ordens jurídicas apresentam "lacunas" por conterem regras indeterminadas que não permitem dirimir diretamente dado litígio, conferindo então poder discricionário ao órgão aplicador.

Tradicionalmente, a afirmação de que pode haver "verdadeiras" lacunas (sentido 1) num sistema jurídico decorre de uma concepção jusnaturalista ou moralizante do direito, ao passo que a afirmação oposta caracteriza as posições positivistas, para as quais o direito é necessariamente completo. Mas a proposição também pode ser invertida de tal maneira que, por razões morais, as ordens jurídicas não apresentariam lacunas porque para toda e qualquer questão existiria uma e uma única resposta correta. O problema da completude, assim, está ligado, por um lado, ao das relações entre direito e moral e, por outro, ao da determinação das ordens jurídicas em relação aos casos particulares. Historicamente, embora a problemática das "verdadeiras" lacunas perante casos particulares seja antiga (cf. Aristóteles), sua conceituação explícita é muito mais tardia. Desde a Antiguidade se admitem procedimentos que, graças ao recurso à "equidade" e ao *bonum et aequum*, bem como a princípios de justiça ou a princípios gerais do direito, possibilitam introduzir novas regras quando o direito existente não dá respostas consideradas satisfatórias. As grandes codificações dos séculos XVIII e XIX pretendem determinar um novo equilíbrio entre as regras gerais preestabelecidas e a possibilidade de depreender excepcionalmente uma solução individual. Enquanto o Código Civil francês exclui tal hipótese em princípio, vedando ao juiz deixar de decidir os litígios que lhe são regularmente submetidos (art. 4), o Código Geral das Leis Civis (*ABGB*) da Áustria, datado de 1811, admite que, "... se um caso não puder ser decidido nem de acordo com o sentido das palavras nem com a significação natural de uma lei [nem por analogia] [...], o juiz, como último recurso, pode decidi-lo levando em conta circunstâncias cuidadosamente coligidas e maduramente ponderadas, segundo princípios naturais do direito" (§ 7). O Código Civil suíço de 1907 é sem dúvida o exemplo mais célebre e estudado no assunto, visto permitir ao juiz que se veja diante da "ausência de uma disposição legal aplicável" pôr em prática, em último lugar, regras estabelecidas por ele mesmo, "... se tivesse de agir como legislador" (art. 1º). Essa regra legislativa, bem como as jurisprudências consideradas audaciosas, ao desprezarem as disposições pertinentes ao benefício de "princípios gerais do direito", são frequentemente apresentadas como provas da existência de "verdadeiras" lacunas. Do ponto de vista sistemático, portanto, a questão das "verdadeiras" lacunas se apresenta primeiramente em referência à ordem jurídica como tal; em segundo lugar, à solução de casos particulares; em terceiro, à interpretação de textos obscuros.

Incompletude externa

1 / Em sentido técnico, um sistema é considerado "completo" quando cada um de seus elementos pode ser caracterizado por determinado predicado. Será diretamente completo se cada elemento for individualmente visado; será indiretamente completo se certos elementos forem caracterizados por uma propriedade comum. Um sistema formal, por exemplo, será semanticamente completo se cada enunciado verdadeiro (ou válido) for igualmente derivável nesse sistema. Se admitirmos que as ordens jurídicas são sistemas de normas, e que uma norma é a significação de um dado linguisticamente pertinente que torna obrigatório, permitido ou proibido certo comportamento humano, poderemos perguntar se as ordens jurídicas são completas. Tal sistema poderá ser considerado completo se, no que se refere aos comportamentos humanos que ele torna juridicamente pertinentes, indicar se esse comportamento é obrigatório, proibido ou permitido. Assim considerados, todos os sistemas jurídicos são trivialmente completos, pois dizer que um comportamento é juridicamente pertinente equivale justamente a dizer que ele é objeto de uma norma, portanto, que é obrigatório, permitido ou proibido.

A questão da completude, portanto, nunca é entendida assim. Na verdade, sempre diz respeito a uma completude externa ou transcendente, ou seja, não à possibilidade de caracterizar cada elemento do sistema com um predicado determinado, mas de caracterizar cada elemento de outro conjunto com elementos da ordem jurídica, ou seja, das normas que a compõem. Esse outro conjunto é o dos comportamentos possíveis, e não o dos comportamentos selecionados por dada ordem jurídica. Ora, desse ponto de vista, mantendo-se inalterado todo o resto, todo sistema jurídico é trivialmente incompleto, visto que, para todo comportamento possível, existe pelo menos um em relação ao qual não se indica diretamente se essa ação é obrigatória, proibida ou permitida. De fato, nenhuma ordem jurídica poderia mencionar explicitamente todos os comportamentos possíveis.

Mas, ao mesmo tempo, tal sistema se tornaria trivialmente completo se fosse acrescentada uma única norma que dispusesse que toda ação não mencionada é permitida (ou obrigatória ou proibida, o que é teoricamente possível, mas pouco provável). Aliás, a maioria dos sistemas positivos atuais contém disposições explícitas de permissão dos comportamentos que não são explicitamente proibidos, seja no plano constitucional, seja no plano legislativo (por exemplo, os arts. 2º e 8º da Declaração dos Direitos do Homem e do Cidadão de 1789). Mas, teoricamente, é possível que um sistema não reconheça nenhuma norma referente aos comportamentos possíveis, mas não mencionados. Essas ações seriam então juridicamente indeterminadas no sentido estrito. O resultado seria que, durante todo o tempo em que assim fosse, não haveria sentido em perguntar quais decisões conviria tomar em direito a respeito delas. Na verdade, é difícil construir casos assim, pois todas as ordens jurídicas exigem que um pedido de decisão (jurisdicional ou não) seja fundamentado em direito, o que quer dizer que existe uma regra referente aos casos não regulamentados: convém rejeitar as solicitações não juridicamente fundamentadas. A teoria das "verdadeiras" lacunas é frequentemente criticada por apresentar como fato objetivo jurídico o que realmente constitui um juízo moral subjetivo (deveria haver tal norma). Assim, ela visa à introdução de normas externas ao sistema, que estejam fora dos procedimentos previstos, tal como pode visar à eliminação de normas existentes (consideradas injustas) que estejam fora dessas modalidades.

2 / Na maioria das vezes, a questão das lacunas é aventada a propósito de casos particulares, portanto, quando, por hipótese, existe uma regra geral aplicável. Trata-se então de um problema de relação entre norma geral e aplicação individual. Só quando um sistema é pelo menos indiretamente completo é que se podem introduzir normas de substituição que, em certas condições, possibilitem que as preferências do órgão que decide determinado caso prevaleçam sobre aquilo que está articulado nas normas gerais pertinentes. O órgão que produz a norma, ao considerar que uma norma geral nem sempre pode produzir resultados satisfatórios, poderá prever que o órgão de aplicação, em certas condições, deixe de aplicá-la e introduza outra em seu lugar. As regras do Código Civil austríaco e do suíço constituem exemplos disso. Essas regras não podem fundamentar a prova de "verdadeiras" lacunas porque supõem sua ausência; todos os casos são pelo menos indiretamente regulamentados, mas poderia ocorrer que, por razões que não é possível prever de antemão, a aplicação a dado caso pareça problemática. Em contrapartida, elas permitem a substituição de decisões alternativas como último recurso. O art. 4º do Código Civil francês, ao contrário, é uma regra que, em princípio e de acordo com sua letra, proíbe tal substituição: o juiz deve sempre aplicar a regra geral, mesmo que o resultado não lhe pareça, subjetivamente, satisfatório. É verdade que Portalis via essa norma mais como uma norma de substituição. Por conseguinte, as teorias segundo as quais haveria "verdadeiras" lacunas não visam à hipótese improvável de uma ação com estatuto normativo inteiramente (direta e indiretamente) indeterminado, mas a reivindicação de um poder de substituição não previsto ou mais forte do que o poder efetivamente previsto. A ordem jurídica então não é incompleta, mas nela não se encontra, para tal caso, a solução que gostaria de ali encontrar quem afirma a existência de lacuna, de acordo com suas preferências subjetivas e externas a essa ordem.

3 / Tradicionalmente, são associados ao problema das lacunas os casos em que a lei é "obscura": para o órgão de aplicação, a formulação da norma parece não permitir resolver um caso com certeza e existe a possibilidade de que, escondendo-se por trás desse pretexto, ele se recuse a decidir ou decida de modo totalmente contrário às interpretações possíveis, procurando assim substituir o legislador. São previsíveis duas soluções: ou o órgão deixa de ser constituído nesses casos e é obrigado a dirigir-se ao legislador ("liminar legislativa"), ou é obrigado a decidir, quaisquer que sejam suas incertezas, dando-lhe, eventualmente, uma margem de manobra maior ou menor (caso do Código Civil suíço) em relação às normas em vigor. O direito francês passou, sucessivamente, pelas duas variantes, visto que a regra do artigo 4º do Código Civil dispõe, desde 1837, apenas sobre a decisão do juiz. Em qualquer hipótese, "obscuridade" da lei não é inexistência da lei, e não poderia ser equiparada à "verdadeira" lacuna.

Incompletude técnica

O problema das lacunas "técnicas" se reduz em princípio ao das "verdadeiras" lacunas. Podem ocorrer três casos: a existência de outra norma que diga como convém resolver tais situações (por exemplo, uma regra de analogia: se o modo de escrutínio previsto para eleições comparáveis for majoritário, então nesse caso também haverá escrutínio majoritário); a existência da regra que autorize um órgão a ditar as modalidades não indicadas, e então ele dispõe de um poder discricionário (a regra designa um órgão como competente para a organização do escrutínio); ou a existência de várias regras, com um resultado irrealizável (o tribunal deve proferir sua decisão nos oito dias seguintes à sua constituição; antes que ele possa proferir sua decisão, deve ser respeitado um prazo de dez dias), ou seja, algo irracional. Em todos os casos, pode-se perguntar se tal resultado é desejável e exigir que haja outras regras mais satisfatórias, mas tais exigências são externas ao sistema, tal como este é dado, e não demonstram sua incompletude. A solução para esse tipo de problema é das mais difíceis que o jurista pode encontrar.

Completude por integração

Na literatura recente muitas vezes se encontra uma inversão da questão das "verdadeiras" lacunas. Se admitirmos que, em sua maioria, as formulações de normas jurídicas são indeterminadas em sua significação, poderemos dizer que a ordem jurídica é incompleta porque não determina diretamente a solução dos casos particulares e atribui poder discricionário ao decididor (Hart, 1994). O uso de "incompleto", porém, parece prestar-se a confusão, pois existe justamente uma regra que permite chegar a um resultado determinado. Inversamente, autores de tendência moralista afirmam que o direito é necessariamente completo por conter já elementos de moral que possibilitam identificar a "única resposta correta" (Dworkin, 1985). Este último construto é, de fato, equivalente à tese tradicional. Para esta, a existência de lacunas equivale à existência de resultados *moralmente* insatisfatórios ou inaceitáveis e *justifica* como tal a modificação da regra dada; para a tese da única resposta correta, o direito só é completo porque *já* compreende algo que lhe é exterior: a moral. Nos dois casos, o sistema moral não pode ser ao mesmo tempo contido *no direito* e externo a ele, sendo então inútil ou contraditório o recurso à moral.

› ARISTÓTELES, *Ética a Nicômaco*, V, 1137 *b* 15. – BASTIAN H., *Der Richter als Gesetzgeber*, Munique, 1955. – CANARIS C.-W., *Die Fetslellung von Lücken im Gesetz*, Berlim, Duncker & Humblot, 1983. – CONTE A. G., *Saggio sulla completezza degli ordinamenti giuridici*, Turim, Giappichelle, 1962. – DU PASQUIER C., *Les Lacunes de la loi et la jurisprudence du Tribunal fedéral suisse sur l'art. 1er CCS*, Basileia, Helbing & Lichtenhahn, 1951. – DWORKIN R., *A Matter of Principle*, Cambridge, Massachussets, Harvard Univ. Press, 1985. – FASTENRATH U., *Lücken im Völkerrecht*, Berlim, Duncker & Humblot, 1991. – HART H. L. A., "Postscript", in *The Concept of Law* (2ª ed.), Oxford, Oxford Univ. Press, 1994. – KELSEN H., *Reine Rechtslehre*, Viena, Deuticke, 1960 (trad. fr. *Théorie pure du droit*, Ch. Eisenmann, Dalloz, 1962, reed. Paris, LGDJ, 1999). – PERELMAN C., *Le Problème des lacunes en droit*, Bruxelas, Bruylant, 1968. – ROMANO S., *Osservazioni sulla completezza dell'ordinamento statale*, Modena, Presso l'Università degli studi, 1925. – SIORAT L., *Le Problème des lacunes en droit international*, Paris, LGDJ, 1958. – STROLZ M. M., *Ronald Dworkins These des Rechte im Vergleich zur gesetzgeberischen Methode nach Art. 1 Abs. 2 und 3 ZGB*, Zurique, Schulthess Polygraphischer Verlag, 1991. – WALTER R., "Anmerkungen zum Problem der Rechtslücke", *in* R. Walter, C. Jabloner (org.), *Strukturprobleme des öffentlichen Rechts*, Viena, Manz, Gedenkschrift Ringhofer, 1995. – WRIGHT G. H. von, "Y a-t-il une logique des normes?", in *La Querelle des normes. Hommage à Georg Henrik von Wright, Cahiers de philosophie politique et juridique de l'Université de Caen*, nº 27 (1995). – ZITELMANN E., *Lücken im Recht*, Leipzig, Duncker & Humblot, 1903.

Otto PFERSMANN

LAICIDADE

No direito francês, a laicidade adquiriu um significado específico, constitucionalmente consagrado, que implica a estrita neutralidade do Estado e a separação rígida entre este e os credos religiosos. Embora fortemente ancorada nas mentalidades na França, a laicidade se mostra mais marginal na Europa contemporânea.

O tema da laicidade não pode ser abordado numa obra de caráter jurídico como seria em outra disciplina. Etimologicamente, laico é o oposto de clerical. Assim, uma sociedade se tornaria laica quando os laicos substituíssem os clérigos em diversas funções de controle. É o que vem ocorrendo há vários séculos nas sociedades ocidentais. Na realidade, nessas sociedades o clero fora levado a paliar carências manifestas, por razões de natureza histórica. Depois da queda do Império Romano, ele desempenhou um papel que ia muito além daquilo que estava implicado no princípio de separação entre espiritual e temporal, presente no Novo Testamento. A laicização assume sentido diferente quando significa que a sociedade não está organizada nem funciona em conformidade com valores e princípios de ordem religiosa, mas sim de acordo com suas próprias regras, cujos fundamentos também seriam específicos. Uma longa evolução ocorreu a partir do século XVIII. Foi mais intensa na França do que em outros países. A partir da Revolução, uma forte corrente laica, remetendo-se a ideologias anticlericais ou mesmo antirreligiosas, conseguiu levar à adoção de uma legislação tendente, progressivamente, a desatar os elos seculares que uniam a Igreja católica ao Estado. A Lei Constitucional de 1884, que eliminava a referência às preces feitas quando do reinício das atividades parlamentares, as leis escolares, a Lei de 1901 relativa à liberdade de associação, mas cujo título III ditava medidas discriminatórias para as congregrações etc., preparavam a Lei de 9 de dezembro de 1905 relativa à separação entre Igrejas e Estado que, em muitos aspectos, constitui a vitória final da luta laicizante. Não sem um paradoxo suplementar: essa lei não usa em nenhum momento a palavra laicidade. Em contrapartida e como se isso constituísse uma evidência, a República francesa será qualificada de laica pela Constituição da IV e da V República. Assim, uma das palavras-chave da vida política e do sistema jurídico francês ganha sentidos diferentes em função dos períodos e dos campos de utilização. Portanto, convém elucidar a consistência, o valor e o alcance da laicidade antes de esclarecer sua significação.

Consistência da laicidade

O artigo primeiro da Constituição francesa de 4 de outubro de 1958 começa afirmando que "a França é uma República indivisível, laica, democrática e social". Confere assim valor jurídico preciso à laicidade. Em contrapartida, a definição desse princípio nunca foi registrada num texto de direito escrito. Ela foi coletiva e, de modo impressionista, obra do mundo jurídico. Numa crônica breve e sintética, publicada em 1949 no *Recueil Dalloz* (Crônica XXXIII), que a partir de então e durante muito tempo foi referência clássica na matéria, o professor Jean Rivero explicou de maneira notável sua evolução e seu destino: "Laicidade: palavra que cheira a pólvora; desperta ressonâncias passionais contraditórias [...] Transposto o limiar do direito, as disputas se aplacam; para o jurista, a definição de laicidade não cria grandes dificuldades; concepções bem diferentes foram desenvolvidas por políticos no calor dos comícios; mas só uma encontrou lugar nos documentos oficiais: os textos legislativos, os relatórios parlamentares que os comentam, as circulares que acompanharam sua aplicação sempre entenderam laicidade em um único e mesmo sentido, o de neutralidade religiosa do Estado." Cerca de quarenta anos depois, o comissário do governo Faugère expressava a mesma ideia em suas conclusões sobre um acórdão da assembleia do Conselho de Estado: "À definição jurídica, que pode ser resumida pela neutralidade do Estado, opõe-se uma doutrina militante [...] Em jurisprudência, os senhores tiveram oportunidade de impor a primeira concepção, única válida em direito, sobre a segunda, que de fato se assemelha a uma doutrina política [...]." No caso, ele considerava que não se pode conferir monopólio na gestão de um serviço público a uma associação laica militante (CE, Ass. 21 de outubro de 1988, FPEEP, *RFDA*, 1989, p. 124). A constância dos "juristas" desde o início do século certamente foi determinante em se tratando de tornar preciso o valor da noção.

Valor da laicidade

Adotado em comissão, quando da elaboração da Constituição da IV República, o princípio de laicidade do Estado depois foi admitido sem debate em sessão pública quando Robert Schuman conseguiu convencer o MRP mencionando as noções de independência e imparcialidade: "Visto que a nação é composta de pessoas que não têm as mesmas crenças, o Estado tem o dever de permitir que cada um dos cidadãos viva em conformidade com as exigências de sua consciência. Daí resulta que a doutrina da neutralidade – ou melhor, da imparcialidade do Estado em relação a todos os membros da comunidade nacional – só poderia ser concebida como um constrangimento restritivo." Ao cabo desse processo, o artigo 1º, muito curto, foi assim redigido: "A França é uma República indivisível, laica, democrática e social." Corresponde exatamente à primeira frase do artigo 1º da Constituição de 4 de outubro de 1958. Esta foi alvo não só de ratificação maciça pelo povo francês, mas também de aprovação explícita do episcopado. Além disso, o artigo 1º da Constituição da V República foi judiciosamente completado com duas frases das quais resulta que a França "garante a igualdade perante a lei de todos os cidadãos, sem distinção de origem, raça ou religião", e que "respeita todos os credos". Essa redação permite enfatizar a igualdade de direito que, proclamada desde 1789, nunca foi questionada depois. Admitida por repúblicas, monarquias e impérios, ela talvez constitua uma das especificidades francesas, tanto quanto a laicidade, porém mais ignorada, embora seu reconhecimento seja determinante para compreender o alcance da "laicidade jurídica". A sociedade francesa foi uma das primeiras que se fundamentaram duradouramente num elo jurídico – o da nacionalidade – independentemente de qualquer outra consideração de origem ou de filiação linguística, cultural, étnica ou religiosa. No Estado atual, o alcance do princípio de laicidade depende, no caso, tanto da legislação e da jurisprudência quanto da Constituição.

Alcance da laicidade

A laicidade do Estado, afirmada de fato antes de ser proclamada de direito, pôs fim a uma colaboração tradicional entre este e a Igreja católica. A Lei de 1905, ao garantir a separação entre Igrejas e Estado, só podia ter grande repercussão simbólica e prática. A partir de então, já não existiam na França cultos reconhecidos, enquanto as subvenções aos cultos e a remuneração de seus ministros eram proibidas. No contexto da época, a separação está estritamente ligada à legislação escolar. Os eclesiásticos são afastados do ensino público simplesmente por serem eclesiásticos. Quanto aos militantes contrários à laicização, a maioria é mais radicalmente afastada de toda e qualquer atividade docente, e grande número deles é obrigado a exilar-se. O ensino público, além disso, é submetido à estrita neutralidade, especialmente no âmbito religioso.

De modo mais geral, os serviços públicos são obrigados a respeitar o princípio da neutralidade. O exercício da liberdade religiosa, excetuando-se o regime dos edifícios do culto anteriores a 1905 e o das procissões tradicionais, também é submetido ao direito comum e às exigências da ordem pública. Nem por isso deixa de ser posto sob a égide da liberdade, pois, segundo a famosa fórmula do decano Le Bras, o Conselho de Estado comportou-se como "regulador da vida paroquial" e rapidamente propiciou a pacificação das tensões, aplicando à matéria os princípios liberais do direito administrativo. Tudo isso contribuiu para dar certo significado à laicidade francesa.

Significado da laicidade

Ela só pode ser compreendida a partir de certos elementos que caracterizam a história da França: presença de uma Igreja católica fortemente majoritária, a favor da qual e em nome das doutrinas galicanas, monarcas e eclesiásticos reivindicavam certa autonomia; desejo, também antigo, de fundamentar a legitimidade do poder fora de qualquer referência religiosa. Assim foi possível construir na França uma espécie de mito, o do Estado laico, fundamentado apenas na razão humana, que encarnaria a ideia de completa neutralidade e, em nome do interesse geral, estaria apto a incumbir-se do conjunto dos interesses temporais da coletividade, deixando para pessoas jurídicas privadas e para os indivíduos a tarefa de cuidar das necessidades de ordem espiritual. Enquanto a maioria dos Estados procurou, para um conjunto de questões sempre complexas, soluções pragmáticas hauridas na história nacional e nas aspirações dos grupos sociais, a França propôs o modelo de separação absoluta ou, pelo menos, radical entre o temporal e o espiritual. O Estado laico conseguiu mostrar-se perfeitamente sincronizado com o Estado liberal clássico. O primeiro se abstém de intervir no campo religioso, enquanto o segundo se abstém de intervir no campo econômico. Mas, precisamente, a lógica dessa correlação também poderia fazer essa laicidade parecer tão anacrônica quanto o liberalismo do início do século XX. A ignorância excessiva dos fenômenos religiosos, inclusive no âmbito escolar, e a expressão de evidentes reservas diante da necessidade de admitir a especificidade dos "empreendimentos ideológicos" poderiam constituir obstáculos à realização do objetivo constitucional de pluralismo, noção que, segundo a Corte Europeia dos Direitos Humanos, é um dos elementos de definição da democracia, ao lado da tolerância e da abertura das mentalidades. Ora, um Estado que respeite o pluralismo não é dotado das mesmas virtudes de um Estado neutro. O primeiro se mostra como um árbitro, conciliador, avalista do equilíbrio, enquanto o segundo se apresenta como um modelo e um recurso. O segundo, mais que o primeiro, corre o risco de favorecer o desenvolvimento de um pensamento sectário e intransigente. Corre menos risco de acomodar-se à visão de uma sociedade feita apenas de comunidades justapostas. Liberta de seus defeitos, a laicidade pode caminhar ao lado da busca da imparcialidade e da objetividade. As democracias contemporâneas talvez tenham interesse em ser ao mesmo tempo pluralistas e laicas. Um novo equilíbrio está sempre precisando ser realizado.

› D'ONORIO J.-B. (org.), *La Laïcité au défi de la modernité*, Paris, Tequi, 1990. – DURAND-PRIMBORGNE Cl., *La Laïcité*, Paris, Dalloz, 1996. – LE TOURNEAU D., *L'Église et l'État en France*, PUF, "Que sais-je?", nº 886. – METZ R., *Église et État en France*, Paris, Le Cerf, 1971. – Col.: *La Laïcité*, PUF, 1960.

Jean MORANGE

→ Igrejas/Estado; Liberdade; Ordem pública; Seita.

LEGALIDADE (Princípio de)

Tanto no sentido mais amplo como no sentido literal, princípio de legalidade significa submissão à lei, submissão de um ato jurídico, mas também de uma atividade material, à norma jurídica, sendo esta ampliada para além da lei formal ao conjunto da normatividade. Assim entendido, o princípio de legalidade não é de direito público nem de direito privado, ou melhor, engloba ambos e tem como destinatárias tanto pessoas privadas quanto pessoas públicas, pessoas jurídicas e pessoas físicas e, entre estas, autoridades não personalizadas.

No entanto, o princípio de legalidade não é familiar ao vocabulário do direito privado, ao passo que é considerado (com o princípio de responsabilidade, que é um de seus derivados) o dado básico do direito administrativo: significa submissão das autoridades administrativas (ou da ação administrativa pública) à legalidade, mas a uma legalidade específica, autônoma em seu princípio e distinta, pelo menos em parte, da legalidade que enquadra a atividade das pessoas privadas. O estudo da legalidade administrativa é então estudo das fontes formais do direito administrativo.

Por fim, o princípio de legalidade tem uma significação e um alcance específicos na forma do princípio de legalidade dos delitos e das penas, baseado na Declaração dos Direitos do Homem de 1789, que proclama que "nenhum homem pode ser acusado, preso ou detido, a não ser nos casos determinados pela lei e segundo as formas que ela prescreveu".

Conteúdo da legalidade

Em se tratando da legalidade no sentido amplo, apresenta-se de início a questão do conteúdo dessa legalidade. Já dissemos que ela deve ser entendida para além da lei formal do conjunto das disposições normativas passíveis de aplicação a cada sujeito de direito. Disso resulta que a legalidade é ao mesmo tempo compósita e hierarquizada.

A legalidade é compósita porque, em direito francês, as fontes formais do direito são múltiplas e mais numerosas hoje do que elas jamais foram. Na origem – e isso é revelado pelo próprio termo legalidade –, suas fontes se reduziam à lei, da qual mal se distinguiam: leis constitucionais (adotadas e modificadas nas mesmas formas que a própria lei: assim as leis constitucionais de 1875) e exercício do poder regulamentar de execução das leis, concebido como simples aplicação destas e ao qual, até o início do século, será atribuída a mesma autoridade jurídica que a própria lei (jurisprudência sobre os regulamentos de administração pública, que só será abandonada em 1907: CE, 6 de dezembro de 1907, *Chemins de fer de l'Est*, S. 1908, p. 1, concl. Tardieu, nota Hauriou).

Depois, a legalidade se torna múltipla. De início, há o surgimento, a afirmação de um poder regulamentar, estendido da execução das leis a uma regulamentação autônoma que, com a Constituição de 1958, adquire a posição de atividade normativa de princípio, depois de várias veleidades no mesmo sentido durante a III e a IV Repúblicas; a partir daí e desde 1958, a competência regulamentar é a fonte normal da legalidade, intitulada como tal pela própria Constituição.

Em seguida – para seguir a cronologia histórica –, o lugar foi sendo tomado cada vez mais por uma legalidade convencional, uma legalidade "adventícia", resultante das estipulações dos tratados internacionais concluídos pela França e do direito derivado desses tratados, direito procedente dos órgãos instituídos por esses tratados e habilitados por eles a criar direito. A instituição das Comunidades Europeias e, depois, da União Europeia conferiu outra dimensão à aplicação do princípio admitido a partir de 1946, que integra diretamente à legalidade interna o direito dos tratados desde que se trate de disposições autoexequíveis (*self executing*).

Mais ou menos na mesma época tem-se a afirmação da especificidade e da supremacia da legalidade constitucional que, conforme dissemos, no início se confundia com a lei. O aparecimento (com a Constituição de 1958) de um controle preventivo de constitucionalidade da lei – rapidamente estendido da simples proteção do poder regulamentar a um controle do fundo de conformidade da lei com a Constituição, integrando como referencial de controle a própria Constituição, mas também o preâmbulo da Constituição de 1946, a Declaração dos Direitos de 1789 e um conjunto de princípios fundamentais, princípios e objetivos de valor constitucional – e o aperfeiçoamento técnico introduzido em 1974 com a possibilidade de aplicação pela oposição parlamentar, tudo isso levou ao surgimento de uma legalidade constitucional que hoje é bem distinta da lei formal e já se encontrava em embrião na Constituição de 1946, quando ela previa um procedimento específico para as revisões da Constituição e a adoção das leis constitucionais (art. 90 da Constituição de 1946).

Contribuindo para esse estilhaçamento da legalidade, houve uma diversificação do poder regulamentar, aliás globalmente aumentado: afirmação de competências regulamentares próprias das coletividades locais, redistribuição de uma parte do poder regulamentar central em benefício de autoridades administrativas independentes, cujo número está em constante crescimento.

Resta, por fim, permeando a época, a questão da contribuição do juiz – principalmente do juiz administrativo – para a legalidade. Esta, em teoria pura, certamente é nula, visto que o juiz tem a missão de aplicar a lei para dirimir o litígio, e não de criá-la, sendo-lhe firmemente vedada, desde 1790, a prática das decisões regulamentadoras desenvolvida pelos antigos parlamentos. Mas, na realidade, a jurisprudência, às vezes muito livre em relação à lei, desempenhou papel histórico determinante na formulação e na evolução da legalidade administrativa, propiciando sua constante adaptação.

Essa legalidade compósita, infinitamente mais abundante e móvel do que antes (fenômeno da inflação legislativa), é uma legalidade hierarquizada, o que deve ser compreendido em relação com os mecanismos de sanção que garantem seu respeito. A hierarquia da legalidade (costuma-se falar de "pirâmide da legalidade") é comandada em seu princípio por um critério orgânico: a autoridade da norma é determinada pela qualidade de seu autor, e não por seu conteúdo; esse critério orgânico ou formal provém da "proximidade" maior ou menor do autor do ato com a expressão da soberania nacional, do elo de legitimidade que o une a esta.

Assim, norma suprema é aquela que emana do povo, titular da soberania nacional que ele exerceu pela primeira vez quando adotou a Constituição e continua exercendo, sob a égide dela, por meio de seus representantes e por via do referendo (art. 3 da Constituição). Isso conduz a uma distinção – clássica – entre o povo soberano, órgão constituinte, que ratifica e adota a norma suprema, e o povo soberano, órgão constituído, que, pelo canal de seus representantes (o Parlamento) ou por via de referendo, é considerado autor da lei "soberana", mas subordinada à Constituição; deve-se notar, porém, que o conselho constitucional recusa qualquer controle da lei referendária (C. Const., 6 de novembro de 1962, *Rec.*, p. 27). A lei, por emanar do povo soberano, está assim subordinada à Constituição.

Quanto à normatividade regulamentar, está inteira e globalmente subordinada à lei formal (e à Constituição), inclusive no que se refere ao poder regulamentar autônomo que, intervindo por construto em matérias vedadas, em princípio, à lei, nem por isso deixa de estar submetido ao mesmo controle de legalidade que a normatividade regulamentar de aplicação das leis; em especial, o regulamento, seja ele qual for, não pode contradizer os princípios gerais do direito aos quais a jurisprudência do Conselho de Estado submete a ação administrativa em seu conjunto. Essa subordinação global do regulamento decorre do fato de que este tem como autores autoridades administrativas, decerto responsáveis perante o Parlamento, mas não representantes do povo soberano, como ocorre com este; estamos mais longe na ordem das "proximidades" do soberano, que determina a pirâmide da legalidade.

Dentro da vastíssima categoria das autoridades administrativas, a hierarquia da legalidade ainda é governada por princípios complexos, que têm seu papel no critério orgânico: em princípio – salvo disposição da lei (ou da Constituição) em contrário – o ato da autoridade administrativa inferior ou subordinada deve respeitar a legalidade que emana da autoridade superior. Mas nem todas as diferentes autoridades administrativas estão ordenadas segundo um esquema hierárquico. Assim, a própria Constituição reconhece nas coletividades locais o poder de administrar-se livremente, ou seja, de elaborar, em nome das competências que lhe são atribuídas, uma legalidade que simplesmente deve ser compatível com a legalidade central e sobre a qual as autoridades regulamentares centrais não podem ingerir-se. Do mesmo modo, as autoridades administrativas independentes (autoridades do Estado, que agem em nome do Estado e, se for o caso, empenham a responsabilidade deste) são – como indica a denominação – independentes, estão isentas de qualquer espécie de tutela ou hierarquia, para desenvolver uma legalidade específica – frequentemente qualificada de "regulação" – cujos limites necessários, aliás, foram demarcados pela jurisprudência do Conselho Constitucional.

A inserção da legalidade convencional – a dos tratados internacionais e do direito derivado – nessa hierarquia não ocorreu sem debates e hesitações. Embora, já na IV República, se tenha admitido e considerado sem dificuldade que a legalidade regulamentar em seu conjunto está subordinada à legalidade convencional e que deve respeitá-la, o dogma herdado da história constitucional da "soberania" da lei levava a negar a subordinação da lei ao tratado e mesmo do regulamento ao tratado quando uma lei interposta entre eles impedisse o controle do primeiro em nome do segundo. Além dessas considerações de fundo, a dificuldade em integrar o tratado na legalidade decorria da resistência do juiz administrativo a participar de qualquer forma de controle da lei, por razões bem compreensíveis, relativas à própria natureza desse juiz e à sua origem histórica. Em data bastante recente, essas restrições relativas à incorporação do direito convencional na legalidade desapareceram, e o juiz admite "deixar sem aplicação", na espécie em que é constituído, leis internas contrárias aos tratados ou ao direito derivado; de modo talvez um tanto artificial – mas para atingir um resultado que se pode acreditar necessário –, o juiz justifica esse "controle de convencionalidade" com as disposições do artigo 55 da Constituição (cuja substância já estava no artigo 26 da Constituição de 1946...), atribuindo aos tratados ratificados, publicados e reciprocamente aplicados uma autoridade superior à autoridade das leis.

No entanto, a normatividade convencional, integrada na legalidade interna com autoridade superior à da lei, não poderia prevalecer à Constituição, que continua sendo – e poderia ser de outro modo? – a norma suprema no ápice da legalidade.

Aplicação do princípio de legalidade

A legalidade será totalitária, no sentido de só ela determinar a ação dos sujeitos de direito? Evidentemente, não: a normatividade jurídica tem apenas um papel, explícito mas nem sempre principal, na determinação dos comportamentos dos atores sociais. De modo geral, esses comportamentos devem estar em conformidade com a legalidade, mas, em seu princípio e em suas modalidades, também obedecem a outros determinismos; isso se verifica especialmente na legalidade administrativa.

O princípio da legalidade é conhecido e explícito sobretudo no sentido de estar voltado para a ação administrativa das pessoas públicas. Se, afinal, é natural que as pessoas privadas precisem enquadrar suas ações nos termos da lei, historicamente isso é menos manifesto em relação ao Estado (e às outras pessoas públicas): o Estado, que cria a lei, estará submetido a ela?

O gestor e avalista do interesse geral poderá aceitar que sua ação nesse sentido seja obstada pelo respeito à legalidade? A afirmação progressiva do Estado de direito nada mais é que essa escolha organizada e consciente de autolimitação do Estado pelo direito, que só progressivamente se afirmou e continua imperfeita.

Essa identificação da legalidade administrativa com o direito administrativo foi contestada com bons argumentos (especialmente de Ch.

Eisenmann): a legalidade administrativa, que é feita do conjunto das regras de direito que regem a ação das pessoas públicas, inclui, além do direito administrativo, boa parte da legalidade ordinária ou, poderíamos dizer, comum, por valer tanto para as pessoas privadas quanto para as públicas. O fato é que, em sua atividade propriamente administrativa (de gestão pública, em oposição à gestão privada), o Estado e as outras pessoas públicas estão submetidos a uma legalidade específica, distinta em seu princípio da normatividade aplicável às pessoas privadas (ou às pessoas públicas, no âmbito de sua gestão privada); o fato de essa legalidade administrativa ocasionalmente ter elementos da normatividade de direito privado não diminui sua autonomia de princípio.

A legalidade administrativa alimenta-se das mesmas fontes que a legalidade em geral, mas dando um lugar essencial à jurisprudência do Conselho de Estado e do Tribunal dos Conflitos, que, em continuidade com o Antigo Regime, primeiro afirmaram a autonomia de princípio da legalidade administrativa e depois reuniram os elementos desta e determinaram sua evolução. Essa jurisprudência é constantemente guiada por uma forma de arbitragem entre as necessidades da ação administrativa – legitimada, principalmente no período contemporâneo, pelo serviço público – e a preservação dos direitos e das liberdades dos administrados; continua próxima dos fatos e dos referenciais políticos: lugar deixado ao poder discricionário, legalidade "atenuada" em caso de circunstâncias excepcionais e até descartada (jurisprudência dos funcionários de fato, atos de governo etc.).

Esse sistema – que possibilitou a construção de uma legalidade administrativa pertinente e evolutiva – é evidentemente um dos produtos da história administrativa e política da França, e tem a jurisdição administrativa como eixo.

De fato, é ao juiz que cabe a sanção do princípio de legalidade, seja no âmbito de recursos objetivos por via de ação (ou recursos por excesso de poder), tendentes à anulação do ato ilegal, limitados no tempo e em princípio monopólio do juiz administrativo, seja por via de exceção de ilegalidade, permanente e aberta perante qualquer jurisdição, que leva a revogar, na espécie, o ato impugnado.

Compreende-se por que nesse sistema de legalidade administrativa, herança da França de Richelieu e de Napoleão, se acumulam a questão de sua evolução e de sua inserção num contexto institucional estendido à Comunidade Europeia, à União Europeia e à Europa da Convenção Europeia dos Direitos Humanos.

› A bibliografia é numerosa, incluindo-se a literatura dedicada ao Estado de direito (ver este verbete), que é outra apresentação, mais política, dos mesmos princípios; mas essa bibliografia diz respeito, quase exclusivamente, ao princípio da legalidade administrativa.

Mencionaremos o artigo clássico e paradoxal, em certos aspectos, de EISENMANN Ch., *EDCE*, 1957, p. 25, "O direito administrativo e o princípio de legalidade". Ver também a tese de Velley S., *Les Origines du principe de légalité en droit public français*, tese, Paris, 1998. Abordagens críticas e estimulantes de Loschak D., "Le principe de légalité, mythes et de mystification", *AJDA*, 1981, p. 387, e Chevallier J., "La dimension symbolique de principe de légalité", *RDP*, 1990, p. 1.651.

Yves GAUDEMET

→ Direito administrativo; Estado de direito; Fontes do direito; Legalidade dos delitos e das penas.

LEGALIDADE DOS DELITOS E DAS PENAS

Nullum crimen, nulla poena sine lege: ao contrário do que parece, esse adágio não é um brocardo medieval. Só foi formulado no início do século XIX, provavelmente por Feuerbach. No entanto, ao contrário do que às vezes se afirma, a ideia de que o juiz penal deve processar as infrações e aplicar penas nos limites que lhe são permitidos por lei não era totalmente estranha ao antigo direito: já na Idade Média, tanto os direitos doutos quanto o direito régio submetiam o juiz ao respeito ao direito. Ao mesmo tempo, permitiam-lhe, em certas condições, "arbitrar" as penas para individualizar a repressão. No início do século XVII, Loisel afirmava que na França "todas as penas são arbitrárias". Associando essa "arbitrariedade dos juízes" ao "despotismo", os reformadores do século XVIII condenaram esse sistema e preconizaram um legalismo penal estrito. Mas a rigidez com que esse princípio, consignado na Declaração de 1789, será aplicado no Código de

1791 – reduzindo os juízes ao estado de autômatos passivos – provocou distorções tão graves, que foi preciso flexibilizar rapidamente o conceito de legalidade penal e devolver ao juiz uma parte de *arbitrium*, que desde então não parou de aumentar.

Princípio de legalidade e arbitrariedade das penas no antigo direito

No Baixo Império, num contexto político em que o imperador era o "único criador do direito", a atividade do juiz se inseria, necessariamente, no âmbito da estrita legalidade. "Antes de qualquer coisa – afirma Justiniano nas *Institutas* –, o juiz deve cuidar de não julgar de outro modo que não seja em conformidade com o que é previsto pelas leis, pelas constituições imperiais ou pelos costumes" (IV, 17, pr.). O renascimento do século XII põe de novo esses princípios na ordem do dia. Julgar "segundo as leis" é para todos os juristas, tanto civilistas quanto canonistas, a obrigação propriamente profissional do juiz medieval. No pequeno tratado *De judiciis* que escreveu entre 1123 e 1141, Bulgarus incluiu no juramento dos juízes não apenas a referência geral à justiça e à verdade, mas também "a observância das leis". De nada adianta a flexibilidade desse princípio de legalidade *lato sensu* – na aplicação das regras, em função das circunstâncias, o juiz deve usar toda a "moderação conveniente e razoável" –, pois o fato é que ele é obrigado a respeitar o direito "posto", quer se trate das leis romanas, quer dos costumes notórios do lugar. Mais ou menos na mesma época, Graciano enuncia a mesma regra no cânone *Judicet ille*, citando Santo Ambrósio: "O bom juiz nada faz arbitrariamente e segundo sua vontade pessoal, mas se pronuncia segundo as leis e o direito" (C. 3, q. 7, c. 4). O direito régio não fica atrás: o juramento dos bailios e dos senescais, tal como São Luís estabeleceu em 1254, não só obriga esses agentes a respeitar a justiça em geral, como também os submete ao respeito ao direito em vigor: "eles jurarão fazer justiça aos grandes e aos pequenos [...], sem acepção de pessoa ou origem, *segundo os direitos, os usos e os costumes aprovados em cada lugar*".

Apesar disso, o princípio de legalidade não passa de um elemento entre outros do ofício do juiz, e não é o mais importante. Para os doutores do *ius commune* e para os teólogos, o juiz é, acima de tudo, um servidor da justiça. Cabe-lhe, pois, interpretar a letra do direito para aplicá-lo da maneira mais equitativa possível nos diferentes casos que lhe são submetidos. Além do mais, no campo penal, o direito romano admitia que o juiz, em certas condições, "arbitrasse" as penas. Na Idade Média, os juristas recuperam a Lei *Hodie* (D. 48, 19, 13) e a interpretam no sentido de que ela daria aos juízes a possibilidade de adaptar até mesmo as penas legais ou estatutárias. Essa faculdade, porém, obedecia a um regime jurídico preciso. Na França, apesar do adágio de Loisel segundo o qual "todas as penas são arbitrárias neste reino", o *arbitrium* só era possível nos casos em que a lei o previsse expressamente – somente as cortes "soberanas" às vezes se permitiam julgar contrariamente à letra das ordenanças. Mas, em todos os casos, os juízes deviam respeitar um princípio geral de proporcionalidade entre os delitos e as penas, e não pronunciar condenações "inusitadas". Quanto às incriminações, a imensa maioria da doutrina sempre considerou que os juízes não podiam decidir a seu bel-prazer, e que só podiam pronunciar fatos qualificados de delituosos pelo costume ou pela lei. Assim, o antigo direito conhecia um regime de legalidade penal no sentido lato, e a liberdade dos juízes estava sempre enquadrada pelo direito: era o que se chamava de arbitrariedade "regrada".

Legalidade e legalismo no regime moderno

Associando a arbitrariedade dos juízes à arbitrariedade monárquica, os reformadores do Século das Luzes fizeram-se paladinos da lei. Regra única de todas as condutas sociais, a lei deve ser simples, clara, precisa – pelo menos suficientemente precisa para que qualquer interpretação seja inútil: "Que toda lei seja clara, uniforme, precisa; interpretá-la é quase sempre corrompê-la" (Voltaire). A exaltação da lei – e depressa a sua sacralização – redunda assim na subjugação do juiz. "Nos Estados despóticos – escrevera Montesquieu – não há lei; o próprio juiz é sua regra. Nos Estados monárquicos, há lei: quando ela é precisa, o juiz a segue; quando não é, o juiz procura seu *espírito*. No governo republicano, é da natureza da Constituição que os juízes sigam a *letra* da lei" (*Espírito das leis*,

VI, 3). Na segunda metade do século XVIII, os reformadores do direito penal adotaram o princípio da legalidade estrita. Como reação contra a tradicional arbitrariedade dos juízes, agora com conotações de "despotismo", pedem-se leis penais suficientemente precisas para que o juiz nem tenha de "procurar seu espírito". Seu papel, segundo Beccaria, se reduz a "formar um silogismo perfeito", cuja premissa maior é a lei, a menor é a infração por punir, e a conclusão (automática) é o julgamento.

É esse o programa que a Assembleia Constituinte se esforça por concretizar. Adotada já em 26 de agosto de 1789, a Declaração dos Direitos do Homem e do Cidadão afirma em seus artigos 7º e 8º o princípio fundamental da legalidade das incriminações e das penas. Segundo a fórmula introdutória do artigo 7º, "ninguém [...] pode ser acusado [...] a não ser nos casos determinados pela lei [...]" Como a lei, segundo o artigo 5º, "só tem o direito de proibir ações *nocivas à sociedade*", o campo das incriminações deverá reduzir-se em relação ao que era antes de 1789. À legalidade das incriminações se soma, evidentemente, a das penas: é esse o objeto do artigo 8º. No entanto, a Declaração não entra em detalhes sobre as próprias penas, limita-se a afirmar que elas devem ser "estrita e evidentemente necessárias". Em sua segunda parte, o artigo 8º da Declaração enuncia, como corolário do princípio de legalidade, a não retroatividade da lei penal: "Ninguém pode ser punido senão em virtude de uma lei estabelecida e promulgada anteriormente ao delito." Essa disposição será retomada com um complemento ("o efeito retroativo dado à lei seria crime") na Declaração dos Direitos de 1793 (art. 14), no exato momento em que esse princípio, assim como todos os outros, estava sendo abundantemente violado. Será reencontrado no artigo 4º do Código de 1810. Formulados os princípios gerais, a Assembleia adotou o primeiro Código Penal francês (Lei de 25 de set. – 6 de out. de 1791). Esse código concretizava de modo muito estrito o princípio legiscêntrico: a uma lista precisa de incriminações passa a corresponder uma tabela rígida de penas fixas, teoricamente concebida para resolver todos os casos possíveis, tabela que os juízes não podiam absolutamente modular. Como seria de esperar, o ideal do juiz-máquina, servidor passivo de uma lei perfeita, não resistiu à prova da realidade. Era evidente que o código não pudera prever tudo, e a aplicação mecânica de uma tabela imutável provocava graves injustiças. Para remediar esse inconveniente, os júris passaram a manipular a qualificação dos fatos e até a negar a culpa do réu, a despeito das evidências, por preferirem que os juízes o absolvessem a expô-lo a uma condenação injusta. Por outro lado, os excessos do Terror judiciário lançavam luzes terríveis sobre as consequências do legalismo absoluto, privando de consciência "juízes-máquinas" excessivamente zelosos. Fouquier-Tinville, levado a julgamento depois do Termidor, alega em sua defesa a absoluta preeminência da lei: "Um funcionário numa República só deve conhecer a lei emanada do poder soberano e, sem se aprofundar nas causas ou nos motivos, no rigor ou na injustiça, seu dever é executá-la e fazer que ela seja executada. [...] Onde a lei fala, o funcionário age." Sem renunciar ao princípio de legalidade, o regime bonapartista teria de flexibilizá-lo e devolver aos juízes certo poder de apreciação na escolha das penas.

As relações entre Napoleão e os juízes são complexas. Por um lado, ele compartilhava a antiga desconfiança dos revolucionários em relação a magistrados de ofício; por outro, via no corpo judiciário uma força a serviço da ordem. Com isso se explicam tais posições, à primeira vista surpreendentes, contra a legalidade das incriminações: no Conselho de Estado, durante discussões sobre o projeto de Código Penal, sabe-se que o imperador se insurgiu várias vezes contra "esse sistema estreito que só permite que os juízes condenem depois que uma disposição que qualifique formalmente de crime ou de delito o fato que lhes é submetido; tudo o que não foi previsto fica impune!". Para possibilitar que os magistrados solucionassem esse inconveniente que ele considerava lamentável, Napoleão desejava as leis penais mais gerais e breves possíveis ("elas deveriam ser redigidas em estilo lapidar, com a concisão do Decálogo"). Sobre esse ponto, porém, o imperador não conseguiu convencer os juristas do Conselho: no Código de 1810, assim como no de 1791, o regime das incriminações continua submetido a um estrito princípio de legalidade. Não só as diversas infrações são definidas de modo muito preciso, mas também essas definições não podem ser objeto de nenhuma interpretação extensiva por parte dos juízes. É o que a câmara criminal da Corte de Cassação, na linha da jurisprudência anterior, lembra na mesma época: "os textos repressivos são de interpretação estrita"; "os juízes não podem proceder [...] por extensão ou analogia" (8 de setembro de 1809). O princípio da interpretação estrita da lei penal é expresso pelo adágio *Poenalia sunt restringenda* (que, tal como *Nullum crimen*..., só foi forjado no século XIX); ele agora figura no artigo 111-4 do Código de 1994: "A lei penal é de interpretação estrita."

Quanto à legalidade das penas, a versão rígida que lhe fora dada pelo Código de 1791 era cada vez mais criticada desde o Diretório. Para Target, relator do projeto de código do ano IX, a variabilidade infinita das ações humanas condena o próprio princípio de uma tabela penal inteiramente fixada pela lei e aplicada de modo mecânico por um juiz autômato. Depois de dez anos de experiência, os inconvenientes saltavam aos olhos: vendo "uma legislação inexorável cominar com uma pena precisa um delito que não lhes parecia merecer tanto rigor", os jurados ora "declararam o fato escusável, embora ele não fosse atenuado por nenhuma escusa legal, ora, descumprindo seu dever e para grande prejuízo da sociedade, deixaram-se levar a ponto de declarar que um crime real não era incontestável, elevando assim um verdadeiro culpado às honras da inocência para esquivá-lo a uma pena [...] excessiva". Essas críticas foram levadas em conta, pelo menos em parte, pelo Código de 1810. Mesmo conservando o princípio da legalidade das penas (com seu corolário, a não retroatividade da lei penal mais dura), o código estabelecia para certas infrações um máximo e um mínimo, entre os quais cabia aos juízes *arbitrar* a pena, em função das circunstâncias de cada caso. Assim, era repudiada a concepção do juiz autômato, prezada pelos reformadores do século XVIII e pelos Constituintes. No entanto, o legislador de 1810 não ousou ir até o fim: para os crimes, o código continuava cominando penas fixas, sem a possibilidade de nenhuma modulação. O desvio deplorado por Target persistiu: preocupados em evitar castigos desproporcionais e sabendo que os juízes não dispunham de nenhuma margem de manobra, os júris continuaram pronunciando absolvições "escandalosas". Foi preciso esperar a Lei de 25 de junho de 1824, que autorizava o júri a declarar as circunstâncias atenuantes em certos crimes, e sobretudo a de 28 de abril de 1832, que generalizava sua aplicação, para que cessassem aquelas deploráveis práticas. A partir daí, os juízes voltaram a ter a possibilidade de adaptar as penas legais às características próprias de cada infração e até de cada delinquente. Apesar disso, uma vez que esse *arbitrium* é regulado pela lei, o princípio de legalidade não é posto em xeque. Assim como em matéria civil, a experiência do juiz autômato foi interrompida. A partir de então, principalmente desde que o desejo de individualizar a pena se tornou (ou voltou a ser) um imperativo maior da justiça penal, o poder dos magistrados só aumentou. É exercido com grande amplitude não só no momento em que a pena propriamente dita é proferida, mas também na fase de sua aplicação (confiada a um juiz de aplicação das penas, dotado de poderes muito amplos). Situando essa evolução em sua perspectiva histórica até o Código Penal de 1994, pode-se até perguntar se os juízes atuais não acabaram, finalmente, por recobrar um *arbitrium* tão grande (mesmo que enquadrado por uma lei mais formal) quanto o dos magistrados do Antigo Regime...

› DEPAMBOUR-TARRIDE L. & CARBASSE J.-M. (org.), *La Conscience du juge dans la tradition juridique européenne*, Paris, PUF, 1998. – CARBASSE J.-M., *Histoire du droit pénal et de la justice criminelle*, PUF, 2000. – GIACCHI O., "Precedenti canonistici del principio 'nullum crimen sine praevia lege poenali'", *Studi in onore di Francesca Scaduto*, Florença, 1936, 1, pp. 435 ss.

Jean-Marie CARBASSE

→ Código Penal; Juiz; Júri.

LEGÍSTICA

1 / Termo utilizado pelos historiadores do direito alemão para designar a romanística medieval (ciência das *leges* na Idade Média). 2 / Termo utilizado pela doutrina francófona para designar o estudo dos modos de redação das leis. 3 / A expressão é também empregada pela doutrina em sentido mais amplo. Para Ch. A.

Morand, legística é a ciência da legislação que tem como objeto expor os conhecimentos e os métodos que podem ser postos a serviço da formação da legislação.

Origem do termo

Germanismo recente. – O termo é utilizado pela doutrina alemã (nos sentidos 2 e 3), no início da década de 1970, na esteira do estudo de Peter Noll. Na França, encontra-se uma primeira definição numa publicação de 1983 (J.-M. Woehrling, "Evolução do papel do direito na ação administrativa", *RFAP*, 1983, nº 26, p. 134, espec. p. 146: "Legística é a disciplina que estuda essa atividade de produção normativa e define as técnicas adaptadas à gestão dessa produção"). Sua difusão depois é paulatina (ver especialmente A. Viandier, 1986; J.-L. Bergel, 1987; C. Wiener, 1989; G. Cornu, 2000; J. Chevallier, 1993; D. Rémy, 1994; J.-C. Bécane, M. Couderc, 1994, cf. *infra*).

Legística e ciências vizinhas

Legística é uma ciência que tem interface com numerosas disciplinas. Tem proximidade com a sociologia nas enquetes sociológicas e nos estudos de impactos. Coincide com a ciência das políticas públicas no interesse pela racionalização das decisões políticas. Utiliza dados econômicos, como planejamento, uso de cronogramas, cálculo de custos e benefícios. Por fim, usa a informática, os sistemas especialistas, que possibilitam seguir a evolução das leis. Essa interdisciplinaridade explica em parte o recente surgimento da legística como disciplina autônoma.

A legística não se distingue facilmente das noções vizinhas de ciência da legislação, técnica legislativa, arte legislativa e metodologia legislativa. Ora essas expressões são consideradas sinônimas (A. Viandier, D. Rémy), ora não são associadas, e sua definição varia de acordo com os autores (L. Mader, Ch. A. Morand, J. Chevallier...).

No entanto, é possível identificar certo número de traços distintivos. A expressão "ciência da legislação" é antiga. Costuma ser atribuída a um autor italiano do século XVIII: G. Filangieri, cuja obra, *Ciência da legislação*, foi publicada em 1788. Nela, a acepção é muito ampla e designa o estudo da elaboração da lei, quer se trate da ciência política, quer da redação ou da avaliação da lei. "Técnica legislativa" é uma expressão que se encontra mais especialmente na pena de Gény ("A técnica legislativa na codificação civil moderna", *Le Livre du centenaire*, Paris, 1904, t. 2, p. 989). Trata-se do estudo da elaboração das leis escritas, ou seja, de sua formulação.

A expressão "método legislativo" corresponde à tradução francesa do título da obra de Peter Noll, *Gesetzgebungslehre* (1973). Consiste na análise das diferentes fases do processo legislativo de decisão (definição do problema, fixação dos objetivos, escolha de soluções, avaliação prospectiva e retrospectiva etc.). O termo legística aproxima-se, assim, de uma ou outra dessas expressões, segundo a acepção considerada.

Razões de ser da legística

Na origem, a disciplina era concebida pelos sociólogos suíços, especialmente Peter Noll, como um instrumento que possibilitava aos poderes públicos planejar melhor suas intervenções. Depois se desenvolveu, a partir da década de 1970, em razão da crise da lei. A legística devia permitir solucionar a inflação legislativa então denunciada. O objetivo dos poderes públicos era então basear a lei em saberes científicos, para deixá-la a salvo de contestações.

Essa concepção científica da legislação, porém, teve importantes efeitos indesejáveis. A lei é um objeto de avaliação e torna-se temporária, revisável, instável. Os diferentes instrumentos que possibilitam melhorar a redação dos textos, favorecer sua atualização (codificação de direito constante), determinar seu impacto ou avaliá-los são, na maioria, de origem governamental, de tal modo que no processo legislativo se manifesta uma implicação do Executivo pouco conforme com a separação dos poderes.

Legística em direito comparado

Os suíços estão entre os primeiros que fizeram da legística uma ciência nova da legislação. O mérito cabe a Peter Noll com sua obra *Gesetzgebungslehre*, publicada em 1973. Depois de Noll, a legística ganha certo impulso com Luzius Mader, que se dedica à avaliação das leis, assim como com Ch. A. Morand, que a concebe como disciplina autônoma e a ensina na Universidade de Genebra. O Tribunal Federal e o Conselho Federal chegaram a encontrar em certas disposições da Constituição, especialmente no artigo 4º, os fundamentos constitucionais das regras de legística. Como a lei deve ser racional, o legislador tem a obrigação de pesar os interesses em jogo, avaliar a lei, determinar seus efeitos previsíveis ou mesmo redigir uma lei suficientemente precisa. A Itália também é considerada um dos países pioneiros na matéria, graças aos trabalhos de G. Filangieri, que se dedicou ao estudo da ciência da legislação (*La scienza della legislazione*, 1780). Nos outros países, como Holanda, Bélgica, Canadá e Grã-Bretanha, a legística é essencialmente formal. Nestes dois últimos países, a redação das leis é até concebida como uma atividade confiada a especialistas: os *parliamentary draftsmen*. Na França, desde 1974, a legística parece reduzir-se ao estudo da redação das leis (Rémy). Mesmo assim, é possível notar o avanço de outros procedimentos destinados a melhorar a qualidade da legislação. Assim, a avaliação legislativa é hoje considerada como um dos fatores determinantes do desenvolvimento da legística em sentido amplo.

Legística material e legística formal

A distinção entre legística material e formal cabe a Ch. A. Morand. A primeira designa "os princípios e conhecimentos que servem para reforçar a eficácia da legislação". A segunda designa "o estudo dos procedimentos de formulação de um projeto normativo", especialmente o estudo da redação das leis.

Legística material. – Essa disciplina dedica-se ao estudo do conjunto dos procedimentos que possibilitam reforçar a eficácia da legislação. Tal efeito pode ser procurado, inicialmente, na fase anterior ao processo legislativo: no estágio da elaboração da lei. Entre os mais importantes procedimentos utilizados para esse fim, convém ressaltar, a partir da década de 1960, o recurso à "sociologia pré-legislativa" (J. Carbonnier) ou, mais recentemente, à técnica dos estudos de impacto proposta pelo governo em diversas circulares (21 de novembro de 1995 e 26 de janeiro de 1998). Essa técnica consiste em pôr em uso meios que avaliem o alcance e a pertinência das leis. O estudo deve dar as coordenadas precisas da legislação aplicável para mostrar o alcance das modificações do direito e sua adequação aos objetivos buscados.

A procura de eficácia depois pode prosseguir na fase posterior ao processo legislativo, depois de votada a lei. Para esse fim, a principal técnica utilizada é a da avaliação legislativa. Dessa vez a avaliação é retrospectiva e tem em vista os efeitos da lei, para determinar se os objetivos previstos foram alcançados. Na França, o fenômeno começou com as leis experimentais. Trata-se de leis adotadas por certo prazo, ao fim do qual é prevista uma avaliação de seus efeitos para, eventualmente, adaptá-las (ver, por exemplo, a Lei de 17 de janeiro de 1975 sobre a interrupção voluntária da gravidez). O sistema lembra o do *sunsets law* dos Estados Unidos. O fenômeno depois se desenvolveu com a institucionalização da avaliação confiada a agências *ad hoc*. Em 1983 foi criada a Agência de Avaliação das Opções Científicas e Técnicas. Em 1990, foi estabelecido um procedimento de avaliação pelas comissões permanentes das assembleias parlamentares. Por fim, duas leis de 14 de junho de 1996 criam uma Agência Parlamentar de Avaliação da Legislação e uma Agência de Avaliação das Políticas Públicas.

Legística formal. – Designa o estudo dos procedimentos de formulação de um projeto normativo, especialmente o estudo da redação das leis. Sem esse nome, tais estudos de legística são conhecidos desde a Antiguidade. Uma vista-d'olhos ao longo dos séculos nos mostra nomes como os de Platão, Cícero, Francis Bacon, Montesquieu, Jeremy Bentham e Dupin. Entre estes autores, J. Bentham é reconhecido como precursor. De fato, foi quem primeiro redigiu um tratado de legística dedicado ao estudo dos modos de redação das leis. Seu *Tratado de legislação civil e penal* foi publicado em francês em 1820. Na França, a melhora da redação dos textos legais é uma preocupação governamental desde 1974. Por meio de circulares, são dadas instruções sobre escolha do vocabulário, extensão das frases, pontuação, estrutura dos textos. Também se enfatiza a necessidade de atualização dos textos, de sua articulação com a codificação de direito constante. Esse tipo de codificação é concebido como um trabalho de pura compilação, destinado a reunir os textos existentes, mediante modificações formais necessárias para organizar os textos entre si, mas com exclusão de qualquer modificação de fundo.

› Sobre legística no sentido 1: ver especialmente WEIMAR P., "Die legistische Literatur der Glossatorenzeit", in *Handbuch der Quellen und Literatur der neueren europäischen Privatrechtsgeschichte*, H. Coing (org.), t. 1, Munique, 1973, pp. 129-260

Sobre legística no sentido 2: BÉCANE J.-C. & COUDERC M., *La Loi*, Paris, Dalloz, 1994, p. 198. – BERGEAL C., *Savoir rédiger un texte normatif. Loi, décret, arrêté, circulaire...*, Paris, Berger-Levrault, 2ª ed., 1997; *Les Mots de la loi*, N. Molfessis (org.), Paris, Economica, "Étude juridique", 1999. – CORNU G., *Linguistique juridique*, Paris, Montchrétien, 2000. – MADER L., *L'Évaluation législative. Pour une analyse empirique de la législation*, Lausanne, Payot, 1985; "La législation, objet d'une science en devenir", in *La Science de la législtation*, Paris, PUF, 1988, p. l4. – RÉMY D., *Légistique. L'art de faire les lois*, Paris, Romillat, 1994. – SOURIOUX J.-L., "Pour l'apprentissage du langage du droit", *Rev. trim. dr. civ.* 1999, pp. 343 ss. – SPARER M. & SCHWAB W., *Rédaction des lois: rendez-vous du droit et de la culture*, Conseil québécois de la langue française, 1980. – VIANDIER A., *Recherche de légistique comparée*, Berlim, Springer Verlag, 1988; "La crise de la technique législative", *Droits*, 1986, p. 75.

No sentido 3: BERGEL J.-L., "Informatique et légistique", *D.*, 1987, cap. 171. – CARBONNIER J., *Droit civil, Introduction*, Paris, PUF, 25ª ed., 1997, nº 29. – CHEVALLIER J., "Les lois expérimentales. Le cas français", in *Évaluation législative et lois expérimentales*, Presses univ. d'Aix-Maiseille, 1993, pp. 143 ss. – De modo mais geral: MORAND Ch. A. (org.), *Évaluation législative et lois expérimentales*, PUAM, 1993; *Légistique formelle et matérielle, format and material legistic*, PUAM, 1999; "Les exigences de la méthode législative et du droit constitutionnel portant sur la formation de la législation", *Droit et sociéte*, 1988, p. 391. – CORNU G., *op. cit.*, Bankowski *et al.*, *La Science de la législation*, Travaux du centre de philosophie du droit, Paris, PUF, 1989. – NOLL P., *Gesetzgebungslehre*, Rheinbeck bei Hambourg, Rowohlt, 1973.

A.-M. LEROYER

LEGÍTIMA DEFESA (Ponto de vista filosófico)

Toda reflexão sobre a legítima defesa desperta interesse analógico para o direito interno e para o direito internacional público: na verdade, é uma expressão da justiça privada, entendida como direito de fazer justiça com as próprias mãos. O caráter excepcional da legítima defesa em relação ao princípio de exclusão da justiça privada (em benefício do monopólio estatal da solução dos conflitos) resulta da confrontação entre necessidade e direito. A legítima defesa conduz à possibilidade de eximir-se daquilo que é ordenado pelas leis quando não existe nenhum outro meio de garantir a integridade da vida ou dos bens; assim, como justificar o assassinato para defender a própria vida uma vez que ele é, em princípio, objeto de proibição? Essa pergunta põe em jogo a coerência de toda a ordem jurídica, que deve mostrar sua aptidão para superar esse tipo de contradição.

Um dever

Na tradição estoica, a legítima defesa constitui uma obrigação da pessoa para consigo, bem como uma concordância com a natureza das coisas. Não é a expressão de um vitalismo próprio a uma filosofia individualista, que seria anacrônica (perseverar no seu ser), mas é determinada por um naturalismo racional que transforma uma ação física na expressão de uma justiça natural e racional. O *Pro Milone* de Cícero apresenta o quadro da teoria clássica sobre a legítima defesa. O direito de matar o próprio agressor – escreve Cícero – é "não só justiça, mas necessidade de proteger-se da força pela força" (IV e V, 14). Essa necessidade à qual corresponde a legítima defesa não é simplesmente física: resulta da lei natural e traduz a concordância do homem com a natureza universal que o incita à sua própria conservação. Para Cícero, a legítima defesa decorre de uma "lei natural que não devemos ao ensino, à tradição nem à leitura, mas unicamente à natureza" (IV, 10). Essa lei natural transforma o argumento de necessidade física em dever extraído de uma moral igualmente natural: dever de viver em conformidade com a natureza humana, ou seja, com a razão, que "prescreveu aos homens civilizados, a necessidade aos bárbaros, as convenções sociais aos povos organizados e o instinto aos animais selvagens que rechaçassem em todos os casos e por todos os meios a violência que ameaça seu corpo, sua cabeça, sua vida" (XI, 30). Evidentemente, a ordem jurídica positiva proíbe em princípio o direito de fazer justiça com as próprias mãos, mas a lei natural sempre nos ordena a salvação quando a justiça civil falha. Em situações excepcionais, aquele cuja vida é ameaçada ocupa o lugar do soberano momentaneamente ausente, "pois, por meio das armas, as leis se calam e não ordenam que se espere seu socorro, quando aquele que consentisse em esperá-lo corresse o risco de sofrer um dano injusto antes de obter justa satisfação" (IV, 10). Logicamente, Cícero chega a afirmar que a lei não proíbe ferir, mas "portar arma com a intenção de matar" (IV, 11); assim, ele coaduna os meios com os fins prescritos pela lei de natureza.

Esse fundo estoico alimenta o pensamento dos jurisconsultos da escola moderna do direito natural. Da injunção da razão à autoconservação, que constitui a base da lei natural, esses autores vão inferir não só "a preocupação em defender-se" (Pufendorf, *DHC*, I, V, § 12), mas também o dever de fazê-lo: "É evidente que a obrigação que a lei natural nos impõe de trabalhar pela nossa conservação não nos permite ceder covardemente a um agressor injusto" (Burlamaqui, *EDN*, II, VII). Para Grócio, "esse direito de se defender provém imediatamente [...] do fato de a natureza confiar a cada um de nós o cuidado com nossa própria pessoa, e não da injustiça ou do crime daquele que nos expõe ao perigo" (*DGP*, II, I, III). Em vista disso, o uso da força para rechaçar um agressor é de direito natural, sem consideração de suas intenções. Isso leva a questionar se podemos matar alguém que seja inofensivo, mas esteja atrapalhando a nossa defesa: Grócio nega, em nome da caridade (*DGP*, I, IV, 1), enquanto Pufendorf admite essa possibilidade, desde que tenham sido tentadas todas as outras vias possíveis, em nome de um direito de necessidade (*DHC*, I, V, § 29; o que aproxima Pufendorf de são Tomás, *Suma teológica*, IIa, IIae, Q. 64, art. 1). Assim, a legítima defesa nada mais é que obediência à lei fundamental da natureza (conservar-se vivo), sabendo-se que esta é ditada transitivamente por Deus através de nossa natureza racional, ou que ela é expressão direta do mandamento divino. Portanto, é em Deus, ou na natureza das coisas desejadas por Deus, que a legítima defesa encontra justificação. Defender a própria vida é conformar-se à ordem divino-natural; é uma maneira de agir em conformidade com a destinação de nosso ser. Por isso, a autodefesa é não só um dever do homem para consigo, como também um dever para com os outros ("Logo, proscrever qualquer autodefesa à mão armada seria estabelecer uma máxima que, ao invés de servir à manutenção da paz, tenderia manifestamente à ruína do gênero humano"; Pufendorf, *DHC*, I, V, XIV), ou simplesmente um dever para com Deus. Entre os filósofos, Locke, para quem as leis de natureza são decretos divinos que têm por objetivo "a tranquilidade e a conservação do gênero humano" (*Tratado*, II, 7), tem um raciocínio semelhante. Partindo do princípio de que o homem é a criatura de Deus, ele deve fazer tudo aquilo que é exigido por sua própria conservação em vista dos desígnios divinos. Defender a própria vida equivale, assim, a conformar-se a um dever para com Deus e para com a natureza: "Deus e a natureza nunca permitem [...] que nos abandonemos a tal ponto, que desprezemos nossa própria conservação; assim como não temos o direito de nos tirar a vida, também não poderíamos ter o direito de dar a outros o poder de tirá-la" (*Tratado*, XIV, 168).

Uma casuística

Os jurisconsultos distinguem o uso da legítima defesa no estado de natureza e no estado social, entendendo-se que no estado social cabe primeiramente ao soberano o cuidado de defender os particulares das agressões (em virtude do quê, para esses autores, o estado social nasce da exclusão do direito de fazer justiça pelas próprias mãos). Para Locke, a distinção é feita entre estado de natureza – caracterizada pela ausência de um juiz estabelecido – e estado de guerra, em que a única possibilidade é apelar para o céu (*Tratado*, III, 21). Assim, sempre é possível à vítima matar o seu agressor, pois, como este "usa de uma violência que ameaça minha vida, não posso ter tempo de apelar para as leis, a fim de garantir sua segurança; e, depois que a vida me fosse tirada, seria tarde demais para recorrer às leis, que não poderiam me devolver aquilo que perdi nem reanimar o meu cadáver" (*Tratado*, XVIII, 207). Na maioria das vezes se admite que o recurso à força é uma solução extrema, só legítima quando nenhum outro meio se mostrar exequível para enfrentar um perigo presente, visto que a prudência ensina que se deve sempre tentar resolver pacificamente os conflitos (Pufendorf, *DNG*, II, V, § 3, Grócio, II, I, IV-2). Portanto, são as circunstâncias que determinam o uso da legítima defesa, sabendo-se que o direito de defender-se, por definição, é mais amplo no estado de natureza do que no estado civil (Burlamaqui, *EDN*, VII, II; Pufendorf, *DHC*, I, V, XVIII). Assim, no estado de natureza, a legítima defesa pode ser preventiva desde que se torne manifesta a ameaça de um agressor e seja impossível defender-se de outro modo do crime iminente (Pufendorf, *DHC*, I, V, XVIII; Grócio, *DGP*, II, I, V, 2). Ademais, o perigo pode não só ser rechaçado, como também o agressor pode ser perseguido e deixado sem condições de prejudicar, mesmo depois de afastado o risco, o que põe a legítima defesa nos limites da vingança (Pufendorf, *DHC*, I, V, XVII). Aliás, a vida não é o único valor que pode justificar o emprego da violência: a integridade física (Grócio, *DGP*, II, I, VI), assim como o pudor que, a exemplo da vida, é irreparável, são outros valores que a legítima defesa deve garantir (Grócio, *DGP*, II, I, VII). A defesa da honra, sem a qual "todas as outras vantagens da vida não poderiam dar felicidade" (Burlamaqui, *EDN*, VII, II), também pode ser um justo motivo de defesa (Pufendorf, *DHC*, I, V, XXII). No entanto, em sociedade, cabe ao soberano garantir sua integridade, desde que ele queira pôr fim à funesta prática do duelo (Burlamaqui, *EDN*, VII, II; contra, Grócio, *DGP*, II, I, X, 3). Por fim, a salvaguarda dos bens também pode incitar à legítima defesa, quando o recurso ao soberano é inexequível e na medida em que os bens "sejam socorro absolutamente necessário à vida" (Burlamaqui, *EDN*, VII, II; Pufendorf, *DHC*, I, V, XXIII; Grócio, *DGP*, II, I, XI). Grócio extrai da Lei das XII Tábuas e da lei hebraica a distinção entre ladrão diurno e ladrão noturno, para afirmar que somente o ladrão noturno pode ser legitimamente morto porque as circunstâncias de seu delito atuam em favor da vítima que poderia acreditar-se ameaçada fisicamente (*DGP*, II, I, XII). Locke certamente é o autor mais radical nessas questões, pois considera que o ladrão pode em todos os casos ser legitimamente morto por sua vítima, pois esta ignora se, depois de tomar seus bens e sua liberdade, o agressor não tomará sua vida (*Tratado*, III, 18-9). Ao usar de violência, o agressor se põe num estado de guerra que o leva a perder "o direito que tinha sobre sua vida" (*Tratado*, XVI, 181).

Um poder

Para a maioria dos autores modernos, a legítima defesa traduz uma valorização da natureza física do homem que relativiza tanto a proibição do homicídio quanto o sentido do sacrifício, pois "poucas coisas parecem vergonhosas para evitar a morte" (Pufendorf, *DNG*, IV, I, § 2), e ninguém é obrigado a amar seu próximo mais do que a si mesmo (Pufendorf, *DNG*, II, V, § 14). No entanto, essa legítima defesa de que os indivíduos dispõem nunca se reduz a simples vitalismo: só com Hobbes ela foi considerada um poder vinculado ao indivíduo, que condiciona sua própria conservação. Em Hobbes, a legítima defesa da vida é deduzida da segunda lei da natureza – a primeira é a busca da paz – "que recapitula o conjunto do direito de natureza, que é o direito de defender-se por todos os meios de que se disponha" (*Leviatã*, XIV). Se é manifestação do direito da natureza, então a autodefesa abrange apenas "a liberdade que cada um tem de usar como quiser o seu próprio poder, para a preservação de sua própria natureza, em outras palavras, de sua própria vida, e, por conseguinte, de fazer tudo o que considerar, segundo seu juízo e sua razão, o melhor meio para atingir esse fim" (*ibid.*). A legítima defesa não é absolutamente sustentada por uma consideração moral ancorada na razão. Não passa de expressão de um poder de vida que se exerce sem outra condição além do julgamento – caberia dizer cálculo – do indivíduo que se sente agredido, o único que está em condições de avaliar os bons fundamentos de sua reação. A legítima defesa torna-se assim o modo de resolver conflitos no espaço anômico do estado de natureza, "em que cada um se esforça por destruir e dominar o outro" (*Leviatã*, XIII). O modo de pensar é puramente individualista, pois, como escreveu Montesquieu, se "tenho o direito de matar", é porque "minha vida é minha, assim como a vida de quem me ataca é sua" (*EL*, X, I, II; embora Montesquieu considere que a defesa natural dos indivíduos, ao contrário da defesa dos Estados, não comporta a possibilidade do ataque preventivo, pois continua possível o recurso aos tribunais). A partir daí, nenhuma casuística da legítima defesa é necessária, pois ela se confunde com o movimento íntimo – portanto, puramente subjetivo – do indivíduo que lança mão de todos os meios para salvar sua vida; para Hobbes, a autodefesa é, por definição, sempre legítima – mesmo não podendo ser sempre legal –, pois nada mais é que a expressão do direito natural que cada um tem de conservar-se vivo, que não é de direito, mas simples poder de utilizar todos os meios para garantir a própria integridade física.

› BURLAMAQUI, *Éléments du droit naturel* (abrev. *EDN*), trad. fr. Barbeyrac, Janet e Cotelle, 1820. – CÍCERO, *Pour T. Annius Milon*, trad. fr. Boulanger, Les Belles Lettres, 1999. – GRÓCIO, *Le Droit de la guerre et de la paix* (abrev. *DGP*), trad. fr. Pradier-Fodéré, PUF, 1999. – HOBBES, *Léviathan*, trad. fr. Tricaud, Sirey, 1971. – KANT, *Doctrine du droit*, trad. fr. Renaut, GF-Flammarion, 1994. – LOCKE J., *Traité du gouvernement civil* (abrev. *Traité*), trad. Mazel, GF-Flammarion, 1984. – MONTESQUIEU, *De l'esprit des lois* (abrev. *EL*), GF-Flammarion, 1979. – PUFENDORF S., *Le Droit de la nature et des gens* (abrev. *DNG*), trad. fr. Barbeyrac, Bibliothèque de philosophie politique et juridique de Caen, 1987; *Devoirs de l'homme et du citoyen*, (abrev. *DHC*), trad. fr. Barbeyrac, Janet e Cotelle, 1820.

Ver também: GOYARD-FABRE S., *Pufendorf et le droit naturel*, PUF, 1994. – LAINGUI A., *La responsabilité pénale dans l'Ancien droit*, LGDJ, 1971. – SÈVE R., *Leibniz et l'école moderne du droit naturel*, PUF, 1989.

Éric DESMONS

→ Direito de resistência; Justiça privada; Legítima defesa (Ponto de vista jurídico).

LEGÍTIMA DEFESA (Ponto de vista jurídico)

A legítima defesa encontraria fundamento num verdadeiro direito de se defender ou de defender outra pessoa de uma agressão; sua origem parece perder-se na história. O exercício desse direito se associa à paz social, pois o reconhecimento jurídico da legítima defesa implica a impossibilidade de apelar para as forças públicas. Essa é a explicação frequentemente dada para a legítima defesa; seu efeito justificativo decorre de uma situação em que se supõe que as autoridades públicas sejam incapazes de cumprir sua missão de proteção de pessoas e bens. A defesa individual está então no direito de ocupar o lugar da defesa oferecida pelas autoridades públicas, cuja intervenção é, por hipótese, impossível. É legítima por ser o único meio de se proteger ou de proteger outra pessoa de uma agressão.

Além dessa explicação convencional, pode-se perguntar se o fundamento da legítima defesa não deve ser buscado na ideia de constrangimento, que estaria subjacente ao conjunto das causas de irresponsabilidade penal ou com elas teria elementos comuns (A.-C. Dana, n.º 205 ss.). A agressão que torna legítima a defesa pode ser comparada a uma força, ou seja, a um constrangimento que só possa ser contido cometendo-se uma infração. Essa análise parece sair fortalecida do exame das condições impostas à legítima defesa, que nada mais seriam que "a projeção das condições que determinam a intervenção da noção de constrangimento" (A.-C. Dana, n.º 207). Não há dúvida de que o reconhecimento da legítima defesa deve apresentar características que a limitem aos casos incontestáveis em que não é possível escapar de outro modo a uma agressão. Mas a legítima defesa se choca com outras exigências que contrariam sua redução a um caso de constrangimento. Essa natureza deveria torná-la no mínimo independente da defesa oferecida. Ora, a lei penal subordina sua justificação à proporcionalidade. Esse caráter afasta a legítima defesa do constrangimento e revela ainda mais um direito cujo exercício seria enquadrado. As duas ideias estão presentes na legítima defesa, que dá lugar ao exercício de um direito nascido numa situação de constrangimento. É então que ela tem um efeito justificativo, desde que seu exercício não ultrapasse certa medida.

Reconhecimento da legítima defesa

A legítima defesa é objeto dos artigos 122-5 e 122-6 do Código Penal francês, que se concentram em seu reconhecimento, especificando as respectivas características da agressão e da defesa. Essas características, que dão a medida de sua aplicação, são reflexo do favor ou da desconfiança de que ela goza. A variação delas, portanto, traduz mais do que uma mudança de regime para expressar a posição do legislador a seu respeito. Nesse aspecto, evidentemente não é supérfluo notar que as contribuições do Código Penal francês de 1992 consistiram em insistir nos limites para esse reconhecimento. Essa escolha parece comportar a ideia bastante caricatural da anomalia que é a legítima defesa numa sociedade moderna, como se ela fosse um vestígio do estado de natureza que a civilização vai reduzindo cada vez mais, à medida que progride. As indicações acrescentadas pelo Código Penal de 1992 à constituição da legítima defesa, se não a reduziram, tenderam pelo menos a circunscrevê-la com mais precisão, pois daí resultam disposições mais detalhadas do que as anteriores, mas cujo âmbito revela mais do que antes que a legítima defesa depende de condições referentes à agressão perpetrada e de limites concernentes à defesa oferecida.

As condições relativas à agressão são explicáveis porque não se trata de justificar a defesa oferecida a qualquer agressão. Nesse sentido, elas permitem fazer uma seleção entre as agressões para determinar apenas as que podem dar ensejo à legítima defesa. A primeira condição diz respeito à natureza injusta da agressão, o que implica, *a contrario*, que a defesa oferecida a uma agressão legal nunca pode ser legítima. Essa condição, que não fora expressamente afirmada pelo Código Penal de 1810, havia sido imediatamente exigida pelos tribunais penais em nome de uma articulação coerente dos fatos justificativos. A lei que manda ou permite uma agressão como a prisão obviamente não pode justificar, ao mesmo tempo, a defesa com a qual ela se choca. Por isso, a legítima defesa recua diante da ordem ou permissão da lei e do mando da autoridade legítima. A segunda condição refere-se à atualidade, ou iminência, da agressão, obrigatória para que a defesa possa assumir o caráter de necessidade capaz de torná-la legítima. Nesse aspecto, cabe mencionar as duas presunções clássicas de legítima defesa previstas no artigo 122-6 do Código Penal. Retomando uma disposição famosa do Código Penal de 1810 (art. 329), esse texto dispõe que há presunção de legítima defesa nas ações que visem a rechaçar a entrada noturna em local habitado por meio de arrombamento, violência ou ardil ou para proteger-se dos autores de roubos ou assaltos que usem de violência. Essas presunções são baseadas nas situações visadas que, incontestavelmente, levam a temer uma agressão, sem que seja necessário estabelecer distintamente sua atualidade ou iminência. Elas têm em vista o problema dos ataques apenas aparentes ou verossímeis sobre cuja realidade houve engano. Constatando que as reações oferecidas são qualificadas de legítima defesa quando o engano não é grosseiro, a doutrina que sustenta o fundamento subjetivo da legítima defesa vê aí uma confirmação de sua teoria. Mas a justificação também pode ser explicada por um erro de fato cujo efeito é precisamente servir de obstáculo à constituição intencional da infração (Ph. Conte, P. Maistre du Chambon, nº 263). Em contrapartida, o objeto da agressão não suscita nenhuma dificuldade, pois a defesa de outra pessoa e a de bens podem ser tão legítimas quanto a defesa da própria pessoa. Debatida por muito tempo, a legítima defesa dos bens hoje é ratificada pelo artigo 122-5 do Código Penal com a ressalva da proporcionalidade da defesa ao atentado.

Isso significa abordar os limites à defesa que também haviam sido parcialmente especificados pelo Código Penal de 1810. Este visara apenas sua necessidade, sem exigir proporcionalidade. Ambas estão agora mencionadas no artigo 122-5 do Código Penal. Elas limitam a defesa que pode ser oferecida a uma agressão injusta e atual, subordinando o reconhecimento de sua legitimidade a suas características necessárias e proporcionais à agressão. A primeira exigência reduz a legítima defesa às hipóteses nas quais a defesa individual seja o único meio de proteger-se ou de proteger outra pessoa contra um atentado. A segunda a reserva aos casos em que a defesa não tenha sido excessiva em relação à agressão. Elas são explicáveis pelo caráter excepcional da legítima defesa, que induz a justificar o autor de uma infração. A lei penal só pode oferecer estritamente essa justificação, preocupada que está com a preservação de sua autoridade e com a paz pública. Por isso a legitimidade de uma defesa depende de sua medida, para impedir eventuais excessos de espírito vingativo. Além disso, o limite dá diretamente origem à admissão da legítima defesa dos bens. A desproporção entre a agressão contra um bem e o atentado à pessoa de seu autor é neutralizada pela exigência de proporcionalidade da defesa que leva a condicioná-la à gravidade do atentado ao bem. A respeito, o Código Penal de 1992 formulou uma presunção de desproporção em caso de homicídio voluntário cometido em defesa de uma agressão contra um bem. Nessa hipótese, a defesa é sempre ilegítima por ser desproporcional.

Efeitos da legítima defesa

Assim como especificou as características da legítima defesa, o Código Penal francês de 1992 expôs melhor os seus efeitos. E do artigo 122-5 depreende-se que ela afeta a responsabilidade penal, e não a existência da infração, conforme afirmava o artigo 328 do Código Penal de 1810, segundo o qual "não há crime nem delito" em caso de legítima defesa. A diferença é importante, porque a legítima defesa não impede a presença dos elementos constitutivos da infração cometida na defesa. A não ser que ela seja perfeitamente associada a um constrangimento ou considerada como não intencional – o que impediria de lhe atribuir um elemento moral –, a infração cometida em estado de legítima defesa apresenta o elemento material e o elemento moral necessários à sua constituição. Sua impunidade decorre então do fato de ter sido cometida em circunstâncias que constituem exceção a seu caráter repreensível, tornando-a, ao contrário, conforme à lei penal. É o que a doutrina clássica expressa ao arrolar a legítima defesa na chamada categoria dos fatos justificativos, que têm o efeito de neutralizar a repressão de uma infração, apesar de ser ela material e moralmente constituída em razão das circunstâncias objetivas de sua perpetração. A objetividade do fato justificativo, que o distingue das causas de não imputabilidade e de não culpabilidade, explica por que ele opera *in rem*, diferentemente destas. A infração cometida em estado de legítima defesa é plenamente justificada em relação a todos os seus participantes. Estes não incorrem em responsabilidade penal nem em responsabilidade civil. Esta segunda solução baseia-se no fato de que a defesa cometida como reação a uma agressão não constitui culpa no sentido do artigo 1.382 do Código Civil francês. O prejuízo sofrido pelo agressor pode, ademais, ser atribuído à sua culpa exclusiva.

› CONTE Ph. & MAISTRE DE CHAMBON P., *Droit pénal général*, 6ª ed., Armand Colin, 2000, nº 257 ss. – DANA A.-C., *Essai sur la notion d'infraction pénale*, LGDJ, 1982, nº 205 ss. – ROBERT J.-H., *Droit Pénal général*, 5ª ed., 1999, nº 232 ss. – ROUJOU DE BOUBÉE G., Essai d'une théorie générale de la justification, *Annales de l'Université des sciences sociales de Toulouse*, t. XXX, 1982, p. 11.

Didier REBUT

→ Coerção; Culpa; Duelo; Proporcionalidade; Vingança.

LEGITIMIDADE

A palavra legitimidade, surgida na língua francesa no século XVI, pertence principalmente ao registro do pensamento político, no qual designa o bom fundamento do Poder, o que lhe confere justificação e validade. No entanto, além de seu significado político (Ph. Raynaud e S. Rials, *Dictionnaire de philosophie politique*, PUF, 2000), esse conceito está inserido de modo mais amplo na língua e na cultura jurídicas, embora de maneira heterogênea e polissêmica; assim, o direito positivo contém a noção de legítima defesa; distingue filho legítimo e filho natural, espólio legítimo e espólio irregular; em compensação, rejeita o emprego do termo legitimidade quando, ao qualificar a exploração da mão de obra infantil ou clandestina, fala de trabalho ilegal; do mesmo modo, na escala das penas, uma condenação imposta ao delinquente ou ao criminoso é considerada legal ou ilegal, e não legítima ou ilegítima. Fato é que a noção de legitimidade recebe, embora às vezes com ressalvas, o selo e a garantia do *direito*: quando aplicada à factualidade do mundo humano, ela envolve a ideia do que é justo. A legitimidade jurídica, portanto, é diferente e independente da legitimidade política, assim como da legitimidade moral, embora, às vezes, seus respectivos domínios sofram interferências mútuas. Quando nos perguntamos sobre a acepção jurídica da noção de legitimidade, o problema é determinar, num sistema de direito positivo, as relações que ela mantém, por um lado, com a *legalidade* e, por outro, com as exigências do *mundo social* e com o *horizonte de valores* – problema dissimétrico, pois, ao mesmo tempo que seu conceito é confrontado com a estrutura do ordenamento das regras jurídicas, também implica uma relação com a dimensão extrajurídica da experiência humana e com o horizonte metajurídico das exigências axiológicas.

Legitimidade e regularidade jurídica: logicismo legalista

A questão da relação entre *legitimidade* e *legalidade* apresenta-se principalmente no direito político quando se trata de saber se a existência de dado governo está ou não fundamentada em direito. Contudo, por analogia, pode-se pensar a legitimidade de um ato jurídico ou de um comportamento em termos de conformidade com a regra ou com a lei em vigor, em dado sistema.

A doutrina, ao debater a relação entre legitimidade e legalidade, admite um pressuposto: na ordem política, o poder ligado ao governo não se reduz à força (*potentia*); esta é um simples fato e se mede em termos de poderio; o Poder (*potestas*) pertence ao direito e se manifesta pela autoridade política, inassimilável ao fenômeno da dominação. De maneira semelhante, num sistema jurídico, a noção de legitimidade pressupõe que força não é direito; essa irredutibilidade implica a distinção entre *ser* e *dever-ser*. Tal pressuposto comanda a *problemática* da legitimidade: a autoridade política deve corresponder ao direito de governar, cumpre que em sua fundamentação e em sua justificação ela seja o que deve ser; da mesma maneira, como as normas de uma ordem jurídica são acompanhadas por obrigatoriedade, a legitimidade de um ato ou de um comportamento só pode ser estabelecida por referência ao dever-ser fixado pelo direito.

Para o pensamento moderno, que só encontra a "maioridade" na racionalidade, a resposta para essa problemática condensada pela pergunta *Quid juris?* parece óbvia, sendo corroborada, no registro filológico, pela etimologia dos termos "legitimidade" e "legalidade", cuja raiz comum é o latim *lex*: a legitimidade, somos tentados a dizer, implica a legalidade a ponto de lhe ser consubstancial. Assim, um governo que se instala em conformidade com as prescrições da norma constitucional é chamado de "legítimo"; no exercício do poder, considera-se que os governantes agem de maneira legítima quando respeitam as leis e as regras do direito positivo em vigor, quer eles as tenham ditado, quer reconheçam a ordem constitucional em vigor quando assumem o poder. Da mesma maneira, diremos que, como o aparato estatal estabelece no direito interno as regras jurídicas aplicáveis aos cidadãos, tal conduta, em âmbito familiar, comercial ou judiciário, é legítima desde que respeite essas regras. Além disso, no plano internacional, a legitimidade de um tratado ou de uma convenção exige que seja reconhecida a regularidade jurídica dos governos que engajam seus respectivos Estados. A equiparação entre legitimidade e legalidade ou, de modo mais amplo, regularidade jurídica, traduz a exigência de coerência lógica que a racionalidade dos "modernos" converteu em requisito primeiro. É isso o que mostra a tipologia dos modelos de legitimidade estabelecida por Weber. Também é isso – segundo outro ponto de vista – o que Kelsen explica ao elaborar sua teoria pura do direito.

A obra de Max Weber é dominada por duas preocupações: levar em conta a realidade empírica e não ocultar a "relação com os valores". Seus estudos de sociologia política e sociologia jurídica são, ao mesmo tempo, uma "sociologia da dominação", que põe em evidência a manifestação concreta da força (*potentia*) e uma "reflexão sobre os valores" capazes de justificar a relação entre mando e obediência. Examinando a história do direito político, Weber mostra que, no mundo humano permeado de irracionalidade, espocam antinomias e conflitos múltiplos. Por isso, não é surpreendente que os teóricos do direito político tenham atribuído, sucessivamente, à legitimidade uma figura carismática dominada pelo valor exemplar de uma personalidade; uma figura tradicionalista obediente às virtudes do "ontem eterno"; uma figura racional baseada na designação regular daqueles que governam e na legalidade de suas decisões e ações. Esses três "tipos ideais", sem dúvida, não se encontram em estado puro e é frequente que haja interferência mútua entre eles ao longo da história. Contudo, no mundo ocidental, os tempos modernos, situados sob o signo de uma razão que se quer senhora de si mesma, devem à ciência e à técnica o triunfo de uma "racionalização intelectualista" à qual não escapa a ideia que se tem da legitimidade. "A forma hoje mais adotada de legitimidade é a crença na legalidade, ou seja, disposição de obedecer a prescrições formalmente corretas e estabelecidas na maneira habitual" (*Wirtschaft und Gesellschaft*). Legitimidade racional, portanto, significa que a autoridade dos governantes e de seus atos se impõe em virtude da legalidade ou, mais precisamente, "em virtude da crença na validade de um estatuto legal e de uma competência positiva baseada em regras estabelecidas racionalmente". A legitimidade de um ato político ou jurídico provém da autoridade que se vincula ao respeito às obrigações definidas pelos estatutos e pelos regulamentos estabelecidos. Os servidores do Estado moderno encontram legitimidade nessa obediência; e é também essa obediência à legalidade em vigor que constitui a legitimidade de uma decisão ou de um ato jurídico (*Le Savant et le politique*).

Mesmo que a civilização ocidental fosse a única no mundo a celebrar assim os triunfos da racionalidade, o fato é que a ideia de legitimidade conota no Ocidente moderno a existência de procedimentos racionais relativos à designação daqueles que têm o encargo de governar (problema político), mas também à determinação de regras obrigatórias para todos por instâncias regularmente estabelecidas e à aplicação dessas regras por uma administração formada por funcionários competentes segundo uma estrutura hierárquica (problema este jurídico). Nessas condições, a forma acabada e típica da legitimidade racional é expressa pela burocracia que, em suma, impõe uma dominação legal. Esta se desenvolveu com a economia financeira e, correlativamente à racionalização técnica, com a centralização crescente das empresas e com os progressos de uma democratização que tende a embotar a influência dos notáveis locais.

Portanto, segundo Weber, no tempo da racionalidade moderna todo poder legítimo está inserido no quadro lógico-formal da regularidade jurídica do Estado; de acordo com o mesmo esquema, todo ato jurídico e toda conduta dos cidadãos encontram legitimidade na conformidade à letra das leis e dos códigos. E, como o *corpus* das regras de direito decorre da axiomática técnico-racional na qual se baseia a ordem jurídica, a noção de legitimidade se caracteriza por sua "neutralidade axiológica". Por isso, segundo Weber, no século XX é necessário optar entre "burocratização" e "diletantismo" da administração: por um lado, regra e ordem; por outro, desordem e anarquia. Obviamente, Weber sabe que o ideal-tipo de uma legitimidade racional perfeita e pura não passa de ficção: sempre existirá *de facto* uma defasagem entre a racionalização sistemática e total do direito e a congruência dos comportamentos com a validade normativa de uma ordem de direito. No entanto, na sociologia abrangente em que Weber situa sua tipologia dos modelos de legitimidade, a conformidade com a lei ou, de modo mais amplo, a regularidade jurídica são os critérios da legitimidade: logo após a Primeira Guerra Mundial, a legitimidade, a seu ver, praticamente coincide com a legalidade.

Hans Kelsen abordou o problema da legitimidade situando-o no contexto de sua *Teoria pura do direito*, que exclui considerações políticas, morais e metafísicas. Nesse quadro epistemológico, ele também enfatizou a conivência que, na ordem do direito, existe entre legitimidade e legalidade, pois ambas expressam a constitucionalidade do direito.

Tratando da "dinâmica do direito", Kelsen avalia que, como todo conteúdo pode ser objeto de direito, o fundamento da validade das ordens jurídicas reside na maneira como elas são criadas. A validade de suas regras depende dos procedimentos segundo os quais elas foram "ditadas", e esses procedimentos, por sua vez, dependem da "norma fundamental" que, extrapolando a Constituição no sentido do direito positivo, consiste na "constituição no sentido da lógica jurídica". Esta última não é uma norma ditada pelo ato de um órgão jurídico, mas, sendo norma-fundamento, é "pressuposta", ou seja, exigida pela razão para que haja retidão e coerência do sistema. A validade de uma norma jurídica, em determinada ordem de direito, está na "asserção de que tal norma foi criada em conformidade com a norma fundamental", sendo esta, para a epistemologia do direito, "a hipótese lógico-transcendental" necessária ao estabelecimento do sistema do direito. Entretanto, o campo de validade de uma norma pode ser limitado: ou a própria norma fixa o começo e o fim de sua validade, ou uma norma superior regulamenta a sua criação. Segue-se que o "princípio de legitimidade" não é independente do "princípio de efetividade", segundo o qual o governo "efetivo" representa, para um tempo, o "governo legítimo do Estado". Portanto, o "princípio de legitimidade" é o princípio segundo o qual uma norma jurídica só pode ser ditada pelo órgão habilitado para esse efeito por uma norma superior – entendendo-se que o "princípio de efetividade" designa, no tempo, sua estrita limitação. Considerada em sua acepção jurídica (e não política ou ideológica), a ideia de legitimidade não se aplica a normas "eficazes" em sua individualidade, mas a normas produzidas segundo um procedimento constitucional, na medida em que este pertence a uma ordem jurídica total globalmente dotada de eficácia.

Segundo Kelsen, seria esse o ensinamento que, em direito interno, se depreende do fato revolucionário. O caráter capital de uma revolução consiste em modificar ou substituir a Constituição em vigor por uma nova constituição, fora das vias constitucionais regulares prescritas por aquela. Por conseguinte, o reconhecimento de legitimidade implica que, "segundo a norma fundamental das ordens jurídicas estatais, o governo efetivo, que dita normas gerais e normas individuais eficazes com base numa Constituição eficaz, representa o governo legítimo do Estado". Kelsen, nesse ponto, pretende alijar tanto o erro do idealismo que põe a tônica no *Sollen* quanto o do realismo que se baseia no *Sein*; considera que, do ponto de vista da epistemologia jurídica, a eficácia de uma norma é condição de sua validade; não que a capacidade de uma norma para produzir efeitos jurídicos (sua efetividade) se confunda com sua legitimidade, mas é que a legitimidade sempre é condicionada pela efetividade. Isso quer dizer que só há legitimidade no âmbito da regularidade jurídica: a legitimidade de um governo e a legitimidade de uma decisão jurídica são pensáveis apenas através de sua regularidade constitucional; do mesmo modo, a legitimidade de um julgamento só é pensável em relação à sua legalidade; além disso, nas relações internacionais, os Estados são considerados legítimos quando, numa situação de paz civil, seu aparato jurídico dita leis e obtém a observância dessas leis. Segue-se que, em todos os níveis da ordem jurídica, será considerado ilegítimo todo e qualquer ato de direito (lei, ato administrativo, decisão judiciária) contrário à regra ou marginal em relação a ela. No normativismo kelseniano, a noção de legitimidade assim definida logicamente corresponde à lei de composição, que também é o esquema de distribuição, da pirâmide jurídica.

Não podemos negligenciar as novas versões do pensamento kelseniano na *Teoria geral das normas*. No entanto, embora se afaste então dos requisitos transcendentais que inspiravam o neokantismo da *Teoria pura do direito*, Kelsen continua considerando que a legitimidade das regras de direito decorre do normativismo jurídico-político do sistema considerado e, mais precisamente, da legalidade constitucional, pois – escreve ele na *Teoria geral das normas* – "a essência de uma Constituição está na regulamentação da criação das normas". Como o fundamento de validade de uma norma só pode ser uma norma, a legitimidade se inscreve na estrutura intrassistêmica de um ordenamento jurídico. O fato de Kelsen considerar agora a "norma fundamental" da qual está suspensa a pirâmide das regras como uma "ficção" que reflete uma "filosofia do *como-se*", e não como "uma hipótese lógico-transcendental", nada muda: a legitimidade de um ato jurídico significa a regularidade lógica de sua criação dentro do sistema hierárquico do ordenamento do direito.

Das análises de Weber e Kelsen é imprudente concluir que a legitimidade racional do direito moderno se encerra no círculo de um "procedimentismo formal". É uma simplificação abusiva e até caricatural, que levou alguns exegetas a situar os estudos da legitimidade jurídica, feitos por Weber e Kelsen, sob o signo exclusivo do formalismo legalista. O pensamento deles é infinitamente mais rico. Sem dúvida, para Weber e para Kelsen, a coerência lógica da ordem racional das normas significa a concepção estrutural e sistêmica da legitimidade jurídica na qual se reflete o primado da Constituição e da lei. Mas é falso afirmar que, segundo Weber, a fase racional-moderna da legitimidade jurídica corresponde exclusivamente à hipertrofia instrumentalista ou operacional do direito; embora a legalidade seja o critério da legitimidade – o que lhe confere aparência tecnocrática –, é verdade que a legitimidade também reflete a inexpiável "guerra dos deuses" em que se exprime o conflito sem fim dos valores. Portanto, é evidente que a legitimidade racional não é apenas formal. Também é falso afirmar que a teoria pura de Kelsen corresponde a uma formalização absoluta da estrutura e da função das normas da pirâmide jurídica: a função autoestruturadora da ordem do direito tende sem dúvida para a homogeneidade de sua organização; mas, para apreciar a legitimidade das normas, é necessário recorrer a regras de fundo, ultrapassando o formalismo das competências, para o qual o direito deve produzir o direito a cada patamar da pirâmide jurídica, e apenas aí. Não só a forma do direito expressa a estrutura de um conteúdo, como também precisa da justificação que lhe é dada pela razão prática.

A argumentação de Kelsen coincide com a de Weber: por mais racional que precise ser, a legitimidade jurídica não implica apenas um logicismo legalista. Uma ordem normativa certamente pode ser considerada como um padrão de avaliação. Mas, conforme observa Ch. Eisenmann, existe um "pluralismo das legitimidades" que põe em jogo a dimensão material e axiológica do direito. No mesmo sentido, Norberto Bobbio ressaltou que o mundo jurídico não é unidimensional: é "a parte da experiência humana cujos elementos constitutivos são ideais de justiça por realizar, instituições para realizá-los, ações e reações dos seres humanos perante esses ideais e essas instituições". Para compreender nesse quadro o significado complexo da legitimidade, convém buscar a natureza dos elos que ela tem com a realidade da experiência humana e com o horizonte dos valores.

A legitimidade e seus requisitos extrajurídicos: regras, fatos e valores

Foram veementes as críticas ao logicismo legalista peculiar à legitimidade racional específica da época moderna, segundo Weber, bem como contra o normativismo sistêmico de Kelsen. Em muitos aspectos, eram fáceis; para arrancar o conceito de legitimidade das bitolas do legalismo estrito, ela podia também recorrer, de Schmitt a Hart, a argumentos diferenciados, com graus diversos de persuasão. Mas, para que a crítica escapasse ao jugo da velha antítese entre realismo e logicismo, era preciso a sutileza das análises da norma jurídica, cujo exemplo é dado por N. Bobbio.

Contrapondo-se à tipologia weberiana que insistira na racionalidade imanente à noção moderna de legitimidade, a crítica muitas vezes ressaltou os limites do processo da racionalização: por um lado – dizia-se –, a racionalização pode efetivar-se de acordo com modalidades diversas que corresponderiam ou a uma racionalidade instrumental técnico-prática ou a uma racionalidade axiológica ético-prática; por outro lado, é impossível – repetia-se – que a racionalização absorva a contingência factual histórica, e ela não pode ignorar o horizonte dos valores de justiça sem cometer grave erro. Contra o legalismo weberiano, portanto, invocou-se (mesmo com um argumento não pertinente contra Weber) a resistência dos fatos e o recurso aos valores. Do mesmo modo, foram redobrados os ataques contra o pretenso "formalismo" kelseniano, acusado de justificar comportamentos que são reprovados pela consciência humana: num Estado de direito caracterizado por uma ordem jurídica coercitiva, constitucionalismo e legalismo podem tornar-se a máscara dos mais medonhos regimes de opressão – dizia-se.

Outras críticas ao formalismo legalista foram mais circunstanciadas. Carl Schmitt ressaltou seus limites, ao expor, em *Legalität und Legitimität*, a crise do sistema parlamentar sob a República de Weimar. Guglielmo Ferrero, logo após a Segunda Guerra Mundial, opôs à ideia de legitimidade técnico-racional descrita por Weber a influência exercida sobre todo e qualquer poder pelos "gênios invisíveis da Pólis" que são as tradições, as opiniões e os sentimentos. Mais perto de nós, Jürgen Habermas pretende evidenciar a ruptura que se dá, nas sociedades capitalistas avançadas, entre a lógica e a dinâmica do direito. Com mais sutileza, François Ost lembra que a ideia de legitimidade implica uma presunção de validade na qual os clarões de um horizonte axiológico aparecem como o inevitável "retorno do recalcado". Essas críticas insistem na irredutibilidade do direito à lei e, para julgar a legitimidade, recorrem aos fatos ou aos valores. É verdade que os valores, sobretudo políticos, só obliquamente atingem a concepção racional-legalista da legitimidade jurídica. No entanto, deixam entrever as duas carências de que esta padece caso, nesse julgamento, nos atenhamos apenas ao critério de apreciação e validação, que é a "regularidade normativa". Indicam, indiretamente, que a legitimidade jurídica deve levar em conta, por um lado, a factualidade empírica associada à efetividade e até à eficácia das normas e, por outro, os ideais metajurídicos dos fins e dos valores.

O primeiro desses dois requisitos, ou seja, o peso da experiência e da factualidade num juízo de legitimidade, recebe resposta de Herbert Hart que, influenciado pela filosofia analítica de Austin, propõe, em *The Concept of Law*, uma sociologia descritiva que observa em seus mínimos detalhes a realidade social regida pelo direito. Segundo ele, o direito é, acima de tudo, um fenômeno cultural que não é um fim em si. Perscrutando o conteúdo, o modo de formação e o campo de aplicação das regras de direito, ele constata que toda ordem de direito comporta duas espécies de regra. Umas, chamadas de "secundárias", são instrumentais e habilitadoras: conferem poderes, públicos ou privados. Outras, chamadas de "primárias", são substanciais porque ditam condutas e estabelecem obrigações. Interrogando-se sobre o reconhecimento e a validade das regras em que vê as condições da legitimidade jurídica, Hart não pode considerá-las apenas sob o ângulo da regularidade lógico-formal. Isto porque, se a referência a um ato do Poder Legislativo faz parte, como é evidente, dos critérios de reconhecimento de uma regra de direito, estes também podem ser uma prática consuetudinária, um precedente jurisdicional, um texto doutrinal constitutivo de autoridade. Quanto à questão da validade de uma regra de direito, se é verdade que só tem sentido dentro de dado sistema jurídico, requer sobretudo uma referência "realista" ou empírica, pois as regras de um sistema jurídico, na qualidade de modelos de comportamento, têm vocação a orientar a prática dos sujeitos de direito. É também o que observam F. Ost e J.-F. Perrin: para emitir um juízo de legitimidade no âmbito jurídico, é preciso levar em consideração a eficácia prática do sistema. Essa eficácia decorre de "um juízo externo de fato" e se insere numa perspectiva pragmatista ou mesmo utilitarista; não se confunde (ao contrário do que disse Kelsen ao falar de "validade" jurídica) com a efetividade do direito em vigor *hic et nunc*, que decorre de um juízo interno de lógica jurídica. Os critérios da legitimidade jurídica, em última análise, segundo Hart, encontram-se num empirismo factualista cuja tônica recai nas necessidades às quais se aplica a regra e nos fins materiais a que visa.

Hart não pretende minimizar a importância da constitucionalidade das leis nem mesmo do controle de constitucionalidade das regras numa ordem de direito; mas, ao se distinguir expressamente de Kelsen, não "pressupõe" uma "norma fundamental", segundo diz; constata que, em dado Estado, existe uma Constituição que deve ser respeitada. Aliás, em sua concepção do direito, o importante não é tanto a complementaridade das regras "primárias" e "secundárias", quanto a "textura aberta" do sistema do direito, que exige sua adaptação às figuras concretas e móveis da realidade social. Há em toda norma um componente geral e abstrato ligado à forma lógica do direito *e* um componente particular e concreto ligado a seu conteúdo real. Em vista disso, volta-se à questão das relações que o direito mantém com a política e a moral. Portanto, o filósofo que se interroga sobre a legitimidade jurídica não pode desprezar a relação entre um ato de direito e a experiência concreta à qual ele se aplica, assim como não pode fugir ao exame da relação que todo ato de direito tem com os ideais e os valores: a "neutralidade axiológica", no caso, é impossível. A legitimidade jurídica é irredutível ao desencadeamento de uma mecânica lógica, muda e sem juízo de valor.

Pondo a tônica na impossibilidade da neutralidade axiológica no juízo de legitimidade, Norberto Bobbio, em sua *Teoria della norma giuridica*, mostra que o apego à forma não pode ser o signo criteriológico da legitimidade jurídica. Embora positivista, esse jurista considera que é de primordial importância desmistificar os procedimentos logicista-legalistas a fim de revelar o valor de justiça que dá alma ao direito. "A legitimidade representa o fim do círculo ascendente dos fatos aos valores e o começo do ciclo descendente dos valores aos fatos." Segue-se, por um lado, que é inaceitável a teoria empirista da legitimidade que procurasse adaptar exclusivamente um ato de direito à contingência factual e aleatória das regiões da realidade vivenciada. Se é certo que o processo de legitimação reduz e tende a suprimir a "distância" entre o conteúdo das regras de direito e as necessidades ou as aspirações das populações, também é certo que, como tal, ele só traduz uma conveniência de fato, insuficiente para dar conta da juridicidade das normas, pois esta é irredutível à funcionalidade delas. Segue-se, inversamente, que uma teoria do direito que enraizasse integralmente a legitimidade na ordem dos valores a equipararia a uma expressão da justiça e, no âmbito de um jusnaturalismo absoluto, acabaria por sacralizar a lei positiva e as regras de direito. Ressaltando a importância epistemológica dessas duas impossibilidades doutrinais, N. Bobbio deduz que, se os atos e as decisões jurídicas, para serem legítimos, precisam inserir-se na coesão lógica de uma ordem de direito, essa condição necessária nunca é suficiente (uma lei pode ser válida e, apesar disso, injusta); a legitimidade jurídica precisa ser congruente com os fatos regulados pelo sistema do direito e também precisa participar da "racionalidade axiológica".

A relação que a legitimidade mantém com a realidade vivenciada é evidente desde que não seja reduzida a um logicismo legalista. Em contrapartida, a relação que ela mantém com os valores deve ser especificada. Não se trata de um acordo absoluto e total com ideais transcendentes, nem de uma conformidade lógico-racional aos valores. A racionalidade axiológica presente na legitimidade jurídica faz eco à razão prática kantiana na qual o imperativo categórico não é um modelo que seria concretizado aplicando-se aos fatos. A ideia de legitimidade afirma seu caráter *sintético* graças ao qual ela é a valorização prático-jurídica das situações ou das condutas. Há síntese porque a legitimidade integra em seu conceito elementos compósitos: ela não é estranha à validade formal de uma ordem jurídica nem aos fenômenos culturais (costumes, crenças normativas, convicções morais, opiniões, história), nem aos ideais visados pelas vias prescritivas do direito. Afastando-se tanto do logicismo quanto do empirismo e do idealismo, a legitimidade objetiva valores e dá forma a "universais", tais como o padrão do justo.

Mesmo admitindo que o "desencanto do mundo" foi acompanhado pelo politeísmo dos valores, e que os deuses do Olimpo estão em conflito permanente, um juízo de legitimidade, relacionada a uma ordem de direito, continua sendo um juízo de valor. É difícil entender como ele poderia caucionar o desrespeito à justiça, à liberdade e à dignidade humana: esses valores se impõem como princípios reguladores da ordem jurídica. Sem dúvida, a absolutização desses valores não seria nada menos que a ilusão especulativa do idealismo. No entanto, no momento em que a razão moderna está em crise porque a "guerra dos deuses" multiplica as "razões concorrentes", o direito não pode fazer economia de valores legitimadores que são, universalmente, os valores do humanismo. Se o juízo dos homens os esquecer, a humanidade do homem estará em perigo.

› Bobbio N., *Teoria della norma giuridica*, Turim, 1958. – Boudon R., *Le Sens des valeurs*, PUF, 1999. – Connoly W. E., *Legitimacy and the State*, Oxford, 1984. – Ferrero G., *Pouvoir* (1942), Plon, 1945. – Habermas J., *Raison et légitimité* (1973), Payot, 1978. – Hart H., *The Concept of Law*, 1961. – Kelsen H., *Théorie pure du droit* (1934), Sirey, 1971. – Ost F., "La légitimité dans le discours juridique: cohérence, performance, consensus ou dissensus", *ARSP*, 25. – Passerin d'Entreves A., "Legality and Legitimacy", *Review of Metaphysics*, 1963, XVI, nº 4. – Raz J., *The Concept of a Legal System*, Oxford, 1970. – Schmitt C., *Legalität und Legitimität*, 1932. – Weber M., *Wirtschaft und Gesellschaft*, Tübingen, 1922. – Col.: *L'Idée de légitimité*, PUF, 1967.

Simone Goyard-Fabre

→ Contrato social; Governo; Legalidade; Lei; Leis fundamentais do reino; Ordem pública; Representação.

LEI

Empregada no vocabulário filosófico, científico e religioso, a palavra lei ultrapassa o quadro estritamente jurídico do qual se originou. Sua definição é influenciada por seu ambiente intelectual, por seu *status* multidisciplinar, quase atemporal e talvez universal. Não se pode empregar essa palavra sem sentir a necessidade de lhe somar uma espécie de sufixo: especificação de seu objeto (lei de finanças, lei de estado de defesa), de seu autor (lei divina, parlamentar, "leis do rei"), de seu destinatário (lei ripuária) ou de seu nível (lei orgânica, leis fundamentais do reino). A necessidade de especificação dissimula compreensões muito diversas dessa palavra, usada às vezes para traduzir uma miríade de vocábulos de outras línguas (*nomos*, *themis*, *psephisma*, *dikè*, *cosmos*, *archè*, *taxis*, *logos* no grego; *lex*, *ius*, *fas*, *ratio* no latim; *law*, *statute*, *rule*, *bill*, *act*, *order*, *writ* no inglês). Os alicerces teológicos, filosóficos ou científicos não podem ser mencionados aqui. Em compensação, a "cultura jurídica" na qual se insere a lei possibilita traçar alguns contornos desse conceito em direito.

Na literatura jurídica, a lei não é dissociável do conceito de ordem. Fazer lei é ordenar. Definição insuficiente, pois a lei pode ter duas funções que lhe conferem caracteres específicos. Ela pode ser *reflexo* de uma ordem (objetiva) ou o *meio* para se chegar a essa ordem. Na primeira hipótese, postula-se que o mundo é ordenado, estável, e que o que rege seu funcionamento pode ser expresso na forma de uma lei. A exemplificação emblemática dessa concepção é a lei científica. Existem leis biológicas ou físicas que, mesmo não sendo todas conhecidas, podem vir a ser descobertas. No plano social, supõe-se que os seres humanos e as coisas são ordenados segundo leis imutáveis e necessárias. Essas leis não têm necessariamente um autor presente (Deus, a natureza, a razão, um legislador mítico); elas são supostamente eternas; são incompletas (o que abre as portas para a interpretação, a fim de responder ao caso ignorado), ou incertas (o que convida a descobri-las, fixá-las e formulá-las). A ordem preexiste à lei; imutável, essa ordem implica uma lei estável. A obediência à lei resulta do conhecimento. Na segunda hipótese, o mundo não tem nenhuma ordem preestabelecida ou, pelo menos, a ordem escapa ao conhecimento (finito) dos homens. Nessas condições, a lei tem vocação para produzir ordem (no sentido lato de ordem pública). Essa lei tende a confundir-se com a medida, às vezes tópica, tomada para remediar a desordem, a violência e até a anarquia. A tônica é posta no autor – presente – da lei, em sua vontade (mais do que em seu conhecimento), portanto em sua competência jurídica para ditar a lei e em sua legitimidade política: rei, povo, representantes. A lei aí é um poder, uma ordem no sentido de mando. Supõe-se que essas leis são conhecidas, suficientes. Também são instáveis: sua produção é uma resposta a uma situação tópica de fato. A ordem resulta da lei que corrige a desordem intrínseca do mundo. Na realidade, nenhuma lei jurídica corresponde perfeitamente a um desses modelos. Paradoxalmente, num mesmo sistema jurídico, podem coexistir a lei como reflexo de uma ordem e a lei como meio para a ordem.

Ordem imperativa

Parece que *lex*, pertencente ao léxico jurídico, e não religioso, não derivou de outra língua antiga, que é uma palavra própria da língua do direito romano: *lex* derivaria de *lego* (ler, e não colher nem reunir). Em Roma, a autoridade competente lê a *lex* em voz alta: "Não se trata de uma simples medida de publicidade, mas de uma leitura solene, indispensável à validade do ato" (A. Magdelain). A publicação por afixação de cartaz (não sistemática: a lei curiata ou a *adrogatio*, que são *leges* de efeito individual, não são afixadas) apenas completou, no século V, essa leitura (*recitatio*) que permanece até o fim da República. O que permite identificar a lei na República romana é o estilo. Em geral votada pelos comícios (*lex publica*) e, de modo residual, ato unilateral do magistrado (*lex templi, lex censoria*) ou de simples particulares (*lex collegii*, *leges* catonianas), as leis se distinguem dos éditos dos magistrados (injunções dirigidas ao povo ou promessas sobre a maneira de administrar a justiça) e dos senátus-consultos (parecer do Senado, que para os prudentes não pertencem ao *ius*, apesar de seu valor obrigatório) por ser redigida no imperativo. "A natureza principal do *ius* é ser secreto. A *lex* é um *ius* que se tornou público por meio de uma proclamação solene e da afixação." No direito romano antigo, a *lex* não é necessariamente um ato de alcance geral votado por assembleias; aplica-se às relações de dois povos num tratado (sua dimensão convencional confirmada pelos juramentos apenas coloca o ato sob a proteção dos deuses), fixa o estatuto de um templo ou as especificações de mercados públicos que dão ensejo à adjudicação por contrato, à carta de um colégio que gera um serviço público etc. Seja ela votada pelo povo reunido, seja imposta por um magistrado ou um *dominus* em casos sem verdadeiro alcance social, a *lex* tem um caráter unilateral e não se confunde com o contrato ou com suas cláusulas. A *lex* romana, além disso, não se dirige necessariamente à multidão; por exemplo, a lei curiata que investe um magistrado a cada ano. "A competência legislativa regula na forma do *ius* tanto uma situação única, que só será vista uma vez, quanto uma série de situações idênticas submetidas à mesma norma."

A *lex* antiga tem três características instrutivas. 1 / Traz à luz o que era até então mantido em segredo: ela não o cria *ex nihilo*, mas o revela, o que leva a pensar que ela deve desposar sua vocação à eternidade (a lei muitas vezes é proclamada irrevogável). Ao mesmo tempo, é uma conquista, o que abre espaço para a revelação de novos direitos e não exclui a instabilidade. 2 / A *lex*, relativamente rara, é uma ordem no imperativo, o que lhe confere um poder superior a outras formas de atos obrigatórios ou bilaterais, muito mais numerosos. 3 / Em quase todos os casos ela tem um caráter geral e consentido, o que a torna impessoal tanto no que se refere a seus autores quanto a seus beneficiários.

Ordem do imperador, fé viva

Essa concepção inicial de lei passará por evoluções notáveis durante a República. A carta constitutiva e os textos primordiais da plebe são qualificados de *leges sacratae*; os plebiscitos (injunções da plebe), que só tinham o papel de incitar às reformas, são equiparados a *leges* em 286; e os éditos dos magistrados e os senátus-consultos senatoriais serão reconhecidos nos últimos tempos da República como fonte de *ius* – embora não redigidos no imperativo, que é a língua do *ius*. A unidade jurídica do conceito se dilui, e a *lex* se estilhaça em várias direções possíveis: um ato constitutivo inviolável e estável, um ato resultante da vontade popular ou também um ato que funcione como suporte de direito.

O fim da República e o declínio irremediável das assembleias populares subverte as coisas. A lei votada desaparece. No século II de nossa era, quando o imperador evita empregar nos textos que edita (constituições) o estilo imperativo reservado à *lex*, os juristas admitem que eles têm um valor comparável ao da lei. No século III, Ulpiano considera que o que agrada (*placuit*) ao príncipe tem força de lei. Essas constituições são qualificadas, segundo os casos, de editos (textos de alcance geral), decretos (jurisprudência no sentido atual), rescritos (consultas do imperador) ou mandados (instruções de caráter administrativo). A lei já não é um ato identificado; seu prestígio aureola as diferentes expressões do poder imperial. No entanto, ela conserva sua dupla natureza de reflexo da ordem romana (civilização, deuses romanos) e de produtora de ordem (administração, paz). Depois da conversão de Constantino ao cristianismo, a monarquia imperial será justificada pelo direito divino. "Deus é o modelo do poder régio", "é do Senhor do universo e através dele que o imperador recebe e assume a imagem de sua suprema realeza" (Eusébio de Cesareia); as constituições, chamadas *leges*, são oriundas apenas de sua vontade. Mas as leis não poderiam ceder aos caprichos de seu autor: "Deus submeteu as leis ao imperador, enviado por ele como lei viva (*nomos empsychos*)" (Novela, 105). A ordem romana cede progressivamente diante da ordem cristã, mas a lei não deixa de ser seu reflexo e seu meio.

Leis dos povos, ordem cristã

Antes da queda do Império do Ocidente, a legislação imperial sofria a concorrência da costumagem nas províncias, com a forma de usos locais derrogatórios ou de direito vulgar (direito romano desnaturado e simplificado). Admitidas facilmente por alguns imperadores, as costumagens ameaçavam a unidade do direito romano. Introduziam a ideia de que o direito pode resultar das práticas populares seculares, a despeito das normas baixadas pelo poder central. As invasões bárbaras, que provocam a fragmentação do Império no século V, favorecem o seu desenvolvimento. As jovens monarquias, instáveis, impõem-se a populações muito diferentes, de cultura jurídica às vezes impermeável à de Roma. No entanto, há influência do modelo de um direito declarado na forma de leis: os reis bárbaros (em especial visigodos, francos e burgúndios nos séculos V e VI, lombardos e anglo-saxões nos séculos VII e VIII) frequentemente ditam num latim medíocre *leges propriae* ou *nationum* adaptadas às populações que eles dominam. A propósito do Código de Eurico (476, do nome de seu autor, rei dos visigodos), o bispo de Clermont louva a "passagem das armas à lei". Essas *leges* se apresentam como decisões régias, às vezes adotadas depois da consulta a juristas e a interessados, mas sobretudo como divulgações escritas de regras, oriundas de tradições ancestrais, adaptadas a tais povos (embora seja preciso modular a ideia de "personalidade" das leis), apesar da herança evidente do direito romano. Nem por isso elas negligenciam sua função de produção da ordem: posição preponderante do direito penal, luta contra os desvios em relação aos princípios cristãos. Como complemento, os reis francos usam com parcimônia a promulgação de capitulares, misturando questões civis e religiosas, que tendem a garantir "que a paz e a disciplina estejam em nosso reino" (edito de Clotário, 614). Esses textos reúnem sanções penais, medidas de organização dos tribunais e dos procedimentos jurídicos, bem como outras injunções que refletem a repugnância das populações à sua observância. A legislação régia tem um vigor efêmero na época carolíngia, quando a ambição é restaurar o brilho de um império unificado e organizado. Além dos capitulares seculares, os *capitularia mundana* têm vocação para completar as "leis nacionais", produzir novas normas (mantendo "para cada um sua própria lei") e administrar o reino e depois império (*capitularia missorum*). A influência da Igreja é considerável na elaboração e no conteúdo desses textos. A partir da segunda metade do século IX, parece que a atividade legislativa secular se eclipsa, e esse cuidado passa a competir à Igreja.

A doutrina carolíngia e dos primeiros tempos capetianos, que se interessa pouco pela lei, não é muda. Quando se fala em *lex*, trata-se da lei divina e às vezes da lei natural. Na primeira metade do século IX, Jonas de Orleans limita-se a lamentar que os súditos prefiram obedecer à lei dos reis e dos imperadores, a obedecer à lei de Deus, e Agobardo de Lyon lamenta que a diversidade das "leis nacionais" impeça de respeitar uma única lei que neste mundo estaria em conformidade com a lei divina, exaltada por todos os autores. Os intelectuais ocidentais rejeitam o modelo oriental de imperador mediador com o Além e *lex animata* (apesar de algumas tendências contrárias no tempo de Carlos Magno), pois o imperador não tem acesso direto ao texto da lei divina (fonte do governo de si mesmo e dos outros e fundamento de todas as leis humanas), o que é reservado ao sacerdote. No entanto, as leis humanas escritas – apesar da expansão do direito consuetudinário oral – são consideradas necessárias para proteger os inocentes, punir e "curar a vontade" (Hinemar de Reims, retomando santo Agostinho) dos malvados, caso contrário a ordem universal não poderia ser garantida. E cabe aos reis conservá-las e respeitá-las para não cederem ao próprio capricho e se mostrarem exemplares. No reinado de Carlos, o Calvo, a tendência é mantida pela convicção de que a ordem antiga é melhor do que a ordem presente, de que a lei deve ser muito mais restaurada do que instaurada. Essa tendência chega a ser reforçada pela ideia de que a hierarquia terrestre dos *ordines* é semelhante à hierarquia celeste: é o respeito a essas ordens – especialmente ao *ordo clericalis* mediador e intérprete da lei divina – que condiciona a harmonia do todo. O que está em jogo é fundamental, pois não se trata de respeitar particularismos ou situações consolidadas, mas de participar da concórdia geral da *res publica*, respeitando as leis de cada um: de passagem, a distinção entre lei geral e privilégio perde a pertinência. No entanto, para os medievais, as leis não podem nem devem ignorar as evoluções puramente terrenas dos usos e dos costumes dos povos; devem adaptar-se ao lugar e ao tempo, mas essa dimensão deve permanecer residual e resultar do *concilium* e do *consensus* dos bispos e dos grandes, pois prima a ordem imutável.

Participação na ordem

Tais concepções têm o efeito de amortecer a ação "legislativa". A partir do século XI, o rei se limita a participar da ordem, a repor em ordem o que o tempo tivesse alterado. Tomadas para confirmar a regra ou situações jurídicas anteriores, ou para revogá-las a fim de outorgar algum privilégio ou coibir os abusos, as medidas não são contraditórias: o rei, assim como os outros grandes senhores, não poderia criar uma ordem nova por meio de leis, mas garanti-la e reforçá-la protegendo situações consolidadas, outorgando uma *privata lex* (pois cada um em sua função participa da harmonia da sociedade) ou extinguindo as más costumagens. É nesse contexto mental que a influência da Igreja e a descoberta das compilações de Justiniano vão estimular a reflexão sobre a lei e novas iniciativas dos monarcas. O papa reconhece ao rei da França a *iurisdictio potestas* (*Novit*, 1204) e sua superioridade no âmbito temporal (*Per venerabilem*, 1202). Os decretistas impõem ao rei o respeito às leis divinas e naturais, mas lhe concedem o direito de legislar. Os romanistas tiram proveito das máximas romanas "*quod principi placuit legis habet vigorem*" e "*princeps legibus solulus*". De modo geral, a partir do século XIII, especialmente com Filipe de Beaumanoir, o poder legislativo régio não é contestado, desde que sirva à utilidade pública, ao proveito comum ou ao bem comum (expressões quase sinônimas). No entanto, as "leis do rei" (com denominações muito flutuantes), cada vez mais numerosas a partir do século XIII, têm duas funções que nem sempre é fácil discriminar, pois não são contraditórias. O rei se dirige por via legislativa, mas no *consensus*, a uma multidão de grupos organizados juridicamente (cidades, comunidades, países, corporações profissionais) para confirmar direitos ancestrais adquiridos, para corrigir a alteração subsequente à evolução dos tempos e dos costumes, para proteger o mais fraco. E dirige-se tanto a indivíduos quanto ao conjunto de seus súditos: contribui para a coexistência pacífica e harmoniosa de uma sociedade que não é concebida como uma soma de indivíduos, mas como um agregado de grupos com funções diferenciadas que participam do bem de todos, donde a fácil acolhida da concessão de privilégios no âmago da função normativa. Essa atitude consiste menos em inovar do que em preservar o que existe, menos em comandar do que em se pôr a serviço de uma ordem que não poderia resultar da vontade de um monarca. Na mesma época esboça-se a figura do Estado moderno dominado por um rei, pensado como o espaço natural do bem comunitário, às expensas da cristandade dominada pelos clérigos. Quando o reino está em perigo e as próprias condições do bem comum estão ameaçadas, o rei pode negar provisoriamente os direitos e privilégios que lhe cabe proteger por essa mesma via normativa, em nome da evidente necessidade pública. Em matéria fiscal ou em relação à propriedade, ele para de respeitar a ordem preexistente para produzir ordem (pública) em nome da *salus rei publicae*. Nesse caso, a lei do rei, que prefigura a lei moderna, aproxima-se da medida (ato de vontade) que se dirige não a corpos, mas a súditos, que têm interesse em defender-se. Apesar de sua natureza diferente, os atos tendem ao bem comum, portanto proteger ou negar pela lei os direitos adquiridos não é antinômico.

Meio para se obter a ordem pública

No século XVI, a revolução maquiaveliana, a Reforma e as guerras de religião subvertem a visão medieval de harmonia natural. O mundo é desordem e caos. Cabe ao rei garantir não tanto uma ordem que o precede – pois ela está conceitualmente destruída – quanto uma ordem resultante de sua ação. A lei já não tem vocação para tornar visíveis direitos nascidos da natureza e do tempo, mas para ser uma injunção do soberano absoluto. Para Jean Bodin, "há muita diferença entre o direito e a lei: um nada mais contém que a equidade, enquanto a lei contém mando: pois a lei outra coisa não é senão o mando do soberano, no uso de seu poder". A lei-mando, excepcional no fim da Idade Média, passa a ser o modo de expressão normal do monarca. Ademais, a lei é o único meio de expressão do poder monárquico para constituir e preservar o "sossego" público. O *consensus* medieval, antes obrigatório, é relegado à posição de simples recomendação. A lei deixa de ter vocação para a estabilidade e para ser delimitada em seu objeto, de tal modo que se estilhaçam as distinções entre medida de ação imediata e particular e norma geral e estável. Nem por isso o rei deixa de ser obrigado a respeitar as leis divinas e naturais, mas estas, imperceptivelmente, vão perdendo seu *status* de direito positivo e ganhando o de recomendações de "direito do governo". A monarquia francesa continua respeitando a tradição, os direitos privados (concebidos como "liberdades" por seus beneficiários), os particularismos locais e sociais. No entanto, sua ação pretende ser reformadora – donde as ordenanças chamadas de "reformação" – no sentido de recobrar a forma anterior. Na realidade, a monarquia inova. Assim, quando ela consigna costumagens por escrito, a redação não se constitui como direito constante. Seu discurso permanece conservador, sua ação também o é com frequência, mas o que lhe importa agora é unificar – sem uniformizar – o reino, substituir uma ação concertada entre um rei guardião do bem comum e uma pluralidade de corporações e ordens por uma relação direta entre um monarca e uma multidão de súditos. Durante o Antigo Regime, a intervenção por via legislativa e por motivos de ordem pública no sentido amplo cresce consideravelmente: organização da justiça (administração e procedimento), repressão dos desacatos à autoridade do rei e do Estado, polícia, fisco, registro civil etc. A partir do século XVII, a monarquia dá início a uma obra de unificação do direito por meio de codificação, cujos resultados ficarão incompletos. Essas novas tendências mostram que a ordem resultante da lei não é tanto reflexo de uma ordem estável e preexistente quanto uma criação racional de uma sociedade que a monarquia pretende moldar, pelo menos em parte. Essa predileção pela lei não será desmentida pela Revolução.

Ordem nova

Em 1789, a soberania muda de mãos: o rei é derrubado em prol da nação e depois do povo. A tônica ainda recai no autor da lei, embora o modo de expressão do soberano coletivo continue por muito tempo problemática (representação). As legislações constitucional e ordinária são o único meio de promover a nova ordem dos revolucionários. No entanto, elas não são concebidas apenas como expressão da vontade atual do soberano. Pretendem refletir uma ordem preexistente e, nesse sentido, ser abstratas, gerais, permanentes, raras, oriundas da "razão" do legislador que exerce um "sacerdócio" (Portalis). Não poderiam ser unicamente meio de *sua* política. Os legisladores antigos, alguns dos quais míticos, apresentam-se como modelos: para Rousseau, "seria preciso ser Deus para ditar leis aos homens". Por isso, "aquele que comanda os homens não deve comandar as leis, aquele que comanda as leis não deve comandar os homens; de outro modo, [...] ele não poderia evitar que visões particulares alterassem a santidade de sua obra". Ponto de vista dominante até meados do século XIX: as codificações napoleônicas são alvo de um respeito quase religioso, segundo confessa Portalis, que está convencido de que "as leis não são puros atos de poder, mas atos de sabedoria, justiça e razão", e que "os códigos dos povos se fazem com o tempo, e não são propriamente feitos". Para os revolucionários, o homem é titular de direitos que foram ignorados, esquecidos ou desprezados pela monarquia (cf. Declaração de 1789), mas que lhe pertencem ontologicamente. A partir daí, sua integração pela lei no direito positivo – donde a equação revolucionária: lei = regra de direito – é menos um ato de vontade do novo soberano do que um reconhecimento da existência atemporal desses direitos. Contudo, os direitos subjetivos e individuais, ilimitados no estado de natureza, devem ser concretizados, mas também limitados pela lei (reserva de ordem pública). Além disso, a Revolução prossegue a evolução iniciada durante o Antigo Regime em direção a uma lei necessariamente geral e impessoal, dirigida para o mínimo denominador comum da sociedade, os *in*-divíduos: toda lei particular (ou privilégio) agora está banida, pois a igualdade teórica perante a lei é a contrapartida do contratualismo, fundador do direito positivo.

Ordem e medida

Essa dupla concepção gera dificuldades ainda não plenamente resolvidas. No otimismo de 1789, considera-se que a lei não poderá deixar de proteger os direitos se o ordenamento constitucional das funções e dos órgãos for conveniente. Mas, pouco depois da experiência terrorista de 1793-94, germina a ideia de um controle da constitucionalidade das vontades do legislador que pode transviar-se (projeto de júri constitucionário de Sieyès em 1795). No entanto, a ideia de que a lei, "expressão da vontade geral", não poderia ser contraditada por uma instância terceira dominará até 1958 ou mesmo 1971 (decisão "Liberté d'Association" do Conselho Constitucional). Do mesmo modo, se é primordialmente manifestação de uma vontade, a lei pode ser modificada desde que seu autor julgue oportuno; se reflete uma ordem, tem vocação à estabilidade. Os papéis parecem distribuir-se: à lei constitucional cabem a estabilidade de princípio e os procedimentos particulares para sua revisão; à lei ordinária – e mesmo ao poder regulamentar – cabe a adaptação às necessidades mutáveis da sociedade. Donde uma espécie de estilhaçamento do conceito de lei. No plano constitucional, a multiplicidade das experiências francesas de 1789 a 1958 não contradiz a *vocação* à permanência desse tipo de lei. Cada nova constituição tem pretensões a uma forma de perfeição, eternidade (reformar o que nunca deveria ter sido deformado). Do mesmo modo, a multiplicação das revisões (leis constitucionais) nos últimos anos não atinge, segundo seus fomentadores, a estabilidade da constituição: elas adaptam o texto às evoluções e eliminam os vícios que se introduziram. Além disso, para uma parte da doutrina, a constituição é mais do que diz o texto (ampliado com a Declaração de 1789 e com o Preâmbulo de 1946): ela é uma expressão substancial dos direitos humanos e da democracia, cujo guardião, cujo "conservador" é o Conselho Constitucional. O autor do texto tende a desaparecer por trás de seu intérprete; a lei constitucional, a ser a parte visível de uma ordem imanente, completada por uma jurisprudência constitucional que se liberta do jugo da vontade contida no dispositivo. A lei ordinária, "*fim* para o qual a constituição não passa de *meio*", segundo Sieyès, é, de preferência, considerada obra de um legislador atual (uma maioria) que põe em prática *uma* política. O legiscentrismo militante dos primeiros anos da Revolução durante o Terror levou a assemelhar a lei à simples medida ("ato de magistratura" para Rousseau, "regra técnica objetiva de ação" para Carl Schmitt). No entanto, a partir do ano III, por meio dos decretos do Diretório, o órgão executivo deixa de ser um autômato submetido às vontades das assembleias. O Executivo adotará regras gerais e impessoais na forma de regulamentos ou de ordenanças que só diferem das leis pelo lugar que ocupam na hierarquia das normas, por seu autor e pelo nome. Contudo, até 1958, o domínio da lei não é absolutamente delimitado: obra de um legislador onipotente, ela se sobrepõe ao poder regulamentar e o enquadra, poder este que supostamente possibilitaria a sua execução concreta. A partir daí, a lei só pode dispor em assuntos limitativamente enumerados pelo artigo 34 da constituição, ficando o restante reservado ao regulamento. Embora entre em concorrência com o Legislativo, o poder regulamentar é inferior a este e só é exonerado do respeito às leis quando estas não se apresentam. Hoje, a lei, que se define segundo os critérios de modo de elaboração e de conteúdo, mantém-se em posição eminente na hierarquia das normas. Embora alguns desejem mais estabilidade das leis (mas há leis sem vocação para durar, como a "lei das finanças") e gostariam de represar a sua proliferação (uma centena de leis por ano) e sua mediocridade prejudiciais à segurança jurídica, a lei continua sendo um meio privilegiado para produzir uma ordem que extrapola a ordem pública *stricto sensu* (cf. noção de ordem pública econômica). Ela tende a moldar uma sociedade que resultaria do fugaz programa político de uma maioria; "declínio da concepção jurídica" da lei em proveito de uma "concepção política", que Georges Burdeau lamentava já em 1939. Na mesma época, essa lei, que se tornara "procedimento de governo", a partir da Segunda Guerra Mundial passa a ser delimitada em sua origem pela multiplicação de barreiras internacionais, comunitárias, constitucionais e jurisprudenciais – para o Conselho Constitucional, a lei "só expressa a vontade geral no respeito à Constituição" (decisão "Évolution de la Nouvelle-Calédonie" de 1985) – que refreiam a capacidade de agir dos legisladores. Por fim, ela sofre a concorrência de outros modos de regulação, de natureza contratual ou convencional. Nisso, ela é um *meio* e conserva sua dupla natureza de reflexo de uma ordem preexistente e de meio para essa ordem.

➤ BASTIT M., *Naissance de la loi moderne*, Paris, PUF, 1990. – BURDEAU G., "Étude sur l'évolution de la notion de loi en droit français", *Archives de Philosophie du droit et de la sociologie juridique*, nº 1, 1939, pp. 7-55. – MAGDELAIN A., *La Loi à Rome. Histoire d'un concept*, Paris, Les Belles Lettres, 1978. – OLIVIER-MARTIN F., *Les Lois du roi*, Paris, reed. Loysel, 1988. – SASSIER Y., "Le roi et la loi chez les penseurs du royaume occidental du IXe à la fin du XIe s.", *Cahiers de civilisation médiévale*, nº 43, 2000, pp. 257-73. Col.: *La Loi*, *APD*, t. 25, Paris, Sirey, 1980.

François SAINT-BONNET

→ Ato; Autor, coautor, *perfector*; Constituição e direito constitucional; Decisão; Decisionismo; Direito natural; Escola do direito natural moderno e racionalismo jurídico (séculos XVII-XVIII); Fontes do direito (Problemática das); Funções jurídicas do Estado; Hierarquia das normas; Justiça constitucional; Legalidade (Princípio de); Lei das XII Tábuas; Leis bárbaras; Leis fundamentais do reino; Poder regulamentar; Positivismo; Prerrogativas soberanas; Soberania; Vontade geral.

LEI DAS XII TÁBUAS

"Reúnam-se todas as obras de todos os filósofos. Sozinha, a pequena coletânea das XII tábuas, fonte e fundamento de nossas leis, parece-me ser-lhes infinitamente superior, tanto por sua autoridade excepcional quanto por sua fecunda utilidade" (Cícero, *De Orat*. 1, 195). Prestígio limitado à arte dos juristas? Não: nos bancos das escolas, os estudantes treinavam a memória aprendendo de cor os versículos ritmados das XII Tábuas (Cícero, *Leis*, 2, 9 e 59), quatro séculos ainda depois da elaboração de um "código" que, para os antigos, marca de maneira essencial a história de Roma.

O Texto

Nenhuma inscrição conservou um fragmento da lei. Em seu estado atual, esta é uma reconstituição feita a partir de citações textuais ou não, de alusões transmitidas por juristas (147 referências ao Digesto; cerca de 300 para o conjunto das fontes jurídicas), historiadores, filósofos, e em boa parte amantes da antiguidade. Resultado: 146 leis ou versículos, que os modernos distribuem entre as doze tábuas que subdividiam o conjunto. A língua certamente sofreu rejuvenescimentos periódicos, pois quatro séculos separam a publicação do Código (450 a.C.) das citações mais antigas (Varrão e Cícero) que chegaram até nós. Mas a modernização formal de um texto que continua atual não afeta a autenticidade substancial do conjunto, que não é questionada por ninguém hoje em dia, depois das vãs tentativas de Pais (1890) e Lambert (1902) de atribuir aos séculos III-II a.C. o forjamento de uma "falsificação audaciosa". Permanece a suspeita de interpolações parciais que volta à tona periodicamente para eliminar certas citações ciceronianas. O argumento é desesperado; é insustentável a hipótese de manipulações sofridas por um texto ainda em vigor, conhecido e citado por todos os indivíduos cultos. O texto, tal como a tradição indireta permite conhecê-lo, sem dúvida é lacunar, mas autêntico.

O plano

O plano das XII Tábuas permanece essencialmente desconhecido. Mantêm-se alguns indícios seguros, mas insuficientes. Sabe-se que as três primeiras tábuas organizavam o processo, da citação à execução da sentença; que a quarta condenava com a emancipação do filho o abuso do pátrio poder; que a décima regulamentava o luxo dos funerais; que a proibição dos casamentos entre patrícios e plebeus devia figurar em uma das duas últimas. Gaio, em seu comentário às XII Tábuas (em seis livros, com vários fragmentos conservados pelo Digesto), seguiu a ordem do código: é preciso inspirar-se nele e conservar a mesma sequência dos assuntos. Mas qualquer esforço para distribuir (como fazem os modernos desde Godefroy no século XVI) os diversos versículos em cada uma das tábuas a fim de chegar a um conjunto coerente ou racional certamente é errôneo pela simples razão de que uma tábua, para uma lei romana inscrita, não tem mais significado do que uma página para um texto publicado no *DO*. A tábua nada mais é que um suporte destinado a ser inteiramente coberto; ela não pode coincidir com as subdivisões (em títulos, parágrafos etc.) capazes de organizar a matéria. Mas, apesar de seu caráter artificial, o plano adotado pelos modernos merece ser conservado por elementares razões práticas, desde que nunca nos esqueçamos de que ele é puramente convencional e com certeza está muito distante do esquema original. Portanto, embora ignoremos a disposição da Lei das XII Tábuas, conhecemos muito bem suas disposições, logo podemos acreditar que pouca coisa importante escapou à massa de seus comentadores.

Codificação

Uma crise política e uma tensão extrema no seio da cidade redundaram na *obra de codificação*. O significado desse movimento é discutido. Para alguns (entre os quais Noailles, na França), o principal fator estaria na substancial subversão que sua redação teria provocado no direito em vigor. Costumes gentílicos arraigados na magia e na religião, cujas sanções recorriam à força privada de uma justiça clânica, teriam dado lugar a um direito de essência cívica, formulado pela cidade e sancionado por seus órgãos. Mas as provas de semelhante metamorfose não foram apresentadas. Na realidade, o principal fator do conflito que opunha a plebe ao patriciado dizia respeito à *aequatio iuris*, à igualdade perante o direito. Expliquemos: perante a aplicação do direito, perante sua sanção. A plebe via na codificação o fim da arbitrariedade dos julgamentos, o fim das denegações de justiça, a superioridade da lei sobre o *imperium* soberano dos magistrados encarregados de proferir o direito (*iuris dictio*). Donde a exigência formulada pela plebe revoltada (à qual, depois de anos de resistência, a oligarquia patrícia foi obrigada a ceder), de confiar a dez magistrados extraordinários o poder de "redigir leis sobre o *imperium* consular" (*legibus de imperio consulari scribendis* – Tito Lívio 3, 9): missão revolucionária, pois tendia, nem mais nem menos, a denunciar a soberania de um *imperium* monárquico e a pôr a lei, fonte do *ius*, acima do *imperium*. A fonte do direito se desloca (ainda que, substancialmente, a regra de direito não mude): deixa o precedente para ser "posta" na lei, garantidora de publicidade, segurança, igual acesso para todos.

O alcance (imediatamente mais político que jurídico) da obra é avaliado por seu resultado. A lei procedeu a um inventário. Enumerou todas as fontes de processo, todas as condições de abertura de um procedimento e as qualificou de ações da lei. Vejamos o exemplo dos delitos: a lei, ao cabo de um balanço exaustivo (embora este nos escape em parte), a fim de defini-los e garantir sua punição, chamou a si todas as fontes de ações baseadas num ato ilícito e capazes de levar a uma condenação judiciária. São todos os casos nos quais o *imperium*, em sua dimensão civil (jurisdição), terá a missão de organizar uma ação da lei. O poder de julgar passa a ser exercido no respeito à lei, quer se trate da citação, da abertura do processo, da qualificação do delito ou de sua punição. Em contrapartida, guiada por um critério desprovido de ambiguidade, a lei não absorve os casos – certamente ainda numerosos – em que o crime ou delito não é da alçada do *imperium*, mas de uma *sacratio* extrajudiciária ou da "jurisdição" doméstica. O poder do magistrado não estava em causa; a lei não se interessava por ele.

Em termos de ambição e de resultados, as XII Tábuas constituíam uma verdadeira codificação, no sentido de um conjunto coerente de normas que tinham em vista a exaustividade num campo determinado e estavam voltadas para o futuro. Os Antigos não se enganaram. Para Tito Lívio (3, 34), as XII Tábuas são "a fonte de todo o direito público e privado" (*fons omnis publici privatique iuris*). É exato que a lei absorveu todo o *ius*. Antes, era o julgamento que criava ou constituía o direito; a partir daí, o julgamento apenas o declara. A fonte do direito deslocou-se do julgamento para a lei. Uma equação nova, mantida durante a República e o início do Império, se afirma com as XII Tábuas: o *ius* se confunde com as fontes processuais enumeradas pela lei (atos jurídicos, delitos, direito de propriedade...), que os julgamentos apenas reconhecerão, declararão ou confirmarão. Cícero (*De Orat.* 1, 193), com outros termos, expressou esse papel refundador das XII Tábuas: a ciência suprema do Estado (*civilis scientia*), chamada a discernir todos os interesses constitutivos da cidade (*descriptis omnibus civitatis utilitatibus ac partibus*), está contida nas XII Tábuas. Atribuindo a cada um o que lhe é devido (proteção de direitos, parte na sucessão, indenização por danos sofridos, pena infligida ao culpado etc.), a lei lança as bases da ordem social. Pela primeira vez aparece em Roma o conceito de lei fundadora da cidade, com a fusão dos direitos privado e público. Os Antigos suspeitaram de inspiração grega, mas não puderam abster-se de enfeitar tardiamente (a partir do século I d.C.) com detalhes inverossímeis essa intuição exata. Sem dúvida não houve embaixadores a copiar em Atenas as leis de Sólon; tampouco, no Fórum, a estátua de um grego que fora traduzir para o latim os versículos das XII Tábuas. Mas os modernos, por sua vez, não souberam separar a verdade da fábula. O conceito, desconhecido em Roma, de uma lei primordial, superior aos magistrados, estruturadora da *civitas*, ao fundá-la sobre leis (cf. Pompônio, Digesto 1, 2, 2, 4), capaz de definir imediatamente (sem o intermédio do *imperium*) os direitos de cada cidadão, esse conceito deve ser atribuído à influência da Atenas democrática, entre Clístenes e Péricles, com outras provas de contatos ocorridos na época (estrutura política, culto, mito, arte etc.).

Natureza do direito das XII Tábuas

O próprio fundo do direito certamente não foi subvertido pela obra de codificação. É preciso chegar a um acordo sobre algumas inovações parciais: introdução de um procedimento menos pesado para sancionar as dívidas oriundas de um ato formalista (estipulação); proibição de casamentos entre patrícios e plebeus, derradeiro enrijecimento da vontade do patriciado de se fechar numa casta imutável (algo que foi logo condenado e anulado); associação definitiva da assembleia do povo ao castigo capital. Mas, afora essas exceções, o direito publicado reproduz essencialmente as soluções consuetudinárias e os precedentes então observados. Como representar, em suas linhas gerais, o direito então traduzido na lei? Com uma precocidade excepcional e fecunda, em muitos aspectos, e, em outros, com as marcas ainda do arcaísmo. Comecemos pelo balanço positivo.

Julgamento. – É posto a serviço da paz social. Daí a importância atribuída ao acordo (*pactum*, *pacisci*, de *pax*, paz), que tinha a função de interromper a qualquer momento o processo judiciário. A função do magistrado consiste mais em impor às partes uma solução negociada (noção de *damnum decidere*: "fixar a indenização compensatória por meio de um acordo") do que permitir o esmagamento do culpado para satisfação da vingança. A iniciativa privada por certo ocupa lugar determinante no desencadeamento do processo e em sua execução, mas ela nada pode sem o papel moderador do magistrado que supervisiona e autoriza em cada etapa o exercício dessa força privada.

Distinção entre direito real e obrigação. – Capital ainda hoje, essa distinção remonta à distinção, retomada pelas XII Tábuas, entre dois esquemas processuais distintos. Um, a serviço de um direito absoluto, *erga omnes*; outro, relativo e dirigido contra uma pessoa. O conceito de "obrigação" (embora a palavra *obligatio* ainda esteja longe de surgir) é conhecido, expresso por meio da expressão, rigorosamente técnica, *oportere*, definida como dever juridicamente sancionado de pagar ou de fazer, quer sua fonte seja um ato lícito (uma estipulação, por exemplo), quer seja um delito.

Tempo. – O papel atribuído ao *tempo* como fator de consolidação de um direito ou de um poder sobre uma coisa ou uma pessoa prenuncia os conceitos de usucapião (prescrição aquisitiva) e de prescrição extintiva. A duração exerce função jurídica e social ao mesmo tempo: livra os títulos de aquisição de vícios de forma ou fundo e sanciona, por meio do vencimento, o não uso de um direito.

Testamento. – Com o *testamento*, as XII Tábuas (que certamente não inovam) atribuem notável eficácia à vontade individual, ao passo que os sistemas jurídicos primitivos a ignoram. O poder do indivíduo sobrevive à sua morte, no respeito integral à sua vontade: repartição de seus bens, transmissão de suas obrigações, designação de tutores, alforria de escravos. No sistema decenviral, a sucessão legítima – é espantosa a guinada – tem apenas vocação subsidiária, a de suprir a ausência de um testamento.

Direito do homem sobre a coisa. – Reflete o mesmo poder imediato e exclusivo. A propriedade é afirmada como individual, livre de qualquer superioridade dominial, quer esta seja de tipo senhorial ou familiar. Os únicos limites – mas não se trata de poderes rivais – à propriedade individual são justificados pelas relações de vizinhança ou por um cálculo econômico elementar. O proprietário de um material fraudulentamente desviado (viga etc.) não pode reivindicá-lo a partir do momento em que este esteja incorporado na estrutura de um edifício construído (célebre princípio do *tignum iunctum*).

Delitos. – A abundante matéria dos *delitos* constitui prova de grande maturidade jurídica. O ato involuntário (assassinato, lesões físicas, incêndio, destruição de colheitas) nunca é confundido com o ato premeditado, nem o adulto consciente com o menor. A vontade de ultrajar é reprimida, ao passo que a lesão involuntária causada a um homem livre não determina condenação nem reparação. Os romanos enveredavam por uma via que nunca mais será abandonada: a pessoa humana não pode ser objeto de avaliação indenizatória, degradante. Somente a vontade perversa de prejudicar é condenada. Na repressão aos delitos, subsistem vestígios da vingança pessoal, mas eles estão em vias de absorção. Os ferimentos voluntários e graves determinam a pena de talião: mas, por meio de um mecanismo sutil, o magistrado só aceita essa pena em caráter subsidiário quando o culpado se recusa a uma composição razoável que a vítima deve lhe oferecer. Em todos os outros casos, a vingança pessoal desapareceu a favor de um sistema de penas legais, proporcionais em princípio ao dano causado.

Poder soberano de condenar à morte. – Esse poder, graças a uma reforma política importante, foi negado ao magistrado: a justiça capital (crimes políticos e de direito comum) é confiada à assembleia do povo, enquanto o papel do magistrado é reduzido ao inquérito, à instrução e à solicitação do castigo.

Onde então encontrar os sinais de *arcaísmo*? Certamente não num direito eivado de elementos religiosos (a sanção religiosa está inteiramente ausente: as infrações são da alçada apenas do tribunal da cidade), mas no caráter privado da maioria dos delitos. A vítima não é o grupo, mas o indivíduo lesado, que tem liberdade para agir ou para permanecer passivo (e, nesse aspecto, o direito de Roma pouco evoluirá). Certamente, a acusação de barbárie que lhe é feita continua tenazmente ligada ao código, em virtude do famosíssimo direito do credor a condenar o devedor insolvente à morte e cortar seu corpo em pedaços proporcionais a sua dívida. Mas será cabível seguir os estudiosos da antiguidade romana que, superado o movimento de repulsa, insistem na função dissuasiva dessa execução potencial, aliviados por nunca terem encontrado um único exemplo de sua aplicação?

As XII Tábuas na história do direito romano

Ao absorver a totalidade do *ius civile*, o código decenviral criaria, durante séculos, uma identidade entre *ius civile* e direito decenviral. Às próprias disposições normativas os juristas somaram (com a mesma natureza e a mesma autoridade) as ações (chamadas ações da lei) vinculadas a cada hipótese de processo previsto pela lei, e a interpretação que os pontífices forneceram numa obra de aplicação e de exegese: apresentar as fórmulas necessárias à validade dos atos; fixar o calendário judiciário; estender (recorrendo à analogia e à ficção) o alcance das prescrições do código. Esse monopólio do *ius civile* começou a sofrer concorrência no momento em que, seguindo etapas desconhecidas em detalhes, o pretor, reativando seu *imperium*, teve a audácia de pôr sob sua proteção fatos ignorados pela lei. Ao conceder, segundo o caso, uma ação *in factum* (desprovida de qualquer base civil ou legal), ou uma adjudicação, o pretor reconhecia certos delitos (dolo), fatos não delituosos (depósito), atos inspirados no *ius gentium* (venda) ou situações familiares estranhas à estrutura agnatícia da família ("sucessão" não pretoriana de parentes consanguíneos ou cognatos). A partir dessa data, que pode ser razoavelmente fixada nos séculos III-II a.C., o direito privado será formado por duas massas, situadas sob a sanção do pretor, mas que nunca serão confundidas pelos juristas. A primeira, única qualificada de *ius*, decorre exclusivamente das soluções reconhecidas pelas XII Tábuas. A segunda constitui a massa pretoriana ou honorária – só se fala de "*ius*" *honorarium* tardiamente (no século III d.C.) e com um intuito abusivo e enganoso de simetria, pois não se trata propriamente de *ius*. A distinção não é apenas uma questão de parcelas de nobreza; afeta a natureza das normas e sua hierarquia. Por exemplo: o sucessível chamado pelo pretor não é um herdeiro (*heres*), mas um possuidor de bens (*bonorum possessor*), em posição inferior, subalterna em relação aos chamados pela lei civil (as XII Tábuas). Essa dicotomia do direito privado de Roma também vale para a esfera das obrigações, dos delitos, das sucessões e da propriedade. Nunca se apagará. Justiniano tentou diluir algumas diferenças; não questionou a dualidade das fontes do direito romano. *Fons omnis privati iuris*: cinco séculos depois dessa definição tão intuitiva e feliz, a afirmação de Tito Lívio continuava verdadeira.

› Edição: *Fontes Iuris Romani Anteiustiniani* I, Florença, 1941; trad. ingl., E. H. Warmington, *Remains of old Latin*, III, pp. 424-515, Londres, 1961 (Loeb Class. Libr.); trad. fr. (fragm.), M. Humbert, *Institutions politiques et sociales de l'Antiquité*, Paris, Dalloz, 8ª ed., 2003, pp. 300-5. – Estudos de conjunto: GIRARD P.-F., *La loi des XII Tables*, Londres, Univ. of London Press, 1914. – HUMBERT M., "La crise politique du Vᵉ s. et la législation décemvirale", *Crise et transformation des sociétés… de l'Italie antique*, Roma, École fr. de Rome, 1990, pp. 263-87; "Les XII Tables, une codification?", Droits, 1998, nº 27, pp. 87-111; *Les XII Tables* (ed., trad. e comentada – no prelo). MAGDELAIN A., "Le *ius* archaïque" [1986] em *Ius, imperium, auctoritas*, École fr. de Rome, 1990, pp. 3-93. – NOAILLES P., *Les XII Tables*, Cours de droit romain, 1938-39.

Michel HUMBERT

LEIS BÁRBARAS

A "ilusão" que Fustel de Coulanges via na expressão "leis bárbaras" decorre de uma ambivalência. Para ele, a divisão que se devia fazer era entre leis dos bárbaros e leis de espírito bárbaro. A problemática modificou-se depois disso? Poderíamos ter a certeza de encontrar assim em algum código "uma legislação realmente germânica"? O fenômeno de redação não conduzirá necessariamente a uma alteração? A partir daí, o debate só pode concentrar-se na Lei Sálica depois de uma avaliação prévia da "barbárie".

Vizinhos do mundo romano havia séculos, bárbaros eram todos aqueles que viviam além das fronteiras e, como tais, não participavam da cultura greco-latina. Mas essa definição antiga, totalmente negativa, é insuficiente para refletir a extrema diversidade daqueles povos. Nesse aspecto, os historiadores estabeleceram uma discriminação com base na rapidez com que eles assimilavam a civilização romana; daí a distinção entre "bárbaros mais dóceis", tais como os visigodos e os burgúndios, e "bárbaros mais ferozes e selvagens", representados pelos francos (Augustin Thierry). Infiltrados no Império desde o século III, forneciam mão de obra camponesa e militar. Rapidamente surge um estatuto para estabilizar essa situação: povos federados (*foedus*, tratado) para os visigodos e burgúndios ao sul da Gália, e povo deditício para os francos, ao norte. Mas nem por isso a pacificação foi garantida, muito menos a unidade: do século III ao V, houve confrontos ferozes e, até mesmo dentro de uma mesma tribo, partidários e adversários de Roma se opunham com armas em punho. Apesar dessas diferenças, tais povos tinham em comum não só o fato de serem pouco numerosos, como também o de terem vernizes de romanidade desde o século IV, quando os mais altos cargos de mando foram confiados a seus chefes. De tal modo que, quando a dominação política ganhou corpo no século V, seus reis souberam cercar-se de conselheiros galo-romanos, e os autores latinos contemporâneos (Sidônio Apolinário, Cassiodoro) não opuseram dificuldade alguma em lhes reconhecer o direito à *civilitas*. No entanto, o fato é que seus usos e costumes diferiam dos das populações romanas. Apresenta-se então a questão da coexistência jurídica. Do ponto de vista teórico, existem dois sistemas: ou o conjunto do território está submetido ao mesmo direito (territorialidade), ou as diferentes populações observam o direito de suas origens (personalidade das leis). Cabe esclarecer que, como o direito público era de aplicação territorial por razões políticas evidentes, a personalidade só podia reger o direito privado e penal. Embora se saiba com certeza que sob os reis merovíngios foi aplicado o sistema da personalidade, o caso dos visigodos e dos burgúndios continua duvidoso.

Reinos romano-germânicos: visigodos e burgúndios

O sistema da personalidade das leis, alçado ao nível de teoria no início do século XIX, na Alemanha, é tranquilizador: os reis visigodos e burgúndios teriam mandado redigir dois textos para seus súditos: um aplicável aos galo-romanos, outro aos bárbaros. Assim, no sudoeste, o Código de Eurico constituiria a redação dos costumes visigóticos; ulteriormente, a *Lex romana Visigothorum*, batizada de Breviário de Alarico, teria sido promulgada para os galo-romanos. O mesmo paralelismo tranquilizador se encontra no reino do Leste, onde a *Lex romana Burgundionum* (batizada de Papiano por causa de um erro de copista) teria como contrapartida a Lei Gombeta, destinada aos burgúndios. Infelizmente, essa bela simetria sofreu ataques. Admitindo-se que a *Lex romana Burgundionum* não passaria de uma coletânea privada, em grande parte decorrente do Código Teodosiano, a Lei Gombeta ficava como o único texto oficial burgúndio. No entanto, redigida por ordem do rei Gondebaldo (474-516), essa lei também sofreu uma forte influência do direito romano, embora conservasse características "germânicas": solidariedade familiar, cojuradores, vendeta coletiva, juramento purgatório e duelo judiciário. O bispo de Vienne, Santo Ávito, protestou contra a inserção desta última modalidade de prova, mas em vão, pois sua manutenção foi comprovada no século IX. Os visigodos, por sua vez, terão observado, sucessivamente, a personalidade e depois, no século VII, só na Espanha, a territorialidade, ou terá sido esta aplicada já no século V na Gália? O debate também é obscurecido pelas dúvidas surgidas quanto à autoria dos textos visigóticos. Aí também a teoria dualista impunha o confronto entre o Código de Eurico (c. 476), aplicável apenas aos visigodos, e o Breviário de Alarico (506) para os galo-romanos. Com certeza, Alarico II, prevendo o conflito que teria com os francos em Vouillé, procurou conciliar-se com as populações galo-romanas católicas perseguidas durante muito tempo pelo arianismo dominante. Para esse fim, promulgou um texto destinado a banir as obscuridades do direito e obter a coesão de seu reino. Abeberando-se principalmente no Código Teodosiano (438) e nas Novelas até 463, o Breviário justapõe às *leges* excertos de jurisconsultos (Paulo, Papiniano) e comentários (*interpretationes*) da segunda metade do século V, formulados em termos normativos. Essa compilação, embora abandonada no reino visigodo da Espanha, acabará por ser utilizada pelo conjunto dos galo-romanos durante muitos séculos, ainda que na forma de resumos cada vez mais breves (*epitome*). Quanto ao Código de Eurico, embora sua autoria tenha sido discutida, admite-se que é provavelmente posterior ao rompimento dos visigodos com Roma. Seu conteúdo não é menos incerto, pois o conhecimento que se tem dele baseia-se nos cerca de sessenta fragmentos transmitidos por um palimpsesto e numa tentativa de reconstituição (palingenesia de Alvaro d'Ors). Daí decorre um texto de direito romano vulgar alimentado pela ciência jurídica das escolas meridionais da Gália na segunda metade do século V. Nesse nível, portanto, a apresentação dualista já sofre grande revisão. A questão se complica mais com a identificação do famoso edito de Teodorico. Atribuído desde o século XVI (Pierre Pithou) ao ostrogodo Teodorico, o Grande (493-526), foi magistralmente restituído ao rei dos visigodos, Teodorico II (453-466) (Vismara). Em termos formais, esse texto é anunciado como um ato legislativo régio sem nenhuma menção de participação popular. Promulgado provavelmente entre 459 e 461, é o primeiro texto oficial que reúne constituições imperiais e fragmentos jurisprudenciais (*leges* e *iura*) e se aplica ao mesmo tempo aos súditos romanos e bárbaros.

Avaliados do ponto de vista da personalidade e da territorialidade, o que nos ensinam esses três códigos visigóticos? Há muito tempo, os historiadores espanhóis, abraçando a tese da territorialidade, consideram que esses textos eram tanto destinados aos godos quanto aos romanos, conforme demonstra a ausência de *professio legis*. Na verdade, essa omissão pode ser explicada pela evolução dos usos godos desde o período de vizinhança pacífica com Roma até meados do século IV; a partir daí, teriam eles se afastado muito do direito romano vulgar, visto que este representava uma composição entre uma técnica jurídica abastarda e costumes locais cada vez mais presentes?

Reinos germânicos da segunda geração: francos e lombardos

A exclusão das mulheres da sucessão à coroa foi o motivo da celebridade da Lei Sálica. Voltaire, que a comenta, sabia muito bem que o uso feito pelos legistas do século XIV fora tendencioso. Isto porque, na época, os três manuscritos publicados possibilitavam tentar depreender o verdadeiro caráter daquele texto. Mas o interesse científico vinha acompanhado por outras preocupações mais ideológicas. Nesse aspecto, a tradição era antiquíssima. Já se encontram vestígios dela no pseudo-Fredegário (século VII), que inventa a origem troiana dos francos para os pôr em pé de igualdade com os romanos. Esse mito, sem dúvida louvável, não resistiu à crítica dos humanistas italianos do Renascimento. Sucede-lhe então o mito gaulês, em duas versões. Uma, discriminatória, apresenta os gauleses como vencidos, e os francos, como vencedores; a outra, mais "fraternal", vê os francos como gauleses emigrados em decorrência da conquista romana que depois voltaram para libertar sua terra. A disputa chega ao auge no século XVIII, com a formulação de que os aristocratas, descendentes dos invasores francos, são solicitados a voltar para as florestas da Germânia.

Os progressos decisivos só começam em 1843, quando Pardessus publica e compara todos os textos conhecidos. A partir daí a lista aumenta, pois mais de 80 manuscritos foram recenseados até agora, o que não deixou de criar problemas delicados de classificação para os eruditos. O debate é mais complexo porque os manuscritos são tardios: os mais antigos remontam aos anos 754-800, mas a maior massa data do século IX e um bom número é posterior à era carolíngia. Nenhum manuscrito garante a primeira redação da lei que, como se sabe, sofreu modificações e acréscimos em várias ocasiões. Segue-se que a data da redação do núcleo inicial foi alvo de conjecturas num intervalo dos mais amplos, que vai da época de Clódio (século V) ao século VII. A versão geralmente considerada mais antiga, o *Pactus legis salicae*, caracteriza-se pela brevidade (65 títulos) e por menções em frâncico, precedidas da abreviação *mal.* (para *malberg*). Essas "glosas malbérgicas", tradicionalmente interpretadas como frases pronunciadas para o *malberg* (*mallus*) pelos pleiteantes, como aplicação do procedimento formalista, seriam mais provavelmente expressão da ratificação feita pelos homens livres do julgamento proposto pelos rachimburgos (Balon). Por outro lado, a versão mais longa comporta cem títulos e dataria do século VIII. Em seguida, uma recensão abreviada foi redigida na época de Carlos Magno, por volta de 802-803 (*Lex salica emendata*).

Também é preciso acrescentar à Lei Sálica dois prólogos posteriores à primeira redação e dois epílogos que também são de data relativamente recente. Todos são objeto de interpretações cerradas. O prólogo mais antigo, prólogo curto, começa assim: "*Placuit et convenit inter francos corumque proceres, ut pro servendo inter se pacis studio omnia incrementa rixarum resecare deberent...*" ("Aprouve convencionar-se entre os francos e seus próceres que, para manter o esforço de paz, eles deviam suprimir o que pudesse aumentar as rixas, e, visto que sobrepujam aos povos vizinhos pela coragem dos braços, que sobrepujem também pela autoridade da lei, a fim de que a ação penal receba um termo em conformidade com a natureza das causas"). Segue-se a menção de quatro personagens que, em três *mallus* sucessivos, decidiram as soluções que deviam ser dadas aos litígios. Esses chefes apareciam também no prólogo longo que contém a célebre exclamação: "*Vivat Christus qui diligit Francos!*" Embora os dois prólogos zelem pelo prestígio franco, o tom político é diferente, pois só o segundo dá destaque ao batismo de Clóvis e às virtudes dos francos que honram os santos martirizados pelos romanos. Além disso, o prólogo maior ressalta que o que estava inadequado na lei foi emendado por editos de Clóvis, Quildeberto e Clotário. Seja como for, esses dois prólogos nos interessam, sobretudo pela maneira como põem a lei em perspectiva. O prólogo curto insiste muito no objetivo principal do texto: a manutenção da paz por meio da limitação do recurso à guerra privada, a *faida*, direito à vingança. Seria preciso submeter a uma disciplina totalmente militar os homens cujo temperamento e coragem, fonte do valor guerreiro, se expressavam por meio de violentas disputas internas. Por isso, para não enfraquecer essa elite militar, os costumes dos francos deviam ser encerrados num conjunto de regras coercitivas tanto em tempos de paz quanto de guerra. Se a existência de um núcleo primitivo já fora considerada, o reexame do prólogo lança novas luzes sobre a gênese da Lei. Os quatro chefes, durante muito tempo tidos por lendários, foram identificados com oficiais do círculo imperial da segunda metade do século IV, especialmente Arbogasto, franco de além-Reno; e as sedes dos três "mallus" foram localizadas entre o Reno e Ardennes (Poly). Essas medidas, destinadas a coibir o espírito vingativo dos francos deditícios (camponeses-soldados), foram postas por escrito já nessa época? Tratar-se-ia então de uma "*lex data*" no sentido romano do termo; um regulamento estabelecido em 350-353, sob pressão da necessidade, pelo chefe da milícia e pelos oficiais encarregados das reservas léticas, aceito pelas tropas reunidas nas três principais "bandeiras" (Poly). Se não for considerada a lição do prólogo curto, a Lei parecerá um simples catálogo de tabelas de composição de caráter rudimentar e arcaico: "repertórios muito pitorescos, mas pouco concludentes quanto ao fundo do direito. Sem dúvida era utilíssimo a um juiz franco saber que, de acordo com a Lei Sálica, custava 15 soldos quebrar um dente de alguém [...] Era muito vantajoso para a coletividade ficar assim exonerada das incertezas do talião ou dos incômodos da vendeta ilimitada. Mas o direito penal, aparentemente tão presente nessas leis, é o grande ausente. A rigidez das tabelas, que transforma o juiz praticamente em distribuidor automático de composições pecuniárias, exclui qualquer aprofundamento" (Laingui-Lebigre). Apreciações mais elaboradas, porém, devem ser tomadas em consideração: "Assim como em nossos dias, aquela gente distinguia crimes, delitos e infrações. O delito perpetrado era castigado com mais severidade do que a tentativa de cometê-lo, com mais severidade também do que a simples intenção de cometê-lo. Os crimes individuais eram castigados com menos severidade do que os crimes cometidos em bandos" (Balon). De fato, a Lei Sálica "fixa as penas para os homicídios cometidos pela tropa (*contubernium*) [...] com agravamento das condenações se três soldados ou mais participassem do assassinato" (Durliat).

Da apresentação tradicional da redação dos costumes francos, a Lei Sálica sai fortemente impregnada de espírito germânico. Mas essa posição talvez já não seja tão garantida desde que alguns trabalhos recentes sugeriram as marcas de uma influência romana. Além da hipótese anteriormente exposta de um regulamento militar de fatura romana (Poly), outra investigação merece atenção. Ela se baseia na analogia do título 27, dedicado aos roubos rurais, com um documento bizantino do século VII que provavelmente seria um edito de um prefeito do pretório. O grande parentesco entre forma e fundo leva a supor que os dois textos derivariam de um texto romano anterior que teria servido de matriz (Durliat). Seja como for, o caráter penal e o procedimento sobrepujam incontestavelmente na Lei Sálica em vista dos magros títulos dedicados ao direito privado. Por exemplo, renúncia à vingança é objeto da maioria dos artigos, que modulam a tabela das composições pecuniárias proporcionalmente à situação social da vítima. Assim, são devidos 200 soldos pelo assassinato de um *Francus ingenuus*, mas o assassinato de um antrustião custava 600 soldos, pois o lugar por ele ocupado em vista do juramento feito ao rei conferia à sua vida um valor três vezes maior que a do simples homem livre. Pela mesma razão, o assassinato de um romano *conviva regis* era taxado em 300 soldos, ao passo que custava apenas 100 soldos o assassinato de um romano que não tivesse a mesma proteção. Das teorias numerosas e sutis elaboradas a respeito, nenhuma parece decisiva. No entanto, se *Francus* designa soldado (Durliat), não é surpreendente que o resgate pago por seu assassinato seja mais alto do que o de um civil; e não é de surpreender que as pessoas do círculo monárquico sejam especialmente protegidas, e a guarda militar mais ainda que o círculo civil.

Falta considerar a posição da Lei Sálica no mundo merovíngio em relação às outras fontes do direito, e, depois, a autoridade da qual ela emana. Sobre o primeiro ponto, deve-se lembrar que ela só diz respeito a uma fração da população, mesmo que essa fração ainda precise ser definida. A opinião comumente aceita defende uma concepção étnica, partindo-se do fato de que o núcleo original franco era muito restrito (cerca de 30 mil pessoas). Sendo o franco soldado por definição, essa análise convida a um paralelo com os ostrogodos de Teodorico, o Grande (contemporâneo de Clóvis). Naquela época os romanos eram proibidos de portar armas, só os godos constituíam o *exercitus gothorum*, e os casamentos mistos eram proibidos. Por esse motivo, o direito dos godos era admitido como *ius singulare* para os *milites*, estivessem eles reunidos em exército ou não; aplica-se então a esse povo germânico em sua totalidade (Vismara). O paralelo é interessante, mas há diferenças. Por um lado, o mundo franco não conhece a proibição do casamento entre romanos e bárbaros. Por outro, embora se encontre abundantemente a expressão *exercitus francorum*, o exército franco era um mistura de raças em que o número de romanos não era desprezível; por isso, "*Francus* perdera o sentido étnico" (Kurth). Isso leva à hipótese sedutora de que "francos e romanos não são distinguidos tanto por etnias, porém mais como pessoas que ocupavam postos diferentes no Estado, em conformidade com decisões régias. Uma pessoa oriunda de um ou de outro povo, ou de um casamento misto, obtinha o *status* de franco quando entrava no exército, como conde ou de outra maneira, e o perdia quando o deixava, por exemplo, para se tornar bispo, o que propiciava vantagens diferentes" (Durliat). *Francus*, portanto, designaria o soldado. Embora tenha tido grande longevidade, a Lei Sálica não passa de um dos elementos do direito aplicado na Gália. Em primeiro lugar, o direito romano, que não tinha sido abolido, continuava a ser aplicado à população galo-romana, sem dúvida a mais numerosa, e à Igreja. Enquanto isso, o Breviário de Alarico foi retomado depois de Vouillé para benefício da Gália franca como vetor do direito romano. Quanto à lei burgúndia, será conservada pelos francos depois da conquista de 534. Por fim, não se deve esquecer a legislação conciliar: embora os interesses religiosos ocupem mais espaço, os concílios também cuidaram dos assuntos civis.

O segundo ponto diz respeito à autoridade legisladora. A partir da concepção abonada por Montesquieu, de que a liberdade provinha das florestas de Germânia, começou-se a indagar e ainda se indaga se a lei emanava do povo, por meio da assembleia dos guerreiros, ou de Clóvis. O dilema é alimentado pelos dois preâmbulos. A versão curta, ao insistir no acordo entre os grandes para se chegar a um pacto – donde o título de *Pactum* dado à Lei em alguns manuscritos –, refletiria exatamente o processo de sua redação. O texto longo, por sua vez, marca também, sem ambiguidade, o papel do rei. Terá este então agido segundo os moldes dos prefeitos do pretório, copiando deles, de alguma maneira, o poder delegado que tinham de publicar normas secundárias, respeitando as constituições imperiais (Vismara)? A questão continua aberta.

Transmitida por vários manuscritos que se referem a um texto único, a *Lei ripuária* provavelmente foi redigida por ordem de Dagoberto entre 633 e 639 para a Austrásia. Por tal razão, essa "irmã caçula" da Lei Sálica constituirá o direito da dinastia carolíngia originária daquela região. É um documento complexo no qual convivem numerosas disposições da Lei Sálica, os privilégios concedidos à Igreja e prescrições do direito romano, mas as modalidades de prova continuam principalmente germânicas (juramento purgatório, cojuradores e duelo judiciário).

Como lembrete, enumeraremos redações de leis nacionais sob a égide dos carolíngios: leis dos alamanos, dos bávaros, dos saxões, dos frisões e dos turíngios. Redigidas durante o século VIII e o início do século IX, no ritmo do avanço franco rumo ao leste, elas abolem os usos pagãos e corrigem o arcaísmo das disposições consuetudinárias.

O estabelecimento dos lombardos na Itália ocorreu principalmente na forma de colônias militares, de tal modo que, em decorrência de dissensões, eles não constituíram um Estado tão coerente quanto a Gália franca. O primeiro texto promulgado em 643 é o edito de Rotáris, cujo prólogo, assim como o epílogo, reflete o arianismo dos conquistadores. Essa obra ampla e refletida, distribuída em cerca de 390 capítulos, redigida num latim que toma a liberdade de incluir algumas palavras lombardas, conforma-se a um programa político preciso: conservar as regras de vida da aristocracia lombarda, como dão prova os atos que deviam passar pela assembleia dos guerreiros (adoção ou doação). Apesar da indubitável influência justiniana, o texto continua profundamente marcado por traços germânicos, e o direito penal predomina. Mas, enquanto o duelo judiciário continua autorizado, a *faida* é refreada por Rotáris, que nisso segue seus predecessores: somente alguns casos são reconhecidos como legítimos (por exemplo, o marido pode matar a mulher por justa causa). Em 668, o breve edito de Grimoaldo prolongava essa tendência, sobretudo ao punir o marido que acusasse falsamente a mulher de adultério. Mas é a legislação de Liutprando (712-744), distribuída pelos 153 artigos promulgados por uma série de editos, que marca uma guinada importante. Como o rei lombardo já era católico, as ideias do cristianismo romano impregnaram o direito da família e as instituições: casamento reconhecido como sacramento, empecilhos ao casamento, isenção *in ecclesia*, direito de asilo, irrevogabilidade dos votos religiosos, legado piedoso a favor da Igreja etc. Por fim, dois editos curtíssimos, o de Ratchis (746) e o de Aistulfo (755), possibilitam atribuir o nome genérico de "edito lombardo" a esse ciclo legislativo.

Esta revisão das leis bárbaras deveria mencionar também as leis dos anglo-saxões, principalmente porque, tendo sido promulgadas a partir do fim do século VI, foram as únicas redigidas em língua vernacular, mas saem do mundo franco. Também seria preciso abrir espaço para as modificações feitas ulteriormente por diferentes reis. Limitando-nos aos soberanos francos, diremos que os editos e capitulares merovíngios e carolíngios não deixarão de contribuir com os complementos necessários. Isso foi praticado tanto na Gália quanto nos territórios conquistados porque a lei, por mais "nacional" que fosse, não era imutável, e a autoridade do rei, quando existia, era um poderoso regulador.

› GAUDEMET J., *Les Naissances du droit*, Paris, 1999[2]. – HAROUEL J.-L., BARBEY J., BOURNAZEL É. & THIBAUT-PAYEN J., *Histoire des institutions de l'époque franque à la Révolution*, Paris, 2001[9]. – BALON J., *Traité de droit salique*, Namur, 1965. – VISMARA G., *Scritti di storia giuridica*, t. I, Milão. 1987. – POLY J.-P., "La corde au cou. Les Francs, la France et la loi salique", em *Genèse de l'État moderne en Méditerranée*, Roma, 1993; *La giustizia nell'alto medioevo (secoli V-VIII)*, Spolète, 1995 ("Sett. Spoleto", 42). – DURLIAT

J., "Recherches sur la Loi salique et la société gallo-franque", em *Antiquités nationales*, 29, 1997.

Jacqueline THIBAUT-PAYEN

LEIS FUNDAMENTAIS DO REINO

Na França do Antigo Regime, leis fundamentais designavam um conjunto de princípios religiosos e regras jurídicas ao qual era atribuído um valor superior ao das leis ordinárias. Embora não fossem redigidas em forma de constituição, as leis fundamentais não deixavam de sê-lo, porque exprimiam a essência do ordenamento político e social, portanto os *fundamentos* do Estado, normas consideradas intangíveis. Convém dizer algumas palavras sobre sua natureza antes de abordarmos sua formação e seu conteúdo.

Natureza das leis fundamentais

O valor constitucional das leis fundamentais é discutido porque geralmente à noção de constituição se associa uma problemática kelseniana de hierarquia das normas, revisão e controle de constitucionalidade, que seria anacrônico buscar no Antigo Regime. Frequentemente também se raciocina em função dos anátemas dogmáticos nascidos no período revolucionário (cf. arts. 3 e 16 da Declaração dos Direitos do Homem e do Cidadão de 1789). Ora, uma constituição – e o exemplo do Reino Unido o prova – não é necessariamente uma mecânica jurídica escrita a regrar o funcionamento dos poderes públicos, precedida de uma declaração dos direitos que lhe dê uma consistência filosófica mais ou menos precisa. Na verdade, o direito constitucional contemporâneo muitas vezes tem a tendência de, numa abordagem positivista, apegar-se mais ao estudo do ordenamento e do funcionamento dos diferentes poderes do que aos valores que os fundamentam. Contudo, a cesura entre os princípios e as modalidades de funcionamento do poder era desconhecida do Antigo Regime. Os primeiros escritos que tratam do poder régio, na época carolíngia, não consideram tanto regras propriamente jurídicas quanto um feixe de obrigações religiosas e morais. Os autores concordam quanto ao fato de que a realeza é um poder de tipo particular cuja origem, como ocorre com toda autoridade, vem de Deus. O rei é investido de um ministério, de uma função própria que consiste, de modo muito amplo, em fazer reinar a justiça. Como o rei é batizado e sagrado, o poder é fundamentalmente cristão, ordenado para a realização dos preceitos da Igreja. O rei, imagem de Deus, está plenamente submetido à lei divina e, como toda criatura, à lei da natureza. Somente essa dupla submissão legitima seu poder e faz que ele seja realmente rei. O que se implanta assim desde as origens da monarquia – e que permanecerá no cerne do Antigo Regime – é uma abordagem substancial do poder, traduzido no juramento da sagração, mais do que uma visão funcional ou orgânica. Mas isso, evidentemente, não impediu que as engrenagens e as práticas de governo se desenvolvessem, e que se depreendessem várias regras de direito público – porque elas se referem ao poder *público*, que é a realeza. A França aparece como uma monarquia cristã cujo rei passa por uma sagração; com a morte do rei, o reino não se divide entre seus filhos, o rei governa por conselho; ele conserva, protege e respeita a ordem jurídica… Quanto à transmissão do poder, que conheceu uma alternância de hereditariedade e eleição, estabilizou-se do fim do século X ao século XII, no sentido da hereditariedade e da primogenitura. No início do século XIV, os princípios e as regras de funcionamento da monarquia são claramente postos e admitidos, sem que alguns deles, à parte o caráter cristão, tenham sido percebidos como mais fundamentais que outros. Serão completados no que se refere às regras de sucessão à coroa. Se a questão quase não se pusera antes, foi porque, em virtude daquilo que se chamou de "milagre capetiano", todos os reis da França, a partir de Hugo Capeto, tiveram um filho ou mais aptos a suceder-lhe. Nunca se pensou que as filhas, mesmo quando nascidas antes dos filhos, pudessem reinar.

Formação e conteúdo das leis fundamentais

No momento, as soluções encontradas para as regras de sucessão não parecem ter procedido de uma vontade "constitutiva", mas rapidamente lhe será dado esse significado. Assim, em 1316, Luís X morre, deixando uma filha nova e a rainha grávida. Enquanto não se sabia qual seria o sexo da criança e em vista da necessidade de um governo enquanto se esperava a maioridade do eventual filho, o irmão de Luís X, Filipe, tornou-se regente. A assembleia de grandes personalidades que confirmou seus poderes também previu que aquela regência duraria até a maioridade do nascituro, caso este fosse menino, mas, caso fosse menina, o mesmo Filipe se tornaria rei. A rainha deu à luz um filho (João I, chamado de o Póstumo), que logo morre e, já no mês seguinte, Filipe assume o título de rei e se torna Filipe V. Sagrado em Reims em janeiro de 1317, ele também foi reconhecido por uma assembleia que afirmou que as mulheres não sucederiam à coroa da França. Assim estava afirmado o princípio da *masculinidade* que, excluindo as mulheres da sucessão à coroa, exige que, na falta de descendente masculino do rei entronizado, o sucessor seja o parente do sexo masculino mais próximo do rei falecido. Em 1322, a situação é análoga. Filipe V só deixa filhas. Sem nem se aventar a possibilidade de sucessão por parte delas, o poder passa para seu irmão Carlos IV, como aplicação da regra estipulada em 1316. Quando este, por sua vez, morre sem descendência masculina em 1328, o problema é diferente. Dos filhos de Filipe, o Belo, sobreviveu uma filha, Isabel, casada com o rei da Inglaterra, Eduardo II. Dessa união nasceu um filho, o futuro Eduardo III. Como já se havia admitido que as mulheres não reinariam, Isabel estava excluída da sucessão, mas o que aconteceria com seu filho? Fazia-se restrição a Eduardo, sobretudo por ser estrangeiro. Formulou-se então uma nova regra: a da *colateralidade masculina*. Segundo ela, na falta de descendente masculino em linha direta, sucederia à coroa o colateral masculino mais próximo, oriundo do ramo masculino, recebendo, pois, os direitos de seu pai, e não de sua mãe. Assim, Eduardo foi descartado a favor de um primo-irmão dos reis falecidos, o parente mais próximo *pela linha masculina*: Filipe de Valois, filho do irmão de Filipe, o Belo (Carlos de Valois), que se torna rei da França em 1328 com o nome de Filipe VI. Embora a solução adotada tenha sido aceita pelos ingleses num primeiro momento, alguns anos depois Eduardo III a rejeitou, dando assim início à Guerra dos Cem Anos. Os juristas, do lado inglês e francês, empenharam-se, respectivamente, em contestar ou em fundamentar em direito a decisão de 1328. No plano jurídico, Eduardo III tinha a seu favor – era o critério antes adotado – a proximidade de parentesco: era o parente mais próximo do rei falecido. Além disso, se sua mãe não tinha vocação para reinar, nada se opunha a que ela servisse de ponte e transmitisse direitos a seu filho. Constatava-se também que as mulheres, por natureza, não eram inaptas para reinar, pois havia exemplos de rainhas, duquesas e condessas. Na França, objetava-se a tais argumentos o fato de que Isabel, não tendo o direito de reinar, não podia transmiti-lo. Além disso, se as mulheres tivessem essa capacidade de transmissão, o beneficiário deveria ter sido um eventual filho da filha de Luís X, Joana (que seria Carlos, o Mau, nascido em 1332), ou filhos vindouros das filhas dos reis falecidos, o que teria levado a uma situação de grande complexidade. Argumentos cada vez mais numerosos serão aduzidos na segunda metade do século XIV, enfatizando-se, entre outras coisas, o fato de que a sagração conferia uma dignidade que as mulheres não tinham a capacidade canônica de receber. Esses elementos são sintetizados a propósito da instauração da Lei Sálica na França. Este texto, redigido durante o reinado de Clóvis e revisado pela última vez no reinado de Carlos Magno, não continha nenhuma disposição relativa à transmissão do poder. Dispunha apenas que as filhas não entravam na sucessão da terra, e que esta cabia aos varões. Ora, em face das reivindicações inglesas, os legistas franceses quiseram fundamentar a exclusão das mulheres em outra fonte, que não apenas o costume. Encontraram essa fonte na Lei Sálica, mas numa versão voluntariamente interpolada (as filhas não sucedem *ao reino*) e depois historicizada, valorizada e publicizada, transformada em lei originária e nunca contraditada pela monarquia francesa. Essa Lei Sálica nova, que se encontra no cerne da exaltação política e mitológica da realeza, acabará por designar globalmente as regras de sucessão à coroa. Trata-se da primeira lei fundamental, das mais abrangentes (porque acabará envolvendo todas as regras de sucessão e até a inalienabilidade estatal) e das mais importantes. No plano prático, entrará em ação sem dificuldade dois séculos depois, quando o ramo direto dos Valois se extinguir. Assim, com a morte de Carlos VIII (1498), Luís XII, do ramo dos Valois-Orléans, será o sucessor, assim como, com a morte deste (1515), o sucessor será Francisco I, do ramo dos Valois-Angoulême.

Na virada do século XIV para o XV, nas regras de sucessão e no exercício do poder entrarão diversos complementos que, sem as modificar, tornarão mais precisos alguns aspectos; sobre estes convém notar que sua origem foi constituída por atos expressos dos reis. Assim, Carlos V, no mês de agosto de 1374, com uma "lei ou constituição régia" promulgada solenemente em maio de 1375 no Parlamento, dispôs que a partir de então o filho mais velho do rei, depois da morte do pai, se tornaria "o verdadeiro rei da França" ao atingir a idade de 14 anos. Esse ato, confirmado em novembro de 1392 por Carlos VI, será de certa maneira completado por duas ordenanças daquele rei, de 1403 e 1407, que estabeleciam o princípio de instantaneidade da sucessão. A ordenança de abril de 1403 dispõe que, com a morte de Carlos VI, seu filho mais velho, fosse qual fosse sua idade, seria imediatamente chamado rei da França, sucederia ao reino, seria coroado rei mais cedo e usaria "de todos os direitos de rei", sem que fosse possível a isso opor os poderes de um regente. Esses princípios foram reafirmados na ordenança de 26 de dezembro de 1407, que estendia seu benefício a todos os primogênitos régios vindouros. O objetivo desses atos era insistir no caráter contínuo do poder. A teoria monárquica, na origem constituída por adágios como "o rei não morre na França" ou "o rei da França é sempre maior", pretendia que não houvesse nenhuma solução de continuidade no exercício do poder. O ritual dos funerais, copiado do ritual da Inglaterra em 1422 e conservado depois ("o rei está morto... viva o rei"), reforça ainda mais essa visão que reduz a sagração a nada mais que uma cerimônia que perfaz formalmente um poder já de início perfeito. O sentimento popular, ao contrário, continua apegado a essa cerimônia: a insistência de Joana d'Arc para que Carlos VII fosse sagrado – e em Reims – para aparecer como plenamente rei traduz uma crença muito mais tradicional e menos estritamente jurídica ou douta acerca da realeza.

Até aí, todas as disposições relativas à transmissão ou ao funcionamento do poder tinham sido objeto de consenso. Elas, evidentemente, correspondiam aos sentimentos da opinião pública e procediam de certa consulta. Quanto às ordenanças de Carlos V e Carlos VI, cercadas de grande luxo formal, não haviam sido objeto de contestação. Ora, naquele início do século XV, os limites da vontade régia e o fato de sua liberdade de ação estar limitada em relação a certos princípios transpareciam a propósito daquilo que foi chamado de "vergonhoso tratado de Troyes" de 21 de maio de 1420. Carlos VI, contrariando todos os princípios anteriores, excluía seu sucessor legítimo, filho mais velho, dos direitos à Coroa. Designava em seu lugar o rei da Inglaterra, Henrique V, com quem ele casava sua filha Catarina. Henrique V era adotado pelo rei da França, tornando-se assim seu filho; devia suceder-lhe. Na falta do rei, o filho de Henrique V e de Catarina era chamado a reinar. Com a morte de Carlos VI e de Henrique V, no mesmo ano de 1422, Henrique VI, com a idade de um ano, tornou-se rei da França e da Inglaterra. Tais medidas eram politicamente previsíveis e, já em 1418-19, um advogado da senescalia de Nîmes, Jean de Terrevermeille, em três *Tractatus* (tratados), sobretudo no primeiro, demonstrara juridicamente a nulidade de tal atitude, bem como o caráter indisponível da Coroa. O raciocínio de Terrevermeille, que se inspira em contribuições doutrinárias anteriores, a cuja lógica poucos complementos foram depois acrescentados, é esquematicamente o que segue. Estabelece que existem vários tipos de sucessão. Uma, chamada de patrimonial hereditária ou simplesmente patrimonial, é a sucessão de direito comum dos particulares; a outra, sucessão simples também chamada de sucessão no lugar de outrem, resulta do abandono que uma pessoa faz de uma coisa ou de sua retirada de um lugar. Esse tipo de sucessão costuma ser encontrada nos reinos, nos ofícios e nas dignidades. Na França, a sucessão simples também se aplica ao reino porque é ela que prevalece por costume, que dispõe que a coroa deve passar para o primogênito varão descendente em linha direta do rei e, na falta deste, para os colaterais varões segundo a preferência dos graus de parentesco. Assim se explica por que os reis da França nunca tiveram o hábito de transmitir a coroa por testamento, pois o costume, e só ele, proporcionou as regras de sucessão. Várias consequências são então inferidas por Terrevermeille. Em primeiro lugar, os reis, portanto "o rei atual", não podem testar acerca do reino; logicamente, tampouco podem instituir como herdeiro seu filho mais velho ou qualquer outra pessoa, porque a sucessão não é de tipo hereditário ou patrimonial; o sucessor à função régia, pois, não é o herdeiro de seu predecessor, assim como não é seu sucessor nos bens; se é que se podem observar semelhanças com uma sucessão hereditária (o filho do rei sucedendo a seu pai), tem-se aí apenas uma semelhança, uma terceira espécie de sucessão, quase hereditária; o reino não é possuído como um bem patrimonial e hereditário, "mas apenas pelo poder e pela autoridade régia" e conforme expressa autoridade de Deus; por conseguinte, o rei não pode dispor da coroa, dá-la ou tirá-la: a sucessão cabe necessariamente àquele que *deve* suceder em virtude do costume. As prerrogativas do Estado e as do rei estão assim fixadas: a coroa tem um "estatuto" formado por um conjunto de regras de origem consuetudinária, perfeitamente coercitivas, regras que, por determinarem a transmissão do poder, estão logicamente subtraídas à ação daquele que o exerce. Através dessa hierarquia de normas, há aí uma lógica constitucional no sentido contemporâneo. Mas há também, além do raciocínio do jurista, a expressão do sentimento nacional. Ele se manifesta também um século depois, quando Francisco I, aprisionado depois da batalha de Pávia, pensou em abdicar para não ter de ceder às exigências do imperador Carlos V e permitir que seu filho fosse sagrado. O Parlamento de Paris, consultado, alegou a indisponibilidade da coroa: não havia como reinar alguém que não fosse o sucessor designado pelas leis do reino, não sendo permitido ao rei entronizado destituir-se de sua função: o rei é absorvido pelo cargo que ocupa. Francisco I, portanto, renunciou a abdicar e assinou o Tratado de Madri, entregando ao imperador várias províncias, entre as quais Borgonha. Depois de libertado, arguiu que sofrera coação, ao mesmo tempo que os Estados da Borgonha objetavam que ele não podia dispor dos súditos sem o consentimento destes. Essa regra de origem romano-canônica, que determinava o princípio de indisponibilidade do território, foi avalizada pelo Parlamento de Paris que, num acórdão de 20 de dezembro de 1526, declarou nulo o Tratado de Madri, porque contrário ao direito público da monarquia.

Durante a Idade Média formou-se outra lei unanimemente reconhecida como fundamental, que possibilitava perceber o caráter simultaneamente flexível (na formação) e rígido (no princípio) dessas regras: a inalienabilidade do domínio da coroa. Essa exigência, que é formulada muito cedo, manifesta-se com muita força durante as difíceis sessões dos Estados Gerais dos anos 1355-57. Como que para atendê-la, é introduzida uma nova cláusula no juramento da sagração. Ela não comportava nenhuma referência precisa ao domínio, e o rei apenas prometia conservar sem falhas a soberania e as prerrogativas da coroa, sem nunca as alienar. Essa cláusula, introduzida durante o reinado de Carlos V, desapareceu do texto do juramento a partir de reinado de Carlos VIII, um século depois. O que há de notável a seu respeito não é tanto o fato de ter sido entendida como uma cláusula que incluía a inalienabilidade do domínio, mas sim o fato de que, mesmo depois de sua supressão, não só os juristas, mas também os reis, consideravam que a obrigação subsistia implicitamente, que ela era intangível, portanto fundamental.

Conceituação e questionamento das leis fundamentais

No século XVI, sobretudo a partir de 1560, as leis fundamentais são sistematizadas, ao mesmo tempo que se tornam objeto político, portanto objeto de debates. No entanto, numerosos autores continuam ligados a uma visão tradicional da monarquia, concebendo-a como monarquia pura – a soberania pertence apenas ao rei –, mas temperada por freios institucionais e práticas de governo que, por terem sido comprovadas ao longo de séculos, evitam a degenerescência em tirania. De fato, todos concordam quanto à existência e à autoridade de "leis do reino". Em contrapartida, seu conteúdo exato é no mínimo incerto, e as disputas religiosas e a perspectiva do advento de um rei protestante induzem o movimento de busca dessas leis, não só em termos de conteúdo, mas também de origem: régia ou popular. A partir desse momento encerra-se definitivamente a era da análise desapaixonada, consensual, da organização política do reino da França. Surge uma visão política, interpretativa e polêmica das leis fundamentais. Pelo lado dos pensadores fiéis à monarquia, tende a prevalecer a ideia de que as leis do reino, desde o começo, foram feitas pelos próprios reis. Qualquer referência à origem popular era descartada, o que, evidentemente, traduzia o absolutismo nascente, embora o consentimento tácito e a confirmação pelo tempo continuassem sendo elementos capitais de validade dessas leis. Pelo lado protestante, os autores queriam buscar os princípios autênticos do governo da França. Remontando às origens históricas da monarquia, demonstravam que a organização política inicial tinha sido pervertida a partir do reinado de Hugo Capeto, e que convinha restabelecê-la. Assim, o poder régio, exercido em virtude de um contrato pelo qual o povo delegava sua soberania, era primitivamente eletivo, limitado por leis – as leis fundamentais –, moderado pelos Estados Gerais e passível de sanção. A influência dos monarcômacos, em especial de Hotman, marcou duradouramente o pensamento político de todas as tendências, e cada parte desenvolvia sua visão própria – e agora política – das leis fundamentais, cujas primeiras denominações expressas apareceram em 1573 em Teodoro de Bèze e em 1575 na *Declaração* do duque de Alençon, texto que distinguia as leis ordinárias, que o rei pode modificar segundo as necessidades, e a lei política, que "tende à conservação do comandante e dos comandados, todos juntos".

A efervescência ideológica, reflexo da instabilidade política, perturbava gravemente o conceito tradicional de lei fundamental. Naturalmente, o caráter consuetudinário, não escrito, dos princípios diretores da monarquia abre caminho para *interpretações* tão variadas e infundadas nesse sentido, que o debate político frequentemente se assemelhava a uma justificação de interesses partidários. Ao mesmo tempo, o valor das leis fundamentais transparecia através de iniciativas canhestras, mas cujo objetivo era garantir, por meio da qualificação de "lei fundamental", certos princípios de direito público. Essa prática subvertia em vão um equilíbrio atingido naturalmente e também abria caminho para que fossem qualificadas de leis fundamentais regras que não o eram. A qualificação de lei fundamental será, assim, expressamente dada à catolicidade do rei. No edito de união de julho de 1588, Henrique III renovou o juramento prestado em sua sagração – de viver e morrer na religião católica –, pedindo a todos os seus súditos que se unissem, se associassem a tal juramento. Uma declaração régia de 18 de outubro de 1588, confirmando esse edito, entendia que este, "de alvitre e consentimento dos Estados Gerais", deveria "ser e continuar sendo para sempre lei fundamental e irrevogável deste reino". Esses atos eram politicamente inábeis, uma vez que tal proclamação podia aparecer como uma lei circunstancial contra os protestantes. Mostravam-se, sobretudo, juridicamente inúteis, pois a partir do batismo de Clóvis os reis da França eram católicos e, a partir de meados do século VIII, passavam pela sagração. Até mesmo portavam o título de cristianíssimos e, a partir do século XIV, pretendiam à sua exclusividade. Por esse motivo, o costume originário da monarquia, estabelecido havia um milênio, tornava inútil qualquer declaração. O que motivou essas medidas, na realidade, foram as circunstâncias políticas, o peso adquirido pela Liga Católica e a perspectiva da ascensão ao poder de um príncipe protestante. De fato, na falta de descendente do rei Henrique III, o sucessor designado na estrita aplicação dos princípios adotados entre 1316 e 1328 foi Henrique de Navarra (descendente do sexto filho de São Luís), que tinha a característica inédita de ser protestante. O fato de um herege e, ainda por cima, relapso subir ao trono suscitava, evidentemente, a questão de sua capacidade. Esta foi debatida com rara violência, e a oposição feroz da Liga Católica à ascensão de um rei protestante levou à escolha de candidatos ao trono com a inobservância das leis anteriormente estabelecidas. Em primeiro lugar, depois do assassinato de Henrique III, foi sagrado um eclesiástico (novidade), o cardeal de Bourbon, e, depois de seu falecimento, os integrantes da Liga defenderam a ascensão de uma mulher, além de tudo estrangeira, a Infanta da Espanha. O impasse parecia insuperável: de um lado, a Liga defendia a primazia da lei da catolicidade, deixando de observar as outras leis fundamentais; por outro, Henrique de Navarra, designado por essas mesmas leis, afastava-se delas em virtude de sua religião. Numa célebre decisão de 28 de junho de 1593, chamada de "sentença da Lei Sálica" ou "sentença Lemaistre", de acordo com o nome de seu primeiro presidente, o Parlamento de Paris lembrava em termos claros os princípios fundamentais do direito público. Estes implicavam que não se deveria concluir nenhum tratado "para transferir a coroa para a mão de príncipe ou princesa estrangeiros". O Parlamento solicita também "que as leis fundamentais sejam observadas", e que, por conseguinte, o duque de Mayenne empregue "a autoridade que lhe é conferida para impedir que, a pretexto de religião, a coroa seja transferida para mãos estrangeiras, contrariando as leis do reino". De antemão, a Corte declarava nulos tais tratados, "como fatos que prejudicam a Lei Sálica e outras leis fundamentais do Estado". Era uma afirmação clara da impossibilidade de deixar de observar uma lei fundamental em proveito de outra, e que, ao contrário, elas se aplicavam cumulativamente para a obtenção do "estabelecimento de um rei cristianíssimo, católico e francês". A solução só podia vir de Henrique de Navarra que, depois de abjurar o protestantismo e de se declarar católico, preenchia assim todas as condições para subir ao trono.

Encerrado o episódio das guerras de religião, as leis fundamentais continuavam sendo objeto de intenções "constitucionalistas". Assim, em 1614, quando da última reunião dos Estados Gerais antes da Revolução, o Terceiro Estado pedia que a doutrina do direito divino (com forte pano de fundo galicano) fosse reconhecida como lei fundamental. Tratava-se de declarar oficialmente que o rei só recebia sua coroa de Deus, e que, por conseguinte, não podia ser deposto por quem quer que fosse. Essa tese, combatida pelo clero e pela nobreza, não recebeu resposta da parte do conselho do rei (mas será retomada por Luís XIV em 1682). Entre os motivos de oposição, o clero alegava ser pouco pensável querer qualificar de lei fundamental uma medida adotada onze séculos depois da fundação da monarquia. Lembrava também que em 1588 a posição defendida pelo Terceiro Estado era totalmente diferente. O fracasso dessa tentativa teve o mérito de mostrar que as leis fundamentais procediam acima de tudo da prática contínua de certos princípios que, confirmados pelo tempo, tornavam inúteis qualquer declaração e inovação. Atacadas durante a Fronda, especialmente no que se referia à efetividade da soberania régia, as leis fundamentais passam por um questionamento durante o reinado de Luís XIV, como se o poder monárquico, no auge de sua força, acreditasse poder chegar a uma composição com as regras antigas. Luís XIV não teve a intenção de abolir aquelas leis, cabendo lembrar que, por exemplo, em 1667 os reis estavam "na venturosa impotência de destruir as leis de seu Estado", mas em duas ocasiões estas foram infringidas. A primeira foi a da guerra de sucessão da Espanha. Em 1700, um dos netos de Luís XIV, o duque de Anjou, foi designado pelo rei da Espanha para suceder-lhe. A concordância dada por Luís XIV a essa sucessão não privava o duque de Anjou, que se tornara Filipe V da Espanha, de seus direitos à coroa da França. No entanto, a perspectiva de um duplo reinado sob a dominação francesa levou a uma guerra desencadeada pela Inglaterra que só teve fim quando Filipe V renunciou à coroa da França em 1712 (por sua vez, candidatos franceses à sucessão renunciaram à coroa da Espanha), renúncia esta ratificada por Luís XIV e, em abril de 1713, pelo tratado de Utrecht. Durante as negociações, os representantes franceses aduziram que, em vista das leis fundamentais, aquela renúncia seria nula, pois elas não admitiam nenhuma derrogação. Confirmadas na ordem internacional, tais renúncias contrárias à "Lei Sálica" não foram aceitas na ordem jurídica interna. Em 1713, ademais, a ascensão de Filipe V ao trono da França estava longe de ser um caso hipotético. De fato, em 1714, contavam-se pouquíssimos descendentes diretos e legítimos de Luís XIV. Além de Filipe V, subsistia apenas um bisneto, nascido em 1710, futuro Luís XV. Discutem-se ainda as razões que levaram Luís XIV a tomar a iniciativa, em julho de 1714, de tornar sucessíveis à coroa dois de seus filhos ilegítimos, previamente legitimados: o duque de Maine e o conde de Toulouse, bem como a descendência legítima destes. O rei não punha no mesmo nível os seus descendentes legítimos e legitimados: estes últimos só deviam suceder em segunda hipótese, na eventualidade do desaparecimento dos legítimos, mas tratava-se de uma medida desconhecida até então. Essa decisão provocou forte emoção, que se manifestou desde a morte do rei, em 1º de setembro de 1715, até 1717. As medidas de Luís XIV serão revogadas especialmente porque as leis fundamentais não podiam sofrer a mínima derrogação, sob pena de perderem seu *status* constitucional, e, justamente, não podiam conservar essa qualidade se fossem modificadas ao sabor dos desejos do monarca ou das circunstâncias. O edito de julho de 1717 lembra que a coroa é indisponível, pois, "como as leis fundamentais de nosso reino nos põem na venturosa impotência de alienar o domínio de nossa coroa, sentimo-nos orgulhosos de reconhecer que somos ainda menos livres para dispor de nossa própria coroa; sabemos que ela é nossa para o bem e para a salvação do Estado". Ademais, é aventada a hipótese do desaparecimento de sucessíveis. Nesse caso, "só o Estado teria o direito de dispor a respeito", e Luís XV acredita dever à nação "a justiça de não antecipar a escolha que ela deveria fazer…". Uma declaração de 1723 também lembrou, a propósito dos legitimados, que eles estavam excluídos da sucessão "pela constituição daquela monarquia".

Quando os parlamentos e outras cortes soberanas recobraram o direito de representação ao rei, em 1715, a brecha aberta no século XVI pelos monarcômacos torna-se imensa, sobretudo a partir dos anos 1750. Diante da doutrina monárquica tradicional, relembrada em termos firmes por Luís XV em 1766, os parlamentos, num raciocínio circular, proclamam-se representantes da nação. Opondo seus interesses aos do rei, eles julgam que à nação cabe determinar as leis fundamentais e dão essa qualificação a tudo o que lhes interessava ou dizia respeito, sobretudo ao direito de livre registro, qualificado em 1763 de "expressão fiel do direito fundamental da Constituição francesa…". Por outro lado, os "filósofos" empenhavam-se em solapar os fundamentos da realeza, ou porque desejavam o retorno a uma França que já não existia – a anterior ao absolutismo –, ou porque, em virtude do império da razão dogmática, desejavam dar ao Estado uma forma que fosse moderna, racional e esclarecida, em suma, constitucional. Nessa perspectiva, a masculinidade, a hereditariedade, o direito divino e a sagração aparecem como resquícios de tempos obscuros. Inflamou-se a mística nova da Lei, da separação dos poderes e da Razão, quando as primeiras constituições norte-americanas foram redigidas, e numerosos eram aqueles que desejavam que a Constituição francesa também o fosse. Durante a preparação dos Estados Gerais de 1789, os *cahiers de doléances*, ao tratarem dessa questão (que não era a mais premente), desejavam majoritariamente que as leis fundamentais fossem postas por escrito, com a condição de levarem a reformas importantes para o funcionamento do Estado, desejando-se também o retorno a um equilíbrio mais tradicional que desse mais espaço para as liberdades e mais poderes à nação, especialmente no plano legislativo. Finalmente, quando a soberania foi dada à nação na Constituição de 1791, já não subsistia nesta (título III, cap. II, sec. 1 em especial) senão um pálido reflexo da Lei Sálica, determinando-se quem sucede à função de chefe do Executivo, e não mais quem é soberano.

➤ BARBEY J., BLUCHE F. & RIALS S., *Lois fondamentales et succession de France*, 2ª ed., Paris, 1984. – GOUGH J. W., *L'Idée de loi fondamentale dans l'histoire constitutionnelle anglaise*, trad. fr., Paris, 1992. – LEMAIRE A., *Les Lois fondamentales de la monarchie française d'après les théoriciens de l'Ancien Régime*, reed., Genebra, 1975. – SAGUEZ-LOVISI C., *Les Lois fondamentales au XVIIIe siècle. Recherches sur la loi de dévolution de la Couronne*, Paris, 1984.

Guillaume LEYTE

➜ Constituição e direito constitucional.

LEX MERCATORIA

A teoria da *lex mercatoria* está no cerne de um movimento de renovação das fontes e dos métodos do direito do comércio internacional. Pretende demonstrar que a regulação das relações econômicas internacionais pode escapar ao domínio das legislações estatais e do método conflitual clássico em proveito de um direito mercantil (*lex mercatoria*, *jus mercatorum*, *law merchant*) nascido espontaneamente na comunidade dos operadores do comércio internacional. Em sua versão mais acabada, ela pretende identificar na *lex mercatoria* as qualidades de uma ordem jurídica autônoma, distinta das ordens jurídicas estatais e da ordem jurídica internacional.

História

A inadequação das legislações estatais às necessidades do comércio internacional geralmente é apresentada como fator essencial do aparecimento das regras da *lex mercatoria*, cujas primeiras manifestações, aliás, seriam antigas. Assim, às vezes se considera que as raízes da *lex mercatoria* estariam no *jus gentium*, e que ela teria perdurado até a derrocada do Império Romano, data na qual o próprio comércio internacional teria passado por um longo eclipse, que começou com as invasões bárbaras e prolongou-se até a Idade Média. O primeiro desaparecimento dessa *lex mercatoria*, portanto, resulta em parte do desuso dessas regras, concebidas para uma atividade internacional então declinante. É, mais manifestamente, na Idade Média que (re)nasce a *lex mercatoria* em vários Estados da Europa, graças à elaboração de uma costumagem mercantil, o direito das feiras. Essa costumagem dos mercadores apresenta um caráter internacional decorrente do renascimento das atividades mercantis a partir do século XI na Europa ocidental (feiras de Frankfurt e Leipzig na Alemanha, de Bruges em Flandres, de Troyes e Provins na França). A diversidade e a inadequação dos direitos estatais, por um lado, e o desenvolvimento das relações comerciais internacionais, por outro, explicam esse ressurgimento da *lex mercatoria*, cuja conceituação teve uma das primeiras tentativas na mesma época em que se iniciava o seu declínio (G. Malynes, *Consuetudo vel, lex mercatoria, or the ancient law merchant*, impresso em Londres em 1636). Os diversos movimentos de codificação do direito comercial parecem marcar o fim dessa segunda etapa, visto que a legislação estatal então substituiu a *lex mercatoria*, mesmo que, às vezes, apropriando-se de seu conteúdo. O último reaparecimento da *lex mercatoria*, de que se começa a ter consciência já no início do século XX, marca o período contemporâneo. Alguns trabalhos doutrinais revelam então o desenvolvimento da arbitragem e o surgimento de um direito corporativo em certos setores (M. Ishizaki, *Le Droit corporatif international de la vente de soies*, 1928; G. Schwob, *Le Contrat de la London Corn Trade Association*, 1928), cuja importância será ressaltada por E. Lambert ("Sourcers de droit comparé ou supranational", in *Mélanges Gény*, 1935). Depois de novas análises de suas principais manifestações setoriais (J. Stoufflet, *Le Crédit documentaire*, 1957; Ph. Kahn, *La Vente commerciale internationale*, 1961; Ph. Fouchard, *L'Arbitrage commercial international*, 1965), será então empreendida a sistematização do fenômeno, tal como ele é hoje conhecido (C. Schmitthoff, 1962; B. Goldman, 1964). Esse ressurgimento, como mostram numerosos estudos, é explicado novamente pela insuficiência das legislações nacionais para reger as novas relações econômicas internacionais, insuficiência que se tornava mais preocupante em virtude do extraordinário desenvolvimento dessas relações.

Concepções

Várias concepções se opõem em doutrina para definir a própria substância da *lex mercatoria*. Segundo a primeira, o objeto da regra serviria aí de critério exclusivo, pois ela entraria na órbita da *lex mercatoria* em razão de sua vocação para reger as relações econômicas internacionais. Tal proposta – frequentemente preconizada pela doutrina anglo-americana – levaria a admitir as normas de origem interestatais relativas à regulamentação das operações do comércio internacional (tratados internacionais). A integração desses diversos instrumentos na *lex mercatoria* baseia-se então numa visão muito extensiva desse conjunto, de tal modo que essa concepção também levaria a nela integrar as diversas disposições de origem estatal – legislativas ou jurisprudenciais – que tivessem por objeto a regulação das relações econômicas internacionais. A partir dessa apresentação, é grande o risco de dissolver de fato a *lex mercatoria* em outras noções e de justificar a crítica de inutilidade que às vezes lhe é feita.

De acordo com outra concepção – a mais difundida –, o essencial estaria na origem dessas regras, que levam a uma oposição nítida entre o direito estatal e o direito "anacional", de modo que somente este último seria da alçada da *lex mercatoria*: tratar-se-ia de um direito espontâneo, criado fora da intervenção dos Estados pelos próprios operadores do comércio internacional. Assim, ele seria constituído de regras oriundas da prática comercial, de "montagens jurídicas e de cláusulas contratuais, que podem e devem levar a perguntar se sua repetição não as elevaria ao plano de instituições consuetudinárias" (B. Goldman). Nessa perspectiva, são tradicionalmente mencionadas combinações contratuais novas (contratos chave-na-mão ou produto-na-mão, convenções de eurocréditos ou de euro-obrigações), bem como cláusulas frequentemente reproduzidas nos contratos internacionais (cláusula de força maior, cláusula de *hardship*). No cerne da *lex mercatoria*, os usos codificados ocupam lugar essencial: nesse sentido, é possível mencionar Regras e Usos relativos ao crédito documental, ou Incoterms. Por fim, certo número de regras reveladas pela prática arbitral poderia fazer parte do domínio da *lex mercatoria*, mas sem que fosse possível considerar como admissível uma regra que só encontrasse sustentação numa sentença isolada.

Nessa abordagem substancial da *lex mercatoria*, a questão dos princípios gerais do direito ocupa posição especial, marcada por vivas controvérsias doutrinárias. Embora seja incontestável que a referência aos princípios é facilmente descoberta quando do exame de certas sentenças arbitrais, ainda falta demonstrar a solidez do elo que se pode estabelecer entre tais princípios e a *lex mercatoria*. Para afirmar que esses princípios fazem parte da *lex mercatoria*, é necessário responder à seguinte objeção: por que hoje deveríamos considerar como anacionais princípios seculares dos direitos nacionais? Às vezes se responde a essa objeção que a interpretação desses princípios e a definição de seus eventuais limites, que podem diferir de um sistema estatal para outro, seriam elaboradas no âmbito de um direito transnacional. No mesmo sentido, a ênfase às vezes é posta na necessária adaptação desses princípios para atender às exigências do comércio internacional, o que tenderia a demonstrar que o conteúdo deles não é rigorosamente idêntico a partir do momento em que eles transpõem o limiar das ordens jurídicas estatais para penetrar no campo da *lex mercatoria*. Em oposição a essa análise, porém, pode-se ressaltar, a partir de tal constatação, que o princípio continua então comum aos sistemas jurídicos nacionais, ocorrendo apenas a modificação de algumas das consequências que podem dele decorrer. Assim, argumentar a especificidade das interpretações ou a sua necessária adaptação às exigências do comércio internacional para admitir a originalidade do conteúdo do princípio equivaleria a confundir este com a solução que dele procede. Numa perspectiva um pouco diferente, aliás, foi observado que às vezes, para evitar a aplicação da lei de *um* Estado, os árbitros dão relevo às características comuns a *vários* sistemas jurídicos estatais, desde que os princípios que permitam chegar a uma solução para o litígio sejam hauridos nos próprios direitos estatais. Mais do que uma fonte particular do direito, seria então possível descobrir aí a expressão de um simples procedimento, nascido das necessidades da arbitragem comercial internacional (E. Gaillard).

Fatores metodológicos

A insuficiência dos métodos clássicos do direito internacional privado, entre os quais figura em primeiro plano o método conflitual, foi muitas vezes ressaltada em situações novas, suscitadas pelo desenvolvimento das relações econômicas internacionais. A complexidade do método conflitual e o caráter nacional dos sistemas de direito internacional privado, que tornavam duvidosa a designação de um direito nacional, foram as queixas essenciais feitas contra esse procedimento tradicional de solução dos conflitos de leis. Por essas razões, considerou-se então que as operações do comércio internacional, que exigem rapidez, segurança e previsibilidade, não podiam satisfazer-se com o mecanismo conflitual. Tomou-se assim consciência do fato de que as relações específicas nascidas das relações comerciais internacionais deviam ser objeto de uma regulamentação particular procedente de um método diferente: o método das regras materiais de origem internacional. Enquanto a regra conflitual – variável segundo os sistemas jurídicos – tem a simples função de designar uma lei estatal cuja aplicação conviria à questão de direito em pauta, a regra material, especialmente concebida para as situações internacionais, forneceria uma resposta direta e adequada. As *leges mercatoriae* surgiram assim como resposta – metodologicamente adequada – às críticas tradicionalmente feitas à regra conflitual.

Para nos convencermos da necessidade de recorrer às regras da *lex mercatoria* nessa perspectiva de ordem metodológica, é, pois, necessário estabelecer que estas são de índole a desvencilhar os litígios do comércio internacional dos inconvenientes associados ao método conflitual. De modo que, no mínimo, seria preciso considerar ponto pacífico que as regras da *lex mercatoria* escapam aos mecanismos desse método. No entanto, na expressão mais acabada da *lex mercatoria*, tendente a reunir as regras que a compõem no âmbito de uma ordem jurídica autônoma, a designação das normas que supostamente compõem esta última às vezes é julgada tributária da regra conflitual; algumas análises francamente favoráveis à teoria da *lex mercatoria* afirmam, expressamente, que sua aplicação procederia de uma metodologia conflitual.

Juridicidade

Para que as regras da *lex mercatoria* possam ganhar o *status* de regras de direito, é necessário rejeitar o monopólio do Estado na fixação do direito. Na falta disso, a teoria da *lex mercatoria* será relegada, por hipótese, ao campo do fato, ou só ganhará juridicidade por delegação ou integração do Estado. A admissão da *lex mercatoria* pressupõe, portanto, adesão a uma teoria pluralista das fontes do direito. Supondo-se transposto este primeiro obstáculo, a escolha dos modelos de referência poderá, aliás, ser feita a partir de conceitos comprovados, tais como uso, costume ou jurisprudência. Nessa perspectiva, a verificação da efetividade das *leges mercatoriae* foi feita no próprio meio em que elas se elaboram e desenvolvem. A isso se dedicaram numerosos estudos, baseados na observação atenta de cláusulas contratuais que continham referências à *lex mercatoria* ou de sentenças arbitrais que a designavam. A presença das regras da *lex mercatoria* e sua efetividade nessa "comunidade internacional dos comerciantes" hoje parecem dificilmente contestáveis, e, aliás, a publicação regular das sentenças arbitrais facilita seu conhecimento. Porém, como o direito do comércio internacional não se confunde com o contencioso – parte visível do iceberg –, não deixa de ser notável identificar, entre as sentenças que chegam ao conhecimento dos juristas, a referência expressa à *lex mercatoria* ou a alguns de seus componentes, feita de maneira exclusiva ou acompanhada da aplicação de um direito estatal. A presença da *lex mercatoria* na "comunidade internacional dos comerciantes" parece, portanto, estabelecida, e demonstrada sua vocação para reger as relações econômicas internacionais que nesse âmbito se desenvolvem.

Fora desse meio, as ordens jurídicas estatais aceitarão por jurídicas as regras que não emanem de um de seus órgãos de criação do direito? Do modo como em geral se apresenta, o direito francês não parece hostil ao reconhecimento da juridicidade das regras que compõem a *lex mercatoria*. É o que leva a crer, especialmente, a jurisprudência (*Fougerolle*, *Norsolor*, *Valenciana*), que se desenvolveu essencialmente a partir do controle de sentenças fundamentadas na *lex mercatoria* na qualidade de direito aplicável ao mérito do litígio. Por ocasião de recursos de impugnação de tais sentenças, o árbitro foi criticado por ter estatuído sem se adequar à missão de que fora incumbido; esse meio desperta interesse especial em relação à questão do eventual reconhecimento da juridicidade da *lex mercatoria*, pois impõe às jurisdições estatais que determinem se os árbitros, ao aplicarem certas regras que supostamente a compõem, não se teriam comportado como mediadores amigáveis, verificando-se então se eles efetivamente estatuíram em direito. Nessa perspectiva, é possível dimensionar toda a importância das decisões com as quais, diversas vezes, os tribunais franceses consideraram que uma sentença que aplicava as regras da *lex mercatoria* estava fundamentada em direito.

Lex mercatoria *e ordem jurídica*

Destinados a descrever o fenômeno do surgimento de novas fontes do direito do comércio internacional, os primeiros estudos dedicados à *lex mercatoria* não se empenhavam em descobrir nela uma terceira ordem jurídica. Progressivamente, foi surgindo a ideia de uma ordem jurídica mercatória que, ao mesmo tempo, foi arrastando a teoria para grandes controvérsias. Nesse caminho, a teoria exposta por Santi Romano (*L'Ordre juridique*, trad. fr. da 2ª ed. de *Ordinamento giuridico* por L. François e P. Gothot, Dalloz "Philosophie du droit", vol. 15, 1975, com introdução de Ph. Francescakis) foi a mais frequente fonte dos defensores da tese de que a *lex mercatoria* poderia ser vista como uma ordem jurídica. Assim, a própria noção de ordem jurídica defendida por B. Goldman ("[...] a ordem jurídica é um *conjunto de regras* específicas e de *órgãos* aptos a aplicá-las [...] que emerge da formação e da atividade de um *grupo social* também específico; é inexato dizer que regras de direito, quaisquer que sejam, por si sós, podem constituir [a ordem jurídica]: é preciso também, repetimos, uma *organização*") pode facilmente ser aproximada das definições propostas por Santi Romano (ver, a propósito da ordem jurídica: "Quando se fala, por exemplo, do direito italiano ou do direito francês, não é verdade que se pensa apenas numa *série de regras*. [...] Aquilo em que [se pensa] é, acima de tudo, [a] *organização* complexa e diversificada do Estado italiano ou francês", § 5º, p. 10; a propósito da instituição: "Uma palavra [...] poderia parecer necessária e suficiente para lançar luzes sobre a natureza da instituição: é a palavra "*organização*". Não é de duvidar que a instituição seja uma "*organização social*", § 13, p. 29, na qual é afirmada a equivalência entre os conceitos de instituição e de ordem jurídica), convidando a descobrir nessa convergência, se não uma relação de filiação, pelo menos uma harmonia conceitual evidente. Essa referência à teoria da ordem jurídica proposta por S. Romano – na maioria das vezes apresentada como doutrina com o nome de teoria institucional da ordem jurídica – é facilmente explicável: segundo esse autor, o direito em seu conjunto não pode ser reduzido apenas ao direito estatal; de modo que "não pode haver direito antes nem fora da instituição [...] há tantas ordens jurídicas quantas instituições". Mede-se, portanto, a contribuição essencial dessa teoria para o amplo debate que acompanha o estudo da *lex mercatoria*. Admitir, a título de postulado, o pluralismo das ordens jurídicas abre caminho para a pesquisa destinada a demonstrar que a *lex mercatoria* pode ser, precisamente, considerada como uma delas. A partir de tais premissas, a questão é saber, em primeiro lugar, se as regras da *lex mercatoria* são passíveis de serem reunidas em um conjunto, em uma ordem jurídica autônoma. Como o reconhecimento desse conjunto impõe que se estabeleça sua coerência e se disponham os meios de preencher suas lacunas, essas duas necessidades levaram a descobrir no bojo da *lex mercatoria* princípios gerais do direito que permitem conferir-lhe a sistematicidade da qual ela estaria, de outro modo, desprovida. Essa questão ensejou análises divergentes. Para alguns autores, a própria consideração dos princípios gerais do direito nesse campo postularia a existência anterior de uma ordem jurídica (P. Lagarde). O recurso aos princípios seria, portanto, inapto para acarretar o reconhecimento de uma ordem jurídica, pois a própria existência de tal ordem seria então considerada como o pressuposto indispensável à integração desses princípios. Para outros, porém, essa afirmação apenas se basearia num postulado, enquanto a exigência de tal anterioridade não estaria absolutamente demonstrada (B. Goldman). Em segundo lugar, a ordem jurídica da *lex mercatoria* é também definida pela consideração de outros critérios: o reconhecimento de um grupo social específico e de seus elementos de organização. A ordem jurídica postula uma sociedade, na qualidade de unidade efetivamente constituída, e uma organização, uma estrutura. Algumas análises críticas da *lex mercatoria*, porém, ressaltaram sua incapacidade para atender a esses dois requisitos, por considerar que só seria possível descobrir uma pluralidade de instituições "mercatórias", em razão da diversidade das sociedades mercantis e dos órgãos estabelecidos, mas não uma ordem jurídica unitária.

› Bureau D., *Les Sources informelles du droit dans les relations privées internationales*, thèse, Paris II, 1992. – Gaillard E., "Trente ans de *Lex mercatoria*. Pour une application sélective de la méthode des principes généraux du droit", *Clunet*, 1995, pp. 5-30. – Goldman B., "Frontières du droit et *lex mercatoria*", *Arch. phil. droit*, t. IX, 1964, pp. 177-92; "La *lex mercatoria* dans les contrats et l'arbitrage internationaux: réalité et perspectives", *Trav. com. fr. dr. int. priv.*, 1977-79, pp. 221-59; "Nouvelles réflexions sur la *lex mercatoria*", in *Études de droit international en l'honneur de P. Lalive*, Helbing & Lichtenhahn, 1993, pp. 241, 255. – Lagarde P., "Approche critique de la *lex mercatoria*", in *Le Droit des relations économiques internationales, Études offertes à B. Goldman*, Litec, 1982, pp. 125-50. – Kassis A., *Théorie générale des usages du commerce (droit comparé, contrats et arbitrage internationaux,* lex mercatoria*)*, LGDJ, 1984. – Osman F., *Les Principes généraux de la* lex mercatoria*. Contribution à l'étude d'un ordre juridique anational*, LGDJ, 1992, prefácio E. Loquin.

Dominique Bureau

→ Direito internacional privado; Fontes do direito; Ordem jurídica; Pluralismo jurídico; Princípios; Usos e costumes.

LIBERAIS, COMUNITARISTAS E DIREITO

Em que condições se dirá que uma sociedade possui direito? Bastará para isso que as atividades de seus membros sejam coordenadas por uma autoridade central e que esta comporte regras e procedimentos publicamente reconhecidos para guiar e regulamentar essas atividades? A resposta da filosofia política contemporânea é clara: isso não basta, pois também é preciso que haja uma "concepção do justo e do bem em cuja base seus membros aceitem as regras e os procedimentos que guiam suas atividades" (Rawls). Portanto, um sistema jurídico difere de um simples mecanismo de coerção por ser capaz de demonstrar o caráter autêntico das obrigações que vinculam os cidadãos às leis, fundamentando-as numa concepção da justiça ou numa concepção do bem que estabelece que essas leis têm ao mesmo tempo por objeto e efeito a promoção do bem comum. As regras jurídicas se tornam aceitáveis para aqueles que são chamados a conformar-se a elas não porque elas representam a vontade do mais poderoso nem porque têm o efeito de favorecer a maioria, mas porque os cidadãos são capazes de ver nelas uma maneira de levar em consideração o bem de todos os membros da sociedade, o bem da sociedade como um todo.

No entanto, cabe distinguir dois tipos de norma jurídica. Umas constituem aquilo que John Rawls chama de estrutura básica da sociedade, incluindo essencialmente as instituições que definem o contexto social; incluem também os principais mecanismos que ajustam e compensam as tendências da estrutura básica a afastar-se da equidade definida pelas instituições quando sob efeito das atividades individuais; por exemplo, as regras que definem o fisco ou as modalidades da transmissão dos bens de geração a geração. As outras regras governam as transações entre os indivíduos e as associações dentro da estrutura básica, tendo por objeto deixá-los livres para agir eficazmente e realizar suas ambições e seus objetivos, sem precisarem sofrer coerções inúteis.

As duas grandes correntes da filosofia política contemporânea – liberais e comunitaristas – não se opõem quanto à necessidade de fundamentar a obrigação das regras jurídicas nem quanto à importância capital do primeiro grupo de regras nesse processo de fundamentação da obrigação, mas unicamente quanto ao tipo de argumento que se tem direito de alegar para se chegar a tal fundamentação. *Grosso modo*, os liberais estão convencidos de que é possível fundamentar o direito (o justo) sem recorrer a uma concepção de vida boa, ou seja, acreditam poder produzir um raciocínio destinado a convencer os cidadãos das sociedades liberais de que eles têm a obrigação moral de obedecer às leis sem que se recorra ao argumento de que essa obediência se justifica por ser indispensável à consecução de finalidades definidas como intrinsecamente boas. Essa primeira abordagem é infinitamente grosseira, pois, como se verá, alguns liberais pelo menos (Dworkin) estão, ao contrário, convencidos de que tal tentativa está fadada ao fracasso, e de que é preciso raciocinar mostrando que os cidadãos têm boas razões éticas para reconhecer a validade dos princípios jurídicos fundamentais das sociedades liberais e a eles conformar sua conduta. Nesse sentido, estão convencidos de que, na falta de uma teoria substancial da vida boa – que defina finalidades por atingir –, toda justificação dos princípios jurídicos básicos das sociedades liberais deve apoiar-se numa teoria da forma assumida necessariamente pela vida boa, ou seja, pela vida bem-sucedida. Os partidários do comunitarismo enxergam mais longe nesse caminho, quando afirmam que não poderia haver fundamentação autônoma do direito, e que o justo não poderia ser separado do bem. Mas, por sua vez, esses autores se dividem, pois alguns chegam a afirmar que o direito só pode ser fundamentado nos valores dominantes da comunidade, e, nesse sentido, só goza de validade relativa; outros, mais sérios e fecundos, limitam-se à afirmação de que o direito não pode ser estabelecido em sua legitimidade e seu caráter obrigatório caso se tente separá-lo de uma concepção de vida boa, ao mesmo tempo que estão convencidos de que é possível argumentar a favor desta ou daquela concepção ética, e que nada nos obriga a dizer que todas as concepções éticas – e, por conseguinte, também todos os sistemas jurídicos – possuem fundamentos relativos à tradição na qual estão inseridas.

Portanto, nós nos propomos analisar sucessivamente os argumentos dessas três tendências de justificação dos princípios fundamentais do direito das sociedades democráticas contemporâneas: o liberalismo político de John Rawls, o liberalismo ético de Dworkin e a resposta "comunitarista" mais confiável: a resposta que, com M. Sandel, pretende mostrar que a legitimação dos sistemas jurídicos é necessariamente correlativa de uma teoria ética da vida boa em sentido substancial.

Liberalismo político de John Rawls: projeto de uma fundamentação não ética do direito

O liberalismo político de John Rawls afirma que as sociedades legítimas devem ser entendidas como estruturas de direitos e liberdades dentro das quais os indivíduos podem perseguir os fins que escolheram livremente, desde que estes sejam compatíveis com as estruturas em questão. Segundo tal concepção, as sociedades legítimas não são governadas por nenhuma concepção comum do bem nem por nenhuma finalidade comum. São simplesmente situadas sob o império do direito, ou seja, sob o império de regras que definem o que é justo, regras que, por si mesmas, não são deduzidas de uma concepção específica do bem. O direito, portanto, não precisa ter a marca de uma concepção da vida boa, e não é seu instrumento; deve apenas empenhar-se em definir as regras de justiça que governarão as relações de coexistência entre os indivíduos, quaisquer que sejam suas concepções éticas.

Para Rawls, o direito deve possuir uma independência fundacional, ou seja, deve ser possível justificar suas regras e estabelecer seu caráter obrigatório independentemente de qualquer consideração acerca das finalidades da vida humana. O que faz Rawls para levar a bom termo essa sua empresa? A ideia básica é que os termos de uma cooperação equitativa entre pessoas livres e iguais não são identificados por referência a uma ordem moral independente, mas são estabelecidos pelas próprias pessoas a cooperarem por meio de um acordo ou de um contrato, à luz daquilo que elas consideram ser suas vantagens mútuas. Evidentemente, é preciso que esse acordo seja concluído em condições tais que as escolhas dos parceiros não possam ser influenciadas pela parcialidade que eles nutrem em relação a seus próprios interesses. Por isso Rawls introduz a ideia de uma situação original de escolha, na qual os parceiros seriam chamados a escolher seus princípios de cooperação sabendo que são pessoas livres e iguais e sabendo que têm, ao mesmo tempo, senso de justiça e dos objetivos que desejam realizar; em compensação, ignoram tudo acerca da natureza desses objetivos e das outras características que podem distingui-los uns dos outros. Os princípios que seriam escolhidos nessa situação paradigmática seriam válidos, e pode-se dizer, de acordo com a expressão de Rawls, que o uso do poder político de coerção só é plenamente legítimo se coadunado com uma Constituição cujas disposições essenciais os cidadãos livres e iguais comprovadamente subscreveriam à luz apenas de princípios e ideais que sua razão humana comum pudesse aceitar. Conforme afirma Rawls, esse é "o princípio liberal de legitimidade", ou seja, a chave que estabelece por que as principais disposições jurídicas das constituições liberais obrigam os cidadãos, em vez de coagi-los: eles os aceitariam na posição original, não como composição entre valores diferentes e opostos, mas como um sistema extenso de direitos e liberdades que não pode deixar de ser subscrito por uma pessoa livre e igual, dona de um senso de justiça e que aspire a satisfazer seus interesses morais, quaisquer que sejam eles. O objetivo dos parceiros é atingir um acordo sobre um sistema de direitos e liberdades que possibilite aos cidadãos que cooperam tornar-se "pessoas completas", ou seja, desenvolver adequadamente e exercer plenamente suas faculdades morais, buscando concretizar as concepções precisas de bem que elas possam ter em vista.

Liberalismo igualitário de Ronald Dworkin: fundamento ético dos princípios do direito liberal

Na opinião de Dworkin, a tentativa rawlsiana de fundamentação autônoma do direito é um impasse: de nada adianta tentar dizer que é do interesse de cada um que os princípios jurídicos de imparcialidade e tolerância sejam aplicados. De acordo com a objeção frequentemente feita a Rawls, simplesmente não é verdade que todos os cidadãos das democracias contemporâneas estão interessados na posse por todos de um sistema extenso de liberdades básicas, pois a alguns pode interessar que os outros não gozem de tais liberdades, e é até possível dizer que essa atitude pode ser muito disseminada.

Portanto, precisa-se de uma razão moral que nos obrigue a ser justos e a respeitar os princípios jurídicos de uma sociedade liberal. Rawls pretende encontrar essa razão moral na ideia de que os princípios de justiça obrigam porque representam a melhor interpretação possível de nossas convicções específicas em matéria de justiça. Mas Dworkin tem pouca dificuldade para mostrar que essa tática não tem saída: precisaríamos dispor de princípios de justiça já válidos (portanto, obrigatórios) para identificar certas convicções como convicções referentes à justiça; a menos que se crie um círculo vicioso, estas não podem ser utilizadas para validar princípios. A partir daí, é difícil entender como os princípios jurídicos da igualdade liberal poderiam parecer obrigatórios a pessoas que não estão convencidas de que eles são parte integrante da forma de vida mais excelente. Ora, o problema no contexto rawlsiano é precisamente que nossa concepção de vida boa não nos leva à tolerância e à imparcialidade liberal, e que precisamos colocá-la entre parênteses e adotar uma atitude em descontinuidade com nossa ética pessoal para praticar seus princípios.

Dworkin nos propõe redefinir conjuntamente os princípios jurídicos de uma sociedade livre e os fundamentos da ética liberal, de tal maneira que os primeiros se mostrem como consequências da segunda, de modo que já não seria necessário colocar esta última entre parênteses para fundamentar o direito de uma sociedade livre. Como Dworkin redefine os princípios jurídicos do liberalismo? Ressaltando o conceito de igualdade ou, mais exatamente, de respeito igual devido a cada um dos membros da comunidade. A partir dessa noção, é possível mostrar que a tarefa de um sistema jurídico liberal é igualar os contextos nos quais as pessoas agem, mas não as próprias pessoas, o que supõe que o sistema distribua a todos recursos iguais, mas sem garantir que cada um possa encontrar satisfação igual ou bem-estar igual em sua existência, pois cada um deve assumir a responsabilidade por seus gostos, seus arbítrios e suas aspirações. O governo deve instituir um sistema jurídico que não favoreça nenhuma atividade humana em prejuízo de outra a pretexto de que ela tem mais valor, pondo à disposição de cada um recursos equivalentes para a realização dos projetos escolhidos. Intuitivamente, esses princípios nos parecem contestáveis: por que os indivíduos deveriam assumir as consequências de seus gostos ou de traços de personalidade que eles não escolheram tanto quanto não escolheram o meio social ou seus talentos que, por sua vez, fazem parte das circunstâncias ou do contexto que é preciso igualar? Por que será preciso tratar igualmente indivíduos que nos parecem tão diferentes em seus valores? Por que não caberá levar em conta o mérito pessoal? Por que não temos o direito de favorecer aqueles que nos pareçam melhores e os modos de vida que nos pareçam ter mais valor do que os outros? Fazer essas perguntas equivale a indagar por que é bom ser justo, por que o respeito ao direito das sociedades liberais faz parte de nossa concepção do bem, de uma concepção de vida bem-sucedida. A resposta está na redefinição dworkiniana da ética: bem viver é responder com competência e de maneira adequada aos desafios que a existência propõe ao tipo de pessoa que somos – com nossos gostos, nossas aspirações, nossos valores –, no momento da história e no lugar em que estamos situados. Somente essa definição da vida bem-sucedida – que se opõe a uma definição em termos de impacto, ou seja, de criação de uma quantidade de valor definida no mundo – nos permite integrar o conjunto de nossas intuições morais, em especial o fato de que afinal pouco importa se fizemos ou não diferença no mundo, desde que tenhamos enfrentado com competência os desafios que nos eram feitos, o fato de que o sucesso de uma vida não significa necessariamente a mesma coisa em diferentes lugares e diferentes épocas, e o fato de que não é possível ter uma existência bem-sucedida quando se está subjetivamente convencido de ter malogrado. Na opinião de Dworkin, o contexto jurídico do liberalismo é a condição indispensável do sucesso da existência tomada nesse sentido. Cada um de nós possui interesses críticos, ou seja, coisas que deve desejar quando reflete sobre o tipo de pessoa que é. Esses interesses críticos são a própria matéria do desafio que a existência nos propõe enfrentar com competência. Ora, esse é o ponto essencial: é impossível enfrentar tais desafios com competência num contexto político que não comporte os direitos essenciais do universo político liberal: como fazer uma escolha moral onde a tolerância liberal não exista? Como procuraremos concretizar com competência nossas aspirações se somos alvo de discriminação ou se nos concedem menos recursos do que aos outros por considerarem que temos direito a menos respeito que os outros, que somos portadores de valores que têm menos importância que os dos outros? Nesse sentido, a própria forma na qual se materializam nossos interesses críticos (responder com competência aos desafios que a existência nos propõe) faz que o liberalismo jurídico se mostre como condição indispensável para a satisfação desses mesmos interesses, portanto de uma vida bem-sucedida. Logo, os princípios jurídicos liberais são fundamentados porque é impossível levar vida boa no sentido em que a entendemos onde os contextos não sejam igualados, onde os indivíduos não tenham as mesmas oportunidades de realizar sua personalidade moral. Ora, os princípios do direito liberal – igualdade e tolerância – evidentemente fazem parte do contexto igualado necessário para que cada um possa ser bem-sucedido em sua existência no sentido do modelo do desafio. Todos precisam dos mesmos direitos (os direitos liberais) para enfrentar o desafio da existência com competência, e afirmar que o universo jurídico da igualdade liberal não é válido equivaleria a dizer que alguns não *podem* enfrentar com competência o desafio da existência, que a possibilidade que eles têm de ter vida bem-sucedida é menor do que a possibilidade de que os outros dispõem. Quando optamos pelos direitos do liberalismo, não colocamos nossos princípios éticos entre parênteses e não nos pomos numa situação artificial em descontinuidade com nossos valores pessoais, mas dizemos que os princípios jurídicos do liberalismo são deduzidos de nossa concepção de vida bem-sucedida, que são a condição para ela, e que são válidos nessa qualidade.

Portanto, é nossa concepção ética que nos leva a adotar os princípios jurídicos do liberalismo. Nesse sentido, temos boas razões morais para sermos liberais, pois a adoção dos princípios jurídicos do liberalismo é um meio indispensável para realizarmos nossa concepção do que é vida bem-sucedida ou de satisfazer nossos interesses críticos. Ora, se é impossível viver bem fora de um contexto justo, isso implica que o justo é incitado, implicado pelo bem, e que dele é deduzido.

Argumentos "comunitaristas"

Para começarmos, cabe esclarecer um mal-entendido acerca do comunitarismo. Esta palavra é enganosa quando se quer fazê-la significar que os direitos dos indivíduos e os princípios jurídicos das sociedades liberais modernas deveriam basear-se nos valores éticos dominantes em dada sociedade em dado momento. O comunitarismo corretamente entendido não é um apelo às tradições existentes da nação, da história, do sangue e dos valores compartilhados, e não afirma em absoluto que a ordem jurídica deveria sempre ser baseada nos valores dominantes, herdados de uma verdade comum. Compartilhando a intuição dworkiniana, limita-se a afirmar que é impossível validar os princípios jurídicos da coexistência liberal sem recorrer a conceitos éticos. Em contrapartida, o comunitarismo vai mais longe do que Dworkin ao afirmar a impossibilidade de validar o sistema jurídico das sociedades democráticas contemporâneas sem recorrer a uma concepção substancial da vida boa. A seu ver, para fundamentar essas regras, não basta introduzir um conceito acerca da aparência geral – por exemplo, o modelo dworkiniano de desafio enfrentado com competência – que a vida bem-sucedida deve ter, mas também é preciso introduzir concepções específicas do sucesso. Tomemos um exemplo. Em *Liberalismo político*, Rawls escreve que não é por se considerar a vida política e a participação de cada um numa democracia como o bem dominante para cidadãos plenamente autônomos que se deve ter como prioridade as liberdades políticas iguais para todos e esforçar-se por lhes dar valor equitativo para todos. Atribuir posição central à vida política não passa de uma concepção de bem entre outras, e o argumento que consiste em fundamentar o direito a liberdades políticas extensas no seu caráter indispensável para que se possa ter uma vida de cidadão no sentido próprio corre o risco de não convencer aqueles que tenham uma concepção não cívica da vida boa e que tenham outras definições de vida bem-sucedida. É essa estratégia de fundamentação dos direitos que um autor como Michael Sandel (*Democracy's Discontent*,

1996) contesta. O sistema jurídico das sociedades contemporâneas – que comportam uma grande gama de direitos individuais e proteções constitucionais – é o sistema de que os cidadãos devem dispor não porque desejem possuir tais direitos, não porque estes lhes estejam ligados pela natureza, nem no contexto de uma teoria da justiça que fosse neutra em relação às concepções do bem, mas porque eles são parte integrante de uma concepção do bem ou, mais exatamente, porque são indispensáveis para a realização de um bem definido independentemente deles. Essa teoria do bem comum ou da vida boa não é uma agregação de preferências existentes, à qual se somaria apenas uma regra de coexistência governada pela proibição de prejudicarmos os outros em nossas escolhas e preferências, mas reside na existência de uma forma de autogoverno e, por conseguinte, das qualidades que isso exige. Por exemplo, pode-se defender o direito à liberdade de expressão dizendo que ele é indispensável à existência do debate do qual depende a vida democrática. Da mesma maneira, pode-se dizer que o direito à liberdade religiosa deve ser defendido porque as convicções religiosas são elementos importantes da vida boa. Rawls, ao contrário, defendia esses direitos dizendo que eles são necessários para que haja respeito à capacidade de escolha por parte das pessoas e para que aqueles que desejam dar à existência o sentido de um profundo comprometimento religioso tenham a possibilidade de gozar das condições indispensáveis ao desenvolvimento de sua personalidade moral desse ponto de vista. O direito à liberdade religiosa, portanto, não é respeito ao direito de escolher, mas respeito a uma identidade, respeito a um eu inspirado por ideias religiosas e definido por elas; portanto, é um respeito pela própria religião, e não pela faculdade de escolher de um sujeito abstrato. O que se trata de defender e proteger com um direito, em tal concepção, é a liberdade de consciência, ou seja, a presença, no universo moral de alguns cidadãos, de convicções religiosas que eles não escolheram, que não podem de maneira alguma abandonar, que não dependem deles. Não dispondo do direito que lhes permita responder a essa vinculação estrutural, esses cidadãos veriam sua personalidade moral literalmente mutilada pelo direito público.

Portanto, cada um deve poder seguir as injunções de sua consciência, mas, se optamos por defender o princípio da tolerância religiosa, não é porque, abstratamente, queiramos poder optar por nos dedicar a esse tipo de ideal, mas porque, nos fatos, os compromissos religiosos têm um valor, fazem parte de um ideal de vida boa, são indispensáveis ao sucesso da existência de pelo menos alguns dos membros da comunidade. Ao defender o direito à liberdade religiosa, o Estado não manifesta indiferença e neutralidade, mas se faz eco de um juízo ético compartilhado: o comprometimento religioso é um componente estrutural da concepção do bem e, nessa qualidade, deve ser defendido por meio de um direito que proteja seu exercício. Não é por não se comprometer com nenhuma concepção de vida boa que o Estado defende um direito à liberdade religiosa, mas, ao contrário, é por reconhecer explicitamente o valor superior de um compromisso religioso na esfera moral e a impossibilidade de os cidadãos darem à sua vida o sentido do sucesso caso não possam satisfazer livremente suas aspirações nesse campo. Conforme Locke já mostrava (*Carta sobre a tolerância*, 1690), o direito à liberdade religiosa decorre da posição central que em nossa existência ocupa a necessidade de seguir as injunções de nossa consciência, tal como ela é.

Para Sandel, o universo jurídico das sociedades democráticas protege não um poder abstrato de escolha, considerado independentemente de qualquer doutrina razoável à qual ele quisesse aderir, mas um eu sobrecarregado, solicitado por deveres que às vezes podem entrar em contradição com as obrigações civis. Trata-se mais de proteger o direito de cumprir um dever do que o de fazer uma escolha. O mesmo ocorre no caso da liberdade de expressão: o que deve ser protegido não é a manifestação como expressão do eu ou de minhas preferências, *mas a expressão como valor*, em função do ideal moral que ela procura defender; portanto, em tal concepção, o direito de um grupo neonazista de organizar desfiles e divulgar sua propaganda não pode ser posto no mesmo plano do direito dos adversários da discriminação racial a manifestar-se em favor de seu ideal de igualdade, ainda que o potencial de conturbação da ordem pública seja exatamente da mesma natureza nos dois casos. Portanto, é preciso distinguir, de uma maneira que não é absolutamente neutra, entre discursos que tenham um valor e mereçam ser protegidos, e discursos que não tenham nenhum valor e não mereçam ser protegidos. Por exemplo, os discursos que destroem a solidez e o teor moral da comunidade ou que entram em contradição com o modelo de ser humano que ela queira promover não devem ser protegidos, assim como aqueles que contenham uma ofensa moral para a identidade e o arcabouço ético de pelo menos alguns membros da comunidade.

À defesa da liberdade de expressão como direito à manifestação das opiniões pessoais essa forma de reflexão opõe uma defesa baseada nos efeitos benéficos de tal liberdade, mostrando que ela é, ao mesmo tempo, condição da busca da verdade e da prática do autogoverno, pois a maior ameaça para a liberdade é um povo passivo ou inerte. De maneira geral, não se trata de proteger a liberdade pessoal do indivíduo, mas de proteger uma característica da vida pública que, por sua vez, é representada como indispensável à excelência moral dos membros da comunidade. Portanto, não se trata apenas de buscar um critério que defina a periculosidade das manifestações ou a perturbação que estas possam acarretar na ordem pública, pois um discurso que ataque a dignidade de certos grupos de cidadãos sem contribuir em nada para a vida democrática não pode, numa concepção desse gênero, gozar da proteção das leis: o valor moral das manifestações deverá ser levado em conta (assim como os danos morais que possam provocar), sempre que se tratar de determinar os contornos de um direito: o imperativo não é maximizar uma liberdade abstrata, mas sim avaliar até que ponto um direito pode contribuir para atentar contra fins éticos coletivos que repercutem na qualidade moral dos indivíduos.

O mesmo tipo de observação cabe a propósito do direito à privacidade: em vista do valor da família, da intimidade e do casamento, o Estado permite que as pessoas vivam livremente suas relações, sem interferências. A defesa dos direitos de os homossexuais viverem a vida que quiserem, por exemplo, não deve basear-se na liberdade de cada um escolher sua vida sexual, mas sim no fato de que a homossexualidade é moralmente admissível e pode representar uma forma de vida boa tanto quanto a vida heterossexual, pois nela pode ser realizado o mesmo tipo de bem humano que se realiza na família ou numa relação heterossexual. Sandel não afirma que tais argumentos tenham necessariamente fundamentos irretorquíveis, mas sim que é impossível prescindir deles quando se procura estabelecer ou fundamentar um direito qualquer. Nenhum dos autores que defenderam esse tipo de abordagem ignora as possibilidades de desvio que ela comporta, mas todos se empenham em mostrar que, uma vez que os princípios da ordem jurídica não podem ser fundamentados sem a introdução de concepções de vida boa, estas devem ser pelo meno explícitas e publicamente discutidas. Qualquer outra estratégia tem o efeito de empobrecer a vida moral dos cidadãos, de manter o debate público afastado das questões que mais lhes interessam e de deixar os princípios da ordem democrática sem outro fundamento senão o da aptidão para realizar composições frágeis que acabarão pondo em xeque posições éticas dissidentes. Mais vale argumentar a favor dos princípios jurídicos da ordem democrática mostrando que eles são parte integrante daquilo que chamamos vida bem-sucedida do que expor esses mesmos princípios à acusação de falta de fundamento ou à crítica dos que os veem como composições frágeis e desprovidas de qualquer força moral.

› Berten A., Silvera P. da & Pourtois H., *Libéraux et communautariens*, Paris, PUF, 1997. – Dworkin R., "Foundations of liberal equality", *in* S. Darwall (org.), *Equal freedom, Selected Tanner lectures on human values*, Michigan, 1995. – Kautz S., *Liberalism and Community*, Cornell Univ. Press, 1995. – Mulhall S. & Swift A., *Liberals and Communitarians*, Blackwell, 1992. – Rawls J., *Théorie de la justice*, trad. fr., Le Seuil, 1987; *Libéralisme politique*, trad. fr., PUF, 1995. – Sandel M., *Le Libéralisme et les limites de la justice*, trad. fr., Le Seuil, 1999. – Sandel M., *Democracy's Discontent, America in Search of a public Philosophy*, Harvard, 1996.

Jean-Fabien Spitz

→ Liberalismo.

LIBERALISMO

O liberalismo pode ser definido como a procura da *regra* que proteja as capacidades à liberdade, no indivíduo e na coletividade, regra que também constitua direito a um pluralismo respeitoso das minorias. Se foi possível opor o liberalismo à democracia, isso ocorreu ora por razões sociais, bem mais do que por razões doutrinárias (raízes aristocráticas ou elitistas do liberalismo), ora por razões decorrentes da supremacia da regra: a democracia constitucional é "liberal", em oposição à democracia do número puro e simples. Para reconstituir a figura e a história do liberalismo, parece necessária uma variação das perspectivas: história do conceito, na qual ganha corpo o liberalismo filosófico; história política, na qual ocorre o combate liberal, a controvérsia – hoje restabelecida – sobre os direitos da particularidade diante da universalidade da lei. Essa pluralidade de perspectivas se torna necessária em vista das dificuldades inerentes à própria noção de liberalismo; este termo, embora remeta a todo o pensamento da modernidade (emancipação da *consciência* perante as soberanias temporais e espirituais), também designa a bandeira de forças políticas, tais como os *Liberais* de 1812, os *Whigs* de 1816, os *Independentes* de Benjamin Constant durante a Restauração, apresentando-se como rótulo partidário.

Não se pode pretender estabelecer uma relação de influência direta entre os grandes autores do pensamento liberal, como Montesquieu e Locke, e a prática dos partidos liberais; principalmente porque cada quadro nacional deu inflexões originais à política liberal: aqui, veículo do protestantismo; ali, aliança com o catolicismo (como em Montalembert ou Lord Acton); no âmbito inglês, o apego a liberdades, a hierarquias tradicionais ou à auto-organização da sociedade contrasta com a primazia do Estado na França, guardião do interesse geral, chamado a autolimitar-se. Por fim, as diferenças entre o liberalismo político e o liberalismo econômico revelam profundas divergências entre a ideia de razão e liberdade e uma antropologia: entre Kant e Hume, mas também entre Hume e Locke, a oposição é significativa. O liberalismo econômico tem muito mais afinidade com o empirismo do que com o universalismo racionalista.

História do conceito: liberdade, segurança, moralidade

Fazer a pergunta "O que é um regime livre?" é apontar para o momento da grande crise de consciência europeia: Reforma, humanismo cético, luta pela tolerância e pela secularização da legitimidade política (Berstein, 1998). A perspectiva do "governo da liberdade" é analisada na filosofia política moderna na contracorrente das teses absolutistas: "O governo das leis substituindo o governo dos homens". Para o liberalismo contratualista, não só é preciso um tipo de poder no qual a impessoalidade da Lei substitua a arbitrariedade de uma vontade individualizada, como também o edifício político deve estar a serviço da *proteção* do indivíduo (em sua vida, sua liberdade, seus bens, seu modo de pensar ou seu credo). A aliança entre a liberdade e a proteção, como se vê bem em Locke e em Montesquieu, leva à crítica do modelo da Soberania. Tal aspiração ao "governo da lei" parece irrealista aos olhos dos teóricos da soberania, desde Hobbes até Carl Schmitt no século XX. Defensor do poder paternal dos reis, Filmer acha incongruente discutir a "arbitrariedade", porque ela constitui a própria essência da lei: "Aqueles que dizem que a lei governa o reino poderiam também contar que o que constrói a casa é a régua do carpinteiro, e não o carpinteiro" (*Patriarcha*). A oposição entre governo do soberano e governo da lei leva ao franco divórcio entre liberais e rousseaunianos: embora Rousseau, mais do que ninguém, tenha elogiado o governo das leis, seu pensamento é um pensamento da soberania; esta última constitui a própria condição de liberdade do povo, liberdade em cujo seio "cada um, unindo-se a todos", deveria, porém, "obedecer apenas a si mesmo". O fato é que, de acordo com a lógica da soberania, se determinado indivíduo (homem, mais que cidadão) for *percebido como* oponente à vontade geral, "será forçado a ser livre". A convicção liberal é que não se pode encontrar a *infalibilidade* em lugar algum, e que, quando a coletividade é conduzida a medidas de interesse geral, essa coerção não pode ser apresentada como uma conversão da alma à liberdade. Bayle já tocara nesse ponto ao protestar contra o recurso a Santo Agostinho para justificar a coerção: "A consciência errônea deve propiciar ao erro as mesmas prerrogativas que a consciência ortodoxa propicia à verdade" (*Comentário filosófico*). A problemática da soberania tem origens teológicas cuja pregnância Bossuet e Joseph de Maistre gostavam de lembrar: "Não pode haver sociedade humana sem governo, nem governo sem soberania, nem soberania sem infalibilidade; e este último privilégio é tão absolutamente necessário, que somos obrigados a supor a própria infalibilidade nas soberanias temporais" (*Du pape*, I, 19). A essa preconcepção de infalibilidade o liberalismo opõe o *direito de julgar* no "sujeito" (como sujeitado) que se torna "sujeito" (como ator) de um juízo moral e político. Provavelmente foi Kant quem melhor formulou o advento do reinado da crítica: "Nosso século é o século próprio da crítica, à qual tudo deve submeter-se. A religião, com sua santidade, e a legislação, com sua majestade, em geral querem subtrair-se a ela. Mas assim despertam contra si uma justa suspeita e não podem ter pretensão ao respeito sincero que a razão concede apenas a quem conseguir ganhar seu livre e público exame" (*Crítica da razão pura*). Exigir um respeito que seja "sincero" (ao arrepio da deferência pascaliana para com as "grandezas de estabelecimento"), pedir que a razão se pronuncie com uma mirada de universalidade, exigir que esse exame seja livre e público: nesses três critérios Kant resume o teor democrático (mas ele prefere o conceito de "república") que é consusbstancial com o surto moderno da consciência e alimenta a inspiração liberal. Se, por razões políticas e sociais, a "democracia" foi oposta ao liberalismo no século XIX, o conflito não tem fundamento filosófico. Em sua vertente racionalista, a filosofia clássica do liberalismo se conclui com Kant, na qualidade de filosofia da *obrigação* para com a lei, da conaturalidade entre lei, liberdade e razão. A lei civil, produzida segundo certas condições (separação dos poderes, eleição, consentimento) ao mesmo tempo liberta e protege, e disso cada indivíduo é juiz: "Em sua acepção verdadeira – escreve Locke –, a lei não consiste tanto em limitar um agente livre e inteligente quanto em guiá-lo para seus próprios interesses [...]. A finalidade da lei não é abolir ou restringir, mas preservar e ampliar a liberdade" (*Segundo tratado*, § 57). O axioma lockiano, "onde não há lei não há liberdade", será o lugar-comum do pensamento liberal, mas já não é a visão dominante de nossa época: em vista do surto dos Direitos Humanos, da reivindicação do direito à privacidade e à diferença e do pluralismo cultural, para nossos contemporâneos, o indivíduo e as comunidades podem fazer as primícias ou a totalidade de um diferencialismo jurídico prevalecer sobre a lei, com a ajuda do juiz (ver, sobre essa mutação que se pode considerar pós-kantiana, Jaume, *La Liberté et la Loi*). Segundo Dworkin, se "tomarmos o direito a sério", haverá um "direito do cidadão a transgredir a lei". O liberalismo de fonte anglo-saxônica, portanto, substitui o pensamento da obrigação por uma deliberação sobre as "regras de justiça" e até sobre o "consenso por intersecção", que convém encontrar numa sociedade habitada por credos incompatíveis (J. Rawls, *Uma teoria da justiça*, 1971; *Justiça e democracia*, 1993). O liberalismo clássico preconizava a neutralidade ética? Uma das características notáveis de Locke é associar a absolutez da lei natural de Deus a um relativismo dos gostos, costumes e usos. Evidentemente, para o filósofo existe uma "verdadeira felicidade", e os homens "podem e devem corrigir seu paladar e sentir gosto por coisas que não lhes convêm, ou que eles supõem que não lhes convenha" (*Ensaio sobre o entendimento*, II, XXI, 69). Mas é preciso admitir a diversidade das sensibilidades, e a imposição de uma norma única não é admissível; na verdade, o agente do poder da sociedade sobre si mesma (e também do coletivo sobre o individual, como em Tocqueville) está na "lei de opinião", soberania invisível à qual os homens se submetem ao mesmo tempo que se livram das soberanias arrogantes. O liberalismo é também uma teoria da opinião, senhora dos tempos modernos, poderoso fator de conformidade e conformismo (S. Mill, *On liberty*). O Estado liberal, tomando a liberdade como fim ("esse bem que permite gozar os outros bens" – disse Montesquieu) e afirmando o valor superior da pessoa humana, que é rica de "disposições para o progresso" (Kant), não pode ser neutro em relação a suas próprias exigências. Para Kant, o Estado de direito não institui conteúdos de *felicidade* que cada um deveria receber passivamente ("governo paternal, ou seja, despótico), mas possibilita pensar, na convergência entre esforço do direito e esforço por moralização, numa finalidade última que se pode atribuir (juízo reflexivo) à natureza: "[Nessa perspectiva] só resta o valor que damos à nossa vida" (*Crítica do juízo*, § 38, nota). Mesmo quando Benjamin Constant expõe a diferença entre liberdade dos Antigos e liberdade dos Modernos, é para concluir que "cabe aprender a combiná-las entre si", contrariando o contrassenso frequentemente alimentado sobre esse autor (Jaume, 2000 *a* e *b*). Do modo mais expresso, Constant afirma a rejeição a um relativismo ético: "É preciso que as instituições concluam a educação moral dos cidadãos." O que se pode chamar de "liberalismo da cultura moral" está, pois, fortemente representado nos clássicos, embora em perspectivas diferentes: o grupo de Coppet, por um lado, o pensamento escocês da "simpatia" e da gênese empírica das regras, por outro.

Escola escocesa: juízo moral, leis do mercado

A Escola do *moral sense* (Shaftesbury, Hutcheson, Butler) culmina nas obras de Hume, Mandeville e Adam Smith (ver C. Audard, t. I, 1999). Sua característica original é privilegiar a relação *social*, a relação horizontal entre mim e o outro, ao passo que a corrente racionalista pressupõe a primazia da lei e a relação de submissão a esta última. Cabe aqui lembrar uma das definições de liberdade de Montesquieu, que consiste em "poder fazer o que se deve querer", uma vez que a lei prescreve o que se deve querer. O Iluminismo escocês valoriza a *percepção* pelo indivíduo e o senso daquilo que a comunidade aprova ou desaprova a propósito dessa situação, bem como da repercussão assim criada em nós. Em sua *Teoria dos sentimentos morais*, Smith escreve: "Nossas observações contínuas sobre a conduta dos outros nos levam insensivelmente a formular para nós mesmos algumas regras gerais acerca do que é apropriado e conveniente fazer ou evitar" (III, 5, PUF, p. 225). Existe um "senso natural" do mérito, da conveniência, do que é "apropriado" (*propriety*), moral e socialmente, e que nos faz depreender por indução empírica as regras de conduta moral. O outro fator dessa "correção" moral em Smith é o "espectador imparcial", ao mesmo tempo em nosso coração e fora de nós, espectador com o qual "simpatizamos" e que instituímos como guardião da regra para nos julgar. Assim como em Locke (lei de opinião), mas se eximindo de qualquer transcendência da lei natural (o que não exclui o desígnio da Providência), o homem sociável de Smith só exerce a liberdade quando esta está profundamente entrecruzada com a liberdade de outrem: "Seja qual for o juízo que possamos ter, ele sempre deve fazer secretamente referência ao juízo dos outros, àquilo que ele seria em certas condições ou ao modo como imaginamos que ele deveria ser" (III, 1, 172). Em Smith, assim como em Hume (seu amigo e inspirador em certos pontos), a *imaginação* é a grande faculdade de associação, generalização e indução. Assim como Kant entendera, é observando o papel da imaginação em Hume que nele situamos o cerne do conhecimento (teoria da ilusão causal), da moral, da política e da religião. Caberia acrescentar: da economia e da arte. A imaginação é o que produz a ficção do *sujeito* ("Nosso eu, independentemente da percepção de qualquer outro objeto, na realidade nada é", *Tratado da natureza humana*, II, II, 2), o que possibilita a antecipação da conduta de outrem e, com isso, a *gênese da justiça*, a "virtude artificial"; a imaginação alimenta as relações da vida social de maneira especular: "O ódio, o ressentimento, a estima, o amor [...] são por mim sentidos mais por comunicação do que pelo efeito de meu próprio caráter e de minhas disposições pessoais" (II, I, 11). A relação imaginária com outrem, na visão escocesa, é o ponto de partida antropológico que explica a autonomia da sociedade civil e o fato de que, se em certo sentido toda a sociedade está em mim, eu também estou incorporado em toda a sociedade: o mundo da economia decorre desse subjetivismo caleidoscópico, subjetivismo sem sujeito real de fato, que consegue assim eximir-se do dualismo entre ser e parecer, construído por Mandeville (*A fábula das abelhas*). Ademais, em Smith, o mundo da economia tem suas regras imanentes como "sistema da liberdade natural". Por exemplo, o capital comercial irá para os países mais afastados, fato inabitual; mas, "nessa circunstância extraordinária, o interesse e a inclinação natural dos indivíduos estão em harmonia com o interesse geral, exatamente como em todas as outras circunstâncias ordinárias"; pois, seguindo sua "preferência natural", os capitalistas sabem para onde dirigir seus capitais, com a útil consequência de reduzir os lucros dos concorrentes que estavam "acima de seu justo nível". Cabe concluir que a *sociedade é um todo* que, para além da aparente desarmonia, trabalha graças à conjunção de liberdades associadas: "Sem nenhuma intervenção da lei, os interesses privados e as paixões humanas levam os homens a dividir e repartir o capital de uma sociedade entre todos os diferentes empregos que para ele estão abertos, na proporção que se aproxima ao máximo da proporção demandada pelo interesse geral da sociedade" (*Riqueza das nações*, IV, VII, 3). Metaforicamente (como que por mão invisível), a "sociedade" sabe, quer e pode: nascimento do liberalismo econômico como reconhecimento da "ordem espontânea" (assim como depois dirá Hayek), sem engenheiro nem arquiteto.

Luta política: surto do constitucionalismo

Na história política, o liberalismo ligou seus destinos ao destino do constitucionalismo, que visa a *limitar* os poderes para a segurança dos direitos individuais e das liberdades públicas, bem como em combinar a alternância no governo com o desenrolar *regulado* do conflito das opiniões (parlamentarismo). No caso francês (instabilidade constitucional crônica), os liberais tomaram consciência de que o *status* de norma atribuído à constituição não bastava para a sua efetividade (O. Beaud, 1996): "Todas as constituições que foram dadas à França – escreveu Constant – garantiam também a liberdade individual e, sob o império dessas constituições, a liberdade individual foi violada incessantemente." A solução proposta por Constant – um poder "neutro" e "guardião dos outros poderes" – baseia-se num chefe de Estado árbitro e guardião das instituições. Mais eficaz parece a *dissociação* entre poder constituinte e poderes constituídos, estabelecida pelos americanos, que Sieyès pleiteara inutilmente em 1789. Desde Montesquieu e Delolme, o equilíbrio dos poderes na Inglaterra fascina os liberais franceses, sempre preocupados com os despotismos jacobino e bonapartista, mas a questão da responsabilidade dos ministros nunca foi resolvida de modo satisfatório. Algumas grandes instituições, vinculadas à liberdade constitucional, motivam a luta liberal na Europa: além da separação dos poderes, o princípio eletivo, que o liberalismo (Tocqueville e Mill são exceção) pretende ponderar com o voto censitário e com uma Câmara hereditária. O júri, "participação do país nos julgamentos", é a instituição inglesa acolhida por unanimidade, sobretudo na questão da defesa da imprensa. Em contrapartida, a descentralização administrativa é uma reivindicação recorrente na França, à qual o liberalismo no poder (doutrinários e depois orleanistas) opôs resistência tanto quanto à supressão da justiça administrativa controlada pelo prestigioso Conselho de Estado: a escolha dos republicanos pela justiça delegada dada ao contencioso (1872) encerra na prática a controvérsia. Do mesmo modo é preservada a garantia dos funcionários, decorrente da Constituição do ano VIII, apesar dos fluxos de recriminação. Herdeira do sistema napoleônico (as "massas de granito"), sempre preocupado com o risco de atomização, a corrente majoritária do liberalismo francês (com correspondentes na Itália) mostra mais confiança no Estado do que no indivíduo (ver, sobre essa tendência duradoura, nossa obra *L'Individu effacé ou le paradoxe du libéralisme français*). O que se pode chamar de "direito de julgar seu próprio direito", correspondente à emancipação da consciência na esfera filosófica, é percebido na França como eco do protestantismo e fermento daquilo que Guizot batiza de "anarquia intelectual". De modo semelhante, em Constant, a teoria do interesse geral como "transação que se realiza entre os interesses particulares" e a busca de um poder local como "novo tipo de federalismo" (*Princípios de política*) não se coadunam absolutamente com uma cultura política francesa apaixonada por estatismo e unidade. No fundo, desde a controvérsia iniciada por Burke durante a Revolução, seria possível pressagiar que o liberalismo pós-revolucionário continuaria tributário de uma concepção abstrata da vontade geral e de uma visão em que o *direito* se identifica com a lei, lei como vontade do soberano e vontade da nação una. Por isso, a polêmica travada por Hayek contra o "construtivismo" no século XX apoia-se explicitamente na virtude de prudência em Burke e na antropologia empirista de Hume. A Revolução francesa criou uma divisão em filosofia do direito que repercute até hoje e divide o mundo liberal. A tradição de *common law*, a prática do "precedente" e a grande liberdade dada ao juiz ordinário no conjunto do processo de *judicial review* acentuam os contrastes entre o pensamento e a prática americana do direito e uma cultura ainda marcada pela unicidade da vontade estatal como fonte do direito. Em *Droit sans l'État*, L. Cohen-Tanugi descreve as múltiplas consequências do "contraste entre a flexibilidade do sistema americano e a rigidez do sistema francês".

A bem da verdade, sob a pressão da globalização econômica e sob o efeito da *crise do universal* (produtora da crise da Lei), as correntes estatistas do liberalismo, assim como o liberalismo filosófico de tipo clássico, atualmente estão sendo profundamente questionadas. De modo retrospectivo, é esclarecedor voltar-se para Hegel, que ressaltara a tensão entre o particular e o universal no pensamento liberal desde Montesquieu e Locke: "O princípio dos Estados modernos tem a força e a profundidade prodigiosa de permitir que o princípio da subjetividade se realize a ponto de tornar-se o extremo autônomo da particularidade pessoal e que, ao mesmo tempo, seja reconduzido à unidade substancial." Qual pode ser essa unidade substancial agora? Como garantir seu caráter tangível? É esse o novo campo de trabalho das filosofias da liberdade.

› AUDARD C., *Anthologie historique et critique de l'utilitarisme*, 3 vol., PUF, 1999. – BERSTEIN S., "Les fondements du libéralisme (XVIe-XVIIe s.)" in *La Démocratie libérale*, Le Seuil, 1998. – GAUTIER C., *L'Invention de la société civile*, 1993. – JAUME L., *L'Individu effacé ou le paradoxe du libéralisme français*, Fayard, 1997; *Coppet, creuset de l'esprit libéral*, 2000 *a*; "Problèmes du libéralisme. De Mme de Staël à Tocqueville", *Droits*, n.º 30, 2000 *b*; *La Liberté et la loi*, 2000 *c*. – MANENT P., *Les Libéraux*, 2 vol, Hachette, 1986.

Ver também: BEAUD O., "Constitution et constitutionnalisme", *Dictionnaire de philosophie politique*, PUF, 1998. – COHEN-TANUGI L., *Le Droit sans l'État*, PUF, 1985. – ROSANVALLON P., *Le Libéralisme économique*,1989.

Lucien JAUME

→ Estado de direito; *Habeas corpus*; Júri; Responsabilidade política; Separação e equilíbrio dos poderes; Utilitarismo.

LIBERDADE

Os juristas têm uma abordagem da liberdade diferente da dos filósofos. Nas concepções contemporâneas, a liberdade jurídica pressupõe uma consagração de princípio, uma formulação precisa do direito reconhecido, o respeito a procedimentos e garantias, sobretudo jurisdicionais. No entanto, os fundamentos da liberdade são extrajurídicos, enquanto a concepção jurídica que se tem dela não deixa de ter incidências filosóficas. São determinantes as conciliações realizadas entre as liberdades ou destas com outros direitos humanos.

Liberdade filosófica e liberdade jurídica

Poucas noções deram ensejo a tantas reflexões quanto a de liberdade. Teólogos, filósofos e cientistas tentaram defini-la e traçar os seus contornos. Os respectivos papéis que devem ser atribuídos aos diversos determinismos e à liberdade humana sempre foram e continuam sendo objeto de discussões apaixonadas. Os juristas não podem deixar de interessar-se por esses debates. Mas abordam a liberdade sob um ângulo muito diferente. Sem se pronunciarem diretamente sobre sua natureza e seus fundamentos, procuram saber como a liberdade é reconhecida na organização política e social. Na qualidade de indivíduos, os juristas podem respeitar profundamente certas expressões da liberdade humana: a do sábio antigo que, constatando a impossibilidade de agir perante um poder despótico, se refugia na reflexão filosófica; a do mártir, que aceita a morte para não renegar sua fé ou mesmo para dela dar testemunho; ou a dos dissidentes que, renunciando ao conforto material, se recusam a colaborar com um sistema que reprovam. Talvez aí estejam os mais belos exemplos daquilo que pode ser produzido pela liberdade humana, mas é forçoso constatar que, sempre que se é reduzido a adotar tais comportamentos, significa que não existe liberdade política e jurídica. Em direito, ser livre pressupõe que se possa agir sem obstáculos e sem precisar dar demonstrações de heroísmo. Em outros termos, só há liberdade jurídica quando o Estado reconhece, no contexto atual, o direito de o indivíduo exercer determinada atividade sem pressões externas. Portanto, a primeira abordagem jurídica é de ordem histórica. Hoje é comum admitir que a liberdade tivera duas fontes, situadas no pensamento antigo e na crença judaico-cristã. Os gregos são frequentemente apresentados como inventores da liberdade política. A democracia ateniense no século V antes de nossa era é sempre considerada como modelo. Nela a liberdade é concebida como liberdade do cidadão, homem livre pertencente a uma Pólis livre, ou seja, não submetida a um poder estrangeiro. Ele participa da criação da lei, à qual todos são igualmente submetidos. Está apto a exercer as magistraturas (em princípio, por sorteio) e a proferir a justiça. Em contrapartida, o cidadão não pode reivindicar nenhum direito contra a Pólis à qual sua sorte está ligada. Deve respeitar não só sua lei, mas também as diversidades e os costumes. A Grécia antiga expressou intensamente o gosto pela liberdade da qual a maioria, os não cidadãos, estava, aliás, excluída, mas ignorou a liberdade de consciência, de religião e a liberdade associada à privacidade. Assim, depois de escrever nas primeiras linhas de seu belo estudo dedicado à "Grécia antiga na descoberta da liberdade" que "a ideia da liberdade nos vem da Grécia, onde foi descoberta e proclamada com força pela primeira vez e de modo duradouro", Jacqueline de Romilly acrescenta no início da conclusão: "O desenvolvimento dessa ideia na Grécia [...] foi seguido passo a passo até o século IV a.C. Mas foi só com o pensamento judaico-cristão que emergiu para primeiro plano a ideia da liberdade do ser humano em relação a Deus. E só mais tarde essa ideia foi sentida em sua emanação contínua, como uma espécie de criação do homem por si mesmo. Os gregos não conheceram essas ideias." Essa ignorância também marcou o mundo romano antigo, o mundo da República. No máximo se pode notar maior pragmatismo, menor ênfase na liberdade política e maior apego a procedimentos jurídicos que garantissem o *status* social do homem livre. A crença judaico-cristã constitui uma contribuição decisiva, pelo menos indiretamente. Isto porque a mensagem evangélica não tem consistência jurídica. A liberdade que dela se depreende é de outra ordem. Conforme proclamará Paulo, ela consiste em libertar-se da escravidão do pecado (*Romanos*, cap. VI). No entanto, a difusão do pensamento cristão induzirá outra visão da liberdade. Primeiramente porque a Pólis, o Estado, já não será divinizada como era na Antiguidade. Em segundo lugar, porque alguns princípios fundamentais – tais como os da igual dignidade dos seres humanos criados por um mesmo Deus, os do caráter individual do apelo divino, ao qual cada um deverá dar uma resposta específica, cabendo-lhe a responsabilidade por tal resposta – não deixam de ter repercussões jurídicas a partir do momento em que a sociedade a eles adere globalmente. Por fim, a liberdade do ato de fé sempre foi lembrada como condição absoluta de sua validade ou da validade dos sacramentos solicitados. Alguns desacertos históricos não poderiam levar a esquecer a continuidade do princípio. Todas essas ideias misturadas foram várias vezes interpretadas em contextos culturais muito diversos. A adaptação das regras de organização social foi contínua, ainda que estas às vezes tivessem a tendência de esclerosar-se. Foi esse fenômeno que sensibilizou grande número de pensadores do século XVIII. Num século marcado pela laicização do pensamento, pelo otimismo frequentemente ingênuo e pela ideia de progresso, foram propostos múltiplos construtos intelectuais. Estes são muito diversos, mesmo quando, para fundamentar a liberdade, recorrem a um esquema intelectual muito prezado na época, o do Contrato Social. Segundo Rousseau, este garantirá a liberdade, pois, sendo aceito por todos, permitirá a construção de uma sociedade regida pela vontade geral e em cuja formação todos os cidadãos são chamados a participar, o que justifica o fato de todos se lhe submeterem igualmente. John Locke adota outro raciocínio no segundo tratado do governo civil: "Os homens, por natureza, são livres, iguais e independentes, como se disse, e ninguém poderá ser desapossado de seus bens nem submetido ao poder político de outro, se não tiver consentido. O único procedimento que possibilita a alguém renunciar à sua liberdade natural e assumir os elos da sociedade civil é firmar uma convenção com outros homens [...]." Assim se formará um corpo político no qual a maioria possui normalmente o poder de decisão, mas um poder que "se limita àquilo que é exigido pelo bem público da sociedade [...] e que nunca pode implicar o direito de destruir, sujeitar ou empobrecer premeditadamente os sujeitos. Essas obrigações da lei da natureza não se extinguem na sociedade". Além dessa grande variedade de abordagens pessoais, algumas ideias simples conseguiram ser objeto de grande adesão, que não excluía referências diversas.

Proclamação da liberdade

A liberdade foi reivindicada com veemência crescente, sobretudo nas sociedades que mais a gozaram. Foi proclamada com estardalhaço na América do Norte e na França a partir de reflexões nas quais o modelo inglês ou o da Pólis antiga haviam desempenhado papel importante. Todas as declarações do final do século XVIII se abeberaram nessa fonte comum, e os direitos humanos então proclamados estão bem próximos delas. No entanto, cada uma tem sua especificidade. A Declaração dos Direitos do Homem e do Cidadão de 26 de agosto de 1789 foi uma das mais notáveis, por numerosas razões. Ela é provavelmente uma das mais consonantes com aquele que foi chamado de "espírito das Luzes", para o qual os filósofos franceses muito contribuíram. A concepção de liberdade que nela se encontra é exemplo notável disso. Não só a liberdade é afirmada de um modo inesquecível já no artigo primeiro – "Os homens nascem e permanecem livres e iguais em direitos" –, como também é arrolada entre "os direitos naturais e imprescritíveis do homem", cuja conservação é o objetivo de toda associação política. É, sobretudo, definida em termos que determinam o seu alcance: "A liberdade consiste em poder fazer tudo o que não prejudique outra pessoa; assim, o exercício dos direitos naturais de cada homem só tem os limites que garantam aos outros membros da sociedade o gozo desses mesmos direitos", especifica o artigo 4º, enquanto o artigo 5º acrescenta: "A lei só tem o direito de proibir ações nocivas à sociedade. Tudo o que não for proibido pela lei não pode ser impedido, e ninguém pode ser obrigado a fazer aquilo que ela não ordena." Esses dois artigos despertam um interesse considerável. Dão uma definição de caráter jurídico da liberdade. Enfatizam a necessidade de garantia, assegurada pela intervenção da lei, o que constitui sua força e sua fraqueza. Sua força, porque uma lei igual para todos, expressão da vontade geral, redigida em termos precisos, é uma garantia real de liberdade. Sua fraqueza, porque os constituintes franceses haviam subestimado o risco de uma maioria mais ou menos real vilipendiar os direitos das minorias. Negligenciaram a garantia jurisdicional que hoje desempenha um papel às vezes dominante. Os juízes contribuíram muito para determinar as técnicas jurídicas exigidas por um regime de liberdade.

Exigências jurídicas da liberdade

Durante muito tempo, a doutrina e a jurisprudência consideraram que um dos critérios que possibilitam caracterizar um regime de liberdade é o critério do recurso ao regime repressivo. Este estava investido de todas as virtudes do liberalismo. Isto porque, a despeito da conotação desagradável da terminologia, significa que o indivíduo dispõe de total liberdade de agir sem obstáculos. Ele apenas deverá, eventualmente, responder por seus atos perante os tribunais repressivos caso tenha infringido a lei penal (ou repressiva), donde o qualificativo usado. Os juristas liberais não deixavam de ignorar os perigos de um regime repressivo autoritário. Por isso, tomavam o cuidado de especificar as condições indispensáveis para torná-lo aceitável. As infrações e as penas a ela associadas devem ser definidas previamente por uma lei penal clara e precisa, democraticamente votada. Os juízes incumbidos de aplicá-la devem mostrar-se competentes e independentes, seguindo um processo que respeite direitos da defesa. Serão oferecidas possibilidades de recurso e, em qualquer situação, a possibilidade de recurso extraordinário. A Convenção Europeia dos Direitos Humanos e a interpretação que lhe foi dada pela Corte contribuíram para reforçar essas exigências. Esse regime favorável à liberdade era oposto ao regime preventivo, que pressupõe que, antes de agir, o indivíduo dispõe de uma autorização prévia dada pela Administração. Por razões psicológicas, essa intervenção parecia incompatível com o sentimento de liberdade. O solicitador não se sente livre, principalmente porque a autoridade pública pode obstar ou, pelo menos, postergar o uso da liberdade. De fato, mesmo que, em caso de indeferimento, seja possível o recurso perante um juiz independente, será preciso esperar antes de agir. Parecia imprescindível a escolha do regime repressivo, principalmente porque a liberdade se mostrava importante, no mínimo porque dera ensejo à consagração legislativa. Assim, era possível estabelecer a distinção entre as grandes liberdades – como a liberdade de imprensa ou a liberdade de reunião – e as liberdades de menor importância, como a liberdade cinematográfica ou a dos espetáculos de curiosidade aos quais era em parte associada. Num escalão intermediário, citavam-se as liberdades submetidas a um regime de declaração, quando esta podia redundar numa proibição (liberdade de manifestação, por exemplo). Em contrapartida, admitia-se que uma declaração correspondente a uma simples informação dada à Administração ou ao público (imprensa, associação), não era incompatível com um regime de liberdade. As jurisdições judiciárias e administrativas foram sensíveis a esses dados jurídicos. Exercendo um controle mais estrito, tenderam a proteger melhor as liberdades que haviam sido objeto de consagração firme do legislador e dotadas de um regime repressivo. Os possíveis atentados a tais liberdades só eram admitidos quando se mostrassem estritamente necessários para garantir o respeito à ordem pública ou para realizar uma conciliação com outra liberdade. Uma das jurisprudências mais marcantes do Conselho de Estado está aí para prová-lo: trata-se da jurisprudência relativa ao exercício dos poderes policiais. O princípio aplicável aos conflitos entre ordem pública e liberdade foi resumido numa fórmula frequentemente citada a partir de então, fórmula devida ao comissário do governo Corneille em suas conclusões sobre o acórdão *Baldy* de 10 de agosto de 1917 (*Rec.*, 638): "A liberdade é a regra; a restrição policial é a exceção." Ela dominou o espírito de uma jurisprudência muito liberal da qual emergem alguns dos maiores acórdãos do Conselho de Estado, tal como o acórdão *Benjamin* de 19 de maio de 1933, no qual o juiz admite que, se ao titular do poder policial incumbe "tomar as medidas exigidas pela manutenção da ordem, ele deve conciliar o exercício de seus poderes com o respeito à liberdade de reunião garantida pelas leis [...]". O acórdão mostra-se exigente. Só seria possível atentar contra uma liberdade pública objeto de consagração legislativa explícita quando isso fosse estritamente exigido pelas circunstâncias. No caso, a "eventualidade de perturbações, alegada [...], não apresentava um grau de gravidade tal [...]" que não fosse possível, "sem proibir a conferência [,] manter a ordem decretando as providências policiais que [...] cabia tomar". Tal raciocínio caracteriza o controle praticado pelo juiz administrativo, controle de proporcionalidade no qual ele verifica a adequação entre as medidas tomadas e aquilo que a situação justifica. Alguns não hesitarão em falar de controle de oportunidade. A intensidade do controle jurisdicional varia segundo a liberdade em causa, de acordo com sua maior ou menor organização e garantia por parte da lei. Assim, o juiz era menos exigente diante de uma proibição de manifestação em local público do que na hipótese de uma reunião. No entanto, essas jurisprudências podem sofrer evoluções e, desde 1997, o Conselho de Estado não admite que se possa "tomar medidas de proibição geral que, nas circunstâncias dadas, excedam as medidas que teriam sido justificadas pelas circunstâncias da manutenção da ordem pública" (12 nov. 1997, *Ministre de l'interieur c/ Association* "communauté tibétaine en France et ses amis"). Já faz muito tempo que o Conselho de Estado considera (de acordo com a formulação do célebre acórdão *Daudignac*, 22 de junho de 1951) que não se pode, "sem atentar contra a liberdade da indústria e do comércio garantida pela lei, subordinar o exercício (de uma) profissão à emissão de uma autorização [...]". Esse acórdão fora mais notável porque a liberdade em questão era frequentemente considerada uma liberdade de segundo plano. É verdade que em importante acórdão de assembleia de 24 de janeiro de 1975, "*Ministre de l'Information c/ Societé Rome Paris Film*", o Conselho de Estado não hesitou em qualificar a liberdade cinematográfica de "liberdade pública", ao passo que ela era e continua sendo submetida a um regime preventivo. Talvez o juiz administrativo tenha desejado compensar os inconvenientes de um regime jurídico antigo, levar em conta a evolução das ideias favoráveis ao maior reconhecimento daquilo que se mostrava como uma faceta da liberdade de expressão... Seja como for, com esse acórdão ele contribuiu para levar a considerar a emissão do visto como uma formalidade durante a qual o poder de apreciação do ministro era reduzido. Esse poder, a partir de então, é quase apenas um poder de classificação. De certo modo, a liberdade extrairia seu "nível jurídico" tanto da intensidade do controle exercido pelo juiz quanto do regime jurídico previsto pelo legislador. O Conselho Constitucional progressivamente adotou uma atitude em grande parte comparável. Desde sua primeira grande decisão "liberdade de associação", de 16 de julho de 1971, na qual ele exercia, no mérito, um controle de constitucionalidade das leis, ele se opôs a uma reforma legislativa que transformasse um regime de declaração prévia em regime preventivo. Segundo o Conselho, "[...] a constituição de associações, na medida em que parecessem eivadas de nulidade ou tivessem um objeto ilícito, não pode ser submetida, para sua validade, à intervenção prévia da autoridade administrativa ou mesmo da autoridade judiciária". Essa decisão era muito audaciosa, pois, na realidade, a total liberdade de constituir associações não era questionada, mas apenas a liberdade de obter a pequena personalidade jurídica sem outra formalidade senão a da declaração. Além disso, a intervenção prévia dos poderes públicos não era automática e conferia papel principal ao juiz judiciário. Encontra-se exigência comparável do juiz constitucional numa decisão de 10-11 de outubro de 1984, "Entreprise de presse". Depois de estabelecer a distinção entre "uma declaração destinada a informar" e um "regime de autorização prévia que seria contrário ao artigo 11 da Declaração de 1789", o Conselho considera não conforme com a Constituição disposições que previam a suspensão de algumas vantagens econômicas e fiscais em decorrência da decisão de uma comissão que, no entanto, tinha o *status* de autoridade administrativa independente, pois tais disposições teriam "efeitos equivalentes aos de um regime de autorização prévia". Contudo, confrontado alguns anos mais tarde (17 de janeiro de 1989) com um processo de autorização, também relativo ao exercício de uma liberdade de expressão – a da comunicação audiovisual –, o juiz admite que, para a realização de objetivos de valor constitucional, "é facultado ao legislador submeter as diferentes categorias de serviços de comunicação audiovisual a um regime de autorização administrativa" emanado de uma autoridade administrativa independente, o Conselho Superior do Audiovisual. A primeira explicação da distinção realizada entre as duas liberdades decorre por certo das "injunções técnicas inerentes aos meios de comunicação audiovisual", mencionadas pelo juiz em sua segunda decisão. Mas talvez convenha acrescentar a maior valorização da liberdade de imprensa, "liberdade fundamental e mais preciosa porque sua existência é uma das garantias essenciais do respeito aos outros direitos e liberdades e à soberania nacional" . De modo geral, o Conselho sempre se recusou a estabelecer uma hierarquia explícita entre as liberdades constitucionais. Às argumentações de uma doutrina dividida ele preferiu opor um pragmatismo realista. Mesmo sem fazer distinção qualitativa, segundo o presidente Jacques Robert, um de seus antigos membros, ele se considerará "legitimamente autorizado a deixar transparecer o maior ou menor apreço que tem por esta ou aquela liberdade" (*Le Juge constitutionnel, juge des libertés*, Montchrestien, 1999). "Quando obrigado, entre interesses igualmente legítimos ele opta pelo que lhe parece essencial" (*idem*). Essa abordagem pragmática tem repercussões contenciosas que se traduzem num controle mais ou menos estrito exercido pelo juiz sobre a lei. Não só ao legislador é vedado desconhecer uma disposição constitucional ou deixar-se levar por erro manifesto de apreciação, como também ele é controlado quando regulamenta o exercício de uma liberdade. De jurisprudências diversas, referentes tanto à revista de veículos quanto à verificação de identidade ou às buscas domiciliares, depreende-se que uma lei que atente contra uma liberdade só estará em conformidade com a Constituição se intervier com um objetivo legítimo, se conferir poderes precisos a autoridades que designa, se determinar os procedimentos que devem ser seguidos e previr recursos efetivos em caso de litígio. A intervenção da autoridade judiciária no nível dos controles, mas às vezes também no nível da tomada de decisão, constitui uma garantia cada vez mais exigida. De fato, o legislador dispõe de um poder de apreciação de oportunidade quando intervém para determinar o regime de uma liberdade no âmbito da competência que lhe confere o artigo 34 da Constituição de 1958. No entanto, "o exercício desse poder não poderia ter como resultado privar de garantias legais exigências de caráter constitucional" (Decisão de 18 de setembro de 1986 relativa à comunicação audiovisual). O regime jurídico das liberdades deve respeitar a liberdade.

Liberdade ou liberdades?

O emprego do singular ou do plural pode, *a priori*, parecer indiferente quando percorremos os manuais jurídicos. No máximo podemos notar que o plural é com frequência utilizado nas obras especificamente dedicadas à matéria. No entanto, é no singular que os constituintes de 1789 mencionam a liberdade como um dos direitos naturais e imprescritíveis do homem, um dos direitos do homem que sua declaração tinha, precisamente, o objetivo de reconhecer. A liberdade mencionada nos artigos 2º, 4º e 5º mostra-se como uma liberdade filosófica que tem alcance jurídico, tal como os direitos humanos em geral se ancoram no direito natural antes de serem trasladados para o direito positivo. No entanto, eles não hesitavam em consagrar de modo distinto a liberdade de opinião, mesmo a religiosa (art. 10), e a livre comunicação de pensamentos e opiniões, na qual se inclui a liberdade de imprensa (art. 11). A própria Declaração se situava numa zona intermediária entre o direito natural que ela formulava e o direito positivo que devia ser objeto de outras disposições da Constituição escrita. Na Constituição de 1791, o segundo parágrafo do título primeiro garantia como direitos naturais e civis várias facetas da liberdade, entre as quais a liberdade de ir e vir, a segurança, a liberdade de expressão, de religião, de reunião e de encaminhar petições às autoridades. Essa atitude será reencontrada em numerosos textos ulteriores. Em vez de tentar circunscrever um princípio de liberdade, há um empenho em consagrar as principais facetas da liberdade, adaptando sua formulação aos contextos. A consagração da liberdade por meio de suas facetas é muito visível na III República. Em vista da ausência de declaração constitucional das liberdades, são as leis que as consagram, leis que serão chamadas de "grandes leis", várias das quais ainda estão em vigor. Essa atribuição de regimes jurídicos específicos (com maior ou menor grau de proteção) aos diversos aspectos individuais e coletivos da liberdade, num período de referência para a história jurídica francesa, por certo contribuiu muito para o uso do plural na descrição do regime das liberdades em direito. Também porque uma mesma faceta da liberdade podia ser dotada de regimes jurídicos diferentes. Por exemplo, a liberdade de expressão nunca é abordada como tal. O legislador confere um regime muito favorável à liberdade de imprensa e à liberdade de reunião. A liberdade de comunicação audiovisual, que só será qualificada desse modo a partir de 1982, terá um tratamento menor desde seu aparecimento até agora. Do mesmo modo, a liberdade do teatro é muito mais garantida, na teoria, do que a do cinema ou dos espetáculos de curiosidade. Esse estilhaçamento da liberdade em liberdades é muito sensível nos países onde a lei desempenha papel essencial. Ocorre menos nos países regidos pelo direito de *common law*, que atribuem papel determinante ao juiz. Aí se pode ver com mais nitidez um sentimento de unidade da liberdade, cujo princípio é adaptado a situações concretas. Contudo, não se deve exagerar essa oposição. Por exemplo, as emendas à Constituição Federal dos Estados Unidos da América garantem proteção maior ou menor para certas liberdades, e a jurisprudência da Corte Suprema traduz com muita nitidez essa variação da proteção. De fato, na França, como escreveu o professor Jean Rivero (*Les Libertés publiques*, t. I, PUF): "Essas liberdades nomeadas ou definidas constituem a origem da lista das 'liberdades públicas' no sentido do direito positivo. Sua importância, porém, não deve mascarar o essencial, ou seja, o princípio geral da liberdade de todos os comportamentos em todos os campos, pano de fundo sobre o qual se destacam as liberdades explicitamente consagradas." Os direitos humanos foram globalmente concebidos desde o século XVIII como direitos-liberdades. No fundo, existe unidade, mas o uso da liberdade goza de maior ou menor proteção de acordo com o modo como se expressa. Frequentemente se aborda a liberdade individual no singular, mas ela compreende várias facetas: liberdade de ir e vir, inclusive, agora, a de sair do território nacional; segurança, que outra não é senão a liberdade de não ser preso ou detido de modo arbitrário. A proteção da privacidade não é fundamentalmente diferente, pois se destina a garantir respeito à liberdade individual. O Conselho Constitucional vinculou com grande justiça seu fundamento ao artigo 2º da Declaração de 1789, que proclama o princípio de liberdade. A liberdade de consciência e os direitos sobre o próprio corpo completam os principais elementos da liberdade individual, que pode ser detalhada à vontade... Do mesmo modo, as liberdades coletivas se baseiam na liberdade dos indivíduos de associar-se, reunir-se, fundar empresas de comunicação escrita ou audiovisual e participar de cultos... A liberdade do indivíduo manifesta-se em formas diversas. Considera-se que a liberdade política, apresentada de várias formas que constituem os "direitos dos cidadãos", completa e corrobora os direitos humanos. De acordo com o espírito do século XVIII, tendo acesso às funções públicas e militares e participando da elaboração da lei, o cidadão deveria mostrar respeito aos direitos alheios. Do mesmo modo, as liberdades econômicas estreitamente ligadas ao direito de propriedade não tinham natureza diferente das outras. A propriedade individual é penhor de uma liberdade humana chamada a manifestar-se na vida familiar, intelectual, profissional, política ou econômica. Os partidários de um igualitarismo estrito ou mesmo de um comunismo utópico eram minoritários. Só progressivamente foram nascendo indagações sobre a natureza das liberdades econômicas. Depois, no século XIX, cresceu a sensibilidade para as desigualdades sociais, não porque fossem globalmente piores do que nas sociedades anteriores, mas porque a concentração das misérias nas aglomerações urbanas aumentou sua visibilidade, enquanto, paralelamente, a ciência econômica nascente dava esperanças de uma sociedade melhor. Rejeitando a coletivização dos bens, as sociedades liberais preferiram reconhecer direitos-créditos, direitos de caráter econômico e social. Estes muitas vezes se apresentavam como a outra face contemporânea dos direitos humanos. A proteção da liberdade humana seria acompanhada por um reconhecimento do direito de obter certos benefícios cuja lista só aumenta... Não há antagonismo entre esses direitos e as liberdades. Ao contrário, eles se mostram necessários para que a maioria possa, concretamente, fazer uso de sua liberdade. Nas mentalidades contemporâneas, a ideia de liberdade é subjacente à ideia de direitos humanos ou de direitos civis e políticos. A terminologia usada só imperfeitamente reflete esse debate. Os "direitos humanos" ou "direitos fundamentais" englobam as "liberdades". Falar de "direitos e liberdades fundamentais" possibilita refletir melhor sobre a diversidade da matéria e, talvez, sobre toda a sua amplitude. Mas os termos mais empregados baseiam-se em outro tipo de distinção. Os direitos humanos fazem referência à ancoragem dos direitos numa realidade e em valores extrajurídicos. Por outro lado, levam a pensar nas origens históricas do universalismo do direito internacional. Nos países anglo-saxões, na qualidade de *human rights*, eles são opostos aos *civil rights*, de alcance nacional. Os "direitos fundamentais" remetem ao direito alemão. São concebidos como fundamentos de uma ordem jurídica coerente, assentando em valores que impregnam a Constituição, a "lei fundamental". A terminologia francesa hesita entre as expressões "direitos do homem", "liberdades públicas" e "liberdades fundamentais". A primeira, cuja conotação filosófica já foi lembrada, distingue-se facilmente da segunda, cujo alcance é muito mais estritamente jurídico. A expressão "liberdades públicas" foi corrente na III República. Significava que as liberdades são consagradas pelo Estado, o que justificava sua qualificação como "públicas". Ora, essa consagração era essencialmente obra do legislador, que determinava seu regime jurídico. Na opinião de alguns, as liberdades públicas ainda são marcadas pelo elo que se pode estabelecer entre elas e o princípio de legalidade, donde a preferência contemporânea pela noção de "liberdades fundamentais", que dá destaque a seu elo com uma pluralidade de textos fundamentais, constitucionais, internacionais e europeus, sem negligenciar as outras fontes legislativas e jurisprudenciais, sendo estas últimas muito variadas. Essa abordagem certamente corresponde à realidade jurídica contemporânea. Resta saber se a pluralidade das fontes e das interpretações não torna um pouco mais indistintos seus contornos e sua consistência. É indispensável certa coerência do sistema jurídico para garantir a segurança jurídica necessária, mas também porque a concepção jurídica de liberdade não deixa de ter incidências filosóficas.

Coerência jurídica e divergências filosóficas

As relações entre direito e filosofia são complexas. A consistência e os contornos mais nítidos da liberdade à qual os juristas se referem se devem a grandes correntes de ideias ou a pensadores conhecidos, mas também a outras "ideias" ou mesmo a "modas" filosóficas. Não é muito surpreendente lermos os mesmos textos jurídicos, entre os quais as declarações, com atribuição de sentido diferente em épocas diferentes ou às vezes na mesma época. Assim, a liberdade proclamada em 1789 foi lida sobre um pano de fundo constituído pelas obras de John Locke e de Jean-Jacques Rousseau e, depois, pelas de Benjamin Constant ou de muitos outros autores. Segundo o caso, a leitura da Declaração cabe numa das filosofias do Iluminismo ou numa filosofia liberal. Para os liberais, cujo pensamento, nesse aspecto, desempenhou papel determinante a partir do início do século XIX, a liberdade se torna, de algum modo, uma finalidade em si. O poder não pode imiscuir-se no uso que dela é feito sem perder legitimidade. "Os cidadãos – escreve Benjamin Constant – possuem direitos individuais independentes de qualquer autoridade social ou política, e toda autoridade que viole esses direitos se torna ilegítima" (*Principes de politique*, cap. 1). As doutrinas liberais têm um número maior ou menor de nuances, conforme seus autores se situem de preferência em um campo filosófico, político ou econômico. Ao lado delas também se desenvolveu progressivamente uma ideologia liberal, não estruturada e pouco argumentada, mas cuja influência é considerável. Ela consiste em considerar, de modo mais ou menos explícito, que o aumento das liberdades é o objetivo de toda sociedade. A partir daí, toda instituição, seja qual for seu objetivo, é *a priori* suspeita. Aliás, nas sociedades liberais contemporâneas, há esferas de predileção para essa atitude, como por exemplo a dos costumes e dos comportamentos, a da expressão, ao passo que se admitem sem debate as limitações de liberdade resultantes das evoluções técnicas ou científicas. As contradições não estão ausentes de tais raciocínios. No entanto, há mais de um século e meio grandes pensadores liberais já descreveram o risco do abuso das liberdades. Em algumas fórmulas célebres, Alexis de Tocqueville pôs à mostra os perigos que ameaçam as democracias nas quais, apesar de tudo, ele depositava tantas esperanças. Escreve ele em *De la démocratie en Amérique*: "Não conheço país onde, em geral, reine menos independência de espírito e verdadeira liberdade de discussão do que na América" (livro I, cap. 15); e acrescentava: "Na América, a maioria traça um círculo temível em torno do pensamento. Dentro desses limites, o escritor é livre; mas ai dele se ousar sair [...]. Recusam-lhe tudo, até a glória." A liberdade é ameaçada por um "conformismo escravo da opinião". A democracia também é ameaçada quando a liberdade não está aliada à virtude daqueles que a exercem. Isso é lembrado em todas as épocas por pensadores de todas as filiações: Isócrates, Sófocles, Cícero, Montesquieu, Tocqueville e muitos outros. A democracia se perde quando o espírito cívico, o desinteresse, o respeito pelos outros e o senso de interesse geral são esquecidos. Essas reflexões premonitórias provaram ser procedentes no século XX. Neste século, em que tanto se proclamou e reivindicou a liberdade, esta foi negada e conspurcada de forma dramática por todos os totalitarismos cujo objetivo inconfesso era destruir o que constitui a dignidade da pessoa humana e, entre outros atributos, sua liberdade. De modo infinitamente menos brutal, porém mais insidioso, a liberdade individual foi e continua sendo agredida pela tirania da maioria, que se mostra cada vez mais como tirania daqueles que fazem as modas e a opinião, lançando mão dos poderes imensos conferidos pela mídia. Por certo conviria corrigir a abordagem de Tocqueville. A ditadura da opinião não é quase exercida sobre a sociedade inteira, mas principalmente sobre grupos definidos de acordo com seu pertencimento social ou sua faixa etária. Os jovens e os adolescentes, em especial, são vítimas desses fenômenos. Quantos deles ousam realmente manifestar sua liberdade pessoal com expressões verbais ou comportamentos, indo de encontro ao conformismo das modas e dos costumes? Ora, diante de tal renúncia voluntária ao uso da liberdade, as proclamações e as garantias jurídicas não têm nenhuma utilidade. Talvez porque se adquiriu o hábito de proteger a liberdade contra o poder, identificado com o poder político. Nas outras instituições sociais veem-se apenas contrapoderes. Ora, algumas delas, entre as quais a mídia, em determinados campos, atualmente têm o verdadeiro poder nas mãos, mas dessa vez sem contrapoder. Hoje, existe uma multidão de releituras da filosofia dos direitos humanos: liberais, mas também libertárias, pragmáticas, idealistas, cristãs... A liberdade encontra significados teóricos muito diversos. Mas com frequência se esquece de que ela também está inserida numa ordem jurídica positiva que se baseia em certa filosofia, mas também induz uma filosofia de modo implícito e em grande parte ignorado. Assim, proclamar que a liberdade consiste em poder fazer tudo o que não prejudique os outros remete a deveres para consigo no campo da religião e da moral. Afirmar que não existe hierarquia entre as liberdades constitucionais, ou seja, entre as diversas facetas da liberdade, significa que cada pessoa está livre para fazer da sua o uso que quiser. Dotar certas liberdades de um regime jurídico mais favorável do que outras significa que não é feita nenhuma apreciação sobre as finalidades buscadas, mas só há interesse nos meios utilizados. O usuário da imprensa dispõe de mais liberdade do que o usuário da televisão porque se leva em consideração o meio, e não a mensagem. O mesmo não ocorre quando a ordem jurídica põe na balança a liberdade, o respeito a certas finalidades sociais e o princípio de igualdade. Isso explica por que ao uso das liberdades econômicas foi atribuída uma finalidade na maioria das democracias liberais sob a influência das ideias socialistas, social-democráticas ou democrata-cristãs, mas sem as suprimir, como ocorreu com as "democracias socialistas" marxistas. Assim, o artigo 41 da Constituição italiana de 27 de dezembro de 1947 proclama que "a iniciativa econômica privada é livre", mas acrescenta: "Ela não pode desenvolver-se em contraposição com a utilidade social ou de tal maneira que atente contra a segurança, a liberdade, a dignidade humanas [...]." Do mesmo modo, o artigo 14 da lei fundamental alemã de 23 de maio de 1949 garante a propriedade e o direito de sucessão ao mesmo tempo que especifica: "Propriedade implica obrigação. Seu uso deve contribuir para o bem da coletividade." Outra relativização da liberdade pode resultar da conciliação que convém fazer com o respeito a certas finalidades altruístas e à dignidade da pessoa humana. Tal releitura dos direitos humanos explica por que a Igreja católica, especialmente depois do pontificado de João Paulo II, "aderiu" a tais direitos. A liberdade já não é concebida como um direito reconhecido a um indivíduo dotado de instinto infalível, mas sim como um atributo ligado à qualidade de pessoa humana dotada por Deus de uma eminente dignidade. O elo existente entre a dignidade humana e os direitos humanos é cada vez mais mencionado expressamente, na época contemporânea, em textos fundamentais, nos estudos doutrinários e na jurisprudência. Assim, o Conselho Constitucional francês, referindo-se ao Preâmbulo da Constituição de 1946, considerou que a salvaguarda da dignidade da pessoa humana contra qualquer forma de sujeição ou de degradação é um princípio de valor constitucional (27 de julho de 1994). Tal referência ao princípio de dignidade pode modificar a fundamentação da liberdade sem mudar sensivelmente sua consistência. O reconhecimento de uma liberdade extensa aos indivíduos decorre da consideração da dignidade destes. O princípio de limitação também pode evoluir, e a liberdade consistiria em poder fazer tudo o que não prejudique a dignidade humana, especialmente a dos mais carentes. Nenhuma ordem jurídica é imutável. Ela evolui em função das convicções e das ideias que modelam as sociedades. As formulações e as interpretações do direito não deixam de influir sobre a sociedade. Isso quer dizer que uma noção tão fulcral e sensível quanto a de liberdade tem probabilidades de constituir ainda um princípio jurídico fundamental durante décadas, ou até mais... Isso não impedirá que sua significação profunda evolua como já o fez há dois séculos. O uso, os limites e, portanto, o regime jurídico da liberdade muito provavelmente estarão no centro de debates e lutas ideológicas no século XXI.

› MORANGE J., *Droits de l'homme et libertés publiques*, PUF, "Droit fondamental", 2000. – RIVERO J., "Les libertés", in *La Continuité constitutionnelle en France de 1789 à 1989*, PUAM, *Economica*, 1990, pp. 153-69. – RIVERO J., *Les Libertés publiques*, PUF, "Themis", 1997.

Ver também ANDRÉ-VINCENT Ph., Les droits de l'homme dans l'enseignement de Jean-Paul II, LGDJ, 1980. – ROMILLY J. de, *La Grèce antique à la découverte de la liberté*, Paris, Le Livre de Poche, nº 4.128, 1989.

Jean MORANGE

→ Declaração dos Direitos do Homem e do Cidadão; Direito natural; Direitos civis e políticos; Direitos fundamentais; Direitos humanos; Estado de direito.

LÍNGUA FRANCESA

Toda língua é ao mesmo tempo sistema de comunicação – é uma linguagem com regras de sintaxe, pronúncia e ortografia – e critério de pertencimento étnico, regional e nacional – ela faz que franceses, ingleses ou alemães se reconheçam como tais porque no ato de falar ou de escrever eles em geral são compreendidos apenas por seus concidadãos e assim percebem sua herança própria: o humor inglês, a poesia alemã etc. É nesses dois aspectos que o direito trata da língua. Por um lado, os Estados regulamentam o vocabulário, a ortografia etc. Por outro, elaboram o *status* da língua: quais são as línguas *nacionais* (que fazem parte do patrimônio nacional) e, quando diferem, quais são as línguas *oficiais* (do Estado e de seus agentes)? Como promovê-las ou protegê-las? Caberá proibir, tolerar ou reconhecer as outras línguas (regionais ou estrangeiras)?

Curiosamente, foi na Inglaterra que nasceu o interesse pela língua francesa. Língua da corte e dos tribunais desde o século XIV, era empregada pelos juristas a despeito da Guerra dos Cem Anos e do patriotismo nascente. Diante desse imperialismo linguístico (que consola da atual invasão do jargão anglo-saxônico), o Parlamento inglês restringiu seu uso em 1362. Trabalho perdido: o *Law french* tinha um vocabulário específico, hermético e preciso que possibilitava qualificar com uma palavra conceitos intraduzíveis em inglês e isolar o *common law* das influências do direito romano. Foi só em 1731 que se acabou com esse francês dos tribunais. Na França, o Estado só intervém na virada dos séculos XV-XVI. A realeza considerava as línguas de *oïl* (os falares do Norte, onde se dizia *oïl* para *oui*), as línguas de *oc* e o bretão como línguas maternas do reino, mas preocupava-se com o lugar ocupado pelo latim, que desempenhava então mais ou menos o papel que o *Law french* desempenhava na Inglaterra. Portanto, a questão era transformar línguas da França em línguas oficiais, desapossar os magistrados de *sua* língua (o latim dos tribunais) e favorecer a clareza e a compreensão da língua jurídica. Esse é o objeto de uma série de medidas entre as quais o famoso artigo 111 da ordenança de Villers-Cotterêts (1539), em vigor ainda hoje. Ele exige a redação de todos os autos de justiça em *linguagem materna francesa*, três palavras ambíguas que podem designar ou *francês* – o que condena as línguas provinciais ao mesmo tempo que o latim –, ou *qualquer linguagem materna do reino da França*, na linha dos textos anteriores. Na prática, os juristas tomam essas palavras de maneiras muito diversas, mas como se visassem apenas o latim. No século seguinte, surge outra política linguística. Ao mesmo tempo que o francês é codificado (criação da Academia Francesa por Richelieu em 1635), enriquecido e exportado (a tal ponto que durante muito tempo é a língua das cortes da Europa e dos diplomatas), é também imposto como língua oficial nas províncias conquistadas (Lorena, Flandres, Roussillon, Alsácia, Córsega), mas sem realmente se procurar afrancesar o falar, a escrita ou a cultura: unidade sem uniformidade. Mudança de rumo com a Revolução. O que está em jogo é a fundação de uma nova ordem social e política: caberia explicá-la em cada língua, cada dialeto – o que constituiria boa pedagogia, mas arruinaria o esforço de unidade/uniformidade –, ou afrancesar o país? Com os relatórios Grégoire e Barrère, a Convenção privilegia a segunda solução: o francês é língua da liberdade e avalista da indivisibilidade da República, o resto não passa de "idiomas grosseiros" (Grégoire), a diversidade impede "a simultaneidade dos pensamentos e a identidade dos movimentos" (Barrère). Programa-se, pois, o afrancesamento (escolas, festas). Política que malogra por falta de meios, mas renasce na III República em nome da promoção social, do arraigamento do regime e do patriotismo. Dessa vez, com um ministério e professores capazes de garantir o sucesso: "Só o francês será usado na escola" (Decreto de 18 de janeiro de 1887). Em duas gerações, ocorre o afrancesamento e, embora deixe profundas feridas aqui e ali, essa política não encontra fortes resistências. Ao mesmo tempo, colônias e protetorados adotam o francês como língua administrativa e, no Líbano, na África e na Ásia, graças à escola, ela logo se torna uma segunda língua popular. Com o inglês e o espanhol, o francês se torna língua universal.

Essa posição é posta em xeque a partir dos anos 1950. O imperialismo linguístico anglo-saxão (cultura americana, comércio, diplomacia) e o renascimento das identidades provinciais exigem nova mudança de rumo: a defesa da língua. O Estado legisla. Cria altos comitês e comissões de terminologia. Anima a francofonia e modela a língua de funcionários, publicitários etc. Reintroduz prudentemente as línguas regionais na escola, a contar da Lei Deixonne (1951). Tudo isso é coroado pela revisão constitucional de 23 de junho de 1992. Enquanto se discutia o tratado de união europeia, surge o medo do declínio da identidade nacional. Completou-se o Preâmbulo da Constituição ("a língua da República é o francês") para excluir as línguas estrangeiras, significar que o francês é a única língua oficial e nacional, obrigatória para certas funções e certos atos especificados pela lei (processos, contratos, publicidade etc.), relegar as línguas locais à simples tolerância (princípio de indivisibilidade da República, medo de engrenagem centrífuga). Essa situação singular, fruto da história, evoluirá, talvez, em função dos programas regionalistas e das instituições europeias, sensíveis às línguas minoritárias. Mas a França não é o único país que estatui sobre a língua francesa. No Quebec, ela está ligada à sobrevivência da província no seio da federação canadense (1867). A Constituição de 1981 reconhece a paridade dos dois povos fundadores e de suas respectivas línguas, mas o número de francófonos não para de diminuir: 25% dos canadenses, 80% dos habitantes de Quebec. Para estes, deixar que se desenvolva a liberdade linguística significa, a longo prazo, assimilação cultural. Por isso, ao privilegiar uma espécie de liberdade provincial sobre a liberdade individual, limitam-se os direitos dos anglófonos na expressão administrativa e publicitária ou a matrícula escolar dos filhos de imigrantes, política que deve ser associada à participação ativa do Quebec na francofonia e com o debate sobre a independência. Na Bélgica, o que está em jogo é diferente. Trata-se da coexistência das comunidades de línguas francesa (valões), holandesa (flamengos) e alemã. Segundo a Constituição de 1831, modificada em 1970, o rei é avalista da unidade – ele se casa e presta juramento nas três línguas –, mas o território é dividido em zonas linguísticas nas quais os serviços públicos têm a obrigação de usar unicamente a língua da região. Foi assim que a universidade francófona de Lovaina ficou na zona flamenga. Foi rebatizada como Lewen, e os francófonos se mudaram para o outro lado da fronteira linguística para fundar Louvain-la-Neuve. A situação da língua francesa, portanto, depende da zona considerada. Na Suíça, nada disso ocorre. A coexistência na confederação é mais fácil, e fez-se da pluralidade linguística um princípio. A Constituição de 1874, modificada em 1937, considerou quatro línguas nacionais (francês, alemão, italiano e romanche), sendo as três primeiras línguas oficiais. Isso significa que em todo o território um francófono pode falar em francês com a administração, que tem o dever de entendê-lo para dialogar. Na África, o problema surgido com a descolonização é a escolha entre o francês, que permite a continuação do funcionamento da administração e a união das etnias de um mesmo país, e uma língua própria, que simbolizaria mais a independência e a especificidade nacional em relação aos países vizinhos. A maioria dos Estados optou pela primeira solução (Burkina, Costa do Marfim, Togo, Mali, Chade, Níger etc.). Alguns escolheram outra língua oficial ao lado do francês (o malgaxe em Madagascar). Outros dissociam língua nacional e língua oficial (árabe e francês na Mauritânia). No Norte da África, por fim, o árabe substituiu o francês como língua oficial.

› Debbasch R., "La reconnaissance constitutionnelle de la langue française", *RFDC*, 1992, pp. 457 ss. – Van Goethem H., Waelkens L. & Breugelmans K. (org.), *Libertés, pluralisme et droit. Une approche historique* (col. d'Anvers, maio de 1993), Bruxelas, 1995. – Guillorel H. & Koubi G. (org.), *Langues & droits*, Bruxelas, 1999. *Langue(s) et constitution(s)* (col. de Rennes, dezembro de 2000), no prelo.

Sylvain Soleil

→ Cidadania; Ensino do direito; Estado civil; Formas e procedimentos.

M

MAGISTRADO

A palavra “magistrado” tem dois sentidos. Num primeiro sentido, antigo, significa exercício de uma alta função política ou administrativa, independentemente de sua natureza. Num segundo sentido, mais recente, designa, às vezes com hesitação, algumas categorias de pessoas que exercem função jurisdicional. Embora hoje domine o segundo sentido, mais especializado, o primeiro não foi esquecido.

Origens antigas

Na Antiguidade grega e romana, magistrado era uma pessoa investida de autoridade pública. Segundo Aristóteles, os magistrados exerciam “funções para as quais foi dado o poder de deliberar em certas matérias, decidir sobre elas e dar ordens, sobretudo este último poder” (*Política*, IV, 15, 4). A etimologia latina traduz notavelmente esse poder de mando, em conformidade com a definição dada pelo filósofo grego. De fato, essa palavra formou-se a partir do prefixo *mag*, *magnus*, lembrando a ideia de grandeza, poder e força, mas também a partir de *magis*, que deu *magister*, cujo sentido geral é: mestre, chefe, aquele que é mais, em oposição a *minister*, aquele que é menos (ver *Dictionnaire étymologique de la langue latine*, A. Ernont e A. Meillet, 4ª ed., 1959, p. 377). Por isso, em seu sentido mais antigo, magistrado remete à alta função pública e não pode em caso algum ser sinônimo de funcionário. A crer-se em Jean Bodin, Catão de Útica (95-46 a.C.), muito apegado às tradições da República romana em dificuldades, teria repreendido asperamente escrivães, inspetores e outros empregados nos seguintes termos: “Lembrem-se de que são ministros, e não magistrados” (*Seis livros da República*, liv. III, cap. III). Segundo o autor angevino que retoma a definição antiga, “magistrado é o oficial que tem o poder de comandar na república” [entendida aqui no sentido amplo de regime político] (*ibid.*). No tempo da República romana, as principais magistraturas (ou seja, as funções públicas), eram censura, consulado, pretura, edilidade e questura. Quantitativamente limitadas, eram obtidas umas após outras, segundo uma ordem hierárquica (*cursus honorum*), bem controlada pela elite social romana (*nobilitas*). Aliás, a eleição dos magistrados pelas assembleias (comícios) não os convertia em simples mandatários dos cidadãos. Entre eles, apenas o pretor era, por excelência, o magistrado judiciário. Titular do *imperium*, ou seja, do poder mais extenso na República romana, zelava pelo bom funcionamento da justiça, mas sem julgar em matéria civil. Em Roma, magistrado não é juiz.

Entre “autoridade civil” e “serviço da justiça”

Esse sentido romano continua bem presente na época moderna, tanto nos escritos teóricos quanto na vida política. Por exemplo, em algumas cidades do norte da Europa (como Groninguen, Colônia, Liège ou Valenciennes), o corpo municipal denomina-se “Magistrado”. Mas, sobretudo do século XVI ao XVIII, todos os grandes autores empregaram a palavra principalmente em seu sentido romano. João Calvino, no último capítulo (“governo civil”) da *Instituição da religião cristã* (1536), designa como magistrado o príncipe, o rei ou qualquer outro superior civil, seja ele qual for. Depois vêm os chamados magistrados “inferiores”, ou seja, todas as autoridades intermediárias entre o magistrado supremo e os súditos. Retomando a análise de Calvino, Teodoro de Bèze, também protestante, num panfleto intitulado "Do direito dos magistrados sobre seus súditos", defende a ideia de uma hierarquia dos magistrados que, num grau ou noutro, têm o poder de comandar e o direito (ou mesmo o dever) de resistir ao príncipe que se tenha tornado tirano. Entre esses magistrados intermediários ele arrola os Estados Gerais e os parlamentos (cortes soberanas de justiça).

A partir daí, entende-se melhor por que os autores ligados à defesa da soberania régia dão uma definição mais restritiva do termo, mesmo mantendo o sentido antigo. Jean Bodin especifica que "o magistrado, depois do soberano, é a pessoa principal da república, ao qual se reportam aqueles que têm soberania" (*Seis livros*..., liv. III, cap. IV). "A primeira parte de seu dever" está na obediência ao príncipe. Cabe notar, de passagem, uma evolução capital; o rei, soberano, não é um magistrado. Jean Bodin rejeita a função deliberativa que Aristóteles atribuía ao magistrado, limitando suas atribuições políticas. Algumas décadas depois, o cardeal de Richelieu, animado pelo mesmo objetivo político, compara os magistrados àqueles "que são empregados sob seu comando [dos príncipes] nas mais altas dignidades do reino" (*Testamento político*, cap. X). Ainda que retomem o sentido clássico da palavra magistrado, é muito provável que estes dois últimos autores pensem nos dignitários dos parlamentos, quando insistem na submissão dos magistrados ao poder. De fato, na época em que escrevem, a palavra magistrado também designa os dignitários da justiça, principalmente os parlamentares, e isso já fazia muito tempo. A magistratura judiciária nasceu na França no século XIV, com o aparecimento de uma grande jurisdição claramente separada da corte do rei (Parlamento de Paris), composta por um corpo de juízes profissionais escolhidos pela competência jurídica, e não pela posição na sociedade da época. No entanto, a partir de 1268, um registro relativo aos pleitos do Parlamento menciona a presença, além de alguns dignitários eclesiásticos e leigos, de treze indivíduos escolhidos com base apenas no critério de competência, designados com o termo genérico *magistri*. A tradução francesa da época, "maîtres de la cour", aparentemente insiste no caráter de supervisor da função jurisdicional, mas não nega totalmente a dimensão política. Assim, o aparecimento do termo magistrado, em sentido mais restrito, é mais compreensível porque no século XIV, bem como nos séculos seguintes, "os magistrados das cortes soberanas, em vez de delegação, falavam de comunicação do poder de julgar, o que lhes dava a aparência não tanto de subordinados do rei, e mais de seus representantes, na sua função de juiz" (J.-L. Thireau, *Introduction historique au droit*, Flammarion, 2001, p. 174). A confusão entre administração e justiça, que caracteriza o pensamento político e o direito público francês e europeu até o século XVIII, reforçou a evolução terminológica, uma vez que os magistrados do antigo regime, apesar do desejo de Jean Bodin e do cardeal de Richelieu, nunca desistiram de suas pretensões ao exercício de um papel político, nem que fosse relativo ao registro das leis.

Assim, os dicionários da língua francesa, a partir do século XVI, definem a palavra magistrado acrescentando a função jurisdicional à tradicional dimensão administrativa e política. O de Jean Nicot (*Le Thresor de la langue françoyse tant ancienne que moderne*), editado em 1606, apresenta o magistrado como aquele "que tem jurisdição *e* império". O célebre *Dicionário* de Furetière (1690) afirma mais ou menos a mesma coisa: "Oficial de judicatura *e* polícia [no atual sentido de administração], que tem jurisdição e autoridade sobre o povo." O *Dicionário* de Richelet (1680) parece separar mais as duas funções, pois define o magistrado como "aquele que exerce um ofício de judicatura *ou* polícia".

O magistrado contemporâneo

A função judiciária começa a prevalecer sobre a definição romana durante o século XVIII. O *Dicionário de direito e prática* de Ferrière (ed. de 1762) apresenta o magistrado unicamente "como um oficial de judicatura". O *Repertório universal e comentado de jurisprudência* de Guyot (edição de 1785), depois de lembrar o sentido antigo da palavra, destaca que na França recebem o nome de magistrados as pessoas designadas para exercer a justiça. [...] Se tomássemos o termo magistrado estritamente como no direito romano, não teríamos magistrados propriamente ditos". Essa definição é retomada textualmente por Merlin, na edição de 1807 desse mesmo repertório. A evolução terminológica acompanha a evolução política e constitucional, ainda que a definição romana nunca tenha desaparecido do vocabulário francês. Ainda hoje, os titulares das mais altas funções públicas às vezes são qualificados de magistrados. Mas, desde a Revolução, uma vez que o Executivo passou a ser teoricamente separado da justiça, a palavra magistrado especializou-se claramente no exercício desta, tanto na linguagem corrente quanto nos textos políticos, afastando-se na mesma ocasião qualquer pretensão política dos magistrados.

Depois do episódio revolucionário da eleição dos juízes e do desaparecimento das companhias de magistrados, Napoleão I restaurou os juízes profissionais. Bom número de tradições judiciárias do Antigo Regime também foi progressivamente restabelecido. O uso da toga vermelha, privilégio dos altos magistrados do Antigo Regime, atribui aos juízes da República um aparato que se abebera nas próprias fontes do duplo nascimento do magistrado. Em 1894, um procurador geral de Nancy escrevia: “Sob a púrpura e o arminho de sua toga, saudamos nele o herdeiro do pretor romano” (citado por Alain Bancaud, 1993, p. 86). Para Rousselet, “essa toga vermelha, que será a insígnia de suas funções, é o traje que os próprios reis usavam, traje que deram a seus magistrados”. Seja a referência republicana ou monárquica, religiosa ou não, a justiça situa seus servidores, segundo a bela expressão do chanceler D’Aguesseau, “entre o céu e a terra”.

Assim, ainda que a magistratura não tenha recobrado seu brilho de outrora, o uso contemporâneo da palavra magistrado, herdado de um passado multissecular, revela com precisão a grandeza atribuída ao serviço da justiça. Realça o prestígio dos juízes e dos membros do ministério público, lembrando, por assim dizer, que os magistrados detêm um poder excepcional sobre os indivíduos, o poder de deslindar os litígios que os opõem, ou de condená-los. Esse poder faz dos magistrados uma categoria única no seio dos grandes corpos do Estado, na qual ainda se entra frequentemente por vocação. Mas toda dignidade tem sua contrapartida, sobretudo quando decorre do exercício da justiça. Faz muito tempo que os literatos regularmente criam brocardos acerca dos magistrados. De Rabelais a Marcel Aymé (*La Tête des autres*), passando por Racine e pelos filósofos do Iluminismo, os magistrados foram alvo das críticas mais acerbas. Esses ataques demonstram que o questionamento de uma sociedade quase sempre passa pela crítica virulenta àqueles que estão encarregados de regular seu funcionamento, juízes e procuradores.

Designando um grande corpo do Estado, a palavra magistrado integra, numa única categoria, os juízes e os membros do ministério público da ordem judiciária. Essa distinção entre duas magistraturas é muito antiga; na França, o ministério público apareceu já no século XIII, e a palavra “*parquet*”, que o designa, somente no fim do século XVII, antes de se tornar corrente no século XVIII. Os homens do rei, *gentes nostras*, como dizia Filipe, o Belo, pertenciam à companhia dos magistrados de sua jurisdição. Em compensação, tal como hoje, eles estavam hierarquicamente subordinados ao governo, cujos interesses deviam defender, ainda que essa dependência se mostrasse difícil de controlar, pois eles eram proprietários de seus ofícios. Essa dupla dependência, na época, punha os procuradores do rei e seus substitutos numa posição frequentemente desconfortável, sobretudo no âmbito das cortes soberanas. Hoje, recrutados segundo os mesmos procedimentos que os juízes, formados nas mesmas escolas, eles também são reunidos pela mesma dignidade herdada da história. Esse prestígio dos magistrados perdura, ainda que a Constituição da V República (art. 64) apresente a justiça como uma simples autoridade, e não como um poder. Apesar da dependência orgânica em relação ao Poder Executivo, os magistrados gozam de independência funcional garantida pela inamovibilidade (para os juízes) e realçada pela lembrança dos antigos parlamentos. Hoje em dia, a existência de um corpo estatutariamente definido e de uma independência claramente estabelecida parece caracterizar o título de magistrado. No entanto, a cultura e a história parecem desempenhar papel capital na atribuição de uma qualidade de que gozam os juízes e os membros do ministério público da ordem judiciária, oficialmente e sem discussão, juntamente com os membros das jurisdições financeiras, também beneficiárias de um rico legado do passado. Ainda hoje, o uso do título de magistrado para os membros das jurisdições administrativas é objeto de controvérsias. O argumento regularmente alegado por aqueles que se opõem à equiparação dos juízes administrativos diz respeito à ausência de garantia geral de inamovibilidade. É verdade que os membros do Conselho de Estado não são inamovíveis. Mas é fácil retorquir que os membros do ministério público da ordem judiciária, plenamente reconhecidos como magistrados, não o são também. Na realidade, o princípio segundo o qual "julgar a administração é sempre administrar" continua bem vivo. Os membros das jurisdições dessa ordem também arcam com o peso de uma independência demasiadamente recente e de uma tradição jurisdicional francesa em matéria administrativa da qual é difícil desvincular-se.

Por outro lado, a noção de função pública, constantemente associada, desde Roma, ao título de magistrado, exclui algumas categorias como os juízes consulares ou trabalhistas. Durante o Antigo Regime, Ferrière notava já que os juízes, "que têm simples poder de julgar, mais do que verdadeira jurisdição" (*Dicionário...*), não podem reivindicar a qualidade de magistrados. Enquanto em Roma o magistrado não era juiz, hoje nem todo juiz é magistrado.

› BANCAUD A., *La Haute magistrature judiciaire entre politique et sacerdoce ou le culte des vertus moyennes*, LGDJ, 1993. – CHAZAL J., *Les Magistrats*, Grasset, 1978. – RENOUX Th. & ROUX A., *L'Administration de la justice en France*, "Que sais-je?", nº 2.816. – ROYER J.-P., *Histoire de la justice en France*, PUF, 1995. – ROUSSELET M., *Histoire de la magistrature française des origines à nos jours*, Paris, Plon, 1957. – TRUCHE P., *Juger et être jugé, le magistrat face à lui-même et aux autres*, Fayard, 2001. – VILLERS R., *Les Magistrats d'ancien régime*, 2º vol., 1982-84. – VINCENT J., GUINCHARD S., MONTAGNIER G. & VARINARD A., *La Justice et ses institutions*, 4ª ed., Dalloz, 1996.

Joël HAUTEBERT

→ Juiz (Hoje); Juiz (Longa duração), Jurisdições (Evolução do sistema francês).

MAGNA CARTA

Dificilmente se poderia superestimar a importância da *Magna Carta* na história jurídica e política da Inglaterra e, de modo mais geral, nos países de cultura anglófona. Sendo o equivalente mais próximo, segundo se diz, de uma Constituição escrita que o reino já possuiu, ao longo dos séculos esse documento nunca deixou de ser um ponto de convergência ideológica para os defensores das liberdades. Uma vez que, dos sessenta e três artigos originais, somente três podem ainda ser considerados válidos, seríamos tentados a concluir pelo caráter essencialmente mítico do documento. Mas uma abordagem "realista" talvez também seja discutível.

Em 15 de junho de 1215, no prado de Runnymede, perto de Windsor, João Sem-Terra (1167-1216, r. 1199) "concede" à Igreja da Inglaterra, representada por seus prelados, e a "todos os homens livres" de seu reino, representados pelos barões reunidos naquele lugar, liberdades que deveriam valer "para a perpetuidade". Consegue-se assim a pacificação provisória para um conflito que opunha aquele soberano aos principais senhores feudais de seu país havia vários anos, conflito que nos últimos tempos havia degenerado em guerra civil. Filho mais novo de Henrique II e de Eleonora de Aquitânia, irmão de Ricardo, "Coração de Leão", com o qual tinha um relacionamento difícil, tão logo coroado João se lançou numa guerra desastrosa com a França, durante a qual perdeu, sucessivamente, a Normandia, Anjou, Maine e boa parte de Poitou. Durante o mesmo período, teve um conflito com o papa Inocêncio III em torno da eleição do arcebispo de Cantuária, o que valeu um interdito à Inglaterra, e a ele, a excomunhão. Essas medidas foram suspensas ao cabo de cinco anos, quando João declarou resipiscência, chegando até a reconhecer o papa como seu suserano (1213). Preocupado em deixar seu reino novamente em condições de reconquistar os territórios perdidos, ele se empenhou em fortalecer as estruturas administrativas e judiciárias e a organização militar, bem como em melhorar as finanças. Ao mesmo tempo que os impostos de todas as espécies eram aumentados, as prerrogativas feudais da Coroa eram exploradas no máximo de sua capacidade de rendimento financeiro. A administração da floresta régia era objeto de preocupação especial. Os arrendamentos feudais oriundos da Conquista de Guilherme eram reexaminados e frequentemente reformados em sentido vantajoso para a Coroa. O descontentamento dos barões, exacerbado pelas derrotas no Continente, cresceu até dar ensejo a movimentos de rebelião declarada e, em maio de 1215, à explosão da guerra civil. Quando a cidade de Londres caiu nas mãos dos rebeldes, João aceitou negociar com os barões. A *Magna Carta* é fruto dessas tratativas. No entanto, o acordo a que se chegou durou apenas alguns meses. João recorreu em nome de sua concessão a Inocêncio III (que tomou partido por ele), enquanto os barões endureciam na intransigência. Renasceu o confronto, e o príncipe Luís de França (futuro Luís VIII) invadiu a Inglaterra em resposta ao apelo dos barões. A morte súbita de João possibilitou a conclusão de uma paz negociada, que abriu caminho para a retirada de Luís e a coroação de Henrique III, filho de João, que logo confirmará as liberdades proclamadas na carta de 1215.

Apesar do caráter tortuoso e volúvel do rei João e de suas iniciativas desordenadas e autoritárias, sua política fazia parte de um movimento iniciado desde longa data, tendente à modernização e à expansão do embrião de Estado legado pelos reis saxões a seus sucessores normandos, depois angevinos e plantagenetas. Ele sucedia a um soberano que se distinguira muito nessa empresa. Henrique II, de fato, enfraqueceu razoavelmente a influência dos senhores feudais (reduzindo o papel das jurisdições senhoriais) e os irritou (com o aumento dos impostos e com um tom em geral autoritário). João foi beneficiário dessa política e, à sua maneira, apenas lhe deu prosseguimento. Ao aumentar também os impostos, alienando mais o domínio régio para aumentar seus rendimentos, concedendo cargos e prebendas a seus protegidos (na maioria provenientes do continente), ele acentuou os aspectos exasperadores daquela política. Não mudou sua natureza e, nessa medida, pode-se considerar que a rebelião de 1215 foi dirigida muito menos contra ele do que contra as características da monarquia angevina, percebidas como opressivas, e que suas inabilidades provocaram uma sublevação por efeito paradoxal da obra de seus predecessores: ocorreram numa sociedade politicamente educada, cada vez mais imbuída das regras de direito, cuja coesão assentava na cooperação daqueles barões, cavaleiros e "homem livres", entre os quais se recrutavam jurados, *coroners*, xerifes, intendentes florestais, juízes; os mais importantes deles estavam acostumados a conviver com o soberano em suas viagens pelas províncias, a servir de testemunhas de seus atos, a receber instruções dele, a lhe apresentar petições, a lhe fornecer informações sobre o estado do reino e até a lhe dar conselhos.

Provavelmente por afetar súditos essenciais para a sociedade inglesa, a *Magna Carta* teve uma história complexa. Embora tenha malogrado, de imediato, na restauração da paz civil, foi republicada em 1216 e 1217. Em 1225, Henrique III ratificou-a solenemente e lhe deu força de lei, mas numa forma reduzida, pois subsistiam apenas 37 dos 63 artigos originais (pelo menos um deles, o art. 61, referente à conduta que devia ser observada na eventualidade de o rei não cumprir sua palavra, era de indubitável importância). Essa versão foi objeto de nova ratificação solene no reinado de Eduardo III, em 1297. Os manuais apresentam, na maioria das vezes, o texto de uma ou de outra dessas ratificações, que foram seguidas por numerosas outras na Idade Média. No século XIX teve início a revogação progressiva da maioria de seus artigos. Os critérios adotados foram a obsolescência e a utilidade social duvidosa dos artigos em questão. Hoje, no Livro dos Estatutos só restam os artigos 1º (sobre a Igreja), 13/9 [o primeiro algarismo remete à versão de 1215, o segundo, à versão de 1225] (sobre a cidade de Londres e algumas outras cidades e portos), 39/29 (sobre as liberdades individuais). Não seria cômodo nem útil querer resumir os 63 artigos originais. Indicaremos aqui o teor dos mais significativos, agrupando-os, para maior clareza, nos cinco campos (de importância desigual pelo lugar que lhes é atribuído) em que está dividida a Carta.

1 / Igreja da Inglaterra: suas liberdades e seus direitos lhe são reconhecidos perpetuamente; o soberano compromete-se a respeitar especialmente a liberdade de suas eleições.

2 / Fisco e servidões (este assunto ocupa dois terços da carta): os direitos percebidos pela coroa a título de serviço militar, ausência de herdeiros naturais e tutelas serão fixados de maneira equitativa e em conformidade com os costumes; o montante da ajuda e da escudagem será determinado com o consentimento geral

do reino, expresso pelos prelados e pelos principais barões; ninguém será privado de sua herança; as viúvas não serão forçadas a casar-se de novo (na falta do pagamento de um imposto especial); os bens dos devedores solventes não serão confiscados; as dívidas contraídas com os judeus lhes serão reembolsadas sem juros caso o devedor morra durante a menoridade de seus herdeiros e, em qualquer hipótese, no respeito aos direitos devidos pelo devedor a seu senhor; a obrigação de construir ponte não será imposta a nenhuma cidade e a nenhum particular; nenhuma cobrança *in natura* (cavalos, grãos, madeira) poderá ser feita por um funcionário régio sobre os bens de um particular sem o consentimento deste, que deverá obter justo pagamento por tais bens.

3 / Comércio e atividades econômicas: a cidade de Londres, as cidades e os portos já beneficiários de franquias continuarão a usufruí-las sem restrições; as barragens instaladas no Tâmisa e em outros pontos do país serão destruídas; as medidas de vinho, cerveja e grãos serão unificadas; os comerciantes ingleses e estrangeiros poderão sair do reino e entrar nele livremente em tempos de paz.

4 / Justiça: os processos ordinários ocorrerão em lugares fixos; os processos relativos à transmissão, ao confisco, à recuperação de terras ou de benefícios se desenrolarão no tribunal do condado, e as sentenças serão proferidas por juízes enviados pelo rei, ajudados por cavaleiros eleitos pelo condado; as multas serão adequadas aos delitos e não deverão privar ninguém de seus meios de subsistência; condes e barões só poderão ser multados por seus pares; os funcionários da Coroa não poderão mover ação contra um particular nem poderão testemunhar; a justiça será financiada pela Coroa, e o soberano se compromete a não se exonerar de sua administração em proveito de ninguém; só exercerão as funções de juiz, condestável e xerife homens que conheçam o direito da terra; "nenhum homem livre será detido, encarcerado ou despojado de seus direitos ou de seus bens; tampouco será posto fora da lei, exilado ou molestado de qualquer maneira; e não usaremos a força nem mandaremos usá-la contra ele, a não ser em virtude de um julgamento legal por seus pares e segundo a lei da terra" (art. 39/29).

5 / Posição do monarca e prerrogativas régias: as pessoas que vivem fora do domínio da floresta não precisarão comparecer perante os funcionários régios que a administram (salvo em caso de infração ao direito florestal); as terras anexadas à floresta no reinado atual serão "desflorestadas"; a abolição das "más costumagens" aplicadas à floresta será objeto de um inquérito feito em cada condado e dirigido por doze cavaleiros juramentados; o rei devolverá os reféns que estão em seu poder; privará de seus cargos e expulsará do reino os estrangeiros que o servem; restituirá bens, liberdades ou direitos aos súditos que foram desapossados "sem julgamento legal por seus pares", e, em caso de litígio, serão incumbidos de dirimi-lo os 25 barões designados no artigo 61 da Carta; as multas infligidas injustamente e contrárias ao direito da terra serão devolvidas e, em caso de contestação, examinadas pelos 25 barões mencionados, bem como pelo arcebispo de Cantuária ou seu representante; o rei restituirá bens, liberdades ou direitos aos galeses que foram desapossados "sem julgamento legal de seus pares"; devolverá a Alexandre, rei da Escócia, suas irmãs e todos os outros reféns que estão em seu poder; prevendo-se (art. 61) a eventualidade de ele ou um de seus funcionários transgredir um único destes artigos de paz, caberá aos barões eleger 25 entre eles, quatro dos quais terão nesse caso o encargo de pedir ao rei correção imediata do abuso, e, caso isso não ocorra, os 25, "com a ajuda de toda a comunidade" (é dada liberdade a qualquer homem que deseje jurar-lhes obediência), poderão apoderar-se dos castelos, das terras ou das posses do soberano, ou recorrer a qualquer outro meio, poupando sua pessoa, a pessoa da rainha e a de seus filhos, até que ele lhes faça justiça e, assim, os restitua à sua obediência anterior; concede-se perdão geral aos súditos, clérigos ou leigos com os quais o rei esteve em conflito.

Redigido em certa desordem explicada pela imbricação de influências, pressões e necessidades do momento, esse texto, em muitos aspectos, confirmava práticas geralmente respeitadas, por exemplo, tudo o que se referia ao fisco. Em relação a outras, continha esclarecimentos que podiam parecer de grande utilidade, como no campo do funcionamento da justiça. Em outras, ainda, faltava precisão: as modalidades de expressão do consentimento, relativamente à ajuda e à escudagem, eram pouco explícitas. No entanto, pode-se considerar que o importante estava na afirmação do próprio princípio do consentimento, que, nessa matéria, constituía uma inovação. A necessidade de ratificar a Carta com tanta frequência e o tempo exigido para se revogarem os numerosíssimos artigos que haviam caído em manifesto desuso mostrariam, caso fosse preciso, que havia uma percepção de elementos situados bem além do contexto de 1215. Era-se sensível ao alcance geral do documento, como mostra o histórico das interpretações que lhe foram dadas. Nesse aspecto, dois períodos foram especialmente importantes. Já no século XIV, o Parlamento se preocupou em explicitar as características essenciais da Carta, e o fez com o espírito mais amplo e extensivo possível. Em seis atos votados entre 1331 e 1368, foi fixado o significado de alguns pontos principais. A expressão "julgamento legal pelos pares" ("*judicium legale parium*") deveria ser entendida no sentido de processo por júri. O "direito da terra" ("*lex terrae*") foi identificado com o princípio do "curso regular da justiça" ("*due process of law*"). As palavras "nenhum homem livre" ("*nullus liber homo*") tornaram-se "nenhum homem" em 1331 (5 Edw. III, cap. 9) e, depois, "homem algum de qualquer estado ou condição que seja", em 1354 (28 Edw. III, cap. 3). Essas definições deviam ser consideradas dotadas de autoridade pelos *common lawyers* do século XVII, segunda grande época que convém mencionar. Sabe-se que a Petição do Direito de 1628 faz referência à *Magna Carta*, mas também – como a um único e mesmo conjunto de textos – aos estatutos de Eduardo III. A *Magna Carta* adquire então dimensões míticas. Sir Edward Coke (que não hesita em afirmar que o artigo 39/29 se aplica aos camponeses livres) louva a carta, em *Institutes*, como exposição definitiva das antigas liberdades anglo-saxônicas recobradas depois de sua destruição pelos normandos, como "fonte de todas as leis fundamentais do reino", "confirmação ou restituição da *common law*". Os niveladores, como John Lilburne, durante a Revolução propagavam essa imagem da Carta (ainda que uma parte deles, os *Diggers*, a estigmatizassem como mais uma marca da servidão imposta pelos normandos ao povo anglo-saxão). Durante a Restauração, os *Whigs* partiram para o ataque à monarquia de direito divino armados da *Magna Carta*: seus panfletistas declaravam que nela viam a obra de um verdadeiro Parlamento, defensor por vocação das liberdades contra a arbitrariedade monárquica. A Convenção Parlamentar que, em 1689, legitima o apelo a Guilherme de Orange elabora o *Bill of Rights* segundo o espírito de uma reformulação do texto medieval. A partir daí, a *Magna Carta* pertence ao patrimônio de todos os que identificam história inglesa e posse de direitos imprescritíveis. Blackstone, na mais pura tradição cokiana, escreverá que ela é a primeira afirmação solene dos três direitos fundamentais que constituem a liberdade inglesa: segurança e liberdade pessoais e propriedade privada. Os radicais do século XVIII e os defensores da reforma parlamentar no século XIX lhe atribuirão valor emblemático ao utilizá-la como bandeira do regime representativo. Os colonos da América em luta contra a opressão da metrópole também não deixarão de brandi-la como herança sagrada a justificar suas reivindicações. Assim prosseguiu um trabalho de mitificação que – cabe observar – começou com a própria *Magna Carta*, que se referia a "antigos costumes" como a uma realidade evidente e indubitável.

Além do fato capital de que governantes e governados nela se mostravam situados sob uma mesma lei, a *Magna Carta* trazia em si a imagem de um reino que formava uma comunidade, com súditos capazes de ter liberdades iguais, herdeiros de um tesouro jurídico imperecível. Descritiva de determinado estado da sociedade inglesa, o que ela tinha de reivindicativo conferia-lhe uma força dinâmica à qual a história daria múltiplas ocasiões de exercício. A nostalgia que a animava tinha valor perspectivo e prescritivo ao mesmo tempo: nela, um passado imemorial era consagrado; obrigações recebiam uma sanção solene e duradoura. A insularidade do contexto não era obstáculo para a exemplaridade do texto.

› HOLT J. C., *Magna Carta* (1962), Cambridge, Cambridge Univ. Press, 1992; *Magna Carta and Medieval Government*, Londres, Hambledon, 1985. – HOWARD A. E. D., *The Road from Runnymede: Magna Carta and American Constitutionalism*, Charlottesville, Univ. of Virginia Press, 1968. – HUDSON J., *The For-*

mation of the English Common Law: Law and Society in England from the Norman Conquest to Magna Carta, Londres, Longman, 1996. – MAILDEN H. E. (org.), *Magna Carta Commemoration Essays*, Londres, Historical Society of Great Britain, 1917. – MCKECHNIE W. S., *Magna Carta: A Commentary on the Great Charter of King John, with an Historical Introduction* (1905), Union (NJ), Lawbook Exchange, 1999. – PALLISTER A., *Magna Carta: The Heritage of Liberty*, Oxford, Clarendon Press, 1971. – PETIT-DUTAILLIS C., *La monarchie féodale en France et en Angleterre, Xe-XIIIe siècle.* Paris, L'évolution de l'humanité, 1933. – SANDOZ E. (org.), *The Roots of Liberty: Magna Carta, Ancient Constitution, and the Anglo-American Tradition of Rule of Law*, Columbia/Londres, Univ. of Missouri Press, 1993. – STENTON D. M., *English Justice Between the Norman Conquest and the Great Charter, 1066-1215*, Londres, George Allen and Unwin, 1965; *After Runnymede: Magna Carta in the Middle Ages*, Charlottesville, Univ. Press of Virginia, 1965. – STUBBS W., *Histoire constitutionnelle de l'Angleterre, son origine et son développement* (1880), trad. G. Lefèbvre, 3º vol., Paris, V. Giard e E. Brière, 1907-27. – THOMPSON F., *Magna Carta: Its Role in the Making of the English Constitution, 1300-1629* (1948), Nova York, Octagon Books, 1972.

Franck LESSAY

→ *Bill of Rights; Common law;* Declaração dos Direitos do Homem e do Cidadão; Direito de resistência; Direitos civis e políticos; Direitos fundamentais; *Due process of law;* Estado de direito; *Habeas corpus;* Inglaterra; *Rule of law.*

MANUAIS, TRATADOS E OUTROS LIVROS (Antiguidade – Roma)

Roma inventou aquilo que nenhuma outra civilização da Antiguidade conheceu: a literatura jurídica. Obra de jurisconsultos, ou jurisprudentes (ver acima o verbete "Jurisconsultos romanos"), é representada por inúmeras obras que favoreceram a expressão e a difusão da ciência do direito, a jurisprudência: *iurisprudentia* define o conhecimento e a interpretação das regras, bem como sua aplicação prática, pois Roma nunca separou a atividade do praticante da função doutrinária. A literatura jurisprudencial é composta, essencialmente, de coletâneas de regras casuísticas, apresentadas em contextos diferentes, cujo nível de abstração varia segundo o objeto do livro.

Essa literatura nasceu no fim da República, a partir do século II a.C. Não que a escrita tenha sido ignorada até então, mas o recurso à escrita do direito, do século V ao III, está ligado a um conflito político – a luta entre patrícios e plebeus – e ilustra a história da laicização da sociedade romana: a redação da Lei das XII Tábuas em 450, a publicação do calendário judiciário e fórmulas de ações por volta de 300, em especial, atendem à preocupação de divulgação "para pôr o direito à disposição do povo", segundo palavras de Cícero. A partir do período seguinte, a escrita muda de função. Serve para comunicar a passagem da consulta oral à consulta escrita, bem como ao comentário redigido e divulgado, passagem que marca o nascimento de uma verdadeira doutrina, a jurisprudência, conforme ressaltou Pompônio, jurista do século II de nossa era, em sua história do direito romano (o *Enchiridion*). Essa literatura atinge o apogeu no Alto Império, do principado de Augusto à dinastia dos Severos (27 a.C.-235 d.C.), ou seja, de Labeão a Modestino, o último dos jurisconsultos da época clássica. Ela nos chegou quase exclusivamente por aquilo que foi coligido no Digesto de Justiniano no século VI, na forma de uma massa considerável de fragmentos das obras daqueles juristas clássicos, entre as quais as mais características são comentadas abaixo.

Literatura "problemática"

Essa denominação, devida à romanística contemporânea, designa as obras que correspondem à atividade de jurisconsultos praticantes. Trata-se de coletâneas de casos analisados por seus autores, que discutem suas soluções. Com o nome de *Responsa*, *Quaestiones*, essas obras de casuística apresentavam as consultas agrupadas por matéria, segundo a ordem do édito do pretor; conhecido por todos, porque afixado no fórum perto do tribunal do pretor, contendo um catálogo quase completo dos meios procedimentais, o édito foi não só objeto de comentários específicos, como também propiciou um esquema de apresentação das obras de direito. A série dos *libri responsarum* é inaugurada por Sérvio Sulpício Rufo no fim da República e seguida por Labeão, Sabino, Nerácio, Marcelo, Papiniano, Paulo, Ulpiano, Modestino; quanto aos *libri quaestionum*, são conhecidos os de Celso, filho, Africano, Cervídio Cévola, Papiniano e Paulo. A essa literatura casuístico-problemática associam-se: as coleções de pareceres que um jurista deu por cartas, os *libri epistularum*, que refletem uma correspondência científica entre juristas; os "livros póstumos" de Labeão e as *Notae*, comentários às obras de seus contemporâneos ou de seus predecessores; os livros de regras, os *Regulae*, que contêm as regras casuísticas, *regulae iuris*, que um autor estabeleceu segundo o método inaugurado por Labeão – o *pithanon* – e que ele propõe como prováveis e verossímeis a seus confrades; por exemplo, os famosos *Pithana* de Labeão e as *Notae* de Paulo sobre aqueles, bem como os livros de Nerácio, Paulo, Ulpiano, Modestino.

Literatura de comentários

Os primeiros grandes comentários foram os do "direito civil" (direito fundamentado na lei) elaborado pelos *veteres* e ordenado com base em quatro atos jurídicos fundamentais: testamento, mancipação (modo formalista de alienação), *in iure cessio* (transferência de coisas corporais e incorporais) e estipulação (contrato verbal unilateral de direito estrito). As primeiras exposições, devidas a Q. Múcio Cévola e, no início do Império, a Sabino, foram os modelos dos comentários ulteriores; donde o nome *libri ad Quintum Mucium* (de Gaio e Pompônio), *ad Sabinum* (de Pompônio, Paulo e Ulpiano). A outra grande série de comentários foi dedicada ao direito honorário, cuja fonte são os éditos dos magistrados, sobretudo os éditos dos pretores. O primeiro comentário importante do édito do pretor urbano foi o de Labeão, que publicou também um comentário do édito dos edis curules e, provavelmente, o do pretor peregrino. Em seguida foram compostos comentários do édito do pretor urbano por Sabino, Gaio e, sobretudo, Pompônio (em 150 livros) que serviram de modelo a Paulo e Ulpiano. Gênero literário muito cultivado nos séculos I-III, pois esse édito é a referência obrigatória na prática, os livros *ad edictum* são comentários lemáticos: cada disposição, ou seja, cada solução judiciária proposta pelo pretor é comentada e apreciada em sua utilização prática por uma casuística extraída da experiência profissional do jurista e da de seus colegas. Cabe acrescentar a esses comentários os *Digesta*, tratados completos de direito privado que, ordenados de acordo com o édito do pretor, expõem ao mesmo tempo o direito honorário e o direito civil. No século II foram compostos tratados desse tipo por Celso, filho, e Juliano (durante o reinado de Adriano) e por Marcelo e Cervídio Cévola (durante o reinado de Marco Aurélio).

Literatura institucional

Com esse rótulo arrola-se uma produção que floresceu a partir de Adriano e, sobretudo, no período dos Severos, ou seja, monografias sobre matérias regidas pelos decretos imperiais, as constituições: processo cognitório (*cognitio*); recurso; direito fiscal (Calístrato), direito militar (Árrio Menander); cargos administrativos (livros *de officio*).

Literatura didática ou isagógica

Trata-se de um conjunto de obras sumárias, manuais elementares (*eisagôgé*, introdução, obra elementar) de direito privado, que servem ao ensino e se intitulam *Institutiones*. O melhor exemplo é o de Gaio no século II, cuja exposição sistemática em três partes – pessoas, coisas, ações – será retomada pelas *Institutas* de Justiniano.

Com a cessação da grande jurisprudência clássica no século III, a doutrina se tornou anônima e limitou-se a publicar resumos, mais ou menos remanejados, de obras clássicas – *Sentenças* atribuídas a Paulo, mais ou menos em 327-328 – e compilações que agrupam por matéria textos de juristas clássicos e constituições imperiais – por exemplo, a chamada coletânea *Fragmentos do Vaticano*, de aproximadamente 318-324. Os textos clássicos utilizados foram quase exclusivamente os de Gaio, Papiniano, Paulo, Ulpiano e Modestino, cinco jurisconsultos que a "lei das citações" (Constituição de Valentiniano III em 426) porá no primeiro plano, ao declarar que, diante dos tribunais, esses cinco juristas sempre poderiam ser alegados, e, acima deles, Papiniano em caso de igualdade entre opiniões divergentes desses cinco grandes nomes. A "descoberta" do Digesto no fim do século XI possibilitou um renascimento do direito romano na Europa e conferiu à obra escrita dos jurisconsultos um papel primordial na formação de uma cultura jurídica comum, da qual nascerá, segundo a feliz fórmula de P. Legendre, uma civilização do direito civil.

› Ver as referências citadas no verbete Jurisconsultos romanos.

Jean-Pierre CORIAT

→ Casuística; *Corpus iuris civilis;* Direito comum; Édito do Pretor; Jurisconsultos romanos; Lei das XII Tábuas.

MANUAIS, TRATADOS E OUTROS LIVROS (Idade Média)

A literatura jurídica medieval possibilita traçar ao mesmo tempo a evolução dos direitos doutos e os progressos da cultura da escrita jurídica, fora do meio estritamente acadêmico. A tradição se faz por manuscritos (o primeiro livro jurídico impresso, uma edição glosada das *Institutas*, data de 1468, mas foi só por volta de 1530 que essa técnica se tornou preponderante; Veneza produziu no fim do século monumentos de direito douto, como *Tractatus tractatuum*), e o preço de um exemplar podia atingir o de uma pequena casa. Isso significa que muitas vezes os textos não deviam ultrapassar algumas dezenas de exemplares. Assim, a profusão dos gêneros não deve ocultar a relativa raridade do livro jurídico.

Literatura douta

Enquanto as fontes, com exceção do acréscimo das glosas, eram fixadas definitivamente, o número de obras de literatura exegética contemporânea crescia à medida que avançava a compreensão do material jurídico. As exceções ao uso do latim eram raras. Os textos gregos compreendidos nas fontes bizantinas, quando não negligenciados completamente, eram traduzidos para o latim, bem como *Lo Codi*, súmula provençal do Código que veio a lume por volta de 1165. Inversamente, a partir de meados do século XIII, encontram-se traduções francesas do *Corpus* justiniano e das *Summae* de Azo. Os romanistas trabalhavam principalmente a partir das compilações justinianas, e os canonistas comentavam o Decreto de Graciano, assim como as coleções de decretais. A isso se soma, a exemplo das coleções civis de autênticas, de origem privada, grande número de compilações canônicas não oficiais de extravagantes. Os primeiros escritos doutos são tanto textos ditados, reelaborados, quanto notas de aulas ou obras inacabadas, publicadas às vezes contra a vontade do mestre. Os tipos literários evoluem em estreita relação com as formas de ensino: a indiferenciação dos gêneros na glosa oriunda das *lecturae* dá lugar à autonomização e à diversificação. Por um lado existem coleções de glosas, estruturadas bem cedo na forma de *apparatus*; por outro, gêneros literários, cada um dos quais correspondiam a um tipo de glosa. Às *introductiones titulorum* correspondem as sumas, sínteses ou simples paráfrases que reúnem os textos segundo os *loci argumentorum* retóricos. Essas sumas podiam retomar a ordem dos títulos do texto ou ter uma apresentação temática. Algumas se aliavam a outros gêneros e tomavam a forma de tipos mistos. Em outro nível, as *introductiones legum* tinham equivalentes no *casus* e no *commentarium*, resumo de uma lei, acompanhado ou não de uma interpretação do estado de fato jurídico, pela utilização de *quaestiones legitimae* e de *distinctiones*. *Quaestiones* e *distinctiones* engendram, porém, gêneros autônomos, os mais representativos da arte dialética. Nesse caso, trata-se de coleções de contradições, às quais o autor tenta dar solução, ou então de verdadeiros pequenos sistemas, compilados ou não. Oriundas dos *argumenta*, as coleções de *generalia* ou de *specialia*, de *notabilia* ou de *brocardica* – umas compostas de textos que serviam ao mesmo argumento, outras, de pares de argumentos contrários – participam da mesma preocupação com o domínio da matéria jurídica por meio da sistematização, tal como as coletâneas de *dissensiones dominorum* ou de *disputationes*. Até os *consilia* não há práticas que não incluam justificações argumentadas. Todas essas coleções obedecem a regras variadas de compilação, indo desde o intuito monográfico até a constituição de obras completas de determinado autor. A dificuldade de obter os textos justinianos ou de entendê-los permitiu a eclosão de toda uma série de epifenômenos da literatura legística, resumos e coleções de excertos, que deram origem a diferenças de níveis nas produções das diferentes escolas, mas também a obras de definições e vocabulários.

Com divulgação e produção desiguais, esses livros foram seguidos pela produção dos pós-glosadores. Os comentários continuavam a tradição exegética, seguindo a ordem do texto, e também sobreviveram, como gêneros autônomos ou integrados nos comentários, *casus*, *quaestiones*, assim como todas as coletâneas de argumentos. As próprias introduções não desapareceram completamente, em função das necessidades dos diferentes países ou públicos. Quando aumentam de volume, os *consilia* se emancipam definitivamente do ensino e se tornam pareceres jurídicos. Mas a evolução mais notável é a que atinge os tratados, cuja multiplicação decorre diretamente dos esforços de sistematização monográfica inaugurados já na época dos glosadores. A isso se soma grande quantidade de instrumentos de trabalho, desde o sumário até o repertório, relativos a um texto, a um autor e até a todo o direito. Toda essa produção literária raramente tinha a erudição pura como objetivo último, visto que a aplicação prática do direito romano era uma preocupação onipresente.

Literatura prática

As fronteiras com a literatura douta são pouco definidas porque algumas obras doutas proclamavam abertamente que estavam voltadas para a prática judiciária, e os autores, inclusive os das costumagens locais, nunca foram desprovidos de grande cultura romana. Entre as obras de prática douta, cabe citar, no primeiro plano, os *ordines iudiciarii*, pequenos tratados de procedimento que, desde o século XII, se erigiam como gênero autônomo e sistemático. De estrutura variável, alguns davam grande atenção às *formulae* e a outros libelos de ações. Isto porque pretendiam dirigir-se aos praticantes, servir de modelo às jurisdições. Outras iniciativas privadas produziram um equivalente não douto dos *ordines*: os estilos de corte, exposições do procedimento que devia ser seguido perante determinado tribunal. Ao lado destes, havia as coletâneas de jurisprudência, outras obras de praticantes dirigidas a seus colegas. Na mesma ordem de ideias desenvolvem-se também *artes notariae*, destinadas aos notários, a quem elas fornecem formulários-modelo. Em alguns países, essa forma de literatura jurídica, que tem como objeto os direitos particulares, é a mais antiga. Em outros lugares, não é raro o tratamento douto desses mesmos direitos. Dos *libri feudorum* às costumagens de Toulouse do fim do século XIII, são numerosos os textos não bizantinos que gozaram de tal abordagem, chegando a eclipsar em alguns lugares da Europa a literatura douta propriamente dita. Aliás, foi redigido grande número de costumagens, sobretudo no Sul da França, sob maior ou menor influência romana; essas costumagens foram reconhecidas oficialmente; no Norte também, na Normandia já no início do século XIII, às vezes em várias versões, uma latina e outra francesa. Entre essas costumagens, as mais elaboradas têm a aparência de verdadeiros tratados jurídicos, ainda mesclados de direito romano.

› COING H. (org.), *Handbuch...*, Frankfurt, 1973. – FOWLER-MAGERL L., *Ordines iudiciarii and libelli de ordine iudiciorum*, Turnhout, "Typologie des sources du Moyen Age occidental", 1994. – VAN DIEVOET G., *Les Coutumiers, les styles, les formulaires et les "artes notariae*, Turnhout, "Typologie des sources du Moyen Âge occidental", 1986.

Yves MAUSEN

→ Canonistas, decretistas, decretalistas; Direito consuetudinário na França; Documentação jurídica (Antes da imprensa); Escolástica jurídica; Romanística medieval.

MANUAIS, TRATADOS E OUTROS LIVROS (Período moderno)

A época moderna nasce com a imprensa e termina no momento em que esta, com a ajuda da Revolução Industrial, transforma suas técnicas e seus modos de gestão. Mas durante esses três séculos, numa produção que logo atinge o nível de equilíbrio, a parcela das obras jurídicas, embora pequena (5% aproximadamente), continua constante e rentável para os livreiros, que darão aos juristas os livros de que eles precisarão. Isso possibilita: 1 / acesso aos textos; 2 / desenvolvimento dos comentários.

Acesso aos textos

Coleções dos direitos doutos. – Assim como nos campos religioso e literário, as primeiras edições jurídicas trazem a lume textos antigos, manuscritos do direito romano ou do direito canônico. Primeiramente, na época dos incunábulos, isso é feito pelos editores italianos, de

Veneza especialmente, ou alemães, que publicam fontes canônicas (*Constituições* de Clemente V, 1460; *Decretais* de Bonifácio VIII, 1465) ou das *Institutas* de Justiniano (1468, pelo ex-sócio de Gutenberg, João Fust). Os impressores lioneses tiveram participação mais tímida em suas primeiras tentativas, como Barthélemy Buyer, que editou um *Corpus juris civilis* com o comentário de Bártolo em 1481-82, em oito volumes; sua glória ocorreria depois, no século XVI. Essa será a época de belas edições de grande formato, suprindo as bibliotecas de juristas dignas desse nome com um exemplar do *Corpus juris civilis* e do *Corpus juris canonici.* Este último, em princípio, é publicado em três volumes, enquanto o primeiro o é em cinco ou seis volumes, os três primeiros para o Digesto (*vetus, Infortiat* e *novum*), o quarto para o Código, o quinto para as Institutas, as Novelas e as Autênticas, os *libri feudorum* e algumas constituições de imperadores do Santo Império. Algumas edições são ricamente elaboradas e ornamentadas, como a soberba realização de Sébastien Nivelle de 1576, que continha as glosas de Accursio. A corrente humanista, apesar de contestar a glosa, contribui com exigências históricas no tratamento das fontes e assim dá prosseguimento a esse movimento. Os textos passam a conter subtítulos e anotações de Jacques Cujas (1ª ed. das *Obras* em Nivelle em 1577; reed. em 1634 por Colombet; em 1658 por Fabrot, 10 vol.; outras eds. 1722-27 em Nápoles; 1758 em Nápoles e Veneza), de Denis Godefroy (Edição do *Corpus* de 1589, chamada "Au lion moucheté" [Com o leão malhado] devido à decoração de seu título) ou de seu neto Jacques, que publicou o Código Teodosiano (Lyon, 1665; reed.). O movimento prossegue especialmente com Antoine Mornac, que faz uma comparação entre os textos romanos e a prática francesa, e com Guillaume Marran; depois, o interesse diminui na sequência do século XVIII.

Costumagens. – As costumagens foram postas por escrito já muito cedo, inicialmente por instigação de particulares para atender a suas próprias necessidades, como o célebre texto das Costumagens de Beauvaisis, estabelecido por Beaumanoir, ou com base na decisão de autoridades locais, nas cidades do Sul, enquanto não era tomada a medida mais geral prevista pela ordenança de Montils-les-Tours de 1454. Sua aplicação só começa realmente no século XVI, mas então fornece uma massa considerável de textos cuja publicação assumirá duas formas. As costumagens gerais reúnem num mesmo conjunto costumes diferentes. A primeira é vendida por Jehan de la Garde já em 1517; a mais apreciada é a *Grande costumagem geral* organizada por Du Moulin com treze edições de 1567 a 1621. Por fim, a célebre e monumental *Nova costumagem geral* de Bourdot de Richebourg vem a lume em 1724 em 4 vol. in fº com mais de 5 mil páginas. É reeditada em 1729. As numerosíssimas costumagens particulares editam o texto de uma jurisdição, às vezes aumentado com textos de costumagens vizinhas ou de inspiração semelhante. Essas edições são a especialidade do Oeste da França: em Anjou e na Bretanha, com observações de Bertrand d'Argentré; em Poitou tira-se proveito de editores prestigiados, como Marnef e Bouchet, e de autores como Tiraqueau, Rat e Théveneau. Todas as províncias, porém, terão tais realizações, representando uma verdadeira mina para os editores locais, o que mostra bem a necessidade de tais obras. Mas, a partir do fim do século XVI, a costumagem mais publicada foi a de Paris, que foi até versificada (Paris, Saugrain).

Coletâneas de ordenanças. – A afirmação do poder legislativo do príncipe começa a multiplicar ordenanças, editos e declarações. Du Moulin, retomando o manuscrito de Du Breuil, publica um *Stylus Curiae parlamenti* em 1551, cuja segunda parte é dedicada às constituições do tempo de Carlos Magno. Rebuffi prossegue a partir de 1554-55 com um objetivo didático e prático, conforme demonstra o título: *Commentarii in constitutiones seu ordinationes regias non solum iuris studiosis verum etiam pragmaticis utilissimi*, reeditado várias vezes, em francês, a partir de 1574. Fontanon, advogado parisiense, aperfeiçoa o gênero em 1585. Pierre Néron, advogado do Parlamento de Paris, associa a jurisprudência às ordenanças. A *Conferência das ordenanças régias* de Guenois terá dez edições de 1576 a 1678, embora algumas pessoas lastimassem o seu caráter um tanto desorganizado. No entanto, a compilação mais considerável é a das *Ordenanças dos reis de França da terceira raça*… ou Ordenanças do Louvre, iniciada por

Eusèbe de Laurière em 1723, com o décimo quarto volume em 1790. Só será completada no vigésimo terceiro volume, publicado em 1847! O presidente Brisson, por sua vez, ressuscita o termo código, com o de Henrique III (1587), no qual ele não procura tanto recensear o máximo de textos quanto comparar as disposições "em prejuízo de qualquer outra lei ou costumagem", como dirá um usuário atento – De Martres, professor em Toulouse, no fim do século XVII. O termo é retomado por Cormier, ao fazer um Código de Henrique IV (Lyon, 1603), e por Corbin, para um Código de Luís XIII (1628). Luís XIV e Luís XV depois terão os seus. O termo código também serve para qualificar uma coletânea constituída em torno de um tema (por exemplo, *Código das caçadas*, Saugrain, Paris, 1765). Paralelamente, são publicados textos particulares com frequência acompanhados por uma explicação. Entre referências múltiplas, citaremos primeiramente as resultantes do trabalho de Colbert. Philippe Bornier publica uma *Conferência das novas ordenanças de Luís XIV para a reformação da justiça*, comentando os textos de 1667, 1669, 1670, 1673, Paris, 1678. Gallon dá uma explicação do único texto de 1669 (... *Sobre o fato das águas e das florestas*, 1725, 1752); Serpillon retomará a explicação da ordenança criminal de 1670 (Lyon, 1784); Jacques Savary utilizará a de 1673 sobre o comércio em seu *Perfeito negociante* (1675; reed. até o ano VIII). Mais tarde, as ordenanças preparadas pelo chanceler D'Aguesseau sobre as doações (1731), os testamentos (1735) e as substituições (1747) serão objeto de vários comentários muito apreciados pelos homens da lei. Segundo o editor Rayet, de Toulouse, Claude Serres, professor em Montpellier, dizia que se esforçava por seguir a atualidade legislativa, publicando rapidamente comentários, para que "a poeira não os estrague em seu depósito, pois os advogados e as pessoas que se dedicam a essa profissão se apressam a comprá-los [...]". Esse tipo de coletâneas já se tornara indispensável.

Desenvolvimento dos comentários

Foi precisamente quando começaram a desligar-se da simples exegese dos textos que os autores começaram a ganhar o nome de comentadores. Acabamos de ver que a publicação de textos geralmente era acompanhada por breves explicações. Mas esses comentários evoluirão consideravelmente.

Textos. – Há de início toda uma série de leituras – *responsa*, *consilia* e outras coletâneas – que demonstram as necessidades da casuística, pois se trata de adaptar os textos antigos às questões do momento. São reunidos por uma espécie de síntese, por iniciativa do papa Gregório XIII, no *Tractatus universi juris*, cognominado "*oceanus juris*", em virtude de seu volume (Veneza, 1583-86, 29 vol.). Em seguida, o gênero evolui, e os casos mais concretos passam a ser preferidos às hipóteses de escola, integrando então as opiniões dos magistrados que, quando famosos, como os da Rota romana e os das outras cortes prestigiosas, passam a exprimir a *comunis opinio doctorum*. Assim, Guy Pape, magistrado de Grenoble que inaugura o gênero, toma como modelo a *questio* escolástica (*Decisiones*..., Grenoble, 1490; reed. até 1769 com as notas de J. Ferrières [1613], em francês a partir de 1692 com as observações de Chorier). Com maior ou menor talento, seguem-se outras, que com frequência apenas redigem suas lembranças da atividade prática, sem demasiada preocupação com a ordem de exposição de suas notas. Se o magistrado ou advogado tivesse granjeado alguma reputação, poderia haver publicação, frequentemente póstuma, o que não favorecia obrigatoriamente a qualidade da coletânea. Mas, quaisquer que fossem as críticas feitas à coleção de sentenças, multiplicavam-se obras em torno de todas as jurisdições soberanas. Assim, entre outros exemplos, podemos citar em Paris a obra de Louet (*Coletânea de sentenças notáveis do Parlamento de Paris, extraídas das Memórias de G. Louet*, Paris, 1602, 1610, com as notas da Rochemaillet; 1614, com as de J. Brodeau; outras reed., entre as quais 1742, por Du Rousseau de la Combe) ou a de Henrys (*Coletânea de sentenças notáveis proferidas na Corte do Parlamento de Paris*, 1638). Mas a coletânea só é realmente apreciada a partir da edição de 1708 pelas notas de Bretonnier, aumentada em 1738 com as de Terrasson. A jurisprudência de Toulouse é coligida especialmente por Maynard (1603; reed. até 1751) ou Catellan (1703; reed. até 1756 com as observações de Vedel a partir de 1733). Boniface (1670, 1689, aum. de 1750) ou Dupérier

(1668; reed. até 1759) possibilitam conhecer a de Aix, Lapeyrere (1675; reed. até 1808), a de Bordeaux, Bouvot (1623-28; reed. até 1636) ou Raviot (1735) a de Dijon, Poullain du Parc (1737; reed. até 1778), a da Bretanha etc. Evidentemente, essas coletâneas serão completadas com publicações mais gerais que compilam a jurisprudência das sentenças, qualquer que seja sua origem (Papon, *Coletânea de sentenças notáveis das cortes soberanas da França*, 1514; reed. com notas de Chenu em 1607; Peleus, *As ações forenses singulares e notáveis...*, 1604, 1638; Ranchin, *Miscellanae decisionum seu resolutionum juris*, por E. Ranchin, 1580; em francês e com notas de Ph. Bornier, 1710; Augeard, *Sentenças notáveis dos diferentes tribunais do reino...*, 1710-18, 1756; Brillon, *Dicionário das sentenças, ou Jurisprudência universal dos parlamentos de França e outros tribunais*, 1711-17; Denisard, *Coleção de decisões novas e de noções relativas à jurisprudência*, 1754-56; reed. até 1783, por Camus e Bayard). Embora a qualidade dos primeiros autores seja frequentemente discutida, observa-se uma evolução, uma preocupação com o método, que se traduz no século XVIII com a ordenação alfabética ou cronológica, o que não agrada a alguns, que se queixam de que isso só pode favorecer os jovens magistrados preguiçosos!

Por fim, o *Repertório universal e comentado de jurisprudência* de Guyot, publicado em 1784-85 em dezessete volumes, será retomado por Merlin a partir de 1807. A obra, editada até 1827-28, constitui um dos melhores testemunhos do antigo direito.

Sínteses. – Outros autores se esforçaram por apresentar uma visão global de um direito que era cada vez mais percebido como direito nacional, direito francês. No século XVI, Jean Bodin, por exemplo, esforçou-se por imaginar uma *Juris universi distributio* (trad. fr. 1986, de S. Goyard-Fabre). No século seguinte, Grócio faz o mesmo com mais sucesso (*De jure belli ac pacis*, 1625). Isso traduz o início de uma exigência sistemática entre os juristas. É mais a partir do direito romano, porém, que se encontra a solução. Assim, Jean Domat pretende pôr as leis civis em sua ordem natural (1689, 5º vol. in 4º; várias reed.). A publicação acabou criando uma espécie de gênero, pois Louis d'Héricourt publica em 1756 as *Leis eclesiásticas de França em sua ordem natural*, e Muyard de Vouglans, as *Leis criminais de França em sua ordem natural*, no ano de 1780. Bourjon tenta fazer o mesmo com o direito consuetudinário (*O direito comum da França ou a costumagem de Paris reduzidos a princípios, extraídos das leis, das ordenanças, das sentenças dos jurisconsultos e dos autores e postos na ordem de um comentário completo e metódico sobre a referida costumagem...*, Paris, 1747, 1770, 1773). Mas frequentemente a síntese pretende ser apenas didática e simplificadora. O modelo das Institutas de Justiniano sempre terá êmulos. Os canonistas, com a obra de Lancelot, alcançaram o equivalente, ou quase. Os professores romanistas reeditam o texto, às vezes com um espírito humanista, para que ele fique ao alcance dos estudantes. É o caso de Ferrière em 1719. O direito francês não escapa à atração. Seus precursores são Imbert e seu *Enchiridion* (Lyon, 1556; trad. fr. do autor em 1559), Coquille e suas *Instituições ao direito francês* (Paris, 1642), sem nos esquecermos das *Institutas consuetudinárias* de Loisel (Paris, 1607), que, com os recursos da retórica, descobriu a pedagogia do brocardo. Argou (*Instituição do direito francês*, 1692; com notas de Boucher d'Argis, 1753) continuará com um espírito bem moderno. Depois, os professores de direito francês, após 1679, deixarão toda uma série de Instituições do direito francês que, na maioria das vezes, são publicações de suas aulas (De Launay, Boutaric, Serres...). Embora habituassem a certa ordem do direito, essas obras não podiam possibilitar um aprofundamento das questões. Alguns tratados particulares acabarão por completar esse esforço de publicação do direito francês, na forma de sínteses parciais. Os exemplos mais citados são Bacquet (*Obras*, 1601, que contém os tratados do direito de albinágio, bastardia, justiça, ausência de herdeiros, nobilitação, feudo franco etc., reed. até 1744), Ricard ("Tratado das doações entre vivos e testamentárias...", in *Obras*, Paris, 1685; reed. até 1783), Le Brun (*Tratado dos sucessões* ..., Paris, 1692; reed. até 1776). Direito feudal (Cl. Pocquet de Livonnières, *Tratado dos feudos*, Paris, 1729) ou direito criminal (G. Du Rousseau de la Combe, *Tratado das matérias criminais*, Paris, 1732) são outros títulos. Mas quem caracterizou melhor o gênero foi Robert Joseph Pothier, especialmente com seu tratado das obrigações (Orléans, 1761), seguido por numerosos outros tratados sobre diferentes tipos de contratos. O conjunto é retomado em 1781, em Orléans, por Rouzeau-Montaut (várias reed., entre as quais uma que, em 1806, foi correlacionada com o Código Civil por Bernardi; ou 1821-23, Siffrein, Paris). Também nesse caso são aulas que servem de base à edição. O sucesso desses textos valerá ao seu autor o cognome de pai do Código Civil, a tal ponto os seus redatores encontraram matéria de inspiração na obra.

Outros livros... – A biblioteca do jurista, como vimos, é uma biblioteca prática, que atende às necessidades do exercício de uma profissão judiciária. Mas outras categorias de obra podem despertar o interessar. Há livros de história antiga ou moderna ou de história do direito (abade Fleury, *História do direito francês*, publicada com as Instituições de Argou). Os livros de direito público, "matéria mais curiosa que útil", como diziam então alguns, pouco ensinada, são, porém, frequentemente citados. Os tratados de Bodin (*Seis livros da República*, 1576; várias reed.), Loyseau (*Tratado das senhorias soberanas*, 1608; *das ordenanças*, 1610; *dos ofícios*, 1610), Cardin Lebret (*Tratado da soberania do rei, de seu domínio e de sua coroa*, Paris, 1632) defendem a ortodoxia monarquista. O *Tratado da polícia* de Delamarre (Paris, 1738) também é precioso. Convém não esquecer o *Espírito das leis*, publicado, anônimo, em Genebra no ano de 1748 ou *O contrato social ou princípios do direito político*, em Amsterdam, no ano de 1762. Mas Montesquieu e Rousseau têm preocupações de uma nova época.

› Camus A.-G. & Dupin A.-M., t. II, *Bibliothèque choisie des livres de droit qu'il est le plus utile d'acquérir et de connaître*, Paris, 1832. – Gouron A. & Terrin O., *Bibliographie des coutumes de France. Éditions antérieures à la Révolution*, Genève, 1975. – Chêne Ch., *L'Enseignement du droit français en pays de droit écrit (1679-1793)*, Genève, 1982.

Christian Chêne

→ Manuais, tratados e outros livros (Antiguidade – Roma); Manuais, tratados e outros livros (Período moderno).

MAR

O mar, que leva tão facilmente a devanear ou que se presta à aventura, ao empreendimento científico e a tantas outras atividades, pertence à natureza antes de ser objeto do direito. Contudo, sua definição não é cômoda. Alguns – sobretudo os geógrafos – consideraram que a salsugem de suas águas constitui sua característica determinante. Os juristas, por sua vez, consideram como critério decisivo a comunicação livre e natural entre seus diferentes espaços. Por exemplo, o mar Cáspio, o mar Morto etc., apesar da natureza de suas águas, parecem escapar à aplicação do direito do mar. Embora o termo "mar" seja costumeiramente usado para designar os espaços marítimos (e assim será empregado na maioria das vezes nas exposições abaixo, por comodidade), convém distinguir mares mais ou menos fechados e de dimensões limitadas e oceanos amplamente abertos. Ao todo, mares e oceanos cobrem 71% da superfície do planeta (o oceano Pacífico sozinho – 175.000.000 km² – é mais vasto que todas as terras submersas, cuja extensão não excede 148.000.000 km²), donde o grande interesse despertado por seu estudo. O direito do mar passou por uma evolução histórica longa e atormentada. A ordem jurídica por ele constituída recentemente foi profundamente transformada; sua característica dominante se prende ao fato de que os Estados atualmente se "apropriaram" em grande parte do mar e que ele é objeto de explorações diversas, frequentemente perigosas para o equilíbrio de seu meio.

Formação histórica conturbada do direito do mar

Seria falacioso imaginar que a evolução do direito do mar tenha sido linear e serena. Evidentemente, esse direito passou por um longo período de harmonia, mas no conjunto foi mais marcado por turbulências do que pela calma. A época contemporânea mostra eloquentemente que, apesar das mudanças profundas e rápidas, a estabilidade do *corpus* jurídico está longe de se consolidar. Ao longo da história, os Estados oscilaram entre duas atitudes contrárias: posse dos mares ou afirmação da liberdade deles. Momento crucial da evolução: a passagem da incoerência das posições até então mantidas para a construção propriamente teórica. Uma célebre controvérsia doutrinal, não estranha a considerações econômicas, opôs no século XVII o holandês Grócio (*Mare liberum*: 1605, em *De jure praede*) ao inglês Selden (*Mare clausum*, 1635). Enquanto o primeiro classificava o mar em razão de seu caráter infinito e indivisível entre as coisas comuns, não passíveis de se submeter à soberania dos Estados, o segundo o arrolava na categoria das coisas passíveis de apropriação. Nessa batalha livresca, Grócio venceu: vitória de consequências capitais, pois, durante mais de dois séculos, determinou o regime jurídico dos mares. A tese de Grócio, retomada mais tarde pela grande maioria da doutrina e consolidada por uma prática contínua e substancial, baseava-se no princípio de liberdade dos mares. Nessas condições, o esquema jurídico simples que regia os espaços marítimos era assim analisado: além de um mar territorial estreito, com largura de três milhas marítimas (critério do "alcance do canhão": Bynkershoek), situado sob a soberania do Estado costeiro, que devia respeitar a passagem inofensiva de navios estrangeiros, estendia-se o alto-mar, aberto à livre circulação internacional, e as embarcações que circulassem por essas vastas extensões só se submetiam à autoridade exclusiva do Estado cuja bandeira ostentassem (lei do pavilhão).

No entanto, a solidez desse pequeno bloco de regras se desfez. Durante a Conferência de Codificação de Haia em 1930, a regra que fixava em três milhas marítimas o mar territorial já não gozava da mesma adesão de antes; foi por causa desse problema, aliás, que a Conferência malogrou. A Declaração Truman de 1945 (que deu origem ao conceito jurídico de plataforma continental sobre a qual o Estado ribeirinho podia exercer sua jurisdição) e as legislações de alguns Estados sul-americanos (que estabeleciam mares territoriais de 200 milhas para tirarem proveito dos recursos biológicos presentes nesses limites) etc. são alguns dos sinais manifestos do desejo de reformar o sistema em vigor. Um novo esforço de codificação deu ensejo à assinatura (Genebra, 1958) de quatro Convenções sobre os principais assuntos relativos ao direito do mar. Apesar de tudo, essa Conferência, tanto quanto a seguinte (Genebra, 1960), não conseguiu reduzir as oposições sobre a irritante questão da largura do mar territorial. A ordem esperada não satisfazia a todos: as quatro Convenções só aliaram um número reduzido de Estados. A penetração dos Estados do Terceiro Mundo na sociedade internacional e a diversidade de suas reivindicações, veementemente expressas na questão marítima, e o problema não resolvido da extensão do mar territorial foram outras tantas razões que explicaram a reformulação de conjunto sofrida pelo direito do mar. A partir de 1967, a questão específica levantada por Arvid Pardo, representante permanente de Malta, na sessão ordinária das Nações Unidas, sobre o estatuto do fundo do mar, além dos limites "atuais" de jurisdição nacional, foi o ponto de partida de um dos maiores questionamentos que o direito conheceu em toda a sua história. Em consequência da proposta maltesa, foram iniciados em 1968, sob a égide das Nações Unidas, intensos trabalhos que, depois dos trabalhos da Comissão de Exploração do Fundo dos Mares e dos da 3ª Conferência das Nações Unidas sobre o Direito do Mar ("A Conferência do século": 1973-82), redundaram na assinatura em Montego Bay (Jamaica), em 10 de dezembro de 1982, da Convenção das Nações Unidas sobre o Direito do Mar. Essa foi a nova ordem mundial dos oceanos definida pela Convenção de Montego Bay e pelo desenvolvimento do direito e da prática ulterior.

Uma ordem jurídica oceânica amplamente renovada

A 3ª Conferência das Nações Unidas sobre o Direito do Mar e outras conferências que a seguiram dão testemunho de mudanças notáveis ocorridas no concerto dos autores do direito. Se alguns deles perderam a importância anterior, outros, surgidos recentemente, ganharam um peso – que diferiu, mas foi inegável – na produção normativa. E, em termos de atores em declínio, cabe mencionar a doutrina. Esta já não ocupa a posição privilegiada que tinha no passado. Seria inútil buscar na época contemporânea o equivalente das disputas teóricas das décadas ou dos séculos anteriores. Não há dúvida de que a doutrina nunca teve, propriamente, uma função de criação do direito, mas, com seu poder de irradiação, ela influenciava fortemente os Estados. Essa influência, apesar de não ser desprezível, atualmente está muito diluída nas delegações nacionais. A doutrina, independente por natureza, muitas vezes cede à defesa dos interesses nacionais. Em contrapartida, a categoria dos atores diversificou-se. Os Estados sempre exercem uma função normativa fundamental. No entanto, ocorreram transformações. Tradicionalmente, o direito do mar era, no essencial, elaborado pelas grandes potências marítimas. Hoje as regras ditadas não são unicamente expressão do "mandarinato" de tais Estados. Os países do Terceiro Mundo desempenharam papel preponderante durante os trabalhos da 3ª Conferência e a partir de então: a eles são devidos alguns institutos novos, como a zona econômica exclusiva, a Autoridade Internacional do Fundo dos Mares e conceitos recentes, tal como o de patrimônio comum da humanidade. Entre esses países, é preciso destinar um lugar especial aos pequenos Estados (Malta, por exemplo): a parcela que lhes cabe na formação do direito é desproporcional à sua extensão e ao seu poderio marítimo.

Nem é preciso dizer que o papel de algumas organizações internacionais se desenvolveu muito. Estas podem não constituir fonte direta do direito, mas suas funções de iniciativa, regulamentação e acompanhamento lhes conferem posição estratégica na evolução das regras. Assim, a ONU nunca deixou de estar no coração do dispositivo implantado: ela o coordena, especialmente através da *Divisão de assuntos oceânicos e direito do mar* (Secretaria Geral). A Conferência do Rio de Janeiro em 1992 sobre meio ambiente e desenvolvimento ainda faz sentir sua influência, pois o capítulo 17 de seu gigantesco programa "Ação 21" ("Proteção dos oceanos e de todos os mares ... e das zonas costeiras...") lhe atribui novas missões. Também são conhecidas as tarefas cumpridas por outras organizações, especialmente a Organização Marítima Internacional (segurança e garantia da navegação, proteção do meio marinho).

Entre os autores do direito do mar, não se poderia esquecer o juiz internacional. Esse ponto de vista pode parecer pouco ortodoxo, pois o artigo 38 do Estatuto da Corte Internacional de Justiça não lhe atribui papel de criador da doutrina. No entanto, as lacunas ou insuficiências da regra de direito levaram-no a muitas vezes definir normas novas. Por exemplo, o regime jurídico de delimitação é, em grande parte, obra de um juiz obrigado a remediar a pobreza das disposições convencionais pertinentes. Não convém classificar os profissionais do mar entre os autores do direito público do mar. Sua influência decorre mais de ações de *lobbying* junto aos poderes públicos nacionais ou a conferências internacionais. Em compensação, essa sociedade civil (navegadores, empresas de seguro, companhias de classificação etc.) desenvolve uma ação mais direta, e antiquíssima, na produção de regras de direito marítimo privado.

A ordem jurídica recente, oriunda dos trabalhos da 3ª Conferência, da Convenção de Montego Bay e de seus desdobramentos, constitui um tecido complexo. Esse bloco normativo, aplicável em tempo de paz, comporta características, entre as quais cabe citar as principais. Afirma-se com frequência que o direito do mar está rompendo profundamente com o passado. Tal asserção, justa em si, deve ser modulada. O direito assenta em dois componentes: convencional e consuetudinário. Foi pela via convencional que se pretendeu elaborar um sistema coerente de regras. A vantagem de tal providência era obter a participação do maior número possível de Estados e vinculá-los por um instrumento livremente aceito, mas também conferir coerência de conjunto a esse instrumento. Desse ponto de vista, surgiram regras e institutos novos, transformando radicalmente o direito do mar anterior: criação da zona econômica exclusiva e da zona internacional do fundo dos mares, reconhecimento do Estado Arquipélago, novas regras aplicáveis aos estreitos que servem à navegação internacional, instauração de um dispositivo jurídico destinado à proteção do meio marinho etc. No entanto, essas novas contribuições coexistem com todo um corpo de regras antigas codificadas. Assim, numerosas disposições da Convenção de Montego Bay retomam outras, já presentes nas regras de 1958, muitas das quais de origem consuetudinária. Em outros termos, o direito "novo" é um direito misto, mescla delicada de regras novas e de regras consuetudinárias. O procedimento convencional empregado não apagou a fonte consuetudinária. O preâmbulo da Convenção de 1982 reconhece, aliás, a importância do costume, ao destacar que "as questões não regulamentadas pela Convenção continuarão sendo regidas por regras e princípios do direito internacional geral". Além do mais, o processo de formação do costume continuou produzindo efeitos sobre as regras em formação. Assim, a extensão de 12 milhas do mar territorial e o restabelecimento da zona econômica exclusiva tornaram-se regras consuetudinárias, baseadas numa prática substancial e concordante, bem como na *opinio juris*, antes de serem regras em vigor da Convenção de 1982. O direito do mar é feito de princípios de caráter geral e de regras mais precisas e frequentemente técnicas (linhas de base, definição de baías, de Estado Arquipélago ou de plataforma continental etc.). Às vezes, algumas regras só valem para alguns Estados ou mesmo para um único Estado. Em outras palavras, a norma perde então o caráter geral da regra de direito para levar em conta uma situação particular ou mesmo excepcional. Duas visões inspiraram a Convenção de 1982: uma "internacionalista" e outra "nacionalista". A primeira tem o objetivo de promover a gestão coletiva dos recursos do fundo dos mares da Zona Internacional e de suas riquezas, "patrimônio comum da humanidade". Redundou na Parte XI da Convenção de 1982, profundamente remanejada e edulcorada em 1994. Apesar de tudo, foi a abordagem nacionalista que deixou marcas mais profundas no "novo" direito do mar.

O mar sob o domínio dos Estados

Característica dominante da época contemporânea, o direito do mar legalizou e organizou o domínio dos Estados sobre vastos espaços anteriormente pertencentes ao alto-mar e incluídos no regime de liberdade. Esse movimento inexorável rumo à "apropriação" ocorreu de início por meio de atos estatais unilaterais. Foi consagrado e ampliado pela 3ª Conferência e pela Convenção de 1982. As águas territoriais de 3 milhas marítimas sob soberania dos Estados e a zona contígua pouco extensa e de competência reduzida dos Estados foram substituídas por um domínio marítimo que se estende a 200 milhas ou muito mais (350 milhas), em certas plataformas continentais. Por certo se distinguem espaços postos sob inteira soberania e espaços sob jurisdição, sobre os quais os Estados só exercem determinados direitos soberanos. Mas essa diferenciação se tornou mais indistinta em virtude das potencialidades de ampliação dos poderes oferecidas pela Convenção de 1982 e pela prática estatal adotada. Por conseguinte, nacionalização até 200 milhas e às vezes mais, internacionalização, além disso, para o fundo dos mares da Zona Internacional. Que racionalidade fundamenta essa dicotomia? Essa passagem de alguns espaços para o domínio dos Estados ribeirinhos (um terço dos mares, aproximadamente) foi possibilitada pela Convenção de 1982, mas sem que a questão do controle que deveria ser exercido pelos referidos Estados sobre tais extensões fosse debatida seriamente, apesar de crucial. Realmente, é raro haver adequação entre as imensidões marítimas adquiridas e os meios necessários para mantê-las sob controle vigilante, coisa imposta pelo direito internacional (cf. sentença de 9 de abril de 1949 da Corte Internacional de Justiça no *Affaire du détroit de Corfou*). Três séculos depois da disputa jurídica entre Grócio e Selden, este último parece conquistar uma vitória póstuma. Essa extensão dos espaços nacionais, aliás, torna necessário o traçado de fronteiras marítimas, a que os limites mais estreitos de antes não obrigavam. A noção de vizinhança transformou-se: Estados cujas costas se situam a menos de 400 milhas marítimas agora se encontram numa relação nova de vizinhança. Ora, a operação de delimitação aguçada pelos interesses econômicos em jogo frequentemente é fonte de ásperas tensões.

Foi por via da ampliação das zonas antigas e da criação de zonas novas que o domínio dos Estados se consubstanciou. Águas interiores e mar territorial constituem duas categorias sob soberania dos Estados. Tradicionalmente, estes devem aceitar a passagem inofensiva de navios estrangeiros pelas águas territoriais. A Convenção de 1982 especifica os casos nos quais o caráter inofensivo da referida passagem deixa de existir. Ao estipular que esse direito é "aplicável a todas as embarcações", parece reconhecer sem ambiguidade que são contempladas tanto as embarcações de guerra quanto as mercantes. No entanto, algumas legislações nacionais regulamentam mais estritamente a passagem de navios de guerra, exigindo notificação prévia ou mesmo autorização. Essas duas zonas foram marcadas pela tendência de ampliação (12 milhas, como se sabe, para o mar territorial, inclusão nas águas interiores de antigas águas territoriais por aplicação do método das linhas retas de base). A zona contígua, antiga instituição (*Hovering Acts* britânicos dos séculos XVIII e XIX), foi confirmada pela Convenção de 1982. Sobre ela o Estado ribeirinho tem competências restritas (prevenção e repressão de infrações à sua regulamentação alfandegária, fiscal, sanitária e de imigração). A nova ordem dos mares faz duas mudanças nesse esquema: 1 / ampliação para 24 milhas marítimas; 2 / competência nova em matéria de objetos arqueológicos e históricos. Vitória simbólica do Terceiro Mundo durante a 3ª Conferência está no fato de a zona econômica exclusiva constituir uma instituição de proa, zona sem passado histórico, com exceção dos mares territoriais de 200 milhas criados unilateralmente em 1947 por três Estados sul-americanos da faixa do Pacífico (Chile, Equador e Peru). Nessa ZEE, que pode estender-se até 200 milhas no mar, a contar das linhas de base, o Estado ribeirinho dispõe de ampla gama de competências em matéria de conservação e exploração de riquezas biológicas, de proteção do meio marinho e de pesquisa científica, bem como de implantação e exploração de ilhas artificiais, obras etc. Em contrapartida, algumas liberdades do alto-mar devem ser respeitadas, especialmente a liberdade de navegação. No entanto, seria enganosa a ideia de equilíbrio harmonioso entre direitos dos Estados ribeirinhos e direitos dos terceiros. Os primeiros levam vantagem, como confirma a prática recente. Quanto à plataforma continental, desperta vivo interesse em razão de suas riquezas – comprovadas ou eventuais – em hidrocarbonetos. Esta, progressivamente, se afastou da realidade física na qual se respaldava para tornar-se uma instituição jurídica quase autônoma. O Estado ribeirinho possui direitos soberanos sobre os recursos naturais de seu fundo até 200 milhas (critério de distância), às vezes mesmo até uma distância que pode atingir 350 milhas ou 100 milhas além da isóbata dos 2.500 metros (critério do prolongamento natural). Se a essas diversas extensões acrescentarmos as realizadas pelo Estado Arquipélago, em que os limites exteriores das diferentes zonas são fixados, em certas condições, a partir de um polígono que une os pontos mais extremos das ilhas mais afastadas e dos parcéis do arquipélago, avaliaremos o poder transformador do "nacionalismo marítimo" e a redução correlativa dos espaços do alto-mar.

A Convenção de 1982 teve o mérito de restabelecer a unidade do direito. No entanto, não teve o efeito estabilizador de longo prazo que se esperava. Sob o impulso de certa prática estatal, parecem despontar a dilatação dos poderes nas zonas sob jurisdição e a sutil erosão do alto-mar.

Intensificação da exploração dos mares e suas consequências

Antigamente, além das batalhas navais com consequências limitadas sobre o meio ambiente, os usos do mar se reduziam a dois: 1 / navegação, com interesses tão poderosos que davam origem às regras impostas; 2 / pesca, de caráter essencialmente artesanal, que não ameaçava os recursos existentes, por ser praticada em pequena escala. Depois, esses usos se transformaram. Apareceram outros. O transporte marítimo teve um impulso considerável (multiplicação dos tipos de embarcação, aumento da tonelagem das unidades etc.). A explosão das embarcações de lazer aumenta os perigos do trânsito pelo mar e a degradação do meio ambiente. A pesca, por sua vez, passou do estágio da "coleta" a um estágio de exploração industrial que ameaça algumas espécies com a extinção. Foi primordialmente a preocupação com a manutenção das riquezas vivas nas vizinhanças das faixas marítimas que provocou a instauração da ZEE. Em alto-mar, durante muito tempo regido pelo princípio da liberdade de pesca, a concepção de gestão racional dos recursos agora é fonte da obrigação de cooperação. Os poderes mais amplos concedidos a algumas comissões de pesca e a regulamentação referente aos estoques cumulativos e às grandes espécies migratórias restringem ainda mais a intervenção sem entraves das frotas de alto-mar. Uma filosofia nova e ambiciosa de exploração econômica produziu efeitos por meio de usos menos clássicos que os anteriores. A Proclamação Truman de 1945, relativa à exploração das riquezas minerais do solo e do subsolo dos Estados Unidos, foi o ponto de partida para a exploração em grande escala do gás e do petróleo *off shore* e da determinação do regime jurídico da plataforma continental. Ademais, a Declaração Pardo de 1967 lançava a ideia de Zona Internacional do Fundo dos Mares além dos limites de jurisdição nacional. A extração, o tratamento, a comercialização dos nódulos abissais constituíam a nova aventura destinada a se tornar realidade econômica em curto prazo. Parecia imperativo, então, estabelecer seu direito. No entanto, o entusiasmo que tomara conta de alguns prontamente se dissipou. Realmente foi criada a Autoridade Internacional, administradora da Zona. Em compensação, a exploração propriamente dita se perde num futuro indefinido. Apesar de tudo, as transformações mencionadas provocaram incontestável dramatização decorrente da consciência da degradação sofrida pelo meio marinho. Em apenas meio século, foi elaborado um dispositivo jurídico de proteção, mosaico de tratados de alcance universal ou regional, de resoluções de instâncias internacionais, de códigos de conduta etc. O edifício é imponente, labiríntico, mas ainda insuficiente para possibilitar uma redução significativa da poluição, bem como a salvaguarda dos mares e de seus recursos no interesse das "gerações presentes e futuras".

A evolução pela qual passou o direito do mar assemelha-se a uma transformação radical, que se segue – não sem brusquidão – a um período histórico dos mais estáveis. O ciclo das mutações decerto não terminou: como espaços ainda abertos, mares e oceanos podem vir a ocupar um lugar cada vez mais importante nas preocupações humanas e em suas atividades, em oposição ao sistema fechado dos territórios terrestres.

› APOLLIS G., *L'Emprise maritime de l'État côtier*, Pedone, 1981. – DUPUY R.-J. & VIGNES D. (org.), *Traité du nouveau droit de la mer*, Economica-Bruylant, 1985. – GIDEL G., *Le Droit international public de la mer*, Sirey, 3 vol., 1932-34. LUCCHINI L. & VOELCKEL M., *Les États et la mer: le nationalisme maritime*, La Documentation française, 1977. – O'CONNELL D. P., *The International Law of the Sea*, 2 vol., Oxford. Clarendon Press, 1982-84. – Col.: *Droit de la mer*, Pedone, 3 vol., 1990-96.

Ver também: BURKE W. T., *The International Law of Fisheries. UNCLOS, 1982 and Beyond*, Oxford, Clarendon Press, 1994. – WEIL P., *Perspectives du droit de la délimitation maritime*, Pedone, 1988. – Col.: *Bibliographie du droit de la mer, 1966-1988*, estabelecida pelas Nações Unidas e publicada em Nova York em 1991.

Laurent LUCCHINI

→ Domínio marítimo; Meio ambiente; Navio.

MARXISTAS (Doutrinas do direito)

Foi sempre tomando como referência a obra de Marx que os marxistas debateram a questão da natureza, do condicionamento social e da dimensão ideológica do direito, bem como do seu "desaparecimento" (esta última expressão não está presente em Marx, mas encontra-se em Lênin) nas sociedades pós-revolucionárias. O marxismo herdou, assim, ambiguidades do pensamento marxiano do direito, ambiguidades que decorrem tanto da evolução de Marx sobre a questão quanto das dificuldades intrínsecas das problemáticas de cada um dos períodos de sua caminhada intelectual e de seus silêncios sobre este ou aquele aspecto do problema. Nele, é possível distinguir três grandes tipos de relação com o direito. Num primeiro tempo, até a *Crítica da filosofia do direito de Hegel* (1843), Marx começou fazendo do direito a alavanca de uma filosofia crítica que, embora inspirada na filosofia hegeliana do direito, tentava não tanto criticá-la como tal, quanto opor uma concepção radicalmente democrática do direito ao constitucionalismo de Hegel e dos liberais de seu tempo. A partir da *Ideologia alemã* (1845-46), Marx desenvolve uma análise materialista, que vê nas relações sociais o princípio da inteligibilidade do direito. Cabe notar que, embora implique uma avaliação crítica, tal perspectiva não enseja tanto uma crítica do direito quanto uma crítica do juridicismo entendido como crença na autonomia das relações jurídicas. Será preciso esperar um texto como a *Crítica do programa de Gotha* (1875) para que a reflexão sobre a passagem do capitalismo ao comunismo leve a uma crítica radical do direito e à ideia de injustiça intrínseca das relações jurídicas. Veremos que o marxismo referiu-se sobretudo a esses dois últimos tipos de relação com o direito, ao mesmo tempo que se alimentava de suas aporias específicas.

Marx

Estudando direito na Universidade de Berlim em 1836-37, Marx assistia com assiduidade às aulas de Savigny sobre os *Pandectas*, ao mesmo tempo que assistia aos cursos de Direito Criminal do jurista hegeliano Eduard Gans. Mesmo mudando depois, rapidamente, do direito para a filosofia e a política, essa convivência com as problemáticas jurídicas foi determinante para o conjunto de sua evolução intelectual. Sem nenhuma dúvida, foi determinante no momento de sua colaboração com a *Rheinische Zeitung*, quando ele ataca a escola histórica do direito ("Manifesto filosófico da Escola histórica do direito", de agosto de 1842), relata os debates legislativos relativos à liberdade de imprensa (maio) e à proibição do roubo de madeira (outubro–novembro) e denuncia o projeto de lei sobre os divórcios (novembro–dezembro). Determinante ela foi, provavelmente também, quando a primeira crítica a Hegel assumiu a forma de *Crítica da filosofia do direito de Hegel* (1843) e quando a primeira crítica à Revolução francesa assumiu a forma de análise crítica da Constituição de 1793 na *Questão judaica* (1843-44). Ainda que, depois disso, Marx só fale do direito de maneira tópica, pode-se considerar que este continuou sendo um dos objetos essenciais da reflexão sobre a ideologia, sobre as relações "básicas" e sobre o "edifício" das formações sociais.

Da filosofia do direito à crítica do direito. – A época em que Marx falava em nome da "filosofia crítica" (*Oeuvres*, Gallimard, 4 vol., 1965-94, t. 3, p. 346) também foi a época em que ele pretendia criticar na qualidade de "filósofo do direito" (*O.*, 3, p. 286). Foi como filósofo hegeliano do direito que ele denunciou a atividade legislativa renana em 1842. Segundo os *Princípios da filosofia do direito* (1820), o direito é o "ser-aí da vontade livre" (§ 29), e a lei, o direito "posto em seu ser-aí objetivo" (§ 211). Marx retomou essas definições quando disse que o legislador "não faz as leis, não as inventa, limita-se a formulá-las, a enunciar em leis conscientes e positivas as leis íntimas de relações espirituais" (*O.*, 3, p. 289). Nos artigos sobre o roubo de madeira, a inspiração poderia parecer savigniana, e não hegeliana, pois neles se observa uma defesa dos direitos consuetudinários dos pobres. No entanto, esta é acompanhada por uma crítica aos direitos ilegítimos dos senhores, baseada na ideia de que o costume é legítimo se e apenas se for justificável por princípios propriamente jurídicos. Também se encontram vestígios dessa concepção racionalista do direito na *Crítica da filosofia do direito de Hegel*: "É tão pouca a possibilidade da vontade de um povo passar por cima das leis da razão quanto a vontade de um indivíduo [...]. Aqui, na filosofia do direito, nosso objeto é a vontade do gênero" (*O.*, 3, p. 935). Evidentemente, a crítica acerba à filosofia política de Hegel à qual essa obra se dedica diz respeito à teoria do direito, e não só à teoria do Estado. Mas o que se contesta não é tanto a tese hegeliana da racionalidade do direito quanto a maneira como essa racionalidade é interpretada. A crítica se desenvolve em dois planos. Marx aborda, por um lado, a subordinação do "direito estatal" ao direito privado e, por outro, a dupla limitação do Poder Legislativo por um quadro constitucional e pela separação dos poderes. No âmbito daquela que pode ser considerada sua primeira crítica da política, Marx denuncia o caráter inacabado de uma emancipação que confina a afirmação de liberdade às esferas do Estado, sem lhe permitir a propagação para o conjunto das esferas da vida social. Para agir de tal modo que a emancipação do cidadão seja também uma emancipação do homem, é preciso afirmar a onipotência da soberania popular, e não limitar seu exercício pelos direitos da propriedade. Do mesmo modo, é preciso que o exercício dessa soberania se propague do Poder Legislativo para o poder governamental. Enquanto se exprimir apenas na função legislativa, a emancipação será abstrata e isolada, ao passo que a emancipação verdadeira depende da aplicação governamental da política universal à vida social concreta. A crítica do constitucionalismo decorre, logicamente, dessa defesa da soberania popular. Portanto, Marx pode concluir que "a Constituição se tornou uma ilusão prática assim que deixou de ser a vontade real do povo" (*O.*, 3, p. 934), e exigir que a Constituição "progrida com a consciência [...] com o homem real" (*O.*, 3, p. 889). Será preciso esperar a *Questão judaica* para que essa crítica da política se traduza na crítica do direito. Enquanto até então o objetivo era racionalizar o mundo da propriedade privada, afirmando o direito da "verdadeira democracia" (*O.*, 3, p. 903), a partir daí o direito se mostra como essencialmente ligado ao direito da propriedade privada, e a propriedade privada, como a própria causa da alienação social e política: "A constituição do Estado político e a desagregação da sociedade civil em indivíduos independentes – cuja relação tem como base o *direito*, assim como a relação dos homens sob as ordens e as corporações foi o *privilégio* – realizam-se num único e mesmo ato" (*O.*, 3, p. 372). Quando o direito deixou de expressar a vontade do povo, de ilusão prática que era passou a ser ilusão de emancipação. A filosofia do direito deveria dar lugar à teoria dessa ilusão, assumindo logo a forma de teoria da ideologia.

Da ilusão jurídica às condições jurídicas de troca. – Da *Ideologia alemã* ao *Capital* (1867), a análise do direito é desenvolvida no âmbito da concepção materialista da história, cuja célebre apresentação é feita no prefácio da *Contribuição à crítica da economia política* (1859). Nele Marx explica que as forças produtivas e as relações de produção constituem a base (*Basis*) da sociedade, e que sobre esta base "se ergue um edifício (*Überbau*) jurídico e político [...] ao que correspondem formas determinadas da consciência social" (*O.*, 1, pp. 272-3). O sentido geral dessas formulações é claro: o direito tem o "poder" como fundamento (*Grundlage*), e não a vontade, não passa de "sintoma, expressão de *outras* relações sobre as quais repousa o poder do Estado" (*O.*, 3, p. 1.232). No entanto, a aplicação desse modelo ao direito suscita problemas específicos.

Um primeiro problema resulta do fato de as relações de propriedade pertencerem às relações sociais de produção, que devem explicar as relações jurídicas; no entanto, essas mesmas relações parecem consistir em relações jurídicas. A dificuldade é só aparente, pois, quando considera as relações de propriedade como relações de produção, Marx se baseia numa teoria não jurídica da propriedade. Os desenvolvimentos mais significativos dessa teoria figuram na parte dos *Grundrisse* (1857-58) dedicada à história das formas de propriedade e às formas pré-capitalistas de produção. A propriedade aí é considerada do ponto de vista de uma teoria do trabalho como "metabolismo" (*O.*, 1, pp. 570, 725-35) do homem e da natureza: "Primitivamente, a propriedade nada mais significa que o comportamento do homem em relação às suas condições naturais de produção, como que unificadas com ele, como suas, tais como são dadas com sua própria existência. Fundamentos naturais de sua própria pessoa, elas constituem, por assim dizer, o prolongamento natural de seu próprio corpo" (*O.*, 2, p. 332). A propriedade é assim definida do ponto de vista das formas da "apropriação das condições objetivas da vida" (*O.*, 2, p. 313) pelo trabalho e os tipos de cooperação que ele implica. Enquanto são classicamente definidas como relações entre pessoas a propósito das coisas, as relações de propriedade aparecem aí como relações com coisas que implicam relações interindividuais determinadas. O alcance crítico dessa tese decorre do fato de que, determinadas por uma conjunção particular das forças produtivas e das relações de produção, as relações de propriedade podem, ao mesmo tempo, exprimir e mascarar as dinâmicas sociais de apropriação nas quais se baseiam, como mostra a simultaneidade da consagração da propriedade individual e da expropriação maciça quando da "autodenominada acumulação primitiva" (*O.*, 1, pp. 1.067 ss.). Um segundo problema resulta do fato de que o direito é, ao mesmo tempo, representação da sociedade, ou "forma da consciência social", e instituição estruturadora da prática social, ou parte do "edifício". Embora Marx não tenha formulado explicitamente esse problema, pode-se considerar que ele explorou seus diferentes aspectos ao tematizar o direito, sucessivamente, no âmbito de uma teoria da ideologia e de uma teoria do fetichismo da mercadoria. Na *Ideologia alemã*, o direito é analisado, acima de tudo, como uma forma de consciência. Marx insiste na dependência do direito moderno em relação à sociedade burguesa. O direito privado, que se baseia na propriedade privada, encontra sua condição de decomposição da sociedade em indivíduos independentes, mas, "no direito privado, as relações de propriedade existentes são definidas como resultado de uma vontade geral" (*O.*, 3, p. 1.110). O que assim se descreve é o processo moderno que leva o direito de volta à lei, e a lei, à vontade livre (*O.*, 3, p. 1.109); o que se denuncia é a "ilusão jurídica" segundo a qual as relações de propriedade são instituídas em decorrência de sua conformidade com um direito natural (*O.*, 3, pp. 1.111, 1.234). Marx aplica assim sua teoria da ideologia como processo pelo qual uma classe dominante faz que seus interesses particulares sejam vistos como interesses universais. Donde a ideia de que o direito moderno tem um conteúdo de classe: os membros da classe burguesa só podem "dar à sua vontade condicionada por essas relações determinadas a expressão universal de uma vontade de Estado, de uma lei – expressão cujo conteúdo é sempre dado pelas condições dessa classe, conforme provam claramente o direito privado e o direito penal" (*O.*, 3, p. 1.233). Enquanto a teoria da ideologia interpreta as formas da consciência social como meios de mascarar a realidade das relações sociais, a teoria do fetichismo da mercadoria empenha-se numa teoria das representações que possibilitam a reprodução das relações determinadas mantidas pelos agentes nas interações mercantis (*O.*, l, pp. 604-19). No *Capital* (1867), portanto, o direito será considerado ao mesmo tempo como uma forma da consciência e como um andar do edifício da sociedade burguesa. Marx não se limita a apresentar as normas da liberdade e da igualdade como expressão das relações mercantis entre indivíduos independentes (*O.*, l, pp. 725-6). Faz também da representação dos indivíduos como sujeitos jurídicos uma condição do processo de troca (*O.*, l, pp. 619-20). Enquanto a face econômica das relações de propriedade explicava sua face jurídica, agora a face jurídica da troca (o contrato) produz efeitos sobre sua face econômica.

Ideia de superação do direito. – Como o direito moderno foi, assim, reduzido a uma expressão das relações sociais próprias ao capitalismo, faltava determinar que modificações implicariam a saída do capitalismo. Transformação ou supressão do Direito? A *Crítica do programa de Gotha* (1875) opta sem hesitação pelo segundo termo da alternativa, ao mesmo tempo que teoriza sobre um superação gradual das relações jurídicas. Marx descreve a saída do comunismo como um processo que atravessa três fases. A primeira é a da "ditadura do proletariado" (*O.*, 1, p. 1.429), da conquista do poder de Estado e da centralização dos meios de produção, "o que não pode ocorrer sem que se atente despoticamente contra o direito de propriedade" (*O.*, l, p. 182). A segunda fase é a da sociedade comunista que "emerge da sociedade capitalista", "trazendo ainda os estigmas da antiga ordem na qual foi engendrada" (*O.*, 1, pp. 1418-9). A distribuição das riquezas é feita proporcionalmente ao trabalho, segundo um sistema de bônus de trabalho. Mais do que uma superação da lógica do mercado, esse tipo de distribuição implica uma generalização do "direito igual" e da codificação jurídica das trocas próprias à sociedade burguesa. A transformação das relações sociais capitalistas implica novas relações jurídicas; no entanto, estas são concebidas como uma permanência do "direito burguês", e não como a substituição do direito da propriedade privada por um direito do trabalho. A conservação das relações jurídicas figura entre os "estigmas" que caracterizam essa fase transitória. De fato, como os indivíduos não são dotados de capacidades iguais, "esse direito igual é um direito desigual para um trabalho desigual"; portanto, "é, em seu teor, um direito da desigualdade, como todo direito". Durante a terceira fase, quando a sociedade comunista estiver "desenvolvida nessas bases próprias", a divisão do trabalho terá desaparecido, e o trabalho estará transformado em "necessidade vital do indivíduo", e só então se poderá fugir de vez do estreito horizonte do direito burguês, e a sociedade poderá escrever em suas bandeiras: "De cada um segundo sua capacidade, a cada um segundo sua necessidade" (*O.*, l, p. 1.420). A referência ao trabalho como necessidade vital revela o sentido dessa superação do direito. Indica que a sociedade comunista será uma sociedade de abundância, e justamente a abundância permitirá que as riquezas sejam distribuídas independentemente das regras universais que se aplicam a todos os indivíduos, que são as regras jurídicas.

Prolongamentos marxistas

Os diferentes aspectos da doutrina marxiana foram popularizados por Engels (*Ludwig Feuerbach e o fim da filosofia clássica alemã*, IV, 1888), que ressaltou, ao mesmo tempo, a função específica do direito: "Num Estado moderno, o Direito não deve apenas corresponder à situação econômica geral e ser sua expressão; deve ser uma expressão coerente em si mesma que não se conspurque com contradições internas" (carta de 27 de outubro de 1890); e sua eficácia própria: as "formas jurídicas", as "teorias jurídicas", "também exercem sua ação sobre o desenrolar das lutas históricas e, em muitos casos, determinam sua forma de modo preponderante" (21 de setembro de 1890). No entanto, o principal fator do desenvolvimento das teorias do direito esboçadas por Marx não foi de ordem teórica nem de ordem didática, mas de ordem histórica. Foi a própria Revolução Russa que, expondo concretamente o problema da sociedade de transição e de seu âmbito institucional, revivificou a questão da posição do direito numa sociedade pós-revolucionária. O marxismo crítico, por sua vez, deveria ficar principalmente com a crítica ao juridicismo feita por Marx. Até data recente, quando da reformulação habermassiana do programa da escola de Frankfurt (*Direito e democracia*, 1992), pode-se até considerar que o antijuridicismo foi um dos grandes sinais distintivos das teorias críticas da sociedade, inspiradas por Marx.

O problema do direito socialista. – P. L. Stucka, comissário de justiça a partir de 1918, é o autor das primeiras exposições da teoria soviética do direito ("Direito proletário", 1919; *O papel revolucionário desempenhado pelo Direito e pelo Estado: uma doutrina geral do Direito*, 1921; "O problema do direito de classe e da justiça de classe", 1922). A posição de Stucka caracteriza-se, por um lado, por um economicismo sem nuances: o direito é expressão direta das relações sociais que definem a base de uma formação social; por outro lado, caracteriza-se pela insistência na dimensão coercitiva do direito: o direito é sempre instrumento de dominação de uma classe sobre outra. A especificidade de suas análises provém da aplicação desses temas a uma questão que Marx deixou na sombra: a questão do papel do Direito durante o período de ditadura do proletariado. Em todos os episódios revolucionários, as normas jurídicas deixam de ser simples expressão das relações sociais; têm papel criador, donde a ideia de um Direito por meio do qual o proletariado garanta a dominação de seus próprios interesses sobre o restante da sociedade. Assim como em Marx, há conservação do direito enquanto a sociedade comunista não está desenvolvida em suas próprias bases, mas agora isso ocorre porque o direito é essencialmente interpretado como instrumento de coerção (como consequência do comentário que Lênin fazia da *Crítica do programa de Gotha* em *Estado e revolução*, em 1917), ao passo que em Marx o elo entre direito privado e direito público constitui uma representação da vontade geral e é conservado na primeira fase da sociedade comunista precisamente porque não há ainda outro meio de realização do interesse geral. Além disso, enquanto Marx só previa a conservação de um "direito burguês", o fato de o direito ser um dos instrumentos da dominação do proletariado implica a constituição de um "direito proletário", cujo estatuto, no entanto, é problemático, uma vez que Stucka admite que ele conserva elementos do direito burguês. O pensador mais significativo do primeiro período da teoria soviética do direito é, provavelmente, E. B. Pashukanis. Em sua principal obra, *Teoria geral do direito e marxismo* (1924), ele ataca, ao mesmo tempo, o positivismo jurídico de Kelsen e o economicismo de Stucka. Critica neste último o fato de se limitar a reduzir a ordem jurídica à econômica, sem explicar sua especificidade. Segundo Pashukanis, as relações jurídicas são relações sociais determinadas pelas inter-relações sociais de produção, porém são mais precisamente inter-relações sociais próprias a uma sociedade capitalista. Se a especificidade da ordem jurídica é assim esclarecida, isso ocorre porque a troca mercantil precisa adotar uma forma contratual, como explica *O Capital*, tendendo assim a produzir a representação do indivíduo como "sujeito jurídico". Compreende-se, pois, o sentido da teoria geral do direito proposta por Pashukanis: não se limitar a fazer das normas jurídicas a expressão de relações sociais historicamente determinadas, mas explicar por que o direito, como sistema de normas incidentes sobre os atos de um sujeito jurídico, se mostra especialmente adaptado ao capitalismo. Ao historicizar assim o direito, Pashukanis devia, logicamente, rejeitar a ideia de um "direito proletário" e reafirmar vigorosamente a tese do "desaparecimento do direito". O desaparecimento do direito não está ligado, como em Marx, à abundância (de pequena atualidade na época), mas à unificação do interesse individual e do interesse comum. A superação das oposições sociais numa comunidade reunificada permitiria que a coerção assumisse a forma de "regras técnicas", análogas às regras que associam o médico e seu paciente na busca de um mesmo objetivo, e não mais a forma de "normas legais" que impõem diretrizes externas às vontades individuais. Encontra-se, pois, nessa compreensão do desaparecimento do direito o mesmo problema que se encontra nas análises de Stucka. A superação do direito é apenas pensada como uma superação da coerção jurídica, sem que se coloque o problema da reabsorção pela sociedade desse sistema separado do interesse geral, que é o direito.

Essas teorias logo entraram em contradição com a realidade histórica que tentavam esclarecer. A ditadura do proletariado assumiu a forma de uma ditadura do partido em nome do proletariado e, embora a concepção propriamente marxiana da ditadura do proletariado tenha se mantido no direito público soviético até 1935, a Constituição de 1936 a substituiu pela teoria do Estado socialista. A tese do desaparecimento do direito foi então submetida a forte ofensiva. Vichinsky, jurista-procurador dos processos de Moscou e figura dominante desse segundo período da teoria jurídica soviética, devia explicar a necessidade de um direito positivo propriamente socialista, destinado a constituir e defender a ordem social vantajosa para a classe dominante. Constata-se em seus escritos grande insistência no papel da coerção no direito, que pode ser aproximada da teoria da resistência das classes expropriadas e dos expurgos dos anos 1930. No entanto, a interpretação do direito como expressão do interesse da classe dominante, portanto do interesse geral, também devia ser instrumento do encaminhamento do Estado soviético em direção a um Estado de direito (ele ficou sempre distante) depois da morte de Stálin.

Antijuridicismo. – Em tais condições, não é de surpreender que o marxismo crítico (ver, por exemplo, E. Bloch, *Direito natural e dignidade humana*, 1961) tenha afirmado de novo a exigência de princípio de um desaparecimento do direito e que o tenha desejado mais radical ainda do que o desaparecimento gradual e funcional que Marx e os primeiros teóricos do direito soviético haviam imaginado. De Marx, não conservou tanto as reflexões sobre as fases da sociedade comunista quanto a teoria do papel do direito na sociedade capitalista. Paradoxalmente, inspirando-se nos textos mais antijurídicos, prevendo uma superação do direito, o marxismo soviético empenhou-se na definição de um direito socialista, ao passo que, inspirando-se apenas em textos que só contestavam a autonomia das normas jurídicas, o marxismo crítico foi frequentemente conduzido a um antijuridicismo virulento. O centro deste antijuridicismo reside na tese segundo a qual as lutas políticas não devem ser analisadas em termos jurídicos nem visar à inserção de suas reivindicações no direito. Sua primeira formulação rigorosa está num artigo intitulado "Socialismo de juristas" (1887). Engels e Kautsky criticam A. Menger que, numa obra intitulada *Direito ao produto integral do trabalho* (1886), pretendia elucidar a história do socialismo "do ponto de vista da filosofia do direito". Os organizadores da obra não publicada de Marx afirmam, ao contrário, que a luta do proletariado deve ser dirigida contra a "concepção jurídica do mundo" própria à burguesia, que a representação jurídica do social impede os proletários de tomar justa consciência de sua situação, e que a formulação de suas reivindicações em termos jurídicos condena suas lutas a assumir uma forma contraditória e impotente.

Esse tipo de posição antijurídica pode de fato ser apoiada por quatro tipos de argumentação. 1 / Em primeiro lugar, ela pode partir da tese do conteúdo de classe do direito, como em Engels e Kautsky. Essa argumentação será desenvolvida por G. Lukács no capítulo "Legalidade e ilegalidade" de sua *História e consciência de classe* (1923). Enquanto Marx e Engels destinavam explicitamente à luta revolucionária a conquista do poder de Estado e não excluíam que essa conquista assumisse forma legal, Lukács considera que a luta política não deve ter como objetivo modificar as leis, mas aboli-las, porque a ordem estatal e jurídica está intimamente ligada à dominação de classe. 2 / Ela também pode falar em nome da análise marxiana da ilegalidade. Encontra-se na *Ideologia alemã* a ideia de que o crime não é "a simples violação do direito e da lei", mas também uma reação à violência estrutural de classe da qual o direito é uma das garantias (*O.*, 3, p. 1.234). O argumento pode permitir justificar a ilegalidade da luta política, principalmente porque os episódios revolucionários podem ser concebidos como situações nas quais a luta de classes passa do estado de guerra latente para o de guerra aberta; é o que ocorre em Lênin ("Guerra dos partidários", 1905), Sorel (*Reflexões sobre a violência*, 1906) e Rosa Luxemburgo (*Greve de massa, partido e sindicatos*, 1906). 3 / Nos *Manuscritos de 44*, Marx se empenha num ataque acirrado contra o nivelamento de que é responsável a sociedade burguesa. Era tentador aproximá-lo da crítica da comensurabilidade jurídica desenvolvida na *Crítica do programa de Gotha* e ver no direito um risco de empobrecimento das dinâmicas contestadoras. Desse antijuridicismo, que não é obrigatoriamente marxista, mas que se inspira em Marx, é possível encontrar vestígios em algumas formulações de Deleuze (*Mil platôs, Capitalismo e esquizofrenia*, Paris, Minuit, 1980, pp. 435 ss.). 4 / A última das figuras do antijuridicismo marxista tem como fonte a interpretação da Comuna proposta em *A guerra civil na França* (1871). Neste texto, Marx se empenha na apologia a um dispositivo institucional cujas principais características são a eliminação dos órgãos repressivos, a fusão dos poderes Legislativo, Executivo e Judiciário e o controle popular permanente dos representantes e dos funcionários comunais. Realmente, todas as mediações jurídicas sofrem um curto-circuito naquilo que Marx concebe como o ideal de uma verdadeira democracia. Segundo esse texto, a abolição do Estado consistiria, pois, no desaparecimento do poder instituído em proveito de uma autoinstituição permanente da sociedade. O tema dessa luta do poder constituinte contra os poderes constituídos ainda hoje tem importantes desdobramentos (ver A. Négri, *Le Pouvoir constituant*, Paris, PUF, 1997).

➤ BALIBAR E., *La Philosophie de Marx*, Paris, La Découverte, 1993. – KELSEN H., *The Communist Theory of Law*, Londres, Stevens & Sons Limited, 1955. – LACOUSMES P. & ZANDER H., *Marx: du "vol de bois" à la critique du droit*, Paris, PUF, 1984. – MARX K., *Écrits de jeunesse*, Paris, Quai Voltaire, 1994. – MERCIER-JOSA S., *Entre Hegel et Marx. Points cruciaux de la philosophie hégélienne du droit*, Paris, L'Harmattan, 1999. – MICHEL J., *Marx et la société juridique*, Paris, Publisud, 1983. – POULANTZAS N., *L'État, le pouvoir, le socialisme*, Paris, PUF, 1978. – RENAULT E., "Le droit dans la *Critique du droit polique hégélien*", *in* G. Raulet, *Marx théoricien de la démocratie. Autour du* Manuscrit de Kreuznach, Paris, PUF, 2000. – SINTOMER Y., "Émancipation et commensurabilité", *in* E. Kouvélakis, *Marx 2000*, Paris, PUF, 2000. – VINCENT J.-M., *Fétichisme et société*, Paris, Anthropos, 1973. Sobre os textos dos primórdios da teoria soviética do direito: HAZARD J., *Soviet Legal Philosophy*, Cambridge, Harvard Univ. Press, 1951. – NEUMAN K. H., *Marxismus Archiv*, Bd. 1: *Marxismus und Politik*, Francfort, Makol Verlag, 1971. – REICH N., *Marxistische und sozialistische Rechtstheorie*, Frankfurt, Athenaüm Verlag, 1972. – PASHUKANIS E. B., *La Théorie générale du droit et le marxisme*, Paris, EDI, 1970. – Col.: *Archives de la philosophie du droit*, t. 12: *Marx et le droit moderne*, Paris, Cirey, 1967.

Emmanuel RENAULT

→ Alemanha; Cidadania; Constitucionalismo; Direito e política; Direitos sociais; Economia e direito; Escola histórica do direito, pandectismo e codificação na Alemanha; Justiça; Moral e direito; Propriedade; Revolução francesa e direito; Usos e costumes.

MEDIAÇÃO

Mediação é a intervenção de um terceiro com o fim de reconciliar partes em litígio. É o principal modo amigável de solução dos conflitos, representando uma alternativa para a justiça estatal e mesmo arbitral. Apesar de muito antiga, caracteriza-se por certa ambiguidade terminológica; seu recente desenvolvimento, prático e teórico, foi acompanhado por um interessante movimento de reflexão sobre o direito, sua posição e sua função no âmbito da solução de pendências.

Terminologia

O termo "mediação" é polissêmico, e seus diversos sentidos giram em torno de uma etimologia comum (E. Benvéniste, *Vocabulaire des institutions européennes*, t. II), que contém o radical "*med*", oriundo do osco latinizado, que indica a noção de medida, no sentido de moderação. Essa raiz é encontrada em latim (*medeor* = curar, que deu médico, remédio, medicamento) e em grego (*médomai* = cuidar de; e *mêdomai* = meditar, refletir, inventar) e deu os termos que lembram a ideia de meio. Assim, mediador, em sentido bastante disseminado, é quem (ou o que) está no meio: o intermediário. Assim, na Bíblia (*Deuteronômio*), Moisés é apresentado como mediador entre Deus e seu povo; do mesmo modo, a mídia (plural de *medium*, com pronúncia inglesa) se constitui como eco, junto à opinião pública, dos acontecimentos e daqueles que os criam. Em filosofia do direito, esse sentido geral do termo foi aplicado à própria definição de direito (J. Freund, F. Terré), e escreveu-se que "O direito é mediação entre o justo e o razoável, entre o individual e o social, entre o consenso e o conflito" (B. Oppetit, *Philosophie du droit*, nº 20). Entre os juristas, considerou-se sobretudo esta última ocorrência, numa perspectiva aristotélica da ideia de "justo meio": o mediador não se limita a situar-se no meio dos antagonistas, como que para separá-los; além disso, ele procura a solução adequada, o justo meio entre pretensões opostas. A conotação meliorativa que se vincula hoje à palavra e à ideia de mediação diluiu suas fronteiras. Tradicionalmente, o jurista só emprega o termo para designar um modo de solução dos litígios, modo pacífico por tender ao acordo entre os litigantes; nessa perspectiva, os elementos essenciais da mediação são três: um litígio, um terceiro e a missão desse terceiro, que consiste em solucionar o referido litígio, substituindo a situação conflituosa por uma solução consensual. Mais recentemente, alguns sociólogos ou filósofos viram mediação nas ações destinadas a restabelecer algum elo social em vias de decomposição ou já desaparecido, como em certas famílias em dificuldade ou em zonas urbanas carentes. Essa mediação sob a égide de um terceiro, mas sem verdadeiro litígio, com a maior frequência não é uma mediação no sentido jurídico, apesar do desenvolvimento às vezes concomitante às iniciativas judiciárias (cf., por exemplo, a "mediação familiar", a "mediação de bairro" ou as chamadas mediações "cidadãs"). O mediador, no sentido em que deve ser entendido aqui, é um verdadeiro terceiro. Por isso, o apelativo às vezes é menos apropriado ainda por faltar o terceiro, embora seja utilizado em campos que interessam o direito e a justiça. É o caso da "mediação penal", diretamente exercida por um representante do ministério público, que não pode se apresentar como um terceiro por ser aquele que decide ou não o cabimento da denúncia. O termo mediação é mais claramente usurpado quando designa a pessoa pertencente a uma sociedade ou instituição, administrativa ou não, cuja missão seja organizar as relações entre esta e o público. Dentro da própria esfera jurídica, a distinção entre a mediação e as noções vizinhas, especialmente a arbitragem, durante muito tempo careceu de nitidez. Em se tratando das relações entre mediação e conciliação, a partir do momento em que há intervenção de um terceiro, em teoria pouco importa o fato de ele ser designado como mediador ou como conciliador. A distinção não é conceitualmente necessária, mas na prática ocorre que o legislador atribui um regime diferente àquilo que ele designa com o vocábulo mediação e com o vocábulo conciliação. É o que ocorre em matéria judiciária, razão pela qual nesse campo a terminologia empregada varia. Em contrapartida, a mediação se distingue da arbitragem (ver *Arbitragem*), pois, se nesses dois modos de solução dos litígios há intervenção de um terceiro, este não cumpre a mesma missão: no caso da arbitragem ela é jurisdicional, e o árbitro dirime o litígio e impõe sua solução às partes, tendo sua sentença natureza de ato jurisdicional, ao passo que o mediador nada impõe às partes, às quais ele pode propor uma solução que compete a estas aceitar, se obtiver sua concordância. Nessa hipótese, a solução que recebe a concordância das partes é de natureza convencional. Frequentemente se dá o nome de transação ao acordo resultante de uma mediação bem-sucedida; essa denominação, que comporta consequências específicas (art. 2044 s. C. Civ. fr.), pressupõe que as partes tenham feito concessões recíprocas.

História

A mediação está presente em todas as épocas e em quase todas as culturas; é típica do papel dos anciãos nas tribos africanas, bem como da filosofia confucianista que ainda hoje marca a China e o Japão. Na Grécia arcaica, conhecia-se o *istor*, ou seja, "aquele que conhece", cuja função equivalia, ao que parece, à do mediador. No direito romano, tal como antes na literatura grega (ver Platão, *Protágoras*, nº 337 *e*), a mediação foi confundida durante muito tempo com a arbitragem, pelo menos em sua forma de composição amigável. Assim, alguns pós-glosadores como Guillaume Durand e Baldo distinguem o *arbiter*, cuja sentença se impõe às partes, do *arbitrator*, que age como *amicabilis compositor* e procura a concordância entre as partes. Depois disso, em direito consuetudinário, outros autores (J. Bouteiller, *Suma rural*, século XVII) adotarão uma distinção tripartite ao diferenciarem, além disso, o *arbitrator* do *amicabilis compositor*; o primeiro julga em equidade, enquanto o segundo desempenha o papel de "apaziguador" e procura um campo de entendimento entre as partes, sem exercer missão jurisdicional, ou seja, sem "proferir o direito", sem dirimir o litígio. Carreada pelas ideias da escola do direito natural, a mediação será naturalmente posta em lugar de honra pelo legislador durante a Revolução francesa, mas será concebida como uma preliminar obrigatória ao ajuizamento, o que produzirá resultados muito variáveis. Progressivamente, o direito francês foi eliminando a maioria das mediações obrigatórias. O novo Código de Processo Civil a favorece, mas, salvo exceção, não a impõe.

Desdobramentos contemporâneos

Em todos os países, por razões atinentes tanto à economia quanto a considerações de fundo, o recurso à mediação se desenvolve de maneira importante. Ela é um sintoma das mutações sociais em curso (J. de Munck). Assim, aos campos tradicionais, constituídos pela resolução de dificuldades patrimoniais (partilhas), pelas relações de vizinhança ou pelo direito internacional público, agora se somam o direito interno e internacional dos negócios, o direito do consumidor e, mais recentemente, o direito administrativo. O direito positivo leva a fazer a distinção entre mediação judiciária, ou seja, a que é organizada, na maioria das vezes, pelo legislador, em torno do processo judiciário ou marginalmente a este, e a mediação convencional, que pode ser definida como a que tem origem apenas na convenção das partes, depois de surgido o litígio, ou então por ocasião de uma estipulação contratual, para litígios vindouros. Por outro lado, foi tomado certo número de iniciativas de diversas direções que redundaram na criação de mediadores oficiais com estatuto original.

Mediação judiciária. – A mediação goza da simpatia do legislador. O novo Código de Processo Civil francês colocou entre os princípios diretores do processo (art. 21) aquele segundo o qual "Faz parte da missão do juiz conciliar as partes". Em decorrência de iniciativas judiciárias, o legislador desenvolveu a mediação judiciária (Lei de 1995 e decretos sucessivos). O juiz pode, com concordância das partes, suspender o processo e encaminhá-las para um mediador por ele designado, que exerce sua mediação confidencialmente, ou seja, sem que o juiz fique a par das posições tomadas por cada uma das partes. Terminado o processo de mediação, em caso de malogro a causa tem prosseguimento; em caso de sucesso, ela termina geralmente com a homologação judiciária do acordo das partes.

Mediação convencional. – Na prática contratual, tem aumentado muito o número de cláusulas de solução de pendências que organizam alguma mediação antes do ajuizamento ou da nomeação de um árbitro. As partes organizam livremente a mediação, no intuito de solucionar um litígio futuro ou já existente. O legislador não intervém para reger especificamente a mediação convencional.

Mediações particulares. – Frequentemente elas são instauradas pelo legislador. É o que ocorre, por exemplo, com o mediador da República estabelecido por uma lei de 1973 (mod. em 1976 e 1992) como autoridade independente. O mediador, constituído por uma pessoa física ou jurídica, por intermédio de um parlamentar, é encarregado de um papel de intercessão junto à administração e de um papel de recomendação ("magistratura de influência") caso lhe pareça necessária alguma reforma. Com base nesse modelo, de origem escandinava (*ombudsman*), foram criados mediadores regionais e um Mediador da União Europeia (1992). Embora sem compartilhar um estatuto idêntico de independência, foram estabelecidos mediadores em alguns ministérios (Educação Nacional); no caso destes últimos, parece faltar a qualidade de terceiro. Em compensação, o legislador implantou certo número de comissões de conciliação que podem também ter caráter de mediação, pois realmente há um conflito e um terceiro encarregado de resolvê-lo, para satisfação dos antagonistas (cf., por exemplo, comissões de conciliações em matéria de arrendamentos ou de superendividamento).

Contribuições da mediação para a reflexão jurídica

Esse desenvolvimento da mediação pode ser explicado por diversas razões: tendência à contratualização da justiça, fechamento "comunitariano" destinado a manter e tratar o litígio dentro de dada comunidade ou busca de maior consideração dos elementos afetivos ou psicológicos. Às vezes sinal de rejeição à justiça estatal e a seus inconvenientes (custo, incertezas da solução, duração dos processos), a mediação se apresenta como uma alternativa sem risco, porque rápida e pouco onerosa. Às margens do litígio ou em qualquer estágio de seu tratamento, ela é, na melhor das hipóteses, um meio de chegar a um acordo satisfatório para ambas as partes; na pior (ou seja, em caso de malogro), uma oportunidade perdida que não impede o retorno perante os tribunais. O atual sucesso da mediação em numerosos sistemas jurídicos também é marca da contestação ou da resistência ao dogma de que o direito é, se não o único, pelo menos o melhor meio de resolver os conflitos sociais, posição esta muito forte na sociedade ocidental. Hoje, porém, se descobre que o tratamento jurídico do litígio o enrijece depois de modificá-lo em razão das qualificações admitidas. O jurista raciocina em função de um pressuposto, frequentemente invisível para seus próprios olhos, pressuposto segundo o qual o interesse do litigante equivale – e está perfeitamente transcrito – à demanda em juízo, tal qual formulada. Isso é esquecer que os interesses alegados na maioria das vezes não são os únicos, e que eles podem variar de acordo com as circunstâncias. Assim, a mediação não é apenas uma alternativa às regras processuais, mas também às regras de mérito (substanciais): é um meio extrajudiciário e extrajurídico de solucionar conflitos. O mediador pode realizar o que os litigantes dificilmente conseguem fazer sozinhos: reformular os termos do litígio, dar-lhes nova perspectiva. O mediador ensina às partes o que é empatia, faculdade de cada uma delas se pôr no lugar da outra e perceber os elementos psicológicos, afetivos, econômicos ou sociais que explicam sua posição. O direito põe fim ao litígio, estritamente entendido como uma questão formulada em termos jurídicos, mas frequentemente deixa subsistir uma situação de conflito; a mediação extirpa o conflito. O acordo se faz com base numa solução que as partes sentem como justa; nesse sentido, a mediação é um modo privado de procurar o justo.

Tratamento da mediação pelo direito

Como contraponto ao novo olhar que a mediação ajuda a lançar sobre o direito, este trata da mediação, no sentido do desenvolvimento dos primeiros esboços de um direito da mediação. Provavelmente será conveniente não desenvolver esse direito além da medida, com o risco de se pôr a perder o interesse despertado pela mediação. A legitimidade da mediação não é questionada, desde que esta não impeça definitivamente o acesso aos tribunais e não ponha em xeque a ordem pública, o que pode ocorrer caso se confiem à mediação direitos litigiosos indisponíveis, ou caso se conclua uma mediação com um acordo contrário à ordem pública. Quanto ao resto, a mediação se organiza amplamente com base na vontade das partes, gozando, pois, da liberdade contratual. O acordo das partes, quando obtido, pode permanecer confidencial, ou pode ser dotado de força executória por meio de homologação judicial. Às vezes se apresenta a questão da aplicação de alguns dos princípios do processo à mediação. É o que ocorre com o princípio da contradição; na realidade, como a mediação não é processo, as regras do processo não se lhe aplicam. No entanto, regras vizinhas, baseadas nos mesmos fundamentos, como o tratamento legal e igual das partes, bastam para garantir o valor da mediação, sem recurso artificial à categoria das regras processuais.

› Clère J.-J., "Recherches sur l'histoire de la conciliation en France aux XVIIIe et XIXe siècles", *Mémoires de la Société pour l'histoire du droit et des institutions des anciens pays bourguignons, comtois et romand*, fasc. 46, 1989, p. 189. – Couvrat P. & Giudicelu-Delage G., *J.-Cl. proc. civ.*, fasc. 160, Conciliation et médiation. – Guillaume-Hofnung M., *La Médiation*, PUF, "Que sais-je?", 1995. – Joly-Hurard J., *Conciliation et médiation judiciaires*, PUAM, 2003, e *Rép. Dalloz, Proc. civ.*, Vº Médiation et conciliation. – Col.:

Revue internationale de droit comparé, 1997, nº 2, número especial, p. 311.

Charles JARROSSON

→ Arbitragem; Formas de justiça.

MEDICINA

Se definirmos a medicina como o conjunto dos conhecimentos científicos e dos meios aplicados para a prevenção, a cura ou o alívio de doenças, ferimentos ou invalidez (*Petit Larousse illustré*, ver Médecine), veremos que o leque dos profissionais implicados por esse conjunto é muito amplo e variado, indo dos membros das profissões médicas – médicos, cirurgiões-dentistas e parteiras (C. Saúde Públ., arts. L. 4.111-1 a L. 4.163-10) – aos auxiliares (C. Saúde Públ., arts. L. 4.311-1 a L. 4.381-3). No entanto, certo número de características comuns supera essa diversidade e rege tais profissões, que têm em comum o objetivo que essa definição atribui à medicina, cada uma em sua esfera de competência. Precisamente em função da particularidade desse objetivo ou desse objeto, trata-se de profissões regulamentadas e de profissões cuja responsabilidade é apreciada com rigor cada vez maior.

Regulamentação profissional

Todas essas profissões têm em comum o fato de estarem submetidas a um controle do acesso à profissão e de serem objeto de um monopólio de exercício, sancionado pela repressão ao delito de exercício ilegal da profissão.

Condições e controle do acesso à profissão. – Já se foi o tempo em que o exercício da arte médica gozava de plena liberdade, depois do malfadado Decreto de 18 de agosto de 1792 – em todo caso, para os médicos, a partir da Lei de 19 de ventoso do ano XI. O acesso às diferentes profissões médicas e de auxiliares médicos é reservada, pelas disposições acima citadas do Código da Saúde Pública francês, aos detentores de um diploma que atendam às condições de nacionalidade e às condições administrativas destinadas a verificar a existência das duas primeiras condições. O diploma necessário é, em princípio, o diploma francês que ateste as condições de competência exigidas para o exercício da referida profissão ou, no caso dos oriundos de um Estado-membro da Comunidade Europeia ou de um Estado partícipe do acordo sobre o Espaço Econômico Europeu, um dos diplomas exigidos pelas diretivas europeias (ver textos acima citados). Podem ser concedidas exceções, seja em virtude de acordo de reciprocidade entre Estados, seja por autorizações individuais em razão do valor científico do diploma apresentado. A condição de nacionalidade exige nacionalidade francesa ou andorrana, ou então a qualidade de oriundo de um dos Estados-membros da Comunidade Econômica Europeia ou de um dos Estados partícipes do acordo sobre o Espaço Econômico Europeu (e, no caso de médicos, cirurgiões-dentistas e parteiras, do Marrocos e da Tunísia). Também nesse caso, são previstas exceções, seja em virtude de convenções de reciprocidade, seja com base em autorização individual. As condições administrativas são diferentes para médicos, cirurgiões-dentistas e parteiras, por um lado, e para auxiliares médicos, por outro. Os primeiros, membros das profissões médicas, são obrigados a inscrever-se em sua Ordem respectiva; os segundos, auxiliares médicos, são inscritos numa lista estabelecida e mantida pela administração departamental (o caso dos fisioterapeutas e dos podólogos atualmente é específico: os textos preveem sua inscrição na Ordem, organizada pela Lei nº 95-116 de 4 de fevereiro de 1995, mas até hoje essa Ordem não foi constituída, visto que não ocorreu nenhuma eleição).

Monopólio de exercício. – Como contrapartida da estrita regulamentação que fecha o acesso ao exercício da profissão e para garantir o seu respeito, as profissões médicas e os auxiliares médicos gozam de um monopólio penalmente sancionado, tanto no que se refere ao uso do título de suas profissões respectivas quanto ao exercício dessas profissões. Disposições especiais do Código de Saúde Pública (ver artigos acima citados) preveem, para cada uma das profissões referidas, que a usurpação do título correspondente – entendida como usurpação de qualquer título que dê acesso na França ao exercício da profissão considerada – será punida com as penas do artigo 433-17 do Código Penal, que contempla esse delito. No que se refere mais especificamente aos médicos e aos cirurgiões-dentistas, a usurpação de título é entendida de maneira muito severa, pois resulta não só do fato de exercer a profissão sem ser titular do diploma exigido, como também do fato de que, nessas condições, o nome é precedido ou seguido do título de doutor, sem que se indique sua natureza e sem que se especifique se se trata de um diploma estrangeiro ou de um diploma universitário, se for o caso (C. Saúde Públ., art. L. 4.162-1).

O exercício ilegal das profissões referidas também é penalmente sancionado. No que se refere mais especificamente aos médicos, o artigo L. 4.161-1 do Código de Saúde Pública dispõe que exerce ilegalmente a medicina "toda pessoa que participe habitualmente ou de forma reiterada, mesmo na presença de um médico, do estabelecimento de diagnóstico ou do tratamento de doenças, congênitas ou adquiridas, reais ou supostas, por meio de atos pessoais, consultas verbais ou escritas ou por quaisquer outros procedimentos ou que pratique um dos atos profissionais previstos numa nomenclatura fixada por portaria do ministro da Saúde Pública baixada de acordo com parecer da Academia Nacional de Medicina", sem atender às condições de acesso à profissão médica, definidas pelos artigos L. 4.111-1 e seguintes do Código de Saúde Pública (ver acima, ou seja: falta de diploma, falta da nacionalidade exigida, falta de inscrição na Ordem). Também é visada pela definição da infração toda pessoa que, munida de um título regular, saia das atribuições que a lei lhe confere, sobretudo colaborando com as pessoas que a exercem ilegalmente com o objetivo de subtraí-las às regras que regem o exercício da medicina; em outras palavras, o médico que colaborar com uma pessoa que exerça ilegalmente a medicina também será culpado de exercício ilegal. Mas, exceto nesta última hipótese, na qual basta um único ato, o delito de exercício ilegal da medicina exige, para ser constituído, que haja hábito ou pelo menos a reiteração de um ato.

Com a ressalva anterior, a jurisprudência aplica com grande rigor os termos da lei. Em primeiro lugar, como esta visa o diagnóstico e o tratamento "de doenças ou afecções congênitas ou adquiridas, reais ou supostas", a jurisprudência decide que não cabe procurar saber se os pacientes estavam realmente doentes, nem se, em decorrência dos tratamentos, eles foram efetivamente curados, e ela decide que o exercício ilegal da medicina é entendido tanto com referência à medicina preventiva quanto à medicina curativa. Em segundo lugar, a jurisprudência inclui no campo da infração todo e qualquer ato, desde que ele tenha por objeto diagnosticar, prevenir ou tratar um doente no sentido que acaba de ser definido: magnetismo, radiestesia, espiritismo, hipnoterapia, bem como tratamentos de dermatologia ou medicina estética, quiropraxia, osteopatia, ortopedia, mesoterapia, homeopatia, acupuntura, psicanálise etc., todas essas atividades, desde que praticadas por pessoa que não atenda a uma das condições de exercício da medicina. No que se refere à repressão, pode-se notar que o delito de exercício ilegal das profissões médicas (médicos, cirurgiões-dentistas e parteiras) é mais rigorosamente punido do que o das profissões de auxiliares médicos, pois o primeiro é punido com penas de prisão e multa já no estágio de infração primária, enquanto o segundo só incorre em pena de prisão em caso de reincidência.

Responsabilidade profissional

A responsabilidade dos membros das profissões médicas e das profissões de auxiliares médicos obedece – pelo menos no que se refere às responsabilidades civil e penal (ver Crimes e delitos, ver Processo penal) – a princípios comuns, enquanto a responsabilidade disciplinar (ver Deontologia) na prática só é atualmente organizada para as profissões médicas (nesse campo, o direito disciplinar está particularmente atento ao respeito ao paciente, à sua informação, a seu consentimento, à independência do profissional, à livre escolha deste pelo paciente e ao segredo profissional: ver os Códigos de Deontologia das Profissões envolvidas: Decreto nº 67-671, 22 de julho de 1967, cirurgiões-dentistas; Decreto nº 91-779, 8 de agosto de 1991, parteiras; Decreto nº 95-1.000, 6 de setembro de 1995, médicos; ver também, sobre as regras profissionais de enfermeiros e enfermeiras, Decreto nº 93-221, 16 de fevereiro de 1993). Se neste estudo nos ativermos apenas à responsabilidade civil, será forçoso notar que os princípios segundo os quais é apreciada a responsabilidade civil de todos os profissionais da saúde são cada vez mais estritos, e que provavelmente, nesse campo, chegamos a um ponto de ruptura.

No que se refere à responsabilidade civil, se tomarmos como referência a responsabilidade civil do médico atuante no setor liberal, cujo regime pode ser transposto para as outras profissões médicas ou de auxiliares médicos, veremos que, em princípio, o médico só é vinculado por um dever de aplicação de meios; isso ocorre independentemente da natureza contratual ou extracontratual da relação existente entre o profissional e seu paciente. O médico, em princípio, só é obrigado a pôr em prática os meios mais adequados à situação com a qual está confrontado, meios capazes de atingir, evidentemente, o resultado desejado – no caso, a cura do doente –, mas sem que esse resultado, que, pela natureza das coisas, é sempre aleatório, possa ser prometido ou exigido. É o velho princípio afirmado pela Corte de Cassação – famosa sentença de 20 de maio de 1936. Nessa concepção, só de maneira totalmente excepcional – quando, por natureza, o atendimento não comporte imprevistos, ou por convenção expressa entre as partes – o médico é obrigado a atingir determinado resultado (promessa de executar pessoalmente um ato médico, resultado estético expressamente prometido, exames rotineiros de laboratório, qualidade de uma prótese). Assim definida em seus princípios, a responsabilidade do médico está subordinada à existência de *três condições*: um fato indenizável, um prejuízo e uma relação de causalidade entre o fato indenizável e o prejuízo, cujo ônus da prova incumbe, tradicionalmente, ao médico, com a ressalva, num campo específico (ver abaixo ônus da prova da falta de informação), de recente guinada na jurisprudência. O *fato indenizável* pode ser um erro, um fato decorrente da natureza das coisas ou uma falta cometida por um preposto. No que se refere ao *erro*, o médico é obrigado a observar um ato de *humanidade médica* totalmente fundamental: *informar o paciente* (a informação deve referir-se aos riscos do ato médico considerado e às sequelas e consequências desse ato) e obter seu consentimento para o ato médico. Até data recente, a informação sobre os riscos do ato devia referir-se, em princípio, aos riscos normalmente previsíveis, e os riscos excepcionais podiam não ser revelados (só davam ensejo a informações exaustivas sobre os riscos: atos com fins estéticos, segundo a jurisprudência, retiradas de órgãos, pesquisas biomédicas e interrupção voluntária de gravidez por perigo de vida invocado por determinação da lei). A partir de uma sentença proferida pela primeira câmara civil da Corte de Cassação em 7 de outubro de 1998, essa jurisprudência é obsoleta, e o médico deve normalmente revelar a seu paciente todos os riscos do ato em vista, mesmo os excepcionais, com a ressalva das situações de urgência, de impossibilidade (sobretudo em razão de fragilidade psicológica do paciente; essas são as razões legítimas que limitam o dever de informação do médico do artigo 35, § 2º do Código de Deontologia Médica, aquilo que foi qualificado de "limitação terapêutica da informação"), e de recusa do paciente a ser informado. Chega-se à solução que a Corte de Cassação dava antes com referência à informação sobre as sequelas e consequências do ato médico, quando se exigia que ela fosse exaustiva. A sequência natural da informação é a *obtenção do consentimento* do paciente. Essa exigência, que sempre foi feita pela jurisprudência, independentemente de certas disposições legais específicas (ver acima o referente à informação), foi reforçada pela Lei de 29 de julho de 1994 (ver C. Civ., art. 16-3, § 2º – C. Saúde Públ., art. L. 1.111-2). Uma jurisprudência antiga e bem estabelecida desde uma sentença da Corte de Cassação datada de 29 de maio de 1951 impunha ao paciente o *ônus da prova* da falta de informação ou da ausência de consentimento. A primeira câmara da Corte de Cassação ditou em 25 de fevereiro de 1997 a regra inversa: a partir daí, cabe ao médico provar – por todos os meios – que informou o paciente e obteve o seu consentimento para o ato. O *erro médico* resulta do desconhecimento, por parte do médico, das regras da arte, e mostra-se a partir da comparação entre a conduta efetivamente adotada no caso em pauta e a conduta que deveria ter sido adotada por um médico normalmente competente e diligente, em geral em decorrência de uma perícia ordenada pelo juiz. Nesse aspecto, devem ser feitas duas observações. Em primeiro lugar, toda anomalia de conduta em relação à conduta do padrão de referência, por menor que seja, isto é, todo erro, ainda que ligeiro, é de índole a implicar a responsabilidade do médico, assim como de qualquer outro profissional ou de qualquer outra pessoa. Em segundo lugar, o diagnóstico errado não constitui, por si mesmo, um erro médico: o diagnóstico errado só constituirá erro médico se não tiverem sido empregados todos os meios e, de modo mais geral, a diligência necessária ao estabelecimento de um diagnóstico correto.

Segundo jurisprudência tradicional, o erro médico capaz de implicar a responsabilidade do médico deve ser provado (o ônus da prova incumbe ao paciente), e, no campo técnico, esse erro é uma condição indispensável da responsabilidade. A jurisprudência recente questiona amplamente esses dois princípios. Por um lado, a jurisprudência contemporânea abre amplo espaço para as presunções baseadas na anormalidade do dano em relação àquilo que se poderia razoavelmente esperar do ato médico realizado (o que é uma solução clássica do direito administrativo da responsabilidade médica), e uma das mais recentes e espetaculares aplicações disso foi feita pela Corte de Cassação no âmbito das infecções hospitalares (Civ. I, 29 de junho de 1999, três sentenças). Por outro lado, as jurisdições de primeira instância são cada vez mais atraídas pela distinção entre danos resultantes da evolução da doença e danos resultantes diretamente do ato médico. Nos primeiros, a responsabilidade do médico só será admitida caso fique provado que seu erro deu origem à piora da doença – se a evolução própria da doença comportar um fator aleatório irredutível; nos segundos, a responsabilidade será admitida de pleno direito, com fundamento na obrigação de oferecer segurança – sendo o médico obrigado a não acrescentar com sua ação elementos patológicos exteriores àqueles que têm origem na evolução própria da doença. Até hoje, a Corte de Cassação ainda não se pronunciou sobre esta questão. Com uma perspectiva idêntica, a jurisprudência mais recente considera a responsabilidade dos médicos em razão de *defeitos do material utilizado*, mesmo que esses defeitos sejam apenas presumidos, com base no fundamento da obrigação de oferecer segurança de resultado, independentemente da prova de um erro qualquer. O médico, por outro lado, é responsável por seus *prepostos*, contratualmente em relação aos pacientes, com os quais têm elos contratuais; delituosamente em caso inverso. Também é responsável por seus *ajudantes* ou *substitutos*, mesmo que não prepostos, uma vez que, na qualidade de dirigente de um ato médico contratualmente prometido a seu paciente, ele determine a execução de uma parte desse ato por outro médico que não tenha vínculo contratual com o paciente; trata-se de uma situação que se manifesta especialmente quando um ato médico é realizado por uma equipe cujo elemento contratado pelo paciente foi apenas o seu chefe.

Se a *causalidade* apresenta alguma particularidade no âmbito da responsabilidade médica, é em razão do uso que a jurisprudência faz da noção de perda de oportunidade de sobreviver ou de ser curado, desde 1965. Na realidade, quando decide que o médico que cometeu um erro "que não deixou de ter consequências", com dano sofrido pelo paciente, deve reparar a oportunidade perdida devido ao seu erro – sendo a reparação avaliada como fração do prejuízo final –, o juiz está traduzindo, nas hipóteses mais frequentes, sua hesitação quanto à existência do nexo de causalidade, na incerteza em que se encontra de estabelecer a origem indubitável do dano: o erro cometido ou a evolução própria da doença; e, na dúvida, ele indeniza em parte, o que às vezes é injusto para o médico, mas às vezes o é também para o paciente. O *prejuízo*, nesse âmbito, só apresenta particularidades em relação com sua especificidade. Isso ocorre especialmente com o prejuízo resultante da falta de informação, quando esta constitui o único erro cometido pelo médico e quando, sendo a intervenção inelutável, o paciente a teria provavelmente aceitado. Também é controverso, nesse aspecto, o prejuízo resultante do nascimento de uma criança deficiente, quando o médico é estranho à ocorrência dessa deficiência e seu único erro foi não a ter diagnosticado antes do nascimento (sobre esse ponto, a Corte de Cassação: Civ. I, 26 de março de 1996, e o Conselho de Estado: CE, 14 de fevereiro de 1997, têm posições divergentes).

É clássico distinguir a responsabilidade médica no *setor público* (ver Responsabilidade administrativa) e a responsabilidade médica no *setor privado*, tanto no que se refere às condições de mérito quanto no que se refere à concretização da responsabilidade. Em temos de *condições de concretização*, a diferença formal é importante (ver Jurisdições). No *setor privado*, a responsabilidade do médico é pessoal, pondo em causa diretamente o profissional e, com a ressalva do uso de seguro (sempre facultativo, exceto para as empresas médicas), as despesas são suportadas pelo seu patrimônio. As jurisdições competentes para o julgamento da ação de responsabilidade são as jurisdições da ordem judiciária. A prescrição aplicável é de trinta anos (exceto nas pesquisas biomédicas, nas quais é de dez anos). No *setor público*, a responsabilidade do órgão público, em princípio, substitui a do médico, exceto por erro pessoal desvinculável do serviço público. As jurisdições competentes são da ordem administrativa. A ação tem uma prescrição de quatro anos, o que é pertinente a todas as dívidas públicas.

No que se refere às *condições de mérito*, é forçoso constatar que essa distinção entre setor público e setor privado é cada vez menos substancial. Por um lado, as soluções referentes à informação e ao consentimento são idênticas. Por outro, no que se refere ao erro médico, a prova por presunção da responsabilidade a partir da anormalidade do dano (ver acima), se foi de início uma particularidade da jurisprudência administrativa, agora é admitida em condições praticamente idênticas nos dois setores (sobre o setor público, ver: CE, 9 de dezembro de 1988, *Cohen*. – 31 de março de 1999, *CPAM du Vaucluse*). Da mesma maneira, a responsabilidade médica sem a prova da culpa, que na origem era uma especificidade da jurisprudência administrativa (CE, 9 de abril de 1993), agora tende a ser adotada pela jurisprudência judiciária, ainda que com fundamentos diferentes, ao menos pelas jurisdições de primeira instância (ver acima). Além disso, desde que a jurisprudência administrativa abandonou a distinção entre atos médicos e atos de tratamento (CE, 10 de abril de 1992, *M. e Mme V.*), a culpa exigida nos dois campos é a culpa simples. Em outras palavras, no mérito, as soluções que regem a responsabilidade médica são em grande parte convergentes ou concordantes, se não idênticas, o que leva muitos autores a indagar-se sobre a pertinência da dualidade das ordens jurisdicionais nesse campo.

A responsabilidade médica, como se disse antes, chegou a um ponto de ruptura em razão do rigor de muitas de suas soluções, no intuito de indenizar o que muitas vezes parece ser resultado dos imprevistos do ato médico ou talvez, mais exatamente, do *risco médico*. Parece cada vez mais indispensável uma *lei* que trate da *responsabilidade médica* desse ponto de vista.

› *J.-Cl. Pénal*, Annexes, ver Médecine. – *Rép. civ. Dalloz*, ver Médecine. – ALMÉRAS J.-P. & PÉQUIGNOT H., *La déontologie médicale*, Litec, 1996. – LAMBERT-FAIVRE Mme Y., *Droit du dommage corporel*, Dalloz, 2000; *La responsabilité: de la faute au risque*, ENM, 1996.

Jean PENNEAU

→ Culpa; Ordens profissionais.

MEIO AMBIENTE

O interesse do direito pelo meio ambiente é recente. A primeira grande Conferência das Nações Unidas sobre o meio ambiente ocorreu em Estocolmo em junho de 1972, redundando numa declaração de tom incisivo e princípios generosos. Ela incentivou o desenvolvimento de legislações nacionais: a França adotará em *10 de julho de 1976* sua primeira – e até agora única – lei de conjunto sobre a proteção da natureza. Chegando à adolescência, o meio ambiente superou depressa sua crise de identidade e de crescimento, ocupando agora, entre os outros direitos, uma posição primordial, interpelando-os e energizando-os com seus imperativos categóricos. Tornando-se irresistível, essa promoção se impôs a setores que o ignoravam solenemente, tais como o desenvolvimento econômico. A reconciliação também foi selada em nível internacional, quando se admitiu que proteger e valorizar o meio ambiente não é luxo reservado aos países ricos, mas uma necessidade vital para o planeta. Surgiu o "*ecodesenvolvimento*", gestão ecologicamente racional dos espaços e dos meios. O direito do meio ambiente conquistou autonomia. Trata-se de um direito *aglutinador* que extrai inspiração e coerência de disciplinas científicas diversas: a elaboração da regra está frequentemente subordinada aos resultados científicos que influenciam diretamente seu conteúdo. Trata-se também de um direito *mobilizador*, o que é particularmente significativo em se tratando de sua integração no direito comunitário, no qual, segundo se diz, seu lugar variou "do zero ao infinito". Trata-se, enfim, de um direito ambicioso que procura conciliar um direito positivo e técnico detalhista com o direito natural, a fim de legislar sobre a natureza respeitando suas causas e seus fins primeiros.

Direitos da natureza, deveres dos homens

A natureza pode ser *sujeito de direito*? A resposta é negativa, e as propostas isoladas, tendentes a tornar elementos da fauna e da flora sujeitos de direito, só despertam interesse por seu aspecto provocador (proposta de um jurista americano de dar às árvores o direito de agir em juízo) ou poético (discurso de Pierre de Ronsard aos lenhadores da floresta de Gastine: "O sangue tu não vês que por força esguicha, Das ninfas que viviam debaixo da cortiça"). Apenas o homem é sujeito de direito; a natureza não passa de *objeto*, ou melhor, *projeto*, que o direito assiste e enquadra. Nessa simbiose entre as ciências do homem e da natureza, a esta cabem direitos, enquanto o homem é mais onerado com deveres do que com direitos. A mudança de mentalidade foi radical. A apologia ao homem e às sociedades, esclarecidos pela Razão e pelas Luzes, os incitava a "tornar-se senhores e possuidores da natureza" (Descartes) e o proprietário, sacralizado pelo artigo 544 do Código Civil francês, recebia o "direito de gozar e dispor das coisas da maneira mais absoluta". Em nome do Progresso, do fervor cientificista e da lei do lucro, eram incentivados o desperdício e as destruições. A reação foi estimulada pelos efeitos conjugados da conscientização da universalidade do patrimônio natural e cultural e pelo medo. "Não é o homem o dono da terra, mas a terra é que é dona do homem", constata um provérbio africano, e a sabedoria indiana corrobora: "Não herdamos a terra de nossos ancestrais: nós a tomamos de empréstimo a nossos filhos." O princípio de fraternidade, por muito tempo negligenciado, sobrepuja o de liberdade, e esta é vista como uma liberdade-participação. *O abusus* se eclipsa diante de um *usus* pelo qual o proprietário é responsável perante as gerações futuras, e de um *fructus* inspirado pelos princípios de precaução e desenvolvimento duradouro. Quanto à preocupação, nasce com a divulgação dos desastres ecológicos e com a percepção dos riscos decorrentes do crescimento, do esgotamento dos recursos naturais e das vinganças de uma natureza maltratada: as sombrias perspectivas do aquecimento planetário e do efeito estufa já não são ocultadas. O Princípio 1º da Declaração de Estocolmo, depois de proclamar que "o homem tem direito fundamental à liberdade, à igualdade e a condições de vida satisfatórias num meio ambiente cuja qualidade lhe permite viver com dignidade e bem-estar", passa imediatamente para seu "dever solene de proteger e melhorar o meio ambiente para as gerações presentes e futuras", e a lei francesa de 10 de julho de 1976 proclama o "dever de cada um de zelar pela salvaguarda do patrimônio natural no qual vive" (art. 1º). Esse surto de solidariedade repercute na sociedade civil. A proteção do meio ambiente provocou progressos decisivos na *transparência*, no *diálogo*, na *participação* nas decisões. Cada um tem o direito de ser informado, e os governos podem cada vez menos refugiar-se por trás do segredo, como demonstram os recentes inventários sobre os solos poluídos na França ou os progressos – ainda modestos – da informação em questões nucleares. O diálogo com os cidadãos deveria acompanhar a tomada de decisões, verdadeira estratégia capaz de evitar conflitos ulteriores.

Direito flexível, juiz inflexível

Ainda jovem, o direito do meio ambiente se tornou exuberante, abeberando-se em diversas fontes. A persistência do interesse geral, o reconhecimento de um serviço público do meio ambiente e a finalidade da ordem pública ecológica conferem grande vantagem ao direito público. Mas o direito penal ocupa lugar determinante, procurando menos punir do que "reparar", e o direito civil é levado a tratar de delicadas questões de vizinhança e responsabilidade.

As fontes mais elevadas da legalidade, na pirâmide das normas, são as *convenções internacionais*. Algumas se apresentam como declarações de princípio, sem força coercitiva, tais como o Preâmbulo e os 26 princípios da Declaração de Estocolmo, seguidos das 109 recomendações de um "Plano de ação para o meio ambiente", ou os 27 princípios da Declaração do Rio de Janeiro de 14 de junho de 1992, acompanhados de um programa de ação para um desenvolvimento duradouro: "Agenda 21". Outras são diretamente aplicáveis pelos Estados, tal como a Convenção de Ramsar de 2 de fevereiro de 1971 sobre as zonas úmidas; essas regras são, na maioria das vezes, proibições, e não prescrições.

O meio ambiente não foi expressamente considerado pelo Tratado de Roma. Foi considerado pelo Tratado de Maastricht, e a partir daí dois instrumentos jurídicos podem servir de referência em *direito comunitário*: os *artigos 130 R a T* determinam os objetivos que devem ser buscados e seus fundamentos, assim como o *artigo 100 A* diz respeito à aproximação das legislações no âmbito do mercado interno. Acima de tudo, o meio ambiente deve ser *obrigatoriamente* integrado nas outras políticas da União Europeia, pois "as exigências em termos de proteção do meio ambiente são um componente das outras políticas da Comunidade". As fontes derivadas não param de crescer, quer se trate de regulamentos, quer de diretivas, cuja transposição nos prazos estabelecidos às vezes se choca com a má vontade manifesta dos governos. A França mostrou-se recalcitrante para transpor a diretiva "Pássaros" de 1979, assim como a diretiva "Habitat" de 1992, que incentivava, no âmbito da rede Natura 2000, a delimitar zonas especiais de conservação. Luta de retaguarda, pois, assumindo suas responsabilidades de impulso e unificação, a Europa tem os meios de chamar à razão as suscetibilidades nacionais.

A *Convenção Europeia dos Direitos do Homem* só indiretamente trata do meio ambiente, mas a Corte de Estrasburgo não hesita em condenar os Estados cuja regulamentação infrinja seus princípios; foi o que fez, em 1999, ao impor sanções à França devido à sua legislação sobre a caça. O Conselho da Europa também tem em seu ativo a elaboração de convenções de grande interesse: Convenção de Berna de 19 de setembro de 1979 sobre a proteção da vida silvestre e do meio natural na Europa; Convenção de Lugano de 8 de março de 1993 sobre a responsabilidade civil pelos danos ao meio ambiente.

As *fontes nacionais* são de ordem legislativa e regulamentar. A Constituição francesa não acolhe em seu preâmbulo, ao contrário de algumas constituições estrangeiras, um direito fundamental "a um meio ambiente ecologicamente equilibrado". Essa promoção está para ocorrer com a Carta do Meio Ambiente atualmente em preparação. O direito do meio ambiente reúne grande quantidade de regulamentações meticulosas e grandes leis de orientação geral nas quais o indicativo convive com o imperativo. A generalidade das fórmulas escolhidas adapta-se às situações imprevisíveis e indecisas que elas devem enquadrar. As noções de "equilíbrio ecológico", de "inserção harmoniosa no meio ambiente", de "manutenção da diversidade biológica", de "paisagem" – que só vale "por quem a olha" – são as representações tradicionais de um direito flexível, por outro lado próximo do direito "com maiúscula" tão prezado por Carbonnier.

O *papel do juiz* é aí determinante, especialmente na interpretação dada aos textos, aos quais – tanto na França como em outros lugares – ele procura adequar-se. Diante de um direito novo, em constante evolução, ele se mostra cada vez mais rigoroso para garantir o respeito das preocupações ambientais por parte de particulares e das autoridades administrativas. Em poucos anos, essas preocupações alçaram-se ao primeiro plano nos *interesses gerais* que os poderes públicos têm de defender, e o juiz procura estabelecer uma conciliação razoável entre as finalidades que os pessimistas qualificarão de antagonistas, e os otimistas, de complementares. A jurisprudência administrativa sobre a desapropriação põe o meio ambiente no cerne dos "interesses públicos", levado em conta para estabelecer o equilíbrio da utilidade pública; a jurisprudência sobre o urbanismo atribui grande importância à inserção harmoniosa das construções no meio ambiente e ao respeito a essa prioridade nos documentos de urbanismo. No entanto, o juiz evita imiscuir-se nas escolhas da alta política, como mostram os debates sobre a questão nuclear ou sobre o destino do lixo radioativo. Frequentemente discricionário, o poder das autoridades administrativas exige um controle restritivo do juiz e o recurso ao erro manifesto de apreciação. Contrariamente à proibição de comportar-se como administrador, o juiz administrativo acabou assumindo poderes excepcionais em matéria de *instalações classificadas* para a proteção do meio ambiente (ICPE). Esses estabelecimentos são regidos pela Lei de 19 de julho de 1976 que confirma o papel essencial da administração do departamento na execução dessa política especial que se aplica a mais de 600 mil instalações, tanto submetidas à simples declaração, quanto submetidas à autorização. Esse contencioso, ao lado do contencioso eleitoral, é o que dá mais prerrogativas ao juiz, que dispõe de poderes coercitivos, exercidos oficialmente, para ordenar a suspensão da atividade de instalação ou seu fechamento provisório. O próprio *juiz judiciário* mostra-se inflexível na busca e na reparação dos danos ao meio ambiente. O juiz civil dispõe de poderes para impor liminares, mandados judiciais e até de coação para tomar medidas conservatórias diante da gravidade de certas situações, e o direito da responsabilidade civil familiarizou-se aos poucos com esse contencioso particular. Quanto ao juiz repressivo, seu papel não parou de crescer, incentivado por certas reformas, ainda que o flagrante de infrações feito por pessoas especialmente habilitadas padeça de uma evidente carência de meios. Uma das atuais missões dos juízes é contribuir para definir uma nova ordem pública ecológica e as diversas facetas dos danos, por meio de certos aspectos singulares: o dano ecológico.

Ordem pública ecológica, dano ecológico

Objetivo extrajurídico, conforme concebido por Charles Eisenmann, a ordem pública ecológica deveria estimular a harmonização de regulamentações fragmentadas e corresponder à consideração global de conjuntos e sistemas. Trata-se de experimentar e de desenvolver novos princípios de conduta, cuja transposição jurídica é delicada, devido a seu caráter aproximativo, e estimulante, devido a seu caráter aberto e generoso. O direito do meio ambiente incentiva a noção de *patrimônio*: biológico, natural, cultural e paisagístico, rural, arquitetônico e urbano. Expande-o, ao qualificá-lo às vezes de "comum" e ao tornar a nação depositária desse legado. "O território francês é o patrimônio comum da nação" (Lei de 7 jan. 1983). Semelhante promoção é concedida à água (Lei de 3 jan. 1992) e a lei sobre o meio ambiente de 2 de fevereiro de 1995 faz o mesmo com "os espaços, recursos e meios naturais, sítios e paisagens, espécies animais e vegetais, a diversidade e os equilíbrios biológicos dos quais participam". O direito internacional atribui também uma vocação mais ambiciosa a certos espaços e meios: fauna e flora da Antártida (Convenção de 1980), espaço extra-atmosférico (Tratado de 1967), fundo dos mares e seus recursos (Convenção de Montego de 1982), consagrados como "patrimônio comum da humanidade". Sacralização da *res communis* romana, familiar a Grócio e Suarez, o vínculo com a Nação ou a Humanidade – entidades sem personalidade jurídica – condena a apropriação egoísta e encoraja a exploração e a proteção pelo bem de todos. Diferentemente da *res nullius*, que é um "dado" (Heidegger), a *res communis* é um "construto".

Entre o encantatório e o realismo desabrocha o tema do *desenvolvimento duradouro*, também dito *sustentável*, que significa que os recursos vivos do planeta não devem ser o objeto de uma superexploração capaz de impedir sua renovação, em prazo mais ou menos longo. A conservação da *biodiversidade* torna-se uma obrigação, conforme mostram os debates sobre o acesso aos recursos genéticos e sobre a patenteação do ser vivo. O respeito à ordem pública ecológica tem um aliado num princípio capaz de renovar a reflexão política e jurídica: o *princípio da precaução*. Significa que, ainda que as consequências de certas ações ou decisões não possam ser exatamente previstas, a ausência de certezas não pode servir de pretexto para retardar a adoção das medidas necessárias e não pode ser desculpa absolutória de responsabilidade. De algum modo, as ciências, inclusive as qualificadas de exatas, outrora certas de suas análises e de seus resultados, avaliam suas insuficiências: na impossibilidade de dominar a incerteza, é preciso dominar o acaso. A precaução mostra-se discretamente em direito positivo: o Conselho de Estado faz alusão a ela ao tratar dos organismos geneticamente modificados. Esse aspecto modernizado da *prudência* é uma superação inteligente e criativa das tradicionais medidas de *prevenção*, que continuam despertando interesse: autorizações prévias, correção "por prioridade na fonte", estudo de impacto ambiental.

Uma questão continua latente: saber a quais autoridades confiar a decisão. O meio ambiente é principalmente um "assunto do poder central" ou deveria ser descentralizado, como o urbanismo? As soluções divergem segundo o país, sua organização interna e as mentalidades. Na

França, a proteção ao meio ambiente continua sendo em grande parte um assunto do poder central, no que se refere à regulamentação, mas percebe-se uma evolução no que diz respeito à sua gestão, cada vez mais confiada às *autoridades locais*; o papel das *associações de defesa do meio ambiente*, que foram os postos avançados da democracia participativa, continua essencial. Seu interesse na ação é amplamente reconhecido, e àquelas que são beneficiadas por uma *aprovação* são atribuídos direitos particulares: direito de atuar como parte civil perante as jurisdições repressivas e de propor uma ação de reparação coletiva. A sociedade civil transmite à proteção ao meio ambiente um alento animador. A imaginação criativa dos juristas é solicitada pela especificidade do *dano ecológico* que muitas vezes tem um caráter *indireto, difuso e insidioso* – o que dificulta a prova e o estabelecimento do nexo de causalidade – e um caráter *coletivo* por suas causas e efeitos – que muitas vezes são *cumulativos* e às vezes *irreversíveis* –, o que se soma à dificuldade de apreciação do prejuízo. A responsabilidade tem seu principal fundamento na *culpa*, ou seja, nas negligências ou imprudências dos particulares e da administração. A teoria da *perturbação à vizinhança* ocupa lugar de destaque que só conduz a indenizar as perturbações que ultrapassem *limiares de normalidade*. Normas na "fonte" e normas de emissão servirão de guia, e o recurso a especialistas será frequentemente indispensável. Seja "natural", "tecnológico", "maior" ou "aceitável", o *risco* está no cerne da reflexão sobre a responsabilidade ambiental. Ele pode ser exterior ao direito e admitido como uma "fatalidade": é a hipótese das catástrofes naturais. Pode ser aceito como consequência inevitável do progresso e avaliado como um risco social, segurável, cujas consequências previsíveis cabe prevenir. Pode, enfim, ser deliberadamente negado, com a rejeição da ideia de sua inevitabilidade; nesse caso, a precaução permitiria levar em conta riscos improváveis.

A indenização do dano ecológico choca-se com numerosos problemas: identificação dos responsáveis (cf. solos poluídos), avaliação de prejuízos difusos no espaço e no tempo, encargo da reparação. Diante da importância do risco ecológico, os sistemas tradicionais de seguro revelam-se impotentes, tendo sido criados mecanismos de corresseguro. A aplicação do *princípio poluidor-pagador*, inspirado pelas teorias econômicas sobre a internalização dos custos sociais externos, levados em conta nos custos de produção, dá bons resultados quando se trata de água e detritos. Foram criados *fundos especiais de indenização* em certos países, muito úteis quando os responsáveis não podem ser identificados, mas insuficientes para os grandes desastres. Com audácia e modéstia, o direito do meio ambiente ousa desafiar a fatalidade, ambição à altura daquilo que está em jogo.

› EDELMAN F. & HERMITTE. M. A., *L'Homme, la nature et le droit*, Paris, Bourgois, 1988. – FROMAGEAU J. & GUTTINGER P., *Droit de l'environnement*, Eyrolles, 1993. – KISS A. & BEURIER J.-P., *Droit international de l'environnement*, Pedone, 2000. – MORAND-DEVILLER J., *Droit de l'environnement*, Paris, PUF, 6ª ed., 2003. – OST F., *La Nature hors la loi*, Paris, La Découverte, 1995. – PRIEUR M., *Droit de l'environnement*, Paris, Dalloz, 4ª ed., 2001. – RÉMOND-GOUILLOUD M., *Du droit de détruire*, Paris, PUF, 1989. – ROMI R., *Droit et administration de l'environnement*, Paris, Montchrestien, 4ª ed., 2001.

Jacqueline MORAND-DEVILLER

→ Biologia e direito; Direito natural; Florestas; Patrimônio; Risco; Solidariedade; Território; Urbanismo.

MENDIGOS E VAGABUNDOS

A partir do Novo Código Penal francês (1º de março de 1994), a vagabundagem e a mendicância deixaram, em princípio, de constituir delito. Antes, mendigos e vagabundos eram suspeitos de perturbar a ordem social; os poderes públicos, portanto, tentaram sem trégua identificá-los para poder vigiá-los e puni-los.

Identificar

Com suas ordens mendicantes, a Igreja da Idade Média provou que pobreza não é marginalidade. No entanto, respaldada pelo direito canônico, ela mesma estabelecia uma distinção entre o pobre merecedor e o pobre culpado de ociosidade, pecado que dá origem à culpa. Rapidamente se diferenciou a mendicância praticada por um homem deficiente da praticada por uma pessoa válida. A adjunção do termo vagabundo ao termo mendigo como qualificativo desqualificador surge em torno do século XIV. Não era tanto o caráter errante do vagabundo que amedrontava, mas o fato de não ter eira nem beira: com moralidade suspeita e origem incerta, eram-lhe atribuídas intenções malignas. Três fatores conjugados concorriam para revelar a presunção de delinquência que pesava sobre o binômio mendigo-vagabundo: a Guerra dos Cem Anos, a grande peste de 1348-49 e a evolução da relação cidade/campo (a pobreza rural afluía para os centros urbanos a fim de se exibir). O mendigo-vagabundo funcionava então como catalisador do medo coletivo do século XIV; identificá-lo como culpado *a priori* era encontrar um derivativo para os males do século. O Estado, ao se reestruturar, produzia um direito rebarbativo em relação aos mendigos e vagabundos; o objetivo era tranquilizar uma sociedade abalada por causas mais profundas. Mendicância e vagabundagem eram os negativos da aspiração à prosperidade, à ordem e à fixidez. O Estado moderno difundia suficientemente seu poder para encerrar mendigos e vagabundos numa presunção quase irrefragável de delinquência. Aquele que pede esmolas e é válido é culpado na intenção e no fato: a "covardia" e a "libertinagem" que o incitam a mendigar têm como resultado a apropriação do fruto do trabalho alheio. Identificado como culpado, porque a pobreza como ideal tinha refluído, o válido devia trabalhar. Por isso, ele logo se tornou indistinto dos vagabundos, "gente ociosa, preguiçosa, sem ofício e profissão" (Ferrière, *Dicionário*..., 2ª ed., 1760, t. II, p. 786). O Antigo Regime, portanto, definia como responsáveis sem culpa aqueles que ele qualificava como sem senhor, profissão e domicílio fixo; tal é o tríptico considerado pelo artigo 1º da Declaração Régia de 5 de fevereiro de 1731.

A Revolução não conseguiu considerar a mendicância e a vagabundagem suportáveis para o corpo social. Enquanto o Código Penal de 1791, omisso, parecia marcar um período de cessação da exclusão, a Convenção reatava com a confusão oriunda do antigo direito: os decretos de 24 de vendemiário e 11 brumário do ano II perpetuavam a equiparação entre mendicância e vagabundagem. Ainda que Saint-Just preconizasse a extinção da mendicância, os jacobinos não inovaram; caridosos para com os pobres, simplesmente prolongaram a antiga linha divisória entre pobreza meritória e a pobreza suspeita dos ociosos.

O autoritarismo napoleônico não se enleou com precauções terminológicas. A ordem pública imperial identificava culpado com base numa definição oriunda do Antigo Regime. Esse é o objeto do Código Penal de 1810, cujo artigo 269 reza, lapidarmente, que "vagabundagem é delito", ao qual o artigo 274 soma, num reflexo natural, a mendicância. Essa intenção delituosa pressuposta foi da conveniência do utilitarismo burguês durante todo o século XIX. A pauperização dos meios operários, fator de perturbações, portanto de medo, acabou por fixar na incriminação aqueles que não tivessem domicílio, profissão nem ninguém que certificasse sua vida e seus costumes.

A palavra francesa "*clochard*" [aleijado] aparece em 1895 para designar o mendigo. Era indício de que o direito estava inadequado aos costumes: a marginalidade, começando a ser aceita, cessava de alimentar a fobia. Os registros da justiça, porém, provam que até meados do século XX havia a obstinação de perseguir, com o mesmo rótulo, mendigos e vagabundos. Essa identificação obsoleta desmoronou rapidamente. Um decreto de 7 de janeiro de 1959 subtraía a questão da vagabundagem ao direito penal e a punha no terreno da assistência social, enquanto leis sucessivas (18 de março de 1955, 17 de julho de 1970 e 2 de fevereiro de 1981) modificavam, finalmente, o Código Penal e punham termo à equiparação entre vagabundagem e mendicância como fator de incriminação. Portanto, é totalmente lógico que o novo Código Penal francês de 1994 já não faça menção a essas noções; elas deixaram de constituir delitos, ainda que, desde então, alguns regulamentos municipais tratem a mendicância como infração, por enquanto considerada legal pelo juiz administrativo.

Vigiar e punir

Na Idade Média, a Igreja exaltava a caridade; mas, no contexto conturbado do século XIV, a mendicância urbana preocupava os poderes públicos, que optaram pela repressão. A ordenança baixada por João II, o Bom, em 1350-51 prescrevia aos marginais parisienses que trabalhassem ou deixassem a cidade em três dias, sob pena de reclusão (de quatro dias, medida preventiva para a época), de castigo físico em caso de reincidência ou de banimento em caso de terceira infração. Tornar úteis os inúteis e, na impossibilidade disso, excluí-los: essa era a lógica da legislação até o fim do século XV, que queria obrigar os ociosos a trabalhar; pois, sem trabalhar, inclinavam-se ao roubo ou ao crime. O banimento medieval, porém, apresentava o inconveniente de criar duradouramente vagabundos e mendigos: um marginal expulso de uma comunidade teria poucas chances de se reinserir em outra. A exclusão, portanto, acabava por se radicalizar. Uma ordenança de 1496, baixada por Carlos VIII, decidia instaurar a pena das galés. Com essa legislação tinha início a era totalmente repressiva que caracterizaria o Antigo Regime. São aplicados meios exorbitantes. Para começar, esses marginais eram em princípio culpados e, em última instância, incorriam na justiça dos prebostes. "São chamados caça de Preboste", ressalta Ferrière (*Dicionário*..., t. II, p. 786). Em caso de delitos, a mendicância e a vagabundagem passaram depois a ser objeto de penas corporais cuja exemplaridade era agravada pela legislação régia; um edito de 1534 previa a pena da roda, enquanto uma declaração de Henrique II de 18 de abril de 1558 impunha a pena de morte. Aquele que reincidisse na mendicância em si era marcado com um M no ombro. O poder, não conseguindo erradicar a mendicância, desejava isolá-la. Uma declaração de 8 de julho de 1724 optava pela detenção temporária ou perpétua no Asilo Geral para Mulheres e Inválidos, onde recebiam chicotadas. Uma segunda declaração de 3 de agosto de 1764 sistematizava para todo o reino a reclusão de vagabundos e mendigos (exceto homens válidos de 16 a 70 anos, passíveis de três anos de galé), "ainda que não fossem culpados de nenhum crime ou delito". Medida que prenunciava a declaração régia de 1767, acerca da criação dos depósitos de mendicância. Em 1775, Turgot tentava racionalizar essa exclusão ineficaz; enquanto os depósitos de mendicância eram reduzidos a cinco, ele criava oficinas de caridade onde os mendigos e os vagabundos trabalhavam para as obras públicas. Oficinas, portanto, que tinham em vista corrigir e também obrigar a trabalhar. A solução parecia convencer os revolucionários que, por sua vez, encaminhavam mendigos e vagabundos para oficinas de socorro e proibiam as condenações a penas corporais. Mas a legislação de 24 de vendemiário do ano II restabelecia a erradicação: em caso de reincidência, aplicava-se uma pena de deportação que não podia ser inferior a oito anos. O Código Penal de 1810 ressuscitava o antigo direito. A pena generalizada da reclusão temporária (art. 271) era seguida pela colocação "à disposição do governo". Essa vigilância arbitrária passava para as atribuições da alta polícia de 1832 a 1885, data na qual a lei republicana de 27 de maio limitava-se a impor proibições de permanência e relegações a indivíduos julgados perigosos (medida pouco aplicada, mas que só será revogada pela Lei de 17 de julho de 1970).

No século XX, foram os magistrados que esvaziaram o Código Penal de seu conteúdo. O artigo 274 estava fadado a desaparecer porque os juízes estavam cada vez menos inclinados a aplicá-lo. Enquanto a polícia perpetuava sua vigilância, os tribunais não queriam punir. Para 2.523 citações por mendicância e vagabundagem em 1986, apenas 117 sentenças foram pronunciadas. Ao omitir um delito multissecular em 1994, o legislador nada mais fez do que assumir um novo limiar de tolerância em relação à marginalidade; em vez de revogar uma norma, o Novo Código Penal preferiu deixá-la dormir; o legislador já não tentava remendar o tecido social, já não se pronunciava a favor da exclusão nem da integração forçada.

› DEPAUW J., "Pauvres, pauvres mendiants, mendiants valides ou vagabonds? Les hésitations de la législation royale", *RHMC*, 1974, pp. 401-18. – GEREMEK B., "Criminalité, vagabondage, paupérisme: la marginalité à l'aube des temps modernes", *RHMC*, 1974, pp. 337-75. – GOUBERT P., *Le Monde des errants, mendiants et vagabonds à Paris et autour de Paris au XVIIIe siècle*, Paris, 1976. – PAULTRE C., *De la répression de la mendicité et du vagabondage en France sous l'Ancien Régime*, Paris, 1906. – RENAUT M.-H., "Vagabondage et mendicité: délits périmés, réalité quotidienne", *RH*, 1998, pp. 287-322. – SCHNAPPER B., "La répression du vagabondage et sa signification historique du XIVe au XVIIIe siècle", *RHD*, 1985, pp. 143-57.

Grégoire BIGOT

→ Crimes e delitos; Nômades.

METODOLOGIA JURÍDICA

O conhecimento do direito não se reduz à boa memória, pois nisso o homem não poderia rivalizar com o computador. Supõe métodos apropriados, baseados numa lógica, em raciocínios diversos, em instrumentos técnicos, classificações, qualificações, terminologia rica e precisa, técnicas adequadas de expressão. Isso implica determinados procedimentos de informação, coordenação, interpretação etc. Em geral se admite que todos os sistemas jurídicos têm estrutura comparável e comportam as mesmas espécies de normas jurídicas: normas de conduta, de competência e de organização para alguns autores; normas de conduta e normas de sanções, para outros; apenas normas de conduta, para alguns outros. Ora, sem uma metodologia rigorosa, não se podem conceber regras capazes de reger eficazmente e com total segurança a realidade social, nem aplicar soluções jurídicas apropriadas à infinidade de situações de fato. Para François Gény, "toda elaboração jurídica é dominada por operações intelectuais e por uma metodologia, baseadas ambas nos princípios da lógica comum, com certa flexibilização comandada pela natureza peculiar do objeto por examinar: as regras jurídicas". A metodologia jurídica, ciência dos métodos do direito, define-se então como o estudo das técnicas empregadas pelos juristas: legisladores, juízes, advogados, acadêmicos etc. Mas também é o estudo das diversas técnicas jurídicas que variam segundo as atividades consideradas: elaboração e redação de textos, estudo do direito, aplicação do sistema jurídico. Perspectivas, objetivos, meios e métodos não são evidentemente os mesmos quando o objetivo é elaborar a lei, proferir um julgamento, negociar um contrato e ensinar, expor ou aprender o direito.

Portanto, a metodologia jurídica engloba, ao mesmo tempo, o estudo global dos métodos do direito (metodologia fundamental) e o estudo das operações específicas aplicadas nas diversas atividades jurídicas (metodologia aplicada).

Abertura para o estudo dos métodos do direito

É inútil estudar, criar ou aplicar o direito sem conhecer como atuam o legislador, o juiz, o advogado, o notário, os juristas empresariais, os poderes públicos, os acadêmicos etc. Nunca como agora, nesta época de super-regulamentação complexa, efêmera e frequentemente contraditória, de revoluções técnicas e sociais e de interpenetração de ordens jurídicas diversas, internas e internacionais ou supraestatais, o conhecimento e a aplicação dos métodos de direito pareceram tão imprescindíveis. São eles indispensáveis à determinação e à expressão das regras de direito pelo legislador, à sua interpretação, à solução dos litígios, à argumentação das partes no processo, à negociação e ao estabelecimento dos contratos pelos advogados, à formação eficaz dos estudantes etc. A todos é necessário o estudo atento dos procedimentos do direito, dos mecanismos intelectuais dos juristas, das formas de raciocínio às quais eles recorrem, dos procedimentos técnicos que empregam. Mas essa exigência de metodologia jurídica não pode ser atendida a ponto de perverter ou deformar abusivamente os fatos ou os valores essenciais: é preciso vencer o risco da abstração e do desconhecimento das realidades acarretados pela redução do direito a operações lógicas. F. Gény demonstrou que a técnica jurídica não deixa de apresentar perigos, pois modela as coisas por meio de uma série de procedimentos cujo caráter artificial e quase mecânico pode levar à desnaturação das realidades concretas e das finalidades do direito. A metodologia jurídica, portanto, não pode limitar-se a investigações ou a experiências de laboratório. Só pode haver-se com a realidade e a prática, quaisquer que sejam os dados fundamentais aos quais ela se vincule.

Análise conceitual da metodologia jurídica

Primeiramente, cabe admitir aqui o princípio segundo o qual, para ser aceitável, praticável e eficaz, *o direito deve constituir um conjunto coerente de elementos interdependentes, ou seja, um sistema*. A própria ideia de metodologia jurídica está ligada à ideia de construção racional do direito e à ideia de sistema jurídico. Com isso se deve entender o conjunto estruturado, organizado e interdependente das regras e dos mecanismos jurídicos que se aplicam numa sociedade. A expressão "sistema jurídico" parece ter sido inventada, no fim do século XVIII, por Bentham e por Rousseau, no *Contrato social* (livro I, cap. 9). Difundiu-se no século XIX e foi especialmente empregada por F. Gény. Agora é utilizada por numerosos autores contemporâneos. A noção de sistema é empregada aqui apenas para dar conta da complexidade e da diversidade da ordem jurídica, bem como das interações entre instituições e normas que ele implica, sem que se deixem de lado as exigências da realidade social e os fatos que o direito tem vocação para tratar. Visto que o sistema jurídico se caracteriza tanto pelos elementos que o compõem quanto pelas interações entre estes – o que pode ser resumido pela fórmula "tudo é coeso" –, pode-se ver nele "um conjunto de práticas, métodos e instituições que formam, ao mesmo tempo, um arcabouço teórico e um método prático" (dicionário *Petit Robert*). Essa percepção do direito como sistema pode coincidir com sua abordagem "analítica", que consiste em explicar termos, conceitos e estruturas jurídicas, bem como em "mostrar como o todo é compreensível como ordenamento coerente dos elementos que o compõem". Por outro lado, a análise do direito como "sistema aberto" não exclui as influências do meio social, econômico, político e filosófico sobre o sistema jurídico; alguns até consideram que o direito não passa de subsistema do sistema social global. A definição do direito como sistema ou mesmo como subsistema que comportaria múltiplos subconjuntos em interação é perfeitamente compatível com uma abordagem axiológica, quaisquer que sejam os valores considerados. A consideração de valores morais e sociais integra-se numa análise "sistêmica", uma vez que o sistema é "aberto" e pode tratar-se de um "conjunto difuso", dialógico, que comporta até normas "difusas", que permitem a seus destinatários grande liberdade de descodificação. Assim concebido como "sistema flexibilizado", o direito não se reduz a um conjunto formal, rígido e abstrato, como no modelo puramente normativo e hierarquizado de Kelsen. Com tal "sistematização externa", o direito é integrado "na sociedade, está em constante evolução, e também se integra no sistema de valores e de normas que domina essa sociedade". Assim, por exemplo, a lei deve ser interpretada no sentido de ser compatível com o sistema jurídico da qual depende, e não no sentido de estar em contradição com ele. Sua interpretação deve conformar-se ao espírito do legislador e às finalidades buscadas ou aos valores consagrados. Também deve ser fiel ao texto para respeitar a lógica das instituições. Assim, a sistematização do direito possibilita alijá-lo de contradições, segundo métodos de interpretação "sistêmica" e princípios de solução dos conflitos de leis, bem como preencher suas lacunas graças a princípios gerais e a procedimentos lógicos, como a analogia ou o argumento *a fortiori*. Alguns associam a dogmática e a metodologia jurídica ao positivismo jurídico. A sistematização e a interpretação das regras de direito e a eliminação de suas contradições e de lacunas se limitariam à esfera estrita do direito em vigor e excluiriam qualquer "ciência do direito". Há nisso uma desnaturação da análise do direito como sistema aberto e complexo e da metodologia jurídica, que pode absorver todos os valores consagrados numa sociedade.

Cabe admitir o *princípio da neutralidade da metodologia jurídica*, que não está ligada a nenhuma escola determinada de pensamento. Ela tem lugar em todas as concepções que rejeitem a improvisação e a irracionalidade do direito. Método é "uma maneira de conduzir o pensamento", e a metodologia jurídica é o estudo dos procedimentos e dos métodos que os juristas praticam em suas atividades de pesquisa, criação e aplicação do direito e, mais geralmente, para chegar à solução dos problemas jurídicos. Portanto, é preciso ater-se às funções dos diversos componentes do sistema jurídico e buscar os meios de utilizá-los da melhor maneira possível para atingir os resultados desejados. É preciso abstrair-se da essência do direito e limitar-se à sua substância. Trata-se de depreender problemas, modelos de organização, técnicas de regulação, princípios, valores, instrumentos e mecanismos do direito e pôr em prática seus métodos de raciocínio, meios de ação, procedimentos de solução de conflitos, que geralmente são comuns aos diversos sistemas jurídicos. Pode-se, efetivamente, tomar por hipótese que toda sociedade implica uma organização, regras de conduta, mecanismos de produção dessas regras, modos de imposição e punição etc. Além da infinidade de prescrições específicas a todo e qualquer sistema jurídico, pode-se considerar que todos os sistemas devem atender a exigências comparáveis no essencial, e que, para cada propósito, as soluções concebíveis são redutíveis a uma série de modelos, técnicas, instrumentos e objetivos fundamentais relativamente pouco numerosos. Os modos de formação do direito, as técnicas de conciliação ou punição, os tipos de procedimento, as formas de organização política etc., para além de sua diversidade, podem ser identificados e enumerados com relativa facilidade. As múltiplas conjunções entre necessidades e objetivos diferentes, instituições e mecanismos variados, regras e técnicas diversas, no contexto específico de cada sociedade e de cada época, acabam por produzir, em determinadas circunstâncias, as peculiaridades de cada sistema jurídico. Há, assim, certa constância em métodos de direito, noções fundamentais, procedimentos técnicos, instrumentos jurídicos e modos de raciocínio, para além da contingência e da heterogeneidade aparente das diversas ordens jurídicas. Na tradição jusnaturalista, bem como nas doutrinas positivistas, numerosos autores admitiram que, em teoria jurídica, existem dados universais, independentes das contingências locais ou temporárias das sociedades implicadas, e que é possível encontrar soluções permanentes para problemas fundamentais, tal como o dos métodos de interpretação do direito.

A metodologia jurídica está ligada tanto à técnica quanto à ciência do direito. – Como evidente, ela está intimamente ligada à *teoria geral do direito*, que estuda a ordem jurídica em sua globalidade, a partir da observação dos diversos sistemas jurídicos, empenhando-se em definir os grandes eixos de construção e aplicação do direito. Mas a metodologia jurídica é apenas uma parte dela e só diz respeito às vias e aos meios utilizados nas diversas ações de exploração, criação e aplicação do direito. A própria definição de direito, sua essência e suas funções não fazem parte de seu campo. No entanto, ela se distingue nitidamente da estrita abordagem de *direito positivo*, pois não se restringe à solução tópica de uma situação particular. Como ciência do método, indo além da especialização das diversas matérias jurídicas e mesmo dos diversos sistemas jurídicos, ela se atém aos princípios gerais do direito, aos instrumentos e mecanismos de concepção, compreensão e aplicação do direito, bem como aos múltiplos conceitos, categorias e instituições do aparato jurídico, aos procedimentos de interpretação do direito, às diversas técnicas de regulação das relações sociais ou de solução dos conflitos, às diversas formas de pesquisa jurídica etc. A metodologia jurídica então, em muitos aspectos, se aproxima da *epistemologia jurídica*. Mas esta disciplina é mais especificamente voltada para o estudo das modalidades de conhecimento do direito. Tem mais como objeto dirigir o pensamento jurídico, abstraindo-se das realidades e só considerando as noções puras. Propõe o problema do fundamento, do valor e do alcance filosófico desses métodos, ao passo que a metodologia é, sobretudo, de ordem técnica e lida diretamente com as realidades concretas. Assemelha-se mais à *fenomenologia do direito*, pois está voltada para as "próprias coisas" e observa a sua realidade, sem ideia preconcebida. Em contrapartida, a metodologia jurídica distingue-se nitidamente da *filosofia do direito*, que estuda o direito em relação aos valores que o inspiram, abordando-o através de certa visão do homem e do mundo. Os filósofos se interessam mais pela essência do direito do que por sua substância. Tendem a "despojar o direito de seu aparato técnico para descobrir sua significação metajurídica". A filosofia do direito trata da razão de ser, das origens e das finalidades do direito, em função de posições essencialmente metafísicas, éticas, ideológicas, políticas, sociológicas, socioeconômicas etc., mas não se dedica aos procedimentos técnicos de sua aplicação.

Análise material da metodologia jurídica

O objeto essencial da metodologia jurídica parece ser estabelecer e aplicar soluções de direito a situações de fato, garantindo a "exequibilidade do direito". A atividade dos juristas é um constante vaivém entre o fato e o direito. Consiste sempre em aplicar o direito existente a fatos ou em imaginar novas soluções jurídicas apropriadas para regê-los. É com essa finalidade que os juristas utilizam métodos específicos para aproximar direito e fato, por meio da qualificação dos fatos ou do silogismo jurídico, por exemplo, ou, ao contrário, para dissociá-los no mecanismo da cassação, sobretudo, ou recorrendo a ficções necessárias ao funcionamento do sistema jurídico, bem como a outros procedimentos técnicos. Mas os métodos dos juristas podem apresentar aspectos muito diversos, segundo se trate de depreender regras gerais ou de responder a casos particulares. O legislador e a doutrina de direito devem tratar das situações gerais, determinando, por exemplo, os princípios aplicáveis aos efeitos da inflação sobre os contratos de trato sucessivo, enquanto o juiz e os advogados praticantes devem resolver situações particulares e aplicar concretamente regras de direito a um litígio ou a um contrato determinado, entre pessoas determinadas. Em todos os casos, porém, é preciso definir os objetivos por atingir e os meios de chegar a eles. Isso coincide com a conhecidíssima distinção entre "política" e "técnica" jurídicas. Orientada para a realização dos objetivos buscados, a metodologia jurídica atém-se aos modos de ação mais adequados para levar a eles. Portanto, está principalmente ligada à *técnica jurídica*. Oriunda da doutrina alemã do século XIX, de Savigny a Jhering, a noção de técnica jurídica abrange um campo incerto. Muito ampla, segundo F. Gény, ela absorve, de acordo com L. Duguit, quase todo o campo do direito. Só diz respeito à forma do direito, e não à sua matéria, segundo Jhering, para quem a metodologia comporta operações teóricas e práticas, tais como análise jurídica, concentração lógica e construção jurídica, ao passo que para J. Dabin "tudo na regra jurídica, qualquer que seja sua fonte, inclusive o costume, é construção e, nesse sentido, obra da técnica". Mas, no sentido amplo, a técnica jurídica engloba o conjunto de meios e procedimentos de qualquer natureza, materiais ou intelectuais, com os quais se "realiza o direito". Isso pode englobar uma técnica de fundo, que fornece "a matéria originária das regras", e "uma técnica de configuração", que, do ponto de vista da aplicação efetiva, tem em vista tornar eficazes as regras e seu conteúdo. É verdade que a técnica jurídica e a metodologia jurídica recorrem a uma lógica mais ou menos rígida de conceitos e categorias com finalidades propriamente utilitárias, destinadas a introduzir clareza e exequibilidade na massa das regras, e que a ciência do direito, que só pode ser posta em prática por meio da técnica jurídica, é inerente à metodologia jurídica. Mas a metodologia também é dominada por considerações de *política jurídica* relativas aos objetivos buscados pelo poder público ou por atores privados, às escolhas de uma sociedade nos diversos campos das relações humanas, sociais e econômicas, às diversas estratégias possíveis etc. Trata-se então de descobrir e de pôr em prática os melhores meios de realizá-los. Isso pressupõe profundo conhecimento dos instrumentos conceituais (poderes, normas, categorias jurídicas, direitos, sanções etc.), técnicos (formalismo, ficções, atos jurídicos, provas etc.) ou operacionais (contrato, representação, ação em justiça, procedimento etc.) do direito, assim como procedimentos e operações jurídicas (raciocínios, qualificação, interpretação, execução etc.) que presidem à organização e à realização do direito.

Ciência dos métodos, a metodologia jurídica deve estudar primordialmente o arsenal de que os juristas dispõem para tratar os problemas de formação e aplicação do direito. Esse acervo comum de instituições, normas, instrumentos e métodos interessa a todas as atividades jurídicas. O estudo de conceitos e categorias jurídicas, métodos de qualificação, sanções, poderes, mecanismos jurisdicionais, provas, formalismo, princípios gerais, regras de direito, métodos de raciocínio e interpretação, linguagem jurídica etc. é coisa que se impõe tanto na elaboração ou reforma do direito positivo quanto na sua aplicação a um ato administrativo, um contrato ou um julgamento. A metodologia jurídica, que alguns parecem ter esquecido e outros parecem estar descobrindo, pode prevalecer-se de grandes precursores, como Jhering, no século XIX na Alemanha, Portalis, François Gény, ou mesmo René Demogue na França. Mas poucas obras específicas foram dedicadas à *metodologia jurídica em seu conjunto*. No entanto, alguns campos despertam grande interesse, em quase todos os lugares. *A interpretação dos textos*, no mundo inteiro, "deu ensejo a debates ardentes entre partidários da 'exegese' e da 'livre pesquisa científica'", com a participação daqueles que preconizam métodos de interpretação extrínseca, com base em métodos históricos ou voltados para o objetivo social. O estudo dos *raciocínios jurídicos* e da "lógica jurídica" teve grande impulso. A reflexão se divide em diversas tendências. A "nova retórica", representada sobretudo pela escola belga de Ch. Perelman, considera a lógica jurídica como uma teoria da argumentação, da controvérsia, da persuasão. Outros preferem uma lógica formal e uma formalização matemática. Por fim, uma nova abordagem, especialmente adaptada ao direito, a da "lógica difusa", vale-se de padrões e conceitos gerais e flexíveis, voltados para a "descodificação" dos juízes e dos advogados. *A ciência da legislação* está sendo objeto de pesquisas em numerosos países, frequentemente de maneira inter-relacionada, em especial pela Fundação Europeia da Ciência. Trata das questões de fundo da elaboração legislativa e das opções legislativas, da codificação, da redação e da formulação dos textos (legística), da avaliação dos efeitos da legislação e até dos problemas particulares de metodologia legislativa, tais como definições, legislação por referências ou formulações de objetivos. O método legislativo chega a ser objeto de revistas especializadas em alguns países, como a Suíça e Portugal, parecendo ter grande atualidade nos países anglo-saxões. *O processo da decisão jurisdicional* também ensejou muitos estudos. Numerosas pesquisas sobre *a linguagem jurídica* e *a semiótica jurídica* em muitos aspectos influenciam a metodologia jurídica.

Todo acervo comum de conceitos, instituições, instrumentos, procedimentos, operações intelectuais etc., com que todos os juristas de todas as épocas e de todos os horizontes necessariamente se confrontaram no dia a dia, às vezes sem saberem, só pode ser valorizado e aplicado por uma reflexão permanente acerca da "*metodologia fundamental*" do direito, que constitui a base de todas as atividades e de todas as operações jurídicas, sendo-lhes comum. Mas, em contrapartida, a aplicação desses meios e desses métodos a atividades diferentes – legislativas, jurisdicionais, administrativas, de prática jurídica ou de pesquisa – varia segundo seu objeto, porque diferem os objetivos buscados, as operações que devem ser realizadas, as injunções sofridas e os tipos de situações que devem ser tratadas. Trata-se então da "*metodologia aplicada*". Os caminhos trilhados são diferentes, conforme se trate de metodologia da pesquisa, de metodologia de elaboração das regras de direito ou de metodologia da aplicação do direito. O que varia são as condições, as modalidades e os fins da utilização dos mesmos conceitos, mecanismos, instrumentos e métodos, variação que se dá em função de diversas atividades. Há aí horizontes infinitos, abertos à atenção e à imaginação dos juristas, para o aperfeiçoamento e a renovação do direito, mas também para o enriquecimento de suas experiências e a melhoria de suas práticas profissionais. O que está em jogo é a qualidade das sociedades humanas em seu conjunto, bem como a satisfação das legítimas exigências de todos os usuários do direito. A metodologia jurídica fundamental e as múltiplas metodologias aplicadas às diversas atividades jurídicas, acima de tudo, têm vocação para contribuir com isso.

› BERGEL J.-L., *Méthodologie juridique*, Paris, PUF, "Thémis", 2001. – DELNOY P., *Initiation aux méthodes d'application du droit*, Presses Universitaires de Liège, 1989-90. – DIJON X., *Méthodologie juridique. L'application de la norme*, Bruxelas, Story Scientia, 1990, 2ª ed., 1996. – GÉNY F., *Science et technique en droit privé positif*, Paris, Sirey, 1924, 4 vol. – MULLER F., *Discours de la méthode juridique* (trad. fr. O. Jouanjan), PUF, "Léviathan", 1996. – ORIANNE P., *Apprendre le droit*, Paris, Frison-Roche, 1990. – PESCATORE P., *Introduction à la science du droit*, Luxemburgo (office des imprimés de l'État), 1960. – RENARD C., *Sources du droit et méthodologie juridique*, Presses Universitaires de Liège, 1969.

Ver também: BOBBIO N., *Scienza e tecnica del diritto*, Torino, 1934. – BURKHARDT W., *Methode und system des Rechts*, Zurich, 1976. – BYDLINSKI F., *Juristische Methodenlehre und Rechtshegriff*, Viena-Nova York, Springer-Verlag, 1982. – CIURO CALDANI M. A., *La conjectura dei funcionamiento de las normas juridicas. Metodologia juridica*, Rosario, 2000. – FERRAR J. H. & Dugdàle A. M., *Introduction to legal method*, Sweet and Maxwell, 2ª ed., 1984. – GOODRICH P., *Reading the law, a critical introduction to legal method and techniques*, Oxford-Nova York, Basil Blackwell, 1986. – VALLET DE GOYTISOLO J., *Metodologia Juridica*, Madri, Civitas, 1988.

Jean-Louis BERGEL

→ Argumentação e retórica jurídica; Ciência do direito; Raciocínio jurídico; Sistema jurídico.

MÉTODOS DO JUIZ

Método: "Meio de bem conduzir o pensamento"; nada há que acrescentar à definição de Descartes, aliás muito próxima da etimologia da palavra (do grego, *meta*: através de; *odos*: via, caminho); a não ser esclarecer que os métodos do juiz, evidentemente, são decorrentes de sua função, que é dirimir, com a autoridade de coisa julgada, um litígio que lhe é submetido. Nessa qualidade, eles são incluídos na grande categoria dos métodos de resolução dos conflitos, com a especificidade de que o conflito submetido ao juiz deve ser resolvido de acordo com o direito, que, por sua vez, é presumido como algo sem lacunas e próprio a fornecer os elementos da solução que ele impõe. Isso é verdadeiro para o juiz estatal, mas também para o árbitro, mesmo quando habilitado a estatuir em equidade, o que não dispensa do respeito e da aplicação do direito.

Os métodos do juiz estão vinculados ao ato de jurisdição e são caracterizados por ele; trata-se, propriamente, de métodos jurisdicionais, no centro dos quais está o silogismo judiciário, mas que não são redutíveis a este.

Mas o juiz não é apenas juiz. Tanto a evolução das mentalidades a respeito da Justiça quanto os desdobramentos da organização jurisdicional fazem hoje esperar que a decisão de justiça pelo menos se explique, se não puder convencer; e isso também para possibilitar o controle de outros juízes (recurso, cassação). O método do juiz deve ser pedagógico. Essa é a função da motivação, que não se originou nas decisões de justiça, mas hoje é considerada imperativo, condição da regularidade da decisão em causa.

O juiz também participa da criação e da evolução do direito, às vezes e principalmente nas cortes supremas, à testa das diferentes ordens jurisdicionais. É o fenômeno da jurisprudência, tão natural porque inevitável e tão sem justificação nem explicação nos princípios. Essa função jurisprudencial, de caráter normativo, põe em ação um aparato metodológico específico.

Por fim, cabe insistir na grande diversidade das jurisdições e até dos juízes, o que comporta evidentes consequências para os métodos utilizados por cada um. Assim, por exemplo, o método de jurisdição arbitral, procedente da vontade das partes e especialmente convencionado por elas, não pode ser o mesmo da jurisdição estatal; a atenção para a formação da jurisprudência e a mobilização do aparato metodológico correspondente são tradicionalmente maiores da parte do Conselho de Estado do que das jurisdições judiciárias; a motivação da decisão – portanto, o recurso aos métodos de explicitação e justificação – é naturalmente mais rica quando parte dos juízes de primeira instância do que da Corte Suprema.

Desse modo, entende-se por que o campo dos métodos do juiz é vasto, pois estes, antes da decisão de justiça e quando esta é proferida, também devem exercer funções múltiplas de ordem pedagógica ou normativa, principalmente.

Para esse efeito conjugam-se métodos de raciocínio e métodos de exposição, que também poderiam ser chamados de formais. Os primeiros são dominados por um princípio de liberdade; os segundos se inserem, pelo menos em parte, num exercício obrigatório. Sem dúvida existem métodos do juiz; eles são a segurança e o rigor de sua decisão. Mas também são instrumentos, apenas instrumentos postos a serviço de um raciocínio finalista; o juiz por certo mobiliza um aparato metodológico que ele, aliás, utiliza com liberdade, mas não é dominado nem arrastado por seus métodos; ao contrário, escolhe-os em vista do objetivo que considera justo: "Os construtos lógicos devem conservar seu papel capital em todo método. [...] Mas não passam de simples hipóteses sempre dominadas pelos fatos, aceitáveis apenas por facilitarem a obra teleológica da jurisprudência" (Fr. Gény); conhece-se a fórmula de Jhering: "Não cabe aos fatos seguir o direito, mas ao direito seguir os fatos, ou seja, a vida." O papel do raciocínio finalista é capital: garantir a concordância entre as soluções jurisdicionais e a vida.

Lembrados tais elementos, partiremos dos métodos que poderíamos dizer estar no cerne ou no coração do processo jurisdicional: os que servem à construção intelectual e formal da decisão de justiça, entre os quais se destaca, no primeiro plano, o silogismo judiciário (talvez fosse melhor dizer "jurisdicional").

Silogismo e lógica formal

Cabe primeiramente dizer que o silogismo jurisdicional não é a mecânica simplista à qual, com demasiada frequência, é reduzida a apresentação; é que um silogismo, antes de se resolver, é construído, e o silogismo jurisdicional inclui essas duas operações.

Sem dúvida a resolução do silogismo, a aproximação entre a premissa menor e a maior para se chegar à conclusão que elas comportam é uma figura lógica simples, bem conhecida, cujo monopólio não é do juiz, nem mesmo do jurista. A dificuldade – e a liberdade do juiz – está na construção do silogismo, na determinação da premissa menor e na identificação da maior; esses são os tempos fortes, os momentos realmente criadores do raciocínio silogístico, pois "só se encontra em suas conclusões (as do silogismo) aquilo que foi posto em suas premissas" (Ph. Souleau, "La logique du juge", in *La Logique judiciaire*, 1967).

A atribuição da qualidade de premissa maior a uma regra supõe, logicamente, sua "primitividade" (J. Carbonnier), ou seja, sua preexistência ao litígio; isso ocorrerá normalmente, mas não quando o juiz cria jurisprudência e se assenhoreia da espécie para enunciar a regra que aplica; e, uma vez fixada, a regra jurisprudencial tem a mesma "primitividade" da regra escrita. Em compensação, a dificuldade comum a todo raciocínio silogístico do juiz é a determinação da premissa maior que dita seu raciocínio. São então os fatos da espécie que cabe interrogar, assim como a argumentação das partes, para identificar o campo no qual se move o litígio. A liberdade do juiz continua considerável para circunscrever o campo do litígio e, feito isto, para escolher entre as diferentes regras de direito que regem a matéria, ordená-las e caracterizar assim a premissa maior do silogismo.

O que ocorre, em seguida, com a determinação da premissa menor? Em princípio esta é constituída pelos fatos da espécie; basta reuni-los; na realidade, tais fatos – historicamente datados, não podendo repetir-se –, além de geralmente serem alvo de controvérsia entre as partes, também precisam ser hierarquizados, apreciados e selecionados pelo juiz. É o juiz que une os fatos à realidade jurídica e, como diz Gurwitch com tanta beleza: "Os fatos não são flores que nascem nos campos e só precisam ser colhidas." A isso se deve acrescentar que a elaboração da premissa menor do silogismo ocorre, inevitavelmente, sob a influência da regra jurídica que valerá como premissa maior. Na elaboração da premissa menor encontra-se esse mesmo princípio de liberdade metodológica do juiz.

Acresce que a redução da jurisdição a uma figura silogística simples geralmente é inexata. Na maioria das vezes, o juiz deve forjar uma cadeia de silogismos; esse polissilogismo é necessário para dar conta do conjunto do litígio e para lhe dar solução; cada elemento, cada subconjunto do litígio exige seu próprio silogismo. Na articulação destes o juiz ainda age segundo o mesmo princípio de liberdade metodológica e, de acordo com o modo de fracionamento de um litígio em silogismos sucessivos, o resultado, ou seja, o sentido da decisão de justiça, pode mudar.

Não sem relação com o que acaba de ser dito sobre o polissilogismo, o juiz também se vale de um método analítico que pode ser sumariamente definido como o método que contribui para a justaposição de questões particulares à questão global apresentada pelo caso (R. Latournerie), ou para a discriminação, entre os dados do litígio, dos dados particulares que o juiz apreciará individualmente. Desse modo também, o silogismo de construção – aquele que será reproduzido na decisão de justiça – pode não corresponder ao silogismo de raciocínio – aquele que foi criado pelo pensamento do juiz; é uma nova manifestação da liberdade metodológica dele.

Por fim, faremos um paralelo entre o raciocínio por silogismo e a figura lógica do entimema, que pode ser sumariamente definido como um silogismo cuja premissa maior não é expressa, seja por se constituir numa verdade evidente, que não precisa ser dita, seja, ao contrário, por ser relativamente imprópria à expressão escrita, caso das normas jurisprudenciais, em especial.

Procedimentos dialéticos

Com essas diferentes formas, o raciocínio silogístico apresenta evidentes limites, primeiramente porque o método do juiz não é feito apenas de lógica, mas também de "ponderação apreciativa" (J. Carbonnier); é esse até o único método que pode guiá-lo quando não se trata de aplicar uma regra de direito, mas, por exemplo, de avaliar um prejuízo ou de "regular" o comportamento futuro de uma das partes.

O importante, porém, é que o silogismo, com suas variantes, não é a única figura lógica que orienta os métodos do juiz: aos procedimentos de lógica formal se somam – combinando-se – procedimentos racionais que pertencem à dialética: trata-se do raciocínio por analogia, também chamado de raciocínio *a pari*, ao qual devem ser aproximados o raciocínio extensivo e o raciocínio *a fortiori*; simetricamente, o raciocínio *a contrario* e o raciocínio restritivo.

A analogia é definida como um modo de raciocínio que, partindo de uma regra existente e conhecida, visa a criar uma regra nova e distinta, a partir da identidade de razão jurídica entre essas duas regras (Fr. Gény); a analogia pressupõe uma comunhão de razão jurídica entre a regra existente e a regra que ela estabelece: "*Uti eadem ratio, idem jus.*" E nisso a analogia vai mais longe do que o raciocínio extensivo; ela estabelece uma regra nova, enquanto o raciocínio extensivo amplia o campo da regra existente. A analogia reporta-se à premissa maior do silogismo; o raciocínio extensivo, à premissa menor. Ambas traduzem, num plano metodológico, a exigência de igualdade de tratamento jurídico que se aproxima da equidade.

O raciocínio *a contrario* é o simétrico exato da analogia; e, assim como a segunda se distingue do raciocínio extensivo, o primeiro se afasta do raciocínio restritivo no sentido de que este último, que reduz o campo de aplicação da regra, não leva à "descoberta" de uma regra nova. O raciocínio *a contrario* leva a uma regra nova baseada numa "razão jurídica" diametralmente contrária à da regra a partir da qual é inferido. Nisso o raciocínio *a contrario* é potencialmente perigoso, pois leva não só a uma regra de direito nova, como também a uma regra nova contrária às regras já existentes.

Na escolha entre a analogia e o raciocínio *a contrario* – questão clássica –, o juiz será inicialmente guiado pelo simples bom-senso e pela apreciação do resultado equitativo por atingir, que determinarão naturalmente a impropriedade, de um ou de outro, na espécie. Subsidiariamente, apenas a consideração da anormalidade, da singularidade da regra a partir da qual é construído o raciocínio poderá justificar o raciocínio *a contrario*. A analogia se impõe toda vez que a regra se mostra como "aplicação particular de um direito comum mais geral" (Fr. Gény).

Métodos formais

Portanto, os métodos formais são aqueles cujo emprego determina a construção gramatical e sintática e a da decisão de justiça. O direito francês, nesse aspecto, tem adotado desde longa data o chamado método da frase única, que na verdade não foi invalidada pela eliminação dos "considerandos" por parte de algumas jurisdições.

A decisão de justiça é apresentada por uma única frase cujo sujeito (a jurisdição que estatui) fica separado do verbo ("decide"), que, por sua vez, introduz o dispositivo: por um lado, por meio dos considerandos (que indicam as conclusões das partes e os textos que o juiz "viu") e, por outro, por uma motivação que reproduz em princípio o raciocínio do juiz e apresenta as razões do dispositivo, que é "a coisa julgada". Esse método da frase única tem muitos méritos, ainda hoje ressaltados quando da comparação com a construção narrativa das jurisdições europeias: com ele, a decisão, além de ganhar elegância formal e certa concisão, ganha a solidez e a coerência de uma fórmula lógica. Em virtude do rigor que impõe à exposição do raciocínio do juiz, o método da frase única contribui para o caráter persuasivo da decisão; do mesmo modo, uma contradição nos motivos justificaria a censura do juiz dos tribunais de recurso ou de cassação.

Métodos jurisprudenciais

Além da solução do litígio e através dela o juiz – sobretudo nas Cortes Supremas e principalmente o juiz administrativo – ocasionalmente participa da criação do direito. Trata-se da jurisprudência, expressa por decisões "de princípio", cuja elaboração também exige um aparato metodológico específico.

A sentença de princípio fixa ou modifica a regra; distingue-se das decisões de aplicação que particularizam a aplicação desta; frequentemente é precedida pelas chamadas sentenças "de transição". A sentença de princípio, às vezes assim anunciada, dita a regra nova em sua generalidade, sem restrição e, por conseguinte, independentemente da espécie em causa; distingue-se desta; na maioria das vezes – mas não necessariamente – é uma sentença de rejeição; assim, a regra nova é anunciada fugindo-se à retroatividade da jurisprudência. Às vezes a regra nova está explícita nas motivações; outras vezes, está implícita; também pode resultar unicamente dos considerandos da sentença ou mesmo de seu silêncio e da omissão de uma fórmula até então ritual.

Esses métodos formais, aliás, se combinam e são como que substituídos por outros métodos que tomam como objeto o "ambiente" da decisão de justiça: escolha dos procedimentos, papel das conclusões do procurador-geral ou do comissário do governo, exigência do contexto factual (escolha de "boa documentação" para obter a evolução de uma jurisprudência), preferência por um caso em si pouco importante ou mesmo anedótico etc. Além disso, o método do juiz às vezes é complicado por verdadeiras "estratégias jurisprudenciais" que utilizam o tempo e a sucessão das sentenças.

› Acreditamos que a bibliografia é inumerável e deve ser completada pelas bibliografias relativas aos correlatos indicados abaixo.

Entre as obras de lógica e de metodologia jurídica, devem ser consultadas especialmente: AMSELEK P. (org.), *Interprétation et droit*, Bruylant-PUF, 1995. – JEHRING, *Zweck im Recht*, trad. 3ª ed. alemã por O. de Meulaere, Paris, A. Monerq, 1901. – KALINOVSKY G., "Le syllogisme d'application du droit", *Arch. philosophie du droit*, 1964, p. 273. – PERELMAN Ch. & OLBRECHTS-TYTECA, *Traité de l'argumentation*, 2ª ed., Inst. de sociologie, Bruxelas, 1970. – STUART MILL J., *Système de logique déductive et inductive*, trad. fr. da 6ª ed. inglesa por L. Peisse, Paris, 1866, 2 vol.; *Les Méthodes juridiques*, Coletivo, Paris Giard et Brière *in* 8º, 1910.

Deve ser especialmente mencionada a obra maior de Fr. Geny, pelas reflexões teóricas que contém e pela generalidade de sua abordagem: GÉNY Fr., *Science et technique en droit privé positif*, Paris, Sirey, 1914, 1924, 4 vol., *in* 8º; *Méthodes d'interprétation et sources en droit privé positif*, pref. Saleilles, 2ª ed., LGDJ, 1919, 2 t.

Com referência, principalmente: *a*) Aos métodos do juiz judiciário: CARBONNIER J., *Flexible droit*, 8ª ed., LGDJ, 1995. – MIMIN P., *Le Style des jugements*, Paris, Lib. Techniques, 1962. – LEYRET H., *Les Jugements du président Magnaud réunis et commentés*, 2ª ed., Paris, Stock, 1910, 2 t. – Col.: *La Logique judiciaire*, 5º congresso dos IEJ, 1967, PUF, 1969; *b*) Aos métodos do juiz administrativo: DEBBASCH Ch., *Procédure administrative et procédure civile*, LGDJ, 1961. – GAUDEMET Y., *Les Méthodes du juge administratif*, LGDJ, 1972; "Les nouvelles méthodes du juge administratif", *Mél. Spiliotopoulos*, p. 147. – GENEVOIS B., "Le conseil d'État et l'interprétation de la loi", *RFDA*, 2002, p. 877. – GÉNY B., "De la méthode et de la technique du droit privé positif à celles du droit administratif", *Livre jubilaire du Conseil d'État*, p. 227. – LATOURNERIE R., "Essai sur les méthodes juridictionnelles du Conseil d'État", *Livre jubilaire du Conseil d'État*, p. 177. – RIALS S., *Le Juge administratif fiançais et la technique du standard* (*essai sur le traitement juridictionnel de l'idée de normativité*), LGDJ, 1980. – WALINE M., "Empirisme et conceptualisme dans la méthode juridique: faut-il nier les catégories juridiques?", *Mél. Dabin*, Sirey, 1963, p. 359; *c*) Aos métodos do juiz constitucional: BLANQUER J.-M., *Les Méthodes du juge constitutionnel*, tese, Paris II, 1993, e a bibliografia indicada; *d*) Numa perspectiva histórica: GAUDEMET J., "L'interprétation de lois et des textes juridiques dans le monde antique", *Rev. internat. droits antiquité*, 3ª série, t. XVII, Bruxelas, 1970, p. 235. – SAUVEL T., "Histoire du jugement motivé", *RDP*, 1955, p. 5.

Sobre os métodos propriamente jurisprudenciais, ver especialmente DUPEYROUX O., "La jurisprudence, source abusive du droit", *Mél. Maurry*, p. 349. – WALINE M., "Le pouvoir normatif de la jurisprudence", *Études en l'honneur de G. Scelle*, t. II, p. 612 – e as teses acima citadas de Y. Gaudemet e S. Rials.

Yves GAUDEMET

→ Juiz; Jurisdições; Jurisprudência; Justiça; Metodologia jurídica; Procedimento; Processo; Recursos (Vias de).

MINAS E MINERAÇÃO

Na prática, o termo mineração abrange tanto o objeto da atividade quanto as técnicas para a descoberta e a utilização de certas substâncias, minerais em geral, ou a própria substância: o minério (ou o calor, no caso das chamadas jazidas geotérmicas); mina refere-se ao local na mineração, bem como às instalações utilizadas para sua produção. Verifica-se que, juridicamente, esses termos são reservados para os casos nos quais a substância em jogo represente interesse para a economia, justificando a intervenção do poder público e a aplicação de regulamentação. Hoje, o código francês de mineração estabelece uma lista de matérias cuja existência enseja a aplicação do direito. Historicamente, o sistema foi mais complexo: compreendia minas, minérios e pedreiras; a categoria dos minérios foi eliminada, e seu conteúdo foi dividido entre minas e pedreiras; o regime das pedreiras, bastante próximo inicialmente do das minas, evoluiu para o direito do meio ambiente e é de outra alçada. Por outro lado, o legislador, que concentrava o essencial de suas regras na atividade mineira, considerada como ilimitada no tempo, precisou render-se à evidência: a mina pode exaurir-se. Por isso examinaremos, sucessivamente, a mina em atividade e depois do seu fechamento.

O direito clássico da mineração estava fortemente marcado pelo otimismo do início da era industrial, que via as jazidas como fontes inesgotáveis e permanentes, de natureza semelhante à terra, capaz de prover indefinidamente às necessidades humanas. Por isso, a Lei francesa de 21 de abril de 1810 outorgara ao concessionário o benefício do direito "de propriedade", calcado no direito de que gozava o proprietário de terras e dotado das mesmas características, especialmente da exclusividade e, sobretudo, da duração ilimitada. Uma primeira evolução manifestou-se com a Lei de 9 de setembro de 1919, que suprimiu a perpetuidade e a gratuidade da concessão para as minas novas. O beneficiário deixou de gozar da propriedade permanente e preexistente constituída pela mina. Implicitamente, ele podia ser considerado como sócio pelo poder público na exploração de um bem que, por natureza, seria de posse do Estado. Esse sistema funcionou mal; não estava realmente adaptado às condições econômicas de um período ainda próximo das concepções do século XIX. Os textos de 1955, especialmente o Decreto de 20 de maio de 1955, restabeleceram o essencial da legislação anterior. Mas, com o prosseguimento da evolução, com certo refluxo das teses liberais e maior desejo de conciliar interesses privados e interesse geral, foi preciso reformar consideravelmente o direito de mineração, sobretudo quando os problemas energéticos recrudesceram. A Lei de 16 de junho de 1977 (especialmente em seu artigo 9º), ao instaurar a limitação da duração das concessões, a recuperação pelo Estado da propriedade das minas cujo prazo de concessão tivesse vencido e a supressão da hipoteca de mineração, acatou a tese de que o concessionário tem apenas um direito, limitado à sua exploração, e que ele reconhece que o Estado tem a propriedade das minas. No entanto, por efeito do princípio dos direitos adquiridos, as antigas concessões ficaram marcadas pelas características que tinham na época de sua atribuição. Os textos ulteriores (ver Leis de 4 de janeiro de 1993 e de 15 de julho de 1994) foram caracterizados pelo intuito de ampliar o papel e os poderes do Estado, sobretudo com o objetivo de fortalecer a proteção a terceiros. Foi o que ocorreu, em particular, com a Lei de 30 de março de 1999, que se preocupa essencialmente com a situação da mina depois da cessação da exploração e do fechamento.

Prospecção

No início da abertura de uma mina está a constatação da possível existência de substâncias ou de situações previstas pelo código de mineração. O primeiro caso de prospecção diz respeito ao proprietário do terreno; a pesquisa constitui uma utilização normal de seu bem. Ele pode dispor de seu direito em proveito de um terceiro. Pode ocorrer que o proprietário do solo não esteja interessado nos eventuais minerais presentes no subsolo, mas que estes possam ter grande importância para a economia. Nessa hipótese, para que prevaleça o interesse geral, o governo pode autorizar qualquer pessoa a realizar pesquisas; pode até mesmo fazê-lo, desde que o proprietário deseje as escavações, se o governo considerar que este não tem os recursos necessários para a realização das operações. O procedimento previsto destina-se a proteger os interesses do proprietário, sem lhe permitir que paralise a prospecção. Por fim, existe um procedimento mais recente, que, levando mais em consideração as realidades econômicas modernas, chega a tornar quase excepcional a autorização. De fato, esta não conferia nenhuma exclusividade a seu beneficiário; este corria o risco de ser superado por um rival que tivesse mais sorte, perdendo assim o lucro de seus investimentos. Foi na área dos hidrocarbonetos e do petróleo que o novo sistema surgiu pouco depois da Primeira Guerra Mundial; as reformas de 1955 o estenderam a quase todas as prospecções: trata-se daquilo que foi chamado de *licença exclusiva de prospecção*. O procedimento de atribuição prevê a formação de concorrência e organiza medidas de publicidade.

Exploração da mina

A detecção da substância buscada conduz, logicamente, à etapa de exploração. Esta exige um ato do poder público, uma vez que foi abandonada a tese de que o subsolo é um acessório da propriedade fundiária. Do mesmo modo, a concepção segundo a qual a propriedade da jazida é de seu *descobridor* não foi acatada no direito positivo francês, por não possibilitar garantir que o explorador tenha as competências técnicas e os meios financeiros necessários à exploração correta da mina. Portanto, o que explica e justifica a necessária intervenção do governo é a teoria de que ao Estado cabem os direitos essenciais sobre subsolo. Entre 1927 e 1994, além do regime da concessão, único que subsistiu, existia a possibilidade de se obter uma *licença de exploração* de prazo limitado. A Lei de 15 de julho de 1994 revogou essa possibilidade para o futuro; assim, ainda se encontra certo número de explorações desse tipo na França, mas trata-se de um sistema em vias de extinção, visto que as licenças expiradas não poderão ser renovadas. Foi a Lei de 1810 que instituiu a concessão como modalidade única. A fórmula é característica do início do século XIX, para organizar a conciliação entre a gestão confiada ao setor privado (em virtude das ideias liberais) e a primazia do interesse geral garantida pelo Estado. Pode-se fazer uma comparação entre a concessão do direito de mineração e a concessão de serviços públicos ou de obras públicas; esta última também tem como objeto organizar a colaboração entre um órgão público e uma pessoa privada livremente escolhida pela administração com determinado objetivo. Termo e ideia são desse período, mas a *concessão* de mina tem uma natureza totalmente diferente, que evoluiu com o tempo. Na origem, em 1810, a concessão era identificada com a propriedade privada; o ato de concessão tinha como efeito criar, em proveito do concessionário, um conjunto de direitos análogos aos do proprietário de um bem imobiliário: esse bem era a mina. A Lei de 1919, por sua vez, baseia-se no princípio de que o Estado é dono da mina, e de que o concessionário goza de um título que lhe confere sobre esta um direito de natureza administrativa. Apesar da reação ocorrida entre 1955 e 1977, deve-se considerar que o concessionário só tem sobre a mina um direito limitado, mas que a concessão é necessária para dar, juridicamente, origem à mina, que antes não passava de jazida, permitindo-se sua exploração. O código de mineração prevê um procedimento que redunda na concessão. A partir de 1810, o governo gozava de poder discricionário na escolha do concessionário. Com a evolução geral do direito atual, que se esforça por restringir as zonas de poder discricionário, os textos recentes limitaram essa faculdade e se empenharam em dar transparência ao procedimento de designação. Para esse efeito, a Lei de 15 de julho de 1994 modifica o artigo 25 do código de mineração francês, dispondo que o peticionário deve cumprir as obrigações das regras de polícia e segurança que figuram nos artigos 79, 79-1 e 84, especificando que os critérios de apreciação de suas capacidades técnicas e financeiras pelo Estado serão definidos por um decreto no Conselho de Estado. Por fim, prevê a instauração da concorrência.

O procedimento se conclui com a decisão do governo. A rejeição da solicitação é feita por uma portaria do ministro encarregado das minas desde a promulgação do Decreto de 19 de abril de 1995. Anteriormente, visto que o Decreto de 1980 não dava detalhes sobre esse aspecto, a teoria da rejeição tácita era frequentemente invocada, mas condenada pela jurisprudência administrativa. A *instituição* da concessão é objeto de um decreto do Conselho de Estado, que especifica a substância por explorar e delimita o âmbito da concessão. Classicamente, o decreto que instituía uma concessão, em virtude do artigo 25 do código de mineração era acompanhado por especificações técnicas, mas essa exigência pareceu ter sido condenada pela regulamentação europeia, no intuito de evitar discriminações. O projeto que devia redundar na Lei de 15 de julho de 1994 previa a eliminação dessa regra, mas, diante das objeções apresentadas durante os debates, chegou-se a uma solução de conciliação, consagrada pela nova redação do artigo 25. O candidato à concessão compromete-se a respeitar as condições gerais que, caso necessário, são complementadas por condições específicas objeto de um documento com especificações técnicas. As condições gerais e específicas são definidas por decreto do Conselho de Estado e previamente levadas ao conhecimento dos peticionários. Sempre foi possível recurso contra o ato instituidor da concessão, em vista da forma jurídica de decreto do Conselho de Estado. Enquanto a lei dava ao governo poder discricionário na escolha, a jurisprudência exercia apenas controle limitado sobre sua ação. Os textos de 1995, ao imporem concorrência e transparência, permitem acreditar que o legislador pretendeu também ampliar o poder de apreciação do juiz. Inicialmente, o sistema da Lei de 1810 possibilitava que o governo escolhesse um beneficiário para explorar uma mina, sobre a qual ele lhe atribuía uma propriedade de natureza idêntica àquela de que gozava o proprietário das terras em virtude do Código Civil. A partir de 1919 tem início uma evolução ao cabo da qual o concessionário goza apenas de um direito imobiliário, distinto da propriedade da superfície do solo. Esse direito passa a ter um elemento de precariedade, pois a concessão, antes perpétua, agora tem prazo limitado e, ademais, a Lei de 1994 dispôs que em 31 de dezembro de 2018 as concessões ilimitadas expirarão e só poderão ser renovadas se a jazida ainda estiver sendo explorada nessa data. Mas a natureza desse direito é alvo de análises divergentes: para alguns, trata-se de um direito real de natureza específica, intermediária entre a propriedade e o direito do concessionário de serviço público; outros o veem como simples direito de exploração, mas dotado de garantias de estabilidade. Seja como for, é certo que a exploração da mina é da alçada do direito privado. A concessão da mina não é uma concessão de serviço público, embora tenha o efeito de conferir ao concessionário o gozo de certas prerrogativas de poder público e de submetê-lo ao controle do governo no caso da polícia das minas. A mina, portanto, nasce da instituição da concessão. O artigo 24 define seus elementos: depois de dispor que as minas são imóveis, ele dispõe que alguns elementos, tais como construções, entre outros, são imóveis, assim como são imóveis, por destinação, as máquinas e o equipamento utilizado na exploração; ao contrário, são móveis as substâncias extraídas e as ações ou interesses numa sociedade ou empresa para a exploração. Esta, por lei, tem caráter comercial.

Elementos do status da empresa de mineração

Examinaremos as obrigações que competem a quem explora a mina, antes de tratarmos de seus privilégios. A empresa exploradora é necessariamente submetida a inúmeras obrigações. A maioria destas decorre do direito privado em geral e não apresenta especificidade no regime de mineração; portanto, não pertencem ao âmbito dessa rubrica. Ao contrário, existem obrigações da empresa de mineração que se vinculam à polícia e à segurança da empresa, submetidas estas ao controle do governo, que pode e, em certos casos, deve agir para garantir seu respeito. Em se tratando de medidas de polícia, quem age é a administração departamental, sob a autoridade do ministro encarregado das minas e com a cooperação do diretor regional da indústria. O governador do departamento pode eventualmente consultar o Conselho Geral das Minas e, a partir de 1999, a Agência de Prevenção e Supervisão dos Riscos da Mineração. Qualquer intervenção só é possível quando prevista pelos textos. Esses poderes são limitados por seu objetivo, que deve ser a proteção do interesse público, dentro dos meios utilizáveis. A ação administrativa acarreta despesas, que, salvo exceções, serão cobertas pela empresa mineradora. Note-se que esta também é obrigada a respeitar as obrigações gerais que lhe são impostas. Como contrapartida dessas obrigações, a empresa mineradora goza de privilégios que extrapolam o direito comum. Tem o poder de ocupar os terrenos necessários à exploração da mina e às instalações indispensáveis para esta. Esse direito, que se assemelha à ocupação temporária prevista pela Lei de 29 de dezembro de 1892, é mais extenso do que esta. A empresa mineradora também pode instituir em seu proveito servidões para a execução de pequenos trabalhos de superfície. Por fim, em algumas hipóteses nas quais o direito de ocupação não pode ser exercido, por exemplo, fora do perímetro da concessão, a empresa mineradora poderá gozar do direito de desapropriação, aplicável de acordo com procedimentos de direito comum.

Fim da exploração e problemas decorrentes

Durante um longo período, o direito da mineração considerou que a cessação da exploração tinha caráter puramente excepcional. Para o legislador, ela era resultante do esgotamento da jazida, hipótese considerada excessivamente rara; eventualmente, resultaria de sanções que, no entanto, seriam seguidas pela concessão da exploração a outro titular. Foi só nos anos 1980 e, sobretudo, com os textos do fim do século XX que o direito da mineração começou a dar atenção a esse problema. Os procedimentos de cessação da exploração evoluíram e se simplificaram. A Lei de 1810 só tinha em mira o esgotamento da jazida, uma vez que a concessão era perpétua. Em seguida, surgiram outras formas que, na prática, depois perderam o interesse. Na verdade, nenhuma dessas fórmulas resolveu as dificuldades que poderiam apresentar-se; no caso do esgotamento, não existia sistema jurídico para remediar os possíveis riscos nem os eventuais prejuízos; as outras soluções mais previam o desaparecimento da empresa mineradora do que o fim da exploração. A profunda reforma da Lei de 1977 levara a considerar a questão de maneira mais realista, com o Decreto de 7 de maio de 1980, que previa um processo de renúncia e um processo de abandono. Mas essas soluções se mostraram inadequadas, e a Lei de 1994 só tinha em vista a cessação definitiva, quer se tratasse de expiração do título de mineração, quer da cessação dos trabalhos. O sistema continha sérias lacunas e foi reformado pela Lei de 1999 e seus decretos regulamentares. O novo sistema baseia-se na obrigação por parte da empresa mineradora de prever um conjunto de medidas destinadas a garantir a segurança em todas as suas formas e a prevenir os riscos, sobretudo no que se refere aos problemas de infiltração de água e de desmoronamento. O governo conserva de fato um amplo poder de polícia, e o antigo explorador continua vinculado às suas obrigações até a expiração do título de mineração. Na prática, podem surgir numerosas dificuldades, que o juiz administrativo deverá dirimir. Para responder às preocupações daqueles que temiam que, depois do fechamento das minas e do desaparecimento dos técnicos que tinham experiência e conhecimento profundos dos problemas de mineração, ocorresse a impossibilidade prática de resolver eficazmente as dificuldades nascidas do fim da exploração, foi criada a Agência de Prevenção e Supervisão dos Riscos da Mineração. Esta Agência está vinculada, conjuntamente, ao ministro encarregado das minas, ao ministro do Interior, ao ministro da Moradia e ao do Planejamento Territorial. Sua missão será colher informações relativas aos riscos da atividade mineradora, colocá-las à disposição de todos os interessados e participar da elaboração das medidas de prevenção em conjunto com as coletividades públicas e com os organismos privados. Portanto, estamos numa situação paradoxal, na qual existe o corpo de direito desenvolvido para a exploração das minas, ao passo que, salvo em casos particulares, as minas são fechadas ou é marcada a data de seu fechamento. Certamente não se poderia falar em revogar regras que continuam sendo aplicadas às explorações remanescentes e que se aplicarão àquelas que talvez venham a surgir. No entanto, pode-se lamentar que o direito escrito, referente ao fechamento das minas, ainda seja relativamente limitado e fragmentário.

› AGUILLON, *Législation des Mines en France*, 2ª ed., Librairie Polytechnique, 1891. – ISAY, *Le Droit minier des principaux pays civilisés*, 1930 – MONTAGNE, TINCELIN, ASTIER & VAROQUAUX, *Les Mines de fer de Lorraine*, Adase, 1992. – PERSONNAZ J., *Droit des mines*, Librairies techniques, 1958, suppl. 1977. – PERSONNAZ J. & VERRIER, *Droit des mines, Jurisclasseurs – Droit Administratif*, fasc. 370 ss., 2001.

Denis LÉVY (†)

→ Ato administrativo; Propriedade (Direito de); Responsabilidade administrativa; Responsabilidade civil.

MINORIAS

As minorias, ao mesmo tempo que remetem a situações concretas variadas e heterogêneas, participam de uma relação social específica, que a todo momento é objeto da atenção jurídica. São reconhecidos ou reivindicados vários tipos de minorias, objetiva ou subjetivamente designadas: de idade ou de sexo, políticas (parlamentares) ou sociais (profissionais). O direito poderá então mencionar cada uma dessas categorias e atribuir-lhes diferentes estatutos ou regimes de proteção, com a possibilidade de se diluir a relação social da qual elas procedem. Portanto, a busca de uma definição passa pela restrição da extensão da noção, prelúdio de toda tipologia, única medida capaz de trazer à tona o que está em jogo na questão: a instituição jurídica de uma diferença ou de uma alteridade coletiva que, em última instância, subverte o desejo de convivência numa sociedade política.

Definição

Segundo a etimologia, foram dois os significados consecutivos da palavra francesa "*minorité*", significados que continuam marcando sua definição contemporânea por configurarem uma relação de subordinação e depois de inferioridade numérica. Nesse aspecto, o primeiro sentido atestado é jurídico. A palavra deriva do latim medieval *minoritas* (fim do século XIV), esta última de *minor*, e com ela se indicava a situação jurídica individual da criança menor. Mas foi só no início do século XVIII que essa situação de inferioridade social – que requer proteção adequada – se ampliou, atingindo a dimensão de relação política numérica. Isso ocorreu sob a influência do inglês *minority* que, tal como se vê no essencial do vocabulário político inglês, é de origem francesa. "*Minorité*" significa então "menor número" e, voltando ao contexto francês, por extensão, a parte menos numerosa de um grupo. Antes da Revolução francesa, o que mais chamava a atenção era a palavra "*majorité*".

Mas foram as revoluções nacionais europeias de 1848 que fizeram a noção recuperar seu sentido jurídico. Este passou a integrar os dois significados originais: *minorité*, minoria, é, então, agrupamento de pessoas unidas por solidariedade étnica, linguística ou religiosa, de natureza diferente do conjunto político no qual está englobada e em relação ao qual está sempre em número menor. Mais precisamente, a minoria procede de uma impossibilidade de realizar plenamente o Estado-nação, ou seja, de fazer do Estado o decalque da nação. Esse significado se imporá com o sistema de proteção das minorias implantado depois da Primeira Guerra Mundial, quando as minorias passaram a ser vistas com mais precisão em suas ocorrências: minorias nacionais, minorias étnicas.

Ele também resulta, paralelamente, da convergência de três fatores políticos que podem ser considerados as verdadeiras fontes ideológicas da problemática minoritária. A primeira provém da reflexão austro-marxista (1890-1918), que pretendia opor ao Estado-nação, a partir do exemplo da Áustria-Hungria, o Estado plurinacional, formado de nações jurídicas aparentadas e autônomas. A segunda provém do pacifismo que, durante a Primeira Guerra Mundial, se esforçara por chamar a atenção para os direitos das nacionalidades, elaborando um projeto de declaração de seus direitos, que se pretendia corolário da declaração francesa dos direitos do homem e do cidadão. A terceira resulta da ação política dos judeus da Europa central no início do século XX, mais especialmente do Bund, que concebera o projeto de um federalismo nacional baseado na autonomia das instituições sociais, reunindo os indivíduos com base no princípio de personalidade. Essas fontes ideológicas influenciarão os tratados de minorias de 1919-20, antes de cederem ao racismo dos nacionalismos europeus frustrados, que desconsiderará durante meio século a problemática das minorias em proveito da temática dos direitos humanos, depois de 1945.

Foi a partir de 1990 que o direito, sob efeito da "descomunização", voltou a dedicar-se às modalidades de proteção das minorias, participando de um movimento de extensão considerável da noção, numa verdadeira espiral: a minoria alimenta-se de uma relação de dominação e desigualdade vivenciada como tal, o que a incita a reivindicar um estatuto jurídico de defesa e proteção, cuja perspectiva não pode deixar de suscitar a imitação por outras minorias. Assim, as minorias foram absorvidas numa vasta problemática que tinha em vista o reconhecimento da identidade cultural própria dos cidadãos numa sociedade política pluralista. Promovida pela filosofia política norte-americana com o rótulo de "multiculturalismo", essa atitude tende a levar em conta toda e qualquer reivindicação grupal, seja qual for sua natureza, desde que provenha de uma relação de oposição numérica maioria/minoria, que, por sua vez, engendre uma relação de dominação – ou assim suposta –, exacerbando um sentimento de diferença identitária. Assim se afirmam, no fim do século XX, as "minorias" de gênero (mulheres), sexuais (homossexuais), de imigrantes (hispânicos). Esse processo de segmentação do corpo social se reproduz por cissiparidade: uma minoria, juridicamente instituída nessa base, secreta uma relação social de dominação/exclusão, enquanto a coexistência e a duplicação infinita de estatutos e regimes protetores expõem ao risco de redundar na dissolução do elo social, na anomia.

Por isso, a definição da minoria deve prevenir esse risco de extensão da noção, apesar da incapacidade do direito positivo para produzir uma definição operacional, seja por ter a tanto renunciado, como o direito internacional, ou por ter a tanto se recusado, como o direito interno. A isso se somam os desacordos da doutrina, visto que a maior parte se recusa até mesmo a introduzir as minorias no campo do direito, pois elas contrariam o necessário processo de instituição da unicidade da base social do Estado. Existe, porém, uma definição capaz de constituir o mínimo denominador comum, a apresentada pela Comissão Europeia para a Democracia pelo direito do Conselho da Europa, num projeto de convenção para a proteção das minorias, elaborado em 1991, que permaneceu como tal: "[...] o termo 'minoria' designa um grupo numericamente inferior ao restante da população de um Estado, cujos membros, apesar de terem a nacionalidade desse Estado, possuem características étnicas, religiosas e linguísticas diferentes do restante da população e são movidos pela vontade de preservar sua cultura, suas tradições, sua religião ou sua língua". Essa definição integra a relação numérica inerente à noção de minoria, o que suscita o problema da determinação de seu limiar, ao mesmo tempo que se desfaz da relação de dominação em proveito de um critério subjetivo dificilmente mensurável. Além disso, uma minoria resulta da combinação de fatores objetivos e subjetivos análogos aos que atuam na identificação de uma nação ou de um povo. De fato, o termo minoria quase sempre designa coletividades que tenham caráter nacional. Por fim, o fato de considerar que os membros de uma minoria têm a nacionalidade do Estado que os engloba possibilita especificar a minoria dos trabalhadores migrantes, dos refugiados e dos apátridas, aos quais o direito positivo oferece regimes próprios de proteção.

Embora não se exclua a possibilidade de que tal definição – que está próxima de certas propostas doutrinárias ou mesmo de trabalhos feitos nesse sentido pelas Nações Unidas – possa ter valor de costume internacional, resta o fato de que, ao apreender a minoria em suas ocorrências, ela apresenta o inconveniente de não ser *ipso facto* operacional, a não ser que esclareça as tipologias das minorias.

Tipologias

As tentativas de classificação, que não faltaram em doutrina, atendem a um objetivo prático essencial: a captação da diversidade das situações minoritárias é inseparável de um inventário preciso e, se possível, exaustivo. Além disso, essas classificações não têm o caráter de pura taxionomia: também devem possibilitar paliar as fraquezas do regime internacional de proteção das minorias. Seja como for, continuam aleatórias, porque dependentes da apreciação discricionária dos Estados. Visto que as minorias não são em absoluto jurisdicionadas em direito internacional e europeu, só mesmo à vontade dos Estados cabe proceder à identificação das minorias dentro de suas respectivas ordens jurídicas.

Daí decorre a diversidade dos critérios de classificação. Assim, poderíamos nos referir à intensidade da relação de oposição entre a minoria e o Estado de adoção, à gênese da situação de minoria, à força da autoconsciência, ou seja, do sentimento de pertencer a uma minoria, e da vontade de perpetuar esse sentimento, aos principais fatores objetivos de sua identificação (língua, religião), aos direitos reconhecidos ou mesmo à inserção territorial da minoria, em especial à vizinhança com uma nação estatal estruturada pelos mesmos fatores objetivos da minoria considerada. O enunciado desses critérios não poderia pretender a exaustividade, e as classificações que deles são deduzidas sempre se baseiam em critérios cumulativos.

Com essa base e entre as tipologias mais correntes, convém mencionar, em primeiro lugar, a que distingue, *ratione materiae*, minorias linguísticas, minorias religiosas, minorias étnicas e minorias nacionais. Esta procede de uma atitude impressionista, ao se basear nas políticas jurídicas dos Estados que reconhecem as minorias como fenômeno coletivo. Mas essa atitude apresenta o inconveniente de estar inteiramente submetida a uma lógica positivista – que a doutrina agora tende a recusar – das minorias juridicamente reconhecidas ou não.

A ancoragem territorial das minorias e sua relação com o Estado – quer se trate do Estado de adoção, quer do Estado de origem – deu ensejo a uma tipologia sedutora porque simples de lidar. Distinguem-se então: minoria isolada, legado do passado, resultante de movimentos migratórios da população (sorábios da Alemanha); minoria que prolonga uma nação vizinha (húngaros da Eslováquia, da Ucrânia e da Romênia); minorias transnacionais ou transfronteiriças, populações dispersas ou sem enraizamento territorial específico (ciganos). A origem do aparecimento das minorias possibilitará que alguns autores (Yves Plasseraud) distingam as "minorias por essência", que sempre se consideraram como tais (alemães da Transilvânia ou do Volga), das "minorias por contingência", cujo destino foi imposto pela política internacional (húngaros após 1918). Por fim, o critério da reivindicação minoritária possibilitará considerar, num primeiro momento, a existência de minorias ativas, "autonomistas" ou mesmo "independentistas", empenhadas num processo de autoafirmação, aspirando a um estatuto jurídico de autonomia política e administrativa, quando não ao exercício do direito à autodeterminação, prelúdio da independência ou da vinculação a outro Estado (partido "*rattachiste*" valão). Num segundo momento, a doutrina poderá falar em minorias passivas, "integracionistas" ou mesmo "assimilacionistas" (Geneviève Koubi), que optam pelo tratamento não discriminatório em relação ao restante da população e procuram, acima de tudo, a completa inserção na sociedade política nacional.

Indo além da terminologia empregada, essas diferentes tipologias se intersectam em grande parte e se articulam em torno de três elementos: origem da minoria, sua situação em relação ao(s) território(s) estatal(is) e estratégia política e jurídica desenvolvida a partir da constatação da qualidade de minoria.

Embora, neste último caso, a estratégia em questão tenda a melhorar a efetividade da proteção jurídica induzida pela situação de minoria, essa medida também pode passar pelo emprego de noções que substituam a noção de minoria, considerada excessivamente redutora ou mesmo pejorativa. Cuidar-se-á então de dissimular ou de esvaziar uma noção que lembra necessariamente uma *capitis deminutio*. Ainda que os Estados na maioria das vezes recorram à identificação em sua ordem jurídica interna, alguns desses conceitos conexos ou substitutivos já são admitidos em direito positivo. É o que ocorre com a noção de "comunidade", utilizada em primeiro lugar pela Corte Permanente de Justiça Internacional num parecer consultivo de 31 de julho de 1930, relativo à emigração das comunidades greco-búlgaras. Essa noção tende a insistir mais no sentimento de solidariedade que une os membros do grupo considerado, em detrimento da relação numérica que ele mantém com a nação estatal. Também cabe notar as noções de etnia ou grupo étnico, cujo emprego, porém, não tem o mesmo valor, conforme a terminologia jurídica seja anglo-saxônica ou continental, visto que nesta última a expressão é quase sinônima de raça, de fato amplamente desvalorizada. Também aparecem outras noções: a de nacionalidade, herdada da terminologia constitucional soviética, que apresenta o inconveniente de criar confusão com o elo jurídico de pertencimento à nação estatal; a de grupo nacional e a de coletividade. A noção de grupo está cada vez mais presente, inclusive no nível das definições conhecidas de minorias; é muito apreciada no direito norte-americano em razão de sua aparente neutralidade e de seu senso comum.

Embora essas classificações caibam, essencialmente, à doutrina, a tipologia das minorias também pode ser feita em direito positivo a partir de seus estatutos e regimes de proteção direta ou indireta, tais como os existentes em direito interno, europeu (Conselho da Europa, OSCE e tratados bilaterais de boa vizinhança) e internacional, em diferentes categorias de textos.

Mas com muita frequência o direito considera as minorias como um fenômeno negativo, porque perturbador da ordem jurídica estabelecida, internacional ou interna. Preocupa-se então bem mais em solucionar conflitos existentes, em que a proteção das minorias, nessas condições, só ocorre de maneira instrumental e tópica. Assim, estas são percebidas através da ameaça que podem representar para a integridade territorial e para a unidade política dos Estados, mas também em relação a princípios constitucionais de igualdade perante a lei de não discriminação, de direitos humanos e, de modo geral, de unificação, pelo Estado, de seu próprio substrato humano. De fato, as minorias participam de uma interação que vai muito além das tentativas de conceituação e de tipologia.

Fatores em jogo

A problemática das minorias acarreta comportamentos jurídicos e doutrinais fortemente contrastantes que, para seus partidários, confinam com o militantismo e, para seus detratores, com a negação pura e simples, uma vez que ela tende a pôr em xeque os padrões da democracia e o modo tradicional de construção jurídica da nação.

Ora, a democracia majoritária – que a ciência política americana designa com o conceito mais neutro de "poliarquia" (Robert Dahl, 1971) –, naquilo que ela entende por modo empírico e racional de tomada de decisão política, só conhece minorias por preterição, pois só apreende os cidadãos tomados individualmente em sua relação com o Estado. Ela tende então a rejeitar, de fato e de direito, sua própria heterogeneidade social e, ao privilegiar a unidade da sociedade política, a assimilar as minorias, só tolerando "as pessoas pertencentes às minorias". Donde o recurso ao conceito de "democracia associativa" (*consociational democracy*) como corretivo para uso das sociedades nacionais heterogêneas (Arend Lijphart, 1977). A democracia associativa baseia-se no princípio da busca de equilíbrio entre os elementos constitutivos (os "segmentos") da sociedade nacional. Esta assumirá então a forma de partilha do poder com base no equilíbrio assim obtido e se organizará em função da combinação de dois princípios: a cogestão dos assuntos comuns; a autonomia de gestão dos assuntos próprios ao "segmento" ou à minoria considerada.

A democracia associativa assenta numa dialética da unidade e da diversidade, da individualidade e do pertencimento comunitário, uma dialética da identidade situada no centro do debate que anima os principais atores da filosofia moral e política norte-americana contemporânea (Ronald Dworkin, Michael Walzer, Charles Taylor, Will Kimlicka) e encontra eco na França (Sylvie Mesure e Alain Renaut) depois da publicação de *Uma teoria da justiça* de John Rawls (1971). Diante da autonomização do indivíduo da filosofia do Iluminismo, a questão das minorias pressupõe o reconhecimento jurídico de uma identidade diferenciada que não seja submetida apenas ao monopólio do Estado. Além do problema da natureza dessa identidade diferenciada, o principal elemento em jogo na problemática das minorias consistirá então em prevenir esse limiar qualitativo que leva do liberalismo ao comunitarismo...

Esse debate tem ressonância no direito das liberdades fundamentais, na forma de oposição entre os direitos individuais, os direitos do homem e do cidadão, e os direitos coletivos. Questão, aliás, recorrente em sua forma moderna, pois foi o alemão Herder (1744-1803) que opôs o direito dos povos e das culturas, o direito do homem situado, à ideologia uniformizadora dos direitos do homem. Mas essa oposição, na qual se apoiam os Estados que rejeitam as minorias, pode ser resolvida recorrendo-se aos direitos culturais, no sentido dos trabalhos realizados sob a égide do Instituto Interdisciplinar de Ética e dos Direitos Humanos, da Universidade Suíça de Friburgo (Patrice Meyer-Bisch). Os direitos culturais, entendidos como direitos de cada indivíduo à sua própria identidade cultural, constituem uma síntese adequada, visto que identidade cultural pode ser definida "como o conjunto das referências culturais pelo qual uma pessoa ou um grupo se definem, manifestam-se e desejam ser reconhecidos; identidade cultural implica as liberdades inerentes à dignidade da pessoa e integra num processo permanente a diversidade cultural, o particular e o universal, a memória e o projeto" (art. 1-*b* do projeto de declaração sobre os direitos culturais elaborado pelo Grupo de Friburgo (1998) em ligação com a Unesco e o Conselho da Europa).

O reconhecimento de tais direitos culturais é uma preliminar ao reconhecimento de direitos coletivos estruturadores de uma identidade diferenciada. De modo geral, esses direitos coletivos se organizam em torno da seguinte tipologia: 1 / Direitos de autonomia política, principalmente territorial, que induzem ao remanejamento da forma e da estrutura do Estado (Itália, Espanha) ou, de modo mais limitado, da situação específica das "coletividades periféricas" (ilhas). 2 / "Direitos poliétnicos" (Sylvie Mesure e Alain Renaut), principalmente de ordem linguística e religiosa, do tipo daqueles reivindicados pelas diferentes comunidades que imigraram para a América do Norte. 3 / Direitos de representação política própria, especialmente parlamentares. Estes, uma vez que põem em xeque a unicidade do sistema representativo, passam pela escolha de modos de escrutínio mais complexos (voto único transferível).

É exatamente neste último nível que a problemática das minorias enseja a reavaliação do desejo de convivência que fundamenta toda sociedade política, desejo que não se manifesta apenas em moldes de unicidade, mas também em moldes de pluralismo jurídico e político.

› LEVRAT N. (org.), *Minorités et Organisation de l'État*, Bruxelas, Bruylant, 1998. – MESURE S. & RENAUT A., *Alter Ego. Les paradoxes de l'identité démocratique*, Paris, Aubier, 1999. – PLASSERAUD Y., *Les Minorités*, Paris, Montchrestien, 1998. – ROULAND N. (org.), POUMARÈDE J. & PIERRÉ-CAPS S., *Droit des minorités et des peuples autochtones*, Paris, PUF, 1996. – YACOUB J., *Les Minorités dans le monde, faits et analyse*, Paris, Desclée de Brouwer, 1998.

Stéphane PIERRÉ-CAPS

→ Antropologia jurídica; Liberais, comunitaristas e direito; Pluralismo jurídico.

MOEDA

A moeda, "instrumento de troca [...] medida comum de todas as coisas" (Thaller), constitui um assunto essencialmente multidisciplinar. Juristas e economistas disputam o seu estudo, e seus trabalhos seriam lacunares se desprezassem os trabalhos de filósofos, historiadores, sociólogos, etnólogos, psicólogos, cientistas políticos etc. Complexa desde o início, por sua própria natureza, a moeda, com a implantação do euro (reforma oriunda do tratado de Maastricht, 7 de fevereiro de 1992), passou por profundíssimas transformações. O efeito dessas mudanças certamente lançará luzes sobre a ciência da moeda que, por ora, ainda deve contar com as contribuições da tradição. Para os juristas, o termo "moeda" abrange duas realidades diferentes: *unidade monetária*, ou unidade ideal definida legalmente (na França, o "franco" a partir da Lei de 17 de germinal do ano XI; o "novo franco" de 1958 a 1962, data em que foi retomada a antiga denominação de "franco", e o "euro" a partir de 1º de janeiro de 1999, na primeira fase de sua aplicação), e os diferentes *instrumentos monetários*. Fenômeno compósito, em que se justapõem ao máximo direitos do indivíduo e direitos do Estado, a moeda assume várias formas, tem uma história, uma natureza e exerce funções.

Formas

A moeda pode assumir várias formas: metálica, fiduciária (como as notas de banco) ou escritural, ou seja, resultante de escriturações (como depósitos à vista em banco). Também existe a moeda contábil, que é imaterial: quando utilizada, fazem-se os cálculos a partir de um padrão de valor, mas, nos pagamentos, usa-se dinheiro em espécie; toda a Europa do Antigo Regime conheceu a coexistência da moeda contábil e do dinheiro vivo.

História

A palavra "moeda" deriva do latim *moneta* (de *monere*, advertir), cognome dado a Juno: a moeda romana era cunhada no templo de *Juno moneta*, no Capitólio. Os romanos também usavam outras palavras, especialmente *pecunia*, e esse termo mostra que, na origem, a riqueza era avaliada em cabeças de gado. A história do fenômeno monetário evidencia um constante paralelismo de seus aspectos públicos e privados. Realmente, a moeda é um fenômeno duplo por essência: até o advento do euro, o Estado era (ou, de acordo com as épocas, tentava ser) dono da moeda, mas, paralelamente, precisava contar com o papel dos particulares que manejavam o dinheiro público. Roma conheceu inicialmente o pagamento *per aes et libram*, pelo bronze e pela balança; os instrumentos de troca eram lingotes de bronze, e era preciso pesar fragmentos de metal para se efetuar o pagamento. O desenvolvimento econômico teve como consequência a adoção da moeda contada e, no fim das Guerras Púnicas, instaurou-se um sistema baseado no denário de prata, que permaneceria até o século III. No Baixo Império, depois de enormes dificuldades nascidas do déficit da balança comercial favorável ao Oriente, o "soldo constantiniano" constituiu o elemento estável que possibilitou as trocas até o reinado de Carlos Magno, mas a massa monetária era composta sobretudo de bilhão, e a troca voltava com toda a força. Na Alta Idade Média, o monopólio do Estado foi afetado, e moedeiros privados ou igrejas punham moedas em circulação. A partir daí, estava aberto o caminho para a fragmentação feudal e, na época medieval, o desmembramento dos atributos do Estado afetaria também o direito de cunhar moeda. Por conseguinte, numerosas moedas passaram a circular no reino, e verifica-se uma intensa atividade dos cambistas. No século XIII, com a retomada comercial, reapareceu a cunhagem do ouro, tendo início um longo período de manipulações monetárias. Praticada na antiga França, a moeda contábil possibilitava essas manipulações sem desmonetização. No século XIV, o *Tratado das moedas* de Oresme denunciava as injustiças assim criadas: a moeda não pertencia ao príncipe, mas a todos. Portanto, o bispo de Lisieux condenava as mudanças, mas admitia exceções, especialmente a do interesse público. A partir do século XVI há uma comoção da opinião pública, em vista da espetacular elevação dos preços. Porventura essa elevação seria explicada pela desvalorização ou proviria da afluência dos metais preciosos que vinham da Espanha? Esse é o tema de famosa controvérsia que, em 1566-68, opõe M. de Malestroit, *maître des comptes*, a Jean Bodin. Ao cabo de lenta e paciente política, a monarquia recobrou seus direitos sobre a moeda. No século XVIII, depois do desastre da experiência de Law, que durante muito tempo foi responsável pela péssima fama do papel-moeda, a monarquia saneou sua política monetária. Depois da reforma de 1726, uma corajosa política anti-inflacionária possibilitou que, mais tarde, o "franco germinal" atingisse praticamente o nível da libra do Antigo Regime. As conturbações políticas e o episódio dos *assignats* exigiriam uma sólida reforma monetária e financeira na época napoleônica. Estabelece-se então uma estabilidade monetária que dura até que sobrevenham as consequências da guerra de 1914. Convém notar que a redação do Código Civil francês ocorre numa época de retorno da confiança na moeda. Ao contrário, o século XX tem uma história monetária muito conturbada, marcada pela terrível inflação na Alemanha entre as duas guerras, terminando com a preparação da transição para uma moeda única europeia, concebida num quadro que se previa como obrigatoriamente estável. Esse conjunto levou o século a reformular todas as grandes indagações: em direito privado, a questão da validade das cláusulas de indexação; em direito público, a da soberania. Quanto à indexação, a V República – na reforma monetária ocorrida nos seus primórdios, com o intuito de proteger o "novo franco" da inflação – tinha uma concepção estrita que limitou seriamente a validade das cláusulas em questão. Quanto à noção de soberania, o século XX a aplicou inicialmente de uma maneira muito peculiar, com a legislação sobre o controle do câmbio. Trata-se de medidas que tendiam a reduzir ao mínimo a exportação dos meios de pagamento. Vários países, entre os quais a França (de 1939 a 1989 quase sem interrupção), recorreram a essa política. Depois, no fim do século, é incontestável que um dos aspectos da soberania, a fixação da taxa de câmbio da moeda, desapareceu com a mudança para o euro. Na mesma perspectiva, em decorrência do tratado de Maastricht, o estabelecimento de um Sistema Europeu de Bancos Centrais (SEBC), que reúne um Banco Central Europeu e bancos centrais nacionais, fez que o Banco da França fosse dotado de um estatuto capaz de garantir sua independência em relação às autoridades políticas. Deste apanhado histórico, pode-se deduzir aquilo que as considerações abaixo também irão demonstrar: o cerne do problema da moeda está na relação entre o que é o símbolo de uma comunidade humana e o que depende da ação dos agentes econômicos.

Natureza

À margem da questão da moeda, o problema mais amplo do dinheiro não deixou de espicaçar as consciências. "O dinheiro é uma riqueza de ficção", diz *A Enciclopédia* (1751); esse estranho poder de representar tudo sempre opôs aqueles que, numa perspectiva filosófica (*A República* de Platão), ou religiosa (Mateus, 6, 24; Lucas, 16, 13), demonstraram desprezo pelo dinheiro, àqueles, mais "liberais" ou realistas, que acolheram favoravelmente o papel por ele representado na vida dos homens. Desses conflitos, que poderiam ser estudados em cada período histórico sem exceção, bom exemplo é a história da proibição canônica do empréstimo a juros: a busca desenfreada de paliativos ressaltou a ambiguidade das atitudes. Por outro lado, quanto ao fenômeno monetário propriamente dito, a filosofia nunca deixou de interrogar-se. Na Grécia, Platão vê na moeda as funções de instrumento de troca e de medida de valor, enquanto Aristóteles, que depois será constantemente utilizado, ressaltava essa função de medida e insistia na capacidade que tinha a moeda de possibilitar uma provisão de valores e na solução que ela representava para os inconvenientes da troca. Quanto à natureza jurídica propriamente dita da moeda, no campo do *direito público*, se raciocinarmos segundo os esquemas intelectuais anteriores à implantação do euro, veremos que agir sobre a moeda é, incontestavelmente, um atributo da soberania. Assim, o Conselho Constitucional ("considerando [...] que a realização de semelhante objetivo se traduzirá na implantação de uma política monetária e de uma política de câmbio únicas, segundo modalidades tais que um Estado se verá privado de competências próprias num campo em que estão em causa as condições essenciais de exercício da soberania nacional", 9 de abril de 1992) considerou que o Tratado de Maastricht era incompatível com a Constituição de 1958, e que se fazia necessária uma revisão constitucional. Hoje não seria possível continuar interligando assim moeda e soberania, pelo menos para todos os países: "A natureza jurídica da moeda é subvertida: já não é um mecanismo de Estado, pela simples razão de que a União Europeia ainda está longe de ser um Estado..." (Carbonnier, *Biens*).

No campo do *direito privado*, de longa data se vê a moeda como instrumento de pagamento e instrumento de medida dos valores. Pesquisas recentes (Libchaber) propuseram uma distinção entre a unidade de valor – abstração desprovida de qualquer caráter material, que serve para medir o *quantum* da obrigação – e a unidade de pagamento, de caráter material, que serve para extinguir as obrigações expressas em unidades de valor. Por outro lado, a moeda também é, habitualmente, analisada segundo critérios do direito dos bens. A coisa não é simples, pois, embora seja um bem, a moeda compreende também um elemento artificial. É certo que o poder aquisitivo que lhe é atribuído constitui seu caráter essencial. Portanto, o aspecto convencional sobrepuja qualquer outro aspecto. Tradicionalmente, isso ressalta o papel capital do Estado, único que pode desmonetizar uma moeda metálica ou um papel-moeda. A moeda, portanto, é resultado de um composto de elementos de direito público e de direito privado, de tal modo que aqui se apresenta a questão da pertinência do emprego do vocabulário da propriedade. Esse "denominador comum a todos os bens é um falso bem" (Grua). Do mesmo modo, a respeito da moeda, afirma-se classicamente a sua fungibilidade (instrumentos monetários podem substituir-se reciprocamente; a moeda pode ocupar o lugar de tudo) e sua consumptibilidade (C. Civ. fr., art. 587 e 1.238), mas alguns autores podem ter posições mais variadas sobre essas questões. Apesar de todas essas dificuldades, é preciso que, especialmente em jurisprudência, as consequências da ideia de propriedade possam ser aplicadas, tal como, por exemplo, no caso admitido da reivindicação de moeda. Por fim, cabe lembrar a tese segundo a qual a moeda seria uma mercadoria como as outras. Essa tese está ligada ao pensamento liberal do século XVIII, bem como aos textos revolucionários. Caberia então responder a alguns dos grandes juristas do Antigo Regime que, tal como Dumoulin, julgavam que a moeda devia ser considerada por seu valor no dia do pagamento, pois viam nela coisa bem diferente de um bem ordinário. O debate que, evidentemente, ganhara maior vigor com Law era sempre decidido por Daguesseau (*Considerações sobre as moedas*, 1718) a favor dos direitos do rei. Em seguida, foi delicada a interpretação do Código Civil francês. Segundo J. Hamel (cf. Biblio.), é preciso concluir que o código tem em vista regras específicas concernentes à moeda. Ao todo, esse bem estranho, que é a moeda, entra com dificuldade nas habituais categorias do direito. A. Nussbaum provavelmente descobriu uma das razões para isso: não conseguimos pensar a moeda em si mesma; ela é sempre um múltiplo, uma fração de uma unidade ideal, e assim se distingue dos outros bens corpóreos ou incorpóreos.

Funções

Os juristas, respaldados a partir do século XIX pelos trabalhos dos economistas, estudam em três vertentes as funções da moeda: a que serve para pagar, a que serve para avaliar e o objeto de propriedade. Essas três funções, que têm um caráter de técnica jurídica muito intenso, não devem encobrir o essencial: a moeda é *um elo entre os participantes de uma mesma comunidade*, elo curiosíssimo, que sustenta as hierarquias sociais, mas nem por isso deixa de ser comum ao rico e ao pobre. Ao utilizarem a moeda, os cidadãos usam juntos o signo, concreto e simbólico, da comunidade que os une. Essa função do dinheiro, elo entre os homens, foi perfeitamente descrita pela tradição jurídica. Domat, especialmente, atribui à moeda um papel de primeiro plano em vários trechos de sua obra. Em seu *Tratado das leis* (cap. II, III), ele menciona os elos que comprometem os homens com a sociedade e descreve precisamente esses compromissos, desejados por Deus, que concretizam o amor que os homens se devem uns aos outros. Depois de tratar da família, Domat escreve: "A segunda espécie encerra todos os outros tipos de compromisso que aproximam todos os tipos de pessoas umas das outras e se formam de maneiras diferentes, seja nas diversas comunicações que ocorrem entre os homens no trabalho, na indústria e em todos os tipos de ofícios, serviços e outros socorros, bem como no uso das coisas – o que encerra todos os diferentes usos das artes, dos empregos e das profissões de qualquer natureza e tudo o que pode ligar as pessoas, de acordo com as diferentes necessidades da vida –, seja por meio de comunicações gratuitas, seja por comércios." Aliadas a esse texto, as considerações sobre o contrato de venda (ver abaixo) e "a moeda pública" que lhe é consubstancial mostram até que ponto, para o Antigo Regime, o dinheiro se situava no plano divino: era o instrumento das trocas necessárias à satisfação das necessidades humanas, mas, sobretudo, à formação dos elos de amor mútuo.

Elo entre os homens, a moeda serve, portanto, para *pagar*. A moeda tem *valor legal*, ou seja, por meio da lei o Estado fixa o valor do instrumento monetário. A partir daí, a grande questão refere-se ao efeito das depreciações monetárias sobre o pagamento. A execução das obrigações, matéria de direito privado, choca-se, pois, com o direito público que regula o poder monetário do Estado. Esse fenômeno – ligado à desvalorização ou, muito mais raramente na França, à revalorização – sem dúvida é tão antigo quanto a cunhagem de moeda. Para resolver o problema, duas grandes correntes de pensamento se opõem tradicionalmente: *nominalismo* e *realismo* monetários. Para o nominalismo, só importa o valor nominal da moeda. Um franco é sempre um franco. Para o realismo, ao contrário, "o valor monetário inscrito de uma dívida nada mais é que uma maneira cômoda de expressar sua verdadeira extensão, que deve ser buscada por trás dessa designação" (J.-P. Lévy). Historicamente, a doutrina romanista e canonista foi, de início, nitidamente realista. No fim do século XII, Placentinus escrevia que se deve devolver "*tale reddendum quale datum*", em qualidade aquilo que foi recebido. Esse sistema era incontestavelmente equitativo, mas impedia que a política monetária do príncipe produzisse todos os seus efeitos. Sob diferentes pressões, especialmente a dos meios monárquicos, o direito francês tornou-se sobretudo nominalista, mas não havia uma posição perfeitamente homogênea. O episódio dos *assignats* foi bastante brutal: a Convenção tornou delituoso todo e qualquer ato que implicasse mesmo que uma ligeira dúvida acerca do valor da moeda revolucionária. Por fim, vem o Código Civil com seu artigo 1895: "A obrigação resultante de um empréstimo de dinheiro nem sempre é a soma numérica enunciada no contrato". Esse artigo, cujo teor *in extenso* mostra bem que os redatores só consideravam o caso da moeda de metal, continua nominalista e descarta a revisão de créditos e dívidas, mas sem excluir as cláusulas destinadas a evitar as consequências da desvalorização. Depois desse Código, foi preciso esperar principalmente a V República para que o problema das cláusulas se apresentasse com vigor na legislação. Como reação contra a prática, foi concebida a validade das cláusulas de indexação, de maneira muito restritiva, para acompanhar a reforma do "novo franco". Comentando a passagem para o euro, alguns especialistas consideram que a questão da indexação deveria perder importância, e nisso se baseiam na esperada estabilidade da moeda única ou mesmo na imitação do direito alemão, mais desfavorável a essas cláusulas.

A moeda serve para *avaliar*. A moeda possibilita avaliar tudo, e o vasto campo do ressarcimento constitui sua aplicação mais frequente. Ver nisso apenas um efeito de um materialismo moderno seria errôneo, conforme mostra, mais uma vez, a leitura das *Leis civis*. Domat explica de maneira espantosa – se lembrarmos o hábito de considerar o Antigo Regime como um tempo em que o dinheiro era mal considerado – o caráter da "moeda pública". Já nas primeiras palavras relativas à venda (1. I, t. II), ele lembra a velha tese (sobre cuja exatidão a moderna ciência se mostra reticente) de que a venda ocupou o lugar da troca em razão do caráter pouco cômodo e inadequado desta última: "Mas, como a troca supre só raramente e a custo, seja porque as duas partes não têm com o que se ajustar, seja por ser complicado fazer estimativas e igualar as coisas, chegou-se à invenção da moeda pública que, com seu valor regulamentado e conhecido, estabelece o preço de tudo; e assim, em vez de duas estimativas, que era tão difícil igualar, passou-se a precisar de uma só coisa de um lado, tendo-se do outro o seu preço justo graças à moeda pública; e é esse comércio de todas as coisas com dinheiro que chamamos de venda, mistura do uso natural de dar uma coisa por outra e da invenção da moeda pública que estabelece o valor de todas as coisas que possam ser estimadas." Do mesmo tipo são os trechos relativos aos "juros, reparações e restituições de frutos" (I. III, t. V, s. II, XVI): "As reparações, sejam elas de que natureza forem, sempre se reduzem a somas de dinheiro devido por aqueles que são obrigados a indenizar, seja por terem deixado de cumprir seus compromissos, seja por causas outras. Pois o dinheiro faz as vezes de todas as coisas que possam ser avaliadas." Esses textos ressaltam as virtudes da moeda, entre as quais se destaca o poder de criar o preço "justo", sendo essa qualidade (essencial para um jurista cristão) mais afirmada do que realmente analisada por Domat.

A moeda é *objeto de propriedade.* Tal como mostraram as considerações acerca da natureza da moeda, algumas nuances podem opor os juristas nesse aspecto. Normalmente, os instrumentos monetários são bens corpóreos, consumíveis pelo primeiro uso e fungíveis. O problema, evidentemente, se torna mais complexo em decorrência do poder que o soberano tem de depreciar a moeda. A prevista estabilidade da moeda única talvez transforme a questão.

Seja qual for o plano pelo qual se aborde a questão, a moeda continua sendo uma das operações do direito que exigem mais ficção. Historicamente, numerosos instrumentos monetários realizavam, de alguma maneira, uma representação da autoridade, um retrato do poder, com frequência a figura do príncipe, que, em tempos democráticos, era substituída por figuras gloriosas da nação. Estranha proeza essa a de produzir, graças a uma virtude simbólica, a imagem de um poder abstrato, poder da soberania em sua função financeira, em seu papel de definição de uma regra de troca constante entre os cidadãos. Também aí a moeda mostra suas duas faces, pois, por meio da representação que faz do poder, ela torna concreto o signo de que é portadora. Isso já é mostrado pelo famoso episódio do "Dai a César..." (ver, sobretudo, Mateus, 22, 15-22): a efígie do príncipe gravada na moeda possibilita que Jesus, com sua resposta, estabeleça a legitimidade de toda a esfera política. Hoje, numa Europa cujos contornos não são definitivos, a nova unidade monetária é a unidade de uma comunidade que está apenas em construção.

Nessas condições, às quais convém somar as novidades que devemos à eletrônica, é difícil ver, no futuro, a redução da parcela de ficção que há no fenômeno monetário.

➤ CARBONNIER J., *Biens*, 19ª ed., 2000; *Flexible droit*, 10ª ed. – GRUA F., *Jurisclasseur, Monnaie, Nature de la monnaie*. – HAMEL, "Réflexions sur la théorie juridique de la monnaie", *Mélanges Sugiyama*, Tóquio, 1940. – HARSIN P., *Les Doctrines monétaires et financières*, 1928. – LIBCHABER R., *Recherches sur la monnaie en droit privé*, Paris, 1992. – NOGARO B., "Les principes fondamentaux du droit monétaire français", *RTDC*, 1929, p. 949. – Col.: *Archives de philosophie du droit, L'argent et le droit*, 1998.

Laurence DEPAMBOUR-TARRIDE

→ Banco e crédito; Economia e direito.

MORAL E DIREITO

As relações entre direito e moral constituem um dos problemas fundamentais da filosofia do direito. Da maneira mais geral possível, ele pode ser formulado do seguinte modo: direito e moral constituirão universos distintos ou um único domínio unificado? Se sim, em qual medida? A resposta que for dada a essas questões também possibilitará dizer como convém resolver eventuais conflitos localizados (o problema de Antígona, objeção de consciência, direito de resistência à opressão) ou genéricos (problema do direito nazista), ou dizer como caberia limitar ou estender a esfera de intervenção do direito (em que medida o direito deve tornar obrigatórias certas concepções morais, como a aceitação ou a proibição de relações homossexuais, da eutanásia, da inteira liberdade de mercado etc.?). Essas interrogações pressupõem que a questão principal está resolvida. Também são geralmente tratadas em filosofia política ou em ética aplicada, e não serão abordadas aqui.

As eventuais relações entre direito e moral muitas vezes são vistas como elos de inclusão ou exclusão. Pergunta-se então se é possível ou mesmo necessário que eles compartilhem dados comuns. Mas essa questão, por sua vez, é decomposta em dois problemas: *a*) Os dados morais condicionarão a validade ou, atenuando, a aplicação de normas jurídicas? A união é então concebida como uma relação de dependência, e a separação, inversamente, como a respectiva independência estrita de dados normativos de natureza diferente. *b*) Os dados morais ou, pelo menos, alguns deles, são como tais normas válidas da ordem jurídica? A inclusão é então concebida como soma dos dados ao direito explicitamente posto. O problema da unidade das esferas é abordado de diferentes maneiras por diferentes teorias filosóficas. Encontra-se no cerne do debate em torno do positivismo jurídico e do direito natural, está presente em toda tentativa de definir o objeto *direito*. No entanto, parece que realmente há certa dissimetria. Se cada concepção do direito determina os limites do domínio jurídico em relação a outros tipos de obrigações, o inverso não parece evidente: nem sempre uma concepção da moral permite deduzir uma delimitação em relação ao direito. Pode-se perguntar qual é a natureza ou o conteúdo da obrigação moral sem evidenciar se tal obrigação é, *como tal*, uma obrigação jurídica. Só indiretamente, ao que parece, se poderá estabelecer que a moral requer (ou não) respeito ao direito, de maneira geral ou localizada. Mas uma teoria moral da prioridade das obrigações respectivas não nos dá, necessariamente, critérios que permitam identificar a obrigação jurídica. Essa disparidade intuitiva mostra que a apresentação dessa problemática exige uma discussão sobre a construção dos conceitos, antes da exposição das consequências pertinentes.

I / A possibilidade de conflito entre obrigações de natureza diferente já se mostra com clareza na Antiguidade, tal como ocorre com a diferenciação entre lei posta e aplicada por seres humanos, na cidade, submetida a mudanças e dependente das fraquezas humanas, e lei natural ou divina, eterna e transcendente. Assim surge a teoria do direito *natural*. A determinação exata de seu *status* alimenta uma riquíssima discussão que não cabe retomar aqui. Do ponto de vista sistemático, o problema é o seguinte: existirá um *direito* diferente do direito *positivo*? E, se existir, esse direito condicionará (e em que medida) seu valor ou mesmo sua validade? O problema apresenta, assim, exatamente a mesma estrutura do problema das relações entre *direito* e *moral*, salvo por ser formulado em termos que visam distinção interna ao *direito* em sentido mais amplo. Pode-se então perguntar se *direito natural* e *moral* são expressões equivalentes. Inversamente, se deixarmos de lado a questão do direito natural, poderemos perguntar se a oposição entre direito e moral é realmente a oposição entre direito *positivo* e moral. Alguns autores se declararão favoráveis à tese da união, mas não aceitarão ser qualificados de "jusnaturalistas". Poderia ocorrer que o termo "moral" fosse percebido como um termo mais neutro do que "direito natural", frequentemente associado a algumas escolas de pensamento, como a do tomismo. Essa objeção, porém, parece fraca, pois existe uma imensa variedade de concepções do direito natural, e todas elas admitem certas propriedades que tornam o direito natural, pelo menos parcialmente, indiscernível da moral: *a*) ele é concebido como um conjunto de normas que não depende de atos de produção ou de revogação emanados das autoridades humanas, *b*) constitui, numa versão mais forte, aquilo que condiciona a validade do direito "positivo", ou, segundo uma versão mais fraca, aquilo que orienta a sua criação e a aplicação. Portanto, parecerá plausível subsumir aqui o *direito natural* à categoria da *moral*, deixando aberta a questão de que moral se trataria e da possibilidade de determinar seu conteúdo. Em contrapartida, o que parece excluído é que o fato de *denominar* um conjunto "*direito* natural" permita resolver o problema das relações entre esses dados e os do direito positivo. Pois cumpre precisamente demonstrar a tese filosófica de que tal direito natural existe, seja no sentido de que nenhum direito positivo pode deixar de respeitar certos princípios *naturais*, seja, numa versão mais fraca, no sentido de todo direito positivo ser obrigado a inspirar-se nele. Parece preferível discutir essa questão aqui, sob a rubrica da moral, porque isso permite evitar as polêmicas referentes à natureza da *naturalidade* desse direito, no qual alguns veem dados inerentes à natureza das coisas; outros, mandamentos divinos; outros, ainda, princípios da razão, mais especificamente da razão prática. As mesmas interrogações são feitas no que se refere à natureza da moral, e só levaremos em conta essas controvérsias quando elas tiverem alguma influência sobre a questão da validade ou da aplicação do direito produzido por autoridades humanas. Evidentemente, cada posição poderá ser modificada, conforme se adote uma teoria que naturalize o direito natural ou a moral. A mesma observação vale para outros conceitos: a oposição entre direito e "justo" será equiparada à oposição entre direito e moral.

Problema conceitual e histórico complementar refere-se à relação entre positivismo e antipositivismo, por um lado, e jusnaturalismo e unionismo, por outro. Também aí se pode perguntar se essas oposições são atinentes às mesmas realidades. Se definirmos o positivismo como posição que afirma que as normas jurídicas são unicamente obras da criação ou da aceitação convencional, por via consuetudinária, em sociedades humanas relativamente organizadas, seguir-se-á que o conjunto assim constituído será distinto de normas que não provenham de tal origem. Nesse sentido há certa concepção do direito que induz à separação. Alguns autores, especialmente Hart, consideram, por outro lado, o separatismo como um elemento constitutivo do positivismo. Mas outros observam que Hart se aproximara progressivamente de um positivismo mais moderado que possibilitava certo relaxamento da tese da separação que os partidários de um "positivismo inclusivo" (Coleman) hoje procuram sistematizar. Em vista desses desenvolvimentos recentes, parece preferível analisar inicialmente as concepções do direito *positivo* compartilhadas por todas as tendências, antes de discutirmos os argumentos favoráveis a uma concepção mais ou menos restritiva desse direito positivo e mais ou menos excludente em relação à "moral". Veremos assim que o positivismo não é, necessariamente, separatista, e que a afirmação de relações de dependência ou de inclusão não pressupõe, necessariamente, o jusnaturalismo.

II / A questão das relações entre direito e moral só despertará interesse se for possível concebê-los como objetos que, ao mesmo tempo, compartilham certas propriedades constitutivas e se distinguem por outras. Apenas se existirem ao mesmo tempo dados comuns e dados diferentes para cada campo, será possível indagar se essas diferenças impedem ou se exigem elos de dependência ou de inclusão. Poderemos assim analisar aquilo que resulta da adoção de uma ou outra concepção de direito e de moral para a questão de suas respectivas relações. O problema considerado diz respeito à delimitação de obrigações, permissões ou proibições de natureza eventualmente diferente. Por conseguinte, deveremos considerar que, para todas as teorias que se opõem sob outros aspectos em torno desse assunto, direito e moral são conjuntos de normas no sentido mais amplo possível. Sempre se tratará de saber se certas ações ou complexos de ações humanas são permissíveis, se devem ocorrer ou, ao contrário, não devem produzir-se. Isso é admitido, de modo geral, tanto pelos que defendem uma concepção positivista quanto pelos que abraçam uma visão antipositivista.

As diferenças podem então ser concebidas de modo *material* ou *formal*. São consideradas no plano material quando se diz que a moral contém certas regras cujo conteúdo não interessa ao direito, como, por exemplo, se é preciso amar ao próximo ou se é preciso fazer o bem em todas as ocasiões. A distinção é estabelecida de maneira formal ou estrutural quando é independente de qualquer consideração relativa ao conteúdo, como, por exemplo, quando se diz que as normas do direito têm estrutura hipotética ou condicional, e que as da moral têm estrutura categórica ou incondicional (Kant), ou quando se opõe o caráter punitivo do direito à ausência de punições organizadas em caso de violação de obrigações morais (Kelsen).

As distinções estritamente materiais chocam-se com dificuldades. Pressupõem que tanto o direito quanto a moral não poderiam atuar em certos campos da ação humana. Mas, se admitirmos tal distribuição, caberia justamente perguntar em razão de que critérios seria possível chegar a esse resultado. Ora, se houver um critério de repartição, a distinção já não será material de saída, mas apenas na chegada. As distinções formais baseiam-se principalmente em critérios de pertencimento e/ou na maneira como as respectivas normas estruturam a vida social. Assim, consideraremos como pertencentes ao direito normas *a*) baixadas ou aplicadas com maior ou menor organização por seres humanos, *b*) que apresentem uma estrutura hipotética, *c*) que incluam, entre outras coisas, mas como último recurso, o uso da força, *d*) que sejam relativamente eficazes, *e*) que constituam uma prática social de um tipo específico, *f*) que apresentem razões de princípio para decisões jurisdicionais, *g*) que guiem a conduta humana, *h*) que apresentem caráter institucional dotado de prazo. Diferentes teorias insistirão mais num aspecto ou noutro, excluirão alguns ou considerarão a presença cumulativa desses dados. E poderemos simplesmente dizer que se considerará que a moral é constituída por normas que não apresentem essas propriedades ou que não as apresentem na combinação característica do direito; por conseguinte, suas normas: *a*) seriam independentes de atos organizados de produção e de aplicação, *b*) teriam estrutura categórica, *c*) não incluiriam o uso da força, *d*) seriam independentes de qualquer eficácia eventual. Em geral, não se nega que a moral tem incidência social, mas as opiniões divergem quanto à sua intensidade. Como característica do direito, tanto para positivistas como para antipositivistas, parece claro que sua *aplicação* depende de autoridades instituídas que, em certas condições, disponham de meios de coação para que as obrigações sejam respeitadas pelos destinatários. Nem estes nem aqueles, porém, estão de acordo sobre a posição exata que cabe à punição como dado constitutivo. Tanto positivistas como antipositivistas admitem que a *produção* do direito geralmente depende de autoridades instituídas por atos humanos, mas dividem-se quanto à questão de saber se tudo o que é produzido a título de "direito" é realmente direito e se, inversamente, o que é produzido a título de "direito" esgota de fato tudo o que faz parte dele.

As divergências entre as diferentes posições referem-se então à questão da dependência do direito em relação à moral, bem como da inclusão desta naquele. É possível distinguir concepções que rejeitam estritamente toda e qualquer relação e posições que admitem dependência e/ou inclusão em maior ou menor grau. Quase não são defendidas posições de dependência estrita e de inclusão global, ainda que certas ideias expressas por Dworkin, por exemplo, pareçam tender a isso. Por conseguinte, antes de especificarmos as diferenças, distinguiremos aqui "separatistas" e "unionistas", independentemente das denominações que as escolas se atribuam.

III / Tanto as teorias unionistas quanto as teorias separatistas ressaltarão ora a dependência (a independência), ora a inclusão (a exclusão), procurando ora radicalizar suas posições, ora moderar e integrar elementos da teoria contrária.

A) A posição *naturalista* clássica compreende uma variante antiga e uma variante moderna que podem ser, respectivamente, atribuídas a Aristóteles e são Tomás de Aquino, por um lado, e aos teóricos do contrato social a partir de Grócio, Hobbes e Locke, por outro. Se deixarmos de lado a problemática exegética, veremos que a tradição jusnaturalista admite uma distinção entre direito *positivo* e moral, chamado aqui de "direito natural". Pode haver discordância entre as duas sem que o direito positivo perca seu caráter jurídico, mas só até certo grau. Além desse limiar de injustiça, o direito positivo perde juridicidade: "Lei injusta não é lei" (são Tomás). A dependência é tripla: o direito positivo é moralmente obrigado a seguir os princípios do direito natural; o direito positivo em conformidade com o direito natural (ou não o violando além de certo grau de gravidade) é moralmente obrigatório; o direito positivo imoral não é moralmente obrigatório ou simplesmente não é obrigatório. Em se tratando de uma relação de conformidade, o problema consistirá na determinação da verdadeira moral e da medida na qual ela pode ser derivada de dados naturais ou de princípios racionais.

Portanto, haverá forte ruptura sempre que se admitir um relaxamento nos elos de dependência. Hobbes, embora mantenha a existência de um direito natural, considera que "só a autoridade, e não a verdade, faz a lei", e que o caráter obrigatório da lei só é anulado quando o soberano já não está em condições de garantir a sobrevivência de seus súditos, daí resultando que o acusado de um crime não poderá ser obrigado a dizer a verdade porque assim porá sua vida em risco. Por um lado, Hobbes pode mostrar-se assim como separatista, embora invoque o direito natural; por outro, quando insiste no caráter obrigatório da lei ditada pelo soberano instituído, pode-se dizer que ele está fazendo direito positivo com as normas morais. Será possível objetar que o que dá autoridade à lei posta não é justamente seu caráter moral, mas o simples poder do soberano. As concepções unionistas opostas a Hobbes, especialmente na filiação de Locke, insistirão então na dependência estrita de todo direito em relação a certas normas morais que conferem "direitos" aos quais não é possível renunciar. Assim, a posição unionista clássica propõe, com a qualificação de teoria do direito natural, uma teoria da normatividade jurídica, derivada e relativamente autônoma, admitidas as duas premissas segundo as quais 1 / é possível estabelecer a verdadeira moral, 2 / a normatividade jurídica depende da normatividade moral. Poderíamos então considerar que a instituição de uma normatividade jurídica resultante de atos postos ou costumeiramente aceitos constitui um dever moral, e que as regras e decisões ditadas pelas autoridades (moralmente legítimas) são moralmente obrigatórias, mesmo que elas se afastem da moral propriamente dita. Enquanto a concepção aristotélica e tomista se aplica a determinar o grau de autonomia da normatividade jurídica, as concepções "modernas", ou seja, racionalistas ou oriundas do Iluminismo, ressaltarão que essa autonomia só é limitada pelo poder efetivo do Estado e que mesmo o Estado mais poderoso nada mais é que um construto artificial sempre submetido às exigências da Razão. As concepções unionistas clássicas podem então mostrar-se vulneráveis a duas objeções: 1 / essas teorias não conseguem esclarecer a posição da normatividade jurídica entre naturalidade bruta do poder e grau exato de autonomia em relação à moral; 2 / algumas concepções veem a própria moral como algo natural, enquanto a normatividade, seja ela moral ou jurídica, nunca é redutível a dados naturais. A substituição progressiva de um direito consuetudinário aceito e reconhecido por um direito explicitamente ditado sem dúvida constitui o contexto histórico de surgimento de teorias separatistas cada vez mais articuladas.

B) Os "separatistas" baseiam-se principalmente nos argumentos seguintes: S1) Como o normativo não pode ser derivado apenas do factual ("lei de Hume"), nenhuma norma, portanto nenhum sistema jurídico, existe como fato natural. O direito resulta sempre de um conjunto de atos, e só eles o tornam cognoscível. S2) Afirmar uma relação de dependência e inclusão constitui, nesse sentido, uma tentativa de modificar o direito em vigor, pondo-o fora das regras jurídicas previstas, com o fim de mudá-lo. S3) O moralismo jurídico, por outro lado, é anticientífico, pois em vez de descrever e analisar o direito em vigor, seus partidários apresentam suas próprias preferências subjetivas, *como se se tratasse* desse direito em vigor. É incoerente, porque o direito moralizado é depois concebido como algo objetivo. S4) Uma atitude crítica em relação ao direito só é possível quando previamente se identificou aquilo em que ele consiste. Sendo externa ao direito, a moral pode proceder à sua avaliação normativa. Se estivesse nele incluída, seria impossível criticá-lo e exigir que ele não fosse aplicado ou que, simplesmente, fosse modificado segundo procedimentos apropriados (legislação democraticamente legitimada, por exemplo). S5) Por outro lado, seria impossível absorvê-la definitivamente. Isto porque, se a *moral* estivesse no direito, sempre seria possível dizer que existe outra coisa, suponhamos, a *moral*, que não estaria incluída e permitiria avaliá-lo de fora, para determinar se convém obedecer, desobedecer ou tentar modificar as normas do *direito* assim concebido. Os separatistas, assim, se inserem numa concepção científica do direito e reivindicam uma atitude neutra e objetiva em relação a seu objeto, o qual eles pretendem descrever e analisar independentemente da atitude *moral* que convenha adotar. À objeção de que toda investigação científica também está enquadrada por normas, eles respondem que normas epistemológicas não são exatamente normas morais. A distinção entre direito e moral, para eles, é uma distinção estrita e claramente articulada. Não negam que as normas morais possam ser integradas num sistema jurídico e admitem que isso ocorre com grande regularidade por meio da produção de novas leis ou decisões jurisdicionais, mas insistem no fato de que sua validade jurídica não advém de seu caráter moral, mas unicamente do fato de terem sido produzidas como normas jurídicas com aplicação das regras de procedimento pertinentes. O separatismo é proposto principalmente em duas versões. A primeira constitui a tentativa de construir a normatividade jurídica como campo científico inteiramente autônomo e distingui-la estritamente de qualquer explicação causal e de qualquer importação moral. É a posição da Escola de Viena da teoria do direito, fundada por Hans Kelsen. A outra versão provém de Herbert Hart, que cruza a tradição positivista britânica (Bentham, Austin) e a filosofia da linguagem do segundo Wittgenstein. Também considera o direito como fenômeno autônomo cuja validade última resulta de uma atitude de reconhecimento que é ao mesmo tempo uma regra (*a* "regra de reconhecimento") que se aplica às regras (*secundárias*) que enquadram a produção das outras regras (*primárias*, referentes diretamente aos comportamentos humanos) a partir do *ponto de vista interno* daqueles que em tal sistema ocupam as posições mais elevadas. Leva em conta elementos factuais de emergência, mas também condições de sobrevivência de todo sistema jurídico, qualificadas de "conteúdo moral mínimo". Além de suas divergências quanto ao fundamento último da validade das normas jurídicas, essas duas posições e suas múltiplas variantes afirmam que é impossível deduzir a juridicidade a partir da moralidade de uma norma.

C) Os "unionistas" criticam os separatistas principalmente por não oferecerem solução satisfatória para dois problemas: para o do "direito injusto" e para o da presença de dados morais nos sistemas jurídicos, principalmente na forma de princípios, às vezes incluídos em textos constitucionais, mas sobretudo "consagrados" por decisões jurisdicionais.

1 / Para os partidários do positivismo jurídico, o direito, por definição, não pode conter elementos morais. Essa posição pode deparar com vários mal-entendidos, se for vista como algo que impeça qualquer discussão crítica do direito que parta do ponto de vista moral; os separatistas apenas afirmam que tal avaliação faz parte de um discurso externo ao direito e que pressupõe o seu conhecimento objetivo. Mas alguns autores que falam em nome do positivismo afirmaram que o juiz (ou, mais geralmente, o órgão que aplica a lei) nunca pode fazer outra coisa senão aplicar a lei (ou outra norma jurídica em questão), mesmo que ela lhe pareça injusta. Tais afirmações surgiram especialmente na primeira metade do século XX e eram dirigidas contra os adeptos do direito natural, que pretendiam submeter a aplicação da lei parlamentar a considerações de "justiça". Essas posições resultavam de uma confusão referente à natureza do positivismo jurídico que, na qualidade de teoria do *direito*, se abstém de justificar o valor *moral* do direito positivo. Defendidas especialmente por Gustav Radbruch em seus primeiros escritos, elas provinham de uma teoria *ética* que via a obediência incondicional à lei como dever moral, considerando assim que as normas jurídicas são justificadas, qualquer que seja seu conteúdo. Os horrores do regime nazista fizeram alguns desses autores rever sua teoria e acusar o "positivismo" de ter favorecido a falta de resistência dos juristas perante o nazismo. Mantendo a confusão entre teoria moral e teoria do direito, essa apreciação provocou a produção de numerosos textos. Assim, Radbruch, em vários trabalhos do *pós-guerra*, proporia uma fórmula capaz de oferecer uma nova solução ao problema de Antígona. Segundo essa nova concepção, o direito positivo deve ser considerado válido, portanto respeitado, ainda que injusto, *a menos que a injustiça exceda um grau intolerável*. Essa fórmula teve imensa repercussão e exerceu profunda influência não só na literatura acadêmica, como também na jurisprudência, em especial a da Corte Constitucional Federal alemã. É engenhosa por apresentar a questão da validade do direito positivo como um problema ao mesmo tempo intrajurídico *e* moral, como uma questão de direito à qual não era possível dar resposta apenas pelos meios da análise jurídica. Proposta como uma solução para o problema de Antígona, alguns a consideraram como refutação do positivismo jurídico: na verdade, trata-se da substituição da tese moral da obediência incondicional pela tese moral da desobediência condicional.

2 / Enquanto a concepção vienense é atacada sobretudo com base em argumentos jusnaturalistas e às vezes até interpretada, erroneamente, como uma versão de moralismo estatista, a teoria de Hart foi, em maior medida, alvo de objeções que procuravam tirar proveito de

sua maior flexibilidade. Estas dominam amplamente a discussão anglófona. Assim o quadro se enriqueceu com novas formas de unionismo que pretendem distinguir-se das posições jusnaturalistas: teoria "interpretativa" de Ronald Dworkin e "positivismo inclusivo" de Jules Coleman. Dworkin pretende mostrar que o direito não é um sistema de regras postas e hierarquizadas, e que, por conseguinte, a concepção positivista é falsa. O argumento é o seguinte. Os juízes não se limitam a aplicar "regras" e a exercer um poder discricionário quando elas não oferecem respostas; eles recorrem a "princípios" e os combinam, ponderando-os com o objetivo de elaborar a única boa solução para casos difíceis. Ora, esses princípios não foram postos como aplicação de outras regras; portanto, o positivismo é falso. Dworkin depois expõe sua concepção "interpretativa" e teleológica como modelo alternativo. Diz ele que uma teoria deve apresentar seu objeto do melhor modo possível. Convém então mostrar que o direito, como prática social, justifica o uso da coerção pelo Estado. Ora, tal justificação, na solução de casos difíceis, consiste no argumento que dê a maior coerência possível ao conjunto de todos os elementos anteriores do sistema, a partir dos princípios morais que o organizam. A moral e o direito estão, assim, inextricavelmente ligados, a partir do momento em que se percebe que, diante de uma escolha de justiça, é impossível não tomar partido e procurar melhor solução. A imensa atração que esse tipo de argumentação exerceu explica-se pela fortíssima valorização do ofício do juiz e do conselho jurídico apresentados como heróis intelectuais que fazem a batalha avançar para o bem, enquanto os diferentes positivismos os mostram a exercer de modo arbitrário o seu poder discricionário ou a tentar pôr seus valores subjetivos no lugar das normas que lhes cabe aplicar. Por sua vez, o dworkinismo pode ser criticado, pois o fato de um juiz recorrer a um "princípio" não prova em absoluto que esse princípio existiria por si mesmo. O que existe juridicamente é a decisão propriamente dita, não a motivação na qual se baseia. Essa teoria, em segundo lugar, pode ser considerada contraditória porque admite, na qualidade de princípios, normas explicitamente produzidas pelo constituinte ou pelo legislador. Por fim, é possível objetar que, ainda que esses "princípios" consagrem valores morais, pode-se dizer o mesmo de todas as normas jurídicas, pois sua criação sempre resulta das preferências por aquilo que seu criador considera ser a melhor das alternativas. Daí não se segue, de modo algum, que a aplicação dessas normas *jurídicas* seja simplesmente questão de argumentação *moral*, pois por moral entendem-se considerações sobre aquilo que convém fazer, independentemente de qualquer norma *posta*. Se, inversamente, se disser que esses princípios apresentam valor moral, mas que *esses* valores, explicitamente consagrados pelo sistema estudado, são os valores que devem ser aplicados às espécies, voltar-se-á à concepção positivista, mas somando-lhe uma confusão conceitual ao se chamar de "moral" aquilo que os outros qualificam de "jurídico". De modo mais geral, seria possível criticar esse construto dizendo que ele procura explorar dois caminhos contraditórios, ao conceber direito e moral como indiscerníveis (mas isso *no âmbito do sistema jurídico*) e como estritamente distintos, sendo a moral aquilo que não é posto e que não pode ser analisado ou deduzido de maneira objetiva, apesar de dever guiar a descoberta da solução. Os trabalhos de Dworkin também tiveram repercussões favoráveis em alguns autores que se consideram próximos da herança de Hart. Admitindo como fato indiscutível que muitos sistemas jurídicos contêm princípios "morais" (por exemplo, a cláusula da igual proteção das leis na XIV emenda da Constituição dos Estados Unidos), e que os juízes também invocam tais princípios em sua argumentação, eles pretendem conciliar o caráter convencional do direito com a "incorporação" de dados normativos válidos não em razão de um ato de produção, mas apenas em razão de seu conteúdo "moral". Jules Coleman pretende chegar a esse resultado reformulando a regra de reconhecimento a partir desses dados (por exemplo: "É jurídico o que está em conformidade com a moral" ou "[...] o que está em conformidade com o princípio de igual liberdade dos cidadãos"). Não se trataria de uma exigência teórica a pesar sobre todo o sistema jurídico, mas simplesmente de uma possibilidade que uma teoria positivista não poderia excluir. Não há muita certeza de que essa estratégia dê certo, pois, a admitir-se a teoria hartiana da regra de reconhecimento, *não pode haver* norma do sistema *jurídico* que não tenha fundamento último nessa regra. Segue-se que, se segundo *essa* regra o que está em conformidade com a norma moral (NM) é válido como norma jurídica, essa validade não provém apenas de seu conteúdo, mas do fato de que ela constitui uma aplicação da regra de reconhecimento. Ora, só poderia haver "incorporação" da moral se, justamente, as normas que dela decorrem fossem, *como tais* e sem tal dependência, normas jurídicas.

O debate recente sobre a questão das relações entre direito e moral, sempre extremamente acalorado, traz à tona uma das principais dificuldades da teoria do direito: dar uma explicação satisfatória sobre a evolução e a concretização dos sistemas jurídicos. As teorias separatistas partem da ideia de que os dados constitutivos de um sistema esgotam suas possibilidades de desenvolvimento tanto no tempo quanto na aplicação das normas gerais aos casos particulares; as teorias unionistas insistem no caráter que consideram insatisfatório nessa atitude, em vista de jurisprudências que não parece muito fácil explicar dessa maneira. Mas essas concepções enfrentam dificuldade inversa quando procuram mostrar que a moral seria um dado interno ao direito, sem que isso se torne simplesmente uma apresentação mais confusa do positivismo do qual pretendem distinguir-se.

A discussão recente se afasta também do tratamento do problema de Antígona, deixando-o por conta da filosofia moral e política, uma vez que ela considera que seu domínio é integrado pela apreciação externa do valor das normas jurídicas.

› A bibliografia sobre o assunto é imensa. Aqui só se podem indicar alguns grandes textos clássicos e algumas publicações que possibilitam acompanhar o debate recente.

ALEXY R., *Begriff und Geltung des Rechts*, Freiburg, Verlag Alber, 1992. – ARISTÓTELES, *Ética a Nicômaco; Política*. – BENTHAM J., "A Fragment of Government", in *The Works of Jeremy Bentham* (ed. John Bowring), Londres, 1838-43, vol. 1. – CÍCERO, *De re publica*. – AUSTIN J., *The Province of Jurisprudence Determined*, 1832, Londres, Hart, 1954. – COLEMAN J., *The Practice of Principle*, Oxford Univ. Press, 2001. – DEVLIN P., *The Enforcement of Morals*, Oxford Univ. Press, 1965. – DWORKIN R., *Taking Rights Seriously*, Londres, Duckworth, 1977, trad. fr. *Prendre les droits au sérieux*, PUF, 1995; *Law's Empire*, Harvard Univ. Press Cambridge, MA, 1986, trad. fr. *L'Émpire du droit*, PUF, 1994. – FINNIS J., *Natural Law and Natural Rights*, Oxford Univ. Press, 1980. – FULLER L., *The Morality of Law*, New Haven, Yale Univ. Press, 1964. – HART H. L. A., *The Concept of Law*, Oxford Univ. Press, 1994, 2ª ed.; *Essays in Jurisprudence and Philosophy*, Oxford, Clarendon Press, 1983. – HOBBES T., *Leviathan* (1651). – KELSEN H., *Reine Rechtslehre*, Wien Deuticke, 1960, 2ª ed., trad. fr. *Théorie pure du droit*, Paris, Dalloz, 1961, reed., Paris, LGDJ, 1999. – LOCKE J., *Second Treatise of Government*, 1690. – PFERSMANN O., "Pour une typologie modale de classes de validité normative", J.-L. Petit (org.), *La Querelle des normes – Hommage à Georg Henrik von Wright, Cahiers de philosophie politique et juridique de l'Université de Caen*, nº 27, 1995, pp. 69-113. RADBRUCH G., "Gesetzliches Unrecht und übergesetzliches Recht", 1946, reeditado em *Rechtsphilosophie*, Stuttgart, 1973, 8ª ed., pp. 339-50. – RAZ J., *The Authority of Law*, Oxford, Clarendon Press, 1979; *Ethics in the Public Domain*, Oxford, Clarendon Press, 1994. – SÃO TOMÁS DE AQUINO, *Summa Theologiae* I-II, sobretudo qu. 90 ss. (1274).

Otto PFERSMANN

MORTE

A morte é definida pela enciclopédia como "cessação completa e definitiva da vida. Cessação completa de atividade". Desde a abolição da pena capital na França, em 1981, a morte já não é juridicamente associada a uma sanção ou castigo. Pode ser definida como um fato jurídico passível de ser qualificado de termo incerto, tendo por efeito retirar a qualidade de sujeito de direitos ao ser que saiu da cena jurídica. Com ela se extinguem seu patrimônio, reflexo de sua personalidade e suas liberdades. Os elementos que ele contém são transmitidos aos herdeiros pela instauração do inventário, pois "o morto sucede o vivo" ("a morte acarreta a imediata transmissão da herança aos sucessores"). O cônjuge do *de cujus*, enviuvando, pode voltar a casar-se. O corpo do *de cujus*, não abrigando mais um sujeito, transforma-se em cadáver, que o direito já não considera como uma pessoa, mas como "coisa inviolável e sagrada, objeto de direito de copropriedade familiar". As consequências da morte são tão importantes para o indivíduo e para a sociedade, que devemos nos perguntar como definir o acontecimento e como ele deve ser provado.

O acontecimento

Vida jurídica e vida biológica não são expressões sinônimas. A declaração de óbito de uma pessoa não está necessariamente subordinada à constatação de que seu corpo se tornou cadáver.

Morte e cadáver. – Outrora definido por simples circular, o acontecimento biológico que transforma o corpo em cadáver agora é definido por decreto. O artigo R L71-7-1 do Código da Saúde dispõe que, "se a pessoa apresentar parada cardíaca e respiratória persistente, a constatação da morte só poderá ser estabelecida caso os três critérios clínicos seguintes estejam simultaneamente presentes: ausência total de consciência e de atividade motriz espontânea, ausência de todos os reflexos do tronco cerebral, ausência total de respiração espontânea [...] ademais, para atestar o caráter irreversível da destruição encefálica, é preciso recorrer a dois eletroencefalogramas nulos e arreativos, realizados com intervalo mínimo de quatro horas [...] ou a uma angiografia que demonstre parada da circulação encefálica [...]". A presença do corpo que se tornou cadáver possibilita declarar o óbito. A morte biológica pode decorrer de um fato jurídico natural, mas também de um fato jurídico voluntário.

Suicídio. – Antes da Revolução francesa, o suicídio era penalmente punível e justificava um processo movido ao cadáver do suicida. A Revolução reconheceu a licitude do suicídio. Trata-se de expressão extrema da liberdade do indivíduo. Alguns autores veem no suicídio a expressão de um direito (de propriedade?) que o indivíduo teria sobre seu corpo. A sociedade, porém, pune penalmente "a provocação ao suicídio sempre que ela é seguida pelo suicídio ou pela tentativa de suicídio". Também são condenadas "a propaganda ou a publicidade, qualquer que seja sua modalidade, a favor de produtos, objetos ou métodos preconizados como meios de suicidar-se" (art. 223-14). O suicídio também é tratado pelo direito no setor dos seguros e da Seguridade Social, mas do ponto de vista do "suicídio consciente e voluntário" e do suicídio que não o é. A *eutanásia* ativa consiste no fato de uma pessoa pedir a outra que lhe provoque a morte. Quem obtemperar cometerá infração penal, pois o consentimento da vítima não é fato justificativo (a não ser que se desenvolva uma análise patrimonial do corpo vivo objeto de propriedade, o que não é adotado atualmente por nosso direito positivo). A eutanásia passiva consiste em não se envidarem os "máximos esforços terapêuticos" ou mesmo em interromper o recurso às técnicas modernas de tratamento quando a doença for incurável. Atualmente na França vem ganhando forma uma corrente de opinião favorável a tal prática, aliada ao "testamento de vida", preconizado por alguns. O momento preciso da morte resulta daquilo que o declarante tenha indicado ao escrivão público "na medida em que ele o possa saber". Sempre é possível apresentar prova em contrário por todo e qualquer meio por quem tenha interesse em solicitar a retificação do assentamento do registro civil.

Morte sem cadáver. – Antigamente, a morte civil era pena cominada a certos condenados, e seu efeito era privá-los do conjunto de seus direitos subjetivos. O morto civil, embora biologicamente vivo, estava juridicamente morto. A morte civil foi abolida por uma lei de 31 de maio de 1854. Hoje é possível comparar a situação do morto civil da situação do ser humano vivo que ainda não veio ao mundo, não sendo, portanto, titular da qualidade de sujeito de direitos. Pode ser judiciariamente declarado o óbito de toda pessoa que tenha desaparecido em circunstâncias de índole a pôr sua vida em perigo, desde que não se tenha conseguido encontrar seu corpo. É possível solicitar ao tribunal de alta instância do local do desaparecimento. Se considerar que as circunstâncias levam a presumir o óbito, o tribunal proferirá uma sentença declarativa de óbito, que será transcrita no registro civil. Do mesmo modo, quando uma pessoa deixa de dar notícias, o juiz das curatelas (no Brasil, juiz da família e sucessões) pode declarar que há presunção de ausência e ordenar medidas provisórias que possibilitem administrar o patrimônio do ausente presumido vivo. Depois de um período de dez anos a partir da sentença que constatou a presunção de ausência, pode ser encaminhado ao tribunal de alta instância um pedido de sentença declarativa de ausência que, a partir da transcrição, produzirá todos os efeitos que o óbito estabelecido do ausente teria produzido. *Ressurreição* é o retorno de um morto à vida. A religião cristã evoca a Ressurreição de Cristo. Em direito, a morte não é um fenômeno irreversível, pois uma pessoa cujo óbito tenha sido declarado sempre tem a possibilidade de obter retificação de seu registro civil. O Código Civil francês prevê que aquele cuja ausência ou desaparecimento tenha sido judiciariamente declarada tem a possibilidade de obter sentença de anulação.

Prova do acontecimento

Para ser oponível a terceiros e produzir efeitos jurídicos, o acontecimento deve ser transcrito no registro civil pelo escrivão público. Na ausência de certidão de óbito, a prova da morte não é juridicamente dada. O inventário não poderá ser instaurado, o cônjuge não poderá casar-se de novo. O Código Civil francês lembra que a certidão de óbito deverá ser emitida pelo oficial de registros da localidade onde tenha ocorrido o óbito, com base na declaração de um parente do *de cujus* ou de uma pessoa que tenha as informações mais completas possível sobre sua situação civil. “A certidão de óbito enunciará o dia, a hora e o lugar do óbito [...]”, bem como o estado civil completo do *de cujus* e do declarante. Em caso de óbito em hospital, caberá ao seu diretor avisar em vinte e quatro horas o oficial de registros, que deverá ir até o hospital, certificar-se do óbito e redigir o certificado. Quando uma criança falece antes da declaração de seu nascimento, o oficial de registros só poderá redigir uma certidão de nascimento e de óbito com base na apresentação de um certificado médico que declare que a criança veio ao mundo viva e viável. Na falta desse certificado é redigida uma certidão que ateste a natimortalidade. Nenhum sepultamento poderá ser feito sem autorização do oficial de registros, e essa autorização deverá ser emitida com base na apresentação da declaração médica de óbito e depois da redação da certidão de óbito. A permissão para o sepultamento, salvo algumas exceções previstas por textos especiais e pelos regulamentos de polícia, só poderá ser emitida vinte e quatro horas depois do óbito (para evitar o risco de sepultamento precipitado). Mas, quando há indício de morte violenta, o oficial de registros não deverá emitir a permissão para o sepultamento antes que a autoridade policial tenha lavrado o boletim que ateste o estado do cadáver.

› GRIDEL J.-P., suplemento nº 16 da revista *Dalloz*, 2000, p. 266. – MÉMETEAU G., *RRJ*, 2000/3, p. 913. Terré F., *Études Weill*, Dalloz-Litec, 1983, p. 523. – RAYMONDIS, *RTD civ.*, 1969, p. 29.

Xavier LABBÉE

→ Biologia e direito; Cemitérios e sepulturas; Comércio jurídico; Corpo humano.

N

NACIONALIDADE

A nacionalidade é definida por quase todos os autores como pertencimento jurídico e político de uma pessoa à população constitutiva de um Estado. Essa definição revela que a noção de nacionalidade comporta, na realidade, duas dimensões: uma vertical, que liga o indivíduo ao Estado ao qual ele está, de alguma maneira, sujeito; uma horizontal, que faz do nacional o membro de uma comunidade, da qual são excluídos os estrangeiros, gozando aquele de um estatuto privilegiado em relação a estes últimos. Essa apresentação sumária basta para mostrar que o direito da nacionalidade é intrinsecamente um direito de exclusão, pois divide as pessoas físicas em duas categorias: nacionais e estrangeiras, cujos direitos são desiguais. Nesse sentido, hoje ele é objeto de controvérsias frequentemente apaixonadas, especialmente em torno da existência da noção de nacionalidade, da concepção que se deve ter a respeito dela, de seu modo de determinação e de suas relações com a imigração.

Existência da nacionalidade

O interesse jurídico da noção de nacionalidade está na existência de diferenças entre o nacional e o estrangeiro. Essas diferenças decorrem, em primeiro lugar, do elo de fidelidade que une o indivíduo ao seu Estado de nacionalidade. Esse elo se manifesta por certo número de obrigações por parte do nacional (obrigação de lealdade, obrigações militares), que tem como contrapartida o benefício de sua proteção diplomática no exterior e, no país, o pleno acesso aos direitos políticos e às funções públicas. O fato de pertencer à comunidade nacional também tem a consequência de que só os nacionais gozam plenamente das liberdades públicas: liberdade de entrar, ficar e circular no território, de exercer a profissão escolhida, liberdade de imprensa. Em oposição aos nacionais, os estrangeiros, isentos em princípio de obrigações militares, não são beneficiados pela proteção diplomática, não gozam dos direitos políticos, não podem ter acesso a funções públicas, podem ser extraditados ou expulsos, estão sujeitos a uma regulamentação policial para entrar, ficar ou trabalhar no território nacional. O estatuto de nacional também tem um conteúdo de direito privado. Somente os nacionais têm a plenitude dos direitos privados e profissionais. Numerosas profissões são, por princípio, reservadas aos nacionais, bem como numerosos direitos chamados de "civis" pelo artigo 11 do Código Civil francês, especialmente em matéria de aluguéis e vantagens sociais ou econômicas diversas. Além disso, em numerosos Estados de tradição latina, o estatuto pessoal (estado e capacidade, casamento, divórcio, filiação) é regido pela lei de Estado nacional da pessoa. Hoje algumas dessas diferenças se diluem, e o conceito de nacionalidade acaba assim esvaziado de parte de seu conteúdo. Para alguns observadores, o desaparecimento quase total do serviço militar obrigatório em numerosos países ocidentais, entre os quais a França, a concessão progressiva de direitos políticos em escala municipal a estrangeiros estabelecidos regularmente no território, a tendência à abolição das discriminações entre estrangeiros e nacionais na esfera dos direitos privados e sociais e à proibição futura de tais discriminações, bem como o abandono frequente da vinculação do estatuto pessoal à lei nacional são exemplos de uma crise da noção de nacionalidade. Uns, que sonham com uma sociedade mundial sem barreiras, veem nisso sinais precursores do desaparecimento de uma noção arcaica; outros, situando-se de um ponto de vista estritamente francês, veem nessa crescente "desvalorização" da nacionalidade francesa, agravada pela perspectiva ainda distante de uma nacionalidade federal europeia, na qual se dissolveriam as nacionalidades dos Estados-membros, o prenúncio das piores catástrofes, até mesmo para nossa democracia. O enquadramento administrativo do estrangeiro e a situação precária daqueles que não ousam sequer pedir sua "regularização", por um lado, e o afluxo crescente dos pedidos de naturalização nos Estados europeus, por outro, deveriam ser suficientes para dissipar as ilusões dos primeiros e os fantasmas dos segundos. A estabilidade da permanência no território, o direito incondicional ao trabalho, o pleno exercício dos direitos políticos e o benefício da proteção diplomática no exterior continuam atraentes para a posse de uma nacionalidade determinada. Não é menos acalorada a controvérsia sobre as concepções possíveis para o elo de nacionalidade.

Concepções de nacionalidade

A divisão das pessoas físicas entre nacionais e estrangeiras pode – e é essa uma primeira concepção – ser feita com bases étnicas. Segundo essa concepção, a nação preexiste aos indivíduos, que são produto dela. O nacional é aquele que, por sua genealogia, pertence ao povo, à nação que se constituiu em Estado. Para preservar a identidade cultural dessa nação, o direito da nacionalidade deve considerar como critério primordial e quase exclusivo de atribuição da nacionalidade a filiação em relação a um nacional, aquilo que é denominado com a expressão de forte carga simbólica *jus sanguinis*. Não é tanto o recurso ao *jus sanguinis* que caracteriza essa concepção, porém seu caráter quase exclusivo, pois todos os Estados, ou quase todos, atribuem sua nacionalidade ao filho de um nacional. Isso quer dizer que aqueles que estão no território ou que nele se estabelecem e não são do mesmo sangue do povo dominante não poderão em princípio ter acesso à nacionalidade desse Estado-nação e, portanto, permanecerão – eles e seus descendentes – estrangeiros para sempre. Na época contemporânea, a vaga de descolonização dos anos 1960 apresentou alguns exemplos dessa concepção fechada de nacionalidade, sobretudo quando a conquista da independência por um território foi precedida por uma guerra de libertação nacional. Os vencedores sentem necessidade de recensear-se e não querem deixar que sua vitória seja confiscada por elementos da população que não os ajudaram e pertencem a outros grupos étnicos ou religiosos. Semelhante concepção perdurou na Alemanha, por razões conjunturais, até o início da década de 1990 e desagregou-se depois diante da necessidade de integrar na nacionalidade alemã os descendentes de imigrantes cada vez mais numerosos. Nos velhos Estados como a França, cujo direito de nacionalidade é tradicionalmente aberto e integracionista, a concepção étnica de nacionalidade – totalmente contrária às tradições – só é preconizada por movimentos xenófobos de extrema direita e por movimentos independentistas regionais que invocam a pretensa especificidade de seu "povo". À concepção étnica é oposta a concepção eletiva da nacionalidade. A nação, "plebiscito de todos os dias", segundo repisada expressão de Renan, só existe graças à vontade daqueles que a compõem, que querem viver juntos compartilhando os mesmos valores. Ela é, de alguma maneira, uma comunidade aberta, pronta para acolher todos aqueles que manifestem vontade de nela entrar. A tradução jurídica de tal concepção consiste em subordinar a aquisição ou mesmo a atribuição da nacionalidade de dado Estado a um ato de vontade da pessoa que apresente um mínimo de elos objetivos com esse Estado, tais como nascimento e residência em seu território. A concepção eletiva, valorizadora para a pessoa, cuja manifestação de vontade ela privilegia e encoraja, é tranquilizadora para o Estado (que é levado a ver no ato de vontade da pessoa a favor de sua nacionalidade um sinal, se não de fidelidade, pelo menos de apego a seus valores) e existe praticamente em todas as legislações que dão certo espaço para a autonomia da vontade. Foi até mesmo consagrada na França em 1988 pela comissão encarregada pelo governo da época de reconsiderar o conjunto do direito francês da nacionalidade e, em grande medida, pela lei adotada em 22 de julho de 1993. No entanto, não pode servir de fundamento para o direito da nacionalidade em seu conjunto, caso contrário seria preciso obrigar todos os indivíduos a formalizar uma opção de nacionalidade. Todo direito da nacionalidade é levado a ditar regras de atribuição de nacionalidade, que se aplicam independentemente da vontade dos indivíduos, no mínimo no que se refere à regra segundo a qual é nacional toda criança nascida em território nacional e de dois indivíduos nacionais. Essas duas concepções, embora de espírito oposto, têm em comum unir direito da nacionalidade e concepção de nação, tal como a língua francesa convida. No entanto, em se tratando da França, o arcabouço estatal construiu-se há séculos em torno de um território e de uma população, a nação se apaga por trás do Estado, e a nacionalidade é apenas percebida como elo jurídico que une o indivíduo ao Estado do qual ele é súdito, a ponto de, entre as duas guerras mundiais, um autor (P. Louis-Lucas) ter sugerido a substituição do termo nacionalidade (de origem recente e ignorado pelo Código Napoleônico, que falava apenas de "qualidade de francês") pelo termo "estatalidade" (cf. o termo alemão *Staatsangehöngkeit*). Nessa abordagem menos ideológica e mais proximista, o direito da nacionalidade se baseia concretamente na intensidade dos elos objetivos (filiação, nascimento, residência, escolaridade, serviços militares etc.) entre o indivíduo e o Estado. Trata-se de procurar um grau, não de ligação, mas de afiliação da pessoa ao Estado. Segundo expressão da Corte Internacional de Justiça em sua famosa sentença *Nottebohm* de 6 de abril de 1955, nacionalidade é "elo jurídico que tem por base um fato social de vinculação, [...] pode-se dizer que é a expressão jurídica do fato de que o indivíduo ao qual ela é conferida – seja diretamente pelo Estado, seja por um ato da autoridade – está mais estreitamente vinculado à população do Estado que lha conferiu do que à de qualquer outro Estado". Nessa concepção, a vontade do indivíduo não é negada, mas é apenas um índice, por si só insuficiente, da vinculação ou da não vinculação do indivíduo ao Estado. Ela vem completar ou corrigir, sem suplantar, os efeitos atribuídos pela lei aos indícios objetivos. Essa concepção de nacionalidade, mais extensiva que as outras duas, concepção que em grande parte é a do direito francês, tem a vantagem (para uns) ou a desvantagem (para outros) de possibilitar a um maior número de pessoas que vivam no território de dado Estado a participação plena na vida desse Estado, ou seja, o gozo de todos os direitos civis e políticos. O fato de a definição de nacionalidade como fato social de vinculação ter brotado da pluma da mais alta jurisdição internacional também leva a perguntar se o direito internacional não deve intervir em matéria de nacionalidade.

Direitos nacionais ou direito internacional da nacionalidade?

O direito internacional reconhece tradicionalmente que cada Estado tem o direito de determinar por legislação soberana quais são seus nacionais. A regra, ditada pela convenção de Haia de 12 de abril de 1930, foi recentemente reafirmada pela convenção europeia sobre a nacionalidade de 6 de novembro de 1997. O modo de determinação da nacionalidade, portanto, é unilateral. Não existe regra de conflito em matéria de nacionalidade, tal como a regra que rezasse, por exemplo, que a nacionalidade de toda pessoa é fixada pela lei do Estado com o qual ela tenha elos mais estreitos ou que, pulando uma etapa, rezasse que toda pessoa tem a nacionalidade do Estado com o qual mantenha os elos mais estreitos. Consequência disso é que uma pessoa pode ter várias nacionalidades ou não ter nenhuma.

Pluralidade de nacionalidades. – A primeira situação, a de plurinacionalidade, é frequente, pois cada Estado estabelece seu próprio direito da nacionalidade sem se preocupar com o dos outros. Basta que uma criança nasça de um pai e de uma mãe de nacionalidades diferentes para que, na maioria dos sistemas atuais, ela tenha, por filiação, a nacionalidade de um e de outro; basta que nasça num Estado que condicione a nacionalidade ao nascimento em seu território para ter essa nacionalidade, mesmo que já possua por filiação a nacionalidade de outro Estado. A situação de dupla nacionalidade ou plurinacionalidade foi por muito tempo e ainda é considerada por certas legislações como uma perigosa anomalia à qual é preciso tentar pôr fim, a tal ponto que uma convenção do Conselho da Europa de 6 de maio de 1963, ainda em vigor, embora com seu alcance reduzido, tem por objeto "a redução dos casos de pluralidade de nacionalidade". A parábola evangélica segundo a qual ninguém pode servir a dois mestres ao mesmo tempo combinava-se bastante bem com a ideia de nacionalidade-fidelidade e com as concepções étnicas e eletivas da nacionalidade. Viu-se recentemente um Estado africano modificar sua Constituição para exigir que os candidatos à função eletiva suprema provassem ter nascido de pai e mãe que tivessem a nacionalidade do referido Estado. Na Europa, a Alemanha é tradicionalmente hostil à dupla nacionalidade e exige dos candidatos à naturalização alemã que abandonem sua nacionalidade anterior. E a Lei de 15 de julho de 1999, embora conceda nacionalidade alemã à criança nascida na Alemanha de pais estrangeiros ali estabelecidos há oito anos, prevê que essa criança, ao atingir a maioridade, não poderá continuar com duas nacionalidades e deverá declarar qual das duas desejará conservar. A França, ao contrário, assim como o Reino Unido, adotou há muito tempo a opção de reconhecer a existência inevitável de numerosos casos de plurinacionalidade e não formula nenhuma exigência dessa espécie. A plurinacionalidade, porém, suscita um problema delicado e bem conhecido quando a solução do problema por resolver pressupõe a determinação da nacionalidade de uma pessoa física, obrigando, portanto, a autoridade constituída a fazer uma escolha entre as nacionalidades daquela pessoa. Hoje se admite amplamente que, caso as nacionalidades concorrentes sejam de Estados outros que não o da autoridade constituída, a nacionalidade considerada deverá ser a do Estado com o qual a pessoa referida mantenha os elos mais estreitos. É adotado o critério da efetividade. A discussão é mais acalorada na hipótese em que uma das nacionalidades possuídas pelo interessado seja a da autoridade constituída. A solução mais habitual hoje é a da prevalência da nacionalidade dessa autoridade sobre qualquer outra nacionalidade estrangeira. Já se aventou a soberania do Estado do foro, que não pode tolerar que uma pessoa à qual ele tenha conferido sua nacionalidade possa ser tratada por suas autoridades, mesmo sob certos aspectos, como estrangeiro. Em oposição a essa concepção monolítica, alguns acreditam que poderiam ser feitas algumas distinções em função das questões por resolver, a fim de se obter melhor harmonia internacional. Por exemplo, no caso de se determinar a lei aplicável ao estatuto pessoal de um indivíduo de dupla nacionalidade, perguntou-se se a autoridade constituída não deveria fazer prevalecer a lei nacional do outro Estado ao qual o indivíduo está ligado, sempre que os elos mais estreitos são claramente com esse outro Estado. Ademais, no caso de se reconhecer uma situação criada no outro Estado nacional do indivíduo, com base nessa outra nacionalidade, a autoridade constituída do reconhecimento porventura não deveria admitir, para evitar bloqueios, que a autoridade de origem pode ter aplicado legitimamente sua própria lei, assim como ela teria aplicado a sua, caso tivesse sido constituída diretamente para a solução da situação? Em tais hipóteses, percebe-se que só é possível encontrar uma solução satisfatória numa concepção proximista da nacionalidade ou em alguns limites impostos pelo direito internacional à plena soberania dos Estados em matéria de nacionalidade. Também há situações de apatridia.

Apatridia. – Outra consequência da plena soberania dos Estados em matéria de nacionalidade é a criação de situações de apatridia. Essa situação é trágica para quem a sofre. Sendo estrangeiro em todo lugar, o apátrida não goza de nenhuma proteção diplomática. No período entre as duas guerras e durante a Segunda Guerra Mundial, privações maciças de nacionalidade lançaram milhares de hordas de refugiados apátridas nas estradas da Europa. Diante desse drama, que arrancou de Hannah Arendt um grito de indignação, a falta de regulamentação internacional mostrou-se como um escândalo, e, da Declaração Universal dos Direitos do Homem de 1948 à Convenção Europeia acima citada de 1997, medrou a ideia de que todo indivíduo tem direito a uma nacionalidade, e de que ninguém pode ser arbitrariamente privado da sua. Essa convenção chega a obrigar todos os Estados partícipes a prever em seu direito interno a aquisição de pleno direito de sua nacionalidade por parte de crianças cujos pais possuam essa nacionalidade no momento de seu nascimento, bem como por parte de crianças que, nascidas em seu território, não adquiram outra nacionalidade ao nascer. Essa preeminência dos direitos da pessoa aos do Estado em matéria de nacionalidade é de grande importância teórica. A prosseguir essa linha, teria início uma inversão de tendência. Por hora, em todo caso, a soberania do Estado que doa a nacionalidade não é negada, mas há pressão para que ele seja impedido de desconhecer o "fato social da vinculação" constituído pelos elos estreitos de uma pessoa com ele. Isso é especialmente real para os Estados europeus que enfrentam imigração em massa.

Nacionalidade e imigração

O direito da nacionalidade é, ao mesmo tempo, um direito de transmissão e um direito de integração. À primeira ideia se vincula a transmissão da nacionalidade por meio da filiação. Faz parte da ordem das coisas que o filho de um nacional seja também nacional, ainda que sejam possíveis variantes na regulamentação da transmissão da nacionalidade *jure sanguinis*. Essa transmissão acaso poderá ocorrer por via de um só dos dois genitores e, caso a resposta seja afirmativa, ocorrerá nas mesmas condições caso o genitor doador da nacionalidade seja o pai ou a mãe? Caso se trate de filho legítimo ou de filho natural? Segundo qual lei será estabelecida a filiação em relação ao genitor que transmite sua nacionalidade? Essa transmissão poderá perpetuar-se caso a célula familiar se estabeleça por tempo prolongado no exterior? Será imposta aos interessados, e estes poderão renunciar a ela ou, ao contrário, deverão reivindicá-la? Essas são perguntas às quais os Estados respondem cada um a seu modo. Por exemplo, embora tenham praticamente desaparecido nos Estados ocidentais, as distinções baseadas no sexo dos pais ou na natureza da filiação continuam muito fortes nos países influenciados pelo direito muçulmano. Mais premente é hoje a função de integração do direito da nacionalidade. Essa função foi dominante durante muito tempo nos Estados jovens, cuja população se constituiu por meio da imigração. Como nesses países a imigração era o modo normal de povoamento, a nacionalidade devia ser dada às pessoas que nascessem em seu território (é o que se chama de direito do solo, *jus soli*) e aos naturalizados. Assim, a 14ª Emenda (1868) da Constituição dos Estados Unidos dispõe que "todas as pessoas nascidas ou naturalizadas nos Estados Unidos e submetidas à sua jurisdição são cidadãs dos Estados Unidos e do Estado no qual residam". O problema se apresenta em termos diferentes nos Estados da Europa ocidental onde uma população local em vias de envelhecimento é progressivamente complementada pela entrada de estrangeiros que fixam domicílio em seu território e criam uma prole. Evidentemente, o interesse desses Estados é não deixar elementos estrangeiros cada vez mais numerosos à margem da comunidade nacional, em situação de frustração crescente e de precariedade. Os meios utilizados não são os mesmos em todos os lugares e variam segundo a antiguidade da implantação estrangeira no território nacional. No direito da nacionalidade, essa antiguidade é contada por gerações. Pode-se presumir que houve assimilação completa dos imigrantes da terceira geração, ou seja, aqueles cujos avós se estabeleceram no território e que, juridicamente, são definidos como nascidos de um estrangeiro naquele território, estrangeiro que também nasceu nele. O direito francês o reconheceu muito cedo, já numa lei de 7 de fevereiro de 1851 não modificada em seu princípio, que concede a essas pessoas, por efeito desse duplo nascimento na França, a nacionalidade francesa de origem, ou seja, desde o nascimento, em oposição à nacionalidade de aquisição que supõe, para o Estado que a confere, uma mudança de nacionalidade. Encontra-se a mesma solução no direito dos Países Baixos. Nem todos os Estados chegam assim tão longe. Alguns acrescentam a condição de residência do genitor da criança durante certo número de anos antes do nascimento do filho. Outros só vinculam a esse duplo nascimento no território um direito de opção pela nacionalidade ou veem nisso apenas um caso de naturalização facilitada. Os debates mais acalorados se dão em torno do caso dos imigrantes da segunda geração, nascidos no território de pais que nele se estabeleceram. Afora o caso, pouco discutido, de tais crianças poderem se tornar apátridas, se não lhes for atribuída a nacionalidade de seu Estado de nascimento, o próprio princípio do direito de tais jovens adquirirem a nacionalidade do Estado de nascimento é rejeitado pelos defensores da concepção étnica da nacionalidade. Mas essas crianças, por hipótese, residem e são criadas no Estado onde nasceram, frequentam suas escolas. A aculturação nesse país sobrepuja as raízes que as ligam ao Estado de origem de seus pais, que elas frequentemente desconhecem, e postula o reconhecimento do direito de obtenção da nacionalidade do Estado de nascimento.

Se esse direito for reconhecido – e o é em todos os Estados da União Europeia, com exceção da Áustria, da Grécia e de Luxemburgo –, deverá ele ser pleiteado para produzir seus efeitos, ou a lei do Estado de nascimento não deverá prever a aquisição da nacionalidade desse Estado de pleno direito, sem obrigar os jovens a uma declaração de vontade, assim como atribui, sem nenhuma formalidade, sua nacionalidade aos filhos de nacionais? Esse debate esteve no cerne de controvérsias que se desenvolveram na França a partir da década de 1980. Já em 1889 o direito francês constatava os elos dos jovens estrangeiros nascidos e residentes na França e lhes permitia a aquisição de pleno direito da nacionalidade francesa, na maioridade. E até permitiu que os pais dessas crianças, se residentes na França desde certo tempo, pleiteassem para seus filhos, desde tenra idade, a nacionalidade francesa. Um século depois, por meio de uma lei de 22 de julho de 1993, em nome da concepção eletiva da nacionalidade, os jovens estrangeiros nascidos e residentes na França, para obter a nacionalidade francesa, precisaram manifestar positivamente essa vontade, entre as idades de 16 e 21 anos. O movimento oscilatório prosseguiu com a Lei de 16 de março de 1998, que restabeleceu a obtenção de pleno direito da nacionalidade francesa na maioridade. A Lei alemã de 15 de julho de 1999 tem o mesmo sentido, assim como as leis inglesa e irlandesa, enquanto outros Estados da União Europeia, tal como a Bélgica e Portugal, dão apenas a faculdade de pleitear a sua nacionalidade. Para os imigrantes da primeira geração, que não têm nenhum elo especial com o Estado de adoção no momento em que chegam, não se pode falar de direito à obtenção de nacionalidade. Para eles, as únicas vias de acesso à nacionalidade do Estado de adoção são a naturalização e o casamento com um nacional. A naturalização pode ser pedida depois de certo tempo de residência, que é variável segundo os Estados, e é concebida discricionariamente pelo Estado de adoção. O casamento, por sua vez, durante muito tempo produziu efeito de obtenção de nacionalidade apenas a favor da mulher. Era o que ocorria na França ainda em 1973. Hoje, o princípio de igualdade dos sexos levou os Estados ocidentais a eliminar essa diferença e, consequentemente, a abolir também qualquer efeito de obtenção de nacionalidade vinculada de pleno direito à celebração do casamento. Na melhor das hipóteses, o casamento com um nacional possibilita que o cônjuge estrangeiro, em certas condições, obtenha, por declaração, a nacionalidade do seu cônjuge.

➤ LAGARDE P., *La Nationalité française*, Paris, Dalloz, 3ª ed., 1997. – NASCIMBENE B. (org.), *Nationality Laws in the European Union*, Londres, Butterworth, 1996. – WEIL P. & HANSEN R. (org.), *Nationalité et citoyenneté en Europe*, Paris, La Découverte, 1999. – Col.: *Être français aujourd'hui et demain*, Relatório submetido ao Primeiro-Ministro por M. Long, presidente da comissão da nacionalidade, Paris, 1988. – *La Nationalité française, Textes et documents*, La Documentation française, 2002.

Ver também: COURBE P., *Le Nouveau droit de la nationalité*, Dalloz, 2ª ed., 1998. – FULCHIRON H., *La Nationalité française*, PUF, "Que sais-je?", nº 3.567, 2000. – GEOUFFRE DE LA PRADELLE G. de, "Nationalité française, extranéité, nationalités étrangères", *Mélanges D. Holleaux*, Paris, 1990, p. 135. – LAGARDE P., "Vers une approche fonctionnelle du conflit positif de nationalités", *Revue critique de droit international privé*, 1988, p. 29; "Le jus sanguinis dans le droit de la nationalité. Étude de modèles", *Revue hellénique de droit européen*, t. 14 (*Mélanges à la mémoire de Phocion Francescakis*), 1994, p. 835. – LEQUETTE Y., "La nationalité française dévaluée", *Mélanges F. Terré*, Paris, Dalloz, 1999. – TRIBALAT M., *Faire France. Une enquête sur les immigrés et leurs enfants*, Paris, La Découverte, 1995. – WEIL P., *La France et ses étrangers. L'aventure d'une politique de l'immigration de 1938 à nos jours*, Paris, Gallimard "Folio-Essais", 1995; *Qu'est-ce qu'un Français? Histoire de la nationalité française depuis la Révolution*, Paris, Grasset, 2002.

Paul LAGARDE

→ Asilo; Cidadania; Estrangeiro.

NACIONALIZAÇÃO

Nacionalização designa a transferência da propriedade de um bem ou de uma empresa para o patrimônio do Estado, ordenada soberanamente por este último, mediante indenização do(s) proprietário(s). As nacionalizações têm em comum o fato de serem uma afirmação de soberania (interna ou externa), um ato de poder público e expressão de uma opção política: o Estado, como representante da Nação, adquire por meio da coerção a propriedade de um bem ou de uma empresa.

Para o Conselho Constitucional francês, esse caráter coercitivo é inerente à nacionalização: "No sentido do artigo 34 da Constituição, [ela] implica que a transferência de propriedade de uma empresa resulta de uma decisão de poder público, que o(s) proprietário(s) é(são) obrigado(s) a acatar" (decisão n.º 83-167 DC de 19 de janeiro de 1984, chamada "estabelecimentos de crédito"). Ele compara a nacionalização à desapropriação por motivo de utilidade pública, mas, pelo menos na França, as duas técnicas não têm nem o mesmo objetivo, nem os mesmos motivos, nem o mesmo regime. Em contrapartida, ele a distingue de outros procedimentos utilizados para a constituição do setor público: criação *ex nihilo* de empresas públicas, outorga da personalidade jurídica a um serviço explorado antes diretamente ("*en régie*") pelo Estado, resgate de concessão, "nacionalização silenciosa" por aquisição amigável ou no mercado de capitais de todo ou de parte do capital de uma empresa privada. A nacionalização pressupõe indenização dos proprietários das empresas em pauta; na falta disso, ela seria um confisco (ou seja, uma sanção) ou degeneraria em espoliação. Toda nacionalização deverá ser necessariamente feita por via unilateral, ou poderá também resultar de convenção com o proprietário da empresa ou do bem? A questão é delicada, pois a via convencional pode inserir-se num contexto de fortes pressões do poder político sobre os proprietários privados; a resposta dividiu a Doutrina. O Conselho Constitucional francês julgou, em sua decisão de 19 de janeiro de 1984 acima citada, que "a participação no capital de empresas, em razão do caráter contratual da operação, não constitui nacionalização". No entanto, na França e em outros países, foram realizadas por via contratual operações geralmente consideradas como nacionalizações, seja porque os proprietários privados preferiram ceder negociando (como no caso da siderurgia em 1978 e 1981 ou da Dassault em 1981), seja porque alguns deles desejaram a nacionalização, em razão da situação financeira desastrosa de suas empresas (companhias ferroviárias em 1937). A nacionalização supõe que o Estado seja o adquirente do bem ou da empresa, mesmo que ocorra a transferência imediata da administração a outra pessoa jurídica; distingue-se, assim, da "municipalização", que é feita em proveito do município.

Estado ou Nação? Pergunta recorrente que exige resposta simples, pelo menos em direito francês: como a Nação não tem outra personificação jurídica senão o Estado, é em proveito deste último que ocorre a nacionalização. O *slogan* "nacionalizar sem estatizar", inspirado no pensamento de Proudhon, afirmado pela doutrina da CGT entre as duas guerras e retomado pelo Conselho Nacional da Resistência, na época da *Libération* expressava um ideal político (subtrair as empresas nacionalizadas à administração burocrática) e um objetivo administrativo (associar à empresa o pessoal, os usuários e as forças vivas da Nação), mas, apesar da fórmula empregada pelo legislador em 1946 para a EDF e a GDF ("Este capital pertence à Nação", art. 16 da Lei de 8 de abril), sua consistência jurídica era pequena. Os objetivos de uma nacionalização são muito diversos e, evidentemente, podem combinar-se: socializar os bens de produção, acabar com a dominação do "grande capital" ou pôr fim a "feudos econômicos", democratizar a economia e a administração das empresas, lutar contra o desemprego e instaurar novas relações de trabalho, distribuir mais equitativamente os lucros e garantir justiça social, subtrair aos capitais estrangeiros (sobretudo ex-coloniais) a propriedade de bens ou empresas essenciais para a independência nacional, afirmar a autoridade do Estado na economia e dar-lhe os meios de desenvolver uma política econômica eficaz, especialmente pelo planejamento, favorecer o crescimento e possibilitar a sobrevivência ou o desenvolvimento de atividades econômicas importantes para o país, punir os proprietários de bens e empresas por seu comportamento antinacional ou antissocial. Essa diversidade de objetivos mistura variadas correntes de pensamento; socialismo ou comunismo, catolicismo social (cf. a encíclica *Quadrasegimo anno* de Pio XI, 1931), nacionalismo, gaullismo. Explica por que regimes tão diferentes recorrem à nacionalização em épocas diversas e com amplitudes variadas (incidente sobre a totalidade do aparato produtivo, sobre todo um setor de atividade ou sobre algumas empresas apenas). A nacionalização sempre corresponde à convicção política de que a empresa pública satisfaz mais o interesse geral do que a empresa privada. Mas o poder público pretende ora subtrair os bens e as empresas nacionalizadas às "leis" do mercado e à concorrência; ora regular o mercado (sem acabar com ele), orientar e suprir suas carências econômicas ou sociais; ora, ao contrário, permitir que as empresas nacionalizadas enfrentem melhor a concorrência interna ou externa.

Regras aplicáveis

O direito internacional consuetudinário, confirmado pela jurisprudência da CPJI e da CIJ e por sentenças arbitrais e diversas resoluções da Assembleia Geral da ONU (n.º 1.803 [XVII] de 14 de dezembro de 1962, "Soberania permanente sobre os recursos naturais", e n.º 3.281 [XXIX] de 12 de dezembro de 1984, "Carta dos direitos e deveres econômicos dos Estados"), admite a licitude das nacionalizações, desde que elas acarretem indenização adequada e (ainda que esses aspectos continuem sendo discutidos) atendam a um interesse público e não sejam discriminatórias. Mas elas são cada vez mais enquadradas (e até excluídas) pelos numerosos instrumentos internacionais de proteção dos investimentos estrangeiros. Na Europa, o artigo 1.º do protocolo adicional à convenção de salvaguarda dos direitos humanos e das liberdades fundamentais (20 de março de 1952) estipula que "[...] ninguém pode ser privado de sua propriedade, a não ser por motivo de utilidade pública e nas condições previstas pela lei e pelos princípios gerais do direito internacional". O direito comunitário é indiferente ao regime da propriedade nos Estados-membros (Tratado CEE, art. 295, ex-222). Portanto, é neutro em relação ao princípio das nacionalizações. Apesar disso, estas últimas não devem contradizer o princípio de não discriminação nem nenhuma outra regra de direito comunitário (referente, especialmente, às subvenções de Estado). Em direito interno francês, a nacionalização é da alçada do legislador. Essa competência, tradicional, foi confirmada pelo artigo 34 da Constituição de 1958. Pode ser exercida pelo Parlamento ou pelo governo, habilitado por aquele nas condições do artigo 38 da Constituição de 1958. Evidentemente, podem ser tomadas medidas de aplicação por decreto. Ela deve ser exercida no "respeito aos princípios e às regras de valor constitucional que se impõem a todos os órgãos do Estado" (Conselho Constitucional, decisão n.º 81-132 DC de 16 de janeiro de 1982, chamada "Nacionalizações I"). Entre eles, figuram, em primeiro lugar, a liberdade de empreender e a igualdade; em segundo, o artigo 17 da Declaração de Direitos do Homem e do Cidadão de 1789 ("Sendo a propriedade um direito inviolável e sagrado, ninguém pode ser dela privado, a não ser quando a necessidade pública legalmente constatada o exija de maneira evidente e com a condição de justa e prévia indenização") e o parágrafo nono do Preâmbulo da Constituição de 1946 ("Todo os bens e todas as empresas cuja exploração tenha assumido as características de um serviço público nacional ou de um monopólio de fato, deverão tornar-se propriedade da coletividade"). Num contexto político bastante apaixonado, o Conselho Constitucional, em sua decisão n.º 81-132 acima citada, conciliou esses princípios de inspiração contraditória, recusando as interpretações extremas que poderiam ser-lhes dadas: o Preâmbulo de 1946 não "apaga" a declaração de 1789 e não impõe a nacionalização das empresas que exploram os serviços públicos nacionais ou monopólios de fato, pois o legislador estava livre para fazê-lo ou não; não cabe ao Conselho recusar a apreciação do legislador acerca da necessidade das nacionalizações, a não ser que ela esteja eivada de "erro manifesto"; tal erro se mostraria em nacionalizações que restringissem o campo da propriedade privada e da liberdade de empreender a ponto de ferir a declaração de 1789, o que impede a socialização total ou excessiva dos meios de produção. O Conselho censurou a primeira versão da lei de nacionalização de 1982 por dois motivos: por infringir o princípio de igualdade (excluindo de seu campo os bancos mutualistas e as cooperativas, ao passo que estes atendiam aos critérios aplicados aos outros bancos franceses) e por conceder indenização insuficiente aos proprietários das empresas nacionalizadas. Em contrapartida, constatou que a segunda versão da lei atendia às exigências constitucionais (decisão nº 82-139 de 11 de fevereiro de 1982, chamada "Nacionalizações II"). Especificando com grande utilidade o regime jurídico da nacionalização, a intervenção do Conselho teve efeito duplamente paradoxal: apesar de suscitada pela oposição de direita, hostil às nacionalizações, ela acabou por estendê-las além daquilo que a maioria de esquerda tinha em vista; finalmente favorável às nacionalizações, ofereceu a primeira oportunidade de afirmar o caráter constitucional da liberdade de empreender...

Técnicas e efeitos

O Estado pode adquirir a totalidade de uma empresa ou apenas uma parte de seu capital, e suas ações eventualmente gozam de direito de duplo voto. Na França, na maioria das vezes a empresa nacionalizada conserva sua forma e seu estatuto inicial, mesmo sob a gestão do Estado acionista. Também pode ser dissolvida, e seus bens, direitos e obrigações podem entrar para uma nova sociedade (por exemplo, a SNCF, Régie nationalle des usines Renault, Compagnie générale maritime) ou para um estabelecimento público (por exemplo, Electricité de France, Gaz de France, Charbonnages de France e Houillères de bassin). A indenização pode ser paga em numerário, mas é excepcional (foi o que ocorreu com as indústrias de armamento). Pode consistir também na extinção da dívida das empresas para com o Estado, na transformação dos empréstimos e adiantamentos que este lhes tenha concedido em participação no capital (Usinor, Sacilor, Dassault). Mas, em geral, são usadas outras técnicas: como contrapartida das ações que devem entregar ao Estado, os acionistas recebem partes beneficiárias ou mesmo ações da nova sociedade sucessora da empresa nacionalizada; também podem – o que ocorre na maioria das vezes – receber obrigações amortizáveis e negociáveis no mercado, emitidas pela própria empresa nacionalizada ou por estabelecimentos públicos criados para esse fim (Caisse nationale de l'énergie em 1946, Caisses nationales de l'industrie et des banques em 1982). A transferência de propriedade ocorre na data na qual os proprietários privados recebem efetivamente a indenização. Incide não só sobre o capital da empresa, mas também sobre o conjunto das participações que ela tenha em outras empresas: quando essa participação é majoritária, considera-se que a filial envolvida entra para o setor público (fenômeno às vezes chamado de "nacionalização indireta").

Prática das nacionalizações na França

Embora, por tradição "colbertista", a França tenha longa experiência no setor público, só se recorreu às nacionalizações no século XX, em circunstâncias política ou economicamente difíceis. Uma primeira leva, modesta, remonta ao Front Populaire, com a nacionalização das indústrias de armamento (Lei de 11 de agosto de 1936) e das ferrovias (Convenção e Decreto-lei de 31 de agosto de 1937). A segunda leva, considerável, data da *Libération*. A Société des automobiles Renault (Ordem de 16 de janeiro de 1945) e a dos motores Gnome e Rhône (Ordem de 29 de maio de 1945) são objeto de "nacionalizações-sanções", sem indenização dos proprietários, que deviam ser punidos por sua atitude durante a Ocupação. Por outro lado, são nacionalizados quatro bancos de depósitos, bem como o Banco da França (Lei de 2 de dezembro de 1945), 34 companhias de seguro (Lei de 25 de abril de 1946), os transportes aéreos (Ordem de 25 de junho de 1945) e a energia: eletricidade e gás (Lei de 8 de abril de 1946), carvão (Lei de 17 de maio de 1946). De roldão, os transportes marítimos são nacionalizados em parte (Lei de 28 de fevereiro de 1948). A terceira leva, também muito importante, ocorre em 1982. Duramente negociada entre o Partido Comunista, o Partido Socialista e o Movimento dos Radicais de Esquerda ("programa comum de governo"), ela foi decerto a mais ideológica de todas. A Lei de 11 de fevereiro de 1982 contempla cinco grupos industriais (Compagnie générale d'électricité, Saint-Gobain, Pechiney-Ugine-Kuhlmann, Rhône-Poulenc, Thomson-Brandt), duas companhias financeiras (Paribas e Suez) e 38 bancos. Foi acompanhada de "nacionalizações" convencionais e parciais, negociadas com os proprietários das empresas, fossem eles franceses (Usinor, Sacilor, Dassault, os ramos "armamento" e "espaço" de Matra) ou estrangeiros (Roussel-Uclaf, Compagnie internationale pour l'informatique, Compagnie général de construction téléphonique). Foi então que o setor público francês atingiu sua maior dimensão histórica. Em 1986, tem início um período de refluxo, pouco desacelerado no início do segundo governo de F. Mitterrand (doutrina do "nem-nem" de 1988 a 1993: nem nacionalização, nem privatização). Hoje foi privatizada a maioria das empresas nacionalizadas (e várias outras que tinham chegado ao setor público por outras vias que não a nacionalização, bem como serviços controlados pelo Estado).

As nacionalizações não teriam sido apenas um momento de nossa longa história econômica e política? É possível acreditar: o declínio do marxismo parece irreversível; a liberalização e a "globalização" da economia tornariam muito difíceis novas nacionalizações. No entanto, não deveríamos esquecer que estas ocorreram como reação a períodos de crise. Se o país atravessar outros, as mesmas causas poderão provocar os mesmos efeitos.

› BEAUD O., "Nationalisation et souveraineté: la nationalisation comme acte de puissance publique", *Petites Affiches*, 24 de novembro de 1995, p. 14. – BUFFELAN-LANORE J.-P., "Entreprises publiques. Création et organisation", *Jcl. adm.*, Litec, fasc. nº 155. – COLSON J.-P., *Droit public économique*, LGDJ, 1995, nº 105 ss. – DELVOLVÉ P., *Droit public de l'économie*, Dalloz, 1998, nº 652 ss. – JEANNEAU B., *Droit des services publics et des entreprises nationales*, Dalloz, 1986, pp. 36 ss., 40 ss. e 8 ss.

Didier TRUCHET

→ Desapropriação; Direito público da economia.

NAVIO

Navio é uma embarcação de mar, construída pelo homem para diversas atividades marítimas. Os navios possibilitam as atividades marítimas mais variadas: comércio, pesca, lazer, pesquisa científica. Outros engenhos possibilitam outras utilizações dos recursos marítimos, tais como as plataformas de exploração das riquezas minerais do fundo dos mares; não são navios. O navio tem por vocação navegar, portanto deslocar-se sobre a superfície dos mares. Esses deslocamentos são facilitados pela liberdade do alto-mar, imaginada por Grócio no século XVII e ratificada pela Convenção das Nações Unidas de 1982 sobre o direito do mar.

O século XIX marca uma ruptura técnica com os usos da navegação marítima: construção de aço, propulsão mecânica. Essas inovações terão um impacto considerável sobre a exploração dos navios, possibilitando o desenvolvimento das linhas regulares de navegação. O século XX é a era do gigantismo: nada em comum entre os maiores clípers do século XIX (exemplo: *Cap Horn*, armamento Bordes: 2.600 TPL) e os navios-tanque dos anos 1970 (*Batillus*, 565 mil TPL), os porta-contêineres 8 mil EVP ou as verdadeiras cidades flutuantes que são os novos transatlânticos. Evolução também na especialização: transporte de produtos químicos, de animais vivos, de veículos, de mercadoria pesada, navios-cisterna, petroleiros, navio graneleiro, porta-contêineres etc. O mesmo se pode dizer sobre a pesca e o lazer: em todos os campos, o momento é de diversificação sem limites. O que ocorrerá no século XXI? Provavelmente será o século da velocidade e da automatização. Os engenheiros navais já pensam em navios gigantes, plenamente informatizados, capazes de navegar com tripulação reduzida a quarenta ou cinquenta nós em média.

O navio, móvel matriculado e "naturalizado", é um engenho apto a enfrentar os perigos do mar durante uma navegação marítima. Seu valor faz dele um bem particular, com estatuto real original. Ele também está no cerne de um sistema de responsabilidade caracterizado pela limitação das responsabilidades ligadas à sua exploração.

Navio, bem naturalizado e matriculado

Navio, bem naturalizado. – A atribuição de uma nacionalidade aos navios é imposta pela Convenção de 1982: o navio, destinado a deslocar-se em alto-mar, zona que não depende da soberania política de nenhum Estado, precisa estar vinculado a um sistema jurídico, o de seu pavilhão. Todo navio sem nacionalidade é considerado pirata. O direito internacional remete-se aos Estados para definir as condições de naturalização de um navio. A Convenção de 1982 impõe a existência de um "elo autêntico" entre o navio e o Estado de seu pavilhão, mas isso não passa de um desejo, na falta de sanções adequadas. É forçoso constatar a extraordinária abundância de bandeiras de conveniência atribuídas por alguns Estados a navios que com ele não têm nenhum "elo autêntico". Na França, a nacionalidade é atribuída aos navios pela francização. A exigência de elo autêntico durante muito tempo foi atendida graças a condições estritas impostas à francização: construção do navio em estaleiro francês (condição abandonada no século XIX), composição da tripulação (100% de marinheiros), propriedade do navio (51% da parceria em mãos de franceses). Mas o direito da Comunidade Europeia transformou a natureza do elo autêntico entre um Estado-membro e os navios de seu pavilhão. Em nome dos princípios de livre circulação dos trabalhadores e de liberdade de estabelecimento, as regras de composição da tripulação e de propriedade por nacionais foram prejudicadas. Doravante, pode fazer parte da tripulação de um navio francizado qualquer pessoa oriunda de um Estado-membro da União Europeia, e pode ser francizado o navio pertencente a pessoa oriunda de um Estado-membro da União Europeia, desde que o lugar de sua exploração se situe num porto francês. Mas o custo adicional do pavilhão francês (encargos fiscais e sociais) estimulará poucos armadores europeus a solicitar o favor de poder arvorar em seu navio o pavilhão francês. Esse famoso custo adicional, que prejudica sua competitividade internacional, levou os armadores franceses a solicitar a criação de um pavilhão que possibilite condições de exploração mais suportáveis (do ponto de vista capitalista); é o "segundo registro" das terras austrais e antárticas francesas (pavilhão Kerguelen), oficializado por uma lei de 26 de fevereiro de 1996, mas fadado a ser substituído em data próxima por um "Registro Internacional Francês" (RIF), ainda mais vantajoso. Os marinheiros do Terceiro Mundo têm assim o privilégio de estar a bordo – nas condições sociais de seus respectivos países! – de um navio francês. A maioria dos outros países da União Europeia imitou essa moda do segundo registro.

Navio, bem matriculado. – O navio se distingue dos outros bens, móveis ou imóveis, por ser dotado (Lei de 3 de janeiro de 1967) de um "registro civil". O navio tem nome, domicílio (seu porto de atracação), tonelagem. Este último elemento, importante para a exploração comercial do navio, não é o mais surpreendente. Em contrapartida, a atribuição de um nome ao navio e a escolha de um porto de atracação tendem a provocar a equiparação antropomórfica do navio a uma pessoa, tentação à qual é preciso saber resistir. Esses elementos de individualização são utilizados para a matrícula do navio (para a receita das alfândegas do porto de atracação do navio). Numa ficha de matrícula do navio ou num registro conexo, são centralizados todos os atos importantes de sua vida jurídica e econômica, para que se garanta a sua publicidade, como por exemplo os direitos reais dos quais ele é objeto.

O navio em relação aos direitos reais

Na França, aplica-se a Lei de 3 de janeiro de 1967 ao navio, objeto de direitos reais.

Direito de propriedade, copropriedade. – A primeira originalidade diz respeito ao contrato de construção do navio. A lei francesa propõe um regime (supletivo) para a transferência da propriedade do navio em construção e, implicitamente, dos riscos dessa propriedade. O cliente torna-se proprietário, salvo convenção em contrário, no momento do recebimento do navio, depois das provas julgadas satisfatórias. O construtor é obrigado a oferecer garantias contra vícios ocultos: o armador dispõe do prazo de um ano, a contar da descoberta do vício, para mover ação contra seu construtor. Também é preciso ressaltar a organização específica da copropriedade, chamada de parceria, de um navio (a cota de cada comparte é o quinhão), como meio de desenvolver investimento marítimo (graças a vantagens fiscais). Cada comparte permanece proprietária de seu quinhão, que pode vender e hipotecar como bem entender. Em princípio, participa dos lucros proporcionalmente à sua parte; quanto à obrigação em relação às dívidas da parceria, a responsabilidade incorrida varia, conforme seja ele gerente (responsabilidade – de ordem pública – indefinida e solidária) ou não (responsabilidade indefinida e não solidária, com a ressalva de convenções em contrário). A parceria visa à organização jurídica da exploração do navio. As decisões referentes à exploração do navio são tomadas por maioria simples de quinhões, em princípio; a lei prevê também algumas salvaguardas para evitar situações de obstrução e abusos de maioria. A administração do navio em parceria é feita por um dos gerentes ou por vários, com plenos poderes para agir em nome da parceria. A maioria dos autores atribui a esse tipo de parceria a qualificação de sociedade *sui generis*.

Direitos reais acessórios sobre o navio. – Em razão de seu valor elevado, o navio é um instrumento a serviço do crédito do armador que, por meio de seguros, pode obter os financiamentos de que precisa. O navio, portanto, situa-se no centro de uma rede de privilégios e hipotecas. Aliás, não deixa de ser curiosa a existência de uma hipoteca sobre um bem móvel. Uma convenção internacional de 1926 e a Lei de 1967 regulam de maneira análoga o exercício desses direitos concorrentes. Os privilégios "marítimos" revertem para aqueles que, a qualquer título, se tornem credores marítimos da expedição marítima. Depois das hipotecas marítimas, estão os privilégios marítimos, que são essencialmente utilizados para garantir as necessidades de crédito para investimento do armador.

Limitação de responsabilidade de quem explora o navio

Como característica histórica do direito marítimo, quem explora o navio pode limitar sua responsabilidade perante aqueles cujo crédito decorra da sua exploração. A técnica de limitação consiste atualmente (Convenção de 1976) na constituição de um fundo de limitação de responsabilidade calculado com base na tonelagem do navio. Essa obra-prima da imaginação jurídica (fazer do navio um patrimônio afetado aos débitos por ele criados) hoje está em perigo. A limitação da responsabilidade, outrora baseada no valor do navio, hoje só equivale a uma fração desprezível desse valor; o favor, outrora reservado apenas ao proprietário do navio, agora é concedido a todos aqueles que, de algum modo, participem da exploração do navio "responsável". Os primeiros sinais dessa ruptura já são visíveis: a cada processo que a põe em jogo, o credor ao qual a limitação é oposta alega contra seu beneficiário uma ação de preclusão, tal como a culpa inescusável; e os tribunais, influenciados pelo montante irrisório dos fundos de limitação, acolhem frequentemente essa pretensão. A ideia de limitação adaptou-se para levar em conta variedades novas de danos, especialmente ao meio ambiente. É o que ocorre, por exemplo, com a poluição por hidrocarbonetos, exemplificada pelo naufrágio do *Erika* no sul da Bretanha. Para esses novos danos, continua sendo regra a limitação da responsabilidade do proprietário do navio poluidor, calculada segundo a tonelagem do navio; seu montante seria irrisório se o Fundo Internacional de Indenização, alimentado por taxas incidentes sobre as mercadorias poluentes, não viesse cobrir a reparação (convenções de 1992). Mesmo assim, estamos muito aquém do necessário, e o teto de reparação será sextuplicado em 2004.

➤ CHAUVEAU P., *Traité de droit maritime*, Litec, 1958. – DU PONTAVICE E., *Le Statut des navires*, Litec, 1976. – JAMBU-MERLIN R., "Le navire, hybride de meuble et d'immeuble?", *Etudes Offertes à J. Flour. Répertoire du notariat Defrénais*, 1979. – RÉMOND-GOUILLOUD M., *Droit maritime*, 2ª ed., Pedone, 1993. – RIPERT G., *Droit maritime*, 4ª ed., 1950, e atualização Rodière, 1963. – RODIÈRE R., *Traité général de droit maritime, Le navire*, Dalloz, 1980. – RODIÈRE R. & DU PONTAVICE E., *Droit maritime*, 12ª ed., 1997. – VIALARD A., *Droit maritime*, PUF, 1997.

Antoine VIALARD

→ Mar.

NAZISMO

Em *Ein Kind unserer Zeit*, Odon von Horváth descreve a intimidade psicológica de um soldado da "Comunidade popular". "O indivíduo não é nada", esse é o slogan da "Comunidade". Esta tranquiliza: "Hoje há sempre alguém a teu lado." Tranquiliza enquanto a contradição não é percebida: o alguém a meu lado nada mais é do que eu mesmo. Seus princípios constitutivos são: odeia teu inimigo e ama teu chefe. Vacilam quando a falha do chefe o fada ao ódio da tropa, ódio que introduz uma ondulação inexplicável no mundo indiferenciado da comunidade, e quando o outro, mulher percebida, não me deixa indiferente, mulher que, supostamente, é nada. O soldado, exposto a essas deficiências, sente então a insustentável leveza de seu ser na Comunidade: na imediatez dessas presenças nulas que a Comunidade organiza, não sou nada, senão uma imensa solidão. "Estou só" – repete ele. Daí surge a autoconsciência, em ruptura com a ordem comunitária.

"Desformalização" radical do direito

Se esse romance disser alguma verdade sobre o nazismo, a questão será saber que lugar destinar ao direito na "Comunidade". Pode-se pôr em dúvida a pertinência do conceito de Estado aplicado ao regime nazista. Pode-se também pôr em dúvida a pertinência do conceito de direito. Isso é possível se à noção de direito for atribuído um conteúdo material determinado, os valores de igualdade, liberdade e responsabilidade. Mas o mesmo vale para uma definição formal do direito. As formas jurídicas introduzem distância, mediação, igualdade, abstração e segurança nas relações sociais. Essa formalização, segundo Max Weber, está ligada a um tipo de dominação política cuja legitimidade é "legal-racional". Evidentemente, Weber tinha já no início do século constatado certa "desformalização" do direito (*Sociologia do direito*, 1986, p. 225). Era a dificuldade, talvez insolúvel, com a qual se confrontava o Estado-providência: conciliar as formas do Estado de direito (reinado da lei geral e abstrata) com as exigências materiais de intervenção (medidas circunstanciais em forma legislativa). Essa contradição foi entendida pelo nazismo, que não vai superá-la, porém apagá-la. Donde a experiência da desformalização radical do direito. Na "Comunidade" imediata das solidões aglomeradas, a forma jurídica dificilmente se integra. Portanto, não é de surpreender que as "formas" e o "formalismo" sejam objeto de violentas críticas e sarcasmos na doutrina jurídica "engajada", denegridas como elemento "liberal" (Stolleis, *Geschichte des öffentlichen Rechts in Deutschland*, t. 3, p. 318). A tarefa de "renovação do direito alemão" (Karl Larenz, *Deutsche Rechtserneuerung und Rechtsphilosophie*, 1934) à qual se apegam os "teóricos" do direito nazista passa pela rejeição radical ao positivismo que encarna essa racionalidade formal incompatível com a ideologia comunitária. Se o sistema político nazista se caracteriza como um estado permanente de exceção (G. Agamben, *Homo sacer*, 1995), a decisão *concreta* deve substituir a regra abstrata. Uma vez que todo desvio individual na ordem comunitária deve ser analisado como ameaça para a ordem popular concreta, o caso jurídico mais comum tende a fazer parte da ordem da exceção e da urgência, que exclui o longo tempo dos processos e entra na imediatez da pura decisão. É o que mostra, em 1934, uma instrução do Ministério da Justiça da Turíngia, que exorta os juízes, mesmo nas causas civis: "Decidam rapidamente, como um *Führer*; decidam claramente, como um *Führer*; e decidam de tal modo que a parte perdedora também tenha o sentimento de que o direito foi dito!" Nesse estado permanente de exceção, a "justiça" repressiva normal desliza progressivamente para a competência dos tribunais de exceção estabelecidos pela Ordem de 21 de março de 1933 depois do incêndio do *Reichstag* e na do sinistro "Tribunal Popular" instituído pela "lei" governamental de 24 de abril de 1934. A justiça penal forma um agregado de atribuições esparsas e instáveis. A definição de "lei" já não corresponde a nenhum caráter formal (quer se trate de procedimento, quer de forma "geral" do conteúdo, quer mesmo das formas de sua publicidade). A lei passa a ser definida apenas como vontade do *Führer*, quaisquer que sejam suas formas de manifestação. O *Führer* é "a ideia não escrita do direito de seu povo" e "ninguém mais, além do *Führer*, poderia decidir em última instância sobre a vigência ou não de certa regra" (Larenz, *op. cit.*). A validade e a interpretação do direito escrito estão assim permanentemente à mercê da incerteza resultante dessa fonte imediata e existencial de um direito que já não está mais estabilizado em formas.

Características da "legislação" e da "justiça"

Essa "desformalização", paradoxalmente, tem origem numa "revolução legal", visto que a tomada do poder e a instalação do regime haviam respeitado, exteriormente, as formas constitucionais de Weimar para destruir Weimar. A lei dos plenos poderes de 24 de março de 1933 habilitava o governo do *Reich* a adotar leis e a revogar dispositivos da Constituição. Foi adotada por maioria qualificada necessária à revisão da Constituição. Mas o foi por um *Reichstag* mutilado. Ademais, as formas que esse ato impunha às "leis" governamentais (adoção por colegiado, promulgação pelo chanceler e publicação) foram rapidamente ignoradas. As leis do *Reichstag* – de um *Reichstag* decomposto – tornaram-se quantitativamente desprezíveis (nove leis – entre as quais as famigeradas de 15 de setembro de 1935, chamadas "leis de Nüremberg" – até o início da guerra, contra 4.500 "leis" governamentais: Von Münch, *Gesetze des NS-Staates*, 1994, p. 16). A colegialidade governamental desapareceu rapidamente: as reuniões do gabinete, raras já em 1935, deixaram de existir em 1938. A adoção das "leis" governamentais, portanto, deu-se por caminhos tortuosos. Além disso, essas "leis" escancaravam as portas para os atos de execução, donde a impossibilidade de distinguir lei e regulamento. Em 1937, a tentativa de Frick, ministro do Interior, de restabelecer a ordem na produção normativa do regime não teve nenhum efeito. A publicidade dos vs deixou de ser respeitada, tanto quanto a sua não retroatividade (especialmente em matéria penal). As ordens secretas do *Führer* valiam tanto quanto qualquer "lei" formal (por exemplo, a ordem relativa à eutanásia dos doentes incuráveis e a instrução secreta sobre a "solução final da questão judia"). Como "todo Poder Legislativo no novo *Reich* se reduz à decisão do *Führer*, quer se trate de leis do governo, de leis do *Reichstag* ou de leis adotadas pelo povo" (Huber, *Verfassungsrecht des grossdeutschen Reichs*, 1939, p. 237), as formas já não condicionam nenhuma distinção nem hierarquia entre as normas. A circular do *Führer* vale como lei plebiscitária.

No sistema nazista, o juiz permanece submetido à lei, ou seja, à vontade do *Führer*. No entanto, havia um problema: as leis antigas, anteriores a 1933, que foram em grande parte conservadas (por exemplo, o essencial do Código Civil). Seu texto emanava de um legislador que não era o *Führer*. No entanto, cabia considerar que, como ele as havia conservado, elas eram passíveis de uma interpretação que expressasse a vontade dele. Os métodos tradicionais (interpretações literal, genética, sistemática e histórica) eram insuficientes, pois remetiam a fontes outras que não o *Führer*. Foi então introduzido um princípio segundo o qual as leis antigas deviam ser interpretadas em conformidade com a vontade do *Führer*, ou seja, com a concepção do mundo nacional-socialista: "Toda interpretação deve ser uma interpretação em sentido nacional-socialista" (C. Schmitt). Noções vagas e imprecisas como "boa-fé", "bons costumes" ou "ordem pública" criavam vazios que seria preciso preencher com sentido novo. Essas "cláusulas gerais" possibilitavam assim a perversão do direito. Quando ausentes, como em direito penal, o regime novo as estabelecia. A Lei de 28 de junho de 1935 introduziu no Código Penal um parágrafo 2º que dispunha: "É punido o autor de um ato que a lei declare como punível ou que mereça punição em conformidade com a ideia fundamental de lei penal ou com o bom-senso popular." O princípio "Não há pena sem lei" cede diante do princípio "Não há crime sem pena". A lei nova, em contrapartida, gozava de uma presunção irrefragável de conformidade com a doutrina nazista porque emanava daquele que a encarnava. Se o juiz chegasse a um resultado contrário à doutrina, estaria enganado, e, se estava enganado, poderia ser chamado à ordem por uma instrução ministerial ou punido. A independência dos juízes não era garantida pelo novo regime. Isto porque eles não estavam situados fora da "Comunidade". Também eles faziam parte da *Gefolgschaft*, *tropa*, que seguia o chefe. Eram "soldados do *Führer*". Mais fundamental do que o princípio de submissão à lei, para o juiz, era o princípio de "fidelidade ao *Führer*". Concentrando em si todo o poder do Estado, o *Führer* também era juiz supremo (C. Schmitt, "Le *Führer* protège le droit"). O *Führer* era a encarnação da totalidade, ou seja, da "Comunidade", e do poder total que dela emanava. Daí resultava um princípio de indiferenciação das funções de direção que impedia qualquer separação dos poderes: todos os órgãos do Estado (e do partido) eram, indiferentemente, simples autoridades de execução da vontade do chefe. Com toda a razão, Otto Kirchheimer notava que a justiça penal tornava-se "pura técnica administrativa" (*Von der Weimarer Republik zum Fascismus*, 1976, p. 210). Essa indistinção das esferas da justiça e da administração explica a concorrência que a polícia (em especial a *Gestapo*) fez à justiça penal. "Em primeira instância, a justiça política é exercida pela polícia do Estado", notava Kirchheimer (*ibid.*, p. 168). Já em 1939, a vontade do *Führer*, da qual brotava uma justiça sangrenta, ordenava "correções de julgamento", ou seja, a eliminação física daqueles cuja condenação parecia insuficiente. A necessidade faz a lei.

Fundamentos ideológicos e rejeição do "pensamento separatista"

Essa "desformalização" brutal corresponde a uma ideologia cujas motivações é preciso compreender: rejeição a qualquer "separação", ao "pensamento separatista" (*Trennungsdenken*). Este último é moderno, "judeu" ou "liberal", remetendo às distinções entre Estado e sociedade, público e privado, indivíduo e cidadão, direito e moral, sangue e espírito. O conceito de comunidade abole diferenças e mediações. Assim, a Comunidade total não é "representada" nem representável – o que postularia uma distância, uma separação –, mas sim "encarnada" por seu *Führer.* O Estado não está separado da sociedade, nem o indivíduo da Comunidade: não há nenhum espaço possível no qual pudessem enfrentar-se e equilibrar-se interesses recíprocos ou contraditórios.Tudo o que faz parte da esfera individual, pessoal e profissional é transfigurado como *função* comunitária. Daí resulta que as instituições jurídicas (contrato, propriedade, casamento, família etc.) sofrem o peso dessa lógica funcional e perdem a qualidade de expressão jurídica da personalidade. Toda e qualquer relação jurídica está necessariamente "ligada à Comunidade" (*gemeinschaftsgebunden*). De fato, "o que é decisivo para o estatuto jurídico do indivíduo já não é seu ser na qualidade de pessoa como tal, mas seu ser concreto como membro da comunidade" (Larenz, *op. cit.*, pp. 39 ss.). A abstração da personalidade é substituída pela "posição concreta na ordem comunitária". A palavra "concreto" satura o discurso (Rüthers, *Entartetes Recht*, 1994, p. 78), e Carl Schmitt tematiza o pensamento nazista como um pensamento concreto da ordem e da organização (*Os três tipos de pensamento jurídico*, 1934). Essas ordens remetem às estruturas sociais institucionalizadas que produzem seus próprios princípios constitutivos previamente a qualquer regulamentação escrita e abstrata. Na ordem familiar alemã, na empresa, no exército etc., o que vale são os princípios de comportamento. É notável que a "ordem concreta" se oponha em tudo à "polaridade judia", denunciada por Schmitt em 1936, o que faz o judeu oscilar entre o caos, a anarquia, a abstração e o legalismo. Mas, além das ordens concretas, há a *Gestaltung*, a organização ativa. Esses dois momentos não são articulados entre si por Schmitt. Na verdade, essa polaridade entre o que é dado pelas ordens sociais e o que é construído pela organização decidida pelo chefe constitui a estrutura mais geral do discurso de justificação do nazismo, no qual coexistem biologismo e voluntarismo, idolatria da tradição e tecnicização radical. Pode-se acreditar que precisamente essa contradição conferiu, se não coerência, pelo menos poder a esse discurso: se a contradição entre a ordem dada e a organização desejada é diluída, mascarada, tudo é legitimável e pode fazer sentido. Essa contradição, aliás, por acaso não estará inscrita no cerne da prática do nazismo que decidiu *fazer* a comunidade racial, uma vez que a natureza biológica precisa do artifício e da *tecnologia* do extermínio para se revelar? A rejeição às separações supunha a separação radical em relação a qualquer alteridade alterante.

Negação jurídica do "judeu"

Assim, essa separação excludente marca, necessariamente, a própria fronteira do direito e a entrada no espaço paradoxal do não direito: "Quem se encontra fora da comunidade popular também se encontra fora do direito" (Larenz, "Rechtsperson und subjektives Recht", *Grundfragen des neuen Rechtswissenschaft*, 1935). Mais radicalmente ainda, do ponto de vista vitalista do organicismo biológico: quem se encontra, como o "judeu", fora do direito se encontra fora da *vida* comunitária. Pois direito e justiça não têm outra função senão a "manutenção da vida comunitária dos homens" (Hitler). Nessa vida, o "judeu", por "natureza", não é nada, deveria ser nada. É como o agrimensor do *Castelo* de Kafka, a quem o hoteleiro diz: "O senhor não é do castelo, não é da aldeia, não é nada. Infelizmente, o senhor é alguma coisa, apesar de tudo, uma daquelas pessoas que estão o tempo todo em todos os caminhos, sempre trazendo histórias." Para designar aquele que não é nada, mas, apesar de tudo, é alguma coisa, impõe-se o *menos que nada* agarrado ao corpo do povo ariano, imagem do "parasita"

(E. Jäckel, *Hitler ideologue*, 1995, pp. 79-80). A essa situação paradoxal do "parasita" só corresponde o direito paradoxal da exceção. E sua resposta só pode ser a da "eliminação", da "aniquilação", do "extermínio", a *Vemichtung*, palavra que já se encontra em 1933, em sentido figurado, na pena de alguns "juristas".

› BONNARD R., *Le Droit et l'État dans la doctrine nationale-socialiste*, LGDJ, 1936. – CHAHID-NOURAÏ H., *Recherches sur la conception nationale-socialiste du droit des gens*, Sirey, 1938. – JOUANJAN O., "Remarques sur les doctrines nationales-socialistes de l'État", *Politix*, nº 32, 1995, p. 97; "La doctrine juridique allemande. 'Rénovation du droit' et positivisme dans la doctrine du IIIe Reich", *in* D. Gros (org.), *Le Droit antisémite sous Vichy, Le genre humain*, 30-31, Le Seuil, 1996, p. 463; "Les fossoyeurs de Hegel. Rénovation allemande du droit et néo-hégélianisme sous le IIIe Reich", *Droits*, nº 25, 1997, p. 121. – NEWMANN F., *Béhémoth. Structure et pratique du National-socialisme* (1942-1944), Payot, 1987. – SCHMITT C., *État, mouvement, peuple* (1933), Kimé, 1997; *Les Trois Types de pensée juridique* (1934), PUF, 1995.

Olivier JOUANJAN

→ Antissemitismo; Crime contra a humanidade; Raça e racismo; Revolução.

NOBREZA E TÍTULOS

"A nobreza [...] aumenta as preeminências sociais, essenciais à ordem pública [...] porque regula a conduta de todos segundo a conduta de alguns que, em vista das obrigações ditadas por sua posição, são na sociedade aquilo que os granadeiros são num regimento e aquilo que os regimentos de elite são nos exércitos. Os nobres, situados, como eles, na primeira linha, dão o exemplo; dão impulso, dirigem a marcha dos acontecimentos e regularizam o movimento social" (*Almanaque da nobreza do Reino de França para o ano de 1848*, Aubier).

Na República, de modo geral, e na V República em particular, os "nobres" são cidadãos como os outros, com os mesmos direitos, mas também com os mesmos deveres.

A razão contemporânea para tanto é que a Constituição francesa de 4 de outubro de 1958 começa com um preâmbulo. Este preâmbulo faz expressamente referência à Declaração dos Direitos do Homem e do Cidadão de 26 de agosto de 1789. Nele se lê (art. 1º de): "Os homens nascem e permanecem livres e iguais em direitos." O Conselho Constitucional, numa Decisão de 16 de setembro de 1971 (chamada de liberdade de associação), atribuiu à Declaração dos Direitos o mesmo valor do restante do texto da Constituição. Os "nobres" de hoje, portanto, só podem dizer que têm "origem nobre" ou "ascendência nobre". Visto que seus integrantes são desprovidos de privilégios jurídicos e de um estatuto social juridicamente reconhecido na sociedade, a nobreza hoje parece ser apenas um estado de espírito ou um estado de alma, para quem preferir.

Questões de vocabulário

O artigo 71 da Carta de 1814, outorgada a seu povo pelo sábio rei Luís XVIII em sua volta ao poder, dispõe com louvável preocupação em pôr fim aos parênteses revolucionários: "A antiga nobreza recobra seus títulos, a nova conserva os seus". Isso não quer dizer que essas duas noções, ainda que comparáveis, sejam idênticas.

Nobreza e títulos nobiliários. – O nobre do Antigo Regime é o nobre por hereditariedade ou aquele que, sendo titular de um cargo nobilitador, possuía a nobreza pessoal adquirida e transmissível. Todos os nobres possuíam pelo menos a qualidade nobiliária e o título de nobreza de escudeiro (homens) ou de *demoiselles* (mulheres). O chefe de nome e de armas (o mais velho dos descendentes do nome) também ostenta, se lhe couber, o título mais elevado com que é honrada a família. *O titré impérial* (titular imperial) era uma pessoa à parte na sociedade imperial e assim permaneceu de algum modo depois. Tratava-se do titular de um título nobiliário – título que não honra ninguém mais em sua família, e que não é, portanto, um título de nobreza; quando ele morria, esse título era transmitido a seu filho mais velho, desde que o *de cujus* fosse titular de um morgado.

Da hierarquia dos títulos. – Nobreza do Antigo Regime: escudeiro, cavaleiro, barão, visconde, conde, marquês, príncipe, duque. O título de escudeiro tem duas faces: é o primeiro elemento da hierarquia dos títulos de nobreza e também o meio de expressar a qualidade nobiliária de todos os nobres que não possuam título mais elevado. *Títulos nobiliários do Império*: cavaleiro, barão, conde, duque, príncipe. O título de cavaleiro é especialmente original, pois beneficiava tanto as pessoas que integravam a Legião de Honra – cavaleiro fulano, cavaleiro da legião de honra – quanto os filhos mais novos dos titulares de morgados.

Breve apanhado da extensão dos privilégios vinculados à nobreza

Em 1560 Carlos IX baixou nos Estados Gerais de Orléans uma ordenança que a história nobiliária considera como o primeiro texto repressivo aplicável a todas as províncias. De fato, a data de 1560, em todo o Antigo Regime, foi a data além da qual não prosseguiram as buscas dos usurpadores de nobreza. Se o Antigo Regime fez tanta questão de punir de modo geral "aqueles que usurparem [...] o título de nobreza (e) adotarem ou usarem brasões timbrados", foi porque os nobres autênticos gozavam de vantagens bem reais na antiga França. Algumas eram de natureza honorífica (direito de precedência, uso de espada, colocação de cata-vento sobre a casa senhorial). Outros eram mais imediatamente concretos (direitos de caça, em especial). Outros ainda eram de natureza fiscal (isenção de alojamento de soldados, de corveias pessoais, mas não de corveias reais, isenção da talha pessoal, do direito de feudo franco, franquia da talha de exploração no limite do que pudesse ser lavrado por quatro charruas). O cálculo da Capitação e da Vintena era mais moderado do que para os burgueses. Os nobres dispunham também de *privilégios de jurisdições* justificados essencialmente pelo princípio de que, por serem nobres, só podiam ser julgados por nobres. Em matéria criminal, também não podiam ser julgados em última instância pelos prebostes dos marechais ou pelos juízes presidiais, mas apenas pelos parlamentos. Por fim, os nobres não estavam sujeitos à chibata nem à forca. Eram decapitados. Um grande número de empregos, ofícios e funções era reservado à nobreza. É possível citar as carreiras de oficial nas tropas regulares, diversos cargos na Casa do Rei, os ofícios de magistrado em várias Cortes, o acesso a diversas casas de educação, a diversos capítulos e conventos e praticamente a todos os empregos mais elevados da administração, da magistratura, do exército e do clero. Estes últimos privilégios eram os mais visíveis; eram os relativos ao uso de títulos e brasões. Os nobres podiam assumir o título de escudeiro e alguns, o de cavaleiro, em pequeno número de casos. Também podiam assumir títulos mais elevados (de barão a príncipe), concedidos por diplomas e cartas patentes, ou vinculados a feudos nobilitados, instituídos ou reinstituídos a seu favor. Só os nobres tinham direito de portar brasões timbrados, ou seja, encimados por um elmo.

Contrapartida dos privilégios vinculados à nobreza

Daríamos a impressão de caricaturar a realidade se não acrescentássemos imediatamente que esses privilégios bem reais tinham pesadas contrapartidas. Cabia também à nobreza garantir a manutenção da maior parte dos regimentos do rei, na maioria propriedade dos nobres. Apenas sobre a nobreza pesava – afora o recurso aos mercenários – o ônus do chamado imposto "do sangue" (vida dada a serviço do rei). Eram inúmeros, nas histórias das famílias nobres, os nobres que morriam jovens – e frequentemente muito jovens – a serviço da França encarnada por seu rei.

Destruição da nobreza e dos títulos pela Revolução francesa

A instituição nobiliária era um dos fundamentos da Antiga França. O rei era frequentemente qualificado como primeiro dos nobres. A nobreza era a Segunda Ordem do Estado, ou seja, na prática a primeira, pois o clero (Primeira Ordem) era composto por servidores de Deus na terra. A Revolução não se enganou. Em seus primeiros dias, empenhou-se na destruição dos privilégios (noite de 4 de agosto de 1789). Continuou com a destruição da Nobreza-Ordem (Decreto de 5-7 de novembro de 1789) e terminou, metódica, com a eliminação da nobreza e dos títulos (Decreto de 19-23 de junho de 1790 sobre a abolição dos títulos de nobreza, das librés e dos brasões). A nobreza também era, sobretudo, composta de homens. Destruir a estrutura da ordem não teria sido suficiente, caso não se tivesse também por alvo os nobres como pessoas físicas. Estes foram dotados – a contragosto, é óbvio – do estatuto de ex-nobres, verdadeiro estatuto vazio, em contradição com o direito comum. Para a infelicidade deles, a Revolução lhes negou um número de direitos mais ou menos equivalente ao número de privilégios que o Antigo Regime lhes concedera...

Nobreza pontifical

Além daquilo que as pessoas acreditam saber sobre a "nobreza pontifical", esta constituía um bom exemplo de títulos estrangeiros de valor, às vezes mal considerados, quase sempre erroneamente. O fundamento jurídico da outorga desses títulos estava no papel de soberano temporal desempenhado também pelo papa, embora a unificação italiana tenha reduzido muitíssimo esse papel.

Razões para a outorga de títulos pontificais. – O favor do pontífice podia ser motivo de condecoração de uma pessoa, mas isso também podia decorrer do desejo de recompensar os combatentes que se tivessem sacrificado pelo trono de Pedro. Os zuavos pontificais que lutaram pela manutenção dos Estados pontificais durante as guerras de unificação italiana foram muitos dos nobilitados no século XIX. O general-conde Louis Gaston de Sonis (1825-87) era um dos mais perfeitos exemplos disso.

Apanhado sobre a origem dos títulos pontificais. – Estes títulos podem ser dados a famílias já dotadas de um princípio de nobreza, tais como as famílias da boa burguesia. M. Labarre de Raillicourt (*Les Titres pontificaux en France du XVI*[e] *au XX*[e] *siècle*, 1962) apresenta a seguinte recapitulação. "Do século XVI aos dias de hoje, 566 famílias aproximadamente receberam títulos romanos, entre os quais 117 hereditários. Destas, 223 pertenciam à nobreza e as outras – 343 –, à burguesia; a maioria destas últimas atendia às condições para chegar à nobreza durante o Antigo Regime."

Diferentes tipos de títulos pontificais. – Os que recebem títulos pertencem à categoria de príncipes, duques, marqueses, condes (palatinos) ou barões. Os títulos podem ser hereditários, mas frequentemente são vitalícios (pessoais). Por fim, os franceses que desejarem ostentar esses títulos – títulos estrangeiros do ponto de vista da República – deverão solicitar do chefe de Estado a autorização para portá-los – autorização dada de modo vitalício, extremamente rara.

Originalidade de alguns títulos pontificais. – O título de príncipe dos Polignac podia ser transmitido aos herdeiros dos dois sexos. Os dois filhos do coronel de Rarécourt receberam o título hereditário de duque em razão da atitude heroica de seu pai durante as lutas travadas na defesa dos Estados do papa. Jeanne de Cabiron, viúva do geral de Cambiaire, recebeu o título de marquesa em 1876.

Proteção dos títulos na República

O tema da usurpação dos títulos (nobiliários) foi muito remanejado pelo novo Código Penal (1º de março de 1994). As antigas disposições do Código Penal de 1810 (art. 259, § 3) puniam "com multa [...] todo aquele que, sem direito e tendo em vista atribuir-se uma distinção honorífica, assumir publicamente um título, trocar, alterar ou modificar o nome que lhe for atribuído pelo registro civil". Assim Napoleão I queria proteger os membros da nobreza do Império das tentativas de usurpação. O novo artigo 433-19 do Código Penal francês (1994) continua proibindo: que se assuma um nome ou um acessório do nome – ora, o que é o título, senão um acessório do nome, diferente daquele que é consignado pelo registro civil (art. 433-19, § 1º); que se mude, altere ou modifique o nome ou o acessório do nome consignado pelo registro civil (art. 433-19, § 2º). Em contrapartida, *a usurpação de um título nobiliário já não é penalmente sancionada.* Mas continua sendo possível às pessoas de origem nobre que se considerem vítimas de usurpação de título mover uma ação de reparação perante o tribunal civil.

Ser de ascendência nobre em sociedade

O título é usado diante do nome: conde da planície, barão dos montes... O chefe de nome e de armas (primogênito dos descendentes varões) é o único que usa o título acompanhado apenas do sobrenome. Os mais novos intercalam o nome entre o título e o sobrenome: conde João da Planície (chamado de título de cortesia). Um modo original de apresentar o título que se possui é usar no anel um escudo timbrado, ou seja, encimado pela coroa que é apanágio de seu título. No anel, a ponta do escudo deve ficar voltada para a ponta do dedo – trata-se na realidade de um cartão de visita; o anel é usado, em princípio, no dedo mínimo. Os brasões herdados pela linha feminina não são usados em princípio, pelo menos quando se dispõe de linha masculina. Também em sociedade, os títulos nobiliários não são dados nas conversações mundanas, exceto os de príncipe ou duques. Em compensação, por escrito, figuram nas seguintes formas: P^{ce}, Mis, Cte, Vte, B^{n}, E^{r}. Todos esses títulos, evidentemente, têm seus respectivos femininos. O título não contestado deveria poder figurar nos documentos de identidade, mas a República exige, para isso, que ele seja certificado e reconhecido como de seu beneficiário por um decreto de investidura (Competência do Guarda dos Selos). Essas formalidades devem ser consideradas excessivas, especialmente em se tratando de alguém cuja notoriedade (título e nome) seja bem estabelecida. Os títulos, em compensação, figuram licitamente em listas telefônicas, pois são então considerados como menção complementar.

› LA ROQUE G. A. de, *Le Traité de la Noblesse* (1678), reed. 1994. Éditions Mémoire & Documents. – TEXIER A., *Qu'est-ce que la noblesse?*, Tallandier, 1988, reed. 1995.

Alain TEXIER

→ Brasões.

NÔMADES

Enquanto em muitos lugares do mundo, especialmente na África e na Ásia, populações inteiras que vivem da caça, da coleta e do pastoreio ainda levam uma existência não sedentária, procurando tirar o melhor proveito possível dos espaços geográficos que as cercam, na França o nomadismo é considerado há muito tempo um remanescente de um modo de vida arcaico, potencialmente perigoso para a ordem social. A história mostra que, nas sociedades sedentárias, os nômades foram constantemente discriminados e submetidos a um regime disciplinar.

Uma população discriminada

Desde os tempos antigos, o *homo viator*, ou seja, o homem a caminho, repugna e fascina ao mesmo tempo. A crer-se em Claude Lévi-Strauss, esse sentimento paradoxal se explicaria pela oscilação estrutural de todo conjunto social entre nomadismo e sedentarismo. Ninguém pode duvidar de que há complementaridade entre estático e móvel, fixo e errante. Em *Civilisation matérielle, économie et capitalisme*, Fernand Braudel lembra que os itinerantes, que durante muito tempo serviram de interface entre os territórios e participaram ativamente dos fluxos de intercâmbio, constituem a base das sociedades modernas. Apesar de sua utilidade social, os nômades sempre foram considerados pelos sedentários como indivíduos que, por sua própria situação, agrediam a ordem estabelecida. Os primeiros que se preocuparam com sua presença foram os gregos. Estes temiam que de seu contato resultassem o contágio de ideias novas e a difusão da subversão. Como filósofo preocupado em fortalecer o estabelecimento do poder político e a segurança social que ele gera, Platão recomenda a seus concidadãos que acolham os viajantes "fora da cidade" e propõe que os magistrados vigiem "para que nenhum estrangeiro dessa espécie introduza novidades" na cidade (*Leis* XII, 952). Mais pragmáticos, os romanos, que consideravam o nomadismo como fonte de ociosidade e anomia, resolveram isolar os elementos mais capazes de gerar perturbações, com o objetivo de moralizar seu comportamento e reformar seus costumes. Assim, pela primeira vez na história, aparece o termo vagabundo (do latim *vagari*: "vagar, perambular"). Os jurisconsultos de Justiniano chegam a lhes dar uma definição precisa: ausência de domicílio certo. Durante numerosíssimos séculos, não foi a figura geral do nômade ou do itinerante que cristalizou a atenção e as preocupações dos sedentários, mas sim a do vagabundo. Esse termo não é usado de imediato no antigo direito. Dá-se preferência ao termo mendigo. Aliás, foram eles os perseguidos pelo poder e proibidos "de vaguear pelo país", conforme relatam certas capitulares de Carlos Magno. Durante toda a Idade Média, vagabundos e mendigos foram considerados um perigo social que era preciso conjurar. Os errantes eram equiparados a bandos de todos os tipos, que infestavam a região rural e se dedicavam a atos incessantes de banditismo. Na mesma época, as atividades itinerantes, ou seja, as que têm como objetivo o negócio, a iniciação ou o estudo, passaram por um desenvolvimento sem precedentes. Tratava-se de um momento de intensa circulação, e o gosto pelo nomadismo atingia todas as camadas da população: comerciantes, intelectuais, um "semiproletariado rural sem eira nem beira", como escreveu Emmanuel Le Roy Ladurie, pequenos artesãos que, antes de poderem ser integrados nas corporações, deviam fazer o famoso "giro dos companheiros pela França".

Curiosamente, até o início do século XX, a *summa divisio* instituída pelo direito romano nunca foi questionada, sendo até um tanto enriquecida e detalhada. Enriquecida porque, no início do século XV, a França descobriu uma nova espécie de nômade, os boêmios. Depois de terem despertado por algum tempo a curiosidade e até a simpatia das populações, eles passaram a ser considerados suspeitos e foram equiparados aos vagabundos, cuja sorte compartilharão durante muito tempo. Detalhada porque, ao longo do tempo, o poder monárquico empenhou-se em caracterizar melhor os elementos constitutivos da infração de vagabundagem. Uma Declaração de fevereiro de 1737 definia o vagabundo como "aquele que, não tendo profissão, domicílio certo nem bens para subsistir, não pode invocar o testemunho de ninguém nem obter a comprovação de sua vida digna e de bons costumes por pessoas dignas de fé". O artigo 270 do Código Penal francês de 1810 nada mais é que uma simples confirmação disso, indicando apenas que a ausência de um desses três elementos basta para derrubar a prevenção. Para que ocorresse uma revolução no tratamento jurídico do mundo itinerante, foi preciso esperar o início do século, com a Lei de 16 de julho de 1912 "sobre o exercício das profissões ambulantes e a regulamentação do trânsito dos nômades". Esse texto refletia a súbita vontade do legislador de captar com mais precisão o nomadismo e organizar um universo que, no século XX mais do que nunca, constituía uma constelação histórica e demográfica complexa. Ao lado dos vagabundos, cuja identificação continuava baseada nas disposições do Código Penal, o legislador distinguia com mais precisão três grandes categorias de pessoas itinerantes. A primeira era a dos ambulantes, definidos por duas características: posse de domicílio ou de residência fixa e existência de profissão, indústria ou comércio ambulante. A segunda era a dos forasteiros, que não tinham domicílio ou residência fixa, mas exerciam uma profissão de comércio ou indústria itinerante. A terceira e última categoria era a dos nômades propriamente ditos. Pela primeira vez, o substantivo "nômade" ganhava significado jurídico preciso. Designava, por definição, indivíduos que nada tinham: nem domicílio, nem profissão, mas que alegavam ter uma (empalhadores de cadeiras, caldeireiros, cesteiros etc.). Por trás da aparente indefinição dessa designação, o legislador visava na verdade uma população específica, mas não ousava denominá-la: eram os itinerantes "de caráter étnico", ou seja, os ciganos. A partir daí, já não são os vagabundos, mas os roms, manuches e gitanos que encarnarão o "perigo nômade" na sociedade. Mais recentemente, revogando a lei anterior, de 3 de janeiro de 1969, relativa "ao exercício das atividades ambulantes e ao regime aplicável às pessoas que transitam pela França sem domicílio nem residência fixa", propôs uma nova classificação. Ela ainda está em vigor. Foi abandonada a distinção tripartite: ambulantes, forasteiros e nômades. Os itinerantes estão divididos em duas categorias: a das "pessoas que exercem uma atividade ambulante", ou seja, os antigos vendedores ambulantes e os forasteiros, e a das "pessoas que transitam pela França sem domicílio nem residência fixa", que compreende: caravaneiros que não tenham domicílio há mais de seis meses, mas justifiquem recursos regulares, e todos aqueles que também não tenham domicílio há mais de seis meses, mas não possam justificar nenhum recurso regular. A principal inovação do texto, portanto, é o desaparecimento definitivo do termo nômade do direito francês, ainda que estes estejam, em sua maioria, catalogados na última categoria. Definitivamente, com base em documentos administrativos confiáveis, como os recibos dos comerciantes ambulantes e as diversas licenças de trânsito dadas aos sem domicílio fixo, hoje na França parece haver aproximadamente 140 mil pessoas itinerantes, às quais cabe acrescentar os menores de 16 anos, não titulares de licenças de trânsito.

Um regime disciplinar

A representação do nômade como indivíduo que deve ser vigiado e "corrigido" é antiga. Data praticamente do momento em que as sociedades sedentárias o identificaram e isolaram do restante da população. Desde a Roma imperial até nossos dias, itinerantes, vagabundos, mendigos ou nômades, pouco importa a designação, foram objeto de medidas "disciplinares" no sentido de serem, no mais das vezes, reduzidos ao estado de corpos individuais que deviam ser corrigidos, utilizados e, eventualmente, punidos. Na história, dois grandes tipos de política foram adotados pelas autoridades: uma política de integração, que tinha em vista tornar o nômade dócil e até útil, e uma política de exclusão, tendente a afastá-lo da sociedade. O texto mais antigo de que dispomos, a novela LXXX, *De Mendicantibus validis*, de Justiniano, é especialmente significativo, pois prevê ao mesmo tempo a expulsão dos vagabundos estrangeiros, com o envio para suas respectivas províncias, e a colocação dos nacionais válidos junto a "empreendedores de trabalhos", padeiros ou jardineiros. Nos séculos seguintes, sucederam-se medidas de exclusão e de integração. Na França, Luís XII, por exemplo, instituiu em 1498, para a repressão da vagabundagem, a jurisdição dos bailios e senescais. As penas incorridas eram prisão, tortura ou morte. Em 1504, ele estendeu a repressão aos bandos de boêmios, condenando-os ao banimento. Depois de instituir o suplício da roda, Francisco I abrandou sua política no fim do reinado e, num edito de 1545, solicitou que os mendigos vagabundos fossem "apreendidos e empregados nas obras mais necessárias da cidade de Paris [...]". A partir do século XVII, embora não desaparecessem as penas de galé, reclusão, punições físicas e deportação, na maioria das vezes estas eram aplicadas aos vagabundos "incorrigíveis". Os outros eram reunidos em abrigos, tais como os asilos gerais, criados em Paris durante o reinado de Luís XIV, e ocupados em diversos trabalhos. O duque de Orléans teve a ideia de recrutá-los em esquadrões para a construção de pontes e estradas. Luís XV, por sua vez, numa célebre ordenança de 1724, "exortava todos os mendigos e vagabundos válidos a encontrar emprego para ganhar a vida". Enquanto os reis da França adotavam uma política de vigilância especialmente rigorosa em relação aos vagabundos, todos os súditos do reino também estavam submetidos a limitações de deslocamento. Não era só a vagabundagem que se mostrava perigosa para a construção do Estado moderno, mas também o mundo da viagem em seu conjunto. Durante muitos séculos, a liberdade de ir e vir será assim estritamente regulamentada e submetida a um regime de autorização. Os direitos de pedágio foram formalmente abolidos em 1789, mas, no que se refere à vagabundagem, os textos revolucionários são herdeiros diretos das disposições adotadas durante o Antigo Regime. A única lei que, nesse aspecto, desperta interesse particular é a de 24 de vendemiário do ano II, que instituiu a competência do juiz de paz para repatriar os vagabundos para seus locais de origem.

O Consulado e o Império não manifestaram nenhuma originalidade no tratamento da questão. Observa-se justamente uma tendência ao recrudescimento da repressão: uma ordem de 12 de messidor do ano VIII permitia que os comissários gerais de polícia mandassem prender os vagabundos nas casas de detenção, e um decreto de 1808 previa a criação de depósitos de mendicância em todo o território. Os diferentes regimes que se sucederam durante o século XIX mostraram-se preocupados em domesticar e regularizar o comportamento dos nômades. Embora não fosse considerada, como no passado, um ato criminoso em si mesma, a vagabundagem era considerada mais do que nunca como um gênero de vida que a lei devia reprimir em razão de seus perigos. Para favorecer a fixação territorial dos sem domicílio fixo, eles foram obrigados a portar uma caderneta de trânsito que lembrava os antigos passaportes internos inventados por Luís XI. Na mesma época, os operários, "classe perigosa" por excelência, também eram submetidos a esse regime de exceção, pois eram obrigados a portar uma carteira operária, que servia também de ficha de registro policial. A liberalização progressiva das instituições políticas e a consolidação simultânea de um direito das liberdades puseram fim temporariamente a esses documentos vexatórios.

Às vésperas do século XX, uma vaga migratória de roms, principalmente originários dos principados da Valáquia e da Moldávia, obrigou as autoridades a voltar a considerar o enquadramento do nomadismo como objetivo político prioritário. Em 1897, a pedido do ministro do Interior Louis Barthou, foi criada uma comissão extraparlamentar encarregada de "buscar os meios próprios para garantir uma vigilância mais estrita dos vagabundos e das pessoas sem eira nem beira, bem como facilitar a descoberta dos autores de crimes e delitos". A ideia subjacente ao conjunto do relatório dessa comissão é explícita: "Hoje há uma carência dos meios com os quais os encarregados da segurança pública possam exercer vigilância. Já não há passaportes internos, vigilância da polícia superior, carteira de operários, documentos que possam ser apresentados, mas, ao contrário, há muitas facilidades para escapar ao poder policial". As medidas preconizadas iam desde a instauração de um regime de autorização prévia ao exercício de uma profissão ambulante até a criação de documentos de identidade específicos para os itinerantes. Pensou-se também na modificação do delito de vagabundagem, para que fossem incluídos sistematicamente os ciganos. A jurisprudência tinha a tendência a considerar na época que, embora não fosse um domicílio fixo, a caravana devia ser considerada um "domicílio certo", no sentido do artigo 270 do Código Penal francês. Quinze anos depois, as recomendações da comissão seriam encontradas, com algumas pequenas diferenças, na Lei de 16 de julho de 1912. De inspiração severa, esse texto lançava as bases do direito aplicável às pessoas itinerantes que transitassem pela França. O texto que o substituiu em 1969 apenas retomou suas principais disposições, flexibilizando-as um pouco. Tradicionalmente, o legislador cuidava de distinguir, no mundo da viagem, o joio do trigo, a pessoa inofensiva do indivíduo perigoso. Por isso, a cada categoria de itinerante corresponde um regime jurídico específico. Não é surpreendente que os mais bem aquinhoados pela lei sejam os comerciantes ambulantes: por um lado, porque participam ativamente do sistema econômico e, por outro, porque, ao contrário dos outros, têm domicílio ou residência fixa. O regime ao qual são submetidos é liberal: basta uma simples declaração de atividade, sem que seja prevista nenhuma renovação ulterior. A segunda categoria, dos forasteiros, representa um pouco mais de risco para a ordem pública e, por conseguinte, está submetida a um regime menos liberal: o da licença de trânsito. Este último, porém, não está submetido a vistos nem a renovações. A terceira e última categoria, a dos "nômades", evidentemente é a mais controlada: seus integrantes não representam nenhuma garantia para as autoridades, seja de domicílio, de profissão ou mesmo de recursos regulares. Os nômades são, assim, submetidos a um regime puramente policial, que se caracteriza pela posse de uma caderneta de identificação que deve receber um visto em cada comuna onde eles fiquem, mesmo que em trânsito. Para se ter uma ideia da desconfiança que esses nômades despertavam na época, basta citar o Decreto de 7 de julho de 1926: "A caderneta de identificação contém nome e sobrenome, bem como cognomes pelos quais o nômade seja conhecido, indicação do país de origem, data e lugar de nascimento. Deve, além disso, ter dados antropométricos, que indiquem especialmente estatura, altura do busto, envergadura, comprimento e largura da cabeça, diâmetro bizigomático, largura da orelha direita etc." Além disso, os veículos que eles usavam para deslocar-se deviam ser munidos de uma placa de controle especial, para facilitar seu reconhecimento. Para limitar seus deslocamentos, a Lei de 1912 previa que os prefeitos podiam proibir seu estacionamento na via pública, em lugares determinados de seu município.

Durante cerca de cinquenta anos, o direito francês não modificou o regime jurídico dessas três categorias de itinerantes, mantendo assim forte segregação entre as pessoas que exercessem atividade profissional e as que não exercessem ou exercessem alguma não reconhecida (caldeireiro, sucateiro, belchior etc.). Com os anos, os poderes públicos buscam menos a estigmatização dos nômades e mais sua sedentarização. Passa-se a atacar o seu caráter específico, que parece continuar impedindo a sua verdadeira integração na comunidade nacional.

As primeiras medidas de integração datam de 1953. Duas leis, uma de julho e outra de setembro, estabelecem que os "sem domicílio fixo" são obrigados a eleger um domicílio para a consecução de suas obrigações fiscais. Mas os principais avanços são instituídos pela Lei de janeiro de 1969 e por seu decreto regulamentador. Mais liberal do que o fora em 1912, o legislador restabelece quase a totalidade das disposições aplicadas antes aos ambulantes e forasteiros, mas flexibiliza consideravelmente o regime das obrigações que pesam sobre os nômades. Estes, que já não recebem nenhum apelativo específico, passam a ser obrigados apenas a portar um documento de trânsito, que a cada três meses deve receber um visto das autoridades administrativas, renovável a cada cinco anos (Decreto de 8 de julho de 1985). É interessante notar que, diferentemente do texto de 1912, os ciganos hoje já não são obrigatoriamente restringidos a esta última categoria. O texto de 1969 nela reúne apenas os "sem domicílio e sem recursos". Um indivíduo, seja qual for sua origem, que não tiver domicílio fixo, mas dispuser de recursos profissionais, especialmente, entrará numa das outras categorias previstas e receberá um documento e um regime diferente de trânsito. A essas novidades a Lei de 1969 acrescenta outra: a da comuna de vinculação. O legislador deseja generalizar as disposições instituídas já em 1953, que, aliás, ficaram sem aplicação prática. A vinculação, uma vez pronunciada, não tem o mesmo valor do domicílio fixo ou determinado, mas produz alguns de seus efeitos: inscrição em listas eleitorais, cumprimento das formalidades relativas ao serviço militar, às legislações fiscais e sociais. Sabe-se hoje que esse forte incentivo à sedentarização acabou redundando em clamoroso fracasso. Desde 1969, embora nenhum novo texto tenha modificado o regime jurídico das pessoas itinerantes na França, o legislador não deixou de se interessar pela administração do nomadismo, conforme provam as duas leis Besson, de 31 de maio de 1990 e de 5 de julho de 2000. Esses dois textos são relativos ao problema do estacionamento dos ciganos viajantes. O assunto é bastante delicado e tem provocado, em ambas as partes, exasperação e descontentamento. Os textos adotados tentam definir um novo equilíbrio entre a legítima aspiração dos nômades a poder estacionar em condições decentes e as compreensíveis preocupações dos políticos locais em manter um mínimo de ordem pública em seu território. A primeira lei Besson constituiu um passo decisivo no assunto, ao obrigar as comunas com mais de 5 mil habitantes a acolher os itinerantes e a contar com terrenos apropriados para esse fim. No entanto, padece de profunda falta de realismo, pois não dá às municipalidades os meios financeiros para esse novo encargo. A Lei de 5 de julho de 2000 foi adotada justamente para remediar essas insuficiências. Por um lado, tem em vista facilitar a criação e a gestão das estruturas de acolhimento, aliviando o peso financeiro que incidia sobre as comunas; por outro, reforça a obrigação de acolher os itinerantes, prevendo até um poder de substituição dos governadores dos departamentos, em caso de má vontade ou de demora excessiva.

Na aurora do século XXI, seria bem imprudente tentar prever a evolução das relações entre as últimas populações nômades e os sedentários. É provável que as políticas de sedentarização e integração um dia produzam frutos. Haverá por que festejar o desaparecimento dos nômades de nossas sociedades? Nada é menos certo.

› Boutet M., "Maintien d'une discrimination ou volonté d'insertion: les hésitations du droit français relatif aux nomades", *RDP*, 1986, pp. 169-94. – Crettaz B., *Nomades et sédentaires*, Lausanne, Graunauer, 1979. – Lefebvre L., *Les Sans-travail. La lutte contre le vagabondage et la mendicité*, Paris, Lévy, 1896. – Le Roy P., *Vagabonds nomades et gens sans aveu*, Caen, Valin, 1899. – Moutouh H., *Les Tsiganes*, Paris, Dominos/Flammarion, 2000.

Hugues Moutouh

→ Domicílio; Hospital e asilo; Mendigos e vagabundos.

NOME

Instituição social, antes de ser jurídica, o nome só tardiamente e de modo parcial foi tratado pelo direito. Durante muito tempo o nome foi deixado por conta do uso, por se tratar de uma noção cuja flexibilidade parecia mais adequada à sua dupla função de identificação social e individual. Historicamente, a primeira é essencial: o nome é sinal de pertencimento (família, cidade, tribo, nobreza etc.). Foi o que ocorreu em Roma com os *tria nomina* (*praenomen, nomen, cognomen*), atributo do cidadão romano. Daí a importância do nome e da proteção que eventualmente lhe pode ser dada. A individualização, segunda função do nome, sempre existiu, mas só progressivamente sobrepujou a primeira, durante os três últimos séculos do Antigo Regime. A intervenção do Estado tende então a transformar o nome em instituição de polícia (no sentido amplo do termo), fenômeno que na França se acentuará com a Revolução francesa, que faz o nome passar para o domínio da lei.

Foi do uso que na Idade Média nasceu o sistema onomástico composto de nome e sobrenome. O nome ou prenome (termo extraído do vocabulário romano) tem como origem o nome de batismo, que no século XI ainda constituía o nome completo. Derivado do nome único da época franca atribuído à criança no batismo, no fim do século XI ele começou a ser acompanhado por um cognome extraído do nome de batismo do pai, por uma particularidade física, por um lugar ou um ofício que possibilitasse identificar melhor os indivíduos. O cognome, generalizando-se (século XIII), transformou-se progressivamente em sobrenome de família, em virtude do uso de se designar o filho pelo cognome do pai que, por sua vez, usava o de seu pai. Temos exemplos precoces dessa transmissão hereditária, especialmente a favor do filho, mas foi só a partir do século XIV (um pouco antes ou um pouco depois, segundo as regiões e as classes sociais) que a transmissão se dá para o conjunto dos descendentes. Apesar de transformado em sobrenome (nome de família; a expressão *nom de famille* só começa a tornar-se usual na França no século XVII), o cognome continua instável. Mudar de sobrenome quando se mudava de situação social era prática antiga e considerada totalmente normal. A nobreza, em especial, apesar de gostar de se vincular à linhagem representada pelo nome de família, usa de bom grado o nome de senhoria por ser ele sinal de um poder senhorial que nem todos os nobres possuem. Esse nome é adquirido pela aquisição do todo ou de parte de uma senhoria. Introduzido pela partícula *de*, *da* (*de la*, em francês) ou *do* (*du*, em francês), soma-se ao patronímico quando não o substitui pura e simplesmente, o que será ainda frequente no século XVI, pois o nome de senhoria é frequentemente mais usado na vida corrente. No Antigo Regime, passar-se-á do nome de senhoria para o nome do feudo e depois para o simples nome das terras, alvo dos sarcasmos de Molière. Mas a motivação deste último será apenas a vaidade, e, em certas regiões, será também muito usado para diferenciar os ramos de uma mesma família. Também é bastante corrente a partir do século XIV que a mulher casada seja designada pelo sobrenome do marido, mas trata-se de um sobrenome do qual ela só adquire o uso. Tem-se aí um costume que atravessará os séculos.

O uso repetido da transmissão do cognome do pai a seus filhos deu origem a um costume que continua essencial: o da transmissão do sobrenome por filiação. A criança, assim que fica provada a filiação, seja ela legítima ou natural, tem o direito de assumir o sobrenome do pai. Na falta deste, assume o sobrenome da mãe (em certas regiões, seu nome de batismo). É um direito, não uma obrigação. A generalização do cognome e de sua transmissão hereditária criará um problema para as crianças cuja filiação não seja estabelecida (geralmente filhos abandonados). Por isso, no Antigo Regime, os párocos, valendo-se da multiplicidade de nomes de batismo surgidos no século XVII, adquirirão o hábito de lhes atribuir um segundo nome que possa ocupar o lugar do sobrenome. A lei francesa de 1792 sobre o registro civil aproveitará esse uso, encarregando o oficial de registros dessa atribuição.

Durante a Idade Média, o uso pacífico e público de um sobrenome também valeu a quem o usasse o direito sobre esse nome: o direito de usá-lo e também de transmiti-lo, em certas condições, quando não houvesse herdeiro varão; de protegê-lo daqueles que quisessem usá-lo indevidamente. Direito e proteção que será usado essencialmente pela nobreza. Assim, do uso nasce um direito do nome, que se afirmou durante o Antigo Regime, graças à jurisprudência. Mas do século XVI ao XVIII, a história do nome é marcada sobretudo por sua transformação progressiva em instituição de polícia (no sentido amplo do termo). O poder monárquico usa para esse fim os registros paroquiais cuja manutenção ele supervisiona cada vez mais, tornando obrigatória a sua apresentação, na forma de extrato, como prova do estado civil das pessoas (Ordenança de 1667). Assim reforça a tendência à estabilização dos sobrenomes, engendrada pela hereditariedade. O poder monárquico também procurava impor seu controle em matéria de mudança de nome, tornando obrigatórias as cartas de comutação de nome, que começaram a desenvolver-se na segunda metade do século XVI. Embora não baixasse nenhuma ordenança a respeito (a chamada ordenança de Amboise de 1555 é uma lenda criada no fim do século XVII por Laroque, autor do *Tratado da nobreza e do tratado dos nomes e sobrenomes*), nem por isso o rei deixava de afirmar o caráter necessário de sua intervenção, por meio das cartas que emitia. Quanto mais se avança em direção ao fim do século XVIII, mais difícil se tornava mudar de nome sem autorização, em vista da evolução do campo das provas, especialmente, ainda que alguns não se abstivessem de fazê-lo. A Revolução francesa, nesse campo, como em muitos outros, rematou a obra da monarquia. Da Revolução data, além do registro civil laicizado, a obrigação de cada indivíduo de usar nome e sobrenome expressos em sua certidão de nascimento. Essa disposição emana do artigo 1º da Lei de 6 de frutidor do ano II, cujo artigo 2º proíbe acrescentar "qualquer cognome a seu nome, a menos que ele tenha servido até agora para distinguir os membros de uma mesma família, sem lembrar qualificações feudais ou nobiliárias". Paradoxalmente, esse artigo 2º poupará o nome de terras ou de senhoria que a Lei de 19-23 de junho de 1790 quisera abolir, ao proclamar que "todos os cidadãos poderão usar tão somente o verdadeiro nome de sua família". No século XIX, a jurisprudência saberá valer-se de sua função distintiva entre os membros de uma mesma família e do fato de que ele constituía para muitos o "verdadeiro nome de família", permitindo que aqueles que o haviam abandonado o retomassem; com o mesmo objetivo, ela transformou a partícula que o introduzia em "parte integrante do nome". Completado durante o Consulado pela Lei de 11 de germinal do ano XI, que submetia toda e qualquer mudança de nome à autorização do governo – autorização que ele dará com muita parcimônia até a Segunda Guerra Mundial –, esse decreto de frutidor marca bem o controle definitivo do Estado sobre esse instituto. Usar o nome do pai era um direito da criança: passava a ser obrigação. Toda a diferença está aí. O controle reforçado do registro civil ao longo do século XIX, o direito de o Ministério Público agir oficialmente na retificação de certidões do registro civil, direito reconhecido em 1862, a caderneta de família (1877) e o desenvolvimento dos documentos de identidade, tudo isso concorrerá para tornar realidade essa obrigação. Com isso, o sobrenome exercerá melhor sua função de identificação individual, mas não tão bem sua função social, em vista da rigidez inerente ao sistema. Embora ainda deixe um espaço nada desprezível ao uso, a aplicação dessa legislação praticamente congela um sistema onomástico cujas bases já eram antiquíssimas. Donde as tensões que caracterizam a história do nome no século XX, avivadas por uma análise doutrinal que faz do nome um direito da personalidade, depois de tê-lo visto como propriedade, a exemplo da jurisprudência. O legislador intervém, porém tardiamente: a maioria de suas intervenções é posterior à Segunda Guerra Mundial. Ele modifica certas regras de atribuição (sobrenome do filho adotivo, do filho natural, da mulher divorciada), flexibilizando o princípio de imutabilidade (afrancesamento de sobrenomes dos naturalizados, mudança de nomes de batismo), liberando a escolha dos nomes de batismo (Lei de 1993), facilitando os procedimentos de mudanças de nome (Lei de 1993), mesmo por um recurso mais factício que real ao uso (Lei de 1985). Tudo isso tem o objetivo de tornar socialmente mais suportável um sistema no qual o nome continua sendo, acima de tudo, um instituto de polícia civil. É provável, porém, que o sistema não possa manter-se tal e qual por muito tempo ainda.

› Além dos tratados e manuais de direito civil sobre o direito das pessoas, ver: *Genèse médiévale de l'anthroponymie moderne*, 4 vol., Tours, 1989-97 (obra coletiva). – Gobert M., "Le nom ou la redécouverte d'un masque", *JCP*, 1980, I, 2.966. – Honoré J.-P., "Entre usage et héritage. Aspects formels du changement de nom (1949-99)", *Mots*, nº 63 (2000), pp. 19 ss. – Jestaz Ph., "À propos du nom patronymique, diagnostic et pronostic", *Revue trimestrielle de droit civil*, 1989, pp. 269 ss. – Lefebvre-Teillard A., *Le nom, droit et histoire*, Paris, PUF, 1990. – Shindler-Viguié S., "La liberté de choix du nom des personnes physiques", *Répertoire Defrenois*, 1994, I, 1.409.

Anne Lefebvre-Teillard

→ Filiação; Pessoa; Registro civil.

NORMA

Define-se frequentemente sistema ou ordem jurídica como um sistema de normas que apresentem certas propriedades específicas. Mas o termo também é utilizado em contextos muito diferentes, compreendendo também as normas técnicas ou as normas de raciocínio e de verdade. Enquanto, de maneira geral, se designa com esse termo uma medida ou um padrão em relação ao qual se qualifique a conformidade de um objeto ou de uma ação, as disciplinas práticas, como o direito e a ética, interessam-se unicamente por normas referentes a ações ou a comportamentos humanos. Consideradas desse ângulo, elas compreendem várias classes (normas morais, jurídicas, usos sociais, regras de etiqueta, regras do jogo etc.), que frequentemente apresentam vários subconjuntos (leis, regras, decisões etc.) e são expressas de múltiplas maneiras (proposições prescritivas, signos não linguísticos).

I. Historicamente, o termo latino *norma* (tradução de κανον) aparece como sinônimo de *regula* já na Antiguidade e parece ter sido usado em arquitetura (ainda em Vitrúvio), antes de ser metaforicamente transposto para a filosofia moral, na qual é encontrada especialmente nos escritos de Cícero. Esse uso, porém, é raro e só se generaliza durante o século XIX, quando a nascente teoria do direito começava a distinguir-se da filosofia do direito e da doutrina. Ernst Bierling seria quem primeiro intitularia uma obra *Das normas e de sua transgressão* (1872-1916). Mas é sem dúvida a Hans Kelsen que se deve o uso do termo para designar um conceito mais geral do que o de "regra" ou de "lei", abrangendo todas as variedades de obrigações, permissões ou proibições, seja qual for o campo (direito, moral etc.) e seja qual for o grau de generalidade ou de particularidade, de abstração ou de concretização. Se seguirmos esse uso, poderemos reservar o termo "regra" para normas de alcance geral, mas essa distinção, que possibilita evitar muitos mal-entendidos, não se impôs sem discussão. A doutrina ainda identifica com frequência regra e norma, e mesmo Herbert Hart fala do direito como sistema de "regras" primárias e secundárias, acarretando assim numerosas controvérsias justamente em torno da questão de saber se essa caracterização esgota efetivamente o fenômeno jurídico. Inversamente, a discussão filosófica contemporânea parece vinculada a uma tendência a tratar como normativa toda e qualquer questão relativa a um padrão, tanto prescritivo quanto descritivo.

II. No sentido mais geral, norma é um termo de comparação. Em todas as hipóteses, ela possibilita julgar a conformidade de uma coisa em relação a outra, quer se trate de objetos, acontecimentos, comportamentos ou operações, quer esses acontecimentos ocorram necessariamente ou segundo uma regularidade estatística, quer enfim se trate de uma ação contingente. A constituição do termo de comparação pode resultar: *a*) da observação de uma regularidade; *b*) de uma estipulação; *c*) de um critério formal; *d*) da prescrição de um estado de coisas ideal. *a*) O primeiro caso é o de uma lei da natureza ou de uma lei estatística ("Sua compreensão corresponde à norma"). *b*) No segundo caso, o padrão é simplesmente fixado por convenção e não provém necessariamente de uma indução que vise a determinar o que, em certas circunstâncias dadas, ocorre de fato e sempre ou simplesmente ocorre em média. Decerto se acreditava que o metro padrão de Paris reproduzia uma fração do perímetro da terra, mas sua normatividade se impõe por convenção e independentemente das considerações nas quais se baseou a sua introdução. *c*) O trabalho científico é inconcebível sem critérios de validade de operações formais de raciocínio, especialmente de cálculo. A normatividade é então constitutiva, de modo que o que se situa fora dela simplesmente não é uma operação válida ou uma expressão bem formulada. Certas regras do jogo apresentam a mesma propriedade: aquele que avança seu rei de b1 para b8 não está jogando xadrez. *d*) O último caso interessa primordialmente ao direito e à ética: aí, o termo de comparação é um estado de coisas ideal, um dever-ser, um *sollen* relativo a uma conduta humana em relação ao qual serão julgadas as ações efetivamente realizadas. Fala-se então de normas no sentido estrito.

III. A distinção entre regularidade, normatividade (em sentido estrito) e o fato de produzir uma norma sempre dá ensejo a intensas controvérsias.

A) Hume lhe dá uma formulação radical no *Tratado da natureza humana*: "[...] de que modo deve ou não deve ser expressa uma afirmação ou uma relação nova, é preciso que ela seja observada e explicada e, ao mesmo tempo, que nos seja dada uma razão para aquilo que parece totalmente inconcebível, ou seja: de que modo essa nova relação poderia ser uma dedução de outras (relações) inteiramente diferentes dela". Frequentemente se dá o nome de "Lei de Hume" ao fato de não ser possível deduzir validamente um enunciado normativo de um conjunto de premissas que não contenha nenhuma proposição normativa e, inversamente, o fato de nenhuma conclusão descritiva se seguir de proposições unicamente normativas. Visto que uma consequência lógica nunca possibilita dizer mais do que aquilo que está contido nos antecedentes, não se pode introduzir uma modalidade prescritiva na conclusão quando ela não está nas premissas. Uma norma consiste, assim, em modalizar ações por meio da obrigação, da permissão ou da proibição. Ela descreve um mundo ideal, não um mundo atual. A ausência de conformidade não a afeta em absoluto, mas a conformidade deve ser pelo menos possível, ainda que não necessária. Um mundo ideal que não passe de cópia do mundo atual ou que seja intrinsecamente inacessível não pode servir de medida à ação real. A exigência do impossível, evidentemente, é possível do ponto de vista verbal, mas tal "norma" só terá como objeto a imposição de uma sanção (ou de uma gratificação) incondicional a certos destinatários.

B) A guilhotina de Hume é criticada pelas correntes que pretendem fundamentar ou explicar a normatividade a partir de dados não normativos. Excluindo qualquer naturalização, ela se opõe sobretudo à tradição do direito natural antigo e moderno. Certamente as normas existem e podem ser analisadas, mas é impossível fundamentá-las em elementos externos. Isso também vale para normas de natureza diferente e, por conseguinte, exclui a possibilidade de considerar o direito como algo dependente da moral ou do justo. Alguns jusnaturalistas contemporâneos admitem a divisão humiana, mas afirmam que os princípios da moral provêm de evidências racionais (Finnis) que delimitam a legitimidade do direito; outros se fundamentam nas teses do realismo moral (R. George). Existe também uma forte tradição aristotélico-tomista que interpreta o fundamento natural das normas como constantes antropológicas. A lei de Hume também foi posta em dúvida por autores de formação analítica, especialmente John Searle. Seu argumento é o seguinte: seja o fato de que X... promete a Y... pagar-lhe certa soma S. X... então assumiu a obrigação de pagar S. Assim, X... está submetido à obrigação de pagar S... Mas, como não deixaram de objetar muitos comentadores, tal inferência supõe aquilo que ela pretende provar. Realmente, não é o fato de dizer "prometo realizar a ação A" que torna essa ação obrigatória como tal, mas sim a norma (já dada ou suposta como dada) de que é obrigatório respeitar os compromissos assumidos. E o que vale para a promessa naturalmente vale para qualquer norma. Poderíamos ser facilmente tentados pelo extremo oposto e considerar que as normas existem num universo inteiramente separado do universo dos fatos, e assim alguns textos de Kelsen foram interpretados como se propusessem tal dualismo ontológico muito pouco plausível e dificilmente justificável.

C) Embora as normas não sejam dedutíveis dos fatos, seu aparecimento é um fato que não é impossível observar. As atitudes empíricas se dividem quanto à questão de se saber se a normatividade se reduz a uma classe de comportamento (o conjunto dos atos pelos quais se pede, exige, autoriza etc.) ou se o significado desses atos (o conjunto das normas) pode ser estudado por si só, o que também possibilitaria analisar empiricamente as ações que aplicam essas normas. Essa linha de divisão opõe, de um lado, o empirismo radical, representado pela corrente "realista" em teoria do direito, bem como certas versões da sociologia e da psicologia da moral ou do direito e, de outro, as posições "nomativistas".

IV. O surgimento de normas é estudado pelas ciências sociais, mas também por teorias filosóficas que se baseiam em modelos formais. Para uns, as normas aparecem para atender a "problemas de coordenação" de ações individuais, tendo em vista um objetivo comum. Essa ideia orienta as teorias do contrato social desde Grócio e Hobbes até Rawls, Nozick e Buchanan. As concepções contemporâneas consideraram, porém, que esse contrato social não passa de modelo normativo para a construção de uma sociedade justa ou para a reforma das sociedades existentes; dividem-se quanto ao conteúdo das exigências fundadoras. Não explicam tanto a normatividade, mas propõem modelos normativos divergentes. Outras concepções procuram ser mais explicativas, com o objetivo de compreender o surgimento de comportamentos que podemos considerar guiados por normas. Propõem-se então modelos de convergência de interesses racionais que levam à aceitação de certas obrigações comuns (Th. Schelling). Essas considerações, nascidas de aplicações da teoria dos jogos e da decisão, aproximam-se dos construtos propostos por alguns filósofos do direito, como J. Austin, que concebem a normatividade jurídica como algo resultante da capacidade de um "soberano" de ditar ordens e fazê-las acompanhar de ameaças de sanções.

V. A explicação de comportamentos coordenados como resultado de interesses conjuntos ou de ações que fazem uso de uma linguagem prescritiva pode assim ser distinguida do fato de determinado enunciado ser efetivamente a formulação de uma *norma*, ou seja, de haver um fundamento que possibilite atribuir-lhe essa propriedade. Fala-se então de norma *válida*, indicando-se com isso que sua qualidade de norma é apreciada a partir do fato de pertencer a um conjunto estruturado em maior ou menor grau, e que essa relação de pertencimento lhe serve de fundamento. Visto que, em último lugar, é impossível apresentar um fundamento factual, os autores que aceitam a Lei de Hume serão levados a admitir que uma norma sempre se baseia num postulado ou em outras normas, e que caberá estritamente distingui-la do respeito efetivo que lhe é dado por seus destinatários e do sentimento de obrigação que eles eventualmente tenham. A teoria da "Norma fundamental" (*Grundnorm*) de Kelsen exerce então a mesma função da ideia de "razões excludentes" proposta por Joseph Raz (as normas do direito são razões de agir que excluem qualquer recurso a outras considerações relativas ao comportamento em questão). Outros designam uma tarefa mais ambiciosa e procuram compreender, ao mesmo tempo, o fundamento último da normatividade e a razão do surgimento e da manutenção de uma ordem normativa. Para Herbert Hart e aqueles que adotam sua herança, a normatividade do direito resulta da adoção e da manutenção de uma "regra de reconhecimento" como fundamento convencional de uma certa prática social por parte daqueles que se situam no mais alto grau da aplicação das normas, que assim se tornam válidas. Enquanto o modelo kelseniano parece a alguns excessivamente subjetivo e abstrato, o segundo é criticado por basear a validade num critério factual. Outro caminho foi recentemente explorado pelo "realismo moral". Segundo essa teoria, existiriam fatos morais independentes de nossos desejos e de nossas operações cognitivas. Os partidários dessa concepção divergem quanto ao grau de naturalidade e especificidade desses objetos (serão eles naturais no sentido estrito ou gozarão de um estatuto peculiar?) e quanto à possibilidade de se obter conhecimento objetivo deles. Para os que admitem tal possibilidade, os enunciados referentes aos fatos morais seriam verdadeiros ou falsos. Pode-se então perguntar se esses "fatos morais" são realmente normas. Enquanto a tradição humiana estrita não pode admitir a existência nem o conhecimento de uma realidade moral objetiva (não cognitivismo), os realistas não são necessariamente cognitivistas e, se admitem algum conhecimento, este estará ligado ao estatuto específico dos objetos em causa. Assim, para J. McDowell, por exemplo, esses fatos devem ser concebidos por analogia com as "qualidades segundas" que dependem de nossas próprias disposições, como, por exemplo, as cores. Em contrapartida, os antirrealistas em matéria de fatos morais podem muito bem reconhecer a realidade de normas por postulado, convenção, hipótese ou a partir de normas já produzidas e que permitam a produção de outras normas. Essa posição é então antirrealista e não cognitivista em matéria de *fatos* normativos, mas cognitivista – pelo menos em princípio – em se tratando de entidades resultantes de postulados ou de hipóteses.

VI. Importante discussão diz respeito à problemática da distinção entre o suporte linguístico ou pragmático que expressa a norma e a norma propriamente dita, na qualidade de significação de um ato. A questão do fundamento das normas está ligada à questão de sua natureza, frequentemente discutida em termos comparáveis à problemática da natureza dos dados matemáticos. Um realista no sentido metafísico as considerará como dados reais, mas específicos, e se verá diante da dificuldade de precisar explicar em que essa realidade poderia consistir ao se distinguir dos fatos naturais (Moore, Kelsen). Alguns vão considerá-las como dados cognitivos ideais (ainda Kelsen); outros, como significados de atos de fala, ou atos não linguísticos portadores de significação; outros, enfim, verão nelas o resultado de um uso prescritivo da linguagem compreensível unicamente com referência ao contexto pragmático da situação (Alchourrón e Boulygin). Mas, enquanto alguns consideram as normas como significações, a própria significação parece de natureza normativa, pois cumpre saber em razão de que critério certa expressão significa alguma coisa. Ludwig Wittgenstein propõe em suas *Investigações filosóficas* uma teoria da significação como uso e afirma que tal uso só poderá exercer essa função se se basear na aplicação de regras aceitas pelos membros de uma comunidade linguística. Desenvolve então um argumento que visa a mostrar que não é possível estabelecer que se observa uma regra, nem mesmo em que consiste a regra exatamente, pois para toda consecução de atos é sempre possível construir uma regra que seja a aplicação deles (portanto, nunca se poderia dizer que ela foi violada), e não se poderia tampouco dizer em que deveriam consistir as aplicações futuras (pois quem a aplicou até agora sempre pode achar que a regra em questão exige as ações anteriormente realizadas, mas, no futuro, outras ações totalmente diferentes daquelas cuja aplicação os outros esperam). Esses trechos deram ensejo a inúmeras interpretações e tentativas de solução; a maioria dos comentadores adotou a ideia de que não pode haver significação fora da dimensão coletiva da linguagem que impõe injunções inelutáveis a seus usuários. O debate teve o grande mérito de pôr em evidência a dificuldade relativa à identificação das normas no próprio suporte que possibilita expressá-las.

VII. O estatuto ontológico das normas acarreta consequências quanto ao raciocínio que as toma como objeto. Se uma norma determinar um estado ideal das coisas em oposição a seu estado atual (presente, passado ou futuro) e se recusarmos uma concepção dualista da realidade, a realidade das normas só poderá ser um fato de significação, uma modalidade que modifica a significação de uma proposição relativa à realidade atual. Enquanto as proposições assertivas podem ser verdadeiras ou falsas, as proposições normativas não. A não ser que se admita um realismo normativo, não é verdadeiro nem falso que é obrigatório dizer a verdade. Em contrapartida, pode ser verdadeiro ou falso que existe uma norma que proíbe a mentira. Enquanto, num primeiro momento, se procurou desenvolver uma lógica das normas que formalizasse diretamente obrigações, permissões e proibições e procedesse diretamente a operações de derivação a partir desses elementos, muitos lógicos acataram a tese de que tal aplicação direta é impossível. Isto porque do fato de a norma N ordenar que todos os ladrões devem ser punidos não se segue em absoluto a existência da norma N1 que ordene que X…, tendo cometido um roubo, seja punido; tal norma deve ser, também ela, produzida por um ato apropriado. Portanto, a lógica só poderá servir para justificar o raciocínio que leva à criação de uma norma ou só poderá tomar como objeto proposições relativas à existência de normas.

A adotar-se a concepção humiana, uma norma só pode ser resultado de um postulado ou de um conjunto de atos. Pode-se então conceber sistemas normativos com maior ou menor grau de complexidade que apresentem diferentes propriedades constitutivas (eficácia relativa, comportando normas de sanção etc.). Uma norma N poderá então ser qualificada de "válida em S*i*" desde que faça parte de um sistema normativo S*i*, o que equivale à expressão "S*i* contém N" ou "existe N em S*i*" ou "em S*i*, o comportamento C é obrigatório segundo N". Trata-se de uma qualificação teórica. De fato, pode ser que uma ordem jurídica qualifique de "inválidas" normas "ilegais" ou "inconstitucionais". Isso pode abranger situações muito diferentes: as normas em questão podem continuar fazendo parte do sistema (ser válidas no sentido aqui considerado) e ser anuláveis por efeito de um procedimento específico, ou então se pode considerar que não fazem parte do sistema e não podem, portanto, ser anuladas. Alguns autores, porém, pretendem dissociar validade e caráter obrigatório. A dificuldade de tal posição consiste no fato de ela tornar incompreensível aquilo que seria uma norma que não apresentasse nenhuma modalização (obrigação, permissão, proibição). A validade entendida como pertencimento confunde-se com a normatividade num sistema dado, é sempre relativa. Inversamente, uma norma considerada no absoluto não é, desse ponto de vista, nada mais que uma norma simplesmente possível. Sob o aspecto terminológico, mas não conceitual, reserva-se a validade apenas aos sistemas dinâmicos, passíveis de modificações e concretizações.

➤ ALCHOURRÓN C. & BULYGIN E., "The Expressive Conception of Norms", *in* R. Hilpinen (org.), *New Studies in Deontic Logic*, Dordrecht, Reidel, 1981, p. 95. – AMSELEK P. & GRZEGORCZYK C. (org.), *Controverses autour de l'ontologie du droit*, Paris, PUF, 1989. – AUSTIN J., *The Province of Jurisprudence Determined* (1832), Londres, Hart, 1954. – BINDING K., *Die Normen und ihre Übertretung: eine Untersuchung über die rechtmässige Handlung und die Arten des Delikts (1872-1916)*, Aalen, Scientia Verlag, 1965 (reimpr.). – CICÉRON, *De legibus*. – DANCY J. (org.), *Normativity*, Oxford, Blackwell, 2000. – FINNIS J., *Natural Law and Natural Rights*, Oxford Univ. Press, 1980. – HART H. L. A., *The Concept of Law*, Oxford Univ. Press, 1994 (2ª ed.). – HOBBES T., *Leviathan* (1651). – HUME D., *Treatise of Human Nature* (1740), Oxford Univ. Press, 1978. – KELSEN H., *Reine Rechtslehre*, Viena, Deuticke, 1960 (2ª ed.) (trad. fr.); *Théorie pure du droit*, Paris, Dalloz, 1962, reed. Paris, LGDJ, 1999; *Allgemeine Theorie der Normen*, Viena, Manz, 1979, trad. fr., *Théorie générale des normes*, PUF, 1996. – KORSGAARD C., *The Sources of Normativity*, Cambridge Univ. Press, 1996. – MCDOWELL J., "Values and Secondary Qualities", *in* T. Honderich (org.), *Morality and Objectivity*, Londres, Routledge, 1985, pp. 110-29. – PETIT J.-L. (org.), *La Querelle des normes. Hommage à Georg Henrik von Wright, Cahiers de philosophie politique et juridique de l'Université de Caen*, nº 27, 1995. – KRIPKE S. A., *Wittgenstein. On Rules and Private Language [Wittgenstein. Des Règles et du Langage Privé]*, Oxford, 1982. – RAZ J., *The Authority of Law*, Oxford Clarendon Press, 1979; *Ethics in the Public Domain*, Oxford Clarendon Press, 1994. – SCHELLING T., *The Strategy of Conflict*, Cambridge, Massachussets, Harvard Univ. Press, 1960. – VITRÚVIO, *De architectura*; por exemplo l, 4. – SEARLE J., *Speech Acts*, Cambridge Univ. Press, 1969. – WITTGENSTEIN L., *Philosophische Untersuchungen*, Oxford, Basil Blackwell, 1958.

Otto PFERSMANN

NORMATIVISMO

Chama-se de normativismo em sentido amplo toda teoria do direito, de inspiração positivista, que veja o direito como um conjunto de normas. Mas, em sentido mais restrito, esse termo é empregado para designar uma das principais correntes do positivismo jurídico, teoria geral do direito de Hans Kelsen e de seus sucessores, também chamada de "Teoria pura do direito". Aqui a analisaremos.

O termo "normativismo" é ambíguo e pode dar origem a confusões. Pode designar ora a doutrina que preconiza uma atitude normativa em qualquer disciplina, em relação a um objeto qualquer, ora a doutrina que preconiza uma atitude descritiva em relação a um objeto que se considere formado por normas. Às vezes é empregado nesse primeiro sentido na filosofia das ciências ou em certos trabalhos de metaética em língua inglesa. Em se tratando da teoria do direito, normativistas seriam os autores que prescrevem ou recomendam que o direito positivo se conforme a normas superiores, e o normativismo seria uma forma de jusnaturalismo. Na cultura francófona, esse uso do substantivo "normativismo" é excepcional, e o adjetivo "normativo" é usado praticamente para qualificar a ciência que contenha, descubra ou enuncie normas. Na maioria das vezes, a palavra "normativismo" designa uma epistemologia da ciência jurídica que, ao contrário, se vincula ao positivismo e proclama que essa ciência, como toda ciência, não deve produzir normas, mas apenas descrever seu objeto. Se esse objeto é formado de normas, o normativismo é, pois, a doutrina que atribui à ciência do direito a tarefa de descrever normas jurídicas. Por metonímia, chama-se também de normativismo a teoria resultante dessa descrição. Trata-se, portanto, de uma teoria das normas jurídicas e de suas relações, portanto da estrutura do sistema jurídico. Como a doutrina normativista mais importante, tanto no plano epistemológico quanto no plano teórico, é a de Hans Kelsen e de sua escola, por eles mesmos designada "Teoria pura do direito" ou "Escola de teoria do direito de Viena", a palavra "normativismo" tornou-se sinônima dessas expressões. Portanto, será principalmente nesse sentido que a empregaremos aqui.

A eclosão e o desenvolvimento do normativismo estão estreitamente ligados à história geral da Áustria e à biografia de seu fundador. O normativismo apareceu e desenvolveu-se no meio cultural vienense dos primeiros anos do século XX. No plano filosófico, sofreu influências do neokantismo e do empirismo lógico; no plano da teoria do direito, a influência da escola do direito público alemão de orientação positivista, principalmente de Laband e de Jellinek. Hans Kelsen nasceu em Praga em 1881, mas passou a infância e a juventude em Viena. Estudou em Viena, com uma passagem por Heidelberg, onde assistiu às aulas de Jellinek e de Max Weber. Foi também na Faculdade de Direito de Viena que ensinou de 1911 a 1929. Simpatizante do Partido Social-Democrata, depois da Primeira Guerra Mundial e da desagregação do Império Austro-Húngaro, ele dirigiu um comitê encarregado de preparar a constituição da nova Áustria. Essa constituição voltou a vigorar depois da Segunda Guerra Mundial, e Kelsen hoje é homenageado como "o pai da constituição". Esse texto continha uma particularidade: era a primeira constituição escrita instituída por uma corte expressamente encarregada de controlar a constitucionalidade das leis.

Nomeado membro vitalício dessa corte, Kelsen tornou-se muito impopular junto à direita cristã, em decorrência de uma decisão, tomada com base em relatório seu, que validava uma lei regional que autorizava o novo casamento dos divorciados católicos. A direita organizou manifestações violentas e em 1929 conseguiu levar a votação uma revisão da constituição que permitia revogá-la. Ele então pede demissão da Universidade e aceita uma cátedra em Colônia, onde ensinará até a ascensão dos nazistas em 1933. Passa então alguns anos no Institut des hautes études internationales de Genebra e depois aceita dar aulas na Universidade Alemã de Praga. Durante a guerra, emigra para os Estados Unidos. Apesar da opinião de Roscoe Pound, que o considera o maior jurista de seu tempo, sua influência naquele país será muito pequena. Em compensação, ele será fortemente marcado pela doutrina realista americana. Morreu em 1981 na Califórnia, em Berkeley, onde ensinara até se aposentar. Sua obra é imensa e foi escrita durante um longo período – continuou escrevendo até o fim da vida; portanto, traz as marcas da evolução de um pensamento e contém ambiguidades ou mesmo contradições. Por outro lado, o normativismo não se reduz a Kelsen; aliás, raros são os seus continuadores que aderem a todas as suas teses. Contudo, como aqui é impossível tratar dos problemas complexos de interpretação dessa doutrina, nossa apresentação consistirá numa reconstrução, ou seja, numa apresentação coerente, mas consideravelmente simplificada, dos principais escritos do próprio Kelsen. Por outro lado, seus trabalhos tratam das questões mais diversas, desde a teoria geral do direito até a filosofia política, passando pela filosofia das ciências e pela filosofia moral. No entanto, embora as teses por ele defendidas nesses diferentes campos não deixem de ter inter-relações, o termo "normativismo" em geral não se refere à teoria política ou à teoria geral do Estado, mas principalmente à epistemologia jurídica e à teoria geral do direito. Por isso, aqui nos limitaremos a esses dois aspectos.

Epistemologia

A epistemologia de Kelsen é positivista. Trata-se, pois, de uma metateoria prescritiva, ou seja, de uma teoria que não se limita a descrever a maneira como é praticada efetivamente a ciência do direito, mas que lhe prescreve a adoção de certa atitude e de certos métodos: a ciência do direito deve adotar uma atitude puramente descritiva. Apesar das aparências, não há contradição entre a ideia de que uma ciência deve ser descritiva e a atitude de uma epistemologia que se confessa prescritiva. As duas ideias são expressas em níveis diferentes de linguagem, e a prescrição enunciada no nível epistemológico ou metateórico na realidade é apenas uma definição da ciência: se na prática os juristas empregam métodos bem diversos, os métodos prescritos pela epistemologia positivista são os que devem ser empregados pela ciência do direito para que esta possa ser considerada ciência, do mesmo modo que as ciências da natureza.

Distinção entre a ciência do direito e seu objeto. – O intuito de limitar a ciência do direito à descrição implica, em primeiro lugar, uma distinção entre ciência e seu objeto, portanto entre ciência do direito e direito. Assim como a física descreve a matéria, mas não a produz, a ciência do direito não produz o direito, mas o descreve. No entanto, a distinção entre direito e ciência do direito vai além dessa simples distinção, pois o direito não é um objeto semelhante ao das ciências da natureza. Não é um objeto empírico, e é preciso defini-lo de tal maneira que ele possa ser descrito. Essa definição implica um importante trabalho de construção. As diversas escolas do direito natural afirmam descobrir o direito na natureza. Os positivistas denunciam essa pretensão, que eles declaram ser um sofisma. Sua própria atitude baseia-se na afirmação de uma distinção radical entre ser (*Sein*) e dever-ser (*Sollen*).

Segundo essa distinção, apresentada por Kelsen como uma verdade evidente, uma coisa é afirmar que algo é, outra coisa, bem diferente, é afirmar que algo deve ser, pois se sabe muito bem que tudo o que deve ser não é, e tudo o que é não é conforme ao que deve ser. Do mesmo modo, de uma proposição relativa ao ser (por conseguinte, descritiva) não se pode inferir uma prescrição (que enuncia o que deve ser). Por exemplo, da proposição "todos os homens mentem" não se pode inferir que os homens devem mentir, nem que eles não devem mentir. Essa distinção tem mais um alcance: as proposições, mas não as prescrições, são logicamente passíveis de ser verdadeiras ou falsas. Segue-se que o conhecimento da natureza só pode redundar na formulação das proposições, mas nunca das prescrições, e, por outro lado, a ciência, que conduz a proposições, não possibilita inferir prescrições, que constituiriam o direito. Mas o dever-ser também não pode ser conhecido diretamente, porque não possui nenhuma existência objetiva. É apenas desejado pelos homens, de tal modo que as prescrições por meio das quais eles o enunciam são expressão de suas preferências, ou seja, de suas paixões e suas emoções. Por esse motivo, o objeto da ciência do direito só pode ser o direito que existe objetivamente, o direito positivo, o direito posto pelos homens por meio de enunciados prescritivos. No entanto, não se pode definir o direito positivo como o conjunto dessas prescrições, porque certas manifestações de vontade só significam que outros homens devem comportar-se de certo modo do ponto de vista subjetivo de seus autores. Só serão consideradas as que tenham também esse significado de um ponto de vista objetivo, porque não são apenas os seus autores que desejam a ocorrência de certo comportamento, mas também o direito positivo. Quando um enunciado significa objetivamente, do ponto de vista do direito positivo, que um comportamento deve ocorrer, costuma-se dizer que ele tem o significado de norma ou que é uma norma. Ele tem esse significado quando é prescrito por outra norma. Assim, um decreto tem o significado de norma porque sua formulação foi prescrita por uma lei, e esta é uma norma porque foi autorizada pela constituição. Diz-se também que uma norma é válida ou que é obrigatória, do ponto de vista de uma norma superior. Quando se pergunta por que a constituição é norma, a *Teoria pura do direito* responde com a tese da norma fundamental.

Segundo Kelsen, para que a constituição possa ser considerada norma, é preciso pressupor, acima dela, uma norma chamada de fundamental, pois ela fundamenta a validade da constituição. Foram frequentes os mal-entendidos sobre essa tese. A norma fundamental não é uma norma como as outras. Ela não faz parte do direito positivo, pois não foi posta, mas apenas "suposta" pelos juristas. Não se trata propriamente de uma hipótese científica, pois se sabe que tal norma não existe. É apenas necessário pressupô-la para considerar qualquer ato jurídico como direito. Um ato qualquer, um contrato ou uma lei municipal, só pode ser considerado juridicamente válido quando baseado numa norma superior, a lei que, por sua vez, está fundamentada na constituição. Ora, apenas uma norma pode fundamentar a validade de outra norma. Essa é a razão pela qual se deve supor que a constituição é uma norma válida, caso contrário a própria lei não poderia ser considerada uma norma válida, muito menos as normas ditadas em aplicação da lei. Portanto, na realidade, pressupõem a norma fundamental todos aqueles que decidem considerar certos atos do ponto de vista da ciência jurídica, dizendo que são atos de direito, e Kelsen pode afirmar que apenas está evidenciando aquilo que é feito por todos os juristas, mas sem consciência. À distinção entre direito e ciência do direito corresponde uma distinção entre as normas jurídicas, que constituem o objeto da ciência, e as proposições de direito, que podem ser verdadeiras ou falsas, por meio das quais a ciência as descreve. Portanto, não se deve confundir a norma "os ladrões devem ser punidos com a prisão" – que é o significado de um enunciado emanado do legislador, não podendo ser verdadeira nem falsa – com a proposição de direito, enunciada por um indivíduo qualquer, um advogado ou um professor de direito, que tenha a mesma forma, "os ladrões devem ser punidos com a prisão". A primeira é a manifestação da vontade do legislador de que os ladrões sejam punidos com a prisão. Ao contrário, o professor de direito não manifesta nenhuma vontade. Ele pode até desejar, pessoalmente, que os ladrões não sejam punidos com a prisão, mas limita-se a descrever a norma formulada pelo legislador, e sua proposição pode ser lida da seguinte maneira: "segundo o direito positivo francês, os ladrões devem ser punidos com a prisão"; ou então: "existe no direito positivo francês uma norma que prescreve que os ladrões sejam punidos com a prisão". Ela só será verdadeira se o direito positivo francês realmente comportar tal norma, ou seja, se for verdade que a manifestação de vontade do legislador, segundo o direito positivo, tem o significado objetivo de uma norma.

Durante o tempo que passou nos Estados Unidos, Kelsen modificou radicalmente sua concepção sobre a ciência do direito e, por conseguinte, sua concepção sobre a natureza das normas descritas por essa ciência. Segundo a concepção inicial, a ciência do direito deve descrever um dever-ser objetivo, constituído por normas. Estas não podem ser produzidas pela vontade humana. O primeiro Kelsen separa-se, pois, de uma tradição positivista, que remonta a John Austin, e seus argumentos são semelhantes aos que ele emprega contra a posição jusnaturalista, que vê o direito como um elemento da natureza: há um abismo entre o ser e o dever-ser, e, como uma prescrição não pode ser inferida de uma proposição, o direito, que é um dever-ser, não pode sair do fato, portanto nem da natureza nem da vontade. Na realidade, quando uma norma parece ter sido produzida pela vontade humana, isso ocorre apenas porque essa produção foi prescrita ou autorizada por uma norma superior. Assim, o que faz da lei uma norma jurídica não é a vontade da maioria do Parlamento, mas a constituição, que prescreve que a vontade da maioria do Parlamento seja lei. Portanto, só o direito produz direito. A vontade do Parlamento não é nem fonte nem fundamento da lei, mas apenas a condição prescrita pela constituição para que alguma coisa seja lei. Em outros termos, a norma não é produzida pela vontade; ela é apenas o significado de um ato de vontade prescrito pelo direito. Ela não é um fato empírico, mas pura entidade ideal.

No entanto, essa concepção da ciência apresentava um grave inconveniente. Não possibilitava determinar um processo de validação das proposições de direito, por falta de uma realidade empírica com a qual elas pudessem ser comparadas. Kelsen, portanto, aderiu a uma concepção empiricista da ciência e admitiu que as normas são fatos empíricos, expressão de vontades humanas. Essa mudança provocou consequências muito importantes no plano da teoria do direito, especialmente no que se refere à estrutura do sistema jurídico, ao papel da lógica no direito e à questão da interpretação. No entanto, a ciência do direito difere das ciências empíricas numa característica essencial. As ciências empíricas têm por objeto fatos ligados por relações causais. Portanto, elas descrevem seu objeto por meio do princípio de causalidade. A ciência do direito tem por objeto normas que, seja qual for a maneira como as concebemos, não estão interligadas por relações causais, mas por relações de imputação. Assim, a constituição não é a causa da lei, mas o fundamento de sua validade. A ciência do direito deve, pois, descrever seu objeto por meio de um princípio diferente do princípio de causalidade: o princípio de imputação.

Pureza. – Como só pode formular proposições ou juízos de fato, a ciência deve abster-se de enunciar não só normas e prescrições, mas também juízos de valor. A prescrição metodológica de abster-se de todo e qualquer juízo de valor corresponde ao ideal da pureza, formulado no título da obra mais famosa de Hans Kelsen, *Teoria pura do direito.* É esse mesmo ideal, a *Wertfreiheit*, que fundamenta a epistemologia da sociologia de Max Weber. Cabe ressaltar que no título de Kelsen o adjetivo não se refere ao direito, mas somente à teoria. O direito não é nada puro. Expressa a vontade, ou seja, a ideologia, as preferências, as paixões daqueles que têm o poder de enunciá-lo. O ideal de pureza é a forma dada pelo normativismo a um dos aspectos da distinção entre direito e moral, com a qual se caracteriza geralmente o positivismo jurídico. Essa distinção significa que uma ciência do direito descreve o direito tal qual ele é, e não como deveria ser, e que alguma coisa pode ser descrita como direito, independentemente da conformidade de seu conteúdo ao conteúdo de uma moral qualquer. Por esse motivo, pode haver normas jurídicas consideradas imorais, mas identificadas como parte do direito positivo. Inversamente, o fato de a ciência do direito descrever uma norma como parte do direito positivo é apenas uma proposição, e não um juízo de valor, e não significa que essas normas estão em conformidade com a moral.

Objeta-se às vezes que as normas jurídicas são obrigatórias, de tal modo que afirmar que um enunciado do tipo: "existe uma norma do direito nazista que ordena *p*" seria sinônimo de "*p* é obrigatório". Essa objeção deve ser descartada, pois as normas não são obrigatórias de modo absoluto ou moral, mas apenas em relação a uma norma superior, e pode-se perfeitamente admitir, ao mesmo tempo, que a norma nazista é obrigatória do ponto de vista de outra norma do direito nazista, que ela existe no direito nazista, que, segundo o direito nazista, é preciso comportar-se assim, mas que, do ponto de vista da moral, o direito nazista não é obrigatório e deve mesmo ser destruído. No entanto, esse juízo moral só pode ser formulado do ponto de vista da moral e, em nenhum caso, do ponto de vista de uma ciência do direito. A ideia de que a ciência do direito não poderia produzir prescrições ou normas às vezes é contestada com um argumento extraído das ciências da natureza. Estas enunciam proposições e parecem delas extrair normas. Da lei física "a água ferve a 100°" pode-se inferir que "para ferver a água devemos aquecê-la a 100°". No entanto, tal norma técnica não é uma verdadeira norma, mas uma proposição. Isto porque pode ser verdadeira ou falsa; aliás, deveria ser considerada falsa se ocorresse um único caso no qual a água aquecida a 100° não entrasse em ebulição. Ao contrário, a violação de uma norma não afeta em nada a sua validade. Portanto, pode-se considerar que o critério de distinção entre norma e proposição é a aptidão para ser violada.

A ciência do direito não deve apenas ser isenta de juízos de valor e estar separada da moral, mas também deve estar separada das outras ciências sociais, especialmente da sociologia. Isso decorre, acima de tudo, da especificidade de seu objeto. Ela descreve normas, ou seja, o que, segundo o direito positivo, deve ser. Ao contrário, as ciências sociais descrevem o que é. Assim, a ciência do direito da família descreve as normas relativas ao casamento, mas é indiferente aos fatos pelos quais a sociologia se interessa, tais como o número de uniões, a idade para o casamento ou a escolha do regime matrimonial, porque esses fatos não exercem nenhuma influência sobre a validade das normas, de tal modo que o conhecimento desses fatos não pode produzir efeitos sobre a verdade das proposições de direito.

Teoria do direito

A teoria normativista do direito difere das teorias anteriores por três ideias principais: o direito é um conjunto de normas, essas normas constituem uma ordem ou sistema hierarquizado e toda criação também é aplicação do direito, e vice-versa.

Normas. – Essa ideia também comporta vários aspectos. O primeiro é a abolição de todas as distinções antes feitas pela doutrina jurídica entre tipos de atos, por exemplo, entre direito objetivo e direitos subjetivos ou entre regras e atos. A partir daí, considera-se que uma norma é o significado prescritivo de um ato humano, e entre uma lei, a sentença proferida por um tribunal, um testamento ou um contrato não há nenhuma diferença: todos são normas. A norma, portanto, aparece como a única unidade elementar do direito. Contudo – e este segundo aspecto marca uma inovação maior ainda –, a norma não pode ser definida isoladamente, de modo que o próprio direito não pode ser definido como uma coleção de normas jurídicas. Pode-se demonstrar a impossibilidade de definir a norma jurídica de modo isolado considerando algumas das definições mais correntes. Deve-se observar, antes de mais nada, que é impossível definir a norma jurídica por seu conteúdo, porque ela pode receber qualquer conteúdo, e este pode ser idêntico ao conteúdo de uma norma moral, religiosa ou social. Define-se então frequentemente a norma como um comando, e é verdade que podem ser assim analisadas as proibições, que são comandos de não se fazer alguma coisa, e mesmo as permissões, que são comandos para não se ordenar nem proibir uma conduta. Mas é preciso poder distinguir o comando juridicamente obrigatório daquele que não o é, e nada possibilita chegar a isso, a não ser que se ressalte que certos comandos foram emitidos em conformidade com uma norma jurídica superior. Do mesmo modo, é frequente definir-se a norma jurídica pela existência de uma sanção, de tal modo que John Austin podia caracterizar a regra de direito como um comando acompanhado de uma ameaça. A principal crítica contra essa definição foi formulada por Hart: nada permite distinguir a regra jurídica do comando dado pelo ladrão: "a bolsa ou a vida". Portanto, é preciso que a norma que prescreve a sanção tenha sido posta por outra norma jurídica. Assim, a norma jurídica não é definida por suas características próprias, mas apenas por sua relação com uma norma superior. Mas essa outra norma deve ser, por sua vez, uma norma jurídica, que será definida do mesmo modo por sua relação com uma norma ainda superior, em outras palavras, pelo fato de pertencer a um sistema. A norma, pois, é o átomo da ordem jurídica, e esta não é definida pelos elementos que contém, mas, ao contrário, é ela que define esses elementos, ao passo que a norma se define pelo sistema normativo ao qual pertence: uma norma jurídica é a norma que pertence ao sistema jurídico, assim como uma norma moral é a norma que pertence ao sistema da moral.

Mas o problema da definição foi apenas deslocado. Se a norma jurídica é definida pelo fato de pertencer ao sistema jurídico, ou seja, ao direito, ainda é preciso definir o sistema jurídico de tal maneira que ele possa ser distinguido dos outros sistemas normativos, como a moral ou a religião, sendo então possível distinguir do mesmo modo a norma jurídica da norma moral. Nesse ponto, a resposta de Kelsen é aparentemente bem clássica: o direito é um sistema imanente de coerção. Em outros termos, é um sistema de prescrições garantidas pelo recurso último à coerção física, ao contrário da moral ou da religião, que são garantidas por uma coerção transcendente. No entanto, essa definição não equivale à velha teoria da sanção, porque se refere ao sistema em seu conjunto, e não às normas particulares que o compõem. Assim, não é necessário que cada norma seja acompanhada por uma sanção. Kelsen acrescenta dois elementos: em primeiro lugar, o direito tem o monopólio da coerção, no sentido de que não há ato de coerção que não seja ordenado por uma norma jurídica ou que não seja a violação de uma norma; em segundo lugar, o direito é uma ordem eficaz. Esse segundo elemento é necessário se quisermos distinguir o direito de um sistema normativo de um governo no exílio ou imaginado pelos internos de um asilo psiquiátrico. Isso não significa que cada norma deva ser eficaz – ao contrário, vimos que ela não deixa de ser válida se não é aplicada; é o sistema que deve ser eficaz de modo global e de maneira geral. Essa definição coincide com a definição de Max Weber para o Estado – "empresa que reivindica com sucesso o monopólio da coerção física legítima" – e justifica que Kelsen identifique pura e simplesmente direito e Estado, dizendo que se trata de dois nomes para designar um único e mesmo fenômeno.

Estrutura da ordem jurídica. – Uma prescrição é uma norma jurídica; é válida em razão de sua conformidade com uma norma superior. Portanto, o sistema é hierarquizado. Mas essa hierarquia pode ser analisada de dois pontos de vista: estático e dinâmico. Do ponto de vista estático, uma norma será válida se seu conteúdo estiver em conformidade com o conteúdo da norma superior. Assim, a sentença que ordena que X pague uma multa de 15 por uma infração ao Código de Trânsito será válida se este Código ordenar realmente uma multa para todos aqueles que cometam o mesmo tipo de infração. Do ponto de vista dinâmico, ela será válida, qualquer que seja seu conteúdo, se for enunciada pela autoridade competente, em conformidade com o procedimento prescrito. Depois de sua adesão à concepção das normas como expressão de vontades humanas, Kelsen defendeu que o sistema jurídico é principalmente dinâmico, porque uma norma posta por uma autoridade competente deve ser considerada válida e aplicada, mesmo que seu conteúdo seja contrário ao da norma superior, isso enquanto ela não for anulada por outra autoridade competente, em conformidade com o procedimento prescrito para a anulação. Por isso não pode haver normas nulas, mas apenas normas anuláveis. Daí resulta uma consequência importante: é que o direito não é regido pela lógica. Por um lado, as relações lógicas só existem entre proposições, e não entre fatos. Ora, se as normas são apenas expressões de vontades, são fatos. Por outro lado, a validade de uma norma depende apenas do procedimento aplicado e continua válida mesmo que seu conteúdo não tenha sido deduzido do conteúdo da norma superior em conformidade com as regras da lógica.

Do fato de o direito formar um sistema segue-se que ele tem todas as características de um sistema, em especial a de ser completo e coerente, ou seja, a de não comportar lacunas, antinomias ou contradições entre normas. A completude resulta simplesmente das regras de procedimento aplicáveis pelos tribunais: se um ato não for proibido pelo direito, e se alguém pleitear na justiça a condenação daquele que o cometeu, o tribunal só poderá indeferir o pedido. Portanto, no sistema há uma norma implícita, segundo a qual o que não é proibido é permitido. A ausência de antinomias resulta, acima de tudo, do fato de que uma contradição é uma relação lógica tal que, se uma proposição for verdadeira, a outra será necessariamente falsa. Ora, as normas não são passíveis de ser verdadeiras ou falsas. Portanto, não é possível descobrir contradição autêntica entre elas. Podem apenas ocorrer situações nas quais seja materialmente impossível aplicar duas normas, como, por exemplo, "*p* é obrigatório sob pena de multa" e "*p* é proibido sob pena de multa". Nesse caso, cabe considerar a existência de uma norma que impõe o pagamento de uma multa, seja qual for a conduta adotada.

Rejeição da distinção entre criação e aplicação do direito. – A teoria tradicional faz uma distinção entre criação e aplicação do direito. Do ponto de vista normativista, tal distinção deve ser abandonada, porque uma norma só pode ser criada em conformidade com uma norma superior, e a aplicação de uma norma – por exemplo, a constituição – só pode ser feita por meio de outra norma – por exemplo, uma lei, a nomeação de um Primeiro-Ministro ou a dissolução de uma assembleia parlamentar. Todo ato, portanto, é ao mesmo tempo criação e aplicação do direito. Mas a distinção também pode ser contestada em outro plano, no da teoria da interpretação: toda aplicação é não só criação de uma norma inferior, mas também recriação da norma superior. As conclusões às quais Kelsen chegou sob influência do realismo americano têm um caráter revolucionário em relação à doutrina europeia tradicional. Em primeiro lugar, ele afirma que todo texto deve ser interpretado, por apresentar sempre certo caráter de indeterminação voluntária ou involuntária e por não comportar um significado único, mas uma pluralidade de significados. Portanto, é necessário proceder à interpretação em toda aplicação do direito, e esta tarefa é não apenas dos juízes, como se costuma acreditar, mas de todos aqueles que devem aplicar as normas jurídicas. Por outro lado, Kelsen opõe interpretação científica e interpretação autêntica. A primeira é dada por um particular sem função oficial e consiste em buscar o maior número possível dos significados de um texto. Ela é função do conhecimento e dos resultados aos quais chega, não tem nenhum efeito jurídico, pois se trata apenas de descrições. Ao contrário, interpretação autêntica é a emanada de uma autoridade oficial. É ela que, por obra do sistema jurídico, produz efeitos de direito e consiste na escolha de um significado que se imporá. A interpretação autêntica não é uma descrição do sentido, mas uma prescrição, ou seja, a manifestação da vontade do intérprete de dar determinado sentido a um texto.

➤ Obras de Hans KELSEN: *La Démocratie, sa nature, sa valeur*, trad. fr. Ch. Eisenmann da 2ª ed. alemã de 1929, Paris, Sirey, 1932; 2ª ed. fr., apresentação de M. Troper, Paris, Economica, 1988; *La giustizia costituzionale*, org. de A. La Pergola, Milão, Giuffrè, 1981 (coletânea de artigos); *General Theory of Law and State*, Nova York, NY, Russell & Russell, 1945, reed. 1961, trad. fr. *Théorie générale du droit et de l'État*, apresentação de S. Paulson, Paris, LGDJ, 1997; *Théorie pure du droit*, 2ª ed. alemã 1960, trad. fr. Ch. Eisenmann, 1962, reed. Paris, LGDJ, 1999; *Allgemeine Theorie der Normen*, Viena, Manzsche Verlag, 1979, trad. fr. O. Beaud, *Théorie générale des normes*, Paris, PUF, 1996; "Was ist die Reine Rechtslehre?", *Festschrift für Zaccharia Giacometti*, 1953, pp. 143-61; trad. fr. Ph. Coppens, "Qu'est-ce que la théorie pure du droit?", *Droit et Société*, 1992, nº 22, pp. 551 ss.

Alguns trabalhos sobre o pensamento de Hans Kelsen: BOBBIO N., *Diritto e Potere*, Saggi su Kelsen, Nápoles, Edizioni Scientifiche Italiane, 1992. – HERRERA C.-M., *Théorie juridique et politique chez Hans Kelsen*, Paris, Kimé, 1997. – PAULSON St. & LITSCHEWSKI PAULSON B. (org.), *Normativity and Norms*, Critical Perspectives on Kelsenian Themes, Oxford, Clarendon Press, 1998. – TROPER M., *Pour une théorie juridique de l'État*, Paris, PUF, 1994. – VAN DE KERCHOVE M., *L'influence de Kelsen sur les théories du droit dans l'Europe francophone*, em H. Kelsen, trad. fr. da 1ª ed. (1934) da *Théorie pure du droit*, Thévenaz, 2ª ed., Neuchatel, Éditions de la Baconnière, 1988, pp. 225 ss.

Michel TROPER

→ Hierarquia das normas; Norma; Ordem jurídica; Positivismo; Realismo.

NOTÁRIOS

A principal função dos notários é garantir a força probatória dos documentos recebidos em forma de minuta, aos quais eles conferem valor autêntico. Mas o poder que lhes foi dado pelo poder público é acompanhado por outras funções não menos essenciais: em primeiro lugar, aconselhar as partes no momento de preparar o instrumento que deverá ser lavrado; em segundo lugar, garantir a conservação do instrumento de forma definitiva. Ora, o dever de aconselhar leva o notário a tentar conciliar os desideratos das partes e os termos do direito normativo; dessa maneira, a prática notarial exerce uma influência indubitável sobre a evolução do sistema jurídico.

Origens do poder de autenticar e elos com a justiça

Oferecer auxílio e conselho às partes para lavrar atos e garantir sua conservação são funções antiquíssimas que as antigas sociedades já conheciam. Mas na França o atual sistema de autenticação remonta à introdução do notariado público na Idade Média. Foi em meados do século XII, época do grande ressurgimento das fontes romanas do direito compilado durante o império de Justiniano no século VI d.C., que o notariado público, vindo da Itália, introduziu-se em Languedoc pelo litoral mediterrâneo e espalhou-se pela metade sul do reino, que constituía então (até um limite muito sinuoso que ia *grosso modo* de La Rochelle a Genebra) as regiões de direito escrito (referência ao direito romano), em oposição às regiões de costumagens (em princípio orais), ao Norte. Até aí a autenticação de um instrumento só podia decorrer da aposição do selo de uma alta personalidade ou de uma jurisdição. Era o que ocorria sobretudo com o quirógrafo das cidades do Norte, ato lavrado por um tabelião e apresentado no cartório da jurisdição para a sigilação; a colocação do selo ocorria como se, de antemão, se esvaziasse de maneira positiva perante o juiz qualquer eventual litígio acerca da autenticidade do instrumento, e o selo constituía sua prova. A novidade do sistema do notariado consistia na simplificação e na comodidade; baseava-se no princípio da autenticação pela mão do notário redator do instrumento em virtude da autoridade conferida à sua assinatura pelo poder público. Os notários eram nomeados pelo rei, por senhores feudais no âmbito de sua justiça ou por autoridades eclesiásticas; quando de sua instituição, os notários deviam depositar no cartório da jurisdição o modelo de suas assinaturas (firma manual), às quais se esforçavam por dar características distintivas por meio de entrelaçados complicados que às vezes constituíam um verdadeiro desenho. Nos dois casos – sigilação pela jurisdição ou assinatura do notário –, a autenticação era apenas relativa na Idade Média, uma vez que era possível contestar o conteúdo do ato por via civil, apresentando prova testemunhal contrária. Mas, a partir do século XVI, isso deixou de ser admitido, e passou a ser permitida apenas a abertura de processo penal excepcional em caso de acusação do notário por falsificação; a autenticação era então completa.

Com base nesse fundamento, o notariado e o tabelionato – pois ambos tinham como função primordial a autenticação dos documentos – desde a origem eram prolongamentos do poder de justiça do poder público. A monarquia sem dúvida não viu imediatamente a importância da vantagem técnica do notariado e tentou, no fim do século XIII, restabelecer no Sul – para os contratos, em concorrência com o notariado público – a antiga técnica das regiões de costumagens, que consistia na sigilação no cartório de uma jurisdição porque, entre outras coisas, esse procedimento garantia lucros fiscais. Ora, não só essa tentativa malogrou como também a simplicidade e a eficácia do notariado público se impuseram *de facto* em todo o reino já no século XVI. Nessa época o tabelião, embora em princípio permanecesse sob a autoridade direta da jurisdição da qual dependia, mesmo não lhe sendo formalmente conferido o poder de autenticação, recebia do juiz uma delegação permanente de assinatura para os atos que redigia. Tratava-se então da imagem de um notário público, diferenciado a partir de então por essa sutil diferença de estatuto. Seu papel de conselheiro jurídico e de construtor do documento, prolongado pela autenticação em virtude da delegação de assinatura, tornava-se assim semelhante ao do notário público, mas a unificação do estatuto dos tabeliães e dos notários públicos só ocorreu na Justiça em termos formais durante a Revolução, em virtude do Decreto de 29 de setembro e 6 de outubro de 1791.

Notários do Antigo Regime

Durante séculos, especialmente na Idade Média, os notários eram muito numerosos, mesmo em aldeias, e alguns, para sobreviver, precisavam exercer um segundo ofício que às vezes nada tinha de jurídico. Ademais, eram numerosas as queixas a seu respeito, pois nem sempre eles tinham formação suficiente para o exercício do notariado; frequentemente o poder público concedia investiduras com excessiva facilidade. Os autores de formulários para o notariado – especialmente os professores da escola de notariado de Bolonha, no século XIII, cujas obras eram divulgadas por toda a Europa – sentiam a necessidade de insistir tanto nos conhecimentos jurídicos necessários quanto na ética que deveria orientar os notários. Em geral, a formação do notário era feita nos termos de um contrato de aprendizagem de dois ou três anos, tal como nos outros ofícios, mas a questão era da alçada privada e, diante dos resultados incertos desse sistema, os candidatos logo foram submetidos a condições de acesso mais precisas. Retomando uma tradição muito antiga, o poder público logo instaurou – já no fim do século XIII – um exame profissional, ainda que tal prova fosse relativamente fácil. As comunidades ou companhias de notários esforçaram-se por impor condições semelhantes de moralidade e competência; ao exame profissional somaram a exigência de um *estágio* num cartório como complemento do aprendizado habitual. Assim, pouco a pouco, o recrutamento foi melhorando, e a introdução da venalidade dos ofícios do notariado no século XVI também contribuiu para aumentar o rigor das condições de acesso. Às vésperas da Revolução essas condições eram múltiplas: diziam respeito à idade, à moralidade e até à religião, ao lado das condições estritamente técnicas de aptidão para a função. As comunidades de notários haviam progressivamente prolongado a duração do estágio e também exigiam que pelo menos uma parte desse estágio fosse feita na qualidade de *principal* ou de *primeiro escrevente.* O estatuto da profissão tornou-se mais preciso no século XVI com a venalidade dos ofícios, que atingiu a maior parte da administração monárquica e se estendeu também para os notários e tabeliães. Os juristas analisavam o sistema de venalidade para salvaguardar os interesses do poder público e distinguiam minuciosamente no ofício o *título*, que era uma parte do Estado e estava excluído do comércio, e a *finança*, que era o direito de apresentar um sucessor, direito que o titular do ofício podia transmitir contra um pagamento em dinheiro, tal como o havia adquirido; o ofício fazia parte de seu patrimônio. No fim do Antigo Regime, notários e tabeliães, portanto, eram titulares de ofícios venais conferidos pela realeza. A venalidade dos ofícios foi abolida por princípio na Revolução, e os notários, tornando-se funcionários públicos, passaram a ser recrutados com base em concurso, na expectativa de melhorar a qualidade do corpo e dar mais garantias às partes. Mas esse sistema, por diversas razões, entre as quais a mediocridade de sua implantação, logo foi abandonado, e a Lei de 25 de ventoso do ano XI voltou à antiga tradição de recrutamento e restabeleceu a venalidade dos ofícios. Assim, na França hoje os notários são pessoas investidas de ofícios ministeriais no âmbito judiciário, nomeadas pelo guarda-selos.

Lei de 25 de ventoso do ano XI (16 de março de 1803)

A reorganização napoleônica por meio da Lei de ventoso do ano XI referente à organização do notariado marcou uma guinada importante na história da instituição. Retomando e organizando o essencial do direito do Antigo Regime, essa lei, que constituiu a magna carta da profissão, definia de maneira precisa e completa o notariado (art. 1º): "Os notários são pessoas investidas de um ofício público, com a função de receber todos os instrumentos e contratos aos quais as partes precisem ou queiram conferir o caráter de autenticidade vinculado aos documentos de autoridade pública, bem como com a função de garantir sua datação, conservar seu arquivo, apresentar traslados e cópias autênticas." Essa definição continua atual: foi retomada palavra por palavra pelo Regulamento de 2 de novembro de 1945 e constitui a base da legislação em vigor. A lei de ventoso lançava as bases da autenticação: "Todos os documentos notariais darão fé em justiça e serão executivos em todo o território da República." Somente a falsidade podia ser invocada contra eles. As condições tradicionais da forma dos atos eram retomadas e ganhavam maior precisão. Eles deviam ser escritos "num único e mesmo contexto, ser legíveis, não conter abreviações, brancos, lacunas ou intervalos". No corpo do texto não devia haver "sobrecarga, entrelinha nem acréscimos", e as remissões e apostilas deviam ser feitas à margem e rubricadas. Os instrumentos deviam conter, rigorosamente, os dados pessoais das partes e ser assinados ao mesmo tempo por elas, pelas testemunhas e pelos notários. Cada notário precisava ter um "timbre ou selo particular que contivesse seu nome, qualificação e residência e, de acordo com um modelo uniforme, o símbolo da República francesa". Os notários eram obrigados a guardar a minuta de todos os instrumentos que recebessem e tinham o encargo de garantir sua conservação; só podiam desfazer-se delas nos casos previstos pela lei ou em virtude de uma sentença. Para os atos que recebiam, os notários eram os únicos habilitados a expedir *cópias autênticas* e *traslados* (cópias com a *fórmula executiva* que contêm a ordem dada pelo dirigente da nação aos agentes da força pública para a execução do ato ou para a colaboração nessa execução). Mas essa expedição era reservada, salvo ordem judicial, às partes interessadas no ato, para preservar o segredo que lhes era devido. Os notários eram nomeados pelo Primeiro-Cônsul e recebiam uma patente que enunciava o lugar fixo de sua atividade; em audiência do tribunal da jurisdição eles prestavam "o juramento que a lei exige de todo funcionário público, bem como de cumprir (suas) funções com exatidão e probidade". Desse ponto de vista, a lei esboçava a ética profissional fixando uma lista de funções incompatíveis com o notariado e especificando os elos com o notário (parentesco, aliança ou serviço) que vedavam aos interessados a participação na lavratura dos atos na qualidade de testemunhas. Os notários não estavam adstritos à patente, mas deviam pagar uma caução fixada pelo governo e especialmente imputada à garantia das condenações pronunciadas contra eles por fatos decorrentes do exercício de suas funções. As antigas comunidades de notários eram substituídas por *Câmaras disciplinares* para a polícia interna do notariado e, em caso de violações, eram previstas sanções que chegavam à destituição. Por fim, a lei de ventoso preocupava-se também com a formação dos futuros notários, mas não inovava em relação à tradição, pois para o acesso à profissão, afora o gozo dos direitos de cidadão e de uma idade mínima (25 anos), exigia apenas um período de trabalho ou estágio num cartório, em princípio de seis anos completos e ininterruptos, dos quais os dois últimos pelo menos na qualidade de primeiro escrevente; mesmo esse princípio era muito atenuado por um sistema complexo de dispensas maiores ou menores.

Fundamentos da organização atual

Há dois séculos, sobretudo na segunda metade do século XX, o notariado transformou-se profundamente em função da ampliação cada vez mais rápida das relações econômicas, da evolução considerável da sociedade e da complexidade crescente do sistema jurídico. Em primeiro lugar, a herança do Antigo Regime mantinha ainda uma superabundância de ofícios, enquanto a distribuição da população pelo território evoluía consideravelmente. A partir da época napoleônica, esse número foi muito reduzido; além do mais, a distribuição no território foi corrigida em função do movimento, aliás recente, de urbanização. Os ofícios são atualmente submetidos a um *numerus clausus*, e a implantação é gerida pelo ministro da Justiça. Em compensação, com características liberais, é possível que vários notários se associem dentro de um mesmo ofício. Em segundo lugar, as condições da formação do notariado e do acesso à profissão passaram, desde o Primeiro Império, por lenta mas profunda transformação sob o impulso do próprio corpo de profissionais. Ao longo dos séculos XIX e XX uma parte do notariado envidou todos os esforços para melhorar o recrutamento, buscando os melhores meios de preparar os candidatos. Por um lado, uma vez que a lei de ventoso do ano XI mantivera sobretudo a tradição do estágio, numerosas companhias de notários procuraram aumentar a seriedade dos estágios e dos exames. Por outro lado, o século XIX foi marcado pelas discussões que agitaram a profissão sobre a melhor maneira de garantir a formação: uns afirmavam que a aprendizagem era indispensável e perfeitamente suficiente para o ofício, que se aprendia na prática, enquanto outros consideravam também necessário somar um curso teórico adequado à matéria e conjecturavam estabelecer ligações com o ensino nas faculdades de direito. Em meados do século foram bem-sucedidas algumas iniciativas individuais para criar um ensino profissional ao lado do estágio em cartório, bem como as primeiras tentativas de criação de escolas de notariado, em especial de Fontenay le Comte. Esses esforços, aliás apoiados pela magistratura, redundaram no reconhecimento dessas escolas e dos diplomas por elas expedidos, em virtude da Lei de 12 de agosto de 1902, que chegava a esboçar um programa de ensino para o conjunto desses estabelecimentos. Por fim, as reformas de 1973 aumentaram consideravelmente o rigor das condições de acesso ao notariado, reforçando a formação teórica específica paralelamente ao aprendizado em cartório com o estágio num ofício notarial; trata-se essencialmente do estudo num dos Centros de Formação Profissional de Notariado ou, por via universitária, de mestrado e doutorado dedicados ao notariado. Todas essas mudanças só puderam ter sucesso, em terceiro lugar, porque foram acompanhadas pelo fortalecimento das estruturas profissionais do notariado, especialmente a partir de meados do século XX. A ocorrência dos escândalos econômicos durante a Restauração ensejou a elaboração de novas regras de ética, e um Regulamento de 1843 que fortalecia as atribuições das câmaras disciplinares instaurou certo número de proibições aos notários, entre as quais a de especular ou de servir de testa de ferro, dar cauções, aplicar verbas e administrar sociedades financeiras. Do mesmo modo, em 1890, depois de grandes escândalos financeiros aos quais o notariado não escapara completamente, surgiu uma regulamentação que generalizou os métodos de contabilidade que já haviam sido adotados em alguns dos grandes cartórios parisienses e que havia várias décadas alguns notários tentavam difundir na profissão, especialmente por meio de obras de iniciação. Sobretudo a partir de 1840 uma estrutura criada por iniciativa dos notários de Caen se sobrepôs às câmaras disciplinares: o *Comitê dos Notários dos Departamentos.* Era o início de uma representatividade nacional da profissão, e tal comitê desenvolveu atividade constante; especialmente na época da crise do notariado, em parte provocada pelos escândalos financeiros do fim do século XIX, ele se revelou como um órgão de propostas tanto no plano da ética quanto da formação dos candidatos para o notariado, em especial em relação a um ensino específico. Na mesma época, o notariado inaugurava um ciclo de reuniões, os *Congresso dos Notários*, ocorridas anualmente a partir de 1891, com uma interrupção apenas, em torno do segundo conflito mundial. O legislador, por sua vez, intervinha em 1896 para determinar uma tarifação dos atos lavrados pelos notários; em 1902, para rever a questão dos recursos contra os atos dos notários e sobretudo para reconhecer e enquadrar as instituições de ensino do notariado que haviam sido criadas várias décadas antes. Entre as duas guerras, ele substituiu o sistema de cauções, que não havia revelado segurança total, pelo de *garantia coletiva*, aplicada ao reembolso de todos os depósitos feitos junto aos notários no exercício de suas funções; as consequências financeiras dos erros técnicos ficaram fora, e esse campo foi coberto pelo sistema de seguros. A instauração dessa garantia coletiva era confiada a *caixas regionais* subordinadas a uma *caixa central* que servia de organismo regulador. Por fim, o Regulamento de 2 de novembro de 1945 reorganizou profundamente o notariado, enquanto eram criadas estruturas piramidais representativas da profissão. Em escala de departamentos, a *Compa-*

nhia dos Notários, com uma *Câmara Disciplinar*, congrega obrigatoriamente todos os que atuam na circunscrição. A essas companhias se sobrepõem, em cada jurisdição de corte de apelação, um *Conselho Regional dos Notários*, estando esse conjunto subordinado ao *Conselho Superior do Notariado*. Essa organização recebeu um importante complemento com um regulamento nacional do notariado ou *Código de Ética* (Portaria Ministerial de 24 de dezembro de 1979), que determinava especialmente que o notário "assume esse serviço na qualidade de atividade liberal".

Serviço aos clientes e papel criador de direito

A assinatura do instrumento pelas partes e pelo notário é o momento supremo da intervenção notarial. Isto porque, enquanto o instrumento autenticado constitui "a lei das partes", segundo fórmula consagrada, a própria redação, que requer uma tecnologia específica do profissional, é apenas o ponto final de um longo trabalho de preparação. A formulação jurídica da vontade das partes pressupõe toda uma atividade prévia de aconselhamento, ao mesmo tempo indispensável e fundamental. Pois essa atividade ultrapassa o âmbito do caso preciso, tratado por um ato particular: pela repetição e pelo efeito cumulativo resultante, ela contribui para conferir globalmente à atividade notarial um peso indubitável sobre a evolução do sistema jurídico, redundando no papel criador de direito que a doutrina lhe reconhece. Portanto, é preciso considerar esse verdadeiro *serviço* que os notários prestam a seus clientes em toda a sua extensão, pois ele começa já no primeiro contato das partes com o notário, no mínimo para estabelecimento de sua identidade: disso dependerá sua capacidade jurídica, que é indispensável para determinar o teor do ato. Logo depois desse reconhecimento, o profissional começa a tratar do assunto que lhe é submetido; aí tem início a *atividade de aconselhamento* subjacente à redação do instrumento. De fato, essa atividade permanece circunscrita ao segredo do contato pessoal entre o notário e seus clientes, de tal modo que também nesse momento os notários estão na melhor posição para analisá-la. Esse papel é inerente à natureza de sua intervenção; existiu sempre, especialmente a partir do século XVII, e os autores de obras destinadas aos notários lembraram disso constantemente. Segundo eles, o primeiro trabalho do notário é compreender bem os desejos de seus clientes. Os interesses em jogo exigem dele muita circunspecção, pois do ato que redigirá decorrerão os compromissos de seus clientes ("a lei das partes"), sem possibilidade de retificação depois das assinaturas, o que é consequência direta da autenticação. Para ter certeza de que não se enganará em um aspecto ou outro, o notário deverá fazer um verdadeiro inquérito junto às partes, e o método mais simples é repetir, até completo acordo, tudo o que disser respeito à natureza do caso e ao objeto do ato que será lavrado. Do mesmo modo, a redação dos atos não pode extrapolar certos limites; eles devem compreender todas as cláusulas avençadas pelas partes, mas é preciso muito rigor para não inserir cláusulas, mesmo que de estilo, que possam mostrar-se contrárias à vontade das partes ou cuja importância estas tenham ignorado. O que está em jogo é a responsabilidade do notário, e já no século XVI a realeza emitiu toda uma regulamentação, aliás bastante alentada, que incluía a obrigação do notário de ler o instrumento para as partes antes da assinatura, para que estas pudessem certificar-se de que todo o seu conteúdo correspondia às suas intenções. Nesse trabalho prévio ao estabelecimento do ato, o papel do profissional e sua influência são consideráveis. Segundo análise vivaz de um notário parisiense do início do século XIX, mesmo que os clientes tivessem instrução suficiente para redigir um instrumento, faltar-lhes-iam os conhecimentos jurídicos necessários. O conselho do notário, então, é indispensável e deve esclarecê-los sobre seus direitos, mas também sobre os limites desses direitos. Mais ainda, o notário não é apenas o técnico do direito, mas também a pessoa na qual os clientes depositam confiança; ele deve eventualmente ajudá-los a enxergar com suficiente clareza os seus negócios para poderem tomar decisões. De fato, as pessoas o procuram frequentemente não só para consultá-lo, mas também para pedir orientação e auxílio; às vezes, chega-se a esperar dele alguma proteção contra a audácia ou a má-fé de um cocontratante. Cabe-lhe então esclarecer suficientemente as partes para desempenhar o papel de um mediador imparcial e equitativo entre elas. Descrevendo atitudes muito comuns naqueles que recorriam ao serviço do notário, esse autor mostrava também toda a autoridade de que este se reveste, autoridade que exerce necessariamente, às vezes até a contragosto. Daí ele deduzia que o profissional precisa estar bem consciente da importância desse papel, pois redige a lei das partes, e o texto deve ser perfeito desde o aceite do instrumento, pois não poderá ser modificado depois. Ele ressaltava também que o notário deve ser capaz de ter, desde o primeiro momento, uma visão global do assunto que lhe é submetido, sem ficar preso a esquemas dogmáticos habituais: "Somente o longo hábito de redigir contratos pode preparar a mente para essa visão imediata que abarca tudo ao mesmo tempo." Ele descrevia então a surpresa de todo notário iniciante, mesmo dos que estudaram durante muito tempo, diante dessa atividade essencialmente prática. Através desse exercício de aconselhamento e com a autoridade daí resultante transparece a importância assumida pelos comportamentos práticos, em virtude de sua constância, portanto da influência de longo prazo sobre a evolução do sistema jurídico. Já no primeiro momento, o notário entra em contato com uma realidade social que ele precisa plasmar segundo os moldes jurídicos, quase sempre por meios que lhe cabe escolher, em vista de seu conhecimento do direito. Essa realidade social em geral está ligada a projetos de longo prazo que frequentemente ultrapassam a geração daqueles que o procuram, projetos que constituem verdadeiras estratégias que ele deve levar em conta perante o direito normativo. O notário desempenha então um papel de intermediário entre seus clientes e o sistema de normas no qual eles vivem; deverá eventualmente compor para resolver oposições entre os desideratos das partes e os princípios jurídicos que se lhes impõem. O contato com essa realidade social é realmente então o motor da prática notarial. Aí o jurista deve demonstrar toda a sua habilidade, e o papel de conselheiro se traduz em fórmulas que representam o direito tal qual é vivenciado em relação ao direito normativo. Essa prática acaba por procurar seus próprios caminhos, estando submetida ao controle da jurisprudência, mas podendo também opor-se a ela, em virtude de todas as possibilidades de interpretação que a norma aparentemente lhe dá. Assim, seu papel é constante porque os profissionais precisam permanentemente traduzir as relações entre as normas e as necessidades que determinam os comportamentos sociais. Além disso, a prática notarial é convidada a preceder a evolução do direito normativo e é de alguma maneira obrigada a buscar sempre construtos formais que inevitavelmente influenciarão todo o sistema jurídico, pois é ela que, antes da jurisprudência e do legislador, se confronta com a evolução social e com a conjuntura econômica. Esse papel precursor é desempenhado pelo notariado primeiramente em relação aos interesses familiares, e eventualmente contra o espírito do Código Civil; no primeiro plano de suas preocupações figuram as ligações entre disposições matrimoniais e previsões sucessórias sobre as quais repousam as estratégias familiares; especialmente desde a Idade Média a prática notarial sempre se esforçou por paliar as insuficiências do direito civil quanto ao destino do cônjuge supérstite. Em 1965, na reforma dos regimes matrimoniais da França, com a supressão do regime dotal, o legislador consagrara o fim de um uso antiquíssimo, que já minguava consideravelmente por obra da prática notarial havia já quase um século. Ora, o notariado também desempenhou papel precursor no âmbito comercial, às vezes também na contracorrente do Código de Comércio, num campo de sua atividade muito menos conhecido que o do direito civil, no qual ele atendeu durante muito tempo a necessidades constantes.

Durante séculos, a prática notarial exerceu influência sobre a evolução do sistema jurídico unicamente graças às suas fórmulas, base de suas relações com a jurisprudência, e a seu poder, resultante da massa dos atos que as reproduziam. Desde meados do século XX, sobretudo, a influência do notariado vem sendo reforçada pelo trabalho dos órgãos de reflexão e de pesquisa que o Conselho Superior do Notariado desenvolveu em torno dele. Sempre que haja necessidade, novos modelos de fórmulas podem assim ser preparados e propostos aos profissionais, ao mesmo tempo que é possível elaborar relatórios que atinjam mais diretamente o legislador. À influência desse órgão permanente se soma a dos relatórios que a cada ano coroam o Congresso dos Notários, cuja representatividade nacional é resultante da fortíssima participação dos profissionais em seus debates. Assim, o notariado pode ser ouvido pelo legislador por intermédio do ministro da Justiça.

› CHARLIN J., *La Participation du notaire à la règle de droit*, thèse, Lyon, 1981. – HILAIRE J., *La Science des notaires. Une longue histoire*, Paris, PUF, 2000. – MOREAU A., *Le Notaire dans la société française d'hier à demain*, Paris, 1999. – PILLEBOUT J.-Fr., "Congrès des notaires de France", *Juris-classeur périodique, Notariat*, fasc. 62, 1997. – POISSON J.-P., *Études notariales*, Paris, 1996. – ROUZET G., *Précis de déontologie notariale*, Bordeaux, 1991.

Jean HILAIRE

→ Arquivos (Direito nos); Ato; Direito consuetudinário na França; Fórmulas; Prática; Usos e costumes.

NULIDADE

O primeiro sentido dado pelo dicionário Littré à palavra nulidade é "termo de jurisprudência. Deficiência que torna nulo um ato". Mais do que um estado do ato, a nulidade é agora analisada como sanção. Ela anula o ato, e esse efeito radical às vezes parece excessivo. Donde as condições limitativas de sua aplicação, a grande prudência na sua implementação e a tendência a evitá-la. Sendo comum ao conjunto dos sistemas jurídicos, tendo origem civilista, ela diz respeito aos diferentes ramos do direito francês. Sanciona a irregularidade original de um ato jurídico com uma decisão jurisdicional. Enquadrada por condições restritivas, acarreta o desaparecimento retroativo do ato.

Nulidade, sanção da irregularidade original de um ato jurídico

A nulidade só diz respeito a atos. Os fatos não podem ser juridicamente negados. A nulidade concerne a todos os tipos de ato. Muito difundida em direito romano e no antigo direito francês, no Código Civil francês, ela é objeto de disposições esparsas. Estendeu-se a todos os ramos do direito, aos atos processuais e aos julgamentos. A natureza específica destes dois últimos tipos de ato reflete-se em seu regime de nulidade. Contra os atos processuais, há exceções de nulidade que constituem meios de defesa mais que sanções. Só se pode pedir a anulação de uma sentença por via de recurso. A partir dos contratos civis, a doutrina elaborou um regime coerente nos diferentes campos do direito. Mas a diversidade dos atos em causa torna heterogênea a teoria das nulidades.

Nem todas as causas de nulidade resultam de uma disposição escrita, e a inobservância de um texto nem sempre leva à nulidade. Apesar do adágio "não há nulidade sem texto", poucos textos enunciam que devem ser respeitados sob pena de nulidade. A máxima corresponde à visão ideal, hoje obsoleta, da lei que prevê tudo. Ademais, o legislador às vezes quer deixar alguma margem de manobra ao juiz. Mesmo nos raros campos em que esse adágio é válido, sua aplicação é imperfeita. Em questões matrimoniais, visto que o Código Civil francês omitiu hipóteses evidentes de nulidade, para respeitar esse princípio, a doutrina forjou no século XIX uma sanção específica, a inexistência. O Novo Código de Processo Civil (NCPC) francês reatou com o adágio que figurava numa ordenança de 1667, mas só o aplica aos vícios formais, salvo "inobservância de uma formalidade substancial ou de ordem pública", o que abre grande espaço para a interpretação soberana do juiz. Em direito empresarial, ao contrário, impõe-se a exigência de um texto, o que é reforçado pela influência do direito comunitário. As diretivas europeias são mais limitativas que os textos nacionais franceses, e a Corte de Justiça das Comunidades Europeias (CJCE) proíbe nulidades baseadas em motivos estranhos às diretivas. Existem nulidades virtuais, pois o legislador frequentemente omite a determinação da sanção das obrigações prescritas. A doutrina clássica distinguia as disposições proibitivas, necessariamente sancionadas pela nulidade, das disposições imperativas. Hoje a nulidade se impõe "quando o interesse que ela tem em vista salvaguardar é suficientemente importante [...] e é exposto a grave risco pela inobservância da lei" (Esmein).

A nulidade sanciona irregularidades que afetem o ato *ab initio*, ao contrário da resolução e da inoponibilidade ou da caducidade, que resultam de circunstâncias posteriores. As condições de validade variam de acordo com as categorias de atos. É possível estabelecer a distinção entre os vícios que afetam a elaboração do ato e os que afetam sua matéria. Os primeiros são externos, pois não se referem ao conteúdo do ato, mas decorrem da ausência ou da alteração de um elemento constitutivo do ato e afetam o *instrumentum* (forma) ou o *negotium* (autores do ato, expressão ou encontro de concordâncias, procedimento). Os vícios internos impedem a inserção correta do ato na ordem jurídica, pois seu conteúdo é contrário a normas superiores ou se choca com a ordem pública. A dosagem entre os tipos de irregularidade varia. Os atos processuais herdaram do formalismo das *legis actiones* do direito romano a característica de só serem atingidos em sua regularidade externa (nulidade de fundo significa falta de capacidade de agir ou falta de poder). O direito administrativo é pouquíssimo formalista, e a anulação dos atos administrativos unilaterais decorre sobretudo de sua ilegalidade interna.

Além da irregularidade do ato, as nulidades processuais estão subordinadas à prova de um dano, o que as limita e revela seu papel reparador. No respeito à legalidade, procura-se não paralisar a ação da justiça por meios dilatórios. Em processo penal, o grande alcance da exigência de dano serve de obstáculo à nulidade. Em processo civil, ela só diz respeito às nulidades formais, mas a raridade das nulidades de mérito leva a qualificar de vício de forma aquilo que seria nulidade de fundo, caso a enumeração não fosse limitativa.

Nulidade, sanção jurisdicional

Ao contrário dos direitos alemão e espanhol, em direito francês a nulidade é, em princípio, pronunciada por um juiz. Sob a influência do direito romano, o antigo direito francês opunha nulidades legais ocorrentes de pleno direito e nulidades judiciárias. Nulidade de direito significa que o juiz não tem nenhum poder de apreciação. No século XIX, quando as nulidades absolutas resultavam de um julgamento, surgiu uma teoria que possibilitava a constatação da inexistência de atos eivados por graves vícios. Essa sanção hoje é judiciária.

Evita-se o recurso ao juiz para a extinção de cláusulas consideradas não escritas, "reformulação legislativa do contrato" (Mestre) limitada à cláusula ilícita. Essa sanção automática desenvolveu-se com a legislação intervencionista (comércio, empresas, seguros, trabalho, construção, consumo). Os interessados também podem subtrair-se à ação em juízo caso se entendam no reconhecimento da nulidade de um contrato civil, exceto quando a intervenção da autoridade pública se impõe para a elaboração do ato. O efeito do acordo amigável é o mesmo, seja qual for a nulidade incorrida, mas provavelmente só é eficaz entre aqueles que foram suas partes ou se fizeram representar. O contrato administrativo também pode ser objeto de nulidade convencional. A autoridade administrativa dispõe de um poder semelhante ao do juiz em relação aos atos administrativos. Na ausência de direitos adquiridos, o ato pode ser livremente retirado por seu autor ou por seu superior hierárquico, mas, se tiver criado direitos, o ato individual só poderá ser retirado por ilegalidade e num prazo de quatro meses depois da decisão. Até o julgamento, "deve-se depositar provisoriamente confiança no ato" (J. Carbonnier). A intervenção *a posteriori* do juiz cria problemas delicados de retroatividade. Mas está praticamente excluída a possibilidade de adotar controle preventivo contrário à filosofia liberal. A França só adotou exame *a priori* para controle de constitucionalidade das leis. Apesar dos exemplos de controle sistemático das constituições de empresas ligado ao imperativo de segurança nos negócios (Alemanha, Holanda) e dos incentivos do direito comunitário, a lei francesa de 1966 renunciou a tanto em razão do atraso e dos custos acarretados. O escrivão exerce um controle prévio limitado, sob autoridade do juiz, negando o registro caso a Constituição esteja eivada de irregularidade. Mas o registro não impede a ação de nulidade, ao passo que em outros países ele sana as irregularidades. Também existem ações preventivas de regularização para vícios formais por iniciativa de qualquer interessado.

Quando se impunha um julgamento em direito civil, foi introduzida uma distinção entre nulidade e anulabilidade: o juiz constatava a nulidade absoluta e pronunciava a nulidade relativa com margem de manobra. Agora "as sentenças de nulidade são todas declarativas porque baseadas num fato preexistente, a saber, o fato de que, quando da conclusão do contrato, houve violação de uma regra legal" (Flour e Aubert). A nulidade não resulta da decisão do juiz, caso em que os julgamentos seriam constitutivos, e a nulidade não seria retroativa. O direito administrativo, porém, faz uma distinção entre nulidade e anulação, quando o ato está viciado *ab initio*, e a nulidade é retroativa. O juiz que decide sobre excesso de poder anula; o juiz que decide sobre contratos constata a nulidade, pois a Lei de 24 de maio de 1872 reserva o termo anulação para o recurso por excesso de poder. A distinção parece essencialmente terminológica. Quanto às sentenças, em recurso de apelação ou em cassação, o juiz anula a decisão da jurisdição controlada. Mas, enquanto o juiz judiciário anula os atos processuais – ainda que nem sempre seja fácil identificar o campo de aplicação das nulidades e das inadmissibilidades (vícios do processo ou da ação) –, o juiz administrativo os sanciona com a inadmissibilidade. Cabe isolar o controle do Conselho Constitucional cuja declaração de inconstitucionalidade impede a promulgação. Sua constituição *a priori* veda a anulação, pois a lei não está em vigor. A sanção só pode ser preventiva, ao contrário dos sistemas jurídicos, que praticam um controle *a posteriori* por via de ação.

O ato viciado às vezes subsiste. Provocado por meio de ação de exceção de ilegalidade, o juiz constata a ilegalidade para revogar o ato no caso particular. Quando ele sanciona a inobservância de um tratado por uma lei, não pode anular a lei, mas pode impedir sua aplicação.

Nulidade, sanção regulamentada

Os efeitos radicais da nulidade obrigam a usá-la com precaução, conciliando o respeito ao direito e a estabilidade das situações jurídicas: a ação de nulidade é limitada a certas pessoas, circunscrita a certos prazos, e a nulidade às vezes pode ser convalidada. O regime das nulidades não é uniforme. Alguns sistemas jurídicos dispõem de um leque mais amplo (Itália); outros ignoram essas categorias (sistemas de *common law*), mas em geral se faz uma distinção entre nulidade – absoluta e relativa – e inexistência.

Desconhecida em matéria de direito processual e julgamentos, a distinção entre nulidade absoluta e relativa, de origem romana, foi adotada pelo direito canônico e pelo antigo direito francês. Apesar das críticas reiteradas, ela serve de fundo para o estudo das nulidades. A doutrina clássica equiparava o contrato a um organismo. Na falta de uma de suas condições de validade, ele estaria doente e a nulidade seria relativa; na falta de uma de suas condições de existência, ele nasceria morto. Desde que a nulidade passou a ser sanção de violação de uma regra jurídica, o critério é a natureza do interesse protegido, geral ou particular. A fronteira é imprecisa, pois os dois tipos de interesse não se excluem. Em direito público, o interesse geral quase sempre está presente. As nulidades que afetam o ato unilateral são absolutas. Mesmo os contratos administrativos raramente estão eivados de nulidade relativa, pois certas regras, outrora consideradas estabelecidas no interesse da administração, agora são regras de interesse geral.

O regime dos dois tipos de nulidades difere, mas a multiplicação das exceções redundou na diluição dos regimes. Para a nulidade absoluta, em direito contratual civil é dado o direito de crítica a todo interessado, parte ou terceiro, que "pode apresentar a prova de um direito pessoal antagônico aos direitos resultantes do ato criticado" (Ghestin). Em direito administrativo contratual, a ação é reservada às partes, sempre que se tratar de sancionar a violação de uma regra de interesse geral. Nos atos administrativos unilaterais, a ação é facultada a qualquer pessoa que tenha interesse para agir, noção extensiva, mas que não possibilita a *actio popularis*. Cabe à pessoa protegida avaliar se quer pleitear a nulidade relativa. Mais de uma pessoa pode estar implicada, e existem até "nulidades relativas generalizadas" (Gaudemet). O juiz argui de ofício as nulidades de ordem pública. Nessa qualificação, independentemente da classificação das nulidades, ele dispõe de certa margem de apreciação, mas concebe essa noção restritivamente. A violação das leis de ordem pública só é arguida de ofício "quando a regra é suficientemente importante, em vista das considerações de interesse político ou da moralidade pública que ela ponha em jogo" (Japiot).

A regra romana *Quod ab initio vitiosum est, non potest tractu temporis convalescere*, que subsiste em direito alemão, foi abandonada pelo direito francês, e a ação de nulidade pode prescrever no interesse da paz social e para "eliminar as dificuldades de prova dos fatos antigos demais" (Esmein). A prescrição longa da nulidade absoluta possibilita que qualquer interessado exerça seu direito de crítica. O prazo reduzido da nulidade relativa, que correspondia à ideia de confirmação tácita, agora tem em vista pôr fim à incerteza que afete um ato cujo destino dependa de pessoas individualizadas. Na França, para os contratos, as prescrições são em princípio de cinco e trinta anos. O direito empresarial distingue os dois tipos de nulidade, mas tem em vista reduzir a incerteza, estabelecendo a prescrição em três anos. O recurso por excesso de poder, embora seja alvo de nulidade absoluta, é encerrado num prazo muito breve (dois meses), por se tratar de um prazo processual e não de prescrição. As vias de recurso contra sentenças geralmente se encerram num prazo de um a dois meses. A prescrição permite a subsistência da exceção. A nulidade é arguida sobretudo por via de exceção; em matéria contratual, por exemplo, ela é invocada para subtrair à execução de suas obrigações. O caráter perpétuo da exceção tem derrogações, especialmente para os atos administrativos não regulamentares. As exceções de nulidade em matéria processual são necessariamente encerradas em prazos estritos, para impedir exceções dilatórias. Elas devem ser invocadas antes de qualquer defesa do mérito e são suspensas quando se invoca uma exceção de incompetência.

A confirmação também extingue o direito de crítica. Ela "tem em vista validar retroativamente um outro ato eivado de nulidade, seja por meio da renúncia do titular da ação de nulidade, seja pela reparação da irregularidade de que o ato estava afetado" (Ghestin). A confirmação-renúncia, ao contrário da regularização, só produz efeitos em relação ao renunciante e não livra o ato de seu vício. Ela deixa subsistir o contrato inicial e, assim, se distingue da reformulação e da formação sucessiva do contrato. O elo entre a confirmação e a natureza da nulidade distendeu-se. Nem todos os vícios que acarretam a nulidade relativa são confirmáveis (alguns atentados à ordem pública). As possibilidades de regularização são numerosas em direito empresarial e no campo dos atos processuais. Em direito administrativo, alguns vícios nunca são regularizáveis.

Há inexistência quando o vício é tão grave, que a nulidade não basta para sancioná-lo. Falta ao contrato inexistente um elemento indispensável à sua formação. Essa teoria só teve utilidade prática em questões matrimoniais. Embora algumas decisões a tenham referido, em outros atos ela é como que sinônimo de nulidade absoluta. Enquanto se abandonava a inexistência em direito civil, ela aparecia em direito processual e em direito administrativo. A inexistência afeta o ato administrativo em sua própria natureza e é objeto de um recurso autônomo não subordinado às injunções de prazos; pode ser constatada por qualquer juiz. A teoria da inexistência frequentemente é criticada, mas é uma daquelas noções funcionais que possibilitam ao juiz, se necessário, fugir às injunções nas quais está confinada a nulidade.

Nulidade, sanção drástica

Quer o ato esteja eivado de nulidade relativa ou absoluta, quer de inexistência, quer o juiz anule ou constate sua nulidade, produzem-se os mesmos efeitos retroativos; considera-se que o ato nunca existiu. Inválido *ab initio*, o ato deve ser privado de efeitos *ab initio*. Essas consequências draconianas que afetam todos os sujeitos de direito distinguem a nulidade da caducidade ou da resilição, que não têm efeito retroativo. A retroatividade da inoponibilidade é limitada às relações com terceiros. Se o ato não tiver sido executado, sua nulidade não suscitará dificuldades; caso contrário, a ficção da retroatividade obrigará a reverter as coisas ao estado original, o que acarretará restituições por parte dos contratantes ou, em caso de impossibilidade, acertos de conta. A nulidade pode dar ensejo a uma ação quase delituosa ou quase contratual com base na alegação de enriquecimento sem causa. Ao contrário do direito alemão, o direito francês repudia a "*culpa in contrahendo*", que converte a responsabilidade por anulação numa responsabilidade contratual. No excesso de poder administrativo, a autoridade absoluta da coisa julgada atribuída à sentença de anulação pode impor reconstituições inextricáveis incidentes sobre séries de atos. A anulação da nomeação de um funcionário obriga a reconstituir sua carreira e a de seus colegas. Se o ato anulado revogasse um ato anterior, este deveria ressuscitar para evitar vazio jurídico, mas isso nem sempre é desejável, especialmente se as circunstâncias tiverem mudado, e o juiz se aplicará a um exame caso por caso.

A retroatividade necessariamente tem limites, pois o desaparecimento do ato, embora seja "um ideal necessário [...] é pura ficção, pois não cabe a nenhum poder humano impedir de existir o que existiu" (Odent). Para os contratos sucessivos, a execução resiste à retroatividade. Não se pode apagar o fato de o locatário ter ocupado o imóvel ou de o empregado ter cumprido seu contrato de trabalho. A anulação atua como uma dissolução antecipada, especialmente para a sociedade. A retroatividade pode deixar subsistir alguns efeitos para com terceiros. A equidade às vezes lhe impõe limites (o incapaz é dispensado de devolver o que ganhou, salvo em caso de enriquecimento). Quanto aos contratos imorais, a máxima *nemo auditur* possibilita rejeitar a ação de restituição caso o contratante tenha participado da imoralidade.

A extensão da nulidade varia. Alguns direitos partem do pressuposto da nulidade total (Alemanha e Itália), outros, da nulidade parcial (Suíça, Grã-Bretanha). Antigamente o direito francês só admitia a nulidade total. Hoje o juiz pode anular parcialmente a parte separável viciada e deixar subsistir o ato amputado. O legislador às vezes prevê que uma cláusula é considerada não escrita, sem que isso altere a validade do ato em seu conjunto. Em direito processual civil, o cancelamento tem esse efeito. A jurisprudência modificou as disposições do Código Civil francês que consideravam não escritas as cláusulas ilícitas nos atos a título gratuito, e a extensão da nulidade depende de se saber se a cláusula constituiu a causa de partida ou determinante do ato, seja ele oneroso ou gratuito. O juiz às vezes faz uma análise objetiva da eficácia da sanção. O juiz administrativo combina a análise subjetiva e a análise do lugar ocupado pela cláusula na economia do contrato. Nos processos por excesso de poder, ele estuda a interdependência das disposições. A nulidade parcial pode afetar certos efeitos do ato (anulação na medida em que o ato tenha alcance retroativo). Quanto aos atos multilaterais, a nulidade pode dizer respeito apenas ao compromisso de uma parte e deixar subsistir o contrato entre as outras, especialmente na constituição de certas sociedades.

A nulidade parcial apresenta a vantagem de preservar a estabilidade jurídica, respeitando a legalidade, uma vez que a insegurança criada pela anulação total parece criticável em certas esferas (crédito, empresas, contratos administrativos) e se choca com os imperativos de confiança legítima e eficácia. A nulidade parcial às vezes possibilita reequilibrar o contrato, especialmente em matéria de ordem pública de proteção. Mas a salvaguarda do ato pode ser feita ao arrepio da vontade de seu autor, interpretada em relação às exigências da legalidade, o que pode levar a uma verdadeira reformulação do ato. A nulidade parcial também pode incitar a inserir cláusulas ilícitas, e o único risco é o da sua anulação. Esses inconvenientes inerentes à nulidade parcial levam o juiz a usá-la com precaução.

A nulidade de um ato às vezes acarreta a nulidade de outros atos indivisíveis do primeiro. A coisa julgada pode interferir: a anulação de um regulamento de polícia deixa subsistir a condenação do juiz penal, que adquiriu a força de coisa julgada. Em direito processual civil, com exceção das medidas de instrução, as consequências podem estender-se a todos os atos realizados com base no ato anulado. O direito processual penal francês delega à quarta câmara de instrução a tarefa de decidir "se a anulação deve limitar-se ao todo ou a parte dos atos ou autos do processo viciado, ou estender-se ao todo ou a parte do processo ulterior", que, se depender do ato viciado, se dele derivar ou se nele se basear, poderá ser anulado, ainda que regular.

› Em razão da amplitude da bibliografia, remeteremos a obras gerais que apresentem em seus campos indicações bibliográficas completas sobre a nulidade: CHAPUS R., *Droit administratif général* I, Montchrestien, 15ª ed., pp. 1.011-90, e *Droit du contentieux administratif*, Montchrestien, 10ª ed., pp. 994-1.229. – CORNU G. *et al.*, *Procédure civile*, PUF, 3ª ed., pp. 551-75. – COZIAN M. *et al.*, *Droit des sociétés*, Litec, 15ª ed., pp. 95-107. – LAUBADÈRE A. de *et al.*, *Traité des contrats administratifs*, LGDJ, 2ª ed., t. 1, pp. 469-695. – STARCK B. *et al.*, *Droit civil. Les obligations. Le contrat*, Litec, 7ª ed., pp. 232-8. – STEFANI G. *et al.*, *Procédure pénale*, Dalloz, 18ª ed., pp. 690-706 e 839-945.

Dominique POUYAUD

→ Ato; Contrato; Legalidade (Princípio de); Processo (administrativo, civil, penal); Recursos (Vias de).

OBEDIÊNCIA E DISCIPLINA

Foi o Estado moderno que deu às noções de obediência e disciplina sua expressão jurídica mais arrematada. O Estado não pode ser composto apenas pelo soberano habilitado a criar o direito; deve ser assistido por uma administração encarregada de garantir-lhe fielmente a execução. Portanto, existe uma hierarquia, de vocação funcional, "que ordena verticalmente a relação entre o soberano e as autoridades inferiores" (O. Beaud, *La Puissance de l'État*, PUF, 1994, 154). Ela atua na forma de mando e obediência, pois "não há hierarquia sem obediência, e não há Estado sem hierarquia" (J. Barthélemy, 491). Por conseguinte, "a honra do funcionário consiste em sua habilidade para executar conscienciosamente uma ordem sob a responsabilidade da autoridade superior, ainda que esta – contrariando sua própria opinião – se obstine em trilhar um falso caminho. Ele deve executar essa ordem como se cumprisse suas próprias convicções. Sem essa disciplina moral, no sentido mais elevado do termo, e sem essa abnegação, todo o aparato desmoronaria" (M. Weber, *Le Savant et le politique*, Plon, 1992, 63). Mas a garantia dessa relação hierárquica não poderia satisfazer-se com a honra; ela também está no poder de sanção disciplinar que o superior tem sobre o seu subordinado, poder que é exercido sem texto ("a obrigação de servir inclui o dever de os agentes públicos se submeterem não só às instruções emanadas de seu superior hierárquico, mas também às medidas tomadas para a organização dos serviços aos quais eles estão afetos [...]. Tudo isso sob pena de sanção disciplinar", R. Chapus, *Droit administratif général*, 6ª ed., t. II, 1992, 243). O dever de obediência está assim contido no poder hierárquico e é obtido pelo poder disciplinar que lhe é corolário (Piquemal, 79). Embora a doutrina nem sempre alcance um acordo sobre a natureza ou mesmo sobre a existência desse poder hierárquico (Di Malta, 66; G. Timsit, *Théorie de l'administration*, Economica, 1986, 225), admitiremos que esse poder assume, para o subordinado, pelo menos os contornos da obrigação de executar as ordens de maneira correta. A questão então é saber se essa obrigação é absoluta ou condicional, isto é, se é a conformidade com o direito da ordem que produz a obediência, ou se esta é determinada pelo princípio de autoridade, independentemente do fato de a autoridade agir ou não em conformidade com a regra de direito.

Obediência passiva: primazia dada ao princípio de autoridade

Segundo essa doutrina, prevalece o princípio de obediência em nome do imperativo superior da continuidade do Estado ou do serviço; nunca é a legalidade – no sentido lato – da ordem hierárquica que condiciona a sua obrigatoriedade, mas sim o fato de ela emanar de uma instituição dotada de um poder legítimo de mando. Em Hauriou o papel ativo de mando do superior é mais claramente afirmado; nele também são mais bem colocados os fatores que estão em jogo na obediência e na disciplina. Segundo Hauriou, "autoridade soberana é aquela que não precisa ter razão para justificar seus atos" (*Les idées de M. Duguit*, Recueil de législation de Toulouse, 1911, 11). Os subordinados em nenhum caso devem discutir a legalidade das ordens, alegando estar fazendo uma interpretação veraz oponível ao superior hierárquico, que possa eximi-los da obrigação de obedecer. Essa eventualidade, que supõe em última análise uma descentralização da interpretação do direito, ameaçaria gravemente a continuidade da instituição, aniquilando as virtudes funcionais do princípio hierárquico. Portanto, nunca é a legalidade da ordem que condiciona a sua obrigatoriedade: "Acaso as decisões administrativas só seriam executadas depois da justificação de sua legalidade? Até agora, tudo funcionava no Estado porque a obediência às ordens do poder político era preliminar à discussão da legalidade dessas ordens; acaso se pretende inverter a ordem dos fatores?" – escreveu Hauriou (*ibid.*, 6). Se a ordem só fosse obrigatória quando em conformidade com o direito, supor-se-ia que "o funcionário tem clara noção da lei para julgá-la [...], ou seja, todos os funcionários são perfeitos" (*ibid.*, 10). Isso é apostar "na crença no progresso indefinido da razão humana" (*ibid.*), como fazem os "anarquistas". Ora, o pensamento de Hauriou é, ao contrário, profundamente marcado pelo "individualismo falível" (*Précis de droit constitutionnel*, Dalloz, 1929, 51). Sem disporem de uma vontade livre e esclarecida, os subordinados são obrigados por princípio a obedecer – como contrapartida de uma irresponsabilidade total – porque são incapazes de interpretar a legalidade de maneira conveniente. O modelo hierárquico proposto por Hauriou é, sem dúvida, uma hierarquia do saber, que exclui qualquer possibilidade de desobediência e se baseia numa concepção clerical da administração: "Hierarquia significa em si sobreposição de graus numa organização funcional, de tal modo que os funcionários inferiores cumprem suas funções, não com a obrigação direta e única de observar a lei, mas com a obrigação de obedecer ao chefe que se interpõe entre eles e a lei" (*Précis de droit administratif*, Dalloz, 1927, 50). Por conseguinte, o princípio hierárquico é absoluto; "o chefe dá suas instruções ao subordinado, e este deve cumpri-las à risca" (*ibid.*), visto que as ordens estão protegidas pela presunção de legalidade. No entanto, o princípio estrito de obediência é contrabalançado por um controle jurisdicional não suspensivo destinado a garantir as exigências do direito. Mesmo que se obedeça primeiro para reparar depois, a questão da legalidade das ordens não é esvaziada, mas adiada e delegada à arbitragem jurisdicional. Na linha de Bodin, Hauriou faz assim uma síntese entre a obediência prévia necessária ao bom funcionamento do Estado e a possibilidade de contestação ulterior, que garante a efetividade do Estado de direito (Beaud, *op. cit.*, 92).

Obediência condicional: primazia dada ao princípio de legalidade

Apesar de eficaz do ponto de vista funcional, a doutrina da obediência passiva pode parecer preocupante sob certos aspectos: levada ao extremo, ela poderá transformar os subordinados em executantes cegos de tarefas liberticidas ou mesmo criminosas, ou então, no mínimo, transformá-los em cúmplices (ver O. Baruch, *Servir l'État française*, Fayard, 1997, 453 ss.; H. Arendt, *Eichmann à Jerusalém*, Gallimmard, 1997, VIII). Mesmo Hauriou se sente obrigado a abrandar uma lógica hierárquica pouco condizente com as exigências imediatas do Estado de direito. Nessa perspectiva, ele concede um limite ao dever de obediência, relativo à ordem que prescreva cometer "infrações formalmente punidas pela lei penal" (*Les Idées de M. Duguit*, 16). Assim, mas de maneira muito menos radical, ele coincide com os autores para os quais o caráter obrigatório da ordem deve depender de sua conformidade com o direito. Autores, que, como Duguit, se declaram partidários da teoria das "baionetas inteligentes", segundo a qual os subordinados sempre devem examinar a legalidade da ordem recebida – porque têm capacidade para tanto, correndo o risco de assumir responsabilidades caso decidam executá-la. Para Duguit, só quando a atividade da administração está em conformidade com o direito, o mando ganha força jurídica, e se pode exigir obediência: a ordem é obrigatória porque desejada em conformidade com o direito. Duguit, porém, mostra a especificidade da função militar, como limite para sua doutrina da obediência raciocinada: o exército continua sendo "um instrumento de coerção cega e inconsciente nas mãos dos governantes", e nele a obediência incondicional é regra" (*L'État, les gouvernants et les agents*, 1906, 629). Outros autores, mais pragmáticos, consideram que a obediência não é devida em caso de ordem manifestamente ilegal, sendo a infração penal na maioria das vezes considerada como seu revelador (por exemplo

J. Barthélemy, 491: "Quaisquer que sejam as necessidades da disciplina, se o mando for manifestamente ilegal e se constituir claramente um crime ou um delito grave, caberá admitir que o subordinado deve recusar-se a obedecer, e que será culpado se cometer a infração"). Pôr tais limites ao dever da obediência e ao exercício do poder disciplinar equivale a instituir um dever de desobediência, sancionado quando não cumprido.

Com a conjunção entre direito penal e direito administrativo, o direito positivo acolhe tal dever de desobediência, passando por um abrandamento tanto do princípio cardinal do direito penal ("só se é responsável pelo que se faz"), quanto do direito do funcionalismo público (a obrigação de obediência hierárquica). Sob o império do antigo Código Penal francês, os artigos 114 e 184 previam uma escusa absolutória que isentava de pena os subordinados que, obedecendo a ordens, tivessem cometido atos atentatórios à liberdade individual ou aos direitos cívicos; a pena era então aplicada a quem tivesse dado a ordem. Os funcionários eram então escusáveis, ou seja, não responsáveis, porém culpados. Carré de Malberg via nessas disposições os esboços de um direito da desobediência (*Contribution à la théorie générale de l'État*, reed., CNRS, 1975, pp. 522-3). Com esse espírito, o Código Penal francês de 1994 declara penalmente irresponsável aquele que cumpre "um ato comandado pela autoridade legítima, exceto se esse ato for manifestamente ilegal" (art. 122-4), o que equivale a convidar o subordinado a desobedecer em caso de ilegalidade evidente da ordem recebida, para evitar ser responsabilizado pessoalmente.

Mas em princípio, enquanto a obrigação de obediência não era abrandada no direito administrativo, o direito de desobedecer não podia metamorfosear-se em dever de desobediência e, em termos absolutos, um funcionário podia muito bem expor-se ao risco de sanção disciplinar caso desobedecesse a uma ordem manifestamente ilegal. Embora essa hipótese continuasse rara, o contexto jurídico incitava o funcionário a obedecer. Portanto, era necessário que o direito disciplinar viesse sancionar a obediência abusiva. Foi preciso esperar o estatuto do funcionalismo público, de 1941, na França, para que, em direito administrativo positivo, se mencionasse a hipótese da ordem ilegal. O artigo 13 do estatuto prevê que, sempre que a ordem parecer "eivada de irregularidade" – e não de ilegalidade –, ou acarretar "graves inconvenientes", o subordinado deverá inteirar seus superiores; mas, se a ordem for mantida, deverá ser executada. Trata-se de um simples sistema de representação inspirado no direito alemão (*Remonstrationstheorie*), que na verdade reforça o princípio de obediência hierárquica ao garantir a não responsabilidade do executante: é a repetição da ordem – e não sua legalidade – que acarreta a obediência. Foi só em 1944 que o Conselho de Estado consagrou um verdadeiro dever de desobediência à ordem manifestamente ilegal e de índole a causar grave atentado a um interesse público, para a função pública civil (CE, 10 de novembro de 1944, Langneur, *Rec.*, 88). Esse dever de desobediência – retomado no artigo 28 da Lei de 13 de julho de 1983 –, portanto, pressupõe que o funcionário civil pode ser obrigado a desobedecer sob pena de sanção disciplinar quando as duas condições acima mencionadas estiverem reunidas. No entanto, esse dever de desobediência não tem o fim de prevenir sistematicamente infrações em benefício dos administrados. Seu único objetivo, por via da exigência relativa ao interesse geral, é o bom funcionamento dos serviços. O Conselho de Estado rapidamente estabeleceu uma dissociação entre a ordem manifestamente ilegal e o atentado grave a um interesse público (CE, 1º de janeiro de 1964, Charlet, *Rec.*, 1). Uma ordem pode ser manifestamente ilegal, conduzir à perpetração de uma infração, caso se admita que a infração penal é, na maioria das vezes, constitutiva de uma ilegalidade manifesta, mas pode não atentar gravemente contra o interesse público. Às vezes pode até ser necessário cometer uma ilegalidade manifesta para atender ao interesse geral; nesse caso, o funcionário é obrigado pelo direito administrativo a obedecer à ordem manifestamente ilegal – que acarretará sua responsabilidade penal – sob pena de sanção disciplinar, pois não estão reunidas as duas condições de cumprimento do dever de desobediência (TC, 10 de dezembro de 1956, Randon, *Rec.*, 592; Crim., 22 de maio de 1959, *Bull.*, nº 264). A harmonia entre o direito disciplinar e o direito penal, portanto, é falseada, pois teoricamente um funcionário público pode ser obrigado a obedecer, sob pena de sanção disciplinar, a uma ordem manifestamente ilegal que implique cometer uma infração penal, ordem, porém, que não será considerada de índole a atentar gravemente contra um interesse público; assim, o funcionário se privaria da escusa da ordem recebida no plano penal. Na prática, esse dever de desobediência, inteiramente determinado por um interesse geral pouco claro para os executantes, mais reforça do que fragiliza a obediência e equivale a facultar um direito de resistência à lei para os superiores hierárquicos, os únicos competentes para exercer uma forma de "prerrogativa administrativa", no sentido de poder "de abrandar a severidade das leis" (Locke) para o bem do Estado ("O funcionário deve presumir que a ordem foi dada no interesse do serviço, cujo melhor juiz é seu chefe").

Rompendo com uma longa tradição de obediência passiva (da Constituição de 1791, que define a força pública como "essencialmente obediente", ao Decreto de 1º de abril de 1933, que estabelece que "as ordens são executadas literalmente, sem hesitação nem murmúrios"), a função pública militar também integrou as exigências de uma obediência raciocinada e ativa. O estatuto dos militares de 13 de julho de 1972 (art. 15) e o regulamento de disciplina geral dos exércitos de 28 de julho de 1975 (art. 8), que repete o teor daquele – ambos inspirados no Decreto de 1º de outubro de 1966, que regulamentava a disciplina geral dos exércitos –, proíbem, respectivamente, o subordinado de obedecer a uma ordem que o obrigue a cometer atos contrários às leis, aos costumes da guerra, às convenções internacionais ou que constituam crimes ou delitos, bem como de executar uma ordem que prescreva cometer-se um ato manifestamente ilegal ou contrário aos costumes da guerra e às convenções internacionais. O procedimento que permite a desobediência é bizantino e pouco realista: está previsto no artigo 22 do Decreto de 1966 (pedido de confirmação da ordem, recurso à autoridade superior...).

Obediência e "atos de Estado"

Só mencionamos até agora as limitações ao dever de obediência relativas à ordem que não esteja em conformidade com o direito positivo interno de um Estado "liberal". Mas todo sistema político pode legalizar o crime ou desviar-se para o modelo totalitário. Nessa hipótese, o funcionário cometerá abusos dentro da legalidade e obedecerá ao direito do Estado, ainda que este seja liberticida ou criminoso (H. Arendt, *op. cit.*, 464 ss.). Cabe então ao direito internacional impor à obediência limites que não são encontrados no direito interno. A inovação surgida em 1945, durante o processo de Nuremberg, foi a aplicação do postulado da primazia do direito internacional sobre os imperativos da lei interna, a fim de demolir o argumento da validade da obediência perante o direito nacional, alegado pelos responsáveis nazistas. Foi em Londres, em 1943, que se fixaram os princípios do futuro "direito de Nuremberg", numa recomendação que dispunha que a ordem de cometer um ato que violasse o direito internacional não poderia constituir um fato justificativo, mas simplesmente uma circunstância atenuante para a apreciação dos tribunais, exceto se o ato fosse manifestamente hediondo ou se o réu fizesse parte de uma organização que implicasse a execução de ordens criminosas por parte de seus membros. Essa recomendação foi retomada em parte pelo artigo 8º do estatuto do tribunal militar internacional de Nuremberg, anexado ao acordo de Londres de 8 de agosto de 1945: "O fato de o réu agir em conformidade com as instruções de seu governo ou de um superior hierárquico não o eximirá de sua responsabilidade, mas poderá ser considerado um motivo de redução da pena, se o tribunal decidir que a justiça assim o exige." Foi à luz do julgamento de Nuremberg que uma Comissão de Direito Internacional da ONU, reunida em 1950, sintetizou em sete princípios aquilo que hoje é chamado de "direito de Nuremberg", que trazia em seu bojo as futuras variantes de uma justiça penal internacional. Os dois primeiros princípios afirmam a existência de um direito penal da ordem internacional, especificando que o fato de a legislação nacional não punir um ato que seja crime no sentido do direito internacional não exime aquele que o cometeu de responsabilidade perante o direito internacional. Os dois princípios seguintes descartam que o ato de Estado e a ordem hierárquica possam ser invocados como fato justificativo. Os três últimos princípios garantem um processo equitativo e definem as infrações.

O direito do expurgo veio consagrar outro tipo de dever de desobediência, dentro do espírito do direito de Nuremberg. O que se condenava na época era o fato de ter obedecido a um governo ilegítimo, e não a ordens ilegais emanadas de uma autoridade legítima. O arsenal jurídico instaurado já em 1943 pela direção do Comitê Francês de Libertação Nacional demonstra o espírito com que o expurgo deveria ser feito: inflexível com os responsáveis, ela devia ser moderada com o "peão". No relatório feito em Argel em 1943, que definiu a competência de uma comissão especial de inquérito sobre os atos de traição, pode-se ler "que há casos em que o dever de obediência deve ceder diante do dever puro e simples e transformar-se em dever de desobediência". Esse dever devia ser um dever de resistência ativa, para os militares, e um dever de não cooperação ou de resistência passiva, para os funcionários civis. A ordem de 6 de dezembro de 1943, que organizava o expurgo na Argélia, estabelecia assim a distinção "entre os homens que se limitaram a executar ordens sem terem a autoridade necessária para discuti-las e aqueles que, indo além de suas estritas obrigações profissionais, se associaram conscientemente a uma política antinacional ou, na repressão, extrapolaram manifestamente o exercício normal de suas funções". Nenhum texto ulterior retomará esse tipo de disposição, mas seu espírito permanecerá gravado na mente daqueles que realizarão o expurgo na metrópole. Assim, a ordem de 28 de agosto de 1944 não considerou a obediência às ordens superiores como fato justificativo, mas como circunstância atenuante. De fato, no artigo 3º, estabelece-se que leis, decretos, regulamentos, ordens ou autorizações da autoridade de fato não constituem "fato justificativo no sentido do artigo 327 do Código Penal" nos casos em que o réu pudesse ter-se esquivado à sua execução por iniciativa pessoal. No entanto, as ordens recebidas podem, "se cabível", ser alegadas como circunstâncias atenuantes ou escusas absolutórias. A ordem da lei, portanto, não podia ser sistematicamente considerada para eximir o funcionário de toda responsabilidade. Desse modo, os textos pretendiam deixar ampla margem de manobra para os tribunais. No que se refere ao expurgo no funcionalismo público, o Conselho de Estado distinguiu o exercício de certas funções e o comportamento nesse exercício. Considerou-se que o exercício de certas funções justificaria em si uma sanção para um diretor regional da polícia "que tenha aplicado escrupulosamente as ordens do governo de Vichy" (CE, 28 de abril de 1947, *Dollié*, *Rec.*, 602), para um funcionário que tivesse aceitado, em maio de 1944, as funções de chefe do secretariado particular do delegado para a zona sul do Ministro do Trabalho (CE, 13 de maio de 1947, *Cote*, *Rec.*, 603), ou para um chefe assistente do gabinete do ministro da Justiça (CE, 25 de junho de 1948, *Chéron*, *Rec.*, 603). Em compensação, o fato de ter concordado em exercer funções puramente administrativas no campo econômico, financeiro ou social em geral não era considerado pelo juiz como justificativo de uma sanção (CE, 10 de dezembro de 1948, *Le Garrec*, *Rec.*, 466). Em relação ao comportamento no exercício da função, se o funcionário não tivesse demonstrado entusiasmo na execução de sua tarefa, ou se tivesse sido constrangido a executá-la, a obediência era considerada uma escusa (CE, 18 de julho de 1947, *Raimsayer*, *Rec.*, 608). Do mesmo modo, o juiz exigiu a necessidade de culpa caracterizada para justificar uma sanção, e a abstenção ou a passividade não era suficiente para motivá-la. Mas, quando o funcionário tivesse mostrado grande entusiasmo, por motivos outros que não o medo da repressão, a sanção disciplinar punia o descumprimento do dever de desobediência (CE, 7 de novembro de 1947, *Duchamp*, *Rec.*, 411). Por ocasião da apresentação das conclusões no acórdão *Aramu* de 25 de outubro de 1945 (*JCP*, 1946, II, nº 2.986), o comissário do governo indicava assim que "o expurgo não (tinha) nenhum caráter disciplinar, no sentido tradicional do termo". Tratava-se de sancionar comportamentos políticos graves, e não simples inobservâncias da lei penal em um regime no qual os crimes ou os atos de violência fossem casos-limite. No prolongamento do direito do expurgo e do direito de Nuremberg, as disposições do Código Penal de 1994 (art. 213-4), que visam o autor ou o cúmplice de crimes contra a humanidade, integraram e regulamentaram essa questão da obediência cega: o mando da autoridade legítima não pode constituir exoneração de responsabilidade, ainda que possa ser considerado na qualidade de circunstâncias atenuantes.

O encolhimento por trás da ordem recebida e a obrigação de obediência já não poderiam ser invocados com utilidade no que se referisse aos atos de barbárie.

› CATHERINE R. & THUILUER G., "De l'obéissance", *Mélanges Stassinopoulos*, LGDJ, 1974, p. 585. – DI MALTA P., *Essai sur la notion de pouvoir hiérarchique*, LGDJ, 1961. – GROSHENS J.-C., "Les pouvoirs des supérieurs hiérarchiques sur les actes de leurs subordonnés", *Actualité juridique de droit administratif*, 1966, p. 140. – LINDON R., "L'obéissance hiérarchique comporte-t-elle des limites et lesquelles?", *Revue administrative*, 1954, p. 159. – LOCHAK D., "Le sens hiérarchique", *in Psychologie et science administrative*, PUF, 1985, p. 147. – PAPADATOS A., *Le Problème de l'ordre reçu en droit pénal*, LGDJ, 1972. – PIQUEMAL M., *Le Fonctionnaire: devoirs et obligations*, Berger-Levrault, 1976. – RIVERO J., "Remarques à propos du pouvoir hiérarchique", *Actualité juridique du droit administratif*, 1966, p. 154. – JOSEPH-BARTHÉLEMY, "L'influence de l'ordre hiérarchique sur la responsabilité des agents", *Revue du droit public*, 1914, p. 491.

Ver também: ANDRIÈS A., "L'obéissance militaire et les interdictions du droit international public", in *Licéité en droit positif et réferences légales aux valeurs*, Bruylant, 1982, p. 568. – COSTE-FLORET P., "La répression des crimes de guerre et le fait justificatif tiré de l'ordre supérieur", *Dalloz*, 1945, p. 4. – DELPÉRÉE F., *L'Élaboration du droit disciplinaire dans la fonction publique*, LGDJ, 1969. – DESMONS E., *Droit et devoir de résistance en droit interne. Contribution à une théorie du droit positif*, LGDJ, 1999. – GAUDEMET P. M., "Le déclin de l'autorité hiérarchique", *Dalloz*, 1947, chrono XXXV. – GLASER S., "L'ordre hiérarchique en droit pénal international", *Revue de droit pénal et de criminologie*, 1952-53, p. 283. – LOCHAK D., "Le pouvoir hiérarchique dans l'entreprise et dans l'administration", *Droit social*, 1982, p. 25. – LAVAU G. E., "De quelques principes en matière d'épuration administrative", *La Semaine juridique*, 1947, nº 584. – MOURGEON J., *La Répression administrative*, LGDJ, 1967. – MÜLLER-RAPPART E., *L'Ordre supérieur militaire et la responsabilité pénale du subordonné*, Pedone, 1965. – RIDEAU J., "L'ordre illégal en droit positif français", in *La Continuité des services publics*, PUF, 1973, p. 119. – PUPPO A., "La lutte contre le harcèlement moral dans la fonction publique: soumission ou dignité?", *Actualité juridique. Fonctions publiques*, nº 4, julho-agosto de 2002, pp. 36-43. – SALON S., *Délinquance et répression disciplinaire dans la fonction publique*, LGDJ, 1969. – THUILLIER G., "Le droit disciplinaire au XIXᵉ siècle dans les ministères", *Revue administrative*, 1977, p. 26.

Éric DESMONS

→ Crime contra a humanidade; Direito de resistência; Função pública; Legítima defesa.

OBRAS E CONSTRUÇÕES PÚBLICAS

Segundo o direito administrativo francês, as obras públicas (*travaux publics*) são obras de cunho imobiliário, realizadas por conta de um órgão público, para fins de utilidade geral, ou por tal órgão, no cumprimento de um serviço público. A construção pública (*ouvrage public*), por sua vez, é definida como um imóvel resultante da obra, destinada a uma finalidade de interesse geral.

Não é nova na França a ideia de que certas obras de cunho imobiliário, em vista de sua utilidade pública, competem a pessoas públicas. Enquanto, na Idade Média, predominava a iniciativa local – senhores feudais, cidades –, no século XVI, quando constituía a sua soberania, o Estado começou a incluir em suas atribuições a realização de certas construções, principalmente as vias de comunicação. Essa concomitância revela o significado primordial das obras públicas: o Estado modela seu território e, corrigindo assim a Natureza por meio da Arte, não está longe de se igualar a Deus. A ação do poder público nesse campo, pouco sensível às vicissitudes das doutrinas sobre as funções do Estado, perdurou, sustentada por imperiosos motivos políticos e econômicos. Instrumentos de realização das infraestruturas e, especialmente, das redes de comunicação necessárias ao progresso econômico e à ubiquidade do poder, no século XX as obras públicas também se tornaram um meio para diversas políticas: planejamento do território, urbanismo, ação fundiária e rural. A importância de uma função, aliás, determina o nível do órgão incumbido de exercê-la: criado em 1716, o órgão denominado *Ponts et Chaussées* (espécie de departamento de vias públicas) constitui, ainda hoje, um dos grandes corpos do Estado. O direito relativo às obras públicas não é menos importante que seu objeto. Sua antiguidade e seu valor fazem dele um dos principais construtos do direito administrativo, em cujo âmbito ele sempre conservou certa autonomia. Durante o Antigo Regime e mesmo já na Idade Média, as obras públicas eram objeto de um enquadramento jurídico cujos elementos alimentaram o direito dos séculos XIX e XX. Mas, no século XIX, a constituição do direito relativo às obras públicas como corpo organizado de regras foi uma das primeiras obras da jurisprudência administrativa. A Lei de 28 de pluvioso do ano VIII constituiu seu fundamento. Numa época em que ainda prevalecia o sistema do administrador-juiz, esse texto instituiu a primeira jurisdição administrativa da França moderna, os conselhos departamentais, e lhe confiou, em primeira instância – recurso ao Conselho de Estado –, o contencioso das obras públicas. Isto porque este pôs em causa jurisdicionados dignos de interesse: os empreiteiros, executantes das obras, e, sobretudo, os proprietários, sujeitos a elas. Também com o objetivo de proteger a propriedade, o mesmo texto admite a possibilidade de instituir uma responsabilidade por danos causados por obras públicas, numa época em que dominava o princípio da não responsabilidade do poder público. O espírito da lei do ano VIII anima a jurisprudência dela oriunda. No intuito de constituir as obras públicas como "bloco de competência" dos conselhos departamentais e de garantir a propriedade, o juiz administrativo adotou uma concepção extensiva das noções de obras e construções públicas, dotando-as, ademais, de um efeito de atração. O objetivo geral do direito administrativo – conciliar a superioridade da administração, justificada pelo interesse público, com o respeito aos direitos privados – no regime das obras públicas apresentava características peculiares. Novamente para preservar a propriedade, o juiz e o legislador estipularam as condições do exercício das prerrogativas exorbitantes de que gozavam as obras e construções públicas. Essas prerrogativas tinham contrapartida pecuniária na notável extensão que a jurisprudência deu à responsabilidade por danos causados por obras públicas. Essa maneira de resolver na forma de direitos pecuniários os interesses privados dobrados pelo poder público encontrava-se nas relações contratuais que este travava com os empreiteiros. Nesse caso, eram firmados principalmente dois tipos de contratos administrativos em virtude da Lei de 28 de pluvioso do ano VIII: concessão de obras públicas e contrato de concessão de serviços e obras públicas.

Noção de obra pública

Segundo apresentação doutrinária majoritária, coexistem duas definições da operação de obra pública em direito positivo. Sintetizando a obra jurisprudencial e doutrinal do século XIX, o acórdão *Commune de Monségur* (CE, 10 de junho de 1921) enuncia uma primeira definição, que se tornou tradicional; o acórdão *Effimief* (TC, 28 de março 1955), constatando a evolução das funções fundiárias do poder público, formula uma segunda. Esse dualismo, às vezes negado, merece pelo menos ser relativizado.

As duas definições de obra pública compreendem um elemento comum: somente a *obra imobiliária* pode ser uma obra pública. A noção de *obra* é compreendida de maneira ampla, abarcando todas as operações materiais que podem ser realizadas num imóvel. Efeito, talvez, do pouco valor tradicionalmente vinculado aos bens móveis – *res mobilis, res vilis* –, pode ser pública somente uma obra feita num *imóvel*, no sentido do direito civil. Quanto ao resto, as jurisprudências *Commune de Monségur* e *Effimief* se distinguem, embora não se oponham radicalmente. Segundo a primeira, uma obra imobiliária é pública se realizada com o *objetivo de utilidade geral, por conta de uma pessoa pública*. Essas duas noções são, novamente, muito abrangentes. A primeira exclui da categoria "obra pública" as obras realizadas no interesse de pessoas privadas ou no interesse financeiro de uma pessoa pública. Mas a utilidade geral não se reduz ao interesse do domínio público, muito menos ao do serviço público. Esta última distinção é nitidamente estabelecida pelo próprio acórdão *Commune de Monségur*: embora, desde a separação entre Igreja e Estado, o culto tenha deixado de ser um serviço público, as obras de manutenção das igrejas que ficam à disposição dos fiéis para a prática da religião visam um objetivo de interesse público e, por isso, constituem obras públicas. O sentido da expressão "por conta de um órgão público" presta-se a uma controvérsia decisiva para a interpretação da jurisprudência *Effimief*. Ela se refere, primordialmente, à propriedade pública: uma obra é realizada por conta de um órgão público quando feita num imóvel que lhe pertença ou quando tem por objeto a realização de uma construção que lhe virá a pertencer. Mas, já no século XIX (CE, 10 de março de 1869,

Dupuy) e, sobretudo, a partir dos anos 1920, considerava-se que algumas obras eram realizadas por conta de um órgão público sempre que este estivesse cuidando de sua direção e de seu controle. O novo sentido assim dado à expressão "por conta de um órgão público", abrangendo sua supervisão da operação, permitia admitir, excepcionalmente, a possibilidade de obras públicas realizadas em propriedades privadas. A jurisprudência *Effimief* trata desse ponto. Segundo esta, as obras imobiliárias realizadas por conta de um órgão privado, ou seja, num imóvel que lhe pertença ou esteja destinado a lhe pertencer, são obras públicas, com duas condições: que sejam realizadas por um órgão público e no cumprimento de um serviço público. Assim, é alçada à categoria de princípio a possibilidade, antes excepcional, de realização de obras públicas em propriedades privadas. Essa relativa inovação está ligada à evolução dos fatos: com o desenvolvimento das funções fundiárias do poder público, tornou-se cada vez mais frequente a realização de obras em propriedades privadas por parte de órgãos públicos. A extensão assim dada à noção de obra pública, no entanto, é restringida por duas exigências redutoras. Em primeiro lugar, a execução da obra deve corresponder ao cumprimento de um serviço público. Assim, segundo o acórdão *Effimief*, as obras de reconstrução de imóveis privados sinistrados durante a Segunda Guerra Mundial, realizadas pelas associações sindicais de reconstrução, eram obras públicas, uma vez que o legislador pretendeu incumbir tais associações da realização de um serviço público. Em segundo lugar, a obra deve ser executada por um órgão público, ou seja, sob sua direção, sem exclusão do recurso a um empreiteiro.

Noção de construção pública

Em razão da dualidade de sentido da palavra obra, a expressão obra pública pode ser compreendida como designativa não só de uma atividade – a operação de obra pública ou obra pública *stricto sensu* –, mas também de seu produto – a construção pública. Essa interpretação possibilitou aplicar a Lei de 28 de pluvioso do ano VIII tanto à obra pública *stricto sensu* quanto à construção pública. Mas durante muito tempo também levou a definir a construção pública, em referência à obra pública, como o imóvel resultante ou objeto de tal obra. Ora, como bem demonstrou R. Capitant, num estudo clássico, a obra pública como operação e a construção pública são duas noções distintas e independentes. A necessária definição de construção pública, positiva (pela enunciação de seus elementos constitutivos) e negativa (pela confrontação com outras noções, traz à tona seu caráter extensivo e sua autonomia. Três condições devem estar reunidas para que um bem seja qualificado de construção pública. Em primeiro lugar, ele deve ser *imóvel*, no sentido do direito civil. Esse imóvel deve ser, em segundo lugar, resultado de uma obra humana: os bens que permaneçam em seu estado natural, que não tenham sido modificados por nenhuma intervenção humana, mesmo que modesta, não podem ser construções públicas. Isso ocorre com praias, cursos de água ou pistas de esqui onde não tenha havido intervenção humana. Por fim, para ser pública, uma construção imobiliária deve destinar-se a atender a um objetivo de interesse público, ou seja, ao uso direto do público ou ao funcionamento de um serviço público. A noção de construção pública frequentemente intersecta, mas nem sempre, a de obra pública, de propriedade pública e de domínio público. Embora, em geral, uma construção pública resulte de uma obra pública, a independência dessas duas noções é constatada em diversos aspectos. *Brevitatis causa*: uma obra pública pode não dar origem a uma construção pública, conforme atesta o acórdão *Effimief*, nem incidir sobre tal construção – por exemplo, obras realizadas oficialmente pelas comunas em imóveis privados ameaçados de arruinar-se; inversamente, a existência de uma construção pública não resulta necessariamente de uma obra pública – por exemplo, um imóvel edificado por pessoas privadas pode ser adquirido por um órgão público e destinado ao interesse público; por fim, a obra realizada numa construção pública pode ser executada quando realizada por uma pessoa privada em seu interesse. As construções públicas geralmente são propriedade de órgãos públicos, e a jurisprudência tende a fortalecer esse vínculo. A apropriação privada de uma construção pública, porém, não é impossível. Por aplicação da teoria do acessório, a construção de uma pessoa privada que faça corpo com uma construção pública recai na mesma qualificação. Algumas construções, embora propriedades privadas, são afetas a uma destinação de interesse público que pode torná-las públicas. As construções públicas de propriedade de um órgão público na maioria das vezes fazem parte de seu domínio público. O fato de uma construção pública pertencer ao domínio privado ocorre, porém, em dois casos. Ou a benfeitoria inerente à construção pública não constitui uma benfeitoria especial que acarrete dominialidade pública, ou a construção pública, embora satisfaça aos critérios jurisprudenciais do domínio público artificial, está excluída deste último por uma disposição legislativa explícita (caso dos caminhos rurais) ou implícita (caso das construções pertencentes aos estabelecimentos públicos industriais e comerciais cuja administração é orientada por regras incompatíveis com as da dominialidade pública).

Efeito de atração da noção de obra pública

O efeito de atração da noção de obra pública abrange uma política jurisprudencial segundo a qual bens, fatos, atos jurídicos ou materiais que estejam totalmente desprovidos de vínculos com uma obra pública ou com uma construção pública vinculam-se à matéria das obras públicas. Assim, são qualificados de contratos de obras públicas os contratos complexos cujo objeto seja, em parte apenas, a execução de obras públicas ou mesmo cujo objeto apenas esteja em relação com tais obras – contratos de seguro destinados a cobrir a responsabilidade dos empresários, por exemplo. A jurisprudência adota também uma concepção extensiva da noção de danos causados por obras públicas. Por exemplo, os danos causados pelos serviços públicos que utilizem construções públicas são, em princípio, considerados danos causados por obras públicas, ainda que sua origem não esteja na construção utilizada, mas no mau funcionamento do serviço que a usa.

Poder público e propriedade

Dois tipos de prerrogativa de poder público beneficiam as obras públicas. A primeira consiste em diversas sujeições impostas às propriedades privadas, destinadas a facilitar a execução da obra. A principal dessas sujeições é o direito de ocupar temporariamente os terrenos privados para, por exemplo, estabelecer um canteiro de obras. Conhecida pelo direito medieval, essa prerrogativa é hoje regida por uma lei de 29 de dezembro de 1892, cujo objetivo é reforçar a proteção do direito de propriedade. A regulamentação do tempo de ocupação revela claramente esse intuito. Uma ocupação indefinidamente prolongada equivale a uma desapropriação de fato. Para evitar esse abuso, a lei limita a cinco anos o tempo de ocupação e acrescenta que, se esta precisar prolongar-se além desse prazo, impõe-se uma desapropriação regular, na ausência de acordo amigável. Aliás, é óbvio que os prejuízos causados pela ocupação dão direito a indenização. O segundo tipo de prerrogativa já não é de ação, mas de proteção das construções públicas. O essencial dessa defesa é constituído pelo princípio de intangibilidade destas. Apesar de sua forma de adágio – "Construção pública mal plantada não se destrói" – lembrar o Antigo Regime, esse princípio só foi adotado pelo Conselho de Estado no século XIX. Para avaliar o enfraquecimento por ele sofrido hoje, é preciso expor primeiro o seu significado inicial. O princípio considerado vedava a todo e qualquer juiz a prescrição de alguma medida capaz de danificar uma construção pública. Em grande medida, essa proibição se confunde com outra, mais geral, que consiste em fazer injunções à administração. Sua especificidade só se mostra no caso em que a administração, erigindo sem direito uma construção pública em propriedade privada, cometa um ato de violência. O princípio de intangibilidade paralisa então o poder de injunção que o ato de violência normalmente faculta ao Judiciário. Este não pode ordenar a retirada da construção, mas apenas constatar que sua implantação definitiva redunda em desapropriação e determinar a indenização que esta comporta: é uma aplicação da teoria da "desapropriação indireta". Para tentar justificar essa "capitulação do direito diante do fato consumado" (R. Chapus), invoca-se principalmente a destinação de interesse público da construção pública. Mas, se o interesse público for suficiente para legitimar a ilegalidade, melhor será renunciar à própria ideia de direito público. Portanto, é salutar que uma evolução jurisprudencial e legislativa tenha conduzido à limitação do princípio: obra pública mal plantada, hoje, às vezes se destrói. O juiz judiciário, que abandonou a teoria da desapropriação indireta, agora, em caso de ato de violência, tem o poder de ordenar a destruição da obra, apenas com a condição de que não tenha sido iniciado nenhum processo de regularização. O juiz administrativo parece mais conservador. É claro que, como aplicação da Lei de 8 de fevereiro de 1995, que lhe confere poder de injunção para garantir a execução de suas decisões, ele se considerou no direito de ordenar a destruição de uma construção pública cuja implantação irregular tenha constatado. Mas esse direito implica sérios limites. A simples possibilidade de regularização exclui seu exercício. Na ausência dessa possibilidade, a demolição só poderá ser ordenada se não ferir excessivamente o interesse público. Para determinar esse grau, o juiz deve comparar os inconvenientes que a presença da construção acarreta para os interesses privados ou públicos e as consequências da demolição do ponto de vista da utilidade pública. Assim, sem renunciar à ideia de que esta pode justificar a intangibilidade, o Conselho de Estado exige uma apreciação circunstanciada do fato, que traz à baila o método do balanço, o mesmo que ele pratica em matéria de desapropriação: não será essa uma versão edulcorada da desapropriação de fato?

Uma responsabilidade estendida

Os danos causados por obras públicas representam um caso singular na história moderna da responsabilidade. Inicialmente baseado na culpa, o regime de direito comum da responsabilidade administrativa – como, aliás, o direito civil da responsabilidade – só começou a acolher a responsabilidade objetiva a partir do fim do século XIX. Nesse regime, a responsabilidade teve uma evolução exatamente inversa. Na origem, ela era independente de culpa, e esta só encontrou lugar nela, com dificuldade, no século XX. Dessa transformação complexa aqui traçaremos apenas as linhas gerais. A admissão inicial da responsabilidade objetiva em matéria de obras públicas procede essencialmente do intuito de proteger a propriedade. Em vista de sua amplitude e das prerrogativas que implicam, as obras públicas comportam um risco de graves prejuízos para as propriedades vizinhas. Como essas obras devem beneficiar o conjunto da coletividade, é justo que os encargos delas resultantes sejam igualmente divididos entre todos; quando um prejuízo vem romper essa igualdade em detrimento da vítima, é preciso restabelecer a igualdade destinando-lhe uma indenização. A igualdade justifica, assim, que o poder público responda pelos riscos a que as obras públicas expõem a propriedade. O Estado, porém, não é uma seguradora. Por isso, sua responsabilidade se limita aos danos que apresentem certas características. A indenização foi inicialmente limitada ao prejuízo direto – o que é óbvio – e material, ou seja, o prejuízo decorrente de um dano físico ao imóvel. Mas, já nos anos 1860, esta última condição foi substituída pela do dano anormal, ou seja, aquele cuja gravidade ultrapasse as injunções comuns da vizinhança. A afirmação do direito comum da responsabilidade administrativa, que se baseia na culpa do serviço público, somada à relação estreita que a noção de obra pública mantém com a de serviço público, deveria levar à introdução da ideia de culpa na responsabilidade por danos causados por obras públicas. Realmente, as decisões que alegam noções relacionadas a culpa – falha na manutenção de construções públicas, insuficiência de precauções etc. –, secundárias no século XIX, multiplicam-se no século seguinte. A partir daí, a doutrina se empenhou na explicação dos respectivos lugares ocupados pela responsabilidade objetiva e pela responsabilidade com culpa em matéria de obras públicas. A reflexão orientou-se para duas direções. Os prejuízos com base nos quais a jurisprudência do século XIX se formou apresentam uma característica comum: não eram acidentais, mas sim consequência necessária da execução de obras ou da presença de construções (prejuízos "permanentes", dirão). Alguns autores então notaram que as sentenças que mencionavam culpa referiam-se, ao contrário, a prejuízos acidentais. A partir de então, a distinção entre dano permanente e dano acidental pôde ser considerada a chave da jurisprudência. No primeiro caso, justifica-se uma responsabilidade objetiva, baseada na ruptura da igualdade referente aos encargos públicos, supondo um prejuízo de certa gravidade – "anormalidade" –, que atingisse um número limitado de pessoas – "especialidade". No segundo, a causa está em algum acontecimento separável da obra pública – o acidente; já não há, assim, imputação à obra, e será preciso voltar ao direito comum da responsabilidade administrativa, ou seja, em princípio, à falha do serviço. Dominante durante a primeira metade do século XX, esse construto nunca deixou de ser contestado. Os danos que constituíam matéria da jurisprudência no século XIX atingiam terceiros em relação às obras ou construções. Notou-se então que, ao contrário, nas decisões em que aparece a noção de culpa, a vítima é usuária da construção. A evolução do direito positivo confirmou essas opiniões: a partir dos anos 1950, a jurisprudência passou a levar, explicitamente, em consideração a qualidade na qual a vítima é afetada – no essencial, terceiro ou usuário. Para a maioria dos autores atuais, essa distinção substituiu a de danos permanentes e acidentes e, por si só, explica o estado do direito. A opinião minoritária que limita seu império aos danos acidentais parece mais exata. Seja como for, essa distinção é justificada pela ideia de aceitação dos riscos e pela da igual distribuição dos encargos e vantagens acarretadas pelas obras públicas. Os danos acidentais sofridos por terceiros, que, por definição, não utilizam a construção e, por isso, não auferem dela nenhum proveito direto, dão ensejo à responsabilidade objetiva. Salvo no caso em que o dano tenha sido causado por uma construção perigosa, não ocorre o mesmo com o usuário. Este vê no uso da construção uma vantagem especial, em contrapartida da qual ele assume os riscos normais desse uso. Mas ele pode exigir que a administração ponha à sua disposição uma construção apropriada à sua destinação. O usuário, portanto, tem direito à reparação pelo dano causado por uma "falha de manutenção normal" da construção, sem precisar provar essa falha: a ocorrência do dano leva a presumi-la, e cabe à administração provar que fez corretamente a manutenção da construção para exonerar-se.

Concessão de obras públicas

A concessão de obras públicas pode ser definida como um contrato por meio do qual um órgão público encarrega um empreendedor (empreiteiro) da construção e da exploração de uma construção pública mediante a percepção de tarifas cobradas dos seus usuários. A história, que esclarece essa convenção, é bastante conturbada. Conquanto, na realização de obras de infraestrutura, o Antigo Regime tenha utilizado contratos cuja fisionomia geral é a das concessões de obras públicas, sua teoria jurídica não foi feita então e não se elabora antes do século XIX. Nessa época assiste-se ao predomínio da concessão, proporcional ao progresso técnico. As concessões de ferrovias, bondes e iluminação foram de início consideradas simples contratos de ocupação do domínio público. Mas, para distingui-las dos contratos que não comportavam construção, essas convenções logo passaram a ser qualificadas de concessões de obras públicas. Estas eram então exclusivamente concebidas como um modo de execução das obras públicas, que se distingue do contrato de fornecimento de bens e serviços no modo de remuneração do empreendedor: em vez de ser pago diretamente pela administração, este obtém o direito de explorar a construção que realizou cobrando tarifas de seus usuários. Assim, o poder público não arca com o custo da realização das obras, enquanto sua exploração permite que o concessionário amortize seus investimentos e aufira os lucros com que contava. Essa concepção, em perfeita harmonia com os ideais do liberalismo, entrou em crise a partir do início do século XX. Não que a concessão esteja de fato refluindo: mantida no campo tradicional das infraestruturas, especialmente nas rodovias e pedágios, ela vem conquistando novos territórios nos setores da urbanização e da revitalização regional. Mas mesmo esse desenvolvimento é, em parte, origem de três alterações em suas características clássicas. Na maioria das vezes, as construções feitas pelo concessionário servem para o funcionamento de um serviço público. Desde os primeiros anos do século XX, ficou claro que o objetivo principal das concessões não era tanto a execução das construções, porém mais a gestão do serviço: o transporte ferroviário mais que as ferrovias. A partir daí se passaria a ver na concessão de obra pública não tanto um modo de execução de obras públicas quanto uma forma da concessão de serviço público, ainda que se encontrem concessões de obras públicas sem serviço público e *vice-versa*. As relações entre as partes também passaram por profunda transformação. Na concepção clássica, o concessionário atuava por sua própria conta e risco. O desenvolvimento do intervencionismo econômico público, ao contrário, levou a associar o concedente ao financiamento da operação de diversas formas (subvenções, adiantamentos etc.). Por fim, a distinção entre contrato de fornecimento de bens e serviços e concessão sofre alguma perturbação. O Conselho de Estado, é verdade, continua fiel ao critério do modo de remuneração. Mas essa constância lhe vale duas críticas. Como a cobrança de tarifas dos usuários já não é o único recurso oferecido pela exploração da construção, o critério atual ganharia muito se fosse substituído pelo critério do vínculo entre remuneração e resultados da exploração. Uma parte da doutrina julga até que seria preferível definir o contrato de concessão por seu objeto – construção e exploração de uma construção pública –, e não pelo modo de remuneração do empreiteiro.

Contrato de obras públicas

Enquanto o contrato de obras públicas é um dos contratos administrativos mais notórios, a singularidade de seu regime em relação a seu homólogo de direito privado, o contrato de empreitada, é relativa. Trata-se de um contrato por meio do qual uma coletividade pública, dona da obra, confia a uma empresa a execução de uma obra pública mediante pagamento de um preço. Já vimos como esse modo de remuneração distingue o contrato de execução da concessão. Como ocorre com o geral dos contratos administrativos, a participação de um órgão público é, em princípio, necessária para a qualificação de contrato de obras públicas. Assim, mesmo sendo relativo à execução de uma obra pública, um contrato firmado entre duas pessoas privadas é um contrato de empreitada. O desenvolvimento das formas privadas da ação administrativa, porém, levou o juiz a limitar esse princípio. Para tanto contribuíram duas jurisprudências. Numa decisão célebre (8 de julho de 1963, *Soc. entreprise Peyrot*), o Tribunal dos Conflitos considerou que o contrato por meio do qual uma sociedade de economia mista (SEM) concessionária de uma rodovia confia a execução de obras a uma empresa é firmado por conta do Estado concedente e constitui, por isso, um contrato de obras públicas. O juiz ressalta que a construção das rodovias nacionais cabe por natureza ao Estado. Assim, a solução não é explicada pela ideia de mandato, mas repousa no objeto do contrato: os contratos em causa são equiparados aos do Estado porque incidem num domínio que lhe é reservado. O fundamento dessa jurisprudência limita seu campo às obras rodoviárias, mas o estende às sociedades privadas concessionárias. A partir de 1975, passou-se a admitir que os contratos firmados por SEMs concessionárias de obras que não fossem rodoviárias com empresas são concluídos por conta do poder público concedente e constituem contratos de obras públicas. As sentenças baseiam-se em diversos índices, denotando que o concessionário foi apenas intermediário do concedente. Esse método inclina a falar de mandato tácito. Mas, embora confirmada por algumas decisões, essa interpretação é desmentida por outras. O contrato de obras públicas parece constituir o protótipo do contrato administrativo. O eminente interesse geral das obras públicas, as prerrogativas de poder público de que a administração é investida concorrem para colocar esta última que, ademais, é dona da edificação, numa posição de clara superioridade em relação à empresa. Além do poder de punir as faltas contratuais desta última, a coletividade pública tem o poder de controlar e dirigir a execução do contrato, especialmente dando à empresa ordens referentes ao serviço, às quais esta deve obedecer. Os poderes de rescisão e, sobretudo, de modificação unilateral no interesse público também são exercidos no contrato de obras públicas. Evidentemente, é necessário oferecer compensações financeiras à empresa. Além do pagamento do preço estipulado, o titular do contrato tem o direito de ser indenizado, com inspiração na teoria do ato de autoridade (*fait du prince*), pelos custos suplementares impostos pela administração, para que seja mantido o equilíbrio financeiro do contrato. Esse imperativo de equidade também impõe a indenização da empresa, que cede ao interesse geral ao perseverar na execução de suas obrigações, ainda que circunstâncias novas as tornem mais onerosas. Além da circunstância da imprevisão, há duas jurisprudências notáveis sobre o assunto. O titular do contrato tem o direito de ser pago pelas obras suplementares que realize espontaneamente desde que estas sejam indispensáveis à boa execução das construções incluídas nas previsões do contrato. Segundo a teoria das sujeições imprevistas, o empreiteiro cujas obrigações sejam aumentadas pela necessidade de superar dificuldades materiais, imprevistas e excepcionais, na execução das obras, deve ser indenizado por meio de um ajuste no preço do contrato.

Numa obra notável (*Contrat d'entreprise et marché de travaux publics*, LGDJ, 1981), F. Llorens esforçou-se por mostrar que o regime do contrato de obras públicas, em muitos aspectos, é semelhante ao do contrato de empreitada. A recente evolução do direito subtraiu parte da pertinência a essa demonstração. O autor baseava-se amplamente na incontestável proximidade entre as regras aplicáveis aos contratos de obras públicas e aos contratos de obras privadas dos órgãos públicos que, na época, eram de fato, na maioria das vezes, contratos de empreitada de direito privado. Ora, uma reforma legislativa recente (Lei de 11 de dezembro de 2001) atribuiu a esses contratos de obras privadas, bem como ao conjunto dos contratos públicos, a qualidade de contratos administrativos. O estudo de F. Llorens conserva, porém, uma parte de verdade. Assim, as condições de execução dos contratos de obras públicas são tradicionalmente determinadas por especificações gerais às quais as partes costumam remeter-se, ainda que a isso não sejam obrigadas. Os contratos de empreitada, especialmente os firmados por organismos privados sob influência pública, às vezes se inspiram amplamente nesses modelos de contrato. O direito comunitário é uma fonte importante do regime dos contratos de obras públicas, cujos procedimentos de conclusão ele orienta de modo especial. As regras resultantes também regem contrato de empreitada, pois a noção comunitária de contrato público é independente da noção de contrato administrativo. Por fim, embora a jurisprudência estabeleça diferenças incontestáveis entre contrato de obras públicas e contrato de empreitada, também nesse caso as convergências não são desprezíveis. Assim, o regime da responsabilidade decenal, que pesa sobre as empresas executantes de obras públicas, foi determinado pela jurisprudência administrativa com base nos artigos 1.792 e 2.270 do C. Civ. fr. De modo mais geral, as soluções adotadas pelas duas ordens de jurisdição muitas vezes são semelhantes. Assim, a antiga ideia de que as obras públicas exigem um regime jurídico e contencioso derrogatório do direito comum não costuma ser aceita sem discussão.

› Auby J.-M., "L'Ouvrage public", *CJEG*, 1961, p. 529, e 1962, p. 1. – Capitant R., "La double notion de travail public", *RDP*, 1929, p. 507. – Cathelineau J., "Diversité et particularisme des concessions de travaux publics", *CJEG*, 1968, *D.*, p. 27. – Chapus R., "Structure de la responsabilité pour dommages de travaux publics", *Mélanges M. Waline*, LGDJ, 1974, p. 307. – Dufau J., *Le Droit des travaux publics*, PUF, "Droit fondamental", 1998. – Latournerie R., "De la faute et du risque à propos des dommages causés par les travaux publics", *RDP*, 1945, pp. 5, 133, 292. – Llorens F., *Contrat d'entreprise et marché de travaux publics*, LGDJ, 1981.

Jacques Petit

→ Direito administrativo; Domínio público e privado.

OBRIGAÇÕES

Vinculum juris, a obrigação é uma palavra polissêmica: seu sentido difere segundo se trate de uma obrigação moral, religiosa, natural, militar, fiscal, hipotecária, negociável, amortizável, política, cívica, jurídica, de consciência, de prestar serviço, de reconhecimento. Designa até, de modo geral, o respeito à norma: tudo o que é obrigatório; por exemplo, obedecer à lei. Qualquer que seja a acepção, a ideia que a caracteriza constantemente é a ideia de vínculo. A etimologia *ob* + *ligare* mostra que se trata de ligar (*ligare*) de modo estreito (*ob*). A obrigação liga, com maior ou menor força segundo o sentido; portanto, mais obrigatória ou menos obrigatória. Quando se trata de obrigação moral ou de dever de consciência, esse vínculo não comporta coerção – salvo o poder da consciência – e até mesmo admite, na concepção que dela se tem hoje em dia, opção e liberdade. Existem também obrigações que dão origem a um poder coercitivo, que não é, porém, o poder do Estado; por exemplo, obrigar uma criança a estudar: a coerção é então exercida pelos pais ou pelos professores. A obrigação jurídica comporta um poder coercitivo especialmente enérgico, a sanção do Estado: a faculdade coercitiva, portanto, assim como a obrigação, pode ter graus.

Quando se trata de obrigação civil, essa ligação é um vínculo de direito entre o credor e o devedor, que os romanos chamavam de *vinculum juris*. Segundo um sentido muito sugestivo do *vinculum* dado pelo *Dicionário latino-francês* de Gaffiot, trata-se de elos que prendem um prisioneiro, e sua exemplificação é uma imagem semelhante às algemas.

Direito pessoal

Esse vínculo dá origem a um direito, um direito pessoal, direito contra uma pessoa – o devedor –, o que o opõe ao direito real, que incide diretamente sobre uma coisa. Planiol define assim a obrigação: "É uma relação jurídica entre duas pessoas em virtude da qual uma delas, chamada credor, tem o direito de exigir certo fato da outra, chamada devedor. A obrigação, portanto, tem o efeito de vinculá-las uma à outra, formando aquilo que se chama vínculo de direito" (*Traité de droit civil*, LGDJ, t. I; 1ª ed., 1900, p. 678). Duas características marcam, portanto, a obrigação civil: 1 / um vínculo jurídico 2 / que dá origem a um direito de crédito.

Schuld e Haftung; vínculo e bem

Na teoria jurídica, a obrigação deu ensejo a duas análises próximas. 1 / Uma, que vem da Alemanha, distingue *Schuld* e *Haftung*: *Schuld* é o dever do devedor, obrigado a cumprir certo compromisso; *Haftung* é o poder de coerção do credor; a obrigação natural dissocia os dois elementos, comportando o primeiro, e não o segundo. 2 / A outra destaca que a obrigação é, ao mesmo tempo, um vínculo e um bem, ou seja, um direito que tem um valor; ambos os elementos são essenciais; na evolução do direito das obrigações, o segundo ganha cada vez mais importância, o que explica por que a obrigação pode "circular" por meio de transmissões e cessões; há assim uma comercialização progressiva da obrigação.

Campo, fontes, fundamentos

A "teoria geral das obrigações" faz parte, sobretudo, do direito civil; seu papel contemporâneo tende a reduzir-se, em proveito de direitos especiais de obrigação – direito comercial, do trabalho, da concorrência, do consumo e, sobretudo, direito europeu. O direito público continua estranho à noção de obrigação, exceto em alguns contratos administrativos e com referência às relações jurídicas submetidas ao direito europeu (R. Drago, "Droit public et droit privé", *APD*, *L'Obligation*, t. 44, 2000, p. 43; J. Chevallier, "L'obligation em droit public", *ibid.*, p. 179).

Fundamentos filosóficos

Há vários séculos, os fundamentos filosóficos e jurídicos da obrigação vêm ensejando intensos debates, frequentemente com grande profundidade humana e política; desde o início do século XX, os debates se ampliaram, seguindo o curso do tempo e a ideologia dominante: liberalismo, socialismo e estatismo não têm a mesma visão da obrigação. De uns trinta anos para cá, as discussões se tornaram ainda mais acaloradas, às vezes contraditórias e até confusas. Supondo-se que todo sistema jurídico tem um fundamento filosófico, a justificação filosófica da obrigação variou: aqui só faremos uma análise esquemática. Precisamos deixar de lado os debates sobre a obrigação no sentido de regra obrigatória, que põem em causa um problema mais geral: o fundamento do direito. Por que uma regra é obrigatória? Porque a lei positiva a impõe (*Lex jus constituit*, Suarez, *De legibus*, I, 15, 7)? A lei natural, o contrato social, a razão, a luta de classes, a justiça, a utilidade ou a necessidade? etc. (mais recentemente, R. Sève, "L'obligation et la philosophie du droit moderne", *APD*, p. 87). Em geral, o debate sobre o fundamento filosófico da obrigação interessa-se mais pelo *vinculum juris*, pelas razões pelas quais o devedor se compromete perante o credor. Tradicionalmente, sobretudo a partir da escola do direito natural, de Kant e os pós-kantianos, esse fundamento filosófico é buscado na vontade (autonomia da vontade, a vontade faz sua própria lei) e na razão. Georges Ripert baseava a obrigação no dever moral, ao mesmo tempo que combatia o direito natural (*La Règle morale dans les obligations civiles*, LGDJ, 3ª ed., 1935). Ao contrário, Henri Bergson buscava esse fundamento em outro lugar, não na razão, distinguindo as sociedades fechadas das sociedades abertas; nas sociedades "fechadas", a obrigação tem algo de mecânico como a natureza: baseia-se nos hábitos resultantes da vida em sociedade; nas sociedades "abertas", sua origem está nas aspirações dos homens superiores, profetas, heróis e santos (*Les deux sources de la morale et de la religion*, PUF, 1932, p. 18). A maioria dos filósofos não seguiu Bergson nesse ponto e continua baseando a obrigação na razão e, acessoriamente, na vontade, na justiça, na utilidade, na necessidade, na luta de classes etc.

Fundamentos jurídicos; obrigação contratual

Os juristas debatem mais os fundamentos jurídicos da obrigação, distinguindo obrigações contratuais e extracontratuais. A discussão mais intensa teve como objeto o fundamento da obrigação contratual. Tradicionalmente, ele é visto na vontade: a palavra contrato lembra o encontro das vontades, o compromisso; isso é sugerido, de modo um tanto confuso, pela etimologia: *contrahere*, puxar junto (*trahere* + *cum*), fazer um negócio com alguém. Foi-lhe dada uma expressão quase filosófica: a teoria da autonomia da vontade, da qual se aproxima um dos textos mais famoso do Código Civil francês, o art. 1.134, § 1º: "As convenções legalmente firmadas funcionam como lei para aqueles que as firmaram." Sobre esse assunto é considerável a literatura: o clássico da crítica é E. Gounot, *Le principe de l'autonomie de la volonté en droit privé, contribution à l'étude critique de l'individualisme juridique*, tese, Dijon, 1912. O princípio de autonomia da vontade foi frequentemente contestado em nome de uma compreensão social ou, mais raramente, econômica do direito, ou mesmo em nome de um questionamento radical da racionalidade do direito (por exemplo, J. Lenoble e F. Ost, *Droit, mythe et raison, rationalité juridique*, Fac. univ. Saint-Louis, Bruxelas, 1980). Sobre esse tema, a doutrina moderna muitas vezes é contraditória. Por exemplo, uns veem na proibição contemporânea das cláusulas abusivas um declínio da autonomia da vontade (J. Ghestin, *Le Contrat*, 1988, LGDJ, 2ª ed., nº 588, p. 672); outros, ao contrário, um retorno a suas fontes depuradas (A. Sinay-Citermann, "La commission des clauses abusives et le droit commun des contrats", *Rev. tr. dr. civ.*, 1985, pp. 471 ss., esp. nº 88, p. 132). O papel da vontade continua primordial na obrigação contratual, sobretudo no mundo atual, baseado na economia de mercado. Mas está refluindo: mesmo nas obrigações contratuais, desenvolvem-se obrigações legais, constituindo uma espécie de "forçamento" do contrato, estranho à vontade das partes: por exemplo, obrigação, segurança, informação, cooperação, conselho etc. e, no contrato de trabalho, obrigações "implícitas" (G. Lyon-Caen, "L'obligation implicite", in *APD*, p. 109).

Fundamentos jurídicos; consequências, obrigações extracontratuais

O fundamento tradicional das obrigações *delituosas* é a culpa: a palavra delito implica culpa (etimologia: *delinquere* = estar em falta). Também ele, assim como a vontade em relação ao contrato, está sendo questionado há mais de um século. Desde o fim do século XIX, observou-se o grande desenvolvimento da responsabilidade objetiva, com base no risco, que até agora, porém, não eliminou o papel primordial da culpa. Em se tratando de obrigações *quase contratuais*, o fundamento da obrigação é mais obscuro: ele geralmente se encontra no enriquecimento sem causa.

Classificações

As obrigações têm naturezas e espécies muito diversas. Foram propostas numerosas classificações, que permitem uma qualificação capaz de tornar mais preciso e claro o seu regime jurídico. Algumas são enunciadas pela lei, no caso o Código Civil. A maioria é obra da doutrina, com base em construtos conceituais e teóricos. Há uma centena de anos, elas vêm provocando um número crescente de discussões, frequentemente acadêmicas. Uma das mais antigas está ligada às suas fontes (N. Gomaa, *Théorie des sources de l'obligation*, LGDJ, 1968). O direito romano segundo Gaio fizera uma *summa divisio obligationum* (*Institutas*, III, 88); no século II, o mesmo Gaio fizera uma distinção bipartite, contrato e delito: "*omnis enim obligatio vel ex contracta nascitur vel ex delicto*" (*ibid.*); dois séculos depois, a distinção se tornou tripartite, com o acréscimo de vagas *variae causarum figurae* (diversas fontes): "*Obligationes aut ex contractu nascuntur aut ex maleficio aut proprio quodam jure ex variis causarum figuris*" (Digesto, 44, 7, fr. 1, pr.); finalmente, no século VI, com Justiniano, tem-se a quadriga contrato, quase contrato, delito e quase delito: "*aut enim ex contractu sunt aut quasi ex contractu aut ex maleficio aut quasi ex maleficio*"

(*Institutas*, III, 13, 2). O Código Civil francês viu cinco fontes: contrato, quase contratos, delitos, quase delitos, leis. Planiol propusera uma nova classificação bipartite, contrato e lei ("Classification des sources des obligations", *Rev. crit.*, 1904, pp. 224 ss.), o que é consagrado por recente disposição do Código Civil francês relativa à prescrição extintiva, que se refere à responsabilidade "*extracontratual*" (art. 2.270-1, reed. L. 5 de julho de 1985), oposta às outras obrigações, que seriam de natureza contratual. Outras distinções são mais recentes; têm em vista o *objeto* da obrigação; muitas vezes são imprecisas, pois o objeto de uma obrigação não cabe bem numa classificação binária, por ser passível de graduações. Existem três: obrigações de dar e fazer; em espécie e monetárias; de meios e de resultados. O Código Civil francês opõe as obrigações de dar às obrigações de fazer ou de não fazer (art. 1.101); há obrigação de dar quando uma pessoa deve transferir a propriedade de um bem; quase não tem existência em direito francês, em que o contrato realiza por si mesmo a transferência de propriedade. A depreciação monetária revelou o interesse que havia em distinguir obrigações em espécie e em dinheiro. Segundo a extensão da obrigação, faz-se a distinção entre obrigações de fazer, obrigação de resultado e obrigação de meios: o devedor compromete-se ora a produzir determinado resultado (exemplo: transportar um viajante de um lugar para outro), ora apenas a utilizar os meios de que dispõe (exemplo: o médico promete cuidar do paciente, mas não curá-lo).

História; direito romano

O direito romano elaborou uma teoria da obrigação, pelo menos a de direito civil; apesar de seu declínio contínuo e sensível, continua impregnando a teoria das obrigações tanto na França quanto em numerosos países europeus (J. Gaudemet, "Naissance d'une notion juridique, Les débuts de l''obligation' dans le droit de la Rome antique", *APD*, p. 19; Ph. Malaurie, "Droit romain des obligations. Droit français contemporain des contrats et l'Europe d'aujourd'hui", *JCP*, 2000, I, p. 246). A origem da obrigação em Roma é incerta: origem religiosa e mágica, como ocorre com frequência nos direitos primitivos? Primeiramente, uma técnica misteriosa de sujeição, depois uma vingança divina contra aquele que não cumprisse seu compromisso (P. Huvelin, *Les Tablettes magiques et le droit romain*, 1921). Ou então o delito: a obrigação seria a passagem da vingança privada para a reparação, inicialmente proposta pelo culpado e depois imposta pelo magistrado (M. Talamanca, ver "Obrigazioni, Storia", *Enciclopedia del diritto*, 1979, pp. 78 ss.). Para Jean Gaudemet, a obrigação resultaria de uma lenta elaboração doutrinal (*loc. cit.*).

Antigo direito

O prestígio do direito romano das obrigações foi considerável em toda a Europa romanizada, seja de modo direto, seja por meio do direito canônico, fortemente inspirado nele. A influência exercida sobre o direito francês não foi uma recepção (*aufzahme*), no sentido da recepção do direito romano pela Alemanha do século XVI, mas uma penetração (*Eindringer*), por meio da terminologia, dos conceitos e dos raciocínios (J.-Ph. Lévy, "La pénétration du droit romain dans le droit français de l'Ancien Régime", *Mélanges J. Gaudement*, PUF, 2000, pp. 474 ss.).

Código Civil e pós-Código Civil

O direito romano das obrigações impregnou profundamente o Código Civil francês; essa influência continuou sendo exercida durante todo o século XIX e a primeira metade do século XX, a ponto de preencher algumas lacunas do Código; por exemplo, a descoberta jurisprudencial no fim do século XIX da ação *de in rem verso* e do enriquecimento sem causa (Req., 25 de junho de 1892, *Patureau-Mirand*, *DP*, 1892, I, p. 596; *S.*, 1893, I, p. 291, nota Labbé). Aos poucos, ao longo do tempo, a influência romana declinou; o lugar ocupado pela teoria geral das obrigações foi sendo reduzido paulatinamente em proveito de jovens direitos novos: contratos especiais, direitos do consumidor e da concorrência e sobretudo direito europeu (J. Carbonnier, *Droit civil, Obligations*, PUF, "Thémis", 22ª ed., 2000, nº 3, p. 19). Atualmente se pensa numa unificação europeia do direito das obrigações. Várias tentativas estão em andamento (exemplo: G. Rouhette, "Les codifications du droit des contrats", *Droits*, 24, 1996, p. 113). Elas têm caráter doutrinário, mas apresentam certo caráter oficioso, pois são incentivadas pelas autoridades europeias. Essa unificação é necessária? A discussão está aberta nos Estados Unidos, e os americanos prescindiram dela, pelo menos no direito civil.

Regime geral

O regime jurídico das obrigações é independente de suas fontes, que chamamos de regime geral; quer as obrigações tenham origem num contrato, num quase contrato ou num delito, sua extinção, suas modalidades e sua cessão obedecem às mesmas regras. O Código Civil francês ignora a distinção, hoje clássica, entre suas fontes e seu regime. Assim, é no título "dos contratos ou das obrigações convencionais em geral" (título III do livro III) que são tratados "os efeitos das obrigações" (cap. III, arts. 1.134 a 1.167) e "a extinção das obrigações" (cap. V, arts. 1.234 a 1.314), que, no entanto, também se aplicam às obrigações extracontratuais. As regras referentes à cessão de crédito estão no título relativo à venda (título VI do livro III, arts. 1.689 a 1.701). A maioria das regras legais que constituem o regime geral das obrigações incide nas obrigações contratuais (condição, termo, extinção sem pagamento), ao passo que se aplicam também às obrigações extracontratuais.

Extinção das obrigações

A obrigação pode extinguir-se em decorrência do pagamento voluntário ou forçado, ou mesmo sem nenhum pagamento efetivo. Extingue-se sem nenhum pagamento efetivo em diferentes hipóteses: renúncia do credor (remissão de dívida), satisfação indireta (dação em pagamento, novação, compensação e confusão) e prescrição. A prescrição extintiva extingue o crédito quando há inação prolongada do credor. Baseia-se em vários fundamentos. 1 / ordem pública e respeito à paz social; não se deve perturbar o que o tempo consolidou: *Quieta non movere*; 2 / probabilidade de pagamento; 3 / preocupação em liberar o devedor, que seria esmagado pelo acúmulo de dívidas antigas. Há pluralidade de fundamentos porque há pluralidade de prescrições liberatórias, de acordo com o seu prazo (entre seis meses e trinta anos).

Modalidades das obrigações

Normalmente, a obrigação, como seu nome indica, é obrigatória, pura e simplesmente: obriga imediatamente o devedor. O caráter obrigatório pode ser modificado de duas maneiras, seja por ser afetada por alguma modalidade, seja, mais profundamente, por não ser civil, mas natural por natureza. O termo ou prazo e a condição são modalidades da obrigação que fixam seus efeitos no tempo, para retardá-los ou extingui-los. O *termo* é um acontecimento futuro que, diferentemente da condição, ocorrerá com certeza. Isso é lembrado pela etimologia: o deus *Terminus* era uma divindade agrícola romana, identificada com os limites dos campos, cuja posição não podia ser mudada. Ele pode ser suspensivo ou extintivo, certo ou incerto. A distinção mais clara é a que opõe o termo de direito ao prazo de tolerância (C. Civ. fr., arts. 1.244 a 1.244-3), que possibilita ao juiz "adiar ou parcelar o pagamento das quantias devidas", manifestação do poder moderador do juiz e da ideia de graça, que corrige o rigor do direito. A condição está ligada à incerteza: um acontecimento incerto; suspende o nascimento (a condição é "suspensiva") ou a resolução (a condição é "resolutiva"). Trata-se de uma modalidade frequentemente empregada, pois permite antever o futuro precavendo-se contra seus imprevistos. Hoje a prática comercial e o legislador a desenvolvem, às vezes abusivamente, principalmente porque um excesso de técnica – sobretudo em se tratando de retroatividade – muitas vezes vela os interesses em causa.

Obrigações naturais

Quando há obrigação natural, o credor não pode coagir o devedor à execução forçada; no entanto, ela não é isenta de efeitos jurídicos. 1 / Justifica os pagamentos voluntários, cuja nova cobrança veda (art. 1.235, § 2º); 2 / Torna civilmente obrigatórias suas promessas de execução. Por exemplo: 1 / não pode ser cobrado o pagamento de uma dívida prescrita, uma vez que a prescrição extingue a obrigação (Req., 17 de janeiro de 1938, *DP*, 1940, I, 57, nota Chevallier); considera-se que esse pagamento tinha por objeto uma obrigação natural; 2 / é civilmente obrigatório o compromisso assumido pelo amante para garantir o futuro de uma concubina que ele está prestes a abandonar (C. Civ. fr. 1º, 6 de outubro de 1959, *D.*, 1960, 515, nota Ph. Malaurie), ao passo que o rompimento de um concubinato não dá origem a nenhuma obrigação civil: um amante simplesmente tem obrigação natural para com a amante abandonada. A justificação desse regime um tanto complexo (uma obrigação que não é obrigatória, mas produz efeitos) variou ao longo do tempo. Os romanos diziam que se tratava de uma obrigação civil degenerada (exemplo: uma dívida prescrita) ou abortada (exemplo: a dívida resultante de um contrato formalista que não atenda às formalidades legais). Essa análise foi clássica durante muito tempo, mas recentemente foi condenada pela Corte de Cassação: "A transformação [...] de uma obrigação natural em obrigação civil [...] não exige que uma obrigação civil tenha preexistido a esta" (C. Civ. fr. 1ª, 10 de outubro de 1995, *D.*, 1996, 155, nota G. Pignarre). Pothier referia-se "ao foro da honra e de consciência" (*Obligations*, nº 173). Georges Ripert via aí "um regime inferior do direito em que já não há noite e ainda não há dia": um dever moral ascendendo à vida jurídica (*La Règle morale dans les obligations civiles*, nº 186 ss.). Um autor recente viu nisso um instrumento de evolução; a lei realmente consagrou em várias ocasiões uma obrigação natural, fazendo dela uma obrigação legal; por exemplo, essa foi uma das origens da Lei de 16 de novembro de 1912 sobre a investigação da paternidade natural (M. Gobert, *Essai sur le rôle de l'obligation naturelle*, Sirey, 1957, pref. J. Flour). Resposta de M. Carbonnier: "Em se tratando de corrigir as injustiças sociais, pouco se deve contar com a obrigação natural: entre estranhos, os impulsos afetivos são raros, e a lei imperativa é mais eficaz" (*op. cit.*, nº 9, p. 33).

Acordos de cavalheiros

Entre Estados, entre membros de uma mesma família, entre amigos ou nas relações de negócios, existem "compromissos de honra", também chamados de acordos de cavalheiros, *gentlemen's agreements.* Trata-se de acordos cuja execução as partes subordinam à sua lealdade; elas se abstêm de submeter seus desacordos a tribunais, mesmo que arbitrais. O mesmo ocorre com as cartas de intenções, de origem anglo-saxônica, nas quais uma sociedade-mãe "patrocina" sua filial, para que esta possa obter um crédito em algum banco. Geralmente, esses compromissos não produzem efeitos jurídicos, o que não impede sua eficácia – no mundo dos negócios, quem não cumpre a palavra é posto na lista negra. Mas, de acordo com os termos do compromisso ou no caso de eles se transformarem em uso, pode haver efeitos jurídicos.

Cessão

Ao mesmo tempo que constitui um vínculo jurídico entre credor e devedor, a obrigação tem um valor econômico que pode ser cedido ou servir de garantia: ela então se destaca da personalidade das partes implicadas no vínculo (o *vinculum juris*). O direito francês conhece sobretudo a cessão de crédito, que ele organizou inspirado no direito romano, a cessão de contrato, que aos poucos se desenvolve de modo empírico, e, mais dificilmente, a cessão de débito. No direito romano primitivo, a obrigação era um vínculo pessoal e formalista, por conseguinte intransmissível tanto em seu aspecto ativo (o crédito) quanto passivo (o débito). A transmissibilidade da obrigação (ativa e passiva) por motivo de morte foi a primeira adotada.

Cessão de crédito

O direito romano em seguida chegou, de modo indireto e imperfeito, à transmissão do crédito entre vivos, utilizando e deformando outros institutos, especialmente a novação por mudança de credores ou a *procuratio in rem suam* (mandato em causa própria, que se faz pagar pelo devedor do mandante, sem prestar contas). Justiniano tornou irrevogável a cessão quando ela tivesse sido comunicada ao credor. O Código Civil francês acatou esse sistema, modificando o papel da notificação ao devedor cedido, que então se limita a tornar a cessão oponível a terceiros (art. 1.690). A função tradicional e normal da cessão de crédito é transferir o crédito. Hoje também pode constituir um pagamento: se o cessionário do crédito era devedor do cedente, o pagamento do cedido ao cessionário liberará o cedente. Também pode, cada vez mais, constituir um seguro se feita a título fiduciário: um devedor cede a seu credor, a título fiduciário, o crédito que tem contra um terceiro, unicamente para garantir o credor. O direito comercial contemporâneo desenvolve cessões cujas formalidades são simplificadas: a lei francesa de 2 de janeiro de 1981, chamada de Lei *Dailly*, facilita assim a cessão e o penhor dos créditos profissionais: a cessão resulta da remessa ao banco que concedeu o crédito do borderô que constata o crédito.

Cessão de contrato

A cessão de contrato tem por objeto a substituição de uma das partes por um terceiro durante a execução do contrato. O direito francês não a organizou de maneira geral, e a doutrina tem algumas dificuldades para concebê-la. A revenda da coisa vendida não é uma cessão de contrato, mas uma sucessão de contratos distintos. Para que haja cessão de contrato, deve haver uma continuação do mesmo contrato, apesar da mudança de uma das partes: ela constitui a transferência unitária e integral da qualidade de contratante. O cedido pode processar diretamente o cessionário, vinculado a ele em virtude do contrato transmitido, mas o cedente só estará liberado se o cessionário concordar.

Cessão de débito

A cessão de débito é ignorada pelo Código Civil francês, ao contrário do *BGB*: à primeira vista, não se entende por que 1 / um devedor cederia sua dívida e uma pessoa aceitaria arcar com ela; 2 / um credor aceitaria mudar de devedor e liberar o devedor inicial. Tanto para o credor quanto para o devedor, o débito, diferentemente do crédito, nunca é um valor em si: ele é indissociável de sua causa. Por isso, salvo em caso de cessão de contrato, o débito não pode ser objeto de cessão pelos mesmos procedimentos do crédito. O atual regime francês da delegação ou da estipulação para outrem parece satisfazer essencialmente as necessidades da prática.

› Além dos tratados e dos manuais de direito civil, continua sendo interessante: E. Gaudemet, *Théorie générale des obligations*, Sirey, 1937. Mais recente, *L'Obligation*, *APD*, Dalloz, 2000.

Philippe Malaurie

→ Causa; Contrato; Direito civil.

OBSOLESCÊNCIA DAS OBRAS JURÍDICAS

Ninguém ousa falar muito da obsolescência das obras jurídicas: é um assunto tabu; no entanto, todos sabem por experiência que a perda de validade dos estudos "vence" rapidamente, que a duração da vida "provável" de um livro é cada vez mais curta. A obsolescência é coisa cruel: a *morte da obra* implica a *minha morte*, o que provavelmente explica por que tanto silêncio em torno da obsolescência; ora, quantos livros de 1930 ou de 1960 lemos e citamos ainda hoje? A obsolescência é certa, *previsível*, mas não procuramos refletir sobre as condições dessa obsolescência, tomar as necessárias medidas contrárias, não alertamos os jovens para a crueldade do jogo; ora, talvez não se escreva da mesma maneira depois de se perceber claramente o papel da obsolescência.

Fontes da obsolescência

É preciso compreendê-las:

- O "vencimento" do prazo de validade das obras está ligado, em parte, à demanda: mudança dos centros de interesse, modificação dos métodos, transformações do corpo social ou político, refletidas pelo direito positivo, aparecimento de novas exigências (por exemplo, a demanda por princípios, "teorias gerais" e ensaios que levem a refletir é maior do que por comentários de textos, há maior exigência em termos de fundamentos filosóficos);
- a obsolescência frequentemente é provocada pela qualidade insuficiente do produto: trabalhos pouco acessíveis (há quem escreva para seus pares, com subentendidos e intenções difíceis de decifrar), estudos excessivamente especializados ou limitados, que não despertam a reflexão, não remontam aos princípios, "não contribuem com nada" – obras excessivamente ligadas à atualidade, com tempo de vida breve –, ou tendenciosamente orientadas por ideologia, engajamentos políticos ou pelo "politicamente correto", que justificam suspeitas de parcialidade ou manipulação mental;
- as qualidades formais desempenham papel importante no "vencimento" da obra: frequentemente são publicados produtos pouco pensados, negligentes, ilegíveis (emprega-se o jargão da moda), enfadonhos (não se pensa no tédio do leitor, que é facilmente desencorajado pelas abstrações ou pela secura do discurso).

Há ciladas nas quais é fácil cair, e cada um deve perguntar-se: o que sobrará do que escrevi daqui a quarenta ou cinquenta anos? O que será lido ainda em 2050 pelo jurista da disciplina, ou mesmo pelo historiador do direito? Quando se faz um levantamento necrológico, percebe-se a importância daquilo que já foi atingido pela obsolescência, citam-se alguns trabalhos "que fizeram época", mas não são lidos por mais ninguém: o "vencimento" dos trabalhos é muito rápido. Com 60 anos, percebe-se que, pela força das coisas, uma parte daquilo que foi escrito está obsoleta; se nos indagarmos sobre as razões profundas dessa queda no esquecimento, perceberemos que fomos excessivamente dóceis e bem-educados: *maria vai com as outras*; por hábito, preguiça, pressão do grupo, a pretexto de ter leitores e de exercer influência, o autor não soube marcar sua diferença, trazer "inovações", não assumiu *riscos*; ora, de que serve publicar um livro se ele não é "arriscado"? Cede-se à moda, faz-se "como os outros", e não se consegue construir uma obra: acontece que o *officium* do jurista não consiste em ser um peão intercambiável num tabuleiro.

Regras de conduta

Depois de se tomar claramente consciência do jogo e da obsolescência, pode-se procurar aplicar algumas regras de conduta.

Primeira regra. – É preciso escolher assuntos importantes, evitar os trabalhos "da moda" (a moda é necessariamente efêmera), fazer *teorias gerais* de vida longa, em vez de manuais ou textos "de encomenda", que rapidamente "vencem", estudar os *principia rationis*, em vez de comentar sentenças, interessar-se por métodos (a arte de julgar, a arte de dizer o direito, a arte de administrar), mais do que por comentários de comentários: cada um deve ter uma estratégia legível nesse campo.

Segunda regra. – Ao se escrever, deve-se pensar no leitor de 2030 ou de 2050 (esse documento poderá ainda ser lido daqui a cinquenta anos?); isso incita a afastar-se da atualidade, a construir uma perspectiva bastante sutil do assunto; mas nem todos estão aptos para escrever para 2050.

Terceira regra. – É necessário prestar atenção às causas internas da obsolescência; é preciso apresentar textos refletidos, *legíveis* – tanto em termos de objetivos quanto pela forma –, que não sejam enfadonhos, que não usem jargões, que não exijam esforço demasiado do leitor e, sobretudo, que não sejam estragados por excessos de doutrina ou de engajamento político (ou filosófico); isso pressupõe uma reflexão prévia sobre o que pode provocar a impaciência ou a irritação do leitor (inconsistência lógica, fragilidade do discurso, falsas certezas, insuficiência das conclusões). É melhor escrever menos do que apresentar textos que já são obsoletos quando publicados. Sem dúvida isso é difícil de perceber aos 25 ou 30 anos (quando sofremos a pressão das modas acadêmicas), mas com 40-45 anos descobrimos a cilada na qual caímos. O jogo da obsolescência é tal, que um texto bem pensado de 40 páginas, que remonte aos princípios, tem vida mais longa do que certos tratados de 600 páginas nos quais há muito pensamento apressado, sem reflexão, empréstimos sem controle (lemos ainda *cum fructu* o artigo de Bernard Chenot sobre "existencialismo e direito": quantos artigos jurídicos de 1950-60 ainda lemos?). Com demasiada frequência fazemos como os outros, mas *imitar* os outros é coisa que necessariamente aumenta a *taxa de obsolescência*, e aos 50 ou 60 anos percebemos que vivemos de falsos princípios, que multiplicamos textos *inúteis*, ignorados pelos jovens de *pleno direito*: essa é a crueldade do jogo. Devemos alertar os jovens contra a obsolescência, ensiná-los a inventar contramedidas necessárias, a desconfiar da ideologia que abrevia a vida dos textos, mas também de sua propensão a *imitar* ou a viver de *aluguel*, ensinar a preocupar-se com o leitor (e com o leitor de 2050, o único verdadeiro juiz), a só trabalhar com coisas importantes; não é o número de livros ou de artigos que garante a duração da vida, mas a taxa de inovação.

› Sobre os princípios de uma teoria da obsolescência, ler nosso esboço *L'Histoire entre le rêve et la raison*, 1998, pp. 147-60.

Guy THUILLIER

OFÍCIOS

A noção de ofício tornou-se mais precisa na reflexão dos canonistas já no século XII. A distinção entre benefício e ofício eclesiásticos, ambos dotados de remuneração destinada a possibilitar que o seu titular vivesse do altar, decorria do fato de o segundo não comportar responsabilidade moral em relação às pessoas. A herança clerical modelou a doutrina, que associou ao ofício ideias fulcrais, como as de dignidade e de simonia (donde a condenação constante da venda dos cargos de justiça). A prática do benefício foi uma das matrizes do direito dos ofícios que dela extraiu, entre outras coisas, a *resignatio in favorem*. A gênese jurisprudencial do ofício régio inspirou-se também no direito dos feudos: os autores são concordes em ver nos direitos de transferências de feudos a origem do *quart denier* [direito pago para que o titular renunciasse aos seus ofícios], referente às transferências de ofícios. Subsistiram até 1790 alguns ofícios feudais, que eram mantidos sob o encargo da homenagem (*sergenteries fieffées* [ofício de aguazil feudal], notários de Artois etc.). Feudo e ofício podiam estar associados, como por exemplo nos pariatos, e essa era uma fonte fértil de reflexão para os jurisconsultos. As concepções vinculadas ao domínio régio também tinham influenciado a prática monárquica. Sempre existiram ofícios dominiais (cartórios, receitas das consignações etc.), cuja renda era percebida pelos recebedores do domínio. Esses ofícios eram venais e hereditários e, desde a ordenança de Moulins em 1566, gozavam da faculdade de resgate perpétuo. Os titulares desses ofícios frequentemente delegavam seu exercício a prepostos e, nesse sentido, eram mais rentistas do que pessoas públicas.

Embora a jurisprudência e a legislação tivessem elaborado o direito dos ofícios por meio de empréstimos variados, a prática medieval continuou muito empírica, pelo menos segundo os historiadores: no século XIV, o mundo do ofício "engloba indistintamente juízes e advogados, notários e procuradores, oficiais senhoriais e municipais" (F. Autrand). Mas, ainda no século XV, o essencial da administração régia era exercido pela coletoria, e não pela "*garde*", que é a ancestral do ofício. Pois a *garde*, reivindicada pelas assembleias de estados, era menos onerosa para o povo, mas acarretava a negligência na arrecadação dos direitos régios e no exercício da justiça. Os reis da Idade Média, portanto, instituíam um regime de coletoria para os prebostados, quando não precisavam dos subsídios votados pelos Estados Gerais. "Há muita diferença entre instituir regime de coletoria e vender ofícios", observava B. Guenée. Historicamente, deve-se considerar que a administração por ofícios é uma originalidade do Estado moderno. Mais do que em Veneza, foi em Roma – durante o pontificado inovador de Pio II (1458-64) – e em Milão – durante algum tempo conquistada pela França nas guerras da Itália – que a monarquia francesa encontrou os modelos da transformação que produziu, ao mesmo tempo, a construção de uma máquina estatal, de um sistema de crédito público e de novas formas de dominação social.

Doutrina: o oficial mais que o ofício? O estatuto mais que a função?

Duas indagações alimentavam os raciocínios dos antigos jurisconsultos: o ofício existirá fora da pessoa do oficial, em outras palavras, será possível pensar numa realidade institucional independente do homem que a investe? Caberá explicar os poderes do oficial por meio de suas atribuições ou por seu estatuto, em outras palavras, o ofício é primordialmente função ou dignidade? O que estava em jogo não era pouco: ou se concebia uma continuidade do serviço público através da sucessão dos oficiais no exercício de atribuições idênticas; ou se justificava o ofício apenas com a delegação particular que o soberano conferia a seu "fiel e dileto". O problema persistiu até o fim do século XVIII. Em setembro de 1790, o constituinte Gossin resumia o debate solucionado pelo edito de fevereiro de 1771: "Por assim dizer, colocou-se em julgamento esta grande questão: os proprietários de ofícios representavam sempre o primeiro provido? Nunca representarão apenas a si mesmos?" Na Idade Média, é o oficial que faz o ofício, e não o contrário. A bela definição dada pela ordenança de 1467 dizia: "Em nossos oficiais consiste sob nossa autoridade a direção dos fatos pelos quais é administrada e mantida a coisa pública de nosso reino e [...] desse reino são eles os ministros essenciais, como membros do corpo cuja cabeça somos nós." Por isso o ofício era considerado "inerente à pessoa", podia ser visto como algo que morria com seu titular, o que equivalia a negar a continuidade da função pública fora da vontade perpetuada do rei. Essa concepção tinha fundamento na fé que unia o oficial a um rei ao qual ele prestava juramento de fidelidade. A ideologia do "feudalismo bastardo" parece encontrar expressão adequada na metáfora organicista que só cedeu lugar a comparações mecanicistas ou astronômicas durante o século XVII. No entanto, a ideia de que o ofício existia autonomamente foi precoce. O direito canônico já afirmara essa solução no século XII, sob o impacto da doutrina romana das corporações. Já no início do século XV, qualificou-se de "genealogia" um catálogo de oficiais que haviam ocupado sucessivamente o mesmo cargo de secretários do rei. Embora, no século XVI, o ciclo de alternância entre supressão de ofícios vacantes por morte e criação de novos ofícios tenha obscurecido as filiações de ofícios, a estabilidade adquirida pelos cargos públicos à medida que se consolidaram os direitos a transmiti-los conferiu evidência empírica à existência objetiva dos ofícios régios. A célebre definição de Loyseau, "o ofício é dignidade com função pública" (1610), levou Roland Mousnier a dizer: "A função pública parece subordinada à dignidade social." No entanto, no início dos *Cinco livros do direito dos ofícios*, o ofício recebe várias definições por aproximações sucessivas, e Loyseau se empenha naquilo que ele chama de "verdadeiro ofício", "dignidade com função ordinária no Estado", em oposição ao mandato (*commission*) ou ao "benefício". Por isso Mousnier ressaltava que "o ofício se distingue de outras funções públicas", é "outra categoria de função pública".

Em seu esforço de classificação, os juristas lançavam mão de quatro critérios: origem da colação, natureza da remuneração, função, forma da investidura. O primeiro critério distinguia oficiais régios, senhoriais, municipais e eclesiásticos. O segundo enfatizava a questão dos emolumentos, ou seja, uma remuneração pelo menos parcial sobre recursos públicos (ao contrário dos feudos e dos benefícios). O terceiro redunda na separação entre "as três funções da Coroa" (Loyseau): governo e armas, justiça (da qual dependia a polícia) e finanças, "pois nessas três consiste todo o estado público", notava Carondas Le Caron (*Pandectes*, 1596). O quarto descortina perspectivas jurídicas muito fecundas: o ofício – explicava Bodin – é "cargo público ordinário limitado por edito", entendendo com isso "lei expressa" e dando a essa exigência o alcance mais geral: "qualquer que seja a maneira como os ofícios são erigidos, por serem cargo ordinário e público, não podem fazer-se sem lei" (*Republique*, III, 2). O registro pelas cortes soberanas, a obtenção das provisões em chancelaria, a cor do selo que selava tais cartas constituíam critérios formais alegados pela doutrina: assim, encontravam definição estrita as noções de "forma" e de "título", pois a peculiaridade dos cargos de justiça e finanças consistia em serem eles "formados como título de ofício". Todos os oficiais do mesmo título eram investidos de poderes equivalentes e gerais. No século XVI, o mandato ou comissão (*commission*) era extraordinário e não despertava simpatia nem nos teóricos nem nos servidores do rei. Os poderes do comissário eram definidos especialmente por suas "cartas de comissão". A partir de Richelieu e, sobretudo, com o reinado de Luís XIV, triunfaram as comissões permanentes e ordinárias, tais como as intendências de província. A comissão tornou-se um modo de governo, e sua distinção em relação ao ofício passou a ser questão importante. Mas os comissários eram também oficiais (a maioria dos intendentes, por exemplo, eram referendários). A unidade social da toga (justiça, conselho e mesmo finanças) continuava construída em torno da ideia de serviço ao Estado. A construção do Estado de ofícios produziu a separação dos poderes administrativos. Renusson (*Traité des propres*, 1681) observava que, na origem, os senescais "tinham a justiça, as armas e as finanças reunidas em sua pessoa". Do mesmo modo, os prebostes reuniam as funções de juiz e recebedor. A ordenança de julho de 1493 pôs fim a essa confusão, com exceção dos viscondes da Normandia. A partir daí, só o rei passou a reunir em sua pessoa todos os tipos de poderes políticos. No crepúsculo do Antigo Regime, o grande publicista Jacob Nicolas Moreau ressaltava a modernização antifeudal provocada pela delimitação jurídica das competências e da jurisdição atribuída a cada oficial.

Efeitos jurídicos da venalidade

Sem perceber suas implicações, Loyseau foi quem primeiro mostrou que "dessa injusta venalidade dos ofícios procede seu direito e condição" (*Traité des offices*, Prefácio, § 3). A ordenança de 1467 não bastou para garantir a permanência dos oficiais em seus ofícios (o advento de Carlos VIII foi também marcado por "remanejamentos" de ofícios). A administração por ofícios consolidou-se em várias etapas: a política de Luís XII organizou a venalidade dos cargos de finanças, ao mesmo tempo que proibia a dos ofícios de justiça; Francisco I criou em 1523 o *trésor des parties casuelles* (caixa especial destinada a receber o produto das taxas de renúncia dos antigos ofícios e o da venda dos novos). Em 1568 Carlos IX transformou as sucessões em vida (*survivances*) entre parentes próximos numa modalidade normal de transmissão; Henrique IV e Sully, principalmente, instaurando em 1604 o direito anual (ou "*paulette*", espécie de prêmio de seguro), garantiram aos oficiais a propriedade transmissível de seu cargo (mais exatamente, a propriedade daquilo que eles haviam pago ao rei para obtê-lo). Todos lançaram assim uma das fundações essenciais do edifício do direito público e da sociedade até a Revolução: o direito régio afirmou sempre que a verdadeira propriedade do ofício era pública. Mas a estrutura jurídica dos ofícios venais, interligando o título e o direito de mercê, privava esse princípio de efeito jurisprudencial.

Do ponto de vista do direito público, a venalidade frustrou as pretensões, recorrentes, de Carlos VIII, Francisco I e Henrique III (mas não de Luís XII) de escolher seus oficiais segundo os moldes dos particulares, pois os ofícios senhoriais eram revogáveis *ad nutum*. A cláusula de chancelaria "enquanto nos aprouver" tornou-se uma cláusula de estilo: direitos de confirmação e alegres eventos de formalidades fiscais. O rei, para destituir um oficial, precisava extinguir o cargo e reembolsar o direito de mercê. Os ofícios eram venais, não inamovíveis. A estabilidade da máquina burocrática da monarquia não decorria do direito público, mas resultava de uma aliança entre o absolutismo e as elites do poder.

Do ponto de vista do direito privado, venalidade fez o ofício *in bonis* (= bem fora do comércio) tornar-se bem imóvel por convenção (a partir do art. 95 da costumagem reformada de Paris [1580]), passível de receber diversas qualidades jurídicas, tal como a de pessoal. A evolução da legislação foi coroada pelo edito de fevereiro de 1683, que consagrou a natureza de bens imóveis, ficticiamente atribuída aos ofícios venais. No entanto, a jurisprudência e a doutrina ratificaram com grande prudência essas evoluções. Não só algumas costumagens continuaram considerando os ofícios como bens móveis, mas também os juristas, ainda em pleno século XVIII, os viam como "uma espécie de bem muito extraordinário" (Pothier), nem móvel nem imóvel. Nasceu uma tipologia operacional dos ofícios régios das diversas formas de venalidade que regiam a aquisição e a transmissão dos ofícios. Os ofícios eventuais (*casuels*) eram divididos em "venais" e "não venais", sendo estes últimos vendidos entre particulares tanto quanto os venais, como observava já Loyseau. Esses ofícios "não venais", desprovidos de direitos de mercê, eram vendidos pelos chefes de ofício (por exemplo, o grão-mestre da casa do rei), de acordo com formalidades mais arcaicas correspondentes a uma venalidade que se propõe chamar de consuetudinária. A distinção é importante, pois possibilitava que Jean Domat (*Le Droit public*..., 1697) opusesse os cargos da coroa, da casa do rei e da guerra, "não venais", aos cargos de justiça e de finanças, "venais": os primeiros constituíam o serviço para o príncipe como chefe do Estado e o serviço para a pessoa do príncipe; os segundos, o serviço para o "bem comum da sociedade"; os primeiros eram não venais, e os segundos eram venais. Isso mostra até que ponto a venalidade estava ligada à construção do Estado moderno, se o caracterizarmos, como Max Weber, por sua propensão à "burocracia racional".

A instituição das *parties casuelles* (direitos eventuais pagos ao Estado na transmissão de cargos venais) também teve efeito inovador sobre o sentido atribuído à remuneração dos oficiais: os emolumentos deixaram de ser considerados como recompensa pela atividade dos oficiais – ligação fortemente afirmada no século XV – e passaram a ser vistos como juros dos direitos de mercê supostamente pagos nas *parties casuelles*. Os oficiais escapavam à noção feudal de "colóquio como serviço", que os tornava os "fiéis conselheiros" do príncipe, vinculados aos deveres de conselho, tal como os vassalos. Mas a remuneração principal dos oficiais consistia nos produtos do exercício, "taxações" para as finanças e "*épices*" (retribuição por serviços prestados) para a justiça. Assim, os súditos remuneravam diretamente o essencial dos serviços que supostamente os oficiais lhes prestavam, oficiais que, por seus privilégios e seu estatuto, estavam separados do restante dos contribuintes. É um erro considerar a venalidade como forma de tributação sobre os ricos, embora a capitação em 1695 os tenha atingido em função de sua posição social. Os oficiais assemelhavam-se a rentistas na situação de credores de um Estado que não tinha nenhum escrúpulo em lhes infligir perdas financeiras na forma de bancarrota parcial ou de empréstimos forçados ("aumentos dos emolumentos"). Mas a venalidade não teria funcionado se não tivesse sido um bom negócio para os particulares que optaram por servir o Estado. Do ponto de vista dos indivíduos sujeitos à talha, o caráter usurário que a venalidade conferia à função pública é indubitável, pelo menos até os regulamentos impostos por Colbert: sob "o absolutismo" de Luís XIV, o crédito dos corpos de oficiais supriu o crédito da monarquia. A venalidade constituía o fulcro de um regime financeiro que permitia prescindir do consentimento dos súditos ao imposto (concretamente, dos Estados Gerais), mas também de instituições de crédito, do tipo do banco da Inglaterra: o privilégio era consubstancial à monarquia absoluta. Mas a criação de ofícios justificados apenas por suas franquias (por exemplo, em 1705, os ofícios da artilharia de Caen, onde não se encontrava nenhum canhão) e a elevação a título de ofícios de profissões sem função pública (peruqueiros) pareciam um desvio do espírito do sistema.

Ainda que todos os países da Europa tenham conhecido formas de venalidade consuetudinária e a legalização das práticas venais tenha sido invenção do Estado pontifical, a monarquia francesa deu ao estado de ofícios e à venalidade pública uma coerência funcional que os constituiu como modelo político geral.

› BIEN D. D., "Les offices, les corps et le crédit de l'État: l'utilisation des privilèges sous l'Ancien Régime", *Annales. Économies, Sociétés, Civilisations*, 43/2, 1988, pp. 379-404. – DUPONT-FERRIER G., *Études sur les institutions financières de la France à la fin du Moyen Âge*, Paris, 2 vol., 1930; *Les Officiers royaux des bailliages et sénéchaussées et les institutions monarchiques locales en France à la fin du Moyen Âge*, Paris, 1902. – GUENÉE B., *Tribunaux et gens de justice dans le bailliage de Senlis à la fin du Moyen Âge*, Paris, 1963. – LOUIS-LUCAS P., *Étude sur la vénalité des charges et fonctions publiques*, Paris, 2 vol., 1882. – MOUSNIER R., *La Vénalité des offices sous Henri IV et Louis XIII*, Paris, 1971 (1945). – NAGLE J., *Le Droit de marc d'or des offices*, Genebra, 1992. – OLIVIER-MARTIN F., *L'Organisation corporative de la France*, Paris, 1938.

Ver também: AUTRAND F., "Offices et officiers royaux en France sous Charles VI", *Revue historique*, CCXLII, 1969, pp. 258-338. – DESCIMON R., "Il mercato degli uffici regi a Parigi (1604-1665). Economia politica ed economia privata della funzione pubblica di antico regime", *Quaderni storici*, 96/3, 1997, pp. 685-716. – DOYLE W., *Venality. The Sale of Offices in Eighteenth-Century France*, Oxford, 1996. – GIESEY R. E., "State Building in Early Modern France: The Role of Royal Officialdom", *Journal of Modern History*, 55, 1983, pp. 191-207. – GRESSET M., *L'Introduction de la vénalité des offices en Franche-Comté*, Besançon, 1989. – KUBLER J., *Recherches sur la fonction publique sous l'Ancien Régime. L'origine de la perpétuité des offices royaux*, Nancy, 1958.

Robert DESCIMON

→ Função pública; Magistrado; Prerrogativas soberanas; Serventuários da justiça.

ORDEM JURÍDICA

Chama-se ordem jurídica o conjunto, estruturado como sistema, de todos os elementos integrantes da constituição de um direito que rege a existência e o funcionamento de uma comunidade humana.

A expressão "ordem jurídica" hoje é de uso frequente e banal, mas apareceu tardiamente na teoria do direito. A noção de *Rechtsordnung* surgiu na Alemanha na virada do século XVIII para o XIX e depois se generalizou na doutrina do fim do século XIX. Na mesma época, a noção de *ordinamento giuridico* era objeto de estudos na Itália. Na França a noção demorará mais tempo para aclimatar-se (ver Halperin, 2001). A ausência da expressão, porém, não implica que as questões tratadas acerca da ordem jurídica tivessem necessariamente escapado aos autores que não usam esse termo. Na verdade, é na reflexão sobre a noção de direito em geral que se encontra o estudo dos assuntos abarcados pela noção de ordem jurídica. A prova mais simples desse fato nos é dada pelos títulos das obras de Kelsen e de Hart, os dois principais autores do século sobre as questões da ordem jurídica. Em ambos os casos, em *Teoria pura do direito* e em *Conceito de direito*, busca-se explicitar a noção de direito, o que será feito recorrendo-se às noções de *Rechtsordnung* e de *legal system* (esta última expressão é o equivalente inglês de ordem jurídica).

Natureza da ordem jurídica

Como dissemos na definição, trata-se de uma ordem que rege uma comunidade humana. A comunidade pode reunir diretamente as pessoas, como por exemplo a ordem jurídica estatal, ou reuni-las de modo mediato apenas, tal como a comunidade dos Estados da ordem jurídica internacional. Também acrescentamos que a ordem é "estruturada como sistema", o que significa que não se trata de simples coleção de objetos díspares, mas de um conjunto organizado de elementos interdependentes que formam uma unidade, um todo que não se reduz à simples soma de seus componentes. Além dessas duas características, qual é o caráter constitutivo de toda ordem jurídica e, em primeiro lugar, da do Estado, ponto de partida de todas as reflexões? A ordem jurídica é uma espécie do gênero mais geral "ordem normativa", que remete a todos os conjuntos que comportam proposições enunciadoras dos dever-ser dirigidos a pessoas humanas, isto é, proposições normativas. Ao lado do direito, encontram-se moral, religião e costumes, mas também jogos, que, por definição, comportam regras constitutivas que enunciam o que as pessoas *devem fazer* caso desejem jogar este ou aquele jogo. A partir da definição dada acima, é possível opor as análises normativistas às análises não normativistas da ordem jurídica.

Teorias normativistas da ordem jurídica. – Os dois autores que expuseram de modo mais completo a teoria normativista da ordem jurídica sem dúvida foram Kelsen e Hart, aos quais cabe acrescentar Bobbio, em vista da fecundidade de suas observações.

O ponto de partida da *teoria kelseniana* é a concepção bem conhecida de ordem jurídica como ordem coercitiva da conduta humana (*TPD*, pp. 42 ss.). Isso significa, entre outras coisas, que as normas jurídicas são normas cuja inobservância acarreta sanções instituídas pela ordem jurídica e aplicadas por seus órgãos. Estes têm o monopólio da aplicação das sanções, pelo menos na ordem estatal. Quanto à natureza destas, segundo Kelsen, trata-se de atos coercitivos de última instância que rompem o encadeamento sucessivo das normas: "retirada, por meio da força, da vida, da liberdade, de bens econômicos e outros" (*TPD*, p. 49). Dessa apresentação da ordem jurídica, Kelsen deduz uma concepção muito pessoal da obrigação jurídica. Ele considera que o que constitui a juridicidade de uma norma é o fato de que sua transgressão desencadeia uma sanção. Nesse caso, a norma que prescreve a sanção deve ser considerada a norma primária e, em última análise, só essa norma existe efetivamente. A norma que enuncia a obrigação cuja inobservância acarretará a sanção está inteiramente contida na norma primária. Kelsen, porém, hesita em negar realidade à norma que prescreve a obrigação. Ele reconhece que a compreensão das regras de um sistema se tornaria mais difícil se este fosse apresentado como algo que compreendesse uma única categoria de normas, as que ditam as sanções. Por isso, concorda em conservar a categoria das normas que prescrevem obrigações, desde que se reconheça que elas são normas inteiramente dependentes das normas que prescrevem as sanções, motivo pelo qual ele designa estas últimas como normas primárias e aquelas como normas secundárias (*TGDE*, pp. 111 e 191 ss.). No entanto, pode-se dizer que, para Kelsen, uma ordem jurídica é essencialmente um conjunto de normas que prescreve aos órgãos dessa ordem que apliquem sanções.

A ordem jurídica compreende, ao mesmo tempo, *normas gerais* – ou seja, regras (as duas expressões são sinônimas) – referentes a uma classe de indivíduos e a uma categoria de ações – e *normas individuais*, "que determinam a conduta de um indivíduo numa situação única" (*TGDE*, p. 88). O último ponto, talvez um dos mais importantes da teoria kelseniana, refere-se à especificidade da ordem jurídica estatal. Para Kelsen, há identidade entre Estado e ordem jurídica. Não há Estado de um lado e sua ordem jurídica de outro, como concebia a maioria dos autores de seu tempo (Chevallier, 1983, pp. 40-1). O Estado *é* ordem jurídica. O que o distingue de outras ordens jurídicas (ordens pré-estatais, ordem jurídica internacional) é o fato de ele apresentar elementos de "centralização" (existência de órgãos especializados para produzir, aplicar e sancionar o direito), que não existem no mesmo grau nas outras ordens.

A contribuição de Hart para a teoria normativista da ordem jurídica possibilitou renovar inteiramente a teoria positivista-normativista do direito, portanto da ordem jurídica. Hart, em primeiro lugar, rejeita a classificação kelseniana de normas primárias e secundárias, bem como a ideia de ordem jurídica como conjunto de normas referentes exclusivamente à sanção (*LCD*, p. 59), pois essa apresentação não dá conta do modo como o direito atua na consciência dos atores, quer estejam estes sujeitos ao sistema, quer sejam seus órgãos. Hart adota a concepção de ordem jurídica como conjunto constituído por normas primárias e secundárias, mas dando a essas noções um sentido totalmente diferente daquele apresentado por Kelsen. Retomando as apresentações pré-kelsenianas, ele considera que as normas que regulam a conduta dos sujeitos do direito são as regras primárias de uma ordem jurídica. Mas – aí está sua originalidade – considera que existem regras "secundárias" cuja característica não é ter por objeto a conduta dos sujeitos, mas sim as próprias regras primárias. Essas regras secundárias (ou de segundo grau, ver Bobbio, 1971, p. 112) têm por objeto, portanto, os procedimentos que devem ser seguidos para criar e modificar as regras primárias da ordem jurídica (*rules of change*), bem como os procedimentos referentes à aplicação do direito, seja pelos órgãos administrativos, seja pelos órgãos jurisdicionais (*rules of adjudication*). Existe uma terceira categoria de regras secundárias, constituída pela regra de reconhecimento (*rule of recognition*), que possibilita aos órgãos de uma ordem jurídica reconhecer que determinada norma é realmente uma norma da ordem jurídica em questão, e não de outra (*TCL*, p. 92). Cabe notar que, enquanto Hart sempre fala da regra de reconhecimento no singular, Bobbio nela distingue pelo menos duas espécies: normas sobre as fontes, que "indicam quais são os fatos ou os atos aos quais se atribui o poder de produzir normas pertencentes ao sistema", e *normas sobre a validade das leis no tempo e no espaço*, que indicam o âmbito temporal e o âmbito espacial de aplicação das regras do sistema. Característica comum às teorias normativistas é a inversão que elas produzem na relação ordem jurídica/norma. A existência desta está sempre relacionada a uma ordem jurídica na qual está inserida. A norma não existe por si mesma, mas apenas por ser uma norma de certo sistema, único que pode conferir-lhe validade, ou seja, sua existência como norma. Segundo fórmula de Bobbio: "[...] não há normas jurídicas por existirem normas jurídicas distintas de normas não jurídicas, mas existem normas jurídicas porque existem ordens jurídicas distintas das ordens não jurídicas" (*TOG*, § 54 e sobre as dificuldades dessa colocação, ver Troper, 1986, pp. 31-5 e 40 ss.).

Teorias não exclusivamente normativistas da ordem jurídica. – A mais antiga é a chamada teoria institucional, apresentada por Santi Romano. Outras análises mais recentes, que poderiam ser chamadas de pós-normativistas, fizeram correções maiores ou menores nas doutrinas de Kelsen e de Hart.

Em 1917 o jurista italiano Santi Romano publicou seu *Ordinamento giuridico*, primeiro estudo exclusivamente dedicado à noção de ordem (ou melhor, de ordenamento) jurídica. A tese defendida pelo autor é de que é impossível definir uma ordem jurídica simplesmente como um conjunto de normas. Antes que a norma exista é preciso uma *ordem social organizada*, e esse é o sentido da noção de instituição, capaz de dar origem às normas. É o que as antigas máximas *ubi jus ibi societas* e *ubi societas ibi jus* expressam, o que foi esquecido nas teorias abstratas da ordem jurídica concebida como um conjunto de normas. Bobbio defendeu que essa apresentação do direito se explicava pelas deficiências da teoria jurídica na época em que Santi Romano escreveu sua obra, em 1917. No parágrafo 3º de seu estudo, afirma: "A impossibilidade lógica de definir [a ordem jurídica] como um conjunto de normas." Mas fica claro que o mestre italiano, com essa expressão, refere-se às normas de conduta (*OJ*, p. 7). Quando fala da ordem jurídica como entidade, ele faz referência à organização estruturada e ordenada da sociedade, em outras palavras, aquilo que ele chama de "instituição". Mas por quais meios a sociedade pode ser estruturada e ordenada de tal modo que constitua uma instituição, a não ser por meio de normas? Ocorre que essas normas não são normas de conduta (normas primárias), mas normas relativas à produção, modificação e aplicação destas, ou seja, normas secundárias, segundo Hart (Bobbio, 1971, pp. 121-2).

Alguns autores *pós-normativistas* da ordem jurídica que assimilaram a teoria kelseniana e/ou hartiana do direito delas se afastaram, alguns de modo radical, outros apenas em certos pontos. Assim, P. Amselek, analisando os atos jurídicos, mostra que nem todos são portadores de normas no sentido estrito do termo. Alguns atos estabelecem diretrizes que o sujeito tem a liberdade de seguir ou não; outros são simplesmente "declarativos", ou seja, manifestam o estabelecimento de certo estado de coisas, de certa situação em relação ao direito, que será chamado de interação de regimes jurídicos correspondentes (Amselek, 1986, pp. 54, 60-5). Por sua vez, J. Combacau considera que o sistema jurídico "não pode ser reduzido a um sistema de normas. [...] De maneira mais ampla, ele se compõe de uma grande variedade de peças, das quais umas são o resultado das interações das outras; as primeiras são produtos; as segundas, modos de produção. Todo sistema jurídico repousa sobre dado conjunto, e sua lógica se encontra na resposta que ele dá à questão da oponibilidade dos objetos legais resultante da interação entre os modos de produção que ele comporta" (*in* J. Combacau & S. Sur, *Droit international public*, Paris, Monchrestien, 4ª ed., 1999, pp. 18-9). R. Guastini mostra as dificuldades suscitadas pela definição das noções de ordem e de norma, questionando a ideia de que a ordem jurídica possa ser facilmente apresentada como um conjunto de normas (Guastini, 1995). No que se refere à doutrina de língua inglesa, Joseph Raz, em *The concept of legal system* (1970), distingue as normas e os outros tipos de regra (*other types of laws*). Reserva a expressão "norma jurídica" (*legal norms*) para as regras de um sistema que imponham obrigações ou confiram poderes (*duty imposing and power-conferring rules*). Mas, ao lado das normas, ele afirma que existem vários outros tipos de regra (*laws*) que não são normas. Cita, por exemplo, as regras de categorização (*categorizing rules*), que possibilitam traduzir ações, acontecimentos e outros fatos em categorias jurídicas; regras que enunciam os campos de aplicação das outras regras (*rules of scope*); regras que estabelecem a situação de pessoas ou coisas na ordem jurídica em termos de direitos, responsabilidade, estatutos etc. (*position-specifying rules*) (Raz, 1970, pp. 224-5). R. Dworkin, em seu ataque ao positivismo em geral e em sua versão hartiana em particular, afirma que em seus raciocínios os juízes não levam em consideração apenas regras no sentido estrito do termo, mas também "outros tipos de padrão", como os "princípios" ou as "políticas". Os "princípios" são padrões aos quais os juízes devem recorrer por serem "uma exigência ditada pela justiça, pela equidade ou por alguma outra dimensão da moral". As políticas definem "um objetivo por atingir, frequentemente uma melhoria nos aspectos da vida econômica, política ou social da comunidade [...]" (Dworkin, 1995, pp. 79-80).

Características da ordem jurídica

Seja qual for o modo como considerem a natureza de uma ordem jurídica, os autores, em sua grande maioria, concordam quando se trata de descrever as características apresentadas por uma ordem desse tipo.

Eficácia da ordem jurídica. – Esta é uma condição *sine qua non* de sua existência. Trata-se tanto da eficácia das regras primárias (os sujeitos do direito comportam-se efetivamente e *grosso modo* segundo o que foi prescrito por essas regras) quanto da eficácia das normas secundárias (os órgãos de aplicação do direito agem efetivamente no respeito às normas secundárias, aplicam o direito do mesmo modo nos casos semelhantes e sancionam a transgressão do direito quando isso ocorre) (Hart, *LCD*, pp. 130-2 e 145-6). É em vista dessa necessária eficácia do direito que Kelsen distingue a ordem jurídica das outras ordens normativas. O direito é uma ordem coercitiva, e as ordens jurídicas "prescrevem certas condutas humanas, vinculando às condutas opostas atos coercitivos dirigidos contra quem as adote

[...]" (*TPD*, p. 46). Donde o papel atribuído à sanção e a tradução do conjunto das normas de um sistema como normas primárias de sanção destinadas aos órgãos de aplicação do direito. No entanto, não é necessário adotar essa apresentação para admitir que a ordem jurídica "[...] tem fundamento em última instância no poder, entendido este como poder coercitivo, ou seja, poder de fazer respeitar as normas prescritas, inclusive recorrendo à força", em outras palavras, que o direito é um "conjunto de regras de eficácia reforçada, o que significa que é impensável uma ordem jurídica sem o exercício da força, ou seja, de um poder" (Bobbio, *TOG*, § 63). Deve-se notar – e nisso todos os autores estão de acordo – que a eficácia deve estar ligada à ordem jurídica em seu conjunto. Esta não é afetada pelo fato de algumas normas não serem aplicadas e de, eventualmente, caírem em desuso. Resta saber o que significa exatamente eficácia "*grosso modo* e em geral". Que porcentagem de normas deve ser respeitada para que a ordem jurídica se mantenha válida? Todas as transgressões têm a mesma importância em relação ao sistema? O que significa exatamente inobservância da norma? Uma transgressão involuntária conta tanto quanto uma voluntária? etc. Todas essas perguntas devem ser feitas à sociologia, e não à teoria do direito (Raz, 1970, pp. 204-5; Kelsen, *TPD*, p. 119; Bobbio, *TOG*, § 63; Hart, pp. 130-1 e 145-6).

Unidade da ordem jurídica. – Para que um conjunto de normas constitua uma ordem jurídica, é necessária a existência de um princípio unificador que ordene essas normas e as mostre não como simples agregado díspar de preceitos, mas como um sistema estruturado no qual cada norma tem seu lugar em relação às outras e ao próprio sistema. Uma das soluções mais marcantes desse problema foi apresentada por Kelsen. Este dá duas respostas. Num primeiro momento, ele examina a ordem jurídica como constituinte de uma ordem que chama estática (*TPD*, p. 258). Nesse caso, diz-se que uma norma é válida, ou seja, que existe na ordem jurídica, se o seu conteúdo se coaduna com a norma superior. Esta, por sua vez, será válida se o seu conteúdo se coadunar com a norma superior, até que, de grau em grau, seguindo a hierarquia das normas, se chegue à norma constitucional. Esta, com a ressalva da relação entre a ordem jurídica estatal e a ordem do direito internacional público (ver abaixo), não pode ter fundamento de validade numa norma de direito positivo, mas apenas numa norma fundamental suposta, cujo conteúdo consista no dever de comportar-se como exige a Constituição. Num segundo momento, Kelsen apresenta a ordem jurídica como constituinte de uma ordem dinâmica (*TPD*, pp. 259-61). Nessa óptica, uma norma inferior é válida desde que tenha sido posta em conformidade com as condições exigidas pela norma superior. O mesmo ocorre com esta, até que, de patamar em patamar, se remonte à Constituição. Percebe-se que, nessa apresentação, a norma fundamental é o ponto de partida das operações de criação do direito. Mas a Constituição, sendo a norma suprema na ordem jurídica, não pode encontrar fundamento numa norma de direito posta por uma autoridade que lhe seria superior. Portanto, a única possibilidade também aí é supor uma "norma-fundamento" hipotética (*TPD*, p. 263). Frequentemente se observou que as duas ópticas pelas quais Kelsen examina as ordens jurídicas – do ponto de vista estático e do dinâmico – podem chegar a resultados muito diferentes em termos de validade das normas (Troper, 1984, pp. 37-9). A teoria da norma fundamental sofreu críticas acerbas e foi muitas vezes refutada (ver *TPD*, pp. 262 e 270-3). Kelsen deu-lhes justificações que evoluíram: hipótese necessária à ciência do direito ("Relações sistêmicas entre direito interno e direito internacional público", *RCADI*, 1926/IV, p. 256), hipótese lógico-transcendental (*TPD*, p. 269), ficção necessária para compreender o modo como as normas se constituem como ordem (*TGN*, p. 344). Não deixa de ser verdade que só a norma fundamental possibilita responder à questão do pertencimento de uma norma a uma ordem jurídica, e só ela possibilita unificar as normas de um sistema, dando fundamento de validade a estas e à ordem jurídica (para uma crítica recente, ver Guastini, 2000, sobre o fato de que nenhuma ordem jurídica pode incluir sua própria constituição). Para Hart, a norma última é uma "regra de reconhecimento" que, como vimos, é a norma secundária que possibilita identificar as outras normas como pertencentes ao sistema jurídico (*LCD*, p. 130). A regra de reconhecimento em Hart tem a mesma função de unificação e validação da norma fundamental em Kelsen. Ele também admite que a regra de reconhecimento, embora propicie fundamento de validade das outras regras do sistema, por ser regra última, não goza de nenhum fundamento de validade. Mas ele nega que ela tenha caráter hipotético (*LCD*, p. 136). Hart resolve o problema distinguindo os "juízos internos de direito" e os "juízos externos de fato, relativos ao sistema" (p. 136). Dizer que uma norma é válida é situar-se no interior de uma ordem jurídica e avaliar essa norma com os instrumentos fornecidos por essa ordem, e, em última instância, pela regra de reconhecimento. Em se tratando desta última, nenhuma apreciação interna é possível. Só pode ser feita uma apreciação externa que, em relação a dada ordem jurídica (o Estado, por exemplo), consista em reconhecer que tanto os sujeitos de direito quanto os órgãos encarregados de produzir o direito e os encarregados de sua aplicação realmente se portam do modo prescrito pela regra de reconhecimento. Esta, portanto, não pode ser qualificada de válida nem de inválida: só se pode constatar que ela é aceita ou não, tal como se aceita ou não o metro padrão depositado em Breteuil (*op. cit.*, p. 137). Um dos problemas mais delicados da teoria da validade das normas e da norma fundamental é sua combinação com o reconhecimento de que a eficácia é uma das condições de existência de uma ordem jurídica. Isto porque, se é a eficácia, a coerção, que afinal confere realidade à ordem jurídica, não se tornará inútil a noção de validade como modo de existência específica das normas que encontram fundamento na norma superior? Essa é a teoria realista defendida por Alf Ross e rejeitada por Kelsen (*TPD*, pp. 282-5).

Coerência da ordem jurídica: problema das antinomias. – Num sistema puramente dedutivo, se ficar demonstrado que duas proposições do sistema são incompatíveis, todo o conjunto do sistema cairá por terra. Está claro que isso não ocorre com o sistema jurídico. É perfeitamente concebível – e isso existe em todas as ordens jurídicas – a percepção de que duas normas pertencentes ao sistema são incompatíveis. Existe então aquilo que se chama de antinomia, situação pouco agradável tanto para os jurisdicionados quanto para os órgãos de aplicação do direito. Compete a esses órgãos, aos juízes na prática, tentar resolver as antinomias que apareçam em sua ordem jurídica. Em alguns casos, isso não cria problemas graves, visto que todo sistema tem máximas cuja função é a resolução dessas antinomias, como *lex posterior derogat priori, lex superior derogat inferiori, lex specialis derogat priori.* Pode ocorrer, porém, a impossibilidade de resolver desse modo alguma antinomia, seja por se tratar de duas normas da mesma data ou do mesmo nível hierárquico, seja porque os resultados obtidos por aplicação das máximas se contradizem: por exemplo, oposição entre o critério extraído da especialidade e o extraído da cronologia, ou entre o critério hierárquico e o critério cronológico etc. O juiz então poderá recorrer a critérios suplementares, por exemplo, escolhendo uma norma por ser de ordem pública ou por comportar uma proibição imperativa, enquanto a outra prevê apenas uma permissão etc. Essa situação, apesar de não ser muito agradável, não é incompatível com a existência da ordem jurídica. A coerência não é uma condição de validade desta, mas uma condição de sua justiça (ver Bobbio, *TOG*, § 71, e "Dos critérios para resolver as antinomias", in *Essais de théorie du droit*, pp. 89-103).

Completude da ordem jurídica: problema das lacunas. – Uma ordem jurídica é considerada completa quando, para dado caso, o juiz sempre consegue encontrar uma norma dessa ordem que se lhe aplique. Lacuna é a hipótese inversa. Alguns direitos estatais afirmam como presunção irrefragável o caráter completo da ordem jurídica. Assim, o artigo 4º do Código Civil francês enuncia: "O juiz que se recusar a julgar, pretextando omissão, obscuridade ou insuficiência da lei, poderá ser processado por denegação de justiça." A recusa de julgar – o *non liquet* – é, portanto, proibida. Essa presunção de completude da ordem jurídica estatal está ligada à ideologia do positivismo jurídico estatal: só o direito estatal deve ser levado em conta pelo juiz. Renunciar a essa presunção é permitir que o juiz vá buscar as normas aplicáveis em outro lugar, no direito natural ou no costume, talvez até autorizá-lo a estatuir em equidade. O Código Civil suíço, no entanto, prevê uma solução completamente diferente. O artigo 1º, § 2º de seu Código Civil enuncia que, "na falta de disposição legal aplicável, o juiz deverá pronunciar-se segundo o direito consuetudinário e, na falta de um costume, segundo as regras que ele estabeleceria caso tivesse de exercer a função de legislador". Mas o recurso a esse artigo, ao que parece, é raríssimo.

Relações entre ordens jurídicas

Duas indagações tradicionalmente são feitas quando se abordam possíveis inter-relações entre ordens jurídicas: haverá ordens jurídicas de natureza diferente? Que relações podem ser estabelecidas entre ordens jurídicas da mesma natureza ou de natureza diferente?

Polêmica sobre o pluralismo das ordens jurídicas. – Se cada Estado se confunde com sua ordem jurídica, como afirma Kelsen, haverá tantas ordens jurídicas quantos forem os Estados existentes no planeta. Mas não é essa pluralidade de ordens estatais que constitui o objeto das controvérsias. A vitória (ou pelo menos a preponderância) do positivismo jurídico estatal no século XX levou uma parte da doutrina a considerar que a única ordem jurídica verdadeira é a do Estado, e que todas as outras só existem com a condição do reconhecimento explícito ou implícito desta (ver Santi Romano, *OJ*, § 25). A dificuldade nasceu da aceitação ou da recusa da existência de ordens jurídicas infraestatais ou transestatais (também chamadas de transnacionais) que se constituiriam à margem dos Estados. Santi Romano, em especial, foi o arauto do pluralismo jurídico, que decorre diretamente de sua concepção da ordem jurídica. De fato, sendo esta definida como instituição, como ordem social organizada, é óbvio que, sempre que se puder constatar a existência de tal ordem social (*societas*), haverá um direito específico (*jus*) a ela correspondente. Ora, existem numerosas instituições, ao lado do Estado ou abaixo dele, que funcionam de acordo com suas próprias regras, formando, portanto, ordens jurídicas específicas de outro tipo: ordem jurídica da Igreja, ordens jurídicas das inúmeras associações, tanto dentro do Estado quanto "através dos Estados" (transestatais) (Santi Romano, *OJ*, § 29 e 30). Cabe notar que a doutrina de Santi Romano possibilitou que os partidários da ideia da *lex mercatoria* (também chamada direito transnacional) dessem fundamento teórico à sua concepção de "direito dos comerciantes", autônomo e transnacional (ver Loquin, 2000).

Modalidades das relações entre ordens jurídicas. – Pode-se, primeiramente, apreender essas relações do ponto de vista da hierarquia das ordens jurídicas. Assim, uma associação constituída dentro de um Estado é uma ordem jurídica inteiramente subordinada à ordem jurídica estatal. A questão que tradicionalmente se formula refere-se às relações entre a ordem jurídica estatal e a do direito internacional. Na chamada doutrina dualista (defendida por autores como Triepel ou Anzilotti), a ordem jurídica internacional e as ordens estatais coexistem e são independentes do fato de se basearem em normas fundamentais diferentes (ver Anzilotri, *Cours de droit international*, 1929, repr. Éditions Panteon-Assas, 1999, p. 51). Para os chamados autores monistas, muito especialmente Kelsen, a ordem da sociedade internacional e a dos Estados constituem uma única ordem unitária (ver *TPD*, pp. 430-49). São então possíveis dois casos hipotéticos: ou se considera que o direito internacional é delegado pelas ordens estatais (monismo com primazia do direito interno), ou se considera que é a ordem jurídica internacional que delega as ordens jurídicas estatais e lhes é superior (monismo com primazia do direito internacional). Assim, do ponto de vista da CJCE, por exemplo, as relações entre a ordem jurídica comunitária e as ordens dos Estados-membros obedecem à lógica do monismo com primazia da ordem jurídica superior, no caso, o sistema comunitário. Outras relações entre ordens jurídicas também podem ser estudadas. Assim, é possível tomar os três critérios de validade das ordens e compará-los aos seguintes critérios: critério da validade material (segundo o objeto regido pelas ordens, o que possibilita distinguir, por exemplo, ordem jurídica e ordem moral); critério da validade espacial (territórios abarcados pelas ordens jurídicas, por exemplo, a ordem do Estado federal em relação à de um Estado federado); critério da validade temporal (ordem jurídica nova que "suceda" uma ordem jurídica antiga em dado território, por exemplo, depois de uma secessão). Ver o estudo minucioso dessas questões feito por Santi Romano (*OJ*, cap. II) e Bobbio (*TOG*, § 82-7).

› AMSELEK P., "L'acte juridique à travers la pensée de Charles Eisenmann", in *La Pensée de Charles Eisenmann*, Paris, Economica/Presses Universitaires d'Aix Marseille, 1986, p. 30.

ARNAUD A. J., *Dictionnaire encyclopédique de théorie et de sociologie du droit*, Paris, LGDJ, 2ª ed., 1993. Vº "Ordre" – BOBBIO N., *Teoria dell'ordinamento giuridico*, Torino, Giappichelli, 1960, citado *TOG*, trad. espanhola: "Teoria del ordenamento jurídico", in *Teoria general del derecho*, Madri, Debate, 1995, pp. 151-270; "Nouvelles réflexions sur les normes primaires et secondaires", in *Essais de théorie du droit*, Paris/Bruxelas, LGDJ/Bruylant, 1998, p. 159; "Des critères pour résoudre les antinomies", in *Essais de théorie du droit*, Paris/Bruxelas, LGDJ/Bruylant, 1998, p. 89. – CHEVALLIER J., "L'ordre juridique", CURAPP, *Le Droit en procès*, Paris, PUF, 1983, p. 7. – COMBACAU J., "Le droit international: bric-à-brac ou système?", *APD*, 1986, p. 85 – DWORKIN R., *Prendre les droits au sérieux*, Paris, PUF, 1995. – GUASTINI R., "L'ordre juridique, une critique des idées reçues", *in* P. Comanducci et R. Guastini (org.), *Analisi e diritto 2000. Ricerche di giurisprudenzia analitica*, Turim, Giappichelli, 2001. – HALPÉRIN J.-L., "L'apparition et la portée de la notion d'ordre juridique dans la doctrine internationaliste du XIXe siècle", *Droits*, nº 34, 2001. – HART H. L. A., *Le Concept de droit*, Bruxelles, Facultés universitaires de Saint-Louis, 1986 (trad. M. van de Kerchove), citado *LCD*. – KELSEN H., *Théorie pure du droit*, Paris, Dalloz, 2ª ed., 1962, repr. 1999, trad. fr. Ch. Eisenmann, citado *TPD*; *Théorie générale du droit et de l'État*, Paris/Bruxelas, LGDJ/Bruylant, 1997, trad. fr. B. Laroche e V. Faure; *Théorie générale des normes*, trad. fr. O. Beaud e F. Malkani, Paris, PUF, "Léviathan", 1996, citado *TGN*; "Le système juridique", *APD*, Paris, Sirey, 1986, t. 31 – LEBEN Ch., "De quelques doctrines de l'ordre juridique", *Droits*, nº 34, 2001, pp. 19-39. – LOQUIN E., "Où en est la *lex mercatoria*?", in *Mélanges en l'honneur de Philippe Kahn*, Paris, Litec, 2000, pp. 23-51. – RAZ J., *The Concept of Legal System. An Introduction to the Theory of Legal System*, Oxford, Clarendon Press, 1970. – ROMANO S., *L'Ordre juridique* (2ª ed., 1946), trad. fr. L. François e P. Gothot, Paris, Dalloz, 1975, citado *OJ*. – TIMSIT G., *Thèmes et systèmes de droit*, Paris, PUF, 1986. – TROPER M., "Système juridique et État", *APD*, 1986, pp. 29-44.

Charles LEBEN

→ Antinomias; Estado; Hierarquia das normas; Lacunas e completude; *Lex mercatoria*; Normativismo; Pluralismo jurídico; Positivismo; Realismo; Sistema.

ORDEM PÚBLICA

"A manutenção da ordem pública numa sociedade é lei suprema." Por mais grandiloquente que seja, a fórmula de Portalis realmente nada perdeu de sua atualidade nem de sua intensidade. Sem dúvida, a expressão "ordem pública" é relativamente recente, pois, até o tempo do Código Civil francês, falava-se mais em "direito público" ou mesmo em "leis públicas", para designar o instrumento com o qual são garantidas, no e pelo direito, a defesa e a promoção dos valores e dos interesses que estruturam e conservam a organização social. Assim, o Digesto proibia que os pactos privados derrogassem o direito público (*privatorum pactio juri publico non derogat*), e o projeto de Código Civil do ano IV previa a nulidade das convenções que "firam a honestidade pública e a ordem social", enquanto o do ano XII proibia a derrogação das "leis pertencentes ao direito público", com uma inspiração romana não surpreendente, uma vez que, na matéria, a influência de Domat se mostrou predominante.

A escolha da fórmula "ordem pública" pelos autores do Código Napoleônico decorreu do temor de que a expressão romana "leis públicas" sugerisse uma acepção estreita das matérias assim designadas – muito embora o direito romano se referisse ao interesse público na sua acepção mais ampla (*jus publicum*). A preocupação em evitar toda e qualquer ambiguidade a respeito, além de decorrer da visão um tanto autoritária que Portalis e seu Mentor tinham das relações sociais, marca também (e talvez principalmente) o lugar importante que a técnica considerada viria a ocupar no sistema político e jurídico moderno. Isso é amplamente confirmado pelo advento da ordem pública administrativa e, ulteriormente, da ordem pública constitucional. A partir da ressalva do artigo 6º do Código Civil francês ("Não podem ser derrogadas, por convenções particulares, as leis referentes à ordem pública e aos bons costumes"), o direito administrativo será construído como instrumento de modelo e orientação da atividade social, impondo, depois, um grande espaço de cooperação entre os particulares e o poder público. Do mesmo modo, a construção moderna das relações internacionais será acompanhada pelo surgimento de uma ordem pública destinada a garantir, nos conflitos de leis, a defesa dos valores fundamentais do foro: quando se verificou que o sistema conflitualista, designando uma lei estrangeira sem consideração de seu teor, poderia levar à aplicação dessa lei, ainda que ela se chocasse com as concepções essenciais da ordem nacional, o termo "ordem pública" veio, naturalmente, designar o mecanismo que possibilitasse neutralizar a ação da referida regra. O desenvolvimento das relações internacionais levará uma parte da doutrina contemporânea a distinguir, ao lado da ordem pública referente às relações privadas ("ordem pública internacional" ou "exceção de ordem pública"), uma ordem pública própria às relações internacionais públicas ("ordem pública realmente internacional"), bem como uma ordem pública própria às relações transnacionais ("ordem pública transnacional"); essas ordens públicas limitariam a liberdade de implementação das relações interestatais e das relações estabelecidas entre operadores do comércio internacional, no sentido de que seu reconhecimento passa pela admissão de um verdadeiro sistema jurídico supranacional. Em qualquer hipótese, a necessidade da ordem pública e sua recepção ao mesmo tempo antiga e moderna lhe garantem um lugar privilegiado nas fundações de toda ordem jurídica. Essa constatação aclara as características da ordem pública como técnica. É banal falar das dificuldades inerentes a qualquer definição desse conceito. M. Philippe Malaurie enumerou pelo menos 22 definições, às quais ele acrescentou uma 23ª, a dele. Essa situação, ao que parece, é acima de tudo fruto da relativa, mas inegável, indeterminação do conteúdo da ordem pública, pois esta não precisa ser expressamente enunciada pela lei para ser declarada pelo juiz: o caráter de ordem pública de uma norma é inerente ao fato de ela representar um interesse ligado aos valores sociais essenciais; ora, essa característica, evidentemente, resulta da substância da disposição, e não principalmente de seu enunciado formal. Por isso, a ordem pública é tanto *textual* quanto *virtual*, e este último caráter alimenta a indeterminação (relativa) de seu conteúdo. Em vez de comprometer a força desse instrumento jurídico, essa indeterminação explica boa parte de seu sucesso: ela possibilitou que a ordem pública se adaptasse às inevitáveis evoluções dos valores sociais fundamentais. Acaso isso significa que a ordem pública hoje teria pouco a ver com aquilo que ela era logo depois da Revolução francesa? Pode-se duvidar. Em primeiro lugar, as mudanças ocorridas não afetaram o conjunto das disposições de ordem pública: uma parte não desprezível daquilo que ela era há duzentos anos continua; por exemplo, os princípios da organização jurisdicional, a liberdade matrimonial, numerosos elementos da capacidade das pessoas, sem falarmos das disposições referentes ao direito público e ao direito penal. Em segundo lugar, a ordem pública não é só conteúdo; ela também constitui um conjunto de efeitos jurídicos necessários ao cumprimento de sua função de instrumento de estruturação e coesão sociais. Ora, apesar das transformações do conteúdo da ordem pública, ou mesmo graças a elas, essa função ficou inalterada. Enquanto isso, a adaptabilidade da ordem pública revela que é também pela colaboração social – indispensável à determinação de seu conteúdo em situações factuais sempre novas – que ela desempenha sua eminente função.

Ordem pública, instância de estruturação social

A ordem pública participa dos instrumentos jurídicos pelos quais é estruturado o grupo social. Desse modo, diz respeito a um projeto de tipo constitucional, pois articula as relações entre a lei nacional e a lei estrangeira, entre a regra de *jus cogens* e as convenções particulares, entre a regra transnacional e o contrato internacional, entre lei e contrato, entre o ato regulamentar e a iniciativa individual. Fundamentando a supremacia da norma que ela caracteriza, a ordem pública constitui, por conseguinte, a expressão mais direta da autoridade na regra de direito.

A necessidade de conferir caráter de ordem pública a certas leis procede da pluralidade das fontes de prescrições relativas a um mesmo objeto: num sistema jurídico "mononormativo", a questão da ordem pública não se colocaria (mas tal sistema é impensável). Uma vez que uma questão de direito pode ser regida por diferentes regras (lei estrangeira, Constituição, lei, contrato etc.), uma delas recebe a qualificação de "ordem pública" quando as soluções que enuncia participam dos valores sociais fundamentais; a ação de uma prescrição concorrente marcaria um recuo dos referidos valores e, por conseguinte, o início do questionamento da ordem social. A norma de ordem pública, portanto, afirma a existência de um espaço fechado para as vontades particulares ou estrangeiras, o que lhe confere seu papel social fundador e agregador. É verdade que uma leitura *a contrario* do artigo 6º do Código Civil francês leva a ver primordialmente nessa disposição a permissão para que o contrato derrogue leis que não interessem à ordem pública e aos bons costumes, o que parece pôr o instrumento particular numa posição de proximidade normativa com a lei: mesmo quando não interessa à ordem pública, lei é lei, de tal modo que a possibilidade de fugir a ela por convenção particular parece equivaler a conceder aos particulares um poder cuja natureza seria idêntica ao do legislador... Tal leitura não foi proposta na época da elaboração do Código Civil francês nem por seus primeiros comentadores (a não ser Accolas), mas sim no fim do século XIX quando, sob a influência dos autores de direito internacional privado, a fórmula kantiana "autonomia da vontade" introduziu-se em parte da doutrina privatista. A ordem pública foi então oposta à liberdade contratual, segundo uma visão – já presente em Bentham e Rousseau – que sugeria a existência de duas esferas, cada uma com um campo próprio: a da liberdade contratual e a da ordem pública. Esta última, limitada ao "regulamento da pólis" – segundo fórmula de Hauriou – apresentava-se como estrita exceção – decerto legítima – à liberdade dos particulares de resolver seus assuntos pessoais. Recentemente, essa concepção voltou a ter sucesso, com o desenvolvimento de um contrato com pretensões autonomistas, o do comércio internacional, cuja veleidade é ser reconhecido e sancionado independentemente de qualquer lei estatal. No entanto, tal interpretação é não só anacrônica, como também contrária ao sistema jurídico estabelecido a partir do Código Civil. De fato, nesse sistema, a quintessência da lei é a lei de ordem pública; portanto, ela é o único estalão que se deve ter em mente nas relações entre lei e contrato. Aí, a autoridade do contrato decorre da lei: o ato particular só existe como norma desde que a ordem pública o admita como tal. Essa concepção vem diretamente de Domat, para quem o vínculo "naturalista", quase físico, entre a sociedade (corpo) e os indivíduos (membros) impõe a submissão aos "poderes", especialmente ao Estado: a ordem pública é primeira e, por isso mesmo, fonte e garantia da liberdade contratual. Com essa base e por extensão, a ordem pública impõe o poder do Estado à lei estrangeira na qual a regra de conflito reconhecera competência, sempre que a aplicação efetiva do dispositivo estrangeiro se mostre contrária aos valores essenciais do foro.

Portanto, é mais do que duvidoso que a autonomia da vontade algum dia se tenha imposto; para que assim fosse, teria sido preciso que o sistema jurídico se reorganizasse em outras bases; ora, o desenvolvimento contemporâneo da ordem pública, no campo contratual, e sua renovação no campo pessoal estabelecem bem mais sua permanência, se não o seu fortalecimento. É lugar-comum lembrar que em 1804 as leis de ordem pública afetas ao contrato eram pouquíssimas. Como contemplavam sobretudo os acertos entre particulares, não se acreditava que eles ameaçassem a organização e a estabilidade sociais, porque naquele tempo os valores fundamentais não integravam a exigência de efetividade no princípio de igualdade. Quando as coisas mudaram, a partir da segunda metade do século XIX, o instrumento natural de divulgação da nova modalidade de igualdade foi a técnica da ordem pública. É verdade que, na mesma época, o vigor da ordem pública e dos bons costumes no âmbito do direito das pessoas e da família parece ter sido essencialmente reduzido. Na realidade, esse fenômeno marca apenas uma evolução em parte do *conteúdo* da ordem pública, e não um questionamento de sua função de estruturação social: a abertura de questões de direito das pessoas e de direito familiar para maiores acertos particulares (mutabilidade controlada dos regimes matrimoniais; divórcio por consentimento mútuo; mudança de nome de batismo; mudança de sexo etc.) sempre traduz o espaço maior que se dá à liberdade individual em se tratando de questões pessoais e íntimas. No entanto, a vontade individual não se torna onipotente nessas matérias (assim, o divórcio privado é nulo, bem como a mudança privada de registro civil). Além disso e principalmente, no mesmo período a ordem pública pessoal transformou-se profundamente, conforme demonstram o surgimento e o desenvolvimento do princípio de salvaguarda da dignidade da pessoa humana.

Ordem pública, espaço de colaboração social

A ordem pública estabelece uma hierarquia entre os valores fundamentais e os interesses não fundamentais. Para atingir esse resultado, é necessário um debate, não só porque a ordem pública é frequentemente virtual, mas também porque a expressão jurídica dos valores fundamentais é inacabada, sem o que elas não teriam essa qualidade. A transgressão é então indispensável à afirmação da ordem pública; e ela desemboca na colaboração entre fontes de direito e, através delas, entre membros do corpo social. Esse fenômeno talvez explique por que a ordem pública sempre cria alguma confusão entre as fontes de direito.

Como existe essencialmente em estado virtual, a ordem pública constitui uma noção contextual cujo conteúdo preciso se forja e varia em maior ou menor grau ao sabor das situações particulares. Por definição, estas só colocarão a questão no âmbito da ordem pública se criarem um número suficiente de dúvidas quanto ao respeito que demonstrem pelos valores sociais fundamentais; na falta disso, ninguém pensaria em alegar atentado à ordem pública, portanto em explicitar seu conteúdo em dado campo particular. Nesse sentido e do ponto de vista ontológico, a transgressão é a primeira condição da ordem pública: é o primeiro assassino que faz o assassinato, e não o inverso; em outras palavras, a proibição do assassinato pressupõe uma perpetração primordial desse ato e, afinal, dela procede. Simultaneamente, a transgressão orienta a discussão. O tratamento particular infligido a um valor pelo contrato individual ou pela lei estrangeira participa de sua fundamentalidade: é frequente que o simples sentimento de transgressão que se depreende do exame do tratamento particular ou estrangeiro de um valor comum seja suficiente para afirmar seu pertencimento à ordem pública; no entanto, tal apreciação abstrata é insuficiente, o que explica a impossibilidade de determinar de modo exaustivo e *a priori* o conteúdo da ordem pública; essa determinação só é concebível *em situação*, donde a importância da colaboração das fontes no enunciado da ordem pública. Sem contrato que organizasse uma manifestação de "lançamento de anão", como o Conselho de Estado poderia ter desenvolvido o conteúdo do princípio de ordem pública de salvaguarda da dignidade da pessoa humana? E, para tanto, acaso a alta jurisdição administrativa não terá considerado a agressão aos valores comuns presente nos próprios termos da operação contratual analisada? Tal diálogo também possibilita constatar as evoluções pelas quais passam os valores fundamentais. Assim, a ordem pública internacional, no século XIX, se opôs à aplicação das leis estrangeiras que reconheciam o divórcio, antes que a regra se invertesse, transitando pelo abandono das leis que autorizavam o divórcio por consentimento mútuo.

Dessa colaboração das fontes resulta certa confusão, abundantemente ilustrada pelos desenvolvimentos contemporâneos da ordem pública – é a ordem pública social. A difusão no corpo social dos valores fundamentais novos ou renovados exige que o poder público – que a modernidade espera ser atuante – assuma uma atitude de promoção capaz de encontrar na ordem pública seu instrumento mais eficaz: habilitado para coagir as vontades particulares, ele pode, por conseguinte, levá-las a agir. Assim, o desenvolvimento da exigência social de equilíbrio contratual engendrou a determinação autoritária do conteúdo dos contratos afetados por esse valor – contrato de trabalho, de arrendamento, de seguro, de crédito etc. Ao fazer isso, a lei se abriu para um processo de contratualização, não no sentido de sua elaboração ter sido negociada, mas no sentido de sua submissão à lógica que preside o acerto das relações particulares: o poder público instituiu-se como redator de contrato, no lugar e na posição das categorias sociais que ele identificara como impotentes materialmente para defender seus próprios interesses. Há aí uma forma de colaboração social: o legislador que se preocupa em determinar o conteúdo positivo dos contratos, ao qual ele confere caráter de ordem pública, coloca-se no mesmo nível do instrumento particular; a partir daí, sob pena de ineficácia, esse tipo de lei deve preocupar-se suficientemente com os dados e as coerções que presidem a elaboração das normas contratuais; além disso, essas disposições perdem significativamente em generalidade, se não em abstração. Disso resulta, aliás, certa diminuição de intensidade da ordem pública que acompanha esse tipo de disposição, o que se mede em sua relatividade: a ordem pública aí apenas erige em mínimo contratual as disposições que ela designa; é possível que haja derrogações para melhorar a situação do contratante cujo interesse a lei assume; por conseguinte, este último adquire domínio inédito da lei de ordem pública, pois só ele é titular da ação que tem em vista sancionar a sua inobservância. Para muitos autores, esses dados afastam perceptivelmente a ordem pública "social" da ordem pública "clássica". Essa conclusão, porém, é discutível, pois sempre se trata de *coagir vontades particulares*, pois elas não podem tratar de sua relação com total liberdade. Sem dúvida, a ordem pública social dá ensejo a uma aproximação inédita entre a lei e as convenções, mas é lícito avaliar que esse fenômeno sempre vem apenas concretizar uma virtualidade inerente à ordem pública: sendo instrumento de estruturação social, ele funciona ao mesmo tempo pela coerção (proibição de fazer uma coisa, obrigação de fazer outra) e pela colaboração entre o poder público e os particulares; sem esta segunda modalidade, a difusão dos valores que fundamentam e congregam o corpo social seria imperfeita, especialmente numa sociedade participativa.

› HAUSER J. & LEMOULAND J.-J., *Rép. civ. Dalloz*, ver Ordre publié et bonnes mœurs, 1993. – MALAURIE Ph., *Les Contrats contraires à l'ordre public*, Reims, Matot-Braine, 1953. – POLIN R. (org.), *L'Ordre public*, PUF, 1996. – REDOR M.-J. (org.), *L'Ordre public: ordre public ou ordres publics, ordre public et droits fondamentaux*, Bruylant, 2001. – REVET Th. (org.), *L'Ordre public à la fin du XXe siècle*, Dalloz, 1996. – SAVATIER R., "L'ordre public économique", *D.*, 1965, chron., p. 37. – VINCENT-LEGOUX M.-C., *L'Ordre public. Étude de droit comparé interne*, PUF, 2001. – Col.: *L'Ordre public: aspects nouveaux*, Travaux de l'Association Capitant, 2001; *L'Ordre public. Concept et applications*, Bruylant, 1995.

Ver também: BLANQUER J.-M., "Bloc de constitutionnalité ou ordre constitutionnel", *Mél. Robert*, 1998, p. 227. – BUCHER A., "L'ordre public et le but social des lois", *RCADI*, 1993-II, p. 1. – CHEROT J.-Y., "La notion d'ordre public dans la théorie de l'action administrative", *La Police administrative existe-t-elle?*, Economica, 1985, p. 29. – COUTURIER G., "L'ordre public de protection, heurts et malheurs d'une vieille notion neuve", *Études Flour*, Defrénois, 1979, p. 95. – FARJAT G., *L'Ordre public économique*, LGDJ, 1963. – FENOUILLET D., "La fin des bonnes mœurs et l'ordre public philanthropique", *Mél. Catala*, 2001. – GHESTIN J., "L'ordre public, notion à contenu variable en droit privé français", in *Les Notions à contenu variable en droit*, Bruxelas, 1984, p. 77. – LAGARDE P., *Recherche sur l'ordre public en droit international privé*, LGDJ, 1959. – LALIVE P., "Ordre public transnational (ou réellement international) et arbitrage international", *RA*, 1986, p. 329. – LYON-CAEN G., "Négociation collective et législation d'ordre public", *Dr. Soc.*, 1973, p. 89. – POILLOT-PERUZZETTO S., "Ordre public et droit communautaire", *D.*, 1993, chron., p. 177. – RIPERT G., "L'ordre économique et la liberté contractuelle", *Mél. Gény*, 1934, t. 2, p. 352.

Pascale DEUMIER,
Thierry REVET

→ Condutas sociais; Contrato; Lei; Liberdade; Nulidade; Polícia.

ORDENANÇAS (GRANDES) DO ANTIGO REGIME

Entre as leis gerais do rei da França, as ordenanças eram os textos mais importantes e de âmbito mais vasto. Instrumento essencial do projeto de "reformação" da monarquia, as grandes ordenanças, depois de meados do século XVII, tornaram-se "o primeiro esquema dos Códigos de que nos valemos hoje" (M. Boulet-Sautel).

Noção de ordenança régia

Na antiga França, o termo ordenança não correspondia apenas à legislação régia. Toda e qualquer pessoa que tivesse alguma autoridade podia emitir uma ordenança, ou uma declaração. Um governador, um intendente, um tribunal ou um magistrado (tal como o oficial da justiça criminal de bailiado ou da senescalia), bem como um bispo ou um abade podiam expedir ordenanças. Assim, para Furetière, o termo designava tanto uma lei do rei quanto um "mandado [...] de um superior". Para nos restringirmos apenas à legislação régia, diremos que a palavra ordenança, no Antigo Regime, era muito polissêmica. No sentido mais amplo, dava-se o nome "ordenanças régias" ao conjunto da legislação que emanava da autoridade do soberano. Mas, mesmo na linguagem técnica, o termo ordenança abrangia realidades bem diferentes. Em seu célebre *Repertório de jurisprudência* dos anos 1780, Guyot indicava que o conjunto das leis do rei em forma de cartas patentes recebia a designação genérica de ordenanças, mas esse termo também designava uma categoria bem específica de cartas patentes. Eram as ordenanças no sentido preciso e técnico do termo, que representavam apenas uma parcela das ordenanças no sentido mais amplo do termo, ou seja, da legislação régia em forma de cartas patentes. Esta também incluía editos e declarações régias, das quais se distinguiam as ordenanças propriamente ditas.

Além disso, essa classificação ternária só se impôs a partir do reinado pessoal de Luís XIV. Até então, a terminologia era bastante flutuante, sendo bem pouco imprecisa a distinção entre ordenança e edito. Uma lei de Francisco I de 1521 qualifica-se, sucessivamente, como edito, declaração e ordenança. E a grande ordenança de Roussillon de janeiro de 1564 define-se como "nosso presente edito e ordenança". Essa confusão semântica decorre do fato de que, enquanto a palavra edito (*edictum*) vinha da tradição jurídica romana, o mesmo não ocorria com ordenança e declaração. Na Idade Média, eram "palavras vagas derivadas dos verbos ordenar e declarar; o rei ordenava ou declarava as coisas mais diversas, e então se falava de suas ordenanças, ou seja, de suas ordens, ou de suas declarações, ou seja, das palavras refletidas que ele pronunciava, tal como, aliás, se falava de suas vontades" (Fr. Olivier-Martin). Isso explica por que até o século XVI ou mesmo até a primeira metade do século XVII a palavra ordenança era frequentemente empregada no plural. Cada uma das prescrições contidas num texto legislativo era considerada uma ordem (uma "ordenança") do rei. Por isso se falava das ordenanças de Blois ou de Orléans. Aí, a palavra não tinha sentido técnico, mas designava o ato em si, considerado em seu conjunto ou em sua forma; aplicava-se a cada uma das vontades do rei reunidas na lei. Em 1629, ainda, o *Código Michau* se designava como "estas nossas ordenanças". Em compensação, o mesmo texto será chamado de "nossa ordenança de janeiro de 1629" por uma declaração régia de 18 de dezembro de 1634. O sentido técnico está em vias de firmar-se. Triunfará a partir do reinado pessoal de Luís XIV, cujas grandes ordenanças são caracterizadas pelo emprego oficial do termo no singular. Aliás, é dessa época que data a distinção firme e clara entre ordenança, edito e declaração régia. Ela figura no texto intitulado *Compêndio da ordenança de 1667*, que apresenta seu resumo e talvez tenha sido redigido pelo conselheiro de Estado Pussort, tio de Colbert. No entanto, ainda no fim do Antigo Regime, alguns juristas hesitavam quanto ao fundamento da distinção entre edito e ordenança. Em seu *Dicionário de direito e prática* (1779), Ferrière, para opor essas duas formas de "constituições gerais", só vê o fato de que as ordenanças seriam ensejadas por "representações dos magistrados ou súplicas dos particulares", enquanto os editos seriam emitidos pelos reis "por iniciativa própria". Mas, embora a palavra edito tenha sido muito cedo associada a essa ideia de iniciativa própria do rei, e as grandes ordenanças tenham sido ensejadas por petições ou propostas de assembleias representativas, esse critério de distinção não é pertinente, uma vez que, nos dois casos, é possível mencionar grande número de exemplos contrários.

De fato, foi muito mais fácil e clara a distinção entre edito e declaração régia do que entre edito e ordenança. Isto porque a antítese edito/declaração régia foi construída com base numa diferença das formas diplomáticas. Os editos pertencem à categoria das grandes cartas patentes. Em princípio, tendo efeito perpétuo, esses atos eram dirigidos "a todos os presentes e futuros" e eram datados apenas com o ano e o mês, e não com o dia. Além da assinatura do rei (frequentemente traçada por um secretário pessoal) e da referenda de um secretário de Estado precedida de "pelo rei", as grandes cartas patentes tinham o visto do chanceler. Eram seladas com o grande sinete de cera verde, pendente sobre cordões de seda vermelha e verde (o verde simbolizava o valor perpétuo daqueles documentos). Inversamente, as declarações régias tinham a natureza de pequenas cartas patentes. Não tendo em princípio valor perpétuo, esses documentos dirigiam-se simplesmente "a todos aqueles que estas presentes cartas verão" e eram datados do ano, do mês e do dia. Expressão de sua menor solenidade, as pequenas cartas patentes não recebiam o visto do chanceler e eram seladas com o grande sinete de cera amarela sobre duplo rótulo de pergaminho. Assim, a velha distinção entre grandes e pequenas cartas patentes possibilitou opor nitidamente edito e declaração régia, visto que eles estavam separados por suas fórmulas diplomáticas. Em contrapartida, não existia nenhuma diferença diplomática entre editos e ordenanças, sendo estas últimas também grandes cartas patentes. Portanto, a fronteira diplomática passava entre a ordenança e o edito, por um lado, e a declaração régia, por outro.

No entanto, o último estado do direito e da prática, que começou com o reinado pessoal de Luís XIV, conheceu a consagrada tipologia ternária que Guyot constata no fim do Antigo Regime. Essa classificação baseou-se não só nas diferenças diplomáticas dos atos legislativos em forma de cartas patentes, como também na consideração de seu conteúdo. Sendo vistas como as leis mais importantes, as ordenanças eram grandes textos gerais e solenes de campo mais amplo. Regiam grande diversidade de matérias (com predomínio da justiça e menor grau das finanças), ou então uma única matéria, mas de maneira muito aprofundada e sistemática. Em seguida vêm os editos, também textos gerais e solenes, mas de menor alcance. Normalmente tratam de uma única questão ou são aplicados apenas numa parte do reino, o que não impede a grande extensão de alguns editos. Por fim, menos solenes por sua natureza de pequenas cartas patentes, as declarações régias também tinham alcance mais limitado do que ordenanças e editos, restringindo-se a modificar ou a completar algumas das disposições daqueles, pelo menos em princípio. De fato, a exemplo da declaração de 15 de setembro de 1715, que modificava o sistema governamental por meio da instituição da polissinodia, algumas declarações são textos legislativos importantes, que podiam rivalizar com os editos, mas certamente não com as ordenanças. Estas, tomadas no sentido técnico de cartas patentes do grande selo com vastíssimo alcance, colocavam-se incontestavelmente no ápice da hierarquia das leis.

O termo ordenança, porém, também se aplicava a atos legislativos extremamente diferentes, que não eram cartas patentes e, por conseguinte, não estavam submetidos a registro pelos parlamentos e por outras cortes soberanas. Quem primeiro evidenciou essa categoria de leis foi François Olivier-Martin, que lhes deu o nome de "ordenanças sem destinatários nem selo". De fato, essas ordenanças, ao contrário das cartas patentes, não se dirigiam a ninguém em particular. Começavam simplesmente com a breve fórmula imperativa: "*De par le roi*". Do mesmo modo, essas ordenanças não portavam selo, como as cartas patentes. Nelas só se encontrava a assinatura régia, autenticada por um secretário de Estado. Por fim, diferentemente daquelas que tinham forma de carta patente, estas eram datadas com o dia. Sua forma diplomática simplificada permitia evitar as complicações e, frequentemente, as dificuldades do registro. Por isso, elas propiciavam grande flexibilidade para a realeza. Esta utilizava de maneira crescente esse instrumento, que frequentemente servia para promulgar leis gerais de amplitude real. No entanto, ao contrário das ordenanças em forma de cartas patentes, essas, sem destinatário nem selo, nunca intervinham no campo da justiça e das finanças. Durante o Antigo Regime, o terreno de predileção dessa categoria de leis é constituído pelo exército, a marinha e as colônias.

Entre as grandes ordenanças do Antigo Regime, distinguem-se habitualmente as ordenanças de reformação, até a primeira metade do século XVII, e as ordenanças de codificação, a partir do reinado pessoal de Luís XIV. Essa antítese, porém, merece nuances. Isto porque as codificações de Luís XIV eram explícita e oficialmente situadas sob o signo da "reformação". De tal modo que François Olivier-Martin classifica as grandes ordenanças de Luís XIV e Luís XV entre as ordenanças de reformação. Caracterizada por "uma revisão ou uma reformulação extensa, realizada com esmero e promulgada com solenidade", para ele a ordenança de reformação constituía "uma noção sólida e coerente", para a qual, considerava ele, devia ser reservada pelos historiadores do direito "a palavra ordenança no sentido próprio". Portanto, não há antinomia entre reformação e codificação. Esta última constitui apenas um novo meio de conduzir a "reformação," cujo último e moderno rosto são os códigos especializados.

Ordenanças de reformação até meados do século XVII

O projeto de reforma do Estado e das instituições era uma ideia fulcral da monarquia capetiana. Os preâmbulos de numerosas leis incriminam incansavelmente a obra do tempo, os atos dos governados e a negligência dos representantes do poder oficial, acusando-os de deformar a interação entre instituições e de alterar a aplicação das leis. Desse modo, a realeza empreendia periodicamente a restauração da ordem institucional e jurídica perturbada. Essa era a função das ordenanças de reformação. Fundamentalmente concebidas como compilações das leis anteriores, elas lembravam as regras pouco conhecidas ou conspurcadas, especificando-as, se necessário, ou até adaptando-as, completando ou corrigindo em função das circunstâncias. Daí o caráter frequentemente repetitivo de tais textos, que repisam com frequência as mesmas disposições. A reformação, portanto, não é criação de uma ordem jurídico-institucional nova, mas, ao contrário, a vontade de recobrar uma ordem antiga perdida, percebida como ideal. A noção de reformação expressa o imenso respeito pelo passado que caracterizava a antiga França. A extrema variedade dos campos abordados permanecerá até meados do século XVII como quase uma constante das ordenanças de reformação. Um único texto regia o conjunto dos setores jurídicos e institucionais cujo funcionamento deixasse a desejar: justiça, polícia, finanças, domínio público, exército, clero, nobreza etc. Todas essas matérias e muitas outras eram tratadas sucessivamente, artigo por artigo, de mistura. Isso transformava tais ordenanças em acúmulos de disposições sem nexo entre si, que se sucediam numa ordem aproximativa e sem plano rigoroso. Ademais, cada ordenança intervinha em pontos já regidos por alguma ordenança anterior e referia-se às suas disposições. Ora, como a redação do novo artigo frequentemente diferia da do artigo anterior e se referia às suas disposições, acrescentando ou subtraindo, resultavam duas formulações da regra de direito, cuja combinação ficava a cargo da apreciação do juiz. Daí decorria certa imprecisão, geradora de disparidades na jurisprudência.

No ponto de partida das ordenanças de reformação encontra-se a de 1245, com a qual são Luís legisla sobre grande número de matérias, para reordenar as instituições do reino depois de seu retorno da sétima cruzada. Algumas das grandes ordenanças de reformação medievais foram ditadas à realeza num clima revolucionário. Foi o que ocorreu com a ordenança de março de 1357, arrancada ao delfim Carlos pelos Estados Gerais facciosos dominados por Robert Le Coq e Etienne Marcel; ou com a ordenança cabochiana de maio de 1413, imposta a Carlos VI pelo duque de Borgonha e pelos revoltosos parisienses nos quais se apoiava, que foi revogada já em setembro. Ao contrário, por iniciativa pessoal do rei foi emitida a ordenança de Montil-lès-Tours em 1454, com a qual Carlos VII restabelecia a ordem no reino depois do término da Guerra de Cem Anos.

O período que foi da Idade Média ao século XVI constitui a grande época das ordenanças de reformação. Sete delas são muito importantes e conhecidas. Redigidas depois das representações dos Estados Gerais de Tours de 1484 e com 162 artigos, a primeira ordenança de Blois (março de 1499) contempla especialmente a colação dos benefícios eclesiásticos, a organização do Parlamento de Paris (que ela fixa definitivamente), o traje dos Dias Solenes, bem como os procedimentos criminais (para os quais ela expõe a distinção entre procedimento ordinário e extraordinário). Comportando 72 artigos, a ordenança de Lyon de junho de 1510 trata realmente de justiça, mas também de outras matérias, tais como desapropriações urbanísticas. Ditada por iniciativa própria do rei e com 192 artigos, a ordenança de Villers-Cotterêts, de agosto de 1539 era considerada obra do chanceler Poyet. Não só fixava definitivamente as regras do processo criminal, como também, entre diversos outros assuntos, regulamentava o traje dos vigários dos registros paroquiais (origem do registro civil), tornava obrigatório o registro (assentamento) dos instrumentos de doação *inter vivos* (inclusive os contratos de casamento) e substituía o latim pela "linguagem materna francesa" nos documentos oficiais. Especialmente emitida com base nas reivindicações dos Estados Gerais de 1560, a ordenança promulgada em Orléans em agosto de 1561 foi datada de janeiro, para marcar melhor seu vínculo com os Estados Gerais, que haviam se reunido até o dia 31 daquele mês, cujos *cahiers de doléances* ela acompanha muito de perto. Tinha em vista especialmente os eclesiásticos, a nobreza, o desenrolar da justiça, as universidades, as talhas, os eleitos e os comerciantes. Levando também em conta as representações dos Estados Gerais de Orléans de 1560-61, a ordenança de Roussillon (ou, mais exatamente, a ordenança adicional de Paris) de janeiro de 1564, com seus 39 artigos, regulamenta a administração da justiça e muda o começo do ano do sábado de aleluia (estilo de Páscoa) para 1º de janeiro. Continuando a repercutir as reivindicações dos Estados Gerais de Orléans, a ordenança de Moulins, de fevereiro de 1566, para a justiça, a polícia e o governo do reino, comporta 86 artigos. Em especial, retirava das justiças municipais a competência em matéria civil, ao mesmo tempo que generalizava a jurisdição de polícia das cidades e estipulava que nenhum livro podia ser impresso sem a permissão do rei, dada por cartas de privilégio. Mas a grande ordenança do século XVI, de conteúdo mais amplo e maior variação, é a segunda ordenança de Blois, de maio de 1579, "sobre a polícia geral do reino", que conta 363 artigos. Oficialmente redigido com base nas representações dos Estados Gerais reunidos em Blois em 1576-77, esse texto trata de uma infinidade de matérias. Ia desde o regime de benefícios (proibição do acúmulo de benefícios) até a organização judiciária e o processo criminal (obrigava os juízes a perguntar às testemunhas qual era seu parentesco ou familiaridade com as partes), passando pelas regras matrimoniais (publicação de três proclamas sucessivos e celebração do casamento pelo vigário da paróquia diante de quatro testemunhas), bem como por hospitais, universidades, ofícios, exército, estradas, tributos e domínio público. Por meio da ordenança de Blois entrou no direito francês uma parte das disposições do concílio de Trento (referentes à disciplina eclesiástica, ao direito dos benefícios e ao casamento), num momento em que o galicanismo dos parlamentos impedia a recepção no reino dos cânones daquele concílio.

O exemplo mais arrematado de ordenança de reformação em sua concepção antiga é dado pela grande ordenança de janeiro de 1629, preparada pelo guarda-selos Michel de Marillac, com 461 artigos. Seu preâmbulo indica que ela foi redigida de acordo com as reivindicações e os pareceres dos Estados Gerais reunidos em 1614-15, bem como das Assembleias dos Notáveis de Rouen (1617) e de Paris (1626-27). Os artigos referentes às finanças foram redigidos pelo superintendente d'Effiat; os relativos ao exército, pelo marechal de Schomberg; e os relativos à marinha e ao comércio, por Richelieu, como grão-mestre da navegação e do comércio de França. Quanto às outras matérias, Marillac encarregou uma comissão de conselheiros de Estado e referendários de rever o projeto; os artigos relativos à justiça foram submetidos a dois advogados do Parlamento. O resultado é uma ordenança infindável, que tinha em vista a exaustividade dos assuntos abordados. Num único e mesmo texto, toda a legislação anterior era retomada, sintetizada, completada e revista. Nela se percebe o intuito de pôr a limpo a legislação, bem como de apresentá-la num mesmo corpo de regras. Donde a designação de *Código de Marillac* dada à ordenança de janeiro de 1629. Mas, como restringia o direito de representação dos parlamentos, chocou-se com a hostilidade destes. Batizando-a ironicamente de *Código Michau* (ou *Michelet*), eles se recusaram a aplicá-la. De qualquer modo, aquela "excelente obra" (Colbert) repetia os defeitos das ordenanças dos séculos anteriores: excesso de matérias, interpolações, aparência confusa, sobreposição aos textos anteriores. O projeto codificador da monarquia realmente dá certo somente a partir das grandes ordenanças de Luís XIV.

Codificações especializadas dos três últimos reinos

Com o reinado pessoal de Luís XIV, a ordenança de reformação muda de estilo. Passa a limitar-se a dado setor do direito, o que lhe possibilita apreendê-lo em todos os seus aspectos e fixar suas regras de maneira aprofundada e racional. Esse método foi obra de Colbert. Em seu memorial sobre a reforma da justiça, entregue a Luís XIV em 15 de maio de 1665, ele zomba da "mixórdia de ordenanças" que eram as compilações realizadas até então e preconiza a promulgação de ordenanças que só tratassem de uma matéria por vez e, no campo referido, substituísse toda a legislação anterior. Esta será revogada pela nova ordenança. Fazendo uma seleção entre as disposições antigas e acrescentando outras, ela constituirá, para a matéria tratada, um único corpo de regras precisas e seguras, que deverá ser aplicado pelo juiz. Por meio de uma formulação clara e única da lei, o objetivo era eliminar as ambiguidades e incertezas do direito, "para estabelecer a jurisprudência fixa e certa". Para atingir a clareza e a inteligibilidade das regras estabelecidas, estas eram apresentadas de maneira metódica, segundo uma construção racional. Nas grandes ordenanças de Luís XIV os artigos já não são somados uns aos outros. Colbert, mencionando Justiniano, agrupa-os nas divisões de acordo com um plano rigoroso, organizando-os em títulos e às vezes em livros. Donde o nome de código, dado bem cedo às grandes ordenanças de Luís XIV. Elas eram obra da monarquia administrativa, e é significativo que não mais um chanceler, e sim o superintendente geral, tenha sido o grande artesão desse amplo empreendimento de reforma segundo um método novo. Esses textos não decorrem de nenhuma consulta de natureza política. Na ausência dos Estados Gerais e das Assembleias de Notáveis, que não se reuniram mais, o Parlamento como corpo também não é consultado. As grandes ordenanças de Luís XIV resultam de um trabalho legislativo inteiramente realizado pela realeza. Eram elaboradas com base numa coleta de informações técnicas por meio de sondagens feitas por homens incumbidos pelo rei, seguidas por um trabalho de reflexão também realizado por comissários régios, entre os quais o conselheiro de Estado Pussort desempenhou papel especialmente importante.

A série de codificações criadas sobre diversas matérias especializadas por incentivo de Colbert, com a preocupação de esclarecer, atualizar e consolidar o direito, começa com a ordenança civil sobre a reforma da justiça, de abril de 1667 (registrada no Parlamento em sessão solene de 20 de abril), cujos artigos são agrupados em 35 títulos. Contendo regulamentação geral para os processos em matéria civil, a ordenança civil também foi chamada de *Código Luís*, ou também *Código Civil*. Consequência do grande trabalho de Colbert na reforma da justiça, a ordenança criminal de agosto de 1670 também é conhecida pelo nome de *Código Criminal*. Mas, entrementes, Colbert mandara promulgar a ordenança das águas e florestas (agosto de 1669), ou também *Código Florestal*, que tinha em vista a restauração das florestas para a produção de madeira para a marinha. Depois, em março de 1673, tem-se a ordenança do comércio, chamada de *Código Mercantil*. Pussort, que presidira a comissão encarregada de sua preparação, gostava de chamá-lo de *Código Savary*, do nome de um velho negociante parisiense que desempenhara papel importante naquela comissão. Por fim, a ordenança da marinha de agosto de 1681 tinha em vista codificar um direito marítimo que se baseara até então em usos bastante variáveis. Somam-se a isso outras duas ordenanças colbertianas importantes, respectivamente sobre as gabelas (maio de 1680) e as ajudas (junho de 1680). Depois da morte de Colbert (1683), com base em sondagem por ele ordenada, Louvois presidirá a redação da ordenança de março de 1685, ou *Código Negro*. Outra grande ordenança de Luís XIV, a de 15 de abril de 1689 sobre a marinha régia, não foi feita na forma de cartas patentes: trata-se de uma ordenança sem destinatário nem selo.

Durante o reinado de Luís XV, essa grande obra codificadora teve prosseguimento e foi estendida ao direito privado pelo chanceler Henri-François d'Aguesseau. Seu objetivo era dar uma formulação única e clara às regras nas matérias de direito privado em que interpretações diferentes provocavam grandes discrepâncias de jurisprudência entre os parlamentos. Ele começou pelas doações. Era o mais fácil, em razão da simplicidade da questão e da pequena oposição que havia nesse campo entre os princípios do direito romano e os do direito consuetudinário. Teve início uma grande sondagem em novembro de 1728 junto aos parlamentos, a respeito de cujos resultados o procurador-geral Joly de Fleury e o Parlamento de Paris foram consultados. Depois disso, um projeto de ordenança foi preparado por uma comissão de quatro conselheiros de Estado, submetidos ao procurador-geral e a uma comissão de integrantes do Parlamento, bem como a um Conselho reunido em presença do rei. Depois da ordenança de fevereiro de 1731 sobre as doações, o chanceler preparou, segundo procedimento análogo, outras três grandes ordenanças: sobre os testamentos (agosto de 1735), sobre a falsidade principal e incidente (julho de 1737), sobre as substituições fideicomissárias (agosto de 1747). Figuram também entre as grandes ordenanças do último século do Antigo Regime várias ordenanças sem destinatário nem selo de particular importância. Trata-se de longos textos que codificavam aspectos inteiros da organização e da regulamentação administrativas. São elas, entre outras, a grande ordenança militar de 1º de março de 1768, que dedicava 23 de seus artigos à regulamentação detalhada do alojamento de combatentes; a alentada ordenança de 2 de maio de 1781, com artigos divididos em 36 títulos, que continha o "regulamento geral dos hospitais militares". Trata-se de um verdadeiro código, que reunia num único corpo "todas as disposições, antigas e novas, que foram consideradas úteis", substituindo toda a legislação anterior aplicável aos hospitais militares.

As grandes ordenanças de codificação do Antigo Regime, especialmente as preparadas por incentivo de Colbert e depois de D'Aguesseau, constituem o prenúncio e a prefiguração dos códigos napoleônicos. Aliás, importante parte das ordenanças civis do chanceler d'Aguesseau será retomada no *Código Civil*.

› BARBICHE B., Vº "Ordonnances", em *Dictionnaire de l'Ancien Régime*, L. Bély (org.), Paris, 1996. – BOULET-SAUTEL M., "Colbert et la législation", dans *Un nouveau Colbert*, Paris, 1985. – OLIVIER-MARTIN Fr., *Les Lois du roi*, Paris, 1988. – REGNAULT H., *Les Ordonnances civiles du chancelier d'Aguesseau*, Paris, 1929-38-65.

Jean- Louis HARQUEL

→ Código Napoleônico; Código Negro; Lei.

ORDENS PROFISSIONAIS

As ordens profissionais são pessoas jurídicas de direito privado encarregadas de gerir um serviço público. Essa classificação, há poucos anos ainda, era mais uma convicção que uma certeza. Hoje em dia já não deixa dúvidas. As ordens profissionais, tipo de organização profissional relativamente específica das profissões liberais, durante muito tempo foram contestadas, mas, pouco a pouco, se tornaram indispensáveis. Sua missão essencial, no âmbito de suas atividades administrativas e jurisdicionais, é garantir a qualidade do serviço oferecido pelos profissionais a seus clientes.

Origem e permanência organizacional da ordem profissional

A ideia de uma organização profissional no âmbito dessas profissões não é nova. Desde a mais remota Antiguidade, as profissões foram organizadas. A organização profissional prolongou-se até a Revolução de 1789, depois da qual as "corporações", que constituíam seu arquétipo, foram abolidas. As profissões atualmente organizadas em ordens passaram pela mesma evolução. Simplesmente, em se tratando de profissões consideradas importantes num Estado (durante o Antigo Regime, pelo menos o essencial delas era agrupado com a designação de "ofícios do perigo"), sua organização fora mais regulamentada ainda. Portanto, os efeitos nefastos do desaparecimento de toda e qualquer forma de organização nessas profissões logo se fariam sentir. No entanto, com exceção dos advogados, cujas ordens ressurgiriam já no início do século XIX, as outras profissões de que trataremos viveram todo aquele século sem organização na França. O renascimento da organização profissional, frequentemente empreendida, se dará de início graças aos sindicatos profissionais que, baseados no princípio do voluntariado, não podiam vedar o exercício aos profissionais duvidosos. Em seguida, sob a influência do pensamento corporativista que dominava a ideologia da "Revolução Nacional" do Regime de Vichy, as ordens profissionais passaram a ser criadas progressivamente a partir de 1940. Essa "tara" original muitas vezes deslustrou as ordens. No entanto, os regulamentos que restabeleceram a legalidade republicana (1944) não as aboliram, e algumas leis posteriores eliminaram todos os mecanismos antidemocráticos até então dominantes. Depois, foram feitos mais alguns retoques (1977, arquitetos). Mas, apesar de contestadas por numerosos profissionais e sindicatos, o que levou F. Mitterrand a propor (1981) sua supressão, nada disso ocorreu. Muito pelo contrário, duas novas ordens foram criadas (1995), e outras profissões, como por exemplo a de jornalista, reivindicam a criação de uma ordem. De fato, hoje parece claro que as ordens profissionais são necessárias para garantir o cumprimento da missão de serviço público confiada a certas profissões. As raras críticas que ainda lhes são feitas referem-se, por um lado, ao relativo "conservadorismo" de seus órgãos dirigentes e, por outro, a procedimentos jurisdicionais às vezes pouco preocupados com os direitos à defesa. No entanto, nesses dois aspectos as coisas estão melhorando: a gerontocracia tradicional tende a ir desaparecendo, enquanto a divulgação das audiências não tem deixado de assegurar os direitos essenciais de seus administrados.

Profissões e profissionais envolvidos

No essencial, as profissões organizadas em ordens são profissões liberais. Trata-se das profissões de saúde (médicos, cirurgiões-dentistas, farmacêuticos, parteiras, massagistas e fisioterapeutas, pedicuros-podólogos), arquitetos, agrimensores, peritos-contábeis, veterinários e advogados. Em vista da organização específica desta última profissão em termos de ordens, nós as excluiremos do campo deste estudo. Na França, as pessoas que desejam exercer essas profissões são obrigadas a inscrever-se na ordem. Isso se aplica aos profissionais que queiram exercer autonomamente ou não. Raras são as hipóteses de não obrigatoriedade da inscrição. É o que ocorre, porém, quando o profissional exerce excepcionalmente, quando é estrangeiro que preste serviços ocasionais na França, quando é militar ou no caso de estudantes que substituam um profissional inscrito. Nas outras modalidades de exercício, as situações diferem segundo as ordens. Assim, os estagiários e os funcionários públicos às vezes são inscritos, outras vezes não. Do mesmo modo, nas profissões que admitem o exercício assalariado, na maioria das vezes os assalariados são inscritos. Por fim, quando o exercício se dá na forma de sociedade, a situação da sociedade e dos sócios será diferente, de acordo com a profissão e a forma social considerada. Por exemplo, são obrigadas a inscrever-se na ordem todas as sociedades civis profissionais e sociedades de exercício liberal, seja qual for a profissão considerada, bem como todas as sociedades de arquitetos, agrimensores e de perícia contábil, qualquer que seja sua forma. As outras sociedades não estão submetidas a essa obrigação, ainda que seus estatutos precisem ser comunicados aos órgãos competentes das ordens a título de informação. Quanto aos sócios, deverão inscrever-se desde que pertençam a uma profissão organizada em ordem. Não se considera que esse princípio da adesão obrigatória atente contra a liberdade de associação garantida pelo direito francês e também pelo artigo 9º da Corte Europeia dos Direitos Humanos.

Organização das ordens profissionais

As ordens profissionais são compostas por órgãos administrativos e jurisdicionais. Os órgãos geralmente comportam dois escalões: o órgão nacional e – salvo para os farmacêuticos não oficinais, que só têm uma organização nacional – o órgão local (regional, ainda que os limites geográficos nem sempre correspondam aos das "regiões"), que atua sob o controle do órgão nacional. A função jurisdicional é frequentemente exercida pelos órgãos administrativos locais ou por uma ramificação destes (câmara disciplinar). No caso das profissões médicas, porém, os órgãos locais são distintos; o órgão administrativo é departamental, enquanto o órgão jurisdicional é regional. Os órgãos das ordens profissionais são eleitos por escrutínio majoritário: direto no caso dos órgãos locais, indireto no dos órgãos nacionais. Cada profissional (pessoa física) inscrito no quadro é eleitor, a menos que tenha sofrido alguma sanção disciplinar que o prive do direito de voto. Cada ordem fixa condições de elegibilidade (idade, antiguidade), se julgar útil. Caso contrário, todos os eleitores são elegíveis, desde que não privados desse direito por nenhuma sanção disciplinar. No entanto, em se tratando de empresas, os sócios não têm o direito de assumir a presidência, para evitar a dupla representação de suas empresas. O contencioso eleitoral é da alçada dos tribunais administrativos (salvo para os advogados), seja ele ou não precedido de um processo interno na ordem. Aos profissionais eleitos às vezes se somam profissionais nomeados e personalidades qualificadas. Um representante do Estado (Comissário do Governo) participa das deliberações. Os membros não eleitos geralmente têm voto consultivo. Em se tratando de órgãos disciplinares, às vezes aos profissionais eleitos se somam magistrados de uma das ordens de jurisdição. Para garantir o funcionamento desses órgãos, as ordens cobram contribuições compulsórias que as assemelham a taxas parafiscais. A falta de pagamento dessas contribuições pode fazer os profissionais perder a elegibilidade.

Natureza jurídica das ordens profissionais

Durante muito tempo as ordens foram apresentadas como pessoas jurídicas (o que as distingue das autoridades administrativas independentes) de direito público, que, não sendo coletividades territoriais nem estabelecimentos públicos (CE, 2 de abril de 1943, *Bouguen*, *GAJA*, 12ª ed., nº 60), constituíam uma terceira categoria de pessoas públicas *sui generis*. A doutrina vira nisso uma solução cômoda que o Conselho de Estado, porém, durante muito tempo se recusou a confirmar. No entanto, já não há dúvidas sobre essa questão: as ordens profissionais são pessoas jurídicas de direito privado encarregadas de gerir um serviço público. Essa solução dá conta perfeitamente da situação jurídica das ordens profissionais, explicando as razões das prerrogativas que lhes são dadas e o caráter privado de seus recursos, contas, pessoal e bens. A evolução frequentemente paralela da jurisprudência relativa aos comitês de organização em matéria econômica e da jurisprudência referente às ordens (CE, 31 de julho de 1942, *Monpeurt*, *CAJA*, 12ª ed., nº 59) não deixa pairar dúvidas sobre essa solução. Visto que os tribunais admitiram sem hesitação que os comitês de organização são pessoas privadas (CE, *Rec. CE.*, 7 de dezembro de 1984, *CEMA*, *Rec. CE.*, 413), deve-se chegar à mesma solução em se tratando das ordens.

Papel e missão das ordens profissionais

O erro mais comum quando se procura definir a incumbência das ordens profissionais é acreditar que elas se destinam a representar a profissão. Esse é o papel que deve ser exercido pelos sindicatos profissionais. Aliás, prova dessa afirmação está no fato de que os representantes das profissões liberais no Conselho Econômico e Social são designados pelos sindicatos, e não pelas ordens. De fato, a tarefa de serviço público confiada às ordens profissionais consiste em garantir a boa qualidade dos serviços prestados pelos profissionais. Essa tarefa é exercida na forma de atividade fiscalizadora: fiscalização administrativa quando a ordem fixa as condições de exercício da profissão e controla o acesso à profissão; fiscalização judiciária e atividade jurisdicional quando um profissional infringe as regras de exercício da profissão. As ordens profissionais têm, acima de tudo, uma atividade normativa; esta se traduz pela emissão de atos regulamentares e/ou de medidas individuais. O poder regulamentar das ordens profissionais é, afinal, muito restrito. Por exemplo, se pensarmos nos "códigos de ética", seremos obrigados a constatar que, de modo geral, eles são emitidos na forma de decretos. Os órgãos administrativos das ordens só intervêm para propor (profissões médicas e contábeis) o Código, ou mesmo para dar seu parecer sobre o texto elaborado diretamente pelo governo (arquitetos). Praticamente só quando baixam regulamentos internos (que, por exemplo, contenham modalidades para a inscrição ou regras de procedimento contencioso), regulamentos de qualificação ou de títulos (especialidades de que o profissional possa prevalecer-se), ou cláusulas essenciais de modelos de contratos (cláusulas que os profissionais devem respeitar quando firmam certos contratos societários) é que as ordens dispõem de verdadeiro poder regulamentar. Em todos os casos, ele é exercido sob o controle do Conselho de Estado, que sempre submeteu a atividade das ordens profissionais aos princípios gerais do direito público (CE, 29 de julho de 1950, *Comité de défense des libertés professionnelles des experts-comptables: GAJA*, 12ª ed., nº 73).

Inversamente, as medidas individuais que as ordens podem tomar são muito mais numerosas. A principal, evidentemente, é a "inscrição nos seus quadros" das pessoas que desejam exercer a profissão. Nessa ocasião, a ordem verifica se o candidato realmente tem os diplomas ou as qualificações necessárias, mas também se apresentam as garantias de moralidade exigidas pela prática da profissão. As ordens também podem tomar decisões referentes às condições de substituição (em especial nas profissões da saúde), às "situações de concorrência" de um profissional próximo de outro, à criação de um gabinete secundário, a títulos e qualificações que o profissional é autorizado a portar ou mesmo à possibilidade de exercer a profissão concomitantemente com outra atividade, só para citar os casos mais frequentes. Mas a ordem também intervém para pôr fim à carreira do profissional a pedido dele (anulação ou omissão) ou por sua própria iniciativa, se julgar que ele não tem condições de exercer (temporária ou definitivamente), em vista de invalidez ou estado patológico. Todas essas decisões individuais têm caráter administrativo; deverão ser notificadas e, se forem negativas, justificadas. Por fim, sua legalidade poderá ser contestada perante o juiz administrativo. No entanto, cabe notar que, na maioria dos casos, o recurso por excesso de poder não será aberto diretamente, sendo obrigatório um recurso hierárquico preliminar junto ao órgão administrativo superior. A atividade administrativa das ordens, quando causa algum dano, pode levar o juiz a impor reparações (CE, *Bouguen.*).

Em segundo lugar, as ordens profissionais têm atividade jurisdicional. É, sem dúvida, a mais conhecida, aquela que, na origem, mais justificou a existência das ordens. Refere-se à repressão das faltas cometidas pelos profissionais em condições normais de exercício da profissão. A ordem, portanto, deve punir os profissionais transgressores e, eventualmente, expulsá-lo dos quadros da profissão. Os processos disciplinares, segundo a ordem, são movidos pelos órgãos não disciplinares da ordem, pelas autoridades tutelares, por outros profissionais inscritos nos seus quadros, ou – o que é mais excepcional – por qualquer indivíduo interessado. Como as ordens são jurisdições administrativas especializadas, as regras gerais desse procedimento lhes são aplicáveis. Tanto é verdade, que os debates agora têm caráter público (CE, 14 de fevereiro de 1996, *Maubleu*, *Rec.* CE, 34). As decisões proferidas pelos conselhos de primeira instância são recorríveis perante o órgão jurisdicional nacional, e o recurso é suspensivo. Por fim, é possível recorrer perante o Conselho de Estado contra as decisões proferidas pelo tribunal de recursos (CE, 2 de julho de 1993, *Milhaud*, *Rec.* CE, 194).

A peculiaridade da ação jurisdicional das ordens deve ser essencialmente buscada no caráter disciplinar de seu controle. O direito disciplinar caracteriza-se pela ausência de definição precisa dos delitos e de proporcionalidade das penas. Isto porque os códigos de ética, embora indiquem as regras de comportamento que o profissional deve observar tanto no exercício de sua profissão quanto, às vezes, em sua vida cotidiana, limitam-se a dar indicações gerais. Assim, os profissionais devem, por exemplo, "empregar as melhores técnicas" ou "ter tato" na fixação ou na obtenção do pagamento de honorários. Do mesmo modo, o profissional que cometa "um ato atentatório à honra, à probidade ou aos bons costumes" estará sujeito a sanção disciplinar, mesmo que essa falta seja cometida fora do exercício da profissão. Como se vê, esses elementos dão às ordens grande margem de apreciação, principalmente porque (ao contrário do que ocorre, por exemplo, com as federações esportivas) o controle do Conselho de Estado sobre as decisões jurisdicionais das ordens é exercido por via de cassação; portanto, é um controle restrito. No entanto, cabe deixar claro que a falta de pagamento das contribuições já não é de índole a provocar sanção disciplinar. Em contrapartida, as penas que as ordens podem infligir estão mais bem definidas e podem ir desde a "advertência" ou a "admoestação" até a "suspensão definitiva" ou "expulsão", sendo todas essas penas capazes de punir qualquer comportamento.

➤ Lascombe M., *Les Ordres professionnels*, tese, Estrasburgo, 1987; "Les ordres professionnels", *AJDA*, 1994, p. 855; "La procédure disciplinaire devant les Conseils de l'ordre des pharmaciens", *Bull. ordre des Pharmaciens*, nº 353, dezembro de 1996, p. 525 (com Vion). – Linotte J.-L., Mestre D. & Romi R., "Les ordres professionnels", in *Services publics et services publics économiques*, Litec, 3ª ed., 1995.

Ver também os comentários sobre as decisões *Monpeurt*, *Bouguen*, e *Experts-comptables* em *Les Grands arrêts de la jurisprudence administrative*, Dalloz.

Michel Lacombe

→ Direito administrativo; Pessoa jurídica.

P

PATRIMÔNIO

Conjunto (universalidade) de bens pertencentes a um sujeito de direito, que os utiliza com dado objetivo, que pode ser sua exploração, sua transmissão a um sucessor ou ambos.

Diversidade

O patrimônio, tanto na língua comum quanto no vocabulário jurídico, caracteriza-se por uma multiplicidade de sentidos.

Sentido comum. – Etimologicamente, a palavra latina *patrimonium* designa os bens de família que vêm do pai e dos ascendentes, que devem ser geridos no interesse familiar para serem transmitidos às gerações seguintes. O patrimônio, que perdura no tempo, é em grande parte sinônimo de herança. Em sentido econômico, que passou para a língua corrente, patrimônio refere-se principalmente ao conjunto de haveres que possibilitam a sobrevivência de uma pessoa, o que se relaciona com seu capital e com tudo o que é capaz de produzir rendimentos. Corresponde ao ativo dos bens possuídos, que diversas operações de gestão têm o objetivo de valorizar. Patrimônio é a riqueza situada no presente.

Sentido jurídico. – 1 / *Direito privado. Concepção clássica*: A partir do artigo 2.092 do Código Civil francês ("Todo aquele que tiver assumido um vínculo pessoal será obrigado a cumprir seu compromisso sobre todos os seus bens mobiliários e imobiliários presentes e futuros"), Aubry e Rau, no século XIX, numa concepção original e inovadora inspirada no jurista alemão Zachariae, elaboraram uma teoria segundo a qual patrimônio designa o conjunto de bens e obrigações, recebidos por sucessão, mas também presentes e futuros, pertencentes a uma pessoa e constitutivos de uma universalidade de direito. A relação indefectível entre ativo e passivo – dívidas que o oneram – garante os direitos dos credores em virtude desse penhor geral. O patrimônio, assim, está indissoluvelmente ligado à pessoa. Por isso, somente as pessoas, físicas ou jurídicas, têm patrimônio, e toda pessoa tem um patrimônio. Mesmo que não seja proprietária de nenhum bem, dispõe de um patrimônio que tanto é o poder de adquirir, de ser um sujeito de direito, quanto a fortuna adquirida. Toda pessoa tem apenas um patrimônio, pois o patrimônio é a correlação do conjunto de seus direitos e encargos. Portanto, é indivisível, caso contrário, os credores correriam o risco de não poder ser indenizados. Assim, o artigo 732 do Código Civil francês veda a fragmentação da sucessão, assim como os bens destinados ao fundo de comércio não constituem patrimônio distinto. Por fim, o patrimônio é inalienável e intransmissível entre vivos, caso contrário a pessoa se despojaria de seu próprio componente, ou seja, de sua capacidade de gozo. Mas os elementos que o compõem podem ser vendidos, pois a lógica da gestão patrimonial – e estamos diante do sentido econômico – é a circulação dos bens. O patrimônio, como universalidade de direito, só pode ser transmitido com a morte. Pela ficção da continuação da pessoa nos seus sucessores – e estamos diante do sentido etimológico –, o patrimônio do *de cujus*, ativo e passivo juntos, pode integrar-se no patrimônio do herdeiro. Nessa lógica de circulação, o patrimônio nada mais é que "o conjunto dos direitos e encargos avaliáveis em dinheiro" (Planiol), o que leva a opor os direitos patrimoniais (direito de propriedade, especialmente sobre os móveis e imóveis, sobre as coisas corpóreas ou incorpóreas) aos direitos extrapatrimoniais que fazem parte da própria pessoa de seu titular (direitos públicos – direito de voto, liberdades públicas – ou privados ligados à pessoa em sua dimensão física – vida, integridade física, saúde – ou moral – reputação, honra, tranquilidade). Os primeiros são da ordem do ter; os outros, da ordem do ser. Uns destinam-se a circular; os outros, inseparáveis da pessoa, não podem ser destacados dela (A. Sériaux, *Encyc. Dalloz*). Assim, "o corpo humano, seus elementos e seus produtos não podem ser objeto de direito patrimonial" (art. 16-1 C. Civ. fr.). Diversas evoluções, porém, levam a atenuar a distinção: há graus na patrimonialidade. Alguns direitos extrapatrimoniais podem ter uma dimensão patrimonial (o direito à imagem, embora intimamente ligada ao ser, pode ser objeto de comércio e transmissão). Inversamente, alguns direitos patrimoniais têm dimensões extrapatrimoniais: assim, as obras literárias e artísticas são objeto de trocas por meio de seu suporte, mas, como estão intimamente ligadas à pessoa de seu criador, gozam de um regime jurídico específico (direito moral, em especial).

Críticas. – A teoria clássica, devido à sua abordagem personalista, foi vigorosamente combatida por razões ao mesmo tempo ideológicas e pragmáticas. Alguns autores alemães, no início do século XX (Brinz e Bekker), elaboraram uma teoria objetiva do patrimônio: a dos patrimônios sem sujeito, ou dos patrimônios-objetivo. Nessa concepção de patrimônio de afetação, alguns bens são destinados a certo objetivo, o que possibilita correlacioná-los, criar uma massa, especialmente em relação aos credores. A comunhão de objetivos substitui a pessoa. Essa abordagem apresenta diversos aspectos técnicos interessantes, em vista da dissociação de subconjuntos na massa dos bens pertencentes a uma mesma pessoa, por razões altruístas (fundos culturais ou de caridade) ou de ordem comercial (afetação de certos bens à ação da empresa para não garantir aos credores a totalidade dos bens). O patrimônio, portanto, é divisível e pode muito bem ser transmitido entre vivos nessas condições. Daí a implementação de tais mecanismos pelo direito alemão (art. 419 BGB, essencialmente referente às fusões de empresas), pelo direito anglo-saxão – que, graças ao mecanismo do *trust*, permite que o constituinte do *trust* transfira para o *trustee* alguns bens que, sendo distintos do restante de seu patrimônio, podem ser por ele administrados em conformidade com a afetação determinada pelo ato constitutivo do *trust* –, ou pelo direito italiano, que autoriza a criação de patrimônios distintos, afetos à realização da ação familiar, especialmente (art. 167 C. Civ.). Mas essa concepção objetiva é rejeitada em direito francês positivo. É verdade que existem esboços de afetações no patrimônio de uma pessoa; por exemplo, os bens comuns dos cônjuges são geridos segundo certos princípios que os distinguem em parte do patrimônio de cada um deles (art. 1.400 C. Civ.), e a sucessão sob benefício de inventário permite a coexistência durante dado período de dois patrimônios na pessoa do sucessor (art. 802-2 C. Civ.). É também verdade que as necessidades da vida comercial ou o interesse despertado pelo desenvolvimento das atividades sem fins lucrativos levaram à multiplicação das afetações de bens para dado objetivo. Mas em nenhum momento se admitiu realmente a divisibilidade do patrimônio de uma mesma e única pessoa, ainda que se tenha recorrido a procedimentos fictícios em grande parte. A teoria da personalidade jurídica possibilitou chegar a um resultado idêntico ao do patrimônio de afetação *stricto sensu*. Basta que uma pessoa física atribua uma massa de seus bens presentes e futuros a uma pessoa jurídica, existente ou criada na ocasião, para a constituição de uma universalidade de direito que reúna ativo e passivo. Se o objetivo for não lucrativo, poderá ser uma fundação. Mas a definição dada pela Lei francesa de 23 de julho de 1987, relativa ao mecenato cultural da fundação ("afetação irrevogável de bens, direitos e recursos para a realização de uma obra de interesse geral e sem fins lucrativos") não permite a individualização dentro do patrimônio pessoal. A vontade do fundador só pode produzir efeitos pela transmissão de bens com eventuais encargos a uma pessoa jurídica preexistente ou por meio da criação de uma nova fundação. Também pode ser uma sociedade para exercer sua atividade comercial. É verdade que a sociedade, como seu nome indica, reúne, *a priori*, vários sócios, mas na França agora se admite a constituição de sociedades com um único sócio, tais como as empresas unipessoais de responsabilidade limitada (EURL da Lei de 11 de julho de 1985). Em todo caso se mantém, mesmo ficticiamente, o princípio segundo o qual uma pessoa só tem um patrimônio, e todo patrimônio se vincula a uma única pessoa.

Direito público. – Embora a palavra tenha assumido o sentido atual tardiamente, desde a origem ela tem significados jurídicos precisos. Em Roma, patrimônio – *patrimonium* – designa o conjunto dos bens da coroa, que se transmitem de imperador a imperador e cuja conservação é garantida por um procurador especial. O patrimônio é uma riqueza gerida em condições que se assemelham à da domanialidade pública na França. Depois, nessa linha, surgiu o patrimônio de são Pedro, núcleo inicial dos Estados da Igreja e depois conjunto de bens imóveis afetos a cada igreja para o cumprimento de sua missão. Esse patrimônio eclesiástico, distinto do patrimônio dos clérigos, é inalienável e obrigatoriamente transmitido de geração a geração, tanto em sua dimensão material (possibilitar que a Igreja viva) quanto em sua função simbólica e espiritual, como testemunham as relíquias. "A veneração alicerçava o patrimônio" (A. Chastel e J.-P. Babelon). Essa concepção de herança coletiva se desloca progressivamente e depois se laiciza.

Patrimônio cultural. – 1 / *Bens materiais*. Em fins do século XVIII, na Europa ocidental, surge a ideia de que certos objetos do passado devem ser preservados para serem transmitidos às gerações futuras. Assim nascem legislações destinadas a selecionar, proteger e conservar bens móveis ou imóveis para legá-los às gerações futuras. Estamos diante da ficção privatista da continuação da pessoa: aqui, a França ou a Nação. Esse patrimônio é composto por bens essencialmente inalienáveis: depois de entrarem para o patrimônio, eles não saem mais, salvo destruição que não possa ser evitada. Desse ponto de vista, mesmo que os bens componentes também constituam uma riqueza explorável (especialmente do ponto de vista turístico), o patrimônio volta a ter seu primeiro sentido de herança, termo, aliás, utilizado em inglês. A partir de então, numerosos textos garantem sua proteção, tais como as convenções da Unesco: convenção de Haia de 14 de maio de 1954 (proteção, em caso de conflito armado, dos bens "de grande importância para o patrimônio cultural de cada povo", que, em conjunto, constituem o patrimônio cultural da humanidade), ou a de Paris, de 16 de novembro de 1972, relativa à conservação do patrimônio cultural e natural mundial. Além de sua propriedade e de sua submissão à soberania estatal, sobre esses bens recai uma espécie de servidão de interesse universal. E na França, embora se falasse principalmente de monumentos históricos antes da década de 1970, agora a palavra patrimônio goza de considerável sucesso na linguagem jurídica e administrativa.

2 / *Bens imateriais*. Progressivamente, o patrimônio, no plano jurídico, ganha mais uma dimensão. O que cabe transmitir já não são apenas testemunhos físicos do passado, mas também os bens imateriais. A humanidade logo tomou consciência da necessidade de deixar para as gerações seguintes as obras culturais e espirituais. Os monges copistas da Idade Média e, depois, os eruditos não tiveram outra função. Chateaubriand pode então falar dos pensamentos nascidos do gênio humano, "que se tornaram patrimônio do universo". O direito, por sua vez, assume a missão de salvaguardar e difundir esse patrimônio cultural, essas obras-primas da literatura, da música etc. (ver por exemplo a convenção que instituiu a Unesco em 1946, que se refere ao "patrimônio universal de livros, obras de arte"). Por fim, além dessa "cultura culta" (E. Morin) tornam-se dignas de proteção as criações nascidas de uma comunidade, expressão de sua identidade cultural, tais como, além da cultura "clássica", coisas como língua, gostos, mitologia, ritos e costumes, habilidades e técnicas... A ampliação da concepção ocidental alcança então outras sociedades cuja herança é constituída na mesma medida, ou mais até, por essa dimensão: locais onde a transmissão se dá essencialmente por via oral ou por imitação (África, Eurásia, Ásia). Como consequência dessa evolução – independentemente das ações de cada Estado, por exemplo, a classificação de um artesão como

tesouro vivo no Japão ou a política de proteção da língua francesa como "elemento fundamental [...] do patrimônio da França" (Lei de 4 de agosto de 1994) –, em 1999 a Unesco decidiu estabelecer uma distinção internacional para os patrimônios que poderão ser proclamados "obras-primas do patrimônio oral e imaterial da humanidade", somando-se assim aos bens materiais protegidos pela convenção de 1972.

Patrimônio natural. – Segundo essa mesma lógica de seleção, conservação e transmissão, os diferentes instrumentos de proteção da natureza integram, em torno da ideia de patrimônio natural, o conjunto daquilo que nos foi legado. Hoje, o território francês em seu todo "é patrimônio comum da Nação" (art. L. 110 C. Urb.), patrimônio do qual fazem parte "espaços, recursos e meios naturais, espécies animais e vegetais, diversidade e equilíbrios biológicos dos quais participam" (art. L. 110.1 C. Amb.). Sua exploração, portanto, sempre deve levar em consideração a possibilidade de sua transmissão. Em direito internacional, a noção de patrimônio comum da humanidade parte de um sentido amplamente diferente. Num primeiro tempo, não se trata de transmitir uma herança às gerações futuras, mas de evitar a exploração de espaços naturais comuns por grandes potências. Passar de uma concepção passiva e negativa de *res comunis* – comuns porque todos podem utilizá-las – para uma visão ativa: esses espaços pertencem ao conjunto da humanidade e devem ser explorados no interesse de todos, especialmente do Terceiro Mundo. O patrimônio comum é uma riqueza – parte-se do sentido do direito privado – que deve ser compartilhada. Essa concepção, utilitarista, aparece com grande nitidez nas primeiras intervenções do embaixador maltês Pardo, em 1967, perante a assembleia geral das Nações Unidas, ao tratar do fundo dos mares, cujas riquezas passaram então a ser exploradas por uma organização internacional, a Autoridade (art. 136 da convenção de Montego Bay de 10 de dezembro de 1982 relativa ao direito do mar). Esse patrimônio comum também comporta a Lua e os outros corpos celestes (acordo de 18 de dezembro de 1979), bem como o continente Antártico (tratado de 1º de dezembro de 1959); para este, ainda que o termo não seja empregado, a concepção se mostra subjacente. Mas essa abordagem também pressupõe que esse patrimônio comum da humanidade seja explorado de modo racional, que não se esgote e, assim, possa ser transmitido às gerações futuras. Por meio de associações progressivas, esse sentido acaba assumindo importância cada vez maior. O patrimônio comum da humanidade já não é constituído apenas pelas riquezas que podem ser exploradas no interesse da humanidade inteira, mas também, cada vez mais, por elementos que a comunidade internacional considera como legados do passado, fundamentais para seu futuro. Desempenha papel crescente a conservação para fins de transmissão, que poderia vedar a exploração. O meio ambiente em seu conjunto (biosfera, clima, diversidade das espécies e seu capital genético etc.) deveria então fazer parte de um patrimônio da humanidade por salvaguardar. O desenvolvimento sustentável deve, por conseguinte, ter em vista "satisfazer as necessidades das gerações presentes, sem comprometer a satisfação das necessidades das gerações futuras" (declaração do Rio de 5 de junho de 1992). Mas o papel dos Estados continua primordial, e as convenções sobre as mudanças climáticas e a diversidade biológica (Rio, 5 e 9 de junho de 1992), se não tentam impor a exploração racional dos recursos no âmbito de estratégias de conservação, também não permitem realmente uma gestão desses recursos naturais no interesse da humanidade inteira. Inversamente e de maneira muito explícita, o genoma humano, "subjacente à unidade fundamental de todos os membros da família humana e reconhecimento simbólico de sua dignidade intrínseca e de sua diversidade [é] em sentido simbólico [...] o patrimônio da humanidade" (Declaração Universal sobre o Genoma Humano e os Direitos Humanos, Unesco, 11 de novembro de 1997).

Unidade

Ainda que seja ilusório querer unificar concepções parcialmente heterogêneas, é possível encontrar numerosos elementos comuns.

Sempre um sujeito de direito. – Na concepção francesa e, apesar das aparências, na maioria dos direitos estrangeiros, o patrimônio só é concebido em relação a um sujeito de direito:

pessoa física ou jurídica em direito privado, coletividade mais ou menos ampla em direito público, do município à humanidade, passando pelo Estado. Um mesmo patrimônio, embora em seus diferentes aspectos possa ser possuído por "proprietários" diferentes, continua sempre vinculado a um sujeito: sujeito único (patrimônio de uma pessoa privada, certas partes do patrimônio comum da humanidade), ou sujeitos múltiplos. Assim, os bens culturais são ao mesmo tempo propriedade de uma pessoa pública ou privada, mas também fazem parte do patrimônio de outro sujeito de direito que os assume (região e/ou Estado, por exemplo), ao mesmo tempo que continuam pertencendo, se for o caso, ao patrimônio mundial... Por meio de técnicas jurídicas variadas (truste ou servidão de utilidade pública), ao patrimônio privado se sobrepõe um patrimônio de interesse geral, que vem limitar os direitos do proprietário sobre seus bens afetos a outras finalidades.

Sempre um valor. – O patrimônio só é concebido com base no valor de seu conteúdo. Em direito privado, ele se refere apenas aos bens e direitos avaliáveis em dinheiro, segundo a teoria clássica, apesar das evoluções sucessivas que lhe integraram elementos menos diretamente pecuniários. Em direito público, ele se refere tanto aos elementos imateriais com conotações simbólicas quanto aos bens materiais variados (imóveis culturais ou naturais, fundos dos mares, espaço). Seu valor é "afetivo" e/ou, dependendo do caso, muito concreto.

Sempre uma universalidade. – Em direito privado, o patrimônio constitui uma universalidade de direito (os direitos e os encargos são correlativos, o ativo e o passivo estão interligados, pois correspondem a compromissos assumidos por seu proprietário). Em direito público, a universalidade é menos forte. Ela se assemelha a uma universalidade de fato: os bens que a compõem são submetidos a um regime jurídico específico e somam-se para formar um conjunto, uma coleção considerada globalmente. É sua totalidade que constitui o patrimônio, e não cada elemento isoladamente.

Sempre um objetivo. – O patrimônio está ligado ao objetivo, à finalidade que lhe é conferida por uma pessoa. Em direito francês, uma pessoa física comum pode, com a ressalva dos limites impostos pela lei, usar com grande liberdade seus bens para fins pessoais ou profissionais. A técnica da personalidade jurídica atribui ainda mais claramente um fim específico à entidade criada para cumprir certa missão que, para esse fim, dispõe de um patrimônio. Na maioria dos casos, o intuito de transmissão não desempenha papel fundamental: é sempre possível dilapidá-lo ou pelo menos esvaziá-lo de seu conteúdo. No entanto, existem diversas técnicas para garantir essa transmissão: mecanismo da reserva hereditária, garantia da tradicional transmissão familiar ou papel da fundação, cuja vocação é a perenidade. Em direito público, o patrimônio, embora possa possibilitar a exploração (o patrimônio comum da humanidade em sua concepção primeira), está sobretudo ligado à transmissão. Certos elementos, bens, são selecionados e salvaguardados para serem transmitidos às gerações futuras. Ele não pode ser dispersado, mas, ao contrário, crescer.

É aí, com certeza, que ainda está e permanecerá a diferença essencial entre os dois sentidos da palavra patrimônio. Por um lado, destinado essencialmente às necessidades de seu proprietário, que o utiliza para atender a seus interesses; por outro, destinado primordialmente à conservação e à transmissão. Essas duas vocações, que às vezes podem conjugar-se, coincidem com as duas acepções do patrimônio no sentido comum, ao mesmo tempo herança do passado legada ao futuro e riqueza do presente.

➤ AUDRERIE D., *La Notion et la protection du patrimoine*, Paris, PUF, "Que sais-je?", 1997. – BABELON J.-P. & CHASTEL A., *La Notion de patrimoine*, Liana Levy, 1995. – FRIER P.-L., *Droit du patrimoine culturel*, PUF, 1997. – KISS A., "Le patrimoine commun de l'humanité", *Recueil des cours de l'Académie de droit international de La Haye*, 1982. – SÉRIAUX A., "La notion juridique de patrimoine, Réflexions civilistes sur le verbe Avoir", *RTDC*, 1994, 801, e "Patrimoine", *Encyclopédie Dalloz de droit civil.*

Pierre-Laurent FRIER

→ Bens; Meio ambiente; Pessoa; Pessoa jurídica; Propriedade; Sujeito de direito; Truste.

PEDÁGIO

No plano financeiro, um pedágio é equiparado pela jurisprudência administrativa a uma tarifa cobrada por serviço prestado, paga pelo usuário do domínio público e correspondente à vantagem auferida desse uso. Embora o Conselho Constitucional francês tenha reconhecido que esse uso é, em princípio, gratuito, na realidade sobre ele pesam numerosas exceções.

A palavra pedágio, que se formou a partir do latim medieval *pedagium*, ao passo que em Roma se empregava *teloneum* – telônio, banca do cobrador de impostos –, recebeu numerosas denominações nas épocas merovíngia e carolíngia, durante as quais vários capitulares determinaram os lugares onde ele podia ser cobrado. Sem ideia de contrapartida, na época o rei e as diversas autoridades exigiam direitos de passagem remuneradores, que também eram testemunho da realidade de seu poder. Por isso, o pedágio em suas diversas designações (*rotaticum*, *pulveraticum* etc.) fez parte das *consuetudines* como tradução do poder banal. Durante os séculos seguintes, os pedágios foram também cobrados pela realeza (que os submete a regime de coletoria já em 1309), pelas cidades ou pelos senhores feudais. Apesar de não apresentarem unidade jurídica e de não corresponderem naturalmente às categorias financeiras atuais, eles se assemelham a direitos alfandegários externos (*rève* e imposto pago por forasteiros) ou internos cobrados em lugares precisos que sejam pontos de passagem obrigatórios das mercadorias. Também são equiparáveis a impostos urbanos, cuja cobrança o rei autorizava para que as cidades pudessem financiar encargos específicos; por exemplo, a "barragem" de Auxerre, devida por todas as mercadorias que passavam por cima e por baixo da ponte da cidade, é prorrogada em 1368 porque a reparação das pontes e dos caminhos não havia terminado. O pedágio é, simplesmente, um recurso que apresenta a vantagem de ser regular. Enquanto a propensão dos senhores feudais a multiplicá-los é facilmente explicável, a realeza também recorreu a eles em caso de necessidade: Carlos VII, por exemplo, acrescenta "além e acima dos pedágios antigos" um "*truage*" sobre as mercadorias que transitassem pelo Marne para cobrir os custos de guerra e a manutenção das guarnições estacionadas em Meaux e Lagny. Para limitar os abusos relativos aos pedágios, especialmente senhoriais, foram progressivamente determinadas as condições de sua cobrança: em princípio, eles constituíam a contrapartida da manutenção de ruas, caminhos, rios e pontes. Frequentemente lembrada pelos parlamentos, essa regra também foi apresentada no direito consuetudinário, por exemplo, as antigas costumagens gerais de Auvergne, que dispunham que os senhores que cobrassem pedágios tinham a obrigação de manter "os caminhos, as pontes e as vias públicas em razão dos quais eles cobram os referidos pedágios". Esses princípios foram pouco respeitados pelos senhores, o que ocasionou reivindicações de todas as reuniões de Estados Gerais ou provinciais, bem como reações da realeza que, ao longo de todo o século XV, tinha em vista fazer respeitar a regra de manutenção e, por outro lado, limitar os pedágios. Alguns deles eram direitos senhoriais de remotíssima origem, válidos como tais, mas grande número de pedágios era de introdução recente. Não é de espantar o fato de que quase todos eles tenham sido cobrados nas grandes vias de comunicação, fluviais em especial (assim, Matthieu de Vauzelles, advogado do rei no Parlamento de Dombes, publicava em 1550 um volumoso *Traicté des péages* no qual enumerava sessenta pedágios de Pontarlier a Aigues-Mortes), uma vez que a rede viária principal era de pouca importância até o século XVIII, e o desenvolvimento efetivo da rede secundária só ocorreu no século seguinte. As regras de cobrança dos pedágios são estabelecidas com mais precisão no início do século XVI: uma petição do procurador-geral dos mercadores do Loire e seus afluentes leva Luís XII, em 1505, a baixar uma ordenança. Além de as queixas dos mercadores serem tradicionais (vias ribeirinhas congestionadas, rios malcuidados), os cobradores de pedágios eram também acusados de exigir pagamento não só sobre as mercadorias, "como também sobre as pessoas e os bens e víveres que elas carregam para seu uso". Esse pedágio pessoal e sobre os bens pessoais parecia então contradizer a própria natureza da tarifa, criada para "a coisa pública", a segurança dos mercadores e de seus bens, assim como para a manutenção das vias de comunicação. A ordenança anulava todo e qualquer pedágio estabelecido ou aumentado nos últimos cem anos, mas intervinha depois de muitas outras e antes de outras mais numerosas ainda. Assim, uma ordenança de Francisco II, de 1559, corroborada por seus sucessores em 1570 e 1577, abolia os novos pedágios sobre o rio Loire, exigia que os senhores controlassem seus títulos e impunha que as pessoas confirmadas em seu direito passassem a afixar um quadro (*tarif*), "para que cada um saiba o que deve", obrigação que já fora objeto de uma sentença do Parlamento de Paris em junho de 1549. Depois da reunião dos Estados Gerais de Orléans, a ordenança de janeiro de 1561 (art. 138) torna mais precisa essa disposição, prescrevendo aos cobradores de pedágios que pusessem em "lugar eminente, público e acessível um quadro ou cartaz, no qual os referidos direitos sejam descritos com pormenores, assinados pelo juiz do lugar ou por dois notários". Também nesse caso, o conjunto de prescrições é ratificado depois da reunião dos Estados Gerais pela ordenança de Blois (art. 282) e, mais tarde, entre outros textos, pela ordenança sobre Águas e florestas, de 1669 (tít. 29, art. 1º e 2º).

De fato, os pedágios régios foram mantidos, e os senhores não pararam de estabelecer novos pedágios. Somente alguns bens foram isentados, como, por exemplo, madeira, munições e suprimentos para os exércitos; por uma sentença do Conselho de 10 de novembro de 1739, ganharam isenção grãos, farinhas e legumes. No entanto, ao longo de todo o século XVIII e até 1791, uma comissão estabelecida por uma decisão do Conselho de 29 de agosto de 1724 – a Agência dos Pedágios – vai recensear e examinar os títulos, eliminando numerosos pedágios abusivos e preparando a recompra dos outros. Luís XVI, em 15 de agosto de 1779, anunciava sua intenção de "livrar a nação desses numerosos pedágios estabelecidos ao mesmo tempo nas grandes estradas e nos rios navegáveis". Essa decisão, visivelmente influenciada pela fisiocracia, também repercutia antigas reivindicações dos Estados Gerais: o rei constatava que os pedágios eram um entrave ao comércio, que as tarifas não eram uniformes, que sua complicação exigia "um verdadeiro estudo da parte dos mercadores e transportadores". Pesando principalmente sobre o transporte fluvial, obrigavam os mercadores a dar preferência às estradas, que, no entanto, seria preferível usar o menos possível para limitar as corveias ou contribuições que os substituíam. Tomou-se então a decisão de resgatar os pedágios, exceto os que fossem cobrados nos canais e rios navegáveis unicamente por meio de eclusas ou obras de arte. Por faltarem meios suficientes, na realidade foi a Revolução francesa que aboliu efetivamente os pedágios, direitos senhoriais. A Lei de 9-15 de março de 1790, ratificada por uma Lei de 25 de agosto de 1792, abolia sem indenização todos os direitos de "pedágio, por trajeto percorrido ou atravessado, passagem, direito de exposição de mercadorias, portagem em pontes etc.". A circulação viária passava a ser isenta de pedágio, mas sua cobrança se mantinha na passagem por rios e algumas pontes, uma vez que ela se dava numa troca expressa com a construção de uma obra de arte ou por consistir na indenização correspondente a uma desapropriação por motivo de utilidade pública. Esse regime se manteve depois da Revolução. Assim, uma Lei de 14 de floreal do ano XI, completada por uma circular de 31 de agosto de 1852, autorizava as comunas a estabelecer pedágios em pontes, com a ressalva de aprovação por decreto do Conselho de Estado e sob a vigilância da autoridade departamental. As concessões de obras públicas, ao longo do século XIX, geralmente levavam a remunerar o mestre de obras com um pedágio. Entre os textos que marcariam época figura a Lei de 30 de julho de 1880, que prescrevia o resgate das concessões de pontes com pedágio e impunha para o futuro o princípio de gratuidade, uma vez que não deveriam ser construídas mais pontes com pedágio na rede viária nacional e departamental. No início do século XX, foi o automóvel que deu a algumas municipalidades a ideia de restabelecer concessões: os proprietários que quisessem entrar numa cidade precisavam pagar um pedágio. Essas "cidades pedintes" foram evitadas em massa e – enquanto não apareciam as estradas urbanas com pedágio – o episódio se encerrou em 1914. Ulteriormente, várias leis (em especial, as leis de 17 de maio de 1951 e 12 de julho de 1979) expressamente derrogaram o princípio de gratuidade do uso do domínio público. Essas exceções, que não podem generalizar-se, justificam-se por razões financeiras e pela intenção de fazer o usuário arcar com os custos, quer se trate de monumentos históricos, do estacionamento de veículos ou, sobretudo, de pedágios estabelecidos em rodovias ou em edificações públicas.

› BRUSSILOWSKY J., *Le Bureau des péages*, Mémoire DES droit, Paris, 1965. – DAVID J., "Les octrois et leur suppression", *RHD*, 1988, pp. 561-85. – DERYCKE P.-H., *Le Péage urbain. Histoire-anaylse-politique*, Paris, 1997.

Guillaume LEYTE

→ Domínio (público e privado); Direitos senhoriais e feudais; Vias públicas.

PENA

"A pena é um castigo infligido ao delinquente como retribuição pela infração que ele cometeu", segundo o *Tratado de direito criminal* de Merle e Vitu. Essa definição pouco evoluiu desde aquela que foi proposta pelos juristas do antigo direito, como Ferrière, em seu *Dicionário de direito*, ou por Denisart, em suas *Coleções de jurisprudência*, que consideravam a pena como "o castigo infligido àqueles que cometeram algum crime ou alguma falta". Pronunciada pelo tribunal em nome da autoridade soberana, esta manifesta a reação da sociedade perante um comportamento que ela reprova e se recusa a admitir. Para tanto e para prevenir a repetição de comportamentos análogos, a pena não poderia ser um simples meio de punição da infração, mas atender a diferentes imperativos. Por esse motivo, assumiu características e finalidades diversas.

Características da pena

A pena parece, *a priori*, indissociável da noção de castigo, que consiste na punição severa, de acordo com o sentido corrente. No entanto, desde o século XVIII, alguns autores contestaram essa associação de termos porque a pena procede da autoridade soberana, ao passo que o castigo procede de toda e qualquer autoridade legítima. Na *Enciclopédia* de Diderot e D'Alembert, no verbete "pena", o cavaleiro de Jaucourt define a pena como "um mal com o qual o soberano ameaça os súditos que estejam dispostos a transgredir as leis, ou que ele lhes inflige [...] quando as transgridem", com o cuidado de nunca usar a palavra "castigo". Este último é definido por Diderot como todo meio severo que pode ser utilizado por um superior em relação a um subalterno que tenha cometido uma falta. Ele expressa de maneira concisa a distinção das duas noções: "É o soberano que inflige a pena, é um superior que ordena um castigo". Na esteira deles, alguns autores preferem não usar o termo castigo, tal como o redator do verbete "pena" do *Repertório enciclopédico do direito francês* (1894), que a define como um "mal infligido ao culpado por motivo e punição de sua infração". J.-H. Robert prefere identificar a pena com a sanção penal. Esta última é penal desde que legislador tenha optado expressamente por qualificá-la assim ou que ela tenha sido pronunciada de maneira exclusiva por uma jurisdição judiciária competente para infligir tal sanção, e se o poder de requerê-la couber ao ministério público. O fato de a pena ser infligida pela autoridade soberana e em seu nome lhe dá várias características. A pena é aflitiva porque proporciona ao condenado um sofrimento graduado em função da gravidade da infração cometida. Esse sofrimento é físico quando a pena assume a forma de castigo corporal; moral, quando assume o aspecto de privação ou de redução da liberdade; material, quando afeta o patrimônio do condenado. A pena é infamante porque reflete a reprovação da sociedade ao crime e ao estado de criminoso. Por esses dois aspectos, aflição e infâmia, ela se distingue da sanção e da medida de segurança. Em direito, a sanção não assume obrigatoriamente o sentido de punição e pode até consistir numa recompensa ou vantagem. A medida de segurança, termo criado no início do século XX, é uma medida de precaução tomada pela sociedade para prevenir a eventual reincidência de um delinquente. Ainda que a distinção atualmente esteja diluída, essa noção difere da pena em termos de fundamento e objetivo. Não é a culpa que a motiva, mas o caráter perigoso do delinquente, e ela não tem intrinsecamente nenhum caráter aflitivo ou infamante.

Fundamentos e finalidades da pena

Nas sociedades primitivas a pena desempenhou inicialmente uma função de apaziguamento das divindades enfurecidas pelo crime e de vingança para a vítima ou sua família. Depois, sua finalidade passou a ser a exemplaridade do castigo. A ideia é expressa já no *Protágoras* de Platão e conhecida na forma que lhe dava Sêneca em *De Ira: Nemo prudens punit quia peccatum est, sed non peccetur.* A pena deve, acima de tudo, prevenir um crime ulterior. A prevenção, sobretudo geral, deve servir para a intimidação coletiva dos criminosos potenciais. A ideia seduziu os juristas ao longo dos séculos, desde Beaumanoir (para quem é "bom que os malfeitores sejam processados e punidos com tanto rigor e justiçados de acordo com seu crime que, por medo da justiça, os outros se mirem no exemplo e se abstenham de cometer crimes") até Cujas, no século XVI, e Ferrière, que escreveu no século XVIII que "a apreensão dos tormentos prende uma parte dos homens aos seus deveres". Aliás, para imprimir a ideia de que a punição é consequência direta do crime, algumas penas são "reflexas": a língua que blasfemou é cortada, a mão que roubou é amputada... A repressão ao crime serve ao conjunto da sociedade, e a punição garante a segurança pública. Durante o debate referente à lei sobre o sacrilégio, em 1824, o conde de Bonald expressou essa ideia de maneira concisa e terrível: "Precisamos ousar proclamar aqui verdades fortes. Se os bons devem a vida à sociedade como serviço, os maus a devem como exemplo." A partir daí é necessário o caráter público da execução da pena; o cavaleiro de Jaucourt considera que "nada é mais conveniente ao objetivo das penas do que infligi-las publicamente e com o aparato mais adequado para causar impressão sobre o povo comum". Para satisfazer a essas exigências, a pena deve ser executada rapidamente depois da sentença. O inglês Blakstone nota que "a punição precisa vir o máximo possível logo depois do crime, para que o malvado veja o castigo ao mesmo tempo que o fruto que ele pretende extrair de seu crime", pois em caso de demora "a ideia do crime se enfraquece, e a execução se torna mais terrível do que exemplar". Mas a prevenção especial deve agir sobre determinado criminoso e dissuadi-lo de toda e qualquer veleidade de reincidência. Isso justifica a eliminação ou o banimento. A pena então se baseia na utilidade que representa para a sociedade, princípio defendido pelos autores do Iluminismo e ilustrado por Beccaria. A pena é então infligida porque o criminoso rompeu o pacto social. É no século XVIII que se desenvolve a ideia de que a prevenção do crime pode acompanhar sua repressão. Segundo as ideias de Montesquieu, Blakstone dedica um capítulo de sua obra sobre as leis criminais aos *Meios de prevenir os delitos* e escreve: "A justiça que previne os delitos é preferível à justiça que os pune", ainda que a repressão continue necessária. Ao fazer isso, ele marcava os limites da exemplaridade como único freio do crime. Classicamente, a pena também tem valor de expiação, e o sofrimento que ela impõe torna-se remédio ou purificação. A repressão é retributiva. Essa ideia, já presente em Platão, é ilustrada por são Tomás de Aquino e, na época moderna, por Grócio, Leibniz e Kant. Assim, é evidente, até o século XVIII, que a pena é o castigo por uma falta e que consiste na sua exata compensação. Essa concepção abriu caminho para a possível regeneração do criminoso, especialmente por meio da prática das peregrinações expiatórias na Idade Média, e para o nascimento da prisão sob a influência do direito canônico. Esse intuito chegou a ser inscrito como divisa na prisão de San Michele em Roma, inaugurada em 1703 pelo papa Clemente XI: "É pouco amedrontar os maus com a pena, se eles não forem melhorados com a disciplina." Laicizada e isentada da ideia de expiação na época contemporânea, a pena deve permitir a reabilitação do condenado e seu retorno ao seio da sociedade, ideia defendida por Saleilles em *Individualização da pena* (1898).

Alguns autores desenvolveram a ideia de que o castigo do crime pertence à ordem natural do mundo temporal e não pode ser separado da noção de mal. Assim, para são Tomás de Aquino, a pena participa da própria essência da justiça e pune os malvados. Ainda no século XVIII, para o criminalista Muyart de Vouglans, o crime é, antes de tudo, uma violação da lei divina, e a justiça "persegue e fere com seu gládio vingador o vício humilhado". Esse princípio fundamenta a repressão ao crime e a pena numa exigência moral, e não mais na utilidade. Os defensores da "justiça absoluta" levaram-no ao extremo. Joseph de Maistre mostra-se convicto no primeiro colóquio de *Soirées de Saint-Pétersbourg* (1821): "O mal, estando sobre a terra, age constantemente; como consequência necessária, ele deve ser constantemente reprimido com o castigo; de fato, vemos em toda a superfície do globo a ação constante de todos os governos para deter ou punir os atentados do crime: o gládio da justiça não tem bainha; deve sempre ameaçar ou ferir." Portanto, é imperativo punir. Kant deu um exemplo impressionante pela simplicidade e pelo rigor em seu célebre apólogo da ilha abandonada. Uma sociedade insular condenou um de seus membros à morte. Precisando dispersar-se, poderá ela agraciar o criminoso? Não, na ausência de utilidade social, a moral exige a execução.

Determinação da pena

Um princípio do direito penal romano é a personalidade da pena. O antigo direito mostra sua vinculação a esse princípio, ilustrado pelos adágios de Loysel: "Quem comete a falta que a beba", "Meu pai rouba, um ladrão é enforcado". A única exceção estava na repressão do crime de lesa-majestade de primeiro grau, que atingia a família do condenado, especialmente com o banimento de seus ascendentes e descendentes. Para infligir uma pena qualquer, o juiz não estava adstrito ao princípio de legalidade da pena. Ele a escolhia de maneira arbitrária, adotando a punição mais adequada ao caso específico que precisava julgar, levando em conta as circunstâncias do crime e a pessoa do réu. Assim, o juiz podia abrandar a pena e adaptá-la ao criminoso. Ferrière adverte os magistrados de que "eles não devem ambicionar a glória da grande clemência, nem a da grande severidade". Mas a arbitrariedade não dava plena liberdade ao juiz. Ele só podia condenar um réu à morte se aquela pena fosse ditada pela lei contra o crime em causa. Esse sistema foi criticado pelos partidários do Iluminismo, como Beccaria, no século XVIII. A incompreensão dessa arbitrariedade era total na Inglaterra, onde as penas eram determinadas pela lei. Blakstone escreveu: "Outra glória da nação inglesa é a graduação das penas [...] sem dar aos juízes ou aos jurados nenhuma liberdade de alterar o julgamento que a lei pronunciou de antemão." E acrescenta que a arbitrariedade da pena torna os homens escravos de seus magistrados, e que a legalidade das penas "sufoca as esperanças de impunidade que o criminoso poderia acalentar caso seu destino dependesse do humor e da vontade de uma corte de justiça". No entanto, ao contrário da França, na Inglaterra a pena mais frequentemente prevista, portanto cominada, era a pena de morte. Isso explica a indulgência dos juízes ingleses em reconhecer a materialidade dos fatos na época moderna, visto que a fixidez e a legalidade da pena obrigavam o juiz a condenar à morte por 233 crimes diferentes no fim do século XVIII, entre os quais o roubo acima de 12 pences, a destruição de cercas vivas ou a exportação de ovinos vivos em caso de reincidência. Como referência às contestações do Iluminismo, a Revolução francesa adota o princípio da legalidade das infrações e das penas nos artigos 5º e 8º da *Declaração dos Direitos do Homem e do Cidadão*, princípio que o cavaleiro de Jaucourt expressara de maneira ousada: "Em suma, tudo o que a lei chama de pena é efetivamente pena." A legalidade das penas tornou-se um princípio absoluto do direito penal, expressa na forma de adágio no início do XIX por Feuerbach: *Nullum crimen, nulla poena sine lege.* O abandono da arbitrariedade do juiz consumou-se quando o Código Penal francês de 1791 adotou o princípio da fixidez da pena. Isso teve então o mesmo efeito observado na Inglaterra e, não podendo moderar a pena, os júris adotavam uma atitude muito indulgente em relação à punição do crime. Para solucionar esse problema, o Código Penal de 1810 fixou, para certas infrações, um máximo e um mínimo entre os quais o juiz devia graduar a pena, mas deixava subsistir a fixidez dela para os crimes. Em 1824, foram introduzidas circunstâncias atenuantes para alguns crimes, mas para a apreciação dos juízes dos tribunais penais dos departamentos, e não do júri. A grande reforma de 1832 facultou as circunstâncias atenuantes para todas as infrações. Como ponto mais importante, ela deu ao júri a possibilidade de apreciação em matéria criminal, podendo ele declará-las mesmo em casos de circunstâncias agravantes. Remediando o rigor extremo da lei, o reconhecimento das circunstâncias atenuantes constitui uma etapa importante na história da individualização da pena. O positivismo mostrava que o delinquente já não podia ser concebido de maneira abstrata. Por isso, a pena precisava ser adaptada à personalidade do criminoso e à natureza de sua infração. De fato, diversas leis manifestavam essa preocupação. A Lei de 14 de agosto de 1885 instituía a liberdade condicional; a de 26 de março de 1891 autorizava a suspensão da execução da sentença para os "criminosos de ocasião". Ao mesmo tempo, a lei também se adapta aos "criminosos habituais" e aumenta as penas incorridas em caso de reincidência, como a Lei de 27 de maio de 1885, que instituía a relegação como pena complementar para os reincidentes incorrigíveis.

Evolução da pena

Segundo Jhering, a história da pena foi a história de uma constante abolição. De fato, sua evolução mostrava uma atenuação progressiva, mas não contínua. A Idade Média foi durante muito tempo fiel ao sistema da composição entre pena e multa. A partir do século XIII, as penas corporais foram ganhando cada vez mais importância, indo da fustigação à pena de morte, passando por mutilações como o desorelhamento, que possibilitava identificar os reincidentes. Mas o Parlamento, jurisdição suprema do reino francês, continuava dando mostras de "misericórdia", segundo o termo empregado em seus registros. Preferia a multa pecuniária acompanhada por um ato de contrição, que consistia numa cerimônia expiatória durante a qual o condenado manifestava a Deus, ao rei, à justiça e à vítima seu arrependimento pelo crime cometido e solicitava seu perdão. O direito penal clássico, descrito na ordenança de 1670, apresentava uma escala das penas. Mas essa lista figurava apenas a propósito de um aspecto processual e era incompleta. O catálogo das penas foi estabelecido por autores de doutrina como Denisart em suas *Coleções de Jurisprudência*. As penas eram capitais (morte, morte civil, banimento perpétuo, prisão perpétua), aflitivas, ou seja, afligiam o corpo sem atentar diretamente contra a vida ou privando da liberdade (galés durante certo tempo, ferrete, ato de contrição, banimento, mutilações), infamantes (golilha, pelourinho, execração pública) e pecuniárias. As penas corporais abrangiam ao mesmo tempo as capitais e as aflitivas, e "toda pena corporal é aflitiva, mas nem toda pena aflitiva é corporal". Durante o século XVIII, as modalidades da pena capital e as mutilações foram objeto de críticas por sua crueldade. Em *Espírito das leis*, Montesquieu diz acreditar que a exemplaridade da repressão decorre, sobretudo, da certeza de que o crime não ficará impune, e que então a moderação da pena é mais útil à justiça do que o suplício. Por sua vez, Beccaria considera: "Para que seja justa, uma pena só deve ter o grau de rigor suficiente para dissuadir do crime." Voltaire reitera no *Comentário* sobre Beccaria: "Os suplícios requintados, nos quais vemos que o espírito humano se esmerou para tornar a morte medonha, mais parecem inventados pela tirania do que pela justiça." Essa opinião é compartilhada pelo abade Coyer; este declara em 1776, no prefácio de sua tradução do *Comentário sobre as leis criminais da Inglaterra* de Blakstone, que ele tem esperança na influência do sistema penal inglês sobre a França para afastar "o aparato revoltante de torturas, tormentos atrozes, mortes cruéis e requintadas" que grassavam no continente, expressão que ele toma diretamente de Blakstone. No entanto, um observador francês da época, Béalt de Murat, nota, acerca das execuções na Inglaterra: "Creio que podemos incluir a execução dos criminosos entre os prazeres ferozes daquele povo." Os desejos dos filósofos são atendidos pelo Código Penal de 1791, que apresenta uma nomenclatura das penas (morte, ferros, reclusão numa penitenciária, tortura, detenção, deportação, degradação cívica, golilha) e dispõe que a pena de morte "consistirá na simples privação da vida, sem que jamais se exerça nenhuma tortura sobre os condenados". Durante as execuções públicas do século XIX, apenas a divulgação do castigo garantia a exemplaridade e devia causar forte impressão. Stendhal, assim, tinha motivos para descrever a execução de Julien Sorel: "Tudo ocorreu com simplicidade, correção e, de sua parte, nenhuma afetação." A Revolução instituiu duas novas penas: deportação (que o direito inglês conhecia desde 1619) e prisão, ainda que os parlamentos tivessem começado a pronunciar penas de prisão já na segunda metade do século XVIII.

Depois da pretendida severidade do Código Penal de 1810, no século XIX o espírito predominante é o da humanização das penas. Em 1832 a Monarquia de Julho aboliu o ferrete, a golilha, a amputação da mão dos parricidas e a pena de morte para várias infrações. Em 1848, é abolida a pena de morte para crimes políticos, sendo substituída pela deportação, inicialmente para as ilhas Marquesas e depois para a Nova Caledônia, a partir de 1872, em vista do grande número de condenados pela participação na Comuna de Paris. Na Inglaterra, chegou a ser feita uma proposta, afinal rejeitada, que tinha em vista entregar os deportados aos antropófagos da Nova Zelândia… Em contrapartida, os trabalhos forçados se tornaram mais pesados com as leis de 1852-54, que acompanhavam o transporte dos forçados para a Guiana Francesa com uma passagem pela Nova Caledônia, medida que foi definitivamente abolida em 1946, vinte e três anos depois que Albert Londres alertou a opinião sobre a inutilidade e a atrocidade desse tratamento.

No século XX continuou a despenalização e o abrandamento da repressão, até que o Novo Código Penal francês entrasse em vigor em 1994. Mas, além das práticas, permanecem alguns princípios. A determinação da pena deve ser aplicada segundo o princípio definido por Ortolan, primeiro titular da cátedra de legislação penal comparada: "Não mais do que é justo, não mais do que é útil." Esses critérios são avaliados em função da natureza do crime e da personalidade do réu. Muyart de Vouglans, porém, considerado muito repressivo e símbolo do rigor do antigo direito, não escreveu outra coisa em seu *Memorial sobre as penas infamantes*, de 1781, no qual foi inspirado pelo *Espírito das leis*: "A pena, para ser justa, deve ser proporcional à qualidade do crime e levar em conta a qualidade dos réus e os motivos que os guiaram." Deve-se ter em mente que a pena nada tem de infamante sem o crime que a precedeu. É o que expressa o conde de Essex na peça epônima de Thomas Corneille (ato IV, cena III), "O crime faz a vergonha, e não o cadafalso".

› CARBASSE J.-M., *Histoire du droit pénal et de la justice criminelle*, Paris, 2000. – LAINGUI A., *Histoire du droit pénal*, Paris, 1985. – LAINGUI A. & LEBIGRE A., *Histoire du droit pénal*, Paris, s.d. – MERLE R. & VITU A., *Traité de droit criminel, problèmes généraux de la science criminelle*, t. 1, 7ª ed., 1997. – ROBERT J.-H., *Droit pénal général*, Paris, 5ª ed., 2001. – Col.: "La peine", *Rec. Soc. J. Bodin*, t. 55, *Antiquité*, t. 56, *L'Europe avant le XVIIIe siècle*, t. 57, *L'Europe depuis le XVIIIe siècle*, 1991.

Louis de CARBONNIÈRES

→ Anistia e graça; Código Penal; Crimes e delitos; Legalidade dos delitos e das penas; Pena de morte; Prisão.

PENA DE MORTE

A partir da Lei de 9 de outubro de 1981, que aboliu a pena de morte na França, o confronto entre os partidários de sua manutenção e os de sua abolição transformou-se em confronto entre partidários do *statu quo* e partidários de seu restabelecimento. Paradoxalmente, essa luta de opiniões ocorre, se assim se pode dizer, sobre um pano de fundo que deixa à mostra não exatamente verdadeiras guerras entre povos, mas a sequela de massacres, em que a boa consciência teria dificuldades para estabelecer sua crença na bondade natural dos seres humanos, crença que, para os abolicionistas, justifica a possibilidade sempre presente de reabilitação do mais perverso dos criminosos.

Todos os países, até o século XVIII, sempre aplicaram a pena de morte como punição pelos crimes mais graves, quer com a preocupação de eliminar o indivíduo perigoso, quer com o intuito de intimidar aqueles que se sentissem tentados a cometer crimes semelhantes. Também é preciso pensar na necessidade de expiação entre os povos antigos e mesmo modernos, guiados (às vezes inconscientemente) pela religião. E certamente a expiação – que é uma satisfação, um sacrifício expiatório, à divindade ofendida – assemelha-se à pena de talião. Houve quem dissesse que "a pena de morte […] nada mais é que a expressão da lei natural segundo a qual o sangue derramado deve ser pago com sangue derramado". Tal afirmação, presente nos Livros revelados, mesmo em nossa época, foi vista quase como uma verdade evidente. Alguns doutores, como Platão, Tomás de Aquino, Leibniz e Kant, tornavam difícil contraditá-la, e cabe notar que, apesar da pressão da imprensa escrita ou falada, essa ideia de expiação necessária reaparece toda vez que se comete um crime hediondo. Até o século XVIII, todos os direitos penais admitiam a pena de morte como punição imposta pela ordem natural do mundo e pela fraqueza frequentemente criminosa do ser humano. Em suma, a pena de morte, durante muito tempo, foi concebida como um dado imediato de toda sociedade organizada. Foi admitida por hebreus, egípcios, povos mesopotâmicos, cidades gregas, assim como pelos romanos e pelos povos germânicos; estes, porém, utilizavam amplamente um sistema de acordo pecuniário baseado no "preço do homem" (*Wergeld*). Os direitos da Idade Média e dos tempos modernos, por sua vez, adotaram grande parte das instituições penais das épocas anteriores, entre as quais figurava o arsenal dos castigos, dominado pela pena de morte. Só no século XVIII os escritores começaram a protestar contra sua existência, lançando campanhas abolicionistas que nunca chegaram à consecução, apesar de seus incontestáveis sucessos temporários.

A Igreja e a pena de morte

Antes de lembrar alguns desses progressos a favor da abolição, cabe aqui dar alguns pormenores sobre o direito da Igreja, relativamente à pena de morte. Como toda sociedade organizada, a Igreja, desde as origens, tinha o poder de criar leis e de as impor a seus afiliados batizados. Daí derivou um poder judiciário que a autoriza a julgar seus crimes e a infligir castigos. No entanto, mesmo nos tempos mais remotos, o sistema penal eclesiástico compreendia, sobretudo, penas "medicinais" que procuravam corrigir o culpado, em vez de penas "vingativas", entre as quais figurava a pena de morte, apesar do adágio "a Igreja abomina o sangue" (*Ecclesia abhorret a sanguina*). A competência criminal da Igreja em matéria de condenações à morte só podia ser aplicada aos crimes de heresia, e os tribunais da Inquisição, encarregados dessa repressão, foram estudados com tanta paixão, que muitos viram do direito penal da Igreja apenas "as fogueiras da Inquisição". Em geral se admite que não se deve exagerar caricaturalmente a severidade daqueles tribunais, e que, aliás, a morte só podia ser infligida aos hereges endurecidos ou relapsos. Além disso, frequentemente se confundiu a Inquisição medieval com a Inquisição espanhola, jurisdição régia, criada em 1498, cujos excessos resvalaram para a crueldade contra os muçulmanos e os judeus relapsos. No entanto, a pena de morte existia no direito da Igreja bem antes do desenvolvimento das seitas heréticas dos séculos XII-XIII. Por isso, alguns dos seus primeiros Pais precisaram debruçar-se sobre o problema que ela representava, especialmente santo Agostinho. Nenhum deles contesta o direito de condenar um culpado à morte, direito transmitido por Deus ao Príncipe, o que estabelece sua legitimidade. Mais tarde, a mesma doutrina será retomada pelo papa Inocêncio III e por são Tomás de Aquino. Inocêncio III a invocou na fórmula de abjuração imposta, em 1208, aos valdenses que negavam precisamente essa legitimidade: "Afirmamos que o poder secular pode, sem pecado mortal, exercer o julgamento de sangue, desde que, a proferir a sentença, ele não seja movido por ódio, mas pela prudência, não aja sem precaução, mas com sabedoria." São Tomás esclarece que não há transgressão ao mandamento divino *Non occides*, quando a justiça humana pronuncia, de acordo com as devidas formas, uma pena capital. Trata-se de um ato de justiça social a favor do bem comum. O *Catecismo da Igreja católica*, publicado em 1992, ainda aprova esse poder: "[...] O ensinamento tradicional da Igreja reconheceu a procedência do direito e do dever que tem a autoridade pública legítima de punir com penas proporcionais à gravidade do delito, sem excluir a pena de morte em casos de extrema gravidade" (§ 2.266).

Histórico sumário da abolição

Depois de intensas campanhas abolicionistas de que trataremos abaixo, a pena de morte foi transitoriamente abolida, mas logo depois restabelecida, no Grão-Ducado da Toscana e na Áustria entre 1776 e 1796. As abolições definitivas de fato, como na Bélgica, ou, na maioria das vezes, de direito sucederam-se nos Estados europeus a partir da segunda metade do século XIX: Grécia (1862), Portugal (1867), Holanda (1870), Noruega (1905), Suécia (1921), Dinamarca (1930), Suíça (1937), Itália (1947), Alemanha (1949), Grã-Bretanha (1956) etc. A Espanha e a França foram os últimos países europeus que apagaram a pena capital de seus Códigos. Mas nos Estados Unidos 36 dos 50 estados ainda aplicam a pena de morte.

Casos de aplicação e modos de execução

Seria errôneo imaginar que os Estados monárquicos prodigalizaram a pena de morte sem moderação e sem nenhuma consideração pelo criminoso e pelas circunstâncias do crime. A doutrina e a jurisprudência nos ensinam que a morte só era pronunciada em casos de crimes graves e inescusáveis; por essas razões, seu número era restrito: assassinato em suas diferentes formas (parricídio, homicídio qualificado, envenenamento, infanticídio), estupro de criança, incêndio voluntário, crime de lesa-majestade contra o príncipe ou o Estado e certas formas de roubo com agravante. Os códigos modernos apenas retomaram o essencial dessas incriminações capitais. No entanto, cabe somar a esses crimes previstos pelo antigo direito algumas infrações contra a religião e os bons costumes, que o direito revolucionário francês banirá das novas leis: suicídio (já que o condenado não passa de cadáver), heresia, homossexualidade, incesto e bestialidade. Mas cabe notar que estes três últimos crimes, embora dignos da morte (pelo fogo), raramente eram alvo de processo por parte dos tribunais do reino. Ao contrário do que às vezes se escreveu, a execução do condenado não era acompanhada por suplícios variados, excetuando-se o caso raro do regicida "esquartejado por quatro cavalos". O direito comum distinguia a chamada pena de morte "natural" (enforcamento substituído pela decapitação no caso dos nobres) e a chamada pena de morte "cruel" (roda e fogueira). Estas duas últimas modalidades de execução eram aplicadas aos crimes "enormes" – parricídio, uxoricídio, homicídio qualificado, envenenamento, estupro de criança – e, na maioria das vezes, o condenado era secretamente estrangulado antes de receber os golpes da barra de ferro ou de ser tocado pelas chamas. Esse subterfúgio, portanto, permitia que subsistisse a virtude exemplar do castigo supremo. Durante a Revolução, o direito francês adotou uniformemente a "guilhotina", para todos os cidadãos e para todos os crimes capitais. Outros países usaram até nossos dias a forca (Grã-Bretanha), garrote vil (Espanha), cadeira elétrica, gases asfixiantes ou veneno (Estados Unidos), fuzilamento (União Soviética).

Algumas estatísticas

Os adversários da pena de morte sempre se valeram das estatísticas, afirmando alto e bom som que a abolição nunca provocou grande elevação da criminalidade. Parece que tais especulações não dão muitas certezas, pois se baseiam em números pequenos, na maioria das vezes em períodos curtos, durante os quais uma abolição de fato precedeu a abolição legislativa. Vejamos algumas indicações sobre as execuções capitais para crimes de direito comum na França: de 1919 a 1946: 281 execuções; de 1947 a 1958, 120 execuções; de 1959 a 1969: 11 execuções; de 1971 a 1981: 6 execuções. Daí se deduz, evidentemente, que a pena de morte estava em declínio no direito francês, e que sua função no arsenal dos castigos era apenas de intimidação.

Pena de morte desde a segunda metade do século XVIII

É interessante comparar essa evolução da pena de morte com a do século XVIII, uma vez que, nos vinte e cinco anos anteriores à Revolução francesa, a abolição era uma questão que estava na ordem do dia. Sabe-se que Beccaria foi o primeiro autor que reivindicou a abolição da pena de morte. Seu livro *Dos delitos e das penas*, publicado em 1764, provocou verdadeiro entusiasmo e foi rapidamente traduzido em toda a Europa. No entanto, havia uma ressalva em sua argumentação: ele considerava que a pena de morte devia ser aplicada nos casos em que um indivíduo pusesse o Estado em perigo. Por certo os termos da exceção não estavam perfeitamente claros, mas nela se pode ler sem sombra de dúvida que a morte pode ser aplicada em questões políticas. Foi esse o entendimento dos inúmeros seguidores do autor italiano, que admitirão quase unanimemente a exceção política, de tal modo que a distinção essencial entre eles estará na existência de duas correntes de opinião, nenhuma das duas totalmente abolicionista: os moderados que querem restringir a pena de morte aos crimes de sangue e os outros, raríssimos até 1790, que desejam abolir a pena de morte para todos os crimes de direito comum. Os primeiros correspondem à descendência de Montesquieu e Rousseau; os segundos continuam Beccaria, e em suas fileiras se incluem Voltaire e Valazé; este último parece até mesmo rejeitar a exceção política. O mais notável nesse confronto de opiniões é que os abolicionistas geralmente não se colocam no terreno da teologia e da moral. Sua crítica está vinculada acima de tudo à inutilidade da pena de morte, do ponto de vista da eficácia do castigo, da virtude de intimidação da pena e até mesmo, no caso de Beccaria, do proveito material do castigo para a sociedade. Essa ideia será retomada por Voltaire, que escarnece da inutilidade para o Estado de um esqueleto pendente de uma forca por uma corrente de ferro (algo que ele tinha lido em Blackstone) ou dobrado em pedaços (*sic*) em cima de uma roda de carroça. Os grandes sentimentos e a admissão dos direitos do assassino "como os de qualquer ser humano" só aparecerão mais tarde. Um dos principais problemas aventados pelos abolicionistas é o da pena apta a substituir a pena de morte. Beccaria e depois Voltaire pensam na "escravidão perpétua", que une utilidade e exemplaridade, e em outros suplícios refinados (mas não mortais). Voltaire também propõe... utilizar as aptidões dos criminosos que não sejam condenados à morte: o assassino seria obrigado a ir lutar contra os selvagens, o incendiário ficaria incumbido da guarda de propriedades rurais de uma circunscrição etc. Essas propostas de filósofos têm, na maioria das vezes, um caráter burlesco, mas são menos rigorosas do que a proposta por Le Pelletier de Saint-Fargeau aos deputados da Constituinte em 1791. Esse abolicionista, que nada escrevera antes, previa em seu projeto a substituição da pena de morte por uma pena de "masmorra" de doze a vinte e quatro anos, e não perpétua, como teria desejado Beccaria, mas "sem sol e sem luz, com corrente e cinto de ferro", "ferros nos pés e nas mãos". Uma vez por mês, as portas da masmorra seriam abertas para que o povo visse o condenado. Essas extravagâncias explicam em grande parte a rejeição do projeto abolicionista por uma assembleia que contava com um número elevado de homens da lei e de advogados, entre os quais, é verdade, o próprio Le Pelletier de Saint-Fargeau, ex-presidente do Parlamento de Paris... O Código de 1791, portanto, conservou a pena de morte. Durante a Convenção, no rescaldo da condenação do rei, Condorcet apresentava uma moção prudente a favor da abolição: "Devemos abolir a pena de morte para todos os delitos privados [= de direito comum], reservando-nos a possibilidade de examinar se é preciso conservá-la para os delitos contra o Estado." Era a volta da clássica exclusão dos crimes políticos dos projetos abolicionistas. A proposta não teve seguimento, não mais do que outras, em 1793, 1794 e janeiro de 1795. Durante sua última sessão, em 4 de brumário do ano IV (26 de outubro de 1795), a Assembleia pôs fim a um novo debate, votando a célebre disposição: "A datar do dia da publicação da paz geral, a pena de morte será abolida na República Francesa." E, como uma lei nova sempre podia revogar uma lei antiga, Bonaparte fez as Assembleias Legislativas votar em 29 de dezembro de 1801 o seguinte texto muito sucinto, que teria grande futuro: "A pena de morte continuará sendo aplicada nos casos determinados pelas leis, até decisão em contrário."

Foi só em 1981 que o Parlamento, tirando proveito de uma mudança da maioria política, decidiu abolir a pena de morte, depois do malogro de numerosas tentativas. Paradoxalmente, essa abolição ocorreu no momento em que as assembleias parlamentares já não tinham nenhum peso perante a opinião pública, segundo os próprios intuitos da Constituição da V República. Em épocas anteriores, cabe lembrar, entre as proposições abolicionistas que chegaram até o fim, o projeto do governo rejeitado em 1908 pela Câmara dos Deputados. Em 1981, ao contrário do que se via nos projetos abolicionistas das épocas anteriores, não houve preocupação em fixar uma pena precisa que substituísse a pena de morte. Foi só alguns anos depois que a lei previu períodos de segurança "incompressíveis", a fim de tornar a perpetuidade menos ilusória, em consequência da graça e de todas as medidas judiciárias que reduzem a duração das penas pronunciadas; enfim, resumindo, para torná-la... mais duradoura. A partir de 1994 a condenação à prisão perpétua pode ser acompanhada por uma pena de segurança de vinte e dois anos e até de trinta anos para certos crimes. No que se refere à França, onde nenhuma tentativa de abolição foi feita antes da Revolução, é possível mostrar, por meio de uma estatística bastante precisa (embora parcial) em torno da atividade dos Parlamentos, que a pena de morte foi refluindo regularmente ao longo do século XVIII, ao mesmo tempo que a atividade judiciária e (se é que se pode arriscar esse termo) policial passa por nítido progresso, sobretudo nos últimos trinta anos do Antigo Regime. No entanto, na Bretanha, na Borgonha e na Provença, o número anual de execuções capitais continua estável em comparação com os períodos anteriores, sem ultrapassar sete ou oito, como se a máquina repressiva, tornando-se mais eficaz, não exigisse tanto rigor. O Parlamento de Paris, cuja imensa jurisdição correspondia a uma população de 9 a 10 milhões de pessoas, no fim do Antigo Regime pronunciou apenas umas 45 condenações por ano, dos 800 réus que lhe foram encaminhados. Portanto, eram cerca de 150 as pessoas executadas por ano no reino, e não 300, como calculava Diderot, que, aliás, afirmava nada ver de desumano nesse número! A título de comparação, de 1826 a 1830, foram pronunciadas 111 condenações à morte pelas cortes criminais dos departamentos, das quais 72 foram executadas, ao passo que de 1811 a 1826 foram pronunciados 120 veredictos de morte apenas pela corte criminal do Norte. Mas esses números são bem inferiores aos que aparecem nas estatísticas no início do Império (quando estava em vigor o Código Penal de 1791) e quase imediatamente após a entrada em vigor do Código Penal de 1810. O número de condenações ultrapassa em muito os do Antigo Regime, ainda que nele a graça ocorresse rarissimamente, para não se dizer que era inexistente. O exame da jurisprudência do século XVIII mostra que a diminuição das condenações capitais é considerável, o que certamente não se deveu ao acaso. A explicação mais judiciosa parece ser a distinção feita pelos juízes entre os crimes "atrozes", ou perpetrados por "profissionais do crime", e os crimes certamente graves – pois podiam acarretar a morte –, mas para os quais o juiz podia mostrar-se mais clemente; entre estes últimos, infrações referentes à religião ou aos costumes, como o roubo sacrílego, ou – embora de natureza muito diferente – o infanticídio, o roubo doméstico ou mesmo o suicídio, uma vez que, neste último caso, a pena capital recai sobre um corpo morto. Os juízes pareciam sensíveis à "evolução das mentalidades" ou, mais simplesmente, à opinião pública. Resultado disso é a notável atenuação do número das condenações à morte, o que pode ser visto pelas estatísticas dos Parlamentos, quando suas sentenças foram analisadas, pelo menos para os anos 1750-89.

A pena de morte poderia ser restabelecida?

Em várias ocasiões, alguns parlamentares reivindicaram o restabelecimento da pena de morte para alguns crimes hediondos (1984, 1986, 1993). Alguns moralistas alegaram que isso seria impossível, porque a França aderiu à Convenção Europeia dos Direitos Humanos, e os acordos internacionais prevalecem sobre o direito interno. Um Protocolo adicional nº 6, assinado em 1983, abolira a pena de morte em tempos de paz, o que era autorizado pela Convenção Inicial. Fato notável é que, tal como no tempo do Iluminismo, os Estados signatários continuavam podendo aplicá-la em "atos cometidos em tempo de guerra ou de perigo iminente de guerra". Ademais, o Protocolo previa que essa abolição só poderia ser denunciada depois de um período de cinco anos, a contar de sua entrada em vigor, consecutiva à sua ratificação pelos países signatários. Como o Parlamento francês o ratificou em 17 de fevereiro de 1986, a publicação no *Diário oficial* ocorreu em 28 de fevereiro seguinte. O período previsto pelo Protocolo de 1983, portanto, encerrou-se em 1º de março de 1991, e a pena de morte poderia ser restabelecida pelo Parlamento, observando-se um prazo preliminar de seis meses…

› CRÉPIN M.-Y., "La peine de mort au Parlement de Bretagne au XVIIIe siècle", in *Les Parlements de Province*, Toulouse, 1996. – GARAUD H.-R., *Mon intime conviction*, Paris, Pygmalion, 1994. – IMBERT J., *La Peine de mort*, Paris, PUF, 1989.

André LAINGUI

→ Crimes e delitos; Pena.

PENSAR POR SI MESMO EM DIREITO

Pensar por si mesmo é coisa difícil e penosa: com muita frequência o jurista não faz nenhum esforço para pensar por si mesmo e se limita a "fazer como os outros", a seguir as pegadas alheias; vive comodamente *de aluguel*, sofre influências, e as pressões do grupo – seja ele juiz, administrador ou professor – são muito fortes, os *entraves* à manifestação do pensamento são numerosos. O pensamento fica, de alguma maneira, amarrado, previsível, subserviente ("*o mestre disse*" é uma fórmula perigosa), o espírito perde maleabilidade, flexibilidade, desaprende-se de imaginar, inventar e criar.

Com certa idade, acabamos por nos cansar dessa dependência, temos vontade de pensar por nós mesmos, de recobrar a liberdade, escapar às pressões dos patrões, dos pares, do grupo, fixar nossas próprias regras do jogo, governar livremente nosso pensamento, inventar nosso caminho. Mas essa é uma tarefa incerta, arriscada (rompemos com o conforto intelectual, com a segurança), assumimos riscos (a *ruptura* muitas vezes não é bem aceita pelos outros quando somos imprudentes, não tomamos as cautelas necessárias). As vantagens são claras: podemos *marcar nossa diferença*, mostrar o que nos distingue dos outros, pôr em dúvida tudo o que os outros pensam, em conformidade com a primeira regra do *Discurso do método*, evitar a prevenção e a precipitação (é preciso demorar o tempo necessário, ser circunspecto), rejeitar as convenções não escritas, os preconceitos de todas as espécies, os "precedentes", *revisar* tudo aquilo que acreditamos saber, apegar-nos às coisas que nos são importantes, procurar saber o que é mais importante em nosso *officium*, ter planos de longo prazo, fixar *objetivos estratégicos*, procurar construir uma obra, se houver coragem (não se escreve um livro, constrói-se uma obra). Os riscos de tal empreendimento não são desprezíveis: vivemos na indeterminação, na indefinição, perdemos a serenidade, somos frequentemente assaltados pela dúvida (podemos estar enganados), exigimos muito de nós (precisamos saber observar-nos com atenção, evitar o desânimo e as crises); o meio muitas vezes é hostil (um juiz que pensa por si mesmo nem sempre é bem visto: se ele declarar que determinado princípio é obsoleto e quiser "abalar as colunas do templo", seus superiores terão justas preocupações), às vezes nos chocamos com o espírito de corpo (nem sempre é "conveniente" pensar por si mesmo; provocamos desconfiança, contrariamos o *costume*). Mas recuperamos a independência, deixamos de viver com ideias prontas, recobramos a capacidade de jogar – e de jogar bem –, a flexibilidade; saímos dos hábitos mentais dos pares, quebramos os entraves, pensamos na *contracorrente*: é uma experiência interessante, quase uma aventura (os fracassos são numerosos). É verdade que nem todos os intelectos estão aptos para isso, a idade, o temperamento, as ambições e as carreiras costumam limitar essa capacidade de pensar por si mesmo, é preciso ter certa *capacidade doutrinal*, certo sentido do *valor da vida* para lutar contra o costume. Mas pensar por si mesmo pode modificar as regras de conduta (percebemos facilmente se um administrador, um magistrado tenta pensar por si mesmo) e levar a escrever de outro modo e sobre outros assuntos (quando fazemos uma resenha de livro jurídico, logo percebemos se o autor procurou pensar por si mesmo). Ninguém procura ensinar a pensar por si mesmo (no entanto, esse deveria ser o objetivo de todo ensino superior...), não há regras, mas é fácil ver algumas condições necessárias para isso: ter boa formação filosófica, espírito flexível, certo gosto pela liberdade, saber brincar com seu pensamento, saber desaprender, ou seja, livrar-se de um excesso de saber, romper com os costumes intelectuais, os hábitos corporativos, tentar refazer sua inteligência (*reficere ingenium*), livrar-se de preconceitos e convenções indevidamente ligados ao *officium*, despender algum tempo para realizar essa ruptura, tentar com prudência; tateamos, hesitamos, mas não somos obrigados a publicar antes de termos consolidado e confirmado nosso pensamento; são frequentes os riscos de ilusões e erros; às vezes entramos em becos sem saída, precisamos ter certa independência pessoal para realizarmos essa revolução; devemos observar regras de prudência, podemos continuar respeitando o *establishment* e fazer concessões (ninguém é obrigado a trombetear aquilo que pensa); o fato de tentarmos pensar por nós mesmos é um empreendimento *subversivo em princípio*, o que não significa o seu fim (procuramos pensar por nós mesmos até o último dia). Cada um joga seu jogo como bem entende, mas, com certa idade – por volta de 30, 35 anos em geral, sete ou oito anos depois do ingresso na "carreira" –, percebemos com tristeza que vivemos demais na dependência alheia, que nos ativemos ao costume com fidelidade excessiva, que fomos bonzinhos demais; pensamos "como os outros", seguimos as pegadas dos outros – e reivindicamos de repente a liberdade de pensar por nós mesmos: isso exige coragem, tenacidade, bom conhecimento dos próprios limites, certa capacidade de remontar aos *principia rationis*; nem todos, é verdade, sentem essa necessidade de liberdade, e nem todos os cargos oferecem as mesmas possibilidades (um juiz administrativo tem mais liberdade que um juiz judiciário; um professor, mais que um administrador...). Cada um deve inventar suas regras do jogo: mas de que vale fazer um livro se não pensamos por nós mesmos?

Guy THUILLIER

PENSÕES

Pensão é uma alocação pecuniária paga periodicamente a uma pessoa; ela é ao mesmo tempo recompensa (ou pelo menos expressão de reconhecimento daquele que a paga), ressarcimento e seguro de certo nível de vida. Antes discricionária em seu princípio e em seu montante, depois passou a ser, em certas situações, um direito previsto e regulamentado pelo Estado; foi o que ocorreu com as pensões alimentícias pagas pelo ex-cônjuge em caso de separação, com as pensões por aposentadoria e com as pensões por invalidez.

Durante o Antigo Regime, as pensões eram concedidas a título puramente gracioso pelo soberano, que as outorgava com o nome de "proventos vitalícios" por meio de ordenança ou de carta patente. Eram pouco numerosas na origem (cerca de 2 milhões de libras no reinado de Henrique IV e 5 milhões no de Luís XIV) e depois aumentaram consideravelmente a partir de Luís XV: em 1789, as pensões representavam uma carga de 36 milhões para o Tesouro. A partir de 1790, a Constituinte impôs o princípio da obrigação, por parte do Estado, de recompensar os serviços à nação; essa foi a origem das aposentadorias dos funcionários. Por sua vez, o antigo direito canônico também conhecia um regime de pensões estabelecidas com base nos benefícios eclesiásticos, especialmente quando o titular de um benefício o cedia a um terceiro com a ressalva do pagamento de uma renda vitalícia.

Já na Antiguidade, os ex-militares que se tornassem incapazes para o serviço ativo gozavam de ajuda pública em dinheiro (Atenas, Roma) ou em espécie (os antigos soldados da Macedônia se tornavam colonos). Essa tradição se perpetuou na maioria das grandes civilizações. Luís XI foi o primeiro rei da França que concedeu uma pensão aos ex-militares inválidos; essa é a origem das pensões militares por invalidez, mas Luís XIV preferiu fundar o Hôtel des Invalides (aberto em 1674) para oferecer, diretamente, moradia e sustento aos ex-militares. Os inválidos da Marinha não gozavam desse regime de pagamento em espécie (salvo no asilo de Rochefort), mas de um regime autônomo de pensões, com a fundação da Caixa dos Inválidos da Marinha em 1689, inicialmente alimentada por uma dedução sobre o soldo dos oficiais e depois (1709) sobre os salários da marinha mercante e dos arsenais, bem como do produto da presa; o pessoal da marinha de guerra depois foi vinculado ao regime dos outros militares em 1791, e a caixa (hoje Estabelecimento Nacional dos Inválidos da Marinha) aos poucos se tornou uma simples caixa de seguridade social específica da marinha mercante.

A pensão alimentícia, vinculada ao divórcio, não tem origens tão distantes quanto as outras pensões, no mínimo em virtude da situação da mulher na civilização ocidental e da proibição inicial do divórcio nas sociedades cristãs. No entanto, nas sociedades antigas nas quais o divórcio e o repúdio frequentemente eram autorizados, a dissolução do casamento em geral tinha efeitos patrimoniais (restituição do dote da mulher, às vezes com juros prodigamente calculados e até pagamento de indenizações, caso ela não fosse culpada de adultério).

Pensão alimentícia

Na sociedade ocidental, a criação legislativa do divórcio (Lei de 20 de setembro de 1792 na França) ocorreu quando a mulher, na maioria das vezes, dependia economicamente do marido. Por princípio, a dissolução do casamento dissipa as obrigações de assistência e socorro recíprocos dos cônjuges. Colocava-se então a questão da subsistência da mulher abandonada, resolvida com a obrigação de lhe pagar uma compensação financeira. Na França, até a Lei de 11 de julho de 1975, essa compensação tinha a forma exclusiva da pensão alimentícia, alocação vitalícia paga ao cônjuge abandonado para lhe permitir manter certo nível de vida. Do ponto de vista da análise jurídica, a pensão alimentícia tinha dupla natureza: numa legislação que em princípio só admitia o divórcio por culpa, a pensão tinha um caráter indenizatório;

nesse aspecto, era recusada ao cônjuge faltoso; numa sociedade em que a mulher, na maioria das vezes, não tinha nenhum outro meio de subsistência além do fornecido pelo marido, a pensão tinha caráter alimentício; nesse sentido, seu montante dependia tanto dos recursos do devedor quanto das necessidades de seu credor, era revisável, não passível de renúncia antecipada e impenhorável.

A reforma francesa de 1975 inspirou-se no direito alemão para substituir, em princípio, a pensão alimentícia pelo benefício compensatório, "destinado a compensar, na medida do possível, a disparidade que o rompimento do casamento cria nas respectivas condições de vida" (C. Civ. fr., art. 270). Para evitar as dificuldades passadas de execução da pensão alimentícia (resistência dos ex-maridos a pagar indefinidamente, apesar dos riscos de sanção penal), o benefício compensatório normalmente é pago na forma de um capital (mas o juiz pode dar preferência a uma renda, caso o devedor não tenha condições de fornecer um capital; também pode assumir a forma de usufruto de um bem), cujo montante é fixado previamente e, em princípio, é definitivo. Esse benefício é chamado de compensatório por ser independente das respectivas faltas cometidas pelos cônjuges e das necessidades do credor; nem por isso deixa de conservar, segundo a jurisprudência e a doutrina, as características de indenização e alimentos da antiga pensão alimentícia. Esta não desapareceu totalmente com a reforma de 1975. Pode ser decidida contratualmente entre os ex-cônjuges (Cass. Civ. II, 9 de maio de 1988); em geral é regra durante os trâmites do divórcio, em caso de separação de corpos e em caso de separação de fato; também é regra quando o divórcio é pronunciado por culpa exclusiva de um dos cônjuges; por fim, o sistema da pensão alimentícia se manteve em caso de divórcio por rompimento da vida em comum, a favor do cônjuge que não tenha tomado a iniciativa desse rompimento. Por outro lado, a pensão alimentícia sempre foi admitida para garantir as despesas de sustento e educação dos filhos: os deveres dos pais não desaparecem com a separação ou o divórcio. Assim, o cônjuge que exerce a autoridade parental ou em cuja casa o filho tem residência habitual goza, até a maioridade do filho (ou mesmo além, se este for estudante ou deficiente), de uma pensão alimentícia destinada a contribuir para as despesas de sustento e educação do filho.

Pensões por aposentadoria

Parece que, na *Enciclopédia* de Diderot (ed. 1791), a palavra aposentadoria (*retraite*) é consagrada em seu sentido social e econômico atual, de modo de vida que consiste em "retirar-se dos negócios", gozando de um rendimento, a pensão por aposentadoria. Ligada ao aumento da expectativa de vida, a aposentadoria aparece em toda a Europa no fim do XVIII. Quanto às pensões por aposentadoria, só se desenvolveram a partir dos progressos da "matemática social", tão prezadas por Condorcet, mas também da matemática pura e simples, com a estatística e o cálculo atuarial, e da demografia; assim, no início do século XVIII, os trabalhos de Deparcieux sobre a demografia e índices de mortalidade são, acima de tudo, destinados a melhorar as técnicas financeiras de renda vitalícia. O financiamento das pensões por aposentadoria, portanto, esteve ligado, de início, ao modelo nascente do capitalismo liberal (sistema de capitalização); no entanto, na maioria dos países europeus, o financiamento por capitalização nunca se impôs para os funcionários. Na França, às vésperas da Revolução, coexistiam três grandes sistemas de previdência social, que se somavam à renda vitalícia clássica, controlados ou mesmo organizados pelo Estado: as caixas de aposentadoria, as caixas econômicas e o seguro de vida (criação da Companhia Real de Seguros de Vida em 1787). No século XIX, além do papel fundamental da Caixa de Depósitos e Consignação no mecanismo de drenagem e garantia da poupança popular para a aposentadoria (criação da Caixa das Aposentadorias para a Velhice em 1850), algumas grandes empresas lançam sistemas de aposentadorias por capitalização, enquanto, para os funcionários, o Estado optava, definitivamente em 1853, por um mecanismo de distribuição, que, em 1945, inspirará o seguro-velhice da Seguridade Social.

Sistemas privados de aposentadoria. – O seguro-velhice fazia parte dos "seguros sociais" que Bismark instaurou na Alemanha entre 1880 e 1890. Numerosos países europeus inspiraram-se então nesse modelo bismarckiano, baseado em três princípios: caráter obrigatório do regime para os assalariados modestos, divisão das contribuições entre o empregador e o assalariado, relação entre nível de salário e nível de contribuição. Contudo, na França, a Lei de 5 de abril de 1910 sobre as aposentadorias de operários e camponeses se abstém de tornar a afiliação obrigatória, e será preciso esperar a grande Lei de 30 de abril de 1930 para que todos os assalariados da indústria e do comércio com salários inferiores a certo montante fossem obrigados a afiliar-se; mas esses assalariados dispunham da liberdade de escolher a seguradora (caixa patronal, mútuo ou caixa de seguro-velhice). No âmbito do *Welfare State*, o presidente Roosevelt obteve a adoção do "Social Security Act" de 14 de agosto de 1935 que, além de inventar a expressão "seguridade social", de conter diferentes medidas de luta contra o desemprego e a pobreza, criava um seguro-velhice para os assalariados. Quanto ao plano Beveridge, elaborado na Grã-Bretanha em 1942, previa para o conjunto da população uma pensão de aposentadoria prefixada, de valor idêntico para todos, que supostamente representava um mínimo vital. Esse plano, aplicado a partir de 5 de julho de 1948, inspirou numerosos países no mundo inteiro; seus princípios, porém, hoje estão abandonados e, mesmo na Grã-Bretanha, as pensões não são uniformes desde o *National Insurance Act* de 1967. Na França, o regulamento de 4 de outubro de 1945 tinha a ambição de fazer o conjunto da população beneficiar-se de um sistema de seguridade social (donde a expressão "regime geral", que na realidade só diz respeito aos assalariados do setor privado), que incluía um sistema de seguro-velhice; rapidamente, porém, foram mantidos ou criados "regimes especiais" (essencialmente para o pessoal das empresas públicas e da administração) e "regimes autônomos" (profissões autônomas, agricultores), bem como "regimes complementares" destinados a melhorar o nível dos pagamentos oferecidos pelos regimes de base. A generalização real da Seguridade Social só ocorreu progressivamente (por exemplo, instituição do regime de velhice dos sacerdotes em 1978). Essa generalização não dissipou a ambiguidade fundamental do regime francês de seguro-velhice obrigatório: garantia de um mínimo vital segundo o modelo de Beveridge ou pensão proporcional às contribuições? A distinção entre essas duas características é mais clara desde a Lei de 22 de julho de 1993, que criou o "Fundo de Solidariedade da Velhice", destinado, por um lado, a apurar o passivo do regime geral (missão temporária de reembolso, por parte do Estado, das dívidas acumuladas por esse regime) e, por outro, a arcar com os pagamentos não contributivos (conjunto das alocações oferecidas, a título de solidariedade, e não de seguro, destinadas a garantir um mínimo de recursos aos idosos cujas contribuições tivessem sido nulas ou insuficientes; o conjunto dessas alocações possibilitava atingir o "mínimo-velhice" garantido pela lei). O aspecto seguro propriamente dito corresponde aos pagamentos das contribuições, vinculados ao nível das contribuições pagas ora pelos assalariados e seus empregadores (regime geral dos assalariados, regime dos assalariados agrícolas, em especial), ora apenas pelos interessados (regimes agrícolas, regimes das profissões autônomas artesanais, comerciais, industriais e liberais). Aqui só trataremos dos regimes dos assalariados. Desde a lei de 1930, os assalariados tinham a possibilidade de pedir a liquidação de sua pensão aos 60 anos; mas essa pensão não passava de 25% do salário médio dos dez melhores anos, e era preciso demonstrar trinta e sete anos e meio de contribuição, de tal modo que, na prática, a idade de início da aposentadoria era de 65 anos, para se obter uma pensão de 50% do mesmo salário médio (ou mesmo mais, pois cada ano de trabalho suplementar melhorava a taxa da pensão em 10%). O regulamento de 26 de março de 1982 decidiu que, a partir dos 60 anos, a pensão por aposentadoria seria de 50% do salário médio ("aposentadoria aos 60 anos").

Esse avanço social não melhorou a situação financeira do regime das aposentadorias. Tal como na maioria dos países desenvolvidos, a conjunção do declínio demográfico e da crise econômica dos anos 1970 comprometeu gravemente o equilíbrio financeiro dos regimes que, como na França, se baseavam no princípio da distribuição. Alguns países europeus (Alemanha, Holanda, Itália) preocupavam-se com isso já em fins da década de 1970. Na França, o primeiro relatório oficial sobre esse tema data de

1986 ("Envelhecer solidário", relatório do Commissariat au Plan); vários relatórios se sucederam, mas nunca se atingiu um verdadeiro debate político sobre reformas de envergadura. O agravamento das dificuldades financeiras do regime geral, porém, redundou na Lei de 22 de julho de 1993 que, além de apurar o passivo já citado (Fundo de Solidariedade da Velhice, alimentado por uma parte da Contribuição Social Generalizada (CSG), instituída em 1990 – e pelos impostos de bebidas e álcool), endureceu as condições de obtenção de pensões por aposentadoria pela chamada taxa "plena" de 50%. De aplicação progressiva (integral para os segurados nascidos em 1948), ela comporta três disposições principais: o número necessário de trimestres trabalhados (efetivos, ou validados por equivalência, como os períodos de doença ou de desemprego) passa de 150 para 160 (ou seja, quarenta anos em vez dos trinta e sete e meio de antes); o salário-base que servia de cálculo para a pensão passa para a média dos vinte e cinco melhores anos (e não dos dez melhores, como ocorria desde 1930); a reavaliação das pensões por aposentadoria passa a ser função do índice dos preços ao consumidor (fora o tabaco), e não mais da evolução dos salários dos ativos. Essa reforma de 1993 anunciava outras, especialmente a possibilidade de criar regimes complementares por capitalização ("fundos de pensão"), que ainda não foram criados, quase dez anos depois. Ela não tocou nos regimes complementares que se tornaram obrigatórios em 1972 (ARRCO para os não executivos e AGIRC para os executivos), nem nos "regimes especiais" (no entanto, os mais vantajosos para os beneficiários e os mais onerosos para a solidariedade nacional), nem nos regimes do funcionarismo.

Aposentadorias públicas. – Depois de algumas criações específicas do Antigo Regime (marinha, empregados da coletoria geral, diplomatas) a Lei de 22 de agosto de 1790 generalizou o princípio de pensão por aposentadorias dos funcionários em nome dos "sacrifícios feitos em prol da utilidade pública" e do reconhecimento que a Nação deve pelos "serviços prestados ao corpo social quando sua importância e sua duração" merecem: os funcionários com 50 anos que comprovassem trinta anos de serviço podiam gozar de uma pensão igual a um quarto da última remuneração recebida na ativa. Como ocorria com muitos outros textos, o estado das finanças revolucionárias freou sua aplicação. Mas a maioria dos governos estabeleceu regimes de aposentadoria, e uma Lei de 4 de brumário do ano IV estabeleceu o princípio das deduções sobre o ordenado, contribuições destinadas à constituição das aposentadorias. Toda a primeira metade do século XIX foi marcada por uma vigorosa controvérsia entre as divisões do Ministério das Finanças e diferentes especialistas, em especial no Parlamento: diante do crescimento exponencial da parcela do orçamento do Estado destinada às pensões dos funcionários, foram numerosos os parlamentares que preconizaram a instauração de um sistema de capitalização, a exemplo das primeiras caixas de aposentadoria criadas na indústria. No entanto, foi a solução inversa que, por justiça, acabou prevalecendo: a partir da Lei de 9 de junho de 1853, que fundiu os regimes particulares anteriores, centralizando sua gestão no Tesouro Público, e unificou o direito à pensão (em princípio, adquirido aos 60 anos com trinta de serviço, para 1/60 do rendimento anual médio dos últimos seis anos), o tesouro precisava pagar as aposentadorias dos funcionários do Estado, qualquer que fosse o volume global e sem levar em conta o montante das "deduções na fonte" (a favor do Tesouro Público, e não de uma caixa de capitalização). A Lei de 1853 foi reformada pela Lei de 14 de abril de 1924, que instituiu o que passou a ser o regime comum dos funcionários civis e militares do Estado, e depois pela Lei, atualmente em vigor, de 26 de dezembro de 1964 ("código das pensões"). Paralelamente, mais de 3.500 regimes autônomos foram constituídos para o pessoal das coletividades locais e dos estabelecimentos hospitalares; estes foram fundidos pelo regulamento de 17 de maio de 1945 que criou a Caixa Nacional de Aposentadoria dos Agentes das Coletividades Locais, administrada pela Caixa dos Depósitos (CNRACL). Por sua vez, os agentes não titulares das coletividades públicas continuaram submetidos ao regime geral do seguro-velhice dos trabalhadores assalariados, mas são dotados de um regime complementar obrigatório (que substitui os regimes ARRCO e AGIRC do setor privado): a Instituição de Previdência dos

Agentes Contratados e Temporários do Estado (IPACTE, criada em 1951 para os executivos) e a Instituição Geral de Aposentadoria dos Agentes Não Titulares do Estado (IGRANTE, criada em 1959 para os não executivos), foram fundidas a partir do Decreto de 23 de dezembro de 1970 na Instituição de Aposentadoria Complementar dos Agentes Não Titulares do Estado e das Coletividades Públicas (IRCANTEC) que, administrada pela Caixa dos Depósitos, paga uma pensão complementar, calculada segundo regras idênticas para todos os agentes não titulares de todas as coletividades públicas. Hoje, depois das ampliações sucessivas desse regime englobador, a IRCANTEC completa o regime geral não só para os agentes não titulares (de administrações, divisões ou estabelecimentos públicos administrativos nacionais e locais), mas também para todos os outros beneficiários (pessoal dos organismos privados de interesse geral sem fins lucrativos, cuja fonte de financiamento é constituída principalmente por verbas públicas, prefeitos e adjuntos, presidentes de estabelecimentos públicos de cooperação intercomunal, conselheiros municipais das grandes cidades, conselheiros gerais, conselheiros regionais, membros do Parlamento europeu, agentes de hospitais públicos, em especial).

No que se refere aos funcionários propriamente ditos (nacionais, das coletividades locais e da função pública hospitalar), o regime jurídico aplicável é único, mas o financiamento é diferente. Nos três ramos da função pública, o princípio é que o direito à pensão só é adquirido depois de quinze anos de serviços efetivos (diferentemente do regime geral, em que um trimestre de contribuição basta para dar direito a uma pensão proporcional, ainda que, naturalmente, bem pequena). Entende-se por serviços efetivos não só o tempo de trabalho realmente cumprido na qualidade de titular, mas também os períodos de licença, os serviços militares eventuais e os períodos de disponibilidade ou de remoção; além disso, podem ser "validados" como tais os serviços prestados na qualidade de temporário, auxiliar ou contratado em alguma administração pública ou estabelecimento público administrativo. O montante da pensão é então fixado em 2% da última remuneração bruta de base (desde que esta tenha sido recebida durante seis meses pelo menos), multiplicados pelo número de anuidades pagas; o máximo de anuidades passíveis de pagamento é de trinta e sete anos e meio. Algumas bonificações (filhos, campanhas militares, deportação, serviços prestados fora da Europa, especialmente) podem elevar esse número a um máximo de quarenta anuidades. Por fim, o montante da pensão assim paga pode ser majorado para os funcionários que tenham criado pelo menos três filhos (10%, mais 5% por filho suplementar). O início do gozo da pensão, em princípio, só ocorre quando o funcionário atinge o limite de idade: 65 anos para os chamados empregos "sedentários", 60 anos para os chamados empregos "ativos", ou até menos para alguns empregos considerados penosos. O pagamento da pensão, no entanto, é imediato em grande número de casos: funcionários que se aposentam menos de cinco anos antes do limite de idade, militares não oficiais, oficiais com menos de 25 anos de serviços ativos, funcionárias mães de três filhos vivos ou casadas com inválido.

As aposentadorias do funcionalismo público nacional são pagas pelo Tesouro Público. No entanto, cada remuneração sofre uma dedução (de 7,85% desde 1991) que constitui a contribuição dos funcionários para a constituição de sua pensão, e essa dedução é feita apenas sobre o salário-base, e não sobre remunerações acessórias, prêmios e indenizações diversas (ao passo que as contribuições do regime geral dos assalariados baseiam-se no total da remuneração). Nas funções públicas territorial e hospitalar, as pensões são pagas pela CNRACL, financiada por contribuições dos agentes (7,85% do salário-base) e das coletividades empregadoras (taxa variável para garantir o equilíbrio do regime, o que corresponde, na realidade, a um mecanismo de capitalização coletiva, e não à pura distribuição do regime dos funcionários do governo nacional). Cabe notar, por fim, que, no estado atual do direito, os funcionários são os únicos assalariados com acesso a regimes de rendas vitalícias complementares facultativas baseadas no princípio da capitalização (integral, no caso do contrato Préfon Retraite; parcial, nos contratos CGOS ou CREF, especialmente); mas esses regimes complementares de capitalização tendem a ser autorizados para todas as profissões em data próxima e de diversas formas. Além da distinção entre aposentadorias privadas e aposentadorias públicas (sem contar os outros regimes especiais), a complexidade do regime francês das pensões por aposentadoria se traduz também nos chamados mecanismos de "compensação" e de "sobrecompensação". Em nome da solidariedade nacional, a Lei de 24 de dezembro de 1974 instituiu um regime de compensação generalizada entre os regimes de Seguridade Social (entre os quais o seguro-velhice), para compensar as divergências demográficas entre as populações atendidas por esses diversos regimes; nesse sentido, os regimes "beneficiários" (na prática, o Estado-empregador, a CNRACL e certos regimes de não assalariados) pagam por ano grandes somas aos regimes deficitários (em especial aos regimes assalariados especiais e agrícolas). Por sua vez, a lei de finanças para 1986 completou esse mecanismo com uma "sobrecompensação" que vale segundo o mesmo princípio apenas entre os regimes dos funcionários públicos e os outros regimes especiais (os principais devedores são o Estado-empregador e a CNRACL, e os principais beneficiários são os ex-mineradores e os ex-funcionários da SNCF). Esses mecanismos de compensação não dispensam o Estado da eventual subvenção de regimes mais deficitários.

Essa complexidade do sistema francês de aposentadoria muitas vezes leva a pensar qual seria o regime mais vantajoso para os beneficiários. Limitando-nos aqui ao regime geral dos assalariados e ao regime dos funcionários públicos, notaremos apenas que diversos estudos mostraram que, globalmente e com duração de carreira comparável, o regime dos funcionários públicos é sempre mais favorável, sobretudo desde a reforma de 1993; aliás, é significativo, por exemplo, que o sistema de reversão para o cônjuge supérstite e para os órfãos (10% da pensão do pai ou da mãe) só exista no funcionalismo público, que só os funcionários públicos gozem de um mínimo de garantia de pensão, e que só eles gozem de indexação da pensão com base na evolução dos salários pagos para os funcionários da ativa. Essas comparações, porém, são sempre delicadas, no mínimo porque os funcionários, normalmente ao abrigo do desemprego, frequentemente têm carreiras mais longas que os assalariados do regime geral.

Pensões por invalidez

Historicamente, as pensões militares por invalidez precederam as pensões civis, que são da alçada da Seguridade Social.

Pensões militares por invalidez e das vítimas de guerra. – A solidariedade nacional favorece as vítimas das guerras, primeiro vítimas militares (e, como vimos, há muitíssimo tempo) e, depois, vítimas civis, desde a Primeira Guerra Mundial (Lei de 31 de março de 1919). Modificado numerosas vezes durante o Império, a Monarquia de Julho (Lei de 11 de abril de 1831) e depois de cada guerra importante, o regime aplicável figura hoje no "código das pensões militares por invalidez e das vítimas de guerra", de 1947. As pensões militares por invalidez dizem respeito às incapacidades resultantes de ferimentos decorrentes de acontecimentos bélicos ou de acidentes por estes causados ou sofridos em serviço, às incapacidades resultantes de doenças contraídas em decorrência da guerra ou em serviço, ao agravamento de incapacidades originalmente ausentes causadas pela guerra ou na prestação do serviço militar. Quem solicita a pensão precisa provar o nexo de causalidade entre a invalidez (ou seu agravamento) e o serviço, mas o código institui uma presunção de imputabilidade das afecções ou acidentes surgidos durante o serviço. O grau de invalidez é avaliado com base em tabelas bastante complexas, entendendo-se que o direito à pensão só é adquirido a partir de uma taxa mínima de invalidez. O montante da pensão é fixado, para cada grau, em função dessas tabelas; aumenta em caso de incapacitações múltiplas, de hospitalização ou de necessidade de ajuda de uma terceira pessoa; por outro lado, é indexado pela evolução das remunerações do funcionalismo público. Esse regime foi progressivamente estendido a não militares: numerosas categorias de vítimas de guerra são equiparadas aos militares (por exemplo, prisioneiros de guerra, alsácio-lorenos, FFI [*Forces françaises de l'intérieur*] e resistentes, estrangeiros que serviram o exército francês, oriundos dos países africanos e malgaxes); civis vítimas de ferimentos ou doenças decorrentes de acontecimentos bélicos podem, apenas por esse motivo, receber pensão (por exemplo, deportados, egressos de campos de concentração, refratários, vítimas da guerra da Argélia), desde que não incorram em alguma exclusão legal (por exemplo, condenados por colaboração com os alemães); por fim, evidentemente, o código reconhece direito à pensão aos beneficiários dos acima citados (pensão para o cônjuge supérstite e órfãos, direitos à pensão dos ascendentes ou das companheiras de militares, marinheiros ou civis mortos pela França). Essas pensões são prefixadas: como se considera que devem indenizar a totalidade do prejuízo realmente sofrido, excluem qualquer outra forma de indenização (princípio de "prefixação de pensão"). Obedecem a regras cumulativas especiais com outros rendimentos, e seu contencioso é da alçada de jurisdições administrativas especiais (tribunal departamental das pensões, corte regional de recurso das pensões e comissão especial de cassação, instituída junto ao Conselho de Estado).

Pensões civis por invalidez. – Independentemente do regime dos acidentes de trabalho e das doenças profissionais (Lei de 9 de abril de 1898), o seguro-invalidez faz parte dos "seguros sociais" obrigatórios, desde a Lei de 30 de abril de 1930 para os assalariados e desde 1945 para os outros regimes de Seguridade Social. O regime francês procura combinar as duas concepções possíveis de invalidez (concepção abstrata, independentemente do tipo de profissão exercida anteriormente, e concepção concreta, ligada a essa profissão); é considerado inválido o segurado social vítima de redução, considerada definitiva, de dois terços de sua capacidade de ganho (portanto, incapaz de obter remuneração superior a um terço da remuneração normal da profissão exercida anteriormente). Em todos os casos, a origem da invalidez deve ser extraprofissional, caso contrário se justificará a aplicação da legislação sobre os acidentes de trabalho. O inválido assalariado que atenda a essa condição e tenha sido registrado na Seguridade Social doze meses pelo menos antes da interrupção do trabalho recebe uma pensão de 50% de seu salário médio anterior (calculado com base nos dez melhores anos e no limite do teto das contribuições), caso não possa mais exercer nenhuma atividade profissional, e de 30% desse mesmo salário médio caso ainda possa exercer alguma atividade remunerada. Essa pensão por invalidez pode ser aumentada caso seja necessária a ajuda de uma terceira pessoa para os atos da vida cotidiana, benefício este suspenso, caso a capacidade de ganho se torne superior a 50% do que era antes da interrupção de trabalho, ou revisada em caso de agravamento ou melhora do estado de saúde do interessado. Em todos os casos, ela normalmente cessa aos 60 anos, quando o interessado passa a receber seguro-velhice, portanto, pensão por aposentadoria.

Para os funcionários públicos, o Código das Pensões Civis e Militares de Aposentadoria de 1964 abrange ao mesmo tempo o caso de invalidez de origem profissional ("acidente de trabalho") e de invalidez de origem não profissional; em primeiro lugar, o funcionário afetado por uma incapacitação que o obrigue a interromper prematuramente a carreira passa a gozar oficialmente de aposentadoria. Recebe então imediatamente uma pensão, calculada de acordo com o direito comum (2% da última remuneração, multiplicados pelo número de anos passíveis de pagamento), mesmo que não comprove quinze anos de serviço; caso necessário, porém, ele receberá a quantia mínima garantida pelo código (4% da remuneração bruta referente ao índice 100, multiplicados pelo número de anuidades passíveis de pagamento); em segundo lugar, se a invalidez for imputável ao serviço ou a um ato de devotamento num interesse público, o funcionário terá direito a uma renda vitalícia por invalidez, calculada, em princípio, pela aplicação da taxa de invalidez (reconhecida por uma comissão de reforma) à última remuneração recebida; trata-se da pensão por invalidez propriamente dita. Pensão por aposentadoria (inclusive por invalidez não profissional) e pensão por invalidez por acidente de trabalho são acumuláveis e transmissíveis nas mesmas condições, em caso de falecimento do beneficiário. Por fim, a partir da Lei de Finanças de 1960, quando a invalidez imputável ao serviço não for suficientemente grave para justificar uma aposentadoria oficial, o funcionário, mantido na ativa, poderá pleitear uma "alocação temporária por invalidez", acumulável com a remuneração. Quanto às pensões por invalidez propriamente ditas, assim como ocorre com as pensões militares por invalidez, é aplicado o princípio da "prefixação da pensão", que normalmente veda qualquer outra forma de reparação do prejuízo realmente sofrido.

› COUDURIER P., *Les Pensions militaires d'invalidité et les pensions des victimes de guerre*, Paris, Dalloz, 1976. – FORGES J.-M. de, *La Retraite des fonctionnaires*, Paris, Dalloz, 1993. – LINDON R. & BENABENT A., *Le Droit du divorce*, Paris, Litec, 1984.

Jean-Michel LEMOYNE DE FORGES

→ Função pública; Solidariedade.

PERITO E PERÍCIA

Perícia é o procedimento destinado a esclarecer uma pessoa encarregada de tomar uma decisão. O parecer decorrente da perícia chama-se laudo. O laudo apresentado aos tribunais é a manifestação mais característica da perícia jurídica. O juiz, porém, não é a única autoridade investida do poder de tomar decisões, e existem numerosas instâncias (empresa, governo, organizações internacionais) nas quais se recorre à perícia. Sejam quais forem suas competências efetivas, a pessoa designada para comunicar sua experiência e seus conhecimentos recebe o nome de perito. Existem tantos peritos e tantas perícias quantos são os conhecimentos especializados.

Finalidade da perícia e papel dos peritos

A finalidade da perícia é entendida a partir do poder de tomar decisões. Em primeiro lugar, trata-se de decidir *com conhecimento de causa.* A expressão remete às origens da perícia. O conhecimento de uma causa requer o conhecimento de uma coisa, conforme indique a etimologia comum (*causa*) das duas palavras. No direito romano arcaico, a sentença era proferida em presença da coisa que era objeto do litígio. No que se referia aos bens imóveis, o juiz sentenciava no local; num estágio posterior do direito, ele se deslocava até o local e depois voltava para julgar com conhecimento de causa. Com a evolução das práticas, ele teria deixado de ir até o local, mas enviaria uma pessoa que agisse em conformidade com o direito (*in jure*), fora do recinto do tribunal (*ex jure*). Apesar das incertezas nesse aspecto, o procedimento parece estar na origem da perícia: a autoridade encarregada de decidir já não tem acesso à coisa em questão, e para tanto recorre a outra pessoa.

O direito romano também contém indicações sobre os elos entre o árbitro e o perito. O árbitro, na origem, foi um perito, no sentido de ser um homem experiente, com condições de apreciar o fundamento de uma reivindicação imobiliária ou de estimar o valor de um bem. Perito de fato e de direito, o árbitro será em seguida escolhido pelas partes, de preferência ao juiz, para dirimir a pendência. Hoje em dia, o perito distingue-se do árbitro ou do juiz por não exercer poder jurisdicional. A confusão original entre perito, árbitro e juiz, porém, deixou marcas. Embora não seja investido do poder de decidir, o perito tem razão de ser nesse mesmo poder, que ele informa. Daí provêm, decerto, os debates intermináveis para determinar seu papel com precisão.

A metáfora segundo a qual *o perito é o olho do juiz* parece associar de maneira estreita e como que orgânica o perito à autoridade encarregada de tomar decisões. A perícia, para o juiz, seria um meio de esclarecer as pretensões das partes, de estabelecer os termos do debate, mostrando a coisa que é objeto do litígio. A perícia permite que o juiz evite ir até o local para tomar conhecimento dos fatos da causa, mas tornou-se indispensável principalmente para tornar visíveis fatos que não o são a olho nu. Só o perito pode dizer o que há de fato.

A decisão da autoridade competente não está, em princípio, vinculada ao laudo do perito. Assim, nunca é demais lembrar que o juiz conserva a liberdade de decisão, ou que o perito responde pelos fatos, enquanto o juiz responde pelo direito (*ad quaestionem facti respondent juratores, ad quaestionem juris respondent judices*). A insistência da doutrina ou da jurisprudência nessa delimitação dos papéis traduz certo mal-estar, pois o resultado da perícia parece às vezes determinar a própria decisão mesmo, como se os peritos decidissem em lugar das autoridades competentes com base numa espécie de delegação de poderes. Nesse sentido, aliás, existe a tentação de atribuir aos peritos missões que competem ao poder jurisdicional (realizar a instrução, conciliar ou arbitrar sobre as partes, buscar o direito aplicável) ou ao poder político (aconselhar um governo, negociar um tratado internacional). O exercício do poder de decidir por parte dos peritos parece difícil de evitar. Essa dificuldade se explica pela impossibilidade de limitar o perito a um âmbito puramente técnico, isentado de qualquer consideração jurídica ou política, e à fragilidade da distinção entre fato e direito, entre os juízos de fato e os juízos de valor. O movimento em virtude do qual o perito se aproxima do juiz (às vezes sob a roupagem do *amicus curiae*) cruza o movimento em virtude do qual os juízes tendem a se tornar cada vez mais especializados. Apesar de a perícia lidar com fatos, não se deve fazer esquecer que ela também concerne ao direito.

A força da perícia reside inteiramente no postulado segundo o qual uma pessoa decide melhor quando dispõe de conhecimentos sobre dada questão. Equivale a dizer que a ideia de verdade orienta e determina a justificação das escolhas feitas. Também convém acrescentar que a verdade é vista, em nossas sociedades ocidentais, como verdade imparcial, neutra e objetiva. Ora, o papel do perito consiste precisamente em produzir uma verdade dessa ordem, produzindo elementos de prova por meio de medidas, autenticações, avaliações. Entendem-se então os fatores que se concentram na perícia e no papel dos peritos. Por um lado, a autoridade jurisdicional ou política procura estabelecer decisão baseada na perícia que pediu. Por outro lado, as partes de um litígio ou todo o grupo social afetado por uma decisão política tendem a pedir uma perícia para defender seus interesses. Revela-se aí uma finalidade da perícia que parece secundária, mas que às vezes é primordial: justificar uma decisão. A concepção linear e cronológica da decisão dá a impressão de que a perícia serve apenas para se tomar uma decisão. Na teoria e na prática, porém, nada impede que a perícia sirva para justificar uma decisão já tomada.

Condições da perícia e status dos peritos

As condições impostas à perícia esforçam-se por conciliar a independência do perito no exercício de sua missão com sua dependência em relação ao poder que o designa. Uma perspectiva comparativa mostra a diversidade dos possíveis vínculos entre o perito e a autoridade encarregada de tomar uma decisão. Também cabe distinguir a perícia para tribunais da perícia para poderes públicos e privados. Isto porque o contexto de decisão não é o mesmo nos dois casos: no primeiro, trata-se de fazer justiça; no segundo, de governar.

Perícia judiciária, em sentido amplo, indica todo e qualquer procedimento pelo qual um perito dá um parecer para fins de julgamento. Isso significa que também diz respeito aos laudos apresentados a tribunais administrativos, quando seria mais exato falar de perícia jurisdicional. Seja qual for o contencioso no qual ocorre, a perícia obedece a um regime jurídico particular. Esse direito da perícia está associado, ao mesmo tempo, ao direito processual e ao direito da prova. O caráter inquisitório ou acusatório do procedimento é então determinante. Os chamados sistemas jurídicos de direito continental se opõem, nesse sentido, aos de *common law*. Para aqueles, o perito é designado pelo juiz e o assiste em sua função de julgar: participa na qualidade de auxiliar da justiça, em especial no âmbito de medidas de instrução. Para estes últimos, o perito é designado pelas partes: participa por iniciativa delas na qualidade de testemunha (*witness-expert*), para produzir elementos de prova perante a corte (os juízes e, com frequência, os jurados). Sem dúvida, cada sistema jurídico comporta variantes e, mais que uma distinção nítida, existe um *continuum*, segundo o grau de proximidade do perito com o juiz e as partes. Todas as soluções parecem ter sido adotadas: desde a integração do perito na jurisdição de julgamento (Suécia), que realiza uma espécie de conselho municipal e lembra a justiça profissional no mundo do comércio ou do trabalho, até a posição do perito fora da instituição judiciária (Inglaterra). Essas soluções, aliás, podem ser combinadas: o fato de um perito ser designado pelo juiz não exclui que as partes possam introduzir no debate laudos emitidos por peritos que elas designaram. As regras relativas à perícia jurisdicional versam sobre questões diversas: caráter facultativo ou obrigatório da perícia, número de peritos e possibilidade de designar uma pessoa jurídica, modalidades de designação e de remuneração dos peritos, incompatibilidades e motivos de recusa, condições de desenvolvimento da perícia e respeito ao princípio do contraditório, prazos e formas de perícia, controle do juiz e possibilidade de contestação da perícia pelas partes, em juízo. O conjunto dessas regras faz parte de uma evolução em que a perícia passou por crescente formalização jurídica. A perícia às vezes se assemelha a um processo em miniatura, cujo objetivo consiste em determinar os fatos pertinentes. Nesse sentido, houve quem falasse de processo no processo. A evolução traduz o desejo de dar mais garantias aos jurisdicionados, apesar do risco de retardar o curso da justiça e de aumentar seu custo.

A perícia realizada para poderes públicos possibilita fundamentar uma decisão política. Assim, um governo ou um parlamento pode ter dúvidas sobre a oportunidade de aderir a um programa de energia nuclear ou de autorizar a pesquisa e o desenvolvimento de um produto de valor econômico certo, de consequências possivelmente nefastas sobre o meio ambiente ou a saúde. Embora, nesses casos, não se trate de proferir uma sentença sobre as pretensões das partes de um litígio, a decisão a ser tomada poderá encontrar adversários: os governados nem sempre têm o mesmo senso de oportunidade dos governantes. A perícia apresenta então razões para decidir. Ela se situa em regimes políticos que determinam as modalidades de tomada de decisão. Nos regimes democráticos, a organização da perícia é bastante sutil. Ela deve elucidar o debate evitando o escolho da tecnocracia, em que a decisão cabe aos peritos, em detrimento dos cidadãos. O poder dos peritos é percebido como uma ameaça pelos governados. Também é concebido como arma pelos governantes cujo objetivo seja obter laudos que sustentem suas decisões. Disso resulta a preocupação de controlar a perícia e a verdade dela decorrente. As reticências quando se trata de tornar a perícia transparente ou comunicar seus resultados ao público são a melhor prova disso. Para combater as justificações apresentadas pelo poder, os governados às vezes procuram produzir laudos concorrentes. Aliás, não são os únicos, pois a perícia pode tornar-se razão de conflitos em negociações internacionais entre Estados ou, de maneira geral, quando uma administração procura impor seus interesses no plano objetivo.

A perícia feita no âmbito de grupos privados (companhias de seguro, estabelecimentos de crédito, sociedades civis e comerciais) serve de base a vários tipos de decisão, em especial de caráter econômico. O perito então muitas vezes recebe a missão de avaliar um bem ou uma situação. Pode realizar suas atividades com vínculo empregatício ou como prestador de serviço. Neste último caso, é vinculado por um contrato empresarial, erroneamente qualificado de contrato de mandato. Sua remuneração é feita a partir dos laudos emitidos, com base em sua experiência e nas informações de que é detentor. Quanto mais o perito estiver em situação de monopólio, mais tenderá a influenciar o mercado que informa com seus laudos.

Os peritos não estão imunes aos interesses partidários; ao contrário, estão a eles associados. A aptidão dos peritos para formular uma solução política ou econômica nos termos de um laudo neutro e objetivo coloca-os numa situação de influência cujos efeitos podem repercutir sobre eles. A exigência de independência do perito, que é uma questão de princípio, é, aliás, desmentida pelas condições jurídicas de sua atividade (subordinação estatutária ou contratual dos peritos, limitação de suas prerrogativas e de seus meios de investigação, obrigação de sigilo e de confidencialidade, remuneração e controle dos recursos). Os discursos para garantir a independência e a competência dos peritos nem sempre se traduzem em regras jurídicas. Os obstáculos são menos técnicos que políticos. Por um lado, os peritos se agrupam em bases profissionais. Por outro, as iniciativas do poder para controlar os peritos são permanentes. A dupla significação do termo perito é responsável pelo problema. Do latim *peritus* (que tem prática, que sabe por experiência), o termo perito foi utilizado como adjetivo desde o século XVI para designar uma pessoa hábil, que dispõe de uma perícia adquirida numa profissão ou disciplina; depois passou a ser como substantivo. No sentido comum, perito é uma pessoa competente em determinado campo; no sentido jurídico, perito é a pessoa designada no contexto de um procedimento de perícia. Ora, os dois sentidos nem sempre se sobrepõem.

A história da organização e do estatuto do perito na França do Antigo Regime é significativa nesse sentido. Num primeiro momento o perito foi livremente designado pelo juiz ou pelas partes. Tinha o nome de *juré* (jurado) como referência ao fato de prestar juramento. Logo depois, o poder monárquico decidiu regulamentar certos peritos jurados: em fevereiro de 1554,

Henrique II criou seis ofícios de agrimensores e medidores de terras por circunscrição; em outubro de 1574, foram criados jurados pedreiros e carpinteiros por Henrique III em todas as cidades do reino. As reclamações dirigidas contra esses ofícios não acarretaram sua supressão. No entanto, a ordenança de 1667 confirmou a tolerância que consistia em escolher para peritos *burgueses* que não dispunham de ofício. Guiado pela preocupação de ter a serviço de seu reino peritos competentes nos diferentes corpos profissionais, Luís XIV modificou a organização e o estatuto dos peritos por meio de vários editos (1690-96). A reforma levou a estabelecer peritos titulares na forma de ofícios, definindo-se vários aspectos do estatuto dos peritos (inscrição no quadro, remuneração). A partir das leis revolucionárias de 2 e 17 de março de 1791, deixou de existir na França monopólio de perícia baseado em ofícios.

A qualidade de perito nem por isso é regida pelas leis do mercado. É pelo menos o que ocorre com o perito judiciário, cujo título é regulamentado; além disso, a inscrição é feita em listas controladas pelo Poder Judiciário. O fato de pertencer a uma comunidade de especialistas continua sendo essencial, e o estatuto do perito é entendido em relação à noção de profissão. A situação aí chega às raias do paradoxo: embora a atividade de perícia não seja, em geral, considerada uma profissão, os peritos não deixam de ser profissionais que comercializam seus laudos. Alguns peritos chegaram a organizar-se profissionalmente como tais (peritos-contadores); outros se reuniram em sindicatos ou associações para codificar as regras da atividade, adotar códigos de ética e, mais amplamente, defender seus interesses. Falar de corporativismo sem dúvida é exagero. A ideia de corporação de peritos, porém, permite compreender como os peritos preservam sua autonomia, ao mesmo tempo que se esforçam por controlar o mercado no qual atuam.

Validade da perícia e responsabilidade dos peritos

Uma perícia é válida quando realizada segundo os procedimentos previstos. Pelo menos é esse o significado jurídico primeiro que convém atribuir à validade da perícia. A validade é então entendida no sentido de conformidade ao direito. Em caso de irregularidade, a perícia pode ser anulada, não devendo ser tomada em consideração. O juiz (a autoridade competente) hesita, porém, em privar-se da perícia por uma questão de forma, pois o que lhe importa mais é dispor de uma perícia válida em termos de conteúdo. Esse segundo significado de validade da perícia é o mais corrente. Duvidar que determinada perícia tem valor no plano técnico é pôr em xeque o parecer do perito em relação a uma esfera do saber. Os elos entre a validade jurídica e a validade técnica são alvo de controvérsia. A questão central consiste em saber se as duas noções de validade são independentes ou se, inversamente, a validade técnica é um dos componentes da validade jurídica. A resposta contém implicações práticas importantes; é também alvo de investigações teóricas sobre os elos entre o direito e os outros campos do conhecimento, em que estão em jogo as normas próprias à epistemologia de cada disciplina.

Quando o procedimento é de caráter inquisitório, a questão da validade da perícia quase não se apresenta, uma vez que o perito designado pelo juiz é supostamente competente. O controle exercido pelo juiz é então frequentemente formal, cabendo às partes fazer valer seus argumentos, em caso de necessidade, pedindo ou produzindo uma contraperícia. Quando o procedimento é de caráter contraditório, a pluralidade das perícias é de regra, e os juízes devem opinar diante de vários laudos divergentes. A lógica do conflito entre dois adversários tem o resultado de as perícias não chegarem aos mesmos resultados. Além disso, é preciso que os laudos apresentados pelas partes ao tribunal (o juiz e muitas vezes os jurados) disponham de sérias garantias e de credibilidade suficiente. A evolução do direito da perícia científica nos Estados Unidos é exemplo da tendência ao maior controle por parte dos juízes. De início, considerou-se que eles não precisavam apreciar o valor da perícia. Em seguida, a perícia foi considerada aceitável apenas se correspondesse àquilo que era de modo geral admitido em dado momento pelos especialistas de uma mesma disciplina. Por fim, os juízes foram investidos do papel de guardiães da validade científica da perícia. Essas regras foram adotadas com a preocupação de evitar que fossem apresentadas perícias de qualidade duvidosa que interferissem nas convicções dos jurados e de possibilitar a apresentação aos tribunais de perícias sérias, ainda que controversas. Essas regras tendem a ser aplicadas a todas as perícias que atualmente se submetam ao modelo da perícia científica.

Em todos os casos, os juízes se veem diante da evolução das técnicas utilizadas pelos peritos. Nas questões de identificação dos criminosos, o exame grafológico sofreu a concorrência da análise das impressões digitais e, depois, dos fatores genéticos. A admissão de procedimentos utilizados pelos peritos é desigual, segundo o lugar e o tempo: as técnicas novas demoram a ser introduzidas nos tribunais; no entanto, outras mais contestáveis do ponto de vista científico (grafologia) subsistem, mesmo tendo contribuído para escândalos judiciários (caso Dreyfus).

Seja ela civil, penal ou administrativa, a responsabilidade do perito pode ser considerada com fundamento no direito comum. Cabe ressaltar, porém, a que ponto as condições jurídicas de organização da perícia determinam essa responsabilidade. Quando o perito está vinculado por um contrato, sua responsabilidade poderá ser apreciada com referência às obrigações nele assumidas. Quando ele atua na qualidade de auxiliar da justiça, sua responsabilidade é estatutária e, às vezes, tão difusa quanto a dos magistrados que o designam. Quando ele atua na qualidade de testemunha, muitas vezes se beneficia de uma imunidade que o põe a salvo de recursos. Na prática, não há grande responsabilização dos peritos. Isso não significa, porém, que os peritos não cometem erros no exercício de suas funções. Mas esses erros frequentemente são percebidos apenas no plano disciplinar. Ainda que um perito possa ser censurado por ter incorrido em negligência no exercício de sua missão ou de não ter respeitado as regras do ofício, é mais difícil imputar-lhe a responsabilidade de uma decisão que não é sua. No entanto, a exigência dos jurisdicionados e dos cidadãos no sentido de exercerem algum controle sobre as decisões cujas consequências eles sofrem requer uma resposta apropriada. A evolução jurídica da perícia deveria possibilitar a definição precisa dos direitos e das responsabilidades de cada um.

› Bourcier D. & Bonis M. de, *Les Paradoxes de l'expertise. Savoir ou juger?*, Paris, Ed. Synthélabo, 1999. – Hermitte M.-A., "L'expertise scientifique à finalité politique, réflexions sur l'organisation et la responsabilité des experts", *Justices*, 1997, nº 8, p. 79. – Smith R. & Wynne B. (org.), *Expert evidence: Interpreting Science in the Law*, Londres, Roudedge, 1989. – Coll.: *L'Expertise dans les principaux systèmes juridiques d'Europe*, préface et notions générales par H. Motulski, Travaux et recherches de l'Institut de droit comparé de Paris, t. XIII, 1969. – *L'expertise*, avec la coordination de M.-A. Frison-Roche et D. Mazeaud, Paris, Dalloz, 1995.

Rafaël Encinas de Münagorri

→ Fato; Formas de justiça; Procedimento; Prova.

PESOS E MEDIDAS

A expressão "pesos e medidas" designa a contagem das quantidades de objetos materiais (sólidos, líquidos e gasosos) na vida social de uma comunidade humana organizada. A questão dos pesos e medidas aparentemente suscita poucos problemas jurídicos, ainda que sua importância prática seja imensa. Por mais que o conhecimento histórico recue, constata-se o papel do poder político para garantir a lealdade das transações com bens mensuráveis e ponderáveis, bem como a instituição de um serviço oficial de controle dos instrumentos de medida para garantir sua fidelidade em relação aos padrões admitidos.

Problemática clássica dos pesos e medidas

Ela resulta do encontro entre uma normatividade social e consuetudinária com uma normatividade política e estatal. Até a época contemporânea, a medida das coisas é feita a partir de padrões definidos pelo costume imemorial das sociedades implicadas. Disso resulta grande diversidade de padrões de pesos e medidas. No entanto, a maioria dos grupos sociais utiliza referentes comuns "às medidas humanas": polegar, pé, côvado (= antebraço), passo. Quando as relações comerciais se desenvolvem para além das sociedades locais, faz-se sentir a necessidade de contar com unidades comuns. Então os mercadores, suas corporações e guildas, as cidades e as províncias de produção impõem unidades comuns. Quando se implanta, um poder político forte não define as unidades de medida, mas as consagra por meio de uma decisão soberana e controla sua utilização. Assim, Carlos Magno, com um cartular de 789, ordenou o emprego de medidas idênticas em todo o Império, decisão que não sobreviveu a ele. Do mesmo modo, os reis da França tentaram unificar e controlar os pesos e medidas, sem o conseguirem à perfeição. O poder político é, então, formalmente o autor da norma, mas materialmente esta emana da própria sociedade. Donde a dificuldade de impor a grupos sociais sistemas de unidades que lhes sejam estranhos. Sem esquecer que a regulamentação das medidas e dos instrumentos de medida é uma oportunidade que o poder tem de cobrar direitos e controlar a arrecadação dos impostos pagos em espécie.

Problemática moderna das medidas

A partir do século XVI na Europa, a questão das medidas assume aspecto científico e leva à ciência moderna das medidas, ou metrologia. Trata-se de estabelecer unidades de medida racionais e comuns que possibilitem a observação e a experimentação. Fixa-se assim uma língua comum no âmbito das medidas, impondo-se normas metrológicas pela lei jurídica. Numerosas propostas foram feitas nos séculos XVII e XVIII sem sucesso. Só a Revolução francesa foi capaz de realizar esse programa no mundo. Seu princípio foi adotado pela Assembleia Nacional em 8 de maio de 1790. Esta propôs ao Parlamento inglês uma colaboração "para a fixação da unidade natural de medida e de peso". Em 26 de março de 1791, com base nas propostas das comissões da recente Academia das Ciências, a Assembleia adota o princípio da unidade universal básica; a Inglaterra não se dignou a responder. Por meio do Decreto de 1º de agosto de 1793, a Convenção lhe deu o nome de "metro" e adotou o sistema métrico decimal para "oferecê-lo a todas as nações". Diferentemente do calendário revolucionário, que não conseguiu se impor, o sistema métrico decimal venceu. Depois de numerosas leis e várias modificações das denominações das novas medidas, a Lei de 4 de julho de 1830 o tornou obrigatório, sob pena de sanções penais, a contar de 1º de janeiro de 1840.

A imposição do sistema métrico decimal só se justificou por razões práticas; foi facilitada pela ausência de conteúdo ideológico e antirreligioso das novas medidas. Foram deixados de lado o messianismo revolucionário e o desejo de fazer da natureza o legislador universal. Sua superioridade técnica levou à sua adoção por numerosos países, não sem resistência popular. Mesmo hoje observa-se o retorno das velhas medidas anglo-saxônicas, especialmente na eletrônica e na informática. O direito positivo francês atual resulta do Decreto 61-501 de 3 de maio de 1961 relativo às unidades de medida e ao controle dos instrumentos de medida; foi várias vezes modificado. Em nível internacional, a Convenção do Metro, assinada em 1875 e transformada em Conferência Geral dos Pesos e Medidas, fixou o sistema internacional das unidades de medida (chamada de SI) a partir de trabalhos de cientistas. Cabe a cada Estado torná-las obrigatórias. Na prática, somente os meios científicos as respeitam. As populações frequentemente se valem das antigas unidades; o comércio e as finanças mundiais continuam funcionando com medidas arcaicas, variáveis segundo os produtos, tal como o barril de petróleo.

› BORELLA F., "Le système métrique et la problématique des normes", revista *Droits*, 1993, nº 17. – Col.: Textes de droit français: *Code de la consommation*, art. L 213-1 a L 216-1; *Code général des collectivités territoriales*, art. L 2.212-2, § 4º: *Code pénal*, art. R 34, § 6º.

François BORELLA

PESSOA

Embora oriundo do vocabulário jurídico romano, o termo "pessoa" não teve, na Antiguidade, o sentido jurídico preciso que lhe damos. Tomado de empréstimo pelos romanos, o termo grego *prosopon*, com base no qual se elaborou o conceito de pessoa, ora remete ao ser humano como tal em sua realidade física concreta, a seu "rosto", ora à figura abstrata que o ser humano real pode revestir, à "máscara" do teatro antigo e, por meio dela, ao papel que ela simboliza. Por esse motivo, o termo latino *persona* foi utilizado pelos juristas romanos tanto para designar o ser humano em geral, quanto (com mais frequência) no sentido mais restrito de ator da vida jurídica. Ator, por conseguinte sujeito de direitos. Este último sentido, acolhido pelos juristas medievais, deu origem ao qualificativo *persona* por eles aplicado aos grupos que formassem corpos (cf. pessoas jurídicas). Trataremos aqui apenas das pessoas físicas.

Considerada como ator da vida jurídica, a pessoa humana durante muito tempo foi definida por seu estatuto, que lhe permitia ou não acesso a essa vida jurídica, restringindo-lhe o acesso ou determinando algumas de suas particularidades. Em Roma, nem todo ser humano era considerado juridicamente como pessoa. O acesso à personalidade jurídica estava submetido a uma condição essencial: a liberdade. Somente quem gozava do estatuto de homem livre podia ser uma pessoa; juridicamente, o escravo era uma coisa. Ainda que esta última afirmação mereça ser relativizada, não deixa de ser verdade que a liberdade era uma condição primeira de que somente o *ingenuus* (= livre de nascimento) e o liberto gozavam. Condição necessária, mas não suficiente: só o cidadão romano podia ter pleno acesso à vida jurídica romana; o direito civil (de *civis* = cidadão) era o direito dos cidadãos, só ele podia participar da vida política. O estrangeiro não tinha nenhum direito; teoricamente, podia até mesmo ser escravizado, a menos que recebesse a proteção de um cidadão romano, seu "anfitrião", ou que um tratado ligasse sua cidade de origem a Roma. O reconhecimento da personalidade jurídica do estrangeiro e sua ampliação dependiam desse tratado, mas também da política de integração adotada por Roma. Ao se dissociarem os direitos políticos dos direitos civis e ao serem utilizados separadamente os diferentes elementos que compõem estes últimos, foi possível uma integração progressiva do estrangeiro à vida jurídica romana. Para ser reconhecido juridicamente como sujeito de direito, o indivíduo precisava ser livre, cidadão e, ademais, "*sui iuris*", ou seja, não estar submetido ao poder paterno (*patria potestas*). Esse poder, salvo emancipação, durava todo o tempo de vida do pai, tornando aquele que estivesse a ele submetido um "*alieni iuris*": a pessoa do *alieni iuris* era, de alguma maneira, absorvida pela pessoa do *sui iuris*, sob cujo poder se encontrava. Não se tem aí uma simples incapacidade de exercício, mas uma incapacidade de gozo, e é nesse sentido que se deve compreender o adágio romano segundo o qual pai e filho são uma mesma pessoa. Ainda que o estatuto do *alieni iuris* tenha perdido progressivamente o seu rigor (em especial a favor dos soldados e de certos funcionários imperiais), foi só no Baixo Império que o *pater familias* perdeu a propriedade dos bens que seus filhos herdassem *ab intestat* da mãe (bens "adventícios", cujo usufruto, porém, ele conservava enquanto vivesse), e o filho passasse a ter direito a um patrimônio, símbolo de uma personalidade distinta da personalidade do pai.

Essa definição de pessoa por meio de seu estatuto deixou marcas profundas e duradouras em nosso sistema jurídico ocidental, que evoluirá lentamente nesse ponto. Essa evolução está estreitamente ligada ao desaparecimento da escravidão, à sua transformação lenta em servidão, instituição característica do mundo feudal que, apesar de seu nítido declínio a partir do século XIII, persistirá em certas regiões da França até o fim do Antigo Regime. Essa transformação progressiva decorreu do reconhecimento de certo número de direitos a favor do servo, direitos que expressavam sua capacidade jurídica, mas com restrições, que traduziam a inferioridade de sua condição. Eram as famosas incapacidades (mão-morta e *formariage* [casamento contraído por um servo fora da senhoria], especialmente) pelas quais se costumava definir o estado de servo. A servidão foi uma etapa importante, que não excluiu, em vários lugares da Europa, a persistência da escravidão e até mesmo o seu ressurgimento (Código Negro para as ilhas da América), mas preparou o desaparecimento definitivo da distinção entre livre e não livre.

"Os homens nascem e permanecem livres e iguais em direitos": o art. 1º da Declaração dos Direitos do Homem e do Cidadão de 1789 será o ponto de chegada do longo caminho que, sob a influência do cristianismo e da escola do direito natural, levou a reconhecer-se em todo ser humano uma pessoa livre e com os mesmos direitos das outras. A noite de 4 de agosto, que a precedeu, havia abolido os privilégios, regras particulares que desde a Idade Média traduziam uma desigualdade de condições jurídicas entre indivíduos livres, tanto em matéria de direito público quanto de direito privado. Assim era abolida a distinção entre nobres e plebeus que, ainda no *Tratado das pessoas* de Pothier, constituía a principal divisão. Mas, embora a Revolução eliminasse certo número de estatutos pelos quais era definida a pessoa, os juristas da época continuavam profundamente marcados por esse ponto de vista. É impressionante verificar como, afora as indispensáveis modificações decorrentes da Revolução, os redatores do Código Civil se mantinham próximos do plano tradicionalmente seguido no fim do antigo direito a respeito das pessoas, plano que, por sua vez, muito devia ao direito romano. Dos três *status*, *st. libertatis*, *st. civitatis*, *st. familiae*, que aquele direito considerava relativamente às pessoas, somente o primeiro desapareceu. A liberdade era obrigatória, mas os outros dois constituíam a trama do livro 1º do Código Civil francês. Este começava com um título relativo ao gozo e à privação dos direitos civis, que a experiência revolucionária tinha levado a diferenciar do gozo dos direitos políticos vinculados à cidadania *stricto sensu*. Apesar da significativa aproximação que, no período da Constituinte, havia sido criada pela abolição do direito de albinágio que atingia os estrangeiros (Decreto de 6 de agosto de 1790), no que se refere ao gozo dos direitos civis o Código mantinha a distinção tradicional entre franceses e estrangeiros e a não menos tradicional referência aos tratados: "O estrangeiro gozará na França dos mesmos direitos civis que são ou serão outorgados aos franceses pelos tratados da nação à qual esse estrangeiro pertença" (art. 11). Esse primeiro título é seguido de um longo título sobre estado civil vinculado à noção de estatuto e de dois títulos relativamente curtos (domicílio e ausentes). Todo o restante (t. V a XI) refere-se ao *status familiae* no sentido tradicionalmente amplo desse termo, daquilo que D'Aguesseau e Pothier chamavam de "estado das pessoas", que então abrangia não só o estado no sentido estrito, mas também suas capacidades: casamento, filiação, tutela, incapacidades etc. Assim, o que os redatores do Código Civil viam na pessoa não era tanto a própria pessoa quanto seu estatuto, sua "situação" na sociedade civil.

No entanto, o desabrochar da filosofia individualista dos direitos humanos deveria necessariamente levar os juristas – eximidos, no fim do século XIX, da obrigação de seguir a ordem dos artigos do Código em sua atividade docente – a modificar progressivamente suas exposições doutrinais. A pessoa em si mesma, corpo e alma, ganha lugar pouco a pouco: deixa de ser vista apenas como ator da vida jurídica, e passa a ser vista também naquilo que faz seu ser, sua individualidade. Essa evolução substancial foi inicialmente favorecida pelo reconhecimento jurisprudencial dos direitos da personalidade. Assim como os direitos humanos, dos quais eles serão irresistivelmente aproximados (cf. Declaração Universal dos Direitos do Homem), tiveram origem nessa corrente filosófica que desde o fim da Idade Média dá primazia ao indivíduo. Criação jurisprudencial de caráter muito pragmático ao se iniciar durante o século XIX, alimentada depois por uma corrente doutrinária influenciada pela Alemanha, ela consegue aumentar a proteção às pessoas ao afirmar os direitos inerentes à sua qualidade de pessoa contra as ações de terceiros. Essas ações, que não são contempladas pela lei penal, mas podem causar prejuízos dificilmente reparáveis tão somente por obra do artigo 1.382, são frequentemente ações de jornalistas, e cabe reconhecer que existe uma correlação nítida, ainda que não exclusiva, entre o desenvolvimento da imprensa e o "dos direitos da personalidade". Será, assim, essencialmente punido o desrespeito à privacidade (um dos primeiros casos, em 1858, referia-se à publicação da foto da atriz Rachel em seu leito de morte, à qual sua irmã se opunha). A esse primeiro fator – que a reafirmação extensiva dos direitos humanos depois da Segunda Guerra Mundial só fará fortalecer – somou-se um segundo: os progressos das ciências biológicas. Um tanto negligenciado até então, o corpo humano, substrato da pessoa, de algumas décadas para cá passou a ser alvo de atenção crescente, não só no que se refere à sua proteção, mas também no que se refere a seus vínculos com a personalidade jurídica. O vínculo assim criado de maneira cada vez mais estreita entre pessoa humana e personalidade jurídica conferiu grande acuidade à questão da existência da pessoa, que o Código Civil francês só incidentemente tratara a propósito das sucessões e das doações. Agora ela dá ensejo ao desenvolvimento do direito das pessoas, direito que conserva a velha regra oriunda do direito romano, segundo a qual a aquisição da personalidade jurídica está subordinada ao nascimento. Aquisição submetida a uma condição: que a criança tenha nascido viva e viável (exigência suplementar acrescentada no fim da Idade Média); aquisição que o direito romano já fazia retroagir ao tempo da concepção sempre que estivesse em jogo o interesse da criança. Essa regra poderia ter sido conservada pelo antigo direito francês, precisamente graças à dissociação entre pessoa humana (protegida como tal desde a concepção) e personalidade jurídica, mas a evolução do conceito de pessoa levava, inevitavelmente, a questioná-la. A essa concepção da existência que comporta o estudo da morte como causa de extinção da personalidade estão vinculadas a questão da ausência e às vezes também a dos direitos da personalidade, analisados como consequência dessa aquisição, mas que alguns preferem tratar separadamente no item "atributos" da personalidade. Todos ou quase todos, em compensação, estão concordes em reunir no item "individualização das pessoas físicas" o estudo do nome, analisado também como um direito da personalidade, o estudo do domicílio e dos instrumentos do registro civil. Por fim, destacados do *status familiae*, ao qual estavam estreitamente ligados na origem, figuram a capacidade e o estudo do sistema de proteção dos incapazes. A separação entre direito das pessoas e direito da família daí resultante é exemplo das profundas mudanças que marcaram a abordagem do direito das pessoas físicas. Direito agora subordinado a certo número de convenções internacionais.

› Além dos tratados e manuais de direito civil referentes ao direito das pessoas, ver: BERTRAND-MIRKOVIC A., *La Personne humaine*, tese, Paris II, 2001. – DEROUSSIN D., "Personnes, choses, corps", in *Le Corps et ses représentations*, E. Dockes e G. Lhuillier (ed.), Paris, Litec, 2001, pp. 79-146. – GUTMANN D., *Le Sentiment d'identité*, Paris, 2000. – LEFEBVRE-TEILLARD A., *Introduction historique au droit des personnes et de la famille*, Paris, PUF, 1996; "*Infans conceptus.* Existence physique et existence juridique", *Revue historique de droit français et étranger*, 1994, pp. 499 ss. – RIGAUX F., *La Protection de la vie privée et des autres biens de la personnalité*, Bruxelas-Paris, 1990; *Internationalisation des droits de l'homme et évolution du droit de la famille*, Paris, LGDJ, 1996. – TRIGEAUD J.-M., "La personne", *APD*, 1989, pp. 103 ss.

ANNE LEFEBVRE-TEILLARD

→ Ausência; Corpo humano; Direito subjetivo; Domicílio; Escravidão; Estrangeiro; Nome; Registro civil.

PESSOA JURÍDICA

A personalidade jurídica, entendida – de acordo com a definição mais neutra possível – como aptidão de um grupo de pessoas ou de um conjunto de bens para ser sujeito de direito, "põe em causa os próprios fundamentos do direito inteiro; as noções de direito subjetivo, de sujeito de direito e de personalidade, tudo está implicado" (R. Saleilles, *De la personnalité juridique*, p. 487). Numa tradição que durante muito tempo se articulou em torno do ser humano e fundamentou as noções de personalidade jurídica e de direito subjetivo em qualidades naturalmente inerentes ao indivíduo (a vontade, em especial), a consideração de um sujeito de direito distinto das pessoas físicas não podia deixar de ser problemática. Por isso, o essencial das reflexões da doutrina, relativas às pessoas jurídicas, diria respeito ao problema de sua natureza: o único sujeito de direito verdadeiro será o indivíduo, e a personalidade jurídica deverá ser analisada como uma *ficção*? Ou as coletividades apresentam um grau de *realidade* suficiente para que o direito possa considerá-las sem ficção como personalidades jurídicas? O que está em jogo nessa interrogação não é apenas teórico: sua solução repercutirá necessariamente sobre a legislação aplicável às pessoas jurídicas, especialmente às sociedades.

Surgimento da pessoa jurídica

O fenômeno da personalidade jurídica é conhecido pelo direito romano, mas ainda não foi objeto de nenhuma teorização. É verdade que alguns fragmentos do *Digesto*, principalmente os de Ulpiano, que opõem constantemente a *universitas* aos *singuli* que a compõem, serão abundantemente comentadas no fim do XIX por juristas (Saleilles, Hölder, Gierke) que acreditavam ver neles uma concepção embrionária da natureza das pessoas jurídicas. Mas, ao proceder essencialmente de necessidades práticas, "o direito romano, mesmo em seu último estágio, não parece ter conseguido elaborar uma teoria da personalidade jurídica, nem mesmo ter depreendido claramente sua noção" (J. Gaudemet, *Le Droit privé romain*, A. Colin, 1974, p. 62). Aliás, não havia nenhuma razão para que a personalidade jurídica suscitasse os problemas teóricos que deveria suscitar depois, pois ainda não havia por que conceber o sujeito de direito como estritamente coincidente com o indivíduo. Seria preciso esperar a Idade Média para que tivesse início uma verdadeira reflexão sobre a natureza das pessoas jurídicas, e que a noção fosse construída sob a influência dos glosadores, pós-glosadores e canonistas. Encontram-se definições precisas já no fim do XII, por exemplo na pluma de Pillius e na de Bassianus, que vê na *universitas* "uma reunião de vários corpos distintos entre si, com um nome que lhe é atribuído de maneira particular" (*Summa Digesti*, sobre *D.*, 41, 3, 30, citado por A. Black, *in* J.-H. Burns (org.), *Histoire de la pensée politique médiévale (350-1450)*, PUF, 1993, p. 564). A *universitas* é assim analisada como um *nomen intellectuale*, designa apenas indivíduos unificados sob um mesmo nome, conforme demonstra também a fórmula de Accursio (v. 1230): "A *universitas* nada mais é que os indivíduos singulares que nela se encontram" (sobre *D.*, 3, 4, 7, 1, citado por Y. Thomas, "*Fictio legis.* L'empire de la fiction romaine et ses limites médiévales", *Droits*, nº 21, 1995, p. 46). Como as únicas realidades substanciais são os seres humanos singulares, só conceitual e juridicamente a coletividade e seus membros podem ser apreendidos como distintos. A linguagem comprova essa concepção desde meados do século XIII, pois, a partir do ensinamento de Inocêncio IV – que em 1245 proscreveria a excomunhão das pessoas jurídicas "por se tratar de nomes de direito e não de nomes de pessoas" –, os juristas multiplicaram as referências às noções de pessoa "fictícia", "imaginária", "representativa". Um século depois, Bartolo refinaria consideravelmente a teoria, mostrando que ela se baseava numa distinção necessária entre o ponto de vista jurídico e o das realidades empíricas: "para se falar realmente, verdadeiramente e propriamente", uma associação não é distinta de seus membros; "mas, segundo a ficção do direito, [...] uma universidade é considerada como uma única pessoa, diferente dos universitários que fazem parte dela [...] Ademais, mesmo que todos os membros de um povo morressem e fossem substituídos por outros, o povo continuaria o mesmo... e assim uma associação é algo diferente das pessoas que a compõem, segundo a ficção do direito" (sobre *D.*, 48, 19, 16 (10), citado por A. Black, *op. cit.*, p. 569).

Pessoa jurídica e Willenstheorie

A concepção fictícia de pessoa jurídica se impôs progressivamente, mas sofreu deformações e acabou por desvincular-se completamente das individualidades componentes; foi só no fim do século XIX que renasceu uma controvérsia jurídica de envergadura, a partir da qual foi elaborado o essencial das concepções contemporâneas sobre a questão. A doutrina foi então dominada pela teoria da ficção legal, desenvolvida sobretudo pelo pandectismo e pela romanística alemã. Ligada ao nome de Savigny, que a formulou a partir de sua releitura do direito romano, ela foi adotada com nuances pela maioria dos civilistas franceses e alemães. Estreitamente ligada à *Willenstheorie*, que faz do direito subjetivo um "poder de vontade" (Windscheid, Puchta, Savigny), e partindo, por conseguinte, do princípio segundo o qual o ser humano, por ser dotado de vontade, é naturalmente sujeito de direito, a teoria da ficção legal baseou-se no postulado fundamental da estrita coincidência entre personalidade humana e personalidade jurídica: "Todo direito – escreve Savigny – é a sanção da liberdade moral inerente a cada ser humano. Portanto, a ideia primitiva de pessoa ou sujeito do direito se confunde com a ideia de ser humano, e a identidade primitiva dessas duas ideias pode ser formulada nos seguintes termos: cada indivíduo, e o indivíduo apenas, tem a capacidade do direito", sendo esta a faculdade de exercer livremente sua vontade (*Traité de droit romain*, t. II, p. 2). No entanto, o axioma fundamental tem exceções, uma vez que o direito positivo pode ampliar a categoria dos sujeitos de direito para além das pessoas naturais, ou seja, "transportar a capacidade do direito para fora do indivíduo e criar artificialmente uma pessoa jurídica" (*ibid.*), em outras palavras, uma pessoa moral. Esta só pode ser uma ficção, visto o postulado da coincidência entre pessoa física e pessoa jurídica, e ficção não só doutrinária, mas também legislativa: a aberração constituída pela extensão da qualidade de sujeito de direito para uma entidade que não é o indivíduo merece a intervenção da autoridade suprema.

Esse sistema, corroborado, aliás, pelas legislações positivas de numerosos Estados europeus no fim do século XIX (sistema da concessão legal e da autorização prévia), será questionado de maneira tão radical, que levará uma parte da doutrina a negar a própria noção de personalidade jurídica, mas sem abandonar os princípios fundamentais da *Willenstheorie*. Esses autores mantêm a ideia de que o sujeito de direito é necessariamente provido de vontade, bem como o princípio correlativo da coincidência entre personalidade humana e personalidade jurídica. Mas, em vez de explicarem a personalidade jurídica recorrendo a uma ficção, eles rejeitam totalmente sua noção, recusando-se a vincular os direitos e os bens do grupo a um sujeito *distinto* dos indivíduos que o compõem. Na realidade, os únicos sujeitos de direito identificáveis são os membros da coletividade, e a ficção de personalidade torna-se inútil, visto que todos os fenômenos que ela abarca podem ser explicados: para uns – Planiol e Berthélemy, em especial –, pelo mecanismo da propriedade coletiva; para outros – Vareilles-Sommières e Van den Heuvel –, pelo do contrato de associação. Em outras palavras, o grupo de indivíduos que a doutrina corrente pretende personificar se reduz simplesmente aos próprios indivíduos agrupados de certa maneira. No entanto, essas teorias padecem de uma visão puramente patrimonial, fraqueza bastante grave em se tratando do Estado; aplicáveis, a rigor, ao Estado como pessoa privada, proprietária, devedora, credora, são impotentes para dar conta de sua personalidade pública. Inconveniente que já se observava na teoria da ficção: se o Estado é realmente o autor da personificação, como explicar que ele mesmo seja uma pessoa jurídica? Só se pode sair desse impasse opondo o Estado pessoa ao Estado poder (Ducrocq), distinção inaceitável para grande número de publicistas que, ao contrário, insistem na necessidade de estender o conceito de pessoa jurídica ao Estado que age como poder mandante. Enquanto a preocupação em afirmar a liberdade de associação sem dúvida se encontra na origem das primeiras teorias da realidade das pessoas jurídicas, o problema da inaplicabilidade das teorias anteriores ao Estado desempenhou papel preponderante, e não por acaso os defensores mais virulentos da concepção realista foram, em sua grande maioria, publicistas.

Pessoa jurídica como realidade social

No entanto, também estes continuam fechados no campo estreito da *Willenstheorie*; ora, com tal ponto de partida, é necessário comprovar a existência de um elemento de analogia entre as pessoas físicas e as pessoas jurídicas, e esse elemento é a vontade, que, segundo a *Willenstheorie*, fundamenta o direito subjetivo, portanto, a qualidade de sujeito de direito. Assim como a personalidade jurídica individual tem por suporte a vontade do ser humano, só poderá haver pessoa jurídica real se o grupo possuir vontade própria, distinta, em sua natureza, das vontades individuais de seus membros. Assim, trata-se de mostrar que a personalidade jurídica é o atributo normal das vontades coletivas, assim como a personalidade jurídica individual é o atributo normal da vontade individual.

Nesse sentido, a justificação mais absoluta da realidade das pessoas jurídicas é a proposta pela teoria orgânica das sociedades. Sofrendo a influência da sociologia organicista muito em voga na época, ela se inspirava em suas teses mais radicais, que pretendiam fazer da sociologia um ramo da biologia. Partidários da equiparação entre pessoa jurídica e pessoa humana, esses juristas – cujo principal representante francês é René Worms – procuravam demonstrar que os corpos coletivos constituem organismos vivos que apresentam a mesma materialidade do corpo humano, deduzindo daí, num segundo momento, a existência de uma vontade própria ao organismo, vontade que justificaria sua personalidade jurídica (ver R. Worms, *Organisme et société*, Giard e Brière, 1896). Mas, depois de um breve período de entusiasmo, essa teoria caiu rapidamente no esquecimento, e a maioria dos autores que tentou estruturar um sistema baseado na noção de vontade coletiva limitou-se a fazer da pessoa jurídica uma realidade simplesmente sociológica, e não mais corpórea ou material (Zitelmann, Gierke, Hauriou, A. Mestre, Boistel). As teorias em questão são atitudes extremamente diversificadas, mas todas se baseiam na ideia de que a personalidade jurídica dos grupos deve ser *reconhecida* pelo direito por constituírem realidades sociais dotadas de vontade coletiva própria. Conforme explica Gierke, essa abordagem pressupõe que "a capacidade de querer e de agir das corporações é uma realidade existente em e com sua personalidade. [...] O direito lhes atribui a personalidade justamente por ver nelas os sujeitos de uma vontade coletiva una e contínua. Aqui, como no indivíduo, vemos a base da subjetividade numa vontade que é a força interna, princípio dos atos exteriores" (*Die Genossenschaftstheorie*, p. 608). Contrariamente ao que é postulado pela teoria da ficção, o direito só pode tomar conhecimento da realidade de pessoas jurídicas que existam objetivamente antes de qualquer reconhecimento legal, com o risco de restringir sua capacidade por motivos de ordem pública (sistema de regulamentação legal, consagrado na França para as associações pela Lei de 1º de julho de 1901). Assim, tal como a capacidade dos indivíduos, a capacidade de vontade e de ação das coletividades "recebe do direito o caráter de capacidade jurídica, mas não é criada pelo direito. O direito a encontra preexistente; reconhece-a e delimita sua ação" (*ibid.*).

No entanto, essa "vontade coletiva" é uma noção de contornos extremamente indefinidos: tal como ressaltou Duguit (que negará a personalidade jurídica em nome de seu positivismo sociológico), tudo o que se pode observar é um acordo mais prolongado ou menos prolongado entre vontades individuais em vista de dado objetivo, e é bem difícil depreender daí uma vontade coletiva propriamente nova que se diferencie da simples combinação das vontades dos membros do grupo. Essa insuficiência decorre dos dois pontos de partida de todas essas doutrinas: concepção da personalidade jurídica como prolongamento da personalidade humana e indissociabilidade desta em relação à definição do direito subjetivo como poder de vontade.

Da realidade técnica à realidade puramente jurídica

Assim entenderam os autores que desistiram de fundamentar a realidade das pessoas jurídicas numa relação de analogia com a personalidade humana, feito que pressupõe renovar a definição do direito subjetivo para livrá-lo de qualquer referência à vontade própria do sujeito. O terreno fora preparado por Ihering, quando definiu o direito subjetivo como "interesse juridicamente protegido" e viu no sujeito de direito seu destinatário, seu beneficiário (*L'Esprit du droit romain*, t. IV, pp. 323-6). Tal definição tem a vantagem de dispensar a vontade como fundamento da personalidade jurídica; portanto, para provar a realidade das pessoas jurídicas, já não é necessário mostrar a existência de uma *vontade coletiva* inerente ao grupo: basta ressaltar um *interesse coletivo* próprio do grupo, distinto dos interesses individuais de seus membros. Ihering, convicto de que os únicos destinatários do direito são os seres humanos, afirmará que as coletividades, como tais, não podem ser sujeitos de direito; só na virada do século sua definição de direito subjetivo foi explorada por Jellinek e depois por Michoud, como fundamento de sua teoria da realidade das pessoas jurídicas. Este último definia o direito subjetivo como "o interesse de um homem ou de um grupo de homens, juridicamente protegido por meio do poder atribuído a uma vontade de representá-lo ou defendê-lo" (L. Michoud, *La Théorie de la personnalité morale et son application au droit français*, t. I, p. 107); isto posto, o sujeito de direito é o ser, coletivo ou individual, cujo interesse é assim garantido, não havendo a necessidade de a vontade que o representa lhe pertencer. Com tais fundamentos, o aparecimento de uma pessoa jurídica pressupõe simplesmente que existe num grupo, independentemente de qualquer intervenção legislativa: por um lado, um interesse coletivo distinto dos interesses individuais de seus membros; por outro, uma organização que possibilite depreender uma vontade capaz de representar e defender esse interesse – em outras palavras, órgãos ou representantes (concepção consagrada na França, na ausência de atribuição legislativa expressa, pela Corte de Cassação em seu acórdão "Comité d'établissement de Saint-Chamond", Civ., 28 de janeiro de 1954, *JCP*, 1954, II, 7.958). Em relação a essas teorias, houve quem falasse de uma realidade estritamente jurídica das pessoas jurídicas. A tônica, no caso, é posta no caráter propriamente técnico da noção, que não deve ser construída em referência à personalidade física, mas unicamente de dentro do sistema jurídico, com conceitos de personalidade jurídica, sujeito de direito e direito subjetivo, cuja definição, por sua vez, deve ser buscada alhures, e não nas qualidades inerentes do ser humano. Por isso, Michoud (como Jellinek na Alemanha e Ferrara na Itália) insiste na necessidade de "distinguir nitidamente o ponto de vista jurídico do ponto de vista filosófico" (*op. cit.*, t. I, p. 95), lembrando que, "para a ciência do direito, a noção de pessoa é e deve continuar sendo uma noção puramente jurídica" (*ibid.*, t. I, p. 7). Ora, a partir do momento em que – sob a influência determinante de Saleilles e Gény – a personalidade jurídica deixou de ser considerada como a emanação da personalidade humana e passou a ser considerada como simples instrumento de técnica jurídica, tornou-se lícito estendê-la às coletividades sem que, para fundamentar a realidade das pessoas jurídicas, fosse necessário demonstrar uma relação de analogia entre estas e os seres humanos.

Mas, embora o sistema elaborado por Michoud e Jellinek ilustre bem essa mudança de perspectiva, ainda não se tem propriamente uma teoria puramente jurídica da realidade das pessoas jurídicas; a organização da comunidade constitui apenas um de seus elementos secundários, pois a personalidade jurídica encontra seu princípio fundador no interesse coletivo, em outras palavras, no grupo humano concebido como o *substratum* social da pessoa jurídica. Será preciso esperar o advento do positivismo jurídico para que o construto seja desembaraçado de referências aos fatos sociais, e a realidade das pessoas jurídicas possa de fato tornar-se puramente jurídica. Para Carré de Malberg, a aquisição da personalidade jurídica por uma coletividade está, assim, subordinada à condição de que esta possua uma vontade unificada, unidade de vontade que resulta da organização estatutária do grupo; esta lhe fornece órgãos encarregados de querer em seu nome. Em outras palavras, o que faz da coletividade um sujeito de direito são seus órgãos, pois é por meio deles que ela se torna capaz de querer. A diferença essencial em relação aos sistemas anteriores é que a constituição de órgãos é o único elemento fundamental da personalidade jurídica, com exclusão das noções de interesse coletivo e, *a fortiori*, de vontade coletiva. Portanto, estamos diante de uma concepção estritamente formal da personalidade jurídica, que não leva em conta considerações extraídas dos atributos próprios do sujeito: conforme escreveu Carré de Malberg, ela "tem uma base e um significado essencialmente *formais*. [...] Tem-se aí, acima de tudo, uma questão de estrutura orgânica, de forma de organização de um grupo. Nesse sentido se disse [...] que o Estado é apenas uma personalidade *jurídica*" (*Contribution à la théorie générale de l'État*, t. I, pp. 42-3). Não só o ser humano já não serve de referência para a construção da noção de pessoa jurídica, como também o próprio substrato coletivo já não deve ser levado em conta.

Esgotamento da controvérsia realidade-ficção

A abstração da personalidade jurídica será levada às últimas consequências pelo normativismo kelseniano. Para Kelsen, pessoa jurídica "nada mais é que personificação da ordem que rege a conduta de uma pluralidade de indivíduos – foco da imputação de todas as ações humanas determinadas pela ordem" (*Théorie générale du droit et de l'État*, trad. fr. B. Laroche, Bruylant-LGDJ, 1997, p. 152). Mais precisamente, ela é apenas uma "ordem jurídica parcial dentro da ordem jurídica total constituída pelo Estado" (*ibid.*). Sem dúvida, o conceito de pessoa jurídica é bastante útil para descrever o fato de que, em virtude do direito do Estado, "os membros da corporação têm certos direitos e obrigações potenciais que nada têm em comum com os direitos e as obrigações que eles têm como indivíduos, independentemente de pertencerem à corporação" (*ibid.*, p. 153). Mas temos aí apenas um conceito auxiliar, que o jurista pode utilizar ou dispensar se quiser, conceito que não é produto do próprio direito, mas "da ciência do direito dedicada a descrever o direito" (*Théorie pure du droit*, p. 252). Com tal mudança de perspectiva, o debate realidade-ficção já não tem razão de ser. Quando Savigny partia do princípio de que o homem, e só ele, constitui *por natureza* uma pessoa jurídica, a personalidade jurídica só podia parecer-lhe uma ficção; a partir do momento em que, ao contrário, é construído o conceito de sujeito de direito não em referência ao ser humano, mas do interior do sistema jurídico, a pessoa jurídica individual deixa de ser a realidade natural que deveria servir de padrão para medir o caráter fictício da pessoa jurídica: ambas se tornaram abstrações, construtos da ciência do direito, eventualmente realidades, mas puramente jurídicas. É essa composição que parece ter dado origem ao esgotamento contemporâneo do debate sobre a natureza das pessoas jurídicas, pois a doutrina dominante retomou, no essencial, as teses clássicas e considerou que, ligada a um falso problema, a controvérsia realidade-ficção seria necessariamente vã, quando simplesmente não a omitisse (ainda que o novo Código Penal francês, que entrou em vigor em 1º de março de 1994, ao consagrar a responsabilidade penal das pessoas jurídicas, pudesse ter reavivado alguns elementos do debate).

➤ Carré de Malberg R., *Contribution à la théorie générale de l'État*, Paris, Sirey, 1920-22, reed. CNRS, 1962. – Duguit L., *Traité de Droit constitutionnel*, Paris, De Boccard, 3ª ed., 1927, t. I. – Gény F., *Science et technique en droit privé positif*, Paris, Sirey, 1921, t. III. – Gierke O. von, *Die Genossenschaftstheorie und die deutsche Rechtsprechung*, Berlim, Weidmann, 1887. – Hauriou M., "De la personnalité comme élément de la réalité sociale", *Revue générale du Droit*, 1898, pp. 5-23 e 119-40. – Ihering R. von, *L'Esprit du droit romain*, trad. fr. da 3ª ed. O. de Meulenaere, Paris, Marescq, 1878, t. IV. – Kelsen H., *Théorie pure du droit*, trad. fr. da 2ª ed. C. Eisenmann, Paris, Dalloz, 1962. – Michaud-Quantin P., *Universitas. Expressions du mouvement communautaire dans le Moyen Âge latin*, Paris, Vrin, 1970. – Michoud L., *La Théorie de la personnalité morale et son application au droit français*, Paris, LGDJ, 3ª ed., 1932. – Saleilles R., *De la personnalité juridique. Histoire et théories*, Paris, Rousseau, 2ª ed., 1922. – Savigny F. C. von, *Traité de droit romain*, trad. fr. C. Guénoux, Paris, Firmin Didot, 1841, t. II.

Ver também: Planiol M., *Traité élémentaire de droit civil*, Paris, Pichon, 1902. – Vareilles-Sommières, *Les Personnes morales*, Paris, Pichon, 1902.

Anne Paynot-Rouvillois

→ Direito subjetivo; Estado; Ficção; Pessoa; Representação; Sujeito de direito.

PETIÇÃO

O verbo latino *petere* deu origem à palavra petição e significa pedir, requerer. Ao *fato* da petição, comportamento natural implantado em toda sociedade humana, está vinculado um *direito* cuja consagração (também muito ampla) na maioria das vezes sucedeu a uma prática espontânea. Esse direito é uma manifestação específica da liberdade de opinião e expressão. O signatário de uma petição dirige-se a uma autoridade na esperança de obter uma resposta e age então de acordo com duas motivações distintas. A petição pode ser uma *queixa* e referir-se a um interesse particular. Redundará assim numa eventual reparação. Pode ser a expressão de um *desejo* e referir-se à defesa do interesse geral. Reivindica então uma reforma relativa a um campo qualquer da vida do homem em sociedade.

A petição às "autoridades constituídas" deixa marcas constantes na história das sociedades políticas. De Roma antiga, ela se prolonga para a Gália do Baixo Império (petições ao imperador ou ao prefeito). Com os merovíngios e os carolíngios, a palavra *petitio* (petição) parece refluir, mas a atitude perdura em mecanismos específicos (*placita* e *Missi dominici*). Na Idade Média, os capetianos conservam a recepção das queixas, mas também dos queixosos (Jacques Clément, por exemplo, assassina Henrique III durante uma audiência). Dessa primeira versão da petição, fortemente marcada pelo Judiciário, permaneceram em direito privado a *ação petitória* e a *petição de herança*. Com o Antigo Regime, o fato de dirigir-se diretamente ao soberano desloca-se semanticamente para o "placet" (*placeat*: apraza a...). Mas petições em justiça e *placets* continuam encerradas na esfera dos interesses particulares. Somente as *doléances* (reivindicações) expressas durante as reuniões dos Estados Gerais podem ser vistas como uma forma de petição cujo campo é o *proveito comum*. Enquanto na Inglaterra a *prática* das petições se transforma num *direito* de peticionar já em 1628 (*Petition of right*), depois pelo *Bill of rights* de 1689, a França só consagra esse direito depois da ruptura de 1789. Inicialmente, ele figura apenas em textos de categoria secundária (regulamento da Constituinte, Lei de 10 e 18-22 de maio de 1791 etc.). Em escala constitucional, sua ausência da Declaração de agosto de 1789 é corrigida pela Constituição de setembro de 1791. A partir dessa consagração, três *grandes períodos* da petição marcaram a história da França. O primeiro vai de 1789 a

1794; o segundo transcorre sob a monarquia constitucional (1814-48); o terceiro situa-se no início da III República (entre 1870 e 1914). Mas, quer tenham abordado um interesse particular, quer, com mais clareza ainda, o interesse geral, as petições sempre tiveram pouco impacto. O papel político do direito de petição, por muito tempo pressuposto, na verdade é uma quimera.

Erroneamente ele foi visto durante cerca de um século na França como um dos vetores do regime parlamentar por constituir uma arma nas mãos das câmaras com peso no equilíbrio dos poderes. A hipótese, aventada por Joseph Barthélemy em 1904, quando quis demonstrar a realização desse tipo de regime entre 1814 e 1848, não fora confirmada. Para essa época e mesmo mais globalmente é preciso considerá-la falsa, pois não teve efeitos nesse sentido em nenhum outro momento. Em vez de ter sido um *fermento* do regime parlamentar, parece ter *obtido* verdadeiro papel graças à realização efetiva desse modo político durante a III República. Era então tarde demais para que ele ganhasse novo vigor, pois esse foi também o período de seu declínio diante do aumento de poder de outras liberdades (especialmente a de imprensa) e dos direitos especificamente políticos. Embora em nossos dias, na França, não seja um canal privilegiado de comunicação entre os cidadãos e o poder, o direito de petição não desapareceu. O fato de não ser consagrado pela Constituição não lhe subtrai o caráter de direito civil e natural incluído entre as garantias de todos os outros direitos e liberdades. A ordem de 17 de novembro de 1958, relativa ao funcionamento das assembleias parlamentares e completada por seus regulamentos, rege seu uso.

Mas a petição moderna mudou. É vista como uma manifestação política *por natureza* e obrigatoriamente concebida como um fenômeno de massa, uma espécie de escrutínio não institucional restrito à implementação do princípio majoritário fora de seu âmbito orgânico. No entanto, como não pode atingir esse objetivo de maioria, não passa de manifestação do espírito próprio às elites intelectuais ativas que buscam agir sobre as autoridades políticas. Devido a certa confusão, ela é assim deformada, ganhando feições de "manifesto" político coletivo. Ora, na história, a petição é uma atitude que, ao contrário das ideias comuns, na maioria das vezes é individual. Essa neopetição comete, ademais, o paradoxo bastante frequente de não ser dirigida a ninguém, salvo à opinião pública. Na falta de destinatários institucionais, essas atitudes não podem ser *demandas.* São outra forma de exercício da liberdade de pensamento e de expressão, da qual o panfleto e o manifesto são realmente representativos. Aliás, é frequentemente com essa forma que a petição contemporânea procura novo alento em escala supraestatal. A transposição do mecanismo é antiga (Congresso do século XIX, depois Sociedade das Nações), mas é em instituições internacionais da segunda metade do século XX que a petição parece ter realmente encontrado novo terreno de aplicação. A ONU inicialmente ratificou a consagração internacional do direito de petição. Ele não figura em seus textos fundadores, mas ressalta de textos complementares como a Convenção Internacional sobre a Eliminação de Todas as Formas de Discriminação Racial (1969), que expõe: "As disposições da presente Convenção não restringem em *nada o direito de petição concedido a esses povos...*" (art. 15). O direito de petição também tem uma dimensão europeia. Toda pessoa física ou jurídica que resida na União Europeia pode dirigir uma petição ao Parlamento europeu (art. 21 e 194 do Tratado CE, art. 44 da Carta dos Direitos Fundamentais de 7 dezembro de 2000, cap. XXIII do regulamento). A petição, aliás, é percebida nas instituições comunitárias como um vetor privilegiado da expressão política dos cidadãos europeus.

› Clère J.J., "Le droit de pétition aux chambres de 1789 à nos jours", in *1791, la première constitution française*, Atas do colóqui de Dijon, Economica, 1991, pp. 299-319. – Crespo-Allen M., *Le Droit de pétition dans les pays de l'Union européenne*, documento de trabalho do PE, série política, nº 119 FR, 2001, 186 p. – Dionnet J.-P., *Le Droit de pétition durant la Restauration, 1814-1830. Contribution à l'histoire socio-politique française du XIXe siècle*, tese de direito, Poitiers, 2001, 3 vol. – Dubourg-Lavroff S., "Le droit de pétition en France", *Revue de droit public*, nº 6, 1992, pp. 1733-69. – Leclerc J., *Le Droit de pétition. Étude de droit public comparé*, Châtillon-sur-Seine, Leclerc, 1913, 219 p. – Surrel H., *Le Pétition-*

nement, étude de droit international public, tese de direito, Montpellier, 1994, 2 vol.

Jean-Pierre DIONNET

→ Direitos civis e políticos; Liberdade.

PLURALISMO JURÍDICO

A ideia de que o Estado seria a fonte única do direito frequentemente é apresentada pela maioria dos juristas e dos teóricos do direito como verdade absoluta. Mas ela causa perplexidade. Afirmar que entre o Estado e o direito existe um elo consubstancial equivale não só a afirmar que as sociedades sem Estado são sociedades sem direito, como também a negar que o direito possa ter uma realidade social fora e dentro do Estado. Ora, há mais de um século, numerosos autores, principalmente oriundos da sociologia e da antropologia do direito, contestaram essa representação unitária. Sem formarem uma escola de pensamento homogênea, todos participam de um movimento doutrinário que promove uma teoria pluralista que explicaria melhor a realidade social. Para eles, ao invés de ser um todo uniforme, identificado com o Estado, o direito é essencialmente múltiplo e heterogêneo, no sentido de que, em dado território e num mesmo momento, podem coexistir várias ordens jurídicas distintas com maior ou menor interdependência e eventualmente concorrentes. Embora inegavelmente existam reais diferenças entre o monismo e o pluralismo jurídico, a controvérsia teórica entre essas duas concepções costuma acarretar mal-entendidos. Uma abordagem doutrinária ponderada poderá dissipar muitos deles.

Pluralismo jurídico: uma resposta às insuficiências do monismo estatal

O pluralismo jurídico é uma corrente teórica fundamentalmente crítica por basear-se na denúncia da estatização da posição do direito na doutrina jurídica tradicional. Portanto, a descrição das principais teorias do pluralismo jurídico exige, preliminarmente, uma apresentação do monismo jurídico.

Concepção monista do direito. – Essa representação dominante está intimamente ligada a um fenômeno bem conhecido: o da consecução das pretensões monopolísticas do Estado sobre o direito nas sociedades ocidentais. Nesse sentido, o monismo jurídico é um estatismo. Todos os autores que fazem uma apresentação monista do sistema jurídico partem da constatação de que o Estado exerce domínio centralizador sobre as diversas atividades tradicionalmente associadas à função jurídica, a saber, as atividades legislativas e judiciárias. Em vez de criticarem essa monopolização, eles contribuem para corroborá-la, ao fazerem da ordem jurídica estatal a única ordem jurídica legítima e soberana no espaço territorial do Estado. Entre os eminentes juristas que defenderam essa concepção, Carré de Malberg e Kelsen certamente são os que mais contribuíram para seu sucesso. É nos trabalhos deles que o monismo alcança a expressão mais acabada. A tese do autor francês, mencionada em sua *Contribuição para a teoria geral do Estado*, é a mais simples. Aliás, é ela que hoje se encontra na maioria dos manuais de direito. Fortemente influenciado pelas teorias alemãs da *Herrschaft*, Carré de Malberg procura atribuir ao Estado um signo distintivo de que só ele seria capaz de prevalecer-se. Esse signo é o poder, de que só ele é investido, ou seja, a soberania. Nessa perspectiva, o direito, considerado essencialmente na forma de *coerção exterior*, só pode derivar do Estado: "O ponto de partida de toda ordem jurídica é o aparecimento do poder criador do direito, ou seja, do próprio Estado". Isso significa que, para Carré de Malberg, não pode existir direito propriamente dito anteriormente à formação do Estado nem exteriormente à lei do Estado. A perspectiva kelseniana, exposta na famosa *Teoria pura do direito*, é bem diferente, embora redunde no mesmo tipo de exclusão. Diferentemente dos positivistas clássicos como Carré de Malberg, para os quais o Estado é um sujeito de vontade e ação que existe independentemente do direito e mesmo antes do direito, Kelsen acredita que o Estado e o direito são uma única e mesma coisa designada por dois nomes diferentes. Segundo ele, os três elementos que compõem o Estado de acordo com a teoria tradicional, a saber, povo, território e poder público, só se deixam definir juridicamente, "em outras palavras, só podem ser concebidos como dados referentes à validade e aos domínios de validade de uma ordem jurídica". Isto porque a população é o conjunto dos seres humanos submetidos às normas particulares de uma ordem jurídica; o território é o espaço sobre o qual essas normas são aplicáveis; e o poder público é o poder que se exerce por meio dessas normas. Como direito e Estado constituem um único e mesmo fenômeno, para Kelsen a questão da identificação entre direito e Estado não se coloca.

Concepção pluralista do direito. – A tese pluralista denuncia o caráter totalizador e excludente da apresentação monista, que contribui não só para manter perigosamente a supremacia estatal, mas também para desconhecer a complexidade da vida social, apresentando-a com a imagem de um *Todo* coerente, homogêneo e integrado. Por esse motivo o pluralismo jurídico geralmente é considerado uma corrente doutrinária de *relativização* do Estado. Em oposição à visão unitária do direito, o pluralismo parte do princípio de que existe em cada sociedade uma pluralidade de organizações sociais na qual se manifestam fenômenos de direito. Como escreveu Jean-Guy Belley, recorrer ao pluralismo, portanto, significa defender a tese da estatização incompleta do direito, da existência do direito fora do Estado e, em suma, da inaptidão da concepção dominante entre os juristas para expressar adequadamente a realidade do direito. Afora sua crítica comum ao estatismo, as teorias do pluralismo se caracterizam por sua extrema diversidade. Esta se explica, em primeiro lugar, pela grande variedade de formação científica de seus autores, que podem ser filósofos do direito, juristas sociólogos, sociólogos do direito não juristas ou mesmo antropólogos; em segundo lugar, pela profunda disparidade dos campos de pesquisas considerados: os estudos foram feitos nas chamadas sociedades "primitivas" ou nas sociedades ocidentais. Além do mais, ninguém ignora que o tempo exerce influência determinante sobre a orientação da reflexão. As teses defendidas dependem muito das preocupações do momento no qual foram formuladas: luta contra o liberalismo e o individualismo jurídico no início do século XX (Duguit, Hauriou, Gurvitch, Santi Romano); luta contra o Estado colonial antes e depois da Segunda Guerra Mundial (Furnivall); reabilitação das sociedades autóctones (Llewellyn e Hoebel) etc. Diversidade de autores e pesquisas, porém, não significa que não se possa tentar uma síntese teórica de conjunto do pluralismo jurídico. Desde o início da década de 1980, ela ocupa lugar essencial nos trabalhos dedicados à matéria (Gilissen, Griffiths, Vanderlinden, Belley, Rouland). De modo geral, a problemática do pluralismo jurídico responde a duas questões fundamentais: a primeira é a das fontes do direito; a segunda é a das modalidades da distribuição da regulação jurídica entre as diferentes organizações sociais.

O problema das fontes do direito e, mais precisamente, da evidenciação de suas manifestações não estatais, foi reformulado pelas primeiras teorias sociológicas do direito. Autores como Auguste Comte, Durkheim e Duguit, na França, e Gierke, na Alemanha, insistem no papel determinante das forças sociais na criação do direito. Embora o Estado seja uma fonte incontestável de direito, outros organismos sociais também podem formular o direito. Assim, para Duguit, há direito desde que um indivíduo em dado grupo social esteja de algum modo consciente de ter de respeitar um princípio inspirado pela razão humana. Embora a norma jurídica se distinga das normas morais, econômicas ou sociais pela coerção social que faz pesar sobre os seres humanos, a sanção não precisa ser obrigatoriamente organizada para que haja direito. Hauriou, assim como o filósofo italiano Del Vecchio, acredita que a vida social é composta por uma multidão de grupos ou *instituições*, que tendem naturalmente a produzir seu próprio direito, independentemente do Estado. Segundo ele, o direito "institucional", ou seja, o direito próprio ao grupo, se desdobra em direito "estatutário", graças ao qual a instituição se organiza, e em direito "disciplinar", formado pelo "conjunto dos atos e das regras jurídicas emanadas da autoridade social instituída, que têm por objeto impor certas medidas aos indivíduos, criar situações oponíveis, ou reprimir desvios de conduta, tudo, principalmente, no interesse da instituição e apenas sob a ameaça da força de coerção de que ela dispõe". O alemão Ehrlich elabora já em 1912 a chamada teoria do "direito vivo": o centro de gravidade da evolução do direito não está na legislação, na ciência jurídica nem na decisão judiciária, mas na própria sociedade. Para Gurvitch, talvez o mais radical de todos, por não atribuir quase nenhum interesse às regras de origem estatal, o direito se expressa fundamentalmente por uma "experiência espontânea e intuitiva do sentimento de justiça". A racionalização dessa experiência primeira com a forma de leis positivas constitui tão somente uma forma derivada e superficial do fenômeno jurídico.

Os teóricos do pluralismo não se limitam a evidenciar as manifestações não estatais do direito. Como existe uma multidão de focos normativos e cada organismo social se caracteriza por uma ordem jurídica própria, coerente e hierarquizada, pareceu indispensável a muitos procurar compreender as relações que tais focos mantêm entre si: independência, autonomia, complementaridade, integração etc. Com exceção de Gurvitch, que fala de um "pluralismo de diferentes ordens jurídicas que se limitam reciprocamente em sua interdependência e colaboram em pé de igualdade na vida nacional", a maioria dos autores atribui à ordem jurídica estatal um papel preponderante no controle da regulação jurídica. A tese do antropólogo Pospisil, embora não seja unanimemente aceita, resume bastante bem essa tendência. Segundo ele, toda sociedade é constituída por um conjunto de subgrupos, cada um dos quais forma um sistema jurídico particular. Esses subgrupos estão hierarquicamente ordenados, no sentido de formarem uma sucessão de "níveis jurídicos". Portanto, a diferença entre, de um lado, a ordem jurídica de uma família, um bando de esquimós ou uma associação e, de outro, o Estado não é qualitativa, mas apenas hierárquica. Pospisil, aliás, parte do princípio de que a regulação jurídica de uma sociedade global sempre obedece à força de atração de um centro de poder influente. Será fácil entender que para todos aqueles que procuram, acima de tudo, relativizar o lugar do Estado e de seu direito em relação à sociedade, como Griffiths, tal abordagem é inaceitável. O estudo dos papéis respectivos do Estado e das outras instâncias de poder na regulação jurídica das sociedades contemporâneas também está no cerne dos trabalhos de Santi Romano. A exemplo de Pospisil, esse teórico do direito atribui papel essencial ao "centralismo jurídico". Evidentemente, a existência de uma ordem jurídica não depende de sua licitude perante a ordem estatal. Sua juridicidade advém, realmente, tão somente de seu caráter institucional. Seja ou não reconhecida pelo Estado, uma ordem jurídica existe em sua própria esfera. Isto posto, a principal preocupação de Santi Romano é caracterizar as relações de uma ordem com outra e, principalmente, as relações das ordens jurídicas não estatais com a ordem do Estado. A tipologia das ordens jurídicas que ele apresenta decorre, assim, da importância que uma ordem pode ter para o Estado. Nesse aspecto, o teórico italiano fala de "relevância" ou "irrelevância", para indicar se uma ordem leva ou não em conta a existência de outra. Obviamente, em vista de seu universalismo e de sua soberania, nesse campo o Estado goza de superioridade evidente: quaisquer que sejam as modalidades de relevância de uma ordem jurídica não estatal para o Estado, quer sua existência e seu conteúdo sejam ou não reconhecidos por ele, essa ordem estará de qualquer modo, direta ou indiretamente, subordinada à ordem estatal. O direito do Estado, assim, é sempre "relevante" para as ordens jurídicas não estatais, e, mesmo quando o direito de uma instituição – como, por exemplo, a Igreja católica – é "relevante" para a ordem jurídica estatal, é esta que determina seu alcance: veja-se o caso dos efeitos civis do casamento religioso.

Alcance e limites do pluralismo jurídico

O interesse despertado pela perspectiva pluralista é claro. Em primeiro lugar, ela representa um contrapeso teórico indispensável ao mito unitário da ordem jurídica. Em segundo lugar, ela tem o mérito de chamar nossa atenção para a única pergunta que conta realmente e nem sempre teve resposta: o que é o direito? Por trás das controvérsias doutrinárias sobre a existência ou não de um direito extraestatal, acaso não é essa a única pergunta que se faz? Nesse aspecto, a crítica ao pluralismo jurídico feita por Jean Carbonnier é significativa. Ele denuncia "a grande ilusão do pluralismo. Este acredita ter filmado a luta entre dois sistemas jurídicos; mas o que mostra é um sistema jurídico às turras com a sombra de outro". E explica: quando os indivíduos agem segundo normas *dissidentes*, ou seja, não estatais, mesmo que as acreditem jurídicas, elas não o são. "Evidentemente, elas não são jurídicas segundo o direito dogmático; mas tampouco o são segundo a sociologia do direito. Pois, seja qual for o critério sociológico de juridicidade que forjemos – seja coerção organizada ou julgamento possível –, falta esse critério. No máximo é possível entrever formas grosseiras, embrionárias: pressão psicológica proveniente do meio, esboço de consulta familiar. Não se trata de direito contra direito, mas de subdireito contra direito." Nem por isso o autor conclui pela inexistência de pluralismo jurídico, mas limita drasticamente seu alcance: o verdadeiro pluralismo deve ser encontrado na multiplicidade das apreciações e interpretações judiciárias de uma mesma regra de direito. Evidentemente, essa apreciação não deixou de ser alvo de críticas. Ao optar por rejeitar o pluralismo jurídico extraestatal em proveito de um único estudo do direito estatal pluralista, ele pode ser criticado por sua incapacidade de questionar o postulado monista do monopólio do Estado sobre a regulação jurídica. Por outro lado, já faz muito tempo que a definição sociológica do direito não se limita à sanção. O antropólogo Malinowski mostrou que o ser humano pode viver o direito fora do conflito e mesmo de sua eventualidade. O direito também deve ser definido por sua *função*. Ora, ele assume uma função essencial de *reciprocidade*: são principalmente as relações recíprocas de obrigações, e não a coerção, que garantem a coerência da sociedade. Afinal, diante da extrema relatividade de todas as teorias opostas, é difícil ter uma ideia justa sobre o sistema jurídico. Conjunto homogêneo para uns, realidade múltipla e heterogênea para outros, sua representação parece ser uma questão de convenção. Sabe-se que é impossível revelar a verdadeira natureza do direito, que, a exemplo dos outros objetos científicos, não é uma realidade objetivamente definida. Logicamente, cabe então a cada autor delimitar suas fronteiras. Porque cada uma das teorias acima estudadas se baseia num sentido específico da palavra "direito", válido apenas para seu contexto, e a concepção monista de Kelsen não é nem mais verdadeira nem mais falsa que as dos defensores do pluralismo. Daí a dizer-se que todas as teorias se equivalem é um passo. Não o daremos. Uma abordagem razoável nos leva efetivamente a descartar algumas concepções que nos parecem pouco compatíveis com uma atitude epistemológica, seja por manifestarem excessivo etnocentrismo, seja por dependerem de pressupostos fortemente ideológicos. Isso ocorre com bom número de teorias que, por quererem minimizar o referencial estatal, acabam, pura e simplesmente, por ignorar um fenômeno histórico tão fundamental quanto o controle progressivo das funções jurídicas – repressivas, administrativas e legislativas – pelo Estado, desde o século XVI. Se parece dificilmente concebível negar a existência do direito nas sociedades sem Estado, também é inconcebível negar a preeminência do direito estatal nas sociedades ocidentais. A tese radical de Griffiths, para quem o pluralismo é forçosamente aquele que escapa ao controle do Estado, parece então exagerada. Daremos preferência às teses de autores mais moderados, como Vanderlinden ou Norbert Rouland, que se interessam, mais geralmente, pela multiplicidade dos direitos em confronto dentro de um mesmo campo social, ainda que o Estado controle seu conteúdo e seu valor. É também o que ocorre com o direito das minorias, com a diversidade consuetudinária territorial ou mesmo com o direito canônico.

➤ Consulte-se o número especial da revista canadense *Droit et Societé* sobre o pluralismo jurídico, vol. 12, nº 2, outono 1998. Também cabe ler sobre o assunto: BÉCHILLON D. de, *Qu'est-ce qu'une règle de droit?*, Paris, Odile Jacob, 1997. – BELLEY J.-G., *Conflit social et pluralisme juridique en sociologie du droit*, Université de droit, d'économie et de sciences sociales de Paris (Paris II), tese datil., 1977; "L'État et la régulation juridique des sociétés globales. Pour une problématique du pluralisme juridique", *Sociologie et sociétés*, vol. XVIII, nº 1, abril de 1986, p. 11. – CARBONNIER J., *Sociologie juridique*, PUF, "Thémis", 1ª ed., 1978. – CHEVALLIER J., "L'ordre juridique", *Le Droit en procès*, CURAPP, PUF, 1983, p. 7. – GILISSEN J. (org.), *Le Pluralisme juridique*, Éditions de l'Université de Bruxelles, 1971. – GRIFFITHS J., "What is legal pluralism?", *Journal of legal pluralisme*, 24, 1986, p. 1. – GURVITCH G., *L'Expérience juridique et la philosophie pluraliste du droit*, Pedone, 1935. – ROULAND N., *Anthropologie juridique*, PUF, "Droit fondamental", 1988; *L'État français et le pluralisme*, Odile Jacob, 1995; "À la recherche du pluralisme juridique: le cas français", *Droit et Culture*, 36, 1998/2. – ROMANO S., *L'Ordre juridique*, Dalloz, 1975. – SOUSA SANTOS B. de, "Le droit: une carte de lecture déformée. Pour une conception postmoderne du droit", *Droit et Société*, 1988, p. 382. – VANDERLINDEN J., "Vers une conception nouvelle du pluralisme juridique", *Revue de la recherche juridique: Droit prospectif*, vol. XVIII, 1993, p. 573.

Hugues MOUTOUH

→ Aculturação jurídica; Antropologia jurídica; Estado; Fontes do direito; Minorias; Ordem jurídica; Positivismo; Sociologia jurídica.

PODER REGULAMENTAR

O poder regulamentar é definido como o poder que algumas autoridades administrativas têm de ditar regras de direito, ou seja, decisões jurídicas com caráter geral impessoal. Assim, ele é caracterizado ao mesmo tempo por um critério orgânico – os titulares desse poder só podem ser autoridades administrativas – e por um critério material definido pelo conteúdo desses atos, que se distinguem assim dos atos nominativos ou individuais. O poder regulamentar é pouco dissociável do regulamento.

O poder regulamentar não existe propriamente como função distinta das outras funções do Estado identificadas pela filosofia política. Trata-se, *a priori*, da mesma função material que consiste em ditar leis, vinculando-se então à função legislativa; ao mesmo tempo, porém, ela é cumprida pela autoridade que exerce a função executiva. Situa-se, assim, entre duas funções tradicionais do Estado. O poder regulamentar é distribuído entre diversas autoridades. Essa diversidade orgânica é compensada por uma unidade do regime jurídico do "regulamento", que mal dissimula profundas diferenças de natureza dessas diversas atribuições, o que poderia justificar uma redefinição do poder regulamentar.

Distribuição do poder regulamentar

A comparação entre a lei e os regulamentos leva a opor a unidade do Poder Legislativo, que cabe apenas ao Parlamento, à diversidade do poder regulamentar, distribuído entre autoridades cujo número não é identificável, por serem numerosas. Além disso, são muito diferentes em natureza, origem e âmbito de ação.

Autoridades nacionais. – Seus atos têm a vocação de serem aplicados no conjunto do território e para o conjunto dos administrados implicados. Somente o Primeiro-Ministro é diretamente mencionado no artigo 21 que dispõe que, "sob reserva das disposições do artigo 13, ele exerce o poder regulamentar". O artigo 13 especifica que o Presidente da República "assina as ordens e decretos deliberados no Conselho dos Ministros", sem mencionar se esses textos têm ou não caráter regulamentar. Pode-se apenas considerar que uma parte desses decretos tem essa qualidade. O Conselho de Estado considerou que o Presidente da República deveria assinar todos os decretos deliberados no Conselho dos Ministros, quer essa deliberação resulte de um texto legal, quer de considerações de oportunidade política (*Meyet*, 10 de setembro de 1992). Na V República, o Primeiro-Ministro dispõe do poder regulamentar de direito comum em escala nacional, o que é confirmado pelo exame da realidade política e jurídica do regime, seja qual for o contexto político.

A simples leitura do texto constitucional mostra que nenhuma outra autoridade dispõe de poder regulamentar geral sobre o conjunto do território francês. Essa abordagem, porém, não reflete fielmente a realidade jurídica, visto que as autoridades administrativas que possuem tal poder de regulamentação são numerosas. A tradição constitucional francesa sempre se recusou a conferir esse poder aos ministros, considerando que eles só podem regulamentar campos setorizados, em nome da unidade de ação governamental. Numerosos textos legislativos, porém, constataram a necessidade de outorgar esse poder aos ministros. O Conselho de Estado, por meio do acórdão *Jamart* de 7 de fevereiro de 1936, foi levado a lhes dar, além disso, um poder regulamentar geral de organização das repartições sob sua autoridade, mas com o objetivo de garantir sua boa organização, ou seja, na qualidade de dirigentes dessas repartições. Essa jurisprudência, elaborada a propósito dos ministros, estende-se a todas as autoridades administrativas que têm a qualidade de dirigente de repartições, quer tais autoridades sejam nacionais, quer locais, estejam elas vinculadas ao Estado ou não. No plano formal, os atos regulamentares dos ministros recebem o nome de portarias (*arrêtés*), mas podem apresentar-se na forma de circulares ou diretrizes que, quando não se limitam a mencionar ou comentar o estado do direito existente, mas acrescentam disposições novas, são, precisamente, qualificadas de "regulamentares", estando por isso sujeitas aos tribunais administrativos (CE, 29 de janeiro de 1954, Institution Notre-Dame du Kreisker).

O desenvolvimento de novas formas de administração consagrou a atribuição do poder de regulamentação a autoridades cada vez mais diversas, atuantes no conjunto do território nacional. É o que ocorre, desde a década de 1970, com as autoridades administrativas independentes, encarregadas da regulação da economia, da comunicação e das relações entre a administração e os administrados. Algumas dessas autoridades, como a Commission nationale de l'informatique et des libertés (CNIL), a Commission des opérations de bourse (COB) e o Conseil supérieur de l'audiovisuel (CSA), têm o poder de tomar decisões de caráter geral e impessoal para regulamentar uma atividade com maior ou menor precisão. De modo mais original ainda, foi consagrado (primeiramente pelos tribunais e depois por alguns textos legais) um poder de regulamentação por parte de algumas pessoas privadas investidas de missões de serviço público e dotadas de prerrogativas de poder público, ou seja, de meios de ação que normalmente pertencem a pessoas públicas. Os acórdãos *Monpeurt* (CE, 31 de julho de 1942) e *Magnier* (CE, 13 de janeiro de 1961) reconheceram tal "poder regulamentar" por parte de pessoas privadas, tais como ordens profissionais, federações esportivas e sociedades administradoras de algum serviço público industrial e comercial, pondo fim, formalmente, ao critério orgânico.

Autoridades locais. – Por definição, estas têm um campo de competências restrito, mas algumas delas podem ter uma competência material muito extensa. Essas autoridades agem em nome do Estado de maneira descentralizada ou em nome de outras pessoas jurídicas de direito público. Além da possibilidade de agir nos limites da jurisprudência "Jamart", essas autoridades podem ser investidas de um poder geral de decisão em virtude de textos legislativos. Assim, os governadores de departamento, em nome do Estado nacional, e os prefeitos, em nome de sua comuna, dispõem de importante poder de polícia – ou seja, de regulamentação – que os autoriza a prevenir todo e qualquer atentado à ordem pública, concebida como a união de segurança, tranquilidade e bem-estar públicos. Essas diversas autoridades tomam medidas que, de modo geral, recebem o nome de portarias (*arrêtés*). É de notar que, quando as autoridades têm caráter de colegiado, suas decisões são qualificadas de deliberações.

Os regulamentos são atos administrativos

O exercício do poder regulamentar é materializado pela promulgação de atos qualificados de regulamentos. Por trás da aparente heterogeneidade da distribuição do poder regulamentar, entre autoridades de origem e natureza diferentes, existe uma profunda unidade do regime jurídico dos atos decorrentes desse poder, unidade garantida por um regime contencioso único.

Os regulamentos não são leis. – O critério de distinção entre regulamentos e leis é orgânico, pois essas duas categorias de atos se distinguem apenas pela qualidade do autor. Consequência de uma interpretação rígida – e personalizada – da separação dos poderes, relega às profundezas "administrativas" tudo o que não tenha a nobreza do "legislativo", ou seja, na realidade, do "parlamentar", única expressão da soberania nacional. O acórdão do Conselho de Estado de 6 de dezembro de 1907, *Compagnie des Chemins de fer de l'Est*, equiparando os atos do Presidente da República a atos administrativos, por emanarem de uma "autoridade administrativa", é a ilustração mais simbólica desse critério. Não sendo leis, os regulamentos são submetidos ao regime dos atos administrativos. Como tais, estão submetidos ao juiz administrativo que, por intermédio do recurso por excesso de poder, impetrado em princípio no prazo de dois meses, pode concluir pela ilegalidade do regulamento e proceder à sua anulação. Os administrados também podem solicitar ao autor de um regulamento ou a seu superior hierárquico que proceda à revogação do ato quando este é ilegal, seja desde a origem, seja em decorrência da mudança das circunstâncias de direito ou de fato. Depois de uma evolução jurisprudencial tendente a reconhecer tal obrigação por parte da administração a favor dos administrados, o

Conselho de Estado a consagrou em seu acórdão de 3 de fevereiro de 1989, *Compagnie Alitalia*. O desenvolvimento do direito comunitário, que obriga o direito francês a adaptar-se a novas exigências jurídicas, confere interesse especial a essa revogação de regulamentos.

Regulamentos e atos não regulamentares. – Os regulamentos são atos administrativos e seguem o regime jurídico e contencioso destes últimos, sendo também atos gerais e impessoais, o que os assemelha às leis. Nisso, distinguem-se dos atos não regulamentares, que também são atos administrativos. Assim, os regulamentos não são capazes de criar direitos adquiridos e, segundo uma fórmula jurisprudencial, "ninguém tem direito à manutenção de um regulamento", pois um ato regulamentar, tanto quanto uma lei e pelas mesmas razões referentes à sua generalidade, sempre pode ser revogado e até mesmo invalidado, por razões de oportunidade ou legalidade, o que não ocorre com os atos não regulamentares que criam direitos.

Os administrados, porém, conservam a possibilidade de contestar a qualquer momento a legalidade de um regulamento, por meio de um recurso impetrado contra um ato resultante da aplicação desse regulamento, por intermédio de exceção de ilegalidade do regulamento, que é perpétua, ou seja, não está sujeita a condições de prazo.

Da mesma maneira, os regulamentos são atos que, assim como as leis, precisam ser concretizados e detalhados por atos de execução. Estes podem também ser regulamentos de execução, baixados por autoridades administrativas situadas, hierárquica ou territorialmente, abaixo do autor do primeiro regulamento, ou seja, atos individualizados que aplicam a regra posta pelo regulamento a situações concretas.

O poder regulamentar e os outros

O poder regulamentar não está sozinho. Do ponto de vista histórico e funcional, ele só pode ser compreendido em relação com a lei. Também pode corresponder a uma função administrativa que justifique a existência de um verdadeiro "poder".

Poder regulamentar e lei. – Na concepção francesa da separação dos poderes, a lei é a única regra de direito legítima, pois expressa a vontade geral. Ainda que, já no Diretório, o Poder Executivo tenha precisado ditar atos de execução da lei, com a forma e, depois, com o nome de regulamentos, esses atos sempre foram concebidos como atos secundários, situados abaixo da lei e para sua execução. Toda a história da construção do princípio de legalidade, a partir do século XIX, pode se traduzida pelo desejo do juiz administrativo de submeter a administração – portanto, o Poder Executivo – ao legislador, o que justificava a contestação contenciosa de tais atos. Mas outras necessidades administrativas levaram a reconhecer a existência de um poder regulamentar ao lado da lei. Esse poder regulamentar, qualificado então de autônomo, primeiramente foi reconhecido pela jurisprudência do Conselho de Estado (*Heyriès*, 28 de junho de 1918) e depois, de modo muito explícito (*Labonne*, 8 de agosto de 1919), como referência aos "poderes próprios" do Presidente da República. A prática dos decretos-leis durante a III República e a Lei de 17 de agosto de 1948 consagraram a existência de um poder regulamentar por natureza, decidindo que certas matérias se adequavam apenas ao regulamento e podiam escapar à competência do legislador, salvo aquelas reservadas à lei pela Constituição e pela tradição republicana.

A Constituição de 4 de outubro de 1958 participa dessa continuidade, ao enumerar, em seu artigo 34, um domínio legislativo limitado e uma lista de competências estritamente enunciadas. Por comparação, o reconhecimento do caráter regulamentar de todas as outras matérias no artigo 37 parecia abrir amplas perspectivas para o regulamento, libertado do respeito da lei. Essa interpretação, porém, não foi concretizada. O Conselho de Estado se recusou a ver nos regulamentos autônomos atos da mesma categoria das leis, e eles continuam submetidos a todas as outras regras de direito, que lhes são superiores (26 de junho de 1959, *Sindicat des ingénieurs-conseils*). Em decorrência da vontade dos poderes públicos e das jurisdições supremas (Conselho de Estado e Conselho Constitucional), a "revolução do artigo 34" foi banalizada. Agora uma lei que verse sobre as matérias regulamentares nem por isso é inconstitucional, visto que o governo, caso deseje, sempre terá a possibilidade de modificar essa "lei" por meio de decreto, respeitando o processo do artigo 37, § 2º (Conselho Constitucional, 30 de julho de 1982, *Prix et revenus*). A lei continua sendo o ato maior, pelo menos enquanto o governo o deseje, e o regulamento só intervém, essencialmente, na qualidade de complemento, mesmo nas matérias que lhe são teoricamente reservadas.

O poder regulamentar pode continuar sendo administrativo? – A função executiva ou administrativa, na França, teve em 1958 sua primeira expressão constitucional, com um atraso considerável em relação à realidade, e não se confunde com a mera tradução das vontades do legislador em atos concretos. O único "poder" mencionado no texto constitucional de 1958 é o "poder regulamentar", no artigo 21 e no artigo 75, desde a revisão constitucional de 2003, ao passo que a função de regulamentação não corresponde a um poder distinto. O artigo 37, porém, não faz referência a um poder, mas designa o caráter regulamentar das matérias que escapam ao domínio da lei. Permanece a incerteza quanto à identidade ou não do "poder regulamentar", que é mencionado nos artigos 21 e 37. Além disso, a denominação "poder regulamentar" é perturbada por sua múltipla utilização a propósito das autoridades mais diversas. Portanto, cabe perguntar se o "poder regulamentar" de todas é da mesma natureza e se cumpre designar com o mesmo nome realidades políticas e jurídicas diferentes. É necessário um reexame da função executiva, pondo-se fim à tradicional desconfiança herdada da Revolução francesa em relação a esse poder. A expressão "poder regulamentar" deve ser reservada apenas ao Poder Executivo estatal, exercido durante a V República pelo Primeiro-Ministro e pelo Presidente da República. Por expressarem, direta ou indiretamente, a soberania nacional, essas duas autoridades não podem ser tratadas como simples administradores. As outras autoridades administrativas que são levadas a baixar atos administrativos gerais se limitariam a administrar, e, salvo por delegação, não participam do "poder regulamentar". Tal mudança de perspectiva deveria trazer à baila a competência de outro juiz, que não o Conselho de Estado, para estatuir sobre a legalidade de atos que seriam realmente regulamentares, visto que o Conselho Constitucional tem uma competência geral para as leis e os regulamentos entendidos em seu verdadeiro significado constitucional.

› DOUENCE J.-C., *Recherches sur le pouvoir réglementaire de l'administration*, Paris, LGDJ, 1968. – FAURE B., *Le Pouvoir réglementaire des collectivités locales*, Paris, LGDJ, 1998. – MOREAU F., *Le Règlement administratif. Étude théorique et pratique de droit public français*, Fontemoing, 1902. – VERPEAUX M., *La Naissance du pouvoir réglementaire*, 1789-1799, Paris, PUF, 1991. – WIENER C., *Recherche sur le pouvoir réglementaire des ministres*, Paris, LGDJ, 1970.

Michel VERPEAUX

→ Administração; Ato administrativo; Ato de governo; Constituição e direito constitucional; Governo; Lei.

POLÍCIA

No sentido comum, polícia se confunde com *forças* ou *serviços* de polícia que, na França, são constituídos pela polícia nacional, pela *gendarmerie* nacional e pelas polícias municipais. Na realidade, essa concepção orgânica já se mostra muito incompleta, pois, acima dessas forças ou serviços, também existem as *autoridades* de polícia, como o prefeito, o governador do departamento, o Primeiro-Ministro ou os ministros... que ditam as regras e tomam as decisões que são executadas por tais forças. No sentido jurídico, polícia é bem mais uma *função.* Mas, ao contrário do que muitos pensam, essa função não é especificamente administrativa, ainda que a polícia administrativa seja a mais notável e apresente real especificidade dentro das atividades administrativas. A polícia se apresenta como função bem mais geral; abrange três formas fundamentais: polícia administrativa, polícia judiciária e polícia legislativa, cada uma das quais apresenta características particulares. De modo ainda mais estrito, chega-se a restringir a polícia apenas à polícia municipal, a exercida pelo prefeito, mas que constitui apenas uma parte da polícia administrativa. Ela é então definida como atividade administrativa cujo objeto é garantir a ordem pública, sendo esta compreendida materialmente, em seu conteúdo, e reduzida essencialmente a seus objetivos de segurança, tranquilidade e salubridade pública.

Definição geral de polícia

No entanto, uma definição tão estreita – e tão incompleta – não dá condições de acesso à natureza nem ao sentido da polícia em geral. Para se entender o que ela tem de mais significativo, é importante mudar de plano e situar-se de vez no terreno de seus fundamentos. Desse ponto de vista, pode-se definir a polícia – desde que ela não seja especificada por este ou aquele adjetivo – como *função disciplinar da instituição política global*. Outra formulação da mesma definição equivaleria a dizer *que ela é a função pública que consiste na concretização das exigências da ordem pública no âmbito dessa instituição política global*. Por instituição política global, deve-se entender a instituição de conjunto adotada pela nação, primeiramente para constituir-se e depois para organizar-se e regular sua vida comum. Essa instituição política global não corresponde exatamente ao poder público, que é apenas seu instrumento, nem ao Estado, que na maioria das vezes é entendido simplesmente como pessoa jurídica, entre outras pessoas públicas. Essa instituição global corresponde simplesmente à noção de pólis, no sentido mais clássico possível. Aliás, a palavra "polícia" vem do grego *polis*, cidade. A cidade tomada nesse sentido corresponde, portanto, à instituição que agrupa e rege todas as pessoas e instituições públicas ou privadas existentes em seu seio. Nesse sentido, a pólis inclui em primeiro lugar as instituições do Estado propriamente dito, no sentido estrito de personalidade jurídica (que se distingue das outras pessoas públicas, como regiões, departamentos ou comunas, e também dos estabelecimentos públicos). Mas a pólis compreende também estas últimas entidades públicas, que, no fundo, constituem apenas modalidades de organização da instituição política global. O mais importante é que a pólis exerce sua jurisdição, direta ou indiretamente, sobre todas as pessoas e atividades públicas ou privadas sujeitas à sua competência soberana. Essa instituição global, a pólis, caracteriza-se sobretudo pelos princípios sobre os quais se instituiu, princípios claramente formulados pelos instrumentos fundadores de nossa ordem política e jurídica, especialmente a Declaração dos Direitos do Homem e do Cidadão de 1789 e, especificamente na França, o Preâmbulo da Constituição de 1946, ambos ainda em vigor. De modo geral, esses são os princípios que caracterizam o Estado de direito, aos quais se somam os princípios do Estado social.

O primeiro desses princípios é o do primado dos direitos da pessoa humana, chamados de direitos "fundamentais", primado que impõe a preeminência deles a qualquer outra consideração. Uma das garantias políticas e institucionais dessa preeminência está em outro princípio, o princípio da separação entre Estado e Sociedade, ou entre poder público e liberdade privada, entre esfera pública em geral e esfera privada. Esse princípio de separação baseia-se no postulado da primazia dos direitos das pessoas privadas em relação aos poderes públicos. Mas, ao mesmo tempo, tende a garanti-la, pois põe esses poderes, esse poder público e esses órgãos públicos a serviço de tais direitos; nessa perspectiva, esses poderes deixam de ser primordiais; são apenas instrumentos desses direitos, estes sim primordiais, e a eles tais poderes estão subordinados. São todos esses princípios – que não são exatamente os da teoria clássica do Estado – que o artigo 2º da Declaração dos Direitos do Homem e do Cidadão expressa de maneira sintética e límpida: "O objetivo de toda associação política é a conservação dos direitos naturais e imprescritíveis do homem. Esses direitos são a liberdade, a propriedade, a segurança e a resistência à opressão." Segundo os pontos de vista liberais que inspiram essa disposição, a existência e, sobretudo, a legitimidade dos poderes públicos em geral só provêm da função geral que lhes é atribuída: servir aos fins da Sociedade e aos direitos de seus membros. O artigo 12 da mesma Declaração proclama o mesmo princípio, formulado de outro modo e limitado à força pública: "A garantia dos direitos do homem e do cidadão exige uma força pública; esta força pública é instituída para proveito de todos, e não para a utilidade particular daqueles a quem ela é confiada." O Preâmbulo da Constituição francesa de 1946, mais socializante, deve ser entendido globalmente no sentido de atribuir à instituição política não só a *conservação* dos direitos que o pensamento liberal e naturalista acreditava serem anteriores à formação do vínculo político, mas também a *realização* dos outros direitos, mais modernos, que são os direitos de credibilidade na coletividade. Nesse tipo de instituição política global, as condições de harmonia social, portanto, se estabelecem, por prioridade de princípio, somente nas e pelas relações interpessoais que os sujeitos de direitos privados estabelecem entre si. Esse é um dos efeitos do princípio de liberdade e de igualdade dos direitos. E é só de modo supletivo – ou seja, quando os mecanismos próprios dessa sociedade privada se mostram insuficientes ou deficientes – que a própria pólis garante, direta ou indiretamente, as condições da coesão social. Portanto, essa prioridade pressupõe que a vida comum da sociedade seja regrada em princípio por um direito simplesmente intersubjetivo, um direito privado, mas posto e garantido pelo Estado com base nos direitos fundamentais. Esse direito interpessoal – ou, segundo o caso, interinstitucional – constitui o "direito estatutário" que a sociedade adota por meio dessa instituição política global; e a função que consiste em ditar essas regras corresponde à função estatutária da instituição. O direito estatutário privado, assim, compreende essencialmente as regras do direito civil, do direito comercial ou do direito do trabalho... na medida em que regulam precisamente essas relações intersubjetivas. Assim, o funcionamento da sociedade está sob a responsabilidade primeira dos próprios sujeitos de direitos, e não do poder público, mas tais sujeitos estão livres para determinar suas finalidades pessoais e aplicar os meios adequados para atingi-las.

Mas essa liberdade primeira e esse direito interpessoal que a rege nem sempre conseguem garantir a harmonia social em condições consideradas satisfatórias. Por isso o Estado de direito prevê algumas salvaguardas coletivas. Estas, portanto, só servem para suprir as insuficiências do direito estatutário interpessoal. Essas salvaguardas são constituídas pelas regras daquele outro direito que pode ser qualificado de "disciplinar", tomando-se de Hauriou essa dualidade das funções, aqui entendida de modo um tanto diferente. A polícia, portanto, corresponde a essa função disciplinar no sentido de impor aos sujeitos de direitos certa disciplina coletiva. De fato, as regras da função disciplinar, ao contrário das regras de direito estatutário privado, não funcionam nas relações dos sujeitos entre si, mas nas relações entre os sujeitos e a própria administração da coletividade. Essas regras tendem à proteção dos valores essenciais, das instituições e das condições materiais de existência mínimas da sociedade, que podem ser ameaçadas pela liberdade e que parecem tão importantes para a manutenção da ordem social e a conservação dos direitos, que não dizem respeito apenas à ordem privada dessa sociedade, mas também à sua *ordem pública*. É função da polícia, em seu sentido mais geral, garantir essa ordem pública assim entendida. Desse modo, a polícia se apresenta como *função disciplinar da instituição política global, que consiste em determinar, ditar, aplicar e fazer respeitar essas regras de ordem pública.*

Mas esta não consiste apenas em impor obrigações aos sujeitos de direito com o objetivo de garantir a ordem pública: ela as impõe também às autoridades públicas. Isto porque existe certo direito à ordem pública, pelo qual a polícia deve responder. Por exemplo, em caso de perigo grave e iminente para a segurança das pessoas ou dos bens, a polícia deve intervir; deve também colaborar na execução das sentenças judiciárias... Nesse sentido, não é só a força pública que é "instituída para proveito de todos", mas sim toda a função de polícia, tomada tanto nesses procedimentos normativos quanto nesses meios coercitivos. Assim, essa função de polícia obedece a uma obrigação fundamental: a obrigação que os próprios direitos fundamentais ditam à instituição global e a seus órgãos, para proteção destes. Nessas condições, a polícia não tem essencialmente a função de restringir, sem outra condição, a liberdade e os direitos, mas de restringi-los topicamente para sua maior garantia global, quando certas atividades imputáveis à liberdade ou certas situações acidentais são capazes de comprometê-los. No entanto, em vista dos fundamentos liberais do Estado de Direito, essas obrigações disciplinares ou de polícia, em princípio, tendem apenas a garantir as condições mínimas da vida em sociedade, condições que são julgadas absolutamente indispensáveis em vista dos valores liberais: garantia de pessoas e bens, proteção da liberdade, da segurança e da propriedade, proteção dos interesses fundamentais da nação... A isso se soma a defesa de uma multidão de outros interesses gerais mais ou menos vitais, como salubridade ou saúde pública, tranquilidade pública, proteção da economia nacional, do local, do meio ambiente etc.

Mas, quando assume os interesses da sociedade e vai além dessa função mínima de *proteção*, a instituição global começa a desempenhar uma função de *constituição* da sociedade, que ela pretende então fundamentar em outras bases, mais socializantes. No mínimo, ela exerce então uma função estatutária de *transformação* da sociedade liberal, mas circunscrita a alguns de seus setores. Reconhece-se aí a função de serviço público que a instituição global exerce ao lado ou além de sua função de polícia. Por um lado, essa função de transformação é apenas supletiva: só entra em ação caso a ação da liberdade e da igualdade formais, embora disciplinada pela polícia, não consiga garantir essa harmonia social. Por outro lado, a instituição global exerce essa função de serviço público por intermédio de outras instituições mais particulares, que ela implementa nos setores da vida social nos quais se faça necessária uma ação pública tendente positivamente à coesão social (saúde, educação, comunicações, transportes etc.), precisamente com o fim de derrogar, nessas parcelas da vida social, a ordem liberal baseada, essencialmente, na liberdade e na igualdade formais. Essas instituições, portanto, são *secundárias* em relação à instituição global, que, por oposição, se apresenta como *instituição primária*. Essas instituições secundárias se caracterizam por ordens jurídicas internas que lhes são específicas e estão, precisamente, destinadas à realização desses direitos sociais dentro dos setores em causa. Portanto, essas ordens se baseiam em princípios muito diferentes dos que caracterizam a ordem jurídica primária: tendem menos à igualdade formal dos direitos e mais à equiparação das condições econômicas e sociais; menos à liberdade dos sujeitos do que à sua libertação – libertação de males como pobreza, doença, desemprego, ignorância, acidente e injustiças que a liberdade da sociedade liberal pode causar.

A doutrina do serviço público, a mais militante e sistemática, procurou enquadrá-la no conjunto das atividades públicas sob a égide da noção de serviço público, fazendo assim da polícia um serviço público entre outros. Em sua esteira, a linguagem jurídica e administrativa comum continua a apresentar a função de polícia como um serviço público. Na realidade, são duas funções essencialmente distintas, política e juridicamente: a função de serviço tende menos à proteção dos direitos proclamados em 1789 do que à construção de outra ordem social, apta a realizar os chamados direitos sociais consagrados em 1946. Isso não exclui que intervenções de polícia, desenvolvendo-se, possam vir a metamorfosear-se em atividades de serviço público. É o que ocorre quando ela passa da proteção da ordem pública da instituição primária à transformação desta última, derrogando seus princípios para instituir outra ordem jurídica: a polícia então morre e dá nascimento a um serviço público. Mas tal transformação, que ocorre com bastante frequência, não autoriza a confundir as duas funções, ao contrário. Dentro da instituição primária, a noção de ordem pública não se caracteriza, portanto, *essencialmente* por um conteúdo preciso. Ela se define simplesmente por seu significado geral ou pela função que desempenha em relação à ordem jurídica da instituição primária. De fato, só há ordem *pública* em relação a uma ordem *privada*, portanto em relação à liberdade subjetiva, que deve continuar primordial, de acordo com os princípios da instituição primária. Se, para o cumprimento de uma função social qualquer, a liberdade for anulada, o que se institui é outra ordem jurídica, saindo-se do orbe da polícia para entrar no do serviço público. Por conseguinte, a trilogia clássica com que se define costumeiramente a ordem pública – segurança, tranquilidade, salubridade públicas – não esgota nem expressa a essência da noção de ordem pública, apenas designa materialmente a parte mais importante de seu conteúdo.

Para compreender a ordem pública, parece muito mais significativo dar destaque não a seu conteúdo ou a seus objetivos imediatos, mas às condições nas quais ela é capaz de restringir a liberdade dos sujeitos ou seus outros direitos: no Estado de direito, a ordem pública como norma serve de base às restrições a dado aspecto da liberdade ou dado direito apenas à medida que isso pareça *necessário* à própria proteção da ordem geral que garante esses direitos. Desse ponto de vista, a ordem pública pode ser definida como *norma de necessidade*. Esta é determinada, sob controle do juiz competente, pelos órgãos da instituição que tenham recebido essa incumbência: legislador, poder regulamentar e, às vezes, o próprio juiz, diretamente, sem que nenhum texto tenha previamente definido a ordem pública, que se impõe e se determina então apenas pela evidência de suas exigências. Se procurarmos discernir de modo geral e abrangente o conteúdo da noção de ordem pública, deveremos destacar que ela abarca globalmente exigências de três tipos: simplesmente materiais (por exemplo, segurança e tranquilidade públicas, certos imperativos de ordem econômica, ou mesmo a estética das cidades ou das paisagens); jurídicas (por exemplo, proteção dos direitos essenciais dos sujeitos considerados em suas pessoas ou em seus bens, ou seja, em sua integridade física, sua propriedade, suas liberdades ou em outros direitos); institucionais (por exemplo, proteção da segurança do Estado, do crédito público ou dos interesses essenciais da nação etc.); por fim, morais no sentido geral do termo (por exemplo, proibição e repressão da incitação ao ódio racial, do suicídio, do atentado à honra ou à consideração das pessoas etc.).

Esses dados gerais possibilitam depreender o modo como a função de polícia se decompõe em vários tipos de polícia, a serviço dos quais atuam vários de seus órgãos.

Diversos tipos de polícia

Grande número de autoridades participa da função de polícia, mesmo sem exercer tais competências e sem cumprir exatamente as mesmas tarefas. Desse ponto de vista, é possível distinguir diferentes tipos de polícia, que constituem formas particulares da polícia em geral.

A distinção dos diversos tipos de polícia passa por uma identificação prévia dos diferentes modos de proteger ou de restabelecer a ordem pública: normativamente, por atos jurídicos, ou na prática, por ações materiais. Essa dualidade fundamenta a distinção essencial entre, por um lado, as autoridades de polícia que ditam as regras e as decisões de polícia, e, por outro, as forças ou serviços policiais, que garantem concretamente o respeito a tais regras. Se levarmos em consideração os procedimentos normativos, observaremos que a polícia é exercida seja ditando normas gerais ou impessoais, que proíbem ou regulamentam certas atividades, submetendo-as a autorização ou declaração, seja tomando decisões individuais de aplicação das regras gerais, seja pronunciando sanções em caso de infração a essas regras. Se considerarmos os procedimentos materiais, veremos que a polícia pode ser exercida por atos de vigilância, por atos de coerção, que lhe são muito característicos, mas também por atos de prestação de serviço (socorro a vítimas de acidentes, por exemplo). Mas o Estado de direito, que se baseia na nítida distinção entre regra de direito e força, entre obrigação e coerção, portanto entre autoridades e forças ou serviços de polícia (e entre o direito e o fato, para melhor submeter este àquele), esforça-se primeiramente por determinar as competências normativas. A função normativa de polícia, uma vez que afeta a liberdade e os outros direitos, é a função que mais está submetida a um dos princípios mais essenciais do Estado de direito: o princípio de separação dos poderes, uma das primeiríssimas garantias dos direitos, segundo o artigo 16 da Declaração de 1789. Ao ser aplicado à função geral de polícia, esse princípio leva a distinguir as três formas fundamentais dessa função, que constituem as três grandes categorias de polícias.

O legislador, em primeiro lugar, nas condições hoje exigidas pelo artigo 34 da Constituição de 1958, participa da função de polícia ao contribuir para garantir essa disciplina coletiva: existe, assim, uma polícia legislativa. Ela consiste em ditar as regras disciplinares mais gerais e também as mais rigorosas. Estas, de modo geral, tendem à definição dos atos proibidos, à incriminação das infrações a essas regras e à repressão das perturbações da ordem pública que tais infrações constituem. O Código Penal constitui uma das manifestações mais características dessa polícia legislativa. Mas outras leis, independentes do Código Penal, que proíbem ou reprimem diversos atos ou os declaram nulos e inexistentes, também são da alçada da polícia legislativa. O artigo 6º do Código Civil francês constitui certamente outra manifestação da polícia legislativa, que institui outra forma de obrigação e sanção. Ele habilita o juiz judiciário a também participar dela, ao lhe dar o poder de declarar contrária à ordem pública uma convenção ou uma cláusula litigiosa, e assim determinar a consistência da ordem pública.

Em segundo lugar, a separação dos poderes determina a existência de uma polícia judiciária. No âmbito das prescrições do Código de Processo Penal, esta reprime ou, mais exatamente, prepara – por atos jurídicos ou materiais, segundo o caso – a sanção, aplicada pelo juiz penal, à transgressão das obrigações penais definidas pelo legislador (no caso dos crimes e delitos) ou pela autoridade administrativa (no caso das simples contravenções).

Por fim, entre as três categorias fundamentais de polícia, existe uma polícia administrativa. Esta última está encarregada principalmente de formalizar as exigências da ordem pública, à medida que a lei não cumpra esse requisito ou não o cumpra com eficácia. Ela o faz ditando normas jurídicas gerais e impessoais, ou atos individuais – que podem somar-se à lei ou mesmo substituí-la de modo totalmente surpreendente. Mas também lhe cabe, por atos materiais de vigilância, prevenir desordens ou mesmo restabelecer a ordem que venha a ser comprometida em decorrência da inobservância das regras ou decisões de polícia, ou da ocorrência de situações concretas que as regras não tenham previsto ou não poderiam ter prevenido (acidentes, catástrofes, cataclismos, epidemias etc.). Por efeito do questionamento pontual do princípio de separação dos poderes, admitido pelo Conselho Constitucional francês, ela chega até mesmo a ser investida do poder de reprimir a transgressão de certas normas de polícia: ela mesma então pronuncia sanções administrativas; por exemplo, em caso de infração, pode decidir cassar, a título de sanção, alguma autorização administrativa...

Há, em princípio, coincidência entre a natureza do órgão e a natureza da função exercida: o legislador exerce a polícia legislativa, e a autoridade judiciária exerce a polícia judiciária. Mas, embora a polícia judiciária seja normalmente exercida pela autoridade judiciária, é frequente a participação na função de polícia judiciária dos agentes organicamente vinculados à administração. Sua qualidade judiciária então é apenas funcional. É o que ocorre especialmente com os agentes da polícia nacional ou da *gendarmerie* nacional. Do ponto de vista estatutário, eles são agentes públicos administrativos, mas tomam parte na função de polícia judiciária na qualidade de agentes ou funcionários de polícia judiciária. Ora, como tais, eles agem então não mais sob a autoridade de sua hierarquia administrativa, mas – segundo o Código de Processo Penal – sob a direção do Procurador da República, sob a supervisão do procurador-geral e sob o controle da câmara de acusação, de competência da autoridade judiciária. Do mesmo modo, as formas legislativa e judiciária da polícia são sempre exercidas por autoridades ou agentes subordinados ao Estado, pelo menos funcionalmente – ou seja, do ponto de vista apenas de suas funções, sem consideração por seu vínculo estatutário ou orgânico, ao passo que a polícia administrativa pode ser exercida por autoridades ou agentes do Estado, ou, essencialmente, por autoridades ou agentes das comunas. Mas pode ocorrer uma dissociação entre sua vinculação orgânica e sua dependência funcional. Isso se observa quando o órgão que participa da função de polícia judiciária depende normalmente – ou seja, num plano orgânico ou em suas outras funções (de polícia ou não) – de uma administração que não seja o Estado: o prefeito e seus adjuntos, por exemplo, que têm a qualidade de oficiais de polícia judiciária, deixam de agir como agentes da comuna quando cumprem algum ato da alçada da polícia judiciária; esta última forma de polícia é exercida sob a direção do Procurador da República, órgão do Estado central; e, quando participam, esses agentes da comuna agem de direito em nome do Estado, cuja responsabilidade, aliás, põem em jogo. O mesmo ocorre com os agentes da polícia municipal: sendo organicamente agentes da comuna, podem realizar atos de polícia judiciária, por exemplo, quando constatam certas infrações de acordo com as habilitações que lhes são conferidas pelo Código; nesse caso, dependem funcionalmente da autoridade judiciária, e seus atos são imputáveis ao Estado, cuja responsabilidade podem pôr em jogo.

Por efeito de outro princípio característico do direito francês – o princípio de separação entre autoridades judiciárias e autoridades administrativas, prescrito pela Lei de 16-24 de agosto de 1790 –, os litígios ocasionados pelos atos dos agentes administrativos (dependentes do Estado ou da comuna), cumpridos no âmbito dessa função de polícia judiciária, estão sujeitos apenas ao controle do juiz judiciário, com exclusão de toda e qualquer competência jurisdicional administrativa.

A própria polícia administrativa se subdivide em várias formas: polícia geral, com suas várias subdivisões, e polícias especiais, que são inúmeras. Uma polícia administrativa é chamada de geral quando exercida no âmbito de seus "poderes próprios" pertencentes a certas autoridades administrativas. A expressão um tanto ambígua "poder próprio" deve aqui ser entendida como um poder que os textos não previram expressamente, mas cuja existência é admitida pelo juiz. A noção de "poder regulamentar autônomo", nesse aspecto, pode ser considerada equivalente à noção de "poder próprio". As autoridades que gozam de "poder próprio" em matéria de polícia são, essencialmente, o Primeiro-Ministro, os governadores de departamentos e os prefeitos. Existem muitos textos que os investem com sua *competência*, na qualidade de elemento de legalidade formal ou externa dos atos que estão habilitadas a cumprir. Mas seus poderes propriamente ditos, que dizem respeito ao fundo do direito e se manifestam pelos elementos de legalidade substancial ou interna dos atos que podem ditar, não são normalmente predeterminados por textos precisos; portanto, elas podem cumprir atos cujo objeto e conteúdo não estejam estritamente previstos pelos textos que as habilitam. Às vezes até, os textos não contemplam a medida tomada pela autoridade de polícia, mas o juiz administrativo – normalmente competente para esse controle – pode, conforme o caso, considerá-la perfeitamente legal, desde que a ordem pública o exija de fato. Simplesmente, esses poderes de polícia geral são determinados em vista das circunstâncias de fato, tempo e lugar, bem como de considerações, de ordem ou de liberdade que os justifiquem; esses poderes, portanto, são "poderes próprios" ou "poderes autônomos" por não serem formalmente definidos e atribuídos por um texto expresso. Sua atribuição e seu reconhecimento estão simplesmente implicados na designação dessas autoridades como "autoridades de polícia" ou como "autoridades encarregadas de manter a ordem pública" em dada circunscrição ou zona geográfica. Também se pode dizer, em termos técnicos mais precisos e mais exatos, que as condições de legalidade de seus atos e, portanto, a extensão de seus poderes – e, em certos casos, de suas obrigações – decorrem, quanto à sua base legal de fundo, da habilitação que lhes é conferida diretamente pelas exigências factuais da ordem pública, frequentemente vitais, confrontadas com o princípio geral de liberdade. No essencial, essas exigências de ordem pública geral dizem respeito à garantia, à tranquilidade e à salubridade públicas, ou mesmo à segurança geral. Mas variam segundo a natureza ou o objeto da competência da autoridade considerada.

Portanto, na realidade, existem tantas polícias administrativas gerais quantas são as autoridades competentes para exercer os poderes de polícia geral. Mas nem todas essas autoridades, mesmo exercendo a polícia geral, têm os mesmos poderes: o prefeito certamente não tem os mesmos poderes do Primeiro-Ministro, ainda que ambos sejam autoridades de polícia administrativa geral. O governador do departamento também não tem exatamente os mesmos poderes do prefeito. Isso decorre do fato de que a habilitação dessas diversas autoridades de polícia geral, resultante das circunstâncias próprias desta ou daquela circunscrição, difere de um âmbito circunstancial para outro. Por isso, há motivo para distinguir várias polícias gerais: polícia geral municipal, exercida em princípio pelo prefeito em nome da comuna; polícia geral departamental, exercida essencialmente pelo governador do departamento em nome do Estado; polícia geral nacional, confiada ao Primeiro-Ministro (ou mesmo ao Presidente da República, nos decretos deliberados no Conselho dos Ministros).

A polícia administrativa, ao contrário, é chamada de especial quando exercida em virtude e nos limites de um texto, legislativo ou regulamentar, pouco importa, mas em todo caso expresso, ou seja, justamente *especial*; é esse texto que determina então o titular da competência, mas, sobretudo, a extensão de seus poderes, levando-se em conta as circunstâncias de fato consideradas com maior ou menor precisão por esse texto; este pode especificar, eventualmente, com maior ou menor rigor, o objeto ou o conteúdo exato que a autoridade poderá dar a seu ato em função das circunstâncias previstas pelo texto. Estas últimas constituem os motivos de direito do ato, e as circunstâncias de fato invocadas pela autoridade, que constituirão seus motivos de fato, devem corresponder às previsões do texto e ser julgadas de índole a justificar a medida. Mas a extensão do controle do juiz é variável, especialmente em função do objeto do ato de polícia considerado. As polícias especiais, por fim, parecem extremamente diversas e numerosas. Podemos citar, por exemplo, a polícia dos estabelecimentos controlados, a da classificação de filmes cinematográficos, das ferrovias, das estações, dos aeródromos, da caça, dos táxis, dos alienados, dos estrangeiros, do comércio ambulante etc. Existe praticamente uma polícia especial para cada uma das atividades, pessoas ou situações capazes de causar perturbações na ordem pública. As autoridades de polícia especiais designadas por determinados textos podem ser qualquer órgão que disponha de poderes de polícia geral, como os prefeitos ou os governadores de departamento, ou que, ao contrário, não gozem de nenhum poder de polícia geral, como os ministros. Mas alguns estabelecimentos públicos – por exemplo, portos autônomos – ou mesmo pessoas privadas – como federações esportivas – podem perfeitamente ser investidos de alguns poderes de polícia administrativa especial. Todas essas polícias se combinam de acordo com regras complexas, pois uma mesma situação de fato pode estar associada a várias normas de polícia. São também os princípios do Estado de direito que regem o modo como é exercida a polícia.

Princípios que regem o exercício da polícia

As regras que regem o exercício da polícia diferem naturalmente segundo a forma de polícia de que se trate. No entanto, existem princípios comuns, bastante gerais, mas essenciais. Num Estado de direito, as restrições infligidas à liberdade e aos outros direitos pela polícia não poderiam ser arbitrárias (é a mínima das exigências de tal Estado), ou seja, inspirados apenas pela subjetividade, pelo capricho ou pela fantasia da autoridade que as decide. Esta, seja qual for – legislador, autoridade administrativa ou autoridade judiciária –, deve basear-se em motivos objetivos, no caso, motivos de ordem pública. E a ordem pública não deve ser concebida como túmulo das liberdades e dos direitos, mas como seu abrigo. É isso que impõe toda a Declaração de 1789, precisamente proclamada para que "[...] os atos do Poder Legislativo e os do Poder Executivo (possam) ser a cada instante comparados com o objetivo de toda instituição política [...]", sendo esse objetivo lembrado no artigo 2º. Do mesmo modo, o artigo 4º da Declaração dispõe que "o exercício dos direitos naturais de cada homem só tem como limites os limites que garantam aos outros membros da sociedade o gozo desses mesmos direitos". Segundo esse espírito, a restrição não deve atentar, em princípio, contra a própria substância da liberdade ou do direito em causa. Só pode afetá-la na exata medida em que isso pareça indispensável à proteção da ordem pública, ou seja, à garantia dos direitos e à salvaguarda das condições nas quais eles possam ser exercidos: segurança, tranquilidade, salubridade, salvaguarda das instituições públicas, crédito público... Esses princípios não visam apenas a polícia administrativa, mas também a polícia exercida pelo legislador. O artigo 5º da Declaração expõe até mesmo que "a lei só tem o direito de proibir as ações nocivas à Sociedade". O artigo 8º impõe também à lei que só "estabeleça as penas estrita e evidentemente necessárias". O Conselho Constitucional aplica os mesmos princípios. Estes últimos regem também a polícia judiciária, como indica o artigo 7º da Declaração, que prevê que "aqueles que solicitem, autorizem, executem ou façam executar ordens arbitrárias devem ser punidos". Por sua vez, o artigo 9º dispõe que "sendo todo homem considerado inocente até que seja declarado culpado, caso se considere indispensável prendê-lo, todo e qualquer rigor que não seja necessário para defender-se de sua pessoa deve ser severamente reprimido pela lei".

Portanto, a ideia geral é que a restrição, qualquer que seja ela, não deve ser excessiva em relação a seu fim; nesse sentido, ela deve ser *necessária* para atingi-lo. Isso exige também que a restrição não vá além daquilo que baste para garantir a ordem pública, no respeito máximo à liberdade ou ao direito em causa. Em outras palavras, o princípio de necessidade implica respeito à *proporcionalidade* entre o motivo da medida e seu objeto. Esse princípio de necessidade está no cerne de toda a Declaração de 1789. Um velho aforismo do direito administrativo enuncia que a liberdade é a regra, e a intervenção da polícia é a exceção: a ordem deve resultar da ação da liberdade nas condições definidas pelo direito estatutário privado. Esse princípio se impõe primeiramente ao legislador. Mas, se uma intervenção geral for necessária para restringir a liberdade, é ele, prioritariamente, que deve agir. A intervenção da polícia administrativa, portanto, deve permanecer subsidiária. Mas a necessidade pode impor essa intervenção, não prevista em lei; e pode impô-la em condições diferentes daquilo que a lei pudesse ter previsto. Esse é um dos efeitos dessa norma de necessidade constituída pela ordem pública. São esses os princípios básicos que determinam a distribuição das competências, sua combinação complexa e a extensão dos poderes de polícia de cada autoridade competente – que pode mostrar-se considerável.

› BERNARD P., *La Notion d'ordre public en droit administratif*, Paris, LGDJ, 1962. – BON P., *La Police municipale*, tese, Bordeaux, 1975; "La police municipale", *Répertoire Dalloz Coll. locales*, t. 3, 1996. – DECOCQ A., MONTREUIL J. & BUISSON J., *Le Droit de la police*, Litec, 2ª ed., 1998. – GLEIZAL J. J., GATTI-DOMENECH J. & JOURNES Cl., *La Police, le cas de démocraties occidentales*, Paris, PUF, 1993. – MOREAU J., "La police administrative", *Juris-classeur administratif*, fasc. 2000; "La police municipale", *Répertoire Dalloz, Coll. locales*. – PICARD É., *La Notion de police administrative*, Paris, LGDJ (2 t.), 1984. – SEILLER B. (org.), *Les Polices municipales en perspectives*, Ed. CNFPT, 1999. – TEITGEN P.-H., *La Police municipale générale. L'ordre public et les pouvoirs du maire*, thèse, Sirey, 1934; *L'Ordre public*, Paris, PUF, 1996.

Étienne PICARD

→ Direito administrativo; Direitos fundamentais; Estado de direito; Serviço público.

POSITIVISMO

A palavra "positivismo" designa uma tendência científica, sobretudo marcada no século XIX, que levou os pesquisadores de diferentes disciplinas – astronomia, física, história (T. Mommsen, H. Taine), religião (E. Renan, J.-G. Frazer, S. Reinach), sociologia (E. Durkheim, M. Weber), direito (J. Austin, P. Laband, R. Carré de Malberg) – a repensar seu objeto de estudo e considerá-lo um *fato* exterior a seu examinador, que tenta descrevê-lo ou explicá-lo objetivamente a partir da observação. Nesse sentido, o positivismo é uma doutrina do conhecimento que postula ser preferível renunciar a considerações especulativas sobre a essência ou a finalidade de um objeto, a fim de inseri-lo em sua factualidade de dado da experiência. O pressuposto de todo positivismo é que existe uma instância do *fato objetivo*, e que a ciência pode *explicá-la*. "Toda proposição que não seja finalmente redutível à simples enunciação de um fato, particular ou geral, não pode propiciar nenhum sentido real e inteligível", escreveu A. Comte em seu *Curso de filosofia positiva*. Nesse sentido, o positivismo está estreitamente ligado ao desenvolvimento das concepções científicas que pretendem chegar à demonstração e à prova racional a partir de uma sucessão de observações de fatos depois reorganizados de acordo com leis induzidas.

No entanto, é difícil apresentar essa tendência ou essa abordagem como uma verdadeira *teoria* do conhecimento, pois o conjunto das concepções abrangidas pela palavra é diversificado e heterogêneo. O "positivismo" não é um conceito que se deixe definir, mas uma noção difusa e, afinal, obscura, à qual se remetem cientistas ligados a disciplinas, mas também a métodos e concepções de ciência muito distantes umas das outras. Essa noção, embora de inspiração originalmente comtiana, sofre fortíssima influência do pensamento de Hume, influência difusa, distante, mas eficaz, que situa o ilustre inglês como um incontestável pai do positivismo. Assim, a noção não é apenas difusa, mas também heterogênea.

Clima positivista

A obra de Auguste Comte ocupa, na história do positivismo, um lugar que não pode ser diminuído, sejam quais forem os problemas nos quais mergulhemos ao estudarmos um pensamento não classificável. Ela catalisa um positivismo antes latente e difuso nos pensamentos de Occam, Bacon, Descartes, Newton e Hume e o apresenta na forma de teoria da ciência cujo esquema simplificado não deixa de ter relações com o ensinamento de outros positivistas, sejam eles primitivamente influenciados por Comte, como J. S. Mill, tenham eles ignorado o trabalho do ilustre francês, como E. Mach.

No início do *Curso de filosofia positiva*, ao procurar formular de maneira sintética o conjunto de seu projeto, Auguste Comte formulou a célebre *lei dos três estados*: a história do pensamento é marcada por três fases sucessivas, a primeira das quais é teológica; a segunda, metafísica; a terceira, positiva. Essa lei da evolução vincula claramente sua obra à ideologia do progresso, formulada, antes dele, por Turgot e Condorcet, mas também ao lento e amplo movimento de secularização das problemáticas sociais e científicas. A expressão *lei dos três estados* marcou época, a tal ponto que ela é frequentemente associada ao positivismo assim compreendido na própria obra de Auguste Comte. Na realidade, embora a formulação da lei dos três estados seja propriamente comtiana, a ideia por ela veiculada é mais antiga. A originalidade e a contribuição de Comte não consistiram em compreender a evolução da ciência em geral, como marca de um *progresso*, mas em formular com clareza sua lei histórica (nesse sentido ele é o inventor da história das ciências), de aplicar as ideias de ciência e progresso ao estudo dos fenômenos sociais e de conceber assim as ciências sociais nascentes como ciências rigorosas (e aí ele é inventor de uma física social). Aliás, Auguste Comte nunca dissimula aquilo que deve a seus predecessores e cita com predileção as obras de Francis Bacon, Galileu, Descartes, Newton e Hume, como os principais promotores do nascimento do espírito positivo. O positivismo, portanto, é um estado difuso e latente, antes de se precipitar na doutrina de Comte. O fato é que, conforme destacava já John Stuart Mill, a lei dos três estados é tão sugestiva, que sua formulação pode ser retomada e compreendida como o núcleo da epistemologia positivista.

Redução positivista do conceito de causa. – A ideia que preside a formulação dessa lei é bastante simples: consiste em constatar que, à medida que a ciência evolui, os fenômenos tomados como objeto de estudo vão sendo explicados de maneira mais econômica e racional, por meio de noções que levam cada vez menos a pressupor intervenções, ações ou princípios invisíveis. A era teológica é essencialmente a era dos mundos por trás do mundo. Os fenômenos são uma espécie de escuma, e as manifestações superficiais refletem a intervenção sobrenatural, direta e contínua, de deuses ou demônios, de poderes telúricos ou siderais. A era teológica expressa, assim, a infância de uma ciência que não sabe basear-se apenas nos fenômenos porque não sabe aprender nada deles. Essa primeira era é sucedida pelo que Comte chama de era metafísica. O pensamento substitui as vontades ocultas e antropomórficas da primeira infância pelos princípios abstratos atuantes nos fenômenos: princípio vital, força curativa, virtude dormitiva, flogística ou éter, por exemplo, vêm explicar a razão da biologia, da farmacologia, do fogo ou do espaço. Na era positiva, por fim, o espírito, rompendo com os hábitos passados, livrando-se da tutela dos mundos por trás do mundo e da ideia de um *deus ex machina*, admite que *por trás* dos fenômenos nada existe que possa ser sua razão última, a não ser outros fenômenos *antecedentes* que agem sobre eles como causas. O pensamento se liberta de considerações metafísicas de causa primeira ou final e, em vez de especular sobre a *razão de ser* dos fenômenos, limita-se a estabelecer suas *condições de existência*. O fenômeno só pode ser explicado pelo fenômeno. A era teológico-metafísica era governada por ficções, fantasias e explicações arbitrárias de uma imaginação giróvaga, mas a era positiva, ao contrário, subordinará "as concepções científicas aos fatos cujo nexo real elas estão apenas destinadas a manifestar" (*Curso*, 48, lição). No pensamento de Comte, esses nexos são causais, no sentido determinista assumido por essa expressão.

Essa concepção da causalidade determinante, porém, é criticada por autores positivistas que, na esteira de Hume, acreditam que os nexos que estabelecemos entre os fenômenos, procedentes da observação de certo número de ocorrências, só permitem induzir com forte probabilidade que às mesmas causas se sucedem os mesmos efeitos, mas não afirmá-lo de maneira apodítica. A indução da regularidade dos fenômenos a partir de grande número de observações não permite deduzir que tal fenômeno até então observado ocorrerá necessariamente no futuro. À pergunta: "O sol nascerá amanhã?" Hume responde que não há outra resposta possível senão a previsão de um acontecimento provável, mas não necessário. Depois de Auguste Comte, o positivismo se aproxima mais do empirismo humiano e tende a desposar as teses probabilistas da análise empírica, rompendo assim mais radicalmente com toda e qualquer concepção finalista presente num determinismo consequente. Deve-se ressaltar que, preferencialmente, os debates em torno do positivismo serão elaborados a respeito das ciências astronômica e física, como se a ciência da constituição geral do universo servisse de moldura para a constituição de uma ciência geral, expressando a esperança de se chegar a um saber unificado. Os saberes, disciplinados e especializados, chegam assim à unidade por meio da padronização dos instrumentos intelectuais e dos métodos de comprovação.

Positivismo, direito e valor

O núcleo é de grande complexidade. Isto porque o poder ganho pelas ciências da natureza e pela racionalidade funcional a elas ligada parece impor uma concepção objetiva da natureza radicalmente desvinculada de qualquer consideração axiológica. Tal desvinculação entre natureza e valor acabou realmente por triunfar e hoje caracteriza o positivismo que pode tomar como objeto o *fato* do valor e tratá-lo como fato. No entanto, no pensamento dos primeiros positivistas comtianos ou neocomtianos (mas a observação também valeria para alguns representantes do Círculo de Viena), essa dissociação não se impôs de imediato. Ao contrário, a era do positivismo e da objetividade também foi entendida como a era da objetividade dos valores descobertos que deveria possibilitar o enunciado de juízos de valores (e de gostos) objetivos, em que o bem e o belo se conjugam com o verdadeiro. Por um lado, o positivismo de inspiração comtiana ou neocomtiana interessou-se pouco pelo direito, privilegiando o estudo dos elos sociais efetivos por meio da sociologia, cujo nascimento Comte anuncia na 47ª lição de seu *Curso de filosofia positiva*. A dimensão normativa do direito é mais ou menos ignorada, visto que as relações jurídicas eram entendidas apenas como expressão institucional das relações efetivas entre os indivíduos ou entre os grupos. Era como se o direito estivesse para o fato social assim como a metafísica estava para o positivismo. A ciência positiva não poderia ser ciência jurídica sem resvalar para a metafísica. Por outro lado, fora da constelação positivista e independentemente dela, desenvolveu-se um *positivismo jurídico* cujas propostas essenciais consistiam em definir o direito como expressão de uma vontade humana (Hobbes, Austin, Laband) e, assim confirmada a factualidade do fenômeno jurídico, em descrevê-lo segundo uma metodologia próxima da metodologia que se encontra na corrente positivista.

Alguns autores (Bergbohm, Gény) concluíram dessa constatação que as noções de *positivismo* e de *positivismo jurídico* são estranhas uma à outra e só designam atividades homônimas. Cabe notar que essa concepção marcou fortemente os meios jurídicos: foi em nome do positivismo como *método* de inspiração comtiana que Léon Duguit empreendeu a crítica às teorias voluntaristas da soberania que compõem o cerne do *positivismo jurídico*, teorias equiparadas às concepções teológico-metafísicas dos sistemas monárquicos do Antigo Regime francês ou da Alemanha do século XIX. À primeira vista, portanto, poderíamos ser tentados a concluir que o positivismo como método e o positivismo jurídico como definição do direito são duas correntes estranhas uma à outra. O estudo atento, porém, mostra que entre as ciências homônimas há uma intersecção parcial. Mas, para demonstrá-lo, é preciso distinguir, dentro do próprio positivismo metodológico, duas correntes opostas.

Uma primeira tradição francesa do positivismo, na esteira do pensamento de Auguste Comte, pode ser qualificada de *positivismo naturalista* no sentido de postular que os valores morais, políticos e jurídicos são passíveis de conhecimento objetivo, e que cabe precisamente à ciência descobrir os *valores verdadeiros* e as *regras do verdadeiro direito*. Nesse sentido, o positivismo é uma ciência normativa que tem por função *prescrever* certos comportamentos. No pensamento de Auguste Comte, essa afirmação da identidade entre ser e valor procede de uma tese ainda mais forte, formulada na 58ª lição do *Curso de filosofia positiva*, que é a tese da identidade entre leis da natureza e leis do pensamento. Equivale a defender que a ciência positiva possibilita o acesso à verdade sem que seja preciso fazer a distinção entre uma razão prática e uma razão teórica. Essa ambição de ciência unificada, equivalente francês do Saber Absoluto, caracteriza o pensamento dos herdeiros do mestre, mesmo quando estes discordam do conteúdo de sua política. E. Littré formula nos seguintes termos a doutrina da abordagem positivista dos valores (em *Origem da ideia de justiça na Ciência do ponto de vista filosófico*): "O justo é da ordem intelectual, da natureza do verdadeiro [...] No fundo, a justiça tem o mesmo princípio que a ciência; a diferença é que esta ficou no domínio objetivo, enquanto a outra entrou no domínio dos atos morais." Essa abordagem também é a de Léon Duguit em *Direito social, direito individual e transformação do Estado*. A ciência positiva tem como função desconstruir as falsas concepções imaginárias ou abstratas da teologia e da metafísica, subjacentes às concepções jurídicas tradicionais (essencialmente, os direitos subjetivos), para possibilitar a formulação de uma verdadeira ciência do direito baseada na observação da vida social. A ciência do direito, por sua vez, tem a função de formular o verdadeiro direito (o direito social) ou de esclarecê-lo com base na realidade e, em particular, na realidade social.

Tal concepção é inseparável do clima positivista que animou o nascimento da sociologia na França, nascimento contemporâneo da conscientização dos fenômenos de massa. É profundamente marcada por uma ideologia progressista, que também é a ideologia dos fundadores da III República. Essa mesma ideologia, aliás, constitui o núcleo do radicalismo que mantém relações estreitas com o positivismo de inspiração comtiana. Na Inglaterra, o utilitarismo de Jeremy Bentham e de John Stuart Mill alimentava concepções análogas. Essa concepção, que hoje perdeu influência, durante muito tempo encarnou a corrente dominante do positivismo na França, o que sem dúvida explica o fato de ter sido possível distinguir com tanta nitidez positivismo e positivismo jurídico.

Uma segunda abordagem integra no positivismo críticas humianas ao estatuto gnosiológico do valor e admite a ideia de que os valores não podem ser objeto de conhecimento objetivo. Em seu *Tratado sobre a natureza humana*, Hume empenhou-se em demonstrar que as distinções morais não são engendradas pela razão, e que a razão nunca pode ser fonte da consciência ou do sentido moral. A análise de Hume está, assim, na origem de um não cognitivismo ético cuja proposta fundamental é que não podem ser inferidas conclusões normativas de premissas inteiramente descritivas. Essa tese é uma verdadeira pedra angular do positivismo não comtiano aplicado ao estudo dos fenômenos jurídicos. Em termos metodológicos, ela implica um relativismo ético cujo princípio foi formulado por Max Weber, que, no último dos *Ensaios sobre a teoria da ciência*, lhe deu o nome de neutralidade axiológica. Esse princípio metodológico não significa que o cientista não deva formular juízo de valor no exercício de sua disciplina, mas que os juízos práticos por ele formulados não podem ser apresentados como conclusão necessária de sua disciplina. Dessas considerações resulta que uma ciência normativa em geral e uma ciência do direito em particular não poderão pretender dizer o que é bom ou justo, prender-se ao direito ideal, ou seja, prescrever, mas apenas descrever a organização, o funcionamento e os efeitos produzidos por um conjunto de prescrições morais ou jurídicas. Carré de Malberg, em um de seus últimos textos, "Reflexões muito simples sobre o objeto da ciência jurídica", publicado em *Mélanges en l'honneur de François Gény* [Miscelânea em homenagem a François Gény], recapitulando o método que acredita ter aplicado, escreveu, nesse sentido, que o jurista "não participa como tal da tarefa da criação do direito [...] o jurista não tem de fornecer à *lex ferenda*: ele atua apenas a serviço da *lex lata*. Não lhe caber refazer o mundo jurídico, mas apenas constatar como esse mundo é feito". Essa atitude é hoje compartilhada pela maioria dos autores que falam em nome do positivismo. Conforme ressaltam H. Kelsen e H. L. Hart, ela implica que o cientista deve manter uma relação de exterioridade com seu objeto, em outras palavras, deve fazer a distinção entre o direito como conjunto de fenômenos e a ciência do direito, que tem como objeto a análise desses fenômenos. O jurista – escreveu H. Kelsen na *Teoria pura do direito* – tem a tarefa de "conhecer o direito, por assim dizer, de fora e, com base nesse conhecimento, descrevê-lo e analisá-lo". O jurista constata a sua existência, mas não o modifica nem o produz. Tal atitude baseia-se numa doutrina da ciência raramente explicitada, mas frequentemente presente, que N. Bobbio evidencia quando constata que, delimitando assim o objeto da pesquisa jurídica e orientando a pesquisa para o estudo de certos problemas, e não de outros, o positivismo se alinha com a opinião segundo a qual "o progresso do saber científico na idade moderna é decorrente da eliminação da concepção finalista do universo". Tal perspectiva implica renunciar a pensar o direito em relação com uma reflexão sobre "a essência do homem, sobre o mistério de sua origem e de sua existência neste mundo, sobre o enigma de seu destino", ao contrário do que desejava Gény no volume II de *Ciência e técnica*.

Positivismo jurídico

A expressão *positivismo jurídico* padece de grande ambiguidade porque designa, alternativamente, certo tipo de definição do direito e certa concepção da ciência do direito. Ora, essas duas ordens de significação não estão interligadas necessária nem sistematicamente.

A expressão designa, em primeiro lugar, certo tipo de definição do direito como *direito em vigor de origem humana*, distinguindo-se da ideia de um direito ideal ou essencial, deduzido como verdade de certo número de princípios justos ou bons. Assim, somos levados a distinguir e, às vezes, a opor direito real e direito ideal, direito como fato e direito como valor, direito tal qual é e direito como deveria ser.

Tal concepção do direito positivo não é necessariamente incompatível com a ideia de um direito procedente da vontade divina, da natureza das coisas ou da natureza humana. No entanto, pressupõe que esse direito não humano não é evidente por si mesmo, de modo que deve, pelo menos, ser transposto para um direito positivo por uma autoridade humana, para tornar-se acessível: deve ser positivado. Pode-se pensar, como Montesquieu, que "antes de haver leis feitas, havia relações de justiça. [...] Dizer que não há nada de justo nem de injusto que não seja ordenado ou proibido pelas leis positivas significa dizer que, antes de se traçar o círculo, nem todos os raios eram iguais" (*EL* I-1), mas desde que seu saber fique reservado àqueles seres inteligentes que podem ter acesso a ele diretamente e servir de intermediários na transposição da norma, dando-lhe forma de direito positivo. Frequentemente é feita a oposição entre direito positivo e direito natural, mas essa oposição pode ser relativizada: pode consistir apenas numa distinção entre dois caminhos diferentes que levem às mesmas prescrições. A oposição aparente entre direito natural e direito positivo pode resolver-se numa forma de averroísmo jurídico. A expressão *direito em vigor*, à qual frequentemente se equipara o *direito positivo*, suscita mais dificuldades. Direito em vigor pode designar tanto o direito sancionado pela "consciência social", ou seja, o direito geralmente respeitado, mas não necessariamente imposto (L. Duguit), quanto o direito interpretado e sancionado pelo juiz (A. Ross), o direito desejado e posto pelo soberano ou a norma posta por uma autoridade competente em conformidade com uma norma de nível superior. Imperceptivelmente, através desses níveis de definição, resvalamos da pura efetividade para a pura e simples validade. Mas, em todos os casos, cabe considerar que o direito, entendido globalmente, apresenta-se como um conjunto de prescrições, e não de determinações. Por isso, a implementação do direito positivo exige coerção, não como expressão de sua patologia, mas sim de sua natureza: ele é normativo, portanto obrigatório, sem ser necessário. O positivismo jurídico como definição do direito não se limita, porém, a apresentar o direito como um direito *em vigor de origem humana*, mas também acrescenta que só existe direito estatuído ou posto, e que as formas nas quais ele é posto ou estatuído bastam para estabelecer seu caráter de direito. Por razões históricas, imperiosas mas contingentes, como ressaltou N. Bobbio, o positivismo jurídico consolidou-se por meio das doutrinas que afirmam que o direito resulta da *vontade* de um soberano, em que se encarna o aparato estatal. Nesse sentido, o positivismo jurídico é uma teoria estatista que assenta no princípio da soberania. Nessa perspectiva, a obra política de Thomas Hobbes ocupa uma posição inegável: ele foi um dos primeiros autores que relacionaram, sistematicamente, a criação da lei com a expressão de uma vontade soberana e a apresentou, assim, como um mando acompanhado de uma ameaça, ou seja, de um ato unilateral dirigido por uma autoridade a um destinatário, que é um terceiro em relação à formação dessa ordem, prevendo uma reação da autoridade em caso de inexecução do mando na forma de sanção (no sentido de pena). Nesse sentido, o direito se distingue nitidamente das outras formas de prescrição, morais ou religiosas, no sentido de que as prescrições jurídicas organizam uma coerção estatal, ao passo que as prescrições morais ou religiosas organizam outras formas de coerção. "A lei civil – escreveu Hobbes – é para cada sujeito o conjunto das regras que a República, por meio oral, escrito ou algum outro sinal adequado de sua vontade, lhe ordenou usar para distinguir o certo do errado" (*Leviatã*, p. 281).

Tal concepção levou os positivistas a preferirem o estudo das fontes formais ao estudo do conteúdo material do direito, pois a própria juridicidade de uma prescrição procede da qualidade de seu autor e da forma como ela é ditada, e não de seu conteúdo ou de seu alcance. Finalmente, o que prende a atenção do positivista é uma concepção do direito como ordem das habilitações. Nessa perspectiva, pouco importa se o conteúdo das regras jurídicas provém efetivamente da *vontade psíquica* do soberano, mas importa muito que esse conteúdo, em si mesmo indiferente, seja aprovado pelo soberano por meio de um *ato jurídico*, a sanção, ou também aprovado por uma autoridade delegada e habilitada pelo soberano para *querer em seu nome*. Essas considerações explicam o caráter fortemente formalista do positivismo jurídico; afinal, é uma ordem de habilitações e competências produtora de prescrições, e não o conteúdo dessas prescrições, que prende a atenção do jurista, progressivamente empenhado em descrever a ordem jurídica como ordem de imputação das vontades a um titular soberano. Acerca do conteúdo de uma prescrição, o positivista só pode dizer que ela é desejada pela autoridade soberana. Procedendo desse modo, o positivismo jurídico reduz consideravelmente a significação do direito e o constitui como objeto de uma análise objetiva e científica. O direito é compreendido como um fato, mas de natureza específica: o fato da vontade do soberano. Todo o direito está na lei. O positivismo favorece assim uma concepção exclusivamente formalista do direito, cujo critério passa a ser o respeito ao processo de elaboração, independentemente da atenção a seu conteúdo. Essa constatação levou alguns autores a acreditar que o positivismo jurídico contribui assim para justificar a ideologia subjacente à ordem jurídica por ele descrita, apresentando-a de forma racionalizada. Se o direito já não aparece como uma prescrição transcendente, que expresse a natureza de certas relações, não haverá o risco de que ele expresse apenas os valores contingentes de determinada organização política que o produziu? O jurista que pretende descrever tal ordem jurídica, abstendo-se de juízos de valores pessoais, só por esse fato não se tornará transparente aos valores dos quais essa ordem é produto, ao mesmo tempo que lhe confere a autoridade moral que procede dos foros de verdade?

O fato é que a definição pura e simples do direito como resultado de um comando proveniente da *vontade* de um soberano é insatisfatória. Na verdade, ela é dependente da análise psicológica necessariamente subjacente à explicação das vontades e não possibilita ressaltar o que há de especificamente jurídico no direito e distingui-lo da simples dominação psíquica. As tentativas de Hobbes e Loyseau de repensar a personalidade do soberano e definir uma concepção não psicológica da vontade durante muito tempo ficaram isoladas, antes de atingirem verdadeira consecução na escola alemã do positivismo jurídico (Gerber, Laband, Jellinek) e depois na obra de Carré de Malberg e, sobretudo, de Kelsen. O esforço de reflexão gira aí em torno da noção de *vontade do Estado* como autor de direito. Como o Estado não é um ser psicológico, a ideia de que ele possa ter uma vontade mostra-se, na melhor das hipóteses, como uma metonímia (é a pessoa do monarca que quer, e ele encarna o Estado ou o legislador) e, progressivamente, como metáfora antropomórfica (o Estado está para o ato que lhe é imputado como o indivíduo está para sua ação). Esse esforço vai possibilitando evidenciar a especificidade da noção de "vontade" aplicada à "pessoa" Estado e distinguir então o raciocínio jurídico-normativo do raciocínio causal, mostrando que ele se baseia numa relação de imputação. Nesse ponto, a definição positivista de direito coincide com a concepção positivista de ciência do direito.

Por outro lado, como dissemos, positivismo jurídico serve para qualificar certas concepções da ciência do direito. Essa expressão designa então certa maneira de conceber, abordar e tratar o direito como objeto de uma ciência autônoma que não se reduz à história, à sociologia nem às ciências políticas. Na verdade, também aqui é preciso estabelecer distinções. Uma primeira tendência do positivismo jurídico, ao transpor os métodos das ciências da natureza para as ciências sociais ou normativas, tenta, pura e simplesmente, compreender o direito como *fato*. O direito então nada mais é que fato. É entendido como uma *ordem de coerções* (Austin, Bergbohm). Uma segunda tendência, ao contrário, empenha-se em evidenciar a juridicidade do direito, ou seja, o fato de uma prescrição *valer* como obrigação sem ser deduzida de um ideal nem se impor como determinação. O direito aí é compreendido como uma *ordem normativa*, dotada de uma exigência de validade. Através dessas duas grandes correntes, o positivismo jurídico faz a reflexão voltar-se para a eficácia ou a validade da ordem jurídica.

Encontramos esses dois aspectos da ciência positiva do direito numa das correntes mais fecundas do positivismo jurídico, a do nascimento da teoria geral do Estado (*Allgemeine Staatslehre*) e do desenvolvimento da escola do *Isolierung* do direito, na Alemanha, no fim do século XIX. Essa corrente está estreitamente ligada ao processo de unificação do Império e também da absorção da concepção – durante muito tempo dominante e defendida por Savigny e Windscheid – segundo a qual a ciência jurídica, e não a legislação, é a verdadeira fonte do direito. A escola de *Isolierung* empenha-se em compreender a estrutura jurídica do Estado, independentemente de quaisquer considerações filosóficas, políticas e históricas, a fim de recobrar sua natureza propriamente jurídica (nesse sentido, ela pretende ser uma teoria pura do Estado). O positivismo jurídico apresenta-se então, preferencialmente, como ciência do direito público. Até então a ciência do direito público consistia na exposição histórica da formação do Estado e dos princípios do direito público natural progressivamente consagrados. Mommsen (para o Estado romano) e Gerber e depois Laband e Jellinek (para o Estado alemão) propõem-se, ao contrário, partir da análise do direito positivo para daí depreender os princípios subjacentes. A realidade jurídica assim designada é isolada das realidades sociais, históricas, políticas ou morais e tomada como objeto da teoria do Estado. Esse método baseia-se no postulado de que a ordem jurídica é uma ordem racional e sistemática e, por conseguinte, a partir do estudo sistemático dos dados do direito positivo de um Estado, é possível remontar a princípios que tenham significação geral, para deles deduzir certo número de obrigações jurídicas que não são ditadas por uma regra explícita, mas implicadas pelo sistema jurídico. Esse método repousa, assim, no postulado da completude da ordem jurídica.

Nessa via, a obra de Laband ocupa lugar importante. Em sua famosa obra, *Das Staatsrecht des Deutschen Reiches* (1ª ed. 1876), traduzida para o francês com o título *Droit public de l'Empire allemand*, o autor pretende circunscrever um domínio específico reservado ao estudo jurídico, dele excluir considerações históricas, filosóficas, políticas, sociais ou morais e assim depurar a ciência do Estado de suas considerações não jurídicas. Sua ambição é constituir um campo disciplinar autônomo que, sendo distinto das ciências históricas e políticas, tenha em vista a descrição da estrutura formal do Estado. Empenha-se em formular – conforme escreveu E. Roguin em *Regra de direito* (1889) – uma "ciência pura do direito". Sem dúvida Laband, que inspirará profundamente Kelsen, não se limita à descrição de normas. De fato, embora ele restrinja sua investigação à realidade jurídica, esta é concebida de maneira muito ampla não só como conjunto de normas, mas também – e principalmente – de princípios. A abordagem do mestre alemão baseia-se na ideia de que existem princípios jurídicos *em si*, em torno dos quais se articula o direito positivo. Esse é um pressuposto compartilhado por R. Carré de Malberg, ainda que o conteúdo desses princípios se inverta de um autor para o outro. Laband postula o princípio monárquico, enquanto Carré de Malberg invoca o princípio da soberania nacional. Mas os dois autores concordam em compreender a Constituição como o dispositivo do qual se deduz a ordem jurídica, enquanto as prescrições inferiores extraem validade da relação que mantêm com as normas superiores. Aliás, é esvaziando o princípio monárquico de todo e qualquer conteúdo político e concebendo-o como forma pura, isenta de qualquer conteúdo, que Kelsen chega à ideia de norma fundamental.

A obra de Jellinek também merece menção especial na elaboração de uma ciência pura do direito. Em sua grande obra sobre a teoria geral do Estado, *Die Allgemeine Staatslehre*, o autor se propõe estabelecer uma distinção nítida entre a *abordagem social* e a *abordagem jurídica* de um mesmo objeto numenal, o Estado. A primeira, teoria social do Estado, consiste numa *ciência causal* que versa sobre o conjunto dos fatores históricos e sociais que presidem o nascimento, a organização e a determinação dos objetivos ou das finalidades do Estado. A segunda, ciência jurídica do Estado, apresenta-se como uma *ciência normativa* que não versa sobre o que *é*, mas sobre o que *deve ser*. Deve-se compreender aqui que a ciência jurídica é normativa em virtude de seu objeto (trata de prescrições), mas é descritiva em virtude de seu método (não determina o que deve ser). Fato é que a passagem da ciência social do Estado para a ciência jurídica é problemática. Como compreender que um fato pode produzir direito sem reduzir esse direito ao fato do qual ele é apenas consequência? Aqui cabe admitir que a análise do direito como fato, porém, não autoriza a reduzir direito a fato.

Para superar essa construção híbrida, mescla confusa de normativo e factual, Carré de Malberg introduziu uma distinção famosa entre *causa remota* e *causa proxima* da existência de dada ordem jurídica. A primeira é o conjunto dos fenômenos históricos que possibilitam essa ordem; a segunda é o ato que o funda. No entanto, o autor, como ele mesmo reconhece, não consegue especificar a natureza jurídica da ordem que descreve para distingui-la com clareza de uma ordem puramente factual. Para chegar a tal resultado, cabe realizar um tipo de revolução copernicana que consiste em inverter os pontos de vista para assumir, de maneira transcendental – portanto, *a priori* –, o ponto de vista do sujeito na constituição do objeto. Essa revolução metodológica caracteriza um momento importante da obra de Kelsen. Preocupado em elaborar uma teoria pura do direito, ou seja, uma teoria própria e autônoma que se abstenha tanto de reduzir direito a fato quanto de confundi-lo com o ideal, Kelsen insere deliberadamente sua obra numa linha de filiação kantiana, criticista. De fato, retomando a interrogação kantiana sobre as condições de possibilidade de uma ciência, ele determina as condições de possibilidade da ciência do direito. Assim, ele é levado a defender o princípio de separação entre as ciências da natureza e a ciência do direito no sentido de que, nesta última, o modo de ligação entre os fenômenos não pode ser subsumido à categoria geral da causa, mas à categoria da imputação. Mas, para poder defender tal concepção até seus últimos desenvolvimentos e superar a aporia encontrada, por exemplo, por Carré de Malberg, ele precisa introduzir a hipótese de uma norma fundamental, não posta, mas suposta, constitutiva do ponto de vista do sujeito na compreensão de seu objeto. O positivismo jurídico apresenta-se então, nessa versão pelo menos, como um idealismo transcendental.

› BOBBIO N., "Sur le positivisme juridique", *Essais de théorie du droit*, Bruxelas-Paris, Bruylant-LGDJ, 1998, p. 23. – BOUDON R., "Peut-on être positiviste aujourd'hui?", *Durkheim d'un siècle à l'autre*, org. Charles-Henry Cuin, Paris, PUF, 1998, p. 265. – Centre de philosophie politique et juridique de l'Université de Caen, *Cahiers de philosophie politique et juridique*, nº 13: *Du positivisme juridique*, Caen, 1988, 123 p. – GRANGE J., *Auguste Comte, la politique et la science*, Paris, O. Jacob, 2000, 317 p. – GRZEGORCZYK C., MICHAUT F. & TROPER M., *Le Positivisme juridique*, Paris-Bruxelas, Story Scientia e LGDJ, 1993, 536 p. – KELSEN H., "La doctrine du droit naturel et le positivisme juridique", apêndice à tradução francesa de *Théorie générale du droit et de l'État*, Paris-Bruxelas, Bruylant-LGDJ, 1997, p. 435. – PICAVET E., *Kelsen et Hart. La Norme et la conduite*, Paris, PUF, 2000, 127 p. – RICHARD G., "Le positivisme juridique et la loi des trois états", *APD*, 1931, pp. 311 ss. – SCARPELLI U., *Qu'est-ce que le positivisme juridique?*, Paris-Bruxelas, Bruylant-LGDJ, 1996, 107 p. – THOMAS Y., *Mommsen et l'Isolierung du droit*, Paris, De Boccard, 1984, 52 p. – VILLEY M., *La Formation de la pensée juridique moderne*, Paris, Montchrétien, 1975. – VOGELIN E., *History of political ideas*, vol. VIII (vol. 26 de *The collected works of Eric Voegelin*), Columbia & London, University of Missouri Press, 1999, 503 p. – WALINE M., "Positivisme philosophique, juridique et sociologique", em *Mélanges R. Carré de Malberg*, Paris, Sirey, 1933, p. 519.

Éric MAULIN

→ Alemanha; Escola histórica do direito, pandectismo e codificação na Alemanha; Lacunas e completude; Moral e direito; Norma; Ordem jurídica; Realismo; Vontade.

PRÁTICA

A prática, em oposição à teoria, é entendida, atualmente, de maneira muito ampla, como uma parte importante do direito, a que lhe dá vida através de todas as aplicações que o conjunto das regras jurídicas pode receber. Nisso ela se distingue da normatividade ou mesmo se lhe opõe, uma vez que a aplicação necessariamente repercute nos destinos do sistema jurídico. Mas essa concepção da prática surgiu bastante tarde e, do ponto de vista semântico, o termo tem uma longa história, relacionada com a evolução do sistema próprio jurídico.

A "prática" no antigo direito

Os antigos autores, desde o fim da Idade Média, empenharam-se em apresentar uma definição de prática; chegaram a redigir *Tratados* sobre o assunto. Para eles, a prática era, acima de tudo, uma maneira de proceder e reunia o conjunto das regras criadas para esse fim. Por trás dessa concepção há toda uma corrente de pensamento que revela uma transformação fundamental. No século XIV um jurista do Norte da França, Jean Boutillier, escrevia na *Somme rurale* [Suma rural], obra que teve o público de uma grande costumagem: "Como foi dito pelo filósofo que a prática é a segunda ciência de filosofia [...] quero mostrar o fundamento da prática, que é a forma e o caminho pelos quais se deve pautar todo homem que queira atuar como postulante de corte laica e como advogado [...]." Assim, a base da prática era, precisamente, o conjunto das regras que deviam ser seguidas para se mover um processo perante uma corte laica, ou seja, a *praxe*; parecia haver um uso imemorial nessa concepção medieval de prática. Em 1621, Carondas le Caron, ao editar a obra de Boutillier, acrescentava a seguinte nota: "A definição de justiça segundo os jurisconsultos significa o mesmo que *habitus*, hábito, como se diz em filosofia, e tenho um antigo *praticien* (prático) manuscrito que define prática como o uso e o exercício da justiça, ensinando os preceitos para bem fazê-la e administrá-la." Segundo aquele *praticien* (obra destinada a guiar os auxiliares de justiça, os "*práticos*"), com essa referência à "justiça", portanto ao aspecto judiciário da prática, Carondas era menos preciso que o autor medieval, que visava diretamente as regras processuais; em compensação, ao insistir no hábito como exercício da justiça, ele esclarecia a natureza da prática, que se baseia na repetição da qual provém um efeito de massa, origem do uso e do costume.

Por um lado, estabelecia-se claramente a diferença entre prática e *direito*, portanto entre procedimento e direito civil. Por conseguinte, o papel de cada um dos auxiliares de justiça era bem definido: ao advogado cabia tratar do ponto de direito e demandar, enquanto o procurador era encarregado do procedimento. Por outro lado, o procedimento não era apenas uma questão de conhecimento dos princípios. Era também preciso saber utilizá-los, o que se aprendia realmente só em contato com a realidade. Assim, nem mesmo um advogado podia prescindir desse aprendizado da prática e das sutilezas do manejo de suas regras. Os autores franceses da época não só sentiam necessidade de acrescentar o qualificativo "*judiciaire*" (judiciária) ao falarem da prática (*pratique*), como também insistiam na *experiência* necessária para bem advogar, com base no conhecimento concreto que só podia ser adquirido por meio da familiaridade com os casos judiciários. O prefácio de *Décisions de pratique* de Philbert Boyer (ed. 1599) lembrava: "Assim, pois, prática é a verdadeira execução da justiça, e não há lugar no mundo onde ela possa ser aprendida a não ser no Palácio de Justiça e na frequência às audiências..." Acrescentava-se que, como os magistrados não podiam deixar de conhecer os procedimentos, a obra destinava-se sobretudo aos práticos, que deviam agir de tal modo que "com sua diligência a justiça seja exercida de maneira pronta, pura e correta"; e concluía que "para executar e exercer a prática, o homem precisa ser versado em todas as coisas, não só em inteligência, mas na experiência, em cujo seio repousa a prática". Isso era necessário mormente porque os procedimentos não eram fixos, tratava-se de matéria em evolução e, além disso, cada jurisdição, pelo menos as superiores, a partir dos princípios gerais havia desenvolvido seu estilo, ou seja, seus usos particulares.

No século XVII os autores ainda insistiam muito no fato de que esse conhecimento da prática só seria obtido pela experiência, e não só pela formação escolar. Mas esses pontos de vista iam ficando mais sistemáticos à medida que se afirmava também que, por mais indispensável que fosse, a experiência adquirida no Palácio de Justiça, apenas, não bastava para o domínio da matéria. Lazare du Crot, advogado do Parlamento e editor do "verdadeiro estilo do

Conselho Privado do Rei, da Corte do Parlamento, dos requerimentos do Palácio e do Châtelet de Paris", em 1639, dedicava sua obra aos iniciantes: "Pode ser que os jovens advogados (que, saindo das escolas de direito e entrando na dos tribunais, podem achar-se num *novo mundo* porque, como disse Petrônio, *quae in usu habemus, in scholis nec audiunt, nec discunt*) se agradem de encontrar neste livro aquilo que é mister conhecerem: pois esperar aprender pela rotina e pelo uso apenas seria propriamente entrar para o rol daqueles a que se refere o antigo provérbio, segundo o qual a experiência é a mãe dos loucos; porque a experiência é difícil. Ademais, perguntar aos procuradores como se deve fazer uma petição, uma demanda, um julgamento preparatório e quando um processo está em estado de julgamento seria expor-se ao ridículo..." Alguns praxistas eram tão ciosos de suas fórmulas – explica outro autor –, que preferiam ocultá-las a transmiti-las a iniciantes. Por isso, alguns auxiliares de justiça de renome chegavam a apresentar a *teoria da prática*, considerada esta como uma ciência baseada nas ordenanças e nos regulamentos das cortes soberanas e no uso, diferente em cada Parlamento; seria impossível explicar essa diversidade, mas, para dar aos futuros advogados as bases necessárias, conforme explica Claude de Ferrière (*Le Nouvel praticien*, 1681), bastava "dar conhecimentos gerais sobre as matérias que caem na Prática: por meio delas aprende-se sozinho e na prática dos casos o que não podemos aprender de outra maneira". Assim, à ciência do direito se opõe uma ciência da prática, à qual a experiência deve ser subordinada. Correlativamente, cabe ressaltar também que os autores do século XVIII mantêm rigorosamente a prática nos limites do procedimento, como mostram as definições da jurisprudência da época. O *Dicionário de direito e de prática* de Ferrière distingue a *Jurisprudência*, como ciência do direito segundo a tradição romana ("a ciência daquilo que é justo e do que não o é"), da *Jurisprudência dos acórdãos*, que define como "a indução, inferida de vários acórdãos que tenham julgado uma questão da mesma maneira numa mesma espécie". Ora, em sua análise, nenhuma alusão é feita à prática, pois a jurisprudência dos acórdãos não entra nos procedimentos. Em compensação, na mesma época a redação dos instrumentos pelos notários foi englobada na prática, por analogia com os atos procedimentais. Isso pode ser explicado pelos vínculos entre o notariado e a justiça e, mais particularmente, entre as funções de escrivão e de notário; aliás, alguns notários também podiam exercer funções de auxiliares de justiça. Os autores, tal como Claude de Ferrière, apresentavam a *ciência dos notários*...; seus formulários, assim como os formulários de procedimentos, às vezes eram designados como *praticiens*. Por fim, a mesma trajetória do pensamento leva os notários a elaborar, para uso dos futuros notários, uma exposição sistemática da *prática* do notariado; introduziam então, em seus formulários, sucessivamente uma *parte teórica*, que partia da lei e dos princípios, e uma *parte prática*, que tinha por objeto a redação dos instrumentos.

O conceito moderno desde a codificação do século XIX

A partir do início do século XIX muda a moda nos títulos das obras dedicadas à prática (tal como era entendida até então) e àqueles que atuavam na prática. A terminologia tornou-se muito difusa: *Parfait huissier* [Perfeito meirinho] ou *Guide des huissiers* [Guia dos meirinhos], ou mesmo *Eléments de la science notariale* [Elementos da ciência notarial]. Essa nova orientação parece decorrer do fato de as bases da matéria terem mudado. A ordenança de 1661 sobre o processo civil sem dúvida contribuíra com um fundamento legal, mas não eliminara a diversidade dos usos das Cortes; a codificação napoleônica substituiu a antiga *prática* por um fundamento novo e único, a lei, para o conjunto do processo, e isso se refletiu até mesmo nos títulos das obras destinadas aos profissionais que deviam partir de tal base comum. Ademais, a doutrina, empenhada na exegese, fechava-se num comentário da lei que tendia a reduzir a prática a um fenômeno secundário, aplicação dos textos, que só poderia ser fiel e rigorosa. A partir daí o termo "prática" passou a ser pouco usado; apaga-se nas obras destinadas aos práticos até mais ou menos 1860, quando reaparece, mas através da oposição da língua corrente entre *prática* e *teoria*. As obras destinadas ao notariado ilustram perfeitamente essa transformação. Assim, o *Dicionário do no-*

tariado (4ª ed. 1858) sente a necessidade de apresentar os diferentes sentidos assumidos pelos termos *praticien* e *pratique*. O *praticien* (prático; praticante), em sentido geral, "exerce uma arte ou uma profissão"; num sentido "restrito", é "aquele que se incumbe dos procedimentos". *Pratique* (*prática* ou *praxe*) tem várias acepções; "primeiramente, é termo empregado para significar experiência, ciência das ações: é o oposto de teoria". Assim, a prática, não mais oposta ao direito, e sim à teoria, já não é a ciência da redação dos instrumentos, na esteira do procedimento, mas se reduz, de maneira muito geral, à aplicação do direito em seu conjunto. Por fim, depois de várias rubricas especiais, uma última definição apresenta claramente o novo uso do termo *prática* pelos juristas: "Prática (uso) é a maneira de agir habitual, ou a forma geralmente empregada em dado ponto de procedimento *ou* de direito. A prática frequentemente é um excelente intérprete da lei." As consequências dessa mudança consistem não só em ampliar-se a concepção de prática para um sentido cada vez mais geral e vago, desprovido de conteúdo jurídico preciso, mas também de orientá-la definitivamente, na qualidade de fenômeno de aplicação das normas, para o papel de interpretação da lei. Por conseguinte, o conceito de *jurisprudência* seguiu evolução análoga, encetada já no início do século XIX. No *Répertoire* (Merlin, ed. 1815), a antiga distinção entre jurisprudência e jurisprudência dos acórdãos é menos clara: a jurisprudência ainda é apresentada como a ciência do direito; em compensação, são-lhe atribuídos dois objetos, o conhecimento do direito, mas também sua aplicação. A partir de 1830, o termo *jurisprudência* quase não será empregado em seu sentido romano, de ciência do direito; passará a designar apenas a antiga *jurisprudência dos acórdãos*, que se tornará, assim, a jurisprudência por excelência, sem outra qualificação necessária. Da mesma maneira *praticiens* já não são unicamente os especialistas de direito processual (*praxista*), mas, de modo geral, todos aqueles que se dedicam a aplicar o direito; o grupo dos *praticiens* perde, assim, seus antigos limites, relativamente estreitos, e passa a englobar os arestistas (*arrêtistes*). A partir daí, os conceitos de prática (*pratique*) e de profissional prático (*praticien*) se expandirão para acepções cada vez menos precisas. Essa evolução parece quase arrematada no *Dicionário geral de Jurisprudência* de Armand Dalloz, nas poucas páginas de introdução ao Suplemento (1841). Nele, o termo prática (*pratique*) é utilizado no sentido muito amplo de aplicação do direito: *prática judiciária* (*pratique judiciaire*), *prática processual* (*pratique des affaires*), *prática observada pelas autoridades judiciais e pelos homens de negócios* (*pratiques suivies par les officiers ministériels et les hommes d'affaires*). Do mesmo modo, aparece uma espécie de classificação daqueles cuja profissão está diretamente ligada à aplicação do direito: "Jurisconsultos, homens que participam do andamento das causas, magistrados..." A partir de então esse conjunto da prática é tão vasto, seus diversos campos são tão diferentes, que nesse amontoado seria vão procurar um denominador comum do ponto de vista jurídico. A prática, para os juristas, tem apenas o sentido geral da língua corrente.

Mas essa mudança de ponto de vista renovou as perspectivas quanto ao papel da prática. Em primeiro lugar, a ligação, trazida à baila de maneira muito clara nessa obra, entre *prática* e *processo* mostra perfeitamente a maior extensão assumida pela prática nessa nova concepção como aplicação do direito em geral. Em segundo lugar, embora a Revolução francesa e a codificação tenham introduzido uma concepção muito legalista do sistema jurídico (este último baseado essencialmente no fundamento de uma fonte quase única, a lei como emanação da vontade nacional), o peso dos interesses sociais deixou de ter lugar primordial na mente dos juristas que viviam da prática processual e estavam, acima de tudo, preocupados com a utilidade. O próprio autor atribui à sua obra "um objetivo de utilidade pública, para esclarecer os interesses ativos, reais e permanentes dos cidadãos", e a jurisprudência, tanto judiciária quanto administrativa, deveria então constituir sua riqueza. É dessa época o fundo de um grande debate entre a prática e uma doutrina muito legalista, debate que duraria e, na realidade, poria em causa o papel da prática (em todas as suas formas, aliás) no processo de criação do direito.

A prática no processo de criação do direito

Segundo a lógica, não faz parte da natureza e da finalidade de um ato de aplicação enunciar uma regra; a partir dessa posição de princípio, pode-se indagar sobre a capacidade dos atos da prática para expressar normas. Em contrapartida, eles podem orientar a evolução do direito, influenciando os destinos das regras postas ou suscitando o estabelecimento de novas regras; assumem então grande importância no processo de criação do direito. A visão teórica sobre a natureza do ato de aplicação deve ser consideravelmente temperada, primeiramente porque, sobretudo num sistema em que o direito é essencialmente escrito, a lei não pode prever tudo, e então é inevitável ou mesmo salutar que a prática preencha as lacunas e supra as insuficiências dos textos. Aí se vê o discutido lugar do costume, e o exemplo mais característico é o da prática provocada pela aplicação da Constituição escrita, o que era muito significativo sob o império da Constituição de 1875, que comportava apenas alguns artigos e cuja grande longevidade se deveu ao desenvolvimento de uma verdadeira costumagem constitucional. Mais que isso, não caberá lembrar também que o abandono, já na Revolução, do projeto de codificação do direito público, paralelamente à do direito privado, teve como consequência imediata deixar inteiramente a cargo da prática a construção de um direito administrativo? Ora, nem é necessário ressaltar, além disso, que, num sistema de direito escrito, a redação dos textos assume grande importância, ao mesmo tempo que, nesse aspecto, a qualidade das fontes atualmente não para de diminuir e, por esse motivo, exige-se muito da prática.

O fato é que, no campo do direito privado, o rigor do sistema legalista francês obrigou a doutrina durante por muito tempo a negar à jurisprudência um papel propriamente criador de direito e a lhe atribuir apenas *autoridade*, pois ela não podia ser formalmente fonte de direito ao expressar regras; com mais razão, tal papel não podia ser creditado à prática notarial, à qual não podia ser atribuída nenhuma autoridade especial. Em contrapartida, é comum que a influência da prática invada o campo da regra posta ou sirva de expressão de uma regra nova. As vias dessa influência, por um lado, são a interpretação da regra no momento de aplicá-la e, por outro, a repetição, cujo peso é perceptível na vida do direito; o ponto de partida, porém, não é o mesmo na jurisprudência e na prática notarial.

A jurisprudência se constrói a partir das contestações às quais as decisões das jurisdições – sentença, acórdãos dos tribunais de recursos e da Corte de Cassação – tendem a pôr fim. Mais precisamente, é através das motivações baseadas num raciocínio lógico que surgem as interpretações da lei; a prática judiciária, aliás, utiliza procedimentos e preceitos que, para alguns, passaram pela prova de uma longa tradição. Diante de uma questão de direito que volta com frequência, os tribunais aos poucos vão conseguindo basear-se em raciocínio semelhante para julgar esse tipo de caso; isso se torna seu *hábito*, como escrevia aquele autor do século XVII, o que não constitui uma obrigação de julgar no mesmo sentido, mas anuncia a orientação que o tribunal tem grande probabilidade de adotar em sua decisão. No entanto, é preciso ressaltar que o efeito de massa proveniente da repetição pode ser corrigido na formação da jurisprudência pela hierarquia das decisões resultante da aplicação das vias de recurso que tendem a garantir a unidade da jurisprudência pela predominância da opinião das cortes superiores, especialmente da Corte de Cassação como juiz do direito, cujos acórdãos de princípio têm importância essencial. Há aí uma *autoridade privilegiada*, segundo J. Carbonnier, que ressalta que aqueles que atuam na prática e supostamente conhecem o direito (por exemplo, os notários) não poderiam ignorar a jurisprudência ao lado da lei, e que uma negligência de sua parte nesse ponto os faria responder perante a lei. A jurisprudência assim entendida tem então tal importância ao lado da lei, que se situa como um complemento desta última no conjunto do direito, e isso explica por que uma parte da doutrina tomou o caminho mais curto de lhe atribuir o papel de uma das fontes do direito.

Se, por sua vez, a prática notarial exerce influência sobre a evolução do sistema jurídico, isso não se deve apenas à repetição capaz de provocar um efeito de massa, mas também ao papel de conselheiro desempenhado pelos notários em relação a seus clientes. O notário tem o poder de autenticar com sua assinatura os instrumentos que recebe em forma de minuta, mas isso só ocorre ao cabo de um longo processo no qual ele prepara o caso, aconselhando seus clientes, que nele depositam confiança por suas qualidades de jurista. Assim, a matéria na qual o notário trabalha é a realidade social que, em virtude de sua profissão, ele enquadra juridicamente elaborando documentos. Por esse motivo, ao levar seus clientes a expressar com precisão as suas vontades, desempenha papel de intermediário entre eles e o sistema de normas no qual vivem. Caso necessário, deve fazer composições para resolver as oposições entre os desideratos deles e os princípios jurídicos ou os textos legais que devem ser respeitados; aquele que atua na prática é então levado a exercer toda a sua sagacidade de jurista, e aí cabe a distinção feita pela doutrina entre fraude e habilidade. Além disso, não só o contato com essa realidade social é motor da prática notarial, como também a essa prática compete defrontar primeiramente as questões novas, antes mesmo da jurisprudência. Ora, isso mostra toda a importância do papel de consultor, pois esse papel se traduzirá em fórmulas que insuflam vida no direito normativo. Assim, a prática notarial está sempre sendo levada a procurar seu caminho próprio a partir das necessidades dos clientes, sob o controle da jurisprudência e, eventualmente, opondo-se a ela.

Desse modo, não só a prática notarial é o primeiro testemunho do uso em gestação e contribui para sua expressão com suas fórmulas, como também, em decorrência desse papel permanente, cabe-lhe preceder constantemente a evolução do direito normativo e contribuir para suscitá-la. Por um lado, isso convida a uma reflexão histórica sobre o nascimento do costume: um uso a respeito do qual os notários saibam compreender, colecionar e traduzir um sentimento geral concordante na população em certas situações (espécie de *opinio necessitatis avant la lettre*) já se mostra como um costume antes mesmo que a existência deste seja reconhecido por decisão judiciária, ou mesmo pela doutrina. Na Idade Média alguns artigos de costumagens chegaram a reproduzir os termos de cláusulas notariais, o que talvez fosse uma maneira para se consagrar o uso na prática. Por outro lado, quanto aos atuais modos de intervenção da prática notarial, sem dúvida o poder da fórmula continua existindo e servindo de base para que a jurisprudência possa se pronunciar, mas já não é o único meio de influência sobre a evolução do sistema jurídico. O notariado dispõe, principalmente desde meados do século XX, de órgãos representativos que lhe permitem intervir junto ao legislador a partir de sua experiência cotidiana: o Conselho Superior do Notariado (criado em 1945), que pretende ser órgão permanente de reflexão, e o Congresso Anual dos Notários (desde 1891), que apresenta relatórios sobre a atualidade legislativa (regimes matrimoniais e questões sucessórias ou fundo de comércio, por exemplo), documento encaminhado ao chanceler.

Doutrina e prática

Desde a instauração de um sistema legalista, frequentemente a doutrina foi criticada por não dar importância à vida prática. Em meados do século XIX, Armand Dalloz fez um levantamento sugestivo desses aspectos, ressaltando que na realidade há um verdadeiro fosso entre a prática e a doutrina. Por um lado, as pessoas dedicadas à prática processual têm, segundo ele, um ponto de vista excessivamente excludente: "As leis só lhes parecem ter utilidade como regulamentos dos interesses sociais; eles rejeitam como suspeitas as opiniões extraídas das teorias puramente especulativas, que não tenham sido formuladas por meio de discussões positivas dos tribunais ou que não tenham saído da poeira dos estudos. Fortalecidos pela verdade de que os exemplos sempre precederam as regras, de que os fatos sempre foram determinantes [...] e de que toda lei que contrarie diretamente o curso natural das coisas [...] é afetada por um germe de morte inevitável, eles resumem suas preferências apenas aos textos nos quais se encontre a marca viva e profunda deixada por esses interesses." Por um lado, a doutrina desprezava as questões práticas e se fechava em questões teóricas muito antigas, exercícios acadêmicos constantemente retomados: "Há certo número de questões acadêmicas, argumentos, soluções, teorias gerais que os autores se transmitem como moeda corrente há vários séculos. Esse é o acervo comum no qual as inteligências vão haurir suas páginas mais longas e mais fáceis." E esse autor acrescenta que mesmo as importantíssimas mudanças de legislação decorrentes da codificação não impediam de encontrar nesse acervo comum alguma matéria de fácil rejuvenescimento, enquanto havia numerosas questões importantes em termos de utilidade prática que não encontravam comentadores, não por falta de interesse científico, mas por total desafeição dos homens da doutrina.

No entanto, em meados do século XIX teve início o declínio da *escola da exegese*, instaurando-se o debate entre as pessoas que se dedicavam à doutrina e as que se dedicavam à prática da ordem judiciária. O trabalho da jurisprudência, muito lento, com seus tateios e guinadas, prestava-se muito bem a esse tipo de intercâmbio, e o *comentário jurisprudencial*, no qual a doutrina então se iniciou, serviu de meio de comunicação e de traço de união, tanto quanto os grandes tratados e talvez melhor. Assim, tiveram início controvérsias entre magistrados, advogados e outras categorias dedicadas à prática judiciária, por um lado, e a doutrina acadêmica, por outro, controvérsias frequentemente frutíferas e às vezes sem resultados. Na mesma época, talvez sob essa influência, surgiam na doutrina novas correntes que, ao lado da corrente tradicional da exegese, davam origem à *escola científica*. O interesse voltava-se para a interpretação do direito privado positivo e para o estudo científico da jurisprudência. No fim do século XIX, descobrindo a amplitude da evolução do direito civil tanto na legislação quanto na prática, desde o Código de 1804, a doutrina passou a ter dois tipos essenciais de preocupação: a interpretação da lei em relação à jurisprudência; a evolução geral do direito e o conflito com o espírito do sistema estabelecido no início do século.

Desde meados do século XX, as posições doutrinárias evoluíram perceptivelmente. Em primeiro lugar, no plano puramente teórico, o debate continua aberto. Diante da dificuldade desse empreendimento, não se procura realmente definir a prática nem fazer seu inventário completo, continuando-se a opor *prática* a *teoria* através de noções não especificamente jurídicas, ao mesmo tempo que se atribui abertamente à prática um papel de criação de direito, quer se trate da jurisprudência consagrada como nova fonte de direito (às vezes a jurisprudência da Corte de Cassação é apresentada como uma "jurisprudência legislativa"), quer da prática notarial. Mas, especialmente no que se refere à jurisprudência, mesmo admitindo esse aspecto como uma realidade, os autores sentem muita dificuldade para analisá-la, e as teorias se sucedem (*positivismo, sociologismo, neopositivismo*), sem conseguirem encerrar o debate de maneira satisfatória. Em segundo lugar, essa visão doutrinária nova acabou por impregnar o ensino, uma vez que os trabalhos dirigidos frequentemente se baseiam na análise de atos da prática, e o ensino ou mesmo os diplomas especializados estão em grande parte orientados para o ingresso na vida profissional, sendo também oferecidos por pessoas que se dedicam à prática. Por fim, a doutrina apresenta análises sociológicas de novas formas de intervenção da prática. Uma primeira grande distinção separa prática *contenciosa*, encarregada sobretudo da defesa dos direitos no aparato judiciário, e prática *não contenciosa*, orientada essencialmente para serviços de consultoria, negociação e redação de atos jurídicos; a importância dessa distinção aumentou com o desenvolvimento profissional da *consultoria jurídica*. Nessa mesma orientação de aconselhamento, encontram-se as formas de *prática social* do direito ou de *prática popular* do direito. Organismos privados ou paragovernamentais esforçam-se por facilitar o acesso ao direito (informações, consultoria gratuita) por parte de pessoas desfavorecidas por motivos culturais ou financeiros, ou, na maioria das vezes, por ambos. As dificuldades econômicas e os movimentos de imigração contribuíram para desenvolver esse fenômeno novo.

› CARBONNIER J., *Sociologie juridique*, 1972; *Flexible droit*, 8ª ed., 1988. – HILAIRE J., *La Science des notaires. Une longue histoire*, Paris, PUF, "Droit, Éthique, Société", 2000. – ZÉNATI Fr., *La Jurisprudence*, Méthode de droit, 1991. – Col.: *Le Rôle de la pratique dans la formation du droit*, Travaux de l'Association Henri-Capitant, Journées suisses, t. XXXIV, 1983.

Jean HILAIRE

→ Ato; Autoridade; Usos e costumes; Direito consuetudinário na França; Fórmulas; Jurisprudência; Métodos do juiz; Notários; Precedente.

PRECEDENTE

Precedente é mais que antecedente. Pressupõe uma anterioridade, mas também uma confrontação com um novo fato ou uma nova situação sobre os quais ele exercerá certa influência. Em matéria jurídica, segundo o *Vocabulário jurídico Capitant* (ed. G. Cornu), trata-se de uma decisão ou de um comportamento tomado como referência para uma decisão que deverá ser tomada ou para um comportamento que deverá ser adotado. Diz-se que uma prática administrativa, uma decisão ou um julgamento tem valor de precedente. Que valor? Procura-se determinar esse valor concentrando-se no caso das decisões de justiça. Qual é então o valor de uma decisão proferida por uma jurisdição (normalmente uma jurisdição superior) para o juiz encarregado de dirimir um litígio semelhante? No mundo da *common law*, fala-se da regra do precedente ou do *stare decisis* (e *quieta non movere*, para dar a fórmula completa).

É preciso fazer a distinção entre os precedentes que têm valor obrigatório e os precedentes que só têm valor persuasório. Os primeiros pressupõem que o juiz não só dirime o litígio que lhe é submetido, mas também, eventualmente, dita a regra necessária para sua solução, regra que poderá vincular os juízes ulteriormente constituídos em litígios semelhantes: é o que pode ocorrer nos direitos de *common law*. O precedente é apenas persuasório quando pode servir de modelo não obrigatório para o segundo juiz. É, normalmente, o que ocorre nos direitos romanistas. É também o que se observa nos países de *common law* quando as condições do caráter obrigatório do precedente não são observadas. O juiz poderá inspirar-se naquilo que tiver sido dito *obiter dictum* por um juiz famoso, por um juiz de uma jurisdição inferior – fala-se então de precedente ascendente – num julgamento emanado de uma jurisdição estrangeira ou mesmo de outro estado num Estado federativo, tal como os Estados Unidos. O precedente não obrigatório também pode ser aplicado por analogia. E às vezes é difícil distinguir entre precedente obrigatório, quando lhe é dado amplo alcance (uma *ratio decidendi*), e precedente não obrigatório aplicado por analogia. A importância da regra do precedente depende de vários fatores: composição das jurisdições, formação dos juízes, maior ou menor desenvolvimento das sentenças, caráter anônimo ou personalizado da decisão, publicação e conhecimento dos precedentes. A informatização das decisões judiciárias não deixará de criar dificuldades. Também conta o número de decisões proferidas pelas jurisdições superiores. Cabe lembrar o *Judicial Committee* da Câmara dos Lordes, que corresponde mais ou menos à Corte de Cassação francesa, que profere uma centena de decisões por ano.

A regra do precedente na Inglaterra

Esse é o exemplo mais completo do funcionamento da regra. Esta foi moldada com o tempo pelos próprios juízes. Ela aparece, assim, como uma autolimitação destinada a evitar a arbitrariedade ou o ativismo do juiz, a conferir certa coerência às decisões de justiça e a garantir a segurança das relações jurídicas. Durante muito tempo, a regra foi justificada pela chamada teoria declaratória da *common law*. Esta seria preexistente, e o juiz não a criaria, apenas a declararia. Evidentemente, é pura ficção. Pode-se enunciar a regra inglesa do seguinte modo: Toda regra de direito empregada por um juiz para a solução de determinado litígio tem força obrigatória e deve ser observada pelos juízes inferiores ou, às vezes, pelos juízes de mesmo nível. Deve-se notar a necessidade de ter havido um litígio. Além disso, para resolvê-lo, o juiz inglês não utiliza fórmula geral: não há considerandos de princípio em direito inglês, muito menos decisões regulamentadoras. Toda uma teoria do precedente já nasceu complexa em razão da organização judiciária do Reino Unido. Nem sempre é fácil saber se determinado precedente é obrigatório ou não. Uma importante declaração do Lorde Chanceler de 1966 proclamou que a Câmara dos Lordes poderia deixar de observar seus próprios precedentes por razões graves. Aliás, ela só o fez muito raramente. Aqui nos limitaremos a indicar os aspectos mais importantes.

Em primeiro lugar, o caráter hierárquico de seu funcionamento: o precedente ascendente só tem valor persuasório. E se, desde 1966, a Câmara dos Lordes já não se considera vinculada por seus próprios precedentes, a *Court of Appeal* (única para a Inglaterra) continua. Ademais, uma única decisão vale como precedente. Não há necessidade de uma jurisprudência estabelecida. Por fim, não há revogação dos precedentes por obsolescência – pelo menos em teoria (pois pode haver esquecimentos mais ou menos voluntários). O precedente só desaparece quando é derrubado (*overruling*) por uma jurisdição mais elevada (ou por iniciativa da Câmara dos Lordes), ou seja, pelo Parlamento que, com uma lei, corrige a solução da *common law*.

A ação da regra é comandada sobretudo pela técnica da determinação do fundamento da regra posta (procura da sua *ratio decidendi*) e da arte das distinções (*distinguishing*). A decisão de cada juiz inglês (cada um dá suas razões) é longa, não estruturada e muitas vezes prolixa. Essa busca da *ratio decidendi*, por oposição ao que foi dito *obiter* (os *obiter dicta*), às vezes comparada aos meios que constituem o sustentáculo necessário do dispositivo do direito francês, constitui o essencial da análise da decisão, feita pelo juiz subsequente. Ela possibilita o *distinguishing*, ou seja, a possibilidade de descartar decisões próximas, mas às quais falte um elemento de fato essencial. Há aí toda uma casuística que possibilita ao juiz não adotar as decisões consideradas censuráveis, limitando-as ao extremo. Isso confere certa flexibilidade ao sistema, principalmente porque a distinção entre *ratio* e *dicta* é bastante vaga e está estreitamente ligada às circunstâncias de fato (ver abaixo). Não têm força de precedente as decisões proferidas "*per incuriam*", ou seja, que não observem uma lei ou um precedente, ou as decisões contraditórias.

A apreciação feita sobre a regra na Inglaterra apresenta muitos contrastes. Para alguns, tal como Goodhart (num célebre artigo de 1936), a regra é ruim. Ela faz do juiz um escravo do passado e um déspota para o futuro. A primeira afirmação deve ser relativizada, pois não é muito comum que o juiz, por meio do *distinguishing*, não possa destruir um precedente desagradável a ponto de limitá-lo estritamente aos fatos da espécie. E a Câmara dos Lordes pode descartar abertamente um precedente considerado obsoleto. E o juiz não é um déspota, uma vez que sempre exerce sua *judicial restraint*, evitando as fórmulas excessivamente gerais e os considerandos de princípio. A crítica mais fundamentada diz respeito à interpretação da lei, por sua vez submetida à regra do precedente. A primeira interpretação dada prevalecerá, e não se concebe interpretação evolutiva da lei, o que acarreta modificações legislativas frequentes. Para outros, a regra do precedente é uma feliz transação entre flexibilidade e segurança do direito. Mas essa transação só é possível em razão da particularíssima estrutura da justiça inglesa.

Aplicação mais flexível da regra do precedente nos Estados Unidos

A técnica é a mesma, com a diferença de que se fala de *holding*, e não de *ratio decidendi*, mas as condições de aplicação são muito diferentes, donde certa indefinição. Há razões estruturais: os 50 estados soberanos, mais o Estado federal, o que restringe o alcance do precedente obrigatório, que se limita ao sistema no qual ele foi proferido: uma decisão da Corte Suprema da Califórnia não pode vincular um juiz texano. Há também o número considerável de decisões proferidas. Já a Corte Suprema federal nunca se considerou vinculada por seus próprios precedentes; e, quando estatuiu em matéria de controle da constitucionalidade das leis, frequentemente – mas nem sempre – deu mostras de ousadia. E o juiz americano, muito mais do que o juiz inglês, sente uma vocação mais dinâmica em relação ao direito e tem uma abordagem mais realista dos problemas jurídicos. Disso resulta uma aplicação diferente da regra, que, aliás, varia de acordo com a posição do juiz na hierarquia judiciária e também segundo as matérias (direito constitucional ou direito penal, por exemplo). O juiz nunca é vinculado por seus próprios precedentes e pode rejeitar um precedente único que considere inadequado. Acima de tudo, levará em conta o número de decisões num sentido ou noutro: fala-se então em *majority* ou *minority rule*, e uma regra apoiada por grande número de juízes em estados diferentes (inclusive os maiores) terá um peso considerável. Deve-se notar também que, para remediar as consequências desagradáveis da retroatividade das viradas, os juízes americanos imaginaram o *prospective overruling*, técnica que consiste em declarar que, na vez seguinte em que for provocada, a jurisdição se reserva a possibilidade de revisar sua posição anterior. Conforme ressaltou A. Tunc, a regra do precedente nos Estados Unidos se aproxima da autoridade da jurisprudência na França.

Força obrigatória do precedente e autoridade da jurisprudência

Para alguns, há uma oposição irredutível entre a regra do precedente, tal como aplicada pelo sistema de *common law*, e a autoridade da jurisprudência no sistema romanista (Goodhart, Cappelletti); para outros (Zweigert e Kötz), a diferença não é tão sensível na prática, e há até um movimento de convergência. Na realidade, tudo é questão de nuances. Em primeiro lugar, há uma grande diferença teórica. O juiz francês, embora encurralado entre o artigo 4º, que lhe impõe estatuir mesmo em caso de insuficiência ou de ausência de texto escrito, e o artigo 5º, que proíbe decisões regulamentadoras, tem total liberdade teórica em relação aos precedentes jurisprudenciais, ao passo que o juiz inglês é vinculado por estes. Mas é preciso relativizar, principalmente em razão do modo de formular a regra que vai ser usada. O juiz francês pode enunciar uma decisão de princípio que se apresente como regra legislativa, com vocação geral e impessoal, portanto capaz de ser aplicada nas causas ulteriores semelhantes. O juiz inglês se limitará a proferir a solução exigida pelos fatos, deixando que seus sucessores julguem se os fatos presentes num novo litígio exigem a mesma solução. De qualquer modo, todo juiz inferior sempre tende a adotar o que foi decidido por um juiz superior, seja por inércia, seja por receio de ver sua decisão reformada. As jurisdições superiores, por sua vez, repugnam as viradas jurisprudenciais, pois não gostam de contrariar julgamentos anteriores. Isso ocorre nos dois sistemas, salvo algumas nuances. O verdadeiro ponto de divergência está na possibilidade de resistência das jurisdições inferiores. Ela é inconcebível na vigência da regra do precedente. O juiz inferior é obrigado a aplicar o precedente, tal como é obrigado a aplicar a lei, a não ser que diga em sua sentença que o faz a contragosto (*judicial regrets*). Na França, é perfeitamente legítimo um tribunal de recursos rebelar-se contra uma decisão de princípio da Corte de Cassação, esperando que esta mude de jurisprudência ou que haja intervenção de uma lei. Mas elas o fazem raramente. E um juiz de primeira instância precisa ser muito ousado para fazê-lo. Portanto, as diferenças estão mais nas nuances do que numa oposição fundamental.

Como então avaliar cada um dos sistemas? Os juristas romanistas acusam a regra do precedente de enrijecer demais o direito. É verdade que, por sua vez, os *commonlawyers* consideram que a codificação é que enrijece o direito. Evidentemente, o juiz inglês tem meios para livrar-se de precedentes desagradáveis, mas esses meios nem sempre são eficazes. Por outro lado, a regra do precedente pode ser um fator de incerteza, pois não é fácil depreender a *ratio decidendi* de uma decisão proferida por cinco ou até sete juízes, todos muito prolixos. Mais importante ainda é a incidência da regra do precedente sobre a própria estrutura do direito. Este se apresenta como um conjunto de regras esparsas e mal coordenadas. Conforme ressaltava Max Weber, ela constitui um obstáculo à racionalização do direito. Além disso, leva o jurista a raciocinar por indução, para encontrar a regra através de todas as decisões em jogo, em vez de proceder, como jurista romanista, por dedução a partir de uma regra geral. Cabe acrescentar que ela reforça o conservadorismo inato do jurista, obrigando-o a olhar sempre para trás e a não subverter o passado: *quieta non movere*...

› As introduções ao direito inglês e ao direito americano, em inglês ou em francês, contêm um desenvolvimento sobre a regra do precedente. A obra de referência é: R. Cross e J. W. Harris, 4ª ed., Oxford, 1991. Algumas referências recentes de autores não oriundos da *common law*: CAPPELLETTI M., "The Doctrine of Stare Decisis and the Civil Law: A Fundamental Difference or no Difference at All?", in *Festschrift fur Konrad Zweigert*, Tübigen, 1981, pp. 381 ss. – FLAUSS-DIEM S., *La Règle du précédent en droit anglais*, tese, Estrasburgo, 1985. – RIGAUX F., "Une machine à remonter le temps: la doctrine du précédent", in *Temps et droit. Le temps a-t-il pour vocation de durer?*, org. F. Ost e M. Van Hoecke, Bruxelas, 1998, pp. 55 ss. – TUNC A., "The not so Common Law of England and the US or Precedent in England and in the US, A Field Story by an Outsider", *Modern Law Review*, 1984, pp. 150 ss. – ZWEIGERT K. & KOTZ H., *Introduction to Comparative Law*, trad. Weir, 2ª ed., Oxford, 1992, pp. 267 ss.

Denis TALLON

→ *Common law*; Estados Unidos; Fontes do direito; Inglaterra; Jurisprudência.

PREÇO

É difícil dar uma definição jurídica de preço que valha para o conjunto do direito, pois a palavra não tem exatamente o mesmo significado nas diferentes legislações que a utilizam.

Numa acepção muito geral, pode ser definido como a contrapartida monetária da compra de um bem ou serviço. É pago pelo adquirente (comprador) ao fornecedor (vendedor).

Importância da questão

Assim como o salário, o preço é o dado econômico mais imediatamente perceptível pelo comprador e pelo vendedor. Seu nível e suas variações sempre foram muito sensíveis: quantas conturbações não foram provocadas pelo "alto custo de vida" e pela elevação dos preços (especialmente os dos produtos de primeira necessidade, sobretudo alimentares) ou por sua grande queda! É muito antiga a reflexão sobre o "preço justo", aquele que permite ao produtor remunerar o capital investido e viver decentemente, e ao comprador encontrar no mercado os bens que lhe são necessários em condições razoáveis (cf. Tomás de Aquino no século XII). A essa perspectiva individual de justiça comutativa soma-se, sobretudo a partir do século XVIII, uma visão global do processo de formação dos preços: é devida especialmente a Adam Smith (1723-90) a ideia de que o preço garante o equilíbrio entre a oferta e a procura. David Riccardo (1772-1823) considera que o preço é a remuneração do trabalho necessário à produção do bem (teoria do valor-trabalho) e Karl Marx (1818-83), o considera como remuneração da força de trabalho dos operários (a diferença em relação ao trabalho efetivamente fornecido, que constitui a "mais-valia" de que se apropriam os capitalistas); contrariamente à concepção liberal dos estudiosos anteriores, este último conclui que só uma revolução possibilitará aos proletários recuperar essa mais-valia. A doutrina econômica do século XX atribui ao preço menos importância do que antes; para John Maynard Keynes (1883-1946), o preço é inelástico na demanda; marcada pelas crises econômicas, das quais a inflação é apenas um aspecto, essa doutrina dilui seu estudo numa análise da moeda, da situação econômica de conjunto e dos meios que os poderes públicos têm para melhorá-la. No entanto, a Escola neoliberal atualmente dá primazia à liberdade dos preços, para promover a concorrência.

Qualificações jurídicas

O preço é um elemento de qualificação de alguns contratos. Assim, sem preço não pode haver venda (no sentido do artigo 1.582 do Código Civil francês), pois o preço é o objeto da obrigação do comprador. Uma convenção que transfira a propriedade de uma coisa sem ensejar como contrapartida o pagamento de um preço não pode ser uma venda: é o que ocorre com a doação ou com uma cessão em troca de uma soma simbólica que não possa ser considerada como preço. Em direito administrativo, o preço pago pela Administração caracteriza o contrato de fornecimento de bens e serviços e o opõe à delegação de serviço público, na qual a remuneração do delegatário deve ser substancialmente paga pelos resultados da exploração do serviço (CE, 11 de dezembro de 1963, *Ville de Colombes*; 15 de abril de 1996, *Préfet des Bouches-du-Rhône*). O fato de a receita do serviço público provir significativamente dos valores pagos pelo usuário constitui um indício a favor da qualificação industrial e comercial do serviço; em compensação, o financiamento garantido principalmente pelo contribuinte, através do orçamento público, é um dos indícios que marcam o serviço público administrativo.

O que devemos entender por preço? As qualificações divergem de acordo com as legislações aplicáveis. No direito civil da venda, ele tem uma acepção bastante precisa e rigorosa, decorrente de seu caráter necessariamente monetário; assim, na falta de uma contrapartida expressa por uma soma em dinheiro, não constituem vendas os contratos de troca ou de aporte em sociedade, os contratos de pensão alimentícia e a dação em pagamento, ainda que a jurisprudência às vezes os trate de maneira idêntica. No direito dos serviços públicos, o vocabulário é mais impreciso: estritamente, o valor pago pelo usuário (exceto nos raros casos em que o serviço é gratuito) não é preço, mesmo quando resultante de uma tarifa, mas sim taxa fiscal ou parafiscal, ou *royalty*. A primeira, cuja cobrança deve ser autorizada por lei e em geral não tem nenhuma relação com o valor do serviço fornecido, não pode ser considerada como preço. Em compensação, nada impede que a segunda (ou remuneração por serviços prestados), que em princípio deve corresponder ao custo do serviço, seja vista como o preço deste último. Mas a distinção entre taxa e *royalty* muitas vezes é difícil de estabelecer. É no direito da concorrência que o preço recebe sua acepção mais ampla: enquanto as taxas não são preços no sentido da ordem nº 86-1.243 de 1º de dezembro de 1986, relativa à liberdade de preços e da concorrência (hoje codificada no novo Código do Comércio francês), todas as outras formas de remuneração que constituam a contrapartida direta do fornecimento de bens e serviços são passíveis de entrar em seu campo de aplicação: preço em todas as suas formas, honorários das profissões liberais, *royalties*, tabelas fiscais, tarifas. Mesmo os pedágios nas rodovias foram considerados pelo Conselho de Estado francês como preço, apesar da situação unilateral (e não contratual) dos usuários. Em compensação, as somas que não constituem contrapartida de uma compra de bens ou serviços não são preços (salários, indenizações por desapropriação, dividendos pagos por uma sociedade a seus acionistas...).

Liberdade de preços

Na França, o controle dos preços pelas corporações e pelos poderes públicos (política de preços) remonta ao Antigo Regime, que se inspirava no mercantilismo e nas teses de Jean Bodin (1529-96). Essa tradição só foi desmentida no século XIX. Desenvolveu-se no século XX. A ordem nº 45-1.483 de 30 de junho de 1945, relativa aos preços, dava ao ministro das Finanças o poder regulamentar em matéria de preços. A interpretação muito ampla dada a esse texto pelo Conselho de Estado possibilitava que esse ministro tomasse medidas extremamente diversas e de amplitude variável segundo as circunstâncias, podendo chegar ao congelamento ou mesmo à baixa autoritária dos preços. O ministro podia agir sozinho, sem sequer remeter-se ao chefe do Estado ou do governo, o que frequentemente provocou sérias dificuldades políticas.

Uma mudança considerável foi ensejada pela ordem acima citada de 1º de dezembro de 1986 (o recurso a uma ordem, como em 1945, mostra que o Parlamento não teve a oportunidade de debater textos fundamentais relativos aos preços e à concorrência). Seu artigo 1º, § 1º, dispõe: "A ordem nº 45-1.483 de 30 de junho de 1945 é revogada. Os preços dos bens, produtos e serviços anteriormente decorrentes da referida ordem passam a ser livremente determinados pela ação da concorrência" (art. L 410-2 C. Comércio). Esse texto – no qual o legislador se refere, curiosamente, a um fenômeno econômico – liga estreitamente o regime jurídico dos preços ao direito da concorrência, a tal ponto que é difícil identificar com precisão o que faz parte da política de preços em sentido estrito. A partir daí, o princípio é que os poderes públicos devem abster-se de intervir nos preços e muito mais de fixá-los: cabe aos "operadores" do mercado determinar livremente seu nível. No entanto, o controle de preços não desapareceu inteiramente. Por um lado, diante de altas ou baixas excessivas de preços, o governo pode tomar "medidas temporárias justificadas por uma situação de crise, por circunstâncias excepcionais, por uma calamidade pública ou por uma situação manifestamente anormal do mercado em determinado setor" (art. 410-2 C. Comércio); assim, os preços de venda no varejo dos produtos do petróleo foram regulamentados durante a "Guerra do Golfo" em 1990. Por outro lado, continuam existindo medidas permanentes, em virtude da própria ordem ou fora de seu campo de aplicação. O mesmo texto autoriza a regulamentação dos preços por decreto do Conselho de Estado "nos setores ou nas zonas onde a concorrência pelos preços é limitada em razão de situações de monopólio, de dificuldades prolongadas de abastecimento, de disposições legislativas ou regulamentares"; é o que ocorre com as corridas de táxi, os transportes urbanos, os refeitórios escolares, a eletricidade (mas, como aplicação das diretivas comunitárias, foi iniciada uma liberalização com a Lei nº 2.000-108 de 10 de fevereiro de 2000), o gás e os pedágios nas rodovias. Leis específicas possibilitam que os poderes públicos fixem o preço do tabaco e os preços de numerosos produtos e serviços médicos ou farmacêuticos, especialmente os dos medicamentos reembolsáveis pela Seguridade Social. Também continuam controlados os honorários dos funcionários públicos e judiciários (pelo menos para os atos cumpridos no âmbito de seu monopólio), o preço dos transportes ferroviários e – segundo modalidades complexas que se esforçam por dar margem à ação do mercado – os aluguéis dos imóveis destinados à moradia e dos arrendamentos rurais. Outrossim, as tarifas dos serviços públicos objeto de delegação estão submetidas ao controle da administração concedente.

O preço dos produtos agrícolas deve levar em conta mecanismos comunitários de intervenção, instituídos dentro da política agrícola comum. O caso do livro merece menção especial. Para proteger o circuito de distribuição livreira, a Lei nº 81-766 de 10 de agosto de 1981, chamada de "Lei Lang", obriga o editor ou importador a fixar para cada obra um preço de venda no varejo ("preço único") que, salvo exceções e a possibilidade de desconto de 5%, deve ser praticado em todo o território nacional. As implicações culturais da Lei Lang convenceram a Corte de Justiça das Comunidades Europeias a abrandar seu habitual rigor em relação às medidas que alterem a concorrência: ela julgou que o direito comunitário se adaptaria a tal lei. Embora não se trate de um controle de preços, deve-se notar que o INSEE estabelece um índice trimestral do custo da construção (base 100: quarto trimestre de 1953) e um índice mensal de preços ao consumidor (base 100: 1998), que são publicados no *Journal officiel*. Por fim, deve-se notar que o artigo L 112-2 do Código Monetário e Financeiro que continha a lei de finanças para 1959 proibia as indexações com base no "nível geral dos preços" ou "no preço dos bens, produtos ou serviços que não tenham relação direta com o objeto do estatuto ou da convenção ou com a atividade de uma das partes". Segundo a Corte de Cassação, toda indexação proibida é atingida por nulidade absoluta, mas o juiz, buscando a comum intenção das partes, pode substituí-la por um índice que esteja em conformidade com a lei.

Preço e concorrência

Como vimos acima, o artigo L 410-2 do Código de Comércio submete a livre determinação dos preços à ação da concorrência. Portanto, cumpre fiscalizar a lealdade da concorrência. Ora, as práticas cartelistas proibidas pelo Código (e pelo Tratado de Roma) – pacto ilícito, exploração abusiva da posição dominante ou do estado de dependência econômica no qual se encontre um cliente ou um fornecedor – frequentemente utilizam os preços. O pacto entre empresas licitantes de contratos públicos ou privados que transmitam entre si informações sobre o preço que propõem, com o objetivo de dividir entre si os contratos, as listas de preços ou as tabelas divulgadas por organizações profissionais (especialmente ordens profissionais), incitando seus participantes a adotar as mesmas tarifas, bem como os preços exorbitantes fixados por uma empresa ou por uma série de empresas que exerçam influência determinante no mercado, a fim de eliminar um concorrente ou impedir que uma empresa nova entre no mercado, são práticas ilícitas frequentemente detectadas pelo Conselho da Concorrência. Este pode infligir a seus autores punições pecuniárias pesadíssimas. Sua decisão é passível de recurso de anulação perante o tribunal de recursos de Paris, cuja sentença pode ser objeto de recurso extraordinário perante a Corte de Cassação. O artigo 442-2 do Código de Comércio pune penalmente a revenda de um produto por preço inferior a seu preço de compra efetivo, e o artigo L 442-5 pune o ato de se impor caráter mínimo ao preço de revenda de um produto ou de um bem, ao preço de uma prestação de serviço ou a uma margem comercial. A "Lei Lang", acima citada, evidentemente derroga essa proibição no que se refere aos livros.

Qualidade e divulgação do preço

Segundo o artigo 1.583 do Código Civil francês, a venda "é consumada entre as partes, e a propriedade passa por direito ao comprador, desde que se convencionem coisa e preço, mesmo que a coisa ainda não tenha sido entregue, nem o preço, pago". Esse texto, cuja elegante redação cabe admirar, não implica que o preço deva ser objeto de barganha entre o vendedor e o comprador, basta que eles estejam de acordo sobre o preço. Além disso, obviamente esse acordo deve estar isento de vício de consentimento em ambas as partes.

Segundo o artigo 1.591 do Código Civil francês, "o preço de venda deve ser determinado e designado pelas partes". Mas, para a jurisprudência, o preço deve apenas ser determinável no momento da venda; segundo o artigo 1.592, aliás, ele pode ser determinado pelo arbitramento de um terceiro. Depois de quatro importantes decisões proferidas em 1º de dezembro de 1995 pela Assembleia Geral da Corte de Cassação, as convenções ("contratos padrão") que deem ensejo a execuções sucessivas ou a convenções de aplicação (tais como os contratos de fornecimento, distribuição, franquia etc.) já não são atingidas por nulidade absoluta quando não determinam o preço praticado ulteriormente; o poder que o vendedor tem de fixar sucessivamente esse preço não torna potestativa a obrigação do comprador; se o primeiro cometer um abuso na fixação desse preço, o segundo só poderá pedir a rescisão do contrato ou uma indenização. Além disso, o preço deve ser real (condição que veda as doações disfarçadas ou os "contratos de gaveta", praticados especialmente para burlar o fisco) e sério (condição que veda a venda a preço totalmente desproporcional em relação ao valor da coisa). O Código dos Contratos de Fornecimento de Bens e Serviços Públicos também comporta disposições relativas ao preço. Segundo o artigo 16, este pode ser unitário ("aplicado às quantidades realmente entregues ou executadas") ou prefixado ("aplicado a todo ou a parte do contrato, quaisquer que sejam as quantidades"). Em ambos os casos, "os contratos são firmados a preço definitivo", princípio que, no entanto, comporta exceções a favor de preços provisórios. O preço também pode ser fixo (invariável, quaisquer que sejam as condições econômicas) ou depender de condições de determinação expressamente previstas pelo contrato. O preço escapa ao poder de modificação unilateral de que dispõe a Administração em virtude das "regras gerais aplicáveis aos contratos administrativos", expressas pela jurisprudência do Conselho de Estado: o cocontratante tem direito ao respeito pelo equilíbrio financeiro do contrato, pelo menos enquanto não incidir culpa. Há cerca de trinta anos têm sido tomadas medidas numerosas e variadas a favor da divulgação dos preços. Essa preocupação de "transparência" hoje tem em vista proteger o consumidor e promover a concorrência. Assim, segundo o artigo L 113-3 do Código de Consumo francês, os profissionais, vendedores de produtos e prestadores de serviços devem dar aos consumidores informações sobre seus preços; estas são propiciadas na maioria das vezes por etiquetagem ou cartazes (cf. no mesmo sentido, a diretiva comunitária nº 98-6 de 16 de fevereiro de 1998). Nas relações entre profissionais, o artigo L 441-6 do Código de Comércio francês impõe ao produtor, ao prestador de serviços, ao atacadista e ao importador que comuniquem sua tabela de preços e suas condições de venda ao comprador que as solicite.

O direito do preço comporta regras muito diversas, com campos de aplicação muito variados. Hoje, tais regras são inspiradas por um princípio de liberdade, no qual o legislador deposita confiança para propiciar tanto a justeza individual do preço quanto sua eficácia micro ou macroeconômica. Mas essa visão liberal, que também se faz sentir no direito comunitário e em direito internacional, não significa a ausência de coerções legais: comporta sobretudo obrigações de "transparência" e lealdade para os atores do mercado. No entanto, seria preciso ser muito otimista para acreditar nessa liberdade definitiva: graves crises econômicas e sociais poderiam pô-la em xeque.

› BENABENT A., *Droit civil – Les contrats spéciaux*, Paris, LGDJ, 3ª ed., 1997. – COLLART-DUTILLEUL F. & DELEBECQUE Ph., *Contrats civils et commerciaux*, Dalloz, 4ª ed., 1998, nº 135 ss. – DELVOLVÉ P., *Droit public de l'économie*, Dalloz, 1998, nº 430 ss. – RENARD-PAYEN O., "Régime des prix et de la concurrence", *Jcl. adm.*, Paris, Litec, fasc. nº 290. – RICHER L., *Droit des contrats administratifs*, Paris, LGDJ, 2ª ed., 1999, nº 611 ss.

Didier TRUCHET

→ Concorrência; Economia e direito; Liberalismo; Pedágio; Venda; Vícios de consentimento.

PRERROGATIVA

Do latim *praerogativa*, que designava a centúria chamada a votar em primeiro lugar, o termo depois tomou, na língua clássica, o sentido de "primeira escolha", de "escolha prévia", mas também de "presunção favorável". Na época imperial, prerrogativa era sinônimo de "privilégio". A noção remete especialmente ao poder de dispensar a aplicação da lei; esse poder, oriundo de práticas romanas, depois foi integrado na esfera religiosa e finalmente achou lugar na esfera secular. Isso se mostra com muita clareza na Inglaterra, onde o surgimento e a evolução da noção estão intimamente ligados ao desenvolvimento da *common law*. Portanto, estudaremos aqui a prerrogativa apenas no contexto inglês, para depreendermos o que está em jogo na atribuição desse poder a uma autoridade estatal.

A noção, de fato, nasceu na Inglaterra, onde se mostra como uma categoria jurídica bastante heterogênea. Designa, em primeiro lugar, uma competência atribuída ao Executivo pela lei: poder de nomeação de autoridades judiciárias, magistrados, agentes administrativos e numerosos outros titulares de postos públicos; poder de criar novos pares, de atribuir títulos de nobreza e condecorações; poder de comandar as Forças Armadas; poderes exercidos em relação às câmaras, tais como convocar, dissolver ou prorrogar o Parlamento e conceder sanção régia aos projetos de lei; poderes relativos aos Negócios Estrangeiros, tais como declarar guerra e concluir tratados; poderes relativos ao sistema judiciário, como o direito de graça ou o poder de punir infrações à lei: a Coroa exerce numerosas funções em relação à justiça criminal; poder regulamentar ou poder normativo, que às vezes assume o caráter de poder de urgência e poder de cunhar moeda. Em segundo lugar, mostra-se como uma "reserva de autoridade" concedida a um órgão de Estado, ou seja, poder próprio, de conteúdo inteiramente indeterminado, exercido em função de um princípio exterior ao direito, portanto à Constituição, em vista da realização de certo objetivo. A prerrogativa, nesse caso, escapa a qualquer distribuição de funções realizada pelo texto constitucional entre os órgãos de Estado. É puro poder discricionário.

Origens medievais da noção

Nas origens medievais da prerrogativa, encontram-se dois tipos de fonte: o direito romano-canônico e o direito feudal. Assim, o cronista Matthieu Paris, em sua *Historia Major*, publicada em Londres em 1646, ressalta que Henrique III da Inglaterra (1216-72) teria recorrido pela primeira vez ao poder de dispensar da aplicação da lei em 1251, ao se prevalecer do uso que o papa fazia desse poder havia muito tempo. É verdade que os canonistas reconheciam a utilidade e a legitimidade dessa prerrogativa papal, desde que ela fosse empregada por justa causa ou justo motivo. Para os juristas medievais, admitir o poder régio de dispensa era admitir que a lei perdia seu caráter obrigatório em certos casos, nos quais sua estrita aplicação fosse contrária ao bem público e ao direito natural. O próprio Tomás de Aquino comparou a dispensa à noção aristotélica de *epieíkeia*, que possibilita corrigir os defeitos que o direito positivo possa apresentar. O exercício dessa prerrogativa, baseada na *plenitudo potestatis*, também remete à doutrina romana do caso de necessidade e de urgência, muito corrente na Idade Média e segundo a qual, em certas circunstâncias, o príncipe dispõe de um poder absoluto para salvar a *res publica*; em conformidade com a concepção medieval da realeza, que faz do monarca um justiceiro e um fiador da ordem que engendra a justiça cristã, também remete ao poder de "abrandar" a lei, suspendendo a execução da sentença ou perdoando o ofensor (direito de graça). Quanto às primeiras fontes feudais escritas da prerrogativa, surgem na Inglaterra já no século XIII. Assim, algumas cláusulas da *Magna Carta* visam a proteger sobretudo os barões dos abusos cometidos pelo rei no exercício de sua "prerrogativa de penhora" das terras possuídas pelos defensores da Coroa, depois de sua morte. A partir de 1066, a centralização realizada por Guilherme e seus sucessores contribuirá muito para fortalecer o poder monárquico no âmbito de aplicação de sua prerrogativa "natural", ou seja, a manutenção da paz pública, permitindo que o rei dispusesse de rendimentos permanentes que contribuirão para consolidar seu poder: direito feudal de transmissão de propriedade, direito de casamento ou de gozo dos bens dos filhos, prerrogativa de tutela, direito sobre o produto de exploração de minas de metais preciosos e das pedreiras, direito de lugar concedido em mercados, direitos alfandegários em portos e pedágios sobre rios navegáveis, direito sobre objetos de ouro ou prata encontrados (*tresure trove*). O termo *praerogativa* aparece pela primeira vez num texto intitulado *De praerogativa regis*, datado dos anos 1255-90, provavelmente um documento privado que os juristas compararão a um estatuto, documento que descreve a prerrogativa como um conjunto de privilégios feudais pertencentes exclusivamente à pessoa do rei. No entanto, a prerrogativa na Idade Média não se resume a isso. Em Bracton (1216-68), ela remete ao rei como *caput*, como entidade abstrata, ou seja, a um rei ideal, fonte de justiça. Em nome da plenitude do poder que lhe é conferido, na qualidade de vigário de Cristo, ele pode dispensar da lei, tal como o papa, e pode contrariar a lei para o bem público e a utilidade comum. Embora, no século XIII, não esteja muito clara a distinção entre a pessoa do rei e a entidade abstrata que ele representa, no século seguinte a Coroa aparecerá como a instituição permanente à qual os juristas associarão as prerrogativas régias. A partir daí será difícil questionar sua legitimidade. Em Fortescue (1394-1477), ela já não é apenas esse conjunto de privilégios atribuídos à pessoa do rei. Na realidade, ao lado desse conjunto de poderes, atribuídos pela lei à Coroa, ou seja, de poderes apreendidos como poderes de *common law*, a prerrogativa se mostra sobretudo como um verdadeiro "reservatório de autoridade" necessário a qualquer governo para controlar certas situações. Apenas a argúcia e a sutileza dos legistas farão que, na prática, todos os direitos e privilégios de que o rei estava investido em sua capacidade ideal fossem transferidos para o rei real.

Aspectos jurídicos da noção

A partir do século XVI, a prerrogativa possibilitará fundamentar o desenvolvimento da *equity*: os recursos ao rei por parte dos particulares frustrados pelas decisões de justiça proferidas pelas *courts of law* cresceram o suficiente para que ele se valesse de sua prerrogativa contra tais decisões. O Chanceler, por meio da simples injunção, também podia impedir que o demandante que tivesse obtido ganho de causa em regime de *common law* se valesse do julgamento. Por outro lado, na época dos Tudors, a Coroa, por uma série de estatutos, passará a ter em mãos as prerrogativas mais diversas nos campos legislativo, judiciário, financeiro e espiritual. Durante todo o século XVI, o poder régio não só conservará, como também ampliará muito os seus direitos feudais de prerrogativa, com a ajuda de comissões régias encarregadas de inquirir traições, conspirações ou eventuais felonias em relação ao rei. O cargo de "controlador da prerrogativa régia", criado por Henrique VII (1485-1509) para centralizar a organização desses inquéritos, possibilitou que o monarca implantasse um sistema financeiro eficiente, estritamente controlado e administrado pelas comissões.

Copiando dos teólogos a distinção entre "poder ordinário" e "poder absoluto" de Deus, os juristas tudorianos reuniram sob os termos "prerrogativa absoluta" e "prerrogativa ordinária" os poderes do rei em sua capacidade política, tal como o poder de "agir à discrição", especialmente em caso de urgência e em sua capacidade natural. A prerrogativa absoluta era não só inseparável da pessoa do rei, como também indiscutível dentro do Parlamento. Com essa distinção entre dois tipos de prerrogativa, o rei se mostrava detentor de um poder absoluto nas esferas em que a *common law* lhe dava inteira liberdade de ação, ao mesmo tempo que se mostrava submetido à lei. A prerrogativa lhe permitia, assim, complementar a *common law*.

No discurso jurídico do início do século XVII, a existência de uma prerrogativa "extraordinária", "soberana", "indiscutível" e "absoluta" é objeto de verdadeiro consenso, não só entre os conselheiros do rei, tais como Ellesmere e Bacon, mas também em Coke. Para Bacon, que, aliás, declara no Parlamento em 1610 que a prerrogativa régia é a lei e a principal parte da lei, assim como para Jaime I, a prerrogativa régia faz parte do direito. Assim, contrariamente ao que é sustentado pelo jurista Cowell, autor de um célebre dicionário de termos jurídicos e políticos publicado em 1607, reconhecer a existência de prerrogativas absolutas não era afirmar, necessariamente, a superioridade do rei sobre as leis, pois o monarca agia ordinariamente de acordo com as leis existentes. Assim como a cabeça só existe para o corpo, ele também devia respeitar suas próprias leis para oferecer aos súditos um modelo de conduta virtuosa. Portanto, não podia contrariar a economia geral da ordem no âmbito de seu poder ordinário. Em contrapartida, possuía uma "reserva de autoridade" que lhe permitia "agir à discrição" para o bem público em certas situações, portanto ir além da lei, para promover maior justiça e maior bem. A prerrogativa absoluta do monarca expressava-se assim, em princípio, de acordo com a ordem jurídica estabelecida, mas o rei sempre podia dispensar da lei e prescindir do consentimento do Parlamento em certos casos. Assim, no famoso caso *Bate* (1606), a distinção entre poder absoluto e poder ordinário do rei desempenhou papel fundamental na decisão dos juízes. Estes, invocando a prerrogativa absoluta do monarca no âmbito dos negócios estrangeiros (a regulamentação do comércio era considerada um dos ramos da prerrogativa), reconheceram que a Coroa tinha o poder de taxar a importação de mercadorias para manter equilibrada a balança comercial, proteger a indústria e o comércio nacionais. De fato, o direito de taxar a importação de mercadorias fazia parte da prerrogativa absoluta, pois em matéria de comércio internacional a *common law* não se aplicava. Portanto, a ação do rei, exercendo-se fora da *common law*, era incontrolável. Na maioria das decisões judiciais da primeira metade do século XVII, uma das questões centrais dizia respeito à relação entre a prerrogativa e os direitos dos súditos protegidos pela *common law*. O Chanceler Ellesmere estava convencido de que era preciso encontrar um equilíbrio entre poderes do monarca e direitos dos súditos. No famoso caso das *Proclamações* (1611), a decisão proferida vedava ao rei interferir por meio de sua prerrogativa nos direitos adquiridos: toda e qualquer modificação de direitos e liberdades dos súditos pelo exercício do poder regulamentar só podia então ocorrer em virtude de uma lei do Parlamento. O consenso sobre a questão da extensão, da natureza e dos limites da prerrogativa acabaria por se dissolver a partir de 1640, pois, apesar das proteções que a *common law* oferecia aos súditos, os Stuarts recorreram demais a esse poder para obterem subsídios sem a ajuda do Parlamento (caso Darnel em 1627 e caso do *ship money* em 1637). Em suma, já não existiam "barreiras jurídicas" para o abuso do poder de prerrogativa.

Aspectos políticos e filosóficos da noção

Na segunda metade do século XVII, já não era a própria noção que dividia *whigs* e *tories*, mas sim a sua utilização extremamente canhestra por parte dos Stuarts. O poder de dispensar da lei sem dúvida foi a prerrogativa que sofreu maior oposição durante o reinado de Carlos II (1660-85), pois ele permitia que o rei controlasse a lei. Embora, no plano jurídico, dificilmente fosse possível questioná-lo, ele contribuiu para provocar um clima de tensão que se intensificou no reinado de Jaime II (1685-88). A questão da legitimidade do poder de dispensa cedeu então lugar à questão do titular desse poder. Essa prerrogativa poderia ser exercida sem o consentimento do Parlamento? Enquanto os *tories* queriam preservar a autonomia do Executivo, os *whigs*, radicalizando suas posições na década de 1680, pretendiam criar meios de controle permanente da prerrogativa pelo Parlamento. Nos anos que precederam o *Bill of Rights*, eles interpretaram a dispensa ou a suspensão da lei como um atentado ao espírito da Constituição. No entanto, é preciso abster-se de reduzir as opiniões de *whigs* e *tories* sobre a questão à simples oposição entre absolutistas e defensores dos direitos individuais. A propósito, não é inútil ressaltar que Filmer e Locke não discordavam quanto à atribuição de tal poder ao rei, pois seu emprego se justificava pela impossibilidade de o legislador prever tudo. Por outro lado, em vista de seu caráter geral, a lei ignorava as circunstâncias particulares e mutáveis. Portanto, convinha temperar sua aplicação. Encontramos aí o princípio da *epieíkeia* ou *equity*. Por fim, no âmbito dos negócios estrangeiros, por exemplo, o Legislativo não conseguia responder pela unidade de direção e pela rapidez de ação necessárias em certas situações, o que legitimava o recurso à prudência de um órgão que estava sempre em atividade e em condições de tomar decisões rápidas. Contudo, embora Locke reconhecesse a prerrogativa do Executivo, era indispensável uma justa causa para seu exercício. Seu titular se expunha a sanções caso utilizasse esse poder em seu próprio interesse, ou seja, para outro fim que não fosse o bem público. Diante do poder extraordinário de prerrogativa que possibilitava preservar a autonomia do Executivo, Locke defendia a necessidade do controle permanente da prerrogativa pelo povo, no âmbito do *trust*. A prerrogativa mostra-se assim como um poder absoluto do ponto de vista jurídico, mas limitado do ponto de vista político. Com o surgimento da responsabilidade do Executivo no século XVIII, será vencida mais uma etapa: a prerrogativa encontrará lugar no desenvolvimento do regime parlamentar e passará para o Gabinete.

É possível comparar a prerrogativa ao direito de resistência, pois, tal como este, ela é exercida em nome de um princípio superior ao direito positivo. É não só uma competência, como também um poder discricionário que possibilita preencher as lacunas jurídicas, fazer o espírito ter primazia sobre a letra da lei ou violá-la, caso necessário. Como a lei é, acima de tudo, uma decisão, um "ato de governo", seu controle só pode ser um controle da finalidade do ato, ou seja, um controle dos objetivos. O Executivo devia agir muitas vezes com rapidez, defrontar a primazia do fato político sobre a norma, o que podia levá-lo a dispensar do direito ou mesmo a suspender a Constituição, se necessário. Por conseguinte, é fácil entender por que a noção também desempenhou papel central nas monarquias limitadas da Europa no século XIX e em algumas das grandes reflexões sobre o Executivo no século XX. Se a prerrogativa é uma noção perturbadora para o jurista, é por revelar com clareza a impossibilidade de o direito determinar inteiramente o seu exercício. Por um lado, sua delimitação não pode decorrer essencialmente de um mecanismo jurídico, mas sim de um mecanismo político. Por outro, não é necessário recorrer à habilitação para fundamentar a legitimidade do poder de prerrogativa, pois o Executivo em ação também extrai legitimidade da instituição que encarna e do objetivo que busca ao agir, ou seja, de um elemento exterior ao texto constitucional. O direito permite atribuir competências, ou seja, determinar os atos que um órgão pode realizar no exercício de suas funções. Ora, atribuir a prerrogativa a um órgão é atribuir-lhe um poder discricionário cujo exercício é, acima de tudo, ditado por exigências políticas. De qualquer modo, segundo expressão de Dicey, a prerrogativa deve satisfazer à "moralidade constitucional". Sua utilização, portanto, continua "guiada" por valores ou princípios constitucionais dominantes em dada época.

› ALLEN J., *Recherches sur l'origine et l'accroissement de la prérogative royale en Angleterre*, Paris, 1834. – CHITTY J., *A Treatise on the Laws of the Prerogative and the Relatives Duties and Rights of the Subjects*, Londres, 1820. – COMBE C., "Le pouvoir de dispense du roi: la prérogative dans l'Angleterre des XIIIe-XVIIe siècles", *Droits. Revue française de théorie, de philosophie et de culture juridique*, nº 25, abril 1997, p. 46. – J. DUNN, *La Pensée politique de John Locke*, Paris, PUF, 1991. – HOLDSWORTH W. S., *A History of English Law*, Londres, 10 vol., 1903-38. – LOCKE J., *Second traité du gouvernement civil*, Paris, PUF, 1993. – WORMUTH F. D., *The royal Prerogative*, 1603-1649, Nova York, Cornell UP, 1939.

Christine COMBE

→ Decisionismo; Equidade; Exceção, necessidade, urgência; Poder regulamentar; Truste.

PRERROGATIVAS SOBERANAS

As prerrogativas soberanas são os corolários inseparáveis da soberania pública; seu exercício supõe o poder de coerção que legitima a elaboração de normas jurídicas e de sanções, a fim de zelar por sua aplicação. Esses meios de coerção, fundamentos da paz social, são monopólio do detentor da soberania.

Já em 860, Carlos, o Calvo, confia comandos locais a condes que aproveitam a hereditariedade dos cargos para arrogar-se os atributos do poder público: suas ordens baseiam-se numa prerrogativa de jurisdição dos vassalos. Em 990--1028, eles perdem a coerção militar e judiciária usurpada por castelães aos quais os feudos deram o direito de arrecadar impostos, cunhar moedas, ter prerrogativas sobre heranças jacentes, sobre destroços e direito de albinágio. Paralelamente, as funções públicas régias se tornam hereditárias (Quierzy, 877), mas a concessão régia de imunidades priva os funcionários de seus poderes; quem recebe essas concessões perde suas prerrogativas soberanas. Tudo nega a noção de Estado; o feudalismo é sua antítese. A realeza não é uma força, mas continua sendo uma ideia. Serão necessários cinco séculos para que as prerrogativas soberanas voltem a ser apanágio do soberano real. A noção de utilidade pública, conceito romano, se impõe como a noção do *princeps imperator*. A primeira lista dos *jura regalia* surge em 1158 na Dieta de Roncaglia. O soberano pode legislar, arrecadar impostos, tem direito de propriedade sobre a costa marítima e as margens dos rios públicos. Os legistas provam a extensão do poder por meio das *regalia*. Beaumanoir afirma que o rei dita normas jurídicas para o "proveito comum" em tempo de guerra, excepcionalmente em tempo de paz. Em 1387, para Boutiller, o rei "faz ordenanças, ordena todas as constituições, perdoa todos os crimes, concede graças, legitima, alforria, enobrece, faz tudo o que compete ao direito imperial". Jean Ferrault (1520) classifica em vinte privilégios as marcas de soberania. As *regalia* justificadas prenunciam a ideologia absolutista. Segundo Bodin (1576), soberania é poder absoluto, perpétuo de um Estado; Guy Coquille apropriou-se da *majestas* dos juristas romanos, "o monarca não tem par em sua majestade real". Para Cardin le Bret (1632), "a soberania é tão indivisível quanto o ponto em geometria". As prerrogativas soberanas instauram progressivamente uma ordem pública uniforme no reino, expressa pelos três poderes do rei.

Já os legistas medievais afirmam que "a vontade do rei tem força de lei". Seu poder normativo tem como finalidade a polícia universal, instaura um direito público régio limitado pelo respeito às fontes tradicionais do direito privado e, quando for o caso, pelas moções de censura dos Parlamentos que passam do controle de legalidade para um controle de oportunidade: "O que quer o rei quer a lei", diz Loisel (1607). O rei faz, interpreta, muda a lei, expurga os maus costumes, codifica os procedimentos. As leis do rei chegam a controlar todas as normas jurídicas. Fonte de toda justiça, o rei a delega a oficiais que ele institui. Por meio da *prévention* e dos *cas royaux*, ele esvazia de conteúdo as justiças concedidas, reforma sentenças, exerce justiça em Conselho de Estado privado. Tem o direito de conceder graça, revoga o direito segundo o princípio *princeps legibus solutus est.* Controla a função judiciária. Chefe hierárquico da administração, o rei tem o poder de polícia geral: concede privilégios, autoriza corporações de ofícios, funda universidades, convoca e dirige reuniões dos Estados Gerais, provinciais, assembleias gerais do clero, investe intendentes. Credencia embaixadores, declara guerras, assina a paz, arrecada impostos diretos (talha, capitação etc.), indiretos (taxas sobre circulação de mercadorias, direitos de alfândega etc.). Tem o monopólio de emissão da moeda, expropria os particulares, tem o direito de albinágio sobre os bens dos estrangeiros. É o guardião da ordem pública legal interna e externa na qual o indivíduo sujeito de direito tem seu lugar. Depositário do interesse coletivo, ele o serve por meio de suas *regalia* que, com a ascensão dos filósofos do Iluminismo, vão escorregar de suas mãos para as da Nação, que se afirma como um todo indivisível com plena capacidade política. "A Nação é a origem de tudo, é a própria Lei" (Sieyès). É o culto da lei; a lei já não é ordenadora, mas vontade criadora. O poder normativo incumbe a uma assembleia eleita, e o rei só pode exigir obediência em nome da Lei que os juízes servem. A lei é infalível e ilimitada, é a expressão da nação soberana que substitui o mandato imperativo pelo mandato representativo.

A teoria da soberania confere ao Estado uma autoridade absoluta ilimitada que o põe acima da sociedade civil e de toda e qualquer lei humana. O Estado é a única fonte de direito e o único detentor da força material (tese monista). É uma esfera pública que encarna o interesse geral, que se traduz por regras derrogatórias do direito comum (fisco, forças armadas etc.). Ele é instância de regulação social, instância de dominação de uma oligarquia (Maquiavel), máquina de coerção repressiva (Marx). É um grupo de dominação política de caráter institucional cujos governantes reivindicam o monopólio da violência legítima (M. Weber). A paz social é garantida pela monopolização dos meios de coerção (forças armadas, polícia, justiça) caracterizadas por um elo indissolúvel entre a norma jurídica e a força material, sendo a primeira apoiada na segunda, que garante a execução de suas prescrições.

Na França, se 1789 cria a vontade geral e exalta a separação dos poderes (consagrada pelo art. 16 da Declaração dos Direitos do Homem e do Cidadão), quinze constituições (de 1791 a 1958) vão definindo, alternadamente, sua melhor repartição: os três poderes devem ser separados para que sejam garantidos os direitos fundamentais; isso significa impedir que uma mesma pessoa ou uma mesma assembleia possa reunir o exercício de vários poderes. As convulsões políticas e constitucionais do século XIX podem ser vistas como lutas entre concepções do exercício das prerrogativas soberanas nas mãos do legislador ou confiscadas pelo chefe de Estado. A Revolução francesa não consegue fundar uma ordem constitucional duradoura: monarquia constitucional, república incerta, sistema ditatorial. A República só se estabiliza para ser confiscada. A teoria da representação atribui o poder de fazer a lei a representantes eleitos por sufrágio censitário (1791, 1795, 1814, 1830) ou universal (1793, 1799, 1848, 1852, 1875, 1946, 1958). De 1814 a 1870, tem-se um jogo de relações conflituosas entre regime parlamentar e o sufrágio universal. A monarquia parlamentar (1814-48) implanta-se num sistema eleitoral censitário; a consagração do sufrágio universal (1848) põe em xeque o governo parlamentar com uma república presidencial que depois se torna Império. O efêmero império parlamentar de 1870 realiza a aliança entre o governo parlamentar e o sufrágio universal. A instabilidade perdura, relativizada pela administração centralizada e hierarquizada, herdada de Napoleão. A delicada questão da natureza da responsabilidade dos ministros é estreitamente ligada ao exercício das prerrogativas soberanas. A derrota militar de 1870 marca o começo do aparecimento de um consenso em torno da aliança entre República e governo parlamentar. A República parlamentar encerra a era de instabilidades políticas (Furet) e se impõe após 1945 como regime político. Em 1958, instala-se uma nova república que pretende ser ruptura e continuidade: referência à Declaração de 1789 que ganha valor constitucional em 1971, manutenção ao preço de importante mudança do regime parlamentar, ruptura com uma função presidencial fortalecida, cerne do regime (Debré). As prerrogativas soberanas continuam propriedade da nação, cujas modalidades de exercício são fixadas por seus representantes.

Ditar normas jurídicas: a iniciativa cabe às assembleias ou ao chefe do Estado; sua ratificação, ao governo; sua aplicação, à administração que, num Estado legal, só pode agir *secundum legem* (Carré de Malberg). No entanto, circunstâncias excepcionais podem justificar a dispensa do legislador (1793, 1958-art. 16). A prática dos decretos-leis e a extensão do poder regulamentar conferido ao governo aceleram o domínio da burocracia contrária ao Estado de direito, definido como um sistema de limitação em relação aos direitos individuais inalienáveis e sagrados. Embora, de 1789 a 1958, príncipes ou grupos tenham confiscado o poder de fazer a lei, eles sempre se ativeram àquilo que subsiste como aparência de decisão por parte dos representantes da nação soberana (Constituição do ano XII), enquanto não passavam de dóceis servidores. A justiça garante a preservação da ordem social. Exerce essa função por meio do temor, da persuasão, da punição. Ela faz do Estado o depositário da norma; a sanção é indissociável da aplicação do direito, ela realiza a sujeição à ordem legal. Dispõe de um grau de independência variável, e sua história é a história da confrontação com os governantes. Ela é a autoridade posta sob o controle do Poder Executivo, e o chanceler influi no funcionamento do aparelho judiciário. A justiça controla a administração, mas precisa da ajuda da força pública para executar suas sentenças. As forças armadas protegem tradicionalmente a soberania e a integridade territorial contra as agressões externas. Exprimem o poder do Estado e, por essa razão, mostra-se como o supremo fiador da ordem pública. As forças armadas, em princípio, estão política e juridicamente submetidas, mas podem ser um fator de adaptação que possibilita superar barreiras estruturais (18 de brumário). A administração está no cerne do Estado, ocupa lugar privilegiado, porque encarregada de instrumentalizar a coerção; torna o Estado tangível. Sem ela, leis, decretos e sentenças ficam desprovidos de ação sobre a realidade. Em princípio, está subordinada aos eleitos: exerce seu monopólio a serviço da nação sob o controle de seus representantes. A administração, vinculada pelo princípio de legalidade, tem competências limitadas pela hierarquia das normas jurídicas. Está, assim, sob a autoridade do Executivo. Segundo o regime, privilegia-se a democratização – e ela é exercida pelos eleitos (1790) – ou a profissionalização – e ela incumbe aos funcionários públicos. As prerrogativas soberanas exercidas em nome da Nação soberana mantêm a ordem, a segurança, a confiança, a garantia dos direitos fundamentais. O Estado é a encarnação da ideia de direito; é o único ordenador de uma ordem jurídica estatal, cuja manifestação são as prerrogativas soberanas, transformadas em prerrogativas de poder público.

› CARRÉ DE MALBERG R., *Contribution à la théorie générale de l'État*, Paris, 1922. – DUGUIT L., *Traité de droit constitutionnel*, Paris, 1927-28. – HAURIOU M., *Précis de droit constitutionnel*, Paris, 1929. – GENET Ph. (dir.), *L'État moderne: genèse, bilans et perspectives*, Paris, 1990. – MORABITO M. & BOURMAUD D., *Histoire constitutionnelle et politique de la France* (1789-1958), Paris, 1991. – RIGAUDIÈRE A., *Introduction historique à l'étude du droit et des institutions*, Paris, 2001. – VERPEAUX M., *La Naissance du pouvoir réglementaire, 1789-1799*, Paris, 1991. – WEBER M., *Le Savant et le politique*, 1959.

Catherine LECOMTE

→ Administração; Assembleias de Estados; Ato de governo; Constituição e direito constitucional; Contrato social; Direito e política; Forças armadas; Hierarquia das normas; Imposto; Justiça; Legitimidade; Lei.

PRESA (Direito de)

O direito de presa é um direito muito antigo, que sempre foi considerado uma instituição jurídica essencial da guerra marítima. Ele permite que um Estado beligerante se aproprie do comércio privado do Estado inimigo ou neutro. Suscitando justificações diferentes segundo os tempos e os autores, manteve-se apesar das vivas controvérsias que provocou; também se enriqueceu com essas contribuições jurídicas sucessivas, tornando-se um direito técnico, elaborado e preciso. No entanto, às vezes apresenta aspecto paradoxal na atualidade, pois autoriza a apreensão de bens privados, inimigos ou neutros, ao mesmo tempo que, a partir das duas últimas guerras mundiais, o conjunto do direito internacional humanitário elaborou-se no sentido de proteger as vítimas civis da guerra e, subsidiariamente, os bens dos particulares. A evolução do direito de presa permite compreender o longo amadurecimento histórico desse direito complexo que, ao mesmo tempo, está estritamente enquadrado do ponto de vista jurídico e é desconcertante do ponto de vista humanitário.

O De Iure Praedae Commentarius (1605) de Grócio

Já praticado de modo mais ou menos consuetudinário até o século XVI, no início do século XVII o direito de presa recebeu sua primeira sistematização completa, com o *De Iure Praedae Commentarius* do jurisconsulto holandês Hugo Grócio. Embora Grócio só tenha publicado seu XII capítulo – mais conhecido com o nome de *Mare Liberum* –, o texto de 1605 ilustra de modo exemplar as discussões jurídicas espinhosas e controvertidas que essa instituição do direito de presa pode provocar. A origem do texto foi a presa de um navio português, o *Catharina*, por um navio da Companhia Holandesa das Índias Orientais. Essa presa, que fora levada para a Holanda para ser julgada segundo as velhas leis do "droit de proye", ensejou um contencioso jurídico importante no qual Grócio desempenhou o papel de defensor dos interesses da Companhia. O objeto do texto de 1605, portanto, é realmente o direito de presa ("droit de proye"), mas a argumentação do jovem Grócio para defender sua validade é impressionante e implacável, pois se baseia numa análise completa, rigorosa e parcialmente inovadora da teoria escolástica tradicional da guerra justa (P. Haggenmacher, p. 199). Grócio estabelece assim uma ligação direta entre o direito de presa e a guerra justa, por meio da noção de justa presa (*IPC*, fol. 25-6, pp. 57-9). Partindo daí, o autor se empenha em justificar todos os aspectos do direito de presa e expõe amplamente seus efeitos de três modos. Em primeiro lugar, justifica oportunamente a vinculação da ação bélica de um órgão privado com um poder estatal; isso permite excluir na espécie toda e qualquer identificação da presa com atos de pirataria e legitimar o corso, comumente praticado na época (*IPC*, fol. 41, p. 94). Em segundo lugar, o atentado aos bens privados do inimigo seria perfeitamente legitimado em razão de uma hábil distinção feita pelo autor entre atentado aos bens – sempre permitido – e atentado à vida, muito mais estritamente regulamentado – pois cabe apenas a Deus (*IPC*, fol. 41, p. 94). Em terceiro lugar, a situação dos subordinados na guerra é ainda mais favorável ao direito de presa, pois, em razão de sua necessidade de obedecer ao chefe, segundo Grócio, eles só podem conceber que a causa é justa, sendo, portanto, preciso atribuir seus efeitos de forma bilateral e recíproca. Essa bilateralização dos efeitos da guerra no nível dos subordinados, que será uma das maiores originalidades do texto, tem como consequência atribuir o mesmo direito de apoderar-se da presa e de ter sua plena propriedade (*IPC*, fol. 53, pp. 119 ss.).

Evolução e consolidação do direito de presa do século XIX ao XX

Portanto, o texto de Grócio constitui uma etapa emblemática na história movimentada do direito de presa, que continuou se beneficiando de uma corrente doutrinária majoritária a seu favor durante os séculos seguintes. Mas Grócio, como seus contemporâneos, encerrou o debate jurídico do direito de presa nos termos da guerra justa, o que constituiu ao mesmo tempo sua força e sua fraqueza. Além disso, o abandono progressivo da noção de guerra justa e, depois, de direito natural ao longo dos séculos XVIII e XIX levaram os defensores do direito de presa a justificá-lo de outro modo, dando destaque com mais franqueza à finalidade econômica que sempre lhe foi subjacente. Insiste-se nos aspectos econômicos da guerra marítima, que nem sempre se apresentam na guerra terrestre, como novo fundamento jurídico da captura e da apreensão dos bens privados inimigos ou neutros. A interceptação de víveres do inimigo e de sua população em decorrência da apreensão dos bens privados tende a ser considerada como um dos meios essenciais para submeter o inimigo ou pelo menos para enfraquecer muito sua capacidade de resistência. Pode surpreender o fato de as mercadorias e os navios neutros poderem ser apreendidos, mas o objetivo buscado é evitar que se desenvolva um mercado negro de contrabando. De todos os modos, as implicações econômicas representadas pelo direito de presa excitam muito os apetites, de tal maneira que de nada adiantou abolir o corso feito por indivíduos privados, pois o direito de presa exercido por navios de guerra está fortemente respaldado e foi aplicado pelo conjunto das potências marítimas – com exceção dos Estados Unidos – durante as guerras que se sucederam nos dois séculos seguintes. Essa predominância do direito de presa através da era clássica do direito internacional, aliás, não impediu que também se desenvolvesse todo um conjunto de críticas que tinham em vista rejeitar um direito que alguns viam como arcaico ou imoral. E, embora Grócio tenha apaziguado as consciências religiosas justificando juridicamente a possibilidade de os cristãos auferirem lucros com a guerra, alguns juristas se insurgiram contra esse atentado à propriedade privada no mar. É possível citar o abade de Mably (*Droit public de l'Europe fondé sur les traités*, 1743) e G.-F. de Martens (*Essai concernant les armateurs, les prises et surtout les reprises*, 1795) como os mais representativos desse movimento de reação.

Em vista disso, o direito de presa estava suficientemente consolidado já naquela época para resistir a esses ataques puramente doutrinais. E, embora amplamente violado durante as duas guerras mundiais pelos Estados beligerantes – que, no entanto, falavam em nome dele pouco antes –, hoje assume a forma de um conjunto de regras minuciosamente elaboradas. No entanto, falta-lhe unidade, pois há uma mescla de regras de origem interna e internacional que suscitam problemas recorrentes de contradição normativa (C. Rousseau, p. 20). Em razão do projeto malogrado de instauração de uma Corte Internacional das Presas por meio da Convenção XII de Haia (18 de outubro de 1907) e da não ratificação da Convenção Naval de Londres (26 de fevereiro de 1909) que devia constituir seu direito aplicável, faltam em âmbito internacional uma convenção e uma jurisdição que unifiquem esse direito interpretado diferentemente de acordo com as diversas jurisdições nacionais. É verdade que o princípio mais interessante – e também um dos mais antigos – do direito de presa é aquele segundo o qual "toda presa deve ser julgada". Portanto, a questão da validade da presa é da alçada da jurisdição do Estado que faz a captura. Mas o fato de a garantia jurisdicional da validade das presas ser dada unicamente pelo juiz nacional tem como consequência uma grande disparidade de funcionamento e de jurisprudência entre as diferentes jurisdições internas; estas nem sempre impõem ou interpretam do mesmo modo os princípios do direito internacional, essencialmente consuetudinários, aplicáveis à matéria (P. Reuter, p. 324). Daí decorrem, apesar de tudo, alguns princípios fundamentais do direito de presa atual. Mesmo sem os mencionarmos aqui, podemos ressaltar que não é a apreensão, mas o julgamento da jurisdição, que possibilita a transferência das mercadorias privadas para o agente da captura. Embora propicie uma transferência absoluta de propriedade, a decisão pronunciada pela jurisdição interna pode implicar a responsabilidade internacional do Estado agente da captura em caso de não conformidade com o direito internacional (sentença de 30 de junho de 1930 relativa às reclamações portuguesas contra a Alemanha no caso dos *Navios Cysne, Guadalupe e Flórida*, *RSA*, vol. II, p. 1.050).

Um direito na contracorrente da evolução do direito internacional humanitário e dos direitos humanos?

Tal como se apresenta hoje, depois desses longos anos de maturação histórica e de construção jurisprudencial, é fácil compreender que se trata de um direito complexo, cuja natureza, nada fácil de discernir, diz respeito tanto ao direito interno quanto ao internacional; tampouco é fácil ponderar suas implicações ou seu alcance. Ele apresenta uma diferença de regime jurídico que vai crescendo, entre o *jus in bello* no mar e o *jus in bello* em terra, em que a captura de bens privados deve ser sempre exceção, sendo dificilmente justificável quando atenta contra o direito de neutralidade. Portanto, ele continuou provocando numerosas críticas, que aumentaram na época da redação das disposições das convenções de Haia e de Genebra sobre a guerra marítima. Ao mesmo tempo, não deixa de ser um direito paradoxalmente protetor, em razão das numerosas garantias que cercam sua aplicação. Por isso, sempre encontrou defensores, mesmo depois da Segunda Guerra Mundial. Alguns observaram que, se ele autoriza a presa no mar, é em respeito ao julgamento proferido pelas jurisdições de presa, ao passo que o confisco de bens privados durante a guerra terrestre, embora amplamente proibido, é praticado sem nenhuma regulamentação. Ora, essas são violações do direito que frequentemente não dão ensejo a reparações adequadas, depois de firmada a paz. O conjunto do direito da guerra acaso não supõe uma violação contínua da propriedade? (G. Gidel, "Prefácio" à obra de P. Parfond, p. 9). Também seria possível acrescentar que as transformações mais evidentes pelas quais passou a guerra contemporânea estão na amplificação das implicações econômicas da guerra e no enfraquecimento do direito de neutralidade (M. Bettati, *Droit humanitaire*, Le Seuil, 2000, p. 55). Por isso, o direito de presa no mar pode ser visto como algo que se integra perfeitamente nessa evolução.

Esses argumentos, que não são desprovidos de certo fundamento prático, podem ser contestados tanto do ponto de vista teórico quanto sob o aspecto da evolução do direito internacional público contemporâneo a favor dos direitos do indivíduo. A manutenção do direito de presa pode, com toda a razão, parecer contestável hoje, num momento em que as atenções gerais começam a concentrar-se na proteção do indivíduo, obrigando os Estados a não usurparem diretamente sua propriedade privada. O estado do direito existente, no entanto, tem mais nuances do que afirmam alguns partidários da abolição do direito de presa. Assim, em matéria de direitos humanos, sem dúvida se observa essa tendência a preservar a propriedade privada, mas sabe-se que o direito de propriedade não faz parte do núcleo fundamental dos direitos humanos e sua situação é pouco segura em razão de seus aspectos econômicos. O aspecto mais criticável do direito de presa está na diferença de regime jurídico que ele instaura em relação à guerra terrestre. O direito humanitário internacional aplicável aos conflitos armados internacionais revela um intuito bem claro de limitar ao máximo os atentados contra os bens dos indivíduos, proibindo as práticas coletivas de pilhagem e butim (art. 23 *g* e 46 do Regulamento de Haia; art. 50/I, 51/II e 147/IV e 52 do Prot. I). E, por mais reais que sejam as violações do direito em terra, elas não podem justificar a existência de um direito contrário no mar. Como toda regra jurídica em geral, elas indicam com muita precisão um comportamento que deve ser respeitado num contexto em que a finalidade humanista prevaleceu sobre a finalidade econômica. Ora, desse ponto de vista, só se pode constatar até que ponto o direito marítimo de presa se mostra hoje como um direito de exceção que nenhuma finalidade antiga ou contemporânea pode realmente justificar como tal. A contradição que ele implica em relação a todo um conjunto de disposições atuais relativas ao direito humanitário em terra a longo prazo suscita um problema inevitável e leva a pensar que os Estados têm mais a perder do que a ganhar com a manutenção dessa instituição do passado.

› DONKER CURTIUS F., "La cour internationale des prises", *RDILC*, 1909, p. 5. – GUTTINGER Ph., "Réflexions sur la jurisprudence des prises maritimes de la Seconde Guerre mondiale", *RGDIP*, 1975, p. 25. – HAGGEN-MACHER P., *Grotius et la doctrine de la guerre juste*, Paris, PUF, 1983. – PARFOND P., *Le Droit de prise et son application dans la marine française*, Paris, Éditions internationales, 1955. – RASPI A., *Régimes juridiques des navires de commerce et de pêche pendant la guerre et modes d'indemnisation des armateurs*, tese, Paris, 1959. – REUTER P., *Étude de la règle "toute prise doit être jugée"*, tese, Nancy, 1933. – ROUSSEAU Ch., *Le Droit des conflits armés*, Paris, Pedone, 1983. – VERZIJL J. H., HEERE W. P. & OFFERHAUS J. P. S., *International Law in Historical Perspective*, vol. XI, part. IX-C, Dordrecht, Boston, Londres, M. Nijhoff, 1992.

Emmanuelle JOUANNET

→ Bens; Direito humanitário; Guerra; Mar; Navio; Propriedade (Direito de).

PRINCÍPIOS

Recorre-se muito aos princípios jurídicos, mas sem que eles expressem coisa alguma, porque submetidos à retórica. Alguns homens públicos invocam os grandes "princípios de direito" – abstendo-se de designar um sequer – para defender-se de algum pensamento hostil; mas, na realidade, estão buscando através desse encantamento político "roupagem magnífica para opiniões discutíveis" (G. Ripert, *op. cit.*, nº 132). Para além das fronteiras, a diplomacia nos gratifica, em comunicados ou declarações, com solenes "princípios" de condição incerta. Princípios, frágeis embriões de regras, proliferam nos ramos mais imaturos do direito. O sucesso da palavra arruinou seu valor singular, afogado num plural empolado. Condillac já manifestava seu pesar: "Princípio é sinônimo de começo; e é com esse significado que ele foi inicialmente empregado; mas depois, à força de ser usado, passou a ser empregado por hábito, maquinalmente, sem que a ele fossem vinculadas ideias, e passou-se a ter princípios que não são o começo de nada" (*La Logique ou les premiers développements de l'art de penser*, ano III, segunda parte, cap. VI).

Origem

Principium: de *primo* (primeiro) e *capere* (tomar). O *princeps* é aquele que toma o primeiro lugar, a primeira parte, o primeiro plano... Ele é o Príncipe, o chefe, o cabeça, o soldado de primeira linha... O princípio é um início. Além da etimologia, o *Dicionário da Academia Francesa* (1694) apresenta o conjunto mais claro de acepções, visto que no fim do século XVII o vocábulo tinha chegado à maturidade (J. Turlan, *op. cit.*, p. 117). Mas foi Lalande (*Vocabulário técnico e crítico da filosofia*, ver Princípio) que esclareceu sua triplicidade fundamental de sentido: ontológico, lógico e normativo.

A primeira vertente, *metafísica*, foi inaugurada por Aristóteles, que atribuiu à filosofia a incumbência de captar os "primeiros princípios" (*archai*) da ciência, ao alcance apenas de uma razão intuitiva que procedesse por indução (*Ética nicomaqueia*, L. VI. – *Metafísica*, L. IV). O *archon* designa então tanto o *objeto* primeiro do conhecimento quanto o ato intelectual que dá acesso a este – a *forma* do conhecimento. Neste último aspecto, a indução é "princípio da ciência, pois é princípio do princípio" (*Segundos analíticos*). Além disso, o *archon* abrange as quatro causas aristotélicas do devir. Nesse sentido, "Deus está entre as causas e é um princípio" (*Metafísica*, L. I), ou seja, a causa eficiente, o primeiro motor do universo. Descartes perpetua esta tripla acepção: esforçando-se por encontrar "os princípios ou primeiras causas de tudo o que há no mundo", erige o *cogito ergo sum* como "primeiro princípio" (*Discurso do método*, VI parte. Comp. Pascal: *Pensamentos*, 1 e 282). Mas os juristas modernos (Windscheid, Ihering, Gény, Boulanger, Basdevant, Batiffol e Pound) infelizmente só veem no princípio uma proposição geral *induzida* de regras particulares (fonte de novas deduções), o puro produto de um raciocínio indutivo, frequentemente confundido com a *ratio juris*, que decide da analogia. Essa acepção comum é muito redutora: mesmo no exíguo terreno da lógica jurídica – ao qual se restringe essa abordagem –, o princípio assume dimensão mais ampla.

A segunda vertente estende-se até o domínio da *lógica* jurídica, dessa vez no interior do campo da ciência do direito. Os princípios de lógica, por um lado, designam um *corpo de regras* oriundas de uma elaboração metódica, refletida, regras dispostas numa ordem sistemática; por outro lado, designam os *axiomas* fundadores desse edifício racional. O arquétipo dessa significação reside nas 211 *regulae* ou máximas do título 17 do livro 50 do Digesto (*De diversis regulis juris antiquis*) que, segundo os romanistas, codificam os *principia maximae* (Accursio) ou *generalia juris principia* (J. Coras), ou seja, os verdadeiros universais do direito. As *regulæ*, produto da ciência do direito (cujos progressos resultaram mais da sabedoria de *prudentes* do que do espírito de geometria, lógico-dedutivo, embora a exaltação da Razão no Iluminismo tenha ocultado essa verdade), selam a associação entre os princípios e a perpétua obra de ordenação do direito pela razão. Desse ponto de vista, a *Exposição do direito universal* de forma geométrica, de Bodin (1576), ou as *Leis civis em sua ordem natural* (1690-97), de Domat, são literalmente sumas de princípios, construídas sobre axiomas (dados pela razão ou pela moral) que, por sua vez, têm valor principial (ver Domat, *Tratado das leis*, cap. I: "Dos princípios de todas as leis"). Os jusnaturalistas modernos empreendem da mesma maneira dupla a dedução do direito inteiro de alguns princípios éticos, pela "reta razão", e intitulam seus tratados sistemáticos com esse vocábulo (ver Pufendorf, *O direito da natureza e das gentes ou sistema dos princípios mais importantes da moral, da jurisprudência e da política*, 1672; Burlamaqui, *Princípios do direito natural*, 1748). No século XIX, os exegetas não se afastam dessa dualidade de sentido lógico, propondo-se, na abertura de seus tratados, procurar "os princípios da teoria" antes de desenvolver suas consequências (Toullier, *O direito civil francês segundo a ordem do Código Civil*, Prefácio), não vendo nos "princípios [...] outra coisa senão ideias necessárias bem coordenadas", sabendo que, "quando as temos, temos a ciência inteira" (Beudant, *Curso de direito civil francês*, Prefácio), ou tomando "como ponto de partida as regras primeiras e essenciais, os princípios, os elementos enfim da ciência, [...] base necessária de todo estudo sério e sólido" (Demolombe, *Curso de Código Civil*, Prefácio). Mas nem todos os princípios de lógica buscam uma finalidade demonstrativa. Alguns têm finalidade didática. A face ativa do conhecimento – a demonstração – é indissociável de sua face passiva: a aprendizagem. Em 1532, Bouchard, em sua *Crônica da Bretanha*, conta que santo Ivo se retirou para a cidade de Rennes depois de "ser principiado na ciência da teologia", ou seja, de ser instruído nos princípios (J. Turlan, *op. cit.*, p. 118). De fato, princípio é início (*principium*) da ciência e da aprendizagem. Neste último sentido, é "preceito". Os exegetas não se esqueceram disso: "Princípio é o que os iniciantes devem aprender; é também aquilo que, depois, precisamos lembrar incessantemente" (Beudant, *op. cit.*). A acepção didática nunca se desmentiu. Inúmeras obras são intituladas com "princípios", sem a intenção de apresentar uma demonstração científica. O esforço de lógica e o espírito de sistema estão a serviço de um projeto de ensino do direito. *Os princípios gerais do direito administrativo* de Jèze (1904) ou os *Princípios de direito internacional privado* de Bartin (1931-35), tratados clássicos, têm, nesse sentido, um ancestral comum nas *Institutas* de Gaio (160 d.C.) e nas de Justiniano (533 d.C.). Em todo caso, o princípio didático, assim como o princípio demonstrativo, não se confunde com o princípio normativo, estranho a esse contexto lógico e cognitivo.

O princípio *normativo*, na última vertente, não descreve o objeto nem uma forma de conhecimento (ponto de vista ontológico, da alçada da filosofia), tampouco um axioma ou sistema de regras construído pela razão (ponto de vista lógico, da alçada da ciência do direito), mas uma norma jurídica que dita um dever-ser (ponto de vista normativo, apenas da alçada do direito). Nesse sentido, não há "princípios de interpretação", embora algumas dezenas de códigos civis estrangeiros mencionem os "princípios" como último recurso para o intérprete judiciário desamparado (ver P. Morvan, *op. cit.*, nº 38). Os adágios de interpretação pertencem às regras formais do raciocínio lógico (Ch. Rousseau, *Droit international public*, Dalloz, t. I, 3ª ed., 1970, nº 299). Em direito, elas se contradizem, são desprovidas de força coercitiva e estão sujeitas à política de um juiz.

Doutrina

O estudo dos princípios normativos durante muito tempo foi apanágio da doutrina de direito público, internacionalista (H. Lauterpacht em 1927; artigos em *Mélanges Gény* de 1935; Bin Cheng em 1953), depois interno (B. Jeanneau, *op. cit.*, 1953). A menção a "princípios gerais de direito reconhecidos pelas Nações civilizadas", no art. 38, § 1 *c* do Estatuto da Corte Permanente de Justiça Internacional, em 1920 – referência feita em 26 de outubro de 1945 pelo Conselho de Estado, em seu acórdão *Aramu* (*Rec.*, p. 213) –, a "princípios gerais do direito aplicáveis mesmo na ausência de texto", o aparecimento de "princípios gerais do direito comunitário" na jurisprudência da Corte de Justiça das Comunidades Europeias no início da década de 1960, tudo isso provocou um afluxo de contribuições para essas especialidades (ver P. Morvan, *op. cit.*, nº 93). Depois de algumas brilhantes contribuições redigidas durante a década de 1950 (J. Boulanger, *op. cit.*; G. Ripert, *op. cit.*; J. Léauté: *Rev. sc. crim.*, 1953, p. 47), a doutrina privatista passou por um eclipse intelectual de três décadas que a impediu de contestar a hegemonia conquistada por uma doutrina publicista muito mais prolífica. Evidentemente, ocorreu uma renovação na década de 1980 (B. Oppetit, *op. cit.*), favorecida por um surto de princípios no âmbito do direito internacional privado. Mas, negligenciando o fato de que a Corte de Cassação se arrogara o poder de considerar dezenas de princípios não escritos em apoio de seus acórdãos (a partir de Cass. com., 20 de abril de 1948: *DP*, 1948, 375) e animados pelo medo do vácuo doutrinal, os privatistas continuaram a haurir suas opiniões na fonte de estudos de direito público. Esse mimetismo popularizou em sua disciplina as ideias – julgadas clássicas no exterior – de que os princípios não são capazes de prosperar num direito codificado (direito civil, direito penal etc.) e só germinam no solo da legislação escrita lacunar (direito administrativo, direito internacional privado etc.) cujos vazios preenchem; de que os princípios preservam a coerência e a harmonia do sistema jurídico; de que emanam por indução de disposições fragmentárias até se encontrarem "em suspensão no espírito do direito"; de que são expressão de valores ideais superiores; e de que são descobertos por um intérprete sem papel criativo, que se limita a revelar sua preexistência na ordem jurídica. Mas isso era contemplar a luz persistente de uma estrela extinta – visto que os próprios princípios do direito administrativo estavam em ruptura com esses lugares-comuns –, para cegar-se em relação à realidade – visto que os princípios de direito privado mostravam ao observador uma fisionomia completamente diferente.

Papel fundamental

Segundo a tese romântica (comumente admitida por autores que se esquecem de que ela foi defendida por uma doutrina neojusnaturalista impregnada de organicismo), os princípios normativos têm caráter transcendente, ideal e absoluto. Visam a preencher as lacunas da lei num direito incompleto. Tal função é ajudada por seu modo específico de elaboração: os princípios são induzidos de textos esparsos ou de valores superiores preexistentes num direito positivo cujo espírito – *ratio legis*, prelúdio de fecundas deduções – extraem e consignam. Assim agindo, reforçam, por um lado, a completude e, por outro, a unidade, a continuidade, a coerência e a harmonia do sistema jurídico... Essa visão não é apenas fruto de um antropomorfismo reprovado pelo método das ciências sociais (o direito é dotado de "espírito" e vontade), mas é também duplamente irrealista.

Em primeiro lugar, os princípios gerais consagrados depois da guerra pelo Conselho de Estado apareceram "no campo de um direito administrativo organizado e *já provido* de uma *rede normativa cerrada* pelos textos e pela jurisprudência" (G. Vedel & P. Delvolvé, *Droit administratif*, PUF, t. I, 12ª ed., p. 474). A Corte de Cassação multiplicou recursos a princípios considerados ("Considerando o(s) princípio(s)...") ou consideráveis, afora qualquer referência textual, em ramos do direito privado interno abundantemente codificados (P. Morvan, *op. cit.*, nº 75 s. e nº 487). O motivo do recurso aos princípios, portanto, não é a necessidade de preencher lacunas verdadeiras. Se eles se estabelecem à margem da lei escrita (caráter fundamentalmente *extratextual* ou *extra legem* do princípio, inegável uma vez que o juiz não se baseie em disposições legais), fazem-no alimentando um direito positivo já completo à custa do afastamento de textos disponíveis, mas julgados inadequados ou inoportunos. Portanto, a edificação intelectual do princípio nada deve a um raciocínio indutivo apoiado em textos esparsos (ou numa quimérica consciência coletiva). Aliás, grande número de princípios não é induzido de nenhum texto, e os textos frequentemente deixam de fornecer matéria para qualquer indução clara.

Em segundo lugar, a invenção dos "princípios gerais do direito aplicáveis mesmo *na ausência* de texto (legislativo)" foi, acima de tudo, a invenção de princípios aplicáveis *contrariamente* a textos regulamentares, tendo por primeiro objeto submeter o regulamento a um controle normativo inédito. Por sua vez, a Corte de Cassação descarta os textos legislativos mais diversos alegando princípios (considerados ou consideráveis), cujo alcance *contra legem* foi muitas vezes ressaltado (princípio da responsabilidade pelo fato das coisas, teorias do abuso de direito ou da aparência, diversos adágios como *fraus omnia corrumpit, contra non valentem* ou *nemo auditur*, princípios referentes à atribuição das lembranças de família ou norteadores da conta-corrente, "princípios gerais do direito" do processo penal etc.). O princípio se opõe por natureza a normas cujo imperativo jurídico ele esteriliza. Insurge-se por essência contra as disposições do direito em vigor. Por meio dos princípios – escrevia um primeiro presidente da Corte de Cassação –, o juiz consegue "substituir de alguma maneira o legislador, ora com uma interpretação ousada dos textos em vigor, ora até fazendo abstração dos textos" (P. Lescot, *JCP*, 1966, I, 2007). No plano do método, o caráter não escrito dos princípios não deve ocultar sua função *contra legem*. A opinião segundo a qual a norma jurídica não escrita tem a evidente função de preencher as lacunas do direito escrito mostra-se como singular simplificação. Ela confunde o estado e a ação dessa norma; ora, "ser não escrito" não implica "preencher as lacunas do direito escrito".

Papel instrumental

O gênero dos princípios, porém, compreende outra espécie, sem ligação com a espécie dos princípios normativos. Seu papel, técnico e subalterno, consiste em garantir "a *transmissão das mensagens* que interligam sistemas aparentemente autônomos" (M. Delmas-Marty, *Pour un droit commun*, Le Seuil, 1994, p. 103). Têm a função de transportar regras de direito entre ordens jurídicas distintas, de servir de vetores formais para quaisquer normas. As carências de uma ordem jurídica obrigam essa norma a "inspirar-se em outras ordens jurídicas (vizinhas, superiores ou inferiores)" (G. Scelle, *La Notion d'ordre juridique*: *RD publ.*, 1944, p. 85), se quiser ter um viveiro abundante de regras. Instrumentos de transferência do direito positivo (sobre o processo: Ch. de Visscher, *Théorie et réalités en droit international public*, Pedone, 4ª ed., 1970, p. 419; P. Weil, *op. cit.*, pp. 401 ss.), os princípios *instrumentais* sustentam esse empréstimo. Procedimento mecânico, estratagema retórico, o princípio instrumental *é em si mesmo* desprovido de conteúdo imperativo, limitando-se a mover uma norma qualquer (quase sempre uma regra textual) do sistema que a engendrou para um sistema que a requer. Tais princípios se opõem aos princípios normativos dos quais são providos direitos mais antigos e já suficientes (princípios considerados ou consideráveis e princípios gerais do direito, inventados, respectivamente, pela Corte de Cassação e pelo Conselho de Estado, sem empréstimos buscados em outras ordens jurídicas). Inversamente, o direito internacional público, o direito comunitário e o direito das relações privadas internacionais (*lex mercatoria*), carecendo de uma legislação minuciosa, inspiraram-se em regras dos direitos públicos e dos direitos privados internos para edificar-se, enriquecer-se de princípios *comuns* (instrumentais), antes de se dotarem – segundo uma cronologia natural – de princípios *próprios* (normativos). Nesses ramos importadores do direito, o modelo do princípio instrumental prosperou, alentando a tese de que um princípio tem por função essencial preencher lacunas por meio de analogia ou indução, de que ele encarna o espírito do direito, contribui para a harmonia do sistema jurídico e preexiste a seu reconhecimento pelo juiz. Essa concepção romântica, incongruente com os princípios normativos (ver acima), tem fundamento no que diz respeito aos princípios instrumentais, que, no entanto, abrangem apenas um *método*. Por isso, convém dissociar rigorosamente essas duas categorias e não mencionar como traço universal dos princípios uma característica exclusiva da segunda (como a generalidade ou a abstração). Tal dissociação, aliás, é feita de longa data em direito internacional, que opõe os "princípios gerais de direito reconhecidos pelas nações civilizadas" (estatuto CIJ, art. 38, § 1 *c*) aos "princípios próprios" ao direito internacional (inexistentes nos direitos internos), ou também os "princípios gerais de direito" (extraídos dos sistemas jurídicos nacionais) aos "princípios gerais do direito internacional" (que são "específicos da ordem jurídica internacional", A. Pellet, *op. cit.*, p. 357). A doutrina de direito comunitário marca de maneira idêntica a divisão entre os "princípios gerais de direito" (ou "comuns aos direitos dos Estados-membros") e os "princípios gerais do direito comunitário" (que são "deduzidos da natureza das Comunidades" e são únicos, como o princípio de primazia, J. Boulouis, *op. cit.*). Definitivamente, a *summa divisio* dos princípios de direito se estabelece entre os empréstimos e os fundos próprios. Os princípios instrumentais se estruturam ao longo de dois eixos que interligam as ordens jurídicas. Aos "princípios comuns", atuantes na ordem internacional, vetores de um deslocamento vertical de normas originárias dos direitos internos (sob a égide de um juiz ou de um árbitro internacional que raciocina – em teoria – por analogia e por referência ao direito comparado), convém comparar os "princípios-pontes", vetores de um deslocamento horizontal de regras entre ordens jurídicas de igual nível. É assim que o Conselho de Estado fabrica artificiais "princípios nos quais se inspira" uma série de textos do Código Civil ou do Código do Trabalho, cujo teor ele deseja importar, e a Corte de Cassação considera "os princípios da responsabilidade dos serviços públicos" puro decalque da jurisprudência administrativa, enquanto a Corte de Justiça das Comunidades Europeias proclama sua submissão aos "princípios gerais do direito consagrados" em (ou: "nos quais se inspira") cada artigo da Convenção Europeia dos Direitos Humanos (ver hoje: Tratado, art. 6, § 2).

Alguns princípios, aliás, transcendem as categorias normativa e instrumental, mas não as eliminam. Os princípios (normativos, próprios) que proíbem o enriquecimento sem causa, prescrevendo o respeito ao contraditório ou a retroatividade *in mitius*, foram concebidos no âmbito do direito privado antes de migrarem para as jurisprudências administrativa, constitucional e comunitária. Outros seguiram caminho inverso. Definitivamente, a *irradiação* do princípio é sua marca distintiva. Ela se manifesta ora na forma de repulsa ao direito escrito pelo princípio, ora na de mobilidade deste através das ordens jurídicas.

› Boulouis J., *Rép. communautaire Dalloz*, ver Principes généraux du droit. – Genevois B., *Rép. Contentieux administratif Dalloz*, ver Principes généraux du droit. – Jeanneau B., *Les Principes généraux du droit dans la jurisprudence administrative*, Paris, LGDJ, 1954. – Morvan P., *Le Principe de droit privé*, Editions Panthéon-Assas, 1999. – Pellet A., *Recherches sur les principes généraux de droit en droit international*, tese, Paris, 1974.

Ver também: Boulanger J., "Principes généraux du droit et droit positif", in *Études offertes à Georges Ripert*, Paris, LGDJ, 1950, t. I, p. 51. – Oppetit B., "Les principes généraux en droit international privé", *Arch. phil. dr.*, t. 32, Paris, Sirey, 1987, p. 179. – Ripert G., *Les Forces créatrices du droit*, Paris, LGDJ, 1955, cap. VI: "Les principes juridiques". – Rodière R., "Les principes généraux du droit privé français", *RID comp.*, número especial, vol. II, 1980, p. 309. – Turlan J.-M., "Principe. Jalons pour l'histoire d'un mot", in *La Responsabilité à travers les âges*, Economica, 1989, p. 15. – Weil P., "Principes généraux du droit et contrats d'État", in *Études offertes à B. Goldman*, Paris, Litec, 1983, p. 387.

Patrick Morvan

→ Adágios e brocardos; Equidade; Jurisprudência.

PRISÃO

O termo "prisão" designa o estabelecimento previsto para receber condenados a penas privativas de liberdade ou acusados ainda não julgados. Essa palavra também designa a própria pena de privação da liberdade.

Histórico

Na vigência do antigo direito, a prisão não era pena. Segundo uma tradição que remonta ao direito romano, a prisão era lugar de detenção preventiva, onde eram encerrados apenas os indivíduos que esperavam julgamento. Para fundamentar essa concepção, todos os criminalistas mencionam o famoso trecho de Ulpiano, no Digesto (48, 19, 8, 9): "Os governadores têm costume de condenar à prisão ou mesmo aos ferros. Mas não devem fazê-lo, pois esse tipo de pena é proibido. A prisão deve ser empregada para conter os homens, não para puni-los." De fato, a concepção de prisão rejeitada pelo direito romano e, imitando-o, pelo antigo direito francês, é a concepção que foi instituída pela Revolução francesa, em outras palavras, o encerramento solitário no qual o tempo é dividido entre o trabalho e a inevitável introspecção, dois fatores que podem ser considerados propícios à reabilitação de um delinquente. O direito da Igreja sempre depositara esperanças nesse tipo de privação da liberdade por ele praticado, o que podia ser adaptado aos diversos tipos de criminosos, com mudanças na duração e no rigor. É pouco provável que a imitação do direito romano tenha sido consequência de escolha deliberada. Os jurisconsultos, os magistrados e, mais tarde, os administradores simplesmente escolheram o caminho mais simples, prático e menos custoso: o afastamento definitivo ou temporário de um condenado por meio da pena às galés, ou seja, aos trabalhos forçados, sobretudo a partir de 1748, quando a pena às "galés" era cumprida nos banhos de Brest, Toulon ou Rochefort. Os códigos penais de 1791 e 1810 ratificarão essa prática, instituindo como pena criminal de direito comum os ferros e, depois, os trabalhos forçados, apesar de preverem também verdadeiras penas de prisão.

O antigo direito francês, portanto, em princípio só conhecia a prisão preventiva. A privação da liberdade não era pena, com algumas exceções: em certos casos raros, o rei podia comutar para prisão perpétua uma condenação à morte ou às galés. Essa comutação, porém, implicava morte civil e confisco dos bens. Do mesmo modo, como as mulheres não podiam ser condenadas às galés, incorriam na reclusão em penitenciária. O exército também infligia penas de prisão. Enfim, a prisão ocorria na forma de correção: aqueles que eram presos por ordem do rei (em virtude de uma ordem régia) eram encarcerados numa prisão estatal (Bastilha, Vincennes, Bicêtre, que era um dos estabelecimentos do Hôpital Général de Paris, várias praças-fortes na província) e postos em liberdade depois de um cativeiro de maior ou menor duração. Cabe mencionar – para encerrar essa série de exceções – as prisões por dívidas civis, embora essa coerção física não fizesse parte do direito penal.

A prisão preventiva ocorria em cárceres senhoriais ou régios (em Paris, Conciergerie, Châtelet) deteriorados, insalubres e promíscuos, situação que não desapareceu com a Revolução – nem depois! Um longíssimo título XIII da Ordenança de 1670, no entanto, é dedicado às prisões. Mas, apesar da Declaração de 11 de junho de 1724 que aboliu o sistema de concessão da exploração por particulares, apesar dos esforços de Necker e, ao que parece, da sensibilidade de Luís XVI para esse problema – como mostra a Declaração de 30 de agosto de 1780 sobre o estabelecimento de novas prisões para dívidas e outros –, as prisões continuaram sendo em quase todos os lugares locais insalubres, mal construídos e inseguros, dignos de despertar a compaixão de filantropos como Howard ou de filósofos como Bentham. No entanto, nos últimos anos do Antigo Regime, alguns Parlamentos pronunciaram várias vezes longas penas de detenção para mulheres infanticidas que incorriam na pena de morte. Os magistrados franceses mal começavam a ser sensibilizados pela corrente de pensamento favorável à prisão, quando na Europa já eram construídas prisões modernas desde o início do século (Roma, Turim, Milão, Veneza, Gand). O trabalho era visto em todo lugar como o meio absoluto de reabilitar os detentos, para a vantagem deles e do Estado. Mirabeau, alguns anos depois, concebia "casas de melhoria ou penitência", onde se ensinaria um ofício manual, fonte de virtudes morais, numa mescla de espírito platônico e rousseauniano. Por isso, a prisão é a inovação mais notável do direito revolucionário. Entre os teóricos da prisão, cabe lembrar os nomes de Mabillon (1632-1707), cuja influência é arriscado avaliar, visto que suas poucas *Reflexões sobre as prisões das ordens religiosas* só foram publicadas depois de sua morte, em 1724; de Philippe Vilain, grão-bailio de Flandres, que inspirou a criação da casa correcional de Gand e redigiu uma *Dissertação sobre os meios de corrigir os malfeitores e os ociosos para seu próprio bem e de torná-los úteis ao Estado* (1775); do filantropo inglês John Howard (1726-90), cuja vida foi dedicada às prisões; e de Jeremy Bentham (1748-1832), que descreveu a prisão-modelo em *Panóptico, dissertação sobre um novo princípio para construir casas de inspeção e penitenciárias* (1791). Fato é que o antigo direito penal francês, salvo algumas exceções, ignorava a prisão propriamente dita, ao mesmo tempo que utilizava penas de exclusão semelhantes à prisão moderna (galés), e mesmo o encerramento em algum dos *hôpitaux généraux* criados pela realeza a partir de 1656, em Paris e depois nas províncias. Esses estabelecimentos, ao mesmo tempo asilos, casas de misericórdia, prisões e oficinas de caridade, abrigavam velhos e órfãos sem recursos, doentes incuráveis, pobres inválidos ou sem trabalho, mendigos ou vagabundos, enfim, todos aqueles que viviam da caridade privada e se expunham ao risco de tornar-se vítimas do "hábito contínuo de todas as espécies de vício", como dizia o preâmbulo do edito de criação. Embora seja preciso abster-se de dar peso excessivo àquilo que alguns historiadores chamam exageradamente de "Grande Aprisionamento" (*Grand Renfermement*) (pois todos os países da Europa, bem antes do século XVII, precisaram enfrentar o problema dos pobres e dos errantes), o fato é que o Hôpital Général de Paris, em 1789, não acolhia menos de 12 mil indivíduos. Com essas ressalvas, a legislação, a jurisprudência e a doutrina consideravam que a prisão, tal como no direito romano, só devia servir para deter os acusados à espera de julgamento.

Código Penal de 25 de setembro – 6 de outubro de 1791. – Trata-se do primeiro Código Penal francês. Só contempla os crimes, visto que a Assembleia já havia ditado disposições específicas sobre a polícia municipal e correcional na Lei de 19-22 de julho de 1791. O relatório, referente unicamente às penas, foi feito em nome dos comitês de constituição e legislação por Lepelletier de Saint-Fargeau, ex-presidente do Parlamento de Paris, assassinado em 1793. Esse texto apresenta a primeira nomenclatura completa das penas criminais, que são: morte, ferros, reclusão em penitenciária, aljube, detenção, deportação, degradação cívica, golilha. Como se vê, a prisão ocupava lugar privilegiado. Do antigo direito, o Código Penal de 1791 ficou com a pena das galés, denominada "ferros", que tinha em vista essencialmente a exclusão: os condenados aos trabalhos forçados arrastavam (em princípio) uma bola de ferro presa ao pé por uma corrente. Se Beccaria, da Itália, se interessou por esse Código, provavelmente foi por ver nele a instauração daquela "escravidão perpétua" que ele desejava em lugar da morte… As outras penas privativas de liberdade, em compensação, estavam voltadas para a correção do culpado. O "aljube" era uma prisão celular, em lugar iluminado, "sem ferros nem cadeias", sem nenhuma comunicação com os outros condenados ou pessoas de fora durante o período da pena, mas sem obrigação de trabalho. Os condenados à "detenção" podiam optar pelo trabalho em comum. Em caso de reincidência, depois de sofrer a pena pelo novo crime – que não era modificada por esse fato –, o réu deveria ser "transferido pelo resto da vida para lugar destinado à deportação dos malfeitores". Cabe notar que o legislador revolucionário, quando as prisões só existiam em projeto, já assentava o princípio da relegação, talvez se referindo a textos de 1719 e 1763 que previam o transporte ultramarino de certos malfeitores habituais, vagabundos, degredados que descumprissem a pena etc.

Código Penal de 1810. – Inspirado por um espírito utilitarista, esse código conservou as linhas gerais do Código de 1791 em matéria de penas privativas de liberdade. A introdução da graça nesse Código possibilita restabelecer as penas perpétuas entre a morte e as penas temporárias (em lugar do máximo de vinte e quatro anos de ferros). A expressão "trabalhos forçados" substituiu então o termo "ferros". Por fim, a principal inovação consistiu em dar aos juízes um poder "arbitrário" legal em matéria de penas temporárias, para as quais a lei fixava um máximo e um mínimo, arbitrariedade fortalecida também pela introdução progressiva das circunstâncias atenuantes de 1810 a 1832. O abrandamento geral do sistema penal dominou o conjunto da evolução do direito das penas durante todo o século XIX. A influência da chamada escola neoclássica, representada pelos nomes de Guizot, Rossi, Lucas, Bérenger, Bonneville de Marsangy, a partir dos últimos anos da Restauração, decididamente norteou o sistema das penas para a reabilitação. Na França, foram construídas numerosas prisões celulares, a tal ponto que em 1852 a Administração dispunha de 4.840 células. Foram estabelecidas "colônias penitenciárias" para menores, de caráter privado (Mettray em 1834) ou público, em decorrência da Lei de 5 de agosto de 1850. Os Estados Unidos oferecem então à Europa exemplos de prisões administradas segundo o chamado sistema "pensilvaniano" (ou "filadelfiano"), com isolamento durante o dia e a noite, ou segundo o sistema "auburniano" (em vigor na prisão de Auburn, situada no Estado de Nova York), com isolamento à noite e trabalho em comum durante o dia. A Inglaterra praticava um sistema misto (também chamado de "irlandês") que ia da prisão em célula à liberdade provisória. Mas os resultados dessa política não foram muito animadores. A criminalidade e a reincidência continuaram avançando. Por isso, em 1853, o ministro Persigny, por meio de famosa circular, proibiu a construção de novas prisões celulares e recomendou apenas a separação por quartéis. Essa mudança resultou de uma concepção nova da pena dos trabalhos forçados, que passaram a ser executados além-mar, "para melhorar o homem pela terra e a terra pelo homem" (1854). Em compensação, o aparecimento da escola positivista, depois da publicação de *O homem delinquente* de Lombroso, em 1876, apesar do pessimismo de algumas de suas ideias, não provocou mudança no direito penal no sentido de maior rigor: a noção de criminoso nato, fatalidade criminosa e necessidade de exclusão de irresponsáveis em nome da ordem social teve como contrapeso, por assim dizer, o estudo científico do delinquente, de sua personalidade, do ato e do fenômeno criminosos, empreendido por Ferri e Garofalo. Os poderes do juiz continuaram sendo aumentados pelas leis que organizavam a individualização da pena: Lei de 14 de agosto de 1885, que instituiu a liberdade condicional; Lei de 26 de março de 1891, que autorizou a suspensão da execução da pena de prisão para delinquentes primários (os "criminosos de ocasião" dos positivistas, pouco perigosos para a ordem social), mas elevou a pena dos pequenos reincidentes ("criminosos habituais"); Lei de 27 de maio de 1885, que introduziu para reincidentes contumazes a pena complementar de relegação, afastamento perpétuo além-mar. Essa nova legislação, ao mesmo tempo que organizava a individualização da repressão, reforçava a ideia de que o Estado deve prever "medidas de segurança" em relação ao delinquente ou ao indivíduo perigoso.

Código Penal de 1994. – Este código confirmou a evolução geral que consistiu na redução global das penas, perceptível mesmo em sua qualificação ("reclusão criminal", em vez de "trabalhos forçados" em 1960!). Atualmente, as penas privativas de liberdade são a reclusão criminal perpétua ou temporária (direito comum) ou a detenção criminal perpétua (em se tratando de crimes políticos), prisão de até dez anos de caráter correcional. O número de detentos nas prisões francesas hoje é superior a 53 mil.

› MERLE R., *La Pénitence et la peine*, Paris, 1980. – PETIT J.-G., *La Prison, le bagne et l'histoire*, Paris-Genebra, 1984. – Col.: *Recueils de la Société Jean Bodin*, vol. 57 e 58, Bruxelas, 1989 e 1991.

André LAINGUI

→ Pena.

PRIVILÉGIO

Desde a abolição dos privilégios na noite de 4 de agosto de 1789, essa palavra é malvista no vocabulário jurídico e também político. Símbolo de um ato que postula uma desigualdade, adquiriu conotação pejorativa: os privilégios seriam reservados aos ricos e poderosos. Essa convicção resulta da ideia de que o clero e a nobreza – em razão de algumas de suas isenções, sobretudo fiscais – teriam sido ordens privilegiadas, enquanto o Terceiro Estado não o era. Na realidade, na sociedade do Antigo Regime, em virtude de sua estrutura juridicamente não igualitária, cada um era privilegiado, pois cada um pertencia a uma comunidade particular à qual estavam vinculados direitos singulares. Do ponto de vista jurídico, portanto, o privilégio não poderia ser uma *exceção*. Nesse caso, não eram os privilégios em si mesmos que podiam parecer odiosos, mas sua má distribuição. A distribuição inadequada numa sociedade por natureza não igualitária levou a denunciar a desigualdade jurídica em si mesma, sendo o privilégio uma de suas manifestações patentes. Para pensar pejorativamente o privilégio, antes é preciso postular a igualdade como direito, o que é incompatível com a concepção funcional da comunidade política. Apesar das distorções do século XIX – os morgadios, por exemplo – o sistema jurídico contemporâneo continua impregnado pela ideia de que "já não há, para nenhuma parcela da Nação nem para nenhum indivíduo, nenhum privilégio nem exceção ao direito comum de todos os franceses" (Preâmbulo da Constituição de 1791).

Paradoxalmente, a palavra não desapareceu do léxico jurídico contemporâneo. Em direito privado, ela designa um direito que tem um credor de ser pago de preferência a outros. Em sentido estrito, privilégio é uma garantia dada legalmente a algumas pessoas (seguridade social, assalariados, Tesouro), em razão da qualidade de seu crédito. Compartilha com a hipoteca o caráter de "causa legítima de preferência", de índole a estabelecer uma distorção na igualdade de princípio entre credores (art. 2.093 do Código Civil francês). Em sentido amplo, trata-se de um direito de preferência cuja fonte pode ser igualmente judiciária ou convencional, tal como o privilégio do credor pignoratício (art. 2.073). Em direito internacional, as "imunidades e privilégios" diplomáticos e consulares (Convenções de Viena de 18 de abril de1961 e 24 de abril de 1963) garantem a pessoa, os locais, o segredo das comunicações, a imunidade de jurisdição dos agentes, para permitir o eficaz cumprimento de suas funções. Fala-se também de "privilégio de jurisdição" para designar um procedimento contencioso que derrogue o direito comum em razão da qualidade das pessoas em causa (e não da natureza do litígio). Em todas essas ocorrências contemporâneas, o privilégio resulta da lei, da convenção ou de uma decisão judiciária: é vantagem, preferência, prioridade, dispensa, imunidade ou derrogação, mas continua sendo uma exceção juridicamente enquadrada que contraria o princípio de igualdade. Além disso, o Conselho Constitucional decidiu que a lei pode determinar as pessoas às quais se aplicará uma lei de anistia ou ditar a lista nominativa das empresas atingidas por uma nacionalização (decisões "Amnistie en Nouvelle-Calédonie" de 1990 e "Nationalisations" de 1982). Embora também conceba o privilégio como um direito excepcional em relação ao direito comum, somente o direito canônico ainda admite denominar assim alguns atos jurídicos ("graça concedida por ato particular a certas pessoas físicas ou jurídicas", Código de 1983, c. 76, § 1). Em razão do mutismo do Código de 1917, Charles Lefebvre o definia como "concessão de uma graça especial que garanta uma posição particular, geralmente favorável, a algumas categorias de pessoas, coisas ou relações de direito, ou apenas a pessoas, coisas ou relações de direito". Definição fatalmente imprecisa, em vista da complexidade da matéria, fortemente marcada por sua história. No entanto, os canonistas foram praticamente os únicos que nos últimos anos discutiram sua natureza e a autoridade competente para concedê-lo, desvendando assim toda a "ambiguidade do privilégio" (J. Gaudemet). O Código de 1917 limitara-se a indicar que "os privilégios podem ser obtidos não só por concessão direta da autoridade competente e por transmissão, como também por via de costume legítimo e prescrição" (c. 63, § 1). Essa autoridade competente, segundo alguns, era o órgão legislativo, visto que este concebia o privilégio como "lei privada", norma objetiva e permanente; para outros, o privilégio "não é uma lei no sentido estrito, embora a tradição fale em *lex privata*", e "é da competência do poder administrativo, mas só pode ser outorgado por uma autoridade superior no gozo do Poder Legislativo, ou em virtude de uma concessão feita por essa autoridade superior" (Ch. Lefebvre). Durante os trabalhos preparatórios para o Código de 1983, o fiel da balança parecia, logicamente, pender para a segunda concepção, pois os privilégios não eram classificados no título dedicado às "leis", mas no título dos "atos administrativos particulares". Acima de tudo, o autor do projeto afirmava que os privilégios concedidos por leis ou introduzidos pelo costume nem por isso deixavam de ser leis ou costumes – "especiais, é verdade" –, dirigidos para categorias de pessoas. Ao contrário, os privilégios "no sentido próprio do direito" diziam respeito a algumas pessoas (e não a categorias) e eram concedidos por ato administrativo. No entanto, esses esclarecimentos não terão eco: no Código de 1983, já não se fala do caráter administrativo do privilégio, que resulta de um "ato particular [que] pode ser outorgado pelo legislador ou por uma autoridade executiva a quem o legislador tiver delegado esse poder". O fracasso das tentativas de esclarecimento pode ser explicado por uma tradição de incerteza doutrinária que data de dois milênios sobre a natureza do privilégio, que seria ora uma forma de lei, ora um ato de administração em sentido amplo. Para compreender seu papel, sua posição e seu destino, convém situar o privilégio em relação à evolução dos ordenamentos jurídicos nos quais ele se insere.

Dois mil anos de ambiguidade

A doutrina romana antiga é pouco loquaz. Em *De legibus*, Cícero se insurge contra o privilégio, lei destinada a certos indivíduos especialmente designados, pois isso equivaleria a entrar em contradição com a generalidade, que é da essência da lei, com base na Lei das XII Tábuas, que teria condenado os privilégios. É verdade que Cícero foi vítima de uma lei que o proscrevia (votada em 59 pela assembleia popular por iniciativa de Clódio). No fim da República, o privilégio era entendido como uma medida individual adotada pelo órgão legislativo. Depois da letargia das assembleias no Império, algumas medidas em forma de privilégio a particulares, cidades ou "corpos" foram baixadas pelo imperador, por seus governadores de província, na qualidade de mandatários, e, em menor quantidade, pelo Senado. Mas a partir do século III de nossa era, quando se admite que o que apraz ao príncipe tem força de lei, a oposição entre a medida particular e a lei geral se baseia na vontade do detentor do poder absoluto. No Baixo Império, a palavra *privilegium* continua tendo emprego corrente, como demonstram o Código Teodosiano e as constituições de Justiniano. A jurisprudência (doutrina) clássica não rejeita a explicação ciceroniana de privilégio como *lex privata*, mas lhe acrescenta o conceito de *ius singulare* (que se opõe ao *ius commune*): para R. Orestano, que admite que a distinção é de ordem "filosófica", o direito singular dizia respeito a "grupos de pessoas, relações ou coisas determinadas por seu gênero", e a lei privada, a "pessoas, relações ou coisas individualmente determinadas".

O termo *privilegium* não desaparece dos textos importantes da época franca, mas apenas Isidoro de Sevilha o discute: os privilégios seriam *leges privatorum quasi privatae leges*, portanto não leis para indivíduos privados, como em Cícero, mas particulares, por assim dizer, leis privadas. Essa interpretação etimológica é retomada pela doutrina canônica clássica. Os decretistas nele viam "leis menores" – pois concedidas a título privado – que emanavam do papa, do imperador ou de "juízes inferiores" aos quais foi concedido o direito de conceder privilégios. Além disso, o papa podia contravir às leis gerais concedendo ou revogando um privilégio em virtude de sua *plena potestas*. Por fim, o privilégio continuou encerrando uma lei privada ou um direito singular, porta aberta para a distinção entre *privilegium speciale* e *privilegium generale* (concedido a corpos, *universitates* sem acepção de pessoa). Seu sinal distintivo, porém, continua sendo o de ir *contra ius commune* e de ser uma vantagem ou um favor justificado pela necessidade, pela utilidade, pela piedade ou pela misericórdia. Os medievais refletem menos sobre a natureza do privilégio (ou da lei) do que sobre a autoridade que tem o poder de concedê-lo e sobre sua finalidade. No século XII, os canonistas equiparavam o *rex* ao *imperator*, permitindo-lhe assim gozar das mesmas prerrogativas. No entanto, o rei, embora possa derrogar suas próprias leis por motivo de utilidade ou de necessidade pública, não pode revogar um privilégio que, a exemplo das convenções, tem vocação para a perpetuidade porque pertence ao *ius gentium qui est quasi naturale*. No entanto, a partir do século XIV, canonistas e civilistas isolam os privilégios que não tenham natureza "contratual", tornando-os passíveis de revogação caso exista alguma justa causa que se resolva em termos de utilidade e necessidade, "como a salvação da coisa pública" (diz o clérigo do *Songe du Vergier*). A revogação pode ser tácita, quando o rei adota uma lei em sentido contrário, ou expressa, graças às cláusulas *non obstante* ou *ex certa scientia*. No entanto, o rei às vezes julga útil declarar que ele mesmo e seus sucessores estão ligados a determinado privilégio "firme e estável perpetuamente", que tenha sido concedido, mas suas declarações de intenção frequentemente são letra morta. Felipe VI indica claramente em 1340 que "a autoridade régia, ao conceder privilégios, só vincula seu pleno poder na medida em que isso convenha e seja possível modificá-los ou mesmo revogá-los em função das circunstâncias de tempo e lugar, sempre que ele julgar conveniente". No fim da Idade Média, tanto na doutrina como na prática, o privilégio não se caracterizava nem pela perpetuidade, ainda que o rei não o revogasse sem motivo – até a Revolução, mas era mostra de prudência pedir confirmação de um privilégio ao rei no momento de seu advento –, nem por sua natureza, que não era essencialmente diferente de estabelecimentos, editos, ordenanças, constituições ou cartas régias, que se dirigiam a corpos ou grupos identificados. Naquela época, a precisão da terminologia preocupava menos do que a justificação para a intervenção do rei.

Na época moderna, Suarez diferenciava o privilégio – que deveria ser duradouro e emanar da autoridade competente para legislar – da dispensa, medida excepcional tomada para um caso particular. Distinção contestada imediatamente na doutrina com argumentos extraídos da prática. De fato, a afirmação da soberania régia alterava a pertinência teórica da diferenciação dos atos em relação à sua natureza. Quando Bodin afirma que todas as marcas da soberania podem ser reduzidas à prerrogativa de fazer e de infringir a lei, percebe-se que o que importa é mais o comando contido no ato do soberano do que sua natureza. Ao destruir conceitualmente a distinção entre lei e medida de governo, mesmo que individual, a doutrina absolutista dificilmente podia pensar uma noção que, precisamente, se situasse de permeio. Nem por isso o privilégio desaparece e, para a monarquia, fica como um meio flexível de recompensar (ao ser concedido) ou de punir (ao ser revogado). No século XVIII, podia ser identificado – embora sem rigor – pela sua forma de promulgação: pequenas cartas patentes (que se opõem às grandes, reservadas às ordenanças e aos editos a que é de consenso atribuir alcance geral). A tendência, fortalecida a partir do século XVI, de unificar o reino por meio de normas gerais relega os privilégios (simples derrogações) a posição subalterna. A hierarquia medieval dos atos era concebida em termos de solenidade. Na época moderna, ela tendia a situar o privilégio aquém da lei (expressão perfeita do direito), no nível de medida administrativa ou governamental à margem do direito comum. Essa evolução foi amplificada pela Revolução francesa, que excluiu qualquer forma de privilégio como essencialmente contrária ao direito. A partir daí, o privilégio é concebido apenas como algo enquadrado pela lei, como simples *preferência*. As medidas particulares destinadas a indivíduos ou grupos identificados, em princípio excluídos do campo legislativo, enveredam pela via administrativa e são submetidas ao serviço de interesse público, mas já não portam o nome de privilégio.

Privilégio e ordenamentos jurídicos

Tanto o desenvolvimento quanto a exclusão do privilégio da gama de atos jurídicos dependem intimamente do ordenamento geral no qual ele se insere. Falando caricaturalmente, pode-se dizer que ele não pode ser excluído de um sistema que proclame a igualdade perante a lei geral e impessoal como expressão do direito, fundindo-se no conjunto dos atos jurídicos, a ponto de perder a especificidade, caso o sistema se organize em torno do poder absoluto do soberano. No entanto, o privilégio também pode ocupar lugar central. No fim da época carolíngia, a extrema fragmentação do poder impedia qualquer intervenção direta do rei – único senhor que recebera a sagração – no conjunto do reino. A fonte primeira do direito, o costume, eclipsou a própria ideia de direito de alcance geral oriundo da vontade de um autor. Cada senhoria e cada principado eram regidos territorialmente por uma costumagem própria que dava conta da distribuição social das tarefas (orar, combater, trabalhar). No entanto, essas regras não se definiam como privilégios, pois, salvo em raros casos, não eram resultado de um ato jurídico positivo. Foi nesse contexto que o rei capetíngio se afirmou a partir dos séculos XI e XII, sobretudo por meio da concessão de privilégios. Seu papel de guardião, protetor e juiz permitia-lhe agir por meio de medidas particulares de arbitragem ou de concessão de privilégios para garantir direitos antigos que estavam se tornando precários ou dar seu apoio especial a algum grupo (a burgueses ou comunidades de habitantes, ao clero de alguma diocese, aos nobres e barões de determinada região ou a corporações de ofícios). Naquela sociedade juridicamente plural, o rei, ainda incapaz de legislar para o conjunto de seus súditos, pretendia mais conservar a ordem preexistente, ditando atos que garantissem melhor segurança jurídica a seus beneficiários, do que lhes dar "preferência" em detrimento dos outros. A partir do século XIII, o rei passou a ser visto como o guardião do *status rei publicae*: nesse sentido, ele atuava diretamente por meio de normas às vezes gerais, caso considerasse que o bem comum do reino estava ameaçado. Se a necessidade pública fosse evidente, o rei podia pedir, inclusive ao clero privilegiado fiscalmente em tempo normal, que contribuísse para as despesas incorridas. Do mesmo modo, em 1444, Carlos VII decidiu que certas cidades privilegiadas contribuiriam com uma ajuda consentida pelos Estados Gerais para a defesa do reino, "que é coisa pública e toca a cada um em particular". Afora essas intervenções excepcionais, o rei sempre concedia ou revogava privilégios por motivos de utilidade pública e de justiça, coisas de que ele era servidor; tais atos consistiam em confirmar um direito particular existente, para manter o equilíbrio da estrutura corporativista da sociedade, ou em contestá-lo, caso ele tivesse se tornado pernicioso com o tempo (não se tratava de outra coisa quando se denunciavam as "más costumagens"). O privilégio se tornava um instrumento de escolha para dirigir a comunidade. Ele podia tanto consistir em conceder a um indivíduo o direito de explorar uma invenção ou de publicar uma obra quanto de conceder direitos especiais a cidades, corporações, comunidades de estrangeiros (judeus, habitantes de Liège exploradores de minas metálicas etc.).

A partir do século XVI, a exaltação do poder absoluto do príncipe modificou o lugar do privilégio no ordenamento jurídico. A lei geral oriunda apenas da vontade do soberano e de meio idôneo para unificar o reino dirigia-se mais a súditos do que a uma multidão de corpos, ordens e comunidades. A partir daí, o privilégio passou a ser uma *exceção* ao direito comum, uma derrogação preferencial a uma lei que supostamente se dirigia de modo igual a todos; Domat inovou ao escrever que, nos "Estados mais bem policiados", os privilégios "nada mais são que exceções às regras comuns a favor de algumas pessoas". Essa foi a razão pela qual se introduzia uma cláusula derrogatória nas ordenanças gerais ("não obstante todos os privilégios a isto contrários"). A partir daí fica clara a incompatibilidade entre um sistema jurídico tendente a instaurar igual submissão dos súditos ao soberano e a persistência de privilégios, reservados a alguns, que eram considerados como "liberdades" por seus detentores. Estava aberto o caminho para que os privilégios fossem considerados favores indevidos, reservados às duas primeiras ordens, e para que se pensasse "que, se os privilegiados chegaram a usurpar todos os postos lucrativos e honoríficos, foi, ao mesmo tempo, por iniquidade odiosa para com a generalidade dos cidadãos e por traição à coisa pública" (Sieyès). Já antes da noite de 4 de agosto, a monarquia tinha consciência da obsolescência dos privilégios fiscais (conforme comprova a tentativa malograda de reforma de Calonne em 1787) e, durante a audiência régia de 23 de junho de 1789, admitiu que, com o consentimento do clero e da nobreza, deixaria de existir "qualquer espécie de privilégio ou distinção no pagamento das contribuições pecuniárias".

O sistema jurídico nascido com a Revolução excluiu a palavra "privilégio" da categoria dos atos do Estado: não o excluiu de seu direito, desde que ele ficasse encerrado nas malhas da lei ou da convenção internacional. Tampouco excluiu as decisões de caráter individual ou destinadas a categorias sempre que o soberano as julgasse de interesse geral, mas estas deixaram de ser vistas como privilégios, pois a *lex* contemporânea não poderia ser *privata*, ainda que o *ius* de alguns às vezes seja *singulare*.

› Gaudemet J., "Ambiguïté du privilège", Libreria editrice Vaticana, 1986, pp. 45-62. – Olivier-Martin F., *Les Lois du roi*, reed. Loysel, 1988. – Orestano R., "Ius singulare e Privilegium in diritto romano", *Ann. Univ. di Macerata*, XI, 1937.

François Saint-Bonnet

→ Canonistas, decretistas, decretalistas; *Corpus iuris canonici*; Declaração dos Direitos do Homem e do Cidadão; Direito canônico; Direito comum; Fontes do direito; Imunidades.

PROBABILISMO E ARTE DE JULGAR

Não é grande como deveria o interesse pela arte de julgar, que é complexa, pressupondo regras prudenciais precisas; o juiz acaba por duvidar de tudo, até mesmo de seu julgamento, ou pelo menos deveria duvidar de tudo, se estivesse consciente das regras de seu *officium*.

O juiz, por princípio, só lida com coisas duvidosas, incertas, indeterminadas; só trabalha com documentos tendenciosos, manipulados, autos que truncam ou deformam os "fatos"; ele não pode ter certeza alguma: cada uma das partes oferece ao juiz uma imagem alterada das coisas, são dois sistemas concorrentes de "trapaças" mais ou menos hábeis, e o juiz precisa construir um arcabouço incerto e "provável", precisa tentar encontrar o *mais provável* (*probabilior*), sabendo que lhe escapam necessariamente coisas importantes (o juiz do tribunal de recursos fica em situação muito desconfortável, com vontade de refazer toda a instrução). O juiz não pode acreditar que a verdade seja acessível: só há pressentimentos e probabilidades, ignora-se mais do que se sabe. O juiz experiente precisa procurar evitar as armadilhas postas pelas partes, mas também por usos, tradições, costumes e precedentes (nas causas um pouco complicadas, é preciso desconfiar de tudo o que é jurisprudência, pois sua aplicação imprudente pode ser fonte de erros, visto que cada espécie é, *in principio*, diferente da outra).

Todos querem impor *certezas* ao juiz, e ele precisa defender o indeterminado, o duvidoso (qualquer passo em direção a pretensas certezas leva ao erro e mesmo à injustiça).

O juiz é necessariamente probabilista (mesmo quando, por comodidade de linguagem ou para não contrariar o costume, diz que tem "certezas"); isso repercute necessariamente nos princípios jurídicos que ele aplica, nas interpretações dos textos, no costume corporativo que está por trás da arte de julgar. É um cálculo de probabilidades que comanda a decisão, a deliberação e a conclusão. Toda ideia de justiça absoluta, de certeza, é falsa em seu princípio, cria perturbações, é uma ideia metafísica, como lembrava Bernard Chenot. Julga-se *caso a caso*, evitando precipitação, com calma, aplicando regras prudenciais e desconfiando da propensão a construir sistemas arbitrários.

De modo que o juiz não precisa procurar a verdade, mas encontrar o *probabilior*, o que lhe dá certa liberdade de manobra (ele pode tentar julgar com equidade, pronunciar sentenças "razoáveis"). Em todo julgamento, o *probabilior* introduz certa arbitrariedade: como disse Bernard Chenot, o essencial é o dispositivo, os motivos são construídos depois. Mas também se percebe a incerteza na qual está o juiz: ninguém pode ter garantias daquilo que ele diz ou escreve, esse é seu triste destino, dele que é necessariamente um cético, que duvida de sua arte de julgar. O juiz que *acredita* em seu julgamento pode não ser muito hábil, visto que todo julgamento só tem valor relativo, e o direito é necessariamente uma coisa móvel (o juiz experiente sabe que nenhuma norma, nenhum princípio resiste ao tempo, que a obsolescência nivela todos os "princípios gerais"). Mas percebe-se como é difícil julgar quando se é cético, quando se sabe que só é possível tratar do "provável". Ao contrário do que se acredita, as regras do jogo são obscuras, pouco perceptíveis e às vezes opacas – mesmo quando se tem alguma experiência. O juiz nunca tem clareza absoluta de seu *officium*; ele sabe mais ou menos o que é exigido dele, sabe menos o que deve *exigir de si*, vive na dúvida sobre suas obrigações de "consciência": julgar não é a aplicação mecânica de normas jurídicas, vive-se no indefinido, no indistinto; o juiz que não tem dúvidas sobre si mesmo "provavelmente" é um bom técnico, mas é apenas um peão intercambiável no tabuleiro, é "previsível", não tem estados d'alma. A arte de julgar é em si probabilística, mas não é bem vista a afirmação de que nenhum raciocínio, nenhum julgamento pode render mais do que probabilidade.

› CHENOT B., "L'existentialisme et le droit", *Revue française des sciences politiques*, 1953, I, pp. 57-68.

Guy THUILLIER

→ Juiz; Processo.

PROCEDIMENTO

Já de início procedimento lembra processo: a palavra francesa *procédure*, registrada já em 1344, deriva de *procéder*, proceder, que vem do latim *procedo* (*cessi*, *cessum*, *ere*), "ir adiante, avançar" (*Gaffiot*), "proceder a uma ação judiciária" (*Vocabulaire juridique Cornu*). Já de início, processo lembra, pejorativamente, chicana e praxes desagradáveis, que os mais hábeis saberão atravancar, caso não tenham tomado a iniciativa, ou virar a seu favor, caso contrário. Tal apresentação é muito redutora. Embora procedimento e processo mantenham fortes relações, em razão de sua afinidade originária, nem todo procedimento tem vocação para redundar em julgamento. Além disso, o procedimento está longe de ser apenas praxe; é importante distinguir os elos que o unem aos direitos cuja sanção ele garante e ressaltar que ele mesmo é constitutivo de um direito.

Procedimento e processo

O procedimento é necessário à solução dos litígios, mais amplamente à solução das pendências, numa sociedade humana digna desse nome. Para compreender essa necessidade, cumpre admitir que a sociedade humana não é um fenômeno natural, que o direito dos homens não é um direito natural que distribua a cada um seu quinhão individual de prerrogativas, e que os conflitos entre os seres humanos não se solucionam espontaneamente, como por encanto. Essa concepção ideal, ou divina, do direito e da justiça não vale para a comunidade humana. A sociedade dos homens é um fenômeno cultural; o direito dos homens é uma criação social;

a ordem jurídica não é uma ordem encontrada, mas uma ordem construída. Essa *ordem jurídica*, também chamada *ordenamento jurídico* ou *direito objetivo*, apresenta-se como um conjunto de regras de direito, gerais e abstratas, cuja observância é obtida por meio da coerção estatal. Esse Direito com "D" maiúsculo atribui prerrogativas, direitos com "d" minúsculo aos indivíduos ou a certos grupos de indivíduos, a fim de atender a seus interesses: é a definição do *direito subjetivo*. Os direitos subjetivos são protegidos pelo Estado desde que sejam exercidos em conformidade com o direito objetivo. Portanto, é sob a tutela do direito objetivo que se dá a relação entre os sujeitos e, portanto, entre seus direitos concorrentes.

Na imensa maioria dos casos, essas relações se estabelecem pacificamente; a realização dos direitos é espontânea; o corpo social funciona normalmente, se não harmoniosamente. Mas nem sempre é assim. Podem ocorrer conflitos entre os sujeitos de direito, entre sujeitos de direito e o Estado (ou seus desmembramentos), entre os sujeitos de direito e a própria sociedade. Esses conflitos podem decorrer da existência dos direitos subjetivos, de sua extensão ou de seu exercício; pode ser preciso, mais simplesmente, dissipar uma situação de incerteza ou punir uma transgressão à regra objetiva. Em qualquer hipótese, nasce um *litígio*. Esse litígio poderia ser solucionado pela força, em que a lei do mais forte se impusesse ao mais fraco. Mas essa "justiça privada", que não é justiça, é contrária ao Estado de direito, que deve presidir a organização das sociedades civilizadas (donde a suspeição com que o direito vê as cláusulas contratuais que, tal como a cláusula penal ou a cláusula resolutória, parecem encarnar uma justiça puramente unilateral). Na falta de acordo amigável entre as partes para a solução de seu desacordo, o litígio só pode ser solucionado pelo direito, perante o direito objetivo, perante regras jurídicas que organizem a vida em sociedade. O instrumento para essa solução é o *juiz*. Como o juiz tem a incumbência de agir como polícia dos direitos subjetivos por meio das regras de direito, dá-se a essa polícia o nome de *justiça*, e à solução do litígio em juízo, o nome de *processo*. É ao cabo do processo que o juiz profere o direito, faz a justiça. O procedimento, portanto, não é apenas a série formal de atos processuais realizados no prazo prescrito pela lei desde que o juiz é constituído até que ele pronuncie seu julgamento; seu objeto é mais amplo, pois, tocando o fundo do direito através do objeto do litígio, o procedimento deve ser definido como a maneira de pedir e fazer justiça, de dar solução jurídica ao litígio. Nesse sentido, o procedimento constitui realmente uma solução do litígio, no sentido quase químico do termo, uma maneira de resolver o litígio, de fazer desaparecer a divergência jurídica e, nesse sentido, o julgamento é um precipitado. Essa acepção mais corrente do processo corresponde à definição dada por Pothier para o procedimento no fim do Antigo Regime: "procedimento é a forma na qual é preciso intentar, defender, intervir, instruir e julgar as demandas em juízo, bem como recorrer dos julgamentos e executá-los" (Pothier).

Numa concepção estrita, porém, o procedimento não poderia ser reduzido ao conjunto das regras que governam o desenrolar do processo, o direito do processo, o *jus litis*. Para que o processo possibilite a solução do litígio, não basta uma série de procedimentos, prazos e formalidades. É preciso, sobretudo, que entre o litígio e esse procedimento haja um traço de união, um intercessor, seria possível dizer um mediador, se esta palavra não estivesse carregada de outro sentido; é preciso um juiz, terceiro imparcial a igual distância das partes, que as aparte no imediato e as faça tomar parte da obra de pacificação social que o julgamento também é: "o ato de julgar tem por horizonte um equilíbrio frágil entre os dois componentes da partilha: o que aparta a minha parte da tua e o que, por outro lado, faz que cada um de nós tome parte na sociedade" (P. Ricoeur). O procedimento, concebido como solução do litígio, pressupõe assim a existência de um juiz, público (são as jurisdições do Estado) ou privado (é o árbitro), instituído para deslindar as divergências por meio da aplicação das regras de direito, atuando como *juris dictio*, jurisdição, no respeito a regras que garantam a equidade do debate entre as partes. O procedimento, portanto, não poderia ser reduzido apenas às formas jurisdicionais, pois a jurisdição é instaurada por meio de uma ação em juízo, movida perante um órgão chamado jurisdicional, o juiz, e redunda num ato, também chamado jurisdicional, o julgamento. Essa qualificação do julgamento só cessa depois que o litígio é dirimido pelo juiz, por meio da aplicação das regras de direito que normalmente lhe são aplicáveis. A equidade, realmente, não está ausente dos tribunais. Ora é a lei que possibilita ao juiz pronunciar-se como compositor amigável (é o que ocorre sempre que o juiz é autorizado, direta ou indiretamente, a pronunciar-se segundo a equidade: ver, por exemplo, C. Civ. fr., arts. 565, 1.135, 1.152, 1.244.), ora são as próprias partes que lhe confiam essa missão (Novo C. Proc. Civ. fr., arts. 12, § 4º, e 1.474). A solução do litígio, então, já não é um fenômeno de autoridade, mas de composição, se não de negociação. Mas nem por ser pronunciado segundo as regras de direito o ato do juiz deixa de ser um ato jurisdicional que deva obedecer às regras que regem os julgamentos, pois, com esse ato, o juiz diz às partes em causa quais são *seus direitos*.

Procedimento fora do processo

O procedimento não tem apenas significação jurisdicional. Procedimento, de modo mais geral e fora de sua acepção processual, designa toda "maneira de proceder juridicamente", ou seja, de chegar a um resultado jurídico, lei, decisão administrativa ou ato jurídico. Existem, assim: um *procedimento legislativo* que organiza a elaboração e o voto das leis; um *procedimento administrativo*, chamado *não contencioso*, que rege o funcionamento da administração; e pode-se falar também de *procedimento contratual*, uma vez que o contrato, concebido como *contrahere* e não como *contractus*, não seja concluído e executado em um só momento, mas dê ensejo a negociações ou mesmo ao controle de sua execução, o que é frequente nos contratos de longa duração ou nas relações habituais de negócios. Alguns autores chegam a falar de procedimento a respeito da formação do contrato e da troca dos consentimentos na qual ela se baseia. A vida das instituições privadas está ligada a esses procedimentos contratuais, quer se trate, por exemplo, do funcionamento de condomínios, sociedades ou associações. Donde, aliás, a necessidade de respeitar, por precisão, certas regras extraídas do direito processual; assim, um grupo de pessoas, personificado ou não, não pode excluir um de seus membros sem respeitar o princípio do contraditório que leva a informar previamente a pessoa em questão, dando-lhe a possibilidade de manifestar suas observações. Do mesmo modo, o respeito à contradição, a justificação das decisões, que fazem parte dos direitos da defesa, não são desconhecidos pelo procedimento administrativo não contencioso (R. Chapus). Algumas situações chegam a refletir uma curiosa mescla de gêneros. Era o que ocorria com o procedimento administrativo antes que o Conselho de Estado abandonasse, no fim do século XIX, a teoria do administrador-juiz, segundo a qual "julgar a administração ainda é administrar". Isso continua ocorrendo na área cível com o *processo gracioso*, que deve ser seguido quando, na ausência de litígio, o juiz é constituído para a solução de uma demanda que a lei exige ser submetida a seu controle em razão da natureza do caso ou da qualidade do requerente (arts. 25 e 60 a 62 do Novo C. Proc. Civ. fr.). Por exemplo, as mudanças de regime matrimonial, pertinentes à matéria graciosa (art. 1.301 do Novo C. Proc. Civ. fr.), poderiam também ser verificadas por um notário, em vez de serem submetidas à homologação do juiz; obedeceriam então a um procedimento de tipo contratual, ao passo que hoje são de natureza jurisdicional. Numa ordem próxima de ideias, embora o processo normalmente tenha vocação para dar solução jurisdicional ao litígio, por aplicação das regras de direito ou em composição amigável, pode ocorrer que ele não conduza a uma decisão do juiz, mas a um acordo entre as partes, seja esse acordo obtido por iniciativa do juiz (Novo C. Proc. Civ. fr., art. 21), seja sem ele (C. Civ., arts. 2.044-2.058). Formalmente, essa solução do litígio poderá associar o juiz, que pode lavrar ata de conciliação ou notificar as partes de seu acordo (Novo C. Proc. Civ. fr., art. 384, § 3º), mas, substancialmente, a solução do litígio será de natureza contratual. Aliás, esses dois modos de solução do litígio são vistos pela lei como equivalentes, pelo menos em seus efeitos, pois, em virtude do artigo 2.052 do Código Civil francês, entre as partes a transação tem autoridade de coisa julgada em última instância. Pode ter mesmo sua força executiva (arts. 1.441-4 Novo C. Proc. Civ. fr.). Pode também ocorrer que o legislador embaralhe totalmente as cartas, por exemplo, quando, ao organizar a homologação de um acordo das partes sobre a solução de suas divergências, depois de uma conciliação ou de uma mediação, a lei faz que esse acordo seja da alçada da jurisdição voluntária (exemplo, arts. 131-12 e 832-8 Novo C. Proc. Civ. fr.). Em matéria administrativa e em matéria penal, o procedimento também pode ter um componente convencional, que lhe confere uma dimensão muito mais ampla do que a evocada pela noção tradicional de procedimento.

Portanto, é tênue a fronteira entre a solução jurisdicional e a solução convencional dos litígios. Entre esses dois modos de solução, observam-se mais nuances que contrastes. O processo pode até ser objeto de contrato, e essa contratualização pode ocorrer antes do nascimento do litígio, por meio de cláusulas de solução de litígios (exemplos: cláusulas de competência, prescrição, direito aplicável, composição amigável, direção de processo etc.), como durante o procedimento jurisdicional e, neste último caso, em seu princípio, por meio de uma petição conjunta, ou durante a instância (prorrogação de competência, acordo de direito aplicável ou de composição amigável, renúncia ao recurso, renúncia ao exame do caso por colegiado, à publicidade dos debates, retirada de pauta...). E como qualificar o procedimento arbitral? Jurisdicional, por ser regulamentado pelo Código de Processo Civil e redundar numa sentença arbitral que, dotada da autoridade de coisa julgada, tem valor de verdadeira sentença? Ou contratual, uma vez que sua fonte está na convenção das partes, que, aliás, podem dispensar as disposições legais e regular pessoalmente seu curso, com a ressalva, é claro, de certos princípios diretores do processo (art. 1.460 Novo C. Proc. Civ. fr.), entre os quais o contraditório (mas sabe-se que esses princípios têm vocação a serem aplicados mesmo fora do processo)? A conciliação e a mediação fazem parte da mesma problemática; pressupõem um procedimento que, por essência, é de natureza contratual, apesar de assemelhado ao procedimento jurisdicional, como no procedimento americano do *minitrial*, espécie de processo simulado entre as partes. Mas será isso tão surpreendente? Na esteira do direito romano, até meados do século XX, a instância foi analisada como um verdadeiro contrato, formado pelo encontro de duas vontades, em que a demanda em juízo expressaria a oferta de um processo cuja aceitação resultaria do comparecimento do acusado. A língua processual conservou alguns vestígios disso. Acaso não se fala de partes do processo como partes do contrato, de imutabilidade do litígio como de intangibilidade do contrato, de efeito relativo da coisa julgada como de efeito relativo das convenções? E não ocorre também que, remetendo-se ao artigo 1.134 do C. Civ. fr., a Corte de Cassação censure decisões de juízes de primeira instância que tenham estatuído sem observar os termos do objeto do litígio ("determinado pelas respectivas pretensões das partes": art. 4º, § 1º do Novo C. Proc. Civ. fr.)? Entre processo e contrato, o procedimento toca os próprios fundamentos do direito.

O procedimento na árvore do direito

Muitas vezes se duvidou e até se negou que o procedimento pudesse ser algo mais que praxe, ou seja, um direito e mesmo uma ciência. "O leigo, de longe, costuma ver nele um formalismo inútil, um terreno de manobras frequentemente dilatórias no qual, por espírito de chicana, o astucioso atola suas más demandas" (G. Cornu e J. Foyer). Está claro, porém, que a existência dos direitos de que cada sujeito é ou afirma ser titular não passaria de ilusão se o direito processual não estivesse lá, para garantir sua realização. O procedimento chegou a ser (pensemos no direito romano) e ainda participa às vezes (pensemos na *common law*) da essência do sistema jurídico. O procedimento participa, pois, do direito, com a ressalva de que o direito processual já não poderia ser reduzido ao direito do procedimento, de que a noção de processo não poderia ser limitada à instância; ao contrário, deve ser definido, amplamente, *como o conjunto das regras relativas à organização jurisdicional, à competência jurisdicional e aos procedimentos jurisdicionais, jus litem*, ao mesmo tempo que *jus ad litem.* Essa definição esclarece o sentido que se deve dar ao procedimento como mecanismo de solução do litígio e, portanto, ao direito processual como direito da solução dos litígios. Mas que lugar o procedimento ocupa exatamente entre os outros ramos do direito? O direito objetivo não é uno. Se recorrermos à linguagem figurada, poderemos dizer que o direito se apresenta como uma árvore que se subdivide em vários galhos, cada um dos quais se divide em vários ramos.

Na ordem jurídica, faz-se uma classificação das matérias do direito, agrupamentos das regras de direito do ponto de vista de seu objeto. Nesse aspecto, é tradicional classificar as diferentes matérias jurídicas em função de dois critérios, combinando-se duas distinções principais: uma distinção *horizontal*, que opõe os direitos determinadores aos direitos sancionadores, e uma distinção *vertical*, entre direito público e direito privado.

Inspirados em Oudot, nos seus *Primeiros ensaios de filosofia do direito* (Joubert, Paris, 1846), chamaremos de *direito determinador* a parte do direito objetivo que dita regras de conduta social, que define os direitos e as obrigações de cada um, que autoriza, prescreve ou proíbe certos comportamentos; determinador porque, no fundo, ele determina os *direitos subjetivos substanciais* de que um sujeito pode afirmar-se titular: direito de propriedade, de crédito etc. Os direitos determinadores também são qualificados de direitos *materiais* ou *substanciais* porque se aplicam à matéria, à substância dos direitos cujas condições de existência, exercício, transmissão ou extinção eles definem, definindo também seus efeitos: os direitos civil, administrativo, comercial, social e direito penal mesmo (por ditar proibições por meio das infrações que incrimina) pertencem a essa categoria dos direitos determinadores, que são, pois, direitos autônomos, dispondo de suas próprias categorias jurídicas e definindo-se por si mesmos, pela matéria de que tratam, sem referência a outro direito. O *direito sancionador*, ao contrário, é a parte do direito objetivo cujo único objeto, cuja única função é ditar a sanção das regras dos direitos determinadores. O direito sancionador, portanto, não pode ser considerado direito autônomo; é auxiliar do direito determinador, cuja aplicação regula (por esse motivo se fala também de direito *regulador*), cuja realização garante (donde, também, a expressão direito *realizador*) (G. Cornu e J. Foyer). Nesse sentido, enquanto os direitos materiais têm por objeto a determinação dos direitos subjetivos substanciais, os direitos reguladores têm a tarefa de garantir sua sanção. Por isso, os direitos sancionadores são apresentados como direitos de segundo grau, *jura supra jura*, direitos sobre os direitos, o que Pigeau chamava de "segunda ordem de leis"; a imagem é bastante eloquente, em se tratando do direito dos conflitos de leis; ela exprime também a natureza particular do direito processual.

O direito processual é um direito sancionador porque tem por objeto a realização dos direitos subjetivos substanciais em juízo. Essa qualificação está sendo cada vez mais disseminada, mesmo fora da doutrina processualista. Valendo-se de judiciosa metáfora, Cornu e Foyer escreveram que o direito processual é o "servidor das outras leis" e que, nesse aspecto, é "menos uma espécie particular de lei do que a sanção de todas as outras". Para possibilitar essa sanção judiciária dos direitos subjetivos substanciais consagrados pelos diversos direitos determinadores, o direito processual secreta para proveito dos sujeitos de direito um poder específico que se chama ação em juízo. Ora, como mostrou Henri Motulsky, essa mesma ação é um direito subjetivo, ainda que se trate de um direito de natureza particular: "A ação é o direito que o autor de uma pretensão tem de ser ouvido sobre o mérito desta, para que o juiz diga se ela procede ou não. Para o adversário, a ação é o direito de discutir a procedência daquela pretensão" (Novo C. Proc. Civ. fr., art. 30). De algum modo, na ordem dos direitos subjetivos, a ação em juízo – *direito subjetivo processual* – acompanha os direitos subjetivos substanciais, assim como, na ordem do direito objetivo, os direitos sancionadores se sobrepõem aos direitos determinadores. Semelhantes qualificações do direito judiciário e da ação em juízo não constituem puro exercício de estilo. A ele está associado um ensinamento prático: o conhecimento dos diferentes direitos determinadores de nada serve se for ignorado o direito processual que os põe em prática; uma pretensão, por mais perfeitamente justificada no mérito, pode ser posta em xeque por meio de uma exceção processual ou de uma declaração de inadmissibilidade; existem estratégias e táticas judiciárias que possibilitam atravancar um debate ou, ao contrário, tirar o melhor partido de uma situação de fraqueza a respeito do mérito do direito litigioso. *Inversamente*, não é possível estudar nem aplicar o direito processual sem conhecer, e bem, os diferentes direitos determinadores cuja sanção ele garante. Assim como em direito internacional privado a determinação da lei aplicável depende da análise dos termos da relação jurídica internacional cujo fórum é constituído, também em direito processual muitas vezes é difícil estabelecer a divisão entre o que é da alçada do fundo do direito e o que está ligado ao procedimento: as regras de competência pressupõem a qualificação prévia do objeto do litígio; a possibilidade ou não de recurso a um julgamento frequentemente depende da definição daquilo que foi julgado no mérito. A propósito, essa íntima associação entre mérito e procedimento se mostra formalmente na organização das disposições da lei: o Código Processual Civil francês contém um livro inteiro dedicado às disposições específicas de certas matérias (livro III, arts. 1.038 a 1.441) e, inversamente, o Código Civil francês, coletânea das leis civis substanciais, no título dedicado ao divórcio (livro I, título VI, arts. 229 a 310), trata do procedimento de divórcio (arts. 247 a 259-3) entre os casos de divórcio (arts. 229 a 246) e as consequências do divórcio (arts. 260 a 295). O direito dos procedimentos coletivos sugere intimidade semelhante entre as regras de fundo e as regras processuais, que às vezes é difícil discernir na concordata e na liquidação judiciária das empresas. Do mesmo modo, em matéria de arbitragem, onde passa a linha divisória entre a solução do litígio pelo árbitro, ao cabo de um procedimento devidamente organizado, e a renegociação dos termos do contrato litigioso: sob a autoridade do tribunal arbitral, singularmente quando este recebeu a missão de estatuir como compositor amigável? Essa relação sutil entre o substancial e o processual vale tanto para o direito judiciário privado quanto para o contencioso administrativo e o procedimento penal, que são os outros ramos da árvore do procedimento.

Os ramos da árvore do procedimento

Quando se pergunta se o direito processual pertence ao direito privado ou ao direito público, as respostas variam conforme se trate de direito judiciário privado, de contencioso administrativo ou de procedimento penal. Esses diferentes ramos do direito processual se distinguem a partir do direito substancial que põem em prática, e a diferenciação entre os procedimentos se calca nas divisões materiais do direito objetivo. Numa perspectiva ampliada, os três procedimentos correspondem, pois, aos três grandes ramos do direito: direito privado, direito público e direito penal (G. Cornu e J. Foyer). Dessas diferentes vinculações decorrem consequências concretas. Assim, a aplicação de cada um desses direitos judiciários é da alçada de categorias de *jurisdições distintas*: das jurisdições administrativas, o procedimento administrativo contencioso; das jurisdições civis, o direito judiciário privado; e das jurisdições repressivas, o procedimento penal. As competências, as ações e as instâncias obedecem *também* a regras diferentes contidas em três códigos diferentes: na França, *Código da Justiça Administrativa*, *Novo Código de Processo Civil* e *Código de Processo Penal*. A própria fonte dessas regras difere: resulta de decreto no caso do procedimento civil (desde 1958, art. 37 da Constituição francesa), ao passo que é preciso uma lei para o procedimento penal (art. 34 da Constituição); daí decorre a maior facilidade para se modificar as regras de procedimento civil (mas a lei também tem a palavra no estatuto dos magistrados, na organização das outras profissões judiciárias, nos procedimentos de execução etc.). *Mais sutilmente*, essas três espécies de direito judiciário são animadas por um espírito diferente. O direito judiciário privado é essencialmente irrigado pelo espírito do direito privado; nele, tudo ou quase é questão de interesses particulares, ao contrário do procedimento penal e do contencioso administrativo, em que o interesse geral se expressa em diversos aspectos e graus. A divergência em relação ao procedimento penal, especialmente, é flagrante. Enquanto, tradicionalmente, o procedimento penal é o único modo de aplicação do direito penal, no sentido de não haver repressão penal fora de um procedimento penal, o processo civil é apenas um dos modos de aplicação do direito civil (ou seja, do direito privado), cujas regras nem sempre são matéria de litígio. "Coisa das partes", o procedimento civil seria de tipo acusatório, ao passo que as outras duas, regidas pelo juiz, seriam de tipo inquisitório. Em matéria civil, somente as partes introduzem a instância; são elas que conduzem a instância e determinam o objeto do litígio. Elas têm a liberdade de terminá-lo a qualquer momento, antes que seja extinto por efeito do julgamento. No entanto, não se deve exagerar o alcance dessas diferenças.

Em primeiro lugar, o juiz civil não se limita a aplicar o direito civil tanto quanto o juiz penal não se limita a aplicar o direito penal, e o juiz administrativo, o direito administrativo. O juiz civil às vezes julga em direito administrativo (pelo menos atos administrativos regulamentares que ele pode interpretar, certas atividades administrativas que ele pode conhecer: impostos indiretos, correio e telecomunicações, Seguridade Social e até algumas responsabilidades administrativas – ensino, justiça, veículos automotores), assim como o juiz penal pode julgar direito civil (quando estatui sobre os méritos da ação civil, inclusive na hipótese de não pronunciar sanção penal), e o juiz administrativo julga direito civil (por exemplo, quando aplica disposições do direito civil direta ou indiretamente, por referência ao princípio subjacente) ou direito penal (na qualidade de contencioso da repressão: contravenções de trânsito, sanções das jurisdições financeiras e profissionais, o que René Chapus chama de contencioso das demandas, fortemente influenciado pelo procedimento penal). A existência e a atividade do *Tribunal dos conflitos*, que controla as competências entre as jurisdições da ordem judiciária e as da ordem administrativa, é uma grande prova da dificuldade que às vezes há em determinar a ordem jurisdicional competente. Aliás, é significativo que a instituição do Tribunal dos Conflitos na maioria das vezes seja tratada nas obras de direito administrativo substancial, e não de contencioso administrativo. A dualidade das ordens de jurisdição, peculiar à França, é cada vez mais contestada, inclusive nos círculos da doutrina publicista.

Por outro lado, os próprios procedimentos não deixam de ter semelhanças entre si, em razão dos fenômenos de empréstimo ou influência entre um direito judiciário e outro. Sem dúvida, o procedimento civil não pode ser apresentado como o direito comum do procedimento propriamente dito. Isso não impede que numerosas soluções do direito judiciário privado sejam aplicadas no procedimento penal (exemplo: arts. 475-1 e 515-1 CPP) e no procedimento administrativo, seja *diretamente*, por remissão aos textos do Novo Código de Processo Civil – como em casos de recusa, prorrogação de prazo por motivo de distância do domicílio ou de polícia das audiências –, seja *indiretamente*, por meio da transposição legal para o contencioso administrativo; assim, o Decreto nº 88-907 de 2 de setembro de 1988, que organiza a medida liminar com base no modelo do artigo 809 do Código de Processo Civil (art. R. 541-1 C. Just. Adm.) e estende a disposição do artigo 700 do Novo Código de Processo Civil às jurisdições administrativas. Trata-se mais de osmose que de endosmose. O procedimento civil também toma empréstimos do contencioso administrativo, como demonstra, por exemplo, o procedimento de pedido de parecer à Corte de Cassação, instituído por uma Lei de 15 de maio de 1991, que se inspira num procedimento de contencioso instituído perante o Conselho de Estado em 1987. Além disso, desenvolvem-se procedimentos híbridos dificilmente redutíveis às três categorias tradicionais do direito judiciário; por exemplo, onde classificar a atividade do *Conselho da Concorrência*, *da Comissão das Operações de Bolsa*, do *Conselho dos Mercados Financeiros* ou da *Agência Reguladora das Telecomunicações*, agências administrativas independentes cujas decisões, em algumas delas, são da alçada do tribunal de recursos de Paris, que é jurisdição da ordem judiciária?

O espírito dos procedimentos também não escapa a essas mestiçagens. Hoje em dia não se poderia repetir aquilo que se ensinava antes a respeito do juiz e do ministério público: o juiz já não é testemunha passiva do debate que opõe as partes; ele cuida do bom desenrolar da instância e, para tanto, goza de um poder de injunção e sanção (art. 3º Novo C. Proc. Civ. fr.); chega a dispor de importantes prerrogativas na delimitação da matéria litigiosa, tanto nas alegações quanto nas provas dos fatos em litígio (art. 7º, § 2º e 10 Novo C. Proc. Civ. fr.). Quanto ao ministério público, embora em matéria cível não ocupe o lugar importante que ocupa no processo penal, há cerca de trinta anos vem ganhando peso crescente, seja em direito comum (arts. 421-429 Novo C. Proc. Civ. fr.), seja em alguns contenciosos particulares, como o contencioso das pessoas (nacionalidade, casamento, filiação), ou em matéria de procedimentos coletivos (concordata e liquidação judiciária das empresas). Inversamente, embora o processo penal seja o único modo de repressão penal, ao passo que os litígios cíveis podem ter soluções extrajudiciárias, cabe notar que, por meio de técnicas como mediação, composição penal, transação e trabalhos de interesse geral, o fenômeno contratual também se fez presente em matéria penal (exemplo: arts. 41-1 e 41-2 do CPP). A mesma constatação pode ser feita no que se refere ao contencioso administrativo, onde o vigilante guardião da legalidade, que é o Conselho de Estado, em um de seus relatórios, convidou a "solucionar os conflitos de outra maneira".

Causa ou efeito desses fenômenos de osmose, o desenvolvimento daquilo que se convencionou chamar *direito processual* desde o início da década de 1960 expressa à sua maneira a realidade e a utilidade da comparação entre diferentes ramos do direito judiciário. Fomentado por Henri Motulsky, o direito processual é a ciência da comparação dos procedimentos, que permite discernir, para além de suas especificidades naturais, o que lhes é comum por ser inerente à própria noção de processo. Dois fatores contribuem muito para essa comparação dos procedimentos, revelada pelo direito processual: por um lado, o desenvolvimento das fontes constitucionais, resultante mais da jurisprudência do Conselho Constitucional do que da própria Constituição; por outro, o desenvolvimento das fontes internacionais, especialmente as fontes europeias, as das União Europeia e também do Conselho da Europa, sobretudo a Convenção Europeia dos Direitos Humanos, em seu artigo 6º, § 1º, núcleo do direito no processo equitativo. Essas fontes, comuns a todos os procedimentos, dão corpo e alma a esse direito erudito, que é o direito processual. As comparações, internas e externas, entre diferentes procedimentos levam à definição de um direito comum processual, de uma ordem jurídica processual, que assenta na arquitetura de princípios diretores intangíveis, de índole a garantir a cada jurisdicionado, qualquer que seja ele e onde quer que esteja, o direito a um processo equitativo: direito a um tribunal imparcial, princípio da contradição, publicidade dos debates, direito de ser julgado em prazo razoável. Sobre tais bases irredutivelmente comuns, os procedimentos podem então deixar à mostra a diversidade de suas regras particulares.

› CADIET L., *Découvrir la justice*, Paris, Dalloz, 1997. – LABBÉE P., *Introduction au droit processuel*, Presses Universitaires de Lille, 1995. – MOTULSKY H., *Droit processuel*, Paris, Montchrestien, 1973; *Principes d'une réalisation méthodique du droit privé. La théorie des éléments générateurs des droits subjectifs*, Paris, Sirey, 1948, reimpr. Dalloz, 1991. – MARTIN R., *Théorie générale du procès – Droit processuel*. – PIGEAU E.-N., "Discours sur l'étude de la procédure", in *La procédure civile des tribunaux de France*, Paris, 1807.

Ver também: BARANÈS W., FRISON-ROCHE M.-A. & ROBERT J.-H., "Pour le droit processuel", *D*, 1993, chron. 9. – ROUHETTE G., Vº Contrat, *Encyclopædia Universalis*. – VIZIOZ H., "Observations sur l'étude de la procédure civile", in *Études de procédure civile*, Bordeaux, Brière, 1956.

LOÏC CADIET

→ Equidade; Formas de justiça; Formas e procedimentos; Juiz; Jurisdições; Justiça; Processo; Processo administrativo; Processo cível; Processo penal.

PROCESSO

Habitualmente se define processo ora como um litígio solucionado por uma jurisdição, ora como um modo de resolução dos conflitos. Os juristas veem o processo como um procedimento regido por regras formais. Os sociólogos o equiparam a um recurso que, entre outras técnicas de controle social, é utilizado pelos profissionais do direito e dominado por estratégias de poder e previsão. Essas duas abordagens esquecem que o ato judiciário é, acima de tudo, assumido por uma cultura. Vinculado ao sistema de representações subjacente ao comportamento dos atores, ele não é movido por regras positivas, mas sim pelo espírito do qual elas procedem e pelos valores compartilhados por tais atores. Ademais da diversidade de seus contextos culturais, o processo é, acima de tudo, uma cerimônia de reconstituição do elo social. Desse ponto de vista, comporta quatro sequências. A intervenção de um terceiro que não é parte do processo permite estabelecer distância em relação à violência do conflito. A mediação do direito determina o círculo das soluções possíveis para o litígio. O debate põe em cena a dúvida e organiza a disputa argumentativa. Por fim, o julgamento restabelece a lei entre os homens e, no longo prazo, visa restabelecer a paz social.

Intervenção de um terceiro

Todo atentado à ordem social deve ser pacificado para possibilitar que a coletividade o supere. Uma violência impura, perigosa e mimética ameaça as estruturas constitutivas da sociedade e a imerge numa vertigem de indiferenciação. Somente um *sacrifício* pode substituir a violência impura por uma violência pura, ou seja, substituir a violência de todos contra todos pela contraviolência de todos contra um. Essa violência purificadora é a única resposta capaz de impedir o caos por meio do espetáculo de outra violência orientada para uma vítima. O sistema judiciário ocupa o lugar do sacrifício e realiza uma cerimônia de reconstituição da ordem social dilacerada pela violência. A figura do terceiro, encarnada por um juiz, procura neutralizar os efeitos do mimetismo conflitual. Ele põe à distância o conflito que cega e destrói, criando um espaço interlocutório que resista à indiferenciação. Pode assim absorver o conflito que anulava a identidade de seus protagonistas como dois corpos em luta que se tornaram indistintos. Em outras palavras, a partir do momento em que uma relação "eu-tu", relação amigo-inimigo, é substituída por uma relação "eu-tu-ele", torna-se possível o retorno das diferenças. Por si só, o terceiro representa uma personagem neutra, desinteressada e, por isso, apta a reatar o fio rompido que une os grupos e os indivíduos a uma comunidade. Ele coloca cada um em condições de reencontrar as diferenças que lhe permitam "dizer-se" e "ser dito". Sua intervenção detém a dilatação patológica dos conflitos e procura passar do conflito violento para uma disputa argumentativa cuja solução ele reserva para si.

Para evitar ser enredado no conflito que o cerca, o terceiro é protegido por um estatuto particular. Estatuindo na qualidade de juiz, ele recebe seu poder de uma delegação divina, da tradição ou dos ancestrais. O essencial é que ele não seja confundido com sua pessoa privada nem com a pessoa dos jurisdicionados, com os quais ele não deve ter *parte* alguma. As regras da recusação ou recusa (sobretudo não ter elo de parentesco com as partes) lhe dão a aparência de imparcialidade, mas não chegam até a exterioridade total, que não teria muito sentido. Seu estatuto deve apenas garantir a imparcialidade em relação à causa para a qual é constituído perante o público, que é sua testemunha. Por esse motivo o terceiro, nessa posição, pode deslindar as reivindicações subjetivas, rejeitando as distribuições injustas, desiguais ou violentas. Ele encarna uma justa distância entre o excesso de proximidade, que seria um retorno à confusão, e o excesso de distância, que se assemelha ao desprezo. O juiz é a figura instituída de todos os distanciamentos, ou seja, perante todos, ele se situa como terceiro de todas as causas que lhe são submetidas.

O terceiro, portanto, é a condição mínima indispensável para se criar uma distância em relação à violência e ligar o conflito ao intercâmbio dos argumentos. Apresentar uma queixa perante um juiz é aceitar implicitamente sua autoridade, ou seja, a hipótese de um ganho ou de uma perda à qual se adere de antemão. A intervenção de atores qualificados "juridiciza" o conflito, delimita a "causa", ou seja, captura a interação violenta, libertando-a de seus afetos e dando-lhe forma e contornos. Ao reconstruir os fatos, a qualificação possibilita retirá-los de um encadeamento puramente físico e colocá-los retrospectivamente sob a égide dos valores morais e jurídicos. Os queixosos aceitam transpor a demanda para o círculo dos possíveis oferecido pelo direito. Nesse sentido, o processo impõe um caminho procedimental que deve ser percorrido pela reivindicação de um bem que sofre controvérsia. Nesse estágio, o juiz se abstém de dirimir *a priori* o litígio. Ele cuida para que ninguém se aproprie prematuramente desse bem, visto que o que está em jogo é uma partilha que deve ser descoberta. O objetivo é basear o debate naquilo que é da ordem do plausível (o que é digno de ser pleiteado) e poderá ser objeto da controvérsia. Em resumo, a presença de um terceiro encarna o paradoxo de uma coerção exercida e de uma adesão buscada; condensa uma aptidão para neutralizar a violência e a aceitabilidade prévia da decisão por meio da adesão à jurisdição.

Mediação do direito

Para que o juiz seja validamente constituído, um ato introdutório deve configurar o litígio. Esse momento é marcado por uma mudança de papel que simboliza a entrada na cena judiciária: no cível, os contratantes em litígio tornam-se demandantes; no penal, o suspeito ganha o *status* de pessoa processada, e o Estado torna-se a parte processante. Cada um ocupa um lugar e desempenha um papel fixado com precisão pelo procedimento para a representação judiciária. Assim pode ser travada uma discussão entre o interesse do grupo em seu todo e os interesses dos grupos particulares ou dos indivíduos. Ao mobilizar o direito, o juiz pode sobrepor aos interesses das partes uma medida comum a interesses mensuráveis. O terceiro é o avalista dos interesses da coletividade perante os interesses dos demandantes, que esperam uma decisão que corresponda a seus interesses particulares, nada mais. Numa das mais antigas imagens da justiça, a cena do escudo de Aquiles descrita por Homero na *Ilíada*, Aquiles deposita no meio do círculo sagrado um objeto de valor, um penhor que o vencedor virá recolher; nas sociedades muçulmanas, sempre se entrega ao juiz um objeto de valor como depósito sagrado; em nossos dias, o pagamento de uma consignação exprime a parte de nós mesmos à qual nos preparamos para renunciar quando entramos no círculo da justiça, como se sempre fosse preciso pagar um preço para a perpetuação da ordem social.

No processo, a sociedade faz a representação de sua própria divisão em relação ao poder político. Todo processo é a oportunidade na qual são postos à prova tanto os valores que o direito protege quanto aqueles que ele põe em discussão. A leitura de *Eumênides* de Ésquilo lembra que a norma pode dar ensejo a um questionamento crítico que suspende sua legitimidade: ao conceder a Orestes, assassino da mãe, o direito a um processo equitativo, Atená lhe possibilita escapar à antiga lei do sangue que o perseguia até então. Todo o debate recai na imputabilidade de um crime a seu autor em nome de uma regra nova. Já não se trata de partir da certeza da culpa de Orestes, mas sim de uma interrogação de essência jurídica: do ponto de vista do novo direito, Orestes teria o direito de matar a mãe? O julgamento de Orestes pode inserir-se num processo, e não numa lei do sangue que o designa *a priori* como culpado.

Ao longo da história europeia, o peso dos Estados monárquicos deu nascimento a um direito codificado, separado de suas fontes religiosas. A partir do momento em que a escrita possibilita a formação de um direito abstrato e racional, o processo abandona as provas carismáticas. A laicização do direito graças aos profissionais, "aos notáveis da toga", permite a invenção de novas técnicas de acesso à verdade judiciária. Sob o impulso dos *Inns of court* na Inglaterra e das grandes famílias de parlamentares na França, a criação do direito se racionaliza. O desenvolvimento do procedimento escrito de investigação a partir do reinado de São Luís ocorre em detrimento das modalidades irracionais de prova. Com seu aparato de escrita, ela possibilita enquadrar os comportamentos a partir de uma norma preestabelecida. Com a escrita instaura-se a presença sempre possível da invalidação da oralidade. No caso submetido ao juiz, o processo mobiliza o conjunto dos valores depositados num texto: o Código, os precedentes, as costumagens...

Mas as culturas europeias se dividem. No continente, deposita-se confiança na *legalidade* para garantir a lealdade do processo; assim, segundo a definição de infração e de pena, trata-se de categorias jurídicas que postulam a aceitação de ligação com um ato e uma pena qualificados pela lei; o que cria garantias é mais a lei do que os direitos. Nas culturas anglo-saxônicas, dá-se mais atenção aos *direitos individuais* – por exemplo, o *habeas corpus* – para medir a confiança no soberano dentro dos limites que lhe são impostos. No primeiro caso, a realização do direito no processo presume a submissão à lei postulada como clara, justa e igual para todos; o processo é a ocasião na qual se interioriza uma lei exterior aos indivíduos. No outro, o direito nasce de uma relação de imanência na comunidade; prefere-se a elaboração caso a caso das normas descobertas pelo juiz por ocasião de sua discussão, graças à produção conjunta das provas. O que predomina é uma concepção "garantista" e contratualista do processo. Enquanto nossa concepção exclui qualquer ideia de negociação com a lei – o advogado é desvalorizado, pois seus artifícios de procedimento impedem a manifestação da verdade –, em regime de *common law*, ao contrário, o réu é titular de direitos, e seu advogado tem reais poderes que lhe permitem fazer escolhas de procedimento, seja admitindo a culpa (*guilty plea*), seja negociando a pena independentemente de processo (*plea bargaining*). Em muitos aspectos, o conceito de processo equitativo (artigo 6º da Convenção Europeia dos Direitos Humanos) é uma composição entre as garantias procedimentais e a margem de apreciação reservada à soberania. As derrogações feitas aos direitos devem ser "legítimas" e compatíveis com as "necessidades das sociedades democráticas". Isso significa que a legalidade, na perspectiva europeia, nada mais é que um componente do direito, e a jurisdicionalidade é seu verdadeiro horizonte.

Debate contraditório

Regida pelo procedimento, a palavra nunca circula ao acaso durante a audiência. Começar o debate, dar a palavra às testemunhas, conceder a palavra ao réu em último lugar: cada um deles é ator de um sistema, com papel estritamente definido. Mantido pelo intercâmbio de argumentos, o processo equilibra as posições argumentativas em vista da solução definitiva. Em vez de ser um combate sem regra (*polemos*), é um torneio oratório dominado pelo intercâmbio de argumentos na presença de um árbitro encarregado de designar o vencedor (*agon*). Os momentos mais dramáticos do teatro de Eurípides contêm as cenas de *agon* na forma de encadeamento crepitante de perguntas-respostas. Do mesmo modo, em nossos debates judiciários, dois discursos se opõem termo a termo (requisitória, alegações finais), o que é ainda mais claro no processo inglês, em que os intercâmbios verbais são regulados pelo contrainterrogatório (*cross examination*). Assim, no tribunal se impõe o método dialético em que duas opiniões antitéticas se defrontam com o objetivo de chegar a uma verdade provisória.

A partir do momento em que o Estado impõe seu poder, fazendo-se representar no processo, o debate transcorre com três atores num espaço assimétrico e desigual: um órgão público (polícia ou promotor) desencadeia o processo e cita um indivíduo perante um juiz. No caso do processo penal, o debate contraditório desenrola-se a partir de um sistema de papéis e competências que não põe os atores em pé de igualdade. A existência de papéis predeterminados tende a instituir um confronto desigual entre o representante da lei e seu transgressor. Tudo é feito para criar uma situação de submissão entre o homem e o poder, num registro de angústia, dívida e vergonha. O sistema inquisitório minuciosamente estruturado pelos juízes régios durante a monarquia absoluta é o arquétipo disso.

Os "oficiantes" formam um primeiro grupo de atores organizado como corpo de ofício. Visíveis pelo traje (uso da toga), exercem as funções de acusar, defender e julgar, o que determina um espaço com três polos bem delimitados e compartimentados. A cada um é designado um lugar. Um espaço da sala de audiência é reservado aos togados: a *cancella*, espaço inviolável que fica entre o assento dos juízes e o público. A constituição como corpo resulta de uma sequência de ritos: rito de instalação, linguagem, juramento, uso do traje judiciário etc. Trata-se de ritos de separação que representam a ordem do direito (imagem da ordem cósmica), em oposição à desordem do crime que é preciso conjurar. As sequências temporais ritmadas por fórmulas rituais ("A audiência está encerrada...") traduzem a procura de um tempo regenerado que visa a anular o caos da transgressão. É uma maneira de opor a distância e a imobilidade dos símbolos à ameaça de desagregação social. A verdadeira fronteira é a que separa os que prestam juramento e os outros: o juramento é, ao mesmo tempo, pertencimento à instituição, promessa de compromisso e responsabilidade perante os pares. A separação ocorre em relação ao mundo profano, mas também – e sobretudo – à violência que pode tomar conta dele.

A separação é mais marcada em relação ao grupo de atores "profanos" (réu, vítima e testemunhas). A imagem de uma relação simbólica inversa entre o réu – objeto de uma cerimônia degradante – e a corte aureolada de símbolos tem nuances, de acordo com as culturas jurídicas; é verdade que o ritual expiatório está presente quando o acusado é acorrentado nos "elos da prevenção", o que ressalta as marcas visíveis de sua diferença; mas no processo anglo-saxão o acusado não é interrogado (salvo quando pede) e o processo pode desenrolar-se independentemente dele, em nome do princípio segundo o qual ninguém pode testemunhar contra si mesmo; em nosso sistema, ao contrário, o acusado é interrogado pelo juiz, e suas declarações são buscadas. Por trás das garantias jurídicas, subjaz o velho esquema sacrificial – tão forte em nossa cultura do processo –, que possibilita à coletividade reencontrar sua coesão.

Na audiência, a figura do juiz se mostra totalmente diferente em cada um dos lados da Mancha: a principal diferença resulta da separação entre júri e juiz, em vigor nos países de *common law*. O juiz inglês é colocado fora da renúncia da verdade judiciária, que só cabe ao júri, visto que ele substitui o velho ordálio desde o século XII. Ao juiz cabem apenas a produção da jurisprudência (no século XIII aparecem os *reports* que consignam sua evolução) e a condução dos debates com o objetivo de preservar as garantias processuais: respeito escrupuloso às regras de prova e proteção da informação do júri. Na França, ao contrário, o magistrado é uma figura régia. "Ministro da verdade", nele se concentram a majestade e a divindade do julgamento. Todo o debate judiciário converge para sua consciência, sua razão, sua íntima convicção. Seu poder é duplo: ele domina os poderes de investigação e pronuncia o julgamento depois de meditá-lo secretamente, mas não o justifica, pois a regra do precedente não se impõe a ele. É o legislador que lhe dá os referenciais necessários, quando é preciso. Sua onipotência se esgota no caso específico e termina no momento de proferir a regra de direito.

Essa distribuição dos poderes entre os atores repercute diretamente na finalidade do processo. No sistema inquisitório, o juiz dirige sozinho a investigação, produz as provas e dirime o debate com um julgamento soberano. No sistema acusatório, ao contrário, o processo é um torneio entre a acusação e o acusado, arbitrado por um juiz que valida a tese mais bem fundamentada. Enquanto o processo, especialmente na França, tem em vista atingir a verdade depois de uma investigação escrita, em *common law* privilegia-se a discussão oral das provas. Enquanto os anglo-saxões têm uma cultura mais voltada para a audiência, somos mais ligados a uma cultura do dossiê. Em oposição ao imaginário jurídico latino, que remete a uma confrontação com o sagrado, sendo o Estado representado pelo juiz, o imaginário anglo-saxão privilegia a liberdade contra o Estado. O que conta para nossa concepção é celebrar a ordem estatal, enquanto os anglo-saxões põem em cena as garantias oferecidas à sociedade civil. Nossa cultura jurídica coloca em primeiro plano a vontade do soberano, sendo o juiz um ministro da verdade; os direitos de *common law* preferem abrir um debate no qual o juiz é o árbitro contra os excessos dessa vontade.

A publicidade do debate contraditório continua sendo o alicerce comum de todos os sistemas judiciários. A audiência se desenrola diante de três públicos que idealmente são seus destinatários: o primeiro círculo é constituído pelos próprios atores que participam do ritual; estes são mais sensíveis às sutilezas jurídicas do que à lealdade dos debates, à escolha das palavras e à distribuição da palavra; um segundo círculo é composto pela comunidade dos juristas, inclusive nas cortes superiores, que serão mais atentas ao conteúdo argumentativo dos julgamentos proferidos, à qualidade das motivações e ao respeito ao procedimento; um terceiro círculo é formado pelo público presente à audiência e, além dele, pela coletividade inteira transformada em auditório universal. O público se impõe nas sociedades democráticas como uma figura do grupo social a olhar para si mesmo, julgando de alguma maneira seus semelhantes, numa espécie de reciprocidade. Sobre a palavra pesa uma sobrecarga de expectativas carreadas pelo olhar do público. Esse é o sentido antropológico da publicidade da audiência: todo processo é um ato de comemoração ritual de um acontecimento passado que ao mesmo tempo é preciso lembrar e celebrar publicamente para ser superado.

Deliberação e julgamento

Terminado o debate, os juízes (ou os jurados) se retiram para deliberar. A "deliberação" de alguma maneira dá prosseguimento ao debate no colégio dos juízes. Ela reproduz em segredo e de forma resumida o debate contraditório, que ocorreu na audiência pública. Assim, por exemplo, na Corte de Cassação, quando a causa é importante, o conselheiro relator redige duas sentenças, uma que cassa e a outra que confirma. Há na ideia de íntima convicção um esforço pessoal de imaginação, como se o juiz precisasse convencer a si mesmo, representando mentalmente o debate que acaba de ocorrer diante de seus olhos, antes de tomar a decisão. O caráter de colegiado intensifica o cunho deliberativo, cujos vestígios podem ser detectados na sentença, caso esta venha acompanhada por opiniões dissidentes, como nos sistemas de *common law*, pois, como diz Ricoeur, estamos no momento das "composições frágeis em que se trata não tanto de decidir entre o bem e o mal, entre o branco e o preto, quanto entre o cinzento e o cinzento ou – caso muito trágico – entre o mal e o pior". O julgamento tem peso porque encerra o processo e recapitula suas etapas. Em nossa concepção do direito, durante muito tempo ele foi definido por um texto formal que bastaria consultar para encontrar os esclarecimentos dos motivos da decisão. Nesse caso, só haveria julgamentos analíticos cujas conclusões seriam extraídas de premissas, e nunca julgamentos dialéticos. A figura arquetípica é o sistema revolucionário da liminar legislativa, que obrigava o juiz, depois da segunda cassação decorrente de um recurso, a consultar o legislador para esclarecer um aspecto do direito. Ora, os postulados de completude, univocidade e exaustividade do legislador foram aos poucos sendo destruídos. O percurso que nossa tradição jurídica impõe ao julgamento sair do sistema dedutivista e aproximar-se do sistema de *common law*, mais pragmático. Eis por que o declínio do legiscentrismo conduz a reavaliar a prática do julgamento em situação.

De acordo com Paul Ricoeur, o julgamento propriamente dito compreende pelo menos duas finalidades. Num primeiro nível, está a finalidade "de curto prazo" do julgamento, que pressupõe um ato de separação dos demandantes e identifica os direitos em confronto. A substituição do caos do conflito pela expectativa de um julgamento é um primeiro entalhe processual. O juiz traça as fronteiras que garantem as pretensões de cada um, fronteiras que o conflito confundiu, e o faz graças ao *kairos*, tempo justo da arte de julgar que reúne a conflitualidade social e a procura da norma aplicável. A frequente aplicação da metáfora da navegação à arte de julgar entre os gregos é muitas vezes comparada ao movimento do leme que não pode ser dissociado do movimento das vagas. Em termos aristotélicos, na origem do julgamento há uma arte da decisão num universo contingente que exige um talento especial, uma virtude "prudencial" posta à prova pela casuística.

Para além do trabalho do conflito, o julgamento evolui *do particular para o geral*. Nessa operação, ele examina a pluralidade dos pontos de vista para perceber um sentido que escapa ao ponto de vista parcelar e parcial dos atores. Trata-se de um esforço de imaginação específico para representar o ponto de vista do outro, ainda que este seja radicalmente diferente e mesmo oposto ao próprio. O juiz prepara assim o ponto de convergência das teses contraditórias, que caracteriza a finalidade "de longo prazo" do julgamento. Nesse estágio, julgar é encontrar o argumento aceitável para todos, argumento que, por esgotar a série dos "porquês", enuncia uma decisão universalizável. Ao contrário da composição que, aparentemente, satisfazia a todos por não haver ganhador nem perdedor, a força do julgamento está na aplicação de uma norma comum à qual se vincula uma decisão. A argumentação jurídica explicita e formaliza essa necessária articulação. Kant chama de *juízo reflexivo* essa avaliação que pertence inicialmente à estética: ao dizer que esta rosa é bela, enuncio uma universalidade sem conceito – a beleza –, ou seja, um juízo de gosto, que só é dado quando se tem a experiência particular da beleza. Do mesmo modo, quando julgo a culpabilidade de uma pessoa, por exemplo, enuncio uma relação entre sua pessoa e uma falta; coloco seu ato sob o regime da lei; faço dela uma regra que só tem existência concreta por intermédio da singularidade dos fatos aos quais ela se aplica. A lei é tocada com o dedo por ser individualizada, revisitada, reinventada no momento singular do julgamento. Ao cabo dessa operação na qual se passa da situação particular para uma decisão universalizável, as duas finalidades do julgamento convergem. Ele deve reunir o olhar *retrospectivo* (fazer a narrativa dos fatos passados) e a mirada *prospectiva* (restabelecer as bases de uma cooperação além do conflito). O processo tece o elo social a partir da escuta dos antagonismos e abre para um possível e mútuo reconhecimento. Tem como horizonte um equilíbrio frágil entre os dois componentes da partilha: o que separa e delimita as pretensões de um e as do outro; e, também, o que permite, para além do processo, que cada um volte a participar da vida da comunidade.

Uma filosofia do processo teria como programa trabalhar essa estrutura paradoxal da dúvida e da decisão, mas sem negar as diferenças culturais que contextualizam sua função de produção da paz social. No momento em que os sistemas judiciários são postos em concorrência no mundo, a abordagem cultural pode ser um antídoto eficaz. Além dos méritos comparados dos procedimentos, ela possibilita apreender a pluralidade das práticas jurídicas, delimitar as zonas de diferença irredutível e os pontos em que a comparação é possível. Uma abordagem das culturas judiciárias nos protege tanto da postulação das diferenças irredutíveis quanto da uniformização apressadamente programada. Com mais sabedoria, ela procura levar em conta essa pluralidade para orientar a procura de princípios comuns.

› ARENDT H., *Juger, Sur la philosophie politique de Kant*, Paris, Le Seuil, 1991. – DELMAS-MARTY M. (org.), *Procédure pénale d'Europe*, Paris, PUF, 1995. – ESCHYLE, *Les Euménides*. – ESMEIN A., *Histoire de la procédure criminelle en France*, Verlaag, 1882. – GARAPON A., *Bien juger, essai sur le rituel judiciaire*, Paris, Odile Jacob, 1997. – GIRARD R., *La Violence et le sacré*, Paris, Grasset, 1973. – JACOB R. (org.), *Le juge et le jugement dans les traditions juridiques européennes*, Paris, LGDJ, 1996. – KOJÈVE A., *Esquisse de phénoménologie du droit*, Paris, Gallimard, 1981. – PERELMAN C., *Logique juridique, nouvelle rhétorique*, Dalloz, 1979. – RICOEUR P., *Le Juste*, Paris, Esprit, 1995; "Le juste entre le bon et le légal", in *Lectures 1*, Paris, Le Seuil, 1993. – SALAS D., *Du procès pénal, éléments pour une analyse interdisciplinaire du procès*, Paris, PUF, 1991. – TRICAUD F., *L'Accusation, recherche sur les figures de l'agression éthique*, Paris, Dalloz, 1971. – WEBER M., *Sociologie du droit*, Paris, PUF, 1986.

Denis SALAS

→ Juiz (Hoje); Juiz (Longa duração); Procedimento.

PROCESSO ADMINISTRATIVO

Em matéria administrativa, o processo não remete apenas ao conjunto das regras que regem o direito na ação movida perante uma jurisdição, mas define também a regulamentação jurídica geral de que são objeto as modalidades segundo as quais os atos são baixados e postos em causa, suas formas e sua publicidade. Sob esse aspecto, o processo administrativo foi durante muito tempo um campo negligenciado pela doutrina francesa, em proveito apenas do direito processual. A partir das importantes reformas que recentemente o afetaram, ele se tornou um capítulo essencial do direito administrativo, tanto quanto sua versão contenciosa e a exemplo daquilo que era entre as duas guerras em diversos países da Europa.

Uma disciplina precocemente organizada

Toda regra de processo é uma coerção imposta a uma autoridade para que sua atividade fique à altura de sua missão. Em vista do descrédito com que é vista a arbitrariedade na tradição jurídica da Europa ocidental desde a Idade Média, logo ganhou corpo certo formalismo ao qual deviam conformar-se as manifestações do poder, sob pena de serem consideradas inválidas. Desde aqueles tempos medievais, a regularidade de atos emanados do rei, de seus agentes ou de autoridades municipais estava assim subordinada ao respeito a formalidades bem precisas: consulta aos interessados ou consultas públicas (*de commodo et incommodo*), sempre que se tratasse de medidas gerais; emprego de processo contraditório para as decisões individuais. O reconhecimento da soberania monárquica e, sobretudo, a consolidação do absolutismo no reino de França temperaram esses rigores iniciais. A necessária observância de certas formas também não deixou de sobreviver a operações administrativas diversas, tais como a desapropriação ou a conclusão de contratos de fornecimento públicos. A intensidade do elo que unia o poder e a justiça também levou a submeter ao exame do juiz as expressões litigiosas do poder público. Ao mesmo tempo que permanecia íntegra a competência regulamentar da Justiça – em primeiríssimo lugar a dos parlamentos –, como ocorreu antes do triunfo do absolutismo, os litígios nos quais estava em causa o interesse do rei ou da coisa pública (mas não propriamente submetido a um direito processual derrogatório) gozaram de alguns privilégios, entre os quais o da supremacia – outro nome da decisão executória, sem que o recurso contra ela impetrado fosse suspensivo –, prefigurando as particularidades ulteriores do processo administrativo contencioso. Estas deveriam manifestar-se ao longo dos dois últimos séculos do antigo direito francês, quando o essencial dos litígios "administrativos" foi subtraído às companhias de agentes monárquicos e passou para a alçada dos órgãos da justiça régia: intendentes nas províncias e Conselho do

Rei. A natureza inquisitorial e essencialmente escrita, que deveria caracterizar durante muito tempo esse procedimento, teve origem em tais circunstâncias. Pois, se foi introduzida com essa forma no tribunal da intendência, isso ocorreu por contaminação pelas regras em uso para o tratamento das causas puramente administrativas, que também eram de sua alçada, tendo sido simplesmente modificadas pela consideração de um mínimo de garantias devidas a todo jurisdicionado. Por sua vez, o dispositivo considerado no edito de 28 de junho de 1738 – que regulamentava o processo perante o Conselho do Rei nas deliberações do contencioso, de qualquer natureza, privada ou pública –, se atribuía papel determinante ao magistrado relator na direção da instância, era também em razão dos métodos de trabalho tradicionais daquela instituição central do Estado monárquico.

Depois das incertezas revolucionárias, o restaurador do poder do Estado e no Estado, que foi Napoleão Bonaparte, deu atenção especial à determinação das regras processuais, tanto com o objetivo de otimizar as decisões públicas quanto de tornar suportável o maior peso da administração. Sua intenção era estabilizar desse modo um sistema administrativo não só submetido a uma disciplina rigorosa, como também apto a receber todas as informações úteis e protegido das derivas arbitrárias. No plano da administração ativa, essa obsessão por eficácia e regularidade traduziu-se na multiplicação de organismos consultivos – o Conselho de Estado é o primeiro deles –, no recurso sistemático às consultas públicas, sempre que estivesse ameaçado o direito dos proprietários (esses "blocos de granito" dos quais se esperava a perenidade do regime), e no estabelecimento de procedimentos complexos que multiplicavam os intermediários, a ponto de provocar lamentável lentidão nas obras públicas, conforme se constata. Em matéria contenciosa, também é perceptível uma meta análoga de restauração do crédito do poder público, que era encerrado na camisa de força das formas. Nos primeiros tempos, é verdade, todas as causas submetidas ao Conselho de Estado, contenciosas ou não, seguiam os mesmos trâmites. A criação da *comissão do contencioso* pelo Decreto de 11 de junho de 1806 levou a determinar as regras de processo próprias às petições que ela deveria instruir. Foi esse o objeto do Decreto de 22 de julho do mesmo ano, cujas disposições combinavam as antigas fórmulas do regulamento de 1738 com as regras do recentíssimo Código de Processo Civil. Por não serem destinatários de um texto análogo, os conselhos departamentais, criados no ano VIII, determinaram seu próprio regulamento, com a obrigação imposta pelo Conselho de Estado de respeitar alguns princípios uniformes. Embora alguns raros administrativistas, entre os quais o barão de Gérando, compreendessem imediatamente a importância que para os administrados tinha o estabelecimento de certo formalismo que disciplinasse as condutas administrativas, não foi esse tipo de processo que, durante muito tempo, chamou a atenção dos juristas franceses, como ocorreu no estrangeiro. A fascinação exercida pelo processo contencioso não é de surpreender. A melhoria progressiva de sua qualidade e a intensidade de suas investigações no campo das atividades públicas – que caracterizaram a justiça administrativa nacional – levaram a considerar que a melhor proteção que o administrado poderia encontrar estaria em vestir o hábito do jurisdicionado. As regras de forma e procedimento próprias à ação administrativa foram então levadas em conta pelos administrativistas apenas na medida em que a jurisprudência fixava seu conteúdo e sancionava suas inobservâncias. E essa tradição deveria manter-se durante um século e meio.

O enriquecimento pouco uniforme do enquadramento procedimental

Durante um período bastante longo, as regras que afetavam o processo das decisões administrativas não podiam permanecer imutáveis. Antes da década de 1970, porém, as inovações foram muito mais modestas do que as observadas em matéria contenciosa.

O papel desempenhado nessa questão pela legislação foi inicialmente muito reduzido. Afetou o direito das coletividades locais, no intuito de garantir boas informações dos administrados. As grandes leis de 1871 (departamental) e de 1884 (municipal), além da publicidade das sessões dos conselhos locais que elas consagravam, impuseram levar ao conhecimento do público tanto as suas deliberações quanto as portarias municipais. Também ao legislador, em virtude da Lei de 17 de julho de 1900, incumbiu a generalização da equiparação entre omissão da administração e decisão implícita de rejeição, princípio que, a partir da década de 1960, devia ser cada vez mais derrogado. Foi sobretudo em matéria de direito disciplinar da função pública que a intervenção legislativa se mostrou decisiva, com a adoção da lei das finanças de 22 de abril de 1905. Nos termos de seu artigo 65, votado logo depois do caso das Fichas, os funcionários passavam a dispor do direito à comunicação de seu dossiê, antes de serem atingidos por alguma medida disciplinar ou de terem suas promoções postergadas.

Na implementação dessa disposição já se dimensiona o papel preponderante do juiz no aperfeiçoamento das regras impostas às autoridades, para garantir o melhor funcionamento possível dos serviços públicos e proteger os administrados dos prejuízos da improvisação e da arbitrariedade. O artigo 65, de fato, foi interpretado do modo mais favorável possível ao exercício dos direitos à defesa. E a regra do contraditório, alçada a princípio geral do direito, foi estendida pela jurisprudência a partir da década de 1940 a todas as medidas administrativas que apresentassem caráter de sanção com certa gravidade, ou mesmo que, não sendo sanções, fossem tomadas em relação à pessoa dos agentes públicos.

Foi também a jurisprudência que, logo depois da Grande Guerra, assentou o princípio de que a administração, no exercício de seu poder discricionário, era obrigada a proceder ao exame específico das circunstâncias da causa para a qual fosse constituída, fixou as formas e o conteúdo da publicidade necessária para os riscos da inoponibilidade dos atos, delimitou o campo da regra do paralelismo dos procedimentos, em caso de modificação ou revogação de uma decisão. Consciente dos perigos do formalismo excessivo, ela teve bastante bom-senso para dispensar a administração, uma vez que sua observação fosse impossível ou de alcance desprezível.

Por numerosas razões, porém, o processo não contencioso ficou marcado até data recente por uma tradição na qual se mesclam propensão ao fechamento, profunda opacidade e pendor autoritarista. É verdade que as fórmulas de consulta ou de perícia em uso há séculos foram ampliadas. A fórmula das consultas públicas estendeu-se da desapropriação, da exploração das minas e da abertura de estabelecimentos perigosos para outras operações, tais como a construção de ferrovias. O recurso aos pareceres de profissionais ou de figuras notórias da sociedade civil, por outro lado, tornou-se mais sistemático nos primórdios da III República, introduzindo em todas as administrações um elemento deliberativo, se não democrático. Essas modificações foram insuficientes para transformar profundamente o estilo de funcionamento das burocracias públicas. A prolongada recusa a reconhecer o direito dos cidadãos à informação e a duradoura manutenção do princípio jurisprudencial de não motivação dos atos administrativos, na ausência de texto contrário, perpetuaram a imagem de uma administração que, conservando práticas de outras eras, estava completamente defasada em relação às tendências e às aspirações da coletividade nacional. O direito processual administrativo foi objeto de transformações mais precoces e marcadas. Todas elas convergem para o mesmo sentido: melhorar a qualidade da justiça oferecida pelas autoridades investidas de competências contenciosas na ordem administrativa. O Conselho de Estado, deliberando e, depois, estatuindo no contencioso, foi a primeira autoridade que se beneficiou com tais avanços. Os decretos já mencionados de 1806, ao concederem aos jurisdicionados um direito de ação, independentemente de qualquer parecer judicial, ao instituírem um processo de instrução contraditória e, assim, restabelecendo os advogados do Conselho, abolidos pela Revolução, já realizavam inegáveis progressos. Duas ordens, de 2 de fevereiro e de 12 de março de 1831, avançaram mais. Introduziam a publicidade das audiências, concediam aos advogados o direito de acrescentar observações orais a suas exposições escritas, excluíam do *comitê de justiça administrativa*, que seria sucedido pela seção do contencioso, os conselheiros de Estado em serviço extraordinário e os conselheiros do comitê que tivessem dado parecer sobre a decisão objeto do recurso, e criavam, enfim, um ministério público formado por referendários, bem cedo chamados de comissários do rei e, depois, de comissários da República. Nenhuma dessas disposições deveria ser posta em causa depois; e os comissários do governo continuaram sendo o que eram quando de sua instituição: não defensores do governo, mas servidores da lei.

O enfraquecimento da doutrina do ministro-juiz a partir do Segundo Império também foi proveitoso para os jurisdicionados. Ele prolongava os processos, obrigando os requerentes a apresentar suas reclamações contra o ato de um de seus subordinados ao tribunal do ministro ou a contestar a medida que ele tivesse espontaneamente ditado com base num direito, antes de recorrer ao Conselho. Tal obrigação, aliás, fora dispensada já no início do século XIX para as petições que concluíssem pela anulação por incompetência de um ato da administração departamental. A regra foi mantida quando, em fins da década de 1820, começou a individualizar-se o reconhecimento do abuso de poder, como via de direito específico. Para associar mais estreitamente os administrados ao controle das manifestações do poder público, o Decreto de 2 de novembro de 1864 acentuou definitivamente as particularidades procedimentais desse tipo de recurso, dispensando da intervenção de um advogado e tornando-o quase gratuito. Tal privilégio foi estendido a outros contenciosos específicos para facilitar seu uso. Em nível departamental, foi preciso esperar a segunda metade do século XIX para que alguns textos organizassem o procedimento perante os conselhos departamentais: depois de um decreto de 1862, que introduzia a publicidade dos debates, a Lei de 22 de julho de 1889 dotou-os de um Código de Procedimento. A partir de então multiplicaram-se ordens e decretos que determinavam o funcionamento das jurisdições administrativas. O Decreto de 15 de maio de 1990 foi o último, cronologicamente, para o Conselho de Estado. Por sua vez, o procedimento perante os tribunais administrativos e os tribunais de recurso administrativos foi codificado pelo Decreto de 7 de setembro de 1989.

O papel desempenhado pela jurisprudência foi no mínimo tão importante quanto o das fontes escritas. Ela estabelece grande número de "princípios gerais de processo", destinados a jurisdições administrativas cujo número cresceu no início da década de 1920. O caráter contraditório do processo, a obrigação de motivar os julgamentos, a admissibilidade do recurso por abuso de poder contra os atos administrativos (ainda que a lei os tivesse declarado não passíveis de recurso contencioso), a impetração de pleno direito do recurso de anulação, quando não a "regra" do duplo grau de jurisdição, tudo isso faz parte dessa categoria. Ao cabo dessa evolução, já não é contestada a qualidade da justiça administrativa, provocada pela multiplicação de garantias processuais. Perante o Conselho de Estado, em especial, os longos trâmites associados aos casos contenciosos e a quase integridade do princípio de colegialidade são garantias para os jurisdicionados, com o preço, é verdade, da excessiva lentidão.

Constância e vicissitudes das singularidades do procedimento contencioso

Expressamente desvinculado da disciplina do processo civil, o processo administrativo contencioso não poderia distinguir-se menos dele, em todos os seus aspectos, visto que grande número das regras por ele acolhidas tem origem no Código de Processo. Aqui como lá, as conclusões e os meios desenvolvidos nas petições introdutórias da instância vinculam o juiz; o mesmo princípio da autoridade relativa da coisa julgada – afora o recurso por abuso do poder, em que a anulação vale para todos – está nos dois processos, ao lado de muito outros.

Mais significativas são as diferenças que os distinguem tradicionalmente. No contencioso administrativo, algumas delas são bastante secundárias, como a obrigação às vezes imposta de introduzir um recurso administrativo preliminar à constituição do juiz. Devem existir outras decorrentes dos hábitos. Assim, a inadmissibilidade de quaisquer recursos contenciosos, caso não exista decisão administrativa que rejeite a pretensão do requerente, originariamente própria do processo perante o Conselho de Estado, não passa de reminiscência da doutrina do ministro-juiz, abandonada antes do fim do século XIX. Por apresentar também a vantagem de funcionar como preliminar de conciliação, a regra foi estendida desde 1956 a todas as jurisdições administrativas.

As particularidades mais notáveis do processo administrativo, aliás, têm fundamento na circunstância decisiva de que uma pessoa pública está em causa. O interesse que há em não prolongar a incerteza sem a validade de um ato que dela emane explica a brevidade do prazo de admissibilidade dos recursos: três meses, em virtude do Decreto de 22 de julho de 1806, reduzido a dois meses pela Lei de 13 de abril de 1900, regra estendida ao conjunto dos recursos contenciosos em 1951 e 1965. Do mesmo modo, o reconhecimento secular de seu caráter não suspensivo é indissociável das exigências próprias ao poder público. Na aplicação dessas duas regras, é verdade, sempre houve atitudes flexibilizadoras. O recurso administrativo preliminar ao recurso contencioso e a constituição de uma jurisdição não competente acarretam a prorrogação do prazo. Por outro lado, o caráter não suspensivo do recurso é abrandado pela possibilidade de pronunciar a suspensão da execução, aplicada parcimoniosamente pelo Conselho de Estado, mas estendida aos tribunais administrativos, como a outorga a essas jurisdições do direito de suspender uma decisão administrativa. A grande incidência da presença no processo da administração é medida na característica mais constante e significativa do procedimento administrativo contencioso: sua natureza inquisitorial. Sua origem está nas circunstâncias históricas lembradas acima. Ela precisou manter-se naquilo que logo se viu ser uma técnica indispensável para o restabelecimento do equilíbrio entre as partes em litígios que se tornavam naturalmente desequilibrados pela presença da administração. Com esse intuito, pareceu necessário atribuir ao juiz o poder de dirigir a instrução – isso é próprio dos processos inquisitórios –, pois só ele dispõe da autoridade suficiente para exigir os autos e outros elementos da causa, dos quais o demandante não pode ter conhecimento, tal como se viu no famoso caso *Barel* (CE, 28 de maio de 1954); somente sua intervenção permite atenuar as dificuldades que ele enfrenta no estabelecimento das provas, obrigando a administração a colaborar, a ponto de precisar explicitar os motivos de sua decisão (CE, 26 de janeiro de 1963, *Maison Génestal*). E é por ser inquisitório que esse processo é essencialmente escrito. Depois de meados do século XX, ele foi alvo de importantes mudanças. Não nos demoraremos na ampliação da publicidade dos debates, realizada por uma jurisprudência recente, em conformidade com a jurisprudência da Corte Europeia dos Direitos Humanos. Em três aspectos, principalmente, foram notáveis as evoluções que atenuaram sua originalidade.

Em primeiro lugar, ela se tornou muito menos distinta a partir da reforma do Código de Processo Civil de 1976, que estendeu os poderes do juiz civil. É verdade que essa promoção atende a outros objetivos, que não os litígios administrativos, pois no caso trata-se de dotar o juiz de meios aptos a vencer a inércia ou a evitar as manobras dilatórias de uma das partes. A verdade é que, reduzindo seu caráter acusatório tradicional, a reforma aproximou o processo cível do processo que rege o contencioso administrativo.

Em segundo lugar, a prolongada impotência do juiz administrativo para impor, tal como o juiz cível, respeito a suas decisões a repartições prontas a abusar da liberdade deu margem a uma autoridade maior, desde que o legislador concedeu aos magistrados administrativos o direito de lhes aplicar juros de mora (Lei de 16 de julho de 1980 para o Conselho de Estado; esse poder também é concedido aos tribunais administrativos e aos tribunais de recurso administrativos pela Lei de 8 de fevereiro de 1995) e de lhes impor injunções (mesma lei de 1995).

Por fim, a regulamentação recente melhorou o regime dos processos de urgência em matéria administrativa, que eram muito restritos. No entanto, esse processo, especialmente a medida liminar, continua constituindo uma prática muito mais reduzida perante o juiz administrativo do que perante seu colega judiciário. O projeto de lei relativo à medida liminar perante as jurisdições administrativas, apresentado ao Senado em março de 1999, deveria favorecer sua ampliação.

Progressos e metamorfoses do formalismo

Na aparência pelo menos, foi um vento de revolução que a partir da década de 1970 varreu o campo do processo administrativo não jurisdicional. Passam a acumular-se textos (até então pouco numerosos) destinados a introduzir um novo clima num sistema enrijecido, autoritário e desdenhoso. Tal ambição de renovar o estilo de funcionamento dos organismos públicos teve antecedentes. Já no período entre as duas guerras, algumas administrações tentaram introduzir formas de participação entre os administrados. E a IV República procurou aperfeiçoar a informação do público. O resultado desses esforços, porém, foi muito modesto. Para o acúmulo de reformas, vinte anos depois da instalação da V República, foram decisivas duas considerações. Em primeiro lugar, a percepção das insuficiências da justiça administrativa, ao mesmo tempo lenta, porque sobrecarregada, e raramente constituída para oferecer garantias reais. Portanto, era preciso buscar em outro lugar. A criação do mediador, em 1973, foi uma das soluções consideradas para oferecer aos particulares outros meios de proteger-se, que não a via jurisdicional. A partir da década de 1980, a banalização dos recursos administrativos, aos quais a jurisprudência só atribuíra um embrião de organização jurídica sem disposição processual, como a instituição de procedimentos particulares de recursos, atende a idêntica preocupação de prevenção do contencioso. Em segundo lugar, numa época em que modernização é a palavra de ordem, também houve a influência da conscientização de que a burocracia pública não podia ficar à margem de um movimento tão geral, de que sua "má administração" o obstava. Tornaram-se então prioridades a humanização, a liberalização e a democratização das administrações. Para tanto, as primeiras intervenções importantes do legislador pretenderam substituir pela "transparência" a opacidade que de longa data a caracterizava, a substituir o segredo pela publicidade. Em dezoito meses, quatro grandes leis se sucederam: a primeira, de 6 de janeiro de 1978, dispôs o princípio do direito de acesso de todo cidadão aos arquivos de informações que lhe dissessem respeito e criou a *Comissão Nacional da Informática e das Liberdades*, para fiscalizar seu respeito; a segunda, de 17 de julho de 1978, garantia o direito de acesso aos documentos administrativos, sancionado pela *Comissão de Acesso aos Documentos Administrativos*; a terceira, de 3 de janeiro de 1979, estendia essa faculdade aos documentos conservados nos depósitos de arquivos; a última, de 11 de julho de 1979, na contracorrente da doutrina jurisprudencial, impôs à administração a obrigação de motivar a maioria de suas decisões, sempre que elas fossem individuais, negativas, desfavoráveis ou derrogatórias, ao que a Lei de 27 de janeiro de 1981 acrescentou a recusa de autorização.

Naquele início da década de 1980, a consideração dos direitos dos cidadãos a não ser apenas administrados passivos transformou o espírito de antigos processos, tal como o das consultas públicas. Embora fosse uma técnica de boa administração nas mãos das autoridades públicas, passou a dar ensejo ao diálogo com os interessados, chamados a dividir a responsabilidade da decisão. A Lei de 12 de julho de 1983 é o primeiro sinal dessa mudança, para a proteção do meio ambiente, seguida pela Lei de 18 de julho de 1983, em matéria de urbanismo. Nesses dois campos, as leis de 2 e 4 de janeiro de 1995 consagraram novos avanços, proclamando o direito à participação, criando uma *Comissão Nacional do Debate Público* e o referendo de iniciativa popular. O que se deseja estabelecer são novas relações entre administração e administrados, como lembra o próprio título do Decreto de 28 de novembro de 1983, que, aliás, só atinge esse objetivo imperfeitamente devido às suas obscuridades e lacunas: a generalização das práticas de negociação, acordo, parceria; o recurso mais frequente à contratualização, que substituiu as condutas imperiosas habituais, como revelam o direito da organização hospitalar e o das comunicações audiovisuais.

Por certo não se deve subestimar a importância dessas mudanças. No entanto, a "democracia administrativa" continua inacabada. Algumas experiências, como a das "comissões de usuários", criadas em 1974 nos ministérios, malograram. Mais que uma real generalização das relações contratuais, foi a ideologia da contratualização que dominou a ação administrativa, a tal ponto continua preponderante o lugar do ato unilateral. Em matéria de informação ou de associação real dos administrados às decisões públicas, a França está longe de vencer o atraso que a caracteriza entre grande número de países ocidentais. É verdade que também em razão do caráter inacabado da codificação do processo administrativo não contencioso. Embora essa seja uma reivindicação que vem desde meados do século XX, isso até agora foi atingido parcialmente, em especial com o Decreto de 1983. E, embora insista na sua necessidade, o projeto de lei "relativo aos direitos dos cidadãos em suas relações com a administração", em discussão no Parlamento desde 1999, não pretende ser o código tão esperado desse processo.

➤ Brewer-Carias A., *La Procédure administrative non contentieuse, droit comparé*, Paris, Economica, 1992. – Brisson J.-F., *Le Recours administratif en droit public français*, Paris, LGDJ, 1996. – Chapus R., *Droit du contentieux administratif*, 8ª ed., Paris, Montchrestien, 1999. – Chaudet J.-P., *Les Principes généraux de la procédure administrative contentieuse*, Paris, LGDJ, 1967. – Chevalier J. *et al.*, *Communications administration-administrés*, Paris, PUF, 1983. – Debbasch C., *Procédure administrative contentieuse et procédure civile*, Paris, LGDJ, 1966. – Delaunay R., *L'Amélioration des rapports entre l'administration et les administrés*, Paris, LGDJ, 1993. – Hostiou R., *Procédure et formes de l'acte administratif unilatéral en droit français*, Paris, LGDJ, 1975. – Isaac G., *La Procédure administrative non contentieuse*, Paris, LGDJ, 1968. – Lasserre B., Lenoir N. & Stirn B., *La Transparence administrative*, Paris, PUF, 1987. – Col.: *Administration: droits et attentes des citoyens*, Paris, La Documentation française, 1998.

François Burdeau

→ Administração; Ação em juízo; Arbitragem; Arquivos; Ato administrativo; Codificação; Comunicação; Decisão; Denegação de justiça; Direito administrativo; Direito à ampla defesa; Desapropriação; Formas de justiça; Formas e procedimento; Função pública; Juiz; Jurisdições; Justiça administrativa; Perito e perícia; Processo cível; Processo; Prova; Recursos.

PROCESSO CÍVEL

O procedimento cível durante muito tempo sofreu a pecha de ser uma prática feita de formalidades e prazos, favorecendo a chicana e a cavilação, fazendo o homem honesto perder tempo e dinheiro. Esse clichê antiquado, diretamente saído das gravuras de Daumier ou dos romances de Balzac, mascara o essencial. O procedimento cível não é apenas a organização formalista dos atos e dos prazos que levam ao julgamento de uma jurisdição cível. Sendo uma maneira de obter em juízo a sanção das prerrogativas de que os sujeitos de direito se afirmam titulares, o procedimento cível é, acima de tudo, o direito à pacificação judiciária dos conflitos dentro da sociedade civil. Essa concepção mais ampla e nobre, por dizer respeito à vida da Pólis, pressupõe um posicionamento sobre algumas questões de vocábulos, de fundo e fronteiras.

Questão de vocábulos: procedimento cível ou direito judiciário privado?

Caberá falar de processo cível ou de direito judiciário privado? A denominação tradicional é processo cível. Na França, essa tradição remonta à ordenança civil de abril de 1667 "sobre a reformação da justiça". Embora essa ordenança tenha sido chamada de preferência "Código Civil" ou "Código Luís", seus primeiros comentadores trataram do processo cível. A tradição havia perdurado. Prova disso são, por exemplo, o *Tratado do processo cível* de Pothier e o *Processo cível do Châtelet de Paris e de todas as jurisdições ordinárias do Reino*, de Pigeau. Depois disso, como o Código de 1806 apenas retomou com poucas diferenças as disposições da ordenança, os intérpretes do código, durante o século XIX até meados do século XX, conservaram o título das antigas obras; alguns desses intérpretes, como Pigeau, pertenceram tanto ao antigo quanto ao novo regime. Durante muito tempo, o ensino do processo cível não passou de ensino do *Código de Processo Cível*, cuja ordem simplesmente seguia, à maneira de Pothier que, no fim do Antigo Regime, definia o processo cível como "a forma na qual é preciso intentar, defender, intervir, instruir e julgar as demandas em juízo, bem como recorrer dos julgamentos e executá-los". Essa designação da matéria não criou dificuldades até o fim do século XIX, momento a partir do qual os programas oficiais de ensino universitário acrescentaram ao estudo do processo o estudo da organização judiciária e das regras de competência. O *Vocabulário jurídico* publicado com a organização do decano Gérard Cornu define ainda hoje o processo cível como o "ramo do processo que tem por objeto determinar as regras de organização judiciária, competência, instrução dos processos e execução, regras específicas dos tribunais cíveis da ordem judiciária" (PUF, 8ª ed., 2000). Mas, com isso, a expressão "processo cível" pareceu estreita e inexata em vista da amplitude assumida pelo ensino da matéria. Por isso, a exemplo de algumas doutrinas estrangeiras, especialmente a doutrina italiana, no início dos anos 1940 alguns autores preferiram falar em "direito judiciário privado". Henry Solus era um deles, cujo curso dado na faculdade de direito de Paris seria a matriz do grande tratado contemporâneo, *Solus et Perrot*. Na verdade, seria preferível empregar a expressão "direito judiciário civil", conforme sugerido por René Morel. No entanto, fala-se de processo cível, uma vez que as regras de processo cível "se aplicam perante todas as jurisdições da ordem judiciária que estatuem em matéria cível, comercial, social, rural ou trabalhista" (art. 749 Novo C. Proc. Civ. fr.). Ademais, o direito civil, seja ele material ou judiciário, não será propriamente o direito da sociedade civil?

Contudo, a nova denominação de direito judiciário privado não recebeu apoio unânime. Ao contrário, parece ser opinião dominante que, embora a expressão "direito judiciário privado" seja a mais exata no plano científico, duas razões práticas podem levar a rejeitá-la e preferir a clássica denominação "*processo cível*". A *primeira razão* é que as regras de processo cível, embora tendam a garantir a sanção dos direitos subjetivos, são vistas em si mesmas como regras de organização e funcionamento de um serviço público, o serviço público da justiça. Ora, a qualificação do direito judiciário como *privado* não daria conta desse componente publicista da matéria (G. Couchez). Esse argumento não é muito convincente, pois, para dizer a verdade, a expressão clássica *processo cível* tampouco dá conta dessa dimensão de direito público. Por isso, é aduzida uma *segunda razão* que se vale do emprego das expressões processo penal e processo administrativo. Seria preciso falar de processo cível para manter unidade terminológica em matéria processual (J. Vincent e S. Guinchard, que, porém, nas últimas edições de seu compêndio, sugerem reconstruir essa unidade partindo da expressão *direito processual*: civil, penal, administrativo). A preocupação é louvável. Será digna de adesão? Isso não é indubitável. *Por um lado*, essa unidade terminológica desejável é bastante prejudicada em direito público pelo uso da expressão "contencioso administrativo", em lugar de "processo administrativo" (R. Chapus). *Por outro lado*, nada impede que uma nova coerência terminológica venha substituir a atual, denominando-se *direito judiciário penal* o atual processo penal, *direito judiciário administrativo* o atual processo administrativo, assim como se chama de *direito judiciário privado* o processo cível (J. Héron). Essa sugestão foi criticada por Gérard Cornu e Jean Foyer, para os quais, embora se possa fazer uma oposição entre direito judiciário privado e direito judiciário penal – visto que esses dois direitos são da alçada das jurisdições da ordem *judiciária* –, não seria possível falar de direito judiciário administrativo, uma vez que os dois atributos se repelem. Seria possível não acatar a crítica. O adjetivo "judiciário" significa relativo à justiça e à sua administração; ora, existe uma justiça administrativa, cuja gestão, aliás, foi transferida do Ministério do Interior para o Ministério da Justiça, e a organização da própria justiça administrativa, assim como a evolução do processo administrativo, aproxima inegavelmente o contencioso administrativo do direito judiciário privado (criação dos tribunais administrativos de recurso, instituição da medida liminar etc.). Caberia mais abandonar as expressões "tribunais judiciários" ou "jurisdições da ordem judiciária". Em vista disso, é preciso contar com a força dos hábitos e, afinal, será tão importante atribuir denominações semelhantes aos diferentes ramos do direito judiciário? É duvidoso. Como escreveu o poeta, contanto que haja embriaguez, o frasco pouco importa...

Questão de fundo: direito da justiça civil e do processo civil

O direito judiciário privado é o direito da justiça civil e do processo civil; é o conjunto das regras relativas às jurisdições civis e ao processo cível. Portanto, apresenta um aspecto orgânico e um aspecto funcional.

Do ponto de vista orgânico, o direito judiciário privado regula a questão da identificação do juiz apto a dirimir um litígio civil. Esse problema é duplo. Em primeiro lugar, trata-se de definir a jurisdição civil: *questão de instituição judiciária* (organização da justiça civil em geral, jurisdições civis em particular, com os diferentes ofícios que lhes dão vida: magistrados, auxiliares de justiça); em segundo lugar, trata-se de determinar que jurisdição civil, entre todas as jurisdições civis, deve ser constituída no litígio: *questão de competência judiciária*, apreciada em vista da natureza e do valor do litígio (competência material) e em função de sua localização (competência territorial). Sendo assim apresentados os atores da justiça civil, cabe então cuidar do processo civil em si. É o aspecto dinâmico do direito judiciário civil. *Do ponto de vista funcional*, o direito judiciário privado determina então como o juiz dirime o litígio: *questão de processo cível*, ou seja, como o processo é movido, como o procedimento se desenrola, por meio de que atos, a quem eles incumbem, em que prazos, como a instância se resolve, como a sentença é executada ou, ao contrário, é alvo de recurso. Algumas dessas regras são comuns a todas as jurisdições (livro 1º do Novo C. Proc. Civ. fr.): além dos princípios diretores do processo (arts. 1º a 24), pertencem a essa categoria as regras relativas à ação, à competência, às demandas e aos meios de defesa, à administração judiciária da prova, aos incidentes processuais, ao julgamento ou às vias de recurso. A principal contribuição da atual reforma do processo cível, sua *pars nova*, consiste em ter assim trazido à tona um *direito comum* do processo civil. Nele se apoia um *direito especial*, feito de regras particulares a cada espécie de jurisdição: estatal (jurisdições de primeira instância), tribunais de recurso, Corte de Cassação (livro 2º do Novo C. Proc. Civ. fr.) ou arbitral (livro 4º do Novo C. Proc. Civ. fr.), particulares a certas matérias (por exemplo, divórcio e separação de corpos, proteção possessória, processos de injunção etc.: livro 3º do Novo C. Proc. Civ. fr.). Este último ponto leva a ressaltar a concepção ampla que convém ter do direito judiciário privado.

Assim, apesar do forte particularismo devido à sua origem convencional (cláusula compromissória), a *arbitragem*, inclusive a arbitragem internacional, não deixa de ser uma instituição do direito judiciário regulamentada pelos artigos 1.442 a 1.507 do Novo Código de Processo Civil. Não é diferente o que ocorre com a *conciliação*, a *mediação* e a *transação*, modos chamados de alternativos na solução dos conflitos, mas, na concepção francesa, frequentemente articulados aos modos judiciários de solução dos litígios (ver arts. 21, 131-1 Novo C. Proc. Civ. fr.). A tendência é mesmo para a institucionalização da justiça arbitral (com o desenvolvimento dos centros de arbitragem dotados de regulamentos procedimentais), bem como da justiça transacional (por exemplo, em matéria de acidentes de trânsito ou de contaminações por transfusão, em que a lei impõe e organiza um processo de oferta prévia de indenização às vítimas por uma seguradora ou por um fundo de indenização).

Mais amplamente ainda, o direito judiciário civil deve ser visto em sua dupla dimensão, interna e internacional. As *relações internacionais de direito privado* também dão ensejo a litígios levados diretamente perante o juiz francês ou a sentenças já pronunciadas no exterior, que o juiz francês pode ser levado a conhecer. Sem dúvida, a internacionalidade do litígio suscita questões particulares que não são suscitadas pelas relações de direito interno: questões da lei aplicável, do juiz internacionalmente competente ou do efeito que uma decisão proferida no exterior tem na França. E é tradição, em direito francês, que essas questões sejam da alçada do direito internacional privado, no título dos conflitos de leis e dos conflitos de jurisdições. Isso não impede que os conflitos de jurisdições suscitem problemas de direito judiciário, pelo menos tanto quanto de direito internacional. Na intersecção das duas disciplinas, o direito judiciário internacional tem igual vocação a entrar no campo de ambas; assim, as principais regras de competência internacional das jurisdições francesas consistem apenas na transposição para a ordem internacional dos critérios de competência territorial interna. O desenvolvimento de regras de origem comunitária para implementar a sanção dos direitos em escala internacional contribui ainda mais para integrar as regras de direito judiciário internacional numa concepção ampliada do direito judiciário civil. A Convenção de Bruxelas de 27 de setembro de 1968 sobre a competência das jurisdições e os efeitos dos julgamentos na União Europeia, transformando-se no Regulamento (CE) 44/2001 de 22 de dezembro de 2000, é de aplicação cotidiana, o que deverá vir a ocorrer com a Convenção de Bruxelas de 28 de maio de 1998.

Racionalmente, essa concepção extensiva da matéria também deve levar a integrar nela as *regras relativas às vias de execução*, mais comumente denominadas, hoje em dia, processos cíveis de execução. É ao direito judiciário privado que cabe, tradicionalmente, determinar as condições nas quais a sentença proferida pode ser executada; estão em jogo, então, a questão de sua força executiva e a do recurso aos atos de execução forçada que essa força autoriza (que podem ser precedidas por medidas conservatórias e prolongadas pelos procedimentos de pagamento aos credores). No entanto, também tradicionalmente, os hábitos acadêmicos conferem autonomia ao ensino dos processos de execução. É verdade que as regras de processo e as vias de execução não se combinam necessariamente. Pode haver *processo sem vias de execução*, o que ocorre sempre que a sentença é objeto de uma execução espontânea, e *vias de execução sem processo*, sempre que a força executiva valha por outros motivos que não as sentenças; por exemplo, instrumentos autênticos, como os notariais. O recurso ao juiz, portanto, não é necessário à implementação de uma via de execução forçada. A reforma do direito das vias de execução realizada no início da década de 1990 liberou ainda mais os processos de execução dos processos jurisdicionais. De resto, ao contrário do que se previa inicialmente, o direito das vias de execução forçada não terá lugar num livro VI e último do Novo Código de Processo Cível, mas será objeto de um código autônomo. No entanto, não caberia tirar a conclusão de que os processos de execução se libertam do próprio *direito judiciário*. Ao contrário, a reforma de 1991 foi uma oportunidade de finalmente trazer à vida judiciária um novo juiz, o juiz da execução, incumbido de cuidar de todas as dificuldades relativas aos títulos executórios e das contestações que surgem por ocasião da execução, *mesmo que estas digam respeito ao mérito do direito* (arts. L 311-11 a L. 311-13 C. Org. Jud. fr.). Do mesmo modo, o grande desenvolvimento dos processos coletivos de execução, aplicáveis aos comerciantes, aos artesãos, aos agricultores e às famílias, traduz incontestavelmente um importante fortalecimento dos poderes judiciários.

Questão de fronteiras: procedimento cível, direito privado e direito judiciário

Judiciário e privado, o direito da solução dos litígios de interesse privado pelo juiz civil é sem dúvida um ramo do direito judiciário, mas será um elemento do direito privado?

A priori, o direito judiciário privado, apesar de sua denominação, parece mais pertencer ao direito público do que ao privado. A favor dessa qualificação milita a observação de que esse direito diz respeito à justiça, *serviço público*, à função jurisdicional, *função estatal*, à organização desta, através das regras da organização e da competência judiciárias, e a seu funcionamento, através das regras de processo. De resto, é assim que os autores do antigo direito francês o tratavam, Domat em especial, que com ele constituiu a matéria do livro IV de seu *Tratado de direito público* ("Das maneiras de terminar os processos e as pendências, e da ordem judiciária"). Na França, a história do procedimento cível está intimamente ligada à história da conquista política do Estado pela monarquia capetiana.

No entanto, a concepção integralmente publicista do direito judiciário privado raramente é defendida em nossos dias. A exemplo de Gérard Cornu e Jean Foyer, a opinião amplamente aceita é a de que o direito judiciário privado é um direito mesclado de direito público e de direito privado, de que certas regras são de puro direito privado, tais como as relativas à ação, enquanto outras são *puro direito público*, tais como as da organização judiciária, ao passo que outras, por fim, têm *natureza mista*, referindo-se indissociavelmente ao andamento do serviço público e à implementação dos interesses privados; esse seria o caso das regras de competência e das regras de processo (H. Solus e R. Perrot).

Essa apresentação não deixa de ser interessante, mas também se pode afirmar que o direito judiciário privado é uma matéria de puro direito privado, uma vez que, se é que efetivamente diz respeito ao serviço público da justiça, este último nada mais é que o teatro do litígio que opõe dois sujeitos de direito privado acerca de seus direitos subjetivos, de algum modo pano de fundo. Nesse aspecto, ele faria parte do ramo do direito que rege as relações entre os particulares e constitui o direito privado. Tal como observam Hervé Croze e Christian Morel, "a ordem pública do juiz civil continua sendo uma ordem pública de direito privado" que não basta para extrair o processo cível do corpo do direito privado ao qual ele está "naturalmente ligado" por seu objeto. Na falta de acordo entre os sujeitos de direito, o processo seria outra maneira de cuidar das relações de interesse privado, uma técnica de reorganização das relações de direito privado, de algum modo. Esse debate será simplesmente acadêmico? Hervé Croze e Christian Morel não acreditam nisso. Para esses autores, "a publicização do processo cível pode levar a admitir naturalmente o domínio do juiz sobre os elementos e a condução do processo".

No entanto, é lícito duvidar de que haja tal relação de causa e efeito entre a natureza do direito judiciário e os respectivos papéis processuais do juiz e das partes. Tal como observa Jacques Héron, "o pertencimento de princípio do direito judiciário privado ao direito público é desprovido de significado. Para um direito auxiliar, a falta de autonomia em relação ao direito substancial é mais importante do que o fato de pertencer a um dos dois ramos do direito".

› CORNU G. & FOYER J., *Procédure civile*, Paris, PUF, 3ª ed., 1996. – COUCHEZ G., *Procédure civile*, com a colaboração de J.-P, Langlade e D. Lebeau, Paris, Dalloz, 1998. – CROZE H. & MOREL C., *Procédure civile*, Paris, PUF, 1988. – HÉRON J., *Droit judiciaire privé*, Paris, Montchrestien, 1991; 2ª ed., 2002, Th. Le Bars. – SOLUS H. & PERROT R., *Droit judiciaire privé*, Paris, Sirey, t. I: *Introduction, notions fondamentales et organisation judiciaire*, 1961; t. II: *Compétence*, 1973; t. 3: *Procédure de première instance*, 1991. – VINCENT J. & GUINCHARD S., *Procédure civile*, Paris, Dalloz, 2ª ed., 2001.

Ver também: CAPELLETTI M. (org.), *International Encyclopedia of Comparative Law*, vol. 16: *Civil Procedure*. – CHAPUS R., *Droit du contentieux administratif*, Paris, Montchrestien, 9ª ed., 2001. – Cour de cassation, *Le Nouveau Code de procédure civile: vingt ans après*, La Documentation française, 1998. – MOREL R., *Traité élémentaire de procédure civile*, Paris, Sirey, 2ª ed., 1949. – MOTULSKY H., Écrits, t. I: *Études et notes de procédure civile*, prefácio G. Cornu e J. Foyer, Paris, Dalloz, 1973. – PIGEAU E.-N., *Introduction à la procédure civile*, Paris, 1815. – POTHIER R.-J., *Traité de la procédure civile*, Paris, Debure, 1772. – VIZIOZ H., *Études de procédure civile*, Bordeaux, Brière, 1956.

LOÏC CADIET

→ Ação em juízo; Arbitragem; Competência; Mediação; Perito e perícia; Procedimento.

PROCESSO PENAL

O processo penal, pelo que está em jogo nele, situa-se no centro de todas as controvérsias que abalam a sociedade francesa contemporânea, por ser a disciplina jurídica mais visada pela mídia. É verdade que se exige muito das regras de processo, pois elas devem tender à condenação dos culpados e à preservação da liberdade dos inocentes. Segue-se um constante movimento pendular entre rigor e liberalismo, severidade e indulgência. As implicações políticas do processo penal, portanto, são decisivas. Essas implicações se traduzem numa sucessão de reformas cujo efeito foi tornar mais complexo o processo penal e, consequentemente, mais aleatória a justiça penal.

Evolução histórica

O procedimento penal fixa as regras relativas à descoberta do culpado, do processo que lhe é movido e de seu julgamento. Portanto, não se limita apenas ao estudo da instância penal. Representando o traço de união entre os dois elementos constitutivos da infração, a saber, a incriminação e a pena, o processo penal mantém relações muito estreitas com o direito penal, cuja aplicação garante. Mas, bem além de seu significado técnico, o processo tem um papel eminentemente político, pois as regras processuais devem atender a um objetivo contraditório, possibilitando a condenação dos culpados e salvaguardando a liberdade dos inocentes. Nos países democráticos, espera-se que ele realize um equilíbrio inteligente entre rigor e liberalismo. Esse equilíbrio só pode ser obtido por uma interação complexa entre direito penal e processo penal. Assim, um direito penal autoritário poderá ser abrandado por um processo penal liberal e vice-versa. Baseado em certo número de princípios norteadores que traduzem suas aspirações profundas, o processo penal põe alguns atores em confronto: primeiramente, jurisdições; em segundo lugar, as partes, públicas ou privadas, de um processo judiciário que compreende várias fases.

Concebido originalmente como algo que só dizia respeito ao delinquente e à sua vítima, o processo penal aos poucos se afastou dessa concepção para deixar claro que está em causa o interesse público. Disso resultou que o direito de instaurar processos deve ser atribuído a outros atores, e não só à vítima. Esse direito será reconhecido a todo cidadão, inicialmente (República romana), passando depois a pertencer a um magistrado encarregado pela sociedade de defender a ordem pública (Baixo Império romano). Este último sistema, consagrado na Idade Média perante as jurisdições eclesiásticas e régias, que reconhecia até mesmo a possibilidade de um juiz se autoacionar (Todo juiz é procurador geral), será profundamente modificado ao longo do período revolucionário. As mudanças introduzidas, inspiradas no exemplo britânico, levarão a um retorno à ação popular: o direito de instaurar processos era da vítima e de todo e qualquer cidadão. De inspiração muito mais autoritária, o Código de Instrução Criminal marcará um retorno às concepções do Antigo Regime no estágio da instrução, mas conservando algumas inovações do direito intermediário na fase de julgamento. O processo penal repousa então em três princípios essenciais: a profunda unidade entre justiça civil e justiça penal; o da separação das autoridades responsáveis pela instauração do processo penal, pela instrução e pelo julgamento; o do caráter de colegiado. Uma reação liberal, por meio da Lei de 8 de dezembro de 1897 (Lei Constans), que introduzia a possibilidade de o réu dispor de um defensor, será seguida de textos mais autoritários, sobretudo com a regulamentação da prisão preventiva, de duração ilimitada e decretação discricionária.

A época contemporânea será marcada pela publicação do Código de Processo Penal em 1958 na França, que entrou em vigor em 1959. Na realidade, ele modifica pouco a matéria, mostrando-se desejoso de proteger mais as liberdades individuais por meio de uma regulamentação mais rigorosa da prisão temporária ou pela criação de limites para a prisão preventiva. As perturbações políticas (Guerra da Argélia) vividas pela França provocarão modificações do procedimento, no sentido de maior severidade, que se traduziu numa alteração dos direitos à defesa. O processo penal passa então a caracterizar-se por um movimento de fluxo e refluxo permanente, hesitando entre rigor e indulgência, refletindo a indecisão do legislador quanto à política penal que a sociedade quer adotar. De maneira recorrente, serão discutidos os problemas da liberdade antes do julgamento, dos controles e verificações de identidade e da manutenção do juiz de instrução. É nesse contexto que se inserem as mais importantes reformas do processo penal desde a promulgação do Código de Instrução Criminal de 1808, com as leis de 4 de janeiro de 1993 e de 15 de junho de 2000 e suas emendas, oriundas da Lei de 4 de março de 2002. Essas leis provocam grandes transformações em todos os estágios do processo, que se traduziram numa melhoria sensível dos direitos à defesa e no fortalecimento significativo do contraditório, especialmente nas fases processuais das quais ele estava excluído. Assim, no estágio da instauração do processo, a prisão temporária é liberalizada graças ao fortalecimento dos direitos à defesa e à presença do advogado; no estágio da instrução, pela possibilidade que as partes privadas têm de livre acesso aos autos da instrução, por meio de advogado, e de exigência das medidas de investigação que julguem úteis. Nesse contexto foi promulgada a reforma de 15 de junho de 2000, em que um artigo preliminar lembra que o processo penal deve ser equitativo e contraditório e deve preservar o equilíbrio dos direitos das partes. Essa evolução do sistema processual francês foi acelerada por certo número de textos internacionais, entre os quais ocupa lugar privilegiado a Convenção de Salvaguarda dos Direitos Humanos e das Liberdades Fundamentais.

Fontes do processo penal

A construção europeia, apesar das dificuldades inerentes às diferenças de cultura jurídica dos países envolvidos, deu origem a uma aproximação das legislações. Também explica a diversidade das fontes do processo, que já não se limitam às fontes nacionais, mas também compreendem fontes internacionais.

Fontes nacionais. – Entre elas, encontra-se a Constituição, que contém, direta ou indiretamente, disposições processuais, quer se trate da acusação do Presidente da República em caso de alta traição (art. 68), quer da afirmação de uma liberdade cujas consequências processuais são imediatas (inviolabilidade do domicílio privado e busca domiciliar, art. 66). Também a Constituição francesa, em seu artigo 34, prevê que o processo penal é da alçada da lei.

Mas, enquanto foram codificadas numerosas leis processuais, especialmente no Código de Processo Penal ou no da justiça militar, outras figuram nos códigos mais diversos (Código Alfandegário, Livro de Processos Fiscais etc.). As regras processuais também podem resultar de textos equiparados à lei, como as decisões presidenciais baixadas em aplicação do artigo 16 da Constituição, como as decisões adotadas de acordo com o processo de referendo, ou como as decisões tomadas por via de ordem com base no artigo 38 da Constituição. Por fim, das regras de processo penal podem resultar decretos do Conselho de Estado ou decretos simples, bem como portarias ministeriais (ver C. Pr. Pen. fr. segunda parte, art. R. 1; terceira parte, art. D.; quarta parte, art. A. 1).

Uma última fonte francesa merece ser mencionada por sua originalidade. Trata-se dos princípios processuais gerais decorrentes de jurisprudência. O recurso a esses princípios gerais levou a consagrar soluções que os textos ignoravam. É o que ocorre com a categoria das nulidades substanciais de processo, que tomou lugar ao lado da categoria das nulidades textuais. É verdade que em bom número de hipóteses o intuito foi apenas generalizar disposições particulares. Mas esse recurso aos princípios gerais, discutível em princípio, numa matéria dominada pelo princípio da legalidade, torna-se francamente criticável quando possibilita que os tribunais consagrem soluções em total contradição com um texto formal (ver admissão de recurso extraordinário em matéria de extradição que transgrida o artigo 16 da Lei de 10 de março de 1927).

Fontes internacionais. – Em primeiro lugar, compreendem os numerosos tratados e convenções internacionais dos quais a França participou (Convenção Europeia de Extradição de 1957, colaboração judiciária em matéria penal de 1959, para a repressão do terrorismo de 1977 etc.). Mas, entre essas fontes, há uma que ocupa lugar privilegiado devido à importância crescente que tem na evolução do sistema processual francês. Trata-se da Convenção de Salvaguarda dos Direitos Humanos e das Liberdades Fundamentais e de seus protocolos adicionais, que são parte integrante do sistema processual francês e cujas disposições são de aplicação direta nos termos do artigo 55 da Constituição de 1958. Podendo ser invocada pelas partes perante as jurisdições internas, pode ocorrer que a Corte de Cassação conclua por uma irregularidade processual com fundamento na Convenção. É o que ocorre com a exigência de prazo razoável em matéria de prisão provisória. Sua importância é aumentada pela instauração do controle europeu do respeito à Convenção de Salvaguarda dos Direitos Humanos e das Liberdades Fundamentais. A França, aliás, foi punida em várias ocasiões pela Corte Europeia dos Direitos Humanos, encarregada de fiscalizar o respeito à Convenção pelos Estados signatários (ver as várias condenações em matéria de escutas telefônicas). Esse controle hoje incumbe apenas à Corte Europeia, cuja faculdade de constituição é ampla, mas, salvo exceções, pressupõe o esgotamento das vias de recurso internas. A Corte compreende três formações e pode reunir-se em comitês de três juízes, em câmaras de sete juízes e numa grande câmara de dezessete juízes.

Princípios diretores do procedimento penal

O sistema processual francês baseava-se em três princípios diretores – profunda unidade entre justiça civil e justiça penal, presunção de inocência e separação das autoridades responsáveis pela instauração do processo, pela instrução e pelo julgamento. A Lei de 15 de junho de 2000 acrescentou um quarto princípio, com a exigência do caráter equitativo e contraditório do processo penal.

Unidade entre justiça civil e justiça penal. – Fulcro do procedimento francês, esse princípio produz efeitos complexos: a instauração de vínculos orgânicos entre a justiça penal e a justiça civil, que por sua vez reflete vínculos existentes entre a ação cível e a ação pública.

A justiça penal e a justiça civil são unidas por suas jurisdições e por um pessoal judiciário comum. Assim, os tribunais repressivos pertencem à ordem judiciária, e não à ordem administrativa, e estão sob o controle único da Corte de Cassação. Concretamente, essa unidade se traduz numa identidade de jurisdições que, com designações diferentes, estatuem alternadamente em matéria cível e penal (exemplo: o juiz de primeira instância atua como tribunal de alçada e tribunal de polícia). Mesmo as jurisdições especificamente penais extraem seus magistrados das jurisdições judiciárias. Portanto, os mesmos magistrados, ao longo de sua carreira, são chamados a exercer todas as funções judiciárias tanto na magistratura comum quanto no ministério público, perante todas as jurisdições, civis ou penais.

Vínculos entre a ação civil e a ação pública. – Quanto ao vínculo entre a ação civil e a ação pública, mostra-se como consequência da faculdade que têm as partes civis de exercer sua ação perante as jurisdições repressivas. Ao fazerem isso, elas podem instaurar processos obrigando o ministério público a exercer a ação pública. Mas a ação pública, cujo objeto é possibilitar que uma jurisdição repressiva se pronuncie sobre a inocência ou a culpabilidade de uma pessoa, é independente da ação civil, que lhe é acessória. Disso resulta que, salvo exceções, o fato de a vítima retirar sua queixa, de desistir ou de se recusar a exercer as vias de recurso não incide sobre o destino da ação pública. Com a ressalva da prescrição das duas ações, que continuam independentes (ver art. 10, § 1º CPP que consagra a independência das prescrições), a ação civil exercida pela vítima perante o juiz civil, em conformidade com a opção processual de que ela dispõe, é dependente da decisão sobre a ação pública. Na hipótese de a vítima escolher mover ação perante jurisdições não repressivas, quando uma instância penal é acionada paralelamente, a primazia do juiz repressivo se manifesta pela autoridade da coisa julgada do penal sobre o civil. Disso resulta a obrigação de o juiz civil transferir o julgamento, à espera da decisão penal, para evitar riscos de contradição entre os dois procedimentos (o penal suspende o civil, art. 4º, § 2º CPP).

Presunção de inocência. – Tem significado complexo. Remetendo inicialmente a uma *regra técnica*, seu interesse parece advir de uma *simples regra de prova*. É então apresentada como uma regra atributiva do ônus da prova no processo penal. Este significa que não cabe à pessoa acusada estabelecer sua inocência, mas sim à autoridade acusadora provar a culpa do acusado. Portanto, é em caso de dúvida que a presunção revela toda a sua utilidade, como bem exemplifica o adágio *in dubio pro reo*, segundo o qual na dúvida favorece-se o réu. Mas, na qualidade de regra técnica, a presunção de inocência mostra-se frágil e é contraditada por numerosas presunções de culpabilidade (ver presunção de receptação: art. 321-6 CP), que a Corte de Cassação, com a aprovação dos órgãos europeus, não considera contrárias ao artigo 6º, § 2º da CSDH, desde que não seja insensata nem irrefragável. Ou seja, seu significado não é esgotado apenas pela acepção técnica. Trata-se também de uma *regra política* que alça a presunção de inocência a *verdadeiro direito*.

Como direito, a presunção de inocência tem o objetivo de proteger liberdades individuais. Verdadeiro direito humano, a presunção de inocência foi promovida a direito subjetivo (art. 9-1 C. Civ. fr.). É acompanhada então por numerosas prerrogativas tendentes a garantir seu respeito (ver § 2º, art 9º C. Civ. fr.). Além disso, serve de fundamento a numerosas manifestações processuais, tais como a obrigação de o juiz buscar elementos de prova favoráveis ao réu, ou também o direito ao silêncio por parte do acusado diante das acusações que lhe são feitas. Em suma, a presunção de inocência, entendida como direito, atribui aos acusados um estatuto de proteção, com a preocupação de garantir seus direitos à defesa.

Teoria das provas penais. – O estudo da prova penal é um complemento indispensável da presunção de inocência, uma vez que a inocência ou a culpabilidade de uma pessoa depende da qualidade da prova apresentada. A matéria probatória em processo penal remete a duas séries de dificuldades: a primeira relaciona-se com as modalidades de provas admissíveis e com a apreciação destas; a segunda, com o modo como estas mesmas provas são colhidas e aproveitadas. A *determinação das modalidades da prova e sua apreciação* encontram-se sob o signo da liberdade dos atores, quanto às modalidades de prova admissíveis, e do juiz, quanto às deduções que possam delas ser extraídas. O artigo 427 do CPP estipula que as infrações podem ser estabelecidas por qualquer modalidade de prova. Na prática, isso abrange o indício, a prova literal, o depoimento das testemunhas e a confissão. Submetidos ao princípio da íntima convicção, os juízes apreciam soberanamente seu alcance, no sentido de não precisarem dar explicações sobre a maneira como chegaram a uma certeza a partir das provas apresentadas. Esse princípio da íntima convicção, porém, tem exceções, em vista de certos laudos que, em graus diversos, se impõem ao juiz, e um abrandamento, em vista da obrigação em que ele está de submeter as provas ao contraditório. Quanto à *busca da prova*, situa-se sob o imperativo da legalidade. Por exemplo, é vedado produzir provas obtidas por meios proibidos ou por procedimentos desleais. Há outras, cujo uso é possível, desde que respeitada uma regulamentação (ver, por exemplo, escutas telefônicas e buscas domiciliares). Também cabe ao juiz e às partes administrar as provas obtidas, em conformidade com o lugar que ocupam no processo. Cabe notar que a Lei de 4 de janeiro de 1993 e a de 15 de junho de 2000 fortaleceram sensivelmente o papel das partes privadas no estágio de instrução, atribuindo-lhes poderes análogos aos do ministério público. Assim, elas podem encaminhar ao juiz um requerimento escrito e fundamentado, solicitando que se proceda a algum tipo de instrução (oitiva de alguma testemunha, transporte para algum lugar etc.). Em suma, só podemos nos felicitar com o fortalecimento do caráter contraditório do processo de instrução que a Lei de 15 de junho de 2000 erigiu a princípio diretor.

Separação das autoridades responsáveis por instauração de processo, instrução e julgamento. – O princípio da separação das autoridades responsáveis por abertura de processo, instrução e julgamento não se esgota apenas na significação técnica que tem em vista possibilitar uma grande especialização dos magistrados, ao organizar uma distribuição melhor das tarefas, com a perspectiva de maior eficácia processual. Seu interesse está em outros aspectos. Na verdade, o princípio tem um significado político cuja finalidade é análoga à finalidade buscada numa democracia, por meio da separação dos poderes: evitar a concentração numa única autoridade das prerrogativas cuja reunião poderia ser atentatória às liberdades individuais. Desse princípio de separação das autoridades resulta uma divisão do processo em várias fases, cada uma das quais fica a cargo de uma autoridade distinta. O *ministério público* é encarregado da instauração do processo. Nesse sentido, ele desencadeia e exerce a ação pública, supervisionando a execução das sentenças. O *juiz de instrução*, por sua vez, tem a tarefa de coligir as provas da infração a fim de ordenar ou não o julgamento da pessoa indiciada. Caberá então às *jurisdições judiciárias* pronunciar-se com toda a independência sobre a inocência ou a culpa do réu ou do acusado.

Esse princípio da separação das autoridades responsáveis por instauração de processo, instrução e julgamento exclui a possibilidade de um magistrado julgar uma mesma causa em situações diferentes. Assim, o procurador da República não pode ser juiz de instrução, mas também não é viável que um juiz de instrução possa participar do julgamento de uma causa que ele conheceu na qualidade de magistrado responsável pela instrução. A ambiguidade decorre do fato de que os magistrados, ao longo de sua carreira, podem não só passar da instrução ao julgamento, mas também do ministério público à magistratura comum e vice-versa. Esta segunda possibilidade é objeto de fortes críticas, e são cada vez mais numerosas as vozes que se opõem à permeabilidade entre o ministério público e a magistratura comum. É indubitável que, caso a morte anunciada do juiz de instrução viesse a ocorrer, o resultado só poderia ser a separação total dos dois corpos.

O princípio da separação das autoridades responsáveis por instauração de processo, instrução e julgamento, no entanto, tem algumas exceções, que consagram ora alguma infração à separação entre instauração de processo e julgamento (por exemplo, quando o Código de Processo Penal atribui a uma jurisdição de julgamento a faculdade de se autoacionar em caso de infrações durante a audiência), ora à separação entre a instrução e o julgamento (o juiz de menores acaso não acumula as funções de instrução e julgamento?), ora à separação entre a instauração do processo e a instrução, pela possibilidade de a câmara de instrução (antigamente de acusação) estender os processos a fatos não visados pela denúncia do ministério público.

Enfim, cabe notar que o princípio da separação das autoridades responsáveis por instauração de processo, instrução e julgamento foi amplificado pela Convenção de Salvaguarda dos Direitos Humanos e das Liberdades Fundamentais, cujo artigo 6º, § 1º, consagra a noção de *tribunal independente e imparcial*. É fato que a exigência de tribunal independente e imparcial vai além do respeito à separação das autoridades responsáveis por instauração de processo, instrução e julgamento, e que repercute numa mesma fase processual. Assim, veda, por exemplo, que um magistrado que tenha presidido o tribunal correcional que tenha sentenciado uma pena associada a uma suspensão de sua execução possa atuar num tribunal de recursos que deva pronunciar-se sobre alguma dispensa de revogação dessa mesma suspensão.

Princípio do contraditório. – A Lei de 15 de junho de 2000 obedece à lógica das disposições anteriores que tende a reforçar o caráter *contraditório* do processo. Mas o legislador não se limitou a basear sua efetividade em toda uma série de medidas concretas; ele afirmou a sua preeminência, erigindo-o a princípio diretor do processo penal. O Código de Processo Penal, portanto, agora está dotado de um artigo preliminar que lembra que o processo penal deve ser equitativo e contraditório e que deve preservar o equilíbrio dos direitos das partes. Nesse imperativo, percebe-se a influência da Corte Europeia dos Direitos Humanos que, como se sabe, vê o princípio do contraditório como regra absoluta, certificando-se de que todas as partes se encontrem em situação de perfeita igualdade perante o juiz. Isso significa que o processo penal francês se orienta decididamente para um processo de tipo acusatório, afastando-se de seu modelo tradicional, é verdade, razoavelmente desfalcado depois da reforma de 4 de janeiro de 1993.

Atores do processo penal

O processo penal desenrola-se perante as jurisdições cuja atividade na busca da verdade contrasta fortemente com a passividade e a neutralidade habituais do juiz civil. Ele opõe as partes do litígio, que são: o autor da infração e o ministério público que representa a sociedade e a vítima, quando a infração cometida lesa seus interesses.

Jurisdições penais. – Pertencem à ordem judiciária e, segundo uma apresentação clássica, compreendem jurisdição de direito comum e jurisdições de exceção. Em conformidade com a definição tradicional, são *jurisdições de direito comum* as que têm vocação para apreciar causas para cujo julgamento não tenha sido expressamente atribuída competência a alguma jurisdição em particular. Mas o particularismo do processo penal decorre da presença de jurisdições de instrução previamente às jurisdições de julgamento. No entanto, é verdade que o artigo preliminar do Código de Processo Penal, oriundo da Lei de 15 de junho de 2000, ao lembrar o princípio da separação das autoridades processuais, esqueceu, curiosamente, a instrução. Em vista da contestação de que o juiz de instrução tem sido objeto, é legítimo hesitar entre um desastrado esquecimento e o sinal prenunciador de seu próximo desaparecimento.

Jurisdições de instrução de direito. – Compreendem o *juiz de instrução*, a *câmara de instrução* (antigamente câmara de acusação) e o *juiz das liberdades e da detenção.*

O *juiz de instrução* é um magistrado pertencente à magistratura comum, nomeado por decreto do Presidente da República, com base em indicação do Ministro da Justiça, após parecer do Conselho Superior da Magistratura. Ele é inamovível e irrevogável na qualidade de magistrado comum, mas sua nomeação para as funções de instrução pode ser revogada por decreto. Nomeado por um prazo ilimitado, é competente para instruir toda e qualquer matéria em relação a toda e qualquer pessoa, com exceção das que estão submetidas à competência de uma jurisdição de exceção. Sua competência territorial estende-se por toda a jurisdição geográfica do tribunal de primeira instância, mas, se necessário, pode deslocar-se por todo o território nacional.

A *câmara de instrução* substituiu a câmara de acusação. Essa mudança terminológica não é puramente formal. Reitera nos fatos a supressão do duplo grau de instrução em matéria criminal, em proveito de um duplo grau no estágio do julgamento. Mas, na qualidade de jurisdição de instrução, continua sendo tribunal de segundo grau e, nessa qualidade, aprecia os recursos contra os despachos do juiz de instrução, inclusive o despacho de pronúncia. O presidente da câmara de instrução, além disso, dispõe de poderes próprios (controle dos gabinetes de instrução, visita às casas de detenção da jurisdição do tribunal de recursos).

Surge o *juiz das liberdades e da detenção.* Apresenta-se como elemento essencial no dispositivo de controle da detenção provisória. Mas esse instituto, embora novo, na realidade é a consecução de sucessivas reformas malogradas, todas com o objetivo de limitar os poderes do juiz de instrução, em matéria de detenção antes do julgamento (ver lei de 10 de dezembro de 1985; 30 de dezembro de 1987; 4 de janeiro de 1993). Portanto, a nova lei prevê mais uma vez separar os poderes de instrução do juiz da decisão de determinar prisão provisória. No entanto, para dar mais destaque à medida, o legislador previu a possibilidade de confiar essa função a um magistrado que tivesse o nível de presidente, vice-presidente ou primeiro vice-presidente.

Jurisdições de julgamento de direito comum. – Têm vocação a pronunciar-se sobre a eventual culpabilidade das pessoas que comparecem perante elas. Sua nomenclatura baseia-se na classificação tripartite das infrações, que distingue crimes, delitos e contravenções. Exercem a atividade sob o controle de uma jurisdição do segundo grau (câmara de recursos correcionais em matéria contravencional e correcional e tribunal penal departamental que estatui em regime de recurso ordinário em matéria criminal) e da câmara criminal da Corte de Cassação, cujo papel é garantir a aplicação da lei e, se preciso, sua interpretação uniforme.

O *tribunal de polícia* aprecia contravenções. É constituído por um juiz de primeira instância, um escrivão e um representante do ministério público, cuja função é exercida por um comissário de polícia ou seu representante; mais excepcionalmente, é constituído pelo prefeito do lugar onde se situa o tribunal. Mas o procurador da República pode intervir pessoalmente, e essa é sua obrigação nas contravenções mais graves (5ª classe).

O *tribunal correcional* competente para os delitos é o tribunal de primeira instância na apreciação de matéria penal. Com formação inicialmente colegiada, o tribunal atua por meio de juiz único para delitos enumerados limitativamente pelo artigo 398-1 do Código de Processo Penal. No entanto, a formação colegiada é de direito em caso de comparecimento imediato, quando o acusado comparece em regime de detenção provisória ou na ocorrência de um delito conexo a outro que escape à competência do juiz único. Cabe notar que existem tribunais correcionais especializados na esfera econômica, financeira e militar ou para certos delitos que afetem os interesses fundamentais da nação.

Os *tribunais penais departamentais* constituem uma jurisdição atípica por sua composição. São formados em parte por magistrados profissionais e em parte por um júri popular. Trata-se então de jurisdições de exceção encarregadas de julgar crimes militares ou cometidos contra os interesses fundamentais da nação, atos terroristas e crimes ligados ao narcotráfico.

Esses tribunais são compostos por uma corte e um júri. A corte compreende três juízes, um presidente, presidente da câmara ou conselheiro do tribunal de recursos e dois assessores, conselheiros do tribunal de recursos ou magistrados do tribunal de primeira instância. O júri de julgamento, quando tribunais departamentais estatuem em primeira instância, compreende nove jurados sorteados a partir de uma lista específica para a sessão, por sua vez estabelecida por sorteio com base numa lista anual, oriunda de uma lista preparatória anual elaborada publicamente por sorteio a partir de listas eleitorais. Embora as funções de jurado sejam obrigatórias, algumas pessoas podem apresentar incompatibilidades e incapacidades. Do mesmo modo, alguns indivíduos podem ser dispensados da função de jurado por motivos graves. Além do mais, a qualidade de jurado implica ser cidadão francês, com mais de 23 anos, que saiba ler e escrever em francês.

O legislador, não confiando inteiramente na presunção irrefragável associada às decisões do júri popular, instaurou um *recurso circular* em matéria criminal. Substituindo a ideologia da Revolução francesa pela ideologia da Convenção de Salvaguarda dos Direitos Humanos e das Liberdades Fundamentais, submeteu a sentença dos tribunais departamentais de primeira instância à apreciação de um tribunal departamental de recursos da mesma natureza, cuja única diferença está no número dos jurados, que passa a ser doze. Esse recurso é amplamente aberto, pois, ao réu, ao Ministério Público e às administrações, nos casos em que exerçam ação pública, e às vítimas ou aos civilmente responsáveis em se tratando de seus interesses civis. Em matéria criminal, o Ministério Público dispõe mesmo da faculdade de recorrer de uma decisão de absolvição, faculdade que lhe era tradicionalmente recusada.

Jurisdições de exceção. – São competentes em matéria penal para as causas que a lei lhes atribui expressamente. As *jurisdições para menores* (juizado de menores, tribunal para crianças, tribunal departamental para menores) atendem ao desejo do legislador de dispensar tratamento adequado à delinquência juvenil. Essa delinquência deu ensejo a uma ampla reforma que atingiu em parte as disposições presentes na ordem de 1945 (Lei nº 2.002-1.138 de 9 de setembro de 2002, com orientação e programação para a justiça reformando a justiça penal dos menores). Mas existem outras formas de justiça de exceção, especialmente no âmbito militar e político. No entanto, embora o contencioso repressivo militar agora seja da alçada das jurisdições de direito comum (salvo em casos particulares), mas por meio de jurisdições especializadas (tribunal correcional ou tribunais departamentais especiais), o mesmo não ocorre com o contencioso político, submetido a duas jurisdições de exceção: a *Suprema Corte de Justiça*, competente para julgar o Presidente da República que seja culpado de alta traição, e a *Corte de Justiça da República*, designada para examinar os crimes e os delitos cometidos pelos membros do governo no exercício de suas funções. Essas jurisdições extraem uma parte de seu pessoal do Parlamento e outra da Corte de Cassação.

Regras de competência. – Ditadas pelo legislador, são de ordem pública, portanto se impõem tanto ao juiz quanto às partes. Existe, porém, certo número de mecanismos que visam à solução dos conflitos de competência que possam surgir entre as duas ordens de jurisdição (conflito de atribuição) ou entre duas jurisdições da própria ordem repressiva (conflito de jurisdição). Apesar disso, salvo exceções prejudiciais (direito real imobiliário, filiação, nacionalidade ou mesmo interpretação dos tratados internacionais etc.), o juiz penal, em virtude do princípio segundo o qual o juiz da ação é o juiz da exceção, é competente para dirimir uma questão não penal levantada por ocasião da propositura do processo. Do mesmo modo, são cogitáveis prorrogações obrigatórias ou facultativas em presença de infrações conexas ou indivisíveis. Essas extensões de competência pelo menos têm o mérito de terem sido previstas pelo legislador, o que não ocorre com a correcionalização judiciária, que leva a submeter um crime a um tribunal correcional, considerando-se apenas uma qualificação correcional. Mas, quaisquer que sejam as vantagens de tal conduta (processo menos pesado, certeza de repressão etc.), essa correcionalização judiciária é uma violação deliberada da lei, discutível principalmente porque realizada por magistrados encarregados de aplicá-la. Por fim, existem disposições particulares que regem a repressão a infrações estrangeiras, seja pelas jurisdições francesas, seja por uma jurisdição estrangeira. Essa repressão implica frequentemente a instauração de um processo de extradição que na França é regido por uma Lei de 10 de março de 1927, aplicável na ausência de convenções bilaterais ou multilaterais específicas ou de maneira suplementar para completar uma convenção existente.

As partes do processo penal. – O processo penal é organizado em torno da ação pública sobre a qual se implanta a ação cível.

Partes da ação pública. O ministério público, corpo de magistrados particulares, tomado em sua qualidade de representante do Poder Executivo, tem a tarefa de defender os interesses da sociedade. Portanto, ele é *demandante* e parte principal do processo penal. Encarregados de implementar a política penal decidida pelo poder político, os membros do ministério público são hierarquicamente subordinados a ele, ainda que, no cumprimento de suas tarefas, disponham de certa independência. Esta se traduz na total liberdade de apreciação na decisão de instaurar o processo, em conformidade com o princípio da oportunidade para essa instauração e com a proibição de buscar responsabilidades no exercício normal de sua função. Excepcionalmente, a algumas administrações o legislador confiou a tarefa de conduzir a ação pública (administração alfandegária ou das contribuições diretas, por exemplo). A determinação do *acusado* na ação pública é mais fácil. Em virtude do princípio da personalidade das penas, somente os autores, coautores ou cúmplices da infração – pessoas físicas ou jurídicas – podem ser processados, sendo, pois, réus na ação pública.

As *partes da ação cível*, em contrapartida, são mais numerosas tanto na demanda quanto na defesa. Embora o artigo 2º do Código de Processo Penal reserve a ação cível para aqueles que tenham sofrido pessoalmente um prejuízo diretamente causado pela infração, a fim de afastar dos tribunais penais vítimas cujos prejuízos não correspondam aos prejuízos sociais protegidos pela infração, observa-se uma ampliação permanente da noção de parte civil, não vítima, quer se trate de partes civis que defendam um interesse coletivo (sindicatos ou associações), quer se trate de outras partes civis, não pessoalmente lesadas pela infração (vítimas indiretas ou herdeiros). Por fim, se a ação cível for dirigida prioritariamente contra o delinquente, poderá também ser intentada, segundo modalidades diversas, contra os fiadores do delinquente, que são as pessoas civilmente responsáveis, a seguradora e às vezes a administração pública.

Fases do procedimento penal

Em conformidade com a tradição inquisitorial do processo penal francês, este é dividido em três fases: instauração do processo, instrução e julgamento.

Fase de instauração do processo. – É da competência do Ministério Público sob cuja autoridade a polícia judiciária, no estágio das investigações, preliminar ou em flagrante, investiga ou constata as infrações que já foram ou estão sendo cometidas, a fim de deter seus autores. Para realizar essa tarefa, as autoridades policiais (polícia nacional ou *gendarmerie*) dispõem de poderes de coerção mais ou menos amplos. Afora os controles e as verificações de identidade, em grande parte autorizadas, a ponto de poder ocorrer mesmo no estágio da operação da polícia administrativa, a fim de prevenir algum atentado à ordem pública, os outros poderes (buscas domiciliares, apreensões, detenção etc.) dependem da natureza da investigação policial. Embora a *investigação de flagrante* dê à polícia um poder de coerção muito grande, perigoso para a liberdade individual, o risco de abuso é atenuado pelas condições do flagrante, que implicam a existência de uma infração evidente, manifesta e de certa gravidade (crime ou delito punível com pena de prisão, mas a aparência basta). A *investigação preliminar*, por sua vez, é mais aberta e se distingue radicalmente da investigação de flagrante, excluindo o recurso à coerção. As diligências feitas nesse sentido (buscas e visitas domiciliares, apreensões) exigem o consentimento expresso dos interessados. No entanto, a pessoa intimada por motivo de investigação preliminar é obrigada a comparecer e pode ser presa temporariamente se houver alguma razão plausível para se suspeitar que ela tenha cometido ou tentado cometer a infração.

Fase de instrução. – Por mais importante que seja, é reservada às infrações mais graves. Só é obrigatória em matéria criminal. Na prática, só incide em 7 a 10% das causas penais. Incumbe ao juiz de instrução, que é acionado por requisição do ministério público ou por uma queixa de uma vítima civil; a instrução preparatória confere a esse mesmo juiz grandes poderes de investigação para chegar à verdade, estabelecendo a inocência ou a culpabilidade da pessoa sob suspeita ou investigada. Embora exerça o conjunto de suas prerrogativas sob o controle da câmara de instrução (antigamente, câmara de acusação), por efeito da Lei de 15 de junho de 2000, o juiz de instrução perdeu a possibilidade de ordenar detenções provisórias. Essa missão agora é exercida pelo juiz das liberdades e da detenção. Em compensação, o juiz de instrução conserva intacta a faculdade de realizar todos os atos que julgar úteis à manifestação da verdade, desde que em conformidade com a lei. Nesse sentido, segundo as modalidades fixadas pelo Código de Processo Penal, ele pode proceder a buscas domiciliares, oitiva de testemunhas, escutas telefônicas e perícias. Quanto às declarações das partes, o juiz de instrução as colige durante interrogatórios, oitivas e acareações. A maioria dessas operações dá ensejo a um auto. Trata-se de simples boletins que não devem ser confundidos com os despachos do juiz de instrução que expressam decisões (impronúncia, avocação, submissão ao controle judiciário etc.), enviados com base em recurso das partes à apreciação da câmara de instrução. O juiz de instrução, embora tenha perdido a possibilidade de determinar a detenção provisória da pessoa investigada, por efeito da Lei de 15 de junho de 2000, conserva o poder de restringir a liberdade de ir e vir, visto ter continuado competente em matéria de controle judiciário. Além disso, dispõe da possibilidade de obrigar o interessado a comparecer perante ele por meio de mandados (comparecimento, condução coercitiva, detenção, prisão), com os quais alguns autorizam a prisão.

Fase de julgamento. – Em princípio, vem depois da instrução, a menos que ocorra diretamente quando a infração não tenha dado ensejo à abertura de instrução preparatória. Mas, embora os procedimentos para a constituição do tribunal de polícia e do tribunal correcional sejam semelhantes, a gravidade dos fatos submetidos aos tribunais departamentais justifica a existência de modalidades especiais de constituição.

As modalidades de instauração comuns aos tribunais correcionais e policiais são: ajuizamento por avocação de uma jurisdição de instrução, citação direta entregue por oficial de justiça a pedido do ministério público, da vítima ou, mais excepcionalmente, de uma administração pública, notificação seguida de comparecimento voluntário e, em casos excepcionais, possibilidade de provocação de ofício (por infrações em audiência).

Mas o *tribunal correcional* tem *modalidades próprias para sua instauração.*. Sua característica é permitir um comparecimento rápido dos réus, evitando os limites da citação direta (que pressupõe a manutenção em liberdade da pessoa processada), ao mesmo tempo que desincumbe os gabinetes de instrução da abertura da instrução preparatória que tenha por fim apenas permitir a detenção provisória ou a submissão ao controle judiciário, enquanto se espera julgamento. A convocação por notificação e o comparecimento imediato constituem as modalidades de jurisdição próprias ao tribunal correcional. A característica do comparecimento imediato é dizer respeito a duas categorias de delinquentes: o autor de um delito flagrante, quando a prisão prevista por lei é de um mínimo de um ano ao máximo de sete anos, e os autores de delito não flagrante, punidos com a pena de prisão, de dois a sete anos.

Os *tribunais departamentais*, durante muito tempo instaurados por uma avocação da câmara de acusação, designada com a expressão despacho de pronúncia, agora são constituídos por um mandado do juiz de instrução (art. 181), ou por um despacho da câmara de instrução (arts. 214, 215; ad. art. 207-1). O mandado e o despacho de pronúncia devem ser cientificados ao acusado, sendo-lhe dada uma cópia (art. 268). Este dispõe então de um prazo de dez dias para recorrer do mandado e de cinco dias corridos para recorrer do despacho.

Seja qual for a natureza da jurisdição, o processo de julgamento é oral, público e contraditório, em conformidade com o caráter acusatório do processo.

Vias de recurso. – As decisões proferidas pelas jurisdições repressivas podem ser o objeto de recursos ordinários e extraordinários, de retratação ou de reforma. As *vias de recursos ordinários* estão abertas de pleno direito aos jurisdicionados, salvo disposição contrária do legislador. Ensejam um novo exame do processo (por exemplo, recurso ordinário, oposição e extinção da revelia). As vias de recursos *extraordinários* são admissíveis apenas com base naquilo que é previsto em lei e têm a finalidade de possibilitar que a Corte de Cassação aprecie a regularidade da decisão (cassação e revista). Do ponto de vista de suas finalidades, a oposição e a extinção da revelia constituem *vias de retratação* por permitirem que a pessoa processada, julgada à revelia, solicite da mesma jurisdição que se retrate de sua decisão. O recurso ordinário, a revista e, em menor grau, o recurso extraordinário (*cassation*) constituem *vias de reforma*, pois se destinam a uma jurisdição superior, com o fim de modificar a decisão anterior.

A Lei de 15 de junho de 2000 consagra, enfim, uma *via de recurso atípica*, pois possibilita revogar uma decisão definitiva. Trata-se do reexame de uma decisão penal definitiva consecutivo a um acórdão da Corte Europeia dos Direito Humanos, sempre que do referido acórdão resultar que a condenação transgride as disposições da Convenção de Salvaguarda ou de seus protocolos adicionais.

Autoridade da coisa julgada. – Por fim, depois que as partes esgotaram as vias de recursos ou perderam os prazos para sua impetração, a decisão torna-se irrevogável e adquire *a autoridade da coisa julgada.* Esta contém dois significados: por um lado, veda a reabertura dos processos em virtude dos mesmos atos da pessoa que já tenha sido julgada (autoridade da coisa julgada no penal sobre o penal). Por outro lado, em caso de dissociação da ação civil e da ação pública, ela obriga o juiz civil a suspender o julgamento da ação de reparação na qual seja constituído, até a decisão proferida pelo juiz penal. A regra segundo a qual o penal suspende o civil é, pois, uma preliminar para a autoridade da coisa julgada do penal sobre o civil.

› CONTE Ph. & MAISTRE DU CHAMBON P., *Procédure pénale*, 4ª ed., Paris, A. Colin, 2002. – GUINCHARD S. & BUISSON J., *Procédure pénale*, 2ª ed., Paris, Litec, 2002. – LARGUIER J., *Mémento de procédure pénale*, 1ª ed., Paris, Dalloz, 2001; *Procédure pénale*, 11ª ed., Paris, PUF, "Que sais-je?", 2001. – MERLE R. & VITU A., *Traité de droit criminel*, t. 2, *Procédure pénale*, 4ª ed., Paris, Cujas, 1989. – PRADEL J., *Procédure pénale*, 10ª ed., Paris, Cujas, 2000. – RASSAT M.-L., *Traité de procédure pénale*, 1ª ed., Paris, PUF, 2001. – STÉFANI G., LEVASSEUR G. & BOULOC B., *Procédure pénale*, 18ª ed., Paris, Dalloz, 2001. – SOYER J.-Cl., *Droit pénal et procédure pénale*, 16ª ed. Paris, LGDJ, 2002.

Ver também: ALLIX D., *Les Droits fondamentaux dans le procès pénal*, Paris, Montchrestien, 1997. – BERGER V., *Jurisprudence de la Cour européenne des droits de l'homme*, 5ª ed., Paris, Sirey, 1996. – FAVOREU L. & PHILIP L., *Les Grandes décisions du Conseil constitutionnel*, 10ª ed., Paris, Dalloz, 1999. – PRADEL J. & VARINARD J., *Les Grands arrêts de la procédure pénale*, t. 2, 3ª ed., Dalloz, 2001.

Patrick MAISTRE DU CHAMBON

→ Ação em juízo; Direito à ampla defesa; Formas e procedimentos; *Habeas corpus*; Júri; Jurisdições; Polícia; Procedimento; Prova.

PROMESSA E JURAMENTO

A promessa e o juramento são manifestações unilaterais de vontade que produzem efeitos de direito em relação a terceiros. A promessa é um compromisso de cumprir um ato ou de contrair uma obrigação. Mas, como observa Hegel, diferentemente do contrato, a promessa, que vale para o futuro, fica como "determinação subjetiva de meu querer, que posso, portanto, mudar" (*Princípios da filosofia do direito*, trad. fr. Kaan, Gallimard, 1989, § 79). Ora, por não ser isenta de perfídia, a palavra do homem está sujeita a mudanças ("O uso do juramento – escreveu Pufendorf – marca ou pressupõe a desconfiança, a infidelidade, a ignorância e a impotência dos homens", IV, II, § 2º), e o juramento – afirmação solene por meio da qual alguém promete comportar-se de certa maneira ou atesta a veracidade de uma declaração – pode servir de reforço e garantia moral a essa palavra, garantindo a credibilidade de quem faz a promessa. Portanto, o juramento é um ato pelo qual uma vontade particular se impõe respeitar à palavra dada, vindo reforçar uma obrigação jurídica; nesse aspecto, ele pode constituir a última garantia formal de uma promessa ou reforçar o elo contratual. Ao permitir, cada um à sua maneira, "exigir o efeito da palavra dada" (Goyard-Fabre, p. 105), pode-se dizer que a promessa e o juramento tornam viável qualquer sistema jurídico ou mesmo político, estabelecido a partir do esquema contratual.

Promessa: garantia jurídica do respeito à palavra dada

O consensualismo – que faz da vontade individual e da palavra dada a fonte da obrigação contratual, independentemente de qualquer sustentáculo juratório – não é específico da modernidade jurídica. O direito romano, famoso por seu formalismo (*ex nudo pacto actio non nascitur*), admite, a partir da época clássica, que alguns contratos brotam *solo consensu* (venda, aluguel, mandato e sociedade). Mas o lugar reservado a esses contratos consensuais tinha essencialmente o objetivo de facilitar a vida econômica, e não de exaltar o princípio do poder criador da vontade individual, impensável no espírito do direito romano. Apesar da redescoberta do direito romano por volta do século XII, os canonistas, respaldados na proibição bíblica da mentira e da violação da fé jurada, reconheceram um valor essencialmente moral e religioso no consentimento e no pacto nu: nascia o princípio *Pacta sunt servanda*. No renascimento, Erasmo reabilitaria a *vis humanae voluntatis*; e, talvez sob essa influência, Dumoulin afirmou em 1525, em sua consulta referente ao caso de Ganey, que a comunhão conjugal resulta apenas de um efeito da vontade dos cônjuges (Carbonnier, p. 80)... No entanto, na tradição inaugurada pelos canonistas, nada implica que o acordo das vontades que traduz a palavra dada seja o fundamento principal da obrigação contratual. Esse consensualismo, na melhor das hipóteses, baseia-se na consciência do devedor, mas não no *consensus* (Rouhette, p. 2).

A vontade não é criadora de direitos, tanto quanto não é alma do contrato. Portanto, antes do desenvolvimento da escola moderna do direito natural, não seria possível detectar os esboços de uma anacrônica autonomia da vontade que seria introduzida pelos pródromos do individualismo jurídico moderno. Foi de fato a essa escola que coube dar toda a importância ao consensualismo, ainda que ela não tenha inventado a autonomia da vontade que constitui a pedra angular do individualismo jurídico moderno, cujo apogeu só ocorrerá no século XIX (Ranouil, p. 15).

Para os jurisconsultos modernos, que veem até nas sociedades políticas estabelecimentos humanos nascidos do contrato, a promessa traduz a obrigação natural de ser fiel à palavra dada, que, por sua vez, é o penhor da viabilidade de qualquer compromisso contratual: sem a promessa de cumprir a palavra, nenhum sistema jurídico consensualista seria viável. Portanto, para os mestres dessa escola, é de direito natural que cada um cumpra religiosamente sua palavra e "seja fiel a seus compromissos, pois entre os homens era necessário que existisse algum meio pelo qual eles se obrigassem uns em relação aos outros, e não é possível imaginar nada mais condizente com a natureza" (Grócio, prol. § XV). De uma natureza humanamente racional e sociável – "necessidade de reunir-se" (Grócio, prol. § VI) – decorre, assim, a máxima segundo a qual cada um deve manter inviolavelmente sua palavra, ou seja, "realizar aquilo com que se comprometeu por meio de uma promessa" (Goyard-Fabre, p. 104). Para Grócio, essa obrigação de cumprir as promessas, que torna pensável o contrato, provém das regras de uma justiça imutável, comum a todos os seres inteligentes (Grócio, II, cap. XI, § IV, 2). O caráter obrigatório dessas regras de direito natural em Grócio resulta dos princípios da reta razão com que Deus dotou os homens.

Mas, embora o compromisso garantido pela promessa se baseie na vontade de quem a faz, a validade da promessa também exige a aceitação livre e esclarecida daquele que a aceita (Pufendorf, III, VI, § 6.2). Nisso, a promessa não é a marca de um individualismo radical que atribua energia criadora somente à vontade entendida subjetivamente (o que será reconhecido no século XIX pelas doutrinas da autonomia da vontade, embora alguns autores ainda continuem vendo a força obrigatória do contrato na confiança do credor, e não na promessa do devedor). O que faz a força do compromisso, portanto, não é a vontade exclusiva do devedor, mas o *encontro* da promessa do devedor com a confiança ou o consentimento do credor (Pufendorf, III, VI, § 15). Segundo Pufendorf e a tradição do Digesto (XLIV, VII), à oferta do promitente sempre deve corresponder a aceitação de quem a recebe. Essa mesma relação é reafirmada por Kant, que a refina na *Doutrina do direito* (I, § 19). Para Kant, há em todo contrato dois atos preliminares (oferta e consentimento) e dois atos constitutivos (promessa e aceitação). Mas – esclarece Kant – "não é pela vontade particular do promitente nem pela vontade particular daquele a quem é feita a promessa (aceitante) que o que é do primeiro passa para o lado do segundo: isso só pode ocorrer pela vontade unificada dos dois e, por conseguinte, na medida em que as duas vontades se declarem ao mesmo tempo" (*Doutrina do direito*, I, § 19), embora isto seja empiricamente impossível. Por caminhos diferentes, Pufendorf e Kant parecem ter entendido "que o individualismo não pode constituir o princípio filosófico da promessa" (Goyard-Fabre, p. 108, nº 1).

Juramento: expressão do dever moral de sinceridade

Uma vez que a promessa está voltada para o futuro (Hobbes, II, XIV), de duas uma: ou a coisa prometida fica um tempo à disposição do promitente, ou o ato que deve ser cumprido existe apenas como potência. Mesmo se admitindo que ninguém poderia obrigar-se ao impossível (Pufendorf, III, VII, § 1; Hobbes, II, XIV), é preciso ter em vista a hipótese de que "prometemos coisas que nos parecem possíveis no momento em que prometemos e cuja impossibilidade só se nos mostra depois que foram prometidas" (Hobbes, II, XIV). Para Hobbes, nesse caso convém fazer o melhor possível para cumprir a promessa (Hobbes, II, XIV). Mas, segundo Pufendorf, essa exigência moral não é suficiente: para que um compromisso seja juridicamente válido, além de não dever incidir sobre uma coisa ilícita em si mesma, não pode exceder as capacidades da virtude do ser humano criada por Deus. Traduzindo também a finitude do homem quanto às suas capacidades ou à sua vontade de honrar a palavra dada, o juramento pode então somar-se à promessa de dizer ou fazer, a fim de garanti-la: torna-se "uma espécie de segurança que, na mente de todos, dá muito peso e crédito a nossos discursos e a todos os atos nos quais a palavra intervenha" (Pufendorf, IV, II, § 1º; Kant, *Doutrina do direito*, I, § 40). Ele cerca a promessa de sacralidade, ao tomar como testemunha uma divindade à qual não podemos ocultar nenhuma de nossas intenções e cuja justiça tememos em caso de não cumprimento da palavra dada. Conforme escreveu Hobbes, "o efeito [...] do juramento nada mais é do que incutir nos homens um temor maior, caso eles não cumpram a palavra dada, covardia desta à qual eles são naturalmente propensos" (Hobbes, II, XXII). O juramento, seja ele promissório e de índole a obrigar para o futuro (jurar que vamos fazer aquilo com que nos comprometemos, ou, no caso da testemunha, revelar aquilo que sabe), ou assertório e de índole a apresentar uma proposição como verdadeira (ou seja, decisório – deferido por uma das partes à outra para que dele dependa o julgamento de uma questão litigiosa – ou supletório – deferido oficialmente pelo juiz para completar uma prova –, nos tribunais, equivale a jurar que se está dizendo a verdade para encerrar um litígio), é considerado capaz de conjurar a perfídia ou a mentira (Hobbes, II, XX), ou seja, a recusa sempre possível no homem de fazer que a palavra seja o vetor da verdade, o que é feito deixando-se de empregar as palavras com o significado aceito ou calando e pervertendo a verdade (Kant, *Doutrina da virtude*, I, I, § 9º). O procedimento do juramento está vinculado a um fundo de sacralidade. Aquele que pronuncia um juramento dá mostras de humildade confessando-se potencialmente falível: ele toma Deus – ou alguma outra divindade (Virgílio, *Eneida*, IX, 300; Ovídio, *Amores*, III, III, 13) – como testemunha da obrigação que se impõe, para reforçá-la (o que distingue o juramento do voto, que é uma obrigação perante Deus com o simples objetivo de obter suas graças). Quem faz isso, quem presta juramento aceita submeter-se aos efeitos da justiça divina (Pufendorf, IV, II, § 2º) – ou de algum outro "poder supremo" (Kant, *Doutrina do direito*, I, § 40) –, em caso de faltar à palavra. Por isso, para os modernos, todo juramento deve reduzir-se ao ato de "recorrer a Deus" (Grócio, II, XIII, § 11), "pois podemos muito bem enganar os homens e escapar de sua punição, mas não podemos nos esconder do olho clarividente da Providência nem nos subtrair à onipotência de Deus" (Hobbes, II, XX). O juramento é também "um ato religioso por meio do qual asseveramos uma coisa tomando Deus como testemunha" (Pufendorf, IV, II, § 2º). É óbvio que a força do juramento depende então do papel atribuído à religião na sociedade. No Antigo Testamento, o juramento é quase erigido ao nível de garantia legal, tanto na vida privada (*Gênese*, XXIV, 37) quanto na pública (*Juízes*, XXII, 11; *Reis*, XVIII, 10). E também é preciso que a religião de quem é chamado a prestar juramento não proíba de tomar Deus como testemunha, ou que não se considere que o juramento destrói a força dos sentimentos religiosos (Beccaria, *Dos delitos e das penas*, § XVIII). No âmbito da moral racional, o juramento torna-se um compromisso público assumido em nome da honra. Para Kant, quem faz um juramento assertório supostamente diz a verdade, e esta é alçada ao nível de um "dever do homem para si mesmo, homem considerado unicamente como ser moral" (Kant, *Doutrina da virtude*, I, I, § 9º). O juramento conjura a mentira e, quando exterior, "lesa a dignidade da humanidade em sua própria pessoa" (Kant, *ibid.*, I, I, § 9º). Por isso, "a veracidade nas declarações também é chamada de lealdade, e, quando essas declarações são também promessas, chama-se boa-fé e, de modo mais geral, sinceridade" (Kant, *ibid.*, I, I, § 9º). Por conseguinte, o juramento põe seu autor diante do tribunal interior de sua consciência, assim como diante dos outros homens (e/ou diante da instância suprema de um tribunal divino).

A força obrigatória do juramento, portanto, depende do valor que se atribui à palavra dada. Quando se faz de Deus a testemunha de um compromisso solene num sistema teocrático, o juramento possui verdadeira força jurídica. Caso o direito seja secularizado, o juramento só terá valor jurídico constativo; seu âmbito será mais da obrigação moral. Mas é postulado do juramento que o homem, por temor religioso ou sentimento de honra, não deve perjurar. Sempre é possível objetar com uma interrogação à eficácia real do juramento: "O que me obriga juridicamente a crer que outra pessoa (que faz o juramento) tem, em geral, religião suficiente para que meu direito dependa de seu juramento?" (Kant, *Doutrina do direito*, I, § 40; Hobbes, II, XXI). Evidentemente, pode-se supor "que todos têm religião para utilizá-la como recurso extremo" (Kant, *ibid.*, I, § 40; fazer um juramento pressupõe a admissão da existência de uma divindade, *Doutrina da virtude*, conclusão; Pufendorf, IV, II, § 4º), e que sempre se hesitará em enganar a divindade (Pufendorf, IV, II, § 12). Mas também é preciso levar em conta que o formalismo que cerca o juramento o subtrai à simples esfera da interioridade moral. O juramento é público e por isso compromete a honra daquele que o pronuncia diante de seus concidadãos, ou seja, diante da comunidade, que os magistrados podem estar representando: portanto, o juramento, como dever moral, também obriga *in foro externo* – ele "se estende até as relações com outros homens" –, uma vez que tangencia o "princípio supremo da veracidade" (Kant, *Doutrina da virtude*, I, I, § 9º). Desse ponto de vista, o juramento se mostra como uma obrigação à sociabilidade preconizada pela lei natural, mas sem acrescentar nada à obrigação jurídica que pode nascer da promessa (Pufendorf, IV, II, § 11; Hobbes, II, XXI). Ele apenas reforça essa promessa: como escreveu Barbeyrac, "em relação à obrigação que assumimos, o juramento é aquilo que os modos ou os acidentes são em relação à substância, sem a qual não poderiam subsistir" (Pufendorf, IV, II, § 6º, nº 2).

Juramento constitucional, político e profissional

Esse tipo de juramento condiciona o compromisso solene de cumprir da melhor maneira uma tarefa. Seja na forma do juramento de fidelidade do vassalo ao suserano no direito senhorial, seja na forma do juramento da sagração que, feito pelo rei a partir do século IX, definia e limitava a função régia em suas dimensões naturais e sobrenaturais, o ritual do juramento situou-se no cerne do direito constitucional antes da invenção da soberania. A sociedade feudal, contida na noção de vassalagem, baseava-se no juramento de fidelidade de homem a homem. Na cerimônia que presidia a constituição do elo de vassalagem, o ritual da fidelidade sucedeu ao ritual da homenagem: o vassalo jurava sobre a Bíblia ou sobre as relíquias de um santo que seria sempre fiel a seu senhor. Os compromissos decorrentes do juramento eram essencialmente negativos: não se devia causar prejuízo ao senhor, à sua vida, à sua honra e a seus bens. Em caso de não cumprimento da fé jurada, o vassalo tornava-se culpado de felonia e perjúrio. Assim, a partir da época merovíngia, o rei passou a apegar-se à fidelidade das personalidades mais influentes, que passaram a ser seus lígios ou fiéis. Esses elos pessoais às vezes eram estendidos a todos os homens livres, que prestavam juramento de fidelidade (*leudesamium*) não perante o rei, mas perante um conde ou um duque, sobre relíquias ou em algum lugar sagrado. Com o advento de Carlos Magno chegou a ganhar vigor o juramento público de fidelidade, exigido de todos os homens livres, que ia da fidelidade negativa à fidelidade positiva e implicava a participação no exército e a obediência às ordens imperiais (Harouel *et al.*, p. 61).

Os sucessores de Carlos Magno, para enfrentarem a defecção dos nobres, instituíram um exercício contratual do poder régio, comprometendo-se sob juramento a garantir a Igreja, a segurança dos súditos e a estabilidade política do reino, marcando assim os limites do poder monárquico. Em 869 Carlos, o Calvo, foi o primeiro rei que prestou o juramento da sagração, que definia a missão do ministério régio: o Vicariato, cujo titular é investido por Deus. Esse juramento da sagração, pronunciado antes da unção em Reims e reiterado na catedral de Paris, era promissório. Em sua faceta eclesiástica, o rei se comprometia em obter a paz nas igrejas, impor respeito à religião, expulsar os hereges do reino e comportar-se de acordo com as regras da moral cristã. Depois prometia propiciar vida pacífica ao povo e governá-lo com equidade, transmitindo a justiça a todo o reino, para o bem comum (Harouel *et al.*, p. 285).

Bodin se deterá muito nesse juramento régio, uma vez que ele constituía um obstáculo à afirmação da soberania entendida como poder absoluto: se o soberano é "vinculado por seu compromisso pessoal, perde a liberdade de revogação e de derrogação", que constitui a essência da soberania normativa (Beaud, p. 98). Se – como afirmam os monarcômacos – o juramento vincula o soberano, então este perde sua qualidade de poder supremo e livre, o que é contraditório. O juramento, nessas condições, na melhor das hipóteses não passaria de promessa que não vincula juridicamente aquele que a faz (Bodin, *Os seis livros da República*, I, VIII): "o juramento, portanto, deve ser rejeitado, como negação da soberania" (Beaud, p. 99). No entanto, ele não deixará de existir no direito público moderno, como meio de obter a obediência, a lealdade e a fidelidade dos governantes à Constituição; nisso, numa lógica de institucionalização, o juramento constitucional é um verdadeiro ato de fidelidade à Constituição (C. Schmitt, *La Théorie de la constitution*, trad. fr. Deroche, PUF, 1993, p. 158). Supostamente, esse tipo de juramento deve garantir a igualdade entre governantes e governados, em sua submissão comum à Constituição. O perjuro, nesse contexto, comete "um crime de lesa-constituição" (Beaud, 258), ou seja, no espaço democrático, um crime de "lesa-nação". A Constituição de 1791 previa um juramento de obediência a ela que devia ser prestado pela assembleia, pelo rei e pelo regente (título III, cap. I, sec. V, art. 6; cap. II, sec. I, art. 3; cap. II, sec. II, art. 12). Na Constituição de 1848, só o Presidente era obrigado, perante Deus e o povo francês representado pela Assembleia Nacional, a permanecer fiel à República e à Constituição (art. 48). Em todos os casos, a existência desse tipo de juramento revela um contexto político incerto, no qual o lealismo institucional dos governantes não é totalmente indubitável.

A esfera preferencial do juramento político – apesar de este ter sido utilizado durante a Revolução na forma do juramento cívico de manter a liberdade e a igualdade, ou mesmo de odiar a monarquia – foi, sobretudo, o direito do funcionalismo público, como meio encontrado pelo poder para ter segurança da fidelidade política de seus agentes. É nos regimes autoritários ou totalitários que esse tipo de juramento se mostra mais frequente. Para os funcionários, ele sela a proibição da liberdade de opinião ou de expressão, considerada inaceitável. Encontram-se exemplos disso no direito do funcionalismo público da Alemanha nazista, da Itália de Mussolini, de Portugal na época de Salazar e da Espanha de Franco (R. Chapus, *Droit administratif général*, t. II, Montchrestien, 1992, pp. 200-1). Na França, a Constituição do Primeiro Império previa dois tipos de juramento: um juramento prestado pelos eleitos e pelos funcionários, que eram obrigados a jurar não só obediência às constituições do Império, mas também fidelidade ao Imperador (art. 56), que correspondia ao juramento pronunciado por este último. Este juramento estava previsto no art. 53 do senátus-consulto de 28 de floreal do ano XII; não era um juramento de fidelidade à Constituição. Mais condizente com as aspirações políticas de um Imperador muitas vezes pouco preocupado com o legalismo constitucional, esse juramento obrigava Napoleão a manter a integridade do território, as leis da concordata, a irrevogabilidade das vendas dos bens nacionais e a igualdade cívica, em suma, a herança da Revolução francesa; isso se assemelha mais a um juramento da sagração... No Segundo Império renascerá, com a mesma forma (art. 14 da Constituição de 14 de janeiro de 1852), esse tipo de juramento político dos funcionários, intermediário entre o lealismo institucional e o vínculo de fidelidade pessoal. Embora tenha sido abolido por um Decreto de 5 de setembro de 1870, o juramento político passou por breve período de ressurgimento durante o regime de Vichy, quando todos os funcionários que exercessem cargos de autoridade e responsabilidade, bem como funções de inspeção, controle ou polícia, deviam prestar juramento de fidelidade ao chefe de Estado (M. O. Baruch, *Servir l'État français. L'administration en France de 1940 à 1944*, Fayard, 1997, pp. 309-15). Hoje na França somente o juramento profissional é praticado (médicos, advogados, magistrados etc.). Seu conteúdo é estranho a qualquer consideração política e delineia os contornos de uma ética profissional (ver, por exemplo, para os magistrados, o art. 6º da ordem de 22 de dezembro de 1958: "Juro cumprir bem e fielmente minhas funções, guardar religiosamente o segredo das deliberações e comportar-me em tudo como digno e leal magistrado"). Voltando a Kant, pode-se dizer que esse juramento profissional indica apenas que "se tem a séria intenção de cumprir as funções em conformidade com o dever" (*Doutrina do direito*, I, § 40). O fato é que, se esse juramento promissório fosse transformado em juramento assertório – o que possibilitaria jurar que se foi fiel ao cargo –, "a consciência seria mais mobilizada do que o é pelo juramento de caráter de promessa, que sempre deixa disponível o subterfúgio interior que consiste em afirmar que, apesar das melhores intenções, não haviam sido previstas as dificuldades depois enfrentadas no exercício das funções" (Kant, *ibid.*, I, § 40). Mas, nesse assunto, a intenção talvez seja tão desejável quanto o arrependimento.

› ABET M., *Le Serment du fonctionnaire public*, tese, Montpellier, 1944. – BEAUD O., *La Puissance de l'État*, Paris, PUF, 1994. – CARBONNIER J., *Théorie des obligations*, Paris, PUF, 1963. – DAVY G., *La foi jurée. Étude sociologique du problème du contrat. La formation du lien contractuel*, Paris, Alcan, 1922; "L'unité de fondement de l'obligation juridique", *Archives de philosophie du droit*, 1931, pp. 87 ss. – GOYARD-FABRE S., *Pufendorf et le droit naturel*, Paris, PUF, 1994. – GRÓCIO, *Le Droit de la guerre et de la paix*, trad. fr. Pradier-Fodéré, Paris, PUF, 1999. – HAROUEL J.-L., BARBEY J., BOURNAZEI E. & THIBAUT-PAYEN J., *Histoire des institutions de l'époque franque à la Révolution*, Paris, PUF, 1987. – HOBBES Th., *Le Citoyen*, trad. fr. Sorbière, Paris, Flammarion, 1982. – KANT, *Métaphysique des mœurs. Doctrine du droit, Doctrine de la vertu*, trad. fr. Renaut, Paris, Flammarion, 1994. – PUFENDORF, *Le Droit de la nature et des gens*, trad. fr. Barbeyrac, publications de l'Université de Caen, 1986. – RANOUIL V., *L'Autonomie de la volonté: naissance et évolution d'un concept*, Paris, PUF, 1980. – ROUHETTE G., *Contribution à l'étude critique de la notion de contrat*, tese, Paris, 1965. – VERDIER R. (org.), *Le Serment*, Paris, CNRS, 1991. – Col.: *Archives de philosophie du droit*, 1968.

Éric DESMONS

→ Contrato; Direito natural; Vícios do consentimento.

PROPORCIONALIDADE

Em sua concepção dominante, a noção jurídica de proporcionalidade refere-se à proteção dos direitos fundamentais por meio da moderação dos atos de transgressão que o poder público poderia cometer na busca deste ou daquele objetivo de interesse público. A admitirmos essa análise, a única distinção de porte deveria seria feita entre os sistemas jurídicos que reconhecem expressamente um *princípio* de proporcionalidade e os outros, que exercem um simples *controle* de proporcionalidade, mas obedientes a uma lógica semelhante. Mas é possível perguntar se essa concepção que implica a estrita oposição entre interesses públicos e privados basta para dar conta da totalidade dos casos em que se encontra o controle de proporcionalidade; chega-se então a uma definição mais ampla do mecanismo de ponderação entre princípios jurídicos de nível equivalente, simultaneamente aplicáveis, mas antinômicos, mecanismo que possibilita determinar a licitude final do caso em pauta.

Histórico

A ideia filosófica de proporcionalidade remonta à Grécia antiga e já se mostra intimamente ligada à necessidade da justiça. Segundo Aristóteles, o "justo", na esfera pública, mostra-se como "um meio entre dois extremos, que sem isso não estariam em proporção; pois a proporção é um meio, e o justo, uma proporção". Para o Estagirita, o equilíbrio social é garantido por certa lógica de proporcionalidade, noção pertencente ao mesmo tempo à filosofia e ao direito (*Ética nicomaqueia*, cap. V). O recurso à ideia de proporcionalidade perpetua-se até o fim da Antiguidade, de tal modo que, para os jurisconsultos do Código Justiniano, a justiça se define como "vontade constante e perpétua de atribuir a cada um o que lhe é devido". Ora, esse modo de ver não deixa de ter relação com a definição atual da ação de "proporcionar" na linguagem corrente: "Manter a proporção conveniente, estabelecer justa relação entre uma coisa e outra." Ainda hoje, a noção de proporcionalidade está marcada por uma relação estreita com as concepções de origem jusnaturalista e com a ideia de Justiça.

Concepção dominante do controle de proporcionalidade

Assim, na Alemanha – "berço" incontestável do controle jurisdicional da proporcionalidade nos tempos modernos – é expressamente reconhecido um *princípio* de proporcionalidade (*Verhältnissmässigkeit*), princípio de nível constitucional dividido em três subprincípios (*Aptidão, Necessidade, Proporcionalidade no sentido estrito*) que visa, acima de tudo, a moderar as invasões da esfera privada pelo poder público e a proteger as liberdades públicas fundamentais. Evidentemente, admite-se que esse princípio está consagrado na Lei Fundamental de

1949. Dito isto, não se trata de uma consagração expressa, mas de uma dedução a partir da consagração de um "Estado de direito" que, como tal, deve submeter-se a toda uma série de regras constitucionais coercitivas, das quais umas determinam os direitos reservados aos cidadãos e outras fixam de antemão as vias e os meios que poderão ser empregados para a realização dos objetivos estatais. A partir daí, para o jurista alemão, está necessariamente constituída uma "situação de conflito" normativo entre os imperativos da eficácia da ação estatal e as liberdades individuais – direitos públicos subjetivos reconhecidos pela Constituição. É aí que intervém o princípio de proporcionalidade, "princípio de moderação do poder" dedicado à conciliação entre interesses antinômicos públicos, por um lado, e privados, por outro. Essa concepção mostrou-se dificilmente transponível tal e qual para o direito público francês, que é dominado por sua tradição de direito jurisprudencial, pela concepção "objetiva" da função contenciosa e pelo princípio da lei como "anteparo" ao controle da constitucionalidade *a posteriori*. De fato, o reconhecimento de um princípio *objetivo* de proporcionalidade talvez seja mais fácil quando a ordem jurídica referida atribui aos direitos fundamentais a qualidade de direitos públicos *subjetivos*. Seja como for, é indubitável que a jurisprudência francesa, administrativa ou constitucional, nunca consagrou abertamente a existência de um princípio de proporcionalidade. No entanto, admite-se que em vários campos, especialmente no do controle da legalidade das medidas de polícia, o Conselho de Estado desenvolveu há muito tempo um "controle da necessidade", que é mais ou menos equivalente ao controle que resultaria do reconhecimento expresso de um princípio de proporcionalidade tal como o descrito (acórdão de 19 de maio de 1933, *Benjamin*, *R.* p. 541). Por esse motivo a doutrina francesa reconhece a implementação, mesmo que parcial, de um controle de proporcionalidade pelo juiz administrativo francês. E entende-se por que G. Braibant viu nisso um "princípio inominado do direito administrativo" francês, que o Conselho de Estado teria aplicado "sem saber ou, mais exatamente, sem dizer" (1974). Aliás, o Conselho Constitucional tampouco ignora esse controle moderador das invasões da esfera das liberdades individuais (1980, 109 DC) e coletivas (1979, 105 D) pelo poder público. A partir daí, pode-se considerar que também na França a função primordial do controle de proporcionalidade é a proteção dos direitos e liberdades por via da ponderação dos interesses privados assim protegidos em relação aos interesses públicos, que poderiam ter motivado a limitação daqueles, e da proibição dos atos atentatórios excessivos daí resultantes.

A proximidade da lógica do controle de proporcionalidade entre os sistemas jurídicos dos diferentes países europeus é reforçada pela influência direta da Convenção Europeia dos Direitos Humanos e do Direito Comunitário e pela dinâmica gerada por sua aplicação. Mais precisamente, o princípio de proporcionalidade abertamente reconhecido sempre ocupou posição central na jurisprudência da Corte de Estrasburgo. Isso era natural, especialmente porque a própria lógica da defesa jurisdicional de um direito fundamental, missão essencialmente delegada à Corte, implica a conciliação entre os imperativos de proteção jurisdicional das liberdades públicas e os de interesse público que justificam as intervenções estatais (*Sunday Times*, 1979). A exemplo da Corte Europeia dos Direitos Humanos, a Corte de Justiça da União Europeia reconheceu um princípio geral de proporcionalidade que tem o mesmo nível normativo que as disposições do próprio tratado. No caso *Internacional Handelsgesellschaft* (1979), o subprocurador Dutheillet de Lamothe assim definia o "direito fundamental" do indivíduo de ter sua liberdade de agir restringida "apenas na medida necessária ao interesse geral". Por fim, o artigo 3º *b*, § 3º do tratado da União, modificado pelo tratado de Maastricht, que passou a ser o artigo 5º do tratado de Amsterdam, dispõe claramente que "a ação da Comunidade não excede o necessário para atingir os objetivos do presente tratado". Essa jurisprudência das jurisdições internacionais europeias não deixa de influenciar os países que ainda não aderiram à franca consagração do princípio de proporcionalidade. Pode-se mencionar, a título de exemplo, a aplicação direta pelo juiz administrativo francês do artigo 8º da Convenção Europeia dos Direitos Humanos, que introduziu no direito interno francês a obrigação de conciliar o direito do estrangeiro a levar uma vida familiar normal com os imperativos de interesse geral invocados em apoio de medidas de expulsão ou de recondução à fronteira. Mas a influência da jurisprudência "europeia" da proporcionalidade sobre as ordens jurídicas internas é capital sobretudo quando se trata de impor uma aplicação, mesmo que parcial, desse princípio em que a própria existência do controle de proporcionalidade é duvidosa. Isso ocorre especialmente no Reino Unido, que, apesar de algumas tentativas e de um rico debate doutrinário, continua se recusando a introduzir abertamente tal controle, salvo quando se trata de pôr diretamente em ação o direito comunitário ou a Convenção Europeia dos Direitos Humanos. É verdade que a existência no Reino Unido de um controle da "racionalidade" (*reasonableness*) do ato administrativo pode servir de vetor para um controle de proporcionalidade implícito (embora muito atenuado). Portanto, pode-se concluir que em todos os países e jurisdições supremas onde é exercido, o controle de proporcionalidade garante a implementação de um mecanismo se não idêntico, pelo menos comparável: o estudo da relação entre um objetivo (de interesse público) e os meios (ato atentatório a um direito e a uma liberdade) que sua busca enseja, e os interesses juridicamente protegidos (privados e públicos) assim equilibrados têm o mesmo nível normativo abstrato, o que exige uma ponderação concreta das vantagens e desvantagens dessa solução pelo juiz, a fim de determinar a licitude final da solução adotada pelo poder público.

Concepção ampliada do controle de proporcionalidade

Não deixa de ser verdade que essa acepção dominante comporta limites. Realmente, encontram-se casos em que é difícil negar a própria existência de um controle de proporcionalidade, mas o modelo descrito acima não poderia explicá-la de modo conveniente. Em primeiro lugar, porque o controle de proporcionalidade pode intervir para conciliar entre si liberdades públicas: é o que ocorre com a presunção de inocência – ou esperança de que o detento condenado volte a integrar-se com sucesso na sociedade civil – quando se opõe à liberdade de imprensa. Do mesmo modo, a concepção acima mencionada do controle de proporcionalidade dificilmente pode dar conta do – frequente – controle das restrições de porte ao princípio de igualdade, reconhecidas para atender a outros imperativos de interesse público. Realmente, conforme admite o professor Fromont, "é muito artificial a equiparação do princípio de igualdade com uma liberdade" (1995). Mais desconcertante ainda é a dificuldade apresentada pela implementação em várias esferas do controle jurisdicional, que a maioria dos autores admite como uma das manifestações do controle de proporcionalidade, embora ele não faça parte do esquema de oposição entre direitos fundamentais e interesse público, tampouco entre interesses privados e interesses públicos. O exemplo mais conhecido (mas não o único) é o da jurisprudência francesa chamada de "balanço custos-vantagens", relativa ao controle da legalidade de uma medida de desapropriação por motivo de utilidade pública. Ultrapassando o limite da oposição binária (liberdade/interesse público), o juiz procede à ponderação multipolar do conjunto dos interesses em confronto, reunindo de um lado aqueles que são afetados negativamente (desvantagens) e, de outro, aqueles que se beneficiarão com a medida planejada (vantagens). Trata-se de um elemento que, segundo alguns autores eméritos, bastaria para excluir o reconhecimento na matéria de um controle de proporcionalidade.

Esse debate não poderia ser definitivamente decidido aqui. Pode-se, porém, ressaltar que esse modo de ver, equiparando a jurisprudência do *balanço* com um simples *controle de interesse público*, não poderia explicar por que ocorre que uma medida de desapropriação é anulada quando a única "desvantagem" vista pelo juiz é um desrespeito excessivo ao direito de propriedade, liberdade individual. A partir daí, apenas uma concepção ampliada parece capaz de explicar ao mesmo tempo a totalidade das manifestações jurisprudenciais e a unidade do mecanismo implementado pelo controle de proporcionalidade. É o esquema da ponderação/arbitragem não só entre interesses públicos e privados, mas, sem distinção, entre princípios simultaneamente aplicáveis em dada espécie, porém antinômicos. A resolução dessa ponderação implementada pelo controle de proporcionalidade será determinada não com a consideração do peso jurídico abstrato de cada um desses princípios jurídicos – por definição equivalente –, mas da intensidade, da duração e da importância concreta dos desrespeitos sofridos por ambos. O conceito de proporcionalidade, assim, encontra unidade, ficando apenas a pluralidade (e a mobilidade) das práticas jurisdicionais. Mais ainda, a legitimidade do controle jurisdicional assim exercido é reforçada, pois a arbitragem jurisdicional que ele implica, baseada nas normas preexistentes, não poderia interferir no caráter oportuno das escolhas do poder público, de tal modo que a eventualidade temida e negativamente percebida do "governo dos juízes" é substituída pela eventualidade mais positiva do "governo do direito".

› BRAIBANT G., "Le principe de proportionnalité. Le juge et le droit public", *Mélanges offerts à Marcel Waline*, Paris, LGDJ, 1974, t. 1, p. 297. – FROMONT M., "Le principe de proportionnalité", *AJDA*, 1995, p. 156. – PHILIPPE X., *Le Contrôle de proportionnalité dans les jurisprudences constitutionnelle et administrative françaises*, Economica, 1990. – ZILLER J., "Le principe de proportionnalité", *AJDA*, 1996, p. 185. – XYNOPOULOS G., *Le Contrôle de proportionnalité dans le contentieux de la constitutionnalité et de la légalité en France, Allemagne et Angleterre*, Paris, LGDJ, 1995.

Ver também: ALEXY R., *Theorie der Grundrechte*, Nomos Verlagsgesellschaft, Baden-Baden, 1985. – COSTA J.-P., "Le principe de proportionnalité dans la jurisprudence du Conseil d'État", *AJDA*, 1988, p. 434. – GUIBAL M., "De la proportionnalité", *AJDA*, 1978, p. 477. – JOWELL J. & LESTER A., "Proportionality: Neither Novel, nor Dangerous", in *New directions in Judicial Review, Current Legal Problems*, Londres, Stevens & Sons, 1988, p. 51. – MAURER H., *Droit administratif allemand*, trad. fr. M. Fromont, LGDJ, 1995. – SCHWARZE J., *Droit administratif européen*, Bruylant, 1994. – XYNOPOULOS G., "Réflexions sur le contrôle de proportionnalité en Europe continentale et en Grèce, État, Loi Administration", *Mélanges Ep. Spiliotopoulos*, Bruxelas, Bruylant, 1998.

Georges XYNOPOULOS

→ Desapropriação; Direito subjetivo; Direitos fundamentais; Estado de direito; Ordem pública.

PROPRIEDADE (Direito de)

Propriedade de bens imóveis

O direito de propriedade organiza socialmente o poder do indivíduo sobre os bens e nisso dá a medida da exclusão dos outros. A tensão entre esses dois elementos do direito alimentou sua história, com uma constante: têm sido utilizados há dois milênios dois mecanismos de posse de bens imóveis e dois apenas, cada um baseado em postulados filosóficos, políticos e econômicos opostos. Com base neles, duas grandes famílias de cultura jurídica se defrontaram constantemente e ainda se defrontam. Uma, oriunda da corrente de pressão social e da ideologia cristã, esteve subjacente à ordem social durante um milênio, da Idade Média à Revolução francesa; a outra, de inspiração jurídica romana e de fonte filosófica individualista, triunfou brevemente durante cento e cinquenta anos com o Código Civil francês de 1804.

Das origens do direito francês até a Revolução, propriedade na solidariedade: propriedades simultâneas

No antigo direito francês, a organização jurídica da posse dos bens baseava-se na ideia de que um mesmo imóvel pode ser suporte de uma pluralidade de domínios idênticos em sua natureza jurídica, mas incidentes sobre utilidades distintas do imóvel, podendo cada utilidade ser objeto de um domínio particular. Assim, um mesmo imóvel é suporte de tantas propriedades quantas forem as possibilidades duráveis de gozo que ele ofereça, com rendimentos periódicos. Pode-se ter saisina e receber o foro pelo uso do forno banal ou ter saisina sobre determinadas colheitas de uma lavoura: a saisina não distingue corpóreo e incorpóreo. Nenhum desses domínios que a costumagem chamava de saisina e que a jurisprudência do século XIX qualificava de "propriedades simultâneas" absorvia a matéria corpórea do bem imóvel; trata-se de propriedades de utilidade que só podiam ser exercidas respeitando-se o direito dos outros. A partir do século XIII, os juristas medievais tomam a palavra "propriedade" do vocabulário romano para designar esse mecanismo totalmente oposto à noção romana de propriedade. É o início da imensa influência do mito da propriedade romana.

Gaio (II), o mais eminente dos juristas de Roma, expressou veementemente a essência da propriedade romana em sua classificação das coisas por meio das quais o mundo se oferece ao homem. Aplicando a distinção estoica entre matéria e espírito, ele via duas grandes categorias: por um lado, as coisas corpóreas, "aquelas que podemos tocar", tais como dinheiro e terra. Essas coisas se oferecem ao poder do homem em sua espessura material, diretamente e sem intermediário. Sua submissão ao domínio humano não é um direito (M. Villey) e nada deve ao direito, é algo dado de modo natural. Do outro lado estão as "coisas incorpóreas". Trata-se de mecanismos concebidos pelo homem para que ele pudesse exercer sobre as coisas domínios outros que não a apreensão física; por exemplo, o usufruto e a obrigação. As coisas incorpóreas só existem por obra da mente, são direitos (*jura*) no sentido de relações jurídicas. Assim são postos os alicerces da propriedade romana, soberbamente isolada das relações entre os homens e até mesmo definida por sua oposição às relações organizadas entre os homens. Assim fulgura, em poucas linhas magistrais, o orgulhoso poder solitário do cidadão romano a exercer sobre seu bem uma soberania cuja existência não é da alçada do direito, domínio total porque a substância da coisa está em seu poder, domínio exclusivo porque, por essência, exclui quaisquer relações com os outros. Essa propriedade, *dominium*, com estruturas jurídicas desenhadas por linhagens de jurisconsultos antigos e depois apagadas por mil anos de vicissitudes políticas, foram redescobertas pelos juristas medievais por volta do século XII. Estes ficaram fascinados com o rigor e a sutileza dos mecanismos romanos, diante dos quais as regras consuetudinárias mostravam-se como usos bárbaros que era preciso disciplinar em torno do "direito erudito". Nas suas plumas a palavra consuetudinária "saisina" cede lugar à palavra romana "propriedade". No entanto, nada está mais distante da propriedade romana do que a saisina. Esta é um gozo de utilidade, coisa incorpórea, direito de usar a matéria terrena. A quem pertence a terra? A doutrina cristã na qual está imersa a Idade Média ocidental responde que "a Deus"; Deus é o único dono dos bens terrestres, e o homem só tem o seu gozo, gozo inserido na solidariedade das gerações. Assim, a noção de saisina encontra justificação espiritual e coerência filosófica na doutrina cristã. Bem cedo, porém, será apreendida e especificada no século XVI a ideia de que o imóvel pertence indivisamente, em sua corporeidade, a quem tem direito de tirar proveito de suas utilidades.

Principais campos do mecanismo consuetudinário. – Diferentes fatores políticos, econômicos e sociais levaram à multiplicidade das propriedades sobre um mesmo bem, mas um deles, o regime feudal-senhorial, marcou especialmente a história da propriedade, associando durante séculos, na maior parte das terras cultivadas, domínio fundiário e sujeição pessoal. O senhor concedia uma enfiteuse (*tenure*) a um explorador que tinha garantia de grande estabilidade sobre as terras. Sobre as terras objeto da enfiteuse o concedente conservava um domínio fundiário superior que se traduzia no recebimento do censo, sinal de reconhecimento da submissão pessoal do cessionário da enfiteuse (*tenancier*), ao qual se somavam numerosas taxas registradas pela história com o nome de "direitos feudais". O domínio do senhor e o do explorador eram qualificados de "propriedades" pelos juristas medievais, propriedade direta do senhor, propriedade útil do censitário. Tais propriedades eram gozos de utilidade vinculados a obrigações pessoais. O censo expressava perfeitamente o estreito nexo entre domínio fundiário e obrigação: era o reconhecimento de um dever de obediência e, ao mesmo tempo, ônus real, pois o *tenancier* podia exonerar-se de sua dívida e de sua submissão abandonando a *tenure* segundo o procedimento judiciário da renúncia (*déguerpissement*). Muitas outras forças, superiores ao indivíduo, exerciam domínios concorrentes sobre o imóvel: a família da linhagem, cujo poder se manifestava por um direito de sucessão por linhagem (*retrait lignager*), em caso de venda de um bem de raiz familiar, e a comunidade da aldeia, cujo domínio sazonal se alternava com a do indivíduo no sistema coercitivo do compáscuo (*vaine pâture*). As necessidades do crédito também justapunham a propriedade do arrendador e a propriedade do explorador. A comunidade familiar sobrepunha o domínio coletivo do grupo e o domínio de cada um dos participantes desse grupo (*parsonnier*). A prática, enfim, multiplicava os proprietários de um mesmo bem de raiz ao sabor da produtividade da terra: as árvores para um, o feno para outro, o restolho para outro, ou mesmo a sombra de um carvalho para o descanso.

Solidariedade, interdependência e imobilismo. – A extrema variedade das utilidades e dos proventos que a terra é capaz de oferecer alimentou uma complexa rede de obrigações jurídicas e, ademais, de relações sociais. Com mais força ainda, as malhas dos domínios fundiários subjaziam à rede das relações humanas. Os direitos sobre a terra e as relações, jurídicas ou não, entre os titulares desses direitos imbricavam-se até se fundirem numa instituição única, a propriedade fundiária, propriedade de duas faces: domínio e obrigação. A consideração dos terceiros na relação proprietária é confirmada pela necessária publicidade da transferência sempre que esta dissesse respeito ao bem mais importante: a terra. A saisina ganhava legitimidade em virtude da informação do grupo, o que ocorria de duas formas: investidura judiciária, real ou simbólica do adquirente pelo vendedor e gozo pacífico de um ano e um dia sem contestação. A necessária informação dos terceiros confirma a imbricação entre direito sobre o solo e relações entre as pessoas. A propriedade fundiária, até a Revolução francesa, foi tanto uma relação com os outros quanto um domínio sobre a terra. Ignorada pela lei, mostrava-se como uma imensa negociação permanente e empírica entre o indivíduo e as diversas forças sociais, negociação em que estava em jogo o poder sobre os frutos da terra e em que o instinto individual de liberdade e o instinto coletivo de estabilidade geravam incessantemente novas composições lentamente admitidas e transmitidas pelo uso. A propriedade medieval, assim como a propriedade fundiária de hoje, era uma propriedade como ação, e não uma propriedade como sistema; suas tensões eram permanentes. As propriedades simultâneas, justapostas ou sobrepostas no imóvel, interligadas pela rede das obrigações associadas, tinham como consequência inevitável um imenso imobilismo econômico. O direito de uma pessoa, encerrado nos laços dos direitos das outras, não podia ser submetido a nenhuma mudança em seu exercício. Caso fosse modificado o conteúdo de um único domínio, todo o conjunto corria o risco de desestabilizar-se. A solidariedade amarra. A imperiosa necessidade de imobilidade está profundamente enraizada na consciência coletiva para a qual toda novidade é sentida como um atentado contra a ordem estabelecida. No século XVIII, Denisart escreveu: “Todas as novidades são suspeitas e, na maioria das vezes, perigosas por suas consequências.” Inúmeras regulamentações esforçaram-se por proteger o *statu quo* da grande partilha consuetudinária na posse do solo. Todas as coisas importantes são imóveis, e tudo o que é imóvel imobiliza-se em torno da manutenção da ordem social.

Irrupção do sistema jurídico romano

Nos séculos IX e X o direito romano já não era conhecido na França, tinha desaparecido nas transformações políticas e econômicas da altíssima Idade Média. Durante esse período, entre os séculos IX e XII, num vácuo jurídico quase total, construiu-se pragmaticamente o direito consuetudinário francês da posse do imóvel em torno da noção de saisina. No fim do século XI, o direito romano revive graças ao trabalho de alguns grandes juristas italianos, que descobriram maravilhados as magníficas coletâneas de direito, legadas para a posteridade meio milênio antes pelo imperador Justiniano. A sociedade medieval, abrindo-se para as trocas, passava a exigir um direito mais elaborado do que o direito consuetudinário. O sucesso das regras romanas decorre dessa exigência. A partir do século XII, o direito romano, carreado pela glosa, penetrava no direito francês e o remodelava em torno da palavra propriedade. Assim tinha início o conflito entre as duas grandes famílias do pensamento francês: uma viva, forjada *in loco*, outra que era o legado erudito de uma civilização morta, decodificada pela doutrina. A incompatibilidade entre as duas era total. A propriedade romana não era um direito, mas uma soberania que absorvia a própria substância da coisa e isolava o proprietário em seu bem. A saisina medieval procedia de outra modalidade de pensamento, de outra visão global, do mundo inspirado pela moral cristã. A saisina girava em torno da terra considerada em sua produtividade, e não em sua matéria física. Propriedade compartilhada, incidente sobre uma ou várias utilidades, solidarizava, querendo ou não, todos os seus titulares em torno de um mesmo bem de raiz. Ao contrário da propriedade romana, não conferia o *abusus*, poder de dispor da matéria.

Os juristas medievais liam os textos romanos concebidos para uma sociedade totalmente diferente, textos que estavam adormecidos havia quinhentos ou seiscentos anos, e acatavam esse conjunto como um direito vivo, fixando eruditamente para a eternidade as melhores técnicas para reger os poderes dos homens sobre as coisas. As práticas consuetudinárias não lhes pareciam contrárias ao direito romano, mas inferiores e bárbaras. Passaram a esmerar-se na romanização dessas práticas. O grande trabalho doutrinário ganhou corpo a partir da segunda metade do século XII. Gerações de juristas esforçaram-se com fervor na obra impossível. Ao cabo dessa labuta que exigiu vários séculos de esforços, os glosadores e seus sucessores conseguiram a proeza surrealista (de que não se encontra nenhum outro exemplo da mesma amplitude na história jurídica) de traduzir uma realidade da posse do solo com o uso de noções eruditas antigas irredutíveis a essa realidade. No século XVII, um brilhante jurista confirmará esse fato numa frase em que se percebe um involuntário humor negro: acerca do *déguerpissement*, Loyseau explica que essa era uma instituição consuetudinária desconhecida do direito romano "e até contrária ao direito romano", tão contrária, "que não pode ser apropriadamente enunciada em latim e, apesar disso, eu a expliquei inteiramente por meio das autoridades e das regras das máximas romanas". Nessa aventura prodigiosa de recomposição intelectual da posse fundiária nenhuma lei impositiva interveio. Tudo foi obra da doutrina erudita, de práticas e jurisprudência que se chocavam com a resistência dos conceitos consuetudinários. No fim do século XVIII, os velhos usos ainda resistiam ao direito "ultramontano", sobretudo ao norte do Loire. Somente o cutelo da Revolução levará ao breve triunfo do exclusivismo. Esse imenso confronto marcou profundamente o direito francês da propriedade, dividido para sempre entre duas culturas jurídicas da posse fundiária.

Confronto entre o direito romano e o direito consuetudinário. – A saisina medieval, cheia de vitalidade porque condizente com a economia, com a ordem social e com o espírito cristão que dominava então toda a Europa ocidental, num primeiro tempo digeriu o sistema romano. No século XIV, o romanista italiano Bartolo, cuja reputação foi imensa na Europa, reconhecia tantas propriedades úteis quantos eram os diferentes modos de gozar o mesmo bem de raiz. Estamos bem longe de Roma: aquelas propriedades não podiam ser consideradas coisas corpóreas. Não podiam aparecer como expressão da onipotência do homem sobre a natureza. Eram criações de juristas, direitos, relações organizadas entre os homens, que Bartolo reunia com um mesmo vocábulo, direitos reais. A partir de então, o *dominium* conservou o nome romano, mas saiu da categoria das coisas corpóreas, passou a ser "direito". Os juristas medievais o decompunham numa soma de três direitos: *usus*, *fructus*, *abusus*. Não se trata apenas de uma modificação de técnica jurídica, era todo um sistema de pensamento que não podia dobrar-se à visão exclusivista. Há substituição de um mundo por outro: a concepção cristã e a humildade do homem medieval, a ideia de que o poder do homem sobre a terra não é imediato e de que ele só existe por delegação do domínio divino, bem como a ideia de que a terra só é do homem por meio da solidariedade do grupo, tudo isso, que era excluído pela noção de propriedade-matéria, fortemente individualista, prendendo a coisa ao proprietário, independentemente de qualquer elo de obrigação, tudo isso é perceptível na afirmação medieval de que a propriedade é "*jus*". Entre todas as propriedades, os juristas estabeleceram uma hierarquia de dignidade. A *plena proprietas*, propriedade de um domínio, mais próxima do *dominium* romano, é o direito real por excelência. Bartolo a distingue dos outros domínios ressaltando que ela é o direito de dispor. O *abusus*, direito de dispor livremente da matéria, passa a ser para a doutrina o critério que, entre todos os direitos reais, opõe a propriedade aos outros direitos. Na Idade Média, a livre disposição do imóvel corpóreo só existe na especulação doutrinária, mas surge o princípio em torno do qual ocorrerá a guinada do direito consuetudinário para o exclusivismo. Essa expressão primeira da liberdade desagregará lentamente a ordem jurídica e social milenar.

Caos jurídico em torno da romanização da noção de saisina. – Justiniano oferece aos juristas medievais um quadro no qual o fato é dissociado do direito, a posse é distinguida da propriedade e protegida como tal. Os autores consuetudinários, por sua vez, dissociarão fato e direito aplicando à saisina, misto de fato (gozo efetivo) e direito (legitimidade pela investidura), os mecanismos romanos da posse, deixando assim espaço livre para a construção do *dominium.* É fácil imaginar a perturbação causada nos espíritos por essa consequência inelutável da romanização do direito. Num imenso caos jurídico, a saisina foi saindo lentamente da esfera da propriedade e entrando na da posse. Nos séculos XIII e XIV ocorre um fenômeno que lembra "os horizontes assustadores" divisados por M. Villey no choque de dois sistemas de pensamento e linguagem. A palavra mais ouvida pela inteligência rural, a palavra saisina, perde sentido. Um significado novo lhe é dado na matéria processual (*saisine* = ato de requisitar, provocar uma jurisdição), com consequências materiais consideráveis. Mas o camponês dos séculos XIII e XIV que comparece perante o juiz para obter respeito à sua saisina não dissocia a legitimidade de seu gozo do seu direito de obter justiça. É preciso um esforço considerável de abstração para isolar o aspecto legitimidade e considerar que esse aspecto é estranho à proteção dada. O próprio juiz não estava bem certo do alcance exato da mudança do termo e continuava com o sentimento da superioridade do título no conflito possessório. Donde a imensa e longa confusão de quase dois séculos que se instalou em torno da palavra *saisine*, outrora tão clara para os habitantes do campo. A própria noção de propriedade e a consolidação do direito mergulham no caos: "Havia, de alguma maneira, dois sistemas jurídicos que, tentando confundir-se, rompiam-se um contra o outro" (Rapetti, *Jostice et plet*). A prova de força vai durar mais de duzentos anos.

Guinada para o exclusivismo, séculos XVI-XVIII

A partir do século XVI a economia capitalista baseada no comércio e no lucro sucede a economia rural autárquica. A interdependência dos domínios sobre um mesmo bem, tranquilizadora pela solidariedade que implica, mostra-se como entrave para o novo espírito de iniciativa. Uma poderosa corrente de pensamento, confluência de ideias filosóficas, econômicas e jurídicas, traduz e orienta essas evoluções rumo à concepção exclusivista da propriedade fundiária. Duas dessas ideias tiveram influência decisiva.

Afirmação dos direitos subjetivos. – A noção romana de propriedade-matéria e a noção consuetudinária da propriedade-gozo em parceria, por mais opostas que fossem, tinham em comum o fato de terem sido concebidas a partir da utilidade que apresentavam para o homem. A natureza em Roma e Deus para os juristas medievais ofereciam aos homens bens cuja distribuição o direito tinha a função de organizar, *jus suum cuique tribuere*, atribuir a cada um o que lhe é devido. A partir do Renascimento, a poderosa corrente do individualismo sacode essa perspectiva objetiva. O indivíduo torna-se o centro do mundo. A partir dele os filósofos da escola moderna do direito natural deduzem o sistema de direito. Locke afirma que o homem porta em si, por essência, o direito de propriedade, "*dominium* privado excludente do restante da humanidade". O exclusivismo, que isola o proprietário e sua coisa "do restante da humanidade", torna-se o aspecto essencial da nova visão da posse.

Elo entre liberdade individual e livre disposição da terra. – Pufendorf, no século XVII, escreve que a propriedade é "um direito em virtude do qual o fundo e a substância de uma coisa pertencem a alguém". Ao mesmo tempo que a substância é afirmada como elemento essencial da propriedade, o poder do proprietário se amplia para cima e para baixo. Na segunda metade do século XVIII, os fisiocratas baseavam a reivindicação do absolutismo do direito em nome da eficácia econômica. A liberdade de dispor passou a ser arma contra o sistema fundiário tradicional, unindo camponeses e burgueses na luta pela libertação do solo, que é também uma luta pela libertação do indivíduo. Logo ela se tornará o fermento subjacente à legislação revolucionária. Inspirará os redatores do Código Civil: "O que importava, acima de tudo, estabelecer solenemente no Código era que os particulares dispõem livremente dos bens que lhes pertencem." Os civilistas do século XIX confirmarão o elo entre propriedade corpórea e liberdade: "A propriedade é a liberdade do homem exercida sobre a natureza física" (Troplong).

Revolução e desaparecimento das propriedades simultâneas. – O princípio da abolição dos direitos feudais foi estabelecido pelos constituintes na noite de 4 de agosto de 1789. O direito de compáscuo é questionado: o Código Rural de 1791 dava ao proprietário liberdade total na utilização de seu bem. A comunidade familiar foi desagregada de dentro para fora pelo artigo 815 do Código Civil: "Ninguém é obrigado à indivisão." O Decreto de 4-11 de agosto de 1789 transforma a renda fundiária em simples direito de crédito. Foram proibidas as concessões de terra por mais de noventa e nove anos, e o arrendamento, por mais prolongado que fosse, só dava gozo temporário. Essa série de leis revolucionárias consagrou a ideia de proprietário único de um mesmo bem imóvel. Também consagrou o princípio tão reivindicado pela doutrina, mas nunca ainda aplicado na realidade, do *jus disponendi*, liberdade total de dispor da terra. A propriedade fundiária, tornando-se exclusiva, deixou de ser o cimento material hierarquizado de uma sociedade estamental e tornou-se a base da liberdade individual.

Triunfo do abusus, direito de dispor da substância do imóvel

Os revolucionários substituíram o mecanismo consuetudinário de solidariedade em torno das utilidades da terra por um sistema baseado na liberdade de dispor e tirar proveito da própria substância do imóvel, expresso juridicamente pela noção de exclusividade, exclusão do outro. A exclusividade dá vocação a todas as utilidades da coisa e liberdade em seu gozo. Caso uma das utilidades escape ao proprietário por convenção ou lei, o beneficiário dessa utilidade não é considerado proprietário de um aspecto específico do imóvel, é apenas titular, em proveito de seu bem, de um direito sobre a coisa de outrem, direito qualificado de servidão, de direito de uso ou mesmo de simples direito de crédito. A exclusividade não foi imposta por dogmatismo. Afirmou-se progressivamente na realidade, desde o século XVI até a Revolução, quando seu triunfo é o contraponto jurídico das medidas políticas tomadas contra a ordem social que fundamentava o Antigo Regime. Mas, depois de dizer o que já não era, faltava dizer o que era. Essa será a obra do Código Civil francês, art. 544: "Propriedade é o direito de gozar e dispor das coisas do modo mais absoluto, contanto que delas não se faça um uso proibido pelas leis ou pelos regulamentos."

Exclusividade à prova do solo

Interesse dos terceiros e publicidade fundiária. – Contra as práticas do antigo direito, o Código Civil adotou o princípio da transferência consensual da propriedade, art. 1.583. É o consentimento, e só ele, que realiza a transferência de uma pessoa para outra. Bigot de Préameneu, vigoroso adversário da publicidade, acaso não terá lembrado ao Conselho de Estado que o segredo das fortunas é um dos principais elementos da liberdade individual? No entanto, as exigências do crédito e da circulação dos imóveis acabaram por prevalecer: a Lei de 23 de março de 1855 impôs a publicidade da transferência para a oponibilidade a terceiros. O Decreto de 4 de janeiro de 1955 acrescentou a exigência da autenticação para os instrumentos submetidos à publicidade.

Vizinhança e servidão legal. – As coerções de vizinhança (escoamento das águas, plantações limítrofes, vistas etc.) eram conhecidas no antigo direito francês, que as via como regulação necessária da convivência dos proprietários. Pothier as considera "obrigações que nascem da vizinhança". Obrigações, ou seja, relações entre os homens. O Código Civil francês enumera essas regras no título das servidões; com essa qualificação, adota o postulado filosófico do direito natural absoluto, submetido a injunções sociais. A qualificação de servidão aplicada às relações de vizinhança foi contestada. O direito de delimitação é atributo da liberdade ou sofrimento imposto? Aubry e Rau recusaram-se a analisar as relações de vizinhança na parte dedicada às servidões e as consideraram como um aspecto intrínseco da propriedade; Ph. Malaurie e L. Aynès as analisam como "limites da vizinhança" num título dedicado à vizinhança.

Poder público e desapropriação. – Durante o Antigo Regime, a desapropriação era função do intendente, e nunca havia garantia de indenização. Contra essa situação, o artigo 17 da Declaração dos Direitos do Homem e do Cidadão de 1789 afirma que a propriedade é "inviolável e sagrada", salvo necessidade pública constatada pela lei com justa e prévia indenização. A Lei de 8 de março de 1810 põe a desapropriação sob o controle dos tribunais judiciários. Eram os magistrados que ordenavam a transferência forçada e fixavam o montante da indenização.

Século XX, declínio da exclusividade

O *abusus*, direito de dispor da substância, que a propriedade fundiária ignorou durante mil anos, mas foi reivindicada incansavelmente pela doutrina como atributo essencial da propriedade, direito que teve aplicação explosiva no espaço de quatro anos por parte dos revolucionários de 1789, com esmagador triunfo de um século e meio, hoje está em declínio e até mesmo em xeque. Não é a propriedade imobiliária que está em crise – esta, ao contrário, está em plena expansão –, é a essência da propriedade do Código Civil que se altera. As primeiras fissuras apareceram a favor do direito do explorador. A Lei de 30 de junho de 1926 reconheceu para o locatário comerciante o direito à indenização em caso de não renovação da locação. Esse direito, na prática, recebe na doutrina e, mais tarde, na lei o nome de propriedade comercial. A Lei de 13 de abril de 1946 que regulamenta o arrendamento organiza o forte domínio do rendeiro sobre o bem arrendado. A Lei de 4 de julho de 1980 confirma nesse domínio o declínio da liberdade do proprietário de dispor do bem, organizando um "direito de explorar", direito que era atributo essencial da propriedade. A propriedade fundiária do fim do século XX já não é um direito monolítico, é um domínio cujo conteúdo varia segundo a natureza do imóvel e a situação do proprietário. E assim voltamos, como no passado, aos construtos pragmáticos e díspares.

Retorno dos elos de obrigação associados à propriedade fundiária. – Vivemos hoje uma segunda revolução que volta a inserir as relações do homem com a terra numa ordem multissecular. O *jus in re*, direito direto no imóvel, é sobrecarregado por vínculos de obrigação, dever de informação, de necessidade de considerar outros valores além da propriedade. A partir de 1960, as exigências da urbanização e do planejamento do espaço rural levaram o poder público a garantir o domínio coletivo sobre o subsolo por meio do controle do uso do solo (plano de ocupação dos solos, ampliação contínua do direito de preempção das coletividades locais etc.). Nada mostra com mais clareza a transformação da propriedade de ontem, fechada numa relação secreta entre o proprietário e seu bem, na propriedade de hoje, aberta para o grupo, do que a tabuleta obrigatória para todas as construções que ostenta para a coletividade o nome do proprietário, o objetivo da operação etc. O conceito consuetudinário que faz da posse fundiária uma relação com os outros e um poder sobre a terra parece mais condizente com os textos atuais do que os princípios do Código Civil.

Ressurgimento do mecanismo consuetudinário no condomínio. – Desde cedo, nos séculos XV e XVI, o direito consuetudinário precisou organizar a situação do edifício compartilhado por vários herdeiros. A técnica era oferecida pelo mecanismo bem conhecido do gozo por parceria, baseado na copropriedade indivisa do subsolo: reconhecimento de uma propriedade compartilhada, propriedade de uso, em que cada um tinha direito a um andar, com uma base da copropriedade indivisa do solo e das paredes. A Lei de 10 de julho de 1965 retomou, sem saber, o espírito do construto consuetudinário na organização jurídica do condomínio. A história do direito do imóvel revela à saciedade que este não é uma das versões da propriedade exclusiva, mas sim uma técnica autônoma do compartilhamento das utilidades do imóvel que, com sua coerência própria, depreendeu empiricamente suas regras de funcionamento.

Assim, durante os dez séculos de existência do direito francês, coexistiram duas culturas jurídicas da propriedade do solo. Essas duas culturas sempre usaram a mesma palavra, "propriedade", para designar dois tipos de domínio opostos, um organizado com base na solidariedade, outro, com base na liberdade. Essa confusão voluntária de vocabulário foi a fonte de imensos mal-entendidos doutrinais, apagando o dualismo do direito francês aplicável aos bens imóveis. Como aplicar às propriedades simultâneas do condomínio – que se baseia na solidariedade e na coerção (e às vezes arrolado, nas edições do Código Civil francês, entre as servidões) – os mecanismos da propriedade, direito absolutíssimo? A doutrina não terá refeito no século XX o gigantesco e impossível trabalho dos glosadores, esforçando-se obstinadamente por explicar as propriedades simultâneas tomando como referência "o paraíso perdido da propriedade romana"? Mas essa página talvez já tenha sido virada. Será ainda fecunda a oposição clássica entre o conteúdo da apropriação do imóvel (substância ou utilidades) que durante cerca de um milênio expressou os espaços respectivos do individual, do coletivo e das forças naturais no domínio do meio ambiente? O poder das técnicas atuais de dominação e destruição da matéria terrestre dá ao *abusus* um conteúdo tal que essa noção, elemento fulcral da história da apropriação fundiária, saiu do círculo dos debates sobre a liberdade. A terra já não é o que está em jogo numa relação de força, ela voltou a ser elemento do cosmos, suporte da vida. Poder doutrinário e realidades, prestígio do exclusivismo e pressão das necessidades, liberdade e solidariedade, o passado do direito do imóvel ajuda a compreender o presente.

Propriedade de bens móveis

Propriedade imobiliária e propriedade mobiliária, ainda que não diferenciadas no Código Civil francês, têm fundamentos culturais opostos e obedecem a mecanismos próprios. A apropriação da terra, quase sempre, esteve sob controle social. Ao contrário, o bem móvel mostra-se em todas as épocas como objeto de grande liberdade de disposição.

O bem móvel está ligado à pessoa. – É tão estreito o elo entre o homem e o objeto carregado ou domesticado, que não há lugar para a interferência da família ou da sociedade. Na Alta Idade Média, o domínio mobiliário individual, domínio da matéria, exteriorizava-se na marca pessoal, sinal e prova da posse da substância da coisa. A partir do século XIV, o forte domínio do proprietário sobre seu bem móvel é expresso na forma de adágios: "Os bens móveis aderem aos ossos", "Os bens móveis seguem a pessoa". Expressão do elo pessoal, a caça é possuída pelo caçador quando este a está seguindo com o olhar. A conotação pessoal da posse do bem móvel é tal, que os juristas medievais tendiam a reservar a expressão "direito real" apenas aos bens imóveis. O bem móvel, porém, também é "*res*", portanto real e objeto de direito real como o bem imóvel, mas a atração de seu proprietário o puxa para o círculo do pessoal. Afeto ao indivíduo, o bem móvel não goza do mesmo respeito que o bem imóvel, suporte do prestígio da família, que deve ser conservado para as gerações futuras. Até a ordenança de Villers Cotterêt (1539), somente os bens mobiliários eram arrolados em dívidas: "Os bens móveis são sede de dívidas." Outra manifestação do caráter depreciativo do bem móvel é o adágio "*res mobilis, res vilis*". Na realidade, o bem mobiliário, o "tesouro", sempre teve muita importância, mas o adágio reflete, de modo excessivo, a superioridade social do bem imóvel e a forte tendência consuetudinária a submeter tudo o que tem apreço à proteção organizada em torno do patrimônio familiar imobiliário.

O bem móvel tem vocação para circular. – A circulação está para o bem móvel assim como a produtividade está para o bem imóvel: é o fundamento de sua utilidade social. O domínio exclusivo do proprietário confere-lhe inteira liberdade de dispor do bem. O procedimento da transferência sempre foi muito simples, mas até a Revolução francesa exigiu uma manifestação exterior: a tradição, entrega física de mão para mão, única publicidade possível para a transferência da propriedade mobiliária. No entanto, os usos comerciais decidiram que a venda em espécie só é perfeita depois do pagamento do preço. O Código Civil francês consagrará o princípio da transferência consensual para o bem móvel, tanto quanto para o imóvel (art. 1.583), abolindo a exigência da entrega efetiva da coisa e a necessidade do pagamento. "Em matéria de bens móveis, posse é título": o antigo direito francês adotou muito cedo a ideia de que, quando um proprietário entrega voluntariamente seu bem a outrem (depósito, empréstimo ...), se o depositário vender o bem, o proprietário não poderá reivindicar o objeto que esteja em mãos do possuidor de boa-fé. A circulação subjugou o bem móvel. A responsabilidade do proprietário é subjacente: ele escolheu mal o seu depositário. Essa solução, mais próxima dos usos francos do que do direito romano, não se aplica ao objeto perdido ou roubado. A ação de reivindicação de tal objeto é direito reconhecido do proprietário, e o adquirente de boa-fé (compra "em feira ou mercado") deve ser indenizado. A partir do século XIV, os romanistas se esforçaram por generalizar a ação de reivindicação e por abolir a indenização; o Parlamento de Paris não os acatou. No século XVIII, ele fez da posse de boa-fé uma presunção irrefragável de propriedade quando o desapossamento fosse voluntário. Somente o objeto perdido ou roubado podia ser reivindicado com indenização do adquirente de boa-fé. O Código Civil francês retomou essas soluções, arts. 2.279 e 2.280. Assim, parece claro que o móvel corpóreo, objeto que ao mesmo tempo adere intimamente àquele que o possui e é tão facilmente absorvido pela circulação, é ainda hoje a única coisa à qual se pode aplicar a noção de propriedade-matéria que confunde o direito e o objeto do direito.

Bem móvel e liberdade. – A propriedade imobiliária garante segurança material e certa estabilidade, é um ponto de enraizamento no ambiente natural. "Os assentes" – diziam os antigos romanos dos proprietários fundiários. A única raiz do bem móvel é a mão da pessoa que o possui. Mas o que constitui sua fluidez também constitui sua força. Ele foi o primeiro suporte da liberdade no mercado local medieval onde foram asperamente negociadas as cartas de franquia, fermento ativo de desestabilização do sistema feudal-senhorial. O bem móvel é então o objeto mais simples, grão, tecido, vinho... mas a abertura para os mundos distantes despeja ouro e especiarias, num nível reservado aos mais ricos. No século XVIII surge a atividade comercial. A fortuna mobiliária dá início à sua grande transformação no imaterial durante a Revolução, com a noção de pessoa jurídica privada e o reconhecimento do caráter mobiliário da ação pelo Código Civil francês. O capitalismo, apoiado nessas duas conquistas, fará guinar em proveito da fortuna mobiliária o desequilíbrio tradicional entre bem móvel e bem imóvel. Hoje, a globalização das trocas, o peso cada vez maior do controle social sobre o uso do bem imóvel e a multiplicação paralela dos bens mobiliários imateriais, fluidos demais para serem facilmente controláveis, consolidam o bem móvel em seu papel de suporte da liberdade e de perturbador permanente da ordem estabelecida.

› LOCKE J., *Two Treatises of Government*, Cambridge, P. Laslette, 1970. – MALAURIE Ph. & AYNÈS L., *Droit civil, Les biens, la publicité foncière*, 4ª ed., Ph. Théry, Paris, Cujas. – PATAULT A.-M., *Introduction historique au droit des biens*, Paris, PUF, "Droit fondamental", 1989, aprofunda o conteúdo desse artigo com as referências completas das citações. – RIALS S., *La Déclaration des droits de l'homme et du citoyen*, Paris, Hachette, "Pluriel", 1988. – VILLEY M., "La formation de la pensée juridique moderne", *Cours d'histoire de la philosophie du droit*, Paris, Montchrestien, 1975. – Col.: Le *jus in re* du droit romain classique au droit moderne, Publication Institut du Droit romain, Paris II, 1950.

Anne-Marie PATAULT

→ Adágios e brocardos; Bens; Escola do direito natural moderno e racionalismo jurídico, séculos XVII-XVIII; Desapropriação; Família; Revolução francesa e direito.

PROPRIEDADE LITERÁRIA E ARTÍSTICA

O direito autoral consiste na *outorga ao autor de prerrogativas de ordem patrimonial (propriedade incorpórea) e de ordem extrapatrimonial ("direito moral") sobre suas obras, de tal modo que ao mesmo tempo seja garantida a sua subsistência e respeitada a sua criação intelectual.* Estudaremos, sucessivamente: *obra, direitos autorais, contratos, delitos* e "*direito planetário*".

O direito de propriedade literária e artística, como o nome indica, tem o objetivo de enquadrar a criação humana em suas facetas mais ricas: literatura, música, artes plásticas, cinema etc. Trata-se de matéria bastante jovem, pois a consagração dos direitos dos criadores só data realmente da Revolução francesa, ainda que Luís XVI tenha lançado alguns marcos. A partir daquela época, impregnada pelo espírito do Iluminismo, o autor passou a ser considerado um cidadão indispensável à sociedade; por lhe dar um bem inestimável, a cultura, ele devia gozar da proteção dos direitos humanos.

Entre esses direitos, figura a propriedade, de tal modo que se cuidou de atribuir aos autores uma propriedade – incorpórea – tão forte quanto a que incide sobre bens imóveis ou móveis corpóreos, pois é pelo exercício da arte que eles obtêm sua subsistência; mas também era preciso proteger sua dignidade, por meio do respeito devido a seu nome e à sua obra. Durante todo o século XIX, os juízes se esforçaram por desenvolver esse ideal revolucionário. No século XX, foram votadas várias leis na França, das quais a mais importante é de 11 de março de 1957 que, em 1992, foi fundida num "Código da Propriedade Intelectual" (CPI). O movimento de proteção e favorecimento estendeu-se à Europa, que adotou várias diretivas importantes em termos de direitos autorais. Quando surgiram a multimídia e a internet, alguns temeram pelo futuro do direito autoral e denunciaram um "vácuo jurídico". Na verdade, nada disso ocorreu: a propriedade literária e artística é um direito sólido, com alguns grandes princípios norteadores subsistentes; é também um corpo de regras flexível, capaz de adaptar-se, especialmente aos perigos a que as novas tecnologias podem expor os autores. Aos autores se agregaram os artistas-intérpretes que executam as obras (músicos, cantores, atores etc.). Estes, assim como os produtores, são titulares de "direitos afins".

Obra

A obra é a criação imaterial do autor, destinada a ligar-se a um suporte único (o quadro) ou – o que é mais frequente – a ser reproduzida em maior número (livro, filme, canção etc.). Não deve ser confundida com o suporte material que a incorpora (art. L. 111-3 CPI). Por exemplo, o livro apenas reproduz o romance ou a poesia; quem compra um exemplar torna-se proprietário apenas do papel, podendo levá-lo para casa e lê-lo; mas não pode fotocopiá-lo ou passá-lo no *scanner* para dá-lo a outros. A mesma reflexão vale para o quadro, o filme ou uma obra "multimídia". Em outros termos, a obra é uma matriz, portadora de um valor econômico e intelectual que só pertence a seu criador. No entanto, pode surgir alguma confusão do fato de a Corte de Cassação ter reconhecido aos proprietários de bens imobiliários ou mobiliários, em cuja origem está uma criação artística (casa, barco etc.), uma espécie de direito sobre a imagem destes, de tal modo que se pode perguntar se assim não é posta em xeque a distinção entre a obra à qual são vinculados os direitos incorpóreos e o objeto corpóreo no qual ela se baseia. Isso seria preocupante, pois não é bom multiplicar os direitos imateriais, portanto as autorizações de solicitação, para exploração de uma mesma coisa; tampouco pôr em xeque o domínio público (ver abaixo). Posto isto, estudaremos as duas condições fundamentais para que uma obra seja protegida pelo direito: originalidade e forma; depois, mencionaremos a pessoa de seus criadores.

Originalidade. – Nem todas as criações intelectuais são obras passíveis de proteção. Embora a lei vede levar em conta o "mérito ou a destinação" (art. L. 112-1), ou seja, uma lata de conserva teoricamente terá a mesma proteção de uma escultura (a chamada regra de "unidade da arte"), é necessário que o autor tenha manifestado um mínimo de esforço criativo. Esta é a definição de originalidade: "*marca da personalidade*" do autor, "esforço intelectual". Por exemplo, um novo guia turístico sobre alguma região, que venha somar-se aos outros sem contribuir com algo mais, não será protegido. Em outros termos, o direito autoral rejeita a "banalidade". Esse critério, sem dúvida subjetivo, será aplicado em cada caso pelo juiz, que, no direito autoral talvez mais do que em outros, ganha papel de primeiro plano. É a qualificação.

A originalidade raramente será absoluta, pois não é tão frequente que um autor tire da cabeça uma criação inteiramente nova. O princípio científico da matéria, segundo o qual "tudo se transforma", vale também para a criação; assim, um setor muito importante do direito autoral, chamado de "*obras compósitas*" (art. L. 113-2), reúne todas as criações que provenham com maior ou menor distância de uma primeira obra. É o que ocorre com o filme ou com o CD-ROM que adapte um livro, com o sítio de internet que reproduza fotos, com a tradução de um livro etc. Em outros termos, há certamente uma "relatividade" da criação. A originalidade não será obrigatoriamente apreciada do mesmo modo em todos os gêneros: por um lado, os "nobres" como a literatura e a arte pura; por outro, os menos nobres, ou seja, todas as informações práticas e o imenso campo das compilações de todos os gêneros. No entanto, nem tudo é perdido: mesmo que não seja considerada uma obra, a criação pode receber uma proteção subsidiária, a dos "*bancos de dados*", ou seja, coletâneas de informações para as quais tenha sido feito um investimento importante (art. L. 341-1 CPI). Quanto aos intérpretes, não existe apreciação da originalidade de seu trabalho; *a priori*, todas as interpretações são passíveis de proteção, salvo pelo fato de a lei ter integrado um critério quantitativo, e não qualitativo: só serão aceitos os artistas cujo trabalho não tenha sido acessório e subalterno, em oposição aos artistas complementares, como o figurante (art. L. 212-1). Também neste caso, a apreciação do juiz será crucial.

Forma. – Também é preciso que a obra seja acessível aos sentidos alheios, ou seja, possa ser conservada e comunicada de modo tangível. O público (que é um dos elementos-chave do direito autoral) deve poder percebê-la e identificá-la. O que é óbvio. Um livro, um roteiro e um desenho são expressos de modo preciso, em suporte de papel ou informática, ou mesmo oralmente (tradições do folclore).

No entanto, essa exigência da forma foi um tanto pervertida a partir de meados do século XX pela recusa a proteger ideias; um professor de grande fama, Henri Desbois, muito contribuiu para isso: a ideia não seria admissível, pois não estaria suficientemente elaborada no estágio inicial da criação. Em outros termos, a obra deveria estar, de algum modo, "pronta para usar", quase acabada, em todo caso já "composta". Por essa razão, numerosas ideias de jogos ou mesmo "sinopses" não são protegidas pelo direito autoral, o que é perfeitamente injusto. Desse modo, a seus criadores só resta recorrer aos mecanismos clássicos da responsabilidade civil. No entanto, a lei protege as obras inacabadas, desde "*a concepção do autor*" (art. L. 111-2). Além disso, a ciência econômica nos mostra que o que conta, do ponto de vista do valor, muitas vezes é o "conceito". Em todo caso, ele é frequentemente um valor de troca (jogos, séries de televisão). Outro motivo de rejeição consiste em argumentar que as ideias têm "livre curso" na natureza, e ninguém deve apropriar-se delas com exclusividade. É verdade, quando a ideia é geral (por exemplo, jogo que mistura questões cerebrinas e provas esportivas, filme sobre um agente secreto sedutor etc.); mas, quando ela se torna precisa (perguntas de botânica apenas, prova de caiaque unicamente, o agente é chinês e trabalha com dossiês de submarinos), não entendemos por que quem teve conhecimento da ideia alheia poderia apropriar-se dela indevidamente, sem ser condenado. Portanto, o critério é a precisão.

Autores. – O que se disse das obras protegidas, diga-se dos autores. Não há especificidade notável no que se refere aos autores de obras individuais que tenham trabalhado sozinhos, aos quais a lei reconhece de pleno direito as prerrogativas da propriedade intelectual (art. L. 111-1). Como determiná-las? Em geral, pelo nome indicado de um modo qualquer, quando da primeira comunicação da obra (art. L. 113-1). Mas isso não passa de presunção. Assim, o autor esquecido, voluntariamente ou não, ou mesmo o "*ghost-writer*" poderá ter sua qualidade reconhecida pelo público. Os autores são normalmente pessoas "físicas". De tal modo que uma empresa (que o tenha financiado) não poderia ser considerada autora. Essa é uma diferença fundamental em relação aos direitos anglo-saxões, que não rejeitam as ficções de caráter econômico, para que uma pessoa jurídica tenha todos os direitos. Há também o vastíssimo setor cultural em que os autores trabalham juntos: do filme ao dicionário, passando pelo CD-ROM, pelo sítio de internet e pelo aplicativo, bem como pela publicação de imprensa. Em alguns casos, a lei preocupou-se em enunciar quem são os autores, apesar de também nesse caso agir por presunção: trata-se principalmente de coautores de obras audiovisuais, bem como do realizador, do roteirista e do compositor da música (art. L. 113-7). Mas há todo o resto; por exemplo, os coautores de canções, enciclopédias, óperas, histórias em quadrinhos etc. Desse modo, o código elaborou duas grandes categorias de obras, nas quais são incluídos esses autores; cabe notar imediatamente que seu regime de direitos é substancialmente diferente. Isso explica por que os processos em torno desse aspecto são tão numerosos.

Em primeiro lugar, a categoria de princípio: trata-se de obras de "colaboração" (arts. L. 113-2 e 3), que, como o nome indica, implicam uma cooperação em pé de igualdade entre dois ou vários autores, que "trabalham em conjunto". É o que ocorre com canções, óperas, desenhos animados. Os juízes e grande parte da doutrina também incluíram nessa categoria as obras audiovisuais, o que é um pouco menos convincente, em vista do papel desempenhado pelo produtor. O estatuto da obra decorre de sua fonte múltipla: todos serão seus proprietários, com o inconveniente de submeter sua exploração ao pesadíssimo mecanismo da unanimidade das decisões, característico das indivisões; desse modo, como a regra de maioria no caso não presta nenhum socorro, um dos coautores recorrerá aos tribunais em caso de desacordo (art. L. 113-3); com algumas exceções, especialmente no caso do audiovisual, em que os direitos são automaticamente transferidos apenas para o produtor (art. L. 132-24), e da informática (art. L. 113-9).

Em segundo lugar, a categoria excepcional: a das obras "coletivas" (arts. L. 113-2 e L. 113-5) que reúnem obras, também criadas por vários autores, mas com a diferença de que, neste caso, eles trabalharam por iniciativa e sob o controle de uma empresa que financiou a operação e coordenou o conjunto, com o objetivo de criar um "produto" cultural. Tem-se aí o exemplo do dicionário, da indústria de moda, da imprensa ou mesmo da publicidade. Nesse caso, para facilitar a administração empresarial, os direitos lhe são imediatamente concedidos, sem que ela precise respeitar o formalismo pesado dos contratos autorais (ver abaixo) ou o modo de remuneração proporcional normalmente devido aos autores (ver abaixo).

O debate entre partidários e adversários da obra coletiva é muito acalorado, em vista dessa diferença de regime, e exacerbou-se especialmente em torno das obras multimídia (CD-ROM, sítios de internet, obras de imprensa). A solução, imparcial, consistirá em procurar saber se, em cada hipótese, estão reunidos ou não os critérios da obra coletiva, sem ideias *a priori*. Com um importante elemento de apreciação: é claro que a obra coletiva constitui uma exceção na situação patrimonial dos autores, portanto é de interpretação estrita.

Além disso e em todas as hipóteses, mesmo em se acatando tal qualificação, não se segue que a situação dos autores será completamente aviltada; assim, não é indubitável que a empresa deva gozar da totalidade dos modos de exploração da obra, o que foi ilustrado pelas decisões judiciais de grande repercussão, relativas à publicação na internet de artigos e fotos de jornalistas originalmente destinados ao papel.

Direitos autorais

Duas espécies de prerrogativa bem distintas são concebidas ao autor: o direito de propriedade incorpórea e o direito extrapatrimonial, ou direito moral (art. L. 111-1).

Direitos patrimoniais. – A obra é um bem, passível de exploração pública. Qualquer um pode copiar um livro, baixar um arquivo de MP3 na internet, copiar um quadro etc. O autor, não podendo trancar-se como o proprietário de um imóvel, precisa de proteção legal eficaz. O direito de propriedade que lhe é assim reconhecido assume a forma de um "*direito de autorizar e proibir*" quem quer que utilize publicamente sua obra. Os dois principais direitos de exploração estão ligados aos modos essenciais de comunicação da obra ao público: a *reprodução* por quaisquer procedimentos (art. L. 122-3), desde o modo impresso até o digital (televisão, cinema, multimídia, rádio, música etc.), a gravura, o bronze das esculturas, enfim, a multiplicação dos suportes da obra, que requer o emprego de meios técnicos para a reprodução e, frequentemente, a percepção da obra (com um toca-discos *laser*, um televisor, um computador etc.) e a *representação* (art. L. 122-2), que consiste em executar a obra para o público, seja ao vivo (peça de teatro, concerto), seja por meios "mecânicos", também neste caso com aparelhos (novamente o cinema, o televisor, a multimídia etc.) e segundo todas as técnicas (cabo, satélite etc.). É frequente vermos, especialmente no audiovisual, a combinação dos dois procedimentos. Em última análise, seria possível fundir esses dois direitos em um genérico "direito de comunicação pública".

Não é só isso. Os autores têm outros direitos: os autores gráficos gozam de um "*direito de sequela*" (art. L. 122-8), que lhes possibilita receber uma porcentagem sobre cada uma das revendas públicas de sua obra, na maioria das vezes organizada por uma empresa de vendas públicas mobiliárias. De alguma maneira isso os implica na exploração e explica o nome desse direito. Do mesmo modo – e isso vale para todas as categorias – pode haver hipóteses de exploração pública da obra sem reprodução nem representação. Por exemplo, o empréstimo público ou a locação do suporte material. Dessa maneira, os autores podem controlar tais usos em virtude de um "direito de destinação" ou de "distribuição", consagrado por várias convenções internacionais e diretivas europeias.

Enfim, todo uso público deve ser submetido a uma autorização prévia dos autores. É mais ou menos o que ocorre com os artistas-intérpretes (art. L. 212-3), com a diferença de que, para simplificar a ação de quem faz a exploração, eles às vezes perdem a exclusividade de seus direitos, especialmente no campo audiovisual e do uso público da música.

Para garantir a segurança dos autores e obter o pagamento daquilo que lhes é devido por utilização autorizada (contrato) ou não (contrafação) de suas obras, os autores gozam de uma garantia legal (art. L. 131-8) que assume a forma de privilégio geral sobre os bens do devedor. Isso é muito útil, caso ele enfrente uma concordata ou uma liquidação judiciária.

Atenção: quer aquele que explora a obra receba ou não de seu público, em nada muda a necessidade de autorização (por exemplo, baile de 14 de julho). A não ser que as tarifas sejam negociadas.

No entanto, há exceções ao direito do autor de autorizar: tais exceções giram essencialmente em torno do caráter não público de certos usos da obra (ver art. L. 122-5). Por exemplo, o estudante que fotocopia um livro de direito para seu uso pessoal, o telespectador que copia o filme no gravador de DVD. Por aí se vê que o caráter público do uso é determinante, e que o direito francês se mostra tolerante para com aquele que, permanecendo na intimidade, não deveria causar grande prejuízo ao autor, privando-o de receitas.

No entanto, embora esse liberalismo possa funcionar para o "copista", não há muita razão para que beneficie quem lhe forneça os meios para tanto. Desse modo, a Universidade ou a loja de fotocópia, cuja atividade esteja voltada para o público, será contemplada por um direito de "reprografia" (art. L. 122-10). O mesmo se pode dizer do fabricante de suportes virgens (art. L. 311-1 sobre a "cópia pessoal").

O problema recrudesceu com o advento da internet e do acesso aos famosos arquivos "MP3", que possibilitam aos internautas baixar músicas. Caberá questionar seu direito de cópia pessoal? As opiniões estão muito divididas. Caberia inspirar-se em precedentes e cobrar do servidor (ou do assinante, "pagamento por sessão", válido também para os filmes).

A tolerância que acabamos de citar também vale para o direito de representação, com o conceito de "círculo familiar": convidar amigos para ouvirem música ou verem um filme continua fazendo parte do convívio. Mas se os amigos forem demasiados ou pagarem, desaparecerá a graciosa intimidade.

Esse critério permite condenar a intranet e os *newsgroups*, do ponto de vista dessa exceção. Por fim, mesmo públicos, alguns usos são permitidos, ainda por espírito de tolerância: é o que ocorre com a paródia. Deve-se notar que todos esses casos que constituem exceções são de interpretação estrita.

Ao contrário do direito de propriedade ordinária, de essência perpétua, os direitos patrimoniais do autor têm vocação a extinguir-se ao cabo de certo tempo, caindo em "*domínio público*"; isso ocorre normalmente setenta anos depois da morte do autor (art. L. 123-1) ou do último deles, se a obra tiver sido criada por vários. Trata-se de um prazo bastante longo, depois do qual o público poderá ter livre acesso à obra, sem autorização (mas com a ressalva do direito moral, ver abaixo).

Durante o prazo de proteção corrente depois da morte do autor, seus herdeiros, por ele designados ou na ordem do Código Civil, gozarão de tais direitos; seu cônjuge sucessível dispõe de um usufruto especial sobre o patrimônio artístico (art. L. 123-6). Se forem descobertas obras inéditas depois da morte do autor ("póstumas"), estas serão protegidas durante um prazo menor.

Durante a vida, do ponto de vista dos regimes matrimoniais, os direitos patrimoniais continuam sendo do cônjuge autor (art. L. 121-9).

Direito moral. – É a prerrogativa extrapatrimonial que garante ao autor respeito a seu nome e à integridade de sua obra, quando esta entra em contato com o público.

Seus atributos são: "direito de divulgação" (art. L. 121-2), ou seja, decisão de apresentar a obra ao público. Esse direito será exercido depois de sua morte por seus herdeiros. Suscita alguns problemas quando o autor recebe uma encomenda e não quer mais honrá-la. Deveria ser obrigado a fazê-lo.

Em seguida, temos o "direito à paternidade" (art. L. 121-1), ou seja, seu nome deve ser sempre mencionado na capa do livro ou do CD, nos créditos do filme etc. Mesmo renunciando a esse direito (novamente, o caso dos *ghostswriters*), sempre será possível reassumi-los.

Em seguida, temos a prerrogativa que dá mais motivo a processos: o "direito ao respeito" (art. L. 121-1), ou seja, a proibição de alterar ou modificar a obra por parte de quem a explora (encurtamento do filme ou do livro, uso de uma música como vinheta de publicidades, desnaturação substancial do imóvel projetado por um arquiteto ou de uma escultura monumental etc.). Qualquer desvio, inclusive do espírito da obra, deve ser condenado, em todo caso se houver desnaturação real e, assim, prejuízo para o autor.

Por fim, há uma última prerrogativa, bastante teórica, o "direito de arrependimento" (art. L. 121-4), que possibilitaria ao autor retirar sua obra do circuito comercial depois de sua introdução, mas indenizando aquele a quem ele tivesse cedido os direitos. Na prática, em vista dessa condição, esse é um direito nunca exercido.

A originalidade do direito moral está em suas características: ele é perpétuo (art. L. 121-1), de tal modo que será exercido de geração em geração, depois da morte do autor, quando ele já não pode defender sua obra. Mesmo assim, será preciso que haja herdeiros (de Montaigne, de Rabelais?), e que estes se interessem pela questão, o que nem sempre é evidente. Precisamente em vista dessa transmissibilidade e da possibilidade de os herdeiros cometerem "abusos notórios", a lei instaurou um controle judiciário original (arts. L. 121-3 e L. 122-9).

O direito moral também é inalienável, ou seja, mesmo que quisesse, o autor não poderia renunciar a ele (art. L. 121-1). É de temer que, na assinatura de contratos e sob pressão econômica, o autor assine qualquer coisa. O criador é protegido contra si mesmo, de alguma maneira. Para terminar, deve-se notar nesse ponto que os artistas têm mais ou menos o mesmo direito moral dos autores (art. L. 212-2), menos a divulgação. E, temendo conflitos, seja em torno desse direito ou de questões patrimoniais, o código estipulou uma regra de hierarquia a favor dos autores (por exemplo, o autor está de acordo com determinado uso, não o artista), art. L. 211-1.

Contratos de exploração

Ocupam lugar considerável, pois, como acabamos de ver, tudo passa normalmente pela autorização dos autores. Nesse aspecto, existe uma verdadeira teoria geral das obrigações em direito autoral. Ela pode ser resumida na palavra-chave "formalismo". Na maioria dos casos, o contrato deve ser firmado por escrito (papel ou eletrônico, na internet, combin. art. L. 132-1 CPI com 1.316, do C. Civ. fr.), tanto para constituir a prova do acordo do autor e seu parceiro quanto para proteger o primeiro de compromissos imprudentes. Esse escrito deve comportar certo número de menções essenciais, especialmente relativas aos modos de exploração concedidos (por exemplo, se o autor cede seu direito de reprodução para a exploração livreira, essa cessão não vale para a internet), à duração da cessão, que o autor pode limitar no tempo, à remuneração etc. (arts. L. 131-3 e 4).

Em outros termos, o direito autoral tem vocação, por natureza, a fracionar-se quase ao infinito, o que, evidentemente, é benéfico para os autores. Pressupõe-se que tudo o que não é expressamente cedido é automaticamente conservado: de novo a regra de interpretação estrita dos textos, *in favorem auctoris*. Atenção: mesmo que o autor seja assalariado, de acordo com os atuais textos legais, o empregador não está dispensado de respeitar o formalismo da propriedade intelectual (art. L. 111-1).

O parceiro do autor pode prever o futuro e obter a cessão dos direitos relativos a modos de exploração ainda desconhecidos, mas deverá inserir uma cláusula precisa e prever uma remuneração distinta (art. L. 131-6). Evidentemente, isso é crucial para os contratos firmados antes da década de 1990, em relação à questão da titularidade dos direitos na internet. O autor também pode comprometer-se por um pacto de preferência.

A contrapartida da cessão é a remuneração do autor; o princípio é que esta deve ser proporcional à receita da exploração (art. L. 131-4). A Corte de Cassação é muito firme no que diz respeito à base dessa remuneração: ela deve ser constituída pelo preço público das obras compradas pelo público (livros, CD, DVD etc.), e não pela receita bruta do comerciante, muito menos por seus lucros. No caso de não haver receita sobre as obras (televisões públicas, sítios da internet), a base de cálculo será mudada (por exemplo, receitas publicitárias). Às vezes se admite a redução progressiva de tarifas (receitas por exibição de filmes em cinemas). A exceção é a tarifa prefixada: em alguns casos, a contribuição do autor faz parte de um conjunto mais amplo e é acessória; vimos esse aspecto quando tratamos de obras coletivas (imprensa, enciclopédias etc.). Desse modo, em vez de receber uma porcentagem insignificante, o autor receberá um pagamento global. Mas, caso a exploração se estenda no tempo, esse preço deverá ser reajustado. Além disso, o código estipula uma revisão por "lesão" de sete doze avos, ou, por "imprevisão", quando as partes tiverem estipulado um preço fixo insuficiente em relação à receita que o comerciante tenha, afinal, auferido (art. L. 131-5).

A inobservância dessas diversas regras é punida com a nulidade relativa, que só o autor pode invocar, pois elas têm o objetivo de protegê-lo. Mas o juiz pode pronunciar nulidade parcial, subentendendo que ele não pode "refazer" o contrato.

Ao lado dessa teoria geral, encontra-se no código a regulamentação de alguns "contratos especiais", entre os quais os mais importantes são o contrato de edição (art. L. 132-1) e o contrato de produção audiovisual (art. L. 132-24), portanto, o que diz respeito à literatura, à música e ao audiovisual. Não será no âmbito deste curto verbete que poderemos estudá-los, mas elucidaremos pelo menos duas obrigações essenciais do comerciante, comuns a esses contratos e bastante originais em relação aos contratos ordinários: em primeiro lugar, o parceiro do autor não deve limitar-se a comunicar a obra ao público: ele precisará explorá-la de modo "permanente e contínuo" (editor) ou "em conformidade com os usos da profissão" (produtor). E, se não o fizer ou não fizer a contento, o contrato será rescindido com seu prejuízo. Além disso, tendo em vista a transparência financeira, ele deverá comunicar periodicamente suas contas ao autor.

Há também os contratos de representação (art. L. 132-18). Às vezes, o uso das obras é tão maciço, que os autores isolados não poderiam controlar tudo adequadamente: por exemplo, rádios, televisões, *night-clubs*, sítios de internet etc. Desse modo, as autorizações serão dadas por "sociedades de gestão coletiva", de regime civil, às quais os autores aderem entregando suas obras; tais sociedades se encarregarão de distribuir os *royalties* recebidos, segundo diversas modalidades (art. L. 331-1). Tais sociedades também existem para direitos afins. Os contratos "gerais" firmados com os usuários são muito originais, pois contra uma porcentagem sobre suas receitas diversas, estes poderão utilizar livremente as obras de sua escolha. Manipulando somas consideráveis, essas sociedades são submetidas a controles estritos da parte dos poderes públicos.

Delitos

Mencionaremos aqui a infração de contrafação. Definição: é o uso não autorizado da obra, por todos os meios. Trata-se de um delito punido com pena de prisão de dois anos e multa de 150 mil, que pode ser aumentada caso o delinquente seja uma empresa (art. L. 335-2). Como toda infração, a contrafação comporta três elementos constitutivos.

Elemento legal: é a necessidade de um texto legal. O código contém vários, que, além do autor da infração principal, incriminam aquele que distribui a obra resultante da contrafação ou que a importa, caso ela venha do exterior. O problema essencial está no direito moral, pois a questão é saber se é possível instaurar processo penal usando-o como fundamento, uma vez que os textos parecem ter em vista o atentado contra o direito de propriedade. A regra de interpretação estrita da lei penal deveria, normalmente, excluí-lo.

Elemento material: há duas espécies de contrafação: reprodução servil da obra (por exemplo, DVD pirata que reproduz um filme) e outra mais sutil, o "plágio", em que o autor da contrafação mascara aquilo que extrai da primeira obra por trás da aparente originalidade da segunda. Para determinar se há delito ou não, o juiz procederá ao método de "agrupamento dos pontos de contato", buscando em primeiro lugar as semelhanças entre as duas obras, depois as diferenças, para finalmente fazer o balanço.

Elemento moral: não há delito sem consciência de cometer uma infração. Em se tratando de um estado psicológico, a Corte de Cassação estabeleceu a presunção de má-fé contra o autor da contrafação: diante de uma reprodução servil ou de um plágio, seria de surpreender se o acusado tivesse agido de boa-fé; em todo caso, caberá a ele provar. Chega-se a afirmar que, perante o juiz civil, a condenação seria automática, com boa-fé ou não. Isso é um exagero, e as condições do delito não devem mudar, caso as partes demandem no penal ou no cível. A presunção pesa, primordialmente, sobre os autores. Em contrapartida, em se tratando de pessoas que tenham colaborado na divulgação da obra objeto de contrafação (editores, distribuidores, fornecedores de acesso ou de hospedagem na internet), não há presunção; assim, o autor deverá provar a má-fé. Pressupõe-se que sua qualidade de profissionais deve ter certo peso, no sentido do agravamento de sua responsabilidade. Os textos relativos à internet tendem a uma relativa mansuetude a esse respeito.

A prescrição é de três anos nas jurisdições penais e de dez nas cíveis. Como a contrafação constitui um delito contínuo, o ponto de partida é retroagido até o último ato de exploração. Desse modo, se a obra objeto de contrafação ainda estiver disponível, a prescrição não terá começado a contar. Quando a prescrição se concretiza, o autor está prescrito. Nesse sentido, os atentados contra o direito autoral (inclusive moral) não poderiam ser considerados imprescritíveis.

A título de pena complementar, a receita do autor de contrafação pode ser confiscada.

Direito planetário

Outra particularidade da propriedade literária e artística do século XXI é que ela está mais internacional do que nunca. Evidentemente, existem convenções internacionais a respeito de longa data (a mais antiga, ainda em vigor, é de Berna, 1886); mas vêm-se multiplicando há alguns anos, com a preocupação de proteger os autores: por exemplo, acordos da OMC de 1994, convenções de Genebra de 1996 sobre o direito autoral e direitos afins em face das novas tecnologias etc. Sem mencionar a aplicação de textos relativos aos direitos humanos (pacto de Nova York de 1966), ainda que alguns usuários respondam no mesmo campo (liberdade de expressão, art. 10 da Convenção Europeia dos Direitos Humanos de 1950), provocando assim conflitos inéditos de direitos fundamentais. Há também as diretivas europeias (por exemplo, 1991 sobre os aplicativos; 1993 sobre a duração dos direitos e a transmissão via cabo e satélite; 1996 sobre os bancos de dados; 2001 sobre o direito autoral na sociedade da informação). Isso é ótimo, mas tal inflação de normas dificulta sua aplicação pelos profissionais e pelos juízes, com grandes riscos de sobreposição e interpretações divergentes. Esses textos expõem certo número de princípios, especialmente a equiparação entre estrangeiro e nacional, a definição e o regime dos principais direitos autorais, a harmonia entre as legislações etc. Deveriam tornar menos agudo o conflito de leis (leis aplicáveis ao contrato e ao delito de contrafação).

Nem por isso se deve acreditar que esse "direito planetário" em gestação esteja inteiramente claro para os autores. Estes também não devem adotar atitudes exageradas. Assim, na União Europeia, os arts. 28, 81 e 82 CE sobre a livre circulação das mercadorias e a repressão das práticas cartelistas, tal como aplicadas pelos juízes comunitários, têm por objeto refrear as restrições de importação, os cartéis e os abusos de posição dominante. Por exemplo, pode ser punido todo e qualquer distribuidor audiovisual ou musical, ou a sociedade de administração coletiva, que recuse a um terceiro de boa-fé acesso à obra (recusa de venda) ou pratique preços excessivos. Em vista disso, tais punições devem ser excepcionais.

➤ EDELMAN B., *Propriété littéraire et artistique*, Paris, PUF, "Que sais-je?", 3ª ed., 1999. – GAUTIER P.-Y., *Propriété littéraire et artistique*, Paris, PUF, 4ª ed., 2001. – LUCAS A. et H.-J., *Traité de la propriété littéraire et artistique*, Paris, Litec, 2ª ed., 2001.

Mais antigo, porém fundamental: DESBOIS H., *Le Droit d'auteur en France*, Paris, Dalloz, 3ª ed., 1978.

Pierre-Yves GAUTIER

→ Abuso de direito; Concorrência; Informática e multimídia.

PROTESTANTES

Nome dado aos seguidores de Lutero e Zwinglio, depois do "protesto" que os príncipes luteranos do Santo Império fizeram contra as decisões da maioria católica da segunda dieta de Espira (1529), que proibia inovações no âmbito da religião antes da ocorrência de um concílio geral. Esse nome também foi aplicado depois aos calvinistas. Na França, a história dos protestantes é a história da lenta conquista do reconhecimento de uma existência religiosa, política e social.

Primórdios

As causas apresentadas para explicar o fenômeno protestante são múltiplas, mas frequentemente insuficientes. De fato, a *Reforma* foi inicialmente "uma resposta religiosa à grande angústia do fim da Idade Média" (J. Delumeau), ligada ao questionamento da Igreja católica tradicional. Nesse contexto, difunde-se rapidamente a doutrina da justificação pela fé (Deus consente em considerar justa a alma que se entrega a Ele pela fé, apesar de seus pecados), "descoberta" na *epístola aos romanos* e desenvolvida em suas *95 teses* (expostas em 1517) por um monge agostiniano alemão, Martinho Lutero. E, no momento em que o luteranismo estava sendo sufocado, em meados do século XVI, o jurista francês Calvino restituiu força às ideias protestantes. Mais do que uma nova teologia, o que ele trazia para a Igreja protestante era uma verdadeira organização. Depois da publicação da primeira edição da *Instituição da religião cristã* em 1536, ele fez que fossem adotados em Genebra, em 1541, seus célebres *Regulamentos eclesiásticos* que fundaram a primeira organização da Igreja protestante.

Embora a Reforma se tenha difundido rapidamente na França e criado adeptos já na primeira metade do século XVI, foi entre 1555 e 1560 que ocorreu a verdadeira expansão do protestantismo, quando Calvino assumiu as Igrejas reformadas do reino e enviou pastores para as comunidades existentes, "plantadas" para "treiná-los" em conformidade com a mais estrita ortodoxia. Nesse momento a nobreza ocupou um lugar preponderante, pelo menos em algumas regiões, mas, na realidade, a Reforma influenciou todos os meios, mesmo os mais humildes. Às vésperas das *guerras de religião*, o número de protestantes era de aproximadamente 2 milhões, o que representava 10% da população, e eles estavam implantados sobretudo ao sul do Loire, exceto na Baixa Normandia.

As primeiras relações dos protestantes com a realeza não causaram grande rebuliço: no início de seu reinado, Francisco I não lhes era particularmente hostil. Durante seu cativeiro, em 1525 e no início de 1526, o Parlamento de Paris aproveitou para tomar as primeiras medidas desfavoráveis aos protestantes. Mas, em 1534, o caso dos "cartazes" (afixação, na noite de 17 para 18 de outubro de numerosos exemplares de um panfleto blasfematório e violentamente anticatólico em Paris e Amboise, onde residia então o rei) irritou o rei e marcou o início da repressão. Durante o reinado de Henrique II, a posição da realeza em relação aos protestantes endureceu ainda mais. Assim, são presos alguns conselheiros do Parlamento de Paris, que tinham exigido a suspensão das perseguições aos protestantes. Entre eles, estava Anne du Bourg, cujo suplício, aliado à influência crescente dos Guise, alarmou os protestantes, embora estes ainda não tentassem questionar a autoridade do soberano legítimo, designado pelas leis fundamentais, mesmo sendo manifestamente partidários de uma monarquia moderada. Foi nesse contexto que ocorreu em Paris seu primeiro sínodo nacional (1559), onde foram definidas a Profissão de Fé calvinista e a organização eclesiástica das Igrejas reformadas. E, durante os anos seguintes, apesar do 17 de março de 1560, do desastroso ataque ao castelo de Amboise orquestrado pelo príncipe de Condé e da repressão que se segue, Catarina de Médici tentou ainda aproximar católicos e protestantes. Mas o massacre de Vassy, em 1º de março de 1562, quando os protestantes que tinham ido assistir à pregação foram mortos por ordem do Duque de Guise, desencadeou inexoravelmente o início de oito guerras de religião (1562-98), que só terminarão com o edito de Nantes (1598). No cerne dos conflitos, o terrível episódio do massacre da noite de São Bartolomeu (24 de agosto de 1572) constituiu o ponto de partida da mudança de atitude política dos protestantes em relação ao poder monárquico. De fato, o partido protestante, depois de perder grande número de seus dirigentes, foi obrigado a organizar-se com mais força. Os protestantes do Sul e do Centro-Oeste formaram então aquilo que os autores chamaram de "Províncias Unidas do Sul", por analogia com a República nascente dos Países Baixos protestantes, libertos da dominação espanhola. Nesse "Estado no Estado", preparado desde setembro de 1572, elaborado por assembleias e concluído em fevereiro de 1573 com uma carta de fundação, o "país", ou seja, a comunidade protestante, tinha um Poder Legislativo e Executivo na forma de uma assembleia representativa composta por deputados eleitos, que se reunia periodicamente. Foi designado um "protetor" encarregado dos negócios e um conselho permanente, que representava o Executivo. Cada província gozava da mesma autonomia e do mesmo sistema administrativo, aliás, tal como as cidades e as aldeias. Essa organização republicana depois se estendeu a todo o reino quando da assembleia huguenote de Sainte-Foy, instalada em maio de 1594 sem a permissão do rei. Paralelamente, a doutrina acompanhara o movimento de resistência dos autores protestantes, reunidos com o nome de "Monarcômacos": afirmavam que o monarca só devia sua coroa a uma delegação que lhe era dada por seus súditos, únicos detentores da soberania, e que o contrato assim firmado podia ser rescindido, eventualmente pelo regicídio, caso o monarca, transformado em tirano, faltasse a seus deveres. Portanto, o edito de Nantes foi a resposta de Henrique IV (cuja posição se mostrava consolidada graças às vitórias e à paz com a Espanha) à resistência protestante, por fim inclinada a aliar-se.

Os protestantes sob o regime do edito de Nantes

O edito de Nantes, portanto, foi uma obra de circunstância, destinada acima de tudo a evitar o reinício da guerra civil. Aliás, ele não se compunha de um único texto, mas de quatro, elaborados de 13 de abril a 2 de maio de 1598: uma proclamação solene, um anexo de 56 "artigos secretos" referentes ao culto, um "alvará" relativo à remuneração dos ministros e outros artigos secretos referentes a locais de "refúgio" (entre os quais eram concedidos 51 locais de segurança). Foi proclamada a liberdade de culto, mas o protestantismo não podia ser exercido sem restrições, ao contrário da religião católica, que mantinha a proeminência. E, embora gozassem de certo número de direitos, como o de acesso a todos os ofícios e cargos e à possibilidade de tornar-se juízes em cortes especiais (chamadas de câmaras a meias ou bipartidas, compostas por partes iguais de magistrados protestantes e católicos), os protestantes continuavam submetidos a certas obrigações em relação aos católicos, como o pagamento do dízimo. Mas sem dúvida, apesar dessas restrições, o edito de Nantes fez dos protestantes uma ordem particular, com direitos cujo fiador era o rei, o que constituiu uma situação excepcional na Europa, onde a unicidade de religião num mesmo reino era regra.

O edito foi registrado pelos parlamentos do reino, depois de um número maior ou menor de dificuldades e apesar das pressões do Clero, que queria introduzir nele limitações importantes, como a proibição dos sínodos e a eliminação das câmaras a meias. Sua aplicação ficou a cargo de comissários designados pelo rei, e cada comissão era composta por um comissário católico e um protestante, que agiam na jurisdição de um Parlamento. De maneira geral, o restabelecimento do culto protestante nos lugares onde era permitido não deixou de apresentar dificuldades, mas, inversamente, o restabelecimento do culto católico nas regiões protestantes também causou choques, especialmente em La Rochelle. No entanto, durante todo o reinado de Henrique IV, o edito foi tão convenientemente aplicado, que o rei, contrariando a letra do texto, autorizou a realização de assembleias políticas de protestantes, nas quais era possível eleger delegados para a corte. Os deputados dessas assembleias gerais eram eleitos por assembleias provinciais, e eram instituídos conselhos (um conselho geral e conselhos provinciais) para garantir a continuidade entre as assembleias.

Por isso, o assassinato do rei, em 14 de maio de 1610, mergulhou a população protestante na preocupação, que no entanto foi atenuada pela ratificação do edito de Nantes por Maria de Médici e pela autorização de manter uma assembleia que se reuniria efetivamente em Saumur em maio de 1611, surgindo um novo dirigente de partido, Henri de Rohan. Mas, em 1617, Luís XIII decidiu reunir Béarn à

Coroa, e o edito de Nantes devia então ser aplicado integralmente, o que implicava em especial a restituição dos bens do clero confiscados pelos protestantes. Três anos depois, o rei, à testa de um exército, entrava em Pau para restabelecer o catolicismo. Reunidos sem autorização em La Rochelle em dezembro de 1620, os protestantes organizaram a resistência, dividindo o reino em oito circunscrições militares. Seguiu-se o reinício da guerra civil, marcada por duas campanhas do rei no Sul, em 1621 e 1622, que terminaram com a paz de Montpellier, assinada em outubro de 1622, com a perda de 80 praças-fortes pelos protestantes. Depois, em 1625, Soubise, irmão de Rohan, assumiu a direção de uma nova revolta que terminou com o tratado de Paris em fevereiro de 1626. Por fim, instigados pelo rei da Inglaterra, os protestantes empreenderam sua última guerra (1627-29), marcada pelo cerco de La Rochelle (agosto de 1627 a outubro de 1628) e pela tomada de Privas, em 29 de maio de 1629. O edito de Alès pôs fim às hostilidades, em 28 de junho de 1629: dava liberdade religiosa aos protestantes, mas ordenava a destruição de suas últimas fortificações e proibia as assembleias. Era o fim – inevitável desde o reinado de Luís XIII – da organização política e militar da ordem protestante. Mas o período seguinte foi caracterizado por uma pacificação relativa, que durou até 1660, quando começaram as primeiras medidas repressivas que precederam a revogação do edito de Nantes.

Do rigor à tolerância

O edito de Fontainebleau de 15 de outubro de 1685 fora precedido por uma interpretação "rigorosa" do edito de Nantes. Esta partia do princípio de que o texto não constituía um edito de tolerância, mas que seu objetivo, ao contrário, era permitir a reunião dos hereges; a consequência foi a interpretação sistemática do texto em detrimento dos protestantes. Esse edito, a partir de 1661, havia sido prenunciado por diversas medidas, cada vez mais repressivas, destinadas a apressar a conversão dos protestantes: auxílio financeiro aos que aceitassem abjurar, exclusão dos protestantes de todos os ofícios régios e senhoriais ou de todas as espécies de profissão, destruição de templos, supressão das câmaras do edito e, a partir de 1681, as primeiras dragonadas. O edito de 1685 foi a última pedra desse edifício, prevendo a destruição de todos os templos, a proibição de qualquer assembleia protestante e a expulsão dos pastores que se recusassem a converter-se, enquanto os laicos, ao contrário, deviam imperativamente permanecer no reino. Esse texto foi seguido por dragonadas nas regiões ainda não convertidas, o que provocou – a despeito das pesadas penas impostas aos protestantes que fossem pilhados na fuga – cerca de 250 mil emigrações clandestinas para Londres, Suíça, Holanda, Suécia, Dinamarca, Províncias Unidas e Alemanha; entre os que ficaram, houve grande número de conversões. Em 1702, porém, explodiu a revolta dos camisardos. Essa guerrilha realizada em Cévennes desorientou a tal ponto o exército monárquico, que foi assinado um armistício em maio de 1704, o que, aliás, não desarmou a resistência protestante, e começaram as assembleias do Deserto, por iniciativa do pregador Antoine Court, e a lenta reconstrução das igrejas.

Ao todo, depois do edito de Fontainebleau, em vista das conversões que o precederam (300 mil a 400 mil), das emigrações clandestinas e das abjurações em massa que ocorreram depois dele, a população protestante, que já não excedia um milhão, diminuiu consideravelmente. A revogação do edito de Nantes, por outro lado, teve graves consequências para o estado civil dos protestantes, ainda que o rei não tivesse desejado privar seus súditos protestantes da constatação de seu estado civil, que fora oficialmente autorizada por uma sentença do Conselho de 22 de setembro de 1664, ficando depois a cargo dos juízes, em razão da revogação. Infelizmente, esse propósito não teve eficácia, primeiro devido à declaração do mês de abril de 1686, que cominava duras penas aos relapsos e assim desencorajava as famílias de declarar os óbitos; em segundo lugar, devido ao efeito radical da declaração de 1715 que, apresentando ficticiamente como princípio que não havia mais um único protestante no reino, tornou caducos os textos que haviam organizado o primeiro registro leigo do estado e, assim, impeliu os protestantes a entrar na clandestinidade. Sua situação só melhorou a partir da década de 1720, sob influência dos protestantes estrangeiros presentes no reino; os protestantes parisienses foram os primeiros que se beneficiaram com isso. Depois, a declaração de 9 de abril de 1736, apesar de ter em vista apenas implicitamente os protestantes, possibilitou-lhes obter uma sepultura laica, mas o texto lhes concedia realmente um estado civil parcial, pois permitia apenas a emissão judiciária da permissão de inumação. Esse texto certamente não erradicou a clandestinidade, mas constituiu uma melhoria notável em sua situação e o primeiro passo para o reconhecimento de sua existência.

Na segunda metade do século XVIII, a tolerância instaurou-se progressivamente. As assembleias se multiplicaram, e os pastores, voltando clandestinamente ao reino, reabriam registros de batismos e casamentos. Alguns templos foram reconstruídos, como em La Rochelle em 1784. A tolerância incentivada pelo Iluminismo – a opinião pública fora preparada por escândalos como o caso Calas – e graças aos esforços de La Fayette, do barão de Breteuil e de Malesherbes, em 1787 foi concedido aos protestantes seu primeiro registro civil verdadeiro. No entanto, esse texto ficou como um simples edito de tolerância: de nenhuma maneira ele instaurou a liberdade de culto nem permitiu a formação de um corpo. Na realidade, foi-lhes concedido simplesmente aquilo que já não era possível recusar: a existência civil.

Normalização

Foi a Revolução que fez dos protestantes cidadãos como os outros: em 24 de dezembro de 1789, a Constituinte votou a admissão dos não católicos em todos os empregos civis e militares. Depois, a Lei de 20 de setembro de 1792, que laicizou o registro civil, acabou por permitir seu ingresso no direito comum. Durante o Terror, o culto desapareceu de 1793 a 4 de junho de 1794, mas o mesmo ocorreu com a religião católica.

Bonaparte, depois da assinatura da Concordata, promulgou em 18 de abril de 1802 os "Artigos Orgânicos", que em parte regiam o estatuto do culto protestante. Esse texto confirmava a igualdade de todos os franceses perante a lei e a admissibilidade dos protestantes em todos os empregos públicos, ao mesmo tempo que impunha aos reformados e luteranos, únicos reconhecidos, não só um controle do Estado – os pastores, agora assalariados, eram homologados pelo governo e deviam prestar juramento de fidelidade –, mas também uma organização hierárquica e aristocrática de suas Igrejas, muito diferente de suas instituições tradicionais. Mas, no geral, o texto consagrava completa liberdade de crença para os protestantes e um lugar na sociedade, que não seria mais questionado, nem durante a Restauração, apesar de sua tempestuosa instalação (a Carta de 1814, mesmo concedendo à religião católica o título de "religião de Estado", confirmava a liberdade dos cultos e a remuneração dos pastores), nem durante a Monarquia de Julho (Guizot era protestante), nem, evidentemente, durante a III República, quando os protestantes tiveram um peso político considerável, especialmente na esfera do ensino público. Aliás, o estatuto de 1802 instaurou notoriamente um regime duradouro, pois não sofreu nenhuma mudança importante até o decreto de 26 de março de 1852, que reorganizou as Igrejas protestantes em sentido favorável e só foi abolido pela lei de 1905, que consagrou a separação entre Igrejas e Estado. Por fim, uma conquista do século XIX foi o grande desenvolvimento da burguesia protestante ligada aos negócios, cujo papel foi decisivo no setor bancário e na indústria.

› DELUMEAU J., *Naissance et affirmation de la Réforme*, Paris, PUF, 1965. – GARRISSON J., *Histoire des Protestants en France*, Toulouse, 1977. – GARRISSON J., *L'Édit de Nantes et sa révocation*, Paris, 1985. – LÉONARD E.-G., *Histoire générale du protestantisme*, 3 t., Paris, PUF, 1964. – LIGOU D., *Le Protestantisme en France de 1598 à 1715*, Paris, 1968. – MOURS S. & ROBERT D., *Le Protestantisme en France*, 3 t., Paris, Librairie protestante, 1959 (século XVI), 1967 (século XVII) e 1972 (século XVIII-atualidade).

Ver também: GARRISSON J., *Les Protestants au XVIe siècle*, Fayard, 1988. – GARRISSON J., *Protestants du Midi*, Privat, 1980. – LÉONARD E.-G., *Le Protestant français*, PUF, 1955. – MARIÉJOL J.-H., *La Réforme, la Ligue, l'Édit de Nantes*, Hachette, 1983.

Sophie MOLINIER-POTENCIER

→ Cemitérios e sepulturas; Igrejas/Estado, Registro civil.

PROTOCOLO E ETIQUETA

A associação dos termos "protocolo e etiqueta" significa que ocorreu uma escolha entre seus diferentes significados. Protocolo será entendido como a ordem das precedências e categorias nas cerimônias e relações oficiais, enquanto etiqueta significará as regras precisas que organizam as relações de uma personalidade de alta categoria com aquelas que lhe estão próximas.

Nascidos na modéstia e até na obscuridade, os termos "etiqueta" e "protocolo" tiveram carreira brilhante antes de terminarem seu percurso na curiosidade erudita, no caso do primeiro, e na sobrecarga democrática, no caso do segundo. Na origem, "etiqueta" significava simplesmente um rotulozinho de papel ou pergaminho posto sobre alguma coisa para lembrar seu preço ou sua qualidade. Esse sentido antigo sobreviveu, mas enriquecido com acepções novas, jurídicas, eruditas e cerimoniosas, que levaram ao seu refinamento e desapareceram com as causas que davam sustentação a essa evolução. Em termos de tribunais, no antigo direito francês, dava-se o nome de *étiquette* aos pergaminhos que eram postos sobre os sacos de processos, nos quais eram escritos os nomes das partes, dos relatores, dos procuradores e a qualidade do caso. Esse resumo dava aos juízes negligentes uma desculpa para não abrir o saco, a acreditar-se no Padre du Cerceau:

> *"on n'écouta ni les si, ni les mais,*
> *sur l'étiquette on me fit mon procès".*
> (e processado fui sem não nem sim,
> uma etiqueta só falou por mim)

Esse termo também forneceu aos juristas ruins em etimologia assunto para digressões eruditas. O repertório de Guyot, por exemplo, respaldado, é verdade, pela "opinião comum", declara que na época em que os processos eram escritos em latim, escrevia-se sobre o saco "*Est hic quaestio inter N. et N.*", e os amanuenses, "por ignorância ou pronúncia viciosa", transformaram essa frase latina na palavra "*étiquette*". Essa interpretação, bem no espírito malevolente dos iluministas em relação aos tempos obscuros, é acompanhada por outra mais prosaica. *Étiquette* viria do fato de que o bilhete era pregado ou "*attiqué*" ao saco do processo, e de *attiquer* viria *étiqueter* [etiquetar]. Erro de pronúncia ou corruptela de um verbo, nada pode ser mais prosaico. Não menos simples é a origem da palavra protocolo. Esta é a primeira página do documento, aquela que contém a marca que possibilita datar o suporte, pergaminho ou papel. O protocolo inicial, portanto, era simplesmente uma marca de fabricação, que permitia autenticar um documento por meio de seu suporte e detectar uma falsificação. Para apoiar sua demonstração, Trévoux baseia-se na Novela XLIV de Justiniano, que teria proibido o corte do protocolo das leis, na proibição feita aos notários e aos funcionários públicos de cercear seus registros. Depois, a palavra tomou o sentido de coleção de modelos de documentos, para notários e beleguins, e, por evolução, de modelos de cartas e formulários para secretários dos príncipes. Formulários das cartas dos príncipes, portanto grande cerimônia vocabular.

Foi do poder dos príncipes que a etiqueta e o protocolo extraíram a majestade que iria alçá-los ao nível do vocabulário oficial dos monarcas. Etiqueta e protocolo, porém, não podem ser considerados sinônimos. É verdade que no período monárquico estavam próximos, mas, embora não possa haver etiqueta sem corte e monarca, pode haver regras de protocolo num regime político diferente. A etiqueta centraliza-se na pessoa de um monarca e regula não só suas relações com os súditos, mas também seu próprio comportamento e o das pessoas que o cercam. O protocolo é mais amplo. Regula as relações entre os príncipes, não como parentes, mas na qualidade de chefes de Estado e, sobretudo, desfralda-se bem além desses píncaros. O protocolo também define o lugar de cada um numa sociedade hierarquizada na qual os corpos constituídos cuidam ciosamente do lugar que lhes cabe e das fórmulas empregadas para o seu tratamento. O protocolo, enfim, está ligado às relações epistolares, dita as fórmulas graduadas que distinguem uns de outros. Está intimamente ligado às relações sociais e, nesse sentido, define o lugar das pessoas, umas em relação às outras, nas cerimônias públicas, onde põe ordem e estabelece graus. Portanto, o protocolo é um instrumento mais ou menos refinado a serviço das distinções sociais, e não simplesmente para uso dos governantes. Sem dúvida, destina-se a todos os níveis de manifestações. Ele tanto regulamenta o lugar das cortes soberanas e dos corpos constituídos na marcha de cada um, quando da entrada do rei na cidade, quanto rege ou tenta reger o bom desenrolar da procissão na festa do padroeiro de uma humilde aldeia. Graças ao protocolo, cada um sabe ou pretende saber o que deve fazer e dizer numa manifestação pública. Mas o império dessas regras se choca com a fantasia e a vaidade dos homens, o que provoca disputas, conflitos, às vezes vociferantes brigas públicas e, frequentemente, processos eternos que ressuscitam tão logo mortos. A etiqueta é muito mais restrita em seu campo de aplicação. Para que sua relojoaria delicada funcione, é preciso um rei ou uma rainha e seu séquito. A etiqueta é consubstancial com as cortes. Não pode existir sem estas, e não há etiqueta republicana.

Regular a existência do monarca para tornar sua aparência ao mesmo tempo mais misteriosa e previsível, porque totalmente organizada, é uma preocupação antiga. A China, o Egito e a Pérsia oferecem exemplos bastante elaborados disso. Diocleciano importou sua prática para o Ocidente, mas pelo tempo que o Império ainda viveria. Depois que ele voltou para o Oriente, onde nascera, a etiqueta prosperou ao máximo em Bizâncio. Toda a existência do Basileus, ou seja, do imperador, sobretudo se ele fosse "porfirogeneta", nascido na púrpura, púrpura que revestia seus pais imperiais, e do pórfiro, que recobria as paredes da sala de parto das imperatrizes, era posta em cena para fazer dele o herói de uma ostentação permanente. Habituados à familiaridade um tanto rústica dos plantagenetas e dos capetianos, os embaixadores desses príncipes em Constantinopla ficavam estupefatos com o cerimonial da audiência imperial. Com o diadema na cabeça, imóvel em sua pesada clânide de cerimônia, o imperador mal parecia vivo, em todo caso era bem menos animado do que os autômatos que se agitavam em torno dele, cantando, tocando e crepitando, desconcertando o visitante não iniciado e deslumbrando o seu olhar. Toda a vida do imperador, em especial a coroação, o casamento e os funerais, era regida pelo "Livro das Cerimônias", composto no século X por Constantino VII Porfirogeneta, mas que codificava práticas três vezes seculares. A famosa aclamação "Polla", que significa "numerosos anos", ritmando todos os acontecimentos felizes da vida do Imperador, soará durante mais de mil anos. Sem dúvida significa numerosos anos, mas não promete a eternidade, e o conquistador turco será prova disso.

No entanto, o fim de Bizâncio não marcará o desaparecimento da etiqueta das cortes. O revezamento ocorre no Ocidente na mesma época. Em pleno século XV, Filipe, o Bom, duque de Borgonha (1396-1467), estabeleceu em seus vastos e ricos Estados uma etiqueta minuciosa que, a par da criação do Tosão de Ouro, pretendia colocá-lo no nível dos reis. Aquele príncipe fastuoso merece ser citado, pois dele procede a "tirânica etiqueta espanhola" que, em virtude do casamento de sua neta Maria de Borgonha, se impôs aos Habsburgo de Viena e de Madri. Tirânica é a palavra, se nos lembrarmos de que o cerimonial do Palácio impunha à rainha da Espanha, no século XVII, deitar-se às dez horas no verão e às nove no inverno, e que as damas de honra começavam nesse exato momento a desfazer o penteado da rainha, descalçá-la e levá-la para o leito qualquer que fossem seus sentimentos pessoais.

A severidade abrandou-se, evidentemente, com os Bourbons, mas não a ponto de desaparecer antes do fim do século XIX. Quando a criança-rei Afonso XIII, nascido em 1896, caiu numa escada e foi detido na queda por um lacaio, o semanário *l'Illustration* perguntava com ansiedade se o salvador deveria escapar à punição incorrida por ter tocado o rei, o que a etiqueta proibia de modo absoluto. Foi precisamente de Madri que a etiqueta espanhola chegou a Paris, pela influência da rainha Ana da Áustria, esposa de Luís XIII. Os reis da França, com exceção dos últimos Valois, sem dúvida tinham senso de dignidade, mas pouquíssima inclinação para as minúcias da etiqueta. Nem Henrique IV, nem mesmo Luís XIII lhe davam grande importância. Foi Luís XIV, rei aos cinco anos, criado pela mãe Ana da Áustria, filha de Filipe III, rei da Espanha, que realmente impôs a etiqueta de corte na França. Transformou-a num modo de governo, bem antes que a instalação em Versalhes (1682) oferecesse à etiqueta da corte a moldura mais maravilhosamente adequada a seu cerimonial. Pela etiqueta, Luís XIV impunha a seu círculo costumes civilizados e, por imitação, incentivava a França inteira a imitá-lo, mas, ao mesmo tempo, submetia-se totalmente a ela. Desde que se levantava até a hora de dormir, toda a sua existência pública era regrada. "Com um almanaque e um relógio – comenta Saint-Simon – a trezentas léguas de distância era possível dizer o que ele estava fazendo." A posteridade manteve rituais enfadonhos, tais como os de levantar e deitar-se, que Maria Antonieta tanto detestava, ou sutilezas demasiadamente refinadas, como o assento das duquesas, que era um banco quando estavam diante do rei ou do delfim, uma cadeira com encosto diante de filhos de príncipes, e poltrona diante dos príncipes do sangue. Além desses excessos, a etiqueta da corte realmente contribuiu para o "papel civilizador" (J.-F. Solnon) de Versalhes em toda a Europa. Não foi sem razão que Luís XIV lembrou em suas memórias que "estão muitíssimo enganados aqueles que imaginem que nisso só há questões de cerimônia".

Na segunda metade do século XVIII, a etiqueta declina na França, e seu restabelecimento durante o Império e a Restauração parece bem anacrônico ou mesmo esquisito. O solene desfile, pelos corredores das Tulherias, da carne que serviria de alimento ao rei, precedida de um meirinho e escoltada por guardas, era motivo de espanto para os jovens filhos do futuro Luís Filipe. As minúcias de Luís XVIII, que, por exemplo, se atinha a mandar abrir as duas folhas da porta para a duquesa de Orléans, filha do rei de Nápoles, mas só uma folha para seu marido, simples Alteza Sereníssima, não contribuem pouco para acirrar o rancor do ramo mais jovem. Durante o século XIX, a etiqueta sobreviveu tecnicamente nas Cortes da Europa, mas a maioria dos monarcas preferia a discrição da vida privada e o estilo familiar dos apartamentos "cosy", típicos dos descendentes da rainha Victoria.

A etiqueta desaparece definitivamente com o século XX. As aparentes manifestações de sua sobrevida são mais encenação de espetáculos televisivos do que real observância. O protocolo, em compensação, sobreviveu perfeitamente à idade democrática. A República francesa dedicou-lhe dois importantes decretos relativos "às cerimônias públicas, precedências, honras civis e militares": um, de 16 de junho de 1907, e o outro, várias vezes modificado, de 13 de setembro de 1989. O título desses textos foi extraído do Decreto de 24 de messidor do ano XII, que regulamentara essas questões durante todo o século XIX, apesar das vicissitudes que abalavam regularmente a vida política francesa. Os regimes se entrechocavam, mas o decreto de messidor fazia parte da estabilidade administrativa.

Georges Clémenceau, em seu relatório de apresentação, atribui ao novo decreto de 1907, por ele qualificado de "codificação", quatro objetivos: "Harmonização da regulamentação das honrarias e precedências com as instituições republicanas; consagração da supremacia do poder civil; atribuição aos corpos eleitos de uma categoria correspondente à sua importância; simplificação das honras." Tal era a filosofia daquele texto, tal era seu conteúdo. Ele excluía da hierarquia o Presidente da República. Punha em primeiro plano os presidentes das assembleias, o governo, o Conselho de Estado, a Corte de Cassação e, depois, os governadores de departamento e os presidentes das assembleias municipais e departamentais. O governador militar de Paris, o tribunal de recursos e o vice-reitor (numa época em que o ministro da Instrução Pública era reitor de Paris), o tribunal civil, o tribunal de comércio, a câmara de comércio e o comandante general do departamento arrematavam essa tênue coorte de dignitários que legislam, comandam e julgam. Hierarquia simples que se modificava na província, em virtude da ausência das autoridades centrais, dando a algumas pessoas a oportunidade de subir vários degraus. Hierarquia em harmonia com os princípios da III República, que privilegiava deputados e governadores, respeitava juízes, honrava acadêmicos e excluía, com satisfação, os dignitários eclesiásticos de suas listas. Hierarquia essencialmente de assentos, porque na III República só as tropas desfilavam, pelo menos numa ordem protocolar que não dizia respeito às procissões nem às manifestações de rua, ambas suspeitas de perturbar a ordem pública. Os notáveis, portanto, assistiam ao desfile de uma tribuna, e o que o decreto sobre o protocolo definia era o lugar deles nessa tribuna. A primeira fila era gloriosa e visível; a segunda dava àqueles que ali fossem admitidos a vantagem de poderem cochichar ao ouvido das personalidades da primeira fila, passando assim a impressão de privarem de sua familiaridade; a partir da terceira fila começava a obscuridade, que avançava em *dégradé* até a mediocridade do anonimato. É possível ser republicano e democrata, mas fazer questão de ser visto.

Esse protocolo viverá mais de oitenta anos, uns melhores e outros piores. Será até certo ponto corrigido pelo efeito da Primeira Guerra Mundial. Por exemplo, era preciso reintegrar os eclesiásticos: de direito, nos departamentos concordatários restabelecidos em 1918; de fato, no restante do país, em vista da necessidade da união sagrada e da multiplicação das cerimônias fúnebres e patrióticas. Nesse sentido, as exéquias oficiais dos marechais da França, de Foch em 1929 a de Lattre de Tassigny em 1952, bem como as cerimônias fúnebres dos presidentes da República, de Félix Faure em 1899 a François Mitterrand em 1995, comprovam que a República tem alguma dificuldade para imaginar um protocolo fúnebre que não extraia seu lustro das liturgias religiosas.

O protocolo, portanto, seria mais republicano que laico, apesar da lei de 1905 e da Constituição? A resposta não poderia ser absoluta, mas deve levar em conta que, em suas solenidades funerárias, a República não pode ou não quer prescindir do benefício da experiência multissecular da Igreja, ainda fortemente conhecida e reconhecida pelos franceses. Essa preocupação com a estabilidade, porém, não é absoluta. O protocolo evolui porque a organização dos poderes públicos muda. O Decreto de 13 de setembro de 1989 substituiu o velho texto de 1907, essencialmente para integrar as consequências da descentralização e da transferência das competências. Foi modificado em 21 de setembro de 1995 para levar em conta a evolução estatutária dos territórios ultramarinos, e a evolução sem dúvida não acabou.

Essa evolução traduziu-se por um aumento notável devido à integração de novas personagens, tais como o mediador da República ou o presidente do Conselho Constitucional e, sobretudo, dos novos conselheiros regionais e parlamentares europeus. Daí decorre um aumento importante da notabilidade. Em Paris, dezessete personalidades eram "convocadas individualmente" em 1907, não se contando o Presidente da República, o do Senado e o da Câmara; em 1995, esse número sobe a sessenta, do Presidente da República ao presidente da Companhia Nacional dos Comissários de Contas. Assim, em menos de um século, a República triplicou o número das personagens "que tomam lugar na ordem das predecências". Isso torna algumas pessoas felizes, pois há ingressantes; mas provoca frustrações, pois, se não há egressos, há postergados. Algumas postergações são puramente técnicas. O vice-presidente do Conselho de Estado perde vários graus para ceder espaço aos ex-Presidentes da República e aos ex-Primeiros-Ministros que, como Cincinato, voltavam para casa em 1907; além disso, o governador da região de Île-de-France recua em vista do ingresso do chanceler da ordem da Libertação ou do Mediador da República. Esses movimentos são fáceis de entender; são produto do aumento das funções superiores do Estado. Como interpretar, em contrapartida, a derrota do reitor de Paris, que perde vinte pontos e acaba no trigésimo segundo lugar atrás do presidente da Comissão das Operações de Bolsa, por sua vez precedido pelos presidentes do Conselho da Concorrência, da Comissão Nacional da Informática e das Liberdades, do Conselho Superior do Audiovisual? As armas cedem diante da toga – diziam os romanos –, sem, aliás, que sua história confirme a exatidão dessa posição de princípio. Diante de quem então a toga cederá no início do século XXI?

Caberá responder a essa pergunta? A nova ordem do protocolo sem dúvida é escrita, mas destinada a ser contemplada nas imagens filmadas ou nas fotos publicadas. Que cortejo regrado resiste ao contato da multidão em busca de uma personalidade política ansiada pelos cidadãos? Que assembleia organizada escapa ao empurra-empurra provocado pela presença de um fotógrafo ou de um cinegrafista e à imperiosa necessidade de entrar no campo da objetiva? O protocolo e a boa educação não resistem. No entanto, cabe a Luís XIV, ourives de ambas, a lição final: "Os povos, não podendo penetrar no fundo das coisas, pautam de ordinário seu juízo por aquilo que veem." Portanto, é preciso ser visto.

› *Dictionnaire de Trevoux* (ed. de 1771). – *Répertoire de Jurisprudence* de Guyot (ed. de 1784) e de Merlin (ed. de 1827). – *Dictionnaire du Grand Siècle*, org. F. Bluche (1990). – *Dictionnaire de l'Ancien Régime*, org. L. Bely (1996). – FOLZ R., *La Naissance du Saint-Empire*, Albin Michel, 1967. – GANDOUIN J., *Guide du protocole et des usages*, Stock, 1988. – MOUSNIER R., *Les Institutions de la monarchie absolue*, PUF (ed. de 1992). – SOLNON J.-E., *La Cour de France*, 1987.

Maurice QUENET

PROVA

Meio de demonstrar um fato ou, pelo menos, de convencer o juiz. A prova judiciária difere da prova científica porque esta, que busca a certeza absoluta, dispõe de todo o tempo necessário para alcançá-la, ao passo que um processo não pode eternizar-se. É preciso condenar ou absolver. Por isso, na falta da verdade indubitável, cumpre limitar-se a probabilidades para decidir num sentido ou noutro. O regime das provas sob o qual vivemos – aliás, complexo – não é o único. A história comparativa revela outros. Depois de sua exposição, será esboçada a evolução que levou ao sistema francês. No fim, indicaremos suas regras e as provas principais.

Os grandes sistemas de prova

Utilizamos apenas meios de prova racionais. A humanidade conheceu outros e os conhece ainda em algumas regiões do globo: eles procedem de alguma revelação divina. Poderíamos ser tentados a falar em provas primitivas, pois elas existiram em todos os lugares num passado mais ou menos remoto e são conservadas por populações que permaneceram no estágio primário de evolução. No entanto, podem ter sucedido a um regime de prova racional, sendo melhor então chamá-las de provas sobrenaturais e reveladas. A intervenção da divindade pode ser espontânea. O réu está perdido, condenado, para ser executado, e é salvo por um milagre: precipitado do alto de um rochedo, não morre; é posto num barco sem leme que volta ao porto. Há não muito tempo, concedia-se graça a um condenado quando a corda que devia enforcá-lo se rompia, ou quando o carrasco falhava três vezes. Mas, na maioria das vezes, a intervenção das divindades deve ser provocada por uma provação, comumente chamada de ordálio (do alemão *Gottesurteil*, julgamento de Deus). Os ordálios são muito diversos. Os mais conhecidos são de dois tipos: provações unilaterais e duelo judiciário, “batalha” da Europa medieval. Aos primeiros se submetem o réu e, às vezes, uma testemunha suspeita. Entre as provações, a do ferro candente é quase universal: consiste em ficar segurando por alguns minutos um ferro em brasa. Se a mão parecer estar em vias de curar-se alguns dias depois, o réu será considerado inocente, e a testemunha, veraz. Na antiga Mesopotâmia praticava-se o ordálio do rio: o réu devia avançar até certa distância sem ser carregado pela corrente. Em outros lugares existiam outras modalidades: provações duplas, como o duelo, que eram mais passivas; provações coletivas, impostas a vários suspeitos para determinar o culpado; meios divinatórios sem a participação de seres humanos, afora o sacerdote ou feiticeiro que os realiza: em última análise, um simples sorteio.

À mentalidade moderna custa compreender como foi possível atribuir algum valor probatório a semelhantes meios de investigação, cujos resultados parecem depender de qualquer coisa, sobretudo do acaso, mas não da verdade buscada. Para entendê-lo, é preciso colocar-se na mentalidade do lugar e da época. A atmosfera, de alguma maneira, estava impregnada de sobrenatural. Um milagre parecia ser um acontecimento relativamente banal. E isso também pode explicar por que os ordálios sobreviveram por mais tempo nos processos por feitiçaria, como se uma prova supersticiosa correspondesse mais ao estado de espírito daqueles que se dedicavam à superstição. Aliás, explicações racionais podem esclarecer coincidências que ocorrem mais de uma vez entre o resultado da provação e a verdade. Alguns testes ordálicos lançam mão de noções empíricas de física, química ou mesmo psicologia: o culpado não ousa submeter-se à provação. Prefere confessar ou, se persistir, começará vencido de antemão. O ordálio, aliás, tem função subsidiária. A ele se recorria somente na falta de prova racional. Mais de uma vez, foi justificado pelo fato de que não se conseguia provar de outra maneira, ou por haver número excessivo de falsos juramentos. Em geral, era imposto a um suspeito, ou então o próprio réu, a ponto de sucumbir, oferecia-se para suportá-lo.

Embora tenham desaparecido na Europa e na maior parte do mundo, as provas sobrenaturais se mantiveram até época recente no Extremo Oriente tropical, da Índia à zona indonésia, países de cultura refinada, e até a atualidade na África e em algumas regiões que permaneceram à margem da civilização universal. Obscuros remanescentes foram revelados na própria Europa e até na Bretanha, no século XIX. Aliás, nós conservamos o juramento, que, no fundo, nada mais é que um julgamento de Deus de natureza peculiar. A Idade Média o analisava como o ato de tomar Deus como testemunha. Equivalendo a uma automaldição em caso de mentira, ele frequentemente expressa e sempre implica um apelo à divindade; seu cerimonial, praticado em lugar santo ou sobre um objeto sagrado, é de ordem religiosa. Sua principal diferença em relação ao ordálio é que a intervenção divina, a punição do perjúrio, é adiada para mais tarde ou até para o além. Atualmente, até certo ponto laicizado, o juramento difere da simples afirmação ou negação apenas pela forma solene, que empenha a honra e pressupõe, pelo menos para os crentes, certo temor dos castigos celestes.

Os outros sistemas probatórios baseiam-se na razão humana. Mas dividem-se em dois tipos, pois ora o juiz aprecia tais provas racionais com toda a liberdade e delas extrai as conclusões que lhes são inspiradas pela consciência, ora o direito em vigor o obriga a segui-las com maior ou menor fidelidade e a decidir-se de acordo com critérios impostos. O primeiro sistema é o da prova livre; o segundo, o das provas legais.

O regime da prova livre pode adaptar-se a algumas regras, especialmente processuais ou sobre a capacidade de testemunhar, a tal ponto que a linha de demarcação entre esse regime e o das provas legais nem sempre se mostra com evidência. Pelo menos não comporta regra sobre a autoridade das provas. Mas caracteriza-se, sobretudo, pelo espírito, que procede menos do raciocínio analítico e mais da intuição. Já no século II, o imperador Adriano convidava o juiz a formar sua convicção *ex sententia animi*, em sua alma e consciência. Sua mais bela expressão, porém, está na advertência lida para os jurados nos tribunais de júri no momento em que vão deliberar. Depois de lhes ser lembrado que nenhuma regra lhes prescreve apreciar a plenitude ou a suficiência da prova, pedem-lhes que "se interroguem no silêncio e no recolhimento e, na sinceridade de sua consciência, procurem saber que impressão" as provas produziram sobre sua razão; e conclui-se: "A lei só (vos) faz esta pergunta, que encerra toda a medida de (vossos) deveres: Tendes íntima convicção?" Se procurarmos os fatores aos quais esse sistema pode estar ligado, pensaremos de imediato numa organização judiciária em que o juiz não é um profissional e escapa a qualquer hierarquia. *A fortiori*, quando o julgamento é confiado a um colégio, a um júri de não profissionais que estatui sobre os fatos com toda a independência e sem apelação. Mas ele nem sempre é consequência – inconsciente, de alguma forma – dessa organização, e pode ser até que esta decorra da vontade de obter total liberdade da prova. No conjunto, pareceu bastante satisfatório, embora não tenha conseguido evitar totalmente erros (e agora há pessoas que pretendem corrigi-lo com a possibilidade de recurso, que também obedece ao regime da prova livre). Mas, em períodos conturbados, provocou abusos. Basta lembrar as "provas morais", com as quais se satisfazia a famosa lei de prairial do ano II, no auge do Terror robespierrista, ou as convicções do procurador-geral Vychinski, instrumento da repressão stalinista.

No outro extremo da prova livre está o chamado sistema das provas legais. Essa expressão é consagrada pelo uso, mas a lei não é a única fonte das disposições que a organizam. Na Idade Média, ainda que as leis romanas e canônicas lhe tenham servido de substrato, sua construção foi na realidade obra da doutrina. Diversas preocupações o explicavam. Na maioria das vezes, queria-se garantir uma busca mais segura da verdade, e não confiar inteiramente no juiz, que é apenas um homem sujeito a falhar; a intenção era guiá-lo, possibilitando que ele se beneficiasse com a experiência secular de seus predecessores. Mas, quando o legislador intervém, existe a possibilidade de que ele busque objetivos estranhos, se não contrários à verdade, como quando promulga presunções irrefragáveis.

Em maior ou menor número, em todos os lugares há regras sobre a prova, porém o grau máximo foi atingido pelo direito erudito, romano-canônico, na segunda parte da Idade Média e durante a época moderna até a Revolução francesa. Já no século XIII estava edificada uma estrita hierarquia que determinava com precisão a admissibilidade e a autoridade de cada uma das provas, bem como a preferência entre elas em caso de conflito. No ápice estava posto o fato notório, *notorium factum*, tão evidente que não precisa ser provado. Era equiparado à confissão em justiça, à coisa julgada e à presunção legal, que também dispensam prova. Logo depois vinham as provas plenas, literal e testemunhal; a condição era que as testemunhas fossem pelo menos duas. Tais provas bastavam para condenar. Previa-se a possibilidade de contradição entre elas: as testemunhas eram então preferidas aos documentos escritos. No grau inferior, tinha-se a prova semiplena, quando se apresentava uma única testemunha em vez das duas necessárias à prova plena. No mesmo nível situavam-se as presunções de fato, chamadas presunções do homem. Mas algumas, como a reputação pública, eram consideradas tão fracas, que se classificavam ainda mais abaixo e não passavam de simples indícios. Não possibilitavam condenar, mesmo quando se acumulavam, mas autorizavam o emprego da tortura, "a questão". O juramento deferido pelo juiz podia desempenhar papel subsidiário, para completar uma meia prova (juramento supletório), ou podia ser feito por um réu contra o qual nenhuma prova tivesse sido estabelecida, para que ele pudesse libertar-se de qualquer suspeita (juramento purgatório). Evidentemente, os ordálios eram terminantemente proibidos. Essa classificação meticulosa correspondia aos métodos da escolástica. Continuaria depois da Idade Média e reinaria até pleno século XVIII, com a exceção de que, no século XVI, dava-se preferência à prova escrita sobre a prova testemunhal.

Esses são os três grandes sistemas de prova. Seria possível distinguir um quarto? Há cerca de um século, o criminalista italiano Enrico Ferri predizia o próximo advento da prova científica. É verdade que, durante o século XX, a ciência propiciou progressos consideráveis à prova. Basta citar, entre outros, tudo o que diz respeito à polícia científica, a antropometria, as impressões digitais, os exames de sangue na investigação de paternidade, os traços genéticos de DNA e até o levantamento das ligações telefônicas que, na Córsega, possibilitou identificar os assassinos de Érignac. Em todos esses casos, trata-se de provas racionais, livres ou legais, segundo o grau de intervenção do legislador. Caberá reuni-las num grupo específico? Com algum esforço de raciocínio seria possível, a rigor, incluir a maioria delas em alguma das categorias existentes – escrita, testemunhal, presunções –, mas com o risco de lhes aplicar regras inadequadas. Inversamente, reuni-las segundo o critério da ciência ou da invenção recente (o que, aliás, não se aplica a todas: a autópsia, por exemplo, remonta ao século XVII) não seria muito pertinente do ponto de vista jurídico. O debate continua aberto.

Evolução geral

As provas sobrenaturais existem desde a origem. Foram conhecidas na Mesopotâmia e nos seus vizinhos do Oeste, Israel mesmo, bem como na Grécia. Roma conservou algumas lembranças confusas e lendárias desse tipo de prova até o século III a.C. Acabaram por desaparecer durante o último milênio antes da era cristã. Nunca reinaram sozinhas. As leis mais antigas punem o falso testemunho. Os documentos escritos eram organizados de maneira notável já no segundo milênio. Recém-chegados à civilização, os romanos, até o Império, viveram sob o regime da prova livre. Salvo por alguns pontos bastante secundários, as disposições legislativas eram raras. Eles formularam expressamente os princípios que regiam o ônus da prova. Mas, embora tenham lançado os fundamentos de tantas instituições, seus jurisconsultos manifestavam completo desprezo pelas questões da prova, que deixavam por conta dos advogados. Os tratados de retórica destinados à formação destes esmeravam-se na arte de persuadir, e não no conhecimento do direito. Embora classificassem cuidadosamente os indícios e os sinais (nossas presunções), incluíam entre as provas os contratos e as leis, ao mesmo tempo que davam argumentos para dispensá-los em caso de necessidade, assim como a coisa julgada. Forneciam armas nos dois sentidos: a tortura, por exemplo, era meio de arrancar a verdade, mas frequentemente causa de mentira. Por outro lado, quanto à prova literal, os romanos estavam atrasados em relação ao mundo grego e helenístico, do qual copiaram a maneira de confeccionar os documentos, mas cujos progressos hesitavam em seguir. Durante muito tempo, recusaram-se a organizar o estabelecimento de instrumentos públicos a serviço dos particulares. Mal o fizeram no início do Baixo Império. Nesse momento, já fazia algum tempo que a legislação imperial intervinha no âmbito da prova. A liberdade diminuiu. Tardiamente, mas pela primeira vez na história, será feita certa sistematização, bastante incompleta, nas compilações jurídicas dos séculos V e VI. Ela constituirá um arsenal no qual a Idade Média se abastecerá para reconstituir o regime das provas racionais. As invasões bárbaras provocaram um recuo da civilização e o retorno das provas sobrenaturais. Apenas vinte e cinco anos após a queda do Império do Ocidente, a lei dos burgúndios prescrevia o emprego do duelo judiciário como remédio para o abuso dos falsos juramentos. Duelo judiciário e ordálios tornaram-se as provas dominantes durante seis a sete séculos. Depois, do século XII ao XIV, de acordo com as regiões (já foi feito um mapa), a Europa ocidental e central passou por uma verdadeira revolução, abandonando as provas sobrenaturais, mas por dois caminhos diferentes.

No continente quase inteiro, a mudança decorreu do direito erudito, com procedimento romano-canônico. Teve quatro características: ônus da prova por parte da acusação, eliminação das provas reveladas, sistema de provas legais, predominância da prova testemunhal. Foi a investigação romano-canônica que forneceu os meios para a substituição das provas supersticiosas, em duas etapas. Começou-se por introduzir, ou melhor, por difundir a investigação, enquanto, paralelamente, os ordálios continuavam tendo vida própria. Mas a Igreja, que sempre os vira com maus olhos, deu-lhes um golpe fatal em 1215, quando o quarto concílio de Latrão proibiu o clero de abençoar seus instrumentos. Os ordálios unilaterais começaram a declinar e desapareceram. No que tange aos tribunais laicos, são Luís, em 1254, ordenou o emprego da investigação e proibiu o duelo judiciário, mas chocou-se com a resistência do orgulho nobiliário, que alegava assim perder a liberdade. Seus sucessores abrandariam a medida, e o duelo judiciário subsistiu até o fim da Idade Média. Infelizmente, do direito romano também foi copiado o uso da tortura. Mas as provas racionais não eram utilizadas indistintamente. O direito erudito, ensinado nas Universidades, sofreu a influência da escolástica e de seu espírito de classificação. Daí surgiu a edificação de um sistema rígido de provas, mais tarde chamadas de legais, em que o juiz perdia toda a liberdade. Nessa divisão, a prova literal e a prova testemunhal eram colocadas no mesmo nível, mas, em caso de contradição, a segunda prevalecia.

O desaparecimento das provas sobrenaturais ocorreu mais ou menos na mesma época na Inglaterra e numa zona costeira do Mar do Norte, mas sem relação com o renascimento do direito romano nem com o direito canônico, seguindo um caminho original que levará à instituição do júri e, mais tarde, à prova livre. O ponto de partida foi uma criação carolíngia, a investigação destinada a informar o rei sobre seus direitos dominiais. Sua peculiaridade estava no fato de que as testemunhas, em vez de serem apresentadas pelas partes, eram notáveis designados pelos agentes régios. Eles juravam dizer a verdade (*verum dicere*, veredicto), na maioria das vezes em grupo, depois de uma deliberação conjunta. Esses júris, conservados e utilizados amplamente na Normandia, passaram para a Inglaterra depois da conquista e lá, no século XII, receberam competência penal, que consistia em denunciar os suspeitos em caso de crime (júri de acusação). A investigação romano-canônica não se aclimatou na Inglaterra. O júri se desenvolveu e ocupou seu lugar: para escapar aos ordálios ou ao duelo judiciário, o acusado submetia-se de antemão àquilo que os jurados declarassem, e o juiz só precisava homologar tal declaração.

Durante os três séculos da época moderna, à parte um retorno ofensivo limitado nos processos por feitiçaria, os ordálios e o duelo judiciário desapareceram na Europa. O regime que se estabeleceu na Idade Média manteve-se com duas formas. Na Inglaterra, o júri tornou-se um órgão de julgamento, pelo menos no âmbito da *common law*. Composto por não profissionais, praticava o sistema da prova livre. No continente – onde a predominância do testemunho sobre a prova escrita foi substituída no século XVI pela regra contrária –, o sistema das provas legais começou a ensejar críticas. À primeira vista, ele parecia proteger o réu, pois para condená-lo era preciso, como se dizia, ter provas mais claras que a luz do meio-dia, sua confissão ou o depoimento de duas testemunhas oculares. Na realidade, esse sistema era pervertido por dois usos: por um lado, o emprego aritmético das provas imperfeitas, indícios e presunções, com possibilidade de acrescentar meias provas e, às vezes até, quartos e oitavos de prova, para grande escândalo de Voltaire durante o caso Calas; por outro, o emprego da tortura, com base em indícios mais ou menos frágeis, para se obter a confissão do réu. Ora, durante o século XVII, a tortura deixara de ser usada na Inglaterra. Por esse motivo, o regime penal inglês passou a exercer grande fascinação sobre os filósofos do Iluminismo. A tortura foi abolida em vários países do continente; na França, às vésperas da Revolução. Essa primeira vitória do humanismo foi seguida por uma segunda. Em 1791, o júri foi instituído para o julgamento dos crimes e, com ele, a prova livre e a íntima convicção, que já naquele ano figurou na advertência aos jurados (reproduzida com ligeiras modificações nos textos posteriores). O novo regime expandiu-se com relativa rapidez e totalidade: alguns países rejeitaram o júri; as provas legais subsistiram na Rússia até 1864. Mas a distribuição até então geográfica dos sistemas de prova foi substituída por uma distribuição de ordem jurisdicional, que se constata nos códigos napoleônicos. Enquanto o Código de Instrução Criminal incitava os jurados a seguir sua íntima convicção, o Código Civil continha nada menos do que 55 artigos sobre a prova das obrigações e dos pagamentos, sem contar outras disposições imperativas, especialmente sobre o estado civil, a prova da filiação etc. Evidentemente, o regime era bem menos rígido do que o da época anterior, sendo abandonados os acréscimos de provas imperfeitas. Não deixava de ser, porém, de forma atenuada, um sistema de provas legais. O que ocorreu depois da promulgação? À primeira vista, nada de fundamental. O Código Civil de 1804 continua em vigor, e seus artigos sobre a prova das obrigações sofreram apenas retoques insignificantes. Embora o Código de Instrução Criminal tenha sido substituído em 1958 pelo Código de Processo Penal, a advertência aos jurados continua, um pouco mais curta. A maioria das mudanças ocorreu de maneira progressiva, quase imperceptível, mais em decorrência da prática judiciária do que dos textos legais. Entre elas, citaremos a extensão considerável da perícia, a expansão e a simplificação da prova por escrito, o aumento dos poderes de investigação do juiz, o desenvolvimento de um processo administrativo que não comporta oitiva de testemunhas nem juramento. O único acontecimento importante foi a multiplicação recente dos meios de prova em decorrência das descobertas científicas.

Atualmente, três pontos merecem mais atenção. Em primeiro lugar, o emprego das técnicas recentes. Algumas delas, como a narcoanálise e o narcodiagnóstico – que, segundo se diz, possibilitariam a obtenção de confissões –, devem passar por exame deontológico antes de ser admitidas ou rejeitadas. Outras, como as escutas telefônicas e a gravação clandestina de conversas, só podem ser aceitas com um controle que deve ser preparado. A maioria das outras invenções poderá ser integrada entre as provas, mas com algumas precauções (como, por exemplo, o documento eletrônico e a assinatura eletrônica). Segundo ponto: o reaparecimento da tortura na Europa depois de um século de esquecimento. É verdade que nenhuma lei fala dela, a não ser para proibi-la. Mas sua prática ou a extensão de seu emprego se deu muitas vezes na ilegalidade. A Corte Europeia dos Direitos Humanos vigia atentamente o respeito à sua proibição. Façamos votos para que ela tenha sucesso duradouro. A terceira preocupação não se refere à Europa. Sob a influência da colonização, as provas sobrenaturais haviam refluído, mas não desapareceram. A descolonização terá efeito inverso? A rapidez de seu reaparecimento a partir da queda do Império Romano é um precedente que poderia levar a temer o pior, embora as circunstâncias gerais não sejam as mesmas.

Principais regras e principais provas

Ônus da prova. – Os romanos impuseram o princípio que continua atual, segundo o qual o ônus da prova cabe ao demandante (ou à acusação) e, reciprocamente, é o indiciado (ou réu) que indica uma exceção ou um meio de defesa. De modo mais geral, quem faz uma afirmação deve prová-la. Essa regra, que nos parece óbvia, não era considerada nos ordálios unilaterais, que eram impostos ao réu (às vezes a uma testemunha duvidosa). A explicação disso, provavelmente, é que o réu, no momento em que se decidia a provação, já era suspeito por causa de alguns indícios, era desconsiderado até por causa da acusação, do rumor público que a acompanhava, do juramento que a apoiava. Em sua luta contra os ordálios, os juristas eruditos da Idade Média retomaram com energia a regra romana, que passou para o Código Civil francês. No direito penal, ela está na presunção de inocência do réu, que figura nas Declarações dos Direitos Humanos, desde a de 1789 até a Convenção Europeia de 1950. A partir do século XII, as coleções jurídicas e os autores enumeram cinco provas, no que foram imitados pelo Código Civil francês.

Testemunha. – Trata-se da prova mais usual, pelo menos em matéria penal. Todas as legislações definem a capacidade para testemunhar, que é muito variável em certos pontos, em função do ambiente político e social. Todas reprimem o falso testemunho. Todas, com exceção das que são inspiradas pela opção do ateísmo, obrigam a testemunha a prestar juramento. Há desconfiança da testemunha única: na época das provas legais, esse depoimento era visto como uma meia prova. Naquela época também, afirmava-se categoricamente que as testemunhas deviam ter presenciado, *de visu*, os fatos que relatavam, e os relatórios de investigações consignavam que elas haviam sido interrogadas sobre a maneira como tinham ficado sabendo do fato. Excluíam-se assim aqueles que apenas relatavam por ouvir dizer boatos sem fundamento de verdade. Apesar de não repetidas com tanta insistência, essas ideias continuam em vigor. Quanto à designação das testemunhas, ver acima a diferença entre a investigação romano-canônica, da qual procede a investigação vigente hoje na França, e a investigação carolíngia, ancestral distante do júri. E ver abaixo (a respeito do juramento) a diferença entre testemunhas e conjuradores.

Prova literal. – Nas causas cíveis, a prova dominante é o documento escrito. O Código Civil francês distingue duas espécies: os chamados documentos autênticos, que compreendem os registros civis e os instrumentos notariais, e os documentos privados. Os primeiros são lavrados por um "oficial público", especialmente habilitado para tanto, e fazem fé daquilo que foi constatado, salvo em caso de falsa acusação, processo penal difícil e arriscado em que o ônus da prova incumbe àquele que contesta o documento. Os segundos, caso a caligrafia não seja reconhecida, precisam ser verificados, e o ônus da prova de veracidade incumbe àquele que apresenta o documento e nele se respalda. Essas regras têm um longo passado.

O documento escrito aparece em época muito antiga, já com duas formas: a pública (estabelecida por uma autoridade política ou religiosa, ou pelo menos diante dela) e a privada. Este tipo de documento já foi habilmente concebido no segundo milênio antes da era cristã na Mesopotâmia e arredores. Era escrito duas vezes, não para que um exemplar ficasse com cada interessado – pois as duas versões, ordinariamente anexadas uma à outra, ficavam apenas com o beneficiário, adquirente ou credor. Uma ficava aberta para a leitura corrente. A outra era selada e só devia ser aberta em juízo, em caso de processo. Assim, era protegida de falsificações. A força probante dos dois tipos de documento baseava-se na participação de testemunhas instrumentárias, pessoa pública no caso de uns – dotada de autoridade conhecida e indiscutível –, pessoas privadas no caso de outros, chamadas a depor caso houvesse contestação, para reconhecer seu selo e dizer o que havia ocorrido. O documento escrito, em suma, tinha a natureza de um testemunho colhido de antemão.

Esses dois tipos de documento disseminaram-se por todos os países mediterrâneos. Mas a adoção da escrita alfabética, mais fácil, e a difusão que ela permitiria levariam à invenção, na Grécia, no século IV a.C., de outra espécie de documento privado, o quirógrafo, inteiramente escrito ou pelo menos subscrito pelo próprio punho do disponente, devedor ou alienador. Sua natureza equivalia a uma confissão. A caligrafia é pessoal e difícil de imitar. Por isso, a dupla redação já não era necessária; tampouco era necessária a intervenção de testemunhas: seu número diminuiu e, pouco depois da era cristã, alguns países, como o Egito helenístico, prescindiam totalmente dela. Os romanos hesitaram em enveredar por esse caminho. Mantiveram a dupla redação até o século III e, mesmo depois de adotarem o método do quirógrafo, o legislador continuou aconselhando muni-lo de testemunhas. Quanto ao documento público, foi também nessa época tardia que se desenvolveu no Império Romano.

A Idade Média voltou inteiramente à antiga concepção de escrito-testemunho, que durou um bom número de séculos. Mas, em fins da época moderna, a situação mudou. O ensino, mais difundido, possibilitou o retorno ao quirógrafo, que acabou por se reduzir a simples assinatura, sem a participação de testemunhos instrumentários, o que atualmente pode consistir apenas numa troca de cartas. O único documento-testemunho que subsiste é o instrumento autêntico. O notário é uma testemunha, privilegiada pela qualidade que lhe é conferida pela autoridade pública, que organizou solidamente sua profissão.

Na Idade Média, quando foi criado o regime das provas legais, ocorreu uma controvérsia sobre os respectivos lugares das duas provas plenas: testemunha e documento escrito. Ela foi resolvida no início do século XIII pelo papa Inocêncio III a favor do testemunho e entrou em vigor o seguinte adágio: "As testemunhas vão além das letras." Para entendê-lo, é preciso lembrar o estágio da sociedade na época, o número de analfabetos, o de falsificações, a possibilidade de examinar e interrogar as testemunhas, de lhes pedir a fonte de informação. Por isso, dizia-se que a voz delas era viva, ao passo que num texto a marca delas era morta. Mas, com a expansão da escolaridade, com as necessidades do grande comércio e com a organização do notariado, três séculos depois se chegaria à regra contrária. A ordenança de Moulins (1566) impôs que fosse feita por escrito qualquer convenção que ultrapassasse o valor de cem libras e proibiu provas que contrariassem ou fossem além das enunciações do documento. A partir daí, passou-se a dizer: "As letras vão além das testemunhas." O Código Civil francês (art. 1.341) corroborou essa superioridade.

Presunções. – Os romanos chamavam de *praesumptio* a admissão de um fato antes da prova. É o que ocorre com a presunção legal. Os glosadores, já no século XII, fizeram a distinção entre presunções legais, irrefragáveis, e presunções que podem ser refutadas por prova contrária. Por outro lado, somaram às presunções aquilo que a Antiguidade chamava de sinais ou indícios, criando as presunções do homem, que em princípio foram arroladas entre as provas semiplenas. Seus sucessores, até a época moderna, se esforçariam em vão para tentar enumerar e classificar as diversas presunções do homem segundo seu grau de autoridade. Hoje, prefere-se recorrer ao juiz.

Juramento. – O juramento que um demandante prestasse espontaneamente ensejaria pouca convicção. Cabe ressaltar, porém, dois usos medievais. De acordo com um deles, era possível jurar auxiliado por certo número de conjuradores, geralmente pertencentes à sua parentela ou à sua vassalagem, que eram obrigados a apoiar seu juramento. Podiam não saber nada sobre os fatos da causa. Eram partidários que iam apoiar seu senhor ou parente e corriam o risco de precisar travar batalha com ele. O direito erudito não ousou proibir imediatamente essa prática. Qualificava os conjuradores de testemunhas, mas, para distingui-los das verdadeiras testemunhas, testemunhas "de verdade", chamava-os de testemunhas "de credibilidade" e dava-lhes um crédito limitado. Outro uso, específico do direito canônico, era o juramento purgatório, prestado pelo réu contra o qual não pudesse ter sido estabelecida nenhuma prova, para "purgar-se" (*purgare*) de qualquer suspeita e calar as difamações. Tudo isso desapareceu há muito tempo.

Atualmente, o juramento é admitido apenas em matéria cível e quando é deferido, ou seja, oferecido por uma parte à outra (juramento decisório) ou pelo juiz (juramento supletório). Quando uma parte defere o juramento a seu adversário, este deve jurar ou referir-lhe o juramento. A recusa de prestar juramento deferido ou referido acarreta a perda do processo: de fato, quem não tem coragem de jurar o que afirmava reconhece implicitamente que mentiu. Se jurar, terá decisão favorável (donde o nome) e mesmo a prova ulterior de mentira seria recusada. Essa operação se decompõe numa convenção, em que um oferece e o outro aceita, jurando. A Antiguidade já conhecia esse juramento. Mais recente, sem dúvida, o juramento supletório é deferido pelo juiz como suplemento (donde o nome) de prova ao demandante por ele escolhido, desde que a demanda não esteja totalmente desprovida de prova, nem plenamente provada. Quando prestado, tem apenas força de presunção. O juiz não é obrigado a crer nele, e uma prova ulterior de mentira o invalida.

Confissão. – Nas causas cíveis, a confissão em juízo dá plena fé contra aquele que confessa, e grande número de autores, desde a Idade Média, vê nela um ato de disposição. Daí decorrem as exigências sobre a capacidade, sobre os poderes necessários para fazê-la em nome de outrem, donde sua exclusão para objetos indisponíveis, donde seu efeito absoluto e definitivo, salvo em caso de erro. Em matéria penal, embora na verdade ela desempenhe um papel frequentemente privilegiado, os juristas e os legisladores sempre recomendaram que fosse verificada cuidadosamente antes de se condenar. Em direito francês, o réu tem o direito de não confessar. O direito anglo-saxão é um tanto diferente: em alguns casos, o réu é obrigado a testemunhar sobre si mesmo sob juramento, sendo punido por perjúrio se mentir. As desventuras do presidente Clinton, em 1998-99, são testemunho disso.

Não deveríamos precisar falar da tortura, não só porque em si mesma ela não é prova, mas apenas um meio de extorquir confissões ou denúncias, mas também porque é proibida. No passado, desempenhou papel importante. De início, na Antiguidade, mas apenas na greco-romana, onde era autorizada somente para escravos e inimigos. A partir do Império, também passou a ser aplicada a homens livres, inicialmente para delitos políticos, depois para os outros, com a preocupação de poupar as classes superiores da sociedade. Desaparecendo com a queda do Império, a tortura reapareceu com o renascimento do direito romano e subsistiu até o fim do século XVIII. Alguns privilegiados escapavam. Toda a sua história mostra como ela está ligada às relações do homem com o poder. Mais uma demonstração disso está no seu ressurgimento no século XX, sobretudo nos regimes totalitários.

A lista tradicional das cinco provas, evidentemente, não é exaustiva. A notoriedade, que dispensa de provar, já não dá ensejo a estudo especial. A perícia é frequentemente praticada. Nela se viu, com razão ou não, uma variedade de testemunho, mas outros a consideram uma prova distinta. Por fim, quer se faça dela uma categoria especial, quer seja ela integrada nas categorias clássicas, não poderíamos negligenciar as numerosas invenções mais ou menos recentes, destinadas a prestar grandes serviços no campo das provas.

› Col.: *Recueils de la Société Jean Bodin*, t. XVI a XIX, Bruxelas, 1963 e 1965. – *La Preuve en droit*, Estudos publicados por Ch. Perelman e P. Foriers, Travaux du Centre national de recherches de logique, Bruxelas, 1981. – *La Preuve devant le juge*, XVII Congresso do IDEF (1984), *Revue juridique et politique, Indépendance et coopération*, ano 39, 1985.

Jean-Philippe Lévy

→ Direitos humanos; Formas e procedimentos; Juiz; Júri; Processo cível; Processo penal.

PUBLICAÇÃO

A definição já moderna do *Répertoire de Jurisprudence Guyot* (1782), segundo a qual publicação é “a ação pela qual uma coisa se torna pública e notória”, tende a ser substituída por outra: é o ato que tende à divulgação autêntica de um texto, à qual está subordinada a oponibilidade deste último. Ao mesmo tempo que salvaguarda a profunda diversidade das possíveis formas da publicação, tal definição põe em evidência seus elementos essenciais.

Noção de publicação

Em primeiro lugar, a publicação é um ato. Portanto, não poderia ser confundida com *publicidade*, que nada mais é que a situação que, sem dúvida, pode resultar de um ato de publicação, mas sem que essa origem seja necessária. E, mesmo que esse elo existisse, a publicação continuaria diferindo da publicidade, como a causa difere de seu efeito. O direito atribui, em segundo lugar, uma função material à publicação. É nesse sentido que se pode dizer que ela tende à divulgação autêntica de um texto. A notoriedade assim buscada não deve ser entendida como o conhecimento apenas do conteúdo do texto, mas também das qualidades que lhe são atribuídas pelo sistema jurídico. A publicação de um tratado internacional, por exemplo, tem a função de torná-lo notório como texto, como texto jurídico e, por fim, como tratado internacional. A partir daí, num sistema em que a natureza jurídica de um texto resulta não só de seu conteúdo, porém mais ainda da autoridade que o adotou, as marcas de autenticidade são parte integrante do processo de publicação. Garantem que o texto publicado – seja qual for seu conteúdo – é realmente aquele que foi estabelecido pela autoridade habilitada a fazê-lo. Por fim, a partir do momento em que ele é objeto de publicação, ninguém mais pode pretextar ignorá-lo. O famoso adágio segundo o qual *A ninguém é permitido ignorar a lei* tem um alcance bem mais amplo do que parece. De fato, todo texto publicado segundo as formalidades exigidas é considerado conhecido. Pouco importa se um indivíduo ignora sua existência, seu conteúdo ou mesmo seu alcance jurídico: embora talvez ignorante na realidade, ele é considerado instruído no mundo do direito. O texto lhe é oponível na forma com que foi publicado. Tal definição exige alguns esclarecimentos. As relações que a publicação mantém com algumas noções vizinhas – tais como promulgação, notificação e entrada em vigor – nem sempre são claramente determinadas.

A confusão entre publicação e *promulgação* foi muitas vezes denunciada. Mas, se os erros subsistem, é porque essa distinção, claramente estabelecida pelo direito positivo, além de ter uma história conturbada, não é consagrada por todos os sistemas jurídicos (em especial o direito canônico). O aparecimento tardio dessa oposição é explicado pelo fato de que, num sistema que continua estabelecido com base no modelo da monarquia absoluta, a noção de promulgação não tem lugar. Esta última pode ser definida como o ato jurídico que tem por objeto declarar que um texto tem a qualidade de lei, ordenando, por conseguinte, sua execução. O direito francês, como a maioria dos outros sistemas, atribui o poder de promulgar ao chefe de Estado, que o exerce na forma de decreto (art. 10 da Constituição de 1958). Ora, tal ato só tem razão de ser num regime de separação orgânica no qual o Poder Legislativo – pois é sempre dele que se trata – é exercido por vários órgãos. A promulgação tem por objeto certificar que todos efetivamente se pronunciaram, segundo as formalidades exigidas e sobre um texto idêntico; garantir, em suma, que todas as condições de existência jurídica da lei estão reunidas. Desse modo, promulgação e publicação mostram-se claramente distintas. A primeira não só tem um campo muito mais restrito – só as leis são promulgadas –, como também seu objeto e seu efeito são fundamentalmente diferentes. Somente uma análise etimológica pode confundir essa distinção. O *Dicionário da Academia Francesa* de 1776, ao definir a promulgação como "publicação das leis, feita com as formalidades exigidas", é especialmente revelador. Quando a nova noção surgiu, consequência de uma nova organização constitucional, foi usado um termo antigo para designá-la. E aquilo que no passado era chamado, indiferentemente, de "promulgação" ou "publicação" passou a ser indicado de maneira exclusiva pelo segundo termo. Tal deslizamento de sentido não poderia levar a ignorar a existência de duas noções radicalmente diferentes.

Também é usual distinguir publicação de *notificação*. Segundo alguns, as duas noções se oporiam radicalmente porque a primeira tenderia a produzir um conhecimento geral, enquanto a segunda visaria apenas um conhecimento particular. A oposição, porém, não é tão radical a ponto de levar a deixar de lado o problema da notificação. De fato, visto que as funções material (divulgação autêntica) e jurídica (tornar oponível) são estritamente idênticas nos dois casos, é preciso buscar alhures o critério de distinção. Este não pode consistir na natureza do texto publicado ou notificado, pois esse é um elemento indiferente da publicação. O exame do direito positivo mostra, aliás, como a distinção entre ato individual e ato regulamentar no caso tem pouca pertinência. Não seria convincente invocar as diferenças de formas entre a publicação e a notificação. Pois há formas de publicação, e não só uma, e não há mais diferença entre a notificação e a afixação de um texto do que entre sua inserção numa coletânea e sua proclamação em altos brados. Tal consideração invalida também o terceiro e último argumento geralmente invocado. Enquanto a publicação teria um efeito *erga omnes*, a notificação só teria alcance individual. Tal afirmação revela desconhecimento do fenômeno da publicação. Pois, se alguns modos de publicação, tais como a inclusão no *diário oficial* no caso das leis e dos decretos, tornam o texto publicado oponível a todos, isso nem sempre acontece. Ao contrário, os juízes (especialmente o juiz administrativo) na maioria das vezes exigem que o modo de publicação efetivamente possibilite seu conhecimento pelo sujeito ao qual se pretende que o texto seja oponível. Assim, a inclusão de um ato no boletim de um ministério ou sua afixação em certos locais não o tornam oponível àquele que não possa ter acesso a ele. Isso não significa que a publicação tenha sido irregular, mas sim que ela não tem efeito *erga omnes*. Se não é possível estabelecer uma oposição nítida entre o que seria publicação e o que seria notificação, é porque esta última, tal como a proclamação e o cartaz, não passa de um dos modos da publicação.

Uma terceira dificuldade surge quando se menciona o problema do efeito jurídico da publicação. Em vez de se referir à noção de *entrada em vigor*, a definição proposta considera apenas a oponibilidade do texto publicado. As duas noções devem ser claramente distinguidas. A entrada em vigor, em primeiro lugar, tem um alcance muito mais restrito do que a oponibilidade. Enquanto o domínio desta última se estende a todo e qualquer texto publicado, só os textos normativos entram em vigor. Um texto é oponível a qualquer sujeito que, em virtude do sistema jurídico, possa ter conhecimento dele. Um mesmo texto, portanto, pode ser oponível a uma pessoa quando ainda não o é a outra. Para tanto, basta que o direito aplicável determine um modo de publicação do texto que seja diferente segundo a situação dos sujeitos aos quais ele seria oponível (por exemplo, o membro da assembleia deliberativa que criou o texto, as pessoas de fora, os habitantes da metrópole ou os dos territórios ultramarinos). Em segundo lugar, um texto já oponível não é necessariamente aquele que já entrou em vigor. Existe a possibilidade de um texto normativo prever que algumas de suas disposições só entrarão em vigor depois de determinado prazo. Mas isso não implica que o texto em si não seja oponível: é exatamente em virtude de suas próprias disposições finais, parte integrante do referido texto, que o juiz descarta a norma como ainda não vigente. Inversamente, uma norma que já entrou em vigor pode não ser oponível ainda, ou porque o prazo por ela fixado vença antes de sua publicação, ou porque, sendo oponível para alguns, ainda não o é para outros. Em suma, enquanto a oponibilidade deve ser considerada em função do sujeito de direito, porque o modo de publicação frequentemente difere de acordo com a sua situação, a entrada em vigor deve ser considerada *in abstracto*, apenas em função das disposições normativas (considerando-se que, num ato normativo, sempre existem várias disposições normativas). O problema da publicação, portanto, é distinto do problema da entrada em vigor das normas jurídicas.

História do modo de publicação

Diante da manifesta diversidade dos modos de publicação utilizados, nunca ninguém pensou em deixar de considerar o caráter fundamentalmente arbitrário dessa escolha. Essa é provavelmente a razão pela qual é tão difícil traçar a história dessas formas. Raras são as que desapareceram totalmente, mais raras ainda aquelas que nunca se impuseram totalmente. Os sistemas jurídicos sempre se abstiveram de consagrar uma forma única de publicação. Conforme a natureza do texto publicado, conforme a autoridade considerasse ou não oportuno difundi-lo amplamente, seus modos variaram. A escolha foi influenciada por outros fatores, além da importância dada pelos governos à publicação desses textos. Não cabe insistir muito tempo na natureza dos meios técnicos postos à sua disposição. O desenvolvimento da imprensa, o progresso das vias de comunicação, a revolução das telecomunicações são acontecimentos que provocaram o aparecimento de novos modos de publicação possíveis. Como o leque de possibilidades ficou mais aberto, as escolhas mudaram.

O problema da publicação surgiu, no Antigo Regime, em correlação com a afirmação de um direito de origem régia. O que alguns qualificaram de "publicação por representação" (Zanobini) consistiu na publicação dos textos régios no âmbito da *Curia regis* e depois perante as diferentes cortes soberanas. Na realidade, esse modo de publicação sem dúvida se assemelhava na origem ao método às vezes utilizado pela autoridade pontifical quando mandava publicar seus textos em concílios expressamente reunidos para esse efeito. Os bispos participantes eram intermediários que, informados, deviam divulgar as vontades pontificais no âmbito de sua diocese. O princípio que bem mais tarde foi chamado de publicação judiciária obedecia a uma lógica idêntica. As cortes do Parlamento, em especial, transmitiam os textos régios aos tribunais das sedes inferiores. Eles só se tornavam "obrigatórios" quando a publicação estivesse garantida. Esta, na maioria das vezes, consistia na simples leitura em audiência solene: se as portas ficassem simbolicamente abertas, só os homens da lei assistiam a tais cerimônias. No entanto, a partir do momento em que eram registrados nos tribunais encarregados de aplicá-lo, o ato régio impunha-se a todos os súditos da jurisdição. Paralelamente a esse modo de publicação, os numerosos atos régios que não estavam submetidos ao procedimento de registro pelas cortes soberanas eram notificados a seus destinatários quando tinham alcance apenas individual (tanto a particulares quanto a agentes de execução); para os outros, quando se considerasse necessário, os atos eram publicados ao som de trombeta, por leitura e afixação nos lugares mais importantes da jurisdição.

Rejeitando o sistema jurídico do Antigo Regime, os revolucionários deram continuidade a uma ilusão: fazer a nova lei penetrar profundamente na consciência dos cidadãos. Assim, em virtude dos decretos de 5-6 e 9 de novembro de 1789, os textos legislativos eram enviados a cada tribunal e a cada comuna, para que ali se desse a sua publicação. Mais ainda: a Lei de 14 de frimário do ano II criava um *Boletim das leis* com a ideia de que cada um poderia construir para si uma coletânea autêntica das leis em vigor. Esta última, enviada a cada comuna, deveria ali ser lida ao som de trombeta, para que ninguém pudesse ignorá-la. A história, porém, revelou que tais modos de publicação, assim como os do Antigo Regime, tinham o defeito de exigir a intervenção de agentes subalternos. A falha de um único deles, que fosse negligente ou mesmo mal-intencionado, acarretava a consequência de a lei não ser aplicável ao conjunto do território.

A Lei de 12 de vendemiário do ano IV, que declarava a lei "obrigatória" a contar da chegada do *Boletim* à sede do departamento, constitui uma verdadeira ruptura com o ideal revolucionário. Mais ainda: o artigo 1º do Código Civil francês consagrou um modo totalmente inédito de publicação. Aproveitando-se da ambiguidade do termo promulgação, seus redatores impuseram a ideia de que a um direito agora único deveria corresponder uma publicação única: depois de centralizados os procedimentos de elaboração do direito, centralizavam-se também os mecanismos tendentes a torná-lo oponível. A simples negligência de um agente administrativo já não deveria ter a consequência de impedir que todos os cidadãos ficassem sujeitos a um mesmo direito. Segundo diziam, eram atentados ao princípio de igualdade perante a lei. Para libertar a lei das ações humanas, estabeleceu-se então que ela passaria a ser executada ao cabo de um prazo que correria a contar apenas da "promulgação" pelo Primeiro-Cônsul. Se existisse ainda um *Boletim das leis*, a inclusão nele deixaria de ter consequências jurídicas. A ordem de 27 de novembro de 1816 continuava fiel a esse sistema. O decreto do governo da Defesa Nacional de 5 de novembro de 1870 o flexibilizou. Os prazos corriam, na origem, a contar da publicação de uma das duas coletâneas oficiais: o *Boletim das leis* e o *Diário Oficial da República Francesa*. Mas, depois da supressão do *Boletim* pela Lei de 19 de abril de 1930, subsistiu só a segunda. Impunha-se definitivamente o modo de publicação que consistia na inserção de um texto numa coletânea e, depois, na divulgação desta. Além do direito francês, a maioria dos outros sistemas consagrou esse modo para a publicação dos textos mais importantes.

Paralelamente, foram criados numerosos boletins administrativos (comunais, departamentais etc.), mas esse modo de publicação nem sempre foi considerado obrigatório. Isto porque, simultaneamente, desenvolvia-se o problema dos simples atos administrativos. Nenhum texto nunca lhes impôs um regime uniforme. Embora tivesse sido regulamentado o modo de publicação para certas categorias de atos (tais como alvarás de construção ou editais públicos para concorrências), o direito comum aplicável continuou sendo fixado pelo juiz. Segundo o juiz administrativo, em especial (entre outros, por exemplo: CE, Sec., 12 de julho de 1991, *Min. de la jeunesse et des sports*), a publicação de um texto deve ser "suficiente", no sentido de que os sujeitos aos quais ele deve ser oponível devem ser postos em condições de conhecê-lo.

Esse é hoje o direito comum da publicação, ao qual o Decreto de 1870, além de outros textos, constitui exceção. Bem longe da reação do legislador de 1804, que, em oposição ao modelo revolucionário, consagrou uma concepção puramente formal da publicação, os juízes, já no século XIX, voltavam a insistir na importância de um modo de publicação que possibilitasse efetivamente o conhecimento autêntico dos textos invocados perante eles. É ao próprio legislador que eles impõem hoje essa concepção material. Esse é o caminho seguido pelo Conselho Constitucional, que não hesita em referir-se – ironia da história – àquele que sem dúvida foi o mais ilustre texto dos homens de 1789, mas na seguinte disposição, que deveria justificar o artigo 1º do Código Civil: "A igualdade perante a lei enunciada pelo artigo 6º da Declaração dos Direitos do Homem e do Cidadão e a 'garantia dos direitos' enunciada por seu artigo 16 poderiam não ser efetivas caso os cidadãos não dispusessem de um conhecimento suficiente das normas que lhes são aplicáveis" (decisão 99-421 DC de 16 de dezembro de 1999).

› Berriat-Saint-Prix, "Recherches sur les différents modes de publication des lois depuis les romains jusqu'à nos jours", *Revue étrangère et française de législation et d'économie politique*, vulgo *Revue Foelix*, t. V, 1838, pp. 279 ss. – Eisenmann, *Cours de droit administratif. Les actes de l'administration*, Paris, LGDJ, 1983. – Herzog & Vlachos (org.), *La Promulgation, la signature et la publication des textes législatifs en droit comparé*, Paris, LGDJ, 1961. – Lukas, *Über die Gesetzes-Publikation in Österreich und in den deutschen Reiche*, Graz, 1903. – Revel, *La Publication des lois, des décrets et des autres actes de l'autorité publique*, Paris, Sirey, 1933. – Zanobini, *La Pubblicazione delle leggi nel diritto italiano*, Torino, Unione tipografica, 1917.

Diane Le Béguec

→ Ato; Autor, coautor, *perfector*; Documentação jurídica; Fontes do direito.

Q

QUALIFICAÇÃO

Elemento essencial da prática do jurista, numa primeira abordagem a qualificação consiste em subsumir fatos a normas jurídicas, para a produção de efeitos de direito. Portanto, ela faz parte de um processo de concretização do direito, representando uma etapa indispensável por garantir a circulação entre o mundo do *Sollen* (universo do simbólico no qual se situam os textos jurídicos destinados a reger a conduta humana) e o do *Sein* (universo concreto no qual se desenrolam os comportamentos humanos). Atividade de transição, a qualificação não foi alvo do interesse doutrinário despertado pela interpretação, sem dúvida porque, precisamente, ela não é um trabalho que incida apenas sobre a linguagem. Desse modo, pode-se dizer que o jurista (e não apenas o jurista praticante) se dedica à qualificação tal como Monsieur Jourdain, personagem de Molière, fazia com a prosa, toda vez que precisa aplicar o direito.

Qualificação e concretização do direito

Na lógica da oposição entre o *Sollen* e o *Sein*, a qualificação parece poder ser facilmente caracterizada como algo distinto do trabalho feito com o texto normativo e com os fatos. Depois da escolha do texto aplicável e da determinação de seu sentido normativo, por um lado, e do estabelecimento da materialidade dos fatos, por outro, chegaria o momento de correlacionar direito e fato, desembocando na conclusão de que os fatos considerados cabem ou não nas previsões do texto, com as consequências daí decorrentes. Mas a pertinência desse recorte da aplicação do direito foi contestada por alguns autores, que consideram que essas distinções impedem de apreender a realidade do fenômeno de concretização da norma jurídica e negam os pressupostos dualistas (*Sein/Sollen*, norma/realidade), subjacentes à análise mencionada. Assim, Friedrich Müller, especialmente em seu *Discurso sobre o método jurídico* (1996), mostrou que "a norma jurídica deve ser produzida a cada vez e em cada espécie" (*op. cit.*, p. 45), trabalho que é feito em função das circunstâncias da espécie, que são já produto de uma elaboração dos dados factuais que devem ser levados em conta. Fatos e norma, portanto, devem ser pensados *juntos* no processo de concretização. Conforme escreveu Olivier Jouanjan (*op. cit.*, p. 14): "Essa reflexão sobre a produção do direito, baseada na observação da prática, mostra que a concretização da norma não se limita a um trabalho de interpretação e depois de qualificação, mas que a análise dos fatos carreia consigo argumentos que decidem a solução do caso específico. No processo da decisão, os fatos não se sustentam como simplesmente aquilo a que seria, passivamente, aplicada uma 'norma', considerada esta como puro *Sollen*; o trabalho com o segmento da realidade social afetada pela decisão também fornece argumentos que justificam a solução do caso."

Isso não significa que consideraremos inexistente ou fugaz o objeto deste verbete. No entanto, parece-nos indispensável deixar claro já de início que a qualificação só tem sentido na perspectiva da dualidade *Sein/Sollen* (à qual nos vinculamos pessoalmente). Em segundo lugar, cabe notar que ela não pode ser isolada sem arbitrariedade no bojo do processo de concretização da norma, uma vez que está situada entre uma interpretação orientada pela resolução do caso específico e uma "leitura" dos fatos que se antecipa necessariamente à perspectiva de seu tratamento jurídico. Uma vez que realiza a conjunção entre direito e fato, a qualificação, por definição, tem uma natureza *intermediária* que torna precária a sua delimitação em alguma zona cinzenta na qual a interpretação ganhe precisão em virtude dos fatos e na qual os fatos sejam enunciados em correlação com as noções jurídicas sentidas como pertinentes. Essa característica foi ressaltada diversas vezes, em especial por L. Husson, que escreveu: "Nessas condições, não seria surpreendente assistir, na qualificação, a um incessante deslizamento do direito para o fato e do fato para o direito, o que torna suas fronteiras muito indistintas; pois é aí, realmente, que ocorre a passagem de um ao outro" (1974).

Pode-se então pensar a qualificação de maneira ampla, como algo que inclua o conjunto das operações intelectuais necessárias à aproximação entre fatos e direito (trabalho com os fatos e com os textos jurídicos, que possibilite a correlação), em que é preciso moldar cada um dos dois elementos para ajustá-los. É possível distinguir: *processo* de qualificação, que consiste na atividade de correlacionar direito e fatos; *operação* de qualificação, que se decompõe na subsunção dos fatos selecionados à norma interpretada; e *decisão* de qualificação daí oriunda. Se nos limitarmos à decisão (por exemplo: tais fatos não são constitutivos de um delito) ou mesmo à operação (qualificação *stricto sensu*), parece-nos que faltará o essencial, ou seja, as condições de produção do enunciado em causa. A adoção de uma definição ampla possibilita dar conta da complexidade da qualificação, bem como da dificuldade de distingui-la da interpretação, aspectos ressaltados com muita acuidade por J. Salmon (1978). Se recorrermos a um exemplo, escolhido na jurisprudência da Corte Europeia dos Direitos Humanos em razão do caráter circunstanciado da motivação das decisões, poderemos comprovar esse ponto de vista.

A qualificação na prática

O artigo 3º da Convenção Europeia dos Direitos Humanos enuncia que "Ninguém pode ser submetido a tortura nem a penas ou tratamentos desumanos ou degradantes". Em seu acórdão *Irlande c. Royaume-Uni* de 18 de janeiro de 1978, a Corte Europeia dos Direitos Humanos foi levada a especificar as noções utilizadas por essa disposição, indicando que, "para incidir no artigo 3º, os maus-tratos devem atingir um mínimo de gravidade. A apreciação desse mínimo é essencialmente relativa; depende do conjunto dos dados da causa, em especial a duração do tratamento e seus efeitos físicos ou mentais, bem como, às vezes, o sexo, a idade e o estado de saúde da vítima". Para avaliar se as cinco técnicas de interrogatório utilizadas com suspeitos pelas forças britânicas da ordem na Irlanda do Norte (ficar em pé contra uma parede, ser obrigado a usar capuz, ser submetido a ruído, a privação de sono, de alimentos sólidos e líquidos) deveriam ser vistas como violação do artigo 3º, a Corte ressaltou que, "Empregadas cumulativamente, com premeditação e durante longas horas, as cinco técnicas causaram naqueles que a elas foram submetidos, se não verdadeiras lesões, pelo menos fortes sofrimentos físicos e morais; além disso, provocaram neles perturbações psíquicas agudas durante o interrogatório. Portanto, devem ser consideradas como tratamento desumano no sentido do artigo 3º. Ademais, apresentavam caráter degradante, pois eram de índole a criar sentimentos de medo, angústia e inferioridade próprios para humilhá-los, aviltá-los e dobrar sua resistência física ou moral. Nesses dois pontos, a Corte compartilha a opinião da Comissão". É interessante ver aí a decisão de qualificação (o emprego das cinco técnicas constituiu ao mesmo tempo um tratamento desumano e um tratamento degradante no sentido do art. 3º) proceder de uma interpretação dos termos utilizados pela Convenção, que se apega com grande proximidade à análise das circunstâncias do caso (a descrição das cinco técnicas, feita mais acima pela sentença, levou em conta suas consequências para as vítimas e o objetivo de seu emprego). Evidentemente, a Corte adota a atitude de pôr lado a lado a interpretação do texto jurídico aplicável e a descrição dos fatos específicos, de tal modo que a qualificação procede desse duplo trabalho com o direito e com os fatos.

Testemunho claro disso também é a opinião isolada de sir Gerald Fitzmaurice sobre a decisão da Corte, na qual a exegese dos termos empregados pelo artigo 3º é feita à luz dos dados factuais, como mostra o seguinte trecho:

"Submeter alguém às cinco técnicas constitui certamente um tratamento rigoroso, maus-tratos, e seria possível encontrar outros qualificativos, mas o qualificativo 'desumano' alude a uma ordem de ideias totalmente diferente, na qual as cinco técnicas, mesmo empregadas cumulativamente, realmente não se enquadram. Considerá-las desumanas equivale a desvalorizar as palavras da língua corrente, pois então nada restará que possibilite diferenciar, distinguir ou descrever casos de tratamentos realmente desumanos. Isto porque, se considerarmos 'desumano' tudo o que cause sofrimento, tensão, desconforto, angústia apreciáveis etc., ou que provoque notável privação de sono ou alimento, que palavras encontraremos para caracterizar um tratamento muito mais grave que possa sem muita hesitação ser considerado desumano?" Paramos aqui a citação da eloquente opinião desenvolvida pelo juiz britânico que, com definições de dicionários, referências literárias ou exemplos concretos, se empenha em justificar uma decisão de qualificação muito isolada (a Corte conclui pela existência de uma prática de tratamentos desumanos e degradantes incompatível com o artigo 3º por dezesseis votos contra um).

O mesmo ocorre com a segunda questão de qualificação abordada pela decisão: a de saber se as cinco técnicas devem ser analisadas como atos de tortura (conforme estimara a Comissão) ou como "simples" tratamentos desumanos e degradantes. "Essa distinção – diz a decisão – procede principalmente de uma diferença na intensidade dos sofrimentos infligidos", e, com o emprego do termo "tortura", a Convenção pretendeu "marcar com especial infâmia tratamentos desumanos deliberados que provoquem graves e cruéis sofrimentos", interpretação reforçada por uma referência a uma resolução da Assembleia Geral das Nações Unidas. A Corte conclui assim: "Apesar de utilizadas cumulativamente, de apresentarem sem dúvida caráter de tratamento desumano e degradante, de terem o objetivo de arrancar confissões, denúncias ou informações, e de terem sido aplicadas de maneira sistemática, as cinco técnicas não causaram sofrimentos da intensidade e da crueldade implicadas na palavra tortura assim entendida." Também aí a decisão de qualificação – diferente nesse ponto da decisão unânime da Comissão – está intimamente ligada a uma interpretação ("a palavra tortura assim entendida") e à análise dos fatos. A leitura das opiniões separadas é, de novo, instrutiva, em virtude da demonstração que apresenta dos campos jurídico e factual nos quais opera a qualificação. Assim, o juiz Evrigenis denuncia "a tendência que se delineia no raciocínio da maioria da Corte a situar a distinção entre tortura e tratamentos desumanos num nível muito elevado na graduação da intensidade dos sofrimentos infligidos. Na verdade, a decisão parece reservar a qualificação de tortura apenas aos tratamentos que causem sofrimentos de intensidade extrema. Eu não poderia compartilhar essa interpretação". À crítica a uma leitura do artigo 3º que não permita estigmatizar as "formas de tortura tecnologicamente refinadas" que se disseminam soma-se outra divergência: "Eu seria mais categórico do que a maioria da Corte na apreciação, no terreno dos fatos, do emprego combinado das cinco técnicas. Estou convencido de que o uso desses procedimentos inteligentemente escolhidos e dosados deve ter causado nas pessoas a eles submetidas sofrimentos físicos, mentais e psíquicos de intensidade extrema, forçosamente abarcados por toda e qualquer definição, mesmo a mais estrita, da tortura." Tais palavras sem dúvida propiciam uma possível distinção entre a elaboração, por via de interpretação, de uma definição dos termos utilizados pela Convenção e a operação de qualificação que consiste no confronto entre a definição legal e os fatos em pauta. Mas, em vez de reduzir a operação de qualificação à decisão que a conclui (que, aliás, não está situada, como disse o juiz Evrigenis, "no terreno dos fatos"), parece mais realista incluir também os elementos da interpretação que sejam especificamente destinados a possibilitar o tratamento jurídico deste ou daquele dado de fato. Em seu acórdão *Selmouni c. France* de 28 de julho de 1999, a Corte Europeia dos Direitos Humanos julgou, por unanimidade, que os tratamentos sofridos pelo requerente durante sua prisão provisória deviam ser vistos como atos de tortura no sentido do artigo 3º da Convenção. A Corte chegou a essa conclusão mantendo a definição adotada no acórdão *Irlande c. Royaume-Uni*, mas depois de assim se expressar: "Considerando-se que a

Convenção é um "instrumento vivo que deve ser interpretado à luz das condições de vida atuais" [...], a Corte estima que alguns atos outrora qualificados como "tratamentos desumanos e degradantes", e não como "tortura", poderiam receber qualificação diferente no futuro. A Corte estima que o nível de exigência crescente em matéria de proteção dos direitos humanos e das liberdades fundamentais implica, paralela e inelutavelmente, maior firmeza na apreciação dos atentados aos valores fundamentais das sociedades democráticas". Também aí está patente que a qualificação procede diretamente da interpretação: o refinamento do padrão, que explicitamente se torna mais exigente para os Estados, determina uma política de qualificação diretamente traduzida pela solução do acórdão *Selmouni* (sobre a noção de padrão, ver S. Rials, 1980). A partir daí, a possibilidade de decompor a operação do juiz, distinguindo cuidadosamente interpretação, qualificação jurídica dos fatos e relato dos fatos, parece-nos muito artificial, uma vez que nega a natureza de "zona de transição" (J. Rivero) da qualificação, para ater-se apenas ao momento da subsunção dos fatos à norma jurídica. O exemplo que escolhemos mostra também que todas essas operações estão dirigidas para um resultado bem preciso, o que suscita o problema da arbitrariedade das qualificações.

Da arbitrariedade das qualificações

"A dificuldade do trabalho de qualificação consiste em encontrar o equilíbrio entre a consideração do fato e a consideração do objetivo que deve ser preconizado em direito" – escreveu Christian Atias (*Épistémologie juridique*, PUF, 1985, p. 129). Isso significa enfatizar o fato de que a qualificação é feita inelutavelmente em função do resultado para o qual tende, resultado que a predetermina e remete à questão do justo e do injusto, uma vez que ela raramente pode basear-se na passividade de seu autor, ainda que a teoria tradicional do julgamento-silogismo pretendesse reduzi-la a tal visão. Quando o juiz procede pela primeira vez à aplicação de um texto, o uso que ele fará de seus poderes de qualificação inevitavelmente lhe deixará uma margem maior ou menor de iniciativa que será determinada, conscientemente ou não, pela íntima convicção do juiz quanto à procedência do texto em causa (a máxima "*odiosa sunt restringenda*" expressa aí uma realidade que extrapola o campo que lhe é oficialmente atribuído). Mesmo na aplicação de um texto a um assunto já contemplado por vasta jurisprudência, o poder do juiz não desaparece, pois se sabe que a técnica das distinções e das aproximações lhe possibilita salvaguardar uma margem de manobra bastante consequente. Por isso – conforme ressalta veementemente Olivier Cayla –, "toda qualificação se resume a um ato fundamental de *avaliação*, ou seja, consiste em *dar um nome*, não aquele que "*cabe*" à coisa, mas aquele que a coisa "*merece*", ou mesmo um nome que "convém", não à coisa em si, mas ao destino que se *queira* dar-lhe em virtude de determinações fundamentalmente políticas" (*Droits*, 1993, p. 9). E aqui estamos nós de volta aos termos do debate aberto por Hans Kelsen a respeito da interpretação jurídica, ou seja, à questão de saber se estamos diante, essencialmente, de um ato de conhecimento ou de um ato de vontade. Aliás, percebe-se que muitas exposições dedicadas a esse tema, no que se refere à interpretação, na realidade dizem mais respeito aos problemas de qualificação, *stricto sensu*, o que confirma de novo o elo inextricável entre as duas noções. Um dos mais eminentes partidários da teoria realista da interpretação, Michel Troper, caracterizou a qualificação como uma "interpretação dos fatos". Mas ela está ligada à interpretação dos textos também, como demonstra o fato de que, para se justificar a necessidade da interpretação, ressalta-se o caráter vago que pode estar presente numa expressão utilizada pelo texto, de tal modo que "não se sabe com muita exatidão se ela se aplica a um objeto concreto" (G. Burdeau, F. Hamon, M. Troper, *Droit constitutionnel*, 26ª ed., LGDJ, 1999, p. 55). Portanto, de um modo amplo, pode-se transpor para a qualificação os ensinamentos – e as controvérsias – da teoria da interpretação. Dono das qualificações numa ordem que é sua, o jurista se situará frequentemente num terreno sujeito a outras qualificações (por parte de cientistas, médicos, historiadores etc.), que ele deverá levar em conta, mas sem abrir mão de seu privilégio (ver, nesse sentido, as reflexões de Olivier Cayla, art. citado), uma vez que a operação em causa é fundamentalmente um ato de vontade. Isso é manifestado por numerosas decisões bem conhecidas, entre as quais a decisão – cassada por outros motivos – de uma câmara de acusação que afirmou que o regime de Vichy não praticara uma política de hegemonia ideológica, apesar das conclusões dos trabalhos dos historiadores sobre essa questão.

O oportunismo das qualificações – essa palavra não deve normalmente ser tomada no mau sentido – é ressaltada por todos os autores que estudaram a questão, seja qual for a disciplina. Assim, J. Salmon insiste no fato de que "a política está presente em todos os níveis da operação de qualificação" (art. citado, p. 354), enquanto Ph. Jestaz nota que "o juiz flexibiliza as qualificações quando sente necessidade disso, ou melhor, quando acredita assim satisfazer a uma necessidade social" (*Droit*, nº 18, 1993, p. 50). Evidentemente, isso não significa que as qualificações sejam manipuladas costumeira e cotidianamente, mas apenas que elas são *manipuláveis*. Assim como ocorre com a interpretação em geral, são os casos-limite, mais que as operações de rotina, que chamam a atenção dos juristas: na imensa maioria das hipóteses, não se apresenta nenhuma dificuldade de qualificação, e a caracterização jurídica da situação é óbvia. É o que ressalta B. Audit, quando escreve que a afirmação de que "*às vezes* o juiz escolhe efetivamente a qualificação em função do resultado é muito exagerada, porque não leva em conta que a qualificação, na grande maioria dos casos, não é um meio de orientar o raciocínio; existe uma qualificação dominante, que corresponde à natureza das coisas e, por conseguinte, não é passível de manipulação" (*Droits*, nº 18, 1993, p. 62). Nem por isso deixa de ser verdade que, diante de uma situação complexa – e o juiz determina soberanamente se esse é ou não o caso – reaparece um poder discricionário essencialmente orientado pela preocupação com o resultado desejado. Aliás, pode ocorrer que o juiz não faça mistério disso, não tanto em suas justificações quanto para os magistrados estreitamente associados a seu trabalho. Assim, é frequente que os comissários do governo, em suas conclusões, exponham com muita clareza para a jurisdição administrativa as vantagens e as desvantagens respectivas das qualificações aventadas para o caso, antes de indicarem as considerações que lhes pareçam determinantes. Só para dar um exemplo, é isso o que ocorre quando se classifica um organismo na categoria dos estabelecimentos públicos ou na dos estabelecimentos de utilidade pública, em que as consequências da natureza pública ou privada resultante dessa escolha são sistematicamente descritas (cf. concl. Ordonneau sur CE, Ass., 9 de junho de 1961, *Centre régional de lutte contre le cancer "Eugène Marquis"*, *Rec.*, p. 385, ou concl. Braibant sur CE, 4 de abril de 1962, *Chevassier*, *D.*, 1962, p. 327 – o método praticado, chamado de feixe de indícios, era a marca de uma situação complexa e, por conseguinte, indicação de uma margem de manobra máxima para o juiz).

O oportunismo das qualificações também é demonstrado eloquentemente pela teoria do conflito de qualificações em direito internacional privado. Esta redunda na ampla competência da *lex fori*, que garante o domínio da situação por parte da ordem jurídica cujas jurisdições devem julgar o problema, pois a instituição estrangeira em causa é compreendida de acordo com seus esquemas conceituais e, por conseguinte, em conformidade com os valores essenciais por ela adotados (cf. exemplo do acórdão *Caraslanis*, Cass. Civ. 1ª., 22 de junho de 1955, *Rev. crit. dt. int. privé*, 1955, p. 723, nota Battifol, citado por B. Audit, art. citado, p. 62 – cpr. P. Mayer, *Droit international privé*, Montchrestien, 6ª ed., 1998, pp. 109 ss., not. p. 114, que critica a confusão que ocorre no caso entre a formulação da indagação e a busca da solução).

Seu sentimento sobre o justo e o injusto, sua percepção dos efeitos socialmente desejáveis ou indesejáveis de sua decisão e mesmo suas preferências pessoais ditarão ao juiz a decisão de qualificação. A justificação e as informações que cercam a sentença ou o acórdão (conclusões, comunicados, comentários autorizados) indicarão, com maior ou menor precisão e sinceridade, a *ratio decidendi*. Até que ponto? Parece evidente que certa parte da atividade judiciária escapa à análise (é o que J. Hutcheson Jr. chamou de "julgamento intuitivo, a função do *hunch* na decisão judiciária", in *Mélanges F. Gény*, t. 2, Sirey, s.d., p. 531). Não é absolutamente fortuito o fato de, em sua argumentação, mencionada acima, destinada a mostrar que as cinco técnicas de interrogatório usadas pelas forças britânicas não deveriam ser qualificadas de tratamento desumano, sir Gerald

Fitzmaurice tenha recorrido a uma citação extraída de *Romeu e Julieta* de Shakespeare: "What's in a name?" ("O que há num nome?"). Sua resposta é: "Tudo, desde que isso leve a classificar um comportamento numa falsa categoria, o que tem consequências ao mesmo tempo pouco adequadas e injustas." Podem ser objetivados os elementos que devem ser levados em conta, mas não a ponderação introduzida entre eles e o resultante peso que lhes é dado: estes últimos só dizem respeito à íntima convicção, em outras palavras, à arbitrariedade, sem que nenhum matiz pejorativo deva ser vinculado ao emprego deste termo.

O poder de qualificar

"E se o *Poder* Judiciário fosse simplesmente o poder de qualificar?" – interroga-se G. Lyon-Caen (*Droits*, nº 18, 1993, p. 67) –, enquanto Ph. Jestaz, no mesmo número da revista *Droits* dedicado à qualificação, escreve que "a qualificação constitui a tarefa principal e cotidiana do juiz" (art. citado, p. 46). Essas observações ressaltam que a função jurisdicional, que consiste em dirimir os litígios com base no direito, assenta essencialmente na qualificação das condutas humanas. Mas o juiz, nessa matéria, não tem monopólio e pode até não ser constituído (isso é muito frequente em direito internacional público, com a consequência de que existem "direitos iguais de qualificação que, na falta de qualquer regra em contrário, devem ser reconhecidos a cada um dos Estados", conforme lembrou a Corte Internacional de Justiça em seu acórdão de 20 de novembro de 1950 relativo ao *affaire du droit d'asile*, *Recueil*, 1950, p. 275 – ver J. Salmon, art. citado, p. 356).

Na maioria dos casos, é na perspectiva ou na expectativa da posição do juiz que estão os problemas de qualificação. Assim, o jurista que aconselha seu cliente a recorrer a certo tipo de contrato para realizar determinada operação dá esse conselho em vista das vantagens apresentadas por essa solução em comparação com quaisquer outras vantagens possíveis, tanto nas relações entre as partes quanto em relação a terceiros, privados e públicos. Ao fazer isso, ele não perderá de vista o dado constituído pelo risco de que a qualificação escolhida seja recusada, principalmente por iniciativa de terceiros (um particular que considere que a operação realizada fere seus direitos; a administração fiscal que afirme que a fórmula só foi escolhida para sonegar impostos, entre outros casos possíveis). É o juiz que, em caso de litígio, deverá decidir se a solução encontrada pelas partes é aceitável, ou seja, se corresponde à imagem que ele mesmo tem da categoria jurídica utilizada, ou se pelo menos não se afasta muito dela. Em caso de desacordo, caberá ao juiz requalificar a operação em causa. Em outros casos, é diretamente perante o juiz que surge a questão da qualificação – por exemplo, o juiz penal cuja missão é primeiramente verificar a existência do elemento legal da infração, em outras palavras, determinar se os fatos incriminados realmente são de molde a constituir uma infração estabelecida pela lei.

Em se tratando do controle da administração, coloca-se infalivelmente a clássica questão da extensão dos poderes do juiz. O Conselho de Estado francês afirmou com bastante clareza suas prerrogativas a partir do acórdão *Gomel* de 4 de abril de 1914 (*GAJA*, 12ª ed., 1999, p. 170), que pronunciou a anulação da recusa de um alvará de construção oposta pela autoridade administrativa com fundamento numa lei de 1911 que permitia a conservação das perspectivas monumentais e dos sítios, afirmando que "cabe ao Conselho de Estado verificar se a localização da construção projetada está compreendida numa perspectiva monumental existente e, em caso afirmativo, se essa construção, tal como proposta, seria de índole a prejudicá-la; Cons. que a praça Beauvau não poderia ser vista, em seu conjunto, como uma perspectiva monumental; que, assim [...], o secretário do Sena aplicou erroneamente o artigo 118 da lei acima citada". Esse controle, denominado integral ou normal, leva o juiz a refazer a operação (ou as operações) de qualificação feita(s) pela administração e a extrair da coincidência ou não das apreciações a consequência, respectivamente, do indeferimento do pedido ou da anulação do ato. Essa censura dos atos baseada numa "apreciação errônea das circunstâncias específicas" (CE, 24 de outubro de 1990, *Ragusi*, *Rec.*, p. 290) corresponde às hipóteses nas quais a administração só dispõe de uma competência vinculada, especialmente porque prejudica um direito que os textos legais dão aos administrados (direito de propriedade e seu corolário, direito de construir, no acórdão *Gomel*; direito a permanência num Estado-membro da Comunidade Europeia a favor de uma pessoa oriunda de outro Estado-membro no acórdão *Ragusi*). A multiplicação dos direitos e o aprofundamento de suas implicações pelo juiz têm o efeito de reforçar constantemente o controle do juiz (ver, assim, CE, Sec., 9 de julho de 1997, *Association Ekin*, *GAJA*, p. 808, a propósito de uma medida de proibição de uma publicação de origem estrangeira). Em contrapartida, quando se está diante de um poder discricionário da administração, o poder de requalificação do juiz não pode ser exercido no mesmo grau. Inicialmente, foi julgado que a apreciação feita pela administração não era "passível de ser discutida perante o Conselho de Estado a estatuir no contencioso", o que equivalia a deixar a autoridade administrativa inteiramente livre em suas qualificações, não se considerando o juiz com fundamentos para questioná-las. Tal abstenção hoje só é praticada em casos excepcionais: apreciações inevitavelmente marcadas por grande subjetivismo (recusa de inscrição de uma peça no repertório da Comédie-Française), impossíveis de controlar por razões técnicas (decisões dos júris de concursos ou bancadas de exame) ou que façam uma escolha entre várias soluções legalmente possíveis (preferência de um traçado de ferrovia ou de rodovia, e não de outro). A partir do início da década de 1960, os juízes introduziram uma hipótese intermediária entre o controle integral e a ausência de controle das apreciações: a do controle restrito, que conserva o poder discricionário da administração, mas verifica se ele é exercido dentro de limites razoáveis. A recusa de que seja discutida perante o juiz a apreciação feita pela administração só é aceita desde que "ela não esteja eivada por erro manifesto". Portanto, somente uma discrepância de certa importância (a prudência dessa fórmula decorre da grande diversidade das situações contenciosas que podem ser englobadas pela hipótese de controle restrito) entre a apreciação do juiz e a da autoridade administrativa pode levar à anulação da medida tomada por esta última. São assim salvaguardados, ao mesmo tempo, o caráter discricionário da competência em causa (especialmente em virtude da ausência de direito do administrado que deixasse de ser observado) e a efetividade do controle jurisdicional. Assiste-se a uma generalização do controle do erro manifesto (com as ressalvas mencionadas acima) em todo o campo do poder discricionário, inclusive para as questões consideradas "sensíveis" (CE, Ass. 2 de novembro de 1973, *Société anonyme "Librairie François Maspero"*, *GAJA*, p. 652) ou os assuntos técnicos (CE Sec., 28 de abril de 1967, *Fédération nationale des syndicats pharmaceutiques de France et autres*, *Rec.*, p. 180). A questão da distribuição do poder de qualificar entre diversas autoridades também pode surgir dentro do próprio sistema jurisdicional. No nível supremo, trata-se então da extensão do controle do juiz de cassação por ilegalidade sobre os juízes de primeira instância, ponto que é resolvido pela clássica oposição entre direito e fato, o que nos leva de volta às dificuldades de definição da qualificação.

Qualificação, apreciação, direito e fato

O que foi acima exposto dá a perceber a inadequação profunda, em termos de qualificação, da oposição radical entre direito e fato, que, no entanto, supostamente demarca o limite entre aquilo que o juiz de cassação por ilegalidade controla ou deixa de controlar. A partir dessa constatação, a doutrina adotou maciçamente a posição defendida já na primeira metade do século XIX por Désiré Dalloz, que via em toda operação de qualificação um elemento essencial da aplicação do direito, do qual depende "a conservação do princípio da unidade de legislação" que compete à Corte de Cassação garantir (citado por J. Boré, 1997, p. 323). Todas as grandes obras dedicadas à questão concluem sem hesitar pela inclusão lógica do controle de qualificação na missão do juiz de cassação por ilegalidade (ver G. Marty, Sirey, 1929; F. Rigaux, Bruylant, 1966). Não menos impressionante é a constatação, na prática das jurisdições de cassação de ilegalidade, da subtração de uma parte maior ou menor do contencioso da qualificação ao campo de sua competência. Esse fenômeno baseia-se em razões pragmáticas: o temor de um grande aumento de recursos extraordinários e o receio de ser arrastado para o terreno dos dados de fato, com o risco de transformar-se num grau de jurisdição suplementar.

Depois de recusar distinções doutrinárias que redundavam na restrição de seu controle (exclusão das noções não definidas pela lei, qualificações morais ou materiais ou qualificações específicas – ver J. Boré, *op. cit.*, pp. 320 ss.), a Corte de Cassação francesa afirmou, em matéria civil, o princípio de seu controle sobre a qualificação (ver Cass. Civ. 19 de agosto de 1845, *DP*, 1845, 1, 378 para o controle da qualificação dos fatos como delituosos), mas continua a aceitar certo número de exceções, cuja fragilidade da base legal a doutrina é concorde em ressaltar. Baseados sobretudo em considerações de oportunidade, aliás passíveis de evoluções, essas recusas de controle dizem respeito principalmente às qualificações que se baseiem em apreciações *in concreto* (fixação de um prazo, qualificação de injúria grave em matéria de divórcio, apreciação dos justos motivos de dissolução de uma sociedade), na apreciação de um estado psicológico ou mental (*affectio societatis*, boa-fé, demência), numa apreciação técnica (caráter evidente ou oculto de um vício de construção) ou quantitativa (ocupação insuficiente de um local de habitação, caráter real e sério de um preço de venda, valor mercantil de um fundo de comércio segundo os usos do comércio), para retomar a tentativa de sistematização de J. Boré em sua obra de referência (*op. cit.*, pp. 332 ss.). O extremo pragmatismo dessas hipóteses é demonstrado pelo fato de em todas elas ser possível citar casos nos quais a Corte de Cassação não temeu realizar o controle, não obstante a possível vinculação a uma das rubricas mencionadas (só para citar um exemplo, a Corte de Cassação controla a apreciação da boa-fé em certas matérias, como a difamação – ver J. Boré, *ibid.*).

No que se refere ao Conselho de Estado francês, a distinção entre a qualificação, controlada pelo juiz de cassação, e a apreciação, da alçada do poder soberano do juiz de primeira instância, voltou a ser de grande atualidade com a entrada em vigor da reforma de 1987. Esta vê a questão da amplitude do controle de legalidade como uma condição da manutenção da autoridade do Conselho de Estado sobre a jurisdição administrativa, conforme mostrou claramente a oposição entre comissários do governo partidários de uma concepção ampla do controle e formações de julgamento mais prudentes, com a preocupação de evitar o malogro da reforma por constituição de um terceiro grau de jurisdição.

A tentativa de definir a apreciação dos fatos em oposição à qualificação dos fatos nunca deixou de ter discordâncias – o presidente Odent reconhecia que ela não é "de aplicação nem de interpretação muito fáceis: os limites que separam a apreciação dos fatos de sua qualificação jurídica são tão incertos na teoria quanto na prática" (*Contentieux administratif*, Les Cours de droit, 1981, p. 2087). Fazer da apreciação uma operação intelectual mais ligada aos fatos do que a qualificação, que consistiria em definir de maneira mais geral que tipos de fatos correspondem às previsões do texto legal, comporta indubitável parcela de arbitrariedade e é radicalmente invalidada pela possibilidade de mudanças na jurisprudência que façam uma mesma operação passar do domínio da apreciação, não controlada, para o da qualificação, controlada pelo juiz de cassação por ilegalidade (ver, para a fixação dos honorários médicos com tato e medida, CE Sec., 18 de fevereiro de 1977, *Hervouët*, *Rec.*, p. 98, concl. Dondoux). Parece então mais exato confessar que, "em vez de exprimirem a distinção nítida de duas operações intelectuais sucessivas que poderiam ser encontradas pela análise em toda decisão jurisdicional, os termos apreciação e qualificação servem para classificar as hipóteses em que o juiz de cassação por ilegalidade deseje reportar-se inteiramente ao juiz de primeira instância e as hipóteses em que ele, ao contrário, deseje reservar-se o controle" (Combarnous e Galabert, chr. de jurispr., *AJDA*, 1960, I, 98 – ver para um ponto de vista semelhante D. Labetoulle, 1993, pp. 31 ss. e para um questionamento da pertinência do recurso à distinção, as concl. de P. Hubert sobre CE Sec., 3 de julho de 1998, *Mme Salva-Couderc*, *RFDA*, 1999, p. 112). A escolha entre qualificação e apreciação, portanto, é função de uma política jurisprudencial, preocupada com uma saudável distribuição das responsabilidades entre os juízes de primeira instância e o Conselho, no interesse do jurisdicionado (ver Massot, Fouquet e Stahl, *Le Conseil d'État juge de cassation*, Berger-Levrault, 1996, II.2.32 e s. e concl. P. Hubert acima citadas). Deve-se notar que as soluções adotadas quanto ao controle praticado sobre as jurisdições de primeira instância podem ou não coincidir com as soluções adotadas em relação às autoridades administrativas: o acórdão *Hervouët*, acima citado, alinha o controle de cassação por ilegalidade com o controle ao qual está submetida a administração por abuso de poder para a mesma questão, ao passo que a adequação da sanção pronunciada aos fatos censurados é controlada em caso de abuso de poder, mas não em caso de cassação por ilegalidade. Por fim, cabe ressaltar que a ausência de controle da apreciação dos fatos pelos juízes de primeira instância é temperada pelo exercício de uma censura da desnaturação dos fatos, que, em relação ao controle de legalidade, desempenha papel idêntico ao do erro manifesto de apreciação por abuso de poder (ver CE, Sec., 18 de novembro de 1994, *Société Clichy Dépannage*, *RFDA*, 1995, p. 679, concl. du Marais, que ressalva a hipótese da desnaturação, em se tratando da apreciação, por um tribunal administrativo de recursos, da existência ou não de um erro manifesto de apreciação no ato administrativo impugnado). O controle integral, restrito ou inexistente da qualificação jurídica dos fatos é, pois, praticado também nesse nível, deixando assim ao juiz de cassação por ilegalidade a tarefa de determinar a extensão do poder de qualificação concedido ao juiz de primeira instância, assim como o juiz que aprecia o abuso de poder toma essa decisão em relação à administração. A unidade da qualificação e dos problemas que ela suscita é assim, paradoxalmente, confirmada, para além das terminologias circunstanciais que consagram distinções puramente funcionais.

› Boré J., *La Cassation en matière civile*, Paris, Dalloz, 1996, p. 318. – Husson L., "Le fait et le droit", *in Nouvelles études sur la pensée juridique*, Paris, Dalloz, 1974, p. 145. – Marty G., *La Distinction du fait et du droit. Essai sur le pouvoir de contrôle de la Cour de cassation sur les juges du fait*, Paris, Sirey, 1929. – Müller F., *Discours de la méthode juridique*, trad. fr. e apres. O. Jouanjan, Paris, PUF, "Léviathan", 1996. – Rials S., *Le Juge administratif français et la technique du standard*, Paris, LGDJ, 1980. – Salmon J.-J.-A., "Quelques observations sur la qualification en droit international public", *in La Motivation des décisions de justice* (Ch. Perelman e P. Foriers, org.), Bruylant, 1978, p. 345. – Col.: *Droits*, nº 18, *La Qualification*, 1993.

Patrick Wachsmann

→ Fato; Interpretação; Norma; Precedente; Realismo; *Standard*.

R

RAÇAS E RACISMO

Em antropologia e em zoologia, chama-se de raça toda a variedade de uma espécie quando, fixada pela reprodução, ela produz uma linhagem específica durante certo lapso de tempo. O que dizer da espécie humana? Durante muito tempo atribuiu-se aos três filhos de Noé – Sem, Cam e Jafé – a paternidade das raças hebraica e árabe, negra e branca. Isso redundaria na clássica distinção feita no século XIX entre raças branca, negra e amarela – a raça vermelha (índios da América do Norte) resultaria de um engano provocado pela pintura vermelha usada pelos primeiros indígenas encontrados pelos companheiros de Colombo. As raças existem realmente? Esse será o primeiro ponto dessa exposição. O racismo, por sua vez, é uma doutrina baseada na crença numa hierarquia de raças, segundo a qual algumas teriam sido feitas para dominar, enquanto as raças inferiores, em virtude de suas carências, seriam destinadas a servir as primeiras. Ao contrário das teorias, o aspecto doutrinário do racismo tornou-o passível de aplicação. No entanto, é espantoso ver que essa palavra é ignorada pelo dicionário *Littré* (1863-73) e só aparece no *Petit Larousse illustré* em 1946!

Existem raças?

É um fato inegável; quando cruzamos na rua com um congolês, um norueguês e um japonês de braços dados, podemos exclamar, parafraseando André Frossard: "Existem raças, eu as vi." Mas é preciso distinguir justamente os caracteres cientificamente detectáveis das impressões sentidas de modo puramente subjetivo. A palavra raça foi empregada a torto e a direito: não há *raça* francesa, mas *nação* francesa; não há *raça* ariana, mas *línguas* arianas; não há *raça* latina, mas *civilização* latina. O termo etnia mostra-se com maior ou menor adequação: frequentemente é empregado por autores que esperam assim mascarar um caráter profundamente racista.

São quatro os critérios morfológicos e mensuráveis. – a) A cor da pele depende da presença maior ou menor de pequenos grãos de uma substância chamada pigmento na derme: em grande quantidade, caracteriza a raça negra; se a cor vermelha do sangue dos capilares se misturar com a do pigmento, teremos a tez amarela de numerosos asiáticos; a ausência de pigmento produz a tez pálida e rósea dos europeus: isso permite compreender a infinita variedade de cores que poderiam ser encontradas nos aborígines por um viajante que partisse do cabo Norte e fosse até a África do Sul, ou do Alasca à Terra do Fogo. *b)* A forma dos cabelos – lisos, ondulados ou crespos – varia segundo os três tipos de raça. *c)* A estatura também pode ser levada em conta: a média aproximada da humanidade masculina é de 1,65 m; as estaturas maiores estão acima de 1,70 m; e as menores, abaixo de 1,60 m. *d)* A forma da cabeça, determinada pelo índice cefálico (relação entre largura e comprimento do crânio) permite distinguir três categorias: dolicocéfalos, braquicéfalos e mesocéfalos. Baseiam-se nestes últimos critérios as classificações pseudocientíficas cujos detalhes não há interesse de apresentar no momento.

Caracteres genéticos. – São levados em conta desde o início do século XX: a raça constitui uma população que difere de todas as outras em virtude da frequência de um gene ou de vários deles. Trata-se de caracteres hereditários (segundo as leis de Mendel) e fixos. *a*) Grupo sanguíneo, determinado em função de referências puramente biológicas e de caráter estritamente hereditário. As transfusões de sangue dão resultados surpreendentes para os racistas. O Führer em pessoa poderia ter sido salvo pelo sangue de um judeu ou de um negro (*horresco referens*) do mesmo grupo sanguíneo que o seu ... que o melhor nazista teria matado se tivesse dado sangue de um grupo diferente do grupo do receptor. Os tipos O, A, B, AB estão distribuídos diferentemente nas populações de um mesmo país. *b*) O fator *rhesus* constitui também uma diferença genética: negativo ou positivo, sua importância se mostrou em alguns casos de procriação. *c*) A sensibilidade gustativa à trofenilcarbamida, que tem sabor amargo para uns e é insípida para outros, afetados por agustia, também é um caráter genético. O conjunto dos conhecimentos morfológicos e genéticos não autoriza os biólogos a confirmar as teses racistas. Diversas declarações da Unesco combateram essas teses; a de 1978 enfatizava a necessidade de conciliar particularismo e universalismo; a diversidade e a solidariedade – aparentemente contraditórias – na realidade são complementares.

Racismo

A Antiguidade greco-romana não parece ter conhecido o racismo propriamente dito, ainda que seja possível encontrar na escravidão romana primitiva algumas premissas da inferioridade do estrangeiro. Quanto ao antissemitismo, só aparece com coloração pré-racista na Espanha do século XV, com a noção de *limpieza de sangre*. Os elementos precursores do racismo só se manifestam com os grandes descobrimentos. Aumentada a terra, diferenciadas as línguas e conhecidas pátrias hostis, os homens foram levados a comparar-se, julgar-se e classificar-se. Foi necessária nada menos do que a intervenção do papa Paulo III que, com sua bula *Sublimis Deus* (1537), pôs fim a numerosas *disputationes*, afirmando que os índios são homens de verdade (*veros homines*). O nome de Las Casas está indissoluvelmente ligado à vitória das teses não racistas. O tráfico de negros resultou da descoberta da América e é um dos capítulos da história da humanidade. A navegação triangular – Europa, costas da África (onde eram embarcados à força os infelizes) e América (onde eram vendidos como escravos) – possibilitou a construção de fortunas colossais na faixa atlântica. De 15 a 20 milhões de seres humanos foram assim deportados durante três séculos. Por outro lado, o abandono do latim e o renascimento das línguas vulgares acentuaram a hostilidade entre alguns países europeus; as origens da Gália (germânica ou romana?) seria objeto de ásperas discussões e de ferozes oposições. Entre franceses e alemães, "nada há de comum, tudo é diferente" – escrevia Scheurl cantando louvores à Germânia –, enquanto Hotman, Boulainvilliers, o abade Dubos e Montlosier contribuiriam para exacerbar paixões que acostumavam os seres humanos a catalogar os espíritos de acordo com a raça. As doutrinas transformavam-se numa espécie de explicação da história dos homens, levando em conta apenas a raça. Gobineau, Chamberlain e Vacher de Lapouge são três nomes que não devem ser esquecidos.

Arthur de Gobineau (1816-82). – Autor do *Ensaio sobre a desigualdade das raças humanas* (1853-55), considerava que a história da humanidade só pode ser explicada pela evolução das raças; se a mestiçagem foi indispensável, é porque somente a lei de atração possibilitaria o aparecimento de civilizações, mas a lei de repulsa desempenhou também seu papel numa parte da humanidade que nunca poderá civilizar-se. No entanto, a lei de atração, como tudo o que é bom, não deve ser usada em excesso. Para ser bem-sucedida, a mistura de raças deveria ocorrer em doses homeopáticas; ora, nada disso aconteceu; as raças degeneraram, e nada poderá devolver-lhes as qualidades perdidas. Em sua obra, Gobineau não esconde o caráter eminentemente subjetivo daquilo que escreve: "Este livro é expressão dos instintos que trouxe comigo ao nascer", e escreve também que a teoria da raça "é uma consequência natural de meu horror e de minha repugnância pela democracia". O fim do *Ensaio* reflete o pessimismo básico do autor, que constata a consumação das coisas: nenhuma força no mundo poderá devolver às raças o esplendor original que tinham. Viu-se em Gobineau o primeiro racista doutrinário: na realidade, foram cometidos muitos contrassensos em relação ao seu pensamento, e sua desventura póstuma está no fato de um livro fantasista ter sido tomado como obra científica séria e ter servido de trampolim para aqueles que vieram depois dele. Sua obra teve muito sucesso do outro lado do Reno e gozou da simpatia de Richard Wagner, que lhe pediu um artigo para os *Bayreuther Blätter*; Ludwig Shermann criou em 1894 uma *Gobineau Vereinigung* e escreveu em 1917 *Gobineau der ist unser*, pondo-o ao lado de Hindenburg... embora Gobineau sempre tivesse negado a identificação de seus heroicos germanos com os alemães modernos.

Houston Stewart Chamberlain. – (Simples homonímia com a família dos políticos ingleses) nasceu em Portsmouth em 1855 e recebeu educação anglo-franco-alemã. Publicou em 1899 *Die grundlagen des neunzehnten Jahrunderts.* Demonstrava um otimismo totalmente oposto ao pensamento de Gobineau. Seu ideal era a luta contra os elementos estranhos ao mais puro germanismo racial: espírito católico romano e judaísmo. Naturalizou-se alemão em... 1917!, e Hitler em pessoa assistiu às suas exéquias em 1927; baseado em Darwin (*free crossing obliterates characters*), projetou a criação de uma raça nobre e pura que poderia ser reconstituída com o uso de cinco leis da natureza. Ele observa que, entre seus próprios adversários, "os mais sutis lançaram mão de um engenhoso meio de desacreditar minhas ideias: eles as identificaram com as do conde de Gobineau". Retrospectivamente, algumas frases dão calafrios: "Como não temos condições de fazer experiências com seres humanos, precisamos voltar-nos para os ensaios feitos com animais, plantas e outras coisas"; "Não estamos em posição de amalhar certo número de pessoas e tomá-las como sujeitos de experiência"; e ainda: "Se pudéssemos instituir criações artificiais de seres humanos." Essa impossibilidade, deplorada por Chamberlain, foi superada algumas décadas depois pelos nazistas!

Vacher de Lapouge. – Fundador da antropossociologia, extraiu dos cursos livres que dava na Universidade de Montpellier várias obras, entre as quais *Seleções sociais* (1896), *O ariano, seu papel social* (1899). Seus dados básicos fundamentam-se na medida do índice cefálico, do qual já falamos: os dolicocéfalos constituiriam, incontestavelmente, a classe superior da humanidade; os braquicéfalos povoariam os campos; mas as onze "leis" de Lapouge, que não cabe descrever aqui, foram demolidas pela "lei dos intelectuais", segundo a qual o intelectual mostrava tendência a ter cabeça larga e redonda; também se observou que os "negros", que eram os mais dolicocéfalos de todos os povos, deveriam estar à frente do progresso. Todos esses estudos, feitos com várias centenas de milhares de homens, não passavam de quimeras. No entanto, o mito do pangermanismo e do chauvinismo teutônico foram por eles reforçados e, já em 1887, Lapouge infelizmente profetizava: "Estou convencido de que no próximo século milhões serão mortos por um ou dois graus a mais ou a menos no índice cefálico [...] os últimos sentimentais poderão assistir a grandes extermínios de povos."

A prática do racismo

Nacional-socialismo. – A ascensão de Hitler ao poder possibilitaria a aplicação, até então inconcebível, das doutrinas estudadas; evidentemente, na juventude Hitler se impregnara de uma subliteratura cujo paradigma era a obra de Arthur Dinter, *O pecado contra o sangue*: o judeu tornava-se o único alvo, responsável por todos os males; *Mein Kampf*, escrito em 1924, retoma tais temas: "Os judeus agem como os piores bacilos e envenenam as almas, [...] foram também os judeus que levaram o negro para o Reno [...] com o evidente objetivo de destruir pelo abastardamento a raça branca que eles odeiam [...] e é loucura criminosa treinar um ser, que pela origem é meio macaco, até que ele seja tomado por advogado." Quanto ao insignificante Alfred Rosenberg, balto nascido em 1893 e naturalizado alemão, publicou em 1930 *Der Mythus des zwanzigsten jahrunderts*, na qual destacava a cumplicidade entre Igreja romana, franco-maçonaria, judaísmo e marxismo, inimigo proteiforme da supremacia da raça germânica. "Autodefesa é a chave da cruzada alemã contra o judeu, o negro, o indígena do Norte da África, o sírio e outros sangues cuja mistura só poderia abastardar a Alemanha." Essa frase figura num opúsculo intitulado *Guerra aos judeus*, assinado por Hitler, Rosenberg,

Goebbels e Streicher, editada em francês, em Paris em 1938. A aplicação de todas essas doutrinas deu ensejo a numerosas medidas: boicote em 1º de abril de 1933 e eliminação dos judeus da Administração; leis de Nuremberg que estabeleciam uma distinção entre cidadãos e "estrangeiros"; *Kristallnacht* de novembro de 1938, tudo para redundar no extermínio sistemático dos judeus, cujo número total de vítimas foi de aproximadamente 6 milhões.

Outros aspectos do racismo. – Os Estados Unidos, logo depois da independência, ainda não haviam abolido a escravidão, e em 1860 o número de escravos negros era de 4 milhões. O sucesso estrondoso da obra de Mrs. Harriet Beecher Stowe, *A cabana do pai Tomás*, mostrava o mal-estar da opinião pública americana diante desse assunto. A Guerra de Secessão permitiu que, em 1863, Lincoln libertasse os negros dos estados revoltados e abolisse a escravidão; mas, embora as leis de aplicação do *Civil Rights Act* (1866) fossem votadas até 1875 para efetivar o direito de voto dos negros, esse período que coincidiu com a reconstrução seria bem curto; a escravidão era expulsa pela porta, e o racismo entrava pela janela. Os negros não eram aceitos como iguais dos brancos. As reações da *Ku Klux Klan* demonstravam a hostilidade intensa do *Deep South.* Em 1877 os estados do Sul ganharam autonomia e uma administração *lily white*. Surgiram numerosos textos legais para separar negros e brancos (*Jim Crow Laws*). Nos bondes, nas escolas e até nas igrejas a separação tornou-se obrigatória. Numerosos linchamentos provocaram reações, diferentes conforme o temperamento, de homens como Booker Washington, William du Bois e Marcus Garvege. Logo após a Segunda Guerra Mundial, foi empreendida uma luta lenta, mas eficaz, que redundou na abolição da segregação escolar (1954). Martin Luther King, utilizando procedimentos pacíficos, obteve a dessegregação nos transportes públicos e a inscrição efetiva nas listas eleitorais. Mas tudo isso foi acompanhado por violências, e as revoltas de Los Angeles em 1965 atingiram um ápice de intensidade no ódio racial. Martin Luther King foi assassinado em Memphis em 1968. Depois, os *Black Muslims* fundados por Elijah Muhammad e, em seguida, os *Black Panthers* (1966) continuaram a luta. Ainda que a questão racial fosse tratada com energia, ocorriam periodicamente sobressaltos sangrentos. Em 1979-80, um veredicto que absolvia quatro policiais brancos acusados de matarem um negro a pancadas provocou uma revolta com 15 mortos e duzentos feridos na Flórida. Em Los Angeles, quatro policiais brancos foram absolvidos por fatos análogos, o que acarretou as revoltas de 24 de abril de 1992 que redundaram em 47 mortos e 2.328 feridos.

O caminho seguido pela África do Sul foi o oposto do adotado pelos Estados Unidos; a segregação surgiu como direito em 1948 e era reforçada pelo nome *apartheid.* Os grupos étnicos eram quatro: brancos, *Coloured*, índios e negros, também chamados bantos. O objetivo real do *apartheid* era prolongar a dominação branca; inaugurado pelo dr. Malan, seria continuado pelo dr. Verwoend e por Foster: desenvolvimento separado, diziam eles, e não "segregação". Foram publicados os textos mais aberrantes; o título de alguns fazem rir: "*Suppression of comunism act*" (1950) e aquele "*Sabotage act*" (1962) que reprimia os delitos políticos; os casamentos inter-raciais foram proibidos, e o ensino público foi adaptado à vocação de cada raça. Eram criadas regiões de agrupamento para abrigar autoritariamente os habitantes segundo sua origem racial (*areas*). A criação de fortes artificiais bantustões ou *homelands* (Estados negros relativamente independentes) não enganou ninguém; em junho de 1980, as rebeliões de Soweto provocaram cerca de sessenta mortes. Essa política revoltou a Igreja anglicana, as confissões metodista e presbiteriana; a hierarquia católica já assumira em 1952 uma posição hostil ao *apartheid*, que o papa Paulo VI denunciava ainda em 1977. Reprovado unanimemente pela comunidade internacional, o *apartheid* desapareceria finalmente graças aos esforços corajosos de Klerk e Mandela, que receberem o prêmio Nobel da Paz em 1993; o segundo tornou-se Presidente da República Sul-africana em 10 de maio de 1994, e em 8 de maio de 1996 foi adotada uma Constituição definitiva.

› FONTETTE Fr. de, *Le Racisme*, 8ª ed., Paris, PUF, "Que sais-je?", 1997.

François DE FONTETTE

→ Antissemitismo.

RACIOCÍNIO JURÍDICO

O raciocínio jurídico – o que Weber chama de "trabalho do pensamento jurídico" – é em primeiro lugar um raciocínio – ou seja, numa abordagem inicial uma "atividade intelectual [...], uma operação por meio da qual se passa de certas proposições postas como premissas a uma proposição nova em virtude do nexo lógico que a vincula às primeiras". Definir o raciocínio jurídico nesses termos implica duas interrogações: sobre o que, no direito, é do âmbito do raciocínio, ou seja, da razão; e sobre o que o direito introduz de especificidade no uso do raciocínio.

Sobre o primeiro ponto deve ser ressaltado um aspecto essencial, que diz respeito ao elo histórico entre direito e razão. Weber insistiu nisso. Descreveu o processo de racionalização jurídica, entendido como processo de sistematização e de criação de coerência lógica. Apesar de não dever ser considerada um modelo histórico descritivo nem ter o objetivo de servir de índice de um nível maior ou menor de civilização, sua análise exclui a possibilidade de que o raciocínio jurídico possa ser necessário e de que ele exista mesmo nos casos de descoberta irracional do direito, ou seja, aqueles em que a instância de decisão não aplica regra geral e não procede, portanto, por subsunção; aqueles em que o juiz decide livremente caso a caso; aqueles em que o direito objetivo vale como privilégio subjetivo, e o juiz, portanto, não tem de aplicar o direito, mas apenas constatar sua existência. O raciocínio jurídico, a aceitarmos essa análise, está historicamente ligado a certo estado do direito, um direito que Weber chama de racional e coincide, no conjunto, com a emergência das sociedades modernas contemporâneas. E ele pressupõe, no mínimo, a inferência de uma proposição chamada conclusão a partir de proposições outras tomadas como premissas. Sem dúvida é possível contestar que todo raciocínio consiste numa inferência no sentido estrito do termo. No entanto, não podemos recusar-nos a chamar de raciocínio, mesmo que o raciocínio seja frágil, toda operação na qual uma tese esteja ligada a um argumento por relação lógica – ou que se pretenda tal. Isso permite pelo menos distinguir o raciocínio da simples operação de encadeamento – no raciocínio, a consequência resulta do princípio, e não vem simplesmente depois dele – e também autoriza a fazer a distinção entre raciocínio, que é operação intelectual de ponderação dos argumentos, e intuição, "que é a apreensão imediata e global de um objeto de pensamento". Operação da razão, o raciocínio jurídico só pode assim assumir os aspectos e apresentar-se nas modalidades de toda operação que tenha esse caráter. Portanto, não é de surpreender o fato de se encontrarem no domínio jurídico os temas e problemas relativos aos raciocínios em geral. Por isso, não é tanto dessa temática que precisamos tratar, mas da especificidade introduzida no uso do raciocínio pelo fato de se tratar de um raciocínio sobre o direito.

Essa especificidade decorre das respectivas funções da lei e do raciocínio jurídico. O raciocínio jurídico é um duplo da lei que, por sua vez, é um duplo da realidade. Da existência desses duplos nasce a deformação que, da realidade à lei e da lei ao raciocínio jurídico, produz a especificidade desse tipo de raciocínio. A função da lei? Ela é, fundamentalmente, um instrumento de tratamento da realidade; é ao mesmo tempo uma de suas representações e uma não representação. Esse fenômeno dual, de representação *e* não representação, de representação racionalizada e ilusória da realidade, pode ser designado pelo conceito utilizado por Paul Ricoeur a propósito das obras históricas e de ficção – o conceito de representância. De maneira simétrica e inversa à usada pelo historiador encarregado de reconstituir uma realidade que deixou de existir, o legislador está encarregado de figurar na lei uma realidade que ainda não existe: "Se, em tais condições, ocorre um acontecimento que ainda não existe – e talvez nunca venha ocorrer... (um acidente, por exemplo) –, será implicada, em tais condições, a responsabilidade do sujeito que está na origem do acontecimento. E não só a realidade ainda não existe, como também só pode ser anunciada na lei de maneira aproximada, necessariamente reduzida a seus elementos constitutivos indispensáveis à caracterização da situação de que o legislador quer tratar. A lei não enumera seus destinatários, considerados em sua individualidade; ela diz: 'Todo cidadão francês, com pelo menos 18 anos...'" A lei, evidentemente, não é a realidade. Mas é outra realidade – reduzida – destinada a tratar da realidade de tamanho real. A lei, portanto, está necessariamente aquém da realidade. Primeira deformação.

Mas existe outra deformação: ela decorre, inversamente, do fato de que o duplo dessa vez se situa além do objeto cuja duplicação ele produz. É função do raciocínio jurídico garantir essa duplicação. A lei, com suas lacunas, ambiguidades, contradições, generalidade e impessoalidade, é insuficiente para fornecer, sozinha, a solução dos problemas que sua aplicação deveria resolver. O raciocínio jurídico então, a partir da lei e apesar da indeterminação que o afeta, serve para elaborar uma solução que a execução da lei apenas – a lei pura e simples – pelo jurisconsulto, lei que ele se limitasse a aplicar, não possibilitaria depreender. O raciocínio jurídico é um duplo da lei – um duplo de natureza diferente do duplo da realidade pela lei. Não mais representância – representação aproximativa e esquemática, modelizada – da realidade pela lei, mas suplementação da lei pelo raciocínio, determinação a partir da lei do significado da norma que a leitura da lei ou a dedução lógica e formal a partir das premissas da lei, por si só, não pôde fornecer.

Da acumulação dessas duas funções assim concebidas – da função do raciocínio jurídico como suplementação da lei e da função da lei como representância da realidade – resulta a especificidade do raciocínio jurídico: especificidade que decorre da dupla deformação – aquém..., além... – introduzida pela distância de seus duplos em relação à lei. E só poderemos tratar da maneira como se raciocina em direito se, interrogando-nos sobre os duplos da lei, sobre a lei e seus duplos, formos capazes de determinar, tanto do ponto de vista das sequências constitutivas da estrutura da lei quanto das lógicas que as governam, que distância se estabelece do raciocínio à lei de que ele é suplemento, e da lei à realidade cuja representância ela oferece. O raciocínio, que tem função de suplementação da lei, ou seja, de produção de uma proposição normativa em lugar da lei, tem por objeto "corrigir" – seja no nível das sequências, seja no nível das lógicas, seja em ambos os níveis – aquilo que a lei tem de demasiado rígido ou demasiado frouxo na descrição da realidade tratada por ela. O raciocínio em direito aparece então como produto de uma dupla deformação da lei: em relação à realidade que ela "reproduz" com maior ou menor exatidão; e do raciocínio em relação à lei, que ele "corrige" com maior ou menor profundidade. É esse duplo "maior ou menor", em que veem situar-se as variações dos modelos teóricos propostos ao raciocínio jurídico, que possibilita esboçar uma *tipologia* e, a partir das deformações introduzidas no raciocínio, desembocar numa *patologia* dos raciocínios jurídicos.

As variações dos modelos teóricos opõem dois modelos "fortes", extremos – um caracterizado pelo altíssimo grau de abstração e pelo afastamento da realidade: o modelo positivista; o outro, ao contrário, marcado pelo altíssimo grau de figuração (no sentido em que se fala de pintura figurativa, em oposição à pintura abstrata), ou seja, de reprodução da realidade: a escola realista. Esses dois modelos fortes se opõem a dois modelos fracos que, reconhecendo os impasses e rejeitando os extremismos dos dois modelos fortes – positivista e realista –, propõem organizações teóricas, algumas das quais atuam sobre a extensão das sequências de raciocínios e outras, sobre a natureza das lógicas que os comandam; seu objetivo é explicar melhor – sem, contudo, conseguir... – práticas efetivas do raciocínio jurídico.

Dois modelos fortes. Sua força decorre da coerência das posições adotadas acerca do conjunto dos problemas ligados à estrutura – sequências *e* lógicas – da lei *e* do raciocínio jurídico. Sua força também decorre da coerência dessas posições com as premissas teóricas que fundamentam suas análises. Dois modelos fortes: o positivista e, em oposição, o realista. Um, o positivista, baseia sua análise na ideia fundamental do positivismo, de que a lei é produto da vontade do legislador, ou seja, do autor, *destinador*, da lei. O outro, o realista, no extremo oposto, vê na lei apenas o significado que lhe é dado pelo seu leitor, o *destinatário*, receptor da lei: a Constituição é aquilo que os juízes dizem que ela é. Nos dois modelos, indaga-se qual é o verdadeiro autor da lei.

Primeiramente, os positivistas. Sendo, para eles, produto da vontade do legislador soberano, a lei constitui, em sua totalidade, mas só ela, o fundamento do raciocínio jurídico, nada se podendo dizer sobre o significado da lei a não ser aquilo que seria desejado – pelo menos implicitamente – pelo legislador, o que, por conseguinte, não seria depreendido da lei por meio de deduções a partir dos princípios por ela enunciados: concepção silogística da lei. Nessas condições, o raciocínio – que desempenha uma função de suplementação da lei – para eles só pode ser um raciocínio baseado apenas na sequência legal e a ela estritamente limitado: sequência necessariamente esquemática e abstrata, constituída apenas pelo texto da lei, ato elaborado pelo legislador. E, se esse texto, por si só, não for apto a fornecer a solução para o caso que deve ser resolvido, o raciocínio deverá ser concebido de tal maneira que sempre se destine a extrair as consequências desses princípios, nos limites estritos da sequência legal e por dedução a partir dos princípios que ela enuncie: busca da intenção do legislador, raciocínio dedutivo... O modelo positivista de raciocínio, portanto, é necessariamente um modelo abstrato, tanto em virtude da limitação da sequência de raciocínio ao texto da lei, forçosamente redutor, quanto da lógica de dedução que lhe é aplicada. Tal concepção da lei e do raciocínio jurídico não poderia encontrar expressão nem imagem que a traduzissem com mais fidelidade do que a da pirâmide. O kelsenismo, que privilegia e sistematiza essa noção de pirâmide normativa, é por isso uma espécie de quintessência do positivismo. Monologismo absoluto. Na fantasia da única boa solução propiciada por tal análise, distinguem-se nitidamente os dois elementos constitutivos da estrutura do raciocínio jurídico: o elemento sequencial – raciocínio que o positivismo limita à sequência legal, cuja origem primeira Kelsen pretende ver na norma fundamental –, e o elemento lógico – recurso ao silogismo para deduzir da lei a única solução cabível a seu destinatário. É possível dimensionar o considerável efeito de abstração que ele produz em relação à realidade: nele, cada norma é limitada à representação esquemática e fantasmagórica da realidade, proposta por seu autor – a norma individual, nessa acepção, é sempre a restituição para o escalão inferior das condições e características enunciadas de maneira abstrata e impessoal pela norma geral no escalão superior, expressão da vontade daquele que, como um demiurgo, é considerado único criador dessa realidade: concepção clássica da regulamentação como pura e simples aplicação da lei geral.

O modelo realista de raciocínio apresenta características exatamente simétricas e inversas às do modelo positivista. Ao caráter abstrato do raciocínio opõe-se seu caráter figurativo – figuração da realidade que se faz por duas vias: a via da extensão da sequência normativa – reintrodução no raciocínio jurídico de elementos subjetivos que o texto da lei, em sua abstração e objetividade, havia expulsado – e a via da discrição, do poder discricionário, atribuído ao leitor da lei, para variar as consequências extraídas de sua leitura em função das considerações que lhe pareçam mais apropriadas ao caso singular que precisa resolver. Passagem de um direito do legislador para um direito dos juízes. É possível imaginar as implicações de tais proposições. Fazendo do direito produto da atividade do juiz, elas o tornam também, inelutavelmente, produto de uma atividade que, não encontrando, como diz Gény, "bordas algumas", nenhum limite objetivo, só pode desembocar naquilo que Dworkin depois chamará de "concepção cética do direito": concepção que "não leva os direitos a sério". Em tal concepção, o direito se mostra como instrumento submetido apenas à discrição do juiz, que não tem "nem força nem fundamentos independentes". Em tal lógica, a Constituição não só passa a ser apenas o que os juízes dizem que é, como também não tem outro ser nem, naturalmente, outro dever-ser senão na subjetividade, nos humores ou nas opiniões pessoais do juiz.

A própria figura destinada a representar a ordem jurídica muda então radicalmente. Abandona-se a imagem da pirâmide. Assim nasce a ideia defendida por Paul Amselek que, considerando que Kelsen via erroneamente na ordem jurídica "um conjunto de normas hierarquizado sem contradição nem lacuna" e qualificando tal análise de "concepção monástica" da ordem jurídica ("as normas da ordem jurídica se assemelhariam aos integrantes de uma ordem monástica submetidos a uma regra comum"), propõe substituir essa concepção hierárquica e linear da ordem jurídica pela de uma "combinatória" de normas: "elementos de um todo que se combinam como compassos de uma melodia"... Dupla ruptura com o modelo positivista. Enquanto este reduz o raciocínio à sequência legal, afirma-se a tese da primazia da ordem jurídica sobre as leis que a constituem, sendo assim integrados no direito muitos outros elementos além das leis, às quais os positivismos o reduziam. Pode-se então explicar a exorbitância que, por exemplo com a ideia de "convenção da constituição", preside a Concepção que se tem das fontes do direito – fontes que reúnem elementos tão perfeitamente heterogêneos quanto textos de lei e elementos puramente factuais, até discursos e entrevistas coletivas... E também se compreende por que tal confluência elimina qualquer possibilidade de uma lógica linear e dedutiva. A lógica deixa de ser monológica, e a ordem jurídica deixa de ser hierarquizada, para serem obrigatoriamente analisadas apenas como produtos de uma técnica ao cabo da qual se encontra a discrição do juiz.

Portanto, os mesmos componentes e os mesmos elementos são encontrados nos dois modelos – positivista e realista – de raciocínio, mas com sinais invertidos. Tem-se um elemento sequencial, reduzido à pura sequência legal, no modelo positivista; este, no modelo realista, é estendido para além da sequência legal, até integrar, em algumas versões do modelo realista, atos díspares como os atos materiais (discursos ou entrevistas coletivas), considerados capazes de orientar ou reger a interpretação das disposições escritas da constituição. No modelo positivista, o que se analisa é um elemento lógico, na utilização, a partir da lei, de uma lógica linear de dedução que nega qualquer liberdade ao juiz, ao passo que, no modelo realista, ao contrário, há uma lógica discricionária de interpretação da lei, por meio de considerações que lhe podem ser totalmente exteriores e perfeitamente estranhas. À abstração do modelo positivista corresponde, assim, a intenção do modelo realista de figurar a realidade social. Esta se traduz na ampliação do raciocínio para além da sequência legal e na preocupação de levar em consideração o máximo de elementos de fato – políticos, psicológicos, subjetivos –, de índole a diminuir ou mesmo a eliminar o caráter esquemático de inscrição/descrição da realidade realizada pelo legislador na lei. Também se traduz pela discricionarização da lógica que possibilita a articulação das diferentes sequências, a fim de permitir que o juiz trate da realidade em condições nas quais seja o mais exato possível o ajustamento às circunstâncias precisas e concretas, às contingências até mesmo e inclusive políticas... – circunstâncias nas quais essa realidade se lhe oferece. Assim, o raciocínio é sempre um duplo da lei – que é sempre um duplo da realidade. Mas o raciocínio positivista assume em relação à realidade um distanciamento que o raciocínio realista quer anular a todo custo.

Os modelos fracos mudam de parâmetro. Deixando de fazer distinção entre os raciocínios em função apenas da qualidade do autor da lei – o legislador ou o juiz –, esses modelos passam a tomar em consideração, ademais, elementos ligados à estrutura da lei, componentes que a constituem: as sequências que a formam ou a lógica que preside à sua articulação. Assim, enquanto os modelos fortes se caracterizam pela congruência de seus componentes, os modelos fracos se especificam pelo fato de que um ou outro de seus componentes deixa de coadunar-se com o princípio que fundamenta sua constituição. Assim, cabe distinguir modelos fracos por organização das sequências e modelos fracos por organização das lógicas.

No caso do modelo positivista, a organização da sequência normativa se faz de duas maneiras: de maneira sub-reptícia, por redefinição da própria sequência legal, de tal modo que a ela se integram outros elementos além daqueles aos quais ela era reduzida até então, ou de maneira mais visível, por extensão da sequência normativa em direção a outros elementos que, apesar de situados antes ou depois do texto da lei e de serem exteriores à sequência legal, serão percebidos e tratados como se fossem parte integrante dela. O esforço de redefinição da sequência legal mostra-se sobretudo como resultado da doutrina anglo-saxônica. Um dos méritos de Ronald Dworkin foi trazer à luz o esforço de integração de elementos estranhos às leis formais nas fontes de direito, envidado pela nova doutrina positivista. Os elementos assim integrados no direito, porém, só podem ser integrados depois de terem passado por aquilo que Dworkin chama de "teste do pedigree": as regras particulares que constituam o direito de uma comunidade devem ser identificadas e distinguidas por meio de critérios específicos, com o uso de testes, não referentes ao seu conteúdo, mas ao seu pedigree, à sua ascendência: à maneira pela qual foram adotadas. Esses testes, segundo as doutrinas, podem apresentar-se em formas mais ou menos elaboradas. Enquanto em Austin o teste é simples – são regras de direito todos os "comandos do soberano" –, em Hart o teste passa por uma "regra de reconhecimento" que determina a(s) "característica(s) que pode(m) ser considerada(s) positiva e decisivamente indicativa(s) de que a regra visada que as possui constitui realmente uma regra do grupo e deverá ser sustentada pela pressão social exercida pelo grupo". Em Neil McCormick, ele é completado pela formulação de uma "tese da validade" que, apesar de excluir a possibilidade de se prescindir de uma regra de reconhecimento, utiliza-a tanto para a identificação das regras de direito em virtude de sua ascendência quanto para a determinação de "princípios" que, em relação às regras, exerçam uma função de "racionalização". Chega-se assim a uma verdadeira pesquisa genealógica. E, com McCormick, já não é muito grande a exigência na busca das origens...

O outro modo de organização da sequência normativa pelo menos tem o mérito de não se camuflar por trás das aparências de uma simples reconsideração da definição de lei. Até então procurava se salvaguardar – ou pelo menos tentar... – a ficção da unicidade e da unidade da sequência legal. Com o novo modo de organização, a doutrina jurídica admite considerar que no raciocínio devem intervir sequências que, deliberadamente, são analisadas como estranhas à lei – ao texto da lei: anteriores ou posteriores à sua elaboração, situadas a montante ou a jusante da lei.

A extensão da sequência normativa a montante – em direção aos valores que comandam a interpretação da lei escrita – ocorreu muito cedo. Já no fim do século XIX aparece com Gény a noção de "dado". Fazendo uma distinção entre o "construído" – "moldes preconfigurados pelo homem que o submetem à coerção inerente à ideia de direito", os textos de lei – e o "dado" – que "consiste num acervo de verdades morais e econômicas que, postas em presença dos fatos, determinam certas direções para regê-los [...]", Gény consagra a existência no raciocínio jurídico de elementos exteriores ao texto da lei: elementos que, situados a montante da lei escrita, a montante do "construído", fornecerão seu "princípio" de interpretação. A extensão da sequência normativa também se daria a jusante – pela consideração de elementos que, apesar de também destinados a orientar a interpretação da lei escrita, não são preexistentes a ela, mas fruto de uma reflexão sobre a aplicação eventual da lei à sociedade. É o que ocorre com a análise "consequencialista" de Neil McCormick – só por uma avaliação dos efeitos e resultados práticos eventuais da interpretação de uma regra dada e em função dessa avaliação, seria determinado o seu significado, acatado em última instância pelo juiz –, ou mesmo com a análise, muito mais radical, de Friedrich Müller, para quem a "produção" da norma se faz caso a caso, a partir de materiais extremamente diferentes, uns linguísticos e outros factuais. O "texto de norma" é então despojado, nesta última análise, de qualquer caráter normativo intrínseco e autônomo, e os fatos específicos – ao encontro da tradicional distinção entre fato e direito – são investidos da propriedade de "conormatividade" (*mit-normativ*)...

O outro modo de enfraquecimento dos modelos consiste em agir sobre a lógica de articulação das sequências constitutivas do raciocínio. No caso do modelo positivista, a doutrina renuncia à lógica de dedução. Ela já o fizera com a chamada escola da lógica da argumentação, que, querendo romper com a concepção de razão e raciocínio que remonta a Descartes – modelo de raciocínio *more geometrico*, segundo Perelman –, defendia a tese de que o direito pertence a um campo de pensamento diferente, o campo "do verossímil, do plausível e do provável, na medida em que este último escapa às certezas do cálculo". Assim, a lógica judiciária, que se afasta da ideia de verdade, passa a basear-se na ideia de aceitabilidade – aceitabilidade da decisão pela coletividade e por cada um de seus membros. Com essa ideia, ela dá ensejo a valores – busca da equidade e da justiça – que até então a doutrina positivista quisera manter cuidadosamente afastados do raciocínio, e passa a focalizar a atenção mais sobre o destina*tário* da norma do que sobre o destina*dor*. O deslizamento é também acentuado por Hart e sua noção de "textura aberta" do direito: "Toda vez que nos dispomos a chamar alguma coisa de regra, é possível distinguir casos centrais e claros, aos quais ela se aplica com certeza, e outros nos quais existem razões tanto para afirmar quanto para negar sua aplicação. Nada pode eliminar essa dualidade existente entre um núcleo de certeza e uma penumbra de dúvida, quando somos convidados a subsumir situações particulares a regras gerais. Isso redunda na atribuição a todas as regras de uma margem de imprecisão, ou textura aberta." O principal efeito da existência de tal textura, evidentemente, é a de reservar um vasto campo para a atividade normativa do juiz, que obriga a renunciar à crença numa lógica de dedução no raciocínio jurídico a partir do texto da lei elaborado pelo legislador.

Os mesmos modos de enfraquecimento do modelo de raciocínio, pela dupla via da organização das lógicas e das sequências, são aplicados pela doutrina realista quando, apesar de querer permanecer fiel a seus princípios fundadores – princípios que, dessa vez, com esse modelo, guinaram para o lado do leitor da norma –, tempera as conclusões e o ceticismo aos quais tais análises poderiam levar. A organização da lógica – lógica de discrição – que fora introduzido pelo modelo realista é obra de Ronald Dworkin. Embora seja bem perceptível o que sua famosa metáfora do romance coletivo concede ao realismo, ao consagrar o papel do juiz na interpretação e no fim da "deferência espontânea para com uma ordem rúnica", não é tão perceptível a proximidade que ela continua mantendo, apesar de tudo, em relação ao positivismo clássico – dissimulada que está por trás do reconhecimento da liberdade do intérprete. Mas Stanley Fish mostrou muito bem o apego de Dworkin à lógica da dedução, apesar de suas afirmações em contrário. Depois de introduzir na atividade do juiz a dimensão essencial da compatibilidade – "a interpretação [que o juiz] adota deve [...] *vazar no molde* do conjunto do texto" –, Dworkin a assenta numa distinção que, para ele, continua fundamental entre o primeiro romancista da cadeia e todos os outros. Ora, conforme ressalta Stanley Fish, "o primeiro apenas cria, enquanto os outros autores devem não só criar, mas também interpretar": reforço das injunções que pesam sobre o intérprete à medida que ele "desce" na cadeia das interpretações – "quanto mais longa é a cadeia, mais pesadas as injunções". Numa relação demasiadamente simples, mecânica e mecanicista de dois termos, como a de Dworkin, o aumento da importância de um dos dois termos – os textos anteriores – só pode ter como consequência acarretar a diminuição da importância do outro – a liberdade de intérprete – e, em última análise, anular essa importância. Retorno à estaca zero. É a lógica de dedução – pura.

A análise estratégica, por sua vez, propõe uma organização das sequências segundo o modelo realista, ao reconsiderar, na sequência normativa, o lugar nela ocupado pela sequência legal. Esta fora completamente ocultada no modelo realista puro: nele, os determinantes políticos ou psicológicos ocupavam lugar essencial. A versão moderada, fraca, do realismo oferecida pela análise estratégica, embora admita, como a versão forte, a existência de determinantes políticos ou psicológicos na elaboração da decisão jurisdicional, não vê relação mecânica e direta entre esses determinantes e os julgamentos. Tanto as estratégias internas (convicções e preferências diversas de ambos) quanto externas (relações entre as jurisdições de controle e os outros órgãos – não jurisdicionais – que compõem o sistema político) impõem uma lógica distanciada "tanto da visão elementar que a equipara a uma aritmética das preferências quanto dos pressupostos da dogmática jurídica". Percebe-se o que essa versão moderada da tese realista conserva do realismo radical e o que rejeita. O que elas têm em comum é a aceitação – ao contrário das teses positivistas – da ideia de poder discricionário do juiz e da existência de determinantes individuais e políticos – extrajurídicos, em todo caso – capazes de explicar o conteúdo dos julgamentos. Em contrapartida, o que as distingue está na análise da relação de determinação (embora ambas ressaltem o jogo de vaivém ensejado pela utilização dos argumentos que motivam as decisões): o fato de numa das teses, a realista dura, tratar-se de uma determinação política direta e na outra, a moderada, de uma determinação estratégica, indireta, dos julgamentos proferidos. Nesta última versão do modelo realista, os argumentos jurídicos que servem para "vestir" as decisões são então analisados, na melhor das hipóteses, como "suporte de imputação" das proposições contraditórias em contraposição, não sendo em nenhum caso vistas como "explicação causal da decisão".

Definitivamente, o que se depreende da tipologia dos modelos teóricos de raciocínios jurídicos que acabamos de tentar delinear é a incapacidade de tais modelos tradicionais para dar conta da realidade empírica dos raciocínios jurídicos, mesmo quando tais modelos são "enfraquecidos" pelas correções feitas pela doutrina em suas diferentes reconstruções. O que as duas versões, radical e moderada, de fato denunciaram juntas nas teses teóricas que acabamos de expor foi a radical impossibilidade de tentar dar conta da realidade empírica restringindo-se à existência, na estrutura da norma, apenas do determinante constituído pelo texto da lei ou do regulamento. Como se sabe bem, esse era o cerne da tese positivista em sua expressão mais absoluta: lei é a lei posta pelo legislador. A ela se opusera, de maneira não menos absoluta, a doutrina realista: lei é o que o juiz diz que é lei – um juiz guiado por suas convicções políticas ou por suas preferências pessoais. Substituição de um determinante por outro. Na verdade, na falta de uma visão completa e homogênea da norma, nenhum dos dois modelos, positivista ou realista, em nenhuma de suas duas versões, radical ou moderada, forte ou fraca, soube tratar da posição relativa dos diferentes determinantes no mecanismo de acesso da norma à sua significação. Apenas forneceram teorias "regionais", parciais, do raciocínio jurídico. Nunca souberam ver na norma aquilo que ela é, real e globalmente: uma relação de significação, cuja estrutura é, ao mesmo tempo, mais complexa e mais simples do que eles acreditaram. Como toda relação de significação, a relação que a lei instaura se decompõe em um discurso – carreado no caso pela escrita da lei – dirigido por seu destina*dor*, o legislador, a seus destina*tários* – no caso, os juízes –, que o decifram em função de um determinado código, cultural, social, político etc. Tal análise não privilegia nenhum dos três mecanismos de acesso da norma à sua significação e também não ignora nenhum: nem o mecanismo de predeterminação da norma por seu autor/legislador, nem o mecanismo de codeterminação da norma por seu leitor/juiz. Nem, sobretudo, o mecanismo de sobredeterminação resultante dos valores do código – no sentido linguístico da palavra – aos quais certamente o leitor se refere, mas não os cria necessariamente, podendo limitar-se a "descobri-los" no texto portador da norma ou exprimi-los a partir da vontade do corpo social do qual ele, juiz, leitor da lei, é instituição e órgão.

Portanto, se admitirmos que o raciocínio tem a função de suprir a indeterminação da lei, que tem a função de "representar" a realidade, representação que não pode ser simples reprodução, que nada mais é que a esquematização necessária de uma realidade empírica que a lei deve tratar, compreenderemos por que a lei nunca faz mais do que abstrair da realidade os elementos aos quais ela reduz a realidade e com base nos quais, em seguida, ela procede à sua reconstituição. Donde os dois passos essenciais aos quais pode ser reduzido o raciocínio jurídico. Um tem por objeto confrontar os fatos às leis que lhes devem ser aplicadas: a lei reduziu a realidade a alguns de seus elementos constitutivos, em número limitado; esses elementos formam as condições pertinentes que o juiz encarregado de aplicar a lei examina e verifica se estão presentes no caso específico e se justificam a aplicação da lei ao caso concreto com o qual ele se defronta – reconhece-se aí a operação de qualificação jurídica dos fatos. O outro tem por objeto confrontar com as leis as normas que lhes estão subordinadas; é a aplicação do princípio de legalidade. Essas duas operações constituem o verdadeiro teste da maneira como funciona o raciocínio jurídico, e é possível ver que as teorias que justificam um ou outro dos modos de raciocínio se distribuem de ambos os lados do eixo da representância, e que, segundo o caso, ambas as teorias mergulham na super-representação ou na sub-representação da realidade. Aquém ou além, as doutrinas jurídicas fazem da lei ou um instrumento perfeitamente abstrato, desvinculado da realidade (a lei é reduzida apenas à sua sequência legal) – é o caso das doutrinas positivistas – ou um instrumento calcado da maneira mais exata possível, conforme creem, numa realidade que é preciso figurar com grande precisão – é o caso das doutrinas realistas: isso, então, dá ensejo à reintegração forçada, no raciocínio jurídico, além da sequência legal, de sequências que, a montante, estão ligadas à subjetividade e aos valores políticos em particular e regem a interpretação da lei, e, a jusante, sequências ligadas às consequências das decisões tomadas com base nessas considerações extratextuais.

Então, a partir de tal análise, esboçam-se dois tipos simétricos e inversos de defeitos ou falhas do raciocínio jurídico. Dois tipos de problemas, realmente. Uns referem-se à superabstração demonstrada pelo juiz em seu raciocínio sobre a lei quando ele se limita ao texto da lei, estritamente compreendido: as interpretações literal, gramatical e exegética constituem então as técnicas mais evidentes e, frequentemente, a tradução mais peremptória de tal atitude; o juiz, nesse caso, ignora a continuidade, a contiguidade e o encadeamento das sequências que constituem o raciocínio e poderiam torná-lo mais adequado à realidade. O segundo tipo de problema do raciocínio, inversamente, está no fato de que, a pretexto de realismo, são privilegiadas, no raciocínio e na decisão do juiz, considerações extratextuais, políticas ou puramente subjetivas, que não têm maiores vínculos com o próprio texto e, por conseguinte, com a generalidade da lei; nessa hipótese, o juiz vai de um excesso ao outro e acentua caricaturalmente aquilo que acredita dever ser função da lei: decalque da realidade. Problemas relacionados à similaridade nesse caso: superassimilação, super-representação, superfiguração da realidade...; problemas relacionados à contiguidade no caso anterior: superabstração. Os problemas da contiguidade – da superabstração por limitação da sequência normativa à sequência legal – são aqueles cujos vestígios se encontram nas operações de aplicação da lei batizadas alhures de operações de transcrição: operações de reprodução idêntica, de retranscrição na norma inferior da escritura da norma hierarquicamente superior, sem que o autor da norma subordinada tenha a menor liberdade em relação ao texto da lei. Nesse caso, o raciocínio é tipicamente um raciocínio silogístico – a lógica em ação é uma lógica de dedução, e a sequência do raciocínio é uma sequência limitada à produção de uma norma a partir apenas da reprodução do conteúdo da norma superior. O positivismo clássico do século XIX elaborou sua teoria e o erigiu a arquétipo do raciocínio jurídico. Mas percebe-se o que há de abstração e de distanciamento da realidade nesse modelo de raciocínio, e compreende-se como e por que a doutrina, primeiramente com a escola da livre pesquisa científica e depois com outras, começa a abandonar esse modelo. Em contraposição, a escola realista, coerentemente com a vocação que lhe é dada pela sua denominação, pretende restabelecer laços com a realidade. Ao fazer isso, cai numa outra armadilha e, ultrapassando seu objetivo, mergulha nos defeitos da superfiguração da realidade da qual a lei pretende tratar. Os problemas da similaridade, ao contrário dos primeiros, resultam da limitação do raciocínio à sequência legal; assiste-se aí à consideração, no raciocínio, de sequências situadas a montante e a jusante da sequência legal: a montante, os valores que regem a interpretação da lei; a jusante, as consequências ligadas à aplicação da lei, que já não se sabe distinguir da própria sequência legal e acabam por eclipsá-la. A tal ponto que, a partir daí, prevalece no raciocínio uma lógica de discrição – de discricionariedade – em relação ao texto da lei, e o juiz se considera livre (ou a doutrina o considera como tal...) para dar à lei a interpretação que lhe parecer mais desejável. Esse tipo de atitude foi caracterizado com o nome de transgressão, pois a norma inferior, por obra do juiz que a elabora, estabelece-se em ruptura e, às vezes, em contradição total com o conteúdo da norma superior.

A esses dois tipos de problema remetem as dificuldades nas quais se enredou a maioria dos analistas que trataram da doutrina dominante: são impossíveis, apesar de essenciais, duas distinções (cada uma das quais põe em causa um ou outro dos dois grandes princípios fundamentais de nossos sistemas jurídicos: legalidade e igualdade): com referência ao controle pelo juiz da oportunidade das decisões da autoridade política ou administrativa, é para eles impossível distinguir cientificamente entre legalidade e oportunidade; também lhes é impossível, a propósito da jurisprudência sobre a *affirmative action*, distinguir objetivamente entre igualdade e... discriminação... No entanto, entre esses dois tipos de operação – transcrição e transgressão, subordinação ou contravenção à norma hierarquicamente superior – situa-se outro modo de operação e de raciocínio, intermediário entre os excessos da superabstração e da superfiguração da realidade: operação delicada, essencial, de contextualização da norma. Houve quem falasse em transdicção – neologismo criado com base no modelo de jurisdição, *jurisdictio* – para designar esse dizer do direito – esse enunciado de um direito singular a partir de uma regra formulada em termos gerais. As variáveis de tal enunciado? A singularização dos fatos: consideração pelo juiz dos fatos singulares em vista dos quais deve ser aplicada a norma enunciada em termos gerais e abstratos; e dialogização da referência: consideração pelo juiz de valores outros, que não aqueles aos quais o autor da lei, e só ele, se refere implícita ou explicitamente. Ambas as variáveis estão destinadas a garantir a adequação da regra geral ao contexto singular no qual ela é aplicada, sua declinação, no sentido gramatical do termo, em função dos casos por tratar. Difícil equilíbrio entre transdicção e raciocínio jurídico.

› DWORKIN R., *Prendre les droits au sérieux*, Paris, PUF; *L'Empire du droit*, Paris, PUF. – GÉNY F., *Science et technique en droit privé positif*, Paris, LGDJ, 1913-24. – PERELMAN Ch., *Traité de l'argumentation*, Éd. Univ. de Bruxelles, 5ª ed., 1988., TIMSIT G., *Les Figures du jugement*, Paris, PUF, 1993; *Gouverner ou juger*, Paris, PUF, 1995. – WEBER M, *Sociologie du droit*, Paris, PUF, 1986.

Gérard TIMSIT

→ Antinomias; Argumentação e retórica jurídica; Decisionismo; Exegese (Escola); Interpretação; Lacunas e completude; Metodologia jurídica; Normativismo; Positivismo.

RÁDIO E TELEVISÃO

O rádio e a televisão desempenham as mesmas funções sociais que a imprensa escrita, mas a natureza de suas produções e de seus modos de difusão não permitiu que lhes fosse aplicado um regime comparável ao das publicações impressas.

Especificidade da mídia audiovisual

Enquanto a multiplicação dos jornais nunca se chocou com obstáculos técnicos, a das estações de radiodifusão durante muito tempo foi limitada pela penúria das frequências hertzianas. Assim, desde a origem, para evitar a interferência das ondas, recorreu-se à regulamentação preventiva da autorização prévia, princípio que fora rejeitado no âmbito da imprensa por todos os países liberais. Esse recurso parecia tão evidente principalmente porque, surpreendidos pela novidade da técnica de difusão, os diferentes países acharam natural aplicar-lhes o regime de monopólio que prevalecera na telegrafia elétrica e depois na telegrafia e na telefonia sem fio. Criaram-se então organismos públicos encarregados de emitir licenças de transmissão para as raras estações autorizadas e de lhes impor especificações técnicas – comprimento de onda e potência. Em seguida, foram criadas em 1934 instituições internacionais para distribuir e harmonizar as frequências entre as nações: União Internacional das Telecomunicações, derivada da União Telegráfica Universal de 1865, e União Internacional de Radiodifusão, que se tornou União Europeia de Radiodifusão em 1950. A natureza imaterial dos programas também determinou um modo de financiamento diferente do adotado na impressa: a assinatura para o serviço radiofônico na forma de *royalties*, ou o financiamento exclusivo por meio de publicidade, ou mesmo um sistema misto que associava as duas fórmulas anteriores. O caráter efêmero dos programas e as dificuldades de gravação – os primeiros programas de rádio e televisão eram produzidos exclusivamente ao vivo – durante muito tempo tornou aleatório o controle prévio ou posterior dos programas. Enquanto a legislação sobre os produtos impressos podia basear-se em todo o sistema do depósito legal e na conservação das produções nas bibliotecas, a conservação dos programas audiovisuais durante muito tempo foi inexistente e depois lacunar. Na França, foi preciso esperar a Lei de 29 de junho de 1992 para organizar o depósito legal (parcial) dos programas audiovisuais. A globalização das transmissões e retransmissões e a dificuldade de definir com precisão os autores das obras audiovisuais criam problemas de extrema sutileza para os direitos autorais nesse campo. Quanto à aplicação do direito de resposta aos "jornais" falados e televisionados, na França a Lei de 29 de julho de 1982 e a de 13 de julho de 1990 tiveram dificuldades para garanti-lo, visto que o cronograma dos programas audiovisuais não tem a flexibilidade de uso apresentada pela superfície impressa.

Primeiras regulamentações e seu desenvolvimento

Nos Estados Unidos, um primeiro *radio act* de 1912 vinculara a TSF ao monopólio federal do telégrafo; em 1927, um segundo *act* estipulou que a radiodifusão era da alçada da primeira emenda à Constituição que garantia a liberdade de imprensa (a televisão gozou dessa liberdade assim que surgiu, e o cinema, a partir de 1952) e criou a Federal Radio Commission, que emitia autorizações para transmissão, tornando-se a Federal Communications Commission em 1934. As licenças eram renováveis a cada três e depois a cada cinco e sete anos e impunham aos programas respeito a certo número de princípios – *fairness doctrine* (imparcialidade das informações), *equal times* (para as eleições: cada candidato pode comprar o mesmo tempo de programação que os concorrentes)... A National Association of Broadcasters impôs às estações um código corporativo de boa conduta para preservar a moralidade dos programas. No geral, o controle da FCC era muito liberal, e a recusa à renovação das licenças foi excepcional. A publicidade continuava sendo a única receita possível, e os norte-americanos nunca pagaram *royalties*. Num aspecto a ação da FCC foi decisiva: para evitar a concentração, ela limitava a 14 as estações de rádio e a 7 os canais de televisão que uma única empresa podia possuir; assim, favoreceu a criação das *networks*, empresas que forneciam programas alugados às estações afiliadas.

Na Inglaterra, o Ministério dos Correios concedeu em 1923 o monopólio de transmissão à British Broadcasting Company, que veio a tornar-se *BB Corporation* em 1927. É administrada por um conselho de 12 diretores que nomeia seu diretor-geral. O sistema deu estabilidade notável à BBC. A publicidade era proibida em suas transmissões, e seus programas eram financiados por *royalties*. Seus estatutos, regularmente renovados desde então, e ainda em 1996, garantem-lhe notável independência. Não ocorreu o mesmo na França, onde as transmissões audiovisuais durante muito tempo se caracterizaram pela instabilidade. Antes da guerra, depois que um decreto ambíguo permitiu a emissão de autorização para empresas privadas, um decreto-lei de 28 de dezembro de 1926 e a lei de finanças de março de 1928 instauraram um sistema misto: 13 estações privadas e cerca de 15 estações da rede estatal, cujos programas foram na origem geridos por associações de ouvintes. Em 1933, a lei de finanças criou o *royalty* para financiar as estações PTT que renunciassem à publicidade. A guerra provocou a nacionalização de todas as redes, e as ordens de 23 de outubro, 30 de dezembro de 1944 e 23 de março de 1945 confirmaram o monopólio da Radiodiffusion française que, apesar de 16 tentativas para dotá-la de um estatuto durante a IV República, continuou sendo uma administração pública com orçamento à parte. Na realidade, o monopólio estatal logo sofreu a concorrência de uma rede de estações periféricas (Radio Luxembourg, Europe 1, Radio Monte-Carlo) que viviam de publicidade. A V República, até 1981, também não soube estabilizar o panorama audiovisual: dotou a Radiotélévision française com três estatutos sucessivos (outubro de 1959; junho de 1964; julho de 1972); depois, um quarto estatuto em agosto de 1974 desmantelou a ORTF em sete empresas nacionais autônomas.

Explosão dos panoramas audiovisuais

A partir da década de 1960 nos Estados Unidos e de 1980 na Europa, uma série de inovações técnicas revolucionou as estruturas do audiovisual. A penúria de frequências progressivamente deu lugar à superabundância. A modulação de frequência possibilitou o uso de comprimentos de ondas cada vez mais curtos; a compressão e a digitalização dos sinais hertzianos multiplicaram a oferta de programas. Dos transistores aos *chips* eletrônicos, os receptores puderam dar conta da multiplicação dos programas transmitidos ilimitadamente pelas redes de satélites e cabos, bem como pelas redes digitais hertzianas. Os progressos das gravações de áudio e vídeo aceleraram ainda mais o seu consumo. Esse enorme mercado estimula os investimentos na produção e na difusão, assim como as receitas publicitárias. Um dos efeitos mais evidentes disso é a globalização do audiovisual, que tende a escapar ao controle das regulamentações nacionais, cujos fundamentos remontam à época em que os programas oferecidos se limitavam a menos de meia dúzia, contra as várias centenas de hoje.

Nos Estados Unidos, a FCC foi mantida, e sua competência foi estendida às redes de cabo em outubro de 1990, modificando consideravelmente sua política: a limitação do número de licenças concedidas a uma mesma operadora perdeu grande parte do significado na era dos pacotes de programação e da transmissão por satélite e cabo. As três antigas *networks* (ABC, NBC, CBS) agora sofrem a concorrência de dezenas de outros fornecedores de programas. A multiplicação dos canais temáticos tornou inoperante a velha *fairness doctrine*. Em 1994-95 foi preciso desistir da tentativa de reforçar a moralização dos programas por um *decency act*. De fato, teve prosseguimento a política de "desregulamentação" do audiovisual americano adotada durante a presidência Reagan, e os poderes da FCC se tornaram cada vez mais formais. Uma das grandes vítimas da evolução do panorama audiovisual americano é o serviço "público" do audiovisual. As estações de rádio nascidas antes da guerra e as televisões educativas (1953), que viviam sem publicidade, de subvenções de comunidades territoriais, fundações ou contribuições individuais e, a partir de 1962, do Estado federal, hoje sofrem forte concorrência dos canais temáticos.

Na Europa, o primeiro abalo sofrido pelos sistemas baseados no monopólio de serviço público e essencialmente financiados pelos *royalties* ocorreu com o surgimento de canais comerciais concorrentes. A Grã-Bretanha foi o primeiro país que aceitou a criação de um canal de televisão comercial já em 1954 e de outros três em 1955, 1982 e 1995, até que rapidamente surgissem os canais via satélites, entre os quais o BSkyB. O setor privado é regulamentado pela Independent Television Commission e pela Radio Authority. No entanto, a BBC, que resiste em parte graças à receita de seus programas internacionais, administra seus dois canais de televisão e sua rede de rádios nacionais (5) e locais (40). Na França, a evolução, abalada por vicissitudes políticas, foi mais tardia. A Lei de 29 de julho de 1982 criou a Haute Autorité de la communication audiovisuelle, independente e composta por nove membros, para "cortar o cordão umbilical entre o audiovisual público e o governo", que se tornou a Commission nationale de la Communication et des libertés em 1986 e depois o Conseil supérieur de l'audiovisuel em 1989. Estava encarregada de nomear os presidentes dos canais de serviço público, de emitir licenças para as rádios locais, associativas e não comerciais, autorizadas pela lei de 9 de novembro de 1981, e de impor respeito às novas regras do PAF (panorama audiovisual francês). Em 1º de agosto de 1984, as RLP, rádios locais privadas, foram autorizadas a recorrer à publicidade e a constituir-se em redes: contavam então cerca de 1.800 estações. Em novembro de 1984, concedeu-se uma frequência ao Canal +, primeiro canal privado pago na Europa, e depois a dois canais comerciais em março de 1986, reatribuídos a outras operadoras em março de 1987. Em 1995, la 5ᵉ, canal cultural, foi associado ao Arte, canal franco-alemão criado em 1992. Por fim, uma nova Lei de 1º de fevereiro de 1994 reduziu consideravelmente as quotas de capital impostas aos canais para evitar a concentração no setor audiovisual, e em 1997, os dois canais de televisão do serviço público foram associados numa nova empresa nacional, a France Télévision... Todo o panorama audiovisual francês, portanto, foi completamente subvertido em duas décadas e ainda continua se transformando, sem nova mudança legislativa, com a expansão das redes analógicas e já digitais, difundidas por cabo e satélite, enquanto não chega a tevê digital. Os panoramas audiovisuais alemães, em 1987, e o italiano, entre 1976 e 1990, sofreram no mesmo período transformações também significativas. Quanto às agências europeias, suas diretivas sobre a televisão sem fronteira tentam, se não harmonizar as regulamentações nacionais, pelo menos preservar com uma política de quotas a produção audiovisual do velho continente. Essas inovações contínuas ampliam e diversificam as estruturas do mercado, a qualidade das transmissões e a oferta de programas. Enquanto os legisladores tiveram gerações para assimilar os dados da imprensa escrita em suas múltiplas formas e regulamentar seus usos, o desafio precipitado que lhes é lançado pela mídia audiovisual dá motivos para temer que, num campo tão importante por seus efeitos sobre o comportamento dos indivíduos e para a cultura das sociedades, as leis de mercado acabem regulando a seu modo aquilo que o legislador e os juízes já não podem regulamentar.

› ALBERT P. & LETEINTURIER C., *Les médias dans le monde*, Paris, Ellipses, 1999, 160 pp. – HUET J. & MAISL H. (org.), *Code de la communication*, Paris, Dalloz, 2000, 1.350 pp. – DERIEUX E., *Droit de la communication*, Paris, LGPJ, 3ª ed., 1999, 672 pp. – JEAN-

NEREY J.-N. (org.), *L'écho du siècle. Dictionnaire historique de la radio et de la télévision en France*, Paris, Hachette, 1999, 608 pp.

Pierre ALBERT

→ Alemanha; Comunicação; Estados Unidos; Grã-Bretanha; Imprensa; Serviço público.

REALISMO

Tomado em sentido amplo, o termo "realismo" é utilizado para qualificar grande número de abordagens extremamente diversificadas, cujo único ponto comum é o de pretender opor-se a toda e qualquer concepção metafísica na definição do direito ou na descrição de seu conteúdo. Em sentido mais preciso, designa duas correntes claramente identificadas, mas muito diferentes, no campo da teoria do direito: "realismo jurídico americano" e "realismo jurídico escandinavo".

Abordagem geral

Diz-se que teorias ou trabalhos jurídicos são realistas quando se integram, de maneira mais ou menos explícita, em posicionamentos baseados numa concepção filosófica realista. A imprecisão desse termo no campo da filosofia (Lalande, *Vocabulário técnico e crítico de filosofia*), porém, influencia o seu uso no campo jurídico. Pode mesmo ser causa de confusão quando certas correntes, claramente realistas (o realismo escandinavo, especialmente), participam de maneira fundamental de uma concepção nominalista. Mostraremos, de início, que os trabalhos realistas no campo jurídico são os que pretendem rejeitar qualquer visão idealista do direito. É o que ocorre, por exemplo, na doutrina francesa, com as correntes objetivistas personificadas em direito público pela escola de Bordeaux entre outras (Léon Duguit, *Les transformations générales du droit privé depuis le Code Napoléon*, 1912, e, com importantes nuances, Gaston Jèze ou Paul Duez): essas doutrinas inspiram-se num positivismo sociológico que as leva a rejeitar o subjetivismo jurídico (crítica às noções de direitos subjetivos, de vontade do Estado) e a insistir em fatos objetivos, como a existência de normas sociais que cabe ao jurista erudito e ao legislador (re)conhecer e respeitar. No entanto, tal estrutura de raciocínio tem claro parentesco com uma forma moderna de jusnaturalismo, rejeitada pelos realistas positivistas (escandinavos, principalmente). De modo mais geral, pode-se considerar que o qualificativo "realista" designa agora na França essencialmente abordagens sociológicas do direito. Convém, portanto, para maior clareza, reservar o termo no campo da teoria jurídica às duas correntes relativamente homogêneas, constituídas pelo realismo jurídico americano e pelo realismo jurídico escandinavo. Essas duas correntes foram aproximadas em certo número de pontos: intuito de partir de uma descrição empírica dos fatos jurídicos observáveis (o direito realmente existente) que as leva a privilegiar a decisão de justiça e o contexto social de sua produção, com a consideração da psicologia, da crítica da linguagem, do ceticismo em relação às regras (realismo americano) ou da desconstrução da concepção idealista das normas (realismo escandinavo); ambas foram tachadas de niilistas por seus detratores. No entanto, devem ser cuidadosamente distinguidas: o realismo americano às vezes tem tons de jusnaturalismo pragmático, o que é rejeitado pelo realismo escandinavo; além disso, sua orientação behaviorista o aproxima da sociologia jurídica, enquanto o realismo escandinavo trabalha de maneira original na construção teórica de uma ciência jurídica (o realismo americano é apresentado nesta obra com as grandes correntes do pensamento jurídico americano contemporâneo [Estados Unidos]).

Realismo jurídico escandinavo

Cinco nomes representam, classicamente, o realismo escandinavo. O quadro geral foi fornecido pelos filósofos da Universidade sueca de Uppsala: Adolf Phalèn (1884-1931) e, sobretudo, Axel Hägerström (1868-1939); este último também trabalha com questões diretamente relacionadas ao direito. Da teorização jurídica ocuparam-se principalmente Anders Vilhelm Lundstedt (1882-1955), também em Uppsala, e dois alunos de Hägerström: Karl Olivecrona (1897-1980) em Lund, e, em Copenhague, Alf Ross (1899-1979), único não sueco, que conjugou em suas análises o realismo de Uppsala e o empirismo lógico.

A filosofia de Phalèn e de Hägerström, até certo ponto, aproxima-se da filosofia de Russell na Grã-Bretanha e das concepções do Círculo de Viena: proximidade temporal, a mesma rejeição à metafísica, posições semelhantes sobre a axiologia (teoria dos valores), projetos metodológicos comparáveis na análise dos conceitos e na crítica da linguagem. No entanto, apresenta forte originalidade, tanto no que se refere à sua genealogia (não seria possível ver numa a influência direta da outra) quanto no que se refere ao próprio conteúdo. Só o que é real (ou definível) pode ser cientificamente conhecido, sendo relacionado com o mundo empírico (Hägerström); uma proposição científica é verificável, e a verificação de uma proposição da ciência jurídica está na aplicação da norma descrita pelos juízes (Ross). O que não pode ser conhecido é metafísico e se exprime em proposições sem sentido (que não podem ser chamadas de verdadeiras nem de falsas). A ciência só é possível quando se elimina toda e qualquer metafísica de seu campo; essa tarefa, na esfera do direito, compete à ciência jurídica, que se constitui propondo uma teoria dos valores que seja consequente.

Um juízo de valor (proposição que enuncia, por exemplo, que uma coisa é boa ou ruim, ou que diz o que ela deve ou não deve ser) é metafísico (nem verdadeiro nem falso). O valor só pode ser concebido como expressão de uma emoção (prazer ou desprazer ou interesse subjetivo diante de dada situação). No entanto, a ausência de sentido dos juízos de valor não faz que os realistas escandinavos deixem de ter interesse por eles: tais juízos constituem fatos reais que convém compreender, para poder conhecê-los, no contexto ou em suas funções social e histórica. Se o juízo de valor não é científico, o seu estudo pode (portanto, deve) ser. Entre esses juízos de valores figuram especialmente o direito, a religião e a moral. A ciência jurídica, portanto, não é absolutamente uma ciência construtiva dos valores do direito, mas uma ciência empírica que tem por objeto a descrição do direito real, ou direito em vigor (existente), e dos valores que ele veicula.

Essa descrição determina uma análise lógica dos conceitos filosóficos (Phalèn) ou doutrinais que serviram à apresentação e à problematização do direito, análise semelhante a um verdadeiro trabalho de desconstrução. Conceitos como propriedade e direitos subjetivos, utilizados pela doutrina na exposição da situação do direito, são desprovidos de referente, vazios de significação. Por isso, para alguns são inúteis (Lundstedt), enquanto para outros exercem alguma função e servem de técnica de apresentação para a sistematização do direito em vigor (Ross). Em toda e qualquer hipótese, não designam nada de real, e qualquer atitude que pressuponha neles alguma substância autônoma participa da ideologia do direito e deve ser desmascarada como idealista. A teoria jurídica deve fornecer à ciência do direito tanto a crítica argumentada dos conceitos existentes (algo que o realismo consegue facilmente) quanto a proposta de conceitos válidos, ou seja, baseados em fatos observáveis (tarefa em que, na prática, menos se empenhou a corrente realista).

Essa operação aplica-se em primeiro lugar à noção de direito. Para os realistas escandinavos, o direito não é expressão de um ideal de justiça, nem uma ordem normativa qualquer que exista realmente como tal. O direito se assemelha a uma crença. Consiste num fenômeno psicológico coletivo, crença de que existem determinações de comportar-se de certa maneira (portanto, crença de que existe esse ideal de justiça, ou essa ordem normativa, ou um poder superior). É essa crença que constitui o fato real (direito) objeto da ciência jurídica. Se a norma existe realmente, é como crença de que existe um dever de comportar-se de certo modo, e não como dever realmente existente.

Essa análise acarreta a desconstrução crítica do conceito de Estado como algo que designasse uma entidade existente dotada de uma vontade própria distinta da vontade dos governantes: o direito comporta deveres (sua chamada força coercitiva) unicamente por pura pressão de fato, na qual desempenha importante papel psicológico (Olivecrona) a crença dos governados de que esses deveres emanam de um poder real, o Estado, e de que as autoridades estatais (juízes, funcionários etc.) são investidas de competências jurídicas.

De modo semelhante, os realistas rejeitam o possível recurso à ideia de validade como critério de distinção entre o direito e outras normas: supor que a validade é uma qualidade das normas jurídicas, deduzida da conformidade destas com uma norma superior, também considerada válida (portanto, em última instância, uma qualidade axiomática da própria ordem jurídica), e afirmar, por conseguinte, que essa validade confere caráter coercitivo (ou seja, jurídico) à norma é uma proposição não verificável, que leva Ross a desvendar como raciocínio idealista, estruturalmente jusnaturalista, até o normativismo kelseniano. A validade de uma norma só pode significar o fato empiricamente constatável de ser direito atualmente em vigor: ou seja, o fato de essa norma ser percebida como socialmente obrigatória, coercitiva, dando origem a deveres; logo, o fato de que existe uma crença de que se trata de norma jurídica que os tribunais aplicam e aplicarão. A validade da norma jurídica não significa, na análise realista, nada mais do que sua existência.

Para os realistas, falar da existência de norma equivale a referir-se a um conjunto complexo de fatos sociais, que a ciência do direito considera necessária e suficiente, e consiste, em última análise, na previsão do comportamento futuro dos juízes e de outras autoridades de aplicação do direito.

Isso leva a pensar de modo diferente a relação entre norma e enunciado normativo (constituição, lei etc.). Para Ross, esses enunciados são diretrizes (Olivecrona fala de imperativos autônomos – *independant imperatives* – para significar um sentimento de dever integrado fora de uma relação de autoridade direta e personalizada): fornecem modelos teóricos para o comportamento humano e meios destinados a garantir sua observância. O julgamento e, de modo mais amplo, os atos das autoridades estatais encarregadas da aplicação desses enunciados são assim os verdadeiros atos de criação do direito. Não se resolvem na interpretação de uma norma preexistente (a lei, a constituição), mas resultam da interpretação que essas autoridades têm da diretriz (o conselho de comportamento que lhes é feito), em dado contexto social: portanto, traduzem a reação de seu autor diante de um conjunto complexo de fatos sociais que, em termos da diretriz, comportam elementos extrínsecos ao enunciado (elementos psicológicos, convenções sociais, acontecimentos sociais etc.). Lundstedt nega então a existência de normas preexistentes à decisão e considera que os juízes e as autoridades fundamentam suas decisões unicamente nas regras gerais que elaboram em virtude de sua concepção do bem público (utilidade social).

Difusão e influências

A influência do realismo jurídico escandinavo foi cerceada (e limitada especialmente pela recepção concomitante do pensamento de Kelsen e de Hart), a tal ponto que, embora se continue falando de tal corrente, é preciso ter consciência de que, a partir de meados do século XX, ela passou a ser vista essencialmente como importante inspiração de um movimento empirista original mais amplo, sem referência geográfica obrigatória ao Norte da Europa, que poderia ser designado como "realismo analítico", ou "realismo normativista" (Pattaro). Na própria Escandinávia, o realismo sofreu as influências das teorias dominantes, sobretudo de origem anglo-saxônica: os trabalhos ainda fortemente inspirados pela Escola de Uppsala orientaram-se cada vez mais para o positivismo lógico, para a lógica formal, a semântica (análise teleológica da interpretação de Ekelöf) ou a filosofia da linguagem. Uma das críticas feitas ao realismo escandinavo clássico era sua orientação destrutiva: como reação, aparece um neorrealismo que se empenha em propor uma teoria construtiva do direito (Peczenik). Por outro lado, o realismo escandinavo é uma fonte de inspiração essencial (e um tema de estudo) das escolas jurídicas analíticas italianas (em especial Faralli, Guastini e Pattaro) e do mundo hispânico (por exemplo, Bulygin, Hierro e Vernengo). Na França, os trabalhos de Michel Troper, especialmente sobre a interpretação e as coerções, partem de uma concepção da epistemologia e da axiologia que os situa nessa corrente realista.

› MILLARD E. (org.), "Une théorie empiriste du droit est-elle possible", *Droit et Société*, vol. 50, 2002. – OLIVECRONA K., *Law as Fact*, 2ª ed., Londres, Stevens & Sons, 1971. – ROSS A., *Introduction à l'empirisme juridique*, Paris, LGDJ, 2003; *Directives and Norms*, Londres, Routledge & Keegan, 1968; *On Law and Justice*, Berkeley, University of California Press, 1959; *Tû-Tû*, Enquête, 7, 1998, pp. 263-79. – STRÖMHOLM S. & VOGEL H.-H., *Le "réalisme scandinave" dans la philosophie du droit*, Paris, LGDJ, 1975.

Ver também: BJARUP J., *Skandinavischer Realismus (Hägerström-Lundstedt-Olivecrona-Ross)*, Verlag Karl Alber, Munich, 1978. – CASTBERG F., *La Philosophie du droit*, Pedone, 1970. – GUASTINI R., "Alf Ross: Une théorie du droit et de la science juridique", *in* P. Amselek (org.), *Théorie du Droit et Science*, Paris, PUF, 1994, pp. 249-64. – HÄGERSTRÖM A., *In-*

quiries into the Nature of Law and Morals, Uppsala, 1953. – LUNDSTEDT A. V., *Legal Thinking Revised (My Views on Law)*, Stockholm, Almqvist & Wiksell, 1956. – OLIVECRONA K., *The Legal Theories of Axel Hägerström and Vilhelm Lundstedt, Scandinavian Studies in Law*, 3, 1959, pp. 127-49. – PATTARO E. (org.), *Contributi al Realismo Giuridico*, Milão, Giuffre, 1982; *Lineamenti per una Teoria del Diritto*, Bolonha, Clueb, 1985. – PECZENIK A., *On Law and Reason*, Dordrecht, Kluwer, 1989. – TROPER M., *Pour une théorie juridique de l'État*, Paris, PUF, 1994; *La théorie du droit, le droit, l'État*, Paris, PUF, 2001.

Éric MILLARD

→ Ciência do direito; Eficácia; Fato; Interpretação; Moral e direito; Norma; Positivismo.

RECIPROCIDADE

"Um claro-escuro enganador domina a reciprocidade. Intuitivamente, cada um crê que a conhece, com a força da evidência que exclui qualquer definição. Mas, quando vamos analisá-la, a reciprocidade se torna indefinida, incerta, evanescente. A ambiguidade é aumentada pela própria riqueza da noção que escapa ao monopólio de uma disciplina. A reciprocidade se impõe como um grande princípio social, menos conhecido na própria medida em que parece ser óbvio, menos preciso na própria medida em que atua em todo lugar" (E. Decaux). Efetivamente presente em todo lugar, em direito a reciprocidade tem diversos significados. Além disso, é delicado apreciá-la porque muitas vezes é difícil distinguir o que é recíproco do que não é.

A ideia de reciprocidade está em todo lugar e em todas as épocas. Aparece na Bíblia com a lei de talião ("Vida por vida, olho por olho, dente por dente"). Resume em uma palavra a doutrina de Confúcio ("Alguns discípulos pediram que Confúcio resumisse sua doutrina com uma palavra que eles pudessem conservar como talismã; ele lhes deu a palavra *Reciprocidade*"). Também aparece nos Evangelhos ("Amarás ao próximo como a ti mesmo") e em São Paulo ("Apoiai-vos uns aos outros e perdoai-vos mutuamente"). Tomás de Aquino, baseado no Evangelho de Mateus ("Sereis julgados com o julgamento que fizerdes e sereis medidos com a medida que usardes"), faz da reciprocidade o princípio da justiça divina. Ela também é encontrada na filosofia grega e romana, nas quais, como mostrou M. Villey, a justiça aparece como a atividade que tem o objetivo de medir a parcela de cada um, e o direito, como a atividade destinada a dar a cada um o que é seu (*Suum cuique tribuere*). Para alguns, a reciprocidade seria a forma original ou primeira da justiça (Aristóteles). Para outros, constituiria o fundamento da moral universal (Kant).

Nas instituições jurídicas, a reciprocidade também está em toda parte. Manifesta-se, porém, principalmente no direito das obrigações, e seu terreno predileto é o do contrato. Contida no princípio estabelecido pelos canonistas medievais *Frangenti fidem, non est fides servanda* – a quem rompe a fé a fé não é devida –, a ideia de reciprocidade parece constituir um dos fundamentos dos principais mecanismos jurídicos que regem a execução das obrigações recíprocas (Roland e Boyer): *exceptio non adimpleti contractus* – exceção de inexecução –, direito de retenção, resolução judiciária. Como pressupõe a ideia de igualdade, a reciprocidade ocupa um lugar especial em direito internacional. O princípio da igual soberania dos Estados, segundo o qual nenhum Estado deve gozar de mais vantagens do que outro, faz da reciprocidade uma regra fundamental desse direito. É ela que, no espírito da lei de talião, permite que um Estado tome medidas recíprocas de represália ou "contramedidas" quando seu direito é lesado pelo comportamento ilícito de outro, ou seja, faz justiça por si mesmo, sem respeitar as obrigações que normalmente lhe incumbem. No entanto, enquanto a importância da reciprocidade em direito internacional é explicada pelo princípio da igualdade jurídica dos Estados, a desigualdade econômica dos Estados pode levar à admissão da regra inversa de não reciprocidade. A não reciprocidade é regra nos intercâmbios entre países desenvolvidos e países em desenvolvimento. Portanto, embora esteja presente nas diversas disciplinas jurídicas, a noção de reciprocidade é raramente formulada em termos claros no direito positivo. Os textos que a consagram, explícita ou implicitamente, fazem da reciprocidade uma noção jurídica polissêmica.

A noção de reciprocidade pode ser entendida de três maneiras. Assim, é possível distinguir reciprocidade material, reciprocidade formal e reciprocidade de aplicação.

A *reciprocidade material* baseia-se no conteúdo de um compromisso. Ela pode ser interdependente, idêntica ou equivalente, em função das obrigações que nascem do compromisso.

Há *reciprocidade interdependente* quando as obrigações que nascem de um compromisso são correlativas: elas dependem, respectivamente, uma da outra. É nesse sentido que o artigo 1.102 do Código Civil francês define contrato sinalagmático ou bilateral como o contrato por meio do qual "os contratantes se obrigam reciprocamente uns com os outros". Em tais contratos, a reciprocidade constitui aquilo que os civilistas chamam de "causa", pois a obrigação de cada uma das partes tem como causa a obrigação da outra. Tais contratos só têm vida em função das contraprestações que devem ocorrer, pois, quando falta a contrapartida, a obrigação perde sua causa, e o contrato é aniquilado. É também nesse sentido que se deve entender a expressão "reciprocidade", presente no artigo 267 do Código Civil francês: quando o divórcio é pronunciado por responsabilidade exclusiva de um dos cônjuges, este perde de pleno direito todas as doações e todas as vantagens matrimoniais concedidas pelo outro cônjuge, enquanto este último as conserva, embora elas "tenham sido estipuladas como recíprocas, e a reciprocidade não tenha lugar". É sempre nesse sentido que as obrigações alimentícias oriundas do casamento são qualificadas de "recíprocas" (art. 207, C. Civ. fr.), e, quando duas obrigações são compensáveis, considera-se que as duas dívidas se extinguem "reciprocamente" (art. 1.290, C. Civ. fr.).

Há *reciprocidade idêntica* quando as obrigações oriundas de um compromisso impõem que os interessados realizem alguma coisa. É o que ocorre, em direito interno, com as obrigações alimentícias oriundas do casamento, com as que os genros e as noras devem ao sogro e à sogra "igualmente e nas mesmas circunstâncias" (art. 206, C. Civ. fr.), com as obrigações de fidelidade, socorro e assistência que os cônjuges "se devem mutuamente" (art. 212, C. Civ. fr.) e com a comunhão de vida com que os cônjuges "se obrigam mutuamente" (art. 215 § 1º, C. Civ. fr.). É também o que ocorre, em direito internacional privado, com os direitos que só são atribuídos aos oriundos de Estados estrangeiros, desde que os mesmos direitos sejam reciprocamente reconhecidos aos nacionais, quando estão nesses mesmos Estados estrangeiros. Assim, segundo o artigo 11 do Código Civil francês: "O estrangeiro gozará na França dos mesmos direitos civis que são ou serão concedidos aos franceses pelos tratados da nação à qual esse estrangeiro pertencer." Decorrente de um tratado, a reciprocidade aí é "diplomática". Mas também pode ser "legislativa" quando procede das disposições do direito interno, ou "de fato", quando decorre da prática. São também idênticas as obrigações que, em direito internacional público, nascem das declarações facultativas de aceitação da competência da Corte Internacional de Justiça. O artigo 36 § 2º do estatuto da Corte prevê que os Estados partícipes do estatuto podem declarar reconhecer como obrigatória de pleno direito a jurisdição da Corte "em relação a qualquer outro Estado que aceite a mesma obrigação". A competência da Corte é assim estabelecida quando os Estados se comprometem com a mesma coisa, ou seja, com uma obrigação de mesmo conteúdo.

Há *reciprocidade equivalente* quando as obrigações oriundas de um compromisso impõem aos interessados prestações equilibradas ou proporcionais. Tal reciprocidade equivalente é bastante frequente em direito interno dos contratos, pois, em geral, o contrato não é estabelecido para que o outro realize a mesma coisa. Assim, na venda, o vendedor da coisa quer dinheiro, e não a mesma coisa; o comprador, por sua vez, espera uma coisa e nada faria com o dinheiro que eventualmente lhe dessem. As obrigações das partes não são idênticas, mas equivalentes, pois cada uma espera da outra uma prestação equivalente à sua: dinheiro contra coisa e, inversamente, coisa contra o dinheiro.

A *reciprocidade formal* baseia-se nas modalidades de entrada em vigor de um compromisso. Nesse sentido, o parágrafo 15 do Preâmbulo da Constituição francesa de 1946 dispõe: "Ressalvando-se a reciprocidade, a França consente com as limitações de soberania necessárias à organização da defesa e da paz." De fato, segundo o Conselho Constitucional, essa condição de reciprocidade é satisfeita quando os compromissos internacionais em virtude dos quais a França consente com as referidas limitações "têm caráter de compromissos recíprocos", ou seja, quando "só ganham efeito [...] depois do depósito do último instrumento de ratificação"

(CC, 92-308 DC). É também esse significado que parece dever ser atribuído à expressão "reciprocidade" que figura nos artigos 88-2 e 88-3 da Constituição de 1958, em virtude dos quais, "com a ressalva de reciprocidade", a França consente em transferências de competências (art. 88-2) ou reconhece direitos aos cidadãos da União Europeia (88-3). O Conselho Constitucional realmente julgou, em relação ao tratado sobre a União Europeia de 7 de fevereiro de 1992, que ele fora atendido na exigência prescrita de reciprocidade, tanto pelo artigo 88-3 da Constituição, quanto pelo décimo quinto parágrafo do Preâmbulo de 1946, visto que o último instrumento de ratificação do tratado fora depositado em 13 de outubro de 1993 (CC, 98-400 DC). Se o Conselho Constitucional até agora só considerou atendida a condição de reciprocidade depois que o tratado entrou em vigor após o depósito do último instrumento de ratificação, nada impede de pensar que ele também poderia considerar atendida essa condição caso um tratado previsse sua entrada em vigor depois de sua ratificação por apenas uma parte dos Estados signatários. Tal solução se coadunaria com as regras do direito internacional, pois, segundo o direito convencional, se os tratados bilaterais entram em princípio em vigor quando os Estados expressam seu consentimento em vincular-se pelo intercâmbio dos instrumentos de ratificação, alguns tratados multilaterais podem entrar em vigor em decorrência da ratificação de certo número de Estados signatários, e não do conjunto.

Essa reciprocidade formal deve ser distinguida da reciprocidade material, pois, embora essas duas formas de reciprocidade geralmente estejam juntas, nem sempre isso acontece. De fato, um Estado pode consentir em vincular-se por um tratado que preveja obrigações apenas para ele, ou seja, obrigações que não sejam interdependentes, idênticas nem equivalentes. Se tal tratado só entrar em vigor depois da ratificação de todos os Estados signatários – ou mesmo apenas de uma parte deles –, haverá realmente reciprocidade formal, mas não reciprocidade material. Portanto, um tratado pode ser formalmente recíproco, sem ser materialmente recíproco, pois compromisso formalmente recíproco não significa compromisso interdependente, compromisso idêntico, nem compromisso equivalente.

A *reciprocidade de aplicação* baseia-se na execução pelas partes das obrigações oriundas do compromisso. É nesse sentido que o artigo 55 da Constituição dispõe: "Os tratados ou acordos regularmente ratificados ou aprovados têm, a partir de sua publicação, uma autoridade superior à das leis, com a ressalva, para cada acordo ou tratado, de sua aplicação pela outra parte." Há aí reciprocidade quando um tratado ou um acordo é reciprocamente aplicado pelas partes. Essa ressalva de reciprocidade, que lembra a *exceptio non adimpleti contractus* consagrada em direito dos tratados pelo artigo 60 da Convenção de Viena, não é aplicável nem às convenções humanitárias, nem aos tratados comunitários. Em razão de seu caráter multilateral e, sobretudo, de seu objeto, as primeiras dão origem a obrigações que se impõem a cada um dos Estados partícipes, independentemente das condições de sua execução pelos outros Estados partícipes (CC, 98-408 DC). Nas segundas, em razão da especificidade da ordem jurídica comunitária e da existência de procedimentos jurisdicionais que possibilitam o respeito ao direito comunitário pelo conjunto dos Estados-membros (CC, 98-400 DC), a inobservância por um Estado de suas obrigações comunitárias não permite que outro Estado se exima de cumprir suas próprias obrigações (CJCE, 1964, Bélgica e Luxemburgo). Quando aplicável, qual é o alcance dessa ressalva de reciprocidade? Para o Conselho Constitucional, ela condiciona a autoridade dos tratados e dos acordos na ordem jurídica interna, ou seja, ela "afeta a superioridade dos tratados ou acordos sobre as leis" (CC, 80-126 DC). Segundo as jurisdições judiciárias e administrativas e a despeito de expressões jurisprudenciais flutuantes, ela condiciona de preferência a aplicabilidade dos tratados e dos acordos em direito interno. Essa reciprocidade de aplicação deve ser distinguida das outras formas de reciprocidade. Isto porque, embora só possa haver reciprocidade de aplicação a propósito de compromissos formalmente recíprocos, e embora na maioria das vezes ela diga respeito a compromissos materialmente recíprocos, a reciprocidade de aplicação não é apreciada levando-se em conta o conteúdo das obrigações oriundas do compromisso, nem as modalidades formais segundo as quais o compromisso entra em vigor, mas apenas a execução pelas partes de suas respectivas obrigações em conformidade com o que é devido.

Apesar dessa polissemia, a noção de reciprocidade sempre implica a ideia de equilíbrio. No entanto, não indica nem as modalidades nem o conteúdo desse equilíbrio. Por isso, é difícil apreciá-la.

A dificuldade de determinar o que é – ou não é – recíproco mostra-se em especial em relação à reciprocidade material e à reciprocidade de aplicação. Em primeiro lugar, é difícil determinar em que medida as obrigações podem ser consideradas materialmente recíprocas. A dificuldade pode provir do fato de que as partes que se obrigam às vezes são movidas por considerações extrajurídicas. Um desequilíbrio jurídico poderá, assim, ser explicado pela expectativa de um reconhecimento afetivo, político ou diplomático. Assim, a intenção aparentemente liberal de um município que vende um terreno a uma empresa por preço simbólico pode transformar-se numa verdadeira intenção de contraprestação caso a melhoria da atividade econômica e a diminuição do desemprego constituam na realidade o verdadeiro preço da liberalidade (CE, 1997, *Commune de Fougerolles*). Do mesmo modo, um Estado pode firmar com outro um compromisso juridicamente desequilibrado para fortalecer seu prestígio diplomático. Em tais hipóteses, qual é o ponto exato a partir do qual a concessão de uma vantagem deixará de ser realmente liberalidade para tornar-se compromisso recíproco, porque tal interesse extrajurídico poderá mostrar-se como verdadeiro preço do compromisso?

Mesmo de um ponto de vista mais estritamente jurídico, a reciprocidade material em geral é difícil de apreciar. Ela poderá manifestar-se apenas ao exame do conjunto das relações estabelecidas. Assim, grande número de tratados encontra equilíbrio em compromissos paralelos que vêm, afinal, consagrar uma reciprocidade material global que não aparecia num compromisso tópico. Mesmo em compromissos tópicos, às vezes é difícil apreciar a existência de um justo equilíbrio das prestações. As partes, desde que livres e suficientemente esclarecidas, acaso não serão os melhores juízes de seus interesses? Por essa razão, a lesão, que sanciona um desequilíbrio de operação contratual, só é admitida de maneira muito limitada em direito civil. Vício de formação do contrato decorrente de uma desproporção entre as prestações, ou seja, da ausência de reciprocidade material das obrigações contratuais, a lesão só é possível em relação a algumas pessoas protegidas, a alguns contratos, e à medida que tenha caráter objetivo – limiar matemático geralmente fixado na forma de fração. Quando a lesão é assim considerada e estabelecida, provoca a rescisão ou a revisão do contrato.

Também a reciprocidade de aplicação frequentemente é difícil de apreciar. A partir de que grau de inexecução um compromisso será considerado não reciprocamente aplicado? A dificuldade de tal apreciação ocorre claramente com a ressalva de reciprocidade prevista do artigo 55 da Constituição francesa, pois se trata de uma apreciação de fato que leva a examinar o comportamento de Estados estrangeiros. Então é compreensível que as jurisdições administrativas e judiciárias se recusem a fazê-lo. Estas se declaram incompetentes para apreciar se um tratado ou um acordo está sendo reciprocamente aplicado. No entanto, sua atitude difere. Enquanto a primeira câmara cível da Corte de Cassação, na ausência de iniciativa tomada pelo governo para denunciar o compromisso ou para suspender sua execução, presume a existência da reciprocidade (Cass. Civ., I, 1984, *Kryla c. Kapy*), o Conselho de Estado e a câmara criminal da Corte de Cassação propõem ao Ministro dos Assuntos Estrangeiros uma questão prejudicial para saber se o compromisso está sendo reciprocamente aplicado (CE, 1981, *Rekhou*; CE, 1999, *Chevrol-Benkeddach*; Cass. Crim., 1972, *Males*).

A reciprocidade, portanto, quer se trate de cooperação ou de oposição, constitui a essência das relações sociais, portanto do direito (Reuter). Mas, paradoxalmente, uma vez que ela pode possibilitar que um sujeito procure por seus próprios meios a proteção ou a execução daquilo que ele considera seu direito – exceção de inexecução –, favorece a existência de uma justiça privada (D. Alland) que, em certa medida, faz reaparecer certo "estado de natureza" no seio da "sociedade civil", ou, em outras palavras, de um Estado de não direito no seio do Estado de direito.

› ALLAND D., *Justice privée et ordre juridique international*, Paris, Pedone, 1994. – DECAUX E., *La Récipro-*

cité en droit international, Paris, LGDJ, 1980, Préface P. Reuter; palavra "Réciprocité", *in Encyclopédie Dalloz-Droit international*. – LUCHAIRE F., "La réserve constitutionnelle de réciprocité", *RDP*, 1999, p. 37. – REGOURD S., "L'article 55 de la Constitution et les juges: de la vanité de la clause de réciprocité", *RGDIP*, 1983, p. 780. – ROLAND H. & BOYER R., "*Frangenti fidem, non est fides servanda*", *in Adages du droit français*, Paris, Litec.

Ver também: LACHAUME J.-F., "Juridiction administrative et contrôle de réciprocité des traités et accords internationaux", *RFDA*, 1999, p. 937. – NIBOYET J.-F., *La Notion de réciprocité dans les traités diplomatiques de droit international privé*, Sirey, 1936. – SOUBRIER D., *L'Interdépendance des obligations réciproques d'ordre personnel et d'ordre patrimonial issues du mariage*, tese, Paris, Montchrestien, 1958.

Pierre SERRAND

→ Contrato; Justiça privada; Talião.

RECONHECIMENTO

A palavra reconhecimento é empregada em várias disciplinas da ciência jurídica. Ora como manifestação unilateral de vontade, pela qual uma pessoa admite considerar estabelecida uma situação preexistente de direito ou de fato, para que se produzam ou se reforcem seus efeitos (reconhecimento de filho natural, reconhecimento de dívida etc.), ora como decisão oficial por meio da qual uma autoridade confere ou consente efeitos jurídicos para um grupo, um documento ou um ato, admitindo sua existência e seu valor, na maioria das vezes após um controle (reconhecimento de utilidade pública, reconhecimento de sentença etc.), ora como ato unilateral pelo qual um Estado comunica que admite a existência de um fato que o afeta e compromete-se irrevogavelmente a arcar, em suas relações exteriores, com as consequências que o direito internacional vincula a esse ato (reconhecimento de Estado, reconhecimento de governo etc.), os diversos sentidos técnicos do termo reconhecimento têm como ponto comum designar um ato unilateral. No entanto, a vontade de seu autor nem sempre dispõe da mesma liberdade: esta é total em certos reconhecimentos e mais reduzida em outros. Também é variável o efeito do ato em relação à situação reconhecida: na maioria das vezes declarativo, o reconhecimento outras vezes tem caráter constitutivo.

Embora a resposta a essas duas questões – da liberdade do autor e da natureza do efeito do reconhecimento –, apesar de variável, não deixe de ser positiva, em dois tipos de reconhecimento – do filho natural e de um Estado – há motivo para hesitação. Foi a propósito dessas duas variedades particulares de reconhecimento que se desenvolveram as mais acaloradas discussões jurídicas.

Liberdade do autor do reconhecimento: da maior à menor

Alguns reconhecimentos são feitos com grande liberdade. É o que ocorre, especialmente, com o reconhecimento de utilidade pública, por meio do qual o governo admite oficialmente o caráter de interesse público de uma empresa ou de uma fundação. Seria inútil procurar opor-se juridicamente à recusa de reconhecimento afirmando-se que ele deve ser concedido por estarem atendidas todas as condições: entre essas condições figura, acima de tudo, a utilidade pública, na qual o governo dispõe de inteiro poder de apreciação; aliás, embora um recurso possa ser impetrado, por exemplo, por um vício de procedimento, o cabimento das decisões governamentais que recusam (assim como as que concedem ou mesmo retiram) o reconhecimento de utilidade pública não é passível de discussão perante o tribunal administrativo. Melhor ainda: durante a instrução prévia do processo de reconhecimento, o ministro do Interior dispõe do poder de não dar andamento à demanda, e que essa recusa não é passível de recurso.

Mas às vezes a margem de manobra se reduz. É o que ocorre com o *reconhecimento das sentenças* mediante o qual são admitidos num Estado, no todo ou em parte, efeitos de decisões que emanaram de jurisdições estrangeiras. Sem dúvida, organiza-se um procedimento de controle pelas autoridades nacionais (*exequatur*), mas a história desse controle na França é uma sucessão de abrandamentos progressivos: em particular, foi abandonada pela Corte de Cassação, no celebérrimo acórdão *Munzer* (1964), a possibilidade de exame da procedência de direito ou de fato, da decisão estrangeira ("poder de revisão") por parte do juiz do *exequatur*; e a jurisprudência também atenuou em seguida as condições de admissão de eficácia das sentenças estrangeiras na França. Além disso, foram firmados numerosos tratados para facilitar seu reconhecimento; o mais importante deles é a Convenção de Bruxelas de 27 de setembro de 1968 (ou, a partir de 2002, o Regulamento 44/2001 que lhe deu continuidade); tais tratados, instaurando quase que uma livre circulação das decisões dentro da Comunidade Europeia, simplificou ao extremo as formalidades e reduziu ao mínimo as condições de eficácia: em se tratando daquilo que a convenção chama de "reconhecimento" – em sentido mais estrito –, que, segundo uma distinção de origem alemã, visa a parte da eficácia de uma decisão estrangeira que não exija força executiva (autoridade da coisa julgada, admissão da modificação introduzida na relação de direito), esta se produz de pleno direito sem que seja necessário recorrer previamente a um processo, visto que o juiz só é chamado a realizar o controle em caso de contestação do reconhecimento. Aí quase não se encontra vestígio de liberdade, tanto quanto no caso de reconhecimento por um Estado de *diplomas* emitidos por outro Estado, quando uma diretiva europeia dispõe o seu princípio.

Reconhecimentos declarativos, reconhecimentos constitutivos

Na maioria das vezes, reconhecimento é apenas declarativo da situação reconhecida, por ele constatada, sem modificação jurídica. É o que ocorre com o reconhecimento de dívida, ato (escrito, verbal ou mesmo tácito, segundo a jurisprudência) por meio do qual uma pessoa reconhece que é devedora em relação a outra. O Código Civil francês (art. 2.248) lhe atribui um efeito suspensivo da prescrição; a doutrina, aliás, esforçou-se por achar a razão disso, que não é evidente, pois se trata de um ato espontâneo do devedor (as causas de suspensão geralmente provêm do credor) que nada traz de novo em si mesmo: é apenas a afirmação de uma dívida que já existia. Desse modo, os autores propõem ver aí uma renúncia implícita do devedor a prevalecer-se do prazo de prescrição já transcorrido. O reconhecimento de um *diploma* ou de um julgamento estrangeiro também é declarativo. Também o é o reconhecimento de um *estado de catástrofe natural* por meio de uma portaria interministerial que se limite a constatar oficialmente uma situação preexistente, a fim de possibilitar a consideração de suas consequências perante os sistemas de seguro.

No entanto, o reconhecimento pode ser constitutivo, no sentido de estabelecer uma situação jurídica nova. É o que ocorre com o reconhecimento de utilidade pública que, concedido a uma empresa, aumenta sua capacidade de fruição ou dá origem a uma fundação, pessoa jurídica nova. A esse respeito, porém, a hipótese da fundação desejada por uma pessoa em seu testamento durante muito tempo deu ensejo a uma daquelas famosas dualidades jurisprudenciais que opõem jurisdições administrativas e jurisdições judiciárias. O Conselho de Estado bem cedo admitiu que o decreto que reconhece a utilidade pública de uma fundação pode retroagir à véspera do falecimento do testador, a fim de que o legado por ele feito possa ser executado. Mas bastaria que a validade da liberalidade fosse contestada perante os tribunais judiciários para que fosse pronunciada a nulidade, por ser o legado feito a uma pessoa futura, pois a Corte de Cassação se recusava a considerar retroativo ao falecimento o reconhecimento ocorrido posteriormente. Assim, para evitar esse risco de anulação, Edmond de Goncourt, que desejava destinar o capital proveniente da venda de seus bens, após sua morte, à fundação de uma Academia Literária, acatou o judicioso conselho de não proceder por meio de um legado direto, mas sim de um legado universal a duas pessoas físicas (A. Daudet e L. Hennique), que se responsabilizariam por pleitear o reconhecimento de utilidade pública da Academia, transferindo-lhe depois o montante do legado universal. Um século depois, a lei de 4 de julho de 1990 poria fim a essa divergência clássica entre o Conselho de Estado e a Corte de Cassação, admitindo em certas condições a validade do legado a uma fundação, ainda não existente, com a personalidade jurídica da fundação reconhecida como de utilidade pública, retroagindo-se até o dia da abertura do inventário, desde que o pedido de reconhecimento tenha sido apresentado pelo menos no ano seguinte ao do falecimento. Mas essa exceção (condicional e limitada) ao princípio (expressamente afirmado) do surgimento da capacidade jurídica apenas a contar da entrada em vigor do decreto de reconhecimento baseia-se tão somente numa ficção, a retroatividade; ela não impede que esse reconhecimento seja realmente constitutivo da situação jurídica nova, que é a criação dessa pessoa jurídica.

Reconhecimento de filho natural: confissão ou admissão?

A questão foi magistralmente enunciada nesses termos (inspirados na distinção terminológica estabelecida pelos ingleses entre dois tipos de confissão de alcance muito diferente) por Ambroise Colin, em 1902, a partir de duas concepções possíveis da filiação natural: puro fato natural, cujo estabelecimento passa por uma simples demonstração, que deve ser regularizado? O reconhecimento então nada mais é que uma prova (entre outras), uma confissão. Ou porventura o elo que une o filho natural a seu autor é produto de um ato de vontade em virtude do qual este aceita incluí-lo em sua família? O reconhecimento, e só ele, é então essa admissão, ato de livre vontade por meio do qual seu autor consente em admitir em sua família o filho que não faz parte dela. Colin, aliás, acreditava que a segunda concepção deveria necessariamente prevalecer, pelo menos no que tange à paternidade, "véu com que a natureza encobriu esse fato misterioso", tornando impossível uma demonstração objetiva da filiação masculina; além disso, como prolongamento, ele defendia que só deviam ser atribuídos direitos ao sustento e à educação (mas não direitos de sucessão e situação familiar) aos filhos cujo elo natural de filiação (tanto paterno quanto materno, aliás, para evitar desagradável distorção) não fosse estabelecido voluntariamente, mas em decorrência de uma ação de investigação de paternidade – distinção que é defendida ainda por alguns autores contemporâneos.

A história revela que o direito oscilou na posição que atribuiu a cada uma dessas duas ideias diretoras. O antigo direito francês pode ser vinculado à primeira concepção. O estabelecimento da filiação natural era pura questão de prova, e o reconhecimento era, entre outros, um dos meios de estabelecer essa prova; as formas eram pouco rigorosas: a confissão dos pais podia ser feita tanto por instrumento público quanto por instrumento privado; parece que até mesmo as confissões verbais foram suficientes. Além disso, pelo menos durante a Idade Média, sempre houve certa pressão social para levar o sedutor a reconhecer a criança: era costume levar o recém-nascido ao domicílio do suposto pai, e, se este o tomasse nos braços, era porque o reconhecia.

A concepção do reconhecimento-admissão (que não deixa de ter relações com a doutrina da autonomia da vontade e com a filosofia voluntarista do século XVIII) pode ser considerada dominante no Código Civil francês de 1804, sobretudo no que se refere à filiação paterna: a ação de investigação de paternidade natural era em princípio vedada (contraste impressionante com o antigo direito, no qual alguns abusos acabaram por dar origem à desconfiança em relação aos juízes e à hostilidade doutrinal contra esse procedimento), e o único modo de estabelecimento dessa filiação era exclusivamente o reconhecimento por instrumento autenticado, propício à salvaguarda da liberdade psicológica. Os redatores do Código Civil, porém, abriram certo espaço para a outra concepção, especialmente ao aceitarem a contestação de reconhecimento (se este fosse puro ato de vontade criadora do elo de filiação, a prova de alguma verdade contrária seria indiferente).

Já em 1804, o reconhecimento do filho natural, portanto, tinha na realidade uma natureza mista, que ainda se vê hoje unanimemente. No entanto, a evolução legislativa posterior levou a atribuir posição preponderante à ideia de confissão, à medida que no século XX iam sendo admitidas outras provas de filiação natural (abertura em 1912 e, depois, ampliação em 1993 da ação de investigação de paternidade; papel atribuído às provas de estado civil em 1982), cada vez mais amplas (com a ressalva, na maternidade, do parto anônimo, que, a partir de 1993, passou a ser legalmente um obstáculo à investigação judiciária: nesse caso excepcional, só o reconhecimento voluntário é possível e assume então fortíssima dimensão de admissão...), e se desenvolvia a adoção (que, por sua vez, cria uma filiação com base puramente voluntária), tornando assim menos necessária a quase-adoção representada pelo reconhecimento concebido como livre aceitação da criança. Esse movimento ocorreu com a aprovação de numerosos autores, que criticavam a tese demasiadamente favorável ao reconhecimento-admissão por consagrar uma arbitrariedade, contestável, em proveito daquele que é responsável pelo nascimento da criança. Mas, embora alguns desejassem o retorno completo à primeira concepção, outros admitem que continua sendo necessária uma parcela de compromisso para remediar a falta de vinculação prévia que, no caso do filho legítimo, ocorre com o casamento dos pais.

Em todo caso, é sempre com referência à ideia da dupla natureza do reconhecimento que a doutrina contemporânea explica as soluções do direito positivo. Na qualidade de confissão, ou seja, modo de prova, o reconhecimento produz efeitos desde o nascimento, mesmo quando ocorre ulteriormente: já se disse que ele não cria o elo de filiação e, como ato declarativo, só tem o objetivo de constatá-lo. Além disso, de seu autor não se exige nenhuma condição de capacidade. Por fim, embora seja irrevogável – o que impede a retratação arbitrária –, o reconhecimento pode ser contestado, mesmo por seu autor, se, contrariando a verdade biológica, ele realmente não provar um elo de sangue.

Em contrapartida, é necessária a ideia de admissão, de ato de vontade constitutiva, de certa forma criador do elo de filiação, para dar conta de outros aspectos: o reconhecimento pode ser declarado nulo por vício de consentimento; em princípio, é feito com total liberdade por seu autor, pelo menos no sentido de que recusar-se a reconhecer uma criança não constitui culpa; e, devendo proceder da vontade própria do genitor em questão, este não pode ser obrigado a reconhecer: certamente, atendidas as devidas condições, é possível mover-lhe uma ação de investigação de paternidade, que redundará no mesmo resultado; mas trata-se de uma ação personalíssima, que só cabe ao filho, e os avós que desejem estabelecer seu vínculo de parentesco com o filho natural de seu filho não disporão de nenhum meio para tanto, caso este não queira efetuar o reconhecimento.

A legislação mais recente, porém, estabeleceu uma exceção ao princípio de liberdade: aquele que, depois de aceitar (perante o juiz ou um notário) uma inseminação artificial com doador, não reconheça o filho deverá ser responsável pela mãe e pela criança. O reconhecimento aí é obrigatório (seria possível falar em "*reconhecimento forçado*", muito melhor do que na hipótese do estabelecimento judiciário da filiação, quando, no passado, a expressão foi frequentemente empregada em doutrina, mas com impropriedade, em decorrência de um título infeliz que figurava no Código Napoleônico). Além disso, esse reconhecimento é incontestável, muito embora não repouse em nenhuma base carnal. Assim, paradoxalmente, ainda que o aspecto voluntário esteja prejudicado nesse reconhecimento, é realmente a vontade, e só ela, que fundamenta essa filiação, mas uma vontade de aceitar o filho que já fora expressa; o reconhecimento então nada mais é que a reiteração obrigatória.

Na prática, os reconhecimentos são cada vez mais frequentes e rápidos (em 1900, pouco menos de 50% dos filhos ilegítimos eram reconhecidos pelo pai; no fim do século XX, mais de 60% já o são no nascimento; 85%, antes do primeiro aniversário, pelo pai e pela mãe; 39%, pelos dois, simultaneamente, antes do nascimento, o que quase nunca ocorria na década de 1960). Às vezes assiste-se até a uma corrida para o reconhecimento (o primeiro dará seu nome à criança), quando certas práticas infundadas dos serviços de registro civil tentam conter ora a mãe, ora o pai (por exemplo, afirmando que é necessária a concordância da mãe, o que não é exato: o ato é unilateral)... Por fim parecem estar em desenvolvimento os reconhecimentos de condescendência, que não são uma novidade (ver a novela de Maupassant, *Divórcio*), favorecidos pela instabilidade atual dos casais: em vez de passar por um processo de adoção, o novo companheiro da mãe, por esse meio, apresenta-se como pai para os filhos dela; mas, em caso de separação, pode haver contestação do reconhecimento: está havendo um desenvolvimento considerável desse tipo de ação (972 em 1991, 1601 em 1996), a ponto de uma forte corrente doutrinária postular hoje a limitação dessa possibilidade. Seu resultado é acabar com o reconhecimento, pois a confissão era falsa; mas, ao mesmo tempo, pelo menos quando o autor da contestação é o autor do ato que ele sabe ser falso, cabe uma condenação a indenização por perdas e danos, pois o reconhecimento é um compromisso cuja inexecução é punida.

Reconhecimento em direito internacional público: teoria constitutiva e teoria declarativa

O reconhecimento, nesse campo, tem aplicações múltiplas: por meio de uma manifestação explícita ou implícita de vontade, um Estado pode admitir e tornar oponível a existência de um novo Estado, de um governo nascido de uma revolução, de uma modificação territorial, de uma nação que tenha pretensão a um território ainda não dominado por ela, da autoridade de fato exercida por um grupo de insurgentes ou beligerantes etc. Como ato unilateral, é uma instituição fundamental da sociedade internacional, estabelecida com base na justaposição de soberanias iguais e dominada pelo princípio de que cada Estado só é vinculado por sua própria vontade. Resta saber qual é o papel exato desta no reconhecimento. Nesse sentido, surgiu uma célebre controvérsia em doutrina. Para alguns, o reconhecimento cria legalmente a situação reconhecida: ela confere juridicidade àquilo que não passava de puro fato, arrematando o processo de criação. Portanto, é de natureza *constitutiva.* Para outros autores, em contrapartida, é puramente *declarativa*: a existência jurídica de um Estado (de um governo novo etc.) é um fato independente da vontade dos Estados existentes, que só podem constatá-la; certamente, por meio de sua manifestação de vontade, o Estado que reconhece aceita tornar a situação oponível perante si, mas ele não a cria juridicamente. Desse modo, os efeitos do reconhecimento remontam à data do nascimento efetivo da situação. Essa concepção parece hoje dominante em doutrina; é, especialmente, a concepção do Instituto de Direito Internacional.

Essa questão tem um prolongamento em outra: saber se os Estados são ou não livres em seus reconhecimentos. Logicamente, ao contrário da concepção constitutiva, que dá maior espaço ao consentimento, a concepção declarativa deveria levar a tornar o reconhecimento obrigatório, desde que objetivamente reunidos todos os elementos constitutivos da situação em causa, e a proibi-lo quando isto não ocorresse. Nesse ponto, porém, a prática internacional se mostra bastante diversificada: reconhecimentos que pareceriam indiscutíveis às vezes são indefinidamente postergados (o de Israel, em especial) por alguns Estados; outros, às vezes, parecem bem prematuros. E, realmente, o direito internacional não impõe regras quanto à utilização do poder de reconhecimento; sem dúvida, isso se deve ao fato de que o reconhecimento não é apenas da esfera jurídica, mas assume dimensão política, em razão do apoio maior ou menor que ele frequentemente expressa também.

› AUDIT B., *Droit international privé*, 3ª ed., 2000, nº 440 ss. – BRISSAUD J.-B., *Manuel d'histoire du droit privé français*, 1908, pp. 136 ss. – COLIN A., "De la protection de la descendance illégitime au point de vue de la preuve de la filation", *RTD civ.*, 1902, p. 257. – CARBONNIER J., *Droit civil*, t. 2, 19ª ed., nº 304 ss. – COMBACAU J. & SÛR S., *Droit international public*, 4ª ed., 1999, pp. 282 ss. – DEKEUWER-DÉFOSSEZ F., "Le droit de la filiation à l'épreuve des pratiques administratives et judiciaires", *D.*, 1986, p. 305. – DUPUY P.-M., *Droit international public*, 4ª ed., 1998, nº 92 ss. – LEFEBVRE-TEILLARD A., *Introduction historique au droit des personnes et de la famille*, 1996, nº 212 e 239 – MAZEAUD H. L. J., *Successions – Libéralités*, 5ª ed., por L. e S. Leveneur, 1999, nº 1417 ss. – MERLE R., *Essai de contribution à la théorie générale de l'acte déclaratif*, Paris, 1949. – NGUYEN QUOC DINH, *Droit international public*, 6ª ed., por Daillier e Pellet, nº 237, 364 ss. – PLANIOL M. & RIPERT G., *Traité pratique de droit civil français*, 2ª ed., t. 2 por A. Rouast, 1952, nº 817 ss., t. 7 por J. Radouant, 1954, nº 1364 ss.

Laurent LEVENEUR

→ Criança; Dívida; Estado; *Exequatur*; Filiação; Governo; Prova; Sucessão de Estados; Território; Vontade.

RECURSO (Vias de)

"A coisa julgada é tida como verdade" – afirma Ulpiano em um dos últimos fragmentos do Digesto (D. 50, 17, 207). "Vias de nulidade não cabem contra os julgamentos" – responde Loysel, como um eco catorze séculos depois. Um julgamento não é um ato privado passível de ação de nulidade. No entanto, o direito judiciário dos Estados modernos reconhece meios processuais que possibilitam à parte vencida obter a reforma de uma sentença: são as vias de recurso, objeto de uma distinção clássica em recursos ordinários e extraordinários, antes que o surgimento (desenvolvimento) das jurisdições internacionais deixasse de diversificar as possibilidades de recurso.

Invenção do recurso

É arriscado procurar as origens do recurso, sobretudo uma conceituação desse procedimento antes do direito romano. Nas civilizações orientais antigas, a decisão dos juízes se impunha como emanação da justiça divina: o "oráculo" judiciário não era contestável, era um "julgamento de Deus". E, mesmo que houvesse um juiz supremo, ele podia restringir-se aos casos mais importantes – como Moisés, depois do Êxodo (XVIII, 13 a 26) –, e os processos não eram objeto de vários exames sucessivos. No entanto, é possível que o vizir, representante do faraó, tenha julgado novamente alguns casos, concedendo alguma forma de restituição à parte queixosa. Na Atenas clássica, os julgamentos proferidos pelos heliastas, com seus jurados populares ou suas jurisdições especializadas, eram irrecorríveis: a justiça da pólis e, *a fortiori*, a do povo não podiam ser questionadas, salvo por uma oposição formada pela parte condenada à revelia. Na Roma republicana, nenhum recurso podia ser impetrado de um magistrado para outro, e, no procedimento civil, as partes se comprometiam pela *litis contestatio* a submeter-se à sentença do *iudex unus* designado pelo pretor. O poder de intercessão dos tribunos da plebe, empregado contra a coerção capital dos magistrados, acarretou o aparecimento e depois a automaticidade (em 300 a.C.) da *provocatio ad populum*, frequentemente traduzida como "apelo ao povo". Mas esse procedimento, empregado pela justiça penal e política, levou a constituir os comícios antes mesmo que fosse tomada uma decisão judiciária: redundou na transferência de competências para assembleias do povo, e não no surgimento de uma via de recurso.

Foi preciso esperar o surgimento do poder imperial em matéria de justiça – cujas bases serão lançadas por Augusto –, para que nascesse realmente a apelação. No âmbito do procedimento *extra ordinem* que triunfa no século III d.C., desenvolve-se um direito de apelação (*jus appellandi*) das decisões de um *iudex unus* ou de um governador de província ao imperador, ou então de um de seus representantes (prefeitos do pretório ou da Cidade, Senado). As regras relativas a essa via de recurso, descritas pelos juristas da época dos Severos, foram coligidas no Digesto (livro XLIX, *De appellationibus et relationibus*). A apelação era possível contra uma decisão definitiva em matéria civil e em matéria penal, exceto para alguns crimes particularmente graves. Devia ser impetrado num prazo curtíssimo, no máximo de dez dias segundo a Novela 23 de Justiniano. O recurso tinha efeito suspensivo, salvo para a prisão no âmbito penal. Durante a apelação, as partes podiam produzir novas provas e novos argumentos, mas não podiam abrir novas demandas. As apelações abusivas eram punidas com a quadruplicação das custas ou mesmo com uma pena específica que, no tempo de Constantino, podia chegar a dez anos de trabalhos forçados. A apelação, inicialmente, era um meio de controle hierárquico para corrigir a iniquidade e a incompetência dos primeiros juízes. Embora, ao que parece, seu emprego fosse bastante raro, esse recurso se tornou também um direito do cidadão que se reportava ao imperador.

Esse papel político da apelação reaparece na gênese do Estado na Idade Média. A concepção romana da apelação passara para o direito canônico e para a prática das jurisdições eclesiásticas, com um recurso hierarquizado até o papa. Mas, antes do século XIII, as jurisdições seculares só conheciam vias de recurso inspiradas no direito germânico e depois adaptadas ao sistema feudal: a *blasphematio iudicii* perante a assembleia dos homens livres e, mais tarde, a *défaute* de direito ou o *faussement* de julgamento perante as justiças feudais. Mesmo quando o termo apelação é utilizado, esses recursos têm em comum o fato de intervirem antes de ser tomada uma decisão definitiva. No caso da *défaute* de direito, o pleiteante invocava uma denegação de justiça contra um senhor que se negasse a ouvi-lo. No *faussement* de julgamento, era feita uma acusação formal contra os juízes, e aquele que "falseava a corte" devia lutar contra todos aqueles que tivessem proferido o julgamento contestado, e o duelo judiciário servia de prova. Ainda que a hierarquia feudal permitisse recurso perante um tribunal superior – com a possibilidade de *falsear* um único juiz no século XIII –, não se tem aí uma verdadeira apelação. Durante muito tempo, somente os vassalos podiam contradizer seus pares e lançar mão desse procedimento perigoso. O exemplo do direito canônico e a redescoberta das compilações de Justiniano certamente serviram de modelo para o rei da França no estabelecimento de uma apelação facultada aos burgueses e aos nobres. As reformas de são Luís – que aboliram o duelo judiciário no âmbito régio (1254 e 1258) – fizeram da apelação o principal instrumento dos progressos da justiça régia. O Parlamento, progressivamente separado da pessoa do rei, recebeu um afluxo de apelações das jurisdições senhoriais e dos juízes régios, tais como os bailios. Extraindo numerosas regras do direito romano por intermédio das práticas meridionais, o estilo do Parlamento, no século XIV, estipulou com precisão as decisões passíveis de apelação, o prazo de dez dias após a sentença, a pena por recurso infundado (*fol appel*), bem como todas as formas necessárias para "citar" os juízes inferiores e "intimar" a outra parte. Embora algumas costumagens do século XIII já mencionem ações dirigidas contra a parte adversa, será preciso esperar o século XVI para que desaparecesse qualquer ideia de ação contra os juízes. Em todos os países da Europa nos quais se deu o renascimento do direito romano, a apelação com efeito devolutivo e suspensivo tornou-se um procedimento de direito comum com base nas obras da doutrina erudita, como o *Speculum judiciale* de Guillaume Durant e as diversas *Ordines iudicarii*. Essa expansão da apelação, com exceção das jurisdições inglesas de *common law*, deu-se à custa de uma complexidade crescente. Enquanto a hierarquia feudal induzia uma multiplicidade de graus de jurisdição, a instauração de organizações judiciárias estatais frequentemente passava pela outorga de privilégios às partes ou aos juízes, multiplicando os casos de apelação *omissio medio* – sem esgotar os recursos intermediários –, atribuições ilógicas de competência e as *lettres de relief* (diplomas outorgados para conferir direito a recurso), que prolongavam o prazo até trinta anos.

Recurso racionalizado

Nos últimos dois séculos do Antigo Regime, a ideia de racionalizar as vias de recurso não era estranha à monarquia francesa. A ordenança civil de 1667 limitou o prazo de recurso a dez anos (e até a três anos e meio, quando a parte vencida fosse intimada a recorrer pela parte ganhadora), ao passo que a ordenança criminal de 1670 tornou obrigatório o recurso para as sentenças que cominassem penas aflitivas, com o objetivo de submeter as decisões mais graves ao controle dos parlamentos. Em maio de 1788, Luís XVI outorgou explicitamente a seus súditos "a faculdade de ter dois graus de jurisdição, na discussão de seus direitos" e prometeu "aproximar os jurisdicionados de seus juízes". As reformas judiciárias da Revolução avançaram mais nesse sentido; suas propostas chegaram a considerar a possibilidade de abolir o recurso, associado este à hidra da chicana e aos abusos das grandes companhias judiciárias. A Constituinte decidiu que haveria "dois graus de jurisdição em matéria civil" e orientou sua escolha, na lei de 16-24 de agosto de 1790, para um apelo circular a um tribunal vizinho. A estimativa do valor do litígio, para determinar as competências dos juízes de paz ou dos tribunais civis que julgassem em última instância, ensejou grande número de exceções a esse apelo simplificado. No ano VIII, a criação dos tribunais de apelação – transformados em Cortes em 1804 – trouxe de volta a apelação hierárquica, regulamentada em 1806 pelo Código de Processo Civil. No âmbito penal, o Código de Instrução Criminal de 1808 organizou a apelação dos julgamentos de polícia e dos julgamentos correcionais, sem questionar o princípio da soberania do júri criminal herdado da Revolução.

O direito francês permaneceu globalmente fiel a esses princípios destinados a simplificar o procedimento recursal. No âmbito civil, em que o recurso é amplamente facultado, salvo para os pequenos litígios, o prazo de apelação fixado em três meses em 1790 e em 1806 foi reduzido para dois meses em 1862 e para um mês em 1935 (em alguns casos, os prazos eram mais curtos, correspondendo a um procedimento sumário). As regras de apelação foram unificadas perante todas as jurisdições de segunda instância pela lei de 23 de maio de 1942. O Novo Código de processo civil (1975) desenvolveu uma reforma empreendida em 1972 para determinar a instrução da causa por um conselheiro especialmente para isso. Continua obrigatória a representação por um procurador de apelação, exceto para os recursos a decisões de algumas jurisdições, como as trabalhistas. Essa manutenção de técnicos especializados demonstra a complexidade de um procedimento que possibilita introduzir pretensões novas em vista dos mesmos fins intentados no primeiro julgamento. A apelação, cada vez mais frequente no longo prazo, tornou-se a via de recurso ordinário por excelência, enquanto declinava a oposição, via de retratação contra as decisões proferidas em última instância à revelia. Em matéria administrativa, o crescimento do contencioso levou ao estabelecimento, em 1987, de tribunais administrativos de apelação para desonerar parcialmente o Conselho de Estado. No âmbito penal, em nome da soberania do júri, o direito francês recusou a apelação contra as sentenças das cortes penais departamentais (*cours d'assises*) até 2001, ao passo que a Itália organizou esse tipo de recurso (ao contrário da Bélgica e da Alemanha para o *Schwurgericht*) a partir de 1951.

Enquanto todos os países de direito civil adotam regras inspiradas no conceito romano de apelação, os países de *common law* mantêm sua especificidade no assunto. Na Inglaterra, a ideia de recurso contra as decisões das cortes régias de *common law* demorou a prevalecer. Até as reformas da segunda metade do século XIX, somente um *writ of error* possibilitava restabelecer uma violação do direito nos autos do processo (*record*). Regras complexas presidiam esse tipo de recurso, por exemplo perante o *King's Bench* para as decisões dos *Common pleas*. Em 1875, o sistema do erro foi abolido e substituído pelo da apelação que começara a desenvolver-se no âmbito da *equity*. A *Court of Appeal*, estabelecida em 1873, ampliou progressivamente sua competência para apreciar recursos criminais e civis. Dentro dessa Corte, uma *Criminal division* pode proferir novo julgamento (ao constatar alguma irregularidade nos autos) das causas submetidas aos júris das *Crown Courts*. Um número muito pequeno de causas é levado perante a Câmara dos Lordes, permitindo a subsistência de um segundo grau de recurso. Nos Estados Unidos, a manutenção do júri em grande número de causas cíveis limita a questões de direito (como as instruções dadas aos jurados) as vias de recurso perante as jurisdições superiores. As ações impetradas junto às jurisdições de apelação dos Estados e, *a fortiori*, a suas Cortes Supremas assemelham-se mais a recursos por controle de legalidade do que a uma apelação, ainda que esta seja a devida em certos casos. A distinção entre vias de recurso ordinárias e extraordinárias, portanto, não é tão nítida quanto nos países de direito civil.

Remédios contra o erro de fato ou de direito

Ao lado da apelação e da oposição desenvolveram-se, a partir da Idade Média, vias de recurso extraordinárias sem efeito suspensivo: elas foram justificadas, no início, pela grande preocupação com erros judiciários, bem como pela ideia de controle hierárquico dos juízes. Sobre frágeis bases romanas – a *supplicatio* ao imperador quando a apelação era obstada pela má vontade do juiz, a *in integrum restitutio*, em caso de erro de uma das partes, a nulidade *ipso jure* da sentença por incompetência ou violação das regras processuais – no século XIII surgiu na França um recurso ao rei em caso de erro. Bem cedo foi dado o nome de "*proposition d'erreur*" a esse procedimento por meio do qual o rei, depois de examinar a procedência do pedido, o remetia ao Parlamento para exame do mérito. Frequentemente empregada no século XIV, essa via de recurso era cabível tanto nos casos de erro de direito quanto nos de erro de fato. Entrou em decadência no século XV, quando se desenvolvia a *requête civile* (*recurso de revista*), na origem incidente levantado durante o processo para produzir provas ou apresentar testemunhas suplementares. No século XVI, a *requête civile* (ou seja, deferente) tendeu a transformar-se em recurso extraordinário intentado perante os mesmos juízes para reparar um erro das partes. A ordenança civil de 1667 aboliu a *proposition d'erreur*, especificou as modalidades de abertura da *requête civile* e estabeleceu o princípio de nulidade das sentenças contrárias às ordenanças régias. Assim se fazia alusão à possibilidade de revogação (*cassation*) das sentenças de última instância pelo Conselho do Rei, que exercera essa forma de justiça régia desde o fim da Idade Média. Considerada como "via legítima de plenitude de poder", esse tipo de revogação (*cassation*) foi progressivamente facultado aos pleiteantes. No século XVIII, constituía um remédio extremo e raro: segundo o regulamento de 28 de junho de 1738, o requerente dispunha de um prazo de seis meses para apresentar seu recurso (*pourvoi*) examinado em geral pelo Conselho das Partes, que levava em conta apenas os meios de direito e, após a *cassation*, tinha o hábito de remeter o processo para novos juízes que deveriam analisar seu mérito.

A instituição do Tribunal de Cassação, em 1790, tornou esse procedimento – cujas principais formas foram conservadas – uma arma essencial de submissão dos juízes ao respeito à lei. Mesmo desprovida de efeito suspensivo, com estritas condições formais, a *cassation* passava a ser uma via de direito amplamente facultada aos pleiteantes, inclusive no âmbito criminal (com prazo de alguns dias), o que a tornou muito popular numa época em que o direito de graça tinha sido abolido. Embora não fosse um terceiro grau de jurisdição e não pudesse conhecer do mérito das ações, o Tribunal de Cassação estava destinado a desempenhar papel determinante na interpretação da lei. Com o título de Corte de Cassação a partir de 1804, a jurisdição suprema francesa construiu uma parte de seu sucesso sobre um número considerável de *pourvois* – contados em milhares por ano a partir do fim da Revolução – e sobre o desenvolvimento da abertura das vias para a *cassation*. Esta também é possível contra algumas decisões da justiça administrativa, perante o Conselho de Estado. O modelo francês da *cassation* foi copiado por vários países (Bélgica, Itália), enquanto a Alemanha desenvolveu uma forma original de recurso em caso de erro de direito: a revisão, cujo acesso é limitado pela exigência de limiares financeiros para os litígios patrimoniais, mas com tendência a extrapolar para os fatos em matéria criminal. Nos países de *common law*, os recursos perante as Cortes Supremas assemelham-se a recursos extraordinários.

A expansão do princípio de legalidade não causou o desaparecimento dos erros de fato. Na França, o Código de Processo Civil retomou as instituições do terceiro oponente (para os terceiros lesados por alguma sentença) e da *requête civile* (o novo código fala de recurso de revista), enquanto o Código de Instrução Criminal organizava, ao lado da *cassation*, os pedidos de revisão (arts. 443-447). Em razão da soberania atribuída aos veredictos das cortes criminais departamentais (*cours d'assises*), esse procedimento fora concebido de maneira muito restritiva em 1808. A opinião pública sensibilizou-se para o risco de erros judiciários graves, sobretudo depois da recusa da Corte de Cassação de revisar o caso do assassinato do correio de Lyon. Uma lei de 1895 (aplicada no caso Dreyfus) ampliou a revisão na hipótese de surgimento de um fato novo, ao mesmo tempo que manteve a constituição da Câmara Criminal da Corte de Cassação pelo ministro da Justiça. Apesar da criação, em 1989, de uma comissão de revisão para examinar as petições em lugar do ministro, a revisão continua sendo muito excepcionalmente admitida.

Rumo à proliferação das vias de recurso

Enquanto os regimes autoritários eliminavam todo e qualquer meio de crítica às decisões de sua justiça política, o desenvolvimento de jurisdições internacionais facultou, a partir de 1945, novos recursos aos pleiteantes, cada vez mais numerosos, que contestavam decisões aparentemente definitivas. A constituição da Corte de Justiça das Comunidades Europeias por pessoas físicas ou jurídicas não possibilita novo julgamento de um processo cuja sentença tenha sido proferida num país da União Europeia. Mas uma jurisdição interna que estatua em última instância deve solicitar à CJCE a interpretação dos tratados e atos comunitários, caso tal questão lhes seja apresentada. Ao solicitar esse reexame prejudicial, as partes ensejam a intervenção da Corte de Luxemburgo em seu contencioso. A Convenção Europeia de Salvaguarda dos Direitos Humanos e das Liberdades Fundamentais (1950) organizou um recurso – facultado aos jurisdicionados franceses desde 1981 – perante a Comissão e a Corte Europeia dos Direitos Humanos de Estrasburgo (destinadas a fundir-se em virtude do protocolo nº 11 de 1994). Estes órgãos, que só podem ser acionados depois do "esgotamento das vias de recursos internas", desenvolveu uma abundante jurisprudência sobre os casos de violação da CESDH e de seus protocolos, um dos quais garante o direito a duplo grau de jurisdição penal: o futuro é da proliferação das vias de recursos.

› CALAMANDREI P., *La Cassazione civile*, Turim, 1920, 2 vols. – DAUCHY S., *Les Voies de recours extraordinaires: proposition d'erreur et requête civile*, Paris, PUF, 1988. – FERRAND F., *Cassation française et révision allemande*, Paris, PUF, 1993. – FOURNIER P.-J.-M., *Essai sur l'histoire du droit d'appel en droit romain et en droit français*, tese de direito, Paris, 1889. – ORESTANO R., *L'Appello, civile in diritto romano*, Turim, 1953. – THIREAU J.-L. (org.), *Les Voies de recours judiciaires, instruments de liberté*, Paris, PUF, 1995. – Col.: *La Voie d'appel*, Colloque national de droit judiciaire, Aix-en-Provence, 1963.

Jean-Louis HALPÉRIN

→ Ação em juízo; Cortes Supremas; Denegação de justiça; Processo cível; Processo penal.

REFERENDA

Referenda é uma assinatura aposta ao lado da assinatura do autor de um ato por uma autoridade que homologa essa assinatura do referido autor e desempenha, assim, o papel de testemunha do ato. O papel jurídico de homologação, desempenhado pela referenda, passou depois a ser mais político, com o desenvolvimento do regime parlamentarista, que a transformou numa formalidade de endosso, por um ministro, da responsabilidade dos atos do chefe de Estado. A partir daí, a referenda passa a cumprir função dupla, numa dualidade manifesta em regime parlamentarista no qual sua função política predomina.

Funções da referenda

Na concepção clássica do regime parlamentarista, a referenda "é a indicação de que a responsabilidade política do ato é endossada pelo ministro ou pelos ministros que assinam em conjunto" (A. Hauriou, *Droit constitutionnel et institutions politiques*, Montchrestien, 1972, p. 844), portanto um meio natural e concreto de manifestar o acordo do responsável, "um meio cuja exigência [...] está ligada ao princípio da responsabilidade ministerial" (L. Duguit, *Traité de droit constitutionnel*, De Broccard, 1923, t. IV, p. 840). Por isso, a regra da referenda exige que o gabinete exerça os poderes constitucionais do chefe de Estado. A referenda, portanto, passou por uma evolução que se traduziu pelo deslizamento de uma função jurídica para uma função mais política, o que coincide, aliás, com o desenvolvimento do regime parlamentarista. Testemunho disso, aliás, é a história constitucional francesa. Apesar da evolução que redundou em sua dualidade funcional, a referenda, como função, manteve a unidade. Em virtude de sua dualidade funcional, ela constitui um procedimento de identificação dos regimes parlamentaristas e não parlamentaristas. Nos regimes não parlamentaristas, a referenda não tem nenhuma função de homologação. Em compensação, seu papel político predomina nos regimes parlamentaristas. Embora sua função jurídica não seja específica de nenhum regime político, sua função política é própria do regime parlamentarista e permite identificar como tais certos regimes políticos. À sua unidade funcional nos regimes não parlamentaristas (função de autenticação), a referenda opõe sua dualidade funcional em regime parlamentarista (funções política e jurídica).

Segundo a doutrina clássica, no regime parlamentarista, a referenda tem principalmente função política: a transferência de responsabilidade política do chefe de Estado para o ministro. Assim, ela se justificaria pela necessidade de afirmar, dentro do Executivo, a responsabilidade do governo perante o Parlamento. Permite conciliar duas exigências contraditórias: a plenitude e a permanência do controle parlamentar sobre os atos do Executivo, por um lado, e a manutenção da não responsabilidade política do chefe de Estado, por outro lado. Por via de consequência, no parlamentarismo clássico, a não responsabilidade política do chefe de Estado é total. Paralelamente, todos os seus atos recebem assinatura conjunta. Disso decorrem os princípios da referenda em regime parlamentarista: a generalidade (todos os atos do chefe de Estado recebem uma assinatura conjunta); a especialidade (a responsabilidade de um ato do chefe de Estado incumbe ao ministro em cujas atribuições entra esse ato). Entretanto, o intuito de racionalização do regime parlamentarista obrigou a desenvolver uma referenda dos atos do chefe do governo. Essa diferenciação da referenda salvaguardava a solidariedade ministerial, a responsabilidade colegial do gabinete ministerial. Contudo, esboçava-se de fato a necessária dissociação entre as funções do chefe de Estado e as do governo dotado de um chefe que dispunha de poderes submetidos a uma referenda específica.

Campo de aplicação temporal e espacial da referenda

A evolução da referenda coincide com a transformação dos regimes autoritários em regimes parlamentares. Na origem, especialmente no Antigo Regime francês, a referenda limitava-se à autenticação dos atos do monarca. Depois, a referenda torna-se um mecanismo essencial do regime parlamentarista. A doutrina associa a referenda ao modelo parlamentarista, mas não faz dela um critério desse regime, pois ela tem "como objetivo e efeito empenhar a responsabilidade ministerial, política, diante das Câmaras" (L. Duguit, *Traité de droit constitutionnel*, De Broccard, t. IV, 1928, p. 840). A evolução da referenda, de função jurídica tradicional de autenticação para função política de responsabilização ministerial perante o Parlamento, não excluiu, porém, a orientação dessa responsabilidade para nada além do Parlamento, em regimes não especificamente parlamentaristas. Caracterizada de início por sua função de autenticação, a referenda é, por essa razão, simples formalidade material de certificação da autenticidade de um ato, não excluindo certo valor jurídico (tornar obrigatório o ato referendado e garantir sua execução). Essa função de autenticação encontra-se na monarquia inglesa até 1750 e também na França até o advento do regime parlamentarista na época da Restauração (Cartas de 1814 e 1830).

Depois de 1945, a generalização da referenda vai coincidir com a do parlamentarismo, que se diversifica. Essa diversificação vai alterar a distinção nítida entre regimes parlamentarista e presidencialista, contribuindo, aliás, para o aparecimento da noção bastante vaga de presidencialismo no que se refere a regimes que comportam doses variáveis de parlamentarismo e presidencialismo. A referenda traduz bem esse fenômeno. A existência, na fronteira desses dois tipos de regimes, do chamado regime presidencialista obriga a indagar sobre o papel, nesse novo regime político, da referenda tomada como fator tradicional de distinção entre os regimes parlamentarista e presidencialista. Assim como alguns regimes presidencialistas são essencialmente baseados na referenda, certos regimes presidencialistas não a preveem. No parlamentarismo contemporâneo, a referenda conserva sua significação tradicional. As monarquias parlamentaristas tradicionais, com a ressalva de adaptações, mantiveram suas instituições, em especial a referenda (Grã-Bretanha, Bélgica, Países Baixos, Luxemburgo, Suécia, Noruega, Dinamarca). Em compensação, outros Estados parlamentaristas passaram por mudanças constitucionais radicais (Itália, República Federal Alemã, Japão: adoção de novas instituições depois de 1945). Também falam em parlamentarismo a Espanha, o Canadá, a Austrália, a Nova Zelândia e Israel. A Finlândia, a Irlanda, a Islândia, a Áustria, Portugal e a França muitas vezes são classificados como regimes mistos ou presidencialistas. O estabelecimento da referenda contribui para distinguir esses diferentes regimes políticos, em especial pela posição ocupada pelo chefe do Estado. Os Estados oriundos da descolonização, em geral, adotaram as instituições políticas parlamentares do Ocidente. No entanto, a especificidade das estruturas e dos problemas desses Estados, as dificuldades de sua vida política e a inegável complexidade do regime parlamentarista condenaram essa experiência. De fato, por processos diversos (sistema de partido único, revisão constitucional, golpes de Estado militares), esses Estados, no conjunto, se afastaram do modelo parlamentarista e redundaram no presidencialismo, contribuindo ao mesmo tempo para pôr em causa a lógica da dicotomia clássica, instituindo a regra da referenda nos regimes abertamente qualificados de presidencialistas. O próprio conceito clássico de regime presidencialista era assim afetado.

Para a doutrina moderna, nas Constituições presidencialistas que fazem do Presidente o titular da função executiva, a referenda se limita à materialização do acordo de duas vontades respectivamente soberanas, tem apenas função de autenticação e não passa de procedimento supérfluo, embora constitua uma manifestação de vontade dos ministros. A liberdade presidencial de nomeação e destituição dos ministros provoca sua dependência; qualquer recusa de referenda de um ato do chefe do Executivo será resolvida pela demissão do ministro (tal como ocorre no Brasil). Todavia, essa solução só é eficaz nos regimes presidencialistas estritamente ligados ao regime presidencial pela ausência de dualismo do Executivo. Por isso, logicamente, nele a referenda é apenas uma formalidade diferente da referenda dos regimes parlamentaristas. Como regra geral, os regimes presidencialistas de predominância presidencial não preveem a referenda. Naqueles que a adotam, o papel do Presidente num Executivo essencialmente monista permanece preponderante sob duas condições: a referenda não faz do ministro o coautor dos atos presidenciais; a dependência exclusiva dos ministros em relação ao Presidente. Os regimes presidencialistas de predominância parlamentar estabelecem um elo entre a referenda e a responsabilidade ministerial. O controle parlamentar sobre os atos presidenciais por meio da referenda traduz a institucionalização, numa óptica parlamentarista, do controle global dos atos do Executivo. A referenda limita realmente as competências presidenciais em face dos ministros e do Parlamento.

A referenda, historicamente e na prática, facilitou a passagem das monarquias parlamentaristas tradicionais para um parlamentarismo efetivamente monista. O funcionamento defeituoso desse parlamentarismo nos Estados republicanos justificou o recurso aos mecanismos do parlamentarismo racionalizado a partir de 1945. O fracasso desses mecanismos exigiu a adoção das fórmulas de fortalecimento dos poderes do chefe de Estado (poderes presidenciais próprios e estabelecimento de uma legitimidade que se concretizou na opção pelo sufrágio universal direto). A afirmação da impossível conciliação entre parlamentarismo dualista e regime republicano incitava a qualificar de "presidencialistas" regimes que estabeleciam poderes próprios para o chefe de Estado e sua eleição por sufrágio universal direto.

A referenda na França

Constantemente prevista, a referenda assumiu ora uma função de autenticação nos regimes não parlamentaristas, ora uma função política nos regimes parlamentaristas, sem prejuízo, às vezes, de conciliação dessas duas funções.

A referenda e os regimes não parlamentaristas. – No Antigo Regime, na monarquia absoluta, a referenda, que se mostra sempre como selo de chancelaria dado por um secretário de Estado, é uma simples medida de ordem, um atestado de autenticidade, uma garantia de execução da vontade régia. No século XVI, é obrigatória a assinatura do secretário do gabinete ao qual o assunto está afeto, para atestar a autenticidade das ordenanças régias.

Nos regimes não parlamentaristas posteriores a 1789, a referenda é exigida para a totalidade desses atos ou para alguns deles; funciona como sanção formal dos atos do chefe de Estado e, às vezes, como afirmação da responsabilidade ministerial. A Constituição de 3 de setembro de 1791 consagra a separação dos poderes, sem descartar a referenda dos atos do rei, ao prescrever em seu título III, capítulo I, seção 4, artigo 4º: "Nenhuma ordem do rei poderá ser executada se não for assinada por ele e não tiver assinatura conjunta de um ministro ou de um ordenador do gabinete." A rigidez da separação dos poderes reduz a referenda a simples função de autenticação que se resolve numa formalidade de legalização da vontade régia e numa condição de validade dos atos do monarca. O artigo 143 da Constituição do ano III restringe a referenda a um papel de pura autenticação, de simples legalização, especificando que o Diretório "escolhe, fora de seus quadros, um secretário que apõe sua assinatura às expedições e redige as deliberações num registro no qual cada um dos membros tem o direito de inscrever seu parecer justificado". O artigo 55 da Constituição do ano VIII confirma e reforça o papel político da referenda, que faz do ministro o avalista dos atos de um Executivo que não responde por esse ato político. Trata-se, porém, de simples responsabilidade penal. Por isso, a referenda não passa de simples formalidade de autenticação da vontade do Executivo. A Constituição de 1848, que estabelece a separação dos poderes, prevê, porém, em seu artigo 67 a referenda que só implica uma responsabilidade penal e pessoal dos ministros. A Constituição de 1852, que não previa a referenda, consagra, apesar disso, em seu artigo 13 o desaparecimento da responsabilidade política dos ministros. Contudo, um Decreto de 22 e 27 de janeiro de 1852 institui um ministro de Estado encarregado de homologar certos atos do chefe de Estado. Seu papel é puramente jurídico. Com o Decreto de 17 e 22 de julho de 1869 a referenda vai assumindo, progressivamente, um significado mais político, em conformidade com a evolução do Império rumo ao parlamentarismo.

A referenda e os regimes parlamentaristas. – De 1814 a 1870, o regime parlamentarista (Restauração, regime estabelecido pelo Ato Adicional às Constituições do Império de 1815, Monarquia de julho de 1830, regime imperial resultante do Senátus-consulto de 30 de maio de 1870) assume um caráter dualista (papel essencial atribuído ao chefe de Estado) e monárquico. A Carta de 1814 ignora a referenda, que, no entanto, era instrumento técnico essencial do Antigo Regime. Contudo, "apesar do silêncio da Carta, a referenda foi praticada de modo permanente", sobretudo porque "esse procedimento não apresentava, *a priori*, o considerável alcance que depois será atribuído a seu emprego" (S. Rials, "Teoria da Carta de 1814: a unidade do poder de Estado", *in Essai sur le concept de monarchie limitée*). A referenda assim praticada, como consequência da responsabilidade dos ministros perante as câmaras, vai contribuir para o advento do regime parlamentarista. Quanto à Carta de 1830, a referenda que ocorre no regime parlamentarista imposto pelos coautores da Carta assume, naturalmente, um significado político. O regime parlamentarista oriundo do Ato Adicional às Constituições do Império de 22 e 23 de abril de 1815 estabelece expressamente a referenda em seu artigo 38. O mesmo ocorre com o regime decorrente do Senátus-consulto de 21 de maio de 1870, que consagra um parlamentarismo dualista monárquico. O Decreto de 22 de julho de 1869 restabelece a referenda com um significado político que será confirmado pelo Senátus-consulto de maio de 1870.

Reunida em Bordeaux em fevereiro de 1871, a Assembleia Nacional, nos termos da Resolução de 17 de fevereiro de 1871, organiza a República provisória em regime parlamentarista, o que é confirmado pela Lei Rivet de 31 de agosto de 1871, cujo artigo 2º confere à referenda o papel político prescrito pelo regime parlamentarista. A Lei de 13 de março de 1873 acentua esse parlamentarismo ao reforçar a responsabilidade ministerial e o apagamento de um chefe de Estado que não responde politicamente pelo ato. O artigo 3º da Lei Constitucional de 25 de fevereiro de 1875 consagra a referenda ao dispor que "cada um dos atos do Presidente da República deve ter a assinatura conjunta de um ministro" (S. Rials, *ibid.*).

A Constituição de 1946, que inova na matéria, estabelece duas referendas nos artigos 38 ("cada um dos atos do Presidente da República deve ter assinatura conjunta do Presidente do Conselho dos ministros e de um ministro") e 47, parágrafo 4º ("os atos do Presidente do Conselho dos ministros previstos no presente artigo recebem assinatura conjunta dos ministros interessados").

A referenda e o regime político da V República. – A Constituição de 1958 opta por um regime parlamentarista e conserva a regra de uma referenda distinta para o chefe do Estado e o chefe do governo, sem prejuízo de inovação fundamental materializada por atos presidenciais dispensados de referenda, consequência do dualismo funcional do Executivo em regime parlamentarista. A originalidade da referenda dos atos presidenciais reside na distinção prescrita pelo artigo 19 da Constituição francesa, entre atos presidenciais submetidos à referenda e dispensados desta (S. Rials, "Textos constitucionais franceses", *op. cit.*, p. 10).

A referenda do Primeiro-Ministro garante-lhe que a intervenção presidencial na função governamental não afetará sua qualidade de chefe do governo. Em conformidade com o princípio de generalidade, essa referenda não realiza nenhuma transferência de responsabilidade do Presidente da República para o Primeiro-Ministro. Essa referenda que confere ao Primeiro-Ministro qualidade de principal cossignatário dos atos presidenciais basta para validar seus atos, mesmo quando estes não tenham sido objeto de deliberação em conselho de ministros (CE, 27 de abril de 1962, Sicard, *AJDA*, 1962, I, pp. 295 ss.).

Quanto à referenda dos ministros responsáveis, trata-se daqueles "aos quais incumbem em caráter principal a preparação e a aplicação dos decretos em pauta", mais precisamente do ministro "que, no âmbito da política geral, está encarregado de definir e de realizar a ação governamental no domínio referente à decisão em causa, aquele que tem em suas atribuições os assuntos que o ato em causa tem o objetivo de tratar, aquele que participa diretamente da concepção e da preparação do decreto" (concl. Galabert no acórdão *Pelon*: CE, 10 de junho de 1966, *AJDA*, 1966, II, pp. 492 ss.). A Circular do Primeiro-Ministro de 2 de janeiro de 1993, ratificando a jurisprudência *Pelon*, especificou que "o ministro responsável é aquele que tem a iniciativa do texto, que o manda preparar em seu gabinete, que cuida de colher a adesão dos outros gabinetes ministeriais cuja participação lhe seja necessária, que o submete ao conselho dos ministros e se encarrega de aplicá-lo e de fiscalizar sua aplicação".

Quanto à referenda dos atos do Primeiro-Ministro, o artigo 22 da Constituição de 1958 estipula: "Os atos do Primeiro-Ministro recebem a assinatura conjunta, caso necessário, dos ministros encarregados de sua execução." Essa referenda, que diz respeito essencialmente à função administrativa (CE, 27 de abril de 1962, Sicard, *Rec.*, p. 279, *AJDA*, 1962, I, p. 284, chron. Galabert et Gentot, II, p. 295) e permite que seu autor tenha garantida sua competência ministerial, só lhe confere o encargo da execução dos atos do Primeiro-Ministro.

Politicamente, a referenda possibilita situar as responsabilidades, essencialmente perante o Primeiro-Ministro. Assim, "a necessidade de referenda só poderia ter o objetivo de indicar o(s) ministro(s) que terá(ão) o encargo especial de aplicar a medida em questão [...]. No máximo, a referenda vem concretizar a solidariedade, evitando que o chefe do governo possa tomar decisões sem que os ministros sejam delas informados". A referenda não poderia, portanto, afetar a preponderância do Primeiro-Ministro na função governamental.

➤ BARTHELEMY J., *Introduction du régime parlementaire en France sous Louis XVILI et Charles X*, Giard et Brière, 1904, reedit. Mégariotis reprints, Genève, 1979. – BONNEFON J., Le régime parlementaire sous la Restauration, Giard et Brière, 1905. – BONNEFOUS E., "Le régime parlementaire dans le monde moderne", *RDP*, 1965. – BRANCHET B., *Contribution à l'étude de la Constitution de 1958, le contresebrg et le régime politique de la V République*, LGDJ, 1996. – DOUENCE J.-C., *Recherches sur le pouvoir réglementaire de l'Administration*, LGDJ, 1968. – EISMEIN A., *Éléments de droit constitutionnel français et comparé*, Sirey, 1909. – FUSILIER R., *Les Monarchies parlementaires*, Éditions Ouvrières, 1960. – HOUSTIOU R., *Procédures et formes de l'acte administratif unilatéral eu droit français*, LGDJ, 1975. – JÉZE G., "De la collaboration des ministres aux actes juridiques accomplis par le Président de la République", *RDP*, 1906. – LACHAUME J.-F., *La Hiérarchie der actes administratifs exécutoires en droit français*, LGDJ, 1966. – LALUMIÈRE P. & DEMICHEL A., *Les Régimes parlementaires européens*, PUF, 1978. – LANGAVANT E., "Le contreseing des actes du Président de la République", *AJDA*, 1960. – MICHOU L., *Le Gouvernement parlementaire sous la Restauration*, LGDJ, 1905. – MOULIN R., *Le Présidentialisme et la classification des régimes politiques*, LGDJ, 1978. – MOUSNIER R., *Les Institutions de la France sous la monarchie absolue*, PUF, 1974. – PAYRE J.-P., "Pouvoirs discrétionnaires et compétences liées du Président de la République", *RDP*, 1981 – PIASTRA R., *Du* contreseing *sous la V République*, tese Paris I, 1997. – PLOUVIN Y., "Le Conseil des ministres, institution seconde", *Rev. Ad.*, 1980; "Verbe présidentiel et contreseing", *Pouvoirs*, 1980. – TCHEN YON SUN, "Le contreseing sous la Constitution de 1875 et dans la pratique française actuelle", thèse doctorat en droit, Lyon, 1943. – TEDESCHI Y., "Le contreseing ministériel sous les diverses constitutions françaises et étrangères", *RDP*, 1945. – TIMBAL, *Le contreseing ministériel*, thèse doctorat en droit, Toulouse, 1975. – WIENER C., *Recherches sur le pouvoir réglementaire des ministres*, LGDJ, 1970.

Bernard BRANCHET

→ Ato administrativo; Ato de governo; Constitucionalismo; Constituição e direito constitucional; Direito e Política; Direito parlamentar; Governo; Liberalismo; Poder regulamentar; Responsabilidade política.

REFERENDO E PLEBISCITO

As democracias modernas conhecem dois modos de expressão da vontade popular: os cidadãos escolhem, entre vários candidatos, aquele ou aqueles que dirigirão os negócios públicos, ou então respondem sim ou não a uma pergunta que lhes é feita. No primeiro caso, fala-se de *eleição.* No segundo, seria possível utilizar a palavra *votação*, termo neutro usado na Suíça. O uso, porém, impôs outras duas palavras, plebiscito e referendo. Rapidamente se indagou se elas deveriam ser consideradas sinônimas e, caso contrário, que diferença conviria fazer entre elas. Aparentemente, a resposta implica três pesquisas: sobre a história das palavras, a história dos fatos e a história das doutrinas, teoricamente determinada pelo confronto das duas primeiras. Mas, na realidade, esse é um falso problema. Convém, portanto, ultrapassá-lo, em vez de resolvê-lo.

A palavra "plebiscito" vem do latim *plebis scitum*, decreto da plebe, norma que inicialmente dizia respeito apenas à plebe e depois passou a ser obrigatória para o povo inteiro. O uso moderno do termo confirma esse deslizamento, mas durante muito tempo a palavra designou apenas o texto adotado, e não o procedimento de adoção: é o que ocorre ainda em 1851, quando o povo é "convocado em seus comícios [...] para aceitar ou rejeitar o seguinte plebiscito...". Foi só em 1869 que o dicionário *Littré* registrou um segundo sentido: então, o plebiscito que se *adota* inicialmente se justapõe àquele que se *organiza* e depois é por este substituído. A palavra *referendo*, por sua vez, na origem pertencia à linguagem diplomática. Um embaixador que não tivesse recebido instruções expressava uma concordância de princípio, mas *ad referendum*, com a ressalva de referi-la a seu governo. A transição desta acepção para o sentido atual ocorreu na Suíça, país que tinha uma tradição de consulta ao povo e, até 1874, uma estrutura confederativa: a palavra, que designava o procedimento por meio do qual se submetia algo ao povo e aos cantões, passou a designar o escrutínio por meio do qual estes expressavam sua opinião; depois, o termo passou para a França. *Plebiscito* e *referendo* figuram juntos pela primeira vez na segunda edição do *Dictionnaire général de la politique* (*Dicionário geral de política*) de Maurice Block (1874), com uma remissão do segundo para o primeiro. A afinidade dos dois termos, portanto, era percebida, mas faltava definir a natureza de suas relações. Quais eram na época os fatos disponíveis para alimentar a reflexão? Em 1789, a Assembleia Constituinte descartou qualquer ideia de consulta direta ao povo, para a qual, aliás, ela não dispunha de conceito claro nem de procedimento definido. Os Convencionais, em compensação, queriam levar o povo a adotar a Constituição do ano I. A consulta ocorreu "em assembleias primárias", por sufrágio universal e público, durante o verão de 1793. É de duvidar que o procedimento e a conjuntura tenham permitido uma verdadeira liberdade de voto. Em agosto e setembro de 1795, as mesmas ambiguidades marcaram os escrutínios por meio dos quais foram adotados o decreto dos dois terços e a Constituição do ano III. O procedimento aplicado para a adoção da Constituição do ano VIII foi diferente: foram abertos em cada comuna "registros de aceitação e não aceitação", e os cidadãos foram chamados a ali consignar sua escolha. A duração do escrutínio foi reduzida a três dias. O voto continuou público, mas a ênfase recaía menos na pressão exercida pelo grupo do que na vigilância das autoridades. O mesmo procedimento foi utilizado em 1802 para a adoção do Consulado vitalício; em 1804, para a hereditariedade da dignidade imperial; e em 1815 para o ato adicional. O Segundo Império restabeleceu a tradição: em 20 e 21 de dezembro de 1851, o povo foi convocado para conferir a Luís Napoleão a presidência decenal; em 21 e 22 de novembro de 1852, a dignidade imperial; por fim, em 8 de maio de 1870 foi convocado para pronunciar-se o sobre as reformas que inauguravam o império liberal. Mas dessa vez tratava-se de votos "sim ou não", com cédula secreta.

Portanto, foi paradoxalmente durante a III República, regime que elevou a proscrição de toda e qualquer consulta direta ao povo à categoria de princípio metafísico, que se elaborou a doutrina relativa à distinção entre referendo e plebiscito. No entanto, deve-se notar que não se trata de doutrina no sentido venerável e fundador do termo: nenhum grande autor a consagrou em termos de uma reflexão ampla e estruturada. Só se encontram observações breves, como as que podem ser suscitadas por um assunto secundário e sem implicações reais. Mas é possível perceber uma evolução. Esmein considera sinônimos os termos referendo (Suíça) e plebiscito (imperial) e os confunde numa mesma reprovação. Os autores das gerações seguintes sentem-se obrigados a distinguir, portanto a produzir critérios de distinção entre o bom referendo helvético (que os partidários da democracia semidireta consideram um modelo por imitar, e os não partidários, uma singularidade inadaptável) e o mau plebiscito. Mas os critérios propostos não se sobrepõem. Para Duguit, há plebiscito quando o povo delega sua soberania a um homem e, às vezes, o encarrega de fazer uma Constituição, ao passo que o referendo é uma informação direta dada ao governo. Carré de Malberg vê o plebiscito como uma abdicação do povo e insiste no caráter de bloco da votação nesse tipo de consulta: quando uma Constituição é submetida ao povo, este não pode emendar o texto nem escolher entre projetos alternativos. Ele considerou que todas as consultas diretas pelas quais a França passara tinham sido plebiscitos. No fim da vida, porém, afirmou a legitimidade de uma combinação de referendo e parlamentarismo, o que mostra que ele considerava o primeiro isento das críticas feitas ao plebiscito. Para Joseph Barthélémy, o plebiscito era um voto manipulado, material ou psicologicamente, porque o escrutínio é público e tira partido do medo do caos ou põe o cidadão diante de um fato consumado, como em 1851. Maurice Hauriou, ao mesmo tempo que prestava uma homenagem à maturidade política dos suíços (que rejeitaram por referendo o imposto sobre o capital!), considerava o plebiscito uma manifestação de confiança numa pessoa ou num regime. Via como referendos as consultas revolucionárias (inclusive a do ano VIII), e como plebiscitos as que haviam sido organizadas pelos dois impérios (inclusive a de 1870, considerada um "plebiscito do regime"). Cabe notar, por fim, que Maurice Batteli, um dos raros autores estrangeiros – suíço, no caso – que opinaram nessa controvérsia, afirmou em 1932 que há plebiscito quando o povo decide sozinho, e referendo quando o povo e os representantes precisam estar de acordo para que um texto seja adotado.

O imediato pós-guerra e a V República assistiram ao retorno da prática efetiva da democracia semidireta. Esta, porém, pouco introduziu de novo na problemática. A única mudança notável consistiu num deslizamento cada vez mais pronunciado – na verdade já presente em Hauriou – do objetivo para o subjetivo e do jurídico para o político. Para qualificar de plebiscito as consultas solicitadas pelo general De Gaulle e por Georges Pompidou, era difícil aludir às noções de manipulação objetiva, devolução do poder ou – salvo em 1969, voto em bloco. Mesmo a ideia de voto na pessoa do Presidente da República não cabia muito bem no esquema clássico, pois a consulta podia encurtar o mandato do chefe de Estado, mas não prolongá-lo. Dizer que esses votos são plebiscitos porque o plebiscito é um voto numa pessoa equivale a qualificar de plebiscito todo e qualquer escrutínio que diga respeito em algum sentido a alguma pessoa – portanto, todo escrutínio, pois nenhum deles, ao que parece, foi organizado por um deus, um animal ou um computador. O termo plebiscito já não é conceito, mas *slogan*, cujo emprego nesta ou naquela conjuntura torna-se pura questão de oportunidade. Sem dúvida, não cabe buscar alhures a causa do declínio que, há cerca de vinte anos, afeta o uso do termo: aplicando-se potencialmente a tudo, já não significa nada.

Portanto, fracassaram as tentativas de conferir sentido claro à distinção entre referendo e plebiscito. Os múltiplos critérios propostos, que não se sobrepõem e derivam de experiências históricas singulares, conduzem afinal ao puro subjetivismo, político e arbitrário. Mas esse fracasso de fato servirá de prova? Seria possível imaginar que, retomada com outras bases, a questão seja passível de solução. Para afastar essa dúvida, também é preciso estabelecer que o problema é insolúvel em direito. Para tanto, pode-se mostrar até que ponto as bases da teoria são frágeis: por que um improvável acaso linguístico, a existência de dois termos concorrentes, deveria refletir essências opostas nos fatos e nos valores? É possível manipular eleições de muitas maneiras. Por que um referendo manipulado seria um plebiscito? Esse termo, redutor, cria mais problemas do que resolve. Para descrever os fenômenos reais aos quais ele faz referência de modo canhestro, é necessário retomar a questão de mais longe.

Se a democracia direta fosse possível, funcionaria à maneira de uma assembleia. Para poder tomar decisões, os parlamentares precisam contar-se, portanto votar a favor ou contra uma proposta formulada. Mas, ao se reunirem, têm a possibilidade de discutir essa formulação, corrigi-la, rejeitá-la tanto quanto lhes convier. O povo, convocado para votar, não goza das mesmas possibilidades. Ele pode *responder* a perguntas, mas não *fazê-las*. Procedimentos como o referendo ou a iniciativa (na qual o povo apenas responde à pergunta formulada por um comitê que ele não domina) só põem em prática uma democracia *semi*direta. Todas as ambiguidades mencionadas pela teoria do plebiscito (fraudes, pressões psicológicas, voto em bloco, perguntas tendenciosas, chantagem com ameaça de caos, escolha do momento favorável, instrumentalização da vontade popular pelos representantes), mas também aquelas que ela não percebeu podem ser entendidas nesse contexto. A reflexão sobre a democracia semidireta começa onde termina a busca de uma distinção de natureza entre referendo e plebiscito.

➤ BLUCHE F. (org.), *Le prince, le peuple et le droit*, Paris, PUF, 2000. – BORTOLI G., *Sociologie du référendum dans la France moderne*, Paris, LGDJ, 1965. – DENQUIN J.-M., *Référendum et plébiscite*, Paris, LGDJ, 1976. – GUILLAUME-HOFNUNG M., *Le référendum*, PUF, 2ª ed., 1994. – HAMON F., *Le référendum*, Paris, LGDJ, 1995. – Col.: *Référendum et démocratie*, Presses de l'Université des Sciences sociales de Toulouse, 1998.

Jean-Marie DENQUIN

→ Eleição; Legitimidade; Representação; Sufrágio; Vontade geral.

REFORMA PROTESTANTE E DIREITO

Num sentido registrado desde 1640, a palavra "reforma" designa o movimento religioso do século XVI que fundou o protestantismo e, conforme mostra o sentido do termo, pretendia reconduzir a religião cristã à sua forma primitiva. A Reforma teve início em 1517, quando Martinho Lutero (1483-1546), monge alemão, se insurgiu contra a prática das indulgências e lançou os fundamentos da teologia protestante. Seus ensinamentos granjearam ampla e rápida adesão em toda a Europa. Nos anos 1530, o francês João Calvino (1509-64) deu um segundo alento à Reforma. Publicou em 1536 a primeira edição de sua principal obra, *Instituição da religião cristã*, e, a partir de 1541, tornou-se pastor e dirigente espiritual de Genebra e das comunidades protestantes da França. Como a Reforma é uma realidade multiforme, ao mesmo tempo ruptura com a Igreja católica e busca da essência do cristianismo, corpo doutrinário e comunhão das Igrejas reformadas, seus elos com o direito podem ser vistos de diversos ângulos, através do estatuto dos protestantes, do funcionamento das comunidades protestantes ou – perspectiva aqui adotada – das reflexões dos reformadores e de seus discípulos sobre o direito. Pensando-se acima de tudo como teólogos, Lutero – que desprezava os juristas, a ponto de qualificá-los de "maus cristãos" – e Calvino – a despeito de sua formação de jurista – não elaboraram nenhuma teoria jurídica. No entanto, de seus numerosos escritos podem ser depreendidas as linhas mestras de uma concepção do direito que, sendo determinada por sua teologia e estando estreitamente ligada às suas ideias políticas – faz parte de uma transformação profunda do pensamento jurídico.

Ela se caracteriza pela rejeição ao direito natural, em sua forma concebida por Aristóteles e Tomás de Aquino, e pela exaltação da lei, a Lei de Deus revelada pelas Escrituras, mas também a lei humana ditada pelo Estado. A Reforma contribui, assim, para o progresso do positivismo jurídico. Mas reduzir a concepção protestante do direito às afirmações iniciais de Lutero e Calvino é desprezar a sua diversidade. As crises nascidas da difícil inserção dos protestantes na sociedade do século XVI provocaram uma nítida evolução da reflexão jurídica e política exemplificada especialmente pelos textos dos monarcômacos huguenotes.

Rejeição ao direito natural

Influenciada pelo agostinismo, a teologia luterana e calvinista implica a rejeição ao direito natural no sentido clássico dado por Aristóteles, pelos jurisconsultos romanos ou também por Tomás de Aquino, a saber, um direito inscrito na ordem natural das coisas e acessível à razão humana. Lutero e Calvino distinguiam o reino de Deus do reino temporal. No primeiro, o cristão goza de liberdade religiosa e espiritual. Segundo a Epístola de São Paulo aos romanos, o reformador alemão considerava que os verdadeiros cristãos estão liberados das leis temporais e do direito: "Se o mundo inteiro fosse constituído por cristãos verdadeiros, não haveria necessidade nem utilidade [...] de príncipes, reis, senhores, gládios e direito." Mas – acrescenta – "há pouquíssimos cristãos, provavelmente nenhum, porque o pecado tomou conta da raça humana" (*Da autoridade temporal*). Na realidade, fiel à visão pessimista de santo Agostinho, Lutero e também Calvino estavam convencidos da profunda decadência dos homens, consequência do pecado original. A concepção antropológica dos reformadores faz parte daquilo que constitui o cerne de sua teologia, a justificação apenas pela fé: todos os atos humanos exprimem a natureza decaída dos homens e são insuficientes para garantir sua Salvação; esta depende apenas da fé, que é uma dádiva gratuita de Deus. A convicção de uma natureza irremediavelmente corrompida é incompatível com o conceito clássico de direito natural: o direito não poderia ser formado a partir de uma natureza que só contém perversão, depravação e vícios, mas deve se contrapor a ela. A natureza não poderia ser o fundamento do direito e muito menos de uma ciência do direito, pois a razão humana também é depreciada pelos reformadores. Enquanto uma parte dos teólogos medievais se esmerava em poupar a razão da queda original, e a doutrina jusnaturalista clássica confiava plenamente em sua capacidade de discernir o justo do injusto, Lutero escrevia em seu estilo rude e provocador que "a razão é a maior puta do diabo que deveria ser espezinhada e destruída, ela e sua sabedoria"! Rebaixada desse modo, ela não poderia possibilitar que o homem descobrisse um direito inserido na ordem natural. Apesar de mais comedido, provavelmente em virtude de sua formação intelectual e por ter frequentado os humanistas, Calvino não deixava de denunciar de maneira geral aqueles que imaginavam que a razão está "tão cheia de luz divina, que pode discernir bem e mal". Estava convencido demais da decadência do homem para atribuir à razão algum papel no entendimento da justiça ou para elevá-la à categoria de fonte do direito. A ruptura com a doutrina clássica do direito natural, porém, não impedia os reformadores de empregar a expressão "direito natural". Mas, afora Melanchthon que, apesar de discípulo de Lutero, continuava próximo da concepção jusnaturalista de Tomás de Aquino, os outros pensadores protestantes acentuavam a tendência, já presente no Decreto de Graciano e nas obras de alguns teólogos medievais, de identificar o direito natural ou a lei natural com a Lei de Deus revelada pelas Escrituras. A rejeição ao direito natural alia-se à primazia da Lei divina para os reformadores.

Exaltação da lei divina

A Lei revelada ocupa lugar essencial no ensinamento da Reforma. Esse retorno às fontes, no caso escriturárias, embora faça parte do espírito do Renascimento, também prolonga a tradição agostiniana. Santo Agostinho via nas Santas Escrituras a fonte essencial do direito da Cidade de Deus. O direito divino, depois de passar por relativo apagamento sob influência do tomismo, voltou a ganhar primazia nos textos de teólogos como Duns Escoto, Guilherme de Occam e Gerson. Entre os reformadores, os preceitos ditados por Deus ganham valor bem mais fundamental, especialmente em razão do princípio protestante de inteligibilidade das Santas Escrituras: estas, diretamente acessíveis ao crente, suprem uma razão humana falha, incapaz de descobrir o direito na ordem das coisas. Sem dúvida, o respeito à Lei divina não determina a Salvação dos seres humanos, pois ela não pode ser adquirida pelas obras. No entanto, Lutero e Calvino pretendem – cada um à sua maneira – submeter a conduta dos homens às leis inscritas nas Escrituras. Em *Servo-arbítrio*, tratado redigido em 1525 como réplica a Erasmo, o reformador alemão sustenta, como fizera Guilherme de Occam, que os mandamentos de Deus devem ser obedecidos não por parecerem justos aos homens, mas simplesmente por serem mandamentos de Deus. Lutero ensina que no reino terreno, ao contrário do reino espiritual, que não precisa de direito, os preceitos evangélicos e os conselhos de perfeição (dar sem esperança de restituição, deixar-se roubar sem resistência...) são tão obrigatórios quanto as regras presentes no Antigo Testamento. Em seu *Tratado sobre o comércio e a usura*, ele retoma as teses medievais do justo preço, da imoralidade do ganho comercial, da proibição da fiança e da usura, mas não com fundamento na filosofia de Aristóteles, como em parte faziam os tomistas, e sim exclusivamente em fontes do Novo e do Antigo Testamentos. Para ele, a Lei revelada, portanto, constitui uma fonte essencial do direito. Ela também ocupa lugar fundamental nos ensinamentos de Calvino, que, no entanto, lhe confere um valor, uma natureza e um conteúdo um tanto diferentes de Lutero. Para o reformador francês, as regras contidas nas Santas Escrituras não têm valor de direito positivo e são essencialmente morais. Como as leis cerimoniais (*ceremonialia*) e os preceitos jurídicos (*judicialia*) do Antigo Testamento caíram em desuso, e como os *judicialia* estão ausentes do Novo Testamento, só subsistem, segundo Calvino, os *moralia*, cuja fonte está principalmente na lei antiga: Decálogo, Deuteronômio, máximas dos Profetas, sabedoria dos Provérbios. Portanto, Calvino pretende submeter todos os aspectos da vida temporal às regras morais contidas na Bíblia, com exclusão de qualquer referência à ética profana. É isso o que move a sua *Instituição cristã* e, mais ainda, os seus sermões, os comentários bíblicos e as outras diretrizes destinadas ao povo de Genebra: a moral segundo as Escrituras libera os fiéis de numerosos deveres religiosos instaurados pela Igreja católica e os liberta dos entraves à atividade econômica. O exemplo mais conhecido diz respeito à usura. Reinterpretando os textos sagrados, Calvino conclui que o empréstimo para a produção deve ser tolerado. A moral que ele extrai da Bíblia também valoriza o trabalho e reabilita a atividade comercial, fonte de prosperidade, que exige respeito escrupuloso aos contratos.

Em vista da disseminação da Reforma, esse aspecto da concepção dos reformadores teve profundas influências sobre a evolução dos fatos e das ideias. Numa tese famosa e ainda discutida, Max Weber mostrou a contribuição da moral calvinista para a expansão do capitalismo. O valor fundamental atribuído por Lutero e Calvino à Lei divina e as regras que dela extraíram também exerceram influência decisiva sobre a história do direito e do pensamento jurídico, bem como, naturalmente, sobre os juristas e teóricos próximos ao protestantismo. O reconhecimento por Hotman da licitude do empréstimo a juros, a teoria da propriedade de Locke baseada no trabalho – que fora valorizado por Calvino –, a redução do direito natural aos preceitos bíblicos por Pufendorf e outros representantes da escola moderna do direito natural são exemplos disso. O próprio mundo católico não ficou insensível às ideias veiculadas pelo protestantismo. A reação da Igreja no século XVI – Contrarreforma ou Reforma católica – e a reformulação do pensamento tomista pela segunda escolástica não devem ocultar os elos estreitos entre a Reforma protestante e o jansenismo que, exigindo obediência literal às Escrituras, obteve ampla adesão na doutrina jurídica e no mundo judiciário do Antigo Regime, deixando vestígios até no Código Civil francês (J. Carbonnier). A contribuição de Lutero e de Calvino não se limita a exaltar a Lei revelada. Em oposição aos camponeses alemães revoltados e aos anabatistas que preconizavam o reinado exclusivo da lei do Evangelho, os fundadores da Reforma ressaltavam que o respeito às regras contidas nas Santas Escrituras depende do poder temporal e das leis civis, instrumentos do governo de Deus.

Submissão ao poder temporal e às leis civis

As reflexões de Lutero e Calvino sobre as leis civis são indissociáveis de seu pensamento político. Caracterizam-se principalmente pela exaltação da autoridade secular e de suas normas. A doutrina protestante abole a ordem eclesiástica. Enquanto o princípio da justificação pela fé se contrapõe à função de mediação da Igreja entre Deus e os crentes, o princípio do sacerdócio universal, segundo o qual "somos todos consagrados sacerdotes pelo batismo", leva Lutero a denunciar a distinção entre condição temporal e condição espiritual. Acima de tudo, os dois reformadores se recusam a ver nas Santas Escrituras o fundamento da autoridade pontifical, rejeitando assim a metáfora medieval dos dois gládios e as pretensões políticas de Roma. De fato, Lutero e Calvino interpretam a Epístola de São Paulo aos romanos ("só há autoridade por Deus, e as que existem são estabelecidas por ele"), considerando que só o príncipe é criado por Deus, que este extrai diretamente de Deus a sua autoridade sem nenhum intermediário, nem do papa, nem do povo. A doutrina protestante contribui assim para a emancipação do Estado em relação à Igreja, principalmente porque os reformadores questionavam seriamente o direito canônico. Em seu pronunciamento à *nobreza cristã da nação alemã* (1520), Lutero escreveu que "seria muito bom se o direito canônico fosse completamente apagado". Calvino, por sua vez, recusava-se a ver a Igreja como fonte autônoma de direito: por exemplo, não considerava o casamento "assunto espiritual, mas mesclado à política", formando uma matéria mista que, em última instância, é da alçada do poder civil (J. Carbonnier). A teoria política luterana e calvinista enfraquece assim a autoridade da Igreja e de seu direito em proveito do príncipe e de suas leis, abraçando o interesse dos Estados que, durante o século XVI, lutavam pela afirmação de sua independência em relação à Santa Sé. Relativamente indiferentes à definição da melhor forma de governo, os reformadores, em compensação, davam atenção especial à função do poder civil e de suas normas, bem como à obediência que lhes é devida.

Lutero e Calvino atribuíam ao Estado funções essencialmente coercitivas e repressivas. A explicação está em sua visão antropológica: como são irremediavelmente corrompidos, os seres humanos precisam de coerção e repressão, que são exercidas pelo poder civil para possibilitar a vida social. Se o príncipe tem o dever de "obter a paz exterior", também deve ser "o ministro de Deus no castigo e na punição dos malvados", segundo os termos do reformador alemão. E de fato, em seus escritos, o direito aparece na maioria das vezes como técnica de repressão aplicada pelo Estado para salvaguardar a ordem no reino dos pecadores. Testemunho disso é seu elogio ao soldado, ao carrasco e, mais ainda, ao gládio. Coercitivo e repressivo, o ofício do magistrado consiste também, segundo Calvino, em preservar a ordem das propriedades, que são de origem divina: "Precisamos considerar – escreveu ele – que o que cada um possui não lhe caiu nas mãos fortuitamente, mas graças à *distribuição* daquele que é Soberano Mestre e Senhor de tudo." O magistrado, que é seu ministro, deve garantir a cada um "a conservação dos bens". A justiça não consiste em *atribuir* a cada um o que lhe cabe (*suum tribuere cuique*), mas garantir que "para cada um seja *guardado* o que *é seu*". Essa concepção, que equivale a submeter o direito àquilo que é, terá eco nos textos de Grócio e de outros juristas da escola moderna do direito natural, que, por exemplo, fundamentarão a propriedade das coisas na posse prévia. A obediência ao príncipe e as suas normas é muitíssimo enfatizada pelos reformadores. Lutero afirma que "os homens devem obedecer aos governantes como a oficiais d'Ele e submeter-se a eles com todo temor e respeito, como se a Deus mesmo". O princípio de obediência à autoridade política e a suas leis também é preconizado por Calvino, que, em sinal de lealdade dos protestantes ao poder monárquico, dedicara a *Instituição da religião cristã* a Francisco I. Evidentemente, são postos limites para a obediência. Baseando-se nas palavras de são Pedro nos Atos dos Apóstolos – "devemos obedecer a Deus, e não aos homens" –, Lutero admite que os homens podem desobedecer ao príncipe que "ordene fazer falso testemunho, roubar, mentir ou enganar" (*Tratado dos bons costumes*) ou que tente "impor-se à consciência e à fé do homem" (*Da autoridade temporal*). No entanto, esses limites não devem ocultar o forte pendor dos reformadores para o princípio hierárquico de submissão às ordens do poder civil. Desobediência não significa resistência, pois, segundo a Epístola de São Paulo aos romanos, "quem resistir ao poder resistirá à ordem desejada por Deus". E, de fato, nem Lutero em seus textos nem Calvino reconheciam o direito de resistência a uma ordem estatal injusta ou tirânica para parte de nenhum indivíduo em particular nem do conjunto do povo. Além do mais, a sujeição a tal ordem é justificada: o reformador alemão recomenda submeter-se à tirania, pois "não cabe combatê-la, mas suportá-la"; e Calvino especifica que estamos sujeitos à autoridade "daqueles que governam injustamente e sem competência", pois eles foram elevados por Deus para "punir os vícios do povo". Em suma, a conformidade das leis humanas à lei divina é admitida quase que sistematicamente, de tal modo que estas parecem investidas de uma autoridade quase incondicional, essencialmente decorrente de sua fonte: os súditos devem submeter-se à lei humana porque ela é o comando de um Estado ordenado por Deus, a agir em nome deste.

No conjunto, a doutrina dos reformadores confere lugar preponderante, função decisiva e valor absoluto às normas ditadas pelo príncipe. À medida que tende a erigir a ordem jurídica sobre a lei positiva, ela participa dos progressos do positivismo jurídico. Na mesma época, a Reforma luterana e calvinista, ao reconhecerem no poder civil uma autoridade de direito divino, concorrem para o fortalecimento do Estado soberano e se mostra como uma "teologia do absolutismo" (M. Schaub). Pelo menos em sua expressão primeira, pois as circunstâncias provocarão uma evolução notável do pensamento protestante, que redundou na afirmação de um direito de resistência.

Direito de resistência

A hostilidade crescente, manifestada por vários soberanos europeus durante o século XVI, levou luteranos e calvinistas a revisar profundamente a sua posição. A partir de 1530, reagindo às manobras de Carlos V para reconduzi-los pela força à Igreja católica, Lutero e seus correligionários admitiram a resistência a um poder injusto, formulando dois raciocínios distintos. O primeiro, já desenvolvido no período medieval, baseava-se especialmente num texto do Digesto e consistia em dizer que é possível rechaçar pela força uma força injusta. A essa tese Lutero expressa várias vezes a sua adesão. O segundo raciocínio baseia-se na interpretação da Epístola de São Paulo aos romanos: por um lado, o poder é ordenado por Deus ao príncipe, mas também aos magistrados subalternos; por outro, é ordenado com deveres específicos. Por conseguinte, se o príncipe não cumprir os deveres dos quais foi incumbido, os magistrados subalternos poderão legitimamente resistir a ele. É a esse raciocínio que se prende uma breve passagem da *Instituição da religião cristã*. Apesar de firmemente apegado ao princípio de não resistência, Calvino concede, não aos súditos e ao próprio povo, mas aos magistrados inferiores a possibilidade de resistir legitimamente a um tirano, porque eles são ordenados por Deus e "constituídos para a defesa do povo". Essa brecha será amplamente explorada pelos pensadores huguenotes na época das guerras de religião. De fato, depois dos massacres da noite de São Bartolomeu, em agosto de 1572, e até 1581, aqueles que serão ulteriormente qualificados de monarcômacos publicarão diversos panfletos nos quais reconhecem um direito de resistência aos tiranos. O reconhecimento desse direito faz parte das reflexões mais gerais que divergem sensivelmente das afirmações iniciais de Lutero e de Calvino. Os monarcômacos abandonam a ideia dos reformadores segundo a qual o pecado justifica a submissão política dos homens; preconizam os conceitos de soberania popular e de contrato, estranhos ao pensamento luterano e calvinista. Em sua obra *Francogallia*, publicada em 1573, o jurista François Hotman propõe implicitamente um retorno àquilo que ele apresenta como instituições antigas da "República francesa": na origem, o povo, representado por uma assembleia eleita, tinha o poder e o delegava por eleição ao rei, mas sempre podia tomá-lo de volta, pois só as leis por ele aprovadas eram obrigatórias. Visando limitar a realeza e justificar a resistência, a interpretação histórica de Hotman foi vivamente criticada. Por isso, retomando alguns exemplos históricos, outros monarcômacos desenvolveram uma argumentação um pouco diferente. Théodore de Bèze, sucessor de Calvino em Genebra, autor do *Direito dos magistrados* (1574), e Junius Brutius, pseudônimo do autor de *Vindiciae contra Tirannos* (1579), haurem inspiração em teses do conciliarismo e dos juristas medievais; afastando-se dos reformadores, invocam o direito natural, "regra universal de justiça, baseada nas máximas e nos princípios comuns que ficaram no homem, por mais corrompido que ele esteja" (Bèze). Alegando que a condição humana primeira é a liberdade, sustentavam que a comunidade política é estabelecida para proveito e conservação do povo, e que se baseia em seu consentimento. O poder se fundamenta num pacto entre o povo e o rei: a promessa do rei de "comandar com justiça o povo" e de tudo fazer em seu proveito é pura e simples, enquanto o povo se compromete a obedecer fielmente ao rei *desde que* este governe com justiça (*Vindiciae contra Tirannos*). Assim, fica claro que o povo é "mais poderoso que o rei", que nunca aliena sua soberania, mas delega ao rei o direito de exercê-la para o bem comum. O pacto justifica também a resistência, que é analisada como expressão de lealdade para com um dirigente que, violando o pacto, age como tirano. Retomando uma distinção tradicional, os monarcômacos consideravam que todo súdito pode opor-se por todos os meios a um tirano que tenha usurpado o poder pela força ou por fraude, e, diante de um tirano em exercício que disponha de poder legítimo, a salvação do reino está nas mãos dos magistrados ou dos representantes do povo. Essas ideias, parcialmente repetidas pelos monarcômacos católicos, refletem a riqueza do pensamento jurídico e político da Reforma protestante.

› Bosc J., "Sur la doctrine du droit de Calvin", *La Révélation chrétienne et le droit*, Paris, Dalloz, 1961. – Calvin J., *Institution de la religion chrestienne*, Paris, Vrin, 1957-63. – Carbonnier M., "Droit et théologie chez Calvin", *in Berner Universitätsschriften, Johannes Calvin*, 1965; "Le droit de punir et le sens de la peine chez Calvin", *Revue d'histoire et de philosophie religieuse*, 1974, p. 187. – Lagarde G. de, *Recherches sur l'esprit politique de la Réforme*, tese, Paris, 1926. – Luther M., *Œuvres*, Genebra, Labor & Fides, depois de 1957; *Martin Luther et l'autorité temporelle, 1521-1525*, Paris, Aubier, 1973. – Schaub M., "La réforme luthérienne: une théologie de l'absolutisme", *in État et Église dans la genèse de l'État moderne*, Madri, CNRS, 1986, p. 187. – SKINNER Q., *Les Fondements de la pensée politique moderne*, Paris, Albin Michel, 2001. – VILLEY M., *La Formation de la pensée juridique moderne*, Paris, PUF, 2002.

Ver também: BIELER A., La Pensée économique et sociale de Calvin, Genebra, Georg, 1959. – CHENEVIÈRE M.-E., *La Pensée politique de Calvin*, Paris, 1937, reimpr. Slatkine, Genebra, 1970. – ELLUL J., Le Fondement théologique du droit, Cahiers théologiques de l'actualité protestante, Neufchâtel-Paris, 1946.

Laurent PFISTER

→ Direito de resistência; Direito divino; Escolástica (segunda); Humanista (jurisprudência); Igrejas/Estado; Positivismo; Protestantes.

REGIMES (Classificação)

Na ordem da genealogia dos conceitos, a classificação jurídica dos regimes constitui um reflexo da classificação das formas de governo, atitude da filosofia política clássica que se perpetua desde a Antiguidade. No entanto, do ponto de vista material, a primeira representa apenas uma subclasse da segunda e opera no campo do direito constitucional ou no da ciência política. Neste último, a classificação incide sobre a origem, a estrutura, o funcionamento efetivo e, eventualmente, os objetivos do poder político. Tende então a situar-se dentro da problemática clássica, ao conferir à expressão regime político o sentido de forma de governo. Na ordem constitucional, em compensação, a classificação baseia-se na organização normativa das funções e dos órgãos do Estado, de tal modo que, entre as formas de governo no sentido clássico do termo (monarquia, aristocracia e democracia), é essencialmente na categoria em que o poder é compartilhado que há motivo para considerar uma tipologia dos regimes no sentido que o direito constitucional dá a esse termo (Burdeau, Hamon, Troper, 1999, p. 15). A classificação propriamente constitucional, porém, não pode ser abordada sem o exame da classificação mais ampla das formas de governo na qual ela se insere.

Classificação das formas e apologia ao "bom governo"

Desde os Antigos, as classificações geralmente tomaram o número dos detentores do poder – um único, alguns, todos – como critério fundamental de diferenciação do ponto de vista formal. Essa atitude, porém, fazia parte de uma outra, essencialmente qualitativa, que tinha em vista distinguir as boas e as más formas de governo, conforme o poder fosse exercido em proveito do conjunto da comunidade ou simplesmente de seus detentores. Boas formas, de acordo com a ordem considerada acima, são a monarquia, a aristocracia e a democracia, respectivamente opostas à tirania, à oligarquia e à oclocracia (o populacho no poder). Mas estas não são simplesmente vistas como antítese; podem também ser resultado da degradação das primeiras. Como ponto de partida dessas premissas, construiu-se a teoria do governo misto, na esteira de Aristóteles. Essa teoria, frequentemente depreciada (a partir de Políbio), às vezes resgatada (Montesquieu) e, aliás, contestada por grandes intelectos (de Bodin a Tocqueville), mergulhou num labirinto. Ela postula não só que as boas formas admitem associar-se, como também – e essa é uma tradição aristotélica específica – que elementos extraídos das más formas de governo podem ser combinados de maneira tão engenhosa que se tornam capazes de produzir um bom regime. Rejeitando o conceitualismo e toda e qualquer interação teleológica, os modernos sustentam que a classificação dos antigos não se apresenta como produto de uma atitude cognitiva, mas como um instrumento da busca do "bom governo" (Burdeau, Hamon, Troper, 1999). A tipologia clássica deixará praticamente de ser usada depois do século XVIII, ainda que se encontrem vestígios dela na doutrina alemã da monarquia constitucional do fim do século seguinte. Na segunda metade do século XX, em compensação, a atitude classificatória tende a afastar-se dos critérios formais e visar o próprio objeto das normas, conforme estas tenham vocação para intervir apenas em certos campos da atividade humana ou, ao contrário, a enquadrá-la totalmente. Trata-se então de distinguir e opor sistemas estatais mais do que modos de governo.

Os sistemas liberais, mais ainda que os tradicionais, dão primazia à separação entre Estado e sociedade civil – nos sistemas tradicionais, é a separação em relação à religião que fica por fazer –, ao passo que os sistemas totalitários (que se apresentam como negação da transcendência) negam à sociedade civil toda e qualquer autonomia em relação ao Estado. Essa classificação, assim, é bastante indiferente à distinção das formas de governo. Os sistemas liberais compreendem formas democráticas e formas autoritárias, sendo estas últimas frequentemente remanescentes e às vezes ressurgências de sistemas tradicionais. Inversamente, os sistemas totalitários compreendem essencialmente formas autoritárias modernas, mas não estranhas ao conceito (quando não à prática) de democracia. Enquanto antes da guerra Carl Schmitt escrevia que "bolchevismo e fascismo, como todas as ditaduras, são antiliberais, mas não necessariamente antidemocráticos" (*Parlementarisme et démocratie*, trad. fr., Le Seuil, 1988, p. 115), numerosos autores, de 1945 a 1990, consideraram dois tipos democráticos: democracias ocidentais ou liberais e democracias do Leste ou marxistas.

Outra classificação contemporânea estabelece como critério de distinção o caráter "pluralista" ou não das formas de governo, ou seja, a existência inseparável de poderes concorrentes (poliarquia) e da livre competição pelo poder. Esse critério, em Raymond Aron, abrange a distinção entre partido único e pluripartidarismo e leva-o a opor os Estados constitucionais pluralistas, que, desde a generalização do sufrágio universal, são as democracias, aos Estados de partido único ou unipartidaristas (*Démocratie et totalitarisme*, Gallimard, 1965). Assim como a classificação anterior, esta está estritamente inserida no contexto contemporâneo e tende a valorizar a democracia constitucional em relação aos outros sistemas que também alegam inspirar-se no princípio de legitimidade democrática.

Entre a classificação antiga e essas duas novas, também é possível lembrar outras duas, sumariamente correspondentes à primeira metade do século XX, que comportam ao mesmo tempo elementos clássicos derivados da primeira e características modernas que as assemelham às segundas.

A classificação de Kelsen, exposta em sua *Teoria geral do Estado* (trad. fr. *Théorie générale de l'État*, LGDJ, 1991), baseia-se na oposição entre autonomia e heteronomia, ou seja, trata-se de saber se as normas às quais os indivíduos estão submetidos são obra deles mesmos ou se estes, ao contrário, estão sujeitos a regras produzidas por outros. Esse critério leva, essencialmente, a distinguir autocracia e democracia, não como formas concretas de governo, mas como referenciais utilizáveis para descrevê-las, caracterizando-as quase sempre pela combinação de elementos democráticos e autocráticos. A monarquia austro-húngara, na qual vivera Kelsen, apresentava como característica essa combinação, "exceto pelo fato de que, nessa forma política, ela ocorre no grau superior da formação da vontade estatal, para a legislação, e por isso não se exclui a possibilidade de a autocracia paralisar a democracia ou vice-versa; ao passo que, quando o princípio da forma política mista se limita aos graus médio e inferior da formação de uma vontade estatal puramente democrática no grau superior, não é de esperar um perigo para a democracia, mas o seu fortalecimento" (*La Démocratie*, trad. fr., reed., Economica, p. 72). A classificação kelseniana redunda, assim, num elogio implícito à forma mista de governo, desde que de dominante democrática.

A classificação que durante muito tempo mais se difundiu na doutrina francesa foi a que se baseava na separação dos poderes. Consiste em opor, de um lado, formas de governo que tendem a realizar um equilíbrio entre os poderes por meio da distribuição destes entre diferentes órgãos do Estado e, de outro, formas que realizam a "confusão" dos poderes em proveito de um órgão preeminente. Assim como a segunda das classificações contemporâneas definidas acima, ela apresenta uma vertente positiva, que compreende sistemas relativamente homogêneos, e outra puramente negativa, que reúne todos os sistemas nos quais um órgão único congregue, em última instância, o conjunto das funções do Estado, quer se trate de regimes constitucionais ou não, tradicionais e estabelecidos ou, ao contrário, radicalmente modernos, sejam estes autoritários ou totalitários. Essa dissimetria material se torna mais evidente em virtude da existência de uma simetria formal que redunda em distinguir nas duas vertentes duas categorias principais. Na vertente dos governos que atendem ao princípio de separação dos poderes, o equilíbrio entre estes pode, segundo a doutrina, ser atingido por um sistema flexível de separação ou por um sistema rígido de separação. A tradução do primeiro é o governo parlamentar; a do segundo, o regime presidencial, ou também as constituições francesas de 1791 e do ano III. Na vertente dos sistemas em que há confusão de poderes, a doutrina também distinguirá, de modo mais artificial ainda e com um intuito de simetria, duas categorias, conforme a confusão favoreça o Executivo ou o Legislativo. São então convocados dois referenciais liberticidas: Primeiro Império e Convenção. Assim, o objetivo da doutrina francesa continua apologético. Como a separação dos poderes, consagrada pelo artigo 16 da Declaração dos Direitos de 1789, adquiriu o *status* de dogma republicano (ver art. 19 da Constituição de 1848), nenhum bom governo pode ser considerado sem essa referência prévia, quaisquer que sejam as dificuldades implicadas nessa petição de princípio. Esse é o ponto de partida da classificação constitucional dos regimes. Seu principal critério, portanto, é o do *grau* de separação dos poderes, mas sua finalidade continua sendo a de integrar *ex post* e, se necessário, à força os regimes existentes – americano, inglês, francês e suíço – num construto intelectual que atenda às exigências dogmáticas do princípio de separação dos poderes. É para tanto autorizada pelo fato de que esses regimes concretos obedecem efetivamente a uma lógica institucional específica na ordem das relações entre órgãos parlamentares e executivos.

Constatações críticas e objeções

Essa classificação tradicional foi alvo de grande número de críticas. Do ponto de vista da ciência política, ela não dá conta da realidade política e, portanto, não desperta interesse funcional. Por isso, preferiremos considerar os sistemas de democracia "indireta", caracterizados por fórmulas de coalizão instáveis e com conotação particrática, e os sistemas de democracia "direta" e "desmediatizada" (M. Duverger), que delegam ao corpo eleitoral a escolha efetiva dos governantes graças à emergência de um "poder majoritário". Na mesma ordem de ideias, cabe mencionar a célebre classificação de Arendt Lijphart, que distingue um modelo majoritário e um modelo de consenso, ou "consociacional". Essas análises, porém, são estranhas ao direito constitucional. Levando em conta os critérios deste último, faremos algumas ressalvas quanto à relação que os conceitos devem, ou deveriam, manter com a realidade histórica, antes de abordarmos uma crítica mais radical, de ordem sistemática.

A doutrina tradicional depende de uma concepção atrofiada e anacrônica de separação dos poderes; inversamente, ela não se empenha em delimitar o conceito em termos de modos e graus jurídicos concretos de confusão, deixando assim de levar em conta, por um reflexo francês (favorável à grande Convenção), o caso mais notável de parlamentarismo total, exemplificado na Suécia pela *Frihetstiden* (Era da Liberdade). E continua também ignorado o fato de que, mais tarde, o sistema sueco erigido em 1809 com fundamento na chamada separação "rígida" e empenhado em mecanismos que visavam a conjurar o regime parlamentarista, foi reinvestido por este último durante o século XIX (constatação que pode ser estendida à Noruega). Em suma, ele não é um dos regimes de separação "rígida" da Europa que não foi "reinculturado" paulatinamente (e às vezes subitamente: a França da Legislativa ou a Espanha do *triênio* liberal) pelo parlamentarismo. Essa constatação deveria questionar a pertinência de um modo de separação alçado a forma canônica. Encontra-se uma crítica mais radical em Michel Troper, cujo ponto de partida é o questionamento do caráter redutor da classificação. Esse autor escreveu: "Não é exagerado dizer que essas categorias e, em especial, a oposição parlamentar-presidencial estruturam o conjunto do discurso constitucional contemporâneo, pelo menos na França. Só elas parecem possibilitar pensar uma Constituição qualquer de outro modo que não seja parlamentar, presidencial ou mista, a tal ponto que, durante os primeiros anos da V República, a batalha dos rótulos era o jogo favorito dos constitucionalistas" (Troper, 1989). Ora – ressaltou ele –, "é impossível classificar todos os regimes em alguma das categorias, pois elas não se opõem". Mas essa queixa de ordem lógica é pequena se comparada a outra, ontológica. Michel Troper constata que, para a maioria da doutrina, os regimes políticos concretos nada mais são do que a efetivação mais perfeita ou menos perfeita de um modelo preexistente, mesmo para aqueles que, na realidade, tenham servido para a elaboração intelectual do tipo. Essa atitude essencialista atende a uma problemática em boa parte francesa (os "desvios" do parlamentarismo durante a III e a IV República, a "natureza" do parlamentarismo da V), ao passo que, segundo Troper, os constitucionalistas britânicos, em suas controvérsias, não parecem invocar a natureza parlamentar de sua constituição, e os americanos, o caráter presidencial da deles. A conclusão é radical: "A classificação tradicional fere a lógica; nada ensina; baseia-se no pressuposto absurdo de que os regimes puros são seres reais, e, apesar de tudo isso, ela só serve de fundamento à argumentação quando existe alguma dúvida sobre a realidade e a substância deles" (Troper, 1989). O autor admite, porém, que os termos por ela utilizados podem continuar sendo objeto de uma definição lexical (Burdeau, Hamon, Troper, 1999).

Ora, a questão da denominação dos regimes induz precisamente a contradizer Michel Troper no último ponto, relativo aos autores anglo-saxões. As denominações têm caráter convencional e variável de acordo com a época e os países considerados. O regime parlamentar, tal como foi formado e funciona na Grã-Bretanha, é comumente chamado *cabinet government*, expressão que se refere à estrutura colegiada do executivo ministerial. Em oposição a essa fórmula (também é usada a fórmula *parliamentary government*) e em função da mesma referência estrutural, o inglês Bagehot qualificou o regime dos Estados Unidos de *presidential government* (Bagehot, 1867, 1974), numa época em que o futuro presidente Woodrow Wilson o definia como *congressional government* (Wilson, 1883, 1901). É também na mesma ordem de ideias que a doutrina suíça chama de *colegiado* o regime da Confederação, às vezes também denominado *diretorial*. Se, nos Estados Unidos, a denominação regime congressional parece ter cedido à denominação regime presidencial, na Europa a expressão governo de gabinete continua sendo principalmente anglo-saxônica, dando-se habitualmente preferência à expressão regime parlamentar, em si mesma muito pouco significativa.

Mas, sejam quais forem as variantes, parece que o célebre publicista inglês foi quem primeiro teorizou a oposição entre regime parlamentar e presidencial. Na época em que escreveu *The English Constitution* (1865, publicado em 1867), tinha em mente enfatizar aquilo que, segundo ele, recomenda o regime parlamentar como modelo institucional mais apto a erigir um país novo (*a new country*) em bases liberais, se não plenamente democráticas. A partir daí, Bagehot negligenciou os recentes pequenos Estados parlamentares europeus (com base no modelo da Bélgica) e as colônias britânicas de origem europeia, como elementos que, no entanto, favoreciam sua demonstração, atendo-se apenas aos regimes que funcionavam então com estabilidade e duração. No entanto, apesar de fundamentada na observação de dois regimes concretos, ela não deixa de ser sistemática. No regime presidencial, a garantia constitucional dos mandatos acarreta a independência dos órgãos: não sendo responsável perante ninguém, o Executivo monocrático (os ministros não têm nenhum estatuto político próprio) não conta positivamente com nenhum meio de pressão sobre o Congresso, que permanece inteiramente livre para legislar ou não. No regime parlamentar, o chefe do governo e os ministros devem permanentemente prestar contas e responder ao Parlamento, sendo, portanto, revogáveis por ele; mas é precisamente isso que lhes confere o poder de direção política das câmaras (*to lead the House*) e a efetividade do Poder Legislativo, realidade certamente já entrevista (Chateaubriand: "Ministros, senhores das Câmaras no fundo e seus servidores na forma"), mas que Bagehot vê como pedra angular do parlamentarismo. A independência dos órgãos é o caráter essencial do regime presidencial (e, nisso, a referência da doutrina francesa à separação dos poderes continua globalmente justa) enquanto o regime parlamentar leva à "união íntima, fusão quase completa dos poderes Executivo e Legislativo", concepção holista decorrente do radicalismo *whig* (que traduz, significativamente, um deslocamento de termos em comparação com o modelo "convencional" dessa mesma doutrina francesa).

Por outro lado, Bagehot não opõe em absoluto os dois regimes em termos de modo de designação do órgão executivo. Ao contrário, ele indica, incidentemente, que os dois praticam essencialmente o mesmo, que a "função eletiva" da Câmara dos Comuns é muito semelhante à dos grandes eleitores do Presidente americano. Isso induz uma outra observação. Em sua versão clássica, a tipologia tradicional só considerava como critérios apenas os extraídos da combinação constitucional entre as funções e os órgãos do Estado, e não modos de designação dos órgãos executivos (nem, acessoriamente, o número destes). Isso resulta tanto de um pressuposto metodológico quanto da constatação de que esses elementos são contingentes, quer em relação às épocas, quer em relação à prática efetiva dos regimes. Um modo de designação ou de deliberação só é adotado ou escolhido, conservado ou praticado em função do poder que deve exercer. Assim, a instituição monárquica facilitou a transição dos regimes de tipo "presidencial" da Suécia (Constituição de 1809) e da Noruega (Constituição de 1814, ainda em vigor) para o parlamentarismo, no fim do século XIX. Ao contrário, a perenidade do regime presidencial foi favorecida nos Estados Unidos pela designação do presidente segundo modalidades equivalentes a uma eleição direta por sufrágio universal, apesar de não prevista pela Constituição. Do mesmo modo, na Suíça, o poder deliberativo associado ao vetor referendário das instituições facilitou o surgimento da "fórmula mágica" de governo, sistema particrático proporcional, e contribuiu para prevenir a evolução em direção ao regime parlamentar, ao mesmo tempo que a designação do executivo colegiado é feita pela Assembleia.

A classificação tradicional, ao começar a levar em conta, nas formulações mais recentes, esse elemento do modo de designação que é heterogêneo em relação à sua economia própria, incorreu na justa admoestação de Michel Troper, ou seja, distinguir categorias que não se opõem. E foi assim também que ela gerou falsas "categorias mistas", como a dos regimes chamados "semipresidenciais", que não atende à lógica lexical nem à lógica jurídica.

Análise histórica: lógicas institucionais

Assim, a análise de Bagehot não consiste em afirmar que haveria uma espécie de oposição de "natureza" entre os regimes, mas em evidenciar lógicas institucionais bem distintas. Aliás, uma constatação da mesma ordem, porém implícita, permitiu que a doutrina francesa ligasse a sua classificação ao princípio de separação dos poderes. A análise histórica confirma a de Bagehot e não invalida completamente a análise da doutrina, desde que excluídos os seus pressupostos ideológicos.

Ela leva, em primeiro lugar, a distinguir duas sequências interferentes na história da Inglaterra, correspondentes ao regime presidencial e ao regime parlamentar. Essa intersecção é importante. É ele que explica ainda hoje por que esses dois regimes (apesar de opostos) não são contrários e por que as noções atinentes a um e a outro continuam coextensivas. A primeira sequência é marcada por um executivo que permaneceu essencialmente monárquico, participando da função legislativa pelo instrumento da sanção, e por um Parlamento essencialmente legislador; ela é consequência da *Revolução Gloriosa* (1688) e se identifica com os reinados de Guilherme III e de Ana Stuart. A segunda, cujos primórdios coincidem com o advento dos Hanovre (1714), chega à maturidade no fim do século XVIII e caracteriza-se por um Executivo principalmente ministerial (ou de gabinete), que progressivamente se torna o motor da atividade legislativa (em especial no âmbito financeiro) de um Parlamento que fortalece seus poderes de controle, chegando a sancionar a responsabilidade política do gabinete. Os princípios da constituição inglesa do início do século XVIII inspiraram os constituintes de Filadélfia, mas numa época em que as instituições britânicas tinham vencido a etapa rumo ao parlamentarismo. Ao fazer isso, a constituição inglesa continuava sua própria lógica de divisão ou distribuição dos poderes, acrescentando um elemento destinado a tornar-se fundamental: a *sanção*, pelo Parlamento, da responsabilidade política do gabinete. Os constituintes americanos, por sua vez, partindo do modelo inglês anterior, dependiam de constatações prejudicadas pela defasagem do observador e extrapoladas por desejo de sistematização, mas também de democratização. Daí resultou uma referência explícita à separação dos poderes, não mais concebida apenas em termos de distribuição (como em Locke e Montesquieu), mas, na leitura de De Lolme (pela qual se desenha claramente a influência de Rousseau), num sentido que beira a especialização. É isso o que se expressa nos termos constitucionais para designar o Congresso, o Presidente e a Corte Suprema, qualificados de ramos legislativo, executivo e judiciário do governo. No entanto, prevalece ainda a acepção primeira: é claramente dela que procede o sistema de *checks and balances*, com o veto presidencial e os poderes do Senado em matéria de tratados internacionais e de nomeação de funcionários federais. O sistema de equilíbrio racionaliza e simultaneamente transpõe para o campo da especialização as receitas de abrandamento que definem a tradicional separação de tipo britânico. Mas é perceptível a tendência à especialização, que acompanha uma concepção relativamente subordinada do Executivo perante o Congresso, equiparado este, logicamente, ao primeiro dos poderes, o Poder Legislativo. Em todas as hipóteses, o Congresso tem a última palavra, pois pode vencer o veto do presidente e este não pode decretar dissolução. Ora, o direito de dissolução, ulteriormente apresentado como uma contrapartida da responsabilidade ministerial pela teoria clássica do regime parlamentar, preexistia a este na Constituição inglesa e, associado ao veto absoluto, do qual é corolário, poderia ter sido transposto para a constituição dos Estados Unidos como elemento de equilíbrio do modelo inglês do início do século XVIII. Por fim, se o Executivo não é politicamente responsável, isso ocorre também porque esse tipo de responsabilidade surgira em data demasiado recente na Inglaterra para ser percebido como elemento estável e determinante da constituição inglesa. O fato majoritário encarado como disposição permanente é sentido como aberração nos primórdios do parlamentarismo, o que explica, por assim dizer, por que o surgimento do regime depois chamado de parlamentarista passou quase despercebido. Essa prevenção, que os constituintes da Filadélfia só podiam compartilhar, contra a perenização de uma maioria, deveu-se ao fato de que a noção de partido ainda estava mal definida, e o que impressiona é que o arcaísmo que se manteve nos partidos americanos tenha sido precisamente um dos fatores que bloquearam a evolução para o parlamentarismo (ver abaixo). No entanto, o Presidente e os outros funcionários federais, portanto, ministros e secretários, assim como na Inglaterra os ministros da Coroa, são passíveis do processo de *impeachment*, que em princípio sanciona uma responsabilidade penal, mas cuja redução à categoria de pura arma de dissuasão já marcara bem seu caráter inelutavelmente político. Assim, de maneira geral, o mecanismo de *checks and balances*, tendente ao equilíbrio (pela distribuição dos poderes) do regime que será chamado de "presidencial", é essencialmente dirigido contra o Executivo e visa fortalecer a posição do Congresso, primeiro dos poderes porque detentor da função legislativa. Por esse motivo, tal regime foi inicialmente chamado de "congressional".

A genealogia do regime suíço é mais complexa. Representa a sobrevivência contemporânea das repúblicas de velho estilo, revigorada pelos ideais revolucionários do fim do século XVIII. É um regime no qual o Executivo não é politicamente responsável perante as câmaras, sendo obrigado, em última instância, a atuar no plano destas. Por isso esse regime é chamado de "diretorial", em conformidade com o sentido original da palavra *diretório*, que designa uma instrução. O regime diretorial visa constituir o Executivo num alinhamento bem entendido em relação às assembleias, preço pago pela ausência de responsabilidade política. Ele atinge esse objetivo recorrendo a dois modos alternativos de atuação: ou realiza uma firme separação de poderes especializados ao extremo – é o regime francês do ano III, do Diretório –, ou obedece ao princípio de unidade do poder moderando suas funções – é o regime da Suíça. O esquema institucional deste foi herdado do sistema dos grandes e pequenos conselhos das repúblicas patrícias de Antigo Regime: um Parlamento elege os membros do Executivo para o tempo de duração da legislatura. Através das constituições democráticas dos cantões regenerados de depois de 1830, a lógica institucional deriva do tipo revolucionário de 1793 (projeto de Constituição Condorcet, Constituição jacobina). Também deriva, pelo menos formalmente, através da Constituição helvética de 1798, da Constituição do ano III, a do Diretório. A concepção global das instituições consiste num Executivo naturalmente subordinado, embora não desprovido de prerrogativas constitucionais próprias, e de uma Assembleia à qual cabe "a autoridade suprema da Confederação", que é mais do que o Poder Legislativo. Esse regime da Constituição suíça é marcado por relativa indistinção dos poderes ou por uma indiferença "histórica" em relação ao conceito de separação dos poderes, o que explica por que a doutrina francesa (mas não os autores suíços) o incluiu na classe dos sistemas de confusão dos poderes.

Análise funcional: lógicas de maioria

"Quando a maioria é sólida, todos os sistemas se equivalem, e o governo, parlamentar, presidencial ou colegiado, pode agir com força. A pedra de toque de um sistema é a ausência de maioria, e acreditamos que nesse caso o nosso leva vantagem na comparação" – escreveu o constitucionalista suíço Jean-François Aubert (Aubert, 1967, nº 1510). De fato, os três regimes se baseiam na existência de uma relação jurídica de dependência do Executivo à maioria parlamentar, mas essa relação existe e persiste segundo fórmulas diferentes em cada um deles. Definindo-se pela responsabilidade do Executivo perante o Parlamento, exigindo assim a manutenção permanente de acordo entre maioria e governo, o regime parlamentar atinge o extremo da lógica majoritária. Nisso ele constitui um modelo institucional relativamente simples, conforme enfatizava Bagehot, algo que todo regime representativo não parlamentar pode vir a ser, como mostram os casos mencionados da Suécia e da Noruega, o do Chile (Moulin, 1978, pp. 330 ss.) e, até certo ponto, o da Suíça no século XIX (o caso mais sintomático é o do Diretório). Mas, além da constatação de que um regime parlamentar pode nascer de modo consuetudinário, observa-se que a responsabilidade política sempre é imperfeitamente contemplada pelo direito. Mesmo quando existem procedimentos formais, o efeito buscado, de provocar a renúncia do governo, pode ser obtido sem respeito a estes. Nesse caso, "a responsabilidade política mostra-se, acima de tudo, como norma de comportamento. [...] Numa perspectiva estritamente jurídica, está claro que a norma que possibilita a implicação da responsabilidade política é uma norma de habilitação, portanto não obriga ao exercício do poder que confere. Disso resulta que a reunião das condições juridicamente necessárias não implica que a prerrogativa será efetivamente utilizada" (Grewe e Ruiz Fabri, 1995, pp. 372-3). Mirkine Guetzévitch traduzia isso em outros termos quando identificava o regime parlamentar apenas ao poder político da maioria: "Quando se define o parlamentarismo como responsabilidade política do gabinete, toma-se o efeito pela causa [...]. É o princípio da vontade da maioria que obriga o gabinete a ser "responsável", ou seja, a renunciar quando a maioria assim o quer" ("Les nouvelles tendances du droit constitutionnel", *RDP*, 1930, p. 80). A fórmula é esclarecedora por aquilo que expressa, mas também por aquilo que omite, pois todo regime representativo e democrático se baseia no princípio de maioria. Simplesmente o regime presidencial dos Estados Unidos e o regime diretorial da Suíça não praticam a lógica radical do princípio majoritário que é a lógica do regime parlamentar. É porque sua responsabilidade pode ser sancionada que o governo parlamentar também é "responsável" no sentido comum e positivo do termo, cabendo-lhe, pois, garantir a direção política do Parlamento. O critério da responsabilidade política dá ensejo a um deslocamento nas interações que autoriza a identificar a lógica deste com uma lógica de conflito e competição. O conflito é postulado como inerente ao regime parlamentar, e os meios institucionais para resolvê-lo possibilitam evitar que os atores – os principais são os próprios partidos – sejam permanentemente obrigados à composição. Isso não implica que o conflito ocorra necessariamente, nem que se desenrole sempre de acordo com as regras, nem que deixe de dar ensejo a composições, mas sim que, em qualquer hipótese, ele corresponde à norma do regime, ao passo que aqueles que normalmente ignoram a responsabilidade política estão permanentemente submetidos à obrigação do *self restraint*, da autolimitação. Esta não resulta dos textos legais, quer se trate do Congresso americano que, como regra geral, se abstém de paralisar a ação da presidência, quer da Assembleia Federal suíça, que renuncia a sancionar a responsabilidade dos membros do Conselho Federal (o executivo colegiado). Por outro lado, a partir do conceito de "armas reguladoras", ficou demonstrado, como critério de análise dos regimes, que o direito de veto, nos Estados Unidos, e o referendo, na Suíça, contribuíram e contribuem ainda para manter esses regimes fora da esfera do parlamentarismo (Pimentel, 1999). Nos Estados Unidos, o fracasso repetido da utilização puramente política do *impeachment* presidencial também contribuiu para obstruir as vias da evolução para o regime parlamentar, fracasso que traduz, clara e definitivamente, a lógica de autolimitação mencionada. Esta, assim como as regras por meio das quais se estabelecera na Inglaterra o governo de gabinete, embora implícita, é de natureza constitucional. Convenção Constitucional, portanto, no sentido comum do termo, ou seja, não uma norma no sentido próprio, mas uma maneira de aplicá-la (P. Avril). E é o esquecimento desse dado constitucional que põe em evidência a insuficiência das classificações politologistas. É o que ocorre com a classificação que opõe as democracias indiretas e sem verdadeira alternância democrática àquelas em que a escolha do chefe real do Executivo cabe ao povo (ver acima). Ela tende a incluir na mesma classe os Estados Unidos e a França da V República e, não levando em conta o caráter parlamentar desta – cuja singularidade é possibilitar que o presidente se constitua como chefe efetivo da maioria parlamentar –, evidentemente não permite explicar o chamado sistema de coexistência. Em contraposição, evidencia a falta de alternância que caracterizava o sistema italiano (antes de 1994) e o sistema suíço, não sendo então possível compreender a instabilidade italiana, determinada pela lógica de crise do regime parlamentar, perante a estabilidade perfeita gerada pelo funcionamento "mágico" do regime diretorial da Suíça. Também pode ser mencionada a célebre classificação de Lijphart (ver acima). Hans Peter Kriesi ressalta que, "embora o próprio Lijphart não faça essa analogia, é impressionante constatar que existe correspondência entre os três modelos distinguidos por ele e os três modelos da tipologia clássica" (*Les Démocraties occidentales*, Economica, 1994, p. 179). A observação é especialmente pertinente quando mostra a necessidade em que Lijphart se viu de encontrar, entre seus dois tipos ideais de democracia, majoritária e de consenso, um modelo intermediário para incluir, não sem dificuldade, os Estados Unidos na lógica de sua classificação (o modelo majoritário corresponde ao protótipo britânico de regime parlamentar, enquanto o modelo de consenso é representado, quase em estado puro, segundo o autor, pelo regime diretorial da Suíça). Essa dificuldade explícita para integrar o maior dos velhos países democráticos, cujo regime presidencial é "ambivalente no que se refere à oposição maioria-consenso", demonstra de novo a fraqueza de tais classificações tipológicas perante a classificação tradicional.

Nem por isso cumpre abster-se da realidade política do funcionamento dos diferentes regimes. Mas a lógica institucional de cada um determina características e um papel específico dos partidos políticos, ainda que, em contrapartida, esses elementos dos sistemas de partidos contribuam, por inelutável interação, para conservar a especificidade constitucional de cada regime. Assim, os partidos, no regime parlamentar, dependentes da lógica de conflito própria de tal regime, transformam os governos parlamentares em governos de partidos. Nos Estados Unidos e na Suíça, o papel dos partidos não é menos essencial ao funcionamento da lógica de autolimitação do regime presidencial e do regime diretorial. Mas isso implica que esse papel é nitidamente mais reduzido. Isso é notável na Suíça, em razão do papel essencial dos procedimentos de democracia semidireta. Mas é especialmente marcante nos Estados Unidos, onde a colaboração entre o Congresso e a presidência só pode ser compreendida através da estrutura de alguma maneira pré-moderna (tal como se disse) dos partidos americanos e, correlativamente, através do caráter plebiscitário e primordial da eleição presidencial. Assim, o regime presidencial americano não é um governo de partido, e não poderia sê-lo sem derivar para o parlamentarismo, tendência recorrente, aliás, mas nunca assumida no longo prazo.

A classificação tradicional permite, assim, distinguir, fora das oposições nítidas e frequentemente factícia dos modelos bipolares, regimes caracterizados, do ponto de vista constitucional, por lógicas formais que lhes são próprias (responsável, não responsável, arresponsável), correspondentes aos três sistemas positivos das democracias representativas e desenvolvidos desde o início da era democrática contemporânea.

Longe de ser uma atitude "hipostática", a abordagem histórica possibilita analisar de que modo essas lógicas se formaram, a partir de que contexto, e como se conservaram, especialmente por quais mecanismos e interações institucionais. Além disso, a classificação não é apenas compatível com a consideração dos dados políticos que determinam o funcionamento efetivo dos regimes, mas até mesmo contribui para esclarecê-los.

Por fim, sua permanência talvez seja explicada por um último elemento ligado à função arquetípica. Cada um dos três regimes mantém uma relação de consonância com as classes aristotélicas das formas de governo. O regime presidencial mantém essa relação com a monarquia, como epígono quase inalterado do modelo inglês do *Bill of Rights*. O regime parlamentar, com a aristocracia-oligarquia, em primeiro lugar quanto às origens e, em segundo, na época contemporânea, na qualidade de "governo de partido" (cf. Roberto Michels). O regime diretorial, com a *politia* – assunção de democracia para Aristóteles – em decorrência da transmutação do sistema suíço pelo uso dos "direitos populares".

› BAGEHOT W., *The English Constitution*, Londres, Oxford Univ. Press, 1974 (1ª ed., 1867). – BURDEAU G., HAMON F. & TROPER M., *Droit constitutionnel*, 26ª ed., 1999, pp. 82 ss. – MOULIN M., *Le Présidentialisme et la classification des régimes politiques*, Paris, LGDJ, 1978. – TROPER M., Les classifications en droit constitutionnel, *RDP*, 1989, pp. 945 ss.; *La Séparation des pouvoirs et l'histoire constitutionnelle française*, Paris, LGDJ, 2ª ed., 1980.

Ver também: AUBERT J.-F., *Traité de droit constitutionnel suisse, Neuchâtel, Ides et calendes*, 1967. – GREWE C. & RUIZ FABRI H., *Droits constitutionnels européens*, Paris, PUF, 1995. – PIMENTEL C., "Responsabilité et typologie des régimes politiques", *La Responsabilité des gouvernants*, Paris, Descartes & Cie, pp. 57 ss. – WILSON W., *Le Gouvernement congressionnel*, trad. fr., Paris, Giard e Brière, 1901.

Philippe LAUVAUX

→ Funções jurídicas do Estado; Responsabilidade política; Separação e equilíbrio dos poderes.

REGIMES MATRIMONIAIS

Os regimes matrimoniais constituem o estatuto patrimonial dos casados (com exclusão do casal que viva em concubinato). O regime de cada casal é composto, em primeiro lugar, por um regime imperativo ao qual ninguém pode furtar-se; em segundo lugar, por um regime convencionado (livre) ou, na falta deste, pelo regime de comunhão de bens, que tem categoria de regime legal (supletivo). A imensa maioria dos casamentos se submete a esse regime de comunhão que organiza uma administração paritária dos bens comuns. Dá-se o nome de "regime matrimonial" ao regime jurídico do patrimônio das pessoas casadas. Para grande número de franceses, as dúvidas patrimoniais relativamente ao casamento surgem quando de sua ruptura pelo divórcio. Esse é um dos motivos pelos quais alguns casais não aceitam a instituição, que lhes parece um jugo. Regularmente, pesquisas de opinião demonstram que muitos leigos ignoram tudo acerca dos regimes matrimoniais. No entanto, se este for uma aventura, maior prova disso é dada pelo concubinato. De fato, uma vez que duas pessoas vivam juntas, não é preciso saber muito para entender que essa vida em comum terá inevitável influência sobre o patrimônio delas.

Os regimes matrimoniais só beneficiam as pessoas casadas. Sem dúvida, o concubinato ampliou-se muito na sociedade. O caso particular (e, por natureza, minoritário) do concubinato homossexual motivou diversos países (em particular os nórdicos) a adotar uma legislação adequada. A França, tal como não é raro ocorrer, está numa situação intermediária com o pacto civil de solidariedade (PACS), instaurado pela lei pouco coerente de 15 de novembro de 1999. Existem agora uma definição do concubinato (mas sem estatuto) e um contrato especial que pouco passa de uma indivisão acompanhada de pequeno privilégio fiscal. Portanto, é importante destacar que o "PACS" não é, em absoluto, equivalente de um regime matrimonial adaptado ao concubinato. Este, apesar de ser agora reconhecido explicitamente pelo Código Civil francês, continua sendo uma situação indefinida.

Os regimes matrimoniais fazem parte de um gênero mais amplo: o direito patrimonial da família. Durante muito tempo, regimes matrimoniais, liberalidades e sucessões eram cuidadosamente dissociados e não mantinham grandes relações. O que domina hoje são as interações entre essas três partes de uma mesma unidade. Só para tomar um exemplo, a sorte do cônjuge supérstite só é compreensível numa visão de conjunto do assunto. Os cônjuges podem fazer-se doações (liberalidades) que poderão ser previstas em seu contrato de casamento (regimes matrimoniais) e, de qualquer maneira, o fato de ser casado dará ao cônjuge supérstite direitos que um concubino nunca terá, mesmo no regime do "PACS" (sucessões). O direito dos regimes matrimoniais interfere no direito das liberalidades devido às vantagens matrimoniais que ele possibilita (os cônjuges podem decidir que a comunhão existente entre eles será liquidada à razão de dois terços para a mulher e de um terço para o marido), mas também às sucessões (a adoção da comunhão universal com atribuição da totalidade ao cônjuge supérstite é realmente um ato preparatório para a sucessão, bem mais que regime matrimonial, pois, em nossos dias, esse regime é escolhido no fim da vida, e não no momento do casamento).

Quais são os fundamentos dos regimes matrimoniais? É possível distinguir três estágios; em primeiro lugar, o "regime imperativo"; em segundo, o "regime legal"; e, em terceiro, os "regimes por convenção". Denomina-se "regime imperativo" (ou também "regime primário" ou "regime básico") o estatuto que o Código Civil francês, em seus artigos 212 a 226, confere ao casamento (o que no Brasil entendemos como os efeitos do casamento, previstos nos artigos 1.565 a 1.570 do Código Civil brasileiro). A partir do momento em que este ocorre, a lei impõe aos cônjuges deveres e lhes garante direitos. Nisso, o casamento continua sendo um instituto, ainda que, por outro lado, também seja um contrato. Esses deveres são, em primeiro lugar, pessoais e mútuos (art. 212: "Os cônjuges se devem mutuamente fidelidade, socorro, assistência"; art. 215: "Os cônjuges se obrigam mutuamente à comunhão de vida", artigo 1.566, incisos I a III, do Código Civil brasileiro), mas também dizem respeito aos filhos (art. 213 "Os cônjuges exercem juntos a orientação moral e material da família. Proveem à educação dos filhos e preparam seu futuro", artigo 1.566, inciso IV do CCB). Mas, no essencial, o regime primário afeta o patrimônio. Ele protege a residência familiar, pois "os cônjuges não podem dispor, sem mútuo consentimento, dos direitos por meio dos quais é garantida a residência familiar, nem dos móveis que o guarnecem" (artigo 1.647, I do CCB). A punição seria então a nulidade do ato. Isso significa, por exemplo, que um cônjuge não pode vender sozinho a casa que serve de residência familiar, mesmo que ela seja um bem próprio seu. Garante o crédito do casal por meio do artigo 220, que é muito importante na vida corrente: "Cada um dos cônjuges tem o poder de firmar sozinho os contratos que tenham por objeto a manutenção do lar ou a educação dos filhos: toda dívida assim contraída por um obriga o outro solidariamente" (equivalente aos artigos 1.643 e 1.644 do CCB). O que isso significa? Uma mãe de família faz compras para a volta às aulas. O pagamento poderá ser cobrado tanto dela quanto do pai, pois se trata de uma "dívida solidária". Para evitar abusos, a lei prevê limites: "Despesas manifestamente excessivas, em comparação com o estilo de vida da família, com a utilidade ou a inutilidade da operação, com a boa-fé ou a má-fé do terceiro contratante." Também estão excluídos da solidariedade as compras a prestação (a crédito) e os empréstimos, salvo se estes incidirem em somas modestas necessárias às necessidades da vida corrente (os pequenos empréstimos chamados de consumo). Mas o regime imperativo fixa também direitos. Artigo 216: "Cada cônjuge tem plena capacidade de direito"; artigo 221: "Cada um dos cônjuges pode abrir, sem o consentimento do outro, qualquer conta de depósito e qualquer conta de títulos em seu nome" (o que se chama de autonomia bancária); artigo 222: "Cada cônjuge pode realizar sozinho qualquer ato que implique administração, gozo ou disposição de um bem móvel de sua propriedade"; artigo 223: "Cada cônjuge pode exercer livremente uma profissão, receber honorários e salários e deles dispor, depois de cumprir os encargos do casamento"; artigo 225: "Cada um dos cônjuges administra, obriga e aliena sozinho seus bens pessoais" (trata-se de bens próprios, que não incidem na comunhão oriunda do casamento) (todos esses artigos encontram similaridade com o artigo 1.642 do CCB). O regime imperativo também permite adotar as chamadas medidas de crise, caso um dos cônjuges se encontre numa situação que o torne incapaz de gerir seus bens pessoais ou ponha em risco os interesses da família (arts. 217 e 219, equivalente ao artigo 1.651 do CCB). É importante ressaltar que essas disposições são de ordem pública e, por conseguinte, "em todos os pontos nos quais não ressalvem a aplicação das convenções matrimoniais, elas são aplicáveis apenas pelo efeito do casamento, seja qual for o regime matrimonial". Esse regime se aplica a todas as pessoas casadas e unicamente às pessoas casadas (com exclusão dos concubinos). No entanto, essa é apenas uma base que não pretende atender a todas as necessidades da gestão de um patrimônio. Para tanto, o Código Civil francês lhes dá inteira liberdade contratual, por meio de seu artigo 1.387 (similar ao artigo 1.639 do CCB). Na prática, como se verá, pouquíssimos casais (cerca de 7%) se valem dessa liberdade. A lei, portanto, precisa prever a ausência de contrato de casamento. É o que faz no artigo 1.393: na falta de contrato, os cônjuges são casados em regime de comunhão simples (que, no Brasil, corresponde ao regime da comunhão parcial de bens, conforme dispõe o artigo 1.640 do CCB). Note-se desde já que, ao cabo de dois anos de casamento, terão a possibilidade de mudar de regime, escolhendo outro (alteração também admitida agora pela legislação brasileira, segundo o artigo 1.639, parágrafo segundo, do CCB, submetida à apreciação e aprovação judicial, sem limitação de prazo).

Quais são as características gerais do regime de comunhão (correspondente ao regime da comunhão parcial brasileiro, dos artigos 1658 a 1.660 do CCB)? Para entendê-lo, cumpre dizer algumas palavras sobre a composição do ativo e do passivo, as modalidades de gestão e as regras de liquidação depois da dissolução.

No dia do casamento, a comunhão é um cesto vazio que se encherá durante a união. Os bens que ele conterá serão os "aquestos" (dizemos também os adquiridos). Trata-se dos bens que serão adquiridos depois do casamento pelos cônjuges, juntos ou individualmente. Os dois artigos capitais são o artigo 1.401: "A comunhão se compõe ativamente dos bens do casal obtidos pelos cônjuges em conjunto ou separadamente durante o casamento e provenientes tanto de seu trabalho pessoal quanto das economias amealhadas com base nos frutos e rendimentos de seus bens próprios"; e o artigo 1402: "Todo bem, móvel ou imóvel, é considerado bem do casal caso não se prove que ele é próprio de um dos cônjuges por aplicação de uma disposição legal." O artigo 1.401 fixa uma regra de fundo; o artigo 1.402 determina uma presunção que é uma regra de prova. Não se pode combater a primeira; pode-se derrubar a segunda. Do primeiro decorre que todos os rendimentos do trabalho (salário, honorários, cachês de artistas, lucros diversos etc., mas também os "substitutos" dos rendimentos, como seguro-desemprego, indenização por demissão ou aposentadoria) incidem na comunhão (diferentemente do que ocorre no Brasil conforme teor do artigo 1.659, incisos VI e VII, do CCB). O mesmo ocorre com os rendimentos dos bens próprios (por exemplo, aluguéis proveniente de imóveis que um dos cônjuges possua como bem próprio) (neste caso, a legislação brasileira impõe que tais bens integrem a comunhão, artigo 1.660, IV e V, do CCB). Ao lado dos bens comuns estão os bens próprios, principalmente os que são próprios por origem, ou seja, aqueles "cuja propriedade ou posse os cônjuges tinham no dia do casamento" (art. 1.405). Vem depois aquilo que se inclui na categoria de "bens de família", a saber, bens recebidos por cada um dos cônjuges a título de liberalidade ou herança. No entanto, os pais podem fazer uma liberalidade à comunhão, e não ao filho. Há bens próprios por origem e bens próprios por natureza. Trata-se, sobretudo, dos objetos estritamente pessoais a cada cônjuge (roupas), mas também de créditos pessoais (indenização por danos físicos ou morais). Cabe acrescentar todos os bens necessários à profissão de cada um. O patrimônio próprio, ao contrário do patrimônio comum, tem pouca vocação a crescer (a única exceção notável é o enriquecimento por herança). Em compensação, é preciso cuidar de sua manutenção. Um bem próprio vendido, cujo preço é reinvestido, gera um novo bem próprio. É o efeito da "sub-rogação real". O mesmo ocorrerá com a reconstrução de um imóvel próprio graças à indenização do seguro após um incêndio.

Quanto ao passivo, cabe distinguir "passivo provisório" e "passivo definitivo". Seria ilusão acreditar que o passivo próprio é assumido pelo ativo próprio, e o passivo comum, pelo ativo comum. Como dissemos, o patrimônio comum constitui o essencial da riqueza do casal (é o patrimônio dinâmico), em contraposição ao patrimônio próprio (que é o patrimônio estático). É essencial, para o crédito dos cônjuges, que os credores pessoais tenham alguma garantia sobre os bens comuns. É a "obrigação" pela dívida. Em compensação, seria abusivo um dos cônjuges impor à comunhão o ônus do pagamento de suas dívidas pessoais. Esta deverá suportar apenas as dívidas comuns; é a "contribuição".

O princípio da obrigação está contido no importante artigo 1.413: "O pagamento das dívidas ao qual cada cônjuge se obriga durante a comunhão, qualquer que seja a causa, sempre pode ser suportado pelos bens comuns, a menos que tenha havido fraude do cônjuge devedor e má-fé do credor, garantida a compensação devida à comunhão" (esta regra não se aplica ao direito brasileiro, onde o patrimônio comum responde apenas pelas dívidas contraídas em proveito da família). Esse texto é capital, pois, concretamente, faz da comunhão o banco do casal. Evidentemente, no estágio da contribuição, a comunhão não deve, normalmente, suportar a totalidade dos pagamentos que honra, pois o cônjuge devedor deverá uma compensação... desde que seja solvente. O artigo 1.413 pode ser a brecha que provoca o naufrágio completo do navio. Por isso, duas exceções. Por um lado, o artigo 1.414 põe parcialmente a salvo de constrição os ganhos e os salários de cada cônjuge; por outro, o artigo 1.415 subordina ao consentimento dado por um dos cônjuges o direito de cobrança judiciária por parte do credor que se prevaleça de alguma fiança dada pelo outro cônjuge ou da cobrança de algum empréstimo tomado por este. Tudo isso diz respeito ao "passivo provisório". No que se refere ao "passivo definitivo", ou seja, à "contribuição" definitiva da comunhão para o pagamento das dívidas, cabe observar o artigo 1.409. Segundo esse texto, a comunhão deve, indubitavelmente, suportar os alimentos devidos pelos cônjuges, bem como as dívidas contraídas por eles para a manutenção do lar e a educação dos filhos, em conformidade com o artigo 220 (artigo 1.663, parágrafo primeiro, do CCB). As outras dívidas são suportadas a título de compensação. As dívidas que não sejam comuns são consideradas próprias: por exemplo, as contraídas "no interesse pessoal de um dos cônjuges, bem como para a aquisição, a conservação ou a melhoria de um bem próprio" (art. 1.416 Civ. fr.), ou as incorridas "ao arrepio dos deveres impostos pelo casamento" (art. 212 Civ. fr.). Massa ativa – Massa passiva; o regime da comunhão não se resume a um balanço contábil. É preciso considerar os modos como ele é administrado.

Desde 1985, o princípio adotado é o da igualdade completa entre os cônjuges. Há verdadeira igualdade quando cada cônjuge pode agir em nome dos dois (artigo 1.663, do CCB). Mas, ao lado dessas situações em que o casal deve agir em dupla, há outras em que o casamento deve preservar a liberdade de ação de cada um. Por isso, o artigo 1.421 considera três modos de gestão: gestão concorrente, gestão exclusiva e gestão conjunta. Gestão concorrente significa que cada cônjuge dispõe dos mesmos poderes sobre os bens comuns, tanto na administração quanto na possibilidade de dispor desses bens. Portanto, cada um pode realizar sozinho uma ação que comprometa os dois (artigo 1.643 do CCB). A gestão exclusiva é reservada aos bens necessários para o exercício da profissão de cada cônjuge (artigo 1642, I, do CCB). Entre as duas, está a gestão conjunta, que requer a presença dos dois, para os atos mais importantes. Concretamente, trata-se, sobretudo, dos atos que impliquem a alienação dos bens imóveis comuns (artigo 1.647 do CCB). Como eco do regime primário, a lei previu medidas de crise (mas trata-se de medidas próprias ao regime de comunhão, ao passo que as do regime primário são passíveis de aplicação a todo e qualquer regime). No que se refere ao patrimônio próprio, as coisas são muito simples: cada cônjuge é seu único dono. O conjunto dessas regras é temperado pela possibilidade de mandato, expresso ou tácito, entre cônjuges, ou mesmo pela gestão de fato. Trata-se de coisas frequentes quando o casal está junto.

Terminaremos expondo rapidamente a maneira como a comunhão é dissolvida e liquidada. O artigo 1.441 enumera as seis causas de dissolução da comunhão, que são: morte de um dos cônjuges, ausência de um dos cônjuges, divórcio, separação de corpos, separação de bens e mudança de regime matrimonial. Lista estritamente enunciativa. Além disso, os cônjuges não podem renunciar à dissolução na ocorrência de algum desses acontecimentos, assim como não podem decidir dissolver a comunhão sem a ocorrência de alguma dessas situações (por exemplo, uma dissolução antecipada). A separação de fato, como se verá, não tem nenhuma incidência sobre o regime matrimonial. (No Brasil, o artigo 1.571 e incisos preveem apenas quatro hipóteses de dissolução da sociedade conjugal: morte, nulidade ou anulação do casamento, separação judicial ou divórcio.)

É no momento da liquidação que se faz a conta das compensações, que restabelece o equilíbrio entre os patrimônios próprios dos cônjuges e o patrimônio comum. O princípio é que "a comunhão deve compensação ao cônjuge proprietário sempre que tiver extraído lucro de bens próprios" (art. 1433) e, em sentido contrário, "sempre que da comunhão for extraída alguma soma, seja para quitar dívidas ou encargos pessoais de um dos cônjuges, tais como o preço ou parte do preço de um bem que lhe é próprio ou resgate de serviços fundiários, seja para a recuperação, a conservação ou a melhoria de seus bens pessoais, e, geralmente, sempre que um dos cônjuges tiver tirado proveito pessoal dos bens da comunhão, deve-lhe compensação" (art. 1437). A partir de 1965, o cálculo das compensações é estabelecido em valores: "A compensação é, em geral, igual à menor das duas somas que representarem a despesa incorrida e o lucro subsistente." Mas esse princípio tem duas exceções, que na prática se apresentam com frequência. "Ela pode, porém, ser menor que a despesa incorrida, desde que esta tenha sido necessária"; "Ela não pode ser menor que o lucro subsistente quando o valor tomado de empréstimo tenha servido para adquirir, conservar ou melhorar um bem que, no dia da liquidação da comunhão, faça parte do patrimônio do tomador do empréstimo."

O que acabamos de expor é relativo ao regime legal, correspondente ao regime da comunhão parcial brasileiro. Evidentemente, é possível adotar um regime por convenção. Nesse campo, a liberdade é imensa. Liberdade de escolher o regime que se queira, mas também de mudar de regime, sob certo controle judiciário.

A liberdade da convenção, lembrada no artigo 1.393, está submetida a certas condições quanto à forma do ato: obrigatoriamente, o contrato de casamento deve ser prévio a este e ser feito perante um notário (artigo 1.639, parágrafo único do CCB, que exige pacto antenupcial celebrado por instrumento público). Entrará em vigor a contar do casamento e se tornará caduco caso este não ocorra. O Código Civil francês oferece diversos modelos de contrato. Há três: separação de bens, participação nos bens do casal e variantes da comunhão, principalmente a comunhão universal. Conforme o nome indica, no regime de separação de bens não existe nenhum patrimônio comum, cada cônjuge conserva seu patrimônio pessoal e o faz prosperar (não se fala de bens "próprios", pois não há bens "comuns"). Na realidade, sempre haverá certa indivisão para um ou outro bem (regime da separação de bens previsto nos artigos 1.687 e 1.688 do CCB). O regime de participação nos bens do casal, difundido no mundo escandinavo e germânico e introduzido no Código francês em 1965 (quando expulsou o regime dotal), continua em grande parte desconhecido na França. Esse desinteresse decorre da desconfiança dos notários, que temem, não sem alguma razão, a sua liquidação. De fato, esse regime é híbrido. Funciona como separação de bens, mas é liquidado como comunhão. Tomemos um exemplo. Marido e mulher obtiveram frutos do patrimônio pessoal durante a união. Na dissolução, a esposa dispõe de 2 mil, e o esposo, de 1.500. A diferença entre os dois, portanto, é de 500 a favor da esposa. É aí que entra em jogo a "participação". Esse lucro de um deles é repartido entre os dois: 250 para cada um. É ocioso indicar que esse regime pressupõe relativa vigilância para evitar fraudes que consistiriam no empobrecimento suspeito de um em detrimento do outro.

Quanto às variantes da comunhão de bens, são múltiplas. Citaremos apenas duas. Cláusula de partilha desigual: os cônjuges convencionam que a esposa receberá dois terços da comunhão, e o marido, um terço, o que elimina a partilha por igual. Além disso, a comunhão universal consiste em fundir num único patrimônio todos os bens dos cônjuges, sejam eles pessoais ou comuns. Essa cláusula pode ser acompanhada por um adendo, de atribuição integral ao supérstite. Por esse meio, o cônjuge supérstite recebe a totalidade do patrimônio adquirido em comum e do patrimônio do *de cujus*. O grande interesse é de ordem fiscal: não cabe nenhum imposto de transmissão *causa mortis*. É o que se chama de "vantagem matrimonial" (mas existem regras para proteger os filhos de um primeiro leito em caso de adoção desse regime em segundas núpcias: é o que se chama de direito de restringir o regime matrimonial dessas novas núpcias, a fim de garantir a legítima.

É muito raro que o regime da comunhão universal seja adotado já no casamento, pois se pode temer um possível divórcio. Em compensação, é o regime matrimonial da terceira idade. O artigo 1.397 permite que os cônjuges, dois anos depois do casamento, peçam a mudança de seu regime matrimonial. Para simplificar, há duas grandes hipóteses que correspondem a duas idades da vida. Por volta dos quarenta anos, a escolha é de separação de bens por casais de comerciantes (para evitar o desastre patrimonial de uma liquidação). Depois dos 70 anos, recorre-se à comunidade universal diante de uma perspectiva de uma vida que terminará a dois, pois só a morte virá romper a união.

O Código Civil brasileiro, vigente a partir de janeiro de 2003, ao lado do regime da separação total, da comunhão parcial e universal de bens, adotou mais um regime matrimonial: o regime da participação final nos aquestos, previsto nos artigos 1.667 e seguintes. Neste regime, mistura híbrida do regime da separação total e o da comunhão parcial de bens, cada cônjuge possui patrimônio próprio, que administra livremente, e, à época da dissolução da sociedade conjugal, cabe-lhe direito à metade dos bens adquiridos pelo casal, a título oneroso, na constância do casamento (art. 1.667). Dessa forma, os bens, em especial os móveis, constituem patrimônio próprio de cada cônjuge, que pode livremente administrá-los e sobre eles dispor (garantida a outorga marital no caso de imóveis). A grande diferença decorre da forma de liquidação da sociedade conjugal. Para tanto, faz-se necessária uma apuração do montante dos aquestos, excluindo-se os bens anteriores ao casamento e os que em seu lugar se sub-rogaram, os que sobrevieram a cada cônjuge por sucessão ou liberalidade e as dívidas relativas a esses bens. Caso algum dos cônjuges tenha realizado doações sem a autorização do outro cônjuge, em detrimento do patrimônio familiar, caberá ao cônjuge prejudicado, ou seus herdeiros, reivindicar o bem ou declará-lo no monte partilhável por valor equivalente. Da mesma forma, é garantido ao cônjuge lesado o direito de preferência na aquisição dos bens alienados em detrimento da meação. Outra diferença marcante com relação a esse regime diz respeito às dívidas contraídas por apenas um dos cônjuges, que não se comunicam, salvo se contraídas em proveito da sociedade conjugal. Como se vê, a grande diferença introduzida por tal regime de bens reside no fato de que, na constância do vinculo matrimonial, cada cônjuge administra seus próprios bens; por ocasião da dissolução do vínculo, apuram-se os aquestos, procedendo-se a uma contabilidade complicada, para que se possa determinar a partilha. É uma inovação legislativa que, dada a sua dificuldade de aplicação prática, provavelmente será pouco utilizada no Brasil.

› Numerosos manuais, todos com mais ou menos o mesmo título *Les régimes matrimoniaux*: Malaurie e Aynes (Cujas), Colomer (Litec), Flour e Champenois (A. Colin), Cornu (PUF), Casey (Ellipses) Simler e Terré (Dalloz), Grimaldi (Dalloz-Action), Cabrillac (Montchrestien).

Bernard BEIGNIER

→ Bens; Casamento; Direito civil; Família; Igualdade.

REGISTRO CIVIL

O registro civil é uma criação cuja grande importância para os indivíduos e para o Estado explica sua difusão através do mundo. Ele possibilita constatar de maneira autêntica, nos registros mantidos para esse fim, os principais acontecimentos dos quais depende o estado de uma pessoa – nascimento, casamento, óbito – e assim eliminar, salvo exceção, a prova testemunhal, excessivamente frágil e incerta. O espírito desse instituto (muito marcado por sua história) consiste na intervenção na autoridade pública e na força comprobatória dessa intervenção.

Na origem se encontram os registros paroquiais cuja manutenção alguns bispos prescreveram para os batismos, inicialmente na Itália e depois na França, desde o início do século XV. Foi o que ocorreu com Henrique, o Barbudo, bispo de Nantes, que, em 1406, pretendia desse modo estabelecer com mais certeza os laços de parentesco que constituíam impedimento para o casamento. Ao lado do registro dos batismos, alguns bispos prescreverão, no fim do século, o registro de casamentos e de sepultamentos; mas essas prescrições frequentemente deixam de ser cumpridas: os vigários estão muito menos convencidos do que os bispos da utilidade de tais registros. Esta, em contrapartida, não escapa ao poder monárquico, cuja primeira intervenção ocorre em 1539, no âmbito de uma das grandes ordenanças reformadoras do século XVI: a ordenança de Villers-Cotterêts. Ela é ainda modesta: apenas o registro dos batismos é exigido de maneira geral (art. 51), enquanto o dos óbitos só é solicitado para os titulares de benefícios eclesiásticos (art. 50), em virtude da concordata que o rei acabava de assinar com o papado (Bolonha, 1516). No entanto, a ordenança já prevê um depósito dos registros no cartório da jurisdição real. Será preciso esperar a ordenança de Blois (1579) para que o registro de nascimentos, casamentos e óbitos seja prescrito de maneira geral, tal como, aliás, acabava de ser feito, para o conjunto da Igreja, pelo concílio de Trento (1545-63). A ordenança renova a obrigação, pouco respeitada, do registro em cartório, prescreve a entrega de resumos, mas delega à Igreja a tarefa de determinar o conteúdo dos atos. As coisas mudam com a ordenança sobre o processo civil de 1667, que elimina a prova testemunhal e torna obrigatória a prova pelos registros paroquiais, a não ser que estes "tenham sido perdidos ou nunca tenham existido" (t. 20, art. 14). O poder monárquico regulamenta as diferentes menções que devem figurar nos documentos (em especial, o dia do nascimento na certidão de batismo); prescreve sua redação "seguindo a ordem dos dias e sem nenhum branco" nos registros numerados e rubricados pelo juiz régio do lugar, feitos em duplicata etc. Completada pela declaração de 1736, essa ordenança marca uma etapa fundamental: a etapa de transformação dos registros paroquiais em verdadeiros registros civis cuja manutenção será fiscalizada de perto pelos parlamentos franceses ao longo do século XVIII. Isso tornará cada vez mais insustentável a situação dos protestantes, após a revogação do edito de Nantes pelo edito de Fontainebleau (1685), pois os registros paroquiais ficaram nas mãos do clero católico. Depois de muita temporização, decidiu-se dar-lhes um estado civil particular por meio do edito de 1787, chamado de Tolerância. Estamos então às vésperas de uma última etapa: a da secularização do registro civil.

Ponto máximo da dominação gradual do Estado sobre esse instituto, a secularização do registro civil, determinada em princípio pela Constituição francesa de 1791, é instaurada pelo Decreto de 20 de setembro de 1792. Ao cabo de uma regulamentação minuciosa, em grande parte inspirada na legislação anterior, a manutenção dos registros é confiada às comunas. Apanhada em plena tormenta revolucionária, essa medida terá aplicações desiguais, dependendo do lugar (no Oeste insurgente, por exemplo) e do tempo (os registros eram mais cuidadosos no começo do que alguns anos depois). A situação não é das melhores quando o essencial da legislação de 1792 é retomada pelo Código Civil (art. 34-101), que prescreve o registro de nascimentos, casamentos e óbitos e prevê disposições especiais para certas situações particulares (franceses no estrangeiro; nascimentos ou óbitos no mar, por exemplo). A política adotada pela Restauração, que a um controle mais intenso associa a formação de funcionários de registro civil (ord. de 1823), acaba por produzir frutos. Durante a Monarquia de Julho, a manutenção dos registros é bem correta no conjunto.

A ordem pública não exigia apenas que os atos fossem registrados com regularidade; exigia também que o fossem com fidelidade. Por isso, o Código Civil francês previra um procedimento de retificação dos atos, mas apenas em benefício dos próprios interessados (art. 99). Em decorrência de alguns abusos, facilitados pelo fato de que o funcionário encarregado do registro civil não era obrigado a verificar a exatidão das declarações que lhe eram feitas, ocorreu uma reação durante o Segundo Império. Pouco depois da adoção da Lei de 1858 sobre a usurpação de títulos ou de nomes "de aparência nobiliária", a Corte de Cassação outorga ao Ministério Público o direito de agir oficialmente na retificação dos documentos do registro civil (1862). A esse controle mais forte do Estado somaram-se incessantes melhorias que aumentaram a confiabilidade do registro civil. Entre elas figuram a criação da caderneta de família (1877) depois da destruição do registro civil parisiense durante a Comuna, e o desenvolvimento das averbações. Pouco numerosas no Código Civil, estas não pararão de desenvolver-se a partir do fim do século XIX, em especial nos registros de nascimento, para que fossem mais conhecidas as principais modificações no estado civil da pessoa. O registro civil assim criado serviu de base para o desenvolvimento dos documentos de identidade (passaporte, carteira de identidade etc.), que facilitam a prova do estado civil, mas aumentam o controle do Estado sobre o indivíduo. Essa função comprobatória secular do registro civil será suficiente? Será preciso, levando-se em conta a evolução do conceito de identidade, atribuir ao registro civil um outro papel, dando-lhe uma função essencial na constituição da identidade psicológica? Esse é o problema atualmente ensejado pelo transexualismo.

› Além dos tratados e dos manuais de direito civil sobre o direito das pessoas, ver: DUGAS DE LA BOISSONNY Ch., *L'État civil*, Paris, PUF, "Que sais-je?", 1987. – GARAUD M. & SZRAMKIEWICZ R., *La Révolution fançaise et la famille*, Paris, PUF, 1978. – GUTMANN D., *Le Sentiment d'identité*, Paris, LGDJ, 2000. – LEFEBVRE-TEILLARD A., *Le Nom, droit et histoire*, Paris, 1990. – LÉVY J: Ph., "Les actes d'état civil romain", *Revue historique de droit français et étranger*, 1952, pp. 459 ss. – Col.: "L'édit de 1787", colóquio organizado pela sociedade de história do protestantismo francês, in *Bulletin* de cette société, 1988.

Anne LEFEBVRE-TEILLARD

→ Nome; Pessoa; Prova.

REGRA DE DIREITO

Em meados do século passado, o prof. Jean Dabin, constatando como é "difícil dar uma definição satisfatória de regra de direito" (*Théorie générale du droit*, Dalloz, 3ª. ed., 1969, p. 17), decidiu tomar como "padrão da definição o caso-tipo de direito, que pode ser observado em nossas sociedades modernas" (*id.*, p. 18). Atualmente, essa atitude é muito corrente e está em numerosos autores. Em recente obra inteiramente dedicada à definição de regra de direito, Denys de Béchillon restringe ainda mais o âmbito de sua interrogação, optando assim por tratar apenas da regra "que o Estado moderno procura autonomizar como jurídica" (*Qu'est-ce qu'une règle de droit?*, Odile Jacob, 1997, p. 140). No entanto, em oposição a essa abordagem, tentaremos aqui propor uma definição não restritiva de regra de direito, mostrando que ela designa, em todos os tempos, um *modelo jurisdicionável de ação destinado à organização equilibrada de relações sociais que respeitem a qualidade de cada um*. Ao fazermos isso, incitados pela fragilidade dos critérios de distinção geralmente formulados e pela etimologia quase idêntica dos termos latinos *norma* e *regula*, que designam os instrumentos (esquadro e regra) úteis para traçar linhas retilíneas, não distinguiremos "regra de direito" de "norma jurídica".

Em oposição às interpretações positivistas e historicistas que reduzem regra de direito a "continente de qualquer conteúdo" e com a preocupação de evitar o recurso abusivo a abstrações mal definidas, a leitura aqui proposta só será apresentada ao cabo de prévia e necessária crítica à habitual definição de regra de direito.

Uma definição clássica inadequada

Dos principais manuais de direito aos dicionários jurídicos, a regra de direito é classicamente apresentada nos seguintes termos: "Regra de conduta nas relações sociais, geral, abstrata e obrigatória, cuja sanção é exercida pelo poder público" (*Lexique des termes juridiques*, Dalloz, 1995, p. 469). Tal definição, porém, é bastante criticável e isso pode ser exemplificado por quatro constatações.

Em primeiro lugar, a não ser que se empregue o termo "generalidade" para designar a necessária abstração da regra de direito – o que não parece ser muito rigoroso –, a habitual definição da regra jurídica como regra de alcance "geral" já não parece pertinente. O direito positivo encarrega-se de desmentir essa antiga definição: desde as autorizações de permanência no território até as desapropriações por motivo de utilidade pública, o direito francês está repleto de normas jurídicas que visam indivíduos determinados. O Conselho Constitucional, aliás, não se opõe em absoluto à enunciação de tais regras, conforme demonstram, por exemplo, suas decisões de 16 de janeiro e de 11 de fevereiro de 1982 (admitiu-se aí que o legislador podia fazer uma lista nominativa de bancos nacionalizáveis). Por fim, é provável que a atual racionalização da produção jurídica, em sua busca permanente de maior eficácia, acentue ainda mais essa penetração do particular nas regras de direito positivo. De um ponto de vista agora mais teórico, desde a demonstração kelseniana da juridicidade das normas de alcance individual, é forçoso constatar que, além disso, quase não há argumentos pertinentes em apoio da antiga tese.

Em segundo lugar, a tradicional definição de regra de direito como norma obrigatória já não é indiscutível. A presença de certo número de normas jurídicas chamadas "flexíveis", que não proíbem nem prescrevem, mas incentivam certos comportamentos, desmente esse antigo critério. É possível citar uma das mais célebres dessas recomendações: a do artigo 371 do Código Civil francês, que afirma que irmãos e irmãs se devem assistência mútua e devem honrar e respeitar os pais. Jean-Bernard Auby – para quem, "nos textos jurídicos de todos os tipos, os comandos acompanhados por alguma ameaça de sanção, as prescrições, portanto, tendem a ceder lugar cada vez mais a declarações de objetivos, a normas de orientações, a programas de ação" – menciona outras: assim, ao lado das normas não prescritíveis que completam certas regras coercitivas na forma de declarações de princípios, existem também as que, emanando de autoridade com poderes regulamentadores, "descrevem uma situação que deve ser atingida, e pretendem enquadrar as práticas públicas ou privadas para atingi-la, mas sem que nelas seja possível discernir coerções bem precisas" ("Prescription juridique et production juridique", *RDP*, maio-junho de 1988, p. 675). Pode-se acrescentar, para terminar, que o Conselho Constitucional consagrou a existência desse tipo de norma jurídica, ao admitir, em 1º de julho de 1980, que o legislador e o poder regulamentador podem formular tais recomendações.

Em terceiro lugar, o tradicional critério da sanção, frequentemente enunciado para fazer a distinção entre obrigação jurídica e deveres morais, é também muito contestável. Em primeiro lugar, como ressaltou Gérard Timsit, "a definição clássica de norma jurídica como obrigação acompanhada de uma sanção" não é convincente, pois "faz da juridicidade da norma uma qualidade que lhe vem de fora: o fato de ser acompanhada por uma sanção, que é do Estado" ("Une définition systémale du droit", *Droits*, nº 10, 1989, p. 91). Por outro lado, esse critério parece pressupor que a qualidade de uma norma jurídica depende do respeito que lhe é demonstrado e de sua efetividade. No entanto, uma regra jurídica não deixa de sê-lo mesmo quando desrespeitada. Bruno Oppetit nota, a respeito, que uma "regra não adquire juridicidade por ser sancionada por autoridade pública; ao contrário, é sancionada por ser jurídica" (*Philosophie du droit*, 1999, p. 24). Tanto no direito internacional quanto no direito privado ou constitucional, numerosas são as regras não sancionadas que, apesar disso, continuam sendo normas jurídicas.

Por fim, alguns autores só atribuem a qualidade de "regra de direito" às normas que emanem de fontes bem determinadas. Paul Roubier, por exemplo, em sua *Théorie générale du Droit*, distingue um número limitado delas. Portanto, distingue "regras formais" e "regras não formais"; as primeiras, que reúnem essencialmente as normas legislativas e as decisões jurisprudenciais, devem seu valor ao "poder que as ditou" (Sirey, 2ª ed., 1951, p. 8). As segundas designam sobretudo as regras consuetudinárias e doutrinais: "Há regras baseadas na experiência, que correspondem às necessidades da vida em sociedade; são as regras espontaneamente acatadas pela prática jurídica, as regras consuetudinárias; e há regras baseadas na razão, que correspondem a um ideal de justiça; são os princípios gerais do direito, ou seja, regras descobertas pela doutrina jurídica, regras doutrinais" (*id.*, p. 12). A extrema diversidade das regras de direito, porém, não confere caráter indiscutível a esse tipo de classificação. Conforme mostrou Jean Gaudemet em sua obra *Les Naissances du droit* (Paris, Montchretien, 1997), ao lado das fisionomias familiares do poder político criador e dos costumes fundadores, Céus loquazes e poetas normativos estão aí para ilustrar a imensa variedade das fontes de direito.

Particular ou geral, facultativa ou obrigatória, a regra de direito, portanto, não pode encontrar nessas diferentes características traços específicos. Ao contrário, o que oferece tais características é sua qualidade de modelo de ação com emprego e fins determinados.

Um modelo jurisdicionável de ação

Modelo abstrato, em primeiro lugar, a regra de direito é, acima de tudo, um construto humano artificial, imaterial e mental. Sem realidade material, a regra de direito não passa de puro produto do pensamento humano. Nesse sentido, portanto, ela não deve ser confundida com o suporte verbal ou escrito encarregado de torná-la visível e comunicá-la. Assim, o mito, por exemplo, pode ser um de seus veículos, a exemplo de todas as outras formas de expressão.

Modelo de ação, a norma jurídica tem a função de objetivar certo número de situações e comportamentos. Paul Amselek, que introduziu o conceito de "modelo" nessas definições, escreveu que as regras de direito indicam "aos seres humanos, aos quais são dirigidas e comunicadas, a medida da possibilidade que eles têm de agir, para que ajustem sua conduta com base nessa medida e a ela se adaptem: as regras ou normas jurídicas são, nesse sentido, medidas que devem ser seguidas, observadas e respeitadas nas realizações humanas" ("Lois juridiques et lois scientifiques", *Droit*, nº 6, 1987, p. 131). Para exercer essa função de "anteparo" (Hegel), o modelo não pode designar diretamente uma ação determinada. E, realmente, uma regra jurídica que fixa um limite de idade não deixa de ser um modelo de ação, visto que é uma referência a partir da qual os indivíduos podem agir com conhecimento de causa; do mesmo modo, valendo-se dessa referência, os juízes podem avaliar o que essas pessoas realizam. Padrão, medida – "um enunciado extrai seu significado normativo de sua vocação para servir de referência na determinação de como as coisas devem ser", escreveu também Antoine Jeammaud ("La règle de droit comme modèle", *Dalloz*, 1990, cron. p. 199) –, a norma jurídica é finalmente chamada a desempenhar um papel cada vez mais importante no mundo cético e epicurista que ela hoje estrutura. Quando os valores tradicionais são abandonados, torna-se indispensável o surgimento de novos modelos de ação. Conforme escreveu o filósofo Alain Renaut, "nas sociedades anteriores, o peso das tradições, portanto, do passado, predeterminava os comportamentos individuais e limitava as áreas de livre escolha [...] nas sociedades em que os referenciais tradicionais desapareceram, o campo das possibilidades torna-se infinito, e o indivíduo está sempre diante da indagação de até onde pode e deve ir" (*Philosophie du droit*, Paris, PUF, 1991, p. 24). Também para garantir sua própria conservação, nossos universos mercantilistas estão condenados a promover, cada vez mais, os artefatos que são esses modelos de ação. Na falta de outros limites, eles constituem o último obstáculo para o caos sempre ameaçador de nossas mais sombrias possibilidades: obstáculo, na verdade, bem frágil, porque da mesma natureza do obstáculo que deve delimitar, ou seja, os produtos da vontade "humana demasiado humana".

Modelo jurisdicionável, enfim, a regra de direito é uma referência empregada por um terceiro não envolvido para solucionar o litígio a pedido de uma das partes ou de ambas. Como indica Charles Leben, esta última ideia possibilita assim "desvincular-nos da identificação kelseniana entre Estado e direito" e "compreender os sistemas primitivos de direito como sistemas evoluídos, sistemas em que o direito está ligado à religião e os sistemas laicos" ("Droit: quelque chose qui n'est pas étranger à la justice", *Droits*, nº 11, 1990, pp. 39-40). Numerosos são os autores concordes quanto à pertinência de tal critério. No entanto, num longo capítulo de seu *Esquisse d'une phénoménologie du droit*, Alexandre Kojève é, sem a menor dúvida, um dos que expuseram melhor essa concepção, ao afirmar que, para que haja direito, "não basta que haja uma interação entre dois seres humanos. É preciso que haja também a intervenção de um terceiro imparcial e não envolvido" (1943, Gallimard, reed. 1981, p. 69), que haja, em outras palavras, "um ato voluntário de um terceiro, que pode ser qualquer um (dentro de um grupo exclusivo de dada sociedade em dada época)" (*id.*, p. 110).

Pode-se notar, para terminar, que a existência das normas jurídicas não coercitivas, mencionadas acima, não põe em xeque esse critério, pois, como já constatou Jean Bernard Auby, as normas não prescritivas, apesar de tudo, são "oponíveis à administração e aos particulares". Numerosas jurisdições se referem a esse tipo de norma: algumas chegaram a anular planos de ocupação do solo por as considerarem "inobservantes das indicações abstratas" (*id.*, p. 679) de uma norma não prescritiva, como a do artigo L. 121-10 do Código de Urbanismo francês. Num caso semelhante, o Conselho de Estado também anulou em 1982 um plano de ocupação por incompatibilidade com o esquema orientador do centro urbano em questão.

Em suma, seja ela prescritiva ou não, a norma jurídica é sempre passível de ser jurisdicionada. Assim, podemos concluir, com Alvaro d'Ors, que "tudo o que não tenha relação com alguma possível intervenção jurisdicional dos juízes como juízes está fora do campo do direito propriamente dito" ("Le droit? tout ce qu'approuvent les juges", *Droits*, 1989, nº 10, p. 51).

Um modelo a serviço de uma arte

Modelo jurisdicionável de ação, a regra de direito está também a serviço de uma arte que estrutura a vida social ao organizar as relações entre as pessoas (físicas ou jurídicas) em seu respeito mútuo e com a preocupação de uma relação equilibrada. Em primeiro lugar, essa arte configura a vida social com a ambição de garantir sem injustiça a ordem de uma paz relativa. Durante sua tarefa, essa arte pode apresentar vários aspectos. Quer se traduza pela enunciação daquilo que é de cada um (conforme defendia Michel Villey em sua *Critique de la pensée juridique moderne*, Dalloz, 1976, p. 64), quer pela organização das condutas e das competências (ver M. Virally, "Le phénomène juridique", *RDP*, 1966, pp. 13 ss.), o respeito das partes e o imperativo de equilíbrio são uma verdadeira constante na sua aplicação. Essas duas preocupações encontram-se tanto no direito da sociedade civil, ainda impregnado pelo princípio romano *suum cuique tribuere*, quanto no da sociedade política em busca de uma relação equilibrada e respeitosa entre governantes e governados.

O fato de que hoje as normas jurídicas "tendem não só a prevenir ou a solucionar os possíveis conflitos entre os membros da população, mas, de maneira muito mais ampla, a enquadrar, orientar e racionalizar o conjunto de suas atividades e de suas condutas" (P. Amselek, "L'évolution générale de la technique juridique dans les sociétés occidentales", *RDP*, 1982, p. 279) não modifica em nada esse objetivo estruturador e os princípios que o orientam: as regras de direito continuam organizando a vida social no respeito e no equilíbrio de seus componentes. Finalmente, essa concepção de arte jurídica possibilita, acima de tudo, distinguir entre decisão arbitrária e regra de direito. Nesse sentido, a existência de normas no desumano regime nazista prova simplesmente que tais normas não têm de modo algum a qualidade de norma jurídica. Portanto, não há necessidade de recorrer a raciocínios sobre a existência ou não de um Estado nazista para resolver a questão. E, principalmente, tal definição associa de novo aquilo que o senso comum nunca dissociou: direito e justiça. De fato, o que é esse respeito, essa atenção à qualidade das partes, senão a própria condição de toda justiça? Quanto a esse imperativo de equilíbrio, talvez não seja inútil lembrar como o próprio Nietzsche o via, num aforismo do *Viandante e a sua sombra*, "a base da justiça" (§ 22).

Em suma, apesar de algumas inevitáveis exceções, a definição que F. Gény dava para a norma jurídica não perdeu força: as "regras de direito visam, necessária e exclusivamente, a realizar a justiça, que nós concebemos no mínimo com a forma de uma ideia, a ideia do justo no fundo [...] o direito só encontra conteúdo, próprio e específico, na noção de justo, noção primária, irredutível e indefinível, que implica essencialmente não só os preceitos elementares de não prejudicar ninguém e atribuir a cada um o que lhe é devido, mas também o pensamento mais profundo de um equilíbrio que deve ser estabelecido entre os interesses em conflito, para garantir a ordem essencial à manutenção e ao progresso da sociedade humana" (*Science et technique en droit privé positif*, t. I, 1914-24).

› BÉCHILLON D. de, *Qu'est-ce qu'une règle de droit?*, Paris, Odile Jacob, 1997. – GÉNY F., *Science et technique en droit privé positif*, 1914-24. – KANTOROWICZ H., *The Definition of Law*, Cambridge Univ. Press, 1958. – KELSEN H., *Théorie pure du droit*, Dalloz, 1962, 2ª ed.; *Théorie générale des normes*, Paris, PUF, 1996. – KOJÈVE A., *Esquisse d'une phénoménologie du droit*, Paris, Gallimard, 1981. – ROUBIER P., *Théorie générale du droit*, Paris, Sirey, 1951. – VILLEY M., *Philosophie du droit*, Paris, Dalloz, 1986.

Ver também: CARBONNIER J., "Sur le caractère primitif de la règle de droit", in *Flexible droit*, 5ª ed, Paris, LGDJ, 1983. – CHEVALLIER J., "L'ordre juridique", in *Le droit en procès*, CURAPP-PUF, 1983. – PERELMAN Ch., *Justice et raison*, Presses Universitaires de Bruxelles, 1963, – PERRIN J.-F., *Pour une théorie de la connaissance juridique*, Genebra, Droz, 1979; "Règles", *Archives de philosophie du droit*, 1990, pp. 245-56. – ROCHER G., "Droit, pouvoir et domination", *Sociologie et sociétés (Montréal)*, vol. XVIII, nº 1, 1986. – TIMSIT G., "Pour une nouvelle définition de la norme", Dalloz, cron., 3 de novembro de 1988, pp. 267-9. – VILLEY M., "De l'indicatif dans le droit", *Archives de philosophie du droit*, 1974, nº 19, pp. 33-61. – VIRALLY M., "Note sur la validité du droit et son fondement", in *Mélanges Eisenmann*, Paris, Cujas, 1975, pp. 453 ss. – Obra coletiva: *Normes, normes juridiques, normes pénales*, org. Philippe Robert, Paris, L'Harmattan, 1997 e os dois números da revista *Droits* (nºs 10 e 11, 1989-90) dedicados à definição de direito.

Laurent ROBERT-WANG

→ Direito natural; Juiz; Justiça; Moral e direito; Ordem jurídica.

REPARAÇÃO

A reparação é indissociável da ideia de responsabilidade. Reparar um prejuízo pressupõe que este possa ser imputado a um ou vários autores. Ora, a própria responsabilidade obedece a dois sistemas, decorrentes de uma evolução histórica. Na Alta Idade Média, era chamada de objetiva: somente o elemento material (dano) ensejava reparação. Essa responsabilidade se torna subjetiva na Baixa Idade Média; sob a influência moral do direito canônico, surge o elemento intencional. A contar do Antigo Regime, na França, a culpa passa a condicionar em grande parte a reparação, mas sem materialidade, a ponto de a reparação, por culpa tender a desprender-se do elemento intencional. É esse o sistema considerado pelo célebre artigo 1.382 do Código Napoleônico, que se tornou inadequado, pois a época contemporânea consagra um retorno à reparação em termos de responsabilidade objetiva.

Reparação e composição: Alta Idade Média

Direitos penal e privado se mesclam. O desmantelamento da unidade romana provocou a metamorfose da noção de delito: a autoridade pública já não está suficientemente presente para garantir a repressão e obrigar à reparação. A ausência de Estado constituído ensejou a contração dos interesses públicos nos interesses privados; poucos delitos dizem respeito à coletividade em seu todo: na maioria das vezes, ferem apenas interesses puramente privados. Repressão e reparação tornam-se, pois, uma questão privada, que concerne à vítima e ao autor do prejuízo.

A primeira forma de reparação consistia na vingança; admitia-se que a parte lesada, sua família ou seu clã podiam vingar-se do dano sofrido por meio das armas. Era para escapar às matanças organizadas que as partes se decidiam rapidamente pela paz, desistindo da reparação pela vingança. Desistência que tinha um preço: já na época merovíngia, o pagamento era feito frequentemente em cabeças de gado. Quer para comprar a paz, quer para resgatar a vingança, estruturou-se um sistema de pagamento em espécie para organizar a reparação. Segundo essa lógica, as chamadas leis bárbaras implantaram toda uma escala de composição e resgate dos delitos por meio do dinheiro. A reparação dos danos causados às pessoas foi escalonada de acordo com uma composição-tipo: a *Wergeld* (literalmente: preço de um homem). Era fixada em 200 soldos de ouro pela lei dos francos sálicos: era a pena que devia cumprir o responsável pela morte de um homem franco livre. Essa tarifação era fracionada, caso o delito causasse apenas mutilações ou o óbito de uma pessoa considerada de condição menos importante (um romano ou um escravo, por exemplo). Quanto aos delitos contra os bens, a composição compreendia dois elementos. Por um lado, a pena (*poena*); destinava-se a punir o culpado e variava de acordo com as circunstâncias do delito. Por outro, a indenização devida à vítima pelo dano causado; esta, por sua vez, comportava dois elementos: a *capitale*, que correspondia ao valor do bem destruído ou roubado (a pena era cumprida por restituição do bem ou pelo pagamento do preço que valesse), e a *dilatura*, ou seja, a quantia correspondente à indenização da vítima pela privação da coisa. Por que a obrigatoriedade da reparação? O adágio segundo o qual "o feito julga o homem" implicava, na Alta Idade Média, que a responsabilidade pesava sobre todo autor que tivesse causado um dano. Essa responsabilidade objetiva, em que só é levado em conta o elemento material, tem como consequência, em teoria, a obrigação quase automática de reparar: ela pesava em princípio tanto sobre os menores quanto sobre os animais. *A contrario*, a intenção delituosa não acompanhada de fatos não ensejava reparação. Quem era obrigado à reparação? O aspecto fundamentalmente comunitário da sociedade medieval espelha-se no direito. Em primeiro lugar, o *pater familias*, exercendo sua autoridade sobre a família, podia ser obrigado à reparação dos danos causados por aqueles que vivessem sob sua dependência. Assim, devia a composição pecuniária pelos danos causados por seus filhos ou seus animais domésticos, mas podia desonerar-se entregando-os à vítima, segundo o princípio do abandono noxal, oriundo do direito romano. Em segundo lugar, a reparação podia refletir-se sobre a família em seu todo; um assassino insolvente transmitia a dívida ao pai, depois aos irmãos e, finalmente, aos primos. A continuar a insolvência, ele devia "compor com seu corpo": era posto à disposição da família da vítima, que obtinha reparação executando-o ou escravizando-o.

Teorização do direito à reparação na Baixa Idade Média e no fim do Antigo Regime francês

A Baixa Idade Média marca uma transformação decisiva. Nos séculos XIII-XV, começa a ocorrer uma distinção nítida entre direito penal e direito civil. Por um lado, o ressurgimento da autoridade pública favorecia a maior intervenção das jurisdições régias, que adotavam um procedimento inquisitório, o que possibilitava uma primeira racionalização; a composição privada refluía à medida que os delitos eram objeto de processo oficial pelos magistrados. Por outro lado, sob influência dos glosadores, dolo e culpa tendiam a ser identificados separadamente. O dolo, em que passa a entrar o elemento intencional, constituía integralmente o delito. A culpa (a *culpa* romana, muito imperfeitamente admitida pelos juristas medievais) não comportava a vontade de lesar: era resultado de imprudência, negligência ou imperícia. Grosseiramente esquematizada – seriam necessários vários séculos para impor-se –, essa diferenciação permitia distinguir o ramo penal e o privado. O delito atraía principalmente o direito penal e público; só acessoriamente era acompanhado por reparação civil. Era objeto de punição pronunciada pela autoridade pública (pena física, infamante ou pecuniária), à qual se somava uma indenização compensadora à vítima, por meio de uma ação com fim unicamente civil – somada ao processo público – que parece bem estabelecida a contar do século XIV. Em compensação, a simples culpa, como regra geral, era isenta de qualquer elemento penal: só dava lugar a uma ação cível para obtenção de reparação do prejuízo sofrido. A partir do século XIV, a *Antiquísisma Costumagem da Bretanha* expõe sua substância no capítulo 53: "Assim, a ação de indenização pode ser movida para resgate de todos os feitos, pois ninguém pode lesar a outrem sem que seja obrigado a indenizá-lo, a não ser por motivo de fortuna [= caso fortuito]." A época medieval, portanto, tenderá a identificar dois tipos de reparação, de acordo com a existência ou inexistência de pena ou processo penal.

A reparação civil, habitualmente qualificada de "interesse civil", supunha um dano cometido contra uma pessoa ou sua honra. Nesse caso, consistia essencialmente no pagamento de uma quantia em dinheiro, supostamente capaz de compensar o dano causado à vítima. A avaliação de seu montante resultava do direito consuetudinário ou da livre apreciação dos juízes. O costume podia prefixar o preço da reparação; era o que ocorria, por exemplo, com a costumagem de Borgonha, que na avaliação levava em conta o custo do atendimento médico e o montante dos salários por dias de trabalho perdidos. Podia ocorrer também que os juízes determinassem soberanamente o valor da indenização; nesse caso, seu poder era arbitrário: com isso se deve entender que eles exerciam uma justiça distributiva, especialmente porque a reparação levava em conta a qualidade das partes. O interesse civil era, assim, livremente determinado pelos juízes do Parlamento de Paris, que se baseavam na maioria das vezes na avaliação do dano pela pessoa lesada. A reparação não era de ordem apenas financeira; podia ser moral. Esse era o objetivo da retratação pública: sua função era reabilitar a vítima em sua honra, o que era de suma importância para a sociedade medieval. Essa forma de reparação assumia aspecto exemplar; os magistrados lhe davam ampla publicidade. A reparação podia também ser consequência de dano causado a um bem. O direito medieval impunha como regra que a vítima tinha direito a seu dano (*damnum*) ou a seu interesse (*interesse* ou *id quod interest*). As duas expressões parecem ter sido empregadas indiferentemente; foi por pleonasmo que a prática judiciária francesa reuniu as duas palavras para forjar a expressão *dommages-intérêts*.

Por fim, o que distinguia a reparação civil da pena criminal era o fato de não ser obrigatoriamente pessoal para o autor do dano. No contexto de uma sociedade não individualista, a reparação podia refletir-se sobre a família em seu todo. Os herdeiros podiam ser considerados civilmente responsáveis do feito de seu autor. Para os canonistas, tratava-se de livrar a alma do finado do peso de sua culpa. Além disso, os juristas medievais reconheciam que o chefe da família podia ser obrigado a reparar os danos causados por aqueles que vivessem sob o seu teto: a casa em seu todo era julgada responsável apenas em decorrência da coabitação. Da família, a reparação podia até, em certos casos, estender-se para uma comunidade de habitantes. Em caso de delitos rurais cometidos por autor desconhecido, havia obrigação de reparação civil, baseada essencialmente na ideia, inspirada pelo direito canônico, de que os aldeães eram obrigados a vigiar seu território: o grupo cometia uma falta coletiva se permitisse a perpetração de delitos. Apesar desses esforços de conceituação, a Idade Média não conseguiu delimitar perfeitamente o direito penal público e a reparação civil. Numerosos exemplos mostram que o resgate sobreviveu parcialmente e em paralelo com os processos públicos em matéria de delitos, mantendo a confusão entre reparação e repressão.

A valorização do racionalismo durante o Antigo Regime aclara rapidamente a situação. O direito natural moderno, em parte intermediado pela doutrina jurídica, preparou terreno para a construção de um direito à reparação no qual o Código Civil francês se inspirará diretamente. A escola do direito natural moderno reapropriou-se do direito medieval e o intelectualizou. Para a doutrina canônica, era preciso, acima de tudo, buscar a intenção, pois era necessário que o autor de um dano tivesse a consciência de pôr-se na situação de pecado. O direito natural, a contar do século XVI, insistiu na predominância desse elemento intencional; visto que o homem era considerado racional e dotado de vontade, o dano era uma falta pela qual ele devia reparação. A razão só deve conduzir a ações que não sejam prejudiciais à sociedade, que, por sua vez, protege os direitos naturais, tais como a liberdade, a propriedade e mesmo a segurança. Grócio, por exemplo, enuncia claramente as condições modernas para um direito à reparação, postulando como princípio que, da falta acompanhada por dano, "nasce naturalmente uma obrigação, que tem o objetivo de repará-lo" (*DGP*, II, XVII, I). À força de abstração, nos séculos XVII-XVIII a falta emancipou-se parcialmente da noção de pecado à qual os canonistas a vinculavam. É pelo menos o que afirmam os juristas franceses cuja obra está mais voltada para a filosofia do direito natural moderno. É forte sua tendência a considerar a falta como inescusável porque razão e vontade implicam quase sistematicamente a responsabilidade do indivíduo que causa um dano a outrem. Para Domat já não é tanto a intenção culpada que dita a obrigação de reparar, mas sim a falta, inclusive quando isenta de intenção maligna. Nas *Leis civis em sua ordem natural* (1689), ele sistematiza essa regra rematando um construto teórico iniciado no fim da Idade Média: "Todas as perdas e todos os danos que possam decorrer da ação de alguma pessoa, seja por imprudência, leviandade, ignorância do que é mister saber ou outras faltas semelhantes, por mais leves que possam ser, devem ser reparados por aquele cuja imprudência ou falta os tenha ensejado. Pois trata-se de dano cometido por ele, ainda que sem a intenção de prejudicar" (parte I, liv. II, tít. VIII, sec. IV, I).

Os juristas cujas obras são essencialmente destinadas aos praticantes mostram que a reparação está já bem identificada, conforme se vincule ou não a uma pena criminal; a responsabilidade delituosa dá ensejo àquilo que os juristas chamam de reparação civil propriamente dita, ao passo que a responsabilidade quase delituosa é reparada pelo pagamento de indenização. Denisart, em sua *Coleção de decisões novas...* (6ª ed., 1743, t. III), vincula a noção de "reparação civil" ao delito, pois escreve que "se dá esse nome aos valores que os criminosos são condenados a pagar às partes civis, para indenizá-las pelos danos que o crime lhes causou". De fato, como o pagamento dessa reparação implica a possibilidade de coerção física, "mesmo para os septuagenários e as mulheres casadas", em Denisart há um indício do princípio segundo o qual "a Reparação civil não deixa de conservar o caráter de pena". E o autor esclarece: "Não se deve [...] confundir indenização por perdas e danos com reparações civis", pois as primeiras são apenas a reparação dos quase-delitos; são "o ressarcimento de uma perda que quem o recebe sofreu em sua fortuna, e que, da parte do condenado, pode ter uma causa inocente". É sempre a ideia de culpa que induz a obrigação de reparar em caso de responsabilidade por ação sobre outrem ou sobre coisas inanimadas. A obrigação em que está o senhor de reparar os danos causados pelas faltas de seus prepostos remonta a uma tradição medieval que é sistematizada por Pothier em 1768, em seu *Tratado das obrigações* (part. I, cap. I, sec. II, § 2). Um nexo de dependência e solidariedade implica uma responsabilidade comum, ao passo que uma razão prática, sem dúvida, explica por que a reparação pesa sobre o senhor: ele tem mais condições do que um doméstico ou um aprendiz de indenizar financeiramente a vítima do dano.

Insuficiências do Código Civil francês

Em comparação com as regras elaboradas pelo antigo direito, o Código Civil francês de 1804 parece bem pouco inventivo. Ele obrigava à reparação todos os autores cujo comportamento prejudicasse a ordem social. "Todo e qualquer ato humano que cause dano a outrem obriga à reparação aquele por cuja culpa o fato ocorreu" (art. 1382). Reconhece-se o direito oriundo da responsabilidade delituosa, acompanhado imediatamente, no artigo 1.383, da obrigação de reparar em matéria de quase-delito, ou seja, no caso em que o dano resulte de "negligência" ou de "imprudência". Em todos os casos, a reparação é a contrapartida de uma falta, inclusive nos casos de responsabilidade por atos alheios; enunciando em seu artigo 1.384 que se é responsável pelos danos "causados por pessoas pelas quais se deve responder", o Código avalia que a falta consiste no "relaxamento da disciplina doméstica", para retomar a expressão de um orador nos debates preparatórios (Fenet, *Recueil*..., 1828, t. XIII, p. 488). Mesmo na hipótese da responsabilidade por danos causados por coisas "que estejam sob nossa guarda" (animais e construções, arts. 1.385-86), é a culpa que condiciona a reparação: esta é devida por um custodiante que se presume culpado, e não à vítima de um dano objetivamente causado pela propriedade alheia. Portanto, em 1804 triunfa e cristaliza-se a responsabilidade subjetiva.

Do ponto de vista de sua tradução material, a reparação tende a simplificar-se: ela se traduz quase exclusivamente num pagamento de indenização por parte do autor do dano. A reparação moral, presente até o fim do Antigo Regime com o nome de "reparação de honra", cai em desuso; segundo o *Répertoire méthodique et alphabétique de législation de doctrine et de jurisprudence* publicado por Dalloz, "a condenação à reparação de honra deixa de ser autorizada pelas leis modernas" (1858, t. 39, ver "Réparation"). Aubry e Rau, em seu *Cours de droit civil français*, confirmam a secura teórica desse princípio, afirmando que "a reparação do dano, material ou moral, causado por um delito, resolve-se numa indenização [...]. A fixação do montante dessa indenização em geral fica a cargo da arbitragem dos tribunais" (4ª ed., 1871, p. 749).

Os danos ligados à multiplicação dos riscos na sociedade contemporânea mostrarão todos os limites do direito à reparação oriundo do Código Civil; eles incitarão o direito a retornar à responsabilidade objetiva, abrindo caminho para a reparação com base apenas no dano. Apegada à interpretação restritiva do Código, a doutrina estaciona na noção de culpa: não há reparação possível caso ela não seja imputada ao autor de um dano. Mas como a definir? Evidentemente, não com base no direito natural: os civilistas da primeira metade do século XIX são pouco inclinados à abstração filosófica. Para a maioria deles, a culpa consiste unicamente na violação da lei positiva. Essa "tirania da culpa", porém, tem a vantagem de levar à reparação dos danos no âmbito da responsabilidade pelos atos alheios ou por coisas inanimadas; a doutrina, pela aplicação dos artigos 1.384 e seguintes do Código Civil francês, insiste para que a culpa seja presumida, e que essa presunção só seja rejeitada em presença de casos fortuitos. A reparação, portanto, é *a priori* mais fácil de obter por parte da vítima. Mas há um campo em que, precisamente, o caso fortuito barra o direito à reparação: trata-se dos acidentes de trabalho. Durante todo o século XIX, a jurisprudência se recusou a ver nas explosões de máquinas outra coisa além de um caso de força maior. Cabia, portanto, ao acidentado ou à sua família provar que a explosão tinha resultado de uma falta imputável ao dono da empresa, demonstrando que a máquina estava em mau estado, e que o patrão tinha cometido uma falta ao não consertá-la ou substituí-la. Prova impossível de apresentar concretamente, como demonstra a jurisprudência (Cass. civ. *Painvin*, 19 de julho 1870). Foi a intervenção do Estado que, finalmente, possibilitou as indenizações por acidentes de trabalho. A lei social de 9 de abril de 1898 realizou uma revolução conceitual, pois decidiu deixar de considerar o acidente como culpa. A partir daí, a reparação de todos os acidentes dos quais os operários eram vítimas no trabalho passou a pesar sobre o estabelecimento empregador. A questão da responsabilidade foi posta entre parênteses a favor do financiamento dos riscos incorridos pelos assalariados, de acordo com um sistema de previdência ainda atual. Em caso de acidente, é paga uma indenização prefixada que representa uma fração do salário do operário. Logicamente, as indenizações pagas às vítimas podem ser diminuídas pelo juiz, caso o acidente seja decorrente de uma falta inescusável do operário; ao contrário, a indenização pode ser aumentada caso haja falta inescusável do patrão. Como corolário dessa lei de 1898, tornaram-se obrigatórios os seguros operários e patronais, para financiar o custo das indenizações reparadoras. É esse sistema de seguros que hoje predomina para cobrir a reparação dos danos em campos extremamente variados. O seguro reparador, que se antecipa a um dano, transforma radicalmente o direito da responsabilidade: consagra um retorno ao sistema da responsabilidade objetiva, da qual, porém, os juristas não queriam mais ouvir falar desde a época medieval.

As intervenções conjugadas da jurisprudência e do legislador passaram a enfatizar a reparação, que tende a ser pensada separadamente da responsabilidade; trata-se, em primeiro lugar, de indenizar as vítimas, a tal ponto que se tende a prescindir de responsáveis. Assim, em 1968, a lei de 3 de janeiro obrigou à indenização por danos causados por alienados, com base no artigo 1.382 do Código civil francês. Em 1985, a "lei Badinter" inspirou-se nos princípios da legislação de 1898 sobre os acidentes de trabalho, postulando como princípio que ninguém podia mais invocar a força maior para os acidentes causados por veículos motorizados. Em 1986, a lei de 9 de setembro decidiu uma indenização por terrorismo. Por fim, a lei de 31 de dezembro de 1991 instaurou um procedimento específico de reparação, criando um Fundo de Indenização às Vítimas de Transfusões de Sangue Contaminado (FIVTH). Assim se consagrou o princípio de socialização da reparação. Inspirados pela preocupação com a equidade, todos esses textos contradizem a jurisprudência civil que, desde meados do século, preconiza a teoria da "reparação integral" (Cass. 2ᵉ civ., 28 de outubro de 1954: "É próprio da responsabilidade civil restabelecer com a máxima exatidão possível o equilíbrio destruído pelo dano e recolocar a vítima na situação em que ela se encontraria caso o ato danoso não tivesse ocorrido"). De fato, a legislação limita quantitativamente a reparação, pois na maioria das vezes fixa indenizações predeterminadas, restringindo-as a um teto máximo. O caso dos terceiros pagadores, desde que o princípio da Seguridade Social se generalizou depois da guerra, obedece a esse procedimento de limite máximo; os pagamentos de indenização são limitados por razões de imperativo orçamentário: o dano sofrido então é parcialmente reparado.

Há cerca de trinta anos, o caráter inflacionário do direito à reparação por intervenção do legislador estrangula a teoria clássica da responsabilidade. Fala-se facilmente de "devedor da reparação", insistindo-se no fato de que ele "não é forçosamente culpado". A reparação tornou-se coletiva, sem que a obrigação que pesa sobre a comunidade tenha sido antes filosoficamente estruturada. A responsabilidade reflui à medida que a indenização automatizada estende sua esfera. O ter sobrepujou o sentido.

› AUZARY-SCHMALTZ B., "La responsabilité délictuelle dans l'ancien droit français. Les origines des articles 1382 et suivants du Code civil", *RHD*, 1999-2, pp. 163-90. – BONGERT Y., "Rétribution et réparation dans l'ancien droit français", *MSHDB*, 1987, pp. 59-108. – CARBASSE J.-M., *Introduction historique au droit pénal*, Paris, 1990. – DUMAS A., *Histoire des obligations dans l'ancien droit français*, Aix-en-Provence, 1972. – GAZZANIGA J.-L., *Introduction historique au droit des obligations*, Paris, 1992. – HALPÉRIN J.-L., *Histoire du droit privé depuis 1804*, Paris, 1996.

Grégoire BIGOT

→ Culpa; Dano; Guerra privada; Responsabilidade; Responsabilidade administrativa.

REPRESENTAÇÃO

Houve quem dissesse que a representação política é puro sofisma; é o que pensam ou tendem a pensar muitos de nossos contemporâneos, uma vez que, depois de eleitos, os governantes têm dificuldade para cumprir as promessas que os tornavam *representativos* de uma opinião ou mesmo de um programa que defendiam, com o objetivo de afirmar a diferença específica de sua política. Pode-se dizer também, com James Mill, que ela foi a grande invenção dos tempos modernos, opinião esta da maioria dos autores que chamamos de "clássicos", por terem exposto a fecundidade da instituição: indivíduos eleitos por determinado tempo decidem com consciência e competência a política que deve ser implementada, política pela qual são responsáveis ao deixarem a função.

Essa invenção do constitucionalismo nascente (monarquia da Inglaterra, revoluções da América e da França) podia ser vista como conquista definitiva, conforme escrevia Hegel em *Constituição da Alemanha*: "Não é a descoberta de indivíduos que a teriam conquistado como uma concepção científica, como resultado de um estudo deliberado, mas essa instituição é um princípio da opinião pública, hoje faz parte da sã razão humana." Como explicar tal desacordo entre o que os clássicos celebraram e o que a democracia do século XX sente? Sem dúvida houve o desejo de usar a instituição fora das convenções e dos empregos que os clássicos lhe davam; assim, por ter sido inaugurada com uma perspectiva de seleção da elite dirigente, a representação baseava-se no elemento da *confiança*, prejudicado depois pelas vicissitudes políticas e pelas recentes interpretações de democracia e pluralismo.

Uma concepção clássica: racionalização dos interesses

Os teóricos clássicos do governo representativo estavam em busca de um sistema tal que a sociedade pudesse ter ao mesmo tempo garantias de liberdade e segurança, sem que a garantia da segunda fosse paga com o sacrifício da primeira: era preciso que o reinado da lei substituísse o poder do homem sobre o homem, e que aqueles que fazem a lei ficassem na dependência do povo. Segundo fórmula de Montesquieu, a representação implicava não se confundir liberdade do povo com poder do povo ou, nos termos de Sieyès, não recorrer à forma grosseira e primitiva que é a democracia; em suas *Observações sobre o relatório do Comitê de constituição* (1789), Sieyès compara a democracia "às matérias-primas e às mercadorias brutas que a natureza sempre ofereceu ao homem, mas que o homem sempre submeteu à sua indústria, modificando-as e preparando-as para torná-las próprias às suas necessidades e à sua fruição". O modelo apropriado, segundo Sieyès, é o da procuração de direito privado e o da seleção das competências no âmbito da divisão do trabalho; assim como o médico, o advogado, o arquiteto e o carteiro servem os *interesses* daquele que a eles recorrem, o cidadão moderno se faz representar em política por um "procurador" porque não tem tempo nem competência para deliberar e decidir: "No objeto de minha procuração, ou os senhores me encarregam de fazer o melhor possível, como fariam pessoalmente, e nesse caso sou seu *representante*, ou me encarregam apenas de manifestar sua opinião, e então não passarei de *portador de votos*" (*Deliberações que devem ser tomadas nas assembleias de bailiado*, 1789). O "procurador" não está lá para manifestar a opinião do "mandatário", pois sabe melhor que este quais são seus interesses, de que modo é preciso defendê-los e como eles podem ser "conciliados com a pluralidade": o discurso de 7 de setembro de 1789, lido por Sieyès no debate sobre o veto, tornou-se um texto clássico. Ele censurava aqueles que desejavam que os representantes da nação fossem retirados da própria nação, quer por paixão democrática mal compreendida (a esquerda da Assembleia), quer, como Mirabeau, para dar ao rei, chefe do Executivo, direito de "apelo ao povo", o que terá diversas ramificações na história francesa, até a Constituição de 1958, com o uso do referendo e da dissolução (sobre esse histórico: Jaume, 1990-91). Para Sieyès, não se podia fazer um apelo à Nação simplesmente porque a vontade racional da nação está na assembleia dos representantes.

Na opinião de alguns (C. Schmitt), a contradição de Sieyès era querer basear a especificidade do espaço político recorrendo a modelos do direito privado e da sociedade civil; mas isto porque, para Sieyès, chegara a hora de "fazer do governo uma profissão", assim como cada um em sua arte é um profissional incontestado. Ter por profissão o interesse público? Não se trata de um título contraditório, desde que o "estabelecimento público" seja também uma grande empresa, em que cada acionista é detentor de sua parte através do poder de nomeação e do poder de revogação. Portanto, os mais competentes são escolhidos e derrubados, se necessário, assim como se troca de médico quando ele não satisfaz: ninguém perde a liberdade por ser representado, como acredita Rousseau; ao contrário, ela é maximizada (manuscritos de Sieyès).

Haveria outra objeção, na verdade mais temível. Se os eleitores não são competentes em matéria de decisão política, como terão esse mínimo de competências necessárias para *reconhecer* a competência presumida do eleito? Uma vez que os eleitores podem fazer a pior das escolhas, o problema vai mais longe. Essa questão não escapara ao teórico Montesquieu; já Sócrates perguntava a Górgias se, na democracia, os ignorantes poderiam escolher outra coisa, senão ignorantes (enquanto, para empregar um artesão, a pólis nunca se enganava). Montesquieu considera que o bom-senso popular dá a resposta: a "capacidade natural que o povo tem para discernir o mérito" (*Espírito das leis*, II, 2) é explicada pelo fato de ele se pronunciar na prática, de acordo com a conduta de que um magistrado tenha dado mostras nos tribunais, um general na guerra ou uma personalidade notável em sua cidade. Portanto, ninguém consulta o povo sobre questões políticas, mas sobre o mérito constatado e a capacidade presumida: "Apesar de pouca gente conhecer o grau preciso da capacidade dos homens, cada um é capaz de saber, em geral, se aquele que ele escolheu é mais esclarecido que a maioria dos outros" (XI, 6, "Da constituição da Inglaterra"). É essa comparação racional, baseada ao mesmo tempo na experiência e no crédito dado para o futuro, que constitui o elo representativo: ser representado é depositar *confiança.* A noção de confiança, tão importante no pensamento liberal (e encontrada no *trust*, segundo Locke: delegação, missão, confiança), lembra uma espécie de contrato firmado entre o eleito e o eleitor, indicado, entre os latinos, pela proximidade semântica entre *fides* (boa-fé) e *foedus* (pacto). Ao mesmo tempo forte e frágil, racional e afetivo (expectativa em relação ao eleito), o contrato representativo é revisável. Embora os clássicos tenham mencionado a dimensão "aristocrática", pois elitista, da representação (cf. em seguida C. Schmitt, *Théorie de la constitution*, p. 355 e os desenvolvimentos de B. Manin, 1995), o fato é que insistem nos serviços prestados (elos de patrocínio da aristocracia fundiária na Inglaterra), na competência presumida e na "força de crédito" (Necker). Na origem, portanto, a escolha eleitoral não consiste em arbitrar entre *opções* concorrentes, mas em selecionar os indivíduos dignos de confiança: durante a Revolução, tratava-se de uma "comparação entre as qualidades necessárias no exercício de uma função e as qualidades pessoais, os respectivos méritos dos diferentes concorrentes" (P. Gueniffey, *Le Nombre et la Raison*, p. 129).

De resto, os revolucionários de 1789 não se limitaram à formulação demasiado otimista de Montesquieu: tomaram o cuidado de construir uma filtragem dupla (com o sufrágio de primeiro grau, que é quase universal) e de confiar a escolha fundamental às assembleias eleitorais de segundo grau, com forte taxa censitária: afinal, a elite social escolheria os representantes em seu seio, e o paradoxo da incompetência a selecionar a competência é considerado resolvido por esse dispositivo prático. Uma vez que a *deliberação* ocorre nas assembleias de segundo grau, como bem mostrou P. Gueniffey, é lá, e somente lá, que o constituinte de 1791 estabelecia a diferenciação entre Estado e sociedade, entre lugar de produção do interesse público e mundo dos interesses privados.

Aspiração democrática: era da suspeita

Essa concepção não foi unânime, nem podia ser; uma vez que se tenha afinidade com a filosofia rousseauniana da lei e da "vontade geral", a representação implica uma desnaturação da lei e traduz a degeneração da sociedade: "Assim que o serviço público deixa de ser a principal atividade dos cidadãos, e eles preferem servir com o bolso a servir com sua própria pessoa, o Estado está próximo da ruína" (*Contrato social*, III, 15). No tratado de Rousseau, a vontade geral não é um fato aditivo que resulte do voto expresso, mas, em primeiro lugar, aquilo que o cidadão encontra *em si* quando ele se examina do ponto de vista do interesse e do bem de todos. A vontade geral rousseauniana deve ser analisada à luz do dualismo (que tem eco muito forte na cultura política francesa) entre interesse público e interesses particulares, pois cada ser humano tem "uma vontade particular contrária ou dessemelhante à vontade geral que ele tem como cidadão" (I, 7). Para que a lei tenha origem na vontade geral autêntica, no momento da deliberação do corpo soberano, "quando todo o povo estatui sobre todo o povo", é preciso que cada um adote a mesma atitude: pôr o interesse cívico comum acima dos interesses individuais e particulares. A pressão de todos sobre cada um (ilustrada pela célebre fórmula: "Nós o obrigaremos a ser livre") só terá sentido, moralmente, se cada um exercer sobre si mesmo a vigilância do cidadão sobre o homem egoísta. A partir daí, é absurdo supor que alguém possa me substituir para praticar esse exame racional e razoável: por mais virtuoso e desinteressado que se postule ser o corpo dos representantes, ele logo será levado a pôr seus interesses de corpo acima do interesse de todos. Sobre a vontade geral (e não sobre a vontade pura e simples) Rousseau escreve: ela "não se representa: é a mesma ou é outra" (III, 15). O povo inglês não é mais livre desde que seu Parlamento se reuniu. No entanto, se a extensão do território e o estado dos costumes obrigarem a adotar a representação, será preciso aplicar os preceitos apresentados nas *Considerações sobre o governo da Polônia*: "Cumpre que a cada palavra que pronuncie na dieta, a cada atitude que tome, o núncio se veja de antemão debaixo dos olhares de seus constituintes e sinta a influência do julgamento destes, tanto sobre seus projetos de avanço quanto sobre a estima de seus compatriotas" (cap. 7).

A concepção rousseauniana é bastante exigente em vista do esforço de abstração, da aspiração ao universal que requer do cidadão. Para os democratas (ou os republicanos) fervorosos, ela tem o mérito de fundar a lei como "expressão da vontade geral" em termos de realidade, e não de simples ficção. Parece fortalecer pujantemente o caráter de *impessoalidade* da lei, condição de um verdadeiro "governo das leis". Reduzido a um programa por aplicar (coisa que ele não era, decerto), o *Contrato social* parece justificar uma exigência de *verdade* em política, cujo atrativo se transmitiu até hoje. Em vão se falará em confiança como fundamento do sistema representativo se, como acredita Rousseau, ficou provado em Esparta (bem mais do que em Atenas) que o cidadão pode compreender, saber, julgar e mesmo decidir. No entanto, um filósofo apaixonado pelo pensamento rousseauniano, como Kant, não hesita em escrever que a democracia não representativa é necessariamente despótica (*Paz perpétua*); aliás, "toda forma de governo que não seja representativa é propriamente informe (*Unform*), porque o legislador pode ser, numa única e mesma pessoa, também o executor de sua vontade" – embora Rousseau tenha distinguido governo e soberano. Não é indubitável que o poder do povo, exercido de modo imediato, engendre a impessoalidade da lei, pois não há mais defesa contra a facção dominante: lição aprendida pelos autores do *The Federalist* americano.

A luta dos jacobinos, ora contestando a representação (fase de oposição), ora glorificando a representação de tipo inédito (governo revolucionário), conserva de Rousseau aquilo que pode legitimá-lo: somente "representantes" ou "mandatários" virtuosos (à imagem de um povo virtuoso) poderão *reconciliar* a soberania do povo com sua representação. Nos termos de Robespierre, se o corpo representativo "não for puro e quase identificado com o povo, a liberdade estará perdida". Em grande parte tática (luta contra os moderados e depois contra o poder dos girondinos), a tese ainda fascina os radicalismos diversos que se expressam na vida política: que o representante "se assemelhe" ao representado é uma aspiração que continua viva, desde que se abominem as modalidades que separam claramente ordem civil de ordem política e se recuse a *distância* que o liberalismo considera fecunda por obrigar a uma responsabilidade nitidamente delimitada.

Há, pois, dois grandes modos de pensar a "verdade" em política: como simples delegação (espírito do radicalismo democrático) ou como aceitação de uma clivagem, instauradora da grandeza e do risco político. Aliás, pode-se aventar a hipótese de que aquilo que há cerca de vinte anos é chamado de "crise da representação" na realidade seja uma crise de *confiança* no ofício político, assim como há uma crise, mais recente, das competências do Estado: sendo justa essa hipótese, o debate sobre a representação não poderá ser puramente técnico, será também filosófico, moral e político; dirá respeito ao próprio sentido da ordem democrática, que não se satisfaz com uma definição apenas jurídica (governo constitucional).

Hobbes: um despotismo democrático?

Contra as variantes do rousseaunianismo político, a originalidade do pensamento de Hobbes consistiu em obter uma teoria da representação que destrói na base a possibilidade de democracia, se entendida esta como afirmação da *soberania do povo* perante o titular do poder estatal. A pessoa do Representante no *Leviatã* provém do "pacto de autorização" por meio do qual cada indivíduo da "multidão" institui aquele que (rei ou assembleia) porá fim à guerra de todos contra todos. Essa *persona multitudinis* não é o representante de um corpo soberano, mas produto de vontades que, como tais, são pré-políticas e só se entendem acerca desta instituição salvadora. A ordem política começa com a instauração de um poder "ao qual nenhum poder é comparável na terra", uma soberania que advém porque "autorizada" a falar e a agir *em nome de todos* (*in the person of*, disse o inglês); é a representação que institui a soberania, e não o inverso (Jaume, *Hobbes et l'État représentatif moderne*). Assim, em Hobbes, são recusadas de antemão as fontes do conflito entre Povo soberano e representantes que alimentará as promessas da Revolução até Bonaparte. Como cada um é "autor" das leis e dos atos do "ator" estatal, recebendo a imputação de responsabilidade por isso, ninguém pode subtrair-se à obediência (e mesmo à identificação) àquilo que diz ou faz o representante de todos: a desobediência e a dissensão das opiniões levariam à dissolução da ordem política e ao retorno da guerra dos interesses e das paixões. Sem representante soberano, a sociedade volta a ser estado de natureza.

Por fim, a "pessoa artificial" do soberano, representante político da ordem civil, cria pelas leis e pela ordem jurídica uma pessoa política do povo: multidão → representante → soberano → povo. É o representante que, na ordem propriamente política, institui o representado. Oriundo de um consentimento extorquido pelo temor da morte violenta, numa relação de igualdade em que o homem é lobo do homem, o representante hobbesiano capta da aspiração democrática algumas características (igualdade concorrencial, unidade, poder da maioria) para estabelecer um despotismo de fundamento coletivo.

Ninguém mais do que Hobbes ilustrou uma das possíveis transmutações da representação: dissociando ao extremo segurança e liberdade, baseando a capacidade para a *delightful life* (vida privada) na passividade cívica, o Estado Leviatã representa os homens "incorporando-os" (segundo imagem que entesta a edição *princeps*). Não é por acaso que a glorificação do poder consular do ano VIII por Cabanis, num discurso para o Quinhentos, tem inflexões de Hobbes: "No verdadeiro sistema representativo, tudo ocorre em nome do povo e para o povo; nada é feito diretamente por ele: ele é a fonte sagrada de todos os poderes, mas não exerce nenhum." E o orador enuncia em seguida a finalidade do sistema: "Enquanto sua força colossal [do povo] anima todas as partes da organização política, enquanto sua soberania, fonte verdadeira, fonte única de todos os poderes, imprime caráter solene e sagrado a seus diferentes atos, ele vive tranquilo sob a proteção das leis." Embora Cabanis e Bonaparte reconhecessem em palavras a soberania do povo, o modo de ver continuava sendo o de Hobbes: primazia nas tarefas da vida civil, monopólio do pensamento e da ação para a instância estatal. A "força colossal" desse Leviatã é exercida por seu chefe, o futuro Imperador do povo. A representação como trunfo do Déspota racional? A tese de Hobbes valia como advertência.

Representação e fictio juris

Alguns espíritos perspicazes quiseram reduzir a *inflação* associada à representação política: "deus mortal" de Hobbes, soberania do povo-monarca, que, de acordo com o Sieyès do ano III, é a fonte dos destemperos da Revolução. Avante o cinismo do monstro frio que disse "Eu, o Estado, sou o povo" (*Assim falou Zaratustra*). Então se propõe a técnica jurídica da *ficção*: o representante não passaria de artifício, reconhecido como tal, para produzir um efeito de direito. Assim como a continuação da pessoa do *de cujus* em seus herdeiros é pura convenção, assim como em Roma o pretor resolvia uma situação por meio de um artifício de raciocínio (Y. Thomas, *Droits*, nº 21, p. 61), dirá Duguit: "Há representação todas as vezes que se considera que as manifestações de uma vontade têm o mesmo valor de outra vontade e produzem os mesmos efeitos que produziriam se emanassem desta." A representação política, portanto, é simples procedimento pragmático, um "como se", ou uma identificação artificial de interesses (Bentham), o tempo de uma missão determinada. Mas que político poderia defender publicamente tal discurso? Representar é fazer crer.

Representar tudo?

Essa visão desencantada se choca com a realidade moral e passional da democracia contemporânea, em que o líder, na conquista do poder (e em seu exercício), tira proveito dos *efeitos especulares* que estão sempre presentes na representação: o discurso político quer seduzir, quer personalizar o agente em sua preciosa diferença. É preciso ficar "perto dos eleitores", ser "homem de ação", "imagem do país": esses preceitos são considerados a chave da "popularidade" na chamada democracia de opinião. Não é indubitável que esse discurso da *mimese* (no sentido do sofista platônico) atenda à expectativa profunda dos cidadãos, passado o tempo da ilusão, mas é fortalecido pela convergência com outro tema poderoso: representar é *traduzir* a sociedade em sua diversidade concreta. A concepção predominante durante a Revolução francesa consistia em dissociar as bases da representação (população, riqueza, território) e seu conteúdo: segundo a Constituição de 1791, "os representantes nomeados nos departamentos não serão representantes de um departamento em particular, mas da nação inteira". As concepções contemporâneas (multiculturalistas e, sobretudo, comunitaristas) mostram-se opostas a essa visão: representar é ser representativo porque portador de um elemento de especificação (religião, etnia, localidade, sexo), ao qual se deve ser fiel no exercício da função. Assim, pode-se pensar que tudo deve ser representado. Mas, desse modo, nenhum estado de representação é suficiente: pensemos na espiral tocquevilliana da igualdade. É paradoxal constatar que, depois da criação de uma instituição destinada a separar e diferenciar Estado e sociedade, lei e costumes, público e privado, a história da representação seja a história do retorno à proximidade, à semelhança e à relação especular. "Representar ou governar, é preciso escolher", escreveu um autor contemporâneo (J. Tournon, *in La Représentation*): não é certo que o nosso tempo esteja pronto para ouvi-lo.

› Arcy F. d' (org.), *La Représentation*, Paris, Economica 1985. – Jaume L., *Hobbes et l'État représentatif moderne*, Paris, PUF, 1986; *Le Discours jacobin et la démocratie*, Paris, Fayard, 1989; "L'État républicain selon de Gaulle", *Commentaire* (1990-91), nº 51 e 52; "Représentation", *Dictionnaire de philosophie politique*, Paris, PUF. – Manin B., *Principes du gouvernement représentatif*, Paris, Calmann-Lévy, 1995.

Lucien Jaume

→ Assembleias de Estados; Utilitarismo; Vontade geral.

REQUISIÇÃO

Consideraremos aqui a palavra requisição em seu sentido de operação unilateral por meio da qual a autoridade administrativa (autoridade civil ou militar) obriga uma pessoa física ou jurídica, que será ulteriormente indenizada, a fornecer, por si mesma ou por terceiros, serviços, uso de bens imobiliários ou a propriedade ou uso de bens mobiliários, para o atendimento de necessidades excepcionais e temporárias, reconhecidas como de interesse geral em condições definidas pela lei.

Permanência e diversidade de objetos da requisição

Tradicionalmente, a requisição está associada a uma missão que é prerrogativa do Estado, a saber, a garantia de segurança da nação perante as nações estrangeiras. O nexo entre a requisição e a coisa militar já existia em Roma. Durante a República, servia tanto para o aprovisionamento das tropas em campanha, quanto para o seu alojamento de passagem, impondo-se às cidades que eram atravessadas ou ocupadas por elas. Geralmente ordenadas por autorizações especiais do Senado, as requisições não ensejavam remuneração. Durante o Império, não desapareceram essas requisições decididas para as necessidades ocasionais dos exércitos, apesar da instituição da *annona*, imposto em espécie que a administração cobrava anualmente em proveito do exército, que passara a ser permanente. No Baixo Império, surge até mesmo um verdadeiro direito da requisição, de interesse militar, mas também civil; dava garantias tanto do ponto de vista da execução, quanto da remuneração e foi generalizada por Justiniano (527-565), salvo para as requisições de alojamento baseadas no princípio antigo da hospitalidade (*munus hospitii*).

A requisição sempre esteve presente na história da França. Mas recebeu nomes diferentes, e seu emprego dependeu muito das vicissitudes da construção do Estado. Assim, durante o feudalismo, a decomposição da soberania foi acompanhada pela ampliação das requisições, especialmente a favor dos grandes senhores feudais, por meio de corveias e do serviço armado, que pesavam sobre os servos e os burgueses, mas também por intermédio do *jus mansionaticum*, obrigação de fornecer pouso e abrigo. O rei da França, porém, conservava uma prerrogativa importante, o direito de tomadia, que subsistiria até o século XVII, a despeito dos protestos que provocava. Em virtude desse costume, o rei da França podia apropriar-se, onde quer que passasse, de gado, grãos, forragem e outros bens móveis, necessários à manutenção de sua casa. Caberá a Richelieu, no reinado de Luís XIII, a Mazarino e a Louvois, no de Luís XIV, organizar mais sistematicamente o direito de requisição no contexto de uma organização sistemática dos serviços da Administração militar. A partir daí, as requisições, feitas por funcionários da Intendência militar ou pelos intendentes, serão consignadas em registros e ensejarão indenização. Embora os poderes públicos se esforçassem por recorrer, sempre que podiam, a procedimentos amigáveis, tais como os contratos de fornecimento firmados com os municiadores, para prover às necessidades dos exércitos, a requisição subsistiu para o alojamento do soldado. Não foi por acaso que na época da Revolução tenham coincidido, enfim, a palavra e a coisa "requisição". A guerra travada contra as grandes potências europeias impunha a adoção de uma legislação cada vez mais exigente para o serviço dos exércitos, enquanto, paradoxalmente, o discurso dos filósofos iluministas, ainda presente nos debates revolucionários, condenava tal prática, que era vista como grave atentado às liberdades individuais. A conscrição em massa da nação deu origem a numerosos textos, entre os quais o significativo decreto de 23 de agosto de 1793, por meio do qual a Convenção punha "em estado de requisição" todos os habitantes para "o serviço à Pátria", "até que os inimigos sejam expulsos do território da República". Nenhum dos regimes políticos seguintes, até a III República, modificou substancialmente o direito de requisição. Este conservou um objeto essencialmente ligado à guerra, regido por um mosaico de textos legislativos votados na época do Diretório, do Consulado e da Restauração. Foi só com a célebre Lei de 3 de julho de 1877 que se organizou racionalmente a matéria das requisições militares. Inspirado pela legislação alemã, o legislador francês, aprendendo com as lições da derrota, pretendeu adotar legislação análoga, que desse aos cidadãos garantias de respeito a seus direitos, relativas sobretudo ao montante da indenização, que devia corresponder ao valor dos serviços fornecidos, permitindo assim que o exército obtivesse dos habitantes uma cooperação eficaz, caso houvesse necessidade. Na história moderna do direito da requisição na França, as duas guerras mundiais constituem sem dúvida uma linha divisória determinante. Em primeiro lugar, porque essa técnica se desconectou progressivamente das preocupações puramente militares para atender a necessidades civis, não só em período de guerra, mas também – e cada vez com mais frequência – em tempos de paz. A Lei de 11 de julho de 1938 visava às "necessidades do país", que o Conselho de Estado interpretou de maneira ampla. Vários fatores, já perceptíveis entre as duas guerras, explicam essa evolução: o surgimento da guerra total, ao mesmo tempo nacional e econômica, que implica uma extensão considerável das requisições, a multiplicação das funções do Estado-providência e as mudanças no conceito jurídico de propriedade, que deixa de ser direito subjetivo do proprietário para tornar-se "função social do detentor da riqueza" (Léon Duguit).

A esse fenômeno de distorção do nexo entre requisição e esfera militar soma-se a multiplicação dos textos legais que instituem o direito de requisição. Além dos grandes textos que regem o direito de requisição (leis de 1877 e de 1938, ordem de 6 de julho de 1959), cabe citar, em matéria de requisição policial, o art. L. 2212-2 do Código Geral das Coletividades Territoriais, bem como todos os textos legislativos referentes a campos tão diversos quanto alojamento, proteção das águas marinhas e organização dos socorros, que são regimes especiais de requisição. Essa dispersão das regras é fonte de opacidade do direito aplicável, bem como elemento prejudicial de diversidade dos regimes jurídicos. Por esse motivo, regularmente se recorre à codificação, com o objetivo de entender mais e harmonizar o direito, mas sem grande sucesso até agora.

Natureza jurídica flutuante do direito de requisição

O direito de requisição teve qualificações diferentes ao longo do tempo. Durante o Antigo Regime, as requisições de bens mobiliários e imobiliários eram consideradas vendas forçadas. No século XIX, a influência dos conceitos tradicionais oriundos do direito civil e o forte apego à propriedade privada levaram a jurisprudência a equiparar as requisições a negócios forçados. Durante a Primeira Guerra Mundial, com o aumento do contencioso das requisições, foi levantada a questão da natureza jurídica destas. Embora alguns autores continuassem presos à qualificação de contrato forçado, outros juristas, considerando que se tratava de uma operação de poder público, a viam como um imposto arrecadado para o aprovisionamento do exército, mas equitativamente distribuído entre os contribuintes, por meio do pagamento de uma indenização (Olivier Martin...); outros ainda, rejeitando a equiparação ao imposto, visto que a requisição era acompanhada de compensação pecuniária e só atingia certa categoria de cidadãos, preferiam ver nela uma forma do direito de desapropriação, sensíveis que estavam ao fato de que, tal como este, a requisição impõe ao detentor de uma coisa a transferência de propriedade a favor do Estado, sendo acompanhada de uma indenização equitativa, ainda que não prévia (L. Le Fur, H. Berthélemy, L. Duguit, L. Rolland...).

Essas divergências doutrinais seriam dirimidas pela Corte de Cassação em importante acórdão de 6 de março de 1917 (*ministro da Guerra contra Société Erichsen*), que considerou a requisição como uma técnica *sui generis* própria ao direito público. A Corte acompanhava assim as conclusões do procurador-geral Sarrut, que propusera considerar a requisição militar como "uma operação jurídica de natureza especial, com legislação própria, não equiparável a nenhuma outra operação jurídica", não podendo, pois, ser comparada à desapropriação por motivo de utilidade pública, nem ao contrato de venda. No mesmo acórdão, a Corte de Cassação também julgava que a indenização pelos fornecimentos devia ser avaliada na data da requisição, sem que coubesse nenhum benefício à pessoa requisitada. Esses critérios de indenização estão na ordem de 6 de janeiro de 1959, relativa às requisições de bens e serviços.

A doutrina, progressivamente, aderiu ao ponto de vista de que o direito de requisição é uma operação de poder público *sui generis*. Tal definição tinha a vantagem de evidenciar sua originalidade tanto em relação à venda, em que deve haver livre acordo entre as partes sobre a coisa e o preço, quanto em relação aos outros procedimentos do poder público, que são a cobrança de impostos, a desapropriação, a nacionalização e a mobilização. Somente Marcel Waline se distanciou da interpretação dominante, ressaltando a evolução da natureza jurídica das requisições, outrora definidas como vendas forçadas ou como desapropriações mobiliárias, passíveis de ser qualificadas agora de locações forçadas de coisas – nas requisições de bens – ou de locações forçadas de coisas de serviços – nas requisições de pessoas –, o que redundava categoricamente a ressuscitar a antiga definição de contrato forçado e a minimizar a singularidade da técnica, que era qualificada de "procedimento autoritário, não contratual" pelo mesmo autor.

A extensão do objeto do direito de requisição para necessidades sociais em algum grau excepcionais não mudou fundamentalmente a natureza jurídica dessa técnica, que, como já dizia Maurice Hauriou, continua sendo, "em toda a sua pureza, o tipo da operação de poder público". A doutrina contemporânea, aliás, não procurou questionar a definição da Corte de Cassação, esforçando-se, sobretudo, por distinguir requisição e desapropriação. Com esse objetivo, os critérios mais frequentemente citados são o objeto – a requisição incide tanto sobre os bens móveis quanto sobre os imóveis, mas nunca acarreta a transferência de propriedade destes últimos –, o momento – a requisição é um procedimento excepcional que só ocorre em tempos de crise e tensão – e o procedimento, mais simplificado e sem a intervenção do Judiciário, previamente à cessão.

No entanto, hoje como ontem, qualificar a requisição de procedimento de coerção autônoma do direito público não parece plenamente satisfatório. Embora tal qualificação fosse aceitável quando essa técnica só era regida por algumas grandes leis que definiam, precisamente, as condições de seu emprego, hoje já não é tão aceitável, em vista da multiplicação de textos legais, que habilitam, às vezes de maneira bastante vaga, as autoridades administrativas dotadas de poder de polícia (prefeito, governador) a recorrer a tal procedimento, sem que ocorra encampação irregular ou ato de arbitrariedade. Em suma, a requisição porventura não se terá tornado simples manifestação de poder por parte das autoridades administrativas, seja no âmbito de seu poder geral de polícia, seja no de seu poder regulamentador, quando elas aplicam as leis que regem explicitamente a requisição? O direito de requisição, ao banalizar-se, teria de alguma maneira perdido sua singularidade jurídica e, decerto, algo de sua coerência.

› BERTHÉLEMY H., *Traité élémentaire de droit administratif*, Paris, Rousseau, 9ª ed., 1921, pp. 424 ss. – DUCOS-ADER R., *Le Droit de réquisition. Théorie générale et régime juridique*, Paris, LGDJ, 1956. – DUGUIT L., *Traité de droit constitutionnel*, Paris, De Boccard, 1930, t. 3, pp. 395-405. – GAUDEMET Y., “Réquisitions de personnes et réquisitions de services”, *Jurisclasseur Administratif*, fasc. 245, 1979. – WALINE M., *Traité élémentaire de droit administratif*, Paris, Sirey, 6ª ed., 1952, pp. 453 ss. – *RDP*, 1917, pp. 44 ss., 140-5, 278 ss. – Col.: *AJDA*, 1999, número especial julho–agosto de 1999: *Puissance publique ou impuissance publique?*, pp. 22 ss.

Alain LAQUIÈZE

→ Bens; Desapropriação; Direitos senhoriais e feudais; Exceção, necessidade, urgência; Forças Armadas, recrutamento e serviço militar; Propriedade (Direito de).

RESPONSABILIDADE

Respondere é a palavra latina que deu origem a “responsabilidade”. Responsável é aquele que responde. Mas responde pelo quê? Pelo dano causado? Pela falta cometida? Pelo crime de que é acusado? Por coisas ou pessoas que estejam sob sua guarda? Pensando bem, a palavra responsabilidade, tão indispensável a todo sistema jurídico, não é específica do jurista. É encontrada em outros sistemas normativos, entre os quais as diferentes filosofias, morais e religiões. Aliás, não seria descabido acreditar que ela se torna unívoca quando utilizada em direito. De fato, as origens históricas e as tradições sociais sempre projetam, às vezes clandestinamente, sua sombra sobre o modo como uma ordem jurídica concebe e organiza a articulação entre suas normas e as consequências da violação destas. A dimensão antropológica da responsabilidade e, com ela, seu significado simbólico determinam o modo como o direito percebe a relação entre sua inobservância e as reações sociais organizadas que se lhe vinculam.

A leitura assídua da literatura jurídica possibilita constatar até que ponto cada um continua marcado, no modo de abordar todo problema jurídico de responsabilidade, por suas próprias concepções éticas, quando não por sua ideologia política. Ambas incitam a considerar evidentes ou admitidos pressupostos que, analisados, se revelarão frequentemente relativos, portanto contestáveis. A responsabilidade sempre se situa numa encruzilhada, no ponto de encontro ou de colisão entre duas lógicas ou duas aspirações. Citaremos, em ordem (ou desordem) falsamente cronológica: o ponto de encontro entre justiça divina e inconstância humana; entre liberdade da pessoa e indiferenciação da coletividade; entre moral individual e ética social; entre garantia e castigo; entre dano, falta e risco; entre lógica da causalidade e lógica da imputabilidade; entre obrigações do responsável e direitos das vítimas; entre punição garantida pela coletividade e justiça privada. Por isso, é preciso ter consciência delas, não tanto para vencê-las quanto para esclarecer as opções e as escolha que em todo sistema jurídico determinam a teoria do direito da responsabilidade e sua organização técnica.

Teoria do direito da responsabilidade

Não há sistema jurídico organizado, marcado pela unicidade ou pela complexidade, sem que haja também, em seu epicentro, um sistema de responsabilidade com um grau maior ou menor de articulação. Essa situação fundamental implica o exame inicial, para a conscientização, dos elos que todo regime de responsabilidade tem com outros constituintes importantes de uma ordem jurídica. No entanto, se partirmos das breves observações feitas na introdução, ou seja, da dependência da teoria da responsabilidade em relação a certa filosofia do direito, encontraremos infalivelmente a questão de seus fundamentos: O que lhe dá origem? Que fatos e que atos obrigam um sujeito de direito a responder por eles? Logo perceberemos que a resposta a essa interrogação depende diretamente das funções que sejam atribuídas à responsabilidade num sistema de direito, a tal ponto que parece difícil dissociar fundamentos e funções.

Situação

Responsabilidade e ordem jurídica. – Um sistema ou uma ordem jurídica é, primeiramente, constituída por um conjunto coordenado de normas, destinadas a ser executadas por sujeitos de direito. Conforme nota Jean Combacau, uma ordem jurídica se compõe de uma grande variedade de peças, das quais umas são resultado da interação das outras; as primeiras são produtos; as segundas, modos de produção. Todo sistema jurídico baseia-se em tal conjunto. De certo modo, ou seja, nas modalidades de formação, tal como na distinção utilizada outrora por Léon Duguit (*Traité de droit constitutionnel*, De Boccard, 1927, t. 1, p. 105) e Georges Scelle (*Précis de droit des gens, principes et systématique*, Sirey, reed. CNRS, 1984, pp. 14-5), estabelece-se entre "o direito normativo" (que prescreve ações ou abstenções) e o "direito construtivo" (que "indica os procedimentos pelos quais as normas deverão ser empregadas e respeitadas") a oposição fundamental e já conhecida (sistematizada por Herbert Hart) entre "normas primárias" e "normas secundárias", ou seja, entre normas que enunciam uma prescrição ou habilitação e normas que indicam como reconhecer, produzir ou aplicar as normas anteriores. Como observa então Norberto Bobbio, "uma ordem jurídica é um sistema que tende a manter-se em equilíbrio dinâmico, utilizando regras do segundo grau para a conservação ou para a transformação das regras do primeiro grau" ("Nouvelles réflexions sur les normes primaires et secondaires", *La Règle de droit*, Bruylant, 1971, p. 104). Está claro que as normas que estabelecem um sistema de responsabilidade devem ser classificadas no segundo tipo. São, por excelência, normas secundárias, pois destinam-se a estabelecer as consequências da transgressão das normas primárias. Dentro da categoria das normas secundárias, Hart as inclui no número das normas de "adjudicação" ou, no sentido mais amplo do termo, de aplicação das obrigações primárias. Deve-se ter em mente que esse caráter secundário não significa em absoluto que tais normas são menos importantes que as normas primárias, mas sim que sua existência depende destas; também são secundárias do ponto de vista cronológico: não poderia haver responsabilidade sem transgressão de uma regra primária por um sujeito que ela obrigue. Além disso, esta última observação só será válida se associarmos a responsabilidade à transgressão do direito, o que – como veremos adiante – corresponde apenas a uma das opções possíveis, sem dúvida a mais frequente, é verdade. Compreende-se então por que é difícil conceber um sistema jurídico desprovido de um sistema de responsabilidade. Se a transgressão das normas primárias não for acompanhada por consequências de direito destinadas a puni-la, estará em xeque a eficácia, quando não a validade, desse sistema. Por que seus sujeitos seriam incitados a respeitá-lo, se podem desrespeitar impunemente suas prescrições?

Responsabilidade e obrigação. – Segue-se do que foi dito acima que, organizando as consequências da violação das obrigações jurídicas, a responsabilidade está não só ligada ao funcionamento eficaz da ordem jurídica em seu todo, mas também à administração da punição. Ora, segundo certa doutrina inspirada por Austin e por Kelsen, a ordem jurídica, qualquer que seja, só pode ser concebida como ordem coercitiva (*Zwangsordnung*), pois não pode haver obrigação sem determinação correlativa da punição à sua transgressão; a responsabilidade jurídica, então, já não é apenas necessária ao funcionamento da ordem jurídica, mas também, simplesmente por existir, possibilita a criação das obrigações jurídicas. Em tal esquema, a própria cronologia enunciada acima é posta em xeque, pois as normas que estabelecem a responsabilidade são preliminares à criação de novas obrigações primárias. Percebe-se aí o caráter constitutivo vinculado ao sistema de responsabilidade. A concepção kelseniana é, sem dúvida, radical por conceber a punição apenas em sua forma coercitiva, ou sempre coativa. No entanto, pode-se ter a respeito uma concepção muito mais ampla, a exemplo de Santi Romano e de Michel Virally, apesar de se reconhecer sua "importância capital" no funcionamento da ordem jurídica. "Pela ameaça que representa, ela constitui um dos meios melhores e mais simples de garantir o respeito efetivo às obrigações." Essa asserção continua exata mesmo quando a sanção não é um ato de coerção, mas uma nova obrigação jurídica, engendrada pelo descumprimento de uma obrigação anterior. É o que ocorre com o pagamento de indenização por perdas e danos, consequente ao descumprimento de um compromisso. É inquestionável que o elo direto entre responsabilidade e punição é indissociável do elo existente entre responsabilidade e obrigação.

Responsabilidade e dano. – A norma jurídica geralmente é considerada como a associação entre a obrigação de um sujeito e o direito correlativo de outro sujeito. "Direito e obrigação são indissociáveis no pensamento jurídico. Seus significados respectivos só existem em relação ao outro [...]. Só nasce obrigação jurídica quando um direito lhe corresponde" – disse M. Virally. Daí resulta que a inobservância da primeira acarreta em princípio o atentado ao segundo. Desrespeitando o direito, o sujeito responsável também atenta contra um direito. Na teoria clássica da responsabilidade geralmente consagrada em direito civil interno, essa ligação entre direito e obrigação na norma também tem como consequência o fato de que a própria definição de responsabilidade não pode ser concebida apenas com referência ao dever descumprido; também deve, necessariamente, levar em conta o prejuízo sofrido. Na prática, é este último que, dando origem a um interesse pela ação em juízo contra outro sujeito, aciona o mecanismo que leva à aplicação da responsabilidade civil. Sem interesse, não há ação; sem ação, não há responsabilidade. A responsabilidade é sempre uma relação entre o autor e a vítima do fato danoso. A responsabilidade está assim subordinada, em sua aplicação, à produção do dano provocado pelo descumprimento da obrigação jurídica. Entende-se então por que ela deixa de ser percebida em relação à transgressão abstrata da legalidade, que ela tem o encargo de restaurar, e passa a ser percebida com referência a um dano concreto, cujas consequências ela está incumbida de eliminar. Apesar de percebida então como um mecanismo essencialmente reparador, sua forma e suas modalidades deverão variar em função da natureza do dano sofrido, sobretudo em conformidade com sua natureza material ou moral.

Entende-se assim por que situávamos há pouco a responsabilidade no epicentro do sistema jurídico. Percebida em relação à ordem jurídica em seu todo, ela é determinada primeiramente em relação ao atentado contra a legalidade, portanto contra a obrigação, cujo descumprimento ela pune. Considerada em relação ao sujeito individualizado, prejudicado em seus direitos subjetivos, ela se mostra como um dispositivo reparador, cujas incidências econômicas podem ser determinantes na prática, tanto em escala individual quanto coletiva. Tendo assim designado seu papel com referência à legalidade e ao dano, anunciávamos a pluralidade de suas funções dentro de uma ordem jurídica e da sociedade por ela organizada.

Funções e fundamentos

Evidentemente, parece mais lógico começar pelos segundos. No entanto, há uma interdependência; realmente, não são indissociáveis. Embora o termo de origem seja latino (*respondere*), por sua vez derivado de *spondeo*, que inspira o ato destinado a responder pelo que foi prometido, sua procedência não está no direito romano, ou, pelo menos, não diretamente. Conforme explicava Michel Villey, "a palavra 'responsabilidade', que tem tanto sucesso na doutrina jurídica contemporânea, não existe em direito romano. Só aparece nas línguas europeias no fim do século XVIII, e sua verdadeira carreira só tem início no século seguinte".

Embora não ignore a falta, o direito romano não baseia nela a responsabilidade. Privilegia a reparação, para garantir "a defesa de uma justa distribuição entre os bens partilhados numa família, de um justo equilíbrio (*suum cuique tribuere-aequabilitas*)". Quando ocorre uma ruptura desse equilíbrio (entre os patrimônios, as situações individuais ou a paz social resultante), intervém a justiça corretiva ou comutativa, que tende a eliminar a perturbação assim provocada. Pouco importava então se a desordem produzida tinha origem numa falta ou em alguma outra causa. A concepção romana de responsabilidade estava voltada para a reparação objetiva do dano e para a restauração da ordem anterior, não no sentido da retribuição negativa ao comportamento faltoso e subjetivo do autor da desordem que devia ser eliminada. Em tal esquema, a "*culpa*" ocupava, sem dúvida, posição capital em certos assuntos criminais, ainda que a falta nem sempre fosse voluntária; no entanto, não fornecia o fundamento principal à responsabilidade. Eram responsáveis aqueles que podiam ser convocados perante o tribunal por pesar sobre eles "certa obrigação, quer sua dívida procedesse ou não de um ato de sua livre vontade" (M. Villey). Só depois o direito, mesmo continuando durante muito tempo a falar latim, vai separar-se progressivamente da concepção romana. Com a expansão da escolástica, a evolução geral, sob influência da Igreja e dos canonistas, se orientará para a individualização marcante da responsabilidade, centrada na designação da falta individualizada, tradução ou substituto do pecado. A responsabilidade já não é, então, primordialmente patrimonial. Continua sendo necessário reparar, mas expiando a própria falta cuja consequência é o dano. Tal como no Juízo Final, o que pesa é nossa conduta. A ulterior laicização do direito, que ocorreu a partir do século XVII, não se separará dessa concepção individualista de responsabilidade, pelo contrário. Grócio, fundador da escola moderna do direito natural, cita entre os três axiomas aos quais "se reduziria" o direito propriamente dito a regra segundo a qual "cada um deve reparar o dano cometido por sua culpa" (Prolegômenos, § 8). Tem-se aí o espírito, senão totalmente a letra, do artigo 1.382 do Código Napoleônico: "Todo e qualquer ato humano que cause um dano a outrem obriga à reparação aquele por cuja culpa ele ocorreu." Dessa exaltação da culpa como eixo da responsabilidade resulta o fato de esta última, como instituição jurídica, mesclar estreitamente a reparação da falta como punição individualizada do ato culpado e a reparação do dano como consequência material ou moral daquela culpabilidade inicial.

Foi só com o fim do século XIX, com o aumento dos novos perigos provocados pela Revolução Industrial e a multiplicação dos acidentes de trabalho, que os diferentes sistemas jurídicos ocidentais, tanto de inspiração eurocontinental quanto de *common law*, foram incitados a encontrar a função essencialmente reparadora da responsabilidade. Ela já não se baseia na falta, mas no risco criado ou mesmo na garantia assumida por aquele cuja atividade, ainda que totalmente lícita, pode causar prejuízos a terceiros. Responsabilidade qualificada então de "objetiva", cujo objeto é possibilitar que a vítima tenha acesso à reparação sem precisar demonstrar previamente – o que com frequência é difícil, quando não impossível – uma falta imputável ao responsável. A função da garantia e, depois, da segurança construída sobre suas bases perde então toda conotação moral, portanto aflitiva, para polarizar-se na dimensão patrimonial, econômica mas também social (direito do trabalho) da reparação. Duas polaridades disputam assim fundamentos e funções da responsabilidade. Uma, cuja anterioridade histórica vimos, é objetiva. Centrada na reparação da perturbação ou do dano causado, obriga seu autor a responder à vítima pelos prejuízos que lhe causou. Levada ao extremo, essa lógica reparadora, através da socialização dos riscos, redunda na ideia de garantia, em última análise independente de qualquer ideia de falta imputável ao responsável. A outra polaridade, subjetiva, concentra-se, ao contrário, no comportamento do sujeito de direito e em seu desvio em relação à obrigação jurídica à qual ele estava submetido. O elemento de intencionalidade torna-se determinante. Não só o comportamento, mas também a vontade do sujeito determinam sua responsabilidade. No entanto, a interação dos diferentes parâmetros pode ser levada em conta, para "ajustar" da melhor maneira a responsabilidade de acordo com o objeto que lhe é atribuído. Estamos então na linha divisória entre teoria, que inspira, e técnica, que adapta.

Técnica da responsabilidade

A partir dos dados teóricos acima, ofereciam-se possibilidades diversas que, a partir de um tronco comum também compósito, possibilitaram uma extraordinária arborescência de regimes específicos de responsabilidade. É essa diversificação, na verdade no ponto de encontro entre opções teóricas e organizações práticas, que convém mencionar, antes de constatar como é possível organizar o ajuste técnico da responsabilidade considerada, em cada um dos regimes considerados.

Diversificação

O direito, ou melhor, os direitos apresentam hoje uma miríade de tipos de responsabilidade: privada, pública; civil, penal individual, coletiva; administrativa, política interna, internacional. Em cada uma delas, embora organizadas, quando não "dosadas", de modos diferentes, encontram-se os ingredientes básicos oriundos dos dados teóricos acima descritos.

Responsabilidades civis e penais. – Na fenomenologia do desenvolvimento de toda e qualquer ordem, a primeira distinção importante, de acordo com a lógica daquilo que foi exposto acima, ocorre entre as responsabilidades civil e penal. Durante muito tempo, mesmo em direito francês, elas foram dificilmente discerníveis. A reparação pode ser também uma aflição. Ao reparar o dano causado à vítima, o próprio responsável sofre uma pena, na forma mais ou menos intensa de amputação patrimonial, devendo pagar para repor as coisas na situação em que estavam antes que ele agisse contrariamente às prescrições do direito. François Terré mostrou até que ponto certa tradição filosófica incita implicitamente, ainda hoje, a ver no dano a tradução do mal. No entanto, a evolução social e o peso da coletividade levaram a distinguir com nitidez cada vez maior e a sistematizar a diferenciação entre civil e penal, em função da bipolaridade exposta acima. A responsabilidade civil enfatiza os direitos da vítima e a reparação do prejuízo que esta sofreu em sua pessoa ou em seus bens. A responsabilidade penal, ao contrário, incide sobre o sujeito responsável para punir a perturbação que ele causou na ordem social. Do ponto de vista processual, daí resulta que, enquanto a ação civil só é movida por iniciativa daquele cujo direito subjetivo foi lesado, fundamentando assim seu interesse jurídico na ação, a ação penal só é movida pelo Ministério Público; é este que, representando a sociedade, requer a pena para que seja punida a intenção culpada ou a vontade de prejudicar, tenha esta sido realizada ou não. O que está em causa então não é a individualidade da vítima, mas o interesse da coletividade. Muitos sistemas jurídicos nacionais (por exemplo, Alemanha, Espanha, Portugal), ao contrário do direito francês, arrolam o direito penal entre as disciplinas do direito público, e não privado, pois ele concerne às relações do sujeito com a sociedade.

Responsabilidade individual e coletiva. – Encontra-se também a oposição entre indivíduo e coletividade em outra diferenciação dos tipos de responsabilidade; ao contrário da responsabilidade penal, considera-se aí a coletividade não como vítima, mas como responsável, e o indivíduo não como culpado, mas como sujeito afetado. Na responsabilidade administrativa quem deve reparar é o Estado. Na França, em que esse ramo do direito teve grande expansão, desde o célebre acórdão *Blanco* do Tribunal dos Conflitos (1873), o Estado ou suas coletividades públicas são responsáveis pelos danos causados aos particulares por atos de pessoas que ele ou elas empreguem no funcionamento dos serviços públicos. Esse tipo de responsabilidade que, pelo menos na França e em alguns outros países, são da alçada de um tipo de jurisdição especial, é dotado de uma autonomia específica. Aliás, comporta diferentes regimes; dependendo daquilo que lhe der causa – erro de serviço, risco provocado, por exemplo, por uma concessionária de obras públicas, ruptura da igualdade dos cidadãos perante os cargos públicos –, também poderá ser implicada a responsabilidade da administração. Enquanto a justiça civil e, mais ainda, a penal substituíam a vingança privada, a responsabilidade administrativa punha o Estado sob o império do direito; ela subordina sua atividade ao respeito aos direitos dos administrados, buscando sempre o equilíbrio entre interesse público e interesse privado. A partir da declaração de responsabilidade do poder público, não só se edificou todo o direito administrativo como também se impôs certa concepção do liberalismo, determinando, ao lado das instituições políticas, certo tipo de relação entre a máquina do Estado e seus administrados.

Responsabilidade de direito interno e de direito internacional. – Sem pretender esgotar aqui a diversidade dos tipos de responsabilidade (por exemplo, mencionando a distinção civilista entre responsabilidade contratual e responsabilidade quase delitual, como razão da origem da obrigação descumprida), designaremos mais uma distinção importante: a existente entre a responsabilidade de direito interno e a responsabilidade de direito internacional. Tal como a responsabilidade administrativa, a responsabilidade internacional é pública, pois se aplica ao Estado. A originalidade da ordem jurídica internacional está na qualidade de seus sujeitos primários, cada um dos quais é igualmente dotado de um atributo jurídico singular, a soberania. Ao contrário dos direitos internos, ele não conhece integração orgânica e centralização do poder. Daí resulta que cada sujeito estatal se investe como livre apreciador da legalidade de seu próprio comportamento e do comportamento de terceiros; ele é também dispensador autônomo da reação provocada pelos atentados a seus direitos provocados por atos dos outros Estados, sendo assim juiz em causa própria, ainda que lhe seja permitido, em acordo com o parceiro de que ele se queixe, constituir a jurisdição internacional permanente (Corte Internacional de Justiça), que na prática julga muitos casos de responsabilidade. No entanto, dessa situação singular do Estado na ordem internacional resultam autênticos fermentos de anarquia, nos quais preferem deter-se muitos observadores apressados, pouco informados da extrema elaboração técnica da responsabilidade internacional dos Estados, aliás agora codificada pelas Nações Unidas (2001). Não há falta subjetiva, mas sim fato ilícito, como gerador ordinário de responsabilidade. O direito internacional extrai da falta a ideia de imputação a dado sujeito de uma responsabilidade associada a seus próprios atos. Mas, ao aplicá-la a uma pessoa jurídica, o Estado, elimina em princípio qualquer referência à intencionalidade (pelo menos na concepção estrita que lhe dava Anzilotti), "objetivando" a falta por sua redução ao fato ilícito, caracterizado este como distância entre o comportamento efetivo do sujeito e o conteúdo da regra que em tal caso deveria ter sido observada. Esse direito também considera uma responsabilidade isenta de qualquer referência ao dano; o simples atentado à legalidade internacional, seja esta convencional ou consuetudinária, basta para implicar a responsabilidade de seu autor; há manutenção concomitante de elementos diretamente extraídos dos mecanismos da justiça privada, na forma de represálias ou "contramedidas", livremente administradas pelo Estado que se considere como vítima. No entanto, a ordem jurídica internacional comporta um conjunto de regras secundárias que determinam, precisamente, as condições nas quais um Estado poderá recorrer a tais procedimentos, condições sem dúvida adaptadas a uma sociedade descentralizada, mas constitutivas em si mesmas de uma ameaça à estabilidade da ordem que as regulamenta. Por fim, a partir de um período historicamente muito recente (1993), a forte tendência à penalização da responsabilidade designa outros sujeitos de direito internacional: os indivíduos, tomados independentemente de seu vínculo, nacional ou funcional, ao Estado do qual provêm, como responsáveis por crimes de guerra ou contra a humanidade, por eles cometidos.

Organização

Todo regime de responsabilidade organiza, em função de seus fundamentos e de suas finalidades, certo tipo de relações entre elementos básicos: fato gerador da responsabilidade (falta, ato ilícito ou risco); dano, material ou imaterial; causas exoneratórias, totais ou parciais, conforme afetem a existência ou a consistência do fato gerador, ou façam desaparecer a própria responsabilidade. Entre esses elementos, há elos ou relações, constituídos pela operação de imputação ou pela investigação de causalidade.

Imputação. – Essa operação intelectual consiste em atribuir a um sujeito de direito a obrigação de responder por seus atos e, por suas consequências, ou pelos atos de um terceiro cuja posição ocupa. No caso mais simples e frequente, o da falta civil ou penal, ela normalmente é imputada àquele que a cometeu. Também é o que ocorre com o ato, mesmo que lícito nos termos da ordem jurídica na qual se enquadra, cujas consequências danosas devam ser reparadas (caso da responsabilidade objetiva). No entanto, por vontade do legislador, a imputação da obrigação de reparar pode ocorrer em alguns casos por meio da vinculação do ato ou do comportamento danoso a outro sujeito de direito que não aquele que efetivamente o produziu. Por exemplo, do pai maior, responsável pelos atos do menor juridicamente incapaz; o tutor legal de uma pessoa incapacitada; ou fiança solidária em caso de inadimplência do devedor principal. A quem for juridicamente fiador do comportamento de outrem será imputada uma obrigação de reparação por um ato que não cometeu. Em direito internacional, público ou privado, algumas convenções realizam uma "canalização" da responsabilidade para um sujeito único, designado como responsável, mesmo que ele não tenha sido o autor do fato danoso ou não tenha contribuído para a sua ocorrência, ainda que parcialmente. É o caso, por exemplo, de uma empresa exploradora de central nuclear em relação aos danos produzidos no território de outro país-membro (convenções AIEA e Euratom). Em todos esses casos, o manejo da imputação pode oferecer garantias de reparação nos casos em que a insolvência do autor efetivo do prejuízo não o permitiria; a técnica jurídica, ao garantir a justiça, vem em socorro da eficácia econômica.

Causalidade. – Pode-se também trazer à baila outra relação, que determina a *causalidade*: esta já não une um sujeito a um ato ou a uma obrigação, como no elo de imputação, mas sim o ato ao dano efetivamente produzido. A causalidade direta, que une diretamente, por exemplo, o gesto criminoso à produção do crime, pode ser substituída por causalidades transitivas em direito civil, administrativo ou internacional público; estas prolongam a cadeia que une um comportamento ao atentado contra os direitos de outrem. Mediata, mas não obrigatoriamente indireta, essa causalidade, tal como o manejo da imputação, com o qual pode combinar-se, pode possibilitar que a obrigação de reparar seja exigida da pessoa que tenha meios econômicos para tanto. A causalidade indireta vai mais longe, possibilitando, enfim, pelo menos em alguns sistemas de direito, vincular ao autor de determinado ato a produção de um resultado perigoso – como, por exemplo, a produção de produtos perigosos – a responsabilidade por danos ao meio ambiente, provocados por seu transporte. Mas a causalidade também é considerada em relação com a eventual ação de causas exoneratórias, que o legislador poderá decidir levar em consideração ou, ao contrário, descartar. Em direito francês, o autor de uma lesão física causada pela condução de veículo automotor não pode exonerar-se invocando força maior. Em compensação, esta última geralmente é considerada na maioria dos outros regimes de responsabilidade, como fator de alteração da vontade do autor do fato danoso. Este, posto em certa situação, não poderia concretamente deixar de agir como agiu. Isso será levado em conta para exonerá-lo, total ou parcialmente, da responsabilidade. O mesmo ocorre no caso do estado de necessidade ou do caso fortuito. Percebe-se que aí não se tem uma concepção mecanicista do nexo de causalidade, mas a consideração da intenção subjetiva na reconstituição do nexo causal; percebe-se o parentesco direto entre esse tipo de raciocínio e a consideração das circunstâncias atenuantes em direito penal.

Presunção. – Deve-se ressaltar, ademais, até que ponto o refinamento da técnica probatória perante os tribunais, o jogo das presunções, a inversão do ônus da prova, ao passar do autor para o réu, podem modificar a economia geral de um regime de responsabilidade, até levar, em certos casos, a duvidar da manutenção de seus fundamentos iniciais. Assim, em direito comparado, o exame dos diferentes regimes de responsabilidade, às vezes chamada sumariamente de "objetiva" (*sans faute*, sem culpa), permite constatar que, na realidade, mesmo sem sair do terreno da culpa, a adoção da presunção de que "a coisa fala por si mesma" (*res ipsa loquitur*), ao transferir da vítima para o responsável o ônus da prova do nexo de causalidade, possibilita chegar a um resultado muito próximo daquele que conduziria automaticamente à garantia contra os riscos criados. Diante de uma prova impossível, tanto para o autor do ato quanto para a vítima, só resta ao primeiro indenizá-la.

Reparação. – Faltaria falar das diferentes técnicas empregadas para a *reparação*. Elas variam consideravelmente, em especial segundo a natureza do prejuízo sofrido: material, imaterial, individual ou coletivo. Na base, porém, todos os regimes de responsabilidade partem do princípio de que as coisas devem ser repostas no estado em que estavam antes da perturbação introduzida pelo fato gerador. Essa *restitutio in integrum* deve, porém, ser entendida na diversidade de suas acepções. Ela pode visar à reparação do dano causado a bens ou a pessoas, mas aplicar-se também, de modo puramente jurídico, à reparação do prejuízo que afete os direitos subjetivos da pessoa. Ao restabelecer os direitos desta, contribui para o respeito à legalidade objetiva. Aliás, assinalávamos acima, naquela última perspectiva, a importância da responsabilidade para a eficácia, se não para a própria efetividade, da ordem jurídica em cujo âmbito é organizada. Essa reabilitação é, pois, também uma restauração do ordenamento jurídico que prevalecia anteriormente ao aparecimento do fato gerador e uma defesa do direito, entendido este como legalidade objetiva. Seja como for, a *restitutio in integrum* constitui o ideal da reparação. Nem sempre é acessível. A reparação ao atentado contra a vida de uma pessoa ou, mais simplesmente, a restituição de um bem, móvel ou imóvel, com frequência são impossíveis. Recorre-se então a sucedâneos, necessariamente imperfeitos, dos quais o mais frequente é a indenização por via pecuniária. Muitas vezes é grande a dificuldade para calcular o montante exato do dano por indenizar, quando se inclui não só a perda do ganho, mas também os lucros cessantes.

Sem dúvida, qualquer descrição sintética da responsabilidade jurídica só pode dar um apanhado da interdependência de seus elementos constitutivos e da diversidade dos resultados esperados. Tudo converge e se interpenetra – fato gerador, dano, imputação, nexo de causalidade – para estabelecer regimes distintos ao sabor de variações ou intensificações, às vezes sutis, deste elemento ou daquele. Não só epicentro de toda ordem jurídica, a responsabilidade tem em comum com o olho do ciclone a dinâmica de sua complexidade.

› Ago R., "Le délit international", *RCADI*, 1939, t. 68. – Bobbio N., *Essais de théorie du droit*, 1998. – Chapus R., *Responsabilité publique et responsabilité privée*, 1954. – Hart H., *Le Concept de droit*, 1976. – Kelsen H., *Théorie pure du droit*, 1962. – Moreau J., *La Responsabilité administrative*, PUF, 1995. – Stark B., *Essai dune théorie générale de la responsabilité civile considérée en sa double fonction de garantie et de peine privée*, 1947. – Viney G., *Le Déclin de la responsabilité individuelle*, 1965. – Virally M., *La Pensée juridique*, 1960, reed. 1998. – Romano, *L'Ordre juridique*, 1975. – Col.: *La Responsabilité, Archives de philosophie du droit*, t. 22, Sirey, 1977 (com contribuições de F. Terré, M. Villey, G. Viney).

Pierre-Marie Dupuy

→ Ato; Crimes e delitos; Culpa; Dano; Pena; Reparação; Responsabilidade administrativa; Responsabilidade civil; Responsabilidade política; Risco; Sanção.

RESPONSABILIDADE ADMINISTRATIVA

A responsabilidade administrativa deve ser entendida como a responsabilidade aplicável à administração pública normalmente pelo juiz administrativo; foi em grande parte construída em moldes pretorianos sob a influência da doutrina, durante o período de aproximadamente um século, de 1850 a 1950. Essa correlação entre responsabilidade e administração restringe logicamente o estudo à responsabilidade decorrente do exercício do Poder Executivo e exclui a decorrente do exercício dos poderes Legislativo e Judiciário (J. Moreau, 1995). Apesar de usual, a expressão "responsabilidade administrativa" é aproximativa, pois quase nada informa sobre as pessoas implicadas – pessoas públicas, principalmente, mas também certas pessoas jurídicas de direito privado – e pode levar a acreditar que a natureza dessa responsabilidade é diferente da natureza da responsabilidade privada. Ora, a responsabilidade administrativa é também uma responsabilidade civil, e não penal, que tende a compensar pecuniariamente, por meio de pagamento de indenização, prejuízos causados diretamente por um ato ou uma atividade da administração em sentido amplo, englobando as pessoas privadas encarregadas de um cargo público e dotadas de prerrogativas de poder público, estando assim submetidas à competência do juiz administrativo e às regras de mérito aplicáveis às pessoas públicas. Essa é a razão pela qual a expressão "responsabilidade do poder público", um tanto obsoleta por suas ressonâncias autoritárias, mas ainda empregada com frequência – e pelos próprios juízes –, não deixa de despertar interesse, por ressaltar o fato de que essa responsabilidade, qualificada às vezes abreviadamente de "pública", estendeu-se correlativamente ao intervencionismo crescente das pessoas públicas e à participação das pessoas privadas nas atividades de interesse público.

Na ausência de texto legal de alcance geral que estabelecesse um princípio de responsabilidade das pessoas públicas equivalente ao do artigo 1.382 do Código Civil francês para as pessoas privadas, foi o juiz supremo da ordem administrativa que derrubou o dogma da irresponsabilidade do poder público, que supostamente não poderia agir mal; isso foi feito por meio de acórdãos-paradigma, com forte semelhança a sentenças regulamentadoras. A responsabilidade administrativa, portanto, é indissociável da formação do direito administrativo clássico pelo Conselho de Estado, juiz de direito comum em primeira e última instância até 1953, que sempre soube "reconhecer prioridades", segundo expressão de Maurice Hauriou, na necessária submissão da administração ao respeito, não só ao direito objetivo, mas, sobretudo, aos direitos subjetivos dos cidadãos, cujos contornos ele contribuiu para desenhar. Por isso, a responsabilidade administrativa não é apenas um corpo de regras técnicas a governar as relações patrimoniais entre administrados vítimas e a administração autor de danos, mas é também, e principalmente, a expressão jurídica da democratização da sociedade e dos progressos da limitação do Estado pelo direito. Nesse sentido, pode ser qualificada de política (M. Deguergue, 1995) a jurisprudência que pôs fim à ideia, enfatizada por Laferrière, de que é próprio da soberania impor-se sem contrapartida.

A responsabilidade administrativa no direito francês apresenta uma particularidade interessante em relação aos direitos vizinhos, alemão e italiano. Não foi construída unicamente com fundamento na lesão aos direitos subjetivos dos indivíduos, mas também na violação do direito objetivo, que cedo foi considerada como falta imputável à autoridade administrativa competente que tivesse cometido a ilegalidade, em conformidade com a predominância do critério orgânico em direito público francês. A violação delituosa de dois princípios, o da igualdade e o da legalidade, pode explicar a incerteza persistente sobre o valor constitucional ou legislativo do princípio de responsabilidade administrativa das pessoas públicas em decorrência dos danos por elas causados, se é que se pode falar de princípio no singular. De fato, o Conselho de Estado não se refere a um princípio único, mas aos "princípios gerais aplicáveis à responsabilidade do poder público", por ele mesmo enunciados e cuja inobservância ele próprio pune como erro de direito, na qualidade de juiz de cassação desde 1989.

Esses princípios gerais, marcados pelo selo do poder público, não devem ocultar a existência de regimes legislativos de responsabilidade, adotados sem coerência de conjunto desde o início do século (Ch. Bréchon-Moulènes, 1974), seja para garantir a reparação de um risco social (guerras, sublevações, atentados) pelo Estado, seja para proteger uma categoria particular de agentes públicos contra a vingança de pleiteantes (professores), ou para eliminar disparidades na indenização por parte de duas ordens de jurisdição de danos comparáveis (acidentes de trânsito). Mas, por derrogação ao princípio de separação das autoridades administrativas e judiciárias, o legislador, em numerosos casos, transferiu a competência para os tribunais judiciários que aplicam as regras do Código Civil, de tal modo que a responsabilidade das pessoas públicas, nessas hipóteses, não é propriamente administrativa, mesmo sendo uma responsabilidade do poder público. Aliás, pode ocorrer que o legislador preserve a competência natural da jurisdição administrativa (danos causados por obras públicas) ou a restabeleça (revoltas), garantindo, correlativamente e por isso mesmo, a aplicação das regras jurisprudenciais da responsabilidade administrativa. Por fim, estas últimas não são totalmente descartadas pela existência de um regime legislativo de responsabilidade, desde que a causa determinante do dano pelo qual se pede reparação resida na má organização ou no mau funcionamento do serviço público.

Não obstante a existência de diversos regimes legislativos de responsabilidade, o fato é que a responsabilidade administrativa, com o reconhecimento dos princípios gerais do direito, constitui a figura emblemática do poder normativo do juiz administrativo, cuja obra pretoriana convém descrever antes de explicitar o conteúdo dos princípios gerais da responsabilidade do poder público, tal como resultam das decisões jurisdicionais, esboçando algumas perspectivas de evolução.

Formação pretoriana da responsabilidade administrativa

As origens da responsabilidade administrativa remontam ao Antigo Regime, em que a administração era declarada responsável pelos danos causados por obras públicas e pelo descumprimento dos contratos a elas referentes. Durante o período que vai do ano VIII, data da criação do Conselho de Estado, à lei de 24 de maio de 1872, que lhe conferiu em caráter definitivo a justiça delegada, não era raro que a responsabilidade do Estado fosse implicada, mesmo em decorrência de atividades soberanas, como a polícia dos portos (H.-F. Koechlin, 1957). Por isso, deve ser relativizado o dogma da irresponsabilidade, que teria prevalecido até o acórdão *Blanco*, de 8 de fevereiro de 1873, reconhecido como fundador da responsabilidade administrativa (P. Duez, 1938), relativizando-se também o alcance revolucionário desse chamado acórdão-paradigma, proferido pelo Tribunal dos Conflitos e precedido, na realidade, por dois acórdãos do Conselho de Estado de 6 de dezembro de 1855, que se anteciparam ao raciocínio feito sobre a questão de fundo. Do ponto de vista da competência da jurisdição administrativa, foi definitivamente descartada a teoria do Estado devedor, a favor do princípio de separação entre autoridades administrativas e judiciárias, cujo alcance no contencioso da responsabilidade o comissário do governo David quis ampliar em 1873. Do ponto de vista das regras do mérito, tendo sido rejeitados os princípios estabelecidos no Código Civil francês, a responsabilidade administrativa organizou-se em torno de um novo dogma, a autonomia, que a doutrina logo generalizou para o conjunto do direito administrativo, reiterando assim o tema de um direito derrogatório de um pretenso direito comum. E essa autonomia da responsabilidade administrativa alimentou-se da ideia de serviço público, em que regras especiais e variáveis são justificadas por necessidades específicas e pela imprescindível conciliação dos interesses públicos com os direitos das vítimas, ficando assim bem marcados os progressos da equidade, como ressaltara Maurice Hauriou na edição de 1911 de seu *Précis de droit administratif*.

Autonomia da responsabilidade administrativa. – A autonomia das regras de fundo da responsabilidade administrativa é indissociável da questão da competência jurisdicional para implicar a responsabilidade das pessoas públicas, que está em jogo na luta entre as duas ordens de jurisdições, luta reavivada pela afirmação feita pelo Conselho Constitucional, numa decisão de 23 de janeiro de 1987, do valor simplesmente legislativo do princípio de separação das autoridades, que autoriza o legislador a eventualmente derrogá-lo em matéria de responsabilidade. No entanto, os argumentos que justificam a competência administrativa para julgar danos causados aos particulares pelos agentes dos serviços públicos, formulados em 1873 por David em suas conclusões sobre o acórdão *Blanco*, parecem ainda válidos. Continuam pertinentes o caráter estranho do Código Civil no que diz respeito às relações da administração com seus agentes, tanto quanto a falta de liberdade de escolha da primeira perante os segundos e a maior aptidão técnica do juiz administrativo para conhecer as necessidades e as exigências dos serviços públicos. No entanto, a autonomia da responsabilidade administrativa já não tem significado e alcance tão radicais quanto na origem. Por um lado, a doutrina demonstrou, com justeza, a relatividade dessa autonomia, visto que numerosas regras consagradas pelo juiz administrativo se inspiravam amplamente em regras existentes no direito privado da responsabilidade, em especial as regras relativas às teorias da causalidade e às características do prejuízo indenizável (R. Chapus, 1954). Por outro lado, autonomia não significa que a ordem jurídica seja dupla: ao contrário, e paradoxalmente, ela favorece certa unidade, pois pode ocorrer que a jurisdição suprema da ordem judiciária aplique os princípios gerais da responsabilidade do poder público, seja espontaneamente para preencher alguma lacuna nas regras da responsabilidade privada – em especial para reparar danos sofridos por colaboradores voluntários e ocasionais do serviço judiciário ou por terceiros em relação a este –, seja a convite do legislador em caso de funcionamento defeituoso do mesmo serviço (art. L. 781-1 do Código da Organização Judiciária). Além disso, a unidade entre as responsabilidades administrativa e privada transparece no fundamento destas, que, como unanimemente reconhecido, reside no princípio de igualdade dos cidadãos perante os cargos públicos, versão constitucional do princípio mais amplo de correlação de vantagens e encargos (C. Eisenmann, 1949). O fato é que a responsabilidade administrativa, em seu conjunto, e sua autonomia em grande parte estão na estrita dependência da teoria do serviço público, cujo desenvolvimento deu ensejo à emergência de regras especiais.

Simbiose entre responsabilidade administrativa e serviço público. – Depois da especialização das regras aplicáveis à responsabilidade do Estado, o Tribunal dos Conflitos afirmou no acórdão *Blanco* a variabilidade dessas regras "segundo as necessidades do serviço e a exigência de conciliar os direitos do Estado com os direitos privados", pelo motivo de que a responsabilidade do Estado não pode ser "nem geral, nem absoluta". O serviço público apresentava-se, pois, como a essência da especialidade e a medida da variabilidade da responsabilidade administrativa. No entanto, a consideração das necessidades deve ser inserida no contexto da época, em que os serviços públicos eram a própria expressão do poder público, serviços públicos hoje chamados "administrativos". Assim, a formação da responsabilidade administrativa demonstra que ela é extraída dos imperativos do poder público e justifica o caráter excepcional de suas regras, derrogatórias do direito civil na proporção da prerrogativa de poder público e da sujeição, exorbitante, de conciliar os direitos dos cidadãos com os interesses da administração. Apesar das "crises" que afetaram a noção de serviço público, a responsabilidade administrativa foi generalizada a todos os serviços públicos administrativos, quer assumidos por pessoa pública, quer por pessoa privada.

A variabilidade das regras da responsabilidade administrativa foi bem cedo interpretada de acordo com três registros: primeiramente, a administração não pode ser responsável pelas faltas pessoais de seus agentes, e sua responsabilidade deve ser limitada às faltas administrativas anônimas imputáveis ao serviço público; em segundo lugar, pode haver uma gradação dessas faltas, correlativamente à importância da função administrativa exercida, e o próprio Laferrière sugerira que a responsabilidade poderia ser inexistente quando essa função confinasse com a soberania; em terceiro lugar, a administração pode ter responsabilidade objetiva, como mostrava já a indenização por danos permanentes de obras públicas. Se o serviço público serviu de fator para a extensão da responsabilidade administrativa, inversamente a responsabilidade administrativa muitas vezes serviu de revelador da existência de um serviço público, sendo esta induzida tão somente do reconhecimento contencioso de uma "falta do serviço público de índole a implicar a responsabilidade da pessoa pública em causa (caso da organização das festas tradicionais e da transmissão de programas radiofônicos). Nessas condições, será fácil entender por que a responsabilidade administrativa é dominada pela teoria do serviço público e por que o regime de direito comum dessa responsabilidade é precisamente o da falta cometida pelo serviço público. Mas não é o único, e a riqueza dos regimes da responsabilidade administrativa não é seu menor trunfo, no confronto com as disposições do Código Civil. O estudo dos "princípios gerais que regem a responsabilidade do poder público" tentará apresentar um breve apanhado.

Princípios gerais da responsabilidade administrativa

A admissão do próprio princípio de responsabilidade do Estado foi consequência das doutrinas filosóficas e sociais do século XVIII, contidas especialmente nas Declarações de Direitos de 1776 e 1789 (G. Soulier, 1969). A igualdade de direitos e de acesso aos cargos públicos pressupunha que sua transgressão, causada por um ato ou uma ação legal da administração, fosse compensada, para se restabelecer o equilíbrio assim rompido. Por isso, antes mesmo da generalização do regime da falta a todos os serviços públicos de soberania, o juiz administrativo consagrara a responsabilidade objetiva do Estado por riscos a que ele expusesse seus colaboradores ou os administrados e em decorrência dos encargos que lhes impusesse no interesse público. Assim, três regimes distintos ampliaram consideravelmente o campo de aplicação da responsabilidade administrativa, tornando-a quase geral, enquanto o dano e o nexo de causalidade foram entendidos extensivamente pelo juiz, sempre favorecendo a melhor indenização das vítimas.

Diversidade dos regimes da responsabilidade administrativa. – Essa diversidade reflete a miríade de fatos geradores de responsabilidade que a administração pode cometer em toda a variedade de suas atividades. Não só ela pode causar danos por suas faltas, como também pelos riscos ou os imperativos do interesse público, que ela impõe a alguns em proveito da maioria. O tríptico já clássico constituído pelos regimes da falta cometida em serviço, do risco e da ruptura da igualdade perante os cargos públicos não deve ocultar a parcela de artifício que há em estabelecer uma distinção entre as faltas e outros comportamentos danosos da administração. De fato, todo dano causado por esta última pode ser analisado como mau funcionamento administrativo, cujas consequências danosas o Estado deve garantir por meio de uma espécie de seguro mútuo, assumido em relação a todos os cidadãos, como outrora afirmado por Maurice Hauriou e Léon Duguit. Nem por isso a distinção entre responsabilidade com culpa e responsabilidade sem culpa (objetiva), que finalmente prevaleceu, deixa de conservar virtudes pedagógicas em si e em referência à tipologia privatista.

Aliás, a falta administrativa é bem marcada por essa ambiguidade; ela conserva um aspecto subjetivo: é a falta de serviço, quando de autoria de um agente e não desvinculável do exercício de suas funções, assumindo caráter objetivo, e é falta do serviço, quando anônima, coletiva e reveladora de deficiência de organização ou de mau funcionamento do serviço. Para que essas faltas impliquem direta e exclusivamente a responsabilidade da administração, também é preciso que sejam "caracterizadas", no sentido do texto do comissário do governo Jean Romieu em suas conclusões sobre o acórdão *Tomaso Grecco* de 10 de fevereiro de 1905, por "ser de índole a implicar" essa responsabilidade. Embora ele tivesse desejado esboçar uma teoria geral da falta dos serviços públicos, para a posteridade só passou a exigência de negligência grave para implicar a responsabilidade do serviço da polícia, único em causa na espécie. Progressivamente estendida aos outros serviços de soberania, como a arrecadação de impostos, o serviço penitenciário e as atividades de tutela e controle, a exigência da negligência grave rapidamente deixou à mostra suas limitações conceituais e sua natureza exclusivamente funcional: na ausência de um critério jurisprudencial da gravidade, que dava poder discricionário ao juiz administrativo, a isenção de responsabilidade conferida à administração, por motivo de pretensas dificuldades de execução, mal mascarava a proteção voluntária às atividades do poder público. Foi certamente a extensão da negligência grave às atividades médicas dos hospitais públicos em 1935 que, paradoxalmente, desencadeou o seu declínio – que redundou em seu abandono definitivo nesse campo em 1992 –, tamanha a dificuldade de apresentar provas por parte das vítimas e a tal ponto contrariava a tendência geral de indenização de todos os danos (D. Truchet, 1993). Por isso, os tribunais iniciaram a partir de 1972 uma política de abandono da negligência grave em todos os campos nos quais esta era antes exigida (J. Waline, 1995), mas com fenômenos esporádicos de ressurgência no âmbito policial, fiscal e de controle, quando a atividade em causa apresenta dificuldades notórias.

Seja como for, a negligência, que a doutrina qualificou de "simples", em oposição à grave, continua refratária a qualquer definição; a mais operacional ainda é a do civilista Georges Ripert, a saber, toda falta a uma obrigação preexistente, seja ela legal ou moral. Não obstante a dificuldade de identificar com precisão o conteúdo e a extensão das obrigações que pesam sobre a administração (L. Richer, 1978), o juiz administrativo bem cedo sancionou, em vista do reconhecimento de uma falta, o serviço que não funcionasse, que funcionasse mal ou que o fizesse com atraso, segundo a classificação estabelecida por Paul Duez (1938), à qual se prefere hoje uma classificação mais racional extraída da ilegalidade sempre culposa de atos administrativos e da irregularidade consistente em ineficiências ou infrações materiais da administração (M. Rougevin-Baville, 1992). A culpa continua sendo o regime de direito comum da responsabilidade administrativa, e os regimes de responsabilidade sem culpa (objetiva) são de aplicação mais rara, ainda que mais numerosos. Afora o contencioso dos danos causados por obras públicas, berço do risco, a responsabilidade objetiva (sem culpa) desenvolveu-se notavelmente segundo duas modalidades, distinguidas pela doutrina: a do risco integral e a do risco-proveito. A classificação dos fatos geradores de responsabilidade pode ser feita em termos de ações perigosas, que as pessoas públicas pratiquem (uso de máquinas ou engenhos perigosos, acúmulo de produtos perigosos, recurso a métodos liberais de tratamento dos doentes mentais ou de reinclusão social dos delinquentes), e de atos legais que elas pratiquem no interesse público (recusa de recorrer à força pública para execução de uma decisão judicial por motivos de ordem pública, regulamento de polícia que vise a proteger a tranquilidade, a segurança ou o bem-estar público, legislação protetora do meio ambiente ou da saúde, convenções internacionais). O desrespeito à igualdade dos cidadãos no acesso a cargos públicos revela então um prejuízo anormal e especial que constitui ao mesmo tempo uma condição de aplicação das hipóteses de responsabilidade objetiva e uma condição de indenização das vítimas. No entanto, esses regimes protetores dos interesses dos administrados não devem iludir, tanto em relação ao pequeno número de casos de aplicação quanto da exceção de risco assumido, que o juiz frequentemente opõe às vítimas, a fim de reduzir ou eliminar seu direito à reparação, por outro lado favorecido por uma concepção extensiva da causalidade e dos prejuízos reparáveis.

Concepção extensiva do prejuízo reparável e da causalidade jurídica. – Entre os princípios gerais aplicáveis à responsabilidade do poder público figura a existência de um dano e de um nexo de causalidade entre este e o fato gerador, que a vítima deve normalmente provar. O primeiro, da ordem dos fatos objetivos, dá direito à reparação integral dos prejuízos sofridos pelo patrimônio da vítima desde sua ocorrência; o segundo, da ordem da escolha subjetiva, cria a obrigação de reparar, a cargo do autor ao qual é imputável o dano. Com a preocupação de proteger os interesses das vítimas, o juiz administrativo, desde o início do século, tem reparado todos os prejuízos materiais e bom número de prejuízos morais (atentado à reputação ou às convicções filosóficas ou religiosas; sofrimentos físicos; prejuízo estético; perturbações nas condições de vida), mas até 1962 hesitou em reparar a dor moral ou os prejuízos afetivos, sensível à ideia de que não se mercadejam lágrimas e preocupado em proteger os cofres públicos de efusões dispendiosas. Foi a insistência da doutrina (R. Chapus, 1954) e o temor da marginalização do juiz administrativo em relação ao juiz judiciário que motivaram a esperada guinada jurisprudencial. Em compensação, a perda de oportunidade, motivo de prejuízo durante muito tempo ignorado pelas vítimas, embora reparado pelo juiz administrativo desde 1928, voltou a despertar grande interesse há cerca de dez anos. A perda de oportunidade pode ser definida como o desaparecimento indubitável, imputável a um ato da administração, da probabilidade de um acontecimento favorável, seja a obtenção de uma vantagem futura (título, diploma, promoção, nomeação para uma função, conclusão de um contrato), seja a estabilidade – em vez do agravamento – de uma situação atual (estado de saúde, nível de tributação). E a invocação cada vez mais frequente desse prejuízo pelos jurisdicionados faz parte, perfeitamente, da tentativa contemporânea de substituir igualdade por equidade, pois o juiz só repara quando as oportunidades invocadas eram sérias, tanto em relação à situação individual do interessado quanto à situação das pessoas às quais a oportunidade sorriu, garantindo assim a seu modo a igualdade de oportunidades.

A concepção extensiva da causalidade pelo juiz administrativo obedece ao mesmo imperativo de indenização dos danos e à busca de sua imputabilidade a um patrimônio administrativo solvente. No caráter direto do dano reside toda a complexidade da causalidade jurídica que tende a selecionar, na cadeia dos acontecimentos, o fato determinante, sem o qual o dano não teria ocorrido. A preferência marcante do juiz pela chamada teoria de "causalidade adequada" pressupõe, logicamente, a unicidade do autor do dano. Mas, na hipótese de pluralidade de autores, incluindo-se a vítima, ele normalmente adota a ideia de equivalência das condições, que frequentemente conduz à divisão das responsabilidades. Para solucionar as dificuldades de prova com as quais se chocam as vítimas, o juiz não hesitou em recorrer a presunções de culpa – refutáveis, porém, por darem à administração a possibilidade de demonstrar que não cometeu falta alguma e de eximir-se de sua responsabilidade (presunção de falta de manutenção normal dos edifícios públicos, presunção de mau funcionamento do serviço hospitalar, especialmente em caso de infecção contraída em hospital) – e a presunções de causalidade para os prejuízos de contaminação. A tradicional ligação entre causalidade e imputabilidade dos danos à pessoa pública, que está em sua origem, perde então força diante da multiplicação dos regimes legislativos de indenização de certos danos suportados pelo Estado, abstração feita de sua causa. Assim, progressivamente, à ideia de responsabilidade administrativa se sobrepõe a ideia de garantia dos danos.

Perspectivas de evolução

É recorrente na literatura jurídica contemporânea dizer que a responsabilidade está "em crise", devido a seus desvios: fenômeno de vitimização e busca desenfreada da culpabilidade dos responsáveis. Nesse sentido, a responsabilidade objetiva e a garantia de certos riscos, estigmatizadas por diluírem as responsabilidades, dão crédito à ideia de que para todo dano é devida reparação, reforçando o sentimento de impunidade da administração. Esses efeitos perversos da responsabilidade objetiva podem explicar a tentativa de restauração da responsabilidade subjetiva, em especial por meio da responsabilidade penal e do princípio de precaução, gerador de obrigações novas para a administração. Por isso, a responsabilidade administrativa é revigorada por outras fontes materiais, enquanto suas fontes formais se diversificam sob a influência de uma hierarquização mais estrita das normas.

Enriquecimento das fontes materiais. – A responsabilidade administrativa não possibilita apenas que a administração responda por suas faltas em relação aos administrados que sejam vítimas de suas ações danosas e de seus atos ilegais. Com o desenvolvimento da responsabilidade objetiva, também contribui para compensar os danos anormais gerados pela vida em sociedade e pelos progressos técnicos. Assim, à função sancionadora e à função reparadora, inerentes a toda responsabilidade, se sobrepõe uma função de garantia – senão de seguro – contra todos os tipos de risco, que tende a pôr em prática um direito subjetivo à segurança (D. Lochak, 1993). Mas os riscos cobertos não são todos da mesma natureza: os riscos individuais a que a pessoa pública expunha alguns administrados em nome do interesse público, cujo prejuízo especial o mecanismo da responsabilidade objetiva bastava para compensar, foram sucedidos pelos riscos coletivos e seriais que afetam grande parte da população, situação em que a condição de especialidade do prejuízo impede a ação do mecanismo da responsabilidade objetiva. Embora o risco terapêutico tenha sido consagrado de modo pretoriano pelo juiz administrativo em 1993, porque a ele está exposto o indivíduo que se submete voluntariamente ao ato médico, os riscos sociais resultantes de atentados terroristas ou da contaminação viral por transfusão de sangue são coletivos e só podem ser indenizados pelo legislador por mecanismos de solidariedade nacional, combinando seguro e tributação. Portanto, o conceito de garantia social, que ultrapassa a ideia de socialização dos riscos, enriquece a responsabilidade administrativa, mas dela se distingue nitidamente. Prevalece a indenização dos danos, sejam quais forem suas causas e as responsabilidades que é inútil procurar.

O surgimento de um direito subjetivo à segurança explica também em parte por que à tradicional prevenção de acidentes, à qual devem proceder as autoridades administrativas, se somou a precaução como novo padrão de comportamento da administração. O princípio de precaução, consagrado formalmente em direito internacional e comunitário, foi adotado pelo legislador francês em matéria de proteção do meio ambiente e da saúde. Pode ser entendido como um princípio de ação ou de abstenção, com o objetivo de evitar o risco de danos graves e/ou irreversíveis, mesmo que não demonstrado cientificamente. Seu impacto sobre a responsabilidade administrativa pode, provisoriamente, ser medido quanto às condições de sua implicação e quanto a seus regimes. Por um lado, o princípio de precaução implica novas obrigações para as pessoas públicas: primeiramente o aumento da obrigação de segurança; em segundo lugar, a obrigação de avaliação; em terceiro a obrigação de informação: todas essas obrigações só podem aumentar o peso da culpa. No entanto, não se deve temer um retrocesso da responsabilidade objetiva, pois na hipótese de sobrevir risco de dano grave e/ou irreversível, a aplicação da responsabilidade por risco pareceria mais apropriada à indenização dos danos. Em compensação, é mais temível a opacidade dos elementos tradicionais da responsabilidade, em especial a confusão latente entre a causa – o risco – e o efeito – o dano. Seja como for, há muito tempo o juiz administrativo não é visto como única fonte formal do direito da responsabilidade administrativa.

Diversificação das fontes formais. – Os princípios gerais da responsabilidade do poder público têm valor legislativo, pois não só se impõem à administração pela autoridade da coisa julgada, como também fazem parte do regime das obrigações civis que a Constituição põe sob a proteção do legislador. De fato, este último frequentemente interveio para organizar regimes legislativos de responsabilidade, derrogatórios do direito comum jurisprudencial, bem como para pôr em prática a solidariedade nacional. Se a lei hoje tende a confiscar da jurisprudência a capacidade de inovação, é porque o juiz administrativo se autolimita, considerando que certas escolhas políticas ultrapassam sua função regulamentadora, e que os valores orçamentários em jogo merecem o assentimento da representação nacional.

Por outro lado, a jurisprudência do Conselho Constitucional não se furta a irrigar, como em todas as outras matérias, a responsabilidade administrativa com princípios constitucionais. No entanto, embora tenha proclamado em 1999 o valor constitucional do princípio da responsabilidade das pessoas privadas, com base no artigo 1.382 do Código Civil, e, em 1985, o do princípio de igualdade dos cidadãos perante os cargos públicos, com base no artigo 13 da Declaração dos Direitos do Homem e do Cidadão de 1789, o Conselho nunca se pronunciou claramente sobre o valor do princípio da responsabilidade administrativa das pessoas públicas (M. Paillet, 1992). Por fim, a pressão do juiz comunitário, que obriga os países da Comunidade a reparar os danos decorrentes de qualquer violação das obrigações, por efeito dos tratados e do direito derivado, deixa entrever a influência da fonte europeia. Desde 1992 esta se traduz na revalorização da responsabilidade administrativa em decorrência de regulamentos ilegais. De fato, em vez de implicar a responsabilidade do Estado pela situação ilícita causada por uma lei incompatível com as regras comunitárias superiores – o que equivaleria a reconhecer o legislador em falta –, o juiz administrativo remonta ao regulamento de aplicação da lei, que lhe permite implicar a responsabilidade administrativa por regulamentos ilegais e lhe evita admitir a responsabilidade do Estado legislador, já de aplicação excepcional. Esse subterfúgio não poderá valer para sempre, especialmente na ausência de decreto de aplicação das leis, e em futuro próximo o juiz administrativo não deixará de se ver diante da necessidade de reflexão sobre sua tradicional timidez perante o legislador, timidez que já não se justifica desde que ele goza de estatuto constitucional. Mas é verdade também que a reserva de competência constitucional que lhe foi outorgada não diz respeito à responsabilidade das pessoas públicas, e que o legislador poderia, sem inconstitucionalidade, confiar a apreciação desta aos tribunais judiciários.

› BRECHON-MOULENES C., *Les régimes législatifs de responsabilité publique*, Paris, LGDJ, 1974. – CHAPUS R., *Responsabilité publique et responsabilité privée*, Paris, LGDJ, 1954. – DEGUERGUE M., *Jurisprudence et doctrine dans l'élaboration du droit de la responsabilité administrative*, Paris, LGDJ, 1994. – DUEZ P., *La responsabilité de la puissance publique (en dehors du contrat)*, Paris, Dalloz, 1938. – KOECHLIN H.-F., *La responsabilité de l'État en dehors des contrats de l'an VIII à 1873*, Paris, LGDJ, 1957. – MOREAU J., *La responsabilité administrative*, Paris, PUF, 1995. – PAILLET M., *La responsabilité administrative*, Paris, Dalloz, 1996. – RICHER L., *La faute du service public dans la jurisprudence du Conseil d'État*, Paris, Economica, 1978. – ROUGEVIN-BAVILLE M., *La responsabilité administrative*, Paris, Hachette, 1992.

Ver também: DEBOUY C., "Le droit français de la responsabilité administrative: métamorphose ou permanence?", *CJEG*, 1997, p. 327. – DEGUERGUE M., "Le contentieux de la responsabilité: politique jurisprudentielle et jurisprudence politique", *AJDA*, número especial, 1995, p. 211. – EISENMANN C., "Sur le degré d'originalité de la responsabilité extracontractuelle des personnes publiques", *JCP*, 1949, I, 741 e 751. – LOCHAK D., "Les fonctions sociales de la responsabilité administrative", *CURRAP*, PUF, 1993, p. 275. – PAILLET M., "Vers un renouveau des sources de la responsabilité administrative en droit français", *Mélanges Auby*, Dalloz, 1992, p. 259. – SOULIER G., "Réflexions sur l'évolution et l'avenir du droit de la responsabilité de la puissance publique", *RD publ.*, 1969, p. 1039. – TRUCHET D., "Tout dommage oblige la personne publique à laquelle il est imputable à le réparer. À propos et autour de la responsabilité hospitalière", *RDSS*, 1993, p. 1. – WALINE J., "L'évolution de la responsabilité extra-contractuelle des personnes publiques", *EDCE*, nº 46, 1995, p. 459.

Maryse DEGUERGUE

→ Administração; Causa; Culpa; Dano; Equidade; Estado; Igualdade; Justiça administrativa; Reparação; Risco; Separação das autoridades; Serviço público; Solidariedade.

RESPONSABILIDADE CIVIL

Ao lado da responsabilidade administrativa e da penal, a chamada responsabilidade "civil" constitui um dos principais campos das questões jurídicas relativas à responsabilidade. Todas têm em comum o fato de serem questões jurídicas, e não morais. A responsabilidade é apreendida pelo direito no foro externo: o responsável é obrigado a "responder" com seus bens e riquezas materiais (indenizações, multas etc., às vezes mesmo com sua pessoa: física (prisão, pena de morte) ou social (degradações cívicas). As responsabilidades morais, ao contrário, cabem ao foro íntimo: o responsável é vinculado por sua consciência, "responde" a seu apelo. Assim, toda responsabilidade é uma resposta a um ato humano passado, presente ou às vezes mesmo futuro. Embora também sejamos responsáveis por nossos bons atos e, nesse sentido, dignos de recompensa, essa "resposta" é buscada sobretudo no que diz respeito aos maus atos, prejudiciais a nós mesmos ou aos outros. Moral ou jurídica, essa resposta sempre tem nítido caráter social. Em termos de causa, assenta no julgamento reprovador dos outros; em termos de efeitos, obriga perante outrem, mesmo que esse outrem sejamos nós (ou nós mesmos como outrem). Como só intervêm no foro externo, as responsabilidades jurídicas são implicadas em condições mais objetivas, porém mais rudes, do que as que regem as responsabilidades morais.

A qualificação "civil" é antiga. Inicialmente serviu para desvincular a responsabilidade pertinente às leis civis, promulgadas ou aprovadas pelo poder estatal, da responsabilidade fixada pelas leis religiosas, da Igreja católica em particular. Depois, com a clara dissociação entre direito civil e direito penal, ocorrida em fins do século XVIII, a expressão ganhou o sentido mais ambíguo e residual de responsabilidade que rege as relações entre pessoas privadas (inclusive comerciantes: já não se fala de responsabilidade comercial), enquanto a responsabilidade penal dos delinquentes é tratada pelo poder público no âmbito de sua tarefa elementar de polícia. Durante o século XIX, o advento de uma responsabilidade própria à Administração, no exercício de sua atividade específica, reforçou ainda mais essa evolução.

A palavra "responsabilidade" é de surgimento mais recente. Mas foi constituída a partir de um verbo de grande tradição jurídica, "*spondeo*", que em Direito romano servia para formular a *sponsio*, ato pelo qual alguém se obrigava solenemente a responder com seus bens ou mesmo com sua pessoa por algo prometido a outrem. De fato, o termo moderno "responsabilidade" comporta essa ideia de garantia. A expressão "responsabilidade civil" não se encontra no Código Civil francês de 1804; em seus famosos artigos 1.382 e seguintes só se trata de "delitos e quase-delitos" civis, em oposição aos "delitos" *stricto sensu*, que são comportamentos penalmente repreensíveis. Os juristas acostumaram-se até a distinguir responsabilidade civil "delituosa" de responsabilidade civil "contratual", expressão que o Código Civil francês também não usa. Alguns autores contemporâneos tiraram proveito desse silêncio para criticar o emprego do conceito de "responsabilidade contratual", mas, ao que parece, no caso há simples discussão lexical. Em vista da grande diversidade de suas hipóteses de aplicação, a responsabilidade civil é de emprego frequentíssimo nas leis, por parte de juízes e de todos os juristas. Por isso, ensejou uma literatura científica extremamente abundante, atenta a suas evoluções e, às vezes, preocupada até em precipitá-las. As questões que suscita giram em torno de dois polos: *ad extra*, qual é sua especificidade em relação aos outros tipos de responsabilidade jurídica; *ad intra*, como se estrutura para realizar seu fim específico.

Campo da responsabilidade civil

A responsabilidade civil deve ser hoje distinguida tanto da responsabilidade penal quanto da responsabilidade administrativa. Diferencia-se da primeira nos efeitos, e da segunda, nas causas.

A distinção entre a responsabilidade civil e a penal normalmente é fácil. O civilmente responsável deve reparar o dano; o penalmente responsável deve ser punido pelo dano que causou. Melhor: enquanto a responsabilidade civil pressupõe a produção efetiva de um dano (caso contrário, não haveria por que reparação), a responsabilidade penal pode decorrer – se a lei assim quiser – de simples tentativa, eventualmente não seguida de concretização. Essa diversidade de efeitos, porém, é produto de uma racionalização tardia decorrente da dissociação, típica dos direitos modernos, entre pena pública e reparação privada. O princípio da publicidade das penas vê na punição dos delinquentes uma atividade reservada aos poderes públicos, cabendo, ademais, aos detentores legítimos do poder legislar em determinado Estado. Seu corolário é o princípio da legalidade dos delitos e das penas, que reserva para a lei, expressão da soberania, a definição daquilo que é punível e da gravidade do castigo correspondente. A reparação, ao contrário, só é atinente à vítima, que pode renunciar a ela depois de obtê-la ou pode até mesmo não a demandar. Essa dissociação ganhou força com a Revolução francesa e com as codificações subsequentes. A propósito, o Código dos Delitos e das Penas de 3 de brumário do ano IV (art. 5) distingue ação penal, que ele reserva à autoridade pública, cujo objetivo é "punir os atentados perpetrados contra a ordem social", e ação cível, que cabe à vítima e tem como objeto "a reparação do dano que o delito causou". A distinção perpetuou-se. Segundo os artigos 1º e 2º do Código de Processo Penal, a ação pública tem em vista "a aplicação das penas", enquanto a ação cível é relativa à "reparação do dano causado". Num sistema repressivo em que a pena é expressão da vingança privada, é muito difícil separá-la da ideia de reparação. A vítima que se vinga ou é vingada pelos seus obtém indistintamente a punição do culpado pela ofensa e a reparação do prejuízo. O conjunto, aliás, é dominado por um princípio de compensação da ação violenta por uma reação igualmente violenta, mas legitimada pela violência anterior. A vingança aparece assim, principalmente, como forma de reparação.

Além do mais, mesmo no direito francês atual, a pena repara, e a reparação pune. A responsabilidade penal é frequentemente reivindicada pela vítima, que pode obrigar os poderes públicos a abrir processo por meio de uma queixa com constituição de parte cível (ver art. 1º, § 2º, Código de Processo Penal francês). Hoje não é raro o ajuizamento de ação cível perante as jurisdições repressivas, para obtenção de respeito à legalidade, por associações, sindicatos ou outros grupos expressamente dotados de tal poder pela lei (ver arts. 2-1 do Código de Processo Penal francês). Por sua vez, a responsabilidade civil às vezes também obedece à óptica da pena privada. Isso ocorre, por exemplo, quando o juiz avalia a reparação não só pelo padrão do prejuízo sofrido pela vítima, como é devido, mas também em função da gravidade da falta cometida pelo responsável. Do mesmo modo, quando a vítima reivindica e obtém que o responsável seja condenado a pagar-lhe como reparação a soma simbólica de um franco, na realidade o que pretende é tornar simplesmente manifesta a falta cometida por ele. Acaso não haverá também danos propriamente irreparáveis, que somente uma pena possibilitará satisfazer um pouco, nos quais a concessão de uma compensação pecuniária na realidade só tem essa função? Aliás, diversas regras de responsabilidade civil mal dissimulam seus objetivos exclusivamente penalizantes. É o que ocorre, em particular, com a obrigação imposta pelo artigo 1.150 do Código Civil francês a quem, por má-fé, não cumpra seu compromisso contratual de reparar todo o prejuízo líquido e certo sofrido por seu credor.

A responsabilidade civil deve também ser distinguida da responsabilidade administrativa, desde que a autonomia desta foi declarada como princípio pelo Tribunal dos Conflitos em seu acórdão *Blanco* de 1º de fevereiro de 1873. O Tribunal ligou a responsabilidade do Estado e de outras coletividades públicas aos danos "causados aos particulares por atos das pessoas empregadas no serviço público", enquanto a responsabilidade civil só diz respeito às "relações de particular para particular". A partir daí, embora as duas responsabilidades tenham em comum visar apenas à reparação dos danos causados a outrem, somente atividades danosas que constituam a realização de tarefas específicas do serviço público ou atos próprios ao poder público são capazes de gerar a responsabilidade da Administração. Ao contrário, os danos causados pelos agentes do Estado ou de outras coletividades públicas, quando desvinculáveis da execução propriamente dita de sua tarefa, são da alçada da responsabilidade civil. Assim, tal como seria especificado pelo Tribunal dos Conflitos pouco depois, no acórdão *Pelletier* de 30 de julho do mesmo ano, a responsabilidade é administrativa e da alçada das jurisdições próprias à Administração quando o demandante "não imputar ao acusado nenhum fato pessoal de índole a implicar (sua) responsabilidade particular, e, na realidade, a ação for movida contra esse ato em si, na pessoa dos funcionários que o ordenaram ou para ele colaboraram". Uma parte da discussão, porém, foi neutralizada desde que a jurisprudência começou a admitir, com o acórdão *Lemonnier* (CE, 26 de julho de 1918), que a Administração deve responder pelas faltas pessoais de seus agentes, uma vez que ela "não está isenta de elos com o serviço" (CE, 18 de novembro de 1949, *Mimeur*), ressalvado o direito de recorrer depois contra o agente pessoalmente responsável. A dissociação pela causa do dano entre responsabilidade civil e responsabilidade administrativa exige que se determine em que medida o comportamento danoso do agente público decorre do exercício de sua função: são raros os casos em que o dano é causado totalmente fora das funções e, quando ocorrem, não são discutíveis. Para considerar que a falta é desvinculável do serviço, a jurisprudência indaga, principalmente, quais os motivos pessoais do agente ou qual é a gravidade excepcional de seu ato. Na verdade, essas são as clássicas questões limítrofes: em termos de finalidades, os dois tipos de responsabilidade convergem e, como é lógico, tendem a valer-se de fontes mútuas de inspiração para definir seus respectivos regimes.

Regime da responsabilidade civil

A responsabilidade civil foi elaborada pela jurisprudência principalmente a partir de algumas disposições do Código Civil francês. É habitual destacar aí o importante papel da Corte de Cassação que, com base em dados legais afinal bastante sumários, construiu em pouco menos de um século um regime abundante e multifacetado. O reverso da medalha é uma imensa perda de tempo e energia, um direito constantemente às voltas com mudanças decorrentes de modas e gostos de magistrados muitas vezes mais preocupados com sensacionalismo do que com a justiça estrita. Na época das codificações napoleônicas, a responsabilidade civil chegou a ser pensada em termos gerais. O artigo 1.382 do Código Civil francês de 1804 é um modelo do tipo, porque dispõe que "Todo e qualquer ato humano que cause um dano a outrem obriga à reparação aquele por cuja culpa ele ocorreu". Todo ser humano é, assim, responsável por qualquer falta por ele cometida que cause um dano qualquer a alguém. Fruto de lenta maturação das ideias, essa solução contrastava claramente com os sistemas mais casuístas em que somente faltas bem tipificadas autorizariam uma investigação de responsabilidade. Ainda hoje, o Conselho Constitucional francês defende com ardor o princípio de universalidade da responsabilidade por culpa (ver sua decisão de 9 de novembro de 1999). Essa responsabilidade baseava-se nas noções de causalidade e imputabilidade pessoal, características da liberdade individual concebida pelo iluminismo europeu. Cada um é responsável por seus atos, que são considerados livres, bem como por coisas ou pessoas submetidas ao seu poder direto. Correlativamente, somente os atos livres eram capazes de implicar a responsabilidade, o que levava descartá-la toda vez que o dano fosse decorrente de um caso de força maior ou de caso fortuito. Esse estado do direito persistiu durante todo o século XIX, depois entrou em declínio lento, mas inexorável, durante o século XX, sob o impulso da jurisprudência e de algumas leis.

Essa jurisprudência e essas leis foram influenciadas, sobretudo, por ideias sociais que, em graus e formas variáveis, enfatizaram a necessidade de promover uma responsabilidade por riscos criados por diversos tipos de atividades julgadas perigosas. Aos poucos, foram sendo incluídos na lista: maquinaria industrial, automóveis, aeronaves, hidrocarbonetos, energia nuclear, garrafas e muitas outras coisas. Uma das grandes preocupações do século XX, afinal, foi a segurança. Hoje vivemos, inelutavelmente, numa civilização do medo, contra o qual nenhuma proteção é boa ou cara demais. A última versão dessas perspectivas é o chamado princípio "de precaução", segundo o qual toda e qualquer atividade capaz de produzir dano grave, por menor que seja o risco e mesmo que em futuro indeterminado, deve levar a exigir de seu beneficiário (chamado princípio "poluente/pagante") todas as medidas de precaução necessárias para enfrentá-lo. A repercussão dessas ideias é importante em matéria de responsabilidade civil. Elas levam a repensar seu regime.

A jurisprudência inicialmente procurou aplicá-las aos acidentes sofridos pelos assalariados pela ação de ferramentas de trabalho (acórdão *Teffaine*, 16 de junho de 1896), mas o legislador logo a substituiu, organizando, sempre com base nos princípios da teoria do risco, a reparação dos acidentes de trabalho (lei de 9 de abril de 1898). A jurisprudência voltou à carga com os acidentes de trânsito. A partir do início do século passado, especialmente do acórdão *Jand'heur* de 13 de fevereiro de 1930, a Corte de Cassação usou intensivamente, nesse sentido, o artigo 1.384, § 1º, do Código Civil, disposição puramente enunciativa que decerto não pretendia tal honra. No entanto, é difícil ver nessa importante corrente outra coisa além de um prolongamento cômodo da responsabilidade clássica por atos pessoais culposos, formulada pelos artigos 1.382 e 1.383 do Código Civil francês. Na verdade, consequência normal das teorias do risco é "demonizar" as coisas que servem de instrumento aos danos. O responsável é a coisa, mesmo que o ônus da reparação pesa automaticamente sobre o patrimônio do proprietário, do concessionário ou do fabricante, segundo o caso, e estes não podem alegar nenhuma causa de exoneração extraída de circunstâncias ligadas à sua atividade. Ora, na jurisprudência formada com base no artigo 1.384, § 1º, do Código Civil francês, admitiu-se rapidamente que a responsabilidade pesa sobre o guardião. Realmente, a coisa não "causa" o dano: ela manifesta a imperícia de seu dono, único agente livre, aliás sempre em condições de se exonerar demonstrando força maior, fonte clássica de exclusão da culpa. A jurisprudência, portanto, empenhou-se sobretudo em manipular as condições clássicas da responsabilidade civil, para fortalecer ao máximo a proteção às vítimas de danos: reconhecimento de todos os fatores de obrigações contratuais de segurança; concepção objetiva da falta delituosa; visão restritiva da força maior, com a introdução da condição de exterioridade; generalização dos casos de responsabilidade por outrem etc.

Os verdadeiros casos de responsabilidade por riscos ainda são, na realidade, obra da legislação. A lei de 31 de maio de 1924 sobre a responsabilidade das companhias aéreas por danos causados às pessoas em terra é desse tipo. A companhia não tem a possibilidade de exonerar-se provando força maior: os "riscos do ar" continuam a seu cargo. Várias leis específicas, depois, adotaram a mesma filosofia em campos relativamente circunstanciados (teleféricos, energia nuclear, hidrocarbonetos etc.). Duas leis recentes contribuíram de modo decisivo para a implantação da teoria do risco no direito francês. Uma delas é a lei de 5 de julho de 1985 sobre os acidentes de trânsito, segundo a qual os riscos decorrentes da condução de automóvel passam a ficar a cargo, coletivamente, das seguradoras de veículos terrestres motorizados. Perante as vítimas de acidentes de trânsito, sejam elas ou não motoristas de tais veículos, o autor do dano não pode, em hipótese alguma, invocar força maior para livrar-se: deve indenizar, mesmo que o dano não lhe possa ser imputado por culpa (somente algumas faltas das vítimas são eventualmente consideradas). A outra é a lei de 19 de maio de 1998 sobre a responsabilidade por produtos defeituosos (art. 1386-1, C. Civ. fr.), que torna o fabricante responsável por quaisquer danos ligados aos produtos que ponha em circulação, tendo, na melhor das hipóteses, possibilidade bem restrita de exoneração em caso de "riscos do desenvolvimento", ou seja, por defeitos do produto que, no momento em que este foi posto em circulação, eram absolutamente impossíveis de detectar no estado dos conhecimentos científicos e técnicos.

Atualmente, o direito francês da responsabilidade civil parece, assim, bem distante do que era em 1804, quando da promulgação do Código Civil. Em primeiro lugar, relativizou-se. Os profissionais gozam cada vez mais de regimes próprios, que em grande parte são derrogatórios do direito comum. São responsáveis pelos riscos que criam com sua atividade, mas seu dever de reparar é frequentemente limitado no tempo por prescrições abreviadas e, quanto ao montante, por tetos legalmente estabelecidos. Os seguros profissionais obrigatórios garantem, de qualquer modo, a indenização das vítimas, mas também a distribuição financeira dos ônus dos riscos de dano. Esse direito também se coletivizou. Por meio dos seguros, obrigatórios ou não, das coberturas sociais de diversos riscos (doença, acidentes comuns e acidentes do trabalho...), indenizações pagas sobre fundos especiais cada vez mais numerosos (acidentes de trânsito e acidentes de caça, infrações contra as pessoas e atentados terroristas, contaminação pelo vírus da Aids...), as vítimas de danos são *prima facie* indenizadas não pelo autor do prejuízo, mas por um organismo coletivo de reparação, que sozinho e *a posteriori* processará o responsável, na maioria das vezes com base numa sub-rogação automática nos direitos da vítima. Assim, relações pessoais extremamente carregadas de sentido se diluem no anonimato do coletivo; passam a ser nada mais que monólogos, pois os organismos intermediários são opacos e remetem cada um de seus interlocutores à sua própria imagem.

› BORÉ L., *La Défense des intérêts collectifs par les associations devant les juridictions administratives et judiciaires*, 1997. – JOURDAIN P., *Les Principes de la responsabilité civile*, 5ª ed., 2000. – KOURILSKY Ph. & VINEY G., *Le Principe de précaution*, Rapport au Premier ministre, 2000. – ROUJOU DE BOUBÉE M.-E., *Essai sur la notion de réparation*, 1974. – STARCK B., *Essai d'une théorie générale de la responsabilité civile considérée en sa double fonction de garantie et de peine privée*, 1947. – VINEY G., *Le Déclin de la responsabilité individuelle*, 1965.

Ver também: CADIET L., "Les métamorphoses du préjudice", in *Les Métamorphoses de la responsabilité*, 6es journées Savatier, 1997. – CALAIS-AULOY J., "Les délits à grande échelle en droit civil français", *Rev. internat. dr. comparé*, 1994, pp. 379 ss. – LAMBERT-FAIVRE Y., "L'évolution de la responsabilité civile. D'une dette de responsabilité à une créance d'indemnisation", *Rev. trim. dr. civil*, 1987, pp. 1 ss. – RADÉ Ch., "Réflexions sur les fondements de la responsabilité civile", *Dalloz*, 1999, cr. 313. – RÉMY Ph, "La responsabilité contractuelle: histoire d'un faux concept", *Rev. trim. dr. civil*, 1997, pp. 323 ss. – SAVAUX E., "La fin de la responsabilité contractuelle", *Rev. trim. dr. civil*, 1999, pp. 1 ss. – SERLOOTEN P., "Vers une responsabilité professionnelle", *Mélanges Hébraud*, 1981, pp. 805 ss. – Col.: Varii auctores, *La Responsabilité civile à l'aube du vingt et unième siècle. Bilan prospectif*, Actes du Colloque de Chambéry, dezembro de 2000, número especial da revista *Responsabilité civile et assurance*, junho de 2001.

Alain SÉRIAUX

→ Abuso de direito; Direito civil.

RESPONSABILIDADE POLÍTICA

A responsabilidade política ocupa lugar importante no direito constitucional moderno, onde dá corpo à importante preocupação com a limitação, o controle e a destituibilidade de todos os detentores de um poder político. A ideia de responsabilidade política abrange vários graus de relações entre aqueles que têm algum poder e aqueles que lhes são sujeitos (os "governados") ou aqueles que os representam. Pode remeter à ideia de obrigação de prestar contas do poder exercido. Pode também – e é o significado que acabou assumindo – indicar que essa transparência do exercício do poder é o meio de questioná-lo, preliminar à cassação do título para exercê-lo.

Construção da ideia de responsabilidade política

A responsabilidade política só pode ser entendida no contexto da relação política entre governantes e governados. Essa diferenciação é um elemento fundamental da concepção ocidental de política. As características dessa concepção explicam por que surgiu uma ideia de responsabilidade política. Foi estabelecido um dos fundamentos principais da política ocidental quando se entendeu, na filosofia grega clássica, que só podia ser qualificada de "poder" a capacidade de condução e coerção coletiva exercida no interesse de seus destinatários. O poder político está submetido a essa finalidade do bem comum, que é a "lei" de seu detentor, padrão pelo qual ele será julgado, fazendo jus à qualidade de governante ou a perdendo (segundo essa visão, um mau rei, que tenha em vista apenas seu próprio interesse, não é rei). Encampando essa noção clássica do poder, a época moderna tendeu de maneira crescente a concretizá-lo através do princípio democrático, segundo o qual os governados devem ser também governantes. Na variante representativa da democracia, o governado é "representado", presentificado nos atos do governo pelo governante. A legitimidade do representante, portanto, é apenas derivada.

O sistema representativo, que é um regime de dissociação entre o soberano e o governante e de organização de suas relações, é, pois, a forma assumida pelos regimes constitucionais modernos no sentido de pôr em efeito a definição ocidental de poder e os princípios modernos de liberdade e legitimidade política. Essa concepção abre caminho para todas as variedades de responsabilidade política, tendo como horizonte final a ideia de que o governante é destituível. A responsabilidade só é entendida como uma relação simétrica da relação de representação e, às vezes, é até mesmo quase indissociável desta última. Nos regimes representativos em estado de perfeita marcha, tais como os que surgiram na Grã-Bretanha e na França durante o século XIX, a responsabilidade política é definida como uma relação de legitimidade que une o representante encarregado de governar e o soberano que o incumbiu desse encargo no todo ou em parte. Essa relação é a condição da validade política do poder confiado ao representante, ou seja, é a garantia de que seu título para governar está em conformidade com o princípio de legitimidade do regime no qual se dá a relação (por exemplo, a vontade do povo no regime democrático).

A modernidade constitucional foi configurada pelos vários questionamentos tópicos do princípio de *inviolabilidade* monárquica, inicialmente predominante. Esses questionamentos foram incentivados pela ideia de que o monarca faltara a seu dever de buscar, acima de tudo, o bem comum. Evidentemente, a não responsabilidade persistiu, mas com sentido invertido: já não garantia a inviolabilidade de um monarca que era, ao mesmo tempo, o único detentor do título de governante. Passava a indicar que, visto depender do Rei a fundação da sociedade política, ele não poderia ter tais preocupações, cumprindo, por conseguinte, confiar a outros a missão de governar. A responsabilidade política só incorporou a ideia de pôr à prova a legitimidade e a destituibilidade dos governantes à proporção que os regimes se tornaram representativos. A história da responsabilidade nesses regimes não é dissociável da história da implantação das formas positivas assumidas pela separação dos órgãos constitucionais e da distribuição das grandes atividades do Estado entre eles (em especial a legislação e a função executiva). Nas experiências do século XVII, sobretudo na Inglaterra, o Parlamento não conseguira ter controle sobre o exercício do Poder Executivo, especialmente porque a reivindicação de nomeação direta dos ministros do rei nunca foi aceita por este último. Ao contrário, a Inglaterra tornou-se o laboratório da responsabilidade política moderna a partir do momento em que, com o *Bill of Rights* de 1689, se impôs a partilha da soberania entre o rei e as duas câmaras do Parlamento. Essa solução não designava nenhum arranjo prático de governo, mas ordenava às câmaras que respeitassem a "*prerrogativa*" régia de nomeação dos ministros, enquanto impunha ao Rei levar em conta as visões parlamentares. Depois disso, a coletividade ministerial se institucionalizou, assumindo a forma do "gabinete" moderno. A responsabilidade como obrigação de prestar contas conferiu sua forma distintiva ao gabinete executivo, e a expressão "gabinete responsável" assemelha-se muito a um pleonasmo. Por outro lado, os "Comuns" desenvolveram a capacidade de vigiar e censurar o gabinete, renunciando à responsabilidade por alta traição (*impeachment*) dos ministros em proveito de um controle político centrado na adoção das leis.

O resultado dessas evoluções está no regime parlamentar britânico "clássico", da maneira como ele funcionava em meados do século XIX. A identificação entre responsabilidade política e regime parlamentar é estreita: os chamados regimes "parlamentares" na realidade são muito diversos, e seus modos de funcionamento raramente são semelhantes. Tendo dificuldades para propor uma tipologia racional dos regimes políticos, a ciência das constituições frequentemente tomou a decisão de defini-los pela presença de uma responsabilidade política: a responsabilidade já não é então tanto uma explicação quanto um critério desses regimes. Por outro lado, deve-se evitar o erro que consiste em achar que só há responsabilidade política nos chamados regimes parlamentares. Na realidade, todo regime representativo incorpora no mínimo aquilo que se poderia chamar de "efeitos" de responsabilidade política, ou seja, tentativas de questionar, ou de consolidar, o direito de governar dos representantes, pondo à prova sua legitimidade. O procedimento mais simples, aquele no qual representação e responsabilidade são praticamente indistintas, é o da "responsabilidade eleitoral", ou seja, da confirmação ou da invalidação da confiança do povo num eleito por ocasião de sua nova candidatura. Assim, no regime presidencial americano, o princípio de forte independência dos órgãos impossibilita qualquer relação de responsabilidade política entre o Presidente e o Congresso. As tentativas de utilizar o procedimento de *impeachment* (que difere nitidamente do procedimento britânico homônimo) para esse fim, em 1868 contra A. Johnson e em 1999 contra W. Clinton, malograram, pois é contrária à lógica do regime a emergência de uma relação de legitimação entre o Congresso e o Presidente. No entanto, o povo pode, principalmente nas eleições, mostrar que continua (ou não) confiando num Presidente ou numa maioria de *Congressmen*, e os órgãos constituídos dão muita importância a essas indicações.

Natureza da responsabilidade política

A responsabilidade política não tem a mesma natureza daquilo que se pode chamar de responsabilidades "jurídicas", a saber, as responsabilidades civil e penal. Evidentemente, essas duas "responsabilidades" são formas institucionais que têm em comum possibilitar que sejam efetivamente implantados numa sociedade critérios de avaliação das ações humanas. Mas, nos diferentes ramos do direito, embora se empregue a mesma palavra, o significado não é o mesmo.

Responsabilidades políticas e "jurídicas" não têm o mesmo objeto. A finalidade da responsabilidade política é garantir a persistência da identidade de vontade política entre o governado, ou seu representante, e o governante. Mas não se trata de uma justiça comutativa ou distributiva, como no caso da responsabilidade civil ou da responsabilidade penal propriamente dita, que reprime acima de tudo atentados contra a ordem social e contra os princípios da moralidade coletiva. Em razão dessa diferença de objeto, os dois tipos de "responsabilidade" não têm o mesmo regime jurídico. As responsabilidades "jurídicas", para simplificar, baseiam-se na existência de um prejuízo, que é imputado a uma pessoa, em razão de uma falta que ela tenha cometido, ou porque o direito faz pesar sobre ela uma responsabilidade objetiva. Isso não ocorre com a responsabilidade política: ela não pressupõe prejuízo nem falta. A simples divergência de intenções entre o Executivo e o Parlamento, no regime parlamentar, basta para justificar uma desconfiança. Mais ainda, não é possível codificar de antemão os fatos "jurisdicionáveis" da implicação da responsabilidade política: um gabinete pode perder a confiança mesmo sem nada fazer (ou até mesmo por isso, em alguns casos). Ao contrário, um Executivo ao qual são imputáveis faltas políticas graves pode perfeitamente conservar a confiança do Parlamento, por exemplo por não existir nenhuma alternativa política para substituí-lo. O "procedimento" também nunca é comparável. As responsabilidades "jurídicas" são implicadas no âmbito de um processo, que opõe duas partes interessadas na solução de um litígio, processo que é dirimido por um terceiro imparcial, o juiz. Essa ideia do terceiro imparcial não tem nenhum sentido no contexto da responsabilidade política clássica, pois nela se trata de uma identidade entre soberano e representante. É o Parlamento – no contexto da relação de confiança parlamentar – ou o povo – nas diversas manifestações da responsabilidade eleitoral – que se pronuncia. Por fim, a sanção não poderia ser a mesma. Não há sanção da responsabilidade política propriamente dita, a não ser a perda do poder. Essa ideia tem a formulação mais nítida nas disposições da Constituição americana de 1787, relativas ao *impeachment* do Presidente (arts. I-2 e I-3).

Em decorrência desses traços distintivos, a relação de responsabilidade política é posta em causa segundo modalidades específicas. Cumpre fazer várias distinções, em se tratando do princípio da responsabilidade política. A responsabilidade política pode ser de natureza político-criminal, parlamentar ou eleitoral (ver acima). A responsabilidade político-criminal tem em vista mostrar que o governante cometeu uma infração grave, tal como a "alta traição" do Presidente nas Constituições francesas a partir de 1875, ou os "altos crimes e delitos", no *impeachment* americano. No entanto, trata-se realmente de uma responsabilidade de tipo político, porque a destituição, que reprime a violação de princípios fundamentais do regime, é a punição principal ou a pena acessória. Ademais, a determinação dos crimes assim designados não decorre de um texto preexistente, mas depende da decisão dos órgãos de instrução e julgamento. A proximidade com a responsabilidade penal está no fato de que a culpabilidade será apreciada como consequência da apreciação da "legalidade" de certos fatos passados por uma autoridade que, embora frequentemente de natureza política (Senado francês em 1875, Senado americano) ou de composição política (Alta Corte de Justiça), é constituída como jurisdição para a ocasião, respeitando certo procedimento e garantias jurisdicionais. O fundamento dessa variedade de responsabilidade está no procedimento britânico do *impeachment*, que não era uma responsabilidade política implicada segundo os caminhos e os meios do direito criminal, mas uma responsabilidade criminal por alta traição, utilizada de maneira ocasional, porém não exclusiva, para tirar ministros do poder. Ao contrário, a responsabilidade de tipo "parlamentar" baseia-se na ideia de confiança. A confiança é uma relação prática de cooperação entre o Parlamento e o gabinete; seu fundamento é a necessidade comum de propor e aprovar leis. A recusa em votar essas leis, especialmente a lei de orçamento, ou as dificuldades opostas durante a adoção são indícios de que a relação de confiança está se degenerando e acabará por desaparecer. Em período mais tardio, essas formas "implícitas" de perda da confiança são substituídas por grande variedade de formas "explícitas": interpelação, moção de censura, questão de confiança (por iniciativa do gabinete), voto de uma emenda etc. Tais manifestações de vontade são apenas a primeira etapa do compromisso dessa forma de responsabilidade. Sua particularidade é que existe uma segunda etapa: o reconhecimento pelo gabinete de que já não lhe é possível governar, em razão da recusa de cooperação por parte do Parlamento, seguida de sua demissão coletiva. A responsabilidade parlamentar, portanto, não é de modo algum uma destituição unilateral: num regime não racionalizado, um gabinete pode perfeitamente "resistir" a um voto de desconfiança durante todo o tempo em que puder "aguentar". As chamadas constituições de parlamentarismo racionalizado (ver abaixo) na maioria das vezes tornaram obrigatória a demissão (cf. art. 50 da Constituição francesa de 1958). Mas continua sendo uma operação jurídica distinta da desconfiança.

Quanto ao comportamento em vista, a responsabilidade política pode ser de natureza "constitucional" ou "governamental". Incorre-se na responsabilidade constitucional quando são postos em causa princípios fundamentais da organização institucional do regime. As responsabilidades político-criminais pertencem a essa categoria. Esse era o caso do procedimento britânico de alta traição; também é o caso do procedimento americano de *impeachment* – o que pode ser censurado ao Presidente como "*high crime and misdemeanour*" abrange violações de seu "cargo de confiança" (*Trust*) que consistem, por exemplo, na inobservância dos grandes princípios da Constituição: "integridade da função" presidencial, princípio do "reinado do direito" etc. A responsabilidade política, por outro lado, é governamental quando só tem em vista a maneira como o Executivo se desincumbe de sua missão de governar. Não diz respeito aos atentados contra o equilíbrio constitucional, mas a todos os aspectos da política governamental.

Crise da responsabilidade política?

O modelo que acabamos de descrever sofreu profunda crise em período recente, o que não se deve tanto à extrema raridade dos votos de censura nos regimes parlamentares e mais a um questionamento dos fundamentos da legitimidade política. Por um lado, os detentores do poder político tentaram sistematicamente furtar-se à responsabilidade política que pesava sobre eles. Não se trata apenas da propensão natural dos seres humanos a encampar o poder ou a rejeitar censuras. A razão profunda disso está no fato de que o espírito do regime parlamentar, que assentava numa série de modos de comportamentos e em certa forma de moralidade política, foi progressivamente perdido, porque constituía o reflexo de um momento superado da história das fugas e das mentalidades. Em todas as sociedades modernas, a responsabilidade é, acima de tudo, uma reivindicação poderosa do corpo social, e a opinião democrática reagiu a certas proteções abusivas concedidas ao poder público e a seus agentes, exigindo a radicalização da responsabilidade, em vista da qual a simples desaprovação manifestada pela censura parlamentar parecia moderada demais. Passou-se então da insuficiência do controle da legitimidade dos governantes ao desejo de reprimir a qualquer custo seus comportamentos julgados inadequados.

A reação que acabamos de mencionar levou a opinião pública a considerar que a responsabilidade política parlamentar podia ser substituída por uma responsabilidade de natureza penal. A personalização da política moderna voltou-se contra seus atores, vistos como responsáveis pelas grandes disfunções que afetaram a gestão estatal da vida social: assim, imputou-se aos ministros o escândalo do sangue contaminado etc. O termo "criminalização" (O. Beaud) da responsabilidade política designa, assim, o processo pelo qual se confia a um regime de responsabilidade penal a tarefa de punir os "crimes políticos" dos governantes, tentando-se fazer que eles se incluam no rol das infrações existentes de direito comum. Na França, esse processo conduziu à reforma constitucional de 27 de julho de 1993, que submeteu os ministros ao direito penal comum nos atos cometidos no exercício de suas funções, criando para julgá-los uma "Corte de Justiça da República" (art. 68-1 da Constituição de 1958). Essa evolução foi considerada favorável por aqueles que a viam como fator de refluxo da não responsabilidade. Outros a criticaram por acharem que ela continha um embrião da confusão entre a "criminalidade governante" (D. Picazo), que designa as situações em que os governantes, valendo-se de sua posição, cometem infrações de direito comum (corrupção etc.), e a apreciação da legitimidade das políticas adotadas pelos governantes, que antes era apenas da alçada da responsabilidade política. A "criminalização" leva, assim, a ignorar vários elementos de definição da responsabilidade política: a responsabilidade penal é de essência individual, ao passo que a decisão governamental é, por essência, coletiva; ela pressupõe a definição prévia de infrações, por aplicação do princípio de legalidade das infrações, ao passo que os crimes políticos são revelados pelas circunstâncias, e a ação governamental não se deixa apreender por qualificações prévias; ela confia a apreciação da responsabilidade a um juiz, que é um terceiro imparcial (o que garante a ausência de "conivência" entre governantes), mas que não goza de nenhum título para apreciar a legitimidade dos governantes. Esse conjunto de deficiências explica o caráter pouco concludente, para não falar em malogro, dos grandes processos de governantes: o julgamento da Corte de Justiça da República no caso do sangue contaminado mostra como é delicado estabelecer a correspondência entre processos complexos de decisões governamentais e administrativas e os elementos constitutivos das infrações do Código Penal; quando se tenta fazer isso, esbarra-se no problema da prova, e é preciso resignar-se com simples presunções.

Esse processo de criminalização é apenas um dos reflexos de uma tendência mais geral à recusa da irresponsabilidade dos governantes. Essa recusa, associada a certa maneira de compreender a igualdade democrática e consistente em rejeitar que os titulares de cargos políticos sejam beneficiados por estatutos especiais (tendência resumida com o rótulo de "ideologia do direito comum"), ensejou duas evoluções. Em primeiro lugar, a não responsabilidade é considerada ruim em princípio. Essa rejeição à não responsabilidade, porém, não é geral: submeter os mais altos cargos governativos ao controle de terceiros imparciais, e não à censura de parlamentares, significa também conferir papel quase político a esses terceiros imparciais. A luta contra a não responsabilidade também levou a uma interpretação restritiva de todas as garantias dadas aos governantes para o exercício de sua tarefa, em especial das imunidades. A imunidade protege seu beneficiário não de toda e qualquer responsabilidade, mas do questionamento desta em certas circunstâncias. A ideia, claramente formulada pela Corte Suprema dos Estados Unidos, é de que a imunidade do chefe do Estado só existe para atender ao interesse público de que ele está incumbido no âmbito de suas funções oficiais, e não para proteger sua pessoa individual. Por conseguinte, a Corte Suprema recusou-se a conceder imunidade total a R. Nixon relativamente à obrigação de apresentar provas que pudessem incriminá-lo num processo penal; depois, recusou-se a conceder imunidade provisória a W. Clinton contra processos em juízo por atos estranhos à sua missão oficial, apenas pelo prazo de seu mandato. Na França, em que isso não era tradição, a mesma evolução ocorreu no âmbito da interpretação do artigo 68 da Constituição. O Presidente não é irresponsável em relação aos atos cometidos antes de assumir suas funções, depois do término de seu mandato, ou cometidos durante o seu mandato, mas estranhos a suas funções. Ao contrário do Conselho Constitucional, a Corte de Cassação chegou a considerar que, para tais efeitos, a responsabilidade do Presidente era implicada perante as jurisdições penais de direito comum apenas no término de seu mandato (a prescrição era suspensa durante o mandato; *Breisacher*, 10 de outubro de 2001).

A principal consequência dessa tendência à "criminalização da responsabilidade política" é aquilo que se poderia chamar de "desparlamentarização" do regime. Um regime no qual a apreciação da legitimidade das políticas governamentais e de seus atores cabe a um processo penal já não é um regime parlamentar clássico. Não é possível prever as consequências desse movimento de desparlamentarização, e, nesse ponto, estamos reduzidos a suspender nosso juízo. Tem-se uma impressão de confusão, mas confusões dessa espécie frequentemente traduzem uma evolução irreversível das sociedades políticas e podem dissimular a formação de novos modelos constitucionais.

› BEAUD O. & BLANQUER J.-M. (org.), *La Responsabilité des gouvernants*, Paris, Descartes & Cie, 1999. – BEAUD O., *Le Sang contaminé*, Paris, PUF, 1999. – BARANGER D., *Parlementarisme des origines*, Paris, PUF, 1999. – LAUVAUX P., *Les Grandes démocraties contemporaines*, Paris, PUF, 2ª ed., 1998. – BIDEGARAY C. & EMERY C., *La responsabilité politique*, Paris, Dalloz, 1998. – Col.: Revue *Pouvoirs La responsabilité des gouvernants*, número especial, 2000.

Denis BARANGER

→ Constituição e direito constitucional; Imunidades; Prerrogativa; Representação; Responsabilidade; Soberania.

REVOLUÇÃO

A palavra revolução assume sentidos muito diferentes conforme faça parte ou não do mundo das ciências humanas e, claro, do da ciência jurídica. Deve-se, primeiramente, constatar que a etimologia não ajuda muito o jurista, uma vez que a palavra revolução vem do vocábulo latino *revolutio*, de *revolvere*, rolar para trás, remetendo então diretamente aos significados científicos da palavra. De fato, em astrologia, revolução designa a rotação completa de um objeto, na maioria das vezes um astro em torno de sua órbita, percorrendo assim uma trajetória que leva de retorno a seu ponto de partida. São então distinguidas as revoluções sinódicas, anomalísticas ou draconíticas. A ciência da astronomia adota a palavra revolução como medida do tempo durante o qual um satélite passa acima de determinado ponto terrestre. As ciências matemáticas, por sua vez, também consagram a palavra revolução para designar o fenômeno de rotação de uma figura geométrica em torno de um eixo. Isso significa que a etimologia confirma a utilização por essas disciplinas da palavra revolução com o significado de movimento regular de um objeto móvel que volta à sua posição de origem.

Para as ciências humanas, de maneira geral e indeterminada, constitui revolução toda mudança radical de uma ordem estabelecida. Assim, fala-se de revolução demográfica, industrial, marxista, sexual ou mesmo de revolução cristã, islâmica etc. Entendida desse modo, a noção não tem verdadeira autonomia nem significado preciso, afora o de questionamento do estado antigo, o que já a insere num registro muito distinto do enunciado acima. Como visa a uma transformação – estado patológico às vezes elevado ao *status* de doença (J.-J. Rousseau, Hauriou) ou de grande aventura investida de prestígio e sedução (Burdeau) –, a revolução pode designar – e é essa a concepção adotada pela ciência jurídica – a derrubada das autoridades políticas, cuja manifestação mais concreta é a revogação anômala da constituição. Nessa medida, é revolução toda e qualquer mudança anômala (na maioria das vezes com o uso da violência) dos órgãos políticos, mudança que acarrete o advento de uma nova ordem.

Surgimento da noção

Assim entendida, a revolução designa o processo de natureza fundamentalmente histórica que consiste na derrubada das autoridades políticas instaladas. Isso significa que o fenômeno de contestação geral da ordem acompanha a organização política da sociedade. No entanto, a palavra e a sistematização do conceito surgiram tardiamente. De fato, a palavra "revolução" só aparece na ciência jurídica em fins do século XVII, pois foi realmente só a partir da revolução inglesa de 1688 que a palavra passou a ser usada sistematicamente, e os movimentos de insurreição, guerra civil, golpe de Estado, sedição, *pronunciamientos* ou usurpação do poder encontraram uma qualificação comum, qualificação cujo sucesso nunca mais será desmentido. Com o mesmo vocábulo passarão a ser dissecados fenômenos tão diversos quanto as Revoluções americana, inglesa, francesa, russa, iraniana, chinesa ou espanhola... A identidade da palavra, embora pareça cômoda, abrange realidades muito diferentes, e a qualificação em comum de um fenômeno tão multiforme acarreta necessariamente consequências para a própria definição do conceito.

Revolução ou revoluções?

A diversidade das definições adotadas relativamente ao mesmo significante corresponde à diversidade dos fenômenos visados e pode parecer impedir ou, pelo menos, afetar a possibilidade de sistematização da noção. No entanto, não é muito surpreendente constatar tal diversidade das concepções da revolução, uma vez que esta é estudada por disciplinas alheias ou acessórias à disciplina jurídica. Assim, é óbvio que a definição adotada por filósofos e a adotada por historiadores não podem enfatizar as mesmas características do fenômeno identificado. Entretanto, mesmo restringindo a enumeração às definições propostas pelos juristas, permanece a diversidade. Em geral, há três pontos comuns ao conjunto das definições: caráter anômalo da mudança das autoridades políticas; advento de uma nova ordem; e permanência do Estado, apesar da subversão da ordem jurídica e do regime político.

A revolução é comumente definida pelo caráter anômalo da mudança das autoridades políticas. Admite-se que a revolução leva à substituição de uma ordem antiga por uma nova, fora dos procedimentos previstos. A constituição, símbolo e matriz de organização do poder, é revogada transgredindo-se as eventuais regras organizadas para esse efeito. A revolução, portanto, visa a um processo de transformação anômala da ordem constitucional, às vezes considerada como critério exclusivo de definição (Kelsen). Mas o objeto e o efeito de uma revolução consistem, acima de tudo, em abolir a ordem repudiada (Vedel). A revolução também é definida por seu caráter integrista ou integralista e conduz a uma "reclassificação integral de todos os valores" (Burdeau). Transformação radical e anômala da ordem política e jurídica, a revolução caracteriza-se, enfim, pela permanência do Estado, pessoa jurídica soberana, cujo ordenamento é subvertido. Essa continuidade do sujeito de direito é consagrada em geral (com exceção de Burdeau) entre os autores de direito interno e de direito internacional (Bonnard, Carré de Malberg, Hauriou, Virally). Essa identidade decorre do fato de que a mudança, seja qual for seu caráter radical, não pode afetar a personalidade jurídica do Estado, ser corporativo. A revolução define-se, então, por seu objeto e seu efeito: a transformação anômala das instituições funda uma nova ordem, mas não atenta contra a permanência do Estado.

Disso resulta que não é pertinente a qualidade dos autores da revolução. Isto porque não é possível distinguir de um ponto de vista científico nem pragmático as transformações das instituições conforme resultem das autoridades instaladas no poder ou do povo, de uma parte deste ou não. Alguns qualificam a primeira situação de golpe de Estado, reservando à segunda o *status* de revolução. Essa distinção decerto terá incidências sobre a legitimidade do processo, mas não pode afetar a própria natureza do fenômeno. Segue-se que o golpe de Estado, quando atende aos critérios enunciados, constitui uma espécie do gênero revolução (Gény, Kelsen, Liet-Veaux).

Quanto ao resto, é possível estabelecer uma tipologia das definições, conforme os autores levem em conta outros critérios, alternativos ou não. Consideraremos três. 1 / *Distinção entre o processo revolucionário e seu sucesso.* A revolução às vezes é distinguida do movimento revolucionário de um ponto de vista formal e finalista. Desse modo, somente o processo revolucionário que redunde na derrubada da ordem jurídica e na sua substituição por um novo ordenamento é justificado e pode merecer a qualificação de revolução (Liet-Veaux, Jèze). Na hipótese inversa, a qualificação considerada é da ordem da rebelião ou do movimento insurrecional, e não toca na juridicidade. Uma vez que se leve em conta a distinção entre os dois momentos, a exclusão radical da definição de revolução do processo revolucionário leva a não negligenciar uma parte importante dos efeitos que esta última produz e da eventual regulamentação aplicável. 2 / *Uso da violência.* Geralmente se admite que a revolução, na maioria das vezes, faz uso da violência. Alguns autores, porém, veem nisso um elemento de definição da noção (Arendt, Carré de Malberg, *Dicionário Littré*). De qualquer modo, é possível considerar que a derrubada de uma ordem estabelecida só pode ocorrer por meio do uso da coerção pelos revolucionários, pelo menos em relação às autoridades derrubadas. 3 / *Elemento ideológico.* Alguns consideram que a revolução comporta, necessariamente, um elemento ideológico e muitas vezes se torna sinônimo de reivindicação de liberdades contra a autoridade que se tornou ilegítima. Quando às vezes se distingue revolução de reação (Hauriou), leva-se em conta a causa da revolução, sua dimensão social de libertação da opressão (Arendt, Lévy-Bruhl). Tal perspectiva leva a restringir consideravelmente a qualificação de revolução de um ponto de vista puramente moral, atitude que não deve ser adotada pelo jurista.

Revolução e direito

Sejam quais forem os critérios adotados, a definição genérica geralmente considera a irregularidade do processo revolucionário, ou seja, o caráter anômalo da mudança dos órgãos e das autoridades políticas. Isso significa que a revolução constitui um fenômeno perturbador para o jurista, que é necessariamente formalista e legalista por formação, se não por afinidade, uma vez que um fato, frequentemente sinônimo de violência e sempre sinônimo de anomalia, pretende subverter uma ordem jurídica e política, tornando-se produtor de direito (Lévy-Bruhl). Trata-se, pois, de admitir a possibilidade de basear uma ordem jurídica na efetividade do exercício do poder em total transgressão às regras existentes, e não se pode resolver essa tensão invocando o recurso ao poder constituinte originário, visto que certas revoluções tiveram por objetivo e, aliás, por efeito pôr em xeque o seu titular. Apresenta-se então, inevitavelmente, a questão do possível tratamento do fenômeno pelo direito. Essa interrogação fundamental consiste em saber se o processo revolucionário, no sentido amplo, pode ser objeto de definição e de regulamentação jurídicas. Essa questão do tratamento da revolução pelo direito é alvo de profundo desacordo entre os autores.

Oponentes ao tratamento pelo direito. – Certo número de autores considera que a revolução não pode ser apreendida pelo direito, não sendo, pois, passível de definição em termos jurídicos (Carré de Malberg, Duguit, Ihering, Jèze). A incapacidade da disciplina para tratar desse processo decorre do fato de que a revolução é um fenômeno "antijurídico" por essência. Nesse sentido e de maneira geral, o fenômeno revolucionário escapa à esfera jurídica por se tratar de uma questão de fato, e não de uma questão de direito, mas sobretudo, como dissemos, por se tratar de admitir a virtude criadora da violação da regra de direito ou, *a fortiori*, o poder constitutivo de direito da violência. O conjunto dessas razões leva a maioria dos dicionários de terminologia jurídica, tanto de direito interno como de direito internacional, a não considerar a palavra "revolução" como conceito jurídico.

Defensores do tratamento pelo direito. – Em sentido inverso, outros autores apreendem o fenômeno e o inserem plenamente no campo da análise ou da dogmática jurídica (Bonnard, Liet-Veaux, Gény). Os argumentos enunciados, logicamente, são opostos aos enunciados antes.

No essencial, é denunciada a confusão frequente entre a questão controversa da legitimidade do movimento revolucionário, a questão resolvida da ilegalidade do fenômeno e a dos efeitos jurídicos que ele produz. A revolução torna-se um objeto de ciência (Burdeau), um fenômeno jurídico (Lévy-Bruhl) e às vezes é erigida ao *status* de começo do direito. Nessa perspectiva, a revolução, em vez de ficar fora do campo da análise jurídica, leva o jurista a formular o questionamento essencial da criação do direito ou da invenção do direito (Ellul). Essa disputa leva a fazer certo número de distinções, primeiramente entre as diferentes ordens jurídicas capazes ou em condições de estatuir sobre uma das questões propostas pelo fenômeno; depois – e essa é a questão principal – entre o desenrolar da revolução e o resultado ao qual ela chega, ou seja, a distinção entre o processo revolucionário e a revolução realizada. O processo de transformação e a mudança das autoridades políticas acaso poderão ser apreendidos pelo direito, uma vez que se colocam como exteriores ou contrários à ordem estabelecida (por definição, poderíamos dizer)? A questão tem, necessariamente, resposta diferente na ordem jurídica interna e na internacional.

Revolução e direito interno

No campo do direito interno, é importante distinguir processo e resultado, ou seja, o sucesso da revolução.

No que se refere ao *processo* revolucionário, não pode ser organizado pela ordem interna em termos jurídicos de validade ou regularidade, pois o objetivo da revolução é subverter a ordem estabelecida fora dos procedimentos. Por conseguinte, a regulamentação jurídica interna não pode estatuir sobre o processo, a não ser para condená-lo em nome das instituições estabelecidas e do respeito aos procedimentos organizados. Fica então uma interrogação importante, mas não pertencente ao campo propriamente dito do direito: refere-se ao direito de resistência ou de rebelião e às eventuais modalidades como é visto pelo direito positivo interno. Observe-se, porém, que o direito dos súditos a rebelar-se contra o Príncipe ou, mais geralmente, contra a autoridade política, mesmo quando formulado por um texto de direito positivo, escapa essencialmente à positividade e, na qualidade de direito natural ou de prerrogativa não transferida para a sociedade civil, possibilita derrubar as autoridades políticas que já não atendam ao pacto social. Na mesma perspectiva, quando o objeto da contestação não se reduz a refutar o(s) indivíduo(s) que exerça(m) o poder, mas implica a negação da ordem política estabelecida, o processo de inversão dos valores e dos órgãos não pode ser organizado positivamente. A razão, aliás, é simples, visto que, na maioria das vezes, a revolução pode ser definida como algo que atesta o exercício do poder constituinte originário (Vedel). De fato, o mais frequente é que a revolução se manifeste pelo exercício, por parte do detentor do poder constituinte, de seu poder contra os órgãos instituídos, os corpos constituídos, com a intenção de derrubá-los. Mas também é possível que a revolução conduza à revogação do poder constituinte originário, substituindo assim uma entidade soberana por outra (Schmitt). É o que ocorre quando o povo, ou a nação, substitui o poder monárquico ou, inversamente, quando este último volta a ser detentor do poder constituinte originário. Ora, tal mudança é, por essência, não passível de regulamentação jurídica.

No que se refere à questão do *resultado*, e não mais do processo, da revolução, quando ela é coroada de sucesso, ou é o "motim que dá certo" (Jèze), com a consequente modificação dos órgãos, a resposta do direito interno varia, necessariamente. Esta resulta da transferência do poder político para o movimento revolucionário, que passa a ser a autoridade no poder. Em primeiro lugar, visto que a revolução consiste em substituir uma ordem antiga por uma nova, é natural que o novo ordenamento jurídico e as novas autoridades constituídas validem o processo, pois sua existência decorre dele; evidentemente, também é lógico que, no caso inverso de fracasso do movimento revolucionário, as autoridades não derrubadas estatuam sobre o valor dos atos eventualmente adotados pelos insurgentes. Em qualquer hipótese, o direito interno leva em conta necessariamente a revolução, devendo estatuir sobre as questões, às vezes difíceis, de continuidade da aplicação da regulamentação. De fato, é raro que a substituição da ordem antiga pela nova seja imediata, e o período de transição pode suscitar dificuldades sobre o estatuto das regras. Mas, sobretudo, é excepcional que a revolução faça tábula rasa da antiga ordem. Assim, é clássica a manutenção de uma parte do ordenamento jurídico, ainda que, então, a validade das normas ou das instituições sempre resulte da nova ordem da qual dependem. A cada processo revolucionário coroado de êxito colocam-se algumas questões, como as relativas ao direito de propriedade, à nacionalidade, à legislação penal ou às dívidas públicas, especialmente. Mas, também nesse caso, visto que a revolução transformou as instituições, a consideração feita pelo direito interno não levanta questões teóricas fundamentais. Aliás, pode-se observar que alguns princípios fundadores da nova ordem jurídica e política às vezes têm origem ou inspiração direta na antiga ordem repudiada.

Revolução e direito internacional

Em termos de direito internacional, as questões suscitadas encontram respostas cujo grau de precisão varia, sendo, aliás, variável segundo o estado da regulamentação. De maneira geral, cabe esclarecer que continua válido o parecer redigido em 1932 por um árbitro, segundo o qual não há definição de revolução consagrada pelo direito internacional (Commission franco-mexicaine des réclamations, sentença proferida em 17 de outubro de 1928 [dossiê nº 59], presidência de M. Verzijl, sentença "Pinson", *RGDIP*, 1932). Dito isto, cabe notar que a perspectiva pode ser invertida e levar-nos à indagação das consequências da revolução para o direito internacional. Está demonstrado que certas revoluções, entre as quais a primeira foi a Revolução francesa de 1789, tiveram incidências consideráveis sobre a ordem jurídica internacional (Basdevant, Dupuy, Mirkine-Guétzévitch). No entanto, o objetivo do processo revolucionário evidentemente não é produzir efeitos diretos sobre a ordem internacional, mas sim sobre a ordem interna. O fato é que o direito internacional está necessariamente habilitado para estatuir sobre a questão da revolução, uma vez que, como ordem jurídica superior, ou ao menos exterior, às diferentes ordens internas, ele apreende em seus termos os efeitos do fenômeno (Vedel). O tratamento do fenômeno revolucionário pelo direito internacional possibilita dimensionar uma tensão permanente entre dois princípios, a liberdade do Estado entendido como sujeito soberano e a necessária regulamentação internacional do fenômeno, tensão cuja manifestação se observa com referência tanto ao processo revolucionário quanto à revolução consumada.

Em relação ao processo *revolucionário*, existe tensão entre, por um lado, o reconhecimento da soberania dos Estados e seu corolário, a igualdade entre eles – implicando a não ingerência nos assuntos internos – e, por outro, o reconhecimento mais recente e mais ambíguo do direito à autodeterminação dos povos. O foco, *a priori* diferente – o primeiro ponto interessa aos Estados terceiros; o segundo, às entidades que compõem o Estado que foi alvo do processo revolucionário –, baseia-se numa perspectiva única, uma vez que o reconhecimento do direito à autodeterminação dos povos às vezes fundamenta alguma derrogação do princípio de não ingerência nos assuntos internos. A solução clássica adotada pelo direito internacional consiste então em oferecer uma via do meio, lembrando o princípio geral de neutralidade do direito internacional e admitindo uma derrogação.

No que se refere ao princípio geral, o direito internacional durante muito tempo condenou irrestritamente qualquer incitação aos movimentos de rebelião ou qualquer ajuda material oferecida aos movimentos insurrecionais, impondo, assim, estrita neutralidade aos Estados terceiros. Essa proibição está formulada na célebre Resolução 2.625 da Assembleia Geral das Nações Unidas nos seguintes termos: "Todos os Estados devem abster-se de organizar, fomentar, financiar, incentivar ou tolerar atividades armadas subversivas destinadas a mudar o regime de outro Estado pela violência, bem como de intervir nas lutas intestinas de outro Estado" (A/Res. 2625 [XXV], resolução de 4 de novembro de 1970). Foi estipulada pela Corte Internacional de Justiça em 1986 (*Caso das atividades militares e paramilitares na Nicarágua e contra esta*, Mérito, acórdão de 27 de junho de 1986, *CIJ Rec.*). Mas essa proibição já não é tão radical e tem uma exceção, pelo menos aparente, no reconhecimento do direito dos povos a dispor de si mesmos, ou no reconhecimento do direito à autodeterminação. Estes últimos dão aos Estados terceiros fundamentos para a oferta de ajuda aos povos oprimidos, com exclusão do uso da força. Dito isto, no atual estado da regulamentação, a exceção é um tanto estranha à estrita problemática da revolução, desde que a intenção do povo seja reivindicar a independência por via de secessão, redundando, assim, na criação de um novo Estado. O direito dos povos, portanto, não consiste em pretender subverter a ordem política de um Estado para substituí-lo por uma nova organização, a não ser que se considere que a secessão pertence a essa lógica (Leben). No que se refere ao *resultado* do processo, ou seja, à transformação do aparato orgânico e à substituição de uma ordem antiga por uma nova, o direito internacional também adota posição de indiferença geral.

A revolução consumada, visando em primeiro lugar a determinação interna do poder, passa de novo a pertencer plenamente ao registro dos assuntos internos do Estado, dizendo respeito à sua liberdade. Esse princípio de liberdade pode ser analisado de duas maneiras, de acordo com o Estado cuja situação se considera. O Estado cuja ordem política e jurídica foi transformada dispõe de uma liberdade que se traduz na competência exclusiva, embora não ilimitada, de proceder à organização interna de seus poderes. Quanto aos Estados terceiros, como consequência imediata do princípio anterior, estão proibidos de imiscuir-se nos assuntos internos do Estado. Esse princípio de liberdade, ou de não ingerência – segundo o ponto de vista adotado – é lembrado especialmente pelo artigo 2º, § 7º, da Carta das Nações Unidas e reiterado por jurisprudência constante. A Corte Internacional de Justiça, no acórdão já citado de 27 de junho de 1986, especifica, por exemplo, que "as orientações políticas internas de um Estado são da competência exclusiva dele, desde que, evidentemente, não transgridam alguma obrigação de direito internacional" (*Caso das atividades militares e paramilitares na Nicarágua e contra esta*, Mérito, *CIJ Rec.*, 1986, § 258). A reiteração do princípio do reconhecimento da autonomia dos Estados com referência à sua organização interna também se encontra nas resoluções adotadas pela Assembleia Geral das Nações Unidas, cuja formulação mais explícita e radical sem dúvida resulta da carta dos direitos e deveres econômicos dos Estados (A/Res. 3281 [XXIX], adotada em 12 de dezembro de 1974). Embora aplicável às transformações resultantes do processo revolucionário, deve-se observar que esse princípio de liberdade dos Estados faz parte de um registro mais amplo, o da indiferença do direito internacional em relação ao poder instituído, seja qual for o modo de transmissão adotado.

Essa neutralidade, porém, deve ser apreciada com a ressalva das duas observações seguintes. Em primeiro lugar, como dissemos, a revolução nunca afeta o princípio da permanência do sujeito de direito, pessoa soberana, sendo apenas a organização interna alvo de transformação, por mais profunda que seja esta última. A mudança das autoridades por meio de processo revolucionário, portanto, não atenta contra a identidade do Estado. Apesar de algumas raras reivindicações nesse sentido, em especial as da Rússia em 1917, admite-se que as novas autoridades instaladas no poder são obrigadas a respeitar os compromissos firmados anteriormente, em especial honrar as dívidas públicas (Sentença arbitral de 18 de outubro de 1923, Reivindicações Aguilar-Amory e Banque Royale du Canada, Caso Tinoco, *Grã-Bretanha c. Costa Rica, Coletânea de sentenças arbitrais*, vol. I). Mas trata-se do problema, clássico afinal, da sucessão dos governos, sejam eles oriundos ou não de processo revolucionário. Em segundo lugar, embora o direito internacional continue indiferente à organização política de um Estado, os Estados terceiros dispõem da faculdade de não reconhecer o novo governo oriundo do processo revolucionário. Nesse sentido, a liberdade do Estado tem contrapartida na liberdade dos outros Estados, por intermédio da instituição do reconhecimento de governo; contudo, cabe dizer que sua ausência não produz efeito sobre a qualidade de Estado cujo governo não é reconhecido.

› AKHAVAN KAZEMI M., *Dimensions internationales des révolutions*, tese de doutorado, Rennes I, 1995. – ANDRÉ-VINCENT Ph.-I., *Les Révolutions et le droit*, Paris, LGDJ, 1974; "Théologie nouvelle et révolution", *APD*, 1969. – ANZILOTTI D., *Cours de droit international*, 1929, reimpr., Ed. Panthéon-Assas, LGDJ, 1999. – ARENDT H., *Essai sur la révolution*, Paris, Gallimard, 1967. – BASDEVANT J., *La Révolution française et le droit international*, tese, Éd. Larose, 1901. – BAUER, A., *Essai sur les Révolutions*, Paris, Giard, 1908. – BONNARD R., "Les actes constitutionnels de

1940", *RDP*, 1942. – BURDEAU G., *Traité de science politique*, t. IV, *Le statut du pouvoir dans l'État*, Paris, LGDJ, 1984. – CARRÉ DE MALBERG R., *Contribution à la théorie générale de l'État*, t. II, Paris, Sirey, 1922, reed. CNRS, 1962. – DESMONS E., *Droit et devoir de résistance en droit interne. Contribution à une théorie du droit positif*, Paris, LGDJ, 1999. – DUPUY R.-J., "La révolution française et le droit international actuel", *RCADI*, 1989, t. 214. – ELLUL J., "Initiales pour l'étude de la relation entre les émeutes de mai-juin et le droit", *APD*, 1969; *Autopsie de la révolution*, Paris, Calmann-Lévy, 1969. – GÉNY F., *Science et technique en droit privé positif*, t. IV, Paris, Sirey, 1924. – GOULEMOT J.-M., *Discours, histoire et révolutions (Représentations de l'histoire et discours sur les révolutions de l'Age classique aux Lumières)*, Paris, 10/18, 1975. – HAURIOU M., *Principes de droit public*, 2ª ed., Paris, Sirey, 1916. – JÈZE G., *Les Principes généraux du droit administratif*, Paris, Giard, t. II, 3ª ed., 1930; "Note de jurisprudence", *RDP*, 1927. – LÉVY-BRUHL H., "Le concept juridique de révolution", *Introduction à l'étude du droit comparé, Recueil d'études en l'honneur d'Édouard Lambert*, t. II, Paris, Sirey, 1938, t. II. – LIET-VEAUX G., *La Continuité du droit interne, Essai d'une théorie juridique des révolutions*, tese, Rennes, Paris, Sirey, 1942. – MARTIN P., *Portée juridique des révolutions en droit public interne*, tese, Montpellier, 1938. – MIRKINE-GUÉTZÉVITCH B., "L'influence de la Révolution française sur le développement du droit international dans l'Europe orientale", *RCADI*, 1928, t. 22. – RAYNAUD Ph., "Révolution américaine", "Révolution française", in *Dictionnaire de philosophie politique* (Ph. Raynaud et S. Rials, org.), Paris, PUF, 1991; *Révolution et droit international*, Colloque de la SFDI, Dijon, Pedone, 1989, em especial relatório de Ch. Leben. – ROHATYN S., "Die juristische Theorie der Revolution", *Revue internationale de la théorie du droit*, t. 4, 1929-30. – ROUSSEAU J.-J., *Du contrat social*, L. II, cap. VIII, *Du peuple*. – VEDEL G., *Cours de droit constitutionnel et d'institutions politiques*, Paris, Les Cours de droit, Licence, 1959-60.

Florence POIRAT

→ Constituição e direito constitucional; Estado; Governo; Revolução francesa e direito.

REVOLUÇÃO FRANCESA E DIREITO

No princípio era a lei, e a lei era o direito. As três declarações dos direitos do homem e do cidadão falam muito de lei (8 artigos em 17 na de 1789; 12 em 35, na de 1793; 14 em 31 – incluindo a declaração dos deveres –, na de 1795), menos de direitos (6 artigos em 1789, 8 em 1793, 2 em 1795); o único direito (no singular) visado nesses textos é o de propriedade (art. 17 de 1789, 16 de 1793 e 5º de 1795). Em compensação, a ideia de "direito a", embora só se encontre em um artigo na Declaração dos Direitos do Homem e do Cidadão de 1795, aparece três vezes na de 1789 e oito na de 1793 (aos quais convém acrescentar o art. 31, em que se especifica que "ninguém tem o direito de pretender ser mais inviolável que os outros"). Que uso a Revolução francesa fez então do direito?

O direito: uma invenção do século XVIII

Tudo começou no século XVIII. Não que o reino de França antes não tivesse direito, mas o século XVIII, pelo menos aquele que se adornou das luzes do Iluminismo, o usa de maneira original: para expressar as aspirações do momento, graças a uma aparência, se não científica, pelo menos em conformidade com a razão. Desde o renascimento do direito romano no século XII, os doutores expressavam a ideia de que o direito emana do povo: enquanto Bartolo († 1357) define a *jurisdictio*, Baldo († 1407) afirma que o povo é seu próprio legislador. Para Marsílio de Pádua († 1343) e Altusio († 1637), a soberania assenta nos ombros do povo. Portanto, a ideia não é nova. Com Hobbes († 1679) e Locke († 1704) é vencida uma etapa: convém renunciar à liberdade "natural" para criar uma sociedade política; Hobbes nisso só vê vantagens, pois o homem em estado natural é mau, e o direito virá limitar seus apetites malfazejos; Locke vê sobretudo vantagens, pois, com o direito, entra-se na sociedade civil como outros na religião, por meio de um pacto que o autor qualifica de social. O século XVIII herda tais construtos intelectuais sobretudo porque se situa ao mesmo tempo na tradição evolutiva (a humanidade teria passado por uma "infância" e teria chegado à "maturidade") e no desejo tenaz de explicar tudo de maneira racional (a *Enciclopédia*, lançada para reagir contra o *Dicionário* de Trévoux, jesuíta, é sem dúvida o exemplo mais conhecido). Assim, o século, se não inventa o direito no sentido de criar uma noção ignorada até então, inventa-o no sentido de parecer descobri-lo ou pelo menos olhá-lo com um olhar novo. *O espírito das leis* de Montesquieu põe a lei no centro da sociedade humana; *O contrato social* de Rousseau, prolongamento das ideias de Locke, descreve a alquimia segundo a qual o contrato supracitado transforma o homem "da natureza" em cidadão. Com Rousseau, o indivíduo que se situa no coração do sistema já não é, evidentemente, um filho de Deus, nem mesmo um animal humano, mas um homem definido pelo direito. Logo, durante aqueles anos, o direito deixou de ser filosofia ou mesmo meio de governar os homens, para tornar-se origem e fim da sociedade civil.

Esse movimento das ideias é acompanhado pelo ingresso na arena intelectual de um conceito que desde então teve muito sucesso: os direitos do homem. Nascidos do enfraquecimento do sentimento religioso, do consumo em maior escala, do desejo de gozar a vida, da constatação de abusos ridículos numa sociedade esclerosada, os direitos do homem apresentaram-se como uma explicação nova para um século diferente; a tal ponto que, numa atitude platônica, serão redescobertos na Revolução francesa. No século XVIII, os direitos do homem estão dando apenas o primeiro passo de sua trajetória futura: dependendo da definição que lhes é dada, será possível criticar os vieses contemporâneos.

Do ponto de vista técnico, percebe-se o direito de outra maneira; era o momento da "escola dos conciliadores". Ou seja, buscava-se unificar as costumagens (havia cerca de 60, que poderiam ser qualificadas de principais e aproximadamente 700 ao todo) e aproximar o direito comum consuetudinário ao direito romano, tudo sob a influência da escola do direito natural. Assim, aparece um direito francês que a doutrina isola (as *Institutas de direito francês segundo a ordem das de Justiniano*, de Claude Serres, as *Institutas de Justiniano conferidas com o direito francês*, de Boutaric ou, evidentemente, *Pandectas* de Pothier, em ordem natural: *Pandectae Justinianae in novum ordinem digestae*, que será uma das bases do Código Civil francês). Um direito francês que a monarquia tentava sintetizar pela pluma de grandes servidores do Estado, como D'Aguesseau, ajudado por seus dois filhos, e Joly de Fleury; assim era registrada uma ordenança sobre as doações (1731), os testamentos (1735), a falsidade (1737), as substituições fideicomissárias (1747), ao passo que a ordenança sobre as incapacidades de receber e dispor a título gratuito, criada em 1730, nunca veio a lume. Por outro lado, o ambiente internacional incitava a atribuir importância maior ao direito. José II (irmão de Maria Antonieta) publicava um edito de tolerância em 1780, instalando manufaturas nos conventos abandonados, introduzindo uma divisão administrativa uniforme, promulgando um código, enfim, reestruturando seus Estados a partir do direito. Ora, José II conquistara os salões parisienses. Quanto à Revolução americana, para qual franceses como La Fayette e Rochambeau contribuíram amplamente, propunha para uso dos americanos um modelo que os franceses transformariam em lei universal pouco depois: a declaração dos direitos.

Portanto, o século XVIII realmente inventou um direito. Principalmente porque, de imediato, foi através da noção de direito que o edifício do Antigo Regime mais se abalou durante a crise parlamentar.

O direito da Revolução francesa: uma ideologia

Uma vez que a Igreja deveria desaparecer (constituição civil do clero de 1790, decreto de 3 de ventoso e de 2 de prairial do ano III, de 7 de vendemiário do ano IV), o importante era redefinir o referente político da sociedade francesa. Os direitos do homem surgem como novo ato de fé.

Tradicionalmente, apresenta-se a *Magna Carta* de 1215 (mas por que não remontar aos *Assises sur la ligèce* [Fundamentos do lígio] de 1163?) como o primeiro ancestral intelectual da Declaração dos Direitos do Homem e do Cidadão e, imediatamente, todos concordam em reconhecer que Rousseau (nos direitos naturais), Montesquieu (na separação dos poderes), Voltaire (na defesa do indivíduo contra a arbitrariedade) e, mais geralmente, os Enciclopedistas (nos direitos naturais), foram os pais dos três textos oficiais e dos cerca de vinte projetos produzidos entre 1789 e 1795. Esse conjunto de aproximadamente duas dezenas de escritos apresenta algumas invariantes, que são os direitos do homem propriamente ditos e os direitos da nação.

Direitos do homem? Evidentemente, trata-se em primeiro lugar da liberdade no sentido voltairiano do termo, ou seja, de garantia contra a arbitrariedade. Quase todos os textos enunciam que o homem é livre segundo essa acepção; somente Nioche (deputado de Touraine) o inclui apenas implicitamente em seu projeto de agosto de 1789. Em segundo lugar, a propriedade (corolário indispensável da liberdade) é considerada em 1789 como um dos direitos naturais, mas, em 1795, como fundamento da ordem social; um dos autores dos projetos (Sinety) chega a analisar o desrespeito à propriedade alheia como crime capital. Em terceiro lugar, direitos do homem significam igualdade, jurídica apenas e não econômica; a noção não chegou de repente à pluma dos autores de projetos (nenhum dos anteriores à noite de 4 de agosto fala dela), mas representa a ruptura mais importante em relação ao Antigo Regime: neste, tudo se baseava na noção de deveres e serviços, mas depois o que prevalece é a noção de direitos. Por fim, a segurança representa o quarto elemento desses direitos do homem: elemento mais inapreensível que os três primeiros, há concordância em lhe atribuir, em geral, o valor de uma ordem pública da qual se extrai a consequência de que é proibido fazer justiça com as próprias mãos.

Direitos da nação? A nação, noção teórica, indivisível, cujo caráter místico torna inútil o rei, encarna-se na lei. Ela é fruto de um contrato social graças ao qual o indivíduo se torna cidadão, *persona*. Num dos projetos (Cherbal de Mont-Real), o autor imagina que um cidadão que tenha conspirado contra a sociedade é capaz de apresentar-se para a sua detenção por iniciativa própria. Vista desse modo, a nação deve gozar de recursos (o imposto, cujo pagamento se passa a considerar uma honra) que ela poderá redistribuir, aos infelizes, por exemplo (art. 21, Declaração dos Direitos do Homem e do Cidadão de 1793). Portanto, só essa entidade teórica é investida de poderes legais, porque só ela constitui um conjunto de *personae*; as outras autoridades não instituídas pela lei não poderiam impor-se a ninguém – por exemplo, o papa.

Ao lado desses temas que, *mutatis mutandis*, estão nas duas dezenas de textos, alguns só aparecem em segundo plano. É o que ocorre com a felicidade, prevista no corpo do projeto de Mounier em 1789, aprovado como preâmbulo no texto que figurará na introdução da Constituição de 1791, voltando no artigo 1º da Declaração dos Direitos do Homem e do Cidadão de 1793 e desaparecendo em 1795. Quanto à educação, Robespierre conseguiu incluí-la no artigo 22 da Declaração dos Direitos do Homem e do Cidadão de 1793; aliás, muitos projetos daquela época apresentam a educação como um dos elementos constitutivos dos direitos do homem, mas nem todos (Mont-Gilbert). Mas, está claro que a noção de deveres do homem é a que suscita o problema mais grave de interpretação, explicando sua relativa discrição na maioria dos documentos: ou se considera – num sinalagmatismo costumeiro nos juristas – que se trata do segundo termo do contrato social (sem dúvida é assim que a Declaração dos Direitos do Homem e do Cidadão de 1789 os encara, colocando os deveres no preâmbulo; a de 1793 só trata nessa acepção do dever dos magistrados, em preâmbulo também), ou neles se vê um enunciado moral, como em 1795, quando se chega a redigir uma declaração dos deveres em seguida à dos direitos, o que, indiscutivelmente, constitui uma ruptura radical.

Embora os direitos do homem representem a nova profissão de fé dos homens do poder (aqueles que podem ser chamados de "legisladores revolucionários"), a fraseologia antiguizante constituirá um dos vetores do novo discurso. A Antiguidade utilizada (mas nunca definida) representa o que chamamos de Antiguidade clássica, ou seja, Grécia e Roma, que, evidentemente, não se transforma em objeto de estudo, mas é usada para reforçar uma ideologia política: assim, são selecionados exemplos expressivos, apresentados quando há necessidade de demonstrações teóricas (Esparta/Atenas, Roma/Cartago); na esteira de Plutarco e, mais ainda, na do abade Barthélémy, grande leitor daquele, a lembrança de alguns heróis antigos se reduz a um gesto (Brutus é o punhal que feriu o tirano), a um traço de caráter (Aristides é virtuoso, enquanto Péricles é um aristocrata perigoso, e Pisístrato, tirano, sendo Aristogíton um tiranicida), ou a uma função (os Gracos são reformadores). O discurso antiguizante, que leva a fazer paralelos apressados entre passado e presente (e a deduzir, por exemplo, que entre a democracia grega e o ano I a humanidade afundou num *graben* de intolerância), induz a retomar uma ideia que o Renascimento já propagava: somos anões empoleirados nos ombros de gigantes, ou seja, somos herdeiros dos gigantes passados; nós, que somos anões em relação a eles, como estamos montados em seus ombros, os ultrapassamos; e, para os revolucionários, isso é provado pelo fato de que eles inventaram os direitos do homem, que eram ignorados pelos Antigos. Assim, o revolucionário, amante da Antiguidade (antiquófilo, a se aceitar o neologismo), será herdeiro dos valores dos grandes mestres, de suas virtudes e de sua fé, preciosa esta nos momentos de dúvida, por exemplo durante o processo de Luís XVI, quando as referências à Antiguidade atingem o apogeu.

Mas esse discurso antiguizante, embora envolto nas togas do direito, enuncia, pura e simplesmente, uma ideologia. Assim, embora os projetos de ensino fossem inúmeros, as realizações concretas se limitaram à lei de brumário do ano IV que criou as Escolas Centrais; esses projetos, porém, dão informações sobre um estado de espírito: praticamente nunca se fala das moças (exceto em Condorcet), e quer-se fazer do rapaz uma espécie de espartano. As festas, que Daunou desejava à imagem das da Grécia antiga em seu relatório de 27 de vendemiário do ano IV, que visava à instrução moral e na verdade retomava as ideias de Sieyès em seu projeto de constituição de 12 de agosto de 1789, distinguiam os cidadãos meritórios.

Conquista do poder pelo direito

Como a antiga França não conhecia a constituição, algumas leis fundamentais, estabelecidas quando a necessidade se fizera sentir, funcionavam como arcabouço do exercício do poder político. A nova França, destruindo o edifício antigo, não tinha outra escolha senão definir *a priori* o contexto no qual o poder passaria a ser exercido. Divididos entre Montesquieu, adepto de uma monarquia com poderes separados, e Rousseau, que decantava os direitos do povo, os legisladores revolucionários hesitavam entre a separação e a confusão dos poderes.

A separação dos poderes vem à luz pela primeira vez em 1791 com o regime da Legislativa. A França continuava sendo uma monarquia, mas o rei já não era de direito divino, era apenas rei dos franceses; os poderes eram dois mais um. O primeiro poder era o Legislativo, nas mãos de uma câmara única, pois nenhuma razão (existência de uma nobreza como na Grã-Bretanha ou de um regime federativo como na América) justificava o bicameralismo; aquela Assembleia Legislativa, como o nome indica, tinha o objetivo de votar a lei. Era ela que tinha a iniciativa da lei, assim como o monopólio da discussão e do voto; em compensação a promulgação cabia ao rei; este dispunha de direito de veto, mas só podia exercê-lo durante um prazo máximo de duas legislaturas, ou seja, quatro anos: passado esse prazo, o texto devia ser promulgado automaticamente (na verdade, como a Legislativa só durou um ano – de setembro de 1791 a setembro de 1792 –, essa possibilidade foi apenas teórica). Ademais, a lei de finanças escapava ao veto régio. Além disso, o rei não podia dissolver a Assembleia. O segundo poder estava a serviço do primeiro (aliás, ele o trazia em seu nome: executava as decisões da Assembleia, era um Poder Executivo); tratava-se, essencialmente, do rei, com título modificado, mas ainda o mesmo que havia herdado o trono em 1774; ao lado do rei, ministros, muito mais próximos em sua natureza dos ministros franceses do Antigo Regime (nem constituídos em gabinete, nem responsáveis perante a assembleia) do que dos ministros parlamentares à moda inglesa. O rei ficava no meio, à testa de uma administração sobre a qual seu poder era bem frágil (como todas as funções régias tinham sido eliminadas, os quadros administrativos eram eleitos pela nação; portanto, o rei não os escolhera e não podia destituí-los). Em compensação, o rei mantinha o domínio da diplomacia (tít. III, cap. IV, art. 2º). Quanto ao Judiciário, vítima dos temores que a fronda parlamentar fizera pesar sobre o poder político durante um século e meio, não constituía integralmente um terceiro poder. Evidentemente, ele era independente dos dois outros poderes, uma vez que os juízes eram eleitos (mas o ministério público era nomeado pelo rei em regime vitalício), mas não apresentava garantias técnicas irrepreensíveis: nenhum diploma era exigido, e o cargo eletivo era temporário (os juízes de paz, nos cantões, eram eleitos por dois anos; os juízes dos tribunais distritais, por seis anos; os do tribunal de cassação, por oito anos); ademais, embora tivesse sido instaurado o princípio da cassação (com o objetivo de assegurar o respeito à lei e a unidade da jurisprudência –

deve-se notar, porém, que depois de interpostos dois recursos, se o julgamento do terceiro tribunal de recurso fosse impugnado pelos mesmos meios que os dois primeiros, o artigo 21 do capítulo V do título III obrigava a remeter o caso para um corpo legislativo – procedimento qualificado de liminar legislativa), o recurso, procedimento romano-canônico incontestavelmente prático, mas que se tornara ideologicamente delicado, foi profundamente transformado: acabou-se com o recurso de um grau inferior para um segundo grau, que conferia supremacia de todos os tipos à jurisdição de recurso, e instaurou-se o recurso circular, ou seja, do tribunal distrital para o tribunal distrital vizinho, procedimento que continha em embrião potenciais acertos de conta, que não deixaram de refletir-se nos fatos (o tribunal de Versalhes, por exemplo, sentia um prazer malsão em invalidar os julgamentos do tribunal de Paris, que os pronunciava conscienciosamente). O sistema constitucional de 1791, portanto, era *ab initio* defeituoso e, sem dúvida, malogrou por falta de diálogo entre os poderes, mas também porque foi atribuída ao rei (e à rainha – sr. e sra. Veto) a responsabilidade por todos os males do tempo.

A segunda separação dos poderes malogrou por razões semelhantes. A constituição do ano III (chamada de constituição do Diretório) era longa (377 artigos, ao passo que só havia 210 em 1791 e 124 em 1793) e dava primazia à separação hermética dos poderes, ao mesmo tempo que assumia roupagens antiguizantes. O Legislativo cabia ao Conselho dos Quinhentos (transposição da *boulé* ateniense), constituído por 500 representantes elegíveis a partir de trinta anos de idade sem condição de censo, e ao Conselho dos Anciões (nome inspirado pela *gerousia* espartana), constituído por 250 membros elegíveis a partir de quarenta anos de idade entre os cidadãos casados ou viúvos, também sem condição de censo. O Conselho dos Quinhentos propunha as leis; o Conselho dos Anciões deliberava sobre as propostas feitas pelo Conselho dos Quinhentos. O Executivo estava nas mãos de cinco diretores (donde a palavra Diretório), eleitos por cinco anos entre os cidadãos com mais de quarenta anos de idade, que tivessem sido membros de uma das duas assembleias, ou ministros, um quinto dos quais renovável todos os anos; a proposta era feita pelo Conselho dos Quinhentos, que elaborava uma lista de dez nomes, entre os quais o Conselho dos Anciões escolhia o candidato que lhe parecesse melhor (desde que o verdadeiro candidato dos Quinhentos não fosse acompanhado de nove incapazes, o que vincularia *de facto* o voto do Conselho dos Anciões, o que realmente aconteceu). Nesse regime de separação dos poderes ainda mais estrito talvez do que em 1791, o Executivo contava com prerrogativas mais amplas que o rei constitucional da primeira constituição; tal como o rei, os diretores tinham ministros a seu serviço (estes não formavam um conselho e lhes eram inteiramente submissos), eram responsáveis pela política externa e pelas Forças Armadas; por outro lado, os diretores controlavam a política interna, por meio dos comissários do Diretório, verdadeiros representantes incumbidos de uma missão. A principal fraqueza desse Executivo advinha do campo financeiro: o Tesouro era administrado por cinco comissários eleitos pelas duas assembleias, mas totalmente independentes do Diretório. O Poder Judiciário, em linhas gerais, era o mesmo de 1791. O malogro da constituição resultou da rigidez excessiva da separação dos poderes (nem os diretores nem os ministros eram responsáveis perante as assembleias, e as assembleias não podiam ser dissolvidas): o Diretório podia no máximo convidar os Quinhentos a "tomar um objeto em consideração" (art. 163), mas não podia apresentar-lhes um projeto de lei; inversamente, as assembleias podiam apenas pedir "contas" ou "esclarecimentos" ao Diretório (art. 161), e o Diretório devia fornecer anualmente um relatório da situação financeira (art. 162). Nada mais estava previsto; o veto de 1791, de triste memória, chegou a ser anulado. Nada, senão o golpe de Estado, podia instaurar o indispensável diálogo entre os poderes públicos e, já no ano V e a cada ano daí por diante, um dos poderes intervinha vigorosamente no campo de competência do outro; essas intervenções eram qualificadas de golpes de Estado (o último, de Napoleão Bonaparte em 18 de brumário do ano VIII, seria fatal para o regime).

Quanto à confusão dos poderes, surgiu durante a Convenção. No plano jurídico, tal regime é aquele no qual os diferentes poderes estão nas mesmas mãos. A constituição do ano I (que saiu das fileiras da Montanha e, principalmente, do cérebro de Robespierre e nunca entraria em vigor) confiava o Poder Legislativo a uma assembleia única (sistema unicameralista), e o Poder Executivo a um conselho de 24 membros, eleito, tal como o corpo legislativo, por sufrágio universal masculino. Eleitos por um ano, juízes de paz escolhidos pelos cidadãos das circunscrições e árbitros públicos escolhidos pelas assembleias eleitorais teriam constituído o terceiro poder dessa constituição, caso ela tivesse vingado; mas foi substituída por um regime de confusão dos poderes em benefício da Convenção. De fato, foi nas mãos desta assembleia (mais precisamente nas de Robespierre e de seus amigos da Montanha) que o poder se concentrou integralmente: a assembleia votou leis que os comitês da assembleia executaram. Esses comitês deixaram uma lembrança sinistra: os dois principais, intitulados comitês de governo (trata-se do Comitê de Salvação Pública e do Comitê de Segurança Geral), administraram a França por meio de representantes em missão e valendo-se do Terror. Este último tinha um substrato ideológico poderoso que, aliás, teria um futuro promissor: um governo constitucional pressupõe que estejam reunidas as condições de legalidade; ora, como a França estava em guerra interna e externa, faltava tal legalidade; portanto, convinha suspender a constituição e instaurar uma ditadura que nunca recuaria diante do crime, evidentemente com restrições à liberdade, que os representantes da Montanha, porém, nunca deixaram de proclamar.

A Revolução francesa e a reformulação do direito

A ideia de uma reformulação do direito já estava nos *cahiers de doléances*. A constituição de 1791 (tít. I) dispunha: "Será criado um Código de Leis Civis comuns a todo o Reino." Esse forte desejo traduziu-se num apelo a todos "os cidadãos que tivessem visões úteis sobre o aperfeiçoamento das leis", mas não se foi adiante. Em 2 de outubro de 1792, a Convenção criou um "Comitê de Legislação Civil, Criminal e de Feudalismo" presidido por Cambacérès, "pai" de três de cada quatro projetos de códigos civis. O primeiro projeto de Cambacérès comportava 719 artigos e adotava o plano das Institutas de Justiniano (pessoas, bens, obrigações, ações); a Convenção o discutiu de 22 de agosto a 28 de outubro de 1793, promulgando uma parte, mas rejeitando o conjunto. O segundo projeto (apresentado em 23 de frutidor do ano II) tinha apenas 297 artigos; tal como escreveu Jean Gaudemet, era um simples "Manual de boa conduta", do qual só foram votados os dez primeiros artigos, antes que os acontecimentos obrigassem a abandonar o conjunto. O terceiro projeto (apresentado em 24 de prairial do ano IV) passava para 1.104 artigos, mas só teve direito a duas sessões de discussão. O quarto projeto, apresentado por Jacqueminot em 30 de frimário do ano VIII (ou seja, depois do golpe de Estado de Napoleão Bonaparte, que encarregara Jacqueminot de redigir um projeto de Código Civil, pois os trabalhos de Cambacérès não tinham logrado êxito), além da ideia de unificação do direito, retomava muitas disposições dos projetos anteriores de Cambacérès; esse projeto não foi discutido, mas inspirou vários artigos do Código Civil.

À margem desses quatro projetos, pode ser citado o "Plano de Código Civil" de Durand de Mailane, lido na Convenção em 8 de julho de 1793, resultante das incitações da Convenção, impaciente com a lentidão do Comitê de Legislação Civil, Criminal e de Feudalismo. O fervor de Durand não teve resultados, pois seu plano foi posto de lado. Mas cabe, acima de tudo, mencionar o projeto de Código Civil de Guy Jean-Baptiste Target, recentemente trazido ao conhecimento do público graças à descoberta de Stefano Solimano dos arquivos nacionais. Esse projeto data do fim de 1798 e do início de 1799; comportava 272 artigos (na verdade, 265 de uma primeira redação, mais 7 que são acréscimos ulteriores feitos por Target) e também seguia o plano das *Institutas*; apesar do pequeno volume, apresenta-se como um verdadeiro código, e não apenas como um Código de Princípios. A título de exemplo, cabe lembrar que o autor previa o divórcio por consentimento mútuo (art. 71), mas abrandado por muitas disposições técnicas; em seu conjunto, o projeto de Target representava a época pós-termidoriana: um chefe de família (o pai) que exercia vigorosamente a autoridade, uma propriedade isenta de qualquer forma de feudalismo, uma presunção de paternidade ampliada para trezentos dias (Jacqueminot a limitara a duzentos e oitenta e seis). Esse projeto constituiu o último elo da cadeia que, de Cambacérès ao Código Civil, possibilitou o nascimento da codificação francesa.

Ao lado da ideia de codificação, a Revolução francesa teve a preocupação de reformular quase todo o conjunto do direito. A lei de 20 de setembro de 1792 organizou um novo registro civil: a partir daí, os padres não cuidaram mais dos registros onde eram consignados os sacramentos recebidos pelos indivíduos; um laico, o oficial de registro civil (um dos membros do conselho geral da comuna, depois o prefeito em função no ano VIII), consignará as mudanças ocorridas na vida dos indivíduos (nascimento, casamento, óbito). A lei de 17 de julho de 1793 decidiu a supressão de todos os direitos feudais, abolindo a distinção entre feudalismo dominante e feudalismo contratante, tal como havia sido definido pelo comitê dos direitos feudais no início do movimento. Extraindo as consequências do direito de propriedade, a Legislativa adotou com a lei de 28 de setembro – 6 de outubro de 1791 aquilo que se chama impropriamente de "Código Rural", que é na verdade o direito de cercar as propriedades, que implicava a abolição dos direitos de compáscuo, indispensáveis àqueles que nada tinham. Esses três exemplos ilustram a nova dimensão jurídica do indivíduo: cidadão proprietário. Mas, evidentemente, foi na esfera matrimonial que a nova ideologia encontrou seu terreno predileto: em 20 de setembro de 1792, a lei decidiu que o casamento passava a ser simples contrato civil, que podia ser rescindido como qualquer outro contrato; portanto, introduzia-se o divórcio. Assim, de maneira muitíssimo lógica, deixava de haver bastardos, passando a haver filhos nascidos fora do casamento, aos quais a lei de 12 de brumário do ano II dava os mesmos direitos sucessórios dos filhos legítimos (com a ressalva dos filhos legitimados), devendo todos suceder de maneira igualitária (lei de 17 de nivoso do ano II): essas duas leis eram retroativas a 14 de julho de 1789, que aparecia como o início da nova era. O pai de família já não era um *pater familias*: sua autoridade só era exercida sobre os menores (lei de 28 de agosto de 1792), e a maioridade era atingida aos 21 anos (lei de 20 de setembro de 1792); era abolida a faculdade de testar (lei de 7 de março de 1793). A partir daí, todo indivíduo equivalia a qualquer outro indivíduo: testamento, direito de primogenitura, poder paterno eram coisas fora de moda; as leis de 5 de brumário e de 17 de nivoso do ano II traduziam essa nova realidade: as doações eram nulas, já não havia bens próprios ou bens do casal; a representação era admitida sem limites, com partilha por estirpe. Essas disposições revolucionárias preocuparam muitos pais de família e outros, enquanto a opinião pública se agitava com a retroatividade que deteriora a segurança jurídica. Napoleão Bonaparte, em 4 de germinal do ano VIII, fixou quotas disponíveis, premissas para uma nova abordagem da família e das sucessões. Sempre se privilegiava o indivíduo em relação ao grupo: a sucessão por linhagem foi proibida pela lei de 19-23 de julho de 1790 (o indivíduo primava sobre o pai de família), o empréstimo a juros tornou-se lícito graças à lei de 3 de outubro de 1789 (o indivíduo primava sobre a Igreja); a lei Le Chapelier (14 de junho de 1791) e o decreto D'Allarde (2-17 de março de 1791) aboliram as corporações, deixando frente a frente um patrão livre e um operário livre; a Lei de 3-19 de fevereiro de 1790 aboliu os votos monásticos por contrários à liberdade (mais uma vez, o triunfo do indivíduo sobre a Igreja); no fim do contrato de arrendamento de rebanho, os meeiros deviam devolver os animais recebidos, e não o seu equivalente em moeda (lei de 15 de germinal do ano III: o indivíduo proprietário primava sobre o indivíduo não proprietário).

O direito penal expressava de maneira semelhante as novas tendências da sociedade: o Código de 25 de setembro-6 de outubro de 1791 não reprimia infrações à lei religiosa, mas apenas à lei civil; o decreto de 10 de março de 1793 instituía o tribunal revolucionário; a lei de 24 de messidor do ano VII, chamada lei dos reféns, permitia reter como refém pais de nobres emigrados; o decreto de 22 de prairial do ano II estigmatizava os adversários políticos com a designação de inimigos do povo. O direito administrativo revelava as mesmas preocupações: não entravar a liberdade econômica (ou fazê-lo ao mínimo, como a Lei de 21 de setembro-13 de novembro de 1791, relativa ao estabelecimento de empresas nocivas à segurança ou à saúde), ampliar os direitos dos proprietários (dos proprietários do solo sobre as minas existentes em seu território, Lei de 18-29 de setembro de 1791) e, sobretudo, unificar o território (Lei de 26 de fevereiro-4 de março de 1790 sobre os departamentos) para lançar as bases de uma administração racional isenta de confusões (Lei de 7-14 de outubro de 1790, que privava os juízes do poder de anulação dos atos administrativos).

Direito: vetor do universalismo revolucionário?

Os revolucionários franceses, ao afirmarem declarar os direitos do conjunto dos homens, propunham modelos ao conjunto dos homens por meio do direito. Essa ambição universalista, porém, logo foi limitada, tanto interiormente quanto no plano internacional.

Afora o artigo 7º da constituição do ano I (nunca aplicada), que previa o sufrágio universal, este cedeu lugar ao sufrágio censitário. Por medo de ir longe demais ou de menos, o legislador revolucionário limitou a universalidade do sufrágio. Depois da teoria de Sieyès, todos concordavam em acreditar que existem duas categorias de cidadãos: os cidadãos passivos (conjunto dos varões maiores), que gozam virtualmente de tudo o que é enunciado pelas declarações dos direitos, e os cidadãos ativos, providos do direito de voto. É engraçado notar que essa noção de universalismo reduzido lembra muito a Antiguidade (os comícios centuriais, por exemplo) ou a América. Todo cidadão podia ser eleito para a assembleia (não havia censo de elegibilidade), mas, com o sistema do censo, nem todos podiam votar: eram eleitores no primeiro grau (assembleias de cantão) apenas os cidadãos que pagassem um censo equivalente a três dias de trabalho; no segundo grau (assembleias de departamento), apenas os eleitos no primeiro nível, desde que pagassem um censo de pelo menos dez dias de trabalho. Todos se lembram das palavras de Camille Desmoulins: com um sistema desses, Cristo não teria votado.

Esse direito, que pretende ser universal, também esbarrava na consciência moral do legislador revolucionário. Lembremos que as declarações se intitulavam "direitos do homem" e não "do Homem"; a ausência de maiúscula encorajava Olympe de Gouge e Théroigne de Méricourt a proclamarem uma declaração dos direitos da mulher e da cidadã (1791), capaz de irritar os clubes femininos fechados pela Convenção em 1792.

Esse universalismo restrito, evidentemente, extrapolava a Grande Nação. Em relação ao exterior, a França não alimentava nenhuma ambição hegemônica (a guerra era analisada como um crime de "lesa-humanidade" por Robespierre), pelo menos nos discursos. No máximo, como grande nação portadora da Verdade, ela podia desejar esclarecer o conjunto do planeta. Por isso, as guerras que travava (sobretudo durante o Diretório) e redundavam em anexações territoriais (repúblicas irmãs) não eram percebidas como guerras de conquista, mas como empreendimentos de emancipação; a título de exemplo, cabe lembrar que o general Berthier, ao entrar em Roma, chorou de emoção quando pensou que possibilitaria àquele povo, descendente dos antigos republicanos e digno de Brutus, recuperar a liberdade que um tirano iníquo (o papa) havia destruído 1400 anos antes. A leitura da constituição romana de 1798, aliás, é perfeitamente edificante: traduzida para um italiano às vezes um tanto canhestro, era uma cópia da constituição francesa do ano III. O direito servia realmente ao universalismo da grande nação, a certa ideia de universalismo.

› BOUINEAU J., 1789-1799, *Les Toges du pouvoir ou la Révolution de droit antique*, Toulouse, Eché et Presses de l'Université de Toulouse – Le Mirail, 1986, XIVII + 556 pp. – SZRAMKIEWICZ R. & BOUINEAU J., *Histoire des Institutions (1750-1914)*, Paris, Litec, 1999, 4ª ed.

Para saber mais: FURET Fr., *La Monarchie républicaine. La constitution de 1791*, Paris, Fayard, 1996, 605 pp. – GODECHOT J., *Les Constitutions de la France depuis 1789*, Paris, Garnier-Flammarion, 1994. – HAROUEL J.-L., *Les Républiques sœurs*, Paris, PUF, 1997, 128 pp. MARIANI-BIAGINI P., *La Costituzione della repubblica romana del 1798*, Florença, Istituto per la documenzione giuridica del consiglio nazionale delle ricerche, 1998, VIII + 117 pp. – SOLIMANO S., *Verso il code napoléon – Il progetto di codice civile di Guy Jean-Baptiste Target (1798-1799)*, Milão, Giuffrè, 1998, 427 pp. – SZRAMKIEWICZ R. & GARAUD M., *La Révolution française et la famille*, Paris, PUF, 1978, XII + 270 pp.

Jacques BOUINEAU

→ Revolução.

RISCO

O risco pode ser classificado entre as noções axiológicas que traduzem a realidade (*ris-*

co em italiano, de origem obscura), mas com um juízo de valor, que possibilita enunciar regras jurídicas: assim, uma vez que implica um acontecimento incerto, eventualmente perigoso e, portanto, danoso, o risco é associado à responsabilidade objetiva da pessoa que o provocou ou não impediu que ele ocorresse. Esse elemento de regime jurídico apresentou notável expansão, ao mesmo tempo que a noção jurídica de risco permanecia cercada de certa indefinição. De fato, esta logo foi associada ora à possibilidade de ocorrência de um dano, ora à realização de um perigo, ora à anormalidade do próprio dano ou de sua causa. Portanto, não há critérios que expressem a essência do risco, e tal constatação conduz, inevitavelmente, a duas atitudes opostas: ou a enumeração dos diferentes riscos prováveis, justificando a passagem do singular para o plural, ou a conceituação excessiva do risco numa simples categoria que serve para pensar o perigo. No entanto, dois fenômenos sociológicos parecem explicar a evolução pela qual passou o regime jurídico do risco. Por um lado, seus efeitos são percebidos como intoleráveis e insuportáveis pelas pessoas que ele afeta, devendo tais efeitos então ser reparados. Por outro lado, diante da alternativa de o risco ser conhecido, portanto previsível, ou desconhecido, poderá ser feito um cálculo de probabilidade que sirva para prever a ocorrência de um dano e levar a uma escolha consciente entre várias opções para evitá-lo. Essas características explicam, ao mesmo tempo, as tendências de reparação e de prevenção dos riscos que coexistem hoje em direito positivo, ainda que a primeira tenha sido dominante durante muito tempo.

Risco e reparação

Uma vez que a fatalidade já não é aceita, e que a vitimologia impôs a ideia de reparação de todos os danos, o direito, propiciador de segurança, elaborou mecanismos para garantir a reparação dos danos causados pelos riscos, independentemente até de sua ocorrência. Assim, o direito busca suprimir os efeitos do risco ou até mesmo o risco, tendendo a substituí-lo por um princípio de distribuição, associado à compreensão estatística e coletiva da realidade dos danos (F. Ewald). Desse modo, o seguro garante a reparação de alguns riscos conhecidos (óbito, roubo, incêndio), uma vez que ele se concretize e tenha havido o pagamento de um prêmio, cujo montante é calculado em função da probabilidade de ocorrência e do número de pessoas que participam do seguro. Essa mutualização dos riscos, concebida num contexto contratual, não é específica da esfera privada; também está presente no contexto da responsabilidade extracontratual da administração.

A responsabilidade objetiva do poder público foi comparada à gestão pelo Estado de um seguro mútuo contraído por todos os administrados contra o risco de acidentes administrativos suportados pelo orçamento da coletividade pública (M. Hauriou). Decorrendo, logicamente, do princípio de igualdade dos cidadãos perante os encargos públicos, esse seguro foi considerado apto também a garantir os administrados contra o mau funcionamento dos serviços públicos, portanto no contexto das faltas cometidas por seus agentes (L. Duguit). Assim, em direito administrativo, o risco não foi concebido em oposição à falta, mas pela integração desta no fenômeno global da socialização dos riscos (M. Mignon). A generalização dessa socialização foi determinada pela equidade (J.-P. Gilli), que provocou uma espécie de cissiparidade do risco perante o juiz administrativo. Cronologicamente, o risco profissional foi o primeiro reconhecido (1895), sob pressão do movimento das ideias (proposta de lei Félix Faure em 1882), que depreendeu duas vertentes desse risco, ou seja, o perigo representado pelo maquinismo nascente e o proveito extraído pelo empregador do trabalho do operário (conclusões Romieu, 1895; Saleilles, 1894). Essas duas ideias de risco-perigo e risco-proveito depois estiveram subjacentes ao reconhecimento dos riscos excepcionais de vizinhança provocados por explosões de munições (coisas e métodos perigosos criam um "risco especial" para terceiros) e, mais recentemente, do risco terapêutico, com a diferença de que este último não diz respeito à administração na busca do interesse público, mas ao paciente, que normalmente espera do tratamento médico uma melhora do seu estado de saúde. A categorização excessiva dos riscos pela jurisdição administrativa pode ser analisada como elemento de uma política jurisprudencial que tende a salvaguardar a competência administrativa em matéria de responsabilidade, ao passo que as jurisdições judiciárias abandonavam a distinção entre coisas perigosas e não perigosas (1930), em razão de seu subjetivismo e sua contingência diante dos progressos técnicos, preferindo a responsabilidade de pleno direito por danos causados por coisas pelas quais se é responsável, desvinculada de qualquer referência a risco.

Embora tivesse logo consagrado o risco profissional (1898), o legislador formalizou, independentemente de qualquer solicitação jurisprudencial, a noção de risco social por ocasião de indenização de danos consecutivos a sublevações (1914) e guerra (1919). O risco social distingue-se das hipóteses anteriores de risco por não ter criado uma atividade individual, mas resultar de uma evolução da sociedade e de um comportamento coletivo, com cujas consequências danosas o legislador pretendeu fazer o Estado arcar (P. Delvolvé).

A anterioridade do risco criado pela administração na realização de obras públicas no século passado e o grande aumento dos riscos reconhecidos como fonte de responsabilidade objetiva do poder público favoreceram a elaboração pela doutrina de uma verdadeira teoria do risco administrativo, sem equivalente em direito privado. Embora apresente numerosos méritos, essa teoria comporta um efeito perverso para as vítimas, ao mesmo tempo que elas tiram proveito da dispensa da prova da culpa implicada no reconhecimento de um risco como fato gerador de seu dano. A superioridade da teoria do risco reside, principalmente, no fato de evitar a censura à administração e a crítica a seu comportamento. Também está em harmonia com o pensamento jurídico moderno, totalmente impregnado de solidariedade e democracia. Por fim, tem um efeito moralizador sobre a administração porque esta deve arcar com o risco que criou e do qual tira proveito. Diante desses méritos, a teoria do risco deixa a cargo da vítima uma parte dos riscos quando o juiz opõe a aceitação por esta dos riscos inerentes a toda atividade humana, ainda que não perigosa por si mesma. A teoria do risco administrativo comporta então o efeito surpreendente de limitar a reparação dos danos sofridos pela vítima do risco.

Diretamente ligado à garantia social que indeniza danos, não mais individuais, porém coletivos, provenientes de riscos seriais (infrações, atentados, vírus), o cálculo de probabilidade vinculado à ocorrência de um acontecimento danoso não expressa apenas um temor irracional, mas também um esforço de previsão dos riscos conhecidos. A noção de risco tende então a integrar um elemento de escolha consciente entre várias opções possíveis (A. Kiss), a fim de prevenir a irrupção de um imprevisto, entendido como elemento de incerteza num ato ou numa ação, cujas probabilidades de ganho ou de perda para os interessados serão avaliadas e integradas na escolha final.

Risco e prevenção

A tendência de prevenção dos riscos pode ser explicada pelo progresso científico que dá crédito, com ou sem razão, à ideia de que a ciência identifica certos riscos e prevê sua ocorrência, devendo a ação pública agir em função disso. O caráter residual do caso fortuito, cuja causa é desconhecida, reflete os progressos do conhecimento de fenômenos que durante muito tempo ficaram inexplicados. O caso do sangue contaminado, por intermédio do questionamento da responsabilidade do Estado por negligência no exercício do poder regulamentador, serviu para atacar a ausência de consideração dos riscos de contaminação por parte das autoridades administrativas devidamente informadas pela comunidade científica, portanto conscientes de uma possível opção entre duas atitudes.

Essa sensibilidade para o risco, a montante da ação administrativa, é de índole a modificar e tornar complexo o processo decisório já muitíssimo opaco. O aparecimento de um novo princípio, chamado de princípio de precaução, que, aliás, ultrapassa o contexto da ação administrativa e política, inspira uma filosofia da ação que integra todos os riscos, conhecidos ou desconhecidos, a tal ponto que convém falar de "gestão de riscos". Se é verdade que, progressivamente, o direito apreende esse novo princípio, difícil de distinguir à primeira vista da prudência e da diligência tradicionais, na melhor das hipóteses ele aparece como um novo padrão jurídico de medida de comportamentos (*a priori* na elaboração das decisões e *a posteriori* na apreciação das responsabilidades), sempre que ocorre algum dano na ausência de medida de prevenção ou apesar das medidas tomadas para erradicar todos os riscos de danos. Assim, no estágio da elaboração das decisões, o princípio de precaução deve presidir, pelo menos materialmente, à adoção dos documentos de urbanismo, pois eles devem levar em consideração os riscos naturais previsíveis e os riscos tecnológicos, que afinal trazem à tona os espaços que devem ser protegidos (art. L. 121-10 do Código de Urbanismo francês). Na mesma ordem de ideias, o princípio de precaução é formalizado como princípio inspirador da proteção, da valorização e da gestão do meio ambiente (art. L. 110-1 do Código do Meio Ambiente francês). A influência do princípio de precaução ultrapassa até a prevenção dos riscos conhecidos e previsíveis, pois a legislação sobre os organismos geneticamente modificados (1992) é dominada por esse princípio, apesar da falta de conhecimento indubitável de um risco provável. Um contexto de incerteza sobre os riscos aumenta assim o peso do princípio de precaução, que também contribuirá para identificar as responsabilidades em caso de dano.

Para julgar o comportamento dos decididores públicos ou privados depois da ocorrência de um risco danoso, o princípio de precaução é invocado no contexto tradicional da responsabilidade civil, e a ele se recorre no da responsabilidade penal. No primeiro contexto, é previsível que a obrigação de prudência e diligência, cuja inobservância constitui uma falta quase delituosa, será sensivelmente modificada pelo conteúdo que for dado ao princípio de precaução. A renovação da responsabilidade objetiva que pode daí decorrer não postula necessariamente o recuo da responsabilidade por risco (contrariamente a G.-J. Martin), como prova o caso do sangue contaminado, em que a responsabilidade por omissão culposa do Estado não excluiu a responsabilidade objetiva dos centros de transfusão de sangue por distribuição de produtos sanguíneos comprometidos, portanto perigosos. É a responsabilidade penal que parece apresentar as maiores potencialidades de mudança sob pressão do princípio de precaução. O novo delito de exposição de outrem a um perigo, concebido na origem (art. 223-1 do Novo Código Penal francês) para sancionar certos comportamentos perigosos em matéria de segurança viária, foi aplicado aos decididores públicos, cuja responsabilidade penal foi assim potencialmente ampliada, provocando uma reação do legislador que reduziu o campo da precaução, em vista das competências, do poder e dos meios de que os decididores dispõem, bem como das dificuldades peculiares à sua tarefa (1996).

Apesar do ciclo virtuoso no qual se insere o princípio de precaução com maior responsabilização de todos os atores da sociedade, é possível indicar três limitações de sua eficácia: em primeiro lugar, não pode haver risco zero, uma vez que é possível discernir uma geração espontânea de riscos no próprio âmago das estratégias de segurança; em segundo lugar, sempre haverá um nível de risco aceitável que a vítima deverá suportar como compensação das vantagens oferecidas pela vida em sociedade; por fim, além da inevitável incerteza científica, parece irredutível o risco apresentado pelo agente humano, cujo comportamento nem sempre é racionalizável. Por isso, o princípio de precaução será um fator de progresso do direito se reforçar a função reguladora do risco, que tende a distender as tensões sociais, em vez de exacerbar o desejo de vingança das vítimas.

› Delvolvé P., *Le principe d'égalité devant les charges publiques*, LGDJ, 1969. – Ewald F., "La faute civile, droit et philosophie", *Droits*, nº 5, 1987, p. 45. – Gény F., "Risques et responsabilité", *RTD Civ.*, 1902, p. 812. – Kiss A., "Droit et risque", *APD*, 1991, p. 49. – Lavigne P., "Risque social et charges sociales", *D.*, 1948, cr. p. 89. – Martin G.-J., "Précaution et évolution du droit", in *Le principe de précaution*, O. Godart (org.), MSH, 1997, p. 331. – Mignon M., "La socialisation du risque", *D.*, 1947, cr. p. 37. – Savatier R., "Vers la socialisation de la responsabilité et des risques individuels", *D.*, 1931, cr. p. 9.

Ver também: Cotteret J.-M., "Le régime de la responsabilité pour risques en droit administratif", *Études de droit public*, Cujas, 1964, p. 377. – Gilli J.-P., "La responsabilité d'équité de la puissance publique", *D.*, 1971, cr. p. 373. – Moreau J., "Les choses dangereuses en droit administratif français", *Travaux Association Capitant*, 1967, p. 256. – Schaegis C., *Progrès scientifique et responsabilité administrative*, CNRS, 1998.

Maryse Deguergue

→ Dano; Decisão; Reparação; Responsabilidade administrativa; Seguros; Solidariedade; *Standard*.

ROMANÍSTICA MEDIEVAL

No contexto da reforma gregoriana da segunda metade do século XI, em circunstâncias que continuam lendárias, foi redescoberto o direito romano tal como havia sido compilado no século VI. Os textos justinianos possibilitavam que a efervescência intelectual, perceptível já em outros campos, se estendesse ao campo do direito. Cabe aqui descrever o nascimento e o desenvolvimento dessa ciência: uma ciência jurídica cujo prestígio não se deve apenas à tecnicidade de suas fontes, uma ciência europeia comum que não recusa as evoluções oriundas de dissensões doutrinárias, uma ciência teórica que não negligencia a prática judiciária nem as implicações políticas.

O texto

Dependendo de manuscritos, os romanistas adotaram a estrutura da vulgata utilizada pelos primeiros bolonheses, a *Littera Bononiensis.* O Digesto foi dividido em três partes, *Digestum uetus* (D. 1.1-24.2), *Infortiatum* (D. 24.3-38.17) e *Digestum nouum* (D. 39.1-50.17). O Código foi transmitido em dois blocos. O primeiro mantinha o nome de Codex e incluía os nove primeiros livros, aos quais se somaram, com o tempo, duas leis de Frederico I – uma por ordem do imperador e outra pelo uso –, que são as únicas autênticas e fazem parte de pleno direito do texto. Também foi acrescentada uma constituição de Frederico II, que os doutores distribuíram em onze lugares diferentes do Código. O restante do Código foi incluído no *Uolumen paruum*, que, à parte os *Tres libri Codicis*, as Institutas e o *Authenticum*, compreende uma seleção de 97 novelas distribuídas pelas nove *collationes.* No século XIII foi acrescentada uma décima *collatio* composta por uma compilação de direito feudal (os *Libri feudorum*); um século depois, duas constituições de Henrique VII. Os textos gregos que poderiam estar no *corpus* justiniano ou faltam ou foram alvo de transcrição errônea. Não satisfeitos com os acréscimos já feitos, a partir do século XIII, sobretudo, os juristas usaram outros textos, de origem não erudita – *Epitome Iuliani*, coleção de 124 novelas em versão latina abreviada; Breviário de Alarico (citado, por exemplo, pelo *Brachylogus*); os *Lombarda* (trabalho sistemático sobre o *Liber legis Longobardorum*); e coleções de *Extrauagantes*, tal como a de Jacobus de Ardizzone, composta de excertos da *Lombarda*, do Decreto de Graciano, das decretais e de leis imperiais. Essa extensão das fontes, porém, não deve mascarar o caráter marginal de sua utilização, diante de um *Corpus* considerado autossuficiente. Só ele adquiriu o *status* de *auctoritas* no sentido escolástico, evidentemente devido à cultura jurídica que ele veiculava. No entanto, o argumento extraído da pretensa superioridade do direito romano não parece pertinente para dar conta de todo o fenômeno de veneração de que ele foi alvo. Para começar, esse direito devia mais à ideia romana que veiculava do que à tecnicidade de seu conteúdo. Ideia política, em primeiro lugar: o direito romano era o direito do império dos Staufen, sucessores dos romanos, e a unidade e universalidade de ambos se correspondiam ("*unum esse ius, cum unum sit imperium*" – escreveu o autor das *Questiones de iuris subtilitatibus*), justificando as relações entre glosadores e imperadores. Mas o sucesso dos primeiros era independente dos segundos, e a romanística influenciou países do Oeste europeu, como a Espanha, a França ou mesmo a Inglaterra, onde o prestígio imperial não se fazia sentir. A ideia romana, ideia cultural acima de tudo, já não aparecia como uma ideologia política, mas – conforme palavras de F. Wieacker – como "expressão anistórica e dogmática da consciência estatal e jurídica medieval". Os elos entre o direito e o império não garantiam a aplicação de um direito positivo por uma autoridade, mas, no contexto da busca de uma ética geral de direito e de política, a instauração de uma autoridade segura. O mito da "*sancta lex romana*" ultrapassa a pessoa imperial tanto quanto as regras jurídicas.

O próprio Império do qual ela saíra era visto como expressão da vontade divina. Esse fundamento histórico-providencial possibilitava que o direito de Justiniano fosse a *lex sœculi* da comunidade cristã. Ele gozava, ao mesmo tempo, do caráter sagrado assim atribuído a suas origens políticas e, por meio deste, da reivindicação de universalidade da religião cristã. Essas considerações justificam a posição de um direito particular, como direito comum, *ius commune*, aplicável a todas as nações. Suas relações com os outros direitos existentes só podiam ser complexas. Estes necessariamente, numa teoria geral do direito, deviam situar-se ao lado das regras do direito romano, princípios jurídicos comuns dos quais as leis particulares não passam de aplicação. Perante o *ius commune*, às vezes sinônimo de *ius gentium* e de *ius naturae* para os bolonheses, os direitos particulares nada mais eram que *ius singulare*, exceções a um princípio que eram por este toleradas. Evidentemente, a oposição aos *iura propria*, direitos urbanos, locais, estatutários ou consuetudinários que tinham características de verdadeiro direito constituído, paralelamente ao direito romano, tornará mais problemática essa superioridade autoafirmada no século XIII. Mas os teóricos logo assimilaram esses direitos concorrentes ao *ius singulare*, e o *ius commune* se afirmou como direito único e universal principalmente porque, entrementes, assumira as roupagens do *utrumque ius*, da aliança romano-canônica.

A essa preeminência de ideias universais, a essa ausência de sentimento nacional desenvolvido corresponde na Idade Média um acervo cultural comum que possibilita o desenvolvimento da ciência romana por toda a Europa.

Sua difusão

Mais radicais que Savigny, que postulara a tese de um conhecimento, mesmo que lacunar, do direito romano na Alta Idade Média, alguns autores alemães (Fitting, Stintzing) afirmaram que o direito romano nunca desapareceu, que, ao contrário de Bizâncio, em Bolonha o seu estudo científico tivera continuidade absoluta. A maioria dos autores, porém, conclui hoje que o ensino do direito romano fora completamente abandonado, afora o seu estudo como matéria dependente das artes liberais. Do século VI ao XI, a transmissão dos manuscritos teria sido puramente material, e o direito teria sido um assunto exclusivamente da prática – uma prática que, porém, não esquecera de modo algum o direito romano. Esse clima, feito de lembranças e aspirações mais ou menos precisas, era naturalmente propício à eclosão de uma ciência específica. A atividade jurisprudencial que surge na Lombardia depois do advento dos Ottons, pondo o direito lombardo em relação com o direito romano, e a luta entre o papa e o imperador, que tornavam o direito romano alvo de um jogo político – ora ele era direito nacional italiano, ora direito imperial –, são elementos que prepararam tal renascimento científico. Bastaria livrar o direito justiniano de seus entraves não jurídicos para fundar a primeira escola.

Flach e Fitting consideraram que seria possível pressupor a existência de seu ensino em Ravena, antes de Bolonha. Mas parece que o primeiro mestre no sentido pleno da palavra foi Irnérius, que, no fim do século XI, começou a ler os textos de Justiniano para seus alunos. Ele já conhecia a totalidade do Digesto e dos nove primeiros livros do Código, as Institutas e o *Authenticum*. Já em meados do século XII, os *Tres libri* passaram a ter um uso relativamente intensivo. Muito rapidamente, portanto, a totalidade do *Corpus* pôde ser difundida por toda a Europa. Da Itália, o direito romano passou para o Sul da França, mas também para o Norte, onde sua influência prática, porém, foi menor. A distinção entre regiões de direito escrito e regiões de direito consuetudinário corresponde na verdade, além da França, a uma distribuição entre o Sul e o Norte da Europa. Na Alemanha, por exemplo, sua recepção foi mais tardia (século XVI), mas, na verdade, foi a que provocou a mudança mais radical da cultura jurídica de um país. Áustria, Suíça e Holanda também fazem parte do Norte da Europa, região mais recalcitrante à introdução prática do direito romano. O direito romano foi também ensinado na Inglaterra já no século XII, mas não se enxertou: lá seu uso se deu sobretudo como fonte de instrumentos teóricos, como método para o tratamento do *common law*. No outro extremo da Europa, em compensação, a tradição romanística na Espanha provocou sua integração no direito espanhol já no século XIII. Nem por isso ela acarretou a constituição de uma literatura erudita espanhola, afora a literatura processual, de Castela, que, por sua vez, influenciou Portugal.

A difusão na prática começou pelos mercadores, mas também pelos profissionais: notários e, depois, juristas que haviam ingressado na administração e nos tribunais. No plano teórico, ocorre sobretudo por meio do aumento no número de centros de estudo, *studia* (efêmeros no começo), dentro e fora da Itália. Em 1130, o direito romano chegou ao vale do Ródano; em 1150, foi ensinado em Arles e Montpellier em torno de Rogerius; uma geração depois, Placentino era leitor em Montpellier. Embora tivessem no máximo meia dúzia de novos discípulos por ano, esses mestres acabavam por formar um bom número de *iuris periti* e serviam de intermediários para a divulgação do direito de justiniano em direção a Paris. Mas sua influência imediata sobre a penetração do direito romano em suas regiões deve ser muito relativizada. Todos aqueles *studia* desapareceram por volta de 1200, ao passo que Bolonha contava com cerca de mil estudantes, a tal ponto sua superioridade era esmagadora. Esta era devida tanto à dinâmica favorecida pelas dissensões entre professores, quanto a um nível de tecnicidade e especialização sem equivalente em outros lugares, o que foi possibilitado em Bolonha pela disponibilidade das fontes e pela possibilidade de ignorar o direito canônico, uma vez que o ensino italiano era feito por leigos para leigos.

A transformação de Bolonha em universidade, pela concessão de privilégios por parte de Frederico Barba-Roxa e depois pelo papa, deu origem a uma nova vaga de fundação de centros, organizados com base no mesmo modelo, gozando de privilégios e de uma estabilidade semelhantes. Na França, é de notar a existência das universidades de Orléans (1230) e de Toulouse (1250); no fim do século, a de Montpellier; um século depois, a de Valence e Bourges. O progresso em nível europeu é rápido. De cinco centros no século XII, passa-se para 21 no século XIII, para 42 no século XIV e para 70 universidades recenseadas no século XV, cada uma das quais comportava de início algumas dezenas de pessoas. Isso porque a disciplina era intelectualmente estimulante; era também lucrativa, oferecendo perspectivas de carreira e prestígio social nada desprezíveis, o que lhe valia os ataques repetidos dos teólogos e dos estudantes das faculdades de artes. Esses ataques culminaram na proibição, feita em 1219 por Honório III, de ensinar direito em Paris, tamanho era seu sucesso. Um século depois, Pierre Dubois se insurgia contra os prelados e estudantes seduzidos pelos cantos das sereias do direito "humano" (*Recouvrement de la terre sainte*, XV.29, trad. F. Fabre).

Os alunos afluíam de toda a Europa (Bolonha contava 13 nações em 1265), e a universalidade da língua, do método e dos programas permitia que cada estudante escolhesse livremente a sua universidade. A prática da *licencia ubique docendi*, paralelamente, possibilitava que os professores também mudassem de universidade. A organização dos estudos era feita de tal modo que cada estudante podia seguir seu próprio ritmo. O curso consistia, de início, na simples leitura comentada de acordo com a ordem do texto, a começar pelo Digesto velho e pelo Código. A glosa do texto evoluiu depois para a explicação, pelo método escolástico de uma exegese cada vez mais sistematizadora. À parte essas lições, os estudantes assistiam a *disputationes* em que um problema jurídico era discutido a partir de um exemplo concreto ou abstrato, a *repetitiones* (discussões aprofundadas de um aspecto das fontes) e a sessões de *quaestiones.* Como a universidade não tinha biblioteca própria, os estudantes trabalhavam com manuscritos dos colégios e conventos que, mediante pagamento, permitiam a cópia de seus textos. Os alunos dispunham também da literatura secundária: glosas e outros gêneros literários nascidos delas, paralelas às formas de ensino, ou também as sumas.

Ao longo dos séculos, esse ensino teve ênfases diferentes, à medida que progrediam os conhecimentos e as necessidades. A historiografia distingue tradicionalmente duas escolas: glosadores e pós-glosadores; estes últimos também foram chamados de comentadores ou conciliadores, em decorrência de suas atividades de prática judiciária. Do lendário Pepo, que teria sido leitor nos anos 70 do século XI, de Irnérius, passando pelos quatro doutores Martinus, Bulgarus, Hugo e Jacobus, e por outros romanistas, tais como Jean Bassien, Pillius e Azo até Accursio, redator da Grande Glosa, quatro gerações constituíram o conjunto dos glosadores. Por meio de explicações lexicais, estes se empenharam em encontrar o sentido original do texto de Justiniano, com os mesmos instrumentos dialéticos, ainda que mais rudimentares, e com os mesmos objetivos de aplicação prática dos pós-glosadores. Pois também deve ser relativizada a interpretação que consiste em ver os glosadores como teóricos puros, em oposição aos comentadores, totalmente orientados para a prática. Não só a exploração do direito romano era necessária, e os pós-glosadores nunca a recusaram, usando-a, ao contrário, para orientar sua interpretação da prática judiciária, como também é preciso ressaltar que as preocupações práticas não só não foram uma obsessão dos pós-glosadores, como também não foram sua invenção. A preocupação prática já se mostra premente em Azo, e os glosadores, na maioria praticantes do direito, juízes ou conselheiros – com a notável exceção de Placentino –, já praticavam a exegese com intuitos de utilização dos textos analisados para a solução dos problemas. Do mesmo modo, as *disputationes* tinham desde a origem o objetivo confesso de preparar para as disputas perante os tribunais (nos quais elas se inspiram, aliás).

Assim, a verdadeira originalidade dos pós-glosadores está no fato de que eles utilizavam a glosa de Accursio como base do trabalho pessoal e tentavam tratar de modo científico os direitos particulares. A tendência ao comentário jurídico mais amplo e sistemático e à consideração das questões contemporâneas, em vez de ruptura, é uma evolução que não renega objetivos nem método, tirando proveito, ao contrário, das conquistas científicas do período anterior. A aparente novidade que era a liberdade assumida em relação ao *Corpus* não passa, portanto, de ilusão de óptica da mediação de tais conquistas, cuja condensação está na glosa de Accursio. Assim, nasceram gêneros literários novos, tais como os *Consilia*, enquanto outros foram renovados, a exemplo dos tratados ou das questões, e alguns foram abandonados, por inúteis, como as introduções. Nascida em Orléans, essa "nova" ciência desenvolveu-se com mestres como Jacques de Révigny († 1296) e Pierre de Belleperche († 1308). Por sua vez, Orléans atraía estudantes de toda a Europa. Um deles, Cino de Pistoia († 1337), levou tal estudo para sua pátria, onde Bartolo e Baldo, prolongando o exemplo francês, desenvolveram o *mos italicus*. Preocupação com a exatidão textual, preocupação com o espírito das leis, respeito a Accursio sem servilismo: as preocupações fundamentais continuavam dizendo respeito ao texto de Justiniano, e só a *communis opinio doctorum*, garantia de interpretação rigorosa, às vezes era preferida. Mas o exagero dessas tendências e a admiração cega por Bartolo restringirão definitivamente o estudo do direito romano a exercícios escolares, incitando a outra reação francesa, a do humanismo de Cujas.

Sua influência

Já antes da doutrina e da jurisprudência dos últimos séculos do Antigo Regime, o poder criador do direito romano era observado na prática: o mesmo ocorria com a introdução da personalidade jurídica. A maior parte de sua influência sobre o fundo do direito, porém, ocorreu com o direito canônico. Enquanto até Accursio os romanistas negaram a particularidade do direito da Igreja, citando-o só raramente, apesar do conhecimento que podiam ter dele e apenas para tentar absorvê-lo num direito romano que devia ser o único direito, o século XIII consagrou o advento definitivo do *utrumque ius*. Os dois ramos colaboraram estreitamente, sob a influência de um mesmo método e de um mesmo centro geográfico. Nascem assim a concepção consensualista pura do casamento e a consideração da intencionalidade e da personalidade da culpa em direito penal. Desenvolve-se, sobretudo, o procedimento romano-canônico, que se torna referência e modelo das jurisdições laicas.

Afora esse domínio especificamente técnico, porém, a contribuição do direito romano para o direito secular é pequena fora do Sul da França. As costumagens redigidas nessa região entre o século XII e o XIV rejeitam, às vezes voluntariamente, o direito romano. Mas, na qualidade de seu intérprete oficial, de direito supletório reconhecido por elas, o direito romano afirmou-se rapidamente. O rei o aceitou como costumagem geral daquelas regiões e, no fim do século XIII, instituiu "certos auditores" que julgavam os recursos das regiões de direito escrito por meio de sua aplicação. Mas ainda se estava longe do estatuto reivindicado pelos romanistas, de direito geral, que relegasse as outras normas ao nível de direitos supletórios. A equiparação entre direito romano e direito comum estava longe de ser geral, mesmo no Sul da França, e, inclusive na Itália, as relações muitas vezes se mostram invertidas. Isso é mais verdadeiro ainda fora das zonas de direito escrito, onde a noção de "direito comum", usada às vezes nas costumagens, se refere mais a um acervo comum consuetudinário.

No entanto, a influência no Norte da França é bem real, apesar de mais sutil. Não houve desconfiança em relação às "leis do imperador", mesmo antes de Filipe, o Belo, embora a importância destas tenha dependido da situação política internacional flutuante. Em meados do século XIII a legislação régia assimilou as técnicas de apresentação e o vocabulário erudito, adotando os procedimentos romanos, especialmente no âmbito judiciário. Os redatores privados de costumagens também se deixaram influenciar pelo direito erudito na escolha dos títulos ou dos planos, no vocabulário e nos comentários. Mas o direito romano continuou sendo, sobretudo, um instrumento metodológico, com ênfase, mais uma vez, em sua tecnicidade e menos no seu conteúdo de fundo.

A utilização mais notável deste último, aliás, deu-se no domínio do direito público ou mesmo da teoria política, e não do direito privado. Os romanistas sempre exerceram funções de conselheiros de príncipes, tanto em Roncaglia em 1158 quanto na corte de Filipe, o Belo. Tinham em vista a paz e a ordem, por meio da justificação e da extensão do poder. Assim, por meio das interpretações do texto justiniano, nasceram as ideias de absolutismo legislativo e de domínio público. Mais que isso, alguns autores usaram com maior liberdade os conceitos romanos em especulações e construtos teóricos amplos. Bolonha pretendia ser impermeável a essas tendências filosóficas. Era preciso aceitar integrar a cultura jurídica romana a um saber com pretensão universal, ao lado da teologia e da filosofia, o que contrariava a ideia dos romanistas puros, para quem o direito romano era uma ciência universal autossuficiente, à imagem do *Corpus iuris*. Antes do *Defensor Pacis* de Marsílio de Pádua (1324), já no século XII Jean de Salisbury pôs em prática seus escassos conhecimentos de direito romano para fins filosófico-políticos.

Epílogo

No contexto da escola histórica alemã do século XIX, F. von Savigny foi um dos primeiros que retornaram à romanística medieval. Seu julgamento era sem apelação: segundo ele, os comentadores não passavam de vis corruptores do direito justiniano puro, respeitado apenas pelos glosadores. Evidentemente, esse julgamento radical não se sustenta em vista da persistência das preocupações práticas e da continuidade metodológica de Bolonha a Orléans. É notável, porém, que, em nome do mesmo imperativo de purismo histórico que o leva a rejeitar os trabalhos dos pós-glosadores, Savigny tenha se apoiado nas contribuições da exegese do século XII quando quis elaborar uma doutrina jurídica alemã contemporânea. Por um lado, ele imita os defensores dessa exegese, ao negligenciar, como eles, a crítica das interpolações e ao buscar uma aplicação prática do direito romano; por outro, retoma em parte os resultados a que eles tinham chegado na compreensão do texto justiniano. A romanística medieval fundiu-se assim na atualidade anistórica que sempre caracterizou a imagem do *Corpus iuris ciuilis.*

› GAUDEMET J., Du *Ius commune* au droit communautaire, *Clés pour le Siècle*, Paris, 2001. – GIORDANENGO G., "Les droits savants au Moyen Âge: textes et doctrines", *Bibliothèque de l'École des Chartes*, 1990, t. 148, pp. 439-76. – GOURON A., "Bologne: un modèle inaccessible aux juristes européens du XIIe siècle?", *Études d'histoire du droit et des idées politiques*, 1999, nº 3, pp. 189-99; "Le Droit commun a-t-il été l'héritier du droit romano?", *Compte rendu des séances de l'Académie des Inscriptions et Belles-Lettres*, janvier--mars 1998, pp. 283-91. – LEGENDRE P., "La France et Bartole", *Ecrits juridiques du Moyen Âge occidental*, Londres, "Variorum Reprints", 1988, pp. 133-72. – PETOT P., "Le Droit commun en France selon les coutumiers", *Revue historique de droit français et étranger*, 1960, vol. 38, pp. 412-29. – RENOUX-ZAGAMÉ M.-F., "Le Droit commun européen entre histoire et raison", *Droits*, 1991, nº 14, pp. 27-37.

Ver também: GIORDANENGO G., "L'Enseignement du droit romano au Moyen Âge", *De la Chrétienté à l'Europe. Actes du colloque Orléans – Mai 1993*, Orléans, Paradigme "Medievalia", 1995, pp. 75-103; "*Ius commune* et 'droit commun' en France du XIIIe au XVe siècle", *Études d'histoire du droit et des idées politiques*, 1999, pp. 219-47. – TISSET P., "Mythes et réalités du droit écrit", *Études d'histoire du droit privé offertes à Pierre Petot*, Paris, 1959, pp. 553-60.

Yves MAUSEN

→ *Corpus iuris civilis*; Direito comum; Ensino do direito; Escola histórica, pandectismo e codificação na Alemanha; Escolástica jurídica; Manuais, tratados e outros livros (Idade Média).

RULE OF LAW

A expressão *Rule of law* significa literalmente preeminência (ou reinado) do direito. É possível dar-lhe dois sentidos, geral e técnico. Em sentido geral, tal como se entende em todos os países de *common law*, essa expressão remete à ideia do poder de direito. Em sentido mais técnico, a expressão *rule of law* remete a um princípio da constituição da Inglaterra que foi sistematizada por Dicey em sua obra *Introduction to the Study of Law of the Constitution* (1885).

O princípio do poder de direito

A *rule of law* no sentido de "preeminência" ou "reinado do direito" remonta à Idade Média na Inglaterra, quando, na *Magna Carta* de 1215 (cláusula 29), o rei João sem Terra fez a seus barões (na versão ligeiramente remanejada de Henrique III) a seguinte promessa: "Nenhum homem livre será detido, aprisionado, desapossado de seu livre direito de posse, de suas liberdades ou costumes livres, posto fora da lei (*utlagetur*), exilado nem molestado de maneira alguma; e nós não poremos, nem mandaremos pôr a mão sobre ele, a não ser em decorrência de um julgamento legal de seus pares e de acordo com a lei da terra (*by the law of the land*)." A *rule of law* como princípio de direito material ressurge quatro séculos depois como um princípio reconhecido e admitido da *common law* da Inglaterra. Foi o grande juiz inglês Edward Coke que a opôs a Jaime I num episódio que pôs em causa o poder de justiça do rei [*The Question of Prohibitions* (1607)]. Quatro anos depois, o mesmo Coke afirmou no Caso das Proclamações [*Case of Proclamations* (1611)] que os poderes que o rei tem a título de prerrogativa estão submetidos ao direito, e só o Parlamento pode modificar o direito, que o rei está apenas encarregado de aplicar e executar. Depois da Revolução Gloriosa de 1688, foi definitivamente admitido na Inglaterra que o rei está submetido ao direito que é administrado pelas cortes de justiça e criado pelo Parlamento. Não só o rei não pode governar sem o Parlamento, como também se estabelece o direito dos indivíduos a ser protegidos contra qualquer interferência do poder em seus assuntos pessoais. O princípio da *rule of law* foi afirmado com muita força no célebre caso *Entick* v. *Carrington* (1765), a propósito de uma busca e apreensão feita sem que houvesse nenhuma lei ou precedente judiciário capaz de fundamentá-la em direito.

A ideia da submissão do poder ao direito foi importada pelas colônias americanas. Na América, porém, o princípio do reinado do direito ganhou conteúdo sensivelmente diferente do que manteve na Inglaterra. A razão disso está no fato de que, depois da Declaração de Independência de 1776, os jovens Estados americanos consideraram uma questão de honra redigir suas constituições e deixar bem claros os seus princípios de governo. A redação das constituições americanas teve duas consequências. Em primeiro lugar, deu a entender que, para garantir a liberdade, não bastava submeter o Executivo ao reinado do direito, mas era preciso também submeter o legislador. Em segundo lugar, solidificou o direito cujo reinado seria preciso garantir, uma vez que esse direito "supremo" se tornara o direito da constituição. A junção dessas duas ideias foi realizada pelo Presidente John Marshall na sentença *Marbug* v. *Madison* (1803), na qual ele deu ao princípio da *rule of law* uma nova versão, mais precisa e mais coercitiva, que é o reinado da Constituição.

Um princípio fundamental da constituição da Inglaterra

Em sentido mais técnico, a expressão *rule of law* é própria da Inglaterra. O reinado do direito como princípio fundamental da ordem jurídica foi apresentado e sistematizado pelo constitucionalista inglês Albert Venn Dicey (1835-1922). Em sua obra *Introduction to the Study of the Law of the Constitution* (1885), Dicey considerou que a *rule of law*, a soberania parlamentar e as convenções da constituição eram os três pilares da Constituição inglesa não escrita. Deu à expressão *rule of law* três significados que podem ser resumidos conforme abaixo.

A *rule of law* implica, em primeiro lugar, supremacia absoluta da lei regular (*regular law*), que deverá ser entendida como regras de direito regularmente enunciadas pelas jurisdições ou adotadas pelo Parlamento, em oposição ao poder arbitrário. A *rule of law* exclui a existência da arbitrariedade, da prerrogativa e mesmo de uma ampla margem de discrição em proveito do governo. Dicey opôs o reinado do direito vigente na Inglaterra aos sistemas de governo que atribuíam às autoridades constituídas amplos poderes discricionários que autorizavam, por exemplo, prisões sem julgamento.

Em segundo lugar, a *rule of law* implica igualdade perante a lei. Significa não só que ninguém está acima do direito (*no man is above the law*), mas também que cada indivíduo, de qualquer categoria ou condição, está submetido ao direito ordinário do reino da Inglaterra e às jurisdições inglesas de direito comum. Dicey insistia muito na ideia de que na Inglaterra a igualdade perante o direito, ou seja, a submissão universal de todas as classes sociais do reino a um único direito administrado pelas cortes da Inglaterra, havia sido levada ao grau máximo de perfeição. Portanto, segundo ressaltava, na Inglaterra não havia cortes ou tribunais de exceção que aplicassem um direito de exceção derrogatório do direito comum (como ocorria na França, segundo ele, com o direito administrativo).

Por fim, o princípio da *rule of law* comporta uma terceira consequência que, segundo Dicey, decorre mais do espírito do que da letra do direito inglês, apresentando-se como uma característica particular das instituições inglesas. Conforme explica Dicey, pode-se dizer que o princípio da *rule of law* impregna a constituição da Inglaterra porque seus princípios gerais (como liberdade individual ou liberdade de associação) resultam não tanto de regras gerais de natureza legislativa ou constitucional, proclamadas autoritariamente numa lei fundamental (como no continente), e sim de todas as decisões judiciais que, ao longo das eras, foram pacientemente definindo os direitos das pessoas privadas por ocasião dos casos julgados pelas cortes do reino da Inglaterra. Nessa linha de raciocínio, Dicey ressaltava que os ingleses nunca escreveram seus direitos e liberdades em grandes declarações de princípios, segundo um procedimento muito prezado nos países do continente, porque nunca sentiram necessidade disso. Não obstante – dizia ele – a constituição da Inglaterra contém os mesmos princípios; mas os contém como generalizações que podem ser feitas a partir de uma miríade de decisões judiciais e de numerosas leis votadas pelo Parlamento, leis que, a exemplo das decisões judiciais, foram frequentemente adotadas para atender a necessidades precisas e a reivindicações particulares. Nessas condições, a *rule of law* estabelece entre direitos dos indivíduos e constituição uma articulação muito diferente da que prevalece no continente. Enquanto as constituições continentais são resultado de um Poder Legislativo e se baseiam em atos legislativos constituintes, a constituição da Inglaterra foi elaborada pelas cortes de justiça. Na Inglaterra, a liberdade individual é garantida não por estar enunciada como princípio abstrato numa declaração de direitos, mas por ter sido garantida pelas decisões das cortes de justiça, decisões que foram estendidas ou confirmadas pelas leis, como por exemplo as leis sobre o *Habeas corpus*. Daí resulta que, ao contrário do continente, onde o direito constitucional se define como conjunto de regras contidas num texto, num "código" – declarava Dicey –, o direito constitucional da Inglaterra não é fonte, mas consequência dos direitos individuais que as cortes de justiça definiram e fazem respeitar. Da demonstração diceyana resulta que os direitos e as liberdades da Inglaterra são assegurados pelas garantias que se encontram enunciadas em grandes declarações de princípios, mas pelo recurso à justiça (*remedies*) que o direito comum oferece a todos aqueles cujos direitos foram ilegalmente transgredidos, quer se trate de cidadãos comuns, quer de agentes públicos.

O princípio da *rule of law*, tal como teorizado por Dicey, exerceu forte influência sobre a filosofia e o pensamento político. Foi retomado e sistematizado nos trabalhos de Friedrich Hayek, especialmente em sua obra *The Constitution of liberty* (1960). Do mesmo modo, o reinado do direito entendido como base da moral política e de uma ordem social justa encontra-se nos trabalhos de John Rawls, em especial em *Uma teoria da justiça* (1971). No plano internacional, o princípio foi consagrado em contexto europeu. O artigo 3º do Estatuto do Conselho da Europa (Londres, 5 de maio de 1949) dispõe: "Todo membro do Conselho da Europa reconhece o princípio da preeminência do direito (*rule of law*)", e o preâmbulo à Convenção Europeia de Salvaguarda dos Direitos Humanos e das Liberdades Fundamentais (Roma, 1950) evoca entre Estados europeus a existência de um "patrimônio de preeminência do direito (*rule of law*)".

Uma vez que fundamenta a constituição inglesa no direito ordinário, ou seja, no direito comum do país, o princípio da *rule of law* considera a *common law* como a melhor garantia dos direitos e liberdades. Uma das ideias mestras de Dicey é que a *common law* protege mais o cidadão do que uma constituição escrita. Historicamente, é incontestável que a *common law* foi um escudo muito eficaz contra a arbitrariedade e a tirania. Mas hoje a *common law* já não é totalmente considerada da mesma maneira, e os próprios ingleses duvidam da perfeita eficácia da *rule of law* como garantia de seus direitos e liberdades. O problema é que a *common law* está submetida a todas as modificações que venham a ser decididas pelo Parlamento soberano, que já não está submetido com a mesma intensidade de antes à moderação do governo misto e do equilíbrio dos poderes. No fim do século XX, uma grande parte da opinião pública inglesa se pronunciava por uma Declaração de Direitos (*Bill of Rights*) que seria constitucionalizada (*entrenched*), com a consequente impossibilidade de o Parlamento legislar contra certos direitos fundamentais. Não podendo recorrer a essa solução radical, que teria provocado mudanças revolucionárias em seu sistema constitucional, os ingleses recorreram ao *Human Rights Bill* de 1998 como caminho intermediário, que consiste em possibilitar que os juízes ingleses levem em conta disposições da Convenção Europeia dos Direitos Humanos na interpretação que são levados a fazer das leis inglesas. Essa evolução de certa maneira permitiu uma regeneração do princípio da *rule of law* por meio de um texto para o qual os ingleses contribuíram muito.

› ALLAN T. R. S., "Legislative Supremacy and the Rule of Law", *Cambridge Law Journal*, 1985, pp. 111-43. – DICEY A. V., *Introduction to the Study of the Law of the Constitution*, Londres, McMillan, 1885, – HEUSCHLING L., *État de droit, Rechtsstaat, Rule of Law*, Paris, Dalloz, 2002. – KINVIN WROTH L., "Rule of Law", *Encyclopedia of the American Constitution* (L. W. Lévy, K. L. Karst, J. G. West, org.), t. III, 1986, pp. 1613-4.

Élisabeth ZOLLER

→ *Bill of Rights*; *Common law*; Estado de direito; *Habeas corpus*; Igualdade; Inglaterra; Legalidade dos delitos e das penas; Liberdade; *Magna Carta*; Prerrogativa; Privilégio.

S

SANÇÃO

Do latim *sancire*, "tornar inviolável, por um ato religioso"; donde 1 / consagrar, tornar irrevogável, sancionar, ratificar; 2 / proibir (a violação da disposição, sob pena de castigo divino). I. Aprovação, consagração, ratificação. No direito constitucional da monarquia limitada, ato pelo qual o monarca, chefe do Poder Executivo, investe uma medida legislativa da aprovação que a torna executiva: sanção régia. II. Toda medida, pena, reparação ou recompensa, tomada com o objetivo de garantir o respeito a uma obrigação jurídica. Em sentido corrente – e mais restrito –, punição, pena infligida por uma autoridade ao autor de uma infração, medida repressiva destinada a puni-lo. Sanções penais, disciplinares, administrativas, internacionais.

Se há um lugar-comum na cultura jurídica, é o que considera que o direito é uma ordem social original, no sentido de comportar regras de conduta acompanhadas de atos coercitivos, ou seja, de sanções. Em outros termos, o direito se distinguiria da moral por ser uma ordem coercitiva, que prescreve certas condutas humanas e vincula às condutas opostas sanções dirigidas contra aqueles que as adotem. Essa ideia de que o direito não pode ser concebido sem sanção é fruto de uma confusão de duas acepções de sanção que, no entanto, são distintas: a sanção pode ser entendida como prova da eficácia do direito, e os órgãos encarregados de aplicá-la consagram assim a sua a existência; mas pode ser considerada, mais precisamente, como uma pena infligida à pessoa que não respeite as normas jurídicas. No primeiro sentido da noção, a existência do direito – aqui é preciso entender o direito positivo – decorreria do fato de que ele é obedecido pelas pessoas físicas e jurídicas cuja conduta está encarregado de reger e de que é aplicado por órgãos estatais que podem recorrer, em última análise, à coerção física para garantir sua aplicação. Trata-se então de um problema clássico de validade e efetividade do direito: conforme afirmou Kelsen, a ordem jurídica é válida quando globalmente eficaz. Mas essa acepção de sanção – o direito só seria válido à medida que fosse sancionado – não possibilita explicar por que certas normas de direito são válidas, embora não sejam aplicadas. Seria irrealista e mesmo irrealizável definir o direito a partir da condição de efetividade, pois seria preciso procurar saber se cada regra de direito é aplicada de fato. Na realidade, é vocação do direito ser, pelo menos parcialmente, desprovido de efetividade. No segundo sentido – mais restrito – da sanção, sobre o qual nos demoraremos mais, não é realmente satisfatório qualificá-la de pena infligida à pessoa que deixe de observar uma regra de conduta. Do ponto de vista da teoria sociológica que define a sanção como uma reação em face de certa conduta, a pena sem dúvida pode ser analisada como uma reação negativa à violação de uma regra de conduta, mas é totalmente concebível pensar numa reação positiva, por exemplo uma aprovação do corpo social ou de uma instituição, na hipótese de aplicação em conformidade com a regra. Do ponto de vista da teoria do direito, equiparar sanção e punição em caso de descumprimento de uma obrigação jurídica significa enfatizar a dimensão repressiva de toda ordem jurídica; ora, se é verdade que os sistemas jurídicos nacionais geralmente preveem penas que serão cominadas pelos órgãos estatais em caso de inobservância de certas regras pelos indivíduos, o mesmo não ocorre com o sistema jurídico internacional, em que os Estados, súditos privilegiados deste último, são senhores da decisão de adotar contra outros represálias cujo caráter de sanção é discutível. Essa definição, portanto, não pode ser aceita nesses termos, pois equivale a igualar direito e direito penal e a ocultar uma função também essencial do direito contemporâneo do Estado-providência, a saber, a solidariedade social. A sanção não é apenas repressiva, mas é também retributiva, para falar como Durkheim. Tal definição, além disso, leva a entender a sanção apenas do ponto de vista da pena, ao passo que ela pode ser também entendida positivamente, na forma de recompensa. Além do mais, deve ser rejeitado o argumento psicológico segundo o qual um indivíduo respeita a regra de direito em razão do temor da sanção: não só é quase impossível determinar com precisão o motivo único e comum que levaria todos os indivíduos a submeter-se às normas jurídicas, como também a atitude de certos delinquentes que as transgridem em sã consciência põe em xeque o papel dissuasivo da sanção e tende a relativizar seu alcance. Definir o direito pela sanção é, sem dúvida, um impasse e traduz com certeza a incompreensão daquilo que é ordem jurídica e daquilo que constitui sua singularidade em relação a outras ordens sociais. A visão comum tem também uma apreciação esquemática da sanção em direito, abusivamente comparada à coerção, ao passo que ela é uma obrigação jurídica e, resumindo, uma regra de direito.

A impossível definição do direito por meio da sanção

A presença da sanção, seja ela entendida de maneira negativa ou positiva, não basta para qualificar de ordem jurídica uma ordem social qualquer. Conforme ressaltou Kelsen, especialmente em *Teoria pura do direito*, todas as ordens sociais instituem sanções, pondo em prática aquilo que se chama de "princípio de retribuição". Assim, os jogos comportam regras, às vezes muito elaboradas, e sanções; estas podem ser tanto recompensas para os jogadores que saibam aplicar perfeitamente bem as regras quanto penas, que podem chegar à expulsão dos trapaceiros, ou seja, daqueles que não respeitem as regras. Mesmo a moral, habitualmente apresentada como uma ordem social distinta do direito, uma vez que prescreve certas condutas mas não lhes vincula penas ou recompensas, na realidade comporta sanções. Assim, uma ordem moral, como a religião católica, comporta sanções: uma conduta obediente ou desobediente aos mandamentos da moral no mundo terreno acarretará no mundo do além uma recompensa (o céu para os bons) ou uma punição (um inferno para os maus). O direito se distinguiria então da moral não pela presença de sanções, mas pela natureza destas: em vez de transcendentes, elas seriam verdadeiros atos coercitivos. Deve-se entender o ato coercitivo como um mal, tal como o ato de tirar a vida, a liberdade, os bens etc., infligido a quem tenha cometido feitos delituosos, mesmo contra a sua própria vontade, e, se preciso, com o emprego da força física. Mas pode-se duvidar de que a natureza da sanção, a saber, o ato coercitivo, seja suficiente para identificar o direito como ordem social específica. Se tomarmos o exemplo esclarecedor da comunidade de ladrões, deveremos admitir que a ordem acompanhada de ameaças dada pelos ladrões a suas vítimas, para obter seus bens, também se assemelha a um ato coercitivo. O sistema jurídico distingue-se então da comunidade de ladrões pelo fato de que a ordem dada por estes só tem significado subjetivo, ou seja, é percebida como tal apenas pela vítima, ao passo que a ordem emanada de um órgão do direito tem significado objetivo, todas as pessoas consideram que se trata de uma ordem que vincula aqueles a quem ela se dirige (Kelsen). Também se enfatizou que a ordem dada sob ameaça pelo bandido à sua vítima é momentânea, ao passo que as regras de direito emitem ordens permanentes que devem ser cumpridas de maneira contínua por categorias de pessoas (Hart). Não só o direito não tem monopólio da sanção, como a presença desta não é necessária nem suficiente para definir uma regra de direito. De fato, existe nos sistemas jurídicos grande número de regras que não impõem respeito a normas de conduta, sob pena de sanções. Em vez de impor deveres ou obrigações, certas regras conferem poderes jurídicos a simples particulares. Mais precisamente, "elas propiciam [...] aos indivíduos os meios de realizar suas intenções, conferindo-lhes o poder jurídico de criar, por meio de procedimentos determinados e mediante certas condições, estruturas de direitos e deveres nos limites do aparato coercitivo do direito" (Hart). Se tomarmos como exemplo o poder de fazer testamentos, veremos que há regras relativas à capacidade ou às qualidades pessoais mínimas exigidas daqueles que exerçam esse poder (ser adulto ou ter sanidade mental). Outras normas determinarão como e de que forma o poder deve ser exercido; outras ainda limitarão a diversidade, a duração máxima ou mínima da estrutura dos direitos e dos deveres que os indivíduos podem criar. Também há regras que dão poderes a autoridades públicas, por exemplo, tribunais. Seu objetivo não é proibir que estes, sob pena de sanção, excedam seus poderes, mas definir as condições e os limites nos quais as decisões do tribunal serão válidas. Uma vez que os sistemas jurídicos não comportam uniformidade no conteúdo das regras, mas, ao contrário, grande diversidade, não é possível apresentar a sanção como um elemento indissoluvelmente ligado à regra de direito. Não pode ser aceita a objeção que consiste em dizer que há sanção na nulidade da decisão que tenha aplicado mal uma norma atributiva de competências. A declaração da nulidade do testamento ou de uma lei inconstitucional não pode ser considerada objetivamente como pena cominada a seus autores: a nulidade apenas põe tais autores no estado em que estariam se não tivessem redigido o testamento ou adotado a lei. Seu efeito, que só tem sentido em relação à validade do ato, é neutro para as pessoas envolvidas (autores ou destinatários do ato). Mesmo em casos extremos, como a rescisão de um contrato decorrente do descumprimento das obrigações contratuais de um dos cocontratantes, falar em sanção quase não tem sentido: a nulidade do contrato atingirá tanto o cocontratante que tenha faltado a suas obrigações quanto aquele que as tenha cumprido. E a nulidade desse contrato não impedirá juridicamente que as duas partes firmem um novo contrato. Por fim, ver a sanção como consequência provável do descumprimento da obrigação contida na regra jurídica é fonte de confusão. Se o elo entre obrigação jurídica e sanção não pode ser estabelecido, é porque não raro se encontram hipóteses das quais as pessoas confrontadas com uma obrigação jurídica certamente não serão sancionadas em decorrência de sua desobediência. O motorista que atravesse o farol vermelho tem grande probabilidade de não ser sancionado, em razão da ausência de um policial no local da infração: o fato de não ser sancionado, porém, não o exonera de sua obrigação. Desvincular obrigação jurídica de sanção possibilita encarar de outra maneira o tradicional questionamento sobre o caráter obrigatório das regras de direito internacional, portanto, sobre sua juridicidade. É inútil negar essas características em razão da ausência de sanções organizadas, com base no modelo das sanções presentes nos sistemas jurídicos nacionais. Num sistema internacional em que não existem forças policiais nem jurisdição obrigatória, e em que a adoção de medidas de represália (designadas também com o nome de contramedidas pelos internacionalistas) e o recurso à guerra não dão àqueles que as utilizam garantias de eficácia real, confrontados que poderão ser pela resistência dos Estados destinatários dessas medidas, é na vontade de comprometer-se por parte dos Estados que deveremos ver a fonte da obrigação jurídica, e não na existência problemática de sanções. No entanto, a impossibilidade de definir o direito pela presença de sanções não significa que estas não tenham condições de dar aos órgãos de aplicação do direito meios de reprimir eventuais violações, pelo menos nos sistemas jurídicos estatais. Mas, para apreender a função de uma sanção, é preciso inverter a perspectiva comum: em vez de considerar que ela é necessária para definir o direito, deve-se admitir que a presença do direito é que implica e prevê sua existência.

Sanção, regra de direito

A sanção jurídica não pode ser reduzida à reação de um grupo social, mesmo que este esteja fortemente ancorado nas tradições: a sanção adotada por um Estado contra um indivíduo não é uma vendeta. *A fortiori*, não pode ser considerada pura e simplesmente como uso da força. Esta, na realidade, é mediada pelas obrigações secundárias que são as sanções jurídicas, e só intervém em última análise, caso as sanções pronunciadas por uma autoridade estatal não tenham sido respeitadas. Conforme esclarece Norberto Bobbio, "a sanção jurídica, ao contrário das outras sanções sociais, não consiste no uso da força, ou seja, no conjunto dos meios empregados para coagir por meio da força, para 'forçar' o recalcitrante, mas sim numa reação à violação, qualquer que seja ela, econômica, social ou moral, garantida em última instância pelo uso da força: ressarcimento, pagamento de multa, demolição de uma parede abusivamente construída, nada disso tem a ver com o uso da força; trata-se pura e simplesmente da realização de obrigações secundárias. O vínculo entre essas obrigações secundárias, que constituem a sanção jurídica, e a força está no fato de que a realização delas é garantida primeiramente pela ameaça e depois pelo acionamento de uma máquina executiva dotada de meios de coerção irresistíveis ou que tendem a sê-lo, com o objetivo de obter pela força a realização da obrigação secundária ou, pelo menos, uma realização alternativa ou de substituição" (*Essais de théorie du droit*, pp. 178-9). Essa definição tem o mérito de descartar a concepção simplista e falsa da sanção como ato coercitivo. Efetivamente, há algumas sanções que não exigem, em caso algum, nenhuma coerção ou exercício da força: por exemplo, a prescrição de direitos; correlativamente, os sistemas jurídicos comportam recursos à coerção sem ideia de sanção: por exemplo, execução forçada para cobrança de um crédito. Sanção não é uso da força, mas uma obrigação jurídica que nasce de uma obrigação violada ou não executada. É parte integrante de uma "cadeia de obrigações" (M. Virally) que será forjada para se obter uma conduta conforme por parte do recalcitrante. Só na hipótese de a própria sanção não ser executada é que a coerção se faz presente, na forma de execução forçada. Portanto, a sanção é uma obrigação secundária que tem razão de ser no intuito de fazer que essas obrigações primárias, normas de conduta, sejam respeitadas. Já se encontra essa distinção em Léon Duguit, que opunha regras normativas de direito e regras construtivas ou técnicas de direito. As primeiras impõem certa abstenção ou certa ação a todo ser humano que viva em sociedade; as segundas criam as vias de direito que tendem a sancionar, direta ou indiretamente, as obrigações negativas ou positivas resultantes da norma e também fixam as condições nas quais o detentor da força pode intervir. Essas regras construtivas serão imperativas quando e se estiverem vinculadas a uma norma jurídica cuja aplicação elas devem garantir. Com modalidades diferentes, a distinção feita por Hart entre normas primárias e normas secundárias obedece à mesma lógica. Entre as regras secundárias figuram aquelas que ele chama de "regras de decisão": estas habilitam indivíduos, em especial tribunais, a esclarecer se houve transgressão de regras primárias. Para evitar que os particulares recorram à força para fazer justiça pelas próprias mãos, o sistema jurídico prevê normas secundárias que fixam as sanções aplicáveis em caso de transgressão e conferem aos juízes o poder exclusivo de ordenar a aplicação dessas sanções por outras autoridades.

A teoria do direito apresenta, assim, dois critérios essenciais para identificar a sanção jurídica: 1 / Ela intervém para fazer respeitar a regra de direito e, mais precisamente, para reprimir a transgressão de uma obrigação primária que fixa uma norma de conduta. 2 / Deve haver uma autoridade, especialmente habilitada pela ordem jurídica, que, em posição de terceiro em relação ao conflito, proceda à aplicação das sanções. É fácil entender então por que reina a hesitação em direito internacional para determinar se as represálias adotadas por um Estado contra outro que tenha deixado de cumprir uma obrigação podem ser analisadas como verdadeiras sanções, uma vez que a fraqueza de uma autoridade jurisdicional internacional – e, por conseguinte, a ausência de uma autoridade imparcial e terceira – põe diretamente frente a frente as partes em litígio. Qualificar a sanção jurídica de obrigação secundária deixa aberta a questão de seu conteúdo, a saber, se ela é negativa ou positiva. A primeira é, sem dúvida, a mais importante e elaborada, e por essa razão o sentido corrente reteve exclusivamente essa acepção de sanção, ao contrário do que ocorreu em outras disciplinas, tais como a filosofia e a sociologia. Mas não se deve descartar a dimensão positiva da sanção jurídica, ainda que ela seja minoritária, pois ela corresponde à função de promoção própria ao Estado-providência. Para Bobbio, ela se deduz *a contrario* da sanção negativa: assim como o castigo é reação a uma má ação, a recompensa é reação a uma boa ação. E, assim como a sanção negativa pode consistir tanto na atribuição de uma desvantagem quanto na privação de uma vantagem, a sanção positiva pode residir tanto na atribuição de uma vantagem quanto na privação de uma desvantagem. As formas assumidas pela sanção positiva, aliás, podem ser vistas como contrapontos das formas da sanção negativa: ao mal econômico, multa, por exemplo, opõe-se um bem econômico, compensação em dinheiro; ao castigo moral, desonra, opõe-se a recompensa moral, a honra com a outorga de condecorações, por exemplo; ao mal jurídico, perda de direitos ou de capacidade, opõe-se um bem jurídico, privilégios. Só é mais difícil considerar a contrapartida do castigo físico, a não ser que se admita que as vantagens nesse campo possam ser compensadas por prazeres da mesa ou do sexo! A sanção, seja ela negativa ou positiva, é, pois, uma obrigação secundária que, no primeiro caso, intervém em virtude da transgressão de uma obrigação primária e, no segundo, em decorrência da realização dessa obrigação. Ela tem não só o propósito de desestímulo em relação a comportamentos ilícitos, como também o de estímulo a atos que estejam em conformidade com as normas jurídicas.

➤ BAYÓN J.-C., "Sanction", *in* A.-J. Arnaud (org.), *Dictionnaire encyclopédique de théorie et de sociologie du droit*, Paris, LGDJ, 2ª ed., 1993. – BÉCHILLON D. de, *Qu'est-ce qu'une règle de droit?*, Paris, Odile Jacob, 1997. – BOBBIO N., *Essais de théorie du droit*, trad. fr. M. Guéret e Ch. Agostini, Bruylant, LGDJ, 1998. – DUGUIT L., *Traité de droit constitutionnel*, Paris, De Boccard, 3ª ed., 1927, t. 1. – HART H. L. A., *Le Concept de droit*, Bruxelas, Publications des Facultés universitaires Saint-Louis, 1976. – KELSEN H., *Théorie pure du droit*, trad. fr. Ch. Eisenrnann, Paris, Dalloz, 1962. – MORAND Ch.-A., "La sanction", *APD*, t. 35, *Vocabulaire fondamental du droit*, 1990, p. 293. – VIRALLY M., *La Pensée juridique*, Paris, LGDJ, 1960.

Ver também: CARBONNIER J., *Sociologie juridique*, Paris, PUF, 1994. – CARRÉ DE MALBERG R., *Contribution à la théorie générale de l'État*, Paris, Sirey, 1920 (reed. CNRS, 1962), t. 1. – DURKHEIM E., *De la division du travail social*, PUF, 1994 (1ª ed., 1930). – KELSEN H., *Théorie générale du droit et de l'Etat*, trad. fr. B. Laroche et V. Faure, Bruylant, LGDJ, 1997 (1945).

Alain LAQUIÈZE

→ Coerção; Eficácia; Ordem jurídica; Pena; Regra de direito.

SAÚDE

O direito da saúde reúne o conjunto de regras jurídicas aplicáveis às atividades cujo objetivo é restaurar a saúde humana, protegê-la e prevenir sua deterioração.

Durante muito tempo a saúde escapou ao direito. Só no século XX o conceito de *ministério* médico, de ordem moral, foi substituído pelo de *contrato* de atendimento, firmado entre um profissional (médico ou outro) e um cliente (Cass. Civ., 20 de maio de 1936); no entanto, as intervenções públicas no campo da saúde são antiquíssimas. Já na Idade Média existia uma política sanitária: as autoridades públicas esforçavam-se por fiscalizar o estado dos produtos alimentícios vendidos em mercados ou a salubridade das construções nas cidades, mas também por debelar a propagação das epidemias (quarentenas, leprosários).

A grande expansão da ciência e da técnica médica há menos de um século oculta um pouco os vínculos que sempre existiram entre preocupações sociais e intervenções sanitárias. Contudo, hoje como ontem, nível de vida e situação sanitária das populações estão estreitamente ligados. Historicamente, esses vínculos foram inicialmente religiosos: em nome da caridade cristã, a Igreja criou ou ensejou inúmeras fundações hospitalares que, em toda a Europa, se dedicaram a "cuidar da alma e do corpo" (J. Imbert). Abusos e desorganização financeira levaram as autoridades civis (municipalidades, parlamentos, poder monárquico) a substituir paulatinamente a Igreja desde o início do século XVI. Assim, passa-se da caridade à "assistência pública" consagrada pela Revolução (relatório La Rochefoucauld-Liancourt) que, a partir da última guerra, foi substituída na França pela "saúde pública": a intervenção pública já não é apenas questão de justiça social, mas também visa à prosperidade nacional. Além dos hospitais, a intervenção pública se diversificou: o Estado passou a fiscalizar profissões ligadas à saúde (o que antes ficava a cargo das corporações), a fazer o controle sanitário das fronteiras, a impor regulamentos sanitários às coletividades locais (lei de 15 de fevereiro de 1902), a tornar obrigatória a vacinação contra certas doenças (varíola, desde 1903), a controlar a fabricação e a distribuição de medicamentos. Em quase toda a Europa, o Estado também socializou o financiamento da saúde, com a criação e a generalização da Seguridade Social (ramos doença, maternidade, invalidez). Assim, pode-se falar de um direito da saúde pública, em grande parte ligado ao direito público, do qual extrai procedimentos jurídicos, e ao direito social, com o qual compartilha algumas finalidades. Mas o direito privado também ocupa grande espaço: ligado à concepção europeia de medicina liberal, o direito privado governa a medicina "não hospitalar" (relações paciente-profissionais de saúde, situação dos consultórios médicos e paramédicos, situação das clínicas particulares).

Essa diversidade das técnicas jurídicas pode levar a duvidar da existência de uma disciplina autônoma denominada "direito da saúde". No entanto, a exemplo do direito social ou do direito ambiental, o direito da saúde apresenta uma unidade funcional incontestável em termos de preservação da saúde humana, que se apoia, principalmente, na afirmação contemporânea de um "direito à saúde".

Direito à saúde

Em medicina, como em outros campos, o século XX foi palco de uma revolução científica sem precedentes. Daí surgiu a questão da difusão dos progressos médicos pelo conjunto das populações do globo. No entanto, essa atitude humanista, já amplamente empreendida fora da Europa na época colonial, chocou-se com o crescimento vertiginoso dos custos da saúde, frequentemente incompatíveis com os recursos dos países que mais necessidade teriam dela.

A ideia de um direito à saúde inicialmente se impôs nos países ocidentais. Assim, na França, o desenvolvimento da Seguridade Social redundou na proclamação do Preâmbulo da Constituição de 1946, segundo o qual "a Nação garante a todos [...] a proteção da saúde".

Bem depressa, com formulações diferentes, o direito à saúde passou a figurar entre os direitos sociais proclamados em nível internacional. Assim, a Organização Mundial da Saúde (criada em 23 de julho de 1946) fixou como objetivo "levar todos os povos ao nível de saúde mais elevado possível". Esse direito, porém, é relativo e condicionado, como demonstra o artigo 25-1 da Declaração Universal dos Direitos Humanos de 1948 ("Toda pessoa tem direito a um nível de vida suficiente para garantir sua saúde"); ainda que alguns textos mais recentes pretendam voltar-se para as condições de "exercício efetivo do direito à proteção da saúde" (Carta Social Europeia de 18 de outubro de 1961, art. 11), a própria expressão "direito à saúde", apesar do sucesso, não tem muito sentido porque visa, na realidade, o dever que têm os responsáveis políticos de preocupar-se com a saúde dos indivíduos e dos povos, porque o direito subjetivo dado aos indivíduos só pode ser um direito ao atendimento, e não um direito à saúde perfeita, e porque a própria definição de saúde é controversa: trata-se da ausência de doença ou de incapacidades (físicas ou mentais) ou, segundo a célebre definição da OMS, de um "estado de completo bem-estar físico, mental e social"?

Princípios gerais do direito ao atendimento

Durante muito tempo considerou-se que o corpo humano deve ser posto fora do comércio jurídico (Código Civil francês, art. 1128). A evolução das mentalidades, sob influência do progresso científico, fez que se abandonasse parcialmente esse princípio fundamental. A filosofia individualista ocidental, porém, situa o direito da saúde sob o signo de dois princípios fundamentais, a liberdade e a dignidade da pessoa humana.

A liberdade se traduz sobretudo na regra do *consentimento*: o ser humano dispõe livremente de seu corpo, e ninguém pode atentar contra sua integridade física ou mental sem seu consentimento, mesmo para cuidar dele. Esse princípio geral se aplica a todas as formas de atendimento médico. Está no cerne de todas as legislações recentes, provocadas pelo progresso científico: leis sobre a contracepção (28 de dezembro de 1967), sobre a interrupção voluntária da gravidez (15 de janeiro de 1975), sobre a retirada de órgãos (22 de dezembro 1976), sobre a assistência médica à procriação (29 de julho de 1994). A regra do consentimento, porém, tem limites e exceções. Quando o doente não tem condições de expressar sua vontade (estado mental, inconsciência, anestesia), a jurisprudência leva em conta noções de urgência, de necessidade ou mesmo de consentimento implícito. O próprio legislador, no interesse público, às vezes organiza mecanismos de consentimento implícito (por exemplo, lei de 22 de dezembro de 1976 sobre a retirada de órgãos), ou regimes de obrigatoriedade de atendimento (doenças venéreas, toxicomania, doenças mentais).

O princípio do respeito à *dignidade* da pessoa humana explica por que a tortura e as mutilações são proibidas, ainda que o paciente as tenha aceitado livremente. Mas também justifica a proibição de princípio do aborto e da eutanásia. Qualquer exceção a essas proibições deve ser prevista e autorizada pela lei: assim, a Lei francesa de 17 de janeiro de 1975 só dirime o aborto em certas condições. Quanto à eutanásia, já legalizada em alguns países, não é autorizada na França, apesar da insistência de alguns grupos de pressão; o legislador preferiu incentivar o desenvolvimento dos *cuidados paliativos* para limitar a "demanda" de eutanásia (lei de 9 de junho de 1999). O respeito à dignidade está estreitamente ligado ao princípio tradicional de indisponibilidade da pessoa humana. Entretanto, na legislação moderna, este tende a ser suplantado pelas regras de voluntariado, filantropia, anonimato e gratuidade: impostas já em 1952 na legislação sobre doação de sangue, são encontradas nas "leis bioéticas" de 29 de julho de 1994 a propósito da retirada de órgãos, tecidos, células e produtos do corpo humano, bem como da doação de embrião. Algumas legislações não francesas vão além e aceitam a venda de produtos de origem humana e, especialmente em matéria de procriação artificial, não reconhecem o princípio do anonimato.

A velha regra do *segredo profissional* também é destinada a proteger a dignidade da pessoa: em grande número de legislações, todos os que, por posição ou profissão, tiverem acesso a informações relativas à saúde de uma pessoa, não poderão revelá-las a ninguém, salvo por ordem ou autorização da lei.

Os princípios de liberdade e dignidade não são suficientes, hoje, para responder a todas as interrogações éticas provocadas pelo progresso científico. Às vezes é preciso recorrer ao *princípio de precaução*, sempre que estiverem em jogo o futuro da espécie humana (clonagem) ou a concepção humanista da vida em sociedade (eugenia, eutanásia, diagnóstico genético). Em todos os países desenvolvidos os poderes públicos baseiam-se em declarações internacionais (Nuremberg, 1947; Helsinki, 1964; Tóquio, 1975) ou nos trabalhos de *comissões de ética* compostas por cientistas, juristas e representantes das grandes correntes de pensamento (como a Comissão Consultiva Nacional de Ética para as Ciências da Vida e da Saúde, criada na França pelo decreto de 23 de fevereiro 1983), para regulamentar a pesquisa biomédica e as práticas terapêuticas.

Embora esses princípios gerais sejam comuns a todas as formas de atendimento, a natureza da relação jurídica que se estabelece entre o paciente e o profissional pode ser muito variada. É especialmente o que ocorre na França, onde essa relação é inteiramente comandada pelo estatuto, *privado* ou *público*, de quem presta o atendimento. No setor privado (consultório, clínica), as obrigações recíprocas de pacientes e profissionais da saúde decorrem em princípio de uma relação contratual de direito privado, cujo objeto e conteúdo variam segundo a especialidade do profissional. Assim, o contrato firmado com um médico, protótipo dos outros contratos de atendimento que, com exceção do contrato firmado com o farmacêutico, têm suas características, é um contrato civil *sui generis*: firmado livremente pelo paciente, em razão do princípio da livre escolha do médico e do estabelecimento de saúde (ver especialmente Código da Seguridade Social, art. L. 162-2; Código da Saúde Pública, art. L. 7 10-1; Código de Deontologia Médica: arts. 6, 58 e 93), é oneroso (remuneração do profissional por meio de honorários) e sinalagmático. O médico, evidentemente, não se compromete a curar, mas a dispensar "cuidados conscienciosos, atentos e, com a ressalva de circunstâncias excepcionais, em conformidade com os dados atuais da ciência" (Cass. Civ., 20 de maio de 1936).

O paciente, aliás, pode ser levado a firmar vários contratos distintos com profissionais diferentes. É o que ocorre nas clínicas particulares: além de uma pluralidade de contratos médicos (com um cirurgião, um radiologista, um anestesista etc.) e paramédicos (com um massagista, um laboratório de análises clínicas etc.), o paciente firma um *contrato de hospitalização* por meio do qual o estabelecimento se compromete a dar-lhe hospedagem, alimentação, atendimento paramédico dispensado por seu pessoal assalariado, material e produtos necessários ao tratamento; grande parte das obrigações oriundas do contrato de hospitalização consiste em obrigações de resultado (cuidados simples, fornecimento de todos os produtos – como os sanguíneos – e aparelhos necessários, que devem ser isentos de vícios próprios); além disso, a jurisprudência atual tende a atribuir à clínica a obrigação geral de garantir resultados em tudo o que for acessório ao motivo da hospitalização (CA, Paris, 15 de janeiro de 1999).

No setor público, a noção de contrato desaparece. Com o estatuto de *usuário de um serviço público*, o paciente está submetido às leis e aos regulamentos do serviço (CE, 23 de fevereiro de 1979, *Tolub*); o conjunto dos direitos e das obrigações do serviço e do usuário, respectivamente, é determinado de maneira unilateral pela administração, respeitados os tradicionais princípios do serviço público (igualdade, neutralidade, continuidade). A diversidade dos contextos jurídicos de atendimento explica a diversidade dos regimes jurídicos aplicáveis em matéria de responsabilidade. Em direito francês e em outros permanece o princípio de que a responsabilidade civil dos profissionais e dos estabelecimentos de saúde só pode ser implicada em caso de culpa comprovada. Contudo, a crescente sofisticação das técnicas médicas leva a aliviar o ônus da prova ou mesmo a considerar que ela expõe os pacientes a riscos que, quando se concretizam, devem ser reparados mesmo na ausência de culpa.

A responsabilidade médica é então um dos campos privilegiados da *perícia*, judiciária ou amigável. Mas é também um dos campos nos quais a prova do nexo de causalidade entre o dano alegado e a intervenção médica é o mais difícil de estabelecer; a jurisprudência costuma recorrer à teoria da *perda de oportunidade* de cura ou de sobrevida para indenizar a vítima na proporção em que a falta cometida tenha comprometido o sucesso do tratamento (Cass. Civ., 2 de maio de 1978). Em grande parte para resolver as dificuldades da prova, mas também por razões de equidade, a jurisprudência administrativa desenvolveu não só mecanismos de presunção de culpa (quando o dano, de origem pouco identificada, parece exagerado em relação aos padrões de funcionamento dos hospitais), mas também *regimes de responsabilidade objetiva*: quando uma intervenção médica expõe algum risco, conhecido mas de concretização excepcional, uma vez que concretizado esse risco, caso o paciente sofra um dano excepcionalmente grave, sem relação com seu estado inicial nem com a evolução previsível de sua patologia, a responsabilidade do estabelecimento será automaticamente implicada (CE, 9 de abril de 1993, *Bianchi*).

Essa jurisprudência deve ser aproximada dos debates que, desde o fim da década de 1980, vêm ocorrendo em torno da eventualidade de uma legislação que organize a indenização dos *riscos terapêuticos*, e a principal dificuldade enfrentada pelo legislador é a do financiamento dessa indenização, por hipótese socializado. Aliás, diversas legislações já organizam regimes especiais de responsabilidade objetiva: danos causados por vacinações obrigatórias (lei de 1º de julho de 1964), responsabilidade do organizador de pesquisas biomédicas sem benefício individual para quem a elas se submeta (lei de 20 de dezembro de 1988), indenização por contaminação de Aids em transfusão de sangue (lei de 31 de dezembro de 1991), danos sofridos pelos doadores de sangue (lei de 4 de janeiro de 1993). A partir de experiências estrangeiras aparentemente positivas (Suécia) e de propostas argumentadas (G. Viney, 1965; R. Tunc, 1966; J. Penneau, 1973; G. Durry, 1987), pode desenvolver-se na França a generalização da responsabilidade objetiva no campo médico, com base na lei de 4 de março de 2002, que repara as consequências das infecções hospitalares e dos acidentes médicos.

Proteção da saúde pública

As técnicas jurídicas de proteção da saúde pública tradicionalmente são as da política administrativa, em que a "salubridade pública", aliás, é um componente clássico. Tende a prevenir o surgimento e a propagação de doenças. A exemplo da Organização Mundial da Saúde, é possível fazer a distinção entre prevenção primária, que é uma ação sobre o meio, e prevenção secundária, que tem em vista as doenças e as pessoas.

A *prevenção primária* abrange todas as técnicas jurídicas que dizem respeito à salubridade do meio ambiente e das circunstâncias de vida. Em todos os países desenvolvidos, abundante regulamentação impõe obrigações específicas (frequentemente sujeitas a penalidades) às administrações locais, aos proprietários e aos exploradores de atividades consideradas perigosas para a saúde pública.

O mesmo ocorre com os aspectos mais clássicos da *prevenção secundária*, que dizem respeito à luta contra a propagação de doenças transmissíveis. Trata-se, sobretudo, do antiquíssimo procedimento de *controle sanitário nas fronteiras*, hoje coordenado mundialmente pela OMS. As medidas assim tomadas para debelar a propagação da peste, do cólera e da febre amarela (as chamadas doenças "quarentenárias"), bem como de outras doenças de declaração obrigatória à OMS, dizem respeito principalmente ao funcionamento de portos e aeroportos (decretos de 24 de janeiro e de 8 de agosto de 1989).

No âmbito nacional, o controle sanitário dos rebanhos, que vai das vacinações obrigatórias ao abate de rebanhos inteiros, passando pela vigilância das importações, das exportações ou da salubridade dos abatedouros, é mais um exemplo da extensão dos poderes da autoridade de polícia. A luta contra as epidemias pressupõe a informação das autoridades sanitárias. Assim se explica o regime das doenças humanas de *declaração obrigatória*: apesar do princípio do segredo médico, o legislador impõe aos médicos (mas também a toda e qualquer pessoa informada) que informe a ocorrência de certas afecções contagiosas graves (ver Decreto de 10 de junho de 1986); a autoridade de polícia tem então o poder de tomar todas as disposições (desinfecção, isolamento de um doente ou mesmo de uma zona inteira) próprias a impedir a propagação.

A prevenção também comporta a instituição de *vacinações obrigatórias* para toda a população ou parte dela, o que suscitou dois problemas, hoje resolvidos. O primeiro é o da legitimidade da obrigatoriedade, em vista do princípio de liberdade individual; hoje está claramente estabelecida (Cass. Crim., 9 de outubro de 1958). O segundo é o da reparação dos danos causados pelos acidentes da vacinação; a partir da lei de 26 de maio de 1975, todo acidente imputável a alguma vacinação obrigatória deve ser reparado pelo Estado.

Por sua vez, a "*luta contra os flagelos sociais*" apresenta-se tanto como política pública quanto como regime de prevenção. Engloba doenças difíceis de combater (cânceres, doenças mentais, doenças venéreas, Aids), ou que já o foram (tuberculose) e afecções psicossociais (alcoolismo, toxicomania, tabagismo). Algumas dessas afecções podem ensejar uma *obrigação de cuidar-se* (doenças venéreas, toxicomania, alcoolismo); outras justificam apenas uma organização especialmente desenvolvida, financiada pela coletividade (cânceres, doenças mentais).

Administrações sanitárias

As administrações do Estado são onipresentes em todos os países. Na França, existe um ministério encarregado da saúde em todos os governos desde 1920, mas sua posição durante muito tempo foi duvidosa; ora autônomo, ora vinculado ao Ministério do Trabalho, ora ligado à administração da Seguridade Social, esse ministério, desde 1986, tem sido constantemente entregue a um ministro delegado ou a um secretário de Estado agregado ao ministro dos Assuntos Sociais. Mas é principalmente a multiplicação de *agências de execução* que caracteriza a evolução recente dessa organização: a exemplo dos países anglo-saxões, a França tem delegado cada vez mais a aplicação da política sanitária a agências mais ou menos autônomas (Agência do Medicamento, Agência Francesa de Segurança Sanitária dos Produtos de Saúde, Agência Francesa de Segurança Sanitária dos Alimentos, Agência Francesa de Segurança Sanitária do Meio Ambiente, Agências Regionais da Hospitalização, às quais podem ser acrescentados o Estabelecimento Francês do Sangue, o Estabelecimento Francês dos Implantes e o Instituto de Vigilância Sanitária, instituições estas criadas há menos de dez anos). As preocupações provocadas por problemas de funcionamento (caso do "sangue contaminado" ou da "vaca louca") não são estranhas a essa evolução.

As *administrações locais* sempre desempenharam papel importante. Hoje, na França, seus serviços sanitários são sempre instrumentos da execução das políticas de prevenção ditadas em nível nacional. Desde as leis de descentralização de 1982-83, é o departamento que, em virtude de sua "vocação social", mais participa das políticas de saúde. Em *nível internacional*, no século XIX a cooperação entre Estados assumiu primeiramente a forma de grandes conferências internacionais para lutar contra as grandes epidemias. A Organização Mundial da Saúde, criada em 1946, conferiu nova dimensão a essa cooperação. A Assembleia Mundial da Saúde, órgão principal da OMS, adota *resoluções* (simples recomendações aos Estados) e *convenções sanitárias* e *regulamentos sanitários*, estes obrigatórios, salvo recusa expressa dos Estados. Em *nível europeu*, apesar da ausência de política comum da saúde, a cooperação sanitária dos Estados da União europeia desenvolve-se na forma de harmonização das legislações nacionais, de coordenação das políticas de saúde e da criação de agências, tais como a Agência Europeia de Avaliação dos Medicamentos (criada em 1993) e a Agência Europeia para a Segurança e a Saúde no trabalho (criada em 1994). Por sua vez, o Conselho da Europa adotou várias resoluções de interesse da ética biomédica.

Profissionais da saúde e serviços e estabelecimentos médicos

Dois grandes modelos de atendimento médico e paramédico coexistem no mundo: o modelo americano, quase integralmente privado, e o modelo britânico, quase inteiramente estatal (*National Health Service*); a escolha entre esses dois modelos depende em grande parte do sistema de proteção social adotado: seguros privados, como nos Estados Unidos ou na Suíça; sistema de Seguridade Social mais ou menos estatizado, como na maioria dos países europeus. Nesse aspecto, o modelo francês é original: por um lado, o sistema de Seguridade Social obrigatório, instituído em 1945, abre um espaço nada desprezível a seguros complementares privados; por outro, a medicina de consultório e a farmácia são essencialmente privadas, enquanto a medicina hospitalar está dividida em hospitais públicos e clínicas particulares. A evolução geral, porém, tende a um controle cada vez mais estrito do Estado sobre todas as formas de atendimento, no mínimo para controlar o crescimento dos custos da saúde, que é considerado excessivamente rápido.

Em sua maioria, as *profissões da saúde* (médicos, cirurgiões-dentistas, parteiras, enfermeiros, fonoaudiólogos, ortópticos, podólogos, fisioterapeutas) são exercidas principalmente em consultórios liberais, e o estatuto do *consultório médico* serve de referência para as outras profissões. O consultório é definido como o local onde habitualmente são atendidos os pacientes e dispensados os cuidados médicos. Não deve ser confundido com a clientela (CE, 5 de novembro de 1958), que é civil e não pode ser cedida; em compensação, o direito de apresentação à clientela é um direito mobiliário, cessível e transmissível (Cass. Civ. 1ª, 17 de maio de 1961). Todos esses consultórios médicos e paramédicos podem ser criados livremente, sem controle da administração; em contrapartida, as *farmácias* e os *laboratórios de análises clínicas*, que exercem atividades não civis, mas comerciais, estão submetidos a estrito controle administrativo, tanto nos trâmites de criação quanto de funcionamento.

As distinções classicamente feitas entre essas profissões (médicas/paramédicas; civis/comerciais) pouca influência têm sobre a existência das *ordens profissionais*. Sua existência ou, pelo menos, a obrigação de afiliação imposta aos membros das profissões organizadas em ordens, foram veementemente criticadas na década de 1970: elas atentariam contra os direitos humanos, sobretudo porque as ordens não respeitariam a liberdade de consciência e defenderiam uma ideologia conservadora; esse ponto de vista foi condenado pela Corte Europeia dos Direitos Humanos (decisão de 27 de maio de 1981) por dois motivos: porque na Europa as ordens profissionais agem por delegação do Estado e porque não proíbem seus membros de aderir aos sindicatos ou às associações de sua escolha. Aliás, deve-se observar que, nos países europeus onde não existem verdadeiras ordens, outras organizações desempenham o mesmo papel de controle do exercício e da deontologia profissionais.

Tanto o lugar ocupado pelos estabelecimentos hospitalares numa medicina cada vez mais técnica, quanto a crescente complexidade do regime jurídico que lhes é aplicável levam ao desenvolvimento do "direito hospitalar". O sistema hospitalar francês é bastante original porque, ao lado de uma importante rede de estabelecimentos públicos, comporta não só – como na maioria dos países europeus – numerosos estabelecimentos privados sem fins lucrativos (associações, fundações, mútuos), mas também clínicas privadas de estatuto comercial, que desempenham parte importante da atividade cirúrgica e obstétrica. Toda a evolução legislativa dos últimos trinta anos, portanto, consistiu em garantir o equilíbrio entre a concorrência e a complementaridade desses três setores hospitalares, a fim de adaptar a oferta de atendimento às necessidades da população e conter a evolução das despesas hospitalares: cerca de metade dos gastos com seguro-doença é consumida pela hospitalização pública. As bases do atual sistema hospitalar francês remontam à lei de 31 de dezembro de 1970 ("lei Boulin"). Essa lei institui o *serviço público hospitalar*, que associa não só estabelecimentos públicos (hierarquizados de acordo com suas capacidades técnicas), mas também estabelecimentos particulares sem fins lucrativos (encarregados da execução do serviço público ou simplesmente associados ao serviço público) e mesmo estabelecimentos comerciais, que podem ser concessionários de serviços públicos. A mesma lei introduz o *planejamento hospitalar* ("mapa sanitário"): documento de previsão das necessidades hospitalares, que serve de base a um regime de autorizações administrativas de criação ou ampliação dos estabelecimentos, que se tornou comum aos estabelecimentos públicos e às clínicas particulares desde a lei de 31 de julho de 1991 e foi regionalizado a partir da criação das agências regionais da hospitalização pela ordem de 24 de abril de 1996. Eixo dos sistemas modernos de saúde, a organização hospitalar hoje tem vocação para promover "redes de atendimento", cuja criação é incentivada pelos poderes públicos (ordem de 24 de abril 1996), destinadas a racionalizar o atendimento médico. O desenvolvimento dessas redes é de índole a pôr em causa grande número de princípios jurídicos ligados à concepção liberal da medicina, a começar pelo princípio fundamental de liberdade de escolha, pelo paciente, daqueles que lhe dispensarão atendimento.

› AUBY J.-M., *Le Droit de la santé*, Thémis, 1981. – BÉLANGER M., *Le Droit international de la santé*, Paris, PUF, 1997. – FORGES J.-M. de, *Le Droit de la santé*, Paris, PUF, 4ª ed., 2000. – MOREAU J. & TRUCHET D., "Droit de la santé publique", *Mémento Dalloz*, 1997. – SAVATIER R. J., AUBY J.-M. & PÉQUIGNOT H., *Traité de droit médical*, Librairies techniques, 1956.

Jean-Michel LEMOYNE DE FORGES

→ Contrato; Deontologia ou ética profissional; Responsabilidade administrativa; Responsabilidade civil; Serviço público.

SÉCULO XX: CRISE E RENOVAÇÃO NA CULTURA JURÍDICA

O ano 1900 marca o fim da dominação dos civilistas e de certa concepção do direito civil. Na França, estes dominavam mais ou menos sem concorrência e, de algum modo, em virtude da natureza das coisas desde 1804: o Código Civil francês tinha necessidade de comentadores, para aclimatar a comunidade dos juristas àquele monumento legislativo que subvertia numerosos hábitos. Apesar de algumas tentativas de reforma – a mais notável gorou em 1822 –, o ensino do direito se organizara, durante os três anos de licenciatura, em torno do aprendizado do Código Civil francês, na ordem de seus artigos e segundo o método do ditado. Além disso, este parecia constituir o horizonte intransponível dos jurisconsultos. Embora em sua maioria eles fossem experientes e dotados de espírito criativo, não imaginavam poder desvincular seus construtos jurídicos, mesmo os mais inovadores, das disposições do Código; cada construto, de alguma maneira, devia receber o *imprimatur* de um ou de vários artigos do Código Civil. Ademais, só tinham um interesse relativo pela jurisprudência: a obra dos tribunais só era apresentada e discutida em seus volumosos tratados quando pudesse ser inserida num raciocínio mais amplo em que o Código Civil ocupasse o primeiro plano.

Contudo, não se deve acreditar que o século XIX tenha sido monolítico. Vários fatores de importância desigual – em primeiro lugar, um constante diálogo com a Alemanha – favoreceram a evolução das mentalidades. Do outro lado do Reno chegaram as primeiras críticas feitas ao método exegético. Aubry (1803-83) e Rau (1803-77), já em 1839, hauriram nos jurisconsultos alemães, impregnados de pandectismo, a ideia de preferir a exposição sintética à apresentação do direito civil de acordo com a ordem do Código, enquanto outros autores – o principal deles talvez seja Athanase Jourdan (1791-1826) – procuraram nos trabalhos da escola histórica alemã o fundamento para uma interpretação não mais literal ou gramatical, porém histórica, do Código Civil. Foi também o exemplo das universidades alemãs que inspirou em reformadores sucessivos a vontade de imprimir uma orientação mais especulativa e um domínio mais extenso ao ensino do direito, que não deveria ter mais como único objetivo a formação de práticos, mas também de pensadores, não mais apenas togados, mas também administradores e diplomatas.

As razões de uma crise

No entanto, cumpre reconhecer que o movimento só se precipitou com o advento da III República. Todos os elementos da crise estavam então reunidos. A obra de interpretação do Código Civil chegava ao fim. Quase um século de exegese possibilitara dominar seu sentido e conferir-lhe legitimidade política, deixando-se de vê-lo como obra do regime napoleônico – o que Toullier (1752-1835) ainda afirmava no início do século –, mas como produto de uma nação, ou seja, uma obra de transição entre o antigo direito e o direito intermediário. Seus grandes comentadores eram então contestados com lógica pelos mais brilhantes representantes de uma nova geração (que chegara à maturidade vinte anos depois do primeiro concurso nacional para o corpo docente das faculdades de direito de 1856, das quais eram resultado). A notável melhora da edição jurídica levara à consciência da riqueza da obra dos tribunais, cujo comentário se tornava mais útil do que o de um Código Civil que já envelhecia. Essa geração inventou assim os *arrêtistes* (jurisprudencialistas) – cujo precursor foi Labbé (1825-94) –, que souberam acompanhar e frequentemente antecipar a jurisprudência inovadora dos últimos vinte anos do século XIX, com a publicação de numerosas notas sob as sentenças. A renovação das ideias parecia mais necessária aos olhos dos civilistas porque a primazia de sua disciplina parecia ameaçada de todos os lados. Durante muito tempo, estes – e em especial os mestres parisienses – haviam se oposto a toda e qualquer tentativa de reforma que pusesse em xeque a sua hegemonia. No entanto, já não era possível impô-la no fim do século XIX. Os economistas, embora criticados durante muito tempo por seu ativismo liberal, que a sociedade ainda não admitia, e pela falta de caráter científico de sua disciplina, a pretexto de que ela não se baseava em textos, acabam por impor nas próprias faculdades de direito a instauração oficial de um curso de economia política em 1874. Em sentido inverso, os defensores de um ensino autônomo das ciências políticas (pelo menos do modo como elas eram concebidas na época) conseguiram emancipar-se da tutela dos juristas, obtendo a criação da Escola Livre das Ciências Políticas em 1871, após viva polêmica que opôs seu criador, Émile Boutmy (1835-1906), ao influente civilista Bufnoir (1832-98), que preconizava inutilmente a manutenção das ciências políticas nas faculdades de direito. Por fim, o surgimento do direito administrativo completou esse movimento de contestação. Esse ramo do direito, cujo ensino fora negligenciado durante muito tempo, tirou proveito, ao mesmo tempo, da ascensão da justiça administrativa durante o último terço do século XIX e da substituição de tratados (em grande parte descritivos e voltados apenas para a regulamentação) por ensaios de sistematização, dotados de uma amplitude sem precedentes, que, com base na obra do Conselho de Estado, possibilitaram constituir o direito administrativo como disciplina distinta do direito civil, mais especialmente, talvez, pela pluma de Édouard Laferrière (1841-1901) e do acadêmico Maurice Hauriou (1856-1929), cujas obras de síntese foram publicadas alguns anos antes do fim do século XIX.

Esse conjunto contribuiu para envelhecer de modo singular o ensino clássico do direito civil, cujos representantes, que pareciam ser os únicos que ainda ignoravam as novas realidades políticas e sociais, empenhavam-se no estudo do Código Civil, no momento mesmo em que uma profunda reforma dos estudos jurídicos (ocorrida em 1895) punha fim à sua hegemonia. Foi, portanto, com o fito de atrair uma juventude, cujo desinteresse pelo estudo do direito civil se temia, que o prolífico Saleilles (1855-1912) militou incessantemente por uma revolução nas mentalidades. Talvez ele não tivesse conseguido seu intento, não fosse a intervenção de um poderoso fator político. A III República não reformou o Código Civil, ao contrário do desejo de Acollas (1826-91), que durante algum tempo reunira alguns de seus fundadores com o objetivo de liberalizar principalmente os textos relativos ao direito das pessoas. Foi a crise pela qual passou depois da queda do governo de Jules Ferry, em 1885, que exerceu um efeito menos visível, porém muito mais profundo sobre a evolução do direito positivo e do pensamento jurídico francês. As ideias republicanas deviam ser renovadas, naquele momento, para permitir que o regime ganhasse novo alento. A filosofia individualista que lhe servira de fundamento já parecia não ter condições de sustentá-lo, sobretudo diante da multiplicação das conturbações sociais pelas quais passava um país em vias de industrialização rápida e anárquica. A busca de novas fontes de harmonia dentro de uma sociedade que já não podia ser reduzida a simples agregado de indivíduos constituiu então a principal preocupação de numerosíssimos meios intelectuais no turbilhão de ideias do fim do século XIX. Os juristas dariam sua contribuição, mas antes precisavam realizar sua revolução metodológica, o que foi feito, em especial, por um livro que teve estrondosa repercussão na literatura jurídica.

O desejo de renovação

Era a obra de um jovem acadêmico da província, chamado François Gény (1861-1959). Profundamente influenciado por Saleilles, publicou, em outubro de 1899, uma volumosa obra intitulada *Méthode d'interprétation et sources en droit privé positif* [Método de interpretação e fontes em direito privado positivo]. Essa obra tinha uma primeira parte dedicada à magistral destruição daquilo que se chamava ainda método clássico, cujos raciocínios abusivamente abstratos eram denunciados. Seu ataque cabal aos grandes comentadores do Código Civil francês acabaria convencendo quase todos os seus contemporâneos. No entanto, deixava um vazio metodológico, que Gény tratou de preencher na segunda parte de seu livro e depois em toda a sequência de sua obra. Ele sustentava que a lei deve ser interpretada de maneira estrita em função daquilo que o legislador desejara ao promulgá-la. Em contrapartida, incentivava os juristas a libertar-se dela sempre que surgisse uma questão nova que não correspondesse às suas previsões, para substituí-la por aquilo que ele chamava de "livre pesquisa científica". Esta, em sua opinião, era a única capaz de dar uma solução objetivamente justa, porque apoiada no estudo preciso da jurisprudência, que, conforme se considerava, seguia o movimento da vida e mobilizava o conjunto das novas ciências sociais, formadas por sociologia, economia política e também psicologia social, disciplinas às quais Gény se mostrava bastante apegado. Utilizando essas disciplinas novas, Gény acreditava poder descobrir a harmonia social tão buscada, pois estava convencido de que elas deviam permitir que os juristas trouxessem à luz do dia aquilo que ele acreditava ser a ordem natural das coisas, presente no coração da sociedade. Incentivava, portanto, seus pares a buscar inspiração naquilo que ele logo chamaria de "ciência", o que deveria em seguida autorizá-los à aplicá-la num plano mais estritamente "técnico".

Esse novo método não seduziu muito seus contemporâneos. É verdade que estes não discutiram em absoluto os seus fundamentos ideológicos, que passaram mais ou menos despercebidos: o antirrepublicanismo de Gény (que pretendia minimizar a obra legislativa de um regime criticado menos por suas ideias sociais do que por sua política hostil aos católicos) e a intenção de fazer prevalecer suas convicções religiosas sob a máscara de um discurso científico apto a seduzir sua época. O que eles não admitiram foi, principalmente, seu desejo de recorrer a disciplinas externas ao direito, para chegar a uma solução desprovida de subjetivismo. Essa foi, por exemplo, a crítica feita já em 1900 por um seu colega de Lyon, Édouard Lambert (1866-1947). Este não afirmava ser impossível encontrar uma solução objetivamente justa de modo absoluto; sustentava apenas que nenhum jurista era capaz de se desprender de seu próprio subjetivismo, assim como não era possível fazer um uso satisfatório de disciplinas novas que ainda não tinham chegado à maturidade. Foi, portanto, de algum modo para encontrar um substituto à livre pesquisa científica que ele inventou, na mesma época, o direito comparado moderno, cujo nascimento oficial data de um importante congresso internacional ocorrido em Paris, por iniciativa de Saleilles, durante a Exposição Universal de 1900: só o consenso que pudesse ser depreendido sobre uma questão qualquer pela comunidade internacional dos juristas, cujas sociedades tinham chegado a um mesmo grau de evolução, podia marcar a existência dessa solução objetivamente justa.

Essa nova concepção do direito comparado não seduziu mais os juristas franceses, que persistiram num uso com o objetivo principal de encontrar uma fonte de inspiração para eventuais reformas do direito positivo e, mais raramente, uma possibilidade de harmonização internacional. Ninguém pensou em ver nisso um substituto para a livre pesquisa científica. Entre os civilistas, pelo menos, foi Saleilles quem sobrepujou Gény e Lambert. Seu método histórico seduziu sem dificuldade todos aqueles que queriam romper com o método exegético, dando preferência a uma interpretação mais liberal de um Código Civil superado pela evolução da sociedade, pois era exatamente isso que ele propunha: nunca interpretar os textos de maneira estrita ou gramatical, mas adaptá-los constantemente às exigências sociais do momento, a fim de substituir as tentativas individualistas e arcaicas de uma justiça de equidade por aquilo que ele chamava de bases científicas e sociológicas da justiça social. Sem chegar até isso, foi essa mesma ideia que o primeiro presidente da Corte de Cassação adotou quando, rompendo com uma tradição respeitosa à letra dos textos, declarou em 1904, diante de seus pares, que a partir de então era preciso adaptar o Código Civil de maneira humana e liberal às realidades e às exigências da vida moderna.

No entanto, é preciso ver que aquele método histórico não se distinguia tão nitidamente da livre pesquisa científica. Por um lado, ambos contribuíam para a invenção do "social", fato dominante que pareciam ver como um elemento homogêneo e uma fonte de objetividade que até então só se situara no respeito aos textos. Por outro lado, usavam os mesmos instrumentos. Considerava-se que o recurso aos estudos históricos e ao direito comparado daria indicações sobre o modo como a sociedade evoluíra no passado ou podia vir a transformar-se no futuro. Além disso, supunha-se que o emprego das sentenças jurisprudenciais poderia fornecer a chave de sua evolução presente, de tal modo a obra dos tribunais parecia adaptada àquelas famosas exigências sociais. No fundo, a jurisprudência constituía o melhor substituto de uma sociologia nascente cuja necessidade fora admitida pela maioria dos juristas, e, aliás, bastara Gény dizer que ela era seu elemento mais seguro e mais vivo para que a maioria deles desistisse de interessar-se mais por ela. Além disso, a primazia dada à jurisprudência permitia esvaziar uma espinhosa questão oriunda da assimilação do direito à realidade social, ou seja, a da instância legítima para ditar o direito; ao manter um vínculo privilegiado com essa realidade, a jurisprudência passava a ser, pelo menos implicitamente, essa instância.

Gény e Saleilles talvez tenham visto em Planiol (1853-1931) o melhor propagandista de suas ideias. Este publicou, também em 1899, o primeiro volume de seu *Traité élémentaire de droit civil* [Tratado elementar de direito civil] que rompia com os predecessores, ainda que alguns destes já tivessem abandonado o estudo exegético do Código Civil em favor de uma síntese do direito civil. Nele, Planiol afirmava seu desejo de recorrer ao estudo da história do direito e do direito comparado, mas também, e sobretudo, à análise da jurisprudência, diante da qual ele declarava querer inclinar-se. Essa submissão, porém, não era surpreendente: embora a jurisprudência não fosse alçada ao plano de fonte autônoma do direito, seu poder já era considerável, pois ela era a tradução da vida na ordem jurídica. Ao mesmo tempo, a afirmação dessa submissão não era desprovida de ambiguidade, especialmente em relação a uma teoria então nascente sobre as fontes do direito. Planiol desejava, com efeito, reunir as decisões que considerava mais importantes, para com elas fazer uma síntese e, portanto, chegar a alguns princípios capazes de acompanhar a evolução do direito. Assim, reconhecia um poder considerável na doutrina, atribuindo-lhe o poder de dizer quais sentenças eram ou não dignas de pertencer à jurisprudência. A doutrina tornava-se, assim, criadora de um objeto particular, a jurisprudência, à qual afirmava, porém, submeter-se, atribuindo-se posição totalmente modesta e secundária! Mais que isso, reservando-se o direito de proceder a amplas sínteses que englobavam não só a obra dos tribunais, mas também a apresentação dos direitos estrangeiros e dos precedentes históricos, a doutrina reservava para si o papel principal, que, dependendo do caso, podia ser o de censor, pois se admitia que os magistrados, juízes dos litígios particulares, não tinham meios nem tempo para isso.

Naquele momento, as coisas já estavam mais ou menos definidas. O centro de gravidade do direito passara do estudo exclusivo dos textos legislativos ou regulamentares para o da jurisprudência, tradução do "social". A abertura para as ciências sociais, preconizada por Gény, havia malogrado: seu lugar seria ocupado pelo estudo dessa jurisprudência, quando não pelo estudo mais sistemático dos direitos estrangeiros ou da história. Quanto à possível anarquia provocada por essa irrupção da vida no direito, caberia à doutrina, triunfante mas modesta, delimitá-la por meio dos amplos construtos jurídicos especialmente prezados por Saleilles, que Planiol soubera aplicar magistralmente ao direito civil. Só cabia, portanto, a seus sucessores retomar aquele programa para dar novo rosto à cultura jurídica francesa.

O alcance da renovação

No início do século XX certamente se assistiu à consagração do culto à jurisprudência. Ele era admitido em direito privado e, em 1902, deu ensejo à criação da *Revue trimestrielle de droit civil*, cujo objetivo confesso era o estudo doutrinal da jurisprudência por si mesma e para si mesma. Não seria preciso esperar trinta anos para que Josserand (1868-1941) afirmasse desejar privilegiar o estudo da jurisprudência em relação ao dos textos, pois pretendia fazer ciência, e não literatura. Esse novo culto também deveria sobrepujar entre publicistas fascinados pela obra jurisprudencial do Conselho de Estado, que, segundo acreditavam, estava construindo diante de seus olhos o direito administrativo moderno, o que é provado, por exemplo, pela obra de Hauriou, que dedicou mais de 300 notas a seus acórdãos entre 1892 e 1929.

Essa fascinação pela jurisprudência, porém, não redundaria em anarquia. Em conformidade com o projeto de Saleilles, os autores não se limitaram apenas à apresentação ordenada dos acórdãos, mas os vincularam a princípios mais amplos, utilizando-os para criar construtos jurídicos, em outras palavras, teorias gerais. Ali, a doutrina dominante encontrava um programa, que pretendia fazer respeitar. Assim, um autor do século XIX, demonstrando que não se ativera apenas ao estudo dos textos, mas fora um jurista de princípios, estaria salvo; foi o que ocorreu tardiamente com Demolombe (1804-88), que durante muito tempo fora visto como o príncipe da exegese. O jurista da época que se afastasse dessa linha estaria irremediavelmente condenado. Foi o que ocorreu, mais especialmente, com Demogue (1872-1938), quando publicou suas *Notions fondamentales de droit privé* [Noções fundamentais do direito privado] em 1911. Valendo-se dos ensinamentos de Gény, cuja obra admirava, ele tentara observar a realidade social em sua complexidade, seu caráter móvel e até em suas contradições, mas sem nunca a reduzir a princípios, para não traí-la. Seu mestre não lhe perdoou esse desvio e acusou violentamente o livro de desarticular a vida social, ao invés de lhe dar armações firmes, o que, em sua opinião, deveria ser o papel da doutrina.

O desejo de libertar o pensamento jurídico do jugo dos textos deveria, portanto, redundar no fortalecimento do dogmatismo da maioria dos juristas franceses, não sem certo paradoxo, que é revelado, por exemplo, no prefácio de Lambert, escrito em 1924, para uma obra destinada ao ensino do direito por meio da jurisprudência. Nela, o autor louvava o método dos casos, preconizado nos Estados Unidos por Langdell (1826-1906), ex-decano da escola de direito da Universidade Harvard, entre 1870 e 1895, que atribuía aos juristas a tarefa de extrair um pequeno número de princípios do estudo dos principais acórdãos. Esse elogio, porém, aparecia num momento em que os defensores do realismo jurídico americano fustigavam o cientificismo da concepção langdelliana do direito, incitando os contemporâneos a saírem das bibliotecas para estudar o direito existente na prática dos fatos, o que acabaria, alguns anos depois, por abrir as portas das faculdades de direito a economistas, sociólogos ou mesmo antropólogos. Esse realismo, outrora preconizado por Gény – segundo o qual nada poderia mais ser feito sem a contribuição de outras disciplinas –, produzia resultado inverso nas faculdades francesas. Langdell podia ser louvado, pois estava oferecendo aos juristas franceses um método que lhes permitira levar em conta a jurisprudência, pretensa tradução da realidade, sem serem obrigados a renegar o que estavam fazendo havia muito tempo, e já no século XIX: extrair princípios do magma das fontes, alegando racionalizá-lo.

Logo, seria um tanto exagerado dizer que a crise ocorrida em torno de 1900 só teve como efeito aumentar o número dessas fontes, somando o estudo da jurisprudência – pretensa expressão da vida do direito, portanto de sua realidade – às fontes legais que haviam constituído o principal objeto de estudo dos autores do século anterior. Os juristas franceses, mesmo podendo ter realizado a mesma revolução intelectual realizada por seus homólogos americanos – que, aliás, haviam sido em parte inspirados por Gény e Saleilles (sendo estes, por sua vez, inspirados por juristas alemães) –, na verdade haviam passado apenas por um momento de inquietação; a partir dos anos 1930, a técnica e a abstração voltaram a sobrepujar, e o positivismo jurisprudencial substituiu em grande parte o positivismo legalista. Talvez só tenha restado aquela invenção do "social", que deveria marcar tanto os juristas do primeiro terço do século XX, entre os quais figuram em primeiro plano Hauriou e Duguit (1859-1928), que souberam propor novas teorias do Estado tirando proveito da sociologia de Durkheim (1858-1917), mas também Demogue, que impregnou o direito das obrigações com a doutrina solidarista.

➤ DEMOGUE R., Les Notions fondamentales *du droit privé*, Rousseau, 1911; *Espèces choisies empruntées à la jurisprudence*, prefácios H. Capitant e E. Lambert, Dalloz, 1924. – DUGUIT L., *L'État, le droit objectif et la loi positive*, Fontemoing, 1901. – ESMEIN A., "La jurisprudence et la doctrine", *Revue trimestrielle de droit civil*, 1902, pp. 5-19. – GÉNY F., *Méthode d'interprétation et sources en droit privé positif*, Marescq-Aîné, 1899 (2ª ed. revista e completada, 2 t., 1919). – HAURIOU M., *Précis de droit administratif*, Sirey, 1ª ed., 1982. – LAMBERT E., "Une réforme nécessaire des études de droit civil", *Revue internationale de l'enseignement*, t. 40, 1900, pp. 216-43. – PLANIOL M., *Traité élémentaire de droit civil*, LGDJ, 1ª ed., 1899-1901. – SALEILLES R., "Les méthodes d'enseignement du droit et l'éducation intellectuelle de la jeunesse", *Revue internationale de l'enseignement*, t. 44, 1902, pp. 313-29, e "Rapports de la sociologie avec le droit", *Revue internationale de sociologie*, 1904, pp. 229-34.

Ver também: BELLEAU M.-C., "Les juristes inquiets: classicisme juridique et critique du droit au début du XX siècle en France", *Les Cahiers de droit*, vol. 40, 1999, pp. 507-44. – BORGETTO M. & LAFORE R., *La République sociale*, PUF, 2000. – BURDEAUS F., *Histoire du droit administratif*, PUF, 1995. – DONZELOT J., *L'Invention du social*, Fayard, 1984. – HALPÉRIN J.-L., *Histoire du droit privé français depuis 1804*, PUF, 2ª ed., 2001. – Col: "Les transformations du droit dans les principaux pays depuis cinquante ans (1869-1919)", *Livre du cinquantenaire de la Société de législation comparée*, 2 t., LGDJ, 1922-23.

Christophe JAMIN

→ Doutrina; Ensino do direito; Exegese; Fontes do direito (Problemática geral); Socialização jurídica.

SEGUROS

Foi o seguro que possibilitou à sociedade ocidental ser a sociedade dos riscos, mais exatamente a sociedade que aceita correr riscos para progredir e fazer descobertas. Como esquecer que o desenvolvimento do seguro está ligado ao das cidades marítimas da Espanha e da Itália, a Cristóvão Colombo e a Fernão de Magalhães? O que é seguro? Na falta de definição no direito francês, pode-se recorrer à do direito civil quebequense: "Contrato de seguro é aquele por meio do qual o segurador, mediante um prêmio ou uma quota, se obriga a pagar um benefício ao segurado ou a um terceiro, caso se efetive o risco coberto pelo seguro" (art. 2.389, C. Civ. quebequense).

Técnicas e classificações

O seguro baseia-se principalmente na chamada técnica de mutualidade dos riscos. Suponhamos um grupo de 100 pessoas. Todos os indivíduos correm um risco (exemplo: incêndio da casa). Se ninguém fizer nada, em caso de ocorrência do incêndio, todo o peso do desastre será suportado por aquele que for atingido pelo destino. Em contrapartida, pode-se convencionar que, em caso de sinistro, toda a comunidade dos 100 participará da indenização. Se os danos atingirem um montante de 100 mil, cada um contribuirá com mil. É a mutualidade. Ela exige, portanto, em primeiro lugar, que o risco individual seja aleatório. Isso explica que o "ato intencional" não pode, de maneira alguma, ser segurado (exemplo: o suicídio intencional no seguro de vida); o mesmo ocorre com o risco "impossível" (por exemplo, um homem que fizesse um seguro para o risco de virar mulher por simples efeito da natureza) ou com o risco já "ocorrido" (o que levanta o problema jurídico do "risco putativo": o risco já ocorreu quando da conclusão do contrato, mas todas as partes o ignoram e acreditam – "putativo" – que pode ainda ocorrer). Em segundo lugar, a contrapartida dessa aleatoriedade é a racionalização desse mesmo risco, que deve ser estatisticamente controlado. Uma mutualidade só pode assumir riscos "razoáveis", sem o que a operação não despertaria interesse algum (imaginemos, em nosso exemplo anterior, que a casa de todos os cem pegue fogo; com isso, não haverá nenhuma consequência em termos de solidariedade). É o que explica a inexistência de seguro para certos riscos de consequências colossais, como o de guerra. Nesse caso, o legislador intervém para fazer o ônus das indenizações passar da mutualidade deste ou daquele seguro para os ombros da nação inteira, única mutualidade que pode fazer frente a semelhantes desastres (exemplo: a Lei de 4 de março de 2002 a propósito da indenização da invalidez).

Toda a técnica do seguro baseia-se no controle racional do acaso, graças às descobertas das leis das probabilidades, feitas por Blaise Pascal e Pierre de Fermat. A "probabilidade matemática" consiste em calcular, de maneira puramente teórica, o número de vezes em que um acontecimento ocorrerá, considerando-se as possibilidades. Em relação a essa apreciação, perfeitamente abstrata, existe a constatação da "frequência" da ocorrência, ou seja, trata-se de verificar quantas vezes, concretamente, esse acontecimento se repete na vida real. Percebe-se então que os dois números nunca coincidem perfeitamente. Sempre ocorre um "desvio" entre a "probabilidade matemática" e a "frequência", sendo esta geralmente menor que a primeira. Essa segunda constatação permitiu que o matemático suíço Jacques Bernouilli enunciasse a famosa "lei dos grandes números". Para levar a cabo esse trabalho, o segurador deve ter muito rigor. A classificação é feita segundo a natureza (incêndio, roubo etc.), o objeto (coisas ou pessoas semelhantes) e o valor. Quando se tratar de riscos novos ou de riscos de ocorrência excepcional, só pode ser utilizada "probabilidade matemática", que então é "indefinida".

Riscos excepcionais tanto quanto à ocorrência quanto à extensão. Em 1912, as seguradoras haviam estimado que o risco de naufrágio do *Titanic* por colisão com um *iceberg* era de um em 1 milhão... Para proceder a essa avaliação, a seguradora precisa conhecer a verdade sobre o risco cuja garantia lhe pedem. Entende-se que uma das formalidades essenciais da conclusão de um contrato de seguro é a resposta ao questionário de "declaração dos riscos". A seguradora não só classifica os diversos riscos que garante, como também precisa ter uma "política" (é o termo empregado) de prudência, tendente a "repartir" os riscos. Uma seguradora prudente só praticará este ou aquele risco. Os riscos devem ser dispersos ou disseminados.

Mas é por meio do resseguro que a seguradora conseguirá a melhor compensação dos riscos assumidos. O resseguro nada mais é que o seguro da seguradora. Tanto para riscos muito grandes, quanto para a massa dos riscos comuns, que possa atingir níveis proporcionalmente grandes, a seguradora pode solicitar a uma resseguradora que assuma uma parte desses riscos. Concretamente, o pagamento da indenização total pela principal seguradora constitui a "subscrição integral". Se essa seguradora for ressegurada em dois terços daquilo que deve pagar, o terço restante a seu cargo definitivo constitui a "retenção". O "tratado" (em direito dos seguros, esse termo significa "contrato") de resseguro entre uma seguradora e uma ou várias resseguradoras pode contemplar duas soluções: uma é o resseguro proporcional, em virtude do qual a seguradora principal cede uma porcentagem dos riscos que subscreveu à resseguradora, que, por sua vez, se compromete a reembolsar a mesma porcentagem dos sinistros declarados; a outra é o resseguro não proporcional, caso em que a resseguradora se obriga a assumir a parte de cada sinistro que ultrapasse um limiar determinado (é o excedente) e até mesmo a totalidade dos sinistros além de uma soma global. O principal interesse da resseguradora é permitir que a seguradora divida o risco sem dividir sua clientela. Essa técnica a autoriza, assim, a desenvolver ao máximo as possibilidades de subscrição ao mesmo tempo que se protege contra a ocorrência de sinistros excessivos. Esse cálculo por antecipação é fundamental para a seguradora obrigada a praticar "a inversão do ciclo de produção". Quando um cliente se apresenta numa seguradora para pedir cobertura de um risco, está com o olhar voltado para o futuro. Pede à seguradora que lhe ofereça um seguro para os meses e os anos futuros, durante os quais poderá ocorrer o sinistro em questão. A seguradora, por sua vez, é obrigada a dizer ao cliente, nesse mesmo instante, qual é o custo da garantia. Isso significa que, no início do ano 2000, a seguradora precisará prever o custo de todos os sinistros que ocorrerão durante esse mesmo ano 2000 e calcular, por conseguinte, o montante dos prêmios que lhe possibilitarão as provisões necessárias. Isso é a "inversão do ciclo de produção". Esse princípio impõe aos seguros regras de gestão específicas e rigorosas. A primeira é chamada "exercício", que pode ser assim resumida: todos os sinistros que ocorram durante determinado ano devem submeter-se imperativamente apenas aos prêmios relativos àquele exercício. Dizer que os sinistros que ocorrem durante determinado ano de referência devem submeter-se aos prêmios referentes àquele ano não quer dizer prêmios "percebidos" durante esse mesmo ano. É preciso contar com atrasos de pagamento.

Os seguros são classificados de diversos modos. A primeira divisão, no mínimo sumária, é a que separa os seguros marítimos dos seguros terrestres. Os primeiros garantem os riscos do mar. Têm um caráter muito marcante e não são da alçada do direito dos seguros, mas do direito marítimo. Os seguros terrestres, que têm um nome genérico tão vago quanto amplo, cobrem todos os seguros que não sejam marítimos. Por que esse paradoxo de os aviões serem cobertos pelos seguros terrestres? No âmbito dos seguros terrestres acobertam-se grandes massas: seguros contra danos e seguros de pessoa. Os seguros contra danos subdividem-se em seguros de coisas (para a indenização de perdas materiais) e seguros de responsabilidade. Os seguros de pessoa têm duas categorias: os seguros de vida e os seguros contra acidentes, aos quais é preciso acrescentar os seguros-saúde (que frequentemente combinam as duas coisas). Outro modo de classificação diz respeito à gestão do seguro, que pode ser feita em repartição ou em capitalização. A "repartição" é a modalidade comum dos seguros submetidos à simples lei de mutualização: os riscos são "repartidos" entre os segurados, que assumem o seu peso por meio de seus prêmios reunidos. A "capitalização" encontra-se exclusivamente no seguro de vida. Os prêmios não são reunidos. Os prêmios de cada segurado são lançados numa conta que produz juros. São esses juros que, no momento devido, são pagos em forma de capital. Mas o princípio determinante se situa entre os seguros que atendem ao princípio indenizatório e os que obedecem ao princípio da prefixação. O primeiro está consagrado no artigo L. 121-1 do Código de Seguros francês, parágrafo 1º: "O seguro relativo aos bens é um contrato de indenização; a indenização devida pela seguradora não pode ultrapassar o montante do valor da coisa segurada no momento do sinistro." O segundo, no artigo L. 131-1, parágrafo 1º: "Em matéria de seguro de vida e de seguro de pessoas, os valores segurados são fixados pelo contrato." Que significam esses dois princípios e quais são seus fundamentos? O princípio indenizatório está presente em todos os seguros nos quais haja risco de dano ao patrimônio, enquanto o princípio de prefixação se impõe em todo seguro ligado a um risco que afete a pessoa. Encontra-se, portanto, aí a separação fundamental entre pessoa e coisa, bem como entre o ser e o ter. Toda coisa é estimável porque é matéria. Toda pessoa é inestimável (no primeiro sentido da palavra) porque está fora da matéria.

O contrato e a apólice

Como se conclui um contrato de seguro? O candidato ao seguro (devidamente informado daquilo que lhe é proposto pela seguradora, por meio de diversos documentos obrigatórios por lei) deverá revelar à seguradora todos os riscos a que se exporá na vigência de sua cobertura. É a declaração dos riscos que, desde a lei de 1989, é feita por meio da resposta a um questionário mais ou menos detalhado, segundo o caso. Toda dissimulação, falsa declaração ou omissão dolosa acarretará a nulidade do contrato, visto que a seguradora não terá condições de apreciar exatamente os riscos, portanto de reparti-los (cf. supra). Em matéria de seguro de pessoa, a seguradora tem o direito de exigir certos exames médicos. Pode pedir ao médico do segurado que dê determinadas informações. Estas deverão, então, obrigatoriamente passar pelo *médico consultor* da companhia, que levará ao conhecimento da seguradora suas próprias conclusões, respeitando o sigilo médico (a seguradora não deve conhecer o dossiê pessoal do candidato). Se, durante a vigência do contrato, os riscos se agravarem ou se surgirem novos riscos, o segurado será obrigado a informar a seguradora, que tem o direito de recusar-se a garanti-los. Se isso não for feito, decorrerá a nulidade do contrato. No entanto se o segurado tiver boa-fé (o que ocorre com a imensa maioria dos casos) e se esquecer de comunicar, a seguradora deverá prestar garantia, depois de deduzir os prêmios faltantes. É o que se chama regra proporcional do prêmio. Quando os riscos são claramente determinados pela seguradora, esta poderá estabelecer o prêmio que o segurado deverá pagar. Antes da conclusão definitiva do contrato (durante período de exame do cadastro de candidato, depois das respostas aos questionários), a seguradora pode conceder ao segurado uma garantia provisória (em princípio de trinta dias), entregando-lhe uma "nota de cobertura". Depois da aprovação do cadastro, a seguradora poderá redigir a "apólice". Esse é o termo utilizado para designar o contrato (mas no sentido de texto comprobatório) de seguro. Na França, o texto da apólice é estritamente regulamentado pelo Código de Seguros. O contrato é redigido em francês, de maneira bem visível. Certas cláusulas, além disso, devem ser impressas em letras "muito" visíveis (ou seja, "em negrito"). Essas são as cláusulas de nulidade, vencimento e exclusão. Estas últimas, na prática, são capitais, pois constam em todos os contratos, tanto nas *condições gerais* quanto nas *condições particulares*. A jurisprudência contempla com muita desconfiança essas cláusulas suspeitas de anular a garantia. Exige que elas sejam redigidas de maneira "formal e limitada". Além dessas exclusões convencionais, existem exclusões legais. A mais importante é da "falta intencional". A jurisprudência define-a estritamente. Há falta intencional unicamente quando o segurado procurou o dano propriamente dito e não provocou apenas voluntariamente as circunstâncias dele. Também estão excluídos de pleno direito todos os riscos decorrentes de guerra (externa ou interna) e de motins. Mas a jurisprudência concebe de maneira ampla o "ato de guerra". Não é apenas o ato de guerra propriamente dito (por exemplo, bombardeio), mas todo e qualquer fato que seja produzido ou agravado por uma guerra (por exemplo, um incêndio que os bombeiros sejam incapazes de extinguir em razão de combates). Por fim, em matéria de seguro de pessoa, suicidar-se voluntariamente durante o ano seguinte à assinatura do contrato (dois anos em caso de seguro de grupo) é motivo para dispensa da garantia devida. A partir da Lei de 3 de dezembro de 2002, já não se distingue na França entre "suicídio consciente" e "suicídio sem consciência".

Em caso de sinistro, o segurado deverá avisar rapidamente sua seguradora. O prazo é geralmente de cinco dias. Na falta dessa providência, ele incorre na perda de seus direitos. Depois do exame do cadastro, a seguradora pagará a indenização. Pode ocorrer que a indenização não seja paga ao próprio segurado, mas ao terceiro que tenha sido sua vítima (por exemplo, seguro de automóvel). Essa é até mesmo uma obrigação legal de todos os seguros obrigatórios de responsabilidade, visto que a vítima dispõe de uma "ação direta" para obter indenização "diretamente" da seguradora daquele que lhe causou o prejuízo. O contrato também pode prever que a seguradora indenizará "*in natura*" (por exemplo, pagamento do mecânico ou pagamento da reconstrução de uma casa incendiada). Em contrapartida dessa indenização, a seguradora passa a ser sub-rogada nos direitos de seu segurado e poderá requerer a condenação do autor do dano ao pagamento, em seu proveito, dos danos e dos juros devidos, com fundamento no direito comum. É o direito à sub-rogação da seguradora.

Na hipótese de um contencioso entre o segurado e a seguradora, o Código de Seguro francês prevê que toda ação "derivada do contrato de seguro" prescreve em dois anos. Apesar do prazo curto, essa prescrição (que não se baseia na simples presunção de pagamento) é de ordem pública. Se ela vier a ser interrompida, a regra da inversão das prescrições (a prescrição longa do direito comum, que é de trinta anos assume o lugar da prescrição curta) não é aplicável na matéria. O rigor desse prazo explica o fato de a jurisprudência tentar encontrar vários abrandamentos.

Por fim, é de notar que, em caso de processo entre o segurado e um terceiro, seja este autor ou vítima do dano, a seguradora disporá (se o contrato o permitir) do direito de "escolher" a instância. Ao fazer isso, deverá renunciar a todas as exceções que possa ter invocado para recusar a garantia a seu segurado (exemplo, a nulidade do contrato por falsa declaração, mas desde que seja advertida da realidade).

➤ BEIGNIER B., *Droit du contrat d'assurance*, Paris, PUF, 1999. – BIGOT J. (org.), *Traité du droit des assurances*, t. I., II e III, LGDJ, 1996, 1998, 2002. – LAMBERT-FAIVRE S., "Droit des assurances", *Précis Dalloz*, 10ª ed., 1998. – *Lamy Assurances*, 2003.

Bernard BEIGNIER

→ Assistência social; Boa-fé; Contrato; Saúde.

SEITA

"Seita é um grupo que pratica atividades cujo objetivo ou efeito é criar, manter ou explorar a sujeição psicológica ou física das pessoas, exercendo pressões fortes ou reiteradas ou técnicas próprias a alterar seu julgamento para conduzi-las a um ato ou uma abstenção que lhes são muito prejudiciais" (lei de 12 de junho de 2001).

A seita é uma associação desvirtuada de pessoas que perderam a autonomia da vontade: destituídas da faculdade de discernimento – algo de que elas nem sempre se apercebem –, vivem encerradas moralmente e às vezes fisicamente no universo fechado da seita, separadas de seu meio de origem, de seu ambiente natural e da sociedade como um todo, mesmo quando autorizadas pela organização a exercer a atividade para a qual foram designadas.

Colocados sob a dependência absoluta de um "mandachuva", os membros da seita se sujeitam, rigorosa e cegamente, aos preceitos expostos pela organização e às diretrizes que lhes são pessoalmente prescritas, atinentes até aos mínimos detalhes da vida mais íntima. Essa perda de identidade substancial como pessoa humana é o atentado mais grave que se possa imaginar à dignidade pessoal. Ela é obtida por um processo de *sedução*, *desestabilização*, *condicionamento*, *reprogramação* e *sujeição*, do qual o adepto não tem consciência e nada sabe no momento do recrutamento e do engajamento. Na França, foi dada uma definição administrativa oficial de seita pela *missão interministerial de luta contra as seitas*: "Associação de estrutura totalitária que declara ou não motivos religiosos", cujas ações "atentam contra os direitos humanos e o equilíbrio social".

Ideia de seita e emprego do termo

O termo aparece na história da Igreja quando se faz menção aos essênios, que "se situavam fora da comunidade cultural judaica", "rejeitavam o Templo e os sacrifícios" e, renunciando ao casamento e à posse de qualquer bem material, levavam "vida ascética rigorosa, em colônias afastadas, na margem ocidental do mar Morto" (C. Bihlmeyer e H. Tüchle, *Histoire de l'Église*, t. I, 2ª ed. de D. Van Damme, Ed. Pescator, Mulhouse, 1969, § 6, p. 39; M. Simon, *Les Sectes juives au temps de Jésus*, PUF, "Mythes et Religions", 1960, 138 pp.). Durante os séculos que se seguiram à época das lutas entre tendências judaico-cristãs e em todas as discussões que acompanharam a elaboração da doutrina cristã da salvação da alma e as explicações teológicas da unidade de Deus (relações entre as três pessoas, dupla natureza de Cristo), inúmeras correntes se declararam contrárias ou indiferentes ao dogma. As instituições eclesiásticas as chamaram de heréticas; admite-se que as primeiras seitas eram resultantes de heresias. A partir do século XVI instaurou-se o poderoso movimento da Reforma do qual nasceram Igrejas e confissões novas que assumiram o nome de "protestantes". Numerosas escolas, numerosos inovadores optaram então por interpretar determinados pontos das Escrituras. Uma abordagem jurídica objetiva ou simplesmente realista se recusará a aplicar-lhes *a priori* o termo "seita", tal como vemos, em nossos dias, nos textos administrativos e nas sentenças dos tribunais que mencionam grupos sectários ou "desvio sectário".

No século XX, depois da Segunda Guerra Mundial, há intenso estabelecimento de comunicações e intercâmbios entre os continentes (o hinduísmo entra na moda). A partir de 1968 surgem grupos de todas as espécies, cada vez mais originais, que gravitam em torno da sociedade global, ora afirmando-se e distinguindo-se, ora dissimulando-se. O interesse pelas contribuições e civilizações estrangeiras ou desconhecidas é rapidamente extrapolado por uma série de acontecimentos (suicídios ou assassinatos coletivos do *Templo do povo* em 1978 ou do *Templo solar* em 1996) que sensibilizaram muito a opinião pública e levaram os poderes públicos e os estudos jurídicos a revisar a problemática sobre as seitas. Ocorrera uma imersão em outro universo, diferente do estilo colorido de exotismo e orientalismo – gestualidade, encantamentos, ritos, trajes que inicialmente haviam intrigado e divertido os autóctones. Enquanto os surtos de suicídios e as ações coletivas violentas deixam rastros na mídia, os arquivos dos cartórios cíveis e a documentação dos advogados de ex-adeptos ou de suas famílias enchem-se de queixas de sequestro, rapto ou cativeiro de crianças, extorsões, estelionato praticado por quadrilhas, abuso de confiança, sevícias, maus-tratos, exercício ilegal da medicina, chantagem, ameaças, perseguições de todas as espécies. Repertórios de jurisprudência e guias de acesso ao direito são divulgados para uso dos ex-adeptos vítimas das seitas ou de suas famílias (Fr. Pignier, *La Loi vous protège: servez-vous de la loi*, 2ª ed., Paris, CCMM, 1998, 143 pp.; *Bullles*, bulletin d'information de l'Union nationale des Associations de défense des familles).

A noção de seita dá ensejo a acalorado debate que opõe duas concepções entre juristas e sociólogos. Alguns continuam afirmando que aquilo que a linguagem corrente – "simples senso comum", "discurso medianamente informado" – designa com a palavra "Seita" representaria um tipo de grupo pertinente, prioritariamente, à ciência das religiões. Outros observam que o fenômeno consistente na proliferação e no impacto dos grupos que os textos chamam de seita acarreta *situações* que não poderiam ser durante muito tempo ignoradas pelos poderes públicos. Essas situações não escapam ao direito positivo nem à ciência do direito. Por isso, foi preciso criar um dispositivo normativo em diferentes sistemas de direito, especialmente pela República francesa e por outros Estados na luta contra os atentados a pessoas e bens cometidos nas atividades dos movimentos de caráter sectário.

Seitas frustradas pelo direito

As disposições legislativas e regulamentares ditadas nos códigos nacionais e as estipulações das convenções internacionais sobre a escravidão, a tortura e a criação de um estado de dependência devem possibilitar punir tais ações, abusos de confiança e de autoridade dos agentes proselitistas e dos responsáveis pelas seitas. Remetemos ao relatório feito à Assembleia Parlamentar do Conselho da Europa por Adrian Nastase em 13 de abril de 1999 *sobre as atividades ilegais das seitas*, no qual se recomenda aos Estados que façam com precaução as adaptações legislativas e administrativas exigidas: 1 / pela diversificação e pela "especialização" dos diferentes tipos modernos de seita; 2 / pelo considerável desenvolvimento do trânsito de dinheiro por meio das redes transnacionais das maiores organizações mundiais de caráter sectário; 3 / pela extrema sofisticação com que as seitas criaram os programas de abordagem, sedução e pseudoterapia que elas aplicam às pessoas que caem no campo de sua propaganda. As queixas recebidas pelas instituições judiciárias e pelas autoridades públicas provêm de ex-adeptos, de suas famílias e de associações de defesa e apoio às vítimas. Várias centenas de casos foram objeto de processos de grande repercussão; as decisões pronunciadas pelas jurisdições, especialmente as condenações dos tribunais repressivos, revelam a amplitude e a diversidade dos atentados à dignidade, à integridade das pessoas e aos bens, bem como a perturbação causada na ordem pública.

Abordagem fenomenológica e dispositivo jurídico

O dispositivo existente na França para lutar contra os desvios sectários foi implantado de modo empírico:

1. Em 1982, com base em decisão do Primeiro-Ministro, foi designado um parlamentar para a missão de fazer uma primeira abordagem do fenômeno e estabelecer uma relação dos grupos que pudessem ser qualificados de seitas ou seitas nocivas. O relatório de Alain Vivien, *Les Sectes en France – Expressions de la liberté morale ou facteurs de manipulations* [Seitas na França – Expressões de liberdade moral ou fatores de manipulação] (140 pp.) foi publicado em 1985.

2. A Assembleia Nacional criou em 1995 uma Comissão Parlamentar de Inquérito para reexaminar o fenômeno das seitas e, eventual-

mente, propor algumas adaptações a disposições legislativas e regulamentares em vigor; o resultado foi o primeiro relatório parlamentar, *Les Sectes en France* [Seitas na França] (126 pp.), que relacionava 175 grupos avaliados segundo a periculosidade, as condenações infligidas, os objetivos, a época da fundação, as categorias sociais visadas, o estilo de comportamento. O relatório, mal recebido pelos novos movimentos religiosos ou pseudorreligiosos, deu ensejo a que se trouxesse de novo à baila o espectro da "caça às bruxas", com a intenção de culpabilizar os poderes públicos e paralisar as reações da opinião pública. Tal comoção foi provocada sobretudo pela descrição feita no relatório parlamentar – pela primeira vez num documento oficial – dos procedimentos de manipulação mental utilizados pelas seitas. A influência dos grupos e sua habilidade para trocar de nome e máscara levavam os poderes públicos a criar um organismo interministerial procedente da administração, com missão específica e diretamente vinculado ao Primeiro-Ministro. Conforme preconizado pelo Parlamento, as estruturas administrativas foram dotadas em 1996 de um *observatório* que, por decreto de 7 de outubro de 1998, foi transformado em *missão interministerial de luta contra as seitas*; decreto de 28 de novembro de 2002: *missão interministerial de vigilância e luta contra os desvios sectários*.

3. Uma lei votada por unanimidade pelo Parlamento reforçou o controle da obrigatoriedade escolar no caso de crianças cuja educação os pais pretendessem assumir ou confiar a qualquer entidade afora os estabelecimentos públicos ou privados regularmente habilitados.

4. Em 1999, a Assembleia Nacional, seguindo o mesmo procedimento de 1995, instituiu uma segunda comissão de inquérito sobre a situação financeira, patrimonial e fiscal das seitas, bem como sobre suas atividades econômicas e suas relações com os meios econômicos e financeiros (relator Jean-Pierre Brard). O relatório *Les Sectes et l'argent* [As seitas e o dinheiro] (347 pp.) apoia a ação dos serviços competentes da Justiça e das Finanças em confronto com a ampliação das redes de influência das seitas na Europa e no mundo – às vezes sob a aparência de atividades de organizações não governamentais.

5. Uma das preocupações dos parlamentos e dos governos na Europa ainda consiste no estudo dos meios jurídicos que, respeitando os direitos fundamentais constitucionalmente garantidos, possibilitem lutar contra a sujeição de pessoas por meio de manobras programadas cujas modalidades os simples adeptos ignoram no momento da adesão.

"...É necessário proteger pela lei as pessoas, as famílias, a sociedade e as próprias religiões. Um número excessivo de seitas viola impunemente as liberdades fundamentais e a dignidade humana. A Igreja católica não tem por que temer uma lei que não pretende, em caso algum, prejudicar as religiões e os credos. O direito canônico da Igreja católica atribui importância capital ao respeito às liberdades tanto nas ordens religiosas quanto na vida comum das comunidades cristãs. Direitos Humanos e vida cristã vivenciada na verdade são inseparáveis" (Declaração do Monsenhor Marcel Herriot, bispo de Soissons, 26 de junho de 2000).

Direitos fundamentais e liberdade religiosa

As seitas frequentemente invocam crenças religiosas respeitáveis *a priori*; expõem convicções filosóficas que devem possibilitar-lhes prevalecer-se depois da proteção jurídica que elas têm o direito de esperar dos princípios de respeito à liberdade de religião e culto, de respeito à liberdade de consciência e pensamento, de respeito à liberdade de expressão e associação. Tentam ampliar o anteparo dessa proteção jurídica até atingir a imunidade total que esperam encontrar na primeira emenda da Constituição dos Estados Unidos, por elas erigida a norma suprema: "O Congresso não poderá criar nenhuma lei referente ao estabelecimento de uma religião ou que proíba seu livre exercício."

Na França, as seitas escolhem livremente seu estatuto jurídico quando da fundação: associação declarada ou não; associação cultual ou até, abusivamente, congregação. No entanto, é possível descobrir com outras formas todos os tipos desvirtuados de agrupamentos ou associações que apresentam indícios coerentes da existência de seita: associações sindicais, movimentos cooperativos, círculos de estudos, sociedades comerciais. Também é possível encontrar grupos informais sectários ou desmembramentos de seita, no interior ou à margem de conjuntos mais vastos e aparentemente desprovidos de qualquer vínculo com a seita, como partidos políticos, administrações, empresas e até Igrejas ou exército.

Uma vez que os grupos sectários têm em comum a afirmação de um credo e de convicções que os levam a escolher ou inventar tais ritos para seu culto e, correlativamente, a adotar tais práticas de vida, uma parte da doutrina durante muito tempo foi fixada com base no princípio de que qualquer movimento que invocasse crenças deveria gozar do inteiro exercício das liberdades de opinião, culto e religião. Nenhuma das normas de referência do direito nacional ou internacional justifica, apenas pela invocação dessas liberdades, nenhum atentado à liberdade individual de homens e mulheres que tenham entrado ou nascido numa seita, no sentido de serem estes submetidos a servidão moral e privados de autonomia da vontade.

A ordem pública é a ordem que foi desejada pelas constituições e pelas leis; a constituição e a lei não desejaram que pessoas excluídas da proteção jurídica ficassem à mercê das manipulações de organizações totalitárias não transparentes. Caso os governos dos Estados modernos procurem uma solução para cercear o fenômeno da proliferação e do impacto das seitas, essa solução consiste na instauração de uma autoridade independente de regulação, no setor particularmente sensível das crenças e das opiniões, habilitada a qualificar a associação ou grupo como seita nociva ou perigosa, constituir o Ministério Público, alertar os poderes públicos e a opinião pública, pôr o Parlamento e o governo a par, ordenar as medidas individuais de salvaguarda com base em queixa das vítimas, de ex-adeptos, das famílias ou das associações reconhecidas, sendo dos tribunais judiciários a competência do contencioso das medidas decididas pela autoridade de regulação.

› GOYARD C., "Les sectes et leurs adeptes au regard de la Constitution française", *L'Année canonique*, t. XXX, 1987, pp. 257-96. – PIGNIER F., *Sectes: la loi vous protège, servez-vous de la loi contre les sectes*, prefácio de Alain Vivien, 1998; *Le procès de l'église de scientologie en première instance*, setembro-outubro de 1996, Albin, Michel, 1997. – TROUSLARD J., *Le délit de manipulation mentale*, ed. do autor, BP 95, 02.203, Soissons, 2001. – Col.: Assemblée nationale, *Les Sectes en France*. Relatório nº 2468 da Comissão de Inquérito, Alain Gest presidente, Jacques Guyard, relator, 1995; Assemblée nationale, *Les Sectes et l'argent*, Relatório nº 1687 da Comissão de Inquérito, Jacques Guyard presidente, Jean-Pierre Brard, relator, 1999. – *Bulles*, Bulletin de liaison pour l'étude des sectes publié par l'Union nationale des Associations de défense des familles et de l'individu. – Mission interministérielle contre les dérives sectaires, Relatório ao Primeiro-Ministro.

Claude GOYARD

→ Igrejas/Estado; Laicidade; Liberdade.

SEPARAÇÃO DAS AUTORIDADES

Enquanto o princípio de separação dos poderes é de ordem genérica, indissociável da concepção liberal da organização política, o princípio de separação das autoridades diz respeito, mais precisamente, ao modelo de relações entre a administração e a justiça que se cristalizou na França a partir da Revolução francesa. Posto pelo artigo 13 da Lei de 16-24 de agosto de 1790 e reiterado pelo Decreto de 16 de frutidor do ano III, considera-se que ele implica ao mesmo tempo a proibição de os tribunais judiciários se imiscuírem no funcionamento da administração ativa e a instituição de uma jurisdição especial para solucionar os litígios administrativos. Embora os textos revolucionários tivessem, na realidade, um alcance mais limitado, a interpretação extensiva que lhes foi dada possibilitou assentar a existência de uma justiça administrativa. Paradoxalmente, as novas garantias de que ela goza há pouco tempo, por iniciativa do Conselho Constitucional, favorecem um processo de reavaliação do princípio de separação.

Significado original: limitação do poder judiciário

Tal como formulado pela Lei de 16-24 de agosto, que fixa o âmbito da nova organização judiciária, o princípio de separação das autoridades administrativas e judiciárias nada mais é que o prolongamento lógico do princípio de separação dos poderes, cuja absoluta necessidade foi ressaltada pelo artigo 16 da Declaração de 1789. Os constituintes pretendiam reagir contra os excessos dos parlamentos do Antigo Regime, que não só participavam do exercício da função legislativa por meio do poder de registro das ordenanças, que os obrigava a fazer a "verificação" delas, como também tinham o direito de fazer regulamentos e baixar instruções aos agentes do rei; era indispensável fixar estritos limites ao Poder Judiciário, "subordinando-o" ao Poder Legislativo e "separando-o" do poder administrativo – isso foi feito pela Lei de 16-24 de agosto, que proibiu a intervenção dos tribunais no desenrolar dos processos legislativos e qualquer poder de interpretação das leis (arts. 10 a 12), vedando-lhes qualquer ingerência na esfera de competência da administração ativa (art. 13). Em compensação, a fórmula adotada não faz prejulgamentos sobre o destino do contencioso administrativo, que naquela data não havia sido regulamentado.

Sobre esse contencioso, o problema era saber se convinha impor o princípio de unidade de jurisdição, em conformidade com os desejos dos *cahiers de doléances*, ou criar tribunais especiais, no âmbito da organização judiciária. As hesitações dos constituintes sobre esse ponto levariam, afinal, a ficar com uma fórmula mista (Lei de 6, 7-11 de setembro de 1790), e o contencioso administrativo era dividido entre os tribunais judiciários (juízos distritais) e as administrações locais (diretórios distritais e departamentais); o rei ficava com o poder de estatuir sobre "as reclamações de incompetência contra corpos administrativos" (Lei de 7-14 de outubro de 1790). À primeira vista contrária ao princípio de separação dos poderes – mas, para os constituintes, esse princípio não implicava uma especialização rigorosa dos órgãos –, a atribuição de competências contenciosas a órgãos administrativos é explicada por razões práticas (rapidez e ausência de formalismo), mas também por razões de fundo, uma vez que as matérias que escapam aos tribunais são aquelas nas quais a administração dispõe de grande margem de apreciação. Não se entendia então que o princípio de separação poria o contencioso administrativo fora da esfera de competência judiciária: no entanto, o fato de os tribunais terem perdido o poder de pronunciar-se sobre a validade dos atos administrativos traduz o desejo de subtrair certas categorias de litígios ao conhecimento do juiz ordinário; e a linha de demarcação assim esboçada será progressivamente cristalizada pelo desenvolvimento de uma ordem jurisdicional interna à administração.

Interpretação extensiva: fundamento da justiça administrativa

O sistema do administrador-juiz, que foi regra durante toda a Revolução e redundou na confusão entre contencioso e ação será progressivamente substituído pela instituição de verdadeiras jurisdições administrativas. Essa construção passará por várias etapas: no ano VIII, criação de conselhos dotados de atribuições consultivas, tanto em nível nacional (Conselho de Estado) quanto em nível local (conselhos departamentais), com a competência de estatuírem sobre litígios administrativos; abandono do sistema de justiça régia em 1872 e outorga ao Conselho de Estado de um poder próprio de jurisdição; fim da teoria do administrador-juiz (acórdão *Cadot*, 1889), que acarretou a dissociação entre jurisdição e ação. A instituição de um Tribunal dos Conflitos foi a consequência inevitável da coexistência de duas ordens jurisdicionais entre as quais era preciso dividir as competências.

O princípio de separação das autoridades administrativas e judiciárias passará a partir daí por uma verdadeira transmutação: passou a servir para fundamentar a existência da ordem jurisdicional administrativa e garantir-lhe uma esfera própria de competência. O princípio seria expressão de uma "concepção francesa da separação dos poderes", já presente no Antigo Regime (edito de Saint-Germain, 1641), que teria prevalecido na Revolução. Essa apresentação começou a impor-se na doutrina a partir da Monarquia de Julho: ela possibilitava então fortalecer uma jurisdição administrativa cujos fundamentos eram controversos e cuja existência foi várias vezes ameaçada; oferecendo sólida proteção contra os assaltos dos defensores da unidade de jurisdição, a Lei de 16-24 de agosto tornou-se "um dos textos fundamentais de nosso direito público" (E. Laferrière), estabelecendo a "regra cardinal" subjacente ao sistema francês de jurisdição administrativa. A própria jurisprudência não demorará a referir-se a ela, para estabelecer seu título de competência. O princípio assim reinterpretado, porém, não prejulgava regras concretas de divisão de competência: como a interpretação maximalista, que consistia em subtrair a administração inteira ao controle dos tribunais judiciários, era contraditada pelos textos, procurou-se traçar os contornos de um contencioso administrativo "por natureza", com base inicialmente na ideia de "poder público", depois estendido com o critério de "serviço público"; em todos os casos, essas interpretações constituíam variantes de um mesmo princípio de separação, cuja validade já não era contestada.

Consolidação aparente: contribuição da jurisprudência constitucional

O Conselho Constitucional veio consolidar o estatuto da jurisdição administrativa em dois momentos sucessivos: depois de erigir a independência da jurisdição administrativa a "princípio fundamental reconhecido pelas leis da República" (22 de julho de 1980 e 12 de setembro de 1984), ele atribuiu a esta uma esfera própria de competência, a saber, a anulação ou a reformulação de decisões tomadas no exercício de prerrogativas de poder público (23 de janeiro de 1987 e 28 de julho de 1989); assim, a jurisdição administrativa passava a gozar de tripla garantia constitucional, referente à sua existência, à sua independência e à sua competência.

Essa constitucionalização, pelo menos parcial, do estatuto da jurisdição administrativa parece à primeira vista corroborar a concepção do princípio de separação que prevaleceu ao longo de toda a evolução histórica. Essa interpretação, porém, deve ser fortemente relativizada. O Conselho Constitucional, em sua decisão de 23 de janeiro de 1987, considerou que as disposições da Lei de 16-24 de agosto de 1790 e do Decreto de 16 de frutidor do ano III, "que estabeleceram genericamente o princípio de separação das autoridades administrativas e judiciárias", não têm "em si mesmos valor constitucional": portanto, ele se recusa a ver nesse princípio um simples corolário do princípio de separação dos poderes que, por sua vez, tem realmente força constitucional. Logo, o que é constitucionalizado não é o próprio princípio, que permanece em nível legislativo, mas a atribuição à jurisdição administrativa de certo tipo de contencioso (anulação ou reformulação dos atos de poder público): embora essa delimitação venha acompanhada de exceções (as matérias reservadas por natureza à autoridade judiciária), e o legislador seja autorizado a unificar, em caso de contenciosos divididos, as regras de competência no âmbito da ordem jurisdicional "principalmente interessada", com a preocupação de uma "boa administração da justiça", garante-se uma reserva de competência ao juiz administrativo. Por fim, embora o Conselho Constitucional faça realmente referência à "concepção francesa de separação dos poderes" para apoiar essa reserva de competência, convém não dar importância excessiva àquilo que não passa de incidente "supérfluo" (G. Vedel). Os próprios termos dessa constitucionalização do estatuto da justiça administrativa abriram paradoxalmente caminho para a redefinição do princípio de separação.

Redefinição progressiva: reavaliação do dualismo jurisdicional

No próprio campo do poder público, a jurisdição administrativa nunca dispôs de competência plena e integral: sempre existiram numerosas derrogações, e os tribunais judiciários herdaram contenciosos que normalmente deveriam escapar-lhes, em virtude do princípio de separação. As decisões do Conselho Constitucional acima citadas deram um novo impulso a esse movimento, dando-lhe uma caução inesperada: não só o domínio próprio de competência atribuído às jurisdições administrativas era delimitado e circunscrito, como também o legislador era autorizado a derrogá-lo; a garantia dada à jurisdição administrativa, portanto, era ilusória e não impedia, e até mesmo incentivava, a transferência de certos contenciosos para os tribunais judiciários. Uma mudança nesse sentido ocorreu efetivamente nos últimos anos, quer pela passagem de certos serviços públicos para a órbita do direito privado (P e T), quer por meio da unificação de certos contenciosos (concorrência).

Mais sutilmente, a banalização do estatuto da jurisdição administrativa, que se inclina a aproximar-se cada vez mais do das jurisdições ordinárias, tende a mostrar que o princípio de separação já não tem o mesmo alcance de outrora: esse princípio postulava a absoluta necessidade de construir uma ordem jurisdicional específica para estatuir sobre o contencioso administrativo; uma vez que o juiz administrativo se despoja de seus particularismos, o que se põe em xeque é a razão de ser de sua instituição e, por isso mesmo, o princípio de separação que constitui seu fundamento. Ora, o sistema francês de jurisdição administrativa tem passado por profundas transformações, especialmente sob pressão da Corte Europeia dos Direitos Humanos: a afirmação de independência dos magistrados administrativos (1986), a construção de uma ordem jurisdicional completa (1987), a tônica na eficácia do controle jurisdicional (1995) e a instituição de um autêntico processo cautelar (2000) são testemunhos dessa evolução. Nesse contexto, o que se alega para justificar a manutenção da jurisdição administrativa são mais considerações pragmáticas do que referências a um princípio de separação que perdeu grande parte de sua substância.

› CHEVALLIER J., "Du principe de séparation au principe de dualité", *Rev. franç. droit admi.*, 1990, nº 5, pp. 712 ss. – DELVOLVÉ P., "Paradoxes du (ou paradoxes sur le) principe de séparation des autorités administratives et judiciaires", *Mélanges Chapus*, Montchrestien, 1992, pp. 135 ss. – FAVOREU L., "Le principe de séparation des autorités administratives et judiciaires n'a pas valeur constitutionnelle", *Rev. franç. droit admi.*, 1987, nº 2, pp. 301 ss. – MESTRE J.-L., "Le contentieux administratif sous la Révolution française d'après des travaux récents", *Rev. franç. droit admi.*, 1996, nº 2, pp. 289 ss. – VEDEL G., "La loi des 16-24 août 1790: texte? Prétexte? Contexte?", *Rev. franç. droit admi.*, 1990, nº 2, pp. 698 ss. – VELLEY S., "La constitutionnalisation d'un mythe: justice administrative et séparation des pouvoirs", *Revue droit public*, 1989, nº 3, pp. 767 ss.

Jacques CHEVALLIER

→ Administração; Direito administrativo; Jurisdições; Justiça administrativa; Revolução francesa e direito; Separação e equilíbrio dos poderes.

SEPARAÇÃO E EQUILÍBRIO DOS PODERES

Em sua jurisprudência, o Conselho Constitucional refere-se, não sem razão, a uma "concepção francesa de separação dos poderes" (23 de janeiro de 1987, 86-224 DC; 28 de julho de 1989, 89-281 DC). No entanto, essa referência não deve obliterar o fato de que em sua origem, no século XVIII, essa noção era alvo de duas acepções distintas e antagônicas, passando depois por uma reinterpretação que apagou essa dualidade primitiva, dificultando dessa forma sua compreensão histórica.

Assim, hoje em dia, a noção de separação dos poderes, em relação ao significado que tinha no século XVIII, tem sido objeto de controvérsia entre juristas que dispõem de duas teorias interpretativas, a saber, a da chamada doutrina tradicional ou clássica, fixada na França nas faculdades de direito no fim do século XIX, e a doutrina posterior e heterodoxa, desenvolvida especialmente por Eisenmann e Troper. Segundo a doutrina tradicional, a separação dos poderes tal como foi entendida no século XVIII corresponde, de modo exclusivo, a uma separação absoluta caracterizada pela especialização e pela independência dos poderes, o que acarreta a soma de três tipos de separação: separação funcional, segundo a qual um órgão ou grupo de órgãos recebe a atribuição exclusiva de toda uma função estatal – legislativa, executiva ou judiciária – e constitui assim um poder que não tem nenhuma participação no exercício das funções que caibam a outro poder: esse tipo de delimitação funcional corresponde ao princípio de especialização numa função única; separação pessoal, que implica que os membros de um poder não devem ser nomeados por outro poder nem ser destituídos por ele, o que proíbe, neste último caso, procedimentos tais como o direito de dissolução ou a responsabilidade ministerial; por fim, separação material que veda qualquer contato, relação ou comunicação entre poderes, da qual decorre, por exemplo, a impossibilidade de um membro do Executivo tomar a palavra numa assembleia. Essa separação pessoal e material corresponde ao princípio de independência.

Ainda segundo essa mesma escola, essa separação estrita ou rígida dos poderes é compatível em seu princípio com certas exceções ou derrogações às regras de especialização ou independência, que são por isso interpretadas como uma flexibilização do referido princípio, e não como sua negação. O resultado dessa separação, entendida de modo estrito ou com maior flexibilidade, será preservar a liberdade política, impedindo a reunião dos poderes ou, em outros termos, instituir – o termo que segue é de importância primordial – um equilíbrio entre os poderes. Ora, essa interpretação, aplicada ao século XVIII, carece de fundamento, e o estudo da gênese da doutrina da separação dos poderes, princípio cuja confecção primitiva foi realizada no século XVII na Inglaterra, autoriza a propor outra versão.

Uma noção complexa

De fato, se for preciso fixar um *terminus a quo* – desde que isso possa ser feito ao se tratar da genealogia de um conceito –, convirá fazê-lo remontar à Revolução inglesa de 1640-60. Ora, naquela época, essa formalização inicial foi pensada no âmbito de uma hierarquia das funções estatais que consagrava a primazia da função legislativa sobre a função executiva. O conjunto do pensamento político e jurídico dos séculos XVII e XVIII, na Grã-Bretanha, na América e depois nos Estados Unidos e na França – onde já antes da Revolução a controvérsia relativa ao direito de registro dos parlamentos refletira a preeminência do Poder Legislativo –, era governado por esse dado básico que participava na época de um lugar-comum, de tal modo que seria difícil encontrar um tratado político que não se referisse a ele de maneira explícita ou implícita.

Esse princípio da hierarquia das funções estatais, em sua origem, devia muito aos *Seis livros da República* de Bodin. Este último, no século XVII, sobretudo na Inglaterra e na Alemanha, onde a influência de sua teoria constitucional foi a mais manifesta, era considerado o publicista de referência, e sua *República* foi vista como uma síntese enciclopédica do direito público. Ora, da leitura de sua obra, foi extraída a ideia de consubstancialidade entre a soberania e a função legislativa. De fato, o propósito de Bodin era apresentar uma definição de soberania, pois, a seu ver, nenhum jurisconsulto, filósofo ou político até então o formulara corretamente, de modo que ele via esse objetivo como o ponto principal e mais necessário de seu livro. Nesse aspecto, seu ensinamento pode ser resumido pela seguinte frase: a soberania ou "poder absoluto e perpétuo de uma República" é composta de várias marcas de soberania, a primeira das quais corresponde à função legislativa, de forma que nela é absorvida a soberania por inteiro. "A primeira marca do príncipe soberano" – diz ele – "é o poder de ditar a lei em geral, e a cada um em particular [...]. Nesse mesmo poder de ditar e revogar a lei, estão compreendidos todos os outros direitos e todas as outras marcas da soberania: assim, propriamente, pode-se dizer que só existe essa marca de soberania, visto que todos os outros direitos estão incluídos neste." Dessa forma, em razão desse princípio de inclusão na lei dos outros direitos de soberania, Bodin fazia do poder de ditar a lei a forma na qual se expressam todas as prerrogativas do poder público.

Por isso, para os publicistas britânicos do século XVII, ficou claro que os *Seis livros da República* demonstravam rigorosamente que a função legislativa era o poder supremo, a *summa potestas*, e que, a partir daí, qualquer outra função estatal lhe era subordinada hierarquicamente. Desde então não houve na Grã-Bretanha nenhum debate importante relativo à organização dos poderes públicos em que essa relação jurídica tivesse deixado de ser mencionada ou subentendida. Assim, com base nisso, em 29 de junho de 1610, James Whitlocke afirmava para os Comuns que "o rei tem dois poderes, um em seu Parlamento, quando é assistido pelo consentimento do Estado inteiro, e outro fora do Parlamento". A partir daí – acrescentava ele – "desses dois poderes do rei, um é maior que o outro e pode dirigi-lo e controlá-lo, é a *suprema potestas*, o poder soberano, e o outro é *subordinata*".

Por conseguinte, era admitida por todos a primazia da função legislativa, quer – conforme os autores – ela fosse identificada com a própria soberania, quer nela se visse o atributo principal dessa soberania, e essa premissa implicava a subordinação da função executiva, função secundária que, conforme sua etimologia indica, era de aplicação. Desse princípio decorriam rigorosamente duas consequências. Em primeiro lugar – e esse ponto é fundamental para compreender a natureza e a lógica da classificação dos regimes políticos em uso no século XVIII –, a qualificação do regime político dependia da qualidade daquele(s) a quem era atribuída a função suprema ou Poder Legislativo. Assim, por exemplo, um publicista inglês, William Paley, podia escrever que "um governo é denominado conforme a forma de sua legislatura. Essa forma é aquilo que se chama ordinariamente de Constituição de um país". Nesse âmbito, a *summa divisio* passava entre os regimes em que a função legislativa era totalmente atribuída a um único órgão e os regimes nos quais essa função suprema era distribuída entre pelo menos dois órgãos legislativos parciais. Em segundo lugar – e esse é um argumento decisivo contra a interpretação da doutrina clássica que equipara separação absoluta e equilíbrio dos poderes –, a noção de "equilíbrio dos poderes" deve ser entendida estritamente no sentido preciso e conotado ao qual os autores dos séculos XVII e XVIII se referiam, ou seja, em sua acepção técnica. Era um modo de organização dos poderes públicos que, precisamente, tinha por objeto proscrever a atribuição da totalidade da função legislativa a um órgão único. De fato, visto que as funções estatais eram desiguais, era impossível que o detentor da função executiva "equilibrasse" o detentor da função legislativa. Nessa hipótese, a hierarquia das funções implica necessariamente a hierarquia dos órgãos; a subordinação do órgão executivo ao órgão legislativo é então consequência da subordinação da função executiva à função legislativa. Portanto, não há equilíbrio possível entre órgãos especializados, e o órgão executivo só poderá "equilibrar" o órgão legislativo com a condição imprescindível de participar do exercício da função suprema, de tal modo que, em sua qualidade de colegislador, possa se opor à sua vontade. No *Segundo tratado*, John Locke marcaria essa relação: "Em certas sociedades políticas em que o Poder Legislativo não existe permanentemente e em que alguma personagem única, que o exerça em parte, também é investida da totalidade do Poder Executivo, essa personagem única pode ser qualificada de suprema […]; não detém sozinha o poder supremo, o de legislar, mas tem as rédeas da execução suprema […]. Como também não existe Poder Legislativo que lhe seja superior, pois não se pode fazer nenhuma lei sem seu consentimento, e ela nunca consentirá em submeter-se à outra parte da legislatura, ela é realmente supremo nesse sentido […]. Quando é confiado a uma pessoa que não detenha também uma parte do Poder Legislativo, o Poder Executivo é, evidentemente, subordinado a este, deve prestar-lhe contas e pode passar por mudanças ou transformações à vontade; portanto, não é o Poder Executivo supremo que escapa a qualquer subordinação, mas o Poder Executivo supremo na hipótese em que seu titular disponha de uma parte do Poder Legislativo, logo nunca esteja subordinado a nenhuma legislatura distinta e superior, nem obrigado a prestar-lhe contas, salvo na medida em que aceite e consinta; nesse caso, só se subordina quando o julgar conveniente, e, sem medo de errar, pode-se deduzir que o fará pouquíssimas vezes" (cap. XIII, §§ 151 e 152).

De fato, em vista do princípio da hierarquia das funções estatais, para todos os publicistas dos séculos XVII e XVIII havia incompatibilidade de princípio entre a ideia de separação funcional e as ideias de equilíbrio, freio, contrapeso e impedimento mútuo. Em outros termos, só havia equilíbrio possível dos poderes quando a função legislativa era distribuída entre pelo menos dois órgãos distintos que, dispondo de um poder de decisão, não podiam formular um ato legislativo perfeito sem que houvesse concorrência entre suas vontades. Essa concorrência podia ser obtida de três maneiras: pela participação dessa função do órgão executivo, como acabamos de ver, na qualidade de detentor exclusivo do direito de iniciativa legislativa ou então como titular de um direito de sanção com base no modelo da Constituição francesa de 3 de setembro de 1791; pela divisão do Parlamento em duas ou mais câmaras, nos termos de um bi ou de um pluricameralismo, como se praticava, respectivamente, na França no ano III (Conselho dos Quinhentos/Conselho dos Anciões) ou na Suécia (nobreza/clero/burguesia/campesinato); pela conjunção desses dois modos, com uma tripartição do Poder Legislativo simbolizada pelo regime britânico do rei em seu Parlamento ou pelo regime federativo americano oriundo da Constituição de 17 de setembro de 1787, no qual o presidente da União gozava de direito de veto condicionado. Compreende-se então por que a expressão equilíbrio dos poderes significava equilíbrio na ordem legislativa ou, se preferirmos, equilíbrio entre os órgãos que participam da função legislativa, e por que era irredutível a esse tipo de construto uma organização dos poderes públicos baseada na unidade legislativa que delegasse a integridade da função legislativa a um órgão e a totalidade da função executiva a outro. Precisamente essa distinção e oposição de princípio eram traduzidas pela classificação dos regimes políticos codificada no século XVIII, que discriminava o regime articulado em torno de um órgão legislativo único e o regime baseado num órgão legislativo complexo. De fato, os partidários do equilíbrio dos poderes viam no sistema de especialização funcional com unidade legislativa apenas um sistema nominal de separação. Eles argumentavam, nesse aspecto, que, em virtude da hierarquia das funções e do caráter específico da função legislativa, a atribuição a um detentor único, indivíduo ou colégio, desse poder formidável – no primeiro sentido do termo – possibilitaria a esse órgão modificar à vontade as normas jurídicas relativas à distribuição dos poderes e assim o colocaria em condições de apropriar-se das outras funções. Portanto, segundo eles, para prevenir a reunião dos poderes, era imperativo que nenhum órgão exercesse sozinho a função legislativa, de tal modo que, em sua opinião, a divisão do órgão legislativo em vários órgãos parciais de legislação se mostrava como técnica essencial de separação dos poderes. Nos séculos XVII e XVIII, essa técnica era chamada de "equilíbrio dos poderes" e correspondia à distribuição dos poderes públicos na qual a função legislativa é atribuída a pelo menos dois órgãos, de tal modo que o Poder Legislativo assumia a forma de um órgão complexo composto por pelo menos dois órgãos simples ou parciais de legislação. Assim, por equilíbrio dos poderes, entendia-se equilíbrio entre os órgãos que participavam da função legislativa.

Historicamente, o equilíbrio dos poderes surgira na forma primeira de governo ou regime misto. Essa doutrina e essa forma institucional antiga baseavam-se na ideia de que nenhuma das três formas simples de governo – democrático, aristocrático ou monárquico – era satisfatória, uma vez que cada uma privilegiava um interesse social exclusivo, e era preciso substituí-las por um regime que correspondesse a uma concepção pluralista do Estado e da sociedade, regime garantido pela diversidade e pelo equilíbrio dos componentes. No contexto da hierarquia das funções, para os publicistas do século do Iluminismo, isso significava que a estrutura do órgão legislativo devia refletir a estrutura social e permitir que cada ordem ou classe detentora de um órgão legislativo parcial contribuísse para a legislação. Em contrapartida, o equilíbrio dos poderes era o princípio ou suporte jurídico em torno do qual se articulava o governo misto, mas, no plano conceitual, ele devia ser distinguido deste, pois podia ser dissociado daquele modo específico de efetuação.

Por conseguinte, para os partidários do equilíbrio, a separação dos poderes devia depender da divisão do órgão legislativo e, de seu ponto de vista, a forma rígida da Constituição não era em si uma garantia oponível e constituía uma petição de princípio, pois um Poder Legislativo instituído na forma de uma Câmara única teria toda a liberdade de violar as prescrições da norma superior (quer estas se referissem aos direitos fundamentais dos cidadãos, quer à organização dos poderes públicos), na ausência de um órgão legislativo concorrente que, por sua faculdade de impedir, poderia opor-se a qualquer tentativa nesse sentido. Desse modo, a única garantia possível estava no mecanismo distributivo, no processo de formulação da lei, e possibilitava que um órgão legislativo parcial censurasse o texto emanado de seu concorrente, quer por motivos de pura oportunidade no âmbito da apreciação política do interesse público, quer na óptica de um controle de constitucionalidade por motivos de ordem jurídica. A partir daí, o bicameralismo, a participação da autoridade executiva na legislação – autoridade que, por natureza, entre todos os poderes constituídos tem o maior interesse na manutenção de suas próprias prerrogativas constitucionais, portanto, na preservação da separação dos poderes – e, melhor ainda, a conjunção desses dois tipos de distribuição da função legislativa eram considerados pelos partidários do equilíbrio os modos consubstanciais à separação dos poderes.

Uma noção indeterminada

Ora, essa concepção dos partidários do equilíbrio dos poderes implicava uma consequência fundamental quanto à definição da noção de separação dos poderes que, baseada de modo estrutural na associação do Poder Executivo à legislação, não podia por natureza depender de uma regra de separação funcional, mas participava, por isso, de uma regra de não acumulação. De fato, segundo esta última tipologia, ocorria confusão dos poderes quando um órgão dispunha da plenitude ou da totalidade de duas funções estatais e, *a fortiori*, das três. Antônima da confusão ou reunião dos poderes, a separação era efetiva quando a nenhuma autoridade era atribuída a totalidade de duas funções estatais, o que ocorria precisamente na Grã-Bretanha, por exemplo, onde o rei, ao qual era atribuída exclusivamente a integridade da função executiva, não dispunha, porém, da integridade da função legislativa, pois não podia legislar sem a participação das câmaras. Desse modo, os poderes, não estando confundidos, estavam separados, e a separação era analisada como um princípio ou uma regra de não acumulação ou, em outros termos, de não confusão ou de não concentração. Foi precisamente essa concepção que estruturou o *Segundo tratado* e *O espírito das leis*.

Como contraponto, os partidários da unidade legislativa consideravam que a regra da separação dos poderes devia exclusivamente ser entendida como uma regra de especialização funcional e proibia qualquer participação parcial de um poder, no sentido de órgão, na função de outro poder. Conscientes, porém, de que um Parlamento unicameralista era dotado de um poder imenso, em razão do princípio de hierarquia das funções, eles viam na distinção entre poder constituinte e poderes constituídos, de curta duração do mandato parlamentar – "Where annual election ends, tiranny begins", costumava dizer Franklin –, na renovação parcial dos membros da Câmara, na sua não reelegibilidade imediata e na obrigação de realizar várias leituras do texto, procedimentos capazes de regular esse corpo e prevenir o excesso de poder. Por outro lado, a separação absoluta não implicava a independência do Executivo em relação ao Legislativo, pois a nomeação dos membros do executivo pela Câmara e/ou a responsabilidade destes últimos eram vistos pelos defensores da especialização como procedimentos indispensáveis ao corpo legislativo para assegurar-se da retidão da execução.

Levando em conta a existência dessa regra de não acumulação, M. Troper contestou a validade da concepção monista da doutrina tradicional e propôs uma interpretação alternativa, segundo a qual se entendia por separação dos poderes no século XVIII, de modo unânime, uma regra negativa ou de proibição da acumulação, que não prescrevia um modo específico de distribuição das funções, mas se limitava a proibir sua acumulação, e, na qualidade de regra de não concentração, autorizava dois procedimentos positivos de distribuição das competências, a saber, especialização, ou separação absoluta, e equilíbrio dos poderes (*La Séparation des pouvoirs et l'histoire constitutionnelle française*, 1980).

No entanto, embora essa classificação tenha a importante vantagem de romper a univocidade da interpretação monista e tornar compreensível o pensamento de autores que, mesmo falando em nome da doutrina da separação dos poderes, condenavam a separação absoluta, optamos por uma interpretação próxima, mas distinta, segundo a qual a separação dos poderes, no século XVIII, era uma noção ambivalente, ambígua e, por isso, indeterminada. Era ambivalente porque apresentava dois modos operacionais muito diferentes e, ademais, contraditórios e opostos, a saber, a separação absoluta ou unidade legislativa que proscrevia imperativamente a participação do órgão executivo na função legislativa, e o equilíbrio dos poderes, que em sua versão mais corrente assentava a garantia da separação na qualidade de colegislador do órgão executivo.

Mas, justamente, essa ambivalência fora possibilitada pela ambiguidade da noção de separação, pois não havia acordo unânime quanto ao seu significado, faltando uma interpretação oficial que tivesse autoridade. Estava-se diante de uma espécie de nebulosa que dava ensejo a várias interpretações possíveis, entre as quais estava a interpretação proposta por M. Troper, mas esta não tinha valor de axioma compartilhado e nela não era absorvido o conjunto das interpretações. Assim, vigoravam duas outras interpretações. Havia a dos partidários da separação absoluta, para os quais o princípio da separação devia imperativamente ser entendido como não participação do órgão executivo no Poder Legislativo, de tal modo que a separação era, acima de tudo, funcional e não participava de uma regra de não acumulação que, ao contrário, segundo eles, era do âmbito da confusão dos poderes. Havia outra, como contraponto, dos adeptos do equilíbrio que se inclinavam para uma regra de não acumulação, mas unicamente como dedução da necessidade que tinha o órgão executivo de exercer, para sua própria conservação, uma parte da função legislativa, de tal modo que essa regra de não acumulação era em si mesma um princípio positivo, e não um princípio negativo que autorizasse o procedimento positivo da unidade legislativa.

Considerando-se tudo isso, a separação dos poderes era uma noção marcada por indubitável indeterminação, caráter que deveria, precisamente, ser a causa da concordância geral dos publicistas sobre a necessidade do princípio que, dando ensejo a interpretações divergentes, não implicava como tal um tipo exclusivo de distribuição dos poderes públicos. Desse ponto de vista, para tornarmos mais explícitas as nossas palavras, será possível traçar um paralelo entre a noção de "separação dos poderes" no século XVIII e a noção de "arbitragem" como foi utilizada na época da fundação da V República, ou seja, duas noções que, em virtude de sua indeterminação, foram invocadas e depois consagradas juridicamente no equívoco. De fato, em razão de sua polissemia, o termo arbitragem, passível de três acepções distintas, cada uma das quais confere um poder político diferente segundo uma gradação que vai do fraco ao forte, foi objeto de consenso em 1958, quando cada um interpretou esse vocábulo de acordo com sua própria representação, de tal modo que "os próprios equívocos do termo servem para tornar a ideia aceitável" (G. Vedel, "De l'arbitrage à la mystique", *Preuves*, junho de 1960, nº 112, p. 17). Ora, parece-nos que, a exemplo dessa noção de arbitragem, a separação dos poderes era um *sfumato* no século do Iluminismo e, em meio à confusão que provocava e com a aparência de referência a um mesmo princípio, ensejava dois entendimentos antagônicos.

Foi precisamente essa realidade que Condorcet traduziu quando se dirigiu a seus pares numa sessão da Convenção de 15 de fevereiro de 1793 e leu o relatório sobre o plano de Constituição, depois chamado de projeto Girondino: "Duas opiniões dividiram até agora os publicistas. Uns querem que uma ação única, limitada e regulada pela lei, imprima movimento ao sistema social, que uma autoridade primeira dirija todas as outras e só possa ser freada pela lei cuja execução é garantida pela vontade geral do povo contra essa autoridade primeira, caso ela tentasse arrogar-se um poder que não recebeu, caso ameaçasse a liberdade ou o direito dos cidadãos. Outros, ao contrário, querem que princípios de ação, independentes entre si, se equilibrem de algum modo e funcionem como reguladores mútuos, que cada um deles seja defensor da liberdade geral contra os outros e, no interesse de sua própria autoridade, se oponha às suas usurpações." Desse modo, "a ação única, limitada e regrada pela lei", corresponde à separação absoluta e remete à unidade legislativa, ou seja, a um Parlamento unicameralista, poder constituído cuja esfera de ação tanto em relação aos cidadãos quanto aos outros poderes instituídos seja regulada e limitada pela Constituição, norma superior. Esse sistema é formado na razão inversa de seu concorrente que se baseia em diferentes "princípios de ação (que se) equilibram", ou seja, o do equilíbrio dos poderes em cujo âmbito a função legislativa é distribuída entre vários órgãos parciais de legislação. Tais eram os dois ordenamentos institucionais entre os quais os publicistas deviam optar no século XVIII, pois, segundo seus próprios partidários, cada sistema participava da separação dos poderes. Isso significa que na origem não existia *uma* concepção francesa da separação dos poderes, em vista da indeterminação estrutural com que essa noção era marcada.

› EISENMANN Ch., "L'Esprit des lois et la séparation des pouvoirs", *Mélanges Raymond Carré'de Malberg*, Paris, Sirey, 1933, pp. 165-92; "La pensée constitutionnelle de Montesquieu", *Bicentenaire de l'Esprit des Lois*, Paris, Sirey, 1952, pp. 133-60; "Le système constitutionnel de Montesquieu et le temps présent", *Actes du congrès Montesquieu de Bordeaux*, Delmas, 1956, pp. 241-8. – ERLICK E. M., *La Séparation des pouvoirs et la Convention fédérale de 1787*, Paris, Sirey, 1926. – GWYN W. B., *The meaning of the separation of powers*, New Orleans, Tulane University, 1965. – TROPER M., *La Séparation des pouvoirs et l'histoire constitutionnelle française*, Paris, LGDJ, 1980; "Charles Eisenmann contre le mythe de la séparation des pouvoirs", *Cahiers de philosophie politique*, 1985, 2-3, pp. 67-79. – VILE M. J. C., *Constitutionalism and the séparation of powers*, Oxford, Clarendon Press, 1967. – WORMUTH F. D., *The origins of modern constitutionalism*, New York, Harper & Brothers, 1949.

Marc LAHMER

→ Funções jurídicas do Estado; Hierarquia das normas; Liberalismo; Poder regulamentar; Regimes (Classificação); Separação das autoridades.

SERVENTUÁRIOS DA JUSTIÇA

Na França, o serventuário da justiça, investido de função pública, tinha estatuto independente e gozava de monopólio. A profissão era objeto de um *numerus clausus*. O sucessor era apresentado à apreciação do chefe de Estado que o nomeava e cedia o ofício de que ele era titular. Seus proventos eram fixados por uma tarifa legal. Sua probidade era garantida por uma caução. Eram serventuários da justiça: notários, solicitadores, oficiais de justiça, escrivães dos tribunais de comércio, leiloeiros oficiais, advogados do Conselho do Estado e da Corte de Cassação.

O ofício era propriedade do rei que nomeava um titular para prestar serviço público permanente. Até o século XV, a apresentação prevalecia sobre a renúncia dos titulares de ofícios que privatizavam a cessão dos ofícios. Essa venalidade foi criticada pelos Estados Gerais, enquanto a realeza oscilava entre sua extinção e seu fortalecimento. A ordem de 12 de dezembro de 1604 reconheceu o direito de renúncia contra pagamento da *paulette* (imposto anual pago por titulares de ofícios judiciários e das finanças para validar a transmissão de seu cargo). O rei perdia o controle do recrutamento e da destituição: os ofícios públicos eram patrimoniais. A Revolução francesa proibiu sua venalidade e hereditariedade. No ano VII, o direito de apresentação foi restabelecido para solicitadores, oficiais de justiça, agentes de câmbio e corretores. A Lei de finanças de 28 de abril de 1816 não reconheceu nenhum direito de propriedade dos titulares de ofícios judiciários, mas admitiu os acordos de cessão de ofício, criando uma distinção entre o título e o direito de mercê. Em 1837, foi reivindicado o seu resgate pelo Estado, para se refrear o tráfico e as custas processuais. Bonnier, em 1848, denunciou a comercialização de funções públicas: o medo do socialismo salvou os titulares de ofícios. A Comuna queria destinar uma verba para o pagamento dos titulares de ofícios judiciários. Em 1890 (Pontois), 1892 (Ferry), 1899 (Fournière), 1902 (Clémenceau), a Câmara debateu da supressão do direito de transmissão a título oneroso: reembolsar as cauções, remunerar funcionários é negar que essas atividades interliguem interesses privados e públicos. Seus estatutos, novamente contestados em 1960 (relatório Armand Rueff), sobreviveram a todas as críticas, mas estão às vésperas de uma reforma no quadro da harmonização europeia.

Advogado do Conselho de Estado e da Corte de Cassação

Os secretários do rei eram os primeiros mandatários de justiça do Conselho do Rei. No século XVI, foram substituídos por advogados matriculados pelo chanceler. Os 160 cargos de "advogados do Conselho de Estado e privados" foram alçados a ofício em 1643. Tinham o monopólio das instruções e alegações finais, eram formados em direito, estavam inscritos numa Corte soberana e gozavam dos privilégios dos oficiais da Casa do Rei e do direito de *committimus*. O regulamento de 28 de junho de 1738 reduziu seu número a 70, fixou os procedimentos, fonte dos que ainda vigoram na Corte de Cassação (art. 604, Pr. civ.). Em 1790, tornaram-se defensores oficiosos. Em ventoso do VII, foram lotados 50 no Tribunal de Cassação. Dois decretos de 1806 lhes restituíram título e função. Nomeados com base numa lista submetida ao Ministro da Justiça, tinham o monopólio das petições das partes no contencioso. O Decreto de 8 de julho de 1806 criou um tribunal distinto para o Conselho de Estado: 22 cargos foram destinados a advogados da Corte; em 1814 (ord. 10 de julho), seu número foi fixado em 60. Em 10 de setembro de 1817, os dois colégios foram unidos numa ordem indivisível de 60 ofícios. O candidato submetido à apreciação do chefe do Estado gozava de direitos civis e cívicos, fora advogado junto a uma corte de apelação durante três anos, estagiara três anos, fora aprovado no exame específico, no *admittatur* da jurisdição, prestara juramento de independência e dignidade. A caução exigida em 1817 foi suprimida em 1940. Os cargos eram títulos negociáveis. A partir de 1978, podem ser formadas SCP (Société civile professionnelle) de três sócios. Um Conselho Disciplinar da Ordem, reformado em 1988, tem um presidente nomeado pelo guarda-selos, controla a disciplina e a formação, apresentando um parecer fundamentado antes da nomeação. Serventuário da justiça, e não funcionário público, o advogado dos conselhos, independente em relação aos jurisdicionados e aos poderes públicos, pode recusar a intervenção destes.

Solicitador

Desde 1971 ele tem o monopólio da postulação junto às cortes de apelação. Em 1791, sucedeu ao procurador. A instituição dos procuradores definiu-se já em 1274: subordinados à autoridade eclesiástica, juravam respeitar o cliente e evitar os inúteis meandros processuais; constituídos por escrito, deviam justificar seu mandato. O estatuto do procurador em cortes laicas baseia-se nesses princípios. É um mandatário junto a uma jurisdição que tem exclusividade do processo. Precisava ter 25 anos no mínimo, dez de prática judiciária, apresentar bons antecedentes e bons costumes, prestar juramento. A representação por procurador era obrigatória perante as justiças régias (nem financeiras nem consulares) a partir de 1620. O edito de 1572 tornou venal o ofício. Como eram vilipendiados pelos demandantes e pelos advogados, em 1579 os Estados Gerais reivindicaram sua supressão. Criticava-se a abundância de instrumentos lavrados para auferir lucros. Chicaneiros, eles são "os espantosos vermes que só aspiram à ruína do gênero humano". Em 1789, havia 340 procuradores no Parlamento de Paris e 230 no Châtelet. A abolição da venalidade foi sua sentença de morte. O Decreto de 14-17 de abril de 1791 fixou as funções do solicitador: monopólio de representação e defesa das partes, execução dos atos necessários à regularidade do processo, cuidar da boa organização das causas. Abolidos em brumário do ano II, foram sucedidos por titulares de poderes gratuitos. Reapareceram definitivamente em 27 de ventoso do ano VIII. Seu profissionalismo se afirmou a partir da Lei de 13 de março de 1804, que reservava a postulação aos formados em direito, de forma concorrente e contraditória com os advogados, enquanto os não formados só atuavam na falta de advogado. Em 1808, passavam obrigatoriamente por um exame de legislação criminal e de direito processual. A partir de 1945 passaram a ser obrigados a fazer um estágio e a prestar um exame específico. Juravam respeitar o segredo profissional, a lei, as autoridades públicas. Suas funções eram incompatíveis com as de recebedor das finanças, juiz, comissário do governo, notário, comissário de polícia, conselheiro da administração departamental, advogado e vice-governador de departamento. No ano XII, o solicitador era nomeado pelo primeiro cônsul. A Lei de 1816 lhe dava o direito de apresentar seu sucessor ao rei. Essa escolha era freada pelo *numerus clausus* e pelo preço de cessão dos cargos. Em 1848 e em 1871, lutou-se pela sua funcionarização. Os projetos de leis do fim do século XIX não tocaram em seu estatuto. A Lei de 31 de dezembro de 1971, ao reformar as profissões judiciárias, realizou a fusão dos cargos de advogados e solicitadores, exceto nas cortes de apelação, onde eles atuam no contraditório. Em 2002, a maioria está em SCP. A partir de 13 de frimário do ano IX, cada candidato passou a receber um certificado de moralidade e capacidade, expedido pela Câmara local. Essas Câmaras cuidavam do respeito à ética e eram supervisionadas pelo procurador-geral (Lei de 20 de abril de 1810). A Câmara Nacional dos solicitadores (membros nomeados pelo guarda-selos) exerce papel de conselho, conciliação, dá pareceres sobre as custas cobradas. Em 1945, seu poder disciplinar ampliou-se: a advertência, a admoestação, o aviso de suspensão e a destituição só cabiam ao ministro. Ela serve de elo com a Chancelaria e com o Comitê dos Postulantes Europeus.

Leiloeiro oficial

Serventuário da justiça que tem o monopólio das vendas compulsórias em hasta pública de bens móveis corpóreos; procede a vendas voluntárias. As avaliações e as vendas de bens móveis competiam aos meirinhos e aos avaliadores. Os do Châtelet de Paris instrumentaram todo o reino (1953). Um edito de fevereiro de 1691 reservava essas funções a 120 meirinhos avaliadores que substituíam os mestres avaliadores e vendedores criados em 1556. Dois editos – 1712 e 1713 – uniram esses meirinhos avaliadores a 30 comissários de vendas que tinham o monopólio das vendas dos espólios. Sofriam a concorrência dos notários, sobre os quais tinham preferência nas adjudicações voluntárias. Lavravam laudos de avaliação e venda, não eram obrigados a divulgá-los, mas apenas a expedir cópias autênticas que dessem fé, como todo e qualquer instrumento público. Suas causas civis e criminais estavam afetas exclusivamente ao Châtelet. Se adjudicassem por preços vis, seriam condenados a retratação pública e a nove anos de galés. Em 27 de ventoso do ano IX (18 de março de 1801), Bonaparte nomeou 80 leiloeiros em Paris a partir de uma lista de candidatos do tribunal de primeira instância do Sena, perante o qual prestaram juramento. A Lei de 1816 os instituiu em todas as cidades. Gozavam de monopólio na sede do departamento; em outros lugares, concorriam com notários, escrivães, meirinhos e outros oficiais públicos. Havia incompatibilidade com as profissões de comerciante de móveis, tapeceiros e notários. Apresentavam seu sucessor, frequentemente um parente. Qualquer criação ou abolição de ofício ocorria por ordem do guarda-selos com base em parecer da Câmara Nacional. Fiscalizavam vendas, recebiam impugnações, introduziam medidas cautelares. Eram controlados pelos procuradores e deviam depositar uma caução. A Lei de 10 de julho de 2000 – art. 65 – e o Decreto de 19 de julho de 2001 revogaram os textos anteriores. O leiloeiro avalia, vende em hasta pública bens móveis e mobiliário pessoal. Não pode exercer comércio em seu nome nem em nome alheio, não pode ser intermediário. Exerce em todo o território da França, mas só vende na sede de seu ofício. Só são nomeados pelo guarda-selos os franceses, os europeus, os titulares de diplomas jurídicos, de história da arte, de exame de acesso ao estágio e de aptidão para a profissão. São excluídos os condenados a penas criminais e disciplinares, bem como os falidos. É nomeado, presta juramento perante o TGI. As companhias de leiloeiros oficiais abrangem uma ou várias jurisdições das cortes de apelação; verificam a contabilidade, arbitram litígios, expedem certificados de boa conduta aos aspirantes, transmitem-nos ao procurador-geral, que também julga suas capacidades financeiras. Os leiloeiros oficiais associados formam SCP e são titulares de ofício. Sociedades liberais de leiloeiros reúnem pessoas físicas não titulares de ofícios. O Decreto de 19 de julho de 2001 criou sociedades de vendas voluntárias em hasta pública, com licença do Conselho Nacional das Vendas Voluntárias, cujo objeto se limita às vendas livres e extrajudiciais. É fixada a tarifa dos direitos fixos e das parcelas de direitos proporcionais amortizáveis, devidos a título de emolumentos. Um auto da venda e de seu produto é enviado ao procurador do TGI.

Escrivão do Tribunal de Comércio

Desde 1965, só o escrivão do Tribunal de Comércio, titular de um ofício público e serventuário da justiça, é encarregado de administrar a jurisdição. São os antigos escribas, depois copistas medievais que transcreviam julgamentos. No século XIV, nas justiças eclesiásticas, os notários de oficialidade lavravam o despacho das sentenças; nas justiças laicas, o tabelião conservava e autenticava os instrumentos. No Parlamento de Paris, os notários do rei eram depositários das deliberações. Distinguiam-se *greffiers à la peau* (escrivães que expediam documentos em pergaminho), *greffiers au sac* (escrivães que recebiam os documentos e os colocavam em sacos de juta etiquetados com o título da causa; os sacos eram enviados ao juiz), escrivães das arbitragens, escrivães civis, criminais, das apresentações, dos cárceres. O juiz só recorria ao escrivão de sua jurisdição, civilmente responsável perante ele e as partes. A sentença era copiada num rolo e, depois, num livro de registro. O escrivão só exercia a função a partir dos 25 anos e não era advogado. Tornou-se um auxiliar indispensável. Carlos IX (1563), criando a justiça consular, ordenou que se nomeasse um escrivão. A ordenança de 1673 impunha manter uma minuta da audiência em papel timbrado, verificada pelo juiz. Em 1715, menciona-se que ele recebe direitos tarifados por atos cumpridos, em contrapartida do direito de mercê pago. A Lei de 16-24 de agosto de 1790 institui para cada Tribunal de Comércio um escrivão eleito. Em vão Danton criticava o privilégio exclusivo deles. A partir de 27 de ventoso do ano VIII, eles passaram a ser nomeados. Em 1816, o sucessor apresentado era investido por decreto régio, sem que houvesse necessidade do *admittatur* do Tribunal. Ele pagava uma caução e era elegível para as funções públicas. Serventuário da justiça e funcionário, seus proventos baseavam-se numa remuneração fixa e no produto dos direitos auferidos por ato cumprido, cujo montante era regularmente revisado: havia um controle do registro de sentenças arbitrais, falências, atos de gestão dos síndicos e do registro de caixa. O Novo Código de Processo Civil francês define seu estatuto atual. É escrivão o francês que não tenha nenhuma condenação em tribunais penais ou disciplinares, que seja mestre em direito, tenha feito estágio e passado num exame de aptidão, com bons antecedentes morais e indubitável capacidade financeira (*D.*, 1981). Ele assiste o presidente do tribunal na organização do rol de audiências, fixa orçamentos. Redige os autos, é responsável pelos impressos oficiais e pelas somas depositadas. É fiscalizado pelo procurador, que pode fazer-lhe advertências e censuras, além de poder suspendê-lo e destituí-lo. Os direitos percebidos são tarifados a partir de um coeficiente multiplicador da taxa básica (1980). Os escrivães podem formar Grupo de Interesse Econômico (GIE), formar sociedades por cota de participação, e SCP titular de ofício. O conselho nacional gere a formação e representa a profissão.

Meirinho e oficial de justiça

O meirinho era um serventuário da justiça e público encarregado de notificar os atos processuais e executivos, bem como de policiar as audiências. O *gardien de l'huis* garantia a ordem das audiências, e o *sergent* comunicava as sentenças. Coexistiam vários tipos de meirinho: *huissier à verge* (que trabalhava para o Châtelet), *huissier à cheval* (itinerante), *huissier priseur* (que tinha direito de fazer vendas públicas) e *huissier audiencier* (que atuava em audiências). Auxiliar fortuito do juiz, o meirinho exercia suas funções por sistema de coletoria antes de ser tornar oficial de justiça. O primeiro meirinho do Parlamento recebeu um ofício nobilitante (1416), gozou do direito de indulto e de *committimus.* Sua responsabilidade era civil e penal, e as partes os remuneravam de acordo com uma tabela de preços. O meirinho encarregava-se de todos os atos judiciários: notificação, penhora, coerção... Havia também meirinhos no Conselho do Rei e meirinhos na alta chancelaria. Em 1790, eles eram eleitos. O Decreto de 14 de junho de 1813 fixou um *numerus clausus.* O imperador os nomeava, desde que tivessem estagiado durante dois anos, prestado juramento e não fossem comerciantes. Tinham o monopólio das intimações de solicitador para solicitador e das intimações oficiais. A Lei de 1816 lhes dava o direito de apresentar seu sucessor ao rei e de ceder o cargo. A ordem de 1945, revisada, fixou suas funções: notificação e execução das sentenças, cobranças de débitos, redação de boletins de ocorrência, a título oficial ou por solicitação de particulares, levar intimações a domicílio, seu número e sua obrigação de agir sob requisição. O candidato ao cargo deve ser francês, não ter condenações por tribunais penais nem administrativos, ser mestre em direito, ter cumprido estágio e ter passado em exame profissional. A Câmara Nacional e as Câmaras regionais garantem suas responsabilidades, pronunciam-se sobre a criação e a supressão de ofícios. Os oficiais de justiça recebem proventos tarifados (1996) e honorários livres.

Notário

Serventuário público que redige as convenções e as autentica com sua assinatura. Presta consultoria a pessoas, empresas e coletividades; garante a segurança contratual e é juiz em âmbito consensual. Implantado no século XIII nas regiões de direito escrito, o notariado se impôs também nas regiões de costumagem. Até 1579, as minutas eram guardadas pelos tabeliães, que entregavam cópias autenticadas às partes, pelos notários depois da vacância ou da renúncia do ofício. No século XVII, havia apenas três tipos de notários: régios, senhoriais e apostólicos. Para exercer a função era preciso ter no mínimo 25 anos, comprovar prática, apresentar atestado de bons antecedentes e bons costumes, respeitar o segredo profissional como depositário da fortuna dos particulares e do segredo das famílias. O notário só instrumentava em sua jurisdição, salvo os de Paris, Montpellier e Orléans, que eram competentes em todo o reino. Os instrumentos escritos em francês (1498) comportavam data certa, força probatória e executiva e eram consignados em registros. Suas comunidades cuidavam da disciplina profissional. A do Châtelet de Paris cuidava da colocação dos escudos à porta dos notários (1411), do estágio dos amanuenses, das condições de arquivamento das minutas, da conciliação de conflitos corporativistas. Em 1789, foi denunciada a grande e desenfreada proliferação de notários. A Lei de 29 de setembro-6 de outubro de 1791 substituiu os notários régios por notários públicos vitalícios, para dispor de certificadores de contratos que conferissem a autenticidade a tais instrumentos. A caução substituiu a garantia dos ofícios em prática. A criação do concurso e do quadro de adiantamentos, contrários à independência do notariado, contribuiu para o malogro da lei. Réal, Jaubert, Favart de Langlade são os autores da Lei de 25 de ventoso do ano XI, que continua sendo a magna carta da profissão na França e em mais de 70 países. A lei afirma a autonomia do notário em relação à justiça contenciosa e sua vinculação ao Poder Judiciário. Precisava ter 25 anos no mínimo, ter feito estágio de seis anos e gozar de seus direitos cívicos. Não devia comunicar seus atos. As Câmaras controladas pelo procurador tinham poder de coerção: a falsificação cometida na recepção do instrumento provocava a destituição de seu autor. O Decreto de 16 de fevereiro de 1807 sobre a tarifa legal é uma etapa para o serviço público notarial; os honorários eram fixados regularmente. A partir de 1816 o notário passou a submeter seu sucessor à apreciação do chefe de Estado. Aumentaram as exigências de formação. Em 1902: obrigatoriedade de exame numa escola de notariado (1891). Em 1960-73: exige-se mestrado de direito, diploma superior de notariado, ensino teórico e prático de três anos. O legislador passa a admitir as SCP, e cada notário é titular de seu ofício e das sociedades integradas, que por sua vez são titulares do ofício; o acesso à profissão se dá por compra de partes sociais. As estruturas associativas são eficazes: congresso dos notários da França (1891), assembleia nacional dos notários (1921-22), sindicato nacional (1949), Conselho Superior do Notariado, interlocutor da Chancelaria, origem do abandono dos projetos de reforma de 1981-83 sobre o direito de apresentação e o *numerus clausus*.

› BENARD F., *L'Huissier de justice au XIXe et XXe siècles, fonctionnaire public?*, tese de direito, Montpellier. – GRONIER R., *Le Commissaire-priseur, officier ministériel*, Paris, 1941. – HALPÉRIN J.-L., *Avocats et notaires en Europe*, Paris, 1996. – HILAIRE J., *La Science des notaires*, Paris, 2000. – SULEIMAN E. N., *Les Notaires: pouvoir d'une corporation*, Paris, 1987. – VALLIER E., *Les Avoués au XXe siècle*, Paris, 1908. – Col.: *J. Cl. Procédure civile*, Dalloz.

Catherine LECOMTE

SERVIÇO PÚBLICO

Um simples olhar sobre a Administração possibilita distinguir um conjunto de organizações que dependem das pessoas públicas e atendem às necessidades de grupos humanos valendo-se de procedimentos jurídicos originais. Essa abordagem do serviço público confere uma imagem facilmente observável, mas não possibilita conceber a amplitude dos problemas que ele suscitou em direito administrativo. Pois foi prestigioso o papel reservado para essa noção na concepção e na evolução desse direito. A concepção francesa de separação dos poderes levou à instituição de uma jurisdição especializada, em matéria administrativa, que precisou elaborar um direito específico. O serviço público tornou-se o conceito que determinava a competência dessa jurisdição e constituiu o fundamento do direito administrativo. Esse construto sedutor chocou-se com a autonomia crescente dos serviços públicos, com a ampliação das intervenções públicas, com a ingerência do direito privado na administração e com a recente construção comunitária que impõe livre concorrência entre todas as empresas. Em tal contexto, depois de analisarmos o surgimento do conceito em direito administrativo, deveremos considerar o serviço público do ponto de vista de sua dependência em relação às pessoas públicas, de sua submissão a um regime exorbitante e do âmbito que lhe é atribuído.

Surgimento do serviço público na teoria do direito administrativo francês

Durante muito tempo se acreditou que a noção de serviço público surgira no início do século XX sob influência da doutrina e da jurisprudência. Mas as recentes pesquisas dos historiadores do direito administrativo mostraram que o conceito não era estranho ao Estado monárquico de meados do século XVIII, e que era possível até mencionar as banalidades senhoriais e as solidariedades urbanas do direito medieval. O fato é que o surgimento de uma teoria jurídica do serviço público está ligado à transformação pela qual passou a instituição estatal ao longo do século XIX. A concepção segundo a qual o Estado é uma instância dotada de autoridade absoluta sobre seus súditos levara a situar o fundamento do direito administrativo na noção de poder público e a ver na função administrativa uma regulamentação das atividades privadas. Essa ideologia do poder, desenvolvida sobretudo nas doutrinas alemãs, é menos visível nos administrativistas franceses do século XIX, conforme se percebe na doutrina de Aucoc que integra no objeto da administração a organização da segurança pública e a constituição de serviços públicos. É notável que o conceito de serviço público seja utilizado na jurisprudência do Conselho de Estado da época, especialmente em matéria contratual e dominial.

Deve-se a Duguit, já antes da Primeira Guerra Mundial, a elaboração de uma teoria jurídica do serviço público. Combatendo as noções tradicionais consideradas indemonstráveis, Duguit vê na norma jurídica uma emanação da massa das consciências individuais que se impõe aos governantes. O Estado já não é uma pessoa à qual seria atribuído um poder misterioso, mas um agregado de serviços públicos, ou seja, de atividades que os governantes devem realizar ou controlar. O serviço público torna-se o elemento de justificação e limitação do poder, deve ser entendido objetivamente, em função da natureza das atividades, possibilita submeter as intervenções públicas ao direito, fixando sua esfera e explicando seu regime. A escola do serviço público que se constituiu em torno do pensamento duguista empenhou-se sobretudo em definir a competência da jurisdição administrativa e o fundamento do regime específico aplicável à administração. O serviço público torna-se então, especialmente para Jèze, um procedimento de direito que se traduz em regras e teorias originais referentes à situação dos agentes, à condição das coisas, ao regime dos atos e da responsabilidade; é definido de maneira mais subjetiva em função da intenção expressa pelos governantes. No entanto, a essa doutrina se opõe outra visão, veementemente defendida por Hauriou, que pretende manter as noções tradicionais sem ignorar a noção de serviço público.

A expressão da teoria do serviço público em direito positivo efetivou-se nas célebres decisões Terrier (CE, 6 de fevereiro de 1903), Feutry (TC, 29 de fevereiro de 1908) e Thérond (CE, 4 de março de 1910) que, baseando-se na decisão histórica do Tribunal de Conflitos (Blanco, 8 de fevereiro de 1873, concl. David), viram no serviço público o critério da competência administrativa e da aplicação de um regime específico, estendendo-o ao conjunto das pessoas públicas. No início do século XX, admitir-se-á na doutrina que a noção de serviço público está no cerne do regime administrativo, e que se baseia em três elementos de natureza orgânica, formal e material, estreitamente interligados, que dizem respeito à dependência da empresa em relação aos poderes públicos, sua submissão a um regime exorbitante do direito comum e a natureza da atividade exercida por ela. Cada um desses elementos será questionado ao longo do tempo, e a própria teoria sofrerá vicissitudes e crises dificilmente superáveis.

Serviço público e dependência em relação aos poderes públicos

O serviço público é uma empresa administrativa, uma empresa que depende de uma pessoa pública. A doutrina especifica que ele é gerido por um órgão da administração pública, exercido ou assumido por uma pessoa pública. No período anterior à Primeira Guerra Mundial, distinguiam-se principalmente três modos de gestão em virtude da intensidade e das técnicas de dependência. O serviço público é organizado como empresa estatal (*en régie*) quando exercido pela pessoa que dele está encarregada e quando está perfeitamente integrado nesta. A tendência do serviço público a adquirir autonomia manifestou-se inicialmente na criação da instituição pública, que é um serviço público dotado de personalidade jurídica. Utilizado para flexibilizar a gestão do serviço público, esse tipo de organização possibilita que o serviço tenha seus órgãos de direção, que seja dotado de um patrimônio e ao mesmo tempo seja submetido ao controle da Administração e atue no âmbito da especialidade que lhe foi atribuída. Já no início do século XX, a instituição pública é identificada pela independência que a opõe à empresa estatal (*en régie*) e pela tutela que lhe é imposta, mantendo-a no universo dos serviços públicos. O elemento orgânico altera-se mais com a criação da concessão de serviço público, na qual uma pessoa pública delega a uma pessoa privada, por convenção, o encargo de manter o serviço em funcionamento por sua conta e risco, obtendo remuneração dos usuários. A doutrina considerou sobretudo a concessão em seu aspecto contratual, e nas célebres conclusões de Léon Blum a realidade institucional foi esclarecida (CE, 21 de março de 1910, *Cie des tramways*). Embora a gestão do serviço seja assim confiada a uma pessoa privada, continua subsistindo a supervisão da coletividade concedente, que reconhece privilégios, impõe sujeições e permanece presente no funcionamento do serviço público. Esses elementos possibilitaram manter o serviço concedido na categoria jurídica dos serviços públicos. Uma mesma análise poderia ser transposta por ocasião das recentes técnicas de delegação dos serviços públicos, cuja natureza ainda é incerta. Foi mais difícil salvaguardar a concepção orgânica de serviço público quando funções de interesse público foram confiadas por via unilateral a organismos privados. Essa atribuição de missões de serviço público a pessoas privadas, observável entre as duas guerras, afirmou-se a partir de 1940 com a instituição de uma economia dirigida e de uma organização corporativa das profissões, estendendo-se para campos tão diversificados quanto o esporte, a caça e a agricultura. A amplitude do fenômeno e a importância dos interesses nacionais em causa tornaram preocupante a transgressão cometida contra a concepção orgânica de serviço público. O Conselho de Estado pronunciou-se inicialmente com extrema prudência, decidindo que os organismos litigiosos estavam encarregados da execução de um serviço público sem terem a qualidade de instituição pública (CE, 31 de julho de 1942, *Monpeurt*; CE, 2 de abril de 1943, *Bouguen*). Ao cabo de vinte anos, ele associou expressamente as noções de serviço público e organismo privado (CE, 13 de janeiro de 1961, *Magnier*). Essa solução só foi admitida em razão do vínculo de dependência orgânica e funcional que liga esses organismos aos poderes públicos.

Não se pode ignorar a influência do direito comunitário sobre a concepção orgânica de serviço público. Como todas as empresas que exercem missão de interesse econômico público estão submetidas às regras de concorrência, os serviços públicos comerciais situam-se nesse meio concorrencial. Tratemos especialmente da exigência de dissociação entre as funções de autoridade da alçada do Estado e as funções de gestão das atividades econômicas, da alçada dos exploradores concessionários. O direito comunitário favorece também a separação entre as atividades de gestão das infraestruturas e as atividades de exploração; tende também a exigir, em certos setores, um relaxamento do vínculo entre a empresa administradora e os poderes públicos. Trata-se realmente de uma ênfase da autonomia nesse campo dos serviços de interesse econômico público. Permanece, porém, a dependência em relação aos poderes públicos. Segundo a jurisprudência da Corte de Justiça das Comunidades Europeias, a qualidade de atividade de interesse econômico público só é reconhecida se a empresa tiver sido "encarregada" da gestão por um "ato" do poder público, e a empresa deverá estar ligada aos poderes públicos por "relações estreitas". Também é notável que, em conformidade com o princípio de subsidiariedade, o artigo 16 do tratado que instituiu a Comunidade Europeia, modificado pelo tratado de Amsterdam, impõe à Comunidade e a seus Estados-membros, nos limites de suas respectivas competências, que cuidem para que os serviços de interesse econômico público "funcionem com base em princípios e em condições que lhes permitam cumprir sua missão". As competências das autoridades estatais para definir as atividades de interesse público são assim mantidas em conformidade com uma concepção orgânica do serviço público. Essa evolução das relações entre o serviço público e as pessoas públicas só deve ensejar uma adaptação da concepção orgânica: o serviço público é definido como uma empresa, que é exercida ou controlada por uma coletividade pública.

Serviço público e regime administrativo

Era da natureza das coisas que houvesse um elo estreito entre serviço público e regime administrativo. A escola do serviço público efetivamente viu no serviço público o critério da competência do juiz administrativo e o fundamento do direito administrativo, chegando mesmo a considerar o regime exorbitante na identificação do serviço público. No início do século XX, essa ideia se traduz nos "grandes acórdãos" acima citados, Terrier e Thérond. Observe-se, porém, a ressalva feita pelo juiz nessa matéria: uma parte é atribuída à gestão privada nas conclusões dos comissários do governo, o serviço público já não é definido com suficiente precisão, o alcance da noção é limitado à esfera dos contratos (CE, 31 de julho de 1912, *Granits Porphyroides*) e das obras públicas (CE, 10 de junho de 1921, *Cne de Monségur*). Deve-

-se também considerar a posição insólita e clarividente de Hauriou, que privilegia a noção de um poder administrativo que se expressa em prerrogativas de poder público e constitui o fundamento profundo da competência do juiz administrativo.

O surgimento de serviços públicos de gestão privada constituiu um obstáculo temível para a teoria. Mais explicitamente do que o Tribunal dos Conflitos no caso do Bac d'Eloka (TC, 22 de janeiro de 1921), o Conselho de Estado reconheceu a existência de serviços industriais e comerciais para os quais mantinha a qualidade de serviço público (CE, 23 de dezembro de 1921, *Soc. générale d'armement*). Esses serviços são em grande parte regidos pelo direito privado, e a divisão entre aplicação do direito privado e do direito público é tomada em função da natureza dos atos e das situações. Esse relaxamento do vínculo entre serviço público e regime exorbitante acentua-se mais com o reconhecimento do serviço público gerido por um organismo privado que só é da alçada, em princípio, do regime administrativo quando aplica uma prerrogativa de poder público (CE, 17 de fevereiro de 1992, *Soc. Textron*). Diante dessa delicada situação, a doutrina dividiu-se. Os defensores da teoria duguista, especialmente A. de Laubadère, propunham uma definição de serviço público que excluísse o regime exorbitante; a noção de serviço público continuava sendo o principal critério da competência da jurisdição administrativa, mas recebia correções e exceções. Os autores que continuavam fiéis ao pensamento de Hauriou, tal como G. Vedel, punham o conceito de poder público no centro do construto.

O elemento "regime exorbitante" devia continuar associado à noção de serviço público. Certamente em razão do preocupante desenvolvimento da gestão privada nos serviços públicos, a doutrina estabeleceu princípios predominantes nas grandes teorias do direito administrativo, que davam base ao regime de serviço público. Já antes de 1940, Rolland mostra que todos os serviços públicos têm "características comuns". As "leis de Rolland" dizem respeito à direção dos governantes, à igualdade perante o serviço público, à continuidade e mutabilidade do serviço público. Essas leis são hoje criticadas por terem um alcance relativo na prática: a adaptação não é obrigação para as pessoas públicas, a continuidade do serviço público se choca com o reconhecimento do direito de greve, e a igualdade perante os serviços, às noções de interesse público e de diferença nas situações. No entanto, permanece o fato de que elas expressam a essência do serviço público e explicam diversas teorias próprias ao direito administrativo. Devem, sobretudo, ser entendidas como indicadoras das orientações impostas às atividades de serviço público. Com esse mesmo espírito convém acolher as novas obrigações que o direito comunitário considera ligadas à missão do serviço de interesse econômico público e são sugeridas pelo Conselho de Estado em seu Relatório de 1994, mas que mereceriam uma reflexão mais ampla (obrigatoriedade de qualidade, acessibilidade, simplicidade, participação, transparência, responsabilidade, confiança, confiabilidade). Tampouco se pode ignorar a relação frequentemente afirmada pelo juiz administrativo entre serviço público e regime administrativo, nem os "grandes acórdãos" nos quais o Conselho de Estado desde 1950 desejou reafirmar o critério do serviço público no âmbito dos contratos (CE, 20 de abril de 1956, *Époux Bertin*), da função pública (CE, 4 de junho de 1954, *Affortit et Vingtain*), da dominialidade (CE, 19 de outubro de 1956, *Soc. Le Béton*) e das obras públicas (CE, 20 de abril de 1956, *Consorts Gimouard*).

O regime exorbitante é, assim, um elemento da definição de serviço público. Também é o regime do serviço público, mas apenas em parte e em graus variáveis: a participação do direito específico depende da natureza do serviço público e do procedimento de direito que é imposto à Administração ou por ela escolhido quando o direito lhe dá essa faculdade.

Serviço público e natureza da atividade

A abordagem material do serviço público sempre despertou grande interesse. Poderia ela possibilitar submeter ao direito o campo de intervenção das coletividades públicas e definir categorias de serviços públicos? A análise material do serviço público durante muito tempo foi indecisa, e os dados atuais poderiam fortalecê-la.

A noção de interesse público sempre foi associada à noção de serviço público. A doutrina constata as necessidades coletivas do público e, procurando às vezes mais precisão, pretende condenar a busca de interesses de ordem econômica e impor respeito a certa moralidade. A contribuição jurisprudencial continua limitada e incerta, como demonstram as decisões referentes às atividades ligadas ao esporte, aos espetáculos e aos jogos (CE, 17 de dezembro de 1948, *Angrand*; CE, 27 de outubro de 1999, *M. Rolin*). Diante de um serviço instituído pela lei, o Conselho de Estado na maioria das vezes detecta a existência de um interesse público que justifica a qualidade de serviço público. Em matéria de criação de serviços públicos pelas coletividades locais, ele detectou a insuficiência das iniciativas privadas e considerou às vezes que certas esferas estariam reservadas às pessoas privadas. Numa concepção muito criticada, chamada de "serviço público virtual", foi levada em conta a natureza de uma atividade exercida por particulares para justificar obrigações de serviço público impostas pela Administração: a tese foi defendida em conclusões históricas, mas o Conselho de Estado, com maior prudência, fundamentou-se na participação da empresa na exploração do domínio público que ele qualifica de serviço público (CE, 5 de maio de 1944, *Cie maritime de l'Afrique orientale, concl. Chenot*).

Também se aduziu a natureza da atividade para distinguir categorias de serviços públicos. Concluindo no caso acima citado do Bac d'Eloka, Matter opunha os serviços explorados com o fim de atingir os objetivos naturais do Estado aos serviços que só devem ser executados ocasionalmente. Jèze e Rolland qualificavam de "verdadeiros serviços públicos" apenas os serviços tradicionais. De maneira mais científica, uma doutrina quis definir o serviço industrial pela natureza comercial de sua atividade. É proposta mais uma distinção pelo prof. Chapus em função dos objetivos atribuídos aos serviços públicos, entre "atividades de maior serviço" e "atividades de maior proveito". Essas pesquisas mostram-se excessivamente imprecisas ou são condenadas pelo direito jurisprudencial. Os louváveis esforços de autores e comissários do governo para isolar uma categoria de serviços sociais (CE, 5 de fevereiro de 1954, *Assoc. El Hamidia, concl. Mosset*; TC, 22 de janeiro de 1955, *Naliato*) e uma categoria de serviços públicos econômicos distintos dos serviços industriais (CE, 29 de julho de 1938, *Le Roy Ladurie, concl. Latoumerie*) não convenceram o juiz administrativo.

O estado do direito que hoje se delineia é de índole a favorecer uma concepção material do serviço público. As disposições do Preâmbulo da Constituição de 1946 às quais se refere a Constituição de 1958, especialmente as do parágrafo 9º, segundo as quais toda empresa cuja exploração tiver ou adquirir o caráter de serviço público nacional deverá tornar-se propriedade da coletividade, são preciosas nesse sentido. Elas devem possibilitar submeter ao direito o poder do legislador em matéria de criação e de supressão de serviços públicos. O Conselho Constitucional, em sua decisão de 16 de janeiro de 1982, Lei de Nacionalização, levou em conta o atentado feito à propriedade privada pelas transferências de empresas que foram contestadas por se julgar que a apreciação do legislador não continha nenhum erro manifesto. Um conceito de serviço público constitucional aparece com mais nitidez nas decisões de 25 de junho e 8 de setembro de 1986: delas decorre que, embora princípios ou regras de valor constitucional justifiquem a necessidade de certos serviços públicos nacionais, a autoridade legislativa ou regulamentar tem a faculdade de erigir outras atividades a serviço público nacional. O Conselho Constitucional, sobretudo, deu exemplos de serviços públicos não exigidos pela Constituição (empresas do setor bancário e do setor de seguros, televisão digital, serviço de telecomunicações), sem expor as razões de sua posição nem definir uma noção de serviço público constitucional. Deveriam ser considerados serviços públicos constitucionais os ligados a funções de soberania do Estado (defesa nacional, justiça, negócios estrangeiros, polícia) e os que correspondam aos direitos-créditos reconhecidos nos textos constitucionais.

O desenvolvimento do direito comunitário também deve contribuir para o reconhecimento de uma noção material de serviço público. Certamente a ideologia comunitária pode parecer desfavorável ao serviço público: assistiu-se a uma luta da lei do mercado contra o direito de interesse público. A partir de 1985 foi adotada uma política de desregulamentação do setor público com base em disposições dos artigos 90.1 e 90.2 do Tratado de Roma. Segundo esses textos, os Estados-membros são obrigados a respeitar as regras de concorrência no que diz respeito às empresas públicas e às empresas às quais eles conferissem direitos especiais ou exclusivos, mas admitem-se derrogações a favor das empresas encarregadas da gestão de serviços de interesse econômico público desde que a aplicação de tais regras obste o cumprimento das missões impostas. Assim aparece uma noção de serviço de interesse econômico público que, em certas condições, pode escapar às regras de concorrência e aproximar-se do serviço público. A CJCE justificou as derrogações às regras de concorrência baseando-se na existência de obrigações de interesse público impostas à empresa nos acórdãos P. Corbeau de 19 de maio de 1993 e Cne d'Almelo de 27 de abril de 1994. Uma abordagem material de "serviço público" aparece na posição da Comissão, nos diversos estudos realizados por grupos de reflexão e nas resoluções de órgãos políticos, tais como o Parlamento francês ou o Parlamento europeu. Uma base textual essencial para os serviços de interesse econômico público encontra-se hoje no artigo 16 do tratado que instituía a Comunidade Europeia e foi modificado pelo tratado de Amsterdam. Esse texto, referindo-se à "posição ocupada pelos serviços de interesse econômico de interesse público entre os valores comuns da União bem como ao papel por eles desempenhado na promoção da coesão social e territorial da União", dispõe que a Comunidade e seus Estados-membros devem cuidar para que "esses serviços funcionem com base em princípios e em condições que lhes possibilitem cumprir suas missões". Uma visão material do serviço público aparece assim na evolução recente do direito. Sem dúvida ela continua imprecisa, mas seria irrealista exigir uma lista das necessidades que o serviço público deve aprender: as fronteiras nessa matéria continuam ligadas à evolução das ideias e dos costumes.

Apesar das vicissitudes e das crises pelas quais passou, a noção de serviço público manteve-se. A doutrina, frequentemente severa a seu respeito, sempre lhe atribui posição eminente na construção do direito administrativo, e os tribunais lhes fazem referências regulares. Do ponto de vista jurídico, o estudo dos elementos fundamentais da noção revelou a força de adaptação que era inerente a cada um. Do ponto de vista político, a noção foi criticada por favorecer as intervenções públicas e por restringir as atividades privadas, ameaçando assim as liberdades públicas. A interpretação da jurisprudência mencionada nesse sentido é contestável, e a tendência crescente a juridicizar o domínio do serviço público é essencial. O serviço público não exclui o poder público, e as duas noções estão no cerne do regime administrativo.

› CHAPUS R., *Droit administratif*, 13ª ed., 1999. – CORAIL J.-L. de, *La crise du service public en droit administratif français*, LGDJ, 1954. – DUGUIT L., *Traité de droit constitutionnel*, 3ª ed., 1928. – HAURIOU M., *Précis de droit administratif*, 11ª ed., 1927. – JÈZE G., *Les Principes généraux du droit administratif*, 3ª ed., 1930. – LAUBADÈRE A. de, *Traité de droit administratif*, 8ª ed., 1980 e A. de Laubadère, Y. Gaudemet & J.-C. Vénézia, 15ª ed., 1999. – VEDEL G., "Les bases constitutionnelles du droit administratif", *EDCE*, 1954, p. 21.

Ver também: CHAPUS R., "Service public et puissance publique", *RDP*, 1968, p. 235. – CHEVALLIER J., *Le Service public*, PUF, 1994. – CORAIL J.-L. de, "L'approche fonctionnelle du service public: sa réalité et ses limites", *AJDA*, 1997, p. 20. – DELVOLVÉ P., "Service public et libertés publiques", *RFDA*, 1985, p. 1. – ESPUGLAS P., *Le Service public*, Dalloz, 1998. – LACHAUME J.-F., *Grands services publics*, Masson, 1989; *Service public et Communauté européenne, entre l'intérêt général et le marché*, La Documentation française, 1998. – TRUCHET D., "Label de service public et statut de service public", *AJDA*, 1982, p. 427.

Jean-Louis DE CORAIL

→ Administração; Direito administrativo; Direito público da economia; Funções jurídicas do Estado; Justiça administrativa; Nacionalização.

SIMBÓLICA DA JUSTIÇA E DO DIREITO

O símbolo é o elo que a cultura instaura entre um ser concreto, animado ou não, natural ou artificial, e uma ideia que esse ser representa. Que o simbolismo está no cerne do "pensamento selvagem", dos povos outrora chamados de "primitivos" e hoje de "sem escrita", que atravessou séculos e civilizações para continuar habitando grande número de registros culturais, populares ou eruditos, tudo isso é reconhecido há muito tempo e alimenta prioritariamente a reflexão dos antropólogos. Em compensação, são infinitamente mais problemáticas as relações que o simbolismo poderia manter com o mundo do direito, pois as pretensões deste à abstração e à racionalidade parecem mantê-lo à distância. Afinal, é sobretudo na cena judiciária, com seus cenários e rituais, que a função simbólica é a mais espetacular, tendo sido objeto de pesquisas aprofundadas, em passado recente.

Fascinação e repulsa pelo símbolo

A escola histórica alemã do início do século XIX, de Savigny e dos Grimm, deu ao mundo do símbolo o lugar mais importante no estudo do direito. Conhecemos o credo daquela escola: assim como a língua e o mito, o direito se constituiu na consciência popular (ou, segundo a tradução francesa adotada, no gênio nacional: *Volksgeist*). Segundo palavras de Grimm, "a poesia e o direito nasceram no mesmo berço", o que pressupõe que ambas, até certo ponto, são passíveis de abordagens teóricas comparáveis. Em 1828, Jacob Grimm publicou as *Antiguidades jurídicas alemãs* (*Deutsche Rechtsaltertümer*), dicionário sistemático dos ritos e dos símbolos do antigo direito que, segundo o autor, constituía um tríptico com os célebres *Contos da infância e do lar* (1813) e com a *Mitologia alemã* (1835). Assim como o direito germânico, o direito romano, outra grande ordem jurídica de referência, foi esclarecido por meio de um esforço de decifração de seu simbolismo. Savigny via nas unidades rituais e simbólicas dos tempos arcaicos o material a partir do qual os juristas clássicos, com a ação em juízo, o ato jurídico, a pessoa e muitos outros construíram a maioria dos conceitos e dos instrumentos elementares do direito civil.

Nessas fontes comuns se abeberaram duas correntes muito diferentes e até contraditórias, mas que deveriam continuar contidas no desenvolvimento das ciências jurídicas alemãs nos séculos XIX e XX. Por um lado, os pandectistas herdeiros de Savigny elaboraram o sistema mais abstrato, formalista, teorizado e intencionalmente despersonalizado do direito privado. Sabe-se que ele é a base do Código Civil de 1900, do direito atual e do espírito jurídico alemão em seu conjunto. Mas, na outra vertente, o filão das pesquisas históricas sobre a simbólica do direito nunca foi abandonado. Os trabalhos de Karl von Amira e os de Percy Ernst Schramm sobre os emblemas do poder são apenas as obras mais brilhantes e conhecidas fora da Alemanha, em meio a uma produção contínua e abundante. Os anos 1920-45 foram mesmo uma época de intenso frenesi dos estudos do simbolismo no campo da história e da teoria do direito. É bastante preocupante essa atração pelo símbolo, pois ela coincidia com a crítica antirracionalista e antilegalista aos fundamentos do direito, assim como com o uso imoderado do símbolo na prática contemporânea do poder. Entretanto, nem todas as lições foram tiradas desse episódio, que durante muito tempo ficou recalcado numa memória proibida. Seja como for, a reflexão sobre o símbolo é até hoje um componente da história jurídica alemã. Uma "arqueologia jurídica" (*Rechtsarchäologie*) constituiu-se como disciplina própria, adotando como objeto a hermenêutica dos vestígios materiais da vida do direito. Um pensamento como o de Ernst Kantorowicz sobre a teologia do poder soberano certamente não teria vindo à tona na forma com que veio sem a tradição intelectual da qual nasceu. Por fim, nada marca melhor o direito de cidadania conquistado pelo simbolismo do que a lista dos verbetes do último dicionário de história do direito alemão, publicado a partir de 1971. Ali encontramos entradas como: gesto, mão, pé, sangue, luva, sapato, cinto, bastão, martelo, aveleira, tilha, número três e muitas outras, ao lado dos conceitos jurídicos mais previsíveis. Essa vizinhança parece normal na Alemanha, ao passo que seria inconcebível na França.

Pois, ao contrário, a historiografia jurídica francesa permaneceu no grupo recalcitrante à atração pelo símbolo. Jules Michelet, deslumbrado pelos Grimm, publicou em 1837 *Origens do direito francês*, adaptação admirativa das *Antiguidades jurídicas.* Marc Bloch concebeu seus *Reis taumaturgos* em 1924 sob a influência de leituras alemãs. O impulso da escola sociológica de Durkheim e Mauss estimulou em alguns lugares certo retorno para o ritual. Mas, por maior que fosse a estatura de seus autores, essas tentativas ficaram isoladas no seu tempo. Não redundaram numa atividade de investigação sistemática do campo simbólico. A história do direito francês permaneceu fiel à concepção da norma jurídica que a leva essencialmente para seus enunciados textuais. Mesmo quando toma por objeto períodos antigos, como a Idade Média ou civilizações estranhas à cultura ocidental, a história jurídica é sobretudo uma história dos textos. Embora não totalmente excluídos, o gesto, a imagem, o rito e o símbolo são relegados a margens exíguas. Só no fim do século XX, com o sucesso da antropologia estrutural, assistimos a algumas mudanças, cuja amplitude, aliás, é difícil dimensionar. A influência da escola estruturalista reflete-se na gênese da antropologia jurídica, que hoje tem livros de referência, revista específica e vai ganhando espaço aos poucos no panorama acadêmico. Surge assim uma "antropologia histórica" que tenta transpor para o campo da história os métodos da antropologia cultural. Ela soube assumir amplamente o mundo do poder, aproxima-se do mundo do direito, mas seus progressos nesse terreno ainda são bem modestos. É verdade que a apreensão científica do campo simbólico suscita questões metodológicas que não devem ser subestimadas. A experiência do passado mostra que, diante do símbolo, muitos cederam à tentação da pura fascinação que inibiu a função crítica e multiplicou interpretações arbitrárias e desvios diversos. Por isso, a construção de grades de leituras rigorosas é um dos principais elementos das pesquisas futuras, além de ser uma das condições de seu sucesso.

O direito como pensamento simbólico?

Na origem da reflexão dos historiadores eruditos do século XIX está a constatação de que a história do pensamento científico procede de uma dialética da experiência e da abstração. Assim, o saber do físico e do químico constituiu-se por meio de uma cadeira de abstrações sucessivas a partir do contato com a matéria, contato que, em seu caso, é perpetuado pelo método experimental. O saber jurídico não foi construído de outra maneira. O jurista também "pensou com as mãos" antes de pensar com a cabeça, mas o material de partida não é uma coleção de objetos concretos, porém um campo cultural normativo preexistente, já elaborado e ordenado pela manipulação de objetos simbólicos.

Tomemos em direito francês o exemplo do efeito translativo de propriedade do contrato de venda (arts. 1583 e 1589 do Código Civil). Há, como ponto de partida, a investidura senhorial que confere ao enfiteuta a legitimidade da enfiteuse e é feita pela entrega solene de um bastãozinho, um galho, um torrão ou de qualquer outro objeto capaz de representar a enfiteuse. Em caso de venda, o enfiteuta vendedor era obrigado a restituir ao senhor a *vestitura* ou saisina, e o senhor era convidado a conceder de imediato a enfiteuse ao comprador por meio de um novo gesto de investidura. Era a *dessaisina-saisina*, ato ritual e público executado nos recintos da justiça fundiária. Nesse estágio, o contrato de venda era distinto, no tempo e nas formas, da transmissão de propriedade propriamente dita. No entanto, considerações diversas, nas quais entravam sobretudo preocupações de esquiva fiscal, levaram as partes a introduzir no contrato uma cláusula por meio da qual elas se eximiam de executar as formalidades exigidas. Consideravam então a *dessaisina-saisina* realizada apenas em virtude do contrato, que adquiria assim o efeito translativo. Daí decorria, por lógica, um déficit de publicidade fundiária e de proteção dos terceiros, algo que o legislador remediou, em etapas sucessivas, indo desde a prática das insinuações no antigo direito até a criação da Conservação das Hipotecas no direito intermediário. Assim se constituiu o sistema francês. O artigo 1583 do Código Civil francês, em última análise, nada mais é que a transcrição da máxima do antigo direito segundo a qual "a cláusula de *dessaisina-saisina* é sempre considerada escrita". Na estrutura simbólica subjacente, ele comporta um rito de transmissão do bastão que já estava extinto no fim da Idade Média, mas que só foi reinstaurado por uma operação intelectual no interior de todo contrato de venda.

A reconstituição dessa estrutura simbólica acaso não será um exercício de historiador, desprovido de interesse para o especialista em direito positivo? Não, se nos ativermos à aplicação e à prática do direito francês: é perfeitamente possível ensiná-lo e compreendê-lo sem levar em conta seu processo de formação e até mesmo nutrindo ideias inexatas sobre esse processo. Mas, se levarmos em conta a dimensão comparatista, as perspectivas se transformarão. No campo da transmissão da propriedade e da publicidade fundiária, o direito alemão e os diferentes sistemas de *common law* adotam posições tão divergentes e às vezes tão complexas, que nos mergulham num abismo de perplexidade. Por isso, o único caminho que possibilita explicar essas diferenças é o que remonta às suas fontes. No ponto de partida de todos esses dispositivos, encontra-se a investidura senhorial, mas as manipulações, as transformações e as reelaborações de que ela foi objeto ao longo da história seguiram caminhos diferentes. O direito romano sobrepôs aqui e acolá o seu próprio modelo, composto de um contrato sem efeito translativo, de um ato de transmissão (a *mancipatio* ou a *in jure cessio*, que remontam em última análise a outras formas de ritual), tudo compensado por uma faculdade de recorrer ao constituto possessório que introduz certa flexibilidade. Modelo erudito que confunde as pistas para o historiador, assim como abria outras numerosas para os juristas do passado. Mas, se a reflexão sair do âmbito francês e se abrir para o âmbito europeu ou para a globalização do direito, considerando-se os problemas teóricos das comparações entre ordens jurídicas nacionais, a reflexão sobre os símbolos ganhará toda a sua atualidade.

Seria possível dar muitos outros exemplos desse tipo. O caráter instantâneo do consentimento na formação do vínculo conjugal acaso pode ser explicado sem os ritos de celebração do casamento canônico e de sua estatização nas formas do casamento civil? A responsabilidade do sujeito penal acaso não está construída sobre representações do corpo punível e do poder punitivo, bases da legitimidade da repressão, assim como a investidura era a base da legitimidade dos direitos sobre o solo? No passado da ordem jurídica e em vários remanescentes ainda perceptíveis, um oceano de símbolos está à espera de seus historiadores.

A cena judiciária e seu ritual

No entanto, é no cenário e nos ritos da justiça que sua presença é mais patente. O mais notável foi o tempo que se demorou para perceber essa evidência. Nos palácios de justiça dos séculos XIX e XX, multidões de juristas passaram através de florestas de símbolos, que os observavam familiarmente, mas não suscitavam neles nenhuma curiosidade especial, tamanha era a conivência do meio profissional em torno do postulado da racionalidade do direito e de sua prática, tornando suspeita qualquer interrogação um tanto insistente sobre o espetáculo. Na França foi preciso esperar o fim do século XX, especialmente com os trabalhos de Antoine Garapon, para que o ritual judiciário fosse objeto de estudos contínuos.

No início da Idade Média, os pleitos eram realizados a céu aberto, num lugar consagrado, frequentemente em alguma eminência situada longe das habitações. O espaço judiciário era delimitado por uma cerca de madeira e ramos construída na abertura da sessão. Essa barreira, ao mesmo tempo que assumia uma função propiciatória (a madeira da aveleira era usada em rituais de fecundidade), demarcava o lugar da paz judiciária, espaço da palavra, onde a violência era proibida. Esse era um dos elementos mais constantes da arquitetura judiciária. A cerca de madeira ainda hoje está presente na decoração de numerosas salas de tribunal. Suas diferentes denominações – *parc*, *parquet*, *barre*, *barreau* (barra ou cancelo, em português) – foram aplicadas ao longo do tempo, dependendo das subdivisões estabelecidas no interior da área destinada às audiências e acabaram por dar nome às diferentes profissões judiciárias. Em meados da Idade Média, os locais destinados à justiça saíram da periferia e transferiram-se para o centro das cidades e das aldeias. Depois de ficarem muito tempo sob as árvores simbólicas e os portais das igrejas, a sala de audiências foi instalar-se no primeiro andar de um edifício chamado "*maison des plaids*" (lit. casa dos pleitos) ou, mais frequentemente, "*auditoire*" (audiência). O térreo era destinado à "portaria", espaço compósito que abrigava ao mesmo tempo a prisão, algumas passagens e pequenas atividades econômicas: pecuária na zona rural e lojas na cidade. As casas de justiça eram numerosas, mas modestas, pouco imponentes. Mesmo as sedes das jurisdições mais importantes, como o Parlamento de Paris, instalado desde o início no paço real, eram organizadas segundo os mesmos princípios.

Na história da arquitetura judiciária francesa, a principal mudança foi iniciada simbolicamente na primeira metade do século XVII com a construção do palácio do Parlamento da Bretanha em Rennes. Prosseguiu com campanhas de construção do século XVIII e, sobretudo, do século XIX. O triunfo do estilo neoclássico exemplifica a procura de uma justiça mais elevada, menos abordável, que impressiona e obriga ao respeito. A nova arquitetura do templo pretendia, ao mesmo tempo, lutar contra a chicana, mantendo à distância os candidatos ao processo civil, e prevenir a delinquência, inspirando medo. O Palácio de Justiça situava-se mais do que nunca no centro das cidades, mas agora com um vazio ao redor, mantendo distância em relação a outras construções, que ele parecia querer esmagar com sua massa, e impondo grande separação entre a justiça como espaço público e os espaços privados. Uma entrada monumental, escadaria, pórticos com colunas, salas de espera, tudo isso transformava o percurso para as salas de audiência num caminho iniciático para o santo dos santos. A prisão separou-se do tribunal, e a arquitetura carcerária desenvolveu seus próprios modelos. Estava definitivamente destruída a familiaridade entre o jurisdicionado e os espaços judiciários e penitenciários que havia caracterizado a Idade Média e o início dos Tempos Modernos.

Em compensação, a organização interna da audiência pouco evoluiu. Muito cedo, uma representação da justiça divina – Juízo Final ou, mais frequentemente na França, Crucificação – ganhou lugar no coração do tribunal. Encimava a cadeira do juiz, de tal modo que o eixo formado pela sobreposição das duas justiças – a celeste e a terrena – estruturava toda a cena. Ela fundia na mesma imagem a legitimidade do ato de julgar, que procede de sua fonte divina, e a responsabilidade do juiz, que estava comprometido diante do juiz supremo mais do que todos os outros homens. A ausência de qualquer outra representação do poder corroborava a independência da consciência do juiz, cujos deveres impunham a distensão dos laços que o prendiam a seu senhor temporal. De resto, o eixo de simetria assim definido ordenava todo o ritual judiciário. Em geral, o demandante ou o acusador ficava à direita do juiz, o lado mais honroso, pois a justiça é dada àqueles que têm sede dela (Mateus 5, 6). O réu ou acusado ocupava o lado oposto. O debate era então equilíbrio de uma extremidade à outra, girando em torno do eixo central instituído a cada fase do rito processual, fazendo as vezes da discriminação entre bem e mal. Esse dispositivo, comum no conjunto a todas as culturas judiciárias da Europa continental (a Inglaterra distingue-se pelas peculiaridades de seu processo), atravessou eras. Sobreviveu às revoluções e às reformas ou conseguiu reconstituir-se no dia seguinte a cada grande crise institucional. Na França, a principal mudança foi a retirada do Crucifixo, imposta pela separação entre Igreja e Estado. Mas o espaço assim liberado ora ficou vazio, ora foi ocupado por outros signos e às vezes até conservou a cruz, em razão de tolerâncias diversas, mas sempre manteve a mesma função simbólica. O juramento prestado com a palma da mão aberta para o tribunal continua remetendo a formas indeterminadas de um sagrado transcendente.

No aparato dos símbolos judiciários, o traje é o menos fácil de decifrar. Primeiramente, porque sua história ainda é obscura. Na Baixa Idade Média, quando as modas da indumentária tendiam a encurtar o traje masculino, somente algumas categorias, como os clérigos e os juristas, continuaram usando túnica, que se tornou assim um atributo de seu estado. A história das cores é dificultada pelos problemas causados pela interpretação da documentação iconográfica. A ideia de uma associação muito antiga entre a justiça e a cor vermelha, cor do sangue, é uma hipótese sedutora, mas que ainda não foi confirmada nem invalidada. O certo é que a partir do século XIV o vermelho judiciário foi comparado ao manto usado pelo rei na sagração, ou seja, no momento do juramento que instituía a dívida de justiça do monarca para com seus súditos. Desse modo, o vermelho tornou-se símbolo da justiça soberana, proferida em última instância, característica que subsistiu até nossos dias. De resto, o traje baseia-se na combinação de três cores, preto, branco e vermelho, geralmente consideradas elementares por serem designadas em todas as culturas. Na França, são usadas com total saturação, visto que o traje judiciário não admite meios-tons nem matizes. Sua disposição indica a hierarquia. No conjunto, o traje produz forte efeito de disjunção. Ele marca nitidamente a função ritual de portador da palavra judiciária. Além dessa constatação, é possível interpretar indefinidamente o traje, projetar sobre ele grande quantidade de interpretações diferentes, que em si não são verdadeiras nem falsas, mas simplesmente ilustram a capacidade que tem o símbolo, por essência polissêmico, de ser incansavelmente relido e atualizado pela sociedade que o herda.

Hierarquia dos valores e sua visibilidade

O fato é que o sistema simbólico da justiça é fundamentalmente anacrônico. A hierarquia dos valores que ele expressa continua sendo a hierarquia de suas raízes medievais. A cultura da Idade Média fazia uma distinção nítida entre justiça e direito. A primeira é da ordem dos fins; todo ato de justiça humana é uma antecipação da justiça escatológica, sendo por isso investido de espiritualidade; ele compromete a consciência do juiz; postula a busca da verdade e da equidade, que só podem ser concebidas em relação com o fato individual e com o jurisdicionado singular. O segundo é da ordem dos meios. A regra de direito abstrata e geral nada mais é que um instrumento nas mãos do juiz, cuja aplicação exata por si só não garantiria a justiça. Inversamente, o pensamento racionalista que orientou a construção dos direitos contemporâneos restabelecia a superioridade do geral sobre o particular, fazia do juiz o servidor da lei, e não mais o seu usuário esclarecido. No entanto, ao longo do século XIX e do século XX, os ritos da dramaturgia judiciária sustentaram a permanência do antigo corpo de representações. Mantiveram na mente dos jurisdicionados a intensidade irredutível de todo ato singular de julgar. Nesse sentido, a anacronia dos ritos participou e ainda participa da eficácia da justiça em seu papel de regulação social. Pode-se até afirmar que essa anacronia se atenuará se admitirmos – como permitem pensar hoje vários elementos da sociologia do direito – que as aspirações do homem do ano 2000 incitam mais a voltar-se para o Estado-juiz do que para o Estado-legislador.

O fato é que o desencanto de nosso mundo pouco nos induz a voltar-nos para os símbolos. Os do passado às vezes se conservaram, mas já não são sustentados por um pensamento vivificante, e praticamente não foram criados novos símbolos. As construções judiciárias do último terço do século XX demonstram maior consideração pelo "gesto arquitetônico", pela criatividade sacralizada do artista, não dando ocasião à renovação da simbólica do direito e da justiça. A pedagogia do Estado de direito passa por intensos esforços de comunicação, como todos concordam, mas falta muito para que esses esforços redundem na reconstrução de um repertório de signos. Atualmente, parece que toda nova bandeira precisa fatalmente ser azul, cor que só é consensual por ser neutra e fria. "Fria como nossas sociedades ocidentais contemporâneas, em que o azul é, ao mesmo tempo, emblema, símbolo e cor preferida", escreveu Michel Pastoureau. Talvez fosse preciso perceber que esse vazio simbólico participa de algum modo do relaxamento dos elos sociais, hoje denunciado em toda parte.

❯ GARAPON A., *Bien juger. Essai sur le rituel judiciaire*, Paris, Odile Jacob, 1997. – IZARD M. & SMITH P., *La Fonction embolique. Essais d'anthropologie*, Paris, Gallimard, 1979. – J. BOEDELS, *Les Habits du pouvoir. La justice*, Paris, Antébi, 1992. – JACOB R., *Images de la justice. Essai sur l'iconographie judiciaire du Moyen Âge à l'âge classique*, Paris, Le Léopard d'Or, 1994; "Peindre le droit ou l'imaginaire du juriste", p. 206, *Le Moyen Age en lumière*, J. Dalarun (org.), Paris, Fayard, 2002. – LÉVI-STRAUSS Cl., *La Pensée sauvage*, Paris, Plon, 1962. – PASTOUREAU M., *Bleu. Histoire d'une couleur*, Paris, Le Seuil, 2000. – Col.: *La Justice en ses Temples. Regards sur l'architecture judiciaire en France*, Paris-Poitiers, Errance-Brissaud, 1992.

Robert JACOB

→ Antropologia jurídica; Comunicação; Escola histórica do direito, pandectismo e codificação na Alemanha; Formas de justiça.

SISTEMA

A generosidade da ciência jurídica no emprego da noção de sistema só se compara à disparidade dos significados que ela lhe atribui. O frequente recurso da doutrina a esse conceito mal definido – com o qual, ao que parece, ela quer em todos os casos indicar que está tratando de um conjunto complexo constituído de partes interligadas por relações estáveis – demonstra, porém, uma necessidade de teorização em campos relativamente pouco explorados.

Em todos os setores do pensamento jurídico, costuma-se apresentar o direito como sistema, mas designando, com essa expressão, as realidades empíricas mais diversas e heterogêneas. Assim, os positivistas habitualmente dizem que o direito é um "sistema lógico fechado". René David fala dos "grandes sistemas de direito contemporâneos"; Kelsen refere-se ao "sistema de normas", e uma obra relativamente recente perguntava se o direito é um "sistema autopoiético"... Todas essas referências à noção de sistema remetem de fato a preocupações científicas extremamente diferentes, muito embora nem sempre se tenha sabido estabelecer uma divisão entre elas nem enxergar os elos que elas deveriam ter entre si: umas – as dos positivistas, de Kelsen... – recorrem a uma interrogação teórica sobre o discurso jurídico em geral e sobre sua lógica interna; outras, numa perspectiva comparatista, giram em torno da caracterização do conjunto complexo de regras constitutivas do direito de determinado país e da maneira como elas se articulam entre si, conferindo especificidade ao direito de tal país. Três grandes debates doutrinários em torno da noção de sistema refletem essas preocupações.

Em primeiro lugar, há o debate sobre a questão de o direito ser um sistema aberto ou fechado. Foram os positivistas que mais contribuíram para difundir a ideia de que o direito é um sistema lógico fechado. Por trás dessa afirmação, há pelo menos um postulado: o da completude da lei – a lei, entendida como texto "produto da indústria do legislador" (M. Bastit, 1990), comporta por si só e em si só a solução de todos os problemas que eventualmente se apresentem na prática. A interpretação que lhe é dada só ocorre – conforme se considera – ao cabo de um raciocínio de tipo dedutivo, silogístico e linear. O sistema é, pois, duplamente fechado: em virtude da estrita limitação do *corpus* de normas ao qual é possível recorrer; em razão também da técnica de interpretação adotada, que consiste em extrair pelas vias da lógica formal as conclusões implicadas necessariamente pelas premissas indiscutíveis nas quais se baseia o raciocínio.

A essa tese do direito como sistema lógico fechado opuseram-se as análises que o veem como sistema aberto. Curiosamente, é ainda um positivista, Herbert Hart (1961, trad. fr. 1976), que apresenta a expressão mais radical dessa tese, pelo menos em sua formulação, quando fala da "textura aberta do direito". Baseado na ideia de indeterminação do direito, sua tese afirma que toda regra jurídica comporta uma "penumbra de dúvida", e que, ao lado dos casos centrais e claros aos quais ela é aplicada com certeza, "existem outros [os *hard cases*] para os quais há razões tanto para afirmar quanto para negar sua aplicação". Na verdade, com isso se afirma o credo da escola realista e de todos aqueles que não veem como o verdadeiro autor da norma o legislador que elabora o texto da lei, mas sim o juiz que a lê e determina em última instância o seu significado; assim, transfere-se para este último todo o peso e a realidade do poder de criação normativa.

Essa distinção entre sistemas abertos e fechados foi utilizada por René David para apoiar sua classificação dos grandes sistemas contemporâneos de direito. Mas, fazendo uma distinção entre sistemas romano-germânicos "fechados" e sistemas de *common law* "abertos", René David não aplicou essa distinção a nenhum outro dos sistemas jurídicos que ele classificou ao lado dos dois primeiros – o sistema dos países socialistas, por exemplo... –, o que demonstra no mínimo certa dificuldade para generalizar uma análise excessivamente parcial para realmente dar conta da especificidade das diferentes "famílias" de direitos e do parentesco entre os direitos nacionais que se pretende assim reunir.

O segundo debate em torno da noção de sistema se dá mais no âmbito da sociologia do que da teoria jurídica. Consiste em indagar se o conjunto das regras aplicáveis num país e em dado momento constitui ou não um conjunto unitário e qual é o grau de unidade do conjunto assim constituído. Jean Carbonnier (1978), depois de ressaltar que um sistema jurídico é "uma unidade de espaço e tempo" (o direito aplicável num espaço coincide com o espaço da sociedade global durante uma faixa de tempo que corresponde a características estáveis), admite, porém, que "o sistema jurídico tal como descrito pelos sociólogos contemporâneos – um monólito constituído de autêntico direito – apresenta um fechamento de contornos que se deve mais ao raciocínio filosófico do que à observação sociológica. No nível dos fatos, o bloco parece frequentemente rachar-se", reconhece ele. Portanto, ele faz uma distinção entre sistemas monistas e sistemas pluralistas. Sistemas monistas: "o direito seria um todo homogêneo, um bloco sem fissuras"; o direito estaria identificado com o Estado; "em dado território e em dado momento, só parece haver lugar para a soberania; caso se manifestem exceções a essa unidade do sistema jurídico, [caberá esforçar-se] para fazê-las voltar à ordem, supondo-se que os direitos aparentemente distintos só são realmente aplicáveis por uma delegação consentida pelo Estado de seu monopólio legislativo". Sistemas pluralistas: "No mesmo momento e no mesmo espaço social, podem coexistir vários sistemas jurídicos, o sistema estatal, sem dúvida, mas outros com ele, independentemente dele, eventualmente seus rivais."

O terceiro debate opõe os defensores da concepção do direito como sistema de estrutura hierárquica ou piramidal e os que acreditam na existência de um sistema de direito com estrutura autopoiética ou circular. Na verdade, são retomados aí mais ou menos os termos do primeiro debate – sistema aberto ou fechado –, mas de maneira mais sofisticada, para responder a indagações que já não dizem respeito apenas à determinação ou à indeterminação do direito, mas, além destas, à instituição e ao próprio fundamento da ordem jurídica. Para simbolizar esse terceiro debate, seria possível tentar opor Kelsen (1960, trad. fr. 1962) a Luhmann (1986). Conhecemos os termos nos quais Kelsen definiu a ordem normativa: "Um sistema de normas que regulam a conduta dos seres humanos." Mas logo depois de apresentar essa definição, ele se interroga: "O que fundamenta a unidade de uma pluralidade de normas, por que dada norma faz parte de determinada ordem [...], por que certa norma é válida, qual é o fundamento de sua validade?" E distingue então, "segundo a natureza do fundamento de sua validade", dois tipos de sistemas de normas: um tipo estático, no qual "as normas são válidas em virtude de seu fundo ou de seu conteúdo" ["porque a validade delas pode ser remetida a uma norma sob cujo fundo o fundo delas se subsume"], e um tipo dinâmico, no qual a validade das normas resulta do fato de cada uma delas ser produto da ação de uma autoridade habilitada a proceder à sua elaboração. Nas duas hipóteses, estática ou dinâmica, constitui-se uma hierarquia de normas – uma pirâmide, especifica Kelsen –, em cujo ápice deve-se pressupor a existência de uma norma fundamental que confere unidade ao conjunto do sistema normativo: uma *Grundnorm*, "condição lógica transcendental" da existência e da validade da ordem jurídica. Assim, Kelsen concebe um sistema normativo cujo fundamento último, externo a ele, nada deve a autoridades metajurídicas, tais como Deus ou a Natureza.

A tal concepção hierárquica e piramidal do sistema jurídico, Luhmann opõe a sua, circular e autopoiética. Luhmann vai buscar esse paradigma da autopoiese (ou autocriação) em dois biólogos contemporâneos, Maturana e Varela, que abordam de maneira deliberadamente mecanicista os sistemas vivos – célula, cérebro. Veem esses sistemas como máquinas que se explicam pela organização interna. Mas, enquanto as máquinas construídas pelo homem produzem forças ou objetos diferentes de si mesmas, as "máquinas" biológicas se reduzem à sua própria produção. Assim, a célula humana se caracteriza por seu processo de autogeração e autorreprodução, que lhe confere autonomia e especificidade. Segundo Luhmann, o mesmo ocorre com o sistema jurídico. Na qualidade de sistema autopoiético, ele se caracteriza em primeiro lugar pela "delimitação normativa" – conceito definido por Luhmann como algo que designa "o fato de que só o sistema jurídico pode conferir caráter juridicamente normativo a seus elementos e, assim, constituí-los como elementos [...]. Nenhum elemento pertencente ao direito pode extrair sua normatividade do ambiente do sistema". Daí resulta que o que Luhmann chama de normatividade de um ato só pode ser estabelecido dentro do sistema jurídico e com base em atos jurídicos anteriores. Uma vez estabelecida sua normatividade, esse ato constitui um elemento que condiciona a normatividade de outros atos, e o conjunto dos atos assim "normativizados" formam o sistema jurídico.

A "delimitação normativa" do sistema – acrescenta Luhmann – é a condição de sua abertura. Segundo ele, num sistema jurídico em que um juiz precise pronunciar-se sobre um roubo, por exemplo, ele deverá realizar duas operações. A primeira consiste em verificar se no sistema existe alguma regra jurídica aplicável que declare o roubo contrário à lei, portanto ilegal. A outra lhe permite constatar que um ato realmente foi cometido, em circunstâncias que são efetivamente as previstas e inscritas na lei, o que torna esse ato ilegal. A respeito disso,

Luhmann fala em código e programa. O código legal/ilegal fornece a delimitação ao sistema – nenhum outro sistema, além do jurídico, funciona com base em tal "código". Os "programas", por sua vez, possibilitam a atribuição dos valores desse código a dados que lhe são externos, abrindo, portanto, o sistema para o conhecimento dos fatos e para seu ambiente. Milagre da associação entre "delimitação normativa" e "abertura cognitiva" dos sistemas.

Esse terceiro debate parece opor duas concepções irredutíveis de sistema normativo: aliás, a expressão dessas concepções está em imagens perfeitamente estranhas uma à outra: a pirâmide em Kelsen e o círculo em Luhmann. No entanto, elas dissimulam análises que mostram oposições menos absolutas do que podem parecer *a priori*. Kelsen, depois de distinguir os dois tipos de hierarquia – estática e dinâmica –, estabelece um princípio de identidade entre direito e Estado. Esse princípio, que o leva a considerar que o Estado – "construto auxiliar do pensamento jurídico" – em teoria pura não tem outra existência a não ser através das normas jurídicas que dita, leva-o a admitir que, ao contrário das teses tradicionais – as dos positivistas clássicos em particular, que veem no Estado a origem do direito –, somente o direito (com o qual se identifica e através do qual se manifesta o Estado) está na origem do direito: "o direito regula sua própria criação", resume ele. Considerando-se tudo, isso não está muito distante das teses da autopoiese... Luhmann, em sentido inverso, apesar de ter denunciado a norma fundamental kelseniana, na qual só vê – sem dúvida ele não está totalmente errado – uma "secularização da ideia de Deus", admite que a autorreferência que considera ser o cerne de sua teoria autopoiética "ocupa [nessas análises] o lugar que a visão teológica do mundo reservava à criação contínua e o lugar que na teoria transcendental se esperava que certos fatos privilegiados de consciência preenchessem". Apesar das negativas e das precauções, assiste-se realmente à restauração, num mundo sem sujeito, da autorreferência no papel de Deus – o mesmo que Kelsen pretendera ocultar por trás da *Grundnorm*...

A utilização em doutrina da noção de sistema, portanto, não parece dar-se com perfeito rigor e nem sempre e feita com grande coerência. Ao que parece, reflete a necessidade sentida por grande parte da doutrina de dispor de um conceito capaz de dar conta unificadamente de certo número de questões que se lhe apresentam, e o emprego que ela dá, de maneira um tanto desordenada, à noção possibilita-lhe recenseá-las melhor. Retomando essas questões na ordem inversa dos debates apresentados, temos: primeiramente, a questão dos fundamentos do direito, questão da instituição do direito, diríamos de preferência (para distinguir da criação...). Os sistemas de direito terão origem externa, exógena, ou encontrarão sua origem em si mesmos? A essa se soma outra questão: acaso são autoridades metajurídicas – Deus, a Natureza... – que criam o direito, ou a origem das normas estará numa Norma, mesmo que sobreposta e não jurídica? Em segundo lugar, temos a questão da unidade do direito. Nesse aspecto, parece que dois problemas devem ser distinguidos. Certamente, um dos problemas da unidade do direito é levantado pelos sociólogos quando se interrogam sobre o monismo ou o pluralismo dos sistemas jurídicos: esse problema está ligado à unicidade ou à diversidade dos *centros produtores* de direito: o Estado apenas ou o Estado associado a outras instâncias da sociedade? E nesse caso, qual a autonomia "política" dessas instâncias em relação ao Estado? Mas há outra questão ligada à unidade dos sistemas jurídicos, que repercutiu no debate sobre o fechamento ou a abertura dos sistemas jurídicos: é a questão da unidade ou da pluralidade das *lógicas* que regem a fabricação e a interpretação do direito. Seria possível traduzir esse problema nos termos monologismo ou dialogismo? A lógica que rege a interpretação do direito acaso continua sendo a lógica que fundamentou a ação do legislador cuja lei se aplica, ou haverá outras em ação, como por exemplo as que são impostas pelos valores dominantes na sociedade no momento da interpretação, ou outras ainda, inspiradas em valores ou sentimentos afetivos pessoais do intérprete? Essa indagação não se confunde com a anterior: isto porque tanto é possível conceber uma pluralidade de centros geradores de direito que recorram à mesma lógica de interpretação do direito – um pluralismo sociológico combinado a um monologismo, uma unidade de lógica – quanto o inverso.

Essa dupla questão da unidade do direito não esgota, com a precedente – relativa à instituição do sistema normativo –, a lista das indagações feitas durante os três debates acima mencionados. A questão mais global, necessariamente suscitada quando se recorre à noção de sistema, é a da própria estrutura do sistema jurídico e da divisão fundamental que os diferentes debates põem à mostra – mas sem tratar delas realmente – entre dois problemas cujos termos Kelsen prenunciara, ao fazer a distinção entre hierarquias estática e dinâmica. Ou seja: dentro de um sistema de normas, assim como dentro de um sistema de signos – e é realmente na ciência dos signos que no caso vamos buscar o conceito de sistema –, cabe distinguir dois eixos. O primeiro é o eixo vertical que remete ao sistema de engendramento das normas, ou ordem normativa (Impessoal): nesse caso, o problema é das condições nas quais uma norma inferior é engendrada pela norma que comanda sua criação: caberia falar aqui de um sistema de arquinormas [do grego: *arkh-arkhein*, comandar]. As questões suscitadas dentro do sistema jurídico pelo Impessoal são essencialmente diferentes das questões relativas ao sistema de normas considerado segundo o outro eixo – o eixo horizontal do espaço normativo ou Em. Na ordem normativa, que designa o conjunto das relações ativas de engendramento das normas pelas normas que lhes são superiores, o que está em causa são as questões de lógicas do direito, da transitividade ou da intransitividade do sistema normativo – do grau de coerção ou de liberdade do intérprete. No *espaço normativo*, o que está em causa são questões relativas ao pertencimento *passivo* da norma a um conjunto: elas dizem respeito à homogeneidade ou à heterogeneidade desse conjunto, aos lugares respectivamente ocupados pelo direito público e pelo direito privado e ao papel neles desempenhado pelos diferentes centros produtores de direito uns em relação aos outros.

A questão da unidade do direito assim abordada através dessa análise em termos de ordem e de espaço normativo poderia ser tratada de maneira mais coerente a partir de um conceito destinado a dizer a unidade dos conjuntos que designa, possibilitando assim avaliar, em suas diferentes dimensões, seu exato alcance.

› BASTIT M., *Naissance de la loi moderne*, Paris, PUF, 1990. – CARBONNIER J., *Sociologie juridique*, Paris, PUF, 1978. – DAVID R., *Les Grands systèmes de droit contemporains*, Paris, Dalloz, 1974. – HART H., *Le Concept de droit*, Publications des Facultés universitaires Saint-Louis, Bruxelas, 1976, 1ª ed., 1961. – KELSEN H., *Théorie pure du droit*, Paris, Dalloz, 1962, trad. fr. 2ª ed., 1960. – LUHMANN N., "L'Unité du système juridique", *Archives de philosophie du droit*, t. XXXI, 1986, pp. 163-88, Paris, Sirey, 1986. – TIMSIT G., *Thèmes et systèmes de droit*, Paris, PUF, 1986; *Les Figures du jugement*, Paris, PUF, 1993.

Gérard TIMSIT

→ Codificação; Doutrina; Igualdade; Legalidade; Moral e direito; Norma; Ordem jurídica; Princípios.

SISTEMA VIÁRIO

Essa expressão designa, ao mesmo tempo, o conjunto das vias de comunicação, seu regime jurídico e as competências administrativas e jurisdicionais que se exercem sobre elas. Tradicionalmente, na França, se faz uma distinção entre grande e pequeno sistema viário. Também se distinguem sistema viário terrestre e sistema viário hidrográfico, aos quais se soma o sistema viário aéreo. No âmbito do sistema viário terrestre, também se fazia uma distinção entre rede de estradas e rede de vias urbanas. Mas essa distinção perdeu conteúdo jurídico em virtude do surgimento da noção de sistema viário comunal, em 1959. O direito do sistema viário tem origens muito antigas; nesse campo, o século XIX apresentou-se explicitamente como continuador do Antigo Regime.

Sistema viário, da Idade Média à Revolução francesa

Em seu *Dictionnaire de la voierie* (1783), Perrot indica que o termo *voierie* significa ao mesmo tempo administração e jurisdição, com "dois objetivos de administração pública". O primeiro era relativo ao conjunto das vias públicas, às pontes e a outras obras de arte, aos taludes que margeiam os rios, tanto em sua construção quanto em sua manutenção e conservação. O segundo dizia respeito aos edifícios que margeassem estradas e ruas: alvará de construção e demarcação da testada, regulamentação e autorização de avançamentos. A isso se somava outra distinção, claramente estabelecida durante o século XVII tanto pela jurisprudência dos parlamentos quanto pela legislação régia: tratava-se da oposição entre *grande voirie* e *petite voirie*. A primeira expressão remetia a uma jurisdição dedicada a tudo o que dissesse respeito ao estabelecimento e à estrutura da própria via pública, bem como à testada das construções que a margeassem, à autorização de avançamentos que fizessem parte integrante dessas construções e à fiscalização dos edifícios em estado de deterioração ("perigo iminente"). Ao contrário, a segunda remetia à jurisdição incumbida da conservação das vias, procurando evitar sua deterioração, bem como o seu atulhamento e diminuição, o que incluía autorização para avançamentos dissociáveis das construções, tais como telheiros, bancos, degraus, placas, limites etc. A maioria dos avançamentos, portanto, era da alçada da *petite voirie*, ao passo que tudo o que dissesse respeito às vias e às construções constituía a *grande voirie*. A distinção entre *grande* e *petite voirie* correspondia, pois, a uma diferença na natureza do poder exercido pela administração pública: domínio das vias e da implantação das construções às suas margens, ou simples conservação das vias públicas. A administração das vias de comunicação (estradas, rios) e das obras associadas (pontes, taludes) durante muito tempo foi de responsabilidade das instâncias locais (senhores feudais, cidades e comunidades de habitantes, associações de mercadores, mosteiros). O financiamento das obras, que quase não comportavam pavimentação, incumbia principalmente aos pedágios, bem como a doações para pontes, aliás por muito tempo pouco numerosas. Era uma das prerrogativas e também uma das missões dos senhores medievais (e do rei em seu domínio) preservar os caminhos, protegendo-os da invasão das construções e da deterioração, cuidando de sua manutenção (o que os senhores frequentemente negligenciaram). Essa competência senhorial também era exercida nas cidades e nas aldeias. Os senhores ou seus agentes tinham a responsabilidade de proteger suas ruas e praças, quer se tratasse de seu atulhamento pelo depósito de diversos materiais, quer de seu estreitamento em virtude de construções, quer por todos os tipos de avançamentos e usos privativos. Essa defesa das vias públicas ocorria principalmente por meio dos alvarás de construção ou da prática de avançamentos, tais como bancos, escoras, degraus ou telheiros. Já no século XII, esse sistema estava em prática em numerosas cidades. Ele possibilitaria que o agente senhorial (preboste, encarregado das vias públicas etc.) cuidasse da preservação do espaço público, fixando o alinhamento e limitando a dimensão dos avançamentos. No entanto, esse regime de autorização prévia com muita frequência não atendia a um espírito urbanístico, porém fiscal, e cada alvará dava ensejo à arrecadação de taxas. Aliás, alguns senhores estabeleciam pessoalmente bancas na via pública, para alugá-las a mercadores. Na maioria das cidades, os poderes que os senhores tinham sobre o sistema viário passariam para as instâncias municipais, que os exerceram por vezes já a partir do século XIII e, de maneira quase geral, no século XIV. Os administradores municipais frequentemente tentavam proteger melhor o espaço público das construções e seus avanços, bem como todas as espécies de usos privativos. Ao emitirem os alvarás de construção, fixavam o alinhamento, que às vezes se traduzia em recuo. Proibiam, regulamentavam ou limitavam caso a caso os avançamentos no solo (bancos, degraus, limites, bancas etc.) e acima do solo (placas, telheiros, pias, andares salientes etc.). No entanto, as municipalidades nem sempre eram insensíveis às considerações financeiras, antepondo-as às vezes às preocupações urbanísticas. Desse modo, elas também autorizavam a instalação de bancas nas ruas, fonte de frutuosas tarifas. Por outro lado, nem todas as cidades exploravam as potencialidades urbanísticas do sistema de autorização prévia. Assim, em Poitiers, até meados do século XV, a administração municipal só intervinha *a posteriori* contra as invasões da via pública por construções.

Em Paris, não ocorreu transferência do sistema viário para a autoridade municipal. O sistema viário da capital ficou essencialmente sob a autoridade do rei e, secundariamente, das autoridades que tinham poderes de execução da justiça (*seigneurs justiciers*: bispo, diversas abadias, o templo etc.), sendo tais poderes exercidos dentro dos limites de cada senhoria. Essa situação gerou numerosos conflitos, uma vez que os agentes régios (encarregado das vias públicas do rei, preboste de Paris, agentes do rei no Parlamento e na Corte do Tesouro) empenhavam-se metodicamente em tentar despojar os senhores de seus poderes sobre o sistema viário. Invariavelmente, nos processos oriundos do exercício do poder sobre o sistema viário, o Ministério Público afirmava o caráter régio do sistema viário, reivindicando-o como monopólio do rei. Mas, no século XV, essa era uma afirmação mais ideológica do que fundamentada em direito, pois não impedia que os senhores parisienses conservassem seus poderes sobre o sistema viário. Só a partir de 1674 deixará de haver sistema viário senhorial em Paris.

Diferentemente do sistema viário urbano, o sistema de estradas durante muito tempo foi de competência senhorial. No século XVI ainda, a realeza limitava-se essencialmente a lembrar àqueles que mantinham pedágios o seu dever de conservar as vias públicas. Encarregava seus funcionários locais de coagi-los, se preciso, e, onde não houvesse pedágios, de obrigá-los a executar os trabalhos às expensas dos habitantes. Contudo, esboçava-se então timidamente a participação dos recursos monárquicos nas obras de construção de estradas e de pontes.

Em 1599, Henrique IV criou o cargo de oficial-mor das vias públicas da França, destinando-o a seu superintendente das finanças, Sully. O edito de dezembro de 1607 atribuía ao oficial-mor das vias públicas e a seus prepostos o conhecimento do sistema viário nas "cidades, subúrbios e estradas, vulgarmente chamadas de caminhos régios". Isso comportava a parte administrativa e técnica dos trabalhos viários, mas também todo o sistema de permissões e alinhamentos ao longo de estradas e ruas. Essa ambiciosa tentativa de constituir uma administração moderna e centralizada das obras públicas e do urbanismo produzirá alguns resultados no âmbito das pontes e das estradas, ainda que a eficácia da ação do oficial-mor das vias públicas padecesse da frequente mediocridade de seus intermediadores administrativos regionais (frequentemente, tesoureiros régios [funcionário encarregado de administrar em nome do rei as finanças de uma circunscrição]), bem como da ausência de um corpo de engenheiros civis. Por outro lado, Sully responsabilizou-se pelo urbanismo de Paris, onde lançou um vigoroso movimento de modernização urbana. Mas só pôde concretizá-lo porque tivera o cuidado de comprar em 1603 o cargo régio de oficial-mor das vias públicas de Paris. Sem isso, seu título não lhe teria garantido nenhum poder concreto na capital, assim como não o garantia nas outras cidades do reino, onde diversas instâncias (senhores, municipalidades, oficiais régios) exerciam o poder sobre o sistema viário.

Caindo em desgraça em 1611, Sully perdeu a superintendência das finanças. Continuou como oficial-mor das vias públicas, mas sem a eficácia de ação que lhe era possibilitada pela direção das finanças régias. Aliás, os tesoureiros régios travavam contra ele uma guerra encarniçada, arrancando-lhe em 1621 a intendência das obras públicas. Depois, em 1626, os tesoureiros régios obtiveram um edito que lhes atribuía coletivamente o cargo de oficial-mor das vias públicas. Os tesoureiros de cada agência de finanças eram detentores do título para a sua circunscrição financeira. Mas isso lhes dava poucas prerrogativas concretas, visto que Sully e seu filho tinham conservado o cargo de oficial particular das vias públicas de Paris. Os tesoureiros régios acabaram por comprá-lo e conseguiram uni-lo a seus cargos graças a um edito de maio de 1635, que estendia a todas as agências de finanças os poderes sobre o sistema viário da agência de Paris, na sua qualidade de oficial particular da capital. Assim, as agências de finanças recebiam, no âmbito do sistema viário, uma competência geral simultaneamente administrativa e jurisdicional (*voirie* "*en direction*" e "*en juridiction*"), tanto nas áreas urbanas quanto nas estradas.

Em termos de estradas, essa diluição do cargo de oficial-mor das vias públicas entre instâncias regionais marcava o abandono da direção administrativa central instituída por Henrique IV. No entanto, essa tentativa malograda renascerá com Colbert, graças ao vigoroso apoio de Luís XIV. Tendo entre suas numerosas atribuições o setor de obras e vias públicas, Colbert foi o verdadeiro herdeiro do oficial-mor das vias públicas Sully. Beneficiando-se com os progressos decisivos alcançados nos últimos cinquenta anos na construção do Estado, o inspetor-geral das finanças Colbert dispunha na província da intermediação administrativa eficaz e competente constituída pelos intendentes. Ele os porá a serviço de sua grande política viária, desapossando os tesoureiros régios do essencial do sistema viário nesse âmbito. Em 1669, uma decisão do Conselho retirou da agência de finanças a direção de obras e vias públicas em cada circunscrição financeira e a entregou ao intendente. Sob a autoridade do inspetor-geral das finanças, o intendente tornava-se o grande chefe de vias e obras públicas em sua circunscrição. Recebia como auxiliar um dos tesoureiros da agência de finanças, nomeado como comissário do Conselho para vias e obras públicas. As agências de finanças, porém, durante muito tempo continuarão competentes em matéria de alinhamentos ao longo das estradas. Mas em 1765 uma decisão do Conselho reservava esse poder, inclusive na travessia das cidades, apenas ao comissário do Conselho para vias e obras públicas. Desse modo, no que se refere às grandes estradas, as agências de finanças só conseguiram conservar a jurisdição do sistema viário. A circunscrição financeira de Paris ficou fora da reforma de 1669. Mas a agência de finanças nem por isso deixou de ser destituída da direção das obras viárias, que passou para seus membros que tivessem sido investidos pela realeza de uma comissão, respectivamente para vias e obras públicas e para a pavimentação de Paris, membros que recebiam ordens diretamente do inspetor-geral das finanças.

Quanto ao sistema viário urbano, a atribuição geral feita às agências de finanças chocou-se com o fato de que, em praticamente todos os lugares, os cargos estavam ocupados por instâncias que já cuidavam do sistema viário. A única exceção era a capital, onde a agência de finanças possuía o cargo de oficial das vias de Paris. Nos séculos XVII e XVIII, os tesoureiros régios eram em Paris os oficiais de vias públicas por excelência, e a eles devia dirigir-se quem quisesse obter permissões e fixação de alinhamentos. Eram ajudados por um preposto (*commis voyer*), substituído em 1693 por oficiais régios, os quatro comissários do sistema viário. No entanto, mesmo em Paris, a agência de finanças precisava contar com outras autoridades para o sistema viário: lugar-tenente civil, o lugar-tenente geral de polícia, competentes para estipular alinhamentos em ângulos e para fiscalizar deteriorações com perigo iminente; agência da cidade, que atuava sobre os *boulevards* (construídos na margem direita do Sena, na área antes ocupada pelas muralhas), bem como sobre as pontes e as margens do rio; o superintendente (depois diretor) das edificações régias, no que se refere especialmente aos Champs-Élysées. Apesar disso, a atividade da agência de finanças de Paris sobre o sistema viário era importante e se estendia a certo número de cidades da mesma circunscrição financeira. Mas muitas outras lhe escapavam. A situação era bem pior no restante das circunscrições financeiras. Embora em princípio, nos séculos XVII e XVIII, as agências de finanças exercessem a função de oficial-mor do sistema viário da França, os processos provocados por elas para o reconhecimento de suas competências nem sempre lhes foram favoráveis. Além disso, a falta de dinamismo das agências de finanças com muita frequência fazia que, na prática, elas só conseguissem exercer seus poderes sobre o sistema viário na sede de sua circunscrição financeira (assim mesmo, nem sempre), ficando as outras cidades fora de seu âmbito de influência. Desse modo, na maioria dos casos, o sistema viário urbano era exercido por instâncias rivais, muitas vezes sem reação por parte dos tesoureiros régios: grandes senhores responsáveis pela aplicação da justiça, numa infinidade de burgos e aldeias; às vezes, oficiais do prebostado, do bailio, da senescalia ou do presidial; lugar-tenentes de polícia, quando o cargo não tivesse sido adquirido pela cidade; e sobretudo municipalidades, que na França do Antigo Regime constituíam a autoridade de sistema viário urbano por excelência. O Antigo Regime produziu um grande arsenal de textos regulamentadores do sistema viário, que emanavam da monarquia, das agências de finanças (especialmente as grandes ordenanças viárias da agência de finanças de Paris), bem como de outras autoridades no assunto (regulamentos viários municipais etc.).

Sistema viário a partir de 1789

Em matéria de legislação e regulamentação viária, a Revolução francesa trouxe poucas mudanças. A Constituinte manteve provisoriamente o conjunto dos regulamentos sobre o sistema viário vigente no Antigo Regime, de tal modo que eles continuaram em vigor até o século XIX e mesmo depois. Em compensação, as competências no âmbito do sistema viário foram radicalmente transformadas. A abolição do sistema senhorial levou a Constituinte a revogar os direitos auferidos sobre o sistema viário e o pedágio pelos senhores. Paralelamente, o poder de ordenar e o de punir foram atribuídos a órgãos distintos. A parte administrativa do sistema viário foi confiada aos corpos administrativos, ficando a administração departamental incumbida da *grande voirie*. E a fiscalização da conservação, tanto nas grandes estradas quanto nos caminhos vicinais, foi atribuída aos tribunais distritais. Além disso, o decreto de 7 de outubro de 1790 deu novo conteúdo à expressão *grande voirie*, que passou a compreender apenas "o alinhamento nas ruas [...] que servem de estrada", no que se refere a cidades, burgos e aldeias. Desse modo, as outras ruas eram relegadas à *petite voirie*. A partir daí, a distinção entre *grande* e *petite voirie* era resultante da diferença de natureza das vias públicas, definida em função da importância destas. Desde então, sempre se colocou sob a denominação *grande voirie* tudo o que dissesse respeito às grandes estradas, às ruas e às praças que constituíssem prolongamento delas nas cidades, nos burgos e nas aldeias, bem como o conjunto de ruas e praças de Paris, os canais e os rios navegáveis ou flutuáveis, portos, angras e ancoradouros comerciais. Ou seja, todas as comunicações de interesse público. Inversamente, a *petite voirie* correspondia aos caminhos vicinais e rurais, às ruas e praças que não constituíssem prolongamento de estradas, bem como cursos de água não navegáveis nem flutuáveis. Ou seja, todas as comunicações de interesse local. Essa dupla definição continua atual, com a diferença de que a *grande voirie* foi aumentada no século XIX com a inclusão do sistema ferroviário (ferrovias e bondes) e, no século XX, com a do sistema viário aéreo, ao qual pertencem aeródromos, e com a das rodovias.

No que tange à *grande voirie*, a partir do ano VIII o governador de departamento emitia especificações de alinhamentos e permissões. Também os emitia para os caminhos vicinais de grande comunicação, com possibilidade de delegar essa função ao prefeito. Quanto ao restante da *petite voirie*, especialmente caminhos vicinais e sistema viário urbano, esses poderes pertenciam ao prefeito. A partir de 1959, os alinhamentos passaram a ser fixados pelo prefeito para as vias comunais, e pelo governador de departamento para as outras. A Lei de 28 de pluvioso do ano VIII (17 de fevereiro de 1800) atribuiu aos conselhos departamentais o julgamento das dificuldades que pudessem surgir no âmbito da *grande voirie* (art. 4, § 5º). Para maior clareza ainda, a Lei de 29 de floreal do ano X (19 de maio de 1802) deferiu expressamente o julgamento das contravenções da *voirie* aos conselhos departamentais, com recurso ao Conselho de Estado. Só as contravenções da *petite voirie* permaneciam da competência dos tribunais judiciários, enquanto o julgamento das contravenções da *grande voirie* era da competência das jurisdições administrativas.

Durante o século XX a distinção entre *grande* e *petite voirie* perdeu grande parte do seu alcance jurídico. Em primeiro lugar, um Decreto de 28 de dezembro de 1926 atribuiu aos tribunais judiciários, já competentes para as contravenções da *petite voirie*, o julgamento das contravenções da *grande voirie* no âmbito das estradas. Desse modo, a jurisdição administrativa só era competente para as contravenções de outros sistemas viários não pertencentes ao sistema de estradas ou de logradouros urbanos. No entanto, a tradicional distinção entre *grande* e *petite voirie* mantinha real importância nos casos em que, a propósito de alguma contravenção, fosse formulada perante os tribunais judiciários alguma questão interlocutória de ordem administrativa referente a vias públicas (especialmente seus limites e sua classificação) e à interpretação dos atos correlatos. Em virtude da Lei de 28 de pluvioso do ano VIII, o conselho departamental passou a ter atribuição para o julgamento das questões interlocutórias relativas à *grande voirie* (CE, 21 de junho de 1935, *Dame Poullain*). Quanto às da *petite voirie*, a competência cabia ao Conselho de Estado, em sua qualidade de juiz de direito comum do contencioso administrativo (CE, 17 de fevereiro de 1939, *Dlle Hiron*). Ora, a substituição em 1953 dos conselhos departamentais pelos tribunais administrativos, juízes de direito comum do contencioso administrativo, converteu o tribunal administrativo em juiz de primeira instância das questões interlocutórias atinentes à *petite voirie* e à *grande voirie*, com a ressalva de recurso ao Conselho de Estado. Em vista disso, a oposição entre *grande* e *petite voirie* deixava de ter grande interesse.

Um Decreto de 16 de dezembro de 1811 constituiu o texto básico do século XIX para a construção, a reparação e a manutenção das estradas. Contendo 117 artigos, esse decreto classificou o conjunto das grandes estradas em estradas imperiais e em estradas departamentais, todas integrantes da *grande voirie*. As estradas imperiais eram classificadas por ordem numérica. Um Decreto de 7 de janeiro de 1813 instituiu o mesmo sistema de numeração para as estradas departamentais. Isso se conservou até hoje, com a diferença de que as estradas imperiais em certo momento se tornaram reais, voltaram a ser imperiais, para finalmente constituírem as estradas nacionais. Fazem parte do domínio público do Estado nacional, enquanto as estradas departamentais pertencem ao domínio público do departamento. Uma Lei de 16 de abril de 1930 possibilitou ampla transferência, por decretos, de estradas departamentais para o sistema viário nacional. Inversamente, o movimento descentralizador de 1982-83 foi marcado por um importante retorno de estradas nacionais para o sistema viário departamental. Também fazem parte do domínio público do Estado nacional as rodovias, cujo estatuto, já previsto por um Decreto de 25 de julho de 1935, foi fixado por uma Lei de 18 de abril de 1955, modificada por Decreto de 12 de maio de 1970. A construção e a exploração de uma rodovia podem ser objeto de concessão, e a convenção e as especificações da concessão são aprovadas por decreto do Conselho de Estado. Usualmente eram chamados de vicinais os caminhos que comunicavam entre si burgos e aldeias. No entanto, a distinção em relação aos caminhos rurais não era muito nítida. A noção de caminho vicinal continuou indefinida até a Lei de 21 de maio de 1836, que lhe deu um conteúdo preciso. A lei instituiu duas classes de caminhos vicinais: os caminhos vicinais ordinários e os caminhos vicinais de grande comunicação. Além disso, entre os caminhos vicinais ordinários, o texto distingue os que servem uma única comuna e os que servem várias comunas. Bem depressa isso possibilitou que a prática administrativa depreendesse três categorias: caminhos vicinais ordinários, ou de pequena comunicação (VO); caminhos vicinais de interesse comum, ou de média comunicação (IC); caminhos vicinais de grande comunicação (GC). Um Decreto de 19 de junho de 1938 reuniu as duas últimas categorias com a das estradas departamentais para constituir a categoria dos caminhos departamentais. A maior parte do sistema viário vicinal passava assim para o sistema viário departamental. Só restaram os antigos VO, que passaram a ser chamados de caminhos vicinais. Por fim, uma ordem de 7 de janeiro de 1959 fundiu os caminhos vicinais na categoria das vias comunais, que reúne todas as vias (tanto interurbanas quanto urbanas) que façam parte do domínio público comunal. Quanto aos caminhos rurais, o Código Rural introduzira a distinção entre caminhos rurais reconhecidos e não reconhecidos, que fizessem, respectivamente, parte do domínio público e do domínio privado da comuna. Mas a ordem de 7 de janeiro de 1959 reuniu os caminhos rurais numa categoria única, dependente apenas do domínio privado comunal. O Código do Sistema Rodoviário de 1989 comporta a nova categoria de rodovias expressas, acessíveis apenas em pontos destinados a esse fim. O caráter de rodovia expressa pode ser conferido a rodovias pertencentes ao domínio público do Estado nacional, dos departamentos ou das comunas.

Quanto ao sistema viário urbano, a lei de 16 de setembro de 1807 impôs a todas as cidades a obrigação de traçar um plano de alinhamento; as Leis de 18 de julho de 1837 e de 5 de abril de 1884 fizeram a mesma imposição ao conjunto das comunas. Algumas circulares, porém, limitaram essa obrigação às cidades com pelo menos 2 mil habitantes. Mas, logo após a Primeira Guerra Mundial, grande número dessas cidades ainda não possuía tal plano. Na falta de um plano de alinhamento regularmente promulgado pela autoridade superior, o prefeito, ao impor um alinhamento individual, não podia obrigar os proprietários de uma via urbana a deixar uma área de recuo para garantir o alargamento da rua (CE, 5 de abril de 1862, *Lebrun*). Além disso, os planos de alinhamento foram submetidos a regras estritas pela jurisprudência. Em especial, eles só podiam "abrandar as dobras e os cotovelos" da rua (segundo os termos do edito de 1607), ou seja, alargá-la ou endireitá-la, mas não deslocar o seu eixo (CE, 14 de junho de 1939, *Compagnie française*).

E o alargamento não devia estender-se em demasiada profundidade, sobretudo se realizado de um só lado (CE, 29 de abril de 1936, *Manpou*). A partir das Leis de 14 de março de 1919 e de 19 de julho de 1924, que dispunham que todas as cidades com mais de 10 mil habitantes deviam ter em três anos um plano de desenvolvimento, o sistema dos planos de alinhamento passou a inserir-se cada vez mais no contexto dos planos de urbanismo. Daí resultou a total liberdade de extensão da via pública por parte da administração, em detrimento das propriedades que a margeassem (CE, 23 de fevereiro de 1934, *Sté. du grand dépôt*). Em 1859 e em 1902, Paris foi objeto de importantes regulamentações viárias que fixaram de maneira muito precisa as normas impostas às construções que margeassem logradouros públicos (altura, forma e dimensão da cumeeira, lucarnas etc.). Ao longo do século XIX, surgiram várias regulamentações viárias municipais no interior: por exemplo, o baixado pelo prefeito de Lyon em 1825, que regulamentava a altura das casas. Os avançamentos, por sua vez, foram regulamentados em Paris por uma ordem do chefe de polícia de 1824 (muito inspirada em textos legais do Antigo Regime e visando-os expressamente) e pelos governadores de departamentos nos trechos das cidades do interior que fossem atravessadas por grandes estradas, com base num projeto de resolução enviado pelo ministro das Obras Públicas. No século XX, a regulamentação das construções passou para o campo do direito urbanístico.

Tradicionalmente, o direito administrativo vincula semanticamente ao sistema viário várias noções correspondentes a direitos particulares ou a ocupações privativas que se exerçam no domínio afetado ao uso do público. Os moradores das vias públicas têm reconhecidamente direitos particulares sobre ela: acesso, vista, escoamento de águas (esgoto). As permissões são atos unilaterais por meio dos quais a administração pública, mediante tarifa, autoriza um particular, de maneira precária e revogável, a ocupar privativamente uma porção do domínio afeto ao uso do público. As concessões são acordos firmados entre a administração pública e particulares que lhes permitem ocupar privativamente porções de domínio afeto ao público, muitas vezes em associação com uma concessão de serviço público (serviço de distribuição de água etc.). Sendo um contrato administrativo, a concessão dá ensejo a indenização em caso de revogação pela administração pública.

› CHAPUS R., *Droit administratif général*, t. 2, Paris, 3ª ed., 1988. – DALLOZ D., *Répertoire de législation…*, t. 44 (1), Paris, 1863; *Répertoire de droit public et administratif*, Paris, 1959, atualização 1990. – HAROUEL J.-L., *L'Embellissement des villes (L'urbanisme français au XVIIIᵉ siècle)*, Paris, 1993. – LAUBADÈRE A. de & GAUDEMET Y., *Traité de droit administratif*, t. 2, Paris, 11ª ed., 1998. – MESTRE J.-L., *Introduction historique à l'étude du droit administratif français*, Paris, 1985. – VIGNON E., *Études historiques sur l'administration des voies publiques en France…*, Paris, 1862-80. – WEIDENFELD K., *La Police de la petite voirie à Paris à la fin du Moyen Âge*, Paris, 1996.

Jean-Louis HAROUEL

→ Direito administrativo; Domínio (Público e privado); Urbanismo.

SOBERANIA

A soberania é uma noção complexa e polissêmica que designa numerosas situações políticas ou jurídicas relativas à legitimidade do poder, ao exercício de prerrogativas e à definição de Estado. Assim, fala-se tanto de soberania do rei, da nação ou do povo, quanto de soberania do legislador, do constituinte ou do Estado. Outros usos são apenas derivados, como quando se fala de soberania de uma jurisdição, para dizer que ela estatui em última instância. Esta definição se aterá à exploração dos três primeiros campos semânticos.

Titular legítimo da soberania

O primeiro uso da soberania é relativo a seu titular *legítimo*. Nesse sentido, soberania é um conceito político que serve para designar o titular legítimo do poder que, no âmbito estatal por ela pressuposto, pode ser imposto unilateralmente pelo próprio soberano ou pelas autoridades constituídas que ajam em seu nome. Fala-se assim de soberania do monarca, do povo, da nação ou, quando o titular é um misto ontológico, de soberania do rei em seu Parlamento (*King in Parliament*) e de soberania do Estado (em alguns autores alemães do século passado que, por meio dessa poderosa abstração, tentam combinar o princípio monárquico com o princípio da representação do povo).

Daí resulta, por um lado, que a soberania serve para qualificar a suposta vontade do titular legítimo do poder, significando, primeiramente, que não existe vontade superior a essa e, em segundo lugar, que ela se impõe com uma força superior a todas as outras vontades. Nesse sentido, o soberano é a fonte da força obrigatória de todo o direito positivo, ainda que ele não determine necessariamente seu conteúdo – que pode ser, por exemplo, consuetudinário. Soberania significa então o poder *exclusivo* de seu titular para compor ou modificar a ordem jurídica. Não implica o exercício de um poder físico, mas sim de uma onipresença legal e de um monopólio do poder. Por outro lado, o reconhecimento da soberania de um titular equivale a atribuir-lhe um verdadeiro *direito natural* sobre o qual o próprio soberano não pode ter controle, pois esse direito é a condição de possibilidade de seu poder. Nesse sentido Sieyès escreveu que a nação soberana "existe antes de tudo, é a origem de tudo. Sua vontade é sempre legal, ela é a própria lei. Antes dela e acima dela só há o *direito natural*" (*Qu'est-ce que le Tiers-État?*, cap. V). A soberania do monarca, do povo e da nação apresenta-se assim, ao mesmo tempo, como direito natural e como fonte do direito positivo. Dessa constatação é possível extrair várias consequências.

Unidade. – A soberania, em primeiro lugar, é regida por um princípio de unidade. Ainda que o soberano não exerça, pessoal e diretamente, o poder de que é titular, todos os poderes exercidos no Estado por seus agentes, funcionários ou órgãos estatais são exercidos *em nome* do soberano, que assim é o autor nominal dos atos de poder. Por conseguinte, deve existir certo número de procedimentos que possibilitem ao soberano fazer ouvir e prevalecer sua voz sobre a voz de seus agentes, por meio da sanção dos atos jurídicos ou de sua evocação direta perante o Conselho do Rei, por meio de eleições, da responsabilidade dos governantes, do referendo ou do direito de petição nos sistemas de soberania da nação ou do povo. Entende-se assim por que a forma de organização do Estado e o exercício da soberania estão estreitamente ligados ao princípio político que os justifica e confere certa forma ao Estado.

Indivisibilidade. – Essa unicidade da instância soberana possibilita ressaltar uma segunda característica da soberania na qual os maiores legistas da monarquia e da república (Bodin, Loyseau, Sieyès) nunca deixaram de insistir: sua indivisibilidade. Cardin Le Bret lhe dá uma formulação abstrata e analítica quando escreve (*De la souveraineté du roi*, L. I, cap. IX) a fórmula bem conhecida: a soberania não é "mais divisível que o ponto em geometria".

A expressão, porém, pode ter três significados. Pode querer dizer que a soberania não só reside num único titular como também deve ser exercida por ele. Nessa perspectiva absolutista, "a indivisibilidade da soberania está ligada à unicidade de seu exercício" (O. Beaud, *PE*, p. 135). A introdução do princípio de separação dos poderes logo viria a demonstrar que é possível fazer uma distinção entre a unidade de seu titular e a distribuição de seu exercício. Num segundo sentido, indivisibilidade significa que uma única autoridade pode ter a soberania, o que exclui as formas de Estado misto. Embora demonstrem evidente preferência pela monarquia, Bodin, Loyseau e Hobbes reconhecem que um Estado pode assentar na soberania popular ou nacional. No entanto, a soberania não pode, em sua essência, ser compartilhada. Mas isso não significa que seu exercício não possa ser dividido entre vários órgãos, com a colaboração e o controle mútuo, necessários ao funcionamento do Estado. Por outro lado, pode existir uma representação. Assim, o princípio de indivisibilidade da soberania não é incompatível nem com o princípio de "separação" dos poderes nem com o de representação do soberano. Por fim, há um terceiro significado que admite a imputação da soberania ao conjunto composto pelo monarca e pelo Parlamento; segundo esse significado, assim concebida, a soberania não é compartilhada, sendo os dois órgãos cossoberanos (é o sistema inglês do *King in Parliament*). Compreende-se aí por que o princípio da indivisibilidade já não tem significado político, mas apenas lógico: é uma proposição analítica.

Inalienabilidade. – Afirmar que certa instância (monarca, nação, povo) é titular legítimo do poder significa atribuir-lhe um verdadeiro direito natural à soberania, logicamente anterior à instituição do direito positivo. É importante lembrar essa ideia porque se encontram com frequência constituições que, em algum de seus artigos, contêm o enunciado do princípio da soberania da nação, do povo ou mesmo do monarca. Pode-se ter a impressão de que esse direito decorre do próprio texto normativo. Essa ideia, porém, é incompatível com a constatação de que o soberano é o autor (putativo ou não) da constituição. Na realidade, o que ele tem é um direito legítimo, condição política de sua soberania. Daí resulta que o soberano não é dono desse direito e não pode aliená-lo.

O princípio de indisponibilidade da Coroa da França e a afirmação contida no artigo 3º da DDH 89 – "o princípio de toda soberania reside essencialmente na nação" – e o princípio do art. 28 DDH 93 – "um povo tem sempre o direito de rever, reformar e modificar sua constituição. Uma geração não pode sujeitar a suas leis as gerações futuras" – lembram, cada um a seu modo, que o soberano, embora possa fazer tudo na ordem positiva, não pode deixar de ser soberano, pois, embora seja autor de seus atos, não é autor de seu ser. Sendo fonte apenas do direito positivo (seus atos), e não da natureza das coisas (seu ser), ele nunca pode vincular-se ou abdicar de sua soberania. Sieyès exprime admiravelmente essa ideia quando escreve que a nação soberana "não pode alienar nem vedar-se o direito de querer; e, seja qual for sua vontade, ela não pode perder o direito de mudá-la, desde que seu interesse o exija. Em segundo lugar, com quem essa nação se comprometeria? Imagino que ela possa *obrigar* seus membros, seus mandatários e tudo o que lhe pertença; mas poderá, em algum sentido, impor-se deveres para consigo mesma? O que é um contrato consigo mesmo? Como os dois termos são a mesma vontade, ela sempre poderá desvincular-se do pretenso compromisso" (*QTE*, cap. V). O mais notável aí é que essa limitação não é uma proibição, mas uma impossibilidade. Seu valor não decorre de uma supraconstitucionalidade qualquer, mas de uma verdadeira *intraconstitucionalidade*, no sentido de que a soberania é constitutiva do soberano. É por essência que a soberania é nacional, monárquica ou popular.

Um corolário desse princípio de inalienabilidade da soberania é sua permanência. A soberania pertence "aos vivos". As gerações atuais ou o monarca atual, assim como não podem vincular as gerações futuras, não podem ser vinculados pelas gerações passadas. É na ponta da seta do tempo que reside a soberania. Portanto, não é o passado, mas o presente, a presença contínua do soberano que fundamenta a legitimidade do poder. Por isso, sua atualização, através do exercício da soberania, é seu elemento característico.

Exercício do poder soberano

O segundo campo semântico refere-se ao exercício da soberania. Ele suscita o problema da articulação entre a ordem da legalidade instituída pelo soberano e a ordem da legitimidade que o autoriza. Carré de Malberg escreveu: "Tomada em sua acepção precisa, a palavra soberania não designa um poder, mas uma qualidade, certo modo de ser, certo grau do poder. Soberania é o caráter supremo de um poder: supremo porque esse poder não admite nenhum outro, nem acima dele nem em concorrência com ele" (C. I. 70). Essa definição, muito genérica, assume significados diferentes conforme se faça uma relação com uma concepção voluntarista do exercício da soberania ou se leve em consideração a sua constitucionalização.

Concepções voluntaristas do exercício da soberania. – A concepção absolutista do exercício da soberania durante muito tempo foi a mais difundida. Até o advento do constitucionalismo contemporâneo das Revoluções americana e francesa, consecutivas ao reconhecimento da soberania do povo e da nação, ela pensava o poder supremo como poder *diretamente* exercido pelo soberano, uma vez que é não apenas um órgão, mas a encarnação, a incorporação do Estado. Não cabe aqui enumerar as "verdadeiras marcas da soberania" mostradas por Bodin, Loyseau, Cardin Le Bret e Hobbes, mas considerar o seu princípio, que é o "poder de ditar a lei a todos em geral e a cada um em particular [...] sem o consentimento de ninguém que lhe seja maior, igual ou menor" (Bodin, Six Livres I, 10). Tal concepção põe claramente o soberano acima do ato de que ele é autor, mas pelo qual ele não é vinculado. *Legibus solutus*, o soberano pode fazer tudo na ordem do direito que ele dita, direito do qual ele é autor exclusivo.

O advento das monarquias limitadas, o aumento do poder das assembleias representantes das ordens, do povo ou da nação, especialmente na Alemanha no século XIX, modificaram a concepção do exercício da soberania. O monarca já não era o exclusivo detentor do poder, mas continuava com as prerrogativas principais, entre as quais o direito de sanção que confere poder legislativo à deliberação de uma assembleia. A soberania já não era onipotência, mas ato do soberano. Entretanto, ela continha uma espécie de ressalva, em caso de lacuna do direito ou de situação de urgência, pois o monarca, em caso de silêncio da Constituição (lacuna ou urgência), conservava a plenitude de poderes do monarca absoluto. A soberania mostra-se aí como exercício de um poder limitado pela constituição, mas que não deriva dela e recupera sua amplitude passada quando esta silencia ou é suspensa (M. von Seydel).

Essa concepção é prolongada e renovada no pensamento de Carl Schmitt, quando este escreve, em *Teologia política*, a fórmula que ficou célebre: "É soberano aquele que decide sobre (*über*) a situação excepcional"; e explica que a ordem jurídica repousa assim numa decisão, e não numa norma. Para dimensionar o exato alcance dessa fórmula, é preciso admitir que a exceção não é apenas uma derrogação ao exercício normal do poder, mas revela o princípio de seu funcionamento. Por isso, Julien Freund, comentando a célebre frase, acrescenta que, se "o soberano nominal e oficial não exercer sua prerrogativa, significa que o verdadeiro soberano se dissimula alhures, precisamente onde se manifesta o mando que goza efetivamente do poder de decidir em última instância" (Freund, p. 126). "A quem reina efetivamente cabe dar a Coroa" – dizia o papa Zacarias a Pepino, o Breve. Não se podendo fazer que o soberano legítimo reine efetivamente, declara-se legítimo o soberano efetivo.

Constitucionalização do exercício da soberania. – O reconhecimento da soberania do povo ou da nação, consecutivo às Revoluções americana e francesa, modificará profundamente as concepções do exercício da soberania, associado ao novo poder constituinte e pensado como uma competência, mesmo que uma competência extraordinária: uma metacompetência, a competência da competência. Essa evolução resulta da dificuldade de pensar o estatuto jurídico do povo ou da nação. O princípio da soberania da nação ou do povo pressupõe, evidentemente, que a nação ou o povo existem anteriormente ao estabelecimento de uma constituição; como escreveu Sieyès (*QTE*, V), "independentemente de qualquer forma". A existência política da nação ou do povo precede aí o ato constituinte. Nesse sentido, pode-se dizer que a revolução política que encerra o século XVIII é simplesmente a revolução da transferência da titularidade da soberania do monarca para a nação ou o povo. Contudo, essa entidade coletiva, mesmo quando personalizada, é incapaz de exercer *por si mesma* e espontaneamente o poder que lhe é conferido, só querendo ou só falando por intermédio de sua representação, que é necessariamente constituída (por exemplo, no momento da confirmação dos mandatos eleitorais). Assim, surge uma distinção, característica do constitucionalismo, entre o titular legítimo da soberania (a nação, o povo) e o(s) detentor(es) de seu exercício, que são órgãos constituídos. Enquanto na monarquia limitada a soberania caracteriza o poder de um soberano que não pode fazer tudo, no constitucionalismo a soberania é a qualidade de um poder que não é exercido diretamente pelo soberano.

Essa distinção aparece com grande nitidez na Constituição americana de 1787, cujo Preâmbulo começa com uma prosopopeia: "Nós, o povo dos Estados Unidos..."; depois, em seu artigo VII, estabelecem-se as condições de ratificação da Constituição e, em seu título VI, o procedimento jurídico de emenda da Constituição: a formulação da vontade do povo americano será feita por órgãos constituídos, ainda que eles o sejam especialmente para tal efeito. O povo americano não se torna autor da Constituição ao cabo de um esquema linear e causal, mas é qualificado de autor retrospectivamente, em virtude de uma imputação. De maneira análoga, a Declaração de 1789, em seu artigo 3º, estabelece que "o princípio de toda soberania reside essencialmente na Nação. Nenhum corpo, nenhum indivíduo pode exercer autoridade que não emane dela expressamente", e a Constituição de 1791 (título III, art. 1º) lembra que "a soberania é una, indivisível e inalienável. Ela pertence à Nação; nenhuma parcela do Povo e nenhum indivíduo pode atribuir-se seu exercício". Mas o mesmo texto, no artigo 1º do Título VII da Constituição francesa de 1791, dispõe que, embora "tenha o direito de modificar sua Constituição", a nação só pode fazê-lo "pelos meios expressos na própria Constituição", o que equivale a dizer, por preterição, que a própria nação não pode exercer o poder constituinte. No constitucionalismo moderno, todos os poderes procedem da constituição e fora dela nada são. O discurso *a priori* da legitimidade tende então, naturalmente, a transformar-se em um discurso *a posteriori* da legitimação.

Sieyès e, depois dele, grande parte da doutrina jurídica contribuíram amplamente para justificar tal divórcio, conceituando-o na forma de distinção radical entre poder constituinte originário e poder constituinte derivado. O primeiro, associado ao "poder revolucionário em estado bruto" (Esmein), é excluído do mundo jurídico e, em suma, ignorado. O segundo, equiparado ao poder de revisar a constituição, é apresentado como competência da competência, ou seja, a possibilidade que as autoridades constituídas, seguindo os procedimentos previstos para esse efeito, têm de revisar parcial ou totalmente a Constituição. Assim, a soberania, equiparada ao exercício do poder constituinte derivado, já não tende a designar o exercício de um poder que transcenda a ordem jurídica, mas uma propriedade do próprio sistema jurídico de modificar-se sem encontrar outros limites senão os que são impostos pelo respeito aos procedimentos, ou seja, como escreveu Kelsen, sem derivar de uma norma mais alta (Kelsen, *Problem der Souveränität*, 12-13). Essa concepção foi desenvolvida por Carré de Malberg com brilho especial, no último capítulo da *Contribution*. A constituição caracteriza o Estado moderno não por provir da nação transcendente, mas por ser capaz de se transformar integralmente por meio de seus órgãos constituídos. Tal visão, hoje compartilhada por grande parte da doutrina, redunda em criar uma dissociação entre o problema do exercício legal da competência constituinte pelos órgãos constituídos e o problema da legitimidade do exercício da soberania.

Característica do Estado

Num terceiro sentido, a soberania é uma qualidade constitutiva da estaticidade do Estado, sendo este definido em termos de diferença em relação às organizações infraestatais por ele subjugadas, bem como em relação com as organizações supraestatais que ele ignora. Nesse sentido, a ideia de Estado, entendido este como uma ordem geograficamente circunscrita, mas juridicamente soberana, opõe-se à ideia de Império universal, que engloba "coletividades territoriais" não absorvidas juridicamente por ele. Na organização política da Europa posterior ao tratado de Vestefália, isso significa que o Estado é ao mesmo tempo detentor do poder supremo na ordem interna e independente na ordem externa (composta por iguais). Enquanto na ordem interna a soberania se manifesta de maneira unilateral e vertical, na ordem internacional ela se mostra na forma de atos bilaterais e de entendimentos horizontais.

Cabe especificar que tal apresentação do Estado pretende dar-lhe uma definição analítica. Conforme escreveu Loyseau numa fórmula sucinta, "a soberania é totalmente inseparável do Estado. A soberania é a forma que dá ser ao Estado" (*Traité des Seigneuries*, cap. II, nº 4). Essa ideia é expressa por Vitoria, Suarez, Grócio, Pufendorf, Hobbes, Rousseau e, mais recentemente, por Borel e Le Fur. Em obra recente, O. Beaud escreveu que "nada permite invalidar a opinião clássica de que não há Estado sem soberania" (Beaud, p. 14). Na história do pensamento moderno, praticamente só Althussius, refletindo sobre a organização política no contexto do Império romano-germânico, opôs alguns argumentos à concepção dominante.

No entanto, o surgimento e o desenvolvimento de Federações de Estados, nos Estados Unidos e depois na Suíça e na Alemanha, parece ter posto em xeque esse grande consenso de opiniões. A contar do momento em que se atribuíram importantes competências à Federação e se admitiu que seus atos sobrepujavam juridicamente os atos das instâncias federadas, foi possível considerar a entidade federal como verdadeiro Estado porque soberano. Mas então, como pensar o Estado federado? A teoria do Estado federal comporta uma grande contradição entre a afirmação de sua própria soberania e a afirmação de estaticidade das coletividades que o compõem. Para salvar a estaticidade das coletividades federadas, Calhoun nos Estados Unidos e Seydel na Alemanha tentaram demonstrar que a entidade federal não é soberana e não pode ser um Estado. Essa resistência é muito forte na Alemanha porque a Federação sempre ameaça prejudicar a soberania dos monarcas dos diferentes Estados e fundamentar sobre princípios republicanos o Império que se reconstitui. Uma escola, porém, tomará partido contrário. Na esteira do jurista alemão Zorn, do suíço Borel e do francês Le Fur, será afirmado que, se a entidade federal é soberana, então convém simplesmente concluir que as coletividades federadas não são Estados no sentido jurídico da palavra. Essa lição hoje é amplamente acatada.

No entanto, foi discutida com especial vigor entre 1870 e 1918 por autores de primeira plana, como Laband, Jellinek, Michoud e Carré de Malberg. Para demonstrar que o Estado subsiste como tal quando integrado num Estado federal cuja soberania não se discute, esses autores pretenderam fazer uma distinção entre poder estatal (*Staatsgewalt*) e soberania. Só o primeiro caracteriza o Estado, enquanto a segunda nada mais é que a qualidade assumida pelo poder do Estado que seja plenamente independente. O raciocínio dos autores é o seguinte: certamente um Estado federado, em decorrência de uma modificação da constituição federal desejada pela maioria – mas não pela unanimidade – dos Estados federados, pode ser obrigado a proceder a uma modificação subsequente de sua organização constitucional, que a tornará compatível com a organização federal nova. No entanto, esse Estado federado continua sendo um Estado no sentido jurídico da palavra, pois sua organização constitucional não *procede* da constituição federal, mas de seu próprio poder constituinte. Deve-se entender que o que está em jogo é a estaticidade da entidade federada, ao mesmo tempo que se estabelece a estaticidade da entidade federal. Nesse sentido, trata-se apenas da tentativa, fadada ao fracasso, de conciliar uma ordem antiga – ainda baseado no princípio monárquico – com a ordem nova instituída pelo II Reich. De fato, se o que caracteriza juridicamente o Estado é a independência de seu poder constituinte e sua faculdade de renovar integralmente sua organização, qualquer subordinação desse poder a regras jurídicas superiores é também a negação dessa independência e, por conseguinte, do caráter estatal da coletividade federada.

Problema análogo não deixará de ocorrer com os Estados-membros da União Europeia, caso o processo de integração vá muito além do que é hoje previsto pelos tratados. As revisões das constituições dos diferentes Estados, compatibilizadas com o tratado, redundam em importantes transferências de exercício de competências que globalmente são vinculadas ao da soberania. O Estado deixará de ser soberano? Caberá deixar de falar em Estado? Essas indagações talvez nos lembrem que a forma do Estado soberano, na história, é apenas um momento da organização política.

› Além dos autores clássicos, remetemos, em primeiro lugar, a: CARRÉ DE MALBERG R., *Contribution à la théorie générale de l'État*, Paris, Sirey, 1920-22 (reimpr. 1985). – JELLINEK G., *Allgemeine Staatslehre*, 1ª ed., 1900, trad. fr. de G. Fardis, *L'État moderne et son droit*, Paris, ed. M. Giard & E. Brière, 1911 e 1913, 2 vols. – KELSEN H., *Das Problem der Souveränität und die Theorie des Völkerrechts*, Berlim, Julius Springer, 1920. – LABAND P., *Das Staatsrechts des Deutschen Reiches*, 1ª ed., 1876, 3 vols., 5ª ed., 1911-14, 4 vols., trad. fr. de C. Gandillon *et al.*, *Le Droit public de l'Empire allemand*, 6 vols., Paris, ed. V. Giard & E. Brière, 1900-04. – SCHMITT C., *Théologie politique* (trad. fr.), Paris, Gallimard, 1988; *Verfassungslehre*, 1ª ed., 1928, trad. fr., *Théorie de la constitution*, Paris, PUF, 1993.

A título de comentário, cabe acrescentar as obras de BEAUD O., *La Puissance de l'État*, Paris, PUF, 1994. – CALDWELL P. C., *Popular sovereignty and the crisis of german constitutional law*, Duke, Duke Univ. Press, 1997. – FARDELLA F., "Le dogme de la souveraineté de l'État. Un bilan", *APD*, 1997, 1997, nº 41, pp. 115-34. – FREUND J., *L'Essence du politique*, Paris, Sirey, 1981. – GAUCHET M., *La Révolution des pouvoirs. La souveraineté et la représentation*, 1789-1799, Paris, Gallimard, 1995. – HINSLEY F. H., *Sovereignty*, Cambridge, Cambridge Univ. Press, 2ª ed., 1986. – KRYNEN J., *L'Empire du roi*, Paris, Gallimard, 1993.

Éric MAULIN

→ Alemanha; Constitucionalismo; Constituição e direito constitucional; Decisionismo; Direito francês; Doutrina; Estado; Estado de direito; Federação e Estado federal; Prerrogativas soberanas; Representação; Revolução; Revolução francesa e direito.

SOCIALIZAÇÃO JURÍDICA

Numa primeira abordagem, pode-se definir *socialização jurídica* como um campo de pesquisa atinente ao processo de formação de um sistema de representações e atitudes duradouras subjacente aos conhecimentos e às práticas relativas ao Direito, formação essa que ocorre essencialmente durante o período que vai da infância ao fim da adolescência.

Componente da socialização geral da criança e do adolescente (processo por meio do qual o indivíduo se torna um ser social), a socialização jurídica consiste em "um processo de apropriação – ou seja, de assimilação progressiva de representações e saberes pelo sujeito e de reorganização destas em seu próprio universo – do Direito que rege sua sociedade e de seus elementos: normas, instituições, relações nas quais elas intervêm e valores que as investem" (Kourilsky, 1991). J. Carbonnier designa a socialização jurídica com o nome de "processo de *juridicização* da criança e do adolescente" (Carbonnier, 1994).

Pesquisas europeias sobre a consciência jurídica dos adultos

As pesquisas sobre a socialização jurídica foram precedidas na França por pesquisas atinentes à sociologia do direito sobre os conhecimentos, as representações e as atitudes dos adultos em relação ao direito e à justiça; os campos do direito privado atinentes ao direito da família foram objeto de grande interesse na óptica de uma série de reformas do Código Civil francês inspiradas por J. Carbonnier (Terré e Sayag, 1977). Nos meios jurídicos e sociológicos dos países do Centro e do Leste europeu, esse tipo de pesquisa foi na época designado com o nome de pesquisa sobre a *consciência jurídica*, segundo um conceito criado por I. Szabo na Hungria, que designa ao mesmo tempo a consciência social e a consciência individual do direito. Tiveram grande desenvolvimento nos anos 1960 e 1970, tanto na Hungria quanto nos outros países socialistas europeus, especialmente na Polônia. Na Europa ocidental, um projeto de pesquisa comparativa, o projeto KOL ou Knowledge and Opinion about Law, foi desenvolvido sob a direção de B. Kutchinsky (Dinamarca). Durante a década de 1980, as pesquisas sobre a consciência e o conhecimento do direito difundiram-se no Canadá sob os auspícios do Ministério da Justiça, tal como ocorrera antes na França (Arnaud *et al.*, 1988).

Pesquisas americanas sobre a socialização jurídica

Na mesma época, nos Estados Unidos foram feitas pesquisas sobre a socialização moral e a socialização política do indivíduo durante a infância e a adolescência. Só no fim da década de 1960 a psicóloga J. L. Tapp desenvolveu o conceito inicial de socialização jurídica (*legal socialization*). Para diferenciar o campo da socialização jurídica do campo das outras formas de socialização, J. Tapp centrou sua definição nas *atitudes em relação à norma jurídica*: "The aspect of the socialization process dealing with the emergence of legal attitudes and actions, e.g. the internalization of legal norms, the learning of compliant and deviant modes, and the issue of abiding to law and rules" (Tapp, 1971, Tapp e Levine, 1977). O duplo sentido do adjetivo inglês *legal* (jurídico *e* legal) inclina *ipso facto* a socialização jurídica no sentido da aprendizagem de comportamentos conformes ao direito. Julgada do ponto de vista do objetivo social que lhe é atribuído, ela é considerada "bem-sucedida" em caso de aprendizagem da conformidade à Lei e às regras de autoridade, e malsucedida em caso contrário. Aliás, a valorização do "respeito" e da "obediência" à lei na definição acima citada implica que a lei é concebida essencialmente como uma norma imperativa que age por injunções e proibições cuja transgressão é capaz de acarretar sanções. Por fim, conformidade ou recusa de conformidade à norma jurídica é sinônimo de conformidade ou de desvio social, visto que a norma jurídica imperativa é concebida como algo que se inscreve na continuidade – e mesmo na continuidade jurídica (*legal continuity*) – da norma social, sem que se abra espaço para modelos alternativos.

Na linha das teorias piagetianas de psicologia cognitiva que já haviam inspirado as pesquisas americanas sobre a socialização política e a socialização moral, J. Tapp desenvolve com L. Kohlberg (Tapp e Kohlberg, 1971) – que sistematizou o modelo de desenvolvimento moral esboçado por J. Piaget (Piaget, 1932, 1978) –

uma "teoria cognitiva do desenvolvimento jurídico" que distingue três estágios de desenvolvimento das representações da lei e da justiça antes da idade adulta: no primeiro estágio (chamado estágio pré-convencional), o sentido da lei e da justiça se baseia no desejo de evitar a punição e num respeito incondicional à autoridade e às regras ditadas pela autoridade porque elas são concebidas como algo destinado a evitar comportamentos perigosos; no segundo estágio (estágio convencional), os sujeitos são motivados pelo desejo de ter o reinado da lei e da ordem, seja por conformidade pessoal (procura da aprovação alheia), seja por conformidade social (manutenção das regras e das estruturas da sociedade); nesse estágio as leis são menos concebidas como proibições do que como prescrições diretas; no terceiro e último estágio (estágio pós-convencional), o adolescente adota o chamado ponto de vista "do legislador"; regras e leis são vistas como algo que foi objeto de um consenso social, e a obediência a suas disposições é racional; ela depende especialmente do fato de não serem contrárias aos princípios universais de justiça. As pesquisas feitas por J. Tapp e seus colaboradores com populações adultas mostraram que, numa espécie de regressão em relação ao modelo pós-convencional do fim da adolescência, o que predomina na idade adulta é o estágio convencional do *law and order*.

Críticas feitas nos Estados Unidos às primeiras pesquisas sobre a socialização jurídica

Será preciso considerar as críticas formuladas nos Estados Unidos nas décadas de 1970 e 1980 e as advertências abaixo que ajudarão a elaborar as pesquisas ulteriores. A sociologia do direito (Friedman, 1971) lembra que norma jurídica não pode ser reduzida a norma imperativa, mas pode também – como ocorre na maioria das vezes na vida diária – dar ao indivíduo direitos e possibilidades de agir que ele tem liberdade de utilizar ou não. Portanto, é preciso ampliar para além de norma imperativa o conceito de norma jurídica no qual se baseia a concepção de socialização jurídica. A psicologia manifesta dúvidas sobre os fundamentos da teoria dos estágios de desenvolvimento. As pesquisas feitas com crianças muito novas (Turiel, 1983) mostram que elas desenvolvem uma teoria coerente do mundo e, notadamente, leis e regras que elas sabem ser facultativas bem antes da idade determinada para o estágio convencional (9-10 anos). Por outro lado, a teoria dos estágios parece esquecer que existem modos de socialização diferentes em função do sexo da criança (Gilligan, 1982): se as pesquisas de Kohlberg detectam que as meninas se situam mormente no estágio de desenvolvimento "convencional" (procura da aprovação alheia) é porque a educação desenvolve nelas uma ética da solicitude em relação aos outros e da manutenção da continuidade das relações, ao passo que a educação dos meninos estimula uma ética de estrita delimitação dos direitos individuais e de solução dos conflitos.

Concepção francesa da socialização jurídica e sua divulgação na Polônia, na Hungria e na Rússia

A concepção de socialização jurídica que surge na França na década de 1980 desenvolveu-se no âmbito da sociologia do direito tal como as pesquisas anteriores sobre atitudes dos adultos perante o direito. Mas aprendeu a lição das pesquisas pioneiras que a precederam – a nova concepção de socialização jurídica se valerá da noção de socialização geral desenvolvida na pesquisa francesa sobre a socialização política (Percheron, 1985), e os métodos da pesquisa desenvolverão as técnicas de associações de palavras utilizadas por esta última, refinando-as com o acréscimo de técnicas de associações seletivas entre conceitos jurídicos e valores. Ela ampliará a noção de norma jurídica, indo além da norma imperativa e, integrando o ponto de vista da antropologia, incluirá no campo da socialização jurídica os valores-chave do sistema cultural em questão.

Seus elementos essenciais, que desenvolvem a definição mencionada no início deste artigo, são os seguintes: 1 / O direito é parte integrante da cultura à qual pertence o sujeito, parte da "maneira específica de imaginar a realidade" de que fala a antropologia (Geertz, 1983). Cultura comum ao conjunto da sociedade em questão ou cultura própria ao meio familiar e social e ao contexto local em que se insere o sujeito? Nesse aspecto, distinguiremos os fenômenos de aculturação jurídica do sujeito e os fenômenos de aculturação pelo sujeito. 2 / Através daquilo que chamamos de processo de *aculturação jurídica do sujeito* (outros prefeririam falar de *enculturação*), este adquire os saberes comuns à cultura jurídica dominante em sua sociedade. A aquisição de saberes comuns, a existência de representações sociais comuns referentes à lei e às instituições, as relações entre o Estado e o cidadão, sua formação ao longo da história nacional e os valores comuns aos quais eles recorrem fornecem ao conjunto dos indivíduos de dada cultura uma linguagem comum impregnada de significados comuns, que lhes permite comunicar-se e reconhecer-se através das "evidências implícitas compartilhadas". 3 / Mas, de modo paralelo, ocorre aquilo que chamamos de *"aculturação" pelo sujeito dos diferentes objetos da cultura jurídica comum*, porque ele os recria ao reinterpretá-los de tal maneira que seu conteúdo faça sentido para ele em relação aos códigos culturais próprios adquiridos em seu meio familiar e social. Também aí há compartilhamento de evidências implícitas, mais profundas ainda que as evidências adquiridas durante o processo de aculturação jurídica do sujeito, que podem servir mais ao oportunismo da comunicação (saber o que é preciso dizer ou calar, fazer ou deixar de fazer para ser considerado um membro confiável da comunidade em questão).

As enquetes comparativas de socialização jurídica realizadas nas décadas de 1980 e 1990 na França, na Polônia (1987-90), na Rússia (1993-96) e na Hungria (1995-98) trazem à tona sistemas de representação individuais próprios às culturas nacionais e variações em função de idade, sexo e meio social. Os resultados não confirmam, com a idade, a sucessão dos três estágios do modelo de Kohlberg, mas a interiorização progressiva de um modelo cultural que se cristaliza em evidências compartilhadas (com subvariantes mais sutis determinadas pelo sexo, pelo meio social e pelo contexto local); nesse aspecto, a idade de 13-14 anos marca o início de uma apropriação pessoal desse modelo. As pesquisas confirmam também que a socialização jurídica não pode ser reduzida a conhecimentos, representações e atitudes referentes aos objetos mais "socialmente visíveis" do Direito. Como as imagens do direito e as imagens do mundo se constroem simultaneamente na criança e no adolescente e se alimentam mutuamente, as imagens da lei, do direito ou da justiça não podem ser compreendidas se não forem aclaradas pelas representações desenvolvidas em torno das noções – ou valores – fundamentais de autoridade, culpa, punição, liberdade, igualdade, responsabilidade e solidariedade. A socialização jurídica *situa-se no tempo e no espaço.* O que a criança e o adolescente interiorizam – e que persistirá duradouramente sob as representações do adulto – é a imagem que eles criam do *direito* em *dado momento*, em torno de informações adquiridas direta ou indiretamente, em *dado meio social* e em *dada sociedade e cultura.* No entanto, a socialização jurídica *varia no tempo*: em primeiro lugar, como se sabe, *as culturas não são estáticas*; mas, além disso, a apropriação ativa pelo sujeito das informações que lhe são transmitidas implica por parte dele uma reinterpretação que faça sentido à luz das suas experiências aqui e agora.

Pesquisas americanas recentes sobre a consciência jurídica

Nos Estados Unidos, também na década 1990, desenvolvem-se paralelamente pesquisas sociológicas clássicas realizadas por meio de questionários com amostras representativas nacionais, pesquisas de tipo qualitativo realizadas por meio de entrevistas com aprofundamento (elas utilizam especialmente a técnica das histórias de vida ou *narrativas*) com um número limitado de entrevistados. Seus resultados, apesar da diferença entre concepções americanas e europeias, apresentam pontos de proximidade significativos com relação a estas últimas. Citaremos, por exemplo, a pesquisa realizada pelos sociólogos P. Ewick S. Silbey (Ewick e Silbey, 1998), que vai muito longe no questionamento do campo do direito. Indo além da interrogação clássica sobre o papel desempenhado pelo direito nas relações sociais, elas se esforçam por descrever o papel-chave desempenhado na vida dos indivíduos não mais por aquilo que chamam de *Law*, mas por aquilo que chamam de *legality*. A consciência do direito, a *legal consciousness*, é a maneira como as pessoas comuns interpretam e sentem o direito em sua vida cotidiana e, mais ainda, a maneira como o aplicam. Além das representações individuais ou da pesquisa dos efeitos do Direito, trata-se de procurar discernir a trama do jurídico (*the web of legality*) nos acontecimentos e nas transações ordinárias. Já não há distinção entre direito e sociedade, o direito é concebido como um traço inerente às situações sociais, e não mais como força autônoma a agir sobre essas situações. A consciência jurídica, para os autores, é "emergente, complexa e móvel". Mas, em cada situação, existe um número limitado de interpretações que dão sentido às coisas e aos acontecimentos. Por fim, essas interpretações são desigualmente acessíveis aos indivíduos em função de sua capacidade de apreendê-las.

A pesquisa realizada pelos juristas antropólogos D. Engel e F. Munger (com o uso da técnica das histórias de vida), mais próxima das pesquisas europeias, interliga sistema jurídico e contexto cultural específico. O Direito é um dos elementos que constituem as categorias e as rotinas da vida diária. Estas, por sua vez, com os indivíduos que delas participam, dão forma e significado ao direito. A consciência jurídica emerge dessa interação contínua entre o Direito e a experiência adquirida pelo indivíduo. As histórias de vida possibilitam somar uma nova dimensão às pesquisas nesse campo, ao enfatizarem o surgimento da identidade e as atitudes em relação ao direito ao longo de toda a vida. Para eles, como na pesquisa europeia, a consciência jurídica enraíza-se em experiências que remontam à infância e à adolescência e continuam através da vida adulta. É o Si que se recria de modo contínuo e redefine a *pertinência ou a não pertinência do direito*. Essa pesquisa mostra, por exemplo, como indivíduos deficientes optam, em função de sua experiência, por valer-se ou não dos direitos que lhes são atribuídos pela Lei. Segundo os casos, eles podem escolher a segunda solução para não se arriscarem a enfrentar, no meio profissional, questionamentos sobre sua identidade de "profissionais" e serem confinados a uma identidade de "deficientes". São as modalidades da construção de identidade na infância que possibilitam compreender suas vitórias e suas renúncias.

Pertinente para várias disciplinas – direito, psicologia, sociologia, sociologia do direito, antropologia do direito –, o duplo campo de pesquisa atinente à socialização jurídica e à consciência do direito se impôs progressivamente nos últimos trinta anos para todo e qualquer estudioso que queira aprofundar-se nos processos de *recepção do direito* pelos indivíduos. Construtos teóricos diferentes e métodos diversificados foram testados na pesquisa na Europa e nos Estados Unidos. Todas são partes de abordagens centradas no próprio Direito, privilegiando o conhecimento da lei ou o respeito à lei para chegar à necessidade de centrar o olhar no indivíduo, na maneira como se constroem as representações do direito ligadas a suas experiências, que condicionam no futuro tanto os seus conhecimentos quanto o uso que ele fará do Direito.

› ARNAUD A. *et al.*, *Dictionnaire encyclopédique de théorie et de sociologie du droit*, Paris/Bruxelas, LGDJ/Story-Scientia, 1988, V, "Socialisation juridique" et "Conscience du droit". – CARBONNIER J., *Sociologie juridique*, Paris, PUF, 1994. – KOURILSKY-AUGEVEN C. (em col. com M. Arutiunyan e O. Zdravomyslova), *Socialisation juridique et modèle culturel. L'image du droit en Russie et en France*, Paris, LGDJ, "Droit et Société", 1996; *Socialisation juridique et conscience du droit*, Paris, LGDJ, 1997. – MUNGER F. W. & ENGEL D. M., Civil Rights and Self-Concept:, Life Stories of Law, Disability, and Employment", *Droit et Cultures*, 1998/1, nº 35, pp. 43-73. – SILBEY S. S. & EWICK P., "Devant la Loi: la construction sociale du juridique", *in* C. Kourilsky-Augeven (org.), *Socialisation juridique et conscience du droit*, 1997, pp. 33-57. – TAPP J. L. & KOHLBERG L., "Developing Senses of Law and Legal justice", *Journal of Social Issues*, 1971, 27/2, pp. 65-91. – TAPP J. L. & LEVINE F. J. (org.), *Law, Justice, and the Individual in Society*, Nova York, Holt, Rinehart & Winston, 1977.

Ver também: FRIEDMAN L., "The Idea of Right as a Social and Legal Concept", *Journal of Social Issues*, 1971, 27/2, "Socialization, the Law and Society", J. L. Tapp (org.), pp. 189-98. – GEERTZ C., *Savoir local, savoir global. Les lieux du savoir*, Paris, PUF, 2ª ed., 1999 (Estados Unidos, 1983). – GILLIGAN C., *In a Different Voice. Psychological Theory and Women's Development*, Cambridge, Harvard Univ. Press, 1982. – PERCHERON A., "La socialisation politique, défense et illustration", *Traité de science politique*, M. Grawitz & J. Leca (org.), Paris, PUF, 1985, t. 3, pp. 165-236. – PIAGET J., *Le Jugement moral chez l'enfant*, Paris, PUF, 1932, 1978. – TERRÉ F. & SAYAG A., "Connaissance et conscience du droit", *Travaux du Colloque de sociologie juridique franco-soviétique (Paris, octobre 1975)*, Paris, CNRS, 1977.

Chantal KOURILSKY-AUGEVEN

→ Aculturação jurídica; Antropologia jurídica; Condutas sociais; Direito subjetivo, Simbólica do direito e da justiça; Sociologia jurídica; Tempo.

SOCIEDADES TRADICIONAIS

A denominação das sociedades estudadas por um observador que não seja originário dela é indissociável do problema de qualificação. Este reflete uma relação de força suposta ou real entre o observador e o observado. O emprego do termo *tradicional* para designar as sociedades não ocidentais estudadas pela etnologia é historicamente datado. Apesar de aparentemente neutro, estabelece uma divisão que cabe relativizar.

A multiplicidade dos termos utilizados para qualificar as sociedades observadas pelos etnólogos traduz a dificuldade de sua qualificação, que por sua vez é função de concepções apriorísticas resultantes da apreciação das relações entre essas sociedades e seus observadores, especialmente (mas não só) juristas. Assim, foram empregados os seguintes qualificativos: sociedades *selvagens*, *primitivas*, *arcaicas*, *sem direito* e, mais recentemente, *tradicionais* ou mesmo *não estatais*.

Todos esses termos devem ser compreendidos como elementos de oposições binárias, com o objetivo de valorizar as sociedades dos observadores, qualificadas de *civilizadas*, *modernas*, *complexas*. Os primeiros estão hoje obsoletos, em razão de seu caráter pejorativo. Estavam ligados a um contexto evolucionista que equiparava inferioridade e anterioridade, redundando na irredutível dicotomia encontrada na divisão feita por Augusto Comte no século passado entre *etnologia*, ciência das sociedades primitivas, e *sociologia*, ciência das sociedades modernas. Hoje, essas distinções foram atenuadas pelas preocupações perante um futuro incerto e pela nostalgia do mito recorrente do Bom Selvagem influenciada por uma ecologia às vezes ingênua (mesmo nas sociedades menos desenvolvidas tecnicamente, o homem sempre precisou conceituar, construir seu lugar no meio natural). Por outro lado, percebe-se que o grau de tecnicidade material não é necessariamente correlativo do grau de desenvolvimento intelectual. A Grécia antiga não era tecnologicamente muito avançada, mas isso não a impediu de criar a filosofia ocidental (seria possível dizer o mesmo dos romanos em matéria de direito). A complexidade das estruturas de parentesco em geral é muito maior nas sociedades exóticas do que nas ocidentais: o Einstein do parentesco foi provavelmente um aborígine australiano. No entanto, a expressão *sociedades tradicionais* deve ser usada com muita prudência, pois sob uma aparência mais neutra ela tende mais a distinguir essas sociedades das nossas do que associá-las, ainda que seja inexato confundi-las. Aliás, mesmo hoje, a maioria dos juristas continua acreditando que tais sociedades têm pouco ou nenhum direito (apenas costumes), ou pouco ou nenhum Estado (apenas chefes), o que reatualiza as antigas clivagens. Do mesmo modo, a ideia de tradição evoca um tempo e estruturas sociais imóveis, um direito congelado. Percebe-se, pois, que a mudança de termos não implica necessariamente uma mudança de julgamento. No entanto, muitas pesquisas feitas pelos antropólogos e pelos juristas interessados por antropologia mostram que a tradição é evolutiva e que, através da diversidade das estruturas jurídicas, é possível ver em ação um pensamento humano unitário, mas não uniforme.

Plasticidade da tradição

Existem inúmeros testemunhos etnográficos segundo os quais as pessoas interrogadas pelos etnólogos sobre os fundamentos desta ou daquela regra respondiam que elas agiam de determinado modo porque assim sempre haviam agido seus ancestrais. Essa concepção parece corresponder às definições que damos dos costumes: usos transmitidos de geração em geração. No entanto, o recurso à anterioridade nada mais é que um modo de legitimação que, na realidade, não exclui a mudança. De fato, a maioria das sociedades observadas pelos etnólogos pratica um tipo de comunicação oral. Por natureza, ela é muito passível de variação. Caso contrário, como explicar a multiplicidade das versões de um mito, a divergência das genealogias, as variações dos rituais? Aliás, a mutação faz parte do processo de memorização. Embora mais elevada nas sociedades tradicionais (porque mais exercidas), a capacidade mnemônica dos indivíduos não é ilimitada. Nem tudo pode ser memorizado, e a seleção não é feita a esmo: depende dos interesses presentes, *aqui e agora*. Os colonizadores britânicos tiveram essa experiência com os *tiv*, na Nigéria. Para pôr fim às disputas por terras, eles mandaram redigir as genealogias frequentemente recitadas por aquela população, querendo utilizá-la depois como modalidade de prova perante as diversas pretensões. Provocaram uma hostilidade quase geral, pois os *tiv* afirmaram, de boa-fé, que aquilo era uma falsificação: o texto escrito não permitia a fluidez à qual eles estavam acostumados. De fato, somente nas sociedades com escrita prevalece a rememoração exata. No entanto, elas também devem fazer alguma concessão ao esquecimento: embora utilizável durante todo o tempo possibilitado pela conservação de seu suporte, o texto escrito não pode ser consultado indefinidamente nem lido da mesma maneira.

O costume, como versão jurídica da tradição, mostra a mesma aptidão à plasticidade, principalmente porque os juristas o definem com base em características intelectualmente contraditórias, mas socialmente operacionais. Quando alguém quer legitimá-lo invoca sua antiguidade, repetitividade e confiabilidade. A imutabilidade constitui então sua imagem dominante: ele persiste sobrevivendo. Quando alguém quer salvaguardá-lo, insiste na sua harmonização com as necessidades do grupo que o engendra, nas suas infinitas capacidades de adaptação. A imutabilidade é substituída pela flexibilidade ("O costume se move", diziam já os juristas medievais). Quem quiser manipulá-lo inventará costumes e outras instituições "tradicionais" que nunca existiram. Isso ocorreu frequentemente com os colonizadores. Assim, na Nova Caledônia, estes imaginaram a propriedade coletiva "primitiva", tribos e *chefferies*: era mais simples negociar o acesso ao território com um chefe que supostamente representava a "horda primitiva" do que seguir os meandros das transações fundiárias com seus diversos titulares. Paralelamente, hoje em dia no âmbito das estratégias fundiárias, os canacas recorrem a tradições inventadas. Esses desvios do costume também podem ser inconscientes. Hoje, no Taiti, alguns polinésios reivindicam o restabelecimento dos *toohitu*, jurisdições competentes em matéria de litígios fundiários, que eles situam no passado pré-colonial, ao passo que tais tribunais foram na realidade criados pelos missionários. O costume, portanto, é essencialmente polissêmico. Em vez de constituir uma regra imutável, impõe-se menos aos homens do que estes a ele. Não constitui o arcabouço rígido de sociedades "frias" que poderia ser oposto à fluidez dinâmica das sociedades "quentes", as nossas. Percebe-se também a relatividade da distinção estudando-se a existência do direito e do Estado. Este último não é redutível a um modelo único.

Estado tradicional

Mesmo nas sociedades ocidentais modernas, as estruturas estatais são muito diversas: do Estado unitário ao Estado federativo, passando pelos Estados autonômicos. Enquanto se omitem essas distinções fundamentais, tende-se a escamotear a existência do Estado nas sociedades tradicionais, para especificá-las melhor. Mesmo sendo verdade que muitas destas não são estatais, várias delas conheceram o Estado, mas um Estado que atende a critérios diferentes do Estado moderno, o que autoriza a falar-se de Estado *tradicional* (ou mesmo *inicial*, *precoce*). Esses termos não designam necessariamente as primeiras formas assumidas pelo Estado. Talvez nunca venhamos a conhecê-las em razão da ausência de testemunhas, só conhecendo as formas nas quais surgem os modos de organização do poder político que são mais ou menos marcados pelas estruturas de parentesco, mais ou menos concentrados, aos quais corresponde uma sociedade que não se pode dizer não homogênea, porém menos heterogênea do que a dos Estados modernos. Deve-se observar que esse tipo de Estado não aparece apenas no Ocidente: encontram-se numerosas manifestações na Ásia, na África, na América e na Oceania. Em 1978, Henri J. M. Claessen e Peter Skalnik, como resultado de uma longa pesquisa comparativa de caráter histórico, apresentaram a seguinte definição: "O Estado inicial é uma organização sociopolítica centralizada que garante a regulação das relações sociais em sociedades complexas, hierarquizadas e divididas em pelo menos dois grupos fundamentais, ou em classes sociais emergentes – dominantes e dominados – cujas relações são caracterizadas pela dominação política das primeiras e pelas obrigações tributárias das segundas, relações legitimadas por uma ideologia comum cujo princípio fundamental é constituído pela reciprocidade." O Estado inicial apresenta-se em três formas principais. Primeiramente, o

Estado inicial elementar (Taiti, Zande, Havaí etc.), no qual o fenômeno político assume formas essencialmente parentais e a especialização das tarefas é pouco definida; são possíveis contatos diretos entre governantes e governados. Em segundo lugar, o Estado *inicial típico* (Egito, Inca, Ioruba etc.), em que a organização parental é contrabalançada por vínculos territoriais. Em terceiro lugar, o Estado inicial *em transição*, no qual o parentesco tem papel secundário no campo político, dominado este por um aparato administrativo. Corresponde a uma sociedade na qual é possível encontrar as primeiras formas de confronto entre classes sociais, o aparecimento da propriedade privada dos meios de produção e a economia de mercado (astecas, China, França medieval etc.). Depois do seu surgimento, a existência do Estado não é necessariamente definitiva. Na África, depois do declínio de seu império, os mandingas do Mali voltaram às suas antigas estruturas políticas tradicionais. Na Amazônia, durante o século XIX os exploradores, encontrando populações esparsas que viviam de modo "primitivo", acreditaram ter descoberto um testemunho miraculosamente conservado das primeiras eras da humanidade: arquivos vivos. Ledo engano: não passavam de resíduos deslocados de sociedades mais complexas, anteriormente destruídas pela conquista europeia.

Embora seja realmente uma forma de Estado, o Estado tradicional se distingue do Estado moderno. Em primeiro lugar, pela intensidade do vínculo territorial. Esse vínculo existe em todos os Estados. Mas a transição para o Estado moderno distingue-se por sua intensificação em detrimento do vínculo parental. Foi o que ocorreu com os *ailus* do Império inca: sendo na origem grupos matrilineares exógamos, transformaram-se em unidades vinculadas a um território definido e constituíram tribos que, por sua vez, formaram províncias, e estas, mais tarde, formaram as quatro partes do Império, cada uma das quais governada por um vice-rei. Também se distingue pela tendência à centralização. Os Estados tradicionais e antigos quase nunca conseguem chegar à centralização máxima, ao passo que, na linha das observações de Max Weber, nota-se que o Estado moderno tem em vista a uniformização e a regulamentação do conjunto da vida coletiva. Na maioria das vezes a autoridade do Estado tradicional é de tipo segmentar: faz parte de um esquema piramidal caracterizado por diversos traços. Por um lado, há uma diluição crescente da autoridade: quanto mais longe do centro, menos efetiva ela é. Por outro lado, a autoridade central é obrigada a compor com poderes locais, inclusive nas formas autoritárias de Estado. Assim, o Império inca, despótico em muitos aspectos, sempre precisou respeitar os particularismos dos Estados, das confederações, das tribos e das comunidades rurais que o constituíam. Por fim, o Estado tradicional extenso conhece o fenômeno da replicação das estruturas políticas: as províncias reproduzem as formas institucionais do Estado central. Alguns antropólogos (B. Malinowski, M. Gluckman) tenderam a idealizar o Estado tradicional. Diferentemente do Estado moderno, ele não poderia ser opressivo com seus súditos, em razão dos limites impostos à extensão de sua autoridade e em vista da permanência das relações pessoais em seu funcionamento. Mas cabe notar que a tendência à opressão não é constitutiva de todos os Estados modernos: existem realmente Estados democráticos. Por outro lado, vários trabalhos demonstraram que o Estado tradicional podia ser opressivo.

Portanto, não só o Estado é comum a várias sociedades, tradicionais e modernas, como também o direito.

Universalidade do direito

Os juristas romanos costumavam afirmar que vida social implica a existência do direito: *ubi societas, ibi ius*. Ao contrário, observa-se que em numerosas línguas não há equivalente exato para o termo direito. A presença ou a ausência do direito seria, então, um elemento distintivo determinante entre as sociedades tradicionais e modernas? Também nesse caso pode-se acreditar que o que distingue as sociedades humanas está menos na existência ou na inexistência do direito do que no papel diferente que lhe é atribuído nos diversos modos de controle social. A respeito, M. Alliot propôs um modelo explicativo convincente, que estabelece um paralelismo entre as maneiras de pensar o direito e as maneiras de pensar o universo e Deus... ou sua ausência.

Na China antiga, os letrados acreditavam que o mundo era infinito no número (pluralidade dos mundos) e no tempo (ele se faz e se desfaz ao longo de grandes ciclos cósmicos), associando os contrários sem que estes se excluíssem mutuamente. Seu dinamismo não é limitado por nenhuma obrigação imposta de fora: o universo se governa espontaneamente. O mesmo deve ocorrer com o indivíduo. Confúcio postula a identidade entre ordem cósmica e ordem humana: os homens devem aperfeiçoar-se exercitando-se nos ritos, e não buscar a salvação ou a proteção nas injunções da lei. Donde o desprezo que se tinha pelo direito, o que também ocorria com o contencioso. Assim como não existe Deus criador para organizar o mundo, o direito não deve ser imposto à sociedade. Deve-se recorrer a ele apenas como prevenção contra os criminosos incorrigíveis e os estrangeiros, que por natureza são inferiores. Essa tradição de distanciamento do direito subsiste ainda em nossos dias em numerosos países asiáticos.

No Egito antigo e na África animista, há um Deus criador, que extrai o mundo e o homem do caos, ao cabo de tentativas frequentemente infrutíferas. Mas esse Deus primordial se diferencia progressivamente em pares de divindades complementares. O universo assim concebido é frágil. Nele o homem desempenha papel fundamental, para levar ao triunfo as forças da coerência. Ele é concebido à imagem do universo, onde a criação não é obra de um instante ou de alguns dias, mas se desenrola num processo contínuo de diferenciação. Não pode ser reduzido ao indivíduo, cuja existência é por demais momentânea. Os elementos fundamentais da estrutura social são grupos, progressivamente distinguidos dos outros e concebidos como complementares, e não opostos. Nessas sociedades, considera-se que as legislações uniformizadoras destroem a unidade. Nelas, o direito não é rejeitado, mas inserido no conjunto das outras ordens normativas que servem para garantir o controle social.

Nas religiões monoteístas, Deus coexiste com sua criação e a rege do exterior. Dá sua vontade a conhecer aos homens pela Revelação, à qual estes devem submeter-se (mandamentos divinos). Nestas, são valorizadas as ideias de relação com uma autoridade exterior, de direito, julgamento e referência a textos escritos. Claude Lévi-Strauss chegou a escrever (em *Tristes trópicos*) que "[...] o islamismo é o Ocidente do Oriente". Nas sociedades ocidentais contemporâneas, em grande parte descristianizadas, o Estado tendeu a ocupar o lugar de Deus e a considerar-se investido da missão de transformar a sociedade por meio do direito.

Essas diferentes atitudes por acaso traduzem também irredutíveis clivagens entre as sociedades tradicionais (sobretudo representadas nos dois primeiros grupos) e as outras? De fato, nas sociedades reais, nota-se a coexistência desses diferentes modelos, em doses diversas segundo o caso. Embora, aparentemente, as sociedades ocidentais modernas valorizem o direito, essa escolha se torna muito menos nítida conforme o nível considerado. Assim, na classe político-administrativa francesa, a tendência à diversificação e à complementaridade é muito forte, e o exercício do poder é organizado por regras outras que não as contidas na Constituição e ensinadas pelos manuais de direito. Direções de gabinetes ministeriais, grandes corpos, partidos, sindicatos: cada um desses grupos, armado de sua competência particular ou da corrente de pensamento que representa, tenta impor-se aos outros. Esses grupos são concorrentes, mas essa rivalidade na maioria das vezes é sublimada em acordos de compensação tácita ou em procedimentos de negociação e transação. Em caso de conflito, procura-se conciliar, mais do que aplicar regras estritas; na pior das hipóteses, recorre-se a uma arbitragem, e a intervenção do juiz é totalmente excepcional. No pequeno círculo dos grupos dirigentes situados na cúpula do Estado, não é possível remeter-se a um poder superior. Esses grupos são então obrigados a autogerir-se de acordo com os princípios empregados há muito tempo pelas sociedades tradicionais. As análises dos antropólogos do direito coincidem assim com as análises de Claude Lévi-Strauss. Este observou que não existem dois tipos de pensamento, um dos quais seria o dos "selvagens", e o outro, o dos "civilizados", mas sim um Pensamento selvagem e um Pensamento civilizado, simultaneamente atuantes em todo ser humano. Toda sociedade é capaz de pensar o direito, mas o faz à sua maneira. No mundo moderno, a rapidez dos intercâmbios e a difusão das informações provocam mesclas que produzirão fatalmente recomposições entre esses diferentes modelos.

Os tempos do direito

Tudo o que precede tende a relativizar os diferentes tipos de oposição construídos entre as sociedades ocidentais modernas e as outras. Nelas se encontram os mesmos elementos, mas combinados de maneira diferente segundo uma intensidade variável, submetida esta, aliás, ao processo histórico: é possível encontrar numerosos pontos de semelhança entre as sociedades ocidentais antigas e as sociedades tradicionais atuais. No entanto, é possível manter uma diferença essencial entre as sociedades tradicionais e as nossas. G. Gurvitch qualificava nossas sociedades de "prometeicas", no sentido de pretenderem assumir o controle de seu próprio destino, marcado este pela mudança. Mais tarde, Claude Lévi-Strauss fez uma distinção entre sociedades "frias" (tradicionais) e "quentes" (modernas): embora todas estejam submetidas à mudança, as primeiras tentam resistir a ela (especialmente inventando a ideia de tradição, que visa garantir a conformidade entre presente e passado), enquanto as outras a valorizam. Conforme observa M. Alliot, o direito moderno e o direito tradicional baseiam-se em concepções diferentes sobre o tempo.

Para o direito moderno, o tempo é criador de situações novas que distinguem o presente do passado: ele possibilita construir um futuro melhor do que o presente. A lei é seu principal instrumento, ao passo que os costumes muitas vezes são considerados obstáculos ao progresso: foi o que ocorreu na Revolução francesa quando se criaram os novos Estados oriundos da descolonização. O direito tradicional, ao contrário, visa fazer o presente coincidir com o passado. Por exemplo, com o usucapião. Em direito moderno, quando alguém exerce durante algum tempo direitos de propriedade sobre um bem, esses direitos não podem ser contestados: há usucapião. Em nome de fatos antigos, essa instituição evita que a situação jurídica seja perpetuamente questionada. Em geral, ela beneficia o verdadeiro proprietário. Mas, às vezes, possibilita que um não proprietário tenha acesso a direitos que não eram seus na origem. Portanto, há o risco de injustiça no usucapião, mas o direito moderno vincula tamanha importância à segurança, que essa vantagem lhe parece sobrepujar em muito a desvantagem. Quase todos os direitos tradicionais, ao contrário, ignoram o usucapião: parece-lhes escandaloso preferir a segurança à justiça e admitir que o tempo possa tornar justa uma situação injusta de início. Considerando que o presente deve ser tão fiel quanto possível ao passado, recusam uma instituição em virtude da qual o tempo por si só poderia criar um novo direito. O mesmo ocorre com a autoridade da coisa julgada. Os direitos modernos consideram indispensável que as sentenças definitivas das jurisdições não possam ser questionadas. Os direitos tradicionais em geral ignoram essa regra. As sentenças são frequentemente questionadas quando parecem ter sido infiéis ao passado.

Mas esse desejo de fazer o passado coincidir com o presente não impede a evolução dos direitos tradicionais. Esta pode ocorrer de maneira inconsciente. Por exemplo, na passagem do modo de sucessão matrilinear para o patrilinear. No primeiro caso, a herança se dá do tio materno para o sobrinho, pois o parente varão mais próximo da criança não é o pai, e sim o irmão da mãe. Esse modo de transmissão é legitimado por narrativas míticas. Mas, depois do contato com os colonizadores europeus, essas narrativas perdem força explicativa. Para esse tipo de herança buscam-se outras explicações, mais compatíveis com a economia monetária e a mentalidade utilitarista. Acredita-se que o sobrinho, por ter desde a infância vivido e trabalhado com o tio, deva ser recompensado, herdando dele. A partir daí, numa falsa continuidade, a explicação muda e transforma-se em regra geral (herdamos os bens que contribuímos para criar ou fazer frutificar), que eventualmente poderá servir para legitimar um modo de transmissão inverso, patrilinear, uma vez que o filho trabalhe com o pai.

Em suma, é realmente o tempo que distingue as sociedades tradicionais das outras. Não no sentido antigo, próprio ao evolucionismo, de ordem quantitativa: quanto mais tempo transcorresse, mais progresso haveria. Mas em nível qualitativo, resultante do sentido que lhe é dado pelo homem.

› ALLIOT M., "L'anthropologie juridique et le droit des manuels", *Archiv für Rechts und Sozialphilosophie*, 24, 1983, pp. 71-81. – BALANDIER G., *Anthropo-Logiques*, Paris, Librairie générale française, 1974. – CARBASSE J.-M., "Coutume, temps, interprétation", *Droits*, 30, 1999, pp. 15-28. – CLAESSEN J. M. & SKAL-

NIK P. (org.), *The Early State*, The Hague – Paris – Nova York, Mouton, 1978. – DECKKER P. de (org.), *Coutume autochtone et évolution du droit dans le Pacifique Sud*, Université française du Pacifique, Nouméa, L'Harmattan, Paris, 1995. – HOBSHAWN E. & TANGER T., *The invention of tradition*, Cambridge, Cambridge Univ. Press, 1983. – LAPIERRE W., *Vivre sans État?*, Paris, Le Seuil, 1977. – ROULAND N., *Introduction historique au droit*, Paris, PUF, 1998. – Col.: LA COUTUME, *Recueils de la société Jean Bodin pour l'histoire comparative des institutions*, Bruxelas, De Boeck Université, 1990.

Norbert ROULAND

→ Antropologia jurídica; Estado.

SOCIOLOGIA JURÍDICA

A sociologia jurídica foi explicitamente mencionada pela primeira vez em 1913 com a denominação "sociologia do direito" pelo jurista austríaco Eugen Ehrlich e justificada com a seguinte consideração fundamental, desenvolvida no prefácio de sua obra *Grundlegung der Soziologie der Rechts*: "o centro de gravidade do desenvolvimento do direito em nossa época, como em todas as épocas, não está na legislação nem na ciência jurídica ou na jurisprudência, mas *na própria sociedade*." Evidentemente, tal concepção, mesmo não especificamente qualificada, já tinha forte presença em grande número de análises do pensamento jurídico ou daquilo que se tornará sociologia, especialmente em Montesquieu (*Do espírito das leis*), e nos autores do século XIX. A sociologia jurídica, portanto, diz respeito ao estudo dos fenômenos sociais que mantêm algum elo com o fenômeno jurídico ou mesmo ao estudo das inter-relações entre direito e sociedade, o que implica, ao mesmo tempo, o estudo das manifestações do fenômeno jurídico e de suas influências sobre a sociedade e o estudo das atividades que se desenvolvem no âmbito da sociedade e de suas influências sobre o jurídico.

Um problema de definição

Tal definição da sociologia jurídica, como toda definição, pode levar a supor que não existem incertezas sobre o campo de estudo em questão e sobre seu lugar entre o direito e as ciências sociais. Ora, não é isso o que ocorre, como revelam já as hesitações em torno de sua denominação. Pode-se falar de "sociologia jurídica", mas também de "sociologia do direito", "estudos sociojurídicos" ou mesmo de um campo "direito e sociedade". Embora as denominações "sociologia jurídica" e "sociologia do direito" sejam frequentemente utilizadas de modo indiferenciado, para alguns esta última denominação corre o risco de mostrar-se restritiva demais porque levaria implicitamente a supor que se trata apenas de direito estatal. Se Jean Carbonnier deu o título de *Sociologia jurídica* a seu manual (J. Carbonnier, 1994), foi porque lhe pareceu "cientificamente útil considerar o campo de estudo mais extenso possível [...] uma vez que a sociologia do direito se limita àquilo que constitui o próprio direito, as regras e as instituições, enquanto a sociologia jurídica englobaria todos os fenômenos que tivessem alguma relação com o direito, todos os fenômenos aos quais o direito possa ser causa, efeito ou ensejo, inclusive fenômenos de transgressão, falta de efetividade e desvio" (*ibid.*). No mesmo espírito, os autores da *Introduction à l'analyse sociologique des systèmes juridiques* [Introdução à análise sociológica dos sistemas jurídicos] (A.-J. Arnaud e M. J. Farinas Dulce, 1998) propõem romper com um uso que consiste em empregar "jurídico" como adjetivo do substantivo "direito" e distinguir claramente "direito" ("É *direito* o direito") e "jurídico" ("pertence ao *jurídico* não só o direito, mas também o que não é direito e diz respeito [...] cada vez mais a situações que se regram por um quase-direito, um como-direito, ou segundo formas mais ou menos reconhecidas ou admitidas pelo direito" [*ibid.*]). Note-se aqui que a substituição do termo "direito" pelo termo "jurídico" também nos convida a substituir a abordagem em termos binários (direito/não direito) por outra em termo de *continuum*: desde a repetição, a imitação, o hábito, os usos, o *habitus*, o costume... até o direito. Ele sugere também considerar o pluralismo normativo. Os mesmos autores citados acima nos convidam finalmente a superar a concepção geral do campo de estudo sugerido por essas denominações e a falar de "estudos sociojurídicos", expressão inspirada em "*socio-legal studies*" dos anglo-saxões. A escolha de tal denominação significaria que a ideia de uma disciplina ou de uma subdisciplina específica seria substituída pela ideia de um campo de estudo aberto à mobilização multidisciplinar que possibilitasse levar em conta a dimensão histórica, antropológica, econômica e política, além da dimensão sociológica do fenômeno jurídico.

Esses debates sobre as denominações não são formais. Revelam as dificuldades do posicionamento científico nesse campo. Tais dificuldades decorrem da complexidade específica desse campo científico, da natureza excepcional do objeto jurídico e das relações incertas que tudo isso pode induzir entre o pensamento jurídico e as ciências sociais (entre as quais a sociologia). Qualquer abordagem científica do direito depara com o estatuto particular deste, em vista das funções sociais extremamente importantes de que ele está investido. Nesse aspecto, o direito é um discurso sobre o fenômeno social e pode ser confundido com o discurso das ciências sociais (entre as quais a sociologia) ou mesmo suplantá-lo. Tal estatuto explica por que o direito pode ser ciência, a ciência de sua prática, o que torna mais difícil conceber uma atividade intelectual exterior que lhe fosse destinada, especialmente uma sociologia jurídica. "Falar do direito já é, sempre, fazer direito" (L. Assier-Andrieu, 1996, p. 8), o que explica por que o direito é uma prática e, ao mesmo tempo, um sistema de sentido que aspira a enunciar sobre si mesmo, até em suas ciências auxiliares, suas próprias verdades (*ibid.*). No entanto, a certeza que se possa ter do interesse e da utilidade, para o direito, de uma abordagem de sociologia jurídica só pode levar a buscar as complementaridades possíveis entre duas posturas intelectuais como as apresentadas por Max Weber. Esse autor faz a distinção entre o "ponto de vista sociológico" – referente aos comportamentos orientados racionalmente pelo direito, aos modos como os homens integram subjetivamente as prescrições que ele contém – e o "ponto de vista jurídico", das "prescrições jurídicas" e de sua gênese, em "certa construção de linguagem dada como norma de direito", isto segundo um esquema dicotômico kantiano, em conformidade com o desenvolvido no *Cientista e o político*, entre o "*sein*" (ser), o fato, da alçada aqui da sociologia jurídica, e o "*sollen*" (dever-ser), norma, da alçada do jurídico (M. Weber, *Économie et société*, Plan Pocket, t. 2, 1ª ed., 1922). Na opinião de Max Weber, os "pontos de vista" da dogmática jurídica, por um lado, e da sociologia do direito, por outro, são específicos, embora, evidentemente, ambos devam ser considerados. Em suma, antes de afirmar sua interdependência, convém fazer uma distinção entre ciência das regras jurídicas e ciência de sua realidade social (para parafrasear outro autor alemão, Manfred Rehbinder, em sua *Rechtssoziologie* [de Gruyter, 1977, p. 9]).

Dois grandes tipos de sociologia jurídica

De fato, convém realmente falar de incertezas nas relações entre o pensamento jurídico e as ciências sociais. Essas incertezas levam, na realidade, à existência de dois grandes tipos de sociologia jurídica: um corresponde à concepção instrumental, técnica, em que a sociologia jurídica é posta a serviço do direito e de sua melhoria; o outro corresponde à concepção segundo a qual o direito e suas transformações não são apenas estudados em si, mas também como reveladores de processos sociais gerais, do funcionamento e das transformações da sociedade.

No primeiro caso, a sociologia jurídica está no lugar que lhe foi designado por Hans Kelsen, ou seja, dedicada à análise das causas sociais capazes de pesar sobre a elaboração das normas jurídicas e dos efeitos sociais dessas normas. Para esse autor, "não é propriamente o direito que constitui o objeto desse conhecimento, mas sim certos fenômenos da ordem da natureza" (H. Kelsen, *Théorie pure du droit*, Dalloz, 1962, trad. fr., 2ª ed., 1934, pp. 141-2), ou mesmo os comportamentos humanos "que, de uma maneira ou de outra, estão ligados ao direito" (H. Kelsen, *General Theory of Law and State*, Harvard Univ. Press, 1945, p. 173). A sociologia jurídica é aí auxiliar do direito, da ciência do direito, solicitada para estudar os fatos sociais *aquém* e *além* do direito, uma vez que a análise deste, no âmbito de uma divisão do trabalho claramente estabelecida, só pode caber à dogmática jurídica, a uma ciência normativa do direito no sentido entendido por Hans Kelsen. A "jurística" de Henri Lévy-Bruhl como consecução de sua sociologia do direito (H. Lévy-Bruhl, *Sociologie du droit*, PUF, 1967) anuncia assim uma sociologia jurídica concebida como uma "legística" a serviço, precisamente, do legislador, uma vez que lhe oferece a possibilidade de domínio do conhecimento dos fatos sociais capazes de agir sobre o direito. A "sociologia legislativa" de Jean Carbonnier também faz parte dessa tradição, pois é apresentada como um instrumento de "auxílio aos legisladores" (J. Carbonnier, 1994, pp. 276 ss.; ver também J.-F. Perrin, *Sociologie empirique du droit*, Helbing & Lichtenhahn, 1999, p. 113). Segundo essa concepção, o que vale para o *aquém* vale para o *além*: cabe à sociologia jurídica observar o que ocorre numa realidade social modificada pelo direito e *avaliar* a natureza e as formas de seu impacto na sociedade em questão. Não estamos distantes de uma "teoria sociológica do direito", como podia ser entendida por Léon Duguit, ou de uma "verdadeira ciência do direito", conforme concebida por Henri Lévy-Bruhl.

Essa sociologia *no* direito opõe-se a uma sociologia *sobre* o direito, para retomar a distinção de Renato Treves entre "*sociology in law*" e "*sociology on law*" ("Two Sociologies of Law", *European Yearbook in Law and Sociology*, 1977), que é do campo da sociologia geral e faz parte deliberadamente dos objetivos mais amplos atribuídos à sociologia geral. Nessa perspectiva, o fenômeno jurídico é um "objeto" de pesquisa cuja análise não visa contribuir para sua melhoria, mas para alimentar um melhor conhecimento da sociedade. Em outras palavras, a sociologia jurídica não é uma forma de mobilização do conhecimento a serviço do fenômeno jurídico, mas a serviço da compreensão do fenômeno social. O jurídico adquire aí o *status* de revelador das formas de estruturação social, ou seja, dos modos como se constrói o elo social, como se mantém e perpetua a ordem social, como se efetua a integração social ou, ao contrário, como se constituem os conflitos de interesse e as relações de força daí decorrentes até fundar uma sociedade dividida. A obra de Karl Marx já continha essa visão do estatuto do fenômeno jurídico do ponto de vista do conhecimento, uma vez que ele aparece como algo dependente das condições materiais de existência, das estruturas econômicas, sendo assim reflexo das relações de dominação exercidas na sociedade. Na sociologia de Max Weber, o direito está no cerne do processo de racionalização das sociedades modernas, processo que ele revela através de sua própria racionalização crescente, que se exprime por intermédio das práticas das pessoas encarregadas de aplicá-la, no âmbito de uma evolução histórica que vai do chefe carismático, do cádi, aos "notáveis togados" e aos juristas profissionais das sociedades modernas que imprimem ao direito o caráter de "direito dos juristas" (M. Weber, 1986). Desse quadro, o direito se torna um atributo essencial do modo de dominação política graças ao exercício da coerção que ele possibilita e ao estabelecimento da legitimidade de que ele é instrumento. Embora numa perspectiva de análise diferente, o direito também ocupa lugar central na sociologia de Émile Durkheim dedicada à compreensão da evolução das sociedades. Para esse autor, o direito constitui um elemento importante e, por conseguinte, onipresente em sua sociologia geral. Nada demonstra melhor esse fato do que a análise que ele dedica às formas de solidariedade social, à passagem de uma *solidariedade mecânica* para uma *solidariedade orgânica*, ou seja, para tipos de estrutura social aos quais correspondem tipos de direito: à solidariedade mecânica, regras de direito repressivo; à solidariedade orgânica, regras de direito inspiradas na ideia de contrato, que o autor qualifica de direito *cooperativo* ou *restitutivo* (E. Durkheim, *De la division du travail social*, PUF, 1973, 1ª ed., 1893).

O recurso ao direito no pensamento desses autores reflete uma ambição: transformar o direito em instrumento privilegiado de conhecimento no processo de construção de uma teoria geral da sociedade. Conforme disse o defensor do estudo sociológico do direito, o objetivo aí corresponde a uma "atitude de desvendamento que tem em vista a compreensão aprofundada e ampla da natureza da vida social" (R. B. M. Cotterrell, "Law and Sociology: Notes on the Constituition and Confrontation of Discipline", *Journal of Law and Society*, vol. 11, nº 1, Spring, 1986, p. 20; do mesmo autor, ver também: *The Sociologv of Law. An Introduction*, Butterworths, 1992). A atitude de conhecimento que fundamenta a busca de tal objetivo, afinal, é sensivelmente diferente do primeiro tipo de sociologia jurídica mencionado. Resulta de um paradoxo: se a "sociologia *no* direito" destina-se acima de tudo ao estudo daquilo que, ocorrendo fora do âmbito jurídico, no âmbito social, é capaz de agir sobre ele e sofrer sua ação, a "sociologia *sobre* o direito" é convocada para dar sentido ao social, não só por meio de um trabalho com as inter-relações entre sociedade e direito, mas *por meio de um trabalho com o próprio direito*, com os modos pelos quais ele é criado e produzido, como funciona em toda a sua tecnicidade, com os modos como os "profissionais do direito" o concebem e aplicam, uma vez que a busca de sentido do fenômeno social, a *teoria* da sociedade, inclui uma análise da atividade jurídica como atividade social em toda a sua especificidade. Mas se, para a "sociologia *no* direito", há o risco de se incorrer numa visão estreita e técnica, aqui o risco é de valer-se do fenômeno jurídico para compreender o social, mas permanecendo em sua exterioridade, fazendo referência a ele não a partir daquilo que ele é em toda a sua complexidade, mas a partir das representações que dele tem o sociólogo, de tal modo que ele não consegue exercer com exatidão a sua função de revelador privilegiado do fenômeno social. No entanto, essa exigência necessária de "levar o direito a sério", como disse Ronald Dworkin, expõe a outro risco: o de fechar-se no interminável debate sobre as fronteiras da juridicidade na análise da economia das relações entre direito e sociedade, debate que decorreria do desejo até certo grau inconsciente de reativar e renovar as estratégias de distinção dos territórios de conhecimento entre juristas e sociólogos. Por exemplo, no campo da solução dos conflitos, diante da objeção de que o direito integrou há muito tempo diversas fórmulas jurídicas correspondentes às diversas formas de solução (inclusive as que são valorizadas socialmente como as mais recentes: formas negociadas, por exemplo), a sociologia *sobre* o direito afirma-se mais pronta a considerar que o que mais importa é compreender aquilo a que a sociedade aspira ou aquilo que ela exige, inclusive pondo em prática ou solicitando formas novas de normatividade, e por quê. Isso pressupõe considerar-se eventualmente, como faz o antropólogo, que "a formação de regras de conduta, a reação social à desordem, os processos de solução dos litígios e os valores da ordem [...] [são] interpretáveis como esquemas culturais ou expressões políticas, sem necessariamente passar pela ideia de direito" (L. Assier-Andrieu, "L'anthropologie et la modernité du droit", *Anthropologie et Société*, vol. 13, nº 1, 1989, p. 25). Incontestavelmente armados com essa consideração, alguns pesquisadores ligados à sociologia geral empreendem trabalhos que podem ter alguma relação com uma sociologia jurídica concebida de modo mais amplo. Por exemplo, pode-se considerar que os processos gerais de formalização, como o direito e a exemplo do direito, possibilitam, por meio de "investimentos formais", estender a validade de fatos particulares dando-lhes os elementos da generalização, dando-lhes "a capacidade de equivaler-se". A produção dessas formas gerais assemelha-se então a "outras formas gerais, estabelecidas ou sancionadas em nível de Estado, as da medida científica, da lei jurídica, da regulamentação burocrática e da representação em nível nacional de pessoas que tenham a mesma qualificação profissional" (L. Thévenot, "Les investissements de forme", in *Conventions économiques*, PUF, *Cahiers du Centre d'étude de l'emploi*, 1985). Participa da mesma orientação a afirmação de uma sociologia da ética que se preocupa em "salvar a ética de certa tendência ao juridicismo" e afirma ligar-se aos princípios da sociologia de Émile Durkheim que "fazem do direito e da moral um campo único". O âmbito jurídico torna-se aí um elemento entre outros daquilo que poderia ser chamado de economia normativa das sociedades, cujas expressões são parte de processos macrossociais ou macropolíticos.

Qualquer uma dessas diferentes orientações da sociologia jurídica pode ser privilegiada em maior ou menor grau em função de fatores gerais, entre os quais figuram os grandes sistemas jurídicos ou os contextos histórico-políticos. Assim, os problemas da representação das relações entre direito e sociedade não se apresentam nos mesmos termos nos países pertencentes ao sistema romano-germânico e nos pertencentes ao sistema de *common law*. Nestes últimos, a primazia de um direito processual "que se apoia nas estruturas jurisdicionais em que dominam os juízes profanos, oriundos do corpo social por via de eleição" (E. Serverin, 2000, p. 71), de uma casuística que precede à formulação dos princípios, contribui para conferir efetivamente papel essencial aos tribunais na atividade jurídica, e, em virtude de um pragmatismo dominante, a ciência jurídica só pode ser uma ciência empírica, afirmando-se logicamente o desenvolvimento de uma sociologia jurídica empírica, mais que teórica. Do mesmo modo, parece que o contexto político ilustrado pelo tipo de Estado instalado deve ser levado em conta para se compreenderem as orientações escolhidas pela sociologia jurídica. Assim, considerou-se que "a sociologia do direito dos fundadores era ao mesmo tempo teórica e contestadora do direito estatal liberal. Ela se tornará empírica e auxiliar do direito pós-liberal. A sociologia do direito institucionaliza-se na qualidade de sociologia aplicada da norma jurídica estatal" (J.-G. Belley, "L'État et la régulation juridique des sociétés globales. Pour une problématique du pluralisme juridique", *Sociologie et Sociétés*, vol. XVIII, nº 1, abril de 1986). O desenvolvimento do Estado-providência e a percepção de sua extensão ilimitada exigiram que a sociologia jurídica se dedicasse à procura da melhor adequação do direito à realidade social e a seus efeitos sociais, que tratasse da *implementação* e da efetividade do direito (G. Teubner, "After Legal Instrumentalism. Strategic Models of Post Regulatory Law", in *id.*, *Dilemmas of Law in the Welfare State*, de Gruyter, 1986). Mas também nesse caso a opção por uma sociologia jurídica tão instrumentalizada não a tornará excessivamente dependente da situação do Estado? A admitirmos um "questionamento do Estado como elemento central de regulação das sociedades modernas" (P. Duran, "Piloter l'action publique, avec ou sans droit", *Politiques et Management Public*, vol. II, 4, dezembro de 1993, p. 3) e, por conseguinte, a existência de um problema apresentado a um "direito [que] se tornara expressão da regulação estatal" (*ibid.*, p. 3), o que acontecerá com a sociologia que lhe era estritamente dedicada? A história da sociologia jurídica nos Estados Unidos seria outro exemplo da relativização histórica de que deve ser alvo qualquer apresentação de uma especialização científica que implicitamente se apresentasse como "ciência pura", ao passo que também é um elemento e uma aposta. De fato, "o surgimento e a expansão de um estudo sociológico no campo do direito erudito norte-americano [estariam] ligados às crises que afetaram um campo profissional estreitamente imbricado na história política e econômica: [...] A história da sociologia jurídica é, assim, a história de uma série de fluxos e refluxos que têm origem na história política" (Y. Dezalay, A. Sarat, S. Silbey, "D'une démarche contestataire à un savoir méritocratique; esquisse d'une histoire sociale de la sociologie juridique américaine", *Actes de la Recherche en Sciences sociales*, nº 76/ 77, março de 1989, p. 92).

Sociologia jurídica nas obras

Evidentemente, a sociologia jurídica não pode ser apresentada como algo determinado apenas por fatores externos à sua própria dinâmica em termos de conhecimento. Como todo campo de saber, pode ser construída também em função de orientações sugeridas por alguns daqueles que a fazem e inspiradas pela visão do mundo social à qual eles aderem, especialmente no que diz respeito à parte da sociologia jurídica estabelecida com referência à sociologia geral. Neste último ponto, a oposição que há em todas as ciências sociais entre uma visão *agonística* e uma visão *consensualista* do mundo social encontra-se na sociologia jurídica. Assim, um eco da concepção de Georg Simmel, segundo a qual o conflito está no cerne do movimento da sociedade (G. Simmel, *Soziologie. Untersuchunger über die Formen der Vergesellschaftung*, Duncker & Humblot, 1908, 1923), encontra-se na sociologia jurídica, na concepção de Jhering, para quem o direito só existe como resultado ou como alvo de lutas. Do mesmo modo, no âmbito da visão de uma espécie de naturalidade do funcionamento social baseado no princípio da harmonia, em que o conflito é uma patologia que precisa ser reduzida, um dos representantes do funcionalismo, Talcott Parsons, enfatizará o papel do direito em sua função de integração social, como instrumento de retorno à ordem em face de um conflito que só pode ser um desvio (T. Parsons, *Essays in Sociological Theory Pure and Applied*, Free Press, 1957). Além dessas visões do mundo social, a sociologia jurídica é fortemente inspirada por diferentes abordagens à posição do fenômeno jurídico na atividade social. Uma referência sucinta a dois grandes autores que marcam sua história possibilitará exemplificar esse aspecto de uma sociologia jurídica em debate. O positivismo sociológico de Émile Durkheim que se expressava afirmando a necessária exterioridade em relação aos fatos sociais levou-o, por via de consequência, a tratar o direito, fato social entre outros (ainda que ocupe lugar importante), "como coisa", a observá-lo de fora. Nesse contexto, o papel dos atores que "manobram para influenciar, criam, interpretam e aplicam o direito" não deve ser levado tanto em conta porque os profissionais do direito não passam de uma espécie de comitê executivo do consenso moral da sociedade inteira (S. Lukes e A. Scull, *Durkheim and the Law*, Martin Robertson, 1983). O legislador, portanto, não passa de simples tradutor, transmissor neutro das aspirações do grupo social (*ibid.*). Tal percepção não implica, por conseguinte, interrogar-se sobre "como o direito é organizado – ou seja, formulado, interpretado e aplicado – [sobre] o papel dos 'intermediários' entre a sociedade e suas regras e práticas jurídicas" (*ibid.*, p. 7). Assim, os durkheimianos "tendem [...] a negligenciar o funcionamento das instâncias jurídicas, com seus agentes específicos" (F. Chazel e J. Commaille, 1991, p. 35). Da "sociologia abrangente" de Max Weber decorre uma sociologia jurídica sensivelmente diferente. A preocupação de levar em conta o sentido que os agentes sociais dão às instituições e às regras de conduta põe no centro da análise a atividade social como conjunto de comportamentos humanos marcados pelo sentido que os agentes sociais lhes dão. Nessa perspectiva, o direito não pode ser um *em-si* para a sociologia jurídica, mas um *recurso*. Ele também resulta, evidentemente, daquilo que os próprios profissionais do direito fazem dele (P. Lascoumes e E. Serverin, "Le droit comme activité sociale: pour une approche weberienne des activités juridiques", *Droit et Société*, nº 9, 1988). A sociologia jurídica não pode ser então apenas descritiva, mas, precisamente, *abrangente* (e de natureza sobretudo qualitativa), aplicando-se ao estudo das atividades sociais, e não simplesmente ao estudo de um direito apresentado como fato social.

A variedade dos temas abordados pela sociologia jurídica e os diferentes modos de tratá-los refletem essa extraordinária efervescência em torno de sua definição e da determinação de seu lugar no campo dos saberes sobre o fenômeno jurídico e sobre o social. Esquematicamente, é possível considerar um primeiro conjunto de trabalhos que tratam das diferentes manifestações do fenômeno social que age sobre o jurídico ou sofre a sua ação, principalmente em relação com a criação da norma jurídica e sua aplicação. Um segundo conjunto de trabalhos refere-se à própria atividade jurídica, aos modos como ela se estabelece, se desenvolve e é aplicada por seus profissionais, aos usos que dela são feitos na sociedade inteira em seus diferentes componentes. Um subconjunto é constituído pelos trabalhos sobre a atividade de justiça em sentido amplo, sobre os modos como ela é organizada, as formas que assume no tratamento das transgressões, a resolução dos conflitos (em âmbito jurisdicional ou não, formal ou informal...), sobre as respectivas posições ocupadas por *profissionais* e *leigos*, sobre os modos como os cidadãos recorrem a ela etc. Mas tudo leva a pensar que a sociologia jurídica é também cada vez mais constituída por um terceiro conjunto de trabalhos em que a atividade jurídica é situada no âmbito mais geral da regulação social (na qual agem outras normas, além das jurídicas) e da regulação política (na qual agem no Estado os atores e as instituições políticas, econômicas e sociais, especialmente nos modos de ação pública) de que ela participa. A amplitude das transformações dessas regulações, social e política, põe a sociologia jurídica diante do problema de uma nova ampliação de suas perspectivas. Já não se trata apenas de uma sociologia jurídica tendente à sociologia geral, mas sim de uma sociologia jurídica então diretamente interpelada pelas disciplinas de ciências sociais para fundir-se numa "cultura de ciência social" capaz de responder aos desafios que se apresentem (I. Wallerstein, "L'héritage de la sociologie, la promesse de la science sociale", *Sociétés contemporaines*, nº 33-34, janeiro-abril de 1999). Nesse contexto, a sociologia jurídica seria menos que nunca uma disciplina, mas um simples campo de estudo em plena transformação e à procura de respostas que interessam ao mesmo tempo ao pensamento jurídico e às ciências sociais.

› ARNAUD A.-J. (org.), *Dictionnaire encyclopédique de théorie et de sociologie du droit*, Paris, LGDJ, 1993. – ARNAUD A.-J. & FARINAS DULCE M. J., *Introduction à l'analyse sociologique des systèmes juridiques*, Bruylant, 1998. – ASSIER-ANDRIEU L., *Le Droit dans les sociétés humaines*, Nathan, 1996. – CARBONNIER J., *Sociologie juridique*, Paris, PUF, 1994 (1ª ed., 1978). – COTTERRELL R. B. M., *The Sociology of Law. An Introduction*, Butterworths, 2ª ed., 1992. – CHAZEL F. &

COMMAILLE J. (org.), *Normes juridiques et régulation sociale*, Paris, LGDJ, 1991. – SERVERIN E., *Sociologie du droit*, La Découverte, "Repères", 2000. – WEBER M., *Sociologie du droit*, Paris, PUF, 1986 (1ª ed., 1922).

Jacques COMMAILLE

→ Ciência do direito; Direito e política; Eficácia; Fato; Norma; Positivismo.

SOLIDARIEDADE

Embora presente desde a Antiguidade tanto no universo jurídico romano quanto no pensamento de grande número de filósofos, a ideia de solidariedade realmente ganhou corpo só na segunda metade do século XIX. Saudada pelos contemporâneos como uma das "ideias-força" (A. Fouillée) da democracia, não demorou a exercer, na qualidade de princípio geral de ação política, influência decisiva sobre a evolução do direito público e das instituições. Tornando-se aos poucos uma espécie de referência obrigatória para todos os governantes, a partir de então ela nunca deixou de ocupar posição central no discurso político-jurídico dominante.

Teorização

Certamente é muito antiga a ideia de que, entre todos os membros da espécie humana ou entre todos os membros de dada sociedade, existiria uma relação estreita de dependência recíproca: afirmada já por estoicos e epicuristas, desenvolvida depois pelos pensadores cristãos e retomada por todos os filósofos, inclusive pelos iluministas, em meados do século XIX essa ideia não primava pela originalidade. Muito mais que em sua existência, a novidade estava na audiência considerável obtida entre os contemporâneos pela ideia em questão e, em sua esteira, pelo vocábulo usado para designá-la: no caso, *solidariedade.* Oriundo da língua jurídica, na qual servia para definir a relação que liga duas ou várias pessoas que devam responder uma pela outra, esse vocábulo no espaço de alguns anos se impôs como uma das novas palavras-chave da linguagem política e social. Esse sucesso, aliás, é facilmente explicável; ao contrário da palavra fraternidade, cuja menção era delicada devido à intensificação dos conflitos de classes e ao endurecimento da luta anticlerical, o conceito de solidariedade apresentava algumas vantagens: a de basear-se nos últimos avanços das ciências naturais, biológicas e, sobretudo, médicas (Revolução pasteuriana), que estavam concordes em ressaltar a solidariedade objetiva que regeria o conjunto dos seres vivos tanto no mal (contaminação do organismo por certos elementos não controlados) quanto no bem (melhora do Todo graças à cooperação de cada uma das partes). Também tinha a vantagem de ser corroborado pela expansão da sociologia, que não deixava de insistir na lei geral de interdependência que supostamente regia toda a organização social. Além disso, tinha vantagem de condizer com os progressos do positivismo e com a laicização do pensamento, que levavam a rejeitar tudo o que parecesse caber à "metafísica", ao "subjetivo" e até à religião (caridade, fraternidade etc.) e a privilegiar, em contrapartida, tudo o que parecesse remeter a fatos descobertos pela observação ou estabelecidos pela ciência.

Combinando perfeitamente com o novo contexto intelectual e sociopolítico tendente a prevalecer, o conceito de solidariedade, portanto, estava fadado a ganhar a adesão da maioria: depois de um ingresso notável não só no mundo da sociologia (Comte, Durkheim), como também no da filosofia política (Renouvier, Secrétan, Fouillé etc.) e da economia (C. Gide), ele foi adotado sobretudo por um dos líderes do partido radical, Léon Bourgeois, que tratou de colocá-lo no fulcro de uma nova doutrina: o solidarismo. Apoiando-se na observação dos fatos que, segundo ele, lhe demonstrava que todos os membros da sociedade são e devem continuar unidos por elos estreitos de solidariedade, e que os mais favorecidos têm para com os menos favorecidos uma dívida incontestável que a justiça obriga a quitar, Bourgeois afirmava, substancialmente, que o único meio de a coletividade quitar a dívida em questão era implantar toda uma série de instituições e de serviços públicos destinados a reparar os efeitos nefastos dos principais riscos sociais (infância abandonada, doença, invalidez, acidentes do trabalho, velhice etc.); além disso, para os governantes a solidariedade para com os mais fracos não constituía simples obrigação moral, mas estrita obrigação jurídica. Apesar de certas fraquezas estruturais, essa doutrina teve um sucesso imediato que acabou por popularizar o conceito de solidariedade: graças a ela, todos os que pretendiam reformar a sociedade passavam a dispor, se não de um *corpus* teórico imune a críticas, pelo menos de uma ideia-força de índole a justificar a ingerência do poder público no campo social e, sobretudo, a fundamentar certo número de soluções inovadoras.

Juridicização

Conjugadas ao desenvolvimento concomitante de análises muito semelhantes no terreno da teoria jurídica (Duguit), as teses desenvolvidas pelos reformadores republicanos possibilitaram que a ideia de solidariedade se estabelecesse duradouramente na cena jurídica francesa: logo promovida à categoria de princípio fundamental da sociedade e da República, a ela o legislador se referiria prioritariamente tanto para apoiar a própria necessidade de sua intervenção, quanto para legitimar a natureza das medidas ou o conteúdo dos direitos e das obrigações que ele consagrava. Sob sua égide assistiu-se, em algumas décadas, a uma transformação profunda do direito público francês: reformulação total das regras que regiam o sistema de assistência (o auxílio aos desfavorecidos passa a corresponder a uma obrigação da coletividade e a um direito de seus beneficiários), acompanhada pela ampliação sensível de seu campo de aplicação (o auxílio é dado a crianças, doentes, idosos, inválidos, famílias numerosas que passem por necessidades etc.); esforços para desenvolver a previdência coletiva dos assalariados enquanto não se adotavam, entre as duas guerras, as primeiras leis sobre a seguridade social; multiplicação e diversificação dos serviços prestados pelos órgãos públicos, na maioria das vezes gratuitos; introdução da progressividade no sistema fiscal; socialização das consequências danosas de certos riscos inerentes à vida em sociedade (danos causados por tumultos, guerra, explosões etc.).

Figura central do discurso político e social dos republicanos de todas as correntes, a ideia de solidariedade passou a ocupar no início do século posição eminente no seio das instituições; remetendo ao mesmo tempo a uma prescrição (dever de solidariedade) e a uma técnica (socialização do risco realizada pela assistência ou pela seguridade), para muitos ela constituiu ao mesmo tempo a justificação e o instrumento da reforma social: justificação porque funcionava como princípio geral de ação política que deveria guiar e inspirar a ação do legislador; instrumento porque constituía um mecanismo capaz de induzir uma redistribuição considerável das riquezas, por meio da mutualização dos riscos capazes de afetar cada um ao longo da vida. Melhor ainda: supostamente baseada num fato (a interdependência social), possibilitava integrar certas preocupações utilitaristas que tradicionalmente desempenham papel social importante, tais como prevenir atentados à ordem pública ou mesmo maximizar o interesse público: a consideração dessas preocupações se coadunaria com a ideia de solidariedade, uma vez que tais atentados afetam o corpo social por inteiro, e o auxílio dado a algumas pessoas (crianças e doentes) constitui um investimento benéfico para o conjunto da coletividade...

Essa posição eminente nunca mais deixou de ser ocupada pela ideia de solidariedade. Com base nela foi reconhecido e administrado o essencial dos direitos e dispositivos que atualmente traduzem o caráter social da República francesa, quer se trate de: subvenção social que, prolongando diretamente as grandes leis assistenciais votadas outrora em seu nome, continua desempenhando papel insubstituível diante da expansão dos fenômenos de exclusão; Seguridade Social, que, segundo os próprios termos utilizados pelo legislador, constitui um dispositivo global de garantia cuja "organização [...] se baseia no princípio de solidariedade nacional"; políticas públicas de inclusão, que visam possibilitar aos mais desfavorecidos acesso aos bens e direitos fundamentais (acesso a assistência médica, salário mínimo, trabalho, moradia etc.); disposições tomadas no âmbito fiscal, com o intuito de tornar mais redistributivo o sistema global de arrecadação obrigatória (imposto progressivo sobre a renda, imposto de solidariedade sobre a fortuna, participação dos rendimentos do capital – através da CSG – no financiamento da proteção social etc.); diversas medidas de socialização dos riscos, que tendem a atenuar ou mesmo reparar as consequências danosas de certos acontecimentos não cobertos pelas clássicas instituições de garantia social (indenização parcial ou total dos danos resultantes de infrações, calamidades naturais, atentados terroristas, transfusões de sangue etc.).

Consagrado pelo preâmbulo constitucional de 1946, que não hesitou em reconhecê-lo implicitamente (através dos direitos-créditos decorrentes) e explicitamente (através do parágrafo 12 do Preâmbulo que proclama a solidariedade de todos os franceses perante os encargos resultantes das calamidades nacionais), considerado pelo juiz constitucional, que o mencionou várias vezes em suas decisões, e invocado pelo legislador como fundamento direto de algumas de suas intervenções, o princípio de solidariedade hoje é parte integrante do panorama jurídico francês; mas banalizou-se a tal ponto, que se tornou uma espécie de referência obrigatória para todos os governantes, enquanto a pluralidade de sentidos que o caracteriza incita, porém, à prudência quanto ao alcance exato de sua invocação.

Banalização

O fato de a solidariedade corresponder ao mesmo tempo a uma situação (relação de dependência recíproca existente entre os membros de um mesmo grupo), a um mecanismo (relação que obriga duas ou várias pessoas a responder uma pela outra) e a uma prescrição (princípio que impõe agir em vista de consagrar e fortalecer essa relação de dependência) apresenta-se como um fator gerador de ambiguidades e mal-entendidos; primeiramente porque, permitindo que aqueles que a ela se referem tirem proveito dos seus diferentes significados, essa pluralidade de sentidos possibilita que o conceito não só invada o conjunto do discurso político-jurídico, mas também, por isso mesmo, reforce a ideia de que o direito público em geral e o sistema de proteção social em particular se organizariam e articulariam em torno dele; em segundo lugar, porque, precisamente em associação com essa invasão, tal polissemia dispensa de refletir sobre a *natureza real da solidariedade* consagrada ou mesmo sobre o *grau real de solidariedade* que esse direito e esse sistema assumem: em outras palavras, possibilita agrupar numa bandeira idêntica (a da solidariedade) certo número de regras e de disposições que, embora no plano técnico tenham em comum o fato de traduzirem uma mesma lógica de socialização, no plano filosófico ou político mostram-se muito diferentes e às vezes contraditórias… Quando se trata de aumentar taxas de impostos, de criar outros ou mesmo de aumentar o montante das arrecadações sociais e/ou fiscais, o comentário é sempre o mesmo: "É uma medida de solidariedade" – ouve-se de todas as partes. Mas quando se procura saber como e por que essa medida pode ser chamada de "solidariedade", os comentários se tornam muito mais discretos. Será solidariedade por consagrar um *mecanismo* de assistência (no caso, socializada) que remete a uma relação de interdependência? Ou, ao contrário, será por ser comandada por um *princípio* que exige um mínimo de redistribuição do forte para o fraco, do rico para o pobre? Ou porque ela tem o efeito, se não o objetivo, de traduzir e/ou de fortalecer os *elos de solidariedade* que supostamente unem todos os membros da sociedade? Mistério. No entanto, não há dúvida de que a resposta a tal pergunta não desperta grande interesse tanto no plano político quanto no plano jurídico. Se acrescentarmos a essa primeira observação o fato de que o campo de aplicação e o conteúdo da solidariedade podem mudar sensivelmente conforme o qualificativo que lhe seja dado (local, nacional, internacional ou, simplesmente, social), poderemos dimensionar melhor o real perigo que a espreita: o de se tornar uma espécie de conceito "mil e uma utilidades", em virtude da considerável margem de manobra que a sua menção confere àqueles que dele se prevalecem, conceito cuja imprecisão pode justificar qualquer coisa, inclusive o seu contrário…

Evidentemente, tal constatação não põe em xeque o papel eminente que a ideia de solidariedade pode e deve exercer hoje como princípio: numa República que, como é o caso da França, pretende ser "democrática" e "social", está claro que o seu aprofundamento contínuo deve ser visto como uma exigência estrita e rigorosa, pois, na falta deste, haveria a negação de tudo aquilo que atualmente especifica nosso regime político. Essa constatação, se não possibilita mostrar apenas que a ideia de solidariedade não significa em si grande coisa, pelo menos mostra que o juízo que se possa fazer sobre ela varia sensivelmente conforme ela seja vista como simples técnica ou, ao contrário, como verdadeiro princípio de ação política. No primeiro caso, a solidariedade é de alguma maneira neutra, objetiva e autônoma, ou seja, atua e funciona sem que seja necessário fazer referência a outros princípios que lhe dão sentido. No segundo caso, ao contrário, ela é atuante, subjetiva e condicionada, ou seja, atua e funciona como um *construto* cuja definição depende estritamente de outros princípios (justiça, igualdade, dignidade etc.) que inspiram e determinam seu conteúdo e a fazem ser o que é. Em outros termos, possibilita mostrar que o que conta, acima de tudo, quando a ideia de solidariedade penetra no Direito, é a filosofia política ou o projeto social aos quais ela está ligada: segundo a natureza deste ou o conteúdo daquela, ela apresentará rostos bem diversos e contrastantes…

Enquanto isso, não há por que surpreender-se ou afligir-se. Não há motivo para surpresas porque seria possível fazer constatação idêntica acerca de outros princípios fundamentais da Democracia: por exemplo, a igualdade, que pode dar ensejo, como se sabe, a múltiplos conteúdos e concepções (igualdade formal/real, igualdade de oportunidade/resultados, igualdade perante a norma/na norma etc.); a liberdade, que, apesar das aparências, releva-se muito ambivalente (liberdade formal/real etc.). Tal situação não impede em absoluto que esses princípios ganhem pleno valor operacional tanto no plano teórico quanto no plano prático… E não há por que afligir-se, uma vez que, se quisermos fazer face ao caráter móvel e elástico do princípio de solidariedade, será preciso e suficiente que nos entendamos sobre seu conteúdo mínimo, conferindo-lhe um núcleo duro de características ou consequências sem as quais ele não poderia ser considerado como algo realmente consagrado pelo direito. Na democracia e, em especial, numa república social, essas características e essas consequências quase não se prestam a discussão: a aplicação do princípio de solidariedade implica no mínimo que não são os mais pobres que devem pagar pelos mais ricos (como às vezes ocorre em nosso sistema de proteção social), mas o contrário; que deverá participar do financiamento dos encargos sociais aquele que dispuser dos rendimentos mais elevados; que, em nome de um princípio de equidade mal compreedido, não sejam criadas novas desigualdades entre pessoas que se encontrem globalmente em situação comparável etc. Tem-se aí um conteúdo mínimo que, em função das circunstâncias do momento e do estado da consciência política e jurídica da sociedade, pode evoluir no sentido de maior ou menor justiça social. Mas, se é que há evolução, ela só pode ocorrer, em qualquer hipótese, dentro de certos limites: na falta disso, haveria motivos para temer que a menção da solidariedade redunde, no primeiro caso, na regressão de sua institucionalização e, no segundo, no sinônimo de ilusão enganosa e mistificadora.

› Borgetto M., *La Notion de fraternité en droit public français. Le passé, le présent et l'avenir de la solidarité*, Paris, LGDJ-Montchrestien, 1993. – Borgetto M. & Lafore R., *La République sociale. Contribution à l'étude de la question démocratique en France*, Paris, PUF, 2000. – Chevallier J. (org.), *La Solidarité: un sentiment républicain?*, Paris, PUF, 1992. – David M., *La Solidarité comme contrat et comme éthique*, Berger-Levrault, 1982. – Donzelot J., *L'Invention du social*, Paris, Fayard, 1984. – Ewald F., *L'État-providence*, Paris, Grasset, 1986. – Laurent A., *Solidaire, si je le veux*, Paris, Les Belles Lettres, 1991.

Michel Borgetto

→ Assistência social; Direitos sociais; Fraternidade; Responsabilidade administrativa; Risco; Seguros; Serviço público.

STANDARD

Standard é uma palavra de origem inglesa que significa "padrão, tipo, modelo"; refere-se aos conceitos indeterminados. Raramente é usada pelos juristas, provavelmente em virtude do halo de mistério que cerca a noção. Conforme indica sua etimologia, suas origens estão no direito anglo-saxônico, o que permite pressagiar resistências a adaptá-lo ao sistema jurídico francês. Embora hoje exista certo consenso em torno das diferentes funções do *standard*, este não está completamente conceituado. Por isso, sua compreensão passa, em primeiro lugar, por um breve levantamento das circunstâncias ideológicas que cercaram seu nascimento e, depois, por um exame das dificuldades provocadas por sua definição. Como a sociedade contemporânea favorece sua expansão, também é preciso perceber qual é sua utilidade e, por fim, investigar sua evolução futura.

Circunstâncias ideológicas que cercaram o nascimento do standard

Embora em direito romano se encontrem exemplos de *standards*, como o da "boa-fé" ou do "bom pai de família", e, bem mais tarde, no discurso de Portalis, sinais de tendência ao reconhecimento dessa técnica jurídica, o nascimento do *standard* data realmente da década de 1920. Gény *prefigura* o "movimento do *standard*" estabelecido pela escola de Lyon (S. Rials, 1981): para uma nova escola, é preciso uma nova técnica. Sua crítica à exegese, à autossuficiência da lei e sua conscientização da individualização do direito e da flexibilidade das exigências da vida constituem uma grande transformação, uma Revolução. Em 1899, data da publicação de *Méthodes d'interprétation et sources en droit privé positif* [Métodos de interpretação e fontes em direito privado positivo], o direito se renova: abre-se para outras fontes que não a lei, à qual ele fora até então equiparado. Gény inspira assim os comparatistas, entre os quais um dos primeiros era Lambert, diretor da escola Lyon, e os incentiva a abeberar-se em outros sistemas de direito. Em *Gouvernement des juges et la lutte contre la législation sociale aux États-Unis* [Governo dos juízes e luta contra a legislação social dos Estados Unidos], publicado em 1921, Lambert divulga as técnicas anglo-americanas de direito, sobretudo a do *standard*. As ideias de Pound também foram expostas por Lambert. Porta-voz do realismo americano, o professor da Universidade de Harvard definiu o direito como um instrumento de regulação da sociedade, criado empiricamente em grande parte pelo juiz, devendo atender aos interesses sociais. O *standard* então tem como objetivo ajudar na manifestação desses interesses sociais. Ajudado pela atmosfera vivificante do realismo e do comparatismo, o "movimento" do *standard* generalizou-se. Também foi favorecido pela influência de intelectuais como Durkheim e Bergson e pelo interesse despertado pela reflexão filosófica; o ressurgimento do direito natural é testemunho disso na época. Marcado pela revivescência de antigos temas aristotélicos, como a ética – justiça do caso concreto –, a prudência e a sabedoria, esse "movimento" foi vinculado a uma tradição do pensamento ocidental, *o humanismo*, em oposição à cultura científica. A aplicação do *standard* exige experiência e faculdades intuitivas para que se tenha a capacidade de adaptar-se aos fatos, coisa que a ciência abstrata exige pouco ou nada. Na realidade, Lambert e seus colegas não aprofundaram realmente a noção de *standard*. Algumas décadas depois, em 1980, em sua tese *Le Juge administratif français et la technique du standard* [O juiz administrativo francês e a técnica do *standard*], S. Rials mostra que a análise se fixou em torno da oposição *standard*/regra de direito, tornando a noção mais opaca do que nunca. Depois disso, alguns trabalhos ressuscitaram a reflexão sobre o *standard* (ver *Les Notions à contenu variable en droit*, 1984 e *Les Standards dans les divers systèmes juridiques*, 1988). O fato é que o entusiasmo da doutrina por essa técnica jurídica, presente na década de 1920, cedeu lugar a um ceticismo apático. É de lamentar, visto que a época moderna – mutável, diversificada e voltada para o mundo – favorece seu desenvolvimento. Ainda hoje, o *standard* continua sendo uma noção que muitos temem definir, a tal ponto ela pode apresentar acepções diferentes.

Dificuldades que cercam a definição de standard

O *standard* é uma noção perturbadora numa cultura jurídica francesa que permaneceu fundamentalmente legalista. Não oferecendo soluções precisas e fixas, o *standard*, em primeiro lugar, mostra-se dificilmente compatível com certos princípios de nosso direito, como por exemplo o da segurança jurídica ou o da legalidade dos delitos e das penas. Em segundo lugar, o *standard* põe o juiz num papel insólito, que provoca desconfiança. Sua aplicação exige que se vá dos fatos para o direito, segundo *certo bom-senso.* Essa atitude pragmática, habitual nos juízes ingleses, assume o lugar da *lógica* à qual está acostumado o magistrado francês. "As noções com conteúdo variável do direito de família" – tal como o interesse da criança – requeriam um "julgamento carismático", mais do que lógico (J. Carbonnier, "Les notions à contenu variable dans le droit français de la famille", *Les Notions à contenu variable en droit*, 1984). A margem de discrição com que conta o magistrado desperta os velhos demônios: o temor do poder discricionário do juiz e do revigoramento de seu papel. Esse sentimento de medo torna-se ainda mais agudo porque o juiz, no momento da aplicação do *standard*, fica diante de outros referentes que não o sistema jurídico. Ele deve tomar conhecimento de elementos muito diversos, que vão desde normas simplesmente técnicas até informações sociológicas. Alguns demonstram então o receio de que ele, já normalmente sobrecarregado de trabalho, acabe estatuindo de acordo com sua própria opinião. O *standard* é, afinal de contas, uma noção na qual *o fato predomina sobre o direito*. Ele possibilita, assim, abordar de imediato o debate político subjacente à regra jurídica. Isso não é hábito na doutrina francesa, que tende mais a buscar coerência formal na norma que examina. O "movimento" seguido pelo *standard*, nesse sentido, é característico. Originalmente, fez parte de uma corrente que pretendia dar vida ao direito. Paradoxalmente, os autores da década de 1920 racionalizaram ao extremo a questão de sua definição. Pound define o *standard* como "medida média de conduta social correta", depreendida em função do ideal em vigor em dado momento e em dado lugar ("*the autoritative ideal*"), que implica certo bom-senso em relação às coisas da vida ("*a common sense about common things*") e uma margem de apreciação por parte de quem o aplica ("*a margin of discretion*"). Distingue-se do "*rule*", ou seja, da regra entendida como "solução jurisprudencial", por remeter a sistemas normativos não jurídicos (R. Pound, 1919, 1922). Em sua tese acima citada, S. Rials pretende mostrar como a análise de Pound foi compreendida em sentido contrário na França. Al Sanhoury, assim como outros alunos de Lambert, ficaram "obnubilados pela distinção regra/*standard*", visto considerar-se que a primeira noção traduz a noção de "*rule*", que na realidade significa "solução de detalhe depreendida dos precedentes judiciários". À automaticidade da regra, à fixidez de sua solução e ao raciocínio de pura lógica que sua aplicação requer, costuma-se opor a intuição e a experiência que, de acordo com o espírito de *standard*, são necessárias à descoberta de soluções variadas, adaptadas a cada situação concreta. Paralelamente, o caráter jurídico do *standard* é questionado: há hesitação quanto a saber se este é uma norma jurídica específica, distinta da regra de direito, uma técnica particular de expressão dessa última ou um instrumento intelectual situado fora do direito. Apontando esse debate que animava o pensamento da década de 1920, S. Rials denuncia o fato de que o *standard*, na qualidade de "instrumento de administração do direito" – para retomar a terminologia de Hauriou –, é tão jurídico quanto o que se refere ao "*fundo do direito*" (M. Hauriou, 1926). Acima de tudo, ele encerra na ideia de normalidade a unidade conceitual do *standard*. "O *standard* é uma técnica de formulação da regra de direito que tem como efeito certa indeterminação desta. [...] Visa possibilitar o dimensionamento de comportamentos e situações em termos de normalidade, nas duas acepções desse termo", ou seja, em "estado puro" ou na qualidade de padrão (S. Rials, 1980). Embora a definição de *standard* continue hesitante hoje, sobretudo em razão do debate que persiste quanto à sua natureza jurídica, a ideia de que o *standard* remete a um comportamento normal parece aceita. No mesmo sentido, ninguém pensa em contestar a utilidade dessa técnica jurídica em plena expansão.

Utilidade do standard

Apesar das dificuldades conceituais que apresenta, o *standard* congrega as correntes mais diversas quando a questão é sua utilidade. Suas funções podem ser classificadas em duas categorias, conforme sejam *técnicas* – possibilitem a *adaptação* do direito à evolução da sociedade – ou *ideológicas* – garantam a *legitimação* de soluções jurídicas adotadas. A função técnica mais evidente é a da *regulação*. Em face de uma sociedade cada vez mais complexa, móvel e "juridicizada", o *standard*, que remete a um conjunto de normas externas, constitui uma técnica jurídica idônea, porque aberta a um direito evolutivo. Seu conteúdo varia segundo o contexto e as ideias dominantes no assunto; sua superfície reflete as tensões que animam a matéria jurídica. Essa primeira função técnica é acompanhada pela segunda: a da *redistribuição dos poderes* entre o legislador e os tribunais. Conscientes do fato de que a regra de direito que fornece uma resposta única e imóvel a dado problema não pode prever tudo, o legislador deixa intencionalmente "um vazio" na lei que o juiz fica encarregado de preencher (G. Cornu, "Codification contemporaine: valeurs et langage", *L'Art du droit en quête de sagesse*, PUF,

1998, pp. 357 ss.). Também pode ocorrer que os *standards* sejam forjados por inteiro pelo próprio juiz ou a partir de textos legais existentes. Isso ocorre, pelo menos, nos direitos pretorianos, como o direito administrativo francês (por exemplo, a teoria das "circunstâncias excepcionais", que possibilita às autoridades administrativas tomar medidas adequadas). A análise tradicional do *standard* em suas funções de regulação e redistribuição, que equivale a comparar a regra de direito ao *standard*, não deve levar-nos a esquecer que este tem algo de consuetudinário. Na falta de pronunciar-se de modo preciso sobre uma questão, o legislador ou o juiz remete-se a noções indeterminadas, esperando que, por meio de tentativas, o direito em formação acabe por solidificar-se, que a norma se torne mais completa. Embora raramente ressaltada, esta última função técnica do *standard* é fundamental. Ela revela que o *standard*, participando da transformação progressiva do direito, cumpre uma função de "engendramento do direito" (J.-L. Bergel, *Les Standards dans les divers systèmes juridiques*, 1988). Além de seu aspecto técnico, o *standard* tem uma *dimensão simbólica* que dá legitimidade à intervenção do legislador ou do juiz nos momentos em que esta possa parecer duvidosa. Isto porque ele se baseia em valores considerados comuns na sociedade. A partir dessa constatação, podem ser depreendidas duas funções ideológicas, que parecem indispensáveis em direito internacional. Frequentemente oriundos de lugares-comuns ou de valores universais e existentes, na maioria das vezes, em várias línguas, os *standards* têm uma função *retórica* de persuasão. Esse poder de evocação, exercido preliminarmente durante a elaboração da norma, explica por que os *standards* são muito solicitados pelo legislador atual, que muitas vezes tenta a aprovação tranquila de uma medida política. No plano internacional ou europeu, a escolha de *standards* como "proporcionalidade", "racionalidade" e "normalidade" facilita a aproximação de Estados com visões políticas diferentes, para a conclusão de acordos. "Os *standards* são assim filhos daquilo que os internacionalistas qualificam de "*soft law*", direito frágil feito de uma língua diplomática [...]" (Ph. Delebecque, "Les standards dans les droits romano-germaniques", *Les Notions à contenu variable en droit*, 1988). O *standard*, no estágio de aplicação da norma, desempenha uma função *unificadora*: considera-se que ele arredonda a norma que o contém, coordena o conjunto das regras de direito que a elas se referem e, eventualmente, enseja a aproximação dos diferentes direitos nacionais. No entanto, não se deve negar que as dificuldades de aplicação atenuam muito os poderes de persuasão e uniformização desse procedimento jurídico. Embora o valor representado pelo *standard* – por exemplo o de "racionalidade" – teoricamente acarrete o consenso, sua aplicação com frequência é controversa. A interpretação de uma noção indeterminada, além disso, pode variar segundo, por exemplo, a matéria em causa ou o Estado no qual ela é aplicada.

***Evolução futura do* standard**

Certamente o *standard* não é acolhido com a mesma intensidade, dependendo da área geográfica ou do material ao qual é aplicado. Sua integração é, assim, mais profunda em direito administrativo do que em direito penal, no qual o "dever-ser" é muito importante (M. Delmas-Marty, "Les standards en droit pénal", *Les Standards dans les divers systèmes juridiques*, 1988). Seu sucesso, porém, é enorme. Nenhum sistema jurídico – seja ele liberal ou socialista –, nenhuma matéria – seja ela da alçada do direito público ou do direito privado – resistem ao *standard*. Daí a pertinência de indagar sobre sua evolução futura. O maior desenvolvimento de *standards*, sobretudo em se tratando dos direitos fundamentais e das liberdades públicas, deveria dar novo vigor à reflexão doutrinária em certa direção. Poderia ser privilegiada uma abordagem pragmática, que explicasse por que o *standard* se tornou uma noção inelutável nos direitos anglo-americanos. Essa mudança de atitude possibilitaria atacar pontos muito concretos, mas essenciais, como o do trabalho do juiz. Os "*substandards*", às vezes propostos pelo legislador para orientar o magistrado na aplicação do *standard*, são necessários, mas insuficientes. Conviria fazer uma reflexão prática de conjunto sobre o método de aplicação dos *standards*. A construção de um *jus commune* europeu possibilitaria revigorar essa reflexão.

› AL-SANHOURY A.-A., *Les Restrictions contractuelles à la liberté individuelle de travail dans la jurispruden-*

ce anglaise, Paris, 1925. – HAURIOU M., "Police juridique et fond du droit", *R.*, 1926, p. 265. – LAMBERT E., *Le Gouvernement des juges et la lutte contre la législation sociale aux États-Unis*, Paris, 1921. – MAURY J., "Observation sur les modes d'expression du droit: règles et directives", *in Recueil d'études en l'honneur d'E. Lambert*, t. 1, Sirey, LGDJ, 1938, p. 421. – POUND R., *Reports of American Bar association*, vol. 44, 1919 (*Administrative Application of Légal Standards*). – RIALS S., *Le Juge administratif français et la technique du standard (Essai sur le traitement juridictionnel de l'idée de normalité)*, LGDJ, Bibliothèque de droit public, t. 135, 1980. – STATI M. O., *Le Standard juridique*, Paris, 1927.

Ver também: AL-SANHOURY A.-A., "Le standard juridique", *in Recueil d'études sur les sources du droit en l'honneur de F. Gény*, t. II, Sirey, 1934, p. 145. – POUND R., *An introduction to the Philosophy of Law*, Londres, 1922. – Col.: *Les Notions à contenu variable en droit*, Travaux du Centre national de recherches de logique, Estudos publicados por Ch. Perelman e R. Vanderl Elst, Bruxelas, Etablissements E. Bruylant, 1984. – *Les Standards dans les divers systèmes juridiques, RRJ, Droit prospectif, cahiers de méthodologie juridique nº 3*, PUF, Aix-Marseille, 1988-4.

Céline BLOUD-REY

→ Boa-fé; Proporcionalidade.

SUCESSÃO DE ESTADOS

Assim que um território submetido à autoridade de determinado Estado passa definitivamente para a autoridade de outro Estado, quer o primeiro (chamado de predecessor) desapareça ou sobreviva, e o segundo (chamado de sucessor), apareça ou se transforme, haverá sucessão de Estados, e a expressão serve para designar ao mesmo tempo a situação de fato constituída pela mudança territorial e o regime jurídico associado aos efeitos dessa mudança. Frequentemente correlativa de uma crise que pode agravar as circunstâncias de sua solução, a sucessão, na maioria das vezes, costuma ser feita como parte de acordos entre predecessor e sucessor. Mas esses acordos, quando existem, dificilmente são parte ou origem de práticas homogêneas ligadas a regras gerais incontestáveis e respeitadas. Tanto a diversidade das situações práticas quanto considerações políticas serviram de obstáculo ao surgimento de um corpo de regras realmente coerente. A respeito, certamente é útil lembrar que, embora a sucessão possa ocorrer a qualquer momento, as circunstâncias históricas foram tais que as sucessões, no essencial, sobrevieram em ondas; podemos pensar nas independências americanas do século XIX, no desmantelamento dos impérios otomano e austro-húngaro, na descolonização ou, por fim, na recomposição da Europa depois do fim da Guerra Fria. As preocupações dominantes, variáveis segundo a época, modificaram o curso do direito ou desaceleraram sua formação, de tal modo que, conquanto se possa caracterizar o objeto e a lógica do direito da sucessão de Estados, também é importante ressaltar a fraqueza global das regras gerais que podem ser depreendidas.

Objeto e lógica do direito da sucessão de Estados

A questão que pretende resolver o direito da sucessão de Estados, portanto seu objeto, consiste em determinar quais são os direitos e obrigações dos Estados envolvidos (tanto o sucessor quanto o predecessor, se continuar existindo) e quais são as regras aplicáveis ao e no território envolvido no momento em que a mudança é realizada. A compreensão da lógica que o governa pressupõe que nos desvinculemos da concepção civilista da sucessão, dominada pela ideia de transmissão e herança, compreendida esta como um todo, portanto incluindo tanto encargos quanto vantagens, direitos e obrigações, e nos voltemos para uma abordagem que incorpore as características próprias das entidades em causa, especialmente sua qualidade de ser soberano, e das situações em causa, especialmente aquilo que pressupõe e significa a aquisição de um título sobre um território em direito internacional. Um Estado substitui outro no exercício de competências consideradas plenas e exclusivas em relação a tal território, e esse exercício não pode ser vinculado por decisões anteriores. Essa apresentação poderia levar a crer que se trata de opor a uma inconcebível doutrina da transmissão integral a doutrina da "tábua rasa", que implica a supressão do conjunto de regras editadas no plano interno pelo Estado predecessor, mas também do conjunto de compromissos que ele possa ter assumido no plano internacional. A força dessa doutrina decorre do fato de que ela pode prevalecer-se, no primeiro caso, do fato de que não se transfere uma ordem jurídica e, no segundo, do efeito relativo dos tratados, que proíbe que um Estado seja vinculado por um acordo com o qual ele não consentiu pessoalmente. Por esse fato e por ter surgido como corolário lógico da nova soberania, ele deixou importantes marcas no direito da sucessão de Estados. Ela pode explicar, em especial, sua fraqueza substancial global. Mas não se resumiria a isso. Talvez seja possível compreender melhor, se lembrarmos que o Estado sucessor assume o controle de um território já juridicamente organizado antes, o que significa não só que havia regras aplicáveis, mas também que algumas situações tinham sido constituídas com fundamento nessas regras, quer tais situações fossem puramente internas e/ou só dissessem respeito a pessoas privadas, quer comportassem elementos de estraneidade e/ou referentes a outros sujeitos do direito internacional. Embora se possa, teoricamente, conceber a possibilidade de fazer tábua rasa das primeiras, percebe-se de imediato que dificilmente se pode fazer o mesmo com as segundas, com o resultante efeito de retroação no caso das primeiras. Isso pode ser denominado necessidades práticas ou interesses legítimos. Seja como for, é esse o fundamento das objeções opostas à substituição imediata e integral de uma ordem jurídica por outra, se é que tal substituição é efetivamente realizável, coisa de que se pode duvidar. Seja lá o que se pense no plano dos princípios, há sempre um mínimo de transição e um mínimo de transmissão. O direito da sucessão de Estados é a tradução em regras jurídicas da composição entre o respeito à soberania do Estado sucessor e certo número de necessidades práticas e de interesses legítimos concorrentes. Nesse contexto, percebe-se que a tábua rasa, quando admitida (pois há casos em que não o é), atua essencialmente como uma possibilidade à disposição do Estado sucessor, e não como fato consumado ao mesmo tempo que a sucessão. Contudo, para aceitar essa afirmação e as anteriores, convém admitir a própria existência de tal corpo de regras gerais, o que só pode ser feito com prudência e ressaltando-se a fraqueza das regras assim expostas.

Fraqueza das regras gerais

A existência de regras gerais deveria poder ser deduzida da realização de uma codificação da matéria. Esta – por natureza e mesmo admitindo-se que comporte uma parcela de desenvolvimento progressivo – pressupõe a preexistência de regras consuetudinárias. Ora, os trabalhos feitos pela Comissão de Direito Internacional das Nações Unidas no fim da década de 1960 redundaram na adoção de duas convenções: uma de 22 de agosto de 1978, sobre a sucessão de Estados em matéria de tratados, e outra de 8 de abril de 1983, sobre a sucessão de Estados em matéria de bens, de arquivos e de dívidas de Estado. Mas, embora a primeira tenha acabado por entrar em vigor em 1996, só vinculou pequeno número de Estados, ao passo que a segunda ainda não reuniu as quinze ratificações necessárias para entrar em vigor. Isso significa que não há consenso nenhum em torno desses dois textos. Estes estão excessivamente ligados à descolonização, cuja prática aferente (que, aliás, não tinha homogeneidade) eles visavam menos traduzir do que registrar as pretensões dos Estados então originados, o que levou à construção de uma categoria jurídica que lhes foi reservada (a de Estados recém-independentes) em detrimento, eventualmente, da coerência dos regimes jurídicos implantados. De fato, enquanto materialmente os efeitos da descolonização não se distinguem dos efeitos da secessão, às duas sucessões consecutivas não é aplicável o mesmo regime. Contudo, não se pode afirmar que as duas convenções de Viena não deem conta do estado do direito internacional. Se, com as ressalvas indicadas, admitirmos considerá-las como tais, será forçoso constatar que elas constituem um conjunto normativo ao mesmo tempo complexo e pouco denso, com pouco domínio sobre a prática, não obstante as referências que lhes são feitas, e que não abrange a totalidade das matérias em questão, de tal modo que é preciso pensar em outras fontes complementares. A complexidade do direito da sucessão de Estados decorre da diversidade das situações que ele pretende abarcar, além da definição de sucessão de Estados comum às duas convenções (art. 2º: "substituição de um Estado por outro na responsabilidade das relações internacionais de um território"), que exclui, portanto, tanto as cessões temporárias de território, voluntárias ou não (ocupação), quanto as mudanças de governo, mesmo revolucionárias e/ou acompanhadas por forte desejo de ruptura com o passado, pois, do ponto de vista do direito internacional, a personalidade do Estado envolvido não é como tal afetada neste último caso. A sucessão de Estados pode resultar de circunstâncias muito diferentes, como a anexação total, que hoje deve ser consentida, ou a fusão, que, ao contrário da anexação, dá origem a um novo Estado. Outras circunstâncias possíveis são: a secessão, que possibilita a subsistência de um Estado continuador, e a dissolução, ou seja, o desmembramento integral de um Estado. Segundo o caso, é possível ou não o nascimento de um ou vários Estados inteiramente novos, e o Estado predecessor pode ou não continuar existindo. O direito internacional concebe que as diferenças de situação justificam regimes jurídicos diferenciados, o que parece lógico. A dificuldade decorre do fato de que nem sempre é fácil qualificar as situações concretas, o que abre as portas para práticas oportunistas que consistem em determinar a qualificação em virtude do regime jurídico que se deseje ver aplicado à situação. Esta pode ser até razoavelmente confusa, como se viu tanto no caso da reunificação da Alemanha quanto no do desmembramento da Iugoslávia e da União Soviética. De fato, embora a reunificação alemã apresente essencialmente as características de uma anexação, sua solução incluiu certos elementos do regime da fusão. E quando a Sérvia Montenegro pretendeu ser continuadora da Iugoslávia, essa qualidade lhe foi recusada por seus interlocutores internacionais. Inversamente, quando o desaparecimento da União Soviética foi proclamado em 1991, a Federação da Rússia na prática tendeu a ser sua continuadora. A pretensão à continuidade, portanto à identidade do Estado, apesar das mudanças, possibilita evitar os efeitos da sucessão. No caso, esta teria criado o problema da substituição da União Soviética como titular de um assento de membro permanente no Conselho de Segurança das Nações Unidas ou como titular da qualidade de potência nuclear legal, o que se quis evitar. Por isso mesmo, aliás, fica claro que o restante da sociedade internacional não pode se desinteressar das situações de sucessão e pode influir sobre a qualificação delas como tais, em função do modo como sejam vistos seus possíveis efeitos de desestabilização. Afinal, esses efeitos são o verdadeiro critério do direito internacional, de tal modo que o direito internacional, ainda que interessado acima de tudo nos aspectos que o implicam, ou seja, no destino das situações a ele ligadas, com base nos tratados firmados pelo Estado predecessor, não se desinteressa totalmente de questões que sejam pertinentes em princípio ao direito interno, tais como as questões patrimoniais, as obrigações contratuais e a situação dos particulares, existindo, em todos esses campos, alguns princípios diretores, na maioria supletivos.

Identificação dos princípios diretores

No que se refere à sucessão aos tratados, surgem as regras mais sofisticadas, mas também mais bem consolidadas. A mais estável delas, aquela que vale para quaisquer circunstâncias, é a regra segundo a qual os tratados de fronteira e os tratados territoriais vinculam o Estado sucessor, o que se pode explicar pragmaticamente pela necessidade de evitar o ressurgimento de conflitos e, juridicamente, pelo fato de que esses tratados deram origem, por um lado, a situações cujo questionamento unilateral o direito internacional veda ou, por outro, a regimes que, sendo considerados vinculados ao território, são transmitidos com ele. Inversamente, os tratados firmados com fortíssimo *intuitu personae* (ou seja, acordos de forte componente político, como alianças políticas ou estabelecimento de bases militares, mas também todos os tratados bilaterais) logicamente não podem ser transmitidos, salvo acordo expresso dos cocontratantes. Pode-se também explicar com essa ideia o fato de a qualidade de membro de uma organização internacional (portanto, de parte integrante de sua Carta constitutiva) só poder ser adquirida por sucessão e haver a necessidade de cumprir uma formalidade de adesão. Afora essas hipóteses, que parecem bem identificadas, mas na realidade são muito extensivas, as regras variam segundo as características da sucessão, de um modo nem sempre totalmente coerente. Embora o princípio seja a ausência de transmissão automática no caso dos Estados recém-independentes ou de anexação (os tratados dos quais o Estado sucessor já era parte tornam-se então aplicáveis à nova porção de território, salvo se for expressamente excluída essa ocorrência), em compensação, em caso de fusão ou de unificação, mas também de secessão, em princípio há transmissão. A retomada dos tratados multilaterais abertos é facilitada, pois basta ao sucessor fazer uma notificação de sucessão. Mas o conjunto desses princípios redunda, sobretudo, na constatação de que a obrigação essencial é negociar. A ideia diretriz da sucessão em matéria de bens, arquivos e dívidas de Estado é a ideia de vínculo com o território. Passam normalmente para o Estado sucessor os bens imóveis situados em seu território, mas também os bens móveis ou imóveis ligados à atividade do Estado predecessor em relação com o território em questão ou para cuja criação o território tenha contribuído. Os arquivos ligados ao território são transmitidos. As dívidas também, em proporção equitativa. Mas mesmo nesse caso é difícil imaginar como esses princípios poderiam ser aplicados sem negociação, especialmente quando se introduz a ideia de equidade. Esta, por ser indeterminada, só poderia ser considerada como uma diretriz de negociação. Por fim, o direito internacional tenta proteger os particulares contra os efeitos desestabilizadores da sucessão, especialmente no que se refere à sua nacionalidade, para evitar casos de apatridia e perda de direitos eventualmente adquiridos sem contrapartida. O conjunto desses princípios diretores, sumariamente lembrados, não predetermina, porém, nenhum modelo, esquema ou processo de sucessão.

› BURDEAU G. & STERN B. (org.), *Dissolution, continuation et succession d'États en Europe de l'Est*, Paris, Montchrestien, 1994. – EISEMANN P.-M. & KOSKENNIEMI M. (org.), *La Succession d'États: la codification à l'épreuve des faits*, Nijhoff, 2000 – GRUBER A., *Le Droit international de la succession d'États*, Bruylart, 1986. – RUIZ FABRI H. et BONIFACE P., *Succession d'États en Europe de l'Est et avenir de la sécurité en Europe*, Paris, Montchrestien, 1996. – STERN B., "La succession d'États", *RCADI*, 1996, t. 262, pp. 9-437.

Hélène RUIZ FABRI

→ Estado; Território.

SUCESSÕES

Transmissão, em princípio universal, do patrimônio de uma pessoa falecida. Esse modo de aquisição tinha importância considerável no passado, em razão da estabilidade das fortunas; durante séculos, também em razão da estrutura da sociedade, em que a distinção das classes e a própria monarquia se baseavam na hereditariedade. O assunto é complexo, muito diversificado e às vezes sujeito a verdadeiras revoluções. Isto porque nesse campo atuam interesses e forças contraditórias, bem como as ideologias de certas épocas ou de certos regimes.

A atribuição das sucessões pode ser feita de duas maneiras: pela regra (legal ou consuetudinária) ou pela vontade. Na maioria das vezes, tem-se a vontade individual do *de cujus*, expressa em testamento. Raramente se trata de vontade bilateral, contratual (por exemplo, a sucessão em vida de ascendente). À parte tais casos, a importância relativa dos dois métodos varia de acordo com a cultura. Os romanos, individualistas, davam preferência ao testamento. Na antiga França – salvo no Sul, onde persistiam lembranças romanas – o costume era autoridade, e a coesão familiar obstava os caprichos individuais, donde a predominância da sucessão *ab intestato* (de uma pessoa morta sem testamento).

Sucessões ab intestato

No direito atual francês, como em quase todos os sistemas jurídicos, os primeiros chamados à sucessão são os filhos e outros descendentes do *de cujus*. Se não houver, a sucessão irá para os ascendentes ou para o grupo dos chamados colaterais "privilegiados": irmãos, irmãs e seus descendentes.

A simultaneidade destes, quando há, é regrada de modo muito variável. Na falta destes, o direito atual designa o cônjuge supérstite, mas a medida é recente (1957). Em quarto lugar atualmente, em terceiro outrora, vêm os colaterais "ordinários", e o parentesco sucessório é (desde 1918 na França) limitado ao sexto grau. Não havendo herdeiro, a herança cabe ao Estado. Dentro de cada uma dessas categorias de sucessíveis, a simultaneidade é resolvida em primeiro lugar pela regra de proximidade de grau: o parente mais próximo do *de cujus* exclui os que o seguem. Mas essa regra básica é corrigida por duas medidas: a representação e a divisão do patrimônio entre a linha materna e a paterna. Pela representação, tem direito à herança o filho de um herdeiro falecido em lugar de seu pai ou de sua mãe, que ele representa, o que lhe possibilita não ser excluído por tios e tias, parentes mais próximos do *de cujus*. Entre ascendentes e colaterais, a sucessão pode ser dividida em duas partes iguais, ficando metade com os parentes por linha paterna e metade por linha materna.

Atualmente, não é possível falar em sucessões sem levar em conta os impostos, pois na França os direitos de transmissão por óbito são muito onerosos, elevando-se rapidamente a 20% e até 40% sobre a parcela mais alta em linha direta ou, para o cônjuge supérstite, até 45, 55 ou mesmo 60% no caso de outros herdeiros.

No Brasil, a sucessão se dá na seguinte ordem: descendentes, ascendentes, cônjuge (todos estes tidos como herdeiros necessários, portanto com direito à legítima entendida como a metade disponível do acervo hereditário) e colaterais até o quarto grau. Os colaterais podem ser excluídos da sucessão por disposição testamentária do *de cujus*. O cônjuge, com o advento do Código Civil de 2002, passou a concorrer em igualdade de condições com os descendentes e ascendentes, dependendo do regime matrimonial adotado: herda na separação total de bens convencional e não obrigatória, herda no regime da participação final nos aquestos e herda os bens incomunicáveis (os particulares do *de cujus*) no regime da comunhão parcial de bens. Quando concorrer exclusivamente com seus próprios descendentes, herdará no mínimo a quarta parte do acervo hereditário. Outro tópico de interesse é o direito dos conviventes em união estável à herança. A matéria agora está regulamentada pelo Código Civil brasileiro no artigo 1.790, conferindo ao companheiro direitos semelhantes ao cônjuge casado sob o regime da comunhão parcial de bens, com limitações sobre o percentual da herança a ser recebido.

O regime sucessório adotado na França é, em linhas gerais, o do direito romano. Mas na história houve outros muito diferentes.

Nas famílias de tipo patriarcal (como na Bíblia) ou agnático (de Roma nos primeiros tempos), o parentesco só era transmitido pelos varões. A sucessão não cabia às mulheres que tivessem saído da família por se casarem nem aos parentes por intermédio de uma mulher. Esse regime foi modificado ou deixou de ser usado antes da era cristã. Todos conhecem a lei sálica. Bem antes que ela fosse adotada para a sucessão ao trono da França, o direito franco atribuía a terra ancestral aos filhos de sexo masculino, de preferência às filhas. Na Idade Média e até a Revolução francesa reinava na França a mais extrema diversidade em matéria sucessória, não só nas regiões de direito consuetudinário, mas, na Idade Média, também no Sul, onde ainda não havia sido plenamente implantado o "direito escrito". O espólio era dividido. Regras especiais eram aplicadas aos bens segundo três categorias. Uma era a dos móveis, das dívidas e dos bens do casal; estes eram os imóveis comprados pelo *de cujus*. Sua atribuição obedecia a regras muito variáveis nos detalhes, mas cujas características gerais não eram fundamentalmente diferentes das atuais. Bem diversa era a sorte daquilo que se chamava de bens "próprios", imóveis que o *de cujus* tivesse recebido de seus ancestrais ou de parentes. Sobre eles o poder familiar fazia-se sentir poderosamente. Eles não deviam sair da família da qual provinham. Donde a regra "*Paterna paternis, materna maternis*": os bens paternos para os parentes paternos; os bens maternos para os parentes maternos. Outra regra, "Os bens próprios não sobem de volta", impedia que os ascendentes herdassem. A uma terceira espécie de bem, os feudos, eram aplicados os privilégios de primogenitura e de masculinidade (na época moderna dava-se menos valor à natureza dos bens do que à nobreza do *de cujus*). No geral, a resolução de uma sucessão podia atingir enorme grau de complicação, uma vez que os costumes variavam segundo o lugar de situação dos bens. Toda essa diversidade foi varrida pela Revolução.

Mas esta criou o regime sucessório eivado de uma nova singularidade inspirada em sua ideologia. O Decreto de 17 de nivoso do ano II atribuía a sucessão, na falta de descendente, aos ascendentes e colaterais sem nenhum limite de grau; aos ascendentes tinham primazia seus próprios descendentes ou os de outros do mesmo grau. A representação estendia-se em todas as linhas infinitamente, bem como a divisão do patrimônio entre a linha materna e a paterna, indefinida e sucessivamente. Essas disposições tendiam a provocar a divisão das fortunas com o objetivo de se obter igualdade e favorecer as novas gerações, supostamente mais republicanas que as antigas. Desapareceram ao cabo de uns dez anos com o Código Civil.

Dois tipos de herdeiro merecem atenção especial, pois durante muito tempo foram desfavorecidos, e nossa época quis remediar essa injustiça: o filho natural e o cônjuge supérstite. Depois de alguns precedentes no direito romano da época cristã, o antigo direito francês adotara para com o filho natural, o "bastardo", uma atitude de dura hostilidade. Ele era totalmente excluído da família (pelo menos paterna). A consequência era a dupla incapacidade sucessória, ativa e passiva (salvo com seus filhos legítimos, se houvesse): ele não podia receber nem deixar herança. Ao morrer, seus bens eram assumidos por seu senhor ou, na época moderna, pelo rei. O motivo alegado era de ordem moral: punição pelo erro dos pais. Na realidade, o bastardo era tratado como um intruso, oriundo de um meio inferior e cuja autora, essencialmente a mãe, não fora admitida na família. Durante a Revolução, ocorreu uma reação enérgica em nome da igualdade: "os direitos de sucessibilidade dos filhos naturais são os mesmos dos outros filhos" – dizia o Decreto de 12 de brumário do ano II. O Código Napoleônico adotou posição transacional, bastante desfavorável. O filho natural recebia herança do pai e da mãe, mas não dos outros parentes. Seu quinhão era inferior ao de um filho legítimo, e era proibido aumentá-lo por meio de alguma liberalidade. Ademais, ele precisava obter a posse em juízo. Os filhos adulterinos e incestuosos só tinham direito a alimentos ou direito algum, caso o pai lhes tivesse proporcionado o aprendizado "de uma arte mecânica". A reação começou no fim do século XIX. Uma lei de 1896 melhorou sensivelmente o destino do filho natural. Por fim, a Lei de 3 de janeiro de 1972 proclama: "O filho natural tem em geral os mesmos direitos e os mesmos deveres do filho legítimo. [...] Ele entra na família de seu autor." Algumas desvantagens ainda afetam os filhos adulterinos ou incestuosos. A tentativa é de suprimi-las. (No Brasil, desde a promulgação da Constituição Federal de 1988, não se admite o tratamento diferencial entre os filhos, conforme dispõe o artigo 227, parágrafo 6º: "Os filhos, havidos ou não da relação de casamento, ou por adoção, terão os mesmos direitos e qualificações, proibidas quaisquer designações discriminatórias relativas à filiação.")

Salvo nos dois extremos da história (a Roma dos tempos antigos com a *manus* e a partir de 1957), o cônjuge supérstite – e ao falar-se dele pensa-se acima de tudo na viúva – teve participação ínfima nas sucessões *ab intestato*. Ou era completamente esquecido ou, na maioria das vezes, só era incluído subsidiariamente, na falta de parentes em linha colateral. Mesmo nas épocas em que o casamento era indissolúvel, o cônjuge não fazia realmente parte da família. O temor era de que, casando-se de novo ou, em todo caso, vindo a falecer, os bens passassem da família do cônjuge antes falecido para a família do supérstite. No entanto, eram oferecidas fortes compensações: por testamento, o *de cujus* podia prover a seu futuro. Principalmente em direito consuetudinário, o regime de comunhão e, para a viúva, as arras esponsalícias garantiam a propriedade ou o gozo de grande parte dos bens do casal. As arras, desastradamente abolidas pela Revolução, foram substituídas em 1891 pelo usufruto do cônjuge supérstite. O recuo do parentesco afastado possibilitou dar-lhe, pela lei de 26 de março de 1957, a preferência na sucessão *ab intestato* sobre os colaterais ordinários. Atualmente se manifesta uma tendência ao aumento de seus direitos.

Sucessão testamentária

Testamento é o ato pelo qual alguém dispõe dos bens para depois de sua morte. Ao contrário do contrato, é um ato essencialmente pessoal, unilateral, portanto livremente revogável até o óbito: um ato de última vontade. Seu papel varia de acordo com a época. Entre os romanos o testamento era muito usado e favorecido pela interpretação jurídica. Ao contrário, era completamente ignorado pelos germanos. Depois das invasões, declinou aos poucos e desnaturou-se: tornou-se irrevogável ou perdeu o caráter pessoal e passou a ser feito com a aprovação familiar. Por volta do século IX desapareceu na França, salvo no Sul. Mas sua função religiosa subsistiu, pois era acessório à confissão que antecedia a extrema-unção. Reinava a ideia de que, para escapar às penas do inferno, era preciso reparar os próprios pecados ou compensá-los com boas ações, legados piedosos, "esmolas". Seu lugar foi então ocupado por doações entre vivos. Mas estas tinham a desvantagem de despojar imediatamente o doador e de ser irrevogáveis. Tais coisas eram remediadas por meio de alguns expedientes: a doação era retardada até o último momento, era feita *in extremis*. Em caso de morte súbita, os parentes próximos do *de cujus* eram autorizados a fazê-la em seu lugar, pelo menos no que se refere ao legado piedoso. Ou o doador retinha os bens – hoje diríamos em usufruto, mas essa noção estava esquecida: de fato, ele prorrogava a doação para o momento de seu óbito (doação *post obitum*). Durante o século XII, reapareceu na França o testamento verdadeiro e revogável, mas nunca ocupou o lugar que tinha em Roma, mesmo no Sul, onde a permanência de tradições antigas lhe dava um pouco mais de importância do que nos outros lugares.

A seu respeito, há três questões: forma, conteúdo e liberdade de dispor.

Regras de forma testamentária. – Seu motivo é garantir a certeza da vontade do testador, que não estará presente para defendê-la quando da abertura do inventário. O objetivo é impedir falsificações e usurpações. É possível optar entre três formas. A mais usada é a do testamento hológrafo. Ele deve ser inteiramente escrito, datado e assinado pelo punho do testador. Surgiu tardiamente na história da França. Admitido pela primeira vez no século V de nossa era, praticamente não sobreviveu. Reapareceu no século XV, dessa vez para manter-se e disseminar-se. Seu sucesso, evidentemente, estava ligado aos progressos da instrução. Em diferentes épocas foi possível fazer testamentos diante das autoridades públicas. É o que se chama hoje de testamento "por ato público"; é estabelecido por um ato notarial bastante solene: deve ser recebido por dois notários ou, pelo menos, por um notário assistido por duas testemunhas. O curioso é que sua origem é a mesma do testamento puramente oral. Em direito romano existia um testamento, raramente utilizado, chamado de "nuncupativo": o testador expressava suas vontades diante de testemunhas (tradicionalmente sete) que, depois de sua morte, relatavam suas palavras ao juiz. Na Idade Média, o direito canônico reconheceu uma criação espontânea, a do testamento feito oralmente diante de duas ou três testemunhas. Entre estas estava o pároco incumbido de receber a última confissão do moribundo. O Sul da França recuperou o testamento nuncupativo romano, mas limitando-se a duas ou três testemunhas, entre as quais o pároco. Nada impedia que as testemunhas tomassem notas para servirem de lembretes, caso elas soubessem escrever, e o pároco sabia escrever, necessariamente. No Sul, também se disseminou o uso de chamar um notário como testemunha. Durante o século XVI, o testamento nuncupativo tornou-se escrito: pelo pároco ou por um notário; finalmente, a ordenança de 1735 proibiu a feitura de testamentos puramente orais e obrigou o depósito do documento junto a um notário. A terceira forma, mais antiga, porém menos empregada agora, é a do testamento "místico" ou secreto. O testador, depois de redigi-lo (ou de mandar redigi-lo), apresentava-o fechado, com sinete e selo a um notário assistido por duas testemunhas, declarando que era seu testamento, e o notário lavrara o ato. Esse testamento provinha do antigo direito romano. Passou por diversas transformações ao longo do tempo, conservando o número de sete testemunhas encontrado no Código Napoleônico na forma de seis testemunhas e um notário: só em 1950 o número das testemunhas foi reduzido para dois. (No Brasil, a sucessão testamentária está regulada pelos artigos 1.857 e seguintes do CCB, onde estão previstos os três tipos: testamento público, cerrado ou místico e particular, ao lado dos especiais marítimo, aeronáutico e militar, cuja especialidade decorre da circunstância de sua celebração – estar em trânsito – ou da pessoa do testador.)

Conteúdo do testamento. – Atualmente, além das disposições sobre os funerais e da nomeação de tutores, presentes às vezes, o conteúdo de um testamento é de ordem patrimonial. Trata-se sobretudo de legados. O Código Civil francês contém três tipos. O legado particular incide sobre um bem ou alguns bens nomeadamente designados ou sobre uma soma de dinheiro. O legatário particular não contribui com as dívidas (a não ser que seu montante não deixe um ativo suficiente). O legatário universal tem vocação a ficar com toda a sucessão, ativa e passiva, o que não quer dizer que ele sempre recebe sua totalidade, pois ela pode ser diminuída por outros legados. Existe, enfim, o legado universal, que incide sobre uma quota-parte da sucessão (por exemplo, a metade, todos os imóveis, todos os bens móveis ou mesmo uma quota-parte destes). O legatário universal contribui para as dívidas proporcionalmente ao que recebe.

Entre outras disposições que um testamento pode comportar, deixando de lado as de interesse secundário, algumas tiveram importância de primeiro plano no passado. Era o que ocorria em Roma com a instituição do herdeiro. O herdeiro instituído por testamento tinha vocação à universalidade da sucessão, tal como o legatário universal atual. Mas o direito romano ia mais longe, pois a instituição de um herdeiro era obrigatória: o testamento que não o tivesse era nulo. Ademais, não podia haver acúmulo entre sucessão testamentária e sucessão *ab intestato*. O testamento não podia conter apenas uma parte do patrimônio. Era possível instituir vários herdeiros, por igualdade ou por partes desiguais, mas sempre para uma quota-parte, e nunca para uma coisa específica. O direito consuetudinário na França rejeitou essas regras. Para ele – como para o direito atual – "Instituição de herdeiro não tem vez", o que não quer dizer que ela seja proibida (equivale a um legado universal), mas que não é necessária, e que um testamento pode perfeitamente só conter legados particulares, sendo o restante da sucessão atribuída segundo as regras da sucessão *ab intestato*. A execução testamentária, entre os séculos IX e XIII, era a parte fundamental do testamento (ou daquilo que ocupasse o seu lugar). A razão disso era primordialmente jurídica, não se concebia então a transferência direta de um bem sem um ato e mesmo um gesto de entrega material. O testador, portanto, entregava o bem a um intermediário para que este o entregasse aos beneficiários. A segunda razão era o temor de que os herdeiros gananciosos não realizassem as "esmolas", os legados piedosos necessários à salvação da alma. Designado por nomes diversos, aquele que chamamos de testamenteiro tinha funções acima de tudo espirituais: realizar e pagar os funerais e as preces, quitar as dívidas, pagar indenizações, acertar as "esmolas" ou os legados piedosos. Era uma missão de alta confiança. Declinaria a partir do século XIII. Os poderes do testamenteiro foram progressivamente limitados a favor do herdeiro. A instituição ainda existe, mas não é de grande utilidade.

Outra instituição outrora importante eram as substituições fideicomissárias. Tratava-se de substituição de um herdeiro que faltasse por outro. O fideicomisso, especial em Roma, era uma espécie de legado com regras menos estritas, confiado à boa-fé de seu beneficiário. Acabou sendo fundido com o legado. Mas por volta do século X inventou-se nas regiões do Sul da França a substituição fideicomissária, que se propagou a partir dos anos 1300, aproximadamente, nas regiões de direito consuetudinário. Tinha por efeito tornar um bem inalienável e impenhorável nas mãos daquele que o recebia, mas, com sua morte, o bem deveria caber a outro beneficiário, que o substituía. O objetivo dessa elaboração era, acima de tudo, aristocrático: dar vantagens aos filhos mais velhos. Assim, havia substituições de vários graus, que regiam as sucessões durante várias gerações ou até mesmo em caráter perpétuo, garantindo a transmissão de varão a varão por ordem de primogenitura. Isso explica a abolição das substituições fideicomissárias pela Revolução (25 de agosto de 1792). No entanto, a substituição podia ter outro objetivo, como por exemplo impedir que um filho pródigo dissipasse a herança, garantindo-se a sua conservação para seus filhos. Tomando precauções para eliminar qualquer função aristocrática, o Código Civil autorizou substituições em um só grau, sob condições estritas.

Liberdade de dispor. – Todas ou quase todas as legislações limitam, no interesse da família, a liberdade de dispor por testamento (e, em certa medida, também por doação). Há duas razões para tanto. Uma é que a fortuna de uma pessoa inclui os bens que ela recebeu de seus ancestrais. Cada indivíduo não passa de um elo na cadeia contínua das gerações, estando de alguma maneira incumbido da missão de transmitir o que recebeu. Por outro lado, a liberdade absoluta possibilitaria despojar os filhos por capricho ou por motivos inconfessáveis. Mas, embora esse seja o princípio, as modalidades são muito variáveis, especialmente em função da força das famílias e da estabilidade das fortunas. É possível distinguir duas espécies de limitação: uma protege os herdeiros contra os outros; outra, entre si.

Os romanos durante muito tempo parecem ter ignorado qualquer limitação. O pai de família, único e onipotente titular do patrimônio familiar, tinha plena liberdade de dispor dele. Aos poucos, porém, instituiu-se, no início do Império, uma jurisprudência que pronunciava a nulidade, por imorais, dos testamentos que não deixassem um quinhão legítimo para os herdeiros próximos. O sistema foi criado pela legislação imperial. O quinhão legítimo era bastante modesto: um quarto dos bens. Ele foi aumentado depois e, em certos casos, atingiu a metade. Os "legitimários", aos quais esse quinhão era reservado, eram os descendentes, os ascendentes e os irmãos ou irmãs, mas estes só quando fossem despojados em favor de uma pessoa de má vida. A legislação codificou as ofensas que autorizassem a deserdar um legitimário. Esse regime, esquecido durante séculos, foi retomado na França pelas antigas regiões de direito escrito.

O regime das regiões de direito consuetudinário dava menos liberdade. Suas modalidades eram muito diferentes, segundo os lugares. Em Paris e em vasta área, os imóveis provenientes da família, os bens "próprios", eram objeto de uma reserva "de quatro quintos": o testador podia dispor de um quinto apenas, e os reservatários chegavam a um parentesco até colateral remoto. No Oeste da França a reserva obedecia a regras muito variáveis e podia ser aplicada não só aos bens próprios, mas a todos os bens imóveis. Na época moderna, a reserva parisiense pareceu insuficiente, pois as fortunas então compreendiam móveis e bens do casal mais importantes. Considerou-se então que os descendentes, mas só eles, deveriam em qualquer caso receber pelo menos metade de sua parte *ab intestato*, calculada com base na totalidade do patrimônio do *de cujus*, e, se a reserva não suprisse, era completada por uma "legítima de direito" obtida pela redução dos legados.

Todas essas diversidades e complicações desapareceram com a Revolução. Mas, partindo da ideia de que a vontade dos homens é "frequentemente arbitrária e imoral em suas distribuições", ao passo que a vontade da lei é "sempre igual e justa", os Convencionais, em sua famosa Lei de 17 de nivoso do ano II, reduziram o quinhão disponível a um décimo da sucessão, na existência de herdeiros em linha direta, e a um sexto na existência de colaterais sem limitação de grau, e conferiram a essa medida efeito retroativo a 14 de julho de 1789. Evidentemente, essa legislação não pôde manter-se. A ressalva do Código incidia sobre todo o patrimônio, agora reunificado, e só beneficiava os herdeiros em linha direta. O quinhão disponível, no caso menos favorável, o caso de o *de cujus* deixar descendentes, era o de um menor incapaz e não podia ser inferior a um quarto. Essas regras não mudaram desde 1804, a não ser para favorecer filhos naturais, que passaram a ser equiparados aos legítimos. Delineou-se um movimento para somar o cônjuge supérstite aos reservatários.

A respeito, deve-se observar que nem em direito romano nem nas antigas regiões francesas de direito escrito havia quinhão disponível especial entre cônjuges. O supérstite podia receber nas mesmas proporções que qualquer outro. Ao contrário, o direito consuetudinário, desde o século XIV, impedia qualquer legado (bem como qualquer doação e mesmo qualquer espécie de contrato) de um cônjuge ao outro. A imutabilidade das disposições estabelecidas pelo contrato de casamento parecia um dogma intangível. Quando da discussão do primeiro projeto de Código Civil em 1793, uma improvisação de Danton levou a adotar-se, em sentido oposto, um quinhão disponível muito maior entre cônjuges do que em benefício de legatários estranhos. No Código de 1804 essa vantagem não desapareceu, mas tornou-se relativamente pequena porque o quinhão disponível foi aumentado para todos. Novamente em 1963 o quinhão disponível entre cônjuges foi consideravelmente aumentado: isso fazia parte da tendência geral a melhorar o destino do cônjuge supérstite.

Mas os limites à liberdade testamentária não paravam de aumentar, pois em certos momentos da história foi proibido ou tornou-se difícil dispor os bens entre coerdeiros para vantagem de um e desvantagem dos outros. O antigo direito consuetudinário francês – abstração feita dos privilégios de primogenitura nas sucessões nobres – via com maus olhos os favoritismos que os pais demonstrassem entre seus filhos, com os ciúmes e as disputas daí resultantes. Donde o adágio: "Ninguém pode ser ao mesmo tempo herdeiro e legatário." Algumas costumagens, como a de Paris, chamadas "de igualdade simples" (por oposição às "de igualdade perfeita") admitiam um abrandamento: a possibilidade de o herdeiro beneficiado com uma vantagem ficar com o legado ou a doação, renunciando à sucessão. Inversamente, outras práticas consuetudinárias, assim como ocorria nas regiões de direito escrito, possibilitavam doar ou legar um suplemento a um herdeiro (suplemento chamado "préciput", de *prae-capere*, tomar antes), nos limites do quinhão disponível.

Sacrificando a liberdade em nome da igualdade, a Lei de 17 de nivoso do ano II unificou as regras, optando pela mais rigorosa e proibindo absolutamente a atribuição a um herdeiro do quinhão disponível, que aliás era ínfimo. Essa lei foi rapidamente revogada (germinal do ano VIII), em nome de outra ideologia, para "pôr os filhos entre a esperança e o temor" e "oferecer um primeiro auxílio à autoridade paterna, sem a qual não há bons costumes, família, leis nem sociedade". O regime do Código, que substituiu o do ano VIII, não foi modificado desde então.

A série de problemas e de operações que acompanham a abertura do inventário e realizam a sua liquidação é da alçada da arte notarial. Basta aqui indicar alguns pontos. Nem toda sucessão representa lucro para quem a recebe, pois o herdeiro é obrigado a pagar as dívidas e deve quitar os legados, de tal modo que o passivo pode superar o ativo. Por isso, ele tem o direito de renunciar à sucessão. Se tiver dúvidas, há um remédio, inventado pelo direito romano tardio: aceitação em benefício do inventário. O herdeiro beneficiário não se vincula além do montante do ativo e não precisa arcar com os ônus sobre seus próprios bens. (No Brasil, está disposto que o herdeiro não responde por encargos superiores às forças da herança – artigo 1.792 do CCB, mas não lhe é permitido aceitar ou renunciar à herança em parte, sob condição ou termo – artigo 1.806.) Quando há vários herdeiros, há indivisão. Esse estado era concebido tradicionalmente e pelo Código Civil como essencialmente provisório. Ninguém podia ser obrigado a permanecer nele, e as convenções em contrário eram válidas somente por tempo limitado. Acabou-se por perceber que a partilha podia ser prejudicial a propriedades rurais que constituíssem uma unidade econômica e, depois da primeira lei de 1938, especial para a agricultura, foi prevista e organizada uma indivisão prolongada pela Lei de 31 de dezembro de 1976. A indivisão chegou ao fim com a partilha. Esta deve ser precedida do relatório das doações recebidas do *de cujus* em vida deste, bem como das dívidas que alguns herdeiros pudessem ter para com ele, a menos que tivessem sido dispensados (doações não colacionáveis).

› MALAURIE Ph., *Droit civil. Les successions. Les libéralités*, Paris, Cujas, 1989. – Col.: *La dévolution successorale*, Travaux du 72e congrès des notaires (1975), Litec. – *Recueils de la Société Jean Bodin*, vols. 59 a 62, sobre o ato por motivo de morte. – *Mémoires de la Société pour l'histoire du droit des pays bourguignons, comtois et romands*, vols. X, XVII, XXIII e XLVI.

Ver também: CARDASCIA G., "Panorama des successions *ab intestat* dans les droits antiques", *Histoire du droit social, Mélanges J. Imbert*, Paris, PUF, 1989, pp. 135-41.

Jean-Philippe LÉVY

→ Direito consuetudinário na França; Família; Notários; Patrimônio.

SUFRÁGIO

Ato de vontade numa deliberação ou numa escolha, o sufrágio pode ter diversas formas: universal ou restrito (por exemplo, sufrágio censitário condicionado à fortuna), direto ou indireto (por exemplo, sufrágio de dois graus em que os cidadãos elegem eleitores) etc. A palavra vem do latim *suffragium* (sufrágio, voz, voto, direito de voto, aprovação; na origem, talvez concha de cerâmica que servia de voto), mas a noção apareceu um pouco antes nas cidades gregas.

Mesmo em Atenas, modelo das democracias (séculos V-IV, a.C.), o cidadão não era um indivíduo no sentido moderno; embora seus direitos políticos, especialmente o de votar, pudessem distinguir-se daquilo que seria abusivo chamar de direitos de pessoa privada, tal como o direito de propriedade da terra na Ática, os primeiros englobavam os segundos, pois eram a essência da cidadania. "Animal político" por natureza, o cidadão era em primeiro lugar uma parte igual da comunidade, e nesse sentido participava da direção da cidade (a pena de atimia podia privá-lo de suas prerrogativas políticas). Na Eclésia, assembleia do *demos* soberano, da qual podiam participar todos os cidadãos (varões com mais de 18 anos, filhos de um ateniense e uma ática), reinava o princípio da *isegoria*, acesso igual à palavra, à iniciativa, à tomada de decisão, portanto igualdade aritmética. Votava-se erguendo a mão; o voto secreto era reservado aos assuntos graves.

Na República romana (509-27 a.C.), o *suffragium* (ou *ius suffragii*, direito de sufrágio) fazia parte – com o *commercium* (recurso ao direito romano) e o *conubium* (casamento que produzia os efeitos do direito romano, entre outras coisas) – de um feixe de direitos inerentes à plena cidadania. Até 180 a.C., na periferia de um território romano em expansão, havia a categoria intermediária dos cidadãos sem sufrágio, *sine suffragio*, que contavam com a cidadania completa ao cabo de um período variavelmente longo. Diferentemente do caso ateniense, em que, graças à iniciativa popular, todo cidadão podia propor uma emenda ao texto em discussão, o *suffragium* romano era passivo: nos comícios, assembleias do *populus*, respondia-se à pergunta feita por um magistrado. Para leis e julgamentos do âmbito criminal, a resposta era dada como sim ou não; para as eleições, a escolha era feita entre candidatos selecionados pelos cônsules e pelo Senado. O escrutínio era feito em dois graus: os cidadãos se pronunciavam numa unidade de voto, centúria (divisão segundo a fortuna e a idade) ou tribo (critério territorial), com um número muito variável de pessoas, sendo a decisão tomada por maioria das centúrias ou das tribos. Os comícios centuriais, nos quais os mais ricos formavam a maioria das centúrias, refletiam o espírito das instituições; a maiores contribuições militares e fiscais correspondia um peso determinante na decisão; a igualdade era geométrica. Durante mais de três séculos o sufrágio foi expresso oralmente. A introdução do voto secreto (ou melhor, escrito, *per tabellam*), de 139 a 131 a.C., quase não modificou a economia do sistema nem acabou com todas as pressões clientelistas; o boletim (*tabella*) era "fiador de uma liberdade muda" (Cícero). O direito de sufrágio desapareceu de fato durante o Império, junto com a eleição popular dos magistrados e com a legislação comicial (século I d.C.). Só sobreviveu – em termos razoavelmente estritos, é claro – em escala de cidades municipalizadas; o edito de Caracala (212), que estendeu a cidadania romana à quase todos os homens livres do Império, não teve grande efeito no assunto. Com a crise política, econômica e social do século III, a venalidade e a corrupção cresceram tanto, que o tráfico de influência passou a ter caráter contratual. Nascido da degradação e das práticas de recomendação vigentes durante o Alto Império, o contrato de *suffragium* – no sentido derivado – foi combatido por numerosas constituições (leis imperiais) e proibido em 362. Impotentes para reprimi-lo, os imperadores – especialmente Teodósio em 394 – esforçaram-se por regulamentá-lo. Teodósio II e Justiniano o proibiram e instituíram um *suffragium* legal (taxas que deviam ser pagas quando alguém assumia um cargo).

Na Idade Média, a noção ficou latente. Segundo um espírito bem diferente do da cidade antiga, a prática do sufrágio foi subjacente ao sistema das eleições na Igreja (designação dos abades e dos papas). A monarquia francesa não o ignorava completamente; o rei era saudado por aclamações no dia de sua sagração; no tempo de Carlos V, sob influência das ideias aristotélicas, havia duas eleições do chanceler por escrutínio (130 votantes em 1372, 200 em 1373). Qualquer que fosse a timidez da prática política e administrativa na Idade Média e durante o Antigo Regime francês, a doutrina canonista e romanista trabalhou para discernir o significado da noção de *suffragium*.

A questão voltou a ter atualidade no século XVIII. A *Enciclopédia* abriu pouco espaço para a palavra "sufrágio" ("voto ou parecer dado numa assembleia na qual se delibera sobre alguma coisa"), salvo para mencionar demoradamente a Antiguidade romana, mas os anos 1780 assistiram a uma reflexão pré-sociológica sobre a adequação das preferências individuais e das escolhas coletivas (Borda, Condorcet). Nas eleições para os Estados gerais de 1789, o sufrágio foi quase universal (exceto em Paris, onde se exigia dos membros do terceiro estado um senso bastante elevado), sem equivalente na época, mas estava longe de ser concebido como um direito político individual: tratava-se de um procedimento técnico destinado a compor uma assembleia do Antigo Regime, consultiva em matéria fiscal, da qual faziam parte três ordens (clero, nobreza, terceiro estado) de uma "nação" organizada em inúmeros corpos.

A partir de junho de 1789 a Revolução estabeleceu a soberania na Nação, entendida no novo sentido de universalidade dos cidadãos. "O princípio de toda soberania reside essencialmente na Nação" (Declaração dos Direitos do Homem e do Cidadão, 26 de agosto de 1789, art. 3). "A lei é expressão da vontade geral. Todos os cidadãos têm direito de participar pessoalmente, ou por meio de seus representantes, da sua formação" (art. 6). Com seus sufrágios, todos deveriam poder legislar ou eleger representantes encarregados de fazê-lo em nome da Nação, "caso contrário, não é verdade que todos os homens são iguais em direitos, que todo homem é cidadão" (Robespierre, 22 de outubro de 1789). Apesar dessas virtualidades democráticas, a Constituinte optou por um regime estritamente representativo e, como preconizava Sieyès, distinguiu os cidadãos ativos e os cidadãos passivos: só os primeiros tinham a faculdade de votar nas assembleias primárias (primeiro grau de votação). O cidadão ativo devia ter a idade de 25 anos, ter domicílio fixo há um ano, não ser doméstico nem estar sob acusação ou falência, ter prestado juramento cívico e pagar uma contribuição direta correspondente à remuneração de três dias de trabalho ou ter servido dezesseis anos como militar. A exclusão das mulheres e de 40% dos adultos varões explicava-se pela imbricação de presunções condizentes com o espírito do século: falta de interesse dos mais pobres (não proprietários) pelos assuntos públicos e suas incidências fiscais, falta de liberdade de julgamento das pessoas dependentes (mulheres e domésticos), ignorância (mulheres e pobres). Para a grande maioria dos atores e dos pensadores, a hipótese de longo prazo do sufrágio universal estaria subordinada à educação prévia do povo.

A aplicação periódica do sufrágio em grande escala era difícil numa sociedade pouco acostumada às operações eleitorais. Donde a procura de um equilíbrio entre inovação e tradições institucionais. Embora o exercício do voto individual em assembleia tivesse alguma semelhança com as recentes eleições para os Estados Gerais, os homens de 1789 não o aboliram; organizaram-no para impedir as fraudes. No entanto, o desejo de ruptura em relação ao Antigo Regime e o temor de que as antigas solidariedades paroquiais falseassem a liberdade do sufrágio redundaram em 1790 na criação do cantão, circunscrição eleitoral onde devia ser exercida a função de cidadão.

O Decreto de 11 de agosto de 1792, que reduziu para 21 anos a idade da maioridade eleitoral, manteve a exclusão dos domésticos; o sufrágio ainda não era universal. A constituição de 1793 tampouco reconheceu os domésticos (art. 18 da Declaração), mas a aplicação do texto, aprovado por referendo (julho), foi suspensa (agosto), assim como foram suspensas as eleições, que deram lugar ao governo revolucionário (outubro). As constituições do ano III (1795) e do ano VIII (1799) voltaram a excluir os domésticos. O sistema do ano III retorna, sem a terminologia, à oposição entre ativos e passivos. O do ano VIII (listas de confiança) foi substituído no ano X (1802) por colégios eleitorais eleitos. Por trás dos aumentos e das reduções do corpo eleitoral, por trás das fórmulas ("Os homens nascem e permanecem livres e iguais em direitos", "Todos os cidadãos têm direito...", Declaração de 1789, arts. 1º e 6º), pode-se considerar que durante a era revolucionária (1789-1814) e até 1848 o sufrágio, que nunca foi um direito do homem, também não era um direito do cidadão: continuava como *função* social, juridicamente traduzida em direito político de *certos* cidadãos. Embora se tivesse votado muito durante a Revolução – donde enormes taxas de abstenção, sobretudo para a eleição da Convenção em 1792 –, o "povo" supostamente se expressava por outros meios, como nas "jornadas" revolucionárias.

As monarquias limitadas do século XIX adotaram um regime censitário: menos de 90 mil eleitores durante a Restauração, 250 mil no fim da Monarquia de Julho. Das diversas leis eleitorais da Restauração, a mais significativa foi a de 12 de junho de 1820, chamada do "duplo voto", que garantiu a preeminência dos grandes proprietários, supostamente mais fiéis ao regime; rejeitava-se uma ampliação substancial do eleitorado à qual seriam favoráveis alguns ultramonarquistas, conscientes de que gozavam de maior apoio popular do que a esquerda liberal e burguesa. A Monarquia de Julho reduziu o censo de 300 para 200 francos, mas não foi muito além – "Enriquecei trabalhando e poupando" (Guizot) –, introduzindo apenas timidamente o critério complementar da capacidade (o sufrágio, porém, é muito ampliado para as eleições municipais e mais ainda na Guarda Nacional). Enquanto o "monarquismo nacional", com a *Gazette de France*, preconizava uma ampliação considerável do eleitorado, foi a esquerda que em 1840 deu corpo à reivindicação de sufrágio universal, um dos temas da "campanha dos banquetes" de 1847-48. No entanto, no século XIX, para os republicanos o sufrágio universal durante muito tempo será mais um artigo de fé do que uma necessidade; seu temor do voto popular, reforçado em alguns pela experiência do Segundo Império, demorará para dissipar-se.

Uma das primeiras medidas tomadas pelo governo provisório de 1848 foi estabelecer o sufrágio universal direto (2 e 5 de março), o que repentinamente elevou o eleitorado para mais de 9 milhões de indivíduos. O sufrágio passou a ser considerado um direito do cidadão (varão de 21 anos). Sem ousar retroceder no princípio que se tornara constitucional (constituição de 1848, art. 24), a conservadora lei de 31 de maio de 1850, ao exigir três anos de domicílio contínuo, excluía desse "direito" cerca de 30% dos cidadãos. Esse parêntese se fechou em 2 de dezembro de 1851: o golpe de Estado de Luís Napoleão Bonaparte, presidente da Segunda República, foi acompanhado pelo restabelecimento do sufrágio universal sem restrições, utilizado para os apelos ao povo (1851, 1852, 1870) e para todas as eleições nacionais e locais. Durante o Segundo Império, a prática da candidatura oficial, que não era realmente nova e fora discretamente admitida por Ledru-Rollin em 1848, orientava o exercício do direito de sufrágio em sentido plebiscitário; esse entrave à liberdade do eleitor tinha como contrapartida o exercício implícito do poder constituinte pelo povo em eleições legislativas.

Em sua simplicidade, o *slogan* "Um homem, um voto" mascarava um gigantesco trabalho de aprendizagem da função de cidadão e a importância dos investimentos necessários para tentar cumprir as promessas contidas em tal palavra de ordem. Durante muito tempo, na França agrícola (E. Weber), o sufrágio procedeu de um consenso ostensivo, não só familiar, mas também aldeão e até mais amplo ainda. "Nas pequenas cidades, no interior sobretudo, onde todos se conhecem, não digo que todos os eleitores compareçam ao escrutínio [...] com o boletim no chapéu, mas sabe-se mais ou menos como cada um vota" (Th. Gérard, 1905). O segredo do voto, constitucionalizado já em 1795, só foi realmente garantido a partir da Lei de 29 de julho de 1913, tornando obrigatório o uso do envelope e a passagem pela cabine isolada. A urna passou a ser transparente a partir de 1988. Essa "cultura do sufrágio", que torna o eleitor mais sensível para a importância de seu voto, é inseparável dos progressos da atividade partidária (panfletos, cartazes) e da "instrumentalização" (publicação de comentários, mapas, gráficos, sondagens) que também define o sufrágio como expressão escrita de uma *opinião*.

Devido à oposição dos radicais do Senado, que temiam o triunfo do clericalismo, a III República recusara o voto feminino já adotado por grande número de países da Europa. O direito de sufrágio foi estendido às mulheres pela ordem de 21 de abril de 1944 aplicada já no referendo e nas eleições de 21 de outubro de 1945. Excluídos em 1872, os militares foram reintegrados em 1945. A maioridade eleitoral foi reduzida de 21 para 18 anos pela Lei de 5 de julho de 1974. Os oriundos da União Europeia hoje podem votar na França nas eleições europeias e – grande mudança – nas eleições municipais (1992). A extensão do direito de voto aos imigrantes tem sido objeto de debates cada vez mais acirrados; confirmando essa dissociação introduzida entre sufrágio e cidadania, ela levaria a repensar os fundamentos do direito público francês.

› Bluche F. (org.), *Le Prince, le peuple et le droit*, PUF, 2000. – Garrigou A., *Le Vote et la vertu. Comment les Français sont devenus électeurs*, FNSP, 1992. – Gueniffey P., *Le Nombre et la raison. La Révolution française et les élections*, EHESS, 1993. – Humbert M., *Institutions politiques et sociales de l'Antiquité*, Dalloz, 1999. – Nicolet C., *Le Métier de citoyen dans la Rome républicaine*, Gallimard, 1988. – Perrinneau P. & Reynié D. (orgs.), *Dictionnaire du vote*, PUF, 2001. – Rosanvallon P., *Le Sacre du citoyen. Histoire du suffrage universel en France*, Gallimard, 1992. – Ross-Taylor L., *Roman voting assemblies*, Univ. Michigan, 1966.

Frédéric Audren, Frédéric Bluche

→ Cidadania; Direitos civis e políticos; Eleição; Referendo e plebiscito.

SUICÍDIO

A legislação penal já não pune o suicídio ou sua tentativa. Daí não resulta um *direito*, mas uma *liberdade*. Isso explica por que a lei francesa pune aqueles que incitam outra pessoa ao suicídio. A legislação civil francesa trata do suicídio em sua parte atinente à responsabilidade das instituições de saúde ou então para justificar, em certas condições, a ausência de garantia do seguro de vida. O suicida já não é alvo de nenhuma punição jurídica na França desde o Código Penal de 1791. Na verdade (assim como ocorreu com a tortura), as possíveis punições anteriores tinham caído em desuso já no século XVII. A abolição legal muitas vezes segue tardiamente uma caducidade de fato.

Podemos perguntar por que as antigas legislações (isso não era próprio da França nem do Ocidente) puniam o suicídio ou sua tentativa. Havia para isso duas razões distintas. A primeira era de *ordem moral*. Numa sociedade que reconhecia o homem como criatura de Deus, o suicídio era o ato pelo qual a criatura se investia dos direitos do Criador. Mas, sobretudo, o suicídio é o ato de desespero absoluto. Ora (caberia aqui lembrar a "menina" de Charles Péguy), a virtude da esperança (que frequentemente pressupõe o heroísmo) é uma das três virtudes cristãs, ao lado da fé e da caridade. O suicídio, portanto, é o ato pelo qual o homem assume o lugar de Deus porque já nada mais espera de Sua Providência. A segunda razão era de *ordem social*. O suicida (nas sociedades que ignoravam as seguridades sociais e a poupança) podia arruinar sua família, deixando-a ao abandono. Os autores costumavam enfatizar que o suicídio era um ato egoísta e antissocial. Por mais exatas que pudessem parecer, essas razões pressupunham que o suicídio é um ato perfeitamente *livre*, decorrente de uma vontade determinada e serena. Evidentemente, não é o que ocorre com a imensa maioria dos suicídios, se não com todos. Esses motivos de condenação, válidos abstratamente, nunca o eram na realidade de carne e osso.

Rapidamente, teólogos e canonistas estabeleceram uma distinção entre suicídio "consciente" e suicídio "impulsivo". Esse ponto de direito muitas vezes é ignorado. De fato, um rescrito do imperador Antonino, o Pio, isentava da pena de confisco dos bens (que, na realidade, lesava os filhos do infeliz) aqueles que se matavam *dolore aliquo corporis, aut taedio vitae, aut furore, aut insania*, ou seja, *por motivo de dor física, enfado com a vida, loucura ou demência. Taedium vitae*, é o que se chamaria hoje de depressão. Partindo daí, os canonistas logo distinguiram *duas hipóteses*; só o suicídio *deliberato consilio* (premeditado) podia acarretar punições (ver art. 1240, § 3º, do Código de Direito Canônico de 1917 e suas fontes). Daí resulta uma tradição na França: o suicídio é frequentemente considerado um acidente. O novo direito penal da Revolução, marcado pelos princípios da *liberdade individual* da Declaração dos Direitos do Homem, naturalmente só podia rejeitar qualquer juízo sobre um ato pessoal por excelência. Durante o século XIX, os alienistas, na esteira dos trabalhos de Pinel e de Esquirol, estabeleceram definitivamente o *caráter patológico* da maioria dos suicídios. O direito só podia sentir-se respaldado na ideia de eliminar toda e qualquer incriminação de um ato que levava a ver o suicida não mais como *culpado*, porém como *vítima*.

Resta uma pergunta importante: da não incriminação caberá deduzir que o suicídio é um *direito*? Haverá um *direito ao suicídio*? A resposta só pode ser negativa. Direito pressupõe, necessariamente, um credor e um devedor. Direito subjetivo é aquele que uma pessoa pode reivindicar, em seu efeito, em relação a outro sujeito de direito ou à sociedade inteira. Assim, pode-se dizer que realmente existe um direito à educação, uma vez que o Estado deve dar a toda criança os meios para instruir-se e educar-se. Em compensação, a sociedade não pode oferecer a quem os queira os meios de suicidar-se. Se o suicídio fosse um direito, aquele que socorresse uma pessoa que tentasse suicidar-se deveria ser condenado por se opor a um direito. A questão está hoje claramente estabelecida por um acórdão da Corte Suprema dos Estados Unidos de 26 de junho de 1997 (*Washington v. Glucksberg*) e por um acórdão da Corte Europeia dos Direitos Humanos de 29 de abril de 2002 (*Diane Pretty*), que reitera um acórdão da Câmara dos Lordes de 29 de abril de 2001.

Da *abstenção* do direito sobre a questão do suicídio decorre uma *liberdade* (que pode ser exercida), mas não um *direito* (que pode ser reivindicado). É mais correto dizer que o direito não proíbe o suicídio do que afirmar que ele é lícito: o direito não se pronuncia. Mas essa liberdade só tem sentido se a pessoa for realmente livre – a liberdade individual implica uma vontade livre. O que dizer quando, como ocorre na maioria das vezes, a vontade é alterada por perturbações diversas (que podem não ser doenças mentais)? Se considerarmos que o suicida é mais frequentemente *vítima* do que senhor do destino, o direito deverá transformar *abstenção* em *omissão*? A resposta só pode ser negativa. Isso levou o legislador francês, por meio da Lei de 31 de dezembro de 1987 (atrasada nesse ponto em relação à quase todas as outras legislações), a incriminar a "provocação ao suicídio" (arts. 223-13 a 223-15-1 do Código Penal francês). Trata-se de fato de punir qualquer propaganda ou publicidade de índole a encorajar pendores suicidas. O famoso livro *Suicide: mode d'emploi* [Suicídio: manual de instruções] deu origem a essa lei, que não pune a pessoa que quer suicidar-se, mas a pessoa que incentiva ao suicídio. Trata-se de uma variante da omissão de socorro a uma pessoa em perigo.

Civilmente, o suicídio já não tem nenhuma consequência: o suicida é sepultado como todo ser humano, seu espólio não é confiscado. O suicídio, porém, ainda acarreta várias consequências bem diversificadas. Prova suplementar de que o suicídio não é um direito está em que uma pessoa (um médico ou qualquer outro que preste atendimento) ou uma instituição (um hospital ou qualquer outro estabelecimento médico) poderá ser obrigada a pagar indenização à família (o que comprova que o suicídio tem uma dimensão social) quando um doente se suicida por negligência (falta de vigilância nos hospitais psiquiátricos). Acima de tudo, na França o Código dos Seguros contém uma disposição relativa ao suicídio em caso de contratos de seguro de vida: o artigo L. 132-7. Esse texto foi modificado recentemente, em 1998, e depois pela reforma dos espólios de 3 de dezembro de 2001. O suicídio é um caso de exclusão da garantia devida pela seguradora, caso ocorra no *ano* que segue à conclusão do contrato, ou nos *dois anos seguintes* à sua assinatura, caso o contrato seja em grupo: o suicídio pode ser considerado um caso de "falta intencional", que elimina o imprevisto, fundamento do seguro. Para além desse prazo, a garantia é devida. A partir da Lei de 3 de dezembro de 2001, a lei já não distingue suicídio consciente e suicídio não consciente (acabamos de ver a origem histórica dessa distinção). Evidentemente, isso não conduzia a jurisprudências variáveis, mas a vantagem dessa noção consistia em ultrapassar o período de carência: quando o suicídio não era plenamente consciente (depressão), a seguradora continuava devendo a garantia. Isso já não ocorre: o prazo tornou-se imperativo. Isso explica por que a nova lei deu novos rumos ao seguro de vida que cobria o reembolso de empréstimos imobiliários para a aquisição da *casa própria*. Com a ressalva de um teto (120 mil euros), a garantia (exceção à nova regra) é devida desde a conclusão do contrato. Pode-se lamentar um direito que, nesse ponto, se tornou sutil demais para ser compreendido por todos e para ser realmente justo.

› CANTO-SPERBER M. (org.), "Suicide", *Dictionnaire d'éthique et de philosophie morale*, Paris, PUF. – DEBOUT M., *Le Suicide*, Paris, Ellipses, 1996. – TERRÉ Fr. (org.), *Le Suicide*, Paris, PUF (diversos artigos sobre o direito).

Bernard BEIGNIER

→ Casuística; Cemitérios e sepulturas; Código Penal; Condutas sociais; Corpo humano; Eutanásia; Hospital e asilo; Medicina; Moral e direito; Morte; Responsabilidade civil; Risco; Saúde; Seguros; Vontade.

SUJEITO DE DIREITO

A expressão "sujeito de direito" é marcada por grande equivocidade, decorrente especialmente das relações que essa noção mantém com a noção de direito subjetivo – e, reciprocamente, pelas relações deste último com o direito objetivo. O sujeito de direito pode ser concebido, em conformidade com sua etimologia, como *subjectus*, submetido a uma ordem jurídica que lhe confere direitos e lhe impõe obrigações. Mas, de acordo com uma segunda acepção, durante muito tempo dominante, o sujeito se impõe como titular, *por natureza*, de direitos subjetivos que a norma objetiva deve limitar-se a validar. Ora, como a origem desses direitos está em certas prerrogativas específicas à natureza humana – razão, liberdade, vontade –, o homem, segundo essa concepção, é *necessariamente* sujeito de direito e *único* sujeito de direito. Sob a influência de filosofias individualistas e antropocentristas, o sujeito se impõe assim como fulcro do sistema jurídico: ele está situado no centro da cena do direito, uma vez que seu campo coincide perfeitamente com o do ser humano singular.

Nessa perspectiva construiu-se a noção "moderna" de sujeito de direito até que, especialmente em decorrência do declínio do subjetivismo jurídico, surgiram teorias que provocaram uma distorção entre o homem e o sujeito, chegando a ver nele apenas um conceito técnico, independentemente de qualquer consideração ligada às qualidades intrínsecas do ser humano.

De sujeito atributário a sujeito titular

Sofrendo a influência do aristotelismo, o direito romano clássico ignorava o conceito "moderno" de sujeito de direito, existente independentemente da ordem jurídica objetiva, assim como ignorava o conceito de direito subjetivo. Alguns romanistas modernos (ver not. M. Villey) evidenciaram o abismo que separa a concepção clássica de *ius* e o direito entendido no sentido de poder e liberdade. Oposto pelos textos romanos ao *dominium*, domínio de um bem, o *ius* não era construído a partir do indivíduo, do qual ele seria um atributo pessoal, mas consistia na justa parte que cabia a cada um, parte descoberta a partir da observação de uma ordem natural e atribuída numa partilha proporcional, como postula o método aristotélico. Em tal sistema, o "sujeito" não é titular, mas atributário; ele não é fonte de direitos subjetivos, mas destinatário de um quinhão. Portanto, só pode ser segundo no sistema jurídico: central é a natureza objetiva das coisas. O emprego, feito pelos juristas já no século II a.C., da palavra *persona*, extraída da linguagem teatral, demonstra esse significado: a pessoa jurídica "nada mais é que um ator que deve desempenhar o papel de que está incumbido. Pode prevalecer-se unicamente dos direitos, *iura*, coisas objetivas, que seu estatuto jurídico a autoriza a invocar. E esse estatuto, que agrupa e unifica vários direitos, vinculando-os a um sujeito de imputação comum, é determinado pela natureza das coisas" (J.-M. Trigeaud, *Humanisme de la liberté et philosophie de la justice*, Bordeaux, Bière, 1985, t. I, p. 57). Por isso, o direito romano não postulava nenhuma coincidência entre o sujeito de direito e o ser humano singular: a personalidade jurídica estendia-se sem obstáculo a coletividades (personalidade moral), e, inversamente, nem todo indivíduo era forçosamente sujeito de direito (estatuto do escravo).

Só progressivamente o sujeito de direito tendeu a identificar-se exclusivamente com o indivíduo e a tornar-se centro do universo jurídico. O estoicismo e o cristianismo nascentes contribuíram para essa evolução, mas a escolástica nominalista franciscana teria realmente postulado a edificação da ciência jurídica em torno do indivíduo-sujeito de direito, matriz de direitos subjetivos que se manifestava como tradução jurídica de qualidades especificamente humanas. No entanto, deve ser relativizada essa atribuição a Guilherme de Occam (por M. Villey em particular) da concepção moderna do sujeito como princípio dos direitos subjetivamente entendidos, pela razão de que é por um ato *constitutivo* que o soberano, em Occam, confere *iura* aos indivíduos; sua filosofia, portanto, se opõe "claramente a um naturalismo que postularia que os direitos concedidos ao indivíduo no estado social nada mais seriam que o reconhecimento, ou a aplicação efetiva, de direitos inscritos desde toda a eternidade na natureza humana" (D. Gutmann, "La question du droit subjectif chez Guillaume d'Occam", in S. Rials (org.), *Le Droit des Modernes (XIVe-XVIIIe siècles)*, LGDJ, 1994, p. 21).

Finalmente, no século XVII, serão fixados todos os elementos da concepção de sujeito de direito que se imporá até o fim do século XIX: eixo e fonte de direitos propriamente subjetivos, inerentes à própria natureza do homem, realidade primeira em relação à norma objetiva que se limita a reconhecê-lo como tal. Do ponto de vista do jusnaturalismo moderno, o direito é analisado como uma qualidade própria ao sujeito, conforme ilustra a famosa definição de Grócio: "*Jus est qualitas moralis personae competens ad aliquid juste habendum vel agendum*" (Grócio, *De jure belli ac pacis*, 1. I, cap. 1, § 4º). Com esse ponto de partida, o sujeito poderá tornar-se realmente o princípio primeiro do sistema jurídico; o advento do contratualismo arrematou a evolução: para Hobbes, Locke e, mais tarde, Rousseau, o homem é *naturalmente* sujeito de direito por gozar de direitos inatos, específicos a seu estatuto de ser humano e anteriores ao estado civil – ainda que esses "direitos" imprescritíveis de que o homem dispõe no estado de natureza só adquiram verdadeira juridicidade pela mediação da ordem jurídica positiva, quer se trate da "consecução de direitos naturais transfigurados", ao modo de Locke, quer da "alquimia da transmutação rousseaunianista dos direitos do homem em direitos do cidadão" (S. Rials, *La Déclaration des droits de l'homme et du citoyen*, Hachette "Pluriel", 1988, p. 354). Com o voluntarismo, o conceito moderno de sujeito de direito assume sua forma definitiva e coincide perfeitamente com o indivíduo por meio da noção de vontade: o direito subjetivo é um poder de vontade, e apenas desse atributo natural do sujeito é que se deve deduzir sua personalidade jurídica. Em outros termos, só o indivíduo, por ser provido de vontade, pode ser sujeito de direito.

Sujeito de direito e vontade

Esse ponto de vista encontrará a expressão mais espetacular no século XIX, nos grandes pandectistas alemães, especialmente Windscheid, Savigny e Puchta. Este escreveu: "O conceito fundamental do direito é a liberdade [...]. O conceito abstrato de liberdade é a possibilidade de autodeterminar-se a algo [...]. O homem é sujeito de direito porque possui essa possibilidade de autodeterminar-se, porque tem uma vontade" (G. F. Puchta, *Cursus der Institutionen*, Leipzig, 1850, t. I, pp. 4-6). E Savigny daí deduz que "cada indivíduo, e só o indivíduo, tem capacidade para o direito" (*Traité de droit romain*, t. II, p. 2). Ora, um sistema baseado em tal definição é impotente para integrar de vez as duas categorias de pessoas que não são dotadas de vontade: as coletividades e os incapazes. Estes só podem apresentar-se como anomalias numa teoria da personalidade jurídica baseada na vontade e na assimilação perfeita entre ser humano e sujeito de direito: as primeiras porque, como tais, não são indivíduos; os segundos porque sua vontade, se não é inexistente, é pelo menos deficiente. Savigny entendeu bem isso, pois reconheceu que a identidade original do sujeito e do indivíduo comporta duas exceções. Uma consiste em excluir da personalidade jurídica certos indivíduos – o *infans* e o demente – porque são desprovidos de vontade livre. A outra, inversamente, integra na categoria dos sujeitos entidades que não são indivíduos: é a personalidade moral, fenômeno de extensão artificial da personalidade jurídica "a seres fictícios [que] se nos mostram, ao lado do indivíduo, como sujeitos das relações de direito" (*ibid.*, p. 234). Construir a noção de sujeito de direito por referência à realidade do ser humano leva assim inevitavelmente a introduzir uma oposição entre a pessoa jurídica "natural" (o ser humano, menos os incapazes) e a pessoa "artificial" (a pessoa jurídica).

Essa concepção do sujeito de direito, predominante nos civilistas franceses e alemães durante todo o século XIX, acabará, porém, por ser quase unanimemente contestada. Essa contestação nasceu primeiramente de autores que atacavam os dados fundamentais do subjetivismo jurídico. Foi o caso de Aloïs Brinz na Alemanha, que desenvolveu uma teoria dos direitos sem sujeito, baseada na noção de *Zweckvermögen* ou patrimônio de afetação. Principalmente no fim do século XIX despontaram doutrinas – positivismo sociológico, institucionalismo, solidarismo – em que a coletividade substituiu o indivíduo como base explicativa do conjunto do sistema jurídico, não dando, por conseguinte, ao sujeito de direito o lugar fulcral que ele ocupava até então e chegando mesmo a dispensá-lo totalmente (Duguit). Por fim, o questionamento da concepção savigniniana de sujeito de direito também foi obra de autores que, mesmo permanecendo no âmbito do subjetivismo, introduziam uma definição nova e mais abrangente da personalidade jurídica a partir da redefinição do direito subjetivo. Nisso sofriam a influência de Ihering que, a respeito da situação do *infans* e do demente, foi quem primeiro atacou a *Willenstheorie*, substituindo-a por sua definição dos direitos subjetivos como "interesses juridicamente protegidos" (*L'Esprit du droit romain*, t. IV, p. 326), sendo então sujeito de direito "aquele a quem a lei destina a utilidade do direito" (*ibid.*, p. 323). No entanto, embora já não seja uma emanação da vontade, a qualidade de sujeito de direito, para Ihering, continua sendo indissociável da personalidade individual; como todo direito existe para garantir alguma vantagem ao homem e para contribuir com a consecução dos objetivos de sua vida, ele afirma que "o *destinatário* de todo direito é o *homem*" (*ibid.*, p. 326), excluindo, por conseguinte, a personalidade jurídica dos grupos. No entanto, ao oferecer uma alternativa à antiga definição do direito subjetivo como poder de vontade, Ihering abria caminho para os autores que, precisamente a propósito do fenômeno da personalidade moral, deveriam pôr fim à necessária coincidência entre sujeito e indivíduo. Retomando parcialmente os ensinamentos de Ihering, Michoud afirma que aquilo que a lei protege não é a vontade, "mas o interesse que essa vontade representa" (*La Théorie de la personnalité morale*, t. I, p. 105; ver também G. Jellinek, *System der Subjektiven öffentlichen Rechte*, Freiburg, 1892, p. 42); o sujeito de direito, portanto, é o ser cujo interesse é juridicamente protegido por uma vontade habilitada a impô-lo e defendê-lo, especificando-se, porém, que "o interesse elevado à dignidade de direito é sempre um interesse humano, o interesse de um homem ou de um grupo de homens" (L. Michoud, *op. cit.*, p. 110). Ora, por um lado, essa definição se aplica tanto ao indivíduo que é maior e consciente de seus atos quanto ao incapaz, pois, sendo titular de um interesse, a vontade de seu representante basta para fazer dele um sujeito de direito. Por outro lado, o indivíduo não é o único sujeito de direito verdadeiro: basta que existam num grupo um interesse coletivo distinto dos interesses individuais e uma vontade que o represente – em outras palavras, representantes ou órgãos – para que o grupo se converta sem ficção em personalidade jurídica.

Sujeito, instrumento de técnica jurídica

A contribuição fundamental dessa nova perspectiva está em permitir pôr fim à coincidência exclusiva entre indivíduo e sujeito de direito e estender sem artifício esta última noção a elementos desprovidos de vontade consciente: a teoria é isentada das anomalias que, no sistema de Savigny, eram constituídas pelo recurso à pessoa fictícia e pela ausência de personalidade jurídica do incapaz. Com isso se introduzia uma unidade na noção de sujeito de direito: enquanto Savigny, ao equiparar indivíduo e sujeito, era obrigado a recorrer a uma ficção para caracterizar as pessoas jurídicas, criando assim uma dicotomia entre pessoas naturais (categoria, aliás, incompleta, pois o incapaz não correspondia ao modelo) e pessoas artificiais, no sistema novo a personalidade jurídica, por não estar ligada a um atributo inerente à natureza humana, mostrava-se única em sua essência, quer se tratasse da essência do indivíduo consciente, do incapaz ou da pessoa jurídica: definia-se em função de critérios que, por serem mais abrangentes do que o da vontade do sujeito, eram aplicáveis a todos os elementos que o direito trata como sujeitos.

Principalmente, concebendo a personalidade jurídica individual como uma emanação "natural" da personalidade humana, Savigny se negava a dissociar o ponto de vista da realidade empírica do ponto de vista da realidade jurídica. Para seus críticos, em compensação, o sujeito de direito deve imperativamente ser tratado como uma noção puramente técnica, cujo conteúdo não deve ser buscado nos atributos do ser humano singular. Essa distinção entre duas abordagens constituirá o fulcro da teoria de Saleilles, que nunca se cansará de mostrar que "a ideia de personalidade, em todas as suas acepções, mesmo em sua aplicação às individualidades humanas, é, acima de tudo, uma concepção jurídica", o que significa "que só existe em conformidade com certas noções abstratas que a dominam": por isso, a personalidade, mesmo individual, não poderia "apresentar-se em si como um fato de ordem natural" (*De la personnalité juridique*, p. 573). Mas foi sob a influência de Gény que se desenvolveu com mais precisão a concepção do sujeito de direito como instrumento técnico e "meio artificial da elaboração jurídica" (*Science et Technique*, t. III, p. 218): há certamente aí um conceito que merece ser lembrado, porque possibilita concentrar todo o conteúdo da relação de direito em torno de uma entidade capaz de arcar com suas consequências, mas nem por isso é inimaginável substituí-lo por outros, mais exatamente adequados para as realidades que cabe traduzir (ver também a influência de Gény sobre H. Motulsky, *Principes d'une réalisation méthodique du droit privé*, Paris, Sirey, 1948, pp. 31 ss.). É exatamente isso o que faz Kelsen quando substitui o conceito de pessoa jurídica pelo conceito de "ponto de imputação". O elo que aos poucos se distendeu entre conceito de sujeito de direito e realidade do indivíduo, acabou por romper-se completamente: numa teoria pura, ou seja, "depurada [...] de qualquer elemento científico-naturalista" (Prefácio à 1ª ed. da *Théorie pure du droit*, p. III), o ser humano, como ser pertencente ao mundo da natureza, não pode absolutamente servir de referente à noção de sujeito de direito que, por sua vez, é exclusivamente do mundo do *Sollen*. A pessoa física (no sentido de pessoa jurídica individual) "não é um homem", "não é uma realidade natural, mas um construto jurídico criado pela ciência do direito, um conceito auxiliar na descrição e na formulação de dados de direito" (*Théorie pure du droit*, p. 231). Mais precisamente, o que a doutrina tradicional designava com a expressão "sujeito de direito" remetia apenas a um complexo de obrigações jurídicas e de direitos subjetivos, cuja unidade a noção de pessoa expressa "apenas de modo figurado" (*ibid.*, p. 230). Finalmente, a teoria pura, esvaziando o dualismo direito subjetivo-direito objetivo (pois reduz o primeiro ao segundo), "dissolve o conceito de pessoa", que "corresponde simplesmente à personificação de um complexo de normas" (*ibid.*, p. 253).

Ao arrepio dessa evolução e sem voltar obrigatoriamente ao subjetivismo individualista das origens, uma parte da doutrina contemporânea parece ter-se orientado para uma restauração parcial do elo entre homem e sujeito de direito. Certo humanismo jurídico insurgiu-se contra os excessos da distorção do par sujeito-indivíduo, excessos que se orientaram em duas direções opostas: a da restrição da categoria dos sujeitos de direito, que pode chegar ao esgotamento da noção (totalitarismos); e da hipertrofia da personalidade jurídica, que se estenderia aos seres mais diversificados, especialmente à natureza ou, pelo menos, ao animal (*deep ecology*). Donde a ênfase na especificidade humana do sujeito de direito. Além disso, os recentes avanços das biotecnologias – especialmente no campo da inseminação artificial – e da engenharia genética (clonagem, transgenia) contribuem hoje para a renovação das discussões relativas às relações entre sujeito ético e sujeito de direito.

› GÉNY F., *Science et technique en droit privé positif*, Paris, Sirey, 1921, t. III; IHERING R. von, *L'Esprit du droit romain*, trad. fr. da 3ª ed. por O. de Meulenaere, Paris, Marescq, 1878, t. IV. – KELSEN H., *Théorie pure du droit*, trad. fr. da 2ª ed. C. Eisenrnann, Paris, Dalloz, 1962. – MICHOUD L., *La Théorie de la personnalité morale et son application au droit français*, Paris, LGDJ, 3ª ed., 1932. – SALEILLES R., *De la personnalité juridique. Histoire et théories*, Paris, Rousseau, 2ª ed., 1922. – SAVIGNY F. C. von, *Traité de droit romain*, trad. fr. C. Guénoux, Paris, F., Didot, 1841, t. I e II – VILLEY M., *Seize essais de philosophie du droit*, Paris, Dalloz, 1969. – Col.: *Archives de Philosophie du Droit*, t. 34, Sirey, 1989.

Ver também: THOMAS Y., "Le sujet de droit, la personne, la nature. Sur la critique contemporaine du sujet de droit", *Le Débat*, nº 100, maio-agosto de 1998, pp. 85-107. – Col.: *Cahiers de philosophie politique et juridique de l'Université de Caen*, nº 22, 1992.

Anne PAYNOT-ROUVILLOIS

→ Direito subjetivo; Indivíduo; Interesse; Pessoa; Pessoa jurídica; Vontade.

T

TALIÃO

O talião é uma falsa ideia simples. Juridicamente racionalizado como "lei de talião", que seria inspirada pela ideia de proporção entre o dano sofrido e sua punição, na prática ele é inaplicável. É no direito hebraico e por meio da argumentação talmúdica que é possível contestá-lo definitivamente, apesar do erro que afeta o versículo bíblico: "Segundo o olho (*tah'at*: o valor do olho" [Ex, 21, 24]).

Axioma jurídico ou fantasia inalterável?

Entre as ideias preconcebidas da cultura jurídica, o talião, erigido a *lei* antropológica e processual, ocupa lugar singular (R. Draï, 1991). Em geral, ele é diretamente imputado à chamada Lei judaica, embora seja expressamente rejeitado por ela (S. R. Hirsch, *Commentaire de l'Exode*, Éditions Kountrass, 2001). Por outro lado, fora desse contexto, a "lei" de talião (*lex talionis*) é considerada de maneira ambivalente, seja como marca de progresso da consciência humana e do espírito jurídico – pois parece indicar, seja qual for o objeto do conflito, a obrigação de respeitar "certa proporcionalidade" na reação a um dano –, seja como a regressiva permanência de um desejo de vingança coberto pela máscara da legalidade. Assim como certas palavras qualificadas de primitivas denotavam simultaneamente duas ideias opostas (S. Freud, "Du sens opposé des mots primitifs", in *Essais de psychanalyse appliquée*, Gallimard, 1976), é possível que a noção de talião expresse realmente esse progresso da consciência jurídica em comparação com a ideia brutal de retaliação e vingança, mas, submetida a um exame, revele a persistência de uma e a vitalidade da outra. Como deslindar essa ambivalência?

Embora as primeiras formulações de um talião "legal" sejam identificáveis no Código de Hamurabi e na Lei romana das Doze Tábuas, entre outros, sua ambivalência jurídica primeira disseminou-se muito mais. Freud mostrou que o desejo – e às vezes a necessidade – de autopunição decorre inconscientemente de uma sanção que o paciente se inflige na coalescência dos três papéis por ele mesmo desempenhados: de transgressor, vítima e juiz (S. Freud, "Dostoïevski et le parricide", in *Résultats, Idées, Problèmes*, II, 1921-38, PUF, 1985, p. 161). A consciência realmente ganhará com isso se, por um lado, o progresso da justiça está principalmente na proibição de fazer justiça pelas próprias mãos e na designação de um juiz considerado como terceiro no conflito e se, por outro lado, a justiça se faz sentir de fato não pelo aumento dos sofrimentos, qualquer que seja seu sujeito, mas sim pela reparação adequada do prejuízo sofrido e pela reconciliação entre o autor do dano e sua vítima? Nunca será demais repetir que ninguém pode realmente fazer-se *justiça*. Todo dano, mesmo que exclusivamente material, é, de modo indissociável, trauma psíquico e ofensa narcísica (J.-J. Rousseau, *Emílio*). A ofensa narcísica só concebe o apocalipse como punição (Kleist, *Michaël Koaas*, GF, 1984). Cabe então deslindar essa ambivalência primária em termos de cultura ocidental, se ousarmos semelhante generalização, onde ela não para de propagar-se. No entrelaçamento dos três fios mnésicos que a constituem – Jerusalém, Atenas e Roma –, o primeiro não é fácil de manejar. A cultura judaica e o direito hebraico, a eles relacionados, foram multissecularmente representados sob os aspectos do literalismo jurídico e do caráter implacável da retaliação. O Shylock de Shakespeare dá um corpo e um rosto insuportável a esse fantasma que, no entanto, não passa de fantasia teatral, pois *O mercador de Veneza* é classificado entre as "comédias" do autor. A "economia psíquica" do Ocidente, esquecido da Jerusalém real, teria necessidade dessas figuras apavorantes? Shylock exige justiça. Mas como ousa equiparar um empréstimo de dinheiro a uma libra de carne humana? A interrogação é tão manifesta, que é feita em primeiro lugar no direito hebraico. Nele, tal contrato seria naturalmente nulo de pleno direito (I. Herzog, *The Main Institutions of Jewish Law, II. The Law of Obligations*, Soncino, 1980). Além do considerável prejuízo cultural causado por tais produções intelectuais ao direito hebraico e à existência judaica, assim "satanizados", esse estereótipo contribui para falsear a própria consciência jurídica ocidental. Ao se interpretar mal o Antigo Testamento, perpetua-se a ideia de um Deus vingador que o vingador humano invocará para instituir-se como juiz primeiro e último de sua própria causa, até o momento em que seu ato será sentido como uma agressão que deverá de novo ser vingada. Indefinidamente. Donde a necessidade de voltar ao texto da Torá e lembrar os comentários do Talmude a respeito.

Recontextualização em direito hebraico

Recontextualizar? A operação justifica-se pelo procedimento ao qual se deve pôr termo: destacar uma prescrição jurídica do conjunto do direito hebraico onde ela está organicamente inserida, tal como se desmembra um organismo vivo. A fórmula bíblica "olho por olho" traduz erroneamente a prescrição jurídica hebraica *âyn tah'at âyn.* Esta não está enunciada isoladamente no Livro do Êxodo (21; 24) (em hebraico *Sepher Chemot*, Livro dos Nomes). Figura num conjunto de prescrições, de *michpatim*, que constituem o *direito civil* hebraico, ou sinaíta, baseado em dois princípios essenciais: responsabilidade pessoal, fundamento da civilidade e, por conseguinte, em caso de prejuízo *involuntário*, obrigação jurídica, mas finalidade social de *reparação*, feita de acordo com uma avaliação e pronunciada por um tribunal de três juízes. Por outro lado, no caso de prejuízo infligido voluntariamente, com o intuito de prejudicar e, talvez, a intenção de matar, o litígio caberia ao direito penal, de interpretação "estritíssima". Afora suas incidências materiais, tal prejuízo não seria coberto por uma compensação pecuniária e deveria ser julgado por uma formação de 23 magistrados (Talmude da Babilônia, Sinédrio). A prescrição *ayn tah'at ayn* situa-se num conjunto de normas que dizem respeito a outros prejuízos corporais, imediatamente visíveis ou não, considerados incidentes e acidentes inerentes à atividade de seres livres desde a Saída do Egito. Não é dissociável de outras disposições do direito sinaíta, que exortam cada um, cidadão ou estrangeiro, a título preventivo, a comportar-se *de tal modo que evite todo e qualquer dano a outrem* (*âmitim*, os que estão *juntos*) (Lv, 19, 16). Em caso de acidente, impunham-se sem demora duas obrigações prioritárias. Se tal acidente fosse mortal, seu autor deveria abrigar-se em uma das cidades de refúgio previstas para tanto, enquanto a cólera possivelmente vingadora do *goël*, redentor do sangue derramado, fosse amainada e a natureza do acidente fosse elucidada, designando-se a jurisdição competente para julgá-lo (Dt, 19, 11). Não se tratava de uma maneira de subtrair ao julgamento o autor do dano e de cometer "judiciariamente" uma denegação de justiça (Dt, 16, 20). Quando o acidente não atentava contra a vida da vítima, o perito encarregado pelo tribunal devia identificar precisamente o órgão atingido, a natureza e a magnitude do dano cometido, indo do olho ao dente, para dizer que ele devia levar em conta tanto o dano visível quanto o menos visível, levando a investigação até o ferimento interno, cujos efeitos pudessem ser retardados (R. Draï, *Le Mythe… op. cit.*, p. 215). O tribunal pronunciaria o julgamento depois de dimensionar, com as conclusões dos peritos, os diferentes tipos de prejuízo que o acidente tivesse provocado: interrupção do trabalho, levando-se em conta a profissão da vítima, cuidados médicos, prejuízo estético – que muitas vezes corresponde à ferida narcísica –, prejuízo moral, preço da prótese quando indispensável à continuação da atividade profissional (Maimônides, *Michné Thora*). Em todos os casos, a reparação devia ser monetária (*tachloumim*). Essa regra é indicada na fórmula *ayn tah'at âyn* pela palavra *tah'at*, traduzida erroneamente pela preposição *por*, que incita à permutação termo a termo. Em direito hebraico *tah'at* designa a *substituição* compensatória.

Finalmente, a prescrição bíblica deve ser entendida da seguinte forma: "Para um olho *o valor* de um olho." O tribunal deverá então cuidar das possíveis distorções do procedimento no caso. Um ferimento não deve ser oportunidade de lucro indevido, cujo preço seria suportado pela coletividade inteira. No entanto, proferida a sentença, o tribunal deve cuidar com a mesma atenção da efetividade da reparação. Uma sentença judiciária não tem eficácia em si e não pode reduzir-se à sua expressão verbal.

Por que argumentar talmudicamente?

A interpretação que acabamos de fazer de *âyn tah'at âyn* não é circunstancial. É considerada por Maimônides como "ouvida do Sinai", diretamente da Palavra divina. Portanto, deveria ser incontestável. Contudo, será contestada. Essa contestação é objeto de uma discussão talmúdica decisiva, interna ao direito hebraico, mas cujas repercussões são universais (Talmude da Babilônia, Baba kamma 83 *b*; 84 *a*). A discussão começou com uma asserção anônima, um "disseram que": "*Ayn tah'at âyn? Mamach.*" O *michpat* em questão devia ser entendido e aplicado ao pé da letra. A escuta sinaíta teria sido errônea? Na discussão talmúdica, não se trata simplesmente de rechaçar essa contraleitura inversiva, mas de revelar seu fundamento jurídico. Ela parece padecer de uma descontextualização equivocada e agravada em relação ao direito hebraico civil, além de uma recontextualização *ad hoc* que a desnatura. O eixo da operação, portanto, está na identificação de dois termos: *tah'at*, que designa a compensação monetária, e *mamach*, que no outro extremo oposto designa a permutação física. Se essa discussão é recapitulada no Talmude, é precisamente porque o exílio "externo" do povo judeu na Babilônia e "interno" sob a impiedosa ocupação romana por vezes obscureceu ou pôs em dúvida a palavra sinaíta (R. Draï, 2000). A partir daí, segundo afirmação já enunciada no Deuteronômio, segundo a qual "a Torá já não está nos céus, mas no coração e na boca do homem" (Dt, 30, 11), é pela qualidade da argumentação humana que o Sinai se consolidará sobre suas bases. Nesse sentido, a argumentação jurídica assume o lugar da revelação divina. Pode-se dimensionar o alcance de tal debate: a argumentação talmúdica deve decidir os lugares respectivamente ocupados pelo direito civil e pelo direito penal. Sua necessária distinção orientará o direito do povo de Israel e, através dele, por meio da cultura mediterrânea, até os numerosos outros povos com os quais ele mantém relações e trocas. A cultura de Israel, no âmbito de seu estado de direito, o incita a ampliar o máximo possível a esfera do direito *civil*, da reparação e da reconciliação. A "reparação" do dano causado a um dos membros do corpo humano não deve provocar *a morte* – irreparável – do autor do dano. O partidário da opinião penalista, porém, persistirá em sua visão. Acaso a Torá, a propósito de outras ações danosas "*néphech tah'at nepech*" (Ex, 21, 23), não dispõe claramente: vida por vida? Não será evidente que o termo nevrálgico *tah'at* está preso à avaliação da vida inteira, no sentido de "*nephech' tah'at âyn*", ou seja, de "vida por olho"? Na sequência da controvérsia, os partidários da reparação observarão que *nepech* designa o princípio *vital*, negado num contexto de morte. Quando a Torá quer expressamente chamar a atenção para esta, usa a expressão *mout youmat*, "de morte morrerá" (Ex, 21, 16). A argumentação penalista em matéria civil prevalece-se de princípios inaceitáveis. Os versículos citados para apoiar essa "tese" interligam *indevidamente* a esfera civil e a esfera do direito penal. A interpretação penalista implica outra concepção da sociedade, diferente da concepção do povo de Israel desde a Aliança, a *berith* do Sinai, concepção que culmina na injunção deuteronômica "... e escolherás a vida" (Dt, 30). Lembrada e restabelecida essa axiomática, são afinal apresentados argumentos de ordem lógica e ética *in fine*. A Torá dispõe "olho por olho", e não "vida por olho". Quem pode garantir que o vazamento intencional e deliberado do olho do autor do dano não o privaria da vida? Se Shakespeare tivesse tomado conhecimento somente desse argumento, não teria concebido a personagem Shylock. A finalidade da Torá se superaxiomatiza eticamente em outro grande princípio (*klal gadol*): "E amarás teu próximo como teu" (Lv, 19, 18). Um dos últimos argumentos opõe ao talião legal a objeção do absurdo: como aplicar essa lei quando o autor do dano for cego? Este último argumento é ao mesmo tempo lógico, prático e simbólico. O talião é uma falsa ideia clara. Se ousássemos imputar à pulsão de morte qualquer intencionalidade –, diríamos que pouco importam o caminho, mesmo judiciário, que ela deve percorrer e o tempo do trajeto, desde que ela atinja suas finalidades destrutivas. No que lhe diz respeito, a discussão talmúdica oporá um definitivo sentido interdito, que, alternativamente, inicia o programa inteiro recapitulado no outro grande princípio que, para concluir, convém retomar, citando-o integralmente: "Amarás teu próximo como teu: *sou Deus.*" Um Deus que, também, compara danos e injustiças, repara prejuízos e prepara reconciliações, uma vez que o Universo só é considerado viável quando alicerçado, indissociavelmente – como enuncia outro tratado do Talmude, *Os capítulos dos pais* (*Pirkei Avot*) – no direito, na verdade e na paz (PA, I; 21).

› DRAÏ R., *Le Mythe de la loi du talion*, Alinéa, 1991; *La Législation de Dieu*, Michalon, 2000.

Raphaël DRAÏ

→ Abuso de direito; Ação em juízo; Antropologia jurídica; Decálogo; Direito divino; Direito natural; Dívida; Duelo; Formas e procedimentos; Legítima defesa; Lei; Pena de morte; Reciprocidade; Vingança.

TEMPO

O tempo mítico, o tempo do paraíso, é imóvel. As idades sem idade, idades das fundações, são aquelas das quais o direito está ausente, aquelas que não têm história: não conhecem sobressaltos e as alterações do tempo. Em menor grau, as sociedades que veneram as tradições também vivem ao abrigo do declínio, esse revés da temporalidade. As sociedades históricas, ao contrário, são presa fácil para esse predador que é o tempo: não se abeberando em regras imemoriais, conscientes demais das estratégias do tempo que passa, deixam que este lhes enquadre a vida e a vida de seus membros. Tudo isso é mais verdadeiro ainda nas sociedades que acreditam em sua liberdade. Liberdade política, pois ficou demonstrado que os regimes totalitários são aqueles que pretendem abolir simultaneamente a liberdade de agir e a fuga do tempo (cf. F. Ost, *Le Temps du droit*, Odile Jacob, 1999). Liberdade filosófica, pois esta caminha ao lado do positivismo. Liberdade e positivismo, dois dedos da mesma mão, se acreditarmos que o segundo se define acima de tudo como liberdade em relação à natureza: pois do fato não surde nenhum valor implacável, a legislação é a arte da decisão. Ora, a decisão pressupõe um tempo livre, ou seja, um tempo liberto do domínio das regras válidas em todos os tempos e em todos os lugares. O tempo do positivismo é um tempo que serve para construir.

Atualmente, porém, a máquina de nossa sociedade histórica parece estar embalada. O tempo da legislação, não satisfeito em desenrolar pacatamente seu curso linear, estaria acometido de uma doença nervosa, a aceleração crônica. Os sintomas frequentemente se manifestaram: reformite aguda, encurtamento de prescrições, fascinação por prazos eleitorais etc. O diagnóstico é feito pelas mais altas autoridades do Estado: cidadãos, o tempo urge, é preciso encurtar o mandato presidencial… Até mesmo os focos residuais de eternidade foram afetados: já não resta grande coisa da perpetuidade da propriedade ou das servidões, nada da perpetuidade da ação de contestação de paternidade. Só resistem alguns fundamentalismos isolados, como por exemplo para castigar os crimes contra a humanidade ou evitar que um contratante malicioso demais espere o prazo de prescrição para pedir a execução de um contrato nulo. No conjunto, porém, a obra do tempo está aí: em nossas sociedades, o tempo transcorre em velocidade vertiginosa, que nada mais é que sua velocidade. Caberá associar essa alegada aceleração do tempo à perda de sentido que afeta nossas sociedades (cf. Z. Laïdi, *Un monde privé de sens*, Fayard, 1994, p. 28)? Talvez fosse mais justo sugerir que o tempo, enquanto afeta simultaneamente os elos mais bem estabelecidos, é também a condição da busca sempre recomeçada do sentido de ser neste mundo.

O fenômeno não diz respeito apenas às instituições humanas. Também vale para o próprio homem, cuja identidade se constitui num jogo ambíguo com o tempo. Essa impossibilidade de o indivíduo permanecer absolutamente idêntico a si mesmo (*idem*) é remediada por uma espécie de presença para si, cujas características Ricœur tão bem descreve (*ipse*). Comunhão de traços, portanto, entre o tempo do direito e o tempo da pessoa. A constatação é, por fim, bem banal. Menos banal, talvez, é sugerir, numa inversão antikantiana, que o tempo, em vez de ser uma condição *a priori* de nossa vivência jurídica e pessoal, é modelado antecipadamente pelas características de nossa experiência. O exame das relações entre o tempo e o direito e entre o tempo e o sujeito de direito convencerá disso.

Tempo e direito

Numa perspectiva positivista, o jurista deve conceber-se como um Sísifo (feliz...). Construindo sem trégua o edifício de seu direito e reconstruindo com a mesma energia aquilo que rui incessantemente. Nessa tarefa, o tempo é um auxiliar perverso. É aquele que ajuda o jurista a construir, mas também aquele que destrói a obra frágil do direito.

Tempo e construção do direito

É uma evidência que o direito, entendido aqui como conjunto de conteúdos normativos estruturados em e por instituições, se baseia no tempo. Nenhum direito é construído em um dia. Para que as regras se estabilizem, é preciso que passem na prova da eficácia e na da recepção pelo corpo social. O costume, embora seja a expressão mais rematada desse processo, nada mais faz do que tornar manifesto um fenômeno mais geral. Do mesmo modo, os raciocínios dos juristas não foram inventados por algumas mentes genialmente lógicas. Como ressaltava Dewey, a verdadeira lógica jurídica elaborou-se em estratos, em decorrência de uma "seleção natural dos métodos", realizada progressivamente pela experiência ("Logical Method and The Law", *The Cornell Law Quarterly*, 10, 1925, pp. 17 ss.). O direito, em suas regras e seus métodos, portanto, é produto da história. Como toda obra construída em estratos, ela é ao mesmo tempo sábia, complexa e imperfeita. Sábia porque é razoável presumir que as regras que resistiram durante mais tempo ao desgaste são aquelas que correspondem melhor à coletividade que regem. Também é sábio considerar que uma "boa lei" precisa de tempo para ser provada, especialmente quando intervém numa esfera da atividade humana submetida à influência dos costumes e das práticas não jurídicas (por exemplo, a família). A sabedoria, portanto, deve compor com o tempo, pois *Diké* é indissociável de *Kronos* (cf. F. Ost, *Le Temps du droit*, *op. cit.*). Complexa porque o tempo é rebelde à elaboração racional do direito. Os juristas de *Common Law* sabem algo sobre isso, e todos se lembram das violentas recriminações de Bentham e Austin ao caos das regras acumuladas pelos juízes ingleses. Imperfeita no sentido de que o presente do direito é sempre um futuro por construir na incerteza. Quanto tempo será preciso para que uma solução se elabore? Quantos choques e passos em falso? A interrogação estimula em primeiro lugar os juízes, de primeira e última instância. Mais de quarenta anos separam a afirmação do princípio geral de responsabilidade por danos causados por coisas inanimadas (1896) da definição da guarda (1941). É porque a sabedoria do direito não é vivida no presente. É mais processo que resultado. Por isso, supor que um sistema jurídico possui uma coerência interna que lhe dá identidade própria é coisa que só pode ser admitida quando se desiste da definição estática de identidade e se adota uma abordagem dinâmica. Não é absolutamente por acaso que certos filósofos do direito, tentados pelas teorias de Dworkin, se referem à noção de identidade narrativa elaborada especialmente por Ricoeur (cf. J. Lenoble, "La théorie de la cohérence narrative en droit: le débat Dworkin-MacCormick", *Archives de Philosophie du Droit*, vol. 34, 1988, pp. 120-39).

Essa constatação pode provocar muitas tentações no legislador. Alguns, cansados de precisar dar contas ao tempo, desejarão fazer uma revolução e uma tábua rasa. Outros, preguiçosos diante da história, preferirão conservar o existente e agir de modo conservador e conservatório. Os terceiros, cavaleiros da escatologia, lerão no passado um movimento identificável e pleitearão a consecução jurídica da história (pelo Estado, pela codificação etc.). Por fim, outros mais moderados optarão pela prudência, ao arrepio do espírito de sistema. A exemplo de Portalis, tentarão "aproveitar da experiência do passado e da tradição de bom-senso, regras e máximas que chegou até nós e forma o espírito dos séculos". Tanto é verdade que "as leis não são puros atos de poder: são atos de sabedoria, justiça e razão". O legislador, no espírito do redator do *Discurso preliminar*, não deve apenas dar mostras de modéstia quanto ao conteúdo de sua obra. Deve também aceitar sua radical incompletude e seu alcance necessariamente limitado: "Como encadear a ação do tempo? Como se opor ao curso dos acontecimentos ou ao imperceptível declive dos costumes? Como conhecer e calcular de antemão o que só a experiência pode revelar? [...] Os códigos dos povos *se fazem com o tempo*; mas, propriamente, *não são feitos*." Levar o tempo em conta; portanto, aceitar o meio-termo: entre o costume e o direito escrito, entre o ideal e o pragmático, entre o direito desejado e o direito vivenciado. O direito insere-se por necessidade no tempo e, reciprocamente, o tempo se aloja na definição de um direito entendido como mediação: François Terré escreveu que o direito é "mediação entre o justo e o sábio que, em toda sociedade humana, tende a uma criação de modelos chamados a compor um sistema de regras e de soluções incessantemente reiniciado" (*Introduction générale au droit*, Dalloz, nº 33). Um sistema incessantemente reiniciado: impossível dizer melhor que o tempo de Sísifo é um tempo de destruição tanto quanto de construção.

Tempo e destruição do direito

Assim como basta uma vaga para aniquilar os castelos de areia mais pacientemente elaborados, uma lei ou uma sentença podem anular séculos ou décadas de evolução. Mas esse poder do legislador de detonar de uma só vez aquilo que ele mesmo elaborou nada é em comparação com o efeito mais poderoso da erosão progressiva do direito pelo tempo. A razão é simples: embora possa destruir textos, uma bomba é em grande parte impotente para aniquilar práticas. E seria possível citar grande número de exemplos para ilustrar a resistência dos costumes ao Código Civil, sobretudo em matéria de sucessões ou práticas matrimoniais. É nessa força surda do fato social que também se encontra a fonte do desuso e da obsolescência. Aqui somos tentados a sugerir uma distinção terminológica para dar conta do ar do tempo: enquanto o desuso designa – retomando as palavras de Jean Cruet (*La Vie du droit et l'impuissance des lois*, 1908) – "a morte natural das leis", o que supõe uma vida suficientemente longa antes do óbito, obsolescência significa rápida caducidade dos textos. A obsolescência da lei é da mesma natureza da obsolescência de um bem de consumo, tomado quase ao pé da letra: um bem consumível é um bem que se destrói no primeiro uso. Apenas promulgada, sai de moda, revela-se inadequada às exigências do ano seguinte ao ano em que foi posta no mercado. O tempo da obsolescência é um tempo que passa depressa, é o tempo de nossa sociedade que, como se diz, está acelerada. O tempo do desuso é um tempo que precisa de tempo.

Desuso. – "Será possível dissimular a influência e a utilidade de concerto indeliberado desse poder invisível por meio do qual, sem abalos e comoções, os povos fazem justiça com más leis, parecendo proteger a sociedade contra as surpresas pregadas pelo legislador e o legislador contra ele mesmo?" – pergunta Portalis no *Discurso preliminar.* Em direito puro, certamente o desuso de um texto não basta para que este seja considerado revogado. É fácil justificá-lo: em teoria, o legislador é o único que pode pôr fim à lei, pois o paralelismo das formas o obriga a isso. Na prática, porém, o motivo da regra – mais uma vez desvendado por Portalis – é mais trivial. Se o Código Civil não quis reconhecer a revogação por desuso ou não uso, foi acima de tudo para evitar os perigos aos quais o princípio inverso talvez tivesse exposto. Por isso, a jurisprudência mais de uma vez reafirmou o princípio. Isso significa que os juristas venceram o desuso? Evidentemente, não. Numerosas leis deixam de ser aplicadas com indiferença geral – inclusive com a indiferença do legislador. É o que ocorre, por exemplo, com a proibição da capitalização dos juros (anatocismo), fulminada pelo artigo 1154 do Código Civil francês, não mais respeitada há muito tempo nas contas-correntes. É o que ocorre também com numerosas disposições do Código do Trabalho, que nunca foram aplicadas (o que sugere, de passagem, que caberia fazer uma distinção entre desuso *stricto sensu* e inaplicação *ab initio* do Código). Não há aí motivos para preocupações. Ao contrário, pode-se pensar, como Tarde, que "há direitos e deveres que já não são praticados, assim como há palavras e expressões que deixamos de usar, embora ainda figurem rotineiramente nos dicionários, nas gramáticas e nos códigos. Se foi possível criar um dicionário de oito volumes apenas com as palavras que desapareceram da língua francesa, seria fácil encher uma biblioteca com todas as legislações mortas, com todos os guardados jurídicos da França" (*Les Transformations du droit, Étude sociologique*, introd. J. Milet, Berg International, "Histoire des idées", 1994, p. 190). Desuso do direito, desuso das palavras do direito. Não tendo reconhecido plenamente a primeira, a autoridade pública reconheceu pelo menos a segunda: assim, a circular de 30 de maio de 1996, relativa à codificação, recomenda ao codificador que substitua palavras, expressões e conceitos fora de uso ou superados por legislação mais recente, usando em seu lugar noções correspondentes ao direito em vigor e à língua atual. De modo mais audacioso, a Comissão Superior de Codificação acha-se até autorizada a "constatar" a revogação de certos textos "inaplicados em virtude de uma prática constante". Seria abusivo ver nisso a inversão do princípio enunciado acima: se a Comissão pôde constatar o desuso de certos textos, isso não significa que os textos sejam *ipso facto* considerados revogados, pois continua cabendo ao legislador, em última análise, tomar a decisão sobre essa questão. Mas no fundo está claro que o desuso encontra certo reconhecimento no seio do direito. Caberá ir mais longe? Houve quem acreditasse nisso: segundo o decano Carbonnier, "o momento talvez fosse favorável a uma revisão da posição legalista: desde que a lei se tornou tão tecnocrática, o desuso é um dos raros meios que restam para o Povo a controlar" (*Droit civil. Introduction*, 24ª ed., PUF, 1996, nº 138). Em sentido inverso, porém, pode-se afirmar que a lei, precisamente por ser obra tecnocrática, se desagrega sozinha, com uma rapidez desconcertante. A revogação por desuso é inútil, pela simples razão de que a lei morre por obsolescência, com o aval do próprio legislador, ainda por cima...

Obsolescência. – Há um fenômeno em desenvolvimento permanente em nossos costumes legislativos: o da experimentação legislativa. Trata-se, em poucas palavras, de submeter a lei à prova de sua eficácia concreta, com o risco de revê-la ou revogá-la pura e simplesmente caso o resultado seja negativo. Foram assim experimentados na França o RMI (*revenu minimum d'insertion*, salário mínimo de inclusão), a carteira de habilitação provisória, as regras sobre o superendividamento dos particulares, mas também a interrupção voluntária da gravidez e as chamadas leis bioéticas. Alguns estados americanos, em época recente, chegaram a inventar as "*Sunset Laws*", que contêm cláusulas de revogação num prazo fixado e a obrigação de avaliação como preliminar necessária à prorrogação. De tudo isso se depreende uma constatação simples: a lei já não é necessariamente concebida para durar, mas ela mesma se apresenta como um produto temporário sujeito a revisão. Alguns se abalam com isso e lamentam que o legislador institucionalize de alguma maneira a dúvida sobre seu próprio trabalho. Outros consideram que é normal uma legislação moderna, sobretudo que pretenda influir nos comportamentos econômicos e sociais, dotar-se dos instrumentos para verificar a conformidade entre meios e objetivos. Sem voltarmos a um debate que não interessa diretamente a este trabalho, notaremos até que ponto se modifica a relação entre a lei e o tempo. Os pilares ideológicos de nossa legislação, longe de oferecer refúgio imune à degradação, parecem arrebatados no turbilhão da avaliação. Chega-se a acreditar que a avaliação dos direitos humanos, caso fosse tentada, provavelmente daria resultados mitigados, visto que sua "eficácia" não é idêntica sob todos os céus – inclusive sob os nossos, a acreditarmos na Corte Europeia dos Direitos Humanos. A Constituição, por sua vez, parece merecer o mesmo tratamento das leis ordinárias, com a diferença de que suas vicissitudes não provocam na opinião pública a mesma paixão provocada pelas leis. O fato é que, só para dar um exemplo, a Constituição francesa sofreu entre 1992 e 1996 três modificações sucessivas, ou seja, tanto quanto entre 1958 e 1992. Observa-se, porém, na atualidade uma tendência que contrabalança essa constatação da obsolescência do direito. Não havendo na França uma "cláusula de eternidade" (*Ewigkeitsklausel*) semelhante à que, na Alemanha, garante os direitos fundamentais contra qualquer veleidade abolicionista, descobrimos um princípio de segurança jurídica que tem como um dos efeitos, se não uma das funções, talvez servir de anteparo à revoada do tempo. É que o indivíduo, assim como o direito do qual ele é sujeito, precisa de um pouco de estabilidade e da garantia mínima de que aquilo que ele acredita ser o direito em dado momento não será posto em xeque logo em seguida. De modo mais geral, o tempo do direito mostra-se na realidade condicionado pelo elo entre o tempo e o sujeito de direito.

Tempo e sujeito de direito

Costuma-se afirmar que o direito civil francês contemporâneo teria sido construído no início do século XIX com base no modelo de um sujeito de direito livre e voluntário, despojado de afetos. Embora na realidade esse modelo, em vez de ser apenas um construto racionalista do jusnaturalismo moderno, seja em grande parte decorrente de uma reação contra o sujeito passional entrevisto nos piores momentos do período revolucionário, o fato é que nosso sistema tradicionalmente considera o sujeito pelo ângulo da objetividade, e não pelo da subjetividade. Nessa perspectiva, o tempo da atividade humana escandido pelo direito mostra-se como um tempo objetivo e invariável, estruturado pelo direito em função de parâmetros estáveis. A essa concepção do tempo acreditamos ser preciso sobrepor hoje uma concepção flexibilizada pela história recente e pelas redescobertas do direito com a subjetividade de seu sujeito. É o que veremos, na linha direta de uma tradição objetivamente imutável, em dois tempos.

Tempo objetivo. – Se é que a tarefa do direito é fixar o âmbito em cujo interior se movem as relações entre os seres humanos, é natural que o direito estabeleça certezas sobre o desenrolar do tempo. Assim, a anualidade do imposto, tal como o ciclo eterno das colheitas, lembra ao contribuinte excessivamente poético (pois a poesia é a destruição dos ritmos temporais) que o direito toma conta dele… Outro exemplo: o direito cuida de fixar os feriados e as festas nacionais, tal como os juristas celebram os aniversários das grandes leis, do século XX ou do futuro do direito no limiar do século XXI, ritos de adoração do tempo além dos seres. A objetividade do tempo situa-se também, de modo menos espetacular, porém muito mais concreto, nas múltiplas regras que delimitam o tempo da ação humana. Além de seus aspectos puramente técnicos (pensemos nas técnicas minuciosas de cálculos de prazos), essas regras apresentam as características de uma verdadeira filosofia do agir-em-tempo. Existe um tempo para refletir antes de nos comprometermos a comprar um produto de consumo ou um apartamento, a contratar um empréstimo etc. Simetricamente, existe um tempo para refletir antes de romper um compromisso: o tempo de reflexão imposto a quem se divorcia, o prazo de retratação oferecido ao pai ou à mãe que abandona o filho, o prazo de contestação oferecido ao marido que descobre não ser o pai. É o tempo objetivo em seu ponto culminante, marcado pelo selo da ordem pública. Do mesmo modo, existe um tempo para amar: esse tempo constrói a posse de estado que torna incontestável a filiação legítima e, em menor grau, a filiação natural; ele incorpora o nome à personalidade, a tal ponto que o maior não pode ser dela despojado. Existe, enfim, um tempo para agir em juízo, um tempo de recurso para reagir a uma decisão de justiça, um tempo da pena para ser corrigida e reconstruída, e outros tempos ainda. Todas essas regras de organização do tempo têm dupla natureza. Por um lado, dão uma chave para a interpretação do comportamento humano. Se um contratante não pleitear a nulidade relativa de um contrato no prazo que lhe foi dado, significa que renunciou a tanto. O transcorrer do tempo, portanto, pode ser interpretado como desinteresse pelo questionamento do contrato ou mesmo como desejo implícito de tentar obter sua execução. De modo semelhante, seis anos de separação de fato entre cônjuges constituem índice de relaxamento total do vínculo conjugal, suficientemente forte para justificar iniciativa de divórcio por ruptura da vida em comum. Mas em direito o prazo não se esgota nessa função "hermenêutica". Mais fundamentalmente, o prazo visa prescrever e sancionar, tal como demonstra a possível releitura dos exemplos que acabamos de mencionar. O prazo da ação de nulidade relativa, em vez de estabelecer apenas as condições que possibilitam presumir irrefragavelmente a renúncia à ação, traz em seu bojo uma ordem ao cocontratante: aja depressa, pois você não pode deixar indefinidamente o seu cocontratante na incerteza; se não fizer isso, você será vítima de sua própria negligência. Do mesmo modo, os seis anos que precedem o divórcio por ruptura da vida em comum são não apenas o meio de constatar uma dissolução de fato da união, mas também uma prova imposta àquele que, já antes desse prazo, deseje desfazer-se do vínculo matrimonial. No cerne dos prazos revela-se o jurídico em seu aspecto político: é preciso limitar os atentados à segurança jurídica, impor condições drásticas para autorizar uma forma sub-reptícia de repúdio unilateral. O tempo no prazo não se limita, pois, a esposar uma realidade que ele ajudaria a revelar-se: ele dita uma lei à realidade, na medida dos imperativos do direito. O sujeito do direito por acaso estaria preso no tempo como numa teia de aranha, incapaz de desenhar pessoalmente sua própria trajetória? Às vezes há motivo para se acreditar nisso, se pensarmos em antigas instituições, tal como a morte civil que reduzia o tempo jurídico da existência humana sem levar em conta o tempo material. Mas a morte civil desapareceu, e o jogo do legislador com as fronteiras da vida pode ocorrer em benefício do sujeito de direito – pensamos aqui na máxima *infans conceptus.* De modo mais geral, já não se trata de subordinação total e absoluta do tempo do sujeito ao tempo do direito. O tempo objetivo deve acomodar-se a um tempo subjetivo, às vezes a seu lado, às vezes em seu lugar.

Tempo subjetivo. – É possível aquilatar a existência de uma fantasia humana de negação do tempo, quando se constata que o legislador, por meio de um artifício extraordinário, pode decidir transformar em ouro o que todos acreditavam ser de bronze. O milagre das leis retroativas, paroxismo no recalque do curso das coisas, demonstra suficientemente que o direito – de tempos em tempos – não sabe o que fazer da natureza. É engraçado, aliás, notar que as autoridades públicas, armadas de seu poder jurídico de ignorar o tempo, de vez em quando chegam a acreditar-se investidas de um poder material comparável. Assim, em 1995, um plano quinquenal assumia o objetivo hercúleo de codificar todo o direito antes do ano 2000. Interrogado dois anos depois sobre as probabilidades de sucesso da empreitada, o presidente da Comissão Superior de Codificação declarou: "Os trabalhos nunca estarão terminados nesta data, e nós, aliás, nunca acreditamos que estariam. Era um recado em sentido mobilizador" (Conversa de O. Dufour com G. Braibant, "Codifier pour mieux réformer", *Les Petites Affiches*, nº 140, 21 nov. 1997, p. 10). Existe um tempo para enganar-se e um tempo para compreender – para o cidadão, é claro. No entanto, não podemos querer mal aos governantes por se acreditarem donos do tempo, pois os cidadãos comuns, pelo que fazem, mostram que são vítimas das mesmas fantasias. Por exemplo, nas mãos dos contratantes, o tempo se torna um objeto de comércio comum. Sua dominação é um compromisso contratual como qualquer outro, e a negligência em sua utilização é um dano reparável. Prova disso é o já célebre acórdão *Chronopost*, proferido pela câmara comercial da Corte de Cassação em 22 de outubro de 1996 (*D.*, 1997.121, nota Sériaux; *JCP*, 1997.II.22881, nota Cohen), que reputa como não escrita, por ausência de causa, a cláusula limitativa de responsabilidade que contradiz a obrigação – essencial no contrato de transporte rápido – de entregar a correspondência de um cliente em prazo determinado. Prova disso também são as montagens contratuais perfeitamente lícitas que possibilitam retardar o tempo com condições suspensivas ou de voltar atrás com cláusulas de retroatividade. Certamente os contratantes são limitados em sua faculdade de dispor do tempo – as cláusulas de não concorrência não podem exceder o tempo necessário à salvaguarda dos interesses do empregador, os contratos de trabalho não podem ser perpétuos –, mas o fato é que o tempo já é um elemento e um objeto de gestão. É perfeitamente exato em direito que tempo é dinheiro.

Essa lógica de instrumentalização do tempo, ao que parece, é acompanhada por uma lógica de personalização. Como não constatar que as circunstâncias próprias a cada situação humana influem cada vez mais sobre o tratamento jurídico dos prazos? Há muito o tempo para a fim de proteger os menores, privados da capacidade de agir. Ninguém já se surpreende, no mesmo sentido, com o fato de que o prazo de contestação de um ato jurídico possa variar, conforme tenha sido ele realizado por uma pessoa capaz ou não. Dois tempos, duas medidas: a proteção do incapaz é antiga política do direito civil. Em direito penal, também, pode-se considerar que a preocupação com a personalização da pena se traduz na escolha da duração do período de produção de prova mais adequado ao delinquente. Mas essa individualização da relação com o tempo talvez ainda esteja engatinhando. A jurisprudência já mostrou, em matéria de contestação de filiação legítima, que engenhosas interpretações da lei possibilitam ao marido enganado contornar o prazo de seis meses no qual está, em princípio, limitada a sua contestação de paternidade. A barreira objetiva do prazo do artigo 316 do Código Civil cede perante a constatação de circunstâncias subjetivas – ausência de posse de estado – que autorizam a aplicação do artigo 322, parágrafo 2º *a contrario* do mesmo Código. O exemplo convida a imaginar outros. O comprador de um bem de consumo adquirido numa venda em domicílio acaso não poderia se retratar depois de expirado o prazo legal, alegando que o prazo de reflexão não era suficiente *para ele*? E – o que seria mais grave – um juiz hábil não encontrará meios de devolver um filho abandonado à mãe caso esta queira retratar-se posteriormente ao prazo previsto pelo Código Civil? Somos inclinados a pensar que, em vista das circunstâncias particulares e com a ressalva de que a criança ainda não tenha sido adotada, o rigor do tempo imposto pela legislação cederá sem dificuldade diante da intensidade dos sentimentos. Talvez um dia se encontre um advogado que deduza do direito ao respeito à dignidade humana um direito de ganhar tempo, acompanhado, como que por sua sombra, pelo direito de exigir que o outro não ganhe demais o seu.

› BERGEL J.-L., *Théorie générale du droit*, Paris, Dalloz, 1989, pp. 109 ss. – COULON J.-M. & ROCHE M.-A. (org.), *Le Temps dans la procédure, Thèmes et commentaires*, Paris, Dalloz, 1996. – DAGOT M., "Le temps et la publicité foncière", *Mélanges offerts à Pierre Hébraud*, Toulouse, 1981, pp. 219 ss. – GIRAUD E., "La notion de temps dans les relations et le droit international public", *Mélanges Perassi*, t. I, pp. 461 ss. – GRIDEL J.-P., "Essais sur le temps et le droit", *in Introduction au droit et au droit français*, Paris, Dalloz, 2ª ed., 1994, pp. 763 ss. – HEBRAUD P., "Observations sur la notion du temps dans le droit civil", *Études offertes à Pierre Kayser*, 1979, pp. 3 ss. – OST F., *Le Temps du droit*, Paris, Odile Jacob, 1999. – OUTIN-ADAM A., *Essai d'une théorie des délais en droit privé, Contribution à l'étude de la mesure du temps par le droit*, tese, Paris II, 1986 – Col.: – Actes du 3e colloque de l'Association française de philosophie du droit, *Le Droit et le futur*, Paris, PUF, 1985. – "Temps, interprétation et droit", revista *Droits*, nº 31, 2000.

Daniel GUTMANN

→ Obsolescência das obras jurídicas; Precedente; Usos e costumes.

TERCEIRO

Em sentido amplo, o terceiro é a pessoa estranha à situação jurídica considerada, o outro em relação à pessoa de que se fala. Trata-se então de um significado puramente material. Por exemplo, o artigo 555 do C. Civ. francês, relativo às plantações, construções e obras, com a palavra terceiro indica toda pessoa que não seja o proprietário. A palavra terceiro é assim uma das mais polissêmicas da terminologia jurídica. No entanto, é apenas com referência ao ato jurídico, convencional ou jurisdicional, que a noção de terceiro pode participar da renovação dos conceitos. Assim, a distinção entre os terceiros e as partes desempenha papel importante em direito judiciário privado (Delmas Saint-Hilaire). No entanto, parece ter lugar nas diversas rubricas que tratam dos procedimentos. Por fim, nossas atenções se voltarão exclusivamente para a distinção entre terceiros e partes nos contratos.

O artigo 1.165 do C. Civ. francês apresenta *o princípio do efeito relativo do contrato*: "As convenções só têm efeito entre as partes contratantes; não prejudicam terceiros e só lhes aproveitam no caso previsto pelo artigo 1.121." Weill, em 1938, e Calastreng, em 1939, sistematizaram a distinção entre o efeito relativo e a oponibilidade do contrato, oposição hoje clássica na França e na Bélgica, mas praticamente ignorada em outros lugares (Ghestin e Fontaine). Segundo essa análise, o princípio do efeito relativo limita-se a restringir o efeito obrigatório do contrato às partes e àqueles que lhes são equiparados. Significa simplesmente que apenas as partes podem tornar-se credoras ou devedoras por efeito do contrato e, mais amplamente, sujeitos ativos e passivos dos efeitos obrigatórios deste último. Em compensação, não há obstáculo à oponibilidade do contrato e das situações contratuais nascidas deste. Isso possibilita às partes em relação aos terceiros e a estes em relação às partes prevalecer-se da situação jurídica criada pelo contrato. Esse princípio de oponibilidade do contrato é deduzido da oponibilidade geral dos direito subjetivos.

Para tentar dar conta da diversidade das situações das pessoas implicadas por um contrato, reservando-se estritamente a qualidade de partes às pessoas que firmaram o contrato pessoalmente ou por representação, criou-se o hábito de admitir uma categoria de híbridos, qualificados de verdadeiros ou falsos terceiros, tais como os interessados a título particular, os credores quirografários ou as partes de um grupo de contratos. Alguns autores adaptam-se a isso (Aubert). Parece, porém, que a própria lógica da concepção clássica obriga a considerar que todas as pessoas que não são partes são terceiros, de tal modo que os pretensos híbridos só podem ser uma variedade de terceiro. Para limitar às partes "contratantes" a qualidade de partes, observou-se que o artigo 1.165 é "o texto de um momento, momento da formação do contrato considerado" (Aubert, n.º 50). Sua leitura mostra, porém, que ele visa definir o efeito das convenções, o que diz respeito à execução, e não apenas à formação. Ninguém contesta que os titulares dos efeitos obrigatórios ativos e passivos oriundos do contrato não serão necessariamente, no momento de sua execução, aqueles que o firmaram inicialmente. Segundo certo autor, as partes seriam as pessoas submetidas ao efeito obrigatório do contrato por efeito de sua vontade ou da vontade da lei, quando imposto por imperativos superiores às vontades. O único limite decorrente do princípio do efeito relativo seria que ninguém pode tornar-se parte apenas por efeito da vontade alheia (Gelfucci-Thibierge). Outro autor propõe referir-se não só aos participantes do procedimento contratual, mas sobretudo aos destinatários da norma contratual, o que possibilitaria considerar como parte de um contrato não só as pessoas que o firmaram, mas também os membros do grupo contratual, partes no procedimento de outro contrato que forme com o primeiro um grupo unido pela identidade de obrigações (Bacache-Gibeili, n.º 303). Pode-se admitir, como esses autores, que a rejeição ao dogma da autonomia da vontade possibilita deixar de reduzir o domínio dos efeitos obrigatórios do contrato às pessoas que o firmaram de início. Diferentemente desses mesmos autores, porém, é preciso abster-se de negligenciar o papel do acordo das vontades, como caráter específico do contrato e também como seu elemento dinâmico subjetivo essencial. Cabe então *distinguir entre o momento da formação do contrato e o momento de sua execução*, usando como critério *as prerrogativas das partes para concluir, modificar ou pôr fim ao contrato por meio de um acordo de vontades.*

Distinção entre o momento da formação do contrato e o momento de sua execução

No momento da formação do contrato a qualidade de parte contratante só pode ser adquirida pela expressão da vontade de comprometer-se, ou seja, de submeter-se aos efeitos obrigatórios do contrato, por meio do modo específico de criação de efeito de direito que é o acordo das vontades. Somente as partes contratantes podem ser qualificadas como partes, pois só elas atendem à exigência de participação daqueles que estão sujeitos à própria criação da regra à qual serão submetidos, que caracteriza o contrato. A lei não pode conferir a outros a qualidade de partes sem desnaturar a especificidade da criação das normas pelo procedimento contratual.

No momento da execução do contrato, a situação propriamente contratual, oriunda do acordo de vontades, existe efetivamente. A vontade perde então seu papel exclusivo. A lei pode também atribuir a qualidade de parte sem pôr em causa a natureza específica do acordo inicial das vontades. Constatado que a qualidade de parte pode ser adquirida depois da conclusão do contrato, seu modo de formação específico por acordo de vontades já não é posto em causa por uma transmissão puramente legal da situação contratual.

A lei, porém (a não ser que imponha uma qualificação arbitrária), só poderá colocar uma pessoa em tal situação se for possível lhe atribuir racionalmente a qualidade de parte. Para isso, é preciso que sua situação seja suficientemente semelhante às partes contratantes, a fim de que ela possa ser considerada equivalente ou substituta destas últimas e disponha pessoalmente das mesmas prerrogativas. Na prática, isso significa que, afora as pessoas representadas, a qualidade de parte só poderá ser adquirida pela transmissão de uma situação contratual. Em compensação, a qualidade de parte não poderá ser aplicada a pessoas que apenas estejam em condições de beneficiar-se de uma obrigação contratual, quer esta lhes pertença desde a formação do contrato, quer tais pessoas a tenham adquirido ulteriormente ou estejam apenas submetidas a tal obrigação.

Prerrogativas em virtude das quais se pode reconhecer a qualidade de parte

Em primeiro lugar, não pode tratar-se do poder de pedir a anulação do contrato, especialmente por vício de consentimento, com o pretexto de que foi o acordo das vontades das partes contratantes que formou o contrato. A anulação, evidentemente, pode ser pedida por terceiros, pelo menos quando se tratar de nulidade absoluta, o que tornaria esse critério ineficaz, especialmente levando-se em conta as incertezas em torno do campo das nulidades absolutas e relativas. Além disso, também precisamos situar-nos no momento da execução do contrato. O critério de qualidade de parte tampouco pode ser deduzido da faculdade de pedir a rescisão judiciária do contrato. Isto porque *alguns terceiros têm a faculdade de pedi-la*. É o que ocorre, em virtude de decisões relativamente recentes, com o *subadquirente*, que pode mover uma ação redibitória contra um vendedor anterior; com o *financiado*, que numa operação de financiamento – desde que seja consumidor – pode mover uma ação direta de rescisão do contrato de venda firmado entre o fornecedor e a empresa de financiamento; e do *fiador*, que pode acionar o credor no sentido da rescisão do contrato que este último tenha firmado com o devedor principal. A faculdade de pedir a rescisão judicial do contrato não pode, portanto, constituir critério satisfatório para a qualidade de parte.

O contrato exige a participação daqueles que se sujeitam à criação da regra à qual estarão submetidos. *Quando da formação do contrato, portanto, serão partes as pessoas cuja vontade formou o contrato.* Isso não é contestado por ninguém. Mas é preciso ir além e também admitir que *durante a execução do contrato as pessoas que têm o poder de aniquilá-lo ou modificá-lo segundo o mesmo procedimento contratual, ou seja, por um acordo de vontades, nesse momento também devem ser qualificadas de partes.* As partes contratantes podem dar origem ao contrato por acordo de suas vontades. As pessoas que durante a execução do contrato substituem as partes contratantes dispõem, como estas últimas, do poder de modificar o contrato ou de extingui-lo por meio de um *mutuus dissensus*, ou seja, por um procedimento contratual de acordo de vontades. É razoável atribuir-lhes assim a qualidade de partes.

Em suma, *somente as partes podem dar origem ao contrato pelo acordo de vontades, ou modificá-lo ou extingui-lo da mesma maneira.* As pessoas que não dispõem dessas prerrogativas devem ser qualificadas de terceiros. A lei e mesmo a jurisprudência, ao acrescentarem, por exemplo, obrigações como a da segurança, podem modificar o contrato ou extingui-lo. Mas um terceiro, se não tiver competência para criar normas estatutárias, não poderá extinguir nem modificar um contrato do qual não seja parte. Principalmente, não pode fazê-lo por simples manifestação de vontade coincidente com a da outra parte, ou seja, pelo procedimento contratual de acordo de vontades. É por esse motivo que, por exemplo, devem ser classificadas entre os terceiros as pessoas que sejam simplesmente credoras ou devedoras em virtude do contrato, mesmo que desde a origem – tal como o beneficiário de uma estipulação em favor de terceiro – ou durante a execução do contrato, tal como cessionário de um crédito. Para dar conta do direito positivo, o artigo 1.134 do Código Civil francês deveria então rezar: as convenções legalmente formadas desempenham o papel de lei para aqueles que as formaram e para aqueles que lhes são equiparados ou os substituem. Só podem ser revogadas por seu consentimento mútuo ou por motivos autorizados por lei.

› AUBERT J.-L., "À propos d'une distinction renouvelée des parties et des tiers", *Rev. trim. dr. civ.*, 1993, pp. 263 ss. – DELMAS SAINT-HILAIRE Ph., *Le Tiers à l'acte juridique*, tese, Bordeaux IV, LGDJ, 2000, prefácio J. HAUSER. – FONTAINE M. & GHESTIN J. (orgs.), *Les Effets du contrat à l'égard des tiers, comparaisons franco-belge*, LGDJ, 1992. – GHESTIN J., "Nouvelles propositions pour un renouvellement de la distinction des parties et des tiers", *Rev. trim. dr. civ.*, 1994, pp. 777 ss. – GHESTIN J., BILLIAU M. & JAMIN Ch., *Les Effets du contrat*, LGDJ, 3ª ed., 2001.

Ver também: BACACHE-GIBEILI M., *La Relativité des conventions et les groupes de contrats*, tese, Paris II, LGDJ, 1996, prefácio Y. Lequette. – FLOUR Y., *L'Effet des contrats à l'égard des tiers en droit international privé*, tese datil., Paris II, 1977. – GELFUCCI-THIBIERGE C., "De l'élargissement de la notion de partie au contrat… à l'élargissement de la portée du principe de l'effet relatif", *Rev. trim. dr. civ.*, 1994, pp. 275 ss.

Jacques GESTHIN

→ Contrato; Fraude; Processo; Publicação; Representação.

TERRITÓRIO

O termo "território" é usado para designar a base geográfica sobre o qual uma autoridade dispõe de competências. Essa definição abrange situações diversas, mas todas interligadas, mais ou menos diretamente, ao Estado. Pode tratar-se, em primeiro lugar, do espaço no qual coletividades *infra*estatais gozam de prerrogativas especiais. São assim visadas as entidades federadas, nos modelos de organização federativa do Estado, mas também as regiões, os departamentos e as comunas, por exemplo, nos modelos de organização unitária do Estado que apliquem técnicas de descentralização. Mas pode também tratar-se de base geográfica sobre a qual uma autoridade, estatal ou não, exerça poderes substitutivos à autoridade estatal deficiente. Esses territórios, não autônomos ou administrados sob tutela, são considerados pela carta das Nações Unidas, que organiza seu regime. Por fim, pode tratar-se de coletividades que aspirem ao *status* de Estado, para as quais o reconhecimento internacional da existência de um território constitui uma etapa no processo de formação do Estado. No conjunto desses casos, o território remete ao Estado, cuja base geográfica ele constitui, no sentido clássico aqui considerado.

Território e ordens jurídicas

A importância do território é consagrada pelo conjunto das disciplinas, especialmente jurídicas, ainda que às vezes ela seja objeto de contestação por parte dos representantes de tais disciplinas, com base, aliás, em argumentos muito distintos. Em primeiro lugar, o que se questiona é a própria noção de território como elemento participante da definição de Estado (Scelle). Em segundo lugar, a contestação baseia-se no processo de globalização dos intercâmbios, que afetaria a pertinência ou, pelo menos, a pregnância do território (Ruiz-Fabri). No entanto, cabe constatar que, tanto para o direito internacional quanto para o direito interno e, neste, para o conjunto das disciplinas, o território ainda constitui uma das instituições fulcrais, continua sendo de alguma maneira a "mãe do direito" (Schmitt). Assim, a simples localização no território, ou o vínculo a este, de um sujeito de direito, da realização de um ato, da ocorrência de um fato ou de uma situação é capaz de constituir um critério discriminativo na aplicação de uma regra, material ou processual. O critério de territorialidade é especialmente atributivo de competência a um órgão, por exemplo a uma jurisdição – fala-se então de alçada territorial dos tribunais – ou, mais geralmente, é atributivo de competência de uma ordem jurídica particular.

Estatuto do território: o ser e o ter

O território pode ser considerado de duas maneiras. Especialmente, ele é um elemento constitutivo do Estado; é também um atributo que o direito vincula à qualidade de Estado do sujeito de direito.

Território: elemento constitutivo. – Num primeiro sentido, bastante comum, o território é entendido como uma das condições de surgimento do Estado. Ele constitui então uma das condições a cuja realização está subordinada a aquisição do *status* de Estado por dada coletividade. No entanto, devem ser feitas duas observações. Primeiramente, é preciso precaver-se contra os abusos de linguagem, pois, entendido desse modo, fala-se de *base geográfica*, condição de advento do Estado, e não estritamente de seu *território*. A noção de território resulta da formação do Estado, e a base geográfica – simples condição de surgimento da coletividade estatal – transforma-se em território do referido Estado graças à magia da qualificação jurídica (Combacau). Em segundo lugar, não se deve dizer que o território constitui o Estado, mas que representa um dos elementos sem os quais o Estado não pode formar-se e continuar existindo. Nesse sentido, pode-se afirmar que, além da população e do governo efetivo e independente, ele é um dos elementos constitutivos do Estado. Trata-se, pois, de uma questão pertinente ao direito internacional, único apto a determinar os critérios de formação do Estado. Essa concepção, consagrada em direito positivo (Sentença arbitral de 1º de agosto de 1929, Deutsche Continental Gas-Gesellschaft c. Estado polonês, *Recueil tribunaux arbitraux mixte*, vol. IX), geralmente é adotada pela doutrina (Carré de Malberg, Kelsen, Virally).

Esse *status* comporta certo número de consequências sobre as relações existentes entre o Estado e a base geográfica. De fato, qualificar o território de elementos constitutivos do Estado veda a afirmação de que uma coletividade que aspire ao *status* de Estado disporia de um *direito ao* território. Tal afirmação equivaleria a admitir – puro contrassenso – que essa entidade disporia de um direito à realização de uma condição que tem por função fazê-la alcançar o *status* de Estado. Mas, se a coletividade não tiver direito *ao* território, o Estado tampouco terá título *sobre* seu território, pela simples razão de que o Estado *é* um território (Carré de Malberg) ou, mais precisamente, porque o território é uma condição de ser do Estado. Nessa medida, o território não é um elemento estranho à essência do Estado, sobre o qual ele possa reivindicar um título qualquer. Sem direito a, sem título sobre, o Estado dispõe, em compensação, do direito *ao respeito a* seu território. O direito internacional garante a tradução desse direito ao consagrar – princípio fundamental das relações internacionais – o direito à integridade territorial (Caso da ilha de Palmas, Sentença arbitral de 4 de abril de 1928, *Recueil des sentences arbitrales*, vol. II), que habilita seu titular a rechaçar qualquer atentado contra sua base geográfica, condição de seu ser, inclusive com o emprego de arma nuclear, desde que sua própria sobrevivência esteja em causa (Caso da licitude da ameaça ou do emprego de armas nucleares, Parecer consultivo de 8 de julho de 1996, *Rec. CIJ*).

Território: atributo. – Num segundo sentido, nitidamente distinto, mas também clássico, entende-se por território um dos elementos de definição do Estado. Pouco importa se ele é então uma das condições de sua existência; *a posteriori*, ele se torna um de seus atributos. Nessa medida, o território é considerado uma das consequências que o direito vincula à realização dos elementos constitutivos do Estado, ou seja, a seu surgimento como coletividade dotada do *status* de pessoa soberana. O território sai da esfera do ser e entra para a do ter, deixa de participar da formação do sujeito de direito, mas torna-se uma de suas qualidades. Nesse sentido, o Estado já não se confunde com sua base geográfica e pode definir-se como um sujeito de direito soberano que dispõe de um território (Parecer nº 1 da Comissão de Arbitragem da Conferência para a Paz na Iugoslávia, 29 de novembro de 1991, *RGDIP*, 1992). Isso significa que o termo "território" constitui então a terminologia juridicamente adaptada.

Mas, visto que é apreendido como uma das consequências da existência do Estado, o território constitui também uma das consequências da soberania do novo sujeito (Beaud). É, aliás, o que leva a falar de soberania territorial para designar os poderes que o Estado tem sobre seu território. Assim entendido, o território pode fundamentar certo número de direitos e de obrigações do Estado. Os poderes se caracterizam pela exclusividade e pela plenitude. Dizer que a competência é exclusiva significa que os outros Estados não podem atentar contra a integridade territorial do Estado e que só o Estado detentor do título territorial é competente. Por outro lado, o Estado dispõe da plenitude das competências para reger as pessoas que se encontram em seu território e as situações nele presentes, usando o território como um bem a seu dispor. Neste último caso, ele pode aumentar sua base geográfica ou dispor dela, pelo menos parcialmente, sem que isso atente contra sua personalidade. No entanto, pesa sobre o Estado detentor do título certo número de obrigações, tais como: tratar os estrangeiros presentes em seu território em conformidade com um padrão mínimo determinado pelo direito internacional; não permitir que seu território seja usado para fins prejudiciais a outros Estados. Cabe dizer, por fim, que a exclusividade das competências do Estado exercidas sobre seu território, ainda que constitua um princípio, não é absoluta, uma vez que um mesmo sujeito de direito pode às vezes ser submetido à competência territorial do Estado em cujo território esteja e continuar submetido à competência pessoal do seu Estado de origem, com o primado da segunda sobre a primeira quando o vínculo com o território não for suficiente.

Natureza do território: coisa e espaço

A antiguidade e o caráter fulcral da noção de território naturalmente levaram a interrogar sobre a natureza dos direitos que o Estado exerce sobre seu território. No essencial, há duas concepções não excludentes entre si, cujos termos sofrem inflexões segundo a inspiração dos autores. Exporemos aqui as principais linhas diretivas. Essa dicotomia distingue a concepção de território apreendido como coisa e a concepção de território apreendido como espaço.

Território: coisa. – O território pode ser compreendido como uma coisa sobre a qual o Estado exerce um direito de natureza real, seu *dominium.* Essa concepção, em geral designada pela expressão "território-objeto" (Laband), originou-se diretamente da noção patrimonial e medieval de Estado. O território é então considerado como um elemento participante do patrimônio do Príncipe (Verzijl, Lavialle, Barberis). Apesar de agora dissociado da pessoa do Príncipe, o território continua a adotar suas principais características.

Exercendo seu *dominium* sobre a base geográfica, o Estado tem sobre ela um controle direto e imediato, que se traduz de diferentes maneiras. Ele pode usufruir do território dispondo de suas riquezas, especialmente minérios, ou dos recursos produzidos por ele, mas também pode organizar os modos de exploração, pública ou privada, do território. Nesse sentido, por exemplo, o direito internacional autoriza um Estado a nacionalizar, desapropriar ou requisitar bens estrangeiros, com a ressalva de que as medidas adotadas não sejam discriminatórias e que sejam acompanhadas de uma indenização prévia, justa e adequada. Mas o Estado também pode dispor de seu território, com a ressalva de que a alienação da totalidade da base geográfica o levaria a perder um dos elementos necessários à sua qualificação de Estado e, por conseguinte, atentaria contra seu *status* de sujeito estatal. Assim, nessa concepção de território que implica o exercício de um poder dominial pelo Estado baseia-se o regime jurídico e, de maneira tópica e retórica, modalidade de aquisição, cessão, entrega, transferência de territórios, formalizadas ou não pelos múltiplos tratados internacionais dedicados a essas matérias.

Território: espaço. – A segunda concepção de território não o equipara a uma coisa, mas a um espaço, ou seja, a um lugar em cujo âmbito se desenvolve o poder estatal, determinando então a extensão do poder do Estado (Carré de Malberg). Essa acepção de território costuma levar a doutrina a qualificar o território como um limite espacial de validade das normas (Kelsen, Schoeborn, Delbez, Barberis).

Entendido desta maneira, o Estado exerce seu *imperium*, seu poder de mando não sobre o território, mas em razão do território. O território confere assim o título para agir (Combacau, Virally) e, sobretudo, dá fundamentos para o Estado adotar regras que rejam a conduta das pessoas que tenham alguma relação com o território. Essa relação pode ser estabelecida em virtude da localização de referida pessoa no território – esse é o caso mais evidente. É então a situação do sujeito de direito que habilita o Estado a reger seu comportamento. Mas a relação pode ser mais distendida. A competência territorial às vezes se baseia na realização de uma situação, na ocorrência de um fato, na adoção de um ato jurídico ou nos efeitos por eles provocados, desde que o vínculo com o território seja razoável.

Consistência do território: artificialismo e variabilidade

Artificialismo. – Apreendido pelo direito, o território torna-se uma instituição jurídica que sem dúvida é construída sobre um substrato geográfico, mas o ultrapassa amplamente. Ora, da confusão entre a realidade física e o conceito resulta certo número de mal-entendidos (Suy). Do ponto de vista do direito, a consistência do território não precisa satisfazer as injunções topográficas ou simplesmente traduzir a realidade geográfica. Esse artificialismo se manifesta em dois aspectos: indiferença e diversidade.

A indiferença se traduz, em primeiro lugar, em relação à superfície do território. Isto porque o direito internacional não impõe como critério discriminante a extensão do território de um Estado e consagra, de maneira geral, a igualdade jurídica entre um Estado cuja superfície é superior a 17 milhões de quilômetros quadrados (Rússia) e outro de 849 km^2 (República de Kiribati), qualificada de micro-Estado. A indiferença também vale para as características próprias do território, dependendo do fato de ele ter ou não litoral, sendo neste último caso qualificado de Estado encravado. A indiferença vale da mesma maneira para a continuidade geográfica do território. Concebido como unidade jurídica, o território abarca situações tão diversas quanto a do Estado composto de um único torrão ou, no outro extremo, a do Estado composto por um conjunto de ilhas, designado pela expressão Estado arquipélago. O conjunto dessas características sem dúvida pode provocar adaptações na regulamentação aplicável ao Estado cujo território esteja em questão, mas não prejudicam o princípio geral da igualdade jurídica entre os sujeitos soberanos. O artificialismo manifesta-se também pela diversidade dos elementos que compõem o território. Este último compreende, logicamente, a porção terrestre, mas também elementos aquáticos, águas interiores (lagos, rios, canais etc.), o elemento marítimo, aéreo, o subsolo terrestre e o solo e o subsolo marítimos. Sobre esse conjunto, o Estado pode exercer seus direitos soberanos e suas competências em aplicação do título territorial (Caso das atividades militares e paramilitares na Nicarágua e contra esta, Nicarágua c. Estados Unidos da América, Mérito, acórdão de 27 de junho de 1986, *Rec. CIJ*).

Variabilidade. – Se admitirmos que o território nada mais é que um construto jurídico, sua extensão e sua consistência podem ter certo número de variações, sem que essas mudanças afetem sua existência e, por conseguinte, a identidade do Estado detentor do título. As causas dessas mudanças são diversas. O direito internacional tem passado por uma evolução relativa à qualificação, à extensão e ao modo de aquisição dos espaços. Quanto às primeiras, as regras de distribuição dos espaços evoluíram o suficiente para provocar profundas consequências sobre a extensão da base geográfica que o Estado podia reivindicar. De maneira geral, o direito internacional dos espaços passou por um processo constante de territorialização, ou seja, de apropriação por sujeitos estatais de espaços sem dono ou internacionais. Daí resultou um duplo movimento. Inicialmente de internacionalização: certos espaços, agora não mais por natureza, porém convencionalmente, foram subtraídos a qualquer tentativa de apropriação estatal; esses espaços internacionais são: Lua, alto-mar, espaço extra-atmosférico e, mais recentemente, a zona internacional do fundo do mar. Em segundo lugar, de territorialização: alguns espaços estatais foram criados, tiveram a qualificação modificada ou a extensão aumentada. Nesse sentido, o alto-mar, espaço internacional, teve sua extensão diminuída em proveito da extensão do mar territorial, espaço cuja qualificação demonstra sua participação no território, tendo havido também a criação de um novo espaço, a zona econômica exclusiva, que também participa da base geográfica estatal. As mudanças também afetam o modo de aquisição do título territorial, agora restrito ao título derivado. Os modos de aquisição variaram consideravelmente, indo da cessão realizada pela autoridade pontifical ou pelo Príncipe às ocupações de terras sem dono ou às mudanças territoriais realizadas por meio de acordos internacionais, passando-se a negar, pelo menos juridicamente, qualquer efeito às reivindicações baseadas no emprego ilícito da força. A guerra, a ocupação e a anexação resultantes constituem um modo de aquisição do território que se tornou juridicamente ineficaz (Resolução do Conselho de Segurança de 9 de agosto de 1990, Resolução 662 [1990] relativa à anexação do Kuwait pelo Iraque).

› ALLAND D., "Les représentations de l'espace en droit international public", *APD*, 1987, vol. 32. – BARBERIS J., "Les liens juridiques entre l'État et son territoire: perspectives théoriques et évolution du droit international", *AFDI*, 1999. – BEAUD O., *La Puissance de l'État*, Paris, PUF, 1994. – BLUM Y. Z., *Historic Titles in International Law*, La Haye, Martinus Nijhoff, 1965. – CARRÉ DE MALBERG R., *Contribution à la théorie générale de l'État*, t. 1, Paris, Sirey, 1920, reed. CNRS, 1985. – COMBACAU J., *Le Droit international de la mer*, Paris, PUF, 1985. – COMBACAU J. & SUR S., *Droit international public*, Paris, Montrchrestien, 5ª ed., 2001. – DELBEZ L., "Du territoire dans ses rapports avec l'État", *RGDIP*, 1932. – DEMBINSKI L., "Le territoire et le développement du droit international", *ASDI*, 1975, t. 31. – GEOÙFFRE DE LA PRADELLE P., "Notions de territoire et d'espace dans l'aménagement des rapports internationaux contemporains", *RCADI*, 1977, t. 157. – GOTTMANN J., *The significance of territory*, Charlotesville, Univ. Press of Virginia, 1973, p. 123. – JELLINEK G., *L'État moderne et son droit*, t. II, Paris, 1913. – JENNINGS R. Y., *The Acquisition of Territory in International Law*, Manchester, 1963. – JÈZE G., *Étude théorique et pratique sur l'occupation comme mode d'acquérir les territoires en droit international*, Paris, Giard, 1896. – KELSEN H., "Aperçu d'une théorie générale de l'État", *RDP*, 1926; *Théorie pure du droit*, trad. Ch. Eisenmann, Paris, Dalloz, 1962. – LABAND P., *Droit public de l'empire allemand*, t. 1, Paris, 1900-04. – LAPRADELLE P. de, *La Frontière, Étude de droit international*, Paris, Les Éditions internationales, 1928; *La Frontière*, Colloque de Poitiers, *SFDI*, Paris, Pedone, 1979. – LAVIALLE Ch., "De la fonction du territoire et de la domanialité dans la genèse de l'État en France sous l'Ancien Régime", *Droits*, 1992, t. 15. – LUCCHINI L., "L'État insulaire", *RCADI*, 2000, t. 285. – ROUSSEAU Ch., *Droit international public, Les sujets de droit*, t. II, Paris, Sirey, 1974. – RUIZ-FABRI H., "Immatériel, territorialité et État", *APD*, 1999, t. 43. – SCELLE G., "Obsession du territoire, essai d'étude réaliste de droit international", *Symboloae Verzijl présentée au Professeur Verzijl à l'occasion de son LXXIe anniversaire*, Martinus Nijhoff, 1958. – SCHMITT C., *Le Nomos de la terre*, Paris, PUF, 2001. – SHAW M. N., "Territory in International Law", *NYBIL*, 1982, t. XIII. – SCHON P., "Le rôle du territoire dans le droit international", *Acta scandinavica juris gentium*, 1939. – SCHOENBORN W., "La nature juridique du territoire", *RCADI*, 1929, t. 30. – SUY E., "Réflexions sur la distinction entre la souveraineté et la compétence territoriale", *Internationale Festschrift für Alfred Verdross*, Munique, Verlag, 1971. – VERZIJL J. H. W., *International Law in Historical Perspective*, t. III, Sijthoff, Leyde, 1970. – VIRALLY M., "Panorama du droit international contemporain, Cours général de droit international public", *RCADI*, 1983, t. 183.

Florence POIRAT

→ Estado.

TESOURO PÚBLICO

O Tesouro Público é uma repartição estatal encarregada de garantir os grandes equilíbrios das finanças públicas e favorecer a intervenção do poder público em matéria econômica e financeira.

Visão histórica

A palavra tesouro é emprestada do latim *thesaurus*, que, por sua vez, decorre do grego *thesoros*, depósito, armazém onde se conserva qualquer coisa preciosa. Em matéria de finanças públicas, seu uso se desenvolveu no tempo do Império Romano, especialmente no Oriente: o conde das *sagradas liberalidades*, um dos altos responsáveis financeiros do Império, era qualificado de "conde dos tesouros": centralizava algumas receitas fiscais, os *tituli largitiones*, na maioria das vezes percebidas em ouro ou prata, massa distinta dos rendimentos recebidos pelas administrações dos prefeitos do pretório, destinada a garantir o funcionamento do Império nas províncias. Essa massa de receitas, isenta de destinação fixa, servia quando era necessário cobrir os déficits das caixas dos prefeitos do pretório; fornecia sobretudo meios para a política imperial, tanto em relação às cidades, sustentando operações de urbanismo, quanto em relação às plebes urbanas ou às potências estrangeiras. Nesse caso o termo *liberalidades* ganha todo seu sentido. Por fim, o conde das *sagradas liberalidades* estava incumbido de cunhar moedas: o que se recebia era fundido em lingotes e depois passava por nova cunhagem, para se garantir a regulação monetária. Os reinos romano-germânicos do Ocidente medieval darão continuidade a essas práticas com resultados diversos.

A história dos capetianos diretos é um exemplo de desenvolvimento bastante diferente: a administração das finanças ordinárias, essencialmente os rendimentos dos direitos percebidos nos prebostados, no reinado de Luís VII ficava a cargo da Ordem do Templo, de grande reputação pela qualidade de sua gestão e pelo poder de seus circuitos financeiros. As finanças extraordinárias ficavam sob o controle da *Curia regis*. Cada administração tinha seu tesouro: o Tesouro do Templo estava encarregado das despesas correntes e previsíveis; o Tesouro do Louvre financiava as grandes obras e a guerra. Essa distinção, ordinário-extraordinário, era constante na administração das finanças públicas até o século XVI na França. A isso se somavam as compartimentações contábeis; várias caixas especializadas cuidavam da receita ou dos gastos das diferentes administrações: guerra, marinha, obras públicas, casa do rei etc. Seus contadores pagavam tais despesas em função de *balanços particulares* orçamentários, elaborados pela administração das Finanças. A provisão das caixas era organizada em função desse mesmo plano orçamentário. Uma parte não destinada a esses gastos correntes alimentava o Tesouro régio propriamente dito. Os reis tentavam, não sem dificuldades, atingir dois objetivos: funcionamento equilibrado das caixas centrais e provisão conveniente do erário régio. Esse era o sentido da célebre reforma de Francisco I, que criou o Trésor de l'Épargne, por meio de uma série de medidas a partir de 1523: essa caixa central recebia todos os excedentes das caixas locais e particulares, sem distinção de finanças extraordinárias ou ordinárias. Situava-se no Louvre.

A reforma que fundou o Tesouro moderno na França foi realizada por Loménie de Brienne em março de 1788: as caixas principais (Casa do rei, Marinha, Edificações régias, Despesas diversas, Vias e Pontes, Guerra) foram agrupadas num organismo único, o *Tesouro Régio*, sob a autoridade de um diretor do Tesouro. Uma nova contabilidade unificava o conjunto e conferia ao ministro das Finanças o controle do movimento dos fundos. Mollien, ministro do Tesouro durante o Império, propiciou um último aperfeiçoamento desse sistema com a criação da Caisse de service, em 16 de julho de 1806: os recebedores gerais – ancestrais dos atuais *trésoriers-payeurs généraux* (~ secretário das Finanças) – estavam afetos diretamente à provisão dessa caixa, por meio de uma bonificação sobre as somas que eles pagassem ao Tesouro. "O objeto dessa medida – explicava Mollien – era não deixar fundos ociosos em alguma caixa, impedir qualquer transferência de moeda, em suma, adequar aos negócios públicos o sistema de compensação com o qual o comércio regulariza as transações em grandes distâncias."

Funções

O papel do Tesouro é garantir a todo momento o equilíbrio entre o fluxo de receitas e despesas registrado pelos contadores públicos. Em caso de dificuldade de ajuste durante um exercício, os problemas do Tesouro são resolvidos por adiantamentos do Banco da França, ou por endividamento de curto prazo na forma de *bônus do Tesouro*, ou por financiamento junto ao *circuit du Trésor*. Este último é uma peculiaridade francesa. Trata-se de uma rede que realiza a compensação geral entre todas as caixas de receitas e despesas públicas, inclusive as dos "correspondentes" do Tesouro, ou seja, organismos situados nas dependências do Estado ou de atividades desmembradas: PTT, Caixa Nacional de Crédito Agrícola, Caixa de Depósitos, coletividades locais, estabelecimentos públicos etc. Por esse mecanismo o Estado conseguiu durante muito tempo os adiantamentos de que precisava. O sistema tinha a vantagem da comodidade. A desvantagem era favorecer a inflação em virtude das possíveis retiradas a descoberto e prejudicar a concorrência na poupança recolhida pelos estabelecimentos de crédito. Foram feitas algumas mudanças a partir da década de 1960: em primeiro lugar, a política de financiamento por fontes não orçamentárias, que transferiu o financiamento de algumas despesas para os correspondentes do Tesouro; em segundo lugar, a neutralização no recebimento da poupança, em que o Tesouro se financia ao modo anglo-saxão, junto a organismos financeiros ordinários; em terceiro lugar, exoneração das injunções que pesavam sobre certos organismos públicos que eram obrigados a depositar seus fundos no Tesouro.

Teoricamente as operações do Tesouro na França só visam ao ajuste dos fundos públicos. São orçamentariamente neutras e não devem aparecer como excrescências do orçamento. No entanto, por comodidade ou por preocupação com a eficácia, pareceu aconselhável aproximar certas despesas de certas receitas. Essa é uma flagrante distorção do princípio orçamentário de universalidade, segundo a qual todas as despesas e todas as receitas devem aparecer no orçamento. A relativa liberdade de ação do Tesouro ensejou assim a criação de verdadeiras estruturas, as *contas especiais do Tesouro*. A prática é antiga. Desenvolveu-se durante a guerra de 1914-18 para a cobertura da aquisição de víveres, dos transportes marítimos e de algumas operações financeiras. Depois da guerra tentou-se pôr um pouco de ordem nesse cipoal de contas. Ainda havia 79 em 1920. Uma Lei de 31 de abril de 1921 decidiu que essas operações deviam ser realizadas e autorizadas como as do orçamento geral. Não foi observada. Essas contas especiais proliferaram logo após a Segunda Guerra Mundial. A Lei de finanças de 6 de janeiro de 1948 as reduziu a uma centena e fixou suas condições de funcionamento, associando-as às regras do orçamento geral: algumas contas referiam-se a operações particulares de receitas e despesas como a loteria; outras descreviam operações de caráter industrial e comercial, como a fabricação de armamentos; outras são contas de empréstimos, tal como o Fundo de Desenvolvimento Econômico e Social (FDES) etc. Sua importância diminuiu consideravelmente a partir da década de 1980. Esse processo de financiamento não orçamentário é uma tendência geral, sobretudo no que se refere a subvenções a empresas.

O Tesouro na França é também uma autoridade monetária e financeira. Em primeiro lugar porque até 1986 ele foi responsável pela regulamentação e pelo controle do câmbio. Em colaboração com o Banco da França, até época recente ele regulou a cotação da moeda nacional por meio do Fundo de Estabilização do Câmbio. A partir de 1979, essa regulação foi realizada pelo Sistema Monetário Europeu (SME). A partir daí, duas evoluções importantes marcaram essas funções tradicionais: a liberalização financeira dos anos 1990 e a implantação da moeda única europeia. O Tesouro francês, arma do Estado financeiro, mostra-se obsoleto desses dois pontos de vista.

Por fim, o Tesouro francês também é uma das divisões do Ministério das Finanças, herdeira da divisão do movimento dos fundos a partir de 1940. Trata-se de uma divisão de estado-maior pouco numerosa, com cerca de 400 pessoas, desprovida de departamentos exteriores. A rede dos contadores do Tesouro Público da França, lotados nos departamentos, está vinculada à divisão da Contabilidade Pública. Por estar situada na encruzilhada da política com a economia, a divisão do Tesouro configura uma síntese mais orientada pela razão financeira do que por paixões políticas. É o lugar de onde se tem melhor visão do conjunto dos problemas: esse potencial explica por que essa divisão às vezes é qualificada de quarto grande corpo do Estado, ao lado da Inspeção das Finanças, do Conselho de Estado e do Tribunal de Contas.

› AUDIFFRET C.-L. d', *Système financier de la France*, 6 vol., Paris, Dufart, 1863-70. – ECK F., *Le Trésor*, Paris, PUF, 1982; *Dictionnaire encyclopédique de Finances publiques*, L. Philip (org.), Paris, Economica, 1991, art. "Trésor". – HABERER J.-L., *Les Fonctions du Trésor et la politique financière*, Les Cours du droit, 1978-79. – TROTABAS L. & COTTERET J.-M., *Droit budgétaire et comptabilité publique*, Paris, Dalloz; 1998. – Col.: *La Comptabilité publique. Continuité et modernité*, Comité pour l'histoire économique et financière de la France, Imprimerie nationale, 1995.

Michel BOTTIN

TÓPICOS JURÍDICOS

Essa expressão designa a utilização de categorias gerais, de lugares-comuns (*tópos*, lugar), como premissas de argumentações num esquema de raciocínio jurídico desenvolvido em debates, de preferência de natureza judiciária. Tal procedimento aplica ao direito técnicas concebidas originalmente para o discurso retórico.

A estreita relação existente entre a jurisprudência romana e a retórica – atestada por Cícero, Quintiliano, Cassiodoro e Isidoro de Sevilha – esclarece a recepção do procedimento tópico no âmbito da casuística em Roma, nos comentários medievais do *Digesto* e até o século XVIII. Esquecida durante muito tempo depois disso, a tópica jurídica passou a despertar novo interesse em algumas correntes da metodologia contemporânea.

Aristóteles trata dos tópicos na argumentação de tipo dialético ou retórico, que se opõe à demonstração científica e apodítica que, baseada em axiomas e postulados, redunda numa conclusão rigorosa por dedução silogística. No procedimento dialético, ao contrário, as premissas não são verdades, mas "opiniões compartilhadas por todos os homens ou por quase todos" (*Tópicos* I, 1, 100 *b*): não há axiomas, mas uma nomenclatura dos lugares-comuns, das fórmulas mais familiares aos juristas ou aos oradores, fórmulas que variam no espaço e no tempo e cuja força persuasiva é reconhecida no confronto das opiniões, instaurando um diálogo entre elas. Mas, enquanto para Cícero os *topoi* são apenas "repositórios de argumentos" que possibilitam escolher as premissas mais eficazes para a persuasão, em Aristóteles a arte da argumentação consiste não só em encontrar as premissas dos raciocínios (a tópica), como também em julgar sua validade e elaborá-las (a lógica argumentativa): os *topoi* são meios de conhecimento da realidade. Aqui o raciocínio move-se no campo do plausível, *pithanon*, e do verossímil, que são essenciais na busca da verdade, e Aristóteles observa que o verossímil e a opinião são o caminho natural para a verdade (*Retórica* I, 1, 1355 *a*, 15). É esse modo de pensar que está presente nos jurisconsultos romanos da época clássica (séculos I-III de nossa era), a partir de Sérvio Sulpício e de seu aluno Trebácio Testa, ao qual Cícero dedica seus *Tópicos* e, sobretudo, de Labeão. A análise do jurista carreia uma solução concreta enunciada como regra provável que pode ser contestada por seus colegas, regra cuja pertinência provém da adesão geral que suscita. É esse modo tópico que, através da retórica, transparece nas exegeses dos romanistas medievais, nos glosadores e nos comentadores, caindo no esquecimento com o triunfo do jusnaturalismo moderno e do racionalismo científico.

A partir do segundo pós-guerra, algumas correntes críticas reagiram contra o positivismo legalista que pretenderia obter uma aplicação estrita das regras de direito positivo, para promover uma reflexão metodológica sobre o raciocínio judiciário: tratava-se de confiar ao juiz a tarefa de buscar para cada litígio uma solução equitativa, razoável e aceitável, ficando para tanto nos limites das prerrogativas que lhes são atribuídas por seu sistema jurídico, o de um direito legislado e codificado. Essa nova concepção da lógica judiciária, lógica do razoável e do provável, foi proposta por um grupo doutrinário inspirado na obra de Aristóteles; seus trabalhos tiveram uma repercussão indubitável e provocaram amplo debate: corrente da tópica e do "pensamento problemático" de Th. Viehweg e G. Struck, "nova retórica" de C. Perelman e da escola de lógica jurídica de Bruxelas. O raciocínio jurídico, desse ponto de vista, deixa de ser simples dedução silogística cuja conclusão se imponha. A tarefa confiada ao juiz consiste na busca de uma síntese que leve em conta ao mesmo tempo o valor da solução concreta e sua conformidade com o direito. Essa nova concepção faz do juiz o auxiliar e o complemento necessário do legislador; a fim de persuadir e convencer, ele deve recorrer a técnicas de argumentação que desde a Antiguidade recebem os nomes de retórica, dialética e tópica. Para realizar a síntese buscada entre equidade e lei, o juiz deve saber flexibilizar a lei por meio de regras de direito não escritas, representadas por máximas, princípios gerais do direito que indicam os valores fundamentais que o direito protege: são os lugares-comuns, os tópicos que se formaram ao longo dos séculos, desde a jurisprudência romana. A natureza dos lugares-comuns jurídicos é heterogênea: alguns se relacionam a questões de direito material (tópica material); outros, aos princípios do procedimento judiciário (tópica formal). Os catálogos de *topoi* obedecem a classificações diversas e elásticas. A função da tópica consiste, acima de tudo, num método para fortalecer a justificação razoável na argumentação do direito.

A tópica abala o dogma do modelo legalista; ao contrário, participa de uma lógica do razoável e do aleatório, em virtude da qual a solução já não resulta de dedução silogística, mas de um debate contraditório baseado na controvérsia dialética. Apesar das críticas que lhe foram feitas – historicismo e vocação normativa por natureza imperfeita –, a tópica, modo de pensar "problemático", faz parte da busca, pela metodologia jurídica contemporânea, de soluções que não só estão em conformidade com a lei, mas também tendem a conciliar o direito com a razão e a justiça.

› DEGADT P., *Littératures contemporaines sur la "topique juridique"*, Paris, PUF, 1981, 75 pp. – LE BLOND J.-M., *Logique et méthode chez Aristote*, 3ª ed., Paris, Vrin, 1973, pp. 1-56. – PERELMAN Ch., *Logique juridique. Nouvelle rhétorique*, 2ª ed., Paris, Dalloz, 1979, 193 pp. – SAMPAIO FERRAZ J. R. art. "Topique", *in* A.-J. Arnaud (org.), *Dictionnaire encyclopédique de théorie et de sociologie du droit*, 2ª ed., Paris, LGDJ, 1993, pp. 615-7. – STAMATIS C. M., *Argumenter en droit. Une théorie critique de l'argumentation juridique*, Paris, Publisud, 1995, pp. 56-72, 218-9. – VANNIER G., *Argumentation et droit. Introduction à la Nouvelle Rhétorique de Perelman*, Paris, PUF, 2001, 191 pp.

Jean-Pierre CORIAT

→ Jurisconsultos romanos; Manuais, tratados e outros livros (Antiguidade/Roma).

TORÁ

Torá é o nome dado à Lei original do povo judeu. Apesar de ser dádiva divina, expressa pela revelação do Sinai, fala "a linguagem dos homens". Nesse sentido, seus enunciados não são fechados. Abrem para a interpretação humana que revela seu sentido dialógico. A Torá comporta uma parte escrita (Tanakh) e uma parte oral, ainda que transcrita (Talmude). Nela, a regra de direito não é dissociável da injunção de amor (Lv, 19, 18), que só ganha sentido na opção pela vida (Dt, 30).

Indagar sobre as relações entre a lei de Israel, a Torá e a ciência jurídica, de uma maneira que não seja puramente confessional, exige uma atitude intelectual pouco cômoda, mas fecunda. A propósito, é necessário integrar um primeiro axioma, segundo o qual a Torá, por assim dizer, é de concepção e transmissão – se não de natureza – divina, *Pirké Avot* (*Capítulo dos Pais*), I; 1; J. Locke, (*Two treatises of Government*, The Hafner Library of Classics, 1973), apesar de não se poder reduzir Deus a um conceito ou a uma representação qualquer. Também é indispensável integrar outro axioma, segundo o qual essa mesma Torá é de expressão, recepção e interpretação humanas (*dibra Torá kilchone bnei Adam*, A. Steinsaltz, 1996; Dt, 30, 11). Fora dessa abordagem *estereológica*, empreender a análise dos *corpora* nos quais a Torá está transcrita e desenvolvida – *Tanakh* (Torá escrita) e *Talmude* (Torá oral) – exporia a grandes desapontamentos. Isto porque, no plano antropológico agora, a Torá comporta duas escalas suplementares, também correlatas: uma ontológica, que diz respeito ao Humano genérico: *Haadam* (Gn, 1, 27); outra específica, que diz respeito ao Humano em suas qualidades, Humano singularizado e historicizado: o povo de Israel (*Âm Israël*) que também pode ser denominado, em termos etnológicos e antropológicos, de acordo com sua designação original, Bnei Israel (Ex, 1, 1). O povo dos Bnei Israel é formado pelos descendentes do patriarca Jacó, por sua vez oriundo da linhagem semita que remonta de Isaque e Abraão até Sem (Gn, 11, 10), um dos três filhos de Noé, por sua vez oriundo de Set (Gn, 4, 25), terceiro filho do casal original. Set nasceu depois do consumado fratricídio entre os dois primeiros filhos, Caim e Abel. Essa abordagem introdutória destaca bem, nesse campo, a importância do fio genealógico (R. Draï, 2000). Tendo como objetivo a clareza didática, esta abordagem da Torá será feita em duas "apresentações", a da Torá escrita e a da Torá oral, ressaltando a interação das duas na interpretação epistemológica (*pirouch*) ou decisional (*halakha*).

Torá escrita

Essa é a expressão tradicional que designa aquilo que se convencionou chamar de Bíblia. Esse primeiro *corpus* é denominado em hebraico *TaNaKh*, acróstico de *Torá* (Pentateuco), *Nebiim* (Profetas), *Ketuvim* (Outros Escritos). A Torá, assim circunscrita, não deve ser confundida com o Pentateuco, em hebraico *H'umach*, constituído pelos cinco livros vinculados à figura de Moisés. O *corpus* do *TaNaKh* comporta também os *Profetas*, que vão do Livro de *Josué* até os "pequenos" profetas, *Zacarias* e *Neemias*, passando pelos três "grandes": *Isaías*, *Jeremias* e *Ezequiel*, mas também pelos livros históricos, Livro dos Reis e Livro das Crônicas – também considerados "proféticos" –, e os *Ketuvim*, *Escritos*, que vão dos *Salmos* ao livro de *Ester*, passando por *Jó*. Os *Ketuvim* são os livros reflexivos, de análise existencial e de ética transcendente, referentes à condição do homem em relação ao seu próximo, com suas tensões, impasses e sucessos, mas também referentes ao conhecimento humano em suas relações com Deus (Gn, 2, 17). A família (*michpah'a*) que se tornou o povo dos Bnei Israel provavelmente se constituiu por volta dos séculos XIV e XII antes da era cristã, embrionariamente no Egito faraônico e depois, morfológica e institucionalmente, durante meio século de peregrinações, do delta do Nilo até a margem ocidental do Jordão, de início, e depois em terras cisjordanianas (*meêber layarden*), para ali estabelecer determinado tipo de sociedade, denominado em hebraico *moracha* (R. Draï, 1998). Esse vocábulo programático, sem correspondente em nenhuma outra língua, reúne três normas constituintes: respeito à Criação (*beria*), respeito à justiça jurisdicional (*tsedek*) – que hoje se chamaria de Estado de direito – e respeito à justiça econômica (*tsedaka*).

A História do Oriente Médio relataria as grandes datas e as particularidades desse povo levado por Deus – e não por sua própria iniciativa – para uma terra da qual ele foi depois exilado e deportado duas vezes – desarraigamento e "desterritorialização" aos quais ele sobreviveu, contrariando todas as expectativas e previsões –, antes de se estabelecer pela terceira vez, em 1948, naquela primeira terra, sem alternativa, a seu ver (A. Neher e R. Neher Bernheim, *Histoire biblique du peuple d'Israël*, Adrien Maisonneuve, 1988).

Por sua vez, a etnologia e a antropologia evidenciariam a organização específica de tal povo. São assumidas quatro funções genéricas: a do rei, a do juiz, a do pontífice e a – singular – do profeta. O próprio povo não é constituído em doze "tribos" – formulação contraditória –, mas em doze ramos ou módulos, correspondentes aos doze filhos de Jacó-Israel. Onze são territorializados, mas um deles, o dos levitas, espalha-se entre os onze primeiros. Os politólogos, por sua vez, descreveriam os processos de formação desse povo, as lutas travadas para a legitimação das funções reivindicadas ou para a conquista e a preservação do poder, bem como as consequências, em geral desastrosas, dessas lutas em seu contexto interior e internacional (R. Calimani, *L'Errance juive*, Diderot Éditeur, 1996). Por fim, os juristas tentariam explicar a lógica interna com as estruturas profundas e a dinâmica multissecular e transfronteiriça do direito desse povo, tanto antes quanto depois de sua dispersão, direito que é genericamente designado pelo vocábulo Torá, com suas duas ampliações, *svara* (argumentação) e *halakha* (decisão) (M. Ellon, *Hamichpat haïvri* [O direito hebraico], Magnés Press, Jerusalém, 1977).

A Torá foi construída sobre uma raiz ambivalente: *OR*, que designa luz, e *HR*, que designa concepção biológica e conceituação intelectiva. Essa referência etimológica tem valor mnemônico, de ponto de referência e programa. Substancialmente, a Torá é constituída pelas Dez palavras divinas (*âsseret hadibrot*) da teofania sinaíta. Elas poderiam ser ouvidas e lidas em sua transcrição como enunciados estritamente legislativos, no sentido do direito positivo. Mas tais enunciados do Livro do *Êxodo*, além de se referirem expressamente a Deus, considerado como doador da Torá e legislador dos Bnei Israel, não se reduzem a si mesmos. Cada um deles se refere sistêmica e estruturalmente às dez Enunciações genesíacas do Livro da Gênese (*âssara maamarot*), por meio das quais a Criação foi trazida ao Ser (R. Draï, *La Thora*, *op. cit.*, p. 55). Essas mesmas dez Palavras, ouvidas estereofonicamente e compreendidas estereologicamente, explicitam-se então em 613 *mitsvot*. *Mitsva* pode ser traduzido por obrigação, desde que se entenda esse termo em sua acepção originária, e não no sentido mais especializado do direito privado; ou *mitsva* é construído sobre a raiz *TsV*, que corresponde à ideia de *manter-se duradouramente* em sua posição própria como elemento constituinte de um conjunto, por sua vez elemento em nível superior de um conjunto mais amplo de conjuntos. *Mitsva* é utilizado, além disso, para designar nesse sentido tanto a posição de Deus na Criação, como no sonho da escada de Jacó (Gn, 28, 12), quanto a posição do povo, quando ele por fim se constituiu depois dos quarenta anos de travessia do deserto, travessia que não se reduziu a uma peregrinação sem objetivo, mas que deve ser entendida psicanaliticamente como autoelaboração, *working through* resultante de um *walking through* (Dt, 29, 9). E assim a antropologia converge para a ontologia, pois a raiz *TSV* aparece na narrativa da Criação já no capítulo dois. Ele é especificado não a propósito do povo de Israel, mas do Humano (*Haadam*), situado por Deus num lugar particular, um *tópos*, denominado *Gan Éden*, que passará a ser *seu endereço* na Criação. Esse endereço possibilita uma interlocução, latente até então (Gn, 3, 9). Lá, o Humano vê-se obrigado a partir de então por aquilo que se poderia chamar de primeiro Estado de direito, ao qual ele se adapta: ele é autorizado a dispor de todos os recursos daquele lugar, observando uma única proibição referente ao consumo – consumação da árvore do Conhecimento.

Segundo a tradição de leitura judaica, no primeiro capítulo da *Gênese*, o Humano não é criado à "imagem" visual de Deus, mas correlativamente a ele (Gn, 1, 26) e, literalmente, como seu representante. Tal correlação logo possibilita o aparecimento das noções jurídicas de representação e delegação (S. R. Hirsch, *Commentaire du livre de la Genèse*, *ad. loc.* Kountrass, 2000). Por isso, o segundo capítulo da Gênese diz respeito, dessa vez, ao Humano como *sujeito de direito*. Em seu endereço, ele deve responder logo a uma Lei que confirma sua posição e especifica suas obrigações nesse sentido. O permitido (*ken*) e o proibido (*lo*) especificam-se em obrigações subsequentes em relação ao *Gan Êden* com os objetivos de transformação (*âvoda*) e salvaguarda (*chemira*). O Humano é simultaneamente usuário e, pode-se dizer, "salvaguardião" de seu sítio vital. Para o povo sinaíta, essas duas obrigações genéricas se desenvolverão no momento oportuno, ao longo de uma história já humanamente historicizada e coletivamente datável, numa arborescência – no sentido popperiano – de *613 mitsvot* que consistem em 248 incitações a agir (*âssé*) e 365 abstenções e proibições (Y. Albo, *Sepher Îkarim* [Livro dos Princípios], Jerusalém, 1982). Presume-se que essas obrigações estão contidas nas e a partir das duas primeiras, acima citadas, que qualificamos por isso de *constituintes*: verdadeiro Estado de direito do humano.

Como o interdito inicial foi transgredido por uma passagem ao ato (Gn, 3, 6), a humanidade acidentada deverá redescobrir esse Estado de direito primordial, atualmente explicitado naquelas 613 *misvot* assumidas por um povo sacerdotal (Ex, 29, 6). Cada uma delas intervém e formaliza-se como esteio ou fortalecimento da pulsão de vida e como oposição e desativação da pulsão de morte inerente à primeira transgressão, remanescente. Por isso, as 613 *mitsvot* da Torá não se hierarquizam entre principais e secundárias, ou pequenas e grandes (Maimônides, *Livro dos mandamentos* [*Sepher hamitsvot*], L'Âge d'Homme, 1987). Cada uma ocupa uma posição estrutural e exerce uma função não substituível na recuperação de sua viabilidade pelo Humano. Segundo a narrativa bíblica, várias vezes a humanidade pós-edênica se expôs ao aniquilamento. A catástrofe do dilúvio, seguinte àquela outra catástrofe que foi o primeiro homicídio-fratricídio, levara a humanidade transgressora da Lei ao ponto de quase total aniquilamento. Escapou uma única "amostra" do Vivo (humano e animal) que homologou o resgate final com um novo compromisso, uma aliança (*berith*) restabelecida. Essa insistência do vivo que escapou perante a iteração mortífera explicita-se num paradigma de sete leis, chamadas convencionalmente de leis de Noé, verdadeiro fundamento do direito "natural" bíblico: 1 / reconhecer o antecedente do Criador; 2 / abster-se da idolatria, que é sempre autoadoração; 3 / não cometer incesto; 4 / não roubar e 5 / não matar; 6 / não proceder à mutilação dos animais a pretexto de alimentar-se; 7 / levar todo e qualquer litígio perante um tribunal (E. Benamozegh, *Israël et l'humanité*, Albin Michel, 1961).

Essas sete regras não se referem ao estado "arcaico" ou rudimentar de uma legislação que se pretenda universal. São declaradas e reconhecidas, estrutural e historicamente, desde que surgiu a consciência do tempo, como suas inelutáveis *ur-normen*. Essas normas não são "superáveis" porque não foram integradas nos comportamentos e nas instituições que devem aplicá-las. Nenhuma cultura e nenhuma ética poderiam prescindir delas ou pretender apresentar uma expressão "sublimada" delas, antes de tê-las efetivamente inscrito na realidade. Nenhuma das etnias, nenhuma das famílias que povoarão a terra pós-diluviana deverá esquecer que elas procedem de uma humanidade ao mesmo tempo resgatada e em suspenso (Gn, 10, 21). Nesse sentido, as sete leis de Noé assumem realmente a forma de uma Aliança *resolutória*. Nenhuma criatura poderia eximir-se dela e pretender que o Criador não se eximisse.

Depois da libertação do Egito escravagista e para conferir sentido a essa libertação, os Bnei Israel irão para o Sinai a fim de receber a Torá em sua completude, segundo suas 613 *mitsvot* cuja aplicação os fará passar do estágio escravagista, não humano, de *âvadim* e de *guérim* – o humano pode sempre engendrar o inumano (G. Agamben, *Ce qui reste d'Auschwitz*, Rivages, 1999) – ao estágio de cidadão, de *ezrah'* (Ex, 12, 49). A significação própria de *EZRaH'* pode ser abordada a partir da raiz *ZaRaH'*: o que difunde, irradia, a partir de uma fonte energética, portanto o contrário de fechamento, contenção e entropia. Pode ser lido também à maneira midráchica, como *AZ-RuAH'*, em que *AZ* designa as sete faculdades sensoriais e ideativas do homem, e *Ruah*, o espírito divino que elas percebem, acolhem, esteiam e, em contrapartida, as exausta. No Sinai, os Bnei Israel não são incitados a abolir as leis de Noé, julgadas "arcaicas", nem a "sublimá-las", mas a integrá-las em sua própria legislação, para cumpri-las (Ex, 20). Elas os fortalecem e consolidam ainda mais firmemente, graças à proclamação, na forma de Preâmbulo, de Deus como libertador. A libertação é assim considerada como parte da essência do ser humano. Ela é confirmada e perenizada pela inserção, por um lado, da legislação sabática, referente ao direito ao trabalho e ao direito do trabalho (R. Draï, *L'Économie chabbatique*, Fayard, 1998) e, por outro, segundo uma correlação ainda mais íntima, pelo interdito da cobiça, declarando assim que o ser humano é capaz de regular aquilo que

Freud, bem mais tarde, chamará de pulsões do ego, enxertadas na pulsão de morte, e aquelas que estão imantadas também mortalmente pelo ilimitável *desejo do desejo de outrem* (J.-F. de Sauverzac, 2000). O acontecimento sinaíta comporta, porém, outra inovação que qualificaremos de processual. Trata-se, em primeiro lugar, do procedimento *referendário* instaurado por Deus para a dádiva da Torá, que institui o povo receptor como verdadeiro interlocutor e como parte ativa na Aliança (Fr. Ost, *Le Temps du droit*, Odile Jacob, 1999). Na narrativa da Gênese, o Humano, imediatamente obrigado por Deus, é inserido no Estado de direito edênico, mas sem ter deliberado previamente a respeito. No Sinai, parece que a "lição" foi entendida. O Humano representado pelos Bnei Israel é realmente *consultado* sobre o princípio e, depois, sobre as modalidades da dádiva e da recepção da Torá (Ex, 19, 7). No Talmude desenvolve-se um debate de grande alcance para se saber se no Sinai os Bnei Israel tiveram realmente liberdade de aceitar ou não a Torá (L. Askénazi, *La Parole et l'Écrit, Penser la tradition juive aujourd'hui*, Albin Michel, p. 59).

A interpretação da Torá é exigida em razão de suas escalas infinitas e de sua interioridade infinita (*pnimiut*). Segundo as necessidades da compreensão do texto interrogado, ela se desenvolve em quatro graus essenciais: validação do sentido óbvio, hermenêutica, ampliação do sentido e abordagem do significado divino. Com esses modos de interpretação, busca-se nada menos que *a duradoura revelação sinaíta*. O Har Sinai não é apenas um lugar geográfico, mas também um nível ideativo, de concepção e conceituação, como se ressaltou a propósito de uma das etimologias da palavra Torá. Essa elevação leva do comportamento ao conceito e traz de volta o conceito ao comportamento para confirmar a validade de sua adequação mútua (R. Draï, 1995). As *misvot* devem em seguida ser aplicadas, realizadas. Essa realização implica uma intencionalidade, uma *kavana* pessoal sem a qual ela caduca.

Há várias maneiras de formalizar a organização das *mitsvot* (Sepher hah'inouh, *Le Livre des commandements*, Keren Hassepher vehalimoud, 1993). Consideraremos a maneira como as 613 se organizam: *a*) em *h'ukim*, postulados ou axiomas, cuja causa é de natureza divina e às vezes não está à altura do entendimento humano (por exemplo, o interdito do incesto ou o mandamento do amor); *b*) em *edut*: as das *mitsvot* que memorizam a Torá, para que não haja amnésia catastrófica; *c*) em *michpatim*, que designam a frase articulada e o julgamento judiciário. Em outras palavras, em sua aplicação jurisdicional, a Torá deve necessariamente passar pela verbalização humana, deve levar em conta a criação do Humano como vivo-falante (*h'ay medaber*) (Gn, 2, 7). Essas três categorias não são estanques. Uma mesma *mitsva* pode reuni-las, como em Mara, em se tratando do respeito aos pais, da observância do sabá, da instituição médica e da instituição judiciária (Ex, 15, 25).

Torá oral

A Torá oral, literalmente aquela "que é sobre ou segundo – a boca" (*Torá che beât pê*), é *inerente* à Torá escrita (S. R. Hirsch, *op. cit.*) Essa inerência resulta de sua *interpretatividade.* Já no instante da saída do Egito, Moisés, em sua atividade e em sua responsabilidade de juiz, menciona o trabalho de *interpretação* que ele realiza quando são levados perante ele os litígios e os conflitos que afetam inevitavelmente um povo livre.

A Torá oral é formada inicialmente pela Michna, pela coleção, configuração e transcrição perene das interpretações e das decisões mais importantes ocorridas no âmago do povo judeu no século II da era cristã sob a responsabilidade de Judá, o santo. Essa decisão foi tomada com urgência, sob a impiedosa ocupação romana que ameaçava a própria existência da Torá e a do povo que a aceitara. A isso se somou a polêmica com o movimento cristão acerca da identidade de Israel, e, correlativamente, houve o risco de conturbação, esquecimento e abandono das *mitsvot*. A Michna fez surgir um edifício intelectual de impressionante coerência interna. As 613 *mitsvot* são distribuídas em seis ordenamentos correspondentes às seis coordenadas da vida plena, implicando a do corpo e a da alma: *a*) o *seder* das Sementes, que diz respeito ao espaço vivenciado e à economia ecológica; *b*) o *seder* das Solenidades, referente ao tempo vivenciado; *c*) o *seder* das Mulheres, referente ao corpo vivo; *d*) o *seder* dos Danos, dos prejuízos que afetam a coexistência cívica contra o princípio escravagista; *e*) o *seder* das Santidades, referente ao elo entre corpo e alma; *f*) o *seder* das Purezas, referente à vida da alma conduzida rumo à ressurreição (R. Draï, *La Thora, op. cit.*, p. 67). A Torá escrita apresenta a lei de Israel de modo sincrônico, enquanto a Torá oral a apresenta numa ordem ao mesmo tempo epistêmica e estrutural. Do século II até o V, a Michna será explicitada pela adjunção da *Guemara*, pelo essencial das discussões que esclareceram as escolhas feitas para a constituição da *Michna*. O conjunto constituído pela Michna e pela Guemara é chamado de Talmude. Há duas configurações: a de Jerusalém e a da Babilônia, em constante interação. Em nenhum momento coube fundir e confundir esses dois "rostos" e interpretações da Torá oral.

Distingue-se um outro *corpus*, ou "organon", interno ao precedente, mas referente a seu aparato lógico e retórico: as treze regras de Rabbi Ichmael. Essas regras ou dimensões (*middot*) não são apenas instrumentais e formalmente discursivas. Isso é ressaltado por sua designação original, *midda*. *Midda* é uma medida destinada a restabelecer uma proporção alterada, um equilíbrio desfeito, um perigoso discurso em relação a um equilíbrio genérico. O número 13 não é aleatório: seu valor numérico equivale à palavra *eh'ad*, que designa a unidade ou, mais exatamente, a unificação sem a qual o povo não passaria de um magma de corpos servis, um composto de subjetividades sem interligação, ao passo que o povo sinaíta deve constituir um conjunto, literalmente um "com". Embora essas treze regras apliquem uma lógica, esta não é, como já se ressaltou, puramente tecnológica, muito menos erística. Na impossibilidade de comentá-las todas, escolheremos uma para demonstrá-lo (G. Abitbol, 1993): a *midda* chamada de *guezera chava*, o que pode ser traduzido por princípio de analogia ou de equivalência ou de homotetia. Em face de duas situações semelhantes, ela é destinada a economizar duas referências redundantes da Torá escrita. No entanto, o número de ocorrências em que essa *midda* é autorizada é estritamente limitado. Por quê? Para evitar que, paulatinamente, ela leve a abandonar a referência à Torá escrita e à limitação às semelhanças externas e não fundamentadas, se não falaciosas, que afetem duas situações na realidade profundamente diferentes. Todas as regras de *interpretação* devem continuar como tais e não ser comutadas em normas genéricas, tornando-se imperceptivelmente autoconstituintes, com o risco de atentar contra aquilo que se poderia chamar de ouvido *interno* da Torá, aquele que condiciona seu equilíbrio arquitetônico e preserva seu elo social. Para ressaltar esse fato mais nitidamente, mencionando outra dessas *middot*, a *midda klal* ou *prat*, diremos que em hebraico os termos *prat* e *klal* designam, respectivamente, indivíduo e sociedade, mas também, em lógica pura, o princípio genérico e o caso particular que o reforça ou desmente, segundo o caso. Por fim, cabe notar que essas 13 regras (às vezes desenvolvidas por Rabbi Akiva em 22, para corresponderem a outra simbólica, também coerente) não devem apenas servir à discussão deliberativa. Devem levar, ao cabo do necessário prazo da deliberação, a uma decisão que, como se sabe, deve ser adotada segundo o princípio de maioria (Maimônides, *Michné Torá, Hilkhot chophtim* [Regras dos julgamentos]). Somente esse princípio conclusivo arremata e fundamenta a autoridade da coisa julgada. Nenhuma opinião individual emanaria de um cérebro genial, nenhum milagre destinado a forjá-la e nenhuma voz do céu que procurasse censurá-la podem prevalecer contra esse princípio divinamente reiterado (R. Draï, *Freud et Moïse, op. cit.*, p. 180). O fundamento é claro: o ato de julgar diz respeito à vida em sociedade, a *existência plural*, cujas manifestações e regulações não podem decorrer apenas do exercício das faculdades individuais, mesmo que supereminentes. No entanto, a decisão coletivamente proferida nunca deve perder de vista a pessoa, o sujeito social e ético, que sofre e espera, que vem apresentar-se perante um tribunal. A atividade deste deve ser orientada por outra significação referente ao número 13, que diz respeito àquilo que se poderia chamar "*midda* dos *middot*", escala das escalas, a exemplo do cântico chamado de *Cântico dos cânticos*. De fato, o número 13 corresponde também à palavra *ahava*, amor. Esse termo pode designar um valor ético e, nesse aspecto, está em outras culturas (S. Kierkegaard, *Vie et règne de l'amour*, Aubier, 1946). Na Torá, é enunciado nessas três *mitsvot* correlatas: "Amarás teu próximo como teu" (Lv, 19, 18), "Amarás o estrangeiro como teu" (Dt, 5, 6), "Amarás o Eterno como teu Deus" (Dt, 6, 5). Na Torá, o amor reveste um valor não só ético, mas também diretamente jurídico. Ele comporta uma incidência, indistintamente lógica e cosmológica. Como se viu, as 13 regras precedentes criavam uma interação entre caso e princípio. Mas esses mesmos princípios têm amplitude e alcance maiores ou menores. Há particularmente dois que são qualificados por Ben Azzai e por Rabbi Akiva de *guedolim*, "grandes", não no sentido hierárquico, mas no sentido criacional. O primeiro, cosmológico, dispõe: "Tal é o livro das gerações do Humano" (Gn, 5, 1); o outro, socialmente ético, exorta: "Amarás teu próximo como teu" (Lv, 19, 18). Juntos, devem servir de último móbil a qualquer deliberação jurídica e a qualquer *halakha*. Quer se aplique a *guezera chava*, quer o *klal ou prat*, esses princípios lógicos, esses *klalim* do raciocínio não são autorreferenciais (G. Teubner, *Le Droit, un système auto-poïétique*, PUF, 1993). Eles devem encontrar justificação e fundamento em um, portanto no outro, dos dois grandes princípios acima enunciados. Por isso, não é impossível correlacionar esses dois *klalim guedolim* a um terceiro, cuja importância para a interpretação da Torá já conhecemos: "E escolherás a vida" (Dt, 30).

Há mais de trinta séculos, a Torá é vivificada pela constante anamnese de sua origem e de sua constituição, mas também por sua permanente interpretação. Em hebraico, uma questão (*cheela*, literalmente: o que vai *em direção a*) não é um atentado dirigido contra a essência da Lei, mas aquilo que abre um canal em direção a seus porvires. Do mesmo modo, uma resposta não é uma injunção a calar-se, mas a junção à origem da Criação, recobrando sua energética vital. Quando a Torá é assim aplicada, Deus *sorri* (Talmud Bavli, *Baba Metsia*), em outras palavras, desenha nos céus da inteligência a assinatura que autentica a opção decisiva pela vida.

› ABITBOL G., *Logique du droit talmudique*, Éd. des Sciences hébraïques, 1993. – DRAÏ R., *La législation de Dieu*, Michalon, 2000; *Freud et Moïse, psychanalyse, loi juive et pouvoir*, Economica, 1998; *La Pensée juive'et l'interrogation divine. Exégèse et épistémologie*, PUF, 1995. – SAUVERZAC J.-E de, *Le désir sans foi ni loi. Lecture de Lacan*, Aubier, 2000. – STEINSALTZ A., *Le Talmud, guide et lexique*, Ramsay, 1996.

Raphaël DRAÏ

→ Aculturação jurídica; Antissemitismo; Antropologia jurídica; Argumentação e retórica jurídica; Decálogo; Direito canônico; Direito divino; Direito natural; Interpretação; Islamismo; Lei; Pluralismo jurídico; Talião.

TROCA, ESCAMBO, PERMUTA

Troca é a operação mais banal que existe: um indivíduo que tem um objeto o cede a outro para que este, em contrapartida, lhe dê outro objeto. A troca foi por muito tempo o principal modo de circulação dos bens e das riquezas. Assim, durante muito tempo foi considerada a origem do fenômeno contratual. Mas, marginalizada juridicamente, ficou como um contrato mítico.

A matriz contratual

Apesar de simples na aparência, na prática a troca é de realização muito complexa. Exige várias condições: que os dois permutadores desejem, exata e reciprocamente, aquilo que o outro possui; objetos permutáveis e de mesmo valor. Daí resulta uma multiplicidade de valores de troca: um mesmo carneiro deverá ser avaliado em litros de vinho, em medidas de trigo etc. A criação da moeda veio resolver essas dificuldades. Na origem, era uma mercadoria preciosa como o ouro. Desejada por todos, ela podia tornar-se a referência comum dos valores dos objetos. Criava-se uma nova forma contratual, a venda, e a troca perdia importância. Praticada com mais frequência, a venda era mais contemplada pelo direito. Mas, como veremos, embora a troca, na qualidade de contrato específico, tenha sido relegada a segundo plano, na verdade esse fenômeno constitui há muito tempo uma referência e uma explicação do fenômeno contratual: todas as relações bilaterais constituem trocas, *synallagmata*, como diz Aristóteles. Essa palavra, tão difícil de traduzir, reflete as relações travadas entre os indivíduos: quer lhe demos o sentido de troca, de transação privada, de relações entre indivíduos, o que temos é sempre a ideia de comunicação entre os membros de uma mesma organização. Aristóteles distingue as relações voluntárias, como as vendas, das relações involuntárias, como os delitos. Todas são regidas pela justiça corretiva ou distributiva. O que caracteriza e une os *synallagmata* reside menos no fato de serem voluntárias ou involuntárias do que no estabelecimento de uma justa proporção e na instauração de uma igualdade entre as partes. Assim, no *synallagma* involuntário, a justiça implica que o autor de um delito indenize a vítima do dano sofrido; no *synallagma* voluntário, ela exige que a prestação de uma parte seja compensada pela da outra. Nessas duas situações, o desequilíbrio gerado pelo ato de uma parte implica a obrigação de voltar ao equilíbrio anterior. Assim, para um *synallagma* voluntário, a vontade das partes que regula as modalidades da permuta é limitada pelo princípio da justiça corretiva que cria a obrigação de deslocamento de valores iguais. O mesmo ocorre em direito romano. A troca pertence à categoria dos contratos inominados, ou seja, das operações às quais o direito não comina sanções, porque eles não pertencem aos tipos mais correntes, os contratos nominados, verdadeiros modelos jurídicos. Em contrapartida, a ordem jurídica romana, em certos casos, dá proteção e sanção a certas operações, por uma questão de equidade e justiça. Essas operações sancionadas são os contratos inominados, *facio ut facias*, *facio ut des*, *do ut facias* e a troca, *do ut des*. Assim, certas relações bilaterais, não reconhecidas pela ordem jurídica, podem ser juridicamente sancionadas, recorrendo-se à qualificação de troca. A troca, inominada, serve assim de elo entre, por um lado, operações bilaterais, não reconhecidas pelo direito, mas dignas de interesse jurídico, e, por outro lado, a ordem jurídica. Permite conferir estatuto jurídico a relações bilaterais, ou seja, proteger seus protagonistas.

Os romanistas. – Essa mesma ideia será aprofundada e refinada pelos romanistas. A troca é inominada, pois é um termo genérico (J.-P. Baud, *Contrats nommés*...). Tudo é troca: venda, câmbio e comércio. Assim, pode-se distinguir três tipos: a permuta (*permutatio*), que compreende todas as relações bilaterais; é a cessão do supérfluo contra o necessário; conceito jurídico genérico, *do ut des*, que compreende a venda e a troca de objetos. *Do ut des* apresenta-se assim como a imagem da troca jurídica, entendida no sentido lato: cada contrato é uma forma particular dela e constitui um modelo normativo; o fato de essa imagem ser vaga, de a forma específica não aparecer juridicamente pura implica o retorno à qualificação genérica original. Essa noção, portanto, permite qualificar as operações dificilmente identificáveis pelo direito. Por fim, uma noção jurídica específica, a *permutatio*, permuta de objetos determinados (como determinado cavalo contra determinado carneiro). Daí se segue que um cavalo qualquer contra um carneiro qualquer constitui um *do ut des*, ao passo que determinado cavalo contra determinado carneiro é uma *permutatio*. Chega-se assim a uma sutileza e uma ambiguidade linguísticas, que situam a troca na fronteira do jurídico com o econômico. A troca apresenta-se como a tradução jurídica necessária de certas relações bilaterais situadas num não direito na maioria das vezes econômico. As classificações contratuais mostram claramente essa dicotomia: os contratos nominados opõem-se aos contratos inominados, assim como o específico se opõe ao genérico, o jurídico ao econômico.

O racionalismo nascente ordenou essas concepções confusas e confundiu específico e genérico: *do ut des* e *permutatio* são sinônimos. A classificação dos contratos inominados e nominados desaparece. É substituída por uma apresentação econômica, que opõe os contratos a título oneroso aos contratos a título gratuito; o contrato a título oneroso é concebido como um deslocamento recíproco de valores, um *synallagma*. A força vinculante do contrato decorre desse deslocamento de valores, que constitui sua motivação, sua causa. O contrato em si é visto como a cessão do supérfluo contra o necessário. Tal é a concepção de Conan: qualquer contrato a título oneroso baseia-se nessa mesma causa, a procura do valor de outrem, enquanto as obrigações diferem segundo os contratos. Em outros termos, a causa é a mesma para todo *synallagma*, troca no sentido lato, enquanto a causa da obrigação difere segundo os contratos, tipos jurídicos diferentes.

Escola do direito natural. – Ela nos apresenta duas concepções de contrato, que examinaremos em Grócio e Pufendorf. Sabe-se que Grócio penderá para uma concepção consensualista. Mas ele também desenvolverá a ideia de que o contrato é uma troca de valores. Os atos simples, "aqueles pelos quais os homens proporcionam utilidade uns aos outros", são gratuitos ou úteis de parte a parte; utilidade recíproca para os contratantes, que Barbeyrac traduzirá por *pemutatorii.* O mesmo ocorre com Pufendorf, que, embora se pretenda consensualista, afirma claramente sua preferência: "a divisão que atende mais nossos objetivos", a divisão entre contratos gratuitos e onerosos. Nestes últimos, "só se faz e só se dá alguma coisa para receber outra". Sabe-se que o Código Civil francês acatará mais a concepção consensualista, ainda que o aspecto econômico conserve certa importância com a categoria dos contratos a título oneroso.

Os economistas. – Mas, curiosamente, esse aspecto amplo e realista da troca, desprezado pelos juristas, constitui o ponto de partida do raciocínio econômico: o permutador, ser de necessidades e desejos, mais que de vontade, procura realizar seus desejos pela troca. Toda troca, portanto, não passa de transferência recíproca, não de objetos, mas de valores, finalidades concretizadas do desejo. A legitimidade da troca está, assim, na satisfação dos desejos individuais. Esse aspecto da troca implica um método e até uma ciência, cujos princípios serão expostos com o nome de "ciência da ordem natural". Cabe aos poderes públicos colocá-la em prática, donde seu nome, economia pública, que, para os liberais, se tornará a ciência das trocas (cf. J.-M. Poughon, *Histoire*..., p. 148, nota 34).

O regime jurídico. Um contrato constantemente marginalizado

A troca foi constantemente marginalizada pela ordem jurídica, marginalização devida à sua comparação com a venda, comparação que dava maior destaque às dificuldades da aplicação do contrato de troca na vida cotidiana. Assim, em direito romano, os sabinianos, que desejavam equiparar troca e venda e afirmavam que um preço podia perfeitamente consistir em outra coisa que não fosse dinheiro, encontraram a oposição bem-sucedida dos proculianos, que viram no preço pago em dinheiro o critério do contrato de venda e mostraram que equiparar troca e venda impossibilitava a distinção entre vendedor e comprador, donde as dificuldades jurídicas. A partir daí, a marginalização jurídica manifesta-se pelo fato de que a troca, inominada como vimos, não pertence nem à categoria dos contratos reais, nem à dos contratos nominados. Segue-se então que ela só nasce juridicamente se houver execução por uma das partes, ou seja, uma tradição. O contrato de troca, portanto, só é considerado pela ordem jurídica se a manifestação de vontade, insuficiente por si só, for reforçada pela existência de um ato material, que, aliás, poderia aproximar a troca do contrato real. Existem várias sanções, que visam conservar o equilíbrio do patrimônio dos permutadores. Em relação à parte que não executa sua prestação, a *condictio ob rem dati* permitia que o autor de uma prestação tomasse de volta aquilo que dera, enquanto a *actio praescriptis verbis* tendia a obter a execução do contrato ou, na falta disso, indenização igual ao valor da prestação não cumprida. A *condictio propter poenitentiam* permitia que uma das partes tomasse de volta aquilo que dera antes que a outra executasse sua prestação.

Os romanistas. – Eles continuaram essa marginalização. Como principal contrato inominado, a troca se opõe à venda, que é principal contrato nominado. E, contrariamente à venda, só a execução de uma prestação lhe conferia reconhecimento jurídico. Essa particularidade será rapidamente questionada, de maneira isolada a princípio: os contratos inominados são contratos antes mesmo que uma coisa seja transmitida (Accursio). Cujas e Conan às vezes equiparam os dois contratos. Dumoulin os reuniu na categoria dos contratos momentâneos ou comutativos. A marginalização é total com Domat e Pothier. O primeiro aplicou a regra do consensualismo à troca e à venda; por outro lado, o estatuto jurídico da troca é objeto de simples remissão à venda. Pothier tratou da troca quando tratou da venda: doravante é a troca que se assemelha à venda, e não mais o contrário. A troca já perdeu sua especificidade jurídica, e é com esse espírito que o Código Civil francês a vê.

O Código Civil francês – Tal como a venda, a troca é um contrato consensual: "a troca se realiza por meio apenas do consentimento, da mesma maneira que a venda" (art. 1.703 CC.). "A troca é apenas um decalque [...] serva da venda. Desta, toma de empréstimo as regras, sua vida" (Troplong, citado por Poughon, nº 174, n. 117). A vontade de equiparação à venda era tanta em certos autores, que eles quiseram reescrever o art. 1.702: "a troca é apenas um contrato pelo qual as partes se dão ou se prometem reciprocamente uma coisa por outra" (Demante, *ibid.*, n. 113), em que "os contratantes se transferem a propriedade", pois "só o consentimento torna o contrato perfeito", expurgando assim qualquer expressão "que exigisse que o consentimento, para criar o elo de direito entre as partes, fosse acompanhado da prestação da coisa". As regras que regem a venda valem, portanto, para a troca, no que se refere à formação do contrato, à transferência de propriedade *solo consensu*, à garantia contra a evicção e aos vícios ocultos. Algumas diferenças, porém, se devem à especificidade da troca. A ausência de preço exclui a lesão (1.706); na troca com torna, o consentimento das partes deve incidir sobre as coisas trocadas e sobre a torna. Por fim, a troca com torna conserva sua qualificação de troca desde que a torna não apareça como o objeto principal do contrato. Contudo, embora marginalizada, a troca às vezes passa a ser valorizada, seja para favorecer remembramentos rurais, permutas de apartamentos (lei francesa de 1º set. 1948, art. 79 e lei de 6 jul. 1989, art. 9). No plano internacional, as "permutas por compensação" permitem trocar uma mercadoria por uma prestação do país trocador ou o fornecimento de outra mercadoria.

Um "contrato mítico" a referência simbólica à liberdade

Troca é sinônimo de liberdade, porque aparece como suporte e veículo de uma ideologia que contesta uma ordem estabelecida. Direito natural, representa o arquétipo, no sentido junguiano, da liberdade de comunicação, antes que um poder intervenha para regulamentar as relações individuais. Favorecer a troca equivale a aumentar a emancipação contratual e, para além da lei e do poder, a redescobrir uma liberdade natural. Nos campos jurídico, econômico e político, a reivindicação da liberdade individual de trocar opõe-se à ordem e aos controles estatais. *Em relação à ordem jurídica*, reencontramos a noção de inominado: por ser inominada, a troca possibilita qualificar as operações que a ordem jurídica reprova. Dois exemplos, o câmbio e o direito fiscal, que ilustram as relações entre troca, liberdade e ordem jurídica. O câmbio por muito tempo foi ilegal, pois muitas vezes servia para mascarar um empréstimo a juros. Mas o desenvolvimento do comércio exigia o câmbio; a qualificação de troca possibilitou legitimá-lo. Fiscalmente, a troca não estava sujeita a incidência de impostos de transmissão, o que permitia disfarçar uma venda como troca para escapar à incidência desses impostos. A doutrina e o legislador, redefinindo fiscalmente a troca como uma transmissão de valores, a taxam como qualquer contrato e controlam assim a liberdade individual. *Na ordem econômica* a teoria do livre-câmbio, tradicionalmente atribuída aos economistas do século XVIII, tem origem nos juristas da escola do direito natural. Eles enfatizavam a liberdade natural do indivíduo para vender, adquirir o que desejasse e como desejasse. Os economistas deram continuidade a esses princípios: o instinto de conservação tornou-se instinto de gozo, fundamento de uma sociedade vista economicamente; o respeito à ordem natural tornou-se respeito às leis econômicas; a liberdade contratual tornou-se liberdade de circulação das riquezas oriundas do trabalho e da propriedade. A busca do gozo individual implica uma organização econômica e social que a favoreça: para os liberais, cada um deve poder criar e pôr em circulação a sua produção, a fim de satisfazer seus desejos. Como cada um depende do outro, a troca constitui o cimento da Sociedade.

Na ordem política, a liberdade de troca foi criticada em nome da desigualdade gerada pelo individualismo. Riquezas e ouro, comércio e comerciantes foram condenados pelo cristianismo bem como pelos utopistas do século XVI. Mas foi só no século XIX, com o triunfo do liberalismo, que os socialistas revelaram, cientificamente, as contradições da teoria liberal. Foram apresentadas propostas para criar uma sociedade ideal. Os utopistas descreveram um mundo paradisíaco do qual a moeda desapareceria, do qual o desejo individual seria abolido. A troca entre particulares já não existiria, porque inútil. A coletividade provê a tudo, como Marx e Proudhon se esforçaram por mostrar. A vagueza do pensamento marxista ou o fracasso do Banco de Trocas de Proudhon em nada alteraram o ideal de uma sociedade baseada na troca. A troca acabou por representar um mito, contemporâneo de uma sociedade justa, expurgada das concessões e das imundícies ligadas à moeda. Primeiros cristãos, socialistas, utopistas e solidaristas, cada um à sua maneira, trabalharam pela instauração de uma sociedade fiel a esse ideal. A troca tornou-se um contrato sinônimo de igualdade, justiça e pureza, oposta à venda, maculada pelo dinheiro e pela procura e acumulação de lucro. Despojada dessa busca de vantagem a longo prazo, a troca mostra-se próxima do desinteresse. Encarnava assim a liberdade, a doação recíproca e a mutualidade dos serviços. Visão quimérica, decerto. Ainda que o desenvolvimento da liberdade de circulação das riquezas, das compras (internet), a ausência de moeda real e o desenvolvimento da moeda virtual reforcem essa impressão de liberdade individual e despojem a venda da imundície pela qual era criticada, a troca continua sendo um contrato marginal e um sonho político que remete a uma idade de ouro mítica.

› BAUD J. P., "Contrats nommés et contrats innommés en droit savant", *Mélanges G. Fransen*, I, pp. 31-58; *JCP*, v. Échange, J.-P. Gode, refondu par R. Le Guidec. – POUGHON J.-M., *Histoire doctrinale de l'échange*, LGDJ, 1987; "Une constante doctrinale, l'approche économique du contrat", *Droits*, 1991. – SOUSI-ROUBI B., "Le contrat d'échange", *RTDC* 1978.

Jean-Michel POUGHON

→ Causa; Contrato; Economia e direito; Venda.

TRUSTE

O truste foi forjado inicialmente pelo direito inglês e adotado pelos direitos dele oriundos. Revelou-se como instrumento jurídico notável pela simplicidade e polivalência. Ainda hoje, tem novas aplicações, especialmente nos arranjos financeiros. É compreensível que em outros lugares se procure adotar esse modelo, mas não sem dificuldades técnicas.

O termo "truste" é uma palavra inglesa que significa confiança. *To trust* é confiar. Em seu sentido jurídico, designa uma operação de três pessoas, imaginada e regulamentada pelas regras da *Equity*. Consiste em entregar a uma pessoa, o *trustee*, bens que ela deverá administrar no interesse de um terceiro ou com finalidades filantrópicas. O termo às vezes é traduzido por fideicomisso ou fidúcia. Na realidade, é intraduzível, e convém utilizar a qualificação inglesa para uma instituição jurídica que é própria do sistema de *common law*. É verdade que esse termo também tem sentido vulgar: segundo o *Vocabulário jurídico* organizado por G. Cornu, designa "uma empresa multinacional ou um grupo de empresas [...] que exerça monopólio ou ocupe posição dominante num setor econômico". É uma lembrança da época em que, nos Estados Unidos, o mecanismo jurídico do truste era usado para esses fins. Fala-se também de legislação "antitruste" para designar a regulamentação sobre os cartéis e os abusos de posição dominante. Aqui nos ateremos ao sentido jurídico, para o qual truste refere-se às relações jurídicas criadas por uma pessoa, o constituinte, quando certos bens são postos sob o controle de um *trustee*, no interesse de um beneficiário ou com um objetivo determinado, segundo a formulação dada pela Convenção de Haia relativa à lei aplicável ao truste e a seu reconhecimento, de 1º de julho de 1985 (art. 2º, § 1º), convenção assinada, mas ainda não ratificada pela França.

As raízes do termo e da instituição mergulham na história do direito inglês e só podem ser explicadas por ela. O truste invadiu o conjunto dos países de *Common Law*, a começar pelos Estados Unidos, onde é da alçada do direito dos estados. Mas, com algumas pequenas diferenças, a instituição do truste em todos os lugares é a mesma. Nos Estados Unidos, o truste é objeto de um *Restatement* (*Restatement Seconds of Trusts*), no qual se encontram as regras mais geralmente admitidas pelo direito dos estados. Instituição extremamente vivaz nesses países, utilizada para fins múltiplos, cabe perguntar se ela é adaptável tal e qual nos países romanistas.

Sistema de common law

Histórico. – O truste remonta ao período feudal, quando se falava de "uses". Era usado para evitar os inconvenientes do sistema (para escapar aos serviços feudais e, é claro, aos impostos) ou a riscos diversos: partida para as cruzadas, confisco ou mesmo, no caso das congregações religiosas, o voto de pobreza, que proíbe a posse de bens. Donde a prática de entregar os bens a uma pessoa de confiança que os administre para proveito dos membros da família ou de qualquer outro beneficiário. Os *uses* foram abolidos oficialmente em 1536 e substituídos, com fins semelhantes, pelo *trust*. O sistema funciona graças à distinção entre *common law* e *Equity*. Segundo a *common law*, o *trustee* torna-se proprietário dos bens. Ele é o seu "*legal owner*". Mas, se ele for infiel, o beneficiário, que não tem poderes de acordo com a *common law*, recorre à Corte da Chancelaria para proteger seu direito em *Equity* (*equitable interest*). O papel do chanceler e de sua corte (que em 1875 se tornou Chancery Division da High Court of Justice) ainda hoje é preponderante, tanto em matéria graciosa – ele pode autorizar o *trustee* a realizar certos atos – quanto em matéria contenciosa, em caso de litígio com o beneficiário. O truste foi utilizado para fins familiares e filantrópicos; depois, com o desenvolvimento do capitalismo, para fins puramente patrimoniais e, especialmente, fiscais, o que provocou as intervenções do legislador para prevenir fraudes. Mas o regime do truste ainda é regido sobretudo pelos precedentes.

Estatuto jurídico. – O truste é, em princípio, uma operação entre três pessoas (exceto quando o constituinte se declara *trustee* a favor de um terceiro, ou quando o truste é para seu benefício). Mas distingue-se das operações com três pessoas conhecidas do direito francês às quais alguns às vezes o compararam (estipulação em favor de terceiro, por exemplo), pois a técnica é bem diferente.

Constituição: o truste normalmente é voluntário, e basta apenas a vontade do constituinte, expressa por testamento ou por ato entre vivos. Mas, nesse caso, não é um contrato: o comprometimento do *trustee* não é necessário, e o ato que não designe nenhum *trustee* é válido: ele será completado pelo juiz. O truste pode também ser declarado pelo juiz, independentemente da vontade do constituinte, é o "*constructive trust*". Terá a finalidade de evitar um enriquecimento sem causa e constitui a sanção a uma conduta "*unconscionable*". O truste expresso não exige formalidade, mas o constituinte precisa ter a intenção de constituir um truste e de transferir seus bens ao *trustee*. Deve conter "três certezas": determinar o(s) beneficiário(s) de modo suficientemente preciso; dar instruções ao *trustee*; determinar os bens por transferir. A duração não pode, em princípio, exceder vinte e um anos. Existem medidas legislativas destinadas a evitar que o truste sirva para fraudar os direitos dos credores do constituinte. O constituinte, depois de definir esse quadro, desaparece: já não tem nenhuma relação com o *trustee*, não podendo dar-lhe mais instruções nem exigir contas.

O funcionamento do truste está então nas mãos do *trustee*, em benefício de outrem e sob o controle do juiz (note-se que os trustes com fins filantrópicos gozam de regime especial). O *trustee* recebe os bens, objeto do truste, e torna-se seu proprietário de acordo com a *common law*: ele é seu "*legal owner*". Pode ser uma pessoa física ou jurídica ou várias. Os *trustees* frequentemente são profissionais e, ao contrário da concepção de origem, em que o truste era um serviço entre amigos, podem ser remunerados. Mas os *trustees* não devem auferir nenhum lucro da gestão do truste. O *trustee* deve manter os bens do truste separados dos seus. Assim, a falência do *trustee* não os engloba. Deve geri-los em conformidade com as instruções dadas pelo constituinte (ou eventualmente requerer ao tribunal a sua inobservância no interesse do truste). Ele deve justificar a "confiança" que nele foi depositada, agindo como homem sensato, honesto e prudente. Salvo cláusula em contrário, pode alienar os bens do truste, geralmente com o encargo de reinvesti-los. Portanto, o *trustee* é a personagem central. Titular do direito de propriedade segundo a *common law*, aparece como proprietário perante terceiros. Mas deve agir no interesse do beneficiário.

Este, que concede o truste, possui o "*equitable right*" e pode defendê-lo contra o *trustee* e contra terceiros. Esse direito, embora às vezes qualificado de direito de sequela, não é um direito real nem um direito pessoal. Manifesta-se especialmente na forma de uma espécie de reivindicação quando há apropriação do bem pelo *trustee*, alienação não autorizada, confusão com os seus bens próprios. O beneficiário possui também direito à ação pessoal contra o terceiro quando o *trustee* não a exerceu, uma espécie de ação oblíqua. Também pode pedir a revogação do *trustee*. Por fim, pode pedir ao tribunal de modifique ou ponha fim ao truste. Um tribunal fiscaliza o funcionamento do conjunto, dando autorizações, homologando decisões e resolvendo os litígios com o *trustee* ou com terceiros. Trata-se da *Chancery Division*, herdeira da Corte do Chanceler que, como ela, dispõe de um poder amplamente discricionário e de eficaz poder de injunção.

Funções do truste. – O truste pode ter fins muito variados e sem relação entre si, às vezes até pouco recomendáveis (evasão fiscal). É utilizado em direito patrimonial da família para instaurar arranjos matrimoniais (na falta de regime matrimonial, desconhecido do direito inglês). Organiza sucessões e as substituições de herdeiros. Serve para a proteção do patrimônio dos menores e de incapazes maiores. Mesmo sem chegar à fraude fiscal, possibilita encontrar fórmulas para evitar direitos de transferência ou impostos excessivamente pesados sobre a renda. Também possibilita combinações financeiras variadas: contas de gestão fiduciária, gestões de carteira de títulos, fundos comuns de investimento, custódia de ações. Pode ainda funcionar como garantia: bens entregues ao credor a título fiduciário, cessão de crédito a título fiduciário, conta de gestão financeira (conta especial gerida pelo banco a título de garantia a favor de um credor). Finalmente, o truste possibilita criar grupos sem personalidade jurídica: grupos de acionistas, clubes, sindicatos etc. Esses são apenas exemplos. Instrumento extremamente flexível, o truste mostra-se apto a atender a todas as espécies de necessidade. Em vista disso, não poderia ser usado na França?

O truste confrontado com a ordem jurídica francesa

Certamente o truste pode ser muito útil, mas é muito difícil compatibilizá-lo com a ordem jurídica francesa, a tal ponto ele está ligado a especificidades do sistema de *common law*. Está claro que não é possível constituir um truste de acordo com o direito francês, pois faltam meios técnicos para tanto. O truste pressupõe a sobreposição de dois direitos independentes sobre uma mesma coisa: o "*legal right*" e o "*equitable right*", distinção que não corresponde a nada em direito francês. Essa sobreposição sem dúvida leva a pensar na situação do nu-proprietário e do usufrutuário. Mas o beneficiário não tem direito real. E a polivalência do truste não pode ter equivalência num direito tão estruturado quanto o direito francês. Por isso, a Convenção da Haia de 1º de julho de 1985 sobre a lei aplicável ao truste e a seu reconhecimento limita-se aos trustes voluntários e elaborou um sistema bastante complicado que aplica ao truste a lei escolhida pelo constituinte e, na falta desta, a lei com a qual o truste apresente o elo mais estreito, fornecendo-se uma lista de indícios. Aliás, é autorizado o "desmembramento". Por fim, a Convenção não se aplica quando a lei assim determinada não conhece a instituição do truste ou a categoria de truste em causa, o que reduz bastante o seu alcance. Além disso, a França não ratificou essa convenção. Em vista disso, o direito francês procura arranjar-se diante dessa estranha instituição. Procura assimilá-la a alguma de suas categorias. Mas essa assimilação só pode ser uma aproximação. E encontram-se decisões que falam de mandato, execução testamentária, liberalidade onerosa, doação indireta, representação, substituição fideicomissária. Na falta de coisa melhor, é sempre uma espécie de bricolagem. Mas é preciso que o juiz tenha condições de verificar se o truste atenta ou não contra alguma regra da ordem pública francesa. Isso pode ocorrer especialmente em matéria sucessória: determinação dos beneficiários das liberalidades, substituições proibidas, pacto sobre sucessão futura. Há um exemplo recente no caso Ziesmeniss, a propósito da ordem de imputabilidade de uma liberalidade por motivo de morte, realizada em virtude de um truste entre vivos, regularmente constituídos segundo o direito americano numa sucessão regida pela lei francesa. A Corte de Cassação e o Tribunal de Recursos (Paris, 7 de abril de 1999, *D.*, 1999, jur. 503, nota Y. Lequette, que fornece todas as referências úteis) decidiram que, em razão de sua natureza própria, a liberalidade realizada por meio de truste deve ser classificada numa categoria própria, depois de todas as doações e antes de todos os legados. Independentemente da discussão do mérito, constata-se a difícil inserção do truste na ordem jurídica francesa. No entanto, poderia ser útil dispor de instrumento análogo. Por isso se buscam substitutos.

Substitutos do truste

Seria interessante poder dispor de um instrumento tão polivalente e flexível como o truste. Mas este não é diretamente transponível. Por isso as tentativas de encontrar substitutos. Foram imaginados diferentes meios; convém dar mais atenção à fidúcia, proposta pelo recente Código Civil quebequense e pelo projeto de lei francês.

Quadro dos substitutos. – Algumas vezes o modelo da *common law* foi introduzido sob influência do direito dos Estados Unidos (na América Latina: México, Venezuela, Panamá) ou do direito inglês (África do Sul, Israel). Os paraísos fiscais (Liechtenstein, Luxemburgo, Mônaco) adotaram disposições semelhantes sem muitas preocupações com problemas jurídicos. Outros direitos procuraram introduzi-lo com diferentes nomes: fidúcia, "*treuhand*", instituições semelhantes que possibilitem algumas operações fiduciárias por conta de outrem, especialmente a título de garantia. Assim, na Alemanha, pode haver uma cessão de bens corpóreos ou uma cessão de crédito a título de garantia. Na França, existem procedimentos que exercem certas funções do truste, ou seja, realizar uma liberalidade, administrar algo ou constituir uma garantia. Para isso utilizam-se, com adaptações, o mandato, o proprietário putativo e a retrovenda. Chegou-se a falar de um contrato inominado de fidúcia. O legislador também interveio, instituindo a cessão por borderô de créditos profissionais a favor dos banqueiros a título de garantia, chamada cessão Dailly, regulamentada pela Lei de 2 de janeiro de 1981 (sobre essa questão, ver C. Witz, *La Fiducie en droit privé français*, Paris, 1981). Em compensação, o Novo Código Civil holandês, que entrou em vigor em 1º de janeiro de 1992, recusou-se a introduzir o truste ou instituição semelhante. O artigo 3.84 proíbe até expressamente a transferência de bens a título de garantia, o que seria incompatível com o conceito "civilista" de propriedade. No entanto, o direito holandês regulamenta a administração dos bens alheios, o que pode abranger a administração fiduciária.

A fidúcia no novo Código Civil do Quebec. – No Quebec, o antigo Código de 1866 continha um regime embrionário da fidúcia, considerada como uma propriedade *sui generis.* O novo Código, por sua vez, apresenta em seus artigos 1260 a 1.298 uma instituição completa, no título dos patrimônios de afetação, ao lado das fundações. Deve-se ressaltar que, na versão inglesa do Código, fidúcia é traduzida por truste. No entanto, a instituição é original. Os bens entregues ao fiduciário constituem realmente um patrimônio de afetação, mas sem titular. Nem o fiduciário nem o beneficiário têm direito real sobre ele. Trata-se de direitos específicos. O construto pode parecer estranho em comparação com concepções clássicas do patrimônio e com a distinção entre os direitos reais e pessoais. A introdução do truste interfere nas estruturas de um direito "romanista", mas não exerce todas as funções do truste anglo-saxão. O projeto francês, por sua vez, é menos revolucionário.

O anteprojeto de lei francês sobre a fidúcia. – Esse projeto, apresentado em 1989 e não acompanhado de efeitos, devia constituir um título XVI *bis* do livro III do Código Civil, artigos 2.062 a 2.070 (AN) "Da fidúcia". É acompanhado por um anteprojeto de lei fiscal de 1991 que foi alvo de grande oposição, o que explica provavelmente por que a reforma proposta não produziu efeitos. A fidúcia é apresentada como um contrato – coisa que o truste não é em direito inglês –, pelo qual o constituinte transmite bens ao fiduciário, tendo este a obrigação de agir em proveito do beneficiário (que pode ser o próprio constituinte). Esses bens constituirão uma massa separada no patrimônio do beneficiário, sobre os quais seus credores não terão direito. O beneficiário é apenas o credor do fiduciário, e não tem direito real sobre os bens. Portanto, trata-se da noção de patrimônio de afetação, já conhecido em condições excepcionais pelo direito francês. Há uma derrogação ao princípio da unidade do patrimônio e uma distorção da concepção segundo a qual o patrimônio seria prolongamento da personalidade jurídica. Considerada como "instrumento financeiro útil", vista com desconfiança pelas autoridades fiscais, a fidúcia (ainda?) não foi admitida como instituição autônoma do direito francês. Aparece ainda como algo desconcertante.

O truste pressupõe a sobreposição de dois direitos sobre um mesmo bem ou um mesmo conjunto de bens. No sistema de *common law*, essa sobreposição de direitos distintos é possível em virtude da distinção entre "*legal rights*" e "*equitable rights*". É muito mais difícil realizá-lo quando essa distinção não existe. E o substituto encontrado, a fidúcia, ressuscitada do direito romano, dificilmente exerce todas as funções do truste e encontra lugar num sistema romanista, a tal ponto o truste interfere na teoria clássica do patrimônio e da personalidade jurídica. A circulação do modelo fora de seu contexto inicial choca-se com obstáculos técnicos.

› BERAUDO J.-L., *Les Trusts anglo-saxons et le droit français*, Paris, LGDJ, 1992. – JAUFFRET-SPINOSI C., "Trust et Fiducie", in *Droit et Vie des Affaires, Études à la mémoire de A. Sayag*, Paris, Litec, 1997, pp. 329 ss. – GRIMALDI M. & BARRIÈRE F., "Trust and Fiducie", in *Towards a European Civil Code*, 2ª ed., Hartkamp *et al.*, Kluwer, 1998, pp. 567 ss. (com abundante bibliografia). – HAYTON D. J., KORTMANN S. C. J. J. & VERHAGEN H. L. C., *Principles of European Trust Law*, Kluwer, 1999.

Denis TALLON

→ *Common law*; Inglaterra (Cultura jurídica); Patrimônio; Propriedade (Direito de).

U

URBANISMO

Forjado em 1867 pelo arquiteto Cerdà, autor da grande extensão de Barcelona (*el Ensanche*), esse neologismo traduz a ambição do século XIX europeu de fundar uma verdadeira ciência da criação e do planejamento urbano. No entanto, o termo geralmente é tomado em sentido muito mais amplo, atinente a uma realidade muito mais antiga, a da arte urbana, que designa toda ação consciente em vista de conceber, organizar ou transformar a cidade. Assim entendido, o urbanismo é tão velho quanto a civilização urbana. E o direito do urbanismo também.

Urbanismo antigo: Grécia e Roma

A partir do século V a.C., o urbanismo da Grécia antiga caracterizou-se pelo emprego do traçado urbano ortogonal (ou hipodâmico). Inicialmente aplicado na Jônia para a reconstrução de Mileto, destruída pelos persas em 494, logo foi aplicado por Hipódamo de Mileto no plano de reconstrução do Pireu. O urbanismo milésio, com sua clareza e simplicidade (a largura das ruas geralmente ainda é modesta), coadunava-se com o espírito da cidade grega. Depois, na época helenística, os traçados ortogonais se integraram (especialmente na Alexandria) a um urbanismo espetacular, preocupado com a grandiosidade e a monumentalidade, que visava expressar a glória e o poder do príncipe. Uma das principais preocupações da legislação urbanística das cidades gregas era a proteção do espaço público contra iniciativas de particulares. Eram proibidos os elementos arquitetônicos que sobressaíssem para as ruas ou ficassem por cima delas.

O urbanismo romano, para a fundação das cidades, comportava um ritual arcaico herdado dos etruscos. A cidade era integrada à ordem geral do universo por meio da *orientatio*, que consistia na determinação de seus dois grandes eixos: o *decumanus* (leste-oeste) e o *cardo* (norte-sul). Depois, o traçado de um sulco, liberando do solo as divindades infernais, criava ao redor da cidade uma linha de proteção mágica (o *pomerium*), em cujo interior era edificada a muralha. O espaço urbano era posto sob a proteção dos deuses, e nele não eram permitidos sepultamentos. A partir do fim do período republicano, as criações urbanas também serão caracterizadas pelo emprego sistemático do traçado ortogonal. Frequentemente rodeada de pórticos, a artéria principal podia ser muito larga. Em Roma, a Lei das XII Tábuas prescrevia que entre duas casas se mantivesse um espaço de 5 pés (1,5 m), o *ambitus*. Mas o crescimento da *Urbs* (talvez 1 milhão de habitantes durante o Império) provocou tamanha alta do valor dos imóveis, que esse sistema foi abandonado, convencionando-se o uso da parede comum (*paries communis*). A legislação imperial proibiu as sacadas acima das ruas, o emprego da madeira para o teto e limitou (aliás, sem grande sucesso) a altura dos imóveis. Em Roma e nas cidades provinciais, o urbanismo da época imperial caracterizava-se pela busca da grandiosidade que se expressava tanto pela composição da paisagem urbana (perspectivas monumentais) quanto pela dimensão e pela decoração luxuosa dos edifícios públicos (termas, circos, anfiteatros, basílicas etc.). A paz romana possibilitou extrema dilatação das cidades, liberadas das injunções da muralha. Mas a insegurança do século III obrigou-as a fechar-se de novo por trás de muralhas erigidas às pressas. Ocorreu uma brutal contração do espaço urbano e da população.

Da cidade antiga à cidade clássica

No Baixo Império teve início um eclipse da vida urbana que se acentuou no tempo das grandes invasões. As cidades não passavam de estreitas fortalezas, em boa parte abandonadas pela aristocracia, que se instalou em seus grandes domínios rurais. No entanto, cada cidade romana era sede de um episcopado. Isso salvou a cidade. Ela subsistiu na época merovíngia essencialmente graças à sua função religiosa, mas em mínimas proporções. Reims, uma das mais importantes da França, não tinha então mais de 5 mil ou 6 mil habitantes. Depois, no século XI, começou a explosão urbana medieval.

Na Idade Média toda a Europa passou por imensa expansão urbana, ao longo da qual se constituiu a maioria das aglomerações modernas. As cidades existentes, essencialmente constituídas por antigas cidades romanas, foram aumentadas por burgos, quase sempre ligados à antiga cidade por uma extensão das muralhas. Além disso, surgiu grande número de novas cidades, nascidas espontaneamente nas proximidades de algum mosteiro ou castelo, ou resultantes de criação voluntária, por iniciativa régia ou senhorial. O grande movimento de fundação das novas cidades deu origem especialmente às bastidas do Sudoeste francês (séculos XIII-XIV), tais como Libourne ou Montpazier. Embora no século XIV Milão, Veneza e Paris atingissem 200 mil habitantes, grande parte das cidades medievais não tinha mais de alguns milhares de almas; outras, menos ainda. Fazia meio milênio que as cidades do Ocidente tinham rompido totalmente com os quadriláteros romanos, quando, a partir de meados do século XII (fundação de Montauban) esse traçado voltou em boa parte das cidades novas. Tais traçados ortogonais, aliás de espírito utilitarista e sem a preocupação com a perspectiva monumental, resultavam da vontade da autoridade fundadora (rei, senhor laico ou eclesiástico). Era o fundador que determinava o plano ou designava aqueles que estariam encarregados de traçá-lo e de proceder à piquetagem dos lotes. Embora em algumas cidades (a começar por Paris, em que o essencial do traçado diário competia ao rei) a autoridade senhorial tivesse o domínio dos alvarás de construção (ou da prática de ressaltos nas fachadas) e a fixação dos alinhamentos, essas prerrogativas diárias na maioria das vezes eram transferidas pelos títulos de concessão às instâncias municipais, que as exerciam geralmente no século XIV. Desenvolve-se também uma regulamentação viária com ambições urbanísticas, marcada principalmente pela preocupação de proteger as vias públicas contra invasões, ressaltos e projeções. Esse arsenal de regras se choca contra o fato de a rua medieval constituir uma espécie de anexo das casas, um espaço de vida mais ainda do que uma via de comunicação.

No Renascimento está a gênese do urbanismo clássico. Nos tratados de arquitetura civil e militar, inicialmente italianos e depois franceses e alemães, abundam planos de cidades em forma de polígonos regulares, plantas inteligentes cuja beleza geométrica complexa constitui em si um objeto de satisfação estética. Nascem então na Itália, para expandir-se por outros países europeus, os temas do planejamento urbano, da cidade com traçado geométrico regular, da retidão das vias a serviço da perspectiva monumental, da praça como ponto de chegada de ruas convergentes, da uniformidade arquitetônica das fachadas. Esta foi imposta em 1492 por Ludovico, o Mouro, duque de Milão, aos habitantes da pequena cidade lombarda de Vigevano para as fachadas das casas da praça central, dominada por seu palácio, praça que ele submeteu a uma servidão decorativa. Além disso, em meados do século XVI a realeza francesa, pela primeira vez, preocupou-se com o gigantismo urbano: Henrique II, em 1548, proibiu qualquer nova construção nos subúrbios de Paris.

O urbanismo nos séculos XVII e XVIII

Nesse período retomam-se e ampliam-se as inovações do Renascimento. A partir dos anos 1630, esse urbanismo é designado na legislação régia francesa com o termo "*embellissement*" [embelezamento]. A palavra não deve ser entendida em sentido estritamente estético, para a qual usava-se então a palavra *décoration*. A ideia de embelezamento, ao contrário, incluía preocupações edificativas mais utilitárias: racionalidade da estrutura urbana, importância e distribuição dos equipamentos urbanos etc. Desse modo, o embelezamento das cidades do Antigo Regime francês combinava preocupações práticas com intuitos estéticos.

Na aurora do século XVII, depois de meio século de uma terrível guerra civil, a delimitação de Paris já não estava na ordem do dia: Henrique IV, ao contrário, estava preocupado em revigorar a capital e transformá-la em símbolo de seu poder soberano. Por isso, o espetacular impulso do urbanismo parisiense dirigido por Sully. Entre suas principais realizações citaremos: conclusão do Pont-Neuf (primeira ponte parisiense sem casas) e a criação de duas praças com traçado geométrico e rodeadas de casas uniformes: a place Royale [Vosges] e a place Dauphine. A introdução nesta última, por Maria de Médici, em 1614, de uma estátua equestre de seu finado marido deu origem ao tipo urbanístico da *place royale* (praça de arquitetura uniforme com uma estátua do príncipe), que será mais consolidada ainda quando Richelieu mandar erigir no centro da place Royale uma estátua equestre de Luís XIII (1639). No entanto, a duplicação da população parisiense entre o início e meados do século XVII provocou o surgimento de uma miríade de novas construções nos subúrbios. Reeditando o pavor com o gigantismo parisiense, Luís XIII proibiu quaisquer novas construções fora dos muros e em 1638 mandou demarcar os limites dos subúrbios. Mas estes não serão respeitados.

Luís XIV fez as mesmas proibições, e procedeu-se a uma nova delimitação em 1674. Esta será tão ineficaz quanto a anterior. Oposta à extensão de Paris, a monarquia de Luís XIV multiplicou, em compensação, as operações de embelezamento, com o incentivo de Colbert e, em menor grau, de Louvois. As muralhas da margem direita do Sena foram demolidas e substituídas por um amplo *boulevard* com árvores [Grands Boulevards], formou-se a perspectiva dos Champs-Élysées, foram edificados o colégio das Quatre Nations [Instituto], a Salpêtrière e os Inválidos, criando-se duas novas *places royales*: a place des Victoires e a place Vendôme. Paralelamente, a política de embelezamento expandiu-se para a província. A moda das *places royales* disseminou-se pelo reino. Durante os anos 1680, cidades e assembleias de Estados Gerais pediam a Luís XIV permissão para erigir-lhe estátuas. No entanto, os apuros financeiros resultantes das malfadadas guerras do fim do reinado retardaram até as décadas 1710-20 sua instalação, respectivamente em Lyon, Dijon, Montpellier e Rennes. Outros embelezamentos consistiram na criação de passeios e jardins, tais como o *cours* Mirabeau em Aix e o Parc de Dijon. O urbanismo de Luís XIV preparou a grande política de embelezamento das cidades no último século do Antigo Regime.

O urbanismo do século XVIII é inspirado pela vontade radical de ruptura com a cidade existente, proveniente da época medieval. Todos queriam ruas retas e largas para facilitar a circulação vivificante para o organismo urbano. A exigência de largura, aliás, tinha em vista possibilitar não só um trânsito melhor de bens e pessoas, como também melhor circulação do ar, fluido vital considerado perigosamente viciado pela cidade. A partir dos anos 1740, sob a influência da popularização da medicina, administradores, engenheiros e arquitetos estavam convencidos de que a estreiteza das ruas sufocava e envenenava o citadino. A mesma preocupação com a salubridade por meio da renovação do ar traduziu-se na generalização da moda dos passeios e jardins, que tomou conta das menores cidades. Entre os mais célebres, devem ser citados o jardim de la Fontaine em Nîmes, o parque de Blossac em Poitiers e o Peyrou de Montpellier, planejado pelos Estados Gerais de Languedoc. Também por salubridade foram calçadas as ruas, planejando-se uma rede de esgotos subterrâneos em Paris. Apesar de frustrado em suas ambições de levar para fora da cidade aquilo que era julgado poluente (cemitérios, hospitais, prisões, matadouros etc.), o urbanismo francês do século XVIII realizou-se na construção de grande quantidade de equipamentos urbanos (adutoras de água, fontes, cais, pontes, mercados e feiras, casernas, teatros etc.). Deve-se notar, entre os principais edifícios parisienses, a Escola Militar, a Casa da Moeda, a Escola de Medicina, o Mercado do Trigo, a *salle des Comédiens-Français* [Odéon]. A grande preocupação com o gigantismo parisiense, mais viva do que nunca na declaração régia de 1724 (que ordenava uma nova delimitação, aliás infinitamente mais bem concebida que os textos anteriores), enfraqueceu na segunda metade do século como efeito do otimismo das doutrinas econômicas liberais. Desse modo, a realeza, sem abolir totalmente a proibição, na prática favoreceu o crescimento da capital, por ela ratificado por meio do amplo traçado do circuito dos *fermiers généraux* [*boulevards* exteriores].

Aos imperativos de ordem prática o urbanismo do século XVIII misturava suas ambições estéticas. Era o que ocorria com a largura e a retidão das ruas que, além do mais, deviam organizar-se em figuras geométricas regulares: quadriláteros como em Rennes e Châteaudun; praças circulares ou semicirculares das quais partiam ruas em raios (quartier du Grand Rond, em Toulouse, place de l'Odéon, em Paris, praça do teatro Graslin, em Nantes). Outro elemento estético importante: a regularidade das fachadas. O urbanismo do século XVIII multiplicou os conjuntos arquitetônicos obedientes a rígidos padrões decorativos, que podiam reger uma rua, um cais, uma praça ou mesmo uma cidade inteira, como em Rennes depois do incêndio em 1720. Padrões estéticos também, com a abertura das cidades para a natureza. Em Bordeaux, Nantes e Toulouse, uma linha de fachadas uniformes substituiu a muralha do lado do rio. Em Paris, a realeza ordenou a demolição das casas das pontes e das que subsistiam à margem de rios, impedindo sua vista. Frequentemente demolidas, as muralhas davam lugar a passeios, que, assim como os jardins, podiam também situar-se em terrenos periféricos, com a manutenção ou não da muralha. A estética combinava-se à política, com a generalização do tema urbanístico da *place royale*. Foram criadas algumas praças dedicadas a Luís XV em Paris [place de la Concorde], Bordeaux, Nancy, Reims, Valenciennes, Rennes. Foi a Revolução que impediu a proliferação de praças dedicadas a Luís XVI. No século XVIII a *place royale* tornou-se figura obrigatória nas metrópoles provinciais, bem como em diversas capitais europeias (por exemplo Copenhague, Lisboa, Bruxelas).

Sob efeito da grande política de embelezamento do século XVIII, as cidades francesas mudaram de rosto. Por toda parte viam-se cais, passeios, praças, ruas retas, fachadas regulares. No entanto, esse urbanismo operacional existia principalmente na periferia das cidades, onde se encontravam espaços menos onerosos, tais como taludes, terrenos onde antes havia fortificações demolidas, terrenos baldios. A menos que ocorressem terríveis incêndios, como em Rennes e Châteaudun, as grandes operações de embelezamento no centro da cidade eram excepcionais, em razão do alto custo das desapropriações. Aliás, uma cidade do século XVIII só podia justificar um urbanismo ambicioso se fosse capital de uma circunscrição financeira, visto que esta podia arcar com grande parte dos custos. Assim, as grandes obras de Caen custaram 3 milhões de libras, mas essa cidade só pagou 10% de seu próprio urbanismo. E Tours nada pagou por seus embelezamentos. Inversamente, Reims, que não era capital de circunscrição financeira, arruinou-se quando reestruturou seu centro em torno de uma *place royale*.

Em geral, nos centros das cidades, o embelezamento assumia a forma mais progressiva e lenta de urbanismo regulamentar, resultante de uma importantíssima regulamentação viária, com finalidade utilitária e de segurança. Não era absolutamente seu objetivo modelar visualmente a paisagem urbana, mas nem por isso deixará de exercer real influência sobre ela, em escala secular. A pedra angular desse urbanismo regulamentar foi o célebre edito de dezembro de 1607, verdadeira máquina de guerra contra a cidade medieval, cujas disposições incansavelmente copiadas só conseguirão impor-se plenamente no século XVIII. Esse texto impunha a todos a obrigação de pedir permissão e alinhamento para construir, reconstruir ou realizar obras ao longo da via pública. Ordenava que, ao se estipularem os alinhamentos, o traçado das ruas fosse endireitado e alargado. Tais princípios se concretizaram a partir do fim do século XVII graças ao desenvolvimento do planejamento urbano, redundando em Paris na legislação de 1783, que fixava a largura mínima das ruas em 30 pés [9,75 m], que em 1787 foi aumentada pela administração municipal para 36 pés [11,8 m], em caso de ruas novas. Outras regras, das quais várias copiadas do edito de 1607, influenciariam diretamente a arquitetura urbana: frequente proibição de tabiques de madeira, de construir com projeções para a rua, rigorosa limitação dos ressaltos (balcões, cornijas etc.), proibição de empenas, obrigação de cobrir as casas com telha ou ardósia. As paredes de madeira, quando toleradas (como em Paris, em razão da economia), deviam ser recobertas de gesso para resistir ao fogo, o que as assemelhava a paredes de maçonaria. Somando-se a isso as disposições relativas à altura das casas (a legislação de 1783-84 instituía em Paris um "máximo" de cerca de 22,5 m), resultava do conjunto dessa regulamentação um importante efeito de homogeneização visual. Tanto pela criação de numerosos conjuntos arquitetônicos quanto, incidentemente, por meio de sua regulamentação, o urbanismo do século XVIII engendrou uma grande unidade da paisagem urbana.

Urbanismo dos séculos XIX e XX

Esses dois séculos foram marcados pela explosão demográfica urbana, consequência do aumento da produtividade do trabalho por efeito do progresso técnico. De 1850 à década de 1980, quando a população mundial quadruplicou, a população urbana decuplicou.

No século XIX, o urbanismo francês continuou em grande parte fiel às concepções do século anterior: aumento do número das aberturas e das perspectivas monumentais, gosto pelos traçados urbanos geométricos, emprego de servidões decorativas para obter conjuntos arquitetônicos uniformes (como a place de l'Étoile), regulamentação que restringia estritamente as projeções para via pública e limitavam a altura dos imóveis, obtendo-se com resultado uma paisagem urbana muito coerente e de grande unidade. Em Paris, a altura máxima continuava sendo de 22,5 m até 1859, quando passou para 25 m. Realizada no interior do circuito de Thiers [*boulevard* periférico], a "hausmannização" da capital criou uma vasta rede de grandes artérias, com numerosos cruzamentos em forma de rotatória, que recortavam os antigos bairros e estruturavam a urbanização dos novos. Ao longo das grandes vias "haussmannianas", uma grande semelhança das fachadas (produto da regulamentação, mais do que da moda arquitetônica) dissimulava a diversidade social das zonas atravessadas, dando a ilusão de perfeita homogeneidade de espaço urbano. Paralelamente, uma política extremamente ativa no âmbito dos equipamentos públicos possibilitou que durante um século Paris vivesse das realizações do Segundo Império e do início da III República.

Na primeira metade do século XX, na Europa geralmente se permanece fiel à horizontalidade da paisagem urbana, resultante de uma altura máxima não muito mais elevada do que no século XVIII. Em Paris, o regulamento de 1902 o fixou em 31 m. A partir dos anos 1880, ao contrário, surgiram prédios imensos no centro das grandes cidades americanas. Disso decorreu uma paisagem urbana baseada na verticalidade, que terá sua expressão mais espetacular na concentração dos arranha-céus de Manhattan. A construção vertical será plenamente adotada a partir de meados do século XX nas cidades europeias, destruindo a harmonia dos sítios e desestruturando a trama urbana.

Esse fenômeno é consequência do triunfo da ideologia urbanística progressista, corrente dominante do urbanismo moderno. Nascido do choque da Revolução Industrial, que lançou toda uma população de trabalhadores em cidades não preparadas para recebê-los, o urbanismo progressista repudia a noção tradicional de cidade, injustamente responsabilizada por todos os males sociais. Um dos principais teóricos precursores, Fourier, rejeitava a própria ideia de cidade. Propugnava a criação de falanstérios, palácios sociais situados em vastos espaços campestres, nos quais viveriam em comum cerca de 1.600 indivíduos. Previa em cada falanstério uma rua-galeria interna à construção, para a qual dariam as moradias. Foi na primeira metade do século XX que se deu a ascensão do urbanismo progressista. Os arquitetos das diversas vanguardas (*Bauhaus*, futurismo, purismo etc.) constituíram a partir de 1928 um movimento internacional designado por suas iniciais: Congressos Internacionais de Arquitetura Moderna (CIAM). Em 1933, os arquitetos dos CIAMs elaboraram um manifesto doutrinário, a Carta de Atenas, verdadeiro catecismo do urbanismo progressista, que deve muito às ideias de Le Corbusier. Obcecado pela modernidade, o urbanismo progressista dogmatiza o desprezo pela tradição, quer se trate das cidades já existentes, quer das formas arquitetônicas anteriores ao século XX. Com o pretexto de se destruírem as "pocilgas", o que se destrói é a cidade, a fim de abrir espaço para as "superfícies verdes". Em nome de um higienismo extremo, a Carta de Atenas defende a construção de prédios gigantescos afastados uns dos outros, isolados em meio ao verde e à luz. Já não há ruas nem tecido urbano, mas vias de tráfego diferenciadas segundo as velocidades, afastadas dos volumes das construções. Com a Carta de Atenas, o urbanismo dava as costas radicalmente à cidade.

A partir de 1925, em seu "plano Voisin", Le Corbusier formulara o essencial desse programa urbanístico antiurbano. Previa demolir quase toda a margem direita do Sena em Paris, substituindo-a por torres de 200 m de altura, que ocupassem apenas 5% do solo. Segundo esse sistema, já não há cidade, mas apenas unidades habitacionais ou burocráticas dispersas pelos espaços verdes, cada uma das quais concebida como uma cidade vertical autônoma. Le Corbusier realizará o tema da unidade habitacional não na forma de torre, mas de barra, com a "Cidade radiosa" (1947). Longo prédio de 17 níveis, previsto para 1.500 a 2 mil pessoas, é a versão modernizada e vertical do falanstério, com seus serviços coletivos e suas ruas-galerias. Le Corbusier era Fourier mais o concreto armado.

O urbanismo progressista triunfou no mundo inteiro durante grande parte da segunda metade do século XX. Foi ele quem inspirou na França o urbanismo operacional dos Trinta Anos Gloriosos, com suas reurbanizações destruidoras de bairros antigos inteiros, acusados de vetustez, e suas zonas de urbanização prioritária (ZUPs) periféricas, nas quais brotavam os novos bairros de "máquinas de morar" (Le Corbusier). Em 1967, o sistema das ZUPs foi substituído pelo das zona de organização coordenada (ZACs), estrutura jurídica que podia servir de suporte a qualquer operação de urbanismo (reurbanização, ampliação, criação de cidade nova etc.). Essa política dos grandes conjuntos dos anos 1955 a 1970, com a proliferação desenfreada de torres e barras na periferia e mesmo no centro das cidades, é filha da ideologia de Le Corbusier. Em Paris, o plano urbanístico diretor (PUD) de 1962, aprovado em 1967, preconizava a reurbanização (ou seja, a destruição) de mais de 70% do espaço construído. Em grande parte da capital, a altura máxima subira para 37 m, com aumentos até 50 e mesmo 100 m nos setores reurbanizados. Em alguns anos, toda uma série de bairros parisienses desapareceu totalmente. Bastariam algumas décadas para concluir o massacre de Paris.

No entanto, as últimas décadas do século XX foram marcadas pelo questionamento do urbanismo progressista. A partir de 1961, a socióloga americana Jane Jacobs ressaltou que os espaços verdes dos grandes conjuntos favoreciam a delinquência, que o abandono da rua punha a perder as principais vantagens da vida urbana. Incitava a refazer as ruas, que ela imaginava movimentadas, comerciais, lugares de sociabilidade e segurança. Na França dos anos 1970, a denúncia do universo kafkiano dos grandes conjuntos e da agressão do concreto às paisagens urbanas e rurais acabou por se afirmar e ser ouvida pelos poderes públicos. No fim da década, começou a concretizar-se timidamente a ideia de refazer as ruas, sob efeito de uma visão arquitetônica e urbanística pós-moderna. Depois do terrorismo antiurbano do urbanismo progressista, retornava a ideia de cidade.

Esse retorno devia muito a certa reavaliação da antiga cidade, que deixava de ser a cidade pestilenta de outrora. Já em 1962 surgia na França a lei que instituía os setores protegidos, o primeiro dos quais Marais. Depois, a partir de 1967, foi a luta do bairro dos Halles, que teve grande repercussão. Denunciadas por várias associações, as imensas demolições previstas, que fariam desaparecer o essencial do velho coração de Paris, provocaram tanta indignação, que os poderes públicos recuaram, conformando-se com um projeto bem menos devastador. Mas a grande guinada ocorreu em 1975. O plano de ocupação dos solos (POS) de Paris introduziu regras altamente protetoras do tecido urbano e do patrimônio construído. A altura máxima voltou a ser de 25 m em vasta zona central, 31 m nas zonas menos sensíveis, ficando em 37 m apenas nos setores em que já tivesse sido iniciada alguma operação de reurbanização. Ademais, os coeficientes de ocupação do solo (COS) foram nitidamente reduzidos em relação ao regulamento de 1967. Desse modo, a demolição de imóveis antigos deixava frequentemente de ser uma operação lucrativa. Com esse espírito, foi criado no mesmo ano o teto legal de densidade (PLD), com a fixação de 1 (e 1,5 em Paris) a densidade além da qual seria devida uma participação financeira à coletividade. Isso restringia o lucro que pudesse resultar da densificação imobiliária, protegendo, pois, o centro das cidades dos empreendimentos imobiliários nefastos ao patrimônio arquitetônico. Essa proteção, porém, desapareceu em 1986, quando a decisão de estabelecer um PLD e sua fixação foram deixadas a cargo das comunas. De fato, os perigos que ameaçavam a antiga cidade não foram inteiramente conjurados. Isso está muito claro em Paris. Em decorrência de uma majoração dos COS, agora é o patrimônio "haussmanniano" que está sendo saqueado, e sua preservação, quando existe, limita-se à conservação das paredes que dão para a rua, frequentemente um tanto desvirtuadas (fachadismo).

Por outro lado, embora a ideia de cidade esteja de volta, e a cidade existente seja mais bem tratada do que antes, a incapacidade de nossa época para construir cidades não deixa de ser patente. Isso apesar do aperfeiçoamento dos instrumentos de planejamento urbano, o principal dos quais foi o POS que, criado em 1967, a partir de 1983 tornou-se o documento urbanístico de direito comum, sendo substituído em 2000 pelo plano local de urbanismo (PLU). As cidades novas da região parisiense, que começaram a ser construídas na década de 1960, ainda estão, em seu conjunto, impregnadas pela ideologia urbanística progressista. Daí seu caráter geralmente pouco urbano, em que o modernismo arquitetônico se associa a um espaço subtraído e com frequência deslocado pela rede de rodovias, estradas e anéis viários. De fato, nosso tempo já não sabe criar tecido urbano, só segrega subúrbios. Com a vulgarização do automóvel, o subúrbio tornou-se um imenso espaço difuso em perpétuo crescimento. Devorando zonas rurais cada vez mais distanciadas, absorvendo povoados e até mesmo cidades agora afogadas numa nebulosa mal diferenciada, o subúrbio moderno constitui uma verdadeira anticidade. Além do mais, ele mata a verdadeira cidade. Esse fenômeno está estreitamente ligado ao desenvolvimento (nascido com o automóvel) da grande distribuição nos centros comerciais gigantescos dos subúrbios. Em muitas aglomerações de médio e mesmo de grande porte, a cidade propriamente dita deixa de ser o principal lugar de sociabilidade. O essencial da função comercial situa-se nas zonas de grande distribuição da periferia, podendo absorver centenas de hectares daquilo que antes era zona rural. Esses complexos comerciais vastos como cidades matam o essencial do comércio do centro da cidade num giro de dezenas de quilômetros. Em muitos lugares isso significa a morte dos centros das cidades, o deslocamento da sociabilidade para os centros de grande distribuição dos subúrbios, que tendem a tornar-se os verdadeiros polos da aglomeração. Ora, esses polos constituem por excelência a anticidade. É de temer que o novo século seja marcado pelo triunfo da anticidade do comércio de massa sobre a cidade autêntica, sede milenar da sociabilidade.

Além do mais, o subúrbio provoca a degradação progressiva das zonas rurais, que parece infindável. A proliferação de construções, que se estende por todo o território, é incompatível com a preservação dos sítios e com a manutenção da paisagem rural. Como chagas, retalhos de subúrbio corroem tudo, inclusive as zonas rurais mais distantes. Evidentemente, os poderes públicos perceberam os perigos do crescimento urbano descontrolado, mas na prática continuam impotentes diante do processo de urbanificação difusa que desfigura as paisagens. A descentralização não possibilita muita resistência à pressão dos interesses privados, que se satisfazem à custa da beleza paisagística. Portanto, a salvaguarda daquilo que ainda resta de paisagens e de sítios não deteriorados, rurais ou urbanos, deveria ser uma das tarefas prioritárias do urbanismo do século que se inicia.

› AUBY J.-B. & PÉRINET-MARQUET H., *Droit de l'urbanisine et de la construction*, Paris, 5ª ed., 1998. – FLANDIN-BLÉTY P., "Aux sources médiévales d'un droit de l'urbanisme: le cas de Limoges", *in Anthropologies juridiques. Mélanges Pierre Braun*, Limoges, 1998. – HAROUEL J.-L., Histoire *de l'urbanisme*, Paris, 5ª ed., 1995; *L'Embellissement des villes. L'urbanisme français au XVIIIe siècle*, Paris, 1993. – JACQUOT H., *Droit de l'urbanisme*, Paris, 2ª ed., 1989. – LAUBADÈRE A. de & GAUDEMET Y., *Traité de droit administratif*, t. 2, Paris, 1ª ed., 1998. – DUBY, G. (org.), *Histoire de la France urbaine*, Paris, 1980-85. – MERLIN P. & CHOAY F., *Dictionnaire de l'urbanisme et de l'aménagement*, Paris, 1988. – MORAND-DEVILLER J., *Droit de l'urbanisme*, Paris, 5ª ed., 2001 – SOLER-COUTEAUX P., *Droit de l'urbanisme*, Paris, 3ª ed., 2000.

Jean-Louis HAROUEL

→ Desapropriação; Direito administrativo; Sistema viário.

USOS E COSTUMES

A ideia de costume como prática consuetudinária teve e continua tendo um destino extraordinário, intimamente ligado ao da própria cultura jurídica. São poucos os conceitos jurídicos que exprimem com tanta força esse sentimento complexo que liga o direito à história das sociedades, a seus caracteres distintivos e à vida concreta de seus membros. Sem nunca se afastar de seu conteúdo técnico de fonte do direito, o costume nesse sentido foi e continua sendo um instrumento importante de qualificação da diversidade dos modos de ser jurídicos e, ao mesmo tempo, uma ferramenta – compartilhada pelo direito e pelas outras ciências sociais – que serve para descrever o direito vivo, do modo como ele emana das relações concretas entre os homens, de seus usos, para além das solenidades institucionais, da eloquência dos tribunais e dos volumes encadernados onde se exprimem mais visivelmente a lei, a jurisprudência e a doutrina. No momento em que o direito admite, enfim, seu caráter cultural, ou seja, relativo e comparável a outras dimensões da cultura humana, no momento em que se liberta de seu jugo positivista, o destino do costume constituiu meio de ver em perspectiva os elos íntimos e complexos entre a cultura jurídica e a cultura pura e simples, traço de união e sinal de diferenciação entre as sociedades humanas.

A pista que seguiremos nos levará das razões técnicas que o fazem figurar no patrimônio dos conceitos jurídicos até as razões políticas que o levam à bandeira de reivindicações de autonomia dos grupos sociais. Daremos atenção especial à sua trajetória epistemológica, que começa com a afirmação da especificidade do direito nacional francês, prossegue com maior amplitude graças ao surgimento da escola histórica de direito e se torna universal, por fim, graças ao objetivo antropológico de compreender e descrever as sociedades humanas do planeta e definir sua parte jurídica. Como esse termo, que servia para designar algumas taxas no antigo direito, se tornou emblemático da juridicidade universal e da faculdade de cada povo de viver segundo seus próprios usos? Essa é a pergunta – que abrange problemáticas da teoria do direito, da história e da antropologia – a que tentaremos agora responder. Seu interesse seria indubitável caso se tratasse apenas de investigar uma sequência consumada da gênese do direito. Mas ele vai além disso, atingindo o âmago das interrogações contemporâneas sobre a validade dos conceitos oriundos do Ocidente na construção jurídica dos países em desenvolvimento, ao âmago dos paradoxos que conduzem as populações autóctones a formular suas aspirações à autonomia na própria linguagem que possibilitou sujeitá-las, ao âmago dos processos por meio dos quais as sociedades modernas se chocam com os limites do individualismo, abrindo novo espaço às normas criadas pelos grupos locais, minoritários ou marginais, estruturados por usos, reconhecíveis por seus costumes.

Origens

Na Idade Média francesa tinham o nome de *coutume* (costume, costumagem) tanto um direito senhorial quanto "uma sequência de ações que, repetidas com frequência, criam o hábito de realizá-las". Recebiam a denominação *usage* (uso) "um serviço devido em virtude do costume" e "um direito de utilizar" um bosque ou um pasto (Du Cange). Bradava-se "*coustume*" para exigir o pagamento de uma dívida, e um "*coustumier*" ora era aquele que "arrecadava o direito chamado *coustume*", ora aquele que estava sujeito ao "direito de *coustume*" (*costumagem*, como tributo). Usufruto concreto, direito de usufruir e preço que se devia pagar pelo usufruto de um recurso; o uso ostentava uma semântica vasta, em que o *usager* ora era aquele que o utilizava, ora aquele que tinha o direito de utilizá-lo e ora aquele que estava submetido à taxa que condicionava o direito de usar e o fato de exercer esse direito. A noção de coletividade estabelece a junção dos diferentes polos dessas noções polissêmicas, e Marc Bloch ressalta que os "*coutumes*" são os territórios submetidos ao gozo comum. Dependência em relação a um poder, autonomia do hábito e pertencimento a um espaço determinado são os principais ingredientes de uma complexidade recorrente e de um movimento dialético intrínseco às noções de costume e uso. Quando toma conta do fenômeno, o pensamento jurídico intervém no processo de difusão do direito romano que faz a Europa sair "do sono da ignorância e da barbárie e renascer para a civilização" (Warnkoenig, 1821) e no outro processo que vai retirar das cidades, contrariando as senhorias, os elementos constitutivos da soberania estatal e da concentração do poder de fazer leis.

Quando a Europa passou a ser vista como um conjunto de territórios, e não mais como uma mistura de povos a transportarem consigo as suas leis, o costume, ou os hábitos locais, parece ter dado impulso às características jurídicas de cada castelania ou senhoria. O processo foi duplo, e aqui nos limitaremos às linhas gerais de um movimento de longuíssima duração. Em contato com os direitos então locais, o direito romano, reinterpretado nos séculos XII e XIII, amalgamado doutamente ao direito canônico pelo monge Graciano em 1140, levou-os a afirmar-se, ao mesmo tempo que afetava seu conteúdo. Mais tarde, no século XV, a autoridade monárquica desencadeou um processo de redação das práticas consuetudinárias locais que, por sua vez, teve duas facetas: por um lado, revelou através da escrita a diversidade desses produtos jurídicos dos territórios dos quais eram originários; por outro lado, a revelação ocorreu sob o controle material e intelectual de juristas de Estado que ultrapassavam a fase de constatação e, por meio de coletâneas metódicas, deram início ao longo processo de unificação e racionalização do direito, cuja consumação se dará com os códigos revolucionários e napoleônicos. Observemos rapidamente o modo como era pensada a prática consuetudinária no contexto medieval, cujo espírito e cujos procedimentos foram singularmente reproduzidos pela compilação dos costumes dos países que proclamaram sua independência no século XX, conforme veremos adiante.

O conceito e suas propriedades

Em face do problema do costume, os juristas eruditos foram confrontados pelas contingências da empiria, obrigados a teorizar a relação entre fato e direito. A herança romana era de pouca utilidade. Sem dúvida, a palavra *coutume*, costume, vem de *consuetudo*, mas este último termo qualifica mais os "comportamentos" vivos e herdados (*Germanorum consuetudo est resistere* – comenta César) do que uma fonte de direito ou a ordem jurídica de um território. É sobretudo um direito adquirido pelo tempo e pelo *consensus totius populi*, que o tempo pode extinguir, por *desuetudo*, desuso. A reflexão mais sistemática e moderna sobre "as virtudes do costume" parece ser a de Lucas de Penna, que viveu na época de Bartolo (século XIV), na época dos comentários amplos e sintéticos da herança romana, mas só foi conhecido e divulgado no início do século XVI, na época dos humanistas e dos historiadores preocupados em dominar, e não decorar, as lições do passado para inspirar sua concepção do direito presente. Ele tem o mérito de conjugar a pluralidade das dimensões constitutivas do conceito e de assumir suas polaridades contrastantes numa visão coerente. Para ele, o costume é oriundo da tradição e é também criação. Resulta de uma adaptação factual ao existente e é objeto de consolidação pela autoridade. Emana do povo, mas só existe quando reconhecido por um poder. É um comportamento, mas também um preceito. É um contrato constituído pelo consentimento popular e é também uma regra de direito desejada pelo soberano. Essas oposições binárias se encadeiam mutuamente para desenhar as propriedades que vão dotar de polivalência o conceito e impulsionar sua longevidade. Tentemos discernir aí uma lógica. Primeiramente, como fato, o costume é portador de direito, uma vez que os hábitos individuais e coletivos dos homens são tendências inatas de sua personalidade (*consuetudo est altera natura*), e a dimensão temporal que se vincula a todo hábito gratifica-o com valor social, legitimidade que a Idade Média atribui ao antigo e recusa à inovação. É, portanto, uma orientação geral da sociedade identificável na repetição inalterada dos mesmos fatos, na exclusão das desordens e das perturbações que viriam contestar sua harmonia. Essa concepção será encontrada na antropologia de Malinowski e sua vasta posteridade: o fato costumeiro é já, em si, como tendência verificada, um direito costumeiro. A assimilação do fato a uma "fonte" do direito apaga-se então em proveito da avaliação da relação que esse direito já lá, nas relações humanas concretas, mantém com outros fatores de regra, em primeiro lugar com o Poder Legislativo, que Lucas chama de "Regulador". É no âmbito dessa relação que o costume se torna um fator político e adquire precisão jurídica. A indagação é esta: como situar a prática consuetudinária, forçosamente já presente e respeitada porque durável, em relação à lei e à autoridade da qual ela supostamente procede? Aqui ganha corpo um segundo nível de açambarcamento do fato pelo pensamento jurídico. Embora pareça uma obediência tácita a preceitos não formulados, considera-se que o costume nasce de um contrato e, como todo contrato, implica a vontade, a "participação criadora" do povo ou de certas partes do povo. O *consensus populi* já não é um horizonte especulativo, mas um intercâmbio de vontades (Malinowski falará de "configuração de obrigações"), ou seja, uma convenção devidamente constituída e capaz de servir de lei às partes. A atitude do poder regulador em relação a essa vontade contratual não pode então ser concebida como um acatamento ou uma rejeição de comportamentos considerados bons ou maus, mas sim como a consideração jurídica de um pacto juridicamente estabelecido. A alteridade do costume passa então a fazer parte claramente da identidade comum do direito – e a história do conceito tirará grande proveito dessa falsa exterioridade capaz de apresentar-se como verdadeira, sobretudo na pena ingênua ou viciosa de muitos etnólogos ou administradores. Como contrato, o costume só pode vincular aqueles que tomaram parte do pacto, e daí reaparece a exigência de pertencer a um grupo e a um território. Lucas admite até que as práticas consuetudinárias, naturalmente restritas aos limites das localidades nas quais nasceram, podem gerar instituições jurisdicionais próprias. Poder normativo dotado da faculdade de julgar, o costume é consecutivamente considerado como algo capaz de criar categorias jurídicas ainda desconhecidas, tal como um direito casuístico constitui a sua jurisprudência – o que Llewellyn retomará como fundamento do "método jurístico" que ele teoriza em *The Cheyenne Way* (1941). Verdadeiro sistema no sistema, o costume é englobado, mais que contido, pelo Poder Regulador. Englobado primeiro intelectualmente: o costume deve ser razoável, ou seja, não deve atentar contra os *canonicis institutis*, que em Lucas devem ser entendidos como "fundamentos da ordem estabelecida que constitui o organismo social e político" (W. Ullmann). Ao afirmar que um costume não razoável, contrário às "formas da coisa pública", não poderia produzir efeitos, Lucas talvez não esteja tanto erigindo um anteparo doutrinal quanto encontrando o fio lógico de sua concepção factual e contratual do costume: oriundo da organização da sociedade, é improvável e ilógico que ele possa formar-se contrariando-a. O caráter razoável do costume deriva dos modos de concebê-lo, e a consolidação de que é alvo incide sobre seu conceito. É com um outro tipo de englobamento pelo regulador – dessa vez poder político e legislativo, e não mais referente intelectual – que surge a questão clássica, e sempre atual, da relação do costume com a lei. Em Roma, no fim da Antiguidade, foram determinadas as três hipóteses: costume supletivo (*praeter legem*), costume confirmativo (*secundum legem*) e costume opositivo (*contra legem*); este último poderia "vencer" a lei caída em desuso. Lucas de Penna considera que o costume "solidifica" o direito no primeiro caso, assume oportuna "função de interpretação" no segundo, mas, sobretudo, que em terceiro lugar, sua existência e sua influência dependem menos de uma relação abstrata com a lei do que da vontade concreta do legislador. O costume pode revogar a lei obsoleta, desde que o legislador o reconheça e o aprove. Sua relação com a lei é política, e, no âmbito político, o costume adquire propriedade estratégica, que Lucas revela, distinguindo-se do território estritamente jurídico do debate sobre a prevalência da substância legal ou da substância consuetudinária (para Graciano, "o costume não pode vencer a lei"). Lucas escreve (*Commentarius ad tres libros Codicis*, Lyon, 1509): "Convém observar os costumes das regiões." Essa indicação não vale apenas em direito, como princípio de interpretação dos contratos, por exemplo, mas implica o direito, com sua dimensão consuetudinária, numa teoria do governo político. Assim, Lucas baseia no costume uma doutrina de governo, ardentemente retomada na época contemporânea. Os costumes refletem a vida social e influem sobre ela. A governabilidade dos territórios supõe que os representantes do regulador respeitem e observem os costumes específicos das populações com as quais estão em contato. Dessa atenção depende a estabilidade da sociedade e, por conseguinte, sua capacidade de regulá-la. O acatamento dos costumes indígenas pelos impérios recentemente desfeitos da Grã-Bretanha e da França não obedeceu a outra preocupação senão aquela que Lucas de Penna assinalava no século XIV: o governo de um povo, cujas relações sociais escapam, no todo ou em parte, ao controle da lei, requer o reconhecimento de seus costumes, na qualidade de usos ou de vontade comum, porque esse reconhecimento cria um elo de direito entre o povo e o "regulador" ao mesmo tempo que legitima, aos olhos do povo, o rosto protetor de uma autoridade ameaçadora em virtude de suas leis.

Diferenças consuetudinárias e nacionalismo jurídico

Quando os costumes começaram a ser coligidos na França, em obediência a uma ordenança régia no século XV, o poder enveredou por essa via estratégica e pôs o conceito de costume (que, como vimos, tem a propensão de conferir identidade jurídica às localidades) a serviço de uma afirmação ideológica do caráter nacional francês, que por sua vez estava marcado pelos traços comuns dos diferentes sistemas consuetudinários. Foi por meio do direito consuetudinário que a França reivindicou sua singularidade em relação ao direito romano-canônico, comum ao Ocidente. O jurisconsulto Dumoulin formula no século XVI o projeto, concebido por Luís XI, de atingir a "concórdia e a união" de todos os costumes da França. O costume torna-se assim um fator de política nacional, graças à dimensão que mais o prende ao pertencimento territorial e por meio da qual ele exprime as disparidades locais. Ao tornar visíveis as culturas jurídicas do reino, o poder reivindica o domínio sobre o conjunto das diferenças que ele colige e classifica. Ao conferir direito ao menor corpo consuetudinário territorial, o corpo político afirma a primazia de seu olhar unificador. Ademais, ao tornar comparáveis edifícios jurídicos justapostos, ele cria as condições para sua "colação" ou harmonização sob seu império. Quando aborda "aquilo que tinha aparência de regra ou sentença" nos costumes e nos usos, Loisel (*Institutes coutumières*, 1607) pretende "organizá-los em melhor ordem" na perspectiva de poder, "enfim reduzi-los à conformidade, à razão e à equidade de uma só lei, um só costume, um peso e uma medida". Em Bouchel, na sua *Bibliothèque ou Thrésor du droit François* (1629), o costume é popular porque a "gente costumeira" é súdita de um senhor justiceiro ou feudal; é factual porque "flui suavemente e sem força"; mas está subordinado "à verdade e à razão", propriedades do soberano: embora as compilações consuetudinárias "devam ser interpretadas segundo a propriedade de suas palavras", o monopólio de sua leitura pertence apenas ao olhar do príncipe. "As mesmas causas que produziram as práticas consuetudinárias as produziram diferentes em cada região", afirma Fleury um pouco depois (*Histoire du droit français*, 1674). O método de Berroyer e Lainière (*Bibliothèque des coutumes*, 1699), que no fim do século XVII empreendem a confecção de uma "nova costumagem geral", orienta-se deliberadamente para a busca das propriedades comuns e específicas dos costumes da França. A busca das origens *do* costume está associada à compilação comparativa *dos* costumes numa ampla tentativa de "confrontar os costumes uns com os outros" para "extrair dessa confrontação certos princípios gerais que reinam por toda a França" e dar a seu direito uma carnação digna do reinado de Luís XIV. O costume agora se isola da história dos costumes: o "direito consuetudinário" possui por hipótese um *espírito geral* que conforma a gramática de suas manifestações (estilos de procedimento, cartas municipais, resultados de pesquisas por grupos de habitantes, testemunhos dos "antigos advogados", instituições sucessórias, delimitação das competências territoriais etc.), que só é compreensível "confrontando-se todas as compilações consuetudinárias do reino", ou seja, todas as manifestações possíveis desse "espírito", em nome do qual é lícito selecionar, entre a multidão de ocorrências, o que faz parte dele e o que não faz.

A aposta na intemporalidade

Os fenômenos consuetudinários são assim nivelados numa mesma equivalência de sentido e numa relação idêntica com a história, cujo desenrolar é negado, história na qual eles se inscrevem com um mesmo bloco intemporal. Surge com grandeza inédita a função do analista, do detentor da perspectiva, que, desvencilhado do peso da cronologia, da genealogia das dominações e das cadeias do povoamento, empenha-se em desenhar os contornos do "espírito dos costumes", a saber, do código último do direito nacional. A preocupação, eminentemente política, de fundar a nacionalidade do direito francês não poderia minimizar o interesse desse construto teórico em virtude do qual o costume se livra da ganga de suas definições históricas, bem como de sua filiação ao direito positivo da antiga França, para adquirir uma dimensão autenticamente conceitual, designando ao mesmo tempo um conjunto de artefatos, cuja extensão é função da acuidade do olhar do inquiridor, e um Código de leitura desse conjunto tendente à decifração de sua razão profunda, redutível a uma estrutura de causalidade. O conceito fornece assim, de uma só vez, um objeto de pesquisa e uma teoria da pesquisa. Além disso, ostenta sua autonomia ao arrogar-se o poder exorbitante de ser o agente de sua própria compreensão. É essa circularidade lógica que faz do conceito de costume uma sistemática das anfibologias, que lhe confere a faculdade de conjugar tranquilamente os contrários, e que lhe garante, simultaneamente, destino sociológico e eficácia jurídica. Ao traçar ao arrepio uma linha reta e retrospectiva entre o direito nacional e os "usos e as condutas sociais dos antigos gauleses", as reflexões de Grosley sobre a origem dos costumes elegem em 1752 (*Recherches pour servir à l'histoire du droit français*) o *parâmetro étnico* como referencial principal, em meio ao leque de possibilidades abertas à determinação do "espírito dos costumes". O problema do desenvolvimento histórico é assim ofuscado pela cintilação de um instante original que permite, além disso, ligar toda a juridicidade presente ao poder recorrente de um crisol matricial, presumivelmente legível nos efeitos que lhe são imputados ("testemunhos irrepreensíveis de uma sucessão constante e ininterrupta").

O universalismo teórico: Savigny

Quando, em 1814, o alemão Savigny defende a ideia de um direito que não se baseasse em abstrações filosóficas, como o direito codificado, mas na história particular de cada povo, está fundando uma escola de pensamento que colocará a prática consuetudinária no centro de suas preocupações e, com o nascimento da antropologia social e cultural, inspirará uma visão planetária das diferenciações consuetudinárias. Paradoxalmente, essa *escola histórica do direito* se preocupará menos com as transformações do que com as permanências. Estabelece duradouramente a coerência polissêmica do conceito por meio de uma série de inversões epistemológicas prenhes de consequências políticas. Em primeiro lugar, para citar as úteis distinções de Lucas de Penna, o fato passa a ser a forma superior do direito, e os meios pelos quais é possível constatá-lo – costumes coligidos, aforismos, adágios, brocardos e provérbios, narrativas de tradição oral – são expressão de uma impulsão única e profunda, ligada ao "caráter nacional do povo". Essa impulsão, ou em termos savignianos "a convicção comum do povo", liga a categoria de direito às outras dimensões da existência humana para mostrar com força que as sociedades têm em comum essas mesmas dimensões que servem para particularizá-las em virtude de algum predicado de especificidade e de estabilidade que é, ao mesmo tempo, causa e efeito do "caráter nacional": "assim como a língua, os comportamentos e a organização", o direito não tem, na origem, existência à parte, mas constitui uma "das faculdades e das tendências particulares de um povo individual", um dos atributos pelos quais uma "nação" é individualizável (Savigny, 1814). Nessa óptica, o direito adquire valor de testemunho notável da identidade dos povos e dos modos como essa identidade pode ser atacada e alterada. É por se pretender indiferentemente válido para todas as nações de todos os tempos que o Código devora "como um câncer" os legados específicos da história dos povos. A questão da definição do costume é remetida à análise dos componentes daquilo que hoje se designa com o termo "cultura": embora persista a ideia de uma vontade coletiva, esta pertence aos tempos originários da própria coletividade. Quanto à problemática do elo entre o costume e o "regulador" legislador, resume-se então a uma oposição conflituosa entre o costume, como portador da autenticidade nacional do povo, e a lei, expressão da vontade arbitrária de um poder provisório, servido por uma casta de legistas dotados de um racionalismo obtuso. "Todo direito, na origem, é formado do modo como se diz que o direito consuetudinário se formou, ou seja, pelo costume e pela fé popular [...], por poderes internos que operam em silêncio, não pela vontade arbitrária de um fazedor de leis" – escreve ainda Savigny (1814). A relação de forças é rigorosamente invertida. Já não é a oposição entre costume e lei que se constitui em problema, mas sim o desrespeito à lei pela preponderância do costume na ordem do direito e na ordem geral da sociedade. É muito significativo que Savigny chame de *direito político* o direito que continua integrando a existência geral da comunidade popular, e de *direito técnico* o ramo distinto do saber que está nas mãos dos juristas. O segundo é historicamente posterior, epistemologicamente subalterno e politicamente subordinado, tal como um instrumento submisso aos desejos de seu manipulador.

Ciência, doutrina e política

Assim como Savigny ligou o destino do direito ao dos outros componentes da "consciência comum do povo", o antropólogo britânico Edward Burnett Tylor integrou, em 1871, a dimensão jurídica numa teoria geral da cultura, avalizada por Claude Lévi-Strauss e pela antropologia moderna. Em Tylor, a cultura é "o todo complexo que compreende conhecimento, crença, arte, moral, direito, costume e todas as outras faculdades e hábitos adquiridos pelo homem na qualidade de membro da sociedade" (*Primitive Culture*, 1871). A juridicidade da condição humana é tão universal quanto a própria condição humana e ela aparece com o rosto dualista de "direito" e "costume". Em culturas jurídicas diferentes, franceses e britânicos vão projetar esse rosto de Jano em suas concepções e na gestão que impõem aos "outros povos", abordados por via de conquista e colonização. Jurista, fundador da escola francesa de "etnologia jurídica e sociologia colonial", René Maunier, com sua obra *Loi française et coutume indigène en Algérie* [Lei francesa e prática consuetudinária indígena na Argélia] (1932), ajuda-nos a compreender a imbricação de ciência e política que afeta a qualificação jurídica da alteridade. Eis como Maunier apresenta os termos do problema: "Quando entramos em relação, em colaboração, com esses povos, ou melhor, com essas comunidades da Argélia e do Marrocos, que restaram na tribo, grupos de parentes, descendentes, e não grupos de cidadãos, não será preciso transpor um abismo jurídico?" O evolucionismo social, em virtude do qual a "tribo" é uma forma de desenvolvimento político inferior à civilização estatal, e a ideia de um abismo a nos separar dos outros articulam-se numa célebre jurisprudência do Império Britânico (*Southern Rhodesia*, 1919), segundo a qual "não é possível transpor o fosso" existente entre as populações que não atingiram certo limiar e as leis de um país civilizado. Nos dois casos, apresenta-se uma separação que a necessidade de administrar a colônia obriga a superar. Para a França, o que convém superar é o universalismo das concepções fundadoras da República. Como fazer que um grupo de parentes se transforme numa soma de cidadãos livres e juridicamente iguais? Como fazer que uma "comunidade" se torne um povo soberano cuja vontade democrática seja lei? As noções de usos, costumes e direitos consuetudinários, mobilizadas para conferir sentido jurídico aos fatos reveladores da alteridade, vão poder servir de tabela de conversão para tornar a "Tribo" inteligível e administrável pelo "Estado". Tudo que a qualificação de "práticas consuetudinárias indígenas" parece reconhecer e garantir sob a égide de uma concepção jurídica universal se esboroa em contato com esse universalismo, para o qual a propriedade ("tão clara e tão certa") deve desvanecer a posse, a administração deve substituir a autoridade "do velho, do varão, do chefe", e a filiação nacional deve revogar "a unidade orgânica e mística da comunhão de descendência". Aparentemente, a constatação antropológica e o reconhecimento oficial dos costumes ou dos direitos consuetudinários indígenas estabelecem a verdade científica da diversidade das formas de direito segundo as sociedades e as culturas, seguindo nisso os ensinamentos de Savigny e Tylor. Mas, como admite Maunier sobre as "práticas consuetudinárias indígenas", "embora sejamos seus guardiões contra nossas leis, não o somos sem a esperança de que nossas leis venham a prevalecer". Ciência, doutrina e política caminham de mãos dadas. Munido do postulado da universal juridicidade, o antropólogo descreve as instituições, os corpos de regras e os métodos jurisdicionais de populações cuja sofisticação e especificidade de saberes de tradição oral deveriam, cientificamente, ser conhecidas tanto quanto os saberes jurídicos da metrópole. O jurista encontra então, nessas descrições de instituições consuetudinárias subdivididas em rubricas tais como família, contratos, infrações, sanções e constituição política, um universo diferente, porém familiar, integrável em seus próprios raciocínios, remissível à sua própria lógica, à sua própria cultura. A política, que aqui entendemos no sentido profundo de ideologia fundadora da ordem comum, torna-se assim senhora de um conjunto unificado e classificado, fadado a conhecer apenas – como declarara Jules Ferry – "a assimilação ou a sujeição".

A dinâmica engendrada nos países anglo-americanos pela jurisprudência de 1919 é distintamente inspiradora da emergência e do desenvolvimento de uma antropologia jurídica que não se baseia no postulado abstrato da universal juridicidade, mas sim na identificação de "fenômenos consuetudinários", intrinsecamente jurídicos. Malinowski estabelece firmemente um programa de pesquisa útil à teoria do direito e politicamente eficaz. Levando-se em conta que não existe "descontinuidade alguma entre nossa própria sociedade e a dos povos primitivos", cabe ao antropólogo atestar a equivalência geral dos fenômenos relativos à execução da "função jurídica" e realizar "a tarefa de traduzir os princípios do direito consuetudinário primitivo para os termos de nossas instituições administrativas modernas" (B. Malinowski). Como ele define "os princípios do direito consuetudinário primitivo"? Essencialmente como "uma constelação ou uma configuração de elos no seio de uma instituição", que nada mais é "que um grupo de pessoas [...] obedientes a um mesmo corpo de regras". Para Malinowski, é a imbricação das obrigações mútuas que funda a regra consuetudinária, cuja efetividade é provada pela obediência tácita e pela manutenção de uma reciprocidade harmoniosa perante a qual qualquer distorção se mostra como anomalia patológica. Apesar de compartilhar com Malinowski o intuito de estabelecer a universal juridicidade pela homologia entre os fenômenos jurídicos das sociedades "modernas" e "primitivas", o jurisconsulto americano Karl Llewellyn assume uma posição rigorosamente inversa. Esse fundador da escola do realismo jurídico distingue-se do mestre do funcionalismo situando o fenômeno jurídico naquilo "que é feito a respeito de um caso de perturbação". Já não é na preexistência de uma "constelação de elos" que se manifesta o "costume", mas sim nas rupturas, nos conflitos de pessoas, nas tensões institucionais, nas divergências entre leigos e especialistas, é nos atritos e nos confrontos que se elabora o fenômeno jurídico, sempre, em todos os lugares e acima de tudo como modo de dirimir diferenças. Com essa base teórica, Llewellyn introduz – como escreveu Malinowski – a perspectiva antropológica na teoria do direito, mas o faz acreditando numa casuística das "perturbações" que se abstém do conceito de costume e justifica essa abstinência. O termo "costume", segundo Llewellyn, não tem limites: difunde seu alcance "silenciosa e indistintamente sobre o conjunto da sociedade considerada", sem permitir que, entre os modelos de comportamento, se discirna a expressão de um material especificamente jurídico. Acima de tudo, o termo "costume", para ele, é responsável por ter possibilitado "conferir aparência de solidez a quaisquer tipos de linha de conduta" e "aparência de uniformidade a fenômenos que, na realidade, vão desde o apenas emergente [...], desde o tateio ou a hesitação que um dia poderão vir a ser suficientemente adotados para transformar-se em prática, até o modo de vida estabelecido e quase invariável ao qual todos, exceto os imbecis, se conformam". Assim, a intemporalidade do costume e seu caráter de espelho do direito ocidental são questionados por Llewellyn em sua crítica. Depois dele, a antropologia do direito deixará de lado o costume, preferindo o estudo das soluções dos conflitos e dos sistemas de ordenação, mas englobando o fenômeno jurídico "primitivo e moderno" no mesmo âmbito teórico das "normas", cuja pertinência epistemológica também merece avaliação.

Os paradoxos da confissão indígena

No entanto, o conceito de prática consuetudinária será empregado pelos movimentos de construção nacional, no âmbito das aspirações à autonomia dos povos autóctones, será empregado como veículo de uma ordem social e jurídica alternativa, oponível, logo comparável, à ordem ocidental. No singular, costume e uso designam práticas sociais regulares potencialmente inteligíveis por um sistema de direito ou reivindicadas como artefatos jurídicos por grupos que aspiram à autodeterminação. São então conceitos bifrontes que fazem parte do vocabulário e da dogmática jurídica, onde designam tecnicamente uma fonte de direito e o grau de regularidade de hábitos adotados. Também são, na outra face, os móbeis intelectuais e as justificações racionais mais profundas da identidade política de um povo. Um *kastom* (do inglês *custom*, costume) melanésio estrutura a ideologia da obtenção da independência como um referente supremo, uma formulação depurada da autoctonia, inacessível e indisponível aos poderes e aos direitos ocidentais, vistos como impostos artificialmente pelos contatos, pelas conquistas e pelas colonizações. Segundo esse espírito de fundação do direito das nações novas sobre a afirmação política de uma alteridade jurídica irrefragável, a primeira constituição de Papua-Nova-Guiné (1975), por exemplo, considera como fonte fundamental do direito o *deeper underlying law*, o "direito subjacente mais profundo". Discernir o conteúdo desse direito importa menos do que afirmar sua primazia ideológica e sua indisponibilidade ao olhar de terceiros. Ao basear sua independência política na alteridade absoluta de seu "costume" ou de seu "direito subjacente mais profundo", um povo divulga paradoxalmente a fisionomia particular de suas instituições em termos diretamente inteligíveis pelos sistemas de direito de que é preciso diferenciar-se. A exceção de especificidade apresenta-se assim como uma constante das afirmações políticas da prática consuetudinária, na retórica comum dos intercâmbios jurídicos oriundos da gramática ocidental do direito. Enquanto no plural os costumes indígenas e os usos locais se encontravam inferiorizados em relação à lei ou ao direito da civilização, seu emprego no singular tende a inverter a hierarquia dos valores: o costume autóctone passa a prevalecer sobre os direitos ocidentais, mas a inversão da perspectiva nada subtrai à economia teórica da subordinação do plural pelo singular, da alteridade pelo ponto de vista central. Permanecemos num registro interno da semântica jurídica, em que a alteridade aparece como um dos componentes, e não como aquilo que as ideologias conquistadora ou autóctone gostariam que fosse: uma dimensão exterior ao direito conhecido. O Estado colonial, a afirmação moderna da tribo e os novos nacionalismos culturais exigem que o direito seja de essência "consuetudinária", pois é por intermédio do conceito de costume que os governos indígenas se apropriam da herança jurídica pré-colonial. Martin Chanock demonstrou isso no que se refere à África britânica; Guy Kouassigan, à África francófona; o exemplo mais marcante dessa confissão indígena de conformação jurídica ao Ocidente, porém, é dado pela experiência de uma população de ameríndios do Canadá, estudados e defendidos pelo antropólogo Michael Asch. Para que seja reconhecida a validade dos direitos de caça e pesca dos nishgas da Colúmbia Britânica, a corte, com a ajuda de perícia antropológica, estabelece que, na época do contato com a Coroa, as sociedades aborígines existiam numa forma consuetudinária que possibilitaria o reconhecimento de seus direitos, "sem prejuízo do fato [de que esses direitos] não foram reconhecidos na época" (*Calder vs Attorney General of British Columbia*, 1973). O interesse político da aspiração à autonomia das populações autóctones é defendido por essa decisão inédita que estabelece, pela primeira vez, no cerne da tradição jurídica anglo-americana, que esses povos possuem direitos anteriores ao contato e direitos "que existem independentemente do reconhecimento explícito pelo poder soberano" (M. Asch). No entanto, não se poderia deixar de considerar o reverso da moeda. O exercício concreto do uso dos recursos de um meio que já foi totalmente aborígine agora passa pela prova, imposta pelos descendentes, de que os ancestrais se pareciam *em direito* com aqueles que os privaram dos espaços destinados à sua manutenção. Diante dessa necessidade de pensar o passado nos termos indicados pela cultura jurídica que foi instrumento de sua submissão, os ameríndios se viam obrigados a desfazer-se de sua memória real para que os remanescentes de seu modo de vida e de sua identidade pudessem perdurar. O efeito intelectualmente mais pujante dessa obrigação de conceber a sociedade pré-colombiana como espelho análogo do Ocidente que iria subvertê-la foi o de obrigar os autóctones a reconhecer como autêntico esse procedimento negador de sua história, sob pena de privar sua cultura de existência jurídica. O acesso de um povo a alguns direitos supõe que o direito seja o espaço compartilhado da reivindicação. Ao se antecipar na cultura autóctone, o costume nela instala as condições de sujeição à cultura jurídica do conquistador.

Costume e atualidade das ciências sociais: uma problemática das filiações

Na esteira de Savigny e, principalmente, do genial Klimrath, a escola das *geografias consuetudinárias* realiza a útil junção entre história do direito, história social e cultural e antropologia. Paul Ourliac, Jean Yver, Jacques Poumarède, Jean Hilaire, Jean-Marie Carbasse, Anne Zink, E. Le Roy Ladurie, Joseph Goy e Isac Chiva: seria muito longa a lista dos mestres que buscaram nas costumagens medievais, nos atos da prática e nas tradições orais as fontes e as formas das diferenciações das regras sucessórias que, possibilitando reconstituir formas de família, deram acesso a circunscrições "abertas a facão", a "áreas culturais", distinções "subjacentes" da Europa rural, inscritas na longuíssima duração e mascaradas por aquilo que Jacques Flach chamava "agitações da superfície". Em suas "Reflexões sobre a origem do costume", Paul Ourliac extraía uma grande lição desse canteiro sempre em obras, para o qual ele contribuiu amplamente. Falar de "costume" – escreve ele – é falar "de hábitos provinciais ou autóctones que se teriam mantido obscuramente [...] no seio das famílias ou das comunidades e se imporiam sem que nenhum juiz precisasse defini-los ou mesmo aplicá-los". E prossegue: "A paz é garantida pela aplicação daquilo que se pode chamar costume originário, que nada mais é senão uma maneira de ser, viver e pensar, unanimemente respeitada e aceita." Reencontramos na pena do historiador do direito a ideia de harmonia que o antropólogo Malinowski associava ao costume. E, como que inspirado pelo mestre do funcionalismo, Jean Carbonnier também se alinha numa concepção do costume como fator de paz porque forma de reciprocidade: "[a] capacidade de imaginar que a conduta social que se vai adotar será reproduzida e *correspondida*, depois, pelos outros poderia perfeitamente ser o desencadeador do mecanismo obrigatório do costume".

Parece desenhar-se um novo espaço conceitual para o costume nas convulsões de uma modernidade econômica criadora de "exclusão social", como um processo de ressurgimento ou de reatualização de formas e níveis de existência social minimizados, mascarados, negados ou ideologicamente reprovados por camadas ulteriores de agregação social. O novo regime das políticas sociais francesas, marcado há mais de uma década pelo recurso generalizado ao contrato e pela territorialização das ações, remete assim, para Robert Castel, "à situação de antes das proteções". Antes? No Ocidente é a família, "tábua de salvação" onde todos os parentes podem encontrar refúgio em caso de necessidade, a solidariedade oriunda da vizinhança, tanto na cidade como no campo, as corporações de ofício, primitivamente chamadas *caritates*, simultaneamente uniões para a prece e associações de ajuda mútua, os estabelecimentos dedicados às *miserabiles personae* e ao reconhecimento geral do "direito dos pobres" sob a égide ideológica da caridade cristã. Para Marx, era a noção de costume que possibilitava caracterizar melhor a pobreza e os direitos subjetivos da "classe pobre": os direitos consuetudinários dos pobres sobre a "esmola da natureza" que é a madeira morta no chão, "abandonada por toda e qualquer vida orgânica", baseiam-se na "própria existência da classe pobre como" simples costume da sociedade civil que ainda não encontrou uma posição adequada no seio da organização consciente do Estado. "Até mesmo em sua atividade, a pobreza procede do costume. Ao recolher as "esmolas da natureza", a classe pobre "encontra seu direito". Ao afirmar o elo orgânico entre pobreza e costume, Marx dissocia o que hoje se chama precarização, desinserção ou exclusão dos âmbitos tradicionais de pertencimento social (família, vizinhança, comunidade) para ver neles os efeitos de uma *condição coletiva*. O tempo do costume é assim desvinculado do tempo das instituições e do direito, para se integrar no corpo social inteiro: onde há pobreza há costume, ou seja, direito da "classe pobre" a subsistir. Para além do véu lançado pela mitologia do contrato sobre os atuais procedimentos de assistência e inserção, essa óptica convida a restituir seu caráter essencial à "questão social": é no tratamento de suas margens que uma sociedade revela seus valores centrais. Quando o "direito de subsistir" vem inscrever-se naturalmente no campo do costume, pelas políticas de inserção atuais, como no século XIX, abre-se um horizonte novo para a pesquisa em antropologia histórica do direito, às margens da sociedade e às margens do direito.

Convergem assim para as duas vertentes da "inserção" – a vertente da solicitude pública e a dos destinatários das ações – os elementos tradicionalmente constitutivos de um espaço sociologicamente consuetudinário: um conjunto de práticas alternativas à legalidade dominante, uma teoria do pertencimento mais estreito ao "povo" e ao território, a afirmação de uma continuidade normativa. Conceito em que se refugiam as minorias culturais europeias (como, na França, os ciganos ou nômades ["*gens du voyage*"]), o costume distingue-se por sua capacidade prática de formalizar conceitualmente a inaptidão da ideologia individualista a aderir às situações concretas que, no entanto, a urgência da questão social torna indispensável apreender. Através da preservação dos "costumes" e das pressões convergentes no sentido da reformulação do contrato social em termos de pertencimentos "consuetudinários", a indagação dirigida à legislação, às instituições públicas e ao poder político é, no fundo, a indagação – fundadora da antropologia – sobre o lugar dado à diversidade das culturas e à cultura como fonte de normas em face da abstração racional do legalismo universalista. Num discurso feito na Assembleia Nacional, em 1976, Claude Lévi-Strauss ressaltava esse *lugar do costume*, afirmando que "a liberdade real é a liberdade dos velhos hábitos, das preferências, em suma dos usos, ou seja, [...] uma forma de liberdade contra a qual se encarniçam todas as ideias teóricas que proclamamos racionais". Alertava o legislador francês para o menoscabo de que, desde a Lei Le Chapelier (1791), era alvo a necessária variedade de "códigos culturais", defendendo "a multidão de pequenas filiações, de solidariedades minúsculas [...] que integram cada um num tipo de vida, num pedaço de terra, numa tradição, numa forma de crença ou de descrença", para no fim proferir este manifesto antimoderno, vigorosamente atualizado por aquilo que se convencionou chamar de "crise": "Baseada na posse coletiva de uma história, de uma língua [...], de uma cultura, mesmo uma solidariedade em grande escala, como a solidariedade nacional, resulta [...] da congregação de pequenas solidariedades", e certa "restauração das sociedades parciais" propicia "um último meio para devolver um pouco de saúde e vigor às liberdades doentes".

O fato de a ideia de costume reaparecer no âmago das políticas sociais atuais tem como consequência ressaltar com nitidez maior uma propriedade inerente a seu percurso histórico: sua capacidade de combinar conceitualmente unidade e diversidade, norma e prática, globalidade e localidade, teoria das origens e fruto da mudança. Assim o costume, tal como "o hábito" teorizado pelo filósofo Félix Ravaisson, é "um caráter fundamental do ser [em sua] tendência a persistir em sua maneira de ser" e a "subsistir além da mudança de que é resultado" (*De l'habitude*, 1838). Segundo Ravaisson, "Desde o primeiro grau da existência estão [...] reunidas a permanência e a mudança; e, na própria mudança, há tendência à permanência": o costume propicia assim uma conceituação do hábito, conhecido pelos juristas como uma "gênese do obrigatório" (J. Carbonnier). À proporção que promove uma visão ideal da continuidade normativa, a noção de costume resiste pouco a uma leitura dialética que fundamenta uma compreensão superior na contradição que pode existir entre a razão jurídica e o conjunto, culturalmente definido, da organização social e das práticas de reprodução social de um grupo. Nesse caso, o costume é dissolúvel na dinâmica das relações sociais, das desigualdades econômicas e do poder. Conforme resumiu Jacques Berque a propósito de Maghreb, "o 'costume', é [então] o direito do predecessor e concorrente". Inversamente, pode-se considerar o costume sob o ângulo, positivo, de sua capacidade para dominar as contradições a negar-lhes qualquer papel histórico, envolvendo com sua força de personificação os elementos constitutivos daquelas.

A irrupção da normatividade consuetudinária no campo do "social" convida-nos a indagar se existem tantos sistemas normativos, tantos direitos quantas são as culturas identificáveis, e qual é a natureza do elo desses sistemas entre si e com um princípio classificatório superior que possibilite pensar sua unidade. Com a generalização do modo contratual de pertencimento social, na verdade, a reivindicação consuetudinária expõe a uma fragmentação interna da unidade soberana da nação, tal como, em escala europeia, se desenha o reconhecimento político de sentimentos de pertencimento formalizados pela justaposição de culturas infranacionais. A referência consuetudinária designa, entre o humano individual e a coletividade humana, o espaço jurídico de um "englobamento dos contrários" (L. Dumont). Isso permite escapar ao domínio das séries de oposições binárias, já mencionadas, cujos termos se excluem mutuamente (tal como a oposição lei/costume ou direito oficial/direito inoficial), para abraçar uma totalidade diferenciada com componentes "contrários" mas compatíveis dentro dessa totalidade. Para além de uma visão simplesmente étnica, Herder, em 1774, articula assim, em torno da ideia de nação, ao mesmo tempo um pensamento universalista e a consideração das diferenças culturais. Cada cultura é um indivíduo coletivo que toma lugar num sistema de valores que considera todas as culturas com igualdade de direitos. Surge assim um meio de transcender e de objetivar as oposições que parecem clivar com força o debate científico e o debate público sobre a integração social entre, de um lado, o estatuto, a comunidade e o costume e, de outro, o contrato, a sociedade, o direito. Por um lado, o direito das culturas; por outro, os direitos do homem. A questão social solicita essa objetivação dos círculos concretos do pertencimento humano na sociedade individualista moderna. E é do domínio das combinações que podem existir entre pertencimentos concretos e ideologias do pertencimento que depende a capacidade de fazer justiça às aspirações reveladas pela invocação recorrente e diversificada do costume.

› ASSIER-ANDRIEU L., *Le droit dans les sociétés humaines*, Paris, Nathan, 1996; "Il destino antropologico del concerto di consuetudine", *Sociologia del Diritto*, 1999, 3; "Reflexions sur le droit du 'social'", *Cités. Politique, Philosophie, histoire*, 2000, 1; "La formation historique du concept de coutume", *in La coutume et la loi*, XX Journées internationales d'histoire de Flaran, Flaran 21. Presses de l'Université de Toulouse – Le Mirail, 2001. – BERMAN H., *Law and Revolution. The Formation of Western Legal Tradition*, Cambridge, Harvard Univ. Press, 1983. – CARRASSE J.-M., *Introduction historique au droit*, Paris, PUF, 1998. – CARBONNIER J., *Flexible droit*, Paris, LGDJ, 1995, 8ª ed. – CASTEL R., *Les métamorphoses de la question social*, Paris, Fayard, 1995. – CHANOCK M., *Law, Custom and Social Order*, Cambridge, Cambridge Univ. Press, 1985. – DUMONT L., *Homo Aequalis II. L'idéologie allemande*, Paris, Gallimard. 1991. – GAUDEMET J., *Les naissances du droit. Le temps, le pouvoir et la science au service du droit*, Paris, Montchrestien, 1997. – KOUASSIGAN G. A., *Quelle est ma loi? Tradition et modernisme dans le droit privé de la famille en Afrique noire francophone*, Paris, Pédone, 1974. – LE ROY LADURIE E., "Système de la coutume", *in Le territoire de l'historien*, Paris, Gallimard,1973. – LÉVI-STRAUSS C., "Reflexions sur la liberté", *Déposition à la Commission spéciale sur les libertés de l'Assemblée nationale*, 19 mai 1976, reprise em *Le regard éloigné*, Paris, Plon, 1983. – LLEWELLYN K. N. & HOEBEL E. A., *La Voie cheyenne. Conflit et jurisprudence dans la science primitive du droit*, Paris, Bruylant, LGDJ, 1999 [1941] (prés., trad. et notes de L. Assier-Andrieu). – MALINOWSKI B., "Introduction", *in* H. I. Hogbin, *Law and Order in Polynesia. A Study of Primitive legal Institutions*, Londres, 1934. – OURLIAC P., "Reflexions sur les origines de la coutume", *in Les pays de Garonne vers l'an mil. La société et droit*, Toulouse, Privat, 1993. – ULLMANN W., *The Medieval Idea of Law as represented by Lucas de Penna*. Londres, 1946.

Louis ASSIER-ANDRIEU

→ Antropologia jurídica; Costumes; Direito consuetudinário na França; Escola histórica do direito, pandectismo e codificação na Alemanha; Fontes do direito.

USURA

Entende-se hoje por "usura" a taxa de remuneração abusiva ou que ultrapasse o limite legal de um capital, em oposição ao "juro", em conformidade com a taxa usual ou com o limite imposto pelo direito. Durante muito tempo fixadas, as taxas lícitas se tornaram variáveis na maioria das legislações contemporâneas, quer se deixe a cargo do juiz o poder de apreciação das circunstâncias, como na Alemanha (§ 138 II *BGB*), quer a própria lei module o limite de acordo com as práticas do mercado, como na França (a. L. 313-3 C. Consum.). A distinção entre usura e juro se reduz assim a uma questão relativa, de proporcionalidade. Essa situação resulta de uma longa evolução ligada à história do empréstimo a juros no Ocidente. Na Antiguidade romana, o termo *usura* era simplesmente sinônimo de juro, lícito ou não. Como o direito canônico medieval depois condenou a *usura* sobre qualquer empréstimo de coisas fungíveis, começou-se então a falar de juro (lat. *interesse*) para qualquer outra remuneração lícita de capital.

Origem e desenvolvimento da condenação da usura

Permitido no princípio, o empréstimo a juro era limitado a uma taxa legal em Roma a partir da Lei das XII Tábuas (450 a.C.). Na época clássica, sua porcentagem foi fixada em 1% ao mês, ou seja, 12% ao ano. Na prática, porém, tratava-se na maioria das vezes de empréstimo para consumo, o que provocava frequentes abusos, e não de empréstimo para a produção. Bem cedo, a sorte dos mais pobres que pediam empréstimo parece ter comovido a Igreja cristã que, na origem, não condenava sistematicamente o empréstimo. As primeiras críticas surgiram a partir do século III. Baseados no Antigo Testamento, que proscrevia entre os judeus a prática do juro entre irmãos (Ex, XXII, 24; Deut, XXIII, 20-21; Lv, XXV, 36-37; Ez, XVIII, 8, 13, 17; Sal., XV[XIV], 5), e num trecho do Evangelho de Lucas (VI, 35), em que Cristo declara "Dai sem esperar retorno", os Pais da Igreja passaram a censurar qualquer forma de empréstimo a juro. Bem depressa a condenação moral foi traduzida em termos jurídicos, primeiramente contra os clérigos, que foram proibidos de praticar a *usura* por vários concílios (Elvira [300], c. 20; Niceia [325], c. 17), sob pena de deposição e excomunhão, e logo depois contra os laicos, em relação aos quais o papa Leão, o Grande, ordenava ação severa (Ep, 111, 3). Provavelmente sob a influência cristã, Justiniano decidiu reduzir a taxa da usura a 6% (C, 4, 32, 26, 2); esta podia atingir excepcionalmente 8% quando quem pedisse o empréstimo fosse comerciante (Nov, 136, 4). O imperador proibiu também o anatocismo (C, 4, 32, 28; 7, 54, 3) e decidiu que o capital devia deixar de produzir juros quando estes atingissem seu montante (Nov, 1211 2). Durante a Alta Idade Média, a proibição tendeu a tornar-se absoluta no Ocidente. Lembrada por vários concílios (Orléans [538], c. 30; Clichy [626/27] c. 1), generalizou-se em 789 por meio da *Admonitio generalis* (c. 5) de Carlos Magno, numa época em que a rarefação do numerário provocou o aumento da taxa de empréstimo, que atingiu até 50%. Em 806 e em 825, vários capitulares ordenavam aos *missi dominici* e aos condes que garantissem a aplicação da proibição, depois reiterada por diversos concílios (Paris [829], c. 53; Meauxs [845], c. 55; Pávia [850], c. 19).

Com a Reforma gregoriana, a condenação foi reforçada pelo papado. O restabelecimento econômico ocidental dos séculos XI-XII, acarretando profundas mudanças, ensejou novas justificações e ajustes. A usura no empréstimo foi proibida em absoluto por vários concílios gerais realizados sob a égide da sé apostólica (Latrão II [1139], c. 13; Latrão III [1179], c. 25; Latrão IV [1215], c. 67; Lyon [1274], c. 26), para finalmente ser equiparada em 1311 a uma verdadeira heresia pelo papa Clemente V (Concílio de Vienne, c. 15). Os teólogos e os canonistas, por sua vez, justificavam filosoficamente a proibição. Para Tomás de Aquino, emprestar a juros equivalia a vender o que não existe (*Sum. Teol.*, 2 a 2 ae, q. 78, a. 1). Baseando-se em Aristóteles (*Pol.*, I, 10, 5 [1258 a]), os eruditos medievais consideravam que o dinheiro, estéril por natureza, não podia "ter filhotes", donde o adágio: *Nummus non parit nummos.* Condenada por engendrar um lucro não baseado no trabalho, a usura constituía ao mesmo tempo crime e pecado, acarretando para o culpado excomunhão, privação de sepultura cristã e, em caso de clérigos, suspensão, penas eclesiásticas às quais podiam ser acrescentadas penas civis. Já no século XII, os juristas laicos adotaram a proibição e em vários lugares as autoridades seculares participaram da repressão à usura. Assim, na França, diversas ordenanças de São Luís (1230), Filipe, o Ousado (1274), Filipe, o Belo (1311/12), Filipe VI (1331), Carlos VI (1402) e Carlos VII (1445) ratificaram a proibição, impondo punições que chegavam à prisão e ao confisco de bens. A partir do século XIV, porém, essas penas eram aplicáveis somente a partir de certa taxa de juro, comumente fixada em 20% ao ano. Por outro lado, a partir do século XII, vários príncipes laicos passaram a outorgar privilégios que isentavam da proibição certas cidades ou certas categorias de pessoas que praticavam o comércio, tais como os mercadores italianos, "lombardos", ou os judeus, sucessivamente dotados de privilégios, expulsos e chamados de volta, visto que a política em relação a eles flutuava ao sabor da vindita popular e das necessidades financeiras dos príncipes. Portanto, desde cedo houve ajustes na proibição do empréstimo a juros, em relação com o desenvolvimento do comércio e dos movimentos de capitais.

Dos ajustes da proibição à autorização do empréstimo a juros

No século XII já, a prática imaginou expedientes para esquivar-se à proibição. Alguns mosteiros, convertidos em estabelecimentos de crédito, emprestavam dinheiro mediante a apresentação de um imóvel rentável como penhor; seus rendimentos exerciam a função dos juros. Outros propunham uma venda a crédito cujo preço era majorado na proporção do prazo de pagamento dado ao comprador. Esses desvios flagrantes eram condenados pelo papado. Mas os próprios canonistas admitiam ajustes baseados na nova definição de usura por eles elaborada, em que se distinguia a usura lucrativa da usura compensatória, que visava a reparar as perdas do credor. Esta última, qualificada de *id quod interest* e depois de *interesse*, constituía uma indenização por prejuízos. Tratava-se especialmente, em contratos de sociedade, de juros que um associado era obrigado a compartilhar com seus coassociados em virtude de sua participação na constituição do capital; na venda, tratava-se de juros de mora, devidos pelo comprador que tomasse posse do objeto adquirido, mas não pagasse em tempo o vendedor. Esse juro legítimo, então distinguido da usura propriamente dita, era devido por motivo de atraso ou em virtude de alguma convenção não lucrativa. Em se tratando de juros de mora, estes se justificavam ora por um *damnum emergens*, ora por um *lucrum cessans*. A compensação do prejuízo nascente, às vezes expressamente prevista pela lei, como no caso do vendedor de um bem frutífero que não tivesse pagado no dia da entrega do bem (C, 4, 49, 5), era mais frequentemente apreciada *in concreto* pelo juiz. A compensação do lucro cessante, por sua vez, só era considerada quando o prejudicado fosse um comerciante. O pagamento do juro podia resultar de uma cláusula penal, sendo às vezes difícil distinguir se ela visava obter uma solução em certo prazo ou um juro puramente lucrativo. A respeito, os canonistas distinguiam de acordo com o tipo de contrato. Estritamente proibido de início em convenções de empréstimo, o juro foi finalmente admitido no fim da Idade Média, para os empréstimos concedidos pelos montepios fundados pelos franciscanos para socorro dos necessitados. Para continuar sendo compensatório, o juro não devia ultrapassar as despesas necessárias ao funcionamento do estabelecimento filantrópico de crédito. Também passou a ser admitido amplamente nos contratos comerciais, em razão dos riscos que estes comportavam, constituindo então sua garantia, tal como ocorria no empréstimo marítimo, chamado de “grande aventura”, ou nas letras de câmbio. Em outro campo, também passou a ser permitida a constituição de uma renda vinculada a um bem de raiz que, acompanhada por uma cláusula de recompra, podia constituir um empréstimo.

Na aurora dos Tempos Modernos, a proibição do empréstimo a juros parecia parcialmente artificial e provocava críticas. Entre os protestantes, os luteranos permaneciam fiéis à doutrina tradicional, mas os calvinistas a refutavam, argumentando o desuso dos preceitos do Antigo Testamento e a conformidade da usura à lei natural. Essas ideias foram veiculadas por Dumoulin que, em 1546, redigiu um tratado que justificava a licitude do empréstimo a juros, desde que sua taxa fosse razoável. A Igreja católica, cuja posição era ainda lembrada em 1745 por Bento XIV na bula *Vix pervenit*, mantinha a proibição e, em países católicos como a França, as autoridades seculares continuavam respeitando oficialmente essa doutrina. Na prática, porém, a circulação de capitais ligada ao desenvolvimento do comércio e da indústria dificultava cada vez mais o respeito à proibição. O número de desvios aumentava, recorrendo-se a diversos expedientes, como o contrato de mofatra, que consistia na venda a prazo seguida de recompra à vista, sendo o preço inicial superior ao da recompra. No Sul da França, região considerada de direito escrito, os parlamentos, voltando ao direito de Justiniano, chegaram a admitir o empréstimo cuja taxa não excedesse os limites outrora fixados pelo direito romano. O Parlamento de Paris, apesar de mais severo, acabou também por admitir em 1644 a validade do juro no contrato de depósito irregular. No Santo Império Romano Germânico, o juro foi finalmente admitido pela legislação imperial em 1654, tendo sido a proibição canônica considerada revogada pelo costume geral. Na mesma época, as doutrinas favoráveis ao juro espalharam-se pelos países não católicos, como a Inglaterra e a Holanda. Foi justificado pelos jusnaturalistas, tal como Grócio (*Jur. Baal.*, II, 12, 20), em nome do *lucrum cessans*. A filosofia do Iluminismo retomou suas ideias, e Montesquieu explicava que sua proibição absoluta impossibilita o comércio (*Espírito das leis*, XXII, 19-22). Para os fisiocratas, o aluguel do dinheiro era tão legítimo quanto o da terra. Essas concepções foram consagradas pela Revolução francesa. A Assembleia Constituinte, por meio do Decreto de 3-12 de outubro de 1789, permitiu o empréstimo de dinheiro a juros, no limite de uma taxa fixada por lei, liberdade que depois foi consagrada pelo art. 1.905 do Código de 1804. A partir daí, o termo usura passou a designar apenas o juro que ultrapassasse a taxa legal. A proibição canônica manteve-se durante todo o século XIX. Devendo pronunciar-se sobre toda essa questão em 1830, o Santo Ofício e a Sagrada Penitenciaria preconizaram que não deveria haver preocupação por parte dos confessores que absolvessem aqueles que emprestassem a juros a comerciantes. O *Codex Iuris Canonici* de 1917 (c. 1543) ainda proibiu o juro incidente sobre empréstimos de coisa fungível. Mas durante o século XX, o inexorável desenvolvimento do capitalismo, porém, prevaleceu à proibição canônica, que não foi ratificada pelo Código promulgado em 1983 pelo papa João Paulo II.

› BERNARD A., LE BRAS G. & DU PASSAGE H., “Usure”, *Dictionnaire de théologie catholique*, t. V/2, Paris, Letouzey et Ané, 1950, col. 2316-2390. – DUMAS A., “Intérêt et usure”, *Dictionnaire de droit canonique*, t. V, Paris, Letouzey et Ané, 1953, col. 1475-1518. – ZIMMERMANN R., *The Law of Obligations. Roman Foundations of the Civilian Tradition*, Cape Town, Juta, 2ª ed., 1992, pp. 166-77.

Franck ROUMY

→ Banco e crédito; Economia e direito; Interesse; Troca, escambo, permuta.

UTILITARISMO (Utilitarismo clássico e direito)

O utilitarismo é uma doutrina relativa à moral, ou seja, à questão do bem e do mal na ação humana. Essa doutrina foi elaborada por um conjunto de autores, principalmente britânicos, entre meados do século XVII e meados do século XIX. Aqui nos interessa estudar esse utilitarismo “clássico”, cujo fundador foi Jeremy Bentham (1748-1832), e suas relações com o direito.

Ação humana e maneira de julgá-la moralmente

O utilitarismo, sendo uma doutrina da boa ação, incorpora uma teoria do juízo e uma teoria da ação. Julgar, ou avaliar, consiste em comparar alguma coisa com um padrão, um critério de medida. A doutrina utilitarista pertence ao rol das morais (que podem ser qualificadas de imperativas) que distinguem nitidamente a definição de princípios bons e o método destinado a verificar se a ação humana se coadunou a eles. Quem se vincula a essa doutrina afirma ter estabelecido que o sumo critério a partir do qual é possível julgar os comportamentos, seja como condenáveis, seja como dignos de aprovação, seria o maior bem-estar da maioria, também designado com o termo menos claro “utilidade”, ou simplesmente com o termo “felicidade”. Os utilitaristas clássicos estão concordes em considerar que o supremo valor da utilidade não é demonstrável racionalmente. Para julgar a conformidade com esse princípio, é importante compreender como se desenrola a ação humana, sabendo-se *o que* julgar. Essa corrente se baseia em certa concepção do ser humano e da maneira como ele age. A vontade do indivíduo, impressionada por móbeis extraídos das circunstâncias exteriores e das tendências profundas da natureza humana, determina ações que na realidade produzem um encadeamento de consequências. São essas consequências que constituem o objeto do juízo moral. O homem é representado por Bentham como um ser que em todas as coisas só procura felicidade, que se identifica com prazer. Portanto, os utilitaristas definem o homem como um ser que tende egoisticamente ao prazer. Além disso, afirmam que esse prazer é seu bem, e a regra moral lhe ordena que o busque, mas acima de tudo na forma de bem-estar *coletivo*. Não se trata de orientá-lo para um dever abstratamente concebido, em vista do qual só se avalie moralmente a intenção ou a vontade pura do sujeito; tal doutrina, ao contrário do utilitarismo, não julga a moralidade segundo as consequências. Já não se trata de orientar a vontade para outros objetos, como o sofrimento e a renúncia às coisas do mundo (o que é próprio do ascetismo). O ascetismo julga os atos por suas consequências, mas desvia o homem de sua tendência ao prazer. Por contraste, o critério de utilidade leva a julgar os atos apenas pelas consequências sobre o bem-estar: seu efeito foi aumentá-lo? Seu resultado terá sido um aumento do sofrimento? A pergunta pode ser feita do ponto de vista individual (ética pessoal) ou do ponto de vista da maior felicidade da maioria (governo e legislação). A visão abrupta da natureza humana e da ética oferecida por Bentham depois foi qualificada e corrigida, sobretudo por J. S. Mill (1806-73), mas este não chegou a invalidá-la. Seu objetivo foi mais reconciliá-la com a moralidade comum, especialmente para mostrar que a utilidade, na maioria das vezes, não é a regra moral aplicada à ação humana, mas o princípio racional superior que dá sentido às regras que servem de motivos para os agentes. E, em apoio a esse recuo da utilidade, Mill explica: "Ninguém afirma que a arte da navegação não está fundamentada na astronomia alegando que os marinheiros não têm tempo de calcular as tábuas astronômicas." Os problemas suscitados por essa ética, avivados por seu próprio sucesso, não serão abordados aqui. Limitar-nos-emos a mostrar os elos estreitos que o utilitarismo clássico mantém com a ciência do direito e da constituição.

Ao contrário de outras doutrinas morais, para as quais o direito é apenas um terreno de aplicação ou um instrumento secundário, o utilitarismo atribui lugar fundamental e de primeiro plano ao direito. O pensamento moral de Bentham e de seus discípulos não teria o sucesso que teve caso sua teoria do juízo não pudesse apoiar-se uma teoria da ação que apresentasse reais qualidades. Os progressos realizados pelo utilitarismo na racionalização da ação humana, sancionados pela elucidação (para melhor ou pior) dos critérios de sua avaliação, eram facilmente absorvíveis pelo direito. Mais ainda: o direito era o próprio campo em que o utilitarismo clássico fez suas pesquisas e apresentou suas conclusões. A razão disso está na posição que essa doutrina atribui à vontade: a utilidade designa para esta os objetos capazes de aumentar o prazer ou diminuir o sofrimento. A vontade é a fonte das ações, e estas, em função das circunstâncias, produzem resultados positivos ou negativos. A utilidade não é um critério de avaliação do ponto de vista do entendimento e de sua lógica, que só considera a verdade ou a falsidade das proposições. Ela só tem sentido numa "lógica da vontade", que Bentham definirá como "A arte-e-ciência (*sic*) de vestir, na forma mais adequada, os diferentes modos pelos quais se dá expressão aos decretos da vontade". Por essa fórmula compreende-se por que Bentham põe a questão da *validade* (embora essa palavra não seja frequente nele) no centro das preocupações da ciência do direito. Aqui se atribui *formalmente* uma manifestação válida de vontade (ou seja: a que se atribui o direito)? Essa é a pergunta da lógica da vontade, assim como a lógica do entendimento possibilita identificar em que condições uma proposição é *formalmente* verdadeira ou falsa.

Mas, como a utilidade é também o supremo critério moral, a questão moral só pode ser compreendida do ponto de vista desse mundo da vontade, cujas implicações Bentham explora cabalmente. Para reger esse universo de vontade e ação, era necessário encontrar um instrumento adequado. Esse tesouro é encontrado por Bentham quando este adere à definição voluntarista do direito, retomada de uma tradição preexistente, mas eficazmente teorizada e radicalizada por ele. Essa aproximação, assim como a elucidação do princípio de utilidade, constitui a marca própria do utilitarismo clássico. Com ele, o direito, efeito de vontade, já não é exterior ao mundo ético. Bentham constrói uma visão do mundo em que a aptidão humana para querer é submetida a duas grandes forças: direito e moralidade. A moralidade comum é um mau instrumento (carece de precisão e visibilidade, é dotada de sanções imperfeitas), utilizado para maus fins. Não é nela que os utilitaristas se baseiam prioritariamente para propagar a utilidade. Ao contrário, um direito bem concebido, que fosse efeito da vontade, seria idêntico em sua substância a essa vontade humana que ele deve governar. Direito e moralidade, portanto, estão no mesmo plano, na categoria de instrumentos de realização do princípio de utilidade. Segundo Bentham, "a ética em sentido amplo pode ser definida como a arte de dirigir as ações humanas no sentido da produção da maior quantidade possível de felicidade em benefício daqueles cujo interesse se busca" (*Introdução aos princípios da moral e da legislação*). Da mesma maneira, Austin apresentou a questão da definição do mandamento como "a chave das ciências do direito e da moral" (*The Pro-*

vince of Jurisprudence Determined). Esses dois instrumentos, porém, não têm o mesmo valor. O utilitarismo faz uma inversão, que consiste na desvalorização da opinião moral que ordinariamente governa os homens e na valorização simétrica do direito como fonte da ação humana em conformidade com o bem. O direito é, ao mesmo tempo, o único laboratório possível de uma ciência correta da ação moral e o único instrumento adequado para as reformas que essa ciência não deixará de prescrever. O contraste com aquilo que há de utilitarismo em Hume, por exemplo, é nítido: este via no juízo de utilidade um meio de confirmar instituições e princípios éticos estabelecidos artificialmente pelos costumes. As consequências do utilitarismo para o direito podem ser apresentadas sob dois aspectos: a influência dessa corrente sobre a definição do fenômeno jurídico e a influência que ela exerceu sobre a concepção das instituições políticas e do direito político.

Utilidade e definição do direito

O utilitarismo, que se valeu do direito como alavanca para desestabilizar o edifício moral, ocupa lugar muito importante na história da reflexão sobre a questão jurídica na época moderna. Pode-se considerar que essa corrente é um dos pilares do voluntarismo jurídico moderno (tendência de fundo que visa a definir o direito como efeito da vontade). O utilitarismo dá três contribuições para a definição do direito: estabelece sua natureza (*a*) em relação com o fundamento que propõe dar-lhe (*b*) e prescreve que tipo de sistema jurídico é próprio para fazer que tal direito esteja em conformidade com tal base (*c*).

a) A visão do mundo moral como mundo da vontade explica aquilo que talvez seja a contribuição mais marcante do utilitarismo clássico para a teoria jurídica, a saber, a definição do direito como mandamento emanado do soberano político. Essa definição, que não pertence propriamente ao utilitarismo, foi tomada e desenvolvida por Bentham e depois por John Austin (1790-1859), por motivos atinentes inicialmente a considerações éticas. Dotado de formação jurídica, mas precisando renunciar à prática da *common law*, Bentham denunciou a incoerência desta. Ela constitui o inverso exato do direito perfeito mencionado acima, que seria o vetor ideal da utilidade. Entre os elementos que a compõem – precedentes jurisprudenciais (*judgemade law*), instituições consuetudinárias, leis parlamentares (*statute law*) –, muitos não são dignos de ser chamados de direito: as decisões jurisdicionais modificam frequentemente o direito *ex post facto* ou mergulham o jurisdicionado em complexidades inextricáveis e ficções injustificáveis. De maneira um tanto paradoxal, a reforma do mundo moral começa, pois, por uma crítica aprofundada do direito existente: é para prepará-la que Bentham empreende um ambicioso trabalho de análise do fenômeno jurídico (*A Fragment on Government, of Laws in General*). O resultado dessa crítica é mostrar o que deve ser um sistema jurídico adequado, por contraste com todos os defeitos da *common law*, modelo daquilo que não se deve mais fazer. Na geração seguinte, John Austin retomou a questão da definição do direito, com uma perspectiva mais especulativa: incumbido de dar um curso sobre a ciência do direito (*jurisprudence*) na Universidade de Londres, ele aplicou-se a definir o campo dessa ciência (*The Province of Jurisprudence Determined*). Segundo ele, em sua variante mais geral, ela se interessa pela definição do direito *tal como ele é* (como noção, independentemente do conteúdo das leis positivas). A questão do direito *tal como ele deve ser* cabe, de maneira distinta, à ciência da legislação. As leis positivas, que Austin se propõe definir, são mandamentos, a saber, "votos" ou "desejos" aos quais está associada uma sanção, um mal infligido ao destinatário do mandamento, em caso de inobservância. Mas Austin não reconhece o caráter de lei positiva em todos os mandamentos: é preciso que eles emanem do soberano. Portanto, estão muito próximas as definições de direito apresentadas por Bentham e Austin, os dois autores que se aplicaram a propor tal definição. Do mesmo modo, eles coincidem quando estabelecem uma relação entre a noção de direito (*law*) e as noções de direitos (*rights*) e de obrigações (*duties*). Para Bentham, só há direitos (*rights*) e obrigações quando procedentes de uma regra de direito ditada validamente pelo soberano. Isso o leva a descartar a ideia de direitos naturais, tais como os formulados pelos revolucionários franceses: ele só conhece "direitos políticos", o que significa "*de origem* política". James Mill insistirá mais nessa dimensão, vendo a proteção dos "direitos" (*rights*) como o próprio objeto da ciência do "direito" (*Essay on Jurisprudence*).

b) Essa definição do direito desempenhará papel muito importante na cultura jurídica europeia, mas também americana, por contribuir para consolidar a visão do direito como manifestação válida da vontade soberana ou da vontade de um representante do soberano. Mas o utilitarismo não tinha como objetivo supremo produzir uma definição melhorada do direito. Sua finalidade era demonstrar o valor superior de um princípio de moralidade, a utilidade ou o maior bem-estar da maioria. A definição de direito, nesse contexto, só pode ser compreendida como algo que sirva para dissociar o fenômeno jurídico da moralidade, no sentido de regras vigentes na sociedade, mas desprovidas de sanções e não vinculáveis à vontade do soberano político. De alguma maneira, direito e moralidade são dois modos de coerção dos comportamentos humanos na sociedade, distinguindo-se pela maneira como atuam. Ambos, porém, têm vocação para ser avaliados com base no critério de utilidade: a utilidade é o fundamento último da ética em sentido amplo, da qual a moralidade vigente nas sociedades humanas não passa de manifestação. Essa moralidade "positiva" tem pouca simpatia de Bentham, tanto quanto o costume e as convenções sociais. Ele julga que sua conformidade com o princípio de utilidade é rara e insuficiente. Do mesmo modo, o direito deve passar pelo crivo da utilidade. Só devem subsistir as regras condizentes com os resultados do cálculo das consequências. Cabe notar que esse critério de utilidade, com o perdão das palavras, é menos exclusivo e menos supremo em Austin e J. S. Mill do que em Bentham e James Mill. Austin o vê como o melhor índice da vontade divina na natureza, aproximando-se assim do utilitarismo teológico de W. Paley. O jovem Mill não se cansará de tentar uma conciliação entre utilidade e individualismo, por ele definido como o direito permanente de todo homem a seu próprio aperfeiçoamento.

O utilitarismo é a doutrina que serviu de base a uma corrente de reforma política que, desde Elie Halévy, foi chamado de "radicalismo filosófico". Essa corrente, propondo-se adequar o direito positivo e a moral positiva à utilidade, era naturalmente inclinada a lançar mão da legislação para concretizar seu programa, pois esta é um instrumento à disposição da vontade humana. Daí resultou certo grau de absorção da moral pelo direito: Bentham via em seu código completo de leis um verdadeiro código de moralidade. Na mesma linha, J. S. Mill verá na moralidade "comum" uma espécie de desvio do espírito de vingança pessoal para fins de utilidade coletiva, assumindo a forma de regras quase jurídicas e sendo acompanhada por suas próprias sanções. Os utilitaristas não desempenharam papel desprezível, não só na identificação do direito como a melhor fonte possível dos mandamentos morais, mas também na conversão do mundo moderno a uma moral de tipo legal e imperativo, em contraste com as morais virtuosas inspiradas nos Antigos. No mundo deles como no nosso a separação abstrata entre direito e moral não levou duradouramente a um isolamento sólido entre os dois, mas a uma visão da moral como direito, preliminar lógica à absorção contemporânea de aspectos inteiros da moral pelo direito. O processo de juridicização dos direitos humanos, que traduz a vontade de nosso tempo de não se fiar na "moralidade" para dar efeito aos princípios éticos que devem presidir as relações entre Estado e pessoas, e a decisão correspondente de retranscrevê-los numa legalidade superior, assim como a ética idealista, são efeitos distantes (e certamente pouco desejados e previstos) do impulso utilitarista. Apesar de seu antagonismo (e talvez até *em razão* dele), kantismo e utilitarismo ainda reinam no mundo de nossas concepções jurídicas.

c) Com base nessa definição de direito, os utilitaristas clássicos propuseram uma revisão profunda dos direitos nacionais existentes. Do ponto de vista formal, a ideia central dessa corrente é a da codificação: ela ocupa uma parte determinante dos esforços reformistas de Bentham, mas também tem a aprovação de Austin (*Lectures on Jurisprudence*), de James Mill (*Jurisprudence*) e de seu filho John Stuart Mill (*Considerations on Representative Government*), ainda que este último, menos apaixonado por técnica jurídica, não ponha essa reforma em primeiro lugar na sua lista.

Bentham mostra que toda obrigação (*duty*) só pode existir em correspondência com um direito de outrem. A violação à obrigação é uma usurpação a esse direito. Essa lógica rigorosa das relações jurídicas possibilita isolar os possíveis tipos de regra: as regras "civis" atribuem direitos, enquanto às regras "penais" (compreendidas por Bentham em sentido mais amplo que o corrente) incumbe reprimir as violações de cada um dos direitos. A cada elemento do conjunto dos direitos corresponde um elemento do conjunto das obrigações. Os códigos civil e penal nada mais são que projeções de cada um desses dois conjuntos no campo dos mandamentos soberanos. Segundo a boa lógica, não poderia haver mais elementos num conjunto do que no outro. Bentham propôs separar os códigos para maior clareza, mas também para facilitar sua preparação. Parecia-lhe também ser mais fácil, por exemplo, começar com uma lista das infrações do que com uma lista de direitos, pois a identificação dos direitos ocorre na maioria das vezes quando eles deixam de ser respeitados. A esses dois tipos de regra soma-se um terceiro, em outro nível: trata-se das regras constitucionais, que indicam como são ditadas as outras regras. Afora essa trilogia elementar, deve-se também a Bentham a atribuição de uma posição especial às regras processuais, com o nome de "regras adjetivas". Essa dissociação tinha grande importância no universo da *common law*, onde procedimento e direito substancial estavam em grande parte confundidos no sistema das "formas de ação". A abolição das formas de ação em 1873-75 ocorrerá em grande parte sob a influência, pelo menos negativa, de Bentham.

Naturalmente não era apenas a forma do direito, mas também seu conteúdo, que exigia reformas, embora seja exagero reduzir a visão utilitarista do direito à ideia, frequentemente afirmada, de que seria preciso fazer "tábua rasa" das leis positivas. O fato é que Bentham se esforçará por multiplicar os exemplos de inadequações no sistema positivo de regras substanciais, processuais e penais. A teoria benthamiana das sanções talvez tenha sido a que mais repercutiu sobre os direitos nacionais e provocou mais reformas. Segundo ele, a sanção deve ter como principal objetivo constituir uma motivação que afaste o sujeito dos atos nocivos à utilidade, prevenindo, quando infligida, a repetição dos mesmos atentados ao bem-estar coletivo. Essa doutrina da punição já se encontrava em Hobbes, em muitos aspectos um mestre oculto da teoria utilitarista da ação.

A codificação benthamiana, por fim, está no cerne de um sistema jurídico integralmente repensado, no qual a cada um é atribuído um papel específico. O juiz e o sujeito de direito são atores importantes, apesar de os utilitaristas – principalmente Bentham e Austin – defenderem uma visão muito unilateral da soberania. Segundo vias e meios complexos, cujo significado é discutível do ponto de vista da natureza do utilitarismo desejado por Bentham, o juiz (que não tem a liberdade de interpretar as leis, o que, para Bentham, equivaleria a ter competência para modificá-las) e o destinatário das regras podem pôr à prova a utilidade real das regras positivas. Em caso de julgamento negativo, o juiz pode, por exemplo, recorrer ao legislador, numa espécie de liminar legislativa, enquanto o sujeito poderia até desobedecer-lhes.

Utilitarismo e política

Percebe-se que o utilitarismo é uma doutrina ética de natureza especial, especialmente por atribuir ao direito e à relação entre governante e governado papel determinante na realização dos fins morais. No mundo utilitarista, o bem-estar coletivo está a cargo do legislador, único habilitado a coagir as vontades individuais, desviando-as de suas motivações inicialmente egoístas e orientando-as para o bem comum. Por conseguinte, não há ruptura entre o mundo da moralidade privada e o do bem comum, nem obrigação de considerar suas relações apenas sob o aspecto de uma necessária conciliação. Entende-se então por que o utilitarismo clássico desempenhou papel importante na formação do direito constitucional moderno, sobretudo na profunda reforma das instituições britânicas ao longo do século XIX. Para convencer-se disso basta examinar a teoria utilitarista da soberania e os motivos que levaram Bentham e seus discípulos para uma orientação principalmente democrática. A seguir, poderemos apresentar um esboço das análises e dos programas dessa corrente em matéria institucional.

A crítica aos fundamentos da constituição britânica, cuja exposição será feita por Blackstone em seus *Comentários*, levou Bentham a julgar totalmente irracional e moralmente inadequada a forma costumeira, bem como a ideia de um regime misto que combinasse suas virtudes próprias com os diferentes grupos da sociedade. Mas, significativamente, o autor do *Fragmento sobre o governo* resgatou e remodelou a ideia de que cada sociedade política precisa de um poder soberano e único, e de que esse poder deve ter o monopólio da capacidade legislativa. A teoria utilitarista da soberania é um continente pouco explorado, mas cujo papel na passagem para a doutrina vitoriana da soberania do Parlamento certamente é importante.

Na perspectiva utilitarista, a vontade soberana, além de ser marcada naturalmente por sua legitimidade e pela extensão de seu poder, distingue-se por uma prerrogativa moral eminente que consiste em decidir sobre situações nas quais é preciso infligir o mal (as punições que, como diz Austin, são "males anexados a mandamentos") aos súditos que se afastem da utilidade coletiva. Ela é reconhecível por traços formais permanentes, que a tornam visível aos olhos dos súditos. No entanto, a soberania não seria efetiva sem a forma de consentimento dos súditos, que se traduz no "hábito de obediência" (fórmula que autoriza muitas variações na intensidade concreta da subordinação dos cidadãos). O fato é que, tanto em Bentham quanto em Austin, a soberania é definida como uma relação de "superioridade" exercida por uma vontade sobre outras vontades. Prova disso são os ataques enérgicos dos dois autores à teoria do contrato social. A obediência, assim como a possibilidade de negá-la ao cabo de um julgamento negativo de utilidade, não significa essa participação no jogo comunitário complexo dos benefícios mútuos e das virtudes especulares entre monarca e súditos, que a soberania pré-moderna implica. Em vista disso, não se trata de admitir que a soberania seja limitada, nem por um princípio de justiça, nem por leis positivas. Austin inovará, ao sugerir que ela continue submetida a uma forma de "moralidade positiva", cujo respeito seja verificado pelos súditos, moralidade que a seu ver constitui a própria substância do direito constitucional. Essa maneira de ver será retomada com certas qualificações pelos autores ingleses do fim do século XIX.

Correlacionada com o princípio de utilidade, essa definição da soberania levou os utilitaristas a avaliar a aptidão desta ou daquela forma de regime político para produzir o maior bem-estar da maioria. A esse conceito – de grande neutralidade em si (ele não tem nenhum "conteúdo" necessário e só denota a maximização do prazer dos indivíduos) – Bentham e James Mill associam imediatamente alguns objetivos secundários. Eles enfatizam principalmente segurança: segurança das previsões dos súditos em Bentham; garantia de propriedade, que seria o próprio objetivo do governo, em James Mill (*Essay on Government*). Essa maneira de definir as finalidades do poder político recusa-se a ver no regime misto uma forma bem-sucedida de combinação das legitimidades monárquica, aristocrática e democrática, ainda que os sucessores de Bentham sejam mais tolerantes em relação ao legado dos tempos passados (ver o texto pouco conhecido de Austin *A Plea for the Constitution* de 1859). A atitude de ambos depende, nesse capítulo, de sua concepção da soberania: segundo a primeira geração (Bentham, J. Mill), o regime constitucional é inteiramente da alçada da escolha voluntária e só constitui uma questão de adequação dos meios aos fins. A segunda geração, especialmente o jovem Mill, constatando as críticas feitas a esse voluntarismo extremo pela escola romântica (Coleridge, *On the Constitution of Church and State*, 1830) e por uma nova geração de historiadores *whigs* (T. B. Macaulay, "Mill on Government", *Edinburgh Review*, março de 1829), considerou que a pura vontade não basta para estabelecer os governos.

Mas, no essencial, o movimento utilitarista não deixa de opinar no sentido da democracia. Bentham se pronuncia a seu favor ao cabo de um cálculo consequencialista do qual ele conclui que tanto a monarquia quanto o governo aristocrático não podem, na perspectiva de uma humanidade egoísta, possibilitar a maximização da "felicidade" (*Constitutional Code*). Essa avaliação é, em linhas gerais, a dos Mill, cujas profissões de fé democráticas, porém, são nitidamente qualificadas pela insistência na desigualdade das aptidões, o que leva o pai a desejar a intercessão do *middle rank*, espécie de classe intermediária letrada, e o filho a esperar que o povo reconheça os indivíduos mais aptos e os adote como representantes.

Isto porque, sempre admitindo puxar cordões retilíneos dentro de uma corrente que na realidade é menos homogênea do que leva a crer a adesão a um credo comum, o utilitarismo desempenhou papel decisivo na defesa e na ilustração do governo representativo na Inglaterra. O sistema constitucional estabelecido por Bentham é objetivamente representativo, ainda que, de algum modo, isso seja uma inevitável deficiência mais do que traço positivo. O povo é soberano, e a "legislatura" do Código Constitucional nada mais é que "onicompetência", o que visa – aliás, adequadamente – a mostrar que ela não é onipotente. Por meio de um conjunto de mecanismos constitucionais, ou "garantias", que assegurassem a "aptidão adequada" (*securities for appropriate aptitude*) e a ausência de erros no governo (*securities against misrule*), o povo seria protegido da arbitrariedade e dos erros sobre a utilidade, provocados por tal onipotência. Através dessas garantias, assegura-se a responsabilidade dos governantes, que é acima de tudo sancionada por sua destituição (*dislocation*). Em todo caso, essa combinação de radicalismo democrático e fé nas virtudes da representação a serviço (nunca perdido de vista) da boa e velha causa utilitarista – que os põe no mesmo nível dos puros radicais, como Price e Priestley, mas também faz que sua aliança com essas correntes não seja profunda e irreversível – leva Bentham e os Mill a defender com energia a reforma parlamentar, tanto na forma da revisão da carta das circunscrições quanto na da defesa do escrutínio secreto (ver James Mill, "The Ballot", inicialmente publicado na *Westminster Review*, órgão utilitarista, em julho de 1830). Austin, ao contrário, sempre mais reservado em seu reformismo, demonstrará muitas ressalvas quanto às evoluções impostas pelas leis eleitorais.

A teoria do governo representativo é percebida de maneira nitidamente mais positiva por J. S. Mill, que nisso retoma um dos baluartes de seu pai. Mas à sua concepção pessoal ele soma a importância que cabe dar ao governo na questão do respeito às individualidades. Com a vitória do princípio de legitimidade democrática, Mill entrevê o perigo do confisco do poder pela maioria, seguido pelo estabelecimento de uma tirania majoritária. Essa tirania não respeitará os indivíduos nem as minorias. Mill, cujas análises se aproximam conscientemente das de Tocqueville, vê nisso o risco de um empobrecimento das possibilidades sociais e a ameaça da completa uniformização do universo democrático. O modelo constitucional que ele esboça, tanto em *On Liberty* quanto em *Considerations on Representative Government*, visa a produzir um Estado que seja avalista consciencioso da utilidade coletiva, mas só quando a moralidade pudesse reivindicar um reinado legítimo sobre as ações humanas. No entanto, seria preciso que o Estado se abstivesse de intervir, e que a moralidade coletiva renunciasse a penetrar na esfera em que a individualidade é "soberana" e "irresponsável". Essa teoria dos limites da esfera legítima do Estado estabelece um elo entre o utilitarismo e a doutrina liberal. Mas Mill insere essa questão numa visão do mundo em grande parte influenciada por sua própria teoria econômica que, favorecendo a concorrência na esfera em que as "leis de produção" exercem seus efeitos mecânicos e inevitáveis, sustenta uma forma de divisão equilibrada das riquezas pela adaptação das "leis de distribuição" que, ao contrário, estão à disposição do legislador e da consciência social.

› Bibliografia em francês: excertos dos principais textos, com comentários e bibl. em AUDARD C. (org.), *Anthologie historique et critique de l'utilitarisme*, Paris, PUF, 3 vols., 1999. – AUDARD C. & THIERRY P. (org.), *L'Utilitarisme; Essai sur Bentham*, Paris, PUF, 1998. – BARANGER D., "Bentham et la codification", *Droits*, nº 27, 1998, pp. 17-39. – CANTO-SPERBER M., *La Philosophie morale britannique*, Paris, PUF, 1994. – HALÉVY E., *La Formation du radicalisme philosophique*, 3 vols., Paris, PUF, 1995.

Denis BARANGER

→ Codificação; Constituição e direito constitucional; Inglaterra; Moral e direito.

V

VENDA

Contrato em virtude do qual uma pessoa, chamada de vendedor, transfere a propriedade sobre seu bem a outra pessoa, denominada comprador, mediante pagamento de certo preço. Estudaremos, sucessivamente, o objeto da venda, o consentimento das partes e as consequências daí decorrentes.

A venda é o instrumento por excelência de comunicação econômica entre os seres humanos; por meio dela ocorre a transferência de riquezas: compro o que não tenho e que considero necessário para mim; meu vendedor usará o dinheiro para obter aquilo de que precisa etc. Na França, desde 1804, a venda é objeto de grande consideração por parte do Código Civil, pois com ela tem início a parte relativa aos diferentes contratos, que aplicam concretamente aquilo que comumente se chama de "teoria geral das obrigações" (título VI do livro III, arts. 1.582 a 1.701).

Historicamente, porém, o contrato de troca precede a venda: "toma-lá-dá-cá", uma coisa pela outra; mas este foi rapidamente eclipsado, graças à generalização da moeda: é possível comprar tudo com dinheiro, notas ou movimentos bancários pela internet. A venda em geral ocorre por modalidades "físicas". Nos próximos anos, será preciso verificar a posição exata que o "comércio eletrônico" pela internet assumirá, do ponto de vista das vendas por correspondência… eletrônica. Grande parte do direito da venda nos vem dos romanos, que haviam previsto quase tudo. No entanto, um novo direito, que eles não poderiam ter concebido, o do consumidor, veio enxertar-se no Código Civil, de tal maneira que esse contrato agora tem pelo menos duas fontes que é preciso combinar para não se incidir em erros. Isto porque há duas espécies de venda: entre profissionais ou particulares, submetida ao direito comum, e entre profissionais e consumidores, regulamentada de modo minucioso pela lei, a fim de proteger a parte fraca.

Antes, indicaremos que a venda é frequentemente precedida de pré-contratos, ou "contratos preparatórios", que, como o nome indica, constituem a primeira etapa antes do contrato definitivo. Em geral, porque o comprador precisa obter crédito ou refletir, ou porque nem todas as condições estão reunidas. O mais conhecido desses pré-contratos é a "promessa unilateral de venda", em cujos termos o proprietário se compromete a imobilizar seu bem durante determinado prazo a favor de um beneficiário, que aceitará ou não a opção segundo sua conveniência, com a ressalva do pagamento de uma indenização. Existe uma regulamentação protetora para os consumidores. Outro contrato muito usado é o "pacto de preferência", em que o proprietário só se compromete se decidir, no futuro, vender. É frequente no universo das sociedades comerciais. Seu regime é bastante movimentado, pois os juízes não sabem muito bem como punir o proprietário que não cumpra a palavra, vendendo a outro: indenização por perdas e danos à vítima ou execução forçada do contrato? Esta última solução, apesar de mais justa, esbarra em problemas de coerção sobre a pessoa e do conhecimento da fraude contra terceiros.

Objeto da venda

A venda, como a maioria dos contratos chamados de "especiais", regulamentados pelo Código Civil francês, é de natureza "sinalagmática" e "comutativa", ou seja, cada uma das partes ao mesmo tempo se obriga e recebe uma contrapartida da outra. Um fornece a *coisa*, o outro paga um *preço*.

A coisa. – É aquilo que o comprador procura: um carro, um computador, uma casa, um filão de pão etc. Todas as coisas "do comércio" (art. 1.598) podem ser vendidas, o que abre um leque considerável. Coisas "corpóreas", ou seja, que têm existência física, entre as quais imóveis e móveis (todo o resto, que não deve ser tomado em sentido literal). Mas também coisas incorpóreas, como fundos de comércio (lojas de todos os tipos, cujo valor se baseia numa clientela), fundos liberais, criações artísticas, patentes, direitos de marca etc.

Não há sequer necessidade de que a coisa exista no momento do contrato: é o que ocorre com a venda "do imóvel na planta" ou do carro ainda não montado. No entanto, há uma linha que não deve ser transposta: a ordem pública. Assim, uma coisa ilícita não pode ser negociada, como por exemplo droga, armas contrabandeadas, o corpo humano. Desse ponto de vista, os artigos 16-5 a 16-7 do Código Civil francês proíbem todo e qualquer contrato oneroso relativo ao corpo humano ou a seus elementos, pois os desvios são evidentes. Em compensação, as clientelas comerciais e civis são curiosamente cessíveis. Cabe um esclarecimento, para terminar esse assunto: para vender alguma coisa, é preciso ser seu proprietário, de tal modo que aquele que vende coisas alheias terá o contrato anulado (art. 1.599) e será responsabilizado perante o verdadeiro proprietário.

Preço. – "O preço da venda deve ser determinado e designado pelas partes" (art. 1.591). Isso parece muito simples e ocorre com simplicidade na maioria dos casos. As partes negociam o preço da coisa (por exemplo, casa, "pacote" de ações), ou uma delas aceita tudo o que a outra determinou (computador, joia, litro de leite), o que corresponde aos contratos mais correntes, especialmente os firmados pelos consumidores. O preço pago, porém, deve ser sério, pois o vendedor, embora precise arcar com as consequências de uma eventual subestimação de seu bem, não pode ser gravemente lesado. Por isso o Código francês regulamenta a "lesão de mais de sete doze avos" (art. 1.674), caso o valor da coisa seja superior a essa fração em relação ao preço efetivamente pago. Isso será determinado por peritos designados pelo juiz, com base em ação do vendedor. A sanção é o pagamento de um preço suplementar pelo comprador. Essa ação especial só é cabível em matéria imobiliária e em algumas esferas mobiliárias, entre as quais o direito autoral. Em compensação, algumas vendas aparentemente por preço inexistente – as famosas vendas a "1 euro", quando o bem pode ter valor considerável (uma empresa inteira) – ocultam uma operação na qual o comprador na realidade se compromete de modo substancial, "absorvendo" o passivo da empresa e mantendo o pessoal etc. Portanto, são válidas.

Em vista disso, a fixação imediata do preço nem sempre será possível, por exemplo quando o bem deve ser avaliado previamente (como na cessão de ações de sociedades); nesse caso, o Código Civil francês (art. 1.592) prevê que uma espécie de árbitro, designado pelas partes, poderá determinar o preço em nome delas, de tal modo que sua avaliação se lhes imporá: uma "sentença sobre o preço", proferida por um especialista, muito cômoda, especialmente quando é preciso recorrer à contabilidade. No entanto, isso pressupõe que o especialista seja independente das partes e não procure favorecer uma delas.

Outra dificuldade: quando a venda envolve uma coisa ainda não fabricada (por exemplo, um carro) ou quando uma grande quantidade será entregue periodicamente (por exemplo, carros a um distribuidor, combustível, bebidas) etc., o vendedor nem sempre saberá com certeza o seu preço de custo nem sua margem de lucro, de tal modo que seria cômodo permitir que ele fixasse o preço da coisa depois que ela fosse fabricada ou entregue. Evidentemente, há o risco de abuso dessa liberdade, mas a Corte de Cassação impôs, em direito comum, um controle dos preços excessivos pelo juiz. Contudo, por enquanto ela parece curiosamente hostil à aplicação desse princípio à venda, o que seria pertinente. Um último método, mais "intervencionista", consistiria em o próprio juiz proceder à fixação do preço, sempre que este não fosse previamente determinado pelas partes e estas não conseguissem depois se entender sobre seu valor exato. Isso não é necessariamente chocante, visto estar claro que as partes desejaram comprometer-se e querem efetivar o contrato. No entanto, também nesse caso a Corte de Cassação se mostra recalcitrante.

Consentimento das partes

Começaremos ressaltando que, para consentirem validamente com a venda, é preciso que as partes sejam capazes, de tal modo que um menor, um alienado ou um idoso com déficit mental nem sempre poderão vender ou comprar, ou pelo menos sem a ajuda de um parente ou de uma pessoa habilitada. Algumas incapacidades "especiais" também vedam pura e simplesmente a venda: por exemplo, o médico que comprar um bem de seu paciente moribundo, o advogado de seu cliente, o juiz de um jurisdicionado, o mandatário daquele que o encarregou de vender ("contrapartida"). Em outros casos, as partes não são proibidas de contratar, mas, ao contrário, são obrigadas a tal. Isso é reservado aos profissionais pelo direito europeu da concorrência, com base no art. 82 CE, quando se supõe que um fabricante "abusou de sua posição dominante", recusando-se, por exemplo, a vender seus produtos a supermercados, a importadores etc.

Como a venda constitui um contrato consensual, sua forma é livre, a não ser que seja redigido um texto entre um comerciante e uma pessoa civil, ou entre duas pessoas civis; deve-se lembrar que, desde a Lei de 13 de março de 2000, esse texto pode ser eletrônico e firmado pela internet (ver arts. 1.316 ss., C. Civ.).

Todo o direito da venda, como o essencial da teoria geral das obrigações, gira em torno da vontade das partes, pequenas soberanas de sua convenção (art. 1.134): é essa vontade que rege a formação do contrato, e dela decorrem seus principais efeitos. Hoje, essa asserção continua verdadeira, do ponto de vista da pureza dos princípios.

Mas uma corrente poderosa tende a diminuí-la, pelo menos nos "contratos de adesão": é o direito do consumidor. Este, tal como já ressaltamos acima, interessa-se muito pela venda. Do ponto de vista das fontes, o Código do Consumidor contém numerosas disposições que regem diretamente a venda; também é preciso contar com a União Europeia, através do sistema das diretivas, transpostas para os Estados-membros ou ainda não transpostas, mas que os juízes já podem levar imediatamente em conta, por meio de certo número de técnicas jurídicas. Assim, o vendedor deve dar informações que descrevam o produto, seu uso, seus perigos etc. Estas são ainda mais necessárias quando o consumidor compra a crédito, para financiar a aquisição de bens mobiliário ou imobiliário. De fato, ele não pode correr o risco de comprar um bem e depois saber que o banqueiro se recusou a lhe dar um empréstimo, encontrando-se insolvente perante o vendedor. Para evitar esse tipo de inconveniente, o Código do Consumidor dá-lhe o benefício do mecanismo da condição suspensiva: a venda só será consumada se o empréstimo for concedido; se não for, ela caducará (art. L. 312-15 e 16). O próprio empréstimo está cercado de numerosas precauções, assumindo essencialmente a forma de "oferta prévia" à conclusão do contrato, enunciando com muita precisão as diversas condições (especialmente custo do crédito) impostas ao tomador do empréstimo (art. L. 312-7 e 8). Em suma, os contratos de venda e de empréstimo tornaram-se indivisíveis. Por fim, há o controle das cláusulas abusivas (art. L. 132-1 C. Consum. fr.) e as numerosas recomendações regularmente dadas pela Comissão encarregada, guardiã da segurança contratual do comprador; por exemplo, sobre as garantias contratuais, os prazos de entrega, as cláusulas de irresponsabilidade, as penalidades etc. Se constatar desequilíbrio manifesto, o juiz declarará a cláusula litigiosa como "não escrita", como se não existisse.

Concluída a venda, a questão do compromisso do comprador deveria encerrar-se. No entanto, numerosos textos do Código do Consumidor francês e das diretivas europeias preveem um último "escudo" a seu favor, na forma de um "direito de retratação". Este, como o nome indica, é uma prerrogativa bastante exorbitante que permite ao comprador voltar atrás em seu acordo, num prazo breve a contar da venda (entre sete e dez dias, segundo o contrato), sem precisar pagar multa ou indenização (ver, por exemplo, quanto à venda porta a porta, arts. L. 121-25 e 26 C. Consum. fr. e, quanto aos contratos à distância por internet, Diretiva Europeia de 20 de maio de 1997, art. 6º).

Consequências da venda

Examinaremos o efeito essencial: transferência da propriedade; depois, as obrigações do vendedor; por fim, as do comprador.

Transferência da propriedade. – A primeira das consequências é a transferência de propriedade: a partir do instante em que há troca de consentimentos e antes mesmo que o bem seja entregue ao comprador, ele se torna seu, apenas por efeito das vontades (art. 1.583). Trata-se de uma diferença essencial em relação ao direito romano e ao "antigo direito" de antes da Revolução, em que a venda só se consumava com a entrega da coisa, a "tradição". Em vista disso, nada impede que as partes decidam adiar a transferência de propriedade, especialmente quando o vendedor aceita que o comprador pague em várias vezes. Tem-se de novo a condição suspensiva, também chamada de "cláusula de reserva de propriedade", que funciona como garantia para o vendedor. Este entregará o bem, mas, se o comprador não quitar a totalidade do preço, poderá retomá-lo, pois ele continuou como sua propriedade. Isso quanto às partes. Com referência a terceiros, em diversas hipóteses é preciso que eles sejam informados por uma "publicidade", pois alguns deles podem ser interessados e preocupar-se com a venda, especialmente no caso dos credores do vendedor, cujo "penhor" diminui em consequência disso. Essa publicidade será feita por organismos públicos, cartórios de registros (por exemplo, no caso de imóveis, fundos de comércio, navios, filmes etc.). Mas é preciso que ela seja prevista por um texto.

Além da propriedade da coisa, o comprador recebe seus "acessórios" (art. 1.615). Estes poderão ser materiais (garagem, chaves, documentos do veículo), mas também puramente jurídicos. Por exemplo, o benefício de uma servidão sobre uma propriedade vizinha, ou de obrigação de não concorrência assinada por um terceiro a favor do ex-proprietário (bastante frequente no setor de distribuição); ou também indenização devida a este por um de seus devedores, mas "em relação com a coisa", por exemplo dívida de locação ou de reforma.

A transferência de propriedade também terá efeitos passivos? De fato, o ex-proprietário pode ter deixado dívidas em relação à propriedade, o que é chamado de *intuitus rei*. Por exemplo: indenização que deve ser paga a um vizinho ou a um locatário; pode também ter aceitado uma cláusula de não concorrência sobre a propriedade. A Corte de Cassação, no essencial, rejeita tal transferência do passivo sem aceitação expressa por parte do comprador; em primeiro lugar, porque a cessão de dívidas não existe como tal em direito francês; em segundo, em virtude do efeito relativo das convenções (art. 1.165, C. Civ. fr.), pois o comprador é terceiro em relação à dívida inicial. No entanto, seria possível perguntar se o novo proprietário, tendo interesse no uso do bem, não deverá auditar as dívidas que pesem sobre ele.

Obrigações do vendedor. – O vendedor deve entregar a coisa e garantir seu uso ao comprador. Resta saber se ele pode eximir-se de antemão de uma eventual responsabilidade.

Entrega. – Entregar a coisa é colocá-la "em poder e posse do comprador" (art. 1.604). A posse material, de início, passa pela entrega do bem, se este for corpóreo; se houver acordo das partes, poderá ser entregue em seguida ou mais tarde no lugar por elas determinado. Está claro que, se o vendedor demorar demais, o comprador dispõe de meios de pressão (especialmente sustar o pagamento, "exceção de inexecução"), podendo requerer a rescisão do contrato. O direito do consumidor também prevê prazos e penalidades ainda mais estritas.

Além disso, a entrega também é um conceito. Atualmente, os juízes lhe dão pelo menos dois sentidos. O primeiro volta à onipresente obrigação de informação, desta vez não à margem do contrato, mas no contexto de sua própria execução: o vendedor deve indicar ao comprador tudo o que lhe possa ser útil para o bom uso da coisa. Melhor: deve orientá-lo, sobretudo quando esta é complexa (por exemplo, um aplicativo de uso interno ou para a internet) ou perigosa (máquinas, medicamentos etc.). Está claro que, se o vendedor for profissional, e o comprador, leigo, sua obrigação é maior. Inversamente, se o vendedor for um particular, ou se o comprador for um profissional, ela será menor: nesse caso, *emptor debet esse curiosus*, o comprador deve ser curioso. O segundo sentido de entrega baseia-se na ideia de "conformidade": o vendedor deve entregar ao comprador uma coisa que corresponda àquela que ele exigiu. Pode-se voltar ao exemplo da informática, em que os programas, cada vez mais sofisticados, devem corresponder com a maior exatidão possível às necessidades do cliente. Este, portanto, indicará as especificidades do bem que deve ser entregue. E, se este não corresponder a ela, o contrato será rescindido com prejuízo do vendedor.

E se o cliente não tiver especificado nada e a coisa não funcionar ou funcionar mal? Entra-se no domínio das garantias, que uma diretiva CE de 25 de maio de 1999 tende a fundir com a conformidade.

Garantir o comprador é dar-lhe a segurança de que, mesmo encontrando dificuldades depois da entrega, poderá contar com o vendedor para resolvê-las. As garantias são de dois tipos: evicção, vícios ocultos.

Garantia de evicção. – É a garantia devida de pleno direito pelo vendedor (art. 1.626, C. Civ. fr.) de que, se o comprador for perturbado em seu gozo da coisa por um acontecimento qualquer relacionado a suas responsabilidades, o vendedor o resolverá, caso contrário o contrato será rescindido em seu prejuízo. Há dois tipos possíveis de evicção: por ato do vendedor (por exemplo, ele concede sobre a mesma coisa direitos concorrentes a terceiros, pretende conservar certas prerrogativas, foi mal pago etc.) e por ato de terceiros (estes afirmam que são os verdadeiros proprietários, que alguns de seus direitos reais ou pessoais foram desrespeitados etc.). A não ser que estes não possam se valer de nenhuma prerrogativa especial sobre a coisa e se limitem a prejudicar o novo proprietário ("reivindicações de fato", que se opõem às "reivindicações de direito"). Se houver processo entre o comprador e terceiros, o vendedor deverá intervir e defender-se. E, se a causa for perdida, ele deverá indenizar seu cocontratante, restituindo o preço e pagando indenizações.

Garantia por vícios ocultos. – Estatisticamente, é a mais importante. Como o nome indica, vícios ocultos são defeitos que afetam a coisa e são ignorados pelo comprador no momento da conclusão do contrato, tornando a coisa imprópria para o uso que dela se poderia esperar (art. 1.641). O carro não funciona bem, o terreno desmorona, os canos têm microfissuras etc. Opõem-se aos vícios aparentes, pelos quais o vendedor também é responsável, pelo menos quando o comprador se mostra prudente e os denuncia no momento da entrega. Quando o vício aparecer, cedo ou tarde, o comprador deverá logo pedir sua garantia ao vendedor e notificá-lo em juízo, "o mais depressa possível" (art. 1.648), caso contrário seu direito à reparação pode prescrever. Foi precisamente para escapar a esse "o mais depressa possível" que durante muito tempo a Corte de Cassação admitiu que o comprador pudesse também valer-se do fundamento da obrigação de conformidade. Ou mesmo de uma outra abertura da teoria geral das obrigações, o erro sobre as qualidades substanciais (erro essencial). No entanto, esses dois caminhos agora parecem fechados, e a falta de entrega ficou reservada apenas aos casos em que o comprador tenha especificado o que queria exatamente, o que é diferente dos casos nos quais ele espera, como todos esperam, o uso devido da coisa: pura e simplesmente que ela funcione. Cabe acrescentar que o comprador dispõe de outra ação que não lhe pode ser negada caso ele atenda a suas condições: refere-se à "responsabilidade por produtos defeituosos" (art. 1.386-1, C. Civ. fr.), submetida esta a certos prazos. Uma diretiva europeia de 25 de maio de 1999 retoma o sistema da garantia, estipulando suas próprias condições: ela funde as ações (com exceção dos vícios de consentimento) e lhe dá um prazo único: dois anos a contar da entrega. Resta saber se o sistema só se aplicará às relações com os consumidores ou, de modo mais amplo, de forma transposta, que parece a melhor, pois evita todas as sutilezas externas. Se o vício existir efetivamente, o vendedor poderá eliminá-lo, reparando-o ou substituindo a coisa; a questão é saber se o comprador tem o direito de recusá-lo (não, no sistema da diretiva). Nesta última hipótese, este tem a opção de exigir do juiz que pronuncie a rescisão da venda ("ação redibitória") ou simplesmente que o vendedor reembolse uma parte do preço, subentendendo-se que o comprador ficará com a coisa ("ação estimatória", art. 1.644, C. Civ. fr.). Tudo isso com a ressalva de pagamento de indenização (art. 1.645). Normalmente, seria preciso provar que o vendedor conhecia os vícios da coisa. Mas, em todo caso, quando ele é profissional, a Corte de Cassação estabeleceu uma presunção que não cede diante de nenhuma prova contrária. Em outros termos, a responsabilidade é automática. É também automática no caso de responsabilidade por produtos defeituosos.

Exoneração de responsabilidade

Finalmente, está claro que as responsabilidades do vendedor são bastante pesadas. Desse modo, ele pode ser tentado a incluir no contrato "cláusulas de não responsabilidade", ou "exoneratórias", ou "limitativas", que lhe possibilitem escapar a processos e condenações.

Teoricamente, essas cláusulas são válidas, seja no campo da falta de conformidade, seja no da garantia de evicção ou dos vícios ocultos. No entanto, a multiplicação das leis especiais e, sobretudo, das decisões severas da Corte de Cassação levam a perguntar se essas cláusulas ainda podem ter efeito. Nas vendas entre particulares e entre profissionais, provavelmente, ainda que, neste último caso, se o comprador não é especialista do setor de origem da coisa (por exemplo, um merceeiro compra um programa de computador ou um carro), a cláusula seja declarada ineficaz.

Nas vendas entre profissionais e consumidores, na maioria das vezes ela será descartada, pois esse tipo de estipulação é um dos primeiros arrolados nas "cláusulas abusivas" (art. L. 132-1, C. Consum. fr.), consideradas não escritas. Isto porque, o que o consumidor entende do assunto quando assina o contrato? E o desequilíbrio jurídico e econômico entre as duas partes é muito grande.

Obrigações do comprador

Há casos em que o comprador se compromete a retirar a coisa. Mas sua obrigação essencial consiste no pagamento do preço convencionado, no prazo combinado, ou seja, instantaneamente (no caixa do supermercado) ou mais tarde, depois da entrega da mercadoria. Se não o fizer, o vendedor, se ainda estiver de posse da coisa, poderá retê-la, o que é também uma aplicação da exceção de inexecução. O pagamento normalmente deve ser feito em dinheiro, na moeda local. Na Europa, o comprador paga o preço em euro, segundo a modalidade convencionada entre as partes: cheque, depósito, dinheiro, cartão de débito.

Terminaremos mencionando a hipótese de o juiz ser levado a anular ou rescindir a venda, em decorrência de alguma inexecução de obrigações por parte do vendedor ou do comprador. Nesse caso, em virtude da retroatividade, é como se a venda nunca tivesse existido: o vendedor deverá devolver o dinheiro recebido, e o comprador, devolver a coisa. Mas aquele que foi considerado faltoso naturalmente deverá pagar indenização, que eventualmente será compensada pelas indenizações devidas pelo outro. Se a coisa tiver desaparecido, sem culpa do comprador, o juiz decidirá se este deve devolver o equivalente, podendo também impor logo uma compensação, por exemplo no caso de ter havido vício oculto. Se, entrementes, o comprador tiver revendido a coisa, seu próprio adquirente acionará diretamente o vendedor, o que a Corte de Cassação admite. No entanto, só poderá obter indenização: o vendedor não precisa devolver um pagamento que ele não fez.

› BÉNABENT A., *Les Contrats spéciaux*, Paris, Montchrestien, 5ª ed., 2001. – COLLART-DUTILLEUL F. & DELEBECQUE Ph., *Contrats civils et commerciaux*, Paris, Dalloz, 6ª ed., 2002. – HUET J., *Principaux contrats*, Paris, LGDJ, 2ª ed., 2001. – MALAURIE Ph., AYNÈS L. & GAUTIER P.-Y., *Les Contrats spéciaux*, Defrénois, 2003.

Pierre-Yves GAUTIER

→ Contrato; Obrigações.

VÍCIOS DE CONSENTIMENTO

A teoria dos vícios de consentimento é um dos pilares do direito das obrigações. É fácil entender essa importância: uma vez que, como aplicação das concepções consensualistas, o ato jurídico repousa apenas na vontade, o direito deve ser particularmente exigente quanto à qualidade do consentimento dado. Para fundamentar a força obrigatória do contrato em toda a sua plenitude, é necessário que o consentimento seja esclarecido e livre. Isso é traduzido, em fórmula lapidar, pelo artigo 1.109 do Código Civil francês: "Não é válido o consentimento dado em virtude de erro, extorquido por violência ou obtido por dolo." O tríptico é bem conhecido, ainda que a tradição tenha dado a seu estudo uma ordem um tanto diferente.

Erro

História. – Na origem, o direito romano primitivo preocupava-se pouquíssimo com o erro, e foi só com o declínio do formalismo que sua ideia surgiu. Aliás, ele não era concebido então como "vício" de consentimento, mas como um obstáculo à sua própria existência. Assim, atribuía-se consequência apenas ao *error in negotio*, referente à natureza do ato, ao *error in corpore*, que pressupõe um erro sobre a própria identidade do objeto, e ao *error in persona*, engano sobre a identidade da pessoa com a qual se firmava contrato, nas hipóteses de contratos firmados *intuitu personae*. É verdade que os princípios eram temperados por soluções específicas ao contrato de venda ou, mais geralmente, aos contratos "de boa-fé". Com o nome de *error in substantia*, admitia-se na época clássica que o engano acerca da matéria de que a coisa é feita deve acarretar a nulidade da venda, mesmo quando o vendedor não merecesse censura.

No entanto, a interpretação que lhe era dada mostrava-se restritiva: uma coisa é "de ouro", ainda que o título do metal seja inferior ao esperado, se for parcialmente de ouro, ou mesmo – para Marciano e Paulo (na hipótese de um vaso) – se for de *vermeil*. Portanto, é pouco dizer que o erro era considerado pelos romanos apenas em caráter excepcional. Era preciso que a própria concepção de ato jurídico mudasse para que pudesse existir erro, vício de consentimento. O abandono do formalismo e, correlativamente, a adoção do princípio do consensualismo levaram a isso inelutavelmente: se só a vontade compromete, ela deve ser sã e, principalmente, isenta de qualquer engano. Já no século XII, os canonistas buscavam um substituto para a forma do ato, encontrando-o em sua causa natural, ou seja, no objetivo econômico buscado pelo promitente quando se obriga. Completadas pelas análises de Dumoulin e de Guy Coquille, essas ideias possibilitariam que Domat, no século XVII, estabelecesse uma relação fundamental entre erro e causa do ato. No século XVIII, Pothier apresentou a questão numa fórmula que deveria entrar para a história. Escreve ele: o erro anula a convenção, não só quando incide sobre a própria coisa, "mas também quando incide sobre a qualidade da coisa que os contratantes tiveram em vista precipuamente e que constitui a substância dessa coisa". E ilustra suas palavras com o exemplo bem conhecido (mas mal escolhido) dos candelabros de cobre folhados de prata que foram considerados de prata maciça. Os redatores do Código Civil francês, como se sabe, adotaram essa fórmula. Nos termos do artigo 1.110, o erro só é causa de nulidade da convenção quando incide sobre a própria substância da coisa que é seu objeto, e o segundo parágrafo do mesmo texto acrescenta que o erro sobre a pessoa com a qual se tem a intenção de firmar contrato não é causa de nulidade, "a menos que a consideração dessa pessoa seja a causa principal da convenção". Frequentemente se ressaltou que a concepção de erro presente no Código Civil francês é absolutamente restritiva e que nela há o eco de uma preocupação essencial, a estabilidade das convenções. Essa proposição convida a estabelecer uma distinção entre erros causadores de nulidade e erros indiferentes.

Erros causadores de nulidade. – Ressalvando-se o caso do erro-obstáculo, que corresponde essencialmente às hipóteses romanas de *error in negotio* e *error in corpore* ("Não se trata de um contrato, mas de um mal-entendido", dizia Planiol), o erro é um vício de consentimento quando incide na substância da coisa. Naturalmente, o direito moderno repudiou, por excessivamente restritiva, a concepção de substância-matéria. Por "substância" entendem-se, na realidade, "qualidades substanciais", ou seja, qualidades – ou atributos – cuja consideração acarretou o consentimento. O direito só leva em conta o erro determinante. Convém, no entanto, esclarecer que todo erro "sem o qual não haveria contrato" não pode ser causa de nulidade. Embora seja essencial que a vontade do *errans* tenha sido determinada pelo engano (é a causalidade do vício, certeza que deve ser apreciada *in concreto*), deve-se levar em conta que o próprio objeto do engano – qualidade ou atributo – só pode ser definido *in abstracto*, por referência à opinião comum (é a substancialidade previsível). Há, realmente, qualidades que, pode-se dizer, são da natureza das coisas, não sendo passíveis de mais ou de menos. Elas lhe conferem o ser e, naturalmente, determinam em grande parte o seu valor. Exemplo usual: é o que ocorre com a autenticidade de um quadro de mestre, com a idade de uma antiguidade. Evidentemente, também é preciso que a coisa tenha sido apresentada como tal: não há erro quando a própria existência da qualidade foi apresentada como aleatória – pensemos num quadro simplesmente "atribuído a..." tal pintor; trata-se então, como todos concordam, de uma *venditio spei*, de uma venda de esperança. A essas qualidades se opõem, justamente, as chamadas "acidentais", que tornam a coisa melhor ou pior. Assim entendido, o erro sobre a substância tem um campo de aplicação geral. Não se faz a distinção segundo o erro tenha sido de fato ou, apesar dos precedentes históricos, de direito. Embora a coisa tenha sido controversa, não há como distinguir entre erro sobre uma qualidade da contraprestação (caso geral: erro do comprador) e erro cometido pelo *errans* acerca de sua própria prestação (cf.: caso Poussin). Quanto ao erro sobre a pessoa, só diz respeito aos contratos firmados *intuitu personae*; trata-se então, segundo os mesmos princípios, das qualidades da pessoa. Assim, um árbitro deve ser imparcial.

Erros indiferentes. – Ao lado desse erro sobre a substância, causa de nulidade, existem outros, aos quais o direito não vincula consequências. Especialmente, é o caso do *erro sobre o valor.* Com frequência se diz que admiti-lo como vício de consentimento seria esquivar-se à proibição geral de rescisão por lesão do artigo 1.118 do Código Civil francês. Na realidade, a razão parece mais profunda. O valor, medida do desejo que temos pela coisa, levando-se em conta sua utilidade e sua raridade, é perfeitamente externo a essa coisa, a suas qualidades: o valor é uma relação que, numa economia de mercado, se estabelece entre a coisa e o padrão comum, a moeda. O direito também considera indiferente o *erro sobre os móbeis.* O *errans* engana-se quanto às razões, pessoais, que o levam a comprometer-se. Costuma-se dar como exemplo o funcionário público que, acreditando ter sido nomeado para determinada cidade, ali comprou um apartamento, mas na verdade fora nomeado para outra. A razão que justifica não se levar em conta esse erro é idêntica à da hipótese anterior: os móbeis do *errans* são externos à coisa, à sua substância. Por fim – apesar de o texto do artigo 1.110 nada prever de semelhante –, a Corte de Cassação se recusa a sentenciar nulidade quando o erro cometido lhe parece "inescusável", ou seja, quando resulta de um engano muito grosseiro do *errans.* Geralmente a razão alegada para tanto é que admitir a nulidade nesse caso levaria a impor ao cocontratante as consequências desse engano. O argumento pode não ser convincente, pois este último não tem direito adquirido à execução de um contrato firmado em decorrência de um erro, mesmo que grosseiro. O máximo que ele poder exigir é que a anulação não seja fonte de perdas para ele (tempo decorrido, despesas incorridas). Segundo a boa lógica, ele só poderia pretender a uma indenização por perdas sofridas, na medida desse "interesse negativo". Mas a jurisprudência parece fixada.

Dolo

Ao contrário do erro, de que acabamos de falar, o dolo do artigo 1.116 do Código Civil francês não é um vício de consentimento puramente psicológico e depende de sua natureza primeira, puramente delituosa. Isso explica sua punição: independentemente da nulidade, a vítima pode obter indenização dos prejuízos sofridos.

História. – Na origem, os antigos romanos viam no dolo apenas "uma boa peça pregada por uma pessoa astuta num parceiro ingênuo demais" (J. Macqueron, *Histoire des obligations*, p. 224). As ações da lei praticamente só haviam conhecido (com a *lex Laetoria*) a repressão aos engodos que vitimassem menores. Foi preciso esperar o pretor Aquílio Galo, amigo e contemporâneo de Cícero, para que a vítima tivesse direito a uma ação e a uma exceção, quando a ação do contrato não a socorresse. Por outro lado, há uma nítida oposição entre *dolus malus*, único objeto do edito, e *dolus bonus*, "gabações habituais dos mercadores". No entanto, a ideia de que o dolo possa ser causa de nulidade é estranha ao direito romano clássico e até mesmo, provavelmente, ao direito de Justiniano. Trata-se de exceção, ou reparação. A independência total em relação à ideia de alteração do consentimento explica por que a derivação ulterior da noção de dolo não pôde ser total. Só com o Código Civil o dolo se tornou vício de consentimento na França. Até então, especialmente em Domat e Pothier, não passava de vício do contrato. Essa concepção subsistiu até mesmo nos três primeiros projetos. Foi finalmente abandonada, e os redatores conservaram no artigo 1.116 a ideia de alteração determinante da vontade, causa de nulidade. Rejeitaram, por outro lado, a concepção do antigo direito, de dolo real, *dolus ex re ipsa*, deduzido apenas do caráter desequilibrado e lesivo da operação: o dolo deve ser provado, não pode ser presumido.

Caráter ilícito. – De sua origem puramente delituosa o dolo conservou uma característica: ele só existe quando as manobras contempladas no artigo 1.116 são consideradas repreensíveis, ilícitas. Historicamente, os fatos visados correspondem a uma verdadeira maquinação. É o exemplo dado por Cícero: o cavaleiro Cânio compra uma propriedade, movido por uma encenação montada pelo hábil banqueiro siracusano Pítias, que simulou no lugar uma "pescaria miraculosa". Hoje, tais comportamentos desapareceram, em geral, dos tribunais civis. As manobras propriamente ditas, engodos manifestos, há muito tempo são equiparadas a simples mentiras, sem outro artifício. Há cerca de cinquenta anos, a Corte de Cassação considera que um delito pode tanto resultar de uma abstenção quanto de uma ação propriamente dita. Segue-se que será considerada dolo verdadeiro a omissão de levar ao conhecimento do cocontratante um fato ou uma circunstância que possa dissuadi-lo de firmar o contrato. Naturalmente, tudo isso é julgado de acordo com as circunstâncias e, principalmente, com as categorias às quais pertençam os contratantes. Assim, de maneira geral, o profissional, pessoa informada, não deve abusar da ignorância, da credulidade do leigo… A omissão saiu do campo da moral, do foro íntimo, de que falavam Cícero e Pothier. Fica uma certeza: qualquer que seja sua forma, o dolo só pode ser voluntário, e não é digno de censura quem engane outra pessoa por ter-se enganado. Essa exigência de lealdade, reforçada na atualidade, relegou a segundo plano a distinção clássica entre *dolus malus* e *dolus bonus*, que, no entanto, persiste. Caberá admitir um dolo que não seja engodo, mas consista em pressões sobre o cocontratante, em coerção? Historicamente, haveria algum fundamento nessa concepção, às vezes adotada, mesmo na atualidade, mas a Corte de Cassação, ao que parece, recentemente rejeitou tal interpretação.

Caráter determinante. – A exigência do caráter determinante do dolo (causalidade do vício) consta da letra do artigo 1.116. Deve estar "evidente" que, sem as manobras, a outra parte não teria firmado o contrato.

Dolo determinante ou principal é aquele que produz um erro determinante na mente da vítima. Do mesmo modo, só há omissão dolosa causadora de nulidade quando ela consiste na dissimulação de um fato que, se conhecido pelo cocontratante, o impediria de comprometer-se. Esse caráter determinante, evidentemente, é apreciado *in concreto*. Durante muito tempo, a esse dolo determinante (*Dolus causam dans contratui*) foi oposto o dolo incidente (*Dolus incidens in contratum*), ou seja, aquele sem o qual a convenção teria sido concluída, mas em outras condições. Essa distinção, de origem obscura, mas muito afirmada em Pothier, parece abandonada na atualidade. Em todos os casos, o dolo pode ser punido com o pagamento de indenizações, além da nulidade, naturalmente, caso requerida.

Dolo de terceiro. – Resulta do artigo 1.116 que o dolo, para ser causa de nulidade, deve emanar do cocontratante. É consequência direta da natureza delituosa do dolo, e a regra é tradicional. Contudo, não se aplica aos atos unilaterais, por razões evidentes; tampouco às liberalidades nem, sobretudo, às hipóteses de cumplicidade entre o cocontratante e o terceiro, autor das manobras. Do mesmo modo, quando o erro determinante produzido é substancial, a origem das manobras importa pouco, e a nulidade deve ser pronunciada.

Violência

Ao contrário do erro e, geralmente, do dolo, que atingem o consentimento em seu elemento de inteligência, a violência altera ou mesmo destrói a liberdade. Há muito tempo já se ressaltou que a palavra foi mal escolhida. Na realidade, seria preciso falar em medo, *metus* na terminologia romana: esse é o vício verdadeiro.

História. – Tal como o dolo, a violência é na origem um delito. No fim da República, na época de Sila, configurava fatos que hoje seriam qualificados de extorsão. Mas não há "vício" de consentimento, nulidade: tal como ocorre com o dolo, trata-se de indenização. Exigia-se então que o medo inspirado fosse de índole a impressionar um homem muito corajoso. Pothier retomará esta última ideia, atenuando-a, pois é justo proteger também – e sobretudo – os fracos. O Código Civil francês trata da violência, vício de consentimento, nos artigos 1.111 e seguintes. Sinal dos tempos: o critério de referência mudou; já não se trata de coragem, mas de razão.

Caráter determinante. – Quando examinam a violência, os redatores do Código têm em mente uma ameaça, exercida pelo cocontratante ou por um terceiro (diferença notável em relação ao dolo) e capaz de determinar a vontade de sua vítima. Pode ser a ameaça de um mal físico ou moral (difamação, por exemplo) ou de um atentado puramente patrimonial (a "fortuna" do artigo 1.112). Pouco importa se essa ameaça visa o próprio contratante ou algum parente próximo. Além da contradição interna do artigo 1.112 e da referência à "pessoa racional", a jurisprudência foi categórica: a apreciação do caráter determinante da violência é feita *in concreto*.

Caráter ilegítimo. – O artigo 1.114 alude ao caráter legítimo quando visa o temor reverencial por um ascendente, que não basta para anular o contrato: há ameaças legítimas. Pensa-se, naturalmente, nas vias de direito: ameaçar usá-las é legítimo desde que não se abuse, desviando-as de seu objetivo ou aproveitando-as para obter vantagem indevida. O problema é o mesmo nas relações hierárquicas: a autoridade não pode ser desviada de seus fins.

Origem da violência. – Tal como configurada no Código Civil francês, a violência só é um vício de consentimento quando tem origem humana: o objetivo visado é a extorsão. Pode haver outros temores, especialmente de acontecimentos, que podem ser usados por um contratante pouco escrupuloso. Além das soluções adotadas em algumas legislações especiais (resgate marítimo, restituições da Ordem de 21 de abril de 1945), a resposta da jurisprudência, ao que parece, está consolidada: o temor dos acontecimentos torna-se vício de consentimento desde que explorado de maneira ilegítima pelo cocontratante, para obter um contrato desequilibrado a seu favor.

› Bonassies P., *Le Dol dans la conclusion des contrats*, tese, Lille, 1955. – Breton A., *La Notion de violence en tant que vice du consentement*, tese, Caen, 1925. – Chauvel P., *Le Vice du consentement*, tese, Paris II, 1981. – Fransen Y., *Le Dol dans la conclusion des actes juridiques*, tese, Louvain, 1946. – Ghestin J., *La Notion d'erreur dans le droit positif actuel*, tese, Paris, LGDJ, 1961.

Patrick Chauvel

→ Contrato; Nulidade; Obrigações.

VINGANÇA

Os fenômenos de vingança são multidimensionais, e somente uma abordagem plural – jurídica, mas também filosófica, psicológica, etnológica e histórica – possibilita dimensioná-la. Aqui a definiremos como uma forma de justiça reparadora em que ocupam maior espaço o sentimento e a ação das vítimas.

Vingança fora da lei

No Ocidente, a vingança sofre um descrédito profundo. Os mais diversos discursos em geral a representam de maneira totalmente negativa (com a notável exceção da tradição aristotélica). Ela se mostra (des)qualificada por cinco características.

Desmedida. – Apesar do objetivo de reparação, nada a predispõe a equilibrar a retaliação com a lesão que ela pretende anular/apagar. Desde Sêneca, imputa-se esse defeito à cólera que a inspira. Para Hegel, sem dúvida a ideia de vingança equilibrada se coaduna com a razão, mas o vingador sempre pode deixar-se empolgar, como que por um mau infinito, além da justa medida. Com Ihering, a vingança só tem como limite o grau de superexcitação puramente acidental ou arbitrária do indivíduo lesado.

Interminável. – A vingança não tem fim. A contraofensa do vingador, em vez de extinguir o conflito, só faz reavivar a violência. Para Hegel, o vingador é uma pessoa privada, e seu ato, para o primeiro ofensor, não aparece como realização do direito conspurcado; por isso, provoca novas vinganças infinitamente. René Girard vê na vingança um processo mortífero interminável que ele explica pela lógica mimética. O vingador repete especularmente o ato inicial do assassino do qual ele se torna um duplo, e essa imitação se propaga, gradativamente, ao longo das linhas de solidariedade familiar ou social, com o risco permanente de incendiar o grupo como um todo.

Arcaica. – A vingança constitui um exemplo negativo para a construção de uma história do direito penal organizada em estágios sucessivos, dos quais ela constitui o momento mais primitivo (tanto no sentido temporal de prioridade cronológica quanto no axiológico, de reinado do puro fato). A evolução se reduz ao recalque progressivo da vingança e culmina na estatização completa da penalidade, em dois sentidos: os poderes públicos conquistam o monopólio da organização legítima das retaliações (M. Weber), e toda infração é interpretada como um atentado ao soberano, e não como uma lesão que afete um cidadão em particular (E. Kant).

Ilusória. – Já na Antiguidade, Protágoras pleiteava um direito penal voltado para o futuro. A vingança, ao contrário, está por inteiro na retrospecção, pretende em vão inverter o sentido do tempo (Hobbes). Persegue quimericamente a anulação das dores passadas. Para Nietzsche, o homem doente do passado e de seu "foi" gostaria de quebrar o tempo e voltar atrás. Zaratustra rejeita como mesquinharia dos homens "pequenos" a ideia de que onde quer que haja dor deveria haver castigo reparador.

Imediata. – A vingança cria um perigoso curto-circuito entre dois sofrimentos: o da vítima e o infligido pelo vingador. Quando haveria necessidade de distância, suspensão e objetividade, ela encerra na emoção, no rastro obsedante e na violência pânica (P. Ricoeur). Desconhece ao mesmo tempo a natureza do elo social e os recursos da linguagem. Ignora as benfazejas mediações jurídicas que põem os indivíduos na justa distância em que comunicação e reconhecimento se tornam possíveis. Priva-se das dimensões catárticas da linguagem que, durante um processo, oferecem aos afetos a possibilidade de uma descarga na simbolização narrativa (G. Courtois).

Essas análises levam longe, mas seu limite está na superestimação anistórica dos aspectos psicológicos da vingança. A antropologia jurídica, quando estuda as sociedades que a praticam (ou seja, aquelas que não delegam a uma autoridade incontestável a solução de seus conflitos), mostra-nos, ao contrário, que a vingança pode ser uma instituição social dotada de regras e limites.

Sistemas vindicatórios

O termo vingança é equívoco. Por um lado, designa toda a energia passional da cólera, voltada para a anulação ou a ab-reação mais ou menos violenta de um trauma (S. Freud): é o campo do vindicativo. Mas o termo vingança também remete a um fato cultural, a um sistema de obrigações que integra as pulsões vindicativas numa ordem simbólica: é o campo do vindicatório. Na ordem do vindicatório, os atos de vingança já não se põem no imaginário (G. Nicolas), são objeto de deveres e normas que devem ser observados, mesmo na ausência de sentimento vindicativo. Existe então como código consuetudinário que especifica os casos para os quais a vingança é admitida, as pessoas nas quais ela incide do ponto de vista ativo e passivo, a natureza e a extensão das retaliações permitidas ou das reparações exigíveis, as formas, os prazos e os rituais que marcam ou suspendem o seu desenrolar.

"Restitutio in integrum". – Essas sociedades representam da seguinte maneira a vingança: quando um grupo A, por intermédio de um de seus membros, diminui o poder de vida de um grupo B, contrai coletivamente uma dívida de responsabilidade, e o grupo B deve procurar solidariamente o seu restabelecimento. O que está em jogo na vingança é a restauração de um capital-vida que sofreu prejuízo. R. Verdier definiu esse capital-vida como "o conjunto de pessoas e bens, forças e valores, crenças e ritos que fundamentam a unidade e a coesão do grupo; é representado por dois símbolos: o sangue, símbolo de união e de continuidade da linha-

gem e das gerações, e a honra, símbolo de identidade e diferença que possibilita ao mesmo tempo reconhecer o outro e exigir respeito por parte dele". A *restitutio in integrum* de uma identidade sempre remete a esses dois eixos, do sangue e da honra, mas segundo ênfases próprias a cada cultura. Algumas privilegiam o sangue; outras, a honra. Por outro lado, em condições semelhantes, as primeiras aceitam reparações não violentas mais facilmente do que as segundas.

O sangue e seus equivalentes. – O exercício da vingança não tem em vista apenas o homicídio; a exigência de reparação pode ter origem em outros atentados (atentado à honra, roubo, violências, delitos sexuais), mas aqui nos limitaremos ao caso típico do homicídio para trazer melhor à tona a lógica da instituição. Todo sistema vindicatório funciona com dois valores: a vingança de sangue ou o pagamento de um equivalente. A reparação violenta é a mais valorizada e honrosa. Satisfaz mais do que qualquer outra a ideia de reversibilidade do tempo e de contra-ação compensadora (L. Lévy-Brühl). Manifesta a coesão e o alto nível de coragem dos vingadores, prevenindo a perigosa suspeita de que a autoafirmação de seu grupo já deixou de ser o que era. No entanto, a maioria das iniciativas de reparação segue outro caminho (E. A. Hoebel). É como se a ameaça da vingança de sangue, tal como uma pena superior e terrível, possibilitasse garantir a efetividade dos costumes mais moderados, que organizam a reparação na forma da transferência de um equivalente: o preço do sangue. Na África subsaariana, a compensação é na maioria das vezes expressa em cabeças de gado. Entre os *nuers* do Sudão, na primeira metade do século XX, girava em torno de uns vinte bovinos (E. Evans-Pritchard). Às vezes tenta-se simbolizar ao máximo o corpo do desaparecido. Entre os *nyamwezis* da Tanzânia, os pais do morto devem receber o "50", conjunto de bens diversos correlacionados biunivocamente com as partes diferenciadas do corpo do morto, segundo certas semelhanças formais (S. Tcherkezoff). O valor da compensação é alvo de negociações, mas fica dentro de certos limites, determinados pela ordem consuetudinária. Com muita frequência, corresponde ao montante da compensação matrimonial que sela um acordo de casamento. A lógica reparadora é então positiva: desaparecida uma vida, aceita-se a quantia de bens que possibilite concluir depressa o casamento de um jovem (ao passo que, sem o preço do homicídio, talvez fosse preciso esperar muitos anos para reunir um rebanho suficiente). A criança esperada dessa união virá compensar aquele que desapareceu. Enquanto a vingança de sangue prescinde de acordo entre as famílias e se limita à reciprocidade negativa, a compensação por equivalente reata um elo de palavra entre as famílias e transforma perda vital em promessa de vida.

A opção pela compensação. – Os grupos cujo capital-vida sofreu prejuízo podem optar pelo caminho da compensação em cinco circunstâncias (eventualmente cumulativas). 1 / Se o homicídio for manifestamente acidental. Ao contrário do que afirma certo número de autores antigos, as sociedades tradicionais sabem distinguir acidental e voluntário. Por exemplo, os acidentes de caça eram numerosos, e nesse caso geralmente se aceitava uma compensação em valores (W. Goldschmidt). 2 / Se o sangue prevalece à honra. Em certas culturas, os indivíduos valorizam a honra mais do que qualquer outra coisa. Podem até mesmo buscar sistematicamente oportunidades de capitalizá-la por meio de provocações e desafios. Trata-se muitas vezes de grupos que organizam uma rigorosa separação prática e simbólica entre os sexos. Os homens se dedicam à violência para provar que não estão contaminados pelos valores femininos (B. B. Whiting). Ao contrário, nas sociedades que valorizam menos a honra do que o sangue, admite-se mais facilmente que uma vida perdida seja substituída por um equivalente positivo. 3 / Quando existem mediadores. Os conflitos raramente ocorrem entre dois subgrupos sociais completamente separados. Terceiros, que residam perto do teatro do conflito, frequentemente estão ligados às duas partes e têm interesse em facilitar uma saída negociada para continuarem leais a todos os seus parceiros (E. Colson). Anciãos e homens respeitáveis (*Big men*) também encontram nas iniciativas de mediação a oportunidade de confirmar sua autoridade. Por fim, essas sociedades sem estado conhecem mediadores religiosamente qualificados. As famílias ofendidas podem renunciar à vingança de sangue, sem desonra, caso cedam apenas às providências tomadas pelo representante dos valores religiosos; por exemplo: o Sacerdote com pele de leopardo entre os *nuers* e o Xerife da *baraka* entre os *iqar'iyens* do Er Rif marroquino (R. Jamous) possibilitam que os potenciais vingadores não percam a dignidade quando optam por uma solução negociada. 4 / Quando os dois grupos familiares estão excessivamente ligados (casamentos, alianças militares, rituais comuns etc.) e desejam manter as boas relações. 5 / Quando o grupo ofendido é fraco demais para tentar uma retaliação violenta.

Vingança e elo social. – A vingança não é praticada em qualquer relação social. É preciso distinguir três espaços concêntricos que determinam três maneiras diferentes de administrar a violência. Entre indivíduos muito próximos, nunca há vingança nem "pagamento". Nesse tipo de "nós coletivo", o ato do transgressor não o opõe a este ou àquele, mas ao grupo solidário cujo tabu do assassinato interno ele violou. O agressor, com frequência considerado como alguém afetado por loucura passageira, pode ser obrigado a exilar-se temporariamente; em todas as hipóteses, seu ato é origem de uma mácula contagiosa que impõe rituais de purificação. Em oposição a esse primeiro círculo, tem-se o terceiro espaço, que é o da guerra. Nesse caso os grupos em conflito estão distantes demais para conhecer referências comuns ou mediações eficazes, e toda ofensa ou lesão pode redundar em retaliações sem regra. A vingança reparadora insere-se no espaço social intermediário, que é também o lugar dos intercâmbios: intercâmbio de bens e/ou de mulheres, espaço onde é travada a luta indecisa pelo reconhecimento recíproco. É nesse entremeio que nascem os regimes consuetudinários da responsabilidade.

Vingança subjacente

O Estado, quando se arroga o monopólio do uso legítimo das retaliações, realiza a síntese dos dois primeiros círculos. Do primeiro ele extrai a posição formal do grupo unânime perante o infrator isolado, mas o estende até os limites da sociedade civil. Do segundo, reformula as lógicas penais e civis de responsabilidade, adaptando-as à sua posição hierárquica de terceiro imparcial, agora acima de todos os intercâmbios sociais. Neste processo, a vingança torna-se oficialmente proibida e punível, mas é possível identificar sua persistência subjacente através de vários fenômenos. 1 / As infrações são processadas pelas instituições públicas e em nome delas. No entanto, na França, o Código de Processo Penal (arts. 2 e 418, § 3º) abre grande espaço para a constituição de parte civil. Em vez de servir apenas para facilitar a reparação dos interesses civis, essa via processual oferece à vítima um meio de obrigar o Estado a agir e fazer que sua própria voz acusadora seja ouvida no cerne do processo penal. É o reconhecimento de que a vítima tem interesse moral, de essência vindicativa, a vencer a passividade na qual a pusera a infração (R. Merle). 2 / A pena infligida pelo Estado abre maior espaço para o motivo da dissuasão e/ou do tratamento psicossocial dos delinquentes. Contudo, não pode evitar levar em conta a satisfação da vítima. Uma "parte" da pena tem a função de abrandar o seu sofrimento. É até mesmo todo o processo que faz parte dessa economia. Os traumas vivenciados são elaborados numa narração que os religa à ordem simbólica e os arranca do não sentido. Sua narrativa, ritualizada pelas formas processuais, equivale à reafirmação do apoio da coletividade a uma pessoa desestabilizada. Por sua vez, a visão do culpado às voltas com a adversidade também faz parte do consolo das vítimas (A. Garapon). A justiça, mesmo estatizada, não pode reduzir-se ao confronto de um infrator com a Lei. Ela dá lugar àquilo que Aristóteles chamava de "restauração" das vítimas, que pressupõe a consideração de seus sentimentos e de sua necessidade de ação.

Cabe notar, por fim, que o Estado tentou proibir a vingança, mas, tal como o Deus do Antigo Testamento, para exercê-la. Segundo a escola de Durkheim, a pena pública não pode ser apenas uma vingança pública. Ela consiste num esforço de reafirmar os valores coletivos no momento em que pareceram enfraquecidos ou negados pelo crime. Ao desejar curar com penas as feridas infligidas aos sentimentos coletivos, o Estado faz como os vingadores: procura restaurar um capital-vida, mas agora o da sociedade global.

› Courtois G., Nicolas G., Tcherkezoff S. & Verdier R., *La Vengeance*, 4 t., R. Verdier, J.-P. Poly e G. Courtois (org.), Paris, Cujas, 1980-84. – Garapon A., *L'Âne portant des reliques, essai sur le rituel judiciaire*, Paris, Le Centurion, 1985. – Hoebel E. A., "La vengeance, concept, réalité et approche dans l'étude du droit primitif", trad. fr. *in Droit et Cultures*, Paris, nº 15-16, 1988. – Merle R., "La distinction entre le droit de se constituer partie civile et le droit d'obtenir réparation du dommage causé par l'infraction", *Mélanges André Vitu*, Paris, Cujas, 1989. – Ricoeur P., "Sanction, réhabilitation, pardon", in *Le Juste*, Paris, Esprit, 1995.

Ver também: Carbasse J.-M., *Introduction historique au droit pénal*, PUF, 1990. – Colson E., "Social Control and Vengeance in Plateau Tonga Society", *in Africa*, nº 23-3, 1953. – Courtois G., "Vengeance et homéostasie", in *Vengeance, Stanford French Review*, Stanford, Anma Libri, nº 16-1, 1992. – Descola P., *Les Lances du crépuscule, relations Jivaros, Haute-Amazonie*, Paris, Plon, 1993. – Durkheim E., *De la division du travail social* (1893), Paris, PUF, 1990. – Evans-Pritchard E., *Les Nuer*, Paris, Gallimard-Tel, 1994. – Fauconnet P., *La Responsabilité* (1914), Paris, Alcan, 2ª ed., 1928. – Goldschmidt W., *Sebei Law*, Univ. of California Press, 1967. – Jamous R., *Honneur et Baraka, Les Structures sociales traditionnelles dans le Rif*, Paris, Maison des sciences de l'homme, 1977. – Lévy-Bruhl L., *Le Surnaturel et la nature dans la mentalité primitive*, 1931, Paris, PUF, 1963. – Mauss M., "La religion et les origines du droit pénal" (1896), *in Œuvres*, t. III, Paris, Minuit, 1969. – Whiting B. B., "Sex Identity Conflict and Physical Violence: A Comparative Study", *in American Anthropologist*, nº 67-6, 1965.

Gérard Courtois

→ Honra; Justiça privada; Mediação; Pena de morte; Reparação; Sociedades tradicionais; Talião.

VONTADE

Conceito fundamental da filosofia prática, vontade, que designa a faculdade de propor-se um objetivo para agir, interessa o jurista por vários motivos. Do ponto de vista *teórico*, alguns consideram que toda norma jurídica e/ou toda interpretação de tal norma constituem o significado ou a expressão de um "ato de vontade". Pode-se então perguntar no que consiste essa vontade, como ela é identificada e como se determina a relação de significação cujo resultado será a norma. Do ponto de vista *doutrinário*, em contrapartida, a "vontade" é não só objeto de normas, mas também aquilo que guia ou delimita seu conteúdo e às vezes até mesmo sua validade: os sistemas ocidentais de direito civil baseiam-se, em diversas variantes, no princípio de que todo compromisso, portanto, todo contrato é expressão da livre vontade das partes, e de que cabe à regulamentação jurídica enquadrar seu exercício. O direito constitucional regulamenta a maneira como a vontade dos cidadãos e/ou a vontade dos órgãos se expressam na produção de normas (leis, regulamentos, decisões etc.) ou na designação daqueles que produzirão essas normas (eleições, nomeações). Em todos os casos, a teoria da vontade se baseia e se desenvolve numa teoria da interpretação dos enunciados normativos.

O direito em seu conjunto é assim concebido como resultante de vontades agregadas de diferentes maneiras. Mas, ao contrário da filosofia moral ou da psicologia, que se interessam diretamente pela vontade como tal, o direito só se refere a ela de modo indireto: certos fatos e certos sinais são considerados *manifestantes* dessa vontade, que não parece muito captável como tal. Nada, em direito, é possível sem a vontade, mas nada parece poder ser relatado da vontade propriamente dita. Essa dificuldade intrigou os juristas desde a Antiguidade e continua alimentando vivas controvérsias. Como problemática jurídica, a vontade aparece sobretudo a partir do século XVIII, ganhando especial intensidade no século XIX. À medida que se ia admitindo que as sociedades são formadas por indivíduos que agem livremente, entre iguais, pelo menos em certo domínio, aquele ao qual as ordens jurídicas conferem justamente a qualificação de "privado", as codificações de direito civil foram atribuindo posição fundamental à "autonomia da vontade", mas sempre através dos fenômenos que se consideravam constituintes de sua manifestação. Ao longo de todo século XIX se desenvolverá um debate entre os que viam a *vontade em si* como fundadora do ato jurídico (*Willenstheorie* em alemão) e os que acreditavam só dever levar em conta a *vontade expressa* em alguma declaração (*Erklärungstheorie*). Essa controvérsia, inicialmente incentivada pelo movimento pandectista alemão, terá numerosos prolongamentos nas pesquisas doutrinárias realizadas em toda a Europa.

No debate teórico, também se encontram várias tendências opostas, segundo o lugar atribuído à vontade. Os realistas da interpretação concebem o sistema jurídico como um conjunto de relações de poderes efetivos e observáveis. Despertam interesse então os atos que se impõem realmente, sendo estes considerados manifestações do exercício de uma vontade que interpreta textos legais. Por outro lado, os normativistas insistem no fato de que o direito organiza sua própria estrutura e sua produção, com alguma independência no que se refere às relações de força. Tudo o que se torna eficaz resulta de um ato de vontade, mas nem todo ato de vontade tem a mesma qualidade normativa e, portanto, jurídica. Em filosofia política, a vontade é frequentemente invocada como fundamento último da força obrigatória do direito. As teorias do contrato social concebem a sociedade política como resultante de um acordo das vontades de indivíduos inteiramente livres, que convencionam submeter-se a um legislador comum, desde que todos os outros façam o mesmo.

Vontade como elemento da norma

A problemática da relação entre lei e vontade é concebida por Aristóteles em termos de oposição (por exemplo, *Política*, 1272 *b* 6), sendo a lei uma ordem racional ou mesmo uma "razão sem desejo" (*id.*, 1287 *a* 32) ("noûs aneu orexeos"). Essa concepção é retomada por Tomás de Aquino, que a atenua, submetendo a vontade à razão: a vontade deve ser regulada pela razão, só assim a vontade do príncipe tem força de lei, caso contrário se trataria simplesmente de iniquidade (*Suma teológica*, 1-2, qu. 90, a. 1, cf. também i. 8 ss.). Essa concepção se coaduna com o princípio fundamental do direito natural antigo, segundo o qual a lei, mesmo humana, é intrinsecamente justa (qu. 90, 2.3 c; qu. 95, 2) ou desprovida de força obrigatória (qu. 96, 4). Faz parte da tradição aristotélica da vontade guiada pela razão. A inversão realizada pelo direito natural moderno consiste justamente em que a vontade do soberano é considerada a única fonte de obrigação, a menos que a sobrevivência decente – condição constitutiva do contrato social – deixe de ser garantida (Hobbes, *Leviatã*, caps. 17 e 18). O positivismo contemporâneo manteve a ideia de que o direito pode ter qualquer conteúdo, mas distingue estritamente entre o caráter juridicamente obrigatório e a apreciação moral da norma em questão.

Quando recorrem hoje à vontade para definir a norma, mais particularmente a norma jurídica, certas teorias unem dados psicológicos tendentes à realização de certo estado de coisas a uma exteriorização, em geral linguística, que seria sua expressão. A definição de norma como "significação de um ato de vontade", introduzida e desenvolvida principalmente por Kelsen, pretende captar sinteticamente essa relação intuitiva entre fatores heterogêneos. Entendida literalmente, ela tem pouco sentido, pois não é um "ato de vontade" que significa alguma coisa, mas, ao contrário, são as expressões linguísticas que eventualmente se mostram capazes de veicular um significado. Portanto, seria preciso compreender que alguns dados linguísticos têm como significação o conjunto de dados psicológicos que visam à realização de certo estado de coisas. Numa atitude séria, conviria então estabelecer com exatidão e segundo métodos cientificamente apropriados em que consistem os dados psicológicos em questão e em que medida os dados linguísticos lhes correspondem. Na realidade, tais pesquisas permaneceram marginais porque justamente pressupõem como já conhecido aquilo que afirmam querer descobrir. Isto porque é preciso ter identificado o caráter prescritivo do enunciado para poder, eventualmente, sair em busca dos fatos psíquicos correspondentes. Segue-se que os critérios de identificação devem ser encontrados na própria expressão, e que a "vontade" aí só denota esse aspecto prescritivo, qualquer que seja seu conteúdo, desde que o estado de coisas visado seja realizável por um conjunto de ações humanas.

Existe, porém, outra função da "vontade" nesse contexto. Seria possível que o enunciado fosse prescritivo, mas que subsistisse uma dúvida relativa à natureza da ação exigida, visto que sua formulação teria sido vaga ou indeterminada. Se tivermos em mente a definição proposta, só a vontade subjacente possibilitará proceder a uma delimitação mais precisa. Convirá então levar em conta o conjunto do contexto pragmático da enunciação, e o grau de exatidão será duplamente relativo, tanto em relação aos dados factuais disponíveis quanto em relação ao dispositivo explicativo disponível. A vontade, nesse modelo, nada mais é que a combinação do aspecto prescritivo intralinguístico e dos elementos explicativos intra e extralinguísticos. No entanto, essas são apenas condições necessárias da normatividade; para que haja norma *jurídica*, é preciso também que haja uma outra norma já considerada como jurídica que lhe atribua essa qualidade ("recursividade" da validade). Por conseguinte, é possível que a determinação do significado do enunciado da norma esteja sujeita a condições suplementares.

Na teoria realista, em compensação, a recursividade é abandonada em proveito da eficácia factual e da determinação das exigências. Então já não há dependência em relação a outras normas que fixariam seu âmbito lícito; ao contrário, é a determinação última da obrigação efetiva (chamada de "interpretação autêntica") que manifesta uma vontade vinculada apenas por injunções estratégicas. A "vontade" é aí de novo a prescritividade indeterminada do enunciado.

A oposição entre essas maneiras de apreender a norma às vezes é esquematizada a partir de conceitos introduzidos por Carlos Alchourrón e Eugenio Bulygin, que distingue uma concepção *hilética* (a norma é um dado abstrato e ideal) e uma concepção *boulética* (a norma é um mandamento concreto, ligado à função prescritiva da linguagem). A teoria de Herbert Hart e de seus sucessores à primeira vista utiliza bem pouco o conceito de vontade, mas esta está bem presente em razão do "reconhecimento", pelos titulares de funções supremas, que fundamenta em último lugar a validade das regras de direito; aliás, assim como para os normativistas, as regras apresentam um caráter prescritivo. Além disso, esse autor insiste na indeterminação e na "textura aberta" das regras que deixam para os órgãos um poder discricionário.

Pode-se observar que, ao contrário, as teorias pertencentes à tradição jusnaturalista, em sentido amplo, procurarão limitar a função da vontade entendida como função prescritiva indeterminada. Enquanto o direito exprime valores morais ou, em qualquer hipótese, é deles indissociável, a função prescritiva da norma resulta de determinações que a transcendem, tal como a razão prática ou a "integridade" (Dworkin).

Vontade como objeto da norma

Na qualidade de objeto da regulamentação jurídica, a vontade é entendida de várias maneiras. De modo geral, é o conjunto das habilitações para ditar normas jurídicas, assim como permissões para agir. Além disso, é o conjunto dos dados que possibilitam estabelecer com mais exatidão o conteúdo dessas normas e dessas ações.

A / Embora obriguem, permitam ou proíbam, as normas jurídicas só terão sentido se essas exigências ou autorizações puderem ser compreendidas e realizadas. A "vontade" é então utilizada como a faculdade humana à qual essas normas se dirigem. Se o destinatário for capaz de reagir à formulação de uma exigência normativa e de escolher entre várias possibilidades, a regra determinará o leque de escolhas admissíveis e fará delas a condição de consequências jurídicas determinadas, ou seja, de outras obrigações, permissões ou proibições. Assim, em direito civil, as pessoas estão habilitadas a produzir normas contratuais ou a dispor de seus bens em caso de óbito. Mas, em cada caso, elas não podem fazer qualquer coisa; certos contratos comportarão determinadas cláusulas obrigatórias ou uma escolha limitada entre várias opções, certos atos jurídicos só serão válidos se respeitarem determinadas formalidades. Nesse sentido, um sistema jurídico será mais liberal quanto maior for o número de escolhas oferecidas a seus destinatários. O direito natural do Iluminismo desenvolveu o princípio da *autonomia da vontade*, segundo o qual a liberdade dos indivíduos é regra na conclusão dos elos jurídicos. É seu fundamento e também sua condição: tudo o que é desejado sem coerção e unicamente o que é assim desejado deve poder constituir a razão de uma obrigação. A dificuldade filosófica consistirá então na justificação dos limites dessa máxima, visto que a complementaridade das liberdades (invocada, por exemplo, pela Declaração dos direitos do homem e do cidadão [art. 5]) não pode definir como tal *qual* deve ser exatamente a relação entre as livres vontades. Todos os sistemas jurídicos realizam, assim, uma ponderação entre liberdade das escolhas e obrigações ou proibições impostas. Embora essa relação seja constantemente reajustada pelas regulamentações que a infletem no sentido do liberalismo ou das preocupações com o interesse geral, sua evolução é cada vez mais complexa porque as constituições consagram, frequentemente em termos muito gerais e indeterminados, aspectos de liberdade como direitos fundamentais, e as jurisdições constitucionais às vezes as aplicam de maneira muito ofensiva (cf. por exemplo Fromont, *in Le Rôle de la volonté*). Enquanto as grandes codificações civilistas europeias são inspiradas por um forte princípio de autonomia da vontade, as legislações subsequentes a limitaram progressivamente em relação a outros objetivos: consideração da desigualdade econômica dos parceiros, necessidade de admitir transações rápidas e confiáveis em certos campos, princípio de confiança nas declarações de intenção etc.

B / Num segundo sentido, a vontade é considerada como substrato psicológico concreto e empírico do ato, faculdade de mirar e realizar um objetivo juridicamente permitido, conjunto de dados que possibilitem imputar um ato permitido ou proibido a uma pessoa e, portanto, atribuir-lhe consequências juridicamente pertinentes. Ora, todas as ordens jurídicas enfrentam aí a mesma dificuldade: embora pareça intuitivamente evidente que, para realizar uma ação, é preciso ter capacidade para tanto, e embora as evidências intuitivas da vivência pareçam mostrar que existe uma dimensão interna do "querer" que se manifesta por sintomas externos, parece impossível captar de imediato essa dimensão interior segundo procedimentos que possibilitem transformá-la diretamente em condição de imputação e/ou de validade de um ato. As normas jurídicas, por conseguinte, baseiam-se em primeiro lugar em manifestações diretamente observáveis, que elas instituem como a manifestação da "vontade" do autor. Temos aí a problemática da definição da norma, pois se trata de ações que normas já existentes erigem em condições de validade de outras normas (contratos, atos unilaterais) que podem ser produzidas pelas pessoas, ou em condições de "responsabilidade", ou seja, que possibilitem a certas pessoas opor ao autor do ato certas obrigações, como por exemplo de restituição, de ressarcimento ou demissão, ou então medidas coercitivas como apreensões ou privações da liberdade.

Concretamente, as regras pertinentes podem oscilar entre dois extremos: ou nos aproximamos da vontade "pura" e então deixamos que o órgão perante o qual a contestamos se incumba de estabelecer sua realidade, ou então nos aproximamos de uma lista limitativa de ações formalizadas e documentadas, que valham como manifestação eventualmente refutável da vontade "expressa". As codificações europeias deram ampla margem à primeira opção no que se refere às obrigações (arts. 1.108 ss., C. Civ. fr.) e atribuíram papel bastante importante à segunda no que se refere a certas transações reais, especialmente imobiliárias (por exemplo, pela exigência de um ato notarial e/ou do registro em assentamento de propriedade fundiária).

A primeira alternativa está ligada às regras de procedimento e ao ônus da prova. No entanto, não fica a cargo do juiz a livre reconstituição do contexto pragmático. A vontade pura é sempre fragmentada em fatos geradores condicionantes (capacidade, por sua vez considerada como dada a partir de certos critérios externos, tais como a idade) e em obrigações relativas à expressão da intenção de obrigar-se e/ou de aceitar tal declaração: o erro só é causa de nulidade em certos casos (por exemplo, art. 1.110, C. Civ. fr.), e as partes devem dar a conhecer claramente suas intenções (por exemplo, § 869, 915, Código Geral das Leis Civis da Áustria de 1811); inversamente, são proibidas de enganar ou violentar seu parceiro. A ideia de que a vontade só existe em esfera pública e está articulada por signos linguísticos constitui, de maneira sistematizada, uma contribuição do direito natural clássico, especialmente de Grócio (*De jure belli ac pacis*, II, XI). A tese segundo a qual, em último lugar, toda obrigação, moral ou jurídica, só é identificável no conjunto de dados linguísticos e de formas de vida publicamente observáveis é desenvolvida por Ludwig Wittgenstein nas *Investigações filosóficas* e na teoria dos atos de linguagem por John Austin ("... nossa fala é nosso compromisso", p. 10). Kelsen defendera já em 1911 a ideia de que a vontade jurídica é sempre uma relação imposta por uma norma entre um acontecimento (observável, e não simplesmente acessível por introspecção) e seu autor (*Hauptprobleme*, pp. 77, 145).

O direito público, em medida bem mais ampla, envereda pela segunda opção por meio dos diversos formalismos que enquadram a produção normativa dos órgãos (voto, assinatura, promulgação, publicação, considerandos, motivações etc.). As regras de procedimento visam à formação da "vontade", ou seja, a maneira como um ato será considerado como norma juridicamente válida e imputável a um órgão determinado. Como ocorre para os atos "privados", o problema da vontade reaparece, porém, quando o significado exato das expressões em causa é questionado. Será também uma questão de direito positivo saber que elementos contextuais poderão ser mobilizados por qual órgão no âmbito de qual procedimento, para se interpretarem os textos e determinarem as decisões juridicamente passíveis de concretização.

Tanto do ponto de vista teórico quanto do ponto de vista doutrinário, a questão da vontade está, assim, indissoluvelmente ligada ao problema da interpretação. Embora a vontade sempre seja uma vontade manifestada, o aspecto prescritivo do enunciado e seu exato conteúdo exigem uma análise de seu significado como fenômenos linguísticos em seu contexto pragmático.

› ALCHOURRÓN C. & BULYGIN E., "The expressive conception of norms", *in* R. Hilpinen (org.), *New Studies in Deontic Logic*, Dordrecht, Reidel, 1981, p. 95. – ARISTOTE, *Politica*, W. Ross (org.), Oxford Univ. Press, 1957, trad. fr. J. Tricot, Paris, Vrin, 1970. – AUSTIN J., *How to Do Things with Words*, 1955, Oxford Univ. Press, 2ª ed., 1975, trad. fr. *Quand dire c'est faire*, Paris, Le Seuil, 1970. – BREHMER N., *Wille und Erklärung*, Nomos, Baden-Baden, 1992. – COHEN I., *Ethik des reinen Willens*, Berlin, Bruno Cassirer, 2ª ed., 1907. – DWORKIN R., *Laws Empire*, Cambridge, Harvard Univ. Press, MA, 1986, trad. fr. *L'Empire du droit*, Paris, PUF, 1994. – FLUME W., "Rechtsgeschäft und Privatautonomie", *Festschrift zum hundertjährigen Bestehen des deutschen Juristentages*, vol. 1, Karlsruhe, 1960, pp. 135 ss. – GROTIUS H., *De jure belli ac pacis*, 1625. – HART H. L. A., *The Concept of Law*, Oxford Univ. Press, 2ª ed., 1994 – HOBBES Th., *Léviathan*, 1651. – KELSEN H., *Hauptprobleme der Staatsrechtslehre entwickelt aus der Lehre vom Rechtssatz*, Tübingen, 1911, 2ª ed., 1923; *Reine Rechtslehre*, Viena, Deuticke, 2ª ed., 1960, trad. fr. Ch. Eisenmann, Paris, Dalloz, 1962. – LARENZ K., *Die Methode der Auslegung des Rechtsgeschäfts*, Francfort-sur-le-Main, 1966 (reprint). – SAINT THOMAS D'AQUIN, *Summa theologiae* (1266-73). – RIEG A., *Le Rôle de la volonté dans l'acte juridique en Droit civil français et allemand*, Paris, LGDJ, 1961; *Le Rôle de la volonté dans les actes juridiques. Études à la mémoire du professeur Alfred Rieg*, Bruxelas, Bruylant, 2000. – SALEILLES R., *De la Déclaration de volonté, contribution à l'étude de l'acte juridique dans le Code civil allemand (art. 116 à 144)*, Paris, F. Pichon, 1901. – TROPER M., "Les thèses volontaristes du droit: ontologie et théorie de la science du droit", do mesmo autor *Pour une théorie juridique de l'État*, Paris, PUF, 1994, p. 57; *Droits*, nº 28, 1999: *La Volonté*. – WINDSCHEID B., *Lehrbuch des Pandektenrechts*, vol. 1, 1ª ed. 1862, 7ª ed. 1891. – WITTGENSTEIN L., *Philosophische Untersuchungen*, Oxford, Basil Blackwell, 1953.

Otto PFERSMANN

→ Hierarquia das normas; Norma.

VONTADE GERAL

Empregada já em 1565 por Étienne Pasquier para designar as vontades do rei no livro II de sua obra *Recherche de la France*, a expressão "vontade geral" denota, em toda a sua longa história, uma miríade de referentes variados que impede qualquer definição unívoca. Enquanto "vontade geral", no século XVII, na pluma dos teólogos Arnauld, Pascal e Malebranche, designa a vontade salvadora de Deus, em 1755 ela qualificará a "vontade da espécie" no verbete "Direito natural" de Denis Diderot. Já em fins do século XVIII, porém, o sucesso do conceito desenvolvido por Jean-Jacques Rousseau circunscreveu essa polissemia ao universo jurídico-político: de fato, a adição formal da expressão no *Contrato social* e, em seguida, a publicação desse livro e sua exploração para fins polêmicos tornaram-na rapidamente indissociável dos debates políticos. Consagrada oficialmente no artigo 6º da *Declaração dos direitos* de 1789, a "vontade geral" designará, a partir de então, duas noções originais que, contrariando uma interpretação tradicional dominante, convém distinguir da noção desenvolvida por Jean-Jacques Rousseau. Antes, porém, de evidenciar esses três importantes conceitos, também é possível constatar, apesar dessas divergências semânticas, a permanência de uma função particular da expressão: desde os usos teológicos do século XVII até os dos revolucionários de 1789, a expressão "vontade geral" sempre condiciona a felicidade para os escritores que a empregam (Robert, 1999). Enquanto para Arnauld, Malebranche e Pascal a "vontade geral" divina parece indispensável à nossa salvação da alma, portanto à bem-aventurança que permite, constata-se que ela abrange a mesma função em visões do mundo e acepções diferentes, tanto nos filósofos Diderot e Rousseau quanto na pluma dos políticos da Revolução francesa.

Conceito segundo Rousseau

Para entender bem a noção desenvolvida pelo autor do *Contrato social*, é necessário distinguir duas acepções. Na primeira, a "vontade geral" designa a vontade pessoal do cidadão previamente educado para julgar uma proposta de lei em função do interesse público. Aí, a "vontade geral" não tem nenhum conteúdo determinado, assemelha-se ao puro desejo do bem comum. Numa segunda acepção, ela corresponde à vontade global do corpo político constituído por todos esses cidadãos. De modo explícito, Rousseau menciona essa dimensão individual da "vontade geral". Diz ele: "Cada indivíduo pode como homem ter uma vontade particular, contrária à vontade geral que ele tem como cidadão ou diferente dela" (*Du Contrat social*, Oeuvres complètes, t. III, p. 363). Rarissimamente ressaltada, essa dimensão imanente e pessoal da vontade geral não se opõe à acepção mais considerada pelos principais comentadores. Em compensação, é indissociável desta, pois toda a sua doutrina da vontade geral se baseia na interação dessas duas acepções. Como vontade individual, essa "vontade geral" designa mais precisamente a vontade do indivíduo que sente um "desejo geral de bem público" (*Fragments politiques*, Oeuvres complètes, t. III, p. 490). O homem motivado por esse desejo é precisamente aquilo que Rousseau designa com o vocábulo cidadão: "A marca do cidadão é ser sustentáculo, portador da vontade geral" – ressalta nesse sentido Georges Burdeau ("Le citoyen selon Rousseau", *in Études sur le Contrat social*, 1964, p. 222). Por definição, o cidadão só quer e só deseja considerando as coisas em geral; da mesma maneira que o homem natural deseja seu próprio bem, o cidadão quer o bem de sua comunidade. Integrado com a pátria, graças a uma educação específica, cada cidadão deixa de tomar como referência o seu eu particular e só julga as coisas em relação ao interesse da comunidade política, ou seja, em relação ao novo e único "Eu comum", próprio a cada um dos cidadãos. Acima de tudo, essa "vontade geral" pessoal não tem nenhum conteúdo predeterminado: esse querer não diz o que é o interesse coletivo, apenas o quer. Em Rousseau, a vontade geral do cidadão não conhece o bem comum: deseja-o. Portanto, é um ato de volição, não de cognição. Daí, precisamente, decorre o papel indispensável do terceiro que propõe um conteúdo a essa "vontade geral". Enquanto para Descartes a vontade é um poder de afirmar ou de negar o que o entendimento propõe (*Meditações*, IV), para Rousseau a "vontade geral" dos cidadãos é um poder que aceita ou rejeita as propostas de leis. Essa distinção entre querer geral e saber quase nunca é feita nos comentários da obra do genebrino. Numerosos críticos afirmam que a "vontade geral" define o interesse geral, ao passo que se limita a querê-lo. Esse atalho infelizmente impede a boa compreensão do processo de formação da lei. Em Rousseau, os cidadãos, reunidos, declaram sua vontade geral em relação a textos já elaborados. Como aí a vontade geral é apenas um querer o bem comum que será especificado, e não um saber determinado, é necessário recorrer às formulações do interesse comum feitas por homens com qualidades incontestes. Quanto à Lei Fundamental, que funda, estrutura e organiza a sociedade política, sua redação cabe ao grande Legislador: "Uma inteligência superior, que vivencia todas as paixões humanas mas não sente nenhuma" (*Du Contrat social*, Oeuvres complètes, t. III, p. 383). Rousseau expõe esse processo nos seguintes termos: ao povo reunido é preciso "mostrar os objetos", pois, "por si mesmo, o povo sempre quer o bem, mas por si mesmo nem sempre o vê. A vontade geral é sempre reta, mas o juízo que a guia nem sempre é esclarecido. [...] o público quer o bem que não vê. Todos têm igualmente necessidade de guias [...] e daí nasce a necessidade de um Legislador" (*Du Contrat social*, Oeuvres complètes, t. III, p. 380). Rousseau explica também como esse grande Legislador deve agir para convencer o povo. Depois de Maquiavel e Pascal, que escreveu em seus *Pensamentos*: "Por isso o mais sábio dos legisladores dizia que muitas vezes é preciso seduzir os homens para seu próprio bem" (*Pensamentos*, nº 294-60, acima citado, p. 137), Rousseau preconiza o subterfúgio: "Não podendo empregar a força nem o raciocínio, ele necessita recorrer a uma autoridade de outro tipo, que possa arrastar sem violência e persuadir sem convencer. Foi isso o que em todos os tempos obrigou os pais das nações a recorrer à intervenção do céu [...]. Essa razão sublime que se eleva acima do alcance dos homens vulgares é a razão pela qual o legislador põe as decisões na boca dos imortais" (*Du Contrat social*, Oeuvres complètes, t. III, p. 383). A ação do Legislador deverá ser apoiada também por uma Religião Civil. Composta por certo número de dogmas, suas funções são múltiplas. Nesse caso em especial, seu papel é criar condições para a boa recepção das propostas do legislador. Referindo-se agora à formulação das leis ordinárias, e não mais à redação da Lei Fundamental, Rousseau propõe recorrer aos magistrados (magistrados previamente selecionados por um *Cursus honorum*). Membros do "governo", esses representantes do povo estariam encarregados ao mesmo tempo de redigir e executar a lei. Rousseau faz uma distinção entre o "direito de votar em todo ato de soberania", direito do qual "nada pode privar os cidadãos", e o direito "de propor, dividir e discutir, que o governo sempre tem o cuidado de deixar apenas a cargo de seus membros" (*Du Contrat social*, Oeuvres complètes, t. III, pp. 438-9). Realmente, embora nessa primeira perspectiva a "vontade geral" do cidadão corresponda ao desejo individual do bem comum, desejo que reage a formulações de origens diversas, a expressão tem um segundo significado que falta examinar.

O querer do cidadão, "vontade geral", também é a vontade do corpo político constituído por esses indivíduos. A vontade de uma coletividade em busca de seu bem não é diferente da vontade do cidadão, pois, por definição, este quer o bem do grupo ao qual pertence. Em vista dessa interdependência, o corpo político e sua vontade geral se decompõem naturalmente no mesmo ritmo em que se dissolve a qualidade de cidadão: "Quando os interesses particulares começam a fazer-se sentir, e as pequenas sociedades começam a influir sobre as grandes, o interesse comum se altera [...] a vontade geral já não é a vontade de todos" (*Du Contrat social*, Oeuvres complètes, t. III, p. 438). Em um ponto em particular, essa "vontade geral" coletiva se diferencia da vontade dos cidadãos. Para Rousseau, inversamente à vontade dos cidadãos, a vontade geral da comunidade pode abarcar um conteúdo preciso. É o que ocorre quando o utiliza para designar o querer do corpo político depois da expressão da vontade geral dos cidadãos em relação às propostas do Legislador ou dos magistrados. Um exemplo extraído do *Contrato social* explica esse aspecto: reunidos os cidadãos, pedem-lhes que digam se a proposta do Legislador "está em conformidade ou não com a vontade geral, que é a deles; cada um, dando seu sufrágio, diz qual é sua opinião a respeito, e do cálculo dos votos se extrai a declaração da vontade geral" (*Du Contrat social*, Oeuvres complètes, t. III, p. 441). Aí convergem as duas dimensões da noção: a segunda ocorrência contida na citação designa a vontade do corpo político, depois de aceitas as propostas do Legislador pela assembleia dos cidadãos que expressem sua vontade geral (primeira ocorrência).

Essa distinção possibilita finalmente algumas úteis explicitações. Constata-se assim que o processo constituinte originário põe em ação dois atores. Por um lado, um povo de cidadãos reunidos, titular de um direito de sanção (direito atualizado na expressão da vontade geral de cada um dos cidadãos), e, por outro, um homem extraordinário que propõe o texto da futura constituição; em suma, de um lado, o Soberano e, de outro, o grande Legislador. Quanto ao processo legislativo ordinário, também exige a participação do povo dos cidadãos; um povo investido da dupla missão de julgar propostas de leis e controlar o Poder Executivo (a periodicidade das assembleias gerais possibilita esse controle). As propostas dessa vez são redigidas pelos magistrados (e não mais pelo grande Legislador), que possuem assim o monopólio da iniciativa legislativa (o povo já não tem direito de emendar nem discutir). Realmente, os magistrados, para as leis ordinárias, e o Legislador, para a constituição, enunciam e redigem aquilo que os cidadãos têm liberdade para aceitar ou recusar, expressando sua vontade geral. Rousseau, afirmando que o Poder Legislativo pertence apenas ao soberano, entende de modo restritivo aquilo que ele designa por "Poder Legislativo", pois o soberano, o povo reunido titular desse poder, só possui direito de sanção e controle. Por fim, a oposição entre Poder Executivo e Poder Legislativo não impede que Rousseau ponha em ação conjuntamente os seus respectivos titulares no processo legislativo. Em conclusão, pode-se observar que, entre o otimismo racionalista da escola moderna do direito natural e o realismo desenganado de Thomas Hobbes, que induz seu decisionismo, Rousseau, graças à sua teoria da vontade geral, abre uma terceira via original. Pois, embora não acredite num entendimento comum acerca do conteúdo da Lei Natural, também se recusa a adotar a *auctoritas facit legem* hobbesiana. De fato, segundo Rousseau, a Lei Natural, inacessível ao comum dos mortais e às elites ("esclarecidas", mas corrompidas), não o é para alguns raros gênios capazes de entendê-la bem e de com ela formular uma constituição. A partir dessa convicção, Rousseau defende a ideia de um sistema político que condicione seus membros a querer o bem comum, formulado em proposições que o povo de cidadãos aprove ou não. Desse modo, sua teoria possibilita garantir a viabilidade do sistema (na qualidade das leis), ao mesmo tempo que garante a liberdade de cada um (por meio da participação de todos). Durante a Revolução francesa, na falta do conceito de Jean-Jacques Rousseau, a expressão "vontade geral" será amplamente empregada para respaldar as novas definições de lei. Designará então duas noções muito diferentes.

Conceitos desenvolvidos durante a Revolução francesa

Segundo o artigo 6º da *Declaração* de 23 de agosto de 1789, "A lei é expressão da vontade geral. Todos os cidadãos têm direito de contribuir pessoalmente ou por meio de seus representantes para sua formulação". Mas o que entender pela expressão "vontade geral"? Parece que aí a cada um dos cidadãos é atribuído o direito de participar, direta ou indiretamente, da formulação da lei. "Vontade geral" designa então a vontade concreta (dos cidadãos ou de seus representantes) que está na origem da lei. Pode-se, porém, fazer outra leitura do artigo 6º e privilegiar a seguinte ideia: todos os cidadãos têm direito de contribuir (de modo mediato ou não) para a formulação da "vontade geral". As consequências dessa segunda leitura são relativamente importantes. Ela exclui a possibilidade de se ver na "vontade geral" a vontade originária dos cidadãos ou de seus representantes. De fato, quando se afirma que esses homens devem contribuir para a formulação da vontade geral, isso pressupõe fazer-se uma distinção entre sua vontade inicial e a vontade geral: esta última não preexistiria como vontade dos indivíduos encarregados de depreendê-la; ninguém "contribui" para a formulação de sua própria vontade. Assim, por um lado, vontade geral designa apenas a abstrata vontade nacional depreendida pelos representantes ou pelos cidadãos, e, por outro, denota também a vontade real dos homens que formulam a lei.

Durante os debates que se seguiram à elaboração da *Declaração*, apenas duas dessas três possíveis definições estiveram presentes. Servindo então tanto para legitimar o novo poder quanto para a pura técnica constitucional, a expressão designará ora a abstrata e muda vontade do povo-nação que caberá criar e formular, ora a vontade real e definida de todos os cidadãos que, inversamente, caberá reunir, ouvir e respeitar. Raramente reunidas em um mesmo texto, essas duas definições se encontram em cada uma das principais correntes ideológicas da época e defendem todos os tipos de opção, pois cada uma das acepções de "vontade geral" era objeto de múltiplos usos. Por exemplo, nos textos de Alexandre de Lameth e de Crénière, em que vontade geral designa a vontade concreta dos cidadãos, a expressão é empregada para defender opiniões opostas. Inversamente, para promover o veto do rei, Mounier e La Rochefoucauld usam a expressão em acepções diferentes. Depois do emprego que lhe foi dado por Robespierre, que acabou por privilegiar a definição abstrata da expressão "vontade geral", seu uso se rarefez progressivamente. Assim, a partir do Termidor, em lugar da "vontade geral" surgiram novos termos no discurso dos políticos para designar as acepções da expressão abandonada. As já antigas expressões "vontade nacional" e "vontade do povo" denotaram assim frequentemente as duas principais definições da expressão descartada. Durante o Diretório (que tinha pressa de esquecer Robespierre e seus discursos) ou durante a Restauração (que tinha pressa de esquecer o princípio de uma "lei como expressão da vontade geral"), essa substituição foi deliberada, ao que parece. Pelo que se vê, em seguida o sucesso desses sintagmas substitutivos foi tamanho, que acabaram por levar ao esquecimento da expressão "vontade geral", então menos vítima do ostracismo do que do sucesso dos termos concorrentes. Finalmente, afora algumas raras ocorrências que subsistiram em obras políticas e jurídicas pós-revolucionárias, desde o liberal Benjamin Constant até o contrarrevolucionário Louis de Bonald, a "vontade geral" se apagará progressivamente ao longo do século XIX. Será preciso esperar os célebres trabalhos constitucionais de Duguit e de Carré de Malberg para vê-la reaparecer no universo intelectual dos juristas. Marcada, porém, pelo contexto desse renascimento, a partir daí ela será dificilmente dissociada do artigo 6º da *Declaração dos direitos do homem* de 1789.

❯ BLACHER Ph., *Contrôle de constitutionnalité et volonté générale. Étude sur l'*obiter dictum*: "la loi votée n'exprime la volonté générale que dans le respect de la constitution"*, tese de direito, Montpellier, 1998. – DERATHÉ R., *Jean-Jacques Rousseau et la science politique de son temps*, Paris, Vrin, 1988. – JOUVENEL B., "Essai sur la politique de Jean-Jacques Rousseau", *in Du contrat social*, Paris, Hachette, 1980. – RILEY P., *The General Will before Rousseau, the Transformation of the Divine into the Civic*, Princeton Univ. Press, 1986. – ROBERT L., *La Notion de volonté générale*, tese droit, D. Alland (org.), Paris II, 1999.

Ver também: BRÉMOND J.-Ph., "Le malebranchisme de Rousseau", in *Le Droit des Modernes* (XIVe-XVIIIe), Paris, LGDJ, 1994, pp. 193-228. – FOURNIER N., *Essai d'interprétation de la volonté générale*, Mémoire de DEA, Paris II, 1992. – GAUCHET M., *La Révolution des pouvoirs. La Souveraineté, le Peuple et la Représentation*, Paris, Gallimard, 1995. – GROETHUYSEN B., *Jean-Jacques Rousseau*, Pans, Gallimard, 1983; *Philosophie de la Révolution française*, Paris, Gallimard, 1956. – JAUME L., *Le Discours jacobin et la démocratie*, Paris, Fayard, 1989. – LÉON P.-L., "L'idée de volonté générale chez Jean-Jacques Rousseau et ses antécédents historiques", *APD*, 1936, pp. 148-200. – POSTIGLIOLA A., "De Malebranche à Rousseau: les apories de la volonté générale et la revanche du raisonneur violent", *ASJJR*, vol. 39, 1980, pp. 123-8 – RIALS S., *La Déclaration des droits de l'homme et du citoyen*, Paris, Hachette, 1988. – Real, "volonté (particulière, de tous, générale)", in *Dictionnaire de Jean-Jacques Rousseau*, Paris, Honoré Champion, 1996. – ROSANVALLON P., *Le Peuple introuvable*, Paris, Gallimard, 1998. – SHKLAR J., *Men and Citizen. A study of Rousseaus Social Thought*, Cambridge Univ. Press, 1969; "General Will", *in Dictionnary of the history of ideas*, New York, 1973.

Laurent ROBERT-WANG

→ Cidadania; Declaração dos Direitos do Homem e do Cidadão; Eleição; Lei; Representação; Revolução francesa e direito; Soberania; Sufrágio.

ÍNDICE REMISSIVO

As remissões são feitas para as entradas dos verbetes, e não para as páginas. As entradas são ordenadas segundo a primeira letra maiúscula, exceto quando a remissão não se faz diretamente a essa entrada, mas à palavra ou à expressão no índice. Por exemplos: *a)* "ver também funções jurídicas do Estado" significa que o leitor deve remeter-se *no índice* a Funções jurídicas do Estado, que por sua vez remete a certo número de outras entradas do *Dicionário*; *b)* "*vias* de recurso" remete a recurso (vias de), assim indicado para que, *no índice*, se encontre Recurso (Vias de) com as remissões correspondentes no *Dicionário*; *c)* do mesmo modo, a palavra "prejuízo" do índice (com minúscula, pois não se trata de uma entrada do *Dicionário*, mas de uma noção empregada em certo número de entradas), há uma remissão para a entrada "Dano" do *Dicionário* (indicada por isso com maiúscula), pois se fala de prejuízo nesse verbete, mas também há remissão à palavra "dano" no *índice*, indicado por isso com minúscula.

As palavras ou as expressões correspondentes a entradas de verbetes são indicadas em negrito quando a partir delas é feita a remissão e sem negrito quando a elas se faz a remissão.

Também pode ocorrer que haja sugestão para que o leitor se remeta *no índice* a noções vizinhas, o que é indicado por "ver também".

ÍNDICE ONOMÁSTICO

As remissões são feitas para os **verbetes** do *Dicionário*; neste índice, estão compreendidos os nomes das pessoas citadas tanto no corpo dos verbetes quanto nas bibliografias que os acompanham. Algumas remissões são feitas pelo nome próprio, embora o que se use no verbete seja o substantivo comum ou o adjetivo derivado (por exemplo, "tomismo" aqui é apresentado como Tomás de Aquino; "aristotélico", como Aristóteles; "platônico", como Platão etc.); esse procedimento, evidentemente, é simplificador, mas tem a vantagem de não exigir o uso de outro índice para uma pesquisa por autor.

ÍNDICE DOS PRINCIPAIS TEXTOS LEGAIS

Como nos outros índices, as remissões são feitas para os verbetes, que sempre têm a primeira letra maiúscula. Nem todos os textos legais citados no *dicionário* são mencionados aqui, mas apenas os principais, classificados na forma indicada. Deu-se destaque ao Código Civil francês: além da entrada *Código Napoleônico* e das ocorrências indicadas, é possível encontrar todas as referências feitas a suas disposições, classificadas por ordem dos verbetes. Os textos grafados em negrito indicam que há um verbete especialmente dedicado a ele.

B – Códigos não franceses
(em ordem alfabética)

C – Outros textos
(em ordem cronológica)

1971 – Convenção de Ramsar de 2 de fevereiro sobre as zonas úmidas: Meio ambiente
– Convenção sobre os atos ilícitos contra a segurança da aviação civil: Direito penal internacional
– Lei de 24 de dezembro sobre o mar territorial: Domínio marítimo
1972 – Lei de 3 de janeiro sobre a filiação: Filiação
– Declaração de Estocolmo das Nações Unidas sobre o meio ambiente: Meio ambiente
– Decreto de 12 de setembro sobre as prisões: Igreja/Estado
1973 – Lei de 3 de janeiro sobre o Banco da França: Banco e crédito
– Convenção de Washington de 3 de março sobre o comércio internacional das espécies da fauna e da flora selvagem ameaçadas de extinção: Animal
– Decreto de 21 de setembro sobre a navegação interior: Domínio fluvial
1975 – Lei sobre a interrupção da gravidez: Derrogação, dispensa, escusa e tolerância; Saúde
1976 – Lei de 10 de julho sobre a proteção da natureza: Meio ambiente
– Circular de 26 de julho sobre os hospitais: Igreja/Estado
– Lei Caillavet de 22 de dezembro: Corpo humano; Saúde
1977 – Protocolos de Genebra: Direito humanitário
– Diretiva comunitária de 12 de dezembro sobre os bancos: Banco e crédito
1978 – Lei de informática e liberdades: Informática e multimídia
– Lei de 17 de julho: Arquivos (Direito dos)
1979 – Lei sobre os arquivos: Arquivos (Direito dos)
– Convenção de Berna de 19 de setembro sobre a proteção da vida selvagem e do meio natural na Europa: Animal; Meio ambiente
1981 – Lei de 2 de janeiro (lei Dailly): Obrigações
– Lei de 10 de agosto sobre o livro: Preço
1982 – Convenção de Montego Bay sobre o direito marítimo: Direito internacional público; Mar; Meio ambiente; Navio; Patrimônio
1983 – Lei de 7 de janeiro: Meio ambiente
– Convenção europeia sobre a transferência de condenados: Direito penal internacional
– Lei de 22 de julho: Arquivos (Direito dos)
1984 – Lei de 24 de janeiro 1984, lei bancária: Banco e crédito
– Convenção das Nações Unidas contra a tortura: Direito penal internacional
1985 – Lei de 25 de janeiro sobre os processos coletivos: Dívida
– Carta europeia da autonomia local: Minorias
– Lei de 5 de julho: Corpo humano
1986 – Lei de 3 de janeiro sobre o litoral: Domínio marítimo
– Ord. do 1º dez. liberdade dos preços e da concorrência: Concorrência; Preço
– Diretiva comunitária de 22 de dezembro sobre as taxas de juros: Banco e crédito
1987 – Lei de 23 de julho, chamada lei do mecenato: Igreja/Estado
– Lei de 31 de dezembro relativa à reforma do contencioso administrativo: Direito comparado; Justiça administrativa; Qualificação
1988 – Convenção sobre os atos ilícitos contra a segurança da navegação marítima: Direito penal internacional
– Convenção de Viena contra o tráfico de estupefacientes e substâncias psicotrópicas: Direito penal internacional
– Lei Huriet de 22 de dezembro: Corpo humano
1989 – Convenção de Basileia sobre o controle dos movimentos transfronteiriços de resíduos perigosos e sua eliminação: Direito penal internacional
– Diretiva comunitária de 15 de dezembro sobre os bancos: Banco e crédito
1990 – Convenção de aplicação do Acordo de Schengen: Direito penal internacional
– Diretiva comunitária de 22 de fevereiro sobre as taxas de juros: Banco e crédito
– Convenção de Nova York sobre os direitos da criança: Biologia e direito; Capacidade; Criança; Filiação
– Convenção relativa à lavagem de dinheiro e à apreensão e ao confisco dos produzidos do crime: Direito penal internacional
– Lei de 31 de dezembro de 1990: Domínio fluvial
1992 – Lei de 3 de janeiro sobre a água: Domínio fluvial; Meio ambiente
– Declaração do Rio de 14 de junho: Meio ambiente
– Tratado de Maastricht: Animal; Banco e crédito; Cidadania; Constituição e direito constitucional; Direito comunitário; Direito penal internacional; Direito público da economia; Finanças públicas (Grandes princípios); Igualdade dos sexos; Meio ambiente; Moeda; Reciprocidade
1993 – Lei de 4 de janeiro sobre doação do sangue
– Lei de 4 de janeiro sobre processo penal: Direito à ampla defesa
– Convenção de Lugano de 8 de março sobre responsabilidade civil por danos ao meio ambiente: Meio ambiente
– Convenção de 29 de maio sobre a adoção internacional: Criança
– Lei de 4 de agosto sobre o Banco da França: Banco e crédito
– Lei de 24 de agosto sobre o processo penal: Direito à ampla defesa
1994 – Convenção-quadro do Conselho da Europa para a proteção das minorias nacionais: Minorias

Cromosete
Gráfica e editora ltda.
Impressão e acabamento
Rua Uhland, 307
Vila Ema-Cep 03283-000
São Paulo - SP
Tel/Fax: 011 2154-1176
adm@cromosete.com.br